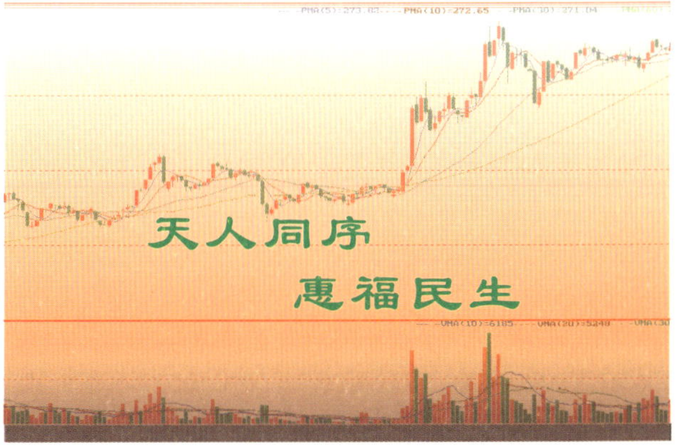
天人同序
惠福民生

董事长：骆家刚

总经理：徐根雪

公司现有正式员工50人，85%以上员工具有本科以上学历，经过多年的努力培养，锻炼了一大批年纪轻、素质高、操作规范的管理和经纪人才。公司下设业务开发部、信息研究部、网上交易部、财务会计部、交易结算部、电脑工程部、综合管理部等部门和上海、金华、乐清等三个营业部，以合理的地域布局竭诚为各地期货投资者服务。

本公司视客户为上帝，视信誉为生命，奉行"规范管理，追求效率，卓越服务，诚实守信"的宗旨，按照"依法治司，规范运作，最大限度地满足投资者的需求，努力实现客户资金的保值增值"的经营思路，竭诚为广大客户进行套期保值、规避风险、投资获利提供快捷、高效的渠道和优质的服务，使公司在变幻莫测的现代市场经济中运筹帷幄，乘风破浪，与客户共同发展。

规范管理 追求效率

卓越服务 诚实守信

金迪期货

浙江金迪期货经纪有限公司

浙江金迪期货经纪有限公司是专营国内期货经纪业务的有限责任公司，经中国证券监督管理委员会批准成立，核发《期货经纪业务许可证》，国家工商行政管理局核准登记注册（注册号1000001002263），注册资金3000万元人民币，是浙江省内规范化、信誉高的大型期货经纪公司之一。公司现拥有上海期货交易所等三大期货交易所的全权会员资格和五个交易席位，可以为客户直接代理铜、铝、大豆、小麦、天然橡胶、绿豆等上市品种的标准期货合约交易，向客户提供交易、结算、交割、信息咨询等服务。公司在一九九九年期货交易总量名列全国第七位，在同行业中位居前茅。

公司现有营业面积2200多平方米，环境优雅，设施先进。公司目前采用金仕达期货交易系统和网上交易系统，人工报单方式和自助交易方式并存；备有世华金融家行情系统和网上行情系统，可供客户自由选择；通讯上实行两条DDN专线热备份联入交易所联网系统，交易数据安全稳定。公司建有全新改版后的新网站WWW.JDQH.COM，现在本公司的网站将以更快捷、更丰富的信息竭诚为您的交易提供最优的服务。公司与工商银行银期合作开通有网上银行，实行银期转帐，客户可通过电话进行银行储蓄帐户与公司资金帐户间的资金划拨；公司与银行签订有协议，对客户保证金实行封闭运行管理，客户保证金只能在经中国证监会备案的专户间划转，保证了客户资金的真正安全。公司的信息研究部根据客户需要可以为客户提供及时的专业投资分析报告，使客户的投资更为合理和有效；此外，公司的网上交易部专门组织人员抽时间为广大投资者进行期货知识系列讲座和培训，并开展投资者投资风险教育工作。

北京城建投资发展股份有限公司

BEIJING URBAN CONSTRUCTION INVESTMENT & DEVELOPMENT CO., LTD.

董事长：刘龙华

总经理：赵广义

北京城建投资发展股份有限公司（前身是北京城建股份有限公司）由北京城建集团有限责任公司1998年独家发起，向社会公开发行A股股票募集设立，注册资本6亿元，总股本60000万股，其中，流通股15000万股。公司主营房地产开发，拥有北京城建房地产开发有限公司、北京城建兴华地产有限公司、北京城建东华房地产开发有限责任公司、北京城和房地产开发有限责任公司、北京汇和房地产开发有限公司、北京城建美尔广告有限公司等6个控股子公司；北京市东湖房地产公司、重庆燕城房地产开发有限责任公司等2个股权托管公司；北京科技园建设股份有限公司等7个参股公司。

“北京城建”成立以来，净资产收益率每年达9%以上。在2000年上海证券交易所《上市公司》杂志评比中，“北京城建”以沪市第31名，沪、深两市第43名的业绩，跻身上市公司50强行列。在清华大学2002年组织的中国房地产上市公司十强评选中，公司综合实力排名第四。在东方广播电台等单位2002年组织的首届中国“十佳”蓝筹上市公司评选活动中，公司进入10家优胜企业行列。

公司目前运作的项目主要有富海中心、北苑家园、东直门交通枢纽暨东华广场商务区、电子城小区、望京悦城、田村畅茜园小区、世纪城市等30余项。开发项目良好的前景和丰富的土地储备为公司的发展提供了保证。在“2002年北京新年（品牌）房地产展示交易会”上，公司整体推出了建筑面积达576万平方米的十大楼盘，提出和宣传了“倡导现实生活主义，打造大众精品品牌”的开发理念，即住房在新经济时代不仅仅是生存空间，更是满足人们现实生活需要的媒介，是尊重个性、关爱人生、呵护心灵的人性化生活空间；“北京城建”以人为本，为大众阶层开发品质和品位较高、价位适中的大众精品，精心打造“北京城建地产”品牌。在中国房地产业协会、北京市国土资源和房屋管理局等单位组织的“中国（北京）房地产成功经营模式推介”活动中，公司被评为“著名品牌成功经营模式”单位。

公司坚持以优秀的产品和满意的服务为社会提供现代化的生活和工作条件，推进房地产和金融、高科技的互动发展。公司参与发起设立北京科技园建设股份有限公司、赛迪时代信息产业股份有限公司、北京首都国际投资管理有限责任公司、中科招商创业投资有限公司，投资国信证券有限责任公司，初步形成“以房地产为主业、金融和高科技为两翼”的产业格局。

公司秉承“尊崇诚信，共创理想空间”的经营理念，以诚待人，恪守承诺，注重合作，开拓创新，为公司赢得广阔的发展空间，为员工搭建施展才华的价值实现空间，为购房者提供人性化的生活空间，为投资者创造丰厚的利润回报空间。

地址：北京市朝阳区北土城西路11号北京城建开发大厦
邮编：100029
电话：(010)62035969 (010)62035967
传真：(010)62035933
网址：http://www.bucid.com

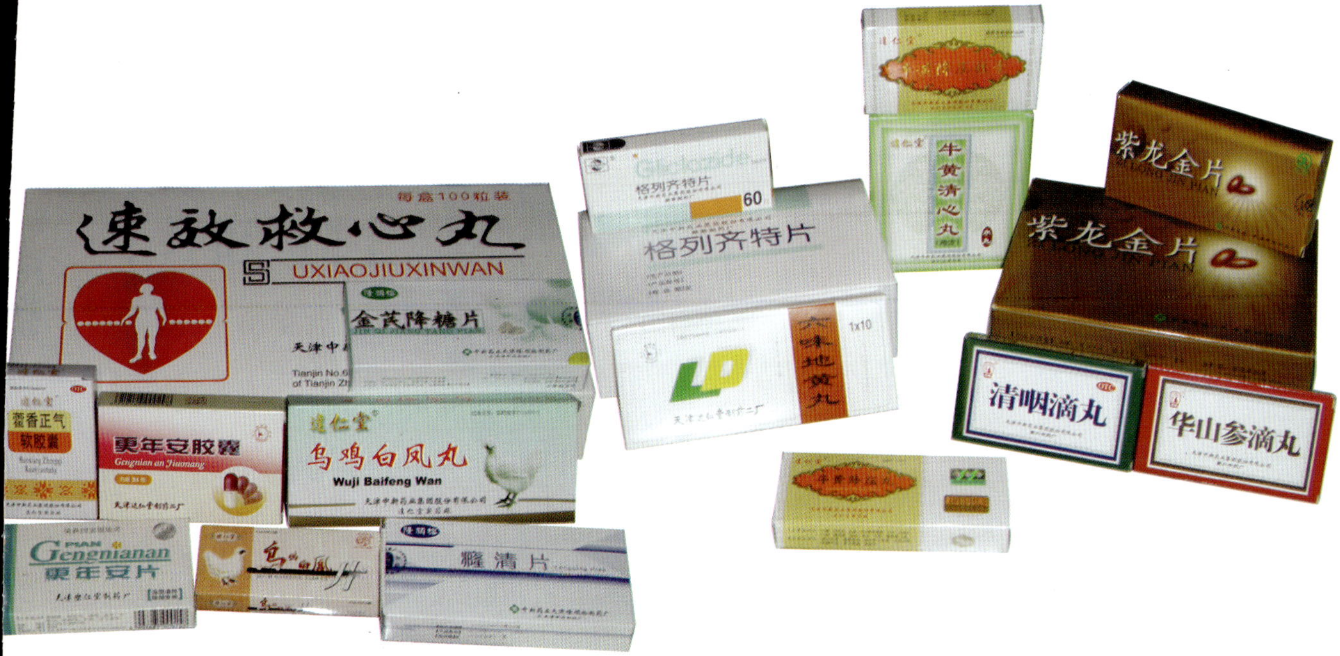

天人同序

天津中新药业集团股份有限公司拥有二十多个剂型六百多个品种的强大知识产权资源和生产能力，主要产品速效救心丸、藿香正气软胶囊、牛黄降压丸、紫龙金片、银翘解毒片、血府逐淤胶囊、痹祺胶囊、更年安、金芪降糖片、安福隆a-2b干扰素、格列奇特、特子社复等在医药业享有盛誉。公司出口品种140多种，其中以药品注册出口的产品达38种，出口到美国、日本、加拿大、澳大利亚、香港、新加坡、马来西亚等国家和地区。

地址： 天津市南开区白堤路17号中新大厦

邮编： 300193

电话： 022-27020598

传真： 022-27020599

董事长：王平

新疆冠农果茸股份有限公司

XINJIANG GUANNONG FRUITS AND ANTLERS CO.,LTD.

新疆冠农果茸股份有限公司诞生在有“华夏第一州”之称的巴音郭楞蒙古自治州。新疆维吾尔自治区第二大城市库尔勒市是巴音郭楞蒙古自治州政治、经济、文化中心。塔里木河、博斯腾湖、巴音布鲁克大草原、塔里木盆地环拥着这座美丽的城市。多情的孔雀河水和312国道穿城而过，南疆重镇库尔勒横连东西、纵贯南北，是天山之南的经济枢纽。天山南麓光照充足，热能丰富，昼夜温差大，地表、地下水丰沛，为发展特色农业提供了得天独厚的资源优势。——“冠农股份”，就诞生在这个大自然厚爱，人文历史悠久的摇篮中。

“冠农股份”的母亲，是拥有17个现代化国营农场，土地规划面积860万亩的新疆生产建设兵团农二师垦区。垦区农业机械化水准已达90%以上，喷滴灌、地膜栽培、液氨深层施肥、航空作业等现代化科技农业手段广泛应用。一支富有实践经验、技术素养高、梯队有序的农业科技队伍，保证了垦区现代化农业的健康发展。

新疆生产建设兵团农二师整合优势资源，经新疆维吾尔自治区人民政府批准，新疆冠农果茸股份有限公司于1999年12月挂牌，主营库尔勒香梨和塔里木马鹿。公司下辖17个香梨种植园艺场，4个马鹿养殖场，拥有香梨生产基地近4万亩，25000多头成年马鹿，有一7500吨库容的气调保鲜库，年生产能力600万平方米的包装制品厂。

公司成立后，以市场为导向，依靠科技进步，重视科研投入，推行“公司+基地+农户”农业产业化经营模式，获得了良好的经济效益，利润平均增长率达29.2%。2003年6月9日，公司公开发行4000万股社会公众股在上海证券交易所挂牌交易。股票简称“冠农股份”，沪市股票代码600251。

“冠农股份”上市后，通过资本运作，融入新疆农业产业化发展大格局中，已拥有年加工皮棉2万吨的生产规模。

“冠农股份”诞生于国家实施西部大开发战略的历史时机，依靠国家优惠政策和高新科技手段，凭借50年的种植、养殖经验，实施“规模化、品牌化、国际化”发展战略，再创辉煌。

冠农股份
GUAN NONG SHARE

地址：新疆库尔勒市人民西路86号
邮编：841000
电话：0996-2037008 2032118 2038156
传真：0996-2010752 2038156
网址：www.gngr.com.cn

董事长：朱崇仁

总经理：王洪江

云南驰宏锌锗股份有限公司

云南驰宏锌锗股份有限公司成立于2000年7月18日，是由云南会泽铅锌矿进行分离式改造，按照“产权清晰、责权明确、政企分开、管理科学”的现代企业制度运行模式，与云南省会泽县国有资产持股经营有限责任公司、云南富盛铅锌有限公司、昆明理工大学、云南省以礼河实业有限公司、云南北电电力实业有限公司共同发起设立的。公司于2000年7月20日正式挂牌运营，现有职工6000余人，总股本9000万股，年销售收入6亿元以上。公司座落在云南省东北部的会泽县者海镇境内，东连长江支流的牛栏江，与贵州省接壤，地处云贵高原乌蒙山系，海拔标高1570—2800米。

公司主发起人云南会泽铅锌矿始建于1951年，曾被国家列入第一个五年计划156个重点建设项目之一，是我国最早从氧化铅锌矿中提取锗用于国防尖端工业建设的企业，也是全国第一个采用烟化法富集技术处理低品位共生矿难题的企业，1965年铅锌生产能力仅为0.6万吨，粗锗1500千克。50年来，企业以“创新、发展、团结、奉献”的精神，不断开拓创新，积极进取，努力拼搏求发展，产品由最初的单一品种发展到铅、锌、锗三大系列20个品种，产品覆盖我国十余个省市，远销美、德、日、韩、澳等欧美、大洋洲和东南亚国家。50年累计生产铅锌87万吨、锗产品含锗12万多千克，向国家上交利润累计3亿多元，上缴税金累计近4亿元，实现利税合计7亿多元，实现工业总产值50余亿元，为我国国防、航空、科技事业的发展作出了重大贡献，为国家有色金属工业的发展写下了辉煌的一页。企业曾先后荣获全国资源综合利用先进企业、全国设备管理优秀单位、国家科技攻关授奖成果、全国冶金系统职工教育先进单位、云南省先进党组织、云南省绿化先进单位、云南省全面质量管理达标企业、云南省优秀管理达标企业、云南省质量效益型先进企业等数百项荣誉称号。

公司在会泽铅锌矿五十余年艰苦创业的基础上，已发展成为集采矿、选矿、冶炼、化工、科研为一体，能同时处理铅锌氧化矿和硫化矿的国家大一型有色金属联合企业。现有综合年生产能力为铅锌8.8万吨、锗产品含锗10吨、硫酸6万吨。其中：锗产品产量和质量居全国之首，是中国最大的锗产品生产出口基地；铅锌产量居全国同行业前五强，是云南省百家重点骨干企业之一。公司“银晶”牌锗产品荣获国家银质奖，为国优产品；“银鑫”牌锌锭、七水硫酸锌为部优产品；“银磊”牌粗铅、“华达”牌工业硫酸锌为省优产品。锌锗系列产品获出口免检权，并于1998年12月通过ISO9002质量标准体系认证，2002年2月通过ISO9000：2000新版质量标准体系认证。

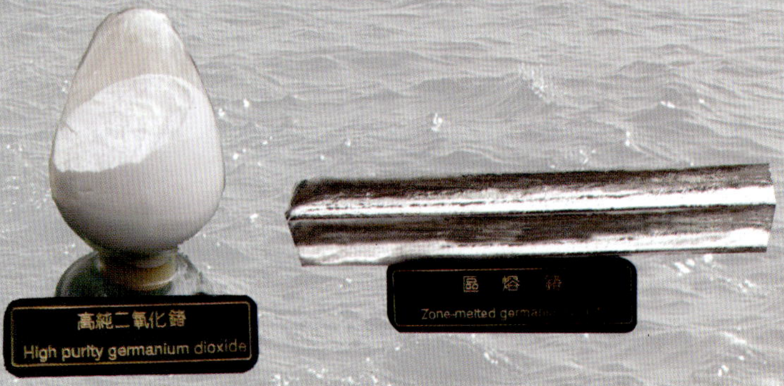

公司严格按照《公司法》和上市公司要求，按照国家的有关法律、法规及《公司章程》规范运作，科学管理，不断完善法人治理结构，建立了有效的内部约束、激励管理机制。目前，公司下设七个主体生产厂，负责公司铅、锌、锗三大系列产品的采、选、冶生产及配套产品硫酸的生产，即：采选厂负责硫化铅锌原矿和氧化铅锌原矿的开采及选矿，生产半成品锌精矿和铅精矿；第一冶炼厂采用火法冶炼处理氧化矿石，生产粗铅及烟尘；第二冶炼厂采用湿冶炼，生产电锌、粗镉、硫酸锌、锌基合金等产品及锗精矿、铅渣、锌板、锌浮渣等半成品；第三冶炼厂生产高纯四氯化锗、高纯二氧化锗、还原锗、区熔锗等锗系列产品；硫酸厂生产锌焙砂和工业硫酸；动力厂负责向整个生产系统提供风、水、电、气；综合利用加工厂负责氧化矿的选矿及对冶炼污水的处理。下设资源接替工程指挥部负责地质勘探、矿山资源开发和建设、矿山建设工程管理；证券部负责编制公司证券统计资料及其动态分析，负责公司的对外信息披露和证券事务及法律事宜；总经办负责公司文件和资料控制、档案管理及计算机网络管理；财务部负责公司整个财务工作；人力资源部负责员工招聘、培训和生产经营指标的制定、考核及现场管理等工作；党工部负责公司的对外宣传工作；纪检监察室和审计室负责公司党内事务的纪律监察和公司内部审计工作；生产部（下设生产处、机动能源处）负责整个生产的组织、管理和能源、设备管理及设备的检修、更新和整个装备水平的提高；市场营销部（下设物资处、营销处）负责原材料的采购、产品的销售及产品售前、售后服务等相关工作技术开发中心（下设技术开发处、技术监督处）负责投资项目的前期论证及投资项目可行性研究报告的编制，负责新工艺、新技术的研究开发、测试及产品质量的控制。

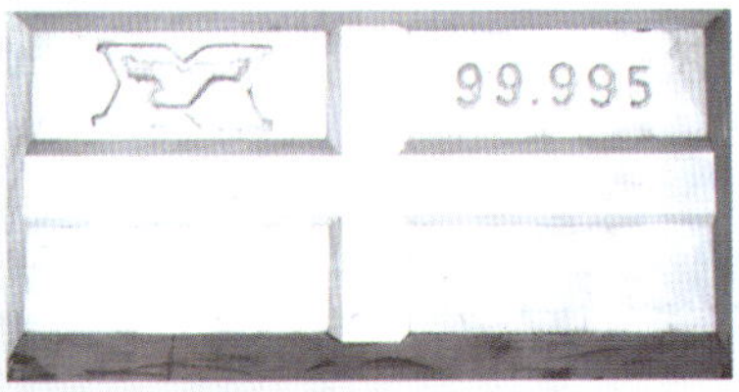

锌锭

锗产品

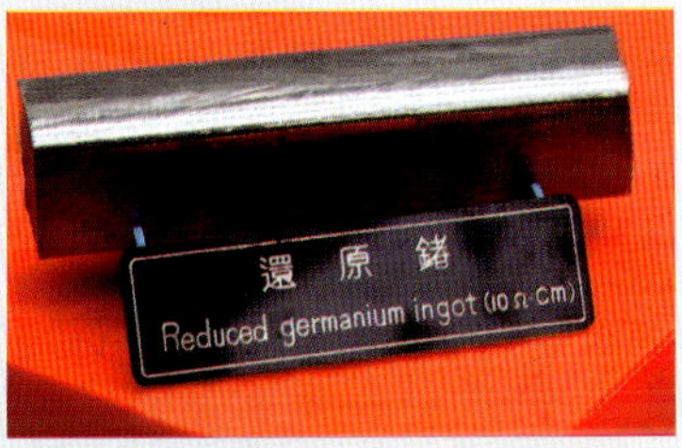

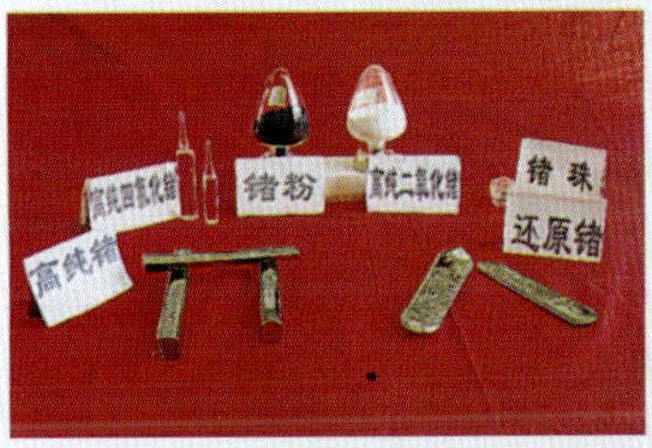

在技术开发创新方面，公司拥有在国内同行业中处于领先地位的"烟化炉挥发富集提取铅锌锗冶炼工艺"、"从氧化铅锌矿中湿法提取锗工艺"、"电炉合金锌粉的研制和应用技术"、"无氰法混合浮选工艺技术"、"蒸馏残渣中锗的火湿法联合回收工艺"、"烟化炉大比例加冷料技术"等十余项核心技术，其中"高锗沉矾液的处理方法"获得国家发明专利权；矿山资源探找在寻找深部隐伏矿体这一国际性重大难题上，取得了实质性的突破。经勘探表明，公司区域内蕴藏着丰富的铅锌氧化矿和硫化矿资源，矿床铅锌金属品位大于25%，锗金属平均品位0.0048%，属世界特富型优质矿体，已探明的铅锌金属储量达400万吨心以上，远景预计超过1000万吨，为公司的发展壮大奠定了坚实的基础。

目前，驰宏公司正以"发展要有新思路，改革要有新突破，开放要有新局面，工作要有新措施"的四新要求，以全新的精神面貌，开拓进取、奋发向上，紧紧抓住公司区域内蕴藏丰富的铅锌氧化矿和硫化矿资源这一强大的核心优势，致力于实施锌锗名牌战略，实现优质矿产资源的开发及综合利用，走品牌创新和规模效益发展之路。2004年，公司投资2亿元建成投产采选60—80万吨/年采选能力的矿山，成为国际技术先进、国内一流的新型矿山；在曲靖建成年产铅锌18万吨、锗产品20吨、硫酸26万吨综合生产能力的新型冶炼基地，保持锗产品产量和质量在全国的领先地位，并跻身于全国锌行业的前三强，创年工业总产值17亿元，年利润总计达1.5亿元。通过制度创新、机制创新、技术创新，使公司锌锗冶金工艺技术和现代化管理达到国际国内先进水平，使企业发展成为技术领先、管理一流、效益显著，具有国际竞争力的现代化企业，为云南经济的发展和中国有色金属工业发展作出积极的贡献。

硫酸锌

PAPER INDUS

董事长：王德贤

安徽山鹰纸业股份有限公司前身为马鞍山市造纸厂，建于1957年，1994年改制为马鞍山市山鹰造纸有限责任公司，1999年变更成立安徽山鹰纸业股份有限公司。

公司坚持以技术进步谋求发展，生产规模不断扩大，经济效益连年提高，1997年晋升为国家大型一档造纸工业企业，1998年被省政府评为现代企业管理示范单位，1999年通过ISO9002国际质量保证体系认证，2000年评定为安徽省优秀高新技术企业，2001年评定为国家火炬计划重点高新技术企业和科技部技术创新重点联系企业，2001年底成功发行6000万社会公众股并在上海证券交易所挂牌上市，成为安徽省造纸行业首家上市公司，综合经济效益位居国内同行业前列，是安徽省重点扶持发展的40家大型骨干企业之一。

公司现有员工1000余人，占地约30万平方米,总资产8.31亿元，主导产品为各种等级规格的箱纸板、瓦楞原纸、纸箱等。公司主营包装纸及纸板，在马鞍山、苏州、杭州、扬州拥有7家子公司，主营纸箱、纸管等纸制品，包装纸板年生产能力35万吨，纸箱1亿m^2，为安徽省最大的包装纸板和纸箱综合生产企业。公司技术装备优良，拥有国家级和省级新产品4项，产品质优价廉，享誉市场。

公司位于长江下游南岸的马鞍山市，毗邻南京和芜湖，距南京仅30公里，紧靠长江黄金水道，水陆交通便捷，地处长江三角洲发达城市群，是该地区唯一的主营包装纸板的上市公司。该地区经济发达,纸板需求量大，市场空间广阔，产品辐射面广，为公司实现可持续发展提供了良好的条件。

公司的发展战略是：坚持以市场为导向，以经济效益为中心，以产品质量为保证，以技术创新为手段,发展生态纸业，走循环经济之路，逐步把公司建设成为可参与国际竞争的大规模、高效益的现代化造纸企业。公司秉承"团结、拼搏、创新、卓越"的精神，愿与各界朋友携手共进，共谋发展，再创辉煌。

董事长王德贤先生会见外国客商

公司造纸设备

公司办公大楼

广深铁路股份有限公司（简称广深公司）于一九九六年三月六日按照中华人民共和国《公司法》在中国深圳市注册成立，主要经营铁路客货运输业务及有关服务的股份有限公司。

一九九六年五月，广深公司发行的H股和美国存托股份（ADSs）分别在香港交易及结算所有限公司(香港联交所）和纽约股票交易所（纽约交易所）上市，是目前中国唯一一家境外上市的铁路运输企业。

广深公司独立经营全长147公里的广深铁路，穿越中国广东省经济高速增长的珠江三角洲，连接京广、京九、三茂、平南、平盐和香港九广铁路，是中国华南地区交通网络的重要组成部分，是中国内陆通往香港的唯一铁路通道，具有良好的区域地缘优势。

广深公司主要经营广州至深圳间各铁路车站客货运输业务，并与香港九广铁路公司合作经营九广直通车旅客运输业务。本公司亦经营铁路设施技术综合服务、商业贸易及兴办各种实业等与公司宗旨相符的其他业务。

广深公司经营的广深铁路是目前中国现代化程度最高的铁路之一，其技术装备达到国内领先水平，部分技术指标达到或接近国际先进水平。广深铁路是中国目前唯一能够开行时速200公里高速旅客列车的铁路。

广深公司不断推进高速列车发展计划，广州、深圳之间已于2001年实现了城际特快旅客列车公交化运输，开创了全国铁路的先河。

为拓展新的经济增长点，广深公司还于2001年开行了深圳至岳阳和深圳至北京的长途旅客列车，投入国内长途客运市场竞争。

广深铁路是中国铁路干线与港口连接紧密的铁路，分别与广州的黄埔港、新港、新沙港和深圳的盐田港、蛇口港、赤湾港、妈湾港连接。广深公司拥有完善配套的货运设施，能有效地进行整车、零担、集装箱、笨重货物、危险货物、鲜活货物、超限货物的运输，在中国内陆中长远距离运输方面具有竞争优势。

广深铁路是中国综合效益最好的铁路之一。广深公司客货运输吸引区范围涵盖广州、珠海、中山、佛山、增城、东莞、深圳和香港等地。广深公司提供的客货运输服务已成为粤港经济和市民生活的重要组成部分。随着粤港经济持续增长和运输条件改善，广深铁路运输市场的前景更加广阔。

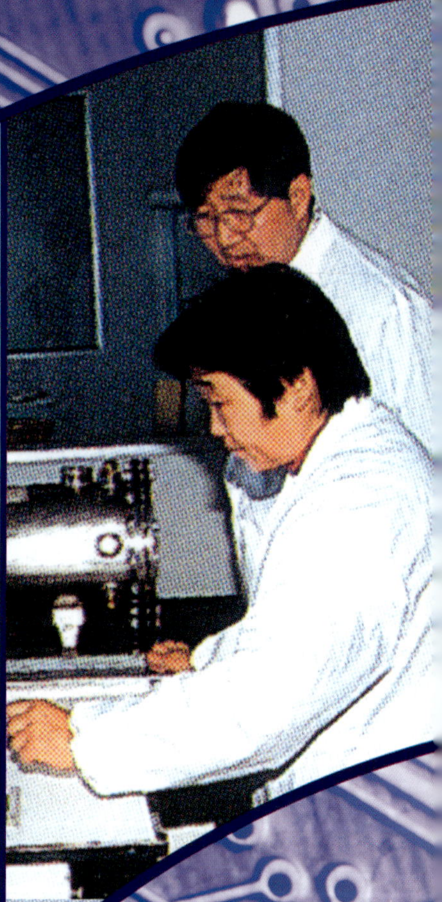

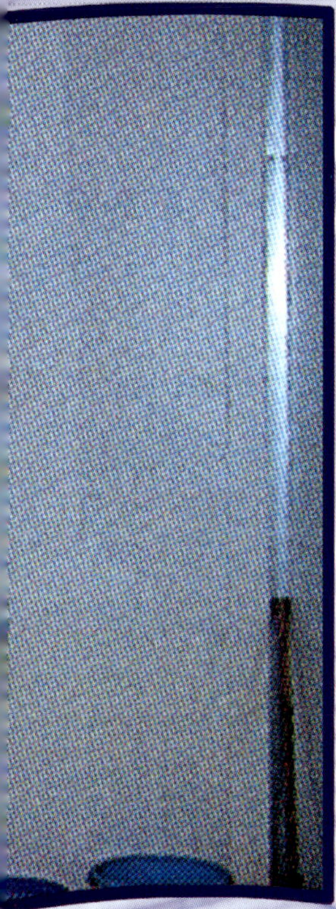

董事长：

江苏长电科技股份有限公司是从事半导体分立器件和集成电路封装研发、生产、销售的专业化企业，国家重点高新技术企业。

长电科技现有总资产16亿元，已形成年产集成电路26亿块，分立器件120亿只的能力。公司已形成“大规模、高品质、低成本、高效率”的核心综合竞争能力，建立了一流的可靠性试验室，为客户提供品质可靠的产品。先后通过了ISO9001、QS9000和ISO14001体系认证，其“长江”品牌先后荣获“江苏省名牌”、“中国半导体十大品牌”等称号；据信息产业部CCID最新公布的统计资料，长电科技的产品封装总量和各项技术指标在国内内资企业中，集成电路和分立器件双双名列前茅。

长电科技成立以来，抓住市场机遇，多方筹措资金，不断加大技改投入，形成“投入(调整产品结构、扩大生产规模)——降低成本、提高质量、增强盈利——产品适当降价扩大市场占有率，形成供不应求的局面——再投入”这样一个滚动发展的良性循环，使企业一直保持年增长35%—40%的速度，走上健康发展的轨道，先后进入了国家重点高新技术企业行列、中国电子百强，连续六年荣获无锡市明星企业，江阴市利税大户称号。

长电科技已于2003年6月3日在上交所上市，募集资金净额3.78亿元，公司的募集资金项目已全面开始实施，这些项目的的建成将进一步增强主营业务的竞争能力，扩大海内外市场份额，增强盈利能力，把企业做大做强做精做专，来回报广大投资者。

江苏长电科技股份有限公司

JIANGSU CHANGJIANG ELECTRONICS TECHNOLOGY CO., LTD.

长电科技

地址：江阴市滨江中路275号 Add: 275Binjiang Rd.(M), Jiangyin, Jiangsu, Cina **邮编：** 214431

TEL: 0086-510-6855276 6854191 6859417 Fax: 0086-510-6854550 http://www.cj-elec.com

chinastock.com.cn

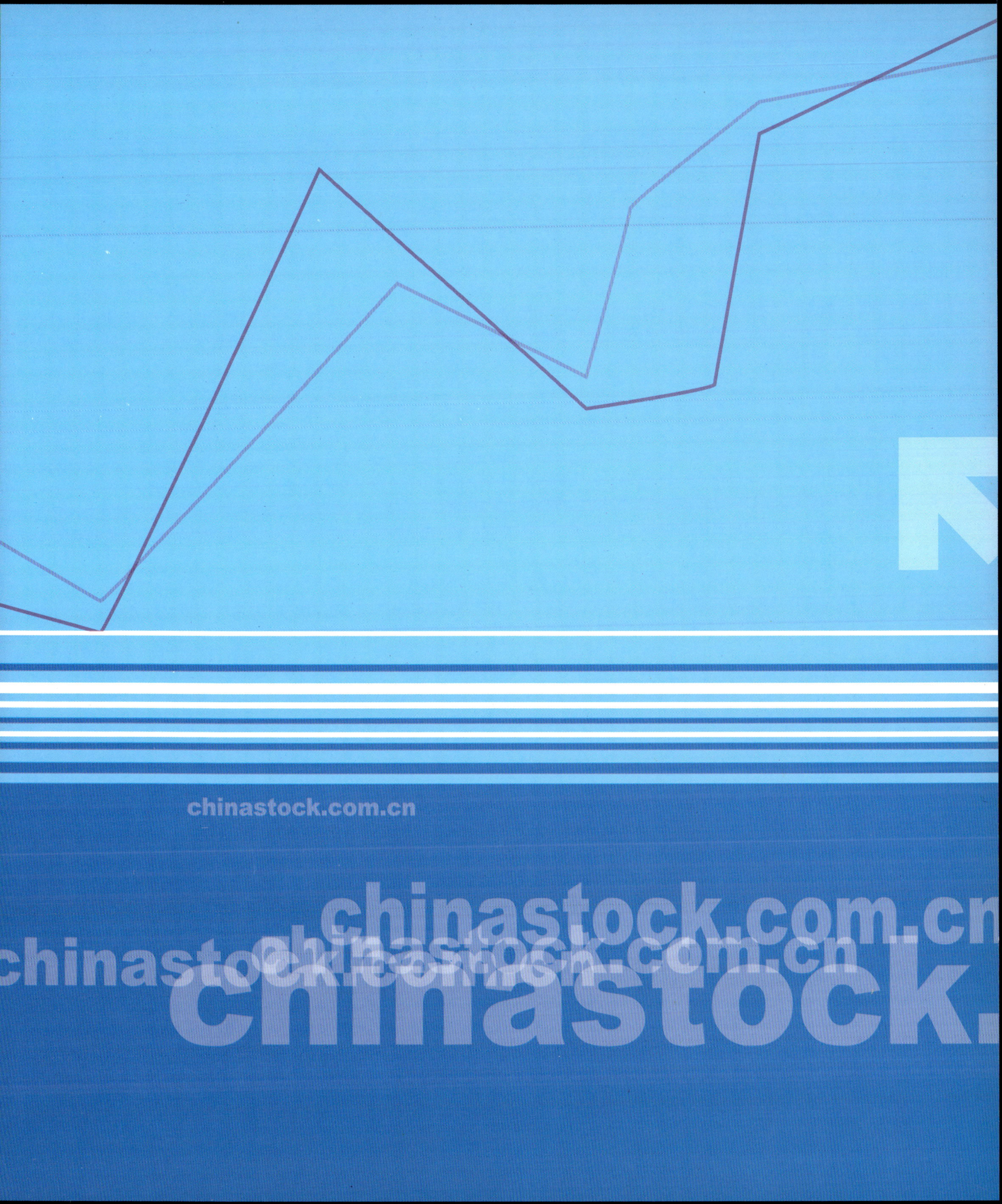
chinastock.com.cn
chinastock.com.cn
chinastock.com.cn
chinastock.com.cn
chinastock.

江西长力汽车弹簧股份有限公司

董事长：李其祥

副董事长：傅民安

总经理：肖锋

江西长力汽车弹簧股份有限公司(以下简称“公司”、“长力股份”)系经江西省股份制改革和股票发行联审小组赣股[1999]08号文批复同意设立的股份公司，于1999年9月16日在江西省工商行政管理局正式注册登记成立，注册地为（国家级）南昌高新技术产业开发区。长力股份属江西省高新技术企业，中国汽车配件工贸集团成员，拥有自营进出口权。

公司主营汽车钢板弹簧、扭杆弹簧、圆簧、弹簧扁钢、减震器，弹簧专用设备的研制、开发、销售，汽车销售、金属制品加工及销售。

长力股份是目前国内弹簧行业拥有汽车板簧的冶炼——轧制——成型的完整的生产线的少数企业之一，拥有“长力”牌汽车板簧和“海鸥”牌弹簧扁钢两大主导产品，产品质量可靠，具有长期稳定的客户群体。汽车板簧为江铃、东南、昌河、柳汽、北汽福田等诸多汽车厂家配套，弹簧扁钢也长期为一汽辽弹、二汽东风悬架、山东弹簧厂、红岩弹簧厂、昆明弹簧厂、安庆弹簧厂等多家汽车弹簧厂提供原料供应。

长力股份组建以来，企业经营规模、“长力”品牌和经济效益均得到长足的发展，2000年，公司总资产26999万元，股东权益13438万元，主营业务收入20112万元，净利润2022万元，每股收益0.27元；2003年1–9月，公司总资产为76565万元，股东权益为49736万元，2003年1–9月主营业务收入为51993万元，净利润3299万元，每股收益0.264元/股（摊薄）。四年来，公司产销率一直保持在100%。

长力股份从成立之日起就一直致力于寻求在资本市场上的突破。公司成立后，严格按照《公司法》、《证券法》以及其他相关法律、法规和规范性文件的要求进行改制和规范化运作，为公司建立现代企业制度，申请股票发行上市积极准备。

2002年11月15日公司发行股票的申请经中国证券监督管理委员会发行审核委员会的审核通过，在公司成立四周年之际，即2003年9月16日，公司首次公开向二级市场投资者以定价配售的方式发行5,000万股A股，发行价格为6.50元/股，实收募集资金为3.13亿元，2003年9月30日，公司股票在上海证券交易所正式挂牌交易。

长力股份股票上市后，公司成为一家公众公司。公司将严格按照中国证监会、上海证券交易所和南昌特派办的要求，进一步完善公司治理结构，积极履行信息披露业务，不断健全公司内部控制制度，为长力股份的持续、健康发展奠定坚实的基础。

江西长力汽车弹簧股份有限公司上市答谢酒会

嘉宾合影

序 言

2003年，中国经济经受住"非典"等诸多突如其来的冲击，保持了快增长、高效益、低通胀的大好局面，跃上新的增长平台。党的十六届三中全会作出《关于完善社会主义市场经济体制若干问题的决定》，确立了全面、协调、可持续的科学发展观，提出要大力发展资本市场和其他要素市场，"有重点、有步骤地推进经济体制改革，进一步消除束缚生产力发展的体制性障碍。"时代的呼唤、经济的强劲增长，对资本市场提出了新的、更高的要求，也为其发展开辟了广阔空间。

在这一年里，证券期货系统认真研究影响市场进一步发展的重大问题，努力加强市场基础建设，深入落实各项监管措施，继续防范和化解市场风险，进一步推进我国资本市场的改革开放和稳定发展，市场信心逐步恢复，市场监管和市场建设各项工作取得新成绩。

2003年，证券期货市场总体运行平稳，市场规模稳步扩大，对支持国民经济发展起到了重要作用。全年境内市场共筹资823.12亿元，同比增长5.56%；上市公司经营效益整体好转，前三季度实现净利润总额达1025亿元，比2002年全年实现的净利润多21.3%，每股收益0.158元，超过2002年全年的每股收益；全年有177家企业通过资本市场实施了收购、兼并和资产重组。随着一些上市公司的集团吸收合并、定向增发等市场创新方案推出，资本市场促进结构调整、优化资源配置的功能更加突出；证券投资基金全年首发规模678亿元；期货市场在规范基础上获得新发展，全年交易额突破10万亿元，总体运行平稳。

截至2003年底，境内上市公司总数达1287家，总市值42457.71亿元，流通市值13178.51亿元；证券公司共133家，总资产约5618亿元，营业网点约3000个；基金管理公司34家，证券投资基金95只，基金规模1650.09亿份，基金总净值1744.31亿元。

2003年，证券期货市场的改革不断深化，法制建设取得新进展。发行制度改革取得实质性进展：提高了首次发行股票的条件，对股票发行审核委员会制度和审核机制进行了重大调整，推出了证券发行上市保荐制度。这些措施进一步强化了企业发行上市的市场约束机制，为从源头上提高上市公司质量，提供了制度保障。

证券公司融资渠道和业务范围进一步拓宽。颁布了《证券公司债券管理暂行办法》

和《证券公司客户资产管理业务试行办法》，为证券公司优化资本结构，在规范基础上创新和发展拓展了空间。进一步完善基金市场准入标准，简化了审批程序，促进基金业创新，基金品种日趋多样化。

积极配合立法部门完善相关法律制度，推动了《证券投资基金法》的出台和《证券法》的修改。还先后两批取消了60项行政审批项目。

这一年，我国资本市场在落实加入WTO有关承诺、推进对外开放方面取得了积极成果。先后有8家外资参股基金管理公司、2家外资参股证券公司获准设立，有3家外资参股基金管理公司获准筹建。试行合格境外机构投资者(QFII)制度进展加快，迄今已有12家外资机构获得QFII资格，累计引入QFII资金约140亿元人民币。

随着我国资本市场规模进一步扩大，市场结构逐步完善，市场规范化程度持续提高，以市场基础建设为中心的监管工作不断推进，市场机制的作用日益显现，市场参与主体的预期逐步趋于稳定，证券市场在发展过程中呈现出一些新的变化：

一是证券市场投资信心明显有所恢复。十六大和十六届三中全会明确了资本市场的发展方向，社会各界特别是广大投资者的认识逐步统一，对资本市场发展预期趋向稳定。在经历了一年半的弱市后，2003年市场主要指标均呈现恢复势头。二是新的投资热点不断涌现。突出表现在业绩稳定增长、以往不被投资者关注的大盘蓝筹股开始受到市场投资者的关注和青睐。三是证券行业经营理念正经历深层次的变革。随着对规范发展资本市场认识的提高和对监管政策的深入理解，证券经营机构原有的经营理念在不断进行调整，更加注重内涵式发展。基金管理公司通过产品创新、服务创新，机构投资者的作用进一步发挥。证券公司在加强自身建设、强化内部管理等方面有了新进展。

对证券市场的这些变化，我们要保持全面客观的认识和判断，既要看到这些变化中包含的市场发展的积极信号，增强做好工作的信心，也要看到我国经济和社会的发展仍处于社会主义初级阶段，资本市场的规范发展是一个长期渐进的过程，还有许多不完善的地方，仍需要我们继续努力。

2004年，证券监管工作要全面贯彻落实党的十六大和十六届三中全会精神，按照《国务院关于推进资本市场改革开放和稳定发展的若干意见》和全国银行、证券、保险工作会议的部署，以创新为动力，以发展为主线，继续加强市场基础建设，不断强化市场监管工作，进一步提高依法行政水平，严格规范市场主体行为，切实防范和化解市场

风险，积极稳妥解决历史遗留问题，保护好投资者合法权益，全面提高市场效率，积极营造富有竞争力的投资和融资环境，为加快资本市场发展奠定扎实基础。要重点做好以下工作：

逐步完善市场结构。规范发展主板市场，推动交易制度和品种创新。分步推进创业板市场建设，在深圳证券交易所设立中小企业板块。改进和规范证券公司代办股份转让系统。促进债券市场发展，大力推动商业银行重新参与交易所债券市场。研究公司债特别是上市公司债券的发行试点等。

继续深化发行体制改革。全面贯彻落实股票发行上市保荐制度和新的发审委制度，健全和发挥市场对企业发行上市的约束机制和作用。研究完善再融资标准和核准程序，整合现行再融资规则，提高市场再融资效率等。

切实提高上市公司规范化运作水平。以提高上市公司透明度和推进上市公司现代企业制度建设为基础，规范上市公司管理层和大股东行为为重点，落实上市公司“辖区监管责任制”为突破口，努力提高上市公司规范运作水平等。

积极促进证券公司和期货公司规范发展。落实已经出台的各项证券公司规范措施，督促证券公司采取积极措施完善法人治理，加强内控机制建设。改革完善证券、期货公司客户交易结算资金存管制度，完善和巩固期货公司保证金封闭管理制度。对证券期货公司实施分类监管，制定扶优限劣的政策措施，支持证券、期货公司通过业务创新，收购兼并等方式优化整合，做优做强。

本世纪头二十年是十六大确定的必须紧紧抓住且可以大有作为的重要战略机遇期，也是我国资本市场改革发展前所未有的大好时机。只要我们工作的方向正确，思路清晰，措施得力，就一定能不断推进我国资本市场的健康稳定发展。

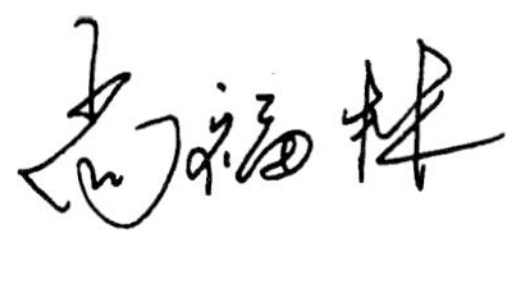

（2004 年 3 月 18 日，中国证券监督管理委员会主席尚福林先生亲笔为 2003 版《中国证券业年鉴》作序）

中國證券業年鑒

特别祝贺

泰豪科技股份有限公司

广深铁路股份有限公司

安徽山鹰纸业股份有限公司

江苏长电科技股份有限公司

云南驰宏锌锗股份有限公司

杭州士兰微电子股份有限公司

北京城建投资发展股份有限公司

河南中原高速公路股份有限公司

2003

中國證券業年鑒

CHINA SECURITIES YEAR BOOK

上

总第十一期

总编辑 陈乃进 朱从玖 张育军

上海证券交易所 深圳证券交易所 协办
天津中新药业集团股份有限公司
中国证券业年鉴编辑委员会
新华出版社

图书在版编目(CIP)数据

中国证券业年鉴. 2003/《中国证券业年鉴》编辑委员会编.
—北京:新华出版社, 2004.1
ISBN 7－5011－6407－X

Ⅰ.中… Ⅱ.中… Ⅲ.证券市场－中国－2003－年鉴 Ⅳ.F832.51－54

中国版本图书馆 CIP 数据核字(2003)第 097465 号

责任编辑:吕仙珽　陈洁

中國證券業年鑒

2003

(总第十一期)

中国证券业年鉴编辑委员会编

※

新华出版社出版发行

新华书店经销

上海中证广告有限公司数据植字

上海出版印刷有限公司承印

※

开本:850mm×1168mm　1/16　印张:108　插页:480　字数:4800 千字

2004 年 2 月第一版　　2004 年 2 月第一次印刷

ISBN 7－5011－6407－X/F・925

广告经营许可证:京工商广字西临 0402005

总定价:人民币 780 元　港币 780 元　美元 120 元

编辑说明

中国证券市场创办以来，一大批国有企业发行上市，在国有企业建立现代企业制度的改革实践中起到示范作用，也为经济结构战略调整开辟了直接融资渠道。与中国证券市场同步成长，反映证券市场发展历史的《中国证券业年鉴》是一部综合的史料性年刊，创刊于1993年，每年出版一次，国内外公开发行。《年鉴》主要反映上一年中国证券、期货、基金、产权市场及企业制度建设和发展方面的情况和最新动态，供海内外有关机关、社团、学校、研究部门、企事业单位及社会各界人士进一步了解和研究参考使用，为推动中国证券业的规范化和国际化、建设有中国特色的社会主义市场经济服务。

《中国证券业年鉴》(2003·总第十一期)共分19编，内容设置专论、金融市场、证券市场、期货市场、基金市场、产权市场、证券管理与交易机构、中介机构、上市公司、香港上市公司、拟上市公司、证券经营机构、证券业研究、证券业科技、证券业人物、大事记、市场统计资料、政策与法规、企事业单位选介等部分。另有彩色和黑白插页图片910幅。

《中国证券业年鉴》按部类分编，采用编、章、节、目、段五个层次的结构形式，不同层次的标题在字体、字号和版式设计方面都有明显的区别。其中全书出现最多的“目”一级标题统一用黑体字加【 】表示，内容较多的“目”的文内则用楷体表示“段”一级的标题。在编辑过程中尽可能将内容条目化。

《中国证券业年鉴》(2003)基本上保持了上一期的内容和体例的连续性，充实了金融市场部分内容，并充实了各省、自治区、直辖市、计划单列市的证券期货市场的内容和香港创业板上市公司。在香港上市公司整编内容、香港联合交易所整节内容中除标明货币单位外均以港币为单位。香港上市公司的中文名称并非注册名称。由于会计制度及统计方法差异，可能使在香港上市的大陆企业的数据有所不同。《年鉴》的资料直接来源于公司的公告或报告、国务院有关部门及各省、市提供的材料，保证了《年鉴》的权威性和准确性，但由于中国证券业仍处于发展阶段，加上各地区的发展不平衡以及我们的水平有限，难免出现一些疏漏，敬请读者谅解和指正。

《中国证券业年鉴》由中国证券业年鉴编辑部组织编辑，由新华出版社出版，在编辑出版过程中得到了国务院有关部门、省、自治区、直辖市证券管理机构、上海证券交易所、深圳证券交易所、香港联合交易所、证券界有关领导、专家的指导和支持，在此我们表示最诚挚的感谢。

中国证券业年鉴编辑部

中国证券业年鉴顾问委员会

龙　江　云南白药集团股份有限公司　董事长
朱崇仁　云南驰宏锌锗股份有限公司　董事长
陈天麟　浙江国祥制冷工业股份有限公司　董事长
单银木　浙江杭萧钢构股份有限公司　董事长
骆家刚　浙江金迪期货经纪有限公司　董事长
傅日高　浙江中国小商品城集团股份有限公司　董事局主席
邬昆华　中国石化武汉凤凰股份有限公司　董事长
宋　鑫　中金黄金股份有限公司　董事长
孙勇才　黑龙江北大荒农业股份有限公司　董事长
束龙胜　安徽鑫龙电气股份有限公司　董事长
张小棣　广东有线网络股份有限公司　董事长
李永进　宁夏赛马实业股份有限公司　董事长
芦　林　包头铝业股份有限公司　董事长
刘兴亮　山东铝业股份有限公司　董事长
贺长松　湖北楚天高速公路股份有限公司　董事长
吴　全　江西昌河汽车股份有限公司　董事长
刘锡汉　长江交通科技股份有限公司　董事长
詹纯新　长沙中联重工科技发展股份有限公司　董事长
朱宪国　大冶特殊钢股份有限公司　董事长
何福俊　涪陵电力股份有限公司　董事长
杨　庆　广西桂冠电力股份有限公司　董事长
李其祥　江西长力汽车弹簧股份有限公司　董事长
陈　峰　海南航空股份有限公司　董事长
王晓华　广西柳工机械股份有限公司　董事长
杨丹地　广州发展实业控股(集团)股份有限公司　董事长
梁国坚　广西红日股份有限公司　董事长
徐绍芳　安源实业股份有限公司　董事长
江廷林　烽火通信科技股份有限公司　董事长
宁远喜　广东宝丽华实业股份有限公司　董事长
杨钦欢　广东梅雁企业(集团)股份有限公司　董事长
温昌伟　广西桂东电力股份有限公司　董事长
谢柏堂　贵州航天电器股份有限公司　董事长
马世春　贵州轮胎股份有限公司　董事长
柯荣卿　广州路翔股份有限公司　董事长
郑暑平　广州珠江实业开发股份有限公司　董事长
唐　勇　贵州长征电器股份有限公司　董事长
张观福　贵州信邦制药股份有限公司　董事长
尹向东　桂林机床股份有限公司　董事长
王维平　广西五洲交通股份有限公司　董事长
康　健　海虹企业(控股)股份有限公司　董事长
齐应刚　贵州贵航汽车零部件股份有限公司　总经理
熊朝林　滨海期货经纪有限公司　总经理
龙大伟　诚志股份有限公司　总裁

中国证券业年鉴编辑委员会

中国证券业年鉴编辑部

本刊地址：上海市浦东大道 1819 号 6 号楼 201 室
电话：021—68670009
传真：021—58206180
邮编：200135

目　录

第一编　专　论

第二编　中国金融市场

第三编　中国证券市场

第四编　中国期货市场

第五编　中国基金市场

第六编　中国产权市场

第七编　上交所上市公司

第八编　深交所上市公司

第九编　香港上市公司

第十编 拟上市公司

第十一编　证券经营机构

第十二编　中介机构

第十三编　证券业研究

第十四编　证券业科技

第十五编　证券业人物

第十六编　证券业大事记

第十七编　市场统计资料

第十八编　政策与法规

第十九编　中国企事业单位选介

插页目录

中册

下册

■ 中国证券业年鉴人物介绍

中国证券市场走势图

上证指数

深证指数

China Securities Year Book 2003

中国证券监督管理委员会

CHINA SECURITIES REGULATORY COMMISSION

中国证券监督管理委员会是国务院直属正部级事业单位，是全国证券期货市场的主管部门。下设办公厅、发行监管部、市场监管部、机构监管部、上市公司监管部、基金监管部、期货监管部、稽查一局、稽查二局、法律部、会计部、国际合作部、人事教育部、党委宣传部、监察室、机关党委、规划委、派出机构协调办等18个职能部门和信息中心、行政中心2个直属事业机构。

CSRC

CHINA SECURIT

CSRC

中国证券监督管理委员会在全国各省、市、自治区设立的派出机构：

天津证券监管办公室	石家庄特派员办事处
太原特派员办事处	呼和浩特特派员办事处
沈阳证券监管办公室	长春特派员办事处
哈尔滨特派员办事处	大连特派员办事处
上海证券监管办公室	南京特派员办事处、
杭州特派员办事处	宁波特派员办事处
济南证券监管办公室	合肥特派员办事处
郑州特派员办事处	青岛特派员办事处
武汉证券监管办公室	长沙特派员办事处
南昌特派员办事处	广州证券监管办公室
福州特派员办事处	南宁特派员办事处
厦门特派员办事处	深圳证券监管办公室
海口特派员办事处	成都证券监管办公室
贵阳特派员办事处	昆明特派员办事处
拉萨特派员办事处	西安证券监管办公室
兰州特派员办事处	西宁特派员办事处
银川特派员办事处	乌鲁木齐特派员办事处
北京办事处	重庆办事处

CSRC

地　　址：中国北京西城区金融大街16号金阳大厦
主席热线：010－88061700
电子邮件：csrcweb@publicf.bta.net.cn
邮　　编：100032

YEAR BOOK

社长、总编辑：陈乃进

中國证券報

《中国证券报》是新华通讯社主办的全国性证券专业日报，是中国证券监督管理委员会指定披露上市公司信息、中国保险监督管理委员会指定披露保险信息的报纸。

《中国证券报》的办报宗旨是：宣传党和国家有关经济、金融、证券的方针政策，传递金融、证券信息，评析金融、证券市场，普及金融、证券知识，做可信赖的投资顾问。

《中国证券报》以证券、金融报道为中心，报道国内外经济大势、宏观经济政策；报道证券市场、上市公司等专业领域；也关注货币、保险、基金、期货、房地产、外汇等相邻市场，并在更加广阔的财经领域有着较大的影响力。

《中国证券报》的目标是做高水准的财经报纸，即所刊登的文章有较多的独家新闻、深度报道和具有前瞻性的分析评论，这些文章被较多地转载、援引、提及，受到人们的关注和重视，从而在较大程度上引导舆论，影响人们对证券市场、金融形势和经济走势的看法。

作为一张全国性的证券专业报纸，《中国证券报》努力弘扬报道的权威性，帮助读者把握宏观政策精神，客观认识市场走势；着力增加有效信息量，方便读者及时了解国民经济、行业部委、上市公司和证券市场等各个层面的信息，为其投资决策提供有效参考；注重市场报道的实用性。同时，重视发挥媒体的舆论监督功能，揭露并抨击重大违法违规行为，维护投资者利益，促进证券市场健康发展。

据国家统计局中国经济景气监测中心等机构联合发布调查报告显示，《中国证券报》为阅读率最高的全国性四大报纸之一，央视调查咨询中心2000年在15城市的调查显示，在全国金融证券类报刊中，《中国证券报》阅读率名列第一。央视调查咨询中心等机构2001年的调查显示，《中国证券报》在2001年上半年全国性报刊媒体广告经营额排名第一，在北京市2001年上半年报刊媒体广告经营额排名第三；《中国证券报》平均每期读者阅读率达3.2%，平均每期读者数达130.8万人，白领读者占读者总数的58.84%。

《中国证券报》在上海、深圳、辽宁、广东、湖北、山东、四川、重庆、江苏、浙江、福建、海南、陕西13个省市设有记者站，它们和新华社遍布全球的分社、支社为《中国证券报》提供了广泛的信息来源。

《中国证券报》每周一至周六出版，每期对开十六版以上，海内外公开发行。《中国证券报》国内邮发代号为1-175，国外代号为D1228；全国各地邮局均可破季破月订阅，各城市还设有零售业务。

普及证券知识

宣传证券政策

传递证券信息

评析证券市场

报社办公大楼

董事长：张万青

山东黄金矿业股份有限公司（以下简称公司）是经山东省经济体制改革委员会鲁体改企字[2000]第3号文批准，由山东黄金集团有限公司、山东招金集团公司、山东莱州黄金（集团）有限公司、济南玉泉发展中心和山东金洲矿业集团有限公司以发起设立方式设立的股份有限公司，注册资本金为1亿元人民币。截止2003年5月31日，公司拥有资产总额5.04亿元，其中净资产为2.29亿元。

公司的主要经营范围是进行批准许可范围内的黄金开采、选冶，黄金矿山专用设备、建筑装饰材料（不含国家法律法规限制产品）的生产、销售。主要产品为成品黄金。

公司的生产经营主体是新城金矿。该矿设计采选生产能力1250吨/日，是一座具有采、选、冶综合生产能力的大型二档矿山，保有黄金储量40吨，服务年限为16.1年。

公司成立以来，各项生产经营指标名列全国同类黄金企业前茅。2000—2002年，黄金产量分别为2929.01千克、3105千克和2812.5千克；实现利润分别为3811万元、4076.20万元和4200万元。

公司技术水平处于全国黄金行业领先水平。其“新城金矿复杂条件矿床开采方法研究”获国家科技进步二等奖、国家经贸委黄金科学技术进步特等奖，“新城金矿主溜井特大塌方区加固技术研究”获国家经贸委黄金科学技术进步二等奖、山东省科学技术进步二等奖；“新城金矿顶底柱回采实验研究”获中国黄金协会科学技术进步一等奖。

公司积极实施“稳定主业、多元发展”的战略目标，拥有国内长江以北最大的贵金属深加工基地——山东黄金鑫意首饰有限公司90%的股权，其“鑫意”牌首饰荣获中国珠宝首饰业驰名品牌；公司还拥有山东省数字证书认证管理有限公司33.33%的股权，该公司是山东地区唯一从事跨部门、跨行业数字证书签发的权威认证机构，又是山东地区数字证书安全认证体系建设与管理的主体。

山东黄金矿业股份有限公司

张万青董事长在上市仪式上致辞

张万青董事长为上市鸣锣

山东黄金
公司经中国证监会核准，
于2003年8月13日向社会公开发行6000万股A股股票。
股票简称：山东黄金
股票代码：600547
地　址：济南市解放路16号
电　话：0531－8562816
传　真：0531－8562801

浙江国祥制冷

浙江国祥制冷工业股份有限公司是由台湾省知名企业家陈和贵先生主要发起设立的合资企业。公司主要从事中央空调机组及空调末端设备的设计、生产、销售和服务。浙江国祥制冷工业股份有限公司位于浙江省上虞市大三角经济开发区，地处104、329国道及沪杭甬高速公路间，紧临杭甬铁路线，交通极为便利。

浙江国祥制冷工业股份有限公司从设立之初就定下了以市场为先导、以管理为保障，以技术为依托的发展思路，多项产品和技术指标均处于国内同行业领先水平。

公司不仅具有按国际标准设计建造的厂房和一流的生产设备，而且拥有国内同行业中最大的产品测试中心。公司主要生产设备均从美国、日本等国家的著名公司引进，专业制造复合式风冷式冷热水机组、户式中央空调机组、盐水机组、精密机房专用空调、储冰系统、节能环保空气净化机组等产品，技术性能先进，产品部分性能指标已处于国际领先水平。

作为以高新技术为先导的专业制冷厂家，公司特别注重新产品的开发研制、品质保证、售后服务和内部管理，并为此建立了健全科学的公司运行体制。公司技术开发实力雄厚，技术硕果累累，已经独立自主开发并拥有10多项国家专利技术，并有6项专利技术正在申请。公司制造部拥有现代化的生产设备和庞大的生产队伍，所有人员都经过了严格的岗前培训，具有精益求精的工作精神和娴熟的操作技能。《生产管理办法》，《生产管理程序》等生产管理制度的制订，也为公司生产管理的制度化、规范化、标准化创造了前提。

为确保国祥产品的品质卓越，公司品保部配有先进的质量检测设备和工作一丝不苟的专业人员，对产品设计、物料采购、过程控制及销售服务实施全过程的质量监控，对每件产品的风量、水流量、噪音等各项指标进行严格的品质测试，并对出厂产品实行“质量一票否决制”。公司全部产品均严格按照国家和国际标准实施质量控制，并于1995年就提出了“产品实现零故障，信用保持一百分”的质量控制目标。公司还率先通过了ISO9001、ISO14001、CE欧洲产品安全认证及国家检测中心认证。

公司已在全国建立了强大的营销网络，在全国中心城市设立了33个办事机构。公司还将根据“提高素质、区域整合、两网并轨、双向引导、四位一体”的主导思想实施市场开发和营销网络建设战略，计划发展100家指定经销商，建立经销商与直销方式并轨的销售网络，充分发挥办事处“销售、维修、技术支持、信息服务”四位一体的功能优势和经销商的本地化优势。

本着让客户满意的经营宗旨，公司内部还设立了专门的技术服务部门，为客户提供售前、售中及售后的一条龙服务，并对客户提出的产品质量异议进行全面，认真的分析，及时提出解决措施，使质量纠纷对公司市场形象的影响降低到最低限度。

中文名称：浙江国祥制冷工业股份有限公司
英文名称：ZHEJIANG KING REFRIGERATION INDUSTRY CO., LTD.
法定代表人：陈天麟
董事会秘书：丁亚平

工业股份有限公司

公司主要产品均获得了国家强制性产品3C认证，其各项性能指标在国内同行业处于领先水平，1997年获得“中国制冷空调设备信得过产品”荣誉证书及中国制冷空调工业协会颁发的“推荐产品合格证书”。其中集中式空气处理机组分别获得国家五个部、局共同认定的“国家重点新产品”称号，以及国家及火炬计划项目证书等荣誉称号；水冷螺杆式冷水机组、风机盘管机组获得国家级火炬计划项目证书等殊荣。

公司于2001年成为中国制冷空调工业协会会员，还是全国冷冻设备国家行业标准起草者之一，负责起草《机房用单元式空气调节机》国家标准。公司被确认为“国家重点高新技术企业”、“外商投资先进技术企业”和“浙江省区外高新技术企业”。

公司坚持“诚信、创新、公义”的经营理念，让每一位顾客真真实实地感受到：采用国祥的产品不会被欺骗，采用国祥的产品不会有麻烦，采用国祥的产品永远有保障！——这是国祥全体员工奋斗不息的目标，也是国祥文化之精华。即：信用王牌、品质王牌、服务王牌。

新世纪，新气象，浙江国祥制冷工业股份有限公司现在又吹响了向资本市场进军的号角，公司将在国内向全社会发行4000万股A股，全部向二级市场投资者定价配售，发行后总股本价格为10000万股，每股7.3元，发行募集资金人民币2.92亿元。

本次股票发行并上市成功后，公司将成为台资企业在大陆A股市场上市的第一股，公司也将逐步从单纯的产品经营向产品经营与资本运营相结合的发展阶段过渡，为公司在未来的发展奠定更坚实的基础。

“四海一家，舒适之道”，浙江国祥制冷工业股份有限公司将以此为新的起跑点，为客户、为投资者、为全社会创造更高的价值。

诚信、创新、公义

公司地址：浙江省上虞市百官镇中塘
邮政编码： 312300
联系电话： 0575-2158818
传真号码： 0575-2151888
互联网址： http://www.ekingair.com
电子信箱： Syplant@ekingair.com

江苏申龙高科股份有限公司

江苏申龙高科股份有限公司成立于2000年7月28日，由江阴市申达实业有限公司整体变更而成，注册资本4,631.1001万元。

公司从事的主要业务为：软塑彩印、复合包装产品的生产及销售。作为国家科学技术部火炬高技术产业开发中心认定的国家火炬计划重点高新技术企业，江苏申龙拥有一支稳定的科研生产队伍，掌握着相当数量的软塑彩印复合核心技术，公司的产品质量、技术含量、名牌客户集中度在国内同行业均处于领先水平。

2003年6月经中国包装技术协会评定，公司被确认为中国包装产品定点生产企业，彩印复合软包装膜、袋产品被确认为中国包装行业优质产品。

江苏申龙将继续秉承"引进一流的设备，荟集一流的人才，经营一流的产品，创造一流的效益"的经营宗旨，以科技创新和科学管理为手段，以人为本，努力培养高素质的员工队伍；以市场和效益为中心，不断提高对市场的高度适应能力与快速反应能力；精心培育公司品牌，以客户化服务赢得客户；实施可持续发展战略，实现公司价值最大化，推动我国包装产业的发展。

无轴式凹版十色印刷机

精英团队

董事长：陆建平

silan

杭州士兰微电子股份有限公司

董事长兼总经理：陈向东

杭州士兰微电子股份有限公司位于素有“天堂硅谷”之称的杭州国家高新技术开发区内，是专业从事大规模集成电路的设计、生产与销售的高新技术企业。公司成立于一九九七年九月，二000年十月整体改制股份有限公司。经中国证监会核准，2003年3月11日，“士兰微”2600万A股在上海证券交易所公开发行。

士兰公司倡导“诚信、忍耐、探索、热情”的企业文化精神，坚持以领先的技术为先导，以精湛的管理为基础，以高素质的人才为依托，以高品质的产品为后盾，从集成电路设计业起步，不断创新，发展壮大，已成为目前国内最具规模的集成电路企业之一，公司连续多年位居国内集成电路设计企业榜首。

士兰公司目前已经具有国内一流的集成电路设计硬件与软件环境，配备有企业内部千兆光纤主干网，上百台高速大容量的工程工作站和网络服务器以及先进的设计软件，已拥有一支训练有素、敬业、创新能力强、有三十多位博士、硕士加盟、超过130人的设计研发队伍。公司坚持每年将销售收入的8%以上投入设计开发。2002年公司承担了国家863计划集成电路设计专项--“802.11b链路层控制IP核设计”课题、国家火炬计划项目--四位、八位MCU应用产品开发、国家“双高一优”项目——集成电路芯片生产线项目。

士兰公司目前的产品主要集中于消费类整机产品的电路设计，同时开始向通讯、网络、数字家电等产品领域延伸。在双极、CMOS、BiCMOS等电路的设计上均积累了较丰富的设计经验，已具有初步的SOC芯片的设计能力，建立和完善了设计流程和设计组织体系。

目前公司已投入研发的较高水平的产品项目有：CD机数字伺服芯片组、电源管理系列集成电路、10M/100M自适应以太网卡专用芯片、数字信号处理器（DSP）芯片、MP3解码芯片、低功耗专用MCU等。

士兰公司的发展战略目标是：要通过不断的人才、技术、资金、产品、市场和管理的积累，积极寻求国际合作，在不断强化设计能力，保持国内领先的同时，进入芯片制造业领域，使士兰公司成为国内主要的、综合型的集成电路设计与制造企业之一。

四川路桥建设股份有限公司

董事长：孙云

总经理：唐勇

四川路桥建设股份有限公司是经四川省人民政府批准、于1999年发起成立的股份有限公司。公司于2003年3月在上海证交所成功上市，成为四川省交通系统首家A股上市公司。

公司注册资本2.5亿元人民币，总资产截止2003年一季度为24.5亿元，职工6600余人，各类专业技术人员2161人。拥有现代化大型施工机械设备1200多台（套），年生产能力30亿元。

公司现有7个专业化分公司，主要从事公路、桥梁、隧道工程的承包、施工、管理与投资开发，拥有国家公路工程施工总承包一级资质，2001年获得ISO9001：2000版国际质量保证体系认证。

公司主发起人——四川公路桥梁建设集团有限公司始建于50年代初，几十年来共修建公路1万余公里，其中新建高等级公路4000余公里，大型桥梁500多座，以及大量隧道、机场、市政工程等，为四川乃至全国交通事业发展做出了突出贡献。

公司积聚了四川公路桥梁建设集团有限公司的优质资产和核心公司，在高速公路路面和深水大跨型桥梁施工方面有较强的实力。公司以“发展交通、造福人民”为宗旨，近年来先后承建了四川成雅路、成乐路、绵广路、成南路、达渝路、内宜路、南广路，湖南潭邵路、临长路、湘耒路，湖北武汉绕城线，浙江甬台路、陕西榆林路、甘肃巉柳路等高速公路项目及西藏泽错路、妥昌路道路改建工程等；桥梁方面则同时承建了宜宾长江大桥、重庆巫山长江大桥、湖北巴东长江大桥、湖北宜昌长江大桥、湖北鄂黄长江大桥等五座长江大桥及其它一些技术水平和施工难度居全国乃至世界前列的大型、特大型桥梁。

公司视质量如生命，十分重视工程质量管理，在施工中严格按照ISO9001国际质量保证体系运作，把工程质量当做生产的第一要务来抓，所有承建工程的合格率达到了100%，优良率达到了95%，以“优质高效、信守合同”的形象在国内公路建设市场上赢得了各方业主的广泛赞誉。

公司在安全生产方面取得了良好成绩。在日常工作中，公司不断加大安全设施的投入，不断加强安全法规、安全知识的教育，根据实际情况不断健全各项安全管理规定并严格执行，三年来公司未发生一起重大安全事故，并在2001年、2002年连续两年被评为省交通厅安全生产先进单位，2002年又荣获省安全生产监督管理局“安全生产先进单位”称号。

公司在2000年12月被四川省科学技术厅认定为高新技术企业。由公司承建的多项工程荣获了国家级和省部级优质工程奖和科技进步奖。万县长江大桥先后荣获国家科技进步一等奖和詹天佑土木工程大奖；四川涪陵乌江大桥、四川大件公路北段工程、成渝高速公路互通式立交桥等多项工程荣获交通部优质工程奖；涪陵长江公路大桥、成乐高速公路F1合同段、成雅高速公路CQ9合同段、达渝高速公路、泸定猫子坪大渡河大桥等工程项目荣获“天府杯”金奖、银奖。

2000年，公司荣获了“四川省国有建筑企业综合实力首强”及“最佳效益首强”、“四川省文明单位”、“四川省先进单位”、“重点建设AAA信誉企业”等荣誉称号。并连续三年被评为四川省企业集团综合实力、经营规模10强，资产规模20强。当前，公司正迎着西部大开发的春风，以上市为契机，积极实施“二次创业”，朝着总资产上百亿、年产值上五十亿，跨地区、跨行业、跨国经营的国内一流路桥施工企业迈进。

地址：南京市南瑞路8号
邮编：210003
网址：www.naritech.cn
电话：(025) 83092026
传真：(025) 83407064

2003年9月24日，"国电南瑞"在上海证券交易所挂牌上市

NARI 国电南瑞

安阳钢铁股份有限公司
AnYang Iron& Steel Inc
公司注册、办公地址：河南省安阳市殷都区梅元庄
邮政编码：455004
公司互联网网址：http://www.aysteel.com.cn
电话：0372-3120175
传真：0372-3120181
公司股票上市交易所：上海证券交易所
公司股票简称：安阳钢铁
公司股票代码：600569

董事长：王子亮

安阳钢铁股份有限公司是1993年经河南省有关部门批准，以定向募集方式设立的股份有限公司。2001年7月，经中国证券监督管理委员会证监发行字[2001]46号文核准，公司向社会公众发行人民币普通股股票25,000万股。2001年8月20日，安阳钢铁（600569）在上海证券交易所挂牌上市。

公司属于特大型钢铁企业，主要经营范围：生产和经营冶金产品和副产品，钢铁延伸产品，冶金产品的原材料、化工产品（不含易燃易爆危险品），技术开发、协作、咨询，实业投资（国家专项规定的除外）。主要产品有：建材、型材、板材、管材等。

2003年元月-九月份，公司共生产钢286.84万吨，生铁200.72 万吨，钢材272.66万吨，分别比上年同期增长12.43%、14.31%、14.05%，钢材实物产销率100.70%；实现主营业务收入715,581万元，比上年同期增长43.33%；实现利润总额92,900万元，比上年同期增长91.99%；实现净利润61,310万元，比上年同期增长63.07%。

AEROSPACE POWER 航天动力

陕西航天动

陕西航天动力高科技股份有限公司是以航天液体火箭发动机的流体(包括液体、气体)技术为核心技术，以从事系列民用产品的设计、开发、生产和销售为主营业务的技术密集型公司。1999年12月，经陕西省人民政府陕政函[1999]256号文批准，由西安航天科技工业公司作为主发起人，联合陕西苍松机械厂、西安航天发动机厂、陕西动力机械设计研究所等航天核心单位发起设立。

公司依托在航天流体技术方面雄厚的科研实力，通过吸收和组织各类优秀人才，建立科学合理的研发、生产和销售体制及激励机制，研制、开发出一系列具有国内领先、国际先进水平的新产品、新技术。

公司的主要产品有：钣金冲焊型液力变矩器、特种泵、一体化IC卡燃气表、非标准机电设备等，上述产品均是以航天流体技术为核心技术而开发的。其中一体化IC卡燃气表、特种泵等产品属于国家级重点新产品或国家火炬计划项目。钣金冲焊型液力变矩器获得全球最大的液力传动厂家德国ZF公司颁发的“质量放行通知书”；非标准设备获得法国科技质量监督评价委员会颁发的“向欧盟市场推荐产品”证书。

2003年3月24日，公司6500万股人民币普通股股票公开发行，并于4月8日在上海证券交易所上市交易。

公司以市场为导向，不断探索和深化公司内部的机制改革，改变原军工股东单位的管理模式，逐步形成了适应市场要求的管理机制。今后，公司将进一步整合产品，形成以流体机械为主业的高科技产品，把主营产品进一步做强做大。

2003年4月8日，“航天动力”在上海证券交易所隆重上市

力高科技股份有限公司

董事长：王新敏

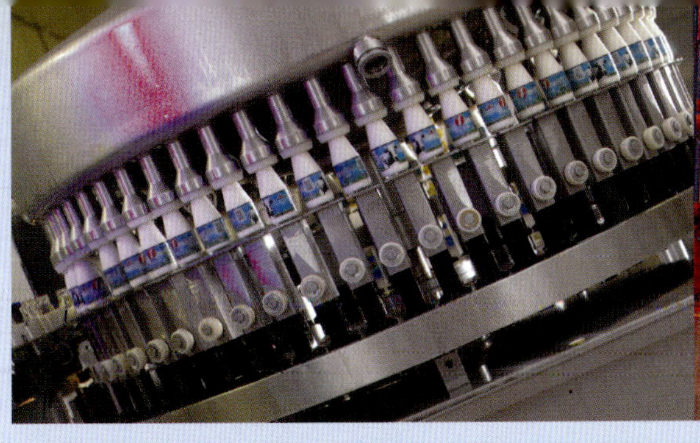

光明乳业的使命是与消费者一起

创新生活，共享健康

Better health,Better life

光明乳业股份有限公司
地址：上海市吴中路578号
邮编：201103
电话：021-54584520
电子信箱：600597@brightdairy.com

包头铝业股

BAOTOU ALUM

董事长：芦林

包头铝业股份有限公司是经内蒙古自治区人民政府批准，由包头铝业（集团）有限责任公司作为主发起人，联合内蒙古电力（集团）有限责任公司、贵阳铝镁设计研究院、深圳北方投资开发公司、北京轻工供销有限公司、中国有色金属工业华北供销公司、内蒙古远源科贸有限公司六家发起人于2001年6月28日共同发起设立的股份有限公司。

包铝股份公司注册资本29100万元，总股本为29100万股。截止2002年底，公司资产总额为191596.61万元，为国家十大铝冶炼企业之一。

稀土电工圆铝杆

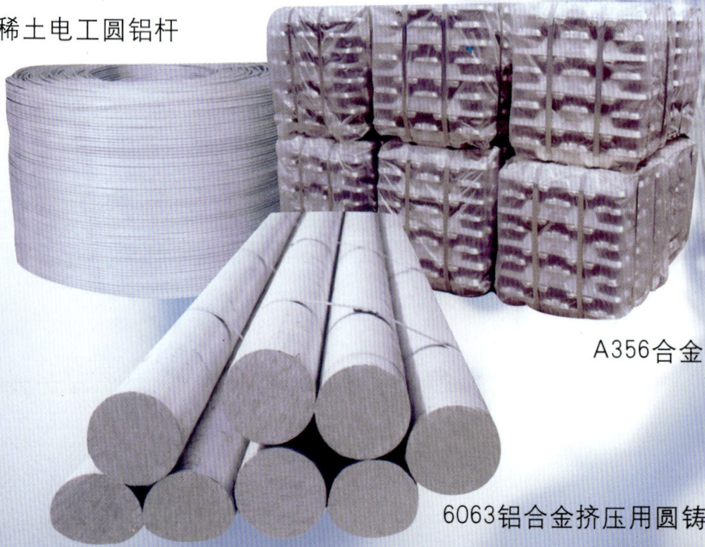

A356合金锭

6063铝合金挤压用圆铸锭

份有限公司

NIUM CO., LTD.

董事长：芦林
总经理：刘志荣
地　址：内蒙古自治区包头市东河区毛其来
邮　编：014046
电　话：0472－4149665
传　真：0472－4149667
信　箱：ZQB@BaoTou－al.com.cn

本公司控股股东为包头铝业（集团）有限责任公司，为国家大型一档企业。该企业多次被列为全国500家最大工业企业，也是国家重点扶持的520户重点企业之一。

公司经营范围为：铝、铝合金及其加工产品、炭素制品、机电五金交化；经营本企业自产产品及技术的出口业务；经营本企业生产所需的原辅材料、仪器仪表、机械设备、零配件及技术的进口业务；经营进料加工和“三来一补”业务。

包铝股份公司目前总生产能力为年产原铝16.3万吨，炭素制品6.3万吨。主要产品有“包铝”牌重熔用铝锭、稀土铝应用合金、6063铝合金挤压用圆铸锭、稀土电工圆铝杆、A356合金、铸造铝合金锭以及铝电解用炭素制品。产品质量及企业的经营管理在国内同行业中享有较高的声誉，其中“包铝”牌重熔用铝锭为国家优质产品，阳极糊为部优产品，稀土铝应用合金为国家级新产品。公司铝加工产品在全部铝系列产品中所占比例已接近70%以上，稀土电工圆铝杆、A356合金的产量、质量、市场占有率居同行业之首。成为国内最大的稀土电工圆铝杆和铝合金生产基地。

企业已取得ISO9002质量体系认证、英国国家质量保证公司NQA认证和中国国家出入境检验检疫实验室评审即ISO/IEC17025认证。企业品牌“BTL”在伦敦金属交易所注册。2002年通过国家技术监督局质检中心和地方质检部门的抽检，产品抽检合格率为100%。产品品质优良，售后服务完善，行销全国各地，并出口美国、日本、俄罗斯及东南亚各国，深受用户青睐，产品年出口创汇6000万美元以上。

经营业绩：包铝股份公司自设立以来共生产铝系列产品19.66万吨，实现利润总额13361.47万元，净利润11946.95万元，目前公司的经营性现金流状况良好，财务状况稳健，资产回报率较高.

经营理念：人的价值高于物的价值；集体价值高于个人价值；社会价值高于利润价值；用户价值高于生产价值。

企业精神：打造包铝驰名品牌，构筑中国一流企业。

发展方针：加快技术改造，拓展产品市场，依靠技术开发，优化产品结构，提高产品质量，强化科学管理，增加经济效益，促进公司发展。

电解四分厂一车间

打造包铝驰名品牌

构筑中国一流企业

莱芜钢铁

LAIWUSTE

董事长：李名岷

莱芜钢铁股份有限公司（以下简称莱钢股份）是由莱芜钢铁集团有限公司（原莱芜钢铁总厂）作为独家发起人，以其下属的钢铁生产厂为主体，进行股份制改造，采用募集方式于1997年8月创立的股份有限公司。现有员工16400人，各类专业技术人员2180人，其中中高级专业人员1100人。公司总资产70.56亿元，净资产38.02亿元。是中国大中型工业企业竞争力百强企业、中国工业技术开发实力百强企业、全国名优产品售后服务优秀企业、山东省重合同守信用企业和“AAA”级信誉企业。在中国冶金企业中，首批通过ISO9002质量体系、ISO14001环境管理体系和OHSAS18001职业安全卫生管理体系认证注册，是全国冶金系统首家“三证”齐全的企业，取得了通向国际市场的“绿色通行证”。

莱钢股份致力于管理创新和制度创新，公司治理完备，运作规范。股东大会、董事会、监事会和经理层，组织体系健全，责权明晰，设立了战略、审计、提名、薪酬与考核四个董事会专门委员

思想作风：实事求是，积极奋斗，系统思考，超越自我；
工作作风：疾慢如仇，追求高效，攻击前进，持续挖潜；
经营理念：诚实守信，顾客第一，创新求变，与时俱进。

H型钢为公司的主导产品

股份有限公司

ELCORPORATION

，建立了独立董事制度。公司设有12个生经营管理处（部）和1个技术中心，拥有结、炼铁、炼钢、特钢、轧钢、型钢、锻、焦化和热电等9个生产厂。

莱钢股份以提高核心竞争力，创建一流的铁企业为目标，不断优化工艺和产品结构，成了工艺配套完善的转炉钢和电炉钢两大产系统。转炉钢系统形成了4座转炉对4台铸机和4条轧材生产线的生产模式，实施、机、轧匹配新工艺生产；电炉钢系统形了两炼钢对两台连铸机对两条准轧材线工模式。主体工艺技术装备达到国内领先水

公司深入开展创建学习型企业活动，被山东省经贸委命名为“创建学习型组示范企业”。图为由国家经贸委发展研究中心组织的“中国创建学习型企业研会”在莱钢召开。

，部分装备水平达到当今国际先进水平。大生产系统具有年产400万吨钢生产能力。要产品有H型钢、螺纹钢、优碳圆钢、轴承、齿轮钢、合金钢圆钢等6大系列产品，多产品荣获省级和国家级优质产品称号。产销往全国25个省市区和美国、日本及西欧国家和地区。

莱钢股份以创优良业绩回报股东为已任，断追求效益最大化。推进生产经营工作快节、高效运作，2002生产生铁211万吨，钢0万吨，钢材291万吨，分别完成年计划的0.67%、115.19%和109.95%。钢材实物产销率达到100.06%。实现利润总额5.79亿元，净利润3.85亿元，每股收益0.417元，净资产收益率10.13%。在全国重点大中型钢铁企业57项可比指标中，有6项名列第一位，有12项进入前三名，有28项进入前十名。上市五年来，在总股本增长70%的情况下，始终保持了优良的经营业绩，并给予股东以丰厚的回报。

莱钢股份以筑钢铁栋梁、树强者风范、实现可持续发展为追求，注重大力加强企业文化建设。坚持“实事求是，积极奋斗，系统思考，超越自我”的思想作风；坚持“疾慢如仇，追求高效，攻击前进，持续挖潜”的工作作风；坚持“诚实守信，顾客第一，创新求变，与时俱进”的经营理念，深入开展创建学习型企业活动，凝聚员工的智慧和力量，推进公司持续、快速、健康发展。

莱钢股份发展前景广阔。2003年将实现年产400万吨钢、74亿元销售收入、进入世界钢铁50强的目标，明年将向更高的目标迈进，最终将发展成为“精、细、优、强、美”的现代化钢铁企业。

公司于2002年实现全连铸

江苏双良空调设备股份有限

品质、服务、

发行概况

证券简称：双良股份

证券代码：600481

发行Ａ股：8000万股

发行时间：2003年4月7日

发行价格：7.24元

上市时间：2003年4月22日

上市地点：上海证券交易所

2003年4月22日，“双良股份

左起：马培林（财务经理）、节连山（副总经理）、江荣方（总经理）、蔡小荣（副总经理）、王晓松（董事会秘书）

风冷热泵机组

创新

董事长：缪志强

总经理：江荣方

A股）在上海证券交易所挂牌上市

溴化锂吸收式冷热水机组

吸收式热泵机组

水冷螺杆冷水机组

风机盘管

组合式空调器

董事长：陈树扬

总经理：蒋金华

江苏省纺织品进出口集团股

江苏省纺织品进出口集团股份有限公司是江苏省最早从事进出口贸易的省级专业公司之一，原公司成立于1973年。自1974年正式对外自营出口至今，公司累计出口总额已超过78亿美元，业务遍及世界一百多个国家和地区，在国际纺织品贸易界素享盛誉。

江苏省纺织品进出口集团股份有限公司以经营各类纺织原料和纺织产品的进出口贸易为主，兼营其他各类商品的进出口、内销及专业服务等各项业务，素以优良的资信、周到的服务闻名于海内外。自江苏省实行对全省外经贸企业进行24项指标综合考评以来.公司曾连续4年名列榜首，并连续5届/10年被省政府命名为"省级文明单位"，1998年荣获"全国外经贸系统先进集体"荣誉称号。2002年初，公司通过了ISO9001：2000质量体系标准认证。2003年，公司又被评为全国外经贸系统"质量效益型先进企业"的荣誉称号。

公司奉行"以人为本"的企业文化，崇尚"精诚团结，求真务实，民主科学，诚信进取"的精神，确立了"经纬分明，纺诚信商誉；精益求精，织JSTEX品牌"的质量方针，在30年的经营中，已形成了诚信待人、以质取胜的经营风格和在激烈的市场竞争中大胆创新、拼搏进取的文化氛围。

公司目前正积极为登陆中国股市做最后的准备。为了在更广阔的平台上进行产品经营和资本运营，为企业发展创造更广阔的空间，公司将着力实施品牌战略，打造企业核心竞争力，将企业建设成以科技为依托，以实业为基础，以品牌为核心，以贸易为龙头的战略优势企业。

公司纺织新材料实验基地

份有限公司

公司自建的办公大楼

公司部分产品展示

芜湖港储运股份有限公司

WUHU PORT STORAGE & TRANSPORTATION CO., LTD.

董事长：孙新华

芜湖港地处长江三角洲西北角，位于我国生产力“T”型结构的主轴线上，滨江通海，是国家一类口岸和长江多用途主枢纽港之一，素有“长江巨埠、皖之中坚”的美誉。随着我国开放力度的加大和经济的高速发展，芜湖港还是沿海开放地区向内地梯度推进的重要交汇点，以及我国中西部欠发达地区与东部发达地区物资交流的重要连接点和枢纽。港口分为裕溪口港区、朱家桥港区、江岸港区和荻新港区四大港区。长江煤运“三口一枝”之一的裕溪口煤港，是长江上综合能力最大、功能最完善的煤炭能源输出港；朱家桥外贸码头是安徽省最大的外贸集装箱枢纽港，也是对外开放的重要窗口。

近年来，芜湖港坚持把港口发展作为第一要务，坚持把创新增效作为首要目标，以不断延伸的物流理念统领生产经营，促进了生产经营不断攀升，创最佳经济效益。2002年煤运中转突破600万吨，成为长江煤运第一大港，外贸集装箱量继续保持30%以上的高速增长，增速居长江港口前列。尤其是2003年3月，芜湖港4500万A股在上海证券交易所发行上市，标志着芜湖港进入资本市场，跨出了港口规模化经营，实施滚动发展的第一步。在企业创新管理上，将质量、环境和职业安全健康三大国际标准体系创新整合，建立起“三合一”综合管理体系，为全国港口第一家。以芜湖港企业精神及“三心”、“两超”等为核心内容的企业文化建设，已经成为芜湖港独具特色的企业品牌。

未来的芜湖港将适应经济全球化、市场一体化和资本运作的要求，按照党委书记、董事长孙新华先生提出的港口发展战略和规划，以大物流的理念来构筑港口发展大格局，加速建设江南和江北两大物流园区及物流配送、商务和信息三大平台，形成朱家桥、裕溪口、荻新地区、西江滚装、综合等五大物流基地，把芜湖港建设成为长江上集储运和科工贸为一体的现代化大港和安徽物流中心。

南京栖霞建设股份

NANJING QIXIA DEVELOPM

董事长：陈兴汉

国内房地产知名企业家
中国房地产十大风云人物
建设部高等教育工程管理专业评估委员会委员
中国房地产协会常务理事
江苏省土木建筑学会常务理事
东南大学兼职教授
全国“三八”红旗手
全国侨联八五、九五期间“先进个人”
荣获“爱国奉献奖”江苏省劳动模范

企业吉祥物：河狸博士

南京栖霞建设股份有限公司成立于1999年12月，是以南京栖霞建设（集团）公司为主发起人，联合南京新港高科技股份有限公司等五家单位共同发起设立的股份有限公司。公司注册资本1.4亿元人民币，总资产20多亿元人民币，现有员工89人，其中中层管理人员11人，高层管理人员9人。公司主营：住宅小区综合开发建设；商品房销售、租赁、售后服务等。公司是国家一级资质房地产开发企业。

南京栖霞建设股份有限公司于2002年3月首次向社会公开发行人民币普通股股票4000万股，募集资金3.17亿元。2002年3月28日，公司发行的4000万A股股票在上海证券交易所挂牌上市，股票简称：栖霞建设，股票代码：600533。栖霞建设是中国证券市场实行核准制后房地产行业的第一股，也是江苏省第一支房地产类股票。目前，公司在江苏省内正在开发建设的项目共十多个，总建筑面积近200万平方米，竣工项目的销售率达100%，预售率达70%以上。公司连续三年净资产回报率在10%以上，并连续多年被多家银行评为“AAA”级信用企业。

公司自成立以来，始终坚持国家建设部倡导的住宅产业现代化的方针，致力于开发建设设施完善、管理规范、品质高尚、适度超前的住宅小区。公司目前已建和在建的项目主要有：红山山庄、樱驼山庄、月牙湖花园、东方城、太阳城天悦花园、太阳城天泓山庄、汇林绿洲、云锦美地等。其中，月牙湖花园和东方城是国家小康住宅示范工程；太阳城天泓山庄已于2001年被建设部列为企业集团型国家康居示范工程。

公司坚持用住宅产业化手段打造换代住宅，开发的住宅小区不仅得到了顾客的青睐和市场的认可，还得到包括主管部门、专家学者在内的社会各界的普遍好评。1999年11月，月牙湖花园以总评优秀的成绩通过了国家科技部和建设部的综合验收，并获得规划设计、工程质量、科技进步等全部六项优秀奖。月牙湖花园还先后被评为“建国50周年南京城建十项标志性工程”、“2000年迪拜国际改善居住环境最佳范例奖的良好范例”，并作为中国住宅小区的唯一代表，于2001年6月在纽约联合国人居特别会议上进行展示。月牙湖花园已经成为南京市、江苏省新时期住宅小区建设的标志和示范工程。东方城在江苏省质协组织的“2000年居民满意住宅”评比中荣获第一名。云锦美地自去年5月以来，四次开盘、四次火爆，众多市民连夜排队认购，开创了南京房市新纪录。事实证明，公司的“星叶”品牌已经深入人心。

公司长期致力于企业核心竞争能力的培养，在构建学习型组织、培养职业经理人队伍、加强法人治理结构、建设优秀企业文化、锻造技术创新能力、建立质量保证体系方面做了大量工作，并取得显著成效。公司通过了英国雅斯利公司ISO9001质量管理体系认证。在2001年第三届中国住交会期间，公司在中国房地产“名牌、名盘、名人”评选中一举囊括三项殊荣，公司被评为“中国房地产品牌企业20强”并列第三名，月牙湖花园被评为“中国名盘”，董事长陈兴汉女士也荣膺“中国房地产十大风云人物”。2002年5月，公司的“星叶”商标被认定为“南京市著名商标”。2002年7月，公司被评为“中国房地产品牌营销成功开发典范”。在2002年第四届中国住交会上，公司再次荣获“中国房地产品牌企业35强”，董事长陈兴汉女士也被评选为“2002年度影响中国房地产100位企业家”。2003年1月，董事长陈兴汉女士被评选为“中国房地产企业十大功勋人物”。2003年3月，公司被评为南

云锦美地

有限公司
ENT CO., LTD.

天泓山庄

汇林绿洲

云锦美地

汇林绿洲

京市首批“A级纳税人”。2003年4月，董事长陈兴汉女士被授予全国“五一”劳动奖章。在南京市有关部门组织的一次房地产企业品牌信誉调查中，南京栖霞建设星叶牌住宅的提及率名列榜首，高出第二名11个百分点。

如今，南京栖霞建设股份有限公司正凭借其科学规范的内部管理，优秀独特的企业文化，精干高效的人才队伍，通过“住宅产业现代化+企业管理现代化+资本运营现代化”的新世纪发展战略，采取以住宅业为主导的主业精深化、前后向关联化的产业定位策略，沿着住宅产业化的道路不断前进。栖霞建设已制定了以跨区域发展为重要内容之一的中长期发展规划，并于2003年6月30日，在苏州市成立了注册资本为3亿元人民币的苏州栖霞建设有限责任公司。在未来三到五年内，栖霞建设还将通过输出品牌、输出管理、输出技术和资产运作，适时进入长江三角洲地区的其它城市，在更高的起点上，更广阔的空间里，全面实施 “三个现代化”的企业发展战略，力争早日成为全国最大的现代化住宅产业集团之一。

唐山三友化工股份

Introdu

公司主要领导

唐山三友化工股份有限公司是经河北省人民政府批准，由唐山三友碱业集团有限公司作为主发起人，联合国投资产管理公司、唐山投资有限公司、河北省建设投资公司和国富投资公司共同发起设立的股份有限公司，并于1998年12月28日在河北省工商行政管理局注册登记。

经中国证监会证监发行字[2003]48号文批准，公司于2003年6月4日向社会公开发行了1亿股A股，并于同年6月18日在上海证券交易所正式挂牌上市，股票简称：三友化工，股票代码：600409，注册资本35000万元。

公司主营纯碱及系列产品的生产销售。产品有普通盐份、低盐份轻质纯碱、重质纯碱等。目前生产能力100万吨，每年有10%以上的产品出口海外，是国内最大的纯碱生产和出口企业之一。控股子公司志达钙业公司现有氯化钙生产能力3万吨/年，利用募集资金建设的12万吨无水氯化钙项目建成后，将成为国内规模最大，技术领先和产品结构优化的氯化钙企业。

公司视产品质量为企业的生命线，为顾客提供满意的产品和服务是三友人孜孜以求的目标。公司在国内同行业首家通过ISO9002质量体系和产品质量双认证，连续三年产品优级品率达到100%，获得很高的顾客满意

唐山三友化工股份有限公司
Tangshan Sanyou Chemical Industries Co., Ltd.

有限公司

ction

Main products

度，产品被认定为出口免检产品，并荣获“全国用户满意产品”、“河北省重点名牌产品”等称号，“三友”商标也被授予“河北省著名商标”称号，新开发的低盐重质纯碱被评为国家级新产品和国家“九五”技术创新新产品。

顺应纯碱生产低盐化、重质化的发展趋势，公司着力优化和调整自身产品结构，不断提高重质纯碱产品的生产能力和产品质量，从而快速提升了企业产品的整体市场竞争力。三友化工的重质纯碱占总产量的比例远远高于行业的平均水平，目前公司正进行重质纯碱的技术改造，届时重质纯碱的年生产能力将提高到60万吨，其产量比例提高到50%以上，产品结构的优化将会进一步增强公司的竞争能力。

三友人坚持以改革为动力，以发展为主题，以规模为方向，以效益为根本，审视把握未来经济发展的走势，通过结构调整、技术创新、经营创新，全面提升企业的核心竞争力，努力将三友化工建成国内规模领先、效益一流的纯碱和氯化钙生产基地。

生产线

大袋纯碱

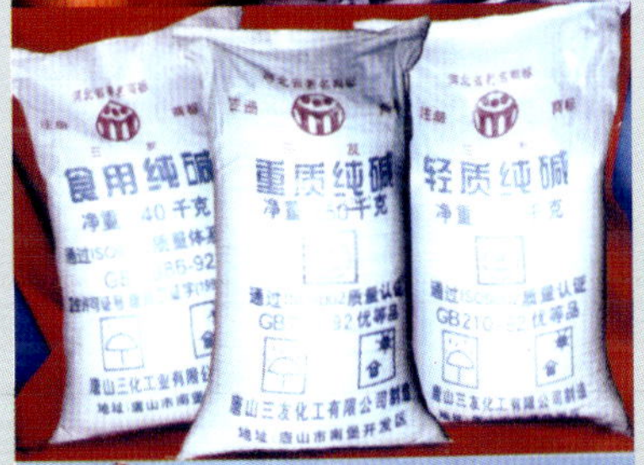

纯碱

出口纯碱集港待运

氯化钙

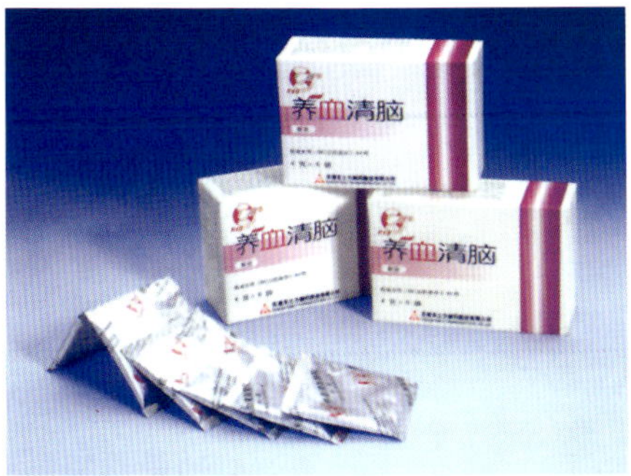

天士力制药股份有限公司位于环渤海经济发展中心，环境优美的天津北辰科技园区，拥有通过国家GMPISO9001认证的国际一流的生产车间，是当前国内最大的滴丸剂型生产企业。

九年来，天士力以“追求天人合一，提高生命质量”为理念，用现代科技赋予传统中药以新的生命力，成功地研制生产了复方丹参滴丸和养血清脑颗粒，逐步建立以复方丹参滴丸生产经营为核心的产业化体系。其独家研究生产的复方丹参滴丸已经成为我国心脑血管药品市场的主导产品之一，先后列入国家科技部“中药现代化科技产业行动计划”重中之重项目、九五重大科技成果推广项目和国家973基础科学研究项目，被国家计委列入高技术产业化示范工程项目以及国家中药现代化重大专项项目计划，成为目前全欧中医药学会联合会向欧共体药审委传统药立法小组推荐的唯一中药产品。

天士力制定了“树现代医药品牌，建现代高科技企业”的跨世纪发展战略目标，致力于传统中药的产业化和现代化，以富有竞争力的机制吸引了国内外大量的科技人员和企业管理人才，开国内中药行业中标准化和规范化的风气之先，创下若干个全国制药业第一：

* 复方丹参滴丸第一个以药品身份通过美国食品与药品管理局临床用药申请（FDA IND），成为中国第一例中药、全世界第一例治疗心脑血管疾病的复方草药制剂通过美国FDA新药临床试验审批的药品，实现了中药进入世界医药主流市场的历史性突破；
* 中国第一批中药现代化高技术产业化示范工程项目；
* 大力支持国家GAP标准的建立和实施，第一个建立了符合GAP标准的药源基地——陕西商洛丹参药源基地；
* 首倡中药提取生产质量规范（GEP），努力争取建立并引导第一个由中国人创立的行业标准；
* 从传统中汲取精华，大力宣扬中华医药文化，建立了国内第一座刻画中国五千年中医药文化发展历史的浮雕巨作《中华医药图》，并被载入吉尼斯记录；
* 第一个策划主办中国首届中医药文化节；
* 第一家获国家级企业管理现代化创新成果一等奖的现代中药企业。

近年来，天士力建立了中药研发、中药材的种植、提取、药品生产、销售的一体化产业结构链。

天士力在推进中国医药现代化的事业中，形成了一支拥有现代管理和经营知识的团队，在公司高层管理人员中拥有3位博士、12位MBA，他们以非凡的执着创造着具有国际化的管理模式、国际化的研发实力、国际化的生产标准、国际化的市场网络，塑造了与世界一流企业同步竞争的国际化现代企业——天士力制药股份公司。公司自行研制了国内首创的全自动、智能化滴丸生产线和计算机自动控制包装线，顺利通过了ISO9001：2000标准认证、国家SDA的GMP认证及澳大利亚TGA的GMP认证和ISO14001标准的认证。公司凭借非凡执着与雄厚技术实力，使传统中药的生产与管理跟上现代化步伐，转换为高技术产业，成功与国际医药市场接轨。

天士力已经步入了产业化、规模化、国际化的稳健发展轨道，继往开来，公司将继续以“追求天人合一，提高生命质量”为经营宗旨，按照高科技、高起点、高速度和新思维的发展思路，构建新产品研发和制剂工程技术创新平台。天士力人正在以推进中药现代化为已任，团结拼搏、奋发图强，努力使公司发展成为具备与跨国制药集团相抗衡实力的制药企业，完善法人治理结构，以诚信和丰厚的回报回馈社会，塑造资本市场蓝筹股；为中药走向世界、使中药成为人类共享；不懈努力，开创更加美好的未来。

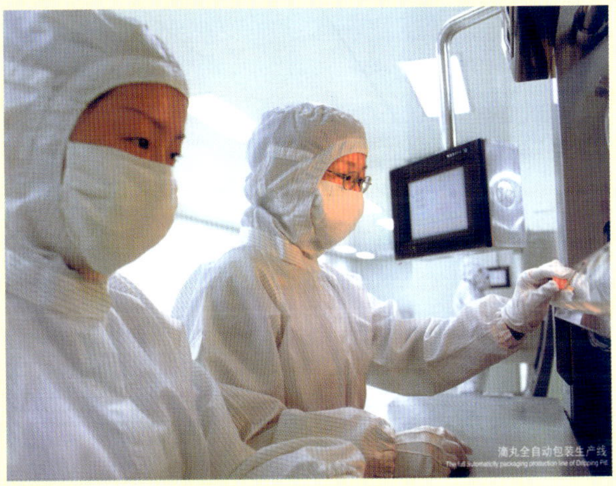

滴丸全自动包装生产线

上海中科合臣股份有限公司

董事长：

总经理：

上海中科合臣股份有限公司前身是成立于1959年的中国科学院上海有机化学研究所实验厂(后更名为中国科学院上海有机化学研究所开发公司)。1998年经中国科学院批准，在上海有机所开发公司和上海有机新材料基地基础上组建了中科合臣化学公司。同时依托上海有机所组建了中科院有机合成工程研究中心，下设研究室、公斤实验室、中试室、工程设计部和分析测试中心等部门，组建了公司的R&B中心。

2000年，上海中科合臣化学公司作为主发起人，由上海联和投资有限公司、上海科技投资公司、上海市普陀区国有资产经营有限公司等法人单位及5名自然人以现金出资方式，共同发起设立了上海中科合臣股份有限公司，中科合臣的发展由此进入了一个崭新的阶段。

四十年来，公司为我国的国防事业、国民经济发展和科技进步作出了许多贡献，特别是近年来在公司全体员工的奋发努力下，公司成为97年度上海市政府认定的第一家高科技企业、上海市产业化"三上"企业；98年度被上海市授予"花园单位"；99年初被国家科技部认定为国家级高新技术企业。近几年，公司努力拓展市场，不断开发新产品，企业销售收入持续稳步增长，管理水平逐步提高，成为有一定知名度的高新技术企业。

随着上海中科合臣股份有限公司A股的发行上市，中科合臣实现了产业资本与金融资本的有机结合，使公司在加强创新体系建设的同时，加快产业化基地的建设，不断增强企业的核心竞争力，使企业的发展更上一层楼。

上海中科合臣股份有限公司

SHANGHAI SYNICA CORP. LTD.

地址：上海市真北路552号 电话：(021) 52810088
传真：(021) 52807223 邮编：200062
网址：www.synica.com.cn

CHINA LIFE
努力创造化学奇迹

浙江中国小商品城

商城集团公司第四届董事局董事合影(史习民缺)

集团股份有限公司

浙江中国小商品城集团股份有限公司创建于1993年底，是以专营开发和管理全国大型工业品批发市场--中国小商品城为主业的规范化股份制企业。公司股票于2002年5月在上海证券交易所上市，股票简称"小商品城"，股票代码"600415"。目前公司总股本10403.0009万股，现拥有8家分公司、15家参、控股企业，员工1500余人。2002年公司完成主营业务收入75269万元，实现利润总额6327万元，资产总额已达15225万元。

浙江中国小商品城集团股份有限公司是目前我国最大的专业批发市场的发展商之一，素以经营开发理念新、管理规范、经营效益好在国内外商品流通领域具有较强的影响力。公司旗下的中国小商品城现有经营面积80多万平方米，经营28个大类10万余种小商品，拥有国际商贸城、篁园市场、宾王市场三大市场集群，3.4万个商位，从业人员8万余人，日客流量20万人，自1991年始，市场成交额连续12年位居全国工业品批发市场前茅，2002年市场总成交额达229.98亿元，外贸成交额达15亿美元，商品外向度达到50%强，是我国小商品的流通、研发、展示中心和重要出口基地之一。

在市场主业的开发经营中，浙江中国小商品城集团股份有限公司公司坚持"创新创优、做强做大"的发展思路，积极进行专业市场功能的创新工作，大力提升和创新，整合市场现代化要素，使中国小商品城保持良好发展势头。公司率先在同行中导入并通过专业市场ISO9001国际质量认证、发展会展业、构建全球性市场体系等现代经营举措。短短几年，引领中国小商品城实现了由辐射农村市场内贸为主到辐射国际市场外贸为主的现代化市场功能转变。

中国小商品城的可持续发展为公司带来了良好的社会经济效益。公司依托中国小商品城得天独厚的市场资源和优越的商业环境，坚持"提升市场主业带动相关发展，实行多元开拓"的发展战略，投资发展配套相关产业，先后建成占地4.7万平方米设施先进的会展中心，浙中地区首家四星酒店等，经营触角涉及房地产、宾馆酒店、国际贸易、现代物流、会展、网络信息、广告、文化体育、餐饮服务等领等十多个领域，实现市场服务开发一条龙。

2000年以来，浙江中国小商品城集团股份有限公司抓住"入世"机遇，充分发挥上市后的发展优势，按照"打造全球最大超市、建设国际购物天堂"的全新理念，积极有效地实施中国小商品城国际化战略，申办成功由国家商务部主办的国际性小商品博览会，投资兴建现代化的中国义乌国际商贸城，加速市场布局结构调整，促进市场主业跨越式发展；同时，加紧实施房地产等相关行业走出去的经营扩张战略；公司进入一个以国际化为目标的新发展阶段。

地 址：浙江省义乌市宾王路158号　邮 编：322000
电 话：0579—5544933　5544955　传 真：0579—5546226
http：//www.cccgroup.com.cn
E—mail：ywccc@public.ywptt.zj.cn

董事长：张连选

吉利大厦

天津市房地产

天津市房地产发展（集团）股份有限公司（天房发展）的前身为1981年成立的由天津市政府住宅统一建设办公室改建而成的天津市建设开发公司，1988年组建为天津市房地产开发经营集团。1992年，经天津市体改委字（1992）33号文批准，并经中国人民银行天津市分行津银金（1992）479号文批准，天津市房地产开发经营集团进行股份制整体改制，同时发行募集法人股和内部职工股，以定向募集方式整体改制为天津市房地产发展（集团）股份有限公司，注册资本627,414,835元，成立日期1993年2月25日。根据中国证券监督管理委员会证监发行字［2001］50号《关于核准天津市房地产发展（集团）股份有限公司公开发行股票的通知》，公司利用上海证券交易所交易系统，于2001年8月6日采用上网定价发行方式向社会公开发行人民币普通股股票12,100万股，于2001年9月10日上市交易，截止2002年6月30日，天津市房地产发展（集团）股份有限公司的总资产为人民币3,103,397,342.82元，净资产为人民币1,650,896,499.54元，公司在册正式职工200人。

天津市房地产发展（集团）股份有限公司是天津市首家以房地产开发经营为主、贸易流通为辅的大型企业集团，是集综合开发、科研设计、经营销售、咨询服务为一体的房地产综合性大型企业。

公司的主要业务集中在房地产的开发、销售和出租等方面。近年来开发的项目集中在天津市。目前拥有6个较大的开发项目，项目总建筑面积达71万平方米，本公司已取得了244亩的土地使用权作为后续开发项目的土地储备。

公司成立以来，先后开发用地1190公顷，建成了31个功能齐全、设施配套、环境幽雅的居住小区，建房面积1100余万平方米，为天津市的住宅建设和平房改造及市政建设做出重大贡献。其中，比较有代表性的体院北、王顶堤、万新村、民权门、丁字沽、川府新村、欣苑公寓（一期）、友谊公寓等一大批有影响的居民住宅小区。本公司欣苑公寓被誉为具有突破性的跨世纪居住小区，获得了国家级物业管理示范小区，同时还获得科技进步、新材料应用等六项大奖。本公司在坚持居民住宅建设为主要产品的同时，还相继建成了一批有影响的标志性大中型公建项目，如吉利大厦、华富宫大饭店等。

1、近3年已开发完工项目

公司近3年来已开发完工的房地产项目主要有9个，这些项目是越秀大厦B座、围堤道107#综合楼、圣德园、幸福花园、昆仑里、德恩公寓、长寿公寓、越秀大厦A座和欣苑公寓一期等。

2、开发建设中的项目

公司正在开发建设中的项目有瑞江小区、吉利花园、平诚大厦、新纪元小区、万德花园和欣苑公寓二期等项目。其中瑞江小区是公司公开发行募集资金投资的项目，该项目位于天津市河西区解放南路梅江道与珠江道之间的地带上，处于天津市中环线和外环线之间的东南方向，瑞江花园小区所处的位置已逐渐成为集商贸居住为一体的重要区域。该项目获国家建设部“经济型住房特别贡献楼盘奖”。

瑞江花园小区规划总占地面积35.7公顷，可用地面积29.05公顷，总规划建筑面积约为40.5万平方米，其中住宅面积37.5万平方米，配套公建面积3万平方米。该小区容积率为1.37，绿化率为33%。包括学校、幼儿园、商业、金融、娱乐、物业管理等配套设施。

该项目预计总投资78,000万元，其中，公司自有资金投入9000万元，期房销售资金投入20,600万元，本次募集资金投入48,400万元。该项目2001年开始产生效益，项目计划工程建设期三年，投资回收期3年。

该项目到2002年底，共完成工程投资5.9亿元，其中2002年完成工程投资2.67亿元，完成施工面积40.5万平方米，竣工交付使用面积13.56万平方米，完全按照《招股说明书》的承诺实施的，为销售创造了条件，保证了公司利润的实现。

3、土地储备

天房发展已取得244亩的土地使用权作为后续开发项目的土地储备，公司正在积极进行地土地储备的准备工作，为房地产主业的发展增加后劲。

发展（集团）股份有限公司

万德

体北

总经理：张建台

董事长：严宏

安徽长江农
ANHUI CHANGJIANG

安徽长江农业装备股份有限公司（简称：长江股份，股票代码：600496），是以农业装备为主营的上市公司，注册资本1.1亿元，办公地址：安徽省六安市江淮路28号，公司董事长：严宏。

公司主要从事手扶拖拉机、联合收割机、配套农机具的研制、生产和销售，是原国家机械部定点生产手扶拖拉机的骨干企业、安徽省政府重点扶持的40家企业、安徽省科委认定的高新技术企业、安徽省工业百强企业、百家最佳经济效益企业、质量最佳企业，六安市唯一一家被国家人事部批准设立博士后科研工作站建站单位。其“长江”注册商标为中国驰名商标。公司拥有出口自营权，产品主要出口东南亚和非洲等20多个国家和地区。

2003年6月份，公司联合浙江精工钢结构建设集团有限公司合资组建了六安长江精工钢结构有限公司，并主要依托该公司实施5万吨建筑用新型钢结构及围护体系项目，该项目计划总投资1000万美元，投产后正常年份的销售额将达到3—4亿元，生产规模、产品档次和技术水平均达到中西部地区第一。同时，中国证券监督管理委员会已审核通过公司对浙江精工

花园式工厂

金一分厂

业装备股份有限公司
AGRICULTURE EQUIPMENT CO.,LTD.

钢结构有限公司49%股权的收购事宜，浙江精工钢结构有限公司为国内知名的钢结构企业，具备年产各类钢结构（轻钢、高层、空间桁、塔筒等）10万吨、各类轻质板材550万平方米的生产能力及具有300万平方米的钢结构建筑施工安装能力。

公司将坚持“立足主业，同心发展，多元发展”的方针，本着“深化管理求生存，改革创新求发展”的经营战略，努力发展成为以农业装备为主导，以钢结构产业为新经济增长点的现代化大型企业。

先进的热处理设备

生产现场一角

地址：安徽省六安市江淮路28号　　电话：0564—3313425　　网址：www.cjgf.com.cn

邮编：237009　　传真：0564—3325237　　电子信箱：cjgf@mail.la.ah163.net

山西安泰集团股份有限公司

董事长：李安民

总经理：黄敬花

山西安泰集团股份有限公司（简称“公司”）是经山西省经济体制改革委员会以晋经改[1993]140号文批准以发起设立方式于1993年7月成立的。截止2003年4月，公司总股本23000万元，社会流通股（A股）为7000万股，公司经过十多年的发展，现已成为集科工贸、产供销为一体，跨洗煤、焦化、冶炼、建材、发电等行业，总资产逾12亿元的集团公司，现具备年产机焦52万吨、生铁10万吨、水泥10万吨、发电11400万度的生产能力。公司的主营业务为煤炭洗选、焦炭、生铁、水泥及其制品、电力的生产与销售。公司主导产品焦炭、生铁和水泥均获得ISO9002国际质量保证体系认证。凭借公司创造的安泰资源综合利用环保产业链技术，公司现已基本实现了煤炭深加工资源的综合利用，并通过了ISO14001环境管理体系认证。1999年8月，公司被国家经贸委评为“1998年自营出口超千万美元生产企业”。2000年5月，公司被国家经贸委确定为“第一批国家经贸委重点联系自营企业”。2001年6月，公司被山西省科学技术厅认定为山西省高新技术企业。2001年7月，公司被农业部和对外贸易经济合作部评为“九五”期间全国出口创汇二十强乡镇企业，是中西部地区获此殊荣的唯一一家乡镇企业。公司于2003年1月20日经中国证监会核准，通过上海证券交易所交易系统公开向社会发行7000万股A股，并于2003年2月12日在上海证券交易所成功挂牌上市交易。公司股票简称“安泰集团”，股票代码“600408”，是山西省第一家民营企业上市，也是山西省第一家全部由自然人发起成立的上市公司。

公司主要股东李安民先生为公司法人代表兼董事长，是公司的主要创始人。李安民曾先后被授予“全国劳动模范”、“中国十佳民营企业家”、“全国优秀经营管理者”等称号，荣获全国“五一”劳动奖章，并当选为全国政治协商会议第八、九、十届委员、中华全国工商联执委常委、中国乡镇企业协会副会长、山西省工商业联合会副会长、中国民生银行董事。

- 地址：山西省介休市安泰工业区
- 网址：Http://www.antaigroup.com
- 邮箱：antaigroup@antaigroup.com
- 电话：0354-7531002
- 传真：0354-7536557
- 邮编：032002

Gofar国发

董事长王世全先生在上市酒会上致词

王世全先生参加国际高新技术成果交易会

上市敲锣

出席公司上市仪式的贵宾

股 票 简 称：北海国发　　股票代码：600538

法定代表人：王世全

董事会秘书：李勇

电　　话：0779–3200619　传真：0779–3200618

地　　址：广西壮族自治区北海市北京路西侧9号

邮　　编：536000

网　　址：www.gofar.com.cn　邮箱：securities@gofar.com.cn

北海国发海洋生物产业股份有限公司

BEIHAI GOFAR MARINE BIOLOGICAL INDUSTRY CO., LTD.

北海国发海洋生物产业股份有限公司是由广西、西藏、内蒙古等民族地区企业发起设立，由清华大学、中科院海洋研究所、农业部规划设计研究院等大专院所参股、合作的上市公司，是广西区科技厅认定的高新技术企业.公司主要从事海洋生物产品的研发、生产和销售。截至2003年9月30日，公司总股本11,080万元，流通股4,500万股，资产总计7.3亿元，所有者权益4.4亿元。

公司主要经营藻类、贝类、甲壳类等海洋生物系列产品的研究、开发、生产和销售；药品及珍珠系列产品的生产、销售以及旅游酒店服务；农药系列产品的生产、销售；经营按外经贸部门核定范围的自营进出口业务。

主要财务指标、盈利能力

项　　目	2003-9-30	2002年	2001年	2000年
主营业务收入（万元）	17,513.37	9,901.00	9,405.66	8,144.44
主营业务利润（万元）	7,678.34	5,842.02	5,671.39	4,949.61
利润总额（万元）	2,400.48	2,408.25	2,561.59	2,383.57
净利润（万元）	2,042.66	2,369.40	2,459.42	1,560.80

项　　目	2003-9-30	2002年	2001年	2000年
资产总计（万元）	72,994.22	23,521.95	20,665.61	19,597.76
负债总计（万元）	25,865.66	8,768.59	7,650.56	9,049.57
股东权益合计（万元）	44,947.32	14,203.74	12,942.34	10,482.92
每股净资产（元/股）	4.06	2.16	1.97	1.59
每股收益（元/股）	0.18	0.36	0.37	0.24
净资产收益率（%）	4.54	16.68	19.00	14.89

第一编

专论

118/155

栏目协办

中国工商银行资产托管部

专 论

国民经济和社会发展统计公报

国家统计局

2002年，全国各族人民在党中央、国务院的正确领导下，高举邓小平理论伟大旗帜，全面贯彻"三个代表"重要思想，团结奋斗，开拓创新，努力克服前进道路上的困难，顺利实现了国民经济和社会发展的主要预期目标。国民经济保持良好发展势头，经济总量迈上新的台阶；积极财政政策和稳健货币政策取得明显效果，国内需求持续增长；经济结构战略性调整初见成效，产业结构优化升级取得进展；各项改革不断深化，对外开放水平进一步提高；社会主义民主法制和精神文明建设取得新成果，科技、教育、文化、卫生、体育等各项社会事业全面进步；城乡居民收入稳步增长，人民生活继续改善。

一、综合

国民经济持续较快增长。全年国内生产总值跃上10万亿元的新台阶，达到102398亿元，按可比价格计算，比上年增长8%。其中，第一产业增加值14883亿元，增长2.9%；第二产业增加值52982亿元，增长9.9%；第三产业增加值34533亿元，增长7.3%。

价格总水平小幅下降。全国居民消费价格总水平比上年下降0.8%。其中，城市下降1%；农村下降0.4%。商品零售价格下降1.3%。工业品出厂价格下降2.2%。原材料、燃料、动力购进价格下降2.3%。固定资产投资价格上涨0.2%。居民消费价格中，服务价格上涨1.8%。

表1.2002年全国居民消费价格比上年上涨(%)

指标	全国	城市	农村
全国居民消费价格总水平	－0.8	－1.0	－0.4
食品	－0.6	－0.5	－0.7
其中：粮食	－1.7	－1.7	－1.6
烟酒及用品	－0.1	－0.1	持平
衣着	－2.4	－2.7	－1.6
家庭设备用品及服务	－2.5	－2.7	－2.2
医疗保健及个人用品	－1.2	－2.0	0.1
交通和通信	－1.9	－2.0	－1.8
娱乐教育文化用品及服务	0.6	0.2	1.2
居住	－0.1	－0.2	0.1

就业规模继续扩大。年末全国就业人员73740万人，比上年末增加715万人，其中城镇就业人员24780万人，增加840万人。年末国有企业下岗未实现再就业职工人数为410万人，比上年末减少105万人。年末城镇登记失业率为4%，比上年末增加0.4个百分点。

国际收支状况良好。全年对外贸易顺差304亿美元。实际使用外商直接投资527亿美元，比上年增长12.5%。年末国家外汇储备达到2864亿美元，比上年末增加742亿美元。人民币汇率保持稳定，年末1美元兑8.2773元人民币。

经济体制改革和结构调整稳步推进。电信、民航、电力等垄断性行业改革不断深入，市场竞争格局逐步形成，军工企业改革和脱困工作稳步推进；财税、金融、社会保障、粮棉流通体制等改革继续深化；行政审批制度改革加快；农村税费改革试点逐步扩大，取得明显成效。西部大开发积极推进，基础设施和生态环境建设明显加快；农业生产加快向区域化、优质化、产业化方向发展；工业结构调整步伐加快，以信息技术为代表的高新技术产业比重提高；商业流通手段不断创新，现代流通方式发展较快。

国民经济中存在的主要问题是：经济增长仍然受到有效需求不足和供给结构不合理的制约；就业压力仍然较大；农民增收困难，部分城乡居民生活比较困难；市场经济秩序混乱的问题还亟待解决；重大安全生产事故时有发生。

二、农业

种植业结构继续调整。适应市场需求变化，全年粮食种植面积10399万公顷，棉花种植面积418万公顷，分别比上年减少209万公顷和63万公顷；油料面积1487万公顷，增加24万公顷；糖料面积180万公顷，增加15万公顷；蔬菜面积1728万公顷，增加88万公顷。

粮食、油料、糖料等主要农产品增产，蔬菜生产在提高品质的基础上继续保持较快增长，棉花因种植面积下降较多而减产。全年粮食产量45711万吨，比上年增长1%。

畜牧业、渔业生产稳步发展。全年肉类总产量达6590万吨，比上年增长4%；全年水产品产量达4513万吨，增长3%。

表2.主要农产品产量

产品名称	产量(万吨)	比上年增长(%)
粮食	45711	1.0
夏粮	9877	－2.9
早稻	3025	－11.0
秋粮	32809	3.5
油料	2900	1.2
花生	1495	3.7
油菜籽	1053	－7.1
棉花	492	－7.5
糖料	10151	17.3
甘蔗	8883	17.4
甜菜	1268	16.4
烤烟	213	3.9
茶叶	74	5.7
水果	6809	2.3

林业、水利建设取得新进展。全年完成造林面积747万公

顷，比上年增长51%，其中退耕还林工程完成退耕地造林和宜林荒山荒地造林共540万公顷。长江中下游干流3576公里堤防加固工程基本达标；黄河下游堤防加固完成断面达标982公里。全年新增有效灌溉面积90多万公顷；新增节水灌溉面积140多万公顷；综合治理水土流失面积4万多平方公里。

三、工业和建筑业

工业生产快速增长，产销衔接进一步改善。全年工业增加值45935亿元，比上年增长10.2%。其中，规模以上工业企业(即国有工业企业及年产品销售收入500万元以上的非国有工业企业)增加值31482亿元，增长12.6%；产品销售率达到98%，比上年提高0.3个百分点。

表3.工业增加值主要分类情况

指标	增加值(亿元)	比上年增长(%)
规模以上工业企业	31482	12.6
其中：国有及国有控股企业	16638	11.7
其中：集体企业	2769	8.6
股份制企业	11570	14.4
外商及港澳台投资企业	8091	13.3
其中：轻工业	12294	12.1
重工业	19188	13.1

工业产品结构调整取得新进展。出口导向型产品、高技术产品、适应消费结构升级的消费产品产量快速增长。全年工业新产品产值比上年增长24%；工业品出口交货值增长23.4%。微型电子计算机、移动电话机、半导体集成电路、彩色电视机等电子通信产品产量比上年增长25.9%以上；纱、布、丝织品、服装增长8.5%至19.9%；汽车增长38.8%，其中轿车增长55.2%；钢和钢材分别增长19.7%和19.6%。能源工业生产形势良好。全年发电量16540亿千瓦小时，比上年增长11.7%；生产原煤13.8亿吨，增长18.9%；生产原油1.67亿吨，增长1.8%。

表4.主要工业产品产量

产品名称	单位	产量	比上年增长(%)
纱	万吨	850	11.7
布	亿米	322	11.2
化纤	万吨	991	17.8
糖	万吨	926	41.8
卷烟	万箱	3467	1.9
彩色电视机	万部	5155	25.9
家用电冰箱	万台	1599	18.3
房间空调器	万台	3135	34.3
能源生产总量	亿吨标准煤	13.87	18.5
原煤	亿吨	13.8	18.9
原油	亿吨	1.67	1.8
发电量	亿千瓦小时	16540	11.7
钢	万吨	18155	19.7
钢材	万吨	19218	19.6
十种有色金属	万吨	1012	14.5
水泥	亿吨	7.25	9.7
木材	万立方米	5035	10.6
硫酸	万吨	3050	13.3
纯碱	万吨	1033	13.0
乙烯	万吨	543	13.0
化肥(折100%)	万吨	3791	12.1
发电设备	万千瓦	2121	58.3
汽车	万辆	325.1	38.8
轿车	万辆	109.2	55.2
大中型拖拉机	万台	4.5	18.9
集成电路	亿块	96.3	51.4
程控交换机	万线	5861	−38.5
移动电话机	万部	11960	48.9
传真机	万部	297	−6.6
微型电子计算机	万部	1464	50.1
光通信设备	万部	6.5	−16.6

工业企业实现利润在连续几年较大幅度增加的基础上继续快速增长。全年实现利润5620亿元，按可比口径计算，比上年增长20.6%，其中国有及国有控股企业实现利润2636亿元，增长15.3%。

建筑业生产和利润持续增长。全社会建筑业实现增加值7047亿元，比上年增长8%。全国四级及四级以上建筑业企业实现利润336亿元，增长14%；税金总额532亿元，增长6.6%。

四、固定资产投资

固定资产投资快速增长。全年全社会固定资产投资43202亿元，首次突破4万亿元，比上年增长16.1%，增速为1996年以来最高水平。

表5.固定资产投资情况

指标	绝对数(亿元)	比上年增长(%)
全社会固定资产投资	43202	16.1
其中：国有及其他固定资产投资	31020	17.0
集体经济投资	5901	11.8
城乡居民个人投资	6280	15.7
其中：基本建设投资	17251	16.4
更新改造投资	6584	11.1
房地产开发投资	7736	21.9

东中西部地区投资全面增长。全年国有及其他经济类型投资中，东部地区投资18456亿元，比上年增长16.2%，增速提高2.9个百分点；中部地区投资7580亿元，增长20%，提高3.7个百分点；西部地区投资5672亿元，增长20.6%，提高1.3个百分点。

投资结构继续改善。全年第一产业投资1106亿元，比上年增长23.5%，呈恢复性快速增长态势；第二产业投资10703亿元，增长22.9%，呈加速增长态势；第三产业投资继续保持较快增长，全年完成投资21132亿元，增长14.4%。

表6.五年来全国基本建设投资新增主要生产能力

指标	单位	1998	1999	2000	2001	2002	1998−2002
大中型发电机组容量	万千瓦	1839	1891	1934	1516	1165	8345
11万伏及以上变电设备	万千伏安	3836	3935	4285	5319	4722	22097
新建铁路投产里程	公里	1105	1242	655	1246	1696	5944
增建铁路复线投产里程	公里	590	1311	698	1504	500	4603
电气化铁路投产里程	公里	988	616	554	2680	866	5704
新建公路	公里	45677	41978	48069	35855	30796	202375
其中：高速公路	公里	1663	2639	4467	3149	5545	17463
港口万吨级码头泊位新增吞吐能力	万吨	1277	2160	3633	5813	1547	14430
新增局用交换机容量	万门	2554	1523	2480	4997	2792	14346
新增光缆线路长度	万公里	16	11	43	61	63	194

新增数字蜂窝移动电话交换机容量	万户	1969	3426	6033	9097	5205	25730

重点工程建设进展顺利。长江三峡工程导流明渠截流成功，左岸大坝主体工程基本完成；青藏铁路工程进展顺利；西电东送工程南部通道建设全面展开，中部通道抓紧推进，北部通道建设步伐加快；西气东输工程和南水北调工程已正式开工建设。企业更新改造取得新进展，在结构调整中发挥了重要作用。

五、国内贸易

消费品市场销售平稳增长。全年社会消费品零售总额突破4万亿元，达到40911亿元，比上年增长8.8%。其中，城市消费品零售额25898亿元，增长10%；县及县以下消费品零售额15013亿元，增长6.8%。分行业看，批发零售贸易业零售额27860亿元，增长9.2%；餐饮业零售额5092亿元，增长16.6%；其他行业零售额7959亿元，增长3.2%。考虑物价下降因素，社会消费品零售总额比上年实际增长10.2%。

通信、汽车及其相关商品消费热点初步形成，家用电器继续保持旺销势头。限额以上批发零售贸易企业销售的通信器材类零售额比上年增长69.2%；汽车类增长73%；家用电器类增长14.6%。

六、对外经济

对外贸易高速增长。全年进出口总额达6208亿美元，比上年增长21.8%。其中，出口总额3256亿美元，增长22.3%；进口总额2952亿美元，增长21.2%。

表7.进出口贸易主要分类情况

指标	绝对数(亿美元)	比上年增长(%)
出口总额	3256	22.3
其中：一般贸易	1362	21.7
加工贸易	1799	22.0
其中：机电产品	1571	32.3
高新技术产品	679	46.1
进口总额	2952	21.2
其中：一般贸易	1291	13.8
加工贸易	1222	30.1
其中：机电产品	1556	29.1
高新技术产品	828	29.2

对主要贸易伙伴的出口均有不同程度的增长。全年对美国出口700亿美元，比上年增长28.9%；对香港地区出口585亿美元，增长25.6%；对日本出口484亿美元，增长7.8%；对欧盟出口482亿美元，增长17.9%；对东盟出口236亿美元，增长28.3%；对韩国出口155亿美元，增长23.8%；对台湾省出口66亿美元，增长31.7%；对俄罗斯出口35亿美元，增长29.9%。

外商直接投资稳步扩大。全年外商直接投资合同金额828亿美元，比上年增长19.6%；实际使用金额527亿美元，增长12.5%。

对外经济技术合作保持良好发展势头。全年对外承包工程和劳务合作完成营业额144亿美元，比上年增长18.2%；新签合同额179亿美元，增长8.7%。

七、交通、邮电和旅游

交通运输和邮电通信业继续保持稳步增长。全年实现增加值5518亿元，比上年增长7.7%。

表8.各种运输方式完成运输量

指标	单位	绝对数	比上年增长(%)
货物周转量	亿吨公里	49387	3.8
其中：铁路	亿吨公里	15477	6.2
公路	亿吨公里	6704	5.9
水运	亿吨公里	26481	1.9
民航	亿吨公里	51.5	17.9
旅客周转量	亿人公里	13966	6.2
其中：铁路	亿人公里	4969	4.2
公路	亿人公里	7643	6.0
水运	亿人公里	85	−5.6
民航	亿人公里	1269	16.2
港口完成货物吞吐量	亿吨	26.8	11.6
其中：外贸货物吞吐量	亿吨	7.6	17.0

邮电通信业全年完成邮电业务总量5547亿元，比上年增长21.7%。其中，邮政业务总量495亿元，增长8.2%；电信业务总量5052亿元，增长23.2%。全年新增局用交换机2792万门，总容量达到28358万门。新增固定电话用户3405万户，达到21442万户，其中城市电话用户13595万户，乡村电话用户7847万户。年末全国固定及移动电话用户总数达到42104万户，比上年末增加9545万户，电话普及率达到33.7部/百人。

旅游业持续发展。全年国内旅游人数87782万人次，比上年增长12%；国内旅游收入3878亿元，增长10.1%。全年境外人境人数9791万人次，比上年增长10%。其中，外国人1344万人次，增长19.7%；香港、澳门和台湾同胞8447万人次，增长8.6%。在入境旅游者中，过夜人数3680万人次，增长11%。国际旅游外汇收入204亿美元，比上年增长14.6%。全年国内出境人数达1660万人次，比上年增长36.8%，其中因私出境1006万人次，增长44.9%，占出境人数的60.6%。

八、金融、证券和保险

货币供应量增长加快。年末广义货币供应量(M2)余额为185007亿元，比上年末增长16.8%；狭义货币供应量(M1)余额为70882亿元，增长16.8%；流通中现金(M0)余额为17278亿元，增长10.1%。

金融机构存贷款增加较多。全部金融机构本外币各项存款余额183388亿元，比上年末增长18.1%。全部金融机构本外币各项贷款余额139803亿元，按可比口径计算，增长15.4%。贷款结构继续改善。全国农村信用社贷款余额13940亿元，增加1953亿元。消费贷款余额10669亿元，增加3694亿元，其中个人住房贷款余额8258亿元，增加2671亿元。

表9.全部金融机构本外币存贷款情况

指标	年末数(亿元)	比上年增长(%)
各项存款余额	183388	18.1
其中：企业存款	64299	15.3
城乡居民储蓄存款	94307	17.1
其中：人民币	86911	17.8
各项贷款余额	139803	15.4
其中：短期贷款	76822	9.9
中长期贷款	51732	23.2

全年在上海、深圳证券交易所通过发行、配售股票共筹集资金962亿元，比上年减少290亿元。其中，发行A股(包括增发及可转债)102只，配股22只，筹集资金780亿元，减少402亿元；发行B股、H股共16只，筹集资金182亿元，增加

112 亿元。年末境内上市公司(A、B 股)数量由上年末的 1160 家增加到 1224 家,市价总值 38329 亿元,比上年末下降 11.9%。

全年内外资保险公司保费收入 3053 亿元,比上年增长 44.3%。其中,寿险保费收入 1957 亿元;健康险和意外伤害险保费收入 318 亿元;财产险保费收入 778 亿元。支付各类赔款及给付 707 亿元。其中,寿险业务给付 225 亿元;健康险赔款和给付 50 亿元;财产险和意外伤害险业务赔款 432 亿元。

九、教育和科学技术

各级各类教育进一步发展。全国普通高等教育招生 321 万人,在校生 903 万人;成人高等教育招生 222 万人,在校生 559 万人。全国研究生教育招生 20 万人,在学研究生 50 万人。全国普通高中招生 677 万人,在校生 1684 万人。各类中等职业教育招生 470 万人,在校生 1197 万人。全国初中招生 2281 万人,在校生 6687 万人,毕业生 1904 万人。普通小学招生 1953 万人,在校生 12157 万人,毕业生 2352 万人。特殊教育招生 5.3 万人,在校生 37.1 万人。幼儿园在园幼儿 2036 万人。

表 10.五年来各类教育招生和毕业生情况　单位:万人

指标	1998	1999	2000	2001	2002	1998—2002
招生数						
研究生	7.3	9.2	12.8	16.5	20.3	66.1
普通高等教育本专科	108	160	221	268	321	1078
成人高等教育本专科	100	116	156	196	222	790
各类中等职业教育	520	473	411	400	470	2274
普通高中	360	396	473	558	677	2464
毕业生数						
研究生	4.7	5.5	5.9	6.8	8.1	31.0
普通高等教育本专科	83	85	95	104	134	501
成人高等教育本专科	83	89	88	93	118	471
普通高中	252	263	302	341	384	1542

科技研究开发及产业化取得较大进展。全年全国科学研究与试验发展(R&D)经费支出 1161 亿元,比上年增长 11.3%,占国内生产总值的 1.1%,其中基础研究经费 74 亿元。年末国有企事业单位共有各类专业技术人员 2848 万人。全年国家安排了 219 项科技攻关计划项目和 1812 项"863"计划项目,组织了 1318 项重点技术创新项目和 1288 项重点新产品试产计划项目,完成了 105 项重大技术装备的研制及鉴定验收。新安排高技术产业化示范工程项目 347 项。全年共取得省部级以上科技成果 2.9 万项。其中,基础理论成果 2000 项,应用技术成果 25700 项,软科学成果 1300 项。全年受理国内外专利申请 252632 件,授权专利 132401 件,分别比上年增长 24%和 16%。全年共签订技术合同 23 万项,技术合同成交金额 880 亿元,比上年增长 12.5%。通用 CPU 芯片"龙芯一号"研制成功,水稻基因组研究成果显著,"神舟"三号、四号飞船成功发射并返回,这些成果标志着我国在信息技术、生物技术和载人航天技术方面取得重大突破。

综合技术服务进一步完善提高。全国共有产品质量检验机构 5500 个,其中国家检测中心 240 个。全国现有产品质量、体系认证机构 122 个,已累计完成对 4.6 万个企业的产品认证。全国共有法定计量技术机构 4770 个,全年强制检定计量器具 3105 万台件。制定、修订国家标准 1049 项,其中新制定 514 项。全国共有气象雷达观测站点 256 个,卫星云图接收站点 356 个。全国共有地震台站 1305 个,地震遥测台网 35 个。全国共有 1505 个海洋观测、监测站点。测绘部门公开出版地图 1552 种,图书 340 种。

国土资源调查及地质勘查新发现大中型矿产地 156 处,有 43 种矿产新增查明资源储量。其中,石油 10.5 亿吨;天然气 4411 亿立方米;原煤 7.6 亿吨。全国省级地质环境监测站 31 个,成功预报地质灾害 703 起。

十、文化、卫生和体育

文化艺术、广播影视、新闻出版等各项事业继续较快发展。年末全国共有艺术表演团体 2592 个,文化馆 2847 个,公共图书馆 2689 个,博物馆 1451 个。广播电台 306 座,中、短波广播发射台和转播台 770 座,电视台 360 座。全国有线电视用户 9638 万户。生产故事影片 100 部,科教、纪录、美术片 69 部。出版全国性和省级报纸 230 亿份,各类杂志 30 亿册,图书 68 亿册(张)。年末全国共有档案馆 3902 个,已开放各类档案 4908 万卷(件)。

表 11.五年来广播电视及出版物情况

指标	单位	1998	1999	2000	2001	2002
广播综合人口覆盖率	%	88.3	90.5	92.5	92.9	93.2
电视综合人口覆盖率	%	89.0	92.0	93.7	94.2	94.5
杂志出版量	亿册	25.4	28.5	29.4	28.9	29.6
图书出版量	亿册(张)	72.4	73.2	62.7	63.1	67.5

卫生事业稳步发展。年末全国共有卫生机构 29 万个,其中医院、卫生院 6.5 万个;病床床位 321 万张,其中医院、卫生院 220 万张;卫生技术人员 444 万人,其中医生 211 万人,护师、护士 130 万人。全国共有卫生防疫、防治机构 5687 个,卫生技术人员 22 万人;妇幼保健院、所、站 3047 个,卫生技术人员 14 万人。农村乡(镇)共有卫生院 4.8 万个,床位 75 万张,卫生技术人员 103 万人,已有 89.8%的村拥有医疗点,乡村医生和卫生员 129 万人。

体育事业蓬勃发展。全年在国内外的各项比赛中,我国运动健儿共获得了 110 个世界冠军;17 人 5 队 33 次创 29 项世界纪录;14 人 11 队 25 次创 24 项亚洲纪录。在第十四届亚运会上,我国体育代表团共获得 150 枚金牌、84 枚银牌和 74 枚铜牌,金牌总数和奖牌总数蝉联第一。

十一、环境保护

城市空气质量逐步提高。监测的 339 个城市中,有 117 个城市空气质量达到二级标准,占监测城市数的 34.5%,比上年提高 1.1 个百分点;有 114 个城市达到三级标准,占 33.6%,与上年基本持平;有 108 个城市未达到三级标准,占 31.9%,减少 1.3 个百分点。对道路噪声监测的 322 个城市中噪声污染严重的占 5%,对区域环境噪声监测的 315 个城市中 52.1%的区域环境噪声优于城市居住区声环境质量标准。全国建成了 3369 个烟尘控制区,面积达 2.3 万平方公里;建成了 3128 个环境噪声达标区,面积达 1.5 万平方公里。

地表水水质有所改善。七大水系干流地表水水质有 52.9%的断面满足国家地表水Ⅲ类水质标准要求,比上年上升 1.2 个百分点;19.0%的断面为Ⅳ类水质,下降 7.1 个百分点;7.8%的断面为Ⅴ类水质,下降 5 个百分点;超过Ⅴ类水质标准断面的比例为 20.3%,上升 10.9 个百分点。近岸海域海水水质呈改善趋势。381 个近岸海域海水水质监测点中,达到国家一类海水水质标准的监测点占 21.3%,比上年增加 7.9 个百分点;二类占 28.3%,三类占 14.4%,四类占 8.9%,劣四类占 27.1%。

生态环境保护力度加大。全国已批准国家级生态示范区82个，生态示范区建设试点地区和单位314个；全国自然保护区达到1757个，其中国家级自然保护区188个；自然保护区面积13295万公顷，占国土总面积的13.2%。

十二、人口、人民生活和社会保障

人口自然增长率继续下降。年末全国总人口为128453万人。全年全国出生人口1647万人，出生率为12.86‰；死亡人口821万人，死亡率为6.41‰；全年净增人口826万人，自然增长率为6.45‰。

表12.人口主要构成情况

指标	年末数(万人)	比重(%)
全国总人口	128453	100.0
其中：城镇	50212	39.1
乡村	78241	60.9
其中：男性	66115	51.5
女性	62338	48.5
其中：0—14岁	28774	22.4
15—64岁	90302	70.3
65岁及以上	9377	7.3

城乡居民生活继续得到改善。全国城镇居民人均可支配收入7703元，考虑物价下降因素，比上年实际增长13.4%；农村居民人均纯收入2476元，实际增长4.8%。居民家庭恩格尔系数(即居民家庭食品消费支出占家庭消费总支出的比重)，城镇为37.7%，比上年降低0.2个百分点；农村为46.2%，降低1.5个百分点。2002年末农村贫困人口为2820万人，比上年末减少107万人。

社会保障工作进一步加强。年末全国参加基本养老保险人数为14731万人。其中，职工11128万人，离退休人员3603万人。离退休人员实行社会化管理人数达到1434万人。全国参加失业保险人数为10182万人，领取失业保险金人数为440万人，比上年增加127万人。全国参加基本医疗保险人数为9400万人，增加1770万人。全国共有2054万城镇居民得到政府最低生活保障救济。

社会福利事业持续发展。年末全国各类收养性社会福利单位床位119万张，收养各类人员89万人。城镇建立各种社区服务设施19万个，其中综合性社区服务中心8820个。全年销售社会福利彩票170亿元，筹集社会福利资金近60亿元，直接接收社会捐赠款12亿元。

注：

1.本公报为初步统计数。

2.各项统计数据均未包括香港特别行政区、澳门特别行政区和台湾省。

3.国内生产总值、各产业增加值绝对数按现价计算，增长速度按可比价计算。

4.基本建设新增生产能力中新增局用交换机容量、新增光缆线路长度及新增数字蜂窝移动电话交换机容量含更新改造增加的能力。

5.邮电业务总量完成额按2000年不变价格计算。

2002年世界经济形势回顾

国家统计局

2002年世界经济在波动中和不平衡中总体运行好于预期，也好于2001年。展望2003年，尽管存在着一些不利因素或不确定因素，世界经济运行可能会出现波动甚至反复，但随着主要国家经济计划的实施以及2002年世界经济形势的好转，2003年世界经济总体运行可望进一步好转。针对世界经济总体运行继续转好的形势，我们应该积极扩大出口，努力吸引外资，加快国内经济结构调整和经济体制改革特别是国有企业改革的步伐，推进我国工业化进程，努力促进我国国民经济持续健康发展。

2002年世界经济增速加快，世界贸易止跌回升，外国直接投资降幅缩小，与此同时美元大幅贬值，股市急剧下跌，通货紧缩加剧，石油价格上涨，但总体上看，世界经济运行要好于2001年。

(一)世界经济增速加快

世界各主要国际组织普遍预测2002年世界经济增速要快于上年，国际货币基金组织预测增长2.8%，比上年加快0.6个百分点；联合国预测增长1.7%，比上年加快0.6个百分点；世界银行预测增长2.8%，比上年加快0.7个百分点。这些预测结果虽略有不同，但在预测世界经济增速加快趋势上却完全一致。

表1、主要国际组织对2002年世界经济增速的预测

单位：%

	国际货币基金组织		联合国		世界银行	
	2001年	2002年	2001年	2002年	2001年	2002年
世界	2.2	2.8	1.1	1.7	2.1	2.8
美国	0.3	2.2	0.3	2.4	0.3	2.3
欧元区	1.5	0.9	1.5	0.9	1.5	0.8
日本	−0.3	−0.5	−0.3	−0.4	−0.3	0.0

注：世界经济增长率汇总数据，国际货币基金组织和世界银行是按PPP方法进行的汇总，联合国是按汇率法进行的汇总。

资料来源：国际货币基金组织《世界经济展望》2002年9月，联合国《世界经济形势及展望》2003年，世界银行《全球经济展望》2002年12月。

从变化过程看，世界经济增速因受汇率、股市及财务假案暴露等因素的影响，呈现出明显的波动特征。美国GDP增速呈现"快慢快"的趋势。2002年一季度美国经济增长了5%(对季节因素调整、折年率的环比增长速度)，在上年第四季度加快回升的基础上继续保持一个加快增长的态势，可以说出乎预期。但进入二季度后，美国经济增速急剧回落，三季度经济增长又开始加快。二、三季度美国经济增长率分别为1.3%和4.0%。与此同时，有关指标预示美国第四季度将可能再次回

落。工业生产10月份下降0.6%,11月份增长0.1%。欧元区GDP增速平稳。2002年前三个季度欧元区经济分别增长0.4%、0.3%和0.3%(为环比增长率)。有关指标显示第四季度欧元区经济仍将继续保持平稳增长势头。日本GDP先慢后快。2002年前三个季度GDP环比分别增长0.2%、1.0%和0.7%。前三季度经济增长呈现出较快的回升势头。但到了第四季度,日本经济形势十分严峻,工业生产速度在2002年9月份环比下降0.1%的基础上,10月份和11月份分别下降0.2%和2.2%。预计第四季度GDP增速将会回落。

从地区看,发展中国家经济增速快于发达国家,但不同国家之间差距较大。世界银行预测,2002年发展中国家经济增长2.8%,高于高收入国家1.5%的增长速度。在发展中国家中,东亚和太平洋、欧洲和中亚、南亚经济增长较快,分别增长6.3%、3.6%和4.6%;拉美和加勒比经济下降0.7%,撒哈拉以南非洲、中东和北非均增长2.5%。在高收入国家中,美国经济增长2.3%,欧元区增长0.8%,日本为零增长。

表2、世界主要国家和地区经济增长率　单位:%

	2000年	2001年	2002年
世界	4.5	2.1	2.8
高收入国家	3.5	0.7	1.5
美国	3.8	0.3	2.3
欧元区	3.7	1.5	0.8
日本	2.1	−0.3	0.0
发展中国家	5.2	2.9	2.8
东亚和太平洋	7.0	5.5	6.3
欧洲和中亚	6.6	2.3	3.6
拉美和加勒比	3.7	0.4	−1.1
中东和北非	4.2	3.2	2.5
南亚	4.8	4.4	4.6
撒哈拉以南非洲	3.2	2.9	2.5

注:1.世界经济增长率汇总数据是按PPP方法进行的汇总。

2.2002年及2003年为预测数。

资料来源:世界银行《全球经济展望》2002年12月。

2002年世界经济增速保持加快的增长势头,主要原因在于个人消费支出保持了一定速度的增长,年初石油价格的低位运行,主要国采取的扩张的财政政策和货币政策,稳步推进经济结构调整。至于世界经济增长在加快中出现波动,主要是由美元大幅度贬值、股市急剧下跌、石油价格在波动中攀升、美国部分大公司财务假案的频频暴露以及投资不振等因素引起的。

(二)世界贸易止跌回升,外国直接投资降幅缩小

2002年世界贸易增速在经历了2001年下降0.5%之后止跌回升。国际货币基金组织预测2002年世界贸易量增长2.1%。联合国预测2002年世界贸易量增长1.9%。世界银行预测增长2.9%。

2002年,美国贸易逆差不断扩大,欧元区和日本贸易顺差在波动中有所扩大。2002年1至11月份,美国出口8926亿美元,同比减少3%;进口12831亿美元,同比增长2.5%;贸易逆差达3905亿美元,同比扩大18%。2002年1—11月份,欧元区出口总额为9867亿欧元,同比增长1%;进口额为8915亿欧元,同比下降5%;贸易顺差为952亿欧元,同比增长233.9%。2002年1—11月份,日本出口475455亿日元,同比增长5.6%;进口384054亿日元,同比减少1.8%;贸易顺差达91401亿日元,同比扩大54.8%。

2002年外国直接投资(FDI,以下简称FDI)在上年大幅度下降的基础上呈现继续下降的态势,但降幅缩小。预测2002年全球FDI为5340亿美元,比上年减少27%。但与上年相比,降幅缩小24个百分点。

美国对外直接投资2002年前三个季度为867.01亿美元,同比减少10%;吸引外国直接投资218.83亿美元,同比减少79%,预计全年FDI仅为440亿美元,比上年减少65%。这主要是由美国股市下跌以及公司财务假案频频暴露等因素造成的。欧元区前三个季度FDI流出1202亿欧元,同比减少38%;流入955亿欧元,同比增长23%。日本前三个季度FDI流出29585亿日元,同比减少9.2%;流入10581亿日元,同比增长178%。

(三)美元大幅贬值,股市急剧下跌

2002年全年美元兑欧元贬值13.7%,兑日元贬值10.2%。2002年一季度美元基本保持稳定,但3月份以来开始持续下跌。美元兑欧元在2002年年初的比率为1:1.11,兑日元的比率为1:132。美元兑欧元在2002年7月21日的比率为1:0.99,美元兑日元在2002年7月22日的比率为1:116,均为年初以来的最低点。至12月30日,美元兑欧元和日元的比率分别为1:0.9584和1:118.5。

2002年世界主要股票市场的股指在波动中走低。2002年5月份之前世界各大股市尽管出现了波动,但总体上运行平稳,但进入6月份以后开始急剧下跌。2002年初(1月2日)的主要股票市场指数是:道琼斯工业指数10073.4,纳斯达克指数1979.3,日经指数10542.6,伦敦金融时报指数5218.3。从全年看,道琼斯工业指数2002年最高点为10635.3,最低点为8303.78;纳斯达克指数2002年最高点为2059.4,最低点为1114.1;日经指数2002年最高点为11979.9,最低点为8543.7;伦敦金融时报指数2002年最高点为5323.8,最低点为3671.1。

(四)价格持续低位运行,石油价格在波动中攀升

价格持续低位运行。2002年1—11月份美国消费者价格同比上涨率一直在1.1%—2.3%之间波动。但从变化过程看,消费者价格上涨幅度不断攀升。1月份和2月份消费者价格均同比上涨1.1%,10月份和11月份分别上涨2.1%和2.3%。欧元区价格同比上涨率目前基本维持在2%左右,但幅涨缩小。二季度欧元区消费者价格同比上涨2.1%,比一季度回落0.5个百分点;三季度上涨2%,回落0.1个百分点,是两年以来的最低水平。日本消费者价格持续下降。一季度日本消费者价格同比下降1.4%,二季度下降0.9%,三季度下降0.8%。到2002年三季度,日本消费者价格已连续18个季度下降。

2002年世界石油价格在波动中攀升。石油输出国组织(OPEC)一揽子综合油价在震荡中攀升,9月中旬,超过了OPEC28美元/桶的目标价格上限,12月下旬甚至达到31.06美元/桶。英国布兰特和美国西德洲中级石油价格都超过了目标价格上限,屡次超过30美元/桶的心理界限。到2002年底,世界主要市场石油价格仍然保持在每桶30美元的高位。

全面建设小康社会，开创中国特色社会主义事业新局面

江泽民

中国共产党第十六次全国代表大会，是我们党在新世纪召开的第一次代表大会，也是我们党在开始实施社会主义现代化建设第三步战略部署的新形势下召开的一次十分重要的代表大会。

大会的主题是：高举邓小平理论伟大旗帜，全面贯彻“三个代表”重要思想，继往开来，与时俱进，全面建设小康社会，加快推进社会主义现代化，为开创中国特色社会主义事业新局面而奋斗。

当人类社会跨入二十一世纪的时候，我国进入全面建设小康社会、加快推进社会主义现代化的新的发展阶段。国际局势正在发生深刻变化。世界多极化和经济全球化的趋势在曲折中发展，科技进步日新月异，综合国力竞争日趋激烈。形势逼人，不进则退。我们党必须坚定地站在时代潮流的前头，团结和带领全国各族人民，实现推进现代化建设、完成祖国统一、维护世界和平与促进共同发展这三大历史任务，在中国特色社会主义道路上实现中华民族的伟大复兴。这是历史和时代赋予我们党的庄严使命。

一、过去五年的工作和十三年的基本经验

十五大以来的五年，是我们高举邓小平理论伟大旗帜不断开拓创新的五年，是我们经受住各种困难和风险的考验、继续沿着中国特色社会主义道路胜利前进的五年。

十五大确立邓小平理论为党的指导思想，提出党在社会主义初级阶段的基本纲领，明确了我国跨世纪发展的奋斗目标和任务。为贯彻十五大精神，中央先后召开七次全会，分别就农业和农村工作、国有企业改革和发展、制定“十五”计划、加强和改进党的作风建设等重大问题，作出决定和部署。五年来，我们走过了很不平凡的历程，在改革发展稳定、内政外交国防、治党治国治军各方面都取得了巨大成就。

国民经济持续快速健康发展。实施扩大内需的方针，适时采取积极的财政政策和稳健的货币政策，克服亚洲金融危机和世界经济波动对我国的不利影响，保持了经济较快增长。经济结构战略性调整取得成效，农业的基础地位继续加强，传统产业得到提升，高新技术产业和现代服务业加速发展。建设了一大批水利、交通、通信、能源和环保等基础设施工程。西部大开发取得重要进展。经济效益进一步提高，财政收入不断增长。“九五”计划胜利完成，“十五”计划开局良好。

改革开放取得丰硕成果。社会主义市场经济体制初步建立。公有制经济进一步壮大，国有企业改革稳步推进。个体、私营等非公有制经济较快发展。市场体系建设全面展开，宏观调控体系不断完善，政府职能转变步伐加快。财税、金融、流通、住房和政府机构等改革继续深化。开放型经济迅速发展，商品和服务贸易、资本流动规模显著扩大。国家外汇储备大幅度增加。我国加入世贸组织，对外开放进入新阶段。

社会主义民主政治和精神文明建设成效显著。民主法制建设继续推进，政治体制改革迈出新步伐。爱国统一战线发展壮大，民族、宗教和侨务工作取得新进展。社会治安综合治理取得新成效。科技、教育、文化、卫生、体育和计划生育等事业全面进步。宣传舆论工作和思想道德建设不断加强，群众精神文化生活日益丰富。

国防和军队建设迈出新步伐。人民解放军的革命化现代化正规化建设继续加强，国防实力和军队防卫作战能力进一步提高。军队、武警和民兵在保卫和建设祖国中发挥了重要作用。

人民生活总体上达到小康水平。城乡居民收入稳步增长。城乡市场繁荣，商品供应充裕，居民生活质量提高，衣食住用行都有较大改善。社会保障体系建设成效明显。“八七”扶贫攻坚计划基本完成。

祖国统一大业取得新进展。我国政府恢复对澳门行使主权。坚持贯彻“一国两制”方针，严格执行香港特别行政区基本法和澳门特别行政区基本法，香港和澳门社会经济稳定。海峡两岸人员往来和经济文化交流不断加强。反对“台独”等各种分裂图谋的斗争深入开展。

对外工作开创新局面。根据国际形势的发展变化，坚持正确的对外方针和政策，广泛开展双边和多边外交，积极参与国际交流和合作，我国的国际地位进一步提高。

党的建设全面加强。全党对邓小平理论的学习不断深入。我们提出并深刻阐述了“三个代表”重要思想。“三讲”集中教育和“三个代表”学习教育活动卓有成效。党的思想、组织、作风建设全面推进，思想政治工作得到加强。干部制度改革迈出新步伐。廉政建设和反腐败斗争深入开展，取得新的明显成效。

实践证明，十五大和十五大以来中央作出的各项重大决策是正确的，符合最广大人民的根本利益。我们取得的成就，是全党和全国各族人民共同奋斗的结果，为今后党和国家事业的发展奠定了更加坚实的基础。

必须清醒地看到，我们工作中还有不少困难和问题。农民和城镇部分居民收入增长缓慢，失业人员增多，有些群众的生活还很困难；收入分配关系尚未理顺；市场经济秩序有待继续整顿和规范；有些地方社会治安状况不好；一些党员领导干部的形式主义、官僚主义作风和弄虚作假、铺张浪费行为相当严重，有些腐败现象仍然突出；党的领导方式和执政方式与新形势新任务的要求还不完全适应，有的党组织软弱涣散。我们必须高度重视存在的问题，继续采取有力措施加以解决。

五年来的成就，是在改革开放特别是一九八九年十三届四中全会以来的实践基础上取得的。这十三年来，国际局势风云变幻，我国改革开放和现代化建设的进程波澜壮阔。二十世纪八十年代末九十年代初，国内发生严重政治风波，东欧剧变、苏联解体，世界社会主义出现严重曲折，我国社会主义事业的发展面临空前巨大的困难和压力。在这个决定党和国家前途命运的重大历史关头，党中央紧紧依靠全党同志和全国各族人民，坚持十一届三中全会以来的路线不动摇，成功地稳住了改革和发展的大局，捍卫了中国特色社会主义伟大事业。邓小平同志南方谈话以后，十四大确立社会主义市场经济体制的改革目标，改革开放和现代化建设进入新的阶段。在社会主义条件下发展市场经济，是前无古人的伟大创举，是中国共产党人对马克思主义发展作出的历史性贡献，体现了我们党

坚持理论创新、与时俱进的巨大勇气。由计划经济体制向社会主义市场经济体制的转变，实现了改革开放新的历史性突破，打开了我国经济、政治和文化发展的崭新局面。邓小平同志逝世后，我们高举邓小平理论伟大旗帜，开拓进取，把中国特色社会主义事业全面推向二十一世纪。

十三年来，我们思想统一，目标明确，工作扎实，取得了重大的历史性成就。二00一年，我国国内生产总值达到九万五千九百三十三亿元，比一九八九年增长近两倍，年均增长百分之九点三，经济总量已居世界第六位。人民生活总体上实现了由温饱到小康的历史性跨越。人们公认，这十三年是我国综合国力大幅度跃升、人民得到实惠最多的时期，是我国社会长期保持安定团结、政通人和的时期，是我国国际影响显著扩大、民族凝聚力极大增强的时期。我们党和我国人民作出的艰辛努力和取得的伟大成就举世瞩目，必将载入中华民族伟大复兴的光辉史册。

回首这十三年，我们走过的道路很不平坦，成绩来之不易。我们从容应对一系列关系我国主权和安全的国际突发事件，战胜在政治、经济领域和自然界出现的困难和风险，经受住一次又一次考验，排除各种干扰，保证了改革开放和现代化建设的航船始终沿着正确的方向破浪前进。我们能取得这样的胜利，靠的是党的基本理论、基本路线和基本纲领的正确指引，靠的是党的高度团结统一，靠的是全党和全国各族人民的顽强奋斗。

在这里，我代表中共中央，向全国各族人民，向各民主党派、各人民团体和各界爱国人士，向香港特别行政区同胞、澳门特别行政区同胞和台湾同胞以及广大侨胞，向一切关心和支持中国现代化建设的各国朋友，表示衷心的感谢！

十三年来的实践，加深了我们对什么是社会主义、怎样建设社会主义，建设什么样的党、怎样建设党的认识，积累了十分宝贵的经验。

（一）坚持以邓小平理论为指导，不断推进理论创新。邓小平理论是我们的旗帜，党的基本路线和基本纲领是各项工作的根本指针。无论遇到什么困难和风险，都必须坚持党的基本理论、基本路线和基本纲领不动摇。坚持用马克思列宁主义、毛泽东思想和邓小平理论武装全党、教育人民，不断解放思想、实事求是，与时俱进、开拓创新，尊重群众的首创精神，通过实践来检验和发展党的理论和路线方针政策。

（二）坚持以经济建设为中心，用发展的办法解决前进中的问题。发展是硬道理。必须抓住一切机遇加快发展。发展要有新思路。坚持扩大内需的方针，实施科教兴国和可持续发展战略，实现速度和结构、质量、效益相统一，经济发展和人口、资源、环境相协调。在经济发展的基础上，促进社会全面进步，不断提高人民生活水平，保证人民共享发展成果。

（三）坚持改革开放，不断完善社会主义市场经济体制。改革开放是强国之路。必须坚定不移地推进各方面改革。改革要从实际出发，整体推进，重点突破，循序渐进，注重制度建设和创新。坚持社会主义市场经济的改革方向，使市场在国家宏观调控下对资源配置起基础性作用。坚持"引进来"和"走出去"相结合，积极参与国际经济技术合作和竞争，不断提高对外开放水平。

（四）坚持四项基本原则，发展社会主义民主政治。四项基本原则是立国之本。坚持中国共产党的领导，巩固和完善人民民主专政的国体和人民代表大会制度的政体，坚持和完善共产党领导的多党合作和政治协商制度以及民族区域自治制度。推进政治体制改革，发展民主，健全法制，依法治国，建设社会主义法治国家，保证人民行使当家作主的权利。

（五）坚持物质文明和精神文明两手抓，实行依法治国和以德治国相结合。社会主义精神文明是中国特色社会主义的重要特征。必须立足中国现实，继承民族文化优秀传统，吸取外国文化有益成果，建设社会主义精神文明，不断提高全民族的思想道德素质和科学文化素质，为现代化建设提供强大的精神动力和智力支持。

（六）坚持稳定压倒一切的方针，正确处理改革发展稳定的关系。稳定是改革和发展的前提。要把改革的力度、发展的速度和社会可承受的程度统一起来，把不断改善人民生活作为处理改革发展稳定关系的重要结合点，在社会稳定中推进改革发展，通过改革发展促进社会稳定。

（七）坚持党对军队的绝对领导，走中国特色的精兵之路。人民军队是人民民主专政的坚强柱石。按照政治合格、军事过硬、作风优良、纪律严明、保障有力的总要求，着眼于打得赢、不变质，注重科技强军，全面推进革命化现代化正规化建设，确保军队永远忠于党，忠于社会主义，忠于祖国，忠于人民。

（八）坚持团结一切可以团结的力量，不断增强中华民族的凝聚力。高举爱国主义、社会主义的旗帜，加强全国各族人民的大团结，巩固和发展最广泛的爱国统一战线。加强同民主党派和无党派人士的团结，做好民族工作、宗教工作和侨务工作，坚持"一国两制"方针，调动一切积极因素，为完成祖国统一大业和实现中华民族的伟大复兴而共同奋斗。

（九）坚持独立自主的和平外交政策，维护世界和平与促进共同发展。始终把国家的主权和安全放在第一位。在和平共处五项原则的基础上，同各国发展友好合作关系，反对霸权主义和强权政治，推动建立公正合理的国际政治经济新秩序。按照冷静观察、沉着应对的方针和相互尊重、求同存异的精神处理国际事务，尊重世界多样性，促进国际关系民主化，争取和平的国际环境和良好的周边环境。

（十）坚持加强和改善党的领导，全面推进党的建设新的伟大工程。治国必先治党，治党务必从严。坚持党的性质和宗旨，以改革的精神加强和改进党的建设，不断提高党的领导水平和执政水平，提高拒腐防变和抵御风险的能力，坚持不懈地开展反腐败斗争，保持党同人民群众的血肉联系，保持党的先进性、纯洁性和团结统一。

以上十条，是党领导人民建设中国特色社会主义必须坚持的基本经验。这些经验，联系党成立以来的历史经验，归结起来就是，我们党必须始终代表中国先进生产力的发展要求，代表中国先进文化的前进方向，代表中国最广大人民的根本利益。这是坚持和发展社会主义的必然要求，是我们党艰辛探索和伟大实践的必然结论。

二、全面贯彻"三个代表"重要思想

开创中国特色社会主义事业新局面，必须高举邓小平理论伟大旗帜，坚持贯彻"三个代表"重要思想。"三个代表"重要思想是对马克思列宁主义、毛泽东思想和邓小平理论的继承和发展，反映了当代世界和中国的发展变化对党和国家工作的新要求，是加强和改进党的建设、推进我国社会主义自我完善和发展的强大理论武器，是全党集体智慧的结晶，是党必须长期坚持的指导思想。始终做到"三个代表"，是我们党的立党之本、执政之基、力量之源。

"三个代表"重要思想，是在科学判断党的历史方位的基础上提出来的。我们党历经革命、建设和改革，已经从领导人民为夺取全国政权而奋斗的党，成为领导人民掌握全国政权并长期执政的党；已经从受到外部封锁和实行计划经济条件下领导国家建设的党，成为对外开放和发展社会主义市场经济条件下领导国家建设的党。我们必须从中国和世界的历史、现状和未来着眼，准确把握时代特点和党的任务，科学制定并正确执行党的路线方针政策，认真研究和解决推动中国社会进步和加强党的建设的问题，做到既不割断历史、又不迷失方向，既不落后于时代、又不超越阶段，使我们的事业不断从胜利走向胜利。

贯彻"三个代表"重要思想，关键在坚持与时俱进，核心在坚持党的先进性，本质在坚持执政为民。全党同志要牢牢把握这个根本要求，不断增强贯彻"三个代表"重要思想的自觉性和坚定性。

（一）贯彻"三个代表"重要思想，必须使全党始终保持与时俱进的精神状态，不断开拓马克思主义理论发展的新境界。坚持党的思想路线，解放思想、实事求是、与时俱进，是我们党坚持先进性和增强创造力的决定性因素。与时俱进，就是党的全部理论和工作要体现时代性，把握规律性，富于创造性。能否始终做到这一点，决定着党和国家的前途命运。

创新是一个民族进步的灵魂，是一个国家兴旺发达的不竭动力，也是一个政党永葆生机的源泉。世界在变化，我国改革开放和现代化建设在前进，人民群众的伟大实践在发展，迫切要求我们党以马克思主义的理论勇气，总结实践的新经验，借鉴当代人类文明的有益成果，在理论上不断扩展新视野，作出新概括。只有这样，党的思想理论才能引导和鼓舞全党和全国人民把中国特色社会主义事业不断推向前进。实践基础上的理论创新是社会发展和变革的先导。通过理论创新推动制度创新、科技创新、文化创新以及其他各方面的创新，不断在实践中探索前进，永不自满，永不懈怠，这是我们要长期坚持的治党治国之道。

创新就要不断解放思想、实事求是、与时俱进。实践没有止境，创新也没有止境。我们要突破前人，后人也必然会突破我们。这是社会前进的必然规律。我们一定要适应实践的发展，以实践来检验一切，自觉地把思想认识从那些不合时宜的观念、做法和体制的束缚中解放出来，从对马克思主义的错误的和教条式的理解中解放出来，从主观主义和形而上学的桎梏中解放出来。要坚持马克思主义基本原理，又要谱写新的理论篇章，要发扬革命传统，又要创造新鲜经验。善于在解放思想中统一思想，用发展着的马克思主义指导新的实践。

（二）贯彻"三个代表"重要思想，必须把发展作为党执政兴国的第一要务，不断开创现代化建设的新局面。马克思主义执政党必须高度重视解放和发展生产力。离开发展，坚持党的先进性、发挥社会主义制度的优越性和实现民富国强都无从谈起。党的先进性是具体的、历史的，必须放到推动当代中国先进生产力和先进文化的发展中去考察，放到维护和实现最广大人民根本利益的奋斗中去考察，归根到底要看党在推动历史前进中的作用。

我们党在中国这样一个经济文化落后的发展中大国领导人民进行现代化建设，能不能解决好发展问题，直接关系人心向背、事业兴衰。党要承担起推动中国社会进步的历史责任，必须始终紧紧抓住发展这个执政兴国的第一要务，把坚持党的先进性和发挥社会主义制度的优越性，落实到发展先进生产力、发展先进文化、实现最广大人民的根本利益上来，推动社会全面进步，促进人的全面发展。紧紧把握住这一点，就从根本上把握了人民的愿望，把握了社会主义现代化建设的本质，就能使"三个代表"重要思想不断落实，使党的执政地位不断巩固，使强国富民的要求不断得到实现。

发展必须坚持以经济建设为中心，立足中国现实，顺应时代潮流，不断开拓促进先进生产力和先进文化发展的新途径。发展必须坚持和深化改革。一切妨碍发展的思想观念都要坚决冲破，一切束缚发展的做法和规定都要坚决改变，一切影响发展的体制弊端都要坚决革除。发展必须相信和依靠人民，人民是推动历史前进的动力。要集中全国人民的智慧和力量，聚精会神搞建设，一心一意谋发展。

（三）贯彻"三个代表"重要思想，必须最广泛最充分地调动一切积极因素，不断为中华民族的伟大复兴增添新力量。最大多数人的利益和全社会全民族的积极性创造性，对党和国家事业的发展始终是最具有决定性的因素。在我国社会深刻变革、党和国家事业快速发展的进程中，妥善处理各方面的利益关系，把一切积极因素充分调动和凝聚起来，至关紧要。

随着改革开放的深入和经济文化的发展，我国工人阶级队伍不断壮大，素质不断提高。包括知识分子在内的工人阶级，广大农民，始终是推动我国先进生产力发展和社会全面进步的根本力量。在社会变革中出现的民营科技企业的创业人员和技术人员、受聘于外资企业的管理技术人员、个体户、私营企业主、中介组织的从业人员、自由职业人员等社会阶层，都是中国特色社会主义事业的建设者。对为祖国富强贡献力量的社会各阶层人们都要团结，对他们的创业精神都要鼓励，对他们的合法权益都要保护，对他们中的优秀分子都要表彰，努力形成全体人民各尽其能、各得其所而又和谐相处的局面。

必须尊重劳动、尊重知识、尊重人才、尊重创造，这要作为党和国家的一项重大方针在全社会认真贯彻。要尊重和保护一切有益于人民和社会的劳动。不论是体力劳动还是脑力劳动，不论是简单劳动还是复杂劳动，一切为我国社会主义现代化建设作出贡献的劳动，都是光荣的，都应该得到承认和尊重。海内外各类投资者在我国建设中的创业活动都应该受到鼓励。一切合法的劳动收入和合法的非劳动收入，都应该得到保护。不能简单地把有没有财产、有多少财产当作判断人们政治上先进和落后的标准，而主要应该看他们的思想政治状况和现实表现，看他们的财产是怎么得来的以及对财产怎么支配和使用，看他们以自己的劳动对中国特色社会主义事业所作的贡献。要形成与社会主义初级阶段基本经济制度相适应的思想观念和创业机制，营造鼓励人们干事业、支持人们干成事业的社会氛围，放手让一切劳动、知识、技术、管理和资本的活力竞相迸发，让一切创造社会财富的源泉充分涌流，以造福于人民。

在建设中国特色社会主义的进程中，全国人民的根本利益是一致的，各种具体的利益关系和内部矛盾可以在这个基础上进行调节。制定和贯彻党的方针政策，基本着眼点是要代表最广大人民的根本利益，正确反映和兼顾不同方面群众的利益，使全体人民朝着共同富裕的方向稳步前进。我们要保护发达地区、优势产业和通过辛勤劳动与合法经营先富起来人们的发展活力，鼓励他们积极创造社会财富，更要高度重视和关心欠发达地区以及比较困难的行业和群众，特别要使困难群众的基本生活得到保障，并积极帮助他们解决就业问题和改善生活条件，使他们切实感受到社会主义社会的温暖。

（四）贯彻"三个代表"重要思想，必须以改革的精神推进党的建设，不断为党的肌体注入新活力。高度重视和不断加强自身建设，是我们党从小到大、由弱到强，从挫折中奋起、在战胜困难中不断成熟的一大法宝。总结党八十多年来的历史经验，最根本的一条，就是党的建设必须按照党的政治路线来进行，围绕党的中心任务来展开，朝着党的建设总目标来加强，不断提高党的创造力、凝聚力和战斗力。

坚持用时代发展的要求审视自己，以改革的精神加强和完善自己，这是我们党始终保持马克思主义政党本色、永不脱离群众和具有蓬勃活力的根本保证。必须既善于总结成功的经验，又善于记取失误的教训；既善于通过提出和贯彻正确的理论路线带领群众前进，又善于从群众的实践创造和发展要求中获得前进动力；既善于认识和改造客观世界，又善于组织引导干部和党员在实践中加强主观世界的改造。要按照这样的要求，实现坚持马克思主义基本原理和推进理论创新相统一，坚持党的优良传统和弘扬时代精神相统一，坚持增强党的阶级基础和扩大党的群众基础相统一，使党成为思想上政治上组织上完全巩固、始终站在时代前列带领人民团结奋进的坚强领导核心。

总之，"三个代表"重要思想是发展的、前进的。全党必须在思想上不断有新解放，理论上不断有新发展，实践上不断有新创造，把"三个代表"重要思想贯彻到社会主义现代化建设的各个领域，体现在党的建设的各个方面，使我们党始终与时代发展同步伐，与人民群众共命运。

三、全面建设小康社会的奋斗目标

经过全党和全国各族人民的共同努力，我们胜利实现了现代化建设"三步走"战略的第一步、第二步目标，人民生活总体上达到小康水平。这是社会主义制度的伟大胜利，是中华民族发展史上一个新的里程碑。

必须看到，我国正处于并将长期处于社会主义初级阶段，现在达到的小康还是低水平的、不全面的、发展很不平衡的小康，人民日益增长的物质文化需要同落后的社会生产之间的矛盾仍然是我国社会的主要矛盾。我国生产力和科技、教育还比较落后，实现工业化和现代化还有很长的路要走；城乡二元经济结构还没有改变，地区差距扩大的趋势尚未扭转，贫困人口还为数不少；人口总量继续增加，老龄人口比重上升，就业和社会保障压力增大；生态环境、自然资源和经济社会发展的矛盾日益突出；我们仍然面临发达国家在经济科技等方面占优势的压力；经济体制和其他方面的管理体制还不完善；民主法制建设和思想道德建设等方面还存在一些不容忽视的问题。巩固和提高目前达到的小康水平，还需要进行长时期的艰苦奋斗。

综观全局，二十一世纪头二十年，对我国来说，是一个必须紧紧抓住并且可以大有作为的重要战略机遇期。根据十五大提出的到二○一○年、建党一百年和新中国成立一百年的发展目标，我们要在本世纪头二十年，集中力量，全面建设惠及十几亿人口的更高水平的小康社会，使经济更加发展、民主更加健全、科教更加进步、文化更加繁荣、社会更加和谐、人民生活更加殷实。这是实现现代化建设第三步战略目标必经的承上启下的发展阶段，也是完善社会主义市场经济体制和扩大对外开放的关键阶段。经过这个阶段的建设，再继续奋斗几十年，到本世纪中叶基本实现现代化，把我国建成富强民主文明的社会主义国家。

全面建设小康社会的目标是：

——在优化结构和提高效益的基础上，国内生产总值到二○二○年力争比二000年翻两番，综合国力和国际竞争力明显增强。基本实现工业化，建成完善的社会主义市场经济体制和更具活力、更加开放的经济体系。城镇人口的比重较大幅度提高，工农差别、城乡差别和地区差别扩大的趋势逐步扭转。社会保障体系比较健全，社会就业比较充分，家庭财产普遍增加，人民过上更加富足的生活。

——社会主义民主更加完善，社会主义法制更加完备，依法治国基本方略得到全面落实，人民的政治、经济和文化权益得到切实尊重和保障。基层民主更加健全，社会秩序良好，人民安居乐业。

——全民族的思想道德素质、科学文化素质和健康素质明显提高，形成比较完善的现代国民教育体系、科技和文化创新体系、全民健身和医疗卫生体系。人民享有接受良好教育的机会，基本普及高中阶段教育，消除文盲。形成全民学习、终身学习的学习型社会，促进人的全面发展。

——可持续发展能力不断增强，生态环境得到改善，资源利用效率显著提高，促进人与自然的和谐，推动整个社会走上生产发展、生活富裕、生态良好的文明发展道路。

这次大会确立的全面建设小康社会的目标，是中国特色社会主义经济、政治、文化全面发展的目标，是与加快推进现代化相统一的目标，符合我国国情和现代化建设的实际，符合人民的愿望，意义十分重大。为完成党在新世纪新阶段的这个奋斗目标，发展要有新思路，改革要有新突破，开放要有新局面，各项工作要有新举措。各地各部门都要从实际出发，采取切实有效的措施，努力实现这个目标。有条件的地方可以发展得更快一些，在全面建设小康社会的基础上，率先基本实现现代化。可以肯定，实现了全面建设小康社会的目标，我们的祖国必将更加繁荣富强，人民的生活必将更加幸福美好，中国特色社会主义必将进一步显示出巨大的优越性。

四、经济建设和经济体制改革

全面建设小康社会，最根本的是坚持以经济建设为中心，不断解放和发展社会生产力。根据世界经济科技发展新趋势和我国经济发展新阶段的要求，本世纪头二十年经济建设和改革的主要任务是，完善社会主义市场经济体制，推动经济结构战略性调整，基本实现工业化，大力推进信息化，加快建设现代化，保持国民经济持续快速健康发展，不断提高人民生活水平。前十年要全面完成"十五"计划和二○一○年的奋斗目标，使经济总量、综合国力和人民生活水平再上一个大台阶，为后十年的更大发展打好基础。

（一）走新型工业化道路，大力实施科教兴国战略和可持续发展战略。实现工业化仍然是我国现代化进程中艰巨的历史性任务。信息化是我国加快实现工业化和现代化的必然选择。坚持以信息化带动工业化，以工业化促进信息化，走出一条科技含量高、经济效益好、资源消耗低、环境污染少、人力资源优势得到充分发挥的新型工业化路子。

推进产业结构优化升级，形成以高新技术产业为先导、基础产业和制造业为支撑、服务业全面发展的产业格局。优先发展信息产业，在经济和社会领域广泛应用信息技术。积极发展对经济增长有突破性重大带动作用的高新技术产业。用高新技术和先进适用技术改造传统产业，大力振兴装备制造业。继续加强基础设施建设。加快发展现代服务业，提高第三产业在国民经济中的比重。正确处理发展高新技术产业和传统产业、资金技术密集型产业和劳动密集型产业、虚拟经济和实体经济的关系。

走新型工业化道路，必须发挥科学技术作为第一生产力的重要作用，注重依靠科技进步和提高劳动者素质，改善经济增长质量和效益。加强基础研究和高技术研究，推进关键技术创新和系统集成，实现技术跨越式发展。鼓励科技创新，在关键领域和若干科技发展前沿掌握核心技术和拥有一批自主知识产权。深化科技和教育体制改革，加强科技教育同经济的结合，完善科技服务体系，加速科技成果向现实生产力转化。推进国家创新体系建设。发挥风险投资的作用，形成促进科技创新和创业的资本运作和人才汇集机制。完善知识产权保护制度。必须把可持续发展放在十分突出的地位，坚持计划生育、保护环境和保护资源的基本国策。稳定低生育水平。合理开发和节约使用各种自然资源。抓紧解决部分地区水资源短缺问题，兴建南水北调工程。实施海洋开发，搞好国土资源综合整治。树立全民环保意识，搞好生态保护和建设。

（二）全面繁荣农村经济，加快城镇化进程。统筹城乡经济社会发展，建设现代农业，发展农村经济，增加农民收入，是全面建设小康社会的重大任务。加强农业基础地位，推进农业和农村经济结构调整，保护和提高粮食综合生产能力，健全农产品质量安全体系，增强农业的市场竞争力。积极推进农业产业化经营，提高农民进入市场的组织化程度和农业综合效益。发展农产品加工业，壮大县域经济。开拓农村市场，搞活农产品流通，健全农产品市场体系。

农村富余劳动力向非农产业和城镇转移，是工业化和现代化的必然趋势。要逐步提高城镇化水平，坚持大中小城市和小城镇协调发展，走中国特色的城镇化道路。发展小城镇要以现有的县城和有条件的建制镇为基础，科学规划，合理布局，同发展乡镇企业和农村服务业结合起来。消除不利于城镇化发展的体制和政策障碍，引导农村劳动力合理有序流动。

坚持党在农村的基本政策，长期稳定并不断完善以家庭承包经营为基础、统分结合的双层经营体制。有条件的地方可按照依法、自愿、有偿的原则进行土地承包经营权流转，逐步发展规模经营。尊重农户的市场主体地位，推动农村经营体制创新。增强集体经济实力。建立健全农业社会化服务体系。加大对农业的投入和支持，加快农业科技进步和农村基础设施建设。改善农村金融服务。继续推进农村税费改革，减轻农民负担，保护农民利益。

（三）积极推进西部大开发，促进区域经济协调发展。实施西部大开发战略，关系全国发展的大局，关系民族团结和边疆稳定。要打好基础，扎实推进，重点抓好基础设施和生态环境建设，争取十年内取得突破性进展。积极发展有特色的优势产业，推进重点地带开发。发展科技教育，培养和用好各类人才。国家要在投资项目、税收政策和财政转移支付等方面加大对西部地区的支持，逐步建立长期稳定的西部开发资金渠道。着力改善投资环境，引导外资和国内资本参与西部开发。西部地区要进一步解放思想，增强自我发展能力，在改革开放中走出一条加快发展的新路。

中部地区要加大结构调整力度，推进农业产业化，改造传统产业，培育新的经济增长点，加快工业化和城镇化进程。东部地区要加快产业结构升级，发展现代农业，发展高新技术产业和高附加值加工制造业，进一步发展外向型经济。鼓励经济特区和上海浦东新区在制度创新和扩大开放等方面走在前列。支持东北地区等老工业基地加快调整和改造，支持以资源开采为主的城市和地区发展接续产业，支持革命老区和少数民族地区加快发展，国家要加大对粮食主产区的扶持。加强东、中、西部经济交流和合作，实现优势互补和共同发展，形成若干各具特色的经济区和经济带。

（四）坚持和完善基本经济制度，深化国有资产管理体制改革。根据解放和发展生产力的要求，坚持和完善公有制为主体、多种所有制经济共同发展的基本经济制度。第一，必须毫不动摇地巩固和发展公有制经济。发展壮大国有经济，国有经济控制国民经济命脉，对于发挥社会主义制度的优越性，增强我国的经济实力、国防实力和民族凝聚力，具有关键性作用。集体经济是公有制经济的重要组成部分，对实现共同富裕具有重要作用。第二，必须毫不动摇地鼓励、支持和引导非公有制经济发展。个体、私营等各种形式的非公有制经济是社会主义市场经济的重要组成部分，对充分调动社会各方面的积极性、加快生产力发展具有重要作用。第三，坚持公有制为主体，促进非公有制经济发展，统一于社会主义现代化建设的进程中，不能把这两者对立起来。各种所有制经济完全可以在市场竞争中发挥各自优势，相互促进，共同发展。

继续调整国有经济的布局和结构，改革国有资产管理体制，是深化经济体制改革的重大任务。在坚持国家所有的前提下，充分发挥中央和地方两个积极性。国家要制定法律法规，建立中央政府和地方政府分别代表国家履行出资人职责，享有所有者权益，权利、义务和责任相统一，管资产和管人、管事相结合的国有资产管理体制。关系国民经济命脉和国家安全的大型国有企业、基础设施和重要自然资源等，由中央政府代表国家履行出资人职责。其他国有资产由地方政府代表国家履行出资人职责。中央政府和省、市（地）两级地方政府设立国有资产管理机构。继续探索有效的国有资产经营体制和方式。各级政府要严格执行国有资产管理法律法规，坚持政企分开，实行所有权和经营权分离，使企业自主经营、自负盈亏，实现国有资产保值增值。

国有企业是我国国民经济的支柱。要深化国有企业改革，进一步探索公有制特别是国有制的多种有效实现形式，大力推进企业的体制、技术和管理创新。除极少数必须由国家独资经营的企业外，积极推行股份制，发展混合所有制经济。实行投资主体多元化，重要的企业由国家控股。按照现代企业制度的要求，国有大中型企业继续实行规范的公司制改革，完善法人治理结构。推进垄断行业改革，积极引入竞争机制。通过市场和政策引导，发展具有国际竞争力的大公司大企业集团。进一步放开搞活国有中小企业。深化集体企业改革，继续支持和帮助多种形式的集体经济的发展。

充分发挥个体、私营等非公有制经济在促进经济增长、扩大就业和活跃市场等方面的重要作用。放宽国内民间资本的市场准入领域，在投融资、税收、土地使用和对外贸易等方面采取措施，实现公平竞争。依法加强监督和管理，促进非公有制经济健康发展。完善保护私人财产的法律制度。

（五）健全现代市场体系，加强和完善宏观调控。在更大程度上发挥市场在资源配置中的基础性作用，健全统一、开放、竞争、有序的现代市场体系。推进资本市场的改革开放和稳定发展。发展产权、土地、劳动力和技术等市场。创造各类市场主体平等使用生产要素的环境。深化流通体制改革，发展现代流通方式。整顿和规范市场经济秩序，健全现代市场经济的社会信用体系，打破行业垄断和地区封锁，促进商品和生产要素在全国市场自由流动。

完善政府的经济调节、市场监管、社会管理和公共服务的职能，减少和规范行政审批。要把促进经济增长，增加就业，稳定物价，保持国际收支平衡作为宏观调控的主要目标。扩大内需是我国经济发展长期的、基本的立足点。坚持扩大国内需求的方针，根据形势需要实施相应的宏观经济政策。调整投资和消费关系，逐步提高消费在国内生产总值中的比重。完善国家计划和财政政策、货币政策等相互配合的宏观调控体系，发挥经济杠杆的调节作用。深化财政、税收、金融和投融资体制改革。完善预算决策和管理制度，加强对财政收支的监督，强化税收征管。稳步推进利率市场化改革，优化金融资源配置，加强金融监管，防范和化解金融风险，使金融更好地为经济社会发展服务。

（六）深化分配制度改革，健全社会保障体系。理顺分配关系，事关广大群众的切身利益和积极性的发挥。调整和规范国家、企业和个人的分配关系。确立劳动、资本、技术和管理等生产要素按贡献参与分配的原则，完善按劳分配为主体、多种分配方式并存的分配制度。坚持效率优先、兼顾公平，既要提倡奉献精神，又要落实分配政策，既要反对平均主义，又要防止收入悬殊。初次分配注重效率，发挥市场的作用，鼓励一部分人通过诚实劳动、合法经营先富起来。再分配注重公平，加强政府对收入分配的调节职能，调节差距过大的收入。规范分配秩序，合理调节少数垄断性行业的过高收入，取缔非法收入。以共同富裕为目标，扩大中等收入者比重，提高低收入者收入水平。

建立健全同经济发展水平相适应的社会保障体系，是社会稳定和国家长治久安的重要保证。坚持社会统筹和个人帐户相结合，完善城镇职工基本养老保险制度和基本医疗保险制度。健全失业保险制度和城市居民最低生活保障制度。多渠道筹集和积累社会保障基金。各地要根据实际情况合理确定社会保障的标准和水平。发展城乡社会救济和社会福利事业。有条件的地方，探索建立农村养老、医疗保险和最低生活保障制度。

（七）坚持“引进来”和“走出去”相结合，全面提高对外开放水平。适应经济全球化和加入世贸组织的新形势，在更大范围、更广领域和更高层次上参与国际经济技术合作和竞争，充分利用国际国内两个市场，优化资源配置，拓宽发展空间，以开放促改革促发展。

进一步扩大商品和服务贸易。实施市场多元化战略，发挥我国的比较优势，巩固传统市场，开拓新兴市场，努力扩大出口。坚持以质取胜，提高出口商品和服务的竞争力。优化进口结构，着重引进先进技术和关键设备。深化外经贸体制改革，推进外贸主体多元化，完善有关税收制度和贸易融资机制。

进一步吸引外商直接投资，提高利用外资的质量和水平。逐步推进服务领域开放。通过多种方式利用中长期国外投资，把利用外资与国内经济结构调整、国有企业改组改造结合起来，鼓励跨国公司投资农业、制造业和高新技术产业。大力引进海外各类专业人才和智力。改善投资环境，对外商投资实行国民待遇，提高法规和政策透明度。实施“走出去”战略是对外开放新阶段的重大举措。鼓励和支持有比较优势的各种所有制企业对外投资，带动商品和劳务出口，形成一批有实力的跨国企业和著名品牌。积极参与区域经济交流和合作。在扩大对外开放中，要十分注意维护国家经济安全。

（八）千方百计扩大就业，不断改善人民生活。就业是民生之本。扩大就业是我国当前和今后长时期重大而艰巨的任务。国家实行促进就业的长期战略和政策。各级党委和政府必须把改善创业环境和增加就业岗位作为重要职责。广开就业门路，积极发展劳动密集型产业。对提供新就业岗位和吸纳下岗失业人员再就业的企业给予政策支持。引导全社会转变就业观念，推行灵活多样的就业形式，鼓励自谋职业和自主创业。完善就业培训和服务体系，提高劳动者就业技能。依法加强劳动用工管理，保障劳动者的合法权益。高度重视安全生产，保护国家财产和人民生命的安全。

发展经济的根本目的是提高全国人民的生活水平和质量。要随着经济发展不断增加城乡居民收入，拓宽消费领域，优化消费结构，满足人们多样化的物质文化需求。加强公共服务设施建设，改善生活环境，发展社区服务，方便群众生活。建立适应新形势要求的卫生服务体系和医疗保健体系，着力改善农村医疗卫生状况，提高城乡居民的医疗保健水平。发展残疾人事业。继续大力推进扶贫开发，巩固扶贫成果，尽快使尚未脱贫的农村人口解决温饱问题，并逐步过上小康生活。

胜利完成经济建设和经济体制改革的各项任务，对加快推进社会主义现代化具有决定性意义。只要全党和全国各族人民同心同德，艰苦奋斗，我们就一定能够建立完善的社会主义市场经济体制，在新世纪新阶段继续保持国民经济持续快速健康发展。

五、政治建设和政治体制改革

发展社会主义民主政治，建设社会主义政治文明，是全面建设小康社会的重要目标。必须在坚持四项基本原则的前提下，继续积极稳妥地推进政治体制改革，扩大社会主义民主，健全社会主义法制，建设社会主义法治国家，巩固和发展民主团结、生动活泼、安定和谐的政治局面。

我们党历来以实现和发展人民民主为己任。改革开放以来，我们坚定不移地推进政治体制改革，有力地促进了社会主义民主政治建设。发展社会主义民主政治，最根本的是要把坚持党的领导、人民当家作主和依法治国有机统一起来。党的领导是人民当家作主和依法治国的根本保证，人民当家作主是社会主义民主政治的本质要求，依法治国是党领导人民治理国家的基本方略。中国共产党是中国特色社会主义事业的领导核心。共产党执政就是领导和支持人民当家作主，最广泛地动员和组织人民群众依法管理国家和社会事务，管理经济和文化事业，维护和实现人民群众的根本利益。宪法和法律是党的主张和人民意志相统一的体现。必须严格依法办事，任何组织和个人都不允许有超越宪法和法律的特权。

政治体制改革是社会主义政治制度的自我完善和发展。推进政治体制改革要有利于增强党和国家的活力，发挥社会主义制度的特点和优势，充分调动人民群众的积极性创造性，维护国家统一、民族团结和社会稳定，促进经济发展和社会全面进步。要坚持从我国国情出发，总结自己的实践经验，同时借鉴人类政治文明的有益成果，绝不照搬西方政治制度的模式。要着重加强制度建设，实现社会主义民主政治的制度化、规范化和程序化。

（一）坚持和完善社会主义民主制度。健全民主制度，丰富民主形式，扩大公民有序的政治参与，保证人民依法实行民主选举、民主决策、民主管理和民主监督，享有广泛的权利和自由，尊重和保障人权。坚持和完善人民代表大会制度，保证人民代表大会及其常委会依法履行职能，保证立法和决策更好地体现人民的意志。优化人大常委会组成人员的结构。坚持和完善共产党领导的多党合作和政治协商制度。坚持“长期共存、互相监督、肝胆相照、荣辱与共”的方针，加强同民主党派合作共事，更好地发挥我国社会主义政党制度的特点和优势。保证人民政协发挥政治协商、民主监督和参政议政的作用。巩固和发展最广泛的爱国统一战线。全面贯彻党的民族政策，坚持和完善民族区域自治制度，巩固和发展平等团结互助的社会主义民族关系，促进各民族共同繁荣进步。全面贯彻党的宗教信仰自由政策，依法管理宗教事务，积极引导宗教与社会主义社会相适应，坚持独立自主自办的原则。认真贯彻党的侨务政策。

扩大基层民主，是发展社会主义民主的基础性工作。健全基层自治组织和民主管理制度，完善公开办事制度，保证人民群众依法直接行使民主权利，管理基层公共事务和公益事业，对干部实行民主监督。完善村民自治，健全村党组织领导的充满活力的村民自治机制。完善城市居民自治，建设管理有序、文明祥和的新型社区。坚持和完善职工代表大会和其他形式的企事业民主管理制度，保障职工的合法权益。

（二）加强社会主义法制建设。坚持有法可依、有法必依、执法必严、违法必究。适应社会主义市场经济发展、社会全面进步和加入世贸组织的新形势，加强立法工作，提高立法质量，到2010年形成中国特色社会主义法律体系。坚持法律面前人人平等。加强对执法活动的监督，推进依法行政，维护司法公正，提高执法水平，确保法律的严格实施。维护法制的统一和尊严，防止和克服地方和部门的保护主义。拓展和规范法律服务，积极开展法律援助。加强法制宣传教育，提高全民法律素质，尤其要增强公职人员的法制观念和依法办事能力。党员和干部特别是领导干部要成为遵守宪法和法律的模范。

（三）改革和完善党的领导方式和执政方式。这对于推进社会主义民主政治建设，具有全局性作用。党的领导主要是政治、思想和组织领导，通过制定大政方针，提出立法建议，推荐重要干部，进行思想宣传，发挥党组织和党员的作用，坚持依法执政，实施党对国家和社会的领导。党委在同级各种组织中发挥领导核心作用，集中精力抓好大事，支持各方独立负责、步调一致地开展工作。进一步改革和完善党的工作机构和工作机制。按照党总揽全局、协调各方的原则，规范党委与人大、政府、政协以及人民团体的关系，支持人大依法履行国家权力机关的职能，经过法定程序，使党的主张成为国家意志，使党组织推荐的人选成为国家政权机关的领导人员，并对他们进行监督；支持政府履行法定职能，依法行政；支持政协围绕团结和民主两大主题履行职能。加强对工会、共青团和妇联等人民团体的领导，支持他们依照法律和各自章程开展工作，更好地成为党联系广大人民群众的桥梁和纽带。

（四）改革和完善决策机制。正确决策是各项工作成功的重要前提。要完善深入了解民情、充分反映民意、广泛集中民智、切实珍惜民力的决策机制，推进决策科学化民主化。各级决策机关都要完善重大决策的规则和程序，建立社情民意反映制度，建立与群众利益密切相关的重大事项社会公示制度和社会听证制度，完善专家咨询制度，实行决策的论证制和责任制，防止决策的随意性。

（五）深化行政管理体制改革。进一步转变政府职能，改进管理方式，推行电子政务，提高行政效率，降低行政成本，形成行为规范、运转协调、公正透明、廉洁高效的行政管理体制。依法规范中央和地方的职能和权限，正确处理中央垂直管理部门和地方政府的关系。按照精简、统一、效能的原则和决策、执行、监督相协调的要求，继续推进政府机构改革，科学规范部门职能，合理设置机构，优化人员结构，实现机构和编制的法定化，切实解决层次过多、职能交叉、人员臃肿、权责脱节和多重多头执法等问题。按照政事分开原则，改革事业单位管理体制。

（六）推进司法体制改革。社会主义司法制度必须保障在全社会实现公平和正义。按照公正司法和严格执法的要求，完善司法机关的机构设置、职权划分和管理制度，进一步健全权责明确、相互配合、相互制约、高效运行的司法体制。从制度上保证审判机关和检察机关依法独立公正地行使审判权和检察权。完善诉讼程序，保障公民和法人的合法权益。切实解决执行难问题。改革司法机关的工作机制和人财物管理体制，逐步实现司法审判和检察同司法行政事务相分离。加强对司法工作的监督，惩治司法领域中的腐败。建设一支政治坚定、业务精通、作风优良、执法公正的司法队伍。

（七）深化干部人事制度改革。努力形成广纳群贤、人尽其才、能上能下、充满活力的用人机制，把优秀人才集聚到党和国家的各项事业中来。以建立健全选拔任用和管理监督机制为重点，以科学化、民主化和制度化为目标，改革和完善干部人事制度，健全公务员制度。扩大党员和群众对于干部选拔任用的知情权、参与权、选择权和监督权。实行党政领导干部职务任期制、辞职制和用人失察失误责任追究制。完善干部职务和职级相结合的制度，建立干部激励和保障机制。探索和完善党政机关、事业单位和企业的干部人事分类管理制度。改革和完善干部双重管理体制。打破选人用人中论资排辈的观念和做法，促进人才合理流动，积极营造各方面优秀人才脱颖而出的良好环境。

（八）加强对权力的制约和监督。建立结构合理、配置科学、程序严密、制约有效的权力运行机制，从决策和执行等环节加强对权力的监督，保证把人民赋予的权力真正用来为人民谋利益。重点加强对领导干部特别是主要领导干部的监督，加强对人财物管理和使用的监督。强化领导班子内部监督，完善重大事项和重要干部任免的决定程序。改革和完善党的纪律检查体制，建立和完善巡视制度。发挥司法机关和行政监察、审计等职能部门的作用。实行多种形式的领导干部述职述廉制度，健全重大事项报告制度、质询制度和民主评议制度。认真推行政务公开制度。加强组织监督和民主监督，发挥舆论监督的作用。

（九）维护社会稳定。完成改革和发展的繁重任务，必须保持长期和谐稳定的社会环境。各级党委和政府要满腔热情地解决人民群众工作和生活中的实际问题。要深入调查研究，区别不同情况，加强思想政治工作，正确运用经济、行政和法律等手段，妥善处理人民内部矛盾特别是涉及群众切身利益的矛盾，保持安定团结的局面。加强政法工作，依法严厉打击各种犯罪活动，防范和惩治邪教组织的犯罪活动，坚决扫除社会丑恶现象，切实保障人民群众生命财产安全。坚持打防结合、预防为主，落实社会治安综合治理的各项措施，改进社会管理，保持良好的社会秩序。加强国家安全工作，警惕国际国内敌对势力的渗透、颠覆和分裂活动。

社会主义民主政治具有强大的生命力和优越性。中国共产党和中国人民对自己选择的政治发展道路充满信心，将坚定不移地把中国特色社会主义政治建设推向前进。

六、文化建设和文化体制改革

全面建设小康社会，必须大力发展社会主义文化，建设社会主义精神文明。当今世界，文化与经济和政治相互交融，在综合国力竞争中的地位和作用越来越突出。文化的力量，深深熔铸在民族的生命力、创造力和凝聚力之中。全党同志要深刻认识文化建设的战略意义，推动社会主义文化的发展繁荣。

（一）牢牢把握先进文化的前进方向。在当代中国，发展先进文化，就是发展面向现代化、面向世界、面向未来的，民族的科学的大众的社会主义文化，以不断丰富人们的精神世界，增强人们的精神力量。必须坚持马克思列宁主义、毛泽东思想和邓小平理论在意识形态领域的指导地位，用"三个代表"重要思想统领社会主义文化建设。坚持为人民服务、为社会主义服务的方向和百花齐放、百家争鸣的方针，弘扬主旋律，提倡多样化。坚持以科学的理论武装人，以正确的舆论引导人，以高尚的精神塑造人，以优秀的作品鼓舞人。大力发展先进文化，支持健康有益文化，努力改造落后文化，坚决抵制腐朽文化。文艺工作者要深入群众、深入生活，为人民奉献更多无愧于时代的作品。新闻出版和广播影视必须坚持正确导向，互联网站要成为传播先进文化的重要阵地。立足于改革开放和现代化建设的实践，着眼于世界文化发展的前沿，发扬民族文化的优秀传统，汲取世界各民族的长处，在内容和形式上积极创新，不断增强中国特色社会主义文化的吸引力和感召力。

（二）坚持弘扬和培育民族精神。民族精神是一个民族赖以生存和发展的精神支撑。一个民族，没有振奋的精神和高尚的品格，不可能自立于世界民族之林。在五千多年的发展中，中华民族形成了以爱国主义为核心的团结统一、爱好和平、勤劳勇敢、自强不息的伟大民族精神。我们党领导人民在长期实践中不断结合时代和社会的发展要求，丰富着这个民族精神。面对世界范围各种思想文化的相互激荡，必须把弘扬和培育民族精神作为文化建设极为重要的任务，纳入国民教育全过程，纳入精神文明建设全过程，使全体人民始终保持昂扬向上的精神状态。

（三）切实加强思想道德建设。依法治国和以德治国相辅相成。要建立与社会主义市场经济相适应、与社会主义法律规范相协调、与中华民族传统美德相承接的社会主义思想道德体系。深入进行党的基本理论、基本路线、基本纲领和“三个代表”重要思想的宣传教育，引导人们树立中国特色社会主义共同理想，树立正确的世界观、人生观和价值观。认真贯彻公民道德建设实施纲要，弘扬爱国主义精神，以为人民服务为核心、以集体主义为原则、以诚实守信为重点，加强社会公德、职业道德和家庭美德教育，特别要加强青少年的思想道德建设，引导人们在遵守基本行为准则的基础上，追求更高的思想道德目标。加强和改进思想政治工作，广泛开展群众性精神文明创建活动。

（四）大力发展教育和科学事业。教育是发展科学技术和培养人才的基础，在现代化建设中具有先导性全局性作用，必须摆在优先发展的战略地位。全面贯彻党的教育方针，坚持教育为社会主义现代化建设服务，为人民服务，与生产劳动和社会实践相结合，培养德智体美全面发展的社会主义建设者和接班人。坚持教育创新，深化教育改革，优化教育结构，合理配置教育资源，提高教育质量和管理水平，全面推进素质教育，造就数以亿计的高素质劳动者、数以千万计的专门人才和一大批拔尖创新人才。加强教师队伍建设，提高教师的师德和业务水平。继续普及九年义务教育。加强职业教育和培训，发展继续教育，构建终身教育体系。加大对教育的投入和对农村教育的支持，鼓励社会力量办学。完善国家资助贫困学生的政策和制度。制定科学和技术长远发展规划。加强科学基础设施建设。普及科学知识，弘扬科学精神。坚持社会科学和自然科学并重，充分发挥哲学社会科学在经济和社会发展中的重要作用。在全社会形成崇尚科学、鼓励创新、反对迷信和伪科学的良好氛围。

（五）积极发展文化事业和文化产业。发展各类文化事业和文化产业都要贯彻发展先进文化的要求，始终把社会效益放在首位。国家支持和保障文化公益事业，并鼓励它们增强自身发展活力。坚持和完善支持文化公益事业发展的政策措施，扶持党和国家重要的新闻媒体和社会科学研究机构，扶持体现民族特色和国家水准的重大文化项目和艺术院团，扶持对重要文化遗产和优秀民间艺术的保护工作，扶持老少边穷地区和中西部地区的文化发展。加强文化基础设施建设，发展各类群众文化。积极推进卫生体育事业的改革和发展，开展全民健身运动，提高全民健康水平。努力办好二〇〇八年奥运会。发展文化产业是市场经济条件下繁荣社会主义文化、满足人民群众精神文化需求的重要途径。完善文化产业政策，支持文化产业发展，增强我国文化产业的整体实力和竞争力。

（六）继续深化文化体制改革。根据社会主义精神文明建设的特点和规律，适应社会主义市场经济发展的要求，推进文化体制改革。抓紧制定文化体制改革的总体方案。把深化改革同调整结构和促进发展结合起来，理顺政府和文化企事业单位的关系，加强文化法制建设，加强宏观管理，深化文化企事业单位内部改革，逐步建立有利于调动文化工作者积极性，推动文化创新，多出精品、多出人才的文化管理体制和运行机制。按照一手抓繁荣、一手抓管理的方针，健全文化市场体系，完善文化市场管理机制，为繁荣社会主义文化创造良好的社会环境。

中华文明博大精深、源远流长，为人类文明进步作出了巨大贡献。在当代中国人民的伟大奋斗中，必将迎来社会主义文化建设的新高潮，创造出更加灿烂的先进文化。

七、国防和军队建设

建立巩固的国防是我国现代化建设的战略任务，是维护国家安全统一和全面建设小康社会的重要保障。坚持国防建设与经济建设协调发展的方针，在经济发展的基础上推进国防和军队现代化。

坚持以毛泽东军事思想、邓小平新时期军队建设思想为指导，全面贯彻“三个代表”重要思想，按照政治合格、军事过硬、作风优良、纪律严明、保障有力的总要求，紧紧围绕打得赢、不变质两个历史性课题，坚定不移地走中国特色的精兵之路，加强军队的革命化现代化正规化建设。

始终把思想政治建设摆在军队各项建设的首位，永葆人民军队的性质、本色和作风。党对军队的绝对领导是我军永远不变的军魂，要毫不动摇地坚持党领导人民军队的根本原则和制度。

贯彻积极防御的军事战略方针，提高高技术条件下的防卫作战能力。适应世界军事变革的趋势，实施科技强军战略，加强质量建设。把教育训练摆到战略位置，深入开展科技练兵，加强军队院校建设，培养大批高素质新型军事人才。创新和发展军事理论。努力完成机械化和信息化建设的双重历史任务，实现我军现代化的跨越式发展。

探索新的历史条件下治军的特点和规律，推进国防和军队建设的各项改革。优化军队的编成和结构，调整和完善政策制度。坚持从严治军，健全军事法规体系，提高依法治军的水平。坚持勤俭建军，建立和完善三军一体、军民兼容、平战结合的联勤保障体制。深化国防科技工业体制改革，坚持寓军于民，建立健全竞争、评价、监督和激励机制，增强自主创新能力，加快国防科技和武器装备发展。完善国防动员体制，加强民兵和预备役部队建设，发展高技术条件下人民战争的战略战术。武装警察部队要加强全面建设，永远做党和人民的忠诚卫士。

各级党组织和政府、广大人民群众要关心、支持国防和军队建设。军队要积极支持和参加国家建设。加强国防教育，增强全民国防观念。拥军优属，拥政爱民，巩固军政军民团结。

八、“一国两制”和实现祖国的完全统一

实现祖国的完全统一，是海内外中华儿女的共同心愿。我们成功解决了香港问题和澳门问题，正在为早日解决台湾问题、完成祖国统一大业而继续奋斗。

香港和澳门回归祖国，丰富了“一国两制”的理论和实践。事实证明，“一国两制”方针是正确的，具有强大的生命力。我们将坚定不移地实行这一方针，严格按照香港基本法和澳门基本法办事，全力支持香港和澳门两个特别行政区行政长官和政府的工作，广泛团结港澳各界人士，共同维护和促进香港和澳门的繁荣、稳定和发展。

我们坚持“和平统一、一国两制”的基本方针和现阶段发展两岸关系、推进祖国和平统一进程的八项主张，同台湾同胞一道，加强两岸人员往来和经济文化等领域的交流，坚决反对台湾分裂势力。两岸关系的基本格局和发展趋势没有改变。台湾同胞求和平、求安定、求发展的意愿日益增强。台湾分裂势力的分裂活动不得人心。

坚持一个中国原则，是发展两岸关系和实现和平统一的基础。世界上只有一个中国，大陆和台湾同属一个中国，中国的主权和领土完整不容分割。对任何旨在制造“台湾独立”、“两个中国”、“一中一台”的言行，我们都坚决反对。台湾前途系于祖国统一。开展对话，进行和平统一谈判，是我们的一贯主张。我们再次呼吁，在一个中国原则的基础上，暂时搁置某些政治争议，尽早恢复两岸对话和谈判。在一个中国的前提下，什么问题都可以谈，可以谈正式结束两岸敌对状态问题，可以谈台湾地区在国际上与其身份相适应的经济文化社会活动空间问题，也可以谈台湾当局的政治地位等问题。我们愿与台湾各党派和各界人士就发展两岸关系、推进和平统一交换意见。

解决台湾问题、实现祖国的完全统一，我们寄希望于台湾人民。台湾同胞具有光荣的爱国主义传统，是发展两岸关系的重要力量。我们充分尊重台湾同胞的生活方式和当家作主的愿望。两岸应该扩大交流交往，共同弘扬中华文化的优秀传统。实现两岸直接通邮、通航和通商，是两岸同胞的共同利益所在，完全应该采取实际步骤积极推进，开创两岸经济合作的新局面。

“一国两制”是两岸统一的最佳方式。两岸统一后，台湾可以保持原有的社会制度不变，高度自治。台湾同胞的生活方式不变，他们的切身利益将得到充分保障，永享太平。台湾经济将真正以祖国大陆为腹地，获得广阔的发展空间。台湾同胞可以同大陆同胞一道，行使管理国家的权利，共享伟大祖国在国际上的尊严和荣誉。

两千三百万台湾同胞是我们的手足兄弟，没有人比我们更希望通过和平的方式解决台湾问题。我们将继续坚持“和平统一、一国两制”的基本方针，贯彻八项主张，以最大的诚意、尽最大的努力争取和平统一的前景。我们决不承诺放弃使用武力，不是针对台湾同胞的，而是针对外国势力干涉中国统一和台湾分裂势力搞“台湾独立”图谋的。维护祖国统一事关中华民族的根本利益，中国人民将义无反顾地捍卫国家主权和领土完整，绝不允许任何人以任何方式把台湾从中国分割出去。

国家要统一，民族要复兴，台湾问题不能无限期地拖延下去。我们坚信，通过全体中华儿女共同努力，祖国的完全统一就一定能够早日实现。

九、国际形势和对外工作

和平与发展仍是当今时代的主题。维护和平，促进发展，事关各国人民的福祉，是各国人民的共同愿望，也是不可阻挡的历史潮流。世界多极化和经济全球化趋势的发展，给世界的和平与发展带来了机遇和有利条件。新的世界大战在可预见的时期内打不起来。争取较长时期的和平国际环境和良好周边环境是可以实现的。

但是，不公正不合理的国际政治经济旧秩序没有根本改变。影响和平与发展的不确定因素在增加。传统安全威胁和非传统安全威胁的因素相互交织，恐怖主义危害上升。霸权主义和强权政治有新的表现。民族、宗教矛盾和边界、领土争端导致的局部冲突时起时伏。南北差距进一步扩大。世界还很不安宁，人类面临着许多严峻挑战。

不管国际风云如何变幻，我们始终不渝地奉行独立自主的和平外交政策。中国外交政策的宗旨，是维护世界和平，促进共同发展。我们愿同各国人民一道，共同推进世界和平与发展的崇高事业。

我们主张顺应历史潮流，维护全人类的共同利益。我们愿与国际社会共同努力，积极促进世界多极化，推动多种力量和谐并存，保持国际社会的稳定；积极促进经济全球化朝着有利于实现共同繁荣的方向发展，趋利避害，使各国特别是发展中国家都从中受益。

我们主张建立公正合理的国际政治经济新秩序。各国政治上应相互尊重，共同协商，而不应把自己的意志强加于人；经济上应相互促进，共同发展，而不应造成贫富悬殊；文化上应相互借鉴，共同繁荣，而不应排斥其他民族的文化；安全上应相互信任，共同维护，树立互信、互利、平等和协作的新安全观，通过对话和合作解决争端，而不应诉诸武力或以武力相威胁。反对各种形式的霸权主义和强权政治。中国永远不称霸，永远不搞扩张。

我们主张维护世界多样性，提倡国际关系民主化和发展模式多样化。世界是丰富多彩的。世界上的各种文明、不同的社会制度和发展道路应彼此尊重，在竞争比较中取长补短，在求同存异中共同发展。各国的事情应由各国人民自己决定，世界上的事情应由各国平等协商。

我们主张反对一切形式的恐怖主义。要加强国际合作，标本兼治，防范和打击恐怖活动，努力消除产生恐怖主义的根源。

我们将继续改善和发展同发达国家的关系，以各国人民的根本利益为重，不计较社会制度和意识形态的差别，在和平共处五项原则的基础上，扩大共同利益的汇合点，妥善解决分歧。

我们将继续加强睦邻友好，坚持与邻为善、以邻为伴，加强区域合作，把同周边国家的交流和合作推向新水平。

我们将继续增强同第三世界的团结和合作，增进相互理解和信任，加强相互帮助和支持，拓宽合作领域，提高合作效果。

我们将继续积极参与多边外交活动，在联合国和其他国际及区域性组织中发挥作用，支持发展中国家维护自身的正当权益。

我们将继续坚持独立自主、完全平等、互相尊重、互不干涉内部事务的原则，同各国各地区政党和政治组织发展交流和合作。

我们将继续广泛开展民间外交，扩大对外文化交流，增进人民之间的友谊，推动国家关系的发展。

世界正向着光明和进步的目标迈进。道路是曲折的，前途是光明的。和平的力量，正义的力量，进步的力量，终究是不可战胜的。

十、加强和改进党的建设

在我们这样一个多民族的发展中大国，要把全体人民的意志和力量凝聚起来，全面建设小康社会，加快推进社会主义现代化，必须毫不放松地加强和改善党的领导，全面推进党的建设新的伟大工程。

加强和改进党的建设，一定要高举邓小平理论伟大旗帜，全面贯彻“三个代表”重要思想，保证党的路线方针政策全面反映人民的根本利益和时代发展的要求；一定要坚持党要管党、从严治党的方针，进一步解决提高党的领导水平和执政水平、提高拒腐防变和抵御风险能力这两大历史性课题；一定要准确把握当代中国社会前进的脉搏，改革和完善党的领导方式和执政方式、领导体制和工作制度，使党的工作充满活力；一定要把思想建设、组织建设和作风建设有机结合起来，把制度建设贯穿其中，既立足于做好经常性工作，又抓紧解决存在的突出问题。通过锲而不舍的努力，保证我们党始终是中国工人阶级的先锋队，同时是中国人民和中华民族的先锋队，始终是中国特色社会主义事业的领导核心，始终代表中国先进生产力的发展要求，代表中国先进文化的前进方向，代表中国最广大人民的根本利益。

（一）深入学习贯彻"三个代表"重要思想，提高全党的马克思主义理论水平。党在思想理论上的提高，是党和国家事业不断发展的思想保证。必须把党的思想理论建设摆在更加突出的位置。坚持用马克思列宁主义、毛泽东思想和邓小平理论武装全体党员，在全党兴起一个学习贯彻"三个代表"重要思想的新高潮。党员干部特别是高中级干部要带头学习和实践"三个代表"重要思想，成为勤奋学习、善于思考的模范，解放思想、与时俱进的模范，勇于实践、锐意创新的模范。在全党深入进行马克思主义发展史的教育，大力弘扬求真务实、开拓进取的精神，不断深化对共产党执政规律、社会主义建设规律和人类社会发展规律的认识，不断丰富和发展马克思主义。

（二）加强党的执政能力建设，提高党的领导水平和执政水平。面对执政条件和社会环境的深刻变化，各级党委和领导干部要不辱使命、不负重托，就要适应新形势新任务的要求，在实践中掌握新知识，积累新经验，增长新本领。必须以宽广的眼界观察世界，正确把握时代发展的要求，善于进行理论思维和战略思维，不断提高科学判断形势的能力；必须坚持按照客观规律和科学规律办事，及时研究解决改革和建设中的新情况新问题，善于抓住机遇加快发展，不断提高驾驭市场经济的能力；必须正确认识和处理各种社会矛盾，善于协调不同利益关系和克服各种困难，不断提高应对复杂局面的能力；必须增强法制观念，善于把坚持党的领导、人民当家作主和依法治国统一起来，不断提高依法执政的能力；必须立足全党全国工作大局，坚定不移地贯彻党的路线方针政策，善于结合实际创造性地开展工作，不断提高总揽全局的能力。

（三）坚持和健全民主集中制，增强党的活力和团结统一。民主集中制是民主基础上的集中和集中指导下的民主相结合的制度。党内民主是党的生命，对人民民主具有重要的示范和带动作用。要以保障党员民主权利为基础，以完善党的代表大会制度和党的委员会制度为重点，从改革体制机制入手，建立健全充分反映党员和党组织意愿的党内民主制度。扩大在市、县进行党的代表大会常任制的试点。积极探索党的代表大会闭会期间发挥代表作用的途径和形式。按照集体领导、民主集中、个别酝酿、会议决定的原则，完善党委内部的议事和决策机制，进一步发挥党的委员会全体会议的作用。改革和完善党内选举制度。建立和完善党内情况通报制度、情况反映制度和重大决策征求意见制度。党和国家的集中统一，是全国各族人民的根本利益所在。在指导思想和路线方针政策以及重大原则问题上，全党全国必须保持高度一致。全党同志必须自觉坚持个人服从组织、少数服从多数、下级组织服从上级组织、全党服从党的全国代表大会和中央委员会的原则，坚决维护中央权威，保证中央的政令畅通。党的各级组织和全体党员特别是领导干部，都要严格遵守党的纪律，决不允许有令不行、有禁不止、各行其是。

（四）建设高素质的领导干部队伍，形成朝气蓬勃、奋发有为的领导层。按照革命化、年轻化、知识化、专业化方针，建设一支能够担当重任、经得起风浪考验的高素质的领导干部队伍，特别是培养造就大批善于治党治国治军的优秀领导人才，是党和国家长治久安的根本大计。要认真贯彻领导干部选拔任用条例，注重在改革和建设的实践中考察和识别干部，把那些德才兼备、实绩突出和群众公认的人及时选拔到领导岗位上来。加大培养选拔优秀年轻干部的工作力度，着重帮助他们加强党性修养、理论学习和实践锻炼，全面提高自身素质。进一步做好培养选拔妇女干部、少数民族干部和党外干部的工作。继续做好离退休干部工作。以提高素质、优化结构、改进作风和增强团结为重点，把各级领导班子建设成为坚持贯彻"三个代表"重要思想的坚强领导集体。必须不断培养和造就中国特色社会主义事业的接班人，确保党和人民的事业后继有人。

（五）切实做好基层党建工作，增强党的阶级基础和扩大党的群众基础。党的基层组织是党的全部工作和战斗力的基础，应该成为贯彻"三个代表"重要思想的组织者、推动者和实践者。要坚持围绕中心、服务大局，拓宽领域、强化功能，扩大党的工作的覆盖面，不断提高党的基层组织的凝聚力和战斗力。加强以村党组织为核心的村级组织配套建设，探索让干部经常受教育、使农民长期得实惠的有效途径。搞好国有企业和集体企业必须坚持全心全意依靠工人阶级，企业党组织要积极参与企业重大问题的决策，充分发挥政治核心作用。加强非公有制企业党的建设，企业党组织要贯彻党的方针政策，引导和监督企业遵守国家的法律法规，领导工会和共青团等群众组织，团结凝聚职工群众，维护各方的合法权益，促进企业健康发展。高度重视社区党的建设，以服务群众为重点，构建城市社区党建工作新格局。加大在社会团体和社会中介组织中建立党组织的工作力度。全面做好机关党建工作和学校、科研院所、文化团体等事业单位的党建工作。

共产党员必须发挥先锋模范作用，牢固树立共产主义远大理想和中国特色社会主义坚定信念，脚踏实地地为实现党在现阶段的基本纲领而奋斗。在全党开展以实践"三个代表"重要思想为主要内容的保持共产党员先进性教育活动。重点做好在工人、农民、知识分子、军人和干部中发展党员的工作，壮大党的队伍最基本的组成部分和骨干力量。注意在生产、工作第一线和高知识群体、青年中发展党员。要把承认党的纲领和章程、自觉为党的路线和纲领而奋斗、经过长期考验、符合党员条件的其他社会阶层的先进分子吸收到党内来，增强党在全社会的影响力和凝聚力。适应新形势，探索党员管理工作的新机制新方法。

（六）加强和改进党的作风建设，深入开展反腐败斗争。推进党的作风建设，核心是保持党同人民群众的血肉联系。我们党的最大政治优势是密切联系群众，党执政后的最大危险是脱离群众。在任何时候任何情况下，都必须坚持党的群众路线，坚持全心全意为人民服务的宗旨，把实现人民群众的利益作为一切工作的出发点和归宿。要以立党为公、执政为民为根本目的，发扬党的优良传统和作风，按照中央提出的"八个坚持、八个反对"，一靠教育，二靠制度，正确开展批评与自我批评，着力解决党的思想作风、学风、工作作风、领导作风和干部生活作风方面的突出问题，特别是要防止和克服形式主义、官僚主义。认真研究我国社会生活的新变化和群众工作的新特点，把加强和改进群众工作贯彻到党的建设和政权建设的各项工作中去。共产党员首先是各级领导干部，都要努力运用说服教育、示范引导和提供服务等方法，做好新形势下的群众工作，团结和带领群众不断前进。

坚决反对和防止腐败，是全党一项重大的政治任务。不坚决惩治腐败，党同人民群众的血肉联系就会受到严重损害，党的执政地位就有丧失的危险，党就有可能走向自我毁灭。在长期执政的条件下，在对外开放和发展社会主义市场经济的环境中，党必须十分注重防范各种腐朽思想的侵蚀，维护党的队伍的纯洁。各级党委既要充分认识反腐败斗争的紧迫性，又要充分认识其长期性，坚定信心，扎实工作，旗帜鲜明、毫不动摇地把反腐败斗争深入进行下去。进一步抓好领导干部廉洁自律、查处大案要案、纠正部门和行业不正之风的工作。坚持标本兼治、综合治理的方针，逐步加大治本的力度。加强教育，发展民主，健全法制，强化监督，创新体制，把反腐败寓于各项重要政策措施之中，从源头上预防和解决腐败问题。坚持和完善反腐败领导体制和工作机制，认真落实党风廉政建设责任制，形成防止和惩治腐败的合力。领导干部特别是高级干部，必须以身作则，正确行使手中的权力，始终做到清正廉洁，自觉地与各种腐败现象作坚决斗争。对任何腐败分子都必须彻底查处、严惩不贷。

全党同志始终保持共产党人的蓬勃朝气、昂扬锐气和浩然正气，永远同人民群众心连心，我们党的执政基础就坚如磐石。

全面建设小康社会，开创中国特色社会主义事业新局面，就是要在中国共产党的坚强领导下，发展社会主义市场经济、社会主义民主政治和社会主义先进文化，不断促进社会主义物质文明、政治文明和精神文明的协调发展，推进中华民族的伟大复兴。

中国共产党深深扎根于中华民族之中。党从成立那一天起，就是中国工人阶级的先锋队，同时是中国人民和中华民族的先锋队，肩负着实现中华民族伟大复兴的庄严使命。在新民主主义革命时期，我们党团结和带领全国各族人民完成民族独立和人民解放的历史任务，为实现中华民族伟大复兴创造了前提。新中国成立后，我们党创造性地完成由新民主主义到社会主义的过渡，实现中国历史上最伟大最深刻的社会变革，开始了在社会主义道路上实现中华民族伟大复兴的历史征程。十一届三中全会以来，我们党找到建设中国特色社会主义的正确道路，赋予民族复兴新的强大生机。中华民族的伟大复兴展现出灿烂的前景。

全面建设小康社会，加快推进社会主义现代化，使社会主义中国发展和富强起来，为人类进步事业作出更大贡献，这是我们党必须勇敢担负起来的历史任务。完成这个任务，必须紧紧依靠全党和全国各族人民的团结。团结就是力量，团结就是胜利。我们党和我国人民经历了艰难曲折，积累了丰富经验，愈益成熟起来。面对很不安宁的世界，面对艰巨繁重的任务，全党同志一定要增强忧患意识，居安思危，清醒地看到日趋激烈的国际竞争带来的严峻挑战，清醒地看到前进道路上的困难和风险，倍加顾全大局，倍加珍视团结，倍加维护稳定。

政府工作报告

朱镕基

一、过去五年政府工作的回顾

第九届全国人民代表大会第一次会议以来的五年，是很不平凡的五年。本届政府初期，亚洲金融危机冲击，世界经济增长放慢；国内产业结构矛盾十分突出，国有企业职工大量下岗；1998、1999年连续遭受特大洪涝灾害。全国各族人民在中国共产党领导下，团结奋进，顽强拼搏，战胜种种困难，改革开放和经济社会发展取得举世公认的伟大成就。我们胜利实现了现代化建设第二步战略目标，开始向第三步战略目标迈进。

五年来，国民经济保持良好发展势头，经济结构战略性调整迈出重要步伐。

经济持续较快增长。国内生产总值从1997年的7.4万亿元增加到2002年的10.2万亿元，按可比价格计算，平均每年增长7.7%。产业结构调整成效明显。粮食等主要农产品供给实现了由长期短缺到总量平衡、丰年有余的历史性转变。以信息产业为代表的高新技术产业迅速崛起。传统工业改造步伐加快。现代服务业快速发展。经济增长质量和效益不断提高。国家税收连年大幅度增长。全国财政收入从1997年的8651亿元增加到2002年的18914亿元，平均每年增加2053亿元；国家外汇储备从1399亿美元增加到2864亿美元。五年全社会固定资产投资累计完成17.2万亿元，特别是发行6600亿元长期建设国债，带动银行贷款和其他社会资金形成3.28万亿元的投资规模，办成不少多年想办而没有力量办的大事。社会生产力跃上新台阶，国家的经济实力、抗风险能力和国际竞争力明显增强。

基础设施建设成就显著。我们集中力量建成了一批关系全局的重大基础设施项目。进行了新中国成立以来规模最大的水利建设。五年全国水利建设投资3562亿元，扣除价格变动因素，相当于1950年到1997年全国水利建设投资的总和。一批重大水利设施项目相继开工和竣工。江河堤防加固工程开工3.5万公里，完成了长达3500多公里的长江干堤和近千公里的黄河堤防加固工程，防洪能力大大增强。举世瞩目的长江三峡水利枢纽二期工程即将完成，黄河小浪底等水利枢纽工程投入运行，南水北调工程开工建设。交通建设空前发展，现代综合运输体系初步形成。五年全国公路建设投资12343亿元，扣除价格变动因素，是1950年到1997年全国公路建设投资总和的1.7倍。公路通车里程由1997年的123万公里增加到2002年的176万公里，其中高速公路由4771公里增加到2.52万公里，从居世界第三十九位跃升到第二位。铁路营运里程由65969公里增加到71500公里；五年建成新线5944公里，复线4603公里，电气化线路5704公里。新建、改扩建机场50个。港口万吨级码头泊位新增吞吐能力1.44亿吨。邮电通信建设突飞猛进。长途光缆线路长度由1997年的15万公里增加到2002年的47万公里；固定电话和移动电话用户由8354万户增加到4.21亿户，居世界首位。能源建设继续加强。发电装机容量由1997年的2.54亿千瓦增加到2002年的3.53亿千瓦。城市规划和公用设施建设明显加强，许多城市面貌有很大改观。基础设施的显著改善，大大增强了我国经济发展的后劲。

西部大开发开局良好。实施西部大开发战略三年来，国家通过加大建设投入、增加财政转移支付、实施优惠财税政策等措施，有力地促进了西部地区发展。新开工建设36项重点工程，投资总规模6000多亿元。青藏铁路、西气东输、西电东送、水利枢纽、干线公路等重大项目建设进展顺利。“油路到县”、“送电到乡”、“广播电视到村”等工程加快实施。生态环境保护和建设力度加大。农村公路、中小型水利、人畜饮水和科技、教育设施建设加快。东部与中西部地区经济技术合作进一步加强。

——可持续发展能力增强。五年全国环境保护和生态建设投入5800亿元，是1950年到1997年投入总和的1.7倍。退耕还林、天然林保护、京津风沙源治理等六大林业生态工程建设全面实施。五年内，全国造林面积2787万公顷，封山育林3153万公顷，退耕还林382万公顷；治理水土流失面积26.6万平方公里，治理沙化土地570万公顷。环境污染加剧的趋势总体上得到控制。主要污染物排放总量持续降低，重点城市和地区的环境质量有所改善。资源保护取得新进展。地质调查成果丰硕。防灾减灾成效明显。人口自然增长率降到6.45‰，进入了稳定低生育水平的时期。

五年来，改革开放取得突破性进展，社会主义市场经济体制初步建立。

所有制结构进一步调整和完善。公有制经济在调整和改革中发展壮大，探索公有制多种实现形式取得成效。国有经济结构调整步伐加快，控制力和竞争力明显增强。国有企业三年改革与脱困目标基本实现。大多数国有大中型骨干企业初步建立现代企业制度，涌现出一批有实力、有活力和有竞争力的优势企业。国有中小企业进一步放开搞活。垄断行业管理体制改革迈出实质性步伐。城乡集体经济得到新的发展。股份制经济不断扩大。个体、私营等非公有制经济较快发展，在发展经济、增加就业、活跃市场、扩大出口方面发挥了重要作用。

现代市场体系建设全面展开。国民经济市场化程度进一步提高，市场在资源配置中的基础性作用明显增强。公用服务和能源、交通领域价格改革不断深化。资本、产权、土地、技术和劳动力市场加快发展。现代流通和营销方式不断拓展。整顿和规范市场经济秩序取得阶段性成果。在全国先后开展了声势浩大的打击走私、骗税骗汇、制售假冒伪劣商品的专项行动，对文化、旅游、建筑、集贸等市场和安全生产秩序进行专项整治。依法查处了一大批经济违法案件，惩治了严重破坏市场秩序的犯罪分子。市场环境和消费环境逐步改善。

金融、财税、投融资体制改革继续深化。与社会主义市场经济发展相适应的金融体系初步形成。逐步完善金融调控方式。改革了中国人民银行管理体制，建立了全国集中统一的证券、保险监管体制。国有独资商业银行和政策性银行改革不断推进，中小商业银行组织结构得到优化。整顿和规范非银行金融机构取得重要进展。坚持“法制、监管、自律、规范”的方针，证券业在逐步规范中发展。保险业改革不断深化。清理和撤销了农村合作基金会。依法取缔社会乱办金融等违法活动。金融监管逐步加强，防范和化解金融风险取得成效，银行不良资产比例逐步降低。适应社会主义市场经济要求的公共财政框架初步建立。财政体制在分税制改革的基础上，实行了所得税分享改革。中央和省两级实行部门预算制度，“收支两条线”管理和国库集中收付制度改革试点稳步推进。税制改革和税收征管改革成效显著。投融资体制改革逐步深化，投融资渠道进一步拓宽，投融资方式实现多样化，初步建立了项目法人责任制、招标投标制、合同制、工程监理制。城镇住房制度改革取得明显成效。

社会保障体系框架基本确立。城镇基本养老保险制度和基本医疗保险制度建设迈出重大步伐。建立了国有企业下岗职工基本生活保障制度、失业保险制度、城市居民最低生活保障制度。社会保障覆盖面不断扩大，全国城镇参加基本养老保险、基本医疗保险和失业保险的人数大幅度增加，符合条件的城市困难居民已逐步纳入最低生活保障范围，基本做到应保尽保。建立了全国社会保障基金，已积累资金1242亿元。城镇职工基本医疗保险制度、医疗卫生体制、药品生产流通体制改革取得重要进展。农村新型合作医疗制度开始试点。社会保障体系的加快建设，为维护社会稳定、深化改革、调整结构和促进发展，提供了有力保障。

对外开放向广度和深度扩展。对外贸易连续跨上几个台阶。外贸进出口总额由1997年的3252亿美元增加到2002年的6208亿美元，世界排名由第十位上升到第五位；出口总额由1828亿美元增加到3256亿美元，出口商品结构不断优化。服务贸易稳步发展，入境旅游人数和外汇收入大幅度增加。利用外资水平明显提高。五年累计实际利用外商直接投资2261亿美元，超过1979年到1997年的总和。高新技术产业、基础设施和服务业吸收外资明显增加。实施“走出去”战略，对外投资、工程承包和劳务合作不断扩大。经过15年的艰苦努力，我国于2001年12月正式加入世界贸易组织，标志着对外开放进入新阶段。加入世贸组织后，我们信守承诺，履行义务，行使权利，赢得较好声誉，促进了对外合作。

五年来，科技创新能力明显增强，教育事业蓬勃发展。

基础研究、高技术研究和应用技术研究取得重要进展。国家创新体系建设积极推进。信息技术、生命科学、航空航天技术等领域成就突出。水稻基因组精细图完成、10兆瓦高温气冷核反应堆实验工程建成、超大规模并行处理计算机研制成功、“神舟”系列飞船试验成功等，标志着我国在相关领域跨入世界先进行列。建成一批国家重点实验室，实施一批重大科学工程，建设一批国家工程技术研究中心。科技成果市场化、产业化明显加快。五年获得国家登记的科技成果14万多项，授予专利权52万件。哲学社会科学研究取得一批可喜成果。知识产权保护进一步加强。

教育事业迅速发展。全国实现基本普及九年义务教育、基本扫除青壮年文盲的人口地区覆盖率，由1997年的65%提高到2002年的91%。高中阶段教育得到加强。高等学校从1999年起连续扩大招生规模，高考录取率从36%提高到59%；2002年高等学校在校生1600万人，是1997年的2.3倍；五年内全国本专科毕业生1300万人，毕业研究生31万人。高校后勤社会化改革取得重要进展。新建和改建学生公寓4800万平方米，超过1950年到1997年的建设总规模。基本建成结构比较完整、专业门类齐全的职业和成人教育体系。特殊教育、早期教育得到重视。民办教育迅速发展。素质教育不断加强，促进了学生德智体美全面发展。

五年来，社会主义民主政治和精神文明建设成效显著。

民主政治建设不断加强。各级政府自觉接受同级人民代表大会及其常委会的监督，主动加强与人民政协的联系，认真听取民主党派、工商联、无党派人士和人民团体的意见。基层民主进一步扩大，村民自治、城市居民自治和村务公开、厂务公开、政务公开逐步推行。城市社区建设继续发展。贯彻依法治国基本方略，坚持依法行政，政府法制建设进程加快。五年间，国务院提出法律议案50件，颁布行政法规150件；适应发展社会主义市场经济和加入世贸组织的要求，对2000年底以前发布的756件行政法规进行全面清理，废止71件，宣布失效80件。国务院各部门共清理涉外规章和有关政策规定2300件，废止830件，修订325件。普法宣传教育深入进行，公民的法制观念增强。社会法制化管理水平不断提高。强化行政监察、审计和经济监督，在推进依法行政、反腐倡廉和查处大案要案等方面发挥了重要作用。陆地行政区的界线勘定任务全面完成，海域勘界工作全面铺开。社团管理工作得到加强。坚决取缔邪教组织。社会治安综合治理的各项措施进一步落实，社会治安状况好转，人民群众安全感增强。

精神文明建设取得新成果。学习宣传邓小平理论和"三个代表"重要思想活动深入开展。坚持依法治国和以德治国相结合。以讲文明、树新风为主要内容的精神文明创建活动蓬勃展开。思想道德建设继续加强。科学知识进一步普及，科学精神得到弘扬。文学艺术、新闻出版、广播影视等事业全面发展，优秀作品不断涌现。广播电视覆盖能力和质量明显提高。文化、卫生、体育领域改革和发展加快。文化设施建设和各类专项经费投入力度加大，新建和改扩建了一批图书馆、博物馆、科技馆、档案馆、文化馆等。文物保护和档案工作取得新成绩。"扫黄"、"打非"斗争不断深入。对外文化交流空前活跃。城乡卫生工作得到加强，重大疾病预防控制取得成效。加强灾后防病防疫工作，实现了特大洪涝灾害之后无大疫。颁布并实施中国妇女、儿童发展纲要。青少年的教育和保护工作得到加强。老龄工作进一步开展。残疾人事业有了很大发展。群众性体育活动蓬勃展开，竞技体育屡创佳绩。五年间，在重大国际比赛中共获得485个世界冠军，创造世界纪录193次。北京申办2008年奥运会获得成功，上海赢得2010年世界博览会举办权，激发了全国各族人民的爱国热情，增强了民族自豪感和凝聚力。

——民族、宗教、侨务工作得到加强。平等、团结、互助的社会主义民族关系进一步发展。民族区域自治制度不断完善。少数民族平等权利和民族自治地方的自治权利得到保障。国家对民族地区的支持力度加大，民族地区经济社会发展加快。宗教信仰自由政策进一步贯彻落实，宗教事务管理逐步走上规范化、法制化轨道。侨务政策继续落实，侨务工作不断加强。

五年来，人民生活显著改善，总体达到小康水平。

城乡居民收入持续增加。城镇居民家庭人均可支配收入，由1997年的5160元增加到2002年的7703元，平均每年实际增长8.6%。农村居民家庭人均纯收入由2090元增加到2476元，平均每年实际增长3.8%。城乡居民人民币储蓄存款余额由4.6万亿元增加到8.7万亿元。居民拥有的股票、债券等其他金融资产也有较多增加。农村贫困人口由4960万人减少到2820万人。这五年，在经济较快增长、物价水平较低的情况下，人民群众得到了更多实惠。

消费水平明显提高。城乡市场繁荣，全社会消费品零售总额从1997年的2.73万亿元增加到2002年的4.1万亿元，平均每年实际增长10.5%。城镇居民人均住房建筑面积由17.8平方米增加到近22平方米，农村居民人均居住面积由22.5平方米增加到26.5平方米。电视机、洗衣机、电冰箱等家用电器进一步普及，电脑、轿车越来越多地进入居民家庭。公共服务设施、人均绿地面积不断扩大。法定节日假期增加，外出旅游人数大幅度增长。体育健身和文化娱乐消费明显增多。医疗保健条件不断改善，人民群众健康水平进一步提高。人均期望寿命2002年达71.8岁，接近中等发达国家水平。

在我们这样一个近13亿人口的国家，人民生活总体上达到小康水平，这是社会主义制度的伟大胜利，是中华民族发展史上一个新的里程碑。

五年来，国防和军队建设迈出新步伐。

人民军队贯彻新时期军事战略方针，实施科技强军战略。军队革命化、现代化、正规化建设继续加强，国防实力和军队防卫作战能力提高。如期完成裁减员额50万的任务。思想政治建设扎实有效。后勤保障体制改革不断深化。武器装备现代化水平显著提高。人民解放军、武装警察部队、预备役部队和民兵在维护国家主权、安全，支持经济建设和抗灾抢险中，作出了重大贡献。国防科研得到加强，国防科技工业有了新发展。国防动员工作不断进步。拥军优属、拥政爱民活动深入开展，军政军民团结进一步加强。

五年来，祖国统一大业取得新进展。继香港回归祖国之后，1999年12月我国政府恢复对澳门行使主权。坚持"一国两制"方针，香港特别行政区基本法和澳门特别行政区基本法得到贯彻执行。中央政府全力支持香港、澳门两个特别行政区行政长官和政府依法施政。香港、澳门社会经济稳定。我们坚持"和平统一、一国两制"的基本方针和江泽民主席关于解决台湾问题的八项主张，同"台独"分裂势力进行了坚决斗争。推动两岸交流与往来，推进两岸"三通"，为促进祖国和平统一进程做了大量工作。

五年来，外交工作开创新局面。面对国际局势的复杂变化，我国坚持独立自主的和平外交政策，广泛开展双边和多边外交活动，积极参与国际交流和合作，国际地位显著提高。我国同周边国家的睦邻友好合作关系进一步发展，同发展中国家的团结合作不断加强，同发达国家的关系得到改善和发展。上海合作组织的建立，促进了地区稳定和经济合作。中国—东盟自由贸易区进程启动，与东盟在诸多领域的合作加强。我国在联合国和其他国际及区域性组织中，发挥了积极作用。我们坚决维护国家主权、领土完整和民族尊严，挫败了外部势力干涉我国内政的图谋，赢得国际社会的广泛支持。我国积极参与国际反恐合作并发挥了建设性作用。

过去五年，"九五"计划胜利完成，"十五"计划开局良好。这五年，是全国各族人民在党的十五大、十六大精神指引下，沿着中国特色社会主义道路阔步前进的五年；是国家面貌日新月异、各项事业蒸蒸日上、人民生活显著改善的五年；是我国社会稳定、民族团结、国际影响日益扩大的五年。本届政府认真履行职责，为促进国家繁荣、增进人民福祉，作出了应有贡献。

在过去五年的政府工作中，我们始终坚持以邓小平理论为指导，认真贯彻"三个代表"重要思想，解放思想、实事求是，全面执行党的基本路线和基本纲领，牢牢把握经济建设这个中心，大力推进改革开放，正确处理改革发展稳定的关系，积极促进物质文明和精神文明协调发展。在丰富生动的实践中，积累了不少有益的经验。

五年来，我们的主要工作体会有以下几个方面。

（一）坚持正确把握宏观调控的方向和力度，实施积极的财政政策和稳健的货币政策

发展社会主义市场经济，必须加强和改善宏观调控。宏观调控要着眼于保持经济稳定较快增长，敏锐把握国际国内经济形势变化，增强预见性、针对性和有效性。这几年，面对国际经济环境严峻和国内有效需求不足的困难局面，我们采取的最重要举措，就是果断地把宏观调控的重点，从实行适度从紧的财政政策和货币政策，治理通货膨胀，转为实行扩大内需的方针，实施积极的财政政策和稳健的货币政策，抑制通货紧缩

趋势，并在实践中适时完善政策措施，把握调控力度，确保取得成效。

坚持财政收支平衡和量入为出，是经济工作应当遵循的重要原则。这几年实施积极的财政政策，发行长期建设国债，是在特定情况下实行的特殊政策。我们始终坚持经常性预算不打赤字，建设性预算赤字不突破年初确定的规模。在银行存款增加较多、物资供给充裕、物价持续负增长、利率水平较低的条件下，发行国债搞建设既可以利用闲置生产能力，拉动经济增长，又可以减轻银行利息负担，也不会引发通货膨胀，一举多得。在长期建设国债资金使用中，重点支持基础设施建设，并同推进产业结构调整、企业技术改造、科技教育发展和生态环境建设结合起来，注意向中西部地区倾斜。加强国债项目管理，防止重复建设和过度超前建设，提高资金使用效益。在扩大投资需求的同时，重视培育和扩大消费需求。主要是努力增加城乡中低收入居民的收入。1999年以来，三次提高机关事业单位职工基本工资标准和离退休人员离退休金，实施年终一次性奖金制度，建立艰苦边远地区津贴制度。提高国有企业离退休人员的待遇。较大幅度地提高各类社会保障对象补助标准。采取多种措施增加农民收入。实施鼓励消费的政策，努力形成投资需求和消费需求对经济增长的双拉动。

这几年宏观调控的成功，还在于高度重视做好金融工作，坚持实行稳健的货币政策。既保持金融对经济发展的必要支持，又防止盲目放松银行信贷。银行优先为国债项目提供配套贷款，支持有市场、有效益、有信用企业的流动资金和技术改造贷款需要。根据资金供求变化和经济发展需要，1998年以来五次降低银行存贷款利率。发展居民住房、助学等消费信贷，2002年末消费贷款余额达1.07万亿元。这些措施，对增加企业投资、扩大居民消费起到了重要作用。

坚持实施积极的财政政策和稳健的货币政策，有力地促进了经济较快增长，培植和扩大了财源。同时，由于不断完善财税体制，加强税收征管，中央财政实力显著增强，对地方转移支付力度不断加大。除税收返还和体制性补助外，中央对地方转移支付总额由1997年的664亿元增加到2002年的4025亿元，五年共计12319亿元，其中用于地方“两个确保”和“低保”的资金1777亿元，用于地方增加机关事业单位职工工资1755亿元。这对于扩大内需、推动地区协调发展、维护社会稳定，发挥了重要作用。

(二)坚持以经济结构调整为主线，着力提高经济增长质量和效益

发展是硬道理，是解决我国所有问题的关键，必须使国民经济保持较快的发展速度。发展必须有新思路，有市场、有效益的速度，才是真正的、健康的发展。在我国经济发展出现阶段性变化的新情况下，必须坚决进行经济结构战略性调整。我们注意把各方面主要精力引导到调整结构、提高经济增长质量和效益上来，努力实现速度与结构、质量、效益相统一。

我们坚持全面调整产业结构、地区结构和城乡结构，着力抓好调整产业结构这个关键。

一是加强基础设施建设。这是在加工工业生产能力过剩的情况下调整结构的必然选择，既可以消除基础设施的“瓶颈”制约，又可以带动装备制造业等相关行业的发展。在基础设施建设中，坚持统筹规划、突出重点、合理布局、质量第一。严格控制新上加工工业项目，防止低水平重复建设。

二是大力发展高新技术产业特别是信息产业，积极推进国民经济和社会信息化。组织实施了1000多项高新技术产业化示范工程，使一批具有自主知识产权的重大科技成果在短期内实现了产业化。充分发挥高新技术产业开发区和工业园区的作用，积极发展高新技术产业化服务体系。通过推进改革开放和加大投入，使我国信息产业实现了跨越式发展。

三是积极改造和提升传统工业。采取国债贴息、改进技改项目审批等办法，支持重点行业、重点企业、重点产品进行大规模的技术改造和结构调整。五年全国共完成技术改造投资2.66万亿元，比前五年增长67%。一批大型企业走出了依靠自身力量提升技术水平、增强竞争能力的新路子。同时，综合运用经济、法律和必要的行政手段，以纺织行业为突破口，逐步扩大到煤炭、冶金、建材、石化、制糖等行业，关闭了一大批产品质量低劣、浪费资源、污染严重和不具备安全生产条件的企业，淘汰了一大批落后设备、技术和工艺，压缩了部分过剩生产能力。

四是努力发展服务业。放宽市场准入，改善发展环境，推行现代经营方式和技术，使传统服务业得到进一步发展。同时，采取多种措施，积极支持和鼓励现代服务业加快发展。

提高产品质量是兴国之道，也是提高经济效益和竞争力的根本之策。我们通过采用国际标准，推广先进技术，加强认证认可工作，强化质量管理，使各行各业产品和服务质量不断提高。

(三)坚持把解决“三农”问题放在突出位置，巩固和加强农业基础地位

农业、农村、农民问题，关系我国改革开放和现代化建设全局，任何时候都不能忽视和放松。近几年，农业综合生产能力上了一个大台阶，有力地支持了国民经济发展和社会稳定。同时，也出现了农产品供过于求、价格下跌、农民收入增长缓慢等问题。如果不改变这种状况，就会严重挫伤农民积极性，动摇农业的基础地位，甚至危及国民经济全局。我们坚持把加强农业、发展农村经济、增加农民收入，作为经济工作的重中之重，下了很大功夫。

一是推进农业结构调整。通过政策支持、加强信息服务和技术服务，引导农民按照市场需求调整种植结构、品种结构，发展畜牧业和水产养殖业，推进农业生产区域布局调整。大力推广“公司加农户”、“订单农业”等方式，发展农业产业化经营，带动千家万户农民进入市场。同时，抓住粮食供给充足的有利时机，实施退耕还林，既促进了农业结构调整，又直接增加了农民收入。在农业结构调整中，坚持因地制宜，不搞行政命令，尊重农民意愿。

二是深化粮棉流通体制改革。购销市场化是粮棉流通体制改革的根本方向，但在改革步骤上，我们坚持从实际出发，着眼于保护农民利益和农业生产力，积极稳步地推进。1997年实行按保护价敞开收购农民余粮等政策。1998年进一步提出“三项政策、一项改革”，即按保护价敞开收购农民余粮、国有粮食购销企业顺价销售、粮食收购资金实行封闭运行，加快国有粮食企业改革。2001年，在粮食主产区继续按保护价敞开收购农民余粮的同时，放开主销区粮食收购市场和价格，收到明显效果。国家为支持粮食流通体制改革，投入了很大数量的资金。棉花购销市场化改革也不断深化，取得了突破性进展。

三是进行农村税费改革试点。为解决农民负担过重问题，我们采取了一系列政策措施。从2000年起，在安徽等地开展农村税费改革试点，2002年试点扩大到20个省、自治区、直辖市，试点地区农民负担平均减轻30%。今年中央财政预算用于支持这项改革的资金将达305亿元。同时，进行了乡镇机构、农村教育和县乡财政体制等配套改革。农村中小学教师工

资改由县财政统一管理，以保证教师工资按时足额发放，减轻农民负担。农村税费改革，是我国农村继实行家庭承包经营之后的又一场伟大变革，对保障农民减负增收、促进农业发展、维护农村稳定，已经并将继续发挥重大作用，得到亿万农民的衷心拥护。

四是增加对农业和农村的投入。这是解决“三农”问题，促进城乡协调发展的重大举措。五年来，国家财政支持农村生产支出和各项农业事业费达4077亿元，比前五年累计增加1852亿元。我们还将部分国债资金用于农业和农村基础设施的投入，重点支持了大江大河大湖治理、农村电网改造、国家储备粮库等方面建设，还支持了农业和农村小型基础设施建设。这些措施，对改善农民生产生活条件起到了重要作用。

五是加强农村扶贫开发。认真落实并基本完成“八七”扶贫攻坚计划，制定和实施新世纪头十年农村扶贫开发纲要。坚持开发式扶贫方针，加大扶贫投入力度。五年间，国家财政扶贫资金和以工代赈资金达480亿元，通过贴息方式安排扶贫贷款770亿元，都比以前明显增加。坚持开展东部和西部地区协作扶贫。经过多年探索，走出了一条符合中国国情的扶贫开发道路。

六是引导农村劳动力合理有序流动。农村富余劳动力向非农产业和城镇转移，是工业化和现代化的必然趋势。我们坚持实施城镇化战略，积极稳妥地发展小城镇。支持农民进城务工就业，清理和纠正对农民工的歧视性政策和乱收费，保护他们的合法权益，同时加强引导和管理。以城市繁荣带动农村发展，促进城乡协调发展，是新形势下解决“三农”问题的重要途径。

实践证明，中央关于新阶段农业和农村工作的决策和部署是正确的。本届政府为解决“三农”问题倾注了极大精力，取得了积极成效。根本解决“三农”问题，是一项长期而艰巨的任务，需要坚持不懈的努力。

（四）坚持推进国有企业改革，切实加强再就业工作和社会保障体系建设

国有企业改革是整个经济体制改革的中心环节。不坚决推进改革，国有企业就没有出路。五年来，我们坚持社会主义市场经济的改革方向，知难而进，敢于碰硬，加大工作力度，打了一场深化国有企业改革的攻坚战。

一是加快现代企业制度建设。按照“产权清晰、权责明确、政企分开、管理科学”的要求，积极推行规范的公司制和股份制改革，完善法人治理结构，深化企业内部分配、人事、劳动制度改革，建立激励和约束机制。同时，鼓励符合条件的国有大型企业改制上市。五年来，国有及国有控股企业在境内外新增上市公司442家，累计筹资7436亿元，包括境外筹资352亿美元。

二是建立企业优胜劣汰的机制。从战略上调整国有经济布局和改组国有企业，支持具有优势的大公司大企业集团进一步做强做大，使他们成为国民经济的重要支柱和参与国际竞争的主要力量。同时，国家制定了妥善安置职工、对企业与职工解除劳动关系给予经济补偿、经国务院批准核销企业银行呆坏账等政策规定，使一批长期亏损、资不抵债、扭亏无望的企业和资源枯竭矿山，平稳地实施破产关闭，形成了劣势企业退出市场的机制。

三是减轻企业负担和历史包袱。结合国有商业银行集中处理不良资产的改革，成立四家金融资产管理公司，确定对符合条件的580户国有大中型企业实施债权转股权。实施债转股的企业，降低了资产负债率，多数已扭亏为盈。采取有效措施，努力解决企业冗员过多、企业办社会等问题。

四是积极推进企业管理创新。大力推进企业信息化，加强成本管理、资金管理和质量管理，全面提高企业现代化管理水平。

五是大力加强企业外部监管。国务院先后向192个重点国有企业以及一批国有金融机构派出了监事会，对国有企业和金融机构领导人实行了经济责任审计。这些对促进企业改善经营管理，防止国有资产流失，发挥了重要作用。

国有企业改革之所以取得重大进展，至关重要的是，坚持实行鼓励兼并、规范破产、下岗分流、减员增效和实施再就业工程的方针，切实搞好再就业工作和社会保障体系建设。这几年，党中央、国务院两次召开全国再就业工作会议，相继制定和实行一系列政策措施。对下岗分流人员，通过建立再就业服务中心，保障他们的基本生活，并代缴社会保险，促进实现再就业。对关闭破产企业，首先要妥善安置职工。1998年以来，国有企业下岗职工达2700多万人，90％以上进入再就业服务中心，先后有1800多万人通过多种渠道和方式实现了再就业。同时，逐步完善“三条保障线”。各级政府逐年增加社会保障和再就业方面的资金投入，2002年中央财政用于“两个确保”和“低保”的资金达594亿元，是1998年的6.2倍。从2001年起，在辽宁全省进行完善城镇社会保障体系的试点，取得明显成效，为在全国逐步推广积累了经验。

实践表明，中央关于国有企业改革和促进再就业、加强社会保障体系建设的一系列方针政策是正确的，是相互配套的完整体系。只有全面贯彻执行，才能保证国有企业改革目标的实现。

（五）坚持全面提高对外开放水平，积极参与国际经济技术合作和竞争

在经济全球化深入发展、国际竞争日趋激烈的情况下，只有顺应世界发展潮流，坚持扩大对外开放，才能更好地利用国内外两个市场、两种资源，加快发展壮大自己。面对严峻的国际经济环境，我们积极应对，趋利避害，变挑战为机遇，开创了对外开放的新局面。

这几年，在坚持扩大内需方针的同时，丝毫没有放松扩大出口的努力。1998年下半年，受亚洲金融危机的影响，我国外贸出口一度出现负增长。在这种情况下，我们坚持人民币不贬值，果断采取一系列鼓励出口的政策措施。坚持实施市场多元化战略和以质取胜战略，大力开拓新兴市场，着力改善出口商品结构，提高质量和档次。深化外经贸体制改革，推进外贸经营主体多元化，提高口岸管理水平和通关能力。由于措施得力，克服了种种困难，实现出口大幅度增长。与此同时，进口了大量国内急需的设备、技术和短缺原材料，促进了经济发展和技术进步。实践证明，稳定人民币汇率、千方百计扩大出口的决策和措施是正确的。

我们鼓励有条件的各类所有制企业走出去，开拓国际市场，到境外投资办企业，带动设备、零部件出口和劳务输出。根据不同国家的情况，分别采取不同的投资、合作方式。对发展中国家特别是周边国家提供经济技术援助，开展带资承包，投资经营，提供无息、低息贷款。这样，既有利于巩固传统友谊，又有利于互惠互利、共同发展，意义重大。

根据国际资本流动的新特点，我们抓住机遇，积极扩大利用外资，着力提高利用外资质量，把吸收外资同国内产业结构调整、国有企业改组改造、西部大开发结合起来。这几年大力改善投资环境，交通、通信设施等硬环境大为改观；努力完善法制，提高政策透明度，提供优质服务，软环境也有很大改进。

这是增强对外资吸引力的根本有效之举。

(六)坚持实施科教兴国战略,提高科技创新能力和国民素质

发展科技、教育,是实现经济振兴和国家现代化的根本大计。这几年,我们始终把实施科教兴国战略作为极其重要的任务,主要从增加投入、深化改革、完善政策等方面采取了一系列措施。

较大幅度地增加科技、教育投入。五年来,国家财政用于科技的投入累计2500亿元,比前五年增长一倍多。全国研究与试验开发经费,从1997年的509亿元增加到2002年的1161亿元,占国内生产总值的比重从0.64%提高到1.13%。中央财政较多地增加了国家高技术研究发展计划、国家自然科学基金、国家创新体系建设等专项投入。科研条件的明显改善,促进了科技创新。2002年,全国财政性教育经费投入3366亿元,是1997年的1.8倍,占国内生产总值的比重从2.5%提高到3.3%。从1998年起,中央财政支出中教育经费所占比例每年提高一个百分点,仅此一项五年增加489亿元。中央财政还安排了大量资金解决中小学教师工资拖欠、中小学危房改造等问题。同时,建立以"奖、贷、助、补、减、免"为主要内容的助学政策体系,努力使家庭生活困难学生不失学。

全面深化科技、教育体制改革,积极推进科技教育与经济社会发展紧密结合。1999年以来,先后对国务院部门所属和省级所属应用型科研机构进行企业化转制的改革,对有条件的公益类科研机构也进行了多种形式面向市场的改革,初步建立起科技成果转化和产业化的有效机制。实行企业化转制的科研机构正在成为我国高新技术产业的生力军。通过改革,企业正逐步成为技术创新的主体,国家科研机构、大学和地方的科技力量不断增强。采取"共建、调整、合作、合并"等形式,对高校管理体制进行了重大改革,形成了中央和省两级政府管理、以省为主的新体制,开始改变长期以来条块分割、学校规模过小、专业设置过窄的局面,使教育资源得到优化配置。积极推进课程和考试评价制度改革。对农村义务教育实行在国务院领导下,由地方政府负责、分级管理、以县为主的新体制,有力地推动了农村教育改革和发展。

完善国家科技评价体系和奖励制度,制定技术和管理参与分配的政策,奖励有突出贡献的科技人员和经营管理人员。在科研机构内部积极推行聘用制。奖励高校优秀青年教师。国家多次提高教师工资标准,改善教师工作和生活条件。鼓励拔尖创新人才成长。这些措施有效激发了广大科技人员和教师的积极性。

实施人才强国战略,把培养、吸引和用好人才作为一项重大任务。制定和实施全国人才队伍建设规划纲要和西部地区人才开发十年规划,加强公务员、企业经营管理人才和专业技术人才队伍建设,完善培养、引进和使用人才的制度与措施,努力营造人尽其才、人才辈出的良好环境。深化干部人事制度改革,推行公务员考试录用、竞争上岗、轮岗交流与培训制度。完善政府特殊津贴专家选拔制度。坚持实行"支持留学、鼓励回国、来去自由"的政策,建立留学人员创业园,资助科研与创业,吸引了大批海外留学人员回国。

几年来,我们坚持"两手抓、两手都要硬"的方针,大力加强社会主义精神文明建设,不断提高全民族的思想道德和科学文化素质,为现代化建设提供强有力的精神动力和智力支持,也有力地促进了经济和社会协调发展。

(七)坚持走可持续发展道路,促进经济发展与人口、资源、环境相协调

实行计划生育、保护环境和保护资源,是我们的基本国策。绝不能以牺牲环境和浪费资源为代价求得一时的经济发展。我们始终把实施可持续发展战略放在十分突出的位置,大幅度增加投入,从源头抓起,坚持标本兼治。

一是加大生态环境保护和建设力度。1998年发生特大洪水后,总结实施了"封山植树,退耕还林;退耕还湖,平垸行洪;以工代赈,移民建镇;加固干堤,疏浚江河"的基本措施。在重点林区和长江、黄河上中游开展了天然林保护工程,在生态脆弱地区有步骤地开展了大规模退耕还林还草。采取"退耕还林、封山绿化、以粮代赈、个体承包"的办法,并总结推广"林权是核心、给粮是关键、种苗要先行、干部是保证"的经验。国家向农户无偿提供粮食、种苗和生活补助金,极大地调动了农民退耕还林还草的积极性。这对改善生态环境、加快贫困地区农民脱贫致富,发挥了重要作用。在长江流域实行平垸行洪、退田还湖、移民建镇等政策,恢复水面2900平方公里,增加蓄洪容积130亿立方米,其中鄱阳湖、洞庭湖还湖面积分别达到880平方公里和600平方公里,实现了千百年来从围湖造田、与湖争地到大规模退田还湖的历史性转变。

二是加强资源保护和合理利用。强化对土地、矿产、淡水、海洋和生物等资源的管理。制定并实施了土地利用总体规划,实行严格的土地用途管理制度,切实保护耕地。坚决整顿和规范矿产资源管理秩序,制止乱采滥挖。海域使用管理开始步入法制化轨道。从1999年起,对重点江河全流域实行水资源统一调度。启动了塔里木河、黑河流域综合治理。实施"引黄济津"等应急调水工程,基本保证了城市供水。

三是强化环境污染防治。集中力量对重点流域、区域、海域、城市的污染进行治理。加强环境基础设施建设,提高城市污水和垃圾集中处理率。健全环境法制和环境标准,加大执法力度,开展清洁生产和环境管理体系认证。支持发展环保产业和循环经济。加强自然保护区、风景名胜区和旅游景区的资源与环境保护。开展环境警示教育,增强了全民参与环境保护的自觉性。

四是加强计划生育工作。坚持控制人口数量,提高人口素质。稳定现行计划生育政策,保持低生育水平。重点做好农村特别是中西部地区农村的计划生育工作,加强对流动人口的计划生育管理。建立和完善人口与计划生育目标管理责任制,使计划生育的基本国策落到实处。

(八)坚持全力维护社会稳定,为改革和发展创造良好环境

我们坚持贯彻稳定压倒一切的方针,十分注意处理好改革发展稳定的关系,在改革取得重大进展、经济加快发展的同时,有力地维护了社会稳定。

一是坚持把改革的力度、发展的速度与社会可承受的程度统一起来。每项重要改革方案的制定和实施,都充分考虑国家财政、企业和群众的承受能力,把握出台的时机、节奏和力度,并根据实施过程中出现的新情况、新问题,及时加以调整和完善。重大改革措施坚持先行试点,取得经验后再逐步推开。努力保持经济稳定较快增长,避免出现大的波动。

二是始终关心人民群众的切身利益,特别是努力解决困难群众生产生活中的实际问题。在积极做好社会保障、再就业和农村扶贫工作的同时,用很大力气解决拖欠职工工资、农民负担过重的问题。在化解金融风险隐患过程中,国家拿出相当大的财力,解决与群众个人利益相关的遗留债务问题。

三是正确处理新形势下的人民内部矛盾。妥善处理突发性、群体性事件,努力把矛盾和纠纷解决在基层,消除在萌芽

状态。

四是加强社会治安综合治理。依法严厉打击各种严重刑事犯罪和经济犯罪活动，重点整治了一些地方治安混乱的突出问题。深入开展基层安全创建活动。积极预防和减少违法犯罪。重视和加强安全生产，健全安全生产责任制。

五是切实维护国家安全。严密防范和依法打击境内外敌对势力的渗透、颠覆和破坏活动，依法坚决打击民族分裂势力、暴力恐怖势力和宗教极端势力。

六是逐步完善政法经费保障机制，努力为政法系统开展工作提供必要条件。

（九）坚持转变政府职能，努力建设廉洁勤政务实高效政府

建立和完善社会主义市场经济体制，必须实行政企分开，转变政府职能，转变工作方式和工作作风。这几年，我们在加强政府自身建设方面取得很大进展。首先对政府机构进行重大改革，主要是进一步把综合经济部门改组为宏观调控部门，调整和减少专业经济部门，加强执法监管部门。1998年，国务院组成部门由40个减少到29个，内设机构精简四分之一，人员总数减少一半。2001年，又撤销了9个国家行业主管局，进一步提升市场执法监管部门的职能和地位。地方各级政府机构也进行了相应改革。全国精减行政编制共计115万人。这次改革，进一步改变了长期以来在计划经济体制下形成的政府机构框架。尽管难度很大，但由于措施得当，工作细致，改革进展顺利。与此同时，机关后勤服务社会化程度明显提高。政企分开迈出重大步伐。中央、地方党政机关与所办经济实体和管理的直属企业脱钩，军队、武警部队和政法机关不再经商办企业。这些多年积累、群众反映强烈的问题得到解决，具有重大和深远的意义。

在社会主义市场经济条件下，政府职能主要是经济调节、市场监管、社会管理和公共服务。政府该管的事一定要管好，不该管的事坚决不管。要协调好决策、执行和监督的职能。转变政府职能，必须改革行政审批制度。我们对原有审批项目进行了清理，国务院已取消1195个行政审批事项，各级地方政府也取消了一批行政审批事项。履行政府职责，必须依法行政，维护法律尊严，保护群众利益。国务院各部门和各级地方政府不断提高依法行政水平，带头严格执法。推进行政执法体制改革，开展了相对集中行政处罚权试点工作。加强执法监督，认真做好行政复议。增强政府工作透明度，支持人民群众和新闻媒体对政府工作进行监督。高度重视做好信访工作。电子政务建设不断推进。积极倡导诚实守信的职业道德，努力建立社会信用体系。这些对提高执法水平和工作效能，发挥了重要作用。

本届政府十分重视队伍和作风建设。从一开始就对政府工作人员提出“廉洁、勤政、务实、高效”的要求。强调牢记自己是人民公仆，全心全意为人民服务；恪尽职守，敢说真话；从严治政，不怕得罪人；清正廉洁，惩治腐败；勤奋学习，刻苦工作。这有力地促进了廉政建设，提高了政务效率，密切了政府与人民群众的联系。我们加强对公务员和国有企业领导人的教育与培训，围绕党和国家的中心任务和重点工作，举办了一系列专题研究班和培训班。坚持不懈地开展反腐败斗争，大力纠正部门和行业不正之风，依法惩处了一批违法违纪的腐败分子。我们深切体会到，只有不断加强政府自身建设，才能更好地适应改革开放和现代化建设的新形势，使各级政府成为人民群众真心拥护和满意的政府。

五年来，我国各方面的成就确实来之不易。这些成就，是以江泽民同志为核心的第三代中央领导集体正确领导和决策的结果，是全国各族人民齐心协力、艰苦奋斗的结果，也是与海外侨胞、国际友人的支持和帮助分不开的。这里，我代表国务院，向全国工人、农民、知识分子、干部、解放军指战员、武警部队官兵和公安干警，表示崇高的敬意！向全国各族人民，向各民主党派、各人民团体和其他各界人士，对政府的信任和支持，表示衷心的感谢！向关心与支持祖国建设和统一的香港特别行政区同胞、澳门特别行政区同胞和台湾同胞以及广大侨胞，向一切关心和支持中国现代化建设的各国朋友，表示诚挚的谢意！

我们也清醒地看到，目前我国经济和社会生活中还存在一些突出的困难和问题。主要是，国内有效需求不足和供给结构不适应市场需求的变化；农民和部分城镇居民收入增长缓慢；失业人员增多，有些群众的生活还很困难；收入分配关系尚未理顺；国有企业改革任务还相当繁重；市场经济秩序有待继续整顿和规范；重大安全生产事故时有发生；有些地方社会治安状况不好；部分地区生态环境恶化；一些政府工作人员脱离群众，形式主义、官僚主义作风和弄虚作假、奢侈浪费行为相当严重，有些腐败现象仍然突出。这些问题，有的是长期积累下来的，有的是体制转轨和结构调整过程中难以完全避免的，有的是由于工作中的缺点和不足造成的。今后要继续采取措施，认真加以解决。

二、对今年政府工作的建议

中国共产党第十六次全国代表大会，提出了本世纪头二十年我国全面建设小康社会的奋斗目标，为开创中国特色社会主义事业新局面指明了方向。2003年是全面贯彻落实党的十六大精神的第一年，做好今年政府工作，意义重大。

中共中央对今年工作的总体要求是：

以邓小平理论和“三个代表”重要思想为指导，认真贯彻党的十六大精神，坚持把发展作为党执政兴国的第一要务，积极应对国内外环境变化带来的困难和挑战，坚持扩大内需的方针，继续实施积极的财政政策和稳健的货币政策，进一步深化改革，全面提高对外开放水平，加快经济结构的战略性调整，促进国民经济持续快速健康发展，实现速度和结构、质量、效益相统一。正确处理改革发展稳定的关系，切实加强民主法制建设、精神文明建设和党的建设，促进社会主义物质文明、政治文明和精神文明协调发展。

根据这个总体要求，考虑到十届全国人大一次会议将要进行政府换届，国务院经过认真研究，对今年的政府工作提出以下建议。

（一）继续扩大国内需求，实现经济稳定较快增长

保持经济发展的良好势头，是做好各项工作的基础。综合分析国内外各种情况，今年经济增长预期目标为7%左右，这是必要的，经过努力也是可以实现的。关键要注重调整和优化结构，着力提高经济增长质量和效益。要坚持扩大内需的方针，继续实施积极的财政政策和稳健的货币政策，保持消费需求和投资需求对经济增长的双拉动。

首先要努力扩大消费需求。在目前情况下，这比增加投资需求更重要。要继续增加城乡居民特别是低收入者的收入，努力提高人民群众生活水平。千方百计增加农民收入，减轻农民负担。切实解决好困难群众的生产生活问题。原定去年下半年增加机关事业单位职工工资及离退休人员离退休金，考虑到要优先解决城镇低收入者的生活困难问题，协调各方面利益关系，这一措施推迟到今年出台。继续改善消费环境，完善消费政策，拓宽消费领域。

保持投资较快增长。综合考虑各方面因素，今年拟发行1400亿元长期建设国债。调整国债资金使用方向，首先用于续建项目和收尾项目，还要安排一些必要的新开工项目。加大对西部开发、改善农村生产生活条件、企业技术改造、生态环境建设和科教文卫事业等方面的支持力度。拓宽社会投资和企业融资渠道，引导社会资金投入国家鼓励的产业和建设项目。坚决防止低水平重复建设。对一些地方房地产投资增长过猛、高档房地产开发过多的现象，应引起高度警惕，避免盲目开发带来的风险和损失。

在继续防范和化解金融风险的同时，加大金融对经济发展的支持力度。银行要优先为国债项目提供配套贷款，增加对有市场、有效益、有信誉企业的贷款，加大对农业和农村经济、中小企业和服务业的信贷支持，规范发展消费信贷。改善金融服务，加强金融监管。规范发展证券、保险、货币市场。

认真做好财税工作。继续大力增收节支。依法强化税收征管，严厉打击各种偷逃骗税行为，做到应收尽收。各级财政要切实调整支出结构，保证重点支出。首先要确保工资按时足额发放，继续增加社会保障支出，加大对农业、农村义务教育和农村卫生的投入，加大对中西部地区和困难地区的转移支付。

(二)促进农业和农村经济全面发展

继续把发展农业和农村经济、增加农民收入，作为经济工作的重中之重。要统筹城乡经济社会发展，切实做好“三农”工作。

加快农业和农村经济结构调整。继续推进农业区域布局调整。大力发展畜牧业、水产养殖业和农产品加工业。积极发展农业产业化经营，提高农民进入市场的组织化程度和农业综合效益。努力扩大农产品出口。加大退耕还林还草力度。抓紧实施全国草原生态保护建设规划。加强农产品质量安全体系和农业社会化服务体系建设。坚持和完善农村土地承包政策，搞好非农用地的管理和调控，严禁滥占乱征耕地。继续深化农村各项改革。农村税费改革试点在总结经验、完善政策的基础上，在全国范围内推开。认真落实减轻农民负担的各项政策措施。进一步深化粮棉流通体制改革，切实保护农民利益。

增加对农业基础设施建设和农业科技的投入。加快节水灌溉、人畜饮水、县乡公路、农村能源、农村教育和医疗卫生设施等建设。加大对粮食主产区的扶持。搞好扶贫开发工作。增强集体经济实力。推动县域经济发展。加快城镇化进程。发展小城镇要科学规划，合理布局。加强对农村富余劳动力转移的协调和指导，维护农民进城务工就业的合法权益。

(三)积极推进产业结构调整和西部大开发

按照走新型工业化道路的要求，加快产业结构调整。积极发展对经济增长有重大带动作用的高新技术产业。大力推进信息化，用信息化带动工业化，加快工业化进程。广泛采用先进适用技术改造传统产业，努力振兴装备制造业。搞好钢铁、汽车、建材等行业发展的规划和调整，防止盲目发展和无序竞争。进一步淘汰落后生产能力。积极发展现代服务业和旅游业。高度重视发展社区服务业。

扎扎实实推进西部大开发。要突出重点，注重实效，打好基础。继续加强生态环境建设和基础设施建设。切实搞好退耕还林、天然林保护和防沙治沙。实施天然草原退牧还草工程，加强相关法制建设。着力抓好重大项目建设，确保建设进度和工程质量。积极发展特色经济和优势产业。加快科技、教育发展。加强东、中、西部地区的经济交流与合作，促进优势互补和共同发展。防止已淘汰的落后工业设备、污染企业向西部地区转移。采取有力措施，支持东北地区等老工业基地加快调整和改造，支持以资源开采为主的城市和地区发展接续产业，支持革命老区和少数民族地区加快发展。

(四)深化经济体制改革和扩大对外开放

坚持和完善以公有制为主体、多种所有制经济共同发展的基本经济制度，毫不动摇地巩固和发展公有制经济，毫不动摇地鼓励、支持和引导个体、私营等非公有制经济发展。按照建立现代企业制度的要求，继续推进国有企业规范的公司制改革和股份制改造，完善监督机制。积极支持符合条件的大企业到境外上市。加快形成主业突出、拥有自主知识产权和知名品牌、国际竞争力强的大公司大企业集团。进一步做好军工等困难行业的企业调整、重组和脱困工作。继续完成电力、电信、民航等行业改革。自上而下有序进行国有资产管理体制改革。放宽国内民间资本的市场准入领域，创造各类市场主体公平竞争的环境。支持各类所有制中小企业特别是科技型和劳动密集型企业的发展。稳步实施金融体制改革。继续推进财税、投融资体制改革。深化收入分配制度改革，逐步理顺分配关系。

整顿和规范市场经济秩序是一项长期而艰巨的任务，必须坚持不懈地进行。要标本兼治，重在治本。继续抓好专项整治，突出重点，依法打击制假售假等违法犯罪行为。加强制度和法制建设，严格执法，逐步把市场管理纳入法制化、规范化轨道。抓紧查处严重破坏市场经济秩序的大案要案。加快建立社会信用体系。高度重视安全生产，切实加强监督管理，保护人民生命财产安全。通过改革和整顿，加快建立社会主义市场经济新秩序。

坚持“引进来”与“走出去”相结合，全面提高对外开放水平。继续做好加入世贸组织过渡期的各项应对工作，认真行使权利，履行承诺义务。稳定鼓励出口的各项政策措施，实施市场多元化战略，坚持以质取胜，扩大商品和服务贸易。培育和支持国内优势品牌，提高国际竞争力。优化进口结构。深化外贸体制改革。继续积极、有效地利用外资，着重引进先进技术、现代管理经验和专门人才，支持国内企业与跨国公司进行多种形式的合作。努力改善投资环境，规范招商引资活动。鼓励和支持有比较优势的各类所有制企业，采取合资、独资、联营等形式开展跨国经营，带动国内商品特别是资本货物出口。积极推进多边双边和区域经济合作。

(五)进一步做好扩大就业和社会保障工作

各级政府要把改善就业环境、增加就业岗位作为重要职责。坚持“劳动者自主择业、市场调节就业、政府促进就业”的方针，千方百计促进就业和再就业。国有企业改革要坚持减员增效与促进再就业相结合。认真落实促进下岗失业人员再就业的各项政策措施。广辟就业门路，积极发展劳动密集型产业，充分发挥第三产业、中小企业和个体私营经济在扩大就业方面的重要作用。规范发展劳动力市场。鼓励自谋职业和自主创业，积极提倡和推广灵活多样的就业方式。大力发展职业培训和就业服务。加强对高等学校和职业学校毕业生就业创业的指导与服务工作。

继续加强“两个确保”和城市“低保”工作，搞好“三条保障线”的衔接。完善城镇企业职工基本养老、医疗保险制度，继续扩大各项社会保险覆盖面。稳步推进国有企业下岗职工基本生活保障向失业保险并轨。合理确定“低保”标准和保障对象补助水平，切实做到应保尽保。妥善解决国有困难企业和关闭破产企业职工的基本生活问题。多渠道筹集和管好社会保障基金。建立和完善对低收入者的救助制度，重视解决城市特殊困难家庭在住房、子女就学、医疗和取暖等方面遇到的问题。

搞好农村新型合作医疗制度试点工作。发展社会福利、社会救济、优抚安置和社会互助等社会保障事业。维护妇女、儿童合法权益。进一步做好老龄工作。支持残疾人事业发展。

（六）认真实施科教兴国战略和可持续发展战略

继续加大对科技、教育的投入。抓紧制定与实施国家中长期科学和技术发展规划。推进国家创新体系建设。切实加强基础研究、高技术研究，增强科技创新能力和竞争力。抓紧实施“国家高技术研究发展计划”和“国家重点基础研究发展计划”，以及重大科技专项。努力在关键领域和若干科技发展前沿掌握核心技术和拥有一批自主知识产权。加强科技基础条件建设。继续深化科技体制改革，完善科技服务体系，加强知识产权保护，鼓励发明创造，加快科技成果向现实生产力转化。坚持社会科学与自然科学并重，发展繁荣哲学社会科学。深化教育体制改革，坚持教育创新，全面推进素质教育。加快发展各级各类教育，提高教育质量。完善农村义务教育以县为主的管理体制。继续做好助学贷款和设立国家奖学金工作。加强职业教育和培训。依法规范和积极支持民办教育发展。继续实施人才强国战略，培养和吸引各类人才特别是高层次急需人才，为他们充分发挥聪明才智和干成事业创造良好条件。继续做好人口与计划生育工作，稳定低生育水平。加强城乡规划工作。切实保护、合理开发和节约使用各种自然资源。实施海洋开发。加强生态环境保护和建设，大力发展环保产业。加强重点流域、区域、海域污染防治和城市环境综合整治。做好防灾减灾工作。

（七）加强社会主义民主法制和精神文明建设

发展社会主义民主政治，建设社会主义政治文明。加强基层政权建设和城乡基层民主政治建设。实行依法治国和以德治国相结合。加强社会主义法制建设，完善行政法规，提高行政执法水平，增强全民法律素质。牢牢把握先进文化的前进方向，大力加强社会主义精神文明建设。认真贯彻公民道德建设实施纲要，加强爱国主义教育，弘扬和培育民族精神。广泛开展群众性精神文明创建活动。进一步繁荣文学艺术、新闻出版、广播影视等各项事业，着力推出一批优秀作品。深化文化体制改革，积极发展文化事业和文化产业。加强文物和文化遗产保护。加强国际文化交流。普及科学知识，反对迷信，倡导文明健康的生活方式。坚持不懈地开展“扫黄”、“打非”斗争。加强互联网站的建设和管理。积极推进卫生、体育事业的改革和发展。大力开展群众健身活动，不断提高竞技体育水平。认真做好2008年北京奥运会和2010年上海世界博览会的前期准备工作。全力维护社会稳定。坚持“严打”方针，打防结合、预防为主，全面落实社会治安综合治理的各项措施。依法严厉打击各种违法犯罪行为。防范和惩治邪教组织的犯罪活动。

（八）切实加强政府自身建设

在大力推进改革开放和现代化建设的新情况下，进一步加强政府自身建设特别是政风建设，十分重要。

深化行政管理体制改革。坚持政企分开，按照精简、统一、效能的原则，进一步转变政府职能，调整政府机构设置，理顺部门职能分工，减少行政审批，提高政府管理水平，努力形成行为规范、运转协调、公正透明、廉洁高效的行政管理体制。国务院根据党的十六届二中全会审议通过的《关于深化行政管理体制和机构改革的意见》形成的《国务院机构改革方案》，将提交本次大会审议。

坚持依法行政，从严治政。完善公务员制度，建设高素质公务员队伍。加快电子政务建设。继续深入开展反腐败斗争，大力纠正部门和行业不正之风，严肃查处各类违法违纪案件。加强制度建设，强化行政监督和审计监督，努力从源头上治理腐败。做好信访工作，加强舆论监督和社会监督。切实转变工作作风，反对形式主义和官僚主义，不搞劳民伤财、沽名钓誉的“形象工程”，纠正虚报浮夸、强迫命令的恶劣作风，反对奢侈浪费。各级政府工作人员要深入基层，深入群众，倾听群众呼声，关心群众疾苦，及时解决群众反映强烈和不满意的问题。在新的形势下，要增强忧患意识，居安思危，务必继续保持谦虚谨慎、不骄不躁的作风，务必继续保持艰苦奋斗的作风。

加强民族团结、维护祖国统一和社会稳定，是全国各族人民的共同愿望。要全面贯彻党的民族政策，坚持和完善民族区域自治制度。大力培养少数民族干部。继续推进兴边富民行动，加大对人口较少的民族扶持力度，促进各民族共同繁荣进步。坚决反对分裂祖国和破坏民族团结的行为。全面贯彻党的宗教信仰自由政策，依法管理宗教事务，积极引导宗教与社会主义社会相适应，坚持独立自主自办的原则。认真贯彻落实侨务政策，进一步做好侨务工作。

加强国防和军队建设，是国家安全和现代化建设的可靠保证。按照政治合格、军事过硬、作风优良、纪律严明、保障有力的总要求，努力把军队革命化、现代化、正规化建设提高到一个新水平。贯彻新时期积极防御军事战略方针，加强军事斗争准备。坚持国防建设与经济建设协调发展。重视国防科研和武器装备建设，增强军队在高技术条件下的整体防卫作战能力。加强后勤建设。积极推进国防科技工业调整、改革和发展。各级政府要大力支持国防和军队建设，增强全民国防意识。不断加强国防后备力量建设，切实抓好国防动员工作的落实。深入开展拥军优属、拥政爱民活动，巩固军政、军民团结。

维护香港、澳门的繁荣、稳定和发展，是我们坚定不移的目标。要继续贯彻“一国两制”的方针，严格按照香港基本法和澳门基本法办事。全力支持两个特别行政区行政长官和政府依法施政。积极促进内地与香港、澳门在经贸、教育、科技、文化等领域的交流与合作。

全面贯彻“和平统一、一国两制”的基本方针和解决台湾问题的八项主张，争取在一个中国原则基础上尽早恢复两岸对话与谈判，坚决反对任何旨在制造“台湾独立”、“两个中国”、“一中一台”的言行。进一步扩大两岸人员往来和经济、文化等领域的交流与合作，积极推进两岸直接“三通”。加强与台湾各党派和各界人士就发展两岸关系、推进和平统一交换意见。继续支持海外侨胞开展的“反台独、促统一”活动。我们相信，经过全体中华儿女不懈奋斗，祖国的完全统一就一定能够早日实现。

和平与发展仍是当今时代的主题。世界多极化和经济全球化趋势在曲折中发展。我国面临的国际环境依然是机遇大于挑战，但国际形势中的不确定因素有所增加。我们将始终不渝地奉行独立自主的和平外交政策。继续巩固和加强与发展中国家的团结和合作，支持发展中国家维护自身的正当权益。继续深化睦邻友好，加强区域合作，把同周边国家的交流和合作推向新水平。继续改善和发展同发达国家的关系，在和平共处五项原则的基础上，扩大共同利益，妥善解决分歧。继续积极参与多边外交活动，提倡国际关系民主化和发展模式多样化。反对各种形式的霸权主义和强权政治，反对一切形式的恐怖主义。中国人民愿同各国人民一道，共同推进世界和平与发展的崇高事业。

国民经济和社会发展计划执行情况

曾培炎

过去的一年，全国各族人民在中国共产党的领导下，高举邓小平理论伟大旗帜，实践"三个代表"重要思想，按照九届全国人大五次会议的决议，积极推进改革开放和现代化建设，国民经济持续快速健康发展，各项社会事业全面进步，计划执行情况是好的，宏观调控主要预期目标顺利实现。

扩大内需政策效应继续显现，国民经济持续较快增长。2002年国内生产总值102398亿元，增长8%。坚持实施积极的财政政策和稳健的货币政策，充分发挥国债投资的带动作用，积极启动民间投资。全社会固定资产投资完成43202亿元，增长16.1%。经九届全国人大五次会议批准，2002年发行长期建设国债1500亿元，带动经济增长2个百分点。国债资金项目形成了一大批优质资产，增强了长远发展后劲，对优化经济结构、改善投资环境、增加财政收入、促进企业技术进步、增强可持续发展能力和提高人民生活水平发挥了积极作用。各地区各部门精心组织施工，加强对国债项目的审计、监察、稽察和舆论监督，保证了工程质量和资金安全。继续把启动消费作为实施积极财政政策和稳健货币政策的重要内容，通过提高居民收入、完善消费政策、改善消费环境等综合性措施，为城乡居民扩大消费创造了条件。社会消费品零售总额40911亿元，增长8.8%。住房、通信、旅游、教育、汽车等消费热点逐渐形成。

产业结构调整取得新进展，经济增长质量和效益进一步提高。农业与农村经济结构调整取得成效，农业区域布局加快调整，粮棉等主要农产品生产继续向优势产区集中，畜牧水产养殖业稳定增长。培育了一批高产优质、抗病抗逆新品种，农业综合生产能力不断增强。粮食总产量4571亿公斤，增长1%。农业产业化经营积极推进，带动了农民增收。基础设施建设成效显著，又有一大批水利、交通、通信、能源和环保等工程建成投产。工业结构继续优化。具有自主知识产权和竞争优势的高技术产业正在形成，高技术产业工业产值增长23%。城市轨道交通设备、环保设备、大型氧化铝设备等一批重大装备制造本地化项目建成投产。传统工业改组改造力度加大。传统服务业稳步增长，现代服务业快速发展，电信、物流、咨询、旅游、社区服务等服务业方兴未艾。企业经济效益大幅度提高。规模以上工业企业实现利润5620亿元，增长20.6%。

西部大开发扎实推进，中西部地区加快发展。基础设施建设继续加快。西气东输、塔里木河综合治理等重点工程相继开工，青藏铁路、西电东送建设进展顺利。"送电到乡"、"油路到县"和"广播电视到村"工程加快实施。退耕还林、天然林资源保护、防沙治沙、天然草原恢复和建设等生态建设工程按规划推进。2002年完成退耕还林面积252万公顷，荒山荒地造林288万公顷。农村中小型水利设施、人畜饮水和农村公路建设加快，农民的生产生活条件得到改善。

经济体制改革不断深化，为发展增添了新的生机和活力。国有大中型企业的公司制改革继续推进并进一步规范。制定颁布《中小企业促进法》，有利于改善中小企业的发展环境。个体、私营等非公有制经济加快发展。电信、民航、电力等行业的管理体制改革取得重大进展。价格改革继续深化，建立和完善政府价格决策听证制度，实行了城市污水、生活垃圾处理收费制度和涉农价格收费公示制度。农村用电"两改一同价"工作取得明显成效，70%的县实现了城乡居民生活用电同价，每年可减轻农民负担420亿元。农村税费改革试点扩大到20个省（自治区、直辖市）。粮棉购销市场化改革进程加快。行政审批制度改革取得阶段性成果。整顿和规范市场经济秩序深入开展，严厉打击制售假冒伪劣食品、药品、医疗器械等不法行为，加大对文化、旅游、建筑、集贸市场等的整治力度，市场环境得到改善。

加入世贸组织有了良好开端，开放型经济进一步发展。认真履行入世承诺，制定、修改和废止相关法律法规，降低关税总水平，逐步取消非关税措施，扩大外商投资领域，开始形成反倾销、反补贴和保障措施机制。外贸进出口总额6208亿美元，增长21.8%。贸易结构继续改善，机电产品和高新技术产品出口大幅度增长，国内急需的关键设备、先进技术和资源类商品进口增加。实际吸收外商直接投资527亿美元，增长12.5%。外商投资结构进一步优化，资本、技术密集型的大项目增多。实施"走出去"战略迈出新步伐。区域和多双边经济合作进一步深化。

财政收入继续增加，金融运行保持平稳。全国财政收入18914亿元，增长15.4%；支出22012亿元，增长16.4%。财政收支相抵支出大于收入3098亿元。在防范和化解金融风险的同时，金融对经济增长和结构调整的支持力度加大。广义货币供应量(M2)、狭义货币供应量(M1)均增长16.8%，全年现金投放1589亿元。到2002年底，全部金融机构贷款余额增长15.4%，金融机构不良贷款比率下降4.5个百分点，国家外汇储备达到2864亿美元。

科技进步和创新步伐加快，教育发展的先导性作用增强。基础研究和高技术研究取得重要进展，自主创新能力不断提高。神舟三号、四号飞船成功发射和安全返回，超大规模集成电路与软件、功能基因组等重大科技专项顺利推进。国家创新体系建设和科研机构改革取得明显进展，国家重点实验室、国家重大科学工程等科技基础设施建设得到加强，科技成果产业化进程加快。知识产权的保护与管理得到强化。基础教育不断加强，农村义务教育管理"以县为主"的新体制开始形成，贫困地区义务教育取得新进展。高校、普通高中扩招的基础设施建设和中小学危房改造成效显著。普通高中和中等职业技术教育发展步伐加快。高等教育不断发展，普通高校招生321万人，研究生招生20.3万人。

各项社会事业全面发展，人民生活不断改善。文化、卫生、体育、广播影视、新闻出版等事业健康发展，精神文明建设不断加强。一批重点文化设施、农村卫生设施项目和中医、专科医院建设进展顺利。全民健身活动蓬勃开展，竞技体育在国内外重大比赛中获得优异成绩。与人民生活直接相关的城市基础设施建设成效显著。农村贫困人口进一步减少。城镇居民人均可支配收入和农村居民人均纯收入分别实际增长13.4%和4.8%。"两个确保"继续巩固，城市"低保"明显加强。完善城镇社会保障体系试点取得积极进展。年末城镇登记失业率

4%。

环境保护和资源合理开发利用取得成效，可持续发展能力增强。对重点地区的环境治理力度加大，关停一批污染严重企业，“三河三湖”污染治理取得阶段性成果，部分城市和工矿区二氧化硫排放量降低，酸雨恶化趋势得到控制。城市污水、垃圾处理等环保基础设施建设加强，城市污水集中处理率达到40.3%。生态环境建设和资源保护步伐加快。南水北调工程开工建设。人口自然增长率6.45‰。

这个成绩，是在改革开放特别是1998年以来各项工作基础上取得的。五年来，我国国民经济持续快速增长，各项社会事业蓬勃发展，综合国力再上新台阶，社会主义市场经济体制初步建立，全方位对外开放格局基本形成，国际影响显著扩大，民族凝聚力极大增强，社会安定团结，国家政通人和，是我国历史上发展最好的时期之一，为今后的长远发展打下了坚实的基础。回顾五年来走过的不平凡历程，我们深切地体会到，在国际经济环境具有诸多不利因素和国内经济运行存在不少困难的情况下，国民经济实现持续快速健康发展，是中央科学决策、正确领导的结果，是全国人大及其常委会及时指导、加强监督的结果，是各地区各部门共同努力、扎实工作的结果，是全国各族人民同心同德、艰苦奋斗的结果。

我们也认识到，经济社会生活中仍存在不少矛盾和问题，有的还相当突出。一是有效需求不足和供给结构不合理的问题并存。影响农民增收的一些主要因素尚未消除，农民收入增长缓慢，城镇部分居民收入较低，有些群众的生活还很困难，制约着消费市场的拓展。集体和个体、私营投资的潜力尚未充分发挥。二是就业和再就业形势严峻。城镇需要就业再就业的人数较多，农村还有大量富余劳动力需要转移，新创造的就业岗位难以满足就业需求。三是国有企业改革任务相当繁重，深层次矛盾有待进一步解决。为各种所有制经济发展创造公平竞争条件，还要做更多的工作。四是市场经济秩序仍较混乱，社会信用体系建设严重滞后，重大安全生产事故时有发生。对这些问题，国务院高度重视，正在积极采取措施，认真加以解决。

积极推进资本市场改革开放和稳定发展

尚福林

去年11月召开的党的十六大，做出了全面建设小康社会的战略部署，这是一项涉及社会各个方面和各个领域的庞大系统工程。因此，如何在更大程度上发挥市场在资源配置中的基础性作用，更好地服务于全面建设小康社会的战略目标，应当是我们研究和探讨资本市场发展问题的基本出发点和落脚点。

从世界范围看，资本市场的产生和发展是与社会化大生产紧密相连的。从马克思有关虚拟经济的论述，到经济周期理论、货币数量论、金融深化理论、资源配置理论、资本资产定价理论和国际金融理论的提出，都对资本市场在现代经济中的作用进行过不同角度的阐述。概括起来，主要集中在两个方面：

第一，从资本市场的经济功能看，一是筹集资本。通过发行股票、债券的形式，能够把分散的小资本集中到资本使用者手中，实现社会化筹资和社会化大生产。二是资源配置。金融资产相对于实体经济比例的提高，有利于增加实物部门生产要素的平均产出和边际产出；资产价格对资产未来收益的有效预期，有利于改善资源配置效率。三是公司治理。资本市场可通过降低信息收集和执行成本，激励和约束经理人员，尽可能减少由于经理人懈怠和自利而引发的代理成本，推动公司治理结构适应现代经济管理的要求。

第二，从资本市场价格波动对经济的影响看，一是影响消费。这主要是通过财富效应体现的，即在一段时间内股票市场的总体上扬，推动股票持有者的金融财富价值上升，消费随之增加；股市的持续萎缩，则会导致消费的降低。二是影响投资。在企业方面，如果企业的市场价值高于资本的重置成本，公司发行同等数量的股份便可买到较多的投资品，投资支出相应增加。反之，企业的投资支出则会相应降低。在银行方面，当股票价格上扬时，企业的净资产及担保价值上升，银行的不良资产下降，债务人还贷能力增强，债权人对于债务人的信贷约束会相应放松，投资活动会随之变得活跃。

随着我国社会主义市场经济的不断发展，证券市场在我国经济中的作用正在日益增强。截至2003年2月底，境内上市公司总数为1232家，上市公司总股本5930亿股，其中流通股本2056亿股；总市值42975亿元，其中流通市值13964亿元。现有证券公司128家，总资产约5700亿元，基金管理公司22家，发行证券投资基金71只，基金规模1212亿元。股票、基金、债券、期货等证券市场基本品种已经具备，市场产品创新逐步推进。投资者开户数达6885万户。

证券期货市场的法律框架初步建立，形成了以《公司法》、《证券法》、《期货交易管理暂行条例》为核心，行政法规、部门规章和业务规则相配套的多层次证券期货法规体系，涵盖证券、期货、证券投资基金等各个方面。

上市公司治理结构有所改进，信息披露标准显著提高，市场准入和退出机制不断完善。证券公司等中介机构和自律组织的内部管理得到初步规范，功能和作用逐渐发挥。

我国证券市场的功能作用不断增强，证券市场建立以来，为企业发展筹集了大量资金。截至2003年2月底，上市公司通过境内外市场累计筹资12345亿元。不仅增加了改造传统产业的资金来源，而且有效改善了企业的资产负债结构，提高了经济效益水平，有力支持了经济发展。

证券市场的规范发展，推动了现代企业制度的建立。同时，资本市场的购并重组，加快了资本与技术的结合，优化了金融资源配置，促进了经济结构的调整。

党的十六大提出要推进资本市场改革开放和稳定发展。当前，我国证券市场的发展面临良好的机遇和条件：

一是全面建设小康社会需要资金投入，居民储蓄的大幅增长以及社会保障体系的建立和完善必然伴生投资需求，这两方面的需求为我国资本市场提供了巨大的发展空间。二是我国是正处于转轨阶段的发展中国家，优化结构和提高效益是我国经济发展的重要内容，集中统一的证券市场对于打破要素市场分割，实现资源的跨行业、跨地区、跨产业优化配置具有特殊作用。三是我国的投融资体制目前仍以间接融资为主导，金融体系中直接融资比例的增加，有利于优化金融资源配置，分散金融体系的风险，提高金融体系对国民经济的服务效率。四是国有企业改革继续深化，需要证券市场进一步发挥培育和规范上市公司等市场主体的功能，并对国有企业改革发挥示范和带动作用。五是积极的财政政策要带动民间投资，稳健的货币政策需要关注证券资产价格和证券市场的流动性需求，证券市场对宏观政策的作用机制和效果具有重要的影响。

1990年证券交易所建立以来，在党中央、国务院的正确领导下，按照"法制、监管、自律、规范"的八字方针，我国证券市场发展取得了举世瞩目的成就，市场发展规模迅速扩大，规范化程度逐步提高，市场功能和作用日益显现，已经成为社会主义市场经济的重要组成部分，并且具备了进一步发展的良好基础和条件。但是，作为体制转轨时期的新兴市场，我国证券市场发展中还存在一些亟待解决的矛盾和问题，影响证券市场的稳定运行和功能发挥。比如，市场主体的治理结构尚不规范，影响市场透明度和规范化运作水平；市场的结构和功能还不健全，影响了资源配置效率；一些历史遗留问题尚未解决，影响投资者的预期。这些问题有些是市场发展初期遗留下来并在市场规范化进程中暴露出来的；有些是在体制转轨时期改革不配套、制度不衔接、观念调整不到位造成的；有些是新兴市场发展中市场体系、产品体系不健全而难以避免的，总体上属于发展中的问题，必须在进一步推进证券市场改革和发展中逐步加以解决。

当前和今后一个时期，推动资本市场改革开放和稳定发展要着重解决好以下四个问题：一是进一步统一认识、坚定信心。中国证券市场发展至今，每一次突破认识上的误区，都会带来证券市场新的发展机遇。党的十六大关于确立劳动、资本、技术和管理等生产要素按贡献参与分配的原则，是对马克思主义劳动价值论的创新，为资本市场的发展奠定了理论基础；关于处理好虚拟经济和实体经济的关系，优化金融资源配置，加强金融监管，防范和化解金融风险的论述，对于谋划资本市场的发展方向，寻找市场规范的着眼点，发挥资本市场在优化资源配置中的积极作用提供了理论指导。面对新形势下推动资本市场改革开放和稳定发展的艰巨任务，我们要以十六大的精神统一思想认识，要正确认识社会主义市场经济体系中发展证券市场的客观必然性；正确认识当前积极推进资本市场改革开放和稳定发展对促进经济持续健康发展，实现全面建设小康社会宏伟目标的重要意义；正确认识在社会主义分配原则下资本参与分配的合理性，认识资本对财富增长的贡献，认识证券市场投资者对经济发展的贡献，真正将保护投资者利益落到实处，让一切创造社会财富的源泉充分涌流；正确认识我国现阶段证券市场的发展状况和存在问题的性质；进一步坚定发展证券市场的信心。

二是强化市场建设的基础工作。完善资本市场法律法规体系，大力推进诚信建设，提高市场主体的内控机制和规范化运作水平，努力营造"公开、公平、公正"的市场环境。

三是积极推动证券市场改革开放。大力发展机构投资力量，沟通货币市场与资本市场的对接渠道，完善证券市场的层次结构和品种结构，适应市场参与者的不同需求，增强证券市场的资源配置能力。

四是坚持推进资本市场的稳定发展，妥善化解历史问题和风险隐患。要按照"既不割断历史，又不迷失方向，既不落后于时代，又不超越阶段"的要求，正确处理改革、发展、稳定的关系，把改革的力度、发展的速度和市场可承受的程度统一起来。

中国资本市场的组织结构

周小川

最近国务院发布了《国务院关于取消第一批行政审批项目的决定》，其中中国证监会取消了32项行政审批。证监会减少行政审批事项是转变和规范政府职能的重要步骤，也涉及到市场中各个角色的重新定位。这就引出了一个讨论，我国资本市场需要一个怎么样的组织结构？包括证监会在内的有关参与者在其中应该如何分工和定位？

首先，资本市场需要一个完整的组织结构。这一结构中包括资本市场的主要参与者、服务机构以及监管机构等多类主体，它们相互之间关系的设计和角色定位是非常重要的，彼此之间既要有专业分工，又要相互制衡、相互合作。资本市场中第一类主体是市场供求主体，是投资人和发行人，投资人包括个人投资者和机构投资者。发行人包括股票发行人、债券发行人以及其它金融产品的发行人。投资人和发行人是资本市场的主角，是最主要的参与者。第二类主体是服务机构，包括证券公司、投资银行，会计师事务所、律师事务所、评估机构、评级机构、咨询机构、投资顾问、新闻媒体、网络服务与信息技术提供商、登记结算公司等等。当然，有些角色是有交叉的。第三类主体是指市场组织机构和自律性机构，指证券交易所和证券业协会这两个非常重要的角色。交易所既是市场活动的服务者，为市场参与者提供交易服务，促使市场有效运行和健康发展，又是自律性组织，承担了维持市场秩序、促进市场规范的监管职能。第四类主体是监管者，证监会是其中一个重要的角色。同时证监会并不是资本市场的唯一监管者，不少监管职能分布在其它部门，例如，司法、执法机关，刑事侦查部门，以及财政部、人民银行等相关政府部门，证监会要有效履行其监管职能，需要其它许多机构在监管方面的合作和支持。除此之外，在国际监管合作中，还需要各国监管部门和证监会国际组织(IOSCO)等机构的支持和配合。

我们可以看出，资本市场中各类主体之间是有专业化分工的，各自在某些方面有非常强的专业技能。同时，专业机构的分设又起到相互制约的作用。举个例子，如果一个企业有动机去虚增收入、粉饰报表，就会面临很多制约。它可能涉及主承销商的尽职调查，它的资产要经过评估机构评估，它的财务报表要经过会计师事务所审计，上市申请材料要经过律师事务所审查，必须经得起咨询分析机构和媒体的质疑，另外自律组织和监管机构都在不同的环节起监督作用。因此，造假是有制约的，因为这些机构通过一种组织结构维持着良好的制约机制。同时，这种制约机制实际上也是一种合作机制。如果这些机构之间的定位出现错位的话，就可能会出现漏洞，出现扭曲，使不良行为有机可乘，最终会削弱资本市场的功能和降低资源配置的效率，不利于树立信心，不利于资本市场的发展。

如何摆正资本市场中多个角色的关系，对中国这样一个新兴市场来讲是没有经验的。一个可行的办法是观察和借鉴成熟市场的经验。成熟市场的做法虽说是经过了上百年的探索和演变而来，也仍在发展变化之中，因此即使在成熟市场，也需要良好的纠错机制，比如美国近来的 Sabane－Oxley 法就在重新定义某些角色之间的相互关系。另外，各国国情不同也会导致发展模式的差异，特别是在普通法和大陆法两个法系之下，组织结构和分工的情况就必然有所不同。因此还要充分结合国情，结合自身的发展阶段，与时俱进地来考虑资本市场组织结构中多个角色之间如何定位。总的宗旨就是要创造一个让市场机制充分发挥作用的环境，让市场在资源配置中为价格发现、风险规避以及推动公司治理等方面发挥有效的作用。

第二，中国资本市场在十多年间经历了从无到有、从初创走向初级成熟的过程，在这一过程中，资本市场的组织结构在不断演变和发展。在从无到有的初始阶段，市场中肯定没有那么多角色，也没有那么多的专业化分工的人才和机构。在这一时期，市场发展的显著特点是，市场中大部分无人承担的职能都由政府(特别是监管机构)和证券公司包揽，很多本不应该由它们履行的职能，只要市场中没有人承担，就由这两者代劳。例如，早期会计师、律师、评估机构、投资咨询机构等等的功能不健全，就得靠证券公司一身多能，事事都干。中介机构服务不到家的，政府就先出面包办。早期公司申请上市过程中，由政府和监管机构承担部分承销商工作的现象，是比较常见的。自律组织在最开始阶段也比较薄弱，因为市场服务机构还不成熟，自律组织缺乏发挥作用的条件。在这种情况下，也往往是由政府包办了大部分自律组织的工作。在早期的证券公司内部，不同专业部门之间分工和责任不明确，相互之间缺少必要的防火墙。这种角色定位的扭曲和混淆现象在早期都是不可避免的，其缺点也非常明显，主要体现在市场功能未充分发挥和缺少制约机制，市场中会出现很多不合理现象、不规范行为，包括出现一些案件。随着市场的成长，这种定位扭曲的现象会变得阻碍市场的发展，也不利于提升对资本市场的信心。

随着资本市场从初创阶段发展到初级成熟化阶段，资本市场的各类主体逐渐建立健全，必然要强调专业化分工，要求各个角色重新定位，很多原先由政府和证券公司过多承担的工作会由其它机构来分担。特别是对证监会来讲，在新的发展阶段要重新准确定位，收缩部分职能。一些本不该管但早期不可避免要管的事情，现在就可以不管了。市场机制能够调节的，就让市场去调节，解除管制(deregulate)也就成为必然的趋势。证监会取消了 32 项行政审批事项，就是解除管制的重要体现。近期，证监会还将研究取消第二批行政审批事项，进行力度更大的解除管制。近期进行的解除管制包括三种情况。第一种情况是解除多余的管制，也就是说我们在市场不成熟的时候，有一些做法，现在看来是没有必要的，可予以解除。第二种情况是将有些工作转交给自律组织来承担。有些工作自律性组织将比证监会更胜任，可以减少我们的市场中政府角色过重的色彩，转交给自律组织更有利于市场发展，那么就应该让自律性组织承担。第三种情况是少做没有能力做好的工作。证监会作为监管机构，有自身的优势和特长，但由于受资源(包括人力、物力、财力)、能力、专业特点所限，在不少方面必然相对欠缺，不如别人做得好。监管机构要扬长避短，要干好自己应该干好的事情，主要是集中有限的资源搞好监管，加强监管。应干好自己能够干好的事情，少干自己没有能力干好的事情，不要妨碍市场参与者发挥各自应有的作用。当然，市场参与者能否发挥作用，发挥作用的程度如何，发挥作用的效果怎么样，又与市场参与者自身的素质、能力和水平密切相关。尤其是各类中介服务机构和自律机构，其诚信程度和各方面管理能力在市场化的进程中更有着举足轻重的影响。因此在市场发展过程中，既要完善市场组织结构，发挥市场参与者的各自作用，又要推动其增强规范发展、自我管理的能力。

第三，证监会面临的难题和挑战是在经济转轨过程中，如何淡出国有所有者色彩的问题。过去由于国有上市公司出资人代表不明确，有人会自觉不自觉地让证监会在一定程度带有所有者色彩，即应该代行国有所有者的监管职能。实际上证监会作为监管者，要想维护“三公”原则就要避免具有所有者色彩。只有明确定位，证监会才能在公正的立场上开展工作，公平对待大、小股东，公平对待不同所有制的企业。证监会就像裁判员，裁判员最好不要出身于某一个球队，否则别人就会认为你有偏向，会违背证券市场的“三公”原则，不利于市场发展。

这又连带出一个问题：证监会如何对待大、中、小不同的投资者？是否更注重大投资者？从信息获取、加工和分析研究能力方面看，机构投资者具有比较强自我保护和承担风险的能力。因此，对于监管部门而言，要公平对待各种投资者，应该把保护中小投资者放在最重要的位置。做好了保护中小投资者的工作，也就大体上做好了保护投资者整体的工作。在这里，我说的是保护中小投资者或保护中小投资者的权益。这里的“权益”主要是指作为股东的知情权、表决权和分配权，包括获取真实、准确、及时的信息的权利，如果通过发布虚假信息欺诈或误导投资者，是要接受监管部门处罚的，保护投资者权益就必须保证投资者在做出投资选择时是知情的，而不意味着保证投资者一定赚钱。

为明确监管者的角色，近年来证监会一直在进行多方面的努力。第一，明确提出证监会不是上市公司的主管单位，不是所有者代表。尽管上市公司中国有股占的比例较大，但是证监会并不是父母官，不是所有者代表。第二，证监会明确提出把保护投资者作为工作的重中之重。但是这种角色的新定位需要一个逐步认同的过程。目前证监会的裁判员角色并没有被完全接受，还有不少投资者认为证监会站在某一球队一边。可喜的是，十六大报告为进一步明确定位提供了契机。十六大报告中提出要建立中央政府和地方政府分别代表国家履行出资人职责的体制。这一体制的建立，明确了所有者的代表机构，可以有效解决国有企业中的所有者缺位问题，同时对于证监会明确其监管者而不代行所有者的定位提供了制度保证。

既然明确了证监会监管者的角色，就应该付诸行动，以取信于市场。既然是裁判员，就不应该下场踢球，这一点是我们一贯强调的。但也有的同志会提出来，在某些紧急情况下怎么办？这时政府是不是可以下场踢球？1998 年 8 月香港金融市场受对冲基金冲击，香港政府就曾入市干预；美国″9・11″事件后，政府也采取了特殊干预措施。在紧急情况下，应该可以特殊处理，但是这和常规做法是不一样的，也很难在事前料到，并作为一种规则写出来。什么情况属于紧急情况，可做应急处理，历来都会有争议。有人认为某种情形属于紧急情况，可做应急处理，有人就认为不算紧急情况，不可以干预。对于1998年香港政府是否应该入市干预，以及“9·11”事件后美国政府是否应该出台紧急措施，至今一直有争议。在那种情况下，可能没有机会通过寻求共识来解决争议，而需要果断决策并采取行动，要冒一定的风险。但这些都是非常特殊的情况，在一般情况下，要当好裁判员，一是要坚持不偏向，二是要坚持不下场。

当前，区分证监会作为所有者的角色和监管者的角色所面临的突出挑战，体现在发行机制上。现行的上市标准要求企业必须有一定的规模才能上市，非国有企业起步较晚，多数仍是中小企业，一时尚较难达到这些标准。可能有人会据此认为证监会站在国有大中型企业一边。为消除这种偏见，强化证监会监管者的角色，我们明确了不同所有制的企业均平等地访问资本市场，还正在研究多种办法，让市场发挥更大的作用。在成熟市场中，如果市场情况不好，放弃或推迟发行的主要决定都是由发行人和中介机构做出的，而不是由监管机构来决定的，这在中国要有一个过程。这还有赖于价格机制的形成和完善，如果价格机制灵活、有效，市场不好的情况下会促使发行人降低发行价格或削减发行规模，或者推迟发行，那么这种市场调节机制可以使政府免于参与。我们要积极创造条件，通过不断推动改革，逐步形成市场化的发行机制，使发行越来越多地由市场来决定。

最后，我想谈一谈我国资本市场改革开放与发展的推动角色。有两种力量在推动改革开放与发展：一种力量来自市场，我们已经初步建立了社会主义市场经济体系，市场上的自发力量，会推动改革和开放的深化，会自主地推动发展；另一种力量来自政府，政府在改革开放和发展中起到重要的推动作用。这两种力量是不可或缺的。和成熟市场的证券监管机构相比，中国证监会在推动市场改革、开放和发展方面的职责要多得多。在成熟市场中，市场的体系和制度都比较完善，需要改革的东西相对少得多，而我们在推动改革开放方面的任务比他们至少多十倍，甚至一百倍，以至市场人士认为出台的新政策、新规定太多、太频繁，变更也太多。但话说回来，没有变化就没有改革，改革就是朝向好的转变。在成熟市场中，市场上的创新和变革更多地由市场业界来推动，监管者有最后否决权。在多数情况下，监管者运用负向清单，只说不准做什么，而不说允许做什么。凡法规没有禁止的，都是市场可以创新的领域。对于新事物，监管者只需考虑是否应否定这种事物或产品，还是跟上一些规则使之得以合适的规范和监管。目前中国资本市场还没有发展到这一阶段，政府主要还在运用正向清单，即非允许的均是不得做的或必须报批的。但我们也在与时俱进，考虑逐步向负向清单转变，将会给市场机构和自律性组织更多的空间，让他们发展和创新，以此推动资本市场的改革开放和稳定发展。如果市场在某些方面能比政府做得更好，我们就应交给市场去做。

中国资本市场的改革开放和发展具有探索性。中国改革的特点一直是摸着石头过河的态度，充分尊重实践，以实践作为检验真理的唯一标准。探索就意味着也许会出错，但错了可以纠正，当然错误也可能会形成包袱，事后需要花代价去消化。这种渐进式的改革思路和其他一些转轨国家采取的休克式措施是完全不同的，他们往往全盘照抄，希望一步到位，但事实上却消化不了，欲速不达。渐进式的改革思路可能会使有些政策法规探索性比较强，不照抄成熟市场的条文，过渡性法规也会比较多，但实践也表明中国的做法总体效果比较好。我国探索公司制改革多年后才于1993年出台《公司法》，证券市场试行多年后1998年才出台《证券法》，证券投资基金运作已有5年，现在《投资基金法》才接近出台，这是中国改革的特色。在进行资本市场探索性改革的过程中，我们必须牢记让市场充分发挥作用的基本原则，要让投资人和发行人唱主角，证监会要注意在不同的发展阶段不断认识和调整自我定位，选择适当的时机，通过放松管制推动市场发展，推动各类中介服务机构和自律组织的成长和成熟，不断增强投资者对市场的信心，使资本市场能够更好地为国民经济发展服务。

中国的货币政策、金融体制改革与持续经济增长

周小川

一、货币政策在中国经济增长进程中的三个重要作用

从1978年中国开始改革开放到现在，经济发展取得了令世界瞩目的成就。在这个过程中我们可以清楚地看到，中国的货币政策在实现和维护宏观经济稳定方面、在特定时期内支持具体领域改革以达到“帕累托改进”方面、在支持经济结构调整方面都发挥了十分重要的作用。

一是提供稳定的金融环境。中国改革开放初期，中国人民银行于1980年进行了汇率改革，在支持改革开放方面迈出了第一步。1985年和1988年，针对投资和消费过热引发的通货膨胀，中国人民银行及时运用货币和信贷政策紧缩银根，采取了“控制总量、调整结构”以及直接控制与间接控制相结合的货币政策，运用法定存款准备金、存贷款利率工具和开办特种存款等措施控制货币供应量，稳定了物价。1991—1992年，针对经济增长减缓的情况，中国人民银行又及时增加货币供应量，使经济很快摆脱了不利局面。随着经济体制由计划经济向市场经济体制转轨进程的加快，中国人民银行不断根据经济运行状况调整货币信贷政策，稳定物价，为经济增长和改革开放创造了良好的环境。

二是在特定时期内支持具体领域的改革以达到“帕累托改进”。1994年，中国成功地进行了外汇体制改革，实行银行结售汇制度，建立了全国统一的银行间外汇市场，并实行了以市场供求为基础的、单一的、有管理的浮动汇率制度，为人民币走向完全可兑换创造了条件。1996年12月1日，中国正式接受国际货币基金组织协定第八条第二、三、四款义务，实行人民币经常项目下可兑换，取消了所有经常项目下的汇兑限制。这是中国外汇体制改革的又一重大突破，满足了外向型经济发展的需要，有利于吸引外国直接投资、加快中国经济与世界经济的融合。

1993－1996 年，由于各地经济发展加快，掀起开发区、房地产热和股票投机热的风潮，"泡沫经济"的影响开始显露。中国人民银行按照国务院的战略决策，实施适度从紧的货币政策，运用行政、法律手段整顿金融秩序，控制基础货币和信用总量，有效地控制了货币信贷供应，稳定了人民币币值。经过三年的治理、调整和消化，成功地实现了经济的"软着陆"。

1997 年亚洲金融危机爆发，在周边国家货币大幅贬值、地区及世界金融市场动荡不定的情况下，中国从自身实际情况和国际形势的要求出发，实行人民币汇率稳定的政策。人民币保持稳定，对地区金融市场发挥了重要的稳定锚作用，赢得了广泛的国际赞誉。

由于中国供给能力的提高，特别是农产品供大于求和农产品价格下降，使农民的消费能力增长受到抑制，中国在 2001 年至 2002 年期间出现了轻微的通货紧缩，2002 年的消费物价增长为负 0.4%。中国政府通过采取积极的财政政策和稳健的货币政策，开发西部地区和增加基础建设投资，增加外汇储备，不仅迅速摆脱了亚洲金融风波的影响，而且通货紧缩情况得以改善，中国的物价水平在 2002 年下半年出现了逐月增长的局面，2003 年年初的消费物价指数已经为正值。

改革开放的 20 多年时间里，中国人民银行还向国有商业银行补充资本金、支持商业银行改造为股份制商业银行并上市；支持中国资本市场发展；通过住房信贷支持个人住房制度改革。这些货币政策措施，支持了经济发展，获得了"帕累托改进"的明显效果。与此同时，金融体制改革和货币政策操作方式本身也在改革开放过程中有了跨越式的变革。

三是支持结构调整。鉴于中国经济转轨的特殊情况，中国人民银行还通过货币信贷政策的调整和运用，有力地支持了经济结构调整。2000 年以后，与财政政策相配合，支持国家西部开发战略；运用再贷款，通过债转股、核销呆账，支持了国有工业企业解困，支持了军工企业行业结构调整；支持了 20 世纪 90 年代后期的粮食流通体制改革；房地产信贷政策的及时调整，支持了住房制度改革，抑制了房地产过热现象。当然，这些政策措施中有些取得了成功，有些也值得进一步探讨。

二、近期金融体制改革的重点领域

改革开放以来，中国的金融体系实现了历史性的跨越，金融市场体系日趋完善，社会资金配置和使用效率稳步提高。但是，中国金融业在深化改革和发展过程中，也面临不少困难和新的挑战。金融业不良资产比例依然较高，金融企业特别是国有独资商业银行改革与经济发展的要求还不相适应。随着经济和金融全球化的发展，以及根据中国成为世贸组织成员所做出的承诺的要求，加快和深化金融体制改革是中国应对新的挑战的客观要求。近期的重点改革领域包括：

——银行业的系统性改革，包括处置不良资产，补充银行资本金，改进公司治理结构，推动银行的股份制改造和上市。

——采取有效措施发展资本市场，扩大直接融资渠道，以改善储蓄构成。

——制定一揽子政策措施，改革养老保险和医疗体制。

——利率的市场化改革，人民币可兑换和贸易自由化情况下的金融服务改革。

中国改革开放的经验表明，改革需要采取"帕累托改进"的方式，循序渐进、协调进行，需要有坚强的决心。改革是一个长期的过程，每一步都需要通过"帕累托改进"的方式，以提高资源分配的效率和微观经济环境的改善。每一步改革的成功，又将成为进一步改革的动力，包括政治上的支持、经济利益的驱动和公众信心的提高。反之，社会对改革的承受能力和信心就要受到伤害。在体制转轨和经济结构调整时期，为达到"帕累托改进"，货币政策在保持相对独立性的同时，也必须与其他政府部门相互协调、相互配合。随着改革的深入和经济体制的逐步完善，货币政策应逐步淡化其在具体结构改革中的作用，而专注于宏观经济调控。

总结经验，与时俱进，开创银行业监管工作的新局面

刘明康

中国银行业监督管理委员会（简称中国银监会），是根据党的十六大精神，经第十届全国人民代表大会第一次会议批准设立的国务院直属事业机构。中国银监会成立后，一定按照党中央、国务院的要求，总结经验，与时俱进，扎实工作，加强和改进银行业监管，努力开创银行业监管工作的新局面。

一、成立中国银监会的重大意义

根据第十届全国人民代表大会第一次会议通过的《关于国务院机构改革方案的决定》，国务院决定设立中国银监会。建立中国银监会，是党中央、国务院从我国金融实际出发，在反复论证、听取多方意见基础上作出的决策，是我国经济体制改革的重要内容，是完善社会主义市场经济体制的客观要求，也是深化金融改革、加强金融监管、完善金融市场体系、促进我国金融业更好地应对加入世界贸易组织挑战的一个重大举措。金融是现代经济的核心，建立独立、统一的银行业监管机构，对进一步深化金融改革，加强金融监管，保障金融安全、高效、稳定运行，防范和化解金融风险具有十分重要的意义。中国银监会的建立，标志着我国金融业对外开放步伐进一步加快，标志着我国金融监管业的体制、机制向着市场化和国际化方向又迈出了新的一步。

二、中国银监会的主要职责及其部门设置

中国银监会根据国务院授权，统一监督管理银行、金融资产管理公司、信托投资公司及其他存款类金融机构，维护银行业的合法、稳健运行。中国银监会已正式履行职责。中国银监会的主要职责是：制定有关银行业金融机构监管的规章制度和办法；审批银行业金融机构及分支机构的设立、变更、终止及其业务范围；对银行业金融机构实行现场和非现场监管，依法对违法违规行为进行查处；审查银行业金融机构高级管理人员任职资格；负责统一编制全国银行数据、报表，并按照国家有关规定予以公布；会同有关部门提出存款类金融机构紧急风险处置的意见和建议；负责银行业、国有重点金融机构监事会的日常管理工作；承办国务院交办的其他事项。

中国银监会设 15 个部门：办公厅、政策法规部（研究局）、银行监管一部、银行监管二部、银行监管三部、非银行金融机构监管部、合作金融机构监管部、统计部、财务会计部、国际

部、监察部、人事部、宣传工作部、群众工作部和监事会工作部；另设3个事业单位：信息中心、培训中心和机关服务中心。中国银监会将在省（自治区、直辖市）设立银监局，地（州、市）设立分局，根据监管工作需要，在县（县级市）设立精干的办事机构。

三、目前，中国银监会的组建情况

中国银监会的组建工作正在按照党中央、国务院的要求稳健有序地进行。中国银监会的组建工作主要涉及中国人民银行有关职能的划转和原中央金融工委有关职能的整合。组建的基本原则有三条：一是人随业务走，有关监管机构和人员原则上整体划转；二是先定方案后定人，一级负责一级，自上而下，上下联动，统一部署，抓紧进行；三是边组建，边工作，保证组建期间监管工作的正常进行。我们目前与中国人民银行等部门在各方面配合得很好。

由于客观条件的限制，目前中国银监会在两地办公。我们将采取有效措施并充分利用信息化手段，努力克服两地办公带来的困难，保障各项工作正常运转，并不断提高工作效率。

四、监管工作的经验、目的和良好监管的标准

我国银行业的监管工作已经有了一个很好的基础并积累了许多宝贵经验。概括起来，监管工作的重要经验是：必须坚持法人监管，重视对每个金融机构总体风险的把握、防范和化解；必须坚持以风险为主的监管内容，努力提高金融监管的水平，改进监管的方法和手段；必须注意促进金融机构风险内控机制形成和内控效果的不断改善；必须按照国际准则和要求，逐步提高监管的透明度。

监管工作的目的是：通过审慎有效的监管，保护广大存款人和消费者的利益；通过审慎有效的监管，增进市场信心；通过宣传教育工作和相关信息披露，增进公众对现代金融的了解；努力减少金融犯罪。

良好监管的标准有六条：良好监管要促进金融稳定和金融创新共同发展；要努力提升我国金融业在国际金融服务中的竞争力；对各类监管设限要科学、合理，有所为，有所不为，减少一切不必要的限制；鼓励公平竞争，反对无序竞争；对监管者和被监管者都要实施严格、明确的问责制；要高效、节约地使用一切监管资源。做到：权为民所用，情为民所系，利为民所谋。党的为人民服务的宗旨是我们的一切工作的出发点和归宿。

五、今后一段时间内，银行业监管的工作重点

当前，金融行业监管体系正在进一步完善，银行监管工作已经有了良好的基础。今后一段时期内，整个银行业监管工作的重点是：根据国务院的统一部署，在做好各类机构监管工作的基础上，促进银行继续降低不良贷款比例，防范和化解金融风险，大力推进国有独资商业银行的改革步伐，加快农村信用社的改革试点工作。

（一）促进银行继续降低不良贷款比例，防范和化解金融风险。近两年虽然银行不良贷款比例有所下降，但目前仍处在高位。继续降低不良贷款比例，仍然是当前的一项突出任务，需要采取措施，加大贷款回收力度。对已经形成的不良贷款，要通过法律、经济、行政手段积极催收，采取多种形式处置，最大限度回收，减少损失。要通过加强内控，完善授权授信、审贷分离制度，健全贷款评审决策机制，严格控制发生新的不良贷款。优化贷款结构，提高贷款质量。

（二）深化国有独资商业银行改革。要完善银行内控机制，加强管理，改进经营，提高服务质量和水平。在此基础上，实行彻底规范的重组和改造，建立良好的法人治理结构和运行机制。其他商业银行也要按照现代企业制度的要求，深化内部改革，转换经营机制。

（三）加快农村金融体制改革。充分发挥金融对农业和农村经济的支持作用。深化农村信用社改革要明晰产权关系，强化约束机制，增强服务功能。农村信用社要坚持为农业、农村和农民服务的宗旨，加大农业信贷投放，增加农户贷款，及时、有效地为农民生产生活和农业、农村经济结构调整提供服务。同时，要整顿农村信用秩序，引导和规范民间借贷。

论调整期的中国股市

成思危

自从上海证券交易所与深圳证券交易所于1990年12月及1991年6月相继成立并开始发行A股之后，人民币特种股票（B股）和境外上市外资股（例如H股等）也相继于1991年和1993年开始发行。但由于处于发展初期的我国股市还很不完善，投资者、上市公司、证券公司和证监会等各个方面都缺乏经验，在发展的过程中也出现了不少波折。在股市多次暴涨暴跌的现象后面，隐藏着内幕交易、发布虚假信息、欺诈投资者、市场操纵、过度投机等一系列问题。

在十年之内，中国股市从无到有，从小到大，取得了显著的成效，市场规模和水平都有较大的提高。截至2000年年底，我国股票市价总值已达48090.9亿元（其中流通市值16088亿元），境内上市公司已达1088家，上海和深圳两地证券交易所投资者开户数共达5600多万户。还有34只证券投资基金，基金总规模550多亿元。

中国股市在将分散的社会资本集中并转化为大额的长期资本方面发挥了重要的作用，截至2000年11月底，我国股市境内外累计筹资总额达9443.2亿元。其中境内上市公司累计筹集资金4846.1亿元，境外上市公司筹资1439.1亿元（173.8亿美元），红筹股筹资3158.0亿元（381.4亿美元）。

在十年间，一大批国有企业发行上市，为推进传统产业升级换代开辟了直接融资渠道，降低了资产负债水平，加快了技术改革步伐和高新技术的推广应用，推动了产业结构和产品结构调整。更为重要的是，上市有力地促进了国有企业经营机制的转换，增强了企业活力，使上市公司按照现代企业制度的要求，初步建立了法人治理制度，加速了决策科学化，经营市场化，监督社会化和经营责任法律化的进程，在国有企业建立现代企业制度的改革实践中起到了先导和示范作用，为国民经济整体素质的提高打下了基础。

1999年7月1日，规范中国证券市场的《中华人民共和国证券法》（以下简称《证券法》）开始实施。《证券法》的颁布实施，推动了中国证券市场法制化、规范化进程。证券监管部门的职能定位更加明确，上市公司、证券公司等市场主体的规范运作程度不断提高，投资者法律意识有所增强，对市场发展更有信心。

中国股市十年的发展表明，大胆地借鉴包括股份制、股票市场等反映现代社会化生产规律的先进经营方式和管理方法，是完全可能而且十分必要的。正如江泽民同志所指出的："实行社会主义市场经济，必然会有证券市场。建立发展健康、秩序良好、运行安全的证券市场，对我国优化资源配置，调整经济结构，筹集更多的社会资金，促进国民经济的发展具有重要的作用。"

但是我们也应清醒地看到，我国的股市还仅仅处于初级阶段，还需要通过长期而艰苦的努力来发展和完善。我们既要认真研究并吸收国外股票市场几百年发展过程中的经验教训，更要认真思考探索符合中国国情的发展道路。

笔者认为，中国股市的发展必须与社会主义市场经济体制相适应。社会主义市场经济的本质在于，一方面要发挥市场在资源配置上的基础性作用，提高经济发展的效率；另一方面要坚持社会主义的原则，保障社会的公平与公正。因此我们一方面要认真研究并吸收发达国家发展股市的经验，大力促进我国股市的健康成长，充分发挥股市的作用来优化资源配置，促进经济发展；另一方面要十分注意规范和监管股市，严格查处各种违法行为，为所有投资者提供公平与公正的赢利机会。

股市的本色是有效的投资及融资场所

当人们手中有了闲置货币之后，除了扩大消费和增加储蓄以外，还会产生用它们来投资获利的愿望。从虚拟经济的观点看来，所有的金融市场工具都是虚拟资本，当投资者用其手中的闲置货币购买金融市场工具时，实际上就是将他对这些货币的使用权交换到一份权益证书，对金融市场工具发行者的未来收入及资产具有要求权。因此人们在进行投资决策时就必须考虑三个问题：一是预期的收益有多大，二是这一收益是否真正能够拿到手，三是急需时能否迅速收回现金。也就是说投资者在投资前必须在拟购买的金融市场工具的收益性、安全性和流动性三者之间进行权衡。从理论上说，金融市场工具的收益性与安全性呈负相关关系，也与流动性呈负相关关系，因而其安全性与流动性呈正相关关系。为了满足不同投资者的要求，就出现了各种各样的金融市场工具。

金融市场工具一般可以根据其信用期在一年以上或以下而分为两类。一类是资本市场工具，包括股票、抵押贷款、公司债券、一年期以上的国库券、消费者贷款及银行商业贷款等；另一类是货币市场工具，包括一年期以下的国库券、大额可转让存单、商业票据、银行承兑票据、回购协议、同行拆借协议等。也可按照投资的性质而将金融市场工具分为权益工具和债务工具两大类。投资者只能从权益工具的发行者处收取红利而不能直接收回本金；但可以从债务工具的发行者处收回本利。

二级金融市场的存在使投资者可以随时将其手中的金融市场工具出售而变成现金，从而大大改善了金融市场工具的流动性。但由于金融市场工具的二级市场价格是不确定的，当投资者将其变现时既可能获得高额的收益，也可能遭受巨大的损失，故有人将金融市场工具戏称为纸面上的钱（paper-money）。

按照上述观念，可以认为货币市场是偏重流动性的债务工具市场，债券市场是偏重安全性的债务工具市场，而股票市场是偏重收益性的权益工具市场。

从虚拟经济的发展过程中可以看到，有价证券是生息资本社会化的产物，而股市则是有价证券市场化的产物，股市的基础作用就是既为投资者提供直接投资的机会，也为企业提供直接融资的机会。对于投资者来说，由于股市的风险较高，故对企业股票的期望的收益率要高于债券，这样的企业才有投资价值；而对于企业来说，由于要求投资者共担风险，故应当有较高的盈利与投资者共享，这样才能吸引投资者的资金。根据我们的研究，在我国股市前十年的发展过程中存在的主要问题可以归纳为规模较小深度较浅、大半股份不能流通、只能做多不能做空、政策影响相当显著、过度投机趋向严重、资产泡沫确实不少、短期行为普遍存在、黑庄操纵罪责难逃等八个方面，严重影响着我国股市的健康发展。因此调整中国股市的指导思想就应当是向股市的基础作用回归，恢复股市的本色。一方面要让投资者的资金能在股市上投入他认为有投资价值的企业，并自主决定要持有股票等待分红还是要卖出股票取得现金，另一方面要让有良好赢利能力但资本不足的企业能在股市上吸收所需的资金，只有这样才能真正发挥股市在优化资源配置方面的作用。

任何股票市场都既是投资的场所，也是投机的场所。"投资"是指买进股票后期望能享受较高股利的长期投资行为；而"投机"则是指买进股票后期望迅速在有利的条件下卖出以获利的短线投资行为。一般说来，适度的投机行为不仅不会危害证券市场，而且对证券市场的运行是有益的。一个成熟的股票市场是适度投机的市场，在投资行为与投机行为之间保持着动态的平衡，尽管在外部环境的影响下会产生波动，但通常可以保持比较稳健的运行，在发挥其促进经济发展作用的同时，还会给多数投资者带来比较满意的回报。但是在过度投机的股市中，投资者通常会漠视企业的经营业绩，使绩优股受到冷落，而各种有炒作空间的股票却受到追捧，严重削弱股市的资源配置功能。过度投机还会助长市场的短期行为，为庄家非法操纵市场提供条件。与过度投机相伴随的巨大风险将成为证券市场产生严重动荡的隐患，进而会对经济和社会造成危害。因此我们必须坚决防止股市中的过度投机行为，决不能让股市成为少数人疯狂投机、攫取暴利的场所，也不能让股市成为一些企业大肆"圈钱"、廉价融资的场所。

加强并改善市场监管

1992年10月，国务院决定成立国务院证券委和中国证监会，统一监督管理全国证券市场，同时将发行股票的试点由上海、深圳等少数地方推广到全国。根据国务院《证券监管机构体制改革方案》，中国证监会完成了对地方证券监管机构实行垂直领导的体制改革。在全国设立了9个证管办、2个直属办、25个特派办。根据证券法要求，证券监管部门对法律实施前的有关交易场所进行了清理关闭，将过去股票发行的审批制改为核准制，强化上市公司和有关机构的信息披露义务，督促上市公司完善法人治理结构，实行上市公司与控股股东之间的资产、人员及财务"三分开"，加强上市公司日常监管，实行证券公司的分类管理，加强对投资咨询等中介服务机构的业务监管与指导，改革证券登记结算体制等，对于保证证券市场的正常运行，防止证券违法违规行为发挥了积极作用。中国证监会对一些上市公司及证券公司的违规融资、内幕交易、操纵市场及欺诈等违法行为也进行了查处，全国检察机关对一些证券违法案件立案侦查，各级人民法院对一些证券犯罪案件进行了审结。中国证监会作为法定的证券监督管理机构，其监管力度与法律的要求和人民的期望还有较大差距，为此建议从以下四个方面来改进中国证监会的工作。

首先是要明确证券监管机构的职责。证券监管机构的主要职责应当是维护证券市场的公正与公平，让股市回归到直接投资及直接融资场所的基础地位。一方面要为所有投资者提供平等的投资环境，让投资者能够在自担风险的前提下争取合理的收益，由于中小投资者的信息获取能力较弱、风险承担能力较差，是股市中的弱势群体，为此必须严肃并及时地查处掠夺中小投资者的财富的各种违法行为，同时要从制度上制止上市公司中一股独大，无视小股东正当权益的行为。另一方面要建立公平、公正、公开的核准制度，为各类所有制的企业提供平等的市场准入待遇，让能给投资者较高回报的优秀企业得到更多的融资机会，同时要消除一级发行市场的无风险套利条件，防止股市成为一些企业"圈钱"的场所。证券监管机构不应对股市的涨跌负责，更不应站在国有资产所有者的立场上去托市或救市。在极为特殊及十分必要的情况下，证券监管机构可通过法定程序要求政府对市场进行适当的临时干预。

其次是要找准市场监管的重点。信息披露不真实是上市公司招股、上市、配股和年报等工作中存在的一个比较普遍的问题：一是有些企业为了达到股票发行上市目的，高估资产，虚报盈利，虚假包装。二是不少上市公司严重违背投资者意愿，随意改变募集资金投向，间接造成信息不实。据我在上海了解，上市公司在两年内改变募集资金使用方向的达到40%，一年内改变的也在10%以上。募集资金的相当部分通过多种渠道回流股市参与股票炒作。三是少数上市公司有意披露不真实信息。有的公司为了迎合庄家炒作本公司股票，与之配合在不同阶段发布一些误导投资者的信息。据厦门市反映，在该市16家上市公司中，信息披露不规范的约占20%。从执法检查情况看，有的地方问题更加严重。由此可见，证券市场监管的重点应当放在信息披露上，要采取切实有效措施，防止虚假包装上市，避免上市公司随意改变募集资金投向，损害投资者利益。要进一步提高信息披露标准，推进会计标准的国际化进程，保证上市公司及有关中介机构信息披露的真实性、准确性、完整性、合规性和及时性。信息披露不仅可以改善投资者之间信息不对称的状况，防止少数人利用内幕信息获利或利用虚假信息欺诈，同时还为发现问题提供了有利的条件。信息披露后就可以由特许财务分析师(CFA)等专业人士及投资者自己进行分析，并将发现的问题提交证券监管机构。监管机构在核实问题后即可予以公告，并视情节轻重予以处置。要注意加强对证券公司、上市公司、中介机构、指定新闻媒体和一些股评人士的管理，防止相互串通，披露虚假信息，误导舆论和投资者。

再次是要注意发挥市场的作用。股市的健康发展固然离不开政府机构的监管，但也要注意发挥市场的自组织作用。对于股票的发行、上市、交易等方面的有关事项，要尽量少用行政审批的手段，改用公开申请并按程序核准或由企业根据市场情况自行决策后向证券监管机构备案的办法。同时还要充分发挥证券交易所、证券业协会等自律组织在政府与市场之间的桥梁和纽带作用，例如对会员的财务状况、经营绩效、服务质量等方面进行年检及评定、对会员的业务活动进行指导、对会员的违法行为进行调查并按行规处理、协调会员之间的矛盾、维护会员的合法权益、对会员进行法制及业务教育、组织会员进行业务交流、对某些专业岗位进行资质认定等。

最后是要不断加强监管的手段。要利用先进的信息技术，建立全国联网的股票实时交易系统及监控和预警系统，要能及时发现股价异常波动等不正常现象并分析其原因，以便迅速采取措施。要通过法律程序授予中国证监会必要的查处权力，以防止资金抽逃及犯罪嫌疑人畏罪逃跑。要进一步加强证券监管机构的队伍建设，提高证券监管人员的政治思想素质、业务素质和专业技能。监管机构工作人员要依法办事，公正廉洁，不得利用职务之便牟取不正当的利益。证券监管、银行、法院、检察院等部门之间要加强配合，建立统一的执法协调机制，加大对重大证券违法案件的打击力度。

提高上市公司质量

我国目前有许多上市公司质量不高，缺乏投资价值。1999年，2000年和2001年上半年，我国上市公司的资产收益率仅分别为4.01%、3.58%和1.83%。同时，由于造假成本较低，企业造假的嫌疑面达上市企业的20%左右，在剔除这些造假嫌疑观测值的基础上发现，上市企业处于一种资本与利润并增，但创值显著下降的状况。

据我们调查，上市公司缺乏合理、有效的公司治理结构是上市公司业绩低下、缺乏长期发展能力的重要因素之一。截止到2002年年底，我国境内上市公司达1223家，其中绝大部分由国企改制而成，导致我国股市尚未上市流通的国家股比重高达40%，有些上市公司甚至高达80%以上。

公司治理制度(CorporateGovernance)有时被称为企业法人治理结构，它是一种决定着公司基本权力(主要包括高层领导任免权、公司资源支配权、净收益分配权等)分配的制度安排，即什么人在什么时候拥有这些权力。它是在企业的所有权与经营权分离后，为了解决企业的所有者与经营者之间经常产生的目标分歧而设立的。也有人认为公司治理制度就是指所有者对一个企业的经营管理和绩效进行监督和控制的一整套制度安排。

我国一些上市公司受其大股东严密控制，有的甚至是一套机构两块牌子。也有一些上市公司与控股股东之间的人、财、物不分，使上市公司成为大股东或集团公司的"提款机"。我国的上市公司基本上不分红，即使是分红也多是用送红股的方式，很少用现金分红的方式甚至有一些业绩好的公司以发展生产急需资金等为由不分红。据统计，1996年～1999年4年间，采取现金分红的上市公司平均每年只有26家，仅占各年平均上市公司家数的3.3%。截至1999年底，沪深两市只有8家公司历年分红派息总额超过10亿元。2000年我国股票市场缴纳的印花税和投资者交给券商的佣金共900多亿元，而上市公司的利润总额只有500多亿元，其中拿出来进行分配的含税红利仅有140多亿元。由于投资者难以从分红中取得收益，故只能拼命追求买卖价差收入，从而增大了市场的投机程度。

地方政府对上市公司的市场准入、运行过程及退出机制的干预，严重地削弱了我国股市优化资源配置的作用。例如，证券法规定，上市公司丧失法定上市条件的应暂停或终止上市，但由于有关地方政府的干预，使一批早就丧失上市条件的公司长期不能退市，严重影响证券市场的运行效率。

上市公司产权结构调整的主要方向是股权多元化，在《中共中央关于国有企业改革和发展若干重大问题的决定》中指出："股权多元化有利于形成规范的公司法人治理结构，除极少数必须由国家垄断经营的企业外，要积极发展多元投资主体的公司"。通过股权多元化，不仅有利于实现以公有制为主体，多种所有制经济共同发展的方针，而且还能够使国家通过出资人到位的方式，解决企业过度依赖政府、政府对企业负无限责任的问题。在我国的集体及民营企业中存在的产权不清、所有权与经营权混淆等问题，也应当通过股权多元化的办法来加以解决。

理论上说，在股权多元化的公司中，股东会是公司的最高权力机构，但通常由于公司的股东众多且流动性大（因通过证券市场的股权交易十分频繁），故实际上多半由董事会代表股东行使所有者的权力。由于股权的高度集中，公众股东的分散，董事会由大股东操纵或由内部人控制，比较难以形成独立的董事会来保证健全的经营、决策机制。据问卷调查，认为监事会是上市公司内部主要约束力量者仅占3.4%。不少企业经理人由于股权结构不合理，其利益不能通过透明的机制来保证，因而往往在决策时为控股股东甚至自己谋取私利，明显损害中小股东的利益。在这种情况下，公司的业绩在更大程度上依赖于经理人员的素质和“良心”，或者依赖于控股股东的开明程度。

解决一股独大问题要标本兼治。一方面要采取有效措施解决大股东挤占上市公司资产等问题。对于上市公司与大股东的相互担保，要严格依法监督，禁止上市公司单方面为大股东提供担保。上市公司与大股东的关联交易要严格依法进行并按规定予以披露。要通过有关指导性文件，明确独立董事的任职资格、条件、报酬、权利和责任，使其真正发挥监督作用。另一方面要调整上市公司的股权结构，在目前不可能大幅度增加流通股比例的情况下，可在国有企业之间相互转让股份，使每家上市公司至少有三个较大的股东，还要健全股东大会、董事会和监事会的会议制度。

引导投资者转变观念，大力培育机构投资者

广大中小投资者是中国股市的积极参与者，又是中国股市中的弱势群体。在我国证券市场的调整过程中，不仅需要用政治、法律等多种手段保护广大投资者的权益，也需要加强对中小投资者的教育，引导他们转变观念。

首先要端正投资者对股市的认识。要他们了解在股市中投资是有风险的，而且投机程度越高，风险就越大。在风险承受能力不足时，即使一时投机成功获利，但长期投机多半会血本无归。特别是中小投资者一定要防止过度投机，尽量选择投资价值较高的上市公司做长线投资。

其次要提高投资者的分析能力。让投资者能在信息披露不断改善的情况下独立分析个股的价值和走势，决定自己的投资策略，防止因听信传言、盲目跟风或跟庄而造成损失。

最后要增强投资者的法制意识。根据我在上海、深圳、武汉等地的调查，有不少中小投资者从未阅读过《证券法》，甚至不知道自己有哪些合法权益。为此应当让投资者懂得如何正确行使自己的股份所有权及自由处置权、信息知情权、对上市公司重大事项的知情权及表决权，以及公司盈余和剩余财产的分配权等。

目前我国股市中流通股过于分散，机构投资者比重过小。据统计，2000年末上海证券交易所股票帐户总数中，个人投资者的比重高达99.56%，机构投资者开户数的比重仅占0.44%。深圳证券交易所的情况与此相似。流通的公众股股权高度分散于个人股东之中，使得公众股东对上市公司缺乏有效的直接控制力，并有着强烈的“搭便车”倾向。

培育机构投资者，对改善我国证券市场的投资结构至关重要。首先是要进一步发展证券投资基金，着重发展开放式基金，力争在未来五年内使开放式基金成为我国基金业的主流；要逐步实行基金设立和发行的注册制，创造有利于市场机制创新的环境，探索适合保险、社会保障等资金的基金品种创新，适时推出债券市场基金和货币市场基金等；要研究拓宽基金管理公司的业务范围，允许其从事私募基金、委托资产管理等业务；要研究放宽对基金管理公司和基金发起人的资格限制，逐步允许各类机构和自然人参与设立基金管理公司，探索新的管理公司股权结构，选择具备条件的基金管理公司进行上市试点等。

其次是要加快培育保险机构投资者。探索灵活多样的保险资金入市方式。鼓励基金管理公司大胆创新，设计符合保险资金特点的基金品种，更好地为保险公司服务。可进行允许保险公司独资或与其他保险公司合资设立专门的管理保险资金的试点，条件成熟时可研究允许保险公司参与发起设立基金管理公司，进一步参与我国基金业和证券市场的发展。

最后是要积极探索建立专业化和市场化的社会保障基金管理体系。在社保基金具有一定规模的基础上，放宽投资限制，逐步向社保基金开放证券市场，引入竞争机制，探索建立以委托专业机构管理为主导的专业化和市场化的社保基金管理与监管体系。积极探索委托基金管理公司管理和由寿险公司开办年金保险、投资连接与分红类保险等多种社保基金管理模式，实现社保基金市场和证券市场的良性互动。

促使证券公司向现代投资银行转变，规范发展其他中介机构

随着我国证券市场的发展，证券公司也不断成长。到2002年年底，全国共有126家证券公司，3700多家证券营业部。从总体上看，多数证券公司的情况是好的，但也确有一些机构从事违法违规经营，操纵市场的行为仍时有发生。有的证券公司违规参与做庄、操纵股价，严重扰乱交易秩序。也有部分证券公司存在对客户透支、挪用客户保证金等问题。还有个别的证券公司参与了恶意炒作，并为客户提供融资、代客户买卖股票、开立个人帐户进行股票自营等。为此必须采取有效措施，纠正和处理一些证券经营和服务机构操纵市场、恶意炒作股票、为客户透支和挪用客户保证金等违法经营和犯罪行为。

我国证券公司目前的规模一般都比较小，在资金实力、业务范围及运作经验等方面与国外的投资银行相比还有相当大的差距。我国所有证券公司的注册资金的总和还没有国外一家知名的投资银行多，融资能力则相差更远。我国的证券公司目前的业务主要是证券承销和证券经纪，在公司并购（M&A）、杠杆收购（LBO）、项目融资、资产管理、公司理财、风险投资等方面的业务都尚待开拓。我国的证券公司目前还不具备在国际市场上进行证券承销的能力，远不能适应我国跨国公司发展的要求。为此建议重点扶持2—3家基础较好的证券公司，促使其向现代投资银行的方向发展。

要努力提高证券公司人员的道德和业务素质，建立适当的激励机制，严惩监守自盗、假公济私等违法行为。

证券法要求会计师事务所、律师事务所、资产评估事务所等中介服务机构要依法为证券发行上市等提供相关服务，但有些机构为了牟取私利，违背职业道德，为企业做假帐，提供虚假证明，有的甚至迎合上市公司的违法或无理要求，要做什么账就做什么账，要求出什么报告就出什么报告，为其虚假包装上市大开方便之门。例如，2000年上半年，在四川上市公司涉嫌违法的4件稽查案件中，就涉及3家会计师事务所和1家资产评估事务所。

要强化中介机构的行业自律，提高从业人员的职业道德水平，加强对中介机构的监督和制约。会计师事务所应当发挥其注册会计师审计这一主要职能，提供独立、客观、公正的审计报告及有关资料，对投资者、发行股票的公司及社会负责，遵守职业规范和有关技术规范，提高业务能力，维护自身的良好形象和公众信任力。对因违约、过失或欺诈而给被审计单位

或其他利害关系人造成损失者，要依法追究其行政、民事和刑事责任。同时要严格资质考试及认定，建议尽快建立适合我国需要并能与国际接轨的特许财务分析师(CFA)制度。

从事证券业务的律师事务所要保证其出具的法律意见书及各种有关法律文件的真实性、准确性及完整性，严禁为客户提供虚假证明。还要提高对从事证券法律业务的律师的资格标准，逐步培养专业化的证券律师。

资产评估事务所的资产评估报告是国有企业股份制改造和上市公司资产重组的重要依据，必须保证其准确性、客观性和公正性，决不允许迎合被评估对象的要求而随意更改。应当参照国际规范来制定符合我国国情的资产评估方法和程序，特别是在无形资产的评估方面需要严格规范。还要注意培养一批合格的资产评估师。

此外，一些投资公司、投资顾问公司、财务公司等在工商管理部门登记注册后即开始从事代客理财业务，控制大量资金炒作股票，对市场造成不良影响，亟须用法律手段进行规范。

进一步完善证券法律体系

在《证券法》公布实施后，由于其中有些内容比较原则，需要证券监管部门制定配套的法规和相关实施办法。并要根据证券法的有关规定，对以前的有关规则进行进一步清理，并根据法律规定和市场发展情况，抓紧制定一些新的实施办法。到2001年6月为止，经国务院批准，中国证监会发布了《股票发行审核委员会条例》、《股票发行核准程序》等5件行政法规，制定发布了《上市公司新股发行管理办法》、《证券公司检查办法》等130多件部门规章。同时，依据法律要求，清理了《证券法》颁布前发布的250余项法规、规章和规范性文件，废止114件。上海、深圳证券交易所也根据《证券法》和监管办法的规定，清理和制定了一批业务规则，保证了法律的有效实施。

但是，已经出台的实施办法还不能适应证券市场发展的需要，有关规范与《证券法》的规定不配套，一些法律之间也缺乏必要的协调。一是《证券法》规定因发行人发布虚假信息导致投资者在证券交易中遭受损失的，发行人及其董事、监事、经理应承担连带赔偿责任。由于没有具体办法，投资者难以提起诉讼，而且许多案件由控方举证难度很大，法院也认为这一规定不具体而难以受理。二是工商、公安、检察院、法院等执法部门对证券违法犯罪案件的立案标准认识不一致，影响到一些案件的查处。三是《证券法》与民事诉讼法等法律中某些内容的关系不明确，致使有的执法单位能轻易到证券交易所强制执行证券公司的客户保证金，甚至抓人，影响证券交易秩序。

由于《证券法》出台时正处于亚洲金融危机期间，为有效防止风险，对有些内容未作规定，有些内容规定较严。加之随着证券市场的深入发展产生了一些新的问题，影响到《证券法》的进一步实施。建议根据证券市场的发展需要，对混业经营、股指期货、社保资金入市、加入WTO后的证券市场发展，以及证券监管机构某些执法权限等问题进行深入研究，提出法律对策。对《证券法》中一些比较原则的规定，要通过制定实施细则，如证券市场监管条例、上市公司监管条例、证券公司管理条例等加以充实。要加强对《证券法》与公司法、信托法、民法、民事诉讼法、刑法、刑事诉讼法之间关系的研究，必要时对有关法律进行相应修改或解释，使之更加协调，为执法提供有效的支持和保障。证券监管部门要不断从实践中发现新情况和新问题，进行制度创新，进一步发展和完善我国的证券市场。

《证券法》是我国证券市场的一部基本性法律，只有广大证券监管和从业人员以及投资者都知法、懂法，真正依法办事才能保证这一法律的切实有效实施。为此，要进一步深入开展《证券法》的学习宣传和贯彻工作。要鼓励各新闻媒体、各证券监管和经营机构运用多种形式，宣传《证券法》及有关配套法规。上海证管办要求证券公司对每一位新开户的投资者赠送《证券法》的做法应予推广。各级领导干部、监管人员和证券经营机构负责人要带头学法、用法，严禁非法干预股市，做依法行政、依法监督和管理证券市场的模范。上市公司、证券经营机构、证券投资咨询机构、证券从业人员和有关新闻媒体要结合自身业务，有针对性地加强学习、宣传和教育工作，加深对《证券法》的理解。广大投资者要通过学习，提高风险意识和自我保护意识，学会运用法律来保护自身的合法权益。

我国股市目前处于低潮，正是进行调整的大好时机，我相信在党中央和国务院的坚强领导下，经过2—3年的艰苦努力，一定能够使我国股市恢复本色，踏上健康发展的康庄大道。

继续保持宏观经济政策连续性

胡鞍钢

如何认识和评价中国经济增长与社会发展？国际上有不同的看法，如“中国经济崩溃论”，“中国市场风险论”，“中国经济统计泡沫论”，“中国产业威胁论”；在国内也有不同的看法，由于中国正在经历大规模的经济结构调整，为“赢家”创造了空前的发展机会，也为“输家”和弱势人群形成了压力。不仅每个家庭不同，而且同一家庭每个人的情况也不同；不仅每个行业不同，而且每个地区也不同。这需要从国际横向比较，也需要从历史纵向比较，比较客观地、公正地认识和评价中国经济增长与社会发展。

去年GDP增长率可能低估了

改革以来，我国经济总量不断跃升新台阶，大体上了四个台阶。1978年我国GDP为3624亿元，1986年突破1万亿元大关，上了第一个台阶；1992年突破2万亿元大关，上了第二个台阶；1995年突破5万亿元大关，上了第三个台阶；2002年又突破了10万亿元大关，达到102398亿元，上了第四个台阶。按可比价格计算，2002年GDP比上年增长了8%，比1997年增长了44.6%，GDP年平均增长率为7.7%；人均GDP年平均增长率为6.6%。需要指出的是，这一时期是建国以来我国宏观经济最稳定的时期，经济增长率的波动系数最小，最大值与最小值之间差距最小，基本属于无波动经济增长时期。

我认为，国家统计局所公布的GDP增长8%的数据可能是低估了，因为几乎大部分经济指标(包括实物指标和价值指标)增长率都在8%以上，甚至是2—3倍，只有少数指标(如货物周转量等)小于8%。最近高盛公司公布了2002年“中国增长活跃指数”(ChinaActivityIndex)，高于官方统计的8%约为9.6%。这一指标包括贸易、各类交通运输量(公路、铁路和民航)、能源使用量等数据，并与传统指标如货物产出、投资、利润等比较。这可能是为下届政府留下余地。

从国际视角来看，这五年来，全球经济对中国经济主要有两次大的外部冲击，一次是亚洲金融危机，一次是美国经济衰退、日本经济低迷、欧洲经济下滑引起的全球经济衰退和经济波动。20世纪90年代全球GDP年平均增长率为2.6%，其中2001年为1.1%，2002年为1.7%，是近十年来最低的时期，即使在亚洲金融危机的1998年也有2.16%。90年代全球人均GDP年平均增长率为1.2%，其中2001年为－0.1%，2002年为0.5%，也是十几年来增长率最低的年份；世界银行《2003年全球经济展望和发展中国家报告》指出，全球经济复苏要推迟到2004年，估计2003年全球经济增长率为2.5%，2004年为3.1%(WorldBank，2003)。无论是总的GDP增长率还是人均GDP增长率，中国都是全球第一，大大高于全球平均增长率。

全球经济下滑造成了全球经济波动，全球现在正处在“大起大落”的“大落”阶段，呈现较大的经济波动。我根据世界银行数据库(2002)计算，1997－2002年期间，全球GDP增长率波动系数为42%，其中日本为223%，欧盟为42%，美国为51%，中国仅为8%。中国的宏观经济正是在这样的全球背景下仍然保持了稳定。

国民经济运行处在无通胀，甚至通货紧缩状态。2002年全国居民消费价格总水平比上年下降了0.8%。1997—2002年期间中国通货膨胀率年平均为－0.1%。20世纪90年代全球通货膨胀率(指GDP缩减指数)平均为3.7%，高收入国家为2.0%，同期中国为6.3%，高于前两者，但是在2001年和2002年分别为0.0%和0.4%(WorldBank，2003)。

对外贸易呈现高速增长，比5年前翻了一倍。1978年以来我国进出口贸易也先后登上了几个大台阶，1978年仅为206亿美元，1984年突破500亿美元，1988年突破1000亿美元，1994年突破2000亿美元，2000年突破4000亿美元，2002年进出口总额达6208亿美元，比上年增长21.8%。出口总额3256亿美元，增长22.3%，占GDP比重为26.3%；进口总额2952亿美元，增长21.2%。全球贸易增长率2001年为－0.5%，2002年为2.9%；这是在发达国家进口需求大幅度下降的情况下，工业化国家进口贸易增长率下降，2001年为－10%，2002年为1.3%(WorldBank，2003)。高新技术产品出口679亿美元，占出口总额比重的21%；高新技术产品进口828亿美元，占进口总额比重的28%；这也说明中国高新技术产品进口还大于出口。中国已经成为全球贸易增长的新发动机。

外商直接投资稳步扩大。2002年外商直接投资(FDI)合同金额为828亿美元，比上年增长19.6%；实际使用外商直接投资527亿美元，比上年增长12.5%，占GDP比重为4.26%。过去5年累计实际利用外商直接投资2261亿美元，超过1979－1997年的总和，相当于同期GDP总量的4.17%。中国已经成为世界FDI的“热土”，这也反映了中国的投资环境在不断改善。

从国际比较看，中国是世界上国际收支状况良好的国家。2002年对外贸易顺差304亿美元，占GDP比重为2.46%。年末国家外汇储备达到2864亿美元，比上年末增加742亿美元，占GDP比重为23.15%。比1997年的1399亿美元增长了1倍。根据英国《金融时报》的计算，过去两年全球新增外汇总量中，亚洲占了80%，其中日本占25%，中国占24%。人民币汇率保持稳定，年末1美元兑8.2773元人民币，相当于1997年汇率的99.8%。中国已经是世界经济与金融的稳定器。

中国经济与贸易高速增长直接促进世界经济与贸易增长。根据美国摩根士丹利投资公司首席经济学家史蒂芬·罗奇估计，中国在2002年全球GDP和贸易增长中分别作出了17.5%和29%的贡献。

从全球经济发展角度看，我有几点评论。第一，除了失业率指标外，中国主要经济指标在全球经济衰退期中表现最好。第二，是“不管风吹浪打，我自闲庭信步”。中国经济在迅速全球化的过程中，抵御外部经济与贸易的冲击能力明显提高。第三，中国有很大的发展潜力，外国人估计不足，我们也估计不足，中国发展的实际表现常常超过我们的预期。第四，这可能是中国人的学习能力明显提高，学的愈多，学的愈好。

哈佛大学经济学教授罗伯特·巴罗认为，中国正在开展一个真正的大跃进，这不同于上世纪50年代末的“大跃进”。在1995－2001年期间，中国人均GDP增长速度达到7%，而这正是其邻国遭受亚洲金融危机的时期。尽管城乡差别日益扩大，但是全国贫困人口数量的大幅度减少是一个巨大的成就。他认为，世界最为重要的不是伊拉克和反恐战争，而是中国作为亚洲经济和政治中心的崛起。

继续保持宏观经济政策连续性

本届政府提出了2003年宏观经济目标，不同于前几年的目标，首次将创造就业岗位作为重要的第二目标，还提出了八点政府工作建议。对此我很同意。我想对今后发展目标和发展政策谈几点看法。

第一，继续保持宏观经济政策连续性、稳定性、稳健性。积极的财政政策是否淡出是一个十分有争议的问题。我认为，与5年前本届政府及时、灵活调整“十五”大报告所确立的“双紧”政策不同，新一届政府不宜做重大调整，应该坚持扩大内需的方针，继续实施积极的财政政策和稳健的货币政策，保持各项经济政策的连续性和稳定性。我认为现在积极财政政策不宜淡出，也不应撤火，保持一个适度的力度和规模，只进行结构性整调，即所谓“相机抉择”，只做微调，不做大调。这是因为：

首先，全球经济低迷，贸易、投资增长率下降，各国政府大都在实行扩张的财政政策和宽松的货币政策来应对全球通货紧缩、需求不足，即使美国也对原有的缩减财政赤字政策作了重大调整，转向实行更加扩张的财政政策。这绝非偶然。我们对外部经济形势还看不清楚，不确定因素较多难以预测，当中国经济保持高增长、宏观经济较稳定时期不易作大调整。

其次，防止经济下滑引起的经济波动。如果没有积极的财政政策，我们就很难保持高经济增长，也会出现经济下滑的局面。

再有，实行积极的财政政策有助于国际投资者、国内投资者对中国经济发展的信心，并继续带动民间投资。过去五年来是宏观经济最稳定的时期，这与实行积极财政政策密不可分。

因此我主张，“积极财政政策”不必急于淡出，“只做微调，不做大调”；重点在于调整财政支出和国债使用结构，重新确定优先排序，对此财政部已经提出了很好的方案。我很同意这一安排和优先排序。

第二，实施新的反贫困行动计划(到2015年)，把反贫困作为大的战略，制定更大规模的减少贫困举措，为实现全球反贫困目标作出重要贡献。国际社会明确提出，到2015年减少贫困人口比例一半的目标，这是世界发展的最大任务。如果不是中国减少绝对贫困人口，90年代世界发展中国家绝对贫困人口数不是减少而是上升。我建议将国内贫困线标准调整到国际贫困线标准，确定2015年中国反贫困行动计划目标，该方案应每年拿出1%GDP作为反贫困投入，解决收入贫困（如国际贫困线）、解决人类贫困、知识贫困（专项研究）。此外，制定宏观经济政策应有利于穷人，大力减少贫困人口，加大人力投资，有助于实现全面建设小康目标。

第三、减少农业经济比重、减少农业劳动力、减少农村人口是解决“三农”问题的根本途径。

第四，控制政府成本上升过快，提高政府治理宏观效率。下决心坚决压缩不必要的开支特别是行政开支。政府治理的目的是什么？如何衡量政府的效率呢？我认为，政府治理的目的是使全社会福利最大化，即经济产出最大化，公共服务最大化，人民福利最大化。衡量政府治理的效率宏观指标是单位行政支出的总产出。通过计算我们可以看出政府的产出效率实际上在下降，例如，1996年每元行政管理费能产生GDP57元，到2001年降为27元，说明行政管理费支出增长率大幅度超过GDP增长率，这一时期（指1996——2001年）行政开支增长了1.96倍，GDP只增长45.6%。压缩不必要开支大有潜力，同样能起到缩小、控制财政赤字规模效果。此外，也应该削减补贴支出，2000年约1042亿元，2001年为741亿元，相当于当年财政赤字的1/2和1/3。因此，消减补贴仍有很大潜力，这等于增加财政收入，在一定程度上可以抵消持续发行国债的负面作用。

第五，大力开发人力资源，把中国建成世界最大学习型社会。

第六，积极推进决策科学化、民主化和专业化，防止重大决策失误。

包头北方创业股份有限公司

包头北方创业股份有限公司（以下简称公司），是经国家经贸委批准，以内蒙古第一机械制造（集团）有限公司为主发起人，联合包头浩宇等四家发起人共同发起设立的股份有限公司。注册地为包头稀土高新技术产业开发区，总股本8000万元，截止至2002年底，净资产12033万元，人员1393人，拥有各种先进机械、动力设备720台（套），科技力量雄厚，现代管理手段齐全。2001年被内蒙古自治区认定为高新技术企业。

2001年公司实现销售收入28886万元，利润2065万元；2002年实现销售收入35209万元，利润2865万元，同比增长21.9%和38.7%；今年公司经营将保持较高的增长速度。

公司主要生产经营铁路车辆、专用汽车、冶金机械、车辆配件和压力容器等产品，具有大批量铁路车辆、专用汽车、冶金定径机、车辆配件和压力容器的生产能力。

铁路车辆产品包括敞车、罐车两大系列二十多个品种，产品质量稳定，具有良好的品牌形象，被中国质量管理协会授予"全国用户满意产品"和内蒙古质量协会授予"内蒙古自治区用户满意产品"。

专用汽车产品有采用北方—奔驰底盘改装的厢式、罐式专用车20余种车型，应用先进的兵工装甲防护技术，研制出国内首台"C级防护"防弹运钞车，率先通过公安部打靶试验，并获得国家实用新型专利。

冶金机械在吸收、消化德国先进技术的基础上，自行开发、研制并国产化了定径机三大系列产品及干熄焦罐车等产品，在同行业中品种、销量均名列前茅，属于国家替代进口产品，并被列入国家火炬计划项目。

经营战略：确保发展铁路车辆这一核心业务，拓展专用汽车和冶金机械这两项战略业务，积极培育以高新技术改造传统产业为主要内容的新兴业务，形成以铁路车辆产品为主导，专用汽车和冶金机械系列产品协同发展的格局。

企业精神：公司以"超越自我、追求卓越"为企业精神，就是要求公司每位员工树立"永不满足"的信念，这是公司超越他人、超越自我、超越未来，使自己立于不败之地的驱动力。其信念体系就是无论干什么工作，都要做出十分突出的成绩，并且把这个成绩作为奋发进取的起点。

地　址：包头市2号信箱北创公司
联系人：程天罡　　　石书宏
电　话：0472—3117903　0472—3116791

第二编

中国金融市场

158/200

栏 目 协 办

中国农业银行基金托管部

中国金融市场

中国金融市场

【概况】 2002年,中国的宏观经济形势超出了绝大数人的预料,经济增长出现了小幅的回升势头,前三个季度的经济增长率分别为7.6%、8.0%和8.1%。前三季度的平均经济增长率达到了7.9%,较2001年7.3%的经济增长率回升了0.6个百分点。这在衰退的全球经济中,仍然是一个非常高的经济增长率。2002年的经济增长主要来自于总需求的推动,尤其是投资、净出口和政府支出对经济增长起到了非常积极的作用。到10月份,固定资产投资较去年同期增长了24%强,成为经济高增长最重要的拉动因素。投资增长对GDP增长的贡献率全年将达到65%。值得注意的是,2002年的投资增长动力出现了较为明显的变化,政府、民间和外商直接投资都异常活跃,这与前几年单纯依靠积极的财政政策推动的投资增长有很大的区别。正是这一变化,为中国经济来年的增长注入了新的活力。

2002年是我国加入WTO后的第一年。受降低关税和消除诸多贸易壁垒的刺激,中国对外贸易增长非常迅速,年初,进出口总额增长率曾出现短暂地下降,但进入第二季度开始,进出口总额的增长率便稳步上升。1—9月全国累计进出口总额达到了18858.7亿元,比2001年同期的18033.1亿元增长了825.6亿元。中国经济的对外贸易依存度也越来越高,净出口对中国经济增长的作用越来越明显。2002年全年净出口增长对GDP增长的贡献率将在10%左右。

在总需求中,消费需求平稳增长,截止11月份,社会商品零售总额增长了8.8%,剔除物价下跌因素,消费品零售总额的实际增长率超过了10%。住房、汽车、旅游成为了中国新的消费热点,商品住宅的销售额增长率超过了30%,个人汽车购买量的增长率更是超过了50%。这些新的消费热点将会持续发展下去,也是中国人均GDP超过1000美元即将发生的重大结构转型,即生存性消费支出占居民消费支出的比重会越来越低,而自我发展型消费支出所占的比重将会越来越高。消费结构的转型将进一步推动中国经济结构的提升。

2002年前三个季度,全国物价水平稳中有落。年初,受季节性的影响,居民消费价格指数虽出现了短暂地上升,但之后便迅速地回落。总的说来,2002年前10年月,物价水平稳中有落。2002年以来物价水平出现这种状况有一些新的因素:首先,中国加入世贸组织以后,降低关税,来自国外产品的低价格影响逐步显现。有关部门监测数据表明,在我国进口的主要商品中,同样的产品,国外的价格比国内的价格低20%左右。其次,市场竞争进一步引入经济生活中,一些长期垄断行业的垄断性涨价现象有所遏制,集中反映在公共服务产品在2002年以来价格涨幅明显降低。上半年服务价格只上涨了2.4%,在近几年是涨幅最低的一个时期。与比较高的经济增长率相对应的物价水平的持续回落,宏观经济出现了西方发达国家在20世纪70年代"滞胀"相反的特征,即:平稳的经济增长和持续回落的物价上涨率。因此,从这个角度分析,如果将通货紧缩定义为物价水平的持续回落,那么,我们仍然有理由得出结论:持续近5年的中国通货紧缩是一种"好"的通货紧缩。

在国际方面,无论是美国、日本还是欧洲都不景气,经济增长持续低迷,股票市场也剧烈波动,全球利率持续走低,美国的联邦基金利率已经下降到了1.25%,伦敦同业拆借利率在1.8%—2%的范围内波动,伦敦同业拆借市场上的日元利率仅为0.09313%。无论是实体经济领域还是金融领域,全球都表现出一派衰退的迹象。在这样的国际国内环境下,2002年中国的金融形势也有新的特点。

【金融形势】 *货币供应量及结构* 2002年11月末,流通中现金M0的余额为1.63万亿元,同比增长10.6%,比去年同期提高4.1个百分点。2002年前11个月,现金累计投放658亿元,比上年同期多投放531亿元。11月末,广义货币M2余额为17.97万亿元,同比增长16.6%,增幅比上年同期提高3.4个百分点;狭义货币M1余额为6.8万亿元,同比增长18.5%,比上年同期高7.1个百分点。M2增长、M1增长分别高于2002年前3季度的国内生产总值GDP和居民消费物价CPI之和9.5和11.4个百分点,这意味着当前货币供应量相当充足,货币"迷失"现象在中国经济货币化程度已经相当高的情况下似乎还有愈演愈烈之势。因此,连续多年的较高货币供应量的增长与平稳的经济增长率,一旦在货币流通速度上升时,对未来物价水平的潜在冲击应该引起高度的关注。这也是"稳健"货币政策的题中之义。

在货币供应总量增长的同时,货币供应结构保持平稳。货币的流动性(M1/M2)持续下降的态势得到了较为有效地扭转,M1与M2之间的比率在2002年得到平稳地回升,由年初的36.64%上升到了九月份的38.12%。近十年来,中国货币流动性的变化与宏观经济的走势基本是一致,即货币流动性的回升,会伴随着经济景气的回升,反之,货币流动性的下降,则会伴随着经济景气和物价水平的下降。货币流动性的回升,与今年的经济增长率的回升是相一致的。如果将货币流动性的变化作为判断短期经济走向的一个指标,那么,我们对明年的经济前景还是持有谨慎的乐观态度。

存款 到2002年11月末,全部金融机构各项人民币存款(含外资机构)余额为16.86万亿元,同比增长20.1%,增幅比上年同期高5个百分点。前11个月各项存款累计增加25460亿元,比去年同期多增加8651亿元。其中,企业存款11月末余额为5.76万亿元,同比增长17.8%,增幅比上年同期提高3个百分点。今年前11个月企业存款累计增加7115亿元,同比多增加2586亿元。城乡居民储蓄存款继续快速增长。11月末,居民储蓄存款余额达到了8.57万亿元,同比增长18.5%,增幅比上年同期提高4.6个百分点。前11个月,居民储蓄存款累计增加12016亿元,比上年同期多增加3997亿元。其中,定期储蓄存款增加6987亿元,比去年同期多增加2222亿元;活期储蓄增加5029亿元,比上年同期多增加1775亿元。这表明,中国的金融剩余继续快速增长,为金融市场的发展提供了大量的资金来源。

2002年,金融机构人民币存款的大幅度增长,首先得益于宏观经济的稳定和较高的实际利率,这为更充分地发挥货币的价值储蓄职能提供了有利的条件。其次,应当说,存款的快速增长促成了中国金融结构向旧的以银行为主导的单一金融结构的回归,这对于中国金融结构的多元化发展带来了较为不利的影响。必须注意到,在稳定的宏观经济和较高的实际利率背后,持续的股票市场低迷是这一结构性回归的主要原因。同时,我们也应该看到,2002年中国金融资产向银行复归的单一化现象与以前的单一金融结构有着极不相同的意义,此前的单一金融结构是中国金融被高度抑制的结果,而近十年来中国居民和企业选择金融资产的自主性大大地增强了,选择的范围也得到了有效地扩张,因此,现在向单一金融结构的复归是人们趋利避害,自主决策的结果,更是金融市场这只"看不见的手"作用的结果。由此看来,金融市场的稳定发展是促使中国金融结构多元化必要的外部环境。

银行信贷的总量增长及结构调整　11月末,全部金融机构人民币各项贷款(含外资机构)余额为12.86万亿元,按可比口径计算增长15.7%,增幅是1999年4月份以来最高的。今年前11个月累计贷款15802亿元,比上年同期多增加5576亿元。这表明,今年以来,中国的总需求正在复苏。从贷款投向及用途来看,今年前11个月,短期贷款累计增加6730亿元,比上年同期多增加3347亿元。其中,工业贷款增加2309亿元,同比多增加1753亿元,有力地支持了工业生产的发展;农业贷款增加1355亿元,同比多增加459亿元;建筑业贷款增加815亿元,同比多增加595亿元。中长期贷款增加6774亿元,同比多增加1643亿元,主要原因是基本建设贷款增加2512亿元,同比多增加623亿元,包括个人中长期消费贷款在内的其他中长期贷款增加4234亿元,同比多增加1091亿元。票据融资增加1947亿元,同比多增加1096亿元。

在贷款总量增长的同时,贷款结构的变化更应值得关注。在这里,我们着重分析两个层次的银行贷款结构:即对消费者个人贷款占银行全部贷款的比重和银行贷款的主体结构的变化。首先让我们看看对个人中长期消费贷款的增长。改革开放以后的相当长的一段时间里,在政府控制的银行体系中,贷款的中心任务就是满足企业生产发展的需要,最终消费——这一生产的最终目的——并没有得到政府组织的金融体系的支持,对消费者贷款没有引起足够的重视,因此,可以说,1997年以前,中国商业银行的贷款都是生产导向型的。

但是,在1997年以后,对消费者贷款在商业银行新增贷款中所占的比重迅速上升,2000年,对消费者个人的贷款占全部新增贷款的比重首次超过了20%,2002年对消费者的贷款占新增贷款的比重超过了25%。由此看来,对消费者贷款成了中国商业银行日益重要的资产业务。有两个主要方面的原因促成了商业银行贷款结构的这种转变。首先,由于中国改革以来一直保持着很高的国民储蓄率,因此,中国在短短的十多年的时间里,就基本上由一个资本短缺的国家,变成了一个资本相对剩余的国家,中国宏观经济面临着前所未有的新局面:中国进入了买方市场时代,出现了结构性的供给过剩,总需求的不足成为制约中国经济进一步持续高速增长的主要因素,因此,宏观经济的平稳增长客观上要求改变以前只注重生产性贷款而忽视消费者贷款的金融结构。第二,1997年爆发了亚洲金融危机,这种极为不利的外部环境和压力迫使中国将防范和化解金融风险成为中国在接下来的几年中的金融工作的重点。同时,由于不合理的企业制度,商业银行以往的生产性贷款形成了巨额的不良债权。随着商业银行主体利益的自我强化,以及对商业银行贷款风险管理制度的变革,促使商业银行在发放贷款时变得谨慎起来,正努力寻求风险较低的贷款领域。显然,对消费者贷款就成了商业银行开拓低风险贷款的良好对象。

中国商业银行贷款结构的调整不仅有利于商业银行贷款质量的提高,有利于在通货紧缩的形势下提高中央银行货币政策的效果,而且这也正是中国的金融业得到了进一步发展的显著标志,使原来在短缺经济时代被压抑了的金融功能得到了进一步地完善。这样,除了通过储蓄来平滑生命期内的收入外,人们也可以通过消费信贷来平滑生命期内的收入。同时,这也改变了改革后相当长一段时期里居民部门成为了商业银行最大的债权人,但居民部门却基本上不可能从商业银行获得消费者贷款的金融单向服务的局面,这正是中国金融得到深化的表现之一。

其次,贷款主体结构的变化也同样值得高度关注。近年来,国有商业银行的资产业务增长速度要远远低于其它商业银行的增长速度。自1997年以来,这种趋势就相当明显。例如,2001年,国有商业银行的贷款增长率只有9.4%,而股份制商业银行的贷款增长速度达到了36%,后者是前者的将近四倍。可以认为,尽管中小商业银行的资产占整个银行体系总资产的比重目前还较低,但是,通过增量的逐步调整,国有商业银行的垄断地位会逐步被打破,中国国内银行业的资产结构业已发生了较大的变化。如下表所示,在1993年,国有商业银行资产在银行业资产中的比重为82.80%,其它新兴商业银行在银行业资产中所占比重仅为4.90%,农村与城市信用社资产所占比重为12.35%;到2001年,国有商业银行资产在银行业资产中所占比重已经下降到了70.49%,包括股份制商业银行在内的其它商业银行资产所占比重上升到了13.18%,农村与城市信用社资产所占比重则上升到了16.33%。如果认为非国有商业银行的资金使用效率总体上高于国有商业银行,那么,这种结构转变将有助于提高中国信贷资源的配置效率。

表1　国有独资商业银行与股份制商业银行信贷份额及增长率的变化　　单位%

年份	国有独资商业银行		股份制商业银行	
	贷款所占比重	贷款增长率	贷款所占份额	贷款增长率
1997	66.2	18.0	8.1	39.0
1998	59.1	15.2	8.7	24.9
1999	63.2	13.7	9.2	17.6
2000	59.3	12.2	17.0	37.2
2001	49.7	9.4	23.5	36.0
2002*	52.1	9.8	25.2	29.5

注:2002年为1—9月份数据

货币市场　前11个月,我国银行间市场交易活跃,这与持续低迷的股票市场形成了鲜明的反差。货币市场调节金融机构资金余缺的能力显著提高,发挥了短期融资主渠道的作用。1—11月份,货币市场累计成交10.75万亿元,同比增长1.56倍。其中,现券买卖成交3890亿元,拆借成交1.05万亿元,回购成交9.31万亿元。货币市场已经成为市场各方参与者进行流动性管理,甚至通过频繁的货币市场交易,实现掉期,从而将短期资金变为长期投资的重要场所。

2002年货币市场利率,尤其是债券回购市场利率出现了较为戏剧性的波动。年初,中国人民银行第八次降低利率,其中将商业银行的准备金存款利率由原来的2.07%下调到了1.89%。受此影响,以及由于商业银行,尤其是四大国有商业银行有过多的流动性,货币市场利率总体出现了下降趋势。但中央银行对商业银行的准备金存款支付利率的约束,因此,货币市场利率(尤其是债券回购利率)在2002年3月份探寻到这一市场利率底线之后,保持了半年左右的平稳态势,银行间债券回购利率一直维持在1.95%左右的水平,同业拆借利率也保持在2.10%左右。但到8月份后,债券回购利率在持续半年的平稳之后,出现了较大幅度地回升,债券价格开始大幅度地下跌,但同业拆借市场利率没有出现像债券回购市场利率那样的大幅度上升,仍然相对平稳。

由于债券在我国商业银行体系资产中占有越来越高的比重,因此,债券回购利率的上升使我国商业银行面临了前所未有的风险,即真正的市场利率风险。随着债券市场规模越来越大,商业银行持有越来越多的债券作为二级准备金,以及随之而来的利率风险的凸现,这样,可以实现利率对冲交易,从而防范利率风险的利率衍生产品的需求便提上了议事日程。但由于中国现在缺乏对冲利率风险的避险工具,因此,此间中国债券利率的回升使各商业银行感受到了前所未有的压力。正是在这样的背景下,中央银行在此期间的几次大规模的回购交易和现券买断的公开市场操作引起了人们的高度关注,非议颇多,甚至被认为具有补偿国有商业银行因债券利率上升造成的损失之嫌。

同时,值得注意的是,8月份以后,同业拆借利率与债券回购利率之间的走势出现了分化。在债券回购市场利率大幅上升的时候,银行间同业拆借利率并没有随之而上涨。同业拆借市场平均利率并没有随债券回购利率的上升而上升,一直保持在2.1%左右。由于债券回购利率的上升,在9月和10月份债券回购利率与同业拆借利率之间出现了"倒挂"现象,货币市场中的债券回购利率反而高出同业拆借利率10多个基点。由于同业拆借是信用拆借,债券回购交易实际上是以国债为质押的资金交易,因此,按照利率风险结构理论,具有相同期限的同业拆借利率应该高于债券回购利率。实际上,在此之前的两年多中,中国同业拆借市场利率与债券回购利率之间一直遵循利率风险结构原理。拆借市场与回购市场之间利率"倒挂"产生了风险套利机会,这表明,中国的货币市场结构可能还存在着某种结构性的缺陷,这一点,无论是理论界还是当局,都应值得高度的关注。

股票市场　2002年中国股票市场经历痛苦的一年,持续低迷,使众多投资者遭受了巨大的损失。到11月底,上市公司总共达1220家,2002年1—11月份新上市公司总数为60家。1—11月份,通过股票市场筹集的资金总额为1090.94亿元,股票市场交易总量30427亿元,均较2001年有较大幅度地下降。受股票市场交易量的大幅下降,以及调低印花税率的影响,股票交易印花税也大幅度地下降了,1—11月份,股票市场交易印花税总计为132.92亿元,比去年同期下降了49.55%。面对股票市场持续低迷的状况,政府出台了众多的"利好"政策来刺激股票市场的上扬,先是降低印花税和佣金自由化,恢复新股发行按市值配售,接着又在股票市场价格急剧下挫之中仓促宣布不通过证券市场来减持国有股,最后又在十六大召开前夕实行QFII。利好政策出台之频繁,简直到了令人"眼花缭乱"的地步。无奈当局在出台这些政策之前只是一厢情愿地认为投资者会做出积极的反映,但没有认识到中国股票市场发展的十多年中,历史积累的矛盾太多,因此,"利好"政策出台之后,市场反应并不积极,收效甚微,没有达到当局的预期目标。这似乎表明,素有"政策市"之称的中国股票市场正在发生深刻地变革,投资者有越来越清醒的认识和判断,总是在"利好"政策的背后去努力寻找潜在的风险,市场这只"看不见的手"正在发挥着越来越重要的作用,效率在逐步提高。显然,这正是我们在中国市场化改革过程中所期盼已久的。

外汇储备与外汇市场　1—11月份,外汇市场运行平稳,人民币汇率稳定,年初美元与人民币之间的汇率为8.2767,到11月末,美元与人民币之间的汇率保持在8.2770。但由于中国实际上实行的是盯住美元的盯住汇率制,同时美元对日元和欧元出现了一定幅度的贬值,这也使得人民币兑日元和欧元跟随出现了一定程度的贬值,就此而论,它对2002年中国出口的大幅增长起到了一定的积极作用。但人民币与美元之间汇率的稳定减少了外汇风险,有利于人们形成稳定的汇率预期,从而对进出口都带来了积极的影响。由于持续扩大的外贸顺差以及外资的大量流入,外汇储备仍然大幅度增长,到11月末,外汇储备就达到了2800亿美元,比去年底的2122亿美元增长了600多亿美元,较上年年底增长了30%多,外汇占款继续成为中国基础货币投放的主渠道。2002年是我国加入WTO后的第一年,中国对外贸易的自由化和资本流动的自由化进程进一步加快,外汇储备的快速增长为中国经济融入全球化提供了坚强的保障。

利率　2002年利率达到历史最低点。2002年2月份,中国人民银行再次降低利率,一年期存款利率下调到了1.98%,商业银行的准备金存款利率下降到了1.89%,一年期再贷款利率下降到了3.24%,一年期贷款利率也下降到了5.31%。受商业银行在中央银行准备金存款利率下调的影响,货币市场利率曾一度降到接近于准备金存款利率的水平。毫无疑问,2002年利率总水平处于历史最低时期。低利率水平为2002年中国民间投资的快速增长提供了非常有利的条件。

表2　2002年中国利率水平

品种	一年定期存款利率	一年期贷款利率	准备金利率	一年期再贷款利率	同业拆借利率(10月)	债券回购利率(10月)
利率(%)	1.98%	5.31	1.89	3.24	2.09	2.25

不过,2002年,中国的利率期限结构被严重地扭曲了,这突出地表现在国债的发行利率上。2002年所国债的发行利率最高只有2.90%,国债发行利率的大幅下降固然有利于降低政府的债务成本,但扭曲的利率结构同样也带来了不利的影响。下表列出了今年国债发行利率。

表3　2002年记账式国债发行及利率一览表

期数	年利率(%)	期限	发行量(亿元)
1	2.70	10	200
2	2.22	5	360
3	2.54	10	200
4	1.90	2	260
5	2.90	30	260
6	2.00	7	460
7	1.90	3	260
8	1.906	1	265
9	2.70	10	173.3
10	2.39	10	200
11	2.64	7	200
2	2.30	3	191
13	2.60	15	240
14	2.65	5	224
15	2.93	7	600
16	2.30	2	368

造成2002年利率期限结构扭曲的原因可能有以下几个方面:首先,人们以短期眼光来预期长期利率,由于短期利率

处于历史最低水平，这直接导致了长期利率的大幅下降，30年期的国债利率下降到了2.90%；其次，2002年股票市场行情异常低迷，巨大的股票市场风险使原先在股票市场流动的资金被分流了一部分到债券市场，从而增加了对债券的需求；第三，由于中国在国债发行采取的是荷兰式招标，为了尽可能中标，投标者可能会尽可能报出最高的价格或最低的价格，这说明，国债招标方式的改革对形成合理的利率结构可能是必要的。（彭兴韵）

2002年中国国际收支状况分析

【概况】 2002年，我国国际收支继续保持良好的发展态势，经常项目、资本和金融项目双顺差，外汇储备较快增加，人民币汇率保持稳定。良好的国际收支状况，既是国民经济快速健康发展和对外经济交往取得明显成效的结果，同时对于国民经济持续发展和保障国家经济金融安全，也起到了积极的促进作用。

【国际收支基本状况】 2002年，我国国际收支经常项目顺差354亿美元，比2001年增长104%；资本和金融项目顺差323亿美元，比2001年下降7%；年末外汇储备2864亿美元，比2001年末增加742亿美元。年末人民币对美元汇率为8.2773元人民币/1美元，保持基本稳定。

（一）经常项目顺差大幅增加货物贸易顺差扩大。根据国际收支统计口径，2002年货物贸易顺差442亿美元，增长30%。其中，出口3257亿美元，增长22%；进口2815亿美元，增长21%。货物贸易顺差扩大是推动经常项目顺差增加的最主要因素。

服务贸易逆差有所增加。2002年，服务贸易项下收入397亿美元，增长19%；支出465亿美元，增长18%；逆差68亿美元，增长14%。服务贸易中的主要项目变化情况是：运输项目逆差79亿美元，逆差上升18%；旅游项目顺差50亿美元，上升28%；保险项目逆差30亿美元，逆差上升22%；专有权利使用费和特许费项目逆差30亿美元，逆差上升63%。收益项目逆差减小。2002年，收益项目收入83亿美元，下降11%；支出233亿美元，下降18%；逆差149亿美元，下降22%。经常转移顺差增加。2002年，经常转移收入138亿美元，增长51%；支出8亿美元，增长28%；顺差130亿美元，上升53%。引起经常转移顺差大幅增加的主要原因是我国居民个人来自境外的侨汇收入增加。

（二）资本和金融项目顺差略有减少，直接投资顺差扩大。2002年，直接投资顺差468亿美元，上升25%。其中，我国对外直接投资28亿美元，下降60%；外商来华直接投资527亿美元，增长13%。证券投资仍呈现逆差。2002年，证券投资逆差103亿美元，下降47%。证券投资呈现逆差的主要原因是近年来我国金融机构不断增持境外证券。其他投资由顺差转为逆差。2002年，其他投资逆差41亿美元，2001年为顺差169亿美元。其他投资呈现逆差的主要原因有三个方面：一是金融机构拆放境外同业和存放境外同业的金融资产有所增加；二是企业境外融资回流境内资金减少；三是外债还本金额高于新借金额，2002年末我国外债余额为1685亿美元，比2001年末减少16亿美元。

（三）储备资产较快增加在经常项目、资本和金融项目双顺差的推动下，2002年，我国国际储备资产增加755亿美元，比2001年多增加282亿美元。其中，外汇储备资产增加742亿美元，比2001年多增加277亿美元。

（四）净误差与遗漏出现在贷方。2002年，净误差与遗漏出现在贷方，为78亿美元，占国际收支货物贸易进出口总量的1.28%，处于国际公认的5%的合理范围内。

【国际收支状况分析】 2002年国际收支状况良好，是我国国民经济快速健康发展、对外经济表现良好、本外币正向利差和国内外对人民币的信心增强等一系列因素综合作用的结果。

（一）国民经济持续快速健康发展，是国际收支顺差扩大的重要基础。2002年，我国国民经济持续较快发展，国内生产总值跃上10万亿元的新台阶，按可比价格计算比上年增长8%；积极财政政策和稳健货币政策取得明显效果，国内需求持续增长；经济结构战略性调整初见成效，产业结构优化升级取得进展；各项改革不断深化，对外开放水平进一步提高。这些因素都有利于增强企业出口竞争力，改善外商投资环境，增强国内外对人民币汇率稳定的信心，为国际收支顺差扩大奠定了基础。

（二）对外经济表现良好，直接推动了国际收支顺差的扩大。我国出口和进口均实现较快增长，顺差增加。在全球经济缓慢回升、外部需求有所增加的情况下，我国国有企业出口扭转了上年的下降势头，外商投资企业出口继续保持较快增长，集体与其他类型的企业出口大幅增加。同时，经济增长拉动进口需求，进口呈较快增长态势。按海关统计口径，全年出口增长22%，进口增长21%，进出口顺差上升35%。

外国游客入境人数增加，国际旅游收入较快增加。全年境外入境人数9791万人次，比上年增长10%，其中过夜人数3680万人次，增长11%；国际旅游收入204亿美元，增长15%。

外商投资环境不断改善，我国吸收外国直接投资首次居世界首位。巨大的市场潜力、低廉的劳动力成本、长期较快的经济增长、加入世界贸易组织、人民币汇率保持稳定，以及吸引外资流入的优惠政策，使得外国对我国直接投资再次出现高峰。全年外商直接投资合同金额828亿美元，比上年增长20%；实际使用金额527亿美元，增长13%。

（三）本外币正向利差和国内外对人民币汇率稳定的信心增强，也为国际收支顺差扩大创造了有利条件。2002年，国内一年期美元存款利率比同期限人民币存款利率低近1.17个百分点，同时，国内外对人民币汇率稳定的信心增强，甚至出现较强的升值预期。企业和个人从境外调回资金兑换成人民币的意愿较强。具体到国际收支平衡表中的有关项目，一是经常项目中经常转移顺差大幅增加，全年顺差130亿美元，大大高于往年水平。经常转移顺差的增加主要是侨汇收入的增加，反映了国外侨民对我国经济发展以及人民币币值稳定的信心增强。二是外商直接投资中资本金汇入增长较快，全年资本金汇入279亿美元，比上年增长58%，大大高于13%的外商直接投资增长速度。三是其他投资项下的贸易信贷表现为净流入，共计39亿美元，表明出口延期收款和进口预付货款较少，出口预收货款和进口延付货款较多，反映了企业积极调回国外资金的心理。四是净误差与遗漏出现在贷方，为78亿美元。按惯例，只要规模不大，净误差与遗漏出现在借方和贷方都是合理的。但是，长期以来我国国际收支平衡表中的净误差与遗漏均出现在借方，2002年出现在贷方，可以从一个侧面说明，在本外币正向利差和人民币汇率稳定的条件下，过去年份的资本外流情况有了一定的缓和。

从国际收支整体状况看，顺差或逆差都属于国际收支失衡状态，影响着一国的经济运行、资源配置、资金运用乃至经济伙伴国的相关政策。当前的顺差体现了我国经济竞争力提高、对外资吸引力增强的良好态势，但其隐含的负面因素也同样值得关注。当顺差来自于大量实际资源的输出时，会制约一国长期的可持续发展；而国外投资的净流入，则增加了对远期利润、利息流出的资金需求，同时对国内资金的利用可能产生一定的挤出效应；如果流入的资金中包含大量游资，则更会对一国的金融稳定、经济安全带来威胁。此外，长期的顺差还可能招致伙伴国的经济对抗和制裁。因此，对长期大额顺差的情况，我们要密切关注，加强跨境资金流动监测，分析其成因、性质、资金来源及用途，评估其对经济运行的影响，制定科学有效的宏观经济政策，防范短期资本流动冲击，维护国际收支平衡。

【2002 年国际收支变化的积极因素】 经常项目呈现较大顺差，外汇储备较快增加，表明当前我国国际收支整体状况良好，抗风险能力进一步增强。经常项目和外汇储备状况是用于衡量一国国际收支风险状况的重要指标。经常项目赤字、外汇储备规模不足或下降，经常被视为国际收支状况恶化的表现。2002 年，我国经常项目实现较大顺差，年末外汇储备达到 2864 亿美元，相当于当年 10.5 个月的进口额，短期外债与外汇储备之比为 19%，远低于 100%的国际警戒线。良好的国际收支状况，有利于我国深化经济金融体制改革，从容调整产业结构，促进国民经济全面、健康发展。

外商投资企业出口增长强劲，集体及其他类型企业出口快速增长，说明出口增长仍具较大潜力。近几年，外商直接投资企业一直是出口增长的强劲推动力。随着累计外商直接投资规模不断扩大，以及我国加入世界贸易组织后跨国公司加快将生产基地向我国转移，2002 年外商投资企业出口继续强势增长。据海关统计，全年外商投资企业出口 1699 亿美元，比上年增长 28%，占出口总额的 52%。集体及其他类型的企业（尤其是后者）成为出口增长中的新亮点。2002 年，集体企业出口 189 亿美元，增长 33%；其他类型的企业（主要是民营企业）出口 139 亿美元，增长 155%，净增加 84 亿美元。其他类型企业能量的释放，是经济体制改革和企业进出口经营权放宽的结果。

外商直接投资保持较大规模，有利于出口持续增长和促进经济结构调整和产业升级。2002 年，外商直接投资合同金额 828 亿美元，一定程度上预示未来外商直接投资将继续保持较大规模。一方面，外商投资企业数量的增多和生产规模的扩大，必然推动出口的不断增加；另一方面，外商直接投资是国外经济结构调整和产业升级的结果，但相应地也将会带来先进技术和管理经验的转移，有利于促进出口导向型产品、高技术产品和适应消费结构升级的消费品生产的快速成长，推动我国经济结构调整和产业的优化升级。

【2003 年国际收支形势预测】 从国际经济方面看，据 2003 年 4 月份国际货币基金组织发表的预测，2003 年全球经济增长率约 3.2%，略高于去年。但国际货币基金组织也认为，由于美伊战争等因素的影响难以确定，预测世界经济形势较为困难。从国内经济方面看，我国经济继续保持较快增速，2003 年首季经济增速达到 9.9%，对外贸易出现小额逆差，外商直接投资仍保持良好的增长势头。但非典型肺炎对我国经济的影响目前尚难以判断。综合上述因素，初步预计，2003 年我国国际收支经常项目顺差将有所减少，资本和金融项目仍保持一定顺差，国家外汇储备继续稳定增长。

（一）经常项目顺差将有所减少。货物贸易顺差减少。2003 年，推动我国出口增长的各种因素仍将发挥作用，出口仍将保持增长。但受到国际经济整体发展速度和外部需求的约束，出口增长率预计将低于 2002 年。从进口看，随着我国进一步降低进口关税和逐步取消非关税限制，以及国内经济快速增长引致的内在需要，进口将会保持较快增长，进口增速将超过出口增速，导致货物贸易顺差有所减少。

服务和收益项目逆差扩大。在我国加入世界贸易组织后，相关服务行业已逐步开放，而我国国内服务业总体水平存在的差距，以及我国涉外经济发展对国外服务需求的快速增长，决定了我国服务贸易逆差将是一个长期的过程，并在未来一段时期内保持逆差上升势头。收益项下的逆差主要来自外商投资企业外方的利润支付。根据有关部门统计，截至 2002 年底，我国累计吸收的外国直接投资已接近 4500 亿美元。这一庞大规模的直接投资在我国宏观经济发展良好的背景下将不断产生新的利润。近年来外商来华直接投资高速增长，随着这些新的投资逐步产生收益，预计我国收益项下的逆差将有所扩大。

经常转移仍将维持较大规模。在人民币币值保持稳定和国内外对中国经济发展良好预期作用下，近年来侨汇收入呈现出快速增长趋势。预计 2003 年这一态势仍将保持。

（二）资本和金融项目将保持一定顺差。外商直接投资保持一定的流入规模。随着我国吸引外资环境的不断优化和开放领域的逐步放开，我国对国际上的资金、技术和人才的吸引力不断提高，外商直接投资呈较快增长势头。但由于非典型肺炎疫情产生的不利影响（尽管其影响的程度和范围尚难准确预料），2003 年外商直接投资的增速较以往可能会有所减缓。

证券投资继续呈现逆差。目前，我国正在逐步尝试开放国内证券市场，合格境外机构投资者制度的实施也将使资本流入有所增加，但短期内，境外资金进入我国资本市场的规模将受到严格控制。另一方面，随着我国涉外经济规模的不断扩大，金融机构的外汇资产规模将在大量外汇资金来源的推动下持续增长。从我国金融机构外汇资金的运用和当前国际金融市场情况看，购买境外有价证券仍是金融机构达到外汇资产保值、增值，参与国际资本市场的主要方法，因此，在今后一段时期，我国证券投资将继续呈现逆差。

其他投资存在较大的不确定性。由于影响其他投资的因素较为复杂，而 2003 年国际经济政治环境存在较大不确定因素，因此其他投资的情况难以估计。但从我国历史数据看，其变化不会对资本和金融项目整体顺差构成影响。

（国家外汇管理局）

附表：2002 年中国国际收支平衡表　　单位：千美元

项目	差额	贷方	借方
一.经常项目	35,421,968	387,534,971	352,113,002
A.货物和服务	37,382,671	365,395,328	328,012,657
a.货物	44,166,574	325,650,823	281,484,248
b.服务	−6,783,903	39,744,505	46,528,408
1.运输	−7,891,696	5,720,208	13,611,903
2.旅游	4,986,584	20,385,000	15,398,416
3.通讯服务	79,688	550,107	470,419
4.建筑服务	282,587	1,246,448	963,861
5.保险服务	−3,036,793	208,944	3,245,738
6.金融服务	−38,832	51,009	89,842
7.计算机和信息服务	−494,687	638,167	1,132,854
8.专有权利使用费和特许费	−2,981,182	132,822	3,114,004
9.咨询	−1,345,589	1,284,937	2,630,527
10.广告、宣传	−21,601	372,846	394,447
11.电影、音像	−66,350	29,674	96,024
12.其它商业服务	3,829,110	8,761,083	4,931,974
13.别处未提及的政府服务	−85,142	363,258	448,400
B.收益	−14,945,148	8,344,269	23,289,418
1.职工报酬	−276,575	673,752	950,327
2.投资收益	−14,668,573	7,670,517	22,339,091

C. 经常转移	12,984,445	13,795,373	810,928
1. 各级政府	—73,650	86,492	160,142
2. 其它部门	13,058,095	13,708,881	650,786
二. 资本和金融项目	32,290,837	128,321,306	96,030,469
A. 资本项目	—49,631	0	49,631
B. 金融项目	32,340,469	128,321,306	95,980,838
1. 直接投资	46,789,569	53,073,619	6,284,050
1.1 我国在外直接投资	—2,518,407	330,619	2,849,026
1.2 外国在华直接投资	49,307,977	52,743,000	3,435,023
2. 证券投资	—10,342,485	2,286,616	12,629,101
2.1 资产	—12,094,510	14,734	12,109,244
2.1.1 股本证券	0	0	0
2.1.2 债务证券	—12,094,510	14,734	12,109,244
2.1.2.1 (中)长期债券	—3,273,190	14,734	3,287,924
2.1.2.2 货币市场工具	—8,821,320	0	8,821,320
2.2 负债	1,752,025	2,271,882	519,857
2.2.1 股本证券	2,249,000	2,249,000	0
2.2.2 债务证券	—496,975	22,882	519,857
2.2.2.1 (中)长期债券	—505,077	480	505,557
2.2.2.2 货币市场工具	8,102	22,402	14,300
3. 其它投资	—4,106,616	72,961,072	77,067,687
3.1 资产	—3,076,740	3,773,383	16,850,123
3.1.1 贸易信贷	1,098,006	1,098,006	0
长期	0	0	0
短期	1,098,006	1,098,006	0
3.1.2 贷款	—5,391,120	346,619	5,737,739
长期	—29,000	0	29,000
短期	—5,362,120	346,619	5,708,739
3.1.3 货币和存款	—2,486,288	1,358,664	3,844,951
3.1.4 其它资产	3,702,661	10,970,094	7,267,432
长期	0	0	0
短期	3,702,661	10,970,094	7,267,432
3.2 负债	—1,029,876	59,187,689	60,217,564
3.2.1 贸易信贷	2,849,350	2,849,350	0
长期	0	0	0
短期	2,849,350	2,849,350	0
3.2.2 贷款	—4,139,624	52,077,237	56,216,860
长期	—4,531,037	18,369,855	22,900,893
短期	391,414	33,707,381	33,315,968
3.2.3 货币和存款	286,818	4,102,502	3,815,685
3.2.4 其它负债	—26,419	158,600	185,019
长期	7,149	76,656	69,507
短期	—33,568	81,944	115,512
三. 储备资产	—75,507,060	0	75,507,060
3.1 货币黄金	0	0	0
3.2 特别提款权	—143,170	0	143,170
3.3 在基金组织的储备头寸	—1,121,741	0	1,121,741
3.4 外汇	—74,242,150	0	74,242,150
3.5 其它债权	0	0	0
四. 净误差与遗漏	7,794,255	7,794,255	0

中国货币政策执行报告

【货币信贷概况】 2002年，国民经济总体发展形势良好。中国人民银行根据党中央、国务院总体部署，继续执行稳健的货币政策，积极支持和引导商业银行加强贷款营销，努力改进金融服务，加大对经济增长的支持力度，为经济持续、快速、健康发展创造了良好的金融环境。

货币供应量增速加快，货币流动性稳步提高　2002年末，广义货币M2余额18.5万亿元，同比增长16.8%，增幅比上年末高2.4个百分点；狭义货币M1余额7.1万亿元，同比增长16.8%，增幅比上年末高4.1个百分点。货币流动性比例(M1/M2)为0.38，比上年末高0.49个基准点，比3月末最低时高2.06个基准点。

2002年以来，广义货币M2和狭义货币M1增幅总体逐月走高，反映了经济景气回升对货币增长的内在需求和银行对经济增长的支持力度加大，银行货币信贷供应与经济增长的速度和趋势基本保持适应。2002年末，广义货币M2增幅比同期GDP增速和消费物价涨幅之和高9.6个百分点，比"八五"和"九五"时期平均差率高约3个百分点。

2002年末，流通中现金M0余额1.7万亿元，同比增长10.1%；全年现金净投放1589亿元，同比多投放553亿元。近两年，M0增幅均在10%以下(2000年为8.9%，2001年为7.1%)，大大低于广义货币和狭义货币增幅，表明随着市场经济的发展，信用卡、商业票据等各种替代现金支付的结算工具快速增长，现金作为货币政策中介目标的参考意义下降，现金管理的主要任务已转变为反洗钱和反偷税、漏税等。

金融机构贷款增加较多，新增贷款质量继续提高　2002年，金融机构人民币贷款增加18475亿元，同比多增6036亿元；外汇贷款增加91亿美元，同比多增150亿美元(去年同期为下降59亿美元)；年末金融机构本外币贷款余额合计14万亿元，增加19228亿元，同比多增7277亿元。2002年金融机构人民币贷款增加较多，主要是下半年以来贷款加速。下半年人民币贷款合计多增4796亿元，占全年多增贷款的79%。

从机构看，国有独资商业银行贷款增加较多。全年国有独资商业银行人民币贷款增加9398亿元，同比多增2985亿元；股份制商业银行贷款增加4586亿元，多增1551亿元；政策性银行贷款增加1374亿元，同比多增464亿元；农村信用社贷款增加1906亿元，同比多增511亿元。全年新增人民币贷款主要投向以下五个方面：一是短期工业贷款，增加2713亿元，同比多增1717亿元；二是票据贴现贷款，增加2232亿元，同比多增1279亿元；三是消费贷款，增加3694亿元，同比多增938亿元。其中，个人住房贷款增加2671亿元，同比多增389亿元；汽车贷款增加716亿元，同比多增468亿元；四是基建和技改贷款，增加3240亿元，同比多增783亿元；五是农业贷款，增加1177亿元，同比多增388亿元。以上五方面合计新增贷款13056亿元，同比多增5105亿元，分别占同期金融机构全部贷款增加额和同比多增额的71%和85%。贷款投向总体符合信贷政策导向。

贷款周转速度加快，质量明显提高。按累收累放计，2002年银行、信用社累计发放贷款12.1万亿元，增长25.4%，贷款周转次数为0.88次，比上年加快0.05次。按四级分类标准，金融机构不良贷款额比上年减少951亿元，不良贷款率下降4.5个百分点，2002年末为19.8%，其中四大国有商业银行不良贷款减少640亿，不良贷款率下降3.95个百分点，2002年末为21.4%。按五级分类标准，四大国有商业银行不良贷款减少782亿元，不良贷款率下降4.92个百分点，2002年末为26.1%。2002年末，境内金融机构人民币账面盈利达385亿元，比上年增加245亿元，金融机构经营效益显著提高。

2002年贷款增加较多，主要有三方面原因：一是国民经济总体形势趋好，内外需全面回升，企业经济效益逐步好转，扩大了贷款有效需求；二是商业银行加强贷款营销，完善内部激励约束机制，商业银行经营机制发生了较大变化；三是直接融资，特别是股市筹资额下降较多，企业对银行贷款的依赖程度增加。总体看，2002年贷款多增加，反映了实体经济增长的内在需求，新增贷款投向符合信贷政策导向，贷款质量不断提高，金融机构盈利能力继续改善，贷款多增与经济发展的内在需求是适应的。

企业存款快速增长，居民储蓄存款大量增加　2002年，金融机构人民币存款增加2.78万亿元，同比多增7631亿元；外币存款增加107亿美元，同比多增43亿美元。年末，本外币存款余额合计18.3万亿元，比上年末增加2.87万亿元，同比多增加7983亿元。

2002年末，金融机构人民币企业存款余额6万亿元，比上年末增加9535亿元，同比多增2295亿元，企业即期支付能力进一步增强；居民储蓄存款余额8.7万亿元，比上年末增加13233亿元，同比多增3775亿元。2002年储蓄存款强劲增长，一方面反映出城乡居民收入增长较快，同时也反映出居民投资理财渠道不宽，需要进一步采取有效措施，积极促使储蓄向投资转化。

基础货币适度增长，金融机构流动性总体正常　2002年末，人民银行基础货币余额为4.5万亿元，同比增长11.9%。全年基础货币增长呈现明显的阶段性：1月份增幅为9.9%，2—7月份月均增长18%，4月份最高时增幅达20.6%，从5月份开始增幅下降，8月份降到15%，11月末降到7.9%，年末稳定在11.9%，与2001年末持平。公开市场"对冲"操作使得基础货币平稳增长。

2002年末，金融机构超额备付率平均为6.47%，比上年末下降1.14个百分点。其中，国有独资商业银行平均为5.54%，比上年末下降0.71个百分点；股份制银行平均为10.57%，比上年末下降2.82个百分点；城市商业银行和农村信用社平均为5.92%和7.2%，分别比上年末下降1.16和0.75个百分点；城市信用社平均为9.83%，比上年末上升0.97个百分点。考虑到金融机构在银行间市场托管有2.68万亿元金融债券，可以随时用于回购交易，流动性管理十分方便，目前金融机构流动性总体正常。

国际收支状况良好，人民币汇率继续保持稳定　2002年，我国国际收支形势总体较好，由于外贸形势、利率、汇率等多种因素的影响，2002年结汇多，购汇少，顺收大于顺差较多。银行结售汇顺差扩大，主要原因：一是我国外贸顺差扩大，外商直接投资大量增加；二是目前国内一年期美元存款利率比同期限人民币存款利率低近1.17个百分点，居民和企业结汇意愿较强；三是美元和日元汇率波动较大，而人民币汇率保持稳定，居民和企业更愿意持有人民币。

2002年末，国家外汇储备余额2864亿美元，比上年末增加742.4亿美元。人民币汇率为一美元兑8.2773元人民币，比上年末上升7个基本点，继续保持稳定。1994年我国成功实现汇率并轨以来，国家外汇储备持续增加，人民币汇率基本稳定，极大地提高了人民币的国际地位和对外资的吸引力，增强了国内外对中国经济健康发展的信心，对于平衡国际收支，促进国内经济发展，保证国家经济金融安全发挥了积极作用。

【货币政策操作】加大公开市场操作力度，保证基础货币的稳定，增长和货币市场利率的平稳运行　2002年，在我国外贸出口和外商直接投资快速增长的情况下，我国银行间外汇市场明显供大于求，人民银行从银行间外汇市场大量购买外汇，外汇占款大幅增加，相应投放大量基础货币，对基础货币的适度增长造成冲击。为此，人民银行加强本外币政策协调，充分运用公开市场操作，适度收回商业银行流动性，保证基础货币的稳定增长。2002年4月9日，人民银行开始卖断现券，回笼基础货币。6月25日开始进行公开市场正回购操作，正回购的招标量根据外汇买入情况和基础货币情况确定，利率由所有40家公开市场业务一级交易商投标决定。2002年9月24日，人民银行将2002年以来(6月25日至9月24日)公开市场业务未到期的正回购转换为中央银行票据，实际是将商业银行持有的以央行持有债券为质押的正回购债权置换为信用的央行票据债权，转换票据总额1937.5亿元，为继续进行正回购操作提供了条件。

2002年6月25日至12月10日，人民银行正回购共操作24次，累计回笼基础货币2467.5亿元。人民银行通过公开市场操作保持了货币市场利率的平稳运行，为金融体系和货币政策操作提供稳定的市场环境。9月下旬，由于新股发行的因素，商业银行流动性减少，货币市场出现了临时性的资金紧缺，人民银行在公开市场操作中将正回购的招标方式由利率招标调整为固定利率数量招标的方式，稳定了货币市场利率。12月中旬，由于临近年底，商业银行资金开始紧张，加上12月17日新股发行将冻结资金，货币市场资金压力凸显，利率出现上升压力，人民银行于12月17日进行固定利率数量招标的逆回购操作，加上采用新的招标方式买入现券，增加了商业银行流动性，将货币市场代表性的7天回购利率稳定在2.35%以内的水平。在人民银行及时通过公开市场业务调控下，货币市场遭遇的临时性外部冲击没有造成持续的负面影响，保持了货币市场利率水平的平稳运行。

2002年春节前以及12月中旬到年末的时期，由于现金投放较多，商业银行出现季节性的资金紧缺，人民银行通过公开市场逆回购交易和现券买断交易主动向市场大量投放基础货币，保证了商业银行的支付能力，支持了金融体系的整体稳定。

灵活运用利率手段，稳步推进利率市场化改革　经国务院批准，2002年2月21日，人民银行再次降低了金融机构存贷款利率，其中，存款利率平均下调0.25个百分点，贷款利率平均下调0.5个百分点。1996年以来人民银行连续八次降息，金融机构存款平均利率累计下调5.98个百分点，贷款平均利率累计下调6.97个百分点。降息对降低国债和政策性金融债发行成本，减轻企业利息支出，刺激投资和消费，支持实施积极财政政策发挥了重要作用。

适应我国加入世界贸易组织后金融对外开放的实际需要，2002年3月将境内外资金融机构对中国居民的小额外币存款，纳入人民银行现行小额外币存款利率管理范围，对中外资金融机构在外币利率政策管理上实现公平待遇。同时，根据国际金融市场变化，2002年11月19日下调了境内小额外币存款利率，将美元一年期存款利率由1.25%下调至0.8125%，其它外币存款利率相应下调。

进一步推进利率市场化改革。在1998年和1999年两次扩大贷款利率浮动幅度的基础上，2002年初在全国八个县农村信用社进行利率市场化改革试点，贷款利率浮动幅度由50%扩大到100%，存款利率最高可上浮50%。2002年9月份，农村信用社利率浮动试点范围进一步扩大。

运用信贷政策，促进经济结构调整　(一)积极支持中小企业发展。加强信贷政策指导。2002年8月份发布《中国人民银行关于进一步加强对有市场、有效益、有信用中小企业信贷支持的指导意见》，提出了建立健全中小企业信贷服务组织体系、完善授信评级制度、努力开展信贷创新等10条指导意见，引导商业银行完善对中小企业的金融服务，鼓励商业银行提高金融服务水平，支持中小企业，特别是小企业发展。

实施利率调节，继续坚持扩大中小企业贷款的利率浮动幅度，使金融机构在利率管理上具有更多的自主权。同时，多次通过指导商业银行内部利率水平，调节商业银行内部资金调拨，防止商业银行过度集中资金，影响中小企业贷款。

增加再贷款、促进贴现业务发展，不断增强中小金融机构支持中小企业发展的资金实力。同时，完善中小企业信用担保体系。1998年以来，人民银行、财政部与经贸委联合对中小企业信用担保体系建设进行研究，制定制度办法，规范管理，通过第三方介入，补充信用，帮助中小企业获得贷款。到2001年底，全国共计组建各类担保机构300多家，筹集担保资金70多亿元，可担保贷款达400多亿元。

上述政策措施，对缓解中小企业贷款难有一定积极效果。初步统计，到2002年9月末，4家国有独资商业银行对中小企业的贷款余额达3.7万亿元，占各项贷款余额的53%。

(二)努力改进对农业的信贷支持。1997年—2002年12月末，人民银行共安排支农再贷款额度1236亿元。到2002年12月末，支农再贷款余额为842亿元，比上年末增加265亿元。支农再贷款主要投向农业大省、中西部地区和受灾地区，有效缓解了中西部地区和灾区农村资金短缺的矛盾。

支农再贷款对支持农村信用社发放农户小额信用贷款与农户联保贷款发挥了重要作用。2002年10月末，农户小额信用贷款比上年末增加451亿元，占农业贷款增加额的33%，增幅达138%；农户联保贷款比上年末增加173亿元，占农业贷款增加额的13%，增幅达145%。几年来，全国共有3.1万家农村信用社开办了农户小额信用贷款，占农村信用社总数的89%，1.7万家农村信用社开办了联保贷款，占农村信用社总数的49%。约有4657万户农户获得了小额信用贷款，有1027万户农户获得联保贷款，两项合计，受益农户总数达5684万户，占贷款需求农户数的49%，占全部农户数的25%。

(三)发展消费信贷，支持扩大内需。完善《个人住房贷款管理办法》，研究个人住房抵押贷款证券化，大力发展个人住房贷款。同时，督促商业银行加强信贷管理，防止一些地区出现房地产泡沫。引导汽车消费信贷健康发展。个人汽车贷款的迅速增长，有力地促进了汽车销售，支持了汽车产业的健康发展。发放助学贷款，资助困难学生完成学业。2002年，会同财政部、教育部联合下发《关于进一步推进国家助学贷款业务发展的通知》，引导商业银行继续做好助学贷款工作。自1999年至2002年9月末，金融机构累计发放助学贷款66亿元，帮助了112万名困难学生就学；其中发放国家助学贷款23亿元，帮助了41万名困难学生就学。

积极推进货币市场制度建设　2002年4月，中国人民银行颁布实施《商业银行柜台记账式国债交易管理办法》(中国人民银行令(2002)2号)。同年6月和12月，与财政部联合推出2002年第六期和第十五期记账式国债，分别在工、农、中、建四家试点银行柜台顺利发行并上市交易。商业银行柜台记账式国债交易系统的顺利开通，为投资人开通了新的购债渠道，扩大了记账式国债的投资群体，较大程度上满足了广大投资人的国债投资需求，也有利于降低国债的筹资成本，沟通了银行间债券市场与商业银行柜台债券市场。

2002年4月，中国人民银行发布2002年第5号公告，对金融机构进入全国银行间债券市场由审批制改为准入备案制。该政策措施简化了行政审批程序，提高了行政透明度，是中国人民银行多年来在健全法规、加强风险控制的基础上推动货币市场发展的一项重要措施。

2002年10月，中国人民银行颁发了《中国人民银行关于中国工商银行等39家商业银行开办债券结算代理业务有关问题的通知》(银发(2002)329号)，将债券结算代理业务的服务对象扩展到非金融机构。该项政策措施的出台和顺利实施，丰富了银行间市场的投资主体，为投资者开辟了新的债券投资和资金融通渠道，有利于国债和政策性金融债的顺利发行，有利于扩大货币政策的传导。

发挥货币政策促进改革、维护金融和社会稳定的作用　第一，积极支持国有企业改革。1997年—2002年8月末，核销银行呆坏账准备金和金融资产管理公司债权2664亿元，共支持兼并破产项目5864户，支持破产企业安排下岗分流人员约430万人，对维护社会稳定和职工再就业起到了积极作用。第二，配合积极财政政策，支持国债项目建设。1998年——2002年，国家增发国债6600亿元，商业银行累计发放配套贷款1.2万亿元。第三，以小额贷款形式，支持城镇下岗职工再就业。人民银行会同有关部委共同制定了《关于下岗失业人员小额担保贷款的管理办法》，大力推广小额贷款，支持再就业工作。第四，发放扶贫贷款，扶持贫困地区和贫困农户。2002年新增扶贫贴息贷款185亿元。到2002年10月末，农业银行扶贫贷款余额达854亿元，其中扶贫贴息贷款余额达439亿元。

提高货币政策实施的透明度，引导社会的合理预期　一是加强货币政策信息披露制度建设，按季发表《中国货币政策执行报告》，对社会各方面了解货币信贷的运行情况、面临的主要问题、近期的货币信贷政策趋势，以及引导市场预期发挥了良好作用。二是召开货币政策委员会季度例会和货币政策专家咨询会，发挥咨询议事功能，为货币政策决策提供参考。同时货币政策委员会季度例会后及时向社会发布新闻稿，公布相关信息。三是按月召开经济金融形势分析会，与国家综合经济管理部门、各政策性银行、商业银行及时交流、沟通信息，以适时把握经济金融运行中的新变化，使商业银行全面了解货币信贷政策措施和意图，并及时获得有关方面对货币政策的意见和建议。同时对商业银行加强指导，促进稳健货币政策的贯彻和有效实施。四是从2002年开始，就新拟订的货币信贷政策，在正式出台前公开向社会征求意见，以使有关政策规定更切合实际。

【金融市场运行分析】　*银行间市场人民币交易活跃*　2002年，银行间市场共运行249个交易日，人民币同业拆借和债券交易累计成交118404亿元，同比增加69349亿元，增长1.4倍。其中，同业拆借成交12107亿元，同比增加4025亿元，增长49.8%；债券现券成交4412亿元，同比增加3572亿元，增长4.3倍；债券回购成交101885亿元，同比增加61752亿元，增长1.5倍。

从资金融出(拆出资金＋买入债券现券＋债券逆回购)、融入(拆入资金＋卖出债券现券＋债券回购)情况看，国有商业银行为唯一的资金净融出部门，资金最大需求方为其他商业性银行(包括股份制商业银行及城市商业银行)和其他金融机构(包括农村信用社联社、政策性银行、财务公司、信托投资公司，不含证券公司、基金公司)。2002年，国有商业银行净融出资金49077亿元，同比多融出34998亿元，增长2.5倍。其他金融机构净融入资金19654亿元，同比多融入17602亿元，增长8.6倍，占净融入资金的40%；其他商业性银行净融入资金18496亿元，同比多融入13150亿元，增长2.5倍，占净融入资金的37.7%，其他商业性银行净融入资金量较大，主要原因是存款等资金来源有限，而贷款扩张较快造成头寸偏紧；证券及基金公司净融入资金6692亿元，同比多融入1260亿元，增长23.2%，占净融入资金的13.6%。银行间市场充分发挥了金融机构短期投、融资主渠道的作用。

2002年，银行间市场人民币同业拆借和债券回购交易的月加权平均利率分别由1月份的2.37%和2.14%，持续下跌至7月份的2.02%和1.95%。8月份开始，市场利率逐步回升。12月份，同业拆借和债券回购月加权平均利率分别回升至2.23%和2.31%，比低谷时期的7月份上升0.21和0.36

个百分点。全年银行间市场人民币同业拆借和债券回购交易的月加权平均利率为2.15%和2.07%,分别比上年下降0.33和0.24个百分点。

国债和政策金融债发行状况良好　2002年中国继续实施积极的财政政策,全年国债和政策金融债继续增加发行。全年累计发行国债5934亿元,同比增加1050亿元,增长21.5%,增幅比上年高16.6个百分点。其中,发行凭证式国债1473亿元,同比减少18.2%;发行记账式国债4461亿元,同比增长44.5%。2002年12月末,国债余额约为1.93万亿元,比上年末增长23.7%,约占当年国内生产总值GDP的19%,比上年末提高2.7个百分点。

2002年,累计发行政策金融债3075亿元,同比增加485亿元,增长18.7%。12月末,政策银行金融债余额为10054亿元,比上年末增长17.8%,占2002年国内生产总值GDP的9.9%,比上年末提高1个百分点。

从2002年国债和政策金融债发行利率看,总体态势为:上半年持续下降,下半年稳中略有上升。

2002年发行的五年期记账式二期国债的发行利率为2.22%,比银行五年期名义存款利率2.79%低0.57个百分点,比扣除20%利息所得税后同期存款利率仍低0.01个百分点。6月份发行的三年期记账式七期国债的利率由年初的2.42%(凭证式一期国债)下降为1.9%,下降了0.52个百分点,比扣除20%利息所得税后的银行三年期存款利率低0.12个百分点。下半年,受一系列因素的影响,尤其是货币市场利率小幅回升的影响,市场参与者对国债的长期投资风险的预期上升,导致国债发行市场一度清淡。12月份起,国债发行利率回升明显,当月发行的七年期记账式十五期国债利率为2.93%,比2002年七年期国债最低时的利率上升了0.93个百分点;二年期的记账式十六期国债利率为2.3%,比2002年二年期国债最低时的利率上升了0.4个百分点。

政策金融债的发行利率走势同国债一样,上半年持续走低,下半年回升明显。以10年期政策金融债为例,上半年,由4月份的2.85%下跌为6月份的2.15%,下跌0.7个百分点。此后开始稳步回升,8月份上升为2.63%,比6月份低谷时期的2.15%回升0.48个百分点,12月份继续上升为3.3%,比6月份低谷时期上升1.15个百分点。

股票市场回顾　2002年沪、深股市累计成交27990亿元,同比减少10315亿元;日均成交118.1亿元,同比减少41.4亿元,下降26%。其中A股累计成交27142亿元,同比减少6100亿元;日均成交114.5亿元,同比减少23.9亿元,下降17.3%。

受2002年2月21日人民银行降息和6月23日停止国有股减持决定及其他利好政策影响,2002年上半年,沪、深股指在波动中上扬。6月末上证综合指数以1733点报收,比上年末上涨87点,上涨5.3%,深证综指以507点报收,比上年末上涨31点,上涨6.5%。7月份起股指开始下行,12月末,上证综合指数以1358点报收,比上年末下跌288点,下降17.5%,深证综指以389点报收,比上年末跌87点,下降18.3%。

2002年,企业在股票市场上累计筹资962亿元,比上年同期减少290亿元,下降23.2%。其中,包括发行、增发和配股的A股筹资738亿元,比上年同期减少444亿元,下降37.6%;H股发行筹资22亿美元,比上年同期增加13.5亿美元,增长1.6倍。

目前,我国金融市场上非金融企业部门(包括住户、企业和政府部门)可统计的融资方式主要有贷款(本外币并账)、股票(仅包括可流通上市股票的筹资部分)、国债和企业债四种。2002年非金融企业部门以这四种方式融入的资金总计为24233亿元(本外币合计),同比多融7678亿元,增长46.4%,其中以贷款方式融资19228亿元,同比增长53.1%;以国债方式净融资3718亿元,同比增长43.1%;以企业债方式净融资325亿元,同比增长121.1%;以股票方式融资962亿元,同比下降23.2%。2002年国内非金融企业部门贷款、国债、企业债和股票融资的比重为79.4:15.3:1.3:4,与2001年同期相比,贷款和企业债融资比重分别上升了3.5个和0.4个百分点,国债和股票融资分别下降0.4和3.5个百分点。

外汇市场交易量显著增加　2002年银行间外汇市场交易量明显增加,这种状况是2001年趋势的继续。2001年银行间外汇市场比2000年多成交328.6亿美元,同比增长77.9%。2002年,银行间外汇市场累计成交各币种折合美元972亿美元,比2001年同期多成交222亿美元,日均成交3.9亿美元,日均成交比2001年同期增长31.3%,比2000年同期增长132.1%,交易量明显增加。其中,美元品种成交951亿美元,日均成交3.82亿美元,日均成交比2001年同期增长30.4%,比2000年同期增长132.9%。

(中国人民银行货币政策分析小组)

全球货币市场

2002年,世界经济步入温和的恢复之路,但没能完全摆脱2001年严重的不景气。这在很大程度上决定了全球货币态势的变化特点。

2002年年初,市场普遍认为,2001年全球货币政策松弛周期已于年末基本结束。市场关注的焦点很快转移至全球货币紧缩周期何时开始这一问题上。3月19日,随着通货膨胀压力增大,瑞典中央银行在所有工业国家中央银行中打响了升息的第一枪,将回购利率调高了0.25个百分点。3月20日,新西兰储备银行随之将其官方现金利率调高了0.25个百分点。4月至7月间,除瑞典和新西兰中央银行继续收紧银根外,加拿大、澳大利亚、挪威和韩国等国中央银行也纷纷调高各自的操作目标利率水平。这些国家抢在美联储之前接二连三地升息,颇有引导全球货币态势迅速进入紧缩周期之势。年初,美国经济的强劲恢复曾使市场普遍预测,5—6月间,美联储将结束"中性"货币政策态势,上调联邦基金目标利率0.25个百分点,欧洲央行和英格兰银行随后也要升息。第二季度美国经济恢复明显放缓,市场不得不将"美联储还会升息"的预期推迟至第四季度。不管市场对美联储调息的猜测如何变化,上半年,2001年全球货币态势普遍极度松弛的局面被打破了,取而代之的是一种全球货币态势局部紧与松并存的局面,而且货币紧缩态势明显占了上风。

与上述国家央行紧缩银根相反的是,5月至7月,瑞士国民银行曾两次调低其基准利率目标区间,共1个百分点。丹麦央行也几次轻度地下调其贷款和存款单利率。8月初,在市场继续看好美联储年末仍会升息的期待中,市场出现了"美联储年末要降息"的反调,虽然唱反调的人毕竟是少数。进入第四季度,随着美国经济恢复不稳定和不确定性增强,市场的主流预期已经逆转,认为美联储还要升息的观点已完全失势,认为美联储年末要降息的观点反成了主流观点。不过,市场大多认为美联储至多降息0.25个百分点。出乎市场意料的是,11月6日,美联储在坚持近乎11个月之久的"中性"货币政策态势后将联邦基金目标利率和贴现率分别下调了0.5个百分点至1.25%和0.75%,这是这两种利率自1961年7月和1942年以来的最低水平。12月5日,迫于欧元区经济进一步衰弱、来自成员国尤其是德国要求降息的压力增大以及美联储降息的影响,欧央行在坚守了13个月的"中性"货币政策态势后,不得不将其主导利率下调了0.5个百分点至2.75%。在美联储降息前的10月31日,日本银行在4月11日进一步放松银根后,为支持小泉政府即将出台的反通货紧缩综合计划,进一步采取措施放松银根。连瑞典央行也因经济增长明显放缓,11月和12月两次下调其回购利率,共0.5个百分点,再次扭转了货币紧缩态势。12月6日,丹麦央行也将其贴现率首次下调了0.5个百分点。惟有英格兰银行自11月8日调低其回购利率后,因经济恢复势头较稳以及房地产泡沫严重,抵制了国内外的压力,成功地维持了"中性"货币政策态势。

第四季度,全球三大经济体的中央银行先后再次放松银根,使上半年全球货币态势局部紧与松并存、以紧缩态势略占上风的局面完全被扭转过来。这表明,2002年,全球货币态势在延续2001年态势的基础上,仍然以极度松弛为主要特征。根本原因是全球经济尤其是美国经济的恢复进程比预期的要慢和乏力以及全球通货紧缩压力明显上升。在美联储和欧央行较长时间地维持"中性"货币态势以及年末再度放松银根的影响下,大多数新兴市场经济体亦继续放松银根,因此可以说,尽管上半年出现了一些局部货币紧缩势头,但2002年全球货币态势不仅"松势未尽",而且"松势"仍占上风。

2002年全球货币态势仍然松弛的主要表现之一是主要工业国家短期利率水平仍然呈不同程度的下降趋势,只不过下降幅度已有所放缓。11月末,美国三个月期国库券利率为1.25%,同比下降了0.62个百分点。日本政府基准债券利率和德国3月期银行同业拆借利率也分别从2001年同期的1.34%和3.36%分别下降至0.96%和3.05%。12月11日,欧元区3个月期货币市场证券收益率为2.92%,同比下降了0.43个百分点。维持宽松货币政策的新兴市场经济体如新加坡、印度尼西亚、马来西亚、泰国、菲律宾以及我国的香港和台湾地区的短期利率也有不同程度的下降。例外的是,凡上半年收紧银根的国家如加拿大、新西兰和韩国等国的短期利率却呈上升趋势,如11月末,加拿大3个月期票据利率、新西兰3个月期同业拆借利率以及韩国3个月期存款单利率分别从2001年同期的2.16%、4.85%和4.76%上升至2.88%、5.94%和4.90%。

2002年全球长期利率走势先升后降,下降的幅度略大于短期利率。上半年,大多数主要工业国家的长期利率均呈上升趋势。5月初,当主要工业国家尤其是美国经济恢复显著放缓后,市场的预期发生了明显的变化,尤其是对美联储升息的积极预期开始减弱。受此影响,下半年,主要工业国家的长期利率出现下降趋势。12月18日,美国、日本和欧元区的10年期长期国债收益率均低于年初水平,并分别从1年前的5.12%、1.32%和4.76%下降至4.05%、0.94%和4.23%。加拿大、澳大利亚和新西兰的长期利率基本上也是先升后降。工业国家长期利率持续下降主要是市场对这些经济以及世界经济增长前景不乐观以及全球货币态势"松势"增强所致。

另一个值得关注的表现,是主要工业国家广义货币增长抑或呈现不同程度的放缓,抑或趋于稳定,而狭义货币增长形势虽差异较大,如美国的狭义货币增长明显放缓,欧元区的狭义货币增长较快,日本的狭义货币增长最快,居全球首位,但大多数工业国家狭义货币增长普遍呈上升趋势。11月末,美国的广义和狭义货币分别比2001年同期增长了6.6%和3.2%,这不仅低于1月份11.5%和7.8%的水平,也低于2001年11月的同期增长率14%和6.5%。前三季度欧元区的广义货币M3分别增长了7.6%、7.4%和7.1%,10月增长了7%,呈温和的放缓趋势,而狭义货币M1分别增长了6.2%、6.6%和7.6%,10月增长了8.2%,呈明显上升趋势。11月末,日本的广义货币和狭义货币分别增长了3.2%和28.6%,广义货币增长与2001年同期增长持平,而狭义货币增长却明显快于2001年同期增长12.9%的水平。此外,广义货币增长呈现放缓趋势的国家还包括澳大利亚、英国、丹麦和瑞典等国。上半年紧缩银根国家的狭义货币增长普遍放缓,与实行宽松货币政策国家的狭义货币增长加快形成鲜明对照。

工业国家广义货币增长放缓,除各自经济金融运行的特殊原因外,经济恢复乏力、收入增长停滞、投资萎缩和对信贷需求增长缓慢是较普遍的原因。狭义货币增长形势出现两极现象,主要与工业国家货币政策松紧和金融市场动荡程度有关。一般地,货币态势越松,短期利率越低,持有货币的机会成本越低,以及金融市场越动荡,对流动性金融资产的需求越高,狭义货币增长就越快,近两年日本狭义货币增长加快就是最好的例子。实行紧缩银根政策国家的狭义货币增长恰好相反。1月末,澳大利亚和加拿大的狭义货币分别增长了21.6%和17.7%。10月末,澳大利亚的狭义货币下降了6.7%,而加拿大的狭义货币只11.1%。

美国狭义货币增长形势与欧元区和日本的情形相反,从总体上说,美国狭义货币增长放缓主要是市场对货币需求增长明显放缓所致,而市场对货币需求增长放缓主要是由经济恢复乏力导致个人消费支出尤其是非耐用消费品增长放缓造成的。2002年,美国广义和狭义货币均呈现放缓趋势在很大程度上是2001年美国经济衰退的"后遗症",尽管2002年前10个月美联储一直维持"中性"货币政策。美国1990－1991年那次经济衰退也出现过类似的现象。

2001－2002年全球货币松弛态势并没有导致全球通货膨胀压力的增大。相反,2002年,大多数国家和地区的通货膨胀率均显著地分别低于20世纪80年代和90年代的平均水平。这表明,这些国家尤其是工业国家已进入了低通胀时代。2002年,估计美国和欧盟通货膨胀率分别为1.5%和2.1%,均低于2001年2.8%和2.6%的水平。日本和亚洲一些新兴市场经济体仍被通货紧缩所困,估计日本的通货紧缩率约为1%,比2001年高0.3个百分点。工业国家作为整体的通货膨胀率仅为1.4%,比去年低0.8个百分点。在发展中国家中,除拉美主要国家通货膨胀明显上升外,其他发展中国家和地区的通货膨胀均有不同程度的放缓。全球通货紧缩压力和风险的增大对世界经济的恢复构成了严重威胁。

近年全球性生产能力严重过剩是全球通货紧缩压力上升的最主要原因,2001年世界经济不景气和2002年世界经济恢复缓慢加剧了全球市场供需间的矛盾,使通货紧缩压力弥漫全球;第三次技术革命,尤其是信息技术革命,明显地提高了生产过程中资本与劳动力相结合的效率和劳动生产率,降低了生产成本,从而对产品价格产生向下压力;在经济全球化深化的时代,跨国公司努力从全球范围内寻找生产成本最低的制造地和供应商,他们全球性的投资、生产、营销和竞争战略均有助于提高效率和降低成本,并对跨国公司所在国和国际市场产品价格产生向下压力;近10年来,全球经济与产业结构调整和升级加快亦有利于降低全球制造业的生产成本。

值得注意的是,近年随着全球通货紧缩压力的增大,国际上一些别有用心或不明真相的人将矛头指向中国，以中国制造业成本低、出口商品价格便宜、人民币与美元挂钩以及国内通货紧缩等因素为由指责中国在输出通货紧缩。还有些人害怕，中国经济的快速发展会引发全球通货紧缩。上述指责纯属无稽之谈。国际上有越来越多的有识人士也意识到，这种指责是站不住脚的。上述担心也是毫无根据的。事实证明，中国经济的快速发展不仅不会引发全球通货紧缩，反而有益于世界经济的持续均衡发展。中国目前劳动力成本相对较低，是中国经济发展过程中的一种比较优势。近年中国出口贸易发展势头良好是中国综合国力和竞争力提高的反映。中国坚定地维持人民币汇率稳定，即使在亚洲金融危机期间也是如此，中国政府这种顾全大局和负责任的态度和政策已被国际公认有助于受金融危机冲击的亚洲国家和地区摆脱危机影响，并且为危机后世界经济的恢复和稳定增长做出了重要贡献。虽然中国目前也受轻度通货紧缩所困，这是中国经济发展过程中出现的问题，中国在较短的时间内从短缺型经济转为供给相对过剩的经济，以及存在的某些结构性问题是当前中国经济出现轻度通货紧缩的主要根源。近年来中国一直坚持实施稳健的货币政策，货币供应量的增长是适度的，并不存在货币供应量不足的问题。只要中国继续实行这样政策，并积极扩大内需，大力推进改革开放，中国经济是可以维持较长时期的快速稳定增长的，中国目前轻度的通货紧缩是完全可以克服的。

从总体上说，2003 年世界经济增长温和恢复的态势不会有太大的改变，但恢复的稳定性将有所改善，增长前景会略好于 2002 年，估计全年增长率约为 3%。

2002 年威胁世界经济稳定恢复的几大因素仍然是 2003 年世界经济增长前景不确定的主要来源：首先是全球地缘政治局势动荡，美伊战争一触即发。美伊战争爆发将对国际油价、全球股市、美元汇率和资本流动都产生严重冲击；其次是恐怖主义继续破坏世界经济恢复的环境；第三是全球通货紧缩风险依然存在。另外美国经济恢复之路仍然曲折，高速增长的可能性不大。这些表明，2003 年全球货币态势还不大可能很快就进入全面性紧缩阶段，关键还是要看主要工业国家尤其美国经济能否较稳定和顺利地恢复。

笔者认为，2003 年全球货币态势将在稳态中略趋紧。从全年看，全球货币态势将形成“稍紧”与“中性”并存的局面，长期利率很可能稳步回升。上半年，全球货币态势将从 2002 年年末宽松态势进入“中性”阶段，但不排除个别工业国家和新兴市场体如澳大利亚和韩国因经济增长过热而升息。下半年，一些主要工业国家的货币政策态势很可能从“中性”转向收紧。美国、加拿大、英国等国央行有可能于第三和第四季度升息，而欧央行和新西兰储备银行仍有可能继续维持“中性”货币政策。全球通货膨胀水平仍然维持在较低水平，通货紧缩压力虽局部有所缓解，但总体形势还难有较大的起色。主要工业国家广义货币增长将略有回升，大多数国家的狭义货币增长仍然较快，上半年收紧银根的国家的狭义货币增长会有所放缓，但估计各国的差异仍然存在。

美国：上半年美联储将维持“中性”货币政策态势；下半年，美联储升息的可能性较大；年末，联邦基金利率很可能收于 1.75%或 2.00%。2002 年年末联邦基金实际目标利率已处于负水平，这表明美联储继续降息的空间已经耗尽。2003 年，除非美国经济出现意想不到的严重冲击，否则美联储是不会再在 1.25%的名义联邦基金利率上打主意。若需要，美联储有可能运用其他政策工具，如从市场购入政府债券等方式满足市场对流动性的需求，以避免在极低的利率水平上进一步降息使美国经济陷入"流动性与通货紧缩陷阱"。从全年看，影响美联储货币政策走势的关键因素是经济的恢复形势，其中最重要的是失业率、企业固定资产投资以及股市形势的变化。美联储的策略是尽可能长地维持“中性”货币政策态势，以便给经济更多的时间在较低的利率水平上进行调整和恢复。若下半年随着经济的稳定恢复、美国的失业率略有下降，加之股市不再出现 2002 年那样的“熊态”，美联储在第三和第四季度例会上升息的可能性还是很大的。笔者最大的疑虑是 2003 年美国企业的投资能否出现转机。也就是说，美联储即便有可能升息，幅度亦不会太大，估计约为 0.5 或 0.75 个百分点。此外，2003 年，估计美国经济还不大可能出现通货紧缩，通货膨胀压力的有限变化仍不会影响美联储货币政策的总体走势。广义和狭义货币增长很有可能出现一定程度的反弹。值得提及的是，随着格林斯潘任期到 2004 年届满，关于新主席人选幕前幕后的活动，以及后格林斯潘时代美联储货币政策框架选择的争论已经展开，这有可能在一定程度上影响美联储货币政策决策的质量。

欧央行：很可能坚守“中性”货币政策态势。2002 年年末欧央行再次降息，在一定程度上缓解了短期内再次降息的压力。虽然欧央行进一步降息的空间仍然不小，但据以往的经验，若欧元区经济与通货膨胀态势不出现逆转性变化，欧央行不会轻易再降息，而很可能会“死守”3.25%的主导利率。但若以下情形或冲击出现，欧央行很可能还需调整主导利率：若上半年国际油价急剧上升导致区内通货膨胀压力增大，欧央行有可能需适度升息；若欧元区经济进一步衰弱，欧央行有可能需再次降息，但条件是区内通货膨胀压力明显减弱。美联储调息对欧央行的利率调整也会产生重要的影响。但若美联储升息幅度不大，欧央行不一定对美联储升息行动“亦步亦趋”。自欧央行成立以来，欧元区内外对欧央行货币政策框架以及决策体制运作的不满情绪与日俱增，欧央行面临的改革压力也越来越大。2003 年，随着现任行长杜伊森伯格即将卸任，这有可能为欧央行的改革提供一个契机。改革的重点在三大方面：货币政策框架与策略，这包括对货币政策最终目标以及现行框架中“双支柱框架”(指欧央行现行货币政策框架中，以广义货币供应量 M3 以及各种价格和若干宏观经济指标的走势，决定货币政策操作的框架)的重新评审；货币政策决策程序、制度与权力分配机制，欧盟以及欧央行将来的扩大增加了这方面改革的迫切性；欧央行货币政策透明度问题。虽然这些方面改革的难度较大，但若 2003 年欧央行能在这些方面做出积极的努力，欧央行货币政策框架还是可望得以改善的。

日本：2003 年银行货币政策仍以维持极度宽松的货币市场流动性和减缓通货紧缩压力为主要目标。由于 2002 年 10 月末，日本银行已较大幅度地提高了操作目标和购买政府长期国债规模，估计短期内日本银行不会再有任何政策举措。2003 年 3 月底财政年度结束时是一个“门槛”。若 3 月末日本银行不采取进一步放松银根措施，上半年采取措施的可能性就较小。不排除下半年日本银行会根据经济恢复态势、通货紧缩的态势、金融市场的稳定状态以及流动性需求的变化进一步放松银根的可能。近两年来，日本银行一直在努力缓解与政府在通货紧缩成因问题上的争论，并努力支持政府实施反通货紧缩的综合计划。从结果看，日本银行的宽松货币政策对刺激经济的作用不大，主要原因是宽松货币政策并不能刺激日本的银行业增加信贷供给，甚至连维持金融市场稳定的目标也没能完全实现。日本国内对日本银行现行货币政策框架的批评也越来越多，政府和学术界不少人大力主张日本银行需实行通货膨胀目标制来治理通货紧缩。在这种压力下，2003年，日本银行有可能在探讨新的货币政策框架上做新的尝试。与前几年相比，2002年年末，日本银行虽已在实行通货膨胀目标制问题上有所松口，但现任行长速水优仍认为在目前条件下实行通货膨胀目标制的风险较大。不过，2003年3月，速水优任期即满，小泉内阁正在物色坚定地反通货紧缩的日本银行新行长，估计支持实施通货膨胀目标制是日本银行新任行长必备的条件之一。因此，2003年，不仅日本银行领导层，而且日本银行现行货币政策框架均很有可能会发生重大变化。但即便日本银行会采取通货膨胀目标制来治理通货紧缩，以什么样的操作方式实现温和通货膨胀和价格稳定的目标仍然是日本银行面临的重大挑战。估计2003年，日本银行在这方面的理论研究和寻求较统一的意见方面有可能会有意想不到的进展。

2003年上半年，英格兰银行将维持"中性"货币政策态势，下半年则有可能升息。随着经济恢复加快，英国的通货膨胀水平会高于2002年，估计会超过2.5%的警戒线，尤其是房地产泡沫仍会膨胀，如此，下半年，英格兰银行升息的压力就会增大。下半年美联储升息对英格兰银行也将是一次考验。因此笔者估计，下半年英格兰银行至少会升息0.25至0.5个百分点。若国际油价上升太快导致英国通货膨胀水平异常变化，英格兰银行升息0.5至0.75个百分点的可能性亦不能排除。

（陈敏强）

中国各省市金融保险业概况

【北京市】 金融保险业稳健发展。全年金融保险业增加值484.9亿元，比上年增长10.6%。金融业务进一步扩大。年末，北京市金融机构各项人民币存款余额15392.7亿元，比年初增加3161.3亿元，增量比上年增长27.7%。其中企业存款余额8562.8亿元，比年初增加1857.9亿元，增量比上年增长45.3%；居民储蓄余额4389.7亿元，比年初增加853.4亿元，增量比上年增长39.2%。金融贷款余额9230.8亿元，比年初增加1724.4亿元，增量比上年增长44.4 %。其中企业贷款余额8086.5亿元，比年初增加1293.4亿元，增量比上年增长52.6%；消费贷款余额1162.3亿元，比年初增加431.0亿元，增量比上年增长24.2%。全年金融机构现金收入12193.9亿元，现金支出12111.7亿元，收支相抵回笼现金82.2亿元。

保险市场快速发展。保费收入226.8亿元，比上年增长60.9 %。其中，财产险保费收入44.2亿元，增长15.6 %；人身险保费收入182.6亿元，增长77.8 %。

证券市场稳步发展。全年证券市场各类证券成交额13331.2亿元，比上年增长5.8 %；其中股票成交额4553.5亿元，比上年减少14.7%。全市发行A股上市企业68家，当年上市企业6家；通过证券市场融资152.17亿元。

【天津市】 金融保险服务功能进一步增强，对经济发展的支持力度加大。全市金融保险业增加值为70.59亿元，比上年增长12.0%。年末全市各类金融机构达2851家，银行类机构1654家，其中，中资银行14家，外资银行14家，非银行类机构1197家，金融机构从业人员达4.5万人。我国加入世贸组织第一年，我市有4家外资银行获准经营人民币业务。

金融运行平稳，金融业务扩大。年末全市金融机构存款余额3018.26亿元，比年初增加455.7亿元。年末城乡居民储蓄存款余额1486.38亿元，比年初增加201.39亿元，其中城镇居民储蓄存款余额1308.25亿元，比年初增加190.88亿元；农村居民储蓄存款余额178.13亿元，比年初增加10.52亿元。企业存款继续增加，年末存款余额1115.35亿元，比年初增加176.04亿元。金融部门贷款规模扩大，年末贷款余额2519.04亿元，比年初增加337.71亿元，其中短期贷款和中长期贷款分别比年初增加128.45亿元和154.7亿元，个人消费贷款余额201.32亿元，比年初增加54.38亿元。年末存款余额大于贷款余额499.22亿元。全年金融机构现金收入5081.47亿元，现金支出5126.79亿元，收支相抵，货币净投放45.32亿元。金融电子化进程有所加快。证券市场平稳。截止2002年底，全市共有上市股票26只，其中当年上市2只。各类证券成交额1179亿元，其中股票交易额1032亿元。全年调剂外汇总额9.16亿美元。

保险收入增长迅速。全市有11家保险公司。全年保费收入64.97亿元，比上年增长59.6%，其中财产险保费收入14.37亿元，寿险收入46.71亿元，健康险和意外伤害险收入3.89亿元。各类赔款和给付11.48亿元，其中支付财产险和短期人身险8.23亿元，寿险给付3.25亿元。

【河北省】 金融存贷款继续增长。年末金融机构各项存款余额6855.2亿元，比年初增加750.6亿元。其中企业存款1475.0亿元，比年初增加147.6亿元；城乡居民储蓄存款余额为4811.3亿元，比年初增加472.0亿元。金融机构各项贷款余额为5038.2亿元，比年初增加558.0亿元，其中短期贷款余额3120.4亿元，中长期贷款余额1297.9亿元，分别比年初增加260.4亿元和197.4亿元。现金收支相抵净投放货币143.3亿元。

保险事业较快发展。保险机构保费收入111.3亿元，比上年增长42.3%。其中，财产险保费收入28.1亿元，增长6.5%；寿险保费收入78.5亿元，增长62.9%；健康险和意外伤害险收入4.7亿元，增长28.6%。赔付金额26.8亿元，增长10.8%。其中，财产险赔款金额14.9亿元，增长14.7%；寿险赔付金额9.4亿元，增长2.4%；健康险和意外伤害险赔付2.4亿元，增长24.7%。

【山西省】 金融机构存款稳步增加，贷款支持经济建设的力度加大。年末全省金融机构各项存款余额达到3708.72亿元，比年初增加630.79亿元，增长20.5%。其中企业存款960.28亿元，增长18%；财政存款71亿元，增长55.3%；农业存款64.86亿元，增长40.5%；城乡居民储蓄存款余额2307.32亿元，增长16.6%。各项贷款余额2903.18亿元，比年初增加483.46亿元，增长20%。其中短期贷款增长16.2%，中期流动资金贷款下降7.15%，中长期贷款增长24.1%。在短期贷款中，工业贷款、农业贷款和乡镇企业贷款分别比年初增长21.1%、14.2%和5.9%。全年全省金融机构现金收入7023.86亿元，现金支出7100.67亿元，收支相抵净投放现金76.81亿元，比上年减少15.95亿元，下降17.2%。

保险事业快速发展。全年全省保费收入69.24亿元，比上年增长85.1%。其中，财产险保费收入16.43亿元，增长23.6%，在财产险保费收入中，机动车辆保险实现保费收入11.68亿元，增长25.7%；人身险保费收入52.81亿元，增长119%，在人身险保费收入中，寿险保费收入50.22亿元，比上年增长126.8%；健康险0.93亿元，增长416.7%；意外伤害险保费收入1.66亿元，降低11.2%。全年全省支付各类赔款及给付11.66亿元，比上年增长11.9%。其中，财产险赔款8.

67亿元，增长28.3%；人身险赔款及给付2.99亿元，下降28.9%。

【内蒙古自治区】 金融机构存贷款规模进一步扩大。2002年末全区金融机构各项存款余额1735.26亿元，比上年末增加239.36亿元，增长16%。其中企业存款余额422.71亿元，比上年末增加62.19亿元，增长17.3%；储蓄存款余额1138.10亿元，比上年末增加153.51亿元，增长15.6%，储蓄存款增速回升较快，主要是居民货币收入有所增长和股市资金回流所致。年末全区金融机构各项贷款余额1649.78亿元，比上年末增加178.24亿元，增长12.1%。其中，短期贷款余额906.34亿元，比上年末增加68.47亿元，增长8.2%；中期流动资金贷款余额81.21亿元，比上年末减少17.92亿元；中长期贷款余额632.18亿元，比上年末增加118.35亿元，增长23%。特别是居民消费贷款增长较快，年末消费贷款余额112.34亿元，比上年末增加28.15亿元，增长33.4%，占同期各项新增贷款总额的比重15.8%。全年金融机构现金收入5853.89亿元，现金支出6042.62亿元，分别比上年增长17.8%和17.2%，收支相抵，货币净投放188.74亿元，增长2.4%。股票融资取得新进展。年末全区上市公司20户，有2家上市公司通过证券市场增发A股融资，共筹资17.95亿元。

保险事业快速发展。全年保险业保费收入33.8亿元，比上年增长35.8%。其中，财产险收入9.6亿元，增长9.9%；人寿险收入24.2亿元，增长52.9%；健康险和意外伤害险收入2.3亿元，增长15.6%。全年保险业赔付额8.5亿元，增长9.8%。其中，财产险和短期人身险赔付5.9亿元，增长17.5%；寿险赔付2.6亿元，下降4.6%。

【辽宁省】 金融存贷款规模扩大。年末，全省金融机构各项存款余额7600.1亿元，比上年末增加1032.8亿元，其中，企业存款余额2150.6亿元，增加216.5亿元；储蓄存款余额4665亿元，增加532.8亿元。金融机构各项贷款余额6247.4亿元，比上年末增加631.2亿元，其中，短期贷款余额3930亿元，增加235.7亿元；中长期贷款余额1734.2亿元，比上年末增加291.0亿元。全年全省金融机构现金收入18631.6亿元，比上年增长10.6%，现金支出18631.4亿元，增长10.8%，累计现金净回笼0.2亿元。证券市场继续发展。年末，全省共有上市公司58家，其中，在深圳、上海两证券交易所上市的有57家。共发行股票63只，其中，A股55只、B股5只、H股3只。通过首次发行、配股及增发，共筹集资金261.0亿元。

保险事业不断发展。全年实现保费收入152.9亿元，比上年增长37.6%，其中，财产险收入38.9亿元，增长11.0%；寿险收入114.0亿元，增长49.9%。全年支付各类赔款总额39.4亿元，比上年增长17.0%；寿险赔付17.0亿元，增长12.0%。

【吉林省】 金融运行平稳，对全省经济的支撑保障作用明显增强。2002年末，金融机构本外币各项存款余额3031.7亿元，比年初增加408.5亿元。其中，企事业存款余额705.5亿元，增加108.4亿元；城乡居民储蓄存款余额2019.4亿元，增加222.7亿元。金融机构本外币各项贷款余额3207.1亿元，比年初增加201.8亿元。其中，短期贷款余额2065.2亿元，中长期贷款余额1027.4亿元。现金收支相抵净投放货币137.3亿元。

保险事业进一步发展。全年保费收入51.0亿元，比上年增长46.5%。其中，财产险保费收入12.1亿元，增长6.8%；人身险保费收入38.9亿元，增长65.8%。财产险赔款金额7.0亿元；人身险给付金额8.2亿元。

【黑龙江省】 金融形势稳定。年末金融机构各项存款余额4236.7亿元，比年初增加495.1亿元。其中，企业存款1054.6亿元，增加100.4亿元；城乡居民储蓄存款2915.7亿元，增加337.2亿元。金融机构各项贷款余额3624亿元，比年初增加260.5亿元。其中，短期贷款2502.6亿元，增加117.7亿元；中长期贷款986亿元，增加136.9亿元，个人中长期消费贷款153.9亿元，增加73.9亿元。年末货币累计净投放71.9亿元。

证券业继续发展。年末共有境内外上市公司37家、上市股票38只，其中发行A股股票33只，B股股票1只，H股股票1只，香港上市红筹股股票1只，涉及境内权益的香港主板上市公司股票2只。累计筹资190亿元。

保险事业继续扩大。全年保费收入85.6亿元，比上年增长60.8%，其中，财产险收入16.3亿元，增长8.2%；寿险收入64.6亿元，增长84.8%；健康险和意外伤害险收入4.8亿元，增长46.1%。支付各类赔款16.5亿元，比上年增长11.6%。其中财产险赔付金额8.3亿元，增长3.4%；寿险赔付金额6.2亿元，增长39.3%；健康险和意外伤害险赔付金额2亿元，下降12.7%。

【上海市】 金融保险业加快服务创新，不断提高市场竞争能力。全年实现金融保险业增加值584.67亿元，比上年增长0.3%。

金融市场对外开放加快。至年末，在沪经营性外资金融机构已达54家（含6家同城支行），其中获准经营人民币业务的有30家。有22家在沪外资银行被其总行确定为中国境内业务的主报告行。外资银行在沪营运资金不断扩大，年内有33家在沪外资银行获准增加营运资金或资本金，共新增5.29亿美元。至年末，在沪外资银行营运资金总额达15.38亿美元。

金融业务运行稳定。至年末，全市金融机构各项存款余额14035.77亿元，当年新增2776.44亿元；贷款余额10550.94亿元，当年新增1771.68亿元。其中中长期贷款增加944.4亿元，占新增贷款的53.3%。个人消费贷款余额1513.67亿元，当年新增512.61亿元，其中住房按揭贷款余额1086.71亿元，当年新增443.29亿元。全年金融机构现金收入11698.86亿元，现金支出11947.35亿元，收支相抵现金净投放248.49亿元。

资本市场平稳发展。全年上海证券市场各类证券成交额4.85万亿元，比上年增长9.9%。股票和基金交易较为平淡。股票成交额1.7万亿元，比上年下降25.3%；基金成交额556.77亿元，下降58.7%。证券市场证券品种继续增加。至年末，上市证券数达826只，当年新上市86只，其中股票759只，当年新上市70只。全年沪市共筹资614.3亿元，比上年下降35.8%。其中，发行新股筹资516.96亿元，比上年下降3.2%；再次发行（增发、配股和国有股配售）筹资97.34亿元，下降77%。债券交易活跃。全年债券成交额3.09万亿元，比上年增长56%。全年中国外汇交易中心外汇成交额971.9亿美元，比上年增长29.5%。银行间同业拆借市场成交金额突破10万亿元，达到11.84万亿元，比上年增长1.4倍。

保险市场健康发展，保险业收入大幅增加。至年末，全市有各类保险机构36家，其中外资保险机构15家。全年保费收入 239.34 亿元，比上年增长 32.8%。其中，财产险保费收入 44.39 亿元，增长 11.1%；人身险保费收入 193.3 亿元，增长 37.8%。在全年保费收入中，中资保险公司保费收入 209.04 亿元，外资保险公司保费收入 30.3 亿元。全年支付各类保险赔款及给付 49.85 亿元，比上年增长 28.4%。其中，财产险 21.59 亿元，增长 12.3%；人身险 28.26 亿元，增长 44.1%。

【江苏省】 金融运行基本平稳。年末全省金融机构存款余额 11881.2 亿元，贷款余额 8234.6 亿元，分别比年初增加 2198.5 亿元和 1529.8 亿元。存款余额中，企业存款 4280.4 亿元，城乡居民储蓄存款 6276.2 亿元，分别比年初增加 721.7 亿元和 1104.3 亿元。贷款余额中，短期贷款 5388.4 亿元，中长期贷款余额 2158.3 亿元，分别比年初增加 797.9 亿元和 625.7 亿元。年末现金(M0)流通量 1877.2 亿元，增长 13.8%；狭义货币(M1)5438.0 亿元，增长 22.1%；广义货币(M2)13719.7 亿元，增长 19.8%。

证券市场在规范中发展。年末全省共有境内股票上市公司 68 家。其中在上海股市 46 家，深圳股市 22 家。通过发行、当年配售、增发股票共筹集资金 53.8 亿元。在沪深两股市上市股票的市价总值 2433.6 亿元。

保险事业快速发展。全年保费收入 284.1 亿元，比上年增长 59.3%。其中财产险收入 55.8 亿元，人身险收入 228.3 亿元，分别增长 17.3%和 74.5%。赔付额 53.3 亿元，比上年增长 45.6%。其中财产险 29.3 亿元，增长 34.4%；人身险 24.0 亿元，增长 62.2%。

【浙江省】 金融机构存贷款稳定增加。年末全省金融机构各项存款余额 11242.8 亿元，比上年末增加 2434.3 亿元，其中银行存款余额增加 2134.7 亿元；各项贷款余额 8612.8 亿元，比上年末增加 2102.3 亿元，其中银行贷款余额增加 1857.8 亿元。在全省金融机构新增存款余额中，企业存款余额增加 934 亿元；在新增贷款余额中，短期贷款余额增加 1147.4 亿元，中长期贷款余额增加 709.1 亿元。年末城乡居民储蓄存款余额 5233.7 亿元，比上年末增加 970.4 亿元。

证券市场继续发展。截止 2002 年末，全省共有上市公司 63 家，64 只股票在境内外上市，其中 A 股 56 只，B 股 3 只，H 股 5 只。通过首次发行股票共募集资金 215.8 亿元，增发股票和配股共募集资金 121 亿元，累计募集资金 336.8 亿元。其中 2002 年，全省有 5 家公司实现首次公开发行 A 股股票上市，募集资金 11.3 亿元；有 4 家上市公司通过增配股，募集资金 10.6 亿元；有 2 家公司实现首次公开发行 H 股股票上市，募集资金 1.6 亿港币。

保险事业快速发展。全年保险机构保费收入 210.4 亿元，比上年增长 35.8%。其中财产险保费收入 61.5 亿元，寿险保费收入 148.9 亿元。支付各类赔款及给付 46 亿元，其中财产险 29.4 亿元，寿险给付 16.6 亿元。

【安徽省】 金融机构存贷款增加较多。年末全省金融机构各项存款余额 3449.2 亿元，比上年末增加 542.9 亿元。其中，企业存款 978.2 亿元，增加 154.1 亿元；城乡居民储蓄存款 2047.5 亿元，增加 347 亿元。金融机构各项贷款余额为 2941.6 亿元，比上年末增加 325.2 亿元。其中，短期贷款 1929.1 亿元，增加 233.8 亿元；中长期贷款 734.5 亿元，增加 58.7 亿元。

企业上市工作继续加强。全年在上海、深圳证券交易所发行新股 4 只(A 股)，增发 3 只，配股 1 只，共筹集资金 28.9 亿元。到 2002 年底全省上市公司已达 33 家。

保险业务快速增长。全省保险系统保费收入 68.8 亿元，比上年增长 45.9 %，其中财产险保费收入 18.5 亿元，人身险保费收入 50.3 亿元。赔款和给付 15.9 亿元，增长 25.8 %，其中财产险业务赔款支出 9.8 亿元，人身险业务赔款和给付支出 6.1 亿元。

【福建省】 金融运行基本稳定。年末金融机构人民币各项存款余额 4253.07 亿元，比年初增加 696.46 亿元，增长 19.6%。其中，企业存款余额 1262.12 亿元，比年初增加 141.03 亿元，增长 12.6 %；城乡居民储蓄存款余额 2430.46 亿元，比年初增加 412.59 亿元，增长 20.5%。金融机构人民币各项贷款余额按可比口径计算为 3103.97 亿元，比年初增加 421.20 亿元，增长 15.7%。其中，短期贷款余额 1809.88 亿元，比年初增加 195.47 亿元，增长 12.1%；中期流动资金贷款 109.68 亿元，比年初减少 1.41 亿元；中长期贷款余额 1065.11 亿元，比年初增加 170.82 亿元，增长 19.1%。个人消费贷款规模迅速扩大，年末个人消费贷款余额 424.53 亿元，比年初增加 98.41 亿元，增长 30.2%，其中，个人住房贷款余额 318.62 亿元，增长 24.9%；个人汽车贷款余额 30.91 亿元，增长 5.6 倍。现金投放基本正常，全年现金净投放 45.68 亿元，比上年少投放 0.77 亿元。外汇收支形势继续看好，外汇累计净结汇 99.39 亿美元，增长 44.9%。

证券市场继续发展。全年在上海、深圳证券交易所新发行 A 股 4 只，共发行 1.7 亿股，筹资 13.38 亿元。年末境内上市公司由上年末的 42 家增加到 46 家，其中，发行 A 股 45 家，B 股 1 家，通过股票发行和增资配股累计筹集资金 182.36 亿元。

保险事业快速发展。全省保险业实现各项保费收入 98.28 亿元，比上年增长 43.8%。其中，财产险保费收入 27.42 亿元，增长 12.2%；人身险保费收入 70.87 亿元，增长 61.3%。在人身险保费收入中，健康险和意外伤害险收入 5.22 亿元。全年财产险赔款支出 14.26 亿元，比上年增长 21.2%，赔付率为 52.0%，比上年提高 3.58 个百分点。人身险各项给付支出 7.63 亿元，比上年增长 34.1%，其中，年金及满期给付 6.28 亿元，增长 27.6%；死伤医疗给付 1.35 亿元，增长 75%。

【江西省】 金融形势保持稳定。年末，全省金融机构各项存款余额为 2707.37 亿元，比上年末增加 420.26 亿元，增长 18.4%，其中：企业存款余额为 702.32 亿元，比上年末增加 104.07 亿元，增长 17.4%；城乡居民储蓄存款余额达 1706.63 亿元，比上年末增加 277.11 亿元，增长 19.4%。全省金融机构各项贷款余额 2130.76 亿元，比上年末增加 244.04 亿元，增长 12.9%，其中短期贷款余额为 1360.41 亿元，增长 7.3%；中长期贷款余额为 628.44 亿元，增长 22.4%。全年金融机构现金收入 7016.01 亿元，增长 21.2%，金融机构现金支出 6827.28 亿元，增长 22.0%，收支相抵，净回笼货币 188.74 亿元，与上年基本持平。

保险事业继续发展。全年全省保费收入 47.28 亿元，增长 40.5%，其中：财产险保费收入 13.31 亿元，增长 11.6%；人身险保费收入 33.97 亿元，增长 56.3%。全年支付各类赔款总额 12.82 亿元，比上年增长 12.3%，其中：财产险赔款金额 6.82 亿元，增长 18.6%；人身险短期赔款和给付金额 6.0 亿元，增长 5.8%。参加社会保险职工人数增加，年末全省已有

339.8万名在职职工和离退休人员参加了社会养老保险，比上年增加5.1万人。

【山东省】 金融健康平稳运行。各项存款快速增长，至年末金融机构各项存款余额10247.8亿元，比年初增加1765.7亿元，比上年多增686亿元。其中，企业存款余额2737.1亿元，比年初增加511.8亿元，多增290亿元；居民储蓄存款余额5805.7亿元，比年初增加746.4亿元，多增148.7亿元。各项贷款继续保持增势，信贷结构不断优化。年末金融机构各项贷款余额8536.6亿元，比年初增加1482.5亿元，比上年多增666.1亿元。短期贷款增加843.1亿元，多增333.4亿元；农业贷款增加200.1亿元，多增21.2亿元；个人消费信贷余额513.1亿元，比年初增加238.2亿元，多增117.5亿元。住房、汽车是信贷投放重点，余额分别为351.3亿元和86.5亿元，分别比年初增加158.5亿元和52.2亿元。

证券市场继续发展。全年有7家公司发行新股，7家公司实施配股，共筹集资金59.5亿元。至年末，全省已有上市公司72家、股票79只，其中在沪深两市有68家公司，直接融资累计已达519.5亿元。企业境外上市工作呈现出良好的发展势头，全年境外上市筹集资金折合人民币14亿元，累计筹集资金达128亿元。大力培植上市后备资源，已有70多家公司进入上市辅导期。

保险业日益兴旺。全年实现保费收入223.8亿元，比上年增长46.1%，其中，财产险保费收入55.3亿元，增长13.0%，占24.7%；人身险保费收入168.5亿元，增长61.6%，占75.3%。全年财产险业务支付赔款30.0亿元，赔付率为54.2%；人身险业务支付赔款和给付15.7亿元。至年末，已有11家全国性保险公司在山东设立分支机构，保险公司分支机构615个，从业人员17万人

【河南省】 金融存贷款规模扩大。年末全省金融机构各项存款余额6451.59亿元，比上年增长16.7%。其中，企业存款余额1566.27亿元，增长12.0%；城乡居民储蓄存款余额4202.57亿元，增长15.6%。各项贷款余额5553.58亿元，增长13.7%。其中，短期贷款余额3673.39亿元，增长10.1%；中长期贷款余额1460.68亿元，增长19.7%。贷款结构继续改善。全省农村信用社贷款余额875.65亿元，增长14.2%。金融机构消费贷款余额204.02亿元，增长72.6%，其中个人住房贷款余额达131.41亿元，增长54%。

企业上市工作取得新进展。全年新上市公司3家。截止2002年底，全省共有上市公司30家，上市股票31只，其中A股28只，H股2只。全年通过股票市场发行、配股共募集资金20.5亿元，年末上市公司A股流通股市价总值262亿元。

保险业务进一步扩大。全年保费收入315.39亿元，比上年增长3.6倍。其中，财产险保费收入213.73亿元；人寿险保费收入101.66亿元。全年赔付额15.60亿元。其中，财产险赔付金额12.28亿元，人寿险赔付金额3.32亿元。全年人寿险满期返还与给付额为7.08亿元，下降26.1%。

【湖北省】 年末全省金融机构各项存款余额5022.85亿元，比年初增加790.93亿元。其中：城乡居民储蓄存款余额2754.96亿元，增加473.54亿元。金融机构各项贷款余额4312.79亿元，比年初增加504.70亿元。其中：短期贷款余额2331.64亿元，增加121.61亿元；中长期贷款1559.39亿元，增加297.70亿元。

全年保费收入91.38亿元，增长30.3%。其中，财产险保费收入22.47亿元，寿险保费收入68.91亿元。支付各类赔款及给付28.51亿元，其中，财产险赔款给付13.10亿元，寿险赔款给付15.41亿元。

【湖南省】 金融机构存贷款快速增长。年末全省金融机构存款余额3923.17亿元，新增594.75亿元，同比多增123.21亿元，其中城乡居民储蓄存款余额2577.44亿元，新增394.19亿元，同比多增82.26亿元，储蓄增长率为18%。贷款投向重点突出。全省金融机构各项贷款余额3227.46亿元，新增426.69亿元，同比多增50.42亿元，其中农业贷款余额274.23亿元，新增41亿元，同比多增4.4亿元。个人消费贷款余额129.87亿元，新增54.78亿元，同比多增27.22亿元，其中个人住房贷款新增34.33亿元，同比多增17.07亿元；汽车消费贷款新增9.91亿元，同比多增9.39亿元。

证券市场继续发展。年末全省共有境内上市公司36家，比上年增加2家；股票市价总值827亿元，比上年减少19.3%；全年通过证券市场募集资金29.71亿元，增长38%。

保险事业快速发展。全年保费收入85.05亿元，比上年增长51.4%，其中财产险收入18.58亿元，增长13.6%；寿险收入60.43亿元，增长72.9%；健康险和意外伤害保险收入6.04亿元，增长24%。全年保险赔付额为20.47亿元，增长9.9%。

【广东省】 金融机构各项存、贷款大幅增长。年末各项存款余额22921.81亿元，比上年末增长18.2%。其中：企业存款余额7715.97亿元，增长11.6%；城乡居民储蓄存款余额11819.09亿元，增长19.2%。年末各项贷款余额15206.62亿元，比上年末增长16.4%。其中：短期贷款余额8486.92亿元，增长6.8%；中长期贷款余额5044.92亿元，增长27.3%。全年现金净投放912.00亿元，比上年多投放69.01亿元。

证券市场在规范和调整中发展。全年全省上市公司筹集资金31.53亿元，比上年下降72.1%。年末全省境内上市公司共136家，上市股票164只，其中A股132只，B股32只。总股本559.97亿股，比上年增长0.5%；流通A股175.03亿股，增长11.9%。上市公司股票市价总值4298.85亿元，流通市值1585.58亿元。全年证券市场股票基金交易金额5292.3亿元，下降40.6%。

保险业务快速增长。全年保费收入315.48亿元，比上年增长27.0%。其中，财产险保费收入109.82亿元，增长7.8%；人身险保费收入205.66亿元，增长40.4%。各类保险赔款、给付（退保）支出100.32亿元，增长17.6%。其中财产险赔款支出51.16亿元，人身险给付（退保）支出49.16亿元，分别增长10.1%和26.1%。

【广西壮族自治区】 金融运行保持稳定。年末，全区金融机构各项存款余额2784.15亿元，比年初增加293.26亿元，增长11.8%。其中，企业存款余额679.79亿元，增长7.7%；城乡居民储蓄存款余额1736.6亿元，增长12.9%。金融机构各项贷款余额1941.07亿元，比年初增加215.57亿元，增长12.5%。其中，短期贷款1006.08亿元，增长7.7%；中长期贷款803.94亿元，增长17.3%；个人消费贷款162亿元，增长55.4%。

证券业继续发展。年末全区A股上市公司已达19家。上市公司股票市价总值达382.97亿元。全年通过发行、配售股

票共筹集资金5.85亿元。

保险事业快速发展。全年保费收入48.17亿元，比上年增长37.4%。其中，财产险保费收入14.75亿元，增长10.8%；寿险保费收入29.74亿元，增长60.8%；健康险和意外伤害险保费收入3.68亿元，增长13.6%。全年赔付额12.04亿元，比上年下降17.9%。其中，财产险赔付6.66亿元，增长5.7%；寿险赔付3.81亿元，下降45.2%；健康险和意外伤害险赔付1.57亿元，增长10.6%。

【海南省】 金融平稳运行。全省年末金融机构存款余额834.00亿元，比上年末增加107.65亿元，增长14.8%。其中，企业存款余额235.57亿元，增长5.9%；城乡居民储蓄存款余额484.08亿元，增长13.3%。年末金融机构贷款余额647.44亿元，比上年末增加65.02亿元，增长11.2%。其中，短期贷款260.38亿元，增长2.5%，中长期贷款312.11亿元，增长20.0%。

保险事业稳步发展。全年全省保险部门共完成承保金额3392.23亿元，比上年下降12.7%；保费收入10.57亿元，增长11.9%；赔付及给付2.56亿元，增长17.4%。

【重庆市】 金融机构存贷款稳步增加。截止2002年底，全市金融机构人民币存款余额2821.04亿元，比年初增长23.0%，其中城乡居民储蓄存款1595.00亿元，增长21.0%；全市金融机构人民币贷款余额2244.72亿元，比年初增长16.1%，其中，短期贷款1191.70亿元，增长15.3%；中长期贷款754.57亿元，增长19.0%。个人消费贷款增势强劲，2002年底，个人消费贷款余额为189.29亿元，比年初增长38.2%。全年货币净回笼22.06亿元，比上年少回笼20.64亿元。

截止2002年末，全市共有上市公司28家，其中境内上市公司26家，股票市值722.27亿元。全年通过股市募集资金3.16亿元。成功发行企业债券15亿元。

保险业持续发展。全年保费收入46.17亿元，比上年增长36.9%，其中财产险保费收入13.31亿元，增长17.5%；人身险保费收入32.86亿元，增长46.7%。全年共赔偿和给付各类保险金14.2亿元，比上年增长26.3%，其中财产险赔款7.57亿元，增长28.2%；人身险赔款及给付6.63亿元，增长24.2%。全市保险从业人员2.53万人，比上年增加0.77万人。

【四川省】 金融存贷款规模不断扩大，金融运行平稳。年末，金融机构各项存款余额6075.0亿元，同比增加819.8亿元，增长15.6%。其中，企业存款余额1664.4亿元，同比增加111.2亿元，增长7.2%。各项贷款余额5158.8亿元，同比增加636.3亿元，增长14.1%。其中，短期贷款余额2794.9亿元，同比增加250.8亿元，增长9.9%；中长期贷款余额1863亿元，同比增加313.2亿元，增长20.2%。

全年金融机构现金收入14712.5亿元，现金支出14686.3亿元，货币净回笼26.2亿元。保险事业快速发展，保费收入大幅提高。全年保费总收入107.2亿元，比上年增长42.9%。其中，财产险收入32.4亿元，增长13.7%；寿险收入74.8亿元，增长60.8%。全年处理各项赔款和给付金额29.5亿元。其中，财产险赔付金额17.0亿元，赔付率52.3%，下降2.6个百分点。

【贵州省】 金融运行平稳。年末全省金融机构各项存款余额为1553亿元，比上年末增加212.41亿元。其中，城乡居民储蓄存款余额为759.05亿元，比上年末增加117.54亿元；各项贷款余额为1404亿元，比上年末增加188.2亿元，其中中长期贷款余额为654.95亿元，比上年末增加111.07亿元。

年末全省股票交易户数为19.31万户，比上年增加1.37万户，增长17.7%；全年股票交易额为200.97亿元。

保险业快速发展。全省保险部门保费收入为24.91亿元，比上年增长23.6%。其中，财产险保费收入为9.30亿元，增长12.0%；寿险保费收入为13.85亿元，增长30.3%；健康险和意外伤害险保费收入为1.76亿元，增幅较大。全省保险赔付金额为7.77亿元，比上年增长11.8%。其中，财产险赔付金额为4.84亿元，增长17.2%；寿险赔付金额为1.97亿元，比上年下降0.5%。

【云南省】 年末金融机构人民币存款余额达3121.28亿元，比年初增加353.15亿元，增长12.8%。在金融机构存款中，企业存款余额1106.12亿元，比年初增加65.62亿元，增长6.3%。信贷投放力度继续加大，基本满足了经济发展的资金需要。年末全省金融机构人民币各项贷款余额达2418.48亿元，比年初增加245.38亿元，增长11.3%，其中短期贷款余额1300.41亿元，比年初增加57.68亿元，增长4.6%；中期流动资金贷款余额184.22亿元，比年初增加51.22亿元，增长38.5%；中长期贷款余额867.51亿元，比年初增加125.19亿元，增长16.9%。贷款主要支持了农业、工业、建筑业、三资企业等正常资金需要。现金投放适度。全年全省金融机构现金收入7042.99亿元，现金支出7042.99亿元。

保险业稳步发展。全省各种保费收入55.44亿元，比上年增长29.8%；其中：财产险保费收入21.49亿元，增长4.5%；人身险保费收入33.95亿元，增长53.3%。赔付额19.18亿元，比上年增长1%；其中：财产险赔付额11.71亿元，增长8%；人身险赔付额7.47亿元，下降8.3%。

【西藏自治区】 金融机构存贷款快速增长。年末全区金融机构存款余额282.97亿元，新增70.67亿元，同比多增67.93亿元，其中：企业存款余额170.58亿元，新增46.92亿元，同比多增52.13亿元；城乡居民储蓄存款余额70.38亿元，新增20.20亿元，同比多增9.70亿元。全区金融机构各项贷款余额121.13亿元，新增24.50亿元，同比多增15.87亿元，其中农业贷款余额3.36亿元，新增1.96亿元，同比多增0.53亿元。个人消费贷款余额7.52亿元，新增3.04亿元，同比多增2.31亿元，其中个人住房贷款新增2.84亿元，同比多增1.77亿元。金融机构累计现金收入32.81亿元，累计现金支出36.35亿元，累计现金净投放3.54亿元。

保险业有了新发展。全年保费(财产险)收入8715万元，比上年增长9.6%。全年共处理各类赔案5087件，支付各类赔款3741万元，比上年增长10.0%。

【陕西省】 金融机构认真贯彻国家扩大内需的积极货币政策，积极融资放贷，为全省国民经济发展做出了贡献。2002末全省金融机构各项存款额为3798亿元，比上年末增长18.5%，其中，企业存款余额1222亿元，增长16.5%，城乡居民储蓄存款2108亿元，增长19.2%。金融机构各项贷款额2951亿元，比上年末增长16.2%，其中，短期贷款1493亿元，增长8.4%，中长期贷款1042亿元，增长21.6%。

证券市场进一步发展。2002年末，全省境内有各类证券公司4家，证券营业部63家(含外地公司在陕的营业部)。保险事业稳步发展。全省各类保险公司2002年保险业务收入61.8亿元,比上年增长44.7%,其中,财产险收入14.8亿元,寿险收入43.6亿元。全省各类保险公司2002年赔付额11.8亿元,比上年增长6.3%,其中,财产和短期人身险赔付6.7亿元,寿险赔付5.2亿元。

【甘肃省】 金融运行平稳,存贷款继续增加。年末全省金融机构各项存款余额1806.32亿元,比年初增加190.33亿元;贷款余额1469.83亿元,比年初增加192.51亿元。存款中,企业存款余额582.45亿元,增加48.66亿元;城乡居民储蓄存款余额1042.22亿元,增加121.36亿元。贷款中,短期贷款余额807.07亿元,增加99.49亿元;中长期贷款余额558.58亿元,增加87.07亿元。消费贷款余额61.53亿元,增加16.64亿元。

证券市场在规范中发展。年末全省共有境内股票上市公司18家,比上年末增加2家。股票市价总值为273.57亿元。

保险业发展较快。全年保费收入33.48亿元,比上年增长51.97%。其中:财产险保费收入9.76亿元,增长19.17%;寿险保费收入22.08亿元,增长75.10%;健康险和意外伤害险保费收入1.64亿元,增长33.33%。全年赔付额8.64亿元,增长18.68%。其中:财产险赔付5.18亿元,增长23.63%;寿险赔付3.46亿元,增长11.97%。

【青海省】 金融运行态势稳健。年末金融机构各项存款余额467.21亿元,比年初增加77.11亿元。其中,企业存款167.23亿元,增加26.40亿元;城乡居民储蓄存款223.00亿元,增加34.48亿元。金融机构各项贷款余额480.01亿元,比年初增加56.20亿元。其中,短期贷款185.68亿元,增加14.22亿元;中长期贷款247.90亿元,增加34.61亿元。消费贷款发放规模扩大,余额不断增加。

保险事业有了长足发展。借助全省经济持续快速发展、城乡居民收入的增长、社会保障体系建设加快等有利条件和潜力,保险事业进一步向多险种、多群体、优价位发展。全年全省获得保费收入6.59亿元,比上年增长20.6 %,其中财产险收入2.59亿元、寿险收入3.99亿元,分别增长12.4 %和26.7 %。赔给付额共计2.06亿元,比上年增长6.5%,其中财产险赔付1.26亿元,增长14.62 %。

【宁夏回族自治区】 金融运行平稳,稳健的货币政策促进了社会经济的健康发展。2002年末,金融机构各项存款余额578.16亿元,比年初增长23.50%。其中,企业存款余额193.27亿元,比年初增长27.67%。金融机构各项贷款余额524.56亿元,比年初增长18.40%。其中,短期贷款余额231.34亿元,比年初增长14.90%;中长期贷款余额284.43亿元,比年初增长25.6%。

2002年末,金融机构现金收入976.96亿元,现金支出982.94亿元,收支相抵净投放现金5.98亿元。

2002年末,全区上市公司10家。全年证券交易额225.20亿元,比上年增长7.2%。

保险事业快速发展。保险险种增加,保险收入大幅度提高。全年保费收入8.67亿元,同比增长39.08%。其中,财产险收入2.33亿元,增长17.23%;人身险收入6.34亿元,同比增长49.33%。全年共支付共赔款及给付2.29亿元,增长41.10%。其中,财产险赔付金额1.17亿元,增长27.52%;人身险赔款及给付金额1.12亿元(含退保金额),增长58.8%。

【新疆维吾尔自治区】 年末金融机构各项存款余额2225.31亿元,比年初增加251.40亿元,其中企业存款余额705.82亿元,增加18.71亿元;城乡居民储蓄存款余额1137.87亿元,增加143.85亿元。年末金融机构各项贷款余额1801.15亿元,比年初增加204.91亿元,其中短期贷款增加40.18亿元,中长期贷款增加155.42亿元。

全区已有上市公司23家,总市值644亿元。预计总股本63.09亿股,比上年增长19.5%;累计募集资金86.64亿元。

全区保费总收入51.72亿元,比上年增长51.5%;其中财产险保费收入16.47亿元,增长16.1%;人身险保费收入35.25亿元,增长76.4%。全区赔款给付总额12.89亿元,其中财产险赔款给付7.8亿元,人身险赔款给付5.09亿元。

中国银行业概况

【概况】 2002年,我国银行业总体运行平稳:货币供应量快速增长、银行贷款质量改善、住房信贷和汽车信贷成为零售银行业务的两大增长点、中间业务的开展开始受到重视;随着金融机构增多,竞争逐渐加剧,各家银行都在经受客户流失、市场占有份额下降的压力,但基本的竞争格局并未发生改变;入世效应初现,但外资银行对中资机构造成的冲击不似预想般强烈。展望明年,减少不良贷款仍然是银行业的主题,国有独资银行将继续优化治理结构;股份制银行则继续机构和资本规模的扩张;外资银行被允许经营的业务范围仍然有限,对中资银行的压力更多地在于盈利模式的改变,而非真实市场份额的争夺;国家对中小商业银行的产权改革力度将明显加大。

【主要行业运行指标】 *货币供应量* 2002年,宽松的货币政策为国民经济持续快速发展提供了良好的金融环境。11月末,我国广义货币M2余额为17.97万亿元,同比增长16.6%,增幅比上年同期提高3.4个百分点;狭义货币M1余额为6.8万亿元,同比增长18.5%,增幅比10月末高0.6个百分点,比上年同期高7.1个百分点,增长是2000年10月份以来最高的。

2003年,宏观经济政策将继续坚持积极、稳健的主基调。在当前我国有效需求不足、通货紧缩压力有所加大的形势下,财政政策将会继续保持积极性,但为了防止财政风险,稳健性将会加强;货币政策则继续保持稳健,但为了继续扩大内需和活跃经济,货币政策会显得更加积极,2003年货币供应量增长将是GDP增长率的2.5—3倍。

存贷款业务 11月末,我国城乡居民储蓄余额达8.57万亿元,同比增长18.5%,增幅比去年同期提高4.6个百分点。前11个月,居民储蓄存款累计增加12016亿元,比上年同期多增加3997亿元。全部金融机构各项人民币存款(含外资机构)余额为16.86万亿元,同比增长20.1%,增幅比上年同期高5个百分点,比上月末高1.3个百分点。今年前11个月各项存款累计增加25460亿元,比去年同期多增加8651亿元。

11月末,全部金融机构人民币各项贷款(含外资机构)余额为12.86万亿元,按可比口径计算增长15.7%,增长较快,增幅比上月高0.3个百分点,增幅是1999年4月份以来最高的。当月金融机构各项贷款增加1539亿元,同比多增加567亿元。今年前11个月累计贷款15802亿元,比上年同期多增加5576亿元。

贷款质量明显提高,金融机构不良贷款继续保持余额和比例“双下降”的良好态势。9月末,金融机构不良贷款余额

(一逾两呆)比年初减少 490 亿元;不良贷款率比年初下降 3.3 个百分点。

自 1998 年人民银行颁布了《汽车消费贷款管理办法》以来,汽车消费信贷增长较快,2002 年 1 至 9 月份贷款余额增加 501 亿元,达 936 亿元,同比多增 319 亿元。汽车消费信贷对汽车销售增长的拉动作用十分显著。

信贷资金从两方面对房地产业进行支持。一是直接支持企业的房地产开发投资,二是通过个人住房信贷扩大房地产需求。近年来,个人住房贷款远远大于房地产开发贷款,且差额逐年增大。到 2002 年 9 月个人住房贷款和房地产开发贷款的余额分别为 7423 亿元和 4974 亿元。

为防止房地产泡沫的出现,人民银行于 2001 年颁布了"关于规范住房金融业务的通知",要求在支持房地产业发展的同时,严格审查住房开发贷款发放条件,控制住房开发贷款增长过快,贷款应主要投向适销对路的住宅开发项目,企业自有资金应不低于开发项目总投资的 30%,开发项目必须具备"四证"。要强化个人住房贷款管理,严禁发放"零首付"个人住房贷款,规范个人商业用房贷款管理。同时,要进一步改进住房金融服务,加强住房金融业务监管。2002 年,建设部又和人民银行等六个部委联合下发了《关于加强房地产市场宏观调控促进房地产市场健康发展的若干意见》,再次重申上述原则。在汽车信贷和住房信贷等零售银行业务上,国有独资商业银行因网点众多、客户基础广泛而占据优势;未来这两个领域的增长不仅会带动中国未来经济的增长,也会进一步拉动银行零售业务的增长。

2003 年,银行的工作重点仍然是支持国民经济建设和增强自身稳健。贷款规模将继续扩大,对中小企业的金融服务将得到加强;在金融业开放的压力下,不良贷款会得到更加严厉的控制和压缩。

中间业务　我国商业银行的业务收入以存贷利差为主,中间业务收入占比较低,有关资料显示,从 1994 年至 1998 年的 5 年间,我国四大国有商业银行的中间业务收入(非利差收入)占总收入的比重在 6.7%~9.6%之间,2000 年,四大国有商业银行中间业务收入占总收入的比重分别是:中国银行 17%,中国建设银行 8%,中国工商银行 5%,中国农业银行 4%,平均比重为 8.5%。而发达国家商业银行的中间业务收入占总收入的比重远远高于我国:美国商业银行中间业务的收入占其总收入的比重从 1980 年的 22%上升到了 1996 年的 39%;1997 年,美洲银行的中间业务占总收入的比重为 44%,花旗银行为 51.8%,大通银行高达 52.7%;2000 年,美国花旗银行存贷业务带来的利润仅占总利润的 20%,而向客户提供承兑、资信调查、企业信用等级评估、资产评估业务、个人财务顾问业务、远期外汇买卖、外汇期货、外汇期权等中间业务为其带来了 80%的利润。

2001 年 7 月 4 日,为促进商业银行中间业务的发展,中国人民银行颁布了《商业银行中间业务暂行规定》;为使《规定》具有可操作性,人民银行又于 2002 年 4 月 25 日发布《关于落实〈商业银行中间业务暂行规定〉有关问题的通知》,明确提示了商业银行中间业务的市场准入形式和申报方法,同时还对已开办的中间业务进行了清理和分类。《办法》为商业银行中间业务的发展提供了一个新的宽松的制度环境,商业银行可以通过银保及银证合作等途径进行中间业务的拓展和创新。2002 年,银行业务多元化的声势逼人,各银行都争抢基金、保险代理等非传统业务;同时,银行卡业务的增长成为一个显著的亮点。

从银行卡业务中,商业银行不仅可以得到通常的利差收入,还有电子支付,资金转移及购买与出售投资产品(如银证通)的收益。目前,加入银联的发卡商业银行已达 56 家,1 至 10 月,跨行交易笔数达 4.8 亿笔,交易金额 1376 多亿元,跨行交易笔数和交易额分别比去年同期增长 95%和 87%。岁末将至,国内信用卡市场又出现高潮:12 月 3 日,招商银行(相关,行情)在北京举行信用卡首发仪式,隆重推出招商银行信用卡,希望使其成为继"一卡通"、"一网通"之后的又一名牌,使信用卡业务成为招行个人银行业务的支柱和重要的利润来源;12 月 18 日,中国建设银行信用卡中心在上海正式挂牌成立,并首次在北京、上海、广州、深圳四地发行其龙卡国际卡贷记卡;与此同时,中国工商银行在港推出首张人民币与港元集于一卡的 ICBC 信用卡。国内银行对信用卡市场的争夺已经是枕戈待旦了。

年初美国花旗银行在上海规定"储蓄存款余额低于 5000 美元,每月收取 6 美元的服务理财费"之后,国内就商业银行该不该收费、如何收费的问题争论得沸沸扬扬;7 月,中国建设银行率先开收银行卡跨行自动取款手续费,更是将这一讨论推向了高潮。目前我国商业银行共开展了约 260 余项中间业务,但很多商业银行仅仅将中间业务作为争夺银行存款份额的手段。为了抢夺有限客户,各银行在中间业务中出现任意确定收费标准、少收费、无偿服务甚至垫付资金的恶性竞争局面,这也是中间业务在总收入中占比过低的重要原因之一。12 月底,国家计委和中国人民银行共同制定了《商业银行服务收费管理办法》,并预计在年底前下发到各商业银行。即将出台的《管理办法》涉及 40 多项中间业务收费,收费主要分为政府指导价和市场调节价两部分,政府指导价所占比例很小,主要涉及银行结算等对公业务和少量对私业务,其余收费由市场决定,央行和国家计委只是基于从事中间业务的成本与合理收益,与各商业银行协商确定最低收费标准作为指导价。

2002 年是中间业务广受关注的一年,然而,由于严格的分业经营制,中资银行在开拓中间业务方面仍然受到掣制,许多表外衍生业务的开发受到制约,金融期货、期权,利率、货币互换等与证券业务联系紧密的业务无法开展,中资银行只能提供一些附加值较低中间业务,如代收水电费、代发工资、代收话费等,或有类似的业务也仅限于担保业务和承销政府债券等,与外资银行丰富的表外业务范围形成了鲜明的对比,中资银行在中间业务方面对客户的吸引力远不如外资银行来的直接和亲切,业内要求混业经营的愿望也日渐强烈。

【发展回顾与展望】　我国商业银行的基本竞争格局是:四大国有独资银行垄断 70%左右的市场份额、10 余家跨地区股份制商业银行、100 多家城市商业银行和 5 万多家农村信用社分割其余 30%的份额、外资银行逐渐对市场进行分化与渗透。2002 年中,随着金融机构增多,竞争逐渐加剧,各家银行都在经受着客户流失、市场占有份额下降的压力,但基本的竞争格局并未发生改变。

表 1:各类银行的规模与市场份额

	四大国有银行	其他商业银行	城市信用社	农村信用社	外资银行	合计
规模亿元人民币						
总资产	94,883	12,690	10,764	16,248	2,858	137,441
贷款	76,062	8,464	4,695	11,162	1,548	101,931
存款	77,505	11,867	6,787	15,129	541	111,829
市场份额(%)						
总资产	69,04	9.23	7.83	11.82	2.08	100

贷款	74.62	8.30	4.61	10.95	1.52	100
存款	69.31	10.61	6.07	13.53	0.48	100

注:

1. 其他商业银行包括10家全国性股份制银行、烟台住房储蓄银行、蚌埠住房储蓄银行;

2. 城市信用合作社主要为城市商业银行。

(数据截至2000年12月31日)

国有独资银行　年初(2月5日至7日),中央金融工作会议提出:推进国有独资商业银行的综合改革是整个金融改革的重点,并为其确立改革目标。之后,各大银行都在改革经营、管理机制,推进股份制改革和解决不良贷款的方面采取了措施,并取得了良好的效果。

截至9月,工行5级分类后三项的不良贷款比1999年下降22%,预计今年实现拨备前利润440亿元;目前总资产和存款分别达到4.6万亿元和4万亿元;中国银行推出以公司治理机制建设为核心的改革措施,上半年,不良资产比率较年初下降了2.28%,不良余额净压缩100亿元,截至11月初,全行共收回现金261.45亿元,完成清收任务第一目标(200亿元)的131%,第二目标(250亿元)的105%,提前两个月超额完成年初确立的清收任务第二目标;前三个季度,农业银行常规业务和专项贷款合计利润9.1亿元;建行境内外业务实现税前利润70.7亿元,总体情况好于去年。

对于国有独资银行,国家将按照建立现代企业制度的要求,分三步对其进行综合改革:第一步,按照国有独资公司的形式更新经营管理制度。主要任务是精简机构和人员,实行谨慎会计制度,完善激励和约束机制,明显降低不良贷款比例;第二步,将有条件的国有独资商业银行改组为国家控股、国内企业、居民和外国资本入股的股份制商业银行;第三步,使符合条件的国家控股的股份制商业银行公开上市。目前的改革只是第一步,国有银行要使各项营运监管指标达标,满足上市要求,至少还需要3到5年的时间。

股份制商业银行　目前,我国共有10家全国性的股份制商业银行,它们分别是:交通银行、中信实业银行、中国光大银行、华夏银行、中国民生银行(相关,行情)、广东发展银行、深圳发展银行、招商银行、福建兴业银行和上海浦东发展银行。国家对股份制商业银行的政策是:规范和发展,支持其按市场原则进行重组,允许外国资本参股。因此,与国有银行调整内部机构、实施战略性收缩正好相反,股份制商业银行在宽松的政策支持下积极扩张,上市、布点、引入外资是其在2002年的主要动作。

继深圳发展银行、民生银行和上海浦东发展银行之后,2002年,招商银行发行15亿A股;华夏银行正申请发行10亿A股,计划筹资约50亿人民币;另外,中信实业银行、交通银行、光大银行、福建兴业银行、广东发展银行也都在筹备上市。

2002年,股份制商业银行吸引外资动作频频:10月,由国际投资管理公司新桥投资(Newbridge capital)组成的"收购过渡期管理委员会"进入深发展,对其进行"全面监督、控制风险、发展业务、并负责银行经营层的管理和管理机制的改善在内的各项管理职权。"过渡期的结束,将是"股权交易的完成";2001年6月,国务院允许交通银行引入两名外资股东,比例合计为15%。据传交行正在与花旗集团谈判。今年5月,建行副行长张建国称,引入外资银行股东最晚将不超过11月,并将争取比例上限接近25%;另外,浦东发展银行正与花旗集团谈判入股事宜,据传颇有达成协议成为第一大股东的希望;8月,传出香港恒生银行与华夏银行洽商入股10%,涉及金融逾10亿人民币,另传有兴趣入股者还包括JP摩根大通与德意志银行,但因华夏银行正筹备上市,其法人股在一年之内不可能变动。

扩张网点几乎是股份制商业银行共同的发展战略。根据在上交所上市的三家股份制商业银行的中期报告,浦发银行(相关,行情)(600000)在报告期内新设成都、西安、沈阳三家分行,并在香港设立了代表处,基本形成了"立足上海、面向全国"的机构格局;民生银行(600016)在报告期内新开支行22家;4月份上市的招商银行(600036)新增营业网点20家,直属支行3家,代表处1家。

表2:十家全国性股份制商业银行基本资料(2001年末)

单位:亿元

名称	成立时间	资产规模
交通银行	1987	6690.67
广东发展银行	1988	1912.01
中信实业银行	1987	3003.96
深圳发展银行	1987	1201.27
中国光大银行	1992	2654.05
招商银行	1986	2663.17
华夏银行	1992	1366.38
福建兴业银行	1988	1248.41
中国民生银行	1996	1388.98
上海浦东发展银行	1993	1736.91

资料来源:2001、2002《中国金融年鉴》

2003年,发展受制于资本规模和物理网点的股份制商业银行将会继续其股本与机构的扩张,与外资的合作将倍受瞩目。

城市商业银行　2002年城市商业银行发展的标志性事件是4月25日浙江省8家城市商业银行发布《共同打造民营企业主办银行品牌》的行动宣言。该宣言声明:3年内,8家城市商业银行将逐步发展成为以民营资本为投资主体、以民营企业为服务主体的地方性商业银行。9月4日,央行在其网站(www.pbc.gov.cn)上发布由其银行监管课题组撰写的《进一步发挥现有中小商业银行的作用》一文,对此予以肯定性的回应,并指出:"今后一段时期,要充分发挥现有中小商业银行支持中小企业发展的作用。要进一步发挥市场力量在中小商业银行改革与发展中的作用,通过充分引进民间资本和适度引进外资来增强中小商业银行资本实力…"央行对城市商业银行引入民间资本公开表示肯定,可看作银行业逐步对内开放的先兆。

另外,据12月24日的《北京青年报》报道,"首批民营银行极有可能在明年出现,而明年浮出水面的民营银行最有可能从已筹备两年多的十家中产生…""…这十家民营银行主要分布于广东东莞、深圳、江苏江阴、浙江台州和义乌、辽宁沈阳和大连、陕西渭南等地。发起筹备民营银行试点的有深圳中科智集团、江苏阳光(相关,行情)集团、浙江泰隆城市信用社、辽宁东大集团、陕西丰佳集团等民营企业,还有一家北京的金融审计公司。"

农村信用合作社　随着国有银行退出农村市场,农村信用合作社成为农村金融的主力。目前,我国8亿农民的金融服务主要来自于5万多家农村信用合作社,这些信用合作社大约占整个金融系统资产的10%。农村信用合作社的经营管理水平不高、治理结构存在重大缺陷、地方政府干预严重,其经营活动蕴藏了很大的风险。对农村信用社进行改革已迫在眉睫。

目前,国务院已基本肯定了三种改革模式:农村商业银行模式、县级联社一级法人模式和县乡两级法人联社模式。央行的基本考虑是:在工业化进程较快、对农业信贷要求不多的东部地区,组建农村商业银行。江苏常熟、张家港、江阴三块"试验田"将作为股份制农村商业银行的范式;在农业、养殖业占主导地位、农民对农业信贷要求较高的地区,则可以考虑第二或第三种模式;在以产粮、产棉为基础的人口密集地,采取第二种模式比较合适;对其他地区,央行鼓励大胆尝试。

总之,对信用合作社的改革,央行将坚持"权力下放、多元模式并存"的原则。改革方案希望能够在明年出台。另外,人民银行目前在8个农村信用社进行的利率浮动试点工作,明年将继续扩大,全国每一个省将选取两个县市进行该项工作的推广。

外资银行　2002年是中国加入WTO后的第一年。今年外资银行的业务范围还只限于外汇业务及在深圳、上海、大连、天津4个城市开展部分人民币业务。但外资登陆的气势已经让人感到了寒意。

表3　"入世"后我国对外资银行开放人民币业务时间表

时间	取消限制的地域	取消限制客户
加入时	深圳、上海、大连、天津	/
1年内	广州、青岛、南京、武汉	/
2年内	济南、福州、成都、重庆	中国企业
3年内	昆明、珠海、北京、厦门	/
4年内	汕头、宁波、沈阳、西安	/
5年内	所有地域	所有中国客户

2002年3月,南京爱立信熊猫移动通讯设备有限公司提前偿还了交通银行、工商银行、中国银行等共计19.9亿元的贷款,转向花旗银行贷得同样的巨款。此事件明白地印证了穆迪公司在2002年中国银行业展望报告中的观点:短期内外资银行的市场份额不会有很大幅度上升;但外资银行对优质客户的争夺实际上是使以国有银行为主导的中国银行业走向边缘化。国内银行在震惊的同时,迅速作出反应:浦发银行杭州分行迅速地推出"公司金融VIP服务模式",圈定自己的首批重点客户。民生银行接连推出买方付息票据贴现、外汇票据买断、保理和民生集团网四大新业务品种。"二八定律"、"产品创新"、"高端客户"、"差别服务"等成为2002年银行业最热门的用语。

(许婕)

全国银行间债券市场

【概况】　2002年是银行间债券市场发展走过的第五个年头。本年度债券市场无论发行还是交易结算均发生了可喜的变化,交易结算量迅猛增加,投资者参与主体不断扩大,一个涵盖各类型投资者的统一的场外债券市场框架基本形成。本年度我国银行间债券市场既经历了有史以来最为火爆的行情,也经历了行情大幅调整的变化,其发展和创新都是我国债券市场发展历程中值得一提的。

【债券发行】　2002年,财政部、国家开发银行、中国进出口银行和中国国际信托投资公司等发行主体在银行间债券市场共发行债券40期,发行总额6537.86亿元,同比增长37.68%,发行总量再创新高。全年债券发行招标总额4993.3亿元(不包括数量招标的第十五期国债),有效投标总额12260.2亿元,投标量为招标量的2.46倍,反映出银行间市场对债券仍有较大的需求。

2002年,国债总计发行6061.3亿元,超出了国债年初计划5929亿元的发行额度,为历年国债发行之最。本年度财政部共发行记帐式国债16期,面值合计4461.3亿元,其中有12期面向银行间债券市场发行,面值合计3417.86亿元(包括可在银行间债券柜台市场发行的记帐式国债465亿元)。尤其值得一提的是,第十五期国债同时面向银行间市场、交易所市场和银行柜台市场发行,并且上市后跨市场机构可在各交易场所之间办理转托管,这意味着债券市场的统一进程正在启动。

本年度国家开发银行发行金融债券20期,面值合计2500亿元;中国进出口银行发行金融债券7期,面值合计575亿元;中国国际信托投资公司继去年首次在银行间市场成功发行一期债券之后,今年再次成功发行了一期15年期债券45亿元。

此外,9月24日人民银行将2002年6月25日至9月24日进行的公开市场业务操作的91天、182天、364天的未到期正回购品种转换为相同期限的中央银行票据并在银行间债券市场上市交易,规模为1937.5亿元,增加了人民银行公开市场操作的工具,丰富了市场交易工具,有利于加强人民银行货币政策调控能力。

本年度债券发行冷热不均,上半年和下半年市场反差较大。从发行利率看,银行间市场全年前低后高。今年上半年在降息效应刺激以及巨额资金推动下,市场投机氛围有所蔓延,一级市场的债券发行利率持续走低,利率倒挂现象明显;但从下半年开始,随着投资者对于利率风险的认知,利率不断回升,一级市场发行屡屡以上限中标,甚至出现了募集未满的现象,而年底最后几期债券开始走出发行窘境,发行利率重归理性,已接近去年年底的水平。

从期限结构来看,银行间市场的债券期限结构比往年有了长足的进步,但长期品种和短期品种仍然偏少。继去年成功发行15年期和20年期长期国债各一期之后,财政部今年上半年又尝试性地发行了一期30年的超长期国债;国家开发银行在上半年也增发了30年期金融债。今年银行间市场发行的债券仍以中期品种为主,10年期以上的长期债券共发行了4期,面值合计505亿元,占今年银行间市场债券发行总量的7.72%;1—10年期(含10年,不含1年)的中期债券共发行了28期,面值合计5122.76亿元,占今年银行间市场债券发行总量的78.36%;1年期(含1年期)以下的短期债券共发行了8期,面值合计910亿元,占今年银行间市场债券发行总量的13.92%。

从计息方式看,今年固定利率附息债券仍然是主流品种。相比去年,今年贴现债券或零息债券发行量增多,这与银行间市场投资者构成日趋多样化以及市场对短期债券的需求不断上升有关。全年银行间市场固定利率附息债券共发行4872.76亿元,浮动利率债券共发行455亿元,到期一次还本付息债券发行165亿元,贴现债券或零息债券发行1045亿元,分别占今年银行间市场债券发行总量的74.53%、6.96%、2.52%和15.99%。

在债券品种的创新上,国家开发银行继去年推出了一期投资人选择权可赎回债券后,今年不仅又推出了一期投资人选择权可赎回债券,而且还推出了三期发行人选择权可赎回债券,继续探索和推动含权债券品种的发展。此外,国开行还推出了两期可进行本息分离的附息债券和两期一年期以上的零息债券等创新品种,为债券市场的创新进行了有益的尝试。但由于目前机构投资者参差不齐,对于创新品种的合理定价尚需过程,因此创新品种上市交易后不够活跃。

截止到12月31日，在中央结算公司直接托管债券180只，面值达到28273.88亿元。其中在银行间债券市场流通的债券托管总量为25524.99亿元，比上年增长27.33%；在中央结算公司开户的结算成员单位已达951户，比上年的开户数增加了43%。

【债券交易结算】 2002年银行间债券市场的交易结算颇显活跃，债券单边交易结算量又迈上一个新台阶，突破10万亿大关，达106294.69亿元，比2001年增长了160%。全年的交易结算情况主要特点是：

回购交易量大幅增加，回购利率先降后升 今年债券回购继续保持了快速增长势头。回购首期结算69178笔，结算量101954.39亿元，分别是2001年的1.92倍和2.54倍。上半年回购首期结算30229笔，结算额为43433.85亿元；下半年回购首期结算38949笔，结算额为58520.54亿元。下半年回购交易量明显比上半年增加。

2002年全年回购平均利率为2.117%，与去年全年2.495%的回购利率相比降幅达15.15%，但上下半年有别。上半年，回购利率承接2001年年末跌势一路下行，至2002年6月底，月加权平均回购利率已降到2.198%，7天期回购利率最低已达1.89%，与人民银行准备金存款利率持平。自7月初开始回购利率开始回升，月加权平均回购利率到10月底已达2.286%，至12月回升至2.364%。就具体的回购品种而言，全年11个期限品种回购利率与2001年相比大幅下跌，下跌幅度最大的为6个月期限的回购品种，跌幅达24.95%。全年回购利率最低值为1.89%，最高值为2.95%。

与此同时，回购利率的升跌变化对货币供求状况和利率预期变化的反映更为积极，并表达出了市场对公开市场业务操作的快速敏感反映。从一定意义上讲，在利率尚未完全市场化和国债收益率曲线因国债期限结构品种不全而尚难成为基准的情况下，已经完全市场化了的银行间债券回购利率，作为无风险收益率，一定程度上具有基准利率的作用。上下半年回购利率变化的迥异也充分表明，回购利率作为一个市场化的短期利率能客观真实反映货币市场资金变化情况。

现券交易表现趋于活跃 本年度的现券交易是银行间债券市场的一个亮点。今年现券交易结算量迅猛增加，债券价格波动明显，收益率曲线平稳移动，上下半年行情明显相背。本年度现券市场行情呈现如下几个明显特点：

一、交易结算量大幅增加。全年现货交割7205笔，交割量4340.30亿元，较去年增加122.46%。截止12月31日，全国银行间债券市场债券存量品种共180只(含企业债)，其中可在银行间债券市场流通的债券总数为132只，全年共有110只现券发生交易；现券交割量占整个托管量比重为16.99%，占本年度债券交易结算总量的比重为4.08%，这一比重高于2001年的2.06%和2000年为3.95%的水平。相对于132只可流通的债券券种、25525亿元的债券托管余额而言，今年的现券交易表现仅相对活跃，但这相对于以往已是一个很大的进步。

本年度债券市场经历了有史以来较为火爆的行情。全年流动性最好的三只券种及其交易结算量和结算笔数分别为：02国债01，186.16亿元/296笔；01国债14，183亿元/234笔；02国债02，167.6亿元/287笔；最高价与最低价差幅最大的券种为01国开21，该券种也是全年交易最为活跃的超长期券种。尽管下半年债券行情有所调整，但就全年而言，个券价格行情仍好于2001年。至年底，债券价格水平经过一波“n”形整理又回到年初水平。

二、债券收益率曲线变动明显，但上下半年变动不同。全年看，收益率曲线整体下行走势十分明显。上半年在降息作用带动下，银行间债券收益率曲线明显平行下移，且幅度较大，表明债券价格调整是整体进行的，即价格整体上涨。下半年，收益率曲线开始回移，但回移幅度低于上半年的下移幅度，且除7月、8月收益率曲线表现整体平移回升外，其余月份收益率曲线变化并非是整体平行回移，而是短期收益率回升幅度较大，至年底已接近去年同期水平。这意味着在下半年的现券行情调整中，不同期限的债券价格调整幅度不同，市场对于未来利率走势的预期是存在分歧的。

今年银行间债券市场与交易所债券市场现券行情调整存在较大差异。与银行间债券市场行情调整不同，交易所债券市场行情的大幅调整是从9月底开始的，晚于银行间市场三个月，其标志是从02国债13上市首日开始调整。

三、债券市场风险在本年度得到显现。本年度机构投资者对于债券市场风险的理解相信会比以往年度深刻。下半年现券行情的快速调整，给很多以“短炒”为主要目的的“游资”和投资者以惊醒，以“短期行为”、“持券待涨”的理念进行债券投资，显然不符合债券这类固定收益工具本身的特点。市场风险的显现，有利于投资者走向成熟并引导债券合理定价，这对今后债券市场的发展不失为一件好事。

四、一些带有衍生性质的交易方式不断出现。债市风险的增加，使债券的投资者产生了对风险控制手段的需求，并积极努力探讨控制风险的各种方法。由于现有的债券交易方式规定只能进行现券和封闭式回购交易，因此一些非标准的衍生交易方式或交易品种不断出现。这些非标准的衍生交易方式尽管能在一定程度上达到避险之目的，但由于缺乏规范的管理必然在避险效果上存在不足，并且有可能形成新的风险。由中央国债登记结算公司公布的债券指数揭示，2002年全年，中国债券市场总指数由年初的100.18点升至6月底的104.64点，年底回调到101.36点；而银行间国债指数则由年初的100.12点升至6月底的104.12点，年底回调到101.74点；固定利率金融债指数由100.58点升至6月底的109.81点，年底会跳到103.96点。就指数所显示的回报率而言，显然金融债券提供的回报率高于国债回报率(不考虑利息免税因素)。

财政政策与货币政策协调配合的重要性凸现 债券市场目前已成为货币政策和财政政策共同联系的主要场所，利用债券市场筹集财政建设资金和进行以公开市场操作为主要手段的货币政策调控在本年度力度均得到加强，也备受关注。以筹集建设资金为主的国债发行，更多考虑既迅速募集到足量财政资金又降低筹资成本的需要，同时兼顾效率与成本有时难以做到两全，本年度无论是银行间还是交易所债券市场均出现了国债未招满的情况。而以调控货币供给量为主要目的的公开市场操作，又必须根据外汇占款情况和信贷情况适时进行货币调控。本年度人民银行在银行间债券市场开展以回购和现券买(卖)断方式进行的公开市场业务操作共48次。公开市场业务操作尽管目标不在债券市场，但其对债券市场的影响是客观存在的。当央行对冲外汇占款而回收资金时，仍会影响投资机构对未来利率水平的预期，公开市场操作处于两难。债券市场作为财政政策与货币政策协调点的功能越来越重要，这种协调配合的重要性，既体现在一级市场的国债发行，也体现在二级市场的国债交易。本年度二者协调配合的重要性受到社会的普遍关注。

【市场建设】 今年是银行间债券市场创新力度较为突出的一

年，过去讨论多年的措施和方案在本年度均得以出台，一个涵盖各类型投资者的统一的场外债券市场框架已基本形成。

1. 银行间债券市场由过去的审批制改为备案制。今年4月，中国人民银行发布了2002年第5号公告，对金融机构进入银行间债市实行准入备案制。准入备案制的实施，简化了行政审批程序，为各类金融机构进入市场提供了便利。

2. 商业银行债券柜台交易推出。酝酿和开发测试已久的商业银行债券柜台交易终于在今年6月推出，这一措施有助于拓展债券发行渠道，有利于满足个人和企业投资者对债券投资的需求，而且打通了个人和企业间接进入银行间债市的通路，拓展了银行间债市的覆盖空间。相信随着广大投资者对于固定收益工具的熟悉程度的加深，随着柜台交易试点范围的扩大及可上柜台交易的券种的增加，这一惠及广大普通投资者的理财场所必将会活跃起来。

3. 银行间债券市场向社会全面开放。10月份人民银行公布了39家开办债券结算代理业务的商业银行，允许其与非金融机构委托人开展现券买卖和逆回购业务。非金融机构通过结算代理业务进入了银行间债券市场，改变了银行间债券市场参与者构成，使一个统一的包含各类型机构投资者的场外债券市场框架基本形成。　（中央国债登记结算公司研发部）

中国票据市场

2002年，我国票据市场在不断完善中国货币市场、弥补资本市场融资不足、扩大企业投融资，以保证国民经济稳健发展的过程中发挥了重要作用，同时，票据市场在制度建设、市场规模、交易品种上都有了新突破。

一、票据市场在金融市场中的基础地位更显突出，票据业务逐渐成为商业银行调控各项经营指标的重要工具

今年来，各家商业银行普遍提高了对票据业务重要性的认识，纷纷利用票据承兑、贴现、转贴现及回购来调控其存款、贷款规模和资产结构等多项经营指标。尤其是转贴现回购业务，由于其交易简单、期限价格灵活等特点，在调整商业银行的资金余缺与规模等经营指标中发挥了其它任何金融资产所无法比拟的作用。票据业务已成为商业银行继债券投资之后，推动业务多元化发展和强化资产负债管理的又一突破口。

二、票据业务量继续保持强劲增长势头，市场规模逐步扩大

票据市场在经过1998年至2000年的快速发展和2001年的规范整顿之后，逐渐进入良性、健康的发展轨道。今年票据承兑和贴现业务较上年有大幅增长，特别是转贴现业务量增长迅猛。仅今年前三季度，承兑汇票余额就达6300亿元，比年初的4400亿元增长了43.18%；截至2002年11月末，贴现和转贴现余额高达5400亿元，比年初的3000亿元增长了80%。同时，票据业务覆盖面进一步扩大，规范化管理进一步加强，票据市场已成为央行调控宏观经济不可或缺的重要手段，有力地促进了国民经济的进一步发展。尤其值得一提的是，转贴现的活跃弥补了再贴现萎缩导致的市场资金不足。由于调高了再贴现利率，使再贴现率与贴现率之间的利率空间大为缩小，甚至低于目前转贴现的利率水平，资金的趋利性使商业银行通过向央行申请再贴现来扩展贴现业务的动因减弱，并由此激活了商业银行通过票据转贴现进行资金调剂和周转的内在动力，一些资金实力有限的金融机构在资金紧张时，纷纷转向转贴现，使反映商业银行间票据交易活跃程度的转贴现业务空前活跃。

与此同时，各地商业银行还加大了对商业承兑汇票业务的推广。像人行绍兴市中支今年就做了两件事：一是与人行杭州中支及宁波市、湖州市中支共同探索建立商业承兑汇票再贴现试点联合区，对联合区内签发的商业承兑汇票，四地金融机构均可办理贴现、转贴现和再贴现。二是将商业承兑汇票试点企业由去年的38家增加到今年的111家。通过这项工作，改善了当地企业的信用意识，为货币政策的顺畅传导奠定了良好的微观基础。

三、票据市场为中小商业银行进行规模扩张发挥了重要作用，商业银行票据市场集中经营理念得到全面推广

今年，票据市场的充分发展为中小商业银行进行规模扩张提供了契机。一方面，中小商业银行可以通过票据市场融入较低成本的资金，以增强其竞争力；另一方面，可以灵活签发商业票据获取一定的存款保证金，进而扩大其资产负债规模；再者，中小商业银行通过票据市场，进行业务创新，规避利率管制，从而获取了更多优质贷款客户。

另外，今年工行票据营业部成功运营一年后，自9月份开始又先后经央行批准在北京、天津、沈阳、郑州、西安、广州、重庆建立了七个票据营业分部。受其影响，各家商业银行纷纷在各地分支行建立起票据中心这样一个操作平台，实行专业化、集约化管理。另外，各家商业银行还扩大了部分中心城市分支机构的票据业务权限，在一定程度上促进了区域性票据市场的形成。目前，广东、上海、北京、江苏、浙江等五省市的票据融资量已占到全国的一半左右。现在，通过成立票据中心等专营窗口推动票据业务集中经营，已成为商业银行的普遍选择。

四、票据市场经营行为与监管进入理性思考，法规建设更趋完善

今年央行先后在全国组织央行各分支机构和各银行、非银行金融机构举行了十多次票据业务研讨会，尤其是以今年3月在北京举行的“2002中国票据业务高层论坛”为契机，使监管者与被监管者之间进行充分对话与交流，从而使各市场参与主体对如何稳健发展符合中国国情的票据市场达成广泛共识。央行为确保宏观经济持续协调增长，去冬今春，又出台了商业银行承兑业务要纳入比例控制、票据贴现不再计入存贷比例和大幅上调再贴现利率等政策，进一步规范和支持了商业银行票据业务的发展。同时，央行通过大力整肃市场秩序，加大了对违规行为的打击力度，通过对无指定用途融资性票据的查处，有效抑制了信贷资金违规流入股市现象的发生，票据市场风险得到控制，票据业务的政策环境和市场环境得到空前改善。

五、票据市场的健康发展促进了我国利率市场化改革，票据业务创新成为金融创新的新亮点

按照我国利率市场化改革的制度安排，先放开货币市场利率，再放开贷款市场利率，最后放开存款市场利率。目前，我国货币市场利率已基本市场化，而当票据融资占到银行与企业间间接融资的一定比重时，贷款利率因为票据融资的广泛运用并与货币市场利率相挂钩也已在悄无声息地市场化了。贷款利率市场化又倒逼商业银行对负债业务利率进行市场化管理。因此，利率市场化天然地选择了票据这一融资工具作为其最佳载体。事实上，由于票据业务竞争激烈，转贴现利率已实现市场化并基本接近同业拆借市场利率水平。此外，票据贴现利率在再贴现基础上加点浮动，转贴现利率随行就市，这种市场化定价机制的初步形成，不但促进了金融资源的优化配置，而且为人民币利率市场化改革的全面推进提供了宝贵经验。

今年来，我国票据业务创新初见端倪，先后出现了民生银行的票据贴现买方付息，招商银行的企业贴现回购、商业汇票保证、贷款协议回购等。另外，还有些商业银行正积极试办大额票据抵押分拆和融资租赁协议回购等各种金融资产票据化业务。一旦我国商业本票立法，票据创新必将成为金融业务中最活跃的金融工具。这也符合了票据业务历来是西方经济发达国家最具创新功能的金融工具一说。走创新之路提高竞争力，已成为各家商业银行开拓票据市场业务的"杀手锏"。

总之，票据市场经过近几年的快速发展，尤其是近两年的规范发展，日益显露出勃勃生机。全国银行间的资金供求通过票据贴现、转贴现（含回购）得以实现，企业与银行间的间接融资更加便捷、多样，企业与银行资产的流动性进一步增强，货币市场、资本市场、企业与银行间的间接融资市场之间逐渐形成了良性互动。全国金融市场的大资金、大流通、大市场格局逐步形成，相信明年，票据市场的发展必将对我国国民经济增长起到更为重要的作用。（李倩）

入世后中国金融业的发展趋势

中国金融业对外开放环境是我国改革开放基本环境的重要组成部分，入世开放承诺是我国金融业长期以来对外开放的继续、深入和飞跃。入世给我国金融业带来了新的发展机遇，有利于促进中资金融机构改革，提高中资金融机构的竞争力；有利于中资金融机构开拓国际金融市场；有利于改善我国的投资环境。但是也使我国金融业面临一些严峻的挑战。因此，要认真研究入世承诺，从环境的角度，加快金融改革开放步伐，尽快提升我国金融业的整体竞争水平。

一、入世以来金融业开放的态势

目前，中国现代金融市场环境基本构成，取得了举世公认的改革实效，经受住了东南亚金融危机的考验，也确保中国经济在世界经济低谷时实现8%以上的平均增长速度。据IEC模型分析：入世和人民币资本项目的开放是表明在若干年内，中国金融业对外开放将在扩大开放地域、放宽市场准放入条件、扩大外资金融机构业务范围、允许外资金融机构向中国公民提供服务和人民币可兑换等方面，在一定时间内全面开放。这就要求中国金融服务业紧跟中国经济的发展和经济全球化的步伐，以"建立在国务院领导下，独立执行货币政策的中央银行宏观调控体系；建立政策性金融与商业性金融分离，以国有商业银行为主体、多种金融机构并存的金融组织体系；建立统一开放、有序竞争、严格管理的金融市场体系"市场环境目标，积极稳妥的加速金融体制、信贷管理、金融业股份化与证券化、利率市场化和汇率国际并轨等五项环境内容，才能提高中央银行的监管水平、增强商业银行的经营水准、使国内金融机构的竞争力与国际金融市场的竞争和世界经济的发展相适应等。

中国在加入世贸组织的努力过程中，做出了一系列关于开放金融服务业的承诺，目前正在逐步兑现这些承诺。新的《中华人民共和国外资金融机构管理条例》已于2002年2月1日起发布施行。该条例根据入世承诺修改了四个方面的内容：

1、取消外资金融机构设立的地域限制、提供外汇服务的对象限制、人民币业务主场准入的规模数量指标；放宽设立中外合资银行或合资财务公司中方合作伙伴的限制；增加外资金融机构经营人民币业务的有关规定，并统一了本外币的业务范围。

2、调整外资金融机构从中国境内吸收的外汇存款不得超过其境内外汇总资产的比率；取消对外资金融机构人民币业务资金来源与其外汇资金来源挂钩的限定；增加了外资金融机构业务范围调整、股东变更等重大事宜需经中国人民银行审批。

3、授权中国人民银行根据需要，提高注册资本或营运资金的最低限额，并规定其中人民币份额，改变对资本充足率的规定形式；增加外资金融机构外国出资者受到所在国家或者地区有关主管当局的有效监管和所在国家或地区有关主管当局同意其申请的规定；增加申请设立外资金融机构须满足中国人民银行规定的审慎性条件的要求；改变外资金融机构对一个企业及其关联企业信用集中度的衡量标准，明确流动性比例要求。

4、规定外资金融机构注册资本应为实缴资本，统一中外资金融机构设立的审批程序，要求外资金融机构增开新的业务品种须经中国人民银行审批；取消外资金融机构的投资总额不得超过其实收资本加储备金之和30%的限制。

随着管理条例及其细则的实施，宏观环境的改善，在华外资银行已不断得到发展。同时，银行监管明显加强，监管水平不断提高。已实现了以合规性监管为主，向合规性监管与风险监管并重的转变；并实现了主要对银行分支机构多层次监管向加强对法人集中统一监管的转变；还实现了以现场检查为主，向现场监管与非现场监管并重的转变；推行了贷款质量五级分类管理办法。

在入世后较长的时间里，中国仍将对银行、证券、保险实行分业经营、分业监管的体制。特别是要防范道德风险，建立良好的信用环境，健全法律体系，保护债权人利益，加快国有商业银行改革，提高商业银行防范和控制风险的能力。我国将进一步完善汇率形成机制，积极稳妥地推进人民币资本项目可兑换。

二、中国金融业近年来的重大改革与职能转变

事实上，为入世我国实行以市场供求决定为基础的、有管理的浮动汇率制度，人民币汇率保持了长期的稳定，这对促进我国改革开放和亚洲乃至世界金融稳定都发挥了重要作用。

1、积极建立现代金融制度，稳妥地推进体制改革。深化中央银行管理体制和国有商业银行经营管理体制改革，落实分业经营，分业管理，不断完善提高金融宏观调控水平和银行监管专业化水平。强化了金融监管职责；推进国有商业银行改革并取得重大进展；对银行、证券、保险及信托实行分业经营、分业管理。在运行制度上，实行资产负债管理和风险管理；改革和完善了存款准备金制度；采取坚决措施使金融机构与所办实体彻底脱钩；对存在严重风险，不能支付到期债务的金融机构实施关闭，还有特别重要的一点，中央金融工委的成立，从党的建设方面为更好的发挥金融监控作用创造了条件。

中国金融业在进行内部改革的同时，按照循序渐进的原则，全面提高了我国金融业对外开放水平，主要表现在：面对世界上一些国家和地区出现的金融危机，中国政府采取了高度负责任的态度，为稳定亚洲金融市场发挥了重要作用，距保持人民币稳定，逐步使人民币成为可兑换货币的外汇体制改革目标越来越近，目前正在积极创造条件，为实现人民币的完全可兑换而努力。

2、拉动对外贸易迅速增长。我国外贸依存度在38%以上。外资进入农业、制造业和服务业等几乎所有产业领域，遍及31个省、市、自治区；外资占社会总投资达16%，资本依存度12.86%；流入我国的外地人直接投资流入发展中国家总额的40%,我国今年是最大的外资流入国。

3、证券融资等多种形式的对外筹资工具、筹资方式和筹资手段稳步发展。创造了B股、H股等融资工具,探索了BOT等筹资方式;金融机构多次在国际债券市场发行债券,企业海外上市从香港逐步扩展到新加坡、纽约、伦敦等股票交易所。

4、金融对外开放程序逐步扩大。为进一步扩大金融业的开放,在已开放的17个沿海城市基础上,再开放一些内地城市允许设立外资金融机构。开放对外资金融机构经营业务的限制,在进行外汇体制改革的同时,允许部分外资金融机构进入银行间外汇市场做自营业务,并允许这些金融机构向客户做结汇业务,即客户把出口收入的外汇卖给外资金融机构,外资金融机构向客户提供人民币资金,而外资金融机构的人民币资金来自他们在外汇市场的卖支外汇,逐步向外资金融机构开放本币业务。

5、关税水平逐步下降。中国政府已经承诺到2005年将平均关税降低到10%。我国积极参与国际金融事务,维护国家经济金融安全,促进亚洲和世界金融稳定,先后为东南亚危机国家提供40多亿美元援助,督促日美两国政府共同干预日元汇率,承诺人民币不贬值。积极稳妥地推进我国金融业对外开放步伐,中国人民银行已决定取消外资银行在华设立营业性分支机构的地域限制,从现在的上海、北京、天津、深圳等23个城市和海南省扩大到所有中心城市,并批准美国多家大银行的代表处升格为分行,批准多家外国银行的深圳分行经营人民币业务。在保险领域,允许4家外国保险公司设立分公司或设立合资企业。根据协议,我国将在2005年之前允许外商独资 银行经营银行零售全方位服务业务,并允许外国银行在2005年之前开办人民币业务,允许外国保险公司拥有50%的股权,并增加设立外国银行和保险公司的城市。外资银行和保险公司的进入,将促使我国金融业加快改革步伐,改善服务质量,提高竞争能力,推动我国金融业整体素质的提高。我国没有开放外国银行向中国汽车业提供贷款的业务。我国证券市场也没有向外国证券经纪公司开放。我国证券业要抓紧时间,提高整体素质,按国际竞争的水准调整自己的环境,以迎接未来面对外国大投资银行的竞争和挑战。

6、当前制约中国金融业开放环境的若干问题 。我国已实现了人民币经常项目下的可自由兑换,但开放资本项目下的兑换是大势所趋。随着中国金融业的不断完善和对外开放力度不断加大,虽然中国金融服务业与《服务贸易总协定》和《金融服务协议》的要求越来越近,但是越接近越要积极稳妥的改革。由于随着经济全球化的发展和入世的全面兑现,改革已经成为国际银行、证券和保险等金融业的主题与赢得竞争优势的重要手段。其环境走向:一是收缩新兴市场和全球固定收入债券(较高风险的垃圾债券)业务,专注国内业务,出售非核心业务;二是银行与基金、保险公司等合作,拓展资产管理业务;三是调整银企服务、开拓资本市场业务和发展消费融资业务来稳定盈利,并通过兼并活动加强扩张。当前国际金融服务贸易主要通过“商业存在”、“过境贸易”(如去国外培训金融专业人员)和“人员移动”(如派遣金融专家去境外提供服务并收取酬金等)。按照金融服务协议,金融服务是由一成员方的金融服务提供者所提供的任何有关金融方面的服务,综合起来,主要包括保险及与保险有关的服务和银行和其他金融性服务(不包括保险)。银行和其他金融性服务(不包括保险)包括:受公众储蓄和其他应偿付的资金;各类借贷,包括消费者借贷、抵押贷款、信用贷款、代理和商业交易的资金融通;融资性租赁;所有的支付和货币交换服务,包括信贷、应付项目和借方信用卡、旅行支票和银行汇票;自有帐户和消费者帐户的交易,不论是兑换、证券经纪人、市场交易和其他方式,包括:(1)货币市场证券(包括支票、汇票、储蓄单);(2)外汇;(3)派生业务,包括期货交易和期权交易,但不局限于期货交易和期权交易;(4)汇率和利率凭证,包括互换交易,远期汇率协议;(5)可转让证券;(6)其他可转让票据和金融资产(包括金银);(7)参与各类证券的发行,包括认购和代理服务(不管是公开的,还是私下的)及有关发行服务的提供;(8)货币代理等。

据IEC模型分析,入世后中国金融开放环境任务内容是:深化中国金融体制改革,建立具有中国特色的现代金融制度;加快中国金融业开放进程中的信贷管理改革;金融企业股份化和证券化;人民币可兑换;人民币的利率市场化;人民币实行有管理的浮动汇率;建立具有中国特色的金融壁垒和人民币国际化等。中国金融市场体制的不断完善和对外开放力度不断加大,使得中国金融开放与IMF的有关条款,及其WTO的《服务贸易总协定》和《金融服务协议》的要求越来越近。

(王宪磊)

中国金融资产管理公司运作思考

为了防范并有效化解国有银行长期积累的巨额金融不良资产的潜在风险,中国政府于1999年起陆续组建了信达、长城、东方和华融四家金融资产管理公司,集中处置从国有银行剥离的1.4万亿元金融不良资产。几年的运作实践表明,这是中国金融体制的一项重要改革,也是化解金融风险的一项战略举措。

为了化解银行体系的巨额不良资产,中国政府在借鉴世界各国经验的基础上,组建了四家金融资产管理公司,专司处置银行不良资产之职。

一、中国金融资产管理公司的核心业务定位

从过去三年的实践来看,中国金融资产管理公司不仅在短时间内完成了机构组建、不良资产接收等工作,而且还积极探索和科学设计了资产评估办法,并在分类分析的基础上,按照国家赋予的“两个使命”的要求,努力尝试各种不良资产处置方式,收到了预期的成效,为全面化解金融风险、推动国企和银行改革奠定了良好的基础。与此同时,由于中国金融资产管理公司承担着特殊使命,国家也赋予了其比较宽泛的业务范围和相应的手段与功能,尽管实践中遇到了一些法律和体制障碍,但从总体上来看,资产处置进度比公司方案设计时考虑的进度要快得多。目前,大约1/3的资产已经通过债转股的方式得到了初次处置,借助其他手段处置的资产,进展也较快。由此就面临一个资产管理公司未来怎样发展的问题。

由于信息不对称和理解角度的差异,目前各个方面对资产管理公司的议论很多。(1)认为资产管理公司的使命是化解金融风险,必须尽快处置接收的不良资产,因而资产管理公司业务运作的重点应该是采取各种有效手段迅速变现,优先使用拍卖、折价出售、分包、委托等手段,争取在尽可能短的时间内完成资产处置任务,然后清算注销。(2)认为资产管理公司是以保全资产、最大限度减少损失为目标的,因而资产管理公司业务运作的战略选择应该是商业银行资产保全功能的专业化延伸,对资产管理公司存续期不应有硬性规定,经营计划管理上不应有年度现金流的设置,避免行为短期化。(3)认为中国金融资产管理公司有着特殊使命,即在化解金融风险的同时要同步推进国有企业改革和重组,因而在业务战略的选择上不应该简单行事,而应该在对不良资产进行科学分析分类的基础上，区分不同性质的资产，分别采取相应的止损战略和提升战略。

我们认为，将不良债权尽快处置变现，的确是从根本上化解金融风险的重要措施，在战略上不失为一种正确选择。但是由于中国国有银行的管理基础比较薄弱，加上银行不良资产的剥离采取了一些特殊的方式，使得资产管理公司接收的不良资产在质上存在很大差异。如果采取简单处置变现措施，是不可能达到最大限度回收资产价值的目标的，也不可能实现国有企业的重组改革。同时，如果只考虑避免即期资产损失，只采取当前不发生损失的保全和正常清收措施，实质上是把资产管理公司当成银行来办，不仅有悖于宏观决策的初衷，而且最终损失可能会更大。因此，综合考虑国内外形势、市场状况、资产管理公司具有的资源优势、政策手段以及长远发展需要，我们认为中国金融资产管理公司运作与发展的核心业务定位是：以最大限度回收资金、提升资产价值、减少损失为根本目标，以重组业务、资产管理业务为重点，确立资产重组和资产管理的市场专家地位，逐步发展成为以处置银行不良资产为主业、具备投资银行功能和国有资产经营管理功能的全能型资产管理公司。

中国金融资产管理公司的上述核心业务定位是可行的。(1)宏观经济形势的好转、行业景气状况的回升，为处置不良资产、提高回收率，以及获取股权收益和阶段性持股的退出提供了难得的机遇和有利条件。同时，资本市场规模的进一步扩大，既为资产管理公司阶段性持股的退出及战略投资者的进入提供了最为有效的途径，同时也为开展重组业务、证券承销业务提供了较为广阔的运作空间。(2)国民经济和社会发展第十个五年计划中关于对经济结构进行战略性调整的政策，使资产管理公司的地位得到提升，它将不仅仅作为不良资产的处置者而存在，还将是国家经济结构战略性调整政策的执行者。同时，这一政策也为处置不良资产、开展重组业务及管理、运营国有资本指明了方向。(3)国有企业的改革，特别是现代企业制度、企业法人治理结构的建立和完善，给资产管理公司开展财务顾问业务提供了十分广阔的舞台。资产管理公司可以利用自身在信息、管理、财务等方面的优势，为企业提供包括发展战略、股份制改造、发行上市、资产剥离、资产证券化、购并、财务管理、资产管理、投融资的市场化安排等方面的咨询服务。(4)宽泛的业务范围以及法律、税收等方面的政策支持，使金融资产管理公司拥有了优于国内一般投资银行机构的业务手段，为全方位开展业务提供了保证。(5)中国金融资产管理公司自成立以来，已经掌握了一定的技术，积累了一些经验，聚集了一批人才，形成了一套较为完整的制度，为今后的发展打下了良好的基础。今后几年，将是国家实施“十五”计划，推进经济和社会发展，进行国民经济结构战略性调整，完善市场经济体制和扩大对外开放的重要时期，也是资产管理公司完成双重使命的关键时期。

二、从实际出发，积极探索具有中国特色的不良资产处置规律

为了完成政府赋予资产管理公司的特殊使命，三年多来，四家资产管理公司从我国不良资产的特殊状况和市场特点出发，在广泛借鉴国际经验的基础上，围绕最大限度地减少损失、提高资产处置效率和资产回收率，进行了积极的探索。

为了最大限度地减少损失、提高资产回收率，对于有恢复和提升价值的资产，资产管理公司不仅通过债务重组、资产重组和行业重组等方式进行债权清收、资产管理和处置，而且还通过资产置换、证券化、上市承销等投资银行手段来提高回收率。

债权置换是一种价值止损和价值提升相结合的资产处置方式。债权置换的形式很多，其中应该把握的基本点，就是要判断债权置换以后，债权的价值是否得到提升，风险是否降低，是否有利于今后债权的进一步处置。只有作出这些基本判断，才能作出科学的决策。

最大限度提高不良资产处置效率和资产处置回收率，必须准确把握资产处置时机，选择适当的处置方式。为此，应该经常性地做好资产状况的分类分析工作。通过深入细致的资产分析分类，对那些加速贬值的资产，采取迅速止损措施进行快速处置；对于有提升价值的资产，则尽量通过各种重组方式加以处置，努力提高资产回收率。

值得注意的是，在开展各种新业务的同时，资产管理公司必须规范资产处置行为，防范道德风险，强化项目的管理。目前，金融资产管理公司都建立了以项目组为基本单元的资产处置实施体系和以资产处置审核委员会为核心的审批决策体系，两个体系构成了资产管理公司的资产处置组织架构。资产管理公司处置不良资产，坚持的一个基本原则就是公平、公正、公开、择优和竞争，在内部则实行"集体审查、分级批准、审处分离、上报备案"的办法。对资产处置的日常管理重点强调“审批和处置分离”、“评估和处置分离”，明确职责，强化内部控制和制衡。

所有资产处置以项目组为基本操作单位，由项目组负责制订项目处置方案，根据审批权限进入审核程序。审核委员会认真、独立履行审核职责，坚持审核标准、确保审核质量、防范各类风险。在审核工作中严格执行国家和公司有关资产处置的制度和政策规定，对项目方案的真实性、完整性、合理合法性进行严格把关，严肃审核程序和操作流程，防范和化解资产处置工作中可能出现的各种风险。在处置方案提交审核委员会进行集体审核过程中，任何个人无权干预审核程序，审核意见和审核结论均通过集体审议，采取会议形式一人一票、独立记名表决，经到会法定人数的2/3(含2/3)以上委员同意方能通过，每个审核委员必须独立承担审核责任并行使表决权力。在审核工作中坚持并遵循以下审核基本原则：(1)强制性原则，即所有的资产处置项目都必须经过审核委员会审核，不得例外；(2)审批和处置分离原则，即项目组成员只能介绍情况，项目审议表决时必须回避；(3)独立审核原则，即审核委员会实行会议集体审核制度，每个审核委员以记名方式独立投票表明各自意见，他人不得干预或代替发表意见和表决；(4)保密原则，即参加会议人员不得将会议讨论情况和审核结论对外泄漏；(5)授权管理原则，即办事处审核委员会和总公司审核委员会，根据各自的授权范围审核项目，审核工作对公司总裁负责；(6)监督指导原则，即及时检查、纠正公司系统资产处置审核工作中存在的问题，对公司资产处置审核工作的全过程实施监督，有效防范审批工作中的各种风险。

为了保证审核工作质量，防范处置风险，审核委员会在项目审核过程中，根据财政部《金融资产管理公司资产处置管理办法》的规定，始终严格坚持"公开、公平、公正"的原则。特别是对于向第三方出售资产的项目，在审批中通过坚持“三公”原则来发现市场价格、防范道德风险。在确保审核工作质量和效率的前提下，审核委员会积极探索审核工作的规律性，不断总结出针对不同资产类型和不同处置方式的审核要点，并注意在审核工作的实践中加以检验、完善和创新。(1)把握合法合规性，即项目处置是否符合有关法律法规，是否符合财政部等有关部门及公司的政策制度规定；(2)把握处置程序的透明度，要求资产处置和审批程序必须公开透明，防止内幕交易，也就是要满足公开、公平、公正的处置原则；(3)把握审计或评估的必要性和合理性；(4)把握资产处置定价依据的合理性，即处置资产的定价依据是否合理，是否符合市场价格和交易惯例；(5)把握项目方案的可行性，即处置方案的履约能力和履约保证措施是否落实，保证项目方案具有实际可操作性；(6)把握上报项目的方案最(次)优性，即通过对不同处置预案的多方案比较，进一步论证和说明上报审批项目方案的合理性。

三、不良资产价值评估是当前资产处置面临的最主要技术难题

通过三年的实践，资产管理公司积累了一些不良资产处置的经验，取得了一定的成效，但同时也面临一系列问题。从技术的角度来看，最主要的难题是不良资产价值评估问题。

中国金融资产管理公司所接收不良资产的特殊性和处置不良资产的外部环境，使得不良资产定价显得非常重要。在市场经济发达的国家，从事不良资产处置的金融资产管理公司一般通过市场交易的方式获取不良资产，再通过市场的方式出售这些资产，回收资金。由于这些国家有较成熟的外部市场，市场能够比较准确地给不良资产定价，外部中介机构的评估对于不良资产交易可能就不是那么重要。而在中国，四家金融资产管理公司管理的不良资产是按账面价值从四大国有商业银行收购的，接受时没有对其进行评估，缺乏效率的市场也无法为不良资产的处置提供公允价值。虽然银行不良资产转移到金融资产管理公司之前，对不良资产有一个损失的预计，不良资产转移到资产管理公司后，资产管理公司按照财政部的要求，结合债务企业的财务指标和非财务指标，采取信用评价法测算出每一笔不良资产的折扣和现值。很显然，由于外部环境和企业经营情况的易变性，通过这两种方法测算出来的不良资产价值都很难作为不良资产处置时的参考依据。

由于资产管理公司按账面值接受不良资产，国家也缺少对资产管理公司的考核依据，没有一个评价体系，因此也很难建立有效的激励机制。资产管理公司在具体处置不良资产时，也没有一个具体的处置定价参考系。这也许是目前在不良资产处置领域内道德风险使用频率较高的原因之一。在实践中，金融资产管理公司一般通过完善资产处置的操作规程、健全不良资产项目处置方案的审查审批制度来确定不良资产的处置价值。

为了提高资产处置审批决策的科学性，监管部门要求加强不良资产评估工作。金融资产管理公司一般在总部设立了独立的评估咨询部门，由于资产管理公司各办事处管理的不良资产数量和人员差别较大，在有条件的办事处设立了评估咨询部门，条件不足的办事处则由一个后台部门作为评估管理部门。考虑到评估工作专业性很强，资产管理公司评估力量有限，在管理和业务上需要借助外部力量。有的金融资产管理公司在总部及其办事处还准备组建评估专家委员会，由外部评估中介机构及国有资产管理部门有关评估师或专家组成，对金融资产管理公司的评估制度和业务提供咨询意见，协助做好内部评估工作和审核评估及咨询报告。

从实际情况来看，金融资产管理公司对不良资产处置评估和资产评估管理坚持了以下原则：(1)公正合理原则。资产处置评估和评估管理工作必须符合有关法律、法规和公司有关制度的规定，做到公开、公平、公正，客观、合理确定拟处置资产的公允价值。(2)实事求是原则。对每一个拟处置项目是否进行评估，是进行内部评估还是聘请中介机构评估，要根据处置项目的个体情况实事求是地确定，达到回收资产价值最大化、损失最小化的目的。(3)成本效益原则。对每一个资产处置项目是否评估，是进行内部评估还是聘请中介机构进行外部评估，必须权衡拟处置项目预计发生的评估费用、处置成本和处置收益来确定，对于预计项目评估费用与处置成本之和超过处置收益的项目原则上不进行外部评估。(4)评处分离原则。资产评估和处置相互分离、相互制衡。所有负责资产处置的业务部门一律不准参与资产评估工作，资产处置时的评估工作由评估管理部门负责。金融资产管理公司对不良资产的评估一般划分为内部评估、外部评估和不组织评估。内部评估的范围主要包括：以出租方式处置资产，已经经过评估的再次处置项目，评估管理部门认为没有必要委托外部评估的项目等。外部评估的范围一般包括：拟处置项目接收债权总额超过一定额度的债务重组、转让；以物抵债及实物资产的转让、置换、拍卖；债转股及其股权出售、转让、重组；利用外资重组和处置不良资产或转让资产给非国有单位，或与非国有单位置换资产等。对那些没有评估客体以及不符合评估合法性原则的项目，或者国家法律法规规定必须由特定受托人进行评估，或者按特殊行业或部门规定必须由特定机构进行定价过户的处置项目、法律诉讼项目，以及预计评估费用及处置成本之和超过处置收益的项目等可以不组织评估，采取会议进行价值判断的方式。

就目前的情况而言，实物资产和股权资产的评估不存在太多的技术问题，不良资产评估的难点在于债权价值的评估。由于国家有关部门对债权资产评估没有统一规范和成熟的方法，而债务人的情况十分复杂而且财务资料不全、信息失真等因素，使债权评估成为评估工作最大的难点之一。由于中国金融资产管理公司需处置的不良资产主要是债权资产，债权价值的评估又是一个重点问题。

实践中，考虑到债权资产评估的特殊性，金融资产管理公司对于债权价值的评估一般要求遵循以下原则：(1)审计、评估、咨询相结合的原则。债权资产评估原则上应当以财务报告审计为前提.以资产评估为基础，对企业的偿债能力和持续经营能力进行分析。(2)兼顾债务企业和债务责任关联方的原则。债权资产评估应当客观、全面地考察被评估债权的性质和现状，既要考察债务企业的偿债能力，也要考察保证单位和其他债务责任关联方的偿债能力，全面分析确定被评估债权的公允价值。(3)兼顾企业现有资产状况和未来经营能力的原则。必须从不同角度考察评估对象企业的偿债能力，既要考察企业以现有资产进行偿债的能力，也要考察企业持续经营并以未来经营收益进行偿债的能力，综合分析确定被评估债权的公允价值。

实际工作中，金融资产管理公司主要根据不同债务企业的实际情况分别采用假设清算法、收益偿债法和信用评价法等三种方法。

假设清算法，是指假设于评估基准日按照法定程序对企业进行清算，基于企业的整体资产，从总资产中剔除不能用于偿债的无效资产，从总负债中剔除实际不必偿还的无效负债，按照企业清算过程中偿债顺序，分析被评估债权在企业中的地位，测算被评估债权的可收回金额，得出被评估债权的公允价值的一种方法。

收益偿债法，是指对于仍有持续经营能力并能产生现金流的企业，依据企业近几年来的经营和财务状况，考虑行业、产品、市场、企业管理等因素的影响，对企业未来一定年限内的经营收益和生产经营成本进行合理预测分析，考察企业以未来收益的一定比例偿还被评估债权的能力，测算被评估债权可收回金额，得出被评估债权公允价值的一种方法。

信用评价法，是指通过对企业的财务指标和非财务指标的计算分析，评估企业的信用等级状况，根据信用等级状况和贷款形态计算被评估债权的风险度，在此基础上计算被评估债权的折扣率和可收回金额，得出被评估债权公允价值的一种方法。

一般情况下，对于有偿债资产的停产和半停产企业，可以采用假设清算法；对于有偿债资产的持续经营企业，上述三种方法都可以采用；对于财务核算比较规范、并能提供真实可信财务报表的企业，原则上都可以采用信用评价法。能同时采用两种以上方法进行评估的项目，可以根据实际情况选择其中一种最适用的方法进行评估，也可以采用两种以上方法同时进行评估，并对评估结果进行综合分析。（黄志凌、王维安）

中国金融系统的稳定和发展

创新的工具不应当像许多传统的金融避险工具那样，只能使经济处境好的社会成员得益，而是要能够保护普通百姓免于金融风险的打击。

自从1979年中国进入从计划经济到市场经济的转轨时期以来，中国国民经济的发展渐入佳境。特别是1997年中国共产党第十五次全国代表大会决定按照多种所有制经济共同发展的原则调整和完善所有制结构以后，经济发展出现了新的高涨。最近五年，在东亚和世界最大的经济体日本与美国相继发生衰退的情况，中国GDP每年平均增长7.7%，而且增长质量较之此前的20年有了明显的提高。看来，在最近的将来，比如说在三年到五年之内，我国实体经济的继续高速增长是可以预期的。

在看到实体经济一般状况良好的同时，还必须充分注意，我国金融系统，包括银行系统、证券市场和国家财政存在着重大隐患，即多年来积累起来的风险。在我看来，我国目前主要的金融风险来自以下的三个方面：(1)银行系统大量不良债务的积累可能引起的银行兑付风险；(2)前几年形成的股市泡沫不能维持可能引发的金融系统风险；(3)在改革利益结构调整过程中由于贫富分化、低收入阶层的最低收入和社会保障不能得到保证可能引发的社会风险。对于这些风险，国家必须采取有效措施来加以控制和消弭。反之，如果这些问题处理不好，将会危及中国在过去20余年取得的成就，损害今后长期稳定发展。

以下，就分别从这三个方面讨论风险积累的情况和可以选取的处理办法。

第一，目前我国金融风险主要来自银行系统，这是控制金融风险的重点领域。这是因为，银行信贷在企业融资总额中占90%左右；银行信贷的75%左右又是由四大国有商业银行贷出；而这些国有商业银行的制度迄今尚未得到根本改革；作为负有帮助国有企业任务的政府附属机构，国有商业银行在过去20年中积累了大量逾期贷款(NPL)。

针对这种情况，中国政府在1997年亚洲金融危机发生以后采取了一系列措施来稳定银行体系，防止金融危机。它们包括：(1)要求银行严格贷款审查，实行审慎经营，按五级分类法增加呆账准备金的拨备；(2)1998年发行2700亿元特别国债，用以充实商业银行资本金，使之达到巴塞尔协议对资本充足率的要求；(3)增加企业融资中直接融资所占比重，防止银行信贷资金违规流入股市，减少商业银行对股市的风险暴露；(4)2000年，由政府组建的四大资产管理公司(AMC)全价收购了四大国有商业银行的不良资产约人民币1.4万亿元。

但是，由于国有商业银行的企业制度和经营机制没有得到改革，到2001年，的它们的不良资产又积累到1.8万亿元，达到占全部贷款的26.6%的高水平，大大超过了四大商业银行的自有资本金。

近年来的经验告诉我们，控制风险措施没有收到预期效果的重要原因，是以国有银行为主的银行体系存在严重的制度性缺陷。针对这一问题，中国政府从2002年下半年开始采取了加快银行体系改革的措施，包括：(1)以中国银行（香港）为先导，四大国有商业银行将在今后数年中陆续重组上市；(2)11家股份制商业银行改组为股份有限公司(going public)，并在股权多元化的基础上建立有效的公司治理；(3)开放民营银行；(4)重组县域金融体系。

与此同时，中国政府已经决定银行监督机构从中国人民银行分拆出来，建立银监会，以便加强对银行业的监管。

第二，控制证券市场的风险。虽然曾经有过激烈的辩论，但是1988年6月～2001年3月的论著汇编《十年纷纭话股市》中提出的风险命题，现在已经不是一个理论争论的对象，而是我们必须面对的现实了。在泡沫已经形成的情况下，应当采取什么措施防止泡沫爆破导致金融系统的危机，我在《十年纷纭话股市》中也已经讲得很多，这里，我觉得有一些问题是值得强调的：

在解决由投机性泡沫造成的问题时，用关闭和限制的方法来干预市场决策不应当是决策的首选之举，因为资本市场的资源配置功能是决定性的，而任何为缓解泡沫而对市场采取干预会阻碍这种功能发挥作用。国家应付投机性泡沫的首要办法是采取鼓励交易的政策，使人们有更多的机会去参与更广泛和更自由的市场。通过设计更完善的社会保险制度和创立更好的金融机构来更有效地处理危机，获得好的效果。

我完全赞成通过金融创新来规避金融风险。这些创新的工具不应当像许多传统的金融避险工具那样，只能使经济处境好的社会成员得益，而是要能够保护普通百姓免于金融风险的打击。虽然由于中国的经济环境和金融发展阶段与美国有很大差别，在具体措施上也不能照抄照搬，但是应当遵循一种基本精神——促进“金融民主化”。

按照这种精神，我还想提出当前我国金融风险的第三个方面供同行们讨论。在我看来，目前我国金融风险不仅来自前面两个方面，还来自讨论得很少的一个方面，即社会上“弱势群体”，特别是国有企业的老职工和农村居民的职位、收入和劳保福利在整个社会向市场过渡过程中面临着巨大的不确定性。国家必须采取有力的措施来控制这种风险。

在过去五年中，我国政府已经采取一系列的措施来控制这种风险，例如在城市中采取了“三条保障线”的办法来保证居民能够得到最低的生活保障。有些省份（浙江），还把最低生活费保障办法运用到全体农村居民。

然而，最重要的还是要把城乡居民的基本养老保障和基本医疗保障体系建立起来。但是现在看来，不仅建立农村的上述两个保障体系的试点工作尚未摸索出在我国广大农村建立这种体系的路径，从1995年开始的按中共十四届三中全会要求进行的城市养老和医疗保障改革也进行得并不顺利。

在城市居民中，建立新社会保障体系的最大难点，在于老职工（包括已经退休的“老人”和工作多年、行将退休的“中人”）的“空账户”问题。如果不对老职工作出补偿，“做实”他们的账户，以个人账户为主的基本养老保险和医疗保险体系就难于建立。有人认为,它之所以成为难点是因为这项欠账数额巨大,总额以万亿元计,因而非国家财政所能承担。但是在我看来,财政能力不足并不是问题无法解决的理由,因为目前国家拥有近 10 万亿元的国有资产(加上国有地产就更远远超过此数),用以还老职工的欠账有余。更何况现有国有资产中有相当一部分本来就是由现收现付制的"劳保"体系下职工社会保障基金所形成的,将这部分资产通过社会保障基金理事会拨还给他们,于理于法都是应该的。

据中共"十六大"关于实行"国家统一所有,分级行使产权"的决定,目前正在研究讨论中央、省、地三级国有资产管理机构的组建和资产划拨问题。预计在"分级行使产权"的设想得到实现以后,不少地方政府会采用管理者买断(MBO)、向中外投资者转让产权等方式实行从竞争性领域的退出。如何在这类产权变动中保证起点的公正,是一个社会各界正在热烈讨论的问题。这里需要强调指出的是:在将国有资产划拨给三级国有资产管理机构和转让给企业的经理人员或企业外的投资者时,不能忘记首先应当归还对于国有资产重要的所有者——老职工的欠账。因此我强烈呼吁:在中央政府向各级国有资产管理公司划拨原来由国务院集中行使产权的国有资产之前,首先要切出足够的国有资产,用以偿还对老职工的社会保障欠账。否则,把现有资产全部拨给三级国有资产管理机构,由它们自主处理,将使政府失去处理广大老职工的社会保障欠账的最后一笔资源,从而留下了巨大的金融风险和社会风险隐患。在向三级国有资产管理机构划拨以前,将部分国有资产通过社会保障基金理事会,用以归还政府对老职工的社会保障欠账,正符合前面讲到的运用金融工具和金融机构创新来控制和消除金融风险的宗旨。

在深入分析的基础上,我提出关于金融新秩序的六项主张。

第一项　主张是拓展保险业的范围,建立生计保险(livelihood insurance)保护个人薪水所长期具有的风险,进而使保险业涵盖到长期的经济风险。

第二项　主张是关于宏观市场,建立一个涵盖整个世界各国的国内生产总值的市场、一个包容全球所有事物经济价值的市场。这个市场将在抵御风险方面更加具有潜在的重要性,将会给过热的股票市场减压降温。

第三项　是建立收入相关贷款(income—linked loan),允许借贷人有效地将自己未来收入的一部分或者与未来收入相关的收入指数卖掉。这可以为今天那些为生活穷困和破产所困扰的众多借款者提供保护。

第四项　是建立不平等保险(inequality insurance),通过重建所得税的累进结构,调整不平等的纳税状况。

第五项　是跨代社会保障(intergenerational social security),使其能够完全彻底地在不同代际之间分担风险,以成为真正的社会保险体系。

第六项　是建立国家经济风险控制的国际协议(international agreements),这种各国政府之间所签订的协议与私人金融协定很相似,但在空间和范围上大大超过后者。

前三项主张主要是针对私人部门。每一种行业——保险业、金融市场和银行业——都有自己的方式来对付道德风险、确定契约、挑选客户,根据自身独特的知识体系有着许多风险管理的方法,通过这些方法,金融得到了逐渐拓展和不断民主化。并且每经过一段时间,也都会有一些根本性的创新谨慎地建立在原有的方法之上。

后三项主张主要是由政府来推动。这是因为长期的风险管理需要一个稳定的法律秩序;也是因为多数的个人难以建立长期的风险契约;而且基础的制度必须建立在公共的利益上;主要的国际协议也需要与一系列的政府政策相协调。

虽然中国金融体系面临相当大的风险,但是,国家目前拥有为处理这类风险隐患所必须的资源储备。同时,金融体系的改善和经济增长的持续会使过去积累起来的风险因素逐步得到稀释和消减。在这种情况下,只要我们能够采取正确的方法,即运用金融改革和金融创新的方法来对付这些风险,它们便能够得到控制和逐渐消弭的。正如前面所说,金融改革和金融创新既是规避金融风险、稳定金融体系的主要途径,也是促进我国金融体系发展的最强大的推进力量。　(吴敬琏)

论金融风险和经济增长

【金融风险】　根据最新公布的数字,中国国有银行的坏账与GDP比差多在26—27%。如果加上从银行转到资产管理公司的1400亿元资产(扣除出售部分,还剩1300亿元),坏账总额大概占GDP的40%。可以说在银行的坏账方面,中国算是世界上最高的国家之一。我们常常称日本是深受银行坏账困扰的国家,但日本经济学家争论的是银行坏账比例究竟是6%还是10%或11%。

另一方面,单就名义上的政府债务而言,中国的政府债务可以说是属于世界上最低的之一。实施了四年积极的财政政策——每年发行1500亿特殊国债,到现在为止,中国的政府国债占GDP的比重不过16%左右(三月份人大公布的数字)。这在世界上几乎是最低的,在发展中国家更是如此。

如果将银行坏账和国债加到一起来分析,相对来讲,中国的国家债务比重并不太高,即使加上外债也是如此。通过亚洲金融危机可以看到,外债过高(韩国短期外债占GDP的比率当初将近40%、泰国近30%)是导致一国金融危机的主要缘由。中国的外债占中国GDP的比重是15%,其中还多是政府间长期债务,短期商业外债只占到GDP的1%(而当时东南亚各国的外债多是短期商业外债)。

银行坏账、政府债务以及外债,都属于国家债务,最终需要全社会来偿还。这三者累计起来,占中国GDP的60—70%。如果不算长期外债,则只有57—58%。这样的比例,应该说是在可以控制的范围内。

正因为这个原因,中国虽然有很高的银行坏账,但是却没有那么大的金融风险,仍在可控制范围之内。如果说中国有金融危机的话,也不是类似亚洲金融危机那样的外部风险,而在于内部,即银行坏账太多导致的信贷萎缩,这其实已经发生。这也是中国从1996年起出现通货紧缩的重要原因。

至于外在金融风险(对外支付危机)方面,从经济学角度来看,中国甚至是过度保险的。中国出口顺差每年超过200亿美元,经常帐户保持盈余,资本帐户上外国直接投资不断增长,并且外汇储备不断增加,已经达到2300多亿美元(今年有可能达到2600亿美元)。从经济学角度上讲,一个发展中国家是缺资金的国家,拥有如此数量的外汇储备并不合理,更多的是起到金融保险的作用。

现在,中国非国有企业创造全国将近70%的GDP,却只能获得大概不到30%的贷款。而国有企业目前创造全国30%的产值,却获得70%的金融资源。两者之间存在的差额是什么?粗略地说正是那40%的坏账。这种不合理的资源分配体制,导致金融资源分配出现扭曲和无效率。此外,资本市场从一开始就是为国有控股企业融资,而很少为民营企业提供融资渠道。

面对这么多的问题，中国金融改革的出路在哪？如果一方面能严格控制国有银行坏账的增长，一方面继续保持经济增长，并为金融资产寻找新的增长点，加快银行体制的改革，要消灭当前的坏账其实并不是很困难。如果我们能够使银行坏账不再增长，也就是绝对额保持目前的水平不变，而GDP每年增长8%，七年后坏账占GDP比重就会下降一半，十年下降70%。这也提醒我们，不要在不良资产的存量上做文章，比如债转股，而应该在金融资产的增量上做好文章，在流量上解决问题，这才是金融改革的出路所在。

【经济增长】 中国经济可以再高增长二三十年。下一步中国经济的发展趋势二三年应该是比较平稳增长的状态，既没有通货膨胀，也没有通货紧缩，增长率保持在8%左右，应该是比较持续、稳定发展的阶段。长期来讲，我仍然觉得还有很大的活力，只要我们体制改革继续走下去，只要我们还能继续采取比较灵活有效的宏观管理政策，我相信中国经济还有二三十年的高增长，至少说是20年的高增长，就是7%至8%左右的高增长。再有20年可能还不够，如果只是再有20年的高增长，中国也不能算是成功。韩国和台湾那么小一个经济，那么一点劳动力，它都能高增长40年，从它们经济起飞算起，我们起码应该高增长50年，从1978年算起，中国大陆比它们有更多劳动力的供给，有更大的市场规模，搞得好就是更长时间的高增长。也只有更长时间的高增长才能解决中国的问题，比如说农民进城的问题、工业化进程的问题，都需要很长的时间。

（樊纲）

深化金融改革
为全面建设小康社会服务

目前，经济发展中的诸多矛盾和问题，或多或少都与近几年来金融改革有些滞后，金融体制不够完善，金融机制不够健全有关。因此，要抓住金融这个现代经济的核心，金融搞好了，一着棋活，全盘皆活。

一、改革和完善农村金融体系，这不仅是加大对“三农”的支持力度，而且是增加农民收入，启动农村消费扩大内需的重要一环

首先，改革农村信用社要从我国农村的实际需要出发，研究一套稳妥、切实可行的方案。当务之急是有关主管部门要继续加强对农村信用社的管理和监督，用改革的办法千方百计把农村信用社搞活，提高经营管理水平，提高竞争力，采取有效的扶持政策，减少农村信用社的亏损和历史包袱，使大部分农村信用社摆脱困境、走向盈利，并不断发展壮大，成为名符其实的农村金融的主力军。要从全国各地不同情况出发，实行分类指导，采取多种模式改革农村信用社，全国不能一刀切。

其次，在改革农村信用社的过程中，可考虑重新组建县级金融机构，可供选择的办法有：(1)在经济发达地区，可以县为单位，组建股份制、单一制的商业银行，具体办法可以因地制宜，如把现有的国家商业银行的县级机构合并重组，鼓励民间资本参股等组成。(2)在农村信用社联社的基础上，组建股份合作制的县一级的金融机构。(3)整合农村邮政储蓄体系，明确规定在县以下地区吸收的存款，原则上还要用于县以下地区发放贷款。

第三，调整农村政策性银行的业务范围，农业发展银行除负责国家储备部分的粮、棉收购资金供给以外，可考虑把现有的农业银行的政策性开发贷款，划归农业发展银行，同时，国家对农业的政策性补贴和各种形式的支农资金都归口到农发行统筹运行。除加大财政投入和支持外，应该逐步形成以政策性金融引导商业性金融的投入。

二、发展城市中小金融机构，加强对中小企业的支持力度

在一些具备条件的中小城市，可以考虑允许组建中小股份制的金融机构，实行“自主经营，自担风险、自负盈亏、自我约束”。吸收的存款主要用于支持本地区的经济发展。这项工作可以从改革和完善现有的城市商业银行入手。允许引入绩优的上市公司、民营企业入股，改善股权结构，实施股权多元化，完善法人治理结构，把支持本地区的中小企业作为城市商业银行的重要职责。采取各种有效的措施，鼓励开拓新业务，为中小企业的发展提供方便、实惠、快捷的金融服务。要以法律法规的形式规范中小金融机构，保护中小金融机构的利益，对其贷款的方向和吸收的存款主要用于本地区经济建设等作出相应的规定。当地政府在一定时期内要给与税收、利率等方面的优惠，大力扶持中小金融机构成长壮大。要强调中小金融机构以服务于本社区为主，按照市场规律运作，实施优胜劣汰，鉴于这项改革涉及面广、情况复杂，必须先行试点，取得经验再行推广。

三、深化国有商业银行体制改革、稳步推行股份制

国有商业银行应分步骤进行股份制改造，逐步解决股权单一，提高资本充足率，建立良好的公司治理结构和有效的激励和约束机制，解决责权利不统一等问题。适应加入WTO后，国外金融混业经营的趋势，逐步改变我国目前严格分业经营、分业管理的模式，借鉴国外经验，探索在集团控股下，实施业务多样化战略，逐步过渡到综合化经营，扩大中间业务比重，建立表外业务体系，逐步向以利润为目标的经营机制转变。

四、发展直接融资，开拓货币市场、保险市场和资本市场有机结合、协调发展的新局面

直接融资与间接融资是密不可分的，直接融资建立在间接融资的基础上，没有间接融资的支撑，直接融资不可能持续发展，间接融资不与直接融资有机结合，必然面临难以控制的金融风险。货币市场、保险市场与资本市场本身是一个整体，他们之间存在着有机联系，不能人为的割裂开，只有把三者结合起来，才有利于储蓄转化为投资，不断扩大民间投资比重，才可能化解间接融资和保险市场封闭运行所造成的风险。要引导银行和保险资金合规入市，保持资本市场资金供求的平衡，可考虑扩大证券公司进入银行间拆借市场的规模和延长拆借期限，允许证券公司发行债券，允许组建证券融资机构，扩大股票质押贷款的规模，增加保险资金、社保基金进入资本市场的比例，培育商业保险、社会保障、证券投资基金等机构投资者，在推动货币市场、保险市场和资本市场结合的过程中，要加强银监会、证监会、保监会的监督管理工作，使之规范运行，并将资本市场纳入宏观调控的范围。（周正庆）

金融机构

中国工商银行

【概况】 中国工商银行成立于1984年，是中国最大的商业银行。通过近年来的改革发展，工商银行已步入质量效益和规模协调发展的轨道，截止2002年末，总资产近4.8万亿元人民币，占中国商业银行国内资产总和的四分之一，2002年当年创造经营利润449亿元人民币。中国工商银行拥有中国最大的客户群，约1亿个人客户和810万法人客户，全行2.2万多个营业网点和40余万名员工为客户提供优质高效的服务。中国工商银行实行统一法人授权的商业银行经营管理体制。中国工商银行的法人授权管理，是在总行一级法人统一管理下，在法定经营范围内对有关业务职能部门、分支机构及关键业务岗位授予具体业务权限，对各服务区域及客户规定最高信用控制额度，即以授权和授信为主要内容的内部组织管理制度，达到规范经营，增强防范和控制风险能力，提高集约经营水平和经济效益的目的。中国工商银行总行是全行的经营管理中心、资金调度中心和领导指挥中心，拥有全行的法人财产权，对全行经营的效益性、安全性和流动性负责。中国工商银行的主要业务包括：人民币业务：吸收人民币存款；发放短期、中期和长期贷款；办理结算；办理票据贴现；代理发行、代理兑付、承销政府债券；买卖政府债券；从事同业拆借；提供信用证服务及担保；代理收付款项及代理保险业务；提供保管箱服务。外汇业务：外汇存款；外汇贷款；外汇汇款；外币兑换；国际结算；外汇票据的承兑和贴现；外汇借款；外汇担保；结汇、售汇；发行和代理发行股票以外的外币有价证券；买卖和代理买卖股票以外的外币有价证券；自营外汇买卖；代客外汇买卖；外汇信用卡发行；代理国外信用卡的发行及付款；资信调查、咨询、见证业务。

【经营业绩】 2002年末，中国工商银行成为国内唯一一家存款余额突破4万亿的银行，贷款余额近3万亿元。工商银行的人民币结算市场份额为45%，在证券、期货市场上的清算份额保持在50%以上，2002年办理人民币结算业务100万亿元。在传统优势业务稳步发展的同时，新业务增势强劲。在个人住房按揭贷款、银行卡、资金营运、基金托管等业务领域，都居同业领先地位。2002年末中国工商银行个人消费贷款余额达3030亿元，个人住房贷款市场份额居国内第一；通过经营管理机制的改革，牡丹卡发卡量2002年末近8000万张，消费额685亿元；资金营运业务成为工商银行新的经营亮点，2002年全行累计实现票据交易8700多亿元、债券资产余额2002年末突破8000亿元，是国内债券市场的"领头羊"；工商银行还是国内最大的基金托管银行，截止2002年末，托管基金共20只，托管基金资产突破300亿元，连续5年处于同业首位。

中国工商银行具有国际先进水平的计算机网络和技术平台。2002年中国工商银行的三大科技工程取得丰硕成果，数据集中工程圆满完成，业务综合系统全面投产，数据仓库建设成效初显，大幅提升了工商银行经营管理和金融服务信息化水平，推进了商业化改革进程。在科技手段的有力支持下，工商银行各项业务不断创新。"银证通"、"银保通"、"汇款直通车"、"现金管理"、"个人支票"、"支票直通车"、保理业务、"理财金账户"、"金融e通道"、"汇市通"等新的金融产品、金融品牌不断推出；服务水平显著提升，实体网点与自助服务协调运行的格局已经形成，由自助银行、电话银行、手机银行和网上银行构成的电子银行立体服务体系日益成熟，2002年末银行卡跨地跨行联网通用和网上银行开通城市超过300个，网上银行个人客户达400万户，电话银行个人客户超过1000万户，2002年电子银行交易额达87000多亿元，网上银行交易额突破53000亿元。

中国工商银行是一家国际化的大银行。在全球各主要国际金融中心设有71家分支机构和控股银行，其海外代理行2002年末达1020家。2002年末中国工商银行外汇总资产499亿美元，全年的国际业务结算量1186亿美元。中国工商银行的经营业绩为世界金融界所瞩目。中国工商银行分别连续三次被著名财经杂志英国《银行家》和美国《环球金融》杂志评为"中国最佳银行"；《银行家》杂志按一级资本对全球1000家大银行进行排序，中国工商银行已连续4年入选前10名，连续5年在国内排名第一，美国权威财经杂志《财富》按营业收入对世界500强企业进行排序，中国工商银行已连续4年入选。

中国农业银行

【概况】 中国农业银行是四大国有独资商业银行之一，是中国金融体系的重要组成部分，总行设在北京。在国内，中国农业银行网点遍布城乡，资金实力雄厚，服务功能齐全，不仅为广大的百姓和客户所信赖，而且与他们一道取得了长足的共同进步，已成为中国最大的银行之一。在海外，农业银行同样通过自己的努力赢得了良好的信誉，被《财富》评为世界500强企业之一。截止2000年末，中国农业银行拥有分支机构5万多个，其中：一级分行32个，直属分行5个，总行营业部1个，培训学院3个；二级分行301个；支行级机构3280个，其中县(市)支行1687个。国内办理外汇业务的机构931家，与世界49个国家和地区的328家银行总行建立了代理行关系，并在新加坡、香港设立了分行，在伦敦、东京、纽约等地设立了代办处。全行员工总数50多万人。按照国际通行的审计标准，2000年末，中国农业银行各项资产总额2万多亿元，各项存款余额18162亿元，各项贷款余额14783亿元。

1994年适应中国经济和金融体制改革的新形势，中国农业银行在剥离政策性金融业务和其后与农村信用社脱离行政隶属关系后，加快由国有专业银行向国有商业银行转化，积极调整经营战略，转换经营机制，找准市场定位。在农村政策金融、商业金融和合作金融分工协作的体系中，根据农村经济发展和城乡经济一体化的需要，积极开拓业务领域，提升经营层次，讲求经营效益。紧紧围绕农业结构调整，立足于大农业、大市场，重点支持优质农业规模化经营、农业科技型产业化和城乡经济一体化发展。在信贷投向上，突出支持了"两高一优"农业、“菜篮子”工程建设和发展；重点支持了农业产业化的龙头企业和产权明晰、管理科学的乡镇企业健康发展。与此同时，积极支持农村电网建设与改造和小城镇发展。按国务院要求做好扶贫和农业综合开发等信贷业务。

目前中国农业银行网点遍布中国城乡，成为国内网点最多、业务辐射范围最广的大型国有商业银行。业务领域已由最初的农村信贷、结算业务，发展成为品种齐全，本外币结合，能够办理国际、国内通行的各类金融业务。

目前主要包括：(1)人民币业务。吸收公众存款；发放短期、中期和长期贷款；办理国内外结算；办理票据贴现；发行金融债券；代理发行、代理兑付、承销政府债券；买卖政府债券；从事同业拆借；买卖、代理买卖外汇；提供信用证服务及担保；代理收付款项及代理保险业务等。(2)外汇业务。外汇存款；外汇贷款；外汇汇款；外币兑换；国际结算；外汇票据的承兑和贴现；外汇借款；外汇担保；结汇、售汇；发行和代理发行股票以外的外币有价证券；买卖和代理买卖股票以外的外币有价证券；代客外汇买卖；资信调查、咨询、见证业务。

电子化建设也取得了长足进展。全行计算机网点达4.5万多个，联机网点达3.5万余个，各项业务计算机处理覆盖率达93%，金额达98%。银行卡(金穗卡)发卡量达3362万张。电子化手段进一步提高，市场竞争力进一步增强。

【经营业绩】 国际业务　农业银行不断提高外汇业务水平，已有1015家分支机构可以办理自营外汇业务，其中624家可以办理国际结算和结售汇业务。国内SWIFT清算系统联网机构达84家，覆盖全国各大中城市，并与分布在57个国家和地区的467家银行总行、3600家银行分支机构建立了业务代理关系。农业银行上海分行和深圳分行已为9家国际大银行的在华分行开立了人民币账户。农业银行外汇业务涵盖了外汇存款、外汇贷款、国际贸易和非贸易结算、结售汇、外汇交易、代客投资等内容，同时代理同业清算。通过外汇交易可以最大限度地帮助客户控制其面临的市场汇率和利率风险；通过使用流通的债券工具进行投资以帮助提高客户外汇资金的收益。农业银行即将全面开办福费廷、代客投资、个人外汇实盘买卖等新业务，为广大客户提供全面周到的服务。农业银行积极拓展海外业务，香港分行、新加坡分行全面办理存款、贷款、投资、汇款、贸易融资、同业拆放、外汇买卖、担保、票据托收和贴先等业务；香港农银财务有限公司下设香港农银证券有限公司和香港农银保险有限公司，可办理证券交易和财产保险等项业务。在纽约、伦敦、东京等国际金融中心，农业银行设立了代表处，与金融客户和公司客户进行业务联系，推介业务产品，以不断扩大农业银行在海外的影响。

机构业务　农业银行机构业务品种齐全的优势，竭力为金融同业、政府机构、事业单位、人民团体、院校、部队等机构类客户提供资产、负债和中间业务等全方位的金融服务。农业银行先后与南方证券、湘财证券、国信证券、华夏证券等十余家券商签署业务合作协议，积极开展包括证券资金结算、新股申购验资、资金拆借、股票质押贷款、基金托管、银证转账和银证通等业务。农业银行全面开展为保险公司代收保费、代付保险金、代理保险产品等业务，分别与中国人民保险公司、中国人寿保险公司、平安保险公司、太平洋保险公司、泰康人寿保险公司、华安保险公司签订合作协议书。农业银行积极寻求与银行同业的业务合作，业务涉及资金拆借、银行卡、相互代理资金结算、客户资源共享等多个方面。在与外资银行的业务合作中，农行充分发挥了自身固有的机构网络健全、服务手段现代化和人民币资金实力雄厚等优势。在于政府机关合作方面，农业银行先后开发了代理法院诉讼费、代发养老金、代理社会保险以及代发工资、代缴罚款业务，今年，我行将开发与环保部门的合作及代理国库收支项目。同时，农业银行与科、教、文、卫事业单位也相继开展了不同形式的合作。

农业信贷　农业银行一贯以支持农业建设，提高农民收入为己任，努力增加信贷投人，大力推进农业和农村经济结构战略性调整。到2000年末，农业银行常规农业贷款余额2265亿元；专项农业贷款2026亿元，农副产品收购贷款741亿元。近年来，农业银行大力支持农业产业化经营，先后支持近100个国家级重点农业产业化龙头企业的发展壮大；不断加大对农业基础设施建设和农村交通、通讯、供水、供电、广播电视、文教卫等公共产品和公共服务领域的支持；积极发放扶贫贷款，支持国家扶贫攻坚计划的实施，先后支持354万户贫困农民走上了脱贫致富之路；同时适时投放农业开发贷款，重点支持优质高效农业、农业科技示范区建设以及退耕还林和江河源头生态保护工程建设。在保持传统农业信贷业务的同时，农业银行积极开发新的信贷品种：“绿色家园”贷款：倡导人与自然和谐、绿色价值、环保等理念，满足东部发达地区和中西部中心城市及其近郊区改善人居环境，提高生活品质而产生的有效信贷需求。农村电讯传媒发展贷款：以满足农村有线电视网、电讯网、IT网，以及城乡宽带网和“三网合一”工程建设的资金需求。农业科教发展贷款：用于农业院校、科研院所、农业科技企业购置教学科研设施、后勤社会化、科研成果转化、产学研一体化经营、农业科技推广、科技创业、农业职教发展等方面。“标准化农业”贷款：支持有实力的企业建立“标准化农业生产基地”；支持农产品质量标准体系、农产品检测检验体系和农业信息系统等三大体系的建设。城镇化发展贷款：将对城镇土地开发、城镇基础设施建设、农产品产地批发市场建设、异地扶贫开发予以支持。

房地产信贷业务　农业银行鼎力帮助全国城乡居民实现理想家居，与新世纪中国房地产业共同繁荣发展。农业银行房地产信贷业务涵盖房地产开发贷款、个人住房贷款和政策性贷款。房地产开发贷款重点支持业绩良好、实力雄厚的大中型房地产开发企业，不断创新产品，满足市场需求。个人住房贷款紧紧围绕国家扩大内需政策的实施，推出系列按揭贷款品种：一手楼按揭贷款、二手楼按揭贷款、自建房贷款、转按贷款、减按贷款、个人商用房贷款、对公房屋抵押贷款。农业银行愿为不同阶层的客户量身定做等额还款、等本金还款、等比例递增(递减)还款等灵活多样的还款方式，农业银行已经开设“金钥匙住房金融超市”，实行“一站式”服务，以高水平、高效率的服务为社会各阶层客户分忧。农业银行竭诚配合国家住房分配货币化政策的实施，农业银行积极拓展住房公积金、住房补贴、单位售房款、城市建设基金等政策性存款市场和委托公积金委托贷款。

个人业务　农业银行个人业务以居民个人和家庭为主要服务对象，包括个人存款、贷款和个人中间业务等全方位、多层次的金融产品或服务。并目前，农业银行已开办：个人存款类：活期储蓄、定期储蓄、本外币活期一本通、人民币定活两便储蓄、个人通知存款和教育储蓄。个人贷款类：个人质押贷款、个人综合消费贷款、个人住房贷款(楼宇按揭业务和二手房按揭业务)以及汽车、大额耐用消费品、国家助学等个人消费贷款。个人中间业务类：代收代付业务、代理保险、代理发行国债、保管箱业务、个人电子汇兑业务、个人理财业务、投资咨询、个人实盘外汇买卖业务、银证通业务和自主银行等。农业银行网点遍布全国各地，具有城乡优势、网点优势和网络优势，我们将一如既往地坚持客户至上，不断提高一线员工的服务素质、服务水平，改善服务方式，做客户的贴心人，努力实现农业银行个人业务的快捷、健康与可持续发展。

基金托管　1998 年 5 月，中国农业银行证券投资基金托管部经中国证监会和中国人民银行批准成立。三年来，农业银行的基金托管业务走上了规范化、制度化、科学化的发展轨道。

完善的技术安全体系和基金清算、核算、交易监督快捷处理系统，确保了基金托管业务的安全高效；加密高速单向卫星广播通信接收系统，实时接收上海、深圳证券交易所行情，保证清算交割的及时安全；双服务器的运用确保了系统的不间断正常运转。农业银行开发并使用的证券投资基金运作自动监控软件，实现了对基金资产投资运作、投资组合的封闭式数据自动处理，对进入警戒区域的量化指标和异常资金流动自动予以提示；同时开发和完善的数据自动智能接收系统，信息自动查询系统，业务自动监控系统，资金查询监管系统，保持同行中技术的领先优势，为基金资产的安全保管提供了强有力的技术保障。先进的自动监控系统和加密传输装置，为基金资产和基金数据提供安全保证；完善的基金托管管理软件和基金托管核算软件、内部财务软件，对不同基金资产分帐管理，使清算数据、估值数据自动进行内部核对，将差错率降到零。自 1998 年 7 月 17 日，农业银行托管的第一只基金？裕阳证券投资基金成功发行以来，农业银行目前已托管了裕阳、汉盛、裕隆、景阳、景博、景福、景业、兴业、天华、同德等 10 只基金，基金规模达 136 亿多份。农业银行基金托管部拥有一支高素质的员工队伍，将本着诚实信用、严守秘密、勤勉尽责、开拓进取的精神，一如既往地为广大投资者和基金管理人提供优质高效的服务。

公司业务　农业银行公司业务面向市场、面向企业法人，提供本外币一体化的银行服务；业务内容涉及到客户调查、客户开发、产品开发、信用评审、银企合作、客户管理、跟踪服务等全面系统的工作。至 2000 年末，我行共有公司客户 334249 个，贷款余额 9260.06 亿元；公司业务或有资产 649.65 亿元；公司客户贷款与或有资产总额占全行贷款总额的 68.36%。为适应新经济形势和激烈的市场竞争，农业银行公司业务将全力提升经营意识，以科学化、现代化、系统化的手段加强管理，大力调整客户结构，提升经营层次，改善金融服务；积极支持国民经济发展，重点拓展了电信、能源、交通、高科技等行业中的一批优良客户，如支持国家“西电东送”工程重点项目龙滩水电站(31.4 亿元)、与中港湾签订内部授信 25 亿元等，不断加强与国际知名的大型跨国集团的合作，先后与 IBM 公司、摩托罗拉公司、美国陶氏集团等世界 500 强企业建立了合作关系，为农业银行的国际化发展奠定重要基础。在完善传统业务的同时，农业银行公司业务适应客户个性化需求，做好优质客户的金融顾问和理财服务，并积极研究开发应收帐款买卖、银团贷款、循环贷款、基金担保等金融创新产品。

中国建设银行

【概况】　新中国成立后，经过三年国民经济恢复时期，1953 年我国开始实施第一个五年计划，展开大规模的经济建设。为了加强国家基本建设资金管理，经中央人民政府政务院批准，1954 年 10 月 1 日，中国人民建设银行正式成立。其后的二十多年时间里，建设银行作为国家专业银行，主要经办国家基本建设拨款，管理和监督使用国家计划确定的基本建设资金，为提高投资效益、加快国家经济建设和发展做出了卓越贡献。从 20 世纪 80 年代中期起，为适应经济金融体制改革和经济发展的要求，建设银行先后开办了现金出纳、居民储蓄、固定资产贷款、工商企业流动资金贷款、国际金融、住房贷款和各种委托代理业务。通过开办各种面向社会大众的商业银行业务，丰富了银行职能，为向现代商业银行转轨打下坚实的基础。1994 年，按照国家投资体制改革的要求，建设银行将代行的财政职能和办理的政策性基本建设贷款业务分别移交财政部和国家开发银行，不再履行行政管理和政策性业务职能，迈出了向现代商业银行转轨的重要一步。1996 年 3 月 26 日，中国人民建设银行正式更名为中国建设银行(China Construction Bank，简称 CCB)，并启用了行徽，以崭新的形象走上了社会经济舞台。跨进新世纪，建设银行在巩固存贷款业务基础上，开拓市场，优化结构，大力发展中间业务，积极介入商业银行业务。越来越多的金融产品不断推向社会，服务于广大客户。面对新的形势和新的市场，建设银行将不断深化改革，开拓进取，努力建成治理结构完善，运行机制健全，经营目标明确，财务状况良好，有较强国际竞争力的现代商业银行。

【经营业绩】　建设银行营业机构遍布全国。目前，中国建设银行在国内设有 38 个一级分行，约 2.1 万个分支机构、网点，近 9000 余台 ATM 和 260 多个全功能自助银行，员工 41 万人。资产总规模 30830.22 亿元，所有者权益 1070.63 亿元。2002 年 7 月，在英国《银行家》杂志全球 1000 家大银行一级资本排序中位居第 28 名。

建设银行功能全面、不断创新。不仅在基本建设贷款、流动资金贷款、房地产金融、工程造价咨询、项目融资、贸易融资、投资咨询、财务顾问等传统业务领域中拥有优势，还不断开拓新的营销渠道，先后开办了代理性、担保性、咨询类和基金托管等中间业务，利用信息科技手段开发银行卡和网上银行等新产品。产品种类已从以往存款、贷款和结算发展到目前银行卡类产品、电子银行类产品、代理业务类产品、资金类产品等十几大类，数百个品种。建设银行的产品与服务不断跨越传统业务和服务领域，借助科技与网络优势向更新的领域拓展。建设银行开发的网上银行、手机银行和电话银行网络，突破时间和地域限制，能够为客户提供安全、快捷和个性化的服务。“龙卡”作为国内同业中知名的服务品牌，已赢得客户的广泛认同和赞誉。累计发卡量超过 1.2 亿张，居国内同业第一。龙卡特约商户达 85000 家，并已开通龙卡 IC 卡和 IP 卡电话业务。

建设银行关注民生，为普通百姓提供优质、便捷、周到的系列个人金融服务。从面向个人客户的本外币储蓄存款业务，到一系列代缴代付业务；从衣食住行到投资理财，建设银行已越来越深入地走进了百姓的生活。建设银行率先在全国范围内承办房改金融业务，个人住房贷款在全国房地产金融业务领域长期处于领先地位。累计支持 500 多万居民实现了购房梦想。随着个人住房贷款品牌“乐得家”的全面推广，“要买房，到建行”的服务理念更加深入人心。建设银行还在国内率先推出了汽车消费贷款、助学贷款、装修贷款等系列服务品种，圆了百姓的生活梦。

建设银行正以矫健的步伐走向现代化、国际化。在香港、新加坡、法兰克福、约翰内斯堡、东京设有海外分行，在伦敦、纽约、汉城设有代表处，与世界 80 多个国家(地区)的 700 多家银行建立了代理行关系，与国际金融市场上 1000 多家投资银行、保险公司、政府(各国中央银行、财政部)及多边金融机构保持着密切的业务往来，形成了遍布欧洲、美洲、大洋洲、亚洲和非洲的全球性代理行网络，是国际金融资本与中国经济建设相结合的重要桥梁。建设银行控股的中国国际金融公司，为客户提供以投资银行业务为主的多种金融服务。

建设银行始终跟进高科技信息技术进步，不断拓展金融服务领域。建设银行的资金清算系统具有安全、快捷、高效的特点，实现了汇划、清算、对帐、查询和监控等功能一体化，在国内同业中处于领先水平。“重要客户服务系统”可以为集团企业、跨国公司、金融同业、政府部门等客户提供“量体裁衣式”的个性化服务。个人电子汇款品牌产品“速汇通”，实现了个人电子汇款的 24 小时内到帐，加急汇款两小时内到帐，为个人资金的快捷流动带来了极大便利。

建设银行代理人民币资金清算和证券资金清算等拳头产品，品质优异，功能齐全。代理中央财政结算业务独树一帜。证券业务系统技术先进、安全高效，为 100 多家证券经营机构代理证券资金清算，是沪深两个交易所的重要清算银行之一。代理异地资金清算网络为包括外资银行在内的 100 多家商业银行提供资金清算服务。

中国银行

【概况】 中国银行 1912 年由孙中山批准成立，是中国历史最悠久的银行之一。目前，中国银行是中国领先的国际化的银行，其分支机构遍布全球，业务包括传统的商业银行、投资银行和保险业务在内的全面的金融服务。

从中国银行成立到 1949 年建国的 37 年间，中国银行最先是国家的中央银行，之后成为了一家国际汇兑银行。从建立初的一家私有银行起步，中国银行在艰难的环境中开拓市场，树立信誉，体现出了创业精神。在随后的各个历史时期，中国银行面对政局变幻和中外银行之间的激烈竞争，从来没有停止过与各种问题和压力做斗争。解放前的中国银行以其优良的业绩在中国银行业有着极其重要的地位，在中国现代银行史上写下了不可磨灭的篇章。

【经营业绩】 从 1949 年开始，中国银行成为国家唯一指定的外汇外贸专业银行。中国银行通过促进中国国际贸易和外商直接投资的发展为国家经济建设和发展作出了巨大的贡献。1994 年金融体制改革之后，中国银行成为了一家国有商业银行，与其它三家国有独资商业银行一道成为国家金融业的支柱。1994 年和 1995 年，中国银行分别在香港和澳门成为发钞行。中国银行(香港)有限公司，于 2002 年 7 月 25 日在香港联交所成功挂牌上市。印度尼西亚复行于 2003 年 1 月获得当地监管当局的批准；匈牙利中国银行于 2003 年 2 月开业。截止 2002 年末，中国银行海外机构已扩展至 26 个国家和地区。由于长期以来中国银行良好的业绩，从 1992 年到 2002 年，中国银行先后 9 次被《欧洲货币》杂志评选为“中国最佳银行”。同时，中国银行还连续 12 年进入《财富》杂志评选的世界 500 强企业。

2002 年，中国银行实现税前利润 137.91 亿元人民币，国内机构实现了 23.83 亿元，海外机构实现了 114.08 亿元。截止到 2002 年 12 月 31 日，中国银行的资产总额达到 35,939.08 亿元人民币。在《银行家》杂志 2002 年度调查中，按资本实力排名，中国银行在世界前 1000 家大银行中名列第 11 位。美国《环球金融》杂志评选中国银行为“2002 年中国最佳贸易融资银行”及“2002 年中国最佳外汇银行”。这是中国国内唯一一家同时获此杂志两个重要奖项的银行。

中国银行以信息科技为依托，大公司与大零售业务并重，在商业银行、投资银行、保险三大业务领域均取得了较好的成绩。公司业务在基于银行的核心信贷产品之上，致力于为客户提供个性化、创新的金融服务。零售业务主要针对银行的个人客户的金融需求，提供基于长城卡之上的全套服务。而金融机构业务则是为全球其他银行，证券公司和保险公司提供诸如国际汇兑、资金清算、同业拆借和托管等全面服务。

迎合国际金融行业的发展趋势，中国银行在巩固其传统商业银行业务的基础上又将经营领域扩大到投资银行和保险业务。中银国际作为中国银行从事投资银行业务的全资附属机构已经成为中国在海外最为成功的投资银行，拥有最长的历史、最多的管理资产、最广阔的分销渠道及最富有经验的专业人才。中国银行成为中国仅有的能够同时提供商业银行、投资银行和保险业务的金融服务集团。

九十二年的风风雨雨，打造了中国银行享誉海内外的卓著声名，铸就了中国银行信誉至上、锐意创新的优良传统。中国银行将继续改革创新，不断追求新的成功。承载着九十年历史的中国银行必定能焕发出新的生机和活力，谱写新的更壮丽的历史篇章。

交通银行

【概况】 交通银行始建于 1908 年，是中国早期四大银行之一，也是中国早期的发钞行之一。1949 年以后，除香港分行仍继续营业外，交通银行国内业务分别并入当地中国人民银行和中国人民建设银行。为适应中国经济体制改革和发展，1986 年交通银行作为金融改革的试点，经国务院批准重新组建，1987 年重新组建后的交通银行正式对外营业，成为中国第一家全国性的国有股份制商业银行。

【经营业绩】 交通银行组建伊始就按照市场的客观要求，建立新型银企关系，率先在我国金融领域引入竞争机制。交通银行引进了国外商业银行先进的管理机制和经验，建立、完善和创新资产负债管理制度、信贷资产质量监控制度、财务指标分析体系制度等，有效地贯彻了现代商业银行全面自律、稳健经营、追求效益的经营管理原则，各项业务和机构建设持续健康地发展。2001 年末，交通银行注册资本为 170 亿元人民币，总资产达到 6691 亿元，盈利水平在中国银行业中名列前茅。1998 年和 1999 年，国际著名金融杂志《欧洲货币》和《环球金融》分别评选交通银行为中国最佳银行。交通银行以一个法人、二级管理、分级授权、集中授信等制度为框架，建立了一整套保障商业银行业务健康发展的总分行管理制度。交通银行的分支机构布局和业务发展的重点集中于经济发达地区和经济中心城市，目前在我国 86 个大中城市设有分支行，共有营业网点近 2700 多个。近几年，通过良好的金融服务和信贷支持，一批优秀的跨国公司、集团公司、外商投资公司、外商投资企业、科技型产业和其他成长性产业的优秀企业成为交通银行的优良客户。

交通银行把建设国际化商业银行作为战略目标，在主要国际金融中心城市如纽约、东京、香港、新加坡设有分行，在伦敦、法兰克福设有代表处。目前，交通银行与全球 76 个国家和地区的 466 家银行的 1352 家总分支机构建立了代理行关系。交通银行多次在国际金融市场发行债券长期承办国外政府和国际金融组织转贷款，积极参与国际货币市场和国际资本市场，与国际金融界建立了广泛、密切的联系，树立了良好的声誉。

交行始终以“一流的服务质量，一流的工作效率，一流的银行信誉"为办行宗旨，以发展为主旋律，深化改革，再创特色，加强管理，防范风险，以市场为导向，以客户为中心，以效益为目标，以质量树品牌，以科技为手段，以人才为根本，实现地区优势、客户优势、局部优势，有力地支持国民经济发展，坚定不移地探索现代化商业银行之路，成为具有先进国际经营管理水平的商业银行。

招商银行

【概况】 招商银行成立于1987年4月8日，是我国第一家完全由企业法人持股的股份制商业银行，总行设在深圳。自成立以来，招商银行先后进行了三次增资扩股，并于2002年3月成功地发行了15亿普通股，4月9日在上交所挂牌(股票代码:600036)。招商银行目前的资本金为57亿元人民币，是国内总股本、筹资额和流通盘最大的上市银行，也是国内第一家采用国际会计标准上市的公司。目前，招商银行的总资产逾3800亿元，在英国《银行家》杂志"世界1000家大银行"排名中居前200位之列。

【经营业绩】 经过16年多的发展，招商银行已从当初偏居深圳蛇口一隅的区域性小银行，发展成为了一家具有一定规模与实力的全国性商业银行，初步形成了立足深圳、辐射全国、面向海外的机构体系和业务网络。目前在境内30多个大中城市、香港设有分行，网点总数近350家，并已获准在美国设立代表处，同时与世界50多个国家和地区的900多家银行建立了代理行关系。

招商银行成立伊始，就大胆地将西方商业银行的经验与我国实际相结合，较早地建立了比较完善的法人治理结构，率先采用了一系列全新的经营管理机制，在国内银行中脱颖而出，并始终保持着勃勃生机。招商银行独特的经营管理模式，被业内外誉为"招银模式"，为中国银行业的改革与发展作出了有益的探索，同时也取得了良好的经营业绩。到2002年底，招商银行累计实现税利260多亿元，人均效益、股本回报率等重要经营指标位居国内银行业前列。近年来，招商银行连续被《银行家》、《环球金融》、《欧洲货币》以及《亚洲金融》等国际权威金融杂志授予"世界25家最佳资本利润率银行"、"亚洲最佳股本回报率银行"、"中国本土最佳商业银行"等殊荣；在2002年中国500强企业排序中，招商银行名列第108位，金融企业第六位。

根据上市公司2002年度的年报分析，在1236家上市公司中，招商银行的总资产、净资产、利润总额、净利润、上缴所得税、经营现金流量总额、每股经营性现金流量等7项指标，排名居前5位；另有主营收入、总股本、现金分红总额、每股现金流量等4项指标，排名进入前12位。在四家上市银行中，招商银行的总股本、资产总额、净资产、主营收入、利润总额、净利润、所得税、税前及税后利润率、税前及税后总资产收益率、现金分红总额、存款总额、贷款总额、投资收益总额及占比、中间业务收入总额及占比、储蓄存款总额及占比、营业支出降幅等16项主要经营指标，位居首位。这些指标排名，确立了招商银行在上市银行中的龙头地位。

【管理及业务创新】 招商银行坚持"科技兴行"的发展战略，立足于市场和客户需求，充分发挥拥有全行统一的电子化平台的巨大优势，率先开发了一系列高技术含量的金融产品与金融服务，打造了"一卡通"、"一网通"、"金葵花理财"、"点金理财"等知名金融品牌，树立了技术领先型银行的社会形象。招商银行于1995年7月推出的银行卡——"一卡通"，被誉为我国银行业在个人理财方面的一个创举；至今累计发卡量已超过2400万张，卡均存款余额超过4500元，居全国银行卡首位。1999年9月在国内首家全面启动的网上银行——"一网通"，无论是在技术性能还是在业务量方面在国内同业中都始终处于领先地位，被国内许多著名企业和电子商务网站列为首选或唯一的网上支付工具。2003年6月2日，"一网通"作为中国电子商务和网上银行的代表，被国际计算机CHP组织授予21世纪贡献大奖决赛提名大奖，这是中国企业第一次获得此项荣誉。16年来，招商银行以敢为天下先的勇气，不断开拓，锐意创新，在革新金融产品与服务方面创造了数十个第一，较好地适应了市场和客户不断变化的需求，在国内外都赢得了良好的声誉。招商银行被广大客户和社会公众称誉为国内创新能力强、服务好、技术领先的银行；许多媒体赞誉招商银行是"一招鲜，吃遍天"的新锐银行；2003年，北京大学和《经济观察报》联合评选出50家"中国最受尊敬的企业"，招商银行荣列第三。

在高速发展过程中，招商银行坚持稳健经营，在全行提出并推行"质量是发展的第一主题"的经营理念，大力营造以风险文化为主要内容的管理文化。在国内同业中，招商银行较早地实行了资产负债比例管理、审贷分离和贷款五级分类制度，建立了比较完善的稽核内控体系，同时成功地在全行推行了储蓄、会计业务质量认证，获得了英国BSI太平洋有限公司和中国船级社质量认证公司颁发的ISO9001质量保证体系认证书，成为中国国内第一家获得ISO9001证书的商业银行。由于从理念到制度到措施日益注重防范风险，招商银行的资产质量得以不断优化，近几年新增贷款的不良率控制在1%左右。而过去积累的不良资产，在上市过程中通过加大呆坏账核销力度、按照国际上较严格的标准足额提取呆账准备金等措施，也已得到了较好的解决。可以说，招商银行是国内不良资产包袱最轻的银行之一，具有更强的发展后劲。

面对中国加入WTO带来的机遇与挑战，招商银行将以公开上市为起点，以"力创股市蓝筹、打造百年招银"为目标，以改革创新为动力，实践"因势而变"、"因您而变"的理念，坚持走技术领先型的发展道路，加快实施国际化战略，全面提升管理素质，进一步与国际规范接轨，不断增强核心竞争力，努力创造更好的经营业绩，实现股东、员工、客户长期利益的最大化。

中国农业发展银行

【概况】 中国农业发展银行是根据中华人民共和国国务院1994年4月19日发出的《关于组建中国农业发展银行的通知》(国发(1994)25号)成立的国有农业政策性银行，直属国务院领导。中国农业发展银行实行独立核算，自主、保本经营，企业化管理；在业务上接受中国人民银行和中国银行业监督管理委员会的指导和监督。1994年6月30日，中国农业发展银行正式接受中国农业银行、中国工商银行划转的农业政策性信贷业务，共接受各项贷款2592亿元。1995年3月，中国农业发展银行基本完成了省级分行的组建工作。1996年8月至1997年3月末，中国农业发展银行按照国务院《关于农村金融体制改革的决定》增设了省以下分支机构，形成了比较健全的机构体系，基本实现了业务自营。在此之前，中国农业发展银行业务由中国农业银行代理。1998年3月，国务院决定将中国农业发展银行承办的农村扶贫、农业综合开发、粮棉企业附营业务等项贷款业务划转到有关国有商业银行，中国农业发展银行主要集中精力加强粮棉油收购资金封闭管理。自成立以来,中国农业发展银行认真贯彻落实国家粮棉购销政策和有关财经、金融政策,坚持以收购资金封闭管理为中心,不断调整完善收购资金供应和管理办法,强化监管,改进服务,收购资金封闭管理水平逐步提高,既保证了粮棉购销企业按政策收购粮棉油的资金需要,又有效防止了收购资金的流失,解决了多年来困扰各级政府和广大农民的"打白条"问题,对确保国家粮食安全、保护广大农民的利益、促进我国农业和农村经济发展发挥了积极作用。

中国农业发展银行的主要任务是:按照国家的法律、法规和方针、政策,以国家信用为基础,筹集农业政策性信贷资金,承担国家规定的农业政策性金融业务,代理财政性支农资金的拨付,为农业和农村经济发展服务。1998 年 3 月以后,为适应以"三项政策、一项改革"为主要内容的粮食流通体制改革的需要,根据国务院的决定,中国农业发展银行开始专司粮棉油收购、调销、储备贷款业务。

中国农业发展银行总行设在北京,在机构设置上实行总行、一级分行、二级分行、支行制;在管理上实行总行一级法人制,总行行长为法定代表人;系统内实行垂直领导的管理体制,各分支机构在总行授权范围内依法依规开展业务经营活动。其分支机构按照开展农业政策性金融业务的需要设置。目前在各省、自治区、直辖市和计划单列市设立一级分行 35 个;在各地级市(地区)设立二级分行 294 个,在各县(县级市、区)设立支行 1607 个、办事处 3 个、信贷组 34 个;在总行和各一级分行、二级分行设有营业部。目前暂未在西藏自治区设立分支机构。中国农业发展银行系统现有员工 5.9 万人。

【经营业绩】 中国农业发展银行的具体业务范围,由国务院根据一个时期国民经济发展和宏观调控的需要并考虑到农发行的承办能力来界定。中国农业发展银行成立以来,国务院对其业务范围进行过多次调整。中国农业发展银行目前的主要业务是:一、办理由国务院确定的粮食、油料、棉花收购、储备、调销贷款;二、办理肉类、食糖、烟叶、羊毛等国家专项储备贷款;三、办理中央财政对上述主要农产品补贴资金的拨付,为中央和省级政府共同建立的粮食风险基金开立专户并办理拨付;四、办理粮食企业简易建仓贷款;五、办理业务范围内开户企事业单位的存款;六、办理开户企事业单位的结算;七、发行金融债券;八、办理粮棉油政策性贷款企业进出口贸易项下的国际结算业务以及与国际业务相配套的外汇存款、外汇汇款、同业外汇拆借、代客外汇买卖和结汇、售汇业务;九、办理经国务院批准的其他业务。

中国农业发展银行注册资本为 200 亿元人民币。运营资金的来源有业务范围内开户企事业单位的存款、发行金融债券、财政支农资金、向中国人民银行申请再贷款、境外筹资等。中国农业发展银行目前的运营资金来源主要依靠中国人民银行的再贷款,暂未开展境外筹资业务。截至 2003 年 6 月末,中国农业发展银行向中国人民银行再贷款余额 6315 亿元。中国农业发展银行的运营资金目前主要用于粮棉油收购等流动资金贷款。截至 2003 年 6 月末,中国农业发展银行各项贷款余额为 7012 亿元,其中粮油贷款 5863 亿元,棉花贷款 1054 亿元。

随着中国加入世界贸易组织和粮食流通体制市场化改革步伐加快,中国农业发展银行履行职能进入了新的阶段。在新的形势下,中国农业发展银行将紧紧围绕全面建设小康社会的目标,不断调整完善农业政策性金融职能,建立健全管理体制和经营机制,求真务实,开拓创新,努力开创农业政策性金融工作的新局面,为农业发展、农民增收、农村稳定做出新的更大贡献。

中国农业发展银行成立以来,与国际金融组织和有关国家金融机构建立了联系。总行领导人多次出席了世界银行、国际货币基金组织和亚洲开发银行年会,出席了国际农业信贷联合会主办的世界农业信贷大会。中国农业发展银行是亚太农协的正式会员,总行行长出任亚太农协执行委员会的中国执行委员,出席了亚太农协第 33 届至第 45 届各届执委会。中国农业发展银行先后组团考察了亚太地区和欧美地区多个国家的政策性银行和有关金融机构,与日本农林渔业公库、泰国农业和农业合作社银行等分别签订了双边业务合作协议;于 1997 年 7 月在北京成功举办了中国农村信贷扶贫国际研讨会;2000 年 10 月,在北京成功地承办了亚太农协第 42 届执委会会议。自成立以来,中国农业发展银行先后选派了 254 人赴国外参加培训;共接待了来自 28 个国家和地区的银行、证券公司和国际金融组织的代表 924 人。

中国进出口银行

【概况】 中国进出口银行成立于 1994 年,是直属国务院领导的、政府全资拥有的国家政策性金融机构,其国际信用评级与国家主权评级一致,为国内金融机构最高级别。目前在国内设有三家营业性分支机构和 9 个代表处,在境外设有两个代表处,与 135 家外资银行建立了代理行关系。中国进出口银行的主要职责是贯彻执行国家产业政策、外经贸政策和金融政策,为扩大我国机电产品和高新技术产品出口、支持"走出去"项目以及促进对外经济技术合作与交流,提供政策性金融支持。

中国进出口银行的主要业务范围包括:一、办理出口信贷(包括出口卖方信贷和出口买方信贷);二、办理对外承包工程和境外投资类贷款;三、办理中国政府对外优惠贷款;四、提供对外担保;五、转贷外国政府和金融机构提供的贷款;六、办理本行贷款项下的国际国内结算业务和企业存款业务;七、在境内外资本市场、货币市场筹集资金(不含发行股票);八、办理国际银行间的贷款,组织或参加国际、国内银团贷款;九、从事人民币同业拆借和债券回购;十、从事自营外汇资金交易和经批准的代客外汇资金交易;十一、办理与本行业务相关的资信调查、咨询、评估和见证业务;十二、经批准或受委托的其他业务。

目前,中国进出口银行作为我国机电产品、高新技术产品和境外承包工程项目以及各类境外投资项目的政策性融资主渠道、外国政府贷款主要转贷行和中国政府对外优惠贷款的唯一承贷行,已经成为我国外经贸支持体系的重要力量和金融体系的重要组成部分,为促进我国开放型经济的发展发挥着越来越重要的作用。

【经营业绩】 2002 年是中国进出口银行深化改革,加快发展的重要一年。在党中央、国务院的正确领导下,在有关部委的指导和大力支持下,该行以"三个代表"重要思想为指导,认真贯彻执行国家宏观经济政策,继续发扬求真务实、真抓实干、知难而进和艰苦奋斗的精神,大力拓展各项业务,坚持不懈地狠抓基础管理工作,努力提高信贷资产质量,全面完成了年初确定的各项奋斗目标,全年各项融资业务共支持了 212 亿美元的机电产品和高新技术产品出口,较好地发挥了国家出口信用机构的职能作用。到 2002 年末,中国进出口银行信贷资产余额超过 2000 亿元,达 2228 亿元,增长 9.54%;资产总额超过2500亿元，达2527亿元，增长14.45%。

中国进出口银行不断加大市场开发力度，主要融资业务持续健康发展。在出口卖方信贷业务方面，该行在巩固优质客户，突出支持重点的同时，积极拓展新市场、新客户、新项目，加大对高新技术产品出口和对外承包工程及境外投资项目的支持力度，贷款结构进一步优化。在出口买方信贷业务方面，该行积极开展业务创新，大力推进船舶出口买方信贷，并先后开办了混合贷款、国际银团贷款等新业务品种，更好地满足了出口企业的融资需求。在对外优惠贷款业务方面，该行重点支持了合作开发和高新技术项目。在外国政府贷款转贷业务方面，中国进出口银行继续按照国家利用外资的总体要求，大力支持国家交通、电力、环保等基础设施建设以及西部大开发战略的实施。中国进出口银行还根据债券市场运行特点以及业务需求情况，通过发行金融债券，适时筹集人民币资金575亿元，为信贷业务的稳步发展提供了资金保证。

2002年是中国进出口银行连续三年狠抓基础建设和内部管理工作的第三年。三年来，中国进出口银行苦练内功，扎实工作，通过对制度建设、人事管理、财务管理、会计核算、计划统计、信贷管理、资金管理、信息化建设等基础性工作的整改，经营管理水平显著提高，取得了明显的阶段性成果，达到了预期目标，保证了各项业务的健康发展。基础管理工作水平的提高，也为中国进出口银行防范和化解金融风险、不断提高信贷资产质量奠定了坚实的基础。几年来，中国进出口银行不良贷款率持续下降，2002年末降至5.01%，比上年末下降了1.44个百分点。

2002年，中国进出口银行还先后成立了深圳分行和哈尔滨代表处。目前，中国进出口银行已经拥有3家营业性分支机构和11家代表处。营业性分支机构和代表处按照总行的统一部署，通力协作，认真履行各自职责，各项工作进展顺利，为充分发挥中国进出口银行的职能作用做出了应有的贡献。

广东发展银行

【概况】 广东发展银行是经国务院和中国人民银行批准组建、于1988年9月成立的股份制商业银行，注册资本为人民币35亿元，总部设在中国广州市。广东发展银行的经营范围是《商业银行法》规定的所有银行业务，主要包括：吸收公众存款，发放短期、中期和长期贷款；办理结算；办理票据贴现；发行金融债券；代理发行、代理兑付、承销政府债券；买卖政府债券；从事同业拆借；提供信用证服务及担保；代理收付款项及代理保险业务；提供保险箱服务；外汇存款；外汇贷款；外汇汇款；外币兑换；国际结算；结汇、售汇；同业外汇拆借；外汇票据的承兑和贴现；外汇借款；外汇担保；外汇信用卡的发行；买卖和代理买卖股票以外的外币有价证券；发行和代理发行股票以外的外币有价证券；自营和代客外汇买卖；代理国外信用卡的发行及付款业务；离岸金融业务；资信调查、咨询、见证业务。经中国人民银行批准的其他业务。

【经营业绩】 成立以来，广东发展银行坚持以改革促发展，以管理促效益，稳健经营，开拓进取，以崭新的体制和骄人的业绩蜚声遐迩。十五年来，广东发展银行秉承"团结、进取、坚毅、求实"的企业精神，坚持"求稳健、重信誉、讲效率、优服务"的经营理念，走过了令人瞩人的发展历程，为探索我国股份制商业银行的发展道路做出了积极贡献。截至2001年12月底，全行总资产折合人民币(下同)达1912亿元，本外币存款余额1528亿元，各项贷款996亿元；累计实现利税80多亿元。已在北京、上海、大连、郑州、南京、杭州、昆明、沈阳、广州、深圳、澳门、珠海、汕头、东莞、宁波、温州、安阳、新乡、无锡、玉溪、大庆等大中城市设立了分支机构；在香港设有代表处，并与境外各大金融中心的600多家银行建立了代理行关系。目前全行机构总数达560多个，初步形成了城市化大商业银行的格局。目前，广东发展银行总资产已超过2700亿元，本外币存款余额超过2200亿元，各项贷款余额超过1700亿元。根据英国《银行家》杂志对全球1000家大银行排定的位次，广东发展银行连续三年入选全球银行500强。

广东发展银行致力于为社会公众和中国经济发展提供优质金融服务，成立十五年来，始终坚持严格规范，开拓进取，坚定不移地走"特色经营"之路，严格按照现代商业银行的标准进行规范经营。面对加入WTO后的竞争与挑战并存的二十一世纪，广东发展银行将发扬与时俱进、开拓创新的时代精神，积极推进各项业务发展，努力建设成为管理先进、服务优良、信誉卓著、充满竞争力的现代化商业银行。

广东发展银行近期的工作指导方针是继续以发展为主题，以创利为目标，大胆进行金融创新和市场开拓，积极推进各项业务全面发展；以应对入世挑战为方向，加快调整与改革，全面提升我行管理水平和经营效益，以更好的效益回报股东，为把我行建设成为管理先进、服务优良、信誉卓著的现代商业银行而努力奋斗。

兴业银行股份有限公司

【概况】 兴业银行股份有限公司(简称"兴业银行")成立于1988年，是经国务院和中国人民银行批准组建的中国首批股份制商业银行之一，注册资本30亿元，总行设在福建省福州市。开业以来，兴业银行始终坚持以支持国家经济建设、服务客户发展为己任，以建设一流现代商业银行为目标，奉行从严治行、专家办行、科技兴行战略，与时俱进，开拓进取，经营管理现代化建设取得全面进展，日益成为振兴中国民族金融业的一支有益力量。

【经营业绩】 2002年末，兴业银行资产总额达到1770亿元，本外币各项存款余额1439亿元，本外币各项贷款余额963亿元，资产、存款、贷款近三年年均增长率分别达到53%、65%和60%，增幅位居国内同业前列；不良贷款比率按国际通行的五级分类法为3.59%，按期限法为3.23%，资产质量处于国内同业最好水平；累计实现利润47亿多元，累计缴纳税收35亿多元；通过1997年和2000年的两次增资扩股，总股本增至30亿股，净资产增至2002年末的65亿多元，国内一大批著名企业入股兴业银行，使股东结构得到显著改善，目前正在积极推进公开上市和引进境外战略投资者工作；在英国《银行家》杂志2002年"全球1000家大银行"排名中，兴业银行按总资产列333位，按核心资本列410位，跻身全球银行500强。

截至2002年年末，兴业银行在上海、北京、深圳、广州、福州、济南、杭州、南京、重庆、武汉、沈阳、天津、成都、厦门、长沙、宁波等20多个经济中心城市设立了230多个分支机构，以并购城市信用社的方式设立温州支行、义乌支行、台州支行，申请筹建西安、苏州、郑州等分行，率先向中国人民银行提出设立台北代表处的申请，在闽、港、台两岸三地引起广泛反响。兴业银行已经与全球400多家银行建立了代理行关系，加入国际清算网络(SWIFT)系统、国际银行卡组织和国内银联组织。立足东部沿海、辐射全国、衔接境内外的服务网络基本形成;机构网络日趋健全,实现了由区域性银行向全国性银行的巨大转变。

兴业银行积极推进金融创新,持续提高服务质量。坚持“同兴业、共成长”、“服务源自真诚”的经营理念,对外提供存款、贷款、结算、票据贴现和承兑、担保、代理、咨询等各项商业银行业务,不断推出业务创新,形成覆盖同业、公司、零售三大门类、品种丰富、手段先进的业务体系,在许多业务领域形成自身特色和相对优势,其中代理证券资金清算业务量曾连续多年位居全国银行前三名,近几年国内证券资金清算体制改革之后,所服务的券商客户数量仍保持全国银行前三名、股份制银行第一名。重视加强金融电子化建设,提高科技水平,建成在国内较为先进的软、硬件系统,率先实现全行数据大集中,建立远程灾难备份系统。在此基础上,推出多功能的兴业卡系列卡种,陆续成功开发自助客户终端、电话银行、自助银行、银证联网、网上银行等电子化服务平台,网上银行——“在线兴业”用户超过12000个,交易额超过5000亿元,在全国同业位居前列。

【管理及企业文化建设】 现代商业银行的经营管理体制、机制和企业文化不断健全。在坚持依法经营、稳健经营、文明经营的前提下,兴业银行走改革之路,开风气之先,在国内同业中第一批真正建立股份有限公司制的企业组织形式和与之相适应的企业管理制度,第一批真正确立“自主经营、自负盈亏、自我约束、自求发展”的经营原则,第一批全面实施商业银行资产负债比例管理、业务经营与发展综合计划管理、信贷资产五级分类管理,第一批建立以客户为中心的经营发展系统,第一家实行审计派驻制和内控督导制,创立了富有兴业特色的经营管理体系。建立以奉献精神、敬业精神、创业精神和团队精神为特征的现代金融企业文化,强化“进兴业门,做兴业人,办兴业事”的从业氛围。到2002年末,全行员工总数5615人,其中拥有大专以上学历的占78%。

今后几年,兴业银行将继续实施从严治行、专家办行、科技兴行三个战略,推进有形网络扩张与无形服务延伸、有形产品创新与无形体制改革的结合,着力塑造与时俱进的体制创新能力、专业高效的市场服务能力、严谨稳健的成本管理能力、务实进取的团队开拓能力,努力建设治理结构一流、管理水平一流、增长能力一流、投资回报一流的现代商业银行,为全面建设小康社会作出积极贡献。

中国人寿保险公司

【概况】 中国人寿保险公司是中国目前大陆最大的专业化商业人寿保险公司,总部设在北京。他的前身是与新中国同期诞生的原中国人民保险公司和1996年2月从原中国人民保险公司分设出来的中保人寿保险有限公司。1999年1月,经中华人民共和国国务院批准,正式组建为中国人寿保险公司。中国人寿保险公司主要经营人寿保险、意外伤害保险和健康保险等业务。公司产品种类多,门类齐全,保障全面,保障范围广,产品设计贴近客户需求。为客户提供多元化、全方位、系列化的保险产品,所经营的产品覆盖了人的生、老、病、死、残等保险保障范围,为客户提供全面的保险服务。

【经营业绩】 近年来,中国人寿保险公司的各项业务一直保持快速增长,1997年—2002年保费收入保持37.3%的年均增长速度。2002年公司保费收入达到1287.19亿元,较上年同比增长了58.3%,占全国寿险市场的56.59%的市场份额,始终是中国寿险市场的业界领袖。随着业务的快速增长,中国人寿的实力不断增强,资产规模不断扩大,资产规模接近全国保险业的半壁江山。2002年底,公司资产达到3013.94亿元,占全国保险业总资产的46.41%,资产规模较1996年末增长5.72倍。中国资本市场最大的机构投资者

公司具有先进的交易软硬件系统和较宽的信息网络,具备较强的投资分析力量和风险防范能力,建立了充分的客户服务保障体系。2002年资金运用余额为2705.48亿元,是中国债券市场、基金市场和货币市场上最大的机构投资者。

中国人寿保险公司是中国销售网点分布最广、个人代理人数最多的寿险企业。其销售网络分布广泛,遍及全国,已设立县以上销售机构2930多个,另有兼业代理机构15000个,聘用个人代理人员61.25万余人,在日本设有办事处。

中国太平洋保险(集团)股份有限公司

【概况】 中国太平洋保险(集团)股份有限公司是全国性股份制商业保险公司,实行董事会领导下的总经理负责制。公司以“一流的服务质量、一流的工作效率、一流的公司信誉”为宗旨,以现代企业制度为基础,以效益性、安全性、流动性为经营原则,强化“诚信、敬业、创新、奋进”的企业精神,努力稳健经营,不断开拓保险服务新领域,积极支持国民经济的发展,推动社会的全面进步。

【经营业绩】 公司成立于1991年4月,总部设在上海。中国太平洋保险公司成立十多年来,高举建设规范化商业保险公司的旗帜,坚持走稳健经营之路,经过不断探索,确立了“以效益为中心、以市场为导向、以客户为基础”的经营指导思想。2000年完成了产、寿险分业经营的机构体制改革,为形成集团化管理、专业化经营、市场化运作的经营管理模式奠定了良好的基础。新组建的中国太平洋保险(集团)股份有限公司在国内控股投资设立中国太平洋财产保险股份有限公司和中国太平洋人寿保险股份有限公司,产、寿险公司在国内设有877个分支机构,在纽约设有中国太平洋(美国)服务公司,在香港设有中国太平洋保险(香港)有限公司,在伦敦、纽约设有代表处。并在100多个国家和地区的170多个主要港口城市聘请了保险检验、理赔、追偿代理人。1998年,公司还与美国安泰人寿保险公司在上海合资组建了太平洋安泰人寿保险股份有限公司。因而公司拥有了较为完善的服务网络。2002年,太保向811位援疆干部每人提供了20万元的人身意外伤害保险和1万元的附加意外伤害医疗保险服务。之前,太保还于2001年分别向上海15位援滇干部和50位援藏干部提供了上述服务,三次保险服务总保险金额达到近4亿元。6月28日,太保系统的刘承祖荣获第一届全国“十大保险明星”,白海龙等34人荣获全国“保险之星”称号。7月13日,“商业创新方向”国际组织在美国纽约召开2002年国际质量颁奖大会,授予公司“国际质量钻石奖”。太平洋保险集团是在本届大会上唯一获奖的保险企业,也是唯一荣膺此项最高奖的中国企业。9月24日,太平洋产险被“中国质量万里行”促进会确定为“推广服务质量先进经验单位”,成为唯一荣膺这个殊荣的保险公司。12月,太平洋保险集团完成增资扩股,股权由20多亿股扩大为43亿股,资本实力达90亿元。

中国太平洋保险公司以“一流的服务质量、一流的工作效率、一流的公司信誉”为宗旨,推进各项业务稳步发展,树立了良好的社会形象。1995年、1999年、2000年,公司被国际标准普尔公司评为世界大型保险公司200强之一,分别列为第104位、48位、45位。公司还被“商业创新方向”国际组织授予

2000 年度“国际质量金星奖”、2001 年度“国际质量白金奖”。目前公司共开办了 200 多个财产险和 100 多个人身险险种，其中产险类业务规模位居全国第二位。公司建立、健全了核保核赔、风险管理、防灾防损以及客户服务制度，在全国统一设立了“95500”服务电话，为社会各界提供更快捷、便利、周到的服务。

2000 年，按照中国保监会的要求，公司成功实施了产、寿险分业经营机构体制改革。在新的世纪里，公司将依托集团的整体优势，构建集团化管理体制，强化产险、寿险两翼，形成专业化经营、市场化运作机制，努力建设成为新世纪中国保险市场上综合素质整体评价优秀的公司。

中国人民保险公司

【概况】 1949 年 10 月 20 日，经中华人民共和国政务院批准，中国人民保险公司(简称中国人保，下同)成立。公司注册资本 77 亿元人民币，经营除人身保险以外的一切保险业务。公司现有员工 68,000 余人。员工平均年龄 38.6 岁，40 岁以下的占 60.03%，大专以上学历 63.3%，具有专业技术职务的 73%，中级以上专业技术职务的 33%。公司各类管理人员 11,300 人，占员工总人数的 16.7%。这些管理人员熟悉政策法规与当地经济社会环境，在各个层次的业务和管理岗位经过长期锻炼，具有保险企业经营管理的丰富经验。公司专业人员 25,586 人，占员工总数的 37.9%，在大型商业风险承保、政府采购、产品开发、风险管理等方面具有明显的人才优势，拥有一大批保险专业领域的高端人才。公司直销人员 26,446 人，占员工总数的 39.2%。公司另有个人代理营销人员 65,000 多人。这支销售队伍熟悉业务，贴近市场，能够为客户提供高质量的风险管理解决方案。

中国人保是新中国成立的第一家保险公司，已有 54 年的经营历史，在国内享有显著的市场声誉。1997 年，公司被世界权威评级机构美国标准普尔评为安全级，在标准普尔按保费净收入排出的全球最大商业保险公司(财产保险)年度统计表中，中国人保名列第 20 位(此后未进行过类似评级)。公司是英国劳合社在中国指定的检验理赔代理，也是全球各大船东协会在中国的保赔通讯代理，在国际保险市场享有良好声誉。

【经营业绩】 2002 年中国人民保险公司保费收入 548.85 亿元，总资产 594.43 亿元，资产负债率 82.01%。公司 2000——2002 年三年平均业务增长率为 8.52%，高于同期 GDP 平均增速 1.22 个百分点。自 1996 年以来，公司累计承担风险 79 万亿元，累计支付赔款 1,766 亿元，上缴国家税收共 290.16 亿元。2000 年 9 月，公司制定了建设综合性、多元化国际保险(金融)集团的新时期发展战略目标，提出了″以市场为导向，以客户为中心″的经营理念和″求实、诚信、拼搏、创新″的企业精神。2002 年 12 月 23 日，公司股改上市方案得到国务院批准。公司改革发展进入新的阶段。

2002 年，中国人保市场份额在 70%以上，在大型商业风险、政府采购、行业统保等集中型业务以及车辆保险、家财险等分散型业务领域，处于绝对领先地位。截至 2002 年底，公司共开发产品 848 个，其中主险 408 个，附加险 440 个；全国性险种 434 个，区域性险种 414 个。目前，公司每天平均开发推广 1 个新产品。中国人保是国内第一家引入精算技术开发产品的非寿险公司，可以为客户提供全方位、高质量且科学定价的保险保障服务。公司在承保、理赔、风险评估等方面技术先进，是国内航空保险的唯一承保人，也是航天保险的首席承保人，在航空航天、核电站、能源、远洋运输、大型工商企业、政府采购等重要保险业务领域，具有国内领先的技术优势。在再保险方面，中国人保与全球 100 多家保险公司及再保险公司保持着密切的再保险业务联系，建立了有效的巨灾超赔保障机制，拥有亚洲最大的非水险分保合同，可以为各类客户提供充足有效的再保险保障。截至 2002 年底，公司拥有中国非寿险市场 75.13%的客户，还拥有我国非寿险业规模最大且系统、完整、连续的业务数据库。这为公司开发产品、厘定费率、开展个性化的客户服务奠定了坚实基础。

中国平安保险(集团)股份有限公司

【概况】 中国平安保险(集团)股份有限公司的前身是成立于 1988 年 3 月 21 日的深圳平安保险公司，同年 5 月 27 日对外营业。公司在国家工商行政管理总局注册，总部设在深圳。1992 年 6 月 4 日，经国务院批准，更名为“中国平安保险公司”。1997 年 1 月 16 日，经国家工商总局核准，更名为“中国平安保险股份有限公司”。2003 年 2 月，经国务院批准，公司完成分业重组，更名为“中国平安保险(集团)股份有限公司”(以下简称“平安”)。集团控股设立中国平安人寿保险股份有限公司、中国平安财产保险股份有限公司、中国平安保险海外(控股)公司、平安信托投资公司，平安信托投资公司依法参股平安证券有限责任公司，使平安形成了以保险为主，融证券、信托、投资和海外业务为一体的紧密、高效、多元的集团控股经营架构。

【经营业绩】 平安是中国首家股份制保险公司，也是中国第一家有外资参股的全国性保险公司。15 年来，平安的各项业务快速成长。面对 2002 年复杂多变的市场环境，公司在保监会等国家监管机关和董事会的正确领导下，坚持“改革创新、加快发展、综合理财、突出效益”的经营方针，2002 年公司实现保费收入 619.71 亿元，同比增长 33.39%，其中国内保费收入 618.86 亿元，完成计划的 104.01%；累计实现税后利润 18.25 亿元。截至 2002 年底，公司总资产达 1447.56 亿元，净资产达 132.69 亿元，同比分别增长 52.32% 和 114.57%，不良资产比例继续保持在 1% 以下。目前公司已拥有 20 万销售队伍和 2800 万忠实客户。《亚洲周刊》(《Asia Week》)评选的 2001 年亚太地区最大 100 家人寿保险公司中，平安名列第 23 位；资产利润率为 2.0%，在前 23 大保险公司中位居第一。2001 年、2002 年，平安的财务信用等级分别被国内著名信用评级机构中诚信国际、大公国际评为“AAA”级。2001 年 10 月，在《资本》杂志评选的“中国最佳服务品牌”中，平安荣膺“最佳保险服务”称号。2002 年、2003 年，平安连续两年在由北京大学与《经济观察报》举行的“中国最受尊敬企业”评选中，作为唯一一家保险企业榜上有名。

寿险系列 2002 年是寿险业务经受严峻考验的一年。由于投资市场持续低迷，影响了寿险新型产品的投资收益，加上少数营销员在销售过程存在误导行为并被某些媒体加以炒作，保险业的诚信形象受到了一定程度的损害。面对复杂局面，公司按照保监会要求积极进行整改，加强了新型产品销售管理，查处、纠正了误导行为。2002 年，寿险实现保费收入 535.31 亿元，完成计划的 102.94%，同比增长 33.77%。其中，银行保险同比增长 202.70%，团险同比增长 88.06%。

产险系列 继续加强销售队伍建设，激发销售队伍士气，在挖掘传统险种潜力的同时，大力推广董事及高级职员责任保险等新产品，积极探索新的销售渠道，推广货运险、车险、家

财险网上销售，高度重视大项目承保，有力地促进了业务发展。2002年，产险实现保费收入83.56亿元(不含海外)，完成计划的111.41%，同比增长31.12%；市场份额上升到10.74%，居产险同业第三位。

平安信托投资有限责任公司　顺利完成保牌和工商重新登记工作，积极开展发展战略研究和新业务研发工作，推出汽车消费信托计划，接受深圳市新疆助学公益信托项目，取得良好业绩。继续积极清收不良资产，加大清收力度，全年清收资金5623万元，完成集团下达计划的112%。实行规范化物业管理，不断提高管理绩效，全年累计实现租金收入9697万元，完成年计划的114%。

投资业务　理顺投资组织架构，成立资产营运中心，加快投资专业人才队伍的培养，进一步提高投资运作和管理的专业性。继续加强投资管理委员会对投资业务的统一领导，加强投资风险管控，确保公司投资部门安全、高效运行。2002年公司实现保险资金运用投资收益40.96亿元。受投资市场低迷的影响，资产增值率同期有所回落，但仍高于同业平均水平。截至2002年底，公司投资性资产已达1242.08亿元。

【管理及业务创新】　平安吸收了中国优秀传统文化和西方现代管理思想的精华，形成了广为外界赞誉的企业文化。平安的企业使命是：对客户负责，服务至上，诚信保障；对员工负责，生涯规划，安家乐业；对股东负责，资产增值，稳定回报；对社会负责，回馈社会，建设国家。平安倡导以价值最大化为导向，以追求卓越为过程，做品德高尚和有价值的人，公司形成了“诚实、信任、进取、成就”的个人价值观和“团结、活力、学习、创新”的团队价值观。平安为员工描绘的远景和抱负是：成为中国企业改革的先锋和金融服务业学习的楷模，建设国际一流的综合金融服务集团。

平安是财务稳健的保险公司。平安建立了科学、明晰的投资组织架构、专业化的决策体系及风险管控体系，保证了投资决策的稳健性和有效防范风险。平安是目前国内中资保险公司中唯一一家连续8年按国际标准出具财务报告和精算报告的保险公司。平安的不良资产比例低于1%，资产质量名列亚洲金融企业前茅。平安拥有一支高素质、专业化、国际化的员工队伍。包括财务、精算、IT、营销管理、人力资源、品牌管理等全方位的国际化人才广为业内外瞩目。公司人才国际化战略得到了国家的高度认可。公司总精算师斯蒂芬·迈尔先生获得了2001年度的“国家友谊奖”，受到了国务院总理朱镕基的亲切接见，这是我国金融服务业首次获得这项国家荣誉。与此同时，平安一直注重员工的终身教育和本土人才的培育，积极建设平安金融大学，国内保险企业的第一家博士后工作站也落户平安，为平安培育一大批本土化的专业人才队伍奠定了坚实的基础。

平安努力以良好的服务塑造品牌，积极为客户提供保单以外的各种附加价值服务。公司首家推出了海外急难援助服务，首创了客户服务节，首发了平安保户卡、银行联名卡。平安致力于构建高科技的服务平台，为客户提供专业化的产品和服务。平安以电话中心和互联网为核心，依托门店服务中心和专业直销业务员，构建具有统一品牌管理系统和服务界面的平安3A服务体系，使客户无论何时(Anytime)、无论何地(Anywhere)、无论以何种方式(Anyway)，都可以享受到平安保险公司的满意服务。

平安热心公益事业，积极承担社会责任。早在1993年10月，平安就成立了捐助希望工程基金会。迄今为止，平安共投资500多万元，在全国22个省市援建了26所希望小学；1998年，长江流域大范围发生洪涝灾害，平安全系统员工自发为洪区捐款捐物，共募集善款245万元，衣物近两万件；2000年10月，平安出资124万元支持“三北”防护林建设；2002年8月，平安向中国红十字总会捐赠价值1000万元的捐血车，并创办“平安爱心捐血银行”，发动全系统30万员工参与红十字的爱心事业。2003年非典肆虐的危机关头，平安在开通理赔绿色通道的同时，拨备1000万元为在抗非典一线殉职的医护人员未成年子女提供救助金。

天安保险股份有限公司

【概况】　2002年，是公司实现全国化战略部署、跨越式发展的重要之年。一年来，公司坚持“抓管理、促发展、建品牌”的经营方针和“以更及时、更全面、更专业、更道德的服务，创建中国财产保险第一品牌”的经营理念，求真务实，开拓进取，各项经营业绩大幅提升，实现保费收入7.16亿元，比上年净增3.39亿元，增长89.9%；经济效益稳步提高，全年实现利润总额3234万元，比上年增加27%；机构建设获得突破，大连、青岛、济南、广州、重庆、深圳、厦门、郑州、天津、武汉、沈阳、长沙等12家分公司、35家中心支公司先后开业。

【规范管理和业务创新】　在保险业务大幅提升的同时，公司进一步健全和完善了现代企业制度，不断优化经营机制，创新经营手段，提升发展水平，注重文化建设，开创了公司建设的新局面。

一、质量环境双双认证，管理水平不断提升。在2000年通过ISO9002质量管理体系认证的基础上，不断优化基础管理，提升集约化经营水平。7月12日，公司又顺利通过了由瑞士SGS公司主持的ISO9001:2000质量管理体系标准和ISO14001环境管理体系标准的认证，成为国内首家同时通过这两项认证的财产保险公司。

二、营销模式推出“样板”，市场推进效果明显。针对保险市场不断变化的竞争格局和日趋激烈的竞争态势，公司各级机构加强展业策划，创新销售方式，不断推出各具特色的营销模式，加之潜心研究市场动态，积极引导市场消费，市场占有率有了明显的提升。

三、特色险种不断推出，市场普遍反应热烈。针对市场变化和消费者需求，公司先后研制开发了机动车辆保险、幸福家庭财产险系列产品、责任保险和健康保险等数十个新产品。投放市场后，引起市场热烈反应，市场需求旺盛。

四、团队竞赛高潮迭起，员工干劲不断激发。根据各地阶段性市场发展要求，公司不断组织以市场开发为内容的劳动竞赛活动，把员工建功立业、开拓进取的政治热情转化为市场竞争的动力。通过不断掀起的竞赛高潮，进一步激发了团队和个人的责任感和荣誉感，加快了市场发展的步伐。

五、率先成立网络学院，学习气氛日趋浓厚。4月16日，我国保险业首家网络教育学院在天安成立，这是公司适应市场发展需求，探索如何充分利用社会资源和信息化技术，建立适合企业自身发展要求的人才培训体系的大胆尝试。天安保险网络教育学院成立后，天安员工学习知识、钻研技术的氛围日趋浓厚，一个学习型的组织已经形成。

六、首席承保应运而生，体制改革不断创新。作为国内率先实行与国际接轨的以“承保人制度”为载体的专业化产险公司，成立8年来，根据国内市场变化，不断加以完善和创新。在此基础上，又创立了专职、专责、专项的与业务岗位相称的首席承保人制度，公司专业化管理的水平迈上了新台阶。

七、服务手段不断创新，服务优势得以打造。创新保险服务，是公司品牌建设的重点。公司在所有中心城市的机构中设立了客户服务中心，将理赔服务、承保服务、投诉处理、保险咨询、客户呼叫等服务项目融为一体，实行专业化管理。为方便客户索赔，建立了绿色通道，加上各种客户定期回访、送赔款上门、帮助客户防实防损等服务手段，公司客户服务优势得以打造。

八、视频会议系统开通，信息技术上新台阶。建设计算机信息网络系统，提高信息技术是公司技术创新的一个重要举措。年内公司完成了核心业务系统的优化和升级，进行了公司网站和 TA178 电力商务平台的改造，开发了视频会议系统、开发了车险零配件报价系统、VISDA 信息发布系统等，公司信息技术管理水平跃上新台阶。

九、配合公司全国化大发展过程中的管理转型和职能强化的需要，公司加大人力资源建设力度。通过组织各层次的专业技能培训，逐步建立起一支德才兼备的管理队伍和专业技术队伍。同时，公司不断加大优秀人才的引进、培养力度，首次走出国门，在美国、加拿大和我国香港地区举办人才考聘会，引起轰动效应。

十、企业文化推导有方，“天安之道”深入人心。建设具有天安特色的企业文化，是公司长期发展战略之一。2002 年，以“天安之道”价值核心理念体系为准则的企业文化不断向深度和广度发展。通过培训班、晨会诵读、广泛讨论以及各种形式的演讲会、知识竞赛等，使“天安之道”的文化理念深入人心。

（许建国）

新华人寿保险股份有限公司

【概况】 新华人寿保险股份有限公司是经国务院同意、中国人民银行总行批准，于 1996 年 8 月成立的全国性、股份制专业寿险公司，经营范围包括各类人寿保险、健康保险和人身意外伤害保险业务。公司现注册资本 12 亿元，现有股东 16 家，其中资股东 12 家，包括大型国有企业和股份制企业；4 家外资股东为：瑞士苏黎世保险公司、国际金融公司、日本明治生命保险公司、荷兰金融发展公司。实现了资本国际化。2002 年，新华人寿实现保费收入 79.83 亿元，市场占有率一直位居国内寿险市场第四位；其中，北京分公司以 20.16%的市场份额居北京寿险市场第二。2002 年，公司实现投资收益 1.3 亿元，连续七年保持赢利；公司总资产达到 127.6 亿元，偿付能力超过了监管部门规定的最低标准。到 2002 年底，公司拥有 29 家省级分公司，53 家中心支公司、317 家营销服务部，提前完成全国性机构战略布局，跨入了全国大中型寿险公司的行列。

【经营业绩】 新华公司成立之初，就设立了客户服务中心和体检中心，为客户提供咨询、查询、体检、保全、续期、理赔等全方位的服务；通过定期举办客户回访、问卷调查、客户联欢活动，并向客户寄送《新华保险》客户专刊和《新华时尚》杂志，增进公司与客户的感情，提高服务水平。1998 年 8 月，新华公司与亚洲国际急难救助集团（AEA）签署合作协议，为客户提供急难救助服务；1999 年，营业总部体检中心获得北京市卫生部门颁发的医疗机构营业许可证，有助于公司利用现有的医疗体检基础，探索为客户提供更方便灵活的医疗服务。新华公司在业内首创网点营销模式，从 1998 年开始在北京市场上建立“新华保险客户之家”，通过这些深入社区、贴近居民的服务网点，不仅可以及时周到地为社区百姓提供服务，而且增强了客户和公众对新华公司和寿险行业的信任感，树立了寿险行业的全新形象。1999 年 8 月，新华公司客户服务体系通过 ISO9002 国际质量认证，成为国内首家获此认证的中资寿险公司。ISO9002 标准的实行，使新华公司能够以清晰的管理规则和严格的考核制度，为客户提供高效率、高标准和数字化的服务，这是公司客户服务走向国际化、标准化和规范化的重要举措。为进一步提高客户服务水平和服务质量，新华公司于 2000 年 6 月投入使用了客户电话服务中心（CALL CENTER），通过这一举措，将进一步增强以客户为中心的服务观念，在提高咨询、查询、保全等工作效率，提高售后服务水平，深度挖掘客户资源等方面发挥积极作用。2001 年制定了包括客户服务全过程的“客户服务标准规范”，统一了公司全系统的客户服务工作；启动了服务窗口建设，使服务柜面、电话中心的形象有了新的变化；对客户电话服务系统进行了全面改进，并已在部分分公司挂机；配合公司成立五周年组织开展了“客户服务月”活动，完善服务手段，改进服务质量，收到了良好效果。

2002 年，新华保险公司全面启动了客户服务体系建设，完善了续收管理基础平台，建立了与服务平台建设相配套的规章制度以及保全作业、投诉管理等制度，初步形成客户服务管理制度体系框架。电话服务中心、柜面服务中心和网络三大服务平台的建设在标准化、提高支持能力方面取得了新进展。全国统一客服电话“95567”在各分公司陆续开通。保全服务功能继续完善，大型客户服务活动和附加值服务，传播了客户服务新理念，提高了客户的满意度。

公司确立了“以人为本，服务社会”的经营理念，大力加强企业文化建设，以共同价值观凝聚和激励员工，建立了一支忠诚负责的员工队伍；同时，公司不忘承担社会责任，热心公益事业，在社会上树立了良好的形象。2001 年，公司策划和组织了申奥助威活动，向北京奥申委赴莫斯科代表团捐赠近 1.5 亿元人身意外保险，为北京知名企业民间声援团提供了价值 6000 万元的人身意外保险，为远赴莫斯科助威的文化使者国宝大熊猫承保意外伤害保险，并派出 20 名员工代表赴莫斯科为北京申奥助威，充分表达了公司全体员工“心系奥运、心系祖国”的赤子情怀。

2002 年，新华公司在董事会的正确决策下，在公司经营班子的领导下，通过全体新华人的顽强拼搏和埋头苦干，圆满完成了当年的各项任务，取得了规模与效益、机构与队伍、管控与发展等各个方面的全面突破。公司实现保费收入 79.83 亿元，比上年增长 247.3%。占全国寿险市场份额上升为 3.51%。全年实现投资收益 1.3 亿元。新建分公司 19 家，中心支公司 46 家，按预算考核口径全公司管理费用控制率为 88.3%，资产总额达到 127.6 亿元，实现税前利润 1.6 亿元，实际偿付能力超过了监管部门规定的最低标准。

为了适应市场竞争的需要，保障公司长远发展的后劲，围绕产品创新，继“创世之约”投资连结保险和“吉庆有余”分红保险后，2001 年相继开发了裕祥团体年金保险（分红型）、红双喜两全保险（分红型）、新千年养老团体投资连结产品和国内第一款分红型健康产品“健乐增额终身重大疾病保险”，使公司在非传统寿险产品的开拓上迈出了重要的一步，并初步构建了包括传统产品及新型产品在内的团体、个人、代理全方位的产品体系，有力地支持了一线业务拓展。

新华公司始终坚持以客户为中心的服务理念，产品开发工作中把客户需求作为出发点；业务管理工作在流程设计、理赔、保全服务等方面以方便客户为第一原则；培训工作把客户至上理念贯穿到对销售人员的培训中。公司强化内部客户的理念，把一线销售人员作为客户，为他们提供更方便、更快捷的服务支持，因为只有让销售人员对公司的服务满意，最终才能让客户满意。公司各方面工作做到管理跟着服务走，服务围绕客户转。

截至2002年底，公司拥有员工50,000多名，管理人员近2,500人。为加大引进人才力度，新华保险公司启动了"鹏程计划"，广招天下贤士，满足了机构迅猛扩张的发展需要。在团结、敬业、奉献的新华精神鼓舞下，面对巨大的市场压力，新华员工队伍一直保持着高昂的士气和战斗力，务实低调，艰苦创业，形成了朝气蓬勃、奋发向上的企业文化。

华泰财产保险股份有限公司

【概况】华泰财产保险股份有限公司是中国第一家全国性股份制财产保险公司。由中国人民银行批准筹建，1996年8月29日在北京开业，公司注册资本金13.33亿元人民币。公司坚持效益为先的经营指导方针，明确专业化经营、质量效益型发展的市场战略定位，保险和投资业务保持健康和稳定的发展，取得了良好的经营业绩。公司在北京、上海、天津、重庆、南京、广州、西安、成都、沈阳、杭州、昆明、石家庄、深圳、青岛、大连及佛山、绍兴、烟台等25个城市设有分公司和中心支公司，通过严格运营管理制度对分支机构业务实行垂直化管理，形成了面向全国的经营布局。2002年5月，华泰保险公司完成了外资参股工作，世界著名的金融保险企业——ACE保险集团参股华泰，并与华泰建立了战略合作伙伴关系。作为ACE集团的战略合作伙伴，华泰保险公司为ACE集团的跨国公司客户在华业务，提供符合国际惯例的风险保障服务。

【经营业绩】 华泰保险公司成立六年来，累计实现保险业务收入29亿元人民币，平均年增长率为33.7%，实现投资项下收益11.31亿元，平均年投资收益率为11.8%，公司保持稳定的盈利和分红水平，净利润累计达到6.76亿元。2002年是华泰保险公司成立以来总体经济效益最好的一年，全年实现保险业务收入7.9亿元，比2001年增长19%，超过全国财产险平均增长水平；实现投资项下收益1.82亿元，投资收益率8.78%，明显高于市场平均水平。公司净资产收益率8.87%，税后资本回报率10.7%，均创历史新高。截止到2002年12月底，公司总资产为55.37亿元。

【业务范围】 保险业务 华泰保险公司重视保险业务的风险管控和基础建设工作，树立核保的核心作用，提升理赔的效率和服务水平。为适应现阶段的保险市场状况，便于专业化服务，公司对经营险种，按个人保险和商业保险进行划分。个人保险产品包括汽车保险、意外伤害保险、家庭财产保险和房屋保险等；商业保险产品包括各类责任保险、财产保险、工程保险、机器损坏保险、石油钻井设备保险、现金保险、货物运输保险、船舶保险和飞机保险等。2003年1月1日新的保险法公布后，公司积极开发并推出个人短期意外伤害保险(PA)等新产品。华泰保险公司是中国航天保险联合体、核保险联合体发起成员。成立六年来，先后承保了多次卫星发送项目与核电项目，显示了公司的实力，提高了华泰的声誉。华泰保险公司承保了一批有影响的重大工程与财产险项目，包括：北京轻轨、北京CBD财富中心、中国人民银行大厦、国家外汇管理局大厦、国家烟草局大厦、上海金茂大厦、国华电力、中国海洋石油总公司渤海六号油田、上海浦东钢铁集团、中央电视台直播项目(建国五十周年大庆、澳门回归、悉尼奥运会等)、'99上海《财富》论坛国际会议中心、上海通用汽车公司、南京化工集团30万吨合成氨项目、陕京天然气管道工程等。为了有效规避与分散风险，公司注重与国内保险业同行保持密切联系，逐步建立起大项目、高风险业务的共保合作机制。公司还与国内和国际间实力强、信誉好的再保险公司进行持续稳定的、多层次、全方位的再保险业务合作。

投资业务 华泰保险公司将投资业务与保险业务并重，不断加强投资业务的专业化管理，资金运用取得了突出的业绩。华泰的债券经营水平，不仅在保险业内，而且在全国金融市场上，连续处于领先地位，树立了华泰的品牌。2002年是华泰保险公司投资业务实施战略调整的一年。新建的投资管理中心南迁上海浦东，顺利实现平稳过渡。在2002年投资市场普遍低迷、风险增加的弱市环境中取得了出色的投资业绩。债券净值增长率达10%，高于市场基准水平5.60个百分点；基金净值增长比市场基准水平高7.74个百分点。投资收益为华泰去年整体赢利达到历史最高水平做出了突出贡献。

【规范化管理】 2002年华泰保险公司提出"制度立司"的管理理念，通过全面的制度建设，提高公司管理水平，实现整体经营目标。用制度来培养人、选择人和激励人，发挥员工的积极性和创造性，真正做到"以人为本"。通过引入外资，公司进一步优化了股权结构，引进了先进的管理理念和技术、资金、人才等战略资源，在承保选择、风险管控、量化管理以及快速实施等方面，开始形成新的竞争优势。华泰积极推进公司治理结构的调整。根据新的公司章程，董事会设立了预算审核、薪酬、审计三个专门委员会和执行委员会。公司建立了CEO体制，并将保险业务和投资业务作为两个独立的利润中心，由保险和投资两名首席运营官对经营结果负责。公司按照专业化分工、个人负责制和扁平化管理的原则，建立了新的保险业务管理架构，设立了运营管理部、承保中心和理赔中心。加强对分支机构的管控力度，要核保、财务、人事、信息技术等方面实行垂直管理，努力提高公司的专业化水平。

华泰公司重视企业文化建设工作，提出了"培养职业化员工，提供专业化服务"的目标价值观，以此达到华泰质量效益型发展的战略目标。公司崇尚制度权威，用制度培养人、检验人。公司提倡"合作与和谐，规范与创新，信任与交流，开放与包容"的企业氛围。公司建立以客户为导向的企业服务链，通过境内外培训、专业考核和岗位轮换等多种方式，提高员工素质，培养专业化服务能力，构建起新时期的华泰企业文化。

中国加入WTO以后，华泰保险公司重新进行保险业务的战略目标定位，坚定了走集约化发展道路的决心，努力把华泰建设成一家专业化经营的、质量效益型保险企业。在业务发展的同时，公司努力向建立综合性金融服务集团的目标迈进。目前公司正积极推进筹建合资寿险公司的工作；A股上市辅导工作即将完成，公司将在条件成熟的情况下择机上市。

泰康人寿保险股份有限公司

【概况】 泰康人寿保险股份有限公司系1996年8月22日经中国人民银行总行批准成立的全国性、股份制人寿保险公司。泰康人寿保险公司实力雄厚，由中国国际旅行总社、中国对外贸易运输(集团)总公司、北京燕山石油化工(集团)有限公司和中国嘉德国际拍卖有限公司等16家国有大中型企业发起组建。2000年11月，公司全面完成经国务院同意、保监会批准的外资募股工作。新加盟泰康的外资股东有瑞士丰泰人寿保险公司、苏黎士洛易银行、新政泰达投资有限公司和日本软库银行集团。公司注册资金8亿元人民币,是目前国内6家全国性人寿保险公司之一。公司总部设在北京。

【经营业绩】 泰康人寿保险股份有限公司始终坚持"专业化、规范化、国际化"的发展战略和稳健经营、开拓创新的发展方针,借鉴国内外寿险公司先进管理经验,注重防范金融风险。1998年公司采用国际惯例进行信用评级,并在三年内信用评级从AA跃居AAA一级,AAA意为"清偿能力非常强,风险最小"。截至2002年底,公司资产总额为121.4亿元人民币。目前,公司已形成分红保险、终身保险、定期寿险、重大疾病保险、养老保险、两全保险、医疗保险、少儿保险、意外保险、女性疾病保险等产品系列。同时,公司还大胆创新,在国内推出旅游救援保险、保证续保的个人医疗保险、非传统的团体门诊保险等深受人们喜爱的保险产品。

2002年1月,公司正式开通全国统一的客户服务电话号码95522,使公司的服务有了统一的平台、统一的对外形象,标志着公司提 供深层次个性化服务水平不断提高。3月21日,公司向60名可可西里国家自然保护区工作人员和100名可可西里保护藏羚羊志愿者提供了保额高达800万元人民币的保障,以表达对环保事业的热心支持和对环保战士的崇敬之情。4月10日至6月10日,公司以北京为首站,陆续在全国23家分公司轰轰烈烈地开展了"爱家行动暨新生活广场揭牌仪式"路演活动。在中国保险业开创了市场整合营销方式的先河,显 著地提升了公司知名度、美誉度,增强了全体内外勤员工的向 心力、凝聚力,对于推动公司业务大发展,打造公司品牌精神,弘扬公司先进企业文化,塑造新经济时代"创新服务"的泰康良 好企业形象起到了难以估量的作用。公司融合国际最新概念,在"新生活"理念的指导下,在保险业内率先推出综合家庭保障计划——"一张保单保全家"。完全符合工薪白领人群对家庭价值的追求,为全家人的生老病死提供全面的保障,包括意外伤害、重大疾病、意外伤害医疗、子女教育金等等,客户不但可享受分红,保单未来也可以附加险种而升级。此创新产品的推出,促进了营销方式的创新,即从一对一的个人传统销售方式转变为对家庭的现代销售方式,在业内引起了轰动和效仿。10月,该产品的第二代"爱家之约"在北京 等分公司试销,取得了不俗的业绩。从4月开始,个险、团险、银行保险信息新系统以及财务新 系统在全国23个分公司和几十家支公司全面上线,为业务快速 发展提供了有力的支持,行业领先的全国大集中模式得以全面确立和加强。总公司在此模式下可以有效地支持公司的快速发 展,控制风险,降低成本,及时掌握业务的发展动态,并为保 户提供更为灵活的服务。9月,公司开发出第一只具有保底基金概念的理财工具——"放心理财"投资连结保险,并在北京朝阳区农行网点试点销售。"放心理财"在中国第一次实现了银行和保险公司业务系统的实 时互联。11月28日,公司保费首次突破50亿元,标志着公司迈入大中型保险企业的行业。

泰康人寿保险股份有限公司倡导工薪白领人群的现代生活观、家庭价值观,致力于以个性化、差异化的产品、服务,使每个家庭都可享受到健康、幸福、美满的新生活。同期公司全面推出泰康新生活广场,形成四位一体的现实与虚拟相结合的互动式综合服务体系。在这里,客户将通过"泰康新生活广场门店"、"泰康新生活广场电话—95522"、"泰康新生活广场网络—www.taikang.com"以及"朝气蓬勃、健康向上、专业诚信的员工队伍",享受到更具个性化、亲和化、综合化、全天侯的金融服务。

泰康人寿保险股份有限公司制定并实施"以经济区域为中心,以集中、高效的组织体制为依托,以中心城市为支点,辐射周边,分设管理"的区域管理战略和三步走的机构发展方针,成功搭建起一个全国性经营网络。截至2003年4月,已在北京、上海、广州等全国经济发达省市设立了23家分公司,104家中心支公司,揭开了泰康人寿快速发展的新篇章。

长安保险经济有限公司

【概况】 长安保险经济有限公司是2001年5月经中国保险监督管理委员会批准成立,2001年6月开业的一家全国性保险经纪公司,总部设在西安,是中西部唯一的一家保险经纪公司。它由中国电力财务有限公司发起,四十余家股东出资建立,注册资本2亿元;其股东实力雄厚,覆盖全国28个省、市、自治区,涉及能源、金融等多个行业。长安公司汇集电力、保险及金融行业精英,员工平均年龄在35岁以下,90%以上人员具有本科以上学历,80%以上人员具有丰富的从业经验,其中硕士研究生和高级技术职称人数占50%以上。该公司积极组建全国性的专家委员会,专家技术服务网络遍布全国,更多高素质人才正不断加盟。

【业务发展】 公司成立两年来,业务遍及到全国28个省、市、自治区的大中型企业,涉及资产7000亿元,业务规模在国内同行中名列前茅。在龙滩水电、嘉陵电力、安顺二期等项目上长安公司与多家外资保险经纪公司进行了广泛的合作,在交流和学习中获得丰富经验;同时长安公司积极参与大型企业员工福利建设,积极介入"西电东送"重点项目的风险管理,为公司的可持续发展奠定了基础。长安公司立足电力,专注电力,逐步形成了"电力保险经纪首选"的行业品牌。以"高起点、规范化、专家型"为立司之本,以"市场化、社会化、国际化"为公司发展方向,长安公司在两年多的成长中,励精图治,在业务规模不断扩大的同时,强调规范经营、积极成为培育规范保险市场的倡导者与响应者。

华安财产保险股份有限公司

【概况】 华安财产保险股份有限公司是经中国人民银行批准,于1996年10月18日正式创立的一家专业性财产保险公司,总部设于深圳,主要经营各种财产险、责任险、信用险、农业险及其上述保险的再保险。2003年初,经中国保监会批准,华安保险公司开始经营人身险和短期健康险业务。华安保险公司(以下简称"华安")成立六年来,开拓进取,奋力拼搏,在取得良好自身经营业绩的同时,也为探索中国保险业的发展道路作出了积极的贡献,赢得了公众的信赖和支持。

2000年4月26日,华安保险公司广州分公司成立,得到了当时中国保监会马永伟主席的大力支持和鼓励,它的成立,标志着华安拓宽业务领域的开始。同时,作为广东保险业年轻的保险主体,华安保险广州分公司的成立,也给广东保险业的发展注入了新的活力,对广东保险市场的进一步完善起到非常积极的推动作用。同年5月19日,继广州分公司开业不久,华安又在湖南省长沙建立了长沙分公司。2001年1月华安深圳分公司在深圳成立。深圳分公司的成立是华安发展进程中极具战略意义的一步,标志着华安已从单一的高度集中管理转变为"总、分、支"三级管理模式,预示着公司的管理水平实现了关键性的飞跃。2001年6月16日,华安挥师福州,成为福州市新兴的保险公司。2002年8月28日,华安成为中国进入WTO之后,首家进驻南宁保险市场的财产保险公司,此次入驻广西南宁，是华安调整发展战略，加快建立以省会城市、中心城市为依托、辐射全国的机构网络建设的重要举措。同时，由于华安保险公司的加入，对活跃广西保险市场，促进广西保险业的发展也会起到非常重要的作用。到2002年底，华安保险不仅成功地进入国内南方主要经济地区和中心城市，还经中国保监会批准，筹建北京、上海、南京、杭州、成都、大连等省级分公司，这意味着，华安保险公司终于走出了深圳、走出了广东，走向了全国。

“以人为本”是华安一直以来对员工信守的承诺。华安提倡“公开、平等、竞争、择优”的选人、用人机制，一向不惟学历重能力，不惟资历重业绩。华安尊重知识、尊重人才，注意员工管理的人性化，公司在短短的六年时间里，吸引了一批年轻、有活力、有事业心、进取心、德才兼备的人才加盟华安，建立了一支素质高、业务精、敬业、朝气蓬勃的员工队伍。公司从96年初筹建时的几人发展到目前的1000多人，平均年龄28岁，其中大学以上学历的占67%以上。华安的人才理念是：个人与企业共成长，人尽其才，才尽其用。每年新员工入司，华安都会为员工进行职业生涯规划，根据员工的特长做适当的岗位安排，做到人尽其才，才尽其用。在发展过程中，华安始终把人才的发展与培养放在首要位置，把培训作为员工的一项最大福利。每年，华安都会举行各种培训，有时是请来“外脑”，如全球或全国知名的专家学者、营销专才，有时是请华安内的专才给全体华安人带来能满足个性化发展需求的培训，如经营管理、专业技能、展业技巧培训等，使员工们在为华安服务和奉献的同时，自身也得到提高和成长。

华安尊重人才的价值，重视客户的需求和利益，在借鉴国内外同业先进技术和经验的基础上，不断以新产品、新手段、新服务满足不同客户的需要。华安现已开办了70多个险种，并成功为美国摩托罗拉公司通信卫星“铱星”发射提供了保险服务。以诚信待人处事，以稳健经营企业，以创新寻求发展，以卓越作为最高目标是华安恪守的理念。华安于1998年4月启动ISO9002质量体系文件规范服务程序，保证服务质量，并于同年10月、12月正式获得荷兰KEMA质量认证公司和中国进出口产品质量认证中心ISO9002国际及国内质量管理体系认证。

目前，华安已与包括瑞士再、慕尼黑再、科隆再在内的50多家专业再保公司建立和发展了业务关系，并且选择瑞士再(世界第二大专业再保公司)作为分保合同的首席再保人。广泛的分保业务关系，将有效地保障广大保户的经济利益。与此同时，华安在国内外设立了500多个检验和理赔代理网点，迅速、公正、准确地为出险客户进行理赔服务。

中国出口信用保险公司

【概况】 中国出口信用保险公司是中国政府为深化保险体制改革、理顺出口信用保险机制、规范出口信用保险市场、支持中国企业(指在中华人民共和国境内注册的、具有国家有关部门颁发的进出口经营权或对外劳务经营权的各类企业)积极参与国际竞争，由国务院批准成立的国有独资企业。中国出口信用保险公司于2001年12月18日在北京挂牌营业。中国出口信用保险公司的注册资本为40亿元人民币，资本来源为出口信用保险风险基金，由国家财政预算安排。中国出口信用保险公司自正式挂牌运营以来，已顺利完成了组建工作。公司以建立现代金融企业为目标，确立了有利于建立学习型团队和对业务实施项目化运作的矩阵化组织结构。公司实施了业务流程的计算机管理和业务运营的网络化操作，使公司在防范风险和适应市场上有了一个比较先进的组织机构平台。中国出口信用保险公司在出口业务较集中的地区设立了12个营业管理部和7个地方业务处，建立起了拥有博士4人、硕士58人，具有海外学习和工作经历的员工约占1/3的人才队伍。中国出口信用保险公司积极创建学习型团队，倡导创新精神，实施全员职业生涯培训计划，逐步形成了积极创新和力求进取的文化氛围，整个公司呈现出蓬勃的生机与活力。

【经营业绩】 中国出口信用保险公司的主要任务是：依据国家外交、外贸、产业、财政、金融等政策，通过出口信用保险，支持货物、技术和服务等出口，特别是高科技、附加值大的机电产品等资本性货物出口，支持中国企业向海外投资，积极开拓海外市场，为企业提供收汇风险保障。

中国出口信用保险公司承保国家风险和买方风险。国家风险包括买方国家外汇管制、政府征收、国有化和战争等；买方风险包括买方信用风险(拖欠货款、拒付货款及破产等)和买方银行风险(开证行或保兑行风险)。

中国出口信用保险公司提供短期出口信用保险、中长期出口信用保险、海外投资保险及与出口信用保险业务相关的担保、国际商帐追收和资信服务。短期出口信用保险的主要产品有：统保保险、信用证保险、特定买方保险、特定合同保险和买方违约保险。中长期出口信用保险的产品主要有：出口买方信贷保险、出口延付合同保险。海外投资保险的产品主要有：中国企业海外投资保险和外商来华投资保险。担保类产品主要有：支持中国企业开拓海外市场的担保、与出口相关的担保、与国民经济建设相关的担保、外商来华投资项目的担保以及中小企业融资担保、出口押汇担保和租赁担保等。

在2002年里，公司全面落实国务院对公司“政策性公司，商业化运作”的定位，坚持支持国家外贸事业发展、服务外贸出口企业的宗旨，积极扩大业务规模，完善服务功能。公司开展了广泛的政策宣传和业务推介活动，帮助企业树立国际化的风险意识，认识国际化的风险规避手段，加深了出口企业对出口信用保险的认识和了解；公司积极推进关键客户战略，加大了对重点出口企业的支持力度；公司有选择地适当降低部分费率，区别不同情况实行快速赔付机制，帮助出口企业建立风险控制机制，公司的服务功能逐步完善；公司积极推进新产品开发，开发出了包括中长期信用险、短期信用险、海外投资保险和担保业务在内的多个出口信用险新产品，更好地满足了出口企业的需要。经过全体员工的不懈努力，2002年，全公司实现保险金额27.5亿美元，同比增长15.2%；保费收入5.6亿元，同比增长7%；总资产增加22%，各类业务准备金净增5.5亿元。2002年，公司还成功地举办了伯尔尼协会2002年大会，扩大了中国出口信用保险公司在国际上的影响。

KANION

江苏康缘药业股份有限公司

JIANGSU KANGYUAN PHARMACEUTICAL CO., LTD.

江苏康缘药业股份有限公司是在原连云港中药厂基础上改制而成的现代化企业，主要致力于中药现代化、国际化进程事业。

公司注重管理与研发，拥有江苏省博士后创新中心、新型中成药研究中心和一系列先进的提取、制剂和检验设备，研发和产品中试条件位居国内同行前列。公司拥有的一批高素质、高效能、结构合理的科研队伍，他们以创新为永恒的主题，勤奋、敬业，在自己的工作岗位上根据公司总体发展目标奉献着聪明才智，从事着各类产品系列的开发工作。新型中成药研究中心、江苏省博士后创新中心等研发机构先后自主、合作研制开发了10个国家级新药。其中3个新药被列入国家、省级星火计划，2个被列入国家火炬计划。同时已在全国建立了完善的营销网络，且公司的绝大部分营销人员为药学专业毕业，具有良好的专业素养。

经过二十余年的发展，尤其是近十年的开拓创新，公司呈现出良好的成长态势，已经成为我国中药制药行业中发展迅速、规模持续增长、市场广阔、效益优良的生产企业之一，是国家火炬计划重点高新技术企业，全国质量管理先进企业。

董事长：肖伟

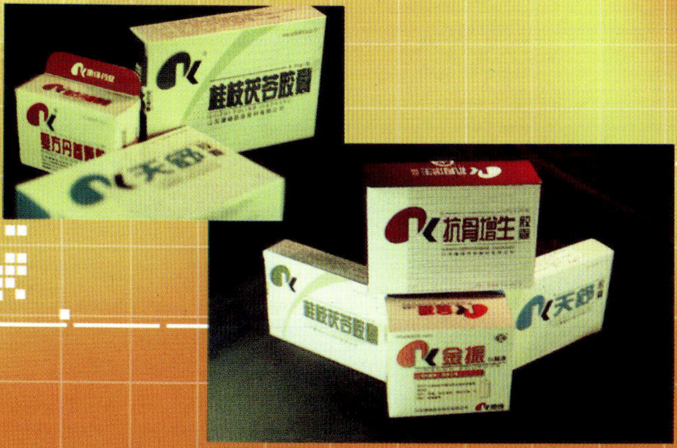

JIANGSU WUZHONG

江苏吴中实业股份

江苏吴中实业股份有限公司（以下简称江苏吴中或公司）系1994年6月经江苏省体改委苏体改生[1994]114号文批准，由江苏吴中集团联合其他四家公司共同发起，采用定向募集方式设立的股份有限公司。

1999年3月11日，公司经中国证监会批准向社会公开发行了人民币普通股3350万股，同年4月1日，公司3350万股A股股票在上海证券交易所上市。本公司是沪深两地交易所的"普教第一股"，也是一家高科技、高成长型的上市公司。2000年，公司被江苏省科委认定为高新技术企业；2001年被国家科委认定为国家火炬计划重点高新技术企业。2002年被科技部评为"火炬计划优秀高新技术企业"。

目前，公司总股本为41580万元，公司主营业务范围为：服装生产、销售和出口；药品的制造、销售（限指定的分支机构领取许可证后经营）等。

公司主要业务分服装和医药两块，分属服装行业和医药行业，其中服装主要从事"365"牌学生装、羽绒服、休闲装、"吴中"牌休闲装及其它各类针织、梭织服装、"芭芭拉"、"铁飞龙"品牌服装的生产销售；医药主要从事各种原料药、输液剂、注射剂、冻干粉针、胶囊、片剂、口服液等各种抗生素类、维生素类、止血类普通药品和G-CSF（重组人粒细胞集落刺激因子）等生物药品生产、销售。

公司连续五年获江苏服装行业"销售前十强单位"和"利税前十强单位"称号；连续三年跻身全国服装行业销售利税百强；医药产业2001年在全国排名第七十名。

根据公司制定的五年发展规划，未来五年公司主要经济指标如下：2005年，公司销售总额达到26亿元，年均增幅18-25%；利润2.5亿元，年均增幅20-32%；至2005年，总资产达到30亿元，净资产22亿元，上交税收1亿元。

有限公司

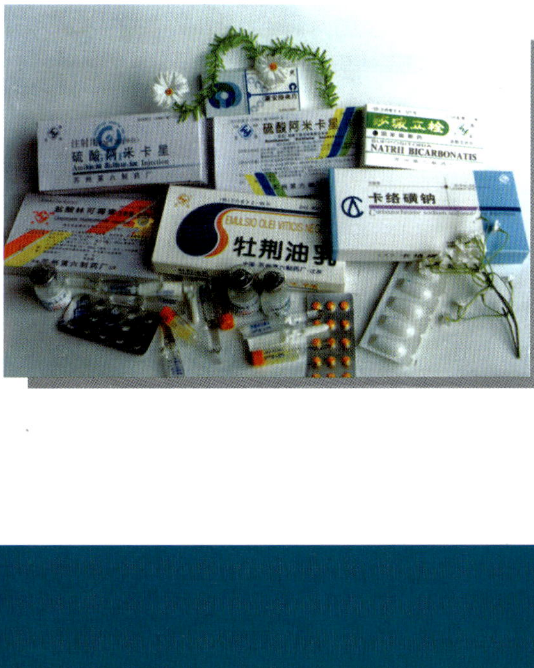

股份有限公司

河北太行水泥股份有限公司成立于1993年。他的前身是我国建材行业首批大型一档企业、全国大型水泥行业唯一金奖“中华人民共和国国家质量金奖”荣获者，七十年代被誉为“全亚洲第一大水泥厂”的原河北省邯郸水泥厂。

河北太行水泥股份有限公司继承和发扬了原河北省邯郸水泥厂优秀的企业文化、丰富的水泥生产、管理以及金牌的质量管理经验。通过改制，实现了经营机制的转换，建立了较完善的法人治理结构和完整的内部控制制度。凭着“团结、拼搏、求实、创新”的太行人精神，河北太行水泥股份有限公司迅速发展成为享有独立的进出口权,并在全国建材行业中首批通过国家产品质量认证和ISO9002质量体系认证的全国单厂生产规模最大的生产商之一。

2002年8月22日，河北太行水泥股份有限公司5000万股股票在上海证券交易所成功上市。

上市以来，河北太行水泥股份有限公司以国家进行产业结构调整为契机，以资本为纽带，以股东权益最大化为目的，本着突出主业，稳健务实，抢抓机遇，创新发展的原则，凭借公司在融资、管理、人才、质量、规模、资源和行业等方面的优势，运用资金与资产，通过股权收购和投资控股等有效的投资组合方式，在北京及其周边地区投资了多家控股子公司，扩大了生产规模，实现了公司以太行为基地、冀中为重点、北京为前沿的“三点一线”的战略，使公司优质高标号水泥的年生产能力达到400余万吨，保持了公司在国内水泥市场的优势地位。

随着中国经济的高速发展，河北太行水泥股份有限公司将与时俱进，进一步深化改革，以规范的运作、全新的理念、科学的管理、严谨的决策，以及优秀的企业文化和开拓进取的精神成为中国建材行业最具竞争力和投资价值的上市公司。

2002年8月22日，”太行水泥“在上海证券交易所成功上市

在建的总高330米的武汉国际证券大厦

股票代码：600477
股票简称：杭萧钢构

近年来，公司依靠先进的技术和优质的服务为国内外几百家业主设计建造了优质的钢结构建筑工程，比较典型的有上汽集团奇瑞汽车厂房、长春中东大市场工程、萧山北山通缆市政工程、北京西普生产厂房、本公司扩建工程一期厂房、上海锦绣华城乐购超市、新疆广汇建材物流园、新疆华凌国际商贸广场、杭州瑞丰国际商务大厦、台州广电中心、武汉国际证券大厦等。

萧山北山通缆市政工程

湖南大剧院(效果图)

台州广电中心

上海香格理拉大酒店(效果图)

北京世纪财富中心(效果图)

信息产业部电子第29研究所综合楼(成都)

项目	2003年上半年	2002年	2001年	2000年
主营业务收入	60710.57	63638.09	30959.17	12449.93
净利润	3294.90	4396.71	1670.51	1142.57
总资产	82865.68	61234.50	29021.13	24884.09
股东权益	13923.03	10652.90	6456.20	4914.55
股本总额（发行上市后）	7736.68	5236.68	5236.68	5236.68
流通股本（发行上市后）	2500.00	——	——	——
每股收益	0.63元	0.84元	0.32元	0.22元
净资产收益率	23.67%	41.27%	25.87%	23.25%
每股收益（最新摊薄）	0.43元	——	——	——
净资产收益率（最新摊薄）	8.16%	——	——	——

凌云工业股份

2003年8月15日，“凌云工业”在上海证券交易所隆重上市

凌云工业股份有限公司位于河北省涿州市，总股本24000万股，其中人民币普通股6800万股，发起人股17200万股，主要发起人有河北凌云工业集团有限公司、英属维尔京群岛第五汽车有限公司。公司股票于2003年8月15日在上海证券交易所挂牌交易。公司简称“凌云股份”，股票代码：600480。

公司为河北省科学技术厅认定的高新技术企业，是河北省对外贸易经济合作厅认定的外商投资先进技术企业，主要生产汽车零部件产品（包括汽车辊压件、汽车冲压件与汽车压力管路系统总成）、PE管道系统（包括PE燃气管道系统、PE给水管道系统等）两大系列产品，是国内率先开发生产具有国际水准汽车辊压件、PA-11汽车压力管路总成的企业，也是国内最早能够提供PE燃气管道产品开发、生产、施工、维护一体化全程服务的企业。公司独家起草了填补国内汽车车身辊压件设计制造行业标准空白的QC/T676-2001标准，是国家标准GB/T8051、GB/T2829、GB/T6378的主要起草单位，是GB/T8052标准的试用验证单位，拥有15项专利，并通过了QS9000、VDA6.1、ISO9002等质量体系认证。

随着中国汽车工业的高速发展，西气东输、南水北调等国家重大工程的深入实施，公司将面临更加广阔的发展空间。公司将始终坚持股东价值最大化的目标，依托汽车、燃气两大行业，坚持专业化道路，实施人才、市场、科技进步三大战略，实现更大发展，创造更大价值，回报股东、服务社会。

有限公司

董事长：李喜增

总经理：常志成

公司全景

南京钢铁股份有限公司由南京钢铁集团有限公司作为主要发起人，联合中国第二十冶金建设公司、中冶集团北京钢铁设计研究总院、中国冶金进出口公司江苏公司、江苏冶金物资供销有限公司等四家企业共同发起设立，经江苏省人民政府批准，于1999年3月18日成立。公司下设一室九部（办公室、生产计划部、技术质量部、财务部、经销部、供应部、事业发展部、人事部、证券部和综合管理部）和七个生产厂（焦化厂、烧结厂、炼铁厂、炼钢厂、带钢厂、棒材厂和中板厂），现有员工6668人。

经中国证券监督管理委员会批准，公司12000万股A股股票于2000年9月1日至2日在上海证券交易所成功发行，并于2000年9月19日隆重上市，股票简称：南钢股份　股票代码：600282。目前公司总股本为50400万股，其中流通A股14400万股。

公司经江苏省工商行政管理局登记核准的经营范围是：黑色金属冶炼及压延加工，钢材、钢坯及其它金属销售。焦炭及其副产品生产（危险化学品除外）。公司拥有从焦化、烧结、炼铁、炼钢到轧钢的完整生产系统，具有独立面向市场的供应和销售系统，主要产品包括普碳板、船用板、压力容器板、桥梁板、锅炉板、圆钢、螺纹钢、普碳钢带和优质钢带等。主要产品均多次获奖，其中优质圆钢、螺纹钢、优质钢带、普碳板和船用板获国家冶金产品实物质量“金杯奖”；A、B级船用板获中、美、英、法、德、挪、日、韩、意等九个国家船级社认证；AH32、AH36高强度船用板获中、美、英、法、德、挪、日、意等八个国家船级社扩大认证。

公司经营业绩连年不断攀升。2002年又取得了可喜的成果，全年产钢173.32万吨，产生铁188.39万吨，产钢材167.41万吨，主营业务收入达到46.65亿元，实现主营业务利润5.12亿元，利润总额3.91亿元(其中净利润2.43亿元)，每股收益0.48元，净资产收益率13.95%，每股净资产3.46元；截止2002年底，公司总资产32.10亿元，净资产17.43亿元。

公司坚持“以人为本、科技领先、开拓创新、争创一流”的企业宗旨，按规范的股份公司模式运作，以市场为导向，以经济效益为中心，以科技进步为动力，以现代管理为依托，突出主业，积极推进多元化经营，使公司成为管理先进、产品享有盛誉、具有市场竞争能力和自我发展能力的股份公司，实现全体股东利益最大化。

公司棒材生产线

地址：江苏省南京市大厂区卸甲甸　邮编：210035　电话：025-7797742

浙江海通食品集团股份有限公司

2003年1月23日，“海通食品”在上海证券交易所挂牌上市

浙江海通食品集团股份有限公司是一家以果蔬加工为主业的外向型农产品加工企业，是以对日补偿贸易形式于1984年创建的，2000年以整体变更方式成为股份有限公司。公司住所为浙江省慈溪市海通路528号，法定代表人陈龙海。公司拥有4家分公司、11家控股子公司、3家参股子公司。公司于2003年1月23日在上海证券交易所挂牌上市，上市流通股5000万股。至2003年9月末，公司注册资本16431万元，总资产60012万元，股东权益46919万元。公司2002年主营业务收入24795万元，净利润3612万元，2003年1至9月累计主营业务收入21544万元，净利润2903万元。

公司主要生产速冻蔬菜、脱水蔬菜、果蔬罐头、浓缩果汁、调理果蔬、保鲜蔬菜、腌渍果蔬等七大类二百多个品种的“卡依之”系列食品，产品主要销往日本、美国、西欧等国家和地区，在国际市场上有一定的知名度。

2000年以来，公司被国家有关部委评为农业产业化国家重点龙头企业、全国园艺产品出口示范企业、十五第一批国家级科技创新型星火龙头企业、全国优秀食品加工龙头企业。公司产品“卡依之”菜心清汤被国家内贸局评为“中国放心食品信誉品牌”，“卡依之”商标为浙江省著名商标。

公司以致力于人类健康食品为使命，将建设成为国内一流、国际领先的食品企业。

董事长：陈龙海

KAIZ
卡依之食品

柑片等

冷冻库

冷冻菜

股份有限公司

宁夏赛马实业股份有限公司设立于1998年12月，2003年8月公司4800万股A股在上海证券交易所成功发行上市。注册资本为12300万元，主要从事水泥制造、销售、水泥制品、水泥熟料、塑料管材、精细石膏的生产销售。

公司现有资产8.6亿元，主业水泥生产具有年产100万吨优质旋窑水泥的生产规模。公司主要产品有“赛马”牌32.5级、42.5级、52.5级普通硅酸盐、硅酸盐、复合水泥及道路硅酸盐水泥、中热硅酸盐水泥、抗硫酸盐硅酸盐水泥、油井水泥等。

公司矿山地处贺兰山脉，其水泥原材料品位较高，所生产的水泥碱含量为0.42%，属西北地区最低，从而确立了其低碱优势。公司拥有采矿权的石灰石矿山，工业储量8,908.2万吨，设计圈定矿量5,911.3万吨，现保有矿量5,500万吨左右，可供使用40年以上，为公司的发展提供了充足的资源保证。

长期以来，公司秉承“以质量求生存”的一贯宗旨，严把质量关，取得了长足的发展。

公司建立了完善的质量管理体系，培养了一支高素质的质量管理队伍，并采用现代化的检测设备和仪器严格控制生产全过程；同时，公司严格贯彻执行GB/T19001—ISO9001管理标准，不断提高产品质量和质量管理水平。多年来，公司出厂水泥富余强度合格率、均匀性合格率、优等品率、出厂水泥合格率、袋重合格率等均为100%。

作为水泥生产企业，公司不仅强调良好的生产经营，还大力进行环保建设。公司目前拥有绿地面积23万平方米，绿化覆盖率达85%，是水泥业同类企业中罕有的“花园式工厂”。公司曾被评为“全国环境保护先进企业”、“全国绿化先进单位”称号，多年来一直被评为自治区、银川市环境保护达标单位。

21世纪的中国，经济继续保持高速发展，能源需求持续增长，基础设施投资力度加大。随着国家政策的进一步落实，中国西部地区的建设将会发生质的飞跃。尤其是在宁夏，现已提出：建设大银川，把银川建设成为现代化区域性中心城市的战略规划，为赛马实业的发展带来了良好的机遇。

2003年8月29日“赛马实业”在上海证券交易所隆重上市

XIN JIANG JIANCAI GUFEN YOUXIANGONG

青松 QING SONG

新疆青松建材化工股份有限公司

新疆青松建材化工股份有限公司，位于阿克苏市西南15公里乌喀公路1014公里处。是经兵团和自治区人民政府批准由原兵团农一师青松建材化工总厂于2000年改制为新疆青松建材化工股份有限公司，同年11月17日在新疆维吾尔自治区工商行政管理局注册登记，公司正式成立。经中国证监会批准，于2003年7月24日在上海交易所挂牌上市，股票简称"青松建化"，股票代码600425，总股本16492.75万股，流通股6000万股。

青松建化现有职工2845人，有各类技术职务和高级技术职务人员671人。下属10个生产企业，主要生产经营产品有：水泥、磷肥、硫酸、烧碱、盐酸、铸钢件、工业用氧气以及加气砼、预应力预制构件等水泥制品。主导产品为水泥，年生产能力96万吨，其中20万吨特种水泥。"青松牌"水泥是自治区和农业部优质产品，1994年被自治区首批确认为名牌产品，2000年再次被认定为自治区名牌产品，2000年3月15日经中国建材质量体系认证中心审核认证，获ISO9002国际标准质量认证体系认证证书。2000年5月，中国技术监督情报研究中心认证，青松建材化工总厂为中国市场知名企业，"青松牌"水泥为中国市场知名品牌。2001年2月，生产复膜编织袋的塑化厂被国家建筑材料工业局评定为南疆唯一一家水泥包装袋生产定点企业。

1993年，青松建材化工总厂被国家统计局列入"中国百家最大建材企业"，排序第70位；1994年被国务院发展研究中心评估列入"中国新疆最大工业企业"第25位；"中国新疆最佳经济效益工业企业"第12位；"新疆工业百强利税"第9位；荣获1999年度中国质量管理协会"全国质量效益型先进企业"表彰；1999年7月被中国建筑材料工业协会评为"全国建材行业推行全面质量管理先进企业"；2000年9月被国家质量技术监督局评为"全国质量管理先进企业"；2001年5月荣获中华全国总工会颁发的"全国五一劳动奖章"；2001年7月1日被中共中央表彰为"全国先进基层党组织"；2001年12月28日，公司被中共中央宣传部、中共中央组织部、国家经济贸易委员会、中华全国总工会联合授予"全国思想政治工作优秀企业"；2002年11月被新疆维吾尔自治区质量技术监督局评为"二OO二年度自治区质量管理先进企业"；2002年被授予"全国精神文明建设工作先进单位"。

企业十分重视环境保护、环境治理，地处戈壁荒原的厂区，绿化覆盖面达33%，1994年被评为"全国100家环境保护先进企业"。

2003年7月24日，"青松建化"（A股）在上海证券交易所挂牌上市

HUAGONG

董事长：甘军

总经理：杨万川

XIN JIANG JIANCAI
GUFEN YOUXIANGONGSI

地　址：新疆阿克苏市林园
邮　编：843005
电　话：（0997）2811669、2812561、2811282
传　真：（0997）2811675
联系人：沈荣法

济南钢铁股份有限公司于二000年十二月二十九日经山东省人民政府批准成立，是由济南钢铁集团总公司作为主发起人，联合莱芜钢铁集团有限公司、山东黄金集团有限公司、山东金岭铁矿、山东省耐火原材料公司等四家企业共同发起成立。

公司拥有从原料、烧结、球团、炼铁、炼钢到轧钢完整的生产工艺系统，具有独立面向市场的产、供、销系统，主要从事钢铁系列产品的生产和销售，主要产品包括碳素结构热轧中厚板、A、B级船用板、高强度09MnNb耐用海水腐蚀船用板、AH32、AH36高强度船用板、09CuPTiRE耐侯性钢板、汽车制造用优质碳素热轧板、汽车大梁用热轧钢、锅炉板、压力容器板、花纹板、钢筋混凝土用热轧带肋钢筋、圆钢等。

公司现有员工9364人，其中研究生学历54人、大学本科学历665人，有各类专业技术人员1875人，占员工总数的20%。已形成年产钢380万吨、中厚板250万吨的规模，是国内最大的中厚板生产基地，中厚板产量占全国同类产品总量的十分之一，产量、市场占有率、出口量均排名第一。2003年生产钢335万吨、铁298万吨、钢材300万吨，实现主营业收入101.4亿元、利润8.2亿元。截止2003年12月末，公司拥有资产78.1亿元，净资产17.43亿元。

公司的经营宗旨：以市场需求为导向，以提高经济效益为中心，加快技术产品开发，科学管理，优化产品结构，提高市场竞争力，拓宽经营渠道，给股东以优厚的回报，将本公司建成国内外知名的企业和板材精品基地。

公司已建立了由股东大会、董事会、监事会和经理层构成的规范化的法人治理结构，实现了人员、资产、财务、办公和业务等方面的独立，已成为规范运作的股份公司。

公司在努力提升产品质量的同时，高度重视基础管理体系建设，在全行业内率先实现了质量、安全、环保三体系整合，先后通过了ISO9001质量体系认证和2000版的转换，以及OSHMS职业安全健康、ISO14001环境管理标准认证，通过了服务体系认证和计量体系认证，形成了系统化、规范化、一体化的济钢管理模式。辛勤的努力换来了丰硕的成果，公司荣获2003年全国质量管理奖。

在未来的发展过程中，公司将以党的“十六大”精神为指导，以全面提高综合竞争力为目的，充分依靠科技进步，积极采用新技术、新工艺、新设备改造和提高工艺装备水平，贯彻执行国家的有关法律法规和产业政策，淘汰落后的设备和工艺，加快推进设备的大型化和现代化。以新产品开发为龙头，加快产品结构的调整优化，提高产品质量，生产高技术含量、高附加值、高市场占有率、高出口创汇的“四高产品”。坚持走低成本可持续发展的道路，进一步实现环境保护和资源的综合利用，加快推广应用与节能降耗、资源综合利用相关的冶金环保技术。加快制度创新、技术创新、管理创新，提升核心竞争力，把公司做强做大，实现跨越式发展，建成高质量、低成本、多品种、绿色清洁，国内一流、国际先进的板材精品基地，跻身于国际先进钢铁企业之林，在更高水平上实践“成就顾客，回报股东，富裕员工，造福社会”的使命。

团结 奉献．开拓．创新

地址：济南市工业北路21号　　电话：0531-8858114
邮编：250101　　传真：0531-8982126

华工科技
HUAGONGTECH

董事长：王延党

华工科技产业股份有限公司成立于1999年7月28日，2000年6月8日，公司发行3000万A股股票在深圳证券交易所挂牌上市，是华中地区第一家由高校产业重组上市的高科技公司，股票代码000988。公司上市之初注册资本1.15亿元，2003年初经过送股转增，注册资本变更为2.3亿元，流通股6000万股。公司现有总资产10.56亿元，净资产6.08亿元。公司坐落在风景如画的武汉东湖高新技术开发区华中科技大学科技园，下属华工图像、高理电子、正源光子、华工激光、同济现代和开目软件等六家核心企业，占地面积500余亩，拥有5万平方米的科研和生产基地。公司以光电子、光信息为主营业务，主要从事激光器、激光加工设备及成套设备、激光全息综合防伪标识及包装材料、敏感电子元器件、光通信器件与模块等技术与产品的研究、开发、生产和销售，其中华工图像、高理电子、正源光子、华工激光、开目软件是国内知名品牌，这五家核心企业产品市场占有率处于行业领先地位。

华工科技产业股份有限公司

公司现有员工1100余名，平均年龄30岁，具有本科及以上学历人员占78%，其中硕士及硕士以上学历的占32%。公司依托华中科技大学雄厚的科研优势和人才优势，致力于高科技成果产业化，拥有激光技术国家重点实验室、激光加工国家工程研究中心、教育部敏感陶瓷工程研究中心等国家级科研机构，同时在美国、澳大利亚和以色列等国家设有研发中心。公司依托企业博士后科研工作站和省、市两级企业技术中心，先后承担国家“863”计划项目、国家高新技术产业化示范工程项目和国债技改项目等50余项，多次获得国家科技进步奖，是国家重点高新技术企业。

公司始终坚持以人为本，倡导“学习、创新、竞争、协作”，以“为员工营造创新空间，为社会提供满意产品，为股东创造丰厚回报”为经营宗旨，遵循“以产品经营夯实企业基础，以资本经营扩大企业规模，坚定不移走国际化道路”的经营方针，努力“做世界一流产品，办世界一流企业”。

总裁：马新强

地址：湖北省武汉市东湖高新技术开发区华中科技大学科技园华工科技本部大楼

邮编：430223

Http：//www.hgtech.com.cn

股票代码：华工科技(000988)

份 有 限 公 司 5 万 平 方 米 的 华 工 科 技 产 业 园

中国石化武汉凤

CHINA PHO

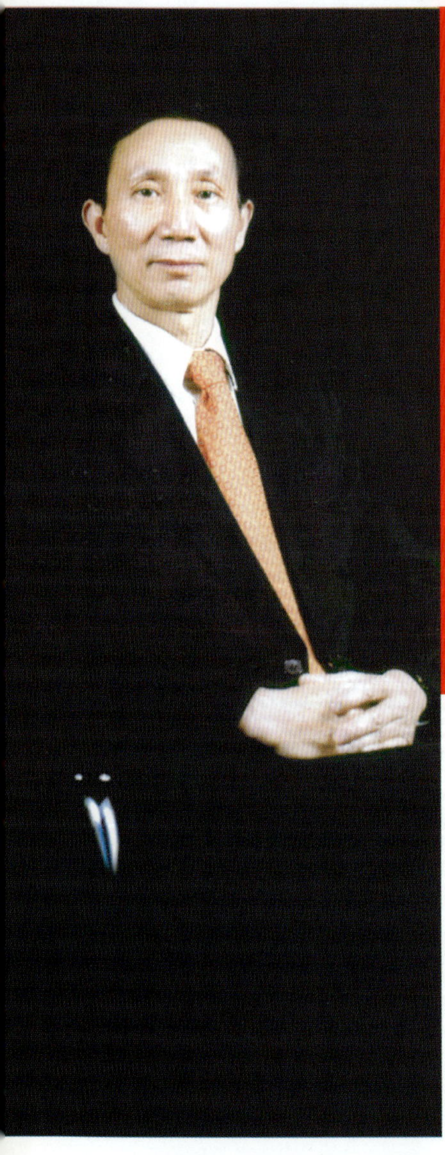

董事长兼总经理：邬昆华

CHINA

凰股份有限公司

ENIX

监事会主席：邱安翔

1992年，公司经武汉市体改委和中国石化总公司批准成立。1993年10月25日，中国凤凰（简称：武凤凰A）股票在深圳证券交易所挂牌上市，成为中国石化行业第一家股票在国内上市的公司。短短10年间，中国凤凰通过股份制改造，一步一个脚印，外闯市场，内练真功，生产装置从当初只有10万吨/年气体分馏装置一套、1万吨/年聚丙烯生产装置两套，发展到现在拥有具有20世纪九十年代世界先进水平的80万吨/年重油催化裂化装置一套、现代化的30万吨/年气体分馏装置一套、2万吨/年聚丙烯生产装置一套、1.5万吨/年聚丙烯生产装置一套、7万吨/年聚丙烯生产装置一套、2万吨/年气体回收装置一套以及与其配套设施。资产总额14.83亿元，注册资本为51,916.87万元，股本总数51,916.87万股。

十年间，公司年主营收入增加了4倍多，生产能力增加了5倍多，资产总值增加12倍多，年利税增加了10倍多，年利润增加了9倍多，现金回报投资者3.46亿元，公司先后被评为中国上市公司综合实力百强企业、深圳证券交易所十佳绩优公司、武汉市十佳股份制企业等。公司的产销率、资金回笼率始终保持在100%。

公司主营业务的范围为石油及石油化工。产品主要有聚丙烯、回收气、汽油等，主导产品聚丙烯，属五大合成树脂之一，构成公司主要利润来源。公司建有完善的销售网络和严密的售后服务体系，销售量连续7年创历史最好水平，已覆盖了四大类10多个牌号，产品畅销鄂、豫、湘、浙、苏、皖、沪、赣、粤、桂、渝、川、贵、云等16个省（市）地区，保持了很高的市场占有率。

总经理 孙光

黑龙江电力股份有限公司
HEILONGJIANG ELECTRIC POWER COMPANY LIMITED

黑龙江电力股份有限公司是经黑龙江省体改委批准，于1993年2月18日，由黑龙江省电力公司、黑龙江省电力开发公司、中国建设银行黑龙江信托投资公司与黑龙江省华能发电公司共同发起设立的，注册资金1800万元，是黑龙江省政府和原国家电力工业部的首批股份制试点企业之一，肩负着为黑龙江省电力建设筹集资金和探索电力企业转换经营机制的光荣使命。

公司的主营业务是火力发电、还涉及电厂建设及维修等业务。目前，公司全资拥有牡丹江第二发电厂，并参股哈尔滨第三发电有限责任公司、哈尔滨热电有限公司和黑龙江新世纪能源有限公司，公司发电机组装机容量已达1406.25MW，年发电量可达70亿千瓦时。

十年来，公司以先进的经营理念、超前的资本运营手段，紧紧围绕阶段性发展目标，规范运作，创新经营，实现了有形资产和无形资产的快速积累。到2002年中期，公司总股本为11.2亿股；净资产达到31亿元，十年间增长了170倍，累计实现利润16亿元，为国家纳税7.6亿元。

1998年11月，亚洲货币（《Asia Money》）杂志对亚太地区公司最佳管理和发展策略评选中，龙电股份位居中国组第六名。2001年，龙电股份荣获黑龙江省和哈尔滨市纳税先进企业。

以人为本 追求卓越

IN THE PURSUIT OF EXCELLENCE WE RECOGNIZE THE IMPORTANCE OF PEOPLE

江苏宁沪高速公路股份有限公司

董事长：沈长全

沪宁高速公路江苏段位于经济发达的长江三角洲地区，是国家主干线公路网的重要组成部分，是江苏省第一条高速公路，在我国高速公路建设史上占有重要的地位。自1996年建成通车以来，沪宁高速公路江苏段交通量年均增长率达到20%以上，为苏南和长三角区域的经济和社会发展作出了巨大的贡献。

总经理：陈祥辉

江苏宁沪高速公路股份有限公司成立于1992年8月，是国家基本建设项目社会募集方式股份制试点企业，主要从事投资、建设、经营、管理江苏省境内部分收费公路。作为江苏省唯一基建项目上市公司，公司积极参与国际、国内资本市场运作，公司股票于1997年和2001年分别在香港联交所和上海证券交易所上市，2002年进入美国资本市场，公司总资产达到156.64亿元，是国内公路行业上市公司中资产规模最大的企业之一。公司目前经营管理及投资的公路里程超过700多公里，包括沪宁高速公路江苏段在内的公司主要资产均地处经济发达地区，在国家交通主干线网中具有特殊地位，持续增长的交通流量为公司带来了稳定增长的经济效益。公司连续两年入选上海证券交易所评选的沪深上市公司50强。

作为交通行业的窗口单位，公司在经营管理中始终坚持“两手抓”的方针，深入持久的开展“您好工程”和“敬业爱岗、优质服务”活动。公司连续数年被国家人事部、交通部联合表彰为“全国交通系统先进集体”，被江苏省政府和省文明委授予“江苏省文明单位”称号。公司沪宁高速公路南京收费站先后被授予全国“青年文明号”、全国“巾帼示范岗”、“全国‘五一’劳动奖状”等殊荣。

为更好的服务于江苏“率先全面建成小康社会，率先基本实现现代化”的宏伟目标，适应江苏区域经济发展的要求，省委、省政府决定公司作为投资建设主体扩建八车道沪宁高速公路江苏段。扩建后的沪宁高速公路必将推动新一轮苏南城镇一体化建设步伐，加快沿江开发进程，进一步促进江苏对外开发、开放水平的提高和经济的迅猛发展，同时也将进一步增强公司的核心竞争力，巩固公司在行业的领先地位。展望未来，伴随着长江三角洲区域经济的发展，公司将赢得更为广阔的发展空间，公司将抓住发展的良好机遇，不断提高服务和管理水平，用新理念、新技术、新方法整合一切可利用资源，实现公司的可持续发展，为新世纪长三角的经济腾飞再添华彩。

云南铝业股份有限公司

YLGF YUNNAN ALUMINIUM CO.,LTD.

云南铝业股份有限公司是1997年由云南铝厂整体改制、1998年4月上市的股份有限公司。目前，公司总股本为36400万股，其中云南冶金集团总公司持有23000万股，占总股本的63.19%，社会公众持有13400万股，占总股本的36.81%。

在长期发展过程中，云铝股份通过在国际、国内两个市场合理调配资源，在期货与现货之间灵活经营，取得了显著的经济效益和社会效益。公司现有铝电解生产能力30万吨、阳极17万吨、铝加工能力5万吨，综合生产能力超过50万吨，是全国最大铝生产企业之一。

多年来，云铝苦练内功，狠抓内部管理，曾先后荣获中国有色金属工业总公司企业管理“金鹰奖”，云南省企业优秀奖，双文明建设单位，“AAA”银行信用等级等近百项荣誉称号。1996年获“全国绿化先进单位”

董事长 陈智

总经理 田永

和“五一”劳动奖章。1998年8月，公司通过了ISO9002国际质量体系认证，2001年又顺利通过了ISO9001-2000换版认证；2000年12月通过了ISO14001国际环保体系认证，是国家环保部门认证的中国第一家铝电解企业；2001年12月通过了ISO10012计量检测体系认证；2002年1月，OHSAS18001职业安全健康管理体系又通过了国家职业安全卫生管理体系认证中心的正式审核，是中国为数不多的已通过四个国际标准体系的企业。2000年，公司被中国工商银行评定为“全国200户重点授信企业”，同年被深圳证券交易所确定为“上市公司临时报告进行事后审核”的试点公司。

云铝在新的发展中，将以更好的效益回报社会和股东的厚爱。

福建龙溪轴承股份有限公司

福建龙溪轴承股份有限公司成立于1997年，其前身为福建省龙溪轴承厂，坐落于福建省漳州市延安北路(邮编：363000)。公司的主要业务是生产、经营关节轴承、深沟球轴承和汽车配件等机械基础件、配套件产品，同时，通过子公司福建省永安轴承有限责任公司从事AG系列轴承、精密圆锥滚子轴承的生产和经营；通过子公司福建金柁汽车转向器有限公司从事汽车动力转向器的生产和经营。公司是生产经营关节轴承等特种轴承及汽车配件的现代化大型企业，产品广泛应用于国民经济各行业的各类机械设备，并为国防、科研等重要工程配套。公司拥有完善的研发体系和强大的研发能力，建有全国唯一的关节轴承研究所和博士后科研工作站，是关节轴承国家、行业标准的主要起草单位。公司已研制开发45个系列、1400多个品种关节轴承，其中多种产品被确认为国家级重点新产品或列入国家级火炬计划，品种数居世界同类厂家前列，产品达世界同类产品先进水平，已形成年产600万套的生产能力，是国内关节轴承的最大供应商、关节轴承产品最大出口商，在我国关节轴承领域处于领先地位，在国际市场也有相当高的知名度。

陈福胜　九、十届全国人大代表、全国劳动模范、享受国务院特殊津贴专家、公司董事长

公司牢固树立"与用户共谋发展，为股东创造财富；与员工共谋富裕，为社会创造繁荣"的经营理念，坚持"三改一加强"，成功走出一条产品特色化、市场国际化的发展道路，在日益激烈的市场竞争中不断发展壮大。公司法人治理结构完善、管理严格、运作规范，按照QS-9000、VDA6.1、ISO9001和ISO14001等国际标准建立健全质量管理体系和环境管理体系，并通过德国莱茵技术公司的认证，经过多年探索与实践形成以效益和效率为中心的双效型管理模式。改制前至今，业务和利润已持续十五年稳定增长，经济效益综合指数连续多年稳居全国轴承行业前茅，被认定为福建省高新技术企业、机械工业优秀企业、全国质量管理先进企业，全国首批"重合同、守信用"单位、"2001中国机械工业企业核心竞争力100强"企业，是我国轴承行业最具发展潜力的企业之一。

2002年7月22日，经中国证监会核准，龙溪轴承股份有限公司5000万A股成功发行并于2002年8月5日在上海证券交易所挂牌上市，股票简称"龙溪股份"，沪市股票代码"600592"，深市代理股票代码"003592"。

公司截止2002年12月31日总资产61，412.29万元，净资产48，540.23万元，2002年实现销售收入18，944.29万元、利润总额4，141.61万元、净利润2，702.15万元，实现每股收益0.18元，净资产收益率5.57%.

自动生产线

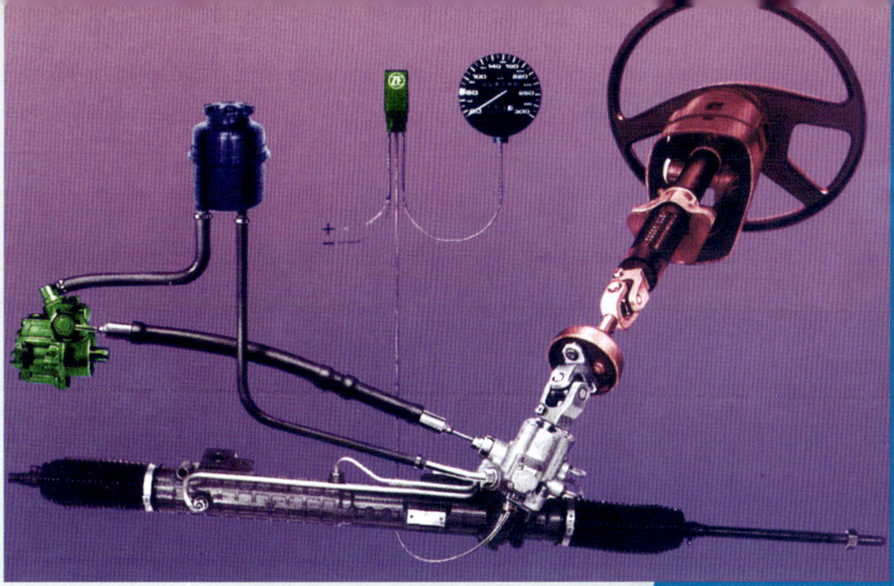

动力转向器

检测中心

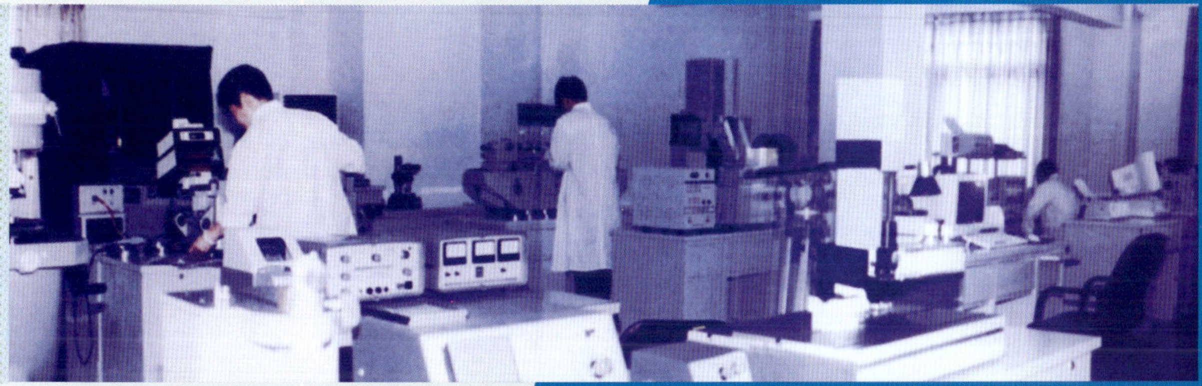

花园式厂区

产品

JINGDA

JINGDA
TOCK

铜陵精达特种电

铜陵精达特种电磁线股份有限公司是于2000年7月以铜陵精达铜材（集团）有限责任公司为主发起人，联合其他四家发起人共同发起设立的股份有限公司。2000年获国家高新技术企业称号，是火炬计划项目承担单位。公司流通股股票于2002年9月11日在上海证券交易所上市。2003年中期实施转增股本，总股本10800万股，其中发起人股7200万股，流通股3600万股。现有三个控股子公司、一个参股子公司，其中有三个中外合资企业。截止2003年末，公司总资产6.5亿元，净资产2.9亿元。

本公司主要经营漆包电磁线、裸铜线、电线电缆制造和销售。特种漆包电磁线产销量居全国同行业首位。2003年末，公司已形成6万吨裸铜丝、3万吨特种电磁线的生产能力。近期公司的生产能力仍将保持较高速度的增长。主导产品为国内首创并获国家级新产品称号。

本公司将立足特种电磁线行业，走专业化、集约化的发展道路，在充分利用现有技术、市场及生产规模优势的基础上，完善优化公司内部经营管理机制，通过加大投资力度和强化技术创新能力，开发生产科技含量高、代表未来市场需求走向的电磁线产品，加快产品的升级换代步伐，拓展产品的市场应用领域，巩固和扩大本公司的行业领先地位，积极引进国内外战略投资者，争取到2005年，发展成为具有国际竞争力的国内一流的特种电磁线生产基地。公司的奋斗目标是成为产品系列齐全、工艺技术先进、生产规模进入世界前列的大型电磁线生产制造企业。

精益求精

追求

OCK
磁线股份有限公司

永 恒

黑龙江北大荒农

Heilongjiang Agricul

股票简称：北大荒
股票代码：600598
地址：黑龙江省哈尔滨市汉水路263号
邮编：150090
电话：0451-55195980

业股份有限公司

re Company Limited

STRONG | 广西斯壮股份有限公司
GUANGXI STRONG CO., LTD.

董事长：赵明

广西斯壮股份有限公司是广西壮族自治区经济体制改革委员会于1993年批准，由广西桂宁经济开发公司、广西旅游总公司、广西国际经济技术合作公司南宁分公司、广西信托投资公司、柳州机场建设开发总公司和桂林旅游车船总公司等6家公司共同发起，以定向募集方式设立的股份有限公司。公司于1993年5月31日在广西壮族自治区工商行政管理局注册登记，取得企业法人营业执照。

公司经中国证券监督管理委员会证监发字[1997]66号文和证监发字[1997]67号文批准，于1997年3月28日向社会公众发行人民币普通股（A股）3000万股，并于1997年4月18日获准在深圳证券交易所上市。经过配送股和转增股本后，目前总股本为1.78亿股，资产总值5.33亿元。现公司已发展成为一家集房地产、城市公用事业、航空运输、管道燃气、电子元器件生产等产业为一体的综合性公司，是广西颇具实力和发展潜能的上市公司之一。

公司经营范围：开发为广西航空提供服务的项目（国家有专项规定的按专项规定办理）、城市综合开发（二级）、物业管理、无线寻呼机销售及寻呼台服务、计算机软件开发、国内商业贸易（国家有专项规定的除外）；自营和代理各类商品及技术的进出口业务；经营对外贸易和转口贸易；设计、制作、发布自有媒体广告；房屋租赁；城市管道燃气和储配站、气化站的开发和经营；燃气、石化工业产品的经营；燃气设备、用具、仪器仪表的销售。

地址：广西南宁市桃源路63号
邮编：530021
电话：0771-5308090
传真：0771-5308050
http://www.gxstrong.com
E-mail:gxstrong@sina.com

精英团队

贵州钢绳股份有限公司

董事长：黄忠渠

公司产品

公司生产车间

贵州钢绳股份有限公司于2000年10月由贵州钢绳（集团）有限责任公司为主发起人，联合水绳钢铁（集团）有限责任公司、贵州长征电器股份有限公司、武汉人和置业有限公司、遵义南北铁合金经销有限责任公司发起设立。

贵州钢绳股份有限公司是我国目前最大的钢丝、钢丝绳专业生产厂之一，其总体生产装备不但水平较高，而且还具有先进的生产工艺和完善的质量保证体系。公司的生产主体设备主要从德国、日本引进，目前拥有国内最大的8/1600成绳机和同行业最大的400吨整绳破断试验设备，能生产0.157mm各种用途的商品钢丝和Φ0.6mm–Φ107mm各种结构规格的钢丝绳，在高强度、高韧性、特粗、特长、特殊结构和特殊用途钢丝绳生产方面更具有突出优势并在全国率先研制和采用高性能的聚丙烯绳芯材料。公司严格按照国家标准、国际标准生产的“巨龙”牌圆股、三角股、多层股、线接触、面接触等光面、镀锌和涂塑钢丝绳，胎圈用钢丝、弹簧钢丝、预应力钢丝、伞骨钢丝、钢芯铝绞线用镀锌钢丝、光缆钢丝等产品享誉国内外市场，被广泛用于石油、矿山、交通运输、航空、水利、电力、海洋、旅游、轻工等经济建设部门，形成了具有公司特色和竞争优势的矿用钢丝绳、船舶用钢丝绳、桥梁用钢丝绳、石油用钢丝绳、索道用钢丝绳、特大直径钢丝绳、特殊用途钢丝绳、回火胎圈钢丝八大系列拳头产品；尤其是自行研制开发生产的Φ107mm海洋打捞用镀锌钢丝绳，Φ48.5mm、长3500米、重33吨海洋工程用钢丝绳、Φ74mm挖泥船用三捻钢丝绳、Φ42mm八股线接触金属芯军事工程用钢丝绳、Φ30mm海军气象平台用多层股涂塑钢丝绳、Φ58mm大型电铲用涂塑钢丝绳、四股不旋转提升用钢丝绳、满充式钢丝绳等产品大量钢丝绳填补了国内空白；一批高难度钢丝绳产品先后用于葛洲坝水利工程、龙羊峡水电站、武钢、宝钢、广州虎门大桥、长江西陵大桥、汕头海湾大桥、长江江阴大桥、厦门海沧大桥以及海上石油钻探、特大型矿山、著名旅游区载人索道等一系列国家重点工程及国防建设。

通化钢铁股份有限公司

通化钢铁股份有限公司(以下简称“公司”)是经吉林省经济体制改革委员会以吉改股批(1999)12号文批准，于1999年7月1日发起设立的股份有限公司。为提高企业的竞争能力，规范企业运作，达到上市要求，公司于2002年7月进行了增资扩股。公司现有股东：通化钢铁集团有限责任公司、吉林新华能源集团有限公司、五矿贸易有限责任公司、广州市黄埔区南贸发展有限公司、哈尔滨市利民金属材料有限公司，公司注册资本为108001.5万元。迄今公司已成为具有烧结、焦化、炼铁、炼钢、轧钢、动力、运输、机械制造等综合配套生产能力的大型钢铁联合企业，形成了规格齐全、品种配套的建筑用材和机械加工用材产品体系，具备了年产210万吨钢的综合生产能力和规模。

董事长兼总经理：安凤成

公司的经营范围为钢铁冶炼、金属及压延加工、冶金材料、原料、燃料(国家限制品除外)、工程机械零部件、建筑材料（木材除外）、机械加工、电气制造、修理、运输（凭资质证书经营）。公司主要产品有“长白山牌”角钢、槽钢、弹簧扁钢、轮辋钢、UII钢、热轧圆钢、带肋钢筋、执轧圆盘条、硬线圆盘条、焊条圆盘条、无缝钢管、预应力钢绞线、连铸方坯、鱼尾板坯、铸造生铁、炼钢生铁、焦碳及化工产品等。“长白山牌”系列产品,广泛用于高层建筑、高速公路、桥梁隧道、电力、水利枢纽工程及机械加工等行业，在国内外享有较高的知名度，并通过了GB/T19002—ISO9002标准2000版质量体系认证。截止到2002年，公司有6种产品获得了国家冶金产品的最高奖——金杯奖，6种产品获得了省名牌称号。与此同时，公司的产品以其优良的性能、精确的尺寸、良好的质量，出口到韩国、新加坡、马来西亚、朝鲜、越南、泰国、古巴等十几个国家，赢得了国外用户的广泛信赖。

公司2003年1—6月份铁、钢、材产量分别达到105万吨、109万吨和77万吨，实现利税53983万元，实现利润30623万元，可比产品成本在消化上游产品涨价的基础上降低幅度达2.97%。6月末公司总资产49.4亿元，总负债29.1亿元，净资产总额20.3亿元。

公司于2003年1月进入上市辅导期，经过近几个月的规范整改，减少和规范了关联交易，避免了同业竞争，进一步完善了法人治理结构，基本满足上市验收条件。

面对入世后的新环境和新变化，公司把“务实创新，只求最好”作为企业精神；“健全市场机制，创新经营理念，快速滚动发展，提升综合实力”，作为企业的生产经营工作方针，不断调整自己的经营思路，加强对形势的科学分析和市场的准确把握，坚持不懈地深化改革，持续不断地强化管理，大力实施技术改造，使企业核心竞争能力以及融资能力全面增强。

富有文化气息的“明珠”广场一角

几年来，公司先后获得全国售后服务优秀企业、全国质量无投诉企业、全国质量效益型先进企业、“质量兴企、争创名牌”示范企业、质量管理先进企业、中国质量服务信誉AAA级企业、诚信经营单位等荣誉称号。

现代化生产车间

通钢股份公司冶金区鸟瞰图

黄金

中金黄金股份有限公司

ZHONGJIN GOLD CORPORATION,LIMITED

中金黄金股份有限公司是专业从事黄金等有色金属地址勘查、采选、冶炼及副产品的加工、销售的中国最大的黄金生产企业之一，是中国黄金协会副会长单位、上海黄金交易所首批综合性会员。

公司主要产品包括“中金”牌1#、2#标准金锭，“中金”牌系列小金条产品（10g、20g、30g、50g、100g、200g、500g），标准纯银、1#阴极铜、93#、98#硫酸等，并能够根据客户要求生产高纯度金、超细金粉、金粒和银粒。

公司通过了ISO9001质量管理体系认证，并在行业内率先通过了ISO14001环境管理体系认证和OHSMS18001职业安全卫生管理体系认证。

2003年，中金黄金股份有限公司股票挂牌上市，公司从此跨入了发展的快车道。公司热诚欢迎国内外朋友投资加盟，共同打造中国黄金业的第一品牌。

签字仪式

董事长：宋鑫

硫酸池

瑞典玻璃登黄金冶炼设备

2003年7月30日，“中金黄金”在上海证券交易所隆重上市

第三编

中国证券市场

242/732

栏 目 协 办

中国建设银行基金托管部

中国证券市场

中国证券市场

2002年是中国证券市场规范化、市场化和国际化进程大大加快的一年。在这一年中，一系列相关政策颁布，机构投资者被放到突出的位置以超常规的速度来发展，QFII被作为证券市场对外开放的一个重要标志在这年的12月份正式出台，市场投资者在持续低迷中被赋予了更多的理性色彩。

2002年的中国股市，以充满憧憬与期望开始，以充满无奈与失望结束。指数疲惫地回到了3年前的起点，期间的二次突发性反弹都是套牢行情，给市场留下了难忘的伤痛。

2002年股指运行轨迹(以上证指数为例)：2002年初，由于受国有股减持政策不明朗和"国有股减持方案阶段性成果"不被市场认同等因素影响，1514点和1550点这两个曾被认为牢不可破的政策底被轻易击穿，股指不但一路跌至2000年股指的起涨点1340点，而且股指还下探至1339点；随后，在政策面转暖的预期、降息利好等综合因素影响下，股指在成功构筑小双底之后，放量上攻至3月21日的1693点，完成第一次反弹。之后大盘又进行了深幅的调整，调到了1455点，然后大盘在停止国有股减持的政策引导下产生了第二波反弹行情，即6·24行情，反弹至1749点。然而，6·24行情只是昙花一现，从6月下旬到年底，市场运行的主基调是持续阴跌整理，跌幅达22%，收盘于1357.65的低点。

总体而言，2001年、2002年两年的下跌，刚好将2000年的涨幅吞噬掉。从年K线分析，两根阴线吞噬掉一根大阳线。2002年的股票市场是超跌后的平衡市，市场运行轨迹呈现抛物线型，市场的获利机会主要在于大盘的超跌反弹，这就是2002年行情的主要运行规律。

回顾2002年，我们发现在市场内外诸多因素的困扰和影响下，中国股市呈现出如下一些复杂特征。

(一)宏观经济向好股市持续下跌

近年来实施的积极财政政策，在2002年开始显现出其对经济的刺激作用，加上宽松的货币政策的配合，2002年以来我国国民经济逐步扭转了上年增速逐季下滑的势头，出现持续加速增长态势。全年我国国内生产总值达到102000多亿元，增长8%，高于年初预计的7%左右的增长水平，经济总量跃上新台阶，实现了历史性的突破。从历史走势来看，1991年到2001年的10年间，股指与GDP增长率基本呈正相关关系，GDP增长率的上升趋势往往能够及时有效地在股市中得到反映。然而，2002年的股指走势却并没有反映出GDP良性增长的势头，下半年以来股指走势日渐疲弱，与当前的宏观经济走势背道而驰。

(二)政策导向积极市场人气低迷

从导向来看，政策面的取向是积极的，权威人士及舆论也对证券市场给予了有积极导向的评论。继2001年管理层暂停减持国有股及下调印花税之后，2002年年初以来，股市利好的政策措施频频推出：2月20日，央行宣布降低金融机构人民币存、贷款利率；4月4日，证监会会同国家计委、国家税务总局下调证券交易佣金，规定证券交易佣金实行3‰最高上限向下浮动制度；5月20日，恢复向二级市场投资者配售新股的发股方式；5月29日，首只进行100%配售的新股精伦电子公开发行；6月1日证监会公布《外资参股证券公司设立规则》、《外资参股基金管理公司设立规则》，对于外资参股证券公司、基金管理公司的设立条件和程序给予明确规定；6月20日上交所推出180指数，并于7月1日正式对外发布，意在树立理性的投资理念，增强投资者信心。6月24日国务院决定，对国内上市公司停止执行《减持国有股筹集社会保障资金管理暂行办法》中关于利用证券市场减持国有股的规定，并不再出台具体实施办法等等。这一系列政策着眼点是多方面的，从降低交易成本、促使资金流向二级市场、引进外资到降低扩容压力以及推出上证180指数稳定市场信心，以至最终叫停国有股减持，这些重大政策的强烈冲击力撼动了疲弱的市场。下半年，证监会加强了对上市公司增发新股的管理，提高了增发新股的门槛，发布了《上市公司收购及股东持股变动信息披露管理办法》，先后与财政部、国家经贸委、人民银行发布《关于向外商转让上市公司国有股和法人股有关问题的通知》、《合格境外机构投资者境内证券投资管理暂行办法》，这些利好举措充分显示了管理层维护市场稳定的决心。

然而，市场运行的根本趋势并未发生变化，调整和低迷始终是年内多数时间的市场主导特征。市场走势与政策导向出现了严重的背离。2002年以来，股指除了在几次重大利好出台当天走出了近乎亢奋的走势外，其余多数时间走势都很疲弱，尤其是6·24之后，市场不但没有出现预期的稳步回暖的走势，反而踏上了持续半年时间的漫漫熊途。巨大的政策利好对股市的正面影响消失得无影无踪，充分反映出政策导向和市场导向之间的分歧和矛盾。

(三)场内交投清淡场外资金充裕

成交低迷是2002年行情的重要特征。2002年内除了两会期间和6·24那一周等少数时间段外，市场在多数时间内都呈缩量运行态势。2002年上半年沪市日平均成交金额为80亿元，下半年的日平均成交金额为56亿元。从成交量水平来看，目前市场的成交状况已经回到了1998年以前的水平，而当时的市场规模还不到现在的一半，行情低迷的程度可想而知。

但2002年的场外资金却并不匮乏。经过2001年的增资扩股热潮，目前120家券商自有资本金规模在1200亿元以上，委托理财资金规模超过1500亿；2002年基金的规模也空前扩大，目前封闭式基金和开放式基金合计可以实际调用的资金超过600亿元，成为2002年股市增量资金的重要来源。另据中国人民银行统计，2002年前3季度我国货币供应量增长加快，9月末狭义货币M1余额、广义货币M2余额分别比上年同期增长15.9%和16.5%，2002年前3季度现金累计投放545亿元，比去年同期多投放133亿元。

(四)持仓成本趋同波动空间缩小

从2002年的市场成本分布情况来看，平均持仓成本主要在1650点附近，成本结构较往年单一。就2002年年末沪指而言，其60日均线位于1525点，而半年线在1592点附近，而年线则位于1596点附近，这些均线所处的位置可以认为是不同时间段的市场平均成本。另外值得注意的是，在2002年9月底和10月初，包括年线、半年线、季线、月线在内的几乎所有长短期均线都汇聚在了一点，这样的均线排列只在1995年7月和1998年1月出现过，说明市场的平均成本已经高度趋同。比较2001年与2002年的股价结构，可以发现2002年两市中高价股急速减少，低价股队伍则不断扩大，股价结构趋同的趋势十分明显，股价结构已经由以前的高价、中价、低价次第排列的格局，逐渐演变为了中低价股一统市场的局面。

（五）盈利模式旧的已去新的未成

由于市场换手率的下降、管理层对市场的监管加强，使得过去市场主要靠集中投资的盈利模式（即坐庄）发生改变。基金或券商等主力机构开始改变投资策略，进行分散投资。而分散投资的盈利预期只有三个：上市公司分红；中小散户抬轿；更大资金的解救。由于旧的控盘炒作模式被市场否决后，机构投资者目前还没有摸索出一套行之有效的替代模式，于是你分散投资，我也分散投资，形成有人坐轿却没人抬轿的局面。

（六）资金流动异于往年

机构重仓股，在往年的市场中即意味着强势股。但2002年没有应验，大部分机构重仓股反而成为弱势股的代名词。据统计，在2002年，四类股票成为市场下跌的主要动力：第一类是以大唐电信、中兴通讯、东方钽业、长江通信、安彩高科为代表的老成长股；第二类是以青岛海尔、四川长虹、五粮液、广州控股为代表的绩优蓝筹股；第三类是以北大高科、升华拜克、宁夏恒力、四维瓷业、红河光明、丰乐种业等机构参与程度较深的品种为主；第四类是以次新股板块为主，如凯乐科技、山东金泰、冰山橡塑等。

据有关统计分析发现，大盘股或相对业绩较好股票的跌幅整体上均小于上证综指的跌幅，而绩劣股板块与老成长股板块走势最差。市场不再惧“大”盘股，绩“优”型股票的整体走势也确实要比大盘强。说明股票市场的投资理念已经发生变化。2002年全年呈现资金的净流出，2002年前上市的股票市值下降约10%，同期指数跌幅13%。资金流向从小市值、差业绩向中等偏大市值，业绩好的品种上流动，而且从市值角度分析，存量资金从小市值绩差股向大市值业绩较好的股票流动。

（七）壳资源贬值重组股风光不再

资产重组在中国证券市场一直保持着旺盛的生命力。但2002年的重组热明显不如往年。随着退市制度的逐步实施，ST、PT类公司的壳资源价值也逐步下滑，加之市场低迷，由此也导致重组股的市场定位出现明显下移的态势。2002年跌幅前十名中，以ST春都为首的“ST”类个股在前六位中占居四席。随着大牛行情的逝去，各式各样重组的面纱被纷纷掀开，市场为之哗然的同时，也给市场重组热泼去一盆盆冷水。2002年十大牛股中，重组股仅健特生物一家，居第六位，涨幅仅65.33%，远远没有2001年的风光。

目前国内市场与周边股市的股价结构相比较，绩差股在市场的定位明显高于周边市场，是市场中相对定价过高的一个板块。

（民生证券研究所）

中国债券市场

2002年中国债券市场发生了积极的变化，债券发行和交易规模大幅增长，价格起伏跌荡，债券市场在资本市场的地位不断上升；2003年，中国将继续扩大改革开放、宏观经济持续走好、重视和发展资本市场等宏观经济和市场环境，为债券市场的发展提供了机遇和条件，债券市场将保持快速发展的势头。

一、2002年债券发行市场：规模扩大，品种、竞价方式创新，利率前低后高

2002年在国家扩大内需和积极的财政政策作用下，国债发行规模保持快速增长的势头。截止到12月16日，2002年已发行记帐式国债16期，实际发行金额达4461.3亿元，比2001年增长44.7%。其中，用于银行间市场的记帐式国债3132.3亿元，交易所网上发行864亿元，在柜台向企业和个人出售国债465亿元；同时向社会发行4期凭证式国债，金额1600亿元。2002年共计发行国债6061.3亿元，比2001年增长24.1%，超额完成今年5929亿元发债计划。另外，由国家开发银行向金融机构发行、用于银行间市场的金融债券2400亿元，比2001年增长14.3%；由国家进出口银行向金融机构发行、用于银行间市场的金融债券575亿元，比2001年增长17.3%。2002年国债发行规模再创新高，成为建国以来发债最多的一年。

在发行规模扩大的同时，许多改革、创新措施出台，为活跃和发展债券市场创造了条件。首先，推出债券新品种。5月份，财政部在银行间市场尝试性发行一期30年期的长期国债，使国债结构趋向合理；国家开发银行分别于9月和11月发行3年期的零息债券，于4月、6月推出发行人选择权可赎回债券，10月、12月份推出发行人普通选择权债券及本息可分离交易债券，丰富了债券品种。其次，财政部于6月份又试点推出了可在商业银行柜台交易的记帐式国债，为开展场外柜台交易奠定基础；第15期记帐式国债同时面向银行间市场、交易所和商业银行柜台三个市场发行，为将来债券市场的统一铺平道路。再次，在债券发行价格形成方面，也采取了多种招标和竞价方式，推动债券市场向利率市场化方向迈进。

受现券价格波动的影响，今年的国债发行态势也是冷热不均，从承销团恶性竞标杀价到3期新券发行流标，市场反差很大。上半年的发行利率不断创出新低，各期新券的招标几乎都出现超额认购的情形，使得市场投机氛围迅速蔓延，直至银行间市场30年长期国债的中标利率达到了2.9%的畸低水平。市场价值偏离引起了管理层的高度重视，央行连续大力度的正回购及下半年宏观经济持续走高、机构和投资者对利率预期看好，使得市场理性渐趋恢复，发行利率趋稳并有所回升，市场步入了价值回归的轨道。

二、2002年债券流通市场：交易规模扩大，价格起伏跌荡

2002年债券二级市场交易异常活跃，流动性增强，交易规模较上年大幅度增长。其中，银行间市场2002年1—11月份现券交易比上年同期增长4倍多，回购交易比上年同期增长1.7倍；交易所2002年1—11月份，现券交易比上年增长64.5%，日均成交额达到32.48亿元。回购交易增长51.6%，日均成交达到95.94亿元。

在活跃的二级债券市场上，现券的交易价格呈现了前高后低的走势。今年上半年在利好刺激以及巨额资金推动下，现券市场演绎了一波牛市行情，截至5月底中信交易所国债指数上涨了5.82%。特别是中长期债券大幅上涨，交易所市场的107债券涨幅一度接近10%，行情显示出资金推动型的特点。现券价格上涨，使现券收益率和回购利率下探，与一级市场债券发行利率持续走低相呼应。1—4月份国债市场的到期收益率曲线表现出向下平移的明显特征，2、3、4月份1—20年各期限的利率分别平均下降7、8和19个基点，5月份达到极至,尤其30年期国债招标出2.9%的票面利率后,这种趋势更为明显,此时债券收益率水平已近底线,2年的收益率水平在1.9%,5年的收益率在2.0—2.2%左右,7年的收益率为2.26%,10年期的收益率水平在2.4%一线,15—30年的收益率也未达到3%。平均回购利率也由年初的2.204%下降至6月底的1.965%。下半年一级市场发行利率逐步走高导致二级市场价格下降,调整始于一些老券和短期券,经过历次的降息已经累计较多的获利筹码,开始获利回吐。由于短期利率的变化对长期利率有导向的作用,而且市场利率下调预期的看淡引起前期过分炒作的中长期券的价值回归。特别是炒作新券获利希望的破灭对市场信心的打击非常大,10期、13期和14期国债在一级市场的过度投机下价值明显高估而先后跌破面值,折价率最高达到3%,原先领涨的新券板块成为市场的下跌动力。6月份以后,债券利率开始反转,曲线明显发生转变。中长期国债平均上升8个基点。随后,三季度短期券收益率出现较大幅度的回升,平均回升幅度达到20个基点,10月份长期收益率快速上行,上升幅度超过27个基点,曲线的扭曲移动导致畸形收益率曲线得到一定程度的修复,短期与长期收益率差开始扩大,短期与长期收益率利差达到20—25个基点。

2002年,多种因素引起债券市场现券交易规模的放量增长和交易价格的大幅波动:

第一,年初降息给已趋于活跃的债券市场增加了催化剂。降息后一级市场债券发行利率屡创新低,带动二级市场现券收益率持续下探,加之市场对利率尤其是备付金利率进一步下调的预期趋于强烈,做多气氛强于做空,致使上半年现券价格持续走高。下半年以来为抑制市场的过度投机以及部分对冲外汇占款快速增长,央行利用公开操作对市场利率进行调控、不断增加现券卖断和进行持续的正回购,客观上达到了引导市场利率不断攀升的实际效果。而且,央行将未到期品种转换为相同期限的中央银行票据,其对市场利率的调控能力明显增强。加之投资者对利率预期看高和获利回吐使现券价格回归,收益率回升。

第二,1998年以来积极财政政策的实施使我国国债年发行额保持了一个较高的水平,至2002年11月底两个市场的国债品种已经有55个,托管总量15800亿元(不包括2700亿元特别国债),债券存量的规模不断扩大,为交易规模扩大奠定了基础。同时,由于目前债券市场交易方式单一,缺乏远期交易及国债期货、期权等避险品种,机构投资者出于避险考虑不断进行新的交易方式尝试,如非标准的债券互换和"开放式回购"等,也有的利用交易所债券市场和银行间市场的价差进行跨市场套利,增加了市场的流动性。

第三,股市的持续调整,导致基金、券商等机构主体的操作难度明显增大,加上市值配售政策的出台,保险、社保基金的保值操作,大量的闲置资金为追逐无风险收益转向国债市场,资金的不断涌入推动债市上半年的价升量增的火爆行情,同时也积累了过渡投机的风险。但国债本质上是一种收益产品,具有高度的同质性,如果收益率缺乏吸引力,则难以吸引足够的跟风盘,从而导致投机运作的失败。这也是下半年债券价格急转直下的一个主要原因。

第四,市场制度创新和政策创新推动了债券市场的发展。一是交易所从4月份开始实行净价交易方式,债券交易价格和利息的分离促进了交易所市场的流动性和活跃性增强。二是进入银行间市场成员实施备案制,进入银行间市场的门槛已降低,银行间市场的参与者结构发生变化,各类金融机构可以直接向中央国债公司和同业拆借中心申请办理债券业务,市场主体范围扩大、数量增加,有利于市场扩容。三是6月份我国首期面向个人投资者的可在银行柜台交易的记账式国债正式开始发售。商业银行柜台交易系统启动,打通中小企业和个人投资者进入债券市场的通道,为国债市场带来更多的增量资金。 (廖英敏)

中国国债市场

整体而言,国债市场上半年在降息以及股市调整的基础上走出了一轮波澜壮阔的大行情,其中的龙头品种010107年最高涨幅达到20%。而在下半年由于长期国债的收益率不断走低,导致央行出台了连续的正回购措施,国债品种的收益率曲线出现了较大程度的调整。

【一级市场回顾】 *发行规模空前扩大* 2002年财政部共发行凭证式国债4期,记帐式国债16期,发行总额达到6063.33亿元,比2001年(4883.53亿元)增长24.16%,而2001年却只比2000年(4657亿元)增长4.86%,可见2002年国债发行规模空前扩大。

发行利率持续走低 2002年国债发行利率延续了2001年的下跌趋势。从记帐式国债来看,2001年年初利率水平一般保持在3.5%左右,三季度以后一般下降至3.0%以下(20年期国债除外);而2002年利率水平都在3.0%以下。从凭证式国债来看,也是下降明显。整体来看,2002年发行国债的利率比2001年发行国债的利率要低0.50个百分点以上。

期限、利率更趋多样化 2002年发行的记帐式国债利率和期限趋向多样化,期限从1年、2年、3年、5年、7年、10年、15年和30年共8种。凭证式国债期限相对固定,但利率却在不断变化。2002年既发行固息债,也浮息债;既有半年付息债,又有年付息债以及贴现债券。

发行方式不断创新 2002年的国债发行方式在不断创新。如2002年记帐式(15期)国债首次同时在全国银行间债券市场、交易所债券市场和部分试点商业银行柜台三个市场面向各类投资者以相同利率,数量招标的方式发行。2002年记帐式(16期)国债采取单一价格竞争性招标,但招标的标的不是利率而是价格,并规定每百元面值投标价格下限为99.7元。

多期国债投标流标 从2002年记帐式(九期)国债开始,今年共有3期国债投标量低于计划发行量,其余两期是记帐式(十二期)和记帐式(十四期)国债,三期国债的投标总量分别比计划发行量低87亿、29亿和76亿。

【二级市场行情回顾】 2002年国债市场的走势上下半年可谓冰火两重天,即上半年稳健攀升,下半年持续下跌的态势。

稳健攀升阶段 在央行第八次降息利好刺激下,受股市持续阴跌、银行资金存差规模扩大、央行逆回购的影响,上半年债券市场走出了波澜壮阔的上扬行情,整个市场现券到期收益率大幅降低。从2001年12月31日到2002年6月30日,交易所国债市场13只国债持有期内平均涨幅为5.03%,平均年收益率为10.94%,大大超过同期股票市场的涨幅。领涨券种为21国债(7)最大涨幅达到20%。利率的下调大大提升了国债的投资价值,尤其是中长期国债。

持续下跌阶段 由于上半年整体走强,使得各期国债的到期收益率下降幅度较大,因此,下半年国债市场呈现出一路单边下跌、年底略有反弹的特点。记账式五期的上市标志着第二阶段即现券市场进入调整的开始。大规模资金涌入债市淘

金，现券与回购之间的套利空间被大大压缩，受6.24股市井喷行情的影响，国债市场出现了大幅度的调整。加上央行政策意图的转变，连续几次的大额正回购出台，国债市场下半年进入了风险释放与价值回归的过程。

【国债市场总体特点】 *资金市的特征明显* 上半年的发行利率不断创出新低，各期新券的招标几乎都出现超额认购的情形，中长期券等现券大幅上涨，显示出资金推动型的特点。此间大资金的介入十分明显，银行间市场现券和回购交易总量猛增，这与上半年银行间市场资金存差规模不断增大，银行等金融主体惜贷而大量持有债券资产有直接关系。交易所市场这种状况也非常明显，周边市场特别是股市的持续调整，导致基金、券商等机构主体的操作难度明显增大，加上市值配售政策的出台，大量的闲置资金为追逐无风险收益转向国债市场，资金的不断涌入推动债市价升量增的大牛行情。

下半年随着市场的过度投机调整已经不可避免，机构惯常操作手法即套取现券与回购之间的利差风险巨大，一部分中短线投资者获利了结离场。进入9月下旬以来，由于投资者利率预期的转变，一些新券相继跌破面值引起部分中长期资金斩仓离场。这也进一步说明国债市场投资者主体单一、利率预期趋同，资金型市场的特征更为突出。

板块轮动异常频繁 2月份在强烈的降息预期下出现了普涨行情，此时浮动券表现最为突出，随着降息兑现国债市场进入盘整状态。3月份老券率先走出大幅的上涨行情，特别是净价交易实施后的免税的实质优惠，再度受到市场的追捧。随后，股市从报复性上涨逐步过渡到震荡平衡市，大量资金涌向国债市场，一些次新券因为收益率较新债、短期国债有明显的吸引力，在比价效应下出现狂飚走势。进入4月份以来，国债市场发生根本变化，银行间市场成员备案制的实施，交易所市场的资金成本降低，大量资金进行回购与现券之间的套利交易，将长期国债短期炒作，加上市值配售政策的推波助澜，进而导致010107等次新券和新券价格大幅上涨。正是利率预期下降、资金面配合以及比价效应的影响，国债板块轮番表现。

下半年一级市场发行利率的走高导致二级市场价格的下降，调整始于一些老券和短期券。由于短期利率的变化对长期利率有导向的作用，而且市场利率下调预期的看淡引起前期过分炒作的中长期券的价值回归。特别是新券不败神话的破灭对市场信心的打击非常大，原先领涨的新券板块成为市场的下跌动力。

收益率出现结构性调整 1—4月份国债市场的到期收益率曲线表现出向下平移的明显特征，然后收益率曲线出现扁平化的现象。6月份收益率曲线开始出现结构性调整，中长期国债收益率快速上行，上升幅度超过27个基点，曲线的扭曲移动导致畸形收益率曲线得到一定程度的修复，短期与长期收益率差开始扩大。

收益率的结构性变化的原因在于：一是宏观经济指标的向好，引起利率预期的变化由上半年的降息预期转向下半年的利率平稳预期，收益率反映由整体下移变为结构性变化，长期券对于利率预期的敏感性强于短期券；二是央行的公开市场操作一定程度起到市场利率导向的作用，上半年的买断加逆回购转化为下半年的持续正回购，短期利率出现了U型的态势，从而导致了长期收益率的滞后变动；三是资金面的因素和心理预期。

央行操作方式灵活多样 央行公开市场操作是跟踪国内外经济金融形势的新变化，选择主动性操作或防御性操作，通过交易方式（现券交易与回购）、回购期限品种、招标中标等不同方式等的组合，适度进行货币调节和引导市场利率。

上半年配合降息和抑制通缩央行持续进行逆回购和现券买断，引导市场利率不断走低，由此支持了上半年债券市场的牛市行情；而下半年以来为抑制市场的过度投机以及部分对冲外汇占款快速增长，央行不断增加现券卖断和进行持续的正回购，先后21次正回购回笼资金2300亿元，回购品种（91天、182天、364天）和利率不断微调，客观上达到了引导市场利率不断攀升的实际效果。而且，央行将未到期品种转换为相同期限的中央银行票据，其对市场利率的调控能力明显增强。

市场扩容盈利模式变化 今年国债的发行基本上按照年初财政部的发债计划进行，上半年发行约2600亿元，三季度发行速度明显加快，发行总量达到2389亿元。伴随市场的扩容，原先的市场盈利模式被打破，与上半年一级市场债券发行利率引导二级市场债券行情不同，下半年二级市场债券的价值回归行情导致一级市场发行利率走高。在利好预期看淡、市场扩容继续的同时，市场处于旧的模式被打破、新的盈利模式尚未形成的阵痛之中，行情由剧烈的波动转向盘整震荡。

政策创新频出 2002年国债市场能够持续走牛，管理层支持债市发展的政策起了重要作用。首先4月份净价交易在交易所的实施，价格和利息的分离促进了交易所市场的流动性和活跃性增强。紧接着进入银行间市场成员实施备案制、以及柜台交易系统的出炉，表明国债利率市场化进程加快。此时银行间市场的参与者结构发生变化，进入银行间市场的门槛已降低，各类金融机构可以直接向中央国债公司和同业拆借中心申请办理债券业务；同时，启动国债柜台交易，打通中小企业和个人投资者进入债券市场的通道，为国债市场带来更多的增量资金。

人民银行公布了39家开办债券结算代理业务的商业银行，可与非金融机构委托人开展现券买卖和逆回购业务，它将改变银行间市场由于交易主体趋同而产生的流动性不足问题，市场投资主体的多样化，不仅驱使银行间市场的收益率水平更加理性，使其日益发挥出市场基准利率的信号，而且为货币市场（银行间市场）与资本市场（交易所市场）的打通迈出了实质性的步伐，为两个市场未来的合并创造了条件。

交易所适时推出了降低交易费率、增加超短期的回购品种和放开企业债的回购等一系列的创新措施，进一步完善债券市场的融资功能、降低交易成本、提高交易者的操作效率，为债市扩充新的投资者，大大改善了债券市场的流动性。虽然这些政策的出台对市场的短期影响甚微，但对市场的长远发展和行情的演绎大有益处。

发行市场利率前抑后扬 本轮国债行情导致市场发行利率出现连续下跌，10年期券银行间市场发行利率为2.7%，更有甚者在银行间市场发行的30年期券利率只有2.9%，已经存在较大的利率风险。7月份以来，一方面CPI等宏观经济指标一定程度上改变了投资者的利率预期，此时市场降息预期改变为利率保持稳定的预期，导致了下半年两个市场先后出现发行利率上行、甚至招标利率达到上限和某些券种如十四期国债没有招满的局面。

中国企业债券市场

【概况】 *一级市场* 利率下调提供了企业债务融资的最佳时机。金茂企业债券作为2002年国内获准发行的第一个企业债券，首次由商业银行提供担保，开创了企业债券担保的新形式。7月总额10亿元的“2002年神华集团公司债券”正式发行,福建兴业银行以无条件不可撤销连带责任的方式为本期债券提供全额担保。2002年总共发行了200多亿的企业债券。

流通市场　我国企业债券不具备明显的期限结构。这部分反映了企业债券二级市场流动性差、换手率低,交易价格不能代表价值,收益曲线还有待改进。缺乏流动性大大降低了债券这种融资方式的吸引力,并且导致企业债券的收益率失真。

特点　1、规模小。2002年,我国发行国债6300亿元,股票融资1100亿元,而企业债券却只发行了200多亿元。而在国外,债券市场非常庞大,是企业融资的主要途径。从数量上看中国的企业债总量只是美国的万分之四左右。2、投资者少。由于债券利率低、债券的流通市场发育缓慢,债券市场的机构投资者一直较少。随着我国资本市场的不断发展,企业债券投资者队伍逐步扩大,如保险公司、社保机构、企事业单位等等。但与国际上投资机构化的趋势还有很大差距。培养一批稳定的投资者将有助于企业债券市场的健康快速发展。3、债券品种极度缺乏。由于规模的计划管理、资金的使用限制、行业导向等制度因素和企业内在因素,企业债券市场投资品种少、供给不足。无法满足投资者对收益性和流动性的需求,因此也就难以吸引理性投资者大量进入企业债券市场。上海证交所挂牌的企业债券有8只,深交所挂牌的企业债券有2只。4、无序、多头管理带来低效率。长期以来,企业债券监管体系多头管理,市场体系不完善,监管效率低。目前,央行管理金融债,财政部管理国债,国家计委管理企业债,证监会管理可转债,银行间债券市场归央行管理,证交所的债券市场归证监会管理。中国债市之所以流动性差,其背后的原因包括银行间市场和证交所市场之间的隔绝。而发达国家一般都有成熟的立体化多层次的监管体系。5、债券市场的微观基础缺乏活力。企业债券的发行主体是企业债券市场的微观基础,富有活力和创新精神的发行人(发债企业)是债券市场健康发展的重要保证。目前已经放债的企业大都是国内知名、关系国计民生的国有大型AAA级企业。中国企业的希望应该是那些产权清晰、治理结构完善、具有较强创新能力的民营(或者股份制)企业。6、债券市场的基石不稳:信用体系不健全。信用体系是市场经济的基石,但国内的信用基础非常薄弱,这与市场惩罚机制的孱弱有着直接的联系。目前,执行市场惩罚机制的破产法对债权人利益保护不够,这体现在"破产法"的某些具体条款不利于债权人保护自身利益;而且,破产法在具体的实施过程中也没能严格执行,地方政府的纵容,使企业逃废债务渐成风气。7、因素导致债券的比较融资优势体现不出来。所有者监控缺位,导致股票成为无成本融资方式,降低了债券的比较融资优势;企业的高资产负债率,权益融资成为唯一可行的选择。8、企业债券的市场准入门槛较高。我国有严格的限制企业债券的市场准入。尽管目前发行企业债券的公司都是高品质的公司,我国仍然规定保险公司只能投资于国债与金融债。9、利率上限,影响了利率调节资金配置的作用。利率上限与银行存款挂钩(银行利率上浮40%)。由于我国利率连年下调,因此上限也相应降低,减少了市场对企业债券的需求。利率无法发挥价格调节资金配置的作用。企业债券不具有与其风险相对应的收益。10、企业债券均被高估。通过与银行间国债市场年投资收益率表比较,我们发现除了120102、01三峡债和129905、98石油债略有低估外,其他债券品种的投资收益率竟然低于同期国债的收益率,这表明大部分企业债券均被高估。换句话说,目前的企业债券市场的投资价值已基本被挖掘完毕,需要一些新的债券品种来满足投资者的需求。

【债券融资中存在的主要问题】　20世纪90年代以来,我国通过资本市场运作来引导其它资源实现优化配置的作用日益显现出来,资本市场的发展应该成为与市场经济体制确立相适应的企业经营机制改革的重要内容。但是目前资本市场发育与经济发展水平还很不适应,特别是企业债券市场的发展,从规模到质量诸多方面都存在问题。

1、债券市场与经济发展的规模相比太小。债券市场和股票市场是企业直接融资的两个轮子,构成了证券市场的有机整体。债券市场主要由国债、金融债券和企业债券组成,目前国债占主要份额,金融债券次之,企业债券规模最小。我国的股票市场和企业债券市场都步起于80年代中期,但是进入90年代以后,股票市场得到了迅速的发展,市场规模不断扩大,近年来年筹资额平均都在1000亿元以上;而企业债券市场发育缓慢,明显不利于发挥资本市场的整体作用,明显不适应市场经济发展的需要。

2、发债企业自我约束机制不完善,发债信用受到很大的影响。企业通过发债筹集资金的同时,可以降低财务费用、调整债务结构,同时通过发债审查评级的过程还可以进一步挖掘管理潜力,提高管理水平,从而形成发债自我约束机制。但从实际情况看,部分企业把发行债券与银行贷款等同,仍认为国有企业发生困难应由国家来帮助,往往是重发债,轻还债;重筹资,轻管理。这样的错误理念和行为使企业不仅没有在发债的过程中增强其自我约束机制,反而让企业背上了包袱,潜伏下社会的不安定因素。

3、管理理念使部分企业债券在一定程度上演变成"准国债"。自1987年国务院颁布条例后,债券计划大多数成为国家计划建设项目资金不足的补充,加之以上分析的原因,从管理理念和计划安排中都把企业债券推到了弥补政府计划投资不足的位置上;更由于债券的期限、利率规模都由国家确定,这样从观念上使人们把本属于企业行为的债券看作了属于政府行为的债券,市场经济条件下的企业融资债券成为计划管理的"准国债"。准国债化使企业的行为扭曲,不自觉地放弃了债务责任,从根本上否认了自己是真正的发债主体。企业的行为又传染给投资者,使投资人也产生了准国债化的认识,当企业债券不能兑付时,投资人找政府示威。准国债化也使债券的利率发生扭曲,尽管发债企业进行了评级,但不同的评级结果仍然按同一债券利率发行,评级实际上成为一种资格审查,利率由政府确定,利率不能反映企业的信誉高低,信誉高也不能获得相对低成本的债券资金。

4、企业债券的中介机构服务质量不高。企业债发行历史不长,债券中介服务机构起步晚,服务质量不高。从总体上看,中介机构对企业债券市场的作用没有完全发挥出来,主要表现在几个方面:一是主承销商不能全面地协调和把握好发债企业的关口,对承销团的成员协调力度也不大;二是评级行为不规范,加之评级结果与发债企业的利益不直接挂钩,只要达到发债级别其债券利率都一样,这就使评级机构对相差不太大的企业在级别评定上把握不严;三是会计师事务所审计发债企业的财务资料时,对财务资料审计不严的情况时有发生。

5、企业债券二级市场建设滞后,使企业债券的流动性非常差。迄今为止我国债券二级市场的建设十分滞后,表现为上市的企业债券品种少、规模小,目前已上市的企业债券额度占债券发行额度的比重微不足道。变现是证券市场的生命线,如果没有二级市场的发育,投资者不能在债券到期前变现持有的债券,在投资决策时,很有可能选择银行定期存款,因为定期存款尚可提前支取。

6、企业债券风险化解措施需要进一步完善。近年来管理机关十分重视债券兑付，采取了多种防范措施严格审核发债企业资格，例如把是否如期偿还作为发债的首要条件，发行债券的企业其信用必须在A级以上，发债企业必须连续3年盈利以及敦促发债企业认真执行偿债计划等等。客观地说这些措施对企业债券的兑付和风险的化解起到一定的积极作用，但是从根本上看，由于我国的体制和市场经济机制尚不成熟和完善，加之发行债券的担保也不十分落实，一旦发债企业出现偿债的困难，基本上是依靠各级政府和有关部门协调来解决。

【加速企业债券融资发展的政策措施】 企业债券几乎在所有发达国家的经济发展中，都被证明是融资的一种主要手段，在企业外部资金中始终占有较高比重。随着市场经济深入发展，企业对债券的需求必定加强。从金融风险防范的角度分析，我国目前作为企业外部资金主要供给渠道的国有商业银行，其资产质量仍然十分令人担忧，尽管剥离了部分不良资产，但不良贷款率仍然比较高；加上部分企业存在较大的风险，一旦受到市场冲击，企业风险将很快转化成银行风险，而国有银行的风险就直接表现为国家风险。这显然不利于社会主义市场经济健康发展。化解风险的根本出路一是真正形成企业良好的市场经营机制，提高企业的市场竞争力。二是形成与之相适应的企业融资机制，将融资风险的传导效应直接作用在企业自身，政府只通过政策制定和环境治理为企业创造低风险的市场经营环境。企业债券、股票以及中小企业市场融资毫无例外都会成为这种融资体制的基本品种。

我国已加入世界贸易组织，宏观调控将以适应微观经济竞争机制形成而进行调整，政府将通过逐渐降低行政管理的范围和强度，创造适应市场经济健康发展的企业直接融资体制生成的环境。债券融资发展缓慢与现行管理体制、社会公众认识以及管理运行机制等都有很大的关系，需要在认识上正本清源，在管理制度上积极调整。鉴于债券市场形成有着复杂的经济社会背景，其政策措施研究应分阶段进行，从近期(″十五″期间)和中长期(2005——2020年)两个阶段提出，近期侧重在制度法规上进行调整和改革，中长期侧重在市场的培育和风险控制等方面进行强化。

(一)″十五″期应采取的主要政策措施。

1、改革政府对债券方式的管理。应强化从建立健全社会主义市场经济体系的高度，重视对发展直接融资的认识。政府的管理应从重视行政审批控制向重视市场化运作方式转化；从直接管理向监控信息披露真实性的间接管理转化；从单纯重视企业融资向保护投资者的利益转化。其次要逐步改革国家对企业债券计划总量控制、项目审批和规模管理的方式，逐步向政府部门制定债券融资资格标准，发债企业据以向社会公开发布信息，通过核准制和备案制发行债券方式过渡。第三是对中介机构的监管，通过制度使中介服务保持公开、公平和公正，对中介机构的违规违纪行为，努力加大执法处罚力度直至取消资格；强化债券中介市场运行环境的治理，切实加快机构自律的建设，充分发挥自律和一线监管的作用，弥补政府在行业监管能力方面的不足。

2、加快修改有关法律法规。按照实行国民待遇和国际惯例的要求，调整有关法律法规。相关法规条款应明确地界定企业债券的含义和内容，统一规范提法和管理，《债券管理条例》以及《公司法》和《证券法》中有关企业债券的条款必须统一，使债券融资行为有统一的法规约束。

3、尽快出台与形势发展相适应的《管理条例》。应尽快颁布实施适应形势发展要求的新的企业债券管理条例，新条例应该充分体现企业债券市场化改革基本方向，要在审批制度、利率水平、资金使用、中介机构的作用、强化社会监督各个方面，全面体现社会主义市场经济的深入发展对企业债券融资的基本要求。

4、尽快制定与管理条例相适应的配套措施。管理条例与相应的配套措施结合，才能发挥出管理的效能，近年配套措施应重点在八个方面：①关于发行企业债券申报核准工作；②关于企业债券信誉评级工作；③关于发行企业债券的担保工作；④关于企业债券发行的承销工作；⑤关于会计师事务所参与企业债券发行工作；⑥关于律师事务所参与企业债券发行工作；⑦关于信息披露工作；⑧国家管理机关还必须明确企业债券印制管理的有关要求。

(二)从长远(2005—2020)发展企业债券应注重市场的培育完善和风险控制，不断提高科学性和市场化水平。

修改有关管理条例，还企业债券本来面目 国家关于企业债券的管理条例，要合理界定企业债券的含义和内容，将现实中的企业债券和公司债券统一起来。放开对发债主体的限制，要逐渐按照股份有限公司和有条件的有限责任公司来界定。不同所有制的企业，发债可以根据不同品种特点确定，例如国有独资企业发行债券，可以考虑纳入地方政府债券；市政公用设施项目发行债券，可以考虑纳入市政债券；而股份有限公司和具备条件的有限责任公司可以发行真正意义上的企业债券。

逐步规范债券管理，加强债券风险制度的建设 证券市场是严格的法制监管市场，对债券市场进行严格的监管，这对确保债券兑付有积极作用。首先要建立企业债券的财产抵押机制。第二要规范评级体系，要有与我国企业运行基本吻合的评级体系，与我国市场发育基本适应的规范的评级行为，评级结果能真正成为投资者投资的基本依据。第三要在适当时候修改破产法，利用破产重组制度、破产管理人等制度促使企业尽可能偿还债务。第四是要对发债企业进行严格的资信审查。

丰富债券品种，逐步形成债券市场利率机制 成熟资本市场的债券一般分为政府债券和公司债券，由于我国存在着大量国有企业，而国企发行债券，有政府债券的性质，政府事实上承担着无限连带责任。所以设计企业债券品种，要立足于国情，从长远发展看，将债券市场分为国家债券、地方政府债券(市政债券)和公司企业债券是基本方向。在这样的基础上按照逐步推进的原则，构建适应我国国情的企业债券品种体系。

债券利率是反映债券特殊商品的市场价格组成，利率高低反映出投资的价值，是决定是否购买债券的重要依据，利率定得是否恰当直接影响债券发行。从利率的本质看，必须反映发行人信用状况，反映债券供求状况、必须逐渐完善债券利率形成机制。

充分发挥社会中介机构的服务作用，通过中介服务加强对企业债券的监督和管理 所有中介机构的服务质量的高低将直接影响债券市场的发展，要努力通过中介机构的业务素质和操作技能的提高，来强化中介机构对发债企业的监督和约束能力。要达到这样的结果，需要赋予中介机构必要的监督职能；同时还应该对所有的中介机构建立相应的报告制度；对弄虚作假的中介机构必须追究其经济责任和法律责任，对由于弄虚作假的材料而导致的经济损失，必须追究相应的中介机构的财产的赔偿责任和财产的清偿责任。

建立多层次的企业债券市场，促进市场尽快形成完备的

功能　由于我国发行债券的企业受不同的市场规模、投融资规模以及其它因素的影响，需要多层次的债券市场与之相适应，不仅应该有场内交易所，同时还应该有多种形式的场外交易。

从制度上保证发债企业成为真正的富有市场化效率的企业　企业债券市场发展成败的关键在于培育高效率的企业，企业是债券市场的基石，我们只能通过加大国有企业改革的力度，建立起一大批与现代企业制度相适应的真正的企业，才能为企业债券市场的发展开辟广阔的前景。

中国股票市场

【2002年股票市场融资分析】　2002年我国证券市场注定是不平凡的一年，同时也就决定了证券一级市场的融资情况不为理想。2002年新股发行出台的主要政策是"3月18日国家暂停了一年多的向二级市场投资者按持股市值配售新股的发行方式"重新启动和证监会在2002年7月24日颁布的《关于上市公司增发新股有关条件的通知》。自2002年以来，截止到2002年12月16日，以IPO首次公开募股方式发行新股的公司达到68家(不包括小商品城和吉电股份)，平均每周发行了1.5家，募集资金495.2亿元；配股20家，募集资金52.2亿元；增发新股28家，募集资金164.6亿元；可转换债券5家，募集资金41亿元。2002年一级市场总共融资752.4亿元。2002年总募集资金大幅减少的原因主要是新股发行的市盈率普遍较低和集中以中小盘股为主。2002年一级市场融资最突出的特点是几乎所有的增发、配股和可转债发行，都是以券商的包销告终。

首发新股融资分析　2002年新股发行呈现的主要特点　1)新股发行募集资金总额与2001年基本持平。2002年新上市公司有一个突出的特点，就是融资规模普遍较小。截至2002年12月16日，共计发行新股68只，与2001年发行67只相差无几，但较之2000年发行137只有明显的减少。2002年共计融资495.2亿元，较之2001年547.7亿元有一定幅度减少。在剔除中国联通与招商银行后，平均每只新股募集资金4.2亿元，较之2001年剔除中国石化后平均每只新股募集资金6.51亿元下降了55%。其中，融资规模小于5亿元的公司有47家，占新发行上市公司的比重为74.6%。而2001年发行规模小于5亿元只有34家，所占比重为50%。2002年发行的中国联通和招商银行，融资额分别为115亿元和109.5亿元，占到了首发规模的45.3%。同时，2002年融资规模超过10亿元的公司只有5家，而2001年有12家。这样，尽管2002年发行的大盘股家数少于2001年，但融资规模却旗鼓相当。

2)流通盘以中小盘股居多。2002年的新上市公司的流通规模相对较小，平均流通股本为3500多万股。除中国联通、招商银行和山东基建等少量大盘股之外，基本以中小盘股占主要比例。其中，流通盘在10000万股以上的公司仅仅15家；10000万股以下到5000万股以上共有18家；5000万股以下达到35家，占新股发行总数的51%。一级市场以中小盘股发行居多的主要原因与二级市场长期低迷有关。

3)发行价位逐步走低。2002年初，以江西铜业为代表的低价方式拉开了全年低价发行的序幕。2002年68家新上市公司平均每股发行价为7.23元，比2001年的平均每股发行价9.44元减少了30%；其中，江西铜业每股发行价2.27元为最低，中国联通、中海发展、新鑫股份和山东基建4家公司每股发行价均低于3元，53家公司每股发行价低于10元；精伦电子每股发行价16.18元为最高。

从2001年底开始，以山鹰纸业为代表的低市盈率方式拉开了低价发行的序幕。2002年除中国联通和招商银行的发行市盈率超过20倍，分别达到20.23倍和21.47倍以外，其它66只新股的发行市盈率均落于20倍以下。其中八一钢铁为14.44倍、山东药玻为15.82倍。此种现象较2001年上半年的发行市盈率而言，出现了大幅的下降。比如：在2001年闽东电力的发行价为11.50元，市盈率达到76.7倍；用友软件的发行价为36.68元，市盈率达到了68.69倍。

4)新股每股收益较高。2002年所发行的新股的每股收益要高于2001年新股发行的每股收益。以2002年中期业绩报告为例：2002年所发行的新股中期平均每股收益为0.17元，而2001年上市发行的新股，在2001年中期的平均每股收益只有0.13元，2002年新股平均每股收益同比增长了30%；同时，在2002年中期，沪深两市平均每股收益仅仅为0.07元，那么2002年新股的平均每股收益超过了其100%。这说明2002年所发行新股的赢利能力较强。

(2)新股申购收益率分析　1)网上申购收益率分析。由于2002年新股发行方式的转变，针对不同的发行方式对总体申购收益率进行评判。以2002年上网定价发行的20只新股为例：平均每只新股的收益率为0.2209%，但并不能简单地将该平均收益率乘以20，因为以该方式发行的新股存在资金锁定的时间，不能重复申购，因此我们取在同一时间段能够申购的最高收益率新股为标的，这样能够申购的新股只有14只，平均每只新股的申购收益率为0.2176%，比以20只新股为样本股计算的平均收益率还要低。以有效的申购收益率计算，申购的收益率总和为3.0464%，换算为年收益达到7.312%。从这可以看出，新股申购收益率远高于银行存款利率与国债收益，而且是相对的无风险收益。

2)对二级市场配售方式发行的收益率分析　截至11月底，沪深两市共有44只新股通过二级市场配售的方式发行新股，其中上市了42只。在已上市的新股中，平均申购收益率为0.0575%，较上网定价发行方式的平均申购收益率低了许多。这42只新股的总的申购收益率达到2.4155%，将之换算为年收益率为5.83%，也较银行存款利率与国债收益要高。但需要注意的是，该收益的获得是以二级市场的市值波动为基础的。假设一名投资者于5月29日持有足够的市值(涨跌幅度同于大盘)参与配售，尽管能够获得近2.5%的申购收益率，但付出的是在6个月中市值减少9.58%的风险。

综合来看，网上新股申购收益率较高，而且风险较小；通过对二级市场配售方式发行获得的收益率较低，同时与网上申购相比风险性明显偏大。更何况还存在大盘下跌过程中市值的减少与申购时市值的浪费现象。

配股融资分析　配股一直是我国上市公司再融资的主流方式，截止到2002年12月16日，沪深两市共有20家上市公司实行了配股，总共募集资金52.2亿元。而2001年共有102家公司进行了配股，并实现370.18亿元的融资额。2002年实现配股的上市公司家数就比2001年减少84.31%，配股额更是大幅锐减。同时，2002年配股价也较2001年有明显降低，2002年平均配股价为9.5元，比2001年每股10.32元低8%。

2002年配股的公司家数大幅少于2001年配股公司家数，主要的原因是由于在2001年市场出现了增发新股的热潮，许多具有配股资格的上市公司都竟相放弃配股，致力于增发新股以募集更多的资金。面对市场增发新股的泛滥，证监会在 2002 年 7 月 24 日颁布的《关于上市公司增发新股有关条件的通知》，提高了增发新股的门槛，许多上市公司又纷纷转向配股。

配股上市公司在配股完成后一段时间内，二级市场的股价大部分都跌破了配股价。跌幅最大的有升华拜克、银河科技、金丰投资和江泉实业等公司。同时这些跌破配股价的上市公司都存在主承销商包销余额的情况，并且主承销商全都"配"成了大股东。比如：山东海龙的主承销商广发证券"吃下"配股余额 419 万股；神火股份的主承销商华泰证券"吃下"2015 万股配股余额；浙江富润的主承销商天一证券包销余额 71.3 万股；人福科技的主承销商兴业证券"吃下"配股余额 230.7 万股；莱钢股份的主承销商海通证券配股后持有该股 1454 万股，成了二股东；永鼎光缆的主承销商国泰君安配股后增持 698.9 万股；江泉实业的主承销商中信证券'吃下"配股余额 1261.9 万股；升华拜克的主承销商华泰证券包销余额 1627 万股。

增发新股融资分析　按照 2002 年 7 月以前颁布的增发新股政策，增发新股的融资能力要高于配股，而且工作程序要简单得多。从筹资能力来看，上市公司通过增发新股所筹资的资金量要远远大于配股，平均来看，一家公司通过增发筹资金额为配股筹资金额的 2—3.5 倍。截止到 2002 年 12 月 16 日，沪深两市共有 28 家上市公司通过增发募集资金，平均每月增发 2.43 家。实现融资额 164.6 亿元，与 2001 年的 164.62 亿元基本持平。2002 年上半年有 18 家上市公司进行增发，而下半年只有 10 家。上半年通过增发实现的融资额是下半年的 2.5 倍多。

2002 年下半年增发的扩容速度明显慢于上半年，主要原因在于证监会在 2002 年 7 月 24 日颁布的《关于上市公司增发新股有关条件的通知》。增发标准的提高使得增发个股普遍质地较好，增发项目的实施又使得增发个股存在一定的产业结构调整机会。

从增发对股价的影响来看，每次增发基本上是对股票价格的"利空"消息；在增发意向书公告日前的超额收益率显著为负，显示市场提前就对这一利空消息作出反映，投资者通过用脚投票来表示对增发行为的否定。

2002 年增发可流通部分在上市初期存在一定的套利机会。2002 年已有 28 家上市公司的增发部分上市的时候，其中仅有 4 只股票在增发部分上市当日出现略微下跌，其余均以上涨报收。其中，通宝能源增发部分上市首日收盘价较增发价高出 20.11%，银河科技、湘计算机等溢价幅度达到两位数。以平均计算，增发部分上市首日溢价幅度平均超过了 7%；即使从增发上市后一周的走势来看，有 60%存在获利机会。

2002 年增发存套利机会的主要原因是证监会提高增发门槛之后，一些运作规范、业绩优良、具有良好发展前景的上市公司才获得了增发的机会，这大大净化了增发的市场环境，也使得机构投资者对增发的公司比较有信心，一些机构投资者甚至充当了增发认购专业户。在这种情况下，增发新股的上市公司股价开始表现出明显的抗跌性：在经过广泛询价之后，增发价相对较为合理，对股价起到了支撑作用。

可转换债券融资分析　可转换债券属于一种具有保底属性的稳健投资品种，自 2001 年以来一直被人们寄予厚望，目前已经有 60 多家上市公司公布了发行可转换债券的计划，拟融资的规模在 400 亿—500 亿元之间，扩容高潮大有一触即发之势。2002 年共有 5 家公司发行了可转换债券，共募集资金 41 亿元；总的来说可转债市场发展还是不如人意。

2002 年实行核准制以来，可转债发行每况愈下。以超额认购倍数为例，2002 年 4 月份发行的阳光转债超额认购倍数高达 13.9 倍，其后万科转债降到 2.65 倍，水运转债再减为 1.26 倍。丝绸转债在采用了回拨机制后主承销商仍然包销了 2.18 亿元的余额，被迫成为第一大持有人。

2002 年新发行的可转债交易价格全面跌破发行价。早期发行的丝绸转债最高曾上涨到 371.81 元，南化转债的交易价格也曾高达 270 元，鞍钢转债、机场转债、茂炼转债的交易价格也一直在面值 100 元以上。但核准制下新发行的阳光转债以 101.40 元开盘后很快就跌破面值，万科转债以高于面值的价格短暂交易了几天后即回落到面值以下，而水运转债、丝绸转债更以低于面值的价格直接登场。到目前为止，这 5 只新转债都在低于面值的区间运行，其投资者几乎全面亏损。

由于可转债遭到市场严重打击，一些公司被迫放弃或变更了可转债的融资计划。如通程控股、彩虹股份等宣布放弃发行可转债，威孚高科将发行可转债变更为发行普通公司债或者利用国债融资，浪潮信息等公司公告放弃可转债发行改为配股。其实，可转债的危机并不仅仅发生在我国，全球的可转债市场几乎都面临着相同的困境：2002 年上半年，全球可转换债券市场的发行额从去年同期的 898 亿美元降至 699 亿美元，下降幅度高达 22.2%，而 2002 年以来可转换债券的投资回报率平均仅为—3.9%。

股票市场下跌是导致可转债价格下跌的最主要原因。可转债的价值是债券价值与期权价值之和。2002 年股票市场低迷，人们普遍降低了对可转债期权的价值预期，几只转债定价的主要依据更侧重于转债中所含的债券价值。如果可转换债券价格低于其所含债券内在价值时，买进转债获得的收益率至少会高于同种信用级别债券的到期收益率；如果股票价格高于转股价格，则可买入转债，转换成股票并卖出获得套利收益。一般情况下，套利机会出现的可能性较小，而且机会存在的时间比较短。

2002 年新股板块投资价值分析　由于 2002 年新股板块上市时间较短，没有历史包袱，业绩比较稳定。同时，这类股票多数盘子适中，大多在 3000 万—8000 万，主力控盘较为容易，容易受到市场资金青睐。预计在 2003 年将会成为一个投资热点板块。

2002 年所有的新股上市适逢大盘持续低迷时期，上市定位都普遍较低，有些新股已经出现严重超跌。同时，新股板块受大盘的影响，基本上没有经过大的炒作。股价跌幅也比较大，与上市当时收盘价相比，新股板块的平均跌幅已经超了 20%。

通过 2002 年第三季度季报可以看出：在一些次新股的前十大股东中出现了一些开放式基金和机构主力的身影，这也从另一个侧面说明次新股存在着一定的投资价值。部分个股在底部放量十分明显，像仕奇实业、西昌电力、天龙集团等，显示有主力资金介入。大家都知道，我国目前的证券市场还是资金推动型的市场，主力资金的介入，实际上预示着该板块后市具有一定的上涨机会。

从以往看，跌破配股价和增发价的个股往往机会较大。一方面，这些股票经过大幅下跌后，大多股价已低于 10 元，已处于低位了；另一方面，配股和增发中券商包销部分较多，因此，不排除后市券商有自救的可能。因此，在 2003 年一些配股和增发个股也会有一定的表现。

投资者在 2003 年对于可转换债券的投资，可以选择债券价格接近内在价值的可转换债券，尽量避免债券溢价较高的转债，这样可以避免股票价格下跌带来的风险。同时最好选择公司具有成长性、预期未来股票价格涨幅大的转债，以期获得未来转股收益。投资者也可以选择一些非上市公司的可转换债券进行投资。由于目前一级市场与二级市场间还是存在一定的价差，一旦发行了可转换债券的非上市公司得以上市，投资者便可以获得股票溢价的收益。

【2002 年股票二级市场运行特点】 2002 年市场运行情况 从上证综合指数 2002 年运行情况分析，全年大致可分为五个阶段：

第一个阶段是 2002 年 1 月 4 日至 2002 年 1 月 18 日的 3 周时间，上证指数从 2001 年收盘的 1639.48 点下跌至 1415.44 点，期间最低探至 1376.89 点。在此期间证监会出台了《证券公司管理办法》，指出境外机构可在中国境内设立中外合营证券公司；2002 年 1 月 11 日证监会规划委证实，国有股减持方案正在进行归纳整理，市场担心国有股减持方案将出台而出现快速下跌；

第二个阶段是从 2002 年 1 月 21 日至 2002 年 4 月 30 日的 13 周时间，上证指数从 1415.44 点上涨至 1667.75 点，上证指数在此期间表现为从 1400 点附近上涨至 1640 点附近——1640 点高位横盘，期间最高达 1693.87 点，最低为 1339.20 点，这一点位也是到目前为止今年的最低点。经过年初三周的下跌后，市场一度曾有所反弹，但在 2002 年 1 月 28 日证监会公布国有股减持方案阶段性成果后，市场出现大幅下跌，但随着一批超跌低价股和深圳本地股的强力反弹，市场展开了年内最大的一波反弹行情，在此期间管理层先后推出了降低存贷款利率、证券交易佣金实行浮动制等利好政策，并且央行行长、证监会主席等均出面讲话对资本市场给予大力支持，但由于市场积弱已久，在 1640 点高位横盘近 8 周后终于再次步入跌势；

第三个阶段是从 2002 年 5 月 6 日至 2002 年 6 月 14 日的 6 周时间，上证指数由 1667.75 点下跌至 1494.25 点，期间最低为 1455.31 点。期间国家经贸委和证监会联合启动对上市公司的专项检查，证监会还出台了新股向二级市场投资者配售的政策，颁布了《外资参股证券公司设立规则》和《外资参股基金公司设立规则》；

第四个阶段是从 2002 年 6 月 17 日至 2002 年 6 月 28 日的 2 周时间，上证指数从 1494.25 点上涨至 1732.76 点，并创出年内最高点 1748.89 点。期间随着 6 月 24 日国务院决定停止在国内证券市场减持国有股，证监会制定《关于进一步规范 80 指数，引发了今年最大的一次脉冲式行情，一批大盘低价股和深圳本地股成为此次脉冲式行情的领涨板块；

第五个阶段是从 2002 年 7 月 1 日至今(2002/12/10)，上证指数从 1732.76 点下跌至 1383.84 点。期间市场虽略有反弹，但总体上呈现为持续阴跌的走势。在此期间证监会加强了对上市公司增发新股的有关规定，提高了增发新股的门槛，发布了《上市公司收购及股东持股变动信息披露管理办法》，先后与财政部、国家经贸委、人民银行发布《关于向外商转让上市公司国有股和法人股有关问题的通知》、《合格境外机构投资者境内证券投资管理暂行办法》，在此期间组建合资基金公司也进入实际操作阶段，同时十六大也在此期间召开。

2002 年证券市场运行的特点 1)上市公司的价值投资得到体现。从今年市场运行情况看，上市公司的投资价值得到一定程度的体现，业绩与股价间呈现出一定的正相关性。以汽车行业和银行业为例，随着这些行业业绩的明显提升，今年二级市场上汽车行业与银行业表现也较为突出，虽然这其中仍然不排除一些概念性炒作成份的存在，但业绩与股价的相关性已经在一定程度上得到体现。预计随着国内证券市场投资理念的树立，这一客观规律将在今后表现得日益突出。

2）购并重组成为市场热点 。我国入世促进了国内证券市场对外开放，融入国际经济大环境下的国内企业的购并重组也成为证券市场新的热点。预计未来几年内，随着国内各行业进一步对外资开放，这一热点将继续得到延伸，上市公司的业绩将逐步提升，法人治理结构也将继续得到完善。投资者的投资理念也将进一步得到加强。

3）投资组合的流动性得到充分重视。今年的行情的特点集中体现在以低价股为代表国企大盘股上。随着过去以集中持股为特点的投资策略的失败，市场投资者重新认识到投资组合流动性的重要性，一批大盘低价股的投资价值得到较大程度的挖掘，特别是在 6.24 行情中，以中海发展为代表的一批低价大盘股表现突出。

上市公司成为推动经济增长的中坚力量

之所以说上市公司成为推动经济增长的中坚力量，是因为上市公司中的国有及国有控股企业已经成为国有经济中最具活力的部分，它们的投资增速明显高于全部国有及国有控股企业，在扩大就业中的作用远大于非上市的国有及国有控股企业，而且上市公司对经济增长的贡献度正日益提高。

上市公司是我国企业中资产相对优良、治理结构较为先进、财务制度较为透明的群体。我国上市公司经过 10 多年的发展，已经从 1992 年初创时的几十家增加到 2002 年底的 1224 家。截至 2002 年底，上市公司的总资产已经达到 4.1 万亿元，相当于当年全国 GDP 的 40%。

上市公司既包含有实体价值，也包含有虚拟价值。上市公司只有不断提高其业绩水平，虚拟价值才能与实体价值一同增值，其对国民经济的贡献也才会越来越大。2002 年上市公司创造的实体价值比上年有较大幅度的增长。沪深两市加权平均每股收益 0.143 元，平均净资产收益率 5.7172%，分别比上年增长 9.49% 和 7.71%。上市公司正在成为我国经济增长的中坚力量。

新一轮景气循环为上市公司创造了更为宽松的经营环境 2002 年我国经济呈现逐季走高的增长态势。全年国内生产总值突破 10 万亿元，达到 102398 亿元，增长率为 8%。新一轮景气循环正在形成。

改革开放以来，我国共经历了 5 次景气循环。而中国股市和上市公司自产生以来，已经经历了两次。第一次是从 1991 年到 1997 年。治理通货膨胀是该周期的宏观调控目标。第二次是 1998 年以后。宏观调控的主要目标是反通货紧缩。

种种迹象表明，以 2002 年为转折点，中国经济正在开始新一轮景气循环。这轮景气循环主要以投资和对外贸易的大幅度增长为初始动力，进而带动消费结构的升级和消费需求的增长并使之成为持久动力。与历史上大多数景气循环的情况一致，固定资产投资仍是这一轮景气循环的重要推动因素。

由于目前正值新一轮景气循环的初期，对其具体特征还难以判断，但与历史情况相比，我们认为有四点是明确的：一是由于企业已经建立起风险的内控机制和投资的自主决策机制，质量将与效益同步增长；二是随着经济全球化的深入发展，世界经济波动会对中国产生越来越大的影响，中国经济也正在成为地区经济发展的火车头；三是通货膨胀的压力较小，通货紧缩的压力更为普遍;四是随着经济增长自主性因素的增强,市场对资源配置的基础性作用和企业在竞争中的主体地位将进一步加强。受这些内生性发展因素的带动,这一轮景气循环有望持续更长时间。我国新一轮景气循环的形成,将为上市公司创造更为宽松的经营环境。

上市公司对推动新一轮景气循环的形成功不可没

由于缺少实体经济的支持,我国证券市场在2001年中以后大幅度回调。证券市场的回调使新股发行数量锐减,上市公司总量增长缓慢。2002年全年,沪深两市只有64家新上市企业,当年筹资额仅为961.8亿元,新上市企业的数量和筹资额不到2000年股市繁荣期的50%和46%。

然而,由于上市公司是双重价值的统一体,虚拟价值的萎缩虽然会对上市公司实现实体价值的增值产生不利影响,增加股市融资成本,但上市公司只要借助于间接融资,仍然可以化解证券市场回调所产生的不利影响。2002年央行再次下调利率,低利率有助于缓解股市融资成本的上升。事实上,这一年来上市公司通过规模扩充和业绩的增长,对经济增长发挥的作用越来越大。可以说,上市公司对于新一轮景气循环的形成功不可没。

上市公司对国民经济的贡献主要表现在以下四个方面。为了有一个量化的说明,我们在下面采取这样的方法进行比较:一是将上市公司的主要指标与上年进行比较,以此说明一年来的变化;二是将上市公司的主要指标与国有及国有控股工业企业相应的指标进行比较。尽管这些指标间的含义不尽相同,上市公司与国有及国有控股企业也属于两个不同范畴的概念,但由于国有及国有控股企业的数量占上市公司的80%左右,同时工业企业也占上市公司总数的80%以上,因此,通过这样的比较基本上可以说明问题。

1.上市公司中的国有及国有控股企业已经成为国有经济中最具活力的部分

2002年上市公司的主营业务与利润比上年都有较大幅度的增长。据年报统计,2002年沪深两市1236家上市公司共实现主营业务收入1.9万亿元,比上年增长16.6%,是当年GDP增长速度的两倍,占当年GDP的比重也从2001年的17.0%上升到18.6%。

2002年也是近年来我国工业经济总体发展势头和运行质量最好的一年。当年,国有及国有控股企业增加值占全年工业增加值的36.2%,对全年经济增长的贡献度为1.9个百分点。国有及国有控股企业产品销售收入48385.9亿元,比上年同期增长11.6%,占规模以上工业企业产品销售收入的45%。国有及国有控股企业的利润总额为2636.1亿元,比上年同期增长15.3%,占规模以上工业企业利润总额的46%。通过比较可以看出,2002年上市公司主营业务收入的增长速度比国有及国有控股企业产品销售收入的增速快5个百分点,上市公司的主营业务利润增速比国有及国有控股企业利润总额增速快3.1个百分点,上市公司的净利润占国有及国有控股企业利润总额的32%,占规模以上工业企业利润总额的15%。上市公司中的国有及国有控股企业已经成为国有经济中最具活力的部分。

2.上市公司的投资增速明显高于全部国有及国有控股企业

根据上海证券报上市公司资料库提供的有关数据,2002年上市公司固定资产投资3379亿元,比上年增长43.5%。从历史看,上市公司各年固定资产投资的增长幅度波动较大,从2%到150%不等。这主要是由于各年度上市公司的数量不等,新上市企业较多的年份,固定资产投资的增速往往较快。2001年以来,虽然新上市企业的数量有所减少,但上市公司的固定资产投资仍在快速增长。这说明大多数上市公司在冲破了初创期的资金瓶颈以后,已经步入了成长期和扩张期,需通过追加投资来扩大生产规模。

截至2002年底,上市公司总数不到全部国有及国有控股工业企业总数的3%,但其固定资产投资却占全国固定资产投资的7.8%。可见,上市公司投资的高增长对全部国有及国有控股企业投资的增长起着重要作用。

3.在实际税负增加的情况下上市公司支付的所得税大幅增长

随着上市公司主营利润和净利润的较快增长,其上缴的所得税也在大幅增长。所得税上升的根本原因是上市公司业绩好转,盈利水平上升。但另一个重要原因是,由于取消了上市公司所得税先征后返的税收优惠政策,导致平均所得税税负增加。据测算,2002年上市公司所得税实际税负较上年的20.1%提高了3.2个百分点,达到23.3%。税负上升影响上市公司的整体业绩,初步测算,所得税政策的变化使2002年盈利企业的整体业绩下降约4个百分点。

4.上市公司在扩大就业中的作用远大于非上市的国有及国有控股企业

一般来说,上市公司与原有企业经过资产剥离后,历史包袱较轻、冗员较少,从而决定了其在扩大就业方面的局限性。但现实情况是,上市公司吸收就业的能力要好于非上市的国有及国有控股企业。截至2002年底,在总数量不及国有及国有控股企业3%的上市公司中,共有从业人员345.8万人,占全部国有及国有控股企业从业人员的13.9%。可见,上市公司在就业中的作用远大于非上市的国有及国有控股企业。究其原因,一方面是上市公司总数在逐年增加,现有上市公司的成长性要好于非上市的国有及国有控股企业;另一方面,国有企业为减员增效而实行的下岗分流使全部从业人员数量减少。

2002年上市公司在吸收就业方面的作用还受到特殊因素的影响,这就是中国联通、招商银行等大盘蓝筹股的上市,仅中国联通一家上市公司人数就有2.9万人。从发展的角度看,今后将有更多的大企业上市。上市公司在扩大就业中的作用将更加突出。

上市公司正处在加速分化调整时期

2002年上市公司业绩两极分化的趋势特别明显。在1236家上市公司中,既出现了一批绩优公司,也出现了一批巨亏公司。一方面,每股收益超过0.75元的绩优股群体在壮大,共有20家;另一方面,上市公司亏损面扩大,沪深两市亏损公司家数达到167家,亏损面为13.5%。亏损企业的增多,在很大程度上抵消了上市公司整体业绩回升的程度。

我们认为,导致上市公司业绩两极分化的主要原因有:

第一,对证券市场监管的加强和对上市公司管理的规范。在中国股市创建初期,企业都是通过政府行政审批的方式上市的。由于在上市过程中存在计划额度,出于为国有企业解困的考虑审批上市公司、包装上市等现象时有发生,导致上市公司的质量良莠不齐。同时,由于重视证券市场的筹资功能而忽视治理,上市公司在没有退市压力的市场环境下生存,产生了一些缺陷。近年来,证券市场的监管得到了加强,对上市公司的管理也更加严格规范,市场信息更加透明,上市公司造假的成本也越来越高,这也在客观上加速了上市公司优胜劣汰的过程。

第二,我国经济在世界范围内产业结构调整的必然结果。加入WTO后,我国经济要按照比较优势的原则调整产业结构。2002年,我国各个行业对经济增长的贡献度之所以存在明显的差别,就是产业结构调整的结果。加入WTO后,由于中国正在成为世界制造业产品的重要加工基地,劳动密集型和部分资本密集型传统行业的比较优势得以发挥。2002年对工业经济拉动最快的7个行业,对全国工业增长的贡献率高达58.5%。这7个行业,电子及通信设备制造业、以汽车为代表的交通运输设备制造业、化学工业、电气机械及器材制造业、纺织工业、冶金工业以及普通机械制造业,都属于基础工业和加工工业。受益于这些行业的高速成长,2002年,石油加工及炼焦、日用电子器具制造、房地产开发和经营、黑色金属冶炼及压延加工等行业的上市公司业绩出现较大增长,钢铁、汽车等行业主营业务利润较上年大幅攀升;而公共设施服务、电力等行业的上市公司业绩则与2001年基本持平,造纸、传媒等行业则出现一定程度的滑坡。今后,随着国际分工的深化,建立在相对比较优势基础上的一些产业将面向整个国际市场,而具有相对比较劣势的产业将面临更多的困难。上市公司业绩将在一定程度上反映这种差别,板块之间的加剧分化将不可避免。

第三,国企改革和稳定证券市场的需要。近年来,一些超级国企大盘股相继上市,已经在证券市场上形成了一批业绩稳定的蓝筹股,对稳定上市公司整体业绩和证券市场起着举足轻重的作用。2002年,沪深两市总股本前20位的上市公司,主营业务收入占上市公司总和的32%,净利润占37%。这20家巨型上市公司的主营业务收入虽然比上市公司总体平均水平低6个百分点,但净利润却高于总体平均水平6.5个百分点。在今后相当长的一个时期,国有经济和国有大企业将集中在矿产资源的开采、石油化工、煤炭、钢铁、有色金属、电力、大的交通运输、港口设施、铁路、航空等基础产业,以及金融等控制着国民经济命脉的行业中。这些国有企业掌握着优势资源,具有稳定的盈利能力。无论是从改善这些国有企业的治理结构,还是从改善其资本构成的角度看,超级国有企业的大规模上市都将是大势所趋。这些国企大盘股的集中上市,将给股市的价值中枢、投资者的投资理念和上市公司的盈利结构带来深刻的变化,对中小型上市公司形成挤压,加速现有上市公司的分化调整。

上市公司对经济增长的贡献度将日益提高

沪深两市现有上市公司的总数不及国有及国有控股企业的3%,仅占全国大型工业企业总数的16%,2002年上市公司股票的市价总值仅相当于当年GDP的37%。这表明,我国上市公司的发展还将经历较长时期的数量扩张阶段,然后才能进入比较成熟的,以稳定的盈利和丰厚的回报为基础的内生成长阶段。新兴的、快速发展的证券市场,将为企业上市带来更多的机会,上市公司对国民经济的贡献程度也将日益提高。

企业上市在我国现阶段仍然是一个比较稀缺的资源,仍需设置比较严格的“门槛”。每年有多少家企业能够上市,需要看证券市场的容量有多大,行情如何。从我国股市创建以来10多年间的情况看,行情好的时候,场外资金进入得多,通过一级市场发行新股获得的资金额也明显增加。因此,每年上市公司的规模能在多大程度上扩充,取决于证券市场总体的行情。但证券市场的行情如何,归根到底还要受到上市公司盈利能力的制约。两者间的关系,就是虚拟经济与实体经济间的关系。预期上市公司盈利能力增加,股市上涨,上市公司融资成本下降、融资数额增加,盈利能力增加,从而进一步推动股市上涨。从两者间的关系上看,既有相互促进时期,也有相互背离的时期。

虽然在上市公司分化调整加剧时期,证券市场的动荡也会加剧,但由于我国经济已经进入新一轮景气循环,宏观经济的向好以及上市公司治理结构的改善将使其盈利能力进一步加强,从而有可能使证券市场处于较长时期的慢牛市行情,有利于上市公司数量的扩充。

表1:沪深两市平均净资产收益率与上市公司亏损面

	1998	1999	2000	2001	2002
净资产收益率(%)	7.51	8.04	7.58	5.31	5.72
亏损面(%)	9.77	8.91	8.72	13.11	13.51

上市公司行业地位分化明显

截至2002年底,我国股票市场上市公司共1200多家,分布于国民经济的各行各业,形成不同的市场板块。总体上,全部上市公司在整个国民经济中的地位已经举足轻重。但分行业领域来看,与所属行业综合水平相比,各板块上市公司在数量、资产规模、盈利能力、上缴税收和成本费用控制水平等方面存在很大差异,这使得各板块在行业中的地位及其对行业发展的贡献度各不相同,与行业发展间的关联也表现出不同的特征。

从规模看,主要板块上市公司在所属行业中的地位差异较大

1.采掘业和电子信息技术业上市公司在全行业中的地位十分突出。

2002年上市公司年报表明,在各大板块上市公司中,采掘业和电子信息技术业具有最高的行业地位。其中,采掘业上市公司的行业地位突出体现在其对市场份额的控制上,而电子信息技术业上市公司虽占有市场份额不是很高,但其集中的资产规模使得其发展与行业的发展息息相关。

采掘业包括煤炭、天然气、原油、金属、非金属矿等能源、原材料的采选。2002年,采掘业上市公司共实现销售收入4149亿元,占全行业销售收入的比重达到61.83%,资产总额占全行业的比重达到38.17%,固定资产总额占全行业的比重达到41.18%,净资产总额占全行业的比重为36.85%。采掘业上市公司控制着整个行业接近四成的资产规模,并完成了全行业六成以上的销售收入,在很大程度上影响着行业的发展状况。

电子及信息技术行业主要包括日用电子产品、电子通讯设备制造、计算机制造、电子元器件及软件开发等行业。2002年,我国主要电子信息企业共5320家,其中上市公司66家,拥有资产3717亿元,净资产1815亿元,占全行业资产和净资产的比重分别达到38.71%和45.76%,年末固定资产净值更是占到全行业的61.77%,体现出相当高的行业集中度。2002年,电子信息板块上市公司销售收入占全行业的18.61%,利润总额占到全行业的29.86%,对整个行业的利润贡献度较大。电子信息技术板块上市公司的销售收入和利润份额之所以与其在整个行业的资产规模不相称,主要是由于该行业属于高科技领域的朝阳产业,变数很大,且不断有新的后起之秀出现。

2.医药生物和钢铁板块具有较高的行业控制力。

医药生物和钢铁板块在所属行业中的地位仅次于采掘和

电子信息业两大板块。这两大板块的资产规模、市场份额和利润占行业的比重都较高，其中，钢铁板块更是以突出的利润贡献影响着行业的总体业绩水平。

医药生物制品行业包括化学药品、中成药品、生物制品等产品的生产加工企业。2002年全国约有医药生物制品企业3586家，上市公司家数为66家。2002年医药生物制品板块上市公司共完成销售收入684.45亿元，占全行业销售收入的比重为30.82%，实现利润总额40.9亿元，占全行业的20.34%。从资产规模看，医药生物制品行业上市公司2002年底资产总额和固定资产净值总额占全行业的比重分别为29.96%和28.4%，净资产总额的比重为33.65%。全行业三成左右的资产和销售都集中在上市公司手中，显示出医药生物制品行业中效益好、规模大的企业大多已进入证券市场，其业绩表现决定着整个行业的发展格局。

钢铁行业属于金属非金属行业的子行业，主要包括炼钢、炼铁及其压延加工，是国民经济的支柱行业之一。目前，我国主营钢铁制造和加工的企业共约3268家，其中，29家为上市公司，数量虽然不多，但控制的资产规模不小，而且资产质量较高。2002年，钢铁板块上市公司共创造利润156.94亿元，占全行业利润总额比重达到53.62%，为整个钢铁行业在2002年的良好表现作出了突出贡献。从资产规模来看，钢铁板块2002年底总资产和净资产分别占全行业的21.43%和26.52%，固定资产净值占全行业的30.94%，在行业中均占有相当份额。

3.食品饮料、石化塑料塑胶和机械设备仪表板块上市公司在所属行业中的地位处于中等水平。

这几大板块上市公司的总资产、净资产和固定资产净值规模占所属行业的比重大体相当，约为15%左右。市场份额和利润占各自所属行业的比重有一定差别，其中，食品饮料板块上市公司的销售收入占全行业的比重相对较低，为7.77%，其他板块则在10%以上。从创造利润的份额来看，机械设备仪表板块比较低，占全行业利润总额约5.82%，其中的子类板块汽车类上市公司只有0.99%，表现出与资产规模不相当的行业地位。食品饮料、石化塑料塑胶两类板块利润份额在14%左右，与资产规模比重大体一致。需要说明的是，在这里，机械设备仪表和汽车板块利润之所以表现出与其资产规模不相称的地位特征，很大程度上是因为该板块包含了一些较大资产规模的ST类上市公司。剔除掉这些公司，则整个板块的收入和利润将会有较大改观。

4.纺织服装皮毛和造纸印刷板块在所属行业中地位偏弱；电力煤气及水板块规模虽小，贡献却大。

这几大板块的上市公司资产规模占所属行业的份额都在10%左右，而实现销售收入占行业的比重基本在6%左右。从实现利润的角度看，电力煤气及水行业上市公司2002年共创造利润168亿元，占全行业利润总额的32.82%，一定程度上提升了该板块上市公司在行业中的地位。而纺织服装皮毛和造纸印刷两大板块为所属行业贡献的利润都不是很高，上市公司难以形成明显的优势。

5.金融业和房地产业的影响较小。

上市公司行业地位最为弱小的是金融业和房地产业，目前我国金融类上市公司只有10家，规模都相对较小，收入及资产总额占全行业的比重不到5%，行业影响力甚微。房地产业由于行业的特殊性，在监管上控制较严，上市难度较大，行业的地域属性也决定了其集中发展存在障碍。2002年房地产行业上市公司的销售收入占全行业比重在8%以下，上市公司的资产总额占全行业的比重更是不到3%，全行业资产分散，上市公司几乎不具有行业代表性。

2002年三大板块上市公司盈利能力与所属行业综合水平相比出现异动

2002年，各主要行业盈利情况总体良好，扣除所得税后，除电力煤气和水、石化塑料塑胶等行业外，其他行业都有程度不等的盈利。行业总体发展的良好态势，使得各大板块上市公司总体盈利表现也比较好。2002年，各主要板块上市公司都实现盈利，扣除所得税后，除造纸印刷板块外，各板块都实现正盈余。

但各板块上市公司盈利情况与所属行业综合水平相比，存在不小的差异，有些甚至还表现出一定的异动性。2002年，盈利水平与所属行业综合水平出现异动的几大板块主要是电力煤气及水、造纸印刷和钢铁板块。其中，电力煤气及水和钢铁板块，全行业总体实现净利润为负，而上市公司则为正。造纸印刷行业板块刚好相反，行业总体实现盈余，而上市公司却表现欠佳，净利润为负数。

1.电力煤气及水行业板块上市公司盈利能力大大超出行业平均水平。

2002年，与所属行业平均盈利水平相比，电力煤气及水行业板块上市公司的盈利能力表现最好。该板块上市公司的平均净资产收益率达到10.69%，比行业平均净资产收益率水平高出12.32个百分点，以8.35%的资产规模创造出整个行业32.83%的利润总额。销售利润率方面，电力煤气及水行业上市公司的平均水平更是达到25.6%，比行业平均销售利润率高20.21个百分点，显示出电力煤气及水行业的上市公司盈利能力明显高于行业平均水平。

2.钢铁板块上市公司成为行业复苏的领头羊。

2002年，钢铁板块上市公司的资产收益率、净资产收益率、销售利润率和成本费用利润率等四大业绩指标高出行业水平分别达到4.59、10.71、5.29和8.17个百分点，表现出较好的获利能力和成本费用控制能力。可见，该板块上市公司的资产优质度也较高。

3.食品饮料板块上市公司盈利水平稍好于所属行业综合水平。

2002年，该板块上市公司资产收益率和净资产收益率分别为4.28%和4.7%，分别高于行业综合水平0.58和3.22个百分点。与所属行业相比，该板块取得了不错的成本控制效益，全年销售利润率和成本费用利润率分别高出行业水平3.06和5.09个百分点。

4.纺织服装皮毛、石化塑料塑胶和汽车（剔除几大ST类公司）板块与所属行业业绩的平均水平基本相当。

三大板块的资产收益率都稍低于所属行业水平，而净资产收益率相对于行业，又有一定的高出。另外，这三大板块的销售利润率和成本费用利润率与行业综合水平相比，也大致相当或略高。需要说明的是，汽车板块之所以要剔除掉ST夏利、ST黑豹、ST松辽等公司，是因为这些都属于亏损较大的上市公司，其异动表现会在很大程度上扭曲整个板块的真实业绩特征。

5.医药生物制品、机械设备仪表和电子信息技术板块上市公司平均盈利水平略低于行业综合水平。

其中，电子信息技术板块上市公司虽然在成本费用控制效益方面表现良好，销售利润率和成本费用利润率分别高出行业水平2.56和7.58个百分点，但由于其资产和净资产收益率逊于所属行业，因而总体业绩略低于全行业。2002年该板块资产收益率和净资产收益率水平为 3.66％和 4.75％，分别比行业综合水平低 1.08 和 2.7 个百分点。

医药生物制品板块上市公司 2002 年净资产收益率超出行业平均水平，但资产收益率低于行业平均水平。其中，ST 中西和哈慈股份虽然相对亏损较大，但占整个板块利润总额的比重较小，因此没有从根本上改变业内上市公司的总体盈利收益水平。

机械设备仪表板块的情况与医药生物制品、电子信息技术板块基本类似，盈利水平大体上反映了整个行业的发展状况。2002 年，机械设备仪表板块上市公司几大业绩指标与所属行业相比，都低 2 个百分点左右。

6. 采掘业和造纸印刷板块上市公司与行业平均水平存在较大差距。

2002 年，采掘业上市公司整体业绩相对其他行业板块是比较出色的，资产收益率和净资产收益率分别达到 6.46％和 6.45％，仅次于钢铁、电力煤气及水两大板块，但与所属行业平均水平相比，分别低 3.25 和 4.92 个百分点，离行业平均收益水平尚有不小差距。在销售利润率和成本费用利润率方面，上市公司的利润率水平更是低于行业平均水平超过 10％。

造纸印刷类上市公司属于业绩异动板块，所属行业整体盈利，但上市公司整体却出现净亏损。该板块上市公司总体业绩指标都低于行业综合水平约 3 到 4 个百分点。2002 年年报显示，该板块共有 23 家上市公司，其中有 6 家出现大量亏损。亏损企业数目较多是该板块整体业绩较低的直接原因。

通过上述比较，我们可以发现，除电力煤气及水和钢铁板块外，其他板块上市公司在效益指标上并没有取得明显高于行业综合水平的表现。这种情况的出现主要有以下一些因素：

首先，各板块上市公司并不一定代表着行业中最能盈利的资产。一方面，部分行业的优质资产并没有完全证券化。一些行业内的优质企业没有在国内 A 股市场发行上市，如机械设备仪表行业内优质的汽车企业上海大众、一汽大众、广州本田、神龙富康等，还有电子信息技术行业的联想、华为等，从而使得上市公司的效益水平相对不会达到最优。另一方面，上市公司的细分行业分布与所属行业的细分行业分布存在一定偏差。如采掘业上市公司中石油天然气开采业上市公司资产比重只占 20％左右，而全行业内石油天然气采选业的资产比重达到 40％。石油天然气采选业的行业平均净资产收益率水平要高出煤炭等行业许多，从而使得整个采掘业的平均净资产收益率水平较高，而上市公司中石油天然气类公司比重较低，使其整体的净资产收益率水平也相对较低。

其次，上市公司会计审核更为严格规范。为控制资产安全，一些项目必须计提或进行相应的减值准备，这在一定程度上缩减了其盈利规模；而行业统计则相对宽松。

最后，一些新股、次新股和增发股所募集的资产使用有一定的时间规划，部分尚处于非运行状态，还没有创造出相应的效益，这也相应降低了上市公司的资产和净资产收益率水平。

从主要板块上市公司与所属行业综合水平的比较看今年的投资机会

在分析和估计行业发展状况的基础上，把握上市公司与行业发展间的相互关联，是投资者做出正确投资决策的重要保证。

通过考察和比较，我们发现，那些资产规模占所属行业比重较大、盈利能力与所属行业综合水平相比较高的板块，其上市公司通过较高的行业竞争力会更多地获得行业增长带来的市场空间，从而较好地利用行业的发展契机获得业绩提升。采掘业、钢铁、医药生物制品板块属于此类。

而资产规模比重偏低、盈利能力相对较低的板块，上市公司的业绩增长与行业发展的关联度也相对较低，行业的快速发展并不一定能有效带动行业内上市公司的同步增长。造纸印刷、纺织品服装皮毛行业、房地产业、机械设备仪表板块属于此类。

资产规模比重中等、盈利能力与所属行业综合水平大体相当的板块，其上市公司的投资价值将依所属行业的总体发展态势而定。一旦行业的发展机遇来临，该类板块投资机会也随之来临。从 2002 年上市公司和行业的发展情况来看，食品饮料、石化塑料塑胶和汽车板块基本属于此类。需要注意的是，由于此类特征的板块内上市公司往往在竞争能力上存在较大分化，导致行业发展机遇对具体的相关上市公司业绩推动也存在较大的差别，如电子信息技术板块。因此，投资具有该特征类型的板块，仍需要保持一份清醒。

家电板块是上市公司中的重要板块。以彩电为主的黑色家电是该板块的重要组成部分。但在行业统计归类中，彩电归属电子制造，家电概念局限于日用电器，也就是通常所说的白色家电。因此，如果以黑白家电整机制造作为整体板块来看，2002 年，该板块共有上市公司 48 家，占有行业资源的比重较大，其业绩能充分体现出行业整体复苏的特征。2002 年，48 家上市公司平均主营业务收入同比增长 19.73％，平均主营业务利润同比增长 33.47％，平均净利润大幅增长了 155.5％。其中，8 家彩电整机上市公司 2002 年主营业务收入、主营业务利润和净利润分别同比增长了 28.58％、67.83％和 165.22％，都远高于行业的平均增长率。

表 2：2002 年主要板块上市公司财务指标的行业占比（％）

	年末总资产规模	净资产规模	年末固定资产净值规模	主营业务收入总额	利润总额
采掘业	38.17	36.85	41.18	61.83	25.38
食品饮料	12.12	17.96	12.90	7.77	14.03
纺织服装皮毛	9.30	13.87	9.18	5.31	7.98
造纸印刷	9.43	10.58	9.75	5.93	1.67
石化塑料塑胶	13.41	17.25	19.89	10.06	13.19
钢铁	21.43	26.52	30.94	24.81	53.62
机械设备仪表	12.38	15.75	12.67	10.52	5.82
其中：汽车	14.17	16.75	16.87	12.79	0.99
医药生物制品	29.96	33.65	28.40	30.82	20.34
电力煤气及水	8.35	12.15	10.99	6.91	32.82
电子信息技术	38.71	45.76	61.77	18.61	29.86

表 3：2002 年主要板块上市公司业绩指标与所属行业比较

板块名称	资产收益率％			净资产收益率％		
	上市公司	全行业	差额	上市公司	全行业	差额
采掘业	6.46	9.71	－3.25	6.45	11.37	－4.92
食品饮料	4.28	3.7	0.58	4.7	1.48	3.22
纺织服装皮毛	3.03	3.53	－0.5	3.36	2.41	0.95
造纸印刷	0.65	3.65	－3	－1.79	1.87	－3.66
石化塑料塑胶	2.59	2.63	－0.04	3.65	－0.83	4.48
钢铁	7.64	3.05	4.59	9.88	－0.83	10.71
机械设备仪表	2.01	4.27	－2.26	2.28	3.86	－1.58
其中：汽车	6.46	7.39	－0.93	9.09	8.32	0.77
医药生物制品	3.78	5.56	－1.78	5.24	3.45	1.79
电力煤气及水	8.26	2.1	6.16	10.69	－1.63	12.32
电子信息技术	3.66	4.74	－1.08	4.75	7.45	－2.7

板块名称	销售利润率％			成本费用利润率％		
	上市公司	全行业	差额	上市公司	全行业	差额
采掘业	7.66	18.6	－10.94	9.23	24.6	－15.37
食品饮料	6.86	3.8	3.06	9.12	4.03	5.09
纺织服装皮毛	5.06	3.37	1.69	6.4	3.49	2.91
造纸印刷	1.56	5.57	－4.01	1.76	5.91	－4.15

石化塑料塑胶	4.05	3.09	0.96	6.15	4.48	1.67
钢铁	9.84	4.55	5.29	12.96	4.79	8.17
机械设备仪表	2.91	5.26	−2.35	3.66	5.56	−1.9
其中:汽车	7.28	7.9	−0.62	9.37	8.58	0.79
医药生物制品	5.98	9.05	−3.07	7.51	9.84	−2.33
电力煤气及水	25.6	5.39	20.21	74.86	5.68	69.18
电子信息技术	6.77	4.21	2.56	11.5	4.42	7.08

注:汽车板块剔除ST类上市公司

五大动因拉动上市公司业绩增长

一、国债投资使钢铁、建材、电力等板块上市公司受益匪浅。

1998年至2002年我国共发行了长期建设国债6600亿元,国债投资成效显著,每年拉动经济增长在1.5到2个百分点之间,成为近几年来拉动投资增长的重要因素,并通过投资扩张带动了关联产业的投资与消费,促使相关企业包括上市公司效益的回升。因为钢铁、水泥、电力是典型的投资拉动型产品,其所在行业的总体发展态势主要受投资增长的快慢影响。受国债投资利好因素影响,2002年钢材、水泥、电力、工程机械等行业上市公司普遍效益大增,取得了不俗的业绩。

从2002年行业基本面看,钢铁行业出现快速增长势头,钢产量和钢材消费量均创历史新高。受供求形势和国际市场影响,国内钢材市场价格也开始止跌反弹,出现恢复性增长,对钢铁业上市公司经济效益的回升起到了有力的支撑作用。

钢铁行业共有35家上市公司,2002年这些上市公司主营收入同比增长15.8%,主营利润同比增长26.7%,利润总额同比增长23.2%,平均每股收益0.31元,净资产收益率高达10.22%。

水泥行业2002年全国产销量都有较大幅度增长,但我国水泥企业数量众多,生产集中度低,市场供大于求,致使水泥销售价格大幅下滑,较大地影响了上市公司的经营业绩。水泥板块的上市公司约有21家,就2002年的经营业绩而言,除少数几家公司的业绩出现增长以外,多数业绩下滑。

由于钢铁、水泥等耗电量大的传统行业生产普遍回升,2002年全国发电量达16400亿千瓦时,同比增长10.96%,用电量增长10.3%。电力行业的回暖,刺激了电力板块上市公司业绩的增长。电力行业整体业绩优良,现金流充足,涌现出一批稳定增长的蓝筹股。2002年,电力板块上市公司主营业务收入同比增长17.6%,利润总额同比增长7.4%,平均每股收益为0.26元,平均每股净资产3.26元,平均净资产收益率为8.434%,电力板块的44家上市公司中有23家每股收益超过市场平均水平。而最具实质意义的是全国普遍的"缺电现象"将大大缓解电价下调的压力,从而对电力上市公司今明两年整体业绩的稳定增长提供有力保障。

二、汽车、房地产成为消费热点惠及相关行业及其上游产业。

2002年,汽车市场在多重因素作用下,产销都出现了爆发性增长的态势,成为消费领域的一个亮点。据统计,2002年全国汽车产量为325.12万辆,同比增长38.8%;销量343.6万辆,增长37.5%,均创下历史新高;产销率达到98.8%,其中轿车产、销量分别为109.2和105.8万辆,比上年分别增长55.2%和45%,产销率高达99.9%,年末库存比年初仅增加0.4万辆。

在2002年汽车业产销两旺的大好形势下,汽车业上市公司及相关上游产业如汽车零配件、天然橡胶、钢材等普遍取得了较好业绩。汽车类上市公司2002年主营业务收入平均为195860万元,主营业务利润平均为35874万元,净利润平均为11826万元。其中,沪市汽车类上市公司2002年的业绩增长尤为突出,主营业务收入平均为210490万元,同比增长49.5%,利润总额平均为18591万元,同比增长96.9%,净利润平均为14929万元,同比增长91.4%,每股收益及净资产收益率也均有不同程度的提高(见表4)。

此外,进一步分析显示,汽车整车类公司中大中型客车、轿车、载重汽车等生产企业业绩较好,轻型客车、微型汽车等企业的业绩相对要差些;零部件企业中,具有相当规模和技术水平的企业业绩要好于一般企业,如威孚高科2002年每股收益比上年增长了34.3%,明显高于其他零配件公司。

目前国际上每千人的汽车保有量为116辆,而我国只有十几辆,无论从市场需求还是国家政策支持来看,汽车行业的增长潜力都是极为可观的。从今年情况看,承接2002年汽车业高速增长的惯性,第一季度全国汽车产量为101.97万辆,同比增长54.7%;销量97.48万辆,增长51.71%;产销率为95.6%,预计到2010年,我国最低限度的汽车保有量为7000万辆,而现在仅为1500万辆,发展前景相当看好。但考虑到国际汽车产能过剩,中国汽车业也呈现出结构性过剩的状况,因此轿车总量虽然会继续增长,但今后竞争焦点将主要集中在价格上。同时,加入WTO后进口关税逐渐下降以及进口配额逐年增加直至完全取消配额,将影响到我国汽车单位产品的盈利能力,由此导致相关企业的产销量与效益无法同步增长。

2002年消费领域的另一个热点是房地产。全年房地产开发投资7736亿元,同比增长21.9%。从房地产板块的业绩情况看,2002年20多家房地产上市公司平均每股收益约为0.30元,同比增长超过20%,净资产收益率在10%左右,高于两市上市公司的平均收益率,一向为负值的每股经营性现金流达到0.08元,而2001年这一数值为−0.325元,表明房地产上市公司业绩出现了实质性改善。

由于整个行业出现了一定程度的过热迹象,2003年房地产公司的各项指标估计会小幅走低,全年房地产业投资增长速度将在15%左右,空置面积可能会进一步上升。但从长期看,目前我国城镇人口比重还很低,城市化有着广阔的发展空间,房地产市场潜在需求仍然较大,持续向好的趋势不会逆转。随着竞争的加剧和行业集中度的提高,那些品牌形象好、经验丰富、实力较强的房地产上市公司业绩的持续成长仍将是可以预期的。

三、出口增长令机械制造业、电子及通信设备制造业效益改善。

2002年我国外贸出口呈逐季加快的态势,全年出口3255.7亿美元,同比增长22.3%,工业企业实现出口交货值19916亿元,同比增长23.4%,远远高于2001年9.9%的增幅,出口对工业增长的带动作用明显增强。

从出口产品的产业结构看,列前四位的行业依次是电子及通信设备制造业、电气机械器材制造业、机械及运输设备业、纺织业。其中,电子及通信设备制造业和电气机械器材制造业出口交货值分别比上年增长42.7%和21%;机械及运输设备出口同比增长33.8%,累计出口额占出口总额的比重为39%;纺织行业销售产值比上年增长15%,出口交货值增长14.2%,增速分别比上年加快6.8和9.1个百分点。

出口的高速增长,改善了这些行业的出口环境,带动了企业效益的提高。在出口带动下,2002年交通运输设备制造业实现利润482.4亿元,比上年增长83.2%,新增利润219.1亿元，位居各行业之首；普通机械制造业新增利润 60.3 亿元，也挤入新增利润最高的五大行业之列(见表 5)。

受惠于市场环境的改善，2002 年交通运输设备制造板块上市公司净利润比 2002 年同期增长 28.2%，专用设备制造业 32 家上市公司净利润总额达到 11.7 亿元，同比增长 12.3%，净资产收益率 6.37%，同比增长 7.3%。

电器机械及器材制造业 23 家上市公司净利润总额超过 11 亿元，净资产收益率超过 5%，均比上年同期有明显提高。

就纺织板块而言，2002 年纺织品出口的增长对其业绩的改善产生了一定的积极作用，但由于纺织原料上涨的影响，加之上市公司出口额占整个纺织行业出口的比重不高且出口产品价格较低，因此 2002 年纺织板块的主营业务收入虽有明显增长，但利润却有所下降。

从目前情况看，2003 年出口对上市公司业绩的拉动作用可能有所减弱。理由如下：

一是由美元贬值而造成的人民币汇率相对贬值对提高出口竞争力的刺激作用将趋于弱化。

二是 2002 年实行的免、抵、退税制度改革同比效应在 2003 年也将逐步弱化。

三是最近在中国各地流行的非典型肺炎，将会在一定程度上影响到部分外商的投资信心，从而对机电产品和高新技术产品出口产生不利影响。与上述四大出口行业相对应的上市公司的业绩可能会在一定程度上受到影响，其业绩的增长将在很大程度上取决于内需的增长特别是消费需求的增长。

四、国际市场能源及原材料价格上涨助推传统行业上市公司业绩提升。

2002 年，国际国内市场上石油、煤炭、电力等能源类产品以及钢材、化工原料、棉花等工业原材料价格均出现了较大幅度的上涨。能源原材料价格的上涨在给相关行业及上市公司带来了较大获利机会的同时，也增加了下游行业及上市公司的成本，影响了下游企业的利润水平。

从 2002 年的行业统计数据和上市公司年报数据看，石油开采、石油加工、煤炭等能源类行业以及钢材、化学原料、化学纤维等原材料行业是生产资料价格上涨的主要受益者。

随着产品价格的上涨，这些行业的成本费用利润率也逐月走高，如石油和天然气开采业成本费用利润率从 2002 年 2 月的 34.73%上涨到 12 月的 56.99%，石油加工及炼焦业从 2 月的 -4.75%上涨到 12 月的 1.07%，而其他石油相关行业成本费用利润率也有不同程度的上升(见表 3)。

从年报数据看，涨价效应在相应板块的上市公司中已有所反应。2002 年，包括石油开采、煤炭在内的采掘类板块上市公司的资产收益率、销售利润率分别为 6.46%和 7.66%，成本费用率更是高达 9.23%。而涨价幅度最大的钢铁板块则从 2001 年的纯大盘板块演进为大盘蓝筹板块，其销售利润率、成本费用利润率达到了 9.84%和 12.96%的历史最好水平。

根据我们的预测与分析，2003 年我国生产资料市场将继续保持活跃，生产资料价格也将延续 2002 年的回升态势，但不会有太大的涨幅。进入二季度，生产资料价格升势将趋缓，部分价格升幅较大的商品，如钢材、油品、天然橡胶等可能会受资源紧缺及国际行情变化的影响而出现稳定或不同程度回落。

预计全年生产资料价格总水平将比上年有 3%左右的升幅，销售总额可望达到 9 万亿元，比上年增长近两成，增长幅度及规模均为历史最高水平。因此，2003 年石油、煤炭、钢铁、化工等主要原材料板块的业绩将有稳定增长，但大部分上市公司的业绩增幅将小于 2002 年。

五、部分上市公司经资产重组成功实现产业转型，步入快速增长。

据统计，2002 年 1 至 10 月，共发生 262 宗资产重组个案，其中有 37 个属于跨行业的重组，涉及上市公司 35 家，重组的平均资产净额达到 1.34 亿元。同时，经过前几年的概念炒作后，2002 年实质性的上市公司资产重组明显多了起来，主要表现在三个方面：

首先是同业兼并比重较高，在 2002 年发生的 85 起收购兼并案中，同业兼并占了 80%以上。

其次是民企、外资参与的购并行为日益活跃，从 2002 年上市公司签订的 100 多起国有股权转让协议来看，民企成为国有股受让的主力军，而有外资概念的上市公司重组大都是以行业整合为目的，如格林柯尔入主科龙、三星康宁欲通过收购法人股成为赛格三星的大股东、青岛啤酒与美国安海斯——布希公司结成战略性合作伙伴。

第三就是涌现了不少国家行业政策影响下的重组，2002 年电力、民航、基础电信业、汽车业和水务领域就相继出台了有关政策措施，直接推动了行业内上市公司的兼并。年报显示，部分公司在去年成功地进行了产业转型，实现了业绩的超常规增长。可以说，2002 年上市公司业绩的增长与力度较大的资产重组是密不可分的。

2003 年，资产重组仍将是证券市场一道亮丽的风景线。随着中央及地方国资委的成立，国有企业包括上市公司国有资产管理体制的改革步伐将进一步加快，从而给外资企业及民营企业提供极大的施展空间。同时，上市公司在 2003 年将从一些国家限制的“夕阳产业”逐步退出，进行产业结构的调整和升级，转向那些国家鼓励、发展前景看好的“朝阳产业”，以进一步增强发展潜力、拓宽赢利空间。通过资产重组获得增长的动力，将成为许多上市公司提高自身业绩的重要渠道。

表 4：沪市汽车类上市公司 2002 年业绩增长情况

	主业收入（亿元）	利润总额（亿元）	净利润（亿元）	每股收益（元）	每股净资产（元）	净资产收益率（%）
2001 年	140801.9	9438.8	7801.2	0.253	2.862	8.41
2002 年	210490	18591.3	14929.4	0.31	3.2	8.57
同比增幅	49.5%	96.9%	91.4%	22.5%	11.8%	1.9%

表 5：2002 年四大出口行业出口增速及行业效益指标

	电子及通信设备制造业	电气机械器材制造业	交通运输设备制造业	纺织业
出口同比增长(%)	42.7%	21%	33.8%	14.2%
产品销售收入(亿元)	10808	5691.4	7978.3	5991.6
同比增长%	22.04	13.25	29.6	16
利润总额(亿元)	455.2	274.4	482.4	186.5
同比增长%	1	15.7	83.2	30.9
资金利润率(%)	5.7	5.41	6.1	3.33
成本费用利润率(%)	4.42	5.1	6.44	3.21

表 6：2002 年石油相关行业成本费用利润率走势(单位：%)

月份	02.12	02.11	02.10	02.09	02.08	
石油和天然气开采业	56.99	58.62	56.95	53.5	53.52	
石油加工及炼焦业	1.07	0.95	0.82	0.46	0.39	
化学原料及化学制品制造业	4.04	3.78	3.65	3.44	3.33	
化学纤维制造业	2.78	2.74	2.49	2.34	2.33	
橡胶制品业	4.4	4.43	4.48	4.54	4.48	
月份	02.07	02.06	02.05	02.04	02.03	02.02
石油和天然气开采业	50.7	47.12	45.42	40.23	35.36	34.73
石油加工及炼焦业	0.32	0.21	0.27	-0.53	-2.03	-4.75
化学原料及化学制品制造业	3.3	3.32	3.15	2.57	1.76	0.76
化学纤维制造业	2.26	2.47	2.24	1.72	0.88	-0.78
橡胶制品业	4.48	4.27	3.98	3.41	2.87	2.56

表7:2002年交易额3000万以上跨行业重组上市公司一览表

股票名称	行业分类	重组行业	交易额
ST猴王	金属及非金属业	房地产	3011.9
华一投资	商业	房地产	18554.08
龙发股份	高科技信息业	房地产	14192
石油龙昌	交通运输仓储	房地产	10879.9
石狮新发	综合类	房地产	6930
罗顿发展	信息技术业	房地产	21600
鲁银投资	综合类	房地产	8909
ST联益	冶金	摩托车	20797.53
ST龙建	冶金	工程建筑	58467.47
上菱电器	电子电器	焊接材料	20259.28
		机械制造	6455
川投控股	高科技信息业	通讯	3151.31
三星石化	化工塑料橡胶	通讯	21053.04
ST汇源	商业	通讯	19806.56
清华紫光	高科技信息业	通讯	12166.73
多佳股份	服装及纤维制品	教育产业	9047.28
浙江东日	综合类	教育产业	14984.28
鹏博士	冶金	教育软件开发	8800
汇通水利	建筑业	酒店	19812.38
ST琼海德	综合类	酒店	11642.64
科学城	能源	公用事业	59042.7

上市公司坦然应对入世挑战

中国加入WTO对电子、港口等行业的利好作用充分体现,对汽车、钢铁、商业等行业的冲击尚不明显

总的来看,我国的家用电器、电子通讯设备制造等行业在国际竞争中具有相对的比较优势,在WTO框架下面临更多的发展机遇。而相比之下,汽车、钢铁、商业等行业竞争力相对较差,入世对这些行业更多地意味着严峻的挑战。但从中国入世第一年的经济运行来看,入世没有给2002年的行业发展带来太大的冲击,而加入WTO所带来的机遇却在显现。

1.电子行业上市公司因入世而走出低谷

2002年是我国电子行业取得快速发展的一年,主要产品产量增长迅猛,市场销售大幅攀升。这一方面和国内经济走暖、居民收入提高和消费升级有密切关系,同时也与中国加入WTO后出口环境的改善是分不开的。随着我国加入WTO,国内国际市场一体化进程加快,电子产品的跨国贸易壁垒大大削弱,进而为我国电子产品进入国际市场提供了契机。同时,国家为了鼓励出口采取的出口退税等措施也为我国电子产品出口创造了有利条件。海关统计显示,2002年我国家电及消费类电子产品的出口金额同比增长了34%。其中,彩色电视机出口完成1918万台,同比增长63%;影碟机出口完成7545万台,同比增长117%。出口的迅速增长带动了整个电子行业经济效益的迅速回升,行业销售收入增长23.74%,利润增长55.23%。其中日用电子行业收入增长23.26%,利润增长92.43%;电子器件行业收入增长28.04%,利润增长99.70%。电子行业的良好发展促进了业绩的整体回升,使电子类上市公司走出了上年的低谷状态。电子类上市公司主营业务收入实现增长21.33%,主营业务利润增长42.92%,实现净利润24.65亿元,一改上年净利润亏损的局面。其中日用电子器具制造业上市公司受彩电业复苏的带动,整体收入增长水平在40%以上。2001年巨额亏损的公司如ST厦华、深康佳、深赛格,在2002年都实现了盈利。电子行业成为中国加入WTO的最大受益者。

2.入世给中国的交通运输行业带来较大促进作用

中国入世后形成的贸易流量增长以及国家加大对交通运输基础设施的建设和加快现代物流体系建设,为交通运输行业的发展提供了良好的外部环境。2002年以来,大宗运输产品如煤炭、钢铁、建材等行业产量增长较快,都在20%左右,从而导致货物运输量增加,直接增加了对交通运输的需求。同时,入世后进出口贸易量的大幅增长及外资进入物流领域为交通运输业带来了商机,使得路桥、港口、机场等行业成为入世受益较大的行业。2002年我国港口运输行业出现了蓬勃发展的景象,主要港口货物吞吐量和旅客运输量都出现较大幅度增长,全国主要港口累计完成货物吞吐量比上年同期增长16.6%,增势强劲。其中沿海主要港口的生产形势表现更为良好,沿海主要港口完成货物吞吐量比上年同期增长17.1%。外贸货物吞吐方面,全国港口行业2002年外贸货物吞吐量也显著增加,累计外贸货物吞吐量比上年同期增长18.6%,外贸货物的吞吐量占全部货物吞吐量的34.62%,外贸货物吞吐需求的增长成为拉动全行业货物吞吐量增长的重要因素。2002年港口业增长的最大亮点是集装箱运输增长强劲,主要港口的集装箱吞吐量都出现较大幅度的上升。全国港口业集装箱吞吐量同比增长36%,集装箱运输增势迅猛。港口业的良好发展势头在上市公司的业绩增长中得到很好体现,2002年交通运输业上市公司的主营业务收入及利润增长幅度平均分别为33.65%和21.43%,净利润增长幅度为11.41%。其中港口及航空业上市公司的净利润指标增幅达到23.2%。

3.汽车、钢铁、商业等竞争力较弱的行业因内需旺盛而没有受到入世的明显冲击

中国加入WTO以来,入世对中国经济的负面影响尚未明显体现,汽车、钢铁、商业等国际竞争力相对较弱的行业仍取得较快发展,没有受到入世冲击。这一方面,是由于入世第一年中国还没有完全在关税及贸易壁垒方面放开国内市场,承诺履行的义务是逐渐进行的,渐次的开放承诺对国内市场的影响相对较弱;另一方面,国内快速增长的需求给行业发展提供了良好的市场环境,进口增长对国内市场的冲击力度较弱,行业的快速增长势头没有因此受到影响。

4.零售业因入世增添了新的活力

2002年以来,中国批发、零售业吸引外资状况相对平稳,没有出现外资大规模进入的局面,合资商业企业的数量增长相对平稳,没有对国内商业企业形成威胁性冲击。由于外资进入中国商业零售领域只能采取合资的形式,因此外资并购国内商业企业也成为必然的趋势,商业竞争的日趋激烈使得商业用地正成为稀缺资源,外资进入后往往不具备这方面的优势,最好的方式就是采取合作注资国内现有的商业零售企业,以实现优势互补,因此并购也成为外资商业企业进入中国市场的主要途径。另外,面对强大的外国商业资本的竞争压力,国内商业企业也加快了扩张步伐,国内零售龙头企业加大了收购兼并力度,规模扩张明显加快。这些并购、重组的因素以及国内社会消费品零售总额的稳定增长,使得国内商业行业2002年呈现良好的发展态势,相关上市公司的业绩出现大幅增长。2002年年报显示,批发和零售贸易行业上市公司主营业务收入同比增长18.6%,实现利润总额同比增长幅度达到139.48%。

世界市场价格波动对相关行业上市公司业绩影响较大

中国融入世界经济一体化进程日益加快,国内外市场的关联度加深,使得国内市场价格受国际市场的影响越来越大。在新的市场平台上,产品价格波动的影响因素更为多元化,世界市场的价格波动对我国国内相关产品的生产和销售产生越来越大的影响,进而直接关系到上市公司的业绩水平。

1.航空类上市公司因原油价格上涨而受损

2002年以来，国际石油价格受战争预期影响一直高启不下，石油价格的上涨直接传导到国内，使得国内石油价格呈上涨势头。石油加工产品价格的上涨，使得原油成本比例较高的国内航空业受到一定影响，国内航空业2002年下半年由于原料成本上升的压力，企业财务状况受到一定影响。上海航空、东方航空均在年报中体现了原料成本上涨对财务状况影响的信息。

2.石化类上市公司因油价上涨，业绩先抑后升

因油价上涨，2002年一季度，石化行业利润出现同比下降16.23%。但进入4月份后，石油价格上涨逐渐传导到石化产品中，石化产品价格开始上涨，石化行业销售收入和利润水平进入上升阶段，第二季度和第三季度分别实现收入同比增长10.17%和12.23%，利润同比增长27.92%和52.24%，全年石化行业实现销售收入增长15.47%，利润增长63.81%，经济效益水平提高明显。与此相应，2002年石化行业上市公司也取得较好的业绩增长，主营业务收入增长11.56%，而利润总额出现72.7%的高速增长。

3.纺织类上市公司由于原材料价格上涨，业绩出现一定程度滑坡

2002年纺织行业受到了原料价格上涨而纺织产品价格难以随之上涨的困扰。2002年，国内化纤价格因石油价格上涨相应提升了35%左右，棉花、羊毛也因产量下降、需求上升分别上涨了30%和40%以上。在棉花、化纤、羊毛等原材料价格均出现较大涨幅、成本增长压力剧增的同时，纺织品服装价格却因产品市场竞争激烈价格难以实现同步上涨，2002年纺织业的利润出现了比较明显的滑坡迹象。这是造成2002年纺织板块上市公司主营业务收入增长19.77%而利润仅微增0.14%、净利润则下降10.28%的主要原因。

行业景气有力地推动了能源、冶金、机械等行业上市公司业绩的增长

2002年，国家继续实行积极财政政策，发行了1500亿元长期建设国债。由于国债投资基本集中在基础设施建设领域和国有企业的技术改造方面，国债投资对经济拉动直接体现在对投资类行业直接需求的拉动上，因此能源、冶金、机械、金属等行业成为2002年积极财政政策主要的受益者。这些行业景气的形成改善了相关上市公司的外部环境，促进了这些行业上市公司业绩的增长。

1.电力行业上市公司成为宏观经济复苏的先行者

积极财政政策保证了国民经济的快速发展，并带动了电子及通信设备制造业、机械制造、冶金等高耗电行业显著增长，这使得全社会用电量增长快速。2002年全国发电量完成16400亿千瓦时，同比增长10.96%，全社会用电量增长10.3%，总体上电力供求均衡，局部地区出现电力供应紧缺的状况。生产的快速发展，使得电力行业2002年效益增长显著，电力生产行业全年销售收入增长12.71%，实现利润增长11.55%。受电力需求快速增长的影响，电力行业上市公司2002年业绩增长较快，主营业务收入平均增长16.7%，利润总额平均增长10.16%。与整个行业相比，电力上市公司收入增长速度高出行业平均水平近4个百分点，利润增长速度和行业平均水平基本保持同步，总体上电力上市公司的业绩超过上市公司整体平均水平，继续表现出绩优股板块特征。

2.机械类上市公司呈现出快速增长的势头，但业绩提升幅度低于行业平均水平

机械设备工业作为国民经济的装备工业在国家加强基础设施建设、企业进行技术升级改造、农村电网改造、交通运输现代化等国民经济的很多领域都发挥着重要的作用，因此在进行经济结构的调整、积极财政政策实施的过程中，机械装备工业在2002年继续呈现出良好发展势头。2002年积极财政政策支持的投资项目进展较快，从而为机械装备工业的发展提供了良好的市场环境，对交通运输设备、普通机械制造、专用设备制造等机械行业形成大量需求，促进了机械装备工业的快速发展。2002年整个机械设备仪表行业实现销售收入增长25.81%，利润同比增长62.51%，成为拉动国民经济增长的重要力量。其中，以汽车工业为主的交通运输设备制造业增长迅速，2002年汽车销量完成325万辆，同比增长36%，汽车生产的良好发展带动了整个交通运输设备制造行业产品销售收入和利润分别增长29.61%和83.22%，成为国民经济发展的亮点。良好的行业发展使得机械类上市公司业绩同样出现较快增长，整体上机械仪器仪表行业上市公司的主营业务收入同比增长19.26%，实现利润总额同比增长49.74%，呈现出快速的增长势头，远高于其他行业上市公司的平均业绩增长。但与机械行业平均增长水平相比，机械设备仪表行业上市公司的增长速度相对低于行业平均水平，这主要是由于占收入51%以上的交通运输设备制造业的优质资产并没有完全证券化。

3.金属非金属类上市公司景气度进一步提高

连续几年积极财政政策的实行及国民经济平稳增长，为金属非金属等建材行业带来了良好的发展机遇，特别是钢铁行业近几年表现出了稳步推进的态势，2002年国家继续实行积极的财政政策并推进西部大开发战略的进一步展开，保持国债投资力度加强基础设施建设，这对钢材产品的市场需求产生了巨大的拉动作用，同时国民经济相对较快的发展也带动了钢材消费较多行业的较大发展，如汽车、房地产等。在钢铁行业快速发展的拉动下，整个金属非金属行业经济效益取得较大提高，全行业销售收入同比增长17.6%，实现利润总额同比增长29.9%。主营业务收入、实现利润方面，金属非金属类上市公司的增长水平都相对略高于行业的平均增长水平。

经济环境的未来变化及其对上市公司业绩影响

从政策角度看，2003年国家继续实施积极财政政策，发行1400亿建设国债，加上上年结转的100亿国债资金，2003年国债投资总规模继续保持1500亿元的水平。首先，财政政策投资力度不减，会继续对国内钢铁、机械、能源等行业的发展形成有力的支撑。其次，在积极财政政策的推动下，国民经济的结构调整和产业升级将在很长时期内对机械装备工业形成较大的需求。再次，城乡电网改造项目会进一步释放国民经济中蕴涵的用电需求，电力类上市公司所处的行业发展环境将进一步改善。

从行业结构来看，目前我国汽车工业进入快速增长时期。由于居民收入水平的提高和汽车消费政策和环境的改善，汽车工业处于加快增长期，2003年将保持高速增长的态势。而耗钢量较大的机械、房地产行业都面临较好的发展机遇，这些行业的发展在2003年会继续保持较好的增长水平，从而使得国内钢材市场需求继续走旺。钢铁行业上市公司业绩有望继续保持稳健上升的趋势。

从入世的影响因素看，2003年进出口贸易的持续增长，将使港口行业的发展获得蒸蒸日上的动力。根据海关统计，2003年我国外贸形势继续保持良好的发展势头，一季度我国外贸进出口总值同比增长42.4%，超过2002年全年水平。受此影响港口吞吐量继续加速增长，一季度我国主要港口货物

吞吐量同比增长 18.4%,较去年平均水平提高约 1.8 个百分点。目前我国港口业处于快速发展时期,入世带来的发展动力将继续推动港口类上市公司业绩的稳定提升。从入世对电子产品的出口影响看,加入 WTO 形成的贸易壁垒降低对电子产品出口增长的积极作用会随时间的推移逐渐弱化,欧美市场对中国电子产品进入的种种 WTO 框架下的合理限制将有所增加,从而将对电子产品的出口形成不利影响。因此,尽管 2002 年我国电子产品出口能力获得较大释放,但电子行业未来的发展依然存在较大的变数,电子行业上市公司的业绩改善单纯依靠入世的利好影响是远远不够的。

表 8:2002 年港口业外贸货物吞吐完成情况

	累计外贸货物吞吐量(万吨)	同比(%)	累计集装箱吞吐量(万标准箱)	同比(%)
2002.01	5550	17.2	247.6	31.2
2002.02	10816	18.9	456.4	26.9
2002.03	16948	15.3	721.8	25.4
2002.04	23183	14.0	1011.1	28.3
2002.05	29642	15.0	1301.5	30.6
2002.06	36239	15.3	1605.2	31.9
2002.07	43029	16.6	1941.3	34.7
2002.08	49961	17.1	2276.5	35.3
2002.09	56605	17.4	2622.2	35.6
2002.10	63158	17.8	2951.7	35.3
2002.11	69939	18.3	3291.4	36.0
2002.12	78000	18.4	3721.0	35.4

表 9:2002 年石化行业经济效益月度情况

	销售收入(亿元)	同比(%)	本年利润(亿元)	同比(%)
2002.03	1382.47	8.67	23.80	-16.23
2002.04	1962.98	8.77	48.91	8.20
2002.05	2530.04	10.49	76.92	21.74
2002.06	3153.38	10.17	100.98	27.92
2002.07	3697.78	10.91	117.27	31.94
2002.08	4329.02	11.71	138.58	43.06
2002.09	4924.57	12.23	163.11	52.24
2002.10	5577.02	13.57	195.08	60.87
2002.11	6227.56	14.59	225.54	67.95
2002.12	6905.99	15.47	268.39	63.81

表 10:部分行业上市公司经济效益与全行业水平比较

单位:%

	全行业		上市公司	
	销售收入增长	利润总额增长	主营业务收入增长	利润总额增长
电力	12.71	11.55	16.70	10.16
机械设备仪表	25.81	62.51	19.26	49.74
金属非金属	17.60	29.90	19.35	30.47
电子	23.74	55.23	21.33	42.92
石化	15.47	63.81	11.56	72.70
纺织	16.03	30.87	19.77	0.14

上市公司盈利能力明显高于全国水平

上市公司的投资价值是决定股票市场价值中枢的重要因素之一。2002 年,我国宏观经济景气不断回升,上市公司内部管理水平也有所提高,上市公司经营业绩总体上扭转了连年滑坡的局面,上市公司的投资价值有所提升。但与此同时上市公司的资产负债率大大高于全国企业的平均水平,平均资金周转速度慢于全国企业,上市公司的资金使用效率尚有较大提升空间。

随着会计制度的不断改进,对上市公司财务报表的要求也相应发生着变化。同时,由于上市公司数量在逐年递增,各年间的样本数量变化较大,因而以往仅通过历史数据来衡量上市公司投资价值的方法,存在一定的不可比性和片面性。为了全面分析上市公司的投资价值,我们不仅从纵向分析上市公司的成长性,更侧重于与全国企业进行横向比较,从盈利能力、偿债能力、资金使用效率等方面分析上市公司的投资价值。另外,还通过银行储蓄、国债和股票三种不同的投资方式的对比来评判上市公司的投资价值。

股票实际投资收益高于银行存款

银行存款、国债和股票是我国目前三种最主要的投资方式。一般而言,上市公司的投资价值最终体现在现金分红上,2002 年我国上市公司现金回报率(应付普通股股利/流通市值)为 2.59%。而 2002 年一年期银行存款利率 1.98%,扣除 20%利息税,银行存款实际收益率为 1.58%;2002 年交易的各期国债平均收益率为 2.67%。从表面上看,2002 年上市公司股票的投资回报高于银行存款利率,但略低于国债投资收益率。造成这种状况的原因在于:

1、我国证券市场投机性较强,投资者更看重在二级市场博取差价收益。长期以来,我国证券市场市盈率居高不下,股票换手频繁,加之居民投资品种相对缺乏,加大了股市的投机性。投资者投资上市公司主要看重的是二级市场的收益,因而送红股和转增股这种资本利得的分配方式更能得到投资者的认同。上市公司以送红股为主,投资者总认为上市公司将利润转化为资本金后,投入扩大再生产,似乎预示着企业正加速发展。因此,投资者会预期新一年度的盈利会提高,因而股价将被再度炒高。实际上,我国证券市场中大多数股票都在送红股除权后有不同程度的填权动作,投资者从送红股中获取的收益总体上要大于现金分红的收益。如果把这部分收益计算在内,那么上市公司投资价值应该有明显的增大。

2、与国际上主要货币的利率相比较,我国的银行存款利率水平相对较高。近几年美国经过连续 12 次降息,利率降为 1.25%,处于 40 多年来的最低水平;欧元利率降为 2.5%,处于其历史较低水平;日本则连续多年采取零利率的政策。而我国这几年的利率水平比较稳定,维持在一个相对较高的水平之上。国债发行利率一般参考存款利率并略高于存款利率,这样,相对较高的存款利率在一定程度上推高了国债发行利率,进而抬升了国债投资收益率。

2000 年以来,证券监管层制定了现金分红与再融资挂钩的政策以遏制上市公司一方面对股东回报少或不回报,另一方面又不断通过再融资进行圈钱的现象,上市公司现金回报有所提高。考虑到上述特殊性,实际上,我国股票具有较高的投资收益,上市公司具有一定的投资价值。同时,资本市场在不断发展中规范和完善,股票投资将会进一步由投机向价值投资回归。

上市公司成长性好于全国企业

上市公司的成长性主要体现在主营业务收入增长、利润质量和结构以及利润留存比率等方面。主营业务收入增长状况反映的是上市公司市场占有率水平、核心竞争力的高低。主营业务利润在总利润中的比重高低说明公司盈利的稳定性和持久性。利润留存比率表明公司经营拓展能力。因此,上市公司如果主营业务收入快速增长,主营业务利润占整个利润总额的绝大部分,利润留存比率较高,表明该公司具有良好的成长性。

1、上市公司主营业务收入增长快于全国企业。2002年，全国规模以上(全部国有及年产品销售收入500万元以上的非国有)工业企业实现产品销售收入108186.49亿元，同比增长16.68%。而2002年上市公司主营业务收入18999.87亿元，同比增长16.91%，增速略快于全国企业。考虑到企业家数的不同，经过平均后，每家全国企业销售收入为6048万元，平均增长10.64%，而每家上市公司主营收入为15.37亿元，平均增长15.15%，平均增速快于全国企业4.5个百分点，这反映出上市公司市场竞争力明显强于全国企业。

2、上市公司销售利润率明显高于全国企业，利润结构进一步优化。分析上市公司的成长性，必须考虑其成长的稳定性，即上市公司的这种成长是否具有持续性和可靠性。一般来说，利润的稳定性主要反映在主营利润的质量及其占利润总额的比重上。2002年，全部工业企业的销售(主营业务)利润率为5.2%，国有及国有控股企业为5.45%、集体企业为4.7%、外商和港澳台投资企业为5.95%，而上市公司的主营业务利润率达到了7.01%，明显高于全国其他类型的企业，主营业务利润率继续保持了全国领先水平。

从上市公司的利润构成可以看出，2002年上市公司营业利润占利润总额比率为94.37%，而投资收益对利润的贡献率则下降到了8.84%，补贴收入占利润总额的比例为3.26%，而营业外净收支额则为-6.48%。营业利润不仅占利润总额的绝对多数比重，而且比上年进一步提高3.1个百分点。而投资收益、补贴收入等非主营业务收入在总体规模上逐步减少。但上市公司的净利润并未同比缩水，相反还实现同比增长。这意味着上市公司的利润结构趋于优化，主业经营增长良好。

非主营业务收入下降的原因：一是2002年股市低迷导致委托理财等投资收益大幅缩水；二是由于所得税政策的调整，一直被上市公司视为“补品”的财政补贴在2002年年报里难以再续辉煌。

正是由于非主营业务的滑坡，使得上市公司意识到优惠政策、短期投资都只是权宜之计，拓展主营业务、尝试多元化经营增强企业竞争力才是生存发展的根本。去年宏观经济形势的不断升温也推动了上市公司经营景气的回升，在外财缩水的情况下，依然保证了业绩的稳定增长。

3、上市公司利润留存比率有所提高。利润留存率是指公司税后盈利减去应发现金股利的差额和税后盈利的比率。它表明公司的税后利润有多少用于发放股利，多少用于保留盈余和扩展经营。利润留存率越高，表明公司越重视发展的后劲，不致因分红过多而影响企业的发展，利润留存率太低，或者表明公司生产经营不顺利，不得不动用更多的利润去弥补损失，或者是分红太多，发展潜力有限。2002年，我国上市公司利润留存率为57.2%，比上年提高了5个百分点，利润留存有一定幅度的提高，这表明上市公司具有较好的经营发展潜力。

上市公司盈利水平高于全国企业，但存在长期财务风险

上市公司有无投资价值，从财务的角度来评价，取决于盈利能力的强弱和偿债能力的高低。如果一个公司表现出良好的盈利能力和偿债能力，显然具有较高的投资价值。盈利能力和偿债能力，是企业经营成果的两个方面，二者联系紧密。一个决策正确、管理有效的公司，往往同时表现出较高的盈利能力和较强的偿债能力。这是因为一个盈利能力强的企业，往往能获得较多的销售利润，实现较多的净现金流量，从而有助于提高其偿债能力。而一个公司有较强的偿债能力，有足够的现金支付各项费用时，就可以避免停工待料等问题的发生，从而有助于提高盈利能力。这里我们选取全国工业企业与上市公司进行盈利能力和偿债能力的比较分析。

1、上市公司盈利能力强于全国水平。2002年，反映全国工业企业盈利能力的销售利润率、成本费用利润率和资产利润率三项指标分别增长5.2%、5.56%和3.88%。其中，国有及国有控股企业分别增长5.45%、5.89%和2.94%，集体企业分别增长4.7%、4.97%和5.64%，外商及港澳台企业分别增长5.95%、6.39%和5.89%。而上市公司的这三项指标分别增长7.01%、8.84%和3.23%。从这三项利润率指标来看，前两项上市公司明显快于全国企业，显示出其盈利能力明显高于全国企业。

但是，总资产的盈利水平上市公司仅高于国有企业，略低于全国平均水平。这是因为，一方面上市公司的利润总额增长率高于全国企业仅约3个百分点，而总资产增长率却高出约15个百分点；另一方面上市公司本身的资产增长快于利润增长。

从平均盈利水平来看，2002年平均每家全国工业企业利润为314万元，每家国有企业、集体企业、外商及港澳台企业分别为617万元、149万元和541万元。而每家上市公司盈利8711万元，上市公司平均盈利能力大大超过全国工业企业。

从亏损面来看，2002年，全国亏损工业企业亏损面则为23.4%，亏损面比上年有所下降。其中，国有及国有控股企业亏损面为35.9%，集体企业为15.04%，外商及港澳台企业为25.91%。而2002年上市公司有167家亏损，亏损面为13.51%，比上年同期上升0.65个百分点，尽管如此，上市公司亏损面远远小于全国工业企业。

上市公司保持较高盈利水平。一是2002年随着宏观经济景气回升，市场需求明显扩大。1236家公司销售额同比增长16.55%。而且，其分布在大、中、小公司中较为均衡。二是相关行业出现复苏或繁荣。钢铁、汽车类上市公司业绩的回升或上扬，已经受到市场的广泛关注。三是2002年以来新上市公司业绩良好。2002年新上市的中国联通和招商银行分别实现净利润61.92亿元和17.34亿元。其它新上市公司也为净利润的增加做出了程度不同的贡献。此外，上市公司管理水平在不断提高，大多数公司重视其长远发展。

从上述利润率、平均盈利水平和亏损面等方面综合来看，上市公司的获利能力高于全国其它企业，上市公司仍是目前国民经济中素质最高的一个企业群体。

2、上市公司资产负债率上升，财务风险有所加大。单纯根据盈利能力指标来评价上市公司的投资价值，显然是不全面的，还必须结合偿债能力指标，才能做出合理的判断。有些上市公司可能盈利能力指标很高，但若其偿债能力低下，这样的公司投资价值必然要大打折扣。

由于上市公司股权直接融资连续两年减少，而宏观经济形势的转暖以及货币政策对经济增长的支持力度加大，2002年下半年以来，银行贷款大幅增加，因而2002年上市公司生产经营活动对银行借款明显增加，资产负债率为64.77%，不仅高于上年同期，而且高于全国企业的58.71%的水平。资产负债率的上升表明投资者面对的长期财务风险加大。但是，从反映企业短期偿债能力的流动比率来看，上市公司平均流动比率为1.07，要好于全国企业的1.03的水平，资产的短期流动性较好。

上市公司资金运用效率不够理想

2002年，我国上市公司通过发行、配股和增发等方式募

集资金在上年大幅减少 40.47%的基础上，进一步下降 23.18%，仅筹得 961.75 亿元的资金。2002 年上市公司业绩稳步回升，表现出较好的成长性，但是一年来上市公司资金运用效率到底如何？我们主要从资金周转速度和社会效益等方面进行考察。

1、上市公司平均资金周转速度慢于全国企业。2002 年，平均流动资产周转率全国工业企业为 1.77 次，其中，国有企业为 1.43 次、集体企业为 2.35 次，外商及港澳台企业为 2.02 次。而上市公司仅为 0.67 次，不仅大大低于全国水平，而且周转速度比去年放慢了 0.59 次。2002 年平均总资产周转率全国企业为 0.75 次，其中，国有、集体和外商及港澳台企业分别为 0.54、1.2 和 0.99 次。同期上市公司平均总资产周转率仅为 0.46 次，也低于全国企业水平。上市公司资金周转速度较慢，主要是因为上市公司拥有比其他企业更为便利的直接融资渠道，而且其一直热衷于权益性融资，导致资产总额增长较快，但是筹集的资金并没有很快转化为生产能力，资金使用仍然存在粗放经营的倾向，使公司主营业务收入无法同步增长。2002 年，平均每家上市公司主营业务收入 15.41 亿元，同比增长 15.2%，而平均总资产为 33.86 亿元，同比增长 16.81%，增幅高出主营收入 1.61 个百分点。

2、上市公司资金的社会效益在稳步提高。2002 年，全国工业企业销售税金及附加为 1769.43 亿元，同比增长 14.55%，平均每家企业纳税 98.92 万元，同比增长 7.41%。而上市公司上缴所得税 295.03 亿元，平均每家公司纳所得税 2386.98 万元，同比增长 17.99%。尤其是上市公司主营业务税金及附加额为 531.2 亿元，同比增长 161.42%；平均每家公司纳税 4298 万元，同比增长 136.83%。每家上市公司销售税金是全国企业的 43 倍，为国家税收做出了较突出贡献。无论是税收增长速度还是单个企业的平均税收贡献，上市公司均好于全国其他企业。税收额的大幅增长表明上市公司的社会效益在稳步提高。上市公司税收增长加快除了经营收入稳步增长外，与所得税先征后返政策的取消有一定关系。2002 年度，实际所得税税率同比提高的上市公司占总数约 2/3，符合各类所得税优惠政策的上市公司仅占总数的 1/4。

结论

1、2002 年沪深两市上市公司现金回报率为 2.59%，一年期银行存款实际收益率为 1.58%，各期国债平均收益率为 2.67%。考虑到我国证券市场适应率偏高、换手比较频繁，投资性较强以及银行存款利率相对较高等情况，去年股票实际投资收益高于银行存款和国债。

2、上市公司主营业务收入增长快于全国企业，主营业务利润率明显超出全国各类型企业，而且主营业务利润占利润总额的比重高达 94.37%，利润结构比较合理，因而上市公司具有良好的成长性。

3、上市公司盈利能力和社会效益等方面明显高于全国企业。上市公司销售利润率、成本费用利润率好于全国企业，平均每家公司盈利水平是全国企业的 27.7 倍；上市公司亏损面远低于全国企业；但是由于总资产增长过快，总资产利润率低于全国水平，仍然存在资产的粗放经营现象；上市公司无论是上交税收增长速度还是单个企业上缴税金均高于全国企业，对社会的贡献在稳步提高。

4、上市公司短期偿债能力要好于全国企业，资产流动性较高。但是，上市公司资产债率为 64.77%，高出全国企业 6 个百分点以上，比上年提高 13.87 个百分点。由于资产负债率上升过快，使上市公司的财务风险加大，长期发展存在债务负担较重等方面的隐患。

5、上市公司平均流动资产周转次数仅为 0.67 次，总资产周转次数更低，仅为 0.46 次。不论流动资产还是总资产的周转速度明显低于全国企业，资金运用的效率较低，尚存在较大的提升潜力。

表 11:2002 年全国工业企业与上市公司财务指标对照表

	全国企业	国有	集体	外商港澳台	上市公司
全部企业数	178876	42696	29423	33591	1236
亏损企业数	37597	15060	4424	8703	167
亏损面	21.02	35.27	15.04	25.91	13.51
流动资产余额(亿元)	61191.84	33732.87	3976.98	15114.02	28309.00
流动资产余额增长率%	8.88	4.58	6.05	11.24	132.72
固定资产净值余额(亿元)	58702.32	39709.3	2587.64	11784.61	19952.57
固定资产净值余额增长率%	7.55	6.27	6.43	6.14	77.05
资产总计(亿元)	144791.39	89721.11	7779.74	30875.89	41750.52
资产增长率%	9.16	6.19	7.87	9.49	24.59
负债合计(亿元)	85008.78	53096.69	4928.28	16787.03	27043.52
负债增长率%	8.55	5.51	6.5	9.27	14.48
产品销售收入(亿元)	108186.49	48385.88	9340.54	30580.96	18999.55
产品销售收入增长率%	16.68	11.64	13.7	19.14	16.55
产品销售成本(亿元)	88801.64	38435.19	7991.33	25134.2	12856.22
产品销售成本增长率%	16.59	11.26	14.27	18.33	30.56
产品销售费用(亿元)	4001.67	1506.71	329.54	1412.19	776.5
产品销售费用增长率%	15.02	12.27	7.93	17.24	30
产品销售税金及附加(亿元)	1769.43	1421.07	77.23	148.66	531.28
产品销售税金及附加增长率%	14.55	14.17	9.81	19.8	161.42
财务费用(亿元)	1985.4	1210.7	138.62	381.96	271.29
财务费用增长率%	6.05	5.55	1.03	3.43	28.09
管理费用(亿元)	6278.16	3565.64	378.57	1516.79	1160.51
管理费用增长率%	9.94	7.15	5.71	11.79	28.87
利润总额(亿元)	5620.35	2636.14	439.07	1818.68	1331.29
利润总额增长率%	20.59	15.29	21.82	29.22	23.64
销售利润率%	5.20	5.45	4.70	5.95	7.01
资产利润率%	3.88	2.94	5.64	5.89	3.23
成本费用利润率%	5.56	5.89	4.97	6.39	8.84
流动资产周转次数	1.77	1.43	2.35	2.02	0.67
平均资产周转率	0.75	0.54	1.20	0.99	0.46
资产负债率	58.71	59.18	63.35	54.37	64.77

上市公司深层次问题亟待解决

据统计，2002 年度上市公司一举扭转 2001 年度整体业绩滑坡，平均每股收益、平均净资产收益率、平均净利润以及平均主营业务收入等主要经营指标，均实现了 10%左右的增长。这一方面印证了中国经济的良好运行态势，另一方面也表明治理整顿政策的卓有成效。但从总体上看，我国上市公司存在的问题仍比较突出，夯实证券市场基石，仍然任重道远。

股权结构不尽合理

我国上市公司问题的核心，在于其股权结构问题，主要表现为不可流通的大量国有股(包括法人股)占有上市公司的控股地位。

据上市公司年报统计，2002 年我国上市公司中，国有股所占比重为 39.0%、法人股所占比重为 25.4%，合计为 64.4%；在上市公司总量的股权结构中占有绝对的控股地位。或者说，在目前我国 1200 家上市公司中，国有控股的上市公司就占了 80%的比重。这就使得我国上市公司“责权利”不能很好地统一，公司经营中容易产生短期化行为。

同时，由于我国证券市场正处于转轨时期，可流通股与不可流通股并存，上市公司的问题，在原有国有企业问题的基础上，又进一步复杂化。

在发达市场经济体制下，上市公司的控股股东需要同时关注两块财富：一是公司所拥有的各种有形和无形资产，以最大化实现财富的增值;二是自身所拥有的股份及其所对应财富的增值。在发达市场经济体制下,股份是全流通的,因此控股股东自身所拥有的股份及其价值取决于社会公众对上市公司经营状况的评价或预期。如果评价或预期好,公司股价上升,控股股东的股份及其对应的财富就升值;如果评价或预期不好,公司股价下跌,控股股东的股份及其对应的财富就减少。这是一个很完善的运行机制,控股股东如果存在对上市公司的掠夺或侵害等,其收益可能抵消不了股价下跌带来的财富损失,同时,还将面临社会信用和法律诉讼等更致命性的损失。因此,这种制度决定了控股股东将努力认真经营,以争取获得更多更好的利润。当然,即便这样,可能还是无法完全避免个别事件的发生,如安然、世通的造假事件等。

而在国有控股及股权分割、经济信用有所缺失的情况下,我国上市公司的行为准则就发生了更大的变异。由于"责权利"并没有实现很好的统一,因此控股股东的代表——上市公司的经营者及其管理层,并没有足够的经营好上市公司的动力和压力;由于国有股权不流通,因此二级市场股价的涨跌,对国有资产并不构成增值或贬值的动力或压力;与国有企业相比,上市公司还可以通过证券市场,进一步增发、配股来融资,通过影响和操纵二级市场股价,实现投机和赢利的目的。这也是我国上市公司各种不规范行为不断产生的深层次原因。

经营业绩还存在一定不足

2002年我国上市公司的经营业绩,虽然有了明显的提高,这与我国宏观经济的景气扩张也相吻合,同时也高于国有及国有控股工业企业(见表1),但与集体企业、外商和港澳台投资企业相比,还是有着较大的差距。

2002年,我国上市公司的资产利润率为3.2%,比国有及国有控股企业的2.9%略高0.3个百分点,但比集体企业的5.6%低2.4个百分点,比外商和港澳台投资企业的5.9%低2.7个百分点,差距较为显著。其中外商和港澳台投资企业,仅以相当于上市公司75%的资产,就创造出相当于上市公司137%的利润总额。

造成这种状况的主要原因,一是上市公司的治理结构还没有完全健全,缺乏有效的奖惩机制。例如,一方面是管理层缺乏人财物的全面经营权利,另一方面是外部的制约机制还没有真正建立。二是许多在市场经济国家中证明是有效的管理方式,还没有真正的引进。如管理层的期权制度等。三是转轨时期制度缺陷的影响。包括上市的政府审批制,无力从根本上防止造假公司的包装上市;增发配股的政策规定使一些上市公司始终热衷于"圈钱游戏";市场炒作又在客观上诱导上市公司制造虚假概念和报表等等。这使得一些上市公司的精力并没有真正放在市场的营销和管理上。

"一年绩优、二年绩平、三年绩差",这是人们对部分上市公司的业绩轨迹所作的评价或总结。其中原因,既可能是前期过度包装后业绩的逐步真实显现,也可能是上市公司缺乏适应市场环境变化的能力。

信息不对称、不透明以及会计问题

在现实经济中,信息不对称是普遍存在的,在证券市场上,信息不对称问题,受到了人们的密切关注。

承认信息不对称是客观存在,经济管理的目标就要努力增加信息的披露和沟通,防止利用信息优势而获得超前社会的不正当利益,努力营造更加公平、公正、公开的市场竞争体系。

在美国,安然等事件发生后,纽约证券交易所颁布了一套新的上市公司治理标准,主要内容在于增强公司董事会的独立性,给予投资者更多的发言权以及加强公司内部审计,以防止类似事件的再次发生。

在我国,由于法规体系尚不十分完善,经济体制正在转轨,证券市场正在培育和发展中,因此信息不对称、不透明等问题相对更加普遍和突出。

虽然经过2001年至2002年全面普查和严厉监管,我国上市公司中明显和严重违法违规的行为有了大幅度的减少。但是,我国上市公司中信息不对称、不透明及其引发或存在的相关问题仍然是比较严重。例如,2002年,受到有关部门查处、稽查或是谴责、罚款的上市公司数量相当多,初步统计约50家,其中尤以申华控股、深能源、国电电力、三九医药等,较为引人注目。另外,2002年,总计有383家上市公司披露各类担保公告,其中前三季度的担保总金额超过了300亿元;同时,有217个募股项目被变更资金用途,71家上市公司的资金用于委托理财;上市公司闲置资金合计超过3000亿元(募集资金及自有资金)等。社会公众对此更多的是事后获知。

另外,上市公司违法违规行为还主要包括:虚构交易事实、偷换会计政策、虚假资产充数、大肆吹嘘盈利、掩饰委托理财以及隐瞒各种重大事项(包括大股东抽血、诉讼、担保)等。

近一年来,已有110家、近10%的上市公司变更了会计师事务所,其中的磨和耐人寻味。

国有资产流失现象仍时有发生

从目前披露的情况看,国有控股上市公司的资产流失,主要可以分为以下两个层面或类型:

资产处置型　这又可主要分为三种情况:

一是掏空损失。近期较为引人注目的有:菲菲集团注入菲菲农业4.2亿元的实际"零资产"或"负资产",而菲菲农业为此付出4.5亿元净资产的代价;长兴实业在大规模资产置换和大股东占用后,其1亿元的配股资金和2亿元的银行贷款,到2002年三季度只剩下帐目上的73万元等。

二是投资损失。这种损失与掏空损失有时很难截然分开,或说许多投资损失的背后正是因为实际的掏空行为。但是作为一大类,它还是可以相对独立。投资损失较为突出的有,近期因为违规炒期货而被曝光的东北高速,除公路项目外,其投资的项目几乎全都亏损。

三是闲置损失。这一方面是因为开发力度不够,另一方面可能也受到体制的影响和制约等。例如重组两年的济南百货,因为激烈的冲突和纠纷,导致主业实际停顿,2001年至2002年累计亏损1.5亿元。

2000年以前,一些上市公司的资产处置,有两个主要特点:一是为了迎合市场的炒作题材需要;二是为了掏空或部分转移资产。2001年以来,由于市场的炒作受到了极大的抑制,因此掏空或部分转移资产的行为,就显得更为突出。

股权转让型　这主要可分为两种情况:

一是股权简单转让型,即股权直接转让给外在投资者。自2001年6月财政部恢复国有股向非国有企业转让以来,已获准转让全部或部分国有股的上市公司有近30家,大多数是近三年来一直保持盈利、质地较好的公司,其中包括豫园商城、吉林敖东等一批业绩较好的公司。2002年11月,中国证监会等部门联合发布《关于向外商转让上市公司国有股和法人股有关问题的通知》,正式对外商并购上市公司国有股和法人股敞开了大门。从目前的情况上看,上市公司国有股向非国有企业的转让,其价格基本上都是处于净资产值附近(见表2)。

据有关统计,从2002年6月23日国有股向非国有股单位协议转让的审核工作解冻以来,截至2002年12月20日,公告国有股权向非国有单位转让的上市公司共有90家130起;已明确公告转让价格和转让股数的有67家公司96起,转让股数共计40.63亿股,涉及金额约102.22亿元,平均转让价格2.52元/股,而这些公司2002年三季度加权平均净资产值为2.36元/股,溢价6.8%。

这种转让至少有可能在三个方面低估了国有股的价值:品牌影响的无形价值、低成本负债的市场价值以及具有增发配股资格的证券市场垄断权利的相应市场价值等。如果目前二级市场平均10元的价格、40倍的市盈率、折合年收益率2.5%是有投资价值的话,那么同一企业下的国有股权,以净资产值2.5元的价格转让,其是否有资产流失、流失多少等,可能就很容易进行定性的分析和推算。

二是股权复杂转让型。这种情况更加复杂。这里我们仅以MBO为例进行简要的提示性分析。MBO(Management Buy—outs)——管理层收购,应当是属于引进或借用国外的概念。最早在国内推行和宣传MBO的,是国内老牌民营企业龙头——四通集团。受到四通集团的启发,国内大量的集体、国有和国有控股企业,纷纷抢滩MBO。其中最早获得成功的,是2001年1月的粤美的。目前MBO在我国已经呈迅速发展态势。据报道,目前有20家上市公司明确实行了MBO,有100多家上市公司正在积极准备或即将推出MBO;而在苏南地区,集体企业控股的非上市公司甚至100%完成了MBO。

从理论上看,我国MBO存在三大焦点:信息公开、市场竞价以及公布资金状况。我国MBO与国外MBO的核心差异在于,国外MBO依据的是市场竞价原则,而我国的一些MBO依据的是暗箱协议操作,同时大多数的购买价格甚至是低于净资产值。这应当算是第一层面的资产流失了。其次,目前我国大量的集体、国有和国有控股企业,其管理层的个人资产,正常的高端应当是百八十万的数量级;一经MBO,迅速跃升至亿万的数量级,既然有收益,就会有相当的损失,究竟谁受到了损失,还需要仔细研判。同时,目前也存在大量的信托收购,在主管部门对MBO仍存有疑虑的情况下,有理由怀疑,部分的信托收购有可能是MBO的隐秘通道。当然,总体考虑到20多年来,我国改革的进程、民营化的成果以及所带来的国家的繁荣和富强,我们对很多问题可能就会抱有更加宽容的心态。

首先,应当尽快解决上市公司股权分裂的问题,这是解决目前上市公司存在诸多问题的基础或核心,同时也是持续提高上市公司经营业绩的最根本和最有效的途径。

其次,应当努力塑造一个更加完善的证券市场体系。

近两年来,我国有关管理部门在证券市场的国际化、市场化、制度化等方面,做了大量有效的工作。如发行核准、信息披露、严格监管、减少行政审批、加大退市力度、发展机构投资者以及全方位开展国际合作等等。这就为我国上市公司的长期发展,创造了一个良好的、国际化和规范化的宏观环境。

在今后一段时间里,我国在证券市场体系的规范化建设方面,应当着力加强以下两方面的工作:一是进一步解决或缓解信息不对称和不透明的问题;逐步提高市场交易的公开、公平和公正程度。这既包括对上市公司的要求,同时也包括对政策本身的要求。例如应当防止利用重大政策的出台而获取暴利的行为,推荐公司上市应当具有更大的经济责任等。二是加强与国际的交流、合作与接轨。例如吸引更多外资参股券商基金,宏观政策的制定应当更多地考虑金融资产的价格等。

尤其是在推进国有资产改革和市场化建设方面,我们既应当考虑现实经济主体的公平竞争性,同时也应当具有更深远的历史视角。

第三,在加强股权改革的同时,我们还应当努力提高和加强上市公司的经营管理水平。

2003年通过政府机构改革,我国增设了国有资产监督管理委员会,从而结束多年对国有企业管理"五龙治水"的格局。这对我国加强和改善包括上市公司在内的国有企业管理和改革,提高其管理水平和经营业绩,无疑都具有积极和重要的意义。

2002年1月发布的《上市公司治理准则》和2003年1月发布的上市公司七大治理改革措施等,仍将或应当在今后一段时期里,继续作为我国上市公司的治理原则和方向,同时适当考虑加大必要的力度。例如,配合国有资产管理体制的改革,解决国有控股上市公司中"所有者缺位"的问题;强化上市公司及其高管人员的诚信责任,推出有关诚信评价制度和诚信记录;建立上市公司有效的激励与约束机制等,以保证我们的上市公司在自身和环境的改革和规范进程中,其管理水平和经营业绩不断得到稳步的提高。

表12:2002年我国各种类型工业企业资产利润率比较(单位:亿元、%)

	国有及国有控股企业	集体企业	外商和港澳台投资企业	上市公司整体
资产总额	89721	7780	30875	41200
利润总额	2636	439	1819	1330
资产利润率	2.9	5.6	5.9	3.2

表13:部分上市公司国有股转让的价格与净资产值的比较(单位:元)

	粤美的	深方大	湘酒鬼	蜀都A	佛塑股份	特变电工
转让价格	1.98	3.30	4.1	1.30	2.96	2.50
净资产值	4.07	3.58	4.2	1.43	3.18	3.36
转让价格/						
净资产值(%)	48.6	92.1	97.6	90.9	93.1	74.4

来源:根据媒体报道整理;多次转让价格以算术平均计算。

今年上市公司经营环境趋于多样化

2003年一季度,宏观经济开局良好。但受SARS这一突发事件的冲击,一季度高增长的局面在年内是否得以延续尚需观察。由于我国经济健康并未受影响,支持当前经济增长的主要因素具有持续性,而新一届政府顺利接掌管理国家的重任,并在SARS疫情中表现出非凡的执政能力和危机处理能力。因此,如果SARS在6月份得以及时控制,政府年初提出的经济增长7%左右的预期目标完全可以实现,由此也给上市公司带来了一些新的机遇和挑战。

某些领域存在过热苗头,对相关上市公司不利

对于今年一季度各项经济指标的全面升温,有关专家提出了经济过热的担忧。对经济"过热"存在三种不同意见。一种意见认为,当前经济尚未过热,应加大"油门"保证经济高速增长。一种意见认为经济已经过热,应紧急降温。还有一种意见认为经济只在某些行业和地区存在局部过热或有过热的苗头。我们认为第三种意见更符合我国经济的具体实际。由于目前我国经济在很大程度上仍然是政府主导型经济,其内在缺陷也很明显,体制性过热的因素依然存在。

首先,一些地方政府为追求政绩,有大干快上的倾向。近年来,在全力推进城市化建设中,一些地方政府在"经营城市"的口号下,依靠大规模出让土地、收取50—70年的土地出让金来补充政府财力,导致土地供应混乱,土地开发过大。地方政府一次性出让土地使用权,还导致房地产开发商展开"圈地

运动”，抬高了地价，造成住宅价格居高不下，商品房供给结构失衡、空置率较高，房地产热存在一定的“虚火”。另外，我国新型工业化的发展推动产业结构升级加快，但有些地方政府把新型工业化理解为大上工业投资项目。在地方政府的推动下，各地纷纷兴建汽车城、大学城、电子城、工业园区等大规模投资项目。

其次，汽车、房地产的火爆拉动对相关行业的需求，导致社会资源大量向其聚集。2002 年，房地产、钢铁、建材等行业投资出现较大幅度增长，2003 年初这种势头不减。而 2002 年汽车销售呈现爆发式增长，更使不少地方将汽车作为产业发展重点。各地结构趋同现象较为明显。

2002 年下半年，舆论界出现房地产业的“泡沫”之争。许多地方房地产投资开发不重视经济适用住房建设，高档住宅建得过多，供求结构失衡，直接危害到银行的房地产开发贷款质量。虽然目前还没有出现全局性的房地产膨胀和经济过热，但如果对这些苗头性、倾向性的问题不引起高度注意，投资规模继续过快过猛增加，会对经济造成负面影响。为此国家明确指出，对一些地方房地产投资过猛、高档房地产开发过多的现象，应引起高度警惕，避免盲目开发带来的风险和损失。央行在其货币政策执行报告中也对房地产业所存在的过热现象给予了明确的提示。随着央行对房贷政策的调整，2003 年房地产行业的增长可能放缓。

2002 年汽车市场的高速度发展，建立在较牢靠的客观基础之上，因此汽车行业“过热”的提法并不恰当。但应当看到，2002 年汽车市场带有少许“累积需求释放效应”的色彩。也就是说，2002 年的销售量并不都是当年形成的需求量，而是前些年积淀下来的。这种积沉需求和购买力 2002 年被化解，以后不一定会有这种现象发生，或者不会积淀那么多。这样，市场需求就可能收缩或放缓。与此同时，值得引起注意的是，目前各地对上汽车项目表现出了浓厚兴趣，许多地区出现了以当地政府为主导的汽车项目投资、″汽车城″建设等，任其发展将对汽车行业带来严重的负面影响。

部分上市公司受惠于能源、原材料短缺

2002 年以来，经济的持续升温，以及房地产、汽车等高增长行业的快速发展带动了对能源和原材料的需求，部分能源与原材料面临短缺局面。

2002 年全国用电快速增长与经济增长密切相关。不仅是东部地区用电增长快，中西部地区也突破常规，用电呈快速增长的状态。2003 年，我国 GDP 增长仍有望保持在 7%以上，工业生产和固定资产投资将快速增长，钢铁、煤炭、有色金属和化工等高耗电行业将持续发展，民用电需求持续增长。但由于自 1998 年以来国家计委严格控制电力项目，电力投资增长一直处于较低水平，导致近几年新增电力不能满足持续增长的用电需求，2003 年我国电力供需缺口依然存在。国家电力调度通信中心日前分析指出，今年大部分电网全年都将面临供电紧张甚至拉闸限电的局面。电力行业属于基础能源行业，从以往的经营业绩来看，整个行业的收入和盈利水平高于沪深上市公司的平均水平。2003 年电力紧缺的局面对电力上市公司十分有利。

火力发电和钢铁行业是我国煤炭消费的主力。2002 年入秋以来，我国主要江河来水偏少的情况至今仍无大的改观，众多水电站减少的发电量要由火电增发来补充。新增火力发电机组投产和对火电增发的需求也加大了对煤炭的需求。而钢铁工业的快速发展也使得冶金用煤大增。2002 年是煤炭行业自 1997 年以来运行质量和效益最好的年份。

由于我国消费增长平稳，当前经济的快速增长主要受投资的拉动，2002 年以来，经济逐步步入新一轮增长周期，进而加大了对原材料的需求，促使原材料价格持续上涨，钢铁、有色金属、棉花等原材料价格不断上涨。受此影响，钢铁类、有色金属类企业效益显著回升。但原材料价格的上涨也使得下游企业，例如以棉花为原料的纺织企业以及以钢铁为原材料的造船企业生产成本增加，为企业提升效益带来了一定的困难。

SARS 对当前经济造成一定冲击

自 2002 年 11 月在广东发现首例 SARS(严重急性呼吸道综合症，Severe Acute Respiratory Syndrome)病例以来，SARS 逐步向全国扩散，疫情来势迅猛。不仅危害到人民的身体健康和生命安全，也对我国经济产生一定的负面影响。对此，国内外各专家学者、研究机构都给出了自己的预测。其中，最为悲观的估计是 GDP 增速下降 3 至 5 个百分点，中间的估计为 1 至 2 个百分点，乐观的估计为 0.2 至 0.5 个百分点。分析各种预测结果，我们发现，来自于国际社会的预测较为中性。例如，世界银行认为受 SARS 影响，今年我国 GDP 增速将降为 7%至 7.2%，而亚洲开发银行认为将降到 7.3%，而全球 8 家主要投资银行的经济学家的经济增长预期修正值显示，SARS 疫情只会使中国今年经济增长速度减慢 0.2%。这些信号表明，外界相信中国能够战胜 SARS，相信中国经济还会持续稳定健康发展。我们倾向于国际机构所做出的中性估计。

就目前情况来看，SARS 对我国经济的直接冲击体现为以下几方面：

首先，旅游、餐饮、零售商业等受灾严重，直接影响到我国消费。

其次，对出口以及吸引外资造成负面影响。

再次，旅游、商务活动的减少直接导致铁路、民航等交通运输业务清淡。

不过，在看到 SARS 短期负面影响的同时，也要看到国内还有很多有利于经济成长的因素。

首先，从宏观角度上和较长时间内来看，SARS 不可能动摇我国经济的根本。今年一季度，我国经济景气全面回升，开始进入新一轮经济增长周期。宏观经济增长整体而言是健康的。而对部分有“过热”嫌疑的行业，SARS 的出现无异于向过热的经济浇了盆凉水，有利于其降温。

其次，SARS 虽然来势汹汹，但必将被人类所战胜。因此，它的影响只能是暂时的。

再次，我国经济目前以传统的制造业为主。不管是 2002 年的 GDP 还是今年一季度的 GDP 构成中，第二产业都占据绝对主体地位，第三产业比重还比较小。而此次 SARS 的影响主要在第三产业，包括零售业、旅游业、餐饮业和交通运输业。

第四，我国是大国经济，内需占主导地位。我国拥有巨大的国内市场，SARS 虽然给我国对外经济造成一定的困难，但在国内的回旋余地还很大。

第五，尽管一些外国公司可能会因为 SARS 疫情而推迟对中国的投资计划，而国内居民的一些消费行为也受到抑制。但我国完善的基础设施、丰富的自然资源和廉价的劳动力等优势并没有因为 SARS 的到来而消失。外商投资计划不会完全取消。而国内消费者的消费也只是延迟进行。

第六，我国目前处于经济景气上升期，企业投资积极性较高，一季度固定资产投资增势强劲。同时，投资活动计划性、目的性较强，增长惯性较大，再加上政府对 SARS 防治方面的投资支出将大量增加，预计全年投资增长幅度仍然可以保持一定增速。

最后，目前我国疫情主要集中在以北京为中心，包括河北、山西，内蒙在内的北部地区。而广东的疫情已基本得到控制，以上海和广东为中心的长江三角区和珠江三角区是我国经济最为活跃的地带，这两个地区的稳定将为经济发展提供有力保障。

在SARS疫情对整个经济运行造成冲击的前提下，多数上市公司的业绩将受到不同程度的影响。其中旅游类、餐饮类、交通运输类、零售类上市公司将首当其冲，已出现“过热”苗头的房地产业也会有所降温。但与此同时，医药类上市公司、生产消毒剂的化工类上市公司以及信息产业却面临商机。只要SARS最终得到控制，旅游、购物这些被推迟的消费将得到恢复，上市公司的外部环境将恢复到以前的水平。

积极的财政政策谨慎淡出，稳健的货币政策适度积极

积极财政政策开始出现转型迹象。一方面，今年国债发行规模1400亿元，比去年少了100亿元。同时，今年的国债资金使用方向也有了重大调整，重点用于续建和收尾项目，而不是新建重大项目。另一方面，2002年下半年以来国家更加强调金融对经济增长的支持力度。当然，在当前遇到SARS冲击的情况下，为防止经济下滑，积极财政政策还应保持适度的力度和规模。

资金供给充裕，货币政策适度积极。为配合积极财政政策的淡出，2002年下半年以来，稳健的货币政策逐步表现积极，货币投放与金融机构信贷明显增长，金融对经济增长的支持力度有所加大。进入2003年，这一特点表现更加明显。2003年3月末，广义货币(M2)余额同比增长18.5%，增速比上年同期加快4.2个百分点；狭义货币(M1)余额同比增长20.1%，加快10个百分点。M2、M1增度比年初预定的增长目标高出3至4个百分点，高于同期GDP与居民消费物价增长幅度之和8至10个百分点。2002年下半年以来，受经济回升、贷款需求扩大和商业银行逐步建立和完善贷款营销的激励和约束机制使贷款供给增加这两方面因素共同影响，金融机构开始走出前几年“惜贷”的阴影，信贷扩张步伐加快。今年3月末，全部金融机构各项贷款(本外币)余额同比增速比年初高1.1个百分点，是1997年以来最高的。一季度，累计贷款增加8082亿元，同比多增加4758亿元。与前四年相比，一季度信贷扩张非常明显。新增短期贷款主要集中在商业、建筑业、农业、乡镇企业、三资企业贷款，新增中长期贷款则集中在基建贷款和个人住房、汽车消费贷款。贷款投向与经济增长相适应，增长具有合理性。

当前，SARS危机使我国财政收支紧张，而今年增发1400亿建设国债的盘子在年初已经确定，积极财政政策回旋的余地较小。因此今年货币政策将继续保持2002年下半年以来的积极态势，以保证金融对经济增长的支持。这意味着2003年整个社会资金环境将好于2002年，资金供应相对充足。

利率市场化须逐步推进，银行类上市公司面临发展机遇

自1995年利率市场化改革的基本思路初步提出以来，几年间，我国已放开贴现和转贴现利率及货币市场利率，包括金融债发行利率、债券市场债券回购和现券交易利率、同业拆借市场利率，国债按市场利率招标发行。

我国利率市场化的最终目标，是实现存、贷款利率的市场化。在我国目前多数条件不满足的情况下，利率市场化只能是一个渐进的过程，而且需要相对较长的过渡时期。目前存贷款利率市场化的条件尚未具备，时机并不成熟。2003年存贷款利率市场化仍将停留在试点阶段。

从利率市场化的国际经验看，伴随利率市场化，名义利率和实际利率将呈上涨趋势。据国际货币基金组织的统计，在实行利率市场化的20个国家中，15个国家的名义利率上升，17个国家的实际利率上升。而我国在利率管制的前提下，经过8次降息后，存贷款利率目前处于较低的水平。这意味着我国利率市场化进程的推进可能将是提高利率过程。在存贷款利率逐步实现市场化的进程中，存贷款利率的长期走势将出现不同程度的上升。但短期来看，利率市场化的深入将表现为存款利率保持相对稳定，贷款利率浮动范围逐步扩大，试点范围不断扩大。

存贷款利率市场化对我国银行类上市公司与非银行类上市公司的影响不同。对于银行类上市公司而言，由于我国商业银行收入以存贷差收入为主，贷款利率的逐步放开，其竞争压力将会加大。但从央行公布的利率市场化改革步骤来看，短期内扩大贷款利率上浮幅度和限制存款利率上浮的举措反倒对银行有利。2002年，银行业上市公司持续受惠于政策保护和宏观经济增长，业绩保持高速增长势头。2003年货币供应和银行贷款总规模继续保持高速增长，预计银行上市公司业绩将持续向好。

贷款利率的浮动变化直接影响到非银行类上市公司的资金筹措。由于上市公司一般都在同行业中处于领先或重要地位，财务基础较好，加之上市公司作为公众公司更注重信息公开披露，信誉较好，偿贷能力较强，因此银行更愿意与上市公司接触，提供更优惠的贷款利率，从而有利于上市公司降低筹资成本，增加利润。

国资管理体制改革加速上市公司国有股股权转让

2002年12月，中央经济工作会议把深化国有企业和国有资产管理体制改革列为2003年四项改革之首。2003年4月，国有资产监督管理委员会获批挂牌。随着国有资产监督管理委员会的建立以及省、市(地)两级地方政府国有资产管理机构的组建，国有资产管理体制改革的序幕宣告拉开。与此同时，国有股权转让的进程出现加快之势。据统计，自2002年8月方向光电发布国有股转让获批公告以来，国有股转让开始密集出现。而在此之前，国有股向非国有单位转让的大门是关闭的，上市公司国有股转让仅在国有部门间转移，转让对象的限制使得国有股转让数量非常有限。自方向光电获批转让国有股以来，总计约有70来家90来起国有股转让事宜获得批复，同时有将近120家180起涉及国有股转让事宜的公告(包括已获财政部批准)。就以上国有股的受让方来看，很多是民营企业，此外还包括国有独资或控股企业、上市公司以及外资等。

国有资产管理体制改革的推进是导致国有股权转让提速的重要原因。一方面，国资委的建立有利于改善上市公司的“所有者缺位”、产权不明晰的问题。国资委作为上市公司所有者“到位”后，使得重组对象变得更加明确，也使上市公司国有股股权转让的审批主体进一步扩大，从而将大大简化上市公司国有股股权协议转让的审批程序。另一方面，从今后国有资产管理体制改革的原则和指导方向来看，上市公司国有股股权的转让意味着国有资本陆续从一些竞争性行业淡出，同时引入民营经济与外商投资，国家只保留少量对国民经济影响较大的垄断性行业。可以预计，2003年，上市公司国有股权转让将形成一个高潮。未来竞争性行业中国有股权超过50%的上市公司，特别是行业优势明显的龙头企业将成为并购重点。

表14：近年一季度全国财政收支情况

	1998	1999	2000	2001	2002	2003
全国财政收入						
比上年同期增长	8.7%	21.6%	23.8%	27.9%	3.4%	26.7%
全国财政支出						
比上年同期增长	12.3%	17.5%	29.1%	19.2%	23.9%	10.9%
基本建设支出增长	3.0%	44.4%	2.9%	38.9%	60.1%	−29.6%
财政收支节余(亿元)	276.22	484.20	501.99	849.02	296.45	1312.82

上市公司产业结构升级步伐将加快

近几年,中国经济持续稳定增长,居民收入水平的提高和城市化步伐加快,促进了消费结构的升级,并对产业结构更新形成了有效的推动,催生了一批高速增长的主导产业群,集中表现在以下方面:

一、电子及通讯产品制造业高速增长。

二、汽车工业步入快速增长轨道。

三、住宅与房地产业发展方兴未艾。

四、旅游业增速稳中趋快。

随着经济全球化的推进和产业发展国际化步伐的加快,中国经济与世界经济的联系日益加深。作为发展中大国,中国产业结构调整在遵循工业化过程普遍规律的同时,也在充分利用全球化的优势加快产业升级和技术创新,实现产业的全面发展和结构更新。而上市公司作为各行业的重要组成部分,其发展必然受到国内外环境的综合影响,在全球产业调整中既面临许多不确定因素,同时也将获得更多的发展机会。

国际产业发展趋势在上市公司中得到充分体现

21世纪初期,世界产业结构调整延续上世纪末的发展势头,高新技术产业化和产业结构高效化的步伐进一步加快。

1、国际产业发展变动趋势

(1)服务业在经济活动中日益占据主导地位。20世纪90年代以来,发达国家纷纷进入后工业化发展时期,在知识、技术和全球化力量的推动下,服务业呈现出加快发展的势头,产出比重持续上升。与世界平均水平相比,中国服务业发展仍相对滞后,具有较大的增长空间。

(2)高新技术产业成为发达国家的主导产业。在20世纪的最后二十年内,信息技术突飞猛进,已经取代了汽车、化工、钢铁等传统制造业,成为发达国家的主导产业。90年代下半期,信息产业每年以30%以上的速度发展,成为经济增长的主要拉动力。信息技术的扩散与应用引起相关产业的技术革命,并加速改造着传统产业。

(3)以技术为媒介的产业间国际转移演化出全球分工新格局。随着全球化进程的推进,国际间产业转移步伐加快。发达国家通过投资和贸易等多种方式向发展中国家转移成熟技术和过剩生产能力,劳动密集和技术含量低的制造业比重大幅度下降。伴随着国际产业和技术的转移,国际经济新分工体系日益形成。

2、上市公司的发展将与国际产业调整保持较高的一致性

随着中国经济国际化程度的加深,上市公司发展与国际产业运行轨迹不断贴近,受国际产业调整变化的影响也逐步加大。2002年年报资料表明,上市公司的产业结构进一步优化,传统产业适度萎缩,知识技术密集型产业得到较快发展,制造业地位继续增强,服务业增长速度加快,国际产业调整对上市公司经营的影响程度不断加深。

(1)上市公司行业布局进一步优化。2002年,上市公司总数达到1226家,比2001年增长4.34%;其中传统产业如农业和采掘业比重呈下降趋势;金融保险业和信息技术业公司数目分别增长12.5%和8.06%,均超过上市公司平均增幅。与此同时,金融保险业和信息技术业公司总资产分别增长138.72%和36.32%,明显高于19.44%的平均水平,说明这两个行业的规模扩张速度加快,上市公司的技术密集程度进一步加强。

(2)传统产业上市公司经营效益增长缓慢或呈下降势头。2002年,农林牧渔业上市公司总体经营效益下降,加权平均的净利润、每股收益和净资产收益率的降幅分别达到93.83%、94.17%和94.29%,是所有上市公司中同类指标下降幅度最大的行业。采掘业上市公司的加权平均净利润和每股收益也仅出现微弱增长,低于上市公司的平均水平。

(3)制造业上市公司经营效益增长稳中趋快。随着世界产业转移步伐的加快,中国制造业的规模和地位呈上升势头。2002年制造业上市公司达到711家,占上市公司总数的57.8%,排名第一。该领域上市公司加权平均的净利润、每股收益和净资产收益率的增长幅度均在47%以上,处于中等偏上水平。

(4)服务业领域上市公司经营业绩大幅度提升。批发、零售贸易业和房地产业上市公司的总体经营业绩高速增长,大大超过上市公司平均水平。其中,批发零售贸易业上市公司的加权净利润、每股收益和净资产收益率比2001年增长4倍以上;房地产业上市公司的上述三项指标增长率也均超过150%。

(5)国际产业周期性调整给上市公司经营造成显著影响。2002年,受全球信息产业继续调整、增长滞缓的影响,信息技术业上市公司经营滑坡较为严重,该领域上市公司的加权每股收益和净资产收益率的降幅分别达到44.07%和31.54%。国际金融市场的持续萧条也在一定程度上冲击了国内相关行业的经营活动。2002年金融保险类上市公司的净资产收益率和每股收益也有所下降。

国际产业波动剧烈增加了相关上市公司的经营风险

尽管伊拉克战争已经速战速决,但战后重建仍困难重重,国际政治和地缘冲突风险依然存在,世界经济增长的不确定性相应增强,对国际贸易和金融领域的发展形成制约,也使国际金融和商品市场波动幅度加大。与此同时,全球产业发展缓慢且趋于不稳定。这些都增加了上市公司的外部风险。

1、世界经济增长动力不足,复苏进程延缓

尽管信息产业泡沫破灭引起的世界经济增长下降已经结束,但全球经济整体复苏进程仍相对滞缓,尚不具备快速增长的条件和动力。首先,缺乏持续性的增长亮点。全球信息产业的调整仍未结束,新技术及其相关的产品增长点尚未出现。其次,区域经济发展普遍不景气。美国经济增长受战争影响而相应推迟;欧元升值制约了该地区出口的增长,经济复苏停滞;日本经济尚未完全走出低谷;SARS蔓延又使稍有起色的东亚经济受创。近期IMF和世界银行等国际机构纷纷调低了世界经济增长率的预测值,初步判断,世界经济增长加速要推迟到2004年。

2、国际贸易增势减弱,贸易保护抬头

世界经济增长的减缓,将直接影响世界贸易量的扩大。经济不景气的时候,往往容易引发贸易保护主义的抬头。近年来,发达国家利用反倾销、设置技术和环保标准等措施对发展中国家的出口产品实施制裁和限制,今后一段时期内,这种贸易保护势头将有增无减。

3、国际商品和金融市场波幅加大

随着世界经济的恢复性增长,国际市场商品价格普遍持

续上扬。据联合国统计，2003年一季度，国际市场全部非能源产品价格上涨幅度达到15%，其中农产品和金属矿物价格的涨幅分别为19.3%和5.5%。石油价格在战争后虽有所回落，但战后伊拉克生产恢复尚需时日，国际经济政治形势的不稳定和OPEC限产等因素仍将对原油价格的下降形成制约。国际金融市场上企业造假频发，严重打击了投资者信心；经济疲软也使企业业绩整体下滑，兼并和收购活动大大减少。金融市场上的这种低迷和萧条仍将持续相当长的一段时间。

4、国际产业发展趋缓，波动性加大

今后两年，受世界经济周期性调整影响，全球产业发展速度普遍减缓，在整体上缺乏亮点的情况下，波动将更加频繁。

(1)农业生产将缓慢回升。2003年始，在世界经济转暖的带动下，全球农业有望缓慢回升，产量、贸易量和价格均将适度上扬。联合国粮农组织今年4月初发表的预测显示，2003年世界粮食产量将达到18.95亿吨，增长3.4%，其中小麦、粗粮和大米的增幅将分别为3.6%、3.7%和2.2%。OECD也预测2003年至2005年世界粮食出口增长幅度约为1.5%。IMF和世界银行的报告显示，2003年国际市场初级产品价格上涨幅度将超过8%。

(2)制造业有望步出低谷。世界经济形势的好转将适当带动制造业的复苏。有资料表明，今年一季度，主要发达国家(地区)的制造业订单均出现回升，其中美国3月份新订单额比上月增长2.2%，民用项目中增长最快的是工业机械、导航设备和电子医学测量及控制设备等，增幅分别达到35.9%、24.8%和15.2%。德国制造业订单指数近两个月同比分别增长1.6%和4.1%；日本首月机械设备订单额同比增长90%以上。

(3)服务业继续平稳增长，内部分化加剧。今明两年，世界经济好转将推动服务业增幅的继续回升。其中知识密集型的金融、保险、房地产和企业服务以及通讯服务等领域回升较快。伊拉克战争和非典型肺炎等突发事件使世界航空和旅游业遭受重创。国际旅游组织原预计，2003年下半年旅游业将走出伊拉克战争的阴影，但突如其来的SARS疫情将使复苏进程推后。"9·11"事件已使世界航空业蒙受了150亿美元的经济损失。国际民航组织估计，伊拉克战争和SARS将使民航业再遭受100亿美元的损失。与旅游业相关的餐饮、旅馆和零售等行业的增长也将相应减缓。

5、世界经济和产业形势的变化使相关上市公司的经营稳定性有所下降

从事进出口经营以及产品生产外向关联度较强的上市公司，受国际经济和产业变化影响相对较大。各行业上市公司由于所处的经营环境不同，受影响程度和方向也存在较大差异。

(1)农业和采掘业上市公司的经营有望改善。国际市场农产品价格的上涨，将使进口农产品成本上升、价格提高，促进生产和消费者对国内农产品需求的上升；另一方面，国际农产品贸易的增长和价格的上扬也有利于出口型上市公司效益的改善。采掘业上市公司中煤炭和金属矿物出口比重高的企业也将从国际市场初级产品价格上涨中获益。

(2)制造业上市公司走势分化。轻工、纺织、家电等传统出口行业在国内外钢材、棉花等原材料价格上涨的情况下，成本有所上升，同时国际上针对该类产品的反倾销可能性增大，因此总体利润空间缩小，业绩增长趋于不稳定。石油开采和加工业上市公司将继续从相对高企的国际原油价格中获益，业绩可望保持平稳增长；化学原料及化学制品和化学纤维制造业上市公司由于处在石油相关产业链的下端，偏高的油价将提高其生产成本，如果销售价格不能相应上浮，则利润增速有下降的危险。

(3)服务业上市公司波动加剧。全球航空和旅游业前景暗淡，将对国内相关产业造成消极影响。国际经营业务比例较高的航空运输和旅游上市公司的业绩将出现滑坡，旅馆、餐饮和零售业相关上市公司的经营也将受到冲击，但程度较轻。此外，国际金融市场的低位徘徊将对国内证券市场的活跃性产生不利影响，金融和保险类上市公司经营不确定性提高。

国内行业发展趋势及国家产业政策走向对上市公司的影响

中国经济正处于工业化中期快速发展阶段，其独特的增长周期相对于世界经济发展呈现出某种不同步性，内需成为拉动经济增长的主要动力。因此，包括上市公司在内的各行业经营受国内产业发展和政策的影响更为显著。

1、中国产业转型升级步伐加快，增长亮点突出

近几年，中国经济持续稳定增长，居民收入水平的提高和城市化步伐加快，促进了消费结构的升级，并对产业结构更新形成了有效的推动，催生了一批高速增长的主导产业群，集中表现在以下方面。

(1)电子及通讯产品制造业高速增长。该行业技术含量高，近三年的产值和销售收入增长一直保持在20%以上。国际信息产业的恢复增长、电子信息领域新技术、新业务的快速更新和国民经济信息化步伐加快将为这一行业的高增长提供持续动力。预计今后几年该行业的增长速度仍将保持在30%左右。

(2)汽车工业步入快速增长轨道。近年来，国债投资的增长和轿车进入家庭步伐的加快从投资和消费两方面拉动了汽车工业的快速增长。尤其是中国加入WTO后，汽车及相关产品关税的下调和整体价格的下降，极大地点燃了消费热情，该行业销售收入增长已连续三年超过20%。今后几年，随着国民经济快速发展和居民收入的提高，各类汽车产品的需求增长潜力巨大，预计该行业的增长速度将保持在25%以上。

(3)住宅与房地产业发展方兴未艾。住房分配制度改革和住房市场化的推进以及居民消费结构升级的需求共同拉动了房地产业的高速增长。近几年，房地产开发投资增长速度达到30%左右，土地开发、竣工和销售面积稳步增长，个人购买商品房比例继续大幅提高。今后两三年内，我国城市化的推进、居民居住条件改善的需求将继续成为房地产业增长的动力源，该行业在调整结构、规范市场秩序的同时有望保持年均20%左右的增长速度。

(4)旅游业增速稳中趋快。加入WTO后，旅游业及其相关产业与国际接轨的步伐日益加快，发展环境进一步优化，促进了国际商务和私人旅游的快速增长。在SARS等不确定因素消除后，旅游业将逐渐复苏，并可望保持10%以上的快速增长。

2、国家产业政策变化为上市公司发展指明了方向

十六大提出的以信息化带动工业化，以工业化促进信息化的新型工业化道路，是我国今后一段时期的经济发展和产业升级的方向，也将成为国家产业政策的工作重点。新产业政策的基本原则是，推动产业结构优化升级，发展高新技术产业及利用高新技术改造传统产业，淘汰落后生产技术与能力，形成以高新技术产业为先导，基础产业和制造业为支撑，服务业全面发展的产业格局。

新产业政策的核心是鼓励创新，推动技术进步，这为上市公司的发展指明了方向。上市公司应充分利用证券市场上筹资优势，加大科技投入力度；适时研制开发，引进本行业的国际先进技术；加快产业转型步伐，通过资产重组等形式构建新型产业链，以提高整体竞争实力。

3、国内行业发展特点和产业政策变化拓宽了上市公司的发展空间

未来几年，电子及通讯产品制造等主导产业的快速增长，将推动其他相关产业的增长；国家的产业政策导向也给一些行业的上市公司创造了发展机会。我们认为，增长潜力较大的上市公司主要分布在以下领域：

(1)信息通讯技术、生物工程、医药、新材料等高新技术产业。国家已把高新技术产业作为政策扶持的重点，并制定了在2005年将该产业产值年均增长率提高到30%以上的发展目标。这类行业可获得投融资、税收等方面的支持，具有较大的增长空间，其所属上市公司在几年内有望保持高增长。

(2)汽车及相关产品制造业。汽车工业在中国已进入快速发展阶段，由于WTO过渡期的存在，该行业的高利润空间至少还可以维持3年。预计汽车业上市公司利润将保持快速增长，其中智能、洁净、安全、节能型汽车是该行业新的利润增长点，拥有此项技术的上市公司业绩将出现飞速增长。同时，橡胶、轮胎、钢铁、数控机床和石油加工等汽车相关产业上市公司业绩也将平稳上升。

(3)房地产业及相关领域。由于房地产业上市公司的行业代表性不强，上市公司业绩增长有可能继续滞后于整个行业。但水泥、建材、钢材等原材料和电力、燃气和社会服务等基础设施的相关行业却有望从房地产业的快速增长中获得支撑，这些上市公司的业绩也将稳中趋升。

(4)旅游及其他服务产业领域。旅游业的快速增长将拉动交通、旅馆、餐饮、娱乐、零售等一系列相关产业景气的上升，这些行业上市公司经营将处于中等偏上水平。

(5)能源、电力和环保领域。发展新型、高效、清洁能源技术和石油替代技术是我国产业政策的又一着力点，相关基础设施类上市公司亦可从技术开发中获得新的增长动力。

表15：服务业增加值占GDP的比重(%)比较

国别/年份	1980	1989	2000	2001
全世界	56	—	66.3	—
低收入国家	30	31	43.6	44.6
中等收入国家	46	50	55.0	53.8
高收入国家	59	—	69.5	—
美国	64.1	70.2	76.2	77.3
中国	21.4	32.0	33.4	33.6

资料来源：世界银行1991、2002年世界发展报告、中国统计年鉴2002和OECD相关统计

表16：去年上市公司各项指标增长率(%)对比

项目	公司总数	总资产	主营业务收入	净利润	每股收益	净资产收益率
合计	4.34	19.44	15.87	15.51	8.99	7.71
农林牧渔业	0.00	19.53	17.65	−93.83	−94.17	−94.29
采掘业	0.00	3.28	7.35	1.16	0.87	−4.91
制造业	5.96	5.35	13.87	49.19	47.83	48.30
电力煤气及水	6.67	10.52	11.54	−3.99	−6.11	−9.53
建筑业	5.00	14.84	7.79	−17.95	−19.75	−17.56
交通运输仓储业	4.08	14.90	33.65	11.41	−0.56	−1.50
信息技术业	8.06	138.72	62.35	18.69	−44.07	−31.54
批发和零售贸易	0.99	13.49	18.60	465.75	437.80	421.93
金融保险业	12.50	36.32	15.40	16.00	−6.62	−24.86
房地产业	−2.63	10.64	27.97	170.26	158.06	151.80
社会服务业	2.50	4.78	9.52	−2.95	−6.31	−7.30

（上海证券报　国家信息中心）

上交所上市公司2002年年报综合分析

盘点2002年年报，沪市上市公司业绩所体现出的深层次意义，值得客观分析和评判。

729家已披露年报的沪市公司总体业绩显示：上证180指数成份股撑起证券市场的半壁盈利江山，一大批绩优蓝筹公司尽显强者风采；沪市公司主业向好的趋势，在每股经营现金流以及主营收入、主营利润等业绩指标同比大幅增长的对比中，得到集中显现；钢铁、汽车、煤炭、电子等诸多行业的回暖以及相关公司盈利的大幅攀升，一定程度上印证了中国经济良好运行态势；一批巨亏公司的深度亏损，在影响沪市公司总体业绩增幅的同时，也昭示着沪市公司资产质量更加夯实。

“180”显强者风采

综观2002年年报，上证180指数成份股公司整体表现出众。统计显示，180指数成份股平均每股收益0.216元，大大高于沪深两市平均水平，总计实现主营收入8584.3亿元、实现净利润559.8亿元，分别占沪深两市上市公司总量的45.3%和66.2%。上证180指数成份股公司的盈利能力，托起证券市场的半壁江山。

而180指数成份股公司所显现出的投资价值，已逐渐重塑证券市场的投资理念。自2002年年报披露以来，上海机场、民生银行、宝钢股份、同仁堂、上海汽车、华能国际等一大批180指数成份股公司，以其大幅增长的良好业绩，不仅显现出绩优蓝筹股风采，而且成为带动近一时期股市持续走强的风向标。

不过，也有一些权重股公司，包括近年来驶入沪市的个别“航母”，2002年盈利在其巨额总股本的稀释下，每股盈利水平没有达到沪深两市平均水平，在一定程度上拖累了沪市公司整体业绩的增幅。

主业盈利持续向好

近年来，沪市上市公司从“帐面利润”和“纸上富贵”的表现，转变为日趋注重主业经营并不断增强主业盈利。据统计，沪市公司每股经营活动产生的现金流量在2001年同比业已增长的基础上，2002年同比又上升21.57%。其中每股经营现金流在1元以上的公司有近60家，民生银行和招商银行每股经营现金流分别高达13.68元和5.96元，东风汽车、上港集箱、伊利股份等一批公司也都显示出公司盈利有稳定的现金流作支撑。

沪市上市公司主业不断向好的态势令人振奋。2002年年报进一步显示，面对所得税税率调整、非经常性收益整体下降等不利因素的影响，沪市上市公司平均主营收入达18.2亿元，平均主营利润达3.75亿元，同比分别增长18.58%和18.47%。这些业绩指标的大幅度提升，意味着沪市公司的持续盈利能力在提高。

与此同时，受益于2002年中国经济高速增长，沪市2002年年报呈现出一大批行业回暖带动相关上市公司业绩增长的喜人局面。排行榜显示，石油加工及炼焦行业实现净利润同比增长超过20倍，其中尤以上海石化、齐鲁石化等增长显著。电子制造、房地产、煤炭、汽车、钢铁、通信等行业的整体走好，也使厦新电子、兖州煤业、福田汽车、宝钢股份、四川长虹等相关一批上市公司业绩出现攀升。

巨亏公司亏了不少

一批巨亏公司的集中并大幅度亏损，成为2002年沪市上

市公司总体业绩较 2001 年有所下降的重要因素。统计显示，2002 年年报沪市 77 家亏损公司总计亏损 148.32 亿元，占沪深两市亏损总额的近 70%，其中仅亏损额超过 5 亿元的 5 家公司净利润总计亏损近 60 亿元，而每股亏损在 1 元以上的有 15 家公司。尤其是 ST 轻骑和 ST 长控，前者净利润亏损 34 亿多元，后者每股亏损高达 11 元，双双创纪录。

沪市缘何集中出现一批巨亏公司？大额计提准备是主要原因。统计显示，亏损金额排名前 20 名公司总计计提资产减值准备超过 99 亿元。进一步从深层次分析可以发现，在沪市"问题"公司积累较多的客观背景下，ST 轻骑、ST 兴业、ST 国嘉、ST 中西等一批连续亏损的公司，面对暂停上市的风险，希望以大比例计提博取最终盈利的可能和恢复上市的机会。这种情况也因此形成 2002 年沪市上市公司强者恒强、差者更差的两极分化局面。

总体而言，沪市上市公司的 2002 年年报特色揭示出，2002 年是沪市公司承上启下的重要一年，沪市公司正步入加速发展的新时期。 （李彬）

深交所上市公司 2002 年年报综合分析

2002 年深市公司业绩大幅增长，平均净利润、每股收益与净资产收益率同比分别增长 119.06%、78.5%与 108.78%；业绩较好的行业为通讯及相关设备制造业，业绩最差的为综合类公司；在上市公司整体业绩上升的同时，深市 ST 公司和 * ST 公司家数急剧增加，共有 70 家（含暂停上市公司），比去年同期增加 25 家。

截至 4 月 30 日，深圳证券交易所 509 家上市公司中，除本钢板材、ST 中侨以外，已有 507 家按规定如期披露了 2002 年年度报告。至此，深交所上市公司 2002 年年度报告的披露工作已基本结束。

统计数据显示，深市上市公司 2002 年总体业绩大幅上升，盈利质量明显改善。据统计，已披露年报的 507 家上市公司平均净利润 3751.42 万元，加权平均每股收益为 0.1071 元，加权平均净资产收益率为 4.23%，加权每股净资产为 2.5316 元，与去年同期相比，分别增长 119.06%、78.5%、108.78%、0.85%。另外，深市上市公司 2002 年营业利润占全部利润总额的 99.33%，加权平均每股经营活动产生的现金流量净额为 0.414 元，同比增长 43.3%，利润结构日趋合理。在优良业绩的支撑下，一些公司给予了投资者丰厚的回报，如：万科 2002 年每股收益 0.61 元，董事会通过了 10 股转增 10 股，派 2 元的预案；新兴铸管每股收益 0.71 元，分配预案为每 10 股派 5 元。

与往年相比，深市上市公司 2002 年年报披露呈现以下特点：

年报披露逐步向标准化的方向发展 中国证监会于 2003 年 1 月 6 日颁布了《公开发行证券的公司信息披露内容与格式准则第 2 号（年度报告的内容与格式）》（2002 年修订稿）的通知。新《年报准则》对部分披露内容进行了修订，对年报格式进一步标准化，便于上市公司编制年报和投资者阅读时进行前后期对比。在年报摘要方面，今年深市上市公司年报均严格按照证监会的要求以表格的形式进行披露。表格化的年报摘要避免了繁琐的文字叙述，防止了上市公司避重就轻，对关键信息遮遮掩掩的现象，从而提高了年报摘要的质量，受到了投资者的普遍欢迎。

管理层的责任进一步明确、披露内容更充分 今年年报在"重要提示"中，首次要求公司主管会计工作的负责人及会计机构负责人保证年度报告中财务报告的真实、完整性，从而进一步明确了公司管理层在年报披露中的法律责任，这对于促进上市公司提高年报的真实性有积极的意义。在内容方面，今年年报在披露股东情况时，要求"如前 10 名股东之间存在关联关系或《上市公司股东持股变动信息披露管理办法》规定的一致行动人的，应予以说明"。而以往规定只要披露前 10 名股东之间关联关系即可，相比之下，上述新规定进一步提高了股东信息披露的充分性。

均衡披露呈现新特点 2002 年深市年报披露进一步落实了均衡披露的原则，以前"绩优股披露在前，垃圾股披露在后"的现象开始消失，出现了绩优公司、绩差公司均衡披露的新特点。例如：连续三年亏损的 ST 原宜在 2 月 14 日就披露了 2002 年年度报告，成都华联、灯塔油漆、第一纺织等亏损公司也在 2 月上旬披露了年度报告。

注册会计师的作用进一步加强 深市上市公司 2002 年年报被出具非标准无保留意见的公司共有 93 家，比去年增加了 6 家。其中拒绝表示意见的审计报告 7 份，保留意见审计报告 15 份、保留意见加解释性说明审计报告 7 份，解释性说明审计报告 64 份。这些审计报告对投资者准确了解公司的财务状况和经营业绩，识别公司风险具有十分重要的意义。

本次年报披露也反映出下列值得关注的问题：

1、变更年报披露预约时间的公司较多

本次年报披露中，变更年报披露预约时间的公司高达 151 家，占深市公司的 29.67%。其中延迟披露 10 天以上的 84 家，延迟 5 至 10 天的 23 家，其中延迟时间最长的为 67 天。

2、年报的准确性和完整性有待进一步提高

截止 4 月 29 日，共有 29 家公司发布年报更正公告，其中盈利公司 26 家，亏损公司 3 家。在年报披露完整性方面，截止 4 月 29 日，共有 29 家公司发布年报补充公告，其中盈利公司 28 家，亏损公司 1 家。

3、业绩两极分化严重

在上市公司整体业绩上升的同时，深市 ST 公司和 * ST 公司家数急剧增加，共有 70 家（含暂停上市公司），比去年同期增加 25 家。从行业间的业绩差距来看，2002 年度深市业绩较好的行业为通讯及相关设备制造业，平均每股收益分别为 0.6113 元；业绩最差的为综合类公司，平均每股收益分别为 −0.215 元，行业间的业绩分化相当严重。从行业内不同公司的盈利能力来看，2002 年度，长安汽车每股收益 0.68 元，而同属汽车行业的天津汽车每股亏损 0.495 元；万科每股收益为 0.606 元，而同属房地产业的珠江控股（行情|资料|）每股亏损 0.37 元。 （刘兴祥）

基金 2002 年年报综合分析

除了 4 只成立时间较短的基金无须公布年报以外，67 只基金的年报已于上周初公布完毕。剔除 1 只纯债券型基金和 4 只指数型基金，对 62 只基金的所有持仓股票进行观察，我们可发现以下特征：

基金持股数极为不均

62 只基金中，平均每只基金持有股票 91 只。其中，基金汉兴持股数最多，达 243 只；基金兴华持股最少，为 23 只。但从持股数量的分布来看，除了基金丰和、宝盈鸿利、基金鸿阳和基金汉兴 4 只基金的持股数十分分散，分别为 176 只、183 只、194 只和 243 只以外，其余 58 只基金的持股数量在 29 只到151只之间呈密集型分布状态。这种分布揭示：各基金对选择分散还是集中投资意见不一，正在两种投资模式之间进行探索。

具体来说，除了华安基金公司（华安创新开放式基金除外）和融通基金公司集中投资以及嘉实基金公司的分散投资风格仍十分鲜明以外，大多数基金公司旗下的各基金中既有采取集中投资的，也有采取分散化投资的，显示出同一基金公司旗下基金在选股策略中较为注意平衡。总体来看，开放式基金投资较封闭式更为分散。开放式基金平均持股108只，封闭式基金平均持股87只，显示出开放式基金为了避免赎回压力，投资策略更为谨慎的趋向。此外，大盘基金与小盘基金相比，分散化投资趋向更为明显，平均每只基金持有股票109只，而小盘基金平均持股仅为69只。

基金分散化投资趋势明显上升

在62只基金的基础上再剔除15只无年初数据的基金，将47只基金的本期持股数与上期持股数进行观察后，可发现平均每只基金持股数增加数为53只，占基金平均持股数量的58%。而持股数减少的只有10只基金，占47只基金的21%。

同样，大盘基金分散化投资趋势更为明显，平均每只基金共增持56只股票，小于小盘基金增持的17只。

基金大换仓，波段操作增多

为了较好地考察基金的持股结构，现定义2个股票替换率指标：

股票替换率1＝期初结存本期卖出股票数/期初持股数

股票替换率2＝本期买入本期卖出股票数/本期持有数

其中，股票替换率1反映基金换仓比例，股票替换率2反映波段操作频率。

剔除去年新成立的15只基金，对有期初数据的47只基金考察后发现：平均每只基金的股票替换率1为0.65，表明基金对上年持有的大多数股票均进行了换仓；平均每只基金的股票替换率2为1.45，意味着基金本期买入立刻卖出的股票为数甚多，波段操作较为频繁。

综上所述，结合2002年市场行情来审视基金的操作策略，可以发现：基金提高分散化投资程度的尝试未能对其收益提高有所帮助；各基金在分散化投资程度的不均表明，基金的选股策略目前尚不明朗，仍在探索适合自身的最佳盈利模式；基金大幅换仓和波段操作的频繁表明，基金仍将个股的取舍作为短期内提高收益的重要方式。（海通证券研究所）

上证180指数2002年年报整体经营业绩分析

截至2003年4月11日，沪深两市场共有500家A股上市公司披露了2002年度报告，其中上证180指数样本股为125家，占样本股总数的三分之二。以下对上证180指数样本股的整体业绩和近期市场走势进行分析。

一、业绩明显好于非上证180样本股

截至4月11日已披露了2002年度报告的沪深两市500家A股上市公司的加权平均每股收益为0.205元，与它们2001年度的0.196元相比，增长了4.7%；而上证180样本股中已有125家公司披露了年报，每股收益为0.222元，与它们2001年度的0.211元相比，增长了5.1%；此外，375家已经刊登年报的非上证180样本股的平均每股收益为0.168元，同比提升了4.6%。

可见，受宏观经济等因素影响，2002年度沪市上市公司整体业绩在相对较高的基点上有所提升。与此同时，上证180样本股的业绩表现明显好于非上证180样本股的业绩表现，这主要体现在以下两方面：一方面，125家样本股2002年的加权平均每股收益为0.222元，比375家非上证180样本股0.168元的平均水平高出0.054元；另一方面，在基数已经较高的情况下，上证180样本股仍然保持着良好的增长态势，已披露年报的上证180样本股2002年度的经营业绩同比增长5.1%，增幅高于非上证180样本股4.6%的水平。

将已披露年报的上证180样本股近两年的利润表各项目分别进行算术平均，可以得到汇总的利润表，进而计算得出利润表各项目的变化情况，如表1。从计算结果来看，我们可以发现：

（1）125家样本公司2002年的平均主营业务收入为596003万元，同比增长13.3%，平均主营业务利润为115981万元，同比增长14.6%，主营业务利润增长的幅度高于主营业务收入的增幅，说明上证180样本股的平均主营业务利润率在提高。

（2）125家样本股的平均其它业务利润为2372万元，比2001年的2888万元减少了516万元，下降幅度为17.9%，这与主营业务利润的高速增长形成鲜明的对比，说明上证180样本股越来越关注主业经营，这是一个可喜的迹象。

（3）从三项期间费用来看，营业费用、管理费用和财务费用的增幅分别高达19.1%、20.6%和21.8%，超过了主营业务利润14.6%的增幅，说明尽管宏观环境持续向好，但由于市场竞争的日趋激烈，企业三项期间费用的快速增长仍给业绩提升带来了负面影响。

综合而言，平均主营业务利润的巨额增加是2002年上证180样本股业绩提升的最主要的利好因素，而营业费用等三项期间费用的持续上涨和投资收益的明显下滑则是利空因素，多空双方较量中最终以多方取胜，上市公司业绩大幅提升。

二、上证180指数走势强于市场整体走势

近期上证180指数走势比较强。下面我们从多个角度来定量地比较上证180指数与市场整体走势差异性。

（1）从上证180样本股和非上证180样本股表现来看，从2003年1月6日—2003年4月10日，共有68个上证180样本股跑赢上证指数，占上证180样本股的比例为37.8%，比非上证180样本股高出22个百分点。25个上证180样本股跑赢指数达10个百分点以上，占上证180样本股的比例为13.9%，比非上证180样本股高出9个百分点。

（2）从涨跌幅来看，从2003年1月6日至2003年4月10日，上海A股涨跌幅分布处于－23.78%至60.36%之间（扣除期间上市的新股），算术平均值为13.84%。涨幅前10位个股分别是辽源得亨、ST中燕、凌钢股份、上海汽车、上海石化、ST华靖、民生银行、金杯汽车、西宁特钢、招商银行，其中4家为上证180样本股；跌幅居前10位的为宁城老窖、ST国嘉、新华股份、ST轻骑、信联股份、宜宾纸业、ST渤海、山东金泰、金地集团、苏福马，没有1家是上证180样本股。

（3）从权重股的表现来看，2003年4月10日，上海A股市场20大权重股分别是中国石化、宝钢股份、招商银行、华能国际、中国联通、浦发银行、宁沪高速、民生银行、上海汽车、上海石化、申能股份、中信证券、上港集箱、陆家嘴、马钢股份、兖州煤业、山东基建、东方航空、上海机场和四川长虹。

这20大权重股市值总和占上海A股总市值的比例为30.4%，在本轮行情中涨幅超过30%的权重股是中信证券、

上海汽车、上海石化、民生银行、招商银行、上港集箱、宝钢股份、华能国际、申能股份，表现较差的是宁沪高速、陆家嘴和四川长虹。

值得指出的是，上海汽车、宁沪高速、宝钢股份、上海机场、上港集箱、上海石化、民生银行、浦发银行、招商银行已成功突破了“6.24”以来的股价水平。统计结果表明，2003 年 4 月 10 日，上海汽车、宁沪高速、宝钢股份、上海机场收盘价比 2002 年 6 月 28 日的收盘价分别上涨了 27.0%、17.5%、16.4%和 10.0%，成为弱市行情中一道亮丽的风景线。

(4)上证 180 指数自 2002 年 7 月 1 日推出后，其成交金额占市场的比重逐步提高，2002 年 7 月 1 日该指标为 50.20%，而截至 2003 年 4 月 10 日，该指标为 2.97%，说明上证 180 指数样本股活跃度在逐步提高。

(5)考虑市场风险因素后，上证 180 指数的投资收益也比市场整体略高。2003 年 1 月 2 日至 4 月 10 日期间，上证 180 指数的单位风险收益为 0.1656，比上证指数单位风险收益 0.1645 略高 0.0011；2003 年 1 月 2 日至 2003 年 4 月 10 日期间上证 180 指数的 β 系数为 0.99，说明上证 180 指数的市场风险比市场整体略低一点。

表 1　已披露年报的沪市 A 股公司业绩同比增长情况

	已披露年报公司数	02 年每股收益	01 年每股收益	差异	增幅
沪市	500	0.205	0.196	0.009	4.7%
上证 180 样本股	125	0.222	0.211	0.011	5.1%
非上证 180 样本股	375	0.168	0.161	0.007	4.6%

表 2　上证 180 样本股和非上证 180 样本股表现比较

股票代码	上证 180 样本股数量	占上证 180 样本股的比例	非上证 180 样本股数量	占非上证 180 样本股的比例
跑赢指数	68	37.8%	109	15.5%
跑赢指数 10 个百分点	25	13.9%	35	5.0%

2003 年 1 月 6 日至 4 月 10 日

表 3　上海市场涨幅前 10 名和跌幅前 10 名个股

股票代码	股票简称	涨跌幅
600699	辽源得亨	60.36%
600763	ST 中燕	53.79%
600231	凌钢股份	49.50%
600104	上海汽车	48.95%
600688	上海石化	48.55%
600886	ST 华靖	47.92%
600016	民生银行	46.82%
600609	金杯汽车	46.33%
600117	西宁特钢	45.11%
600036	招商银行	44.21%

股票代码	股票简称	涨跌幅
600159	宁城老窖	−23.78%
600646	ST 国嘉	−19.66%
600782	新华股份	−15.95%
600698	ST 轻骑	−12.47%
600899	信联股份	−12.19%
600793	宜宾纸业	−11.56%
600858	ST 渤海	−10.76%
600385	山东金泰	−9.20%
600383	金地集团	−8.22%
600290	苏福马	−7.63%

(1 月 6 日—4 月 10 日)

表 4　4 月 10 日上海 A 股市场 20 大权重股分析

股票代码	股票名称	4 月 10 日总市值(万元)	占 A 股总市值比例	涨跌幅(%)	涨跌幅(%)
600028	中国石化	26500419	9.2%	28.0	−0.1
600019	宝钢股份	6756480	2.3%	34.0	16.4
600036	招商银行	6682684	2.3%	44.2	1.4
600011	华能国际	6331500	2.2%	31.7	−3.0
600050	中国联通	6224124	2.2%	18.8	
600000	浦发银行	4604040	1.6%	27.1	4.2
600377	宁沪高速	4594160	1.6%	3.5	17.5
600016	民生银行	3398952	1.2%	46.8	5.4
600104	上海汽车	2492279	0.9%	48.9	27.0
600688	上海石化	2235330	0.8%	48.5	6.7
600642	申能股份	2115844	0.7%	30.4	−7.6
600030	中信证券	2000089	0.7%	79.1	
600018	上港集箱	1900033	0.7%	37.0	8.2
600663	陆家嘴	1830697	0.6%	6.8	−13.0
600808	马钢股份	1775611	0.6%	26.6	−7.6
600188	兖州煤业	1748250	0.6%	20.4	−13.5
600350	山东基建	1695355	0.6%	24.1	−11.0
600115	东方航空	1676400	0.6%	15.7	−16.6
600009	上海机场	1572267	0.5%	27.3	10.0
600839	四川长虹	1560396	0.5%	9.2	−27.9

注：前者涨跌幅为 1 月 6 日—4 月 10 日

后者为涨跌幅 02 年 7 月 1 日— 03 年 4 月 10 日

2002 年委托理财情况分析

2002 年从事委托理财的上市公司共 36 家，委托总金额 35.28 亿元。这其中包括三种情况：一是 2002 年内新签委托协议的上市公司；二是上一年度已到期，但未及时收回本金，委托期限后延的公司；三是未详细披露委托期限的上市公司。

委托金额最高的上市公司是西飞国际，合计金额达 3.8 亿元；最少的深基地 B 仅有 1000 万元。委托金额亿元以上的共 16 家。其中，委托券商理财的金额为 13 亿元，占比 36.8%；其余为委托各类投资公司，占比 63.2%。

委托金额一亿元以上的公司情况：

在上述 16 家公司中，本金全部收回的公司 4 家，占 25%；本金收回较好的公司 5 家，占 31%；本金收回较差的公司 3 家，占 19%；期限内本金全部未收回的公司 4 家，占 25%。

从委托期限看，全部收回的正好处于大盘从历史高位单边下挫的过程中，期间跌幅超过 20%，时间选择上最差；收回较好的集中在 2000 年、2001 年 1 月、2001 年 9 月及 2002 年 2、3、5 月，时间选择上较好；本金收回较差的集中在 2001 年 3 月、2001 年 10 月及 2002 年 3、4、5、6 月，时间选择上逊于收回较好的；期限内本金全部未收回的集中在 2002 年 4、6 月，时间选择上较差。由此说明，委托起始时间的选择对委托资金的安全性较为重要，在较高点位，投资将面临较大系统性风险，同时，委托资金成本的居高不下也给受托方带来巨大压力，委托资金安全面临考验。

从受托方情况看，本金全部收回的 4 家公司中 2 家委托国泰君安，2 家委托投资公司；本金收回较好的主要委托投资公司，且同时委托多家以分散风险；本金收回较差的与收回较好的情况类似；期限内本金全部未收回的主要委托券商。由此说明，受托方情况与本金收回情况相关性不强，平均而言，券商与投资公司相比，在按期偿还本金方面并无优势可言。

从提出委托要求的上市公司自身情况看，可分为三种类型：一是拥有稳定收益和较充沛的经营性现金流的蓝筹型上市公司，如九龙电力、金陵药业等；二是融资或再融资不久的公司，如中新药业、上海家化等；三是主业不振，业绩较差，希望通过委托理财摆脱困境的公司，如金马股份、福建三农、兰州黄河等。

完全收回本金的共33笔，金额共计16.23亿元，占总委托金额的44.6%；部分收回本金的共计9笔，金额合计3.69亿元，占总委托金额的10%；未收回本金的共计34笔，金额合计16.46亿元，占总委托金额的45.4%。由此可以看出，2002年上市公司委托理财的情况不容乐观，资金收回率不到50%，加之在上市公司的公告中，大部分未提及具体的资金归还时间和归还方案，也没有计提跌价准备，这对于上市公司而言，加剧了其财务风险。此外，由于委托理财在信息披露和制度设计上还存在一定的漏洞，往往使得上市公司在真正面临生产投资时，出现资金短缺的不利情况。

从投资收益情况看，2002年上市公司委托理财的实际收益合计约1.2亿元，平均收益率为7.5%；而委托理财的协议收益率在9.5%－20%之间，反映了过高的委托资金成本所带来的负面效果。（联合证券研究所）

中国三板市场概况

【概况】 三板市场的正式名称是“代办股份转让系统”，在《证券公司代办股份转让服务业务试点办法》中是这样定义的：“代办股份转让服务业务，是指证券公司以其自有或租用的业务设施，为非上市公司提供的股份转让服务业务。”三板市场于2001年7月16日正式开办。首批挂牌交易的公司包括大自然、长白、清远建北、海国实、京中兴和华凯，全部是原NET、STAQ市场的挂牌企业。STAQ和NET是两个法人股流通市场，1992年到1993年为解决股份公司法人股的转让问题，在国务院体改委领导下，由中国证券市场研究设计中心（联办）和中国人民银行牵头分别成立的。但由于监管力度不足和其他方面的原因，上市交易的企业只有17家。而原本面向法人投资者的市场，流通股份90%被自然人所持有。

1999年9月9日在国家治理整顿场外交易的背景下STAQ和NET市场被停止交易，大量资金被套其中。直到2001年三板开设，这些股份才重新得以交易。可见，解决历史遗留问题是三板市场创建伊始所承担的重要任务。而三板开设的另一个目的是承接主板的退市股票，在特定的时期起到化解退市风险的作用，并弥补证券市场的结构性缺陷。目前在三板挂牌交易的退市公司包括：水仙、粤金曼和深中浩，已经退市但仍未上三板的公司包括PT南洋、PT金田、ST银山、ST鞍一工、ST九州、ST海洋、ST生态、ST中侨。

【市场走势】 始于2001年7月16日大自然、长白的挂牌转让，三板市场在2003年走过了跌宕起伏的一年。

第一阶段（1月—6月）

由新年开始，深沪两市主板市场承接前期跌势逐级下探，沪市于1月29日见到此轮下跌行情的最低点1339点，三板市场的个股也跌到了挂牌以来的最低点。1月30日水仙A转自1.99元悄然起动，在主板指数处于1500点附近上下两迷惘的时候，水仙A转不断以涨停板报收，在二级市场中一枝独秀。4月18日白猫股份复牌，4月29日第一医药（原商业网点）复牌，4月30日都市股份（原农垦商社）在A股市场复牌，这些原ST类个股复牌后连续拉升，将近100%的涨幅令二级市场为之侧目，成为当时A股市场一道亮丽的风景线。复牌股票的异常拉升，将投资者的目光集中到ST类个股以及三板市场的个股，4月份开始三板市场的个股在水仙A转的带领下全线普涨，至6月5日，水仙A转累计涨幅244%，华凯87%，海国实、广建70%以上，而同期上证综指由4月30日的1667.75点跌至6月5日的1460.48点，跌幅达12%，三板市场这种疯狂的涨势，令市场人士提出对其合理性的质疑。6月5日，针对三板市场上半年个股的疯狂炒作，三板市场的主管单位证券业协会发布了《关于进一步加强风险揭示工作的通知》，6月7日三板股票全线跌停，至此三板个股进入调整期，上半年的炒作暂告一段落，三板投资者普遍获利较丰厚。

第二阶段（7月—9月）

6月24日，“国有股停止减持”出台，深沪两市成交量达到898亿，单日成交量急剧放大，市场一片看多言论见诸报章，而三板市场股票只有一天涨幅，之后依然处于前期的震荡整理之中。

7月1日，上证180指数出台，主板市场投资低价大盘股的风气逐渐浓厚，三板市场股票围绕6月5日的高点上下盘整，有关三板市场的个股信息不断发布：7月12日海国实公告第一大股东长城资产管理公司将股权转让给广东万和集团与广东时代盈和投资，随后万和集团总裁卢楚隆发布谈话，表示收购海国实意在进军资本市场；8月29日中兴实业就该公司资产置换情况发布公告，顺利完成资产重组，移师北京并更名为“北京理工中兴科技股份有限公司”。

在这一阶段最大的亮点是：8月6日第一投资通过资产置换，借助原NET系统东方实业完成资产重组后发行新股并顺利上市。第一投资针对东方实业流通法人股实行定向配售并限期流通的方案，令三板市场的股票再度成为市场的焦点。

8月20日证券业协会负责人以答记者问的方式提出了促进股份转让系统规范发展的观点，针对市场规模与交易方式等方面提出了具体的改革措施，三板市场的功能由解决历史遗留问题为主转向承担完善主板市场退市机制化解退市风险的任务。

8月29日，证券业协会发布《关于改进代办股份转让的通知》，充分肯定三板市场取得的成效的同时，提出了新的改进办法，三板市场犹如注射了一剂强心针，股价再起波澜，尤其以低价股的涨幅最为可观，如海国实、华凯、广建等个股至9月5日有30%左右的涨幅，股价创年内新高。

第三阶段（9月—12月）

9月5日证券业协会再次发布三板市场风险提示，其中的内容与6月5日几乎一样，而市场反应也类似于6月行情：风险提示一发布，各股即整齐划一以连续跌停报收，三板市场股份的连锁反应、步调统一是主板市场中少见的，这也是三板市场的特点之一。

9月16日证券业协会负责人发布信息，三板市场符合条件的公司可实行股份全流通。消息一见报，引起主板市场与三板市场深幅下跌，上证指数击穿1600点向下调整，三板市场的个股更是跌势不减，股价全线回调至年初行情启动之前的价位，全年的涨幅随风消逝，从终点又回到了起点。针对“股份全流通”问题，市场人士展开了激烈的讨论，三板市场虽然独立于主板市场，却又与主板市场有着千丝万缕的联系，在三板市场实行股份全流通，意在调动退市公司大股东或社会各界对退市公司进行资产重组的积极性，但却可能导致主板ST公司故意三年亏损转到三板市场，重组之后重返主板上市而股票变成全流通。更有甚者质疑证券业协会是否有资格决定国有股全流通的问题，证券业协会的良苦用心可惜没有得到市场的回报，在一片讨论声中，主板市场上指数1500点失守，三板市场在12月份跌势减缓，进入震荡盘整的格局。

【前景分析】 一、市场规模有望逐步扩大。在成熟的证券市场体系中，场外交易市场占据着相当重要的地位，如美国，年交易量占全部证券交易量的70%以上。在积极稳妥的前提下，我国股份转让系统加快发展是完全有可能的。到目前为止，已经从主板市场上退市而尚未到“三板”市场上交易的公司共有5家，分别是PT粤金曼、PT南洋、PT中浩、PT金田和ST银山，再加上退市可能性很大的ST鞍一工和ST九州，按照正常的情况这7家公司将逐步进入三板市场，成为三板规模扩充的生力军。目前，PT粤金曼的流通股确权部分已达到55.67%，闽发证券日前发布公告称委托其代办股份转让服务的条件已经符合证券业协会的有关规定，将于9月20日在三板上市；PT中浩也已向证券业协会递交了流通股确权和转托管的报告。随着证券市场的逐步发展和完善，未来三板的准入对象可能会变更为"经有关部门批准向社会公开发行但不在证券交易所上市的股份公司，这样以来，范围进一步扩大。果真如此的话，前几年投资于创业企业的资本也将找到一个退出通道。这就意味着随着代办股份转让市场规模的不断扩大，加入的公司越来越多，场内的活跃程度将大大加强，将吸引更多的投资者参与这个市场。同时，未来政策面也会逐步赋予三板市场融资功能，可能会准许符合条件的股份转让公司，经证券公司推荐后，通过股份转让系统向老股东配售新股。这样，三板市场代办股份转让的临时性任务将逐步终结，三板最终将会变为一个庞大的、覆盖全国的场外交易市场，成为我国多层次证券市场交易体系的有机组成部分。

二、交易规则日益规范便捷。中国证券业协会日前发布了《关于改进代办股份转让工作的通知》，将从2002年9月20日起调整代办股份转让方式，将根据公司质量，实行区别对待、分类转让：在保留现有每周转让三次的基础上，对净资产为负值的公司，实行每周三次的转让方式；对净资产为正值或盈利的公司，实行每周五次转让方式。同时，为了便利退市公司在股份转让系统挂牌，协会将做好主板退市与进入股份转让系统的衔接工作，简化退市公司股份转托管手续，适当降低退市公司股份转让年费，并考虑增加服务网点，方便退市公司的投资者。也就是说，只要退市公司具备合法存续条件，依法完成退市程序，并经股东大会批准，即可向具有代办资格的证券公司提出股份转让申请，按照《试点办法》要求，与代办券商签订协议，承诺履行信息披露等义务，即可进入股份转让系统挂牌。从投资者的角度来看，国内投资者进入三板市场成本低，基本没有进入壁垒，只需要到有资格进行三板转让的证券公司营业部开办股东代码卡即可，每次交易手续和购买其他投资品种一样，不象B股一样需要外币购买，对大部分老百姓来说还存在换汇成本。目前有资格进行三板转让的证券公司营业部有300多家，而随着未来更多的券商申请这项业务，提供转让服务的营业部将基本覆盖全国主要城市，可以说任何一个投资者只要对三板市场有兴趣，就可以毫不费力的进行投资活动，基本不存在障碍。由于交易系统和主板一致，对管理层来说，要扩大投资者队伍只需要增加委托代理资格的券商家数就可以，对扩大三板市场投资者规模有极大的调控能力。

【市场机会】 随着三板市场规模的增大及交易的日益规范、便捷，券商的经纪、投行及自营等业务将面临一定的机会。

一、经纪业务。目前，我国代办股份转让业务在证券市场所占的市场份额并不大，而市场上也仅有6家券商有资格从事代办股份转让业务，但是与券商从事主板经纪业务在操作上十分类似，并没有大的冲突。这主要是基于以下原因，国内的三板市场主板色彩浓重。首先，交易模式等同于主板市场。虽然，国内开设三板市场是受到国外柜台交易方式的启发，但我们的三板市场绝不是国外柜台交易方式的翻版。我们的三板从表面上看，是委托某一券商进行交易，类似于券商的柜台交易，但从一开始在证券业协会的授意下，具有三板交易资格的六家券商就签订了互相委托代理的协议，从而使得每一家在三板市场上转让的公司并不局限在某家券商的交易场所，而是在任何一家具有交易资格的券商营业场所都能进行交易，这种交易模式基本和主板没有区别。第二，交易系统不需另建。目前，三板市场交易的所有技术支持，都是交易所在承担，用的和主板交易同一套交易系统，表面上看，委托转让的券商在三板交易中起着很重要的作用，但实际情况是，接受委托转让的券商在整个过程中并没有承担多少工作，主要工作仍然是由交易所的交易系统自动完成，和主板相比只是交易规则方面作了一些限制，而委托转让的券商也只是起了一个隔离投资者的作用。第三、信息披露也在逐步向主板上市公司的要求靠拢。规范、透明的信息披露是市场健康的前提条件，在三板交易的公司已开始公布较为规范的财务报表和重大事项公告，由于互联网的发展，每一个投资者可以很方便地获得相关的资料。

可见，券商从事代办股份转让业务在技术上没有难题，在投入上花费也不高，关键的问题是要取得从事该项业务的资格。目前，市场上仅有6家券商有资格从事代办股份转让业务，当时选择6家券商作为试点，是综合考虑各种因素，特别是考虑券商的系统环境和地域分布因素。2002年8月29日出台了《关于改进代办股份转让工作的通知》，代办股份转让方式的调整会增大交易机会，随着代办股份转让市场的扩大，中国证券业协会也将研究增加代办券商的问题。

二、自营业务。三板市场在过去一年的市场总体表现，远远强于主板市场，股份转让市场火爆的原因主要有：1、市场部分游资寻找出路的结果。由于沪深二级市场获利越来越难，一级市场申购资金的“财路”已被堵死，而债券市场的大幅上扬使风险不断积聚，而股份转让市场大幅上涨后总市值不过46.2亿元，只要有少量游资介入便能推动其上涨。2、重组板块的活跃。以白猫股份为首的重组板块4月下旬出现连拉涨停的逼空行情，其示范效应使人们对低价重组股产生幻想。而转让市场大部分股票具备重组题材。据公开披露的信息显示，清远建北已被国内著名传媒集团——广州报业集团成功入主；华凯实业第一大股东变更为南通市首创投资有限公司；广东广建已转型为公用基础设施行业；中兴实业大股东变更为理工集团后，已开始大规模资产置换；6月5日即将挂牌的鹫峰科技，是由原湛江供销重组而来等等。虽然转让市场的股票大部分盈利欠佳，市盈率和市净率都不低，但重组的预期和低廉的股价使投资者购买时仍无所畏惧。最近清远建北公布，中银国际已同意推荐清远建北在上海证券交易所上市，这无疑又给转让市场的投资者增添了信心。3、与法人投资者的天然联系。因转让市场设置的目的是解决原在STAQ和NET挂牌的法人股流通问题，即原来在两个法人股市场投资、并持有股票的法人机构，必须在转让市场登记开户，这就使转让市场一开始就“强行”吸引了一批法人入市。而B股市场至今法人仍无法参与。加之原STAQ和NET市场曾吸引了全国许多地区的个人投资者，因此，尽管转让市场开市时管理层给予了低调处理，但这个市场并不缺少“眼球”。4、挂牌股票的稳步“扩容”。转让市场从2001年11月开市时挂牌股票6只，到今天的10只，居然能稳步扩容。未来仍有恒通集团等法人股和一批PT股票在转让市场陆续挂牌。这点又胜过进退两难的B股市场。5、易于投机的交易方式。股份转让按照集合竞价的方式，在收市之后对投资者的委托指令进行配对成交。如此设置的目的，可能是为了体现它不是一个“市场”且避免投机。而事实上，没有连续交易也没有行情显示，中小投资者是被“蒙上眼睛打仗”。而大资金完全可以以连续涨停或连续跌停的方式操纵股价，引导中小投资者跟进而从中获利。转让市场开市以来，挂牌股票以涨停价或跌停价进行的交易占了很大比重。如海国实，从2002年初到6月3日的51个交易日里(扣除停牌日)，其中有14个涨停日，8个跌停日，且大部分是连续涨停或跌停。涨停与跌停的交易日占全部交易日的43%。股价从最低的1.11元涨到1.97元，振幅达77%，可见投机气氛之浓厚。

值得注意的是，2002年9月16日《中国证券报》、《证券时报》等报刊分别发表了中国证券业协会负责人就退市公司重组有关问题答记者问的文章，文章指出：“中国证券业协会出台措施鼓励退市公司重组。在代办股份转让系统退市公司重组后股份可全流通。”其中，近期将采取以下措施：一是对大股东自己进行资产重组的退市公司，重组完成后允许公司全部股份在代办股份转让系统流通；二是鼓励自身无法重组的退市公司进行股权置换。股权置换完成后原退市公司不再挂牌，承接退市公司流通股的新公司进入股份转让系统，股份实行全流通；三是对重组后退市公司取得流通资格的非流通股，采取分年度解冻流通办法，以减轻股份供给增加带来的市场压力；四是在代办股份转让系统增加连续竞价交易层次。退市公司经重组后资产质量和财务指标较好的将获得交易便利，其全部股份在代办股份转让系统实行每周五天连续竞价交易。

三、投行业务。2002年8月6日，与原NET系统流通公司东方实业换股的海南第一投资招商股份有限公司成功发行5000万A股并在主板上市交易。这是自去年开始启动法人股转让市场进行股份转让以来，STAQ与NET系统解决的第一家历史遗留问题公司。随着海南第一投资招商发行，“两网系统”历史遗留问题公司迎来了新曙光。而收购代办股份转让市场公司、再转到主板，已成为一些有实力的企业曲线上市的新路。

股份转让市场不能实现融资，这是挂牌公司要离开这儿的真正原因。由于原先在NET和STAQ系统中挂牌的公司大多改制不规范，公司的状况也各不相同。通过成功的重组使公司的资产质量及市场竞争能力得到迅速提高，产业结构迅速实现转型，最终实现到主板上市，也就成为两网历史遗留问题公司的必然之路。由于转上主板的前景可期，现存的两网公司也成为炙手可热的“壳”。目前大多数代办股份转让市场公司都在积极寻求重组，部分代办股份转让市场公司已经设计提出了具体的转主板的上市方案。从历史情况来看，场外交易的股份已形成三种转主板上市模式：1、蜀都模式。直接将法人股转换为A股，并在主板市场交易，不再发行新股；2、海南航空模式。在IPO过程中，向原两网系统的法人股股东按10:5的比例配售A股新股，实行风险补偿。南京中商、南海发展等均采用此模式；3、广州控股模式。该公司上市前将其原来在NET系统交易的广州电力法人股以每股1.60元回购注销。

股份转让市场挂牌股票基本情况

公司名称	总股本(万股)	流通股(万股)	2001年EPS	2001年每股净值	主营业务
大自然	8560	5700	0.16	2.18	磁带光盘
长白	6060	3245	0.008	2.51	计算机
清远建北	19936	10093	0.32	2.52	传媒业
海国实业	45132	18953	−0.016	0.166	房地产
中兴实业	25672	17090	0.01	1.17	电子
华凯实业	19200	8701	0.015	0.26	房地产
水仙A	23640	1755	−0.62	−0.94	电器
水仙B	23640	11000	−0.62	−0.94	电器
广东广建	16991	10998	0.007	0.48	基础设施
鹫峰科技	13500	3105	0.07	1.15	科技林业

资料来源：2001年各公司年报。注：水仙B价格为美元。

(余雪红、韩晓光)

证券板块概况

房地产板块

【概况】 2002 年，房地产市场开发投资增速趋缓，但市场化程度有所提高。土地购置面积快速增长的同时，商品房空置面积总量也有所增加，市场供给存在一定的消化压力。商品销售价格在波动中有所回落。

（一）开发投资增速放缓，但市场化程度提高。全国房地产开发投资实际完成 7736,42 亿元，同比增长了 21.9%，但与计划投资相比，只完成了计划投资的 78%，比计划投资的增速低了 4.8 个百分点。2002 年新增购置土地面积为 8721 万平方米，但同期新增的完成开发土地面积只有 2837 万平方米。房地产开发投资指数自 5 月冲高后逐步回落，显示在国家的宏观调控政策主导下，房地产业投资增速放缓。

从房地产开发投资的构成看，其中商品房建设投资为 5703 亿元，同比增长 22.9%；国有单位投资下降了 7.8%，且在全部投资中的比重也从 2001 年的 23.7%下降为 17.6%。在 4709 亿元的住宅销售额中，销售给个人的比重占到 95.33%，数据表明市场经济主导的商品房开发投资力度不断增强，房地产市场的市场化导向发挥了积极的作用。

（二）市场存量供给有一定的消化压力。2002 年购置土地面积为 3.04 亿平方米，同比增长了 40.3%，但完成土地开发面积为 1.73 亿平方米，同比增长 19.6%，可见土地市场增量较大。土地开发面积指数自 5 月达到最高点后逐步回落。从商品房空置面积来看，全国商品房空置面积累计增长 10.9%，略高于 2001 年 10.4%的水平。全国房地产新开工面积为 4.23 亿平方米，同比增长 17.6%，但增长幅度比上年减少 9.6 个百分点；商品房销售建筑面积为 2.50 亿平方米，同比增长 20.2%，但新增的销售面积低于新增的竣工面积 1029 万平方米，低于新增的开工面积 2123 万平方米。从以上指标分析，房地产市场的存量供给有一定的消化压力。

（三）房地产价格上涨，但涨幅逐步回落。受房地产市场需求的拉动，2002 年全国商品房销售价格为 2291 元/平方米，增长 2.9%，但增幅比 2001 年减少 2.9 个百分点，2002 年的商品房销售价格指数明显低于 2001 年，但指数走势先低后高，自 10 月以后有所回落。2002 年，受商品房、私有住房和公有住房销售价格上涨的影响，全国房屋销售价格上涨 3.7%，涨幅逐步回落。

2002 年，全国房屋租赁价格微涨 0.8%，其中住房租赁价格上涨 2%，涨幅比上年同期回落 6.1 个百分点。公有住房的租赁价格上涨 1.9%，受供需关系影响，私房租赁价格上涨了 2.3%，而商业用房和厂房仓库租赁价格微涨 0.2%和 0.7%，办公用房租赁价格则下降了 0.5%。由于政策性调价和土地交易市场化的影响，导致土地交易成本提高。2002 年土地交易价格上涨了 6.9%。其中，居民住宅用地价格上涨 7.7%，商业旅游娱乐用地价格上涨 7.0%，其他用地价格上涨 6.9%，只有工业用地价格微涨 0.4%。虽然房地产存量的过快增长对销售价格的上升构成一定压力，但总体趋势依然看好。

【上市公司评述】 2002 年，房地产上市公司投资收益稳步提高，股息发放率大幅增长，经营稳定，资本负债结构比较合理，但房地产上市公司主业盈利能力有所下降，存货增加，业绩有两极分化的趋势。

投资收益稳步提高　2002 年，虽然 37 家房地产上市公司的平均每股收益看起来没有多大变化，但是其加权每股收益为 0.164 元，相比上年增长了 70.83%；其扣除非经常损益后的每股收益为 0.189 元，相比上年增长了 142.31%，可见房地产上市公司的增长质量得以提高。另外一个可喜的变化是，2002 年的股息发放率提高了 45 个百分点，2000——2002 年股息发放率的连年提高表明上市公司的股利支付策略发生了重大变化，这不仅是上市公司为了今后融资便利而做出的选择，也从另一侧面反映了房地产上市公司开始注重股东的实际回报，公司治理结构得到了有效改善。

表 1　房地产上市公司投资收益平均值比较

平均每股收益（元）		平均加权每股收益（元）		扣除非经常性损益后的平均每股收益（元）		平均每股净资产（元）		平均股息发放率（%）	
2002 年	2001 年	2002 年	2001 年	2002 年	2001 年	2002 年	2001 年	2002 年	2001 年
0.09	0.09	0.16	0.10	0.19	0.08	2.64	2.46	68.67	23.45

注：以上数据原始资料来源于巨灵北斗星证券分析系统，下同。

对各公司进行比较，每股收益排名前五位的分别是：金融街、万科、天创置业、金地集团和长春经开；排名后五位的分别是：ST 兴业、ST 珠江、莱茵置业、外高桥、深深房。根据每股收益 0.20 元、每股收益增长率 10%为界划分，把上市公司分成四个类型，其中两项指标都达标的可以视为高收益高增长的企业，这类企业有：天创置业、金地集团、陆家嘴、南京高科、苏州高新；把每股收益低于 0.2 元，但每股收益增长率高于 10%的企业视为低收益高增长的企业，这类企业有：深宝恒、珠江实业、运盛实业；把每股收益超过 0.2 元，但每股收益增长率在 10%以下的企业视为高收益低增长的企业，这类企业有：万科、长春经开；经过努力实现扭亏的企业有：渝开发、恒大地产、ST 昌源、ST 银广厦、深深房，而其他大部分企业的每股收益都出现了下降，说明房地产企业业绩两极分化仍比较厉害。

表 2　房地产上市公司投资收益指标

股票简称	每股收益（元）		股息发放率（%）		投资收益率（%）		每股净资产（元）	
	2002 年	2001 年	2002 年	2001 年	2002 年	2001 年	2002 年	2001 年
金融街	1.13	1.20	18.69	4.76	8.25	33.63	6.01	2.75
万科 A	0.61	0.59	33.00	33.76	−8.34	227.01	5.36	4.95
天创置业	0.52	0.09	19.36	57.77	48.50	447.34	1.71	1.23
金地集团	0.51	0.45	48.86	47.31	0.04	−1.23	4.98	4.72
长春经开	0.46	0.45	21.85	22.07	124.76	−136.72	5.54	5.18
中远发展	0.41	0.61	24.50	32.75	10.86	2.32	4.41	3.14
天鸿宝业	0.38	0.44	52.10	108.05	7.03	6.83	3.93	6.00
栖霞建设	0.30	0.42	82.73	74.74	−4.97	−4.52	3.50	0.00
海鸟发展	0.29	0.32	0.00	6.24	−4.05	0.27	2.71	2.42
深长城 A	0.29	0.45	80.04	56.18	8.69	9.18	5.56	5.36
陆家嘴	0.27	0.06	19.35	1.50	8.92	0.31	2.59	2.37
深振业 A	0.27	0.47	88.78	58.39	−0.18	−1.57	4.87	4.70
北京城建	0.27	0.24	56.32	54.55	5.24	9.64	2.65	2.53
南京高科	0.24	0.21	83.79	0.00	9.09	10.37	3.55	3.38
中华企业	0.23	0.23	86.70	0.20	2.89	−11.71	1.97	2.23

苏州高新	0.21	0.19	62.44	58.36	1.57	6.58	3.08	3.00
银基发展	0.18	0.36	0.64	0.32	0.00	0.00	3.79	3.61
东华实业	0.18	0.24	0.56	0.43	4.94	−1.30	2.28	2.11
阳光股份	0.16	0.28	5.27	3.88	−0.40	0.25	2.49	2.33
深宝恒A	0.15	0.13	57.65	17.80	14.65	9.87	2.12	2.03
浦东金桥	0.14	0.14	0.00	0.00	4.46	−3.44	2.27	2.35
光彩建设	0.14	0.15	71.42	64.90	−0.17	−6.18	3.98	3.95
新黄浦	0.10	0.10	33.91	104.40	−11.42	24.39	3.80	3.71
天房发展	0.08	0.16	128.54	87.19	8.44	31.51	3.90	3.86
第一医药	0.08	0.15	0.55	5.15	6.65	51.19	1.10	1.04
珠江实业	0.08	0.07	4.29	21.14	−5.55	7.87	3.21	3.14
渝开发	0.07	−0.88	0.00	0.00	19.80	−8.49	1.02	0.24
运盛实业	0.03	0.02	0.00	0.00	−984.66	−1.85	1.80	1.78
恒大地产	0.02	−0.31	0.33	−0.02	16.13	−7.37	1.22	1.16
倍特高新	0.01	0.02	32.18	5.47	−16.20	4.53	2.73	2.73
ST昌源	0.01	−0.36	0.00	0.00	1.49	0.03	0.85	0.66
ST银广夏	0.01	−0.78	499.36	−7.79	37.25	−33.99	−1.05	−1.66
深万山A	0.01	0.11	1.01	0.13	2.16	65.55	1.02	1.09
深深房A	0.01	−0.53	988.06	−25.83	21.45	−3.87	1.02	1.01
外高桥	−0.17	0.01	0.00	0.00	1.24	6.06	1.72	1.87
莱茵置业	−0.36	0.03	−2.81	36.81	−52.16	0.00	1.05	1.42
*ST珠江	−0.37	−0.10	−2.33	−8.41	−21.84	−6.37		
*ST兴业	−3.36	−1.85	0.00	0.00	0.02	−9.09	−3.22	0.09

主业盈利能力有所下降　从主营业务情况看，2002年房地产上市公司实现主营业务收入总计为270.4亿元，比上年增长25.3%；实现主营业务利润总计66.19亿元，比上年增长14.82%。实现净利润17.18亿元，比上年增长133.96%，主营业务保持了快速发展的态势。虽然取得了可喜的成绩，但增长背后也存在一些问题。尽管平均净资产收益率由上年的负数变为3.5%，但平均主营业务利润率为25.766%，同比下降了3.64个百分点；毛利润率则下降3.7个百分点，其平均净利润率也出现下降。深圳地产公司的建筑施工业受深圳市政府实施的建筑施工低价中标政策影响比较明显，其毛利润率下降较快。主要原因是原来政府协议转让的项目毛利润率较高，土地转让市场化后，房地产开发项目的毛利润率也有明显下降。对此，我们应该引起警惕。

对各公司进行比较，东华实业、深宝恒A、恒大地产、银基发展、天创置业分别列主营业务利润率的前五名，分别为56.279%、45.285%、43.782%、41.938%、34.548%；净资产收益率排名前五位的企业分别是：天创置业、金融街、中华企业、万科A、海鸟发展，分别为30.37%、18.87%、11.73%、11.31%、10.87%。

表3　房地产上市公司盈利能力平均值比较　单位：%

平均主营业务利润率		平均毛利润率		平均净利润率		平均净资产收益率	
2002年	2001年	2002年	2001年	2002年	2001年	2002年	2001年
25.77	29.41	30.02	33.72	−92.80	−32.89	3.51	−6.33

表4　房地产上市公司盈利能力指标

股票简称	主营业务利润率(%)		毛利润率(%)		净利润率(%)		净资产收益率(%)	
	2002年	2001年	2002年	2001年	2002年	2001年	2002年	2001年
天创置业	34.55	14.44	40.04	19.77	14.75	2.84	30.37	7.13
金融街	29.10	25.22	35.59	30.75	18.08	17.62		
中华企业	30.57	41.57	34.99	46.05	7.78	8.48	11.73	
万科A	19.37	18.88	24.08	22.91	8.36	8.39	11.31	
海鸟发展	16.50	26.07	22.08	31.39	6.55	15.30	10.87	13.26
陆家嘴	31.30	26.09	36.36	31.14	23.79	11.76		
金地集团	32.28	33.19	37.29	37.76	14.24	18.14		
北京城建	15.50	14.54	21.00	19.89	9.51	13.44	10.04	9.43
天鸿宝业	13.24	20.26	18.34	27.31	5.37	17.43	9.76	7.34
中远发展	24.91	40.44	29.67	45.87	23.69	29.63		
栖霞建设	25.59	27.76	31.07	33.02	11.56	12.81		
长春经开	28.86	30.44	34.64	36.80	13.22	17.71		
东华实业	56.28	57.65	61.96	62.86	26.00	21.65		
渝开发	24.08	3.95	24.48	4.33	31.13	−281.32	7.25	−368.84
第一医药	22.47	21.22	22.99	21.61	2.66	9.21	7.20	14.64
深宝恒A	45.29	52.00	48.77	54.99	16.86	18.71		
南京高科	25.12	30.45	27.26	32.92	9.78	13.80	6.72	6.08
苏州高新	29.99	31.74	34.71	37.50	12.15	14.79		
阳光股份	17.71	21.69	23.12	27.10	6.06	13.17	6.41	12.04
浦东金桥	31.03	51.03	35.94	54.94	15.91	24.52		
深振业A	14.48	17.93	18.74	21.76	3.26	5.89	5.51	10.00
深长城A	21.97	25.36	26.74	29.83	3.89	7.72	5.15	8.47
银基发展	41.94	37.23	48.71	43.90	18.35	23.88		

光彩建设	25.24	34.93	29.88	39.52	7.41	10.89	3.51	3.90
新黄浦	17.55	6.25	21.60	9.73	8.24	15.88	2.53	2.64
珠江实业	30.92	16.28	36.41	21.77	9.31	7.95	2.50	2.30
天房发展	28.66	22.88	32.55	27.33	6.65	10.89	2.07	4.05
运盛实业	21.65	27.31	26.86	32.38	2.28	1.62	1.40	0.85
ST昌源	21.98	26.84	27.05	29.98	2.34	−135.04	1.38	−54.52
深深房A	17.24	28.35	20.46	32.01	1.88	−87.19	1.36	−52.72
恒大地产	43.78	66.85	49.07	72.21	35.83	−308.85		
深万山A	14.84	35.39	18.71	39.52	2.76	30.83	1.31	9.78
倍特高新	31.24	26.45	35.05	29.42	0.38	0.64	0.49	0.83
ST银广夏	5.38	18.53	9.86	19.90	18.43	−271.64	0.00	0.00
*ST兴业	8.52	19.89	10.99	23.33	−1961.20	−496.42	0.00	0.00
外高桥	30.53	20.61	34.02	24.34	−68.45	4.52	−9.63	0.66
莱茵置业	23.50	62.01	24.09	67.79	−1641.00	8.59	−33.96	1.92
*ST珠江	15.70	21.06	16.44	24.06	−151.69	−41.67	−54.92	−9.79

资本负债结构基本合理　2002年，房地产上市公司的平均流动比率为1.81，比上年有所提高，但速动比率为0.617，比上年略有下降，说明存货数量增长较快。其中流动比率在2、速动比率在1以上的企业只有中远发展、海鸟发展、苏州高新三家，显示房地产企业普遍存在资金短缺现象，在当前房地产企业融资渠道有限的情况下就更显捉襟见肘。另外，长期负债与营运资金比率有所下降。利息支付倍数提高；资产负债比率为67.293%，同比提高了7.98个百分点，且大部分房地产企业的负债水平并不高，资本结构仍属基本合理。从上市公司来看，*ST兴业和ST银广夏的资产负债率高达460.34%和179.49%，已出现资不抵债，而海鸟发展、莱茵置业、ST昌源的资产负债率分别为74.282%、72.293%、71.52%，显示出一定的债务偿还风险。而陆家嘴、深宝恒、渝开发、珠江实业、新黄浦的资产负债率都低于30%，又显示出其负债经营的能力不足，资本运营偏于保守。

表5　房地产上市公司偿债能力平均值比较

平均流动比率		平均速动比率		平均资产负债率(%)		平均利息支付倍数	
2002年	2001年	2002年	2001年	2002年	2001年	2002年	2001年
1.81	1.617	0.617	0.623	67.293	59.313	8.767	−7.17

经营能力保持稳定　2002年，房地产上市公司平均存货周转率有所下降，主营业务收入增长率保持在一定相对稳定的水平。但固定资产周转率和总资产周转率提高幅度都较大，应收帐款周转率也有提高，说明其资产的运用效率总体来说是提高的。其中，存货周转率列前五位的分别是：第一医药、天鸿宝业、深万山A、深振业A和海鸟发展，而莱茵置业、恒大地产、外高桥、东华实业、银基发展的存货周转率偏低，显示其运营能力不足。

表6　房地产上市公司经营能力平均值比较

平均存货周转率		平均固定资产周转率		平均总资产周转率		平均主营业务收入增长率		平均应收账款周转率	
2002年	2001年	2002年	2001年	2002年	2001年	2002年	2001年	2002年	2001年
0.52	0.56	51.22	23.69	0.31	0.26	25.70	194.98	119.04	88.30

汽车板块

【概况】 2002年，是我国正式加入WTO后的第一年。一年来，我国的汽车工业在企业组织、产品结构、技术创新以及市场规模等方面都发生了巨大的变化。汽车市场空前活跃，大批新车相继面世，汽车产量节节攀升，销售纪录不断刷新。汽车产业非但没有象许多人担心的那样会全军覆没，相反，借助国际汽车产业的资本和技术，实现了国内和国际企业之间以及国内企业内部之间的大融合，汽车产业的发展实现了一个大跨越。这一系列现象都显示了中国汽车工业正进入真正的快速发展的时期。

从产销情况来看，截止2002年1至11月，全国汽车企业共计生产汽车 293.68 万辆，同比增加 36.47%，销售汽车 296.33 万辆，同比增长 36.80%，其中轿车累积生产 97.40 万辆，同比增长 51.39%，销售 102.07 万辆，同比增长 55.40%。预计全年我国汽车市场总的产销量将能达到 320 万辆，比 2001 年增长近 80 万辆，其中轿车将达到 120 万辆左右，比 2001 年增长 45 万辆。在世界汽车产量上的排名预计由去年的第 8 名跃升到今年的第 5 名，轿车产量预计由去年的第 14 位升到第 10 名。从产品销售收入数字来看，我国汽车生产企业在今年一季度产品销售收入同比增速达到 18.86%，上半年达到 31.5%，前三季度增长达到 36.51%，预计全年的水平将会进一步提高，显示出强劲的加速增长态势。特别是年底往往是轿车以及大中客车等的销售旺季，受此影响，第四季度整个行业的加速态势还有可能进一步扩大。

从产品结构上看，三大车型都出现大幅增长，其中，轿车特别是家庭用经济型轿车的比例逐渐增大，占到了整个轿车产销量的 60%以上。另外，重型载货车以及大型客车的增长速度也较快，都在 50%以上，大大超出行业平均 30%多的增长速度。经济型轿车、重型载货车和大中客车是拉动整个行业增长的主要因素。相对比较，轻微型车的增长幅度小于前三者。以新产品、新品牌的增量增长代替老产品的存量增长。从增长特点上来看，新产品、新品牌不断出现。仅以轿车为例，今年 60%以上的市场份额被新车型占据，一改以往捷达、桑塔纳、富康“三分天下”的垄断状态。从去年年末到现在，宝来、赛欧、派力奥、POLO、优利欧、奥德赛、爱丽舍、风神新蓝鸟、福美来、中华、西耶那、威驰等数十种新车型同时推向市场。即便眼下已是年底，还仍有新车不断推出，奇瑞城市经典、新奥迪 A6、威姿、雅酷和千里马刚刚都已露出面目，12 月又将有北京现代索纳塔等新车加入进来。另外，今年上市的新车不仅多，而且全，几乎涵盖了从 8 万元到 50 多万元的各类车型，产品由单一型向密集型、多元化转变。同样，在载货车、客车等行业，新产品的增长速度都是重要的推动行业增长的直接力量。进口车对市场的影响比较适度。

虽然今年进口车关税下降 26%—30%，理论上应导致进口车价格大幅度下降，但由于配额限制，我国汽车进口量今年只能适度增长。预计 2002 年全年汽车进口总量约为 12 万辆左右，轿车进口在 7 万辆左右，从同比上均有较大幅度增长。但是，进口车总量占国内汽车总销售量也仅为 4%左右，并未对国内市场造成较大冲击。在这种供求关系的作用下，进口车价格难以出现理想程度的下降。其结果必然是进口车价格适度下降、进口车数量适度增长，对国产车的影响不是太大。行业内部的经济效益在提升中进一步调整。

全行业经济效益进一步提升，亏损企业数目有所下降，亏损企业的比例由年初的 27%下降到目前的 20%左右。各项经济指标都呈现了加速增长的局面，其中，利润总额的同比增长速度最快，与产品销售收入相比，由年初超过后者 7 个百分点到第三季度已达到超过 20 个百分点的水平，表明行业的整体盈利能力有了较大提高。其次产品销售费用、产品销售成本和产品销售收入依次是增长较快的几个指标，同比增长率相对较高。而管理费用和财务费用等增长的幅度相对较低，其中财务费用的绝对增长量已为负值。上述情况表明全行业在成本控制和运营效率方面有了较大改善。同时，由于竞争的越来越激烈，企业也加大了在营销环节投资力度。从全行业来看，产品销售成本的增长略微大于产品销售收入的增长，基本保持同步增长状态。

但是，与行业整体情况形成一定对比的是，汽车行业重点企业的利润总额的增长幅度却没有表现出很高的增长幅度。1 至 10 月，16 家重点汽车企业(集团)实现产品销售收入同比增长 22.82% *，利润总额同比增长 18.52 %，利润增量低于产品销售收入增量 4.3 个百分点，企业销售利润同比下降 0.19 个百分点。需要说明的是，这 16 家重点企业都是以整车的生产、销售为主，处于行业发展的龙头，主导行业的发展方向。上述数字表明我国的汽车工业整体的快速发展带动了整个行业经济效益的提升，但是，以整车行业为龙头和代表，同时也率先进入了更为激烈的竞争阶段，随着汽车产品价格的逐步下降，企业的利润和盈利空间将开始缩小。可以预计，这种调整势必也将波及到包括汽车零部件在内的整个汽车行业。

今年，我国汽车行业最多的新闻莫过于关于企业重组和购并方面的题材。扩张型重组、控制权变更型重组和调整型重组都有所体现。从一系列的重组案例中可以看出如下几个特点：第一，价值型重组成为一个重要特征，以提高企业核心竞争力的重组越来越成为重组的根本目的。第二，在重组中比较注重优势互补，比如像日产和东风的合资合作，实际上就是把东风的载重车优势和日产的轿车优势结合起来。第三，重组比较注重企业产权结构和内部治理结构的改造，这对目前的国有企业特别是国有大汽车企业来讲较为重要。

另外，在重组中，外资所起的作用和影响力越来越大，国际跨国汽车企业在华进行本土化生产的步伐也在加快。外资在我国战略基本呈现以下一些变化：第一，投资规模进一步扩大。第二，与国内企业进行全面的合作。80 年代，跨国公司进入中国主要是在某一成熟车型上进行合作，战略是越过关税壁垒进行本地生产和销售。而目前，跨国公司在中国已经进行包括各种车型，从轿车到商用车，从整车到汽车零部件，从生产、销售到开发的全面合作。第三，深度合作。中国汽车生产企业在跨国公司全球战略中的地位有所提高，中国汽车生产企业日益发挥其比较优势，成为跨国公司全球战略的重要环节。以汽车金融为代表的汽车服务业渐成热点

汽车金融是今年汽车业的又一个热点，随着央行 10 月 8 日出台《汽车金融机构管理办法》征求意见稿，跨国汽车金融企业将开始进入中国市场。据统计，截止到今年 10 月底，我国汽车消费信贷余额已达 958 亿，而仅今年 1 至 10 月就发放汽车贷款 524 亿元。也就是说自 1998 年央行颁布《汽车消费贷款管理办法》以来的 4 年里，总共发放汽车消费贷款的额度仅 400 亿元，而仅今年前 10 个月就达到了 500 多亿元，车贷增量所占比例已超过了我国正式开放汽车信贷市场后总量的 50%，增长幅度首次超过了住房信贷(今年 1 至 10 月住房信贷增长 177 亿元)。另外，诸如汽车保险、汽车物流等都是影响和推动今年汽车行业发展的重要方面。上市公司情况分析

【上市公司评述】 上市公司汽车板块今年主要特点表现为整体上升，但分化程度亦较为明显。这将在下面的分析中进一步展开。市场走势好于大盘，并成为带动市场的重要板块。这里把今年 1 月 4 日至 12 月 10 日这个时间区间作为分析的基准，并选取 6 月 6 日为上下半年走势的分界点。同大盘趋势，33 家汽车类上市公司全年整体也呈现了下跌局面，特别是受一些超跌股的影响，如湘火炬、ST 襄轴等，汽车类上市公司整体的下跌程度甚至超过了上证指数的下跌幅度，达到 14.58%，而上证指数同期为 14.42%。但是，如果我们扣除这些表现较为特殊的股票，找出真正能够代表汽车板块走势的公司，可以看到，整个汽车类上市公司的整体下跌程度是小于大盘的，也就是整体汽车板块的收益要好于大盘。特别是下半年以来，随着上市公司良好业绩的消息支撑，汽车类板块的走势

更加强于大盘，一度时间内也成为两市的龙头板块。下半年，在大盘达到平均9.35%的跌幅下，汽车类板块平均跌幅为8.85%，强于前者0.5个百分点。另外，在汽车类上市公司整体市场表现趋好的情况下，公司之间也出现了较大的分化情况。一方面是个别股票严重下跌，另一方面，个别业绩良好的股票呈现逆市上扬的局面，如江铃汽车、长安汽车、一汽轿车、东风汽车、上海汽车、福田汽车以及一汽四环等，不但没有下跌，而且上涨的幅度都较大。从细分行业来看，整车行业的下降幅度最低，其次是发动机行业，跌幅最大的是纯粹的零部件行业，下半年的跌幅达到－22.22%。行业1.4～6.6涨跌幅1.4～12.10涨跌幅6.6～12.10涨跌幅整车3.11－6.87－3.98发动机－0.84 －4.10－4.90零部件－11.27－12.34－22.22行业平均－6.29－14.58－8.85同期上证指数－5.59－14.42－9.35高成长性与低盈利水平并现。2002年是汽车行业快速发展的一年，毋庸质疑，这一年也是整个汽车类上市公司成长最快的一年。以前三个季度的指标与去年同期相比，除个别企业如兰宝信息、安凯客车、亚星客车、北方股份等企业由于产品结构等方面的原因出现负增长外，绝大部分企业都表现了较高的成长特征，整个汽车板块主营业务收入同比平均增长为27.52%，整体来看，并不是很高，但是，如前面我们所述的，汽车板块存在一定的两极分化特征，如果扣除掉出现负增长的企业，单纯评价有代表性的增长类的企业，同比平均的增长达到了35.46%。具体到细分行业，轿车、轻型载货车、部分大中客车以及与之能配套的零部件企业包括发动机企业在内成长性最好，分化较大的主要体现在大中客车和零部件企业上，特别是一些技术和规模相对较弱的企业如ST襄轴、兰宝信息、贵航股份等仍处在徘徊的阶段。而象安凯客车和亚星客车这样的大中客车企业而言，尽管行业整体大幅增长，但是由于自身产品结构未能充分适应市场需求等原因，也未能分享到行业总体成长的收益。从盈利能力来看，汽车类上市公司整体的盈利能力进一步提高，具体表现在主营业务利润同比增长平均达到了41.65%，是各主要财务指标中增长最快的一个，超过主营业务收入指标近14个百分点。当然，这也只是行业整体的情况，不同企业的差别也较大。以重点企业为代表的汽车企业如上海汽车、天津汽车、福田汽车、宇通客车等首先面临到了激烈竞争所带来的利润趋薄的压力，这也印证了前面我们对整个汽车行业分析的结论。另外，那些处于竞争最为激烈的竞争环节的企业，且在产品链条中因不具备核心资源而缺乏定价优势的企业也没能使利润与收入同步增长，如福田汽车、天津汽车、万象钱潮、江淮动力、宇通客车等，都属于这种情况。与这种高成长性和高盈利能力形成反差的是，汽车类上市公司的盈利水平却不尽人意。从净利润指标来看，汽车企业的最后净利润增长远远没有实现与主营业务收入和主营业务利润的同步增长，前三季度同比平均只有6.07%，同时，差异的程度也相对比较明显。具体有以下几种情况及原因：一是随着行业竞争的加剧，企业越来越重视在营销领域的投入，包括宣传推广和完善营销渠道方面，进而导致了企业销售成本主要是营销成本的大幅增加，如天津汽车、福田汽车、宇通客车等。二是受会计政策调整以及公司许多遗留问题的影响，企业加大了对会计坏帐的计提准备，使得相应的管理费用增加较多，影响了最终收益，这从另一个方面也为企业今后的盈利打下了财务基础。三是随着企业兼并重组的实施，企业的非经常性损益也越来越多，特别是投资性收益和股权性转让收益较多。经营效率显著提高，公司运营能力普遍增强。企业经营效率相比去年同期有较大提高，33家上市公司中，有22家实现了存货周转速度的正增长，有24家实现了应收帐款周转速度的正增长。整体平均存货周转率为2.4，同比增加14.19%，平均应收帐款周转率为6.64，同比增加了29.63%。其中，江铃汽车、一汽轿车、天津汽车、东风汽车、福田汽车、厦门汽车等提高的幅度较为突出，表明企业加大了在经营能力和经营效率上的工作，进一步反映了公司适应市场快速变化的能力的提高。另外，同类指标中整车类公司平均要好于零部件类公司。

受新股发行限制，公司间接融资比重加大。从主要偿债指标来看，33家汽车类上市公司普遍偿债能力有所下降，平均流动比率和平均速动比率分别下降了9.50%和8.93%，分别达到1.65和1.22，平均负债水平上升了12.16%，达到45.40%。这反映了随企业产销规模的扩大，对资金的需求普遍有所提高。受新股发行限制的影响，一些企业纷纷增加了银行贷款的额度，但是，各项指标基本都在较为合理的范围内，企业利用贷款等间接融资的空间也还比较大。

【重点上市公司分析】 ST夏利(000927)　ST夏利目前的汽车产品主要是夏利轿车、威姿轿车和与丰田合资生产的威弛轿车。

2002年天津汽车大幅度下降了产品价格，但成本控制未跟上降价幅度，因此2002年继续出现亏损，成为“ST夏利”。但由于2002年6月天津汽车与一汽集团进行了联合重组，促使日本丰田加大了与天津夏利的合作，因此其前景较为看好。目前天津一汽正加紧产品调整，随着其新产品威弛、威姿的投放市场，其盈利能力迅速提高，2003年一季度实现净利润5560.06万元，每股收益为0.035元，实现了扭亏。随着2003年轿车需求的增长，预计天津汽车的业绩将会逐步回升，具有摘帽题材。

金杯汽车(600609)　金杯汽车目前的汽车产品有轻型客车、轻型货车和轿车。2002年金杯汽车加大了对沈阳汽车制造厂和金杯通用汽车有限公司这两大不良资产的处理力度。2002年4月金杯汽车公司转让了其所持有的金杯通用汽车有限公司25%的股权。2002年11月，金杯汽车以一元人民币的价格将所持有的沈阳汽车制造厂100%权益转让给沈阳创业投资有限公司。金杯汽车通过以上的转让，减少了该公司的亏损额，使资产质量和财务状况得到改善。同时金杯汽车的参股公司——华晨金杯先后在2002年8月份和11月分别推出了中华轿车和阁瑞斯高档轻型客车，增强了盈利能力，增加了金杯汽车的投资收益。

悦达投资(600805)　悦达投资目前的汽车产品主要为千里马轿车。2002年悦达投资、起亚汽车公司和东风汽车公司对悦达起亚汽车公司进行重组，注册资本由1500万美元增至7000万美元，悦达投资将悦达起亚汽车公司25%的股份转让给东风汽车公司，并更名为“东风悦达起亚汽车公司”。重组后的东风悦达起亚汽车公司于2002年12月份推出了新型轿车“千里马”，该车推出后，即引起汽车市场轰动，销售量大幅度增长，2003年一季度的销售量就达到了10079辆。2003年一季度悦达投资实现净利润1207.81万元，实现了扭亏，预计全年业绩较去年将大幅度增加。

石化板块

【概况】 石化行业是一个典型的周期性行业，国内石化行业在1999年和2000年经历勃蓬发展的阶段，2001年却跌入谷底。虽然2002年一、二月份仍然面临较为严峻的市场环境，但自三月份以来原油、成品油价格明显回升,化工产品价格出现恢复性反弹,市场环境逐步转好,经营状况恢复正常。整体来看石化行业2002年正逐步走向复苏,行业整体效益与2001年相比基本持平并有所增长,累计完成工业增加值4,697.54亿,同比增长14.7%,增速比上年加快4.73%。石油和化学工业全年完成工业增加值占全国的14.92%,其中化学工业完成工业增加值1876.62亿元,同比增长16.79%,增速比上年加快5.2%;产品销售收入平稳增长,全年石油和化学工业实现产品销售收入14586.92亿元,同比增长8.73%。与2001年先扬后抑的走势形成鲜明对比的是,石化行业2002年整体呈现明显先抑后扬的态势。一、二月份石化产品市场恶劣,大部分石化企业出现巨额亏损,3～6月份在原油价格上涨和石化产品需求增长的带动下,石化行业盈利能力得到恢复,但是上半年比去年同期仍有所下降。下半年受国际油价持续上涨的影响,全国石化行业生产保持了快速增长的态势,经济效益明显回升。回顾2002年石油和化工行业经济形势,主要表现以下八个特点:

(一)主要产品产量持续增长。2002年国家重点监测的112种(类)产品中,生产比上年增长的有104种(类),占92.86%。其中全国生产原油1.69亿吨,比上年增长2.5%;原油加工量2.2亿吨,增长4.6%;乙烯541.4万吨,增长13.0%;丙烯产量532.1万吨,增长12.0%;合成树脂产量1366.5万吨,增长12.9%;烧碱(折100%)产量822.7万吨,增长13.0%;纯碱突破1000万吨,产量达到1018.9万吨,增长13.0%。化肥产量3665.7万吨(折100%),增长12.1%;农药82.2万吨(折100%),增长14%;轮胎外胎产量1.6亿条,增长14.3%。

(二)产品结构继续改善。2002年度,化工产品结构继续改善。合成树脂专用料和纤维差别化率比上年有较大的提高;化肥产量中,高浓度肥料尿素占氮肥产量的比例达到58.4%,高浓度磷复肥占磷肥产量的比例达到44.14%,比上年提高了8.55个百分点;农药产量中,农业生产急需的除草剂增长33.16%,占农药产量的比例为24.57%,比上年提高3.49个百分点;烧碱产量中,离子膜烧碱产量所占比例为23.0%,比上年提高1.74个百分点;轮胎外胎产量中,子午线轮胎产量所占比例为30.42%,比上年提高3.74个百分点。

(三)进出口贸易增长,出口创汇进一步提高。2002年是我国加入WTO的第一年,进出口贸易关税按照我国政府的承诺进行下调,石油和化工企业面对国际市场竞争的压力,积极采取措施,调整产品结构,提高产品质量,提高精细化工品、生物化学品、信息用化学品等高附加值的出口能力,扩大出口创汇,取得了较好的成绩。2002年我国石油化工业进口贸易额大幅增加,进口额为603.2亿美元,比上年增加18.9%;出口创汇249.2亿美元,比上年增长10.7%;贸易逆差继续扩大,达到创记录的354.1亿美元,比上年增加69.1亿美元。出口创汇增幅较大的产品有:有机化工原料、杀虫剂农药、杀菌剂农药、合成树脂、橡胶制品、涂料、生物化学品、信息用化学品等。

(四)行业利润由下游产品向中间产品转移。值得投资者注意的是,2002年二季度以来化工中间产品价格的上涨幅度远远大于合成树脂、合成橡胶和合成纤维等下游产品的上涨幅度。这使得化工行业的利润正逐步由原本利润率较高的下游产品向中游产品转移,这种变化有利于扬子石化和上海石化等中间产品比重较大的石化生产商,也进一步解释了为什么齐鲁石化和仪征化纤等以下游产品为主的公司2002年业绩不佳的原因。

(五)石油加工行业经济效益显著提高。据中国石油和化工业协会统计,2002年我国石油和化工行业经济效益明显提高,其中石油加工业从10月份开始扭亏为盈,1～12月份石油加工业累计实现利润44.48亿元,经济效益表现出良好的态势。

(六)石化企业加速并购重组。中国加入WTO以后,为了应对新的形势,"中石化"和"中石油"都在加紧剥离下属中小规模石化厂。2002年4月,"中石化"将"湖北兴化"(600886)57.58%的股权转让给"国家开发投资公司",公司的主营业务也将由石油化工的生产、加工、销售转变为电力项目经营、开发、投资和建设。5月,"中石油"将旗下石油龙昌(600772)35%的国有法人股转让给西安飞天、武汉绿洲两家企业;7月,"中石油"将旗下三星石化(600764)的国有法人股全部转让给"中国电子信息产业集团公司"。这些动作拉开了中国石化系并购重组的序幕。

(七)2002年我国原油市场表现较佳。1、生产增幅加大。由于我国西部油田产量较快增长和中海油一些新油田的投产,2002年我国原油产量达近年来的高水平,全年共生产原油16886.6万吨,同比增长2.5%,为近年来少有的高增长率。

2、加工量增长较快。由于石油需求增长,原油加工量较上年同期也有一定幅度上升。1～12月份,我国共加工原油21955.4万吨,同比增长4.6%。

3、净进口快速增长,出口继续下降。由于一些炼油厂扩能和一些新油库的投产,以及中石化的原油储备战略等因素影响,2002年我国原油进口量较上年同期增加,而出口量因响应国家要求及企业经营方针的变化,中海油原油更多的转向内销,出口量有较大幅度下降。

4、供应过剩,库存增加。2002年我国原油生产增长2.5%,同时原油进口增长了15.2%。2002年我国原油库存变化情况见表1。

表1　2002年我国原油库存变化情况　　万吨

项目	产量	净进口量	加工量	损耗	变化量
数量	16,886.6	6,270.85	21,955.4	675.46	526.59

其中:原油库存变化量=原油生产量+原油净进口量－原油加工量－原油耗损

资料来源:中国化工信息

5、平均价格下降。受国际油价影响,2002年我国原油基准价总体呈上升走势,但平均来说仍低于上年。其中轻质油、中质油Ⅰ、中质油Ⅱ、重质油分别比上年下降119.83元/吨、60.5元/吨、57.92元/吨、50.33元/吨,下降幅度分别为6.94%、3.92%、3.93%、3.83%。

专家预计,2003年我国经济增长率将达到7.9%—8.2%,高于2002年的7.8%。随着西部油田的快速发展和海上新油田的投产,2003年前期原油产量同比将有一定幅度增长,增幅高于后期。但是我国仍需大量进口原油,预计2003年我国将净进口原油6000～7000万吨,原油加工量将达到2.2～2.3亿吨。

(八)2002年我国成品油市场继续向好。1、供需出现平衡。2002年我国主要油品(除燃料油外)产量都有一定幅度的增长,其中增长最快的是LPG、化工轻油和润滑油。油品生产结构进一步调整,汽油、LPG、化工轻油收率有所提高,而柴油、燃料油收率有所下降。油品产量随国内石油市场供需状况而变化，市场供需达到近年来少有的平衡。2002年我国原油加工量和主要成品油产量见表2。

表2 2002年我国原油加工量和主要成品油产量情况 万吨

产品	数量	同比增长
原油加工量	21,955.4	4.6
汽油	4,335.2	4.6
煤油	826.1	5.1
柴油	7,699.1	3.2
润滑油	362.9	7.6
燃料油	1,847.6	−1.2
液化石油气	1,190.1	9.4

资料来源：中国化工信息

柴汽油生产比率趋向合理化　2002年我国柴汽油生产比例降低，向合理方向发展：由于柴油需求较弱，柴汽油生产比例在2002年5月达到创记录的2.03后，6月开始呈下跌走势，到11月跌到1.64的近年来低水平。2000年我国柴汽比平均为1.71，而2001年为1.80。

汽柴油零售中准价呈上升走势　受国际油价影响，2002年我国汽柴油零售中准价逐步走高，其中2、6、7、8、9、11、12月中准价未做调整。就全年平均价来说，汽柴油中准价均低于2001年。汽油从3367.17元/吨下降到3256.33元/吨，降幅为3.29%；柴油从2974.25元/吨下降至2927.83元/吨，降幅为1.56%。2002年我国汽柴油价格调整情况见表3。

表3 2002年我国汽柴油价格调整情况 元/吨

月份	当月汽油价格	调幅%	当月柴油价格	调幅%
1	2,743	−7.74	2,432	−7.95
3	2,873	4.74	2,562	5.35
4	3,133	9.05	2,802	9.37
5	3,373	7.66	3,042	8.57
10	3,573	5.93	3,232	6.25

资料来源：中国化工信息

【主要影响因素分析】　2002年国际原油价格持续走高　国际原油市场价格对石化行业效益具有重大影响，因为全行业70～80%的利润来自原油和天然气开采业。而且自从2001年10月17日国家计委公布新的成品油定价机制之后，我国的石化市场也与国际原油市场息息相关。因此，通过分析国际油价走势可以使我们对石化行业的盈利状况有一个初步的了解。

回顾2002年的国际石油市场，可以看出来，由于欧佩克减产、美国经济回暖需求复苏、美伊对抗、OPEC国家的石油限产计划、俄罗斯的石油出口政策走向以及市场预期的心理因素影响等原因，2002年度的国际原油价格走出了在小幅震荡中一路上扬的趋势。国际原油价格走势在2002年可以分为五段：从年初到4月上旬，由于欧佩克减产、美伊对抗及以巴冲突等因素，原油价格一路攀升；而在4月初到6月中旬这段时间，由于伊拉克暂停出口的结束，美国原油、汽油库存上升，地缘政治风险减弱，交易商撤离期货市场造成卖压，油价出现小幅回调；从6月中旬到9月中旬，由于欧佩克部长会议作出继续维持限产的决议，市场上对美伊之间发生战争的担心加剧，原油价格持续大幅走高；9月16日，伊拉克决定无条件允许联合国武器核查人员重返巴格达后，降低了人们对美伊战争的预期，9月中旬到11月上旬这段时间，国际油价有比较大的下降；在11月上旬之后，美伊冲突加剧，战争预期值升高，加上委内瑞拉石油工潮，油价出现了比较快的上涨。

2002年入世对石化行业影响不大　长期以来，我国基本上是依靠配额制、许可证制度等非关税壁垒以及高关税壁垒，限制原油和成品油的进口量，并限定国外企业不能在中国从事原油、成品油的批发和零售业务，以保护民族石化工业的发展。加入WTO后，这些不符合WTO规定的手段将逐渐加以取缔和修正，包括减让关税；取消配额和其它进口数量限制措施、恢复进口；给予外国公司贸易权和分销权等等；我国石化企业将直面国外对手的有力竞争。

但从2002年这一年来看，我国石油和化工行业生产经营保持适度增长，入世对我国石化行业影响还不大。入世前业内普遍担心的成品油、化肥行业没有受到严重冲击，整个情况比预期要好。唯一受入世影响比较大得是石化进出口方面：2002年我国石油化工业进口贸易额大幅增加，进口额为603.2亿美元，比上年增加18.9%；出口创汇249.2亿美元，比上年增长10.7%；贸易逆差继续扩大，达到创记录的354.1亿美元，比上年增加69.1亿美元。

汽车工业的快速发展要求炼油工业与国际接轨　十几年来我国国民经济快速发展，经济建设和大众消费结构都发生了巨大的变化。2002年，我国汽车产量达到324万辆，在世界上的排名从2001年的第8位跃到第5位(或第6位)，其中轿车产量达到109万辆(销售量达到116万辆)，从2001年的世界排名第14位上升到第10位。目前多数国产和进口轿车发动机的压缩比都达到了9.0～10.0，少数达到了10.0以上；汽车设计尾气排放达到了欧II，有的甚至达到了欧III标准。随着汽车压缩比的提高，我国汽车工业告别了化油器时代进入了电喷时代，对汽车的要求除了安全、可靠、舒适以外，在节能和环保方面也提出了更苛刻的要求，因此要求使用高标号(93#以上)清洁汽油。我国的汽车工业特别是轿车已全面融入世界汽车工业的发展潮流，汽车尾气排放标准的升级要求燃油相应的升级与其匹配。汽车尾气排放标准越高，城市的环境效益越明显。按照已经作出的安排，我国汽车尾气排放标准与国际接轨分3个阶段：第一阶段，从2000年起实行新的《车用有害物质控制标准》(GB14761－1999)，与欧洲91/441/EEC标准(即欧洲I号)等效；第二阶段，从2004年起新车要达到欧洲94/12/EC标准(即欧洲II号)；第三阶段，从2010年起汽车尾气排放标准达到国际水平。为适应我国汽车工业发展和保护环境的要求，国家先后颁布了《车用无铅汽油》国家标准(GB17930－1999)和《轻柴油》国家标准(GB252－2000)。同时，国家还明确了汽车代用燃料的发展方向。2001年国家质检总局颁布了《车用乙醇汽油》国家标准(GB18351－2001)和《变性燃料乙醇》国家标准(GB18350－2001)。

为应对我国汽车用油需求快速增长和要求清洁燃料升级换代的趋势，我国炼油行业在资产重组的同时也加快了炼油厂结构、装置结构和产品结构调整的步伐。中国石油天然气集团公司在已关闭560万吨/a低效炼油能力的基础上，计划到2005年再关闭1600万吨/a炼油能力，同时扩建大连、兰州、抚顺、大庆4个炼油中心。其中，大连炼油中心计划规模是2000万吨/a，兰州炼油中心是1000万吨/a。兰州石化工程已于2002年7月开工建设，预计2003年5月底投产。中国石化集团公司计划5年内淘汰1500万吨/a炼油能力，关闭部分产能不足的中小型炼油厂，集中精力建设一批炼油中心，将增加的产能集中分配给加工能力在1000吨万/a以上的大型炼油企业。其中茂名石化的改扩建工程已于2002年7月通过验收，使其原油加工深度和轻油收率提高，产品结构优化，质量升级，高标号清洁汽油和清洁柴油的产量大幅度提高；镇海炼化的二期工程已于2002年8月底建成投产，使其成为目前我国最大的含硫原油加工基地之一；上海石化加工进口含硫原油的改造工程，已于2002年9月全部竣工投产等等。总之，中国石化集团2002年已经建成和现在正在建设中的有茂名石化、镇海炼化、齐鲁石化、金陵石化、高桥石化和广州石化9个具有国际竞争力的千万吨级炼油基地，同时福建炼油一体化改造和青岛大炼油2个千万吨级炼油工程也将启动。

中国石化与中国石油两大集团加强合作，共同维护市场稳定　2002年中国石化与中国石油两大集团在经营战略上发生了变化，从相互激烈竞争向既竞争又合作的方向转变，从抢占市场的粗犷型经营方式向争取效益最大化的经营效益型的方向转变.从往年成品油市场的运行情况可以看出，资源与价格决定着市场的走向，两大集团如果参与过度竞争会陷入资源越多价格越低，企业效益流失越严重的怪圈，最终消费者并没有从降价中获取实惠，而是中间环节赚取了巨大的经济利润。

2002年两大集团吸取了经验教训，从年初开始就加强了相互间的合作，在国家有关部门的指导下对加工量的安排进行了协调以保证市场供求关系的正常。从执行情况看，除4—5月份加工量偏高外，其余月份都是根据当时市场的实际情况进行调整并逐步加大了油品出口数量，既保证了市场的供应又保证了油价的稳定。在联手推价方面更是如此，两大集团的销售公司每次在国家定价调整的同时下发联合推价、稳价的通知，对推价的时间和幅度提出明确的要求，并派出检查组赴各地督察执行情况。在各种措施下，国内成品油价格竞争减弱，虽然系统外经营单位的价格仍低于系统内省市石油公司的价格，但价格的差距与2001年相比明显缩小，市场价格逐步向国家定价靠拢。

【上市公司评述】　原油开采类上市公司——保持盈利稳定　由于目前国内原油定价机制已经实现了与国际市场接轨，因此国内油价走势完全取决于国际市场，而原油开采行业盈利状况与原油价格的相关性十分显著，根据对辽河油田和石油大明两家上市公司连续7个季度的数据研究表明，其主营业务利润与原油价格的相关系数都达到了0.8以上。

国内原油销售价格远高于开采与勘探成本，因此辽河油田、石油大明和中原油气三家原油开采类上市公司在2002年的盈利非常可观，每股收益分别达到0.36、0.41和0.57元。

炼油类上市公司——经营面临压力　从整个亚洲成品油市场看，原油炼制的毛利润仍处在较低的水平。2002年1～2月份原油加工企业出现巨额亏损，而3、4、5月连着三个月调高了我国成品油价格，原油加工企业开始逐渐扭亏。10月份国家计委规定的90号汽油中准价为3573元/吨，柴油3232元/吨，较年初分别上涨了30.26%和32.89%。但这一涨幅仍然略低于原油价格的涨幅，加之下半年以来国内成品油库存居高不下，因此以炼油业务为主的石化企业的经营压力仍然较大。炼油类上市公司都表现平平。

此外从2003年1月起，国内汽油将使用新的质量标准，即硫含量不大于0.08%，烯烃不大于35%，这是加入世贸组织后进行的首次全国范围的燃油升级。这一新标准的推出，将会迫使国内的炼油企业增加设备和技术投入，并将导致汽油成本的上升，这无疑在短期内对炼油企业又是一个压力。

综合石化类上市公司——业绩回升　随着三月份国际原油价格的上涨，下游化工产品的价格和利润率也出现了不同程度的提高，显示出综合石化子行业逐步走出业绩下降通道。

对于中型石化企业而言，由于产品结构单一，所面临的经营环境也各不相同。其中ST吉化连续三年亏损，已经于4月30日起暂停上市；岳阳兴长、黑化股份和天利高新等公司的业绩出现不同程度的下滑；中国凤凰、大庆联谊和三星石化等公司的业绩则有所提升。

对于大型综合性石化企业来说，扬子石化和上海石化表现优异，2002年每股收益分别达到0.27和0.126元，同比出现大幅增长；而ST吉化却表现不佳，出现亏损。三家公司业绩表现如此迥异，除了后者管理不善外，产品结构也是影响业绩的重要因素。

中国石化作为一家上、中、下游一体化的巨型石化企业，其业绩基本代表了国内石化行业的整体情况。2002年公司净利润达到了141亿元，显示出石化行业业绩提升的态势。

油品销售类上市公司——竞争激烈　根据中石化的预测，今后15年，中国的成品油市场将以每年4.3%的速度增长，这在全球是绝无仅有的。中国石化工业的重组和诸多管制的逐渐放开，特别是“中国石油”和“中国石化”在海外的上市，为外国石油资本进入中国成品油销售领域提供了一个绝好的机会。此外，除了国外企业的潜在竞争，成品油销售行业的竞争状况已经在逐渐加剧。在经历了对社会加油站数年的整合之后，中国石化和中国石油对市场的控制能力已经大大增加。尽管两大集团的主要市场仍然大致以黄河为界，但在不少地区两大集团之间的竞争已经初步显现，而且来自两大系统之外加油站的竞争压力仍然较大。泰山石油(000554)和武汉石油(000668)两家国内上市公司在加油站的扩张方面都受到地域限制，因而一旦在当地市场占有主导地位后，市场份额将难有突破。

天发股份和广聚能源是独立于中石化和中石油两大集团外的上市公司。近两年以来，国家为了加强和规范成品油市场的管理，将成品油的批发经营权收归中石油、中石化两大集团，由两大集团垄断全国成品油的批发销售。因此天发股份和广聚能源不仅失去了成品油批发权，而且进油渠道也受到两大集团的控制，成本居高不下。其中天发股份经营业绩大幅下滑，2002年每股亏损0.531元。

【重点上市公司分析】　原油开采类　目前我国原油开采类的上市公司有4家：中原油气(000956)、石油大明(000406)、辽河油田(000817)和中国石化(600028)。中原油气和石油大明的大股东是中国石油化工股份有限公司(简称中石化，下同)，辽河油田的控股股东是中国石油天然气股份有限公司(简称中石油)。这四家公司的主要财务指标见表4。

表4　2002年原油开采类上市公司主要财务指标一览表

股票简称	每股收益(元)	主业收入(万元)	主业收入增长率(%)	主业利润(万元)	主营利润增长率(%)	净利润(万元)	净资产收益率(%)	总股本(万股)
中国石化 600028	0.163	32,418,400.00	6.52	6,115,000.00	8.52	1,412,100.00	9.64	8,670,243.90
辽河油田 000817	0.36	120,589.18	9.59	67,018.65	13.53	39,786.44	15.79	110,000.00
石油大明 000406	0.41	78,196.08	2.66	37,391.92	−8.08	15,083.87	10.14	36,402.76
中原油气 000956	0.57	179,423.85	3.10	72,721.12	−5.22	46,832.85	14.39	81,600.00

由上表可以看出，中原油气的每股收益(0.57元)排名最高，而辽河油田的主营业务收入增长率(9.59%)、主营利润增长率(13.53%)、净资产收益率(15.79%)排名最高。

由于我国原油一直供应不足，原油开采业在我国石化行业中具有战略地位，在此重点分析这四家公司。

中国石化(600028)　公司的业务涉及到石油、天然气的勘探、开采和销售，炼油与石油化工、化纤及其他化工产品的生产、销售、储运、成品油及其它石油产品的批发、零售、储运、便利店经营。公司的总股本为8,670,243.90万股，流通A股为280,000.00万股，流通H股为1,678,048.80万股。其中中国石油化工集团公司4,774,256.10万股，占55.06%。

1、地位超然。中国石化是中国和亚洲最大的炼油企业、中国和亚洲最大的石油产品经销商，国内最大石化产品生产商和供应商。它也是唯一一家同时在香港、纽约和伦敦上市后又在国内成功发行上市的企业。目前，公司拥有全国80%以上的炼化厂，中国四大含硫原油加工基地（镇海、茂名、齐鲁、金陵）也全部隶属公司旗下。截至2002年底，公司自营加油站24,000座，特许经营加油站4,127座，在国内成品油零售领域具有绝对优势。

2、抗风险能力强。中国石化是一体化的能源化工公司，拥有完整的上、中、下游产业链，这种一体化公司在垂直产业链的业务拓展上具有很多其它中小企业不可比拟的优势，使得这类公司本身就具有了很强的抗风险能力。

3、公司将在化工领域开拓新的利润增长点。随着燕山、上海和扬子三大乙烯扩建项目的投产，公司在化工领域实现扭亏。考虑到公司不断扩大的生产规模、日趋精细化的产品结构和我国三大系列合成材料市场15%以上的增长率，化工领域将成为公司未来又一个重要的利润增长点。

4、国际油价上涨对公司有正面影响。2002年受中东局势紧张影响，国际原油价格居高不下，国内成品油价格及中下游产品价格都不同程度上涨，对公司产生了一定的积极影响。

辽河油田（000817） 公司的主营业务为石油、天然气资源的勘查、开采和销售，公司的总股本为110,000.00万股，流通A股为20,000.00万股，其中中石油持有90,000.00万股，占81.82%。

1、有望受到中石油的扶持。公司属典型的国企大盘股，第一大股东中国石油天然气股份有限公司实力雄厚，有望给予公司更大的扶持。

2、2002年公司经营业绩良好。2002年度公司原油、天然气产量增加和油价上涨，对公司生产经营形成正面影响，使公司保持了较好的经营业绩。

3、公司具有充足的资金。这为企业的经营提供了保障，同时也为公司寻求投资项目提供了资金保障。

4、在“中国石油系”里表现最佳。公司2002年度每股收益0.36元，（另外两家为锦州石化，为0.02元/股；ST吉化，为－0.29元/股）；且该公司作为原油开采类，具有一定的战略价值。

5、公司也有一些不足。这包括后备资源不足，公司所属老区勘探潜力小；公司辖区多为稠油区块，吨油成本较高；公司主营业务比较单一，主要产品为原油、天然气。国际原油市场价格的波动将对公司的效益产生较大影响。

6、众多基金持有。总的来看，该公司的发展前景被众多机构投资者所看好，在2002年末，有众多基金持有该股，前十大股东中有8家为基金。

石油大明（000406） 公司的主营业务为石油资源的勘查、开采和销售，公司的总股本为36,402.7608万股（送股后总股本），流通A股为26,582.8392万股，其中中石化持有7,988.8680万股，占26.33%。

1、该公司属于目前三家原油开采类上市公司之一，一直保持着绩优股的良好形象。

2、国际石油价格的持续上涨趋势对公司形成了实际性利好。

3、努力寻找新的利润点。公司投资了湖北襄樊市、湖南岳阳市并拟投资湖北宜昌的天然气输配和利用工程，将公司主营业务向城市燃气业务延伸。以气代煤将是中国的发展趋势，天然气输配和利用项目具有较大的市场潜力。此外，公司还在积极培植房地产开发、风险投资行业。以上项目完成后，将形成公司新的利润增长点。

4、具有重组题材。控股股东中石化的大型重组在有条不紊地进行。中石化持有该公司7,988.8680万股，仅占总股本的26.33%，预计该公司今后将结合中石化、胜利油田有关政策，加快产业结构调整，切实增强市场竞争力。

中原油气（000956） 公司的主营业务为石油、天然气资源的勘查、开采和销售。公司的总股本为81,600.00万股，流通A股为20,400.00万股，其中中石化持有61,200.00万股，占75.00%。

1、资源储备充足。在中石化8个油气田中，公司原油产量名列第7位、天然气产量名列第2位，资源储备将更为充足，可开发年限也较长，确保了公司业绩的稳定增长。

2、国际石油价格的持续上涨趋势对公司形成了实际性利好。

3、受国家政策以及中石化集团扶持。由于石油属不可再生资源，有战略贮备必要，公司的发展更容易得到国家的关注，必然会有适当的政策倾斜。而且由于原油供应不足一直是中国石化的“软肋”，故该公司具有一定的战略价值，会受到集团的扶持。

（二）炼油类与石化加工类 我国炼油类和石化加工类的上市公司有16家，这16家的主要财务指标见表5。

表5 2002年炼油类和石化加工类上市公司主要财务指标一览表

股票简称	每股收益（元）	主业收入（万元）	主业收入增长率（%）	主业利润（万元）	主营利润增长率（%）	净利润（万元）	净资产收益率（%）	总股本（万股）
ST吉化	－0.29	1,231,913.95	3.40	76,492.22	170.69	－102,573.26	－35.92	356,107.80
ST圣方科	－0.13	61,507.53	19.30	4,343.07	375.11	－4,066.91	－15.9	31,162.70
石炼化	0.01	477,411.69	－8.05	17,375.20	－29.41	774.281	0.45	115,444.43
锦州石化	0.02	903,126.29	4.54	31,388.60	－18.63	1,261.03	0.82	78,750.00
黑化股份	0.02	54,924.30	－55.36	9,873.25	83.15	775.0195	0.98	33,000.00
齐鲁石化	0.022	716,948.70	2.09	58,240.90	1.55	4,262.80	0.97	195,000.00
大庆联谊	0.0256	69,324.28	26.05	4,322.29	132.30	491.592	0.67	19,200.00
锦州六陆	0.06	20,690.44	33.20	4,230.53	43.64	942.7037	2.12	16,213.25
中国凤凰	0.1	90,642.16	0.29	9,106.56	39.72	5,015.87	3.94	51,916.88
上海石化	0.126	2,232,289.60	10.52	297,986.20	67.77	90,896.50	6.437	720,000.00
岳阳兴长	0.143	81,441.25	17.79	6,739.36	2.98	2,360.21	6.43	16,513.39
天利高新	0.15	73,398.79	118.77	11,881.55	21.18	5,203.75	7.94	35,700.00
燕化高新	0.2	16,049.83	－29.54	4,714.83	8.10	2,568.31	6.33	12,960.67
茂化实华	0.22	143,605.01	14.56	13,195.43	26.40	6,339.18	11.37	28,978.56
山西焦化	0.23	94,902.36	52.14	32,528.67	46.21	4,670.87	6.41	20,285.00
扬子石化	0.27	1,514,922.43	18.24	141,429.80	163.72	62,514.92	10.7	233,000.00

从上表可以看出，扬子石化的每股收益（0.27元）最高，天利高新的主营业务收入增长率（118.77%）最高，茂化实华的净资产收益率（11.37%）最高。齐鲁石化和上海石化的排名虽然并不靠前，但它们和齐鲁石化一样，不仅是大型石化企

业，而且都是中石化集团内的重点上市公司，会受到集团重点扶持，也都具有很大发展潜力。下面我们对扬子石化、上海石化和齐鲁石化加以分析。

齐鲁石化(600002)　公司是中国石化的控股子公司，其主营业务为石油化工产品和无机化工产品的生产、加工、销售及研究开发和综合技术服务。公司现有58种主要产品，涵盖合成树脂、有机化工原料、烧碱、合成橡胶四大类产品。公司的总股本为195,000.0000万股，其中流通A股为35,000.0000万股，其中中国石化持有160,000.0000万股，占总股本的82.05%。公司是我国主要的石油化工生产企业之一，国内唯一的塑料——氯碱型石化企业，也是国内目前最大的合成橡胶、烧碱和合成树脂生产基地之一，具有一定的规模效益。2002年国际原油价格的上涨对公司形成利好。2002年下半年，国际石油、石化产品价格明显回升，使公司的经营情况随之好转，并在第四季度成功实现扭亏。公司在成本和费用控制方面取得了显著效果，增强了公司的综合竞争力。

上海石化(600688)　上海石化是中国石化的控股子公司，公司的主营业务为生产销售中间石化产品和石油产品以及合成纤维，树脂及塑料。总股本为720,000.00万股，流通A股为72,000.00万股，流通H股为233,000.00万股，其中中石化持有400,000.00万股，占总股本的55%。

1、与BP公司的合资项目规模巨大。公司已与控股股东中国石油化工股份有限公司、BP化工华东投资有限公司签署了在中国设立合资经营公司的“合资经营合同”，该合资公司的总投资额约为224.5亿元，注册资本约为74.9亿元，其中上海石化出资约15亿元，中国石化应出资约22.5亿元。合资经营公司的宗旨是建设一座额定能力为900,000吨乙烯的石化生产设施，生产营销乙烯、聚乙烯、苯乙烯、聚苯乙烯、丙烯、丙烯腈、聚丙烯、丁二烯、芳烃和副产品，为这些石化产品和副产品提供相关售后服务和技术咨询，并从事聚合物的应用开发。合资经营公司预期于2005年建成。合资经营合同向公司提供了投资于应用先进技术和科学管理方法的世界一流生产营销企业的机会，与公司的现有业务相符，且符合公司的整体策略。

2、新项目开发将为公司带来可观收益。公司开发的3万吨/年腈纶工程化成套技术项目完成了工艺软件包和基础设计，并应用于公司四期工程中的6.6万吨/年腈纶国产化改造工程；20万吨/年第二代环管聚丙烯装置国产化技术项目。此外，自行开发的CTV－4催化剂在醋酸乙烯装置上的成功运用，新一代CTP－III钯碳催化剂实现工业化生产都为公司带来可观的经济效益。

3、公司调整产品结构，使得各项业务的毛利率都有提高。炼油业务，由于成品油与原油价差扩大，因此毛利率增长5.93%；中间石化业务，虽然该项业务仅占收入的11.8%，虽然前三季度平均销售价格下跌21.82%，但四季度这类产品价格大幅上涨，因此全年平均价格反而微升了0.84%，毛利率更是上升了11.11%，而今年初这类产品的价格继续上扬。

4、溶剂脱沥青装置的改造完工将进一步提高公司的生产效率。

2003年1月公司的溶剂脱沥青装置完成技术改造并一次开车成功，其年加工能力由30万吨提高到了50万吨。该装置的改造完成，将有利于公司的原料优化平衡，进一步提高原油加工深度和轻油收率，增加产品附加值。

扬子石化(000866)　本公司隶属于中石化，为我国特大型石油化工企业，主营业务为石油炼制及烃类衍生物的生产、加工和销售，包括聚酯原料、聚烯烃塑料、基础化工原料、石油产品。公司的总股本为233,000.00万股，流通A股为35,000.00万股，中石化持有198,000.00万股，占84.98%。

1、65万吨乙烯改造工程的完成是扬子石化新的经济增长点。扬子石化65万吨乙烯改造工程乙烯装置，在2002年7月顺利实现施工单位与生产厂的中间交接。这标志着总投资达43.52亿元的扬子石化65万吨乙烯改造工程已全面建成，通过这一改造，扬子石化的年生产和加工能力将大大提高，包括乙烯从40万吨扩大到65万吨，聚乙烯和聚丙烯分别从20万吨扩大到40万吨，丁二烯从10万吨扩大到20万吨，汽油加氢从30万吨扩大至50万吨。工程的建成将大大缓解长期以来我国对塑料专用料的进口局面，提高国产专用料的市场占有率，成为扬子石化新的经济增长点。

2、年产20万吨聚乙烯装置已建成。该装置采用美国UCC公司的气相法聚乙烯工艺，由于技术含量较高，其生产成本被大幅节省，并缓解了我国一半左右的塑料原料，尤其是专用材料长期依赖进口的局面。

3、公司参股了10%的扬子石化－巴斯夫有限责任公司。该公司包含了以60万吨/年乙烯装置为核心的世界级石化工程，已于2001年9月28日正式破土动工，预计2004年底建成投运。

4、石化市场在经历低谷之后，已出现行业复舒的势头，为公司创造了良好的市场环境。

(三)油品销售类　油品销售类的上市公司有4家，武汉石油(000668)、泰山石油(000554)、广聚能源(000096)和天发股份(000670)，前两家的大股东是中石化，后两家是两大集团外的公司。这4家上市公司的主要财务指标见表6。

表6　2002年油品销售类上市公司主要财务指标一览表

股票简称	每股收益(元)	主业收入(万元)	主业收入增长率(%)	主业利润(万元)	主营利润增长率(%)	净利润(万元)	净资产收益率(%)	总股本(万股)
*ST天发	－0.531	51,877.09	－55.47	5,205.78	－57.12	－14,466.20	－17.26	27,220.91
泰山石油	0.073	109,426.58	－4.19	13,040.68	－0.94	3,496.84	4.37	48,079.33
武汉石油	0.15	121,357.92	－4.33	16,228.52	13.68	2,271.75	6.71	14,684.19
广聚能源	0.34	133,009.48	17.90	12,755.02	16.83	11,311.70	11.21	33,000.00

从上表可以看出，广聚能源的每股收益(0.34元)、主营业务利润增长率(16.83%)、净资产收益率(11.21%)的排名在同概念上市公司中都位居首位，表现突出。

泰山石油的表现虽然平平，但它具有一定重组价值。下面我们对广聚能源和泰山石油分别加以介绍。

广聚能源(000096)　公司的主营业务是石油制品、液化石油气销售及电力投资。总股本为33,000.00万股，流通A股为8,500.00万股。

1、是油气电一体化的能源类上市公司。公司是国内公司是深圳市和珠江三角洲地区石油制品及液化石油气的主要经营者之一，也是国内首家集油、气、电三位一体的能源类上市公司。作为油气电一体化的能源类上市公司，公司综合发展潜力较大。

2、电力投资收益可观。公司间接持有深南电(0037)22.97%、西部电力10%的股权，2002年度合计带来了10604.75万元的投资收益，占公司净利润总额92.75%，已成为公司核心利润来源，预计上述投资收益前景仍可持良好增长势头。

3、大机构介入明显。2002年报前十大股东资料显示海通证券等机构介入明显，公司股东户数进一步缩减，其目前户均持股已达 3898 股，主力控筹较为集中。

4、该公司并不属于中石化或中石油，其弊端在于不能依靠大集团的优势，且会受到来自两大集团的竞争，其有利的一方面在于其在终端扩展方面会有更大的自由度。

泰山石油(000554)　公司的主营业务是成品油经营及房地产开发。总股本为 48,079.3318 万股，流通 A 股为 29,483.9998 万股，中石化持有 18,595.33 万股，占 38.68%。

1、国际石油价格的持续上涨，对公司经营有利。

2、控股子公司鲁润股份表现良好。有限公司是由公司控股 29.5%的一家以成品油经营、润滑油生产与销售、房地产开发、装饰装璜业为主的上海证券交易所上市公司。公司注册资本为 17,045 万元，资产总额 91,906 万元。报告期内，该公司强化主营业务经营，调整对外投资，产业结构趋于合理，各投资项目得到不同程度的发展。

3、公司具有一定的重组题材。公司隶属于中石化，其销售总量占中石化销售总量的比例很低，小于 1%，基本可以忽略不记。而且其拥有的加油站也仅占中石化加油站总量的 0.45%，放弃该公司的壳资源对中石化影响不大。

4、公司面临越来越激烈的竞争。入世后，随着关税的减让，该公司面对的市场竞争更加激烈，与社会油品经营单位相竞争将没有价格优势，与系统外油品经营单位的竞争将愈演愈烈，从批发、零售上都给该公司的经营带来很大的压力；此外入世后国家对石化行业的政策支持将不复存在，在国内现行的成品油销售管理体制将发生根本的变化，市场规则、财务会计、投资融资、治理结构等都将逐步与世界接轨，也对该公司的经营管理水平的提高提出了新的要求。　（廖乙凝）

钢铁板块

【概况】　2002 年，我国的钢铁业绝处逢生。2001 年，很多因素给我国钢铁企业带来了压力，比如：加入 WTO 后，外国钢材大量进入我国市场；日元贬值加大了日本钢铁的出口力度。受到这些因素的影响，在 2002 年初，许多业内人士预测今年钢铁行业的利润为零，但是，房地产、汽车等行业这两年的高速增长也带动了国内钢铁的消费量。而且 2002 年由美国引爆的全球钢铁贸易战带来了二季度世界范围的以板材为主的钢材产品价格急速上涨。我国 3 月份出台对进口钢材为期一年的反倾销调查决定，调查期间 20%的进口贸易保证金抑制了汹涌的外国企业向我国出口钢材的热潮；5 月份实施 180 天钢铁行业临时保护措施，数量有限的全球配额和惩罚性关税使我国依靠进口的钢材品种快速进入稀缺真空，板材等主要钢材品种的价格大幅上涨。11 月份，我国出台针对薄板为主的 5 类钢材产品为期 3 年的最终保障措施，这一措施的实施将为这些钢材品种的价格继续保持稳健走势奠定基础。

1、2002 年我国钢产销量快速增长。1—10 月份，全国钢产量达到 1.465 亿吨，同比增长 22.3%；成品钢材产量 1.57 亿吨，同比增长 19.97%。消费方面，2002 年 1—10 月我国钢材表观消费量（表观消费量＝产量＋净进口量）达 1.74 亿吨（2002 年 1—10 月钢材进口量为 2057 万吨，同比增长 45.58%），同比增长 22.7%，预计 2002 年全年同比将增长 22%。

2、2002 年我国钢铁行业利润实现大幅度增长。板材是受 WTO 冲击的主要钢材品种，也是 2001 年以及今年初所有钢材品种中价格压力最大的品种之一。在国际板材市场创二十年新低影响下，2001 年下半年板材价格大幅下挫。2002 年 4 月，国际板材价格开始走暖。在我国决定对以板材为主的进口钢材进行反倾销调查以及加征关税和配额等临时性保护措施作用下，我国板材价格迅猛上升，与年初价格相比，板材价格最高涨幅超过 30%。价格回升给钢铁企业带来了丰厚的利润：2002 年 1—10 月全国钢铁企业销售收入达 5211 亿元，同比增长 17.15%，利润总额达 223 亿元，同比增长 24.3%，毛利率达 14.3%，超过 2001 年的 13.3%。预计钢铁行业全年将实现盈利 250 亿元。

钢铁类上市公司业绩大幅提高。仅从前三季度与第一季度的比较看，在平均主营收入增长仅 234%的情况下，钢铁上市公司整体业绩（平均净利润）增长超过 300%，可见钢材价格对钢铁上市公司业绩的支撑作用明显。由于板材价格上涨特别明显，生产板材的上市公司业绩增长突出。前三季度净利润累计涨幅超过 300%的，除了广钢股份因为利润基数较低外，均为在主营产品中含有板材产品的公司。尤其是钢铁规模最大的宝钢股份的业绩大幅增长，对整个钢铁行业上市公司整体业绩的提升起到了较大作用。

【展望】　2003 年汽车行业预计仍将处于高速增长阶段，但增长速度将略有下降。国家信息中心预测 2003 年钢材需求增长率为 15%，较 2002 年的增幅有 7 个百分点的回落，但仍处于景气周期内。

1、2003 年钢铁行业具备许多有利条件。首先，我国宏观经济预期良好。国际货币基金组织（IMF）预测今年我国国内生产总值将增长 7.5%，明年仍将超过 7%。“十五”期间，三峡二期工程、西气东输、西电东送、南水北调和青藏铁路将全面铺开，住房的旺盛需求等均将带动建筑业的发展。同时，近年来钢铁产品流向汽车等行业的数量大幅度增加，汽车、家电、造船等制造业保持增长势头将有力地拉动板材类钢铁产品的需求。

其次，随着经济一体化进程的加快，世界许多制造业逐渐向中国转移。目前，在《财富》500 强中，有近 400 家已在中国投资 2000 多个项目。2003 年这种投资趋势还将继续，专家预计，世界工厂是中国的千年大机遇，这些将为我国钢铁工业的发展提供巨大空间。

第三，我国运用 WTO 规则维护合法权利的意识大大增强，2002 年对钢铁进口实行的最终保障措施有利于平衡国内供需。2002 年 11 月 19 日，我国外经贸部发布钢铁进口正式保障公告，对热轧普薄板、冷轧普薄板（带）、彩涂板、无取向硅电钢、冷轧不锈薄板（带）等 5 类进口钢铁产品实施最终保障措施。最终保障措施采取“关税配额、先来先办”的方式，在规定数量内进口仍执行现行适用关税税率，规定数量外进口产品则加征关税。最终保障措施的实施期限为从 2002 年 5 月 24 日至 2005 年 5 月 23 日的 3 年时间。这五类产品的进口受到限制后，钢材进口总量就能得到控制。因为这五类钢材是我国钢材进口的主要品种，2001 年和 2002 年 1—9 月分别占钢材总进口量的 59%和 57%，因此对平衡国内钢材市场供需有显著作用，对国内钢铁企业有比较明显的保护。

第四，从世界范围看，全球经济已经度过最困难时期，正处在恢复之中。据国际钢铁协会的调查资料预测，2002 年全球钢铁消费量将达到 7.84 亿吨，2003 年全世界钢材消费将回升，达 8.1 亿吨。最近，国际钢铁协会（IISI）在罗马召开的第 36 次年会上，发表了如下的预测：2003 年世界钢铁的表观消费预计是 8.41 亿吨，比 2002 年增加 4.9%。特别是消费增加显著的中国，预计 2003 年表观消费 1.9 亿吨，比上一年增加 4.5%，维持高增长。中国将会成为世界钢铁消费的牵引车。

2、2003年国内钢铁业面临的不利条件。2003年，我国的钢铁仍供大于求，钢铁业需要进行重大的结构调整。根据我国钢铁协会资料，按照重点冶金企业上报的材料粗略分析，2002—2003年度钢材主要生产能力将新增3118万吨，淘汰537万吨，生产能力净增加2581万吨。按2002年钢材预测产量1.88亿吨计算，增加幅度为13.69%，达到2.14亿吨，超出表观消费预计量的12.63%。钢材增量中，产能增加明显的为热轧薄板(带)，约增加1520万吨，国内热轧薄板的供应将明显过剩，竞争将非常激烈，这导致在2002年价格上涨幅度较大的板材价格调整压力将较为明显。冷轧薄板尽管有最终保障措施的保护，外来压力减轻，但2002年一季度以来我国薄板产量摆脱了前几年低速增长的格局，1—10月累计产量达1867万吨，同比增长17%，产能增加过快；而中板被排除在最终保障措施之外，进口冲击将加大。

3、2003年的钢材价格有望小幅上升。根据钢材市场价格分析，2002年由于钢材价格是从4月份开始逐步回升的，综合加权价格涨幅并不大。2003年，市场的买方格局不会发生大的变化，且随着2002年市场价格回升到相对高位，加之货源宽松，价格进一步上涨的空间不大。展望明年1季度，薄板市场急剧波动的局势将逐步趋于停止，市场价格将紧随供需基本面的变化。预计2003年初冷轧薄板价格将开始有所回落，但平均价将同比略有上升，仍是最具盈利能力的钢铁产品。此外，目前长材价格还在历史低位，但它的供给能力大于市场需求，2003年价格上升的空间并不大。所以，预计2003年钢材的加权综合价格还有望维持比2002年略高的水平。

【重点上市公司评述】 宝钢股份(600019) 宝钢股份在2001—2002年先后完成了镀锌板生产线、三期工程、炼焦等资产的收购，已成为一家整体上市的钢铁公司。2002年其产能得到了充分发挥，其中薄板的产能利用率超过100%。宝钢股份2002年前三季度每股收益0.21元，已超过2001年全年的盈利，因此预计其2002年业绩将同比有较大幅度的增长。

预计2003年冷轧薄板的平均价格将比2002年有所上涨，因此宝钢股份在2002年达到盈利高峰之后，业绩还能保持一定增长。宝钢股份面临的压力是，它在偿还收购款和进行巨额投资的双重压力下，其现金流在2003年以后将出现大幅下降，融资压力比较大。

鞍钢新轧(000898) 鞍钢新轧的主要产品为冷轧薄板、厚板、线材和大型材，其中受到最终保障措施保护的冷轧薄板销售收入占公司总收入的1/3左右，厚板和大型材占总收入的50%左右。鞍钢新轧2002年前三季度主营业务收入和利润总额同比增长10%，每股收益已达到2001年全年的0.13元。可见，鞍钢新轧2002年全年收入和利润都将取得显著增长。

2003年鞍钢新轧将完成100万吨冷轧薄板技改项目，其与德国钢铁巨头ThyssenKruppt合资的40万吨汽车镀锌板项目也将投产。该公司在2003、2004年将基本完成产品结构的优化调整，届时冷轧薄板和涂镀产品的比例将显著上升，因此预计该公司在2003—2004年将继续保持增长势头。

韶钢松山(000717) 这家公司自1997年5月8日上市以来，它的业绩一直呈现稳步增长的态势，1998年至2001年每股收益分别为0.44元、0.44元、0.5和0.578元。今年前三季度，韶钢松山的主营业务收入为30.32亿元，增幅为9.68%，但因为生产成本及采购成本的大幅下降，主营业务利润迅速增加到4.44亿元，增长幅度激升为56.14%，每股收益达0.55元，已接近去年全年收益水平，同比增幅也高达35.69%。

韶钢松山原有的烧结机装备水平较低，烧结矿生产能力明显不足，需要大量进口球团矿以满足炼铁生产的需要，大大制约了炼铁经济效益的进一步提高。自2001年以来，通过技改，采用了国家积极推广的先进球团烧结技术，充分利用了本土廉价的矿产资源替代进口矿粉和进口球团矿，大大降低产品成本。

韶钢松山原有的4#连铸机主要承担生产高附加值产品和开发新产品的任务，由于铸坯断面尺寸较小、拉速较低，制约了新品种的开发。技改后，采用了高新技术，增强了4#连铸机的新产品开发能力和调节能力，提高了铸坯质量。目前4#连铸机可以用于开发更多的高附加值的新产品，这将给韶钢松山带来了显著的经济效益。（胡学义）

医药板块

【概况】 医药行业是我国最近十余年来增长最快的行业之一，在证券市场中，医药类上市公司已经达到80多家，是左右市场运行的重要力量。目前医药行业可以划分为以下几个子行业，即医药制造(含化学原料药、中药、生物制品)、医药销售以及医疗器械，其中医药制造业是医药行业中的支柱。随着中国经济的持续增长和居民生活水平的提高，对于提高生活质量产品的需求逐渐增加，这构成了医药行业增长的重要基础。在今后很长的一段时间里，医药行业仍有望呈现持续增长的态势。

2002年面对加入WTO后的严峻挑战，医药行业不仅没有放慢脚步，反而以更加矫健和扎实的步伐跨进了2003年，交出了一份令人满意的答卷。在全国重点监测的12个工业行业中，2002年医药行业生产以高于全国工业平均增速1.7个百分点的业绩名列第四，仅次于机械、煤炭、电子行业。

工业生产持续加快、效益增长好于预期 2002年1～11月份，全国医药行业按可比价格计算共完成工业总产值2895.4亿元，比上年同期增长17.4%；完成工业增加值852.68亿元，比上年同期增长15.0%；1—11月医药制造业销售收入增长率为17.2%，慢于2001年的18.2%；毛利率36.4%，略高于2001年的36.1%；利润总额同比增长25.6%，高于2001年的23%。整体来说2002年1—11月医药制造业销售收入增长虽较2001年放缓，但利润率水平提高，我们认为主要是企业开始注重费用控制，经营效率提高。

2002年1—11月生物制品业销售收入增长率、利润总额增长率较2001年均有较大幅度下降，同时毛利率也有小幅下降，我们认为主要是因为国内生物制品同质性较强，生产企业众多，导致竞争日趋激烈。同时也应看到，和2001年相比，2002年1—11月利润总额增长幅度高于销售收入增长，说明行业在竞争加剧的同时运行效率提高。

外贸形势继续向好、原料药出口强劲 1～10月份，医药行业进出口总额达61.7亿美元，比上年同期增长8.46%。其中，进口总额30.2亿美元，比上年同期增长5.72%；出口总额31.5亿美元，比上年同期增长14.47%，进出口相抵，出口大于进口1.3亿美元。特别值得指出的是：在出口贸易中，化学原料药出口贸易占全部医药商品出口总额的47.80%，出口金额比上年同期增长11.87%。表明化学原料药在加入WTO后，仍是我国医药行业具有比较优势的产业，在国际市场上具有较强的竞争力和稳定的市场份额。

表 1　医药制造业及生物制品业销售收入及利润率

项目	医药制造业		生物制品业	
	2001 年	2002 年 1—11 月	2001 年	2002 年 1—11 月
销售收入(亿元)	1924	1989	148	143
同比增长(%)	18.2	17.2	32	17.3
毛利率(%)	36.1	36.4	38.5	37.6
利润总额(亿元)	168	175	19	18
同比增长(%)	23	25.6	35.6	24

资料来源:中国国家统计局(500 万元销售规模以上企业统计)

医药制造业各子行业运行状况

化学原料药　2002 年 1—4 月,化学原料药行业销售收入、利润总额同比增长 20%、49.32%,而 2002 年 1—11 月化学原料药销售收入和利润总额的增长速度为 15.5%、24.4%,明显慢于 1—4 月份的增长,也慢于 2001 年的增长,且毛利率呈小幅下滑,我们认为主要是化学原料药受国际市场供需影响较大,从而导致销量、价格异常波动。化学制剂类产品的市场规模和变动是影响原料药产品产量和价格的主要因素。例如抗感染药在国内的销售位于首位,并仍呈快速增长态势,抗感染药的热销无疑促进了相关原料药及中间体的发展,同时国内化学原料药产业集中度和技术水平明显提高,跨国制药公司转移生产、加工贸易加快,都直接导致大宗原料药销量不断上升,部分化学原料药巨头业绩明显提高。

虽然国际化学原料药市场已步入成熟期,但由于国家确立我国作为化学原料药及中间体等重点产品生产基地的政策导向、原材料价格下跌、转移生产等诸多因素,2003 年国内原料药行业仍可能保持 2002 年的增长态势,销量继续上升,部分原料药价格转暖。我们认为 2003 年化学原料药行业值得重点关注。

表 2　医药制造业各子行业运行状况

	化学原料药		化学制剂		中药材和中成药		动物药品	
	2001 年	2002 年 1—11 月	2001 年	2002 年 1—11 月	2001 年	2002 年 1—11 月	2001 年	2002 年 1—11 月
销售收入(亿元)	592	606	582	597	563	598	38	45
同比增长(%)	19.6	15.5	15.1	18.3	16.7	17.2	20.3	26.3
毛利率(%)	24.5	23.9	39.8	41.7	44.8	44.4	21	23
利润总额(亿元)	334	345	497	560	632	631	25	34
同比增长(%)	31.7	24.4	18.8	33.9	17.7	19.4	67	38.2

资料来源:中国国家统计局(500 万元销售规模以上企业统计)

化学制剂行业　2002 年 1—11 月化学制剂行业销售收入、利润总额同比分别增长 18.3%、33.9%,明显快于 2001 年的 15.1%、18.8%,毛利率为 41.7%,增长稳定。我们认为主要是受药品集中招标采购的影响,使得新产品用量减少,普药用量大大加大;进口药用量减少,国产药用量大大加大。批发企业销售成本上升,使得中小企业生产的利薄产品排除在其代理之外,导致部分中小企业淘汰出局,行业集中度进一步提高。

2002 年 12 月 1 日处方药禁止在大众媒体做广告对化学制剂行业销售增长将带来负面影响,而新药重新定义使得普药的竞争加剧,我们认为 2003 年化学制剂行业集中度继续提高,但销售增长趋缓。

中药材和中成药行业　2002 年 1—11 月中药材和中成药行业增长速度同比稳中有升,行业毛利率稳定在 44%。实现销售收入和利润的前 50 家中药企业,分别集中了中药工业 53.01%、61.03%的经济效益,并且呈现继续上升的态势,中药工业的利润集中度继续提高。

由于国际市场中药生存环境障碍难逾,国内仍是中药发展的基础。不容忽视的是 2003 年国家产业政策方面的影响,国家计委将对进入医保"甲类目录"的中药品种全面降价,特别是服药疗程较长的心脑血管药,虽然大多中成药列入乙类目录或以非处方药销售,但此举仍将对中成药行业造成较大影响。

另一方面国家将中药现代化提到战略高度,2004 年 6 月 30 日前制药企业需通过 GMP 认证使得中小中药企业生存难保,因此 2003 年中药行业继续成为行业内、外资金的投资热点。综合两方面,我们认为 2003 年中药行业增长维持 2002 年的水平,稳步运行。

表 3　前 50 家中药企业经济效益所占比重

	销售收入比重	利润比重
2000 年	51.12	50.85
2001 年	53.17	57.12
2002 年	53.01	61.03

4、法规建设更加完善

继 2001 年年底《药品管理法》正式施行后,2002 年 9 月 15 日《药品管理法实施条例》又及时出台,《实施条例》作为《药品管理法》最重要的配套法规,对药品的方方面面作了具体的、可操作性的规定。它根据我国目前医药市场的现状、企业的发展实际和药品市场存在的问题,对整个医药行业的发展提供了不少新思路,而有些规定的改变,对入世后中国医药行业的发展将产生深远的影响;《药品注册管理办法》则对新药审批作出了历史性的修改。这两项法规的出台可说对我国医药业未来发展有着极其深远的意义。

【上市公司整体评述】　从上市公司 2002 年第三季度季报披露情况看,81 家主营业务突出的医药类上市公司今年 1—9 月的加权平均每股收益 0.153 元,每股净资产 3.085 元,净资产收益率 4.97%,这三项指标均领先于深沪两市 1000 多家公司的平均水平。81 家公司主营业务收入同比增长了 26.40%(部分公司未披露去年同期数据,以去年全年数据的 75%近似),主营业务利润同比增长 20.24%,但净利润与去年同期持平。净利润没有随主营业务收入增长而增长的主要原因有:期间费用增长幅度较大、投资收益减少以及部分公司所得税优惠政策被取消。

与 2001 年全年经营情况进行对比,主营业务收入和主营业务利润分别达到去年全年的 94.5%和 89.1%,净利润也达到了去年全年的 90%。我们预测,如果 2002 年第四季度经营情况与前三季度大致相当,则医药类上市公司 2002 年全年净利润的增幅有望达 24.05%。前三季度净利润几乎零增长而全年业绩却有较大的增幅,主要的原因是从 2001 年年报开始进行八项资产减值准备计提,挤掉了部分利润水份,2002 年的业绩就在较低的水平上得到较大幅度的提升。

从行业特征看,医药行业属于典型的防御性行业。市场行情低迷时,防御性行业类公司更能获得投资者的青睐,从而表现出较强的抗跌性,2002 年医药板块的走势就体现了这一点。

2002 年,医药上市公司的购并可谓异彩纷呈现。年初,太太药业收购丽珠集团,开创了我国医药行业首家运用市场化手段进行购并操作先河;8 月,迄今中国医药产业史上规模最大的购并案揭幕,中国华源集团受让上药集团 40%的股份并间接控股上海医药;太极集团则继续打造西部医药龙头的梦想，推进对西南药业的控股；复星药业今年又为自己旗下的医药资产增添了广西花红、重庆药友及北京地区最大的连锁药店金象药业；博奥生物对万东医疗母公司的整体吸收合并等等。这些战略性的购并增加了购并双方的价值并可能带来双方的持续发展，因而具有实在的投资价值。对此，证券市场做出了积极的反应，丽珠集团因太太的收购而在二级市场上有抢眼的表现。随着医药企业的合纵连横、医药企业内部产业整合和优化，将提高我国医药企业的整体业绩，其投资潜力也将逐渐显现出来。从战略购并中把握投资机会将成为证券市场的一种盈利模式。

【重点上市公司分析】 华北制药(600812) 华北制药是我国最早的青霉素系列抗生素重要生产基地之一，其与哈药集团、石药集团、鲁抗医药控制了国内市场90%以上的市场份额，其中华北制药在青霉素工业盐、青霉素G钠、青霉素G钾、普卡青霉素、阿莫西林、头孢拉定、青霉素V钾、6APA、7ADCA等产品上占有较大的市场份额。此外，华北制药在其它品种——硫酸链霉素、盐酸四环素、伊维菌素、维生素C及维生素B12等上也具重要地位。近年来，随着工艺技术的进步和国际间原料药生产转移趋势的加速，我国化学原料药的国际竞争力进一步得到增强，主要品种市场有所回暖。青霉素工业盐的价格在2000年底出现了较大幅度的回升，目前仍运行在10.5美元/BOU的较高水平，且销售势头良好，产销率保持100%；维生素C，经过长期的价格竞争后，全球市场基本上由5－6家企业垄断。2002年下半年，国际维生素巨头罗氏公司被迫将维生素业务整体转让给荷兰DSM公司，造成市场一度供货短缺，价格也从年初的3.8美元/千克上涨到5美元/千克。华北制药，作为我国最具实力的原料药生产企业，借助工艺技术水平的不断升级，抓住了“生产转移”的良好机遇，2001年度主营业务收入、净利润分别较上年增长20.28%和44.62%，预计2002年全年有望实现净利润1.66亿元，每股收益0.142元。

恒瑞医药(600276) 恒瑞医药是我国重要的抗肿瘤药物生产基地。1997年以来，公司的经营业绩稳步增长，主营业务收入年均递增20%，主营业务利润递增32%，营业利润递增28%，净利润递增19%。公司以良好的经营状况和稳定的增长势头，赢得了众多基金的青睐，前十大股东里，有安信、安顺、景福、华安创新、裕元、安瑞等六只基金。公司仿制新药的能力较强，每年有多个新药推出，为公司业绩的持续增长立下了汗马功劳。2002年，公司又有氯雷他定获得新药证书，并且，IPO募集资金项目——医药包装材料技改——也于2002年中期建设完成。预计未来2－3年，公司仍有望保持15－20%的持续增长。

同仁堂(600085) 公司历年来一直取得了较高的营业投资资本回报率，基本上维持在20%以上，远远高出投资者要求的回报率。公司在投资资本回报率上的卓越表现，是我们把它理解成一个真正的价值创造者的直接动因。在投资资本回报率的决定因素中，公司在营业毛利率上并无明显的优势，这与公司追求卓越产品质量的传统形象相一致，公司在回报率上的优势主要是由较高的投资资本周转率和较低的EBIT之现金税率贡献的，而较低的EBIT之现金税率，与其在香港分拆上市的同仁堂科技所享受的免税政策有关，可以说，公司在营业毛利率的竞争策略上基本上是以其费用上的优势来弥补其在主营业务成本上的劣势。公司上市以来，主营业务收入和利润总额保持了持续稳定地增长。特别是在近两年，整个行业收入和效益出现减速增长后公司反而出现了加速增长的好势头。公司近年的增长主要以内涵式增长形态实现的，即主要是通过强化营销、降低管理费用的方式实现的，并创造了非常可观的自由现金流量。即使按照现有的业务模式和发展趋势，在未来可预见的3－5年内，公司的主营业务收入和净利润水平仍可望维持在15－20%的高增长状态。

广州药业(600332) 公司下属企业中有不少“中华老字号”，有着悠久的历史和知名的品牌，公司产品为主要对症南方的饮食、生活习惯和气候造成的多发疾病的南药，销售市场主要集中在华南地区，这两年通过拓展医疗机构终端市场，提高处方药销售和大力度拓展省外和农村销售渠道，重视生产成本及费用控制，主营业务收入和净利润均保持了稳健增长。公司近几年将重点放在了规范生产管理方面，加快企业技术改造和GMP实施步伐，符合制药工业的发展方向。公司有一定的规模优势，常年生产的产品有400多种，单品年销售在千万元以上的占了30个，五千万元至1亿元的品种有5个，1亿元以上的品种有3个，抵御风险的能力较强，而且，公司主要品种价格便宜，疗效较好，适合中低消费层次的需求，比较吻合医疗体制改革的方向。重点产品销量持续增长，拳头产品消渴丸已上3个多亿，是糖尿病药物市场中份额最大的中成药，在中小城市和OTC市场上较具竞争实力。按照现有业务模式，公司仍有稳健增长的潜力。

国药股份(600511) 以中国医药集团核心资产发起设立的国药股份在药品经营领域有着50年的经验，在医药流通行业有着重要的行业地位，在客户基础、销售网络、经营品种等方面有着较为明显的优势。公司享有特许权经营优势，是我国SDA指定的麻醉药品和一类精神药物唯一的一级经销单位，负责全国麻醉药品的收购、批发和供应。公司本部经营的批发药品品种400多种，其中40多种药品是全国和地区总代理、总经销品种，包括万艾克、贺普丁、西乐葆等一批著名品种，公司有着较为稳定的客户群，直接客户有1600家。公司营业规模在同行中处于中等水平，由于大部分医药上市公司都采取了“商业＋工业”的经营模式，而公司的工业生产部门尚在投资之中，因此毛利率水平明显低于同行，但由于公司在三项费用上控制得力，最终的盈利能力反而超出，说明公司在费用管理这个行业软肋上有较强的竞争力，而较低的毛利率随着业务结构调整也将有所提高。目前正值我国医药流通市场发生较大变革和面临较大的对内对外开放的竞争压力之际，医药流通企业的经营管理面临较大的压力，行业毛利润水平有所下降，生产经营面临一定困境，但另一方面，优胜劣汰机制开始显露，收购兼并及破产倒闭时有发生，行业正在进行洗牌，要求企业经营集约化、规模化、现代化，行业和区域龙头正在形成之中，公司有成为区域龙头的可能性。

白云山(000522) 重组后公司的销售额将达到20亿左右，成为国内为数不多的大型医药企业，主导产品虽然多为大众化的普药，但市场空间巨大，销售过亿的产品包括头孢拉定、阿莫西林、板蓝根，市场的增长较为迅速。由于债务和银山公司的剥离，加上主营业绩的增长，公司的经营业绩2002年增长60%，预计2003年将保持20%以上的增长。

丽珠集团(000513) 2002年太太药业投资4亿多元成为丽珠集团第一大股东，并成功入主丽珠集团董事会，在董事会中占绝对优势。通过对丽珠的清理整顿，特别是太太药业和丽珠集团的销售系统及产品系列方面进行资源整合，对过高的营业费用、管理费用进行削减，2002年业绩增长将达到45%左右。

（北京证券研发中心）

软件行业板块

【概况】 受政府促进软件产业发展各种政策的推动以及旺盛内需的拉动，2002 年全国软件产业继续保持高速增长，产业规模迅速扩大。据信息产业部统计，2002 年全行业共完成软件及系统集成收入 1100 亿元，比上一年增长 46.5%；出口创汇 15 亿美元，增长 100%。全国软件产业从业人员 59 万人，比 2001 年增长一倍以上。软件企业的实力也迅速增大，2002 年全国规模以上软件企业达到 4700 家，比 2001 年增加 1270 家；特别是年销售额亿元以上的企业飙升至 214 家，较 2001 年增加一倍以上，产业集中度不断增强。

【2002 年软件市场概况】 *产业规模迅速壮大* 我国软件产业经过近十几年的发展，已进入了稳定增长期。据 CCID 统计，2002 年，中国软件市场实现销售额 345 亿元，同比增长 21.1%，与 2001 年 23.9%的增长率相比，增长速度有所回落，但是仍远远高于计算机总体市场增长和国民经济增长率。软件行业依然是我国 IT 业发展的主要动力。

表 1 1997—2002 年中国软件市场增长情况

年份	1997	1998	1999	2000	2001	2002
软件销售额(亿元)	112	138	176	230	285	345
销售额增长率(%)	21.7	23.2	27.5	30.7	23.9	21.1
计算机市场增长率	41.3	13.9	16.2	25	16.4	16
GDP 增长率	8.8	7.8	7.1	8.0	7.3	8

数据来源：CCID

产品结构不断变化 与 2001 年相比，软件市场产品结构正在逐步发生变化，平台软件在市场中的份额逐渐下降，而中间软件和应用软件的份额持续上升。2002 年，我国软件市场中，工具(平台)软件的份额已下降至 28.9%，比 2001 年下降 1.1 个百分点；中间件软件则增长至 6.6%，提高了 2.9 个百分点；应用软件依然以 64.5%的比重占据着最大的市场份额。

地区产业发展差异显著 我国经济发展的地区差异同样影响到软件业，造成软件产业地区间发展的不平衡。软件业高度集中于东部地区，中西部地区软件产业的发展主要依靠少数几个省市的带动。前六名比较发达的省市分别是北京(20%)、广东(17%)、江苏(12%)、上海(10%)、浙江(9%)和山东(6%)，这六个省市软件及系统集成收入总和就占到了全国的 74%。而中西部地区从整体上来看，软件产业的发展水平仍相当低。

国产软件市场份额有所扩大 我国软件市场在实现快速发展的同时，市场竞争日趋激烈。从产品结构来看，平台软件市场 2002 年仍由国外品牌所垄断，占据了 95.3%的份额；在中间软件市场，国内外品牌势均力敌，国内品牌拥有 49.7%的市场；在应用软件市场，国内品牌占据较大优势，目前拥有 54.1%的市场份额。从国内外软件企业在中国软件市场所拥有的市场份额来看，2002 年国外品牌仍然占有较大优势，拥有 63.7%的份额；国内品牌市场份额比 2001 年有所上升，达到 36.3%。其中微软、IBM 和 Oracle 三个国际品牌占据了中国软件市场的前三位，国内用友、东软等四个品牌也跻身于中国软件十强。

软件人才队伍进一步扩大 2002 年全国软件产业从业人员达到 59 万人，比 2001 年增长一倍。软件产业是知识密集型产业，在软件业从业人员中，高学历人才的比重较大。2002 年软件业从业人员中，研究生学历的共 43208 人，占全部从业人员的 7%；本科生共 196151 人，占全部从业人员的 33%；大专生共 99431 人，占全部从业人员的 17%。

电子政务成为行业信息化的新亮点 2002 年，电子政务成为我国信息化领域最受关注的发展重点。信息化国策的出台、政府的大力推动、用户巨大潜在需求的释放以及 IT 厂商的努力，给电子政务的发展创造了难得的大好形势和历史机遇。2002 年，我国电子政务市场总投资达到 350 亿元，比 2001 年增长 23.4%。据预测，5 年后电子政务市场的投资额将超过 1000 亿元。未来 5 年，电子政务将成为拉动行业信息化的希望所在。

【2002 年中国软件产业发展特点】 *政府积极推动行业发展* 2002 年，各级政府不断出台各项政策，积极推动、扶植国内软件产业发展。2002 年 1 月 29 日，信息产业部部长吴基传表示，加快软件产业和集成电路产业发展，将成为 2002 年中国信息产业重点之一。随后发布的《计算机软件保护条例》、《软件著作权登记办法》有力地遏制了国内恶劣的软件盗版现象。2002 年 12 月国务院发布的《振兴软件产业行动纲要》更是明确提出：到 2005 年，国内软件市场销售额达到 2500 亿元，国产软件和服务的国内市场占有率达到 60%，软件出口额达到 50 亿美元，形成若干销售规模过 50 亿元的骨干企业。为此，"十五"期间中央财政预算内资金向软件产业的投入不少于 40 亿元；政府采购应重点购买国内的软件产品和服务；利用财政性资金建设的信息化工程，用于购买软件产品和服务的资金原则上不得低于总投资的 30%。

2002 年 12 月 31 日，国家发展计划委员会、信息产业部、对外经济贸易合作部、国家税务总局又联合下发文件《关于发布 2002 年度国家规划布局内重点软件企业名单的通知》，规定国家规划布局内重点软件企业未享受免税优惠的将按 10%的税率征收企业所得税。而加快软件产业的发展也成为 2002 年各地经济发展的重中之重。上海、沈阳等城市均发布软件创业鼓励政策。凡是创业发展的软件企业、人才将享受到许多优惠和资金资助。频频出台的产业扶持政策成为推动中国软件业快速增长的有力航标。

产业整合加快 通过兼并收购，2002 年国内软件市场正向着正规化、规模化迈进，大型企业通过联合、上市、兼并和重组，正在形成有相当规模和成熟软件生产能力的软件集团。上市软件企业借助于资金优势，积极通过购并、重组加快发展速度，而原有的中小型、手工作坊式的软件开发商将逐渐被淘汰出局。

2001 年 12 月 19 日，用友公司宣布投资国内表格中间件市场份额最大的公司——华表软件公司，控股 70%。十天之后，金蝶软件集团出资 1350 万元收购北京开思软件公司。接下来，用友收购企业财务分析软件供应商通宝软件，控股 68%；与全球第五大 ERP 软件厂商 IFS 公司成立合资公司——用友艾福斯公司，控股 75%；与 BAAN 公司在高端制造软件领域合作。金蝶也以 500 万人民币注资电子商务平台软件公司宁波新亚赛邦软件，占有其中 25%的股份，成为新亚赛邦最大的单一股东。

在行业并购浪潮中，老牌 IT 厂商更是不甘示弱。2002 年 3 月，联想收购汉普管理咨询公司，成为国内规模最大的管理咨询与 IT 服务公司。4 月 18 日，联想又宣布投资 2333 万元收购智软(中国)电脑系统开发有限公司，全面进入 IT 服务行业应用领域。神州数码则整合了分拆出来的软件部分，计划成立三家软件公司，分别专注于 ERP 软件、通用软件产品和服务的以及金融、电信和税务行业应用软件，并以3000万元收购金融软件开发商广州新龙科技公司。而2002年底用友宣布成功并购安易更是为风风火火的2002年软件行业整合画上一个完美的句号。2003年1月8日，用友软件股份有限公司在京宣布正式投资北京安易软件有限公司。新成立的用友安易公司由用友公司控股。两家公司所占市场份额总和占了中国管理软件市场的1/3强。通过此次强强合作，用友公司明显拉大了与国内外同行的距离，进一步巩固了其在我国管理软件领域的领导地位。

国外厂商进入加剧行业竞争 迅速扩大的国内市场和软件行业良好的发展前景吸引了众多国外软件厂商大举进入中国，纷纷利用其在国际市场上建立起来的产品优势、品牌优势、市场优势和技术优势企图在中国市场上抢占市场份额。6月，微软总裁巴尔默来到北京，宣布将在中国投资62亿美元。9月13日，IBM在北京召开了软件品牌的媒介发布会，IBM软件集团第一次以整体的形象面对中国IT产业的用户和合作者。微软、IBM、SAP这些顶级软件厂商早已在中国市场上占领绝大部分的通用软件和水平应用软件市场，而以三星为代表的韩国企业也开始在中国市场开拓自己的应用软件业务。同时新兴的软件大国——印度的几家知名软件企业也抢滩中国市场，成立公司和研发中心，并签下华为、中兴等重要客户。国内软件行业竞争日益剧烈。

CMM认证掀起高潮 2002年获得CMM（软件能力成熟度模型）认证俨然成为中国软件企业的时尚。在政府的推动和企业自身的努力下，中国的知名软件企业大都获得了CMM认证。托普、联想、用友、中科院软件研究所、中软网络技术股份有限公司、万达信息股份有限公司、金蝶软件有限公司、创智信息系统有限公司等均通过CMM3认证。12月31日，东软通过了CMM5认证，使中国成为继美国和印度后第三个拥有CMM5认证的国家。CMM评估被公认为是软件企业走向国际市场的“通行证”，通过CMM评估的级别越高，标志着软件开发能力越强，越容易获得用户尤其是大公司的信任。国内软件企业通过实施CMM评估不仅大大提高了软件开发效率和软件产品质量，而且有效地控制软件开发成本，提高了公司的质量管理水平，为企业国际化战略的实施打下坚实的基础。

【上市公司评述】 目前深沪两市以软件及系统集成为主营业务的上市公司共有托普软件等15家（注：由于ST龙科2001年被会计师出具了无法表示意见的审计报告，其2001年度财务数据的可信度无法确认，因此统计时暂时将其剔除）。我们下面就以这15家公司作为样本对软件上市公司2002年的经营状况做一简要分析。数据均来源于各公司2002年年报和巨灵北斗星证券分析系统。

（一）主营收入分析

表2 2002年软件上市公司主营业务收入及主营业务利润对比

股票简称	主业收入（万元）	主业收入增长率（%）	主业利润（万元）	主营利润增长率（%）	员工总数	人均主业收入（万元）	人均主业利润（万元）
托普软件	67745.68	−4.72	9253.46	−18.92	785	86.30	11.79
创智科技	47559.16	13.73	16429.78	−16.38	974	48.83	16.87
天大天财	126087.42	7.90	13911.00	−5.92	1120	112.58	12.42
亿阳信通	48337.50	−22.08	21808.82	0.25	912	53.00	23.91
宏智科技	23385.14	21.74	9412.55	34.72	893	26.19	10.54
中软股份	46482.18	42.93	13940.11	80.62	788	58.99	17.69
信雅达	19040.01	19.63	7025.14	12.25	355	53.63	19.79
用友软件	48821.52	46.40	43884.21	44.15	2875	16.98	15.26
青鸟天桥	76062.49	−32.97	21963.31	−39.42	305	249.39	72.01
新宇软件	19724.16	−3.55	7538.49	34.54	357	55.25	21.12
东软股份	190724.75	8.45	53166.05	6.70	4198	45.43	12.66
新太科技	49612.76	−14.62	15340.99	−1.31	624	79.51	24.58
浪潮软件	55576.86	67.32	13897.53	62.46	1111	50.02	12.51
浙大网新	199854.92	79.35	26338.99	38.54	2007	99.58	13.12
宝信软件	63969.66	61.36	15231.24	53.33	899	71.16	16.94

2002年15家上市公司合计实现主营业务收入108.3亿元，较2001年增长14.6%；取得主营业务利润28.9亿元，同比增长9.6%。两项指标均远低于整个行业的发展速度。这主要是因为国内的软件市场不太规范，具有优势的厂商并不一定能够取得较好的市场订单，同时企业规模的扩大、开发和营销成本的增加又使得各项费用急剧增加，因此上市公司主营业务增长率落后于行业平均水平；此外，由于电信、银行信息化建设已告一段落，对于各种软件需求的增长正逐步趋于缓和，同时电信、民航等行业年内进行的业务重组，也在一定程度上减缓了对于软件产品的需求，因此主要从事电信行业计算机应用软件开发的亿阳信通等公司主营业务收入出现了较大程度的下滑；同时随着市场规模的扩大，新公司的不断进入使得行业内部竞争日趋激烈，不少企业只好采用低价接单，使主营业务收入增幅下降、毛利率降低。

但是应该看到，软件上市公司在费用控制和提高产品收益率方面做的大都比较成功。象亿阳信通在主营业务收入下滑20%的情况下，主营业务利润仍能保持略有增长；2002年新上市的中软股份和宏智科技主营业务利润增长率较主营业务收入增长率均高出将近一倍。

软件企业最宝贵的财产就是员工。员工总数和人均业绩是衡量软件企业经营业绩的一项重要标准。国内软件企业存在的主要问题之一是规模较小。据不完全统计，目前国内1000人以上的软件企业数量只占到全行业0.8%。软件上市公司作为行业的排头兵，也只有东软股份、用友软件、浙大网新3家人数超过两千人，大多数公司都在1000人以内。从人均指标来看，这3家公司排名都比较靠后，说明公司人员扩张速度超过业务增长速度，人力资本存在不经济的现象。人均主营业务利润排名前3名的分别是：青鸟天桥、新太科技和亿阳信通。

（二）盈利能力分析

表3 2002年度软件上市公司盈利能力对比

股票简称	每股收益（元）	净利润（万元）	净资产收益率（%）	主营业务利润率（%）	毛利润率（%）	净利润率（%）
托普软件	0.22	5097.87	3.67	13.66	14.13	7.53
创智科技	0.12	3067.49	3.28	34.55	34.63	6.45
天大天财	0.26	3247.34	3.36	11.03	11.22	2.58
亿阳信通	0.64	6767.44	7.25	45.12	47.66	14.00
宏智科技	0.32	3487.00	7.16	40.25	40.93	14.91
中软股份	0.47	3957.85	9.34	29.99	30.96	8.51
信雅达	0.55	3201.31	10.21	36.90	37.31	16.81
用友软件	0.92	9160.60	8.90	89.89	91.96	18.76
青鸟天桥	0.14	2510.21	3.06	28.88	29.48	3.30
新宇软件	0.06	708.95	3.40	38.22	39.48	3.59
东软股份	0.28	7971.17	6.26	27.88	28.77	4.18
新太科技	0.10	2007.67	2.45	30.92	31.59	4.05
浪潮软件	0.41	6725.95	19.74	25.01	25.42	12.10
浙大网新	0.18	8385.18	8.34	13.18	13.48	4.20
宝信软件	0.20	5273.70	17.38	23.81	24.68	8.24

与其他行业上市公司相比，软件企业总体的盈利能力比较高，平均每股收益0.32元，平均净资产收益率7.91%，远高于深沪两市上市公司的平均值。这也体现了软件企业高收益、高技术的特点。但是具体到上市公司，盈利指标相差较大。毛利率最高的用友软件达到91.96%，比最低的天大天财高出7倍以上，这主要是因为用友的产品是通用软件，产品复制成本很低，但净利率只有18.76%，说明用友的成本控制不是很好，费用增长的比较快。

除用友外，其余13家公司均从事软件及系统集成。系统集成业务包括硬件、软件及服务。系统集成的硬件通常是开发商从外部采购后卖给用户，该部分利润较低，从而导致系统集成业务利润率要低于通用软件。13家公司中毛利率最高的亿阳信通也不过47%。但系统集成厂商在质量控制和成本控制方面都积累了比较好的经验，有4家公司的净利率都在10%以上，信雅达的净利率甚至都接近通用软件厂商用友。

（三）税收负担分析

表4　2002年度软件上市公司纳税情况对比　　单位：万元

股票简称	主营业务收入净额	主营业务税金及附加	利润总额	所得税	补贴收入
托普软件	67745.68	319.36	6056.12	539.21	606.50
创智科技	47559.16	38.44	3385.65	580.87	0.00
天大天财	126087.42	230.98	4294.08	545.40	52.00
亿阳信通	48337.50	1228.02	9038.08	1835.96	89.38
宏智科技	23385.14	157.91	3812.88	333.55	1265.62
中软股份	46482.18	450.74	4864.84	224.41	397.53
信雅达	19040.01	79.52	3933.60	695.80	986.72
用友软件	48821.52	1010.68	10344.50	1326.46	3896.64
青岛天桥	76062.49	462.69	3383.02	846.60	291.71
新宇软件	19724.16	249.50	1351.47	361.15	76.46
东软股份	190724.75	1707.64	10260.65	1591.47	3506.66
新太科技	49612.76	329.66	2253.49	365.76	239.04
浪潮软件	55576.86	229.82	8151.62	841.26	895.86
浙大网新	199854.92	601.39	10228.83	951.18	107.26
宝信软件	63969.66	557.16	5155.26	9.08	0.00

目前国家在软件产业优惠政策中规定：软件企业销售软件产品收入实际增值税纳税超过3%的部分即征即退。但是该政策只是从软件产品销售收入比例等方面来界定软件企业，只给予软件产品以减免税政策，而没有从软件服务、整机系统以及软件产业链角度来设计政策。软件行业上市公司中只有用友软件是通用软件企业，软件销售收入占主营业务收入比例超过80%，2002年补贴收入3896万元，占到净利润9160万元的42%。15家上市公司合计取得补贴收入12411万元，占利润总额的14%。政府的税收优惠政策对于软件企业盈利状况影响较大，国家产业政策的变动情况对于软件上市公司将会产生较大的冲击。

【重点上市公司分析】　宝信软件(600845)　原名上海钢管，宝钢集团2000年成为公司大股东后，对公司实施了重大资产重组，原来的钢铁资产全部被置换成信息产业资产。重组后公司成为应用软件开发与系统集成供应商，主要业务方向包括工业企业过程自动化、企业信息化、城市信息化三个主导领域。2002年是公司实施全面资产置换后的第一个完整财年，在2001年扭亏的基础上，主营业务收入和净利润均实现大幅增长，主营业务增长率达到60%以上。公司在2002年承接了多家钢铁公司管理系统及ERP系统，初步奠定公司作为国内钢铁行业自动化与信息化全面解决方案第一供应商的市场地位。

上海市目前在软件等高科技产业方面的发展已经远远落在北京、深圳等城市的后面，与其国际化大都市的地位极为不符。为此上海市政府在2002年推出一系列推动本地软件企业发展的新举措。作为上海本地股中的唯一一家软件上市公司，公司又在2002年成为上海市第一家通过信息产业部计算机信息系统集成一级资质认证的企业，因此自然得到市政府的重点扶持。公司在2002年承接了千万元级的上海市大连路隧道工程弱电总包项目以及上海宝山区区级机关办公用楼智能化系统总包等项目就是较好的明证。

上海市提出要在2007年初步建成“数字城市”，这更是为公司的长远发展带来了良好的机遇。此外，宝钢集团有未来的3—5年内计划投资20多亿资金于企业信息化和过程自动化建设，以宝信在冶金行业信息化建设领域的龙头地位以及母公司的大力支持，公司很容易取得其中的多数市场份额。此外公司在宝钢集团外部还形成了一定的营销和客户网络，包括攀钢、邯钢等一大批国内大型钢铁企业均是宝信的重要客户。

在产品出口方面，公司通过与“日本电装”等大公司的合作项目，2002年海外软件出口合同额达到1.15亿日元(约100万美元)。随着公司研发中心在2003年元月获得了SW—CMM三级评估认证，公司成为上海市首批两家获此认证的软件单位之一，2003年的软件出口必将会出现一个较大的飞跃。

该股流通A股仅1320万股，是名副其实的“袖珍”股票。2003年5月26日收盘价仅13.11元，与其它高科技小盘股相比，股价明显偏低。而且从2002年5月恢复上市以来，该股股价一直处于一个下降通道。经过一年多的调整整理，目前已逐步走出底部，在当前价格该股具有明显的投资价值。

新太科技(600728)　原名远洋渔业。自从广州新太新技术研究设计有限公司1999年底成为公司第二大股东以来，经过两年多的持续运作和股权的再次转让，新太新技术于2002年12月正式成为公司第一大股东。随着资本运作的完成，公司业务转型已基本完成，成为一家以信息技术为主业的上市公司。

目前，公司主要为电信、银行、证券三大行业的增值服务提供解决方案，在国内软件领域已占有重要的位置，位居信息产业部公布的“2002年我国软件产业百强”第34位。公司是信息产业部及其授权机构认定的“一级系统集成商”和“软件企业”，其NAP2000语音网络应用平台、IVSP综合语音增值服务平台、多媒体呼叫中心和固定电话短讯系统在国内市场都占有重要份额；160/168语音服务系统、200长途电话系统国内市场占有率高达70%和90%。公司2002年推出的新产品“电话QQ”在福建、四川、海南三省得到应用，其一对一通话、多人通话、自建会议室等多种功能及便宜的通信费用受到了年轻用户尤其是大学生的青睐，随着中国电信电话QQ业务在全国范围的不断拓展和业务内容的不断增加，公司又将获得一个稳定的业务增长点。特别是在“非典”时期，公司与中国电信、招商证券等公司联合打造“股神通”可视化交易委托系统，集因特网、信息服务以及商务服务等功能于一体，使证券公司向用户提供更全面、高质的证券信息服务成为可能，并成为券商占领非现场服务制高点的“杀手锏”。

另外值得关注的是公司潜在的外资并购概念。2002年8月公司公告，大股东广州新太新技术已与美国TELE FLEX CHINA，INC.公司签定了合资合同书。新太新技术公司将变更为中外合资企业，美方将持有60%股份。因此TELE FLEX CHINA，INC有望间接成为上市公司的实际控制人。

从二级市场看，该股自2000年8月见顶回落，辗转下跌调整已近两年，在10—12元相对低位运行也已一年多，市场风险已得到比较充分的释放。2003年4月以来，该股在底部频频放量，显示已有大资金在暗中吸纳。在软件类上市公司中，该股股价较低，主业突出且赢利能力强，加上外资间接持股，多种题材集于一身，后市上升潜力较大。

（北京证券研发中心）

广州白云国际机场股份有限公司

广州白云国际机场股份有限公司股票上市公告书暨2003年第一季度报告

第一节 重要声明与提示

本公司董事会保证上市公告书的真实性、准确性、完整性,全体董事承诺上市公告书不存在虚假记载、误导性陈述或重大遗漏,并承担个别和连带的法律责任。

根据《公司法》、《证券法》等有关法律、法规的规定,本公司董事、高级管理人员已依法履行诚信和勤勉尽责的义务和责任。

证券交易所、中国证监会、其他政府机关对本公司股票上市及有关事项的意见,均不表明对本公司的任何保证。

本公司提醒广大投资者注意,凡本上市公告书未涉及的有关内容,请投资者查阅2003年4月9日刊载于《中国证券报》、《上海证券报》和《证券时报》上的《广州白云国际机场股份有限公司首次公开发行股票招股说明书摘要》(以下称"招股说明书摘要"),及上海证券交易所网站(http://www.sse.com.cn)上的《广州白云国际机场股份有限公司首次公开发行股票招股说明书》(以下称"招股说明书全文")。

本上市公告书刊登网站:http://www.sse.com.cn。

第二节 概览

1.股票简称:白云机场
2.股票代码:600004
3.深圳证券交易所代理股票代码:003004
4.发行价格:5.88元/股
5.总股本:1,000,000,000股
6.可流通股本:400,000,000股
7.本次上市流通股本:400,000,000股
8.上市地点:上海证券交易所
9.上市日期:2003年4月28日
10.股票登记机构:中国证券登记结算有限责任公司上海分公司
11.上市推荐人:中国国际金融有限公司
12.本公司本次公开发行股票前股东所持股份的流通限制及期限:根据国家现有法律、法规规定和中国证监会《关于核准广州白云国际机场股份有限公司公开发行股票的通知》(证监发行字[2003]31号),本公司的国有法人股暂不上市流通。
13.根据《上海证券交易所股票上市规则》,本公司第一大股东广州白云国际机场集团公司承诺:自本公司股票上市之日起12个月内,不转让其持有的本公司的股份。同时,本公司承诺:自本公司上市之日起一年内,本公司不回购发起人股份。

第三节 绪言

本上市公告书是根据《中华人民共和国公司法》、《中华人民共和国证券法》、《股票发行与交易管理暂行条例》、《公开发行股票公司信息披露实施细则》和《上海证券交易所股票上市规则》等国家有关法律、法规的规定,并按照中国证监会《公开发行证券的公司信息披露内容与格式准则第7号-股票上市公告书》的规定而编制,旨在向投资者提供有关广州白云国际机场股份有限公司(以下称"本公司"或"发行人")的基本情况和本次股票上市的有关资料。

经中国证券监督管理委员会证监发行字[2003]31号文核准,本公司于2003年4月14日以向沪市、深市二级市场投资者定价配售的方式成功发行了4亿股、每股面值1.00元的人民币普通股,发行价格为每股人民币5.88元。

经上海证券交易所上证上字[2003]32号文批准,本公司公开发行的4亿股社会公众股将于2003年4月28日起在上海证券交易所挂牌交易,股票简称为"白云机场",股票代码为"600004"。

本公司已于2003年4月9日在《中国证券报》、《上海证券报》和《证券时报》上刊登了招股说明书摘要,招股说明书全文及其附录可以在上海证券交易所网站(http://www.sse.com.cn)查询。招股说明书全文及摘要的披露距今不足三个月,故与其重复的内容不再重述,敬请投资者查阅上述内容。

第四节 发行人概况

一、发行人的基本情况
1.公司名称:广州白云国际机场股份有限公司
英文名称:Guangzhou Baiyun International Airport Company, Ltd.
2.注册资本:1,000,000,000元
3.法定代表人:吴百旺
4.设立日期:2000年9月19日
5.公司住所:广州市机场路282号(邮编:510406)
6.经营范围:旅客过港服务;提供与航空运输有关的地面服务;交通运输服务、仓储服务;提供航空营业场所;航空器维修(凭资质证书经营);航空应急救援服务;航空安全检查服务;航空代理业务;航空保险代理业务;航空运输技术协作中介服务;航空信息咨询服务;汽车和机电设备维修业务;经营或出租写字楼等商业场所。以下服务由本公司的分支机构经营:承办空运进出口货物的国际运输代理业务,国内国际航线的客、货运销代理业务,销售:百货、中西成药、药材、文化办公用品、食品、副食品、其他食品、工艺美术品。
7.所属行业:公用事业-基础设施业
8.电　　话:(020)8612 8577
(020)8613 0701
9.传　　真:(020)8612 8086
10.董事会秘书:徐光玉
11.证券事务代表:姜书伟
12.电子信箱:byia_gf@163.net

二、公司历史沿革

本公司是根据《公司法》、《证券法》的有关规定,经民航总局民航政法函[2000]638号文和国家经贸委国经贸企改[2000]826号文批准,于2000年9月19日由广州白云国际机场集团公司(以下简称"机场集团")作为主发起人,以其所属的航空地面服务主业的优质经营性净资产,与中国国际航空公司、中国民航机场建设总公司、广州白云国际机场有限公司(以下简称"新机场公司")及广州交通投资有限公司共同发起设立。机场集团以其所属的航空地面服务主业的优质经营性净资产作为出资投入股份公司。上述资产经北京中企华资产评估有限责任公司评估,评估结果经财政部[2000]165号文审核批准。根据前述评估,机场集团投入本公司的总资产为人民币106,267.96万元,负债为人民币19,870.13万元,净资产为人民币86,397.83万元。经财政部以财企[2000]245号文批准,上述净资产按66.67%的折股比例,折合57,600万股,占股份公司总股本的96%,股权性质界定为国有法人股。中国国际航空公司以现金人民币900万元投入股份公司,按66.67%的折股比例,折合600万股,占股份公司总股本的1%,股权性质界定为国有法人股。中国民航机场建设总公司以现金人民币900万元投入股份公司,按66.67%的折股比例,折合600万股,占股份公司总股本的1%,股权性质界定为国有法人股。新机场公司以现金人民币900万元投入股份公司,按66.67%的折股比例,折合600万股,占股份公司总股本的1%,股权性质界定为国有法人股。广州交通投资有限公司以现金人民币900万元投入股份公司,按66.67%的折股比例,折合600万股,占股份公司总股本的1%,股权性质界定为国有法人股。设立时公司的注册资本总额为人民币60,000万元,每股面值人民币1元,总股本为60,000万股,股权性质全部界定为国有法人股。本公司自设立至本次A股发行前未发生股权变化。

三、发行人主要经营情况

(一)主营业务

根据白云机场的总体规划和目前发展的实际情况,本公司以航空地面客货过港服务为主业,以与航空主业相关的延伸服务为辅助,形成以客货过港为主线,配合客货代理、航空配餐、场所出租、住宿餐饮、广告、商贸等业务的立体服务系统,有关业务如下:

1、航空地面客货过港服务主业

本公司以航空地面服务为中心,以各航空公司的定期和不定期航班、旅客和货主为服务对象,提供客货两方面的过港和转港服务设施服务,包括提供办理值机、补票等手续的服务设施;提供分拣、装卸行李与邮件的设备;提供跑道、停机坪和其他机场设施的维护;提供客货安全检查、现场保障等单位需要的工作场所及有关配套设施;为要客和头等舱旅客提供候机室和相关服务设施;为旅客提供其它综合配套服务;为货物提供运输服务;为机场航空事故和过港旅客提供应急救援、医疗救治和保健、卫生防疫;提供广播、问讯服务设施;提供飞行动态情况显示设施等服务。本公司目前为16家国内航空公司、9家国外航空公司提供服务。

本公司的航空地面服务主业对国内航空公司的收费标准在2002年9月1日前是按照《关于调整民用机场收费标准的通知》(民航局发[1992]94号文)的规定执行的,在2002年9月1日以后按照《关于调整国内机场收费标准的通知》(民航财发[2002]179号文)的规定执行;对境外航空公司及国内航空公司与外国航空公司实行代号共享的国际航班的收费标准则按照《关于调整对外地面服务费收费标准的通知》(民航总局发[1994]128号文)和《关于调整外国飞机机场、航路费收费标准的通知》(民航财发[1995]240号文)等文件规定的标准向各航空公司收取。

本公司的航空地面客货过港服务主业收入包括向国内航空公司收取的旅客过港服务费、飞机起降服务费、地面服务费、安检费、机务费、飞机清洁费、商务特种车辆使用费和向国外航空公司收取的地面服务费和飞机起降费。此外,本公司还向航空公司收取候机楼设施租赁费。

2、航空延伸服务业务

本公司延伸服务业务收入主要有:

(1)航空客货代理业务收入

该收入是指本公司为中外航空公司负责代理在白云机场的运输业务而收取的费用,该业务代理费用参照中国民航总局颁布的收费标准,视代理业务种类、范围和服务水平等由双方协商确定。

(2)航空配餐业务收入

该收入是指本公司为中外航空公司提供航班配餐服务而收取的费用,该业务收费标准参照中国民航总局颁布的收费标准,视食品种类、档次和服务水平等由双方协商确定。

(3)商业场所出租费收入

该收入是指本公司将候机楼区内的部分商业场所出租而取得的租赁收入。商业场所出租的月租金、租金交付方式按照商业场所的用途和市场状况由出租、承租双方协商确定。

(4)住宿餐饮业务收入

该收入是指本公司为过港旅客及周边人口提供住宿、餐饮而取得的收入。住宿服务由本公司的下属公司机场宾馆经营,餐饮服务由本公司经营。收费标准按广州市市场实际情况确定。

(5)广告收入

该收入是指广告公司代理、策划、制作广告所得收入,以及对外出租机场内广告场位与设施的租金收入。

(6)商贸业务收入

该收入是指本公司自身经营候机楼内部分商业场所和下属单位从事国内外贸易业务而获得的收入。

(7)维修收入

该收入是指本公司向航空公司提供航空器维修服务以及向社会机构和个人提供汽车和机电设备维修服务取得的收入。

(二)竞争优势和劣势

1、竞争优势

(1)地缘经济优势

白云机场处于珠三角中心城市广州,珠三角地区是我国开放最早的地区,也是目前国内经济最活跃的地区之一,其经济总量约占全国10%,据预测未来几年珠三角地区GDP的年增幅将在12%左右,远高于国内平均水平。中心城市广州是整个广东经济的龙头,1998年以来,年年保持13%以上的GDP增长速度,稳居全国十大城市前列。2000年人均GDP达到3.43万元,在北京、上海、天津、重庆等大城市中保持领先地位。独特的地缘优势使白云机场的航空业务量占珠三角市场份额70%左右,并在我国东南亚全部运输量中居绝对领先地位。

(2)中枢定位优势

在建的新白云机场是国内首个按中枢理念设计、建造的机场。一个机场要成为中枢机场,一般需具备以下基本条件:①优越的地利位置和区域经济与交通条件;②宽松的航空管制环境,即航空公司在航线选择等方面有较大的自主权和灵活性;③先进的基础设施,如多条跑道、大容量的停机坪、候机楼及登机门位和值机柜台等;④配套的航班服务,如完善的航油供应、航空食品和飞机维修等地面服务保障体系等;⑤有成熟的基地航空公司支持;⑥机场、航空公司、海关、边检、检疫部门的协调配合。民航总局的十五规划提出,重点建设北京首都、上海浦东、广州新白云三大枢纽机场,提高其国际中转能力和通航能力,建成全国性的航空旅客集散中心。新白云机场是国内首家按中枢机场概念设计的机场。最近,民航总局进一步明确了将新白云机场建设成为中枢机场的战略定位,并提出了具体的意见,这无疑将极大推进新白云机场的建设和发展。

我国民用航空业随着国民经济的发展不断发展壮大,民航的运输总周转量从改革初期1978年的29,866万吨公里增加到2001年的1,411,918万吨公里,在14年间增长了46倍。截至2000年全国通航机场139个,国内通航城市126个,国外通航33个国家和地区的60个城市,国内航线1,032条(其中,港澳地区42条),国际航线33条,已经形成了覆盖全国,通往全球的航空运输网络。而在我国经济稳步增长,加入WTO后我国的对外贸易和人员流动大幅增加的情况下,目前我国的航空运输结构和规模均面临着进一步的调整和良好的发展机遇。因此,民航总局在"十五"规划中提出了"到2005年,航空运输总周转量达到205亿吨公里,年均增长10%;旅客运输量1亿人,年均增长8%;货邮运输量280万吨,年均增长13%;全国机场旅客吞吐量达到2亿人,货邮吞吐量达560万吨"的发展目标。同时,按照规划,"十五"期间机场方面要重点建设北京首都、上海浦东和广州新白云三个大型枢纽机场。

民航"十五"规划的主要内容之一是在"北京、上海、广州三大城市四个机场中,强化首都、浦东、新白云3个机场的全国大型枢纽地位及配套设施建设,提高中转能力和国际通航能力,成为全国性航空

客货集散中心。"同时,随着我国经济地位的提高和航空客货运量的加大,我国机场在国际机场业中的地位也亟待提高,因此,新白云机场按照国际化中枢机场的标准设计建设,以适应国家规划和摆脱现机场所受的规模制约。

根据民航"十五"发展目标,如果按年均增长率计算,到新机场投入运营的2004年,新机场的客货运量都将较目前有大幅增长。另外,在民航运输向中枢结构转变的过程中,新白云机场的中转优势也将逐步发挥。因此,通过充分挖掘现机场的运营能力和在迁入新机场后,管理好新机场,更好地借助区域经济增长的优势,发挥中枢机场的作用,本公司将能够实现业绩的持续稳定增长。

(3)经营管理的经验优势

白云机场作为老牌的航空港有着70余年的发展历史,在机场运营、人才储备和国际声望方面都有不少优势。自93年独立运营以来,白云机场一直保持盈利和安全生产记录,2002年旅客吞吐量、飞机起降架次和货邮吞吐量都列国内机场第三位。作为国内最繁忙的三大航空枢纽之一,白云机场拥有最稠密的国内航线和东南亚、澳洲航线,从广州出发,航班密度大,机型多且票价优于周边机场,旅客、货主有很大的选择空间。

(4)周边便利交通网络优势

机场所在的广州拥有华南地区最大的铁路交通枢纽和最稠密的高速公路网、广州港是全国第二个吞吐量超亿吨的港口、广州保税区离机场41公里(只有45分钟车程,离新机场不到1个小时车程),四通八达的交通网使白云机场具备了发展地区物流中心、发展海、陆、空多式联运的优势。同时新机场周围的交通网络也正在兴建:由广州市区方向进入机场的专用高速公路与市内交通网络相连,设计流量为34000辆/日;地铁建设也列入广州城市整体交通规划;机场轻轨设计全线高峰小时客运量为26000人次,全路段运行时间在40分钟之内,它的建成可以把进入机场的旅客直接送到航站楼内,同时可以把离开的旅客送至广州的地铁环线。

(5)服务覆盖范围优势

目前,白云机场可以提供从订票、订仓到办理乘机手续直至送上飞机的一条龙服务,是唯一具有完全自主权的服务单位。同时,白云机场也是唯一可以提供包括场地出租、安检、监护、引导、机位安排等全套服务项目的单位。

2、竞争劣势

机场规模扩大受制于周边的城区发展。现在的白云机场只有一条跑道,客货流量的不断增加使得机场的运作非常繁忙;搬迁在即,机场设备更新工作有一定影响;同时广州城区的扩张又使得机场深陷市区,进一步发展的空间受到限制。这些制约因素也是建设新机场的主要原因。但是经过1996年跑道翻修、1997年候机楼改造以及周边交通网络的完善,那些因素对目前白云机场的运作并没有构成实质性影响。白云机场在今年春运开始已经多次在客运高峰期实行24小时营运,每次都圆满完成旅客运送任务,这将扩大机场的容量,提高现有设备的利用率,现行的设备设施可以保证机场运作到搬迁后一段时间。因此,在搬迁前现在白云机场的容纳力可以满足周边地区航空客货市场的需求发展。

(三)主要财务指标

请参见本公告书"第八节 财务会计资料"。

(四)特许经营权

根据本公司的公司章程及营业执照的记载,本公司的经营范围为:旅客过港服务;提供与航空运输有关的地面服务;交通运输服务、仓储服务;提供航空营业场所;航空器维修(凭资质证书经营);航空应急救援服务;航空安全检查服务;航空代理业务;航空保险代理业务;航空运输技术协作中介服务;航空信息咨询服务;汽车和机电设备维修业务;经营或出租写字楼等商业场所。以下服务由分支机构经营:承办空运进出口货物的国际运输代理业务,国内国际航线的客、货运销代理业务,销售:百货、中西成药、药材、文化办公用品、食品、副食品、其他食品、工艺美术品。本公司目前正在其上述经营范围之内从事其经营活动。

本公司的上述经营范围,业已取得了以下批准或许可:

(1)中国民用航空总局《关于设立广州白云国际机场股份有限公司经营许可的批复》(民航机函[2001]252号);

(2)中国民用航空总局向发行人核发的《航空运输销售代理业务经营批准证书(一类客运)》(审批序号:第767号)

(3)广州市白云区文化局向发行人属下的旅客服务分公司商场核发的《中华人民共和国出版物发行许可证》(新出发粤A云文零字第A01010号);

(4)广州市广播电视局向发行人属下的旅客服务分公司核发的《音像制品经营许可证》(编号:01002144);

(5)广州市酒类专卖管理局向发行人属下的旅客服务分公司核发的《酒类零售许可证》([穗]酒专零字第080042号);

(6)广州市酒类专卖管理局向发行人属下的旅客服务分公司核发的《酒类特种零售许可证》([穗]酒专特零字第9080046号);

(7)广州市文化局向发行人属下的旅客服务分公司核发的《文化经营许可证》(穗文市美023号);

(8)广州市医药管理局向发行人属下的旅客服务分公司商场核发的《药品经营企业合格证》([穗]药营字第01号);

(9)广州市白云区卫生局向发行人属下的旅客服务分公司商场核发的《药品经营企业许可证》([穗]卫药营字第001号);

(10)广州市交通委员会向发行人属下的旅客服务分公司核发的《公路运输经营许可证》(粤运管字1391090号);

(11)广东省物价局向发行人属下的旅客服务分公司核发的《广东省经营服务性收费许可证》(第010004号);

(12)广州白云国际机场公安局候机楼派出所向发行人属下的旅客服务分公司核发的《出租房屋治安管理许可证》(编号:002);

(13)广东省工商行政管理局向发行人属下的广告分公司核发的《广告经营许可证》(许可证号:4400001000961);

(14)中国民航中南管理局向广州白云国际机场航空客货服务公司核发的《销售代理经营批准证书》(号码:00065-00)及中国民航中南管理局发出的《关于同意广州白云国际机场航空客货服务公司等航空代理企业变更名称、地址的通知》(民航中南局企[2001]21号);

(15)广东省公安厅交通警察总队向发行人属下的设备工程分公司机场路机动车检测站核发的汽车、摩托车安全技术检验《委托证书》(粤公[交][00]25号);

(16)中国机动车辆安全鉴定检测中心向发行人属下的设备工程分公司机场路机动车检测站核发的《机动车辆安全技术检测设备检定合格证》(粤公交字[00]025号);

(17)广州市交通委员会向发行人核发的《广州市营运车辆二级维护委托书》(No:0000771);

(18)广州市交通委员会向发行人核发的《广东省汽车摩托车维修行业技术审查合格证》(粤维合穗市字第0101101号);

(19)广州市物价局向向发行人属下的设备工程分公司核发的《广东省经营服务性收费许可证》(编号:第A25085号);

(20)广州白云国际机场公安局向发行人属下的旅客服务分公司招待所核发的《特种行业许可证》(穗机场公特证字第015号);

(21)中华人民共和国广州机场出入境检验检疫局向发行人属下的旅客服务分公司核发的《中华人民共和国国境口岸食品生产经营单位卫生许可证》(检验检疫证字第GZJB047号);

(22)中华人民共和国广州机场出入境检验检疫局向发行人属下的旅客服务分公司核发的《中华人民共和国国境口岸服务行业卫生许可证》(检验检疫证字第GZJA047号);

(23)对外贸易经济合作部向发行人核发的《国际货运代理许可证》(号码:MOFTEC 19443);

(24)中国民用航空总局向广州白云国际机场地勤服务有限公司核发的维修许可证(D.3802号);

(25)广州白云国际机场公安局向广州白云国际机场宾馆有限公司核发的《特种行业许可证》(穗机场公特证字第001号);及

(26)广东省烟草专卖局向广东烟草白云有限公司核发的《烟草专卖许可证》(粤烟专委批字第689号)。

除若干项目需接受年检外,本公司拥有的上述特许经营权并无使用年限限制,本公司亦无需就使用该等特许经营权缴纳任何使用费。本公司为取得该等特许经营权及接受年检所产生的费用较小,于发生时计入当期费用,故上述特许经营权不形成无形资产。

上述特许经营权,特别是民航总局授予的若干特许经营权,是本公司持续经营的前提条件。凭借本公司过往优良的经营业绩和经营记录以及今后持续的努力,董事会相信本公司不会丧失该等特许经营权。

(五)财政税收优惠政策

1.税收优惠

本公司企业所得税税率为33%。根据广州市国家税务局直属征收分局"穗国税直函[2001]21号"文,免征本公司2001年度企业所得税,减半征收2002年度企业所得税。

本公司控股子公司广州白云国际机场地勤服务公司为中外合资企业,企业所得税税率为24%,广州白云国际机场宾馆有限公司和广东烟草白云有限公司企业所得税税率为33%。

2.机场建设费返还

财政部于2002年3月14日向中国民用航空总局出具了《财政部关于广州白云机场改变机场管理建设费财务管理办法的函》(财建函[2002]6号),同意本公司发行A股并上市后所收取的机场管理建设费,50%仍按现行规定上缴中央国库,作为政府性基金进行管理;50%纳入本公司业务收入核算,并按国家规定缴纳各种税收。

第五节　股票发行与股本结构

一、本次上市前首次公开发行股票的情况

1.发行股数:4亿股

2.发行价格:5.88元/股

3.募集资金总额:235,200万元(未扣除发行费用)

4.发行方式:向二级市场投资者定价配售

5.发行费用总额及项目:本次发行费用为6,936.4万元,主要包括承销费、审计费、资产评估费、律师费、发行手续费、审核费。

7.每股发行费用:0.173元

二、本次上市前首次公开发行股票的承销情况

本次公开发行的4亿股社会公众股全部采取市值配售方式。部分中签投资者因其资金帐户中认购资金不足而放弃认购的股票,该部分股票由主承销商-中国国际金融有限公司包销,共计4,157,064股。

三、本次上市前首次公开发行股票募集资金的验资报告

广东正中珠江会计师事务所有限公司对本公司本次上市前首次公开发行股票募集资金出具了《验资报告》(广会所验字(2003)第201563号),摘录如下:

广州白云国际机场股份有限公司全体股东:

我们接受委托,审验了广州白云国际机场股份有限公司(以下简称贵公司)截止2003 年4月21日新增注册资本的实收情况。按照国家相关法律、法规的规定和协议、章程的要求出资,提供真实、合法、完整的验资资料,保护资产的安全、完整是全体股东及 贵公司的责任。我们的责任是对贵公司新增注册资本的实收情况发表审验意见。我们的审验是依据《独立审计实务公告第1号-验资》进行的。在审验过程中,我们结合 贵公司的实际情况,实施了检查等必要的审验程序。

贵公司变更前的注册资本和股本均为人民币600,000,000.00元,根据 贵公司2001年度股东大会决议和修改后章程的规定,申请向社会公开发行人民币普通股(A股)增加注册资本人民币400,000,000.00元,变更后的注册资本为人民币1,000,000,000.00元。经中国证券监督管理委员会证监发行字[2003]31号文核准,同意 贵公司向社会公开发行人民币普通股(A股)400,000,000.00股,每股面值1.00元,每股发行价5.88元,可募集资金总额为2,352,000,000.00元。根据我们的审验,截止2003年4月21日,贵公司采用全部向二级市场投资者定价配售的发行方式实际已发行人民币普通股(A股)400,000,000.00股,募集资金总额为人民币2,352,000,000.00元(大写:贰拾叁亿伍仟贰佰万元整),扣除券商承销佣金、上网发行手续费等发行费用69,364,000.00元(大写:陆仟玖佰叁拾陆万肆仟元整),募集资金净额为2,282,636,000.00元(大写:贰拾贰亿捌仟贰佰陆拾叁万陆仟元整),其中新增注册资本人民币400,000,000.00元(大写:肆亿元整),资本公积人民币1,882,636,000.00元(大写:壹拾捌亿捌仟贰佰陆拾叁万陆仟元整)。

同时我们注意到,贵公司本次增资前的注册资本为人民币600,000,000.00元,已经广东正中会计师事务所审验,并于2000年8月18日出具粤会所验字(2000)第90803号《验资报告》。截止2003年4月21日,变更后的累计注册资本实收金额为人民币1,000,000,000.00元(大写:壹拾亿元整)。

本验资报告供贵公司申请变更登记及据以向股东签发出资证明时使用,不应将其视为是对贵公司验资报告日后资本保全、偿债能力和持续经营能力等的保证。因使用不当造成的后果,与执行本验资业务的注册会计师及会计师事务所无关。

附件:1、新增注册资本实收情况明细表

(1)新增注册资本实收情况明细表(表1)

(2)注册资本变更前后对照表(表2)

2、验资事项说明

广东正中珠江会计师事务所有限公司　　中国注册会计师:蒋洪峰

中国注册会计师:王韶华

中国·广州　　二〇〇三年四月二十一日

四、募集资金入帐情况

1、入帐时间:2003年4月21日

2、入帐金额:2,282,636,000元

3、入帐帐号:101008516010001993

4、开户银行:广东发展银行广州分行白云机场支行

五、发行人上市前股本结构及各类股东的持股情况

1、本公司上市前的股权结构见下表:

	发行后	
	股数(万股)	比例
1、发起人股(国有法人股)	60,000万	60%
2、社会公众股	40,000万	40%
合计	100,000万	100%

2、上市前,本公司前十名股东持股情况见下表:

序号	股东名称	持股数量(股)	持股比例
1	广州白云国际机场集团	576,000,000	57.60%
2	中国国际航空公司	6,000,000	0.60%
3	中国民航机场建设总公司	6,000,000	0.60%
4	广州白云国际机场有限公司	6,000,000	0.60%
5	广州交通投资有限公司	6,000,000	0.60%
6	中国国际金融有限公司	4,157,064	0.42%
7	安顺基金	1,099,000	0.11%
8	华夏成长基金	1,073,000	0.11%
9	兴和基金	998,000	0.10%
10	易方达平稳增长基金	904,000	0.09%

第六节　董事、监事、高级管理人员

一、董事

本公司所有的董事均经选举产生，任期三年，任期届满时，连选可以连任。本公司现有董事共11名。

姓　名	年龄	国籍	在本公司职位
吴百旺	60	中国	董事长
张春林	58	中国	副董事长
王天喜	53	中国	董事
崔建国	57	中国	董事、总经理
陈凤起	52	中国	董事
林运贤	50	中国	董事
张肖祥	61	中国	董事
赵际文	58	中国	董事、副总经理
陈汝贞	49	中国	董事
王珺	44	中国	独立董事
刘峰	36	中国	独立董事

本公司董事的有关资料如下：

1、吴百旺，中国国籍，男，60岁，大专学历，一级飞行员，本公司董事长。吴先生毕业于中国民航飞行学院。吴先生于民航运输和机场管理方面拥有丰富的经验。吴先生1965年至1984年期间任民航第十二飞行大队大队长等职务、1984年至1992年期间任民航吉林省管理局局长、1992年至1995年期间任民航东北管理局局长、1995年至1998年期间任中国通用航空公司总经理。吴先生1998年开始在白云机场担任领导职务，目前兼任机场集团党委书记及副总裁。

2、张春林，中国国籍，男，58岁，大学学历，高级经济师，本公司副董事长。张先生毕业于民航天津机械专科学校及中央党校经济管理专业。张先生于民航运输和机场管理方面拥有丰富的经验。张先生1986年至1992年期间任民航广州管理局副局长、1992年至1999年期间任广州白云国际机场总经理、党委副书记、1999年至今任机场集团总裁、党委副书记。张先生目前兼任机场集团总裁、广州白云国际机场迁建工程指挥部总指挥长以及新机场公司董事长、总经理等职务。

3、王天喜，中国国籍，男，53岁，大学学历，高级政工师，本公司董事。王先生毕业于中央党校经济管理专业。王先生于民航运输和管理方面拥有丰富的经验。王先生1986年至1990年期间任民航广州管理局政治部秘书处副处长兼党委秘书、1990年至1993年期间任广州白云国际机场旅客服务公司党委书记、1993年至1999年期间任广州白云国际机场纪委书记、1999年至2000年期间任机场集团党委副书记、现任新机场公司党委书记。

4、崔建国，中国国籍，男，57岁，大专学历，工程师，本公司董事兼总经理。崔先生毕业于中国民航飞行学院。崔先生于民航运输和管理方面拥有丰富的经验。崔先生1967年至1986年期间任民航第六飞行大队大队长等职务、1986年至1993年任民航广州管理局科教处处长等职务、1993年至1996年期间任民航中南管理局计划处处长、1996年至1999年期间任民航海南省管理局副局长、1999年至2000年期间任机场集团副总裁。

5、陈凤起，中国国籍，男，52岁，大学学历，高级政工师，本公司董事。陈先生毕业于中央党校经济管理专业。陈先生于民航管理方面拥有丰富的经验。陈先生1987年至1991年期间任民航广州中专政治处主任、1991年至1992年期间任民航广州管理局政治部组织处副处长、1993年至1999年期间任广州白云国际机场党委组织部部长、1999年至2000年期间任机场集团纪委书记、现任股份公司党委书记。

6、林运贤，中国国籍，男，50岁，大学学历，工程师，本公司董事。林先生毕业于中央党校经济管理专业。林先生于机场建设和管理方面拥有丰富的经验。林先生1987年至1992年期间任民航广州管理局修缮公司经理、1992年至1993年期间任民航广州管理局修建处处长、1993年至1996年期间任广州白云国际机场建设管理处处长、1996年至1999年期间任广州白云国际机场副总经理。林先生目前兼任机场集团副总裁以及新机场公司副总经理等职务。

7、张肖祥，中国国籍，男，61岁，大学学历，高级经济师，本公司董事。张先生毕业于开封黄河水利学院及天津民航学院。张先生于民航企业管理方面拥有丰富的经验。张先生1968年至1983年期间任民航酒店经理等职务、1983年至1986年期间任民航广州管理局旅客服务公司经理、1986年至1996年期间任广州白云国际机场综合服务公司经理。1997年至2002年兼任机场集团副总裁，目前已不再担任机场集团副总裁。

8、赵际文，中国国籍，男，58岁，大学学历，高级经济师，本公司董事兼副总经理。赵先生毕业于民航天津机械专科学校及中央党校经济管理专业。赵先生于民航企业管理方面拥有丰富的经验。赵先生1986年至1992年期间任民航广州管理局旅客服务公司经理、1993年至1995年期间任广州白云国际机场旅客服务公司经理、1995年至1999年期间任广州白云国际机场副总经济师，1999年期间至2000年期间任机场集团总经济师。

9、陈汝贞，中国国籍，男，49岁，大学学历，政工师，本公司董事兼工会主席。陈先生毕业于中央党校经济管理专业。陈先生于机场维护和管理方面拥有丰富的经验。陈先生1972年至1984年期间任民航广州管理局场务队分队长及维护队副队长等职务、1986年至1989年期间任民航广州管理局修建处总支书记、1989年至1992年期间任民航广州管理局修缮公司党委书记、1993年至1999年期间任广州白云国际机场修缮公司经理兼党委书记、1999年至2000年期间任机场集团工会主席。

10、王珺，中国国籍，男，44岁，教授，博士生导师，现担任中山大学经济研究所所长、中山大学岭南学院副院长、中山大学校长助理。王先生目前兼任广东粤电力，珠江啤酒、广州机电集团资产经营公司的独立董事(其中粤电力为上市公司，其他内家为非上市企业)。

11、刘峰，中国国籍，男，36岁。中山大学管理学院特聘教授，博士生导师。1994年10月通过注册会计师资格考试；1995年在厦门大学会计师事务所任注册会计师。刘先生现担任中山大学现代会计与财务研究中心主任。

二、监事

本公司章程规定，监事会由3人组成，任期3年，任期届满时连选可以连任。监事会成员的三分之一由职工代表担任，三分之二由股东大会选举和罢免。监事不得兼任董事、总经理、财务负责人及其他高级管理职务。

1、马有成，中国国籍，男，58岁，大专学历，高级会计师，本公司监事会主席。马先生毕业于天津民航机械专科学校。马先生于民航财务会计和管理方面拥有丰富的经验。马先生1986年至1992年期间任民航广州管理局财务处处长、1993年至2000期间任广州白云国际机场总会计师以及财务处处长等职务。

2、冯素华，中国国籍，男，55岁，大学学历，本公司监事。冯先生毕业于中央党校经济管理专业。冯先生于民航安全和机场管理方面拥有丰富的经验。冯先生1986年至1992年期间任民航广州管理局公安处秘书科科长及安检站站长、1993年期间任广州白云国际机场物资设备处副处长、1993年至1994年期间任广州白云国际机场办公室副主任、1994年至2000年期间任广州白云国际机场办公室主任。冯先生目前兼任机场集团副总裁。

3、王黎军，中国国籍，男，48岁，大学学历，政工师，本公司职工监事。王先生毕业于中央党校经济管理专业。王先生于机场管理方面拥有丰富的经验。王先生1993年至1999年期间任广州白云国际机场纪委办公室副主任及监察处副处长等职务、1999年至2000年期间任机场集团纪委办公室主任、监察处处长。

三、高级管理人员

1、吴百旺先生

详见本节"一、董事"部分。

2、崔建国先生

详见本节"一、董事"部分。

3、赵际文先生

详见本节"一、董事"部分。

4、马心航先生

中国国籍，男，44岁，硕士学位，政工师，本公司副总经理。马先生毕业于广东省委党校经济管理专业。马先生1991年至1993年期间任南航客舱服务部办公室副主任、1993年至2000年期间任广州白云国际机场航空客货服务公司经理、党委书记等职务。

5、韩兆起先生

中国国籍，男，48岁，大学学历，高级政工师，本公司副总经理。韩先生毕业于华南师大政法系。韩先生1978年至1988年期间任民航广州机务大队机械师等职务、1988年至1992年期间任民航广州公安处教导员、党支部书记等职务、1992年至1993年期间任民航广州管理局安检站政委、党委书记等职务、1993年至2000年期间任广州白云国际机场安检站政委、党委书记。

6、徐光玉先生

中国国籍，男，50岁，硕士学位，高级政工师，本公司董事会秘书。徐先生毕业于中山大学哲学系。徐先生1993年至1997年期间担任广州白云国际机场党委宣传部副部长、1997年至2000年期间担任广州白云国际机场党委宣传部部长。

上述董事、监事和高级管理人员均为中国国籍，相互之间不存在配偶关系、三代以内直系和旁系亲属关系。

四、持股情况说明

在本次A股发行前，上述董事、监事、高级管理人员没有以自己的名义，或授权、指示他人代其持有本公司股份，其家属(指其配偶或未满十八岁的子女)不持有本公司股份；其近亲属能够直接或间接控制的法人也不持有本公司股份。上述人员之间不存在配偶关系、三代以内直系和旁系亲属关系。

第七节　同业竞争与关联交易

一、关联方及关联关系

本公司关联方及其各自与本公司的关联关系如下：

(一)控股股东及其控制或参股的企业

1、发行人的控股股东机场集团，本次发行前持有发行人股份57,600万股，占本次发行前发行人总股本的96%；本次发行后，机场集团将持有发行人股份57,600万股，占发行人总股本的57.6%，该控股股东可推荐本公司大多数董事。

2、发行人的股东新机场公司，本次发行前持有发行人股份600万股，占本次发行前发行人总股本的1%；本次发行后，其将持有发行人股份600万股，占发行人总股本的0.6%。由于机场集团持有新机场公司51%的股权，发行人与新机场公司属于共同受一方控制的关联企业；及

3、由机场集团控制的下属具有法人资格的其他企事业单位。

(二)其他股东

除机场集团和新机场公司外，本公司其他股东为中国国际航空公司、中国民航机场建设总公司和广州交通投资有限公司。

(三)发行人参与的合营企业

发行人参与的合营企业有：

企业名称	本公司所持股份比例	合资他方及其所持股份比例
广州白云国际机场地勤服务有限公司	51%	新加坡DMESENTERPRI SESPTE. LTD.持有49%的股权
广州白云国际机场宾馆有限公司	50%	机场集团持有30%的股权，中南民航经济发展公司持有20%的股权
广东烟草白云有限公司	70%	中国烟草总公司广东省公司持有30%的股权
广州佳速物业服务有限公司	20%	广州白云国际机场地勤服务有限公司持有80%的股权
广州市白云之旅旅行社有限公司	48%	广州鑫国华有限责任公司、广东省深圳市邮电通讯技术进出口公司分别持有45%和7%的股权
广州白云国际机场易登机商旅服务有限公司	90%	广东华灏实业集团有限公司持有10%的股权
广州白云国际物流有限公司	29%	中国南方航空股份有限公司、深圳市盈信投资发展有限公司分别持有61%和10%的股权
广州白云国际机场白云安检科技有限公司	61%	北京理工大学、湖南华南光电科技股份有限公司分别持有24%和15%的股权

二、同业竞争

本公司在资产重组时已经充分考虑了同业竞争的问题，因此，上述关联方在业务性质、业务客户、业务市场等方面与本公司不存在同业竞争。

本公司与机场集团和新机场公司分别于2000年10月10日和2001年5月15日签署了《不竞争协议》。根据上述协议，机场集团和新机场公司分别承诺，将不会单独或与企业、个人、合伙或其他任何组织(包括经济和非经济组织，下同)以投资、联营、合资、合作、合伙、承包、租赁等方式，生产、经营或销售与本公司在中国市场上直接或间接地竞争或可能竞争的业务、服务及产品。不以任何形式支持本公司除外的企业、个人、合伙或其他任何组织，生产、经营或销售与本公司在中国市场上直接或间接地竞争或可能竞争的业务、服务及产品。上述支持包括但不限于提供生产场地、水、电或其他能源、资金、技术、设备、原材料、销售渠道、咨询、宣传。

三、关联交易

(一)关联交易决策程序

在本公司的公司章程中，就关联交易的公允决策程序做出了如下规定：

公司关联交易应当遵循以下基本原则：(1)符合诚实信用的原则；(2)关联方如享有上市公司股东大会表决权，除特殊情况外，应当回避表决；(3)与关联方有任何利害关系的董事，在董事会就该事项进行表决时，应当回避；(4)上市公司董事会应当根据客观标准判断该关联交易是否对上市公司有利。必要时应当聘请专业评估师或独立财务顾问。(5)任何个人只能代表一方签署协议。

公司与其关联人达成的关联交易总额低于300万元，且低于公司最近经审计净资产值的0.5%的，该等关联交易可由公司总经理批准实施。

公司与其关联人达成的单项关联交易总额，或与关联人就同一标的或者上市公司与同一关联人在连续12个月内达成的关联交易累计金额，在300万元至3000万元之间或占公司最近经审计净资产值的0.5%至5%之间的，该等关联交易应提交公司董事会审议批准实施。公司董事会就关联交易表决时，有利害关系的董事属下列情形的，不得参与表决：(1)该关联交易与该董事个人利益有关；(2)董事个人在关联企业任职或拥有关联企业的控股权或控制权的，该等企业与公司的关联交易；(3)按照法律法规和公司章程规定应当回避的。

公司拟与关联人达成的关联交易总额，或公司与关联人就同一标的或者公司与同一关联人在连续12个月内达成的关联交易累计金额，高于3000万元或高于公司最近经审计净资产值的5%以上的，该等关联交易应经股东大会审议批准实施。股东大会就关联交易进行表决时，任何与该关联交易有利害关系的关联人在股东大会上应当放弃对该议案的投票权。关联股东有特殊情况无法回避时，在公司征得有权部门同意后，可以参加表决。公司应当在股东大会决议中对此作出详细说明，同时对非关联方的股东投票情况进行专门统计，并在决议公告中披露。对于此类关联交易，公司董事会应当对该交易是否对公司有利发表意见，同时上司应当聘请独立财务顾问就该关联交易对全体股东是否公平、合理发表意见，并说明理由、主要假设及考虑因素。

(二)关联交易内容

1、机场集团向本公司提供若干综合服务

本公司于2000年10月10日与机场集团签署了《综合服务协议》。根据该协议，机场集团向本公司

提供以下综合服务：

(1)水量、电量计量服务。机场集团负责每月对监测本公司用水量及用电量的各水表、电表进行计量，抄取本公司当月的用水、用电数据，按照有关规定列明办公用水电、商业用水电和其他类别用水、用电量，并报送本公司所在地的供水供电部门，作为上述部门向本公司收取水费、电费的依据，同时将上述数据抄送本公司。本公司有权随时对机场集团计量的上述数据进行复查。

(2)供水、供电设施维修保养服务。机场集团负责对本公司所使用的供水、供电设施，包括但不限于供水、供电线路、管道、水泵、变压器、计量仪器等设施进行日常保养维护，包括但不限于每周一次的巡查、检测，以及对本公司有关人员进行上述设施使用方面的知识和技能培训。当上述设施发生故障时，应立即派人员抵达现场进行故障排除工作。

(3)代缴水电费服务。按照机场集团计量的本公司用水、用电数据及有关供水、供电部门对上述数据的确认，机场集团代本公司向供水供电部门分别缴纳本公司所发生的水费和电费。

对于机场集团向本公司提供的上述各项综合服务，本公司应按照其向有关供水供电部门所缴纳的用水用电费用总额的25%支付综合服务费。本公司应在该协议期限内每年的十二月份将该年度所发生的综合服务费用向机场集团通过银行转帐支付。根据广东正中珠江会计师事务所的审计报告，在2002年，本公司应向机场集团支付的上述综合服务费为639.18万元，在本公司营业成本中占1.9%。

该协议已该协议的有效期为10年，自双方签字之日起算。

上述关联交易已经本公司2001年8月8日召开的股东大会批准。在该次股东大会对上述关联交易进行表决时，参与上述关联交易的关联方股东进行了回避。本公司认为本公司已经采取了必要和合理的措施对未涉及上述关联交易的股东进行了保护。

2、本公司向机场集团租赁房地产

本公司与机场集团于2000年9月19日签署了三份《广州市房地产租赁合同》，根据上述合同，本公司分别向机场集团租赁使用位于广州市白云区云港路自编351幢、广州市白云区机场路航云南街自编176幢、广州市白云区云霄路自编353幢的部分房屋(包括房屋所占用及分摊的土地使用权)，上述房屋的建筑面积分别为12259平方米、2048平方米及35690平方米，月租金分别为35元/平方米、10元/平方米、35元/平方米，租赁期限为自2000年9月19日至2004年12月31日。上述各项房地产的月租金分别为人民币429,065元、20,480元及1,249,150元。在2002年，本公司向机场集团支付的租赁费为793.42万元。

上述房地产租赁合同已于2001年4月16日在广州市房地产租赁管理所进行了租赁登记。

(1)广州市白云区机场路航云南街自编176幢

该房屋用途为"仓库"。该房屋靠近飞行区，用于存放机场应急救援设备，以便于突发性应急救援工作。该房屋租金价格是参考民航总局《关于调整民用机场收费标准的通知》(民航局发〔1992〕94号)中，关于航站楼内场地租用费(参考标准)，仓库用地为8-10元/平方米·月，其租金定为10元/平方米·月。

(2)广州市白云区云港路自编351幢和广州市白云区云霄路自编353幢

该两处房屋分别为"国内航站楼"和"国际航站楼"，使用性质为"候机厅"。由于新机场建成后，现白云机场将搬迁至新机场继续经营，为避免机场搬迁后本公司出现巨额资产改变用途或报废的情况，在机场搬迁前，由本公司向机场集团租赁航站楼，以保证搬迁前的正常生产运营。国内及国际航站楼总面积为59936平方米，本公司租赁面积为47949平方米，经实地丈量，其中商业面积为8693平方米，各单位办公用面积为8585平方米，仓储面积3624平方米，其余27047平方米为过港旅客通道及候机区等公用面积，参考民航总局《关于调整民用机场收费标准的通知》中，关于航站楼内场地租用费(参考标准)，商业用地100-600元/平方米·月，仓库用地为8-10元/平方米·月，办公用房20元/平方米·月，经本公司与机场集团商洽，根据商业140元/平方米·月，仓储10元/平方米·月，办公20元/平方米·月，公用面积租金10元/平方米·月计算，平均租金为35.36元/平方米·月，租金最后确定为35元/平方米。

根据上述租赁合同，本公司有权将上述承租房地产转租予子公司使用，而无需取得机场集团的同意。根据本公司与广东烟草白云有限公司及广州白云国际机场地勤服务有限公司签署的租赁协议，本公司已将上述房地产中的一部分转租予子公司广东烟草白云有限公司和广州白云国际机场地勤服务有限公司，租赁期限均为一年，自2001年1月1日至2001年12月31日，租赁面积分别为31.7平方米和8454.05平方米；2002年续租一年，租赁面积分别为31.7平方米和8,246.96平方米。

上述关联交易已经本公司2001年8月8日召开的股东大会批准。在该次股东大会对上述关联交易进行表决时，参与上述关联交易的关联方股东进行了回避。本公司认为本公司已经采取了必要和合理的措施对未涉及上述关联交易的股东进行了保护。

3、机场集团向本公司租赁房地产

本公司与机场集团于2000年9月19日签署了一份《广州市房地产租赁合同》，根据上述合同，机场集团向本公司租赁使用位于广州市白云区机场路282号自编288幢7-12层、建筑面积为4814平方米的房屋(包括房屋所占用及分摊的土地使用权)，月租金为20元/平方米，租赁期限为自2000年9月19日至2004年12月31日。上述租赁房地产的月租金分别为人民币96,280元。在2002年，本公司应向机场集团收取的租赁费为1,155,360元，在本公司营业收入中占0.1%。

上述房地产租赁合同已于2001年4月16日在广州市房地产租赁管理所进行了租赁登记。

本公司出租给机场集团的房屋使用性质为"办公"，原是机场集团的办公楼，此楼在本公司成立时由机场集团投入，共计12层。出于航空安全管理的特殊性考虑，使机场集团和本公司能做到及时充分的沟通，同时也是提高该办公楼的使用效率，由机场集团租用7-12层在此办公。

其租金价格的确定主要是依据民航总局《关于调整民用机场收费标准的通知》(民航局发〔1992〕94号)中，关于场地租用费(参考标准)，办公用地为20元/平方米·月。

上述关联交易已经本公司2001年8月8日召开的股东大会批准。在该次股东大会对上述关联交易进行表决时，参与上述关联交易的关联方股东进行了回避。本公司认为本公司已经采取了必要和合理的措施对未涉及上述关联交易的股东进行了保护。

4、租赁资产运营费用的负担

关于本公司向机场集团租赁资产的运营费用，根据机场集团与本公司签订的租赁合同，机场集团负责对房屋定期安全检查，承担房屋主体结构自然损坏的维修费用；但由于本公司使用房屋不当或者人为造成房屋损坏的，由本公司负责修复或赔偿。本公司在承租的房屋内需要安装或者使用超过水、电表容量的任何水电设备，应事前征得机场集团同意，并由机场集团负责到有关部门办理增容手续，费用由本公司负担。

关于机场集团向本公司租赁资产的运营费用的负担，与本公司向机场集团租赁资产的运营费用负担的条件是对等的。

5、本公司与新机场公司就新机场未来建设经营协作的若干安排

新机场公司作为新机场建设的项目法人及未来新机场的管理当局，于2001年5月15日与本公司签署了《关于新机场建设经营协作总体安排的协议书》。新机场公司在该协议书做出有关承诺(包括但不限于)：

新机场公司同意，本公司将对新机场的航站楼及其有关附属设施(在该协议中合成"航站楼")单独进行投资建设，并自主享有作为航站楼投资者依法所应享有的各项权利，包括但不限于对航站楼的所有权、使用权、经营管理权、收益权和处置权。在本公司行使上述权利时，新机场公司不向本公司收取任何费用，法律有规定或该协议另有约定者除外。

新机场公司同意，除对航站楼的投资建设外，本公司(包括本公司目前和以后投资组建的下属公司)还享有对新机场的航空食品配餐楼、货运大楼及有关附属设施进行投资建设的优先权；新机场公司并允许本公司单独投资在新机场建设本公司的行政办公楼及有关附属设施(上述新机场航空食品配餐楼、货运大楼、本公司的行政办公楼及有关附属设施合称"其他投资项目")。新机场公司同意，在本公司(或其目前和以后投资组建的下属公司)决定投资建设上述投资项目并经国家有关主管部门批准后，新机场公司确认并支持本公司自主享有作为其他投资项目投资者依法所应享有的各项权利，包括但不限于对其他投资项目的所有权、使用权、经营管理权、收益权和处置权。在本公司行使上述权利时，新机场公司不应向本公司收取任何费用，法律有规定或该协议另有约定者除外。

作为机场管理当局，新机场公司负责新机场的建设和管理，包括对新机场的土地、场所、设施实行全面的规划和管理，并根据特点和/或功能对业务经营的种类和范围进行划分和统筹安排。新机场公司承诺无条件支持并保障本公司优先在新机场进行其现有经营范围内任何业务的经营。

新机场公司支持本公司在新机场依法开展新的业务，并无条件给予本公司开展新业务经营的优先权。

新机场公司承诺，对于本公司或本公司的下属企业经营其业务所需要的土地及房产，新机场公司将在其可能的前提下予以优先和充分提供。在制订新机场的整体规划布局时，新机场公司将优先征求本公司的意见，并对本公司业务经营所需要的场地作出预留。新机场公司承诺，对于本公司或本公司的下属企业经营其业务所需要的有关设施，新机场公司将在其可能的前提下予以优先和充分提供。

新机场公司应确保其有合法的权利提供上述有关土地、房产或设施予本公司使用。如因新机场公司未能取得任何第三方的同意或有关政府部门的批准导致本公司不能使用或不能合法使用上述土地、房产或设施时，新机场公司应对本公司予以补偿。

该协议已经新机场公司董事会及本公司2001年8月8日召开的股东大会批准后生效。在该次股东大会对上述关联交易进行表决时，参与上述关联交易的关联方股东进行了回避。本公司认为本公司已经采取了必要和合理的措施对未涉及上述关联交易的股东进行了保护。

6、本公司聘请新机场公司担任新机场航站楼建设项目管理顾问

根据本公司于2001年8月8日召开的2000年度股东大会做出的有关决议，本次公开发行股票所筹集的资金将全部投入新机场航站楼工程的建设。本公司与新机场公司于2001年5月15日签署了《建设项目管理顾问协议》。根据该协议，本公司聘请新机场公司担任广州市新机场航站楼建设项目管理顾问，协助本公司进行航站楼的建设。

根据该协议，新机场公司担任航站楼建设项目管理顾问，将向本公司提供以下方面的服务：

(1)协助组织、制订和申报航站楼设计方案；

(2)协助本公司审阅、制订航站楼工程预算方案；

(3)协助本公司选聘航站楼建设的总承包商、各分包商、施工监理单位，以及开展航站楼建设的招投标活动；

(4)协助本公司进行航站楼建设的原材料、设备的采购；

(5)协助本公司办理航站楼建设工程的各项申报和审批手续；

(6)监督施工现场、施工进度和工程质量情况，向本公司进行定期和不定期的报告；

(7)监督航站楼建设资金的拨付和运用情况，向本公司进行定期和不定期的报告；

(8)保存航站楼建设的所有记录、文件和档案；

(9)协助本公司会同有关政府主管部门进行航站楼的验收工作；

(10)协助本公司制作航站楼的工程决算；

根据该协议，本公司将以其公开发行股票所筹集的资金及通过其他方式按照新机场公司提供的航站楼建设资金运用进度表汇入新机场公司开立的银行帐户并由其安排拨付投入航站楼的建设。

根据该协议，本公司应按照航站楼工程造价(以国家计划主管部门的最终批准为准，并在若干特定情况下，可根据该协议的规定予以调整)的1.5‰，并按照工程进度支付予新机场公司。双方同意，在航站楼的建设如期完成，并顺利通过政府有关部门验收的情况下，如航站楼的实际建设支出少于工程造价，则节余部分，应提取3%作为对新机场公司的奖励。节余资金的余下部分，应由新机场公司在航站楼工程决算完成之日起30日内退回本公司。

该协议已经本公司2001年8月8日召开的股东大会及新机场公司董事会批准，且本公司已取得国家计划主管部门对于以其作为投资主体投资建设航站楼的批准，现已生效。在该次股东大会对上述关联交易进行表决时，参与上述关联交易的关联方股东进行了回避。本公司认为本公司已经采取了必要和合理的措施对未涉及上述关联交易的股东进行了保护。

7、本公司与机场集团和地勤公司就航空服务收入进行划分与结算

根据民航总局财发［2000］127号文和总局财函［2002］166号文，民航总局就民航财发［2002］179号文对机场向国内航空公司的收费办法进行调整前后，本公司与机场集团对航空服务收入的划分比例进行了规定。

2001年4月1日本公司与机场集团就收入划分签署了收入划分与结算协议，该协议已经本公司2001年8月8日召开的股东大会批准。在该次股东大会对上述关联交易进行表决时，参与上述关联交易的关联方股东进行了回避。本公司认为本公司已经采取了必要和合理的措施对未涉及上述关联交易的股东进行了保护。

2002年12月20日，根据调整后的收费标准，本公司与机场集团和地勤公司就收入划分签署了新的收入划分与结算协议。该协议已经本公司2003年1月6日召开的二零零三年第一次临时股东大会批准。在该次股东大会对上述关联交易进行表决时，参与上述关联交易的关联方股东进行了回避。本公司认为本公司已经采取了必要和合理的措施对未涉及上述关联交易的股东进行了保护。

四、减少关联交易的措施

本公司上述关联交易中，前述三(二)5、6两项为一次性关联交易，合同履行完毕后不会重复发生。三(二)1、2、3项为经常性关联交易，交易价格的确定均依据民航总局的有关规定或市场原则制定。其中第2项，即本公司租赁机场集团房地产，将在新机场启用后停止；第3项，即机场集团租赁本公司房地产，机场集团将在新机场起用后继续租赁；第1项，即机场集团向本公司提供综合服务，将在迁建后停止，本公司将在迁建后视新机场公司(新机场管理当局)和本公司在新机场的明细分工确定后，再决定该等综合服务是否转向新机场公司提供。本公司现时计划迁建后，机场集团提供的综合服务包含的业务由本公司自行完成。三(二)7项为经常性关联交易，其中前一项关联交易已于2002年12月31日终止，后一项关联交易从2003年1月1日起执行。

本公司公司章程中有关关联交易的决策制度将确保本公司关联交易公平、公正。

五、律师和主承销商就同业竞争情况发表的意见

本公司律师，北京竞天公诚律师事务所对本公司同业竞争情况发表意见如下：

"发行人与其关联方之间目前不存在同业竞争关系。发行人与机场集团和新机场公司分别于2000年10月10日和2001年5月15日签署了《不竞争协议》。根据上述协议，机场集团和新机场分别承诺，将不会单独或与企业、个人、合伙或其他任何组织(包括经济和非经济组织，下同)以投资、联营、合资、合作、合伙、承包、租赁等方式，生产、经营或销售与本公司在中国市场上直接或间接地竞争或可能竞争的业务、服务及产品。不以任何形式支持本公司除外的企业、个人、合伙或其他任何组织，生产、经营或销售与本公司在中国市场上直接或间接地竞争或可能竞争的业务、服务及产品。上述支持包括但不限于提供生产场地、水、电或其他能源、资金、技术、设备、原材料、销售渠道、咨询、宣传。"

本公司本次发行主承销商，中国国际金融有限公司对本公司同业竞争情况发表意见如下：

"本公司经过对发行人同业竞争情况尽职调查后，认为，发行人与其控股股东及控股股东实际控制的企业间目前不存在同业竞争。发行人通过与其控股股东、新机场公司签署的有关协议，亦保证了发行人将来不会出现重大同业竞争。本公司认为，发行人为避免现实和潜在同业竞争的措施是有效的。"

第八节　财务会计资料

本公司截止2002年12月31日的财务会计资料，已于2003年4月9日在《中国证券报》、《上海证券报》和《证券时报》上刊登的招股说明书摘要中进行了披露，投资者欲了解详细内容，请查阅上述报纸或刊载于上海证券交易所网站(http://www.sse.com.cn)的本公司招股说明书全文。

本公司2003年1-3月的财务会计资料在本上市公告书中补充披露。

一、会计报表编制基准及注册会计师意见

本公司已聘请广东正中珠江会计师事务所对本公司2000年12月31日、2001年12月31日

和2002年12月31日的资产负债表和合并资产负债表,2000年度、2001年度、2002年度的利润及利润分配表和合并利润及利润分配表以及2002年度现金流量表和合并现金流量表进行了审计,审计机构均出具了标准无保留意见的审计报告。

第九节　其他重要事项

一、自本公司股票首次公开发行之日至本上市公告书公告之日,本公司严格依照现行有关法律、法规的规定规范运行,生产经营情况正常,本公司所处行业和市场无重大变化,主要业务发展目标的进展状况正常,主要投入、产出物供求及价格无重大变化。

二、自本公司股票首次公开发行之日至本公司上市公告书公告之日,本公司没有进行重大对外投资,无重大资产(股权)收购、出售行为。

三、自本公司股票首次公开发行之日至本上市公告书公告之日,本公司住所未变更。

四、自本公司股票首次公开发行之日至本上市公告书公告之日,本公司未涉及任何重大诉讼、仲裁或行政处罚案件,并且董事会认为本公司未面临任何由重大影响的诉讼和索赔要求;同时,本公司董事、监事和高级管理人员未受到任何刑事起诉,亦没有尚未了结或可能发生的刑事诉讼事项。

五、自本公司股票首次公开发行之日至本上市公告书公告之日,本公司重大会计政策和会计师事务所没有发生变化。

六、自本公司股票首次公开发行之日至本上市公告书公告之日,未发生新的重大负债,并且重大债项未发生变化。

七、本公司股票首次公开发行和股票上市前后税负无变化。

八、根据《上海证券交易所股票上市规则》,本公司第一大股东广州白云国际机场集团公司承诺:自本公司股票上市之日起12个月内,不转让其持有的本公司的股份。同时,本公司也承诺:自本公司上市之日起一年内,本公司不回购发起人股份。

九、2003年1月6日,本公司二零零三年第一次临时股东大会通过了公司A股发行前的利润分配方案,根据该方案,本公司截至2002年6月30日可供股东分配利润为224,064,644.29元中的144,000,000.00元按照0.24元/股向本公司发起人股东分配。自2002年7月1日以后公司的全部可分配利润(包括上述分配后的剩余未分配利润80,064,644.29元)由公司发起人股东和公开发行股票后的社会公众股股东共享。公司第一届董事会第十次会议通过决议,同意2002年末可供股东分配的利润留存公司发展,不予分配。此议案需报股东大会批准。

第十节　董事会上市承诺

本公司董事会承诺将严格遵守《中华人民共和国公司法》、《中华人民共和国证券法》、《股票发行与交易管理暂行条例》、《公开发行股票公司信息披露实施细则》和《上海证券交易所股票上市规则》等国家法律、法规和有关规定,并自股票上市之日起作到:

1、承诺真实、准确、完整、公允和及时地公布定期报告,披露所有对投资者有重大影响的信息,并接受中国证监会、证券交易所的监督管理;

2、承诺发行人在知悉可能对股票价格产生误导性影响的任何公共传播媒介中出现的消息后,将及时予以公开澄清;

3、发行人董事、监事、高级管理人员和核心技术人员将认真听取社会公众的意见和批评,不利用已获得的内幕消息和其他不正当手段直接或间接从事发行人股票的买卖活动;

4、发行人没有无记录的负债。

依据《上海证券交易所股票上市规则》,本公司全体董事、监事将按照有关规定,在本公司股票上市后两个月内签署《董事(监事)声明及承诺书》并送达上海证券交易所备案。

第十一节　上市推荐人及其意见

一、上市推荐人情况

1、上市推荐人:中国国际金融有限公司

2、住所:北京市建国门外大街一号国贸大厦2座28层

3、法定代表人:张恩照

4、电话:(010)6505 1166

5、传真:(010)6505 1156

6、联系人:黄玉启、葛雪晖

二、上市推荐人的意见

本公司上市推荐人认为本公司具备了《中华人民共和国公司法》、《中华人民共和国证券法》、《股票发行与交易管理暂行条例》、《公开发行股票公司信息披露实施细则》和《上海证券交易所股票上市规则》等法律、法规所规定的上市条件。

本公司上市推荐人保证本公司的董事了解法律、法规、上海证券交易所上市规则及股票上市协议规定的董事的义务与责任;本公司建立健全了法人治理结构,制定了严格的信息披露制度与保密制度。

本公司上市推荐人已对上市文件所载的资料进行了核实,确保上市文件真实、准确、完整,符合规定要求。保证本公司的上市申请资料、上市公告书没有虚假记载、误导性陈述或重大遗漏,并保证对其承担相应的法律责任。本公司上市推荐人与本公司不存在关联关系。

本公司上市推荐人愿意推荐本公司股票在上海证券交易所上市交易,并保证不利用在上市过程中获得的内幕信息进行内幕交易,为自己或他人谋取利益。

广州白云国际机场股份有限公司

二〇〇三年四月二十三日

合并利润表　(单位:元)

项　目	2003年1–3月	2002年度	2001年度	2000年度
一、主营业务收入	246816885.5	939655600.1	838384482.1	780254893.1
减:主营业务成本	87977754.92	366154973	343845482.3	313875163.8
主营业务税金及附加	8041250.44	32429301.51	29422726.68	26973430.96
二、主营业务利润	150797880.1	541071325.6	465116273.2	439406298.3
加:其他业务利润	4288106.69	13611904.2	13203265.56	3095074.9
减:营业费用	21612863.42	95786708.53	80849191.87	68453581.04
管理费用	27066088.97	96118093.34	87647162.88	65587939.37
财务费用	–5602784.98	–9195918.69	–9981977.04	–9413538.75
三、营业利润	112009819.4	371974346.6	319805161	317873391.5
加:投资收益	–427379.04	–2080674.95	–2402516.1	117566.98
营业外收入	3714.62	959799.43	1298004.83	259915.99
减:营业外支出	195561.1	2043247.3	3856488.35	8960895.49
四、利润总额	111390593.9	368810223.8	314844161.4	309289979
减:所得税	36383392.47	72220179.1	13866841.03	107360658.7
少数股东损益	3303334.27	9909740.16	4187151.07	5171596.03
五、净利润	71703867.16	286680304.5	296790169.3	196757724.3

合并利润分配表　(单位:元)

项　目	2002年度	2001年度	2000年度
五、净利润	286680304.5	296790169.3	196757724.3
加:年初未分配利润	107981932.1	–6539860.97	–
六、可供分配的利润	394662236.6	290250308.3	196757724.3
减:2000年2月29日前净利润折股	–	–	28050020.26
减:评估基准日至公司设立日已分配给原股东的利润	–	–	131400317.6
减:提取法定盈余公积	29596853.24	29750603.79	3829010.49
提取法定公益金	14334015.23	14517772.45	1872238.17
七、可供股东分配的利润	350731368.1	245981932.1	31606137.77
减:应付普通股股利	144000000	138000000	38145998.74
八、年末未分配利润	206731368.1	107981932.1	–6539860.97

简要合并资产负债表　(单位:元)

	2003.3.31	2002.12.31	2001.12.31	2000.12.31
资产				
流动资产:				
货币资金	1046575928	931355605.5	820603768.1	390586106.4
短期投资	2869335	2869335	3105000	–
应收帐款	293698326.2	246878522.5	122343992.2	138716627
其他应收款	47757664.87	30800383.66	23627843.7	241554887.8
预付帐款	16793278.28	7279078.73	12668987.08	9336114.69
存货	16204439.9	16743899.87	16371309.98	13337807.71
待摊费用	2538846.92	2795981.62	2107309.41	2070310.97
流动资产合计	1426437819	1238722807	1000828210	795601854.6
长期投资:				
长期股权投资	103052978.5	103480357.6	98086814.29	21796330.39
长期投资合计	103052978.5	103480357.6	98086814.29	21796330.39
固定资产:				
固定资产原价	547112861.5	548613307.2	531627047.9	513505062.5
减:累计折旧	289112614.5	282521139.1	246134155	209915559
固定资产净值	258000247	266092168.1	285492892.9	303589503.5
减:固定资产减值准备	8439086.39	8439086.39	8439086.39	7693954.08
固定资产净额	249561160.6	257653081.7	277053806.5	295895549.4
在建工程	97098.6		433916.08	3983020.15
固定资产清理	51161.96			115469.25
固定资产合计	249709421.2	257653081.7	277487722.6	299994038.8
无形资产及其他资产:				
无形资产	52682100.95	53061044.48	53594318.6	52670611.76
长期待摊费用	13826626.36	15174387.6	12126489.65	7349117.21
无形资产及其他资产合计	66508727.31	68235432.08	65720808.25	60019728.97
资产总计	1845708946	1668091678	1442123556	1177411953
负债及所有者权益				
流动负债:				
应付帐款	39388557.78	34104770.74	19056212.08	13360494.42
预收帐款	21037009.23	8531708.49	9190970.39	6601646.61
应付工资	13867530.42	16316576.6	8791306.86	851679.16
应付福利费	2154871.14	4978037.35	4237129.07	5773441.02
应付股利	144331387.7	145771387.7	145119559.5	42880173.1
应交税金	56206342.76	37427977.61	2204647.25	38863204.69
其他未交款	41483739.03	48778139.6	72272624.02	58559766.23
其他应付款	143662648	79745255.5	48976222.55	36933985.45
预提费用	11739128.91	3107295.09	2578121.3	1101381.6
流动负债合计	473871214.9	378761148.6	312426793	204925772.3
负债合计	473871214.9	378761148.6	312426793	204925772.3
少数股东权益	99523745.41	88720411.14	71766948.6	73346535.87
股东权益:				
股本	600000000	600000000	600000000	600000000
资本公积	299978257	299978257	299978257	299978257
盈余公积	93900493.37	93900493.37	49969624.9	5701248.66
其中:公益金	30724025.85	30724025.85	16390010.62	1872238.17
未分配利润	278435235.3	206731368.1	107981932.1	–6539860.97
股东权益合计	1272313986	1200610118	1057929814	899139644.7
负债和股东权益总计	1845708946	1668091678	1442123556	1177411953

简要合并现金流量表　(单位:元)

项　目	2003年1–3月	2002
一、经营活动产生的现金流量:		
销售商品、提供劳务收到的现金	329,966,569.63	834,657,884.22
收到的税费返还	54,374.07	2,342,900.13
收到的其他与经营活动有关的现金	15,405,463.99	39,981,923.87
现金流入小计	345,426,407.69	876,982,708.22
购买商品、接受劳务支付的现金	90,260,441.67	233,403,275.23
支付给职工以及为职工支付的现金	52,033,189.94	157,541,341.87
支付的各项税款	33,187,432.25	93,522,724.87
支付的其他与经营活动有关的现金	56,282,638.91	108,156,542.57
现金流出小计	231,763,702.77	592,623,884.54
经营活动产生的现金流量净额	113,662,704.92	284,358,823.68
二、投资活动产生的现金流量		
投资收益所收到的现金		117,441.76
处置固定资产、无形资产和其他长期资产而收回的现金净额	950	1,793,779.54
现金流入小计	950	1,911,221.30
购建固定资产、无形资产和其他长期资产所支付的现金	4,278,537.60	33,099,963.04
投资所支付的现金		7,240,000.00
支付的其他与投资活动有关的现金	1,297.15	
现金流出小计	4,279,834.75	40,339,963.04
投资活动产生的现金流量净额	–4,278,884.75	–38,428,741.74
三、筹资活动产生的现金流量		
吸收投资所收到的现金	7,500,000.00	2,670,000.00
收到的其他与筹资活动有关的现金	87,020.95	
现金流入小计	7,587,020.95	2,670,000.00
分配股利或利润所支付的现金	1,440,000.00	138,974,449.96
其中:子公司支付少数股东的股利		974,449.96
支付其他与筹资活动有关的现金	310,518.81	
现金流出小计	1,750,518.81	138,974,449.96
筹资活动产生的现金流量净额	5,836,502.14	–136,304,449.96
四、汇率变动对现金的影响		1,126,205.44
五、现金及现金等价物净增加额	115,220,322.31	110,751,837.42

河南中原高速公路股份有限公司

河南中原高速公路股份有限公司股票上市公告书

释义

在本上市公告书中,除非上下文另有规定,下列词语具有以下含义:

股份公司/发行人/本公司	指	河南中原高速公路股份有限公司
发展公司/主发起人	指	河南高速公路发展有限责任公司
华建中心	指	华建交通经济开发中心
高速实业	指	河南省高速公路实业开发公司
设计院	指	河南省交通规划勘察设计院
公路港	指	河南公路港务局
中信证券/主承销商/上市推荐人	指	中信证券股份有限公司
郑漯高速公路	指	北起郑州市境内的国道107线陇海铁路立交桥,南止河南省漯河市郾城李村,全长142公里
郑州黄河公路大桥及其南接线	指	郑州黄河公路大桥北起河南省新乡市原阳县马庄,南止郑州市花园口;大桥南接线为107国道西黄刘村至航海路交叉口段一级公路(19.432公里)
一路一桥	指	郑漯高速公路和郑州黄河公路大桥及其南接线
漯驻高速公路	指	北接郑漯高速公路终点漯河市,南止于驻马店市,全长67.2公里,为郑漯高速公路向南延伸路段

第一节　重要声明和提示

本公司董事会保证上市公告书的真实性、准确性、完整性,全体董事承诺上市公告书不存在虚假记载、误导性陈述或重大遗漏,并承担个别和连带的法律责任。

根据《公司法》、《证券法》等有关法律、法规的规定,本公司董事、高级管理人员已依法履行诚信和勤勉尽责的义务和责任。

上海证券交易所、中国证监会、其他政府机关对本公司股票上市及有关事项的意见,均不表明对本公司的任何保证。

本公司提醒广大投资者注意,凡本上市公告书未涉及的有关内容,请投资者查阅2003年7月21日刊载于《中国证券报》、《上海证券报》、《证券时报》和《证券日报》的本公司招股说明书摘要及刊载于上海证券交易所网站(http://www.sse.com.cn)的本公司招股说明书全文。

本上市公告书刊载网址是 http://www.sse.com.cn

第二节　概览

1、股票简称:中原高速

2、沪市股票代码:600020,深市代理股票代码:003020

3、股本总额:1,050,000,000股,其中可流通股本:280,000,000股,本次上市流通股本:280,000,000股

4、发行价格:6.36元/股

5、上市地点:上海证券交易所

6、上市日期:2003年8月8日

7、股票登记机构:中国证券登记结算有限责任公司上海分公司

8、上市推荐人:中信证券股份有限公司

9、对首次公开发行股票前股东所持股份的流通限制及期限:根据国家现有法律、法规规定,本公司的发起人股暂不上市流通。

10、首次公开发行股票前股东对所持股份自愿锁定的承诺:本公司控股股东发展公司已做出如下承诺:"自中原高速股票上市之日起12个月内,我公司不转让现已持有的中原高速股份;自中原高速股票上市之日起12个月内,也不由中原高速对我公司现已持有的中原高速股份实施回购"。

第三节　绪言

《河南中原高速公路股份有限公司股票上市公告书》是根据《公司法》、《证券法》、《股票发行与交易管理暂行条例》、《公开发行股票公司信息披露实施细则》和《上海证券交易所股票上市规则》等有关法律、法规的规定,并按照中国证监会制定的《公开发行证券的公司信息披露内容与格式准则第7号<股票上市公告书>》要求而编制,旨在向投资者提供有关本公司的基本情况和本次股票上市的有关资料。

经中国证监会"证监发行字[2003]78号"文核准,本公司已于2003年7月24日以网上向二级市场投资者定价配售方式成功公开发行了28,000万股人民币普通股(A股)股票,每股发行价格6.36元。

根据上海证券交易所"上证上字[2003]93号"《关于河南中原高速公路股份有限公司人民币普通股股票上市交易的通知》,本公司28,000万股人民币普通股股票将于2003年8月8日在上海证券交易所挂牌交易。股票简称"中原高速",沪市股票代码为600020,深市代理股票代码为003020。

本公司已于2003年7月21日分别在《中国证券报》、《上海证券报》、《证券时报》和《证券日报》上刊登了招股说明书摘要,招股说明书全文及其附录刊载于上海证券交易所网站(http://www.sse.com.cn),距今不超过三个月,故本上市公告书与其重复的内容不再重述,敬请投资者查阅上述文件。

第四节　本公司概况

一、本公司的基本情况

本公司中文名称为河南中原高速公路股份有限公司,英文名称为HENANZHONGYUAN EXPRESSWAY COMPANY LIMITED,法定代表人宋春雷,设立日期2000年12月28日,本次发行后注册资本1,050,000,000元,注册地址为郑州市中原中路220号,邮政编码450007,联系电话(0371)7717695,传真(0371)7436333,电子信箱 zhongyuangaosu@sina.com,董事会秘书赵中锋。

根据中国证监会《上市公司行业分类指引》,本公司属于交通运输辅助业,经营范围为高等级公路、大型和特大型独立桥梁等交通基础设施项目投资、经营管理和维护;高科技项目投资、开发;机械设备租赁;汽车配件经营。主营业务为高等级公路、大型和特大型独立桥梁等交通基础设施项目投资、经营管理。

二、本公司历史沿革

1、设立情况

2000年12月,经河南省人民政府"豫股批字[2000]64号"文批准,发展公司、华建中心、高速实业、设计院、公路港五家单位以发起设立方式设立了本公司,注册资本为77,000万元。

2、历次股权变动情况

本公司设立后,根据交通部"交函财[2001]132号"文、河南省财政厅"豫财企[2001]90号"文、河南省人民政府"豫股批字[2001]28号"文,对股权结构进行了调整,调整结果见下表:

发起人名称	股份数额(股)	持股比例	股权性质
发展公司	535,127,527	69.4971%	国有法人股
华建中心	233,897,419	30.3763%	国家股
高速实业	325,018	0.0422%	国有法人股
设计院	325,018	0.0422%	国有法人股
公路港	325,018	0.0422%	国有法人股
合计	770,000,000	100.0000%	

本次28,000万股人民币普通股(A股)股票发行后,本公司总股本为105,000万股,注册资本为105,000万元。本次发行前后股权结构变动情况如下:

本次发行前股本结构

股权结构	股数(股)	所占比例(%)
国 家 股	233,897,419	30.3763
国有法人股	536,102,581	69.6237
社会公众股	-	-
总 股 本	770,000,000	100.0000

本次发行后股本结构

股权结构	股数(股)	所占比例(%)
国 家 股	233,897,419	22.2759
国有法人股	536,102,581	51.0574
社会公众股	280,000,000	26.6667
总 股 本	1,050,000,000	100.0000

三、本公司的主要经营情况

1、主营业务概况

本公司主要收入来源于"一路一桥"车辆通行费收入,设立以来,主营业务收入不断提高,经营业绩稳步增长。2002年实现主营业务收入68,165.91万元,净利润30,691.94万元,全面摊薄净资产收益率为17.56%、每股收益0.3986元;2003年1-6月实现主营业务收入36,320.43万元,净利润14,303.70万元,全面摊薄净资产收益率为7.57%、每股收益0.1858元。

2、股份公司的竞争优势与劣势

(1)交通区位优势突出

股份公司拥有的郑漯高速公路属于京珠国道主干线的重要区段,是河南省高速公路网络主干线之一。郑州黄河公路大桥是目前107国道和京珠国道主干线的必经运输要道。股份公司交通区位优势明显。

(2)股份公司投资优势

河南省人力资源、建筑材料丰富,公路建设与养护中所需原材料基本可就地解决,而且省内多为平原地带,因此,公司的路桥建设与养护成本相对较低。

(3)股份公司"一路一桥"具有流量优势

由于本公司固有的区位优势,使得过往"一路一桥"的车辆较多,而且来往跨省过境车辆比例较大。

(4)股份公司资产优良、效益良好

股份公司设立时,发起人投入的"一路一桥"资产优良、业绩良好,保证了股份公司经营业绩持续稳定增长。

(5)潜力优势

股份公司所从事的行业是一个新兴、年轻的朝阳产业,加上其明显的交通区位优势,随着京珠国道主干线的全线贯通和周边公路网络的建成,会进一步提高"一路一桥"的车流量。

(6)竞争劣势

股份公司竞争劣势主要是加入WTO后,国际公司的资本优势、管理优势对股份公司构成一定的竞争压力。

3、主要财务指标

请参阅本上市公告书"财务会计资料"部分的相关内容。

4、本公司资产权属及特许经营情况

本公司拥有的资产权属已全部变更到本公司名下。"一路一桥"收费权经营期限经交通部批准分别为30年和20年;此外本公司向发展公司有偿租赁"一路一桥"占用土地10,065,573.61平方米。本公司没有经注册的商标,也未申请专利技术。

5、本公司享有的财政税收优惠政策

依据财政部、国家税务总局"财税字[1994]001号"文,税务部门已免征本公司2001年度企业所得税,并减半征收本公司2002年度企业所得税,自2003年1月1日起本公司企业所得税税率为33%。本公司没有享受财政补贴。

第五节　股票发行与股本结构

一、本次股票上市前首次公开发行股票的情况

1、发行日期:2003年7月24日

2、发行数量:280,000,000股

3、发行价格:6.36元/股

4、发行市盈率:15.96倍

5、募股资金总额(未扣除发行费用):1,780,800,000.00元

6、发行方式:网上向二级市场投资者定价配售

7、配售对象:法律及相关要求规定的可以从事股票投资的合格投资者

8、发行费用总额及项目:本次发行费用共计53,261,865.80元,包括承销费用、审计费用、律师费用、评估费用、审核费用、上网发行手续费等。

9、每股发行费用:0.1902元

二、本次股票上市前首次公开发行股票的承销情况

本次公开发行的280,000,000股人民币普通股(A股)股票配号总数为91,376,811个,中签率为0.30642348%,其中二级市场投资者认购277,262,628股,余股2,737,372股由主承销商包销。

三、本次上市前首次公开发行股票所募股资金的验资报告

验资报告

厦门天健华天所验(2003)GF字第0005号

河南中原高速公路股份有限公司全体股东:

我们接受委托,审验了贵公司截至2003年7月30日止新增注册资本的实收情况。按照国家相关法律、法规的规定和协议、章程的要求出资,提供真实、合法、完整的验资资料,保护资产的安全、完整是全体股东及贵公司的责任。我们的责任是对贵公司新增注册资本的实收情况发表审验意见。我们的审验是依据《独立审计实务公告第1号-验资》进行的。在审验过程中,我们结合贵公司的实际情况,实施了检查等必要的审验程序。

贵公司原注册资本和实收股本均为人民币770,000,000.00元(以下货币币种均为人民币),本

次通过向社会公开发行人民币普通股(A股),拟申请增加注册资本280,000,000.00元,变更后的注册资本为1,050,000,000.00元。贵公司于2001年度股东大会决议通过《关于公开发行普通股A股并上市的议案》,并于贵公司2002年度股东大会决议通过《关于公司2001年度股东大会审议通过的〈关于公开发行普通股A股并上市的议案〉经调整相应内容后继续有效的议案》,经中国证券监督管理委员会证监发行字[2003]78号文《关于核准河南中原高速公路股份有限公司公开发行股票的通知》核准,贵公司向社会公开发行人民币普通股(A股)28,000万股,于2003年7月24日通过上海证券交易所、深圳证券交易所交易系统网点向投资者发售人民币普通股(A股)28,000万股,每股面值1元,每股发行价格6.36元。

经过我们的审验,截至2003年7月30日止,贵公司已收到证券承销机构划转入所发行的28,000万股社会公众股股款1,730,108,134.20元(已扣承销费44,520,000.00元和发行手续费6,171,865.80元),其中股本280,000,000.00元,资本公积1,447,538,134.20元,其他发行费用2,570,000.00元。

同时我们注意到,贵公司本次增资前的注册资本770,000,000.00元,已经天勤会计师事务所审验,该所于2001年7月25日出具中天勤验资报字[2001]第A046号验资报告。截至2003年7月30日止,变更后的累计注册资本实收金额为1,050,000,000.00元,资本公积金由发行前的414,549,569.50元增加为1,862,087,703.70元。

本验资报告供贵公司申请变更登记时使用,不应将其视为是对贵公司验资报告日后资本保全、偿债能力和持续经营能力等的保证。因使用不当造成的后果,与执行本验资业务的注册会计师及会计师事务所无关。

附件:1.注册资本变更前后对照表

2.验资事项说明

厦门天健华天有限责任会计师事务所　　中国注册会计师:徐　珊(副主任会计师)

中国注册会计师:黄印强(项目负责经理)

地址:厦门市湖滨南路57号金源大厦17、18层　　报告日期:2003年7月30日

四、募股资金入帐情况

1、入帐时间:2003年7月30日

2、入帐金额:1,730,108,134.20元(募集资金扣除承销费和上网发行费后的余额)

3、入帐帐号:8430877271201003020216666

4、开户银行:中国光大银行郑州科技支行

五、本公司上市前股本结构及各类股东的持股情况

1、本次上市前股本结构:

股份类别	持股数(万股)	持股比例(%)
发起人股	77,000.0000	73.3333
其中:国家股	23,389.7419	22.2759
国有法人股	53,610.2581	51.0574
社会公众股(A股)	28,000.0000	26.6667
股本总额	105,000.0000	100.0000

2、本次上市前公司前十名股东及持股情况:

序号	名称	持股数(万股)
1	河南高速公路发展有限责任公司	53,512.7527
2	华建交通经济开发中心	23,389.7419
3	中信证券股份有限公司	273.7372
4	兴和基金	72.9000
5	华夏成长	70.1000
6	景福基金	69.1000
7	安顺基金	67.8000
8	丰和价值	63.7000
9	银丰基金	63.4000
10	金鑫基金	61.4000

序号	名称	持股比例(%)
1	河南高速公路发展有限责任公司	50.9644
2	华建交通经济开发中心	22.2759
3	中信证券股份有限公司	0.2607
4	兴和基金	0.0694
5	华夏成长	0.0668
6	景福基金	0.0658
7	安顺基金	0.0646
8	丰和价值	0.0607
9	银丰基金	0.0604
10	金鑫基金	0.0585

第六节　董事、监事与高级管理人员

一、本公司董事、监事与高级管理人员简介

姓名	职务	国籍	性别	年龄
宋春雷	董事长	中国	男	43
周观紫	董事、总经理	中国	女	45
郭本锋	董事	中国	男	39
李玉亭	董事	中国	男	49
张克亚	董事、分公司总经理	中国	男	45
吕全德	董事、分公司总经理	中国	男	49
赵中锋	董事、董事会秘书	中国	男	39
李国治	独立董事	中国	男	62
计启猛	独立董事	中国	男	70
薛志敏	监事会召集人	中国	男	47
何　筠	监事	中国	女	47
闫玉华	监事	中国	女	48
吕少峰	副总经理	中国	男	43
刘　渤	副总经理	中国	男	39
关　健	副总经理	中国	男	37
高建立	总经理助理	中国	男	33
张　华	财务负责人	中国	女	29

姓名	学历,职称
宋春雷	大学本科,高级会计师
周观紫	经济学硕士,高级经济师
郭本锋	大学本科,会计师
李玉亭	大学本科,高级经济师
张克亚	大专,高级政工师
吕全德	大专
赵中锋	经济学硕士,高级经济师
李国治	大学
计启猛	注册会计师
薛志敏	大学本科
何　筠	研究生学历,高级会计师
闫玉华	大专,经济师
吕少峰	大学本科,高级工程师
刘　渤	大学本科,经济师
关　健	工学硕士,高级工程师
高建立	工学硕士,高级工程师
张　华	大学本科,会计师

姓名	简要经历
宋春雷	曾任河南省交通厅财务处副处长(正处级)
周观紫	曾任河南财政证券公司证券承销部和综合部经理
郭本锋	曾任华建交通经济开发中心资金部经理
李玉亭	曾任河南省交通厅高速公路建设管理局副局长
张克亚	曾任河南省交通厅郑州黄河公路大桥管理处处长
吕全德	曾任河南省交通厅高速公路建设管理局漯河分局局长
赵中锋	曾任河南省交通建设投资公司资金部经理,本公司总经理助理
李国治	曾任河南省地方铁路总公司总经理、河南省交通厅巡视员
计启猛	曾在河南中原会计师事务所工作
薛志敏	曾任河南省交通厅高速公路建设管理局开封分局党总支书记
何　筠	曾任交通部财务司助理调研员
闫玉华	曾任职于河南省交通建设投资公司、发展公司
吕少峰	曾任发展公司洛阳至三门峡至灵宝高速公路建设指挥部副指挥长
刘　渤	曾任发展公司征收处处长
关　健	曾任河南省交通厅公路局监理检测站副处长
高建立	曾任河南省交通基本建设质量监督站科长,本公司经营开发部经理
张　华	曾任职于发展公司计划财务处

注:上述人员之间不存在配偶关系、三代以内直系和旁系亲属关系。人员兼职情况为:宋春雷现任发展公司副董事长;郭本锋现任华建中心国家资本金托管部经理,湖北楚天高速公路股份有限公司、浙江上三高速公路有限公司,福建发展高速公路股份有限公司、山东基建股份有限公司、北京首发实业股份有限公司监事;李玉亭现任发展公司董事、河南省新乡至郑州高速公路建设有限公司董事长兼总经理;张克亚现任发展公司董事;计启猛现任中国交通会计学会常务理事、河南省交通会计学会常务副会长,并在河南精诚联合会计师事务所工作;薛志敏现任发展公司路政总队副政委;何筠现任华建中心项目管理部副经理,福建官蟹航运枢纽开发有限公司、盘锦北方沥青股份有限公司、江苏扬子大桥股份有限公司董事;其他人员无兼职情况。

二、董事、监事与高级管理人员持股情况

截止本上市公告书签署之日,股份公司上述人员以及上述人员的父母、配偶或子女未持有股份公司的股份,上述人员亦不存在通过其近亲属能够直接或间接控制的法人持有股份公司股份的情形。

第七节　同业竞争与关联交易

一、同业竞争

本公司与发展公司及其子公司,以及实际控制人河南省交通厅之间不存在同业竞争。本公司全体股东承诺不从事与本公司发生竞争的业务,并将采取措施避免同业竞争。发行人律师及主承销商均认为本公司与关联方之间不存在同业竞争。

二、关联方与关联关系

股份公司关联方及关联关系主要包括:1、发展公司为本公司控股股东,是与股份公司存在控制关系的关联方;2、华建中心、高速实业、设计院和公路港为对股份公司不存在控制关系的关联方;3、发展公司下属子公司为与股份公司不存在控制关系的关联方;4、控股股东的实际控制人–河南省交通厅为国家行政机关,其主要职能为政府行政职能,在本上市公告书中未将其视为与股份公司存在控制关系的关联方。

三、重大关联交易

1、发行人目前有效的关联交易

本公司与发展公司之间目前有效的关联交易仅为土地租赁一项,此外本公司拟用募集资金收购实际控制人河南省交通厅所拥有的漯驻高速公路收费权。具体关联交易情况请参见刊载于上海证券交易所网站(http://www.sse.com.cn)的本公司招股说明书全文。

2、关联交易影响分析

本公司与关联方发生的关联交易,体现了公允、合理的原则,对本公司的财务状况和经营成果不构成较大影响。本公司目前有效的关联交易发生额及占同期主营业务成本比例如下:

关联交易名称	关联方	2003年1至6月	
		发生额(万元)	比例(%)
土地租赁	发展公司	854.16	8.54
漯驻高速公路收费权转让	河南省交通厅	–	–

关联交易名称	2002年度		2001年度	
	发生额(万元)	比例(%)	发生额(万元)	比例(%)
土地租赁	1,708.32	8.97	1,708.32	11.93
漯驻高速公路收费权转让	–	–	–	–

第八节　财务会计资料

本公司2000年、2001年、2002年和2003年1–6月的财务会计资料已于2003年7月21日在《中国证券报》、《上海证券报》、《证券时报》及《证券日报》刊登的《招股说明书摘要》中进行了披露,投资者欲了解详细内容,请查阅上述报纸或刊载于上海证券交易所网站(http://www.sse.com.cn)的本公司招股说明书全文。

一、注册会计师意见

发行人委托厦门天健华天有限责任会计师事务所对本公司本次发行前三年又一期财务状况进行了审计,注册会计师已出具了标准无保留意见的审计报告。

二、简要会计报表(单位:元)

1、简要资产负债表

项目	2003年6月30日
货币资金	409,415,897.24
应收账款	11,643,300.70
其他应收款	3,949,876.61
预付账款	1,254,500.00
待摊费用	–
流动资产合计	426,263,574.55
固定资产原价	2,466,353,337.30
减:累计折旧	178,535,627.72
固定资产净值	2,287,817,709.58
减:固定资产减值准备	448,526.47
固定资产净额	2,287,369,183.11
在建工程	–
固定资产合计	2,287,369,183.11

长期待摊费用	186,725,433.86
无形资产及其他资产合计	186,725,433.86
资 产 总 计	2,900,358,191.52
短期借款	–
应付账款	51,190,138.78
预收账款	40,800.00
应付工资	6,193,350.19
应付福利费	3,576,229.53
应交税金	10,792,900.78
其他应交款	139,842.92
其他应付款	1,566,075.35
预提费用	6,400,933.74
一年内到期的长期负债	–
流动负债合计	79,900,271.29
长期借款	930,000,000.00
长期负债合计	930,000,000.00
负债合计	1,009,900,271.29
股本	770,000,000.00
资本公积	414,549,569.50
盈余公积	112,574,278.12
其中:公益金	56,287,139.06
未分配利润	593,334,072.61
股东权益合计	1,890,457,920.23
负债及股东权益总计	2,900,358,191.52

项目	2002 年 12 月 31 日
货币资金	757,132,023.02
应收账款	12,015,061.00
其他应收款	3,482,531.35
预付账款	130,069.57
待摊费用	–
流动资产合计	772,759,684.94
固定资产原价	2,402,570,612.80
减:累计折旧	135,838,850.61
固定资产净值	2,266,731,762.19
减:固定资产减值准备	448,526.47
固定资产净额	2,266,283,235.72
在建工程	11,323,464.22
固定资产合计	2,277,606,699.94
长期待摊费用	202,586,763.50
无形资产及其他资产合计	202,586,763.50
资产总计	3,252,953,148.38
短期借款	50,000,000.00
应付账款	287,502,932.83
预收账款	28,300.00
应付工资	5,915,460.82
应付福利费	2,981,744.45
应交税金	16,100,077.95
其他应交款	157,026.30
其他应付款	8,538,026.58
预提费用	4,308,619.37
一年内到期的长期负债	200,000,000.00
流动负债合计	575,532,188.30
长期借款	930,000,000.00
长期负债合计	930,000,000.00
负债合计	1,505,532,188.30
股本	770,000,000.00
资本公积	414,549,569.50
盈余公积	112,574,278.12
其中:公益金	56,287,139.06
未分配利润	450,297,112.46
股东权益合计	1,747,420,960.08
负债及股东权益总计	3,252,953,148.38

2、简要利润表及利润分配表

项目	2003 年 1 至 6 月
一、主营业务收入	363,204,288.00
减:主营业务成本	100,029,533.60
主营业务税金及附加	19,976,235.86
二、主营业务利润	243,198,518.54
加:其他业务利润	–416,116.06
减:营业费用	–
管理费用	9,855,068.90
财务费用	23,956,413.36
三、营业利润	208,970,920.22
加:营业外收入	4,593,365.00
减:营业外支出	76,285.00
四、利润总额	213,488,000.22
减:所得税	70,451,040.07
五、净利润	143,036,960.15
加:年初未分配利润	450,297,112.46
六、可供分配的利润	593,334,072.61
减:提取法定盈余公积	–
提取法定公益金	–
七、可供投资者分配的利润	593,334,072.61
八、年末未分配利润	593,334,072.61

项目	2002 年度
一、主营业务收入	681,659,139.00
减:主营业务成本	190,535,592.89
主营业务税金及附加	37,491,252.91
二、主营业务利润	453,632,293.20
加:其他业务利润	–62,924.45
减:营业费用	5,760,000.00
管理费用	26,649,565.90
财务费用	46,835,809.24
三、营业利润	374,323,993.61
加:营业外收入	601,585.00
减:营业外支出	40,000.00
四、利润总额	374,885,578.61
减:所得税	67,966,169.19
五、净利润	306,919,409.42
加:年初未分配利润	204,761,584.92
六、可供分配的利润	511,680,994.34
减:提取法定盈余公积	30,691,940.94
提取法定公益金	30,691,940.94
七、可供投资者分配的利润	450,297,112.46
八、年末未分配利润	450,297,112.46

3、简要现金流量表

项目	2003 年 1 至 6 月	2002 年度
经营活动产生的现金流量净额	218,991,016.36	491,304,439.52
投资活动产生的现金流量净额	–289,291,857.14	–99,004,385.73
筹资活动产生的现金流量净额	–277,415,285.00	181,632,162.50
现金及现金等价物净增加额	–347,716,125.78	573,932,216.29

三、主要财务指标

项目	2003 年 1 至 6 月	2002 年
流动比率	5.3349	1.3427
速动比率	5.3349	1.3427
资产负债率	34.82%	46.28%
净资产收益率–全面摊薄	7.57%	17.56%
净资产收益率–加权平均	7.86%	19.26%
每股净利润–全面摊薄	0.1858	0.3986
每股净利润–加权平均	0.1858	0.3986

第九节　其他重要事项

1、自本公司股票首次公开发行之日至本公司上市公告书公告之日，本公司严格依照《公司法》、《证券法》等法律法规的要求，规范运行，经营情况正常，所处行业、市场无重大变化，主要业务发展目标进展状况正常，主要投入、产出物供求与价格无重大变化。

2、自本公司股票首次公开发行之日至本公司上市公告书公告之日，本公司没有进行重大对外投资，无重大资产(股权)收购、出售行为。

3、自本公司股票首次公开发行之日至本公司上市公告书公告之日，本公司住所没有发生变更。

4、自本公司股票首次公开发行之日至本公司上市公告书公告之日，本公司未涉及任何重大诉讼、仲裁或行政处罚案件，并且董事会认为本公司未面临任何其他重大影响的诉讼和索赔要求。

5、自本公司股票首次公开发行之日至本公司上市公告书公告之日，本公司的重大会计政策和会计师事务所没有发生变化。

6、根据股份公司召开的 2001 年度、2002 年度股东大会决议，2001 年度、2002 年度实现的净利润提取 10%的法定盈余公积金，提取 10%的法定公益金后，未提取任意盈余公积及向老股东分配，所余利润留待以后年度分配，如 2003 年股份公司上市由新老股东共同享有，2003 年上市前未分配的利润也由上市后新老股东共同享有。

7、自本公司股票首次公开发行之日至本公司上市公告书公告之日，本公司的税收政策未发生变化。

8、自本公司股票首次公开发行之日至本公司上市公告书公告之日，本公司董事、监事和高级管理人员未受到任何刑事起诉，亦没有尚未了结或可能发生的刑事诉讼事项。

9、自本公司股票首次公开发行之日至本公司上市公告书公告之日，本公司未发生新的重大负债，并且重大债项未发生变化。

10、自本公司股票首次公开发行之日至本公司上市公告书公告之日，没有其他应披露而未披露之重大事项。

第十节　董事会上市承诺

本公司董事会将严格遵守《公司法》、《证券法》、《股票发行与交易管理暂行条例》、《公开发行股票公司信息披露实施细则》和《上海证券交易所股票上市规则》等国家有关法律、法规的规定，承诺自本公司股票上市之日起做到：

1、本公司将真实、准确、完整、公允和及时地公布定期报告，披露所有对投资者有重大影响的信息，并接受中国证监会、上海证券交易所的监督管理；

2、本公司在知悉可能对股票价格产生误导性影响的任何公共传播媒介中出现的消息后，将及时予以公开澄清；

3、本公司董事、监事和高级管理人员将认真听取社会公众的意见和批评，不利用已获得的内幕消息和其他不正当手段直接或间接从事发行人股票的买卖活动；

4、本公司没有无记录的负债。

第十一节　上市推荐人意见

一、上市推荐人情况

中信证券股份有限公司

法定代表人：王东明

注册地址：深圳市罗湖区湖贝路 1030 号海龙王大厦

办公地址：北京市朝阳区新源南路 6 号京城大厦 5 层

电话：010–84864818–61173、63710、63679

传真：010–84865610

联系人：蔡志强、邱志千、刘勇刚

二、上市推荐人意见

本公司的上市推荐人中信证券股份有限公司认为本公司首次公开发行的股票符合上市条件，已向上海证券交易所出具了《河南中原高速公路股份有限公司首次公开发行 A 股股票上市推荐书》。中信证券的推荐意见主要内容如下：

中原高速的公司章程符合《公司法》等有关法律、法规和中国证监会的相关规定；按照《中华人民共和国公司法》和《中华人民共和国证券法》及《上海证券交易所股票上市规则》等国家有关法律、法规的规定，上市推荐人认为中原高速股票已具备公开上市的条件。

上市推荐人保证发行人的董事了解法律、法规、上海证券交易所上市规则及股票上市协议规定的董事义务与责任，并协助发行人健全了法人治理结构、协助发行人制定了严格的信息披露制度与保密制度。上市推荐人已对上市文件所载的资料进行了核实，确保上市文件真实、准确、完整，符合规定要求。上市推荐人保证发行人的上市申请材料、上市公告书没有虚假、严重误导性陈述或者重大遗漏，保证对其承担连带责任，并保证不利用在上市过程中获得的内幕信息进行内幕交易，为自己或他人谋取利益。

中信证券作为中原高速首次公开发行股票的独家上市推荐人，特此推荐中原高速本次发行的 28,000 万股人民币普通股股票在上海证券交易所上市交易。

上海电力股份有限公司

上海电力股份有限公司股票上市公告书暨2003年第三季度财务报告

第一节　重要声明与提示

上海电力股份有限公司(以下简称"公司"、"本公司")董事会保证上市公告书的真实性、准确性、完整性,全体董事承诺上市公告书不存在虚假记载、误导性陈述或重大遗漏,并承担个别和连带的法律责任。

根据《公司法》、《证券法》等有关法律、法规的规定,本公司董事、高级管理人员已依法履行诚信和勤勉尽责的业务和责任。

证券交易所、中国证监会、其他政府机关对本公司股票上市及有关事项的意见,均不表明对本公司的任何保证。

本公司提醒广大投资者注意:凡本上市公告书未涉及的有关内容,请投资者查阅2003年10月9日刊载于《中国证券报》、《上海证券报》及《证券时报》的本公司招股说明书摘要,及刊载于上海证券交易所网站(www.sse.com.cn)的本公司招股说明书全文。

第二节　概览

1、股票简称:上海电力
2、沪市股票代码:600021
3、深市代理股票代码:003021
4、总股本:1,563,505,000.00股
5、可流通股本:240,000,000股
6、本次股票发行价格:5.80元/股
7、本次上市流通股本:240,000,000股
8、上市地点:上海证券交易所
9、上市日期:2003年10月29日
10、股票登记机构:中国证券登记结算有限责任公司上海分公司
11、上市推荐人:国泰君安证券股份有限公司
12、对首次公开发行股票前股东所持股份的流通限制及限期:根据国家有关法律、法规规定和中国证监会证监发行字[2003]123号《关于核准上海电力股份有限公司公开发行股票的通知》,本公司的国家股、国有法人股暂不上市流通。
13、本公司第一大股东中国电力投资集团公司(以下简称"中电投")对所持股份自愿锁定的承诺:自本公司股票上市之日起12个月内,不转让其所持有的本公司股份,也不由本公司回购其所持有的本公司股份。

第三节　绪言

本公司上市公告书是根据《公司法》、《证券法》、《股票发行与交易管理暂行条例》、《公开发行股票公司信息披露实施细则》和《上海证券交易所股票上市规则》等有关法律、法规的规定,按照中国证券监督管理委员会制定的《公开发行证券的公司信息披露内容与格式准则第7号-股票上市公告书》的规定编制,旨在向投资者提供有关本公司的基本情况和本次股票发行上市的有关资料。

经中国证券监督管理委员会证监发行字[2003]123号文核准,本公司已于2003年10月14日以向二级市场投资者定价配售方式向社会公开发行了每股面值1.00元的人民币普通股24,000万股,每股发行价为5.80元。

经上海证券交易所上证上字[2003]129号《上市通知书》批准,本公司24,000万股社会公众股将于2003年10月29日起在上海证券交易所挂牌交易,股票简称"上海电力",沪市股票代码为"600021",深市代理股票代码为"003021"。

本公司已于2003年10月9日分别在《中国证券报》、《上海证券报》及《证券时报》上刊登了《招股说明书概要》。招股说明书正文及其附录刊载于上海证券交易所网站(www.sse.com.cn),距今不足三个月,故与其重复的内容不再重述,敬请投资者查阅上述内容。

第四节　发行人概况

一、发行人基本情况
1、发行人中文名称:上海电力股份有限公司　英文名称:Shanghai Electric Power Co., Ltd
2、注册资本:1,563,505,000.00元
3、法定代表人:丁中智
4、住所:上海市浦东新区浦东南路1888号
5、经营范围:电力、热力的生产、建设、经营
6、主营业务:从事火力发电厂的运营,向用户提供电力和热力产品
7、所属行业:能源电力
8、电话:021-64720799　传真:021-64723798　电子邮箱:sepco@shanghaipower.com
9、董事会秘书:唐勤华

二、发行人历史沿革

本公司是经国家经济体制改革委员会体改生[1998]42号文批准,依据《国务院关于股份有限公司境外募集股份及上市的特别规定》,由上海市电力公司和中国华东电力集团公司作为发起人,以发起设立方式设立的股份有限公司。1998年6月4日,本公司在上海市工商行政管理局登记注册,领取了3100001005356号营业执照。

由于本公司的发起人之一中国华东电力集团公司改组为国家电力公司华东公司,2001年9月5日,国家电力公司下发国电计[2001]529号《关于原中国华东电力集团公司所持上海电力股份有限公司股权处置的批复》,将原中国华东电力集团公司所持上海电力股份有限公司23.73%的股权转由上海华东电力发展公司持有。

经国家电力公司2001年5月23日"国电计[2001]314号《关于上海电力股份有限公司缩股的批复》"及上海市体改办2002年1月22日"沪体改批字(2002)第001号《关于同意上海电力股份有限公司减资的批复》"批准,在保持本公司资产净值不变的前提下,对变更前的总股本按2:1的比例进行缩股。变更后,本公司注册资本为人民币132,350.50万元,其中上海市电力公司100,945.50万元,占注册资本的76.27%;上海华东电力发展公司31,405.00万元,占注册资本的23.73%。2002年2月25日,本公司办理了工商变更登记手续。

根据国家发展计划委员会计基础[2002]2704号文《国家计委关于国家电力公司发电资产重组划分方案的批复》,在本次国家电力体制改革中,原大股东上海市电力公司所持的本公司76.27%股权被整体划转给中国电力投资集团公司,中国电力投资集团公司成为本公司的大股东。但本公司及所属发电资产仍保持了独立和完整,经营范围也不受影响。2003年4月20日,本公司办理了工商变更登记手续。

经中国证监会证监发行字[2003]123号文批准,本公司于2003年10月14日在上海证券交易所以向二级市场投资者定价配售方式成功发行了人民币普通股24,000万股,每股面值1.00元,每股发行价格5.80元。此次发行完成后,本公司的总股本增至156,350.50万股。

三、发行人主要经营情况
(一)发行人的优势和劣势

本公司具有丰富的电厂管理经验以及高素质的管理和技术人才。公司的电厂运行时间较长,公司的管理人员、技术人员积累了丰富的工作经验。除公司拥有的全资电厂外,公司还管理了上海外高桥发电有限责任公司、上海吴泾发电有限责任公司的运行。

在电力行业方面,公司将根据国家电力行业的优化发展火电、大力发展水电、适当发展核电和加快电力结构调整,大力发展清洁、高效能源的产业政策,将在立足火力发电的基础上,利用募集资金进行技术含量高的大型燃煤电厂和燃气电站的开发建设。上述项目建成后,将成为本公司新的利润增长点。

在电力市场的竞争中本公司可能遇到的挑战是:实行"竞价上网"后,公司面临的竞争风险将加大;由于政府对电价政策的调整,公司的电价存在着变化的风险;公司的部分发电机组运行时间较长,运行成本及维护费用相对较高;区外来电的增多,将增加本公司面临的竞争压力。

(二)业务经营情况分析

2003年第三季度财务报告期内公司的主营业务经营良好,所涉及的主要行业无重大变化;报告期内公司无重大投资项目;报告期内无会计政策、会计估计变更或重大会计差错更正;具体经营成果及财务状况如下:

1.经营成果

2003年1-9月,公司实现主营收入4,305,802,509.69元,为2002年全年收入的80.51%;主营业务利润905,080,442.79元,为2002年全年主营业务利润的85.90%,净利润475,952,330.68元,较2002年全年高出14.85%。产生上述情况的主要原因是2003年1-9月,上海市经济增长及入夏以来的持续高温,使得公司发电量1-9月同比增长13.67%,达145亿千瓦时;根据上海市电力市场的结算惯例,该等增长的发电量主要以期货电价结算,且该期货售电量已完成上海市统调计划的92.84%;在第四季度,公司的发电量将主要以保本微利的期货超发电价进行结算,同时根据电力市场需求的一般规律,第四季度的电力需求将比第三季度有所回落。

公司主营业务利润,其他业务利润、期间费用、营业外收支净额占利润总额的比例情况:

	金额(元)	占利润总额比例
主营业务利润	905,080,442.79	114.59%
其他业务利润	16,568,929.76	2.10%
期间费用	295,855,091.25	37.46%
投资收益	214,270,386.80	27.13%
补贴收入	0	0.00%
营业外收支净额	−50,191,238.54	−6.35%

与上一期报告(中期报告)相比,本报告期内各项财务指标所占利润总额的比例没有重大变化。

2.财务状况

项目	金额(元)	占总资产比例
应收帐款	598,620,674.97	5.60%
存货	197,567,915.51	1.85%
其他应收款	15,483,946.38	0.14%

报告期内应收帐款、存货等主要资产项目金额在总资产中所占比例与上一期报告相比未发生重大变化;报告期内没有委托理财行为,也没有重大逾期债务的发生。

3.或有事项与期后事项

公司2003年第三季度新增的或有事项是:

2003年7月1日,公司闵行发电厂与上海电气(集团)总公司签订了价值为2010万人民币元的运行培训合同;2003年7月28日,闵行发电厂为保证其实施孟加拉Barapukuria2×125MW燃煤电站项目的运行、培训工作,向交通银行上海市分行申请开具有效期至2008年2月1日的无条件、见索即付、不可撤销的履约保函,保函金额为201万人民币元。在保函有效期内,交通银行上海市分行如收到上海电气(集团)总公司出具的说明———即闵行发电厂没有履行合同的任何情况的第一次出面索赔通知,交通银行上海市分行将于收到该通知后5个工作日内向上海电气(集团)总公司支付不超过保函金额201万人民币元的请求款项。

4.其他重要事项

在报告期内,生产经营环境和政策法规未发生重大变化,也未发生重大资产收购及出售与企业并购行为,各项经营活动正常。

5.主要财务数据

请参见本上市公告书"财务会计资料"中的相关内容。

(三)主要知识产权、特许经营权和非专利技术

本公司除控股子公司上海外高桥发电有限责任公司拥有专利使用权外,不拥有其他任何专利及其他知识产权证书,也未签定或者拥有过任何相关的知识产权许可协议。

(四)享有的财政税收优惠政策

除本公司合并报表范围之内的上海外高桥发电有限责任公司因设立在上海浦东外高桥保税区,而执行15%的所得税外,本公司执行33%的企业所得税税率。本公司无财政税收优惠政策。

第五节　股票发行与股本结构

一、本次股票上市前首次公开发行股票的情况
1.发行数量:24000万股
2.股票发行价格:5.80元
3.募集资金总额:139,200万元
4.发行方式:全部向二级市场投资者定价配售
5.发行对象:于2003年10月9日持有上海证券交易所或深圳证券交易所已上市流通的人民币普通股股票的收盘市值总和(包括可流通但暂时锁定的股份市值)不少于10,000元的投资者
6.发行费用总额及项目:发行费用总额3,861.2万元,其中包括承销费用、审计费用、评估费用、律师费用、发行手续费用、审核费
7.每股发行费用:0.16元

二、本次股票上市前首次公开发行股票的承销情况

本次公开发行的24,000万股社会公众股的配号总数为87,093,465,中签率为0.27556603%,其中,二级市场投资者认购237,495,640股,其余2,504,360股由主承销商包销。

三、验资报告

华证验字[2003]第30号上海电力股份有限公司全体股东:

我们接受委托,审验了上海电力股份有限公司(以下简称"贵公司")截至2003年10月20日止新增注册资本的实收情况。按照国家相关法律、法规的规定和协议、合同、章程的要求,出资是贵公司出资者的责任,提供真实、合法、完整的验资资料,保护资产的安全、完整是贵公司及其出资者的责任。我们的责任是对贵公司新增注册资本的实收情况发表审核意见。我们的审验是依据《独立审计实务公告第1号-验资》的要求进行的,在审验过程中,我们结合贵公司的实际情况,实施了检查等必要的审验程序。

贵公司变更前的注册资本为1,323,505,000.00元,主要为国有法人股股东出资,业经北京华

证会计师事务所华证审字(2001)第020-1验号验资报告验证在案,实收股本为1,323,505,000.00元。贵公司根据2003年8月26日临时股东大会决议,申请增加注册资本240,000,000.00元,均为社会公众股,业经中国证券监督管理委员会证监发行字[2003]123号文批准,同意贵公司于2003年10月14日采用全部向二级市场投资者定价配售的方式向社会公开发行人民币普通股240,000,000.00股,每股面值1.00元,实际发行价格每股5.80元

。

根据我们的审验,截至2003年10月20日止,贵公司已收到社会公众股东投入的新增股本金1,392,000,000.00元,扣除承销费,发行手续费等发行费用38,612,000.00元 其中已支付费用37,150,000.00元,按合同及预计费用38,612,000.00元 后余额为1,353,388,000.00元,其中转入股本人民币240,000,000.00元,余额人民币1,113,388,000.00元转入资本公积金。

变更后贵公司实收股本为人民币1,563,505,000.00元。股本结构为中国电力投资集团公司持股1,009,455,000.00股,占总股本的64.56%;华东电力发展公司持股314,050,000.00股,占总股本的20.09%;社会公众股东持股240,000,000.00股,占总股本的15.35%。

由于上述审验程序并不构成根据公认审计准则所进行的审计,因此,我们不对贵公司的会计报表及任何其他财务资料发表意见。

本验资报告仅供贵公司申请变更登记及据以向出资者签发出资证明时使用,不应将其视为是对贵公司验资报告日后资本保全、偿债能力和持续经营能力等的保证,因使用不当所造成的后果,与注册会计师及本会计师事务所无关。

附件1:变更前后注册资本、实收股本对照表

附件2:验资事项说明

华证会计师事务所有限公司中国注册会计师:金任宏

中国北京中国注册会计师:刘林

2003年10月20日

四、募集资金入帐情况

入帐时间:2003年10月20日

入帐金额:1,353,388,000.00元

银行帐号:034923—00040003191

开户银行:中国农业银行上海分行第二营业部

五、本次股票上市前股权结构和股东持股情况

1、本公司本次上市前的股本结构

股份类别	股份数量(万股)	占总股本的比例(%)
1、尚未流通股份:	132,350.5	84.65
其中:国家持有股份	132,350.5	84.65
2、可流通股份:	24,000	15.35
境内上市人民币普通股:	24,000	15.35
其中:本次公开发行股份	24,000	15.35
3、总股本	156,350.5	100.00

2、本次上市前,本公司前十名股东持股数及比例

序号	股东名称	持股数量(股)	占总股本的比例(%)
1	中国电力投资集团公司	1,009,455,000	64.564
2	上海华东电力发展公司	314,050,000	20.086
3	国泰君安证券股份有限公司	2,777,360	0.178
4	兴和基金	630,000	0.040
5	华夏成长	623,000	0.040
6	裕隆基金	565,000	0.036
7	丰和基金	549,000	0.035
8	银丰基金	531,000	0.034
9	科瑞基金	516,000	0.033
10	华安基金	505,000	0.032

第六节　董事、监事及高级管理人员

一、董事、监事和高级管理人员简介

(一)董事会成员

丁中智先生,53岁,硕士研究生学历,毕业于中南工业大学,高级经济师,现任中国电力投资集团公司副总经理,党组成员,本公司董事长。曾任湖南省电力工业局副局长、党组成员,中国华中电力集团公司副总经理、党组成员,中国西北电力集团公司总经理、党组书记,中国电力国际有限公司执行副董事长、总经理、党组书记等职。

徐航先生,59岁,毕业于南京工学院,教授级高级工程师。现任国家电力公司华东公司副总经理,本公司董事。曾任望亭发电厂副厂长、厂长,华东电业管理局副总工程师、副局长,华东电力集团公司副总经理等职。

高光夫先生,41岁,硕士研究生学历,毕业于中南财经大学,高级会计师,现任中国电力投资集团公司财务与产权部经理,本公司董事。曾任法国国家科研中心格勒诺布尔大学能源经济与政策研究所访问学者,电力部经调司主任科员,经调司价格处助理调研员、副处长,国家电力公司财务与资产经营部价格处处长,财务与产权经营部价格处处长、副主任等职。

袁德先生,46岁,硕士研究生学历,毕业于华北电力大学,高级工程师,现任中国电力投资集团公司安全监督与生产部经理,本公司董事。曾任元宝山发电厂副总工程师兼生技科科长、副厂长、厂长,国电东北公司生产运营部主任、副总工程师、总工程师,元通发电公司总经理等职。

苏力先生,47岁,毕业于南京工学院,教授级高级工程师,现任中国电力投资集团公司工程部经理,本公司董事。曾任华北电力集团公司电网建设部主任工程师、副经理,电力部建设协调司设计处处长、综合处处长,国家电力公司工程建设局电网处处长,国家电力公司电网建设部副主任兼电网建设分公司副经理,山东电力集团公司副总经理等职。

陈宏恩先生,62岁,毕业于北京电力学院,教授级高级工程师。现任本公司董事。曾任华东电力集团公司计划处科长、副处长、上海华东电力发展公司副总经理等职。

周世平先生,49岁,硕士研究生学历,毕业于上海理工大学,高级工程师。现任本公司董事、总经理、上海外高桥发电有限责任公司董事长、上海外高桥第二发电有限责任公司副董事长。曾任吴泾热电厂副厂长、上海市电力公司生技处副处长、本公司副总经理等职。

孙基先生,48岁,硕士研究生学历,毕业于上海财经大学,高级会计师。现任本公司董事、副总经理兼总会计师、上海外高桥发电有限责任公司董事、上海吴泾第二发电有限责任公司副董事长、上海吴泾发电有限责任公司副董事长。曾任上海市电力公司财务处副科长、科长、副处长等职。

独立董事的基本情况:

翁史烈先生,71岁,教授,中国工程院院士。毕业于圣彼得堡国立海洋技术大学(原苏联列宁格勒造船学院),获科学技术副博士学位。现任中国动力工程学会理事长、全国高校传感器学会理事长、上海市能源研究会理事长,本公司独立董事。曾任上海交通大学校长。

胡茂元先生,52岁,硕士研究生学历,高级经济师,毕业于复旦大学。现任上海汽车工业(集团)总公司总裁、党委副书记,本公司独立董事。曾任上海汽车工业总公司副总经理、副总裁,上海汽车工业(集团)总公司副总裁、上海汽车有限公司总经理、上海通用汽车有限公司总经理。

张亚圣先生,70岁,教授级高级工程师。现任本公司独立董事。曾任吉林热电厂汽机副主任、上海宝钢发电厂副厂长、华东电管局副局长。

吴大器先生,49岁,会计学教授、注册会计师、硕士生导师,现任上海电力学院副院长、中国电力企业管理协会理事,本公司独立董事。曾任上海大学文学院教师、上海电力学院电力系、管理系副主任、主任。吴先生是政协上海市委员会委员。

徐晓飞先生,48岁,通商律师事务所合伙人。先后获得美国哥伦比亚大学法学硕士、中国政法大学法学博士、加拿大渥太华大学法学院法学博士学位。现任本公司独立董事。徐晓飞先生先后负责过大唐发电股份有限公司、山东华能电力股份有限公司等公司境外上市的中国法律工作。

(二)监事会成员

邵世伟先生,58岁,教授级高级工程师,毕业于天津大学。现任国家电力公司华东公司总经理,本公司监事长。曾任河北省电力局副局长,能源部农电司副司长,电力部政策法规司司长,国家电力公司政策与法律事务局局长,国家电力公司总经理助理、总经理工作部主任。

齐抗美先生,51岁,硕士研究生学历,毕业于中国科技大学,高级工程师,现任中国电力投资集团公司党群工作部经理,本公司监事。曾任赤峰电业局党委副书记、党委书记、局长,辽宁省电力工业局副局长,西藏电力工业厅副厅长,中国电能成套设备总公司副总经理,中国电能成套设备有限公司副总经理。

赵义融女士,51岁,高级会计师,毕业于中央电视大学。现任国家电力公司华东公司财务部主任,本公司监事。曾任望亭发电厂财务科科长,华东电业管理局财务处科长,华东电力集团公司财务处副处长、处长。

芦晓东先生,38岁,大学本科学历,毕业于重庆大学,高级工程师,现任职于中国电力投资集团公司监察与审计部,本公司监事。曾任兰州第二热电厂厂长助理,国家电力公司政工办挂职干部,甘肃省电力公司计划发展部主任工程师,国家电力公司监察局干部。

邵军民先生,51岁。高级政工师,毕业于上海电力学院。现任本公司监事(职工监事)、党委副书记、纪委书记、工会主席、上海吴泾第二发电有限责任公司监事长、上海吴泾发电有限责任公司监事长。曾任上海南市发电厂组干科长、党委副书记、副厂长、驻菲律宾那嘎电厂联络处总代表、南市发电厂厂长。

周如荣先生,42岁。大学本科学历,毕业于中共中央党校。现任本公司监事(职工监事)、工会主管。曾任上海南市发电厂党办副主任、厂办副主任、运行部主任、运行总监。

(三)高级管理人员

周世平先生,同上。

孙基先生,同上。

孙惟东先生,43岁,硕士研究生学历,毕业于上海交通大学,高级工程师。现任上海电力股份有限公司副总经理、上海化学工业区热电有限责任公司董事长、上海电力燃料有限公司董事。曾任上海石洞口发电厂发电部副主任、上海外高桥发电厂发电部主任助理、副总工程师、上海市电力公司生技处副处长。

唐勤华先生,45岁,硕士研究生学历,毕业于上海大学,高级会计师。现任本公司董事会秘书、证券部经理。曾任上海水工机械厂副总会计师、上海市电力公司财务处主管。

二、公司董事、监事、高级管理人员和核心技术人员持股情况

本次上市前,本公司的董事、监事和高级管理人员未持有本公司的股份,也没有由其授权或指示他人(包括法人)代其持有,其配偶或未满十八岁的子女均不持有本公司股份。

第七节　同业竞争与关联交易

一、同业竞争

本公司控股股东中国电力投资集团公司是此次国家电力体制改革中所组建的五大全国性发电集团公司之一。本公司与控股股东中国电力投资集团公司下属的上海吴泾发电有限责任公司、上海长兴岛第二发电厂存在同业竞争。

为支持本公司发展,避免未来中国电力投资集团公司与本公司可能存在电力生产经营方面的同业竞争,中国电力投资集团公司签署了《不同业竞争承诺函》,向本公司承诺:

1、中国电力投资集团公司将在本公司公开发行A股并上市后的两年内,将所持有的上海吴泾发电有限责任公司全部股权转让给本公司。上述股权转让事宜,上海吴泾发电有限责任公司的另一股东方申能股份有限公司已出具了放弃优先收购权的承诺函。

2、对于今后中国电力投资集团公司在上海地区有权开发、投资、建设、经营管理的发电项目,本公司拥有优先开发权。

3、在本公司存续期间,若中国电力投资集团公司及其控制的法人或者其他经营实体从事了与本公司经营范围相同或相似的业务,导致本公司的利益受损,中国电力投资集团公司将承担相应的责任。

二、关联交易

1、关联方及关联关系

本公司目前存在的关联方及关联关系请查阅刊载于上海证券交易所网站(www.sse.com.cn)的本公司招股说明书全文及附录。

2、关联交易

本公司近三年又一期的关联交易汇总如下:

	2003年1-6月		2002年	
关联内容	金额(万元)	占同类业务比例(%)	金额(万元)	占同类业务比例(%)
向上海电力燃料有限公司采购燃料	121,206.34	86.99	272,332.79	89.94
向上海市电力公司售电*	174,170.00	94.06	509,782.42	95.32
上海闵行电力实业有限公司等为公司提供综合服务	7,568.84	100.00	14,874.00	100.00
向上海市电力公司收购工程公司	—	—	—	—
向上海市电力公司受让外高桥二期出资权	—	—	35,221.00	100.00
向上海吴泾发电有限责任公司等提供委托管理电厂服务	150.00	100.00	5,416.00	100.00

	2001年		2000年	
关联内容	金额(万元)	占同类业务比例(%)	金额(万元)	占同类业务比例(%)
向上海电力燃料有限公司采购燃料	269,021.21	78.52	234,767.04	81.68
向上海市电力公司售电	480,488.78	95.59	421,757.97	93.58

*				
上海闵行电力实业有限公司等为公司提供综合服务	15,603.50	100.00	13,686.60	100.00
向上海市电力公司收购工程公司	—	—	57,746.54	100.00
向上海市电力公司受让外高桥二期出资权	—	—	—	—
向上海吴泾发电有限责任公司等提供委托管理电厂服务	3,958.00	100.00	2,916.72	100.00

第八节 财务会计资料

一、注册会计师意见

本公司已聘请华证会计师事务所有限公司对本公司2000年12月31日、2001年12月31日、2002年12月31日及2003年6月30日的资产负债表以及2000年度、2001年度、2002年度、2003年1-6月份的利润表及利润分配表和2002年度、2003年1-6月份现金流量表进行了审计。华证会计师事务所有限公司已出具了华证发审字(2003)第16号标准无保留意见的审计报告。

二、简要财务报表

(一)简要合并资产负债表

单位:元

资产	2003-09-30	2003-06-30	2002-12-31
流动资产:			
货币资金	1,100,726,173.25	1,283,020,002.46	418,042,978.26
短期投资	——	244,357,925.05	1,397,166.14
应收票据	21,163,366.86	29,668,645,92	21,999,244.95
应收股利			
应收利息			
应收账款	598,620,674.97	592,918,754.57	500,568,541.36
其他应收款	15,483,946.38	32,578,970.95	50,174,943.52
预付账款	17,283,155.32	14,048,008.87	32,704,584.36
存货	197,567,915.51	203,277,769.54	173,928,074.91
待摊费用	—	—	253,284.00
一年内到期的长期债权投资	834,460.00	880,350.00	1,066,550.00
其他流动资产			
流动资产合计	1,951,679,692.29	2,156,392,502.31	1,443,096,126.41
长期投资:			
长期股权投资	1,816,672,352.88	1,818,688,592.02	573,390,478.74
长期债权投资	600,233,810.00	187,920.00	196,840.00
合并价差	21,420.57	21,420.57	—
长期投资合计	2,416,927,583.45	1,818,897,932.59	573,587,318.74
固定资产:			
固定资产原价	12,943,686,778.28	12,887,978,495.02	12,866,598,185.28
减:累计折旧	7,203,670,357.77	7,010,897,018.42	5,808,521,008.84
固定资产净值	5,740,016,420.51	5,877,081,476.60	7,058,077,176.44
减:固定资产减值准备	263,215.17	263,215.17	263,215.17
固定资产净额	5,739,753,205.34	5,876,818,261.43	7,057,813,961.27
工程物资	28,019,413.11	17,811,847.11	305,900.82
在建工程	225,474,789.12	254,255,068.49	105,767,545.00
固定资产清理	-53,307.41	—	—
固定资产合计	5,993,194,100.16	6,148,885,177.03	7,163,887,407.09
无形资产及其他资产:			
无形资产	327,591,150.66	329,766,601.61	350,183,066.90
长期待摊费用	2,794,379.59	2,794,379.59	2,794,379.59
其他长期资产			
无形资产及其他资产合计	330,385,530.25	332,560,981.20	352,977,446.49
递延税项:			
递延税款借项			
资产总计	10,692,186,906.15	10,456,736,593.13	9,533,548,298.73
负债及股东权益	2003-09-30	2003-06-30	2002-12-31
流动负债:			
短期借款	2,530,000,000.00	2,350,000,000.00	2,070,000,000.00
应付票据	630,000,000.00	350,000,000.00	—
应付账款	159,765,936.07	133,317,647.92	326,713,683.77
预收账款	1,325,100.00	516,500.00	346,500.00
应付工资	45,337,105.27	25,158,219.59	17,243,019.63
应付福利费	-60,169.08	-29,663.60	—
应付股利	142,000,000.00	333,940,000.00	142,000,000.00
应交税金	79,640,955.84	64,787,134.56	52,425,738.82
其他应交款	1,888,783.90	1,637,078.55	1,592,453.27
其他应付款	101,532,346.87	116,659,097.60	113,660,540.24
预提费用	141,642,511.29	85,319,632.43	6,721,668.58
预计负债			
一年内到期的长期负债	32,000,000.00	97,000,000.00	342,000,000.00
其他流动负债			
流动负债合计	3,865,072,570.16	3,558,305,647.05	3,072,703,604.31
长期负债:			
长期借款	543,313,160.22	809,781,704.08	1,874,760,471.62
应付债券			
住房周转金	—	—	—
其他长期负债			
长期负债合计	543,313,160.22	809,781,704.08	1,874,760,471.62
递延税项:			
递延税款贷项	20,131,376.78	21,191,443.99	11,655,789.20
负债合计	4,428,517,107.16	4,389,278,831.12	4,959,119,865.13
少数股东权益	1,452,670,325.26	1,469,189,426.77	51,120,000.00
股东权益:			
股本	1,323,505,000.00	1,323,505,000.00	1,323,505,000.00
资本公积	2,706,773,735.54	2,706,773,735.54	2,703,095,026.10
盈余公积	567,288,651.71	567,288,651.71	496,009,341.68
其中:法定公益金	257,226,625.09	257,226,625.09	224,692,815.34
未分配利润	213,432,086.49	700,947.99	699,065.82
股东权益合计	4,810,999,473.73	4,598,268,335.24	4,523,308,433.60
负债和股东权益合计	10,692,186,906.16	10,456,736,593.13	9,533,548,298.73

资产	2001-12-31	2000-12-31
流动资产:		
货币资金	764,543,479.26	571,794,342.89
短期投资	125,000,000.00	
应收票据	20,894,771.94	18,156,048.50
应收股利		
应收利息		
应收账款	631,950,762.50	588,341,089.43
其他应收款	23,078,194.26	106,664,284.99
预付账款	18,246,742.35	42,586,401.59
存货	180,815,699.41	170,407,499.25
待摊费用	—	415,860.48
一年内到期的长期债权投资	—	—
其他流动资产		
流动资产合计	1,640,926,815.86	1,623,365,527.13
长期投资:		
长期股权投资	61,493,732.57	31,937,910.31
长期债权投资	1,752,335.00	2,503,145.00
合并价差	—	—
长期投资合计	63,246,067.57	34,441,055.31
固定资产:		
固定资产原价	12,900,011,967.46	11,732,027,298.85
减:累计折旧	5,056,593,000.66	4,368,341,122.44
固定资产净值	7,843,418,966.80	7,363,686,176.41
减:固定资产减值准备	614,171.34	—
固定资产净额	7,842,804,795.46	7,363,686,176.41
工程物资	22,314.73	418,531,113.58
在建工程	139,048,190.29	462,211,768.09
固定资产清理	—	—
固定资产合计	7,981,875,300.48	8,244,429,058.08
无形资产及其他资产:		
无形资产	307,961,423.86	314,353,136.18
长期待摊费用	—	13,155,909.94
其他长期资产		
无形资产及其他资产合计	307,961,423.86	327,509,046.12
递延税项:		
递延税款借项		
资产总计	9,994,009,607.77	10,229,744,686.64
负债及股东权益	2001-12-31	2000-12-31
流动负债:		
短期借款	1,090,000,000.00	860,000,000.00
应付票据	—	—
应付账款	345,020,653.44	94,338,451.17
预收账款	11,622,039.40	11,689,015.56
应付工资	91,737,667.78	59,116,796.62
应付福利费	—	—
应付股利	180,000,000.00	460,000,000.00
应交税金	63,751,067.42	1,695,293.85
其他应交款	2,055,511.99	1,002,051.62
其他应付款	933,028,766.34	1,016,611,205.08
预提费用	7,756,045.67	9,595,445.07
预计负债		
一年内到期的长期负债	—	2,140,000.00
其他流动负债		
流动负债合计	2,724,971,752.04	2,516,188,258.97
长期负债:		
长期借款	2,880,347,999.79	3,464,141,964.74
应付债券		
住房周转金	—	-45,929,051.72
其他长期负债		
长期负债合计	2,880,347,999.79	3,418,212,913.02
递延税项:		
递延税款贷项	13,775,023.60	15,894,258.00
负债合计	5,619,094,775.43	5,950,295,429.99
少数股东权益	—	—
股东权益:		
股本	2,647,010,000.00	2,647,010,000.00
资本公积	1,379,590,026.10	1,425,290,600.00
盈余公积	361,830,870.64	211,287,777.72
其中:法定公益金	166,144,163.29	97,235,962.54
未分配利润	-13,516,064.40	-4,139,121.07
股东权益合计	4,374,914,832.34	4,279,449,256.65
负债和股东权益合计	9,994,009,607.77	10,229,744,686.64

(二)简要合并利润表

单位:元

	2003年1-9月	2003年1-6月	2002年度
一、主营业务收入	4,305,802,509.69	2,729,056,432.51	5,348,004,027.01
减:主营业务成本	3,356,566,548.23	2,158,916,668.33	4,238,984,205.96
主营业务税金及附加	44,155,518.67	27,040,748.93	55,392,461.54
二、主营业务利润	905,080,442.79	543,099,015.25	1,053,627,359.51

加:其他业务利润	16,568,929.76	8,952,539.53	25,227,344.25
减:营业费用	5,435,724.55	3,784,778.03	8,729,277.89
管理费用	142,348,730.59	80,902,095.40	118,412,983.21
财务费用	148,070,636.11	101,475,251.87	261,001,333.87
三、营业利润	625,794,281.30	365,889,429.48	690,711,108.79
加:投资收益	214,270,386.80	138,980,831.53	-15,907,010.89
营业外收入	638,116.39	610,620.62	2,341,783.70
减:营业外支出	50,829,354.93	49,136,740.67	67,480,342.97
四、利润总额	789,873,429.56	456,344,140.96	609,665,538.63
减:所得税	113,078,303.88	73,761,052.26	195,271,937.37
少数股东损益	200,842,794.99	119,361,896.50	—
五、净利润	475,952,330.68	263,221,192.20	414,393,601.26

	2001 年度	2000 年度
一、主营业务收入	5,026,828,046.31	4,507,005,672.96
减:主营业务成本	3,964,739,193.66	3,614,789,154.30
主营业务税金及附加	53,466,012.89	41,654,137.65
二、主营业务利润	1,008,622,839.76	850,562,381.01
加:其他业务利润	28,451,416.15	20,234,337.84
减:营业费用	8,842,331.85	7,016,391.15
管理费用	129,068,465.68	74,921,429.46
财务费用	223,338,281.47	191,429,842.98
三、营业利润	675,825,176.91	597,429,055.26
加:投资收益	15,460,509.45	4,531,222.51
营业外收入	9,250,164.89	415,590.84
减:营业外支出	43,632,263.74	38,782,943.31
四、利润总额	656,903,587.51	563,592,925.30
减:所得税	215,737,437.92	150,081,852.59
少数股东损益	—	—
五、净利润	441,166,149.59	413,511,072.71

(三)简要合并现金流量表

单位:元

	2003 年 1–9 月	2003 年 1–6 月
一、经营活动产生的现金流量		
销售商品、提供劳务收到的现金	5,083,552,297.23	3,187,039,267.21
收到的租金	1,016,598.89	150,000.00
收到的税费返还	19,320,700.44	19,290,883.06
收到的其他与经营活动有关的现金	6,514,944.71	2,299,473.03
现金流入小计	5,110,404,541.27	3,208,779,623.30
购买商品、接受劳务支付的现金	2,110,618,910.93	1,360,053,982.93
经营租赁支付的现金	372,976.58	328,948.98
支付给职工以及为职工支付的现金	387,979,743.94	246,041,558.05
支付的各项税费	622,910,228.66	402,145,715.27
支付的其他与经营活动有关的现金	42,687,530.18	22,799,709.45
现金流出小计	3,164,569,390.29	2,031,369,914.68
经营活动产生的现金流量净额	1,945,835,150.98	1,177,409,708.62
二、投资活动产生的现金流量		
收回投资所收到的现金	271,090.00	271,090.00
取得投资收益所收到的现金	356,548,796.20	90,048,796.20
处置固定资产、无形资产和其他长期资产所收回的现金净额	1,346,990.42	999,816.92
收到的其他与投资活动有关的现金	7,548,750.00	—
现金流入小计	365,715,626.62	91,319,703.12
购建固定资产、无形资产和其他长期资产所支付的现金	161,288,143.77	113,208,234.24
投资所支付的现金	716,596,000.00	87,272,000.00
支付的其他与投资活动有关的现金		
现金流出小计	877,884,143.77	200,480,234.24
投资活动产生的现金流量净额	-512,168,517.15	-109,160,531.12
三、筹资活动产生的现金流量		
吸收投资所收到的现金		
借款所收到的现金	2,530,000,000.00	2,050,000,000.00
收到的其他与筹资活动有关的现金		
现金流入小计	2,530,000,000.00	2,050,000,000.00
偿还债务所支付的现金	2,539,453,929.43	1,985,465,469.80
分配股利、利润或偿付利息所支付的现金	701,159,173.06	227,436,347.15
支付的其他与筹资活动有关的现金		
现金流出小计	3,240,613,102.49	2,212,901,816.95
筹资活动产生的现金流量净额	-710,613,102.49	-162,901,816.95
四、汇率变动对现金的影响额		
五、现金及现金等价物净增加额	723,053,531.34	905,347,360.55

	2002 年度
一、经营活动产生的现金流量	
销售商品、提供劳务收到的现金	6,243,475,723.00
收到的租金	—
收到的税费返还	—
收到的其他与经营活动有关的现金	5,612,257.47
现金流入小计	6,249,087,980.47
购买商品、接受劳务支付的现金	3,270,701,034.07
经营租赁支付的现金	—
支付给职工以及为职工支付的现金	595,317,561.67
支付的各项税费	866,598,993.00
支付的其他与经营活动有关的现金	393,054,923.99
现金流出小计	5,125,672,512.73
经营活动产生的现金流量净额	1,123,415,467.74
二、投资活动产生的现金流量	
收回投资所收到的现金	266,898,946.94
取得投资收益所收到的现金	1,730,856.94
处置固定资产、无形资产和其他长期资产所收回的现金净额	8,474,374.32
收到的其他与投资活动有关的现金	6,866,358.65
现金流入小计	283,970,536.85
购建固定资产、无形资产和其他长期资产所支付的现金	229,253,799.78
投资所支付的现金	938,182,849.65
支付的其他与投资活动有关的现金	355,946,751.65
现金流出小计	1,523,383,401.08
投资活动产生的现金流量净额	-1,239,412,864.23
三、筹资活动产生的现金流量	
吸收投资所收到的现金	51,120,000.00
借款所收到的现金	2,190,000,000.00
收到的其他与筹资活动有关的现金	
现金流入小计	2,241,120,000.00
偿还债务所支付的现金	1,916,143,409.16
分配股利、利润或偿付利息所支付的现金	555,479,695.35
支付的其他与筹资活动有关的现金	
现金流出小计	2,471,623,104.51
筹资活动产生的现金流量净额	-230,503,104.51
四、汇率变动对现金的影响额	
五、现金及现金等价物净增加额	-346,500,501.00

三、主要财务指标

(一)公司近三年及最近一期的主要财务指标如下:

财务指标	2003 年 1–9 月	2003 年中期	2002 年度	2001 年度	2000 年度
流动比率	0.50	0.61	0.47	0.60	0.64
速动比率	0.45	0.55	0.41	0.54	0.58
应收帐款周转率	7.83	4.99	9.44	8.24	6.40
存货周转率	18.07	11.45	23.90	22.58	31.55
无形资产(土地使用权除外)占总资产比率(%)	0.16	0.18	0.38	0.36	0.36
无形资产(土地使用权除外)占净资产比率(%)	0.35	0.37	0.77	0.83	0.86
资产负债率(%)	41.42	41.98	52.02	56.22	58.17
每股净资产(元)	3.64	3.48	3.42	3.31	3.23
每股经营活动的现金流量(元)	1.47	0.89	0.85	0.64	0.46
研发费用占主营业务收入比率(%)	0.72	0.83	0.76	0.53	0.01

(二)净资产收益率及每股收益

第九节　其他重要事项

一、自本公司股票首次公开发行之日至本上市公告书公告之日，本公司严格依照现行有关法律、法规的规定规范运行，生产经营情况正常，本公司所处行业和市场无重大变化，主要业务发展目标的进展状况正常，主要投入、产出物供求及价格无重大变化。

二、自本公司股票首次公开发行之日至本上市公告书公告之日，本公司没有进行重大对外投资，无重大资产(股权)收购、出售行为。

三、自本公司股票首次公开发行之日至本上市公告书公告之日，本公司住所未发生变更。

四、自本公司股票首次公开发行之日至本上市公告书公告之日，本公司董事、监事和高级管理人员没有尚未了结或可能发生的刑事诉讼事项；本公司未涉及任何重大诉讼事项或仲裁，亦无任何尚未了结或可能面临的重大诉讼或索赔要求。

五、自本公司股票首次公开发行之日至本上市公告书公告之日，本公司重大会计政策和会计师事务所未发生变动。

六、自本公司股票首次公开发行之日至本上市公告书公告之日，本公司未发生新的重大负债，并且重大债项未发生变化。

七、本公司股票首次公开发行和股票上市前后税负无变化。

八、根据《上海证券交易所股票上市规则》，本公司第一大股东中电投已承诺：自本公司股票上市之日起 12 个月内，不转让其持有的本公司股份，也不由上市公司回购本公司股份。

九、自本公司股票首次公开发行之日至本上市公告书公告之日，本公司没有其他应披露而未披露之重大事项。

第十节　董事会上市承诺

本公司董事会将严格遵守《公司法》、《证券法》、《股票发行与交易管理暂行条例》、《公开发行股票公司信息披露实施细则》、《上海证券交易所股票上市规则》等国家有关法律、法规的规定，承诺自本公司股票上市之日起作到：

一、承诺真实、准确、完整、公允和及时地公布定期报告，披露所有对投资者有重大影响的信息，并接受中国证监会、上海证券交易所的监督管理；

二、承诺本公司在知悉可能对股票价格产生误导性影响的任何公共传播媒介中出现的消息后，将及时予以公开澄清；

三、本公司董事、监事、高级管理人员及核心技术人员将认真听取社会公众的意见和批评，不利用已获得的内幕消息和其他不正当手段直接或间接从事发行人股票的买卖活动；

四、本公司没有无记录的负债。

第十一节　上市推荐人及其意见

一、上市推荐人情况

上市推荐人：国泰君安证券股份有限公司

法定代表人：祝幼一

法定地址：上海市浦东新区商城路 618 号

电话：021-62580818

传真：021-62551642

联系人：魏惇、饶慧民、邓晓峰

二、上市推荐人意见

本公司上市推荐人认为本公司具备了《公司法》、《证券法》、《股票发行与交易管理暂行条例》、《公开发行股票公司信息披露实施细则》和《上海证券交易所股票上市规则》等国家有关法律、法规规定的上市条件。

本公司上市推荐人保证本公司的董事了解法律、法规、上海证券交易所上市规则及股票上市协议规定的董事的业务与责任；本公司上市推荐人协助本公司健全了法人治理结构、制定了严格的信息披露制度与保密制度。

本公司上市推荐人已对上市文件所载的资料进行了核实，确保上市文件真实、准确、完整，符合规定要求，保证本公司的上市申请材料、上市公告书没有虚假记载、误导性陈述或者重大遗漏，并保证对其承担相应的法律责任。

本公司上市推荐人与本公司不存在关联关系，并保证不利用在上市过程中获得的内幕信息进行内幕交易，为自己或他人谋取利益。

本公司上市推荐人愿意推荐本公司股票在上海证券交易所上市交易。

三 一 重 工 股 份 有 限 公 司

三一重工股份有限公司股票上市公告书

第一节 重要声明与提示

三一重工股份有限公司(以下简称"本公司"、"公司"或"发行人")董事会保证上市公告书的真实性、准确性、完整性,全体董事承诺上市公告书不存在虚假记载、误导性陈述或重大遗漏,并承担个别和连带的法律责任。

根据《公司法》、《证券法》等有关法律、法规的规定,本公司董事、高级管理人员已依法履行诚信和勤勉尽责的义务和责任。

上海证券交易所、中国证监会、其他政府机关对本公司股票上市及有关事项的意见,均不表明对本公司的任何保证。

本公司提醒广大投资者注意,凡本上市公告书未涉及的有关内容,请投资者查阅2003年6月13日刊载于《中国证券报》、《上海证券报》、《证券时报》和《证券日报》的本公司招股说明书摘要,及刊载于上海证券交易所网站(www.see.com.cn)的本公司招股说明书全文。

本上市公告书刊登网址:www.see.com.cn。

第二节 概览

1.股票简称: 三一重工
2.沪市股票代码: 600031
3.深市代理股票代码: 003031
4.总股本: 240,000,000股
5.可流通股本: 60,000,000股
6.本次上市流通股本: 60,000,000股
7.上市地点: 上海证券交易所
8.上市时间: 2003年7月3日
9.股票登记机构: 中国证券登记结算有限责任公司上海分公司
10.上市推荐人: 联合证券有限责任公司 湘财证券有限责任公司

11.本公司首次公开发行股票前股东所持股份的流通限制及期限:根据国家有关法律、法规规定和中国证监会证监发行字[2003]55号《关于核准三一重工股份有限公司公开发行股票的通知》,本公司的国有法人股和法人股暂不上市流通。

12.根据《上海证券交易所股票上市规则》,本公司第一大股东三一控股有限公司承诺:自本公司股票上市之日起12个月内,不转让其持有的本公司的股份;同时也不由本公司回购其所持有的股份。

第三节 绪言

本上市公告书是根据《中华人民共和国公司法》、《中华人民共和国证券法》、《股票发行与交易管理暂行条例》、《公开发行股票公司信息披露实施细则》和《上海证券交易所股票上市规则》等国家有关法律、法规的规定,并按照中国证监会《公开发行证券的公司信息披露内容与格式准则第7号—股票上市公告书》而编制,旨在向投资者提供本公司的基本情况和本次股票上市的有关资料。

经中国证监会证监发行字[2003]55号文核准,本公司于2003年6月18日以向沪市、深市二级市场投资者定价配售的方式成功发行6,000万股人民币普通股,每股面值1.00元,发行价为每股人民币15.56元。

经上海证券交易所上证上字[2003]71号《关于三一重工股份有限公司人民币普通股股票上市交易的通知》批准,本公司公开发行的6,000万股社会公众股将于2003年7月3日起在上海证券交易所挂牌交易。股票简称"三一重工",沪市股票代码为"600031",深市代理股票代码为"003031"。

本公司已于2003年6月13日在《中国证券报》、《上海证券报》、《证券时报》和《证券日报》上刊登了《招股说明书摘要》,招股说明书正文及其附录刊载于上海证券交易所网站(http://www.see.com.cn),距今不足三个月,故与其重复的内容不再重述,敬请投资者查阅上述内容。

第四节 发行人概况

一、本公司基本情况

1.公司名称:三一重工股份有限公司
英文名称:Sany Heavy Industry Co., Ltd.
2.注册资本:240,000,000元
3.法定代表人:梁稳根
4.注册地址:长沙经济技术开发区
5.经营范围:建筑工程机械、起重机械、停车库、通用设备、机电设备、金属制品及电子产品的生产与销售,五金及政策允许的矿产品、金属材料的销售;提供建筑工程机械租赁服务;经营本企业自产的机电产品的出口;经营本企业生产、科研所需的原辅材料、机械设备、仪器仪表、零配件及相关技术的进口业务;经营本企业的进料加工和"三来一补"业务。
6.主营业务:本公司主营工程机械产品及配件的开发、生产和销售,主要生产拖式混凝土输送泵、混凝土泵车等混凝土施工机械、全液压振动压路机、摊铺机等高等级路面施工机械、全液压推土机、挖掘机等铲土运输和挖掘机械共八大类50种规格的各类工程机械产品及配套部件。
7.所属行业:工程机械行业
8.联系电话:0731-4031555
9.传真号码:0731-4031777
10.互联网网址:http://www.sany.com.cn
11.电子信箱:http://www.sany.com.cn
12.董事会秘书:赵想章

二、公司历史沿革及股权变动情况

1.公司历史沿革

本公司是经湖南省人民政府湘政函[2000]209号文批准,由三一重工业集团有限公司整体变更设立的。经有限公司2000年10月28日股东会决议通过,三一重工业集团有限公司所有资产、债务和人员全部进入股份有限公司。有限公司以2000年10月31日为基准日经审计的净资产18000万元,按1:1的比例折为18000万股,由原有限公司股东三一控股有限公司、湖南高科技创业投资有限公司、锡山市亿利大机械有限公司、河南兴华机械制造厂和娄底市新野企业有限公司按其在原有限公司的权益比例持有,其中三一控股持有17380.93万股,高创投公司持有334.64万股,亿利大公司持有167.33万股,兴华厂持有89.24万股,新野公司持有27.86万股,分别占股份公司总股本的96.56%、1.86%、0.93%、0.50%和0.15%。公司于2000年12月8日在湖南省工商行政管理局注册登记并领取企业法人营业执照,注册资本18000万元,法定代表人梁稳根,公司注册号:湘工商企4300002000116。

本公司系有限责任公司整体变更设立,在改制前后拥有的主要资产和从事的主要业务均无重大变化,资产主要是与开发、生产、销售包括拖泵、泵车、压路机、摊铺机等工程机械产品相关的生产设施和配套辅助设施,以及商标、专利、土地使用权等无形资产。公司自2000年12月8日成立以来,未进行任何重大资产重组。

2.股权变动情况

经中国证监会证监发行字[2003]55号文核准,本公司于2003年6月18日以100%向二级市场投资者定价配售方式成功地发行了人民币普通股6,000万股,每股面值1.00元,每股发行定价15.56元。此次发行成功后,本公司的总股本为24,000万股,注册资本为24,000万元。

本次发行前后公司的股本结构:

本次发行前股本结构本次发行后股本结构

股份类别	股数(万股)	占总股本比例(%)	股数(万股)	占总股本比例(%)
尚未流通股份:	18000	100	18000	75
三一控股有限公司	17380.93	96.56	17380.93	72.42
湖南高科技创业投资有限公司	334.64	1.86	334.64	1.39
锡山市亿利大机械有限公司	167.33	0.93	167.33	0.70
河南兴华机械制造厂	89.24	0.50	89.24	0.37
娄底市新野企业有限公司	27.86	0.15	27.86	0.12
已流通股份	--	--	6000	25
股份总额	18000	100	24000	100

目前各发起人持有的本公司股权不存在任何因被冒押、诉讼等引致的纠纷或潜在纠纷。

三、公司主要经营情况

1.本公司主要业务构成

本公司主营业务是工程机械产品及配件的开发、生产和销售,主要生产拖式混凝土输送泵、混凝土泵车等混凝土施工机械、全液压振动压路机、摊铺机等高等级路面施工机械、全液压推土机、挖掘机等铲土运输和挖掘机械共八大类50种规格的各类工程机械产品及配套部件。

本公司主营业务收入和利润主要来源于拖泵、泵车、压路机等产品的销售。2000年、2001年和2002年主营业务收入分别为392,611,056.55元、550,345,110.30元、984,562,359.06元。其中拖泵销售收入分别为232,826,170.42元、271,870,753.30元、297,623,355.84元,占主营业务收入的比重分别为59.30%、49.40%、30.23%;泵车销售收入分别为75,737,380.35元、184,235,236.89元、489,731,858.66元,占主营业务收入的比重分别为19.29%、33.48%、49.74%;压路机销售收入分别为61,920,287.18元、59,645,548.80元、76,746,085.83元,占主营业务收入的比重分别为15.77%、10.84 %、7.79%。公司三大主导产品拖泵、泵车和压路机2000年、2001年和2002年销售收入分别占当年主营业务收入的94.36%、93.72%、87.77%。

2.本公司的竞争优势和劣势

(1) 机制优势

高效的激励机制:公司贯彻"先做人,后做事"的企业文化,建立了一整套使人才引得进、留得住、用得好的用人机制,并通过实施KPI关键绩效考核制度、末位淘汰制、科研人员项目考评制、营销队伍分片承包制等一系列激励制度以及对有突出贡献的员工奖车奖房、出国、晋升、提供深造机会等激励措施,极大地提高了员工的积极性和创造性。

(2) 技术优势

公司下设的研究院,被认定为国家级企业技术中心,并经国家人事部批准,建立博士后流动工作站。公司拥有一支313人的高素质研发队伍,其中高级工程师、工程师221人,引进了一批以液压技术专家易小刚、路面机械专家李冰等为代表的技术带头人。

(3) 品质优势

本公司以"品质改变世界"为核心价值观,以全球眼光组织生产,在包括美国、德国、日本、香港在内的10个国家和地区组织零部件的采购,通过技术方案的反复优化、关键零部件采用知名品牌、制造过程的精细管理和严格的产品质量检测,保证了产品的高可靠性,主导产品已树立起国内知名品牌的形象。产品质量保证体系顺利通过了德国TUV公司ISO9001质量管理体系认证和广州赛宝认证中心ISO14001环境管理体系认证。

(4) 服务优势

公司秉承"一切为了客户"的服务理念,建立了全国性的服务网络,制定了严格的服务规范和标准。公司现有200多名服务工程师,在全国设有37个服务网点、56个配件供应点,对所有产品档案均实行计算机数据库管理。公司总部设有800绿色通道服务指挥中心,全天候解答客户疑难;成立了由10多名高级服务工程师组成的专家队伍,及时处理全国各地疑难故障,实时为客户提供优质服务。

(5) 竞争劣势

融资渠道单一:由于本公司的大部分竞争对手为上市公司,相对而言,本公司的融资渠道比较单一,资金实力相对较弱,给公司的发展带来一定的束缚。

销售渠道单一:公司一直沿袭以直销为主的销售体制,在产品销售初期起到了快捷提升的作用;但促销费用相对较高,而对外部销售网络资源利用不足。目前,分销渠道尚处于试点阶段。

3.主要财务指标

详见本上市公告书第八节财务会计资料中的"四、主要财务指标"。

4.主要知识产权及特许经营权

(1) 商标

截止2002年12月31日,本公司拥有949850、980058、1550867、1550868、1550869号注册商标证。详细情况如下:

序号	商标样式	类别	证书编号	有效期限
1	SANY(图形)	23类	949850	1997年2月21日-2007年2月20日
2	SANY(图形)	21类	980058	1997年4月14日-2007年4月13日
3	SANY(字母)	7类	1550869	2001年4月7日-2011年4月6日
4	SANY(图形)	7类	1550868	2001年4月7日-2011年4月6日
5	三一(文字)	7类	1550867	2001年4月7日-2011年4月6日

(2) 专利技术

截止2002年12月31日,本公司拥有专利66项,专利技术具体情况详见下表:

序号	专利名称	专利号	申请日	授权公告日	剩余保护年限
1	转塔、转台高压油管连接头	00225478.6	2000-8-24	2001-6-16	8
2	混凝土泵开式油路全液压控制装置	96234761.2	1996-5-3	1997-1-4	4
3	混凝土输送泵高低压切换装置	98230983.x	1998-6-29	1999-9-11	6
4	混凝土泵输送缸活塞密封体	98231521.x	1998-10-22	1999-9-18	6
5	混凝土输送泵电机零电流启动节能装置	99233083.1	1999-4-5	2000-7-21	7
6	柴油机转速计算机自动控制装置	99233099.8	1999-4-6	2000-2-26	7
7	混凝土输送泵功率—电网容量自动适应装置	99233253.2	1999-4-30	2000-2-26	7
8	一种柔性连接装置	00224970.7	2000-6-8	2001-5-2	8

9	一种用于混凝土泵的耐磨板	00225448.4	2000-8-21	2001-5-9	8
10	用于混凝土输送的耐磨环	00225449.2	2000-8-21	2001-5-16	8
11	平地机行车制动装置	01213631.X	2001-3-15	2002-1-2	9
12	平地机摆架锁定装置	01213685.9	2001-3-21	2001-12-26	9
13	垂直循环机械式停车设备的异功率双电机主动力装置	99233368.7	1999-5-19	2000-6-17	7
14	立式停车库用安全自动门	99233585.x	1999-6-24	2000-4-14	7
15	液压俯仰升降横移式停车设备	99233807.7	1999-7-30	2000-6-17	7
16	斜置平行移动型两层式停车设备	99234139.6	1999-9-29	2000-6-17	7
17	升降机断链保护装置	99234297.x	1999-10-27	2000-8-12	7
18	立体车库用夹持车轮式搬运器	99249841.4	1999-12-3	2000-8-19	7
19	一种车轮式搬运器	00224881.6	2000-5-24	2001-5-2	8
20	车库升降装置	00225652.5	2000-9-25	2001-10-24	8
21	推土机转向液压制动操作装置	00225034.9	2000-6-21	2001-3-22	8
22	推土机转向离合器油路	00251958.5	2000-11-30	2001-9-22	8
23	推土机转向制动阀	00251959.3	2000-11-30	2001-10-3	8
24	磁力阻尼器	00252259.4	2000-12-12	2001-10-24	8
25	压路机振动轮	99233883.2	1999-8-16	2000-5-25	7
26	一种压路机振动轮润滑装置	99233944.8	1999-8-25	2000-6-17	7
27	一种压路机覆盖件保护装置	00224882.4	2000-5-24	2001-6-23	8
28	压路机振动轮	00225072.1	2000-6-28	2001-4-5	8
29	有护罩的压路机振动轮	00225151.5	2000-7-7	2001-4-19	8
30	水位检测控制装置	00225152.3	2000-7-7	2001-4-19	8
31	有散热板的压路机振动轮	00225168.X	2000-7-11	2001-4-19	8
32	振动轮的循环润滑冷却机构	00225166.3	2000-7-11	2001-4-19	8
33	有分室结构的压路机振动轮	00225167.1	2000-7-11	2001-4-19	8
34	有延伸套轴承座的振动轮	00225165.5	2000-7-11	2001-4-19	8
35	有浇冷却液漏箱的振动轮	00225479.4	2000-8-24	2001-10-31	8
36	压路机振动轮支承座组件	00225480.8	2000-8-24	2001-10-3	8
37	有导油孔的支承座	00225495.6	2000-8-28	2001-10-3	8
38	压路机调重装置	01213630.1	2001-3-15	2002-1-2	9
39	双钢轮压路机	00318592.3	2000-8-30	2001-2-17	8
40	压路机	99326780.7	1999-8-13	2000-2-19	7
41	混凝土输送缸润滑装置	01234902.X	2001-4-18	2002-4-10	8
42	全液压推土机转向器	01234900.3	2001-4-18	2002-1-30	8
43	有全密封增氧驾驶室的推土机	01234901.1	2001-4-18	2002-1-30	8
44	导轨搭接装置	01235383.3	2001-6-25	2002-5-15	8
45	交叉导轨的可断开锁定装置	01235384.1	2001-6-25	2002-5-15	8
46	挖掘机驾驶室	01333430.1	2001-7-13	2002-2-27	8
47	一种自动高速阀	01249317.1	2001-7-19	2002-4-17	8
48	一种整体油箱	01249344.9	2001-7-25	2002-5-15	8
49	一种耐高压的混凝土输送管密封圈	01249495.X	2001-8-17	2002-6-19	8
50	阀控式液压油缸活塞杆的防水装置	01249546.8	2001-8-23	2002-8-21	8
51	液压油缸活塞杆的防水装置	01249548.4	2001-8-23	2002-8-21	8
52	一种液压油缸活塞杆的防水装置	01249547.6	2001-8-23	2002-6-19	8
53	一种混凝土输送管安装拉码	01249583.2	2001-8-29	2002-8-21	8
54	静液压传动平地机	01249698.7	2001-9-14	2002-10-30	8
55	推土机悬挂装置	01249696.0	2001-9-14	2002-8-21	8
56	适于输送混凝土的耐磨管道	01257223.3	2001-10-25	2002-10-2	8
57	易更换砼活塞的泵送机构	01257265.9	2001-11-1	2002-12-18	8
58	易更换砼活塞的泵送机构	01257266.7	2001-11-1	2002-12-18	8
59	沥青混合料转动车用搅拌装置	01257510.0	2001-12-11	2002-8-21	8
60	沥青混合料转运车用行走装置	01257509.7	2001-12-11	2002-10-2	8
61	沥青混凝土摊铺机用顶推缓冲装置	02223229.X	2002-1-10	2002-10-30	9
62	沥青混凝土摊铺机用螺旋分料装置	02223231.1	2002-1-10	2002-10-30	9
63	沥青混凝土摊铺机用手动集中润滑装置	02223230.3	2002-1-10	2002-10-30	9
64	沥青混凝土摊铺机熨平板左右提升油缸同步装置	02223232.X	2002-1-10	2002-10-30	9
65	沥青混凝土摊铺机用自动、手动集中润滑装置	02223247.8	2002-1-11	2002-10-30	9
66	一种保持转运车与摊铺机同步行走的控制装置	02223294.X	2002-1-18	2002-10-30	9

(3) 自营进出口权

经国家对外经济贸易合作部[1998]外经贸政审函字第 2685 号文批准,本公司于 2001 年 1 月 17 日被授予《中华人民共和国进出口企业资格证书》,进出口企业代码 4300616800612,经营范围:出口本企业自产的机电产品(国家组织统一联合经营的 16 种出口商品除外);进口本企业生产科研所需的原辅材料、机械设备、仪器仪表及零配件(国家实行核定公司经营的 14 种进口商品除外);经营本企业的进料加工和"三来一补"业务。本公司拥有主要产品混凝土输送泵、混凝土泵车、压路机的进出口经营权。

5、公司享有的税收优惠政策

(1) 根据财税[1994]第 001 号文《关于企业所得税若干优惠政策的通知》的规定,经国务院批准的高新技术产业开发区内的高新技术企业,减按 15%的税率征收所得税;新办的高新技术企业自投产年度起免征所得税两年。本公司为国务院批准的高新技术产业开发区———长沙经济技术开发区注册的高新技术企业,根据湖南省长沙地税局长地税函[1998]038 号《关于三一重工业集团有限公司申请享受先进技术企业所得税优惠政策报告的批复》,从 1998 年 7 月 1 日起至 2000 年 6 月 30 日止免征企业所得税两年,从 2000 年 7 月 1 日起按 15%的税率计征企业所得税。

(2) 根据国税发[1999]49 号《关于印发〈企业技术开发费税前扣除管理办法〉的通知》规定,经湖南省地方税务局湘地税技确字(2001)05 号《技术开发项目确认书》的确认,本公司开发的立体停车库、混凝土泵车、智能型振动压路机、挖掘机技术属于开发技术项目,预算金额为 2196.37 万元,其每一年度所发生的技术开发费经长沙市地方税务局核实,比上年增长达 10%以上的,允许再按技术开发费实际发生额的 50%,抵扣当年度的应纳税所得额。

(3) 根据财政部、国家税务总局财税字(1999)290 号文件"关于印发《技术改造国产设备投资抵免企业所得税暂行办法》的通知"的有关规定,经湖南省地方税务局湘地税设确字[2001]第 52 号、第 53 号、第 54 号、第 55 号、第 56 号《国产设备投资抵免企业所得税确认书》的确认:未来五年内,公司共可享受企业所得税抵免额 2240.40 万元。2001 年按规定的投资额及比较上年企业所得税增加额计算 2001 年应抵免 525.27 万元。2002 年根据长沙县地方税务局预审证明,2002 年度国产投资投资抵免额为 1548.45 万元。

第五节　股票发行与股本结构

一、本次股票上市前公开发行股票的基本情况

1、发行数量:6,000 万股

2、发行价格:15.56 元

3、募集资金总额:93,360 万元

4、发行方式:全部向二级市场投资者定价配售

5、发行对象:2003 年 6 月 13 日持有上海证券交易所或深圳证券交易所已上市流通人民币普通股(A 股)股票的收盘市值总和(包括可流通但暂锁定的股份市值)不少于 10,000 元的投资者。

6、发行费用总额及项目

本次股票发行费用总额为 33,705,600 元,包括承销费、审计费用、律师费用、发行手续费用、审核费用等项目。

7、每股发行费用:0.562 元

二、本次股票上市前首次公开发行股票的承销情况

本次公开发行的 6,000 万股社会公众股的配号总数为 78,006,898 个,中签率为 0.07691627%。其中二级市场投资者认购 59,386,866 股,其余 613,134 股由主承销商包销。

三、本次上市前首次公开发行股票所募股资金的验资报告

利安达信隆会计师事务所有限责任公司对本公司本次上市前首次公开发行股票募集资金出具了利安达验字(2003)第 1009 号《验资报告》。

四、本次募股资金入帐情况

1、入帐时间:2003 年 6 月 25 日

2、入帐金额:902,324,400.00 元

3、入帐帐号:00100111008096001

4、开户银行:中国银行湖南省分行

五、本公司上市前股权结构及各类股东的持股情况

1、本次上市前股权结构

项目	股数(万股)	比例(%)
发起人股份	18000	75
三一控股有限公司	17380.93	72.42
湖南高科技创业投资有限公司	334.64	1.39
锡山市亿利大机械有限公司	167.33	0.70
河南兴华机械制造厂	89.24	0.37
娄底市新野企业有限公司	27.86	0.12
社会公众股	6000	25
合计	24000	100

2、本次上市前十大股东情况

股东	持股数量(万股)	比例(%)
三一控股有限公司	17380.93	72.42
湖南高科技创业投资有限公司	334.64	1.39
锡山市亿利大机械有限公司	167.33	0.70
河南兴华机械制造厂	89.24	0.37
湘财质押	62.1134	0.26
娄底市新野企业有限公司	27.86	0.12
湖南娄底市毫	9.7	0.040
国信证券	6.0	0.025
国泰君安	5.9	0.025
普丰基金	5.8	0.024

第六节　董事、监事、高级管理人员及核心技术人员

一、董事、监事、高级管理人员与核心技术人员简介

本公司董事、监事、高级管理人员与核心技术人员均为中国国籍,无境外的永久居留权,相互之间不存在配偶、三代以内直系和旁系亲属关系。

1、董事

梁稳根先生,公司董事长,现年 45 岁,本科学历,高级工程师。曾在兵器工业部洪源机械厂任技术员、体改办副主任;1989 年创建湖南省三一集团有限公司,长期担任董事长兼总经理。先后被授予"全国杰出青年企业家"、"全国优秀民营企业家"称号,曾获"全国科技实业家创业奖银奖",2001 年被评为"湖南省十大新闻人物"、"湖南省十大杰出经济人物"。担任的社会职务有:第八、九、十届全国人大代表,全国工商联执委,湖南工商联副会长等。

向文波先生,39 岁,硕士研究生,高级工程师。曾担任涟源市阀门厂厂长、党委书记。1991 年进入湖南省三一集团有限公司,先后主管生产、营销业务,曾任该公司总经理助理,历任有限公司副总经理、常务副总经理,现任本公司总经理。

唐修国先生,38 岁,本科学历,高级工程师。1983 年至 1985 年在兵器工业部洪源机械厂五分厂任职;本公司创始人之一,曾任三一集团材料工业有限公司总经理、有限公司常务副总经理。现任三一控股有限公司董事长、总经理。

易小刚先生,副总经理,其简介见本节"4、核心技术人员"。

黄建龙先生,38 岁,本科学历,高级工程师。1983 年至 1991 年在湖南铁合金厂工作,任助理工程师、工程师;1992 年进入湖南省三一集团有限公司,历任该公司机械分厂副厂长、超硬材料分厂厂长、有限公司财部部长。现任公司总经理助理。

谢暄先生,32 岁,硕士,工程师。先后任职于湖南国际合作房地产开发公司、湖南海联房地产开发公司、湖南省经济建设投资公司企业部。现任湖南高科技创业投资有限公司投资部副经理。

谢志华先生,独立董事,43 岁,现任北京工商大学教授、博士、中国注册会计师、副校长、教育部工商学科指导委员会委员、中央电大教学指导委员会经济组组长,同时担任中国会计学会理事,中国会计教授会理事、中国商业会计学会常务理事、北京市会计学会副会长,北京市财政学会理事,兼任全国 20 多所院校机构的客座教授和研究员,也是英国卡迪夫大学中国问题研究中心的特聘研究员、加拿大英皇学院的客座教授,担任一些地方政府的经济顾问。主持了 20 多家企业的改革设计和体制设计,1995 年被选为北京市跨世纪人才"百人工程"之一,1998 年被选为北京市学科带头人,先后被评为部级专家和政府特殊津贴享受者。至今已发表论文 160 余篇,出版学术著作达 40 多本,其中专著 6 本。获得部科技进步奖两项(二、三等)。

吴澄先生,独立董事,61 岁,现任清华大学自动化系教授、博士生导师、中国工程院院士、国家 CIMS 工程技术研究中心主任、中国工程院信息电子学部常委会副主任、国家科技奖励评审委员会委员、信息电子专业评审组副组长、国家自然科学基金会专业评审组组长。吴澄先生主要从事系统集成方法与技术,复杂工业大系统的建模、控制与调度、智能化方法、系统可靠性等研究。吴澄先生曾任国家 CIMS 主题专家组长、自动化领域首席科学家,主持建成我国第一个 CIMS 实验工程,解决了复杂异构环境下信息集成的关键技术,达到国际先进水平。至今已先后发表论著近 100 篇,曾获国家、部委科技进步奖 6 次,光华科技一等奖,首届何梁何利科技进步奖,以及全国优秀教师,国家有突出贡献专家等称号。

吴先生目前还兼任航信集团公司(中国航天信息技术)独立董事。

钟掘女士,独立董事,65 岁,中南大学教授,博士生导师,中国工程院院士,国家有突出贡献科技专家,"国家重点基础研究规划"项目"提高铝材质量基础研究"首席科学家,现任中南大学冶金机械研究所所长。钟女士是国内机械学科知名学术带头人之一,曾主持多项国家"973"计划研究项目、国家自然科学基金重点项目和国家重点工程研究项目,先后获国家科技进步一等奖 1 项、国家科技进步二等奖 2 项、省部级奖励 10 余项,发表论文近 200 篇,出版专著 4 部。钟女士获 2000 年"全国先进工作者"称号。

2、监事

王佐春先生,39 岁,本科学历,高级工程师。曾担任株洲市轴瓦厂技术员、株洲电焊条厂工程师。1992 年进入湖南省三一集团有限公司,历任触媒分厂副厂长、生产部部长、总经理助理,三一集团材料工业有限公司副总经理、有限公司副总经理,现为公司监事会召集人。

姚川大先生,47岁,高中文化,经济师。历任无锡洛社新民机械厂厂长、无锡县液压油缸厂厂长;1994年至今任锡山市亿利大机械有限公司董事长兼总经理;1998年、1999年被无锡市授予优秀企业家、优秀总经理称号。

吴石安先生,67岁,中专学历,会计师。历任涟源市茅塘镇、涟源市枫坪镇财政所所长、涟源市会计师事务所所长,主任会计师、涟源市会计学会常务理事,娄底市注册会计师协会理事和湖南省注册会计师协会理事等职;现任公司审计室主任。

3、高级管理人员

赵想章先生,36岁,工商管理硕士,高级会计师,机械工业会计学会理事,湖南省总会计师协会理事。曾任长沙汽车电器总厂副厂长、总会计师;中汽长电股份有限公司董事、副总经理兼总会计师;现任公司财务总监兼董事会秘书。

4、核心技术人员

易小刚先生,38岁,本科学历,教授级高工,中国工程机械学会理事。1985年至1995年在机械部北京机械工业自动化研究所工作,曾获国家科技进步二等奖一次、机械工业部二等奖二次;1996年加盟三一重工业集团有限公司,历任副总经理、研究院院长,现任公司常务副总经理。1998年成为享受政府特殊津贴专家;1998、1999年获"长沙市有突出贡献的中青年专家"和"专业技术带头人"称号;2001年9月被评为湖南省"优秀中青年专家",并获湖南省青年科技奖。

主要成就:

1、主持研究开发的混凝土泵车获湖南省科技进步二等奖。

2、1985–1988年从事C4740II型兼注塑成形机的研制,该项目获电子工业部二等奖。

3、主持油田用15T–6型液压抽油机的研制,该项目获机械科学研究院二等奖。

4、主持了154吨用自卸车关键液压气动元件国产化研究,该项目系由国务院重大办下达的任务,共有4个子项,易小刚先生为其中一子项课题负责人。该项目获机械科学院二等奖和机械工业部二等奖。

主要著作:与湖南大学李孟亿教授合著的《混凝土输送泵基础教程》

主要论文:《计算机技术在混凝土输送泵、泵车控制上的应用》(《工程机械》2000第7期);《使用机制砂条件下的泵送混凝土技术研究》(《筑路机械与施工机械化》(2000第4期);《香港特殊的混凝土及其泵送分析》(《筑路机械与施工机械化》2001第1期。

主持获得的主要专利:柴油机转速计算机自动控制装置(9923399.8);混凝土自动输送泵高低压自动切换装置(98230983.X);压路机振动轮(99233883.2);全液压推土机传动装置(00251957.7);推土机变速箱自动控制方法(01106811.6);一种压路机振动轮润滑装置(99233944.8)等。

李冰先生,38岁,硕士,副教授,1988年7月毕业于长安大学筑路机械专业。1988年7月至1999年8月在长安大学任教,任原西安公路交通大学筑路机械系副主任,硕士研究生导师,分管实验室和科研工作,在校期间主持科研课题4个,包括"串联式振动压路机"、"振荡压路机"、"沥青路面综合养护车"等。1999年8月加盟三一重工业集团有限公司,现任本公司总经理助理、研究院院长。主持路面机械和土石方机械的新产品开发,主持开发的系列压路机、摊铺机、推土机、挖掘机、平地机等获多项专利。主要著作有《振动压路机与振动压实技术》,参与《筑路机械手册》的编写,在工程机械相关专业杂志上发表论文数10篇。

吴冬香先生,44岁,高级工程师,1982年7月毕业于太原机械学院特种动力专业。曾任三一集团材料工业有限公司总经理助理,现任本公司总经理助理、研究院副院长。主持开发的拖式混凝土输送泵、混凝土泵车先后通过湖南科学技术厅组织的成果鉴定,并获得湖南省科技进步二等奖、长沙市科技进步一等奖。吴冬香先生撰写的《深圳市赛格广场300.8米超高层建筑混凝土泵送施工技术》于1999年8月26日被中国建设机械协会评定为优秀论文。

吴冬香先生主持的研究开发项目共获国家专利9项。主要专利有混凝土泵整车新结构(952376350)、混凝土泵开式油路全液压控制装置(96234761.2)、混凝土输送泵高低压切换装置(98230983.X)、混凝土输送缸活塞密封体(98231521.X)、一种用于混凝土泵的耐磨板(00225448.4)、用于混凝土输送的耐磨环(00225449.2)等。

二、董事、监事、高级管理人员和核心技术人员持有公司股份及变动情况

1、本公司的董事、监事、高级管理人员和核心技术人员未直接持有本公司股份。

2、本公司的董事、监事、高级管理人员和核心技术人员的家属不存在直接或间接持有本公司股份的情况。

3、本公司的董事、监事、高级管理人员和核心技术人员通过其能够直接或间接控制的公司持有本公司股份的情况详见招股说明书第四章"发行人基本情况"。

4、本公司设立后至本次发行前,上述人员直接或间接持有的公司股份没有发生变化,也不存在质押或冻结情况。

第七节　同业竞争与关联交易

一、关于同业竞争

本公司控股股东三一控股及其控制的其他法人三一通讯技术有限公司、湖南三一新材料有限公司以及本公司实际控制人梁稳根先生控股的三一集团材料工业有限公司与本公司之间不存在同业竞争情况,并承诺今后也不从事或促使其子公司、分公司或联营公司与本公司及本公司之子公司、分公司、联营公司相竞争的业务。

本公司实际控制人梁稳根先生控股的北京金通力达建设机械有限公司由于经营建筑机械设备的租赁业务而与本公司存在同业竞争,但由于本公司主营业务为拖泵、泵车和压路机等工程机械产品的开发、生产和销售,2000年和2001年公司主营业务收入分别为39261万元和55034万元。而租赁业务收入属于公司其他业务收入,2000年和2001年分别为408.41万元和453.07万元,与本公司主营业务收入相比,金额很小,对公司利润贡献不大。另外,北京金通力达建设机械有限公司主要是在北京地区开展租赁业务,而本公司租赁业务规模逐年扩大,其租赁收入2000年和2001年分别为408.41万元和453.07万元,业务范围包括北京、上海、香港等地。本公司受北京金通力达建设机械有限公司同业竞争影响的只有北京地区。因此,北京金通力达建设机械有限公司与本公司存在的同业竞争对本公司经营业绩影响很小。

梁稳根先生已对本公司出具了《避免同业竞争承诺函》,承诺:"1、截至本承诺函出具之日,除本人控股的北京金通力达建设机械有限公司与'三一重工'存在一定程度的同业竞争外,本人没有自营或与他人合作经营或为他人经营与'三一重工'相同、相似的业务。本人承诺在3个月内注销金通力达公司,以消除与'三一重工'的同业竞争;2、在本人作为'三一重工'实际控制人期间,如再设立其他企业,则该等企业及其全资附属企业、控股子公司、参股30%(不含本数)以上的子公司将不在中华人民共和国境内以任何方式(包括但不限于单独经营、与他人合资、合作或联营等方式经营)直接或间接从事与'三一重工'现在和将来主营业务相同、相似或构成实质性竞争的业务;3、本人不会利用在'三一重工'的间接控股地位及控制关系进行损害、侵占、影响公司其他股东特别是中小股东利益的经营活动。"

本次发行人律师认为:发行人已与其控股股东就如何避免同业竞争采取了切实有效的措施,经核查,目前我们未发现发行人与三一控股及其控股子公司之间存在同业竞争 的情形;发行人与北京金通力达建设机械有限公司之间目前存在的同业竞争将在金通力达公司注销后解决,除此以外,目前我们尚未发现发行人与其实际控制人控制的企业之间存在同业竞争的情形。我们认为,发行人已与其实际控制人就如何解决和避免同业竞争采取了切实有效的措施。

公司本次股票发行的主承销商经核查认为:发行人与北京金通力达建设机械有限公司之间目前存在的同业竞争已采取有效措施加以解决,除此之外,发行人与股东及其实际控制人之间不存在同业竞争。

北京金通力达建设机械有限公司已于2002年3月25日办理了注销手续。

二、关联方及关联关系和关联交易

1.根据中国证监会证监发[2001]41号文的规定,本公司目前的关联方与关联关系如下:

(1)本公司的控股股东为本公司的关联方,即三一控股为公司关联方。

(2)本公司控股股东控制或参股的企业为本公司的关联方,即三一通讯技术有限公司、湖南三一新材料有限公司。

(3)本公司实际控制人梁稳根先生控股的企业三一集团材料工业有限公司、北京金通力达建设机械有限公司(2002年3月已办理注销手续)为本公司的关联企业。

(4)本公司控股子公司北京天慧龙兴建筑机械设备有限公司、娄底市中孚液压件有限公司为本公司的关联方。

(5)本公司参股公司青海路桥建设股份有限公司为本公司的关联方。

(6)本公司董事、高级管理人员在其中任主要职务的企业亦属于本公司的关联企业。本公司独立董事吴澄先生兼任中国航天信息技术集团公司的独立董事,因此,中国航天信息技术集团公司为本公司的关联企业。

三一控股股东梁稳根、唐修国、向文波、毛中吾、袁金华、周福贵、易小刚、王佐春、翟登科相互之间不存在配偶、三代以内直系和旁系亲属关系及其他关联关系。

2、关联交易

本公司与三一控股、三一集团材料工业有限公司和北京金通力达建设机械有限公司发生了以下关联交易:

资产转让

(1)有限公司截止2000年10月尚有部分抵债换入的房屋、车辆不能办到产权证书,而且闲置未用。经2000年10月24日有限公司董事会审议通过,决定将有限公司位于重庆、北京等地8处价值7,667,049.88元的房产和价值7,604,228.69元的奔驰、奥迪等27辆小车转让给三一控股(转让房产和小车清单见下表)。2000年10月29日,有限公司与三一控股签署了《资产转让协议》,转让价格为2000年10月29日上述资产的帐面净值15,271,278.57元。本次资产转让相应的价款已经收回。本次关联交易在一定程度上改善了有限公司财务状况,优化了有限公司资产结构。但未产生损益,对有限公司净利润没有影响。

(2)2001年11月,本公司通过资产清查,发现部分车辆产权手续不完善,为落实股份公司资产产权,经2001年11月20日本公司第一届董事会第四次会议决定,将本公司价值2,639,727.68元的桑塔纳、捷达等14辆小车(资产清单详见下表)转让给三一控股,此项关联交易关联董事梁稳根、唐修国、向文波、易小刚进行了回避,未参与表决。2001年12月1日,本公司与三一控股签署了《车辆转让合同》,转让价格为2001年10月31日上述资产的帐面净值2,639,727.68元。本次资产转让已经完成,资金于2001年12月收回。本次关联交易未产生利润,对本公司净利润没有影响,但在一定程度上改善了公司财务状况,优化了公司资产结构。

关联购销

本公司及有限公司报告期内从三一集团材料工业有限公司采购了焊条等原材料,2000年、2001年和2002年采购金额分别为759,183.90元、815,039.00元和1,215,688.00元,分别占当年(或当期)同类原料采购总额的69%、41%和27%。

年份	关联内容	数量	单价	总金额	占同类业务比例
2000年	采购焊条	98.60吨	7700元/吨	759183.9元	69%
2001年	采购焊条	108.42吨	7500元/吨	815039元	41%
2002年	采购焊条	170.11吨	7146元/吨	1215688元	27%

本次关联交易于2001年5月19日经本公司董事会审议通过,购买价格按市场价格,每月结算一次,关联董事梁稳根、唐修国、向文波、易小刚进行了回避,未参与表决。本次关联交易对公司的财务状况未产生重大影响。

(2)本公司及有限公司近两年向北京金通力达建设机械有限公司销售了部分配件,销售金额2000年度为111,002.21元、2001年度为401,914.99元,分别占当年配件销售的1.2%和2.4%,占当年销售收入的0.03%和0.07%。对公司的财务状况无重大影响。

年份	关联内容	金额	占同类业务比例
2000年	销配件	111,002.21元	1.2%
2001年	销配件	401,914.99元	2.4%

本次关联交易于2001年5月19日经本公司董事会审议通过,销售价格按公司同类配件的对外销售价格,每月结算一次,关联董事梁稳根进行了回避,未参与表决。北京金通力达建设机械有限公司已于2002年3月25日办理了注销手续。

接受担保

(1)2002年5月8日,本公司向福建兴业银行长沙分行八一路支行借款1000万元人民币,借款期限12个月,自2002年5月8日至2003年5月8日止,月利率4.8675‰。该笔借款由三一控股提供了连带责任保证。

(2)2002年7月3日、8月20日,本公司向福建兴业银行长沙分行八一路支行分别借款2000万元、3000万元人民币用于流动资金周转,借款期限分别为12个月、10个月,借款月利率4.425‰。该笔借款由三一控股有限公司提供了连带责任保证。

(3)2002年4月10日、4月16日、6月25日本公司向中国工商银行长沙市星沙支行分别借款1500万元、1000万元、1000万元,借款期均为12个月,月利率4.425‰。上述借款由三一控股提供了连带责任保证。

(4)2002年11月20日,本公司与湖南省信托投资公司签署编号(2002)湘信委贷(科引科)字16号《委托贷款合同》,借款1000万元人民币用于开发智能型振动压路机,借款期限为24个月,借款月利率2.29‰。该笔借款由三一控股有限公司提供了连带责任保证。

(5)2002年8月19日,本公司与福建兴业银行长沙八一路支行签署了编号为兴银湘长--授字(02)第004号《基本授信合同》,授信人给予本公司10000万元的授信额度,授信有效期为一年。三一控股有限公司与福建兴业银行签署了编号为兴银湘长—担字(02)第009号《最高额保证合同》,为本公司授信提供连带责任保证。

专利权受让

本公司专利权中,有两项实用新型专利和一项外观设计专利是从原实用新型专利权人易小刚、黎中银、周又清和原压路机外观设计专利权人梁稳根、易小刚处受让取得。其中压路机外观设计专利专利号为ZL99326780.7,原专利权人梁稳根、易小刚;压路机振动实用新型专利专利号为ZL99233883.2,原专利权人易小刚、黎中银、周又清;压路机振动轮润滑装置实用新型专利号为ZL99233944.8,原专利权人易小刚、黎中银、周又清。上述3项专利是发行人在专利申请过程中以梁稳根、易小刚、黎中银、周又清等个人名义申请的。2001年2月,为使专利发挥更大的经济效益,梁稳根、易小刚、黎中银、周又清与本公司签订了专利权转让合同,无偿将以上3项专利转让给本公司。2001年6月,经国家知识产权局批准,上述三项专利权变更到本公司名下。

3、本次募股资金的运用涉及的关联交易

根据目前的安排,本次募股资金的运用不涉及关联交易。

第八节　财务会计资料

本公司截止2002年12月31日的财务会计资料已于2003年6月13日在《中国证券报》、《上海证券报》、《证券时报》和《证券日报》刊登的《招股说明书摘要》中进行了披露,投资者欲了解详细内容,请查阅上述报纸或刊载于上海证券交易所网站(http://www.see.com.cn)的本公司招股说明书全文。

一、注册会计师意见

本公司已聘请利安达信隆会计师事务所有限责任公司对本公司2002年度、2001年度、2000年度的资产负债表、利润及利润分配表及2002年度的现金流量表;2002年度的合并资产负债表、合并利润及利润分配表、合并现金流量表进行了审计,注册会计师出具了标准无保留意见的审计报告。以下引用的财务会计数据,非经特别说明,均引自经审计的会计报表。

二、简要会计报表

简要利润及利润分配表　　　　单位:人民币元

项目	2002年度(合并)	2002年度(母公司)	2001年度	2000年度
一、主营业务收入	984,562,359.06	984,562,359.06	550,345,110.30	392,611,056.55

减:主营业务成本	481,563,605.70	481,563,605.70	267,622,770.36	208,857,335.02
主营业务税金及附加	6,809,525.00	6,809,525.00	4,607,045.39	3,216,045.46
二、主营业务利润	496,189,228.36	496,189,228.36	278,115,294.55	180,537,676.07
加:其他业务利润	2,064,118.84	3,977,045.92	5,122,113.84	3,160,274.80
减:营业费用	146,155,133.31	145,788,104.68	86,532,666.51	50,383,333.60
管理费用	105,746,044.25	104,208,669.41	77,656,998.88	48,640,249.15
财务费用	18,973,881.90	18,979,208.80	17,755,550.40	16,457,184.72
三、营业利润	227,378,287.74	231,190,291.39	101,292,192.60	68,217,183.40
加:投资收益	47,398.89	-2,886,283.92	-509,551.25	-329,292.61
补贴收入	20,025.00	20,025.00		
营业外收入	3,092,677.52	3,035,239.52	1,408,685.72	350,733.21
减:营业外支出	1,621,611.27	1,618,128.37	1,900,845.31	3,698,774.46
四、利润总额	228,916,777.88	229,741,143.62	100,290,481.76	64,539,849.54
减:所得税	19,794,847.35	19,794,847.35	9,044,406.20	4,589,131.78
少数股东损益	-733,420.70			
五、净利润	209,855,351.23	209,946,296.27	91,246,075.56	59,950,717.76
加:年初未分配利润	66,291,815.99	66,291,815.99	-11,267,348.23	61,070,349.97
六、可供分配的利润	276,147,167.22	276,238,112.26	79,978,727.33	121,021,067.73
减:提取法定盈余公积	20,994,629.63	20,994,629.63	9,124,607.56	569,652.47
提取法定公益金	10,497,314.82	10,497,314.82	4,562,303.78	284,826.24
七、可供投资者分配的利润	244,655,222.77	244,746,167.81	66,291,815.99	120,166,589.02
应付普通股股利	0	0	0	3,894,334.73
转作资本的普通股股利	0	0	0	127,539,602.52
八、未分配利润	244,655,222.77	244,746,167.81	66,291,815.99	-11,267,348.23

简要资产负债表　　单位:人民币元

资产	2002.12.31(合并)	2002.12.31(母公司)	2001.12.31	2000.12.31
货币资金	47,347,597.70	47,103,438.46	40,081,447.66	22,442,614.17
短期投资	3,514,800.00	3,514,800.00		4,533,769.65
应收票据	2,734,260.00	2,734,260.00	3,758,000.00	
应收帐款	179,726,793.51	177,246,682.57	135,346,542.41	120,829,966.73
其他应收款	23,584,980.39	23,443,477.89	14,484,642.49	57,169,556.48
预付帐款	91,797,254.14	89,911,714.84	42,243,684.73	29,332,125.55
存货	441,546,217.27	439,728,728.95	211,641,681.72	187,714,271.02
待摊费用	300,650.00	280,650.00	1,547,000.00	365,222.00
流动资产合计	790,552,553.01	783,963,752.71	449,102,999.01	422,387,525.60
长期股权投资	-686,526.90	11,723,790.29		
其中:股权投资差额	-6,497,345.63	-6,497,345.63		
长期投资合计	-686,526.90	11,723,790.29		
固定资产原价	333,956,323.63	318,409,255.74	202,236,744.02	144,270,569.12
减:累计折旧	40,464,650.09	38,144,085.73	22,027,964.33	12,529,852.60
固定资产净值	293,491,673.54	280,265,170.01	180,208,779.69	131,740,716.52
减:固定资产减值准备	6,329,359.64	6,329,359.64	6,028,566.26	5,608,890.61
固定资产净额	287,162,313.90	273,935,810.37	174,180,213.43	126,131,825.91
工程物资	7,342,542.68	7,342,542.68	7,174,118.32	
在建工程	46,423,954.22	46,423,954.22	25,539,558.02	36,009,184.50
固定资产合计	340,928,810.80	327,702,307.27	206,893,889.77	162,141,010.41
无形资产	21,740,010.28	21,740,010.28	21,959,616.68	22,119,339.92
长期待摊费用	890,305.16			
无形资产及其他资产合计	22,630,315.44	21,740,010.28	21,959,616.68	22,119,339.92
资产总计	1,153,425,152.35	1,145,129,860.55	677,956,505.46	606,647,875.93

负债及股东权益	2002.12.31(合并)	2002.12.31(母公司)	2001.12.31	2000.12.31
短期借款	325,036,000.00	325,036,000.00	199,770,097.17	209,000,000.00
应付票据	93,947,290.00	93,947,290.00	55,420,609.63	63,763,000.00
应付帐款	129,375,694.64	128,297,212.88	68,627,366.95	62,043,447.71
预收帐款	36,940,241.62	36,332,515.60	15,060,087.81	18,612,901.90
应付工资	5,784,998.96	5,784,998.96	1,730,895.57	212,200.00
应付福利费	10,517,071.67	10,196,155.17	6,687,840.77	4,591,552.66
应付股利	0	0	61,538.28	4,032,059.47
应交税金	16,294,490.75	16,338,685.48	16,734,294.49	12,806,957.18
其他应交款	427,794.45	423,588.84	716,350.99	871,533.37
其他应付款	31,396,848.79	28,136,461.58	11,887,037.92	5,404,870.96
预提费用	261,860.73	205,725.56		
一年内到期的长期负债	7,055,555.48	7,055,555.48	10,000,000.00	15,000,000.00
流动负债合计	657,037,847.09	651,754,189.55	386,696,119.58	396,338,523.25
长期借款	22,000,000.00	22,000,000.00	30,388,888.84	40,722,222.20
长期负债合计	22,000,000.00	22,000,000.00	30,388,888.84	40,722,222.20
负债合计	679,037,847.09	673,754,189.55	417,085,008.42	437,060,745.45
少数股东权益	3,102,579.30			
股本	180,000,000.00	180,000,000.00	180,000,000.00	180,000,000.00
股本净额	180,000,000.00	180,000,000.00	180,000,000.00	180,000,000.00
资本公积	596,168.69	596,168.69	38,291.00	
盈余公积	46,033,334.50	46,033,334.50	14,541,390.05	854,478.71
其中:法定公益金	15,344,444.84	15,344,444.84	4,847,130.02	284,826.24
未分配利润	244,655,222.77	244,746,167.81	66,291,815.99	-11,267,348.23
股东权益合计	471,284,725.96	471,375,671.00	260,871,497.04	169,587,130.48
负债及股东权益总计	1,153,425,152.35	1,145,129,860.55	677,956,505.46	606,647,875.93

简 要 现 金 流 量 表　　单位:人民币元

项目	2002年度(合并)	2002年度(母公司)
经营活动产生的现金流量净额	69,815,005.51	68,400,957.74
投资活动产生的现金流量净额	-162,402,841.45	-157,396,952.92
筹资活动产生的现金流量净额	99,853,985.98	96,017,985.98
现金及现金等价物净增加额	7,266,150.04	7,021,990.80

三、会计报表附注

本公司会计报表附注等有关内容,请查阅2003年6月13日在《中国证券报》、《上海证券报》、《证券时报》和《证券日报》刊登的《招股说明书摘要》以及刊载于上海证券交易所网站(http://www.see.com.cn)的本公司招股说明书全文与附录。

四、主要财务指标

财务指标	2002年	2001年	2000年
流动比率	1.20	1.16	1.07
速动比率	0.53	0.61	0.59
应收账款周转率	6.25	4.30	3.71
存货周转率	1.47	1.34	1.36
无形资产(土地使用权除外)占净资产比例(%)	0.01	0.82	1.08
资产负债率(%)	58.84	61.52	72.05
每股净资产(元)	2.62	1.45	0.94
研究及开发费用占主营业务收入比例(%)	4.44%	5.88	5.44
净资产收益率(%)	44.53	34.98	35.35
每股收益(元)	1.16	0.51	0.33
主营业务利润率(%)	50.40	50.53	45.98
每股经营活动的现金流量(元)	0.39	0.58	-

按照《公开发行证券公司信息披露编报规则第9号—净资产收益率和每股收益的计算及披露》的要求,本公司2002年净资产收益率和每股收益见下表:　(人民币元)

	报告期利润	全面摊薄净资产收益率(%)	加权平均净资产收益率(%)	全面摊薄每股收益(元/股)	加权平均每股收益(元/股)
主营业务利润	496,189,228.36	105.28	135.54	2.76	2.76
营业利润	227,378,287.74	48.25	62.11	1.26	1.26
净利润	209,855,351.23	44.53	57.33	1.17	1.17
扣除非经常性损益后的净利润	208,631,983.88	44.27	56.99	1.16	1.16

注:非经常性损益包括营业外收入3,092,677.52元,营业外支出1,621,611.27元,补贴收入20,025.00元,所得税影响数267,723.90元。

第九节　其他重要事项

一、自本公司股票首次公开发行之日至本上市公告书公告之日,本公司严格依照现行有关法律、法规的规定规范运行,生产经营情况正常,主要业务发展目标的进展状况正常;

二、自本公司股票首次公开发行之日至本上市公告书公告之日,本公司所处行业和市场无重大变化;

三、自本公司股票首次公开发行之日至本上市公告书公告之日,本公司主要投入、产出物供求及价格无重大变化;

四、自本公司股票首次公开发行之日至本上市公告书公告之日,本公司没有进行重大对外投资,无重大资产(股权)收购、出售行为;

五、自本公司股票首次公开发行之日至本上市公告书公告之日,本公司住所未变更;

六、自本公司股票首次公开发行之日至本上市公告书公告之日,本公司未涉及任何重大诉讼、仲裁或行政处罚案件;

七、自本公司股票首次公开发行之日至本上市公告书公告之日,本公司无重大会计政策变化;

八、自本公司股票首次公开发行之日至本上市公告书公告之日,本公司无会计师事务所变动;

九、自本公司股票首次公开发行之日至本上市公告书公告之日,未发生新的重大负债,并且重大债项未发生变化。

十、本公司股票首次公开发行和股票上市前后税负无变化。

十一、根据公司2002年年度股东大会决议,公司截止2002年12月31日形成的24465.52万元滚存利润及自2003年1月1日起产生的利润,由股票发行后的新老股东共享。公司本次股票发行后,预计首次股利分配在2004年6月30日前完成,股利分配的比例不低于累积可供股东分配的未分配利润的10%。

十二、根据《上海证券交易所股票上市规则》,本公司第一大股东承诺:自本公司股票上市之日起12个月内,不转让其持有的本公司的股份;同时也不由本公司回购其所持有的股份。

十三、自本公司股票首次公开发行至本上市公告书公告之日,本公司没有其他应披露而未披露之重大事项。

第十节　董事会上市承诺

本公司董事会承诺将严格遵守《中华人民共和国公司法》、《中华人民共和国证券法》、《股票发行与交易管理暂行条例》、《公开发行股票公司信息披露实施细则》和《上海证券交易所股票上市规则》等国家法律、法规和有关规定,并自股票上市之日起作到:

一、承诺真实、准确、完整、公允和及时地公布定期报告,披露所有对投资者有重大影响的信息,并接受中国证监会、证券交易所的监督管理;

二、承诺本公司在知悉可能对股票价格产生误导性影响的任何公共传播媒介中出现的消息后,将及时予以公开澄清;

三、本公司董事、监事、高级管理人员和核心技术人员将认真听取社会公众的意见和批评,不利用已获得的内幕消息和其他不正当手段直接或间接从事本公司股票的买卖活动;

四、本公司没有无记录的负债。

第十一节　上市推荐人及意见

一、上市推荐人情况

上市推荐人:联合证券有限责任公司
法定代表人:马国强
联系地址:上海市浦电路370号宝钢大厦6楼
电话:021-68403700
传真:021-68403690
联系人:李俊旭　徐菲

上市推荐人:湘财证券有限责任公司
法定代表人:陈学荣
联系地址:上海市浦东银城东路139号华能联合大厦18楼
电话:021-68634518
传真:021-68865411
联系人:张琦　成曦

二、上市推荐人意见

本公司上市推荐人认为,本公司章程符合《中华人民共和国公司法》等有关法律、法规和中国证监会关于公司章程的相关规定。根据《中华人民共和国公司法》、《中华人民共和国证券法》、《股票发行与交易管理暂行条例》、《上海证券交易所股票上市规则》等国家有关法律、法规的规定,本公司首次公开发行的股票已具备公开上市的条件。

本公司上市推荐人保证本公司的董事了解法律、法规、上海证券交易所上市规则及股票上市协议规定的董事的义务与责任,并协助本公司健全了法人治理结构、制定了严格的信息披露制度与保密制度。

本公司上市推荐人已对上市文件所载的资料进行了核实,确保上市文件真实、准确、完整,符合规定要求,保证本公司的上市申请材料、上市公告书没有虚假、严重误导性陈述或者重大遗漏,并保证对其承担连带责任。

本公司上市推荐人愿意推荐本公司股票在上海证券交易所上市交易,并保证不利用在上市过程中获得的内幕信息进行内幕交易,为自己或他人谋取利益。

招 商 银 行 股 份 有 限 公 司

招商银行股份有限公司2002年年度报告

第一节　重要提示

公司董事会及其董事保证本报告所载资料不存在任何虚假记载、误导性陈述或者重大遗漏，并对其内容的真实性、准确性和完整性承担个别及连带责任。公司第五届董事会第十八次会议于2003年4月16日审议通过了公司《2002年年度报告》及摘要。会议应到董事19名，实际到会董事14名，吴嘉启董事授权秦晓董事长、孙承铭董事授权傅育宁董事、魏家福董事授权孙月英董事、徐祖远董事授权王大雄董事行使表决权，傅俊元董事因公务未出席会议，公司6名监事列席了本次会议。

公司年度财务会计报告已经毕马威华振会计师事务所和毕马威会计师事务所分别根据国内和国际审计准则审计，并出具了标准无保留意见审计报告。

公司董事长秦晓、行长马蔚华、主管会计工作副行长陈伟及会计机构负责人郭荣丽，保证年度报告中财务报告的真实、完整。

第二节　公司基本情况简介

(一)法定中文名称：招商银行股份有限公司（简称：招商银行，下称"公司"）
法定英文名称：China Merchants Bank Co., Limited
(二)法定代表人：秦晓
(三)董事会秘书：邵作生
联系地址：深圳市福田区深南大道7088号
邮政编码：518040
电　话：0755-83198888
传　真：0755-83195200
电子信箱：szs@oa.cmbchina.com
(四)注册地址：深圳市福田区深南大道7088号
办公地址：深圳市福田区深南大道7088号
邮政编码：518040
国际互联网网址：www.cmbchina.com
电子信箱：szs@oa.cmbchina.com
(五)选定的信息披露报纸：《中国证券报》、《上海证券报》、《证券时报》；
刊登年度报告的中国证监会指定国际互联网网址：http://www.sse.com.cn
年度报告备置地点：公司董事会办公室
(六)股票上市证券交易所：上海证券交易所
股票简称：招商银行
股票代码：600036
(七)其他有关资料：
首次注册登记日期：1987年3月31日
首次注册登记地点：深圳市工商行政管理局蛇口分局
企业法人营业执照注册号：1000001001686
税务登记号码：国税深字44030110001686X
深地税登字44030410001686X
未流通股票的托管机构名称：中国证券登记结算有限公司上海分公司
公司聘请的国内会计师事务所名称：毕马威华振会计师事务所
办公地址：北京建国门外大街1号中国国贸大厦2座1608室
公司聘请的国际会计师事务所名称：毕马威会计师事务所
办公地址：香港中环遮打道太子大厦八楼
(八)本报告分别以中、英文编制，在对中外文本理解上发生歧义时，以中文文本为准。

第三节　会计数据和业务数据摘要

一、本年度主要利润指标　　(单位：人民币千元)

项目	境内审计数	境外审计数
利润总额	2,570,270	2,702,929
净利润	1,734,270	1,846,929
扣除非经常性损益后的净利润	1,712,386	1,846,929
主营业务利润	2,548,386	2,702,929
其他业务利润	0	0
营业利润	2,548,386	2,702,929
投资收益	2,226,819	2,359,478
补贴收入	0	0
营业外收支净额	21,884	0
经营活动产生的现金流量净额	33,996,272	34,815,738
现金及现金等价物净增加额	16,572,028	16,571,445

注：按照《公开发行证券的公司信息披露规范问答第1号：非经常性损益》的要求确定和计算非经常性损益，扣除的非经常性损益项目及涉及金额为营业外收入97,286千元、营业外支出75,402千元。

二、截止报告期末前三年的主要会计数据和财务指标　　(单位：人民币千元)

项目	2002年	
	境内审计数	境外审计数
主营业务收入	11,796,140	11,930,721
净利润	1,734,270	1,846,929
总资产	371,659,912	366,190,864
股东权益(不含少数股东权益)	16,031,821	16,829,298
全面摊薄每股收益(元)	0.30	0.32
加权平均每股收益(元)	0.33	0.35
扣除非经常性损益后的每股收益(元)	0.30	0.32
每股净资产(元)	2.81	2.95
调整后每股净资产(元)	2.70	2 .93
每股经营活动产生的现金流量净额(元)	5.96	6.10
净资产收益率	10.82%	10.97%
扣除非经常性损益后的全面摊薄净资产收益率	10.68%	10.97%
扣除非经常性损益后的加权平均净资产收益率	12.90%	13.86%

三、截止报告期末前三年补充财务数据　　(单位：人民币千元)

项目	2002年	
	境内审计数	境外审计数
总负债	355,628,091	349,361,566
存款总额	300,394,930	304,295,360
其中：长期存款	13,307,759	13,307,759
同业拆入总额	82,773	11,610,481
贷款总额	206,931,273	206,931,273
其中：短期贷款	113,808,940	113,808,940
进出口押汇	2,749,194	2,749,194
贴现	45,035,338	45,035,338
中长期贷款	35,493,609	35,493,609
逾期贷款	1,266,011	1,266,011
呆滞贷款	8,114,918	8,114,918
呆帐贷款	463,263	463,263

项目	2001年调整后境内审计数	2000年调整后境内审计数
总负债	261,419,306	216,023,901
存款总额	213,832,102	163,443,840
其中：长期存款	9,524,782	8,468,092
同业拆入总额	430,421	600,000
贷款总额	140,185,485	109,742,885
其中：短期贷款	84,127,783	64,042,021
进出口押汇	1,075,608	820,207
贴现	28,767,027	21,162,886
中长期贷款	14,781,080	12,570,498
逾期贷款	1,639,408	2,571,315
呆滞贷款	9,300,542	8,219,138
呆帐贷款	494,037	356,820

第四节　股本变动及股东情况

一、股东情况

(一)股东总数

报告期末，公司股东总户数为135,879户，其中：非流通法人股股东105户，未上市流通战略投资者股东10户，其它已上市流通股股东135,764户。

(二)前十名股东持股及股份质押情况

公司前十名股东持股情况如下：　(单位：股)

股东名称	股份性质	年末持股
招商局轮船股份有限公司	国有法人股	1,024,651,109
中国远洋运输(集团)总公司	国有法人股	491,344,193
广州海运(集团)有限公司	国有法人股	325,140,920
友联船厂有限公司	外资股	182,068,000
上海汽车工业有限公司	国有法人股	144,101,090
中国港湾建设(集团)总公司	国有法人股	112,142,056
秦皇岛港务集团有限公司	国有法人股	101,189,750
山东省交通开发投资公司	国有法人股	101,189,750
广东省公路管理局	国家股	101,189,750
中国海运(集团)总公司	国有法人股	101,189,750
合计		2,684,206,368

股东名称	年初持股	增减	总股本占比
招商局轮船股份有限公司	1,024,651,109	0	17.95%
中国远洋运输(集团)总公司	491,344,193	0	8.61%
广州海运(集团)有限公司	325,140,920	0	5.70%
友联船厂有限公司	182,068,000	0	3.19%
上海汽车工业有限公司	144,101,090	0	2.53%
中国港湾建设(集团)总公司	112,142,056	0	1.97%
秦皇岛港务集团有限公司	101,189,750	0	1.77%
山东省交通开发投资公司	101,189,750	0	1.77%
广东省公路管理局	101,189,750	0	1.77%
中国海运(集团)总公司	101,189,750	0	1.77%
合计	2,684,206,368	0	47.03%

注：(1)上述前十名股东所持股份均为非流通法人股份。

(2)上述前十名股东所持股份没有被质押、冻结和托管的情况。

(3)友联船厂有限公司是招商局轮船股份有限公司的全资子公司，广州海运(集团)有限公司是中国海运(集团)总公司的全资子公司。其余股东之间不存在关联关系。

(4)公司股东"秦皇岛港务局"于2002年8月更名为"秦皇岛港务集团有限公司"。

报告期末，公司无战略投资者或一般法人因配售新股成为公司前十名股东。

(四)持有公司股权在5%以上的股东情况

1、招商局轮船股份有限公司

招商局轮船股份有限公司成立于1948年10月11日，注册资本人民币2亿元，法定代表人为秦晓先生。招商局轮船股份有限公司是招商局集团有限公司的全资子公司。该公司主要从事水上客、货运输业务；码头、仓库及车辆运输业务；各类交通运输设备、零备件、物料的销售、采购供应；船舶、客货代理业务、海上国际货运业务；另外也从事与运输有关的金融、保险、信托业务。

2、中国远洋运输(集团)总公司

国远洋运输(集团)总公司成立于1961年4月27日，注册资本人民币19亿元，法定代表人为魏家福先生。该公司是中央直接管理的国有重要骨干企业之一，是以国际航运为主业的大型跨国企业集团，主要经营国际间海上客、货运输业务；承办租赁、建造、买卖船舶、集装箱及其维修和设备制造业务；国内沿海货物运输、船舶代管；通讯服务；国内各主要港口的船、货代理业务等。

3、广州海运(集团)有限公司

广州海运(集团)有限公司成立于1949年10月22日,注册资本人民币30.75亿元,法定代表人为徐祖远先生。广州海运(集团)有限公司是中国海运(集团)总公司的全资子公司。该公司主要从事江海、远洋货物运输和租船、船舶、货运代理业务;批发和零售贸易;航运人力资源开发、培训、国际国内口岸、船舶通信业务;房屋、汽车租赁、汽车保管、海事、海商咨询服务业务等。

第五节 董事、监事、高级管理人员和员工情况

一、董事、监事和高级管理人员情况

(一)基本情况 (单位:股)

姓 名	性别	年龄	职务	任 期
秦 晓	男	55	董事长	2001.4 -2004.4
魏家福	男	52	副董事长	2001.4 -2004.4
傅育宁	男	45	董事	2001.4 -2004.4
李引泉	男	47	董事	2001.4 -2004.4
黄大展	男	44	董事	2002.6 -2004.4
孙承铭	男	43	董事	2002.6 -2004.4
丁克义	男	60	董事	2001.4 -2004.4
孙月英	女	44	董事	2001.4 -2004.4
徐祖远	男	50	董事	2001.4 -2004.4
李 毅	男	58	董事	2001.4 -2004.4
吴嘉启	男	55	董事	2001.4 -2004.4
王大雄	男	42	董事	2001.4 -2004.4
朱根林	男	47	董事	2001.4 -2004.4
傅俊元	男	41	董事	2001.4 -2004.4
董咸德	男	55	董事	2002.6 -2004.4
陈浩鸣	男	36	董事	2002.6 -2004.4
马蔚华	男	52	董事、行长	2001.4 -2004.4
何 迪	男	55	独立董事	2002.6 -2004.4
丁 玮	男	42	独立董事	2002.6 -2004.4
王奇岩	男	64	监事长	2001.4 -2004.4
钟茂如	女	51	监事	2002.6 -2004.4
刘克非	男	45	监事	2001.4 -2004.4
汤秋瑾	女	60	监事	2001.4 -2004.4
杨建华	男	60	监事	2001.4 -2004.4
张雁翎	女	45	监事	2001.4 -2004.4
林荣光	男	41	监事	2001.7 -2004.4
弓惠文	女	54	监事	2001.4 -2004.4
陈小宪	男	48	常务副行长	2001.5 起
陈 伟	女	43	副行长	1993.3 起
李 浩	男	43	副行长	2002.1 起
邵作生	男	39	董事会秘书	2001.7 起

(二)年度薪酬情况

上表所列在股东单位任职的董事、监事均不在本公司领取任何报酬,他们均在各自的任职单位领取报酬、津贴。

公司根据《招商银行行员岗位工资制管理办法》确定高级管理人员的基本薪酬标准,董事会根据对高级管理人员全年考核结果最终确定其薪酬数额。

公司董事、监事和高级管理人员在公司领取报酬的人数共10人,年度报酬总额284万元。金额最高的前三名高级管理人员报酬总额138万,高级管理人员中,年度报酬总额在45—50万的1人,年度报酬总额在40—45万的3人,年度报酬总额在20—25万的1人。独立董事的津贴为每人8万元。

(三)离任董事、监事、高级管理人员及离任原因

报告期内,由于公司股权变更及其它原因,聂振一先生、钟树源先生、欧亚平先生、赵世明先生、吕益民先生、刁国涛先生辞去公司董事职务,黄大展先生因工作变动原因辞去公司监事职务。

二、员工情况

报告期末,公司共有员工12065人,其中管理人员856人,业务人员10447人,行政人员762人。员工中具有大专以上学历的为9817人,占比81.4%。公司目前有退休员工14人。

第六节 公司治理结构

一、公司治理情况

公司自成立伊始就建立起股东大会、董事会和监事会相互制衡的公司治理结构,制定了一套相对健全、可操作性强、责权利明确的治理准则,并在实践中不断加以修订完善。较为完善的公司治理结构有力促进了公司各项业务的健康快速发展。

报告期内,公司以上市为契机,按照建立现代企业制度和中国人民银行、中国证监会有关政策法规的要求,建立了独立董事制度,修订了《公司章程》,进一步完善了法人治理结构。报告期内,公司治理情况如下:

(一)关于股东和股东大会

公司无控股股东。公司严格按照《股东大会规范意见》及《股东大会议事规则》的要求召集、召开股东大会。建立健全了和股东沟通的有效渠道,确保所有股东,特别是中小股东享有平等地位,确保所有股东对公司重大事项的知情权、参与权和表决权,充分行使股东的权利。

(二)关于董事和董事会

公司董事会由19名董事组成,其中独立董事两名。公司严格按照《公司章程》的规定选聘、选举董事,董事会人数和人员构成符合法律法规的要求。董事会在决策程序、授权程序、表决程序等方面严格按照法律规则以及《公司章程》的规定要求执行。全体董事均能以认真负责的态度参加董事会,了解作为董事的权利、义务和责任,勤勉尽职,注重维护公司和全体股东的利益。董事会形成了有效的决策和监督机制。

(三)关于监事和监事会

公司监事会由8名监事组成,监事会的人数和人员构成符合法律法规的要求。全体监事均能本着对股东高度负责的精神,认真履行职责,对公司财务以及董事、行长和其他高级管理人员履行职责的合法合规性进行监督。

(四)关于信息披露及透明度

公司制定了《信息披露制度》,指定董事会秘书协调和组织信息披露事务。公司努力提高信息披露标准,增加公司透明度,能够坚持按照法律、法规和《公司章程》的规定,真实、准确、完整、及时地披露信息,并保证所有股东有平等机会获得信息。

(五)关于建立现代企业制度检查工作

公司根据中国证监会和国家经贸委联合下发的《开展上市公司建立现代企业制度检查通知》(证监发[2002]32号)要求,认真进行了建立现代企业制度的自查,完成并通过了《上市公司建立现代企业制度的自查报告》,并上报中国证监会、国家经贸委、深圳证管办和深圳经济贸易局备案。公司第一大股东招商局轮船股份有限公司也进行了自查并上报了自查报告。

2003年,公司将根据中国人民银行公布的《股份制商业银行公司治理指引》和《股份制商业银行独立董事和外部监事制度指引》以及中国证监会公布的《上市公司治理准则》、《关于在上市公司建立独立董事制度的指导意见》等文件精神,结合公司实际情况,进一步完善公司治理结构。

二、独立董事履行职责情况

2002年6月2日,公司召开的2001年年度股东大会审议通过了《关于聘任独立董事的议案》,增选丁玮、何迪为公司第五届董事会独立董事,达到中国证监会《关于在上市公司建立独立董事制度的指导意见》的要求。报告期内,两位独立董事勤勉尽职,认真参加董事会会议并审议各项议题,充分发挥了独立董事作用,促进了董事会决策的科学性和客观性。

三、公司经营决策体系

股东大会是公司最高权力机构,董事会是公司的经营决策机构,监事会负责检查银行的财务,由董事会聘任的行长对银行的资本、资产和负债等经营活动行使充分的经营管理自主权,并对董事会负责,保障银行资本的增值和银行的发展,不断提升银行的市场价值,实现股东利益最大化。公司实行一级法人体制,全行实行总行、分行、支行三级管理体制,总行对分行实行授权经营管理,分行对其所属分支机构转授权并进行管理。

公司在业务、人员、资产、机构和财务五方面完全独立,为自主经营、自负盈亏的独立法人。公司具有独立、完整的业务及自主经营能力。

四、对高级管理人员的考评及激励机制

公司重视人本管理,形成了具有鲜明特点的高级管理人员考评与激励机制。公司高级管理人员接受董事会的考评和监督,同时受中国人民银行的监管。公司年度工作计划的完成情况为董事会考评高级管理人员的主要依据。董事会根据考评结果实现对高级管理人员的奖励。

第七节 股东大会情况简介

一、股东大会的通知、召集、召开情况

公司于2002年4月30日在《证券时报》、《上海证券报》、《中国证券报》上刊载《招商银行股份有限公司第五届董事会第七次会议决议公告暨召开2001年年度股东大会的通知》,公司董事会已就本次股东大会的召开作出了决议并以公告形式通知股东。

2002年6月2日,公司2001年年度股东大会在深圳召开。出席本次会议的股东及股东授权代表共55人,代表股份3,291,096,492股,占公司总股本57.67%,符合《公司法》和《公司章程》的规定。

二、股东大会通过的决议及披露情况

公司2001年年度股东大会审议通过了《2001年度董事会工作报告》、《2001年度监事会工作报告》、《2001年年度报告》、《2001年度财务决算报告》、《2001年度利润分配预案》、《关于修改<公司章程>的议案》、《关于聘任独立董事的议案》、《关于独立董事津贴标准及费用的议案》、《关于董事会成员变更的议案》、《关于监事会成员变更的议案》、《关于聘请2002年度会计师事务所的议案》。

公司2001年年度股东大会决议公告已于2002年6月4日在《证券时报》、《上海证券报》、《中国证券报》刊载。

三、选举、更换公司董事、监事情况

报告期内,聂振一先生、钟树源先生、欧亚平先生、赵世明先生、吕益民先生、刁国涛先生辞去公司董事职务,选举董咸德先生、黄大展先生、孙承铭先生、陈浩鸣先生为公司第五届董事会董事,选举何迪先生、丁玮先生为公司第五届董事会独立董事。新当选董事、独立董事的任期与公司第五届董事会成员任期相同。上述董事会成员变更事项已经公司第五届董事会第七次会议、2001年年度股东大会审议通过。该事项公告于2002年6月4日的《证券时报》、《上海证券报》、《中国证券报》。

报告期内,黄大展先生辞去公司监事职务,选举钟茂如女士为公司第五届监事会监事,任期与公司第五届监事会成员任期相同。该事项已经公司第五届监事会第五次会议、2001年年度股东大会审议通过。该事项公告于2002年6月4日的《证券时报》、《上海证券报》、《中国证券报》。

第八节 董事会报告

一、报告期内的经营情况

(一)主营业务范围及其经营情况

公司主营业务范围是经中国人民银行批准的各项商业银行业务,主要包括:吸收人民币存款;发放短期、中期和长期贷款;办理结算;办理票据贴现;发行金融债券;代理发行、兑付、承销政府债券;买卖政府债券;同业拆借;提供信用证服务及担保;代理收付款项及代理保险业务;提供保管箱服务;外汇存款;外汇贷款;外汇汇款;外币兑换;国际结算;结汇、售汇;同业外汇拆借;外汇票据的承兑和贴现;外汇借款;外汇担保;发行和代理发行股票以外的外币有价证券;买卖和代理买卖股票以外的外币有价证券;外汇信用卡的发行;代理国外信用卡的付款;自营和代客外汇买卖;资信调查、咨询、见证业务;离岸金融业务;代办开放式基金的认购、申购、赎回业务;证券投资基金托管业务;受托投资管理托管业务及经中国人民银行批准的其他业务。

2002年全行认真贯彻"强化管理、开拓创新、加快发展、迎接挑战"的指导思想,与时俱进,因势而变,团结奋进,锐意开拓,各项工作都取得了长足的进展。报告期末,折人民币资产总额为3716.6亿元,比上年末增加1053.29亿元,增幅39.55%;各项存款余额为3003.95亿元,比上年末增加865.63亿元,增幅40.48%;各项贷款余额为2069.31亿元,比上年末增加667.46亿元,增幅47.61%;不良贷款余额比上年末减少19.78亿元,不良贷款率比年初下降4.26个百分点,降至5.99%;实现利润总额25.7亿元,同口径相比增长25.12%;实现净利润17.34亿元,同口径相比增长26.1%。

在英国《银行家》杂志评选的"2002世界1000家大银行"中按一级资本排名,公司位列第273位。被《Asia Finance》(《亚洲金融》)评为2001年度"中国本土最佳商业银行"。在北京大学和《经济观察报》联合评选出的50家"中国最受尊敬的企业",公司荣列第5位。中国企业联合会、中国企业家协会公布的2002年中国500强企业排序,公司名列第108位,金融企业第6位。

2002年公司业务发展主要有以下几个特点:

首先,达到了质量、速度、效益的有机统一。在保持较快发展速度的同时,保持了较低的资产风险,资产质量不断提高,而且超额完成了董事会下达的利润计划。

其次,不良贷款余额与比率出现了历史上第一次双下降。不良贷款余额比上年末减少19.78亿元,不良贷款率下降4.26个百分点,降至5.99%;2000年后新增贷款质量继续保持优良,不良率为0.3%;综合收息率达97.3%,比上年提高了6个百分点。

第三,储蓄存款与对公存款齐驱并进。储蓄存款持续稳定攀升,报告期末余额1166.87亿元,新增367.08亿元,增幅45.90%;对公存款从去年下半年开始大幅增长,期末余额1859.83亿元,新增506.7亿元,增幅37.45%。

第四,各项贷款增量和增幅均创新高。报告期末各项贷款余额为2069.31亿元,比年初增加667.46亿元,增幅47.61%。其中,个人贷款余额203.47亿元,新增102.44亿元,增幅101.4%,当年增量超过了过去七年的总和。

第五、机构建设取得新进展。报告期内,香港分行和美国代表处相继开业、获批。公司是第一家按照最新国际标准进入香港的内地银行,也是第六家获准在美国设立机构的国内银行,标志着公司的国际化战略迈出了第一步,整体管理水平获得了国际认同。加快境内机构建设,全年新建了3家分行,并将7家支行升格为分行。

1、报告期内主营业务收入、主营业务利润的构成情况

报告期内,公司主营业务收入为11,796,140千元、主营业务利润2,548,386千元。

(1)按业务种类划分 (单位:人民币千元)

业务种类	业务收入
贷款	7,909,067
拆借、存放等同业业务	950,347
债券投资	2,226,819
其他业务	709,907
合计	11,796,140

(2)按地区划分

(单位:人民币百万元)

地 区	主营业务收入	主营业务利润
华南地区	4,581	442

华东地区	2,485	691
华北、东北地区	2,684	956
其他地区	2,046	459
合计	11,796	2,548

2、主要产品或服务市场占有情况

根据中国人民银行2002年第四季度银行信贷收支报表，在国内9家股份制商业银行中，公司的自营存款占市场份额16.26%，其中储蓄存款占市场份额41.76%；自营贷款占市场份额15.16%。

3、报告期内主营业务或其结构与前一报告期比较情况

公司根据中国人民银行批准的经营范围开展各项业务活动，存贷款业务、债券投资业务、同业存放及拆放业务以及结算、代理业务等为公司收入的主要来源。报告期内不存在对利润产生重大影响的其它业务经营活动，主营业务也未发生较大变化。

(二)主要控股公司及参股公司的经营情况及业绩　　(单位：人民币千元)

控股及参股公司名称	投资期限	本公司持股比例
招银国际金融有限公司	无	100%
中国银联股份有限公司	无	4.85%

控股及参股公司名称	报告期末投资数
招银国际金融有限公司	53,060
中国银联股份有限公司	38,016

注：1、招银国际金融有限公司原名为"江南财务有限公司"，为本公司经中国人民银行银复[1998]405号批准的独资经营机构，并根据中国人民银行银复[2002]30号文的批复，于2002年2月22日正式更名为招银国际金融有限公司。由于该公司于2001年度和2002年度的资产总额、主营业务收入、净利润对本公司会计报表影响较小，故未对其会计报表进行合并，并按成本法核算。

2、根据中国人民银行银复[2001]234号《中国人民银行关于筹建中国银联股份有限公司》的批准，本公司出资人民币80,000千元参与发起设立中国银联股份有限公司。上述出资包括：原在各城市银行卡网络服务中心的出资评估净值人民币41,984千元和追加的现金出资人民币38,016千元。中国银联股份有限公司于2002年3月26日正式成立，本公司对本年投入的资金38,016千元记入长期股权投资。

二、银行业务数据摘要

(一)分支机构基本情况

公司已在国内33个城市设立了分支机构，此外，还成立了香港分行和美国代表处。机构总量331家，其中分行30家，代表处2家，异地支行3家，同城支行(分理处)295家；另有离行式自助银行140家。

(二)信贷资产"五级"分类及各级呆帐准备金的计提比例

(单位：人民币百万元)

	金额	占比	呆账准备金计提比例
正常类	190,302.03	91.96%	
其中：贷款	145,266.69	-	1.5%
贴现	45,035.34	-	1%
关注类	4,230.68	2.04%	2%
次级类	4,522.08	2.18%	35%
可疑类	5,419.32	2.62%	65%
损失类	2,457.16	1.19%	100%
贷款总额	206,931.27	100%	

根据以上标准，截止报告期末，呆账准备金余额总计68.2亿元人民币，其中：一般准备金余额26亿元人民币，专项准备金余额42.2亿元人民币。

(三)前十名客户贷款额占贷款总额比例

报告期末，公司前十大客户贷款余额为98.94亿元，占期末贷款余额4.78%。前十名贷款客户如下：中国网通集团辽宁省通信公司、山东电力集团公司、山东省电信公司青岛市分公司、中华人民共和国铁道部、中国南方航空集团公司、天津津政交通发展有限公司、中国华润总公司、中国海运(集团)总公司、中远集装箱运输有限公司和甘肃省公路局。

(四)贴息贷款情况

报告期内，公司没有发生贴息贷款。

(五)重组贷款年末余额及其中逾期部分金额

截止报告期末，公司重组贷款(展期)余额为21.06亿元人民币，其中逾期金额3.3亿元人民币。

(六)主要贷款类别、平均余额及年均贷款利率　　(单位：折人民币百万元)

贷款平均利率(%)	4.80
各项自营贷款平均总额	168,833
其中：	
1.期限结构	
一年以下短期贷款	135,855
一年以上中长期贷款	23,294
逾期贷款(月平均余额)	9,684
2.方式结构	
保证贷款	75,673
抵押贷款	23,822
质押贷款(含贴现)	47,158
信用贷款	22,180

(七)报告期末所持金额重大的政府债券情况　　(单位：人民币万元)

债券种类	金额(按面值)	到期日
1997年记帐式国债	185,999	2003.112006.06
1997年记帐式国债	36,597	2007.09
1998年记帐式国债	269,364	2005.052005.12
1999年记帐式国债	149,840	2006.022009.04
2000年记帐式国债	210,000	2005.062010.09
2001年记帐式国债	1,264,800	2003.082021.10
2002年记帐式国债	486,080	2003.072009.12
1998凭证式国债	113,542	2003.052003.10
1999凭证式国债	63,035	2004.042004.10
2000凭证式国债	365,777	2003.042005.11
2001凭证式国债	58,355	2004.042006.10
2002凭证式国债	274,954	2005.032007.11
美国政府债券	66,218	2004.072031.02
中国政府境外债券	41,152	2003.072027.10
合计	3,585,714	

(八)应收利息及其他应收款坏帐准备的计提情况　　(单位：人民币千元)

项目	金额	损失准备金	计提方法
应收利息	719,616	------	个别认定
其他应收款	618,362	115,901	个别认定

(九)主要存款类别、平均余额及年均存款利率情况

类别	月平均余额(万元)	平均存款年利率
企业活期存款	9,351,733	0.75%
企业定期存款	4,698,906	2.04%
储蓄活期存款	4,651,712	0.58%
储蓄定期存款	4,906,745	1.87%
合计	23,609,096	1.21%

第九节　监事会报告

一、监事会会议情况

(一)第五届监事会第三次会议于2002年1月16日至17日在上海召开，出席会议监事7名，缺席1名，会议合法有效。会议审议通过了《关于实施<招商银行股份有限公司监事会议事规则>若干事项的决定》和《2001年度监事会工作总结》。

(二)第五届监事会第四次会议于2002年3月3日在北京召开，出席会议监事8名，会议合法有效。会议审议通过了《2001年度行长工作报告》、《2001年度监事会工作报告》、《2001年度财务报告》和《2001年年度报告》。

(三)第五届监事会第五次会议于2002年4月26日在海南省召开，出席会议监事8名，会议合法有效。会议审议通过了《2002年第一季度季度报告》、《关于审议监事会成员变更的议案》、《关于2002年度利润分配政策的议案》、《监事会关于聘任独立董事事项发表的独立意见》和《监事会关于聘任会计师事务所发表的独立意见》。

(四)第五届监事会第六次会议于2002年8月15日在大连召开，出席会议监事7名，缺席1名，会议合法有效。会议审议通过了《2002年半年度报告及摘要》和《2002年度行长中期工作报告》。

(五)第五届监事会第七次会议于2002年10月29日以通讯表决的方式召开，参加表决的监事7名，缺席1名，会议合法有效。会议审议通过了《2002年第三季度季度报告》。

二、监事会的专项检查

监事会于2002年9月16日至20日对西安分行信贷业务进行了专项检查，并完成《招商银行监事会检查西安分行信贷资产业务工作报告》，西安分行就监事会的意见，提交了《关于招商银行监事会业务检查反馈意见的整改落实报告》。

三、监事会就有关事项发表的独立意见

(一)公司依法运作情况

公司的决策程序合法有效；没有发现公司董事、高级管理层执行公司职务时有违反法律、法规、公司章程或损害公司及股东利益的行为。

(二)公司财务状况

本年度财务报告已经毕马威会计师事务所和毕马威华振会计师事务所分别根据国际和国内审计准则，出具了标准无保留意见的审计报告。财务报告真实、客观地反映了公司的财务状况和经营成果。

(三)公司募集资金使用情况

募集资金实际投入项目招股说明书的承诺一致。

(四)公司收购、出售资产情况

公司报告期内无收购及出售资产、吸收合并事项。

(五)公司关联交易情况

公司关联交易公平合理，没有发现损害公司和股东利益的行为。

(六)内部控制制度情况

公司内部控制制度完整、合理、有效。

(七)股东大会决议执行情况

2002年6月2日召开的2001年度股东大会，共审议通过了十一项决议，其中《2001年度利润分配预案》，按截止2001年12月31日的总股本42.06亿股计算，每股派发现金股利0.166元。公司已在规定时间内完成红利的派发工作。　监事会对公司董事会提交股东大会审议的各项报告和提案没有异议，认为公司董事会认真履行了股东大会的有关决议。

第十节　重要事项

一、重大诉讼、仲裁事项

报告期内，公司未发生对经营活动产生重大影响的诉讼、仲裁事项。截止报告期末，公司作为原告起诉尚未判决的诉讼案件总件数153件，涉及金额人民币15.27亿元，公司作为被告起诉尚未判决的诉讼案件总件数6件，涉及金额人民币约占0.7亿元。

二、收购及出售资产、吸收合并事项

公司报告期内无收购及出售资产、吸收合并事项。

三、重大关联交易事项

1、公司不存在控制关系的关联方。

2、公司与关联方的关联交易主要涉及银行存款和贷款业务。公司在处理关联交易时，与处理一般客户的银行业务一致，严格按照有关法律、法规及公司制定的各项业务管理规章制度进行操作。对公司的经营成果和财务状况没有产生负面影响。

3、公司对持有本公司5%及5%以上股份股东的贷款情况如下：

(单位：人民币万元)

股东名称	持有股权(股)	2002年末贷款余额
中国远洋运输(集团)总公司	491,344,193	49,664.00
广州海运(集团)有限公司	325,140,920	20,000.00
小计	816,485,113	69,664.00

股东名称	2001年末贷款余额
中国远洋运输(集团)总公司	128,701.00
广州海运(集团)有限公司	30,200.00
小计	158,901.00

注：上述关联方贷款金额均不超过其在本公司的投资额。

四、重大合同及其履行情况

1、报告期内，公司无托管、承包其他公司资产或其他公司托管、承包公司资产的事项；

2、报告期内，公司未发生委托他人进行现金资产管理的事项。

3、重大担保事项

报告期内，公司除中国人民银行批准的经营范围内的金融担保业务外，没有其他需要披露的重大担保事项。

4、报告期内，公司各项业务合同履行情况正常，无重大合同纠纷发生。

五、报告期会计政策、会计估计和核算方法调整情况

1、根据财政部《关于印发〈金融企业会计制度〉的通知》(财会[2001]49号)，公司自2002年1月1日起执行《金融企业会计制度》。

2、根据中国人民银行《关于印发〈银行贷款损失准备计提指引〉的通知》(银发[2002]98号文)的有关规定，从2002年1月1日起，公司对呆帐准备金计提政策进行调整。其中，对正常类贷款的呆帐计提比例由原来的2%调减为1.5%；增加对贴现、拆出资金按其余额的1%差额计提呆帐准备。呆帐准备计提方法改变使本报告期内资产准备支出增加0.02亿元。

3、根据财政部颁发的《金融企业会计制度》(财会[2001]49号)第七条关于"金融企业的会计核算应当以权责发生制为基础"的规定，公司自2002年1月1日起对贴现利息按照权责发生制核算，即在贴现业务发生时按贴现票据的到期价值、当期持有时间及适用利率计算确认，计入相关各期损益。由于此项核算办法的改变，使报告期内减少净利润2,420万元。根据《金融企业会计制度》第一百零九条关于"金融企业按照法律或会计制度等行政法规、规章要求变更会计政策时，应当采用追溯调整法进行处理"的规定，公司对由于贴现核算办法的改变造成的影响对以前年度的累计未分配利润进行了调整，调减以前年度未分配利润2.04亿元。

六、聘任、解聘会计师事务所情况

根据公司五届七次董事会会议《关于聘任2002年度会计师事务所的决议》,公司聘请毕马威华振会计师事务所为2002年度国内审计的会计师事务所,聘请毕马威会计师事务所为2002年度国际审计的会计师事务所,两项审计费用合计为280万元人民币。

七、报告期内,公司、公司董事会及董事无受中国证监会稽查、行政处罚和证券交易所公开谴责的情况发生。

八、公司或持股5%以上的股东没有在指定的报刊或网站上披露承诺事项。

第十一节 财务报告

审计报告

招商银行股份有限公司全体股东:

我们接受委托,审计了招商银行股份有限公司(以下简称「贵行」)二零零二年十二月三十一日的资产负债表及二零零二年会计年度的利润表、现金流量表和股东权益变动表。这些会计报表由贵行负责,我们的责任是对这些会计报表发表审计意见。我们的审计是依据中华人民共和国财政部(以下简称「财政部」)颁布的《中国注册会计师独立审计准则》进行的。在审计过程中,我们结合贵行实际情况,实施了包括抽查会计记录等我们认为必要的审计程序。

我们认为,上述会计报表符合财政部颁布的《企业会计准则》和《金融企业会计制度》及有关补充规定,在所有重大方面公允地反映了贵行二零零二年十二月三十一日的财务状况及二零零二年会计年度的经营成果及现金流量,会计处理方法的选用遵循了一贯性原则。

毕马威华振会计师事务所　　中国注册会计师　武　卫

中国北京建国门外大街1号　　中国注册会计师　宋晨阳

资产负债表　(金额单位:除特别说明外,货币单位均以人民币千元列示)

资产	注释	2002年	2001年
流动资产			
现金	7	3,140,926	2,603,645
存放中央银行款项	8	40,313,774	26,265,223
存放同业和金融性公司款项	9	10,566,353	3,323,041
拆放同业	11	9,052,657	11,286,701
拆放金融性公司	12	787,050	364,668
短期贷款	13	113,808,940	84,127,783
进出口押汇	14	2,749,194	1,075,608
应收利息	15	719,616	1,053,018
其它应收款	16	618,362	787,964
减:坏账准备	17	-115,901	-192,721
其它应收款净额		502,461	595,243
贴现	18	45,035,338	28,767,027
短期投资	19	17,291,434	6,544,000
委托贷款	20	5,581,707	8,102,352
买入返售款项	21	2,810,288	7,297,850
一年内到期的长期债券投资	22	11,489,458	5,431,060
流动资产合计		263,849,196	186,837,219
长期资产			
中长期贷款	23	35,493,609	14,781,080
逾期贷款	24	1,266,011	1,639,408
呆滞贷款	25	8,114,918	9,300,542
呆账贷款	26	463,263	494,037
减:贷款损失准备	28	-6,820,000	-6,730,000
长期债券投资	29	60,240,488	50,595,456
长期股权投资	30	91,076	53,060
减:长期投资减值准备	31	-19,545	-18,194
长期投资净额		60,312,019	50,630,322
固定资产原价	32	6,330,118	6,200,532
减:累计折旧	32	-1,766,781	-1,344,059
固定资产净值	32	4,563,337	4,856,473
在建工程	33	201,107	220,155
长期资产合计		103,594,264	75,192,017
其它资产			
长期待摊费用	34	581,252	559,267
待处理抵债资产	35	1,711,200	1,897,902
其它资产合计		2,292,452	2,457,169
递延税项			
递延税款借项	36	1,924,000	1,845,000
资产总计		371,659,912	266,331,405
负债和股东权益			
流动负债			
短期存款	37	158,506,070	117,675,623
短期储蓄存款	38	107,520,755	73,206,578
财政性存款		2,274,642	1,459,859
票据融资	39	11,847,356	10,176,219
同业和金融性公司存放款项	40	26,888,203	20,499,926
同业和金融性公司拆入	41	82,773	430,421
卖出回购款项	42	1,544,431	84,326
汇出汇款		1,625,788	1,755,501
应解汇款		2,487,019	2,464,817
委托资金	20	5,581,707	8,102,352
应付利息	43	1,172,529	1,264,494
存入保证金	44	18,573,327	10,960,302
应付工资		464,676	385,107
应付福利费		360,411	339,084
应交税金	45	767,947	461,103
应付股利		694,435	2,161
其它应付款	46	1,896,017	1,795,451
预提费用		32,246	3,540
流动负债合计		342,320,332	251,066,864
负债和股东权益			
长期负债			
长期存款		4,141,766	2,752,329
长期储蓄存款		9,165,993	6,772,453
发行长期债券	47	-	827,660
长期负债合计		13,307,759	10,352,442
负债合计		355,628,091	261,419,306
股东权益			
实收股本	48	5,706,818	4,206,818
资本公积	49	9,269,588	-
盈余公积	50	516,286	35,470
其中:公益金		451,723	35,470
未分配利润		539,129	669,811
股东权益合计		16,031,821	4,912,099
负债和股东权益总计		371,659,912	266,331,405

利润表　(金额单位:除特别说明外,货币单位均以人民币千元列示)

	注释	2002年	2001年
营业收入		9,569,321	8,648,738
利息收入	51	7,909,067	6,464,005
金融机构往来收入	52	950,347	1,588,426
手续费收入		532,971	462,909
汇兑收益	53	176,936	133,398
营业支出		3,796,187	4,240,887
利息支出	54	3,002,645	3,378,221
金融机构往来支出	55	612,471	735,243
手续费支出		161,109	117,510
汇兑损失	56	19,962	9,913
营业费用		3,829,891	2,946,357
投资收益	57	2,226,819	1,825,128
营业利润		4,170,062	3,286,622
减:营业税金及附加	58	538,782	501,118
加:营业外收入	59	97,286	70,315
减:营业外支出	60	75,402	45,220
扣除资产准备支出前利润总额		3,653,164	2,810,599
减:资产准备支出	61	1,082,894	756,289
扣除资产准备支出后利润总额		2,570,270	2,054,310
减:所得税	62	836,000	679,000
净利润		1,734,270	1,375,310
每股盈利			
全面摊薄	63	0.30	0.33
加权平均	63	0.33	0.33
净资产收益率			
全面摊薄	63	10.82%	28.00%
加权平均	63	13.07%	32.56%

现金流量表　(金额单位:除特别说明外,货币单位均以人民币千元列示)

	2002年	2001年
经营活动产生的现金流量		
收回的中长期贷款	5,594,865	3,401,083
吸收的活期存款净额	48,823,820	30,101,630
吸收的活期存款以外的其它存款	186,232,674	220,222,377
原到期日超过三个月的:		
同业和金融性公司存放净额	6,434,278	1,929,527
拆放金融机构资产净额	3,372,024	8,230,413
拆入金融机构资金净额	354,066	-
收取的利息	9,337,128	8,192,250
收取的手续费	530,246	406,958
收回的已于以前年度核销的贷款	51,581	62,912
收回的委托资金净额	-	4,347,234
收回的委托贷款净额	2,520,645	-
向中央银行借款及其它金融企业拆入资金净额	2,429,528	-
收到的其它与经营活动有关的现金	393,779	82,448
现金流入小计	266,074,634	276,976,832
对外发放的中长期贷款	26,307,394	3,831,433
对外发放的短期贷款净额	46,791,006	27,945,304
对外发放的委托贷款净额	-	4,347,234
支付的委托资金净额	2,520,645	-
支付的活期存款以外的其它存款本金	147,808,596	202,388,323
存放中央银行准备金及财政存款净额	77,588	113,266
原到期日超过三个月的向中央银行借款净额	-	9,013,988
拆入其它金融机构支付的利息	3,692,715	3,939,211
支付的手续费	161,109	117,510
支付给职工以及为职工支付的现金	1,589,264	1,220,296
支付的所得税款	634,266	368,721
支付的除所得税以外的其它税费	512,672	507,477
支付的其它与经营活动有关的现金	1,983,107	1,273,120
现金流出小计	232,078,362	255,065,883
经营活动产生的现金流入净额	33,996,272	21,910,949
投资活动产生的现金流量		
收回投资所收到的现金	47,071,292	18,098,222
分得股利或利润所收到的现金	-	97,669
取得债券利息收入所收到的现金	2,082,507	1,277,407
处置固定资产和其它资产所收到的现金	629,576	86,176
出售附属公司及联营公司所收到的现金	-	332,916
现金流入小计	49,783,375	19,892,390
购建固定资产和其它资产所支付的现金	827,227	1,359,322
债券投资所支付的现金	75,578,564	39,461,157
股权投资所支付的现金	38,016	-
现金流出小计	76,443,807	40,820,479
投资活动产生的现金流出净额	-26,660,432	-20,928,089
筹资活动产生的现金流量		
分配股利或利润所支付的现金	-691,862	-33,774
上市新增资本	10,950,000	-
上市募集资本所得之利息	26,605	-
上市发行费用	-207,112	-
支付的发行长期债券利息	-14,366	-48,076
赎回发行债券所支付的现金	-827,660	-
筹资活动产生的现金流入/流出净额	9,235,605	-81,850
汇率变动对现金的影响额	583	-649
现金及现金等价物净增加	16,572,028	900,361

四川路桥建设股份有限公司

四川路桥建设股份有限公司股票上市公告书

一、释义

除非特别说明,在本上市公告书中,下列词语具有如下涵义:

本公司、公司、发行人、股份公司、四川路桥	指 四川路桥建设股份有限公司
发起人	指 本公司各发起人
集团公司	指 四川公路桥梁建设集团有限公司
九黄机场	指 四川九寨黄龙机场建设开发有限责任公司
四川嘉陵	指 四川嘉陵资产经营管理有限责任公司
北京科卓	指 北京科卓通信科技有限公司
四川贵通	指 四川贵通建设集团有限公司
川交公司	指 四川路桥川交有限责任公司
通程公司	指 四川通程路桥建设有限责任公司
蜀南路桥	指 四川蜀南路桥开发有限责任公司
业主	指 项目的投资者或联合投资者
主承销商	指 华夏证券股份有限公司
元	指 人民币元
本次发行	指 本公司本次公开发行的面值为1元的,在上海证券交易所上市的10,000万股社会公众股事宜.
上市	指 本公司股票在上海证券交易所挂牌交易
股票	指 本公司已向社会公众发行的每股面值1元的10,000万股人民币普通股股票。
公司股东大会	指 四川路桥建设股份有限公司股东大会
公司董事会、董事会	指 四川路桥建设股份有限公司董事会
公司章程	指 四川路桥建设股份有限公司章程

二、概览

股票简称:	四川路桥
沪市股票代码:	600039
深市代理股票代码:	003039
总股本:	25,000万股
可流通股本:	10,000万股
本次上市流通股本:	10,000万股
上市地点:	上海证券交易所
上市日期:	2003年3月25日
股票登记机构:	中国证券登记结算有限责任公司上海分公司
上市推荐人:	华夏证券股份有限公司、平安证券有限责任公司

对本公司首次公开发行股票前股东所持股份的流通限制及期限:根据国家现有法律、法规规定和中国证监会证监发行字□2003□16号《关于核准四川路桥建设股份有限公司公开发行股票的通知》,本公司本次股票发行前股东所持有的国有法人股、法人股暂不上市流通。

本公司第一大股东集团公司承诺:自本公司股票上市之日12个月内,不转让其所持有的本公司的股份,也不由四川路桥建设股份有限公司回购上述股份。

三、绪言

本上市公告书是根据《中华人民共和国公司法》、《中华人民共和国证券法》、《股票发行与交易管理暂行条例》《公开发行股票公司信息披露实施细则》和《上海证券交易所股票上市规则》等国家有关法律、法规的规定,并按照中国证监会《公开发行证券的公司信息披露内容与格式准则第7号-股票上市公告书》而编制,旨在向投资者提供本公司的基本情况和本次股票上市的有关资料。

经中国证监会证监发行字□2003□16号文核准,本公司已于2003年3月10日以向沪市、深市二级市场投资者定价配售方式成功发行了10,000万股人民币普通股(A股),每股面值1.00元,发行价为每股人民币6.87元。

经上海证券交易所上证上字□2003□ 20号文批准,本公司公开发行的10000万股社会公众股将于2003年3月25日起在上海证券交易所挂牌交易。股票简称"四川路桥",沪市股票代码为"600039",深市代理股票代码为"003039"。

本公司已于2003年3月5日在《中国证券报》、《上海证券报》、《证券时报》和《证券日报》上刊登了《四川路桥建设股份有限公司首次公开发行股票招股说明书摘要》,招股说明书正文刊载于上海证券交易所网站(www.sse.com.cn),距今不足三个月,故与其重复的内容不再重述,敬请投资者查阅上述资料。

四、发行人概况

(一)、本公司基本情况

公司中文名称:四川路桥建设股份有限公司

公司英文名称: SICHUAN ROAD&BRIDGE CO., LTD

注册资本:15000万元　　法定代表人:孙 云

住所:成都市高朋大道11号科技工业园F-59号

邮政编码:610041

经营范围:公路工程施工(壹级)及相关技术咨询服务;交通及附属设施、高新技术及产品的投资、开发、经营(不含国家限制经营内容);工程机械的租赁、销售、维修;建筑材料的生产、销售;销售金属材料(不含稀贵金属),汽车配件,五金,交电,机械电子设备。

主营业务:公路、桥梁、隧道工程施工。

所属行业:建筑业

联系电话:(028)85085853　85068045　　传真:(028)85085853

董事会秘书:　曹 川

发行人网址:　SRBC.COM.CN

发行人电子信箱:SRBG@MAIL.SC.CNINFO.NET

(二)、本公司历史沿革

四川路桥建设股份有限公司是经四川省人民政府川府函(1999)341号文批准,由四川公路桥梁建设集团有限公司作为主发起人,联合四川九寨黄龙机场建设开发有限责任公司、四川嘉陵资产经营管理有限责任公司、北京科卓通信科技有限公司、四川贵通建设集团有限公司,于1999年12月28日以发起设立方式设立的股份有限公司。公司于1999年12月28日完成工商登记手续并领取企业法人营业执照,注册号为5100001811904,注册资本为15000万元。

本公司主发起人集团公司以其下属大桥分公司、桥梁分公司、机械化施工分公司、公路一分公司、公路二分公司、集团公司二公司、集团本部及直属项目经理部中与公路桥梁施工建设相关的生产经营性资产作为出资投入本公司。经有证券从业资格的四川省资产评估事务所评估(川国资评报字(1999)第42号)并经四川省国有资产管理局以川资评管□1999□163号文件确认,集团公司投入的上述经营性资产净值为22,165.39万元。九黄机场、四川嘉陵、北京科卓和四川贵通分别以人民币现金出资100万元。发起人投入的资产净值合计22,565.39万元,按1: 0.6647的比例折为15,000万股,其余列为资本公积,经四川省国有资产管理局川国资企□1999□58号文件批准,集团公司持有的14,734.12万股界定为国有法人股,其余股份界定为法人股。

本次股票发行前本公司各股东持股情况如下:

股东名称	持股数及比例	
	股数(万股)	比例(%)
集团公司	14,734.12	98.228
四川嘉陵	66.47	0.443
九黄机场	66.47	0.443
北京科卓	66.47	0.443
四川贵通	66.47	0.443
社会公众股		
合　计	15,000	100.00

本公司成立以来未进行过重大资产重组,股权结构也未发生过变化。

(三)、本公司主要经营情况

1、经营情况

本公司经营范围是公路工程施工(壹级)及相关技术咨询服务;交通及附属设施、高新技术及产品的投资、开发、经营。公司的主营业务为各级公路工程和桥梁、隧道工程的施工。公司目前拥有建设部颁发的公路工程施工总承包壹级资质、公路路面工程专业承包壹级资质、公路路基工程专业承包壹级资质、桥梁工程专业承包壹级资质。本公司是四川最大经营规模建筑企业,主要产品为公路、桥梁、隧道工程。本公司近三年来的公路、桥梁建设施工等主营业务收入分别为: 2000年22.41亿元;2001年19.02亿元;2002年27.65亿元。

2、主要竞争优势与劣势

本公司依托建设高速公路和大型、特大型桥梁的成套技术体系和成熟的高速公路路面铺筑关键技术、深水大跨径桥梁施工技术、软土地基综合处理技术、改性沥青技术及继承几十年积累的路桥专业施工经验和施工技术,先进的施工设备和强大的资金实力,在高速公路、特大型桥梁、隧道等领域的施工拥有较为明显的竞争优势。多年来,公司荣获了多项国家及部、省级科技成果奖、科技进步奖,多项施工技术获得了国家专利,尤其是高速公路沥青路面施工和深基大跨度高难度桥梁、特大型桥梁施工是公司的强项,桥梁工程的多项技术特别是特大桥梁建设施工技术的科技含量已处于同类桥型国内和世界先进水平。

公司的劣势在于业务结构相对较为单一,业务发展对宏观经济状况依赖性相对较大。

3、主要财务指标

主要财务指标见本上市公告书"八、财务会计资料"部分。

4、主要知识产权

依据设立本公司的改制方案,集团公司将与路桥施工建设有关的专利技术无偿转移到本公司。

目前,公司拥有的专利技术为:

《复合式缆索吊机》于2000年3月24日获国家实用新型专利(证书编号:ZL99 2 30802.X),并在首届香港中华专利技术博览会上荣获金奖。目前正在办理该专利技术的转移变更,转移变更申请已被国家知识产权局受理。其专利权的有效期限截止2009年1月22日,故其剩余保护年限为7年。

本公司所有或使用的知识产权、非专利技术都不存在纠纷,也不存在潜在纠纷。

5、非专利技术

在桥梁施工技术方面,尤其是特大型桥梁工程施工技术方面,公司的缆索吊装技术、双壁钢围堰高桩承台技术、大跨径悬索桥施工技术、大跨径斜拉桥施工技术、转体施工技术、劲性骨架成拱施工技术达世界先进水平。公司能够同时承担多座大桥施工,其滑模、翻模、挂篮、顶推等先进施工技术得到广泛运用,深水基础施工水平也不断得到提高,达到国内一流水平,部分技术还达到国内或国际领先水平。

在高速公路路基施工方面,公司已形成了可以适应复杂多变工程的综合施工技术。在高速公路路面施工技术方面,公司先后开展了《水泥砼路面滑模施工技术》、《高速公路六车道沥青砼路面铺筑技术》、《综合处治高挖方破碎岩层》等科研项目。采用了进口先进成套设备和先进施工方法,并通过技术攻关解决了宽幅沥青砼面层一次全幅成型摊铺,采用无接触式声波平衡梁等技术,提高了路面施工质量,确立了公司的沥青路面施工技术的国内领先地位,如达渝高速公路创造了平整度均方差0.51mm的全国纪录等。

6、财政税收优惠政策

本公司所从事的公路工程施工属于基础设施建设行业,长期以来一直是国家重点扶持的国民经济基础产业。本公司作为新设立的西部从事基础设施建设的企业及经四川省科技厅认定的高新技术企业,根据四川省人民政府川府函□2001□211号的批复,本公司及控股子公司川交公司2001年至2003年期间享受所得税按15%税率征收的优惠政策。根据成都高新技术产业开发区管理委员会成高管函□2002□9号文的批复,本公司控股子公司通程公司2001至2003年期间按15%的税率缴纳企业所得税。

五、股票发行与股本结构

(一) 本次发行的基本情况

股票种类:境内上市人民币普通股(A股)

股票面值:1.00元/股

发行价格:6.87元/股

发行数量:10,000万股

发行市盈率:14.93倍 按照发行前一年全面摊薄

募股资金总额:68,700万元

募股资金净额:65,803万元(扣除发行费用)

发行方式:100%向二级市场投资者定价配售

配售对象:于2003年3月5日收盘时持有上海证券交易所或深圳证券交易所已上市流通的人民币普通股(A股)股票市值不少于10000元的投资者。

发行费用:本次发行与上市费用总额为28,973,934.00元,包括承销费、审计费、律师费、审核费、上网发行费等。每股发行费用:0.29元。

(二) 本次上市股票发行承销情况

本次本公司公开发行的10,000万股社会公众股的配号总数为8145.4973万个,中签率为0.12%;二级市场投资者认购了99,117,918股,余股882,082股由主承销商包销。

(三) 本次发行募股资金的验资报告

验 资 报 告

岳总验字[2003]第 A010 号

四川路桥建设股份有限公司全体股东：

我们接受委托，审验了四川路桥建设股份有限公司(以下简称 贵公司)截止 2003 年 3 月 17 日新增注册资本的实收情况。按照国家相关法律、法规的规定和协议、章程的要求出资，提供真实、合法、完整的验资资料，保护资产的安全、完整是全体股东及贵公司的责任。我们的责任是对贵公司新增注册资本的实收情况发表审验意见。我们的审验是依据《独立审计实务公告第 1 号-验资》进行的。在审验过程中，我们结合贵公司的实际情况，实施了检查等必要的审验程序。

贵公司原注册资本为人民币 150,000,000.00 元，根据 2001 年 12 月 20 日贵公司 2001 年度第一次临时股东大会决议和修改后的公司章程规定，申请向社会公开发行人民币普通股(A 股)增加注册资本人民币 100,000,000.00 元，变更后的注册资本为人民币 250,000,000.00 元。经中国证券监督管理委员会证监发行字□2003□ 16 号文核准，贵公司向社会公开发行人民币普通股(A 股) 100,000,000 股，每股面值 1 元，每股发行价 6.87 元。根据我们的审验，截止 2003 年 3 月 17 日，贵公司实际向社会公开发行人民币普通股(A 股)100,000,000 股，募集资金总额为 687,000,000.00 元(大写：陆亿捌仟柒佰万元整)，扣除发行费用 28,973,934.00 元(大写：贰仟捌佰玖拾柒万叁仟玖佰叁拾肆元整)，实际募集资金净额为 658,026,066.00 元(大写：陆亿伍仟捌佰零贰万陆仟零陆拾陆元整)。其中新增注册资本 100,000,000.00 元(大写：壹亿元整)，资本公积人民币 558,026,066.00 元(大写：伍亿伍仟捌佰零贰万陆仟零陆拾陆元整)。

同时，我们注意到，贵公司本次增资前的注册资本为人民币 150,000,000.00 元，已经深圳华鹏会计师事务所审验，并于 1999 年 12 月 6 日出具了深华资验字(1999)324 号《验资报告》。截止 2003 年 3 月 17 日，变更后的累计注册资本实收金额为人民币 250,000,000.00 元(大写：贰亿伍仟万元整)。

本验资报告仅供 贵公司申请变更登记及据以向股东签发出资证明时使用，不应将其视为是对贵公司验资报告日后资本保全、偿债能力和持续经营能力等的保证。因使用不当造成的后果，与执行本验资业务的注册会计师及会计师事务所无关。

附件：1、注册资本变更情况明细表

1 新增注册资本实收情况明细表 表 1

2 注册资本变更前后对照表 表 2

2、验资事项说明

(四) 本次发行募股资金入帐情况

1、入帐时间：2003 年 3 月 17 日

2、入帐金额：(募集资金扣除承销费和上网发行费后的余额)

3、入帐帐号：2212889916 建行 ,5081889810001(招行),8018-2859(华夏银行)

4、开户银行：建设银行四川省分行直属支行南郊办事处、招商银行成都分行红照壁支行、华夏银行成都分行

(五) 本公司上市前股权结构及各类股东的持股情况

1、本公司上市前的股权结构

项目	股数 万股	比例(%)
国有法人股	14734.12	58.936
社会法人股	265.88	1.064
社会公众股	10,000.00	40.00
合计	25,000.00	100.00

2、本公司上市前的最大十名股东持股情况

股东名称	持股数及比例	
	股数(股)	比例(%)
路桥集团	147,341,200	58.936
华夏证券	882,012	0.3528
四川嘉陵	664,700	0.266
九黄机场	664,700	0.266
北京科卓	664,700	0.266
四川贵通	664,700	0.266
汉兴基金	134,000	0.0536
泰和基金	133,000	0.0532
鸿阳基金	133,000	0.0532
南方稳健	132,000	0.0528

六、董事、监事、高级管理人员及核心技术人员

(一) 董事、监事、高级管理人员及核心技术人员简介

1 、董事会成员

孙 云，中国国籍，男，41 岁，工学硕士，高级工程师。长期从事路桥施工的实践及经营管理工作，中国"茅以升桥梁青年奖"获得者，并获得第七届"四川十大杰出青年"、"四川省十大杰出厂长经理"和全国交通系统劳动模范、"中国青年五四奖章"等光荣称号。曾任四川省桥梁公司副经理、四川路桥总公司副总经理兼三公司经理、四川路桥总公司总经理兼党委副书记、四川路桥集团董事长、总裁兼党委副书记，全国青年联合会委员、中国公路建设行业协会副理事长、中国公路学会理事、四川省青年联合会副主席、四川省青年企业家协会副会长。现任股份公司董事长，集团公司董事、总裁兼党委书记。

唐 勇，中国国籍，男，39 岁，大学本科，高级工程师。曾任四川达川地区交通局副局长、四川达渝高速公路建设有限公司董事、总经理、集团公司董事。现任股份公司总经理、董事、四川通程路桥建设有限责任公司董事长、集团公司董事。

邱俊德，中国国籍，男，61 岁，大学本科，高级工程师。现任股份公司董事。

李文琪，中国国籍，男，61 岁，工学硕士，教授级高级工程师，享受政府特殊津贴。现任股份公司董事、总工程师，兼任集团公司董事。

甘宗棠，中国国籍，男，55 岁，大专文化，高级工程师。 现任股份公司董事、四川路桥集团董事、四川路桥川交有限责任公司董事长。

甘 洪，中国国籍，男，42 岁，大学本科，高级工程师。现任集团公司副总裁、股份公司董事。

李昌玖：中国国籍，男，39 岁，大学专科。 现任股份公司董事。

张之强：中国国籍，男，60 岁，大学学历，高级工程师。现任中国公路建设行业协会理事长。股份公司独立董事。

林万祥：中国国籍，男，63 岁，教授，博士生导师。现任西南财经大学会计研究所所长、校重点学科建设专家小组成员、中国会计学会理事、中国金融会计学会、中国会计学教授会常务理事、中国成本研究会、中国中青年财务成本研究会顾问、四川省会计学会副会长。股份公司独立董事。

(二)监事会成员

刘 刚，中国国籍，男，49 岁，大学专科，高级政工师。现任股份公司监事会召集人，集团公司工会主席。

彭志强，中国国籍，男，46 岁，大学本科，高级经济师。 现任四川省交通厅直属机关党委委员、集团公司纪委书记、股份公司监事。

曾继刚，中国国籍，男，56 岁，中专文化，高级经济师。 现任股份公司监事，兼任集团公司办公室主任。

何永杰，中国国籍，男，59 岁，大学专科，经济师。 现任股份公司监事。

钱明文，中国国籍，男，58 岁，高中文化，高级会计师。 现任股份公司监事。

3 、高级管理人员

白 茂，中国国籍，男，37 岁，大学专科，工程师。曾任川交三处四队副队长、四川路桥总公司三公司机化处处长、四川路桥集团机化分公司总经理，现任股份公司副总经理。

熊国斌，中国国籍，男，38 岁，大学本科，高级工程师。长期从事施工技术及管理工作。曾任四川省桥梁工程公司成渝高速公路内江指挥部技术负责人、总工程师、涪陵长江大桥经理部工程处长、副经理兼总工程师、泸州长二桥项目常务副经理兼总工程师、集团公司副总工程师兼总工办主任。现任股份公司副总经理。

刘志刚，中国国籍，男，38 岁，工学硕士，高级工程师。曾任四川省交通厅内河设计院计算机室副主任、四川路桥集团路航有限公司总经理助理、分党组副书记、副总经理、直属分公司经理、四川路桥集团总裁办副主任、劳动人事部经理。现任股份公司副总经理。

曹 川，中国国籍，男，40 岁，工学硕士，高级经济师。长期从事交通政策、法规研究及股份制改造运作工作。曾任四川省交通厅政治部、厅办公室秘书、中国援也门阿拉公路工程技术组秘书、交通厅政研室、法规处主任科员、四川省交通厅成渝高速公路股份有限公司筹备组改制组副组长、成渝高速公路股份有限公司证券法律部经理、四川路桥集团投资开发部经理、股份公司总经理助理。现任股份公司副总经理、董事会秘书。

冯强林，中国国籍，男，38 岁，大学本科。曾任四川路桥五处，工程科长、旺苍大桥项目经理兼技术负责人、湖北郧阳汉江大桥项目经理部质检工程师，川交桥梁五处副处长、重庆市合川涪江二桥项目经理兼总工、重庆彭水高谷乌江大桥项目经理兼总工、川交桥梁五处处长、四川路桥集团大桥分公司副总经理、股份公司大桥分公司副总经理、湖北宜昌长江大桥项目经理兼副总工。现任股份公司副总经理。

李继东，中国国籍，男，40 岁，大学专科，高级会计师。长期在四川省交通厅公路局和援外项目从事财务管理工作。曾任四川公路桥梁总公司、集团公司财务审计处(部)副处长、副经理、经理、股份公司监事。现任股份公司财务总监。

(二)董事、监事、高级管理人员及核心技术人员持股情况

本公司发行前上述董事、监事、高级管理人员、核心技术人员及其亲属均未以任何形式持有发行人股份，亦未持有任何发行人关联企业的任何股份。

七、同业竞争与关联交易

(一) 同业竞争情况

本公司控股股东集团公司已将其从事公路、桥梁、隧道施工等生产经营性资产和业务投入本公司。本公司主营业务与主要股东及其控制的法人之间不存在同业竞争。为彻底消除同业竞争的可能性，公司控股股东集团公司已出具《避免竞争承诺函》等一系列相关书面承诺，承诺集团公司及其控股子公司、分公司、合营或联营公司不从事与本公司相同的业务。

(二)关联方及关联关系

(1)控股股东：

四川公路桥梁建设集团有限公司：目前持有本公司 14,734.12 万股国有法人股，占公司总股本的 58.936%，是本公司控股股东。本公司董事长孙云兼任集团公司总裁、董事和党委书记。

(2)其他股东：

四川九寨黄龙机场建设开发有限责任公司：目前持有发行人股份 66.47 万股法人股，占总股本的 0.265%。发行人董事李昌玖现任该公司办公室主任。

四川嘉陵资产经营管理有限责任公司：目前持有发行人股份 66.47 万股法人股，占总股本的 0.265%。

四川贵通建设实业有限公司：目前持有发行人股份 66.47 万股法人股，占总股本的 0.265%。

北京科卓通信科技有限公司：目前持有发行人股份 66.47 万股法人股，占总股本的 0.265%。

(3)控股股东控股或参股的企业：

企业名称	与本公司的关系
四川路桥实业公司	同一母公司控股公司
四川省交通物资公司	同一母公司控股公司
蜀通宾馆	同一母公司控股公司
四川公路桥梁建设集团桥梁有限公司	同一母公司控股公司
四川交通水泥制品工程有限责任公司	同一母公司控股公司
四川路桥建设集团交通工程有限公司	同一母公司控股公司
四川路捷信息工程有限公司	同一母公司参股公司
招商银行	同一母公司参股公司
四川中交进出口有限责任公司	同一母公司参股公司
四川智能交通系统管理有限公司	同一母公司参股公司
四川公路桥梁建筑工程有限公司	同一母公司参股公司
四川高路建筑工程有限公司	同一母公司参股公司

(4)其他关联方

四川达渝高速公路建设开发有限公司	与本公司法定代表人相同

(5)、发行人董事、监事、高级管理人员及核心技术人员与关联方的人事关系

孙 云：现任发行人董事长，兼任集团公司总裁、董事、党委书记、四川蜀南路桥有限责任公司董事长、四川达渝高速公路建设开发有限责任公司董事长。

唐 勇：现任发行人董事及总经理，兼任集团公司董事。

甘宗棠：现任发行人董事及四川路桥川交有限责任公司董事长，兼任集团公司董事。

邱俊德：现任发行人董事，兼任集团控股公司四川路桥建设集团交通工程有限公司董事长。

甘 洪：现任发行人董事，兼任集团公司副总裁。

李昌玖：现任发行人董事，任发起人股东及集团公司参股公司--四川九寨黄龙机场建设开发有限责任公司办公室主任。

刘 刚：发行人监事，监事会召集人，兼任集团公司工会主席。

彭志强：发行人监事，兼任集团公司纪委书记。

曾继刚：发行人监事，兼任集团公司办公室主任。

发行人其他高级管理人员及核心技术人员无在关联方单位任职情况。

(三)关联交易

1、与集团公司租赁办公用房屋的关联交易

A、《四川路桥建设股份有限公司与四川公路桥梁建设集团有限公司房屋租赁合同》

合同主要内容：股份公司租赁属于集团公司的办公用房共计 7,487.30 平方米，租赁价金总额为每年 921,343.20 元，租金一年结算一次，于会计年度终了前一个月内结算。

B、《四川路桥川交有限公司与四川公路桥梁建设集团有限公司房屋租赁合同》

合同主要内容：四川路桥川交有限公司租赁属于集团公司的办公用房共计 3,066.75 平方米，租赁价金总额为每年 220,806.00 元，租金一年结算一次，于会计年度终了前一个月内结算。

本公司与关联方均采用书面合同的方式签订，价格严格遵守国家或地方定价确定，房屋租赁单价的依据是成都市物价局、成都市房地产管理局所发文件《关于公布成都市五城区、高新区 2000 年房屋租赁市场指导价的通知》(成房发[2000]第 3 号)，对于无国家或地方定价的，本公司与关联方依据提供房屋所在地的市场价格予以确定，不存在高于市场独立第三方的价格的情形。

关联交易实际发生金额 (单位：元)

2002 年	2001 年	2000 年
1,313,177.28	1,457,419.20	1,142,149.20

2、与集团公司的机械设备租赁关联交易

A、《四川路桥建设股份有限公司与四川公路桥梁建设集团有限公司机器、设备租赁合同》

合同主要内容：股份公司租赁属于集团公司的施工用机器、设备合计 537 台(套)，合同签定时净资产值 73,385,240.26 元。租金价格考虑该等机器设备的现有净值、折旧情况、大修费用以及该等机器设备预期可产生的效益等因素确定。经双方协商，确定上述设备的租赁价总金额为全年 20,356,358.28 元，租金一年结算一次，于会计年度终了前一个月内结算。

B、《四川路桥川交有限公司与四川公路桥梁建设集团有限公司机器、设备租赁合同》

合同主要内容:四川路桥川交有限公司租赁属于集团公司的施工用机器、设备合计99台(套),合同签定时净资产值6,293,792.55元。租金价格考虑该等机器设备的现有净值、折旧情况、大修费用以及该等机器设备预期可产生的效益的等因素确定。经双方协商,确定上述设备的租赁价总金额为全年1,518,181.97万元,租金一年结算一次,于会计年度终了前一个月内结算。

本公司与关联方均采用书面合同的方式签订,价格的确定依据是参考交通部《公路工程机械台班费用定额》(交公路发□1996年□610号),以及目前成都市的同类机器、设备租赁市场的价格,并结合本公司与其他租赁公司或施工单位签定的租赁合同。

关联交易实际发生金额 单位:元

	2002年	2001年	2000年
租金合计	15,445,715.90	13,670,962.84	21,874,540.25

发行人1999年度股东大会上通过了与集团公司之间的上述关联交易议案。2003年3月11日本公司2002年度股东大会审议通过了本公司及下属子公司川交公司与集团公司续签的租赁合同。

3、与集团公司的综合服务关联交易

A、《四川路桥建设股份有限公司与四川公路桥梁建设集团有限公司综合服务合同》

合同主要内容:集团公司向股份公司提供单身职工宿舍、职工生活用水抽水房、门卫传达室、小车库、小车值班室、机关职工食堂、饭厅、部分办公用小车、职工文化生活必要的场所等综合服务。双方根据公司所在地公允的市场价格确定各项服务的收购费单价,合计全年综合服务费用为278,545.01元。综合服务费用一年结算一次,于会计年度终了前一个月内结算。

B、《四川路桥川交有限公司与四川公路桥梁建设集团有限公司综合服务合同》

合同主要内容:集团公司向川交公司提供职工生活用水抽水房、门卫传达室、小车库、小车值班室、机关职工食堂、饭厅、职工文化生活必要的场所等综合服务。双方根据公司所在地公允的市场价格确定各项服务的收购费单价,合计全年综合服务费用为61,275.48元。综合服务费用一年结算一次,于会计年度终了前一个月内结算。

关联交易实际发生金额 单位:元

	2002年	2001年	2000年
合 计	100,518.12	127,237.92	339,820.49

(3)综合服务的定价依据:

本公司与关联方均采用书面合同的方式签订,价格严格遵守国家或地方定价确定,对于无国家或地方定价的,本公司与关联方依据提供服务履行地的市场价格予以确定,不存在高于市场独立第三方的价格的情形;对于既无国家定价,又无地方定价及市场价格的,本公司与关联方通过合同依据公平、合理原则明确服务费用标准。

4、股份公司委托集团公司代购部分机器设备的关联交易

鉴于本公司设立期间及运行初期,有关供、产、销体系需要正常运转,1999年12月6日本公司原筹委会与集团公司签订了《委托协议》,本公司委托集团公司在股份公司设立期间及运行初期代购部份机器设备 主要是水泥砼拌合设备、挖掘机、振动压路机、洒水车等 并完成相应款项支付工作(具体金额以采购价格确定),集团公司同意无偿为本公司提供上述协助。本公司承诺在2000年8月31日后不再依赖母公司提供本协议约定的有关协助。该协议已于2000年8月31日执行完毕。截止2000年8月31日集团公司给本公司代购施工机械原值共计18,566,335.80元人民币。

5、股份公司购买集团公司机器设备的关联交易

为减少本公司与集团公司的机器设备租赁的关联交易,发行人2000年度股东大会决议收购集团公司现有的成新率较好的施工机器设备。据有证券从业资格的四川华衡资产评估有限公司提供的川华资评报字[2001]第80号《资产评估报告书》,集团公司拥有的机器设备和车辆共计80台(套)[帐面原值17,353,974.24元,帐面净值10,456,054.59元]以重置成本法的评估价值为11,739,620.00元,评估增值率为12.28%。该资产评估结果经四川省财政厅川财□2001□180号文予以确认。经双方协商,确定该部分机器设备的交易价格为11,739,620.00元。

在本次购买行为完成后,股份公司对集团公司的机器设备租赁仅限于季节性临时使用的设备(即以工日、产量计量的设备)。

该关联交易经过本公司2000年度股东大会批准且购买的资产经有证券从业资格评估机构评估,以不低于四川省财政厅确认的评估值为交易价格,该项交易符合有关规定及公允性要求。

6、与集团公司合作投资设立四川通程路桥建设有限责任公司的关联交易

发行人为增强企业的对外竞标能力、减少与集团公司的机器设备租赁的关联交易、规避与集团公司的同业竞争,经2000年度股东大会批准,同意集团公司以原公路工程分公司的部分施工设备、在建工程项目、存货及现金资产出资,股份公司以桥梁分公司的经营性资产出资,共同发起设立四川通程路桥建设有限责任公司。经评估确认,集团公司投入的资产净值及现金为3,848.74万元,持股比例46.77%;本公司投入的资产净值为4,379.82万元,持股比例53.23%。

该关联交易是经过2000年股东大会批准,且双方出资的资产经有证券从业资格评估机构评估,以经四川省财政厅确认的评估值为出资金额,共同发起设立一家新公司的关联交易,该项交易符合有关规定及公允性要求。

7、增持通程公司股权及收购蜀南公司股权的关联交易

经2001年第一次临时股东大会审议,本公司决定增持、受让集团公司持有的四川通程路桥建设股份有限公司30%的股权,转让价款按该部分股权在公司设立时所对应的经评估确认的每股净资产价值为依据,共计24,685,700.00元,公司以自有资金支付。转让完成后,本公司将持有该公司83.23%的股权,集团公司将持有其16.77%的股权。该股权转让尚未实施完毕。

由于股份公司此次募集资金将介入桥梁的收费经营领域,为规避与集团公司在路桥收费经营业务方面的同业竞争,经蜀南路桥股东大会决议通过及股份公司2001年第一次临时股东大会审议通过,本公司决定收购四川公路桥梁建设集团有限公司持有的四川蜀南路桥开发有限责任公司全部股份1,800.00万股,占该公司总股本的45.00%。该部分股权经评估确认的价值为1,550.37万元,所对应的净资产值(经审计)为1800万元,鉴于此次评估只限于蜀南路桥现有资产,考虑到当时该公司所建的岷江一桥即将完工,相关收费经营的批文正在申请之中,该部分股权价值已有较大增值,双方协商确定转让价格为1,800.00万元。股份公司已用自有资金向集团公司支付了该收购转让款1800万元。蜀南路桥开发有限责任公司已到四川省宜宾工商行政管理局办理完毕了股东变更手续,并相应修改了公司章程。股份公司已成为蜀南路桥的第一大股东,取得对蜀南路桥的相对控股权。

8、承建其他关联方的工程建设项目的关联交易

2000年度、2001年度及2002年度,本公司发生的路桥施工业务中,共有3个项目的业主是本公司的关联方,其中四川蜀南路桥开发有限责任公司为本公司的相对控股子公司、四川九寨黄龙机场建设开发有限责任公司为本公司的发起人股东及集团公司参股公司、四川达渝高速公路建设开发有限公司的法定代表人为本公司董事长。本公司承建关联方的工程建设项目的关联交易情况如下表所示:

业主名称	2002年度		2001年度		2000年度	
	金 额	比例(%)	金 额	比例(%)	金额	比例 %
四川蜀南路桥开发有限责任公司	21,845,951.54	1.15	36,135,845.93	1.61		
四川九寨黄龙机场建设开发有限责任公司	16,353,100.44	0.59	6,433,713.86	0.33	13,734,474.00	0.62
四川达渝高速公路建设开发有限公司	311,802,719.23	11.28	22,741,524.28	1.20	180,073,290.60	8.16
合计	328,155,819.67	11.87	51,021,189.68	2.68	229,943,610.53	10.39

其中:

(1)承建关联方四川蜀南路桥开发有限责任公司的工程项目的关联交易

该项目为宜宾岷江一桥加宽改造工程(新桥部分,起止桩号为K102+505.321–K103+037.587,全长539.39M。中标合同总价为3,493.8813万元。)、岷江一桥改建工程(旧桥部分,起止桩号为K102+505.321–K103+037.587,全长539.39M。中标合同总价为1,756.00万元。)。

本公司通过参与公开招标的方式中标取得上述工程项目。

(2)承建关联方四川九寨黄龙机场建设开发有限责任公司的工程项目的关联交易

该项目施工的主要内容为:九寨黄龙机场专用道路工程项目的路基、路面、交通工程和构造物工程。合同总价为35,580,216元。

本公司通过参与公开招标的方式中标取得该工程项目。

2002年3月6日,本公司2001年度股东大会审议通过了本公司承建九黄机场工程建设项目的关联交易。

(3)承建关联方四川达渝高速公路建设开发有限公司的工程项目的关联交易

本公司及控股子公司川交公司承建的达渝高速公路工程项目为:D1合同段、D3合同段、D5合同段、D7合同段、D8合同段、D9合同段,合同金额共计54,688万元。

本公司通过参与公开招标的方式中标取得上述工程项目。

2002年3月6日,本公司2001年度股东大会审议通过了本公司承建达渝公司工程建设项目的关联交易。

9、向关联方采购施工辅料的关联交易情况

股份公司成立以来,向关联方四川交通水泥制品公司采购预制T型梁、水泥涵管、水泥盖板等施工辅料,2000年1,206.04万元、2001年418.76万元、2002年343.20万元。

2002年3月6日,本公司2001年度股东大会审议通过了本公司向关联方采购施工辅料的关联交易。

10、关联方集团公司为本公司工程提供担保及提供第三方反担保的关联交易情况

截止2002年12月31日,集团公司为本公司承建的多项工程提供担保的担保金额总计108,509.92万元,集团公司为本公司多项工程提供第三方反担保的担保金额总计37,670万元。

2002年3月6日,本公司2001年度股东大会审议通过了集团公司为本公司工程提供担保及提供第三方反担保的关联交易。

11、与关联方应收应付款项的关联交易

(1)本公司与集团公司的应收应付款项

项 目	2002年12月31日		2001年12月31日		2000年12月31日	
	金 额	比例%	金 额	比例%	金 额	比例%
预付帐款						
四川交通水泥制品有限公司	1,478,020.37	2.05	2,497,571.03	3.29	2,518,513.34	3.93
其他应付款:						
四川公路桥梁建设集团有限公司			45,228,270.56	18.93	5,222,187.62	2.98
应付账款						
四川公路桥梁建设集团有限公司					10,872,636.97	2.56

本公司所承建工程的部分工程之建筑安装合同系改制前由路桥集团签订,现统一由本公司与业主之间进行结算,二000年末应付帐款余额为本公司代路桥集团与业主结算而未支付给路桥集团的工程尾款。二00一年末其他应付款余额系本公司向路桥集团购入机器设备应支付的款项,及其他各项关联交易尚需支付的款项。二00二年其他应付款余额为本期关联交易和路桥集团代垫部分款项形成,预付帐款余额为本公司预付四川交通水泥制品有限公司提供的桥梁建设预制T型梁等结构材料款。

(2)2000年末,经本公司与集团公司及有关债务人友好协商,将本公司应收的部分已完工工程所涉及工程款及质量保证金60,030,779.84元 其中应收帐款46,642,480.59元,其他应收款13,388,299.25元 ,用于等额清偿应付集团公司的债务。

八、财务会计信息

(一)注册会计师意见

本公司聘请岳华会计师事务所有限责任公司对本公司2000年12月31日、2001年12月31日及2002年12月31日的合并资产负债表及资产负债表、自2000年1月1日至2002年12月31日止3个会计年度的合并利润及利润分配表、利润表及利润分配表及自2002年1月1日至2002年12月31日止1年的合并现金流量表及现金流量表进行了审计;对已纳入合并会计报表的子公司(四川路桥川交有限责任公司、四川通程路桥建设有限责任公司、四川蜀南路桥开发有限责任公司)有关期间会计报表也进行了审计。注册会计师均出具了标准无保留意见的审计报告。

(二)简要会计报表

简要合并资产负债表

单位:元

资产	2002-12-31	2001-12-31	2000-12-31
流动资产:			
货币资金	221,372,603.86	189,168,215.64	202,376,261.87
应收帐款	77,341,604.97	94,371,114.91	62,941,181.16
其他应收款	121,728,597.20	104,050,885.36	56,850,764.70
预付帐款	72,079,009.24	75,825,513.93	64,035,473.77
存货	740,907,290.86	555,799,145.70	328,247,305.40
待摊费用	5,267.50	446,967.07	301,271.59
流动资产合计	1,233,434,373.63	1,019,661,842.61	714,752,258.49
长期投资:			
合并价差	33,633.51	52,496.19	701,154.16
长期投资合计	33,633.51	52,496.19	701,154.16
固定资产:			
固定资产原价	693,661,247.59	436,173,672.92	343,851,245.08
减:累计折旧	272,418,562.59	193,561,626.12	131,126,903.89
固定资产净值	421,242,685.00	242,612,046.80	212,724,341.19
减:固定资产减值准备	1,745,591.32	1,940,833.32	
固定资产净额	419,497,093.68	240,671,213.48	212,724,341.19
在建工程	4,339,393.81		6,140,868.63
其中:在建工程减值准备			
固定资产合计	423,836,487.49	240,671,213.48	218,865,209.82
无形资产及其他资产:			
无形资产	27,383.33	2,695,793.27	690,200.00
长期待摊费用	141,600.00	289,300.00	944,637.80
其他长期资产	5,473,147.21	2,290,973.55	4,353,470.11
无形资产及其他资产合计	5,642,130.54	5,276,066.82	5,988,307.91
资产总计	1,662,946,625.17	1,265,661,619.10	940,306,930.38
流动负债			
短期借款	55,000,000.00	20,200,000.00	
应付票据	2,869,750.00		
应付帐款	458,908,545.15	319,458,353.16	263,963,896.47
预收帐款	167,443,403.02	226,197,663.58	119,219,576.61
应付工资	4,806,767.80	3,524,256.42	2,094,526.34
应付福利费	26,374,951.30	22,645,538.72	16,874,198.04
应付股利	161,575,485.74		

应交税金	55,927,922.49	60,987,520.34	62,788,599.05
其他应交款	2,280,289.24	2,207,494.59	1,012,695.09
其他应付款	238,956,508.22	174,970,234.33	137,712,007.48
预提费用	215,295.15	308,062.17	
其他流动负债	2,021,115.31	6,406,663.67	20,033,865.18
流动负债合计	1,176,380,033.42	836,905,786.98	623,699,364.26
长期负债：			
长期借款	136,000,000.00		
长期负债合计	136,000,000.00		
负债合计	1,312,380,033.42	836,905,786.98	623,699,364.26
少数股东权益	60,256,246.72	45,299,794.06	2,982,465.10
净资产			
股本	150,000,000.00	150,000,000.00	150,000,000.00
股本净额	150,000,000.00	150,000,000.00	150,000,000.00
资本公积	75,653,915.15	75,653,915.15	75,653,915.15
盈余公积	64,656,429.88	44,810,767.34	24,173,365.50
其中:法定公益金	32,328,214.94	22,405,383.67	12,086,682.75
未分配利润		112,991,355.57	63,797,820.37
股东权益合计	290,310,345.03	383,456,038.06	313,625,101.02
负债及股东权益总计	1,662,946,625.17	1,265,661,619.10	940,306,930.38

简要合并利润表

单位:元

项目	2002年度	2001年度	2000年度
一、主营业务收入	2,765,032,760.78	1,901,996,928.07	2,241,044,295.02
减:主营业务成本	2,457,205,091.39	1,686,829,167.44	1,950,510,436.98
主营业务税金及附加	91,170,494.15	63,815,779.04	70,766,905.86
二、主营业务利润（亏损以"-"号填列）	216,657,175.24	151,351,981.59	219,766,952.18
加:其他业务利润（亏损以"-"号填列）	1,480,630.71	172,868.94	67,328.30
减:管理费用	131,005,954.82	68,286,779.86	85,857,205.96
财务费用	9,364,664.88	-970,693.08	-1,071,624.64
三、营业利润(亏损以"-"号填列)	77,767,186.25	84,208,763.75	135,048,699.16
加:投资收益(亏损以"-"号填列)	-18,862.68	-58,224.91	-77,906.02
营业外收入	356,850.95	864,386.23	562,347.29
减:营业外支出	316,440.99	2,508,290.78	617,242.92
四、利润总额(亏损以"-"号填列)	77,788,733.53	82,506,634.29	134,915,897.51
减:所得税	16,402,488.16	8,845,802.39	45,962,246.54
少数股东本期收益	-7,043,547.34	3,829,894.86	982,465.10
五、净利润(亏损以"-"号填列)	68,429,792.71	69,830,937.04	87,971,185.87

简要合并现金流量表

单位:元

项目	2002年度
一、经营活动产生的现金流量:	
销售商品、提供劳务收到的现金	2,469,812,727.88
收到的税费返还	
收到的其他与经营活动有关的现金	2,213,136.65
现金流入小计	2,472,025,864.53
购买商品、接受劳务支付的现金	2,073,240,250.28
支付给职工以及为职工支付的现金	186,067,696.62
支付的各项税费	83,577,946.24
支付的其他与经营活动有关的现金	38,152,486.19
现金流出小计	2,381,038,379.33
经营活动产生的现金流量净额	90,987,485.20
二、投资活动产生的现金流量	
处置固定资产、无形资产和其他长期资产而收回的现金净额	940,922.61
现金流入小计	940,922.61
购建固定资产、无形资产和其他长期资产所支付的现金净额	83,916,167.35
投资所支付的现金	-3,075,284.05
现金流出小计	80,840,883.30
投资活动产生的现金流量净额	-79,899,960.69
三、筹资活动产生的现金流量:	
吸收投资所收到的现金	
借款所收到的现金	35,000,000.00
现金流入小计	35,000,000.00
偿还债务所支付的现金	3,200,000.00
分配股利或利润或偿付利息所支付的现金	10,244,461.29
支付的其他与筹资活动有关的现金	438,675.00
现金流出小计	13,883,136.29
筹资活动产生的现金流量净额	21,116,863.71
四、汇率变动对现金的影响	
五、现金及现金等价物净增加额	32,204,388.22

九、其他重要事项

（一）自本公司股票首次公开发行之日至本上市公告书公告之日，本公司严格依照现行有关法律、法规的规定规范运行，生产经营情况正常，本公司所处行业和市场无重大变化，主要业务发展目标的进展状况正常，主要投入、产出物供求及价格无重大变化；本公司没有进行重大对外投资，无重大资产(股权)收购、出售行为；本公司重大会计政策和会计师事务所没有发生变化；本公司未涉及任何重大诉讼、仲裁或行政处罚案件，并且董事会认为本公司未面临任何重大影响的诉讼和索赔要求；本公司董事、监事和高级管理人员未受到任何刑事起诉，亦没有尚未了结或可能发生的刑事诉讼事项；本公司住所未变更；本公司未发生新的重大负债，并且重大债项未发生变化；本公司税负无变化。

（二）四川路桥建设股份有限公司2002年度股东大会于2003年3月11日召开，公司五家股东单位均派代表出席了会议，出席会议股份达到100%。公司候选董事孙云、唐勇、甘宗棠、甘洪、邱俊德、李昌玖、范文理列席了会议。经表决，会议形成了以下决议：

1、通过了《董事会2002年年度报告》

与会股东一致通过，所代表股份占出席本次会议股份的100%。

2、通过了《监事会2002年年度报告》

与会股东一致通过，所代表股份占出席本次会议股份的100%。

3、通过了《2002年度财务决算方案》；

与会股东一致认为，公司《2002年度财务决算方案》真实、准确地反映了公司2002年度财务状况和经营成果，投赞成票的股份占出席本次会议股份的100%。

4、通过了2002年度利润分配方案

与会股东一致通过了该分配方案，所代表股份占出席本次会议股份的100%。

公司2002年度税后利润为人民币6,842.98万元，按照本公司章程的规定，提取10%的法定盈余公积金人民币992.28万元，提取10%的法定公益金人民币992.28万元，剩余的未分配利润为人民币4,858.41万元，加年初累计未分配利润11,299.14万元，可供股东分配的利润为16,157.55万元。上述利润均由公司2002年12月31日的在册股东享有，暂不实施分配，公司最晚于2003年9月30日前以现金方式支付上述股利。

5、同意续聘岳华会计师事务所为公司2003年度审计机构

与会股东一致通过，继续聘请岳华会计师事务所有限责任公司为公司2003年度审计机构，投赞成票的股份占出席本次会议股份的100%。

6、通过了修改公司章程部分内容的议案

与会股东一致同意，对公司《章程(修订稿)》做如下修改，投赞成票的股份占出席本次会议股份的100%。

为完全达到上市公司标准，公司第一届董事会第七次会议曾根据《上市公司章程指引》、《关于在上市公司建立独立董事制度的指导意见》，通过了修改公司《章程(修订稿)》部分内容的议案。

7、通过了修改公司《股东大会规程》部分内容的议案

与会股东一致同意，对公司《股东大会规程》做如下修改，投赞成票的股份占出席本次会议股份的100%。

为完全达到上市公司标准，公司第一届董事会第七次会议曾根据《上市公司章程指引》、《关于在上市公司建立独立董事制度的指导意见》，通过了修改公司《股东大会规程》部分内容的议案。

8、同意继续租赁集团公司机械设备(关联交易)

会议经审议同意，公司及下属子公司四川路桥川交有限责任公司与四川公路桥梁建设集团有限公司续签施工机械设备《租赁合同》，拟租赁设备情况及租金、租期详细情况见《租赁合同》和《租赁设备清单》。

公司独立董事林万祥先生、张之强先生已在会前就该议案出具了书面意见，表示同意。

该项议案内容属关联交易，关联方股东--四川公路桥梁建设集团有限公司的代表回避表决。与会的非关联方股东一致通过了该项议案，代表股份占出席本次会议的有表决权的股份的100%，占公司全部股份的1.772%。

9、选举产生了公司第二届董事会

与会股东一致通过，选举孙云、唐勇、李文琪、甘宗棠、甘洪、邱俊德、李昌玖、林万祥、范文理九位人士为公司第二届董事会董事，其中林万祥、范文理两位为独立董事，投赞成票的股份占出席本次会议股份的100%。

公司第一届董事会独立董事林万祥先生、张之强先生已在会前就该等董事人选出具了书面意见，表示同意。

10、选举产生了公司第二届监事会

与会股东一致通过，选举刘刚、彭志强、曾继刚三位人士为公司第二届监事会非职工监事，投赞成票的股份占出席本次会议股份的100%。

（三）自本公司股票首次公开发行价至本上市公告书公告之日，本公司没有其他应披露而未披露之重大事项。

十、董事会上市承诺

本公司董事会将严格遵守《中华人民共和国公司法》、《中华人民共和国证券法》、《股票发行与交易管理暂行条例》、《公开发行股票公司信息披露实施细则》和《上海证券交易所股票上市规则》等国家相关法律、法规和有关规定，并自股票上市之日起做到：

1、真实、准确、完整、公允和及时地公布定期报告，披露所有对投资者有重大影响的信息，并接受中国证监会、证券交易所的监督管理。

2、本公司在知悉可能对股票价格产生误导性影响的任何公共传播媒介中出现的消息后，将及时予以公开澄清。

3、本公司董事、监事、高级管理人员和核心技术人员将认真听取社会公众的意见和批评，不利用已获得的内幕消息和其他不正当手段直接或间接从事发行人股票的买卖活动；

4、本公司没有无记录的负债；

依据《上海证券交易所股票上市规则》，本公司全体董事、监事将按照有关规定，在本公司股票上市后两个月内签署《董事(监事)声明及承诺书》，并送达上海证券交易所备案。

十一、上市推荐人及意见

（一）上市推荐人

第一上市推荐人：华夏证券股份有限公司

法定住所：北京市东城区朝阳门内大街188号

法定代表人：周济谱

北京联系电话：010 65178899-81025

传真：010 65185227

联系人：高 亮　张 勇　李 昊

四川联系电话：(028)85595383

传真：028 85531127

联系人：李 波　蒲 江

第二上市推荐人：平安证券有限责任公司

法定住所：深圳市八卦岭八卦三路平安大厦

法定代表人：杨秀丽

联系电话：(010)66210785

传真：(010)66210785

联系人：靳磊

（二）上市推荐人意见

上市推荐人华夏证券股份有限公司、平安证券有限责任公司认为，本公司章程符合《中华人民共和国公司法》等有关法律、法规和中国证监会关于公司章程的相关规定。根据《中华人民共和国公司法》、《中华人民共和国证券法》、《股票发行与交易管理暂行条例》、《公开发行股票公司信息披露实施细则》和《上海证券交易所股票上市规则》等国家法律法规的规定，本公司首次公开发行的股票已具备上市条件。

华夏证券股份有限公司、平安证券有限责任公司保证本公司的董事了解法律、法规、上海证券交易所上市规则及股票上市协议规定的董事的义务与责任，协助本公司健全了法人治理结构并将进一步完善，制定了严格的信息披露制度与保密制度并督促严格履行。

华夏证券股份有限公司、平安证券有限责任公司已对上市文件所载的资料进行了核实，确保上市文件真实、准确、完整，符合规定要求，保证本公司的上市申请材料、上市公告书没有虚假、严重误导性陈诉或重大遗漏，并保证对其承担连带责任。

华夏证券股份有限公司、平安证券有限责任公司推荐本公司股票在上海证券交易所上市交易，并保证不利用在上市过程中获得的内幕信息进行内幕交易，为自己或他人谋取利益。

四川禾嘉股份有限公司

四川禾嘉股份有限公司2002年年度报告

一、公司基本情况简介

1、公司法定中文名称:四川禾嘉股份有限公司
公司法定英文名称:SICHUAN HEJIA CO.,LTD.
2、法定代表人:夏朝嘉
公司总经理:袁东畴
3、董事会秘书:樊平
联系地址:四川省成都市高新技术产业开发区九兴大道3号
联系电话:028—85155498
传真:028—85155498
电子信箱:hejia@hejia.com
4、公司注册地址:四川省成都市高新技术产业开发区九兴大道3号
公司办公地址:四川省成都市高新技术产业开发区九兴大道3号
邮政编码:610041
公司国际互联网网址:http://www.hejia.com
公司电子信箱:hejia@hejia.com
5、公司选定的信息披露报刊:《上海证券报》、《中国证券报》
登载年度报告的国际互联网网址:http://www.sse.com.cn
年度报告备置地点:公司董事会秘书办公室
6、股票上市交易所:上海证券交易所
股票简称:禾嘉股份
股票代码:600093
7、其他有关资料:
公司首次注册登记日期:1997年6月23日
公司首次注册登记地址:成都市高新技术产业开发区高朋东路14号
公司变更登记日期:2002年7月26日
企业法人营业执照注册号:5100001809789
税务登记号码:510109201897897
公司聘请的会计师事务所名称:山东乾聚有限责任会计师事务所
会计师事务所办公地址:山东省烟台市胜利路201—209号12楼

二、财务数据和业务数据摘要

(一) 本年度公司主要会计数据:(单位:元)

利润总额:	27,455,138.19
净利润:	16,588,142.71
扣除非经常性损益后的净利润:	17,121,313.12
主营业务利润:	84,509,500.78
其他业务利润:	-156,771.22
营业利润:	28,280,061.84
投资收益:	-291,753.24
补贴收入:	--
营业外收支净额:	533,170.41
经营活动产生的现金流量净额:	-68,311,351.90
现金及现金等价物净增加额:	68,095,633.35

注:扣除的非经常性损益金额合计为 533,170.41元,涉及项目及金额有:

投资收益:	-
补贴收入:	-
营业外收支净额:	533,170.41

(二)近三年主要会计数据和财务指标(单位:元)

指标名称	2002年	2001年 调整后	2001年 调整前
主营业务收入	243,344,056.18	120,084,122.95	120,084,122.95
净利润	16,588,142.71	18,950,648.55	16,120,922.86
总资产	981,667,847.24	821,771,315.08	816,425,279.17
股东权益(不含少数股东权益)	408,028,810.42	391,372,530.24	386,026,494.33
每股收益(摊薄)	0.087	0.099	0.084
每股收益(加权)	0.087	0.099	0.084
每股净资产	2.13	2.05	2.02
调整后的每股净资产	2.10	2.03	2.00
每股经营活动产生的现金流量净额	-0.36	0.25	0.25
净资产收益率(%)	4.06%	4.23%	4.18%

指标名称	2000年 调整后	2000年 调整前
主营业务收入	175,566,642.06	175,566,642.06
净利润	23,380,541.18	22,165,355.01
总资产	723,301,527.57	721,839,352.47
股东权益(不含少数股东权益)	369,173,654.78	367,336,984.18
每股收益(摊薄)	0.18	0.17
每股收益(加权)	0.18	0.17
每股净资产	2.90	2.88
调整后的每股净资产	1.47	1.53
每股经营活动产生的现金流量净额	-0.19	-0.19
净资产收益率(%)	6.33%	6.03%

报告期利润	净资产收益率(%) 全面摊薄	净资产收益率(%) 加权平均	每股收益(元) 全面摊薄	每股收益(元) 加权平均
主营业务利润	20.71	21.14	0.44	0.44
营业利润	6.93	7.08	0.148	0.148
净利润	4.07	4.15	0.087	0.087
扣除非经常性损益后的净利润	4.20	4.28	0.09	0.09

(三)本年内股东权益变动情况及原因:(单位:元)

项目	股本	资本公积	盈余公积
期初数	191,250,000.00	87,181,460.18	28,355,141.32
本期增加	—	68,137.47	5,085,262.43
本期减少	—		
期末数	191,250,000.00	87,249,597.65	33,440,403.75
变动原因 重组		高阀公司债务	当期计提

项目	法定公益金	未分配利润	股东权益
期初数	9,451,713.77	84,585,928.74	391,372,530.24
本期增加	1,695,087.48	11,502,880.28	16,656,280.18
本期减少期末数	11,146,801.25	96,088,809.02	408,028,810.42
变动原因	当期计提	当期净利润	当期净利润

三、股本变动及股东情况

(一)股东情况

1、截止2002年12月31日公司股东总数为6628户。

2、截止2002年12月31日公司前十名股东持股情况: (单位:万股)

序号	持股者单位或姓名	期初持股数	期末持股数
1	四川禾嘉实业集团有限公司	9960.3	9960.3
2	成都市武侯区百花洲娱乐世界	504.9	504.9
3	四川禾嘉房地产开发公司	504.9	504.9
4	北海海利实业公司	252.45	252.45
5	四川星火食品研究院	252.45	252.45
6	云铜供销		55.92
7	倪爱娟		37.23
8	鸿阳基金		27.72
9	尹华林		20.47
10	李成德		20.00

序号	持股者单位或姓名	占总股本比重(%)	持股性质
1	四川禾嘉实业集团有限公司	52.08	法人股
2	成都市武侯区百花洲娱乐世界	2.64	法人股
3	四川禾嘉房地产开发公司	2.64	法人股
4	北海海利实业公司	1.32	法人股
5	四川星火食品研究院	1.32	法人股
6	云铜供销	0.29	流通股
7	倪爱娟	0.194	流通股
8	鸿阳基金	0.145	流通股
9	尹华林	0.107	流通股
10	李成德	0.104	流通股

注:在以上股东中,四川禾嘉实业集团有限公司是持有本公司5%以上法人股第一大股东,持有本公司9960.3万股法人股,其中7125万股用于向银行质押贷款。无托管或冻结情况。成都市武侯区百花洲娱乐世界、四川禾嘉房地产开发公司、四川星火食品研究院均为四川禾嘉实业集团有限公司的控股子公司,法人股东之间存在关联关系。流通股东之间本公司未知其是否存在关联关系。

3、控股股东情况介绍:
控股股东名称:四川禾嘉实业集团有限公司
法定代表人:夏朝嘉
成立日期:1993年3月1日
主要业务和产品:销售金属材料(不含稀贵金属),化工原料、化工产品,纸张,交电,百货,针纺织品,建筑材料,五金,进出口业务(按国家对外贸易合作部批准的目录)。
注册资本:10000万元。
股权结构:夏朝嘉78%、袁东畴5%、喻德露5%、毛竞5%、夏朝怡、夏朝铭、郁蓉娟、陈旭东、陈可仁、彭清颖、田云金各占1%。
四川禾嘉实业集团有限公司的控股股东是夏朝嘉先生。
夏朝嘉先生简介:大学文化,高级经济师,四川省商会副会长、四川省工商联副主席、四川省第九届人大代表、现任四川禾嘉股份有限公司董事长、四川禾嘉实业集团有限公司董事长、总裁。

4、其他持股5%(含5%)以上的法人股东情况:
公司无其他持股5%(含5%)的股东。

四、公司董事、监事、高层管理人员及员工情况

(一)董事、监事、高级管理人员基本情况

姓名	职务	性别	年龄	任期起止日期
夏朝嘉	董事长	男	53	2001年4月至2004年4月
袁东畴	董事、总经理	男	56	2001年4月至2004年4月
喻德露	副董事长	男	57	2001年4月至2004年4月
毛竞	副董事长	女	46	2001年4月至2004年4月
夏朝怡	董事	女	56	2001年4月至2004年4月
张力上	独立董事	男	44	2002年4月至2004年4月
傅代国	独立董事	男	38	2002年4月至2004年4月
宋浩	董事 财务部总监	男	38	2002年4月至2004年4月
郁蓉娟	监事长	女	47	2002年4月至2004年4月
夏朝铭	监事	女	54	2001年4月至2004年4月
田云金	监事	男	55	2002年4月至2004年4月
樊平	董秘	男	40	2001年4月至2004年4月

持股情况

姓名	年初	年末
夏朝嘉	12750	12750

袁东畴	12750	12750
喻德露	12750	12750
毛竞	12750	12750
夏朝怡	12750	12750
张力上		
傅代国		
宋浩		
郁蓉娟	12750	12750
夏朝铭	12750	12750
田云金	12750	12750
樊平	–	–

(二)董事、监事在股东单位任职情况

夏朝嘉、喻德露、毛竞、袁东畴四位董事和郁蓉娟监事在股东单位任职。

姓名	任职单位	职务	任职期限
夏朝嘉	四川禾嘉实业集团有限公司	董事长、总裁	2000.7–2003.7
喻德露	四川禾嘉实业集团有限公司	副董事长	2000.7–2003.7
毛　竞	四川禾嘉实业集团有限公司	副董事长	2000.7–2003.7
郁蓉娟	四川禾嘉实业集团有限公司	董事	2000.7–2003.7
袁东畴	四川禾嘉实业集团有限公司	董事	2000.7–2003.7

(三)、公司现任董、监事及高级管理人员年度报酬情况

公司董事、监事年度报酬由公司股东大会审议通过,高级管理人员的报酬是根据公司经营目标完成情况来确定。在公司领取报酬的现任董、监事及高级管理人员有 11 人,年度报酬总额为:23.37 万元,金额最高的前三位董事报酬总额为:9.12 万元,金额最高的前三位高级管理人员报酬总额为:3.5 万元,年度报酬在 1–1.5 万的 1 人,1.5–2 万的 6 人,2–3 万的 3 人,3 万以上的 1 人。

独立董事的津贴为每人每年 2 万元,因公差旅费按公司规定据实报销。

不在公司而在股东单位或其他关联单位领取报酬的监事有夏朝铭。夏朝铭在四川禾喜园林公司离报酬。

(四)、报告期内董事、监事、高级管理人员变动情况:

因设立独立董事需要,经公司第二届董事会六次会议决议并提交 2001 年年度股东大会审议通过,同意公司董事陈旭东、郁蓉娟女士,彭清颖、田云金先生离任,同意公司监事陈可仁先生因工作调动离任。同时选举宋浩、张力上、傅代国先生为公司第二届董事会董事(其中张力上、傅代国先生为独立董事)。选举郁蓉娟女士为公司第二届监事会监事。

公司监事会第二届五次会议通过了吴建麟先生辞去监事和监事长职务,同时根据公司职工代表大会的决议选举田云金先生为公司第二届监事会监事。公司监事会第二届六次会议选举了监事郁蓉娟女士为公司第二届监事会监事长。

(五)公司员工情况:

报告期末公司共有员工 135 人,其中生产人员 66 人、销售人员 27 人、技术人员 16 人、行政管理人员 17 人、财务人员 9 人。

员工受教育程度:大学本科 13 人,占 10%;大专 37 人,占 27%;高中 66 人,占 49%;初中 19 人,占 14%。

报告期内,本公司没有需承担费用的退休员工。

五、公司治理结构

(一)、公司治理结构情况

1、报告期内,依据《公司法》、《证券法》、《上市公司治理准则》等法律法规以及中国证监会颁布的相关规范性文件,根据公司的实际情况建立健全规范制度,设立相关机构,依法修改了公司章程,搭建公司治理框架,完善了三会《议事规则》,制定了《总经理工作细则》、《独立董事制度》等规章制度以保证公司运作规范。

报告期内公司完成了根据中国证监会和国家经贸委联合出台的《上市公司建立现代企业制度自查报告》的自查工作。自查结果认为:公司的治理结构以及规章制度符合《上市公司治理准则》的要求,经董事会审议通过后报给了有关部门。

目前公司的治理情况如下:

1)、关于股东和股东大会:公司能够确保所有股东、特别是中小股东享有平等的地位,能充分行使自己的权利;公司按《股东大会规范意见》要求,保证股东大会召集召开合法、规范、有序;公司的关联交易公平合理,并充分披露了定价原则,有效执行关联股东表决回避制度。

2)、关于控股股东与上市公司的关系:公司控股股东严格按照中国证监会的有关规定规范自己的行为,通过股东大会行使出资人的权利,未干预公司的决策及生产经营活动;

3)、关于董事与董事会:公司严格按照《公司章程》规定的董事选聘程序选举董事,公司董事会的人数和人员构成符合法律、法规规定,公司全体董事熟悉有关法律法规,了解作为董事的权利、义务和责任,勤勉尽责,认真出席董事会会议。

4)、关于监事与监事会:公司监事会的人数和人员构成符合法律、法规规定。全体监事依据《公司章程》赋予的监督职责,本着对股东负责的精神,积极对公司财务以及董事、经理和其他高级管理人员履行职责的合法合规性进行监督检查。

5)、绩效评价与激励约束机制:公司初步建立了绩效评价与激励约束机制,目前以目标责任制和业绩考评为主;经理人员的聘任公开、透明,符合法律法规的规定。

6)、关于利益相关者:公司能充分维护利益相关者的合法权益,在公司内部实现股东、用户、员工、社会等各方利益的协调平衡,共同推动公司健康发展。

7)、关于信息披露与透明度:公司指定董事会秘书负责信息披露工作、接待投资者来访和咨询,并指定《中国证券报》、《上海证券报》为公司信息披露的报纸,公司严格按照法律法规和《公司章程》的规定、真实、准确、完整、及时地披露信息,并确保所有股东有平等的机会获得信息。

公司董事会、监事会以及高级管理人员均能遵照《公司法》、《公司章程》及相关法律法规和公司各项管理制度要求,认真履行职责,维护公司的整体利益,公平对待所有股东,不存在侵犯中小股东利益的行为

2、公司治理结构存在的问题

1)、公司董事会下设的专门委员会和公司的高级管理人员绩效考评体系以及激励和约束机制还是初步建立,有待进一步健全完善。

2)、公司目前尚缺一名独立董事。根据《上市公司治理准则》和《关于在上市公司建立独立董事制度的指导意见》的要求,公司应设三名独立董事。公司 2001 年度股东大会通过选举已聘独立董事二名,目前尚缺的一名独立董事,其候选人已通过董事会提名并经有关部门审查合格,董事会将提交下次股东大会进行选举。

公司将按照《上市公司治理准则》要求,结合公司实际情况尽快落实不足之处。

(二)、独立董事履行职责情况

根据《上市公司治理准则》和《关于在上市公司建立独立董事制度的指导意见》的要求,2002 年 5 月 28 日公司 2001 年度股东大会选举外部人士张力上、傅代国二位先生为独立董事,独立董事任职后参加了公司第二届董事会七次、八次、九次、十次、十一次、十二次、十三次会议,公司 2002 年度临时股东大会。参与了《上市公司建立现代企业制度自查报告》、2002 年半年度报告、2002 年第三季度报告的讨论审议。对公司资产置换发生的关联交易和 2002 年半年度财务报告的追溯调整发表的独立意见认为:①关联交易定价体现了公开、公平、公正的原则,是在双方协商一致的基础上进行的,没有损害公司和广大股东的利益;②2002 年半年度财务报告的追溯调整情况属实,按国家的有关法规进行调整是合规的。

(三)、公司与控股股东在业务、人员、资产、机构和财务等五个方面做到相互独立,各自分开,具体为:

1、业务方面:公司的生产经营业务完全独立于控股股东,产、供、销等生产经营活动均由公司自主决策,公司无须依赖控股股东单位进行生产经营活动,拥有独立的购、产、销系统。

2、人员方面:公司劳动、人事及工资管理完全独立,公司的总经理、董事会秘书、财务总监等高级管理人员均在本公司工作并领取报酬,未在股东单位兼任具体职务和领取报酬。

3、资产方面:公司与控股股东之间资产产权明晰,报告期内无控股股东占用公司资金资产的现象,公司拥有独立的经营场所,商标等无形资产均由公司拥有。

4、机构方面:公司有健全的组织机构并且职能独立,董事会、监事会独立运作,不存在与控股股东职能部门之间的从属关系。

5、财务方面:公司有独立的财务部门,有独立的会计核算体系和财务管理制度,公司在银行有独立的帐户,独立纳税。

六、股东大会情况简介

一、2002 年公司共召开一次年度股东大会和一次临时股东大会:

1、2001 年年度股东大会情况:2002 年 4 月 23 日公司在《上海证券报》、《中国证券报》刊登了关于召开 2001 年年度股东大会的通知,2002 年 5 月 28 日股东大会如期召开,出席会议的股东及股东代理人 17 人,代表股权数 11490.3 万股,占公司总股本的 60.08%,符合《公司法》和《公司章程》的有关规定,经大会审议,以记名表决方式通过了《2001 年度董事会工作报告》、《2001 年年度报告及年度报告摘要》、《2001 年度监事会工作报告》、《2001 年度财务工作报告》;《2001 年度利润分配预案》、《公司章程修改草案》、《股东大会议事规则》、《独立董事制度》、《田云金、陈旭东、彭清颖、郁蓉娟等四人辞去公司董事职务。选举张力上先生、傅代国先生二人为公司第二届董事会独立董事》、《选举宋浩先生为公司第二届董事会董事》、《陈可仁先生辞去公司监事职务,选举郁蓉娟女士为公司第二届监事会监事》、《独立董事的津贴定为每人每年二万元人民币,独立董事参加董事会、股东大会及其履行职责所支付的费用具实报销》、《续聘山东乾聚有限责任公司会计师事务所为本公司 2002 年度财务报告审计机构,审计费用计划为 35 万元人民币》、《关于对中国证监会在募集资金使用核查中发现问题的整改报告中收购攀西地区土地资源的事项》、《股东大会授权董事会办理公司 2001 年中期实施资本公积金 10:5 转增股本后变更公司注册资本等相关事宜》的议案和事项。

本次股东大会决议公告刊登于 2002 年 5 月 29 日《上海证券报》和《中国证券报》。

2、2002 年度第一次临时股东大会情况:2002 年 7 月 6 日公司在《上海证券报》、《中国证券报》刊登了关于召开 2002 年度第一次临时股东大会的通知,2002 年 8 月 8 日公司 2002 年度第一次临时股东大会如期召开,出席会议的股东及股东代理人 20 人,代表股权数 11522.33 万股,占公司总股本的 60.25%,符合《公司法》和《公司章程》的有关规定。参加会议的关联股东按规定放弃了对该关联交易议案的表决权并在表决时予以了回避。经有表决权的股东审议,以记名表决方式通过了《以本公司广州分公司位于广州保税区广保大道伟四路口,占地 3722 平方米,建筑面积 14925 平方米(含土地)的广州仓库房产,与四川禾嘉实业集团有限公司持有的自贡高压阀门股份有限公司 14089672 股股权进行置换》的议案。

本次股东大会决议公告刊登于 2002 年 8 月 9 日《上海证券报》和《中国证券报》。

公司第二届董事会独立董事张力上、傅代国先生对上述关联交易发表了独立意见,刊登于 2002 年 7 月 3 日《上海证券报》和《中国证券报》。

七、董事会报告

(一)、公司经营情况

1、公司主营业务范围及其经营状况公司经营范围是:本公司是以高科技农业为主导产业的企业,主营业务是对农副产品的深加工、销售,优质水稻、小麦的种植、销售及技术服务。阀门制造等。2002 年公司实现主营收入 24,334.40 万元,比去年同期增长了 102.64%,实现净利润 1,658.80 万元,比去年同期增加-236.20 万元。

表一、公司主营业务行业构成情况:　　(单位:人民币万元)

行业	主营收入		主营成本		主营业务利润	
	金额	占比(%)	金额	占比(%)	金额	占比(%)
种业	5,308.57	21.82%	2,999.08	19.04%	2,303.87	27.26%
阀门制造业	9,731.92	39.99%	6,018.61	38.20%	3,637.71	43.04%
食品加工业	2,772.08	11.39%	2,083.51	13.22%	659.30	7.80%
食品销售业	6,521.84	26.80%	4,653.85	29.54%	1,850.07	21.90%
合计	24,334.41	100%	15,755.05	100%	8,450.95	100%

表二、公司主营业务产品构成情况:　　(单位:人民币元)

产品名称	主营收入		主营成本	
	金额(万元)	占比(%)	金额(万元)	占比(%)
种子	5,308.57	21.82%	2,999.08	19.04%
阀门、机械设备	9,731.92	39.99%	6,018.61	38.20%
果汁、蔬果脆片、其他农副产品	9,293.92	38.19%	6,737.36	42.76%
合计	24,334.41	100%	15,755.05	100%

产品名称	主营业务利润	
	金额(万元)	占比(%)
种子	2,303.87	27.26%
阀门、机械设备	3,637.71	43.04%
果汁、蔬果脆片、其他农副产品	2,509.37	29.70%
合计	8,450.95	100%

表三、主营业务地区分布情况:

销售地区	主营收入		主营成本	
	金额(万元)	占比(%)	金额(万元)	占比(%)
华东	4043.3	16.62%	3085.51	19.58%
北方	3297.59	13.55%	2824.35	17.93%
西南	5277.6	21.69%	3143.62	19.53%
合计	12618.49	51.85%	9053.48	57.46%

销售地区	主营业务利润	
	金额(万元)	占比(%)
华东	950.58	11.25%
北方	463.72	5.49%
西南	2127.4	25.17%
合计	3540.70	41.90%

2、占公司主营业务收入或主营业务利润总额 10%以上产品情况:单位:元

产品	销售收入	销售成本	销售毛利
(1)种子	53,085,694.69	29,990,805.84	43.49%
(2)阀门制造	97,319,209.45	60,186,088.23	38.16%
(3)食品加工及销售	92,939,152.04	67,373,586.27	27.51%
合计	243,344,056.18	157,550,480.34	35.26%

分析说明:

1、告期内禾嘉种业公司面对激烈的市场竞争,加大销售力度,注重销售网点的建设,较好的完

成了预期3000万元的销售计划。销售收入比上年增加2.71 %,利润较上年减少8.63%。

2、由于报告期内进行了资产置换,公司占有自贡高压阀门股份公司的股份增加,其增加的股权对本年度利润的贡献为2,467,240.72元。

3、食品加工方面:报告期内除原有主导产品外,新建阳公食品有限公司的投产,新开了多种食品产品,拓宽了市场。由于其投产较晚,所以对本年利润影响很小。

(二)、主要控股公司经营情况及业绩

截止报告期末,本公司下属4家控股子公司其经营情况及业绩如下:

公司名称	业务性质	主要产品
四川盐源禾嘉绿色食品有限公司	蔬果深加工	蔬果加工食品
自贡高压阀门股份有限公司	机械加工	大口径管道球阀
四川禾嘉种业有限公司	高科技农业	优良农作物种子
四川阳公食品有限公司	食品加工	食品、饮料

公司名称	注册资本	净利润
四川盐源禾嘉绿色食品有限公司	500万元	600.96万元
自贡高压阀门股份有限公司	4788.9万元	1,677.38万元
四川禾嘉种业有限公司	3000万元	1,649.38万元
四川阳公食品有限公司	1000万元	-47.21万元

注:1、控股98%的子公司.四川禾嘉盐源禾嘉绿色食品有限公司报告期内实现主营业务收入2,699.07万元,主营业务成本1,574.56万元,净利润600.96万元。

2、控股80.43%的子公司自贡高压阀门有限公司报告期内实现主营业务收入9,731.98万元,主营业务成本6,018.61万元,净利润1,677.38万元;

3、控股90%的子公司四川禾嘉种业有限公司报告期内实现主营业务收入5,308.57万元,主营业成本2,999.62万元,净利润1,649.38万元。

4、控股90%的子公司四川阳公食品有限公司报告期内实现主营业务收入526.31万元,主营业务成本271.17万元,净利润-47.21万元.

(三)、主要供应商和客户情况:

报告期内,本公司向前五名供应商合计的采购金额占年度采购金额的54.9%,公司向前五名客户销售额合计占公司销售总额的52.26%。

(四)在经营中出现的问题与困难及解决方案

1、目前公司食品加工产品面对众多已经占有一定市场份额的知名品牌产品,销售通路面临较大困难。对此公司拟采取的措施是:进行产品的合理扩充、调整产品结构,加快销售网络的建设,以市场的发展趋势为导向,实行灵活的销售政策和运作方案,对局部市场实行高起点的运作,逐渐提升公司产品的知名度,扩大市场份额。蔬果加工方面:苹果结构不合理,成熟期集中,导致苹果汁生产周期短。解决方案是扩大原料基地建设,种植澳洲青苹果,增加晚熟品种,调整品种不合理的局面,从而延长苹果汁生产榨季,提高年产量。

2、自贡高压阀门股份有限公司认为,本公司的产品技术已经达到了国内领先、世界先进水平,产品已经取得GE新比隆商标使用权,其销售无须再依赖飞球销售公司。报告期内成立了自贡高压阀门股份有限公司销售分公司,从营销策略方面着手,加大销售网点建设的投入,加强营销工作的管理。

3、种业方面:《种子法》的颁布实施对本企业生产环境的改善有较积极的方面,但对品种权的管理及合法经营的要求更加规范。所以必须加大科研开发的投入和购买品种经营权的投入并进,扩大种子基地的建设,拥有更多的品种和品种经营权。

(五)、公司投资情况:

1、募股资金使用情况本报告期内,本公司无募集资金使用或报告期之前募集资金使用延续到本报告期的情况。

2、其他投资情况

在报告期内,公司投资900万元自筹资金用于建设控股子公司四川阳公食品有限公司。已经建成投产。

八、监事会报告

(一)、监事会工作情况

报告期内公司监事会监事的离任和选举程序均符合《公司法》、公司《章程》的规定。公司监事会共召开以下四次会议:

1、2002年3月26日召开监事会第二届三次会议,会议通过了以下决议:

(1)、《2001年年度报告》及《年度报告摘要》;

(2)、《2001年监事会工作报告》;

(3)、《2001年财务工作报告》;

(4)、《2001年度利润分配方案和预计2002年度利润分配政策》;

(5)、授权总经理办理设立四川阳公食品有限公司相关事宜的议案。

本次会议决议刊登于2002年3月29日《中国证券报》和《上海证券报》。

2、第二届监事会第四次会议于2002年4月18日召开,会议通过了以下决议:

(1)、陈可仁先生因工作调动,辞去公司监事职务;

(2)、推荐郁蓉娟女士为公司监事候选人;

(3)、《监事会议事规则》。

本次会议决议刊登于2002年4月23日《中国证券报》和《上海证券报》。

3、第二届监事会五次会议于2002年6月3日召开,会议通过了如下决议:

(1)、同意吴建麟先生辞去公司监事及监事长职务;

(2)根据《公司章程》和有关法规关于"职工代表担任的监事不得少于监事会人数的三分之一"的规定,公司职工代表大会第二届第三次会议,选举田云金先生为公司监事会监事。

本次会议决议刊登于2002年6月5日《中国证券报》和《上海证券报》。

4、第二届监事会六次会议于2002年6月4日召开,会议通过了如下决议:

经研究到会监事一致同意选举郁蓉娟女士为公司监事会监事长。

本次会议决议刊登于2002年6月5日《中国证券报》和《上海证券报》。

(二)、监事会独立意见

1、公司依法运作情况

公司董事会在报告期内,能够按照《公司法》、《公司章程》和中国证监会发布的《治理准则》建立了内部控制制度,完善了《三会制度》,规范了决策程序,保证了资产运作的安全。认为2002年度公司召开的各次股东大会、董事会在召开程序、决议事项上合法合规,董事会依法执行了股东大会的决议。公司董事、高级管理人员和经理没有违反法律、法规或损害公司利益的行为。

2、检查公司财务情况

报告期内监事会对公司的财务情况进行了检查,对2002年度财务报告进行了审核,认为:在编制报告的会计处理上遵循了一贯性原则,2002年度财务报告真实反映了公司财务状况和经营成果,山东乾聚有限责任会计师事务所对公司2002年度财务报告出具的标准无保留意见的审计报告真实可信,监事会同意山东乾聚有限责任会计师事务所出具的审计报告。

3、公司收购、出售资产时始终坚持维护公司和投资者利益的原则,因此报告期内交易价格合理,没有发现内幕交易和损害部分股东的权益或造成公司资产流失的行为。

4、公司关联交易程序合法,价格公平,未损害公司利益,无内幕交易行为。

九、重要事项

(一)、2002年度公司无诉讼、仲裁事项。

(二)、报告期内出售资产事项

报告期内根据公司董事会第二届十三次会议的决定:将西昌冻干制品有限公司的股份以700万元(筹建该公司已投资金为698.3万元)的价格出售。董事会认为,该事项可以确保公司在2003年集中人力、财力、物力,使公司在建的柠檬综合加工项目(国家计委批准的四川省"十五"规划重大建设项目)顺利进行。

(三)、重大关联交易事项

报告期内资产置换的关联交易情况

根据本公司董事会第二届八次会议决议,公司于2002年6月28日与关联方四川禾嘉实业集团有限公司(以下简称:禾嘉集团)签署了《资产置换协议》,协议的主要内容:本公司以广州分公司位于广州保税区广保大道伟四路口,占地3722平方米,建筑面积14925平方米的广州仓库的资产(评估值28086800元)与禾嘉集团持有的自贡高压阀门股份有限公司(以下简称:高阀公司)14089672股股权(评估值23036613.72元)进行置换。此次置换后本公司共持有高阀公司的股份38519672股,占总股本的80.43%。

经双方商定以28439017.67元为成交价,进行置换的差额由禾嘉集团补给本公司5402403.95元。禾嘉集团同意本公司受让上述股权后,从2002年1月1日起,该股权对应的高阀公司的利润和其他权益由本公司享有,禾嘉集团不再享有对应的高阀公司的利润和其他权益,也不再享有相应的高阀公司章程上规定的权利及承担相应的义务。

公司董事会进行分析后认为:进行置换后公司持有高阀公司的股份达到80.43%,更有利于公司对其进行规范管理和经营,同时提高了公司资产的质量,增强了公司的赢利能力,有利于公司长期稳定的发展。(本次资产置换关联交易的公告及相关资料分别刊登于2002年7月3日、7月25日《中国证券报》和《上海证券报》)

(四)、报告期内公司重大合同情况

1、根据公司第二届董事会九次会议决议,公司与美国艾尔科公司签订了柠檬综合加工生产线(全套)设备采购协议,采购金额为980万美元。包括果汁生产线、果皮加工生产线、果胶生产线。

此信息刊登于2002年7月9日《中国证券报》和《上海证券报》。

2、控股公司担保合同

报告期内我公司的控股股东四川禾嘉实业集团有限公司为本公司在的以下贷款分别提供了担保。

贷款期限	贷款金额	贷款银行
2002年4月23日至 2003年4月22日	2000万元	农行成都总府支行
2002年7月23日至 2003年7月22日	2000万元	农行成都总府支行
2002年7月23日至 2003年7月22日	1750万元	农行成都总府支行

贷款期限	信息披露情况
2002年4月23日至 2003年4月22日	刊登于2002年5月8日 《中国证券报》和《上海证券报》
2002年7月23日至 2003年7月22日	刊登于2002年7月24日 《中国证券报》和《上海证券报》
2002年7月23日至 2003年7月22日	刊登于2002年7月24日 《中国证券报》和《上海证券报》

3、报告期内公司未发生对外担保以及重大委托他人进行现金资产管理事项。

4、报告期内公司或持有公司股份5%以上的股东没有发生在指定报刊及网站上披露承诺事项。

(五)、会计师事务所聘任及报酬情况

公司2001年度股东大会审议通过了续聘山东乾聚有限责任会计师事务所为公司的财务审计机构。确定了全年的审计费用为35万元,报告期内已支付30万元,其中2001年度30万元。山东乾聚有限责任会计师事务所已连续六年为公司提供审计服务。

(六)、公司董事会在报告期受到证监会通报批评的情况

2002年4月3日公司董事会受到了中国证监会关于公司"募集资金使用与公司承诺不符,未履行相关变更程序,且信息披露与实际不符。"的通报批评(证监公司字[2002]8号)。

针对上述违法违规行为,结合《上市公司治理准则》的要求,2002年4月18日公司董事会第二届六次会议讨论通过了《关于对中国证监会在募集资金使用核查中发现问题的整改报告》的决议,并于4月25日在《中国证券报》和《上海证券报》上披露了《关于使用前次募集资金收购攀西地区土地资源建设承诺项目的情况说明》。董事会决定将整改报告中"募集资金使用与承诺不符、未履行相关变更程序"事项作为议案提交2001年年度股东大会审议,该议案已于5月28日股东大会审议通过并刊登于2002年5月29日《上海证券报》和《中国证券报》。到2002年6月公司董事会已实施了整改。

(七)、其他重大事项

1、公司注册地址的变更

由于成都市高新区建设的原因,我公司进出由东大门改为北大门,因此我公司注册地址也由东大门门牌号码—成都市高新技术产业开发区高朋东路14号改为北大门门牌号码—成都市高新技术产业开发区九兴大道3号。此变更已写进2001年度股东大会通过的我公司《章程修改草案》并于2002年7月26日经四川省工商行政管理局变更登记。

2、我公司被评为农业产业化国家重点龙头企业,将享受国家优惠税收政策

根据国家计划委员会、财政部、税务总局等九部、委、局联合签发的通知(农经发[2002]14)和国家税务总局(国税发[2001]124号)文的有关规定我公司及我公司控股(直接控股比例超过50%)的子公司将享受到免征企业所得税的优惠政策。

此信息已刊登于2003年1月14日《中国证券报》和《上海证券报》。

十、财务报告

(一)、审计报告

经山东乾聚有限责任会计师事务所注册会计师杜中恒、吴金锋审计,并出具了标准无保留意见的审计报告[乾聚审字(2003)28号]。

(二)、会计报表

资产负债表

编制单位:四川禾嘉股份有限公司　　单位:人民币元

2002年12月31日

资产	附注	合并	母公司
流动资产:			
货币资金	1	80,021,078.02	66,096,597.02
短期投资			
应收票据			
应收股利			
应收利息			
应收帐款	2	227,008,882.33	45,063,478.49
其他应收款	3	122,835,477.07	126,745,170.52
预付账款	4	77,674,497.11	50,797,808.69
应收补贴款			
存货	5	126,227,823.42	81,228,848.49
待摊费用	6		
一年内到期的长期债权投资			
其他流动资产			

流动资产合计		633,767,757.95	369,931,903.21
长期投资：			
长期股权投资	7	8,923,537.92	178,829,850.08
其中：合并价差		5,019,636.33	
长期债权投资			
长期投资合计		8,923,537.92	178,829,850.08
固定资产：		0.00	0.00
固定资产原价	8	157,282,937.17	31,355,029.85
减：累计折旧	8	65,771,611.83	8,519,335.22
固定资产净值		91,511,325.34	22,835,694.63
减：固定资产减值准备		180,962.24	
固定资产净额		91,330,363.10	22,835,694.63
工程物资	9	34,961,722.67	26,200,000.00
在建工程	10	42,207,831.25	5,624,239.59
固定资产清理			
固定资产合计		168,499,917.02	54,659,934.22
无形资产及其他资产：			
无形资产	11	170,476,634.85	90,257,406.52
长期待摊费用	12		
其他长期资产			
无形资产及其他资产合计		170,476,634.85	90,257,406.52
递延税项：			
递延税款借项			
资产总计		981,667,847.74	693,679,094.03

资产负债表

编制单位：四川禾嘉股份有限公司　　单位：人民币元

负债和股东权益	附注	2002年12月31日 合并	母公司
流动负债：			
短期借款	13	233,860,000.00	171,400,000.00
应付票据		0.00	0.00
应付账款	14	71,100,482.10	1,587,684.31
预收账款	15	9,403,992.41	2,898,303.76
应付工资		227,999.04	0.00
应付福利费		6,467,214.04	891,446.24
应付股利	16	512,943.58	0.00
应交税金	17	42,266,183.50	5,870,568.56
其他应交款	18	5,303,655.10	1,227,154.10
其他应付款	19	39,811,676.88	22,903,363.89
预提费用		4,000.00	
预计负债			
一年内到期的长期负债	20	33,070,000.00	
其他流动负债			
流动负债合计		442,028,146.65	206,778,520.86
长期负债：			
长期借款	21	102,080,000.00	65,080,000.00
应付债券			
长期应付款	22	3,590,000.00	3,590,000.00
专项应付款		659,028.74	
住房周转金			
递延利息收益			
长期负债合计		106,329,028.74	68,670,000.00
递延税项：			
递延税款贷项			
负债合计		548,357,175.39	275,448,520.86
少数股东权益		25,281,861.93	0.00
股东权益：			
股本	23	191,250,000.00	191,250,000.00
减：已归还投资			
股本净额		191,250,000.00	191,250,000.00
资本公积	24	87,249,597.65	102,604,295.59
盈余公积	25	33,440,403.75	19,290,156.59
其中：法定公益金		11,146,801.25	6,430,052.20
未分配利润	26	96,088,809.02	105,086,120.99
股东权益合计		408,028,810.42	418,230,573.17
负债和股东权益合计		981,667,847.74	693,679,094.03

利润表

编制单位：四川禾嘉股份有限公司　　单位：人民币元

2002年度

项目	附注	合并	母公司
一、主营业务收入	27	243,344,056.18	63,947,244.47
减：主营业务成本	28	157,550,480.34	53,388,231.27
主营业务税金及附加	29	1,284,075.06	171,374.95
二、主营业务利润		84,509,500.78	10,387,638.25
加：其他业务利润	30	-156,771.22	-37,497.51
减：营业费用		5,969,291.19	17,090.12
管理费用		32,414,948.22	19,325,870.46
财务费用	31	17,688,428.31	9,166,108.97
三、营业利润		28,280,061.84	-18,158,928.81
加：投资收益	32	-291,753.24	30,927,266.38
补贴收入			
营业外收入		29,626.54	6,601.90
减：营业外支出	33	562,796.95	422,013.30
四、利润总额		27,455,138.19	12,352,926.17
减：所得税		3,098,832.37	
少数股东收益		7,768,163.11	
五、净利润		16,588,142.71	12,352,926.17

利润分配表

编制单位：四川禾嘉股份有限公司　　单位：人民币元

2002年度

项目 附注	合并	母公司
一、净利润	16,559,476.23	12,610,924.53
加：年初未分配利润	84,585,928.74	94,586,133.75
其他转入		
二、可供分配的利润	101,145,404.97	107,197,058.28
减：提取法定盈余公积	3,415,974.78	1,261,092.45
提取法定公益金	1,707,987.40	630,546.23
提取职工奖励及福利基金		
提取储备基金		
提取企业发展基金		
利润归还投资		
三、可供投资者分配的利润	96,021,442.79	105,305,419.60
减：应付优先股股利		
提取任意盈余公积		
应付普通股股利		
转作股本的普通股股利		
四、未分配利润	96,021,442.79	105,305,419.60

现金流量表

编制单位：四川禾嘉股份有限公司　　2002年度　　单位：人民币元

项目	合并
一、经营活动产生的现金流量：	
销售商品、提供劳务收到的现金	222,070,119.07
收到的税费返还	16,733.47
收到的其他与经营活动有关的现金	65,544,892.64
现金流入小计	287,631,745.18
购买商品、接受劳务支付的现金	158,238,915.08
支付给职工以及为职工支付的现金	8,494,540.00
支付的各项税费	15,371,528.86
支付的其它与经营活动有关现金	173,838,113.14
现金流出小计	355,943,097.08
经营活动产生的现金流量净额	-68,311,351.90
二、投资活动产生的现金流量：	
收回投资所收到的现金	6,091,551.80
取得投资收益所收到的现金	53,002.75
处置固定资产、无形资产和其他长期资产所收回的现金净额	70,000,000.00
收到的其他与投资有关的现金	-
现金流入小计	76,144,554.55
购建固定资产、无形资产和其他长期资产所支付的现金	66,066,315.49
投资所支付的现金	15,127,000.00
支付的其他与投资活动有关的现金	14,000.00
现金流出小计	81,207,315.49
投资活动产生的现金流量净额	-5,062,760.94
三、筹资活动产生的现金流量：	
吸收投资所收到的现金	10,100,000.00
借款所收到的现金	222,260,000.00
收到的其他与筹资活动有关的现金	-
现金流入小计	232,360,000.00
偿还债务所支付的现金	73,251,266.82
分配股利、利润或偿付利息所支付的现金	17,628,986.99
支付的其他与筹资活动有关的现金	10,000.00
现金流出小计	90,890,253.81
筹资活动产生的现流量净额	141,469,746.19
四、汇率变动对现金的影响额	
五、现金及现金等价物净增加额	68,095,633.35

补充资料	合并
1.将净利润调节为经营活动的现金流量：	
净利润	16,588,142.71
加：计提资产减值准备	7,949,395.98
固定资产折旧	10,267,381.78
无形资产摊销	6,649,921.65
长期待摊费用摊销	607,376.67
待摊费用减少(减：增加)	258,506.68
预提费用增加(减：减少)	40,000.00
处置固定资产、无形资产和其他长期资产的损失(减：收益)	-
固定资产报废损失	-
财务费用	17,924,690.88
投资损失(减：收益)	291,753.24
递延税款贷款(减：借项)	-
存货的减少(减：增加)	-9,284,684.05
经营性应收项目的减少(减：增加)	-139,349,713.63
经营性应付项目的增加(减：减少)	11,977,713.08
其他	7,768,163.11
经营活动产生的现金流量净额	-68,311,351.90
2.不涉及现金收支的投资和筹资活动：	
债务转为资本	
一年内到期的可转换公司债券	
融资租赁固定资产	
3.现金及现金等价物净增加情况：	
现金的期末余额	80,021,078.02
减：现金的期初余额	11,925,444.67
加：现金等价物的期末余额	
减：现金等价物的期初余额	
现金及现金等价物净增加额	68,095,633.35

莱芜钢铁股份有限公司

莱芜钢铁股份有限公司2002年年度报告

一、公司基本情况简介

(一)中文名称:莱芜钢铁股份有限公司
中文简称:莱钢股份
英文名称:LAIWU STEEL CORPORATION
英文缩写:LS Co.
(二)法定代表人:李名岷
(三)董事会秘书:丁志刚
证券事务代表:侯祥银
联系地址:山东省莱芜市钢城区
电 话:(0634)6820601、6820011
传 真:(0634)6821094、6822102
电子信箱:lisc1997或lsco1997@yahoo.com.cn
(四)注册及办公地址:山东省莱芜市钢城区
邮政编码:271104
互联网址:http://www.laigang.com
公司电子信箱:mishuke@mail.laigang.com
(五)选定信息披露报纸名称:《中国证券报》、《上海证券报》《证券时报》
指定信息披露互联网址:http://www.sse.com.cn
年度报告备置地点:公司综合业务处/证券部
(六)股票上市交易所:上海证券交易所
股票简称:莱钢股份
股票代码:600102
(七)首次注册登记日期、地点:1997年8月22日
山东省济南市
企业法人营业执照注册号:3700001801241;
税务登记号码:371200267179433;
所聘会计师事务所名称、地址:山东乾聚有限责任会计师事务所
山东省烟台市

二、会计数据和业务数据摘要

(一)本年度主要利润指标

利润总额:	579,375,313.61元;
净利润:	385,037,378.08元;
扣除非经常性损益后的净利润:	404,870,260.32元;
主营业务利润:	982,645,673.61元;
其他业务利润:	8,506,276.41元;
营业利润:	608,898,738.68元;
投资收益:	77,891.70元;
补贴收入:	0.00元;
营业外收支净额:	-29,601,316.77元;
经营活动产生的现金流量净额:	721,384,103.63元;
现金及现金等价物净增减额:	641,537,732.60元。
注:非经常性损益总额(税后损益)为:	-19,832,882.24元:
1、资产处置损益:	-3,792,839.29元;
2、罚款净支出:	4,328.20元;
3、捐款支出:	-17,415.91元;
4、固定资产减值准备:	-12,308,325.34元;
5、其他营业外净支出:	-3,718,629.90元。

(二)前三年主要会计数据和财务指标
表一:　　单位:元

项　目	2002年度	2001年度	本年比上年增减(%)
主营业务收入	6014643593.67	4988201238.39	20.58
利润总额	579375313.61	539338832.21	7.42
净利润	385037378.08	455789435.76	-15.52
扣除非经常性损益后的净利润	404870260.32	453063548.28	-10.64
总资产	7056369899.21	5592984827.21	26.16
股东权益(不含少数股东权益)	3802309544.75	3231816673.98	17.65
每股收益	0.417	0.523	-20.27
每股收益(加权平均)	0.431	0.523	-17.59
每股收益(扣除非经常性损益)	0.439	0.520	-15.58
每股净资产	4.12	3.71	11.05
调整后的每股净资产	4.12	3.69	11.65
经营活动产生的现金流量净额	721384103.63	490953616.68	46.94
每股经营活动产生的现金流量净额	0.78	0.56	39.29
净资产收益率(%)	10.13	14.10	-3.97
净资产收益率(加权平均, %)	10.75	14.92	-4.17

2000年度

项目	追溯调整后	追溯调整前
主营业务收入	4525407567.87	4525407567.87
利润总额	614450253.96	622890265.32
净利润	518708218.32	527148229.68
扣除非经常性损益后的净利润	527066807.39	535506818.75
总资产	5132283046.27	5136859858.67
股东权益(不含少数股东权益)	2826388575.82	2830965388.22
每股收益	0.60	0.605
每股收益(加权平均)	0.60	0.605
每股收益(扣除非经常性损益)	0.612	0.616
每股净资产	3.24	3.25
调整后的每股净资产	3.24	3.25
经营活动产生的现金流量净额	1110075188.23	1110075188.23
每股经营活动产生的现金流量净额	1.27	1.27
净资产收益率(%)	18.35	18.62
净资产收益率(加权平均, %)	18.59	18.87

(二)报告期内股东权益变动情况
单位:元

项　目	期初数	本期增加	本期减少
股本	871182000.00	51091092	
资本公积	975159481.88	364932673.69	
盈余公积	404373686.42	77001056.10	
其中:法定公益金	202186843.21	38500528.05	
未分配利润	981101505.68	77468048.98	
股东权益合计	3231816673.98	570492870.77	

项　目	期末数	变动原因
股本	922273092	配股
资本公积	1340092155.57	配股
盈余公积	481374742.52	按本年净利润的20%提取
其中:法定公益金	240687371.26	按本年净利润的10%提取
未分配利润	1058569554.66	净利润转入
股东权益合计	3802309544.75	

三　股本变动及股东情况

(二)股东情况
1、报告期末公司股东总数为89,307人。
2、报告期末公司前十名股东持股情况如下:
单位:股

股东名称	年末持股数量	股份类别
莱芜钢铁集团有限公司	719,473,092	未流通
海通证券有限公司	10,931,567	已流通
裕阳证券投资基金	874,783	已流通
华宝信托投资有限责任公司	841,531	已流通
华安上证180指数增强型证券投资基金	836,914	已流通
李明舒	587,600	已流通
兴和证券投资基金	530,948	已流通
董建伟	516,150	已流通
沈阳建业股份有限公司	405,036	已流通
李卫伟	376,018	已流通

股东名称	比例(%)	年度内增减
莱芜钢铁集团有限公司	78.01	+4,291,092
海通证券有限公司	1.185	-3,617,705
裕阳证券投资基金	0.095	未知
华宝信托投资有限责任公司	0.091	未知
华安上证180指数增强型证券投资基金	0.091	未知
李明舒	0.064	+135,600
兴和证券投资基金	0.058	+68,952
董建伟	0.056	-260,170
沈阳建业股份有限公司	0.044	未知
李卫伟	0.041	未知

股东名称	质押或冻结的股份数量	股东性质
莱芜钢铁集团有限公司	无	国有股东
海通证券有限公司	无	法人股东
裕阳证券投资基金	未知	法人股东
华宝信托投资有限责任公司	未知	法人股东
华安上证180指数增强型证券投资基金	未知	法人股东
李明舒	未知	个人股东
兴和证券投资基金	未知	法人股东
董建伟	未知	个人股东
沈阳建业股份有限公司	未知	法人股东
李卫伟	未知	个人股东

公司前10名股东之间未发现存在关联关系或属于一致行动人的情况。
公司不存在战略投资者或一般法人因配售新股成为前10名股东的情况。
3、公司控股股东情况

公司控股股东为莱芜钢铁集团有限公司,法定代表人为姜开文先生;该公司前身为莱芜钢铁总厂,始建于1970年1月,于1999年5月改制为有限责任公司,为国家特大型企业,是国家重点扶持的512家企业之一;注册资本为312,269.33万元;主要经营项目:投资,新产品开发及技术服务,建筑材料的生产、销售,批准范围的商品进出口及对外派遣劳务人员,承包本行业境外工程及境内国际招标工程,物业管理,服装加工,液化气销售,住宿、餐饮、文化娱乐服务等。报告期内公司控股股东未发生变更。

山东省人民政府于2001年底授权山东省财政厅在省级资产经营公司成立以前暂作为莱芜钢

铁集团有限公司国有资本出资人。

4、公司不存在其他持股在10%以上(含10%)的法人股东。

四、董事、监事、高级管理人员和员工情况

(一)董事、监事和高级管理人员情况

1、基本情况

姓名	职务	性别	年龄	任期起止日期	年初持股数(股)
李名岷	董事长	男	56	2000.12.30 至 2003.12.30	3510
宋兰祥	副董事长	男	52	2000.12.30 至 2003.12.30	1170
田克宁	董事	男	46	2000.12.30 至 2003.12.30	1120
赵雁彬	董事 总经理	男	49	2000.12.30 至 2003.12.30	1320
刘　琦	独立董事	男	68	2002.6.21 至 2003.12.30	0
任　辉	独立董事	男	57	2002.6.21 至 2003.12.30	0
崔宪池	董事	男	56	2000.12.30 至 2003.12.30	300
魏兴文	董事	男	50	2000.12.30 至 2003.12.30	100
张胜生	董事 副总经理	男	44	2000.12.30 至 2003.12.30	500
王爱军	董事	男	53	2000.12.30 至 2003.12.30	100
赵焕栋	董事	男	53	2000.12.30 至 2003.12.30	300
赵茂祥	监事会主席	男	53	2000.12.30 至 2003.12.30	1950
宋振训	监事	男	58	2000.12.30 至 2003.12.30	1170
荆延芳	监事	男	47	2000.12.30 至 2003.12.30	58
李丽芳	监事	女	48	2000.12.30 至 2003.12.30	2260
于忠念	监事	男	37	2002.6.18 至 2003.12.30	0
陶登奎	副总经理	男	39	2002.5.31 至 2003.12.30	0
罗登武	副总经理	男	40	2002.5.31 至 2003.12.30	0
丁志刚	董事会秘书	男	51	2000.12.30 至 2003.12.30	300
于德政	财务主管	男	40	2002.5.31 至 2003.12.30	300

姓名	年末持股数(股)	变动原因
李名岷	4563	配股
宋兰祥	1521	配股
田克宁	1120	
赵雁彬	1716	配股
刘　琦	0	
任　辉	0	
崔宪池	390	配股
魏兴文	650	配股、买入
张胜生	650	配股
王爱军	130	配股
赵焕栋	500	配股、买入
赵茂祥	2535	配股
宋振训	1170	
荆延芳	58	
李丽芳	2260	
于忠念	0	
陶登奎	0	
罗登武	0	
丁志刚	390	配股
于德政	390	配股

在股东单位任职的董事情况:

李名岷先生在莱芜钢铁集团有限公司自1999年4月起任副董事长、总经理;

宋兰祥先生在莱芜钢铁集团有限公司自1999年4月起任董事;

田克宁先生在莱芜钢铁集团有限公司自2000年9月起任董事;

赵雁彬先生在莱芜钢铁集团有限公司自2000年9月起任董事。

在股东单位任职的监事情况:

赵茂祥先生在莱芜钢铁集团有限公司自2002年1月起任监事会主席;

荆延芳先生在莱芜钢铁集团有限公司自1998年6月起任监察处处长。

2、年度报酬情况

公司董事和监事的报酬由董事会薪酬与考核委员会提出提案，经董事会审议通过后由股东大会批准;高级管理人员的报酬由董事会薪酬与考核委员会提出提案,经董事会审议通过。董事、监事及高级管理人员的薪酬依据绩效评价办法,参照公司内部分配制度,由月工资和年度奖励组成。上述人员报酬总额为133.71万元,金额最高的前三名董事的报酬总额为25.77万元,金额最高的前三名高级管理人员的报酬总额为22.46万元。

公司独立董事年度津贴为3.6万元/人(不含税),独立董事因履行职务而发生的食宿交通等必要的费用由公司据实报销。

公司董事、监事和高级管理人员报酬数额的分布区间(万元)为:

区间:	3.5-4.5	6.5-7.5	7.5-8.5	8.5-9.5
人数:	3	11	5	1

公司董事、监事和高级管理人员均在公司领取薪酬。

3、董事、监事、高级管理人员离任等变动情况

2002年5月31日,公司二届十一次董事会聘任陶登奎、罗登武先生为公司副总经理,于德政先生为公司财务主管。

2002年6月18日,公司第二届职工代表大会第五次代表团(组)长联席会选举于忠念先生担任公司职工代表监事职务,同意王化巨先生因工作变动辞去公司职工代表监事职务。

(二)员工情况

截止报告期末,公司在职员工总数16,407人,其中生产人员13,517人,销售人员184人,技术人员557人,财务人员102人,行政人员1,669人。公司员工教育程度:研究生学历8人,本科学历1,285人,大专学历1,805人,中专(含技校)学历4,387人,高中学历3,267人,初中及以下学历5,295人。公司需承担费用的离退休职工人数为3,122人。

五、公司治理结构

(一)公司治理情况

报告期内,公司按照中国证监会和国家经贸委发布的《上市公司治理准则》、《关于在上市公司建立独立董事制度的指导意见》等文件要求,进一步健全和完善了公司治理结构。公司已建立了独立董事制度,设立了四个董事会专门委员会,修订或制定了《公司章程》、《股东大会议事规则》、《关联交易管理办法》、《信息披露管理办法》等十几项规章制度,公司治理情况基本达到了中国证监会等有关规范性文件的要求。

(二)独立董事履行职责情况

报告期内,公司独立董事勤勉尽责,参加了公司董事会和股东大会,对资产出售和资产置换等关联交易事项发表了独立意见。

(三)与控股股东在业务、人员、资产、机构、财务等方面的分开情况

公司与控股股东莱芜钢铁集团有限公司在业务、人员、资产、机构、财务等方面实行分开,具体情况如下:

1、业务方面:公司拥有独立的生产、采购和销售系统,具有独立完整的业务和自主经营能力。

2、人员方面:公司在劳动、人事及工资管理等方面独立,相应的规章制度健全,经理、副经理等高级管理人员均在公司领取薪酬。

3、资产方面:公司产、供、销系统资产独立完整,拥有商标、非专利技术等无形资产。部分辅助生产系统和配套设施方面的服务由莱芜钢铁集团有限公司提供，双方依据已经签定的有关合同按市场化原则进行关联交易。

4、机构方面:公司按照精简、高效、规范运作的原则设置职能管理部门,组织管理系统健全,办公场所、机构及业务独立。

5、财务方面:公司设有独立的财务部门,建立了独立的会计核算体系和财务管理制度,在银行独立开户,并独立纳税。

(四)对高级管理人员的考评及激励机制、相关奖励制度的建立、实施情况

报告期内,公司制订了《董事、监事和高级管理人员绩效评价办法》。对董事的评价标准主要为制定年度生产经营计划,实现公司资产保值增值,为股东提供回报,诚信勤勉,依法行使职权;对监事的评价标准主要为有效监督董事和高级管理人员履行职责,保证公司经营活动的高效、规范与合法,检查公司财务,诚信勤勉,依法行使职权;对高级管理人员的评价标准主要为完成年度生产经营目标,组织实施董事会决议,主持公司日常生产经营及完成年度业务计划目标,诚信勤勉,依法行使职权。每月按《经济责任制考核办法》实行百分制考核,兑现月度报酬;年度依据综合评价及《年度经营目标风险奖励制度》进行考核和分配。

六、股东大会情况简介

报告期内,公司共召开四次股东大会:

(一)2002年度第一次临时股东大会

1、公司于2001年12月21日分别在《中国证券报》、《上海证券报》和《证券时报》刊登召开2002年度第一次临时股东大会公告。2002年1月23日,大会在莱钢新兴大厦如期召开。本次股东大会由山东平正大律师事务所刘英新律师参加见证并出具法律意见书。

2、大会以记名投票方式表决通过了以下事项:关于修改2001年配股方案的议案;关于办理外贸进出口权、增加经营范围的议案;关于无偿受让莱芜钢铁集团有限公司商标权的议案。有关公告见2002年1月24日《中国证券报》、《上海证券报》和《证券时报》。

(二)2001年度股东大会

1、公司于2002年2月26日分别在《中国证券报》、《上海证券报》和《证券时报》刊登召开2001年度股东大会公告。2002年3月28日,大会在莱钢新兴大厦如期召开。本次股东大会由山东平正大律师事务所刘英新律师、李莹律师参加见证并出具法律意见书。

2、大会以记名投票方式表决通过了以下事项:2001年度董事会工作报告;2001年度监事会工作报告;关于2001年度财务决算和2002年度财务预算的报告;关于2001年度利润分配方案的报告;关于董事和监事年度报酬的报告;关于聘任会计师事务所的报告。有关公告见2002年3月29日《中国证券报》、《上海证券报》和《证券时报》。

(三)2002年度第二次临时股东大会

1、公司于2002年5月21日分别在《中国证券报》、《上海证券报》和《证券时报》刊登召开2002年度第二次临时股东大会公告。2002年6月21日,大会在莱钢新兴大厦如期召开。本次股东大会由山东康桥律师事务所宫香基律师参加见证并出具法律意见书。

2、大会以记名投票方式表决通过了以下事项:关于选举独立董事的议案;关于独立董事津贴的议案;关于设立董事会专门委员会的议案;关于设立董事、监事和高级管理人员绩效评价办法的议案;关于修订公司章程的议案;关于修订股东大会议事规则的议案;关于制订关联交易管理办法的议案。有关公告见2002年6月22日《中国证券报》、《上海证券报》和《证券时报》。

3、经公司董事会提名,大会选聘刘琦、任辉为公司独立董事。

(四)2002年度第三次临时股东大会

1、公司于2002年10月29日分别在《中国证券报》、《上海证券报》和《证券时报》刊登召开2002年度第三次临时股东大会公告。2002年11月29日,大会在莱钢新兴大厦如期召开。本次股东大会由山东康桥律师事务所宫香基律师参加见证并出具法律意见书。

2、大会以记名投票方式表决通过了以下事项:关于修改公司章程的议案;关于公司与莱钢集团公司进行资产置换的议案。有关公告见2002年11月30日《中国证券报》、《上海证券报》和《证券时报》。

七、董事会报告

(一)报告期内整体经营情况的讨论与分析

公司主营业务为钢铁产品的生产和销售。公司拥有普通钢和特殊钢两套生产系统,其中普钢系统主要生产以H型钢为主的型钢和螺纹钢,特钢系统主要生产轴承钢和齿轮钢。报告期内公司抓住国民经济持续发展以及钢材市场由冷转暖的有利形势,以全面提高企业核心竞争力统揽全局,坚持整体优化管理,推进公司高效规范发展。围绕做精、做细、做优、做强钢铁主业,实现可持续发展,积极应对我国加入世界贸易组织后面临的新的机遇和挑战,按照年度生产经营计划的部署,坚持系统思考,不断超越,认真贯彻落实严细实管理方针,落实成本系统优化措施,加大结构调整及新产品开发力度,进一步开拓市场,积极推进技改技措工程及新建项目的达产达效,主要技术经济指标有所提升,核心竞争力进一步增强,在股本扩张的同时保持了良好的经营业绩。公司全年共生产生铁211万吨、钢280万吨、钢材291万吨,钢材实物产销率达到100.06%;实现主营业务收入60.15亿元,主营业务利润9.83亿元,净利润3.85亿元,每股收益0.417元,净资产收益率10.13%。

1、主营业务的范围及其经营状况

公司经营范围:生铁、钢锭、钢坯、钢材、大锻件、焦炭、水渣、炼焦化产品及炼钢副产品的生产、销售;高炉煤气发供电、供热;进出口业务。

(1)主营业务分行业、产品、地区情况

单位:万元

行业	主营业务收入	占总额的比例(%)	主营业务利润(毛利)	占总额的比例(%)
钢铁业	600776.33	99.89	101829.82	99.90
其中:关联交易	34213.17	5.69	5799.13	5.69
其他	688.03	0.11	102.66	0.10
合计	601464.36	100	101932.48	100

产品	主营业务成本	毛利率(%)	主营业务收入比上年增减(%)	主营业务成本比上年增减(%)	毛利率比上年增减(%)
普大	38555.32	7.72	-4.89	-3.16	-11.01
普中	80170.89	15.86	35.97	40.56	-7.28
普小	144560.74	28.60	21.20	21.15	11.46
优钢	120160.81	23.77	17.45	6.35	17.70
钢带	93696.67	18.54	11.57	23.13	-9.48
其他	22387.45	2.59			
其中:关联交易	5.69	28414.04			
合计	100	499531.88	16.95		

地区	主营业务收入	占总额的比例 %)	主营业务收入比上年增减(%)

华东	443870.64	73.80	35.98
华北	63246.82	10.52	4.18
其他	94346.90	15.68	-15.52

注:钢铁业-黑色金属冶炼及压延加工业;普大-普通大型钢材;普中-普通中型钢材;普小-普通小型钢材;优钢-优质钢型材。

(2)公司生产经营的主要产品是钢材,市场占有率为1.60%。占公司主营业务收入或主营业务利润10%以上的主要钢材产品如上所述。

(3)报告期内公司主营业务或其结构、主营业务盈利能力未发生较大变化。

2、主要控股公司及参股公司情况

公司不存在来源于单个控股或参股公司的投资收益对公司净利润影响达到10%以上的情况,公司控股或参股公司情况如下:

公司控股子公司山东天泰新材料股份有限公司,主要从事碳纤维及后续制品的研制、开发和生产,注册资本为3000万元,公司出资比例为51.33%。截止报告期末,该公司总资产为3590.2万元,净利润为-719.94万元。

公司参股公司天同证券有限责任公司,主要从事自营或代理证券买卖、证券承销和上市推荐、证券投资咨询和资产管理,注册资本为203626.12万元,公司出资比例为3.51%。

公司参股公司山东莱钢国际贸易有限公司,主要从事自营或代理进出口贸易、对外工程承包及劳务输出,注册资本为6000万元,公司出资比例为16.67%。

3、公司向前五名供应商合计的采购金额合计4.99亿元,占年度采购总额的比例为11.32%;公司向前五名客户合计的销售金额合计7.6亿元,占年度销售总额的比例为12.64%。

4、在经营中出现的问题与困难及解决方案

报告期内,公司在经营中出现的问题与困难主要是煤焦等原燃料价格上涨,部分生铁需要外购,钢材市场竞争激烈,部分产品上半年在低价位徘徊。

针对上述问题与困难,公司积极采取了以下措施:一是加快生产经营节奏,产供销高效运转。强化生产过程控制,变月旬生产考核为日作业计划管理考核,变工序管理为生产线管理,严格实行一把手复命制;合理外购铁块、铁水并强化焦炭等原燃料采购,原料供应效率高,质量稳定,成本降低;改革销售考核方式,努力扩大直销用户,销售工作全面提速,产销率和货款回收率均达到100%。二是积极调整优化工艺结构和产品结构,核心竞争力明显提高。钢铁主线实现全连铸,有针对性地进行产品定位和专业化分工,开发完成可焊接耐候H型钢、2002标准轴承钢等14个新产品。三是大力开展技术经济指标攻关活动,严把质量关,提高产品质量。在全国重点大中型钢铁企业57项可比技术经济指标排序中,有24项指标进入行业前十名,9项指标进入行业前三名,7项指标居行业第一名;主要质量指标保持全国同行业较高水平,产品质量异议下降。四是深入开展成本系统优化活动,持续挖潜。可比产品总成本降低1.61亿元,降低率为3.32%。五是促进大修技改等工程项目尽快达产达效。六是推行管理创新和制度创新,完善公司治理结构,进一步规范公司运作。

八、监事会报告

(一)监事会日常工作情况

1、2002年1月23日,公司召开了二届七次监事会,审议讨论了公司二届七次董事会通过的议案和决议。有关公告见2002年1月24日《中国证券报》、《上海证券报》和《证券时报》。

2、2002年2月23日,公司召开了二届八次监事会,审议通过了如下议案和事项:2001年度监事会工作报告;审议讨论了公司二届八次董事会通过的议案和决议。有关公告见2002年2月26日《中国证券报》、《上海证券报》和《证券时报》。

3、2002年4月24日,公司召开了二届九次监事会,审议讨论了公司二届九次董事会通过的议案和决议。有关公告见2002年4月26日《中国证券报》、《上海证券报》和《证券时报》。

4、2002年5月17日,公司召开了二届十次监事会,审议通过了如下议案和事项:关于修订监事会议事规则的议案;关于修订董事、监事和高级管理人员绩效评价办法的议案;审议讨论了公司二届十次董事会通过的其他议案和决议。有关公告见2002年5月21日《中国证券报》、《上海证券报》和《证券时报》。

5、2002年6月28日,公司召开了二届十一次监事会,审议通过了以下议案和事项:审议讨论了二届十二次董事会通过的议案和决议;对《上市公司建立现代企业制度自查报告》发表独立意见;通报了公司职工代表监事会变动情况。有关公告见2002年6月29日《中国证券报》、《上海证券报》和《证券时报》。

6、2002年8月19日,公司召开了二届十二次监事会,审议讨论了二届十三次董事会通过的议案和决议。有关公告见2002年8月29日《中国证券报》、《上海证券报》和《证券时报》。

7、2002年10月26日,公司召开了二届十三次监事会,审议通过了以下议案和事项:审议讨论了公司二届十四次董事会通过的议案和决议;对公司2002年第三季度报告发表独立意见;对公司关联交易事项发表独立意见。有关公告见2002年10月29日《中国证券报》、《上海证券报》和《证券时报》。

(二)对有关事项发表独立意见

1、公司依法运作情况

公司决策符合法定程序,建立了完善的内部控制制度,公司董事、经理执行职务时没有违反法律、法规及公司章程,没有损害股东和公司利益。

2、检查公司财务情况

公司2002年度财务报告真实反映了公司的财务状况和经营成果。

3、公司最近一次募集资金实际投入项目和配股说明书一致。

4、资产收购和出售情况

公司与莱芜钢铁集团有限公司之间的资产出售和资产置换价格合理,没有损害股东及公司利益。

5、关联交易情况

关联交易均按双方签订的协议执行,符合公开、公平、公正的原则,没有损害股东及公司利益。

6、山东乾聚有限责任会计师事务所出具了标准无保留意见的审计报告。

九、重要事项

(一)重大诉讼、仲裁事项:

报告期内公司无重大诉讼、仲裁事项。

(二)收购或出售资产、吸收合并事项:

交易对方及被收购资产	购买日	收购价格	自购买日起至本年末为上市公司贡献的净利润
向莱芜钢铁集团有限公司收购50吨电炉资产	2002.11.29	17575.05万元	----

交易对方及被收购资产	是否为关联交易(如是,说明定价原则)
向莱芜钢铁集团有限公司收购50吨电炉资产	是;双方一致同意经评估并确认后的资产价值作为本次交易价格

交易对方及被出售资产	出售日	出售价格	本年初起至自出售日该出售资产为上市公司贡献的净利润
向莱芜钢铁集团有限公司出售冷轧带钢车间部分资产	2002.8.19	1235.45万元	----
向莱芜钢铁集团有限公司出售热轧带钢资产	2002.11.29	9442.56万元	----

交易对方及被出售资产	出售产生的损益	是否为关联交易(如是,说明 定价原则)
向莱芜钢铁集团有限公司出售冷轧带钢车间部分资产	-1780.11万元(系评估减值)	是;双方一致同意经评估并确认后的资产价值作为本次交易价格
向莱芜钢铁集团有限公司出售热轧带钢资产	+3370.82万元(系评估增值)	是;双方一致同意经评估并确认后的资产价值作为本次交易价格

上述资产出售和资产置换有关公告见2002年8月21日、10月29日、11月30日《中国证券报》、《上海证券报》和《证券时报》。

(三)重大关联交易事项:

1、购销商品、提供劳务发生的关联交易:

公司与莱芜钢铁集团有限公司关联交易主要包括采购货物及接受劳务、销售货物等,其中采购货物及接受劳务138,409.89万元,占同类交易金额的比例为31.40%;销售货物73,228.77万元,占同类交易金额的比例为12.18%。定价原则:国家有定价的按国家定价执行,国家没有定价的按市场价格执行;没有市场价格参照,按照成本加成定价;既没有市场价格,也不适合成本加成定价的,按照协议价定价。上述交易通过银行结算。公司部分辅助生产系统和配套设施方面的服务由莱芜钢铁集团有限公司提供,双方存在必要的关联交易,上述交易促进了公司生产经营的顺利进行,避免了不必要的重复建设和人财物的浪费,有利于公司提高效益。

2、公司不存在其他资产、股权转让发生的关联交易。

3、公司与关联方存在债权、债务往来。

单位:元

关联方	向关联方提供资金发生额余额	关联方向上市公司提供资金发生额余额
莱芜钢铁集团有限公司	342970.53	-212568.22
合计	342970.53	-212568.22

4、公司不存在其他重大关联交易。

公司及股东的利益没有因上述关联交易而受损害。

详细情况见会计报表附注。

(四)重大合同及其履行情况:

1、报告期内公司未发生托管、承包、租赁其他公司资产或其他公司托管、承包、租赁公司资产事项。

2、报告期内公司未发生担保事项。

3、报告期内公司不存在委托理财事项。

4、报告期内公司无其他重大合同。

(五)报告期内公司或持股5%以上股东未在指定报纸和网站上披露承诺事项。

(六)报告期内公司续聘山东乾聚有限责任会计师事务所,该事务所已连续6年为公司提供审计服务。公司向其支付的年度报酬情况如下:

单位:元

项目	2002年度	2001年度
财务审计费用	460,000.00	860,000.00
其他费用	-	135,000.00
合计	460,000.00	995,000.00

公司年末无其他应付未付会计师事务所的费用。

(七)报告期内公司,公司董事及高级管理人员未受监管部门处罚。

(八)公司无其他重大事项。

十、财务报告

审计报告

乾聚审字[2003]56号

莱芜钢铁股份有限公司全体股东:

我们接受委托,审计了贵公司2002年12月31日的资产负债表与合并资产负债表、2002年度利润表与合并利润表、2002年度利润分配表与合并利润分配表、2002年度现金流量表与合并现金流量表。这些会计报表由贵公司负责,我们的责任是对这些会计报表发表审计意见。我们的审计是依据《中国注册会计师独立审计准则》进行的。在审计过程中,我们结合贵公司的实际情况,实施了包括抽查会计记录等我们认为必要的审计程序。

我们认为,上述会计报表符合《企业会计准则》和《企业会计制度》的有关规定,在所有重大方面公允地反映了贵公司2002年12月31日的财务状况及2002年度的经营成果和2002年度的现金流量情况,会计处理方法的选用遵循了一贯性原则。

山东乾聚有限责任会计师事务所　　中国注册会计师 田爱军

二〇〇三年三月十九日　　中国注册会计师 车 云

合并资产负债表

编制单位:莱芜钢铁股份有限公司　　单位:人民币元

资产	附注	合并数 2002年12月31日	2001年12月31日
流动资产:			
货币资金	1	751,694,189.00	110,156,456.40
短期投资			
应收票据	2	518,138,425.43	245,342,998.27
应收股利			
应收利息			
应收帐款	3	209,086,172.99	134,312,639.91
其他应收款	4	30,588,927.75	18,671,977.33
预付帐款	5	254,484,367.08	81,537,702.81
应收补贴款			
存货	6	971,542,524.90	1,030,334,538.88
待摊费用			
一年内到期的长期债权投资			
其他流动资产			
流动资产合计		2,735,534,607.15	1,620,356,313.60
长期投资:			
长期股权投资	7	69,441,776.10	69,363,884.40
长期债权投资			

长期投资合计		69,441,776.10	69,363,884.40
其中:合并价差		-558,223.90	-636,115.60
固定资产:			
固定资产原值	8	5,704,309,850.41	5,263,543,834.91
减:累计折旧	8	1,816,272,590.38	1,599,114,842.01
固定资产净值		3,888,037,260.03	3,664,428,992.90
减:固定资产减值准备		9,891,522.71	9,322,022.04
固定资产净额		3,878,145,737.32	3,655,106,970.86
工程物资	9	69,416.37	69,416.37
在建工程	10	369,030,865.96	231,881,779.68
固定资产清理			
固定资产合计		4,247,246,019.65	3,887,058,166.91
无形资产及其他资产:			
无形资产	11	4,147,496.31	4,260,927.51
长期待摊费用			11,945,534.79
其他长期资产			
无形资产及其他资产合计		4,147,496.31	16,206,462.30
递延税项:			
递延税款借项			
资产总计		7,056,369,899.21	5,592,984,827.21

合并资产负债表

莱芜钢铁股份有限公司 单位:元

		合并数	
负债及股东权益	附注	2002.12.31	2001.12.31
流动负债:			
短期借款	12	268,037,884.00	134,000,000.00
应付票据	13	147,468,522.31	204,462,351.36
应付帐款	14	568,543,163.25	321,808,456.74
预收帐款	15	124,167,853.48	102,520,397.95
应付工资	16	29,898,323.83	26,049,110.44
应付福利费		37,638,505.84	56,839,005.73
应付股利	17	230,568,273.00	52,270,920.00
应交税金	18	240,112,761.52	51,520,068.41
其他应交款	19	24,946,019.20	13,942,272.41
其他应付款	20	170,014,840.66	165,944,513.46
预提费用			
预计负债			
一年内到期的长期负债	21	208,228,188.80	58,937,109.46
其他流动负债			
流动负债合计		2,049,624,335.89	1,188,294,205.96
长期负债:			
长期借款	22	1,194,089,961.60	1,159,023,950.81
应付债券			
长期应付款			
专项应付款			
其他长期负债			
长期负债合计		1,194,089,961.60	1,159,023,950.81
递延税项:			
递延税款贷项			
负债合计		3,243,714,297.49	2,347,318,156.77
少数股东权益		10,346,056.97	13,849,996.46
股东权益:			
股本	23	922,273,092.00	871,182,000.00
减:已归还投资			
股本净额		922,273,092.00	871,182,000.00
资本公积	24	1,340,092,155.57	975,159,481.88
盈余公积	25	481,374,742.52	404,373,686.42
其中:法定公益金		240,687,371.26	202,186,843.21
未分配利润	26	1,085,569,554.66	981,101,505.68
股东权益合计		3,802,309,544.75	3,231,816,673.98
负债和股东权益总计		7,056,369,899.21	5,592,984,827.21

合并利润表

编制单位:莱芜钢铁股份有限公司 单位:人民币元

		合并数	
项目	附注	2002 年度	2001 年度
一、主营业务收入	27	6,014,643,593.67	4,988,201,238.39
减:主营业务成本	28	4,995,318,764.12	4,136,310,915.00
主营业务税金及附加	29	36,679,155.94	22,446,565.60
二、主营业务利润		982,645,673.61	829,443,757.79
加:其他业务利润	30	8,506,276.41	-6,830,114.83
减:营业费用		47,184,200.07	27,709,779.95
管理费用		260,555,781.86	202,452,115.03
财务费用	31	74,513,229.41	52,730,250.95
三、营业利润		608,898,738.68	539,721,497.03
加:投资收益	32	77,891.70	7,156,576.63
补贴收入			
营业外收入	33	463,356.31	7,100,056.00
减:营业外支出	34	30,064,673.08	14,639,297.45
四、利润总额		579,375,313.61	539,338,832.21
减:所得税	35	197,841,875.02	84,267,638.17
少数股东收益		-3,503,939.49	-718,241.72
五、净利润		385,037,378.08	455,789,435.76

合并利润分配表

编制单位:莱芜钢铁股份有限公司 单位:人民币元

		合并数	
项目	附注	2002 年度	2001 年度
一、净利润		385,037,378.08	455,789,435.76
加:年初未分配利润		981,101,505.68	668,740,877.08
其他转入			
二、可供分配的利润		1,366,138,883.76	1,124,530,312.84
减:提取法定盈余公积		38,500,528.05	45,578,943.58
提取法定公益金		38,500,528.05	45,578,943.58
提取职工奖励及福利基金			
提取储备基金			
提取企业发展基金			
利润归还投资			
三、可供投资者分配的利润		1,289,137,827.66	1,033,372,425.68
减:应付优先股股利			
提取任意盈余公积			
应付普通股股利		230,568,273.00	52,270,920.00
转作股本的普通股股利			
四、未分配利润		1,058,569,554.66	981,101,505.68

现金流量表

2002 年度

编制单位:莱芜钢铁股份有限公司 单位:人民币元

项目	附注	合并数
一、经营活动产生的现金流量:		
销售商品、提供劳务收到的现金		6,725,782,579.84
收到的税费返还		
收到的其他与经营活动有关的现金		161,805.15
现金流入小计		6,725,944,384.99
购买商品、接受劳务支付的现金		4,923,718,862.94
支付给职工以及为职工支付的现金		507,823,962.10
支付的各项税费		415,853,101.93
支付的其他与经营活动有关的现金	36	157,164,354.39
现金流出小计		6,004,560,281.36
经营活动产生的现金流量净额		721,384,103.63
二、投资活动产生的现金流量:		
收回投资所收到的现金		
取得投资收益所收到的现金		
处置固定资产、无形资产和其他长期资产所收回的现金净额		
收到的其他与投资活动有关的现金		
现金流入小计		
购建固定资产、无形资产和其他长期资产所支付的现金		652,034,662.84
投资所支付的现金		
支付的其他与投资活动有关的现金		
现金流出小计		652,034,662.84
投资活动产生的现金流量净额		-652,034,662.84
三、筹资活动产生的现金流量:		
吸收投资所收到的现金		380,844,975.49
借款所收到的现金		433,210,933.13
收到的其他与筹资活动有关的现金		
现金流入小计		814,055,908.62
偿还债务所支付的现金		114,815,959.00
分配股利、利润或偿付利息所支付的现金		127,051,657.81
支付的其他与筹资活动有关的现金		
现金流出小计		241,867,616.81
筹资活动产生的现金流量净额		572,188,291.81
四、汇率变动对现金的影响		
五、现金及现金等价物净增加额		641,537,732.60

附注: 单位:人民币元

补充资料	行次	合并数
1.将净利润调节为经营活动现金流量:		
净利润		385,037,378.08
加:少数股东收益		-3,503,939.49
加:计提的资产减值准备		-1,662,237.23
固定资产折旧		336,450,993.78
无形资产摊销		113,431.20
长期待摊费用摊销		11,945,534.79
待摊费用的减少(或增加)		
预提费用增加(或减少)		
处置固定资产、无形资产和其他长期资产的损失(减:收益)		5,660,954.16
固定资产报废损失		
财务费用		74,513,229.41
投资损失(减:收益)		-77,891.70
递延税款贷项(减:借项)		
存货的减少(减:增加)		61,511,563.09
经营性应收项目的减少(减:增加)		-528,879,835.77
经营性应付项目的增加(减:减少)		373,718,112.67
其他		6,556,810.64
经营活动产生的现金流量净额		721,384,103.63
2.不涉及现金收支的投资和筹资活动:		
债务转为资本		
一年内到期的可转换公司债券		
融资租入固定资产		
3.现金及现金等价物净增加情况:		
现金的期末余额		751,694,189.00
减:现金的期初余额		110,156,456.40
加:现金等价物的期末余额		
减:现金等价物的期初余额		
现金及现金等价物净增加额		641,537,732.60

十一、备查文件目录

(一)载有法定代表人、主管会计工作负责人、会计机构负责人签名并盖章的会计报表;

(二)载有会计师事务所盖章、注册会计师签名并盖章的审计报告原件;

(三)报告期内在中国证监会指定报纸上公开披露过的所有公司文件的正本及公告的原稿。

武汉三镇实业控股股份有限公司

武汉三镇实业控股股份有限公司2002年年度报告

第一章　公司基本情况简介

一、公司法定中文名称：武汉三镇实业控股股份有限公司
公司法定英文名称：WUHAN SANZHEN INDUSTRY HOLDING CO.,LTD
英文名称缩写：WHKG
二、公司法定代表人：陈莉茜
三、公司董事会秘书：曾牧
联系地址：武汉市汉口发展大道东方商都5楼
电话：027-85600546
传真：027-85877108
电子信箱：whkonggu@public.wh.hb.cn
证券事务代表：李丹
联系地址：武汉市汉口发展大道东方商都5楼
电话：027-85600546
传真：027-85877108
电子信箱：whkonggu@public.wh.hb.cn
四、公司注册地址：武汉经济技术开发区联发大厦
公司办公地址：武汉市发展大道东方商都5楼
邮政编码：430023
公司电子信箱：E-mail：whkonggu@public.wh.hb.cn
国际互联网网址：http://www.whkg.com.cn
五、公司信息披露报纸名称：《上海证券报》
登载公司年报的中国证监会指定网站网址：http://www.sse.com.cn
公司年度报告备置地点：公司董事会办公室
六、公司股票上市交易所：上海证券交易所
股票简称：武汉控股
股票代码：600168
七、其他有关资料：
1、公司首次注册登记日期：1998年4月17日
注册登记地点：武汉经济技术开发区联发大厦
2、企业法人营业执照注册号：30024906-X
3、税务登记号码：420052707116306
4、公司聘请的会计师事务所名称：武汉众环会计师事务所
办公地址：武汉国际大厦B座16楼

第二章　会计数据和业务数据摘要

一、本年度主要会计数据和业务数据

单位：人民币元

项目	金额
利润总额	111,710,708.58
净利润	78,407,542.98
扣除非经营性损益后的净利润	75,675,740.24
主营业务利润	103,025,179.21
其他业务利润	76,185.40
营业利润	92,718,008.90
投资收益	15,751,936.53
补贴收入	4,000,000.00
营业外收支净额	-759,236.85
经营活动产生的现金流量净额	75,286,845.02
现金及现金等价物净增减额	-69,253,521.53
注：扣除的非经常性损益项目系指：	
1、补贴收入：	4,000,000.00
2、营业外收入：	1,960,348.97
3、营业外支出：	2,719,585.82
4、所得税影响：	508,960.41

二、公司近三年主要会计数据和财务指标　单位：人民币元

项目	2002年	2001年
主营业务收入	214,858,644.95	231,474,536.01
净利润	78,407,542.98	132,746,876.53
总资产	1,460,792,764.73	1,536,654,347.54
股东权益（不含少数股东权益）	1,326,216,737.67	1,311,291,694.69
每股收益	0.1777	0.3009
每股净资产	3.0063	2.9724
调整后的每股净资产	3.0060	2.9694
每股经营活动产生的现金流量净额	0.1707	0.3807
净资产收益率	5.91%	10.12%
扣除非经常性损益后的净资产收益率(加权平均)	5.60%	8.93%

项目	2000年	
	追溯调整后	追溯调整前
主营业务收入	235,110,058.22	235,110,058.22
净利润	146,899,671.64	147,698,360.88
总资产	1,555,619,962.72	1,568,430,592.24
股东权益（不含少数股东权益）	1,283,124,144.54	1,295,934,774.06
每股收益	0.3330	0.3348
每股净资产	2.9086	2.9376
调整后的每股净资产	2.9075	2.9337
每股经营活动产生的现金流量净额	0.3358	0.3358
净资产收益率	11.45%	11.40%
扣除非经常性损益后的净资产收益率(加权平均)	10.88%	10.72%

第三章　股本变动及股东情况

一、股东情况介绍：
（一）本报告期末公司股东总数为61867户。
（二）公司前十名股东持股情况（截止2001年12月31日）：

序号	股东名称	年末持股数(股)	年度内增减（+-）
1	武汉三镇	313650000	0
2	金鑫基金	2536365	-1345667
3	中海信托	2293132	1138168
4	沪工汽车	968200	278200
5	裕阳基金	911314	911314
6	同德基金	904658	904658
7	鸿阳基金	740059	740059
8	国元证券	729740	729740
9	光大证券	561348	561348
10	飞乐股份	550000	550000

说明：
1、武汉三镇基建公司所持股份为国有法人股；
2、公司前十名股东中，武汉三镇基建发展有限责任公司所持股份为未上市流通股份，无质押、冻结情况，报告期内无增减变动情况；其他股东所持股份均为上市流通股份，其增减变化系由二级市场买卖所致，本公司不知其有无关联和质押、冻结情况。
三、公司控股股东情况简介：
武汉三镇基建发展有限责任公司
法定代表人：谢连和
注册地址：武汉市江岸区台北路106号
成立日期：1997年1月10日
主营业务：道路桥梁，给排水等基础设施的投资、建设与经营管理，房地产开发，商品房销售，物业管理等。
注册资本：80,000万元
股权结构：国有独资
报告期内公司控股股东未发生变更。

第四章　董事、监事、高级管理人员及员工情况

一、现任董事、监事、高级管理人员基本情况

姓名	性别	年龄	公司职务	任期起止日期
陈莉茜	女	43	董事、董事长	2003/2/19--2004/4/16
谢连和	男	57	董事	2001/4/16--2004/4/16
周显文	男	57	董事	2001/4/16--2004/4/16
陈春保	男	44	董事	2001/4/16--2003/2/19
苏端阳	男	58	董事	2001/4/16--2004/4/16
邓耀光	男	40	董事、总经理	2001/4/16--2004/4/16
韦建民	男	41	董事、副总经理	2001/4/16--2004/4/16
李文鑫	男	54	独立董事	2002/6/26--2004/4/16
李光	男	48	独立董事	2002/6/26--2004/4/16
陈玮	男	35	副总经理	2003/1/8--2004/4/16
曾牧	男	33	董事、董事会秘书	2001/4/16--2004/4/16
张松新	男	52	监事、监事会主席	2001/4/16--2004/4/16
李光	男	46	监事	2001/4/16—2004/4/16
李茂龙	男	37	监事	2002/6/26--2004/4/16
谭嗣	男	40	监事	2001/4/16--2004/4/16
李丹	女	28	监事	2001/4/16--2004/4/16

二、现任董事、监事、高级管理人员年度报酬情况
（一）董事、监事和高级管理人员报酬的决策程序、报酬的确定依据：
根据公司章程的有关规定，本公司董事、监事的报酬由公司股东大会决定，高级管理人员的报酬由公司董事会决定。
董事、监事及高级管理人员报酬的确定依据：
1、根据武汉市当地同类企业薪资水平；
2、根据岗位工作内容及复杂程度；
（二）报告期内，现任董事、监事和高级管理人员共8人在本公司领取报酬，其年度报酬总额为61.51万元。金额最高的前三名董事的报酬总额为28.09万元，金额最高的前三名高级管理人员的报酬总额为23.19万元。在公司领薪的董事、监事及高级管理人员年度报酬总额在人民币8--10万元的4人；年度报酬总额在人民币4--8万元的4人。
独立董事年津贴2.4万元。
（三）董事谢连和、周显文、苏端阳；监事会主席张松新，监事李光、李茂龙均未在公司领取报酬及津贴。
其中，董事谢连和、周显文；监事会主席张松新、监事李光、李茂龙均在公司控股股东武汉三镇基建发展有限责任公司领取报酬。
三、报告期内董事、监事、高级管理人员聘任及离任情况
1、2002年5月23日，第二届第五次监事会审议通过：金保彩先生因工作变动原因辞去公司监事职务。
2、2002年6月26日，公司2002年度第一次临时股东大会审议通过：同意聘请李文鑫先生、李光先生为公司独立董事；选举李茂龙先生为公司监事。
3、2002年10月23日，第二届董事会第十次会议同意谢连和先生、周显文先生、陈春保先生因工作变动原因，分别辞去公司董事长、副董事长、总经理职务；全体董事一致选举陈春保先生任公司董事长；经董事长陈春保先生提名，全体董事一致同意聘任邓耀光先生任公司总经理。
4、2003年1月8日，第二届董事会第十二次会议同意陈春保先生因工作变动原因辞去公司董事职务，董事会提名陈莉茜女士担任董事候选人。上述董事变更经2003年2月19日公司2003年

度第一次临时股东大会审议通过。

5、2003 年 3 月 26 日，经公司第二届董事会第十三次会议审议通过，选举陈莉茜女士担任公司董事长。

四、公司员工情况

公司员工的数量、专业构成、教育程度及退休职工人数的情况：

公司现有员工 449 人。生产人员 337 人，占 75.1%；销售人员 6 人，占 1.3%；技术人员 40 人，占 8.9%；财务人员 17 人，占 3.8%；行政人员 49 人，占 10.9%；退休人员 22 人，占 4.9%。其中具有大专以上学历的 135 人，占 30%；中技以上学历 283 人，占 63%。

第五章 公司治理结构

一、公司治理情况差异说明

公司严格按照《公司法》、《证券法》、《上市公司治理准则》及中国证监会有关法规、规则，不断加强和完善法人治理结构，规范公司管理和运作，基本建立了股东大会、董事会、监事会三会权责明晰，有效制衡的法人治理结构：

报告期内，公司根据国家有关规定修改了《公司章程》、《董事会议事规则》、《监事会议事规则》，制定了《股东大会议事规则》、《独立董事工作制度》、《公司信息披露管理办法》等，进一步完善了内部控制制度，使工作制度更加健全，工作程序更加科学、规范。

报告期内，公司按照中国证监会和国家经贸委的要求，顺利完成了《上市公司建立现代企业制度自查报告》。

目前，公司治理结构情况基本符合《上市公司治理准则》的要求，但还存在差距，主要表现在以下方面：

董事会中独立董事只有两名，人数尚未达到三分之一，还未成立董事会专门委员会。公司将按照有关规定完善独立董事制度，完成剩余独立董事的聘任工作并完成董事会战略、审计、薪酬与考核、提名等各专门委员会的成立工作。

二、本报告期内，公司已聘任两名独立董事。各独立董事均能按照国家规定及公司《独立董事工作制度》出席或委托其他独立董事出席各次董事会会议，认真履行职责，对董事会决策的事项进行充分讨论并对公司对外出售资产、董事变更等重大事项出具了独立董事意见。

三、公司与控股股东在业务、人员、资产、机构、财务方面是完全分开的，公司具有独立完整的业务和自主经营能力。

四、报告期内公司建立了管理人员的考核及激励机制，制订了考核实施办法并成立了考核工作领导小组具体负责考核工作。根据各岗位的具体情况，将岗位工资的 20%—40%列入绩效考核范围。年终根据考核结果进行奖惩。

第六章 股东大会情况简介

一、报告期内，公司召开了 2 次股东大会。会议情况为：

(一)公司第二届董事会第三次会议决定召开公司 2001 年年度股东大会，并于 2002 年 2 月 26 日在《上海证券报》上刊登了《公司第二届董事会第三次会议决议暨召开 2001 年度股东大会的公告》。

公司 2001 年度股东大会于 2002 年 3 月 29 日在武汉东方大酒店召开，出度会议的股东及授权代表共 5 人，代表股份 317548382 股，占公司总股份的 71.98%，符合《公司法》和《公司章程》的有关规定。会议审议通过了以下决议：

1、《关于变更配股募集资金投资项目的议案》；

2、《公司 2001 年年度报告及年度报告摘要》；

3、《董事会 2001 年度工作报告》；

4、《监事会 2001 年度工作报告》；

5、《公司 2001 年度财务决算报告》；

6、《公司 2001 年度利润分配预案》。

本次大会有关决议公告刊登于 2002 年 3 月 30 日《上海证券报》上。

(二)公司第二届董事会第六次会议决定召开公司 2002 年度第一次临时股东大会，并于 2002 年 5 月 25 日在《上海证券报》上刊登了《公司第二届董事会第六次会议决议暨召开 2002 年度第一次临时股东大会的通知》。

公司 2002 年度第一次临时股东大会于 2002 年 6 月 26 日在武汉东方大酒店召开，出度会议的股东及授权代表共 4 人，代表股份 313660150 股，占公司总股份的 71.10%，符合《公司法》和《公司章程》的有关规定。会议审议通过了以下决议：

1、《关于修改公司章程的议案》；

2、公司《股东大会议事规则》；

3、公司《独立董事工作制度》；

4、《关于聘请李文鑫先生为公司独立董事的议案》；

5、《关于聘请李光先生为公司独立董事的议案》；

6、《关于独立董事津贴的议案》；

7、《关于选举李茂龙先生为公司监事的议案》。

本次大会有关决议公告刊登于 2002 年 6 月 27 日《上海证券报》上。

二、报告期内选举、更换公司董事、监事情况：

(一)2002 年 5 月 23 日，第二届第五次监事会审议通过：

同意金保彩先生因工作变动原因辞去公司监事职务。

(二)2002 年 6 月 26 日，公司 2002 年度第一次临时股东大会审议通过：

1、同意聘请李文鑫先生为公司独立董事；

2、同意聘请李光先生为公司独立董事；

3、选举李茂龙先生为公司监事。

(三)2002 年 10 月 23 日，第二届第十次董事会审议通过：

1、同意谢连和先生因工作变动原因，辞去公司董事长职务；

2、同意周显文先生因工作变动原因，辞去公司副董事长职务；

3、全体董事一致选举陈春保先生任公司董事长。

第七章 董事会报告

一、报告期内公司经营情况

(一)公司主营业务范围及其经营状况：

公司主营业务为城市给排水、污水综合治理、道路、桥梁、供气、供电、通讯等基础设施的投资、建设和经营管理。

2002 年公司在董事会的领导下，坚持以"股东利益最大化"为工作核心，狠抓内部管理，克服公司经营管理中出现的种种问题，较好地完成了 2002 年的生产任务。2002 年两水厂(宗关水厂、白鹤嘴水厂)累计供水 32748.13 万吨，比去年同期下降 2032.17 万吨；供水耗电率为 225.57 度/千吨，比去年同期上升 5.55 度/千吨，其原因为本年开车台时高于去年，但单位供水却比去年下降而导致耗电率高于去年；耗矾率为 22.04 公斤/千吨，比去年同期升高 3.51 公斤/千吨，其原因为武汉市自来水公司药剂厂停产聚合铝，两水厂采用了另一新矾种-氢氧化铝，其折换成标矾的倍率较高所致；耗氯率为 3.30 公斤/千吨，比去年同期上升 0.25 公斤/千吨，其主要原因是由于源水的水华发生频度增大，造成氯耗指标高于去年。全年两水厂千吨水实际完全成本为 275.58 元，每千吨水比去年增加 35.91 元。

2002 年公司实现主营业务收入 21485.86 万元（其中供水收入 16991.95 万元，排水收入 4493.91 万元)，投资收益 1575.19 万元，净利润 7,840.75 万元，净资产收益率为 5.91%。

(二)主要控股公司及参股公司的经营情况：

1、公司控股的武汉三镇实业房地产开发有限责任公司(公司占 98%)开发的位于武汉市徐东路的"都市经典"小区已于 2002 年 10 月 3 日正式开盘预售，截止到 2002 年底，房屋预售收入 1690 万元。预计该项目一组团在 2003 年 5 月正式竣工交房，二组团在 10 月完成主体结构封顶，年底完成土建工程的预验收。

2、公司参股的武汉桥梁建设股份有限公司(公司参股 25.41%，以下简称"武桥公司")2002 年实现主营业务收入 12525.11 万元，实现净利润 5785.96 万元。由于武汉市实行以"年票制"为核心的新路桥管理办法，武桥公司下属武汉长江二桥于 2002 年 10 月 1 日起停止收取过桥费。

3、公司参股 13.33%武汉体育中心发展有限公司建设的武汉体育中心 2002 年已完成除跑道铺设和停车场建设之外的所有工程，并举办了多场演唱会和大型体育赛事，预计 2003 年 8 月可全面竣工投入使用。

4、公司参股 10%的武大弘元股份有限公司经营业绩有较大增长，今年实现主营业务收入 3864.23 万元，净利润 321.69 万元，分别比去年同期增长 34.80%和 3551.44%，其主要原因是公司新厂区投产，加强经营管理，加大营销力度以及投资收益增加等。

5、公司参股 20%的武汉碧水科技有限责任公司，已争取到国家重大环保科技专项"武汉市汉阳地区水环境质量改善技术与综合示范"项目，目前完成了项目整体实施方案的编制、招标文件编制和发标工作。

(三)公司前五名供应商合计采购金额 664.55 万元，占年度采购总额 830.67 万元的 80%。

两水厂生产的自来水 100%销售给武汉市自来水公司。

(四)在经营中出现的问题与困难及解决方案：

今年受武汉市企业用水持续减少的影响，供水量比去年有所减少，对公司的业绩产生了一定影响。根据国家有关规定，上市公司所得税优惠政策自 2001 年 12 月 31 日终止。本公司自 2002 年 1 月 1 日起按照 33%的税率缴纳所得税，公司原先执行的先征 33%，由财政返还 18%的优惠已取消，使公司净利润有较大下降。武汉市今年上半年降雨较多，为房地产公司"都市经典"项目的施工带来了不利影响。武汉长江二桥 10 月 1 日停止收取过桥费，导致我公司参股的武汉桥梁建设股份有限公司失去主营业务收入来源。

针对上述问题，公司计划在稳定现有供水的基础上，进一步加大宗关水厂的技术改造力度，不断挖潜降耗，不断降低供水成本，提高经济效益。公司作为武桥公司股东，正在积极与有关各方协商，争取尽快妥善解决公司投资问题。2003 年房地产公司将不断加大投入，在抓开发、抓建设的同时，重点做好都市经典项目的营销工作，争取在 2003 年取得好的业绩。2003 年公司将积极介入污水处理行业，做好污水处理厂及其附属设施的投资、收购工作。

二、报告期内公司投资情况

(一)报告期内募集资金使用情况：

公司 2000 年配股募集资金投资项目发生变更，主要内容是：终止投资 20315.37 万元收购武汉市自来水公司白沙洲水厂项目；放弃投资 9969.12 万元白沙洲水厂改扩建(湖改江)工程项目。上述募集资金项目变更共涉及金额 30278.67 万元。变更后募集资金投向改为：对武汉三镇实业房地产开发有限责任公司(以下简称"三镇房地产公司")追加投资 18130 万元，用于该公司"都市经典"小区项目开发及土地储备；补充公司流动资金 12148.67 万元。

项目变更的原因是根据武汉市人大议案的要求，如本公司继续实施原配股项目，则必须承担继续投资 2.4 亿元承担"湖改江"二期工程的建设，根据目前该厂的实际生产情况测算，在不计算资金成本的情况下，"湖改江"二期工程每年将亏损 570 万元以上，项目的整体投资收益达不到合理的要求。

上述变更已履行规定程序，分别经 2002 年 2 月 22 日召开的公司第二届董事会第三次会议及 2002 年 3 月 29 日召开的公司 2001 年度股东大会审议通过。详细内容分别见 2002 年 2 月 26 日及 2002 年 3 月 30 日的《上海证券报》。

报告期内，公司以募集资金向三镇房地产公司共投入 18130 万元，至此公司 2000 年配股募集资金全部投入完毕。

截止 2002 年 12 月 31 日，"都市经典"小区第一组团已进入预验收阶段，二组团全面开工，已进入主体结构施工阶段。

预计"都市经典"一期项目平均年净利润 2800 万元，"都市经典"二期项目平均年净利润 2900 万元。

在不考虑"湖改江"二期项目亏损的情况下，公司原募集资金投资项目预计年平均收益 2800 万元。

(二)报告期内非募集资金投资情况：

经公司第二届董事会第九次会议审议通过，本公司利用自有资金与武汉市城市建设投资开发总公司、武汉市排水发展有限公司、武汉市燃气热力集团等四家公司共同出资 4000 万元发起设立武汉碧水科技有限责任公司。其中武汉市城市建设投资开发总公司与武汉市排水发展有限公司各投资 1200 万元，分别占该公司 30%的股份，武汉市燃气热力集团与本公司各投资 800 万元，分别占该公司 20%的股份，各方出资均为现金方式。

该公司的主营业务为：城市污水处理、回收利用技术，景观水体修复和重建技术，水系水质改善技术，生态修复技术的研究及相关设备制造；污水处理工程的建设及运营。

该公司正在进行国家重大环保科技专项"武汉市汉阳地区水环境质量改善技术与综合示范"项目的建设，目前完成了项目整体实施方案的编制、招标文件编制和发标工作。

三、报告期内公司的财务状况和经营成果　　单位：人民币元

项目	2002 年度
总资产	1,460,792,764.73
股东权益	1,326,216,737.67
主营业务利润	103,025,179.21
净利润	78,407,542.98
现金及现金等价物净增加额	-69,253,521.53

项目	2001 年度	增减%
总资产	1,536,654,347.54	-4.94
股东权益	1,311,291,694.69	1.14
主营业务利润	124,107,428.90	-16.99
净利润	132,746,876.53	-40.93
现金及现金等价物净增加额	26,124,277.54	-365.09

四、报告期内，公司生产经营环境以及宏观政策、法规未发生重大变化。

五、董事会日常工作情况：

(一)报告期内董事会的会议情况及决议内容：

2002 年度，公司董事会共召开了 9 次会议。

1、2002 年 2 月 22 日，公司第二届董事会第三次会议审议通过了以下决议：

(1)《关于变更配股募集资金投资项目的议案》；

(2)《2001 年度总经理业务工作报告》；

(3)《公司 2001 年度董事会工作报告》；

(4)《关于支付公司聘请的会计师事务所报酬的方案》；

(5)《公司 2001 年年度报告及摘要》；

(6)《公司 2001 年度财务决算报告》；

(7)《公司 2001 年度利润分配预案》；

(8)《公司 2002 年利润分配政策的报告》；

(9)决定于 2002 年 3 月 29 日召开公司 2001 年度股东大会。

此次会议决议刊登于 2002 年 2 月 26 日《上海证券报》上。

2、2002 年 3 月 29 日，第二届董事会第四次会议审议通过了以下决议：

公司新的《工资管理制度》,新制度于2002年1月1日起实施。
3.2002年4月18日,第二届董事会第五次会议审议通过了以下决议:
《公司2002年第一季度报告》。
4.2002年5月23日,第二届董事会第六次会议审议通过了以下决议:
(1)《关于修改公司章程的议案》;
(2)《股东大会议事规则》;
(3)《独立董事工作制度》;
(4)《聘请独立董事的议案》,推荐李文鑫先生、李光先生为公司独立董事;
(5)《关于独立董事津贴的议案》;
(6)《关于修改董事会议事规则的议案》;
(7)《公司信息披露管理办法》;
(8)决定于2002年6月26日召开公司2002年度第一次临时股东大会。
此次会议决议刊登于2002年5月25日的《上海证券报》。
5.2002年6月19日,第二届董事会第七次会议审议通过了以下决议:
《上市公司建立现代企业制度自查报告》。
此会议决议刊登于2002年6月22日的《上海证券报》。
6.2002年8月7日,第二届董事会第八次会议审议通过了以下决议:
《公司2002年半年度报告及摘要》。
7.2002年9月20日,第二届董事会第九次会议审议通过了以下决议:
同意公司利用自有资金与武汉市城市建设投资开发总公司、武汉市排水公司、武汉市燃汽热力集团等四家公司以现金共同出资4000万元发起设立武汉碧水科技有限责任公司。其中,武汉市城市建设投资开发总公司与武汉市排水公司各投资1200万元,分别占该公司30%的股份,武汉市燃汽热力集团与本公司各投资800万元,分别占该公司20%的股份。
8.2002年10月23日,第二届董事会第十次会议审议通过了以下决议:
(1)《公司2002年第三季度报告》;
(2)同意谢连和先生因工作变动原因,辞去公司董事长职务;
(3)同意周显文先生因工作变动原因,辞去公司副董事长职务;
(4)同意陈春保先生因工作变动原因,辞去公司总经理职务;
(5)全体董事一致选举陈春保先生任公司董事长;
(6)经董事长陈春保先生提名,全体董事一致同意聘任邓耀光先生任公司总经理。
此会议决议刊登于2002年10月26日的《上海证券报》。
9.2002年11月16日,第二届董事会第十一次会议审议通过了以下决议:
(1)同意武汉市城市排水发展有限公司与本公司签订的《收购合同》,由武汉市城市排水发展有限公司收购本公司所属后湖泵站全部经营性资产;
(2)授权公司经理层根据国家有关规定办理上述资产转让的各项手续。
此次会议决议刊登于2002年11月19日的《上海证券报》。
(二)董事会对股东大会决议执行情况:
公司董事会在工作中严格按照股东大会决议内容,认真执行股东大会的授权事项:
1.报告期内,根据公司2001年年度股东大会决议,于2002年5月21日实施了公司2001年度利润分配方案。
2.组织完成了公司2002年度经营目标,主营业务收入21485.86万元,实现税后利润7840.75万元。
七、本年度利润分配预案:
本年度公司实现税后利润78,407,542.98元,根据《公司章程》的规定,以2002年税后利润78,407,542.98元为基数:
1.提取法定公积金10%,计7,840,754.30元;
2.提取法定公益金5%,计3,920,377.15元;
加上年初未分配利润12,111,873.98元,本年度可供股东分配利润为78,758,285.51元。经公司第二届董事会第十三次会议审议通过:利润分配以派现金方式进行。以2002年12月31日总股本44115万股计算,向全体股东每10股派现金红利1.5元(含税),剩余未分配利润12,585,785.51元结转下一年度。
本年度不进行资本公积金转增股本。
八、其他报告事项:
公司指定信息披露报刊为《上海证券报》。

第八章　监事会报告

一、监事会年度工作情况:
本公司监事会根据《公司法》和《公司章程》的有关规定积极展开各方面的工作。报告期内,监事会共召开了5次会议,各次会议情况为:
(一)2002年2月22日,第二届监事会第三次会议在公司会议室召开。会议审议通过了以下决议:
1.《关于变更配股募集资金投资项目的议案》;
2.《公司2001年监事会工作报告》;
3.《公司2001年年度报告及摘要》。
此次会议决议刊登于2002年2月26日的《上海证券报》。
(二)2002年4月18日,第二届第四次监事会在公司会议室召开。会议审议通过了以下决议:
《公司2002年第一季度报告》。
(三)2002年5月23日,第二届第五次监事会在公司会议室召开。会议审议通过了以下决议:
1.《关于修改监事会议事规则的议案》;
2.《关于金保彩监事因工作变动原因辞去公司监事的议案》;
3.《推荐李茂龙先生为公司监事候选人的议案》。
此次会议决议刊登于2002年5月25日的《上海证券报》。
(四)2002年8月7日,第二届第六次监事会在公司会议室召开。会议审议通过了以下决议:
《公司2002年半年度报告及摘要》。
(五)2002年10月23日,第二届第七次监事会在公司会议室召开。会议审议通过了以下决议:
《公司2002年第三季度报告》。
二、监事会独立意见
2002年,依照《公司法》、《公司章程》及《监事会工作条例》的规定及职责权限,公司监事会通过切实履行各项工作职责,在对公司工作情况进行全面监督审查的基础上,认为:
(一)公司经营管理各项工作均依法运作。公司已建立较为完善的内部控制制度,决策程序合法有效;公司董事、经理等高级管理人员在执行公司职务时无违反法律、法规、公司章程或损害公司利益的行为。
(二)监事会定期对公司财务进行检查,认为公司聘请的武汉众环会计师事务所对公司所出具的审计意见及对涉及事项所作出的说明、评价是真实、公正的。董事会提交的年度财务报告如实地反映了公司的财务状况和经营成果。
(三)公司最近一次募集资金于2002年经合法程序变更投向后,在本报告期内未发生其他变更,并按承诺进行了项目投资。
(四)在报告期内,经公司第二届董事会第十一次会议审议通过,公司与武汉市排水发展有限公司于2002年11月15日签订了《收购合同》。公司将所属后湖泵站净资产出售给武汉市排水发展有限公司是按照资产评估价格8758万元进行交易的,此次出售资产交易价格合理,无内幕交易,未损害股东的利益,也未造成公司资产流失。
(五)报告期内,本公司与控股子公司武汉三镇实业房地产开发有限责任公司在报告期内存在25480万元其他应收款。该款项形成的原因是:报告期内公司对该房地产公司投资额超过注册资本比例的部分即追加投资,已投入完毕,待转为增资款后记入长期股权投资,现暂记入其他应收款。
除此以外,公司无其他重大关联交易情况。

第九章　重要事项

一、本年度公司无重大诉讼、仲裁事项。
二、报告期内公司出售资产事项。
本公司与武汉市城市排水发展有限公司于2002年11月15日在武汉签订了《收购合同》。本公司将所属后湖泵站净资产以8758万元的价格出售给武汉市城市排水发展有限公司。此次出售资产交易不构成关联交易。
2002年11月16日,公司第二届董事会第十一次会议审议通过了上述《收购合同》,由该公司收购本公司所属后湖泵站全部经营性资产。根据公司章程的规定,本次资产出售不需提交公司股东大会审议。
(一)本公司对武汉市城市排水发展有限公司出售后湖泵站资产的具体交易事项如下:
1.交易金额:人民币8758万元整,根据湖北众联咨询评估有限公司对后湖泵站截止2002年9月30日经营性净资产评估值确定。
2.付款方式:武汉市城市排水发展有限公司在付款期限内用现金方式向本公司支付收购款。
3.付款期限:武汉市城市排水发展有限公司应在自本合同生效之日起,在30日内支付总收购金额的51%,剩余49%收购金在2003年5月31日前付清。
4.受益日期:后湖泵站自本合同生效之日起归武汉市城市排水发展有限公司所有,收益由武汉市城市排水发展有限公司享受。
5.生效条件:本合同经双方法定代表人或授权代表签字盖章后,并经武汉市城市排水发展有限公司上级主管部门批准和本公司董事会批准后生效。
6.涉及收购资产的其他安排
(1).武汉市城市排水发展有限公司对后湖泵站占用土地承接本公司的租赁合同,继续采用租赁方式取得其使用权。
(2).本次资产收购完成后,后湖泵站的全部在册及退休人员一并转由武汉市城市排水发展有限公司承接并妥善安置。
上述出售资产事项在获武汉市城市排水发展有限公司上级主管部门批准后,于2002年11月29日正式生效并获履行。
有关情况详见2002年11月19日、2002年12月3日《上海证券报》公告。
(二)本次交易的目的及对公司的影响
本次交易是根据国家有关规定进行的,使公司避免了政策风险及经营风险,有利于公司长期稳定发展。此次交易完成后,公司将退出排水业务。今后公司将主要以自来水生产为主,在条件成熟时,逐步介入污水处理行业。
本公司出售后湖泵站所得款项将主要用于公司主营业务发展的需要。
三、报告期内公司与关联方债务往来情况:
武汉三镇实业房地产开发有限责任公司是本公司的控股子公司,本公司与子公司在报告期内存在25480万元其他应收款。
该款项形成的原因是:报告期内公司对该房地产公司投资额超过注册资本比例的部分即追加投资,已投入完毕,待转为增资款后记入长期股权投资,现暂记入其他应收款。
四、报告期内公司无其他重大合同事项。
五、报告期内或持续到报告期内,公司或持股5%以上股东未在指定报纸和网站上披露任何承诺事项。
六、报告期内公司继续聘任武汉众环会计师事务所有限公司为审计机构。
本报告期内,公司共支付武汉众环会计师事务所审计费用40万元。
武汉众环会计师事务所已连续为公司提供审计服务5年。
七、公司、公司董事及监事在报告期内未发生中国证监会稽查、中国证监会行政处罚、通报批评及证券交易所公开谴责的情况。
八、公司参股的武汉桥梁建设股份有限公司的有关情况:
根据武汉市路桥收费管理办法,从2002年10月1日起武汉市正式实施以"年票制"为核心的新路桥管理办法,城区武汉长江二桥、白沙洲大桥、晴川桥、月湖桥、长丰桥现有收费站点同时停止收费。详细情况已披露在2002年8月16日及9月24日《上海证券报》上。
本公司参股的武汉桥梁建设股份有限公司所属武汉长江二桥的投资收费经营权问题,经本公司与武汉市城市建设基金管理办公室多次协商,双方在充分保障投资者权益的前提下,初步确定以下三条原则性解决途径:
1.全额返还投资款加合理补偿;
2.在符合法律法规的条件下每年给予一定的投资回报;
3.以合适的资产与本公司所持武桥股权予以置换。
本公司将根据进展情况,及时披露有关信息。
九、根据国家有关规定,上市公司所得税优惠政策自2001年12月31日终止。本公司自2002年1月1日起按照33%的税率缴纳所得税,原先征33%再由财政返还18%的优惠已取消,使公司净利润有较大下降。

第十章　财务报告

审计报告
武众会(2003)193号
武汉三镇实业控股股份有限公司全体股东:
我们接受委托,审计了贵公司2002年12月31日的资产负债表及合并资产负债表,2002年度利润表、利润分配表及合并利润表、合并利润分配表,2002年度的现金流量表及合并现金流量表。这些会计报表由贵公司负责,我们的责任是对这些会计报表发表审计意见。我们的审计是依据《中国注册会计师独立审计准则》进行的。在审计过程中,我们结合贵公司实际情况,实施了包括抽查会计记录等我们认为必要的审计程序。
我们认为,上述会计报表符合《企业会计准则》和《企业会计制度》的有关规定,在所有重大方面公允地反映了贵公司2002年12月31日的财务状况及2002年度的经营成果和2002年度的现金流量情况,会计处理方法的选用遵循了一贯性原则。

武汉众环会计师事务所有限责任公司　　中国注册会计师　谢　峰
中国注册会计师　杨红青
中国　武汉国际大厦B座16楼　　2003年3月25日

合并资产负债表
编制单位:武汉三镇实业控股股份有限公司　　单位:人民币元

资产	附注	2002年12月31日
流动资产:		
货币资金	5.1	256,201,233.90
短期投资	5.2	
应收票据		
应收股利		
应收利息		
应收账款	5.3(1)	35,191,913.17
其他应收款	5.3(2)	40,331,488.66
预付账款	5.4	311,104.09

应收补贴款		
存货	5.5	418,696.74
待摊费用	5.6	46,444.30
一年内到期的长期债权投资		
其他流动资产		
流动资产合计		332,500,880.86
长期投资：		
长期股权投资	5.7	732,809,932.03
长期债权投资	5.8	93,404,988.33
长期投资合计		826,214,920.36
其中：合并价差		
股权投资差额		
固定资产：		
固定资产原价	5.9(1)	475,767,703.35
减：累计折旧	5.9(2)	206,202,288.72
固定资产净值		269,565,414.63
减：固定资产减值准备	5.9(3)	7,444,298.82
固定资产净额		262,121,115.81
工程物资		
在建工程	5.10	21,079,572.35
固定资产清理		
固定资产合计		283,200,688.16
无形资产及其他资产：		
无形资产	5.11	18,876,275.35
长期待摊费用	5.12	
其他长期资产		
无形资产及其他资产合计		18,876,275.35
递延税项：		
递延税款借项		
资产总计		1,460,792,764.73

负债与股东权益	附注	2002年12月31日
流动负债：		
短期借款		
应付票据		
应付账款	5.13	294,400.00
预收账款		
应付工资		147,540.00
应付福利费		371,826.43
应付股利	5.15	66,172,500.00
应交税金	5.16	9,037,611.69
其他应交款	5.17	70,711.01
其他应付款	5.14	57,490,843.32
预提费用	5.18	12,000.00
预计负债		
一年内到期的长期负债		
其他流动负债		
流动负债合计		133,597,432.45
长期负债：		
长期借款		
应付债券		
长期应付款		
专项应付款		
其他长期负债		
长期负债合计		
递延税项：		
递延税款贷项		
负债合计		133,597,432.45
少数股东权益		978,594.61
股本	5.19	441,150,000.00
减：已归还投资		
股本净额		441,150,000.00
资本公积	5.20	776,194,931.18
盈余公积	5.21	96,286,020.98
其中：法定公益金		32,095,340.34
未确认的投资损失		
未分配利润	5.22	12,585,785.51
外币报表折算差额		
股东权益合计		1,326,216,737.67
负债与股东权益总计		1,460,792,764.73

合并利润表

编制单位：武汉三镇实业控股股份有限公司　　单位：人民币元

项目	附注	2002年度
一、主营业务收入	5.23	214,858,644.95
减：主营业务成本	5.24	108,342,297.59
主营业务税金及附加	5.25	3,491,168.15
二、主营业务利润		103,025,179.21
加：其他业务利润		76,185.40
减：营业费用		459,000.00
管理费用		11,697,756.16
财务费用	5.26	-1,773,400.45
三、营业利润		92,718,008.90
加：投资收益	5.27	15,751,936.53
补贴收入	5.28	4,000,000.00
营业外收入		1,960,348.97
减：营业外支出		2,719,585.82
四、利润总额		111,710,708.58
减：所得税		33,319,174.74
少数股东损益		-16,009.14
本期未确认的投资损失		
五、净利润		78,407,542.98

项目	2001年度
一、主营业务收入	231,474,536.01
减：主营业务成本	103,453,780.03
主营业务税金及附加	3,913,327.08
二、主营业务利润	124,107,428.90
加：其他业务利润	
减：营业费用	500,000.00
管理费用	3,909,181.57
财务费用	-1,855,528.28
三、营业利润	121,553,775.61
加：投资收益	22,596,677.52
补贴收入	13,000,000.00
营业外收入	4,000.00
减：营业外支出	730,414.52
四、利润总额	156,424,038.61
减：所得税	23,682,558.33
少数股东损益	-5,396.25
本期未确认的投资损失	
五、净利润	132,746,876.53

补充资料：

项目	2002年度	2001年度
1、出售、处置部门或被投资单位所得收益	1,960,348.97	
2、自然灾害发生的损失		
3、会计政策变更增加(或减少)利润总额		
4、会计估计变更增加(或减少)利润总额		
5、债务重组损失		
6、其他		

合并利润分配表

编制单位：武汉三镇实业控股股份有限公司　　单位：人民币元

项目	2002年度
一、净利润	78,407,542.98
加：年初未分配利润	12,111,873.98
其他转入数	
二、可供分配的利润	90,519,416.96
减：提取法定盈余公积	7,840,754.30
提取法定公益金	3,920,377.15
提取职工奖励及福利基金	
提取储备基金	
提取企业发展基金	
利润归还投资	
三、可供股东分配的利润	78,758,285.51
减：应付优先股股利	
提取任意盈余公积	
应付普通股股利	66,172,500.00
转作股本的普通股股利	
四、未分配利润	12,585,785.51

合并现金流量表

项目	2002年度 金额
一、经营活动产生的现金流量	
销售商品、提供劳务收到的现金	177,803,999.07
收到的税费返还	
收到的其他与经营活动有关的现金	11,424,307.20
现金流入小计	189,228,306.27
购买商品、接受劳务支付的现金	46,773,054.91
支付给职工以及为职工支付的现金	15,412,213.60
支付的各项税费	48,371,650.49
支付的其他与经营活动有关的现金	3,384,542.25
现金流出小计	113,941,461.25
经营活动产生的现金流量净额	75,286,845.02
二、投资活动产生的现金流量	
收回投资所收到的现金	40,034,302.21
取得投资收益所收到的现金	2,521,039.12
处置固定资产、无形资产和其他长期资产所收回的现金净额	67,535.00
收到的其他与投资活动有关的现金	46,775,404.28
现金流入小计	89,398,280.61
购建固定资产、无形资产和其他长期资产所支付的现金	17,342,046.41
投资所支付的现金	65,830,000.00
支付的其他与投资活动有关的现金	479,100.75
现金流出小计	83,651,147.16
投资活动产生的现金流量净额	5,747,133.45
三、筹资活动产生的现金流量：	
吸收投资所收到的现金	
其中：子公司吸收少数股东权益性投资收到的现金	
借款所收到的现金	
收到的其他与筹资活动有关的现金	
现金流入小计	
偿还债务所支付的现金	40,000,000.00
分配股利、利润或偿付利息所支付的现金	110,287,500.00
其中：子公司支付少数股东的股利	
支付的其他与筹资活动有关的现金	
现金流出小计	150,287,500.00
筹资活动产生的现金流量净额	-150,287,500.00
四、汇率变动对现金的影响	
五、现金及现金等价物净增加额	-69,253,521.53

山东九发食用菌股份有限公司

山东九发食用菌股份有限公司2003年第三季度报告

一、重要提示

1.1 本季度报告已经公司第二届董事会十五次会议审议通过。本公司董事会及其董事保证本报告所载资料不存在任何虚假记载、误导性陈述或者重大遗漏，并对其内容的真实性、准确性和完整性负个别及连带责任。

1.2 公司季度财务会计报告未经审计。

1.3 本公司董事长蒋绍庆先生、主管会计工作负责人王龙先生、会计机构负责人(会计主管人员)袁睁女士作出声明：保证季度报告中财务报告的真实、完整。

二、公司基本情况

2.1 公司基本信息

股票简称	九发股份
股票代码	600180
董事会秘书	许爱民
证券事务代表	高增欣
联系地址	烟台市南大街9号金都大厦28层
电话	0535-6623880
传真	0535-6623798
电子邮箱	jiufa@public.ytptt.sd.cn

2.2 财务资料

2.2.1 主要会计数据及财务指标

	本报告期末	上年度期末
总资产	1,562,953,028.01	1,362,728,739.89
股东权益(不含少数股东权益)	876,835,390.40	826,798,454.10
每股净资产	3.49	3.29
调整后的每股净资产	3.40	3.23
	报告期	年初至报告期期末
经营活动产生的现	31,430,806.61	-35,236,091.76
每股收益	0.07	0.20
净资产收益率	1.89%	5.80%
扣除非经常性损益后的净资产收益率	1.91%	5.81%

	本报告期末比上年度期末增减(%)
总资产	14.69
股东权益(不含少数股东权益)	6.05
每股净资产	6.07
调整后的每股净资产	5.26
	本报告期比上年同期增减(%)
经营活动产生的现	_
每股收益	-3.01
净资产收益率	-4.29
扣除非经常性损益后的净资产收益率	5.83

非经常性损益项目	金额
营业外收入	173,503.61
营业外支出	272,513.76

2.2.2 利润表

编制单位：山东九发食用菌股份有限公司　　单位：人民币元

项目	2003年7-9月		2003年1-9月
	合并	母公司	合并
一、主营业务收入	2 30,425,926.98	175,612,089.34	541,512,930.97
减：主营业务成本	2 01,520,438.66	151,012,308.10	452,204,539.39
主营业务税金及附加	647,595.18	647,595.18	1.17
二、主营业务利润	2 8,905,488.32	24,599,781.24	88,660,796.40
加：其他业务利润	1 ,132,346.72	1,088,079.96	3,325,167.17
减：营业费用	3 ,998,113.58	1,383,226.96	13,220,832.44
管理费用	5 ,415,059.69	3,771,789.96	21,153,980.07
财务费用	4 ,533,138.82	3,311,938.38	5,708,633.85
三、营业利润	1 6,091,522.95	17,220,905.90	51,902,517.21
加：投资收益	1 04,700.03	-754,258.94	182,685.00
补贴收入			
营业外收入	8 9,823.83	60,190.88	173,503.61
减：营业外支出	2 31,477.71	163,977.71	272,513.76
四、利润总额	1 6,054,569.10	16,362,860.13	51,986,192.06
减：少数股东损益	- 2,954,909.81	0.00	-674,181.28
减：所得税	2 ,420,530.87	0.00	1,822,079.13
五、净利润	1 6,588,948.04	16,362,860.13	50,838,294.21

项目	2003年1-9月	2002年7-9月	
	母公司	合并	母公司
一、主营业务收入	357,851,648.21	133,310,652.64	85,500,119.18
减：主营业务成本	287,866,910.13	110,768,214.73	66,042,617.89
主营业务税金及附加	1.17	4,527.48	4,527.48
二、主营业务利润	69,337,142.90	22,542,436.74	19,457,500.12
加：其他业务利润	3,122,196.36	364,377.52	290,870.80
减：营业费用	3,206,841.07	5,213,512.25	2,527,105.73
管理费用	15,951,537.58	5,525,049.70	4,668,171.25
财务费用	3,690,870.46	1,732,871.09	903,216.96
三、营业利润	49,610,090.15	10,435,381.22	11,649,876.98
加：投资收益	1,317,084.13	399,502.31	-295,627.85
补贴收入			
营业外收入	114,322.66	14,761.52	14,761.52
减：营业外支出	203,202.73	14,184.78	12,184.78
四、利润总额	50,838,294.21	10,835,460.27	11,356,825.87
减：少数股东损益		-262,019.46	
减：所得税		-259,346.14	
五、净利润	50,838,294.21	11,356,825.87	11,356,825.87

项目	2002年1-9月	
	合并	母公司
一、主营业务收入	473,752,208.57	245,010,482.57
减：主营业务成本	400,228,970.53	184,704,919.92
主营业务税金及附加		
二、主营业务利润	73,518,710.56	60,301,035.17
加：其他业务利润	3,888,003.99	3,028,052.74
减：营业费用	9,459,692.47	5,835,634.90
管理费用	15,405,357.62	9,465,630.51
财务费用	5,380,142.43	4,310,894.45
三、营业利润	47,161,522.03	43,716,928.05
加：投资收益	917,474.86	5,505,964.10
补贴收入	4,500,000.00	4,500,000.00
营业外收入	433,083.83	220,216.84
减：营业外支出	27,983.00	22,015.27
四、利润总额	52,984,097.72	53,921,093.72
减：少数股东损益	306,750.52	
减：所得税	912,290.81	-1,731,692.78
五、净利润	51,765,056.39	55,652,786.50

2.3 报告期末股东总数为15023户。

三、管理层讨论与分析

3.1 公司报告期内经营活动总体状况的简要分析报告期内，公司处于持续、稳定经营状态，未发生影响公司正常经营的重大事项。公司主营业务食用菌相关产品产销两旺，出口水果产品数量报告期内有较大增长，提高了主营业务收入。报告期内，公司主营业务收入541,512,930.97元，主营业务利润88,660,796.40元，净利润50,838,294.21元。

3.1.1 占主营收入或主营业务利润总额10%以上的主营行业或产品情况

√适用 □不适用

分行业或分产品	主营业务收入	主营业务成本	毛利率(%)
食用菌及相关产业	311,553,227.11	251,978,414.38	19.12
复合肥	60,679,493.57	45,023,258.94	25.80
贸易	169,280,210.29	155,202,866.07	8.32

3.1.2 公司经营的季节性或周期性特征

□适用 √不适用

3.1.3 报告期利润构成情况(主营业务利润、其他业务利润、期间费用、投资收益、补贴收入与营业外收支净额在利润总额中所占比例与前一报告期相比的重大变动及原因的说明)

□适用 √不适用

3.1.4 主营业务及其结构与前一报告期相比发生重大变化的情况及原因说明

□适用 √不适用

3.1.5 主营业务盈利能力(毛利率)与前一报告期相比发生重大变化的情况及其原因说明

□适用 √不适用

3.2 重大事项及其影响和解决方案的分析说明

□适用 √不适用

3.3 会计政策、会计估计、合并范围变化以及重大会计差错的情况及原因说明

□适用 √不适用

3.4 经审计且被出具"非标意见"情况下董事会和监事会出具的相关说明

□适用 √不适用

3.5 预测年初至下一报告期期末的累计净利润可能为亏损或者与上年同期相比发生大幅度变动的警示及原因说明

□适用 √不适用

3.6 公司对已披露的年度经营计划或预算的滚动调整情况

□适用 √不适用

资产负债表

编制单位：山东九发食用菌股份有限公司　　单位：人民币元

2003年9月30日

资产	附注	合并	母公司
流动资产：			
货币资金		343,828,177.90	252,725,320.48
短期投资			
应收票据		5,730,000.00	110,000.00
应收股利			
应收利息			
应收帐款		192,685,127.65	177,095,824.61
其他应收款		50,295,015.06	46,937,789.86
预付帐款		45,145,997.18	26,681,657.23
应收补贴款		35,149,994.73	33,191,873.43
存货		193,438,675.02	124,527,251.58
待摊费用		2,596,440.70	237,981.07
一年内到期的长期债权投资			
其他流动资产			
流动资产合计		868,869,428.24	661,507,698.26
长期投资：			
长期股权投资		89,345,613.18	264,882,450.21
长期债权投资			
长期投资合计		89,345,613.18	264,882,450.21
其中：合并价差			
固定资产：			
固定资产原价		334,611,774.37	298,427,856.03
减：累计折旧		94,010,481.18	86,178,514.99
固定资产净值		240,601,293.19	212,249,341.04
减：固定资产减值准备			
固定资产净额		240,601,293.19	212,249,341.04

工程物资		
在建工程	250,848,133.17	216,545,788.91
固定资产清理		
固定资产合计	491,449,426.36	428,795,129.95
无形资产及其他资产：		
无形资产	96,161,623.48	26,193,614.92
长期待摊费用	17,126,936.75	10,625,000.08
其他长期资产		
无形资产及其他资产合计	113,288,560.23	36,818,615.00
递延税项：		
递延税款借项		
资 产 总 计	1,562,953,028.01	1,392,003,893.42

资产	2002 年 12 月 31 日 合 并	母公司
流动资产：		
货币资金	309,405,885.92	222,166,921.70
短期投资		
应收票据	21,928,842.60	5,013,057.60
应收股利		
应收利息		
应收帐款	125,471,080.65	73,650,713.95
其他应收款	49,099,372.48	41,283,767.87
预付帐款	47,814,183.55	30,425,065.20
应收补贴款	24,264,209.90	21,750,498.38
存货	157,861,045.85	95,209,582.18
待摊费用	429,205.35	145,769.91
一年内到期的长期债权投资		
其他流动资产		
流动资产合计	736,273,826.30	489,645,376.79
长期投资：		
长期股权投资	90,867,988.18	243,765,366.08
长期债权投资		
长期投资合计	90,867,988.18	243,765,366.08
其中：合并价差	–	
固定资产：		
固定资产原价	330,018,261.85	296,678,609.65
减：累计折旧	78,053,595.03	72,363,066.09
固定资产净值	251,964,666.82	224,315,543.56
减：固定资产减值准备		
固定资产净额	251,964,666.82	224,315,543.56
工程物资		
在建工程	169,398,350.44	148,093,978.37
固定资产清理		
固定资产合计	421,363,017.26	372,409,521.93
无形资产及其他资产：		
无形资产	100,030,933.65	26,712,949.45
长期待摊费用	14,192,974.50	10,937,500.06
其他长期资产		
无形资产及其他资产合计	114,223,908.15	37,650,449.51
递延税项：		
递延税款借项		
资 产 总 计	1,362,728,739.89	1,143,470,714.31

资产负债表

编制单位：山东九发食用菌股份有限公司　　单位：人民币元

2003 年 9 月 30 日

负债和股东权益	附注	合 并	母公司
流动负债：			
短期借款		422,188,221.80	356,413,416.47
应付票据		40,000,000.00	40,000,000.00
应付帐款		50,630,659.72	25,279,778.92
预收帐款		13,241,623.97	2,243,984.33
应付工资		3,648,724.20	3,535,669.60
应付福利费		7,161,323.79	6,407,712.48
应付股利			
应交税金		–34,643,581.12	–35,737,429.01
其他应交款		–77,987.69	–97,860.42
其他应付款		21,292,366.59	32,077,458.61
预提费用		396,344.03	244,414.13
预计负债			
一年内到期的长期负债			
其他流动负债			
流 动负债合计		523,837,695.29	430,367,145.11
长期负债：			
长期借款		84,000,000.00	84,000,000.00
应付债券			
长期应付款			
专项应付款			
其他长期负债			
长期负债合计		84,000,000.00	84,000,000.00
递延税项：			
递延税款贷项			
负 债 合 计		607,837,695.29	514,367,145.11
少数股东权益		78,279,942.32	
股东权益：			
股本		250,990,080.00	250,990,080.00
减：已归还投资			
股本净额		250,990,080.00	250,990,080.00
资本公积		367,214,770.00	367,214,770.00
盈余公积		46,065,277.21	46,065,277.21
其中：法定公益金		78,279,942.32	
未分配利润		212,565,263.19	213,366,621.10
股东权益合计		876,835,390.40	877,636,748.31
负债和股东权益总计		1,562,953,028.01	1,392,003,893.42

负债和股东权益	2002 年 12 月 31 日 合 并	母公司
流动负债：		
短期借款	210,068,221.80	92,553,600.00
应付票据	58,000,000.00	40,000,000.00
应付帐款	32,934,212.05	21,109,387.42
预收帐款	21,252,798.62	2,711,233.10
应付工资	2,411,555.34	1,819,073.81
应付福利费	6,905,070.08	5,831,229.01
应付股利	50,198,016.00	50,198,016.00
应交税金	–29,306,107.46	–26,514,723.09
其他应交款	–83,263.64	–109,136.37
其他应付款	20,880,931.07	44,956,941.66
预提费用	509,668.33	116,638.67
预计负债		
一年内到期的长期负债		
其他流动负债		
流 动负债合计	373,771,102.19	232,672,260.21
长期负债：		
长期借款	84,000,000.00	84,000,000.00
应付债券		
长期应付款		
专项应付款		
其他长期负债		
长期负债合计	84,000,000.00	84,000,000.00
递延税项：		
递延税款贷项		
负 债 合 计	457,771,102.19	316,672,260.21
少数股东权益	78,159,183.60	
股东权益：		
股本	250,990,080.00	250,990,080.00
减：已归还投资		
股本净额	250,990,080.00	250,990,080.00
资本公积	367,214,770.00	367,214,770.00
盈余公积	46,065,277.21	46,065,277.21
其中：法定公益金	15,355,092.40	15,355,092.40
未分配利润	162,528,326.89	162,528,326.89
股东权益合计	826,798,454.10	826,798,454.10
负债和股东权益总计	1,362,728,739.89	1,143,470,714.31

利润表

编制单位：山东九发食用菌股份有限公司　　单位：人民币元

项目	2003 年 7–9 月 合 并	母公司
一、主营业务收入	230,425,926.98	175,612,089.34
减：主营业务成本	201,520,438.66	151,012,308.10
主营业务税金及附加		
二、主营业务利润	28,905,488.32	24,599,781.24
加：其他业务利润	1,132,346.72	1,088,079.96
减：营业费用	3,998,113.58	1,383,226.96
管理费用	5,415,059.69	3,771,789.96
财务费用	4,533,138.82	3,311,938.38
三、营业利润	16,091,522.95	17,220,905.90
加：投资收益	104,700.03	–754,258.94
补贴收入		
营业外收入	89,823.83	60,190.88
减：营业外支出	231,477.71	163,977.71
四、利润总额	16,054,569.10	16,362,860.13
减：少数股东损益	–2,954,909.81	0.00
减：所得税	2,420,530.87	0.00
五、净利润	16,588,948.04	16,362,860.13
附注：		
非常项目		
1、出售、处置部门或被投资单位		
2、自然灾害发生的损失		
3、会计政策变更		
其 他		

项目	2003 年 1–9 月 合 并	母公司
一、主营业务收入	541,512,930.97	357,851,648.21
减：主营业务成本	452,204,539.39	287,866,910.13
主营业务税金及附加	647,595.18	647,595.18
二、主营业务利润	88,660,796.40	69,337,142.90
加：其他业务利润	3,325,167.17	3,122,196.36
减：营业费用	13,220,832.44	3,206,841.07
管理费用	21,153,980.07	15,951,537.58
财务费用	5,708,633.85	3,690,870.46
三、营业利润	51,902,517.21	49,610,090.15
加：投资收益	182,685.00	1,317,084.13
补贴收入		
营业外收入	173,503.61	114,322.66
减：营业外支出	272,513.76	203,202.73
四、利润总额	51,986,192.06	50,838,294.21
减：少数股东损益	–674,181.28	
减：所得税	1,822,079.13	
五、净利润	50,838,294.21	50,838,294.21
附注：		
非常项目		
1、出售、处置部门或被投资单位		
2、自然灾害发生的损失		
3、会计政策变更		
其 他		

项目	2002年7-9月	
	合 并	母公司
一、主营业务收入	133,310,652.64	85,500,119.18
减:主营业务成本	110,768,214.73	66,042,617.89
主营业务税金及附加	1.17	1.17
二、主营业务利润	22,542,436.74	19,457,500.12
加:其他业务利润	364,377.52	290,870.80
减:营业费用	5,213,512.25	2,527,105.73
管理费用	5,525,049.70	4,668,171.25
财务费用	1,732,871.09	903,216.96
三、营业利润	10,435,381.22	11,649,876.98
加:投资收益	399,502.31	-295,627.85
补贴收入		
营业外收入	14,761.52	14,761.52
减:营业外支出	14,184.78	12,184.78
四、利润总额	10,835,460.27	11,356,825.87
减:少数股东损益	-262,019.46	
减:所得税	-259,346.14	
五、净利润	11,356,825.87	11,356,825.87
附注:		
非常项目		
1、出售、处置部门或被投资单位		
2、自然灾害发生的损失		
3、会计政策变更		
其他		

项目	2002年1-9月	
	合 并	母公司
一、主营业务收入	473,752,208.57	245,010,482.57
减:主营业务成本	400,228,970.53	184,704,919.92
主营业务税金及附加	4,527.48	4,527.48
二、主营业务利润	73,518,710.56	60,301,035.17
加:其他业务利润	3,888,003.99	3,028,052.74
减:营业费用	9,459,692.47	5,835,634.90
管理费用	15,405,357.62	9,465,630.51
财务费用	5,380,142.43	4,310,894.45
三、营业利润	47,161,522.03	43,716,928.05
加:投资收益	917,474.86	5,505,964.10
补贴收入	4,500,000.00	4,500,000.00
营业外收入	433,083.83	220,216.84
减:营业外支出	27,983.00	22,015.27
四、利润总额	52,984,097.72	53,921,093.72
减:少数股东损益	306,750.52	
减:所得税	912,290.81	-1,731,692.78
五、净利润	51,765,056.39	55,652,786.50
附注:		
非常项目		
1、出售、处置部门或被投资单位		
2、自然灾害发生的损失		
3、会计政策变更		
其他		

现金流量表

2003年1-9月

单位:山东九发食用菌股份有限公司　　单位:人民币元

项目	合并
一、经营活动产生的现金流量	
销售商品、提供劳务收到的现金	524,190,036.01
收到的税费返还	12,001,243.27
收到的其他与经营活动有关的现金	10,856,787.20
现金流入小计	547,048,066.48
购买商品、接受劳务支付的现金	508,109,818.46
支付给职工以及为职工支付的现金	21,847,512.03
支付的各种税费	16,540,579.72
支付的其他与经营活动有关的现金	35,786,248.03
现金流出小计	582,284,158.24
经营活动产生的现金流量净额	-35,236,091.76
二、投资活动产生的现金流量	
收回投资所收到的现金	
取得投资收益所收到的现金	
处置固定资产、无形资产和其他长期资产收到的现金净额	
收到的其他与投资活动有关的现金	
现金流入小计	
购建固定资产、无形资产和其他长期资产所支付的现金	80,660,464.62
投资所支付的现金	
支付的其他与投资活动有关的现金	
现金流出小计	80,660,464.96
投资活动产生的现金流量净额	-80,660,464.62
三、筹资活动产生的现金流量	
吸收投资所收到的现金	
借款所收到的现金	623,894,805.33
收到的其他与筹资活动有关的现金	
现金流入小计	623,894,805.33
偿还债务所支付的现金	411,774,805.33
分配股利、利润或偿付利息所支付的现金	61,801,151.64
支付的其他与筹资活动有关的现金	
现金流出小计	473,575,956.97
筹资活动产生的现金流量净额	150,318,848.36
四、汇率变动对现金的影响额	
五、现金及现金等价物净增加额	34,422,291.98

项目	母公司
一、经营活动产生的现金流量	
销售商品、提供劳务收到的现金	274,766,676.38
收到的税费返还	9,706,850.79
收到的其他与经营活动有关的现金	6,437,252.62
现金流入小计	290,910,779.79
购买商品、接受劳务支付的现金	313,068,588.87
支付给职工以及为职工支付的现金	15,356,814.75
支付的各种税费	14,643,260.38
支付的其他与经营活动有关的现金	29,587,456.10
现金流出小计	372,656,120.10
经营活动产生的现金流量净额	-81,745,340.31
二、投资活动产生的现金流量	
收回投资所收到的现金	
取得投资收益所收到的现金	
处置固定资产、无形资产和其他长期资产收到的现金净额	
收到的其他与投资活动有关的现金	
现金流入小计	
购建固定资产、无形资产和其他长期资产所支付的现金	73,660,464.62
投资所支付的现金	19,800,000.00
支付的其他与投资活动有关的现金	
现金流出小计	93,460,464.62
投资活动产生的现金流量净额	-93,460,464.62
三、筹资活动产生的现金流量	
吸收投资所收到的现金	
借款所收到的现金	609,859,816.47
收到的其他与筹资活动有关的现金	
现金流入小计	609,859,816.47
偿还债务所支付的现金	346,000,000.00
分配股利、利润或偿付利息所支付的现金	58,095,612.76
支付的其他与筹资活动有关的现金	
现金流出小计	404,095,612.76
筹资活动产生的现金流量净额	205,764,203.71
四、汇率变动对现金的影响额	
五、现金及现金等价物净增加额	30,558,398.78

现金流量表附注

2003年1-9月

编制单位:山东九发食用菌股份有限公司　　单位:人民币元

项目	合并
1、将净利润调节为经营活动的现金流量	
净利润(亏损以负号填列)	50,838,294.21
加:计提的资产减值准备	2,444,969.70
固定资产折旧	15,956,886.15
无形资产摊销	
长期待摊费用摊销	2,933,962.25
待摊费用减少(减:增加)	-2,167,235.35
预提费用增加(减:减少)	-113,324.30
处置固定资产、无形资产和其他长期资产的损失(减收益)	
固定资产报废损失	
财务费用	5,380,142.43
投资损失(减:收益)	-104,700.03
递延税款贷项(减:借项)	
存货的减少(减:增加)	-35,577,629.17
经营性应收项目的减少(减:增加)	-60,428,445.44
经营性应付项目的增加(减:减少)	-14,399,012.21
其他	
经营活动产生的现金流量净额	-35,236,091.76
2、不涉及现金收支的投资和筹资活动	
债务转为资本	
一年内到期的可转换公司债券	
融资租入的固定资产	
3.现金及现金等价物净增加情况	
现金的期末余额	343,828,177.90
减:现金的期初余额	309,405,885.92
加:现金等价物期末余额	
减:现金等价物期初余额	
现金及现金等价物净增加额	34,422,291.98

项目	母公司
1、将净利润调节为经营活动的现金流量	
净利润(亏损以负号填列)	50,838,294.21
加:计提的资产减值准备	2,635,408.40
固定资产折旧	13,815,448.90
无形资产摊销	
长期待摊费用摊销	1,876,956.21
待摊费用减少(减:增加)	-92,211.16
预提费用增加(减:减少)	127,775.46
处置固定资产、无形资产和其他长期资产的损失(减收益)	
固定资产报废损失	
财务费用	4,310,894.45
投资损失(减:收益)	754,258.94
递延税款贷项(减:借项)	
存货的减少(减:增加)	-29,317,669.40
经营性应收项目的减少(减:增加)	-111,894,042.13
经营性应付项目的增加(减:减少)	-14,800,454.19
其他	
经营活动产生的现金流量净额	-81,745,340.31
2、不涉及现金收支的投资和筹资活动	
债务转为资本	
一年内到期的可转换公司债券	
融资租入的固定资产	
3.现金及现金等价物净增加情况	
现金的期末余额	252,725,320.48
减:现金的期初余额	222,166,921.70
加:现金等价物期末余额	
减:现金等价物期初余额	
现金及现金等价物净增加额	30,558,398.78

江苏吴中实业股份有限公司

江苏吴中实业股份有限公司2002年年度报告

第一节　公司基本情况简介

1、公司法定中文名称:江苏吴中实业股份有限公司
简称:江苏吴中
法定英文名称:Jiangsu wuzhong industrial CO.,LTD
缩写:Jiangsu wuzhong
2、公司法定代表人:赵唯一先生
3、公司董事会秘书:金建平先生
证券事务代表:朱菊芳小姐
联系地址:江苏省苏州市吴中区宝带东路388号
电话:0512-65272131、65618665
传真:0512-65270086
董秘电子信箱:600200@wuzhong.com,jswz@wuzhong.com
4、公司注册及办公地址:江苏省苏州市吴中区宝带东路388号
邮政编码:215128
公司电子信箱:info@wuzhong.com
5、公司信息披露报纸名称:中国证券报、上海证券报
登载年度报告的中国证监会指定网站网址:http://www.sse.com.cn
公司年度报告备置地点:公司董事会秘书室
6、公司股票上市交易所:上海证券交易所
股票简称:江苏吴中
股票代码:600200
7、其他有关资料

公司首次注册时间为1994年6月28日,注册登记机关为江苏省苏州市吴县工商行政管理局,1996年12月31日按国家法规对股份制企业的要求进行规范,并在江苏省工商行政管理局重新办理注册登记。

公司法人营业执照注册号:3200001103424。
公司税务登记号码:320586134792998。
公司聘请的会计师事务所:上海立信长江会计师事务所有限公司
办公地址:上海市南京东路61号4楼

第二节　会计数据和业务数据摘要

1、公司2002年度主要会计数据

项目	金额(人民币元)
⑴利润总额	84061374.34
⑵净利润	60177053.15
⑶扣除非经常性损益后的净利润	54576608.73
⑷主营业务利润	170368957.13
⑸其它业务利润	9173558.48
⑹营业利润	76043983.62
⑺投资收益	2234093.81
⑻补贴收入	6099214.45
⑼营业外收支净额	-315917.54
⑽经营活动产生的现金流量净额	22909564.58
⑾现金及现金等价物净增加额	-102400378.20

注:非经常性损益是指公司正常经营损益之外的一次性或偶发性损益,本公司扣除的非经常性损益项目为:(1)营业外收支净额影响净利润-256041.78元;(2)收取资金使用费影响净利润450012.52元;(3)补贴收入影响净利润5406473.68元,合计影响净利润为5600444.42元。

2、公司前三年主要会计数据和财务指标:(金额:人民币元)

项目	2002年 (或2001年12月31日)	2001年 (或2001年12月31日)
(1)主营业务收入	666234476.68	668554095.40
(2)净利润	60177053.15	83195604.04
(3)总资产	1228515760.03	1105587920.22
(4)股东权益 (不含少数股东权益)	791632954.24	750190729.68
(5)每股收益(摊薄计算)	0.217	0.3001
(6)每股净资产	2.856	2.706
(7)调整后的每股净资产	2.811	2.670
(8)每股经营活动产生的 现金流量净额	0.083	-0.125
(9)净资产收益率(%) (摊薄计算)	7.60	11.09
(10)扣除非经常性损益后 加权平均净资产收益率(%)	6.99	15.91

项目	2000年 (或2000年12月31日) 调整前	调整后
(1)主营业务收入	414244143.09	414244143.09
(2)净利润	47961776.79	41043207.48
(3)总资产	695181124.06	680995064.49
(4)股东权益 (不含少数股东权益)	435698314.20	422184414.79
(5)每股收益(摊薄计算)	0.359	0.307
(6)每股净资产	3.261	3.160
(7)调整后的每股净资产	3.087	3.096
(8)每股经营活动产生的 现金流量净额	0.590	0.590
(9)净资产收益率(%) (摊薄计算)	11.01	9.72
(10)扣除非经常性损益后 加权平均净资产收益率(%)	9.37	7.92

注:"调整后"栏为按财政部发布的新会计准则和制度及其补充规定要求变更会计政策采用追溯调整后计算的指标。

第三节　股本变动及股东情况

一、股东情况介绍
1、报告期末股东总数为3779人;
2、主要股东持股情况

截止2002年12月31日,公司前十名股东持股情况如下:

股东名称	期末持股数量(股)	占总股本比例(%)
(1)、江苏吴中集团公司	100245600	36.16
(2)、吴县协力商社	21840000	7.88
(3)、海南颐科科技开发有限公司	21434400	7.73
(4)、苏州大有物贸公司	5460000	1.97
(5)、江苏吴中集团万利发展公司	3120000	1.13
(6)、唐炳清	523000	0.1887
(7)、制冷设备	468880	0.1691
(8)、詹用生	417982	0.1508
(9)、荣官聪	312416	0.1127
(10)、赵维俊	303350	0.1094

股东名称	股份性质	本期增减(股)
(1)、江苏吴中集团公司	法人股	0
(2)、吴县协力商社	法人股	0
(3)、海南颐科科技开发有限公司	法人股	+8694400
(4)、苏州大有物贸公司	法人股	
(5)、江苏吴中集团万利发展公司	法人股	
(6)、唐炳清	流通股	
(7)、制冷设备	流通股	
(8)、詹用生	流通股	
(9)、荣官聪	流通股	
(10)、赵维俊	流通股	

注:(1)公司前10名股东中的法人股,除江苏吴中集团万利发展公司系江苏吴中集团公司全资企业外,其余法人股之间不存在关联关系或属于《上市公司持股变动信息披露管理办法》中规定的一致行动人。

公司前10名股东中的流通股法人股,公司未知其是否存在关联关系或属于《上市公司持股变动信息披露管理办法》中规定的一致行动人。

(2)海南颐科科技开发有限公司报告期内增持本公司法人股8694400股系受让自本公司原法人股东北京宜和翰银投资管理有限公司取得的。

(3)上述持有本公司5%以上(含5%)股份的单位所持本公司股份报告期内无质押、冻结情况。

3、公司控股股东本报告期内无变更,为江苏吴中集团公司。

江苏吴中集团公司成立于1993年4月,法定代表人:朱天晓,注册资本5000万元,主要业务包括服装及辅料、纺织品、建材、金属材料及制品、电子电器、项目投资及三产开发、房地产等。江苏吴中集团公司的主管机关为苏州市吴中区教育局。

第四节　公司董事、监事、高级管理人员和员工情况

一、公司现任董事、监事、高级管理人员基本情况

姓名	职务	性别	年龄
赵唯一	董事长	男	48
姚建林	副董事长、总经理	男	46
夏建平	副董事长	男	47
钟慎政	董事、副总经理	男	54
沈贇	董事、副总经理	男	45
许益峰	董事	男	48
金建平	董事、董秘	男	40
罗勤	董事、副总经理	男	47
阎政	董事、副总经理	男	50
刘兆年	独立董事	男	43
汤谷良	独立董事	男	41
王锦霞	独立董事	女	49
魏兴发	监事、监事会主席	男	53
张祥荣	监事	男	50
夏霖	监事	男	39
徐连男	监事(职工代表)	男	51
钟素芳	监事(职工代表)	女	35
杨伍官	财务总监	男	53
金力	副总经理	男	39

姓名	任期 (年.月.日)	持股数(股) 期初数	增/减(+/-)	期末数
赵唯一	2000.4.20-2003.4.20	68400		68400
姚建林	2000.4.20-2003.4.20	68400		68400
夏建平	2000.4.20-2003.4.20	68400		68400
钟慎政	2000.4.20-2003.4.20	50400		50400
沈贇	2000.4.20-2003.4.20	50400		50400
许益峰	2000.4.20-2003.4.20	50400		50400
金建平	2000.4.20-2003.4.20	50400		50400
罗勤	2002.4.10-2003.4.20	23400		23400

阎政	2002.4.10-2003.4.20	0	0
刘兆年	2001.8.19-2003.4.20	0	0
汤谷良	2002.4.10-2003.4.20	0	0
王锦霞	2002.4.10-2003.4.20	0	0
魏兴发	2000.4.20-2003.4.20	68400	68400
张祥荣	2000.4.20-2003.4.20	50400	50400
夏霖	2001.5.15-2003.4.20	0	0
徐连男	2000.4.20-2003.4.20	14400	14400
钟素芳	2001.4.27-2003.4.20	7200	7200
杨伍官	2000.4.20-2003.4.20	50400	50400
金力	2002.3.7 -2003.4.20	0	0

董事、监事在股东单位任职情况说明：董事会成员中赵唯一为江苏吴中集团公司副董事长、总经理；姚建林为江苏吴中集团公司副董事长，夏建平、钟慎政为江苏吴中集团公司董事。监事会成员中魏兴发先生、张祥荣先生分别任江苏吴中集团公司副董事长、副总经理职务，任职期均至2004年3月；其他董、监事及高管人员未在股东单位任职。

二、公司董事、监事、高级管理人员年度报酬情况

1、公司董事、监事的年薪由董事会下属的薪酬与考核委员会负责拟订，由董事会审议通过并提交股东大会批准，平时按年薪的一定比例发放，年底由薪酬与考核委员会对其进行工作绩效考评，根据考评结果确定补发的年薪数额。

公司经理等高管人员的年薪由董事会下属的薪酬与考核委员会负责拟订，由董事会审议批准，平时按年薪的一定比例发放，年底由薪酬与考核委员会对其进行工作绩效进行考评，根据考评结果确定补发的年薪数额。其中负责行政、后勤、企业管理性工作的高管人员年薪主要与其岗位、职责及其工作表现挂钩，负责生产经营的高管人员年薪主要与其完成业绩任务情况挂钩。

报告期内现任公司董事(不含独立董事)、监事、高级管理人员在本公司领取报酬的有14人，年度报酬总额157.98万元，其中金额最高的前二名董事报酬总额为54万元，金额最高的前三名高级管理人员报酬总额为46万元。

本公司独立董事的年津贴为5万元，无其他报酬和待遇。

2、报酬区间为(不含独立董事)：3-6万元，董事1人，监事3人，高管人员0人；6-10万元，董事1人，监事0人，高管人员2人；10-20万元，董事7人，监事0人，高管人员0人。

3、报告期内公司董事均在本公司领取报酬；监事会成员中魏兴发先生、张祥荣先生不在本公司领取报酬，他们在控股股东江苏吴中集团公司领取报酬。

三、本报告期内公司董事、监事、高级管理人员变动情况及原因

1.2002年3月7日，公司三届七次董事会聘任金力先生担任公司副总经理。

2. 报告期内因公司股东变化及工作变动的原因，2002年4月10日公司2001年度股东大会审议通过了戴景明、杨伍官、朱燕、沈永荣辞去公司董事职务，不再担任公司董事；会议选举罗勤、阎政为公司董事，选举汤谷良、王锦霞为公司独立董事；会议审议通过了刘兆年由公司非执行董事变更为公司独立董事。

四、公司员工情况

公司年末在职职工人数为1363人，按教育程度分布为：大专以下1187人，占87.09%，大专95人，占6.97%，大学本科68人，占4.99%，硕士研究生及以上13人，占0.95%；按专业构成分布为：生产人员712，占52.24%，销售人员101人，占7.41%，生产技术人员264人，占19.37%，财务人员51人，占3.74%，行政人员162人，占11.89%，其他73人，占5.36%。报告期末公司离退休职工162人，占11.89%。

第五节　公司治理结构

一、公司治理情况

报告期内，公司严格按照《公司法》、《证券法》和中国证监会有关法律法规的要求，不断健全和完善公司法人治理结构、规范公司"三会"运作，公司按要求修订了《公司章程》、制订了《股东大会议事规则》、《董事会议事规则》、《监事会议事规则》、《董事会下属委员会实施细则》、《独立董事制度》等公司治理文件。对照证监会发布的有关上市公司治理规范性文件，目前本公司法人治理情况具体说明如下：

1、关于股东与股东大会：公司充分考虑股东利益，确保所有股东(特别是中小股东)享有平等地位并充分行使自己的权利，公司在《章程》及《股东大会议事规则》中对股东权益作了明确规定并认真执行，对关联交易的决策及程序也作了明确规定，以做到关联交易的公平合理。报告期内公司未发生为控股股东及其关联方提供担保的情形。

2、关于公司与控股股东关系：

(1)、公司业务独立、资产完整。公司拥有独立的生产系统、辅助生产系统和配套设施；公司拥有独立的采购和销售系统，公司具有独立完整的业务及自主经营能力；公司资产完整，各项固定资产、流动资产及其他资产均为本公司合法拥有，除"吴中"商标外公司目前使用的工业产权、商标、非专利技术亦为公司拥有，"吴中"商标由吴中集团承诺无偿提供本公司使用，用于本公司内销休闲类服装服饰；

(2)、公司人员独立。本公司设立了独立的机构负责劳动、人事及工资管理。公司总经理、副总经理、财务负责人、营销负责人等高级管理人员均在公司领取薪酬，公司高级管理人员未在股东单位兼任除董事以外的重要职务，本公司员工与控股股东员工完全分开；

(3)、公司财务独立。公司设立独立的财务部门，并建立了独立的会计核算体系和财务管理制度，公司银行账户独立。

(4)公司机构独立。公司设有董秘室、财务部、人力资源部、企管发展部、医学市场部等职能部门，公司日常运营独立于控股股东。

3、关于董事与董事会：公司董事的选聘严格按照公司章程规定的程序进行，公司董事的人数和人员构成也符合国家有关法律法规的要求。董事会已建立了《董事会议事规则》。

报告期内，公司通过股东大会选举产生了3位独立董事，建立了《独立董事制度》，并成立了董事会所属四个专门委员会，即战略委员会、提名委员会、审计委员会、薪酬与考核委员会。

4、关于监事与监事会：目前公司建立了《监事会议事规则》，公司监事列席了历次公司董事会和股东大会，监事会能本着股东利益出发，认真负责审议各事项，对公司董事会、经理及其他高管人员履行职责的合法合规性进行监督，对公司财务状况进行检查监督。

5、关于绩效评价与激励约束机制：对于公司董事、高管人员，公司通过建立董事会下属的薪酬与考核委员会进行工作绩效考评，并负责制订、审查公司董事及经理人员的薪酬政策与方案。

对于公司其他经营管理人员，公司目前采用岗位职责表现、经营业绩与酬薪挂钩考核的办法，由公司人事部门、财务部门及其他职能部门参与评价考核。

6、关于利益相关者：公司充分尊重银行及其他债权人、职工、消费者、供应商、所在地方等利益相关者的合法权利，并提供其必要的信息，共同推进公司持续、健康发展。

7、关于信息披露：公司制订了《信息披露制度》，指定董事会秘书负责信息披露事项、接待来访、回答咨询、联系股东及向投资者提供公司公开披露的资料，严格按照法律法规和公司章程的规定主动、真实、准确、完整、及时地披露相关信息，以确保公司所有股东有平等机会得到信息。

二、独立董事履行职责情况

2002年4月，公司股东大会根据《关于在上市公司建立独立董事制度的指导意见》选举产生了三位独立董事。8月29日公司2002年度第一次临时股东大会审议通过公司《独立董事制度》。公司独立董事参加了年度内召开的董事会会议和股东大会，参与会议各项议案的审议，对关联交易和其他重大事项发表独立意见。独立董事在未能亲自出席会议时，也在会前认真阅读会议文件，并主动委托其他独立董事进行表决和发表意见，较好地履行了作为独立董事应承担的职责。

第六节　股东大会情况简介

公司报告期内共召开一次股东大会年会、一次临时股东大会。

一、2002年3月8日，公司在中国证券报、上海证券报刊登了定于2002年4月10日召开2001年度股东大会的通知。2002年4月10日上午，公司2001年度股东大会在公司总部五楼会议室如期召开。会议由公司董事长赵唯一先生主持，参加本次股东大会的股东及股东授权代表共计20人，代表股份131304770股，占公司股份总额的47.37%。公司董事、监事及高级管理人员出席了会议。本次会议符合《公司法》及《公司章程》的有关规定。公司聘请的具有证券从业资格的北京中银律师事务所张圣怀律师出席了会议并为本次会议出具了法律意见书。与会股东及股东授权代表经过认真审议，以记名投票的方式进行了表决，并通过了以下决议：

1、通过公司2001年度董事会工作报告。

2、通过公司2001年度监事会工作报告。

3、通过公司2001年年度报告及年报摘要。

4、通过公司2001年度利润分配方案。

5、通过公司调整董事会成员、设立独立董事的议案。

6、通过公司董事、监事薪酬议案。

7、通过公司章程修改议案。

8、通过公司股东大会议事规则。

9、通过公司五年发展规划的议案。

二、2002年7月27日，公司在中国证券报、上海证券报刊登了定于2002年8月29日召开2002年度第一次临时股东大会的通知。2002年8月29日上午，公司2002年度第一次临时股东大会在公司五楼会议室，会议由公司董事长赵唯一先生主持，参加本次股东大会的股东及股东授权代表共计17人，代表股份131286600股，占公司股份总额的47.36%。公司董事、监事及高级管理人员出席了会议。本次会议符合《公司法》及《公司章程》的有关规定。公司聘请的具有证券从业资格的北京中银律师事务所戈向阳律师出席了会议并为本次会议出具了法律意见书。与会股东及股东授权代表经过认真审议，以记名投票的方式进行了表决，并通过了以下决议：

(一)审议通过《关于公司申请发行可转换公司债券的议案》

(二)审议通过《公司发行可转换公司债券的方案》

(三)审议通过《关于本次发行可转债募集资金投资项目可行性的议案》

(四)审议通过《关于提请股东大会授权董事会全权办理本次发行可转换公司债券的相关事宜的议案》

(五)审议通过《关于本次发行可转换公司债券决议有效期限的议案》

本次发行可转债方案的有效期为本议案提交股东大会审议通过后一年。

(六)审议通过《公司董事会关于前次募集资金使用情况的说明》

(七)审议通过《公司独立董事制度》

(八)审议通过《公司募集资金管理办法》

第七节　董事会报告

一、公司经营情况

1、公司经营状况简要分析

2002年，企业市场竞争日趋激烈，绝大多数消费品买方市场已经形成，物价指数不断走低，虽然本公司主营业务也受到了较强的挑战，但是年度内公司通过积极开拓市场，强化品牌营销，分别启动了"吴中医药"药业板块品牌推广计划和以"芭芭拉、铁飞龙"为主的服装板块品牌营销战略，整合和新建营销网络，全面面向市场，面向客户开展公司的经营业务，取得了较好的成效。公司品牌服装"芭芭拉"及其设计师在2002年中国国际时装周上分别荣获"中国最佳女装设计奖"和"中国十佳女装设计师"荣誉称号。

在投资方面，公司积极抓好前次配股募集资金的项目建设，"苏州第六制药厂年产4亿支针剂车间GMP改造"等一批投资项目已在年度内完工，即将投入运营，成为公司新的利润增长点。年度内公司还遵循市场化原则，按照主营的相关多元化策略，投资控股了"江苏吴中大自然生物工程有限责任公司"和"绍兴茂龙吴中羽绒制品有限公司"。同时根据公司药品生产管理的总体思路，收购了控股股东持有的"苏州中凯生物药业有限公司"10%股权，并将其变更为生产分公司，整合了公司的药业生产管理。

年度内，公司还重点加强医药新品开发，注册成立江苏吴中中药研发有限公司，并在原先生物医药研究所基础上获准成立江苏省基因药物工程技术中心，健全了公司新产品研发体系，不断开发具有自主知识产权的新技术、新产品，以服务于公司业务发展的需要。

通过公司管理层和员工的共同努力，2002年取得了比较稳定的经营业绩，虽然公司一些老药受到了市场较大的冲击，主营业务收入没有完成年初计划，但通过新药开发和市场开拓，公司实现了主营业务收入及主营业务利润基本与上年持平，六药厂的新药销量比去年增长35%以上，原料药出口取得成倍增长，长征-欣凯的来氟米特片剂、芙琦星等产销取得大幅增长，阿奇霉素销售额比去年增长6倍以上。服装板块外销也克服了欧、美、日经济不景气的市场影响保持了稳定，内销业务品牌运作取得成效。

2.公司主营业务范围及其经营状况

公司主营业务范围：服装、工艺美术品(金银制品除外)、不锈钢制品、照相器材、皮革及制品的制造和销售，国内贸易(国家有专项规定的办理许可证后经营)，房地产开发、经营。原料药、输液剂、注射剂、冻干针剂、片剂、硬胶囊剂、栓剂制造、销售(限指定的分支机构领取许可证后经营)。本公司自产的服装、绣什品，床上用品、工艺美术品、不锈钢制品、药品、原料药、箱包、皮革及制品出口业务，本公司生产、科研所需的原辅材料、机械设备、仪器仪表、零配件进出口业务。

目前，公司主要业务分服装和医药两块，分属服装行业和医药行业，其中服装主要从事"芭芭拉"、"铁飞龙"品牌服装、"365"牌学生装、羽绒服、"吴中"牌休闲装及其它各类针织、梭织外销服装生产销售；医药主要从事各种原料药、输液剂、注射剂、冻干粉针、胶囊、片剂、口服液等各种抗生素类、维生素类、止血类普通药品和G-CSF(重组人粒细胞集落刺激因子)等生物药品生产、销售。

(1)公司报告期实现主营业务收入666234476.68元，其中：服装383651357.08元，占57.59%，药业282583119.60元，占42.41%；主营业务利润170368957.13元，其中：服装66353862.45元，占38.95%，药业104015094.68元，占61.05%。

分行业资料：

类别	主营业务收入		主营业务成本	
	2002年	2001年	2002年	2001年
服装	383651357.08	45257935.77	316394986.45	354674755.87
药品	282583119.60	223296159.63	176567650.46	134599768.84
合计	666234476.68	668554095.40	492962636.91	489274524.71

类别	主营业务毛利		主营业务毛利率	
	2002年	2001年	2002年	2001年
服装	67256370.63	90583179.90	17.53%	20.34%
药品	106015469.14	88696390.79	37.52%	39.72%
合计	173271839.77	179279570.69	26.01%	26.82%

(2)占主营业务收入或主营业务利润10%以上的业务经营活动，其所属行业及主要产品介绍：服装类产品中主要是"365"学生装、羽绒服、休闲装，"芭芭拉"、"铁飞龙"等品牌服装以及各种针织、梭织外销服装；医药类产品中主要是六药厂的普药洁霉素、丁胺针剂(硫酸阿米卡星)、孢二磷注射液、辅霉A粉针、丁胺原料药、卡络磺钠，长征制药厂的氧氟沙星、芙璐星(氟罗沙星)注射液及来

氟米特新药和中凯公司生物药品 G-CSF。

3、主要控股公司及参股公司的经营情况及业绩

苏州长征-欣凯制药有限公司:该公司系中外合作企业,注册资本金 102 万美元,本公司投资 72 万美元。该公司主要业务为:一类新药"爱若华"、四类新药"芙璐星"以及各类注射液、片剂、口服液、及其他药品开发、研制、生产和销售。截至 2002 年 12 月 31 日,该公司总资产 5066.52 万元,净资产 2584.95 万元,2002 年实现主营业务收入 4631.20 万元,净利润 990.76 万元。

江苏吴中进出口有限公司:该公司注册资本为 2800 万元(本公司占 97.14%股份),目前该公司主要从事进出口贸易。截至 2002 年 12 月 31 日,该公司总资产 13299.59 万元,净资产 4172.80 万元,2002 年实现主营业务收入 22781.22 万元,净利润 935.59 万元。

江苏兴业高新技术风险投资管理有限公司:该公司注册资本 5000 万元(本公司占 95%股份),该公司目前主要从事对具有成长潜力和市场价值的高科技公司进行权益投资的业务。截至 2002 年 12 月 31 日,该公司总资产 9497.16 万元,净资产 6173.37 万元,2002 年实现净利润 251.32 万元。

江苏吴中苏药医药开发有限公司:该公司注册资本 600 万元(本公司占 51%股份),目前该公司主要从事化学药品的研发工作。截至 2002 年 12 月 31 日,该公司总资产 2328.81 万元,净资产 872.84 万元,2002 年实现主营业务收入 599.46 万元,净利润 252.01 万元。

江苏吴中医药销售有限公司:该公司注册资本 3000 万元(本公司占 75%股份),目前该公司主要负责销售江苏吴中各下属药品生产单位的新药品种。截至 2002 年 12 月 31 日,该公司总资产 6550.31 万元,净资产 3017.54 万元,2002 年实现主营业务收入 2863.54 万元,净利润 52.18 万元。

江苏吴中生物医药研究所有限公司:该公司注册资本金 1500 万元(本公司占 90%股份),目前该公司主要从事生物医药的研发工作。截至 2002 年 12 月 31 日,该公司总资产 4543.99 万元,净资产 1486.02 万元,2002 年尚未实现收益。

4、公司主要供应商、客户情况

报告期内公司向前五名供应商合计的采购金额 14042 万元,占年度采购总额的 25.04%;

报告期内公司向前五名客户合计的销售额 19609 万元,占全年销售总额的 29.43%;

5、报告期内公司经营中出现的问题与困难及解决方案

2002 年,面对复杂的宏观经营环境和日趋激烈的市场竞争态势,公司经营保持了稳定。我国加入 WTO 后,国际资本和跨国公司不断涌入,公司运营在品牌建设、产品科技含量提升、自主知识产权创建以及营销战略、管理的规范化等方面面临新的挑战。

为此公司从业务结构调整、新品研发、品牌营销、人力资源引进和培养等方面入手,努力打造公司核心竞争力。(1)把"产业结构的调整与优化"作为公司的中心工作来抓,制定了公司"有重点地大力发展医药业,稳固服装业的基础地位"的经营发展思路。(2)强化品牌建设和市场推广,启动"吴中医药"市场营销策划方案和"芭芭拉、铁飞龙"品牌服装行销推广计划。(3)狠抓研发,不断研制开发以拥有自主知识产权为目标的新产品。(4)强化管理规范化水平,做到企业管理以财务管理为中心,生产管理以质量管理为中心,充分整合利用公司现有资源。(5)大力引进、培养公司发展所需的管理和专业人才,在工作中弘扬团队精神和吴中企业文化氛围。

6、公司未曾公开披露过 2002 年度盈利预测。

本年度未完成年初主营业务收入计划的主要原因是本公司所属天翔分公司生产基地搬迁以及报告期内公司外销服装受欧美经济不景气影响没有实现增长,该情况公司已在半年报和季报中说明。

二、报告期内公司投资情况

截至 2002 年 12 月 31 日,母公司对外长期投资总额 25521.22 万元,比上年末增加 7502.26 万元,增加比例 41.64%。公司报告期内投资情况具体说明如下:

1、报告期内募集资金的使用情况说明

公司 2001 年度配股募集资金的项目投资延续至本报告期,配股募集资金总额 26688 万元,净额 25659.67 万元,报告期募集资金投向未变更,具体使用情况说明如下:

(1)、公司配股承诺的募集资金用途(单位:万元,截止 2002 年 12 月 31 日)

项目	计划投资额(万元)
1.苏州第六制药厂年产 4 亿支针剂车间 GMP 改造项目	2300
2.苏州第六制药厂年产 1000 万支注射用奥美拉唑钠技术改造项目	2700
3.苏州第六制药厂国家一类新药来氟米特原料药技术改造项目	2900
4.苏州第六制药厂匹多莫德原料药及制剂生产线实施 GMP 技术改造项目	2786
5.苏州中凯生物药业有限公司年产 8 万套瑞替普酶项目	4956.2
6.整合江苏吴中医药营销网络项目	4115
7.组建江苏吴中生物医药研究所项目	4400
8.增资江苏吴中进出口有限公司	2000
合计	26157.20

项目	计划完成投资时间
1.苏州第六制药厂年产 4 亿支针剂车间 GMP 改造项目	2002 年 7 月
2.苏州第六制药厂年产 1000 万支注射用奥美拉唑钠技术改造项目	2002 年 7 月
3.苏州第六制药厂国家一类新药来氟米特原料药技术改造项目	2002 年 12 月
4.苏州第六制药厂匹多莫德原料药及制剂生产线实施 GMP 技术改造项目	2003 年 6 月
5.苏州中凯生物药业有限公司年产 8 万套瑞替普酶项目	2002 年 12 月
6.整合江苏吴中医药营销网络项目	2002 年 12 月
7.组建江苏吴中生物医药研究所项目	2002 年
8.增资江苏吴中进出口有限公司	2002 年
合计	

项目	实际已投资额
1.苏州第六制药厂年产 4 亿支针剂车间 GMP 改造项目	2062.11
2.苏州第六制药厂年产 1000 万支注射用奥美拉唑钠技术改造项目	2068.55
3.苏州第六制药厂国家一类新药来氟米特原料药技术改造项目	2573.94
4.苏州第六制药厂匹多莫德原料药及制剂生产线实施 GMP 技术改造项目	832.45
5.苏州中凯生物药业有限公司年产 8 万套瑞替普酶项目	5054.03
6.整合江苏吴中医药营销网络项目	4115.00
7.组建江苏吴中生物医药研究所项目	4400.00
8.增资江苏吴中进出口有限公司	2000.00
合计	23106.08

(2)、项目说明

①公司苏州第六制药厂年产 4 亿支针剂车间 GMP 改造项目,该项目建设期一年,年初计划 2002 年 7 月正式完工生产,该项目公司在募集资金到位前提前启动,截至 2002 年 12 月 31 日,公司已投资 2062.11 万元,占计划投资额 89.66%,项目已竣工验收,尚未投入部分为项目投产启动所需的流动资金。虽然由于天气(雨季)原因及调试成功后上报验收等程序影响了项目进度,但通过公司领导、员工的共同努力,该项目于 2002 年 12 月顺利通过了国家级验收,并于 2003 年 1 月正式投入生产。

②公司苏州第六制药厂年产 1000 万支注射用奥美拉唑钠技术改造项目,该项目建设期一年,年初计划 2002 年 7 月正式投产,该项目公司在募集资金到位前提前启动,截至 2002 年 12 月 31 日,公司已投资 2068.55 万元,占计划投资额 76.61%,项目已竣工,并于 2002 年 12 月与前述 GMP 改造项目一起顺利通过了国家级验收,于 2003 年 1 月正式投入生产;尚未投入部分主要为项目投产启动所需的流动资金。项目实际完成投产时间晚于年初计划主要是受天气(雨季)影响及调试成功后上报验收等程序的影响。

③公司苏州第六制药厂国家一类新药来氟米特原料药技术改造项目,该项目建设期一年,年初计划 2002 年 12 月正式完工生产,截至 2002 年 12 月 31 日,公司已投入 2573.94 万元,投入资金占项目计划投资额 88.76%,虽然公司在募集资金到位前提前启动,但由于天气原因及企业其他项目的同时实施等原因一定程度上影响了该项目的进度,目前,该项目进展顺利,项目投资除一些辅助另星设施及流动资金未投入外整个工程的主体投资已完成,预计 2003 年一季度能投入生产。

④公司苏州第六制药厂匹多莫德原料药及制剂生产线实施 GMP 技术改造项目,截至 2002 年 12 月 31 日,公司已累计投入 832.45 万元,占该项目总投资的 29.88%,主要为项目的部分基建款和预付的技术费用,该项目建设期一年,原计划 2003 年 6 月正式完工生产,但由于该项目前期论证较长,启动较晚,该项目预计要到 2003 年底全部完成投资并正式投产,目前正在抓紧筹建中。

⑤公司所属子公司苏州中凯生物药业有限公司年产 8 万套瑞替普酶项目,该公司主要从事生物制药的生产和销售,目前生产产品为重组人粒细胞集落刺激因子,通过受让股权,该公司已变更为本公司分公司。截至 2002 年 12 月 31 日,公司已对该新项目投入 5054.03 万元(包括归还配股资金到位前部分启动项目的贷款资金),项目超支主要原因是增加了部分附属设施,预计该项目尚需投入 300 万元左右。该项目建设期一年,计划 2003 年 6 月前正式投产,目前该项目所需的车间、附房已建设完成,设备也已到位并安装完成,新药研发处于临床中,由于新药临床试验时间较长,影响了该项目的投产时间,预计 2003 年底能正式投产。

⑥公司整合江苏吴中医药营销网络项目,公司 2001 年已投入 2250 万元与苏州医药采购供应站(现名称变更为苏州礼安医药有限公司)合资成立江苏吴中中凯医药有限公司(注册资本 3000 万元,本公司占 75%股权,现名称变更为江苏吴中医药销售有限公司),作为整合医药营销网络的实施载体,主要从事公司医药销售,2002 年 12 月公司根据该项目实施进度的需要又单方增加投资 1865 万元,增资后本公司占该公司 84.58%股权,截至 2002 年 12 月 31 日,该项目需要的资金公司已全部投入,目前公司医药营销网络整合、医药品牌推广工作仍在积极进行中。该项目完成后,公司的医药营销网络将更完善,资源利用将更充分,且可节约费用,有利于树立本公司医药品牌,降低经营成本,提高公司的竞争力,增加公司整体医药销售收入。由于项目刚启动,效益尚未体现明显,2002 年 1-12 月实现主营业务收入 2863.54 万元,净利润 52.18 万元。

⑦公司组建江苏吴中生物医药研究所项目,2001 年公司根据项目研发进度的经费需要,先投入 1350 万元与江苏吴中集团公司共同组建江苏吴中生物医药研究所有限公司(注册资本 1500 万元,本公司占 90%股权),2002 年 12 月根据研发经费需要本公司又单方增资 3050 万元,全部完成该项目的计划投资额,增资后本公司持有该研究所 96.70%股权。该项目的实施,有利于促进公司生物药业技术创新体系的建立和完善,增强公司整体形象,增强公司核心竞争力,有利提供高科技、高附加值的新产品。其开发的拥有自主知识产权的抗肿瘤血管生成抑制剂系列四只一类新药已有二只进入临床前研究阶段,目前尚未实现收益。

⑧公司增资江苏吴中进出口有限公司项目,该公司主要从事自营和代理各类商品及技术的进出口业务(国家限制除外),经营进料加工和"三来一补"业务,经营对销贸易和转口贸易,公司持有该公司 90%股权,2002 年 3 月公司已完成追加投资 2000 万元,并办理了变更验资。2002 年 1-12 月,该公司实现主营业务收入 22781.22 万元,净利润 935.59 万元。

⑨截止 2002 年 12 月 31 日,公司尚未使用的募集资金余额 2553.59 万元存于公司银行户内。

2、报告期内非募集资金投资情况

(1)、2002 年 4 月 27 日,本公司与南京师范大学科技实业集团公司及个人出资人李晴、唐梓进、吴京燕共同投资组建江苏吴中大自然生物工程有限责任公司(2002 年 6 月 20 日注册成立),成立时注册资本 2250 万元,其中本公司以现金出资 1350 万元,占注册资本的 60%;报告期内该公司尚未产生实质性收益。

该事项公告于 2002 年 4 月 30 日《中国证券报》和《上海证券报》。

(2)、2002 年 9 月 24 日,公司年度第二次临时董事会通过决议:公司以自有资金出资 2500 万元认购苏州市商业银行股份有限公司(筹)法人股 2500 万股,本公司的出资占该公司本次增资后总股本的 9.64%。该项出资已于报告期实施完成。

该事项公告于 2002 年 9 月 25 日《中国证券报》和《上海证券报》。

(3)、2002 年 11 月 15 日,公司第三次临时董事会审议通过公司出资 2040 万元与成水炎、袁秀娟、袁秀园、袁福林等四人合资设立绍兴茂龙吴中羽绒制品有限公司(以下简称合资公司)。合资公司注册资本为人民币 4000 万元,其中本公司出资 2040 万元,占合资公司注册资本的 51%。该项出资报告期已实施完成,由于该公司设立时间较晚,效益尚未真正体现,报告期该公司实现主营业务收入 399.72 万元,净利润-34.29 万元。

该事项公告于 2002 年 11 月 16 日《中国证券报》和《上海证券报》。

(4)2002 年 11 月 15 日,公司第三次临时董事会审议通过出资 6668227.78 元受让江苏吴中集团公司所持有的苏州中凯生物药业有限公司 10%股权的议案。股权受让后,本公司将拥有苏州中凯生物药业有限公司的全部股份。截止报告日,该公司已依照工商登记规定变更为本公司的分公司。

该事项公告于 2002 年 11 月 16 日《中国证券报》和《上海证券报》。

(5)2002 年 11 月 15 日,公司第三次临时董事会审议通过出资 11263633.74 元受让江苏吴中东吴产业开发公司所持有的江苏兴业高新技术风险投资管理有限公司 19%股权的议案。截止报告日,该股权受让事项已经完成,并办理了相应的变更工商注册登记手续。

该事项公告于 2002 年 11 月 16 日《中国证券报》和《上海证券报》。

三、报告期内公司财务状况及经营成果

1、损益类及现金流量指标分析(单位:人民币元)

项目	2002 年度	2001 年度	增减(+、-%)
主营业务利润	170368957.13	176902647.10	-3.69
净利润	60177053.15	83195604.04	-27.67
现金及现金等价物净增加额	-102400378.20	257332874.18	--

原因分析:(1)主营业务利润下降主要原因是:公司外销服装业务毛利率下降及受药品价格改革公司一些老药毛利率下降引起。(2)净利润下降主要原因是公司主营业务利润下降、公司开拓市场费用增加及新品研发费增加引起营业利润下降,以及国家调整所得税政策影响,公司去年实际所得税为 15%,本期为 33%。(3)现金及现金等价物本期减少主要是公司前次募集资金投资使用和公司利用非募集资金对外投资引起的。

2、资产、负债及权益类指标分析(单位:人民币元)

项目	期末数	期初数	增减(+、-%)
总资产	1228515760.03	1105587920.22	11.12
应收补贴款	59929983.50	42659304.21	40.49
待摊费用	3026954.36	647639.59	367.38
长期投资	118267476.23	60716998.68	94.78
固定资产	267453416.19	164609409.40	62.48
无形资产	53829607.94	43603741.04	23.45
应付票据	46940731.96	24440000.00	92.07
预收账款	31506616.21	9624232.52	227.37
应交税金	-6758676.95	5377403.20	--
其他应付款	14982813.75	22323747.47	-32.88
长期负债	64245058.58	25000000.00	156.98

股东权益	791632954.24	750190729.68	5.52
(不包括少数股东权益)			

变动原因分析：

1、公司总资产、股东权益增加的主要原因是报告期内公司实现净利润引起。

2、应收补贴款增加原因为公司服装出口应收出口环节增值税退税增加。

3、待摊费用增加原因主要为公司广告宣传费待摊增加。

4、长期投资增加原因主要为报告期内公司长期股权投资增加，主要是报告期内投资苏州市商业银行股份有限公司 2500 万元和江苏吴中中药研发公司 1900 万元引起的。

5、固定资产增加的主要原因为报告期内公司前次募集资金投入及启动中药港工程投入。

6、无形资产增加原因为报告期内公司购入土地使用权。

7、应付票据增加原因为公司业务采购引起。

8、预收账款增加主要原因为公司预收销售款增加引起。

9、应交税金减少主要原因为公司新设立公司购入原材料进项税增加。

10、其他应付款减少主要原因为归还上年度代收帐款。

11、长期负债增加主要原因为公司报告期内提前启动中药港工程借入的银行长期借款。

四、生产经营环境及宏观政策影响

报告期内，国家颁布了《药品注册管理办法》，管理办法对新药申报作出了具体规定，本公司和其他药品生产经营企业一样，将依照新的管理办法进行新药申报和生产经营。本公司已经进行新药申报的品种，由于申报期在新颁布的《药品注册管理办法》出台之前，大部分将继续执行原办法，个别执行新的管理办法的新药品种受到一定的影响，但对公司财务状况和经营成果影响不显著。另外，报告期内，由于医药流通体制改革不断深化，以及药品价格政策的变化，对公司药业板块的盈利有一定的影响。

针对上述情况，公司通过多种途径培养公司自身的医药研发能力，加大自主知识产权的药品开发，及时跟踪了解医药开发市场新产品的研发进程，选择合适的新品开发品种。同时公司通过加强采购、生产管理以降低成本，提高公司营销水平和营销和能力，以降低药品价格的下降对公司产生的影响。

五、本公司 2002 年度财务报告经上海立信长江会计师事务所有限公司审计，注册会计师钱志昂、郑幗琼签字，出具了无解释性说明的标准无保留意见的审计报告。

第八节 监事会报告

一、报告期内公司监事会共召开两次监事会会议。

公司第三届监事会第六次会议于 2002 年 3 月 7 日在公司六楼会议室召开，应到监事 5 人，实到监事 5 人，会议由监事会主席魏兴发先生主持，会议的召开符合《公司法》和《公司章程》的有关规定。会议经过讨论，以举手表决的方式通过了如下决议：

1、公司二 00 一年度监事会工作报告

2、公司二 00 一年年度报告及年报摘要

3、公司监事会议事规则

4、公司关于开展上市公司依法运作自查报告的议案

公司第三届监事会第七次会议于 2002 年 7 月 26 日在公司会议室召开，公司应到监事 5 人，实到监事 5 人，会议由监事会主席魏兴发先生主持，会议的召开符合《公司法》和《公司章程》的有关规定。经会议审议，以举手表决的方式一致通过了如下决议：

1、公司二 00 二年上半年监事会工作报告

2、公司二 00 二年半年度报告及摘要

二、对于公司 2002 年度工作，监事会认为：

1、公司依法运作，没有发现公司存在违法经营问题，公司决策程序合法，内部控制制度健全；

2、公司董事、经理执行公司职务时无违反法律、法规、公司章程或损害公司及股东利益的行为；

3、公司财务管理规范，运作良好。公司年度财务报告经上海立信长江会计师事务所有限公司审计，并出具无保留意见和无解释性说明的审计报告。财务报告真实反映了公司的财务状况和经营成果；

4、公司 2001 年实施配股方案，实配 1668 万股，配股价 16 元/股，扣除发行费用，实际募集资金净额 25659.67 万元，募集资金于 2001 年 10 月 10 日全部到位，报告期内公司募集资金实际投入项目符合配股说明书承诺；

5、报告期内，公司分别出资 6668227.78 元受让江苏吴中集团公司所持有的苏州中凯生物药业有限公司 10%股权，出资 11263633.74 元受让江苏吴中东吴产业开发公司所持有的江苏兴业高新技术风险投资管理有限公司 19%股权。上述股权受让构成公司的关联交易，股权作价依据是以被出让股权公司经审计的净资产值为基础，按照出让比例计算确定的。公司独立董事对上述股权受让出具了独立意见。

上述本公司受让股权交易无内幕交易情况，也无损害部分股东权益和造成公司资产流失的情况。涉及的关联交易对交易双方公平合理，无损害上市公司利益的情况。

6、报告期内，公司其他关联交易对交易双方公平合理，亦无损害上市公司利益的情况。

第九节 重要事项

(一)、本年度公司无重大诉讼、仲裁事项。

(二)、报告期内，公司受让江苏吴中集团公司所持有的苏州中凯生物药业有限公司 10%股权、受让江苏吴中东吴产业开发公司所持有的江苏兴业高新技术风险投资管理有限公司 19%股权事项，已在"董事会报告"对外投资情况中进行了披露。

上年度，公司为启动"中药港"计划，所属全资企业苏州长征制药厂(现变更为公司分支机构)出资 450 万元整体收购"张家港楚港药业有限公司"资产(包括相关的药品生产许可证、新药证书、商标等所有药品生产法律文件)。截止报告期末，公司依协议支付收购款 450 万元，相关产权过户手续已在报告期办理完毕，项目移地建设工作作为公司"中药港"项目的组成部分正在实施之中，尚未投入生产经营。

除上述事项外，报告期内公司未发生其他重大收购及出售资产事项，亦未发生重大吸收合并事项。

(三)、本报告期公司重大关联交易事项：

公司与关联方之间存在物资采购、债权债务、股权转让及租赁、担保等关联交易。

有关各方的关联关系如下表：

关联方企业名称	与本公司的关系
江苏吴中集团公司	本公司控股公司
江苏吴中东吴产业开发公司	同一母公司控制
江苏吴中集团销售公司	同一母公司控制
江苏兴业高新技术风险投资管理有限公司	本公司控股子公司
苏州市大有物贸公司	本公司股东
绍兴茂龙羽绒制品有限公司	同一管理层

关联方交易内容

1、物资采购

(1)公司本期向绍兴茂龙羽绒制品有限公司采购羽绒，金额为人民币 14,268,720.57 元。

(2)本期江苏兴业高新技术风险投资管理有限公司向公司采购服装，采购金额为人民币 500,000.00 元。

2、股权转让的关联交易事项

(1) 公司于 2002 年 11 月收购原江苏吴中集团公司所持有的苏州中凯生物药业有限公司 10%股权并将其变更为公司的分公司。股权收购价格计价基础为苏州中凯生物药业有限公司 2002 年 6 月 30 日的净资产额，计人民币 6,668,227.78 元。截至 2002 年 12 月 31 日，公司已支付全部收购款项。

(2)公司于 2002 年 11 月收购江苏吴中东吴产业开发公司产业开发公司所持有的江苏兴业高新技术投资管理有限公司 19%股权，收购价格计算基础为江苏兴业高新技术投资管理有限公司 2002 年 6 月 30 日的净资产额，计人民币 11,263,633.74 元。本次收购完成后，公司累计持有江苏兴业高新技术投资管理有限公司 95%股权。截至 2002 年 12 月 31 日，公司已支付全部收购款项。

上述股权受让的定价原则系以被受让公司 2002 年中期经审计的净资产值为基础，按相应的股权转让比例计算确定的，帐面价与转让价格一致，结算方式为本公司以现金方式支付，并已办理了变更工商登记手续。

3、关联方债权债务事项

关联方应收应付款项余额：

项目	期末金额		占全部应收(付)款项余额的比重	
	期末数	期初数	期末数	期初数
应收账款：				
江苏兴业高新技术风险投资管理有限公司	500,000.00	---	0.26%	--
江苏吴中集团销售公司	2,850,786.77	6,513,517.89	1.47%	3.77%
其他应收款：				
江苏吴中集团公司	44,300.00	---	0.07%	--
苏州市大有物贸公司	76,680.34	7,833,039.39	0.11%	11.50%
江苏兴业高新技术风险投资管理有限公司	35,540.48	13,162,240.00	0.05%	19.32%
预收账款				
绍兴茂龙羽绒制品有限公司	23,533.31		0.07%	--

4、其他关联交易

(1)江苏吴中集团公司为本公司向银行取得短期贷款人民币 84,500,000.00 元，长期贷款人民币 50,000,000.00 元提供担保。

(2)本公司向江苏兴业高新技术风险投资管理有限公司收取资金占用费 635,660.48 元，利率为银行同期短期贷款利率。

(3)本公司向苏州市大有物贸公司收取资金占用费 36,000.00 元，利率为银行同期短期贷款利率。

(4)江苏吴中集团公司向本公司租赁办公用房(租赁价格为 60 元/平方米·月)，本公司本期取得租赁收入 1,042,798.00 元；

(四)重大合同(担保、抵押)事项

1、报告期内公司所属全资企业苏州第六制药厂与江苏省吴县市石灰氮厂共同为吴县化肥厂借款 1700 万元提供担保事项继续存在，根据 1998 年 1 月 1 日公司收购苏州第六制药厂的补充协议约定，因该项贷款担保而导致苏州第六制药厂损失的，由吴县市国有资产管理局(现归属苏州市财政局)承担由此而引起的一切责任。

2、截止 2002 年 12 月 31 日，公司为子公司江苏吴中进出口有限公司银行借款 3838.50 万元提供担保，为子公司苏州长征-欣凯制药有限公司银行借款 300 万元提供担保，为子公司江苏兴业高新技术风险投资管理有限公司银行借款 3000 万元提供担保。

3、报告期内本公司未有发生重大托管、承包、租赁其它公司资产及其它公司托管、承包、租赁本公司资产事项。

(五)公司或持股 5%以上股东在指定报纸和网站上披露的承诺事项履行情况

1、公司关于配股募集资金投向承诺：报告期内资金实际投入项目符合配股说明书承诺，大部分项目主体建设工程已在报告期完工；

2、持股 5%以上股东无承诺事项。

(六)报告期内公司聘任的会计师事务所未变更，仍为上海立信长江会计师事务所有限公司；报告期内本公司支付给该公司的财务审计验资费为 120 万元(含中报、年报审计、专项审计费、内控评估费等，另外公司负责食宿费和苏州市差旅费)，上海立信长江会计师事务所有限公司目前已为本公司提供了三年审计服务。

(七)其它重要事项

1、2001 年 12 月 7 日吴县市协力商社协议受让吴县市吴中饭店持有的本公司发起人法人股 936 万股，该事项 2001 年 12 月 12 日公告于《中国证券报》、《上海证券报》。2002 年 8 月 19 日，该发起人法人股股份转让已办理过户登记。

截止 2002 年 12 月 31 日，吴县市协力商社实际持有本公司发起人法人股 2184 万股，占本公司总股本 7.88%。

2、2002 年 3 月 15 日，公司原第五大股东北京宜和翰银投资管理有限公司将持有的本公司法人股 8694400 股(占本公司总股本的 3.14%)转让给海南颐科科技开发有限公司。本次股权转让后，海南颐科科技开发有限公司共持有本公司法人股 21434400 股，占本公司总股本的 7.73%。该事项本公司已于 3 月 19 日公告于《上海证券报》和《中国证券报》，公告后，双方已办理了股权过户登记手续。

3、2002 年 3 月 8 日，公司三届七次董事会聘任金力同志担任公司副总经理。

5、2002 年 4 月 10 日，公司 2001 年度股东大会审议通过调整董事会成员的议案，因股东变化及工作变动的原因，戴景明、杨伍官、朱燕、沈永荣不再担任公司董事；会议选举罗勤、阎政为公司董事；审议通过刘兆年(原公司非执行董事)变更为公司独立董事，选举汤谷良、王锦霞为公司独立董事。

6、2003 年 4 月 10 日，公司 2002 股东年会审议通过了公司章程修改议案，修改后的公司章程已经披露于上海证券交易所网站。

7、2002 年 8 月 29 日公司临时股东大会审议通过了公司拟发行 4.5 亿元人民币可转换债券的议案，目前公司正积极准备申报材料。

7、报告期内，公司收讫苏州市吴中区财政局下拨的财政补助资金 400 万元。

8、2002 年 9 月 24 日，公司年度第二次临时董事会通过决议：公司以自有资金出资 2500 万元认购苏州市商业银行股份有限公司(筹)法人股 2500 万股，本公司的出资占该公司本次增资后总股本的 9.997%。该董事会决议公告刊登于 9 月 25 日的《上海证券报》和《中国证券报》。

根据苏州市商业银行股份有限公司的实际增资情况，增资后该公司的实际总股本为 25935.43 万元，本公司的出资占该公司增资后总股本的 9.64%。，该项出资已于报告期实施完成。

第十节、财务报告

1、审计报告(信长会师报字(2003)第 10198 号)

江苏吴中实业股份有限公司全体股东：

我们接受委托，审计了贵公司 2002 年 12 月 31 日母公司及合并的资产负债表，2002 年度母公司及合并的利润及利润分配表和现金流量表。这些会计报表由贵公司负责，我们的责任是对这些会计报表发表审计意见。我们的审计是依据中国注册会计师独立审计准则进行的。在审计过程中，我们结合贵公司实际情况，实施了包括抽查会计记录等我们认为必要的审计程序。

我们认为，上述会计报表符合《企业会计准则》和《企业会计制度》的有关规定，在所有重大方面公允地反映了贵公司 2002 年 12 月 31 日的财务状况及 2002 年度的经营成果和现金流量情况，会计处理方法的选用遵循了一贯性原则。

上海立信长江会计师事务所有限公司　　中国注册会计师:钱志昂

二OO三年二月十七日　　中国注册会计师:郑幅琼

2、财务报表

合并资产负债表

2002年12月31日

资产	年末数
流动资产:	
货币资金	278,473,056.86
短期投资	2,139,250.00
应收票据	
应收股利	
应收利息	
应收账款	178,856,890.63
其他应收款	58,791,401.46
预付账款	117,345,069.01
应收补贴款	59,929,983.50
存货	86,981,636.15
待摊费用	3,026,954.36
一年内到期的长期债权投资	
其他流动资产	
流动资产合计	785,544,241.97
长期投资:	
长期股权投资	118,267,476.23
长期债权投资	
长期投资合计	118,267,476.23
其中:合并价差(贷差以"-"号表示合并报表填列)	
其中:股权投资差额(贷差以"-"号表示合并报表填列)	
固定资产:	
固定资产原价	268,776,043.48
减:累计折旧	70,347,404.88
固定资产净值	198,428,638.60
减:固定资产减值准备	261,183.52
固定资产净额	198,167,455.08
工程物资	
在建工程	69,285,961.11
固定资产清理	
固定资产合计	267,453,416.19
无形资产及其他资产:	
无形资产	53,829,607.94
长期待摊费用	3,421,017.70
其他长期资产	
无形资产及其他资产合计	57,250,625.64
递延税项:	
递延税款借项	
资产总计	1,228,515,760.03

负债和股东权益	年末数
流动负债:	
短期借款	169,275,000.00
应付票据	46,940,731.96
应付账款	44,400,296.20
预收账款	31,506,616.21
应付工资	3,094,813.91
应付福利费	2,135,290.81
应付股利	19,404,000.00
应交税金	-6,758,676.95
其他应交款	556,937.29
其他应付款	14,982,813.75
预提费用	1,385,156.93
预计负债	
一年内到期的长期负债	
其他流动负债	
流动负债合计	326,922,980.11
长期负债:	
长期借款	62,000,000.00
应付债券	
长期应付款	
专项应付款	2,245,058.85
其他长期负债	
长期负债合计	64,245,058.85
递延税款:	
递延税款贷项	
负债合计	391,168,038.96
少数股东权益(合并报表填列)	45,714,766.83
股东权益:	
股本	277,200,000.00
资本公积	349,522,351.94
盈余公积	99,243,491.42
其中:法定公益金	15,106,594.72
减:未确认的投资损失(合并报表填列)	
未分配利润	65,667,110.88
外币报表折算差额(合并报表填列)	
股东权益合计	791,632,954.24
负债和股东权益总计	1,228,515,760.03

合并利润及利润分配表

2002年度

编制单位:江苏吴中实业股份有限公司　　金额单位:元

项目	本年数
一、主营业务收入	666,234,476.68
减:主营业务成本	492,962,636.91
主营业务税金及附加	2,902,882.64
二、主营业务利润(亏损以"-"号填列)	170,368,957.13
加:其他业务利润(亏损以"-"号填列)	9,173,558.48
减:营业费用	47,045,234.76
管理费用	47,724,710.00
财务费用	8,728,587.23
三、营业利润(亏损以"-"号填列)	76,043,983.62
加:投资收益(亏损以"-"号填列)	2,234,093.81
补贴收入	6,099,214.45
营业外收入	479,947.58
减:营业外支出	795,865.12
四、利润总额(亏损以"-"号填列)	84,061,374.34
减:所得税	23,636,713.12
减:少数股东损益(合并报表填列)	2,864,790.22
加:未确认投资损失(合并报表填列)	2,617,182.15
五、净利润(净亏损以"-"号填列)	60,177,053.15
加:年初未分配利润(未弥补亏损以"-"号填列)	35,791,484.89
加:其他转入	
六、可供分配的利润(亏损以"-"号填列)	95,968,538.04
减:提取法定盈余公积	6,604,441.63
提取法定公益金	3,302,220.82
提取职工奖励及福利基金(合并报表填列,子公司为外商投资企业的项目)	
提取储备基金	495,382.36
提取企业发展基金	495,382.35
七、可供股东分配的利润(亏损以"-"号填列)	85,071,110.88
减:应付优先股股利	
提取任意盈余公积	
应付普通股股利	19,404,000.00
转作股本的普通股股利	
八、未分配利润(未弥补亏损以"-"号表示)	65,667,110.88
补充资料:	
1.出售、处置部门或被投资单位所得收益	
2.自然灾害发生的损失	
3.会计政策变更增加(或减少)利润总额	
4.会计估计变更增加(或减少)利润总额	
5.债务重组损失	
6.其他	

合并现金流量表

2002年度

编制单位:江苏吴中实业股份有限公司　　金额单位:元

项目	行次	金额
一、经营活动产生的现金流量:		
销售商品、提供劳务收到的现金	1	725,052,468.28
收到的税费返还	2	20,061,889.21
收到的其他与经营活动有关的现金	3	42,615,580.65
经营活动现金流入小计	5	787,729,938.14
购买商品、接受劳务支付的现金	6	609,862,938.88
支付给职工以及为职工支付的现金	7	29,992,928.55
支付的各项税费	8	71,048,777.58
支付的其他与经营活动有关的现金	9	53,915,728.55
经营活动现金流出小计	10	764,820,373.56
经营活动产生的现金流量净额	11	22,909,564.58
二、投资活动产生的现金流量:		
收回投资所收到的现金	12	
取得投资收益所收到的现金	13	
处置固定资产、无形资产和其他长期资产所收回的现金	14	1,599,978.11
收到的其他与投资活动有关的现金	15	
投资活动现金流入小计	16	1,599,978.11
购建固定资产、无形资产和其他长期资产所支付的现金	18	95,772,229.08
投资所支付的现金	19	61,931,861.52
支付的其他与投资活动有关的现金	20	936,998.74
投资活动现金流出小计	22	158,641,089.34
投资活动产生的现金流量净额	25	-157,041,111.23
三、筹资活动产生的现金流量:		
吸收投资所收到的现金	26	28,972,382.23
其中:子公司吸收少数股东权益性投资收到的现金	27	28,972,382.23
借款所收到的现金	28	283,635,585.00
收到的其他与筹资活动有关的现金	29	
筹资活动现金流入小计	30	312,607,967.23
偿还债务所支付的现金	31	252,524,925.00
分配股利、利润或偿付利息所支付的现金	32	28,373,038.11
其中:支付少数股东的股利	33	
支付的其他与筹资活动有关的现金	34	
其中:子公司依法减资支付给少数股东的现金	35	
筹资活动现金流出小计	36	280,897,963.11
筹资活动产生的现金流量净额	40	31,710,004.12
四、汇率变动对现金的影响	41	21,164.33
五、现金及现金等价物净增加额	42	-102,400,378.20

第十一节　备查文件目录

1、载有公司法定代表人赵唯一、主管会计工作负责人杨伍官及会计机构负责人陆冬生签名并盖章的会计报表;

2、载有上海立信长江会计师事务所有限公司盖章、注册会计师钱志昂、郑幅琼签名并盖章的审计报告原件;

3、报告期内在中国证监会指定报纸上公开披露过的所有公司文件的正本及公告的原稿;

公司备查文件完整,存放于公司董秘室。

山 东 铝 业 股 份 有 限 公 司

山东铝业股份有限公司 2002 年年度报告

一、公司基本情况简介

1、公司名称:山东铝业股份有限公司
公司法定英文名称:SHANDONG ALUMINIUM INDUSTRY CO.,LTD
2、公司法定代表人:刘兴亮
3、公司董事会秘书:王国忠
联系电话:0533-2930136
电子信箱:dm600205@sina.com
公司董事会证券事务代表:韩杰华
联系电话:0533-2943291
电子信箱:hjh298@sohu.com
联系地址:山东省淄博市山东铝业股份有限公司董事会办公室
联系传真:0533-2985999
4、公司注册地址:山东省淄博市高新技术产业开发区柳泉路北首
公司办公地址:山东省淄博市高新技术产业开发区柳泉路北首
邮政编码:255086
公司国际互联网网址:http://www.sd-al.com/
电子信箱:sdal@sina.com
联系地址:山东省淄博市山东铝业股份有限公司董事会办公室
5、公司选定的信息披露报纸:中国证券报、上海证券报
登载公司年度报告的国际互联网网址:http://www.sse.com.cn/
公司年度报告备置地点:山东省淄博市张店区五公里路 1 号
山东铝业股份有限公司董事会办公室
6、公司股票上市地:上海证券交易所
股票简称:山东铝业　　股票代码:600205
7、公司首次注册登记日期:1999 年 6 月 18 日
公司首次注册登记地点:山东省淄博市高新技术产业开发区柳泉路北首
公司法人营业执照注册号:3700001802806
公司税务登记号码:37030326716723X
公司报告期内聘请的会计师事务所:北京中兴宇会计师事务所有限责任公司
办公地址:北京西长安街 88 号首都时代广场 818

二、会计数据和业务数据摘要

(一)本年度主要利润指标情况

单位:人民币元

指标项目	金额
利润总额	158,963,469.67
净利润	145,265,376.73
扣除非经常性损益后的净利润	144,408,066.71
主营业务利润	341,071,593.53
其他业务利润	79,137,953.37
营业利润	158,707,892.31
投资收益	-753,022.66
补贴收入	
营业外收支净额	1,008,600.02
经营活动产生的现金流量净额	249,741,429.21
现金及现金等价物净增减额	-16,285,116.71
注:扣除的非经常性损益项目及涉及金额:	857,310.02
营业外收入	1,183,569.70
(1)违约金收入	48,625.00
(2)处置固定资产净收益	454,782.00
(3)保险赔款	680,162.70
营业外支出	174,969.68
非经常性损益所得税对净利润影响数	151,290.00

(二)截至报告期末公司前三年主要会计数据和财务指标:

单位:人民币元

项目	2002 年度	2001 年度
1、主营业务收入	2,048,226,361.03	2,253,429,067.11
2、净利润	145,265,376.73	224,801,342.83
3、总资产	2,592,163,223.72	2,502,715,724.09
4、股东权益(不含少数股东权益)	1,360,349,118.73	1,295,109,000.91
5、每股收益	0.259	0.401
6、每股净资产	2.43	2.31
7、调整后每股净资产	2.41	2.30
8、每股经营活动产生的现金流量净额	0.45	-0.07
9、净资产收益率(%)	10.68	17.35

项目	2000 年度
1、主营业务收入	2,585,274,263.79
2、净利润	383,525,496.78
3、总资产	2,419,942,671.96
4、股东权益(不含少数股东权益)	1,204,096,608.57
5、每股收益	0.685
6、每股净资产	2.15
7、调整后每股净资产	2.13
8、每股经营活动产生的现金流量净额	0.40
9、净资产收益率(%)	31.85

三、股本变动及股东情况

(一)股本变动情况
1、公司股份变动情况表

数量单位:股

	本次变动前	本次变动增减(+,-) 配股	送股	公积金转股	增发	其他	小计	本次变动后
一、未上市流通股份								
1、发起人股份								
其中:								
国家持有股份	400000000							400000000
境内法人持有股份								
境外法人持有股份								
其他								
2、募集法人股份								
3、内部职工股								
4、优先股或其他								
未上市流通股份合计	400000000							400000000
二、已上市流通股份								
1、人民币普通股	160000000							160000000
2、境内上市的外资股								
1、境外上市的外资股								
2、其他								
已上市流通股份合计	160000000							160000000
三、股份总数	560000000							560000000

2、股票发行与上市情况

1)经中国证券监督管理委员会证监发行字[1999]61 号文批准,山东铝业股份有限公司(筹)于 1999 年 6 月 7 日上网定价发行了人民币普通股 16000 万股(其中配售给证券投资基金 2400 万股),发行价格 3.49 元/股,主承销商为国泰证券有限公司。1999 年 6 月 18 日,山东铝业股份有限公司注册成立,发起人持有股份 40000 万股,社会公众持有 16000 万股。经上海证券交易所上证上字[1999]41 号文批准,山东铝业股份有限公司社会公众股 13600 万股于 1999 年 6 月 30 日上市交易,基金配售的 2400 万股于 1999 年 9 月 3 日上市交易。

2)报告期内公司没有发生送股、配股、转增股本等引起股份总数及结构变动的情况。

3)公司无内部职工股和公司职工股。

(二)股东情况介绍

1、报告期末股东总数 109103 户。

2、至报告期末公司前 10 名股东持股情况

股东名称	年度内增减	年末持股数量	比例(%)	股份类别
中国铝业股份有限公司	0	400,000,000	71.43	未流通
开元基金	+1,557,504	1,557,504	0.28	已流通
成长价值	+1,038,104	1,038,104	0.19	已流通
裕阳基金	+812,698	812,698	0.15	已流通
国元证券	+803,617	803,617	0.14	已流通
龚惠祥	-3,600	798,400	0.14	已流通
叶萍	-11,600	663,800	0.12	已流通
泰和基金	+637,416	637,416	0.11	已流通
海通证券	0	630,000	0.11	已流通
金象铝业	-167,461	621,200	0.11	已流通

股东名称	质押或冻结的股份数量	股东性质
中国铝业股份有限公司	无	国有股东
开元基金	未知	
成长价值	未知	
裕阳基金	未知	
国元证券	未知	
龚惠祥	未知	
叶萍	未知	
泰和基金	未知	
海通证券	未知	
金象铝业	未知	

持有本公司 5%以上股份的股东为中国铝业股份有限公司,股权性质为国有法人股,报告期内所持股份无增减变动情况,无质押或冻结情况。

3、经了解股东龚惠祥为金象铝业的法定代表人,存在关联关系。其他股东之间未发现有关联关系及一致行动人情况。

4、中国铝业股份有限公司为本公司控股股东,简介如下:
法定代表人:郭声琨
成立日期:2001 年 9 月 10 日
经营范围:氧化铝、氢氧化铝、氧化铝化工产品、金属镓的生产和销售,原铝产品、碳素制品的生

产和销售。

注册资本：10,499,900,153 元(人民币)。

中国铝业股份有限公司的控股股东为中国铝业公司，成立于 2001 年 2 月 21 日，注册资本为 1,138,000 万元，法定代表人为郭声琨。中国铝业公司是国家授权投资机构和国家控股公司试点，是中央管理的 44 家国有重点骨干企业之一。

四、董事、监事、高级管理人员和员工情况

(一)基本情况

1、董事、监事和高级管理人员持股变动

姓名	职务	性别	年龄	任期起止日期	持股数量
刘兴亮	董事长	男	42	2002.6.21–2005.6.21	0
刘庆科	副董事长	男	57	2002.6.21–2005.6.21	0
刘云鹏	董事	男	55	2002.6.21–2005.6.21	0
彭春英	董事	男	57	2002.6.21–2005.6.21	0
王再云	董事兼总经理	男	40	2002.6.21–2005.6.21	0
冯长森	董事兼副总经理	男	57	2002.6.21–2005.6.21	0
金永静	董事兼副总经理	男	43	2002.6.21–2005.6.21	0
侯健	董事兼副总经理	男	40	2002.6.21–2005.6.21	0
马晓玲	董事	女	41	2002.6.21–2005.6.21	0
高贵超	董事	男	37	2002.6.21–2005.6.21	0
张瑞凤	独立董事	男	66	2002.6.21–2005.6.21	0
高德柱	独立董事	男	62	2002.6.21–2005.6.21	0
董娟	独立董事	女	50	2002.6.21–2005.6.21	0
高祀胜	监事会主席	男	56	2002.6.21–2005.6.21	0
宋文清	监事	男	52	2002.6.21–2005.6.21	0
徐玉柱	监事	男	54	2002.6.21–2005.6.21	0
张占魁	监事	男	44	2002.6.21–2005.6.21	0
郑都然	监事	男	47	2002.6.21–2005.6.21	0
曹永旗	监事	男	45	2002.6.21–2005.6.21	0
徐勇	监事	男	36	2002.6.21–2005.6.21	0
王国忠	董事会秘书	男	42	2002.6.21–2005.6.21	0

2、在股东单位任职的董事监事情况

姓名	任职的股东名称	在股东单位担任的职务
刘兴亮	中国铝业股份有限公司山东分公司	总经理
刘庆科	中国铝业股份有限公司山东分公司	副总经理
马晓玲	中国铝业股份有限公司	董事会秘书局法律事务处经理
张占魁	中国铝业股份有限公司	财务部综合管理处经理

姓名	任职期间	是否领取报酬、津贴
刘兴亮	2002.1 至今	否
刘庆科	2002.1 至今	否
马晓玲	2001.9 至今	是
张占魁	2001.9 至今	是

(二)年度报酬情况

本公司董事、监事和高级管理人员的报酬是依据《中国铝业公司厂长(经理)年度目标责任制考核管理暂行办法》和公司《2002 年各单位领导干部关键绩效指标考核办法》的规定，根据公司的经济效益情况和下达的考核指标完成情况兑现工资和绩效奖励。

年度报酬总额	484484.80 元
金额最高的前三名董事的报酬总额	161127.20 元
金额最高的前三名高级管理人员的报酬总额	176187.10 元
独立董事津贴	6 万元/人(含税)
独立董事其他待遇	出席公司董事会和股东大会的差旅费及按《公司章程》行使职权所需费用，在公司据实报销。
不在公司领取报酬、津贴的董事、监事姓名	董事：刘云鹏、彭春英、马晓玲 监事：高祀胜、宋文清、徐玉柱、张占魁、郑都然

报酬区间	人数
5 万–7 万	4
3 万–5 万	6

(三) 报告期内公司董事、监事、高级管理人员变更情况

1、2002 年 1 月 25 日第一届董事会第十三次会议通过了《关于梁中秀先生请求辞去董事长职务，选举刘兴亮先生为公司董事长的议案》，通过了《关于调整公司部分高管人员的议案》，聘任冯长森先生、金永静先生、侯健先生为公司副总经理；解聘刘春千先生公司副经理职务；解聘陶英君先生公司总经济师职务。上述决议公告刊登在 2002 年 1 月 26 日的《中国证券报》和《上海证券报》上。

2、2002 年 3 月 21 日第一届董事会第十五次会议通过了《关于调整公司部分高级管理人员的议案》，解聘周光蔚先生董事长助理职务；解聘毛新和先生总会计师职务。上述决议公告刊登在 2002 年 3 月 23 日的《中国证券报》和《上海证券报》上。

3、2002 年 6 月 21 日公司 2002 年第一次临时股东大会进行了董事会、监事会换届选举，会议采取累积投票制选举刘兴亮、刘庆科、刘云鹏、彭春英、王再云、冯长森、金永静、侯健、马晓玲、高贵超、张瑞凤、高德柱、董娟为公司第二届董事会成员，其中张瑞凤、高德柱、董娟为独立董事；选举高祀胜、宋文清、徐玉柱、张占魁为股东监事，与职工代表郑都然、曹永旗、徐勇共同组成公司第二届监事会。上述决议公告刊登在 2002 年 6 月 22 日的《中国证券报》和《上海证券报》上。

4、2002 年 6 月 21 日第二届董事会第一次会议通过了《关于选举公司董事长、副董事长的议案》，会议选举刘兴亮先生为董事长，刘庆科先生为副董事长。通过了《关于聘任公司总经理的议案》，续聘王再云先生担任总经理，任期三年。上述决议公告刊登在 2002 年 6 月 25 日的《中国证券报》和《上海证券报》上。

5、2002 年 6 月 21 日第二届监事会第一次会议选举高祀胜为监事会主席。上述决议公告刊登在 2002 年 6 月 25 日的《中国证券报》和《上海证券报》上。

(四)公司员工情况

期末在职职工人数	5839 人
专业构成	
生产人员	4421 人
销售人员	59 人
技术人员	621 人
财务人员	65 人
行政人员	585 人
其他人员	88 人
教育程度(按学历划分)	
本科以上	573 人
大专	1253 人
高中、中专、中技	2911 人
初中及以下	1102 人
期末离退休人员总数	49 人
公司需承担费用的离退休职工人数	0 人

五、公司治理结构

(一)公司治理情况

1、完成了董事会、监事会的换届选举工作，使人员构成更趋合理。

2002 年 6 月 21 日公司第一次临时股东大会进行了董事会、监事会的换届工作。目前，董事会共有 13 名成员，在控股股东任职的 3 名，在本公司任职的 5 名，关联企业任职的 2 名，独立董事 3 名；监事会共有 7 名成员，在控股股东任职的 1 名，职工代表出任的监事 3 名，股东监事 3 名。在充分保障董事、监事依法履行职责、有效行权的基础上，使董、监事会的决策更为科学。

2、建章立制，从制度上规范公司的运作。

公司根据《公司法》、《上市公司治理准则》等法律法规，在 2002 年 6 月 21 日举行的第一次临时股东大会上，审议并修订了《公司章程》，建立了《股东大会议事规则》、《董事会议事规则》、《监事会议事规则》、《总经理工作细则》等制度，完善了《公司信息披露控制制度》，引入独立董事，建立了《独立董事工作制度》。同时，建立了董事会专门委员会及相应的工作制度，充实了委员会的委员，并充分发挥独立董事的作用，使其作为各专门委员会的主任委员或委员，促进董事会健康发展。

3、规范关联交易行为，保护中小投资者的利益。

由于历史原因，公司将与控股股东中国铝业股份有限公司的山东分公司和原发起人山东铝业公司发生持续的关联交易。为保证此类关联交易严格按公平、公正、公开、价格公允的原则进行，报告期内公司与关联方签订了一系列关联交易协议，并根据《公司章程》、相关法律法规，充分发挥独立董事决策作用和监事会的监督作用，严格按照协议执行，保护中小投资者的利益。

4、完成了中国证监会、国家经贸委联合组织的《关于开展上市公司建立现代企业制度检查的通知》的工作，并结合公司实际进行了整改。

(二)独立董事履行职责情况

2002 年 6 月 21 日，公司召开的第一次临时股东大会审议通过了《董事会换届选举的议案》，聘任张瑞凤、高德柱、董娟为公司第二届董事会独立董事。

自任职以来，三位独立董事认真参加了报告期内的董事会，并分别担任了董事会专门委员会的主任委员或成员，对公司的关联交易、定期报告、配股申请材料等发表了专业性意见，并结合国家的经济形势对公司的发展提出了中肯建议，对董事会科学决策和公司的健康发展起到了积极作用。

(三)公司与控股股东中国铝业股份有限公司"五分开"情况：

1、在业务方面：公司具有独立完整的业务及自主经营能力，与控股股东存在形式上的同业竞争；

2、在人员方面：公司的人员独立，公司经理、财务负责人、营销负责人和董事会秘书均未在控股股东任职；

3、在资产方面：公司的资产独立完整、权属清晰；

4、在机构方面：公司拥有独立的决策管理机构和完整的生产单位，与控股股东及其职能部门完全分开，各自独立运作。

5、在财务方面：公司拥有独立的财务部门和财务人员，并按有关法律、法规的要求建立了财务、会计管理制度，独立核算，独立开立银行帐户。

(四)公司报告期内对高级管理人员的考评及激励机制的建立及实施情况

公司按照《中国铝业公司厂长(经理)年度目标责任制考核管理暂行办法》和《2002 年各单位领导干部关键绩效指标考核办法》的规定，对公司董事、监事和高级管理人员进行绩效考核，根据公司的经济效益情况和下达的考核指标完成情况兑现工资和绩效奖励。

六、股东大会情况简介

报告期内召开了两次股东大会，具体情况如下：

(一) 2001 年度股东大会

2002 年 2 月 26 日，公司在《中国证券报》、《上海证券报》分别刊发了召开 2001 年度股东大会的通知，会议于 2002 年 3 月 28 日在公司二楼会议室召开，通过了如下决议：

1、公司 2001 年度报告；
2、2001 年度董事会报告；
3、2001 年度监事会报告；
4、关于公司 2001 年度利润分配预案；
5、关于 2001 年度财务决算及 2002 年度财务预算的报告；
6、公司董事会关于前次募集资金使用情况的说明；
7、关于山东铝业股份有限公司符合配股条件的议案；
8、山东铝业股份有限公司 2002 年配股预案；
9、关于收购山东铝业公司 6# 和 7# 水泥窑资产关联交易事项的议案；
10、关于本次配股募集资金使用可行性的议案。

本次会议决议公告分别刊登于 2002 年 3 月 29 日的《中国证券报》和《上海证券报》。

(二) 2002 年第一次临时股东大会

2002 年 5 月 18 日，公司在《中国证券报》、《上海证券报》分别刊发了召开 2002 年第一次临时股东大会的通知，会议于 2002 年 6 月 21 日在公司二楼会议室召开，通过了如下决议：

1、关于修改公司章程的议案；
2、山东铝业股份有限公司股东大会议事规则；
3、关于董事会换届选举的议案；
4、关于监事会换届选举的议案；
5、山东铝业股份有限公司董事会议事规则；
6、山东铝业股份有限公司监事会议事规则；
7、山东铝业股份有限公司独立董事工作制度；
8、关于设立董事会专门委员会的议案；
9、关于支付独立董事津贴的议案；
10、关于公司与主要关联方签订关联交易合同及协议的议案。

本次会议决议公告分别刊登于 2002 年 6 月 22 日的《中国证券报》和《上海证券报》。

(三)选举、更换公司董、监事情况

公司 2002 年度第一次临时股东大会于 2002 年 6 月 21 日在公司会议室召开，会议审议通过了《关于董事会换届选举的议案》、《关于监事会换届选举的议案》。当选董事、监事情况刊登于 2002 年 6 月 22 日的《中国证券报》和《上海证券报》。

七、董事会报告

(一)报告期内整体经营情况的讨论与分析

2002 年公司坚持"诚信为本，回报至上"的经营理念，通过产品结构调整，大力开拓高附加值产品，使化学品氧化铝和铝合金产品销量均创出历史最好水平；通过推进科技进步，改进工艺流程，努力降低产品成本；通过物流整合，减少了资金占用，降低了运营成本；通过加强营销管理，公司产品产销率和货款回收率均超过 100%，并收回了部分以前年度欠款，扩大了市场份额。通过以上措施的执行，公司取得了较好的经济效益。2002 年生产全部氧化铝 84.96 万吨，同比增长 5.9%，生产电解铝产品 5.64 万吨，同比增长 1.5%，主导产品冶金级氧化铝和电解铝成本同比分别降低 4.98%和

4.81%;存货占用同比降低17.19%;应收账款余额同比降低12.44%;经营活动产生的现金流量净额达到24974万元，同比有较大幅度增长，实现主营业务收入204823万元，实现主营业务利润34107万元,实现净利润14527万元。

报告期内,公司主导产品市场持续低迷,原材物料价格大幅上升,加之进口氧化铝的冲击,对公司经营影响较大。随着国内铝市场的进一步活跃和铝锭生产能力的大幅上升,将会对公司主导产品氧化铝生产的发展带来一定机遇。

(二)报告期内经营情况

1、主营业务范围及经营情况

公司主营业务范围:氧化铝、氢氧化铝、多品种氧化铝、金属镓、电解铝、铝合金、铝制品、碳素制品的生产、销售。

1)公司主营业务收入、主营业务利润构成情况

① 按行业划分构成情况(单位:人民币元)

行业	主营业务收入	主营业务成本
冶金行业	2,046,113,223.69	1,690,513,573.59
电子行业	2,113,137.34	2,280,175.10

② 按产品划分构成情况(单位:人民币元)

产品	主营业务收入	主营业务成本
冶金级氧化铝	998,461,179.13	870,015,396.46
化学品氧化铝	259,514,008.67	181,957,562.01
电解铝产品	621,309,307.69	489,672,887.65
碳素制品	24,906,892.61	21,271,013.06
铝制品	83,080,251.71	68,992,764.78
电子产品	2,113,137.34	2,280,175.10
其他	58,841,583.88	58,603,949.63

③ 按地区划分构成情况(单位:人民币元)

地区	主营业务收入	主营业务成本
省内	1,331,347,134.66	1,100,315,936.64
省外	716,879,226.37	592,477,812.05

2)主要产品及市场占有率情况:

①冶金级氧化铝:是溶盐电解法生产金属铝的主要原料,报告期内产量为71.75万吨,国内市场占有率13.26%。

②化学品氧化铝:非冶金级氧化铝,本公司主要产品有普通氢氧化铝、玛瑙填料、高温氧化铝等,报告期内产量16.30万吨,国内市场占有率31.35%。

③电解铝产品:本公司生产的电解铝产品主要有普通铝锭、铝合金和铝水等,生产能力5.6万吨,报告期内生产5.64万吨,国内市场占有率1.31%。

④主营业务收入占10%以上产品利润情况(单位:人民币元)

产品	营业务收入	主营业务成本	毛利率
冶金级氧化铝	998,461,179.13	870,015,396.46	12.86%
化学品氧化铝	259,514,008.67	181,957,562.01	29.89%
电解铝产品	621,309,307.69	489,672,887.65	21.19%

⑤报告期内本公司主营业务或结构较前一报告期未发生变化。但由于主导产品市场价格下滑,对盈利能力产生了不良影响。

2、主要控股公司的经营情况及业绩

山铝电子技术有限公司主要从事各种各类接触式和非接触式IC卡模块的加工、各类智能卡应用系统的集成与研发,注册资本人民币2000万元。电子公司全体员工经过一年的团结奋进,建立了科学、规范的质量管理体系,顺利通过了ISO9001-2000版认证,获得了进入市场的通行证;公司与各大制卡厂、系统集成商建立了广泛的业务联系,客户对公司的技术能力和产品质量给予了较高的评价;公司开发的智能门禁、考勤、收费、智能小区等IC卡应用系统在很多领域得到了认可。2002年我公司共封装各种IC卡模块100余万块，实现销售收入211.3万元，实现净亏损527.2万元。亏损原因主要为:筹建期开办费317.2万元一次摊入损益;以销定产,产量未形成规模,市场正在启动。

3、采购和销售客户情况

前五名供应商采购金额合计	1138649742.25元	占采购总额比重	50.10%
前五名销售客户销售金额合计	438725148.48元	占销售总额比重	21.42%

4、经营中出现的问题与困难及解决方案

2002年公司主导产品氧化铝市场价格下滑,而原燃材料价格大幅度上升,特别是以煤、焦、油为代表的燃料价格上涨幅度较大。面对不利的市场形势,公司积极采取有效措施,通过产品结构调整,大力开拓高附加值产品,化学品氧化铝产量达到了16.3万吨,增产16.6%;通过推进科技进步,改进工艺流程,努力增产降本,主导产品氧化铝、电解铝产量增加5.9%、1.5%,成本降低4.98%、4.81%;通过物流整合,降低了运营成本;通过加强营销管理,采取了积极的收款政策,确保当期货款回收100%的同时,使应收帐款下降12.44%;通过以上措施的执行,公司取得了良好的经济效益。

5、年度计划完成情况存在差异的说明

年度经营计划中利润计划为2.5亿元,实际实现利润1.59亿元,比计划减少36.4%,主要原因是主导产品的销售价格下降。

八、监事会报告

(一)报告期内监事会会议情况及决议内容

报告期内公司监事会召开了四次会议,具体召开时间、地点和会议内容如下:

1.2002年2月23日在公司会议室召开第一届监事会第七次会议。本次会议应出席监事7人,实际出席监事6人,符合《公司法》和《公司章程》的有关规定。会议有效成立,会议形成如下决议:

1)2001年度监事会工作报告。

2)审议并通过《公司2001年度报告》及《公司2001年度报告摘要》。

3)规范管理,依法经营情况。

4)收购山东铝业公司6#、7#水泥窑关联交易事项。

5)关联交易符合公平、公开、公正的原则,交易定价原则体现了公平原则,没有损害上市公司利益。

会议公告刊登在2002年2月26日《中国证券报》和《上海证券报》上刊登披露。

2、2002年6月21日在公司会议室召开第二届监事会第一次会议。本次会议应出席监事7人,实际出席监事7人,符合《公司法》和《公司章程》的有关规定。本会议形成如下决议:

1)选举高祀胜为监事会主席。

2)通过《上市公司建立现代企业制度自查报告》。

会议公告刊登在2002年6月25日《中国证券报》和《上海证券报》上刊登披露。

3、2002年7月25日在公司会议室召开第二届监事会第二次会议。本次会议应出席监事7人,实际出席监事7人,符合《公司法》和《公司章程》的规定。会议通过充分的讨论研究形成如下决议:

1)审议通过了公司2002年半年报告及摘要。

2)审议通过了关于公司与山东铝业公司签署的《土地租赁补充协议》。

3)审议通过了关于核销部分应收账款的议案。

会议公告刊登在2002年7月27日《中国证券报》和《上海证券报》上刊登披露。

4、2002年10月24日在山铝宾馆会议室召开第二届监事会第三次会议。本次会议应出席监事7人,实际出席监事5人,2名监事因公未出席,符合《公司法》和《公司章程》的规定。会议通过充分的讨论研究,审议通过了公司2002年第三季度报告。

(二)公司依法运作情况

公司监事会列席了报告期内的各次董事会会议，对公司依法进行生产经营运作情况进行了全过程监督，监事会认为：

1.2002年度公司在各股东的关怀和支持下,通过全体干部员工的勤奋努力工作,按照《公司法》和公司章程依法进行运作,生产经营决策程序合法,规范并理顺了内外部各种关系,建立起了完善的法人治理结构和内部各项控制制度,通过落实"建机制、稳生产、保技改、降成本、拓市场、增效益的加快发展"工作方针,较好地完成了全年的各项生产经营目标任务。

2、报告期内公司董事会各位董事、经理及其他高级管理人员认真执行公司职务职责,以公司利益为出发点,严格遵守法律、法规和公司章程,规范公司生产、经营与管理工作程序,维护本公司利益和股东权益。

(三)检查公司财务情况

监事会对提交2002年本公司股东大会审议的财务决算报告和2002年度审计报告进行了审阅。监事会认为:公司财务决算报告全面、真实、正确地反映了财务状况和经营成果;公司年度经营业绩已经北京中兴宇会计师事务所审核并出具了审计报告,该审计报告实事求是,客观公正。

(四)公司最近一次募集资金投入情况

公司最近一次募集资金按照法定程序已于2001年全部实施完毕。监事会认为:公司根据国家政策、市场、技术、环境发生变化的客观现实,采取有效措施,变更部分募集资金投向,有利于公司利益和部分股东权益,投资项目变更程序合法,符合市场变化对公司的发展要求,现效果比较明显。

(五)资产收购、出售情况

报告期内公司收购、出售资产程序合法,资产交易价格合理,不存在内幕交易损害部分股东权益或造成公司资产流失行为。

(六)关联交易情况

公司按照《公司法》和《证券法》等法律法规及中国证监会有关上市公司治理的规范性文件要求,已建立健全完善各项规章制度。报告期内,公司控股股东行为规范,公司在资产、业务、机构、人员、财务等方面,独立完整的进行生产、经营与核算。监事会认为:公司规范运作情况良好,关联交易按公允的市场行情定价,没有高于或低于正常销售价格的情况和损害本公司利益的行为。

九、重要事项

(一)本年度公司无重大诉讼、仲裁事项

(二)公司报告期内无收购及出售资产、吸收合并事项

(三)报告期内重大关联交易事项

1、主要关联方交易的定价原则:

1)土地租赁:2002年本公司与山东铝业公司就原土地租赁协议的有关条款签订了《土地租赁补充协议》,自2002年1月1日起每年租赁费312万元,租赁土地面积共计945,737.93平方米,租赁期限50年。

2)销售原材料、半成品、产成品:本公司向中国铝业股份公司山东分公司、山东铝业公司及其他关联方提供的原材料、半成品及产成品,按以下原则结算:

A.国家法律、法规及地方政府相应的法规、政策规定的价格及标准;

B.市场一般通行的价格;

C.若无可比的当地市场价格,则为推定价格(依据生产成本加上合理平均利润而构成的价格)。

3)水、电、蒸汽:中国铝业股份有限公司山东分公司向本公司提供水、电、汽的服务,按照市场外购价格加相应用水用电或运行维护费的价格结算。

4)接受劳务:主要为工程及检修。工程预算、决算均按《淄博市工程造价指南》编制,由公司计划经营部主持,施工、设计、监理单位三方定案,工程完工后经中介机构进行决算审计。

5)代理进出口业务:下半年进出口业务改由中铝国贸有限公司代理,支付代理费。

6)综合服务:按关联方所提供服务的成本和本公司的受益量支付费用

2、结算方式:公司与各关联方之间由于购销产品、半成品、原材料、水电汽等发生的交易,根据每月实际发生数额,按月结算;接受劳务发生的关联交易,根据工程、检修预算、决算后的实际数额进行结算。

3、关联交易的必要性及持续性:本公司设立时,发起人山东铝业公司将与氧化铝、电解铝生产、经营和科研相关的主要资产投入本公司，为本公司主营业务提供配套服务的相关资产则保留在山东铝业公司,由于长期形成的业务关系及生产工艺的特殊性,本公司与山东铝业公司及重组后的中铝股份山东分公司等关联方在原料采购,水、电、汽供应,设备检修、产品供应等方面存在持续性的关联交易;为维护公司及非关联股东利益,本公司与关联方签订了关联交易协议,关联交易定价公允、合理。随着本公司治理结构的不断完善,上述关联交易还将维持,并得到进一步的保障。

十、财务报告

1、审计意见

本公司2002年度财务报告经北京中兴宇会计师事务所审计,注册会计师芦玲、胡亚民签字,出具了中兴宇审字(2003)2002号标准无保留意见的审计报告。

2、审计报告(附后)

3、会计报表附注(附后)

4、会计报表(附后)

审计报告

中兴宇审字(2003)2002号

山东铝业股份有限公司全体股东:

我们接受委托,审计了山东铝业股份有限公司(以下简称"贵公司")2003年12月31日的资产负债表及合并资产负债表、2002年度的利润及利润分配表和合并利润及利润分配表、2002年度的现金流量表及合并现金流量表。这些会计报表由贵公司负责,我们的责任是对这些会计报表发表审计意见。我们的审计是依据《中国注册会计师独立审计准则》进行的。在审计过程中,我们结合贵公司实际情况,实施了包括抽查会计记录等我们认为必要的审计程序。

我们认为,上述会计报表符合《企业会计准则》、《企业会计制度》的有关规定,在所有重大方面公允地反映了贵公司2002年12月31日的财务状况、2002年度的经营成果和的现金流量情况,会计处理方法的选用遵循了一贯性原则。

北京中兴宇会计师事务所有限责任公司　　中国注册会计师　芦　玲

2003年1月23日　　中国注册会计师　胡亚民

十一、备查文件目录

1、载有法定代表人、主管会计工作负责人、会计机构负责人签名并盖章的会计报表。

2、载有会计师事务所盖章、注册会计师签名并盖章的审计报告原件。

3、报告期内在中国证监会指定报纸(中国证券报、上海证券报)公开披露过的所有公司文件的正本及公告的原稿。

资产负债表

2002年12月31日

编制单位:山东铝业股份有限公司　　单位:人民币元

资产	期初数	
	母公司	合并数
流动资产:		
货币资金	106,954,327.47	
短期投资	2,093,223.75	

应收票据	204,857,464.99
应收股利	
应收利息	
应收帐款	188,881,460.64
其他应收款	70,292,638.26
预付帐款	132,242,411.41
应收补贴款	
存货	338,487,806.40
待摊费用	
一年内到期的长期债权投资	
其他流动资产	
流动资产合计	1,043,809,332.92
长期投资：	
长期股权投资	15,000,000.00
长期债权投资	
长期投资合计	15,000,000.00
固定资产：	
固定资产原价	2,013,291,314.49
减:累计折旧	753,408,131.58
固定资产净值	1,259,883,182.91
减:固定资产减值准备	37,911,377.25
固定资产净额	1,221,971,805.66
工程物资	12,099,885.80
在建工程	209,834,699.71
固定资产清理	
固定资产合计	1,443,906,391.17
无形资产及其他资产：	
无形资产	
长期待摊费用	
其他长期资产	
无形资产及其他资产合计	
递延税项：	
递延税款借项	
资产总计	2,502,715,724.09

资产	期末数	
	母公司	合并数
流动资产：		
货币资金	90,538,512.58	91,391,832.01
短期投资	4,859,414.53	4,859,414.53
应收票据	211,699,935.67	211,799,935.67
应收股利		
应收利息		
应收帐款	159,091,535.72	161,086,294.13
其他应收款	28,833,978.89	16,940,211.10
预付帐款	72,237,485.15	72,337,882.20
应收补贴款		
存货	281,330,689.11	283,219,875.07
待摊费用		
一年内到期的长期债权投资		
其他流动资产		
流动资产合计	848,591,551.65	841,635,444.71
长期投资：		
长期股权投资	11,046,281.86	
长期债权投资		
长期投资合计	11,046,281.86	
固定资产：		
固定资产原价	2,507,172,416.88	2,530,599,081.16
减:累计折旧	867,180,932.66	869,279,750.38
固定资产净值	1,639,991,484.22	1,661,319,330.78
减:固定资产减值准备	36,242,599.91	36,242,599.91
固定资产净额	1,603,748,884.31	1,625,076,730.87
工程物资	6,935,336.00	6,935,336.00
在建工程	114,515,712.14	114,515,712.14
固定资产清理		
固定资产合计	1,725,199,932.45	1,746,527,779.01
无形资产及其他资产：		
无形资产		4,000,000.00
长期待摊费用		
其他长期资产		
无形资产及其他资产合计		4,000,000.00
递延税项：		
递延税款借项		
资产总计	2,584,837,765.96	2,592,163,223.72

负债和股东权益	期末数	
	母公司	合并数
流动负债：		
短期借款	279,840,000.00	279,840,000.00
应付票据	149,009,810.90	149,009,810.90
应付帐款	285,494,843.60	285,517,355.51
预收帐款	59,395,724.48	59,395,724.48
应付工资	76,983,811.31	76,983,811.31
应付福利费	18,172,975.79	18,252,302.32
应付股利	84,000,000.00	84,000,000.00
应交税金	19,984,605.52	19,677,190.57
其他应交款	-4,914,833.03	-4,914,833.03
其他应付款	18,126,593.75	21,975,534.07
预提费用	25,582,633.97	25,582,633.97
预计负债		
一年内到期的长期负债	50,000,000.00	50,000,000.00
其他流动负债		
流动负债合计	1,061,676,166.29	1,065,319,530.10
长期负债：		
长期借款	150,000,000.00	150,000,000.00
应付债券		
长期应付款		
专项应付款	12,812,480.94	12,812,480.94
其他长期负债		
长期负债合计	162,812,480.94	162,812,480.94
递延税项：		
递延税款贷项		
负债合计	1,224,488,647.23	1,228,132,011.04
少数股东权益		3,682,093.95
股东权益：		
股本	560,000,000.00	560,000,000.00
减:已归还投资		
股本净额	560,000,000.00	560,000,000.00
资本公积	484,401,335.88	484,401,335.88
盈余公积	134,758,560.26	134,758,560.26
其中:公益金	44,919,520.09	44,919,520.09
未分配利润	181,189,222.59	181,189,222.59
股东权益合计	1,360,349,118.73	1,360,349,118.73
负债及股东权益总计	2,584,837,765.96	2,592,163,223.72

利润及利润分配表

编制单位:山东铝业股份有限公司　　单位:人民币元

项目	2002年度	
	母公司	合并数
一、主营业务收入	2,046,113,223.69	2,048,226,361.03
减:主营业务成本	1,690,513,573.59	1,692,793,748.69
主营业务税金及附加	14,361,018.81	14,361,018.81
二、主营业务利润	341,238,631.29	341,071,593.53
加:其他业务利润	79,137,953.37	79,137,953.37
减:营业费用	64,119,273.71	64,230,314.63
管理费用	172,471,758.59	177,370,409.79
财务费用	19,806,035.86	19,900,930.17
三、营业利润	163,979,516.50	158,707,892.31
加:投资收益	-4,706,740.80	-753,022.66
补贴收入		
营业外收入	1,183,569.70	1,183,569.70
减:营业外支出	174,969.68	174,969.68
四、利润总额	160,281,375.72	158,963,469.67
减:所得税	15,015,998.99	15,015,998.99
减:少数股东损益		-1,317,906.05
五、净利润	145,265,376.73	145,265,376.73
加:年初未分配利润	141,713,652.37	141,713,652.37
其他转入		
六、可供分配的利润	286,979,029.10	286,979,029.10
减:提取法定盈余公积	14,526,537.67	14,526,537.67
提取法定公益金	7,263,268.84	7,263,268.84
提取职工奖励及福利基金		
提取储备基金		
提取企业发展基金		
利润归还投资		
七、可供股东分配的利润	265,189,222.59	265,189,222.59
减:应付优先股股利		
提取任意盈余公积		
应付普通股股利	84,000,000.00	84,000,000.00
转作股本的普通股股利		
八、未分配利润	181,189,222.59	181,189,222.59

项目	2001年度
一、主营业务收入	2,253,429,067.11
减:主营业务成本	1,821,410,108.35
主营业务税金及附加	14,742,392.35
二、主营业务利润	417,276,566.41
加:其他业务利润	81,304,438.63
减:营业费用	70,591,876.75
管理费用	155,960,416.69
财务费用	15,831,667.64
三、营业利润	256,197,043.96
加:投资收益	2,434,831.33
补贴收入	
营业外收入	1,324,687.42
减:营业外支出	3,263,596.22
四、利润总额	256,692,966.49
减:所得税	31,891,623.66
减:少数股东损益	
五、净利润	224,801,342.83
加:年初未分配利润	85,075,129.87
其他转入	
六、可供分配的利润	309,876,472.70
减:提取法定盈余公积	22,480,134.28
提取法定公益金	11,240,067.14
提取职工奖励及福利基金	
提取储备基金	
提取企业发展基金	
利润归还投资	
七、可供股东分配的利润	276,156,271.28
减:应付优先股股利	
提取任意盈余公积	
应付普通股股利	138,320,000.00
转作股本的普通股股利	
八、未分配利润	137,836,271.28

罗 顿 发 展 股 份 有 限 公 司

罗顿发展股份有限公司2002年年度报告

第一节　公司基本情况简介

(一) 公司法定中文名称:罗顿发展股份有限公司
中文缩写:罗顿发展
公司法定英文名称:LAWTON DEVELOPMENT CO.,LTD.
英文缩写:LAWTON DEVELOPMENT
(二) 公司法定代表人:李维
(三) 公司董事会秘书:韦胜杭 董事会证券事务代表:韦钟
联系地址:海南省海口市人民大道68号
电　话:(0898)66258868
传　真:(0898)66254868
邮政编码:570208
电子信箱:golden@public.hk.hi.cn
(四) 公司注册地址:海南省海口市人民大道68号
公司办公地址:海南省海口市人民大道68号
邮政编码:570208
国际互联网网址:http://www.lawtonfz.com.cn
公司电子信箱:golden@public.hk.hi.cn
(五)公司选定的信息披露报纸名称:上海证券报
登载年度报告的中国证监会指定网站的网址:http://www.sse.com.cn
公司年度报告备置地点:海南省海口市人民大道68号公司董事会秘书办公室
(六)公司股票上市交易所:上海证券交易所
股票简称:罗顿发展
股票代码:600209
(七)其他有关资料
1、公司首次注册或变更注册登记日期、地点:
(1)公司首次注册登记日期:1993年5月6日;首次注册登记地点:海南省工商行政管理局。
(2)公司于2000年11月2日在海南省工商行政管理局办理了变更登记。
2、企业法人营业执照注册号:4600002000386
3、税务登记号码:460100708852903
4、公司聘请的会计师事务所名称、办公地址:名称:深圳天健信德会计师事务所有限责任公司;办公地址:深圳市滨河大道5020号特区证券大厦15层。

第二节　会计数据和业务数据摘要

(一)本年度主要会计数据和业务数据(单位:元)

利润总额	53,459,414.30 元
净利润	43,286,222.39 元
扣除非经常性损益后的净利润*	20,476,039.63 元
主营业务利润	91,828,108.90 元
其他业务利润	770,000.00 元
营业利润	26,464,816.24 元
投资收益	23,841,968.93 元
补贴收入	3,171,200.00 元
营业外收支净额	-18,570.87 元
经营活动产生的现金流量净额	189,891,228.82 元
现金及现金等价物净增减额	17,247,184.61 元

注:非经常性损益项目和涉及金额:(1)转让博鳌控股公司17%股权获得收益2400万元;(2)补贴收入3,171,200.00元;(3)营业外收支净额-18,570.87元;(4)所得税影响金额-4,025,326.37元;(5)少数股东分享的非经常性损益-317,120.00元。

(二)截止报告期末公司前三年的主要会计数据和财务指标(单位:元)

项目	2002年度
主营业务收入	379,596,355.88
净利润	43,286,222.39
总资产	1,102,996,480.29
股东权益(不含少数股东权益)	607,011,966.00
每股收益	0.1836
每股净资产	2.5749
调整后的每股净资产	2.2789
每股经营活动产生的现金流量净额	0.8055
净资产收益率(%)	7.13

项目	2001年度	
	调整后	调整前
主营业务收入	532,752,166.28	532,752,166.28
净利润	55,817,361.42	55,817,361.42
总资产	1,008,064,084.79	1,008,064,084.79
股东权益(不含少数股东权益)	567,148,969.76	515,285,759.68
每股收益	0.2368	0.2368
每股净资产	2.4058	2.1858
调整后的每股净资产	2.2043	1.9893
每股经营活动产生的现金流量净额	0.1441	0.1441
净资产收益率(%)	9.84	10.83

项目	2000年度
主营业务收入	343,665,907.52
净利润	59,747,214.98
总资产	915,402,978.92
股东权益(不含少数股东权益)	530,190,957.46
每股收益	0.2534
每股净资产	2.2490
调整后的每股净资产	2.2421
每股经营活动产生的现金流量净额	0.1357
净资产收益率(%)	11.27

(三)按照中国证监会《公开发行证券公司信息披露编报规则(第9号)》要求,本报告期利润的净资产收益率和每股收益情况如下:

报告期利润	净资产收益率(%)	
	全面摊薄	加权平均
主营业务利润	15.13%	15.60%
营业利润	4.36%	4.49%
净利润	7.13%	7.35%
扣除非经常性损益后的净利润	3.37%	3.48%

报告期利润	每股收益(元/股)	
	全面摊薄	加权平均
主营业务利润	0.39	0.39
营业利润	0.11	0.11
净利润	0.18	0.18
扣除非经常性损益后的净利润	0.09	0.09

(四)2003年1月20日,本公司增发2250万股A股已获得中国证券监督管理委员会证监发行字[2002]44号文核准实施,并经上海证券交易所交易系统发行上市,因此报告期末至报告披露日,公司总股本增加为258,241,864股,按此总股本计算每股收益为0.168元。

第三节　股本变动及股东情况

(一)股东情况介绍
1、报告期末股东总数为24378户。其中,未流通法人股股东5户,流通股股东24373户。
2、报告期末,本公司前10名股东持股情况列示如下:　单位:股

名次	股东名称	本期末持股数
(1)	海南黄金海岸集团有限公司("集团公司")	105,125,179
(2)	海口金海岸罗顿国际旅业发展有限公司	32,148,374
(3)	海口黄金海岸技术产业投资有限公司	12,216,381
(4)	海口国能物业发展有限公司	8,037,093
(5)	海南大宇实业有限公司("大宇实业公司")	3,214,837
(6)	裕隆基金	1,995,326
(7)	国信证券	999,540
(8)	天津铁厂	799,700
(9)	琼锦逸阁	630,000
(10)	国泰君安	625,600

名次	股东名称	持股占总股本比例(%)
(1)	海南黄金海岸集团有限公司("集团公司")	44.59
(2)	海口金海岸罗顿国际旅业发展有限公司	13.64
(3)	海口黄金海岸技术产业投资有限公司	5.18
(4)	海口国能物业发展有限公司	3.41
(5)	海南大宇实业有限公司("大宇实业公司")	1.36
(6)	裕隆基金	0.85
(7)	国信证券	0.42
(8)	天津铁厂	0.34
(9)	琼锦逸阁	0.27
(10)	国泰君安	0.27

3、报告期内,本公司控股股东情况。名称:集团公司,法定代表人李维;成立日期:1992年12月11日;注册资本12000万元;主要业务和产品:生产销售网络产品、通讯产品、化学分析仪器、电子产品;宾馆酒店业、旅游开发;资产管理投资咨询服务;装饰工程设计、咨询与施工;房地产开发与经营、农业综合开发等。集团公司的股东为海南罗衡机电工程设备安装有限公司、海口建能房地产开发有限公司和海口罗顿电子技术发展有限公司,分别拥有集团公司40%、40%和20%权益。集团公司的控股股东为海南罗衡机电工程设备安装有限公司,法定代表人李维;成立日期:1996年5月13日;注册资本2000万元;主要业务和产品:机电设备工程设计、安装、维修及其设备销售;电子元件、交电产品;建筑材料销售、室内外装饰施工等。
4、报告期内,其他持股10%以上法人股东情况。名称:旅业公司,法定代表人昂健;成立日期:1992年3月5日;注册资本5000万元;主要业务和产品:宾馆、酒店及其配套服务设施、中西餐厅、歌舞厅、KTV、电子游戏、桑拿健身美容、商务中心、出租车队、康复中心、气功治疗、房地产开发经营、室内外装饰工程、旅游服务。

第四节　董事、监事、高级管理人员和员工情况

(一) 董事、监事、高级管理人员情况
1、公司董事、监事、高级管理人员姓名、年龄、职务和任期

姓名	职务	性别	年龄
李维	董事长	男	37岁
李扬	独立董事	男	51岁
吕廷杰	独立董事	男	47岁
余前	董事总经理	男	38岁
高松	董事	男	38岁
张清	董事	男	36岁
王飞	董事副总经理	男	37岁
任同薰	监事会召集人	男	61岁
吴奋发	监事	男	40岁
孙维廉	独立监事	男	39岁
杨凡	常务副总经理	女	45岁
徐庆明	财务总监	男	48岁
韦胜杭	董事会秘书	男	38岁

注:董事在股东单位任职情况:李维先生1992年11月起任集团公司董事长;余前先生1995年11月起任大宇实业公司董事长;张清先生1997年7月起任国能物业公司董事长,高松先生1997年7月起任国能物业公司董事。
2、年度报酬情况
(1)公司董事、监事及高级管理人员年度报酬的决策程序、报酬确定依据为公司章程的规定。高

管人员的聘用必须经公司董事会批准,董事会每年将对高管人员在任期内的工作效率、操行、学识和业绩予以考核,并根据考核结果,以奖金的方式予以奖励;对工作中出现重大失误的高管人员,董事会将视情节轻重给予批评、警告、处分或解聘。

(2)现任董事、监事、高级管理人员的年度报酬总额(包括基本工资、各项奖金、福利、补贴、住房津贴及其他津贴等)为425400元;金额最高的前三名董事的报酬总额为270240元、金额最高的前三名高级管理人员的报酬总额为245760元。

公司独立董事、独立监事未在公司领取报酬和津贴,但其出席董事会、监事会和股东大会的差旅费及行使相关职权所需的合理费用据实报销。

年度报酬具体区间、人数如下:

10-12(含12万元)	1
8-10(含10万元)	2
5-8(含8万元)	3

未在公司领取报酬、津贴的董事有:李扬、吕廷杰、高松、张清;监事有任同薰、吴奋发、孙维廉共7人。上述人员除张清、高松在海口国能物业发展有限公司领取报酬、津贴外,均未在股东单位领取报酬、津贴。

(二)公司员工数量和专业素质情况

截止2002年12月31日,本公司在册员工人数826人,其中生产服务人员328人,销售人员40人,技术人员286人,财务人员53人,行政人员119人。大专学历以上的员工占35%。

第五节 公司治理结构

(一)公司治理情况

对照中国证监会和国家经贸委于2002年1月7日发布的《上市公司治理准则》,公司治理结构基本符合准则要求,但尚存一些差距,还需积极推行市场机制,尤其是高管人员的激励和约束机制,并需进一步增强董事会的独立性,强化独立董事在审计、薪酬与考核委员会的责任。公司已对《公司章程》、《股东大会议事规则》、《董事会议事规则》、《监事会议事规则》、《关联交易决策制度》和《董事会对经营班子授权管理办法》等规章制度作了修订和完善。

(二)独立董事履行职责情况

报告期内,除独立董事吕廷杰先生因公出国未参加本公司二届三次董事会外,公司两名独立董事李扬先生、吕廷杰先生认真履行职责,参加了报告期内的历次董事会,并对公司的经营决策、关联交易等重要事项公开发表了独立意见。

(三)公司与控股股东在人员、资产、财务、机构、业务等方面的分开情况

1、人员分开方面:公司董事、监事均由股东大会依照法定程序选举产生;董事长由董事会依照公司章程规定的程序选举产生;总经理由董事长提名,董事会聘任。公司的总经理、副总经理、总经理助理、财务总监及董事会秘书等高级管理人员均专职在公司工作并领取薪酬,没有在持有5%以上股权的股东单位及股东单位下属企业担任除董事、监事以外的任何职务、亦未在与公司业务相同或相近的其他企业担任行政职务。

公司所有的员工均按《劳动法》规定由公司聘用,并签定了有关的劳务合同,不存在员工关系在其他公司的情况。

2、资产完整方面:公司由海南黄金海岸发展有限公司依法整体变更而设立,原公司的所有资产、业务及相关债权、债务全部由本公司继承。本公司目前拥有的各项资产依其资产形式的不同而具备独立完整的形态,可独立地在相关经营活动中使用。

3、财务独立方面:公司已依照《公司法》等有关法律、法规及公司章程的规定,设置了独立的财务会计部门,建立起独立的会计核算体系和财务管理制度。公司已独立在银行开立帐户,并领取了税务部门颁发的《税务登记证》,依法独立进行纳税申报和缴税。

4、机构独立方面:公司有独立的办公场所;下设通信事业部、企管部、财务部、证券部、综合部等独立职能部门及三个分公司;公司内部的职能部门没有交叉重叠的情况;公司的办公场所、职能部门与股东单位完全分开,没有出现"两块牌子,一套人马"或其他混合经营、合署办公的情形。

5、业务分开方面:公司及下属的控股子公司和分公司目前从事的主营业务为酒店的经营与管理、装饰工程、石油产品的销售以及网络通信设备的研发及生产。公司从事的各项业务均已取得相关的经营许可,拥有固定且独立于股东单位的经营场所,并且相关的业务部门均拥有各自完备必要的从业人员,公司可独立自主地开展业务。

(四)报告期内对公司高级管理人员的考评及激励机制的建立、实施情况

公司正积极着手建立公正、透明的董事、监事和高管人员的绩效评价标准与激励约束机制。公司高管人员的聘用公开、透明,符合法律法规的规定,由董事会每年对高管人员在任期内的工作效率、操行、学识和业绩予以考核,并根据考核结果,以奖金的方式予以奖励;对工作中出现重大失误的高管人员,董事会将视情节轻重给予批评、警告、处分或解聘。

第六节 股东大会情况简介

(一)报告期内股东大会情况

2002年公司共召开四次股东大会,即一次年度股东大会和三次临时股东大会:

1、公司就2002年度第一次临时股东大会的召集和召开,于2001年12月25日将第一次临时股东大会的召开时间、地点、审议事项及其他事项等相关董事会决议、第一次临时股东大会会议通知以公告方式刊登在《上海证券报》和《中国证券报》上。

公司于2002年1月26日在海口市人民大道68号金海岸罗顿大酒店南一楼多功能厅如期召开了2002年第一次临时股东大会,出席本次会议的股东及股东代表共计5人,代表股份160,741,864股,占本公司总股本235,741,864股的68.19%,符合《公司法》及本公司章程的有关规定。大会以记名投票表决方式,审议通过了以下决议:

(1)同意《关于海南金海岸装饰工程有限公司与上海竞法企业发展有限公司签署〈商品房购买协议〉的议案》;

(2)同意《关于受让海南黄金海岸集团有限公司持有海南博鳌投资控股有限公司的股份的议案》;

(3)同意《关于本公司与上海竞法企业发展有限公司签署〈房屋租赁合同〉的议案》。

上述三项议案都是在关联股东——集团公司回避的情况下进行表决,其中:同意票为55,616,685股,占出席会议有表决权的股东及股东代表股份总数的100%;弃权票和反对票为0股。

本次股东大会决议公告刊登在2002年1月29日的《上海证券报》和《中国证券报》上。

2、公司就2001年年度股东大会的召集和召开,于2002年3月22日将2001年年度股东大会的召开时间、地点、审议事项及其他事项等相关董事会决议、2001年年度股东大会会议通知以公告方式刊登在《上海证券报》和《中国证券报》上;2002年4月19日,公司一届二十九次董事会将2001年年度股东大会的延期公告刊登在《上海证券报》和《中国证券报》上;

公司于2002年5月7日在海口市人民大道68号金海岸罗顿大酒店南一楼多功能厅如期召开了2001年年度股东大会,出席本次会议的股东及股东代表共计5人,代表股份160,741,864股,占本公司总股本235,741,864股的68.19%,符合《公司法》及本公司章程的有关规定。大会以记名投票表决方式,审议通过了以下决议:

(1)同意《关于公司2001年董事会工作报告》;

(2)同意《关于公司2001年监事会工作报告》;

(3)同意《关于公司2001年年度利润分配方案》;

本次股东大会审议通过的公司2001年年度利润分配方案为:经深圳天健信德会计师事务所审计,公司2001年实现利润总额72,812,001.11元,净利润55,817,361.42元。分别提取10%法定公积金8,083,055.40元,提取5%法定公益金4,041,527.70元;加上上年结转利润90,079,471.06元,本次可供股东分配利润133,772,249.38元。以2001年末总股本235,741,864股为基数,向全体股东以每10股派现金0.80元(含税),共计现金股利分配18,859,349.12元,余额114,912,900.26元结转下年度。

(4)同意《关于延长公司2001年度增发有效期的议案》;

(5)同意《关于续聘深圳天健信德会计师事务所为公司审计机构及支付其报酬的议案》;

(6)同意《关于提名第二届董事会董事及独立董事候选人的议案》;

(7)同意《关于提名第二届监事会监事及独立监事候选人的议案》。

本次股东大会决议公告刊登在2002年5月9日的《上海证券报》和《中国证券报》上。

3、公司就2002年度第二次临时股东大会的召集和召开,于2002年6月22日将第二次临时股东大会的召开时间、地点、审议事项及其他事项等相关董事会决议、第二次临时股东大会会议通知以公告方式刊登在《上海证券报》和《中国证券报》上。

公司于2002年7月23日在海口市人民大道68号金海岸罗顿大酒店南一楼多能厅如期召开了2002年第二次临时股东大会,出席本次会议的股东及股东代表共计5人,代表股份160,741,864股,占本公司总股本235,741,864股的68.19%,符合《公司法》及本公司章程的有关规定。大会以记名投票表决方式,审议通过了以下决议:

(1)同意《关于向中国光大银行海口支行借款的议案》;

(2)同意《关于购买海南博鳌投资控股有限公司土地使用权的议案》。

本次股东大会决议公告刊登在2002年7月24日的《上海证券报》和《中国证券报》上。

4、公司就2002年度第三次临时股东大会的召集和召开,于2002年11月29日将第三次临时股东大会的召开时间、地点、审议事项及其他事项等相关董事会决议、第三次临时股东大会会议通知以公告方式刊登在《上海证券报》和《中国证券报》上。

公司于2002年12月29日在海口市人民大道68号金海岸罗顿大酒店南一楼多能厅如期召开了2002年第三次临时股东大会,出席本次会议的股东及股东代表共计5人,代表股份160,741,864股,占本公司总股本235,741,864股的68.19%,符合《公司法》及本公司章程的有关规定。大会以记名投票表决方式,审议通过了以下决议:

(1)同意《关于建立"罗顿通讯技术中心"的议案》;

(2)同意《关于向光大银行借款2亿元展期的议案》。

本次股东大会决议公告刊登在2002年12月31日的《上海证券报》和《中国证券报》上。

(二)报告期内选举、更换公司董事、监事情况

公司第一届董事会、第一届监事会于2002年3月任期届满,报告期内公司董事会、监事会都进行了换届选举。具体情况如下:

(1)经公司2001年年度股东大会审议,同意李维、李扬、余前、吕廷杰、张清、高松、王飞七人为公司第二届董事会董事,任期三年,自2002年5月7日至2005年5月6日。其中:李扬、吕廷杰为公司第二届董事会的独立董事;

(2)经公司2001年年度股东大会审议,同意吴奋发、孙维廉为公司第二届监事会监事,其中:孙维廉为公司第二届监事会的独立监事。吴奋发、孙维廉先生与公司职工代表民主选举产生的监事任同薰先生,共同组成公司第二届监事会。任期三年,自2002年5月7日至2005年5月6日。

第七节 董事会报告

(一)公司经营情况

1、公司主营业务范围及其经营状况

(1)公司主营业务包括四部分,即酒店经营及管理、装饰工程、油品经营和网络设备及通信业。

A、报告期内,公司主营收入、主营业务利润分行业的构成情况:

行业	酒店经营及管理	装饰工程
主营业务收入(万元)	7,228	14,156
主营业务利润(万元)	4,682	3,578
行业	油品经营	网络设备及通信业
主营业务收入(万元)	14,658	1,918
主营业务利润(万元)	673	249

B、报告期内主营业务分地区情况:

地区	主营业务收入(万元)	主营业务收入比上年增减(%)
海口	35,904	-29.62
上海	2,056	-9.03

(2)其中,占主营业务收入或主营业务利润10%以上的业务经营活动如下:

行业	装饰工程	油品经营	酒店经营及管理
主营业务收入(万元)	14,156	14,658	7,228
主营业务成本(万元)	10,127	14,035	2,042
毛利率(%)	28.46	4.25	71.75

2、主要控股公司及参股公司的经营情况及业绩

(1)海南金海岸罗顿大酒店有限公司,成立于1997年1月20日,注册资本3,000万元,主要从事宾馆、酒店及其配套服务设施的经营。所属金海岸罗顿大酒店,是海南省四家五星级酒店之一,曾荣获"旅游行业样板企业"称号和"中国旅游业标志性饭店建筑和金奖大堂奖"。经深圳天健信德会计师事务所审计,罗顿大酒店公司2002年末总资产为31,387万元,净资产为4,717万元,净利润261万元。

(2)海南金海岸装饰工程有限公司,成立于1994年6月28日,注册资本3,000万元,主要从事室内外装修装饰工程设计、施工,建筑材料,装饰材料的销售。拥有国家建设部颁发的建筑装饰装修施工一级资质证书和建筑装饰装修设计甲级资质证书。经深圳天健信德会计师事务所审计,工程公司2002年末总资产为27,479万元,净资产为17,588万元,净利润1,646万元。

3、主要供应商、客户情况

报告期内,公司向前五名供应商合计的采购金额为16,710万元,占年度采购金额的比例为57.20%。主要是根据国家现行政策,成品油供应归口于中石油和中石化两大集团,报告期内,公司主要供应商为中国石油天然气股份有限公司华东销售广东分公司和中石化海南公司;前五名客户销售额合计11,111万元,占公司销售总额的比例为29.27%。

4、在经营中出现的问题与困难及解决方案

本公司主营的传统业务属于竞争激烈的行业,报告期内,传统业务受到前所未有的挑战,为增强自身的竞争能力,防止业绩大幅度下滑,本公司一方面加强企业内部管理和成本控制,另一方面,本公司积极拓展新的业务领域,从为投资者的长远利益和保持公司业绩稳定出发,进一步开拓传统业务的新局面,抓好新业务领域的各项应对工作。

(二)公司投资情况

1、前次募集资金数额和到位情况

公司经批准,于1999年2月首次向社会公开发行5,000万股人民币普通股,每股发行价格6.39元,股票发行收入总额为319,500,000元。扣除股票上网发行手续费1,036,111.29元、设立费用13,420,073.78元后,募集资金余额为305,043,814.93元。募集资金于1999年2月10日全部到帐,并经深圳天健信德会计师事务所信验资字[1999]第02号《验资报告》验证。截止2002年12月31日,实际使用金额为232,897,682.93元,尚未使用金额为72,146,132.00元,存放于光大银行海口支行营业部。

2、前次募集资金使用情况

募集资金到位后,公司董事会按照《招股说明书》承诺的投资计划组织实施,截止2002年12月31日,前次发行股票所募集资金中已使用部分均按照《招股说明书》承诺的用途使用。未使用部分已经严格地依法履行变更资金用途手续。

(1)前次募集资金实际运用情况与招股说明书承诺项目对照表 单位:万元

项目名称	实际投资额
罗顿大酒店二期工程	1,581
罗顿大酒店配套工程	5,650
森林旅游开发	0

兼并海南免税商品企业公司	2,500
低端网络产品、网络安全产品	11,785.4
补充流动资金	1,773.4
合计	23,289.8

项目名称	次发行招股说明书承诺投资额	与实际投资额差额
罗顿大酒店二期工程	14,000	12,419.00
罗顿大酒店配套工程	5,650	0
森林旅游开发	8,640	8,640
兼并海南免税商品企业公司	2,560	60
低端网络产品、网络安全产品	——	(11,785.4)
补充流动资金	——	(1,773.4)
合计	30,850	-

项目名称	实际收益情况
罗顿大酒店二期工程	有收益
罗顿大酒店配套工程	有收益
森林旅游开发	
兼并海南免税商品企业公司	无收益
低端网络产品、网络安全产品	无收益
补充流动资金	——
合计	

(2)前次募集资金投资项目实际进展及效益情况

①罗顿大酒店二期工程

该项目计划投资额为14000万元，截止2002年12月31日，实际投资额为1581万元主要用于网球场、高尔夫球练习场、歌舞厅改造工程等，已实现收益，其收益业已统一核算于罗顿大酒店公司营业利润中，故未能单独计算具体收益金额。经公司2000年度第二次临时股东大会审议批准，该项目剩余资金已变更为低端网络产品、网络安全产品项目和补充公司流动资金。

②罗顿大酒店配套工程

该项目计划投资额为5650万元，截止2002年12月31日，实际投资额为5650万元，完成进度的100%。该项目已实现的收益，其收益业已统一核算于罗顿大酒店公司营业利润中，故未能单独计算具体收益金额。

③兼并免税公司项目

该项目计划投资额为2560万元，截止2002年12月31日，已投资2500万元购买经营场地，但兼并工作尚未完成，故未产生收益。

④森林旅游开发项目

该项目计划投资额为8640万元。经公司2000年第二次临时股东大会审议批准，该项目已变更为低端网络产品、网络安全产品项目和补充公司流动资金。

(3)前次募集资金变更情况及变更投资项目进展

前次募集资金部分项目发生变更的原因和程序：海南省经济环境的变化，特别是由于亚洲金融危机的持续影响，造成海南省经济发展放缓；前次募集资金部分投资项目的变更已经公司一届董事会十六次会议讨论通过，并经公司2000年第二次临时股东大会审议批准(股东大会决议公告刊登在2000年11月1日的《上海证券报》和《中国证券报》)。

前次募集资金变更项目——低端网络产品、网络安全产品项目，计划投资额为19000万元，其中：固定资产投资14,190.02万元，流动资金4,809.98万元；投资回收期(所得税后)3.66年(含1年建设期)；税后财务内部收益率44.37%；税后财务净现值21,314万元。截止2002年12月31日，已投资11,785.4万元用于低端网络产品研发中心的改建装修工程及购置相关生产测试设备，但该项目的筹建工作并未完成，故目前未有收益。

前次募集资金变更后补充流动资金计划投资额为1,773.4万元。截止2002年12月31日，已使用1,773.4万元。

3、非募集资金对外投资计27700万元，主要用于以下项目：

(1)报告期内，公司以自有资金向海南博鳌投资控股有限公司购买位于海南省琼海市博鳌大灵湖规划区万泉河侧1800亩的土地使用权，用于建造国际友好村项目，本公司已依据合同支付土地转让金21600万元。截止2002年12月31日，公司已取得该地块的红线图和海南省琼海市建设局颁发的编号为[2002]030号、031号、032号和033号《建设用地规划许可证》，但尚未办理该土地使用权的产权变更手续；

(2)报告期内，本公司投资上海罗顿装饰工程有限公司2700万元，拥有其90%股权，该公司于2002年7月25日领取了工商营业执照，截止2002年末，该公司收益为-236万元。

(3)报告期内，本公司向海南中油罗顿石油有限公司增资3400万元，拥有其85%股权，该公司于2002年2月9日办理了工商变更手续，截止2002年末，该公司未有收益。

(三)公司财务状况

1、公司财务状况单位：人民币元

项目	2002年12月31日	2001年12月31日
总资产	1,102,996,480.29	1,008,064,084.79
股东权益	607,011,966.00	567,148,969.76
主营业务利润	91,828,108.90	117,533,277.09
净利润	43,286,222.39	55,817,361.42
现金及现金等价物净增加额	17,247,184.61	-141,854,040.77
营业费用	5,858,515.14	3,677,082.88
管理费用	46,967,639.14	30,163,854.38
投资收益	23,841,968.93	-198,854.81
无形资产	240,204,716.45	26,456,359.64
其他应付款	90,555,332.21	5,967,564.23

2、增减变动原因

(1)总资产、股东权益增加的主要原因是本年度实现净利润增加所致；

(2)主营业务利润减少的主要原因是由于本年度工程业务利润减少所致；

(3)净利润减少的主要原因是由于本年度工程业务净利润减少以及上海网络设备制造分公司管理费用增加所致；

(4)现金及现金等价物净增加额的大幅度上升系本年度投资收益大幅增加所致；

(5)营业费用增加系向上海竞法公司租赁房屋每年增加摊销所致；

(6)管理费用增加系PDSN项目开发费、计提坏帐准备及存货跌价准备以及无形资产摊销增加所致；

(7)无形资产大幅增加主要系本年度购入位于海南省琼海市博鳌水城大灵湖规划区万泉河侧1,800亩土地使用权计21600万元所致；

(8)其他应付款的大幅增加系会计科目调整和代采购款的增加所致。

(四)生产经营环境变化对公司生产经营的影响

1、国家和地方政府重视和扶持旅游业发展，为本行业的发展提供了良好的外部环境，对公司实施区域化发展战略十分有利；

2、我国已加入WTO，有利于国际化经营，使本公司经营规模的提升和公司走向国际化将产生积极影响。

第八节　监事会工作报告

(一)报告期内监事会会议情况

报告期内监事会共召开三次会议，主要内容如下：

1、2002年3月20日，召开一届十次监事会，审议并通过了以下决议：

(1)同意公司2001年度监事会工作报告；

(2)同意公司2001年年度报告及其摘要；

(3)同意提名第二届监事会监事及独立监事候选人。

本次会议决议公告刊登于2002年3月22日的《上海证券报》和《中国证券报》上。

2、2002年5月7日，召开二届一次监事会，选举任同薰监事为公司第二届监事会召集人，任期三年，自2002年5月7日至2005年5月6日。

本次会议决议公告刊登于2002年5月9日的《上海证券报》和《中国证券报》上。

3、2002年7月18日，召开二届二次监事会，审议并通过了以下决议：同意《关于公司2002年半年度报告及其摘要的议案》。

4、2002年10月24日，召开二届三次监事会，审议并通过了以下决议：同意《关于2002年第三季度报告的议案》。

(二)监事会对公司2002年度有关事项的独立意见

1、公司依法运作情况

公司监事会根据国家有关法律、法规，对公司股东大会、董事会的召开程序、决议事项、董事会对股东大会决议的执行情况、公司高级管理人员执行职务的情况及公司管理制度等进行了监督，认为公司董事会2002年度的工作能严格按照《公司法》、《证券法》、《上海证券交易所股票上市规则》、《公司章程》及其他有关法规制度进行规范运作，工作认真负责、经营决策科学合理，并进一步完善了内部管理和内部控制制度，建立了良好的内控机制；公司董事、经理执行职务时没有违反法律、法规、公司章程或损害公司利益的行为。

2、检查公司财务情况

公司监事会对公司的财务制度和财务状况进行了认真、细致的检查，认为公司2002年度财务报告能够真实地反映公司的财务状况和经营成果，深圳天健信德会计师事务所出具的审计意见和对有关事项作出的评价是客观公正的。

3、公司最近一次募集资金实际投入项目与承诺投资项目进展顺利，报告期内实际投资项目未发生变更。

4、公司收购、出售资产交易价格合理，没有发现内幕交易和损害部分股东的权益或造成公司资产流失的行为。

5、公司关联交易公平，未损害上市公司利益。

第九节　重要事项

(一)本年度公司无重大诉讼、仲裁事项。

(二)报告期内有收购、出售资产事项：

1、2002年1月26日，经本公司2002年第一次临时股东大会审议，通过本公司以自有资金7800万元受让集团公司持有的博鳌控股公司17%的股权。上述交易事项的相关信息，详见2001年12月25日和2002年1月29日《上海证券报》。

2002年4月16日，上述股权转让在海南省工商行政管理局办理了工商变更登记手续。

2、2002年6月18日，公司与博鳌控股公司签署了"土地使用权转让协议"，公司以自有资金向博鳌控股公司购买位于海南省琼海市博鳌大灵湖规划区万泉河侧1800亩的土地使用权，用于建造国际友好村项目。根据海南中力信资产评估有限公司2002年6月18日出具的中力信资评报字(2002)第082号《资产评估报告书》，确定该土地使用权资产评估值为人民币36756万元，双方交易价格为21600万元。截止2002年12月31日，本公司已依据合同支付土地转让金21600万元并已取得该地块的红线图和海南省琼海市建设局颁发的编号为[2002]030号、031号、032号和033号《建设用地规划许可证》，但尚未办理该土地使用权的产权变更手续。

本次受让属关联交易，已获2002年7月23日召开的本公司2002年第二次临时股东大会的批准。有关上述交易事项的有关信息，详见2002年6月22日和7月24日《上海证券报》和《中国证券报》。

3、2002年8月27日，本公司与上海鹏欣(集团)有限公司(以下简称"上海鹏欣")签订了《股权转让协议》，依据该协议，上海鹏欣出资人民币10200万元，受让本公司持有的博鳌控股公司17%的股份。截止2002年12月11日，公司已经收讫上海鹏欣的股权转让款共计10200万元，公司转让上述股权获得的收益计2400万元，扣除所得税影响计360万元后，该扣税后非经常性损益占本公司2002年度合并净利润的47.13%。上述股权的转让对公司业务的连续性和管理层的稳定性并不构成影响。有关该交易事项的信息，详见2003年3月8日的《上海证券报》和《中国证券报》和深圳天健信德会计师事务所出具的信德财审报字(2003)第88号《审计报告》附注44。

(三)本报告期内重大关联交易事项如下：

1、由本公司控股公司——海南金海岸装饰工程有限公司(以下简称"工程公司")承接的北京罗顿沙河高教园区建设发展有限公司(以下简称"罗顿沙河公司")高教园区办公楼项目的设计、施工以及室内装修及相关工程，在报告期内已经完工并交付使用，经工程公司和罗顿沙河公司双方确认的决算价款计34,165,079.51元，但按照财政部财会[2001]64号文《关联方之间出售资产等有关会计处理问题暂行规定》的有关规定，确定该笔收入为29,360,602.00元并将工程公司上述计入"资本公积"账项的关联交易差价计4,804,477.51元，按照公司拥有工程公司的权益比例计入"资本公积"账项计4,324,029.76人民币元。

上述交易事项的有关信息，详见2002年6月22日《上海证券报》和《中国证券报》和深圳天健信德会计师事务所出具的信德财审报字(2003)第88号《审计报告》附注28。

2、2002年11月27日，本公司与北京罗顿沙河公司签署协议，以前次募集资金在北京罗顿沙河高教园区内投资10000万元建造罗顿通讯技术中心，总建筑面积为12,000平方米，主要用于低端网络产品、网络安全产品等数据类、通信类产品的研发、测试和生产；北京罗顿沙河公司负责该中心的规划设计、建造，以及测试和生产设备的采购工作，建成后该中心的产权归本公司所有。上述关联交易事项已经公司二届五次董事会审议通过并获得公司2002年第三次临时股东大会批准。截止2002年12月31日，公司已支付北京罗顿沙河公司建设罗顿通讯技术中心款项计5500万。

上述交易事项的有关信息，详见2002年11月29日、12月19日和12月31日的《上海证券报》和《中国证券报》。

(四)报告期内的重大合同情况

1、2002年2月26日，公司与中国光大银行海口支行签订了2亿元《借款合同》，借款期限自2002年3月1日起至2002年11月30日止。该事项已于2002年7月23日召开的本公司2002年第二次临时股东大会的批准。2002年9月20日，本公司与中国光大银行海口支行签定《借款展期协议》，将上述2亿元借款展期至2002年12月28日。2002年12月29日，公司召开2002年第三次临时股东大会同意上述贷款延期至2003年5月28日，相关手续正在办理之中。

集团公司、技术产业公司、大宇实业公司分别以其持有的本公司股权质押给中国光大银行海口支行，质押期限为2002年6月4日至2003年6月4日。

有关上述贷款的信息，详见2002年6月6日、6月22日、7月24日、11月29日和12月31日的《上海证券报》和《中国证券报》。

2、报告期内无重大担保事项；

3、报告期内无委托他人进行现金资产管理事项；

(五)5%以上股东的承诺事项：2001年度集团公司向本公司出具了承诺函：不再从事与本公司有竞争性的业务。该承诺在本报告期内继续有效。

(六)报告期内续聘深圳天健信德会计师事务所有限责任公司为公司财务审计机构，该审计机构已为公司提供审计服务的连续年限为4年。2001年度已支付其财务审计费用为55万元，2002年度拟支付其财务审计费用为53万元，以上两个年度均承担其差旅费。

(七)其他重要事项：无。

第十节　财务报告

(一)审计报告

罗顿发展股份有限公司全体股东:

我们接受委托,审计了 贵公司二零零二年十二月三十一日的资产负债表及合并资产负债表与二零零二年度的利润及利润分配表、合并利润及利润分配表和现金流量表及合并现金流量表。这些会计报表由 贵公司负责,我们的责任是对这些会计报表发表审计意见。我们的审计是依据《中国注册会计师独立审计准则》进行的,在审计过程中,我们结合 贵公司实际情况,实施了包括抽查会计记录等我们认为必要的审计程序。

我们认为,上述会计报表符合中华人民共和国《企业会计准则》和《企业会计制度》的有关规定,在所有重大方面公允地反映了 贵公司二零零二年十二月三十一日的财务状况及合并财务状况与二零零二年度的经营成果及合并经营成果和现金流量及合并现金流量,会计处理方法的选用遵循了一贯性原则。

深圳天健信德会计师事务所　　中国注册会计师　魏小珍

二零零三年四月二十四日　　中国注册会计师　李渭华

(二)会计报表

资产负债表

编制单位:罗顿发展股份有限公司　　2002 年 12 月 31 日　　单位:(人民币)元

资产	期末数 合并	期末数 母公司
流动资产:		
货币资金	202,480,918.98	165,237,704.18
短期投资		
应收票据		
应收股利		
应收利息		
应收账款	76,332,072.02	22,622,223.94
其他应收款	15,088,973.21	180,079,996.26
预付账款	135,259,707.48	135,259,407.48
应收补贴款		
存货	49,758,479.80	18,297,970.90
待摊费用	175,903.21	
一年内到期的长期债权投资		
其他流动资产		
流动资产合计	479,096,054.70	521,497,302.76
长期投资:		
长期股权投资	15,869,336.46	297,292,844.69
长期债权投资		
长期投资合计	15,869,336.46	297,292,844.69
其中:合并价差	930,052.34	
固定资产:		
固定资产原价	401,537,446.82	14,712,527.60
减:累计折旧	87,494,623.73	3,469,956.64
固定资产净值	314,042,823.09	11,242,570.96
减:固定资产减值准备		
固定资产净额	314,042,823.09	11,242,570.96
工程物资		
在建工程	9,980,734.66	600,474.20
固定资产清理		
固定资产合计	324,023,557.75	11,843,045.16
无形资产及其他资产:		
无形资产	240,204,716.45	229,668,540.58
长期待摊费用	43,585,851.50	43,537,023.59
其他长期资产	216,963.43	
无形资产及其他资产合计	284,007,531.38	273,205,564.17
递延税项:		
递延税款借项		
资产总计	1,102,996,480.29	1,103,838,756.78
流动负债:		
短期借款	230,000,000.00	200,000,000.00
应付票据		
应付账款	30,184,651.28	5,774,582.48
预收账款	34,068,617.05	6,078,108.86
应付工资	526,670.00	
应付福利费	1,066,467.57	176,540.80
应付股利	7,747,255.92	7,747,255.92
应交税金	27,674,081.65	5,797,862.91
其他应交款	628,731.87	73,919.61
其他应付款	90,555,332.21	306,308,930.89
预提费用	2,613,827.06	2,613,827.06
预计负债		
一年内到期的长期负债 25.40(3)		
其他流动负债		
流动负债合计	425,065,634.61	534,571,028.53
长期负债:		
长期借款		
应付债券		
长期应付款		
专项应付款	500,000.00	500,000.00
其他长期负债		
长期负债合计	500,000.00	500,000.00
递延税项:		
递延税款贷项		
负债合计	425,565,634.61	535,071,028.53
少数股东权益	70,418,879.68	
所有者权益(或股东权益):		
实收资本(或股本)	235,741,864.00	235,741,864.00
减:已归还投资		
实收资本(或股本)净额		
资本公积	180,822,748.33	180,822,748.33
盈余公积	46,554,439.36	31,109,296.45
其中:法定公益金	15,518,146.44	10,373,342.59
未分配利润	143,892,914.31	121,093,819.47
外币报表折算差额		
所有者权益(或股东权益)合计	607,011,966.00	568,767,728.25
负债和所有者权益(或股东权益)总计	1,102,996,480.29	1,103,838,756.78

利润及利润分配表

编制单位:罗顿发展股份有限公司　　2002 年度　　单位:(人民币)元

项目	期末数 合并
一、主营业务收入	379,596,355.88
减:主营业务成本	278,587,559.54
主营业务税金及附加	9,180,687.44
二、主营业务利润(亏损以"-"号填列)	91,828,108.90
加:其他业务利润(亏损以"-"号填列)	770,000.00
减:营业费用	5,858,515.14
管理费用	46,967,639.14
财务费用	13,307,138.38
三、营业利润(亏损以"-"号填列)	26,464,816.24
加:投资收益(损失以"-"号填列)	23,841,968.93
补贴收入	3,171,200.00
营业外收入	210.00
减:营业外支出	18,780.87
四、利润总额(亏损总额以"-"号填列)	53,459,414.30
减:所得税	8,433,894.48
减:少数股东损益	1,739,297.43
五、净利润(亏损以"-"号填列)	43,286,222.39
加:年初未分配利润	114,912,900.26
其他转入	
六、可供分配的利润	158,199,122.65
减:提取法定盈余公积	4,372,634.94
提取法定公益金	2,186,317.48
提取职工奖励及福利基金	
提取储备基金	
提取企业发展基金	
利润归还投资	
七、可供投资者分配的利润	151,640,170.23
减:应付优先股股利	
提取任意盈余公积	
应付普通股股利	7,747,255.92
转作资本(或股本)的普通股股利	
八、未分配利润	143,892,914.31

现金流量表

编制单位:罗顿发展股份有限公司　　2002 年度　　单位:(人民币)元

项目	合并
一、经营活动产生的现金流量:	
销售商品、提供劳务收到的现金	411,057,299.45
收到的税费返还	3,171,200.00
收到的其他与经营活动有关的现金	180,016,372.18
经营活动现金流入小计	594,244,871.63
购买商品、接受劳务支付的现金	273,828,270.73
支付给职工以及为职工支付的现金	19,092,372.93
支付的各项税费	20,052,895.20
支付的其他与经营活动有关的现金	91,380,103.95
经营活动现金流出小计	404,353,642.81
经营活动产生的现金流量净额	189,891,228.82
二、投资活动产生的现金流量:	
收回投资所收到的现金	114,000,000.00
取得投资收益所收到的现金	
处置固定资产、无形资产和其他长期资产所收回的现金净额	3,260.42
收到的其他与投资活动有关的现金	14,550,000.00
投资活动现金流入小计	128,553,260.42
购建固定资产、无形资产和其他长期资产所支付的现金	258,617,586.31
投资所支付的现金	
支付的其他与投资活动有关的现金	
投资活动现金流出小计	258,617,586.31
投资活动产生的现金流量净额	-130,064,325.89
三、筹资活动产生的现金流量:	
吸收投资所收到的现金	3,000,000.00
借款所收到的现金	400,000,000.00
收到的其他与筹资活动有关的现金	
筹资活动现金流入小计	403,000,000.00
偿还债务所支付的现金	411,000,000.00
分配股利、利润或偿付利息所支付的现金	33,915,705.44
支付的其他与筹资活动有关的现金	664,012.88
筹资活动现金流出小计	445,579,718.32
筹资活动产生的现金流量净额	-42,579,718.32
四、汇率变动对现金的影响	
五、现金及现金等价物净增加额	17,247,184.61

广西桂冠电力股份有限公司

广西桂冠电力股份有限公司2002年年度报告

一、公司基本情况简介

(一)公司的法定名称
中文名称:广西桂冠电力股份有限公司
中文名称缩写:桂冠电力
英文名称:GUANGXI GUIGUAN ELECTRIC POWER CO.,LTD.
英文名称缩写:GGEP
(二)公司法定代表人:赵建国
(三)公司董事会秘书:张云
联系地址:广西南宁市民主路北四里6号
联系电话:0771-5636271
传真电话:0771-5620664
电子信箱:zhangyun@ggep.com.cn
(四)公司注册地址:广西南宁市民主路北四里6号
公司办公地址:广西南宁市民主路北四里6号
公司邮政编码:530023
公司国际互联网网址:http://www.ggep.com.cn
公司电子信箱:ggep@ggep.com.cn
(五)公司选定的信息披露报纸:《中国证券报》和《上海证券报》
公司年报登载网站的网址:http://www.sse.com.cn
公司年报备置地点:广西南宁市民主路北四里6号
(六)公司股票上市交易所:上海证券交易所
公司股票简称:桂冠电力
公司股票代码:600236
(七)其他相关资料:
公司首次注册登记日期:1992年9月4日
公司变更注册登记日期:2000年12月25日
公司首次注册或变更注册登记地点:广西南宁
公司企业法人营业执照注册号:(企)4500001000755
公司税务登记号码:450100198224236
公司聘请的会计师事务所名称:安永大华会计师事务所有限责任公司
公司聘请的会计师事务所办公地址:上海市昆山路146号

二、会计数据和业务数据摘要

(一) 公司2002年度业务数据摘要

项　　目	金额(元)
利润总额	306,207,824.05
净利润	258,716,613.27
扣除非经常性损益后的净利润	253,215,153.14
主营业务利润	354,277,106.98
其他业务利润	20,008.81
营业利润	308,336,837.26
投资收益	452,694.25
补贴收入	0.00
营业外收支净额	-2,581,707.46
经营活动产生的现金流量净额	401,248,152.86
现金及现金等价物净增加额	-104,156,187.24

注:扣除非经常性损益的项目及涉及金额:
1、营业外收入:766,969.64元;
2、营业外支出:3,348,677.10元;
3、资金使用费:8,045,367.59元;
4、其他债权收益:37,800.00元。

(二) 公司近三年主要会计数据和财务指标

项 目	单位	2002年
主营业务收入	元	634,761,775.18
净利润	元	258,716,613.27
总资产	元	3,859,306,291.59
股东权益(不含少数股东权益)	元	2,618746,905.46
每股收益(全面摊薄)	元/股	0.383
每股净资产	元/股	3.88
调整后的每股净资产	元/股	3.86
每股经营活动产生的现金流量净额	元/股	0.59
净资产收益率(全面摊薄)	%	9.88

项 目	2001年	2000年
主营业务收入	639,648,361.60	647,183,609.19
净利润	251,139,876.36	235,626,507.50
总资产	3,089,803,912.43	2,946,224,991.71
股东权益(不含少数股东权益)	2,501,277,831.41	2,358,195,223.66
每股收益(全面摊薄)	0.372	0.348
每股净资产	3.70	3.49
调整后的每股净资产	3.69	3.48
每股经营活动产生的现金流量净额	0.68	0.53
净资产收益率(全面摊薄)	10.04	9.99

三、股本变动及股东情况

(一)股东持股情况
1、2002年12月31日公司股东总数为78710户。
2、2002年12月31日公司前十名股东持股情况

股东名称	年度内增减(股)	年末持股数量(股)	比例(%)
广西电力有限公司	0	362,537,300	53.68
广西投资(集团)有限公司	0	131,265,667	19.44
黑龙江省华富电力投资有限公司	+1,759,648	6,189,648	0.92
景福证券投资基金	不详	5,150,151	0.76
江苏省江海粮油贸易有限公司	0	4,430,000	0.66
广西壮族自治区水电工程局	0	3,846,633	0.57
丰和价值证券投资基金	不详	3,719,985	0.55
黑龙江省华富发电有限公司	-1,142,707	3,287,293	0.49
广西送变电建设公司	0	2,801,000	0.41
广西力元建设监理有限责任公司	0	2,766,667	0.41

以上前十名股东中广西电力有限公司与广西壮族自治区水电工程局、广西送变电建设公司和广西力元建设监理有限责任公司存在关联关系。广西壮族自治区水电工程局、广西送变电建设公司和广西力元建设监理有限责任公司是广西电力有限公司的孙公司。

广西力元建设监理有限责任公司所持股份是由广西岩滩水电工程建设公司过户而来。报告期内广西岩滩水电工程建设公司撤销。

江苏省江海粮油贸易有限公司、黑龙江省华富电力投资有限公司和黑龙江省华富发电有限公司是本公司2000年3月发行新股时的战略投资者,所持股份于2002年3月25日上市流通。

3、控股股东情况

公司的控股股东为广西电力有限公司,持股比例为53.68%,法定代表人赵建国。该公司1998年5月26日由广西电力工业局改制而成,是国家电力公司的全资子公司,注册资本为37.83亿元。主要经营范围为:电力建设、生产;电网经营、电力购销、电力投资、电力修配;电力方面咨询服务;物资购销(除国家特殊规定外)等。

国家电力公司属国有独资公司,法定代表人赵希正。该公司1997年1月由电力工业部改制而成,注册资本为1600亿元。主要经营范围为:国有资产经营;电力项目投资;电力工程设计、施工;电力、热力生产和电网经营等。

据媒体报道,中国电力新组建(改组)的11家公司于2002年12月29日正式成立,本公司的控股股东将发生变更。报告期内,公司未接到有关方面的正式文件或通知。

4、其他持股10%以上的法人股东情况

广西投资(集团)有限公司,持股比例为19.44%,法定代表人黄名汉。该公司成立于2002年3月,注册资本为19.30亿元。由原来广西开发投资有限责任公司更名而来。主要经营范围为:为广西壮族自治区建设项目筹措资金,开展经营性、开发性投资业务;房地产开发、建设项目评估、咨询服务;国内商业及物资贸易(国家有专项规定除外);经济技术合作等。

四、董事、监事、高级管理人员和员工情况

(一)公司董事、监事、高级管理人员情况
1、董事、监事、高级管理人员基本情况:　持股单位:股

姓名	性别	年龄	职务	任职期限(年/月)
赵建国	男	44	董事长	02/6至05/6
陈咏辉	男	57	常务副董事长、总经理	02/6至05/6
沈悌	男	57	副董事长	02/6至05/6
陈允鹏	男	40	董事	02/6至05/6
杨璐	女	46	董事	02/6至05/6
揣小勇	男	40	董事	02/6至05/6
黄鉴波	男	53	董事	02/6至05/6
章钢柱	男	39	董事	02/6至05/6
李红征	女	61	董事	02/6至05/6
郭国庆	男	40	独立董事	02/6至05/6
郭益浩	男	37	独立董事	02/6至05/6
黄进平	男	49	监事会主席	02/6至05/6
卢国栋	男	50	监事	02/6至05/6
冼宁	女	46	监事	02/6至05/6
黄新喜	男	40	监事	02/6至05/6
黄汉艺	男	33	监事	02/6至05/6
谢丽英	女	44	副总经理	02/6至05/6
蒋健平	男	44	副总经理	02/6至05/6
袁正方	男	52	副总经理	02/6至05/6
王传楚	男	41	总会计师	02/6至05/6
张云	女	39	董事会秘书	02/6至05/6

2002年6月21日公司2001年度股东大会审议通过了董事会、监事会换届选举议案:公司第四届董事会由11名董事组成,其中包括2名独立董事;第四届监事会由5名监事组成;同日公司第四届董事会第一次会议审议通过了公司高级管理人员聘任议案。上表所列为报告期末人员情况。

2、董事、监事在股东单位任职情况:

姓 名	任职单位	职务
赵建国	广西电力有限公司	董事长兼总经理
沈悌	广西投资(集团)有限公司	投资委员会副主任
陈允鹏	广西电力有限公司	副总经理
杨璐	广西电力有限公司	财务部主任
揣小勇	广西电力有限公司	市场开发与营销部主任
黄鉴波	广西投资(集团)有限公司	副总经理
黄进平	广西电力有限公司	副总经理
卢国栋	广西电力有限公司	副总审计师兼审计室主任
冼宁	广西投资(集团)有限公司	财务部经理

3、董事、监事及高级管理人员年度报酬情况

公司仅为在公司任职的董事、独立董事和职工监事提供报酬或津贴,其他人员均不在公司领取报酬或津贴。

报告期内公司高级管理人员试行年薪制。决策程序:总经理提出方案,经董事会审议通过;报酬依据:考核上网电量、主营业务收入、利润总额、安全生产、党风廉政建设及信息披露等指标。

报告期内公司董事、监事及高级管理人员年度报酬总额143.70万元,划分如下区间:16万元以上5人,10-16万元2人,10万元以下2人;金额最高的前三名董事的报酬总额40.37万元,金额最高的前三名高级管理人员的报酬总额68.46万元。公司独立董事年度津贴3万元(含税)。

不在公司领取报酬但在股东单位领取报酬的董事、监事有:赵建国、沈悌、陈允鹏、杨璐、揣小勇、黄鉴波、黄进平、卢国栋、冼宁。第三届董事会董事李一平,第三届监事会监事胡雷冰也不在公司领取报酬。

章钢柱和李红征属公司非股东单位董事,不在公司领取报酬,也不在股东单位领取报酬。

4、报告期内无离任董事、监事及高级管理人员。

(二)公司员工情况

1、公司员工情况

公司报告期末共有在册员工781人,其专业构成和受教育程度情况如下:

(1)公司员工专业构成情况:

员工总人数	生产人员	技术人员	行政人员	财务人员
781	368	331	56	26

(2)公司员工受教育程度情况:

员工总人数	研究生	大学	大专	中专	其他
781	7	78	194	271	231

2、退休员工情况

公司离退休员工110人,已全部在社保所领取退休养老金。

五、公司治理结构

(一)公司治理结构情况

公司严格按照《公司法》、《证券法》、《上海证券交易所股票上市规则》和其他有关的法律法规要求,不断完善法人治理结构。切实做到所有权、控制权(决策权)和经营管理权的分离,形成了权力制衡机制、科学决策机制和激励约束机制。重视信息披露工作,认真履行上市公司信息披露义务。

报告期内,公司按照中国证监会和国家经贸委颁布的《上市公司治理准则》的要求,修改公司章程,建立了内部控制制度,制定了《股东大会议事规则》、《董事会议事规则》、《监事会议事规则》和《总经理工作细则》。

报告期内,公司按照中国证监会和国家经贸委《关于开展上市公司建立现代企业制度检查的通知》要求,认真开展自查工作,并于2002年6月7日召开第三届董事会第十四次会议审议通过《广西桂冠电力股份有限公司建立现代企业制度自查报告》。

报告期内,公司按照中国证监会《关于在上市公司建立独立董事制度的指导意见》的要求,建立了独立董事制度,于2002年6月21日公司2001年度股东大会选举郭国庆先生和郭益浩先生为公司独立董事。

(二)公司独立董事履行情况

公司建立了独立董事制度。独立董事认真履行公司章程赋予的职责和义务,在董事会发表独立意见。在维护投资者利益,特别是中小投资者利益方面发挥了积极作用。

(三)公司与控股股东在业务、人员、资产、机构和财务等方面的分开情况

1、公司的业务独立。公司主营业务独立于控股股东,自主经营,业务完整。

2、公司人员独立。公司的行政管理(包括劳动、人事及工资管理等)完全独立于控股股东。公司的总经理、副总经理、总会计师、董事会秘书等高级管理人员专职在本公司工作,并在本公司领取薪酬,不在控股股东兼任职务和领取报酬。

3、公司的资产独立。公司与控股股东产权关系明晰,拥有独立于控股股东的电厂资产和配套设施、土地使用权等;不存在控股股东违规占用本公司的资金、资产及其他资源的情况。

4、公司机构独立。公司组织机构独立完整,不存在控股股东干预组织机构设立与运作的情况;公司董事会、监事会职能独立,不存在与控股股东职能部门间的隶属关系。

5、公司财务独立。公司设立独立的财务会计部门,并建立起独立的会计核算体系和财务管理制度(包括对子公司、分公司的财务管理制度)。公司独立在银行开户、依法独立纳税,独立做出财务决策,不存在控股股东干预本公司资金使用的情况。公司制定了《财产管理办法》和《财务管理内部牵制制度》,健全了公司内部财务管理制度。

(四)公司高级管理人员考评机制、相关奖励制度

报告期内,公司高级管理人员试行年薪激励机制,按照董事会通过的《高级管理人员年薪制实施细则(2002年修订)》的具体规定,确定年薪标准。董事会根据对年度上网电量、主营业务收入、利润总额、安全生产、党风廉政建设和信息披露等指标的考核,确定对高级管理人员的奖罚方案,鼓励高级管理人员勤勉尽责,完成或超额完成董事会确定的经营目标。

六、股东大会情况简介

报告期内公司共召开了三次股东大会,均按公司章程有关规定进行通知、召集和召开。

(一)2001年度股东大会情况

公司于2002年4月30日在《中国证券报》和《上海证券报》向全体股东公告了会议通知,明确召集年度股东大会的时间、地点和会议议程。

2001年年度股东大会于2002年6月21日在公司召开。出席会议的股东及股东代表3人,代表股份496,515,198股,占公司有表决权总股份的73.52%,符合《公司法》和《公司章程》的规定。会议审议通过了以下决议:

1、2001年度董事会工作报告;

2、2001年度监事会工作报告;

3、2001年度财务决算及2002年度财务预算报告;

4、2001年度利润分配及资本公积金转增股本预案;

5、2001年年度报告;

6、关于2002年《购电合同》议案;

7、关于为控股子公司广西合山发电有限公司银行贷款提供信用担保的议案;

8、关于为控股子公司广西平班水电开发有限公司银行贷款提供信用担保的议案;

9、关于为控股子公司广西桂冠开投电力有限责任公司银行贷款提供信用担保的议案;

10、通过关于发行可转换公司债券有关补充内容的议案;

11、关于修改《公司章程》的议案;

12、关于2002年度续聘会计师事务所并决定其报酬的议案;

13、《广西桂冠电力股份有限公司股东大会议事规则》;

14、关于确定独立董事津贴及其他董事薪酬的议案;

15、关于公司董事会、监事会换届选举议案:

会议通过了董事会、监事会换届选举议案:公司第四届董事会由11名董事组成,赵建国、陈允鹏、陈咏辉、沈悌、杨璐、揣小勇、黄鉴波、章钢柱、李红征当选公司第四届董事会董事,郭国庆和郭益浩当选公司第四届董事会独立董事;第四届监事会由5名监事组成,黄进平、卢国栋、冼宁当选公司第四届监事会监事,此前黄新喜和黄汉艺通过职工选举,当选公司第四届监事会职工监事。

有关本次股东大会决议公告刊登于2002年6月22日《中国证券报》和《上海证券报》上。

(二)2002年第一次(临时)股东大会情况

公司于2002年9月21日在《中国证券报》和《上海证券报》向全体股东公告了会议通知,明确召集2002年第一次(临时)股东大会的时间、地点和会议议程。

2002年第一次(临时)股东大会于2002年10月25日在公司召开。出席会议的股东及股东代表2人,代表股份493,802,967股,占公司有表决权总股份的73.12%,符合《公司法》和《公司章程》的规定。会议审议通过了以下决议:

1、关于延长申请发行可转换公司债券有效期限的议案。

2、关于调整发行可转换公司债券有关条款的议案。

有关本次股东大会决议公告刊登于2002年10月26日《中国证券报》和《上海证券报》上。

(三)2002年第二次(临时)股东大会情况

公司于2002年11月26日在《中国证券报》和《上海证券报》向全体股东公告了会议通知,明确召集2002年第二次(临时)股东大会的时间、地点和会议议程。

2002年第二次(临时)股东大会于2002年12月27日在公司召开。出席会议的股东及股东代表3人,代表股份494,958,807股,占公司有表决权总股份的73.29%,符合《公司法》和《公司章程》的规定。会议审议通过了以下决议:

关于2002年购电补充合同的议案。

有关本次股东大会决议公告刊登于2002年12月28日《中国证券报》和《上海证券报》上。

七、董事会报告

(一)报告期内公司经营情况

1、主营业务的范围及其经营情况

公司主营业务范围为开发建设和管理水电站、火电厂和输变电工程,独资、联营开办与本公司有关的项目,电力金融方面的经济技术咨询等。

报告期内,公司加强内部管理,深化"劳动、人事、工资"三项制度改革;加强责任制考核力度,努力降低成本,提高经济效益;坚持以财务管理为中心的管理理念,进一步加强财务制度的建设;完善对所属电厂的管理制度,加强安全生产;以资本为纽带加强对控股、参股公司的管理,确保了公司的投资收益和投资项目的顺利进行。

2002年公司完成上网电量28.46亿千瓦时,同比减少4.66%;完成主营业务收入634,761,775.18元,同比下降0.76%:其中售电收入606,019,144.33元,同比增长0.71%;主营业务成本271,176,367.82元,同比下降了5.36%;其中发电成本250,330,550.00元,同比下降2.95%;净利润258,716,613.27元,同比增长3.02%。

报告期内公司售电量同比减少4.66%,但由于合同上网电量同比增长5%,同时发电成本同比下降2.95%,从而使净利润同比增长3.02%。

2002年,公司在质量管理方面上了一个新台阶,通过了ISO9001:2000标准质量认证。

(1)主营业务收入、主营业务利润的构成情况

单位:元

行业	产品	地区	主营业务收入	比例
电力工业	水电	广西	606,019,144.33	95.47%
高科技	软件	广西	28,742,630.85	4.53%
合计	—	—	634,761,775.18	100%

行业	主营业务利润	比例
电力工业	346,726,142.28	97.87%
高科技	7,550,964.70	2.13%
合计	354,277,106.98	100%

(2)主要产品市场占有率情况

本公司所属行业为电力行业,水电产品(电量)的生产和销售为本公司的主营业务,报告期内水电产品(电量)的销售收入占公司全部主营业务收入的95.47%。公司所生产的水电产品(电量)全部销售予广西电网,销售电量占广西电网总销售量的8%左右。

单位:元

主要产品名称	所属行业	销售收入	销售成本	毛利率
水电	电力工业	606,019,144.33	250,330,550.00	58.69%

(3)报告期内公司主营业务和产品结构较前一报告期没有发生变化。

(二)报告期内公司投资情况

1、募集资金投资情况

报告期内,公司无募集资金或报告期之前募集资金的使用延续到报告期内的情况。

公司2000年发行11000万股社会公众股,募集资金68970万元,公司严格按照《招股说明书》的承诺,于2000年将其中63980万元投向弥补百龙滩水电站工程资金缺口,主要用于百龙滩电站的收尾工程及偿还前期投资中的部分贷款;4990万元投向大化水电厂一台机组增容技术改造。2000年百龙滩水电厂实现了6台机组全部发电、大化水电厂实现了一台改造机组投产的计划。

截止2002年底百龙滩水电站竣工决算报告编制和审计工作已完成。根据竣工决算报告,百龙滩水电站工程累计投资支出14.75亿元,比概算数17.68亿元减少投资2.93亿元。

大化水电厂第四台机组(最后一台机组)增容改造已于2002年4月中旬完成并投产发电。至此,大化水电厂14号机组增容改造工程全部完成,增容5.6万千瓦,即大化水电厂总装机容量达到45.6万千瓦,整个增容技改工程累计投资19960万元(未经审计)。

2、非募集资金投资情况

报告期末,公司对控股和参股公司投资余额为33,702.40万元,报告期内新增投资20,482.4万元。有关投资情况如下:

(1)对控股子公司投资情况　　单位:万元

公司名称 项目	广西桂冠开投电力有限责任公司	广西合山发电有限公司
主营经营活动	开发经营水电站	开发经营火电站
注册资本	4,500.00	2,000.00
占被投资公司的权益(%)	52.00	50.00
期初投资余额	7,800.00	1,000.00
本期投资增减额	7,800.00	0.00
期末投资余额	15,600.00	1,000.00
项目进度(%)	14.78	8.00
收益情况	0.00	0.00

公司名称 项目	广西平班水电开发有限公司	广西火炬有限责任公司	合计
主营经营活动	开发经营水电站	软件开发	—
注册资本	10,000.00	2,000.00	—
占被投资公司的权益(%)	35.00	60.00	—
期初投资余额	0.00	1,200.00	10,000.00
本期投资增减额	10,500.00	0.00	18,300.00
期末投资余额	10,500.00	1,200.00	28,300.00
项目进度(%)	12.33	100	—
收益情况	0.00	-11.76	—

广西桂冠开投电力有限责任公司是恶滩水电站扩建工程项目的项目公司。2002年4月1日,国家计委以计基础[2002]504号文批准了恶滩水电站扩建工程项目建议书,而后该项目的可行性研究报告正式上报。

广西合山发电有限公司是合山火电厂改扩建2×30万千瓦级机组工程项目的项目公司。2002年5月24日国家经贸委以国经贸投资[2002]344号文批准了合山电厂改扩建工程项目建议书,而后该项目的可行性研究报告正式上报。

广西平班水电开发有限公司是平班水电站开发工程项目的项目公司。2002年3月5日,国家计委以计基础[2002]299号文批准了平班水电站建设项目的项目建议书;2002年12月12日,国家计委以计基础[2002]2715号文批准了平班水电站工程可行性研究报告;2002年12月18日,国家计委以计投资[2002]2777号文批准了平班水电站工程正式开工建设。

(三)公司报告期内财务状况、经营成果分析　　单位:元

项目	总资产	长期负债	股东权益
报告期内	3,859,306,291.59	278,760,817.27	2,618,746,905.46
上一年度	3,089,803,912.43	163,983,618.97	2,501,277,831.41
增减金额	769,502,379.16	114,777,198.30	117,469,074.05
增减幅度	24.90%	69.99%	4.70%
增减原因	※1	※2	※3

项目	主营业务利润	净利润

报告期内	354,277,106.98	258,716,613.27
上一年度	344,616,566.68	251,139,876.36
增减金额	9,660,540.30	7,576,736.91
增减幅度	2.80%	3.02%
增减原因	合同电量增加	合同电量增加

1:总资产增加的主要原因:公司会计报表合并范围扩大(增加广西平班水电开发有限公司);公司所属子公司总资产(主要是负债增加)增加;公司经营盈利增加。

2:长期负债增加的原因:所属子公司增加长期贷款。

3:股东权益增加的原因:公司经营获利留存;资金占用费利息差转入。

(四)生产经营环境、宏观政策等变化对公司财务状况的影响

电力体制改革对公司的影响

据媒体报道,2002 年 3 月国务院[2002]5 号文发布了《国务院关于印发电力体制改革方案的通知》,2002 年 12 月 29 日中国电力新组建(改组)的 11 家公司正式成立,它标志着电力工业在建立社会主义市场经济体制,加快社会主义现代化建设的宏伟事业中,进入了一个新的发展时期。电力体制改革的总体目标是,打破垄断,引入竞争,提高效率,降低成本,健全电价机制,优化资源配置,促进电力发展,推进全国联网,构建政府监管下的政企分开、公平竞争、开放有序、健康发展的电力市场体系。

电力体制改革对公司来说,机遇和挑战并存。一方面,"厂网分开"、发电资产重组,有可能将会给公司带来历史性的机遇;另一方面,随着今后"竞价上网"政策的逐步实施,会加剧网内发电企业之间的竞争,会给公司电量销售带来一定的压力。面对新的形势,公司将认真研究发展战略,抓住机遇,充分运用资本运作,在抓好在建项目投资的同时,做好项目并购的准备工作,努力实现资产规模的快速扩张。同时公司将加强成本控制,为竞价上网打好基础。

(五)2003 年度经营计划

强化安全生产,确保按计划完成生产任务。加强在建项目管理,确保各项目按计划顺利进行。

继续完善公司内部管理制度,同时以资本为纽带,实施对控股、参股公司的财务管理,对其资金运作实行全过程监控,努力降低生产成本和工程造价。

巩固创一流和贯标成果。在贯标工作已取得阶段性成果的基础上,坚持"科技创新、安全优质、持续改进、用户满意"的质量方针,狠抓质量管理,做好认证后的标准化管理工作。

(六)公司发展战略

结合国家电力体制改革实际,根据公司的发展规划和战略构想,认真研究公司发展战略,实现公司跨地区、跨流域发展的宏伟蓝图。

公司发展战略确定为"立足红水河水电资源,通过新建、收购、参股、控股等多种形式,成为红水河流域综合开发的龙头企业,并在此基础上通过资本运营,扩大规模,努力将公司建设成为以电为主的大型电力上市公司"。

八、监事会报告

(一)监事会日常工作情况

本年度监事会依据《中华人民共和国公司法》和本公司章程的规定,认真履行监督职责,维护了股东的权益。依法行使对公司重大经营项目、投资项目、董事会成员及公司经理班子的监督,列席公司各次董事会会议,审阅公司年度内会计月报表及年度报表,认真核实公司 2002 年度财务状况和经营成果。

报告期内监事会共召开五次会议,情况如下:

1.2002 年 3 月 29 日,监事会召开第三届监事会第六次会议。会议应到监事 5 人,实到监事 4 人。会议审议通过了:2001 年度监事会工作报告;公司 2001 年年度报告及摘要;董事会关于 2002 年度《购电合同》方案。

本次会议决议刊登在 2002 年 4 月 2 日《中国证券报》和《上海证券报》上。

2.2002 年 4 月 26 日,监事会召开第三届监事会第七次会议。会议应到监事 5 人,实到监事 5 人。会议审议通过了:2002 年第一季度报告;《广西桂冠电力股份有限公司监事会议事规则》;监事会换届选举议案。

本次会议内容刊登在 2002 年 4 月 30 日《中国证券报》和《上海证券报》上。

3.2002 年 6 月 21 日,监事会召开第四届监事会第一次会议。会议应到监事 5 人,实到监事 5 人。会议选举产生了第四届监事会主席。

以上决议内容刊登在 2002 年 6 月 22 日《中国证券报》和《上海证券报》上。

4.2002 年 8 月 16 日,监事会召开第四届监事会第二次会议。会议应到监事 5 人,实到监事 5 人。会议审议通过了 2002 年半年度报告及摘要。

以上决议内容刊登在 2002 年 8 月 20 日《中国证券报》、《上海证券报》。

5.2002 年 10 月 25 日监事会召开第四届监事会第三次会议。会议应到监事 5 人,实到监事 4 人,1 名监事委托别的监事参加会议。会议审议通过了:2002 年第三季度报告;董事会关于 2002 年购电补充合同的议案。

以上决议内容刊登在 2002 年 10 月 26 日《中国证券报》、《上海证券报》。

(二)监事会对公司决策、经营管理情况的评价

1.公司依法运作情况

一年来,监事会依据《中华人民共和国公司法》和《公司章程》等有关法律法规的要求,列席了公司各次董事会会议,对董事会的召开程序、决议过程、董事会对股东大会决议的执行和实施情况,对公司经营管理者履行职务情况、执行董事会决议情况以及公司内部控制制度的执行情况等进行了监督,并独立发表了监事会的意见和建议。监事会认为公司董事会对执行股东大会决议是尽职尽责的,董事会的决策程序符合《中华人民共和国公司法》和《公司章程》的有关规定,公司董事会的运作规范有序;公司的经营管理者也严格执行董事会的各项决议,在经营管理过程中尽职尽责,没有发生违法行为,公司建立了比较完善的内部控制制度。董事会和经营班子在执行公司事务时,以公司利益为重,严守机密,不存在损害公司和股东利益的行为。

2.检查公司财务情况

本年度监事会认真审阅了公司的会计报表及财务报告,及时掌握公司财务状况和重大经营、投资情况。公司的财务决算报告已经安永大华会计师事务所有限责任公司审计验证,并出具了标准无保留意见的审计报告。

监事会对公司的财务结构和财务状况进行了认真检查;对公司经营活动中涉及数额较大的投资、股权受让等经济行为和资产质量进行重点监控;对公司财务决算报告、安永大华会计师事务所有限责任公司审计报告审查核实,认为:2002 年度公司财务行为遵守了《企业会计制度》及国家的有关规定,各项费用支出基本合理,各项计提符合国家法律、法规和本公司《章程》的规定,经营成本基本控制在预算范围内;财务管理基础工作进一步加强,财务运行状况良好;公司年度报告如实地反映了公司的财务状况和经营成果。监事会一致同意安永大华会计师事务所有限责任公司的审计结论,一致通过公司 2002 年度财务决算报告和利润分配预案。

3.募集资金使用情况

本年度公司没有新募集资金,也没有以前年度募集资金延续到本年度使用的情况。

4.公司收购、出售资产交易情况本年度公司收购了两控股子公司的外方股权。该收购事项,交易价格是以评估机构的评估价格作为参考依据,是公平合理的,不存在损害股东权益和公司利益的行为。

5.关联交易情况

公司的关联交易主要是与控股股东销售电量形成的,经审查,在关联交易过程中双方均按市场原则签订购电合同,交易公平,合同确定的售电量以政府确定的价格结算,超过合同的电量价格,经过股东大会讨论确定,未有损害中、小股东和公司利益的行为。

6.对会计师事务所审计结果的意见

安永大华会计师事务所有限责任公司给本公司出具的是标准无保留意见的审计报告,监事会对安永大华会计师事务所有限责任公司给本公司的审计结果没有不同意见。

九、重要事项

(一)公司报告期内无重大诉讼、仲裁事项。

(二)公司报告期内收购及出售资产、吸收合并情况

为优化公司的资产结构,进一步提高公司的资产质量,2002 年 6 月 28 日公司与 GUIJIANG ENTERPRISES LTD.签署了《广西桂冠水电开发有限公司股权转让合同》和《广西桂冠水电发展有限公司股权转让合同》,受让控股子公司广西桂冠水电开发有限公司和广西桂冠水电发展有限公司外方所持各 26%股权。此转让完成后,本公司持有以上两公司 100%的股权。

广西壮族自治区外商投资管理办公室于 2002 年 7 月 8 日分别以《自治区外资办关于同意中外合资广西桂冠水电发展有限公司终止合同、章程的批复》(桂外资办审函[2002]40 号)及《自治区外资办关于同意中外合资广西桂冠水电开发有限公司终止合同、章程的批复》(桂外资办审函[2002]41 号)同意本公司受让 GUIJIANG ENTERPRISES LTD.在广西桂冠水电发展有限公司和广西桂冠水电开发有限公司中所持各 26%股权,同时同意终止广西桂冠水电发展有限公司和广西桂冠水电开发有限公司合同及章程。

广西壮族自治区工商行政管理局于 2002 年 9 月 11 日分别以《关于核准注销广西桂冠水电发展有限公司的决定》(桂工商企注[2002]36 号)和《关于核准注销广西桂冠水电开发有限公司的决定》(桂工商企注 [2002]37 号) 同意注销广西桂冠水电发展有限公司和广西桂冠水电开发有限公司,并撤销注册号。

报告期内,广西桂冠水电发展有限公司和广西桂冠水电开发有限公司已注销,其全部资产和负债已并入公司。

(三)公司报告期内重大关联交易事项

1.购销商品发生的关联交易

2002 年公司的电力产品(电量)根据《购电合同》和《购电补充合同》全部销售给公司的控股股东广西电力有限公司。以上两合同分别经 2002 年 6 月 21 日召开的 2001 年度股东大会和 2002 年 12 月 27 日召开的 2002 年第二次临时股东大会审议通过。

报告期内公司主营业务收入的 95.47%是通过此项关联交易实现的。具体情况如下:

关联交易方:广西电力有限公司

关联交易内容:电量销售

定价原则:上网电量的 96.84%政府物价主管部门定价,上网电量的 3.16%由双方协商、股东大会批准确定。

交易价格:大化水电厂 216.56 元/兆瓦时,百龙滩水电厂 335 元/兆瓦时。超过计划电量 27.56 亿千瓦时的部分电量的价格为 100 元/兆瓦时。

交易金额:709,042,398.87 元(含税,销售收入 606,019,144.33 元)

占同类交易金额的比例:100%

结算方式:现金支付

在电网国家统一经营管理的情况下,公司与广西电力有限公司发生此类交易是正常的。随着电力体制改革"厂网分开方案的实施,今后将不再有此类关联交易。

2.报告期内公司无资产、股权转让发生的关联交易。

3.公司与关联方债权、债务、担保等事项

(1)债权事项

公司与广西电力有限公司存在债权关系。因公司水电产品(电量)的销售是通过广西电网统一进行的,公司的主要客户是公司的控股股东广西电力有限公司。公司根据《购电合同》与广西电力有限公司结算电费收入。一方面由于电网电费欠收数额较大,公司必须按照合同的约定承担相应比例的欠费;另一方面由于电费结算过程存在时间上的差异,这两方面的原因导致公司应收帐款数额较大。报告期末应收大股东广西电力有限公司帐款(电费)余额为 193,808,842.37 元。

(2)无债务事项。

(3)无担保事项。

4.其他重大关联交易

2001 年 8 月 29 日,公司与大股东广西电力有限公司签订《资产租赁协议》,公司所属大化水电厂有偿租用广西电力有限公司的部分固定资产,资产原值 45,872,134.84 元,年租赁费 2,958,476.54 元,租期自 2001 年 1 月 1 日起至 2002 年 12 月 31 日。

该项议案于 2001 年 9 月 25 日经第三届董事会第十次会议表决通过,表决时关联股东——广西电力有限公司进行了回避。该事项文件已报上海证券交易所备案。

(四)公司重大合同及执行情况

1.报告期内公司无托管、承包、租赁其他公司资产或其他公司托管、承包、租赁本公司资产的情况。

2.报告期内重大对外担保事项

(1) 2002 年 12 月 23 日公司控股子公司广西合山发电有限公司与国家开发银行签署了总价 18.9 亿元的贷款合同,贷款期限为 2002 年 12 月 15 日—2020 年 12 月 25 日,报告期该公司已借入人民币 1.5 亿。本公司按出资比例为该贷款合同项下全部债务的 50%提供担保。报告期实际为该公司担保的金额为 7500 万元。该担保事项经 2002 年 6 月 21 日召开的公司 2001 年度股东大会审议通过。

(2) 2002 年 7 月 11 日公司控股子公司广西桂冠开投电力有限责任公司与中国电力财务有限公司签署了总价 5000 万元的短期贷款合同,贷款期限为 12 个月。本公司按出资比例为该贷款合同项下全部债务的 52%提供担保,担保金额为 2600 万元。该担保事项经 2002 年 6 月 21 日召开的公司 2001 年度股东大会审议通过。

(3) 2002 年 9 月 3 日公司控股子公司广西桂冠开投电力有限责任公司与中国电力财务有限公司签署了总价 5200 万元的短期贷款合同,贷款期限为 12 个月。本公司为该贷款合同提供了全额担保,担保金额为 5200 万元。该担保事项经 2002 年 6 月 21 日召开的公司 2001 年度股东大会审议通过。

3.报告期内无委托理财情况。

4.报告期内其他重大合同

(1)2002 年 7 月 3 日公司控股子公司广西桂冠开投电力有限责任公司与广西投资(集团)有限公司就恶滩水电站扩建工程项目的实施,引起广西投资(集团)有限公司装机 60MW 的原恶滩水电站损失的补偿问题签署了《补偿协议》。

该事项的披露见 2002 年 7 月 5 日《中国证券报》、《上海证券报》。

(2)2002 年 7 月 8 日本公司控股子公司广西合山发电有限公司与广西电力有限公司就合山电厂改扩建 2X30 万千瓦级火电机组所涉及的相关资产问题,草签了《合作协议书》。

该事项的披露见 2002 年 7 月 10 日《中国证券报》、《上海证券报》。

(五)公司或持股 5%以上股东无承诺事项。

(六)公司聘任或解聘会计师事务所情况

报告期内,公司续聘安永大华会计师事务所有限责任公司为公司的审计机构。安永大华会计师事务所有限责任公司原为大华会计师事务所有限公司,2002 年大华会计师事务所有限公司与香港安永会计师事务所合作成立安永大华会计师事务所有限责任公司,大华会计师事务所有限公司的全体人员及业务已转由安永大华会计师事务所有限责任公司负责。故此,本公司 2002 年的审计工作转由安永大华会计师事务所有限责任公司担任。至此公司已连续 6 个年度聘请该公司为本公司的审计机构。2002 年支付的审计费用为 69.10 万元(含差旅费),该费用超出 2001 年度股东大会审议批准的 50 万元数额的原因是增加了中期报告的审计费用 19.10 万元。

(七)中国证监会南宁特派办对公司进行巡回检查情况

中国证监会南宁特派办于 2002 年 10 月 29 日至 11 月 1 日对我公司进行了巡回检查,并于 2002 年 12 月 11 日下达了《关于广西桂冠电力股份有限公司检查情况的通报》。公司董事会于 2002

年12月27日召开了第四届董事会第五次会议，会议审议通过了《广西桂冠电力股份有限公司关于巡检问题整改方案的报告》，并按时上报中国证监会南宁特派办。目前公司正针对中国证监会南宁特派提出的关于设立董事会专门委员会、建立内部审计制度及对外投资管理制度和募集资金管理制度等方面进行完善。

2002年度公司、公司董事会及董事无受监管部门行政处罚、通报批评和公开谴责情况。

(八)报告期内其它重要事项

报告期内，公司收到广西电力有限公司支付的大恶线项目资金占用费1267.14万元。

依照国家有关电网统一建设的规定，根据1995年10月签署的《大恶线π接百龙滩220千伏输变电工程建设协议》及1999年11月签署的补充协议，大恶线π接百龙滩220千伏输变电工程由广西电力有限公司委托其中调所、广西电力开发公司施工建设，工程所需资金3471.85万元由本公司负责筹措，工程建成后产权分属于广西电力有限公司和本公司，属于广西电力有限公司产权部分的工程投资为广西电力有限公司向本公司借资，资金占用费参照银行同期固定资产贷款利率计取，截止2001年8月广西电力有限公司偿还了建设该项目所借全部资金2839.69万元，2002年6月，广西电力有限公司偿还了1995年以来的全部资金占用费1267.14万元。

十、财务报告

审 计 报 告

广西桂冠电力股份有限公司全体股东：

我们接受委托，审计了 贵公司2002年12月31日资产负债表和合并资产负债表、2002年度利润及利润分配表和合并利润及利润分配表，以及2002年度现金流量表和合并现金流量表。这些会计报表由 贵公司负责，我们的责任是对这些会计报表发表审计意见。我们的审计是根据中国注册会计师独立审计准则进行的。在审计过程中，我们结合 贵公司的实际情况，实施了包括抽查会计记录等我们认为必要的审计程序。

我们认为，上述会计报表符合《企业会计准则》和《企业会计制度》的有关规定，在所有重大方面公允地反映了 贵公司2002年12月31日的财务状况及2002年度经营成果和现金流量情况，会计处理方法的选用遵循了一贯性原则。

安永大华会计师事务所有限责任公司　　中国注册会计师：汪阳

2003年4月26日　　中国注册会计师：周力

资产负债表

编制单位：广西桂冠电力股份有限公司　2002-12-31　　金额单位：元

资　产	注释号	行次	年末数 母公司	年末数 合并
流动资产：				
货币资金	1	1	314,025,822.21	430,241,658.72
短期投资		2		
应收票据	2	3	20,523,563.28	20,523,563.28
应收股利		4		
应收利息		5		
应收帐款	3	6	187,025,532.89	197,599,991.02
其他应收款	4	7	51,839,423.51	32,645,528.36
预付帐款	5	8	165,000.00	3,808,389.13
应收补贴款		9		
存　货	6	10	1,690,225.81	2,780,308.92
待摊费用	7	11	361,781.03	361,781.03
一年内到期的长期债权投资		21		
其他流动资产		24		
流动资产合计		30	575,631,348.73	687,961,220.46
长期投资：				
长期股权投资	8	31	340,025,758.28	59,047,367.75
长期债权投资		32		
长期投资合计		33	340,025,758.28	59,047,367.75
固定资产：				
固定资产原值	9	39	3,060,405,579.04	3,084,055,286.24
减：累计折旧	9	40	974,876,820.54	978,352,871.17
固定资产净值	9	41	2,085,528,758.50	2,105,702,415.07
减：固定资产减值准备		42		
固定资产净额		43	2,085,528,758.50	2,105,702,415.07
工程物资	10	44	208,850.32	173,584,215.08
在建工程	11	45	7,652,239.62	814,633,410.70
固定资产清理		46		
固定资产合计		50	2,093,389,848.44	3,093,920,040.85
无形资产及其他资产：				
无形资产	12	51	8,165,724.00	8,165,724.00
长期待摊费用	13	52	183,769.15	10,211,938.53
其他长期资产		53		
无形资产及其他资产合计		54	8,349,493.15	18,377,662.53
递延税项：				
递延税款借项		56		
资产总计		60	3,017,396,448.60	3,859,306,291.59
负债和股东权益	注释号	行次	母公司	合并
流动负债：				
短期借款	14	61		310,000,000.00
应付票据		62		
应付帐款	15	63		2,820,348.55
预收帐款	16	64		223,834.60
应付工资		65		
应付福利费		66	1,273,599.12	1,838,171.72
应付股利	17	67	141,826,236.93	141,826,236.93
应交税金	18	68	21,142,460.78	22,173,929.00
其他应交款	19	69	196,449.26	239,276.77
其他应付款	20	70	68,983,947.18	87,326,233.17
预提费用	21	71	2,979,361.55	2,979,361.55
预计负债		72		
应付利息				
一年内到期的长期负债	22	78	35,236,671.05	35,236,671.05
其他流动负债		79		
流动负债合计		80	271,638,725.87	604,664,063.34
长期负债：				
长期借款	23	81		150,000,000.00
应付债券		82		
长期应付款		83		
专项应付款		84		
其他长期负债	24	85	128,760,817.27	128,760,817.27
长期负债合计		87	128,760,817.27	278,760,817.27
递延税项：				
递延税款贷项		89		
负债合计		90	400,399,543.14	883,424,880.61
少数股东权益				
(合并报表填列)		91		357,134,505.52
股东权益：				
股　本	25	92	675,363,033.00	675,363,033.00
资本公积	26	93	1,544,933,697.27	1,544,933,697.27
盈余公积	27	94	216,901,979.30	217,174,186.26
其中：法定公益金	27	95	47,462,953.50	47,553,689.15
减：未确认的投资损失				
未分配利润	28	97	179,798,195.89	181,275,988.93
外币报表折算差额				
股东权益合计		99	2,616,996,905.46	2,618,746,905.46
负债和股东权益总计		100	3,017,396,448.60	3,859,306,291.59

利润及利润分配表

项目	注释号	行次	本年实际数 母公司	本年实际数 合并
一、主营业务收入	29	1	606,019,144.33	634,761,775.18
减：主营业务成本	29	2	250,330,550.00	271,176,367.82
主营业务税金及附加	30	3	8,962,452.05	9,308,300.38
二、主营业务利润		4	346,726,142.28	354,277,106.98
加：其他业务利润		5	20,008.81	20,008.81
减：营业费用		6		2,637,584.68
管理费用		7	29,391,232.58	42,059,370.00
财务费用	31	8	-5,098,974.53	1,263,323.85
三、营业利润		10	322,453,893.04	308,336,837.26
加：投资收益	32	11	-7,619,458.43	452,694.25
补贴收入		12		
营业外收入		13	766,969.64	766,969.64
减：营业外支出		14	3,253,809.03	3,348,677.10
四、利润总额		15	312,347,595.22	306,207,824.05
减：所得税		16	50,203,846.50	50,203,846.50
少数股东损益(合并报表填列)		17		-2,712,635.72
加：未确认的投资损失				
(合并报表填列)		18		
五、净利润		20	262,143,748.72	258,716,613.27
加：年初未分配利润		21	98,802,246.41	103,707,174.90
其他转入		22		
六、可供分配的利润		25	360,945,995.13	362,423,788.17
减：提取法定盈余公积		26	26,214,374.87	26,214,374.87
提取法定公益金		27	13,107,187.44	13,107,187.44
提取职工奖励及福利基金				
提取储备基金				
七、可供股东分配的利润		35	321,624,432.82	323,102,225.86
减：应付优先股股利		36		
提取任意盈余公积		37		
应付普通股股利		38	141,826,236.93	141,826,236.93
转作股本的普通股股利		39		
八、未分配利润		40	179,798,195.89	181,275,988.93

现金流量表

项　目	合并金额
一、经营活动产生的现金流量：	
销售商品、提供劳务收到的现金	727,983,874.10
收到的税费返还	
收到的其他与经营活动有关的现金	20,523,205.44
经营活动现金流入小计	748,507,079.54
购买商品、接受劳务支付的现金	52,493,551.48
支付给职工以及为职工支付的现金	76,294,007.95
支付的各项税费	159,155,007.41
支付的其他与经营活动有关的现金	59,316,359.84
经营活动现金流出小计	347,258,926.68
经营活动现金流量净额	401,248,152.86
二、投资活动产生的现金流量：	
收回投资所收到的现金	1,000,000.00
取得投资收益所收到的现金	113,400.00
处置固定资产、无形资产和其他长期资产所收回的现金	820,533.90
收到的其他与投资活动有关的现金	53,951,313.10
投资活动现金流入小计	55,885,247.00
购建固定资产、无形资产其他长期资产所支付的现金	853,063,713.01
投资所支付的现金	128,456,377.00
支付的其他与投资活动有关的现金	
投资活动现金流出小计	981,520,090.01
投资活动产生的现金流量净额	-925,634,843.01
三、筹资活动产生的现金流量：	
吸收投资所收到的现金	202,000,000.00
其中：子公司吸收少数股东权益性投资收到的现金	202,000,000.00
借款所收到的现金	460,000,000.00
收到的其他与筹资活动有关的现金	
筹资活动现金流入小计	662,000,000.00
偿还债务所支付的现金	85,198,291.46
分配股利、利润或偿付利息所支付的现金	136,576,499.18
其中：支付少数股东的股利	1,028,337.42
支付的其他与筹资活动有关的现金	20,000,000.00
其中：子公司依法减资支付给少数股东的现金	
筹资活动现金流出小计	241,774,790.64
筹资活动产生的现金流量净额	420,225,209.36
四、汇率变动对现金的影响	5,293.55
五、现金及现金等价物净增加额	-104,156,187.24

杨凌秦丰农业科技股份有限公司

杨凌秦丰农业科技股份有限公司2002年年度报告

一、公司简介

一、公司法定中文名称:杨凌秦丰农业科技股份有限公司
公司法定英文名称:YANGLING QINFENG AGRI.SCI.&TEC.CO.,LTD.
公司中文名称缩写:秦丰农业
公司英文名称缩写:QFAC
二、公司法定代表人:庄峰
三、公司董事会秘书:赵慧军
联系地址:西安经济技术开发区凤城二路6号
电 话:(029)6522223—8615
传 真:(029)6522826
Email:zhj369@sohu.com
公司证券事务代表:赵永宏
联系地址:西安经济技术开发区凤城二路6号
电 话:(029)6522223—8407
传 真:(029)6522826
Email:zhaoyonghong@vip.sina.com
四、公司注册地址:杨凌农业高新技术产业示范区西农路六号
公司办公地址:西安经济技术开发区凤城二路6号
邮编:710016
Http://www.qinfeng-agri.com
Email:qfzykj@pub.xaonline.com
五、信息披露媒体:
报纸:《上海证券报》
网站:http://www.sse.com.cn
公司年度报告备置地点:公司董事会秘书办公室
六、公司股票上市地:上海证券交易所
杨凌秦丰农业科技股份有限公司2002年年度报告
股票简称:秦丰农业
股票代码:600248
七、公司首次注册登记日期:1998年11月30日
注册地点:杨凌农业高新技术产业示范区
企业法人营业执照注册号:6100001010315
税务登记号码:610403710097708
会计师事务所:上海东华会计师事务所有限公司
会计师事务所办公地址:陕西省西安市

二、会计数据和业务数据摘要

一、年度主要利润指标(单位:人民币元)

项目	2002年1月~12月
利润总额	23,703,371.54
净利润	19,375,231.47
扣除非经常性损益后的净利润	19,554,938.25
主营业务利润	90,331,741.78
其他业务利润	1,087,175.75
营业利润	22,976,791.58
投资收益	1,182,255.34
补贴收入	418,417.05
营业外收支净额	-874,092.43
经营活动产生的现金流量净额	23,709,422.86
现金及现金等价物净增加额	88,651,947.55

注:扣除非经营性损益涉及的项目及金额如下(单位:人民币元)

项目	金额
补贴收入	418,417.05
营业外支出	594,283.96
营业外收入	223,872.72
股权投资差额摊销	182,255.34
纳税调整	50,509.37
扣除非经营性项目净利润数	19,554,938.25

二、截至报告期末公司前三年主要会计数据及财务指标(合并数)单位:元

项目	2002年	2001年
主营业务收入	342,974,424.42	339,538,025.71
净利润	19,375,231.47	27,221,968.88
总资产	950,627,940.32	703,370,692.84
股东权益(不含少数股东权益)	528,602,088.22	509,226,865.40
每股收益(摊薄)	0.1505	0.2113
每股收益(加权)	0.1505	0.2113
每股净资产	4.10	3.95
净资产收益率(%)(摊薄)	3.66	5.21
净资产收益率(%)(加权)	3.74	5.34
调整后的每股净资产	4.04	3.95
每股经营活动产生的现金流量净额	0.184	0.0765
扣除非常性损益后的每股收益(摊薄)	0.1518	0.25
扣除非常性损益后的每股收益(加 权)	0.1539	0.25

注1:以2002年12月31日公司12882万股股本为计算依据;
注2:以上数据和指标均按合并会计报表数填列、计算。

三、股本变动及股东情况

一、股东情况介绍
1、报告期末股东总数
截止2002年12月31日,公司股东总数为24553户。
2、公司前10名股东持股情况:

名次	股东名称	年末持股数(股)	股份增减变动情况	占总股本比例(%)
1	陕西省种业集团有限责任公司	47080000	无	36.55
2	陕西省高新技术产业投资公司	10000000	10000000	7.76
3	陕西嘉业科工贸有限公司	8250000	无	6.39
4	杨凌现代农业开发有限公司	7990000	-10000000	6.2
5	陕西省投资公司	4500000	无	3.49
6	西北农业大学科技发展公司	2250000	无	1.75
7	上海市金辉工业房地产发展公司	1054500	不详	0.82
8	中科院西北植物研究所科飞农业科技开发中心	750000	无	0.58
9	嘉实成长收益型证券投资基金	383785	不详	0.30
10	天津泰达科技风险投资股份有限公司	317980	不详	0.25

说明:前十名股东之间不存在关联关系。
杨凌秦丰农业科技股份有限公司2002年年度报告
3、控股股东的情况介绍
控股股东名称:陕西省种业集团有限责任公司
法定代表人:廖海泉
公司成立日期:1996年3月
注册资本:7000万元人民币
公司类别:有限责任公司
股权结构:公司系陕西省人民政府批准隶属于陕西省农业厅的国有独资公司。
主要业务:主要从事名特优新农产品的研究、开发及销售,果业产业化经营,农用生产资料的批发销售等业务。
公司的控股股东历史沿革:陕西省种业集团有限责任公司的前身是创立于1978年的陕西省种子公司,1990年更名为陕西省种子管理站。1996年,根据国家对政、企分设的要求,陕西省对种子管理站实行行政和经营职能的分离。同年3月经陕西省人民政府批准,陕西省种业集团有限责任公司成立,隶属于陕西省农业厅。
注:报告期内,公司控股股东未发生变化。

四、董事、监事、高级管理人员和员工情况

一、本公司现任董事、监事和高级管理人员的情况
1、基本情况

姓名	性别	年龄	职务	任期时间
庄 峰	男	50	董事长	2002.3-2005.3
孙轩瑞	男	43	副董事长、总经理	2002.3-2005.3
郭庆国	男	47	董事	2002.3-2005.3
马陆霞	女	51	董事	2002.3-2005.3
张凌鹏	男	42	董事	2002.3-2005.3
廖海泉	男	46	董事	2002.3-2005.3
祁有奎	男	48	董事、财务总监	2002.3-2005.3
侯智强	男	47	董事、副总经理	2002.3-2005.3
张全喜	男	30	董事	2002.3-2005.3
杨公明	男	52	独立董事	2002.3-2005.3
吕艳利	男	33	独立董事	2002.3-2005.3
贾军战	男	41	监事会主席	2002.3-2005.3
范中子	男	39	监事	2002.3-2005.3
谢建国	男	40	监事	2002.3-2005.3
贺新年	男	27	监事	2002.3-2005.3
李正荣	男	39	监事	2002.3-2005.3
周 轩	男	53	副总经理	2002.3-2005.3
赵慧军	男	36	董事会秘书 副总经理	2003.1-2005.3

2、年度报酬情况
独立董事的津贴由2002年3月5日召开的公司2002年第一次临时股东大会上通过的《关于公司独立董事津贴标准的议案》确定;其他董事和监事不在公司领取薪酬;公司高级管理人员的年度报酬由2002年3月19日召开的第二届第二次董事会会议上通过的《高级管理人员年薪制实施细则(试行)》确定,公司高级管理人员的年薪由基本工资、绩效工资和年功津贴三部分组成:基本工资占年薪总额的50%,按月发放;绩效工资占年薪总额的30%,由公司董事会依据上述《细则》考核后,根据个人业绩和公司当年效益,按年度发放;年功津贴占年薪总额的20%,在三年任期届满后发放。
3、现任董事、监事和高级管理人员在本公司领取的年度报酬总额(包括基本工资、各项奖金、福利、补贴、住房津贴及其他津贴等)情况如下:

姓名	性别	职务	年度报酬总额(元)
庄 峰	男	董事长	300000
孙轩瑞	男	副董事长、总经理	200000
郭庆国	男	董事	0
马陆霞	女	董事	0
张凌鹏	男	董事	0

廖海泉	男	董事	0
祁有奎	男	董事 财务总监	180000
侯智强	男	董事 副总经理	150000
赵慧军	男	董事会秘书 副总经理	150000
杨公明	男	独立董事	35000
吕艳利	男	独立董事	35000
张全喜	男	董事	0
贾军战	男	监事会主席	0
李正荣	男	监事	0
范中子	男	监事	0
贺新年	男	监事	21600
谢建国	男	监事	21600
周 轩	男	副总经理	150000

4、现任董事、监事和高级管理人员在本公司领取的年度报酬总额为1243200元,金额最高的前三名董事的报酬总额为68万元,金额最高的前三名高级管理人员的报酬总额为68万元。

5、本年度公司董事11人,监事5人,经理层5人。在本公司领取薪酬的董事、监事、高级管理人员共9人,领取的年度报酬总额为 1243200元。

6、报告期内聘任及解聘董事、监事、高管人员情况:

(1)报告期内,公司董事会换届,聘任庄峰先生、廖海泉先生、孙轩瑞先生、侯智强先生、祁有奎先生、郭庆国先生、张全喜先生、张凌鹏先生、马陆霞女士、杨公明先生、吕艳利先生为公司第二届董事会董事,其中杨公明先生、吕艳利先生为独立董事。(公告见2002年3月7日及4月24日《上海证券报》)

(2)报告期内,公司监事会换届,选举贾军战先生、范中子先生、谢建国先生、李正荣先生、贺新年先生为第二届监事会监事,其中选举贾军战先生为监事会主席。(公告见2002年3月7日《上海证券报》)

(3)公司第二届第一次董事会选举庄峰先生为公司董事长、孙轩瑞先生为公司副董事长;

经董事长提名,审议通过聘任孙轩瑞先生为公司总经理、审议通过聘任李迎先生为公司董事会秘书;

经总经理提名,审议通过聘任侯智强先生、周轩先生、赵慧军先生为公司副总经理,审议通过聘任祁有奎先生为公司财务总监。

公司第二届第一次监事会选举贾军战先生为第二届监事会主席。(公告见2002年3月7日《上海证券报》)

(4)公司第二届第十一次董事会审议通过解聘李迎同志董事会秘书职务,聘任公司副总经理赵慧军先生为公司董事会秘书(兼)。(公告见2002年12月31日《上海证券报》)

7、员工情况:

截至2002年12月31日,公司现有员工1043人,大专以上学历363人,科研人员47人;主要管理人员60人,均具有大专以上学历,其中具有本科以上学历的管理人员51人;公司从事科研开发、生产技术、销售人员比例47:568:428;需公司承担费用的离退休职工0人。

五、公司治理结构

一、公司治理现状

报告期内,公司严格按照《公司法》、《证券法》、中国证监会及上海证券交易所有关法律、法规的要求,不断完善公司法人治理结构,规范公司运作。积极维护公司和股东的利益。公司按照《上市公司治理准则》、《公司章程》的规定和要求,进一步明确公司股东大会、董事会和监事会的职能与责任,使"三会"的运作更加规范,形成了各负其责、协调运作、有效制衡的法人治理结构。

1.股东与股东大会:为进一步规范公司股东大会,特制定了《股东大会议事规则》,确保所有股东,特别是中小股东享有平等地位和充分行使自己的权利。公司董事会能够严格按照中国证监会发布的《上市公司股东大会规范意见》的要求召集、召开股东大会,且尽可能让更多的股东参加股东大会,行使股东的表决权,并有律师出席见证。

2.控股股东与上市公司:公司控股股东通过股东大会依法行使出资人权利,没有直接或间接干涉公司决策和生产经营活动;公司与控股股东在人员、资产、财务、机构和业务方面做到相互独立。公司董事会、监事会及其他内部机构都能够独立运作。

3.董事与董事会:公司严格按照《公司章程》规定的董事选聘程序选举董事;董事会的人数和人员构成符合法律、法规和《公司章程》的要求;公司董事均熟悉有关法律法规,了解作为董事的权利、义务和责任,能够以认真负责的态度出席董事会和列席股东大会。公司在董事会下设了战略委员会、审计委员会、提名委员会和薪酬与考核委员会,并制定了相应的实施细则,各委员会的成员主要由公司独立董事担任。为规范董事会的工作,报告期内,公司还制定了《董事会议事规则》以及《董事会投资决策程序》。

4.监事和监事会:公司监事会的人数和人员构成符合法律、法规和《公司章程》的要求;公司监事能够认真履行职责,能够对股东负责,对公司财务以及公司董事、经理和其他高级管理人员履行职责的合法合规性进行有效监督。《监事会议事规则》也于报告期内审议通过,进一步规范了监事会的工作。

5.利益相关者:公司能够充分尊重和维护银行和其他债权人、员工、客户、消费者等利益相关者的合法权益,共同推动公司持续、健康的发展。

6.信息披露与透明度:公司指定董事会秘书负责信息披露工作、接待股东来访和咨询,并制定了《公司信息披露管理制度》和相应的工作细则;公司能够严格按照法律、法规和《公司章程》的规定,真实、准确、及时、完整地披露有关信息,并确保所有股东有平等的机会获得信息。

7.全员推行绩效考评管理制度:为使公司的管理体系更加科学、有效,进一步提高工作效率,公司建立了全员绩效考评管理制度,将公司整体工作目标分解到每个工作岗位,根据岗位的性质,分别与上岗人签定经营目标责任书、管理目标责任书或科研目标责任书,明确每个岗位的目标责任和相应的考核与奖罚办法。同时,公司对高级管理人员实行了年薪制,从而调动了全体职员的工作主动性和积极性。

二、独立董事履行职责情况

公司于2002年3月5日召开了临时股东大会,会议审议通过聘任杨公明先生、吕艳利先生为公司第二届董事会独立董事。后又聘任两位独立董事为董事会下设的四个委员会委员。自任职以来,两位独立董事亲自参加了公司2002年度召开的各次董事会和股东大会,对会议审议议案发表了客观公正的专业性意见,并对涉及公司关联交易的议案出具了独立董事意见书。两位独立董事的积极参与,对董事会的科学、客观决策,以及公司的健康发展都起到了积极的促进作用,也维护了中小股东的利益。

三、公司与控股股东在业务、人员、资产、机构、财务的分开情况

公司人事及工资管理等方面做到了独立,公司经理、副经理等高级管理人员在公司领取薪酬,未在股东单位担任职务。公司与控股股东之间已做到了人员分开。

公司拥有独立的生产系统、辅助生产系统和配套设施,拥有完整的产权、商标、非专利技术等无形资产,采购和销售系统由本公司独立拥有。公司与控股股东之间在资产方面已经分开。

公司设立了独立的财会部门,建立了独立的会计核算和财务管理制度,在银行独立开户。公司与控股股东之间在财务方面已经分开。

公司建立了健全的组织机构体系,内部机构独立运作。公司与控股股东之间在机构方面已经分开。

公司业务独立于控股股东,自主经营,业务结构完整。公司与控股股东之间在业务方面完全分开。

四、高级管理人员的考评及激励机制、相关奖励制度的实施情况

为了建立适应市场经济体制和现代企业制度要求的激励机制,促进公司经济效益的持续增长,在考评及激励机制和相关奖励方面,公司对高级管理人员实行了年薪制。年薪由基本工资、绩效工资和年功津贴三部分组成:

1、基本工资是高级管理职员的基本收入部分,占年薪总额的50%,按月发放。

2、绩效工资是高级管理职员的与个人工作业绩、公司经营效益挂钩的部分,占年薪总额的30%,由公司董事会按年度考核、发放。

3、年功津贴是对高级管理职员三年任职期间工作的回报,占年薪总额的20%,在三年任期届满后发放。

六、股东大会情况简介

一、股东大会的通知、召集、召开情况

本报告期内公司共召开三次股东大会,即2001年年度股东大会、2002年第一、第二次临时股东大会。2001年年度股东大会于2002年4月22日在杨凌秦丰农业科技股份有限公司会议室召开;2002年第一次临时股东大会于2002年3月5日在西安秦丰大酒店十七楼会议室召开;2002年第二次临时股东大会于2002年10月28日在杨凌秦丰农业科技股份有限公司会议室召开。

二、股东大会决议及公告情况

1、2001年年度股东大会审议通过了如下决议:

(1)审议通过了股东大会议事规则;

(2)审议通过了2001年度董事会工作报告;

(3)审议通过了2001年度监事会工作报告;

(4)审议通过了公司2001年度财务决算报告;

(5)审议通过了公司2001年度利润分配方案;

(6)审议通过了公司2002年度财务预算方案;

(7)选举马陆霞女士、张凌鹏先生为公司董事;

(8)审议通过了关于续聘上海东华会计师事务所有限公司的议案;

(9)审议通过了关于调整公司发行可转换债券有关事项的议案。

上述决议公告刊登在2002年4月24日《上海证券报》上。

2、2002年第一次临时股东大会审议通过如下决议:

(1)审议通过了修改《公司章程》的议案;

(2)审议通过了关于公司董事会换届选举及提名公司独立董事候选人的议案:选举庄峰先生、廖海泉先生、孙轩瑞先生、侯智强先生、祁有奎先生、郭庆国先生、张全喜先生为公司董事,选举杨公明先生、吕艳利先生为公司独立董事;

(3)审议通过了关于公司监事会换届选举的议案:选举李正荣先生、贾军战先生、谢建国先生、范中子先生、贺新年先生为公司监事;

(4)审议通过了公司独立董事津贴标准的议案。

上述决议公告刊登在2002年3月7日《上海证券报》上。

3、2002年第二次临时股东大会审议通过如下决议:

审议通过了公司关于延长2001年发行可转换公司债券方案有效期的议案。

上述决议公告刊登在2002年10月29日《上海证券报》上。

七、董事会报告

一、公司经营情况

1、主营业务的范围及其经营状况

公司主要从事各类农作物种子的培育、生产、加工、销售;农用生产资料的生产、加工、销售;农业新技术及野生植物资源的研究开发;农产品的生产、加工、销售;进出口贸易等。2002年,公司主营业务完成了年初计划,经营状况良好。

(1)、公司种子产业有了长足发展,比较优势正在逐步形成:一是拳头产品的更新换代工作取得良好成绩,公司新开发的油菜新品种"秦优7号"替代了公司原当家品种"秦油二号",实现了油菜品种由"双高"向"双低"的升级换代工作;"郑单18号"、"秦单4号"、"秦单5号"等一批玉米优良新品种正在成为公司新的拳头产品;二是企业知名度和美誉度不断提升,产品市场占有率不断提高;三是生产管理日趋规范,产品质量不断提高,彻底杜绝了不合格种子;四是产品营销和服务工作不断增强,确保了全年主业经营计划的顺利完成。

(2)、营销网络建设初见成效,规模及品牌效应不断提升:2002年,公司加快了行业整合力度和网络建设速度,全年共新建县级配送分中心52个,乡镇连锁分店850个,网络建设的三级构架已经基本形成。

(3)、有机食品产业发展初见端倪,发展前景无限广阔:在充分调研、论证基础上,公司围绕陕北红小豆、绿豆、荞麦等有传统出口优势的产品及公司特有的糯玉米糁、熊猫豆、鹌鹑豆等产品的开发工作,制定了《有机食品开发五年规划》,并着手实施,可望从明年进入规范化开发并开始见效;公司的果汁加工、肉食品加工也着手建立有机原料基地和相应的改造工作,可望在近几年内完成向有机食品的转型。

报告期内,公司共实现主营业务收入342,974,424.42元,主营业务利润90,331,741.78元,实现净利润19,375,231.47元。每股收益为0.15元,净资产收益率为3.66%。

	名称	主营业务收入	主营业务成本	主营业务利润
品种	油菜种子	24,865,847.17	11,460,087.20	13,405,759.97
	油葵种子	27,860,473.60	14.241.936.16	13,618,537.44
	小麦种子	12,279,881.34	9.014.335.64	3,265,545.70
	玉米种子	78,257,273.29	52.777.950.39	25,479,322.90
	化　肥	137,014,483.57	130.070.038.96	6,944,444.61
	果汁	17.982.362.02	13.216.485.30	4,765,876.72
	酒店服务	12.342.098.30	3.095.811.86	9,246,286.44

2、主要控股公司及参股公司的经营情况及业绩

名　称	主营业务收入	主营业务利润
陕西省秦丰杂交油菜种子有限公司	29,542,882.60	13,318,883.33
陕西秦丰杂交玉米种子有限公司	33,999,742.91	11,913,588.99
宝鸡秦丰种业有限公司	8,187,621.84	1,613,126.69
陕西农科化肥有限公司	134,278,531.64	5,507,132.98
巨浪果汁饮品有限公司	18,256,405.98	4,850,991.94
陕西秦丰农化有限公司	3,201,055.40	1,169,863.90

3、主要供应商、客户情况

本年度公司向前五名供应商支付的采购金额合计为9126万元,占年度采购总金额的33.55%;本年度公司前五名客户销售收入总额6244万元,占公司全部销售收入的18.20%。

4、在经营中出现的问题与困难及解决方案

(1)问题与困难:

外部因素：一是种子行业具有投入高、产出周期长、对生产技术水平要求高、受自然条件影响大的特点，使公司的生产经营需要较大的资金投入和技术力量投入；二是随着科技水平的迅速提高，种子行业产品更新换代的速度加快，使公司的生产经营面临严峻的技术挑战；三是种子行业的市场具有较明显的季节性、周期性，公司的生产经营活动受季节影响较大。

内部因素：一是企业科技研发工作有待进一步加强，种业方面应进一步研发适合不同地区优质高产农作物品种，巨浪果汁公司和秦丰农化公司要加强新工艺的研究和新产品的引进开发工作；二是企业文化建设和员工培训工作有待进一步加强。

(2)解决方案：

公司将继续坚持"科技为本"的经营理念，充分利用杨凌农业高新技术产业示范区的技术和人才优势，通过联合研究、委托研究、自办科研及技术买断等方式，不断开发出适应市场需要的高新技术产品，努力提高产品的科技含量，以科技创新和产品优势来提高抗风险的能力。

公司还将继续实施名牌战略，加强生产管理，认真贯彻执行ISO9001:2000国际质量体系标准，不断提高产品质量，降低产品成本；同时加强产品营销工作，加大产品宣传力度，增强公司产品的竞争力，加强销售网络建设，扩大市场占有率。

另外，公司将进一步加强企业文化建设，进一步完善全员绩效考评制度，充分调动广大员工的工作积极性和主动性，促进公司健康持续发展。

二、公司投资情况

1、募集资金使用情况

公司于2000年发行上市时募集资金35,808 万元，截止本报告期末，募集资金已全部投入承诺项目。延续使用至本报告期的投资具体情况如下：

(1)杂交小麦种子产业化建设项目：截止报告期末实际已投入3210万元，完成该项目投资比例102.8%，其中88万元为公司自筹资金。该项目目前已完成建设，本报告期内公司小麦种子经营产生收益23.85万元。

(2)杂交玉米种子产业化建设项目：截止报告期末实际已投入4910.35万元，完成该项目投资比例的100.25% ，其中12.35万元为公司自筹资金。该项目目前已完成建设，本报告期内公司玉米种子经营产生收益865.93万元。

(3)蔬菜种子产业化建设项目：截止报告期末实际已投入4391.45万元，完成该项目投资比例的100.65% ，其中28.45万元为公司自筹资金。 该项目目前已完成建设，本报告期内公司蔬菜种子经营产生收益883.11万元。

公司募集资金投资农业产业化项目逐步产生效益，保证了公司业绩的稳步增长。

2、报告期内非募集资金投资情况

(1)对杨凌绿方生物工程有限公司增加投资150万元，投资总额占该公司股权比例37.5%。该公司主要从事基因工程疫苗、常规疫苗的研发、生产和销售。目前，该公司的基因工程疫苗——鸡喉气管炎疫苗、鸡新城疫疫苗已获得农业部农业生物基因工程安全评价和环境释放安全评价；常规疫苗产品——鸡传染性法氏囊病灭活疫苗已通过了农业部的初评和复审，目前已经取得新兽药证书并投入生产。

(2)公司出资1050万元参股北京曼德林精美食品有限公司，持有其35%的股权。该公司主要从事进口、销售高档西餐原料。2002年公司该项投资收益为50万元。

(3)自筹资金投资杨凌种子贸易中心内装修工程800万元。

(4)与杨凌金坤生物工程股份有限公司、杨凌科创农业科技开发有限公司共同出资设立杨凌秦丰肉类食品有限公司，本公司出资900万元，占该公司注册资本的45%。该公司主营业务是：各种肉类产品的加工、销售。该项目处在建设期。

(5)与宁夏华诚农业开发有限公司共同出资设立宁夏秦丰华诚农业有限公司，本公司出资370万元，占该公司注册资本的67.3%。该公司主营业务是：各类农作物种子生产、销售；各类农业生产资料的批发、零售。2002年公司该项投资收益为-62.01万元。

三、公司财务状况

本报告期内，公司财务状况较上年度有了较大改善，上海东华会计师事务所为本公司出具了标准无保留意见的审计报告，具体分析如下：

1、2002年12月31日，公司总资产950,627,940.32元，较上年度总资产703,370,692.84元增加了35.15%。

2、2002年12月31日，公司长期负债27,136,867.35元，较上年度长期负债228,568.61元增加了117.73倍。

3、2002年12月31日，公司股东权益528,602,088.22元，较上年度股东权益509,226,865.40元增加3.8%。

4、本年度公司主营业务利润90,331,741.78元，较上年度主营业务利润80,066,112.93元增加12.82%。主要原因如下：由于公司新拓展果汁生产加工出口及酒店服务业本年度利润增加。

5、公司本年度净利润19,375,231.47元，较上年度净利润27,221,968.88元减少28.83%。主要原因如下：管理费用及财务费用增加。

四、生产经营环境、宏观政策、法规的变化对公司产生的影响

本公司从事的种子行业属于国家重点扶持的国民经济基础产业，且公司已被认定为高新技术企业，受到国家及地方政府产业政策和西部大开发优惠政策的重点扶持，享受"种子、化肥、农药、种苗的生产经营免征增值税"等优惠政策。经农业部、国家计委、国家税务总局、中国证监会等国家九部委全国农业产业化联席会议认定，2002年12月底本公司被认定为"农业产业化国家重点龙头企业"，经税务主管部门批准后，公司生产经营的种子等产品可以享受国家对重点龙头企业免征企业所得税等优惠政策。

随着我国加入WTO，国内农业市场的进一步开放，有利于公司发挥自身产品优势，扩大市场份额，开拓国际市场。另一方面，由于我国农业发展水平的所限，产品质量与国外产品相比存在一定的差距，竞争力较弱。针对这些情况，我公司坚持"以科技为本"的经营理念，充分利用杨凌高新技术产业示范区的技术和人才优势，加大科研投入，进一步提高产品的科技含量，开发生产适合我国不同地域特性和市场需求的新产品。

八、监事会报告

一、监事会工作情况

2002年度监事会认真履行工作职责，通过参加股东大会、董事会研究了如下议案。

(一)公司第一届第八次监事会于2002年1月5日在杨凌秦丰农业科技股份有限公司会议室召开，应到监事5人，出席会议的监事4人，符合《公司法》和本公司《章程》的规定。到会的监事审议通过了公司监事会换届选举的议案，该决议公告刊登在2002年元月8日《上海证券报》上。

(二)公司第一届第九次监事会于2002年2月24日在杨凌秦丰农业科技股份有限公司会议室召开，应到监事5人，出席会议的监事5人，符合《公司法》和本公司《章程》的规定。到会的监事或授权代表通过会议审议通过了2001年度报告全文及摘要，该决议公告刊登在2002年2月28日《上海证券报》上。

(三)公司第二届第一次监事会于2002年3月5日在西安秦丰大酒店会议室召开，应到监事5人，出席会议的监事5人，符合《公司法》和本公司章程的规定。到会的监事通过了如下决议：

1、选举贾军战先生为第二届监事会主席(召集人) ；

2、审议通过了《监事会议事规则》。

上述监事会决议公告刊登在2002年3月7日《上海证券报》上。

(四)公司第二届第二次监事会于2002年7月23日在杨凌秦丰农业科技股份有限公司会议室召开，应到监事5人，出席会议的监事5人，符合《公司法》和本公司《章程》的规定。到会的监事审议通过了公司2002年半年度报告全文及摘要的议案，该决议公告刊登在2002年7月26日《上海证券报》上。

(五)公司第二届第三次监事会于2002年10月13日在杨凌秦丰农业科技股份有限公司会议室召开，应到监事5人，出席会议的监事5人，符合《公司法》和本公司《章程》的规定。到会的监事审议通过了公司2002年第三季度报告的议案，该决议公告刊登在2002年10月15日《上海证券报》上。

(六)公司第二届第四次监事会于2002年12月5日在杨凌秦丰农业科技股份有限公司会议室召开，应到监事5人，出席会议的监事5人，符合《公司法》和本公司《章程》的规定。到会的监事审议通过了关于对陕西秦丰农业服务网络有限公司增资扩股的议案， 该决议公告刊登在2002年12月7日《上海证券报》上。

二、监事会对公司2002年度有关事项的独立意见

(一)公司依法运作情况

公司监事会根据《公司法》、公司《章程》的有关规定行使职权，列席了报告期内公司召开的历次董事会和股东大会，对董事会会议的召开程序和决议以及股东大会召开程序和决议进行了监督，认为公司董事会在报告期内的工作能严格按照《公司法》、《证券法》、《上市公司治理准则》及其他有关法律法规进行规范运作；报告期内公司进一步完善了内部控制制度，并制定了一系列公司规范治理的相关制度。公司董事及高级管理人员在履行职务时未发现违法、违规、违章和损害公司利益的行为。

(二)检查公司的财务情况

公司监事会对公司的财务制度和财务状况进行了监督和检查，认为公司2002年度财务报告真实、准确地反映了公司的财务状况和经营成果。上海东华会计师事务所有限公司出具的审计意见客观公正。

(三)公司募集资金实际投入项目与承诺投入项目完全一致。

(四)报告期内，公司没有发生收购、出售资产行为。

(五)公司监事会认为：公司与陕西省种业集团有限责任公司发生的关联交易(关联方陕西省种业集团有限责任公司投资公司子公司---陕西秦丰农业服务网络有限公司)符合公司的发展战略，是公司业务的优化重组，且该项关联交易的定价是按市场化运作方式进行，符合平等、自愿、等价、有偿、公允的原则，该项关联交易对公司及全体股东是公平和有利的。

九、重要事项

一、重大诉讼、仲裁事项

报告期内，公司无此事项。

二、重大收购及出售资产、吸收合并事项

报告期内，公司无此事项。

三、重大关联交易事项

公司于2002年12月5日在杨凌秦丰农业科技股份有限公司会议室召开了第二届第十次董事会，审议通过了关于公司对陕西秦丰农业服务网络有限公司(以下称网络公司)增资扩股的议案，此议案构成了公司与控股股东的关联交易，关联董事回避了表决。

交易内容：关联方投资公司子公司。此项交易对公司持续经营能力、损益及资产状况没有任何不良影响。

1、关联方介绍：

本次交易的关联方为陕西省种业集团有限责任公司， 为本公司的控股股东。该公司成立于1996年3月，注册资本7000万元，法定代表人为廖海泉，企业性质为国有企业，注册地为西安市习武园十一号，主要从事名特优新农产品的研究、开发及销售，果业产业化经营，农用生产资料的批发销售等业务。

网络公司为本公司的控股子公司，该公司经营范围主要是种子、化肥、农药、农地膜、农业机械等农资商品销售，农村家用商品销售，农业新技术推广和农业信息服务，农产品购销市场化服务，农村剩余劳动消化，农产品保险，农业投资以及农村理财服务。

原注册资本为1300万元，其中公司出资1000万元，占注册资本的76.93%，自然人朱华玲出资300万元，占注册资本的23.07%。网络公司注册地为西安市，法定代表人为庄峰先生。

本次关联交易，公司与陕西省种业集团有限责任公司的关联交易超过了3000万元。

2、该项交易的主要内容

网络公司的注册资本由1300万元增加为6000万元， 新增加的资本主要由本公司和陕西省种业集团有限公司出资认购。

本公司新增投资3032.38万元， 其中以经营性净资产出资1,964.17万元， 货币资金1,068.21万元，加上原投资的1,000万元，占增资扩股后网络公司注册资本的67.21%。以上所增资产已经陕西同盛资产评估事务所评估并出具了资产评估报告书陕同评报字[2002]第228号。

陕西省种业集团有限责任公司以经营性净资产 1,667.62万元入股网络公司，占增资扩后网络公司注册资本的27.79%。以上所增资产已经陕西同盛资产评估事务所评估并出具了资产评估报告书陕同评报字[2002]第185号。

原股东朱华玲放弃本次认购，仍持有网络公司300万元的股份，占增资扩股后网络公司注册资本的5%。

该项交易的定价是依据陕西同盛资产评估事务所评估并出具的、基于同一基准日的资产评估报告书陕同评报字[2002]第228号和[2002]第185号所确认的资产净值。

3、本次增资扩股的目的以及对上市公司的影响

本次增资的目的是业务及资产的重组和优化，可以达到扩大网络公司生产经营规模，优化公司产业结构，使公司发展战略得以实现。

本次增资之后，公司对网络公司的控股地位不会改变，网络公司获得了较充足的经营性资产以及流动资金，使其有良好的持续发展能力和空间，对其业务拓展能力和盈利能力都有很大的促进作用。通过网络公司贴近了公司对农民市场对面的服务，可以直接获取市场动态信息，提高公司运行的准确性，并减少了公司销售网点的重复建设和系统内的无序竞争，使网络公司发展成为集科技流、物资流、资金流、信息流为一体的现代物流企业。所以本次增资对公司及公司全体股东都是有利的。

公司独立董事认为本次董事会关于对陕西秦丰农业服务网络有限公司增资扩股的议案的表决程序符合《公司法》、《上海证券交易所股票上市规则》和《公司章程》的有关规定，从该项关联交易的内容看，符合公司的发展战略，是公司业务的优化重组，且该项关联交易的定价是按市场化运作方式进行，符合平等、自愿、等价、有偿、公允的原则，该项关联交易对公司及全体股东是公平和有利的。

四、重大合同及履行情况

(一)托管、承包、租赁其他公司资产或其他公司托管、承包、租赁上市公司资产的事项

报告期内，公司无此事项。

(二)重大担保事项

1、公司于2002年6月25日在杨凌秦丰农业科技股份有限公司会议室召开第二届第五次董事会，会议审议通过了同意为陕西农科化肥有限公司标底为23,625,000元的购货合同提供三个月期的银行承兑汇票担保的议案。 截至2002年9月，本项担保已履行完毕。

陕西农科化肥有限公司是公司控股子公司。该公司成立于1999年7月16日，注册资本111万元，法定代表人为侯智强。主营业务：化肥、农药、农膜的批发、零售与技术咨询、服务。

2、公司于2002年9月6日以传真方式召开的第二届第七次董事会，与会董事审议通过了同意公司为巨浪果汁饮品有限公司3000万元银行贷款提供担保的议案。

巨浪果汁饮品有限公司是杨凌秦丰农业科技股份公司利用上市募集项目资金投资建立的下属控股子公司，注册资本金是5010万元，法人代表为范中子，主要经营范围为：苹果、草莓、猕猴桃、石榴等果汁的生产、加工与出口；各类鲜果贸易等。

3、公司于2002年10月31日以传真方式召开了第二届第九次董事会，会议审议通过了同意为陕西农科化肥有限公司标底为30,580,200元的购货合同提供六个月期的银行承兑汇票担保的议案。

(三)在报告期内或报告期继续发生委托他人进行现金资产管理事项

报告期内，公司无此事项。

(四)其它重大合同

报告期内，公司无此事项。

五、公司或持股5%以上股东对公开披露承诺事项的履行情况

报告期内，公司或持股5%以上股东未在指定报刊及网站上披露承诺事项。

六、公司聘任、解聘会计师事务所情况及支付给聘任会计师事务所的报酬情况

1、2002年4月22日2001年年度股东大会审议通过了关于续聘上海东华会计师事务所有限公司的议案，与会股东一致同意聘任上海东华会计师事务所有限公司为公司提供相关服务，聘期一年。

2、上海东华会计师事务所有限公司对本公司2001年度财务会计报告进行了审计，出具了标准无保留意见的审计报告，公司支付给该所的报酬为26万元。

3、上海东华会计师事务所有限公司对本公司2002年中期财务报告进行了审计，并出具了标准无保留意见的审计报告，公司支付给该所的报酬为23万元。

4、上海东华会计师事务所有限公司对本公司拟发行可转换公司债券的有关财务报告进行了专项审计，并出具了标准无保留意见的审计报告，公司支付给该所的报酬为6万元。

5、截至报告期末，上海东华会计师事务所有限公司对本公司已经连续三年提供审计服务。

七、报告期内，公司、公司董事会及董事、高级管理人员受中国证监会稽查、中国证监会行政处罚、通报批评、证券交易所公开谴责的情况：

报告期内，公司无此事项。

八、其他重要事项

报告期内，公司无此事项。

十、财务报告

审计报告

杨凌秦丰农业科技股份有限公司全体股东：

我们接受委托，审计了贵公司2002年12月31日的母公司及合并资产负债表、2002年度母公司及合并利润表、利润分配表和2002年度母公司及合并现金流量表。这些会计报表由贵公司负责，我们的责任是对这些会计报表发表审计意见。我们的审计是依据《中国注册会计师独立审计准则》进行的。在审计过程中，我们结合贵公司实际情况，实施了包括抽查会计记录等我们认为必要的审计程序。

我们认为，上述会计报表符合《企业会计准则》和《企业会计制度》的有关规定，在所有重大方面公允地反映了贵公司2002年12月31日的财务状况及2002年度的经营成果和现金流量情况，会计处理方法的选用遵循了一贯性原则。

上海东华会计师事务所有限公司　　中国注册会计师：王少植

二零零三年三月二十四日　　中国注册会计师：丰学义

合并资产负债表

编制单位：杨凌秦丰农业科技股份有限公司　　单位：人民币元

项目	行次	注释号	2002年12月31日
流动资产：	1		
货币资金	2	(一)	257,950,582.98
短期投资	3	(二)	5,000,000.00
应收票据	4		-
应收股利	5		-
应收利息	6		-
应收帐款	7	(三)	28,023,247.26
其他应收款	8	(四)	41,565,347.76
预付帐款	9	(五)	95,363,563.63
应收出口退税款	10	(六)	77,883.00
存货	11	(七)	61,717,633.73
待摊费用	12	(八)	1,206,831.52
一年内到期的长期债权投资	13		-
待处理流动资产净损失	14		-
其他流动资产	15		-
流动资产合计	16		490,905,089.88
其他资产	17	(九)	
长期投资：	18		
长期股权投资	19	(十)	33,044,941.88
长期债权投资	20		-
长期投资合计	21		33,044,941.88
其中：合并价差	22		(2,455,058.12)
固定资产：	23		-
固定资产原价	24	(十一)	148,649,106.78
减：累计折旧	25	(十一)	20,038,864.71
固定资产净值	26	(十一)	128,610,242.07
减：固定资产减值准备	27	(十一)	1,344,948.97
固定资产净额	28		127,265,293.10
工程物资	29		68,591.63
在建工程	30	(十二)	154,860,666.24
固定资产清理	31		-
待处理固定资产净损失	32		-
固定资产合计	33		282,194,550.97
无形及其他资产：	34		-
无形资产	35	(十三)	143,837,481.06
开办费	36		-
长期待摊费用	37	(十四)	645,876.53
其他长期资产	38		-
无形资产及其他资产合计	39		144,483,357.59
递延税项：	40		-
递延税款借项	41		-
资产合计	42		950,627,940.32
流动负债：	43		
短期借款	44	(十五)	253,770,000.00
应付票据	45		30,580,200.00
应付帐款	46	(十六)	29,062,797.52
预收帐款	47	(十七)	12,732,239.29
代销商品款	48		-
应付工资	49	(十八)	2,667,560.76
应付福利费	50		1,436,138.51
应付股利	51	(十九)	8,139,148.00
应交税金	52	(二十)	1,282,375.21
其他应交款	53	(二十一)	129,799.98
其他应付款	54	(二十二)	25,116,231.26
预提费用	55	(二十三)	3,946,395.08
预计负债	56		-
一年内到期的长期负债	57		-
其他流动负债	58		-
流动负债合计	59		368,862,885.61
长期负债：	60		
长期借款	61		27,136,867.35
应付债券	62		-
长期应付款	63		-
专项应付款	64		-
其他长期负债	65		-
长期负债合计	66		27,136,867.35
递延税项：	67		
递延税款贷项	68		
递延损益	69		
负债合计	70		395,999,752.96
少数股东权益	71		32,467,099.14
股东权益：	72		
股本	73	(二十四)	128,820,000.00
减：已归还投资	74		
股本净额	75		128,820,000.00
资本公积	76	(二十五)	340,549,805.79
盈余公积	77	(二十六)	25,014,176.58
其中：公益金	78		6,813,134.33
未分配利润	79	(二十七)	28,623,348.68
未确认投资损益	80	(二十八)	846,242.83
股东权益合计	81		522,161,088.22
负债和股东权益合计	82		950,627,940.32

合并利润表

编制单位：杨凌秦丰农业科技股份有限公司　　单位：人民币元

项目	行次	注释号	2002年1-12月
一、主营业务收入	1	(二十九)	342,974,424.42
减：主营业务成本	2	(二十九)	251,908,557.74
主营业务税金及附加	3	(三十)	734,124.90
二、主营业务利润	4		90,331,741.78
加：其他业务利润	5	(三十一)	1,087,175.75
营业费用	6		22,204,763.78
管理费用	7		36,789,304.94
财务费用	8	(三十二)	9,448,057.23
三、营业利润	9		22,976,791.58
加：投资收益	10	(三十三)	1,182,255.34
补贴收入	11		418,417.05
营业外收入	12	(三十四)	223,827.72
减：营业外支出	13	(三十五)	1,097,920.15
四、利润总额	14		23,703,371.54
减：所得税	15		5,247,635.45
少数股东损益	16		885,441.50
加：未确认的投资损失	17		34,053.88
五、净利润	18		19,375,231.47

一、净利润	1	19,375,231.47
加：年初未分配利润	2	21,935,973.66
其它转入	3	-
二、可供分配利润	4	41,311,205.13
减：提取法定盈余公积	5	3,635,879.07
提取法定公益金	6	1,817,939.54
提取职工奖励及福利基金	7	-
提取储备基金	8	-
提取企业发展基金	9	-
利润归还投资	10	-
三、可供股东分配的利润	11	35,857,386.52
减：应付优先股股利	12	-
提取任意盈余公积	13	793,037.84
应付普通股股利	14	6,441,000.00
转作股本的普通股股利	15	-
四、未分配利润	16	28,623,348.68

十一、备查文件目录

1、董事长亲笔签署的年度报告正本；

2、载有公司法定代表人、财务负责人、会计经办人员签名并盖章的会计报表；

3、载有会计师事务所盖章、注册会计师签名并盖章的审计报告原件；

4、报告期内在中国证监会指定报纸上公开披露过的所有公司文件的正本及公告原件；

5、本次审议年度报告的董事会决议文本；

柳州两面针股份有限公司

柳州两面针股份有限公司股票上市公告书

第一节 重要声明与提示

本公司董事会保证上市公告书的真实性、准确性、完整性,全体董事承诺上市公告书不存在虚假记载、误导性陈述或重大遗漏,并承担个别和连带的法律责任。

根据《公司法》、《证券法》等有关法律、法规的规定,本公司董事、高级管理人员已依法履行诚信和勤勉尽责的义务和责任。

证券交易所、中国证监会、其他政府机关对本公司股票上市及有关事项的意见,均不表明对本公司的任何保证。

本公司提醒广大投资者注意,凡本上市公告书未涉及的有关内容,请投资者查阅2003年12月29日刊载于《中国证券报》、《上海证券报》、《证券时报》的本公司招股说明书摘要,及刊载于上海证券交易所网站 http:www.sse.com.cn 的本公司招股说明书全文及附录。

第二节 概览

1.股票简称:两面针
2.沪市股票代码:600249
3.深市代理股票代码:003249
4.总股本:150,000,000股
5.可流通股本:60,000,000股
6.本次上市流通股本:60,000,000股
7.发行价格:11.38元/股
8.上市地点:上海证券交易所
9.上市时间:2004年1月30日
10.股票登记机构:中国证券登记结算有限责任公司上海分公司
11.上市推荐人:广州证券有限责任公司
12.对首次公开发行股票前股东所持股份的流通限制及期限:根据国家现有法律、法规规定和中国证监会发行字[2003]136号《关于核准柳州两面针股份有限公司公开发行股票的通知》,本公司的国有法人股、法人股暂不上市流通,内部职工股在本次发行上市三年后上市流通。
13.本公司第一大股东柳州市国资局对所持股份自愿锁定的承诺:自本公司股票上市之日起12个月内,不转让所持有的本公司股份,也不会要求或接受由本公司回购其所持有的股份。

第三节 绪言

本上市公告书是根据《中华人民共和国公司法》、《中华人民共和国证券法》、《股票发行与交易管理暂行条例》、《公开发行股票公司信息披露实施细则》和《上海证券交易所股票上市规则》等国家有关法律、法规的规定,并按照中国证券监督管理委员会制定的《公开发行证券的公司信息披露内容与格式准则第7号--股票上市公告书》要求而编制,旨在向投资者提供本公司的基本情况和本次股票上市的有关资料。

经中国证券监督管理委员会证监发行字[2003]136号文核准,本公司已于2004年1月2日以向二级市场投资者定价配售的方式成功公开发行了6,000万股人民币普通股 A股,每股面值1.00元,每股发行价格11.38元。

经上海证券交易所上证上字[2004]3号《关于柳州两面针股份有限公司人民币普通股股票上市交易的通知》批准,本公司6,000万股社会公众股将于2004年1月30日在上海证券交易所上市交易。股票简称"两面针",沪市股票代码为"600249",深市代理股票代码为"003249"。

本公司已于2003年12月29日分别在《中国证券报》、《上海证券报》、《证券时报》上刊登了《柳州两面针股份有限公司首次公开发行股票招股说明书摘要》。《柳州两面针股份有限公司首次公开发行股票招股说明书》全文及其附录材料可在上海证券交易所网站 http:www.sse.com.cn 查阅。因招股说明书及其摘要的披露距今不足3个月,故与其重复的内容在此不再重述,敬请投资者查阅上述文件。

第四节 发行人概况

一、发行人基本情况
发行人名称:柳州两面针股份有限公司
英文名称:LiuzhouLiangmianzhenCo.,Ltd.
法定代表人:梁英奇
主营业务:口腔卫生用品、妇女卫生用品和洗涤用品等日用化工产品的生产销售。
注册地址:广西柳州市柳北区长风路2号
联系地址:广西柳州市柳北区长风路2号
邮政编码:545001
电话:0772-2506159　　传真:0772-2506158
互联网网址:http://www.tooth-paste.com/　　电子信箱:lzlmz@public.lzptt.gx.cn
董事会秘书:王为民

二、发行人历史沿革

发行人前身柳州市牙膏厂是1980年建厂的全民所有制企业,该厂主要生产各种规格的两面针系列牙膏。

1994年6月30日,经广西区体改委批准,由柳州市牙膏厂独家发起,以定向募集方式设立柳州两面针股份有限公司,设立时股本总额为7,500万股,其中原柳州市牙膏厂以经评估的经营性净资产6,530.4万元投入股份公司,折合为国家股3,628万股,占股本总额的48.37%;向社会法人定向募集2,372万股、向内部职工募集1,500万股,分别占股本总额的31.63%和20%。主要股东是柳州市国有资产管理局。

1996年,公司按照《公司法》和国务院国发[1995]17号文的规定进行了规范,并由广西区体改委于1996年12月4日出具了确认规范的验核意见,在广西区工商行政管理局依法履行了重新登记手续。

1997年7月,公司向全体股东每10股送红股2股,共送红股1,500万股。方案实施后,公司总股本为9,000万股。

2001年3月5日,经自治区政府桂政函[2001]31号文批准,公司超比例内部职工股通过转让的方式得到了规范。

三、主要经营情况
1.主营业务产品

(1)口腔卫生用品:公司主要口腔卫生产品是牙膏,其主要功能是清洁牙齿、保持口腔卫生,是日用必需品。

(2)洗涤用品:洗涤用品包括肥皂和合成洗涤剂两大类产品。作为生活必需品,洗涤用品市场容量很大,目前我国的洗涤用品产量已跃居世界第二位。

(3)妇女卫生用品:妇女卫生用品主要是指卫生巾、卫生护垫等生活用纸产品。卫生巾(卫生护垫)是妇女生活必需品,又是一次性的消费品。

2、产品销售方式和渠道

公司产品销售方式主要以经销为主。

3、行业竞争情况与竞争地位

在日用化工产品领域,目前主要由包括本公司在内的几家跨国公司和内资日用化工产品企业占有较大的市场份额。本公司牙膏产品目前在行业内居内资品牌第一名、全部牙膏品牌第三名,具有较强的竞争优势。

第五节 股票发行与股本结构

一、本次股票上市前首次公开发行股票的情况
1.发行总量:6,000万股,占发行后总股本40%。
2.募集资金总额:本次发行募集资金约682,800,000元,扣除与发行有关的费用人民币41,529,563.79元,实际可使用募集资金人民币641,270,436.21元。
3.发行方式:全部向二级市场投资者定价配售的发行方式。
4.发行对象:2003年12月29日招股说明书刊登日收盘时,持有上海证券交易所或深圳证券交易所上市流通人民币普通股 A股 股票的收盘市值总和不少于10,000元的投资者。
5.发行有关费用:发行有关费用4,152.96万元,包括:承销费用、审计费用、律师费用、审核费、上网发行费用、报纸刊登印刷及网上路演费用。每股发行费用0.6922元。

二、本次股票上市前首次公开发行股票的承销情况

本次公开发行6,000万流通股股票,沪市、深市二级市场投资者的配号总数为73,990,156个,中签率为0.08109187%。二级市场投资者认购59,249,844股,其余750,156股由主承销商包销。

三、本次上市前首次公开发行股票所募股资金的验资报告

柳州两面针股份有限公司:

我们接受委托,审验了贵公司截至2004年1月10日止的新增注册资本实收情况。按照国家相关法律、法规的规定和协议、章程的要求出资,提供真实、合法、完整的验资资料,保护资产的安全、完整是全体股东及贵公司的责任。我们的责任是对贵公司新增注册资本的实收情况发表审验意见。我们的审验是依据《独立审计实务公告第1号一验资》进行的。在审验过程中,我们结合贵公司的实际情况,实施了检查等必要的审验程序。

贵公司原注册资本为人民币玖仟万元(¥90,000,000.00),根据贵公司2002年度股东大会决议和修改后章程的规定,并经中国证券监督管理委员会证监发行字[2003]136号文核准,向社会公开发行人民币普通股(A股)陆仟万股(¥60,000,000股),每股面值人民币1.00元,计人民币陆仟万元(¥60,000,000.00)。变更后的注册资本为人民币壹亿伍仟万元(¥150,000,000.00)。经我们审验,截至2004年1月10日止,贵公司募集资金计人民币陆亿捌仟贰佰捌拾万元(¥682,800,000.00),扣除与发行有关的费用人民币肆仟壹佰伍拾贰万玖仟伍佰陆拾叁元柒角玖分(¥41,529,563.79),贵公司实际增加投入资产人民币陆亿肆仟壹佰贰拾柒万肆佰叁拾陆元贰角壹分(¥641,270,436.21)(均为货币资金),其中计入股本人民币陆仟万元(¥60,000,000.00),计入资本公积人民币伍亿捌仟壹佰贰拾柒万肆佰叁拾陆元贰角壹分(¥581,270,436.21)。

同时我们注意到,贵公司本次增资前的注册资本为人民币玖仟万元(¥90,000,000.00)。已经柳州会计师事务所审核,并于1997年11月19日出具柳会师资字(1997)第27号验资报告验证。截至2004年1月10日止,变更后的累计注册资本实收金额为人民币壹亿伍仟万元(¥150,000,000.00)。

本验资报告供贵公司申请变更登记时使用,不应将其视为是对贵公司验资报告日后资本保全、偿债能力和持续经营能力等的保证。因使用不当造成的后果,与执行本验资业务的注册会计师及会计师事务所无关。

中国注册会计师:胡春元、高德惠
二零零四年一月十日

四、本次发行募股资金入帐情况
入帐时间:2004年1月8日
资金金额:641,270,436.21元人民币 扣除与发行有关的费用
入帐银行:农行城中支行
入帐帐号:111101040002844

五、发行人上市前股权结构及各类股东的持股情况
1、发行人上市前的股权结构

股份类别	股数(万股)	占总股本比例(%)
国家股	3,628	24.19
法人股	5,147.0536	34.31
内部职工股	224.9464	1.50
流通股	6,000	40.00
总股本	15,000	100.00

2、本次上市前10大股东情况

序号	股东名称	持股数(万股)	比例(%)
1	柳州市国有资产管理局	3,628	24.19
2	广西柳州钢铁(集团)公司	1,575.0536	10.50
3	柳州市经济发展总公司	1,434.44	9.56
4	汇馨实业(深圳)有限公司	865.2	5.77
5	柳州市两面针旅游用品厂	737.36	4.92
6	广西柳州市建设投资开发有限责任公司	496	3.31
7	广州证券有限责任公司	75.0156	1.25
8	柳州市环达实业投资有限公司	33.6	0.22
9	李映元	11.025	0.07
10	德盛稳健证券投资基金	10.90	0.07

第六节 董事、监事、高级管理人员

一、董事、监事、高级管理人员与核心技术人员
一 董事

梁英奇先生:中国籍,53岁,大专学历,高级经济师,1968年参加工作。曾任柳州市牙膏厂劳资科长、副厂长,本公司董事、副总经理,柳州市人大常委委员。现任中国牙膏工业协会理事长,广西区企业家协会常务理事,中共柳州市委候补委员,桂康公司董事长,惠好公司董事长,洗涤用品厂董事长,玉洁公司董事长,中信证券董事和柳州市商业银行董事。本公司董事长。

袁东升先生:中国籍,36岁,研究生学历,工程师,1992年参加工作。曾任本公司技术发展部副经理、销售公司副经理,本公司董事、副总经理、代总经理。现任桂康公司、惠好公司、洗涤用品厂总经理,本公司董事、总裁、本公司技术负责人。

黄忠耀先生:中国籍,51岁,大专学历,助理经济师,1969年参加工作。曾任柳州市牙膏厂工会主

席、劳动人事部部长,本公司劳动人事部部长,现任本公司董事。

王为民先生:中国籍,37 岁,大学学历,会计师,1988 年参加工作。曾任柳州市丰华房地产开发公司拆迁、售房部经理,柳州市政府派驻本公司财务总监。现任本公司董事、董事会秘书、副总裁。

张华意先生:中国籍,44 岁,中专学历,政工员,1978 年参加工作。曾任柳州市牙膏厂经营部副经理、销售公司副经理、柳州惠好卫生用品有限公司副总经理、本公司销售公司经理。现任本公司董事、副总裁。

罗华忠先生:中国籍,53 岁,研究生学历,高级经济师,1968 年参加工作。曾于柳州市开关厂工作,任柳州市汽车改制厂副厂长,柳州国有资产经营公司副总经理。现任柳州经济发展总公司法定代表人、总经理。本公司董事。

蒋昌顺先生:中国籍,30 岁。曾任职于深圳市海鹏进出口贸易公司办公室,汇馨企业有限公司地产部,海南华馨香料化工有限公司经理。现任汇馨实业(深圳)有限公司产业部经理。本公司董事。

李祖南先生:中国籍,44 岁,研究生学历,高级工程师,1976 年参加工作。曾任柳钢运输部测绘员,柳州市一桥工种指挥部施工调度计划员,柳州市建委城建科科员,柳州市三桥工种指挥部施工组副组长,柳州市建委基建科科长,柳州市房产局副局长。现任柳州市建设投资开发有限责任公司法定代表人、副总经理,柳州市建誉房地产开发有限公司执行董事、总经理。本公司董事。

施建勇先生:中国籍,44 岁,医学博士,副主任医师,1982 年 1 月参加工作。曾任江苏省中医院内科消化病区主任、主治医师,深圳市沙头角人民医院中医科主任、金五环中医药研究所所长兼金五环健康科技有限公司总经理。现任深圳市中国传统医疗中心内科专家、深圳市中药剂型改革协作组项目负责人。本公司董事。

董世忠先生:中国籍,68 岁,大学学历,高级工程师、高级经济师,1949 年参加工作。曾任柳州拖拉机厂党委书记,中共柳州市委常委、政府常务副市长,政府党组书记兼柳州市体改委主任,广西机械厅厅长、厅党组书记,柳州市政府顾问、市汽车工业领导小组常务副组长。现任本公司独立董事。

李骅先生:中国籍,32 岁,大学学历,会计师、注册会计师(证券期货业务资格)、注册资产评估师、注册税务师。曾任柳州会计师事务所项目经理、部门副经理、部门经理,并被财政部派去香港何铁文苏汉章会计师行研修培训。现为广西正则会计师事务所法定代表人,主任会计师。本公司独立董事。

二 监事

胡铭红女士:中国籍,46 岁,大专学历,会计师,1974 年参加工作。曾任广西柳州市染织厂财务科长、厂长助理,柳州市第三棉纺厂财务科副科长。现任柳州市发动机厂财务总监。本公司监事会召集人。

古世亶先生:中国籍,40 岁,大专学历,工程师,1982 年参加工作。曾任柳州市牙膏厂销售公司经理、本公司物资部副经理。现任公司物资部经理。本公司监事。

黄薇女士:中国籍,35 岁,中专学历,1989 年参加工作。曾在柳州市牙膏厂美工室工作,现在本公司市场部从事包装设计工作。本公司监事。

三 其他高级管理人员

陈丽霞女士:中国籍,40 岁,大学学历,高级会计师,1981 年 8 月参加工作。曾任柳州五交化集团财务科主办会计、财务部部长,柳州市财政局财务总监,柳州高新区财政局局长。现任公司副总裁兼总会计师、财务负责人。

二、董事、监事、高级管理人员持有本公司股份的情况

姓名	股数(股)	比例(%)	任职
梁英奇	2,185	0.001457	董事长
袁东升	993	0.000662	董事、总裁
黄忠耀	4,446	0.002964	董事
张华意	4,925	0.003283	董事
古世亶	4,905	0.003270	监事
黄薇	1,323	0.000882	监事

第七节　同业竞争与关联交易

一、同业竞争

本公司的第一大股东-柳州市国资局及其控制的其他法人、本公司的自然人股东与本公司之间均不存在同业竞争的情况。

二、关联交易

本公司与关联方发生的关联交易主要包括向关联方采购原材料、采购产成品、销售原材料及产成品、固定资产租赁四大类。

2000-2002 年,发行人向关联方进行的原材料采购主要为向达美公司采购牙膏用铝管、铝塑复合管和粘盒等原材料, 涉及金额分别为 2000 年 10,805 万元、2001 年 13,798 万元、2002 年 9,542 万元。2003 年 1 月 1 日起,该关联交易已经完全终止。

发行人向关联方进行产成品采购主要是向玉洁公司采购牙膏, 向旅游用品厂采购旅游小支重牙膏等,2000 年交易金额为 2,654 万元、2001 年为 2,379 万元。从 2002 年 1 月 1 日起,该类关联交易已完全不存在。

发行人向关联方出租固定资产主要是达美公司出租房屋和设备, 交易金额为 2000 年 423 万元、2001 年 404 万元、2002 年 126.14 万元。2003 年 1 月 1 日起,该类关联交易已完全终止。

发行人向关联方销售产品及原材料主要是向旅游用品厂销售小支重旅游牙膏、向玉洁公司销售牙膏用原材料, 交易金额为 2000 年 1,662 万元、2001 年 3,036 万元、2002 年 1,927 万元、2003 年 1-6 月 979 万元。其中与玉洁公司的关联交易已于 2002 年 1 月 1 日起完全终止。

关联交易的详细内容请查阅刊登于上海证券交易所网站 http://www.sse.com.cn 的本公司招股说明书全文。

三、避免同业竞争和规范关联交易的制度安排

本公司第一大股东及其控制的法人、直接和间接持有本公司 5%以上股权的股东已向公司全体股东出具了《放弃竞争和利益冲突的承诺函》。

本公司章程对有关关联交易的决策权力与程序作出严格规定。

第八节　财务会计资料

本公司截至 2003 年 6 月 30 日的财务会计资料,已于 2003 年 12 月 29 日在《中国证券报》、《上海证券报》、《证券时报》刊登的本公司招股说明书摘要中,并在上海证券交易所网站刊登的本公司招股说明书全文及附录中进行了全面披露。投资者欲了解详细内容,请查阅上述报纸或查阅上海证券交易所网站 http://www.sse.com.cn 。(除注明外,本节单位均为人民币元)

一、注册会计师意见

深圳大华天诚会计师事务所对本公司 2000 年 12 月 31 日、2001 年 12 月 31 日、2002 年 12 月 31 日和 2003 年 1-6 月的资产负债表和合并资产负债表,2000 年度、2001 年度、2002 年度和 2003 年 1-6 月的利润及利润分配表、合并利润及利润分配表,2002 年度和 2003 年 1-6 月的现金流量表和合并现金流量表进行了审计,注册会计师出具了标准无保留意见的审计报告。

二、会计报表

(一)合并会计报表

1、合并利润表及利润分配表

项目	2003 年 1-6 月	2002 年度
一、主营业务收入	222,977,283.53	574,185,883.08
减:主营业务成本	156,481,660.38	408,977,927.98
主营业务税金及附加	1,179,430.22	1,991,865.02
二、主营业务利润	65,316,192.93	163,216,090.08
加:其他业务利润	1,790,129.60	6,608,674.96
减:营业费用	29,171,852.73	80,602,669.23
管理费用	17,603,454.96	32,920,396.53
财务费用	3,210,794.60	7,110,567.28
三、营业利润	17,120,220.24	49,191,132.00
加:投资收益	4,743,952.75	21,978,038.04
补贴收入	24,089.00	21,184.00
营业外收入	148,889.11	109,142.73
减:营业外支出	196,538.30	2,842,216.08
四、利润总额	21,840,612.80	68,457,280.69
减:所得税	6,077,615.04	14,821,937.85
少数股东损益	(238,660.19)	2,117,745.02
五、净利润	16,001,657.95	51,517,597.82
加:年初未分配利润	60,526,246.42	53,495,976.95
其他转入	-	-
六、可供分配利润	76,527,904.37	105,013,574.77
减:提取法定盈余公积	-	5,658,218.90
提取法定公益金	-	2,829,109.45
提取福利及奖励基金	-	-
七、可供股东分配的利润	76,527,904.37	96,526,246.42
减:应付优先股股利	-	-
提取任意盈余公积	-	-
应付普通股股利	-	36,000,000.00
转作股本的普通股股利	-	-
八、未分配利润	76,527,904.37	60,526,246.42

项目	2001 年度	2000 年度
一、主营业务收入	521,460,999.41	410,993,571.44
减:主营业务成本	363,944,875.86	281,514,160.47
主营业务税金及附加	1,675,938.97	1,304,057.95
二、主营业务利润	155,840,184.58	128,175,353.02
加:其他业务利润	4,410,466.76	4,140,411.05
减:营业费用	74,998,069.21	45,796,886.76
管理费用	31,398,159.07	32,219,660.31
财务费用	9,001,991.36	11,119,741.44
三、营业利润	44,852,431.70	43,179,475.56
加:投资收益	39,095,336.97	12,380,320.12
补贴收入	19,376.00	774.00
营业外收入	249,850.43	66,893.24
减:营业外支出	306,507.79	69,182.08
四、利润总额	83,910,487.31	55,558,280.84
减:所得税	17,239,433.24	10,287,850.19
少数股东损益	2,603,742.59	7,960,801.90
五、净利润	64,067,311.48	37,309,628.75
加:年初未分配利润	5,405,142.98	13,598,541.81
其他转入	(4,925,003.58)	-
六、可供分配利润	64,547,450.88	50,908,170.56
减:提取法定盈余公积	7,367,649.28	6,335,351.71
提取法定公益金	3,683,824.65	3,167,675.87
提取福利及奖励基金	-	-
七、可供股东分配的利润	53,495,976.95	41,405,142.98
减:应付优先股股利	-	-
提取任意盈余公积	-	-
应付普通股股利	-	36,000,000.00
转作股本的普通股股利	-	-
八、未分配利润	53,495,976.95	5,405,142.98

2、合并资产负债表

资产	2003 年 6 月 30 日	2002 年 12 月 31 日
流动资产:		
货币资金	92,397,419.90	88,333,375.91
应收票据	580,000.00	4,524,138.90
应收股利	4,780,000.00	-
应收账款	118,822,789.79	96,256,443.88
其他应收款	59,164,065.73	49,076,985.96
预付账款	58,059,275.27	62,359,784.58
存货	67,489,002.52	75,239,917.32
待摊费用	1,306,974.08	835,890.88
其他流动资产	-	65,593.97
流动资产合计	402,599,527.29	376,692,131.40
长期投资:		
长期股权投资	168,724,129.35	168,760,176.60
长期债权投资	-	14,000.00
长期投资合计	168,724,129.35	168,774,176.60
其中:合并价差	-	-
其中:股权投资差额	-	-
固定投资:		
固定资产原价	321,275,663.07	319,577,007.36
减:累计折旧	127,489,408.23	119,509,161.84
固定资产净值	193,786,254.84	200,067,845.52
减:固定资产减值准备	2,767,571.43	2,767,571.43
固定资产净额	191,018,683.41	197,300,274.09
工程物资	1,374,344.49	1,374,344.49
在建工程	3,868,866.59	4,423,580.92
固定资产清理	-	149,036.30
固定资产合计	196,261,894.49	203,247,235.80
无形及其他资产:		
无形资产	-	-
长期待摊费用	-	-
无形及其他资产合计	-	-
递延税项:		
递延税款借项	-	-
资产总计	767,585,551.13	748,713,543.80
流动负债:		
短期借款	150,000,000.00	150,000,000.00
应付票据	17,798,608.33	22,238,315.90
应付账款	56,662,196.80	52,418,630.98

预收账款	10,135,858.60	7,983,118.50
应付工资	587,246.84	587,246.84
应付福利费	958,798.76	2,942,092.37
应付股利	36,099,148.07	36,099,148.07
应交税金	4,296,138.45	4,388,065.59
其他应交款	10,092,642.77	9,989,530.43
其他应付款	36,006,481.71	33,247,872.39
预提费用	365,910.31	–
其他流动负债	180,000.00	180,000.00
流动负债合计	323,183,030.64	320,074,021.07
长期负债：		
长期借款	–	–
应付债券	–	–
专项应付款	20,487,266.64	20,487,266.64
其他长期负债	–	–
长期负债合计	20,487,266.64	20,487,266.64
递延税项：		
递延税款贷项	–	–
负债合计	343,670,297.28	340,561,287.71
少数股东权益：		
少数股东权益	50,548,917.70	50,787,577.89
所有者权益：		
股本	90,000,000.00	90,000,000.00
资本公积	80,850,127.49	80,850,127.49
盈余公积	125,988,304.29	125,988,304.29
其中：公益金	29,218,378.29	29,218,378.29
未分配利润	76,527,904.37	60,526,246.42
外币折算差额	–	–
股东权益合计	373,366,336.15	357,364,678.20
负债及股东权益总计	767,585,551.13	748,713,543.80

资产	2001 年 12 月 31 日	2000 年 12 月 31 日
流动资产：		
货币资金	76,072,019.75	44,987,446.18
应收票据	5,140,000.00	2,560,000.00
应收股利	–	–
应收账款	67,691,154.90	74,746,920.20
其他应收款	41,249,091.89	27,205,125.88
预付账款	64,728,321.32	49,286,750.50
存货	96,292,118.36	81,693,772.58
待摊费用	338,760.05	436,852.30
其他流动资产	–	–
流动资产合计	351,511,466.27	280,916,867.64
长期投资：		
长期股权投资	168,829,679.84	168,802,397.16
长期债权投资	14,000.00	42,000.00
长期投资合计	168,843,679.84	168,844,397.16
其中：合并价差	–	–
其中：股权投资差额	–	–
固定投资：		
固定资产原价	357,727,536.86	331,913,934.92
减：累计折旧	121,476,092.41	108,707,167.68
固定资产净值	236,251,444.45	223,206,767.24
减：固定资产减值准备	103,767.94	103,767.94
固定资产净额	236,147,676.51	223,102,999.30
工程物资	2,798,223.19	629,606.49
在建工程	4,884,610.80	11,583,445.61
固定资产清理	149,036.30	149,036.30
固定资产合计	243,979,546.80	235,465,087.70
无形及其他资产：		
无形资产	–	10,313,654.57
长期待摊费用	178,162.01	1,128,117.49
无形及其他资产合计	178,162.01	11,441,772.06
递延税项：		
递延税款借项	–	–
资产总计	764,512,854.92	696,668,124.56
流动负债：		
短期借款	150,000,000.00	150,000,000.00
应付票据	–	–
应付账款	112,026,354.90	78,220,915.05
预收账款	17,142,003.90	10,363,412.54
应付工资	3,905,281.50	8,242,395.54
应付福利费	4,587,382.67	3,487,229.51
应付股利	8,834,248.03	36,639,281.13
应交税金	4,184,706.35	24,652,847.10
其他应交款	9,914,756.26	234,773.29
其他应付款	45,621,303.49	43,201,506.65
预提费用	–	–
其他流动负债	180,000.00	180,000.00
流动负债合计	356,396,037.10	355,222,360.81
长期负债：		
长期借款	–	–
应付债券	–	–
专项应付款	17,687,266.64	17,687,266.64
其他长期负债	–	(4,925,003.58)
长期负债合计	17,687,266.64	12,762,263.06
递延税项：		
递延税款贷项	–	–
负债合计	374,083,303.74	367,984,623.87
少数股东权益：		
少数股东权益	48,582,470.80	45,978,728.21
所有者权益：		
股本	90,000,000.00	90,000,000.00
资本公积	80,850,127.49	80,850,127.49
盈余公积	117,500,975.94	106,449,502.01
其中：公益金	26,389,268.84	22,705,444.19
未分配利润	53,495,976.95	5,405,142.98
外币折算差额	–	–
股东权益合计	341,847,080.38	282,704,772.48
负债及股东权益总计	764,512,854.92	696,668,124.56

3、合并现金流量表

项目	2003 年 1–6 月	2002 年度
一、经营活动产生的现金流量		
销售商品、提供劳务收到的现金	231,246,058.71	557,404,611.39
收到的租金	11,429.00	–
收到税费返还	–	206,904.00
收到的其它与经营活动有关的现金	10,744,376.92	48,795,075.74
现金流入小计	242,001,864.63	606,406,591.13
购买商品、接受劳务支付的现金	75,150,677.36	409,827,342.10
支付给职工以及为职工支付的现金	15,483,007.00	27,515,625.75
支付各项税费	25,674,094.56	57,480,403.09
支付的其它与经营活动有关的现金	114,760,347.17	118,780,401.65
现金流出小计	231,068,126.09	613,603,772.59
经营活动产生的现金流量净额	10,933,738.54	(7,197,181.46)
二、投资活动产生的现金流量		
取得投资收益所收到的现金	–	21,502,648.88
取得债券利息收入所收到的现金	14,000.00	–
处置固定资产、无形资产和其他长期资产而收回现金净额	–	32,127,556.76
现金流入小计	14,000.00	53,630,205.64
购建固定资产、无形资产和其他长期资产所支付的现金	2,864,422.20	22,181,938.89
现金流出小计	2,864,422.20	22,181,938.89
投资活动产生的现金流量净额	(2,850,422.20)	31,448,266.75
三、筹资活动产生的现金流量		
借款所收到的现金	150,000,000.00	325,000,000.00
收到的其它与筹资活动有关的现金	–	2,800,000.00
现金流入小计	150,000,000.00	327,800,000.00
偿还债务所支付的现金	150,000,000.00	325,000,000.00
分配股利利润或偿还利息所支付的现金	4,019,010.00	14,773,640.88
其中：子公司支付少数股东的股利	600,000.00	–
支付的其它与筹资活动有关的现金	262.35	18,601.58
现金流出小计	154,019,272.35	339,792,242.46
筹资活动产生的现金流量净额	(4,019,272.35)	(11,992,242.46)
四、汇率变动对现金的影响额	–	2,513.33
五、现金及现金等价物净增加额	4,064,043.99	12,261,356.16

第九节　其他重要事项

一、自本公司股票首次公开发行之日至本上市公告书公告之日，本公司严格依照《公司法》、《证券法》等法律法规的要求，规范运行，生产经营情况正常；所处行业和市场无重大变化；主要业务及发展目标的进展状况正常，主要投入、产出物供求及价格无重大变化。

二、自本公司股票首次公开发行之日至本上市公告书公告之日，本公司无重大对外投资、重大资产 股权 收购或出售行为；住所未发生变更。

三、自本公司股票首次公开发行之日至本上市公告书公告之日，本公司重大会计政策和会计师事务所没有发生变化。

四、自本公司股票首次公开发行之日至本上市公告书公告之日，本公司未发生新的重大负债或重大债项发生变化。

五、自本公司股票首次公开发行之日至本上市公告书公告之日，本公司董事、监事和高级管理人员没有尚未了结或可能发生的刑事诉讼事项。

六、自本公司股票首次公开发行之日至本上市公告书公告之日，本公司未涉及重大诉讼事项或仲裁，亦无尚未了结或可能面临的重大诉讼或索赔要求。

七、本公司股票首次公开发行至本上市公告书公告之日，没有其他应披露而未披露之重大事项。

第十节　董事会上市承诺

本公司董事会承诺将严格遵守《中华人民共和国公司法》、《中华人民共和国证券法》、《股票发行与交易管理暂行条例》、《公开发行股票公司信息披露实施细则》和《上海证券交易所股票上市规则》等国家相关法律、法规和有关规定，并自股票上市之日起做到：

一、真实、准确、完整、公允和及时地公布定期报告，披露所有对投资者有重大影响的信息，并接受中国证监会、证券交易所的监督管理；

二、本公司在知悉可能对股票价格产生误导性影响的任何公共传播媒介中出现的消息后，将及时予以公开澄清；

三、本公司董事、监事、高级管理人员和核心技术人员将认真听取社会公众的意见和批评，不利用已获得的内幕消息和其他不正当手段直接或间接从事发行人股票的买卖活动；

四、本公司没有无记录的负债。

第十一节上市推荐人及其意见

一、上市推荐人

广州证券有限责任公司

地址：广州市先烈中路 69 号

联系人：王文博、李建文、王遥、艾西南

电话：020–87322668

传真：020–87325041

二、上市推荐人意见

本公司的上市推荐人认为：本公司章程符合《中华人民共和国公司法》、《中华人民共和国证券法》及《上海证券交易所股票上市规则》等法律、法规和中国证监会的有关规定；本公司本次股票发行完全符合《中华人民共和国公司法》、《中华人民共和国证券法》及《上海证券交易所股票上市规则》的法律、法规和中国证监会的有关规定，已具备了上市条件。

本公司董事了解法律、法规、上海证券交易所上市规则及股票上市协议规定的董事的义务与责任，本公司建立健全了法人治理结构，本公司制定了严格的信息披露制度与保密制度。

上市推荐人已对上市文件所载的资料进行了核实，确认上市文件真实、准确、完整，符合规定要求，没有虚假记载、严重误导性陈述或重大遗漏，并对其承担连带责任。上市推荐人与本公司之间不存在关联关系。

上市推荐人愿意推荐发行人的股票在上海证券交易所上市交易，并且在上市推荐过程中，保证不利用获得的内幕信息进行内幕交易，为自己或他人谋取利益。

新疆冠农果茸股份有限公司

新疆冠农果茸股份有限公司股票上市公告书

第一节 重要声明与提示

新疆冠农果茸股份有限公司(以下简称"本公司"、"公司"、"冠农股份"或"发行人")董事会保证上市公告书的真实性、准确性、完整性,全体董事承诺上市公告书不存在虚假记载、误导性陈述或重大遗漏,并承担个别和连带的法律责任。

根据《公司法》、《证券法》等有关法律、法规的规定,本公司董事、高级管理人员已依法履行诚信和勤勉尽责的义务和责任。

证券交易所、中国证监会、其他政府机关对本公司股票上市及有关事项的意见,均不表明对本公司的任何保证。

本公司提醒广大投资者注意,凡本上市公告书未涉及的有关内容,请投资者查阅2003年5月21日刊载于《上海证券报》、《中国证券报》和《证券时报》上的《新疆冠农果茸股份有限公司首次公开发行股票招股说明书摘要》(以下简称"招股说明书摘要"),及刊载于上海证券交易所网站(http://www.sse.com.cn)上的《新疆冠农果茸股份有限公司首次公开发行股票招股说明书》(以下简称"招股说明书全文")。

本上市公告书刊登网址:http://www.sse.com.cn

第二节 概 览

1、股票简称: 冠农股份
2、沪市股票代码: 600251
3、深市代理股票代码: 003251
4、发行价格: 5.75元/股
5、股本总额: 120,000,000股
6、可流通股本: 40,000,000股
7、本次上市流通股本: 40,000,000股
8、上市地点: 上海证券交易所
9、上市时间: 2003年6月9日
10、股票登记机构: 中国证券登记结算有限责任公司上海分公司
11、上市推荐人: 新疆证券有限责任公司
光大证券有限责任公司

12、本公司首次公开发行股票前股东所持股份的流通限制及期限:根据国家现行法律、法规规定和中国证监会证监发行字[2003]46号《关于核准新疆冠农果茸股份有限公司公开发行股票的通知》,本公司的国有法人股暂不上市流通。

13、根据《上海证券交易所股票上市规则》,本公司第一大股东新疆生产建设兵团农业建设第二师二十九团对所持股份自愿锁定的承诺:自本公司股票上市之日起12个月内,不转让所持有本公司的股份,也不由上市公司回购本公司股份。

第三节 绪 言

本上市公告书是根据《中华人民共和国公司法》、《中华人民共和国证券法》、《股票发行与交易管理暂行条例》、《公开发行股票公司信息披露实施细则》和《上海证券交易所股票上市规则》等国家有关法律、法规的规定,并按照中国证监会《公开发行证券的公司信息披露内容与格式准则第7号—股票上市公告书》的规定而编制,旨在向投资者提供有关新疆冠农果茸股份有限公司的基本情况和本次股票上市的有关资料。

经中国证券监督管理委员会证监发行字[2003]46号文核准,本公司于2003年5月26日利用上海证券交易所交易系统,以向沪市、深市二级市场投资者定价配售的方式成功发行了4,000万股、每股面值1.00元的人民币普通股,发行价为每股人民币5.75元。

经上海证券交易所上证上字[2003]55号文核准,本公司公开发行的4,000万股社会公众股将于2003年6月9日起在上海证券交易所挂牌交易。股票简称"冠农股份",沪市股票代码"600251"、深市代理股票代码"003251"。

本公司已于2003年5月21日在《中国证券报》、《上海证券报》、《证券时报》上刊登了《招股说明书摘要》,招股说明书正文及其附录刊载于上海证券交易所网站(http://www.sse.com.cn),距今不足三个月,故与其重复的内容在此不再重述,敬请投资者查阅上述内容。

第四节 发行人概况

一、发行人的基本情况

1、发行人中文名称:新疆冠农果茸股份有限公司
英文名称: Xinjiang GuanNong Fruit & Antler Co., Ltd.
2、注册资本: 120,000,000元人民币
3、法定代表人: 王 平
4、注册地址: 新疆库尔勒市人民西路86号
5、设立日期: 1999年12月30日
6、经营范围:果业种植、仓储、加工及销售;农业综合开发;马鹿养殖;机电设备(汽车及国家有专项审批规定的除外)、五金交电产品、百货、建筑材料、化工产品(有毒除外)、钢材的销售。汽车运输。包装制品的开发、加工、销售。经营本企业自产产品及相关技术的出口业务、经营本企业生产、科研所需的机械设备、零配件、原辅材料的进口业务,经营进料加工和"三来一补",鹿产品的加工及销售。
7、所属行业:农、林、牧业—农、林、牧业(A)
8、邮政编码:841000
9、董事会秘书:孟 琳
10、电话:0996-2038156
11、传真:0996-2038156
12、网址:http//www.gngr.com.cn
13、电子信箱:gn600251@tom.com

二、发行人的历史沿革

本公司是经新疆维吾尔自治区人民政府新政函[1999]192号文批准,由新疆生产建设兵团农二师二十八团(以下简称"二十八团")、新疆生产建设兵团农二师二十九团(以下简称"二十九团")、新疆生产建设兵团农二师三十团(以下简称"三十团")为主发起人,以1999年10月31日为评估基准日,将其所有的挂果香梨林、马鹿及相关的经营性资产经评估确认后折股投入股份有限公司,按69.68%的比例分别折股2,870.90万股、3,238.01万股、1,863.21万股,其它发起人新疆库尔勒农垦供销合作总公司(以下简称"供销总公司")、新疆农垦库尔勒物资总公司(以下简称"物资总公司")分别以现金20万元出资并按同一比例分别折股13.94万股,公司设立时总股本8,000.00万元。

经中国证监会证监发行字[2003]46号文批准,本公司于2003年5月26日在上海证券交易所以向二级市场投资者定价配售方式成功发行了人民币普通股4,000万股,每股面值1.00元,每股发行价5.75元。此次发行完成后,本公司的总股本增至12,000万股。

三、发行人主要经营状况

1、发行人业务概况

发行人作为兵团企业出资设立的股份公司,以巴州地区独具特色的优势资源库尔勒香梨和塔里木马鹿产品的生产及其加工为主营业务,依靠科技进步,获得了良好的经济效益和社会效益,成为兵团农业产业化龙头企业,目前正在申报农业产业化国家重点龙头企业。

公司实际从事的主要业务主要包括:果业种植、仓储、加工及销售;马鹿养殖;鹿产品的加工及销售;纸箱、网套等果品包装物的生产与销售。拥有的主要资产包括:挂果香梨林26,580.89亩,马鹿2,366头,年生产能力600万平方米的包装制品厂,保鲜一库(库容 1,000 吨)和保鲜二库(库容6,000 吨)两个仓储保鲜中心,委托管理二十八团未挂果香梨林8,615.49亩。

2、发行人竞争优势与劣势

本公司具有以下竞争优势:

本公司的主要产品为库尔勒香梨和马鹿。公司从事库尔勒香梨产品开发,符合我国果品消费结构"名、优、特、稀"的发展趋势,具有特色产品竞争优势。梅花鹿的主要经济产品为鹿茸,但相对于马鹿鹿茸,梅花鹿鹿茸的活性差,营养价值较低,马鹿产品具有更高的经济价值和加工潜力。

本公司在库尔勒香梨生产诸环节形成了整形修剪、水肥运筹、节水灌溉、人工辅助授粉、植保综合防治等香梨生产五大技术体系,建立了比较完善的技术推广体系。同时,也在鹿的饲养、鹿病的防治等方面形成了一整套比较有效、科学的科研体系,能够有效地防治鹿的各种疾病。

本公司采取的"公司→基地+职工"的农业产业化经营模式,既通过生产环节的经济责任制把职工的利益和公司的利益紧密结合起来,调动了职工的生产积极性,提高了产品产量和优质品率,使公司具有稳定的产品供应渠道;也充分发挥了公司机械化水平高、科技实力强、市场营销网络比较完善的优势,把公司的统一管理贯穿于农业生产的全部过程,推动了公司的技术进步和持续发展。

本公司2002年挂果香梨园面积2.66万亩,香梨产量31,464.92吨,公司产品占新疆巴音郭楞蒙古自治州地区总产量的25.17%,香梨栽植面积和产量均居巴州地区各香梨生产企业前列。公司目前有塔里木马鹿2,366头,2002年生产鹿茸1,241.261公斤,鹿茸产量约占全国鹿茸产量的1%左右,具有规模经营优势。

本公司主营产品库尔勒香梨和马鹿,符合动植物优良品种繁育、栽培、养殖以及生态农业建设等我国农业重点发展政策,具有较强的政策优势。

本公司的竞争劣势主要是:作为农业生产企业,公司生产经营与自然条件休戚相关,自然灾害对公司主营业务产生较大的影响,引起公司效益波动;此外,目前本公司香梨和塔里木马鹿产品深加工能力不足、附加价值较低。

四、主要财务指标

请参阅本公告书"财务会计资料"部分的相关内容。

五、主要知识产权、特许经营权

公司现拥有"艾丽曼"牌库尔勒香梨商标,注册证号为第1523168。

六、本公司享有的财政税收优惠政策

1、税收优惠

根据财政部、国家税务总局及新疆维吾尔自治区国家税务局等规定,公司2000年、2001年、2002年度企业所得税以农二师为单位汇总缴纳。根据上述政策,公司2000年、2001年、2002年实际缴纳所得税的税率为零,在发行当年及以后年度将执行14.85%的企业所得税税率。

根据库尔勒市国家税务局等规定,公司2000年、2001年、2002年免缴增值税。

2、财政补贴

根据新疆库尔勒市财政局、农二师财务局等规定,公司2002年、2001年、2000年分别享受财政补贴收入212.34万元、393.70万元、100万元;

3、土地租金减免

经新疆生产建设兵团及兵团农二师财务局批准,公司上市前及上市当年免交土地租金107.40万元,上市后将不再享受土地租金减免的优惠政策。

第五节 股票发行与股本结构

一、本次股票上市前首次公开发行股票的情况

1、发行数量:4,000万股
2、股票发行价格:5.75元/股
3、募股资金总额:23,000万元
4、发行方式:全部向二级市场投资者定价配售
5、中签率:0.05776603 %
6、发行费用总额及项目:本次股票发行费用共1,390.35809万元,主要包括承销费用、律师费用、上市推荐费、审计费用、评估费、发行手续费、审核费用等。
7、每股发行费用:0.347元

二、本次股票上市前首次公开发行股票的承销情况

本次公开发行的4,000万股社会公众股的配号总数为69,244,847,中签率为0.05776603%。其中,二级市场投资者认购39,694,973股,其余305,027股由主承销商—新疆证券有限责任公司包销。

三、本次上市前首次公开发行股票所募股资金的验资报告

天津五洲联合合伙会计师事务所对本公司本次上市前首次公开发行股票募集资金出具了《验资报告》(五洲会字[2003]8—376号),摘录如下:

新疆冠农果茸股份有限公司全体股东:

我们接受委托,审验了贵公司截至2003年6月2日止新增注册资本的实收情况。按照国家相关法律、法规的规定和协议、章程的要求出资,提供真实、合法、完整的验资资料,保护资产的安全、完整是全体股东及贵公司的责任。我们的责任是对贵公司新增注册资本的实收情况发表审验意见。我们的审验是依据《独立审计实务公告1号—验资》进行的。在审验过程中,我们结合贵公司的实际

情况，实施了检查等必要的审验程序。

贵公司原注册资本为人民币80,000,000.00元，资本公积为人民币34,811,386.41元。贵公司2000年度股东会决议和修改后章程的规定，申请增加注册资本为人民币40,000,000.00元，由贵公司向社会公开发行人民币普通股(A股)4000万股。变更后的注册资本为人民币120,000,000.00元。经我们审验，截至2003年6月2日止，贵公司应收其股东投入的募集资金为人民币230,000,000.00元，扣除各项发行费用共计为人民币13,903,580.90元(不包括尚未确定的发行费用)后，贵公司实际收到其股东投入现金净额为人民币216,096,419.10元，其中：记入股本为人民币40,000,000.00元，记入资本公积为人民币176,096,419.10元。

同时我们注意到，贵公司本次增资前的注册资本为80,000,000.00元，已经原新疆华西会计师事务所审验，并由该所于1999年12月28日出具华会所验字(1999)163号验资报告。截至2003年6月2日止，变更后股本总额为人民币120,000,000.00元，资本公积为人民币210,907,805.51元。

本验资报告供贵公司申请变更登记及据以向股东签发出资证明时使用，不应将其视为是对贵公司验资报告日后资本保全、偿债能力和持续经营能力等的保证。因使用不当造成的后果，与执行本验资业务的注册会计师及会计师事务所无关。

附件：(一)注册资本变更情况明细表

新增注册资本实收情况明细表(表一)

注册资本变更前后对照表(表二)

(二)验资事项说明

天津五洲联合会计师事务所	中国注册会计师	陈军
	中国注册会计师	宋岩
中国.新疆.乌鲁木齐	2003年6月2日	

四、募股资金入账情况

1、入账时间：2003年6月2日

2、入账金额：221,701,019.10元

3、入账账号：769001040001348

4、开户银行：中国农业银行巴州兵团支行人民西路分理处

五、发行人上市前股权结构及各类股东的持股情况

1、本公司上市前的股权结构：

股份类别	股份数额(万股)	占总股本比例(%)
发起人股(全部为国有法人股)	8,000.00	66.67
社会公众股	4,000.00	33.33
总股本	12,000.00	100.00

2、上市前，本公司前十名股东持股情况

序号	股东名称	股份数额(万股)	占总股本比例(%)
1	二十九团	3,238.01	26.98
2	二十八团	2,870.90	23.92
3	三十团	1,863.21	15.53
4	新疆证券有限责任公司	30.5027	0.254
5	物资总公司	13.94	0.12
6	供销总公司	13.94	0.12
7	天同180基金	6.70	0.056
8	久嘉基金	5.40	0.045
9	国信证券	3.80	0.032
10	国泰君安	3.40	0.028

第六节　董事、监事、高级管理人员及核心技术人员

本公司共有董事11人，监事5人，其他高级管理人员5人，核心技术人员2人，其简要情况如下：

一、董事会成员

王　平，中国国籍，汉族，男，1956年5月出生，研究生学历，中共党员，高级经济师。曾任三十四团政治处副主任、二十三团政委、农垦商业总公司副总经理、库尔勒鑫金三角有限责任公司董事长兼总经理。现任本公司董事、董事长。

张昌霖，中国国籍，汉族，男，1956年7月出生，大专学历，中共党员，高级农艺师。曾任农二师二十九团副团长、党委副书记、团长。现任本公司董事、总经理。

李　愈，中国国籍，汉族，男，1954年4月出生，大学学历，中共党员，高级农艺师。曾任农二师二十九团副科长、总农艺师、副团长。现任农二师三十团团长及本公司董事。

王志军，中国国籍，汉族，男，1958年10月出生，大学本科学历，中共党员，高级农艺师。曾任二十八团副科长、副团长、团长。现任农二师二十九团党委副书记、团长及本公司董事。

吴　洮，中国国籍，汉族，男，1968年12月出生，大学本科学历，中共党员。曾任农二师团委科员、副书记、书记。现任农二师三十团党委书记、政委及本公司董事。

盛焉江，中国国籍，汉族，男，1964年3月出生，大学学历，中共党员，高级经济师。曾任农二师物资处办公室副主任、物资总公司副总经理、党委委员。现任物资总公司总经理、党委副书记及本公司董事。

丁　勇，中国国籍，汉族，男，1945年6月出生，初中学历，中共党员，经济师。曾任农二师三十四团副队长、副科长、科长、副团长、供销总公司副经理。现任供销总公司总经理、党委副书记及本公司董事。

陈建国，中国国籍，汉族，男，1963年8月出生，东北财经大学经济学硕士及荷兰海牙大学工商管理硕士，副教授，注册会计师。曾任新财审计师事务所副所长、新疆学苑资产评估事务所所长。现任新疆财经学院财政系主任、新疆美克股份有限公司独立董事及本公司独立董事。

周守华，中国国籍，汉族，男，1964年3月出生，管理学博士，教授，注册会计师。曾任中央财经大学教师、北京化工大学经济管理学院副院长、北京中兴会计师事务所副所长。现任中国会计学会常务副秘书长、《会计研究》副主编、北方交通大学兼职教授、博士生导师及本公司独立董事。

王欣新，中国国籍，汉族，男，1952年5月出生，中共党员，法学硕士，副教授，硕士研究生导师。曾任中国注册会计师考试委员会专家组成员、中国注册会计师证券业考试委员会专家组及中国会计师考试委员会专家组成员等。现任中国人民大学法学院教师、富龙热力股份有限公司独立董事及本公司独立董事。

牛建新，中国国籍，汉族，男，1962年9月出生，博士，教授，硕士研究生导师。主要从事果树遗传育种、生物技术的教学和研究，主持完成了国家农业部八五重点生物技术攻关课题《葡萄等果树快繁脱毒技术研究》等。现任石河子大学首席教授、园艺园林工程系副主任及本公司独立董事。

二、监事会成员

郭彦伟，中国国籍，汉族，男，1961年3月出生，大学学历，中共党员，高级政工师。曾任二十八团科长、纪委书记。现任本公司监事会召集人。

李　洋，中国国籍，汉族，男，1963年7月出生，大专学历，中共党员，政工师。曾任农二师三十三团团委书记、工会主席、二十二团党委常委、副政委。现任三十团副政委及本公司监事会监事。

路廷山，中国国籍，汉族，男，1953年12月出生，大专学历，中共党员，高级政工师。曾任农二师副连长、副科长、科长。现任二十九团副政委及本公司监事会监事。

喻国庆，中国国籍，汉族，女，1966年10月出生，大专学历，中共党员，助理政工师。曾任二十九团一连政工干事、政治指导员。现任本公司监事会监事。

王东军，中国国籍，汉族，男，1971年2月出生，大专学历，中共党员，农业技术员。曾任本公司一区三场技术员兼出纳，现任本公司监事会监事。

三、其他主要高级管理人员

乔　军，中国国籍，汉族，男，1961年10月出生，中专学历，中共党员，农艺师。曾任三十团行办副主任、副团长。现任本公司副总经理。

王旭明，中国国籍，汉族，女，1955年3月出生，大专学历，中共党员，助理会计师。曾任农二师物资处财务科副科长、物资总公司综合科科长、供销总公司棉麻公司经理、总公司副总经理。现任本公司副总经理。

汤红喜，中国国籍，汉族，男，1947年5月出生，初中学历，中共党员，会计师。曾任农二师三十四团政研室副主任、科长、副团长、代团长、团长。现任本公司财务总监。

孟　琳，中国国籍，汉族，男，1961年8月出生，大学本科学历，中共党员。曾任农二师经协办主任科员，现任本公司董事会秘书。

吴忠华，中国国籍，汉族，男，1965年出生，大学本科学历，中共党员，副研究员。曾在农二师农科所从事库尔勒香梨育种和栽培技术研究，主持过库尔勒香梨育种、优质丰产栽培、香梨标准的制定等课题。现任本公司总园艺师。

四、公司主要核心技术人员

吴忠华　简历及主要科研成果已在"其他主要高级管理人员"部分介绍。

李　江，中国国籍，汉族，男，1959年5月出生，大专学历，党员，副主任药师，国家执业药师。曾承担农业部"马鹿产品综合开发利用"课题中"活性鹿茸的加工研制"、"马鹿血系列产品的研制"、"鹿胎保健品的研制"等项工作，目前主持利用"超低温粉碎技术"、"真空冷冻干燥技术"加工"冻干鹿血粉"、"冻干鹿茸粉"、"冻干鹿胎素"等研究工作。现任本公司技术高级顾问。

以上人员在招股说明书披露日至上市公告书刊登日期没有变动。

五、董事、监事、高级管理人员与核心技术人员的持股情况

本公司董事、监事、高级管理人员与核心技术人员及其家属没有持有本公司股票的情况。

第七节　同业竞争与关联交易

一、同业竞争情况

由于发起人之一二十八团未挂果的库尔勒香梨果园及相关的资产在本公司设立时不能产生经济效益，因此未投入本公司，但为了避免同业竞争，统一库尔勒香梨的经营管理，本公司与二十八团签订了《委托经营合同》，由本公司受托经营上述未挂果库尔勒香梨果园；经公司2000年度股东大会审议通过，公司公开发行股票募集资金后，将收购上述资产，收购资金约为2,165.26万元，本公司已与二十八团签订了相关的《资产转让协议》。

公司全体发起股东均承诺：发起人及其控股子公司保证不扩大同本公司相同的产品的生产，并且将不与本公司生产经营进行任何形式的竞争，并将不增加与本公司生产、经营相同或类似业务的投入，以避免对本公司的生产经营构成新的、可能的直接或间接的业务竞争。

二、关联交易及其协议

1、委托经营

本公司与股东二十八团签订了《委托经营管理合同》，由本公司受托经营管理二十八团未挂果的库尔勒香梨果园8,615.49亩。二十八团向本公司支付经营管理费，该项费用每年按评估机构确定的幼林果园扶育费标准支付，2002年、2001年、2000年分别支付经营管理费4,168,801.96元、4,589,183.80元、4,825,105.60元。发行人对未挂果林的经营行使除资产处置权以外的其他权利或权力。

2、综合服务

本公司与二十八团、二十九团、三十团签订了有效期为10年的《综合服务合同》。该合同执行的事项有：由二十八团、二十九团、三十团向本公司提供生产用电服务，三十团向本公司提供井灌用水服务。

3、资产转让

经公司2000年度股东大会审议通过，公司公开发行股票募集资金后，将收购发起人二十八团委托本公司经营的未挂果库尔勒香梨林及相关资产。上述收购所需资金约为2,165.26万元，本公司已与二十八团签订了相关的《资产转让协议》。

4、房屋租赁

本公司租赁发起人供销总公司的房屋作为办公用房，本公司据此与其签订了《房屋租赁合同》，合同约定：发行人向其租赁位于库尔勒市人民西路的房屋，共计984平方米，年租金178,840.00元。

5、银行贷款担保

截止2002年12月31日，本公司向中国农业银行巴音郭楞兵团支行借款余额7,000万元，其中，发起人股东三十团提供贷款担保3,000万元，二十九团提供贷款担保4,000万元，并分别与中国农业银行巴音郭楞兵团支行签订了《保证合同》。

三、有关关联交易合同的执行原则

公司在进行关联交易时均依据本公司章程中有关规定，遵循市场公正、公开、公平的原则，定价合理、公允；上述服务的费用计收有国家定价的按国家定价，无国家定价的按地方定价，无国家和地方定价的适用市场价格，如无市场价格则双方协商定价。

四、发行人律师、会计师和主承销商对公司关联交易情况发表的意见

发行人律师认为，未发现上述合同或协议所列之交易条件对交易之任何一方显失公平，亦未发现存在损害发行人及发行人中除关联方以外其他股东利益的内容。发行人已在其公司章程及股东大会和董事会议事规则中明确了关联交易公允决策程序。"

本次发行会计师认为，关联交易合同内容具体、定价公允、可操作性强，公司报告期内关联交易的披露和会计处理是正确的。

本次发行主承销商认为，发行人关联交易决策制度符合国家有关规定，关联交易程序科学严密，有关关联交易的定价按照公开、公平、公正的原则确定，决策程序合法有效，交易价格公允，不存在损害发行人及中小股东利益的情况。

第八节　财务会计资料

本公司截止2002年12月31日的财务会计资料，已于2003年5月21日在《中国证券报》、《上海证券报》和《证券时报》刊登的《招股说明书摘要》中进行了披露，投资者欲了解详细内容，请查阅上述报纸或刊载于上海证券交易所网站(http://www.sse.com.cn)的本公司招股说明书全文。

一、注册会计师意见

本公司已聘请天津五洲联合合伙会计师事务所对本公司2000年12月31日、2001年12月31日及2002年12月31日的资产负债表，2000年度、2001年度及2002年度的利润表及利润分配表，以及2002年的现金流量表进行了审计。会计师已出具了标准无保留意见的审计报告。

二、简要会计报表

简要资产负债表　　单位：元

项目	2002年12月31日	2001年12月31日	2000年12月31日

流动资产：			
货币资金	33,878,566.69	18,657,544.12	21,386,963.54
应收帐款	4,505,179.63	7,693,362.94	8,218,374.92
其他应收款	3,589,900.43	3,782,020.21	3,243,318.97
预付帐款	2,068,472.78	99,890.20	687,294.68
存货	38,297,812.29	16,621,351.61	19,196,542.86
待摊费用	34,280.86	8,225.02	16,210.04
流动资产合计	82,374,212.68	46,862,394.10	52,748,705.01
固定资产：	0		
固定资产原价	190,964,690.90	185,920,345.36	166,317,627.19
减：累计折旧	43,977,772.80	36,814,327.17	31,512,038.48
固定资产净值	146,986,918.10	149,106,018.19	134,805,588.71
固定资产净额	146,986,918.10	149,106,018.19	134,805,588.71
在建工程	7,639,211.09	4,880,937.23	1,190,805.48
固定资产合计	154,626,129.19	153,986,955.42	135,996,394.19
项目	2002年6月30日	2001年12月31日	2000年12月31日
长期待摊费用	8,959,888.31	6,037,721.90	1,909,190.94
无形资产及其他资产合计	8,959,888.31	6,037,721.90	1,909,190.94
资产总计	245,960,230.18	206,887,071.42	190,654,290.14
流动负债：	0		
短期借款	30,000,000.00	40,000,000.00	40,000,000.00
应付帐款	7,641,658.71	10,587,112.52	3,646,489.67
预收帐款	590,572.32	443,127.77	221,698.40
应付工资	4,763,157.88	2,281,109.58	6,244,921.32
应付福利费	3,418,375.03	3,689,719.87	3,132,093.95
应付股利	11,690,339.93	11,922,752.19	
应交税金	-175,561.06	231,595.00	139,932.96
其他应付款	10,033,929.82	11,862,510.57	8,324,383.42
预提费用	534,253.95	389,859.30	178,529.81
流动负债合计	56,806,386.65	81,175,374.54	73,810,801.72
长期负债：	0		
长期借款	40,000,000.00		
专项应付款	436,000.00		
长期负债合计	40,436,000.00		
负债合计	97,242,386.65	81,175,374.54	73,810,801.72
股东权益：	0		
股本	80,000,000.00	80,000,000.00	80,000,000.00
股本净额	80,000,000.00	80,000,000.00	80,000,000.00
资本公积	34,811,386.41	34,811,386.41	34,811,386.41
盈余公积	11,364,495.72	6,763,266.40	2,806,420.40
其中：法定公益金	5,682,247.86	3,381,633.20	1,403,210.20
未分配利润	22,541,961.40	4,137,044.07	-774,318.39
股东权益合计	148,717,843.53	125,711,696.88	116,843,488.42
负债及股东权益总计	245,960,230.18	206,887,071.42	190,654,290.14

简要利润表及利润分配表　　单位：元

项目	2002年度	2001年度	2000年度
一、主营业务收入	62,591,579.07	61,493,902.27	50,693,007.58
减：主营业务成本	37,591,916.16	26,200,027.25	22,099,515.57
主营业务税金及附加	2,124,104.02	2,089,693.09	1,975,276.40
二、主营业务利润	22,875,558.89	33,204,181.93	26,618,215.61
加：其他业务利润	17,124,466.41	1,596,539.68	872,495.12
减：营业费用	11,070,312.60	11,570,531.65	7,512,204.02
管理费用	4,917,049.68	4,028,183.18	4,501,421.94
财务费用	2,843,545.10	2,236,179.59	2,359,503.06
三、营业利润	21,169,117.92	16,965,827.19	13,117,581.71
加：投资收益	0		
补贴收入	2,123,456.14	3,937,044.07	1,000,000.00
营业外收入	560.00	44,218.70	6,488.00
减：营业外支出	286,987.41	388,541.57	91,967.70
四、利润总额	23,006,146.65	20,558,548.39	14,032,102.01
减：所得税	0		
五、净利润	23,006,146.65	20,558,548.39	14,032,102.01
加：年初未分配利润	4,137,044.07	-774,318.39	
减：已折股份的数额	0		
六、可供分配的利润	27,143,190.72	19,784,230.00	14,032,102.01
减：提取法定盈余公积	2,300,614.66	1,978,423.00	1,403,210.20
提取法定公益金	2,300,614.66	1,978,423.00	1,403,210.20
提取储备基金	0		
提取企业发展基金	0		
七、可供投资者分配的利润	22,541,961.40	15,827,384.00	11,225,681.61
减：应付优先股股利	0		
提取任意盈余公积	0		
应付普通股股利	0	11,690,339.93	12,000,000.00
转作股本的普通股股利	0		
八、期末未分配利润	22,541,961.40	4,137,044.07	-774,318.39

简要现金流量表　　单位：元

项目	2002年度	2001年度
一、经营活动产生的现金流量净额	13,212,281.49	31,882,122.06
二、投资活动产生的现金流量净额	-13,437,348.54	-20,533,859.70
三、筹资活动产生的现金流量净额	15,446,089.62	-14,077,681.78
四、汇率变动对现金影响额	0	
五、现金及现金等价物净增加额	15,221,022.57	-2,729,419.42

三、简要会计报表附注

有关本公司会计报表附注的详细内容，请查阅前述公开披露的招股说明书全文或招股说明书摘要。

四、主要财务指标

每股收益均根据当期期末总股本摊薄计算。

项目	2002年	2001年	2000年
1、流动比率	1.45	0.58	0.71
2、速动比率	0.77	0.37	0.45
3、存货周转率(次)	1.37	1.46	1.75
4、应收账款周转率(次)	9.50	7.25	7.54
5、资产负债率(%)	39.53	39.39	38.71
6、净资产收益率(%)	15.47	16.39	12.00
7、每股收益(元/股)	0.2876	0.2570	0.1754
8、每股净资产(元/股)	1.85	1.57	1.46
9、每股经营活动现金流量净额(元)	0.165	0.399	

2002年净资产收益率和每股收益

报告期利润	净资产收益率(%)(2002年) 全面摊薄	加权平均	每股收益(元) 全面摊薄	加权平均
主营业务利润	15.38	16.67	0.2859	0.2859
营业利润	14.23	15.43	0.2646	0.2646
净利润	15.47	16.77	0.2876	0.2876
扣除非经常性损益后的净利润	14.23	15.43	0.2646	0.2646

第九节　其他重要事项

一、自本公司股票首次公开发行之日至本公司上市公告书公告之日，本公司严格依照现行有关法律、法规的规定规范运行，生产经营情况正常，所处行业和市场无重大变化，主要业务发展目标进展正常，主要投入、产出供求及价格没有发生重大变化。

二、自本公司股票首次公开发行之日至本公司上市公告书公告之日，本公司没有进行重大对外投资行为，无重大资产(股权)收购、出售行为。

三、自本公司股票首次公开发行之日至本公司上市公告书公告之日，本公司住所未发生变更。

四、自本公司股票首次公开发行之日至本公司上市公告书公告之日，本公司董事、监事和高级管理人员没有尚未了结或可能发生的刑事诉讼事项；本公司未涉及任何重大诉讼事项或仲裁，亦无任何尚未了结或可能面临的重大诉讼或索赔要求。

五、自本公司股票首次公开发行之日至本公司上市公告书公告之日，本公司重大会计政策和会计师事务所未发生变动。

六、自本公司股票首次公开发行之日至本公司上市公告书公告之日，本公司未发生新的重大负债，并且重大债项未发生变化。

七、本公司股票首次公开发行和股票上市前后税负无变化；

八、根据《上海证券交易所股票上市规则》，本公司第一大股东二十九团已承诺：自本公司股票上市之日起12个月内，不转让其持有的本公司股份，也不由上市公司回购本公司股份。

九、公司2002年度股东大会通过2002年度利润分配方案：本公司2002年末实际可供分配的利润由公司公开发行股票后的新老股东共享，公司上市前暂不进行利润分配；2003年12月31日之前滚存利润由公司新老股东共同享有，2003年度公司至少分配利润一次，分配时间在2003年度结束后。

十、自本公司股票首次公开发行之日至本公司上市公告书公告之日，没有其他应披露而未披露之重大事项。

第十节　董事会上市承诺

本公司董事会承诺将严格遵守《中华人民共和国公司法》、《中华人民共和国证券法》、《股票发行与交易管理暂行条例》、《公开发行股票公司信息披露实施细则》和《上海证券交易所股票上市规则》等国家法律、法规和有关规定，并自股票上市之日起做到：

一、承诺真实、准确、完整、公允和及时地公布定期报告，披露所有对投资者有重大影响的信息，并接受中国证监会、证券交易所的监督管理；

二、承诺本公司在知悉可能对股票价格产生误导性影响的任何公共传播媒介中出现的消息后，将及时予以公开澄清；

三、本公司董事、监事、高级管理人员和核心技术人员将认真听取社会公众的意见和批评，不利用已获得的内幕消息和其他不正当手段直接或间接从事发行人股票的买卖活动；

四、本公司没有无记录的负债。

依据《上海证券交易所股票上市规则》，本公司全体董事、监事将按照有关规定，在本公司股票上市后两个月内签署《董事(监事)声明及承诺书》并送达上海证券交易所备案。

第十一节　上市推荐人及其意见

一、上市推荐人情况

1、上市推荐人：新疆证券有限责任公司

法定代表人：高虎

注册地址：新疆乌鲁木齐市解放北路1号

联系电话：0991-2308663

传　　真：0991-2301111-8028

联 系 人：刘军保、李庆文、周洪刚、徐振江

2、上市推荐人：光大证券有限责任公司

法定代表人：王明权

注册地址：上海市浦东新区浦东南路528号

联系电话：0991-2335526　　　传真：0991-2335580

联 系 人：张勇

二、上市推荐人意见

本公司上市推荐人认为本公司具备了《中华人民共和国公司法》、《中华人民共和国证券法》、《股票发行与交易管理暂行条例》、《公开发行股票公司信息披露实施细则》和《上海证券交易所股票上市规则》等有关法律、法规所规定的上市条件。

本公司上市推荐人保证本公司的董事了解法律、法规、上海证券交易所上市规则及股票上市协议规定的董事的义务与责任；本公司建立健全了法人治理结构，制定了严格的信息披露制度与保密制度。

本公司上市推荐人已对上市文件所载的资料进行了核实，确保上市文件真实、准确、完整，符合规定要求。保证本公司的上市申请材料、上市公告书没有虚假记载、误导性陈述或者重大遗漏，并保证对其承担相应的法律责任。本公司上市推荐人与本公司不存在关联关系，并保证不利用在上市过程中获得的内幕信息进行内幕交易，为自己或他人谋取利益。

本公司上市推荐人愿意推荐本公司股票在上海证券交易所上市交易。

新疆冠农果茸股份有限公司

二〇〇三年六月二日

北京城建投资发展股份有限公司

北京城建投资发展股份有限公司2002年年度报告

一、公司基本情况简介

一、公司名称
中文名称:北京城建投资发展股份有限公司
英文名称:BEIJING URBAN CONSTRUCTION INVESTMENT & DEVELOPMENT CO.,LTD
英文缩写:BUCID
二、公司法定代表人:刘龙华
三、公司董事会秘书:杨运成
联系地址:北京市朝阳区北土城西路11号城建开发大厦
联系电话:(010)62035969转608 (010)62260806
传 真:(010)62035933
电子信箱:yyc@bucid.com
公司证券事务代表:李威
联系地址:北京市朝阳区北土城西路11号城建开发大厦
联系电话:(010)62035969转628 (010)62035963
传 真:(010)62035933
电子信箱:liwei@bucid.com
四、公司注册地址:北京市海淀区学院南路62号
公司办公地址:北京市朝阳区北土城西路11号城建开发大厦
邮政编码:100029
公司国际互联网网址:www.bucid.com
电子信箱:tz@bucid.com
五、信息披露报纸名称:《中国证券报》、《上海证券报》
登载公司年度报告的中国证监会指定国际互连网网址:
http://www.sse.com.cn
公司年度报告备置地点:
北京市朝阳区北土城西路11号城建开发大厦
北京城建投资发展股份有限公司董事会秘书部
六、公司股票上市交易所:上海证券交易所
股票简称:北京城建
股票代码:600266
七、其他有关资料:
公司首次注册登记日期:1998年12月30日
公司首次注册登记地点:北京市工商行政管理局
公司变更注册登记日期:2001年6月15日
公司变更注册登记地点:北京市工商行政管理局
公司的企业法人营业执照注册号:1100001520059
公司的税务登记号码:地税京字110108633715698000号
公司聘请的会计师事务所名称:北京京都会计师事务所有限责任公司
办公地址:北京市朝阳区建国门外大街22号赛特广场五层

二、会计数据和业务数据摘要

一、公司本年度实现　　单位:人民币元

利润总额	109,740,739.61
净利润	159,850,449.09
扣除非经常性损益后的净利润	141,126,962.77
主营业务利润	260,606,714.95
其他业务利润	15,788,649.97
营业利润	53,499,408.48
投资收益	47,535,583.04
营业外收支净额	8,705,748.09
经营活动产生的现金流量净额	-170,238,372.82
现金及现金等价物净增加额	337,022,475.35
注:"扣除非经常性损益"涉及项目:	金额
减项:营业外收支净额	8,705,748.09
处置投资收益	7,739,179.48
资金使用费	2,278,558.75
合 计	18,723,486.32

二、截止报告期末公司前三年主要会计数据和财务指标
单位:人民币元

项 目	2002年	2001年
主营业务收入	1,681,000,759.22	1,064,117,392.99
净利润	159,850,449.09	142,976,587.19
总资产	8,415,877,503.36	4,744,098,498.99
股东权益(不含少数股东权益)	1,592,006,601.22	1,515,838,754.63
每股收益(摊薄)	0.2664	0.2383
每股净资产	2.6533	2.5264
调整后的每股净资产	2.6034	2.5186
每股经营活动产生的现金流量净额	-0.2837	0.3822
净资产收益率	10.04%	9.43%

项 目	2000年
主营业务收入	7,208,431,645.37
净利润	147,042,689.54
总资产	6,739,126,945.67
股东权益(不含少数股东权益)	1,439,706,595.93
每股收益(摊薄)	0.3676
每股净资产	3.5993
调整后的每股净资产	3.5253
每股经营活动产生的现金流量净额	-0.5165
净资产收益率	10.21%

三、根据中国证监会发布的《公开发行证券公司信息披露编报规则(第9号)》通知精神,公司2002年按全面摊薄法和加权平均法计算的净资产收益率及每股收益。

	净资产收益率(%)	
报告期利润	全面摊薄	加权平均
主营业务利润	16.37%	16.33%
营业利润	3.36%	3.35%
净利润	10.04%	10.02%
扣除非经常性损益后的净利润	8.86%	8.84%

	每股收益(元)	
报告期利润	全面摊薄	加权平均
主营业务利润	0.4343	0.4343
营业利润	0.0892	0.0892
净利润	0.2664	0.2664
扣除非经常性损益后的净利润	0.2352	0.2352

三、股本变动及股东情况

一、报告期内股东情况介绍
(一)截止2002年12月31日,公司股东总数91978户。
(二)截止2002年12月31日,公司前十名股东持股情况

股东名称	持股数量(万股)	占总股本(%)
北京城建集团有限责任公司	45,000.00	75.00
金鑫基金	245.59	0.41
普丰基金	201.00	0.34
同德基金	80.77	0.13
安联投资	79.54	0.13
中财担保	75.85	0.13
安顺基金	73.27	0.13
同盛基金	69.19	0.12
华安上指	58.69	0.10
久嘉基金	43.37	0.07

说明:前十名股东中,第一大股东北京城建集团有限责任公司(以下简称"集团公司")与其他流通股东不存在关联关系,也不属于《上市公司股东持股变动信息披露管理办法》中规定的一致行动人;同德基金、同盛基金同属长盛基金管理公司,未知其是否属于一致行动人;其他股东关系未知。

(三)公司控股股东情况

集团公司是公司控股股东。报告期内其所持股份未发生变动,也未发生质押、冻结等情况。

集团公司成立于1993年11月08日,注册资本30,210万元人民币,法定代表人是刘龙华先生。主要经营范围:授权进行国有资产经营管理,承担各类型工业、能源、交通、民用、市政工程建设项目总承包,房地产开发、商品房销售,机械施工,设备安装;商品混凝土、钢木制品、建筑机械、设备制造及销售,建筑机械设备及车辆租赁,仓储、运输服务,购销金属材料、建筑材料、化工轻工材料、机械电器设备、木材,零售汽车(不含小轿车),饮食服务;物业管理。股权结构为国有独资。

报告期内公司控股股东未发生变更。

四、董事、监事、高级管理人员和员工情况

一、董事、监事及高级管理人员情况
(一)基本情况
1.董事基本情况

姓名	性别	年龄	职务	任期起止日期	年初持股数量	年末持股数量
刘龙华	男	51	董事长	2002.6-2005.6	0	0
郁志桐	男	59	副董事长	2002.6-2005.6	0	0
王亚忠	男	51	董事	2002.6-2005.6	0	0
王立平	女	44	董事	2002.6-2005.6	0	0
卢桂菊	女	37	董事	2002.6-2005.6	0	0
林庆乐	男	43	董事	2002.6-2005.6	0	0
赵广义	男	49	董事、总经理	2002.6-2005.6	0	0
严复民	男	58	董事、副总经理	2002.6-2005.6	0	0
柴 强	男	41	独立董事	2002.6-2005.6	0	0
徐经长	男	37	独立董事	2002.6-2005.6	0	0
陈 行	男	35	独立董事	2002.12-2005.6	0	0

2.监事基本情况

姓名	性别	年龄	职务	任职起止日期	年初持股数量
崔正涛	男	58	监事长	2002.6-2005.6	0
付士明	男	58	监事、工会主席	2002.6-2005.6	0
张修尧	男	50	监事	2002.6-2005.6	0
汤舒畅	男	42	监事	2002.6-2005.6	0
肖红卫	男	36	监事	2002.6-2005.6	0

姓名	年末持股数量	在股东单位任职
崔正涛	0	无
付士明	0	无
张修尧	0	集团公司计划财务部部长
汤舒畅	0	集团公司资本运营部部长

肖红卫	0	无

公司董事、监事在集团公司所任职务的任期均为长期。

3、高级管理人员基本情况

姓名	性别	年龄	职务	任职起止日期	年初持股数量
李 文	男	48	副总经理	2002.6-2005.6	0
杨运成	男	47	董事会秘书副总经理	2002.6-2005.6	0
高登广	男	56	副总经理	2002.6-2005.6	0
周维顺	男	48	总会计师	2002.6-2005.6	0

姓名	年末持股数量	在股东单位任职
李 文	0	无
杨运成	0	无
高登广	0	无
周维顺	0	无

(二)年度报酬情况

公司董事、监事及高级管理人员中有8人在公司领取报酬,其中2名执行董事,3名监事按照在公司担任的职务领取报酬。报酬由基本岗薪和效益岗薪组成,基本岗薪(月薪)根据所担任的职务按月支付,效益岗薪由公司董事会按承包责任目标考核后确定。

报告期内,8名在公司领取报酬的董事、监事及高级管理人员的报酬总额为144.57万元,其中:二名执行董事的报酬总额为46.60万元,金额最高的三名高级管理人员的报酬总额为48.05万元。

独立董事津贴标准为每人每年4.80万元,报告期内独立董事按照任职时间领取津贴2.4万元。

报告期内公司董事、监事及高级管理人员年度报酬数额区间为:10万元—20万元的有5人,20万元以上的有3人。

不在公司领取报酬的董事、监事有:刘龙华、郁志桐、王亚忠、王立平、卢桂菊、林庆乐、张修尧、汤舒畅,均在控股股东集团公司领取报酬。

(三)报告期内董事、监事及高级管理人员离任、聘任情况

报告期内,因公司董事会、监事会换届,佟永贵、马于明、崔玉春、王秉云不再担任公司董事,孙树林不再担任公司监事。

报告期内,根据公司二届一次董事会决议,聘任赵广义为公司总经理;聘任严复民、李文、杨运成、高登广为公司副总经理;聘任周维顺为公司总会计师;聘任杨运成为公司董事会秘书。

二、公司员工情况

截止2002年12月31日,公司在职员工600人,退休职工51人。

(一)按教育程度分类

	硕士以上	大学本科	大学专科	中专	高中以下
人数	29	239	209	74	49
比重%	4.84	39.83	34.83	12.33	8.17

(二)按专业构成分类

	工程技术人员	经营管理人员	财务金融人员	政工人员	其他专业技术人员
人数	217	177	86	28	84
比重%	36.66	29.89	14.53	4.73	14.19

五、公司治理结构

一、公司治理结构状况

报告期内公司以贯彻《上市公司治理准则》和开展建立现代企业制度自查为契机,进一步完善公司治理。对照《上市公司治理准则》,认真开展自查,经2001年年度股东大会审议通过,公司修订了章程,并依照新章程修订了股东大会、董事会、监事会和总经理工作细则及投资管理办法、资金管理办法等内控制度;建立起累积投票制度和独立董事制度,聘任了3名独立董事,为保护中小股东权益提供了制度保障;完善了股东大会对董事会,董事会对董事长、总经理的授权制度,有利于提高决策效率;明确董事会设立战略发展与投资决策、提名、薪酬与考核、审计四个专门委员会,其中审计、提名、薪酬与考核委员会中独立董事占多数并担任召集人;明确建立公正透明的董事绩效评价标准和程序。

报告期内,因公司一届三十三次董事会通过的拟聘任独立董事徐静在召开股东大会前工作发生变动,不能再担任独立董事,独立董事陈行在年底聘任,公司未能建立起四个专门委员会。2003年1月24日公司二届六次董事会会议审议通过了四个专门委员会的实施细则,明确了各专门委员会的人员组成和职责。对照《上市公司治理准则》,公司还将建立和完善董、监事和经理人员的绩效评价和薪酬制度,以完善公司的激励和约束机制。

二、独立董事履行职责情况

报告期内,公司三名独立董事能够遵守法律法规和公司章程规定,认真履行职责,阅读公司的各项商务、财务报告,参加公司组织的项目调研,了解公司的经营状况,除特殊情况,能够按时出席公司的董事会、股东大会,对提交的议案发表独立意见,并行使表决权。

三、公司与控股股东集团公司在业务、人员、资产、机构、财务等方面的分开情况

1、在业务方面:公司与集团公司在业务方面分开,公司具有独立完整的业务及自主经营能力。

2、在人员方面:公司高级管理人员未在集团公司担任任何职务,公司拥有独立的员工队伍,与集团公司完全分离,自成体系。

3、在资产方面:公司与集团公司产权关系明确,拥有独立的生产系统、销售系统和配套设施。

4、在机构方面:公司建立了股东大会、董事会、监事会、经理层等组织机构,并独立运作。制定了股东大会议事规则、董事会议事规则、监事会议事规则和总经理工作细则等基本管理制度,公司拥有独立完整的组织机构,与集团公司完全分开。

5、在财务方面:公司设立独立的财务会计部门,建立独立的会计核算体系和财务管理制度,独立进行财务决策,公司拥有独立的银行帐户,依法独立纳税,与集团公司的财务完全分开。

四、报告期内对高级管理人员的考评及激励机制、相关奖励制度的建立、实施情况

公司对高级管理人员实行年度经营责任目标考核制度。考核目标设置分为三类。一是基本责任目标,包括经营收入、实现利润、房屋销售面积、资本保值增值、资产负债率等;二是廉政建设和精神文明建设目标;三是企业管理目标,包括劳动管理、安全管理等。年度经营责任目标以年度经营计划形式确定,年终根据经营责任目标实际完成情况对高管人员业绩进行考核、评价。董事会审定考评结果,确定高管人员的风险收入,即效益岗薪。

六、股东大会情况简介

一、公司股东大会的通知、召集、召开、决议及信息披露情况

报告期内公司共召开三次股东大会,其中年度股东大会一次,临时股东大会两次,具体情况如下:

(一)2002年第一次临时股东大会

2001年12月12日公司董事会在《中国证券报》、《上海证券报》发布公告,于2002年1月15日在公司九楼会议室召开2002年第一次临时股东大会。会议如期召开,经认真审议,与会有表决权的股东全票通过了以下议案:《关于北京城建东华房地产开发有限责任公司与康实投资有限公司合作建设东直门综合交通枢纽暨东华广场商务区项目的议案》、《关于修改公司章程的议案》、《北京城建投资发展股份有限公司股东大会议事规则》、《关于修订<北京城建投资发展股份有限公司投资管理暂行办法>的议案》、《关于续聘北京京都会计师事务所有限责任公司为公司审计机构的议案》。

此次股东大会决议刊登在2002年1月16日《中国证券报》、《上海证券报》上。

(二)2001年年度股东大会

2002年5月30日公司董事会在《中国证券报》、《上海证券报》发布公告,于2002年6月30日在公司九楼会议室召开2001年年度股东大会。会议如期召开,经认真审议,与会有表决权的股东全票通过了以下议案:《2001年董事会工作报告》、《2001年监事会工作报告》、《2001年财务决算报告》、《2001年利润分配预案》、《2002年财务预算报告》、《关于聘任公司独立董事的议案》、《关于公司董事会换届的议案》、《关于公司监事会换届的议案》、《关于修改公司章程的议案》。

此次股东大会决议刊登在2002年7月2日《中国证券报》、《上海证券报》上。

(三)2002年第二次临时股东大会

2002年11月28日公司董事会在《中国证券报》、《上海证券报》发布公告,于2002年12月28日在公司九楼会议室召开2002年第二次临时股东大会。会议如期召开,经认真审议,与会有表决权的股东全票通过了以下议案:《关于续聘北京京都会计师事务所有限责任公司为2002年公司审计机构的议案》、《关于聘任陈行为公司独立董事的议案》。

此次股东大会决议刊登在2002年12月31日《中国证券报》、《上海证券报》上。

二、公司董事、监事选举更换情况

公司董事会、监事会于报告期内换届。经2002年6月30日公司2001年度股东大会审议通过,选举刘龙华、郁志桐、王亚忠、王立平、卢桂菊、林庆乐、赵广义、严复民、柴强、徐经长为公司第二届董事会董事,其中柴强、徐经长为公司独立董事;选举崔正涛、张修尧、汤舒畅为公司第二届监事会监事。2002年6月17日公司职工大会选举付士明、肖红卫为公司职工监事。

经2002年6月30日公司第二届董事会第一次会议审议通过,选举刘龙华为公司第二届董事会董事长,郁志桐为副董事长。同日,经公司第二届监事会第一次会议审议通过,选举崔正涛为公司第二届监事会监事长。

经2002年12月28日公司2002年第二次临时股东大会审议通过,选举陈行为公司第二届董事会独立董事。

七、董事会报告

一、管理层讨论与分析

2002年公司董事会在认真分析资产置换、主业转型后所面临的市场环境和自身优劣势的基础上,以资源整合为主线,调整项目结构和企业结构,主业布局呈现集团化、规模化的显著特征。

资产置换后,公司及控股子公司拥有较多的房地产项目和充沛的土地储备,在同行业具有一定资源优势。为了实现公司持续、快速、健康发展,公司对在手项目进行排查分类,通过收购北京城和房地产开发有限责任公司(以下简称"城和公司")和北京汇和房地产开发有限公司(以下简称"汇和公司")股权,收购并转让北京盛弘基房地产开发有限责任公司(以下简称"盛弘基公司")股权,转让西三旗西二里项目,出资取得北苑南区土地开发权,整合了项目资源,明确了投资重点,针对不同项目特点采取不同的开发策略,加快了北苑家园、花市枣苑、富海中心等一批优质项目的开发速度,盘活了存量资产,实现了资源向主业和优质房地产项目的集中,扩张了主业规模,公司主业布局更加合理。报告期内,公司房地产开发主业开复工面积215.30万平方米,其中:新开103.50万平方米。公司在管理上紧紧抓住发展主业、推进开发项目这个中心任务,完善母公司体制,采取行之有效的管理方法、管理手段,管理效率明显提高,公司的整体运作优势得到充分发挥。

报告期内,公司完成收购北京城建房地产开发有限公司(以下简称"开发公司")和城和公司股权工作,并将两个公司纳入会计报表合并范围,使公司资产规模、主营业务收入、主营业务利润有较大幅度增加。

因东直门综合交通枢纽暨东华广场商务区项目(以下简称"东华广场项目")合作方香港康实投资有限公司(以下简称"康实公司")未能按合同约定向北京城建东华房地产开发有限责任公司(以下简称"东华公司")支付补偿费用的首期付款7亿元,影响了报告期公司计划主营业务收入和净利润的实现。东华广场项目是一个位置优越、开发条件成熟的项目,报告期内规划方案经国际招标、多轮优化后,建设总规模由原来的62.7万平方米增加到79.08万平方米,增加了预期收益,东华广场项目规划为交通功能完备的交通枢纽和集商住公寓、写字楼、酒店、商城、会展及配套于一体的国际商务区。根据市场形势变化,东华公司将积极推进该项目,扩大合作,加快项目开发建设。

二、公司报告期内的经营情况

(一) 主营业务的范围及其经营状况

公司所属行业为房地产业,主要经营业务范围包括:房地产开发、销售商品房;投资及投资管理;销售金属材料、木材、建筑材料、机械电器设备;信息咨询(不含中介服务);环保技术材料、技术服务等。

公司主营业务收入为北京地区房地产项目的销售收入。2002年因收购控股开发公司、城和公司,主营业务收入和主营业务利润同比有较大幅度增加。公司实现主营业务收入168,100.07万元,同比增长57.97%。其中:商品房销售收入159,148.35万元,占主营业务收入的94.67%;项目转让收入8,951.72万元,占主营业务收入的5.33%。主营业务成本132,793.90万元,同比增长55.78%。主营业务利润26,060.67万元,同比增长68.45%。销售毛利率为15.50%,同比增长6.60%。

(二)主要控股公司的经营情况及业绩

单位名称	业务性质	注册资本(万元)
北京城建兴华地产有限公司(以下简称"兴华公司")	房地产开发、商品房销售	20,000
东华公司	房地产开发、商品房销售	5,000
开发公司	房地产开发、商品房销售	15,000
城和公司	房地产开发、商品房销售	3,000

单位名称	总资产(万元)	净利润(万元)
北京城建兴华地产有限公司(以下简称"兴华公司")	211,623.92	5,935.69
东华公司	78,326.94	229.37
开发公司	320,529.32	1,734.79
城和公司	75,105.17	1,163.80

(三)主要供应商、客户情况

报告期公司前五名供应商为北京城建二建设工程有限公司、北京城建五建设工程有限公司、北京城建一建设工程有限公司、北京城建亚泰建设工程有限公司、北京城建新业工程有限责任公司,主要向公司及控股子公司提供建筑施工类劳务,报告期内交易金额为38,593.04万元,占年度交易金额的75.60%。报告期内公司向前五名客户销售额为9,176.72万元,占公司销售总额的5.46%。

(四)在经营中出现的问题及解决方案

2002年公司主业保持一定规模,开复工面积同比有较大幅度增加,其中新开面积较大,北苑家园六区、二区,富海中心项目全面开工建设,因受建设周期限制,加上东华广场项目合同未能履行,给公司报告期的均衡生产及利润实现带来一定影响。2003年,公司将抓住房地产市场发展机遇,扩大合作,走强强联合、优势互补之路,进一步整合内外部人才、资金、品牌资源,加快项目运作速度,

快速将一批品牌项目推向市场，加大商品房销售力度，回笼资金，提高盈利能力。

（五）报告期实际经营成果与计划比较

公司在2001年年报新年度经营计划中曾披露2002年计划实现主营业务收入22.61亿元。2002年度公司实际实现主营业务收入16.81亿元，与计划相比降低了25.65%，主要原因是东华广场项目合作合同未能履行，使东华公司5.5亿元主营业务收入计划未能实现。

三、报告期内的投资情况

（一）公司在报告期内没有募集资金，前次募集资金延续到本期实际支付的金额为232.87万元。

（二）报告期非募集资金投资的重大项目进度及收益情况

1、北苑家园小区。预计总投资额360,000万元，2002年完成投资44,450万元，累计完成投资219,640万元；项目占地面积103.78万平方米，规划建筑面积225万平方米，在施面积51.69万平方米，已竣工面积80.45万平方米；累计销售面积57.9万平方米。2002年项目收益5,935.69万元。

2、花市枣苑小区。预计总投资额200,000万元，2002年完成投资29,827万元，累计完成投资90,000万元；项目占地面积8.2万平方米，规划建筑面积36.04万平方米，在施面积7.22万平方米，已竣工面积11.05万平方米；累计销售面积7万平方米。2002年项目收益1,163.80万元。

3、富海中心项目。预计总投资额97,301万元，2002年完成投资12,316万元，累计完成投资33,895万元；项目占地面积3.18万平方米，规划建筑面积15.89万平方米，已全面开工建设。

4、东华广场项目。预计总投资额550,000万元，2002年完成投资2,783万元，累计完成投资71,124万元；项目占地面积15.44万平方米（含代征用地5.64万平方米），规划建筑面积79.08万平方米，在施面积1.23万平方米。

5、世纪城市项目。预计总投资额400,000万元，2002年完成投资130.7万元，累计完成投资32,684万元；项目占地面积7.77万平方米，规划建筑面积约40万平方米，处于开发前期阶段。

四、报告期内的财务状况、经营成果发生的重大变化及其原因

单位：人民币万元

项目	2002年度	2001年度	增减（%）
总资产	841,587.75	474,409.85	77.40%
长期负债	113,926.00	50,200.00	126.94%
股东权益	159,200.66	151,583.88	5.02%
主营业务利润	26,060.67	15,471.31	68.45%
净利润	15,985.04	14,297.66	11.80%
现金及现金等价物净增加额	33,702.25	-32,987.58	202.17%

报告期公司总资产、长期负债、主营业务利润、现金及现金等价物净增加额较去年同期有较大幅度增长，是由于本期将开发公司、城和公司纳入会计报表合并范围所致。

五、宏观政策发生重大变化对公司的影响

根据北京市财政局京财工发（1998）166号文"关于'北京城建集团'上市企业上缴所得税先征后返的函"，公司在企业所得税方面享受的优惠政策为：先按33%缴纳企业所得税，后由财政返还18%。根据上述优惠政策，公司2002年上半年清缴所得税款1.9亿元，收到所得税返还款1.18亿元。按照国家有关政策规定，从2002年1月1日起，上市公司不再享受上述所得税优惠政策，公司所得税率为33%，对公司今后的净利润将产生一定影响。公司将从扩大主业开发规模、控制成本、提高效益；拓展主业业务领域和地域；优化产业布局等方面着手，增加公司利润总额和净利润。

八、监事会报告

一、报告期内监事会的工作情况

2002年监事会按照法律法规和《公司章程》所赋予的职权，认真开展工作。报告期内，监事会共召开四次会议，并列席了全年董事会会议。

1、2002年3月27日公司召开了第一届监事会第九次会议。会议应到监事5名，实到监事4名，与会监事全体审议通过了《公司2001年年报及年报摘要》、《2001年监事会工作报告》，并对公司2001年工作发表了意见。会议决议公告刊登在2002年3月30日《中国证券报》、《上海证券报》上。

2、2002年5月30日公司召开了第一届监事会第十次会议。会议应到监事5名，实到监事5名，与会监事全体审议通过了《公司监事会换届的议案》。会议决议公告刊登在2002年5月31日《中国证券报》、《上海证券报》上。

3、2002年6月30日公司召开了第二届监事会第一次会议。会议应到监事5名，实到监事4名，与会监事全体选举通过崔正涛为公司监事长。会议决议公告刊登在2002年7月2日《中国证券报》、《上海证券报》上。

4、2002年8月13日公司召开了第二届监事会第二次会议。会议应到监事5名，实到监事5名，与会监事全体审议通过了《公司2002年半年度报告及其摘要》、《公司监事会议事规则（修订）》。会议决议公告刊登在2002年8月15日《中国证券报》、《上海证券报》上。

二、监事会对公司2002年度工作的意见

1、2002年公司按照《公司法》、《证券法》及其他有关法律法规和公司章程的要求，依法经营，规范运作，决策程序合法。公司董事、经理能认真履行法律、法规及公司章程赋予的职权，执行公务时未发现有违反法律、法规、公司章程或损害公司利益的行为。

2、监事会认真检查了2002年公司的财务情况，认为北京京都会计师事务所有限责任公司出具的无保留意见审计报告符合公司实际，真实地反映了公司的财务状况和经营成果。

3、公司1998年上市募集资金，实际投入项目根据1999年度第二次临时股东大会决议发生变更，变更的程序、手续合法。

4、报告期内，公司收购、出售资产交易价格合理，没有发生内幕交易，没有损害其他股东的权益或造成公司资产流失。

5、报告期内，公司发生的关联交易是公平的，没有损害公司及非关联股东利益的行为。

九、重要事项

一、重大诉讼、仲裁事项

本年度公司无重大诉讼、仲裁事项。

二、公司收购、出售资产情况

2002年公司通过收购、出售资产，扩大了资产规模，增加了项目储备，盘活了项目，促进了主业的发展，已经并必将对报告期公司的经营成果和未来发展产生积极的影响。

1、公司出资5,025万元收购了城和公司67%的股权，并于2002年8月20日签订了股权转让协议书。（详见2002年10月28日《中国证券报》和《上海证券报》）目前已完成工商变更，股权转让款已全部付清，报告期内已纳入公司会计报表合并范围。

2、2002年9月10日公司与北京强佑房地产开发公司（以下简称"强佑公司"）签订了《合作收购盛弘基公司股权协议书》（详见2002年10月28日《中国证券报》和《上海证券报》）。2002年12月18日公司又与强佑公司、北京国顺房地产开发有限责任公司（以下简称"国顺公司"）签订了《盛弘基公司股权转让协议书》，转让公司持有盛弘基公司的80%的股权，转让价款为1.46亿元（含公司代盛弘基公司支付给开发公司的1.1亿元的项目前期费用）。截止报告期末，公司收到强佑公司支付的转让款4,680万元，公司已将持有的31.4%的股权过户到强佑公司名下，公司还持有盛弘基公司48.6%的股权，待强佑公司支付剩余款项之后，分别变更到强佑公司及国顺公司名下（其中强佑公司受让3.6%的股权，国顺公司受让45%的股权）。

3、2002年11月15日公司与丁丽萍签订了《北京汇和房地产开发有限公司股权转让协议》，公司出资2,900万元收购了自然人股东丁丽萍持有的汇和公司80%的股权（详见2002年11月22日《中国证券报》和《上海证券报》）。公司已经支付股权转让款750万元，剩余款项待该公司完成项目规划设计方案的申报并取得首规委对项目规划设计方案的批复后支付。

4、公司控股子公司兴华公司投资17,500万元收购德胜新城M地块综合楼项目。目前兴华公司已支付10,950万元，项目已取得立项批复和规划意见书，处于方案设计阶段。

5、公司控股子公司兴华公司投资7,868.48万元收购海淀综合楼东配楼项目。目前兴华公司已支付4,000万元，项目结构已封顶，正进行内、外装修。

6、公司控股子公司兴华公司与北京市朝阳区建设委员会开发管理办公室签订了《北苑南区城市铁路拆迁用地建设协议书》，兴华公司以17,500万元获得北苑南区土地开发权和收益权。（详见2002年10月28日《中国证券报》和《上海证券报》）。目前兴华公司已支付协议价款8,900万元，正在办理立项手续。

7、2002年3月6日，公司与北京新奥广厦房地产开发有限公司签订了北京海淀区西三旗西二里住宅小区房地产项目转让合同，将西三旗西二里项目转让给北京新奥广厦房地产开发有限公司，转让总价为10,420万元，截止报告期末公司已按合同约定收到转让款4,500万元。

三、重大关联交易事项

1、担保

报告期内，集团公司累计为公司127,400万元银行借款提供担保，为开发公司46,000万元银行借款提供担保；公司累计为控股子公司兴华公司、东华公司、开发公司、城和公司78,900万元银行借款提供连带责任担保；开发公司为城和公司6,800万元银行借款提供担保；兴华公司为北京德胜投资有限公司17,850万元银行借款提供担保。

2、提供资金

2002年度，开发公司使用集团公司资金，年平均额为59,285万元，计付资金使用费2,251.12万元；兴华公司使用集团公司工会资金1,200万元，使用期限为2002年10月1日至2004年9月30日，计付资金使用费84万元。公司向重庆燕城房地产公司提供资金2,100万元，计收资金占用费164.53万元。

3、抵偿债务

开发公司用城建开发大厦7,604.63平方米房屋，抵偿欠付集团公司款项，按单位开发成本计价4,979.03万元。

4、提供劳务

集团公司的子公司与公司及公司的控股子公司签订施工合同在报告期的交易金额为51,051.52万元。该劳务为建筑施工类劳务，系根据国家及北京市工程招标的有关规定严格按照招标程序，通过招标方式确定所开发项目的施工单位的，交易价格公允合理。

十、财务报告

审 计 报 告

北京京都审字（2003）第0356号

北京城建投资发展股份有限公司全体股东：

我们接受委托，审计了北京城建投资发展股份有限公司（以下简称 贵公司）二〇〇二年十二月三十一日公司及合并资产负债表、二〇〇二年度公司及合并利润表及利润分配表、二〇〇二年度公司及合并现金流量表。这些会计报表由贵公司负责，我们的责任是对这些会计报表发表审计意见。我们的审计是根据《中国注册会计师独立审计准则》进行的。在审计过程中，我们结合 贵公司实际情况，实施了包括抽查会计记录等我们认为必要的审计程序。

我们认为，上述会计报表的编制符合《企业会计准则》和《企业会计制度》的有关规定，在所有重大方面公允地反映了 贵公司二〇〇二年十二月三十一日的财务状况及二〇〇二年度的经营成果和现金流量情况，会计处理方法的选用遵循了一贯性原则。

北京京都会计师事务所有限责任公司　　中国注册会计师 童登书

北京建外大街22号赛特广场五层　　中国注册会计师 杨 悦

二〇〇三年三月二十日

资产负债表

编制单位：北京城建投资发展股份有限公司　　单位：人民币元

2002年12月31日

项 目	附注	合并
流动资产：		
货币资金	五.1	677,841,212.64
短期投资	五.2	16,154,003.71
应收票据		
应收股利		117,859.07
应收利息		
应收账款	五.3	7,799,450.17
其他应收款	五.4	830,640,824.62
预付账款	五.5	287,234,862.25
应收补贴款		
存货	五.6	5,440,665,915.66
待摊费用	五.7	71,176,541.83
一年内到期的长期债权投资		
其他流动资产		
流动资产合计		7,331,630,669.95
长期投资：		
长期股权投资	五.8	906,387,006.57
长期债权投资		
长期投资合计		906,387,006.57
固定资产：		
固定资产原价	五.9	193,552,351.57
减：累计折旧	五.9	15,692,524.73
固定资产净值		177,859,826.84
减：固定资产减值准备		
固定资产净额		177,859,826.84
工程物资		
在建工程		
固定资产清理		
固定资产合计		177,859,826.84
无形资产及其他资产：		
无形资产		
长期待摊费用		
其他长期资产		
无形资产及其他资产合计		
递延税项：		
递延税款借项		
资产总计		8,415,877,503.36

资产负债表(续)　2002年12月31日

项　目	附注	合并
流动负债:		
短期借款	五.10	1,881,000,000.00
应付票据		
应付账款	五.11	855,431,337.02
预收账款	五.12	1,402,081,795.59
应付工资	五.13	35,177,831.41
应付福利费		8,454,802.87
应付股利	五.14	90,033,600.00
应交税金	五.15	185,578,599.52
其他应交款	五.16	4,622,688.94
其他应付款	五.17	652,767,009.17
预提费用	五.18	150,152,382.84
预计负债		
一年内到期的长期负债	五.19	265,000,000.00
其他流动负债		
流动负债合计		5,530,300,047.36
长期负债:		
长期借款	五.20	790,000,000.00
应付债券		
长期应付款	五.21	349,260,000.00
专项应付款		
其他长期负债		
长期负债合计		1,139,260,000.00
递延税项:		
递延税款贷项		
负债合计		6,669,560,047.36
少数股东权益		154,310,854.78
股东权益:		
股　本	五.22	600,000,000.00
资本公积	五.23	683,666,093.60
盈余公积	五.24	126,701,339.69
其中:法定公益金		42,233,779.91
未分配利润	五.25	181,639,176.92
未确认的投资损失		
外币报表折算差额		
股东权益合计		1,592,006,601.22
负债和股东权益总计		8,415,877,503.36

公司负责人:刘龙华　主管会计工作负责人:周维顺　会计机构负责人:周维顺

利润表

编制单位:北京城建投资发展股份有限公司　单位:人民币元

2002年度

项　目	附注	合并
一、主营业务收入	五.26	1,681,000,759.22
减:主营业务成本	五.27	1,327,939,002.52
主营业务税金及附加	五.28	92,455,041.75
二、主营业务利润		260,606,714.95
加:其他业务利润	五.29	15,788,649.97
减:营业费用		44,444,827.43
管理费用		113,893,113.33
财务费用	五.30	64,558,015.68
三、营业利润		53,499,408.48
加:投资收益	五.31	47,535,583.04
补贴收入		
营业外收入	五.32	8,766,436.10
减:营业外支出	五.33	60,688.01
四、利润总额		109,740,739.61
减:所得税	五.34	-69,564,136.04
减:少数股东损益		19,454,426.56
加:未确认的投资损失		
五、净利润		159,850,449.09

补充资料:

2002年度

项　目	附注	合并	母公司
1、出售、处置部门或被投资单位所得收益		7,739,179.48	8,242,500.00
2、自然灾害发生的损失			
3、会计政策变更增加(或减少)利润总额			
4、会计估计变更增加(或减少)利润总额			
5、债务重组损失			
6、其他			

公司负责人:刘龙华　主管会计工作负责人:周维顺　会计机构负责人:周维顺

利润分配表

编制单位:北京城建投资发展股份有限公司　单位:人民币元

项　目	附注	2002年度 合并	母公司
一、净利润		159,850,449.09	186,033,794.47
加:年初未分配利润		149,646,033.71	160,742,748.21
其他转入			
二、可供分配的利润		309,496,482.80	346,776,542.68
减:提取法定盈余公积		25,238,200.92	18,603,370.45
提取法定公益金		12,619,104.96	9,301,689.72
三、可供股东分配的利润		271,639,176.92	318,871,482.51
减:应付优先股股利			
提取任意盈余公积			
应付普通股股利		90,000,000.00	90,000,000.00
转作股本的普通股股利			
四、未分配利润		181,639,176.92	228,871,482.51

公司负责人:刘龙华　主管会计工作负责人:周维顺　会计机构负责人:周维顺

现金流量表

2002年度

编制单位:北京城建投资发展股份有限公司　单位:人民币元

项　目	合并
一、经营活动产生的现金流量:	
销售商品、提供劳务收到的现金	2,027,970,357.03
收到的税费返还	118,296,228.16
收到的其他与经营活动有关的现金	198,822,542.08
现金流入小计	2,345,089,127.27
购买商品、接受劳务支付的现金	1,496,128,162.66
支付给职工以及为职工支付的现金	66,365,737.08
支付的各项税费	164,791,050.59
支付的其他与经营活动有关的现金	788,042,549.76
现金流出小计	2,515,327,500.09
经营活动产生的现金流量净额	-170,238,372.82
二、投资活动产生的现金流量:	
收回投资所收到的现金	249,512,469.99
取得投资收益所收到的现金	32,334,667.24
处置固定资产、无形资产和其他长期资产所收回的现金净额	154,600.00
收到的其他与投资活动有关的现金	146,144,791.24
现金流入小计	428,146,528.47
购建固定资产、无形资产和其他长期资产所支付的现金	7,530,626.73
投资所支付的现金	97,472,400.00
支付的其他与投资活动有关的现金	
现金流出小计	105,003,026.73
投资活动产生的现金流量净额	323,143,501.74
三、筹资活动产生的现金流量:	
吸收投资所收到的现金	
借款所收到的现金	2,164,000,000.00
收到的其他与筹资活动有关的现金	2,556,830.47
现金流入小计	2,166,556,830.47
偿还债务所支付的现金	1,760,030,000.00
分配股利、利润或偿付利息所支付的现金	222,409,484.04
支付的其他与筹资活动有关的现金	
现金流出小计	1,982,439,484.04
筹资活动产生的现金流量净额	184,117,346.43
四、汇率变动对现金的影响	
五、现金及现金等价物净增加额	337,022,475.35

现金流量表--补充资料

2002年度

编制单位:北京城建投资发展股份有限公司　单位:人民币元

项目	附注	合并
1、将净利润调节为经营活动现金流量:		
净利润		159,850,449.09
加:少数股东本期收益		19,454,426.56
计提的资产减值准备		28,505,860.47
固定资产折旧		5,434,873.50
无形资产摊销		
长期待摊费用摊销		
待摊费用减少(减:增加)		-34,975,030.65
预提费用增加(减:减少)		-1,443,684.87
处置固定资产、无形资产和其他长期资产的损失(减:收益)		-105,354.97
固定资产报废损失		
财务费用		60,486,413.39
投资损失(减:收益)		-47,535,583.04
递延税款贷项(减:借项)		
存货的减少(减:增加)		79,066,895.91
经营性应收项目的减少(减:增加)		-170,092,244.44
经营性应付项目的增加(减:减少)		-268,885,393.77
经营活动产生的现金流量净额		-170,238,372.82
2、不涉及现金收支的投资和筹资活动:		
债务转为资本		
一年内到期的可转换公司债券		
融资租入固定资产		
3、现金及现金等价物净增加情况:		
现金的期末余额		677,841,212.64
减:现金的期初余额		340,818,737.29
加:现金等价物的期末余额		
减:现金等价物的期初余额		
现金及现金等价物净增加额		337,022,475.35

公司负责人:刘龙华　主管会计工作负责人:周维顺　会计机构负责人:周维顺

十一、备查文件目录

1、载有法定代表人、总会计师、会计主管人员亲笔签名并盖章的会计报表;
2、载有会计师事务所盖章、注册会计师签名并盖章的审计报告原件;
3、报告期内在《中国证券报》、《上海证券报》刊登的公司有关公告正本;

北京城建投资发展股份有限公司

董事会

2003年3月24日

华芳纺织股份有限公司

华芳纺织股份有限公司股票上市公告书

第一节 重要声明与提示

本公司董事会保证上市公告书的真实性、准确性、完整性,全体董事承诺上市公告书不存在虚假记载、误导性陈述或重大遗漏,并承担个别和连带的法律责任。

根据《公司法》、《证券法》等有关法律、法规的规定,本公司董事、高级管理人员已依法履行诚信和勤勉尽责的义务和责任。

上海证券交易所、中国证监会、其他政府机关对本公司股票上市及有关事项的意见,均不表明对本公司的任何保证。

本公司提醒广大投资者注意,凡本上市公告书未涉及的有关内容,请投资者查阅 2003 年 6 月 9 日刊登于《上海证券报》、《中国证券报》、《证券时报》、《证券日报》的本公司招股说明书摘要,及刊载于上海证券交易所网站(www.sse.com.cn)的本公司招股说明书全文。

本上市公告书刊登网址:www.sse.com.cn

第二节 概览

1.股票简称:华芳纺织　　2.沪市股票代码:600273

3.深市代理股票代码:003273　　4.股本总额:215,000,000 股

5.可流通股本:90,000,000 股　　6.本次上市流通股本:90,000,000 股

7.发行价格:4.83 元/股　　8.上市地点:上海证券交易所

9.上市时间: 2003 年 6 月 27 日

10.股票登记机构:中国证券登记结算有限责任公司上海分公司

11.上市推荐人:平安证券有限责任公司、海通证券股份有限公司

12.本公司公开发行股票前股东所持股份的流通期限及限制:根据国家现有法律、法规规定和中国证监会证监发行字[2003]41 号文《关于核准华芳纺织股份有限公司公开发行股票的通知》,本公司的法人股暂不上市流通。

13.本公司股票上市前第一大股东华芳集团有限公司承诺:自本公司股票上市之日起 12 个月内,不转让其所持有本公司股份,本公司也不会回购其所持有的股份。

第三节 绪 言

本上市公告书是根据《中华人民共和国公司法》、《中华人民共和国证券法》、《股票发行与交易管理暂行条例》、《公开发行股票公司信息披露实施细则》和《上海证券交易所股票上市规则》等国家有关法律、法规的规定,并按照中国证监会《公开发行证券的公司信息披露内容与格式准则第 7 号--股票上市公告书》而编制。

经中国证监会证监发行字[2003]41 号文核准,本公司于 2003 年 6 月 12 日采取 100%向沪市、深市二级市场投资者定价配售的方式成功发行了 9000 万股每股面值 1.00 元的人民币普通股,发行价为每股人民币 4.83 元。

经上海证券交易所上证上字[2003]66 号《关于华芳纺织股份有限公司人民币普通股股票上市交易的通知》批准,本公司公开发行的 9000 万股社会公众股将于 2003 年 6 月 27 日起在上海证券交易所挂牌交易。股票简称"华芳纺织",沪市股票代码"600273",深市代理股票代码"003273"。

本公司已于 2003 年 6 月 9 日在《上海证券报》、《中国证券报》、《证券时报》、《证券日报》上刊登了《招股说明书摘要》,招股说明书正文及其附录可以在上海证券交易所网站(http://www.sse.com.cn)查询。相关资料刊登距今不足三个月,故与其重复的内容不再重述,敬请投资者查阅上述内容。

第四节 发行人概况

一、发行人基本情况

1、公司名称:华芳纺织股份有限公司

英文名称:HUAFANG TEXTILE CO.,LTD.

2、注册资本:215,000,000 元

3、法定代表人:张正龙

4、成立时间:1998 年 4 月 3 日

5、注册地址:张家港市塘桥镇人民南路 1 号　　邮政编码:215611

6、经营范围:针纺织品、服装制造、纺织原料销售,实业投资;经营本企业自产产品及技术的出口业务;经营本企业生产、科研所需的原辅材料、仪器仪表、机械设备、零配件及技术的进口业务(国家限定公司经营和禁止进出口的商品及技术除外);经营进料加工和"三来一补"业务。

7、所属行业:纺织业

8、电话:0512—58438202　　传真:0512—58441898

电子邮箱:fzgf@hfang.com.cn

9、董事会秘书:宋满元

二、发行人的历史沿革及历次股权变动情况

1、发行人的历史沿革情况

1998 年 1 月 22 日,江苏省人民政府以苏政复(1998)6 号文批准华芳实业总公司(1998 年 3 月改制并更名为华芳集团有限公司)、张家港市塘桥福利毛织厂、张家港市青龙铜材厂、张家港市塘桥开花厂、张家港市光大电脑印刷厂共同发起设立本公司。1998 年 4 月 3 日公司在江苏省工商行政管理局正式注册,注册资本为 12,500 万元。

公司设立时的总股本为 12,500 万元。华芳实业总公司作为主发起人以与针织业务相关的固定资产和流动资产作为发起人出资,投入华芳纺织。经南京会计师事务所评估,截止 1997 年 7 月 20 日,华芳实业总公司投入华芳纺织的资产净值为 10,309.18 万元,按 1:1 折为 10000 万股。张家港市塘桥福利毛织厂、张家港市青龙铜材厂、张家港市塘桥开花厂、张家港市光大电脑印刷厂分别将人民币现金 2000 万元、450 万元、30 万元、20 万元作为出资,按 1:1 折为 2500 万股。根据南京会计师事务所宁会验(98)013 号《验资报告》,各发起人的出资全部到位。

2、股权变动情况

本公司自设立以来股权结构未发生其他变化,亦未发生任何重大资产重组行为。

经中国证监会证监发行字[2003]41 号文核准,发行人于 2003 年 6 月 12 日以 100%向二级市场投资者定价配售发行方式成功地发行了人民币普通股 9,000 万股,每股面值 1.00 元,每股发行价 4.83 元。此次发行成功后,本公司的总股本为 21,500 万股,注册资本为 21,500 万元。

本次发行前后公司的股本结构:

股 份 名 称	发 行 前		发 行 后	
	数量(万股)	比例(%)	数量(万股)	比例(%)
尚未流通股份				
发起人股份	12,500	100	12,500	58.14
已流通股份	0	0	9,000	41.86
股份总额	12,500	100	21,500	100

三、发行人的主要经营情况

1、发行人业务构成

本公司主营业务为生产各种规格的针织纱、针织坯布、针织染整布及各类针织服装。公司 2002 年主营业务收入构成情况如下:　　单位:万元

项目	销售额	比例(%)
棉纺收入	314.13	1.34
针织布收入	20,243.56	86.58
制衣收入	2,824.33	12.08
合计	23,382.02	100

第五节 股票发行和股本结构

一、本次股票上市前公开发行股票的情况

1、发行数量:9000 万股

2、发行价格:4.83 元/股

3、募集资金总额:43,470 万元

4、发行方式:100%向二级市场投资者配售

5、发行费用总额及项目:本次发行费用总额为 1695 万元,包括承销费用、审计费用、律师费用、发行手续费、审核费用等项目。

6、每股发行费用:0.19 元

二、本次股票上市前首次发行股票的承销情况

本次公开发行的 9,000 万股社会公众股的配号总数为 81770422 个, 中签率为 0.11006425%。其中,二级市场投资者认购 89,361,924 股,其余 638,076 股由主承销商包销。

三、发行人上市前股权结构及各类股东的持股情况

1、本次股票上市前,本公司的股权结构

股 份 名 称	数量(万股)	比例(%)
一、非上市流通股		
其他法人股	12,500	58.14
二、社会公众股	9,000	41.86
股份总额	21,500	100

2、前十名股东持股情况

股东名称	持股数量(股)	持股比例(%)
华芳集团	100000000	46.51
福利毛织	20000000	9.30
青龙铜材	4500000	2.09
平安证券	638076	0.30
塘桥开花	300000	0.14
张家港市光大电脑印刷厂	200000	0.09
光大电脑	138000	0.06
裕阳基金	111000	0.05
融通监筹	111000	0.05
裕隆基金	108000	0.05

第六节 董事、监事、高级管理人员及核心技术人员

本公司董事、监事、高级管理人员、技术负责人及核心技术人员均为中华人民共和国国籍;相互之间不存在配偶关系、三代以内直系和旁系亲属关系;均未以任何方式持有公司的股票。上述人员承诺在其任职或工作期间,将遵守国家有关法律、法规及公司规章制度关于其维护本公司利益的规定。

一、董事会

张正龙先生,1964 年出生,汉族,中共党员,大学学历,工程师。历任华芳实业总公司棉纺厂厂长,华芳集团有限公司副总经理,华芳纺织股份有限公司董事,华芳纺织股份有限公司监事会主席。现任华芳纺织股份有限公司董事长。

秦大乾先生,1954 年出生,汉族,中共党员,硕士学历,高级经济师。历任苏州地区纺织工业公司计划科科长,张家港市化纤纺织厂党总支书记,塘桥镇经委副主任兼张家港市化纤纺织厂党总支书记、厂长,华芳纺织股份有限公司董事长。现任华芳纺织股份有限公司董事,华芳集团董事长、总经理,张家港市旭勉色织有限公司董事。

朱丽珍女士,1953 年出生,汉族,中共党员,大学学历,会计师。历任华芳实业总公司财务科主办会计,华芳纺织股份有限公司董事长。现任华芳纺织股份有限公司董事、华芳集团有限公司董事、副总经理,张家港华芳园酒店有限公司董事。

陆永明先生,1963 年出生,汉族,中共党员,大学学历,工程师。历任张家港市塘桥福利毛织厂车间主任、生产办主任,华芳纺织股份有限公司监事。现任华芳纺织股份有限公司董事,张家港市塘桥福利毛织厂法人代表、厂长。

高卫东先生,1970 年出生,汉族,中共党员,大学学历,工程师。历任华芳色织厂厂长,华芳集团棉纺有限公司副总经理、总经理,华芳纺织股份有限公司总经理等工作。现任华芳纺织股份有限公司董事、总经理。

李心合先生,1963 年出生,汉族,博士。现任南京商学院教授,南京大学会计研究中心副主任,江苏省会计学会常务理事,常州市人民政府经济顾问,苏州市政协常委,本公司独立董事。

余汉民先生,1940 年出生,汉族,中共党员。曾任苏州市纺织工业局计划科长、处长。现任苏州市纺织经济技术贸易公司总经理、本公司独立董事。

二、监事会

叶振新女士,1954 年出生,汉族,中共党员,大学学历,高级工程师。历任华芳实业总公司生产科长、总务科长,华芳集团有限公司董事、副总经理,华芳纺织股份有限公司监事会主席,华芳纺织股份有限公司董事。现任华芳纺织股份有限公司监事会主席,华芳集团有限公司监事。

钱树良先生,1956 年出生,汉族,中共党员,高中学历。现任华芳纺织股份有限公司监事,华芳集团有限公司监事。

朱建波先生,1963 年出生,汉族,高中学历。现任华芳纺织股份有限公司职工代表监事兼生产技术部织染生产科科长。

三、其他高级管理人员

黄兴如先生,1966 年出生,汉族,中共党员,大学学历,工程师。历任华芳实业总公司质监科科长,华芳实业总公司办公室副主任,人事科副主任,华芳实业总公司进出口公司副总经理,华芳集团纺织品销售有限公司经理。现任华芳纺织股份有限公司副总经理。

黄利平先生,1966 年出生,汉族,高中学历。历任华芳实业总公司棉纺厂技术员、前纺主任、经营办主任副厂长,华芳实业总公司针织厂经营办主任。现任华芳纺织股份有限公司副总经理。

顾兵先生,1969 年出生,汉族,中共党员,大学学历,工程师。现任华芳纺织股份有限公司副总经理。

第七节　同业竞争与关联交易

一、同业竞争

本公司的控股股东华芳集团及其控制的法人与本公司之间不存在同业竞争。持有本公司 5%以上股份的其他股东与本公司也不存在同业竞争。控股股东、持有本公司 5%以上股份的其他股东均已出具了避免同业竞争的承诺函,发行人律师及主承销商均对此发表了相同意见。

二、发行人关联方

(一)本公司控股股东华芳集团的股东系本公司的最终控制人,为本公司关联方。

秦大乾等 23 位自然人持有华芳集团 100%的股权,其中持股 5%以上的是:秦大乾 15.97%、邵卫明 11.35%、陶硕虎 10.58%、戴云达 9.82%、叶振新 8.73%、张正龙 8.62%、陆永达 5.80%、朱丽珍 5.79%、黄品珠 5.02%。

上述人员之间不存在关联关系,除对集团公司的投资外,均未投资参股任何其他企业。

(二)持有本公司 5%以上股份的股东为本公司的关联方

1、华芳集团

本次发行前华芳集团持有本公司 80%股权,处于绝对控股地位,本次发行后,仍将持有本公司 46.51%股权。集团公司已承诺不利用控股股东地位从事损害本公司利益的行为。

2、张家港市塘桥福利毛织厂

三、关联交易

(一)关联交易的具体内容及对公司财务状况和经营成果的影响

公司的关联交易主要发生在与华芳集团及其下属企业之间,包括原辅材料采购、销售产品、综合服务、提供担保等关联交易,具体情况如下:

交易内容	2002 年		2001 年		2000 年	
	关联交易金额(万元)	所占比例(%)	关联交易金额(万元)	所占比例(%)	关联交易金额(万元)	所占比例(%)
原材料采购	1,145	6.29	3,423	23.82	10,253	40.86
销售产品	809	2.91	2,992	11.43	7,535	20.59
购买厂房	–	–	–	–	445.92	100
委托购买新设备	–	–	–	–	1859	100
供电	1114.60	100	840.40	100	532.80	100
蒸汽	438.82	100	416.34	100	371.32	100
污水处理	73.50	100	61.80	100	56.02	100
土地租赁	30	100	30	100	30	100

第八节　财务会计资料

一、最近三年的简要报表(见附表)

二、简要会计报表附注

有关本公司会计报表附注的详细内容,请查阅前述公开披露的招股说明书全文或招股说明书摘要。

三、主要财务指标:

1、根据上会所出具的审计报告,本公司的财务指标分析如下:

财务指标	2002 年 12 月 31 日	2001 年 12 月 31 日	2000 年 12 月 31 日
流动比率	1.04	0.85	1.36
速动比率	0.63	0.53	0.79
应收帐款周转率(次)	17.78	14.71	17.13
存货周转率(次)	4.91	4.84	5.78
资产负债率(%)	40.00	36.96	37.78
每股净资产(元/股)	1.33	1.08	1.03
研发费用占主营收入比例(%)	0.47	0.48	0.33
每股经营活动现金流量(元/股)	0.17	0.50	--

2、本公司按《公开发行证券公司信息披露编报规则第 9 号–净资产收益率和每股收益率的计算及披露》计算的净资产收益率和每股收益如下:

期间	指标		主营业务利润	营业利润	净利润	扣除非经常性损益后的净利润
2002 年度	净资产收益率(%)	全面摊薄	34.17	27.98	18.59	18.68
		加权平均	37.67	30.85	20.5	20.59
	每股收益(元)	全面摊薄	0.45	0.37	0.25	0.25
		加权平均	0.45	0.37	0.25	0.25
2001 年度	净资产收益率(%)	全面摊薄	32.93	28.77	19.18	19.13
		加权平均	34.99	30.56	20.38	20.32
	每股收益(元)	全面摊薄	0.36	0.31	0.21	0.21
		加权平均	0.36	0.31	0.21	0.21
2000 年度	净资产收益率(%)	全面摊薄	33.49	31.62	19.31	21.26
		加权平均	34.9	32.95	20.12	22.16
	每股收益(元)	全面摊薄	0.35	0.33	0.2	0.22
		加权平均	0.35	0.33	0.2	0.22

第九节　其他重要事项

一、自公司股票首次公开发行日至本上市公告之日,本公司严格依照现行有关法律、法规的规定规范运行,本公司生产经营情况正常,主要业务发展目标进展正常;

二、自公司股票首次公开发行日至本上市公告之日,本公司所处行业和市场无重大变化;

三、自公司股票首次公开发行日至本上市公告之日,本公司主要投人、产出物供求及市场价格无重大变化;

四、自公司股票首次公开发行日至本上市公告之日,本公司没有进行新的重大对外投资,无重大资产(股权)收购、出售行为;

五、自公司股票首次公开发行日至本上市公告之日,本公司住所没有发生变更;

六、自公司股票首次公开发行日至本上市公告之日,本公司无重大诉讼、仲裁案件;

七、自公司股票首次公开发行日至本上市公告之日,本公司无重大会计政策变化;

八、自公司股票首次公开发行日至本上市公告之日,本公司无会计事务所变动;

九、自公司股票首次公开发行日至本上市公告之日,本公司没有发生新的重大负债,重大债项未发生变化;

十、根据公司 2001 年度股东大会决议,本公司首次公开发行股票前剩余未分配利润由本次发行后新老股东共享;

十一、本公司股票上市前后税赋无变化;

十二、本公司计划在本次股票发行后的第一个盈利年度即向全体股东派发股利一次,具体实施时间由本公司股东大会决定;

十三、根据《上海证券交易所股票上市规则》,公司第一大股东已向上海证券交易所承诺,自发行人股票上市之日起 12 个月内,第一大股东不转让其持有的发行人股份,也不由上市公司回购其持有的股份;

十四、自公司股票首次公开发行日至本上市公告之日,没有其他应披露而未披露之重大事项。

第十节　董事会上市承诺

本公司董事会承诺将严格遵守《中华人民共和国证券法》、《中华人民共和国公司法》、《股票发行与交易管理暂行条例》、《公开发行股票公司信息披露实施细则》和《上海证券交易所股票上市规则》等国家法律、法规和中国证监会的有关规定,并自股票上市之日起做到:

一、承诺真实、准确、完整、公允和及时地公布定期公告,披露所有对投资者有重大影响的信息,并接受中国证监会、证券交易所的监督管理;

二、承诺本公司在知悉可能对股票价格产生误导性影响的任何公共传播媒介中出现的消息后,将及时给予公开澄清;

三、本公司董事、监事、高级管理人员和核心技术人员将认真听取社会公众的意见和批评,不利用已获得的内幕消息和其他不正当手段直接或间接从事本公司股票的买卖活动;

四、本公司没有无记录的负债。

第十一节　上市推荐人及其意见

一、上市推荐人情况

上市推荐人:平安证券有限责任公司

法定代表人:杨秀丽

住　　所:深圳市八卦岭八卦三路平安大厦三层

联系电话:0755-82262888-3628

传　　真:0755-82434614

联 系 人:林辉、曾年生、金山、杜轶学

上市推荐人:海通证券股份有限公司

法定代表人:王开国

住　　所:上海市淮海中路 98 号

联系电话:021-63756385　　传真:021-63756458

联 系 人:徐雅珍、顾峥

二、上市推荐人意见

本公司上市推荐人认为:本公司章程符合《中华人民共和国公司法》等有关法律、法规和和中国证监会的规定。根据《中华人民共和国公司法》、《中华人民共和国证券法》、《股票发行与交易管理暂行条例》、《上海证券交易所股票上市规则》等国家有关法律、法规的规定,本公司符合上市条件。

本公司上市推荐人保证本公司的董事了解法律、法规、上海证券交易所上市规则及股票上市协议规定的董事的义务与责任,并协助本公司健全了法人治理结构、协助本公司制定了严格的信息披露制度和保密制度。

本公司上市推荐人已对上市文件所载的资料进行了核实,确保上市文件真实、准确、完整,符合规定要求。本公司上市推荐人保证本公司的上市申请材料、上市公告书没有虚假、严重误导性陈述或者重大遗漏,并保证对其承担连带责任。

本公司上市推荐人愿意推荐本公司股票在上海证券交易所上市交易,并保证不利用在上市过程中获得的内幕信息进行内幕交易,为自己或他人谋取利益。

1、简要利润表　　单位:元

项 目	2002 年	2001 年度	2000 年度
主营业务收入	233,820,195.89	216,467,719.06	289,325,407.01
减:主营业务成本	175,409,753.10	169,935,685.45	243,809,879.04
主营业务税金及附加	1,735,668.63	2,061,796.25	2,273,034.54
主营业务利润	56,674,774.16	44,470,237.36	43,242,493.43
加:其他业务利润	173,858.57	576,172.52	1,637,569.54
减:营业费用	3,389,906.50	1,107,552.45	667,313.30
管理费用	4,982,923.76	4,825,949.52	3,407,750.10
财务费用	2,062,303.72	270,256.43	–23,041.02
营业利润	46,413,498.75	38,842,651.48	40,828,040.59
加:补贴收入	1,997.97		
加:营业外收入	36,934.45	100,633.36	94,045.40
减:营业外支出	242,863.94	29,760.00	2,615,771.82
利润总额	46,209,567.23	38,913,524.84	38,306,314.17
减:所得税	15,364,831.54	13,014,793.28	13,372,397.87
净利润	30,844,735.69	25,898,731.56	24,933,916.30

2、简要资产负债表　　单位:元

项 目	2002 年 12 月 31 日	2001 年 12 月 31 日	2000 年 12 月 31 日
货币资金	21,042,104.03	25,696,870.37	10,375,695.41
应收票据	1,240,000.00	220,000.00	1,000,000.00
应收帐款	16,225,982.08	10,075,218.13	19,353,824.41
其他应收款	2,278,599.39	181,826.42	31,220,131.15
预付帐款	28,560,053.18	5,508,920.51	183,727.61
存货	45,893,241.95	25,557,890.80	44,686,680.93
流动资产合计	115,239,980.63	67,240,726.23	106,820,059.51
固定资产原价	216,779,153.56	155,339,651.28	152,556,308.91
减:累计折旧	80,184,377.88	67,800,954.17	49,264,146.79
固定资产净值	136,594,775.68	87,538,697.11	103,292,162.12
减:固定资产减值准备	2,402,484.80	2,478,521.92	2,564,895.46
固定资产净额	134,192,290.88	85,060,175.19	100,727,266.66
在建工程	17,416,591.04	52,010,167.02	
固定资产合计	151,608,881.92	137,070,342.21	100,727,266.66
无形资产	9,610,924.03	9,874,237.00	
无形资产及其它资产合计	9,610,924.03	9,874,237.00	
资产总计	276,459,786,58	214,185,305.44	207,547,326.17
短期借款	70,000,000.00	25,000,000.00	
应付帐款	16,335,818.50	10,824,933.36	3,246,136.96
预收帐款	3,459,088.83	2,276,434.10	4,989,695.71
应付工资	5,876,505.79	4,380,840.20	5,234,998.92
应付福利费	7,449,462.62	7,129,597.47	5,092,093.68
应付股利	20,000,000.00	29,000,000.00	
应交税金	1,351,427.16	5,395,363.18	24,987,314.84
其他应交款	1,434,821.35	1,098,000.00	3,909,956.07
其他应付款	3,776,150.32	2,341,087.13	1,842,514.62
预提费用	899,836.20	707,099.88	111,396.81
流动负债合计	110,583,100.77	79,153,355.32	78,414,107.61
负债合计	110,583,100.77	79,153,355.32	78,414,107.61
股本	125,000,000.00	125,000,000.00	125,000,000.00
盈余公积	13,891,468.00	9,264,757.65	5,379,947.91
其中:公益金	4,903,799.41	3,361,562.63	2,066,626.05
未分配利润	26,985,217.81	767,192.47	–1,246,729.35
股东权益合计	165,876,685.81	135,031,950.12	129,133,218.56
负债与股东权益总计	276,459,786.58	214,185,305.44	207,547,326.17

南京钢铁股份有限公司

南京钢铁股份有限公司2002年年度报告

一、公司基本情况简介

一、公司法定中文名称:南京钢铁股份有限公司
公司法定英文名称:Nanjing Iron&Steel Co.,Ltd.
二、公司法定代表人:肖同友
三、公司董事会秘书:徐林
联系地址:江苏省南京市大厂区卸甲甸
电话:025-7056780
传真:025-7052184
电子信箱:xulin@600282.net
四、公司注册地址:江苏省南京市大厂区卸甲甸
公司办公地址:江苏省南京市大厂区卸甲甸
邮政编码:210035
公司互联网网址:http://www.600282.net
电子信箱:webmaster@600282.net
五、公司选定的信息披露报纸:《中国证券报》、《上海证券报》
登载年度报告的中国证监会指定网站的网址:http://www.sse.com.cn
公司年度报告备置地点:公司证券部
六、公司股票上市交易所:上海证券交易所
股票简称:南钢股份
股票代码:600282
七、其他有关资料:
公司最近一次变更注册登记日期:2002 年 11 月 18 日
注册登记地点:江苏省工商行政管理局
企业法人营业执照注册号:3200001104431
公司税务登记号:320112714085405
公司聘请的会计师事务所:江苏天衡会计师事务所有限公司
办公地址:江苏省南京市正洪街 18 号东宇大厦 8 楼

二、会计数据和业务数据摘要

第一节 公司本年度主要会计数据
(单位:元)

项目	金额
利润总额	390,608,687.00
净利润	243,154,991.57
扣除非经常性损益后的净利润	235,615,992.96
主营业务利润	511,862,402.48
其他业务利润	535,428.29
营业利润	400,557,245.34
投资收益	--
补贴收入	--
营业外收支净额	9,948,558.34
经营活动产生的现金流量净额	242,507,134.16
现金及现金等价物净增加(减少)额	111,515,481.61

扣除的非经常性损益项目和涉及金额:
(单位:元)

项目	所得税前影响数	所得税	所得税后影响数
资金占用费	12,321,103.70	4,065,964.22	8,255,139.48
处置固定资产收益	-1,798,057.34	-593,358.92	-1,204,698.42
固定资产盘盈	746,260.00	246,265.80	499,994.20
其他营业外收支	-17,069.62	-5,632.97	-11,436.65
合计	11,252,236.74	3,713,238.13	7,538,998.61

第二节 截止报告期末公司前三年主要会计数据和财务指标
(单位:元)

指标项目	2002年	2001年
主营业务收入	4,665,263,092.55	4,001,026,137.19
净利润	243,154,991.57	206,185,874.20
总资产	3,209,713,580.58	2,582,196,411.05
股东权益	1,742,527,221.80	1,600,172,230.23
每股摊薄收益	0.48	0.41
加权平均每股收益	0.48	0.41
扣除非经常性损益后的每股收益	0.47	0.41
每股净资产	3.46	3.17
调整后的每股净资产	3.41	3.13
每股经营活动产生的现金流量净额	0.48	0.46
全面摊薄净资产收益率(%)	13.95	12.89
加权平均净资产收益率(%)	14.12	12.90
扣除非经常性损益后的加权平均净资产收益率(%)	13.69	13.07
扣除非经常性损益后的全面摊薄净资产收益率(%)	13.52	13.05

第三节 报告期内股东权益变动情况
(单位:元)

项目	股本	资本公积	盈余公积
期初数	504,000,000.00	797,780,259.57	123,248,404.32
本期增加	-	-	60,788,747.9
本期减少	-	-	-
期末数	504,000,000.00	797,780,259.57	184,037,152.22

项目	其中:法定公益金	未分配利润	股东权益合计
期初数	27,493,771.42	175,143,566.34	1,600,172,230.23
本期增加	12,157,749.58	243,154,991.57	303,943,739.47
本期减少	-	161,588,747.90	161,588,747.90
期末数	39,651,521.00	256,709,810.01	1,742,527,221.80

变动原因:
1、未分配利润增加系公司本年度实现净利润所致;
2、未分配利润减少系公司本年度提取盈余公积和分配股利所致;
3、盈余公积、法定公益金增加系公司本年度利润分配所致。

三、股本变动及股东情况

第一节 股本变动情况
股本变动情况表
(单位:股)

	本次变动前	本次增减数(+/-)	本次变动后
一、未上市流通股份			
1.发起人股份	360,000,000	0	360,000,000
其中:国家持有股份	357,600,000	0	357,600,000
境内法人持有股份	2,400,000	0	2,400,000
境外法人持有股份			
其他			
2.募集法人股份			
3.内部职工股			
4.优先股或其他			
未上市流通股份合计	360,000,000	0	360,000,000
二、已上市流通股份			
1.人民币普通股	144,000,000	0	144,000,000
2.境内上市的外资股			
3.境外上市的外资股			
4.其他			
已上市流通股份合计	144,000,000	0	144,000,000
三、股份总数	504,000,000	0	504,000,000

第二节 股票发行与上市情况
一、本公司前三年股票发行与上市情况
(一)1999 年 3 月 18 日,经江苏省人民政府苏政复(1999)23 号文批准,南京钢铁集团有限公司作为主要发起人,联合中国第二十冶金建设公司、中冶集团北京钢铁设计研究总院、中国冶金进出口公司江苏公司、江苏省冶金物资供销有限公司等四家企业共同发起设立南京钢铁股份有限公司。其中,南京钢铁集团有限公司以截止 1998 年 12 月 31 日经评估的净资产 45686.42 万元,按 1:0.6523 的比例折为 29,800 万股国有股,其它四家发起人分别以现金出资 76.66 万元,按同样比例合计折为 200 万股国有法人股。本公司设立时股本总数为 30,000 万股。
(二)2000 年 9 月 1 日至 2000 年 9 月 2 日,经中国证券监督管理委员会证监发行字[2000]112 号文核准,公司首次公开发行 12,000 万股人民币普通股,发行价格为每股 6.46 元,并于 2000 年 9 月 19 日在上海证券交易所挂牌交易。本公司股本总数由 30,000 万股增加到 42,000 万股。
(三)公司 2000 年年度股东大会通过议案,以 2000 年末总股本 42,000 万股为基数,实施每 10 股送 2 股派发现金 1.00 元(含税)的分配方案,向全体股东送红股共计 8,400 万股。本公司股本总数由年初的 42,000 万股增加到 50,400 万股。详情披露于 2001 年 5 月 14 日《中国证券报》和《上海证券报》。
二、报告期内本公司股本结构变动情况
报告期内,本公司股本结构未发生变化。
第三节 股东情况介绍
一、报告期末股东总数:64,854 户
二、报告期末前 10 名股东持股情况
(单位:股)

股东名称	期末持股数量	期内增减
1、南京钢铁集团有限公司	357,600,000	0
2、林伟仪	1,477,729	不详
3、华宝信托投资有限责任公司	633,100	不详
4、中国第二十冶金建设公司	600,000	0
5、江苏冶金物资供销有限公司	600,000	0
6、中冶集团北京钢铁设计研究总院	600,000	0
7、中国冶金进出口江苏公司	600,000	0
8、江傅芳	370,000	不详
9、中国瑞宝国际合作公司	286,900	不详
10、肖士生	262,458	不详

股东名称	持股性质	占总股的比例(%)
1、南京钢铁集团有限公司	国家股	70.95
2、林伟仪	社会公众股	0.29
3、华宝信托投资有限责任公司	社会公众股	0.13
4、中国第二十冶金建设公司	国有法人股	0.12
5、江苏冶金物资供销有限公司	国有法人股	0.12
6、中冶集团北京钢铁设计研究总院	国有法人股	0.12
7、中国冶金进出口江苏公司	国有法人股	0.12
8、江傅芳	社会公众股	0.07
9、中国瑞宝国际合作公司	社会公众股	0.06
10、肖士生	社会公众股	0.05

说明:
1、报告期末,持有本公司股份 5%以上的股东为南京钢铁集团有限公司。该公司为本公司发起

人，为国有资产授权投资主体，持有本公司国家股357,600,000股，占本公司股本总额的70.95%，为本公司控股股东。报告期内其控股股东地位未发生变化，且其所持本公司股份未发生增减变动，也未发生所持股份被质押、冻结或托管的情况。

2、前十大股东中，国家股股东南京钢铁集团有限公司与其他股东之间不存在关联方关系，也不属于《上市公司持股变动信息披露管理办法》中规定的一致行动人；第五、七大股东因同属江苏省冶金资产管理有限公司之全资子公司而具有关联方关系；除此之外，本公司未知其余股东相互间是否存在关联关系，也未知其相互间是否属于《上市公司持股变动信息披露管理办法》中规定的一致行动人。

三、公司控股股东情况

名称：南京钢铁集团有限公司

法定代表人：肖同友

成立时间：1993年12月3日

注册资本：119,204万元

股权结构：国有独资

经营范围：矿石采选；黑色、有色金属冶炼；钢材轧制；焦炭及副产品、耐火材料、建筑材料、普通机械制造；气瓶检测、冲装；瓶氧、瓶氮、瓶氩、液氧、液氩、液氮焦油、硫铵、轻苯、重苯生产、销售；技术咨询服务；工程设计；机电产品修理；汽车运输；搬运装卸；住宿。（国家专项管理项目由领取许可证的经营单位经营）说明：南京钢铁集团有限公司改制前为南京钢铁厂，成立于1958年。

报告期内，本公司不存在其他持股在10%以上的法人股东。

四、董事、监事、高级管理人员和员工情况

第一节 董事、监事及高级管理人员的情况

一、基本情况

姓名	性别	年龄	职务	任期
肖同友	男	56	董事长	2002.4.23-2005.4.22
杨思明	男	50	副董事长	2002.4.23-2005.4.22
赵永和	男	56	董事、总经理	2002.4.23-2005.4.22
杨振和	男	54	董事	2002.4.23-2005.4.22
陶魄	男	45	董事、副总经理	2002.4.23-2005.4.22
董广龙	男	50	董事	2002.4.23-2005.4.22
郎秋燕	男	54	董事	2002.4.23-2005.4.22
杨国祥	男	51	独立董事	2002.4.23-2005.4.22
何次琴	女	56	独立董事	2002.4.23-2005.4.22
吕庆明	男	49	监事会主席	2002.4.23-2005.4.22
王永玉	男	49	职工代表监事	2002.4.23-2005.4.22
王开春	男	40	职工代表监事	2002.4.23-2005.4.22
潘长根	男	54	监事	2002.4.23-2005.4.22
刘中豪	男	42	监事	2002.4.23-2005.4.22
王经民	男	54	副总经理	2002.6.26-2005.4.22
朱金宝	男	38	副总经理	2002.4.23-2005.4.22
徐林	男	39	董事会秘书	2002.4.23-2005.4.22
王瑞祥	男	38	总会计师	2002.4.23-2005.4.22

二、年度报酬情况

报告期内，在本公司领取薪酬的董事、监事和高级管理人员（不含独立董事，下同）采用岗位技能工资制，并实行与效益目标、工作实绩挂钩的年终兑现奖励相结合的考评激励机制。

在本公司领取薪酬的董事、监事和高级管理人员有10人，年度薪酬总额99.01万元（包括基本工资、奖金、福利、补贴、住房津贴及其他津贴）。薪酬金额前三名董事的薪酬总额为56.32万元，薪酬金额前三名高级管理人员的薪酬总额为59.32万元。

独立董事的津贴为人民币2.6万元/人 年（含税）。

在本公司领取薪酬的董事、监事及高级管理人员的薪酬分布区间及人数如下所示：

薪酬分布区间（万元）	3-5	6-9	11-12	23-24
人数	4	3	1	2

公司董事长肖同友先生、副董事长杨思明先生、董事杨振和先生、监事会主席吕庆明先生、监事潘长根先生和刘中豪先生等6人不在本公司领取薪酬。上述人员均在控股股东南京钢铁集团有限公司领取薪酬。

第二节 公司员工情况

截止报告期末，本公司共有在册员工6668名，按职能分类为：

生产人员5772人，占86.56%；

销售人员110人，占1.65%；

技术人员367人，占5.50%；

财务人员35人，占0.52%。

行政管理及其他人员384人，占5.76%；

其中，具有本科以上学历人员382人，占5.73%；大专学历681人，占10.21%；高中（中专）学历人员3123人，占46.84%；初中及以下学历2482人，占37.22%。公司需承担费用的离退休人员618人。

五、公司治理结构

第一节 公司治理状况

本公司严格按照《公司法》、《证券法》、《上市公司治理准则》及其它法律、法规的要求，不断完善公司法人治理结构，规范公司运作。报告期内，公司按照《上市公司治理准则》、《上市公司股东大会规范意见》和《关于在上市公司建立独立董事制度的指导意见》等规范性文件要求，依照法定程序对《公司章程》进行了修改完善，修订和制订了《股东大会议事规则》、《董事会议事规则》、《监事会议事规则》、《独立董事制度》、《总经理工作细则》、《董事会秘书工作细则》、《信息披露管理办法》、《内部财务管理制度》、《内部审计制度》、《关联交易管理办法》等十九项基本管理制度和六十余项专业管理制度，形成了完善的公司管理制度体系。公司以《公司章程》为行为准则，贯彻落实各项管理制度，既有效提升了公司的内部管理水平，又进一步促进了公司的规范运作。公司依照《公司章程》的有关规定，建立了独立董事制度并设立了董事会战略、审计、提名、薪酬与考核、定价等五个专门委员会。公司治理的实际状况与中国证监会发布的有关上市公司治理的规范性文件基本不存在差异，但独立董事人数尚未达到董事总人数的三分之一，公司将于2003年6月30日前增选独立董事，使独立董事人数达到规定比例。

第二节 独立董事履行职责情况

报告期内，公司两名独立董事认真履行《公司章程》赋与的职责，积极出席股东大会、董事会及相关的董事会专门委员会会议，为公司重大决策提供专业及决策性意见，有效地维护了公司及全体股东的合法利益。

第三节 公司与控股股东在人员、资产、财务、机构、业务等方面的分开情况

一、人员独立情况

公司建立了独立的劳动人事及工资管理体系。全体员工与公司签订了劳动合同。总经理、副总经理、董事会秘书和总会计师等高级管理人员均在公司领取薪酬，除总经理赵永和先生和副总经理王经民先生兼任控股股东董事外，其余高级管理人员均专职在本公司工作，未在控股股东处任职。

二、资产独立情况

公司资产独立完整、权属清晰，与控股股东产权关系明确。公司拥有独立完整的采购、生产、销售系统；独立拥有产品商标；通过与南京钢铁集团有限公司签订的《国有土地使用权租赁合同》，租赁使用土地。

三、财务独立情况

公司独立设置财务部，根据财政部的规定制定了独立的会计核算体系和财务管理制度，独立行使其职能，独立开设银行帐户并依法独立纳税。

四、机构独立情况

公司设立了完全独立于控股股东的规范运作的组织机构，办公机构和生产场所与控股股东完全分开，不存在混合经营、合署办公的情况。

五、公司的业务独立情况

公司在业务方面独立于控股股东，拥有独立完整的业务及自主经营能力。控股股东及其有关下属单位已作出与本公司避免同业竞争的承诺，且未从事与公司相同或相近的业务。

六、股东大会简介

报告期内，公司召开了四次股东大会，即2002年度第一次临时股东大会、2001年年度股东大会、2002年度第二次临时股东大会和2002年度第三次临时股东大会。

一、2002年度第一次临时股东大会

公司董事会于2001年12月29日在《中国证券报》和《上海证券报》上刊登了关于召开2002年度第一次临时股东大会的公告。2002年度第一次临时股东大会于2002年2月4日在南钢宾馆召开，出席会议的股东及股东代理人共6人，代表股份360,004,480股，占公司股份总数的71.43%，符合《公司法》和《公司章程》的有关规定。会议由董事长肖同友先生主持，以记名方式投票表决，逐项审议通过了以下事项：

1、关于变更募集资金用途的议案；

2、关于同意南京钢铁股份有限公司与有关关联方重新签署相关关联交易协议的议案；

3、关于《南京钢铁股份有限公司关联交易管理办法》的议案。

2002年度第一次临时股东大会决议公告刊登于2002年2月5日《中国证券报》和《上海证券报》。

二、2001年年度股东大会

公司董事会于2002年3月22日在《中国证券报》和《上海证券报》上刊登了关于召开2001年年度股东大会的公告。公司2001年年度股东大会于2002年4月23日在南钢宾馆召开，出席会议的股东及股东代理人共5人，代表股份360,000,000股，占公司股份总数的71.43%，符合《公司法》和《公司章程》的有关规定。会议由董事长肖同友先生主持，以记名方式投票表决，逐项审议通过了以下事项：

1、2001年度董事会工作报告；

2、2001年度监事会工作报告；

3、2001年度利润分配的预案；

4、2001年度财务决算报告及2002年度财务预算报告；

5、关于修改《公司章程》的议案；

6、关于修订《股东大会议事规则》的议案；

7、关于修订《董事会议事规则》的议案；

8、关于修订《监事会议事规则》的议案；

9、关于制订《独立董事制度》的议案；

10、关于续聘会计师事务所及其报酬的议案；

11、关于独立董事年度津贴的议案；

12、关于董事会换届选举的议案；

13、关于提名独立董事候选人的议案；

14、关于提请股东大会授权董事会办理宽中厚板（卷）工程项目人民币及外汇贷款事宜并授权肖同友先生签署相关申请文件的议案；15、关于监事会换届选举的议案；

16、关于公司发起人更名的议案。

2001年年度股东大会决议公告刊登于2002年4月24日《中国证券报》和《上海证券报》。

三、2002年度第二次临时股东大会

公司董事会于2002年6月1日在《中国证券报》和《上海证券报》上刊登了关于召开2002年度第二次临时股东大会的公告。公司2002年度第二次临时股东大会于2002年7月2日在南钢宾馆召开，出席会议的股东及股东代理人共9人，代表股份361,287,737股，占公司股份总数的71.68%，符合《公司法》和《公司章程》的有关规定。会议由董事长肖同友先生主持，以记名方式投票表决，逐项审议通过了以下事项：

1、关于公司符合申请公募增发A股条件的议案；

2、关于二〇〇二年度公募增发不超过14,000万股人民币普通股（A股）发行方案的议案；

3、关于募集资金投资项目及其可行性的议案；

4、关于提请股东大会授权董事会在本次增发决议有效期内全权处理本次增发的具体事宜的议案；

5、关于本次公募增发A股前形成的滚存利润分配的议案；

6、关于前次募集资金使用情况的议案；

7、关于二〇〇二年度公募增发决议有效期的议案；

8、关于提请股东大会批准贷款不超过21.07亿元人民币（含外汇）用于宽中厚板（卷）工程项目建设的议案；

9、关于制订《控股股东行为规范》的议案；

10、关于制订《募集资金管理办法》的议案；

11、关于制订《重大投资决策程序》的议案。

2002年度第二次临时股东大会决议公告刊登于2002年7月3日《中国证券报》和《上海证券报》。

四、2002年度第三次临时股东大会

公司董事会于2002年10月15日在《中国证券报》和《上海证券报》上刊登了关于召开2002年度第三次临时股东大会的公告。公司2002年度第三次临时股东大会于2002年11月15日在南钢宾馆召开，出席会议的股东及股东代理人共12人，代表股份365,345,022股，占公司股份总数的72.49%，符合《公司法》和《公司章程》的有关规定。会议由董事长肖同友先生主持，以记名方式投票表决，逐项审议通过了以下事项：

1、关于公司符合申请公募增发A股条件的议案；

2、关于二〇〇二年度公募增发12,000万股人民币普通股（A股）发行方案的议案；

3、关于募集资金投资项目及其可行性的议案；

4、关于提请股东大会授权董事会在本次增发决议有效期内全权处理本次增发的具体事宜的议案；

5、关于本次公募增发A股前形成的滚存利润分配的议案；

6、关于前次募集资金使用情况的议案；

7、关于二〇〇二年度公募增发决议有效期的议案；

8、关于提请股东大会追认二〇〇〇年度计提效益工资事宜的议案。

2002年度第三次临时股东大会决议公告刊登于2002年11月16日《中国证券报》和《上海证券报》。

七、董事会报告

第一节 报告期公司经营情况

一、报告期经营情况的讨论与分析

2002年,国家积极的财政政策和稳健的货币政策拉动了内需,国内经济继续保持快速增长。西气东输、南水北调、青藏铁路等一批国家重点工程的开工建设,房地产业、汽车工业以及造船业等的迅猛发展,直接拉动了对钢铁产品的需求。国家针对美国和欧盟等采取的钢铁保护措施,及时对部分钢铁产品进口实施了保障措施,保护了国内钢铁企业的利益。国内钢材市场走出了年初的底谷,逐步显现出供需两旺的局面。

报告期内,公司紧紧围绕做大做强钢铁主业的目标,一手抓效益、一手抓发展,取得了显著成效。

一方面,坚持以效益为中心,深入挖潜增益,全面落实效益系统工程;推进技术进步,实施品种战略;完善销售体制,强化营销管理。在实现产量稳步增长的同时,取得了良好的经济效益。全年产钢173万吨、产生铁188万吨、产钢材167万吨,分别比上年增长7.56%、1.27%和22.27%。主营业务收入达到46.65亿元,实现净利润2.43亿元,分别比上年增长16.60%和17.93%。

另一方面,坚持走高起点、新技术、大型化的发展道路,结合自身优势,加速企业发展。公司宽中厚板(卷)工程项目已于2002年5月18日开工建设,报告期内工程进展顺利。

报告期,公司流动比率、速动比率分别为1.89和1.44,应收帐款周转率和存货周转率分别为20.44和9.22,较上一年度均有所提高,进一步显示公司财务的安全性和稳健性;公司经营活动产生的现金净流量为24,250.71万元,与净利润相匹配,反映公司货币回笼状况良好;现金与现金等价物净增加11,151.55万元,表明公司现金流状况理想。

二、公司业务范围及其经营状况

公司主要从事黑色金属冶炼及压延加工,钢材、钢坯及其他金属的销售;焦炭及其副产品生产(危险化学品除外)。公司产品中的优质碳素结构钢热轧钢带、钢筋混凝土用热轧带肋钢筋HRB335、碳素结构钢和低合金结构钢热轧厚钢板和钢带获"冶金产品质量认证证书";优质碳素结构钢热轧钢带、钢筋混凝土用热轧带肋钢筋、碳素结构钢热轧钢板、船体结构用钢板保持国家冶金产品实物质量"金杯奖"称号;A、B级船用钢板保持中、美、英、法、德、挪、日、韩等八个国家船级社工厂认可;AH32、AH36高强度船用板保持中、美、英、法、德、挪、日等七个国家船级社工厂认可。报告期内,公司45#圆钢产品荣获冶金产品实物质量"金杯奖";钢筋混凝土用热轧带肋钢筋产品被国家质量监督检验检疫总局列为国家免检产品,并被中国品牌发展促进委员会授予中国驰名品牌;中厚板和钢筋混凝土用热轧带肋钢筋被列为江苏省质量信得过产品。公司全部钢材产品设计、开发和生产的质量管理体系通过中国冶金工业质量体系认证中心的ISO9001:2000标准认证。

(一)主营业务收入、主营业务利润构成情况

报告期内公司主营业务收入按品种分为钢材、钢坯和生铁、焦化副产品及煤气等的销售收入,收入和利润的构成情况如下:

(单位:元)

品种	主营业务收入	主营业务利润
钢材	3,573,839,604.45	468,977,882.31
钢坯、生铁	1,007,602,254.78	31,375,747.12
焦化副产品	37,897,064.21	2,235,633.04
煤气	25,249,822.16	2,128,154.91
其他	20,674,346.95	7,144,985.10
合计	4,665,263,092.55	511,862,402.48

说明:按行业划分,本公司主营业务收入全部来自于黑色金属冶炼及压延加工业;按地区划分,本公司主营业务收入的99%以上来自于华东地区。

(二)公司主要产品及市场占有率情况

报告期内,占公司主营业务收入10%以上产品的具体情况如下:

(单位:元)

产品名称	主营业务收入	主营业务成本	毛利率
棒材	915,534,410.50	876,139,171.26	4.30%
钢带	739,482,812.39	687,084,448.65	7.09%
中板	1,918,822,381.56	1,524,477,032.22	20.55%
其中:船板	548,379,997.19	437,567,976.05	20.21%
钢坯、生铁	1,007,602,254.78	971,388,144.79	3.59%

本公司棒材产品在南京地区的市场占有率为37%,比去年提高两个百分点,在南京市重点工程项目中使用量保持60%以上;船板销售量位居全国第三位,约占全国船板总销售量的16.70%。

(三)报告期内公司主营业务及其结构、主营业务盈利能力较前一报告期未发生重大变化。

三、主要控股公司及参股公司的经营情况及业绩

公司无控股子公司,也不存在对公司净利润影响达到10%以上的参股公司。

四、主要供应商、客户情况

报告期内公司向前五位供应商的采购金额合计为173,187.44万元,占年度采购总额的44.80%;公司向前五位客户的销售金额合计为131,420.06万元,占年度销售收入的28.17%。

五、生产经营中出现的问题及解决方案

报告期内,公司经营面临的突出问题有以下二个方面:一是国内钢铁产品的结构性矛盾十分突出,公司部分产品面临激烈的市场竞争。二是国家进一步加大对煤炭行业的宏观调控力度,关井压产,煤、焦价格持续攀升,公司运营成本增加。

针对上述问题与困难,公司采取以下措施积极应对:

(一)继续深挖潜力,稳步提高生产水平。报告期,本公司铁、钢、材产量均创造了历史最好水平。高炉平均利用系数达到3.26,钢产量较去年同期净增12.18万吨,中板产量跨上了80万吨的台阶,达82.22万吨。

(二)优化品种结构,加强质量管理。充分发挥"产、销、研"一体化专职推进机制的优势,加大品种开发和推介的力度,报告期内成功开发了13个技术含量高、工艺难度大、市场前景好的新产品。全年生产品种钢55.78万吨、品种材67.20万吨。同时,严肃工艺纪律,强化质量跟踪管理,有力地提高了产品的市场形象。

(三)完善销售体制,优化资源配置。全年销售钢材167.11万吨,实现产销率、资金回笼率两个100%的目标。

八、监事会报告

第一节 监事会工作情况

报告期内,公司监事会共召开了五次会议。

一、公司第一届监事会第七次会议于2002年3月20日在南钢宾馆召开,审议通过如下事项:

1、监事会工作报告;

2、关于监事会换届选举的议案;

3、关于修订《监事会议事规则》的议案。

本次监事会决议公告刊登于2002年3月22日《中国证券报》和《上海证券报》。

二、公司第一届监事会第八次会议于2002年4月18日在南钢宾馆召开,审议通过了《二〇〇二年第一季度季度报告》。

《二〇〇二年第一季度季度报告》刊登于2002年4月24日《中国证券报》和《上海证券报》。

三、公司第二届监事会第一次会议于2002年4月23日在南钢宾馆召开,选举吕庆明先生为公司第二届监事会主席。

本次监事会决议公告刊登于2002年4月24日《中国证券报》和《上海证券报》。

四、公司第二届监事会第二次会议于2002年6月26日在南钢宾馆召开,审议通过了《关于建立现代企业制度自查报告的议案》。

公司建立现代企业制度自查报告刊登于2002年6月28日《中国证券报》和《上海证券报》。

五、公司第二届监事会第三次会议于2002年8月8日在南钢宾馆召开,审议通过了《二〇〇二年半年度报告》及《二〇〇二年半年度报告摘要》。

《二00二年半年度报告摘要》刊登于2002年8月12日《中国证券报》和《上海证券报》。

第二节 监事会的独立意见

一、公司依法运作情况

监事会对公司依法运作情况进行了检查和监督。监事会认为:报告期内,公司按照《上市公司治理准则》、《上市公司股东大会规范意见》和《关于在上市公司建立独立董事制度的指导意见》等规范性文件的要求,以《公司章程》为龙头,建立并完善了基本管理制度和专业管理制度体系,建立了董事会专门委员会。公司决策程序合法,董事、经理层能够严格按照国家有关法律、法规和《公司章程》的规定开展各项工作,正确地行使自己的职权,奉公守法,勤勉尽责,未发现其在执行职务时违反法律、法规及《公司章程》的规定,未发现损害公司利益的行为。

二、检查公司的财务状况

监事会认为:报告期内,公司财务内控制度健全,执行有效;财务结构合理,财务状况良好。公司2002年度财务报告公允反映了公司2002年度的财务状况和经营成果。江苏天衡会计师事务所有限公司已对本公司出具了标准无保留意见的审计报告。

三、对募集资金使用情况的监督

公司前次募集资金除变更项目外,实际投入项目和承诺投入项目一致。公司为调整产品结构,提高竞争力,增强发展后劲,变更了前次募集资金36,624.07万元,已大部分投入宽中厚板(卷)工程项目。公司监事会认为:募集资金变更程序合法,宽中厚板(卷)工程项目起点高、技术新,有利于公司的长远发展。

四、对内幕交易情况监督

监事会未发现内幕交易及公司有损害股东利益或造成公司资产流失的行为。

五、关于关联交易

监事会认为:报告期内,公司各项关联交易协议/合同的执行,遵循了"公平、公正、公允"和"有偿服务"的原则,没有损害公司和全体股东的利益。

九、重要事项

一、报告期内公司无重大诉讼、仲裁事项。

二、报告期内公司无收购及出售资产、吸收合并事项。

三、重大关联交易事项

(一)关联方交易

报告期,公司与有关联方发生的重大关联交易事项如下:

关联方名称	交易内容	定价原则
一、向关联方销售商品		
南钢集团公司	煤气	成本加成
钢坯　市场价		
南京钢铁有限公司	进口矿粉等	市场价
南钢集团经销公司	钢材	市场价
南京金腾钢铁有限公司	铁水	市场价
江苏南钢宝兴钢铁有限公司	钢坯	市场价
合计	--	--
二、向关联方采购商品		
南	水	成本加成
钢	电	成本加成
集	蒸汽	成本加成
团	氩气	成本加成
公	氧气	成本加成
司	氮气	成本加成
南京钢铁有限公司	球团矿	市场价
南钢集团冶	石灰	市场价
山矿业有限公司	白云石	市场价
精矿粉　市场价		
原矿粉　市场价		
张家港保税区汇达实业公司	钢坯	市场价
南京金腾钢铁有限公司	钢坯	市场价
合计	--	--
三、接受关联方提供的劳务及租赁资产		
铁路运输劳务　成本加成		
公路运输劳务　成本加成		
煤气加工　成本加成		
南钢集团公司	接受综合服务劳务	协议价
南京钢铁有限公司	混匀料加工	成本加成
南钢集团机械制造有限公司	接受机修劳务	市场价
南钢集团国际经济贸易有限公司	委托代理进出口	协议价
南钢集团建设有限公司	工程维修	市场价
合计	--	--

关联方名称	交易内容	交易金额(元)
一、向关联方销售商品		
南钢集团公司	煤气	25,311,419.93
钢坯　449,759,170.26		
南京钢铁有限公司	进口矿粉等	140,312,886.12
南钢集团经销公司	钢材	58,272,030.00
南京金腾钢铁有限公司	铁水	214,376,660.40
江苏南钢宝兴钢铁有限公司	钢坯	341,218,379.94
合计	--	1,229,250,546.65
二、向关联方采购商品		
南	水	118,736,805.47
钢	电	221,489,718.76
集	蒸汽	24,389,239.33
团	氩气	2,667,060.00
公	氧气	148,699,077.19
司	氮气	4,477,920.60
南京钢铁有限公司	球团矿	350,957,880.00
南钢集团冶	石灰	9,357,186.62
山矿业有限公司	白云石	13,383,733.70
精矿粉　18,773,163.06		
原矿粉　11,007,658.92		
张家港保税区汇达实业公司	钢坯	2,144,096.89

南京金腾钢铁有限公司	钢坯	374,247,763.60
合计	--	1,300,331,304.14

三、接受关联方提供的劳务及租赁资产

铁路运输劳务	48,263,545.49	
公路运输劳务	19,299,531.08	
煤气加工	43,934,608.02	
南钢集团公司	接受综合服务劳务	22,149,800.00
南京钢铁有限公司	混匀料加工	69,050,243.60
南钢集团机械制造有限公司	接受机修劳务	22,283,172.27
南钢集团国际经济贸易有限公司	委托代理进出口	2,037,139.53
南钢集团建设有限公司	工程维修	15,040,601.55
合计	--	242,058,641.54

十、财务会计报告

第一节 审计报告

审计报告

天衡审字(2003)36 号

南京钢铁股份有限公司全体股东：

我们接受委托，审计了贵公司2002 年 12 月 31 日的资产负债表及 2002 年度的利润及利润分配表和 2002 年度的现金流量表。这些会计报表由贵公司负责，我们的责任是对这些会计报表发表审计意见。我们的审计是依据中国注册会计师独立审计准则进行的。在审计过程中，我们结合贵公司的实际情况，实施了包括抽查会计记录等我们认为必要的审计程序。

我们认为，上述会计报表符合《企业会计准则》和《企业会计制度》的有关规定，在所有重大方面公允地反映了贵公司2002 年 12 月 31 日的财务状况、2002 年度的经营成果和 2002 年度的现金流量情况，会计处理方法的选用遵循了一贯性原则。

江苏天衡会计师事务所有限公司　　中国注册会计师：虞丽新

2003 年 2 月 17 日　　中国注册会计师：孙　伟

第二节 会计报表

资产负债表

2002 年 12 月 31 日

编制单位：南京钢铁股份有限公司　　单位：人民币元

资产	注释	期末数	年初数
流动资产			
货币资金	1	910,516,315.03	799,000,833.42
短期投资			
应收票据	2	288,437,281.67	152,079,932.09
应收股利			
应收利息			
应收帐款	3	194,919,351.21	218,933,792.75
其他应收款	4	4,094,752.09	12,937,330.35
预付账款	5	149,542,157.77	131,075,672.49
应收补贴款	6	449,289.87	
存货	7	457,675,058.03	407,947,539.78
待摊费用	8	18,009,498.42	17,752,512.70
一年内到期的长期债权投资			
其他流动资产			
流动资产合计		2,023,643,704.09	1,739,727,613.58
长期投资：			
长期股权投资	9	17,590,000.00	16,840,000.00
长期债权投资			
长期投资合计		17,590,000.00	16,840,000.00
固定资产：			
固定资产原值	10	1,736,695,002.09	1,665,751,107.51
减：累计折旧	10	992,214,847.30	871,507,912.30
固定资产净值	10	744,480,154.79	794,243,195.21
减：固定资产减值准备	10	24,806,721.10	16,427,029.72
固定资产净额		719,673,433.69	777,816,165.49
工程物资	11	252,507,383.22	
在建工程	12	194,978,100.38	46,311,541.98
固定资产清理			
固定资产合计		1,167,158,917.29	824,127,707.47
无形资产及其他资产：			
无形资产			
长期待摊费用	13	1,320,959.20	1,501,090.00
其他长期资产			
无形资产及其他资产合计		1,320,959.20	1,501,090.00
递延税项：			
递延税款借项			
资产总计		3,209,713,580.58	2,582,196,411.05

资产负债表（续）

2002 年 12 月 31 日

编制单位：南京钢铁股份有限公司　　单位：人民币元

负债和股东权益	注释	期末数	年初数
流动负债：			
短期借款	14	323,000,000.00	135,000,000.00
应付票据			
应付帐款	15	337,408,839.92	355,084,089.21
预收账款	16	104,530,969.42	51,540,672.13
应付工资	17	111,193,825.77	114,890,214.54
应付福利费		81,324,655.47	76,812,817.00
应付股利	18	100,800,000.00	100,800,000.00
应交税金	19	-17,939,866.91	-8,567,883.14
其他应交款			
其他应付款	20	6,304,794.11	18,004,458.08
预提费用	21	422,980.00	417,938.00
预计负债			
一年内到期的长期负债	22	25,000,000.00	113,000,000.00
其他流动负债			
流动负债合计		1,072,046,197.78	956,982,305.82
长期负债：			
长期借款	23	395,140,161.00	25,041,875.00
应付债券			
长期应付款			
专项应付款			
其他长期负债			
长期负债合计		395,140,161.00	25,041,875.00
递延税项：			
递延税款贷项			
负债合计		1,467,186,358.78	982,024,180.82
股东权益			
股本	24	504,000,000.00	504,000,000.00
减：已归还投资			
股本净额		504,000,000.00	504,000,000.00
资本公积	25	797,780,259.57	797,780,259.57
盈余公积	26	184,037,152.22	123,248,404.32
其中：法定公益金		39,651,521.00	27,493,771.42
未分配利润	27	256,709,810.01	175,143,566.34
股东权益合计		1,742,527,221.80	1,600,172,230.23
负债和股东权益总计		3,209,713,580.58	2,582,196,411.05

利润及利润分配表

2002 年度

编制单位：南京钢铁股份有限公司单位：人民币元

项目	注释	本年累计数	上年同期数
一、主营业务收入	28	4,665,263,092.55	4,001,026,137.19
减：主营业务成本	28	4,130,998,759.54	3,618,815,458.87
主营业务税金及附加	29	22,401,930.53	12,371,773.60
二、主营业务利润		511,862,402.48	369,838,904.72
加：其他业务利润		535,428.29	3,251,879.08
减：营业费用		28,077,866.80	32,899,577.02
管理费用	30	89,182,910.06	91,951,119.41
财务费用	31	-5,420,191.43	2,036,058.72
三、营业利润		400,557,245.34	246,204,028.65
加：投资收益			
补贴收入			
营业外收入		891,890.26	516,443.80
减：营业外支出	32	10,840,448.60	5,251,139.80
四、利润总额		390,608,687.00	241,469,332.65
减：所得税		147,453,695.43	35,283,458.45
五、净利润		243,154,991.57	206,185,874.20
加：年初未分配利润		175,143,566.34	205,304,160.69
其他转入			-
六、可供分配的利润		418,298,557.91	411,490,034.89
减：提取法定盈余公积		24,315,499.16	20,618,587.42
提取法定公益金		12,157,749.58	10,309,293.71
七、可供投资者分配的利润		381,825,309.17	380,562,153.76
减：应付优先股股利			-
提取任意盈余公积		24,315,499.16	20,618,587.42
应付普通股股利		100,800,000.00	100,800,000.00
转作股本的普通股股利			84,000,000.00
八、未分配利润		256,709,810.01	175,143,566.34

现金流量表

2002 年度

编制单位：南京钢铁股份有限公司单位：人民币元

项目	注释	金额
一、经营活动产生的现金流量：		
销售商品、提供劳务收到的现金		5,668,183,313.99
收到的税费返还		-
收到的其他与经营活动有关的现金		27,640,607.57
现金流入小计		5,695,823,921.56
购买商品、接受劳务支付的现金		4,845,272,373.38
支付给职工以及为职工支付的现金		200,756,598.69
支付的各项税费		361,480,352.72
支付的其他与经营活动有关的现金	32	45,807,462.61
现金流出小计		5,453,316,787.40
经营活动产生的现金流量净额		242,507,134.16
二、投资活动产生的现金流量：		
收回投资所收到的现金		
取得投资收益所收到的现金		
处置固定资产、无形资产和其他长期资产而收到的现金净		1,130,447.42
收到的其他与投资活动有关的现金		
现金流入小计		1,130,447.42
购建固定资产、无形资产和其他长期资产所支付的现金		476,914,161.37
投资所支付的现金		750,000.00
支付的其他与投资活动有关的现金		
现金流出小计		477,664,161.37
投资活动产生的现金流量净额		-476,533,713.95
三、筹资活动产生的现金流量：		
吸收投资所收到的现金		
借款所收到的现金		469,495,700.00
收到的其他与筹资活动有关的现金		
现金流入小计		469,495,700.00
偿还债务所支付的现金		0.00
分配股利、利润或偿付利息所支付的现金		123,953,638.60
支付的其他与筹资活动有关的现金		
现金流出小计		123,953,638.60
筹资活动产生的现金流量净额		345,542,061.40
四、汇率变动对现金的影响额		
五、现金及现金等价物净增加额		111,515,481.61

湖北三峡新型建材股份有限公司

湖北三峡新型建材股份有限公司2002年年度报告

一、重要提示

本公司董事会及其董事保证本报告所载资料不存在任何虚假记载、误导性陈述或者重大遗漏，并对其内容的真实性、准确性和完整性负个别及连带责任。

公司负责人董事长吕宗林先生、主管会计工作负责人财务总监刘玉春、会计机构负责人财务部经理刘逸民声明：保证年度报告中财务报告的真实、完整。

二、公司简介

(一)公司法定中文名称：湖北三峡新型建材股份有限公司
英文名称：Hubei Sanxia New Building Materials Co.,Ltd
(二)公司法定代表人：吕宗林
(三)公司董事会秘书：张光春　授权代表：张金奎
联系地址：湖北省当阳市经济技术开发区
联系电话：0717-3280108　传真：0717-8934018
电子信箱：SXZGC@163.net
(四)公司注册地址：湖北省当阳市经济技术开发区
公司办公地址：湖北省当阳市经济技术开发区
电子信箱：dysxxz@163.net　邮政编码：444105
(五)公司选定的信息披露报纸：《中国证券报》、《上海证券报》、《证券时报》
证监会指定的公司登载年度报告的国际互联网网址：http://www.sse.com.cn
公司年度报告备置地点：公司董事会秘书室
(六)公司股票上市交易所：上海证券交易所
股票简称：三峡新材　股票代码：600293
(七)其他有关资料
公司首次注册时间：1993年3月26日注册资本：12,000万元
注册地点：湖北省当阳市经济技术开发区
变更注册登记情况
(1)、1997年1月15日，变更注册资本登记，变更后的注册资本为15,600万元。
(2)、1997年4月28日，变更名称登记，公司变更为现名。
(3)、2000年9月5日，变更注册资本登记，变更后的注册资本为21,100万元。
(4)、2002年7月15日，变更注册资本登记，变更后的注册资本为27,430万元。
营业执照注册号：4200001000025　税务登记号码：420582182793748
公司聘请的会计事务所名称：中勤万信会计师事务所
办公地址：湖北省武汉市武昌东湖路7-8号

三、会计数据和业务数据摘要

(一)二00二年度主要利润指标情况：　(单位：人民币元)

项目	金额
1、利润总额：	12,962,111.97
2、净利润：	8,555,581.87
3、扣除非经常性损益后的净利润：	4,253,944.80
4、主营业务利润：	55,102,725.67
5、其他业务利润：	322,420.34
6、营业利润：	5,905,409.15
7、投资收益：	1,882,104.68
8、补贴收入：	--
9、营业外收支净额：	5,174,598.14
10、经营活动产生的现金流量净额：	14,913,126.33
11、现金及现金等价物净增加额：	-7,815,537.12

扣除非经常性损益项目及金额为：收取的资金占用费861,452.31元，营业外收入5,394,927.32元，营业外支出220,329.18元。扣税后营业外收支净额为3,440,184.76元。

(二)截止报告期末近三年主要会计数据和财务指标

指标项目	2002年
1、主营业务收入(元)	357,358,559.41
2、净利润(元)	8,555,581.87
3、总资产(元)	1,141,449,429.11
4、股东权益(不含少数股东权益)(元)	726,188,953.26
5、每股收益(元/股)(摊薄)	0.0312
6、每股收益(元/股)(加权)	0.0360
7、每股净资产(元/股)	2.647
8、调整后的每股净资产(元/股)	2.640
9、每股经营活动产生的现金流量净额(元/股)	0.054
10、净资产收益率(%)(摊薄)	1.18
11、净资产收益率(%)(加权)	1.19

指标项目	2001年
1、主营业务收入(元)	260,174,212.86
2、净利润(元)	29,962,236.67
3、总资产(元)	1,093,179,935.37
4、股东权益(不含少数股东权益)(元)	717,445,482.38
5、每股收益(元/股)(摊薄)	0.1420
6、每股收益(元/股)(加权)	0.1420
7、每股净资产(元/股)	3.400
8、调整后的每股净资产(元/股)	3.390
9、每股经营活动产生的现金流量净额(元/股)	0.210
10、净资产收益率(%)(摊薄)	4.18
11、净资产收益率(%)(加权)	4.23

指标项目	2000年
1、主营业务收入(元)	232,408,416.16
2、净利润(元)	43,411,017.19
3、总资产(元)	1,013,197,285.54
4、股东权益(不含少数股东权益)(元)	692,758,245.71
5、每股收益(元/股)(摊薄)	0.206
6、每股收益(元/股)(加权)	0.2107
7、每股净资产(元/股)	3.28
8、调整后的每股净资产(元/股)	3.27
9、每股经营活动产生的现金流量净额(元/股	-0.066
10、净资产收益率(%)(摊薄)	6.27
11、净资产收益率(%)(加权)	13.36

四、股本变动及股东情况

(一)股东情况介绍

1、本公司报告期末股东总数为27059户。

2、前10名股东持股情况表(单位：万股)

股东名称(全称)	年度内增减	年末持股数量	比例(%)
当阳市国资局	+2077.14	9000.94	32.81
当阳市国中安投资有限公司	+666.90	2889.9	10.53
海南宗宣达投资有限公司	+600.00	2600	9.47
湖北荆玻(集团)玻璃总厂	+84	364	1.33
湖北应城石膏矿	+61.83	267.93	0.98
上海邦联投资有限公司	+60	260	0.95
国家建材局蚌埠玻璃工业设计研究院	+58.5	253.5	0.92
当阳电力联营公司	+50.7	219.7	0.80
万维实业		200.3681	0.73
福建土木开发总公司	+39	169	0.62

股东名称(全称)	股份类别(已流通或未流通)	质押或冻结的股份数量	股东性质
当阳市国资局	未流通	质押4000万股	国家股
当阳市国中安投资有限公司	未流通	质押2223万股	法人股
海南宗宣达投资有限公司	未流通	质押2000万股	法人股
湖北荆玻(集团)玻璃总厂	未流通	不详	法人股
湖北应城石膏矿	未流通	不详	法人股
上海邦联投资有限公司	未流通	不详	法人股
国家建材局蚌埠玻璃工业设计研究院	未流通	不详	法人股
当阳电力联营公司	未流通	不详	法人股
万维实业	已流通	不详	流通股
福建土木开发总公司	未流通	不详	法人股

注：(1)　前十大股东中国有法人股股东当阳市国资局与其他法人股股东及流通股股东之间不存在关联关系，也不属于《上市公司持股变动信息披露管理办法》中规定的一致行动人；本公司未知其他流通股股东是否存在关联关系，也未知其他流通股股东是否属于《上市公司持股变动信息披露管理办法》中规定的一致行动人。

(2)前三名股东持股超过5%，报告期内，由于实施上期分配方案，前三名股东所持股份数相应增加，但持股比例未变。

(3)报告期内，本公司第一大股东当阳市国有资产管理局因招商引资基础设施建设向中国建设银行当阳市支行贷款4000万元人民币，将所持本公司4000万股国家股质押给中国建设银行当阳市支行，质押贷款期为2002年12月26日至2003年12月30日。

(4)报告期内，本公司第二大股东当阳市国中安投资有限公司和第三大股东海南宗宣达实业投资有限公司向深圳市商业银行东门支行贷款进行了续期，并继续分别用所持本公司2223万法人股、2000万法人股为贷款进行质押担保，期限为2002年10月29日至2003年10月28日。

3、公司控股股东情况

当阳市国资局持有本公司9000.94万股，占公司总股本的32.81%，为本公司控股股东，其所持股份授权宜昌当玻集团有限责任公司管理。宜昌当玻集团有限责任公司注册资本12531万元人民币，注册时间为1997年8月26日，法定代表人：吕宗林，该公司主营浮法玻璃及玻璃深加工产品的生产、销售；与建材行业相关的科研、设计、开发；设备制造、安装；经营本企业自产产品及技术的出口业务等。

4、其他持股10%以上的法人股东情况

当阳市国中安投资有限公司持有本公司2889.9万股，占公司总股本的10.53%，为本公司的第二大股东，该公司注册资本4180万元人民币，法定代表人：陈智，主营实业投资(国家政策禁止的除外)。

5、报告期内公司控股股东未发生变化。

五、董事、监事高级管理人员和员工情况

(一)公司管理层情况

1、董事、监事及高级管理人员

姓名	职务	性别	年龄	任期起止日期
吕宗林	董事长	男	55	2002.4-2005.4
杨震	董事、总经理	男	50	2002.4-2005.4
李伟	董事	男	38	2002.4-2005.4
张金奎	董事	男	38	2002.4-2005.4
李钢	董事	男	35	2002.4-2005.4
朱晓军	董事	男	40	2002.4-2005.4
刘玉春	董事、财务总监	男	45	2002.4-2005.4
莫少霞	独立董事	女	35	2002.4-2005.4
梅慎实	独立董事	男	39	2002.4-2005.4
李可维	监事会主席	男	39	2002.4-2005.4
陈广文	监事	男	43	2002.4-2005.4
文革	监事	男	36	2002.4-2005.4
张光春	董事会秘书	男	40	2002.4-2005.4
徐麟	副总经理	男	33	2002.4-2005.4
万里	副总经理	男	41	2002.4-2005.4
尹红	副总经理	男	38	2002.4-2005.4
罗晓光	副总经理	男	36	2002.4-2005.4

姓名	年初持股数	年末持股数	变动原因
吕宗林	5000	6500	送股及转增

杨震	1000	1300	送股及转增
李伟			
张金奎			
李钢			
朱晓军	2000	2600	送股及转增
刘玉春	11000	14300	送股及转增
莫少霞			
梅慎实			
李可维			
陈广文			
文革			
张光春	2300	2990	送股及转增
徐麟	2000	2600	送股及转增
万里	1000	1300	送股及转增
尹红	1000	1300	送股及转增
罗晓光	2000	2600	送股及转增

注:报告期内,公司部分董事、高级管理人员因公司送转股份,所持股份发生变化,其所持本公司股份均已锁定。

在股东单位任职董事、监事情况:

姓名	任职单位	职务
吕宗林	宜昌当玻集团有限责任公司	总经理
杨震	宜昌当玻集团有限责任公司	董事
朱晓军	宜昌当玻集团有限责任公司	党委副书记
李钢	海南宗宣达实业投资有限公司	总裁助理

2、年度报酬情况

(1)年度报酬的决策程序、确定依据

根据公司第三届第八次董事会和第三届第六次监事会决议(公告见2002年3月28日《中国证券报》、《上海证券报》、《证券时报》),不在公司领取报酬的董事、监事按董事为12000元/年、独立董事18000元/年、监事9600元/年发放年度津贴;在公司领取报酬的董事、监事和高管人员按月度工资和年度奖励两部分发放,其中,月度工资执行浮动式岗位技能工资制,年度奖励依据年初制订的生产经营目标责任书及实际完成情况兑现。

(二)公司员工数量、专业构成和教育程度等情况

截止报告期末,本公司共有员工1568人。其中:

按结构分类	生产人员	销售人员	技术人员	财务人员	管理人员
人数	1234	54	95	35	89
所占比例	78.70%	3.44%	6.06%	2.23%	5.68%

上述人员中,中专学历417人,大专学历167人,本科学历22人,研究生3人;离退休人员61人。根据国家社会保障有关文件规定,公司离退休人员的离退休费均由当地社会保险管理机构统一支付。

本公司根据业务发展需要,常年对员工进行定期或不定期培训。公司实行了全员劳动合同制和浮动式的岗位技能工资制。职工工资、福利按国家和地方政府有关规定执行,职工社会保险按照国家社会保障有关文件规定,参加社会养老保险统筹,实行企业和个人共同负担。

六、公司治理结构

(一)法人治理结构情况

2002年,公司严格按照《公司法》、《证券法》以及中国证监会有关法律法规的要求,顺利完成了董事会、监事会的换届选举工作,进一步完善了法人治理结构和现代企业制度的建设。报告期内,公司按照《上市公司治理准则》等规范性文件的要求,修订完善了《公司章程》、《股东大会议事规则》、《董事会议事规则》、《监事会议事规则》、《董事会秘书工作细则》、《信息披露管理条例》等规章制度,并于2002年6月21日完成了《上市公司建立现代企业制度自查报告》。2002年度公司治理的主要内容如下:

1、关于股东与股东大会:公司按照《上市公司股东大会规范意见》的要求,规范实施股东大会的召集、召开和议事程序;能够确保股东的合法权益,确保所有股东特别是中小股东享有平等地位,确保所有股东能够充分行使自己的权利;对关联交易的决策和程序有明确的规定,关联交易公平合理、披露充分。

2、关于控股股东与上市公司的关系:公司控股股东通过股东大会依法行使出资人权利,没有利用其控股股东地位直接或间接干预公司的决策和经营活动;公司与控股股东在人员、资产、财务、机构和业务方面做到了"五分开",公司董事会、监事会和内部机构能够独立运作。

3、关于董事与董事会:报告期内,公司严格按照《公司章程》的有关规定,进行了董事的换届选举,选聘程序规范、合法;公司董事会的人数和构成符合法律法规;公司董事会修订完善了《董事会议事规则》,公司董事能够以认真负责的态度出席董事会和股东大会,熟悉有关法律法规,了解作为董事的权利、义务和责任,能履行勤勉诚信义务,维护公司整体利益及中小股东的权益。

4、关于监事与监事会:公司监事会的人数和人员构成符合法律法规和《公司章程》的规定,公司监事会修订完善了《监事会议事规则》,公司监事能够本着对股东负责的态度认真履行自己的职责,对公司财务以及董事、经理和其他高级管理人员履行职责的合法合规性进行监督。

5、关于绩效评价与激励约束机制:公司正进一步健全公正、透明的董事、监事和经理人员的绩效评价标准与激励约束机制;经理人员评聘公开、透明,符合法律法规的规定。

6、关于相关利益者:公司能够充分尊重和维护银行及其他债权人、职工等其他相关利益者的合法权益,共同推进公司持续、健康的发展。

7、关于信息披露与透明度:公司修订完善了《信息披露管理条例》,指定董事会秘书负责信息披露工作、接待股东来访和咨询,与股东充分沟通;公司能够严格按照法律、法规和《公司章程》的规定,真实、准确、完整、及时地披露有关信息,并确保所有股东享有平等的机会获得信息。

严格对照《上市公司治理准则》,目前,公司在法人治理结构上还有待进一步完善:

(1)董事会成员中虽已聘任两名独立董事,一位财务专家,一位法律专家,但独立董事人数在董事会中的比例未达到三分之一,尚差一名独立董事。公司现正在选聘新的独立董事候选人,2003年6月底之前完成另一名独立董事的选聘工作。

(2)2003年上半年公司将按照《上市公司治理准则》的要求,进一步修订完善董事、监事和经理人员的绩效评价标准和激励约束机制。

(二)独立董事情况

公司于2002年4月29日聘请了梅慎实先生、莫少霞女士为公司独立董事。自独立董事任职以来,能够按照有关法律法规的要求履行自己的职责,以认真负责的态度积极参与公司各项重大决策及日常经营活动,积极维护中小股东的利益。

(三)公司与控股股东在业务、人员、资产、机构、财务上的分开情况

1、在业务方面,公司拥有独立、完整的生产系统、销售系统、供应系统,但在非经营辅助性服务方面与控股股东存在关联交易,交易完全按市场条件进行,且通过签订《综合服务合同》对关联交易进行规范,因此上述关联交易对本公司经营没有影响。

2、在人员方面,公司拥有完全独立于控股股东的劳动、人事及工资管理等行政管理机构,拥有单独的办公机构和生产经营场所,公司在劳动、人事及工资管理等方面独立,公司总经理、副总经理及其他高级管理人员均在本公司领取报酬,未在控股股东单位领取报酬。

3、在资产方面,本公司上述业务系统的资产完整、独立,并拥有工业产权、商标和非专利技术。

4、在机构方面,本公司机构完整,现为"八部一室"。即:公司办公室、企业管理部、财务部、证券部、营销部、物资管理部、平板玻璃事业部、加工玻璃事业部和创新发展部(技术中心),董事会下设了战略委员会、审计委员会等专业委员会。

5、在财务方面,本公司财务完全独立,设有独立的财会部门,并建立了独立会计核算体系和财务管理制度,独立在银行开户,独立缴税。

(四)公司对高级管理人员的考评及激励机制和相关奖励制度

为促进公司可持续发展和维护股东的长期利益,公司内部已初步建立了对高级管理人员的考评及激励机制和相关奖励制度:

1、考评机制:公司董事会按年度对公司高级管理人员的业绩和履行职务情况进行考评,并建立考评档案作为下一界任免的依据。

2、激励机制:公司对高级管理人员实行年终奖金制,根据工作业绩确定年度奖。此外,公司计划年内实行高级管理人员年薪制。

七、股东大会简介

(一)2001年年度股东大会简介

公司就2001年年度股东大会的召开于2002年3月28日将2001年年度股东大会的召开时间、会议地点、会议议题、出席对象、登记办法及其他相关董事会决议、2001年年度股东大会会议通知以公告的方式刊登在《中国证券报》、《上海证券报》和《证券时报》上。

公司于2002年4月29日召开了2000年年度股东大会,出席本次股东大会的股东和股东代表共10人,代表股份数111511400股,占公司总股本的52.85%,符合《公司法》和《公司章程》的规定。会议以记名投票表决方式,逐项表决并通过如下决议:

1、审议通过公司2001年度董事会工作报告;

2、审议通过公司2001年度监事会工作报告;

3、审议通过公司2001年度财务决算报告;

4、审议通过公司2001年度利润分配预案:为了兼顾公司的长远发展和回报股东,本次分配采取送红股和派发现金红利的方式进行,以2001年末总股本21100万股为基数,向全体股东按每10股送1股红股并派发现金红利0.25元(含税),本次共分配股利26,375,000.00元,剩余9,125,351.17元结转以后年度分配;同时以2001年末总股本21100万股为基数,用资本公积金向全体股东按每10股转增股本2股,共计转增股本4220万股;

5、表决通过选举公司第四届董事会董事的议案;

6、审议通过选举公司第四届监事会监事的议案;

7、审议通过修改《公司章程》的议案;

8、审议通过关于董事、监事报酬事项的议案;

9、审议通过公司《股东大会议事规则》;

10、审议通过公司《董事会议事规则》;

11、审议通过公司《监事会议事规则》;

12、审议通过续聘中勤万信会计师事务所为公司2002年度财务报告审计机构及支付审计费用的议案;

本次股东大会决议于2001年4月30日在《中国证券报》、《上海证券报》和《证券时报》上刊登。

(二)本年度临时股东大会简介

公司就本年度临时股东大会的召开于2002年6月22日将临时股东大会(通讯表决方式)的召开时间、会议地点、会议议题、出席对象、登记办法及其他相关董事会决议、临时股东大会会议通知以公告的方式刊登在《中国证券报》、《上海证券报》和《证券时报》上。

公司于2002年7月31日以通讯表决方式召开了临时股东大会。至2002年7月30日本次会议表决截止日,大会共收到有效表决票12张,代表股份144957865股,占公司总股本的52.85%,符合《公司法》和《公司章程》的有关规定,会议审议并通过了公司关于投资建设光催化超亲水二氧化钛基薄膜自洁玻璃生产线的议案(项目具体情况和临时股东大会决议公告分别见2002年4月30日、2002年8月1日《中国证券报》、《上海证券报》及《证券时报》)。

(三)报告期内公司董事、监事变化情况

报告期内,鉴于公司第三届董事会、第三届监事会任期已满,经公司三届八次董事会推荐,并经2002年3月29日公司2001年度股东大会审议通过,选举吕宗林先生、杨震先生、张金奎先生、李伟先生、李钢先生、朱晓军先生、刘玉春先生、梅慎实先生、莫少霞女士为公司董事,其中梅慎实先生和莫少霞女士为独立董事;选举李可维先生、陈广文先生为公司监事,与公司职工代表大会选举产生的职工监事文革先生共同组成公司第四届监事会。

八、董事会报告

(一)公司经营情况

1 、公司所处的行业及公司在本行业中的地位

公司主营平板玻璃及玻璃深加工制品,属建材行业。公司是湖北省最大的平板玻璃及玻璃深加工生产企业,目前已形成年产浮法玻璃600万重箱以上的生产能力。根据中国建筑材料工业协会信息部提供的数据,公司生产的浮法玻璃在全国的市场占有率由上年的2.16%上升到4.09%。

2 、公司主营业务的范围及经营情况

公司主营业务范围为平板玻璃及玻璃深加工制品、石膏及制品的生产和销售,新型建材的研制、开发与生产销售,其他建材及非金属矿产品销售。一年来,董事会认真履行职责,竭力落实股东大会决议,指导、督促经营层以强化募集资金新建成项目管理为重点,不断深化了企业内部改革,完善了法人治理结构,提高了产品质量,调整了产品结构,但由于所属行业重油、纯碱等原材料价格不断上涨,主导产品浮法玻璃销价不断下滑,生产经营较为困难。报告期内,公司完成主营业务收入357,358,559.41元,同比增长37.35%;实现主营业务利润55,102,725.67元,同比下降9.65%;实现净利润8,555,581.87元,同比下降了71.45%,未能全面完成各项经营目标。对此,公司董事会诚恳地向全体股东致歉。

公司主营业务构成情况如下:

(1)按行业和产品划分 (单位:人民币元)

品名	主营业务收入 金额	比例	主营业务利润 金额	比例
浮法玻璃	353,104,945.95	98.81%	56,012,935.31	101.65%
瓶子	2,523,984.00	0.71%	-601,128.77	-1.09%
强化玻璃制品	1,729,629.46	0.48%	-309,080.87	-0.56%
合计	357,358,559.41	100%	55,102,725.67	100%

(2)主要产品及市场占有率情况

品名	产品销售收入	产品销售成本	毛利率%	市场占有率%
浮法玻璃	353,104,945.95	294,617,957.87	16.56	4.09

3、公司控股子公司的经营情况

(1)公司持有宜昌当玻硅矿有限责任公司95.53%的股份。该公司注册资本3779万元,主要经营硅砂洗选、加工及销售。截止报告期末,该公司总资产4481万元,完成销售收入1401万元,实现净利润34万元,同比减少73万元。

(2)公司持有深圳市德尊科技创业投资有限公司47.36%的权益。该公司注册资本7600万元人民币,主要投资高新技术产业和其他技术创新产业、投资、投资咨询、受托管理和经营科技创业资本、参与企业孵化器建设、科技产品的研究、开发、生产、销售,房地产开发与经营、农业综合开发、工程装璜与装修、现代办公设备、国内商业、贸易、电子产品、五金。截止报告期末,该公司未产生效益。

4、主要供应商、客户情况

(1)公司前五名供应商合计采购金额为12919.06万元,占年度采购总额的52.24%。

(2)公司前五名客户合计销售总额为12328.92万元,占年度销售总额的34.50%。

5、在经营中出现的问题与困难及解决方案

(1)公司经营中遇到的问题与困难:

A、原材料价格上涨和主导产品浮法玻璃销价下滑；
B、新线投产初期，产量和质量不够稳定；
C、市场对产品的品种和规格需求多元化。
（2）公司的主要对策
A、以募集资金项目的管理为重点，确保优质高产；
B、以市场为导向，不断调整产品品种和规格；
C、发挥资源优势，强化内部管理，降低生产成本；
D、积极拓展新市场，扩大公司市场占有率，确保产销平衡。
（二）公司投资情况
1、募集资金使用情况及项目实际运行情况
经中国证券监督管理委员会证监发行字[2000]115号文核准，本公司于2000年8月28日通过上海证券交易所交易系统以上网定价方式公开发行人民币普通股（A股）5,500万股，发行价格8.30元/股。2000年9月19日，公司公开发行的5,500万A股股票在上海证券交易所公开上市交易，募集资金45,650万元，扣除发行费用1,817万元，实际可运用资金43,833万元。截止2001年12月31日，共使用募集资金41910万元，延续至本期内使用的募集资金为1923万元。
（1）募集资金时承诺投资项目情况　　单位：万元

承诺项目	拟投入金额	是否变更项目
年产500万平方米石膏纤维板生产线扩建项目	9995	已变更
年产10万吨石膏粉生产线技改项目	4950	已变更
年产65万平方米玻璃深加工生产线技改项目	4723	未变更
年产600吨玻璃微珠生产线技改项目	1726	已变更
年产58万平方米槽型玻璃生产线技改项目	3300	已变更
年产100万平方米镀膜玻璃生产线技改项目	4938	已变更
年产20万平方米矿渣微晶玻璃生产线技改项目	4556	已变更
兼并宜昌鑫海建筑陶瓷厂	2800	已变更
补充流动资金	6845	未变更
合计	43833	----

承诺项目	实际投入金额	产生收益金额
年产500万平方米石膏纤维板生产线扩建项目	----	----
年产10万吨石膏粉生产线技改项目	----	----
年产65万平方米玻璃深加工生产线技改项目	2935.47	----
年产600吨玻璃微珠生产线技改项目	----	----
年产58万平方米槽型玻璃生产线技改项目	----	----
年产100万平方米镀膜玻璃生产线技改项目	----	----
年产20万平方米矿渣微晶玻璃生产线技改项目	----	----
兼并宜昌鑫海建筑陶瓷厂	----	----
补充流动资金	6845	----
合计	9780.47	----

承诺项目	是否符合计划进度和预计收益
年产500万平方米石膏纤维板生产线扩建项目	----
年产10万吨石膏粉生产线技改项目	----
年产65万平方米玻璃深加工生产线技改项目	未达到进度要求
年产600吨玻璃微珠生产线技改项目	----
年产58万平方米槽型玻璃生产线技改项目	----
年产100万平方米镀膜玻璃生产线技改项目	----
年产20万平方米矿渣微晶玻璃生产线技改项目	----
兼并宜昌鑫海建筑陶瓷厂	----
补充流动资金	----
合计	----

注：报告期内，公司投入募集资金39.5万元，继续实施了玻璃深加工生产线技改项目。目前，该项目已形成年产100万平方米钢化玻璃等玻璃深加工和年产200万片强化玻璃盖的生产能力。
（2）募集资金项目变更情况
经2001年5月29日召开的2000年度股东大会和2001年9月19日召开的2001年临时股东大会审议通过，公司变更了原计划部分募集资金承诺投资项目，改为投资1500万元实施硅砂选矿生产线扩建改造项目、投资1800万元实施压延玻璃生产线技改项目和投资28965万元收购宜昌当玻集团有限责任公司500t/d浮法玻璃生产线项目（具体变更情况详见2001年5月11日和2001年9月20日《中国证券报》、《上海证券报》）。
（3）募集资金实际投资项目情况　　单位：万元

变更投资项目的资金总额	32265
变更后的项目	对应的原承诺项目
收购500t/d浮法玻璃生产线项目	年产500万平方米石膏纤维板生产线扩建项目、年产10万吨石膏粉生产线技改项目、年产100万平方米镀膜玻璃生产线技改项目、年产6000吨玻璃微珠生产线技改项目、年产20万平方米矿渣微晶玻璃生产线技改项目、兼并宜昌鑫海建筑陶瓷厂
压延玻璃生产线技改项目	
硅砂选矿生产线扩建改造项目	年产58万平方米槽形玻璃生产线技改项目
合计	--

变更后的项目	变更项目拟投入金额	实际投入金额
收购500t/d浮法玻璃生产线项目	28965	29369.8
压延玻璃生产线技改项目	1800	2260
硅砂选矿生产线扩建改造项目	1500	1500
合计	32265	33129.8

变更后的项目	产生收益金额	是否符合计划进度和预计收益
收购500t/d浮法玻璃生产线项目		未达到预计收益
压延玻璃生产线技改项目		未达到预计收益
硅砂选矿生产线扩建改造项目		
合计		--

注：①收购500t/d浮法玻璃生产线及后期建设项目拟投资32000万元，其中募集资金投入28965万元，实际投入募集资金29369.8万元，超额使用募集资金405万元。该项目已于2001年10月竣工投产。2002年该生产线共生产5—12mm浮法玻璃431万重箱，销售430万重箱，实现销售收入20564万元，其产品产量、质量虽然达到了设计要求和全国同类生产线的一流水平，但是由于原材料价格上涨和主导产品浮法玻璃销价大幅下滑等原因，实现销售收入和税后利润与原预测数25520万元和3458万元差距较大。
②公司压延玻璃生产线技改项目拟投资1800万元，计划全部用募集资金投入。该项目实际投入募集资金2260万元，超额占用募集资金460万元。该线已于2002年3月建成投产。2002年，该生产线共生产压延玻璃46万重箱，销售25万重箱，实现销售收入1345万元，其产品规格由年初单一的布纹压花发展到北极星、香梨、千喜格等十多个花色品种。目前，该线生产稳定，销售局面正逐步打开，产品质量也达到了同行业先进水平。
③硅砂选矿生产线扩建改造项目共投资1500万元，全部用募集资金投入。该项目已于2001年9月建成投产。2002年，该生产线共生产优质硅砂25万吨，满足了公司两条浮法玻璃和压延玻璃的生产需要。
截止本报告期末，公司累计使用募集资金42910.27万元，剩余922.73万元存入银行专户。对于收购500t/d浮法玻璃生产线和压延玻璃生产线技改项目超额占用原拟用于玻璃深加工项目的募集资金，公司将尽快按照有关程序予以变更。
2、非募集资金项目情况
报告期内，经2002年临时股东大会（通讯表决方式）审议通过，公司拟投资6100万元（其中银行贷款4100万元、公司自有资金2000万元）实施年产200万平方米光催化超亲水二氧化钛基薄膜自洁玻璃项目。截止2002年12月，该项目已完成投资160万元，建成了年产10万平米自洁玻璃生产线。其产品已销往深圳等地。该项目是国家重点技术创新项目，并已申请六项国家专利。

九、监事会报告

（一）监事会会议情况
2002年公司监事会按照有关法律法规及《公司章程》的规定，认真履行职责，依法独立行使职权，确保了公司规范运作和股东利益不受损害。报告期内，监事会共召开三次会议：
1、公司监事会三届六次会议于2002年3月26日召开，会议总结了2001年监事会工作，讨论通过了《2001年度监事会工作报告》；分析讨论了公司2001年度生产经营情况，讨论并通过了《公司2001年年度报告》及其摘要。
2、公司监事会四届一次会议于2002年4月29日召开，会议选举产生了公司第四届监事会成员和监事会主席。
3、公司监事会四届二次会议于2002年7月31日召开，会议讨论并通过了《公司2002年半年度报告》及其摘要。
上述会议的议题均以全票通过，形成决议，并按有关要求在公司指定信息披露报纸《中国证券报》、《上海证券报》和《证券时报》上进行了披露。
监事会成员列席了2002年度召开的全部董事会会议，听取了公司生产、经营、投资、财务等方面的工作报告，参与了重大决策的过程，依法对公司重大决策的依据、决策程度进行了监督。
（二）监事会独立意见
1、公司依法运作情况
公司董事会在2002年度能够按照《公司法》、《证券法》、《上海证券交易所上市规则》和《公司章程》等的有关规定，依法运作，公司重大决策的依据充分，决策程序合法有效；公司建立了完善的法人治理结构和严格的内控制度；公司董事、经理等高级管理人员在执行公司职务时能够勤勉尽责，没有发现有违反法律、法规、公司章程或损害公司利益的行为。
2、检查公司财务的情况
公司监事会对公司2002年度财务进行了内部审计与监督，在认真审核《2002年度财务报告》后认为：公司年度财务报告真实地反映了公司财务状况和经营成果，符合《企业会计制度》和财务报表编制要求，我们同意中勤万信会计师事务所出具的审计报告，其报告是公正、客观、合法的。
3、募集资金项目情况
公司最近一次募集资金实际投入项目除变更外，其余均与承诺投入项目一致。变更项目通过了股东大会决议，变更程序合法，并履行了信息披露义务。
4、收购、出售资产情况
本报告期内，公司收购、出售资产的行为能够按照股东大会授权办理，价格合理，程序合法，没有发现内幕交易和损害部分股东的权益或造成公司资产流失的行为。
5、关联交易情况
（1）鉴于本公司第一大股东当阳市国资局授权宜昌当玻集团有限责任公司管理其所持国有股权，宜昌当玻集团有限责任公司为本公司实际控制方，报告期内公司与其进行的资产收购系关联交易。其定价依据均为有证券从业资格的会计机构出具的资产评估报告，关联交易公平、合理，程序合法，不存在损害上市公司利益的行为。
①经2002年6月21日召开的公司第四届董事会第二次会议审议通过，公司于2002年8月23日根据湖北万信资产评估有限公司出具的资产评估报告，以评估净值为2,880,191元，受让了宜昌当玻集团有限责任公司部分房屋建筑物及其它辅助设备等资产。因该交易金额不足300万元，故该关联交易不属重大关联交易。
②经2002年11月5日召开的公司经理办公会议通过，公司于2002年11月12日根据湖北永业行评估咨询有限公司出具的资产评估报告，以评估净值为2,290,800元，受让了宜昌当玻集团有限责任公司二宗工业用地。因该交易金额不足300万元，故该关联交易不属重大关联交易。
（2）报告期内，公司严格按照《综合服务合同》履行与宜昌当玻集团有限责任公司在非经营性辅助服务方面的关联交易，其价格依照市场价格确定，按公平、合理的原则进行，不存在损害上市公司利益的行为。

十、重要事项

（一）重大诉讼、仲裁事项
报告期内公司无重大诉讼、仲裁事项。
（二）收购、出售资产情况
1、经2002年6月21日召开的公司第四届董事会第二次会议审议通过，公司于2002年8月23日根据湖北万信资产评估有限公司出具的资产评估报告，以评估净值为2,880,191元，受让了宜昌当玻集团有限责任公司部分房屋建筑物及其它辅助设备等资产。
2、经2002年11月5日召开的公司经理办公会议通过，公司于2002年11月12日根据湖北永业行评估咨询有限公司出具的资产评估报告，以评估净值为2,290,800元，受让了宜昌当玻集团有限责任公司二宗工业用地。
（三）重大关联交易事项
报告期内，公司未发生重大关联交易。
（四）其他重大合同及履行情况
报告期内，公司未发生托管、承包其他公司资产或其他公司托管、承包、租赁上市公司资产的事项。
1、经2002年4月19日召开的第三届第九次董事会审议通过，2002年4月24日公司与中信实业银行武汉分行签订了贷款协议，协议商定担保方为宜昌当玻集团有限责任公司，贷款额度为5000万元人民币，贷款期限为一年，年利率为5.31%，分季结息。该贷款主要用于补充流动资金（该事项于2002年4月27日在《中国证券报》、《上海证券报》和《证券时报》上披露）。
2、2002年4月25日公司与中国建设银行三峡分行续签了银企合作协议。中国建设银行三峡分行承诺将本公司作为重要的基本客户，在法律、法规和金融政策允许的前提下，优先为本公司提供各类金融服务和信贷支持（该事项于2002年4月27日在《中国证券报》、《上海证券报》和《证券时报》上披露）。
3、经2002年6月21日召开的公司第四届董事会第二次会议审议通过，为提高融资能力，公司与武汉医药（集团）股份有限公司互相为对方向银行申请的流动资金贷款提供信用担保，各方为对方提供担保总额度为人民币5000万元，每笔流动资金贷款的期限为一年以内，合作期限为两年。截止本报告期末，公司还未为武汉医药（集团）股份有限公司提供贷款担保，武汉医药（集团）股份有限公司也未为本公司提供贷款担保。
（五）报告期内公司聘任、解聘会计师事务所情况
报告期内公司继续聘任中勤万信会计师事务所有限公司为公司2002年度财务报告审计机构，公司支付的审计费用为30万元。目前，该审计机构为本公司提供审计服务的年限为4年。
（六）报告期内，公司、公司董事及高级管理人员未受中国证监会稽查、行政处罚、通报批评以及

上海证券交易所公开谴责的情况。

本公司于2002年10月25日接中国证监会上市公司监管部所发《关于对湖北三峡新型建材股份有限公司2001年度未完成盈利预测问题的监管跟踪通报》(跟踪监管函[2002]11号)后,公司董事会高度重视,认真组织全体董事、监事及其他高管人员对照该函进一步学习了相关法律法规,本着严格自律、规范运作和对股东负责的原则,制定了公司整改方案,进行了整改,并于2002年12月25日召开了第四届董事会第五次会议,形成了整改报告,按时向中国证监会上市公司监管部报送了整改报告。通过整改,增强了诚信意识,提高了信息披露质量。(该事项于2002年12月26日在《中国证券报》、《上海证券报》和《证券时报》上披露)

十一、财务会计报告

审计报告

勤信审字[2003]035号

湖北三峡新型建材股份有限公司全体股东:

我们接受委托,审计了贵公司2002年12月31日的合并资产负债表、2002年度的合并利润及利润分配表、2002年度的合并现金流量表。这些会计报表由贵公司负责,我们的责任是对这些会计报表发表审计意见。我们的审计是依据《中国注册会计师独立审计准则》进行的。在审计过程中,我们结合贵公司实际情况,实施了包括抽查会计记录等我们认为必要的审计程序。

我们认为,上述会计报表符合《企业会计准则》和《企业会计制度》的有关规定,在所有重大方面公允地反映了贵公司2002年12月31日的财务状况和2002年度的经营成果及2002年度的现金流量情况,会计处理方法的选用遵循了一贯性原则。

中勤万信会计师事务所有限公司　　中国注册会计师　冯华文　辛正义

中国　北京　　报告日期:2003年3月10日

资产负债表

编制单位:湖北三峡新型建材股份有限公司　　单位:人民币元

2002年12月31日

资产	附注号	母公司	合并数
流动资产:			
货币资金	1	108,306,770.31	108,331,570.20
短期投资		-	-
应收票据		1,200,000.00	1,200,000.00
应收股利		275,436.42	-
应收利息		454,407.56	454,407.56
应收账款	2	66,823,900.13	66,864,645.21
其他应收款	3	61,210,988.34	61,219,379.50
预付账款	4	6,684,774.58	6,684,912.58
应收补贴款		-	-
存货	5	97,676,066.95	99,224,976.48
待摊费用	6	581,319.69	581,319.69
一年内到期的长期债权投资		-	-
其他流动资产		-	-
流动资产合计		343,213,663.98	344,561,211.22
长期投资:		-	-
长期股权投资	7	84,592,107.25	49,067,467.61
长期债权投资		49,998,937.39	49,998,937.39
合并价差			-1,100,341.73
长期投资合计		134,591,044.64	97,966,063.27
固定资产:		-	-
固定资产原价	8	744,899,083.13	780,751,822.05
减:累计折旧		99,691,590.33	105,630,081.96
固定资产净值		645,207,492.80	675,121,740.09
减:固定资产减值准备		31,901,729.92	31,901,729.92
固定资产净额		613,305,762.88	643,220,010.17
工程物资		4,594,234.97	4,594,234.97
在建工程	9	9,905,095.05	10,164,517.82
固定资产清理		-	-
固定资产合计		627,805,092.90	657,978,762.96
无形资产及其他资产:		-	-
无形资产	10	36,216,155.14	40,087,388.86
长期待摊费用	11	856,002.80	856,002.80
其他长期资产		-	-
无形资产及其他资产合计		37,072,157.94	40,943,391.66
		-	-
递延税项:		-	-
递延税款借项		-	-
资产总计		1,142,681,959.46	1,141,449,429.11

资产负债表(续表)

编制单位:湖北三峡新型建材股份有限公司　　单位:人民币元

2002年12月31日

负债及股东权益	附注号	母公司	合并数
流动负债:			
短期借款	12	67,000,000.00	67,000,000.00
应付票据	13	42,300,000.00	42,300,000.00
应付账款	14	28,310,551.07	21,986,639.28
预收账款	15	14,963,378.43	14,963,378.43
应付工资	16	1,283,893.97	1,539,654.24
应付福利费	16	303,765.75	452,410.13
应付股利	17	-	73,337.35
应交税金	18	-12,518,621.59	-11,067,494.75
其他应交款	19	336,188.09	378,740.30
其他应付款	20	33,387,359.85	34,298,110.69
预提费用	21	42,650,881.13	42,650,881.13
预计负债		-	-
一年内到期的长期负债	22	70,000,000.00	70,000,000.00
其他流动负债		-	-
流动负债合计		288,017,396.70	284,575,656.80
长期负债:		-	-
长期借款	23	128,700,000.00	128,700,000.00
应付债券		-	-
长期应付款		-	-
专项应付款		-	-
其他长期负债		-	-
长期负债合计		128,700,000.00	128,700,000.00
递延税项:		-	-
递延税款贷项	24	256,824.09	256,824.09
负债合计		416,974,220.79	413,532,480.89
少数股东权益		-	1,727,994.96
股东权益:		-	-
股本	25	274,300,000.00	274,300,000.00
减:已归还投资		-	-
股本净额		274,300,000.00	274,300,000.00
资本公积	26	393,668,482.74	393,668,482.74
盈余公积	27	43,995,638.39	43,995,638.39
其中:法定公益金		14,665,212.79	14,665,212.79
未分配利润	28	13,743,617.54	14,224,832.13
股东权益合计		725,707,738.67	726,188,953.26
负债及股东权益合计		1,142,681,959.46	1,141,449,429.11

利润及利润分配表

编制单位:湖北三峡新型建材股份有限公司　　单位:人民币元

2002年12月31日

项目	附注号	母公司	合并数
一、主营业务收入	29	357,358,559.41	357,358,559.41
减:主营业务成本	30	301,425,273.74	299,781,780.97
主营业务税金及附加	31	2,386,071.55	2,474,052.77
二、主营业务利润		53,547,214.12	55,102,725.67
加:其他业务利润	32	238,929.20	322,420.34
减:营业费用		4,299,160.12	4,304,235.12
管理费用		28,111,700.83	29,671,578.00
财务费用	33	15,458,802.54	15,543,923.74
三、营业利润		5,916,479.83	5,905,409.15
加:投资收益	34	2,206,147.53	1,882,104.68
补贴收入		-	-
营业外收入	35	5,394,927.32	5,394,927.32
减:营业外支出	36	178,656.98	220,329.18
四、利润总额		13,338,897.70	12,962,111.97
减:所得税		4,024,592.58	4,391,367.62
少数股东损益		-	15,162.48
五、净利润		9,314,305.12	8,555,581.87
加:年初未分配利润		26,926,458.19	28;166,396.03
其他转入		-	-
六、可供分配的利润		36,240,763.31	36,721,977.90
减:提取法定盈余公积		931,430.51	931,430.51
提取法定公益金		465,715.26	465,715.26
提取职工奖励及福利基金		-	-
提取储备基金		-	-
提取企业发展基金		-	-
利润归还投资		-	-
七、可供股东分配的利润		34,843,617.54	35,324,832.13
减:应付优先股股利		-	-
提取任意盈余公积		-	-
应付普通股股利			
转作股本的普通股股利		21,100,000.00	21,100,000.00
八、未分配利润		13,743,617.54	14,224,832.13

现金流量表

编制单位:湖北三峡新型建材股份有限公司 2002 年度　　单位:人民币元

项目	合并
一、经营活动产生的现金流量:	
销售商品、提供劳务收到的现金	259,655,072.94
收到的税费返还	200,000.00
收到的其他与经营活动有关的现金	7,223,896.27
现金流入小计	267,078,969.21
购买商品、接受劳务支付的现金	156,965,881.75
支付给职工以及为职工支付的现金	20,266,625.67
支付的各项税费	46,767,833.57
支付的其他与经营活动有关的现金	28,165,501.89
现金流出小计	252,165,842.88
经营活动产生的现金流量净额	14,913,126.33
二、投资活动产生的现金流量	-
收回投资所收到的现金	
取得投资收益所收到的现金	3,515,847.01
处置固定资产、无形资产和其他长期资产收回的现金净额	30,000.00
收到的其他与投资活动有关的现金	-
现金流入小计	3,545,847.01
购建固定资产、无形资产和其他长期资产所支付的现金	25,191,636.44
投资所支付的现金	600,000.00
支付的其他与投资活动有关的现金	-
现金流出小计	25,791,636.44
投资活动产生的现金流量净额	-22,245,789.43
三、筹资活动产生的现金流量:	-
吸收投资所收到的现金	-
其中:子公司吸收少数股东权益性投资收到的现金	-
借款所收到的现金	245,700,000.00
收到的其他与筹资活动有关的现金	485,508.20
现金流入小计	246,185,508.20
偿还债务所支付的现金	228,700,000.00
分配股利、利润或偿付利息所支付的现金	17,751,916.48
其中:子公司支付少数股东的股利	-
支付的其他与筹资活动有关的现金	216,465.74
现金流出小计	246,668,382.22
筹资活动产生的现金流量净额	-482,874.02
四、汇率变动对现金的影响	-
五、现金及现金等价物净增加额	-7,815,537.12

江西洪都航空工业股份有限公司

江西洪都航空工业股份有限公司2002年年度报告

第一节 公司基本情况简介

一、公司法定中文名称:江西洪都航空工业股份有限公司
公司法定英文名称:JIANGXI HONGDU AVIATION INDUSTRY CO., LTD.
英文名称缩写:HDAA
二、法定代表人姓名:田民
三、公司董事会秘书:陈文浩
联系电话:0791-8467844
传真:0791-8467844
电子信箱:hdaajx@public.nc.jx.cn
联系地址:江西省南昌市新溪桥5001信箱512分箱
证券事务代表:周新太
联系电话:0791-8469749
传真:0791-8467843
电子信箱:zqb@hongdu-aviation.com
四、公司注册地址:南昌高新技术产业开发区南飞点
公司办公地址:南昌市新溪桥
邮政编码:330024
公司国际网址:HTTP://www.hongdu-aviation.com
公司电子信箱:hdaajx@public.nc.jx.cn
五、公司选定的信息披露报刊为:《中国证券报》、《上海证券报》
刊登公司年度报告的指定网站:http://www.sse.com.cn
公司的年报及其他文件备置地点:江西洪都航空工业股份有限公司证券部
六、公司股票上市地:上海证券交易所
A股简称:洪都航空
A股代码:600316
七、公司首次注册登记日期:1999年12月16日
公司首次注册登记地点:南昌市高新技术产业开发区南飞点
企业法人营业执照注册号:3600001131943(1-1)
税务登记号码:360106705515290
公司聘请的会计事务所名称:岳华会计师事务所有限责任公司
办公地地址:北京市朝阳区霄云路26号

第二节 会计数据和业务数据摘要

一、公司2002年度主要业务数据:
项目金额(单位:元)

1、主营业务收入	516,849,866.84
2、净利润	67,109,835.55
3、扣除非经常性损益后的净利润	49,250,238.66
4、主营业务利润	76,863,322.66
5、其它业务利润	599,145.88
6、营业利润	57,763,987.82
7、投资收益	15,755,857.92
8、补贴收入	0
9、营业外收支净额	977,169.50
10、经营活动产生的现金流量净额	138,494,475.51
11、现金及现金等价物净增加额	-8,067,539.70

注:扣除的非经常性项目为:
项目金额

(1)短期投资收益	15,501,288.02
(2)营业外收入	2,629,100.12
(3)营业外支出	1,651,930.62
(4)所得税影响数	2,471,768.63
(5)抵免所得税	3,852,908.00
合计	17,859,596.89

二、前三年主要会计数据和财务指标:

项目	2002.12.31	2001.12.31
1、主营业务收入(元)	516,849,866.84	441,676,090.52
2、净利润(元)	67,109,835.55	63,430,563.14
3、总资产(元)	1,374,293,546.61	1,252,831,134.35
4、股东权益(元)	1,060,424,813.68	1,056,314,978.13
5、每股收益(摊薄,元)	0.32	0.30
6、每股收益(加权,元)	0.32	0.30
7、扣除非经常性损益后的每股收益(摊薄,元)	0.23	0.21
8、扣除非经常性损益后的每股收益(加权,元)	0.23	0.21
9、每股净资产(元)	5.05	5.03
10、调整后每股的净资产(元)	5.05	5.03
11、每股经营活动产生的现金流量净额(元)	0.66	0.08
12、净资产收益率(加权,%)	6.16	6.07
13、净资产收益率(摊薄,%)	6.33	6.00

项目	2000.12.31
1、主营业务收入(元)	288,713,989.92
2、净利润(元)	41,063,718.28
3、总资产(元)	1,220,886,271.07
4、股东权益(元)	1,013,884,414.99
5、每股收益(摊薄,元)	0.29
6、每股收益(加权,元)	0.48
7、扣除非经常性损益后的每股收益(摊薄,元)	0.29
8、扣除非经常性损益后的每股收益(加权,元)	0.48
9、每股净资产(元)	7.24
10、调整后每股的净资产(元)	7.23
11、每股经营活动产生的现金流量净额(元)	0.62
12、净资产收益率(加权,%)	18.96
13、净资产收益率(摊薄,%)	4.05

第三节 股本变动及股东情况

一、股东情况介绍
1、根据中国证券登记结算有限责任公司上海分公司提供的数据,截止2002年12月31日,本公司股东总数为31330户
2、截止2002年12月31日,公司前十名股东持股情况

序号	股东名称	持股数量(股)	持股性质	比例(%)
(1)	江西洪都航空工业集团有限责任公司	114969000	国有法人股	54.75
(2)	南昌长江机械工业公司	2788500	境内法人股	1.33
(3)	恒信证券	2593932	社会公众股	1.24
(4)	德恒证券	1609900	社会公众股	0.77
(5)	宜春第一机械厂	1267500	国有法人股	0.60
(6)	富国平衡	914783	社会公众股	0.44
(7)	科瑞基金	652000	社会公众股	0.31
(8)	爱民机械	487500	国有法人股	0.23
(9)	江西二机	487500	国有法人股	0.23
(10)	科翔基金	441500	社会公众股	0.21

注: ①江西洪都航空工业集团有限责任公司为公司控股股东,截止报告期末,其所持公司股份未发生质押、冻结情况,
②公司是第四大股东德恒证券参股股东。未知第二至第十名股东之间的关联关系。
③持有5%以上的法人股股东简介
报告期内本公司的控股股东江西洪都航空工业集团有限责任公司未发生变更,所持股份占公司总股本的54.75%;
成立日期:1989年12月19日
注册资本:贰亿肆仟伍佰伍拾肆万元
经营范围:航空飞行器、摩托车、仪器仪表、普通机械五交化金属制品、汽车电器机械及器材、电子产品及通信设备的制造销售,润滑油、金属材料、液化气、百货、化工原料、建筑材料及书籍报刊的批发零售,居民生活服务水电安装、房屋维修装潢设计、计量测试汽车货运装卸搬运,饮食住宿综合技术服务医疗、体育事业、有线电视工程设计安装、一二类压力容器设计制造、印刷、零件标牌图片激光照排、金属表面热处理,按外经贸部核定的范围从事进出口业务。
中国航空工业第二集团公司是江西洪都航空工业集团有限责任公司的控股股东。
法定代表人:张彦仲
成立日期:1999年11月5日
经营范围:国有资产投资及经营管理;直升机、运输机、教练机、强击机、通用飞机、无人飞行器、军民用航空器和相关发动机、机载设备、导弹、汽车、摩托车、纺织机械、医疗机械、环保设备、机械电子设备、制冷设备的设计、研制、开发、生产、销售、安装、调试、维修及其他售后服务;飞机租赁、工程勘察、设计、承包、施工、招标、设备安装、监理;与以上业务相关的技术开发、技术咨询、技术服务;进出口业务、经营进料加工和"三来一补"业务等等。

第四节 董事、监事、高级管理人员及员工情况

一、基本情况

姓名	职务	性别	年龄
田 民	董事长	男	47
姜 亮	董事	男	60
程宝明	董事	男	59
吴方辉	董事、总经理	男	47
胡曙光	董事	男	52
曾 炜	董事	男	55
秦德馨	董事	男	61
闫灵喜	董事	男	33
季贵荣	董事	男	46
张工	独立董事	男	39
吕江林	独立董事	男	48
金栋林	监事会主席	男	57
张良金	监事	男	60
魏全全	监事	男	54
张民生	监事	男	35
朱为良	监事	男	54
黄学军	副总经理	男	60
陈文浩	董事会秘书、副总经理、总会计师	男	48
朱 敏	副总经理	男	38
涂火旺	副总经理	男	50

姓名	任期起止日	年初持股数	年末持股数
田 民	1999.12-2002.12	0	0
姜 亮	1999.12-2002.12	0	0
程宝明	1999.12-2002.12	0	0
吴方辉	1999.12-2002.12	0	0
胡曙光	1999.12-2002.12	0	0
曾 炜	2000.04-2002.12	0	0
秦德馨	1999.12-2002.12	0	0
闫灵喜	1999.12-2002.12	0	0

季贵荣	2001.04-2002.12	0	0
张工	2002.05-2002.12	0	0
吕江林	2002.05-2002.12	0	0
金栋林	1999.12-2002.12	0	0
张良金	1999.12-2002.12	0	0
魏全全	1999.12-2002.12	0	0
张民生	1999.12-2002.12	0	0
朱为良	1999.12-2002.12	0	0
黄学军	1999.12-2002.12	0	0
陈文浩	1999.12-2002.12	0	0
朱　敏	2001.05-2002.12	0	0
涂火旺	2002.06-2002.12	0	0

姓名	任职的股东名称	在股东单位担任的职务
田民	洪都航空工业集团有限责任公司	总经理
姜亮	洪都航空工业集团有限责任公司	董事长
程宝明	洪都航空工业集团有限责任公司	总工程师
胡曙光	洪都航空工业集团有限责任公司	副总经理
金栋林	洪都航空工业集团有限责任公司	党委副书记
曾炜	南昌长江机械工业公司	总经理

姓名	任职期间	是否领取报酬、津贴
田民	1998.7-至今	否
姜亮	1997.12-至今	否
程宝明	1998.7-至今	否
胡曙光	1998.7-至今	否
金栋林	1996.1-至今	否
曾炜	1999.1-至今	否

二、年度报酬情况

公司董、监事及高级管理人员年度报酬按照《公司章程》及一届董事会四次会议通过的《企业经营者实行年薪制试行办法》执行。

1、现任董事、监事、高级管理人员共有9人在公司领取报酬。年度报酬总额为26.9万元。其中2万元以下的2人,2 -5 万元的6人,5万元以上的1人,金额最高的前三名董事的报酬总额9.4万元,金额最高的前三名高级管理人员的报酬总额为14万元。

2、在股东单位任职的田民、姜亮、程宝明、胡曙光、金栋林、曾炜等六人,在股东单位领取报酬;其余董事、监事在各自单位领取报酬。

3、独立董事的津贴

经2002年5月10日公司2001年度股东大会通过了《独立董事津贴的议案》;独立董事津贴为每人每年1.2 万元人民币;按《公司章程》行使职权所需费用,在公司据实报销。

三、聘任公司董事及高管人员情况

1、2002年5月10日,公司2001年度股东大会增补张工先生、吕江林生先生为公司独立董事;

2、2002年6月18日,公司一届董事会第八次临时会议聘任陈文浩先生为公司总会计师,聘任涂火旺先生为公司副总经理。

四、公司员工数量、专业构成、教育程度、及退休职工人数情况

截止报告期,公司在册员工1992人,其中销售人员19人,技术人员340人,财务人员29人,行政人员51人。员工中大学本科以上学历126 人,大专学历399人,中专及高中以上文化程度员工1008人。公司退休职工已全部进入社保体系,无需公司承担费用。

第五节　公司治理结构

一、公司治理情况

公司严格按照《公司法》、《证券法》和中国证监会有关法律法规的要求,不断完善公司法人治理结构、建立现代企业制度、规范公司运作。按照国家有关的法律法规的要求,制定并修改了《公司章程》、《股东大会议事规则》、《董事会议事规则》、《监事会议事规则》和《总经理工作细则》,从制度上加强和细化了公司的管理。

2002年5月10日中国证监会和国家经贸委联合发布了《关于开展上市公司建立现代企业制度检查的通知》,公司进行了认真自查,并填写了自查报告,上报中国证监会、国家经贸委。公司控股股东洪都航空工业集团有限责任公司也进行了自查。2002年7月23日至7月29日,中国证监会南昌证券监管特派员办事处对公司进行了例行巡回检查。公司积极配合此次巡检工作。

公司自成立以来,一贯严格执行《公司法》等有关法律、法规,并将严格按照《上市公司治理准则》的要求规范运作,一如既往,切实维护广大股东利益,特别是中小股东享有平等地位;与关联人进行关联交易时,遵行平等、自愿、等价、有偿的原则,未出现有损害公司和其他股东利益的情况。

二、独立董事履行职责情况

根据中国证监会发布的《关于上市公司建立独立董事制度的指导意见》的规定,于2002年5月10日,经公司2001年度股东大会增补张工先生、吕江林生两位先生为公司独立董事;公司两名独立董事自任职以来,勤勉尽职,出席了2002年公司召开的股东大会和董事会,对董事会的科学、客观决策起到了积极作用,切实维护了公司及广大中小投资者的利益。

三、公司与控股股东的关系

1、业务方面:公司业务独立于控股股东,自主经营。公司主营产品是K8喷气教练机、N5A农林多用途飞机和海燕螺旋桨飞机,与控股股东不存在同业竞争。

2、人员方面:公司与控股股东在人员管理方面和使用上完全分开,公司人员独立于股股东。

3、资产方面:公司资产独立于控股股东,拥有完整的经营系统。资产独立完整,权属清晰,不存在其资产、资金被其控股股东占用而损害公司利益的情况。

4、机构方面:公司的股东大会、董事会、监事会及其他内部机构均独立运作,控股股东及其职能部门与公司及其职能部门之间没有上下级关系。

5、财务方面:公司拥有独立的财务部门和财务人员,并建立了独立会计核算系统和财务管理制度,开设有独立银行帐户,依法独立申报纳税。

四、对高级管理人员的考评及激励机制

公司基于业务开拓和长远发展的需要,建立了《企业经营者实行年薪制试行办法》,由公司董事会对公司高级管理人员的业绩和履职情况进行考评,并在业绩考评后确定经营者的年薪收入。

第六节　股东大会情况介绍

本报告期内,公司召开了一次股东大会,有关情况如下:

公司2001年度股东大会的通知刊登在2002年4月10日《中国证券报》和《上海证券报》,并于2002年5月10日在南昌市青山湖宾馆召开,出席本次大会的股东和股东代表共8人,代表股份120239400股,占公司总股本的57.26%。审议通过了以下议案。

1、《公司2001年度董事会工作报告》;
2、《公司2001年度监事会工作报告》;
3、《公司2001年度财务决算报告》;
4、《公司2001年利润分配预案》;
5、《募集资金使用情况说明》;
6、关于组建洪都科技创业投资有限公司的议案;
7、关于投资参股中原电测项目;
8、关于公司开展委托理财项目;
9、关于公司在南昌高新开发区建设及投资项目;
10、《股东大会议事规则》;
11、《公司章程修正案》;
12、《董事会议事规则》;
13、《监事会议事规则》;
14、增选公司张工、吕江林为独立董事及确定独立董事津贴的议案;
15、继续聘请北京岳华会计师事务所有限责任公司为公司财务审计机构的议案;
16、公司与洪都集团公司资产置换关联交易的议案;
17、公司投资收购邢台轧辊股份有限公司部份股权的议案;
18、公司变更募集资金用途的议案。

本次股东大会决议公告内容刊登在2002年5月11日的《中国证券报》和《上海证券报》。

第七节　董事会报告

一、公司经营情况

1、公司主营业务范围

航空产品的开发与研制、生产与销售,航空制造技术的开发、咨询、服务,兼营航空转包生产和航空零部件加工;经营进出口业务(按国家批准文件执行)。

2、公司经营状况

公司属航空产品开发制造业,主营产品是K8喷气教练机、N5A农林多用途飞机和海燕螺旋桨飞机。航空制造业是技术密集型产业,公司的飞机产品技术含量高,性能价格比优,质量信誉好,产品以在国际市场销售为主。公司生产的海燕螺旋桨飞机闻名海内外,已远销亚洲、非洲和美国等多个国家及地区。公司生产的K8喷气教练机具有飞行性能好、可靠性高和可维护性强等特点,该飞机的综合性能优于国际现役同类飞机,在国际市场上具有相当的竞争实力。

公司报告其内实现主营业务收入516,849,866.84元,实现净利润67,109,835.55元。

按产品分类

类　别	主营业务收入	主营业务成本	主营业务毛利率
航空产品	506,613,387.10	430,575,309.22	15.01%
其它产品	10,236,479.74	9,370,896.14	8.46%
合计	516,849,866.84	439,946,205.36	14.88%

按地区分类

地区	主营业务收入	主营业务成本	主营业务毛利率
国外市场	472,845,592.15	405,718,892.06	14.20%
国内市场	44,004,274.69	34,227,313.30	22.22%
合计	516,849,866.84	439,946,205.36	14.88%

3、主要控股公司及参股公司的经营情况及业绩:报告期内无来源于投资收益对公司净利润影响达到10%以上的单个参股公司。

4、主要供应商、客户情况

公司向前五名供应商合计的采购金额占年度采购总额的比例为45.62 %;前五名客户销售额合计占公司销售总额的比例为98.00%,公司主要通过中国航空技术进出口总公司对外飞机及相关业务的销售,中国航空技术进出口总公司系国内拥有飞机进出口贸易资格的大型国有企业。

5、在经营中出现的问题与困难及解决方案

公司属航空产品开发、制造业,中国加入WTO后,国内民用航空市场面临着巨大的机遇和挑战,根据目前公司主营产品的销售情况和公司的生产能力,需要扩大生产规模,投入资金进行技术改造,特别是公司在产品与开发新产品方面,需加大、加快开发新产品和开拓国内外市场的力度。

解决方法:

公司以突出航空主营、发展相关产业、实施资本运作、持续稳定发展为经营方针,加大新机开发及改进改型,加强对生产线进行技术改造,不断增强公司技术实力和制造水平,扩大生产规模。按市场的需求及时开发出用户需要的航空产品,并使之早日推向市场。要大胆探索从国外引进先进的、有市场前景的飞机项目技术进行合作生产,拓宽公司的经营范围和产品品种;努力开拓销售渠道,加强售后服务工作,建立起全方位、多渠道的市场营销体系。

二、报告期内公司投资情况

报告期内承诺的募集资金投资项目有所调整。调减项目共计12548.4万元,占总筹资额的13.98%,其中调减K8飞机项目部分内容6970.8万元,N5A飞机项目部分内容2423万元,航电试验室项目部分内容767万元,江西洪都中企房地产项目撤项。调增项目共计11400.35万元,其中调增洪都高新科技园项目6755.35万元,橡皮囊液压机项目4000万元,航空研发中心项目645万元。

(一)募集资金的使用

1、募集资金的使用情况表

项目名称	承诺投资额	
	总额	2002.12.31 累计
K8飞机生产线	12029.200	9511.690
农林飞机、海燕飞机生产线	11097.000	10396.780
转包生产线	2992.000	2939.200
引进飞机蒙皮拉型机项目	2950.000	2950.000
航空协作加工生产线	2930.000	2809.110
L8飞机改型项目	4500.000	3583.280
N5A飞机改型项目	3000.000	2740.280
海燕飞机改型项目	3000.000	2968.660
航空电子试验室项目	2200.000	2179.568
航空研发中心项目	3445.000	0.000
洪都高新科技园项目	6755.350	6775.350
橡皮囊液压机	4000.000	0.000
补充流动资金	30200.000	30200.000
合　　计	89098.55	74313.638

项目名称	合同签订情况	实际投资额
	2002.12.31 累计已签合同	2001年
K8飞机生产线	7314.8523	3511.20
农林飞机、海燕飞机生产线	6726.5983	2925.0573
转包生产线	2119	376
引进飞机蒙皮拉型机项目	1840.000	10
航空协作加工生产线	857.86	90.86
L8飞机改型项目	734.468	166.720
N5A飞机改型项目	2441.000	259.720
海燕飞机改型项目	32.280	31.340
航空电子试验室项目	171.5073	0
航空研发中心项目	3229.1638	2800.000
洪都高新科技园项目	6424.4486	0.000
橡皮囊液压机	4000.000	0.000
补充流动资金	30200.000	30200.000
合　　计	66091.18	42371.8973

项目名称	2002.12.31 累计
	5408.5135
K8 飞机生产线	5044.8573
农林飞机、海燕飞机生产线	376
转包生产线	10
引进飞机蒙皮拉型机项目	250.86
航空协作加工生产线	418.9
L8 飞机改型项目	544.84
N5A 飞机改型项目	32.280
海燕飞机改型项目	47.92
航空电子试验室项目	3135.746
航空研发中心项目	1804.055
洪都高新科技园项目	4000.000
橡皮囊液压机	30200.000
补充流动资金	
合　　计	51274.018

说明:2002 年投资项目签订合同额 66919.378 万元，实际支付设备贷款和合同定金 46464.442 万元。

2、项目资金投入、进度及预计收益情况:

(1) K8 飞机生产线技术改造项目:

承诺投资 1.20292 亿元,承诺 2002 年投资 9511.69 万元,实际已签合同 10562 万元,实际已投资 3924.06 万元。土建工程正抓紧组织实施,成件库建设 310 万元,公开招标结束,现已破土动工。该项目还涉及进口两台五坐标数控机床,总计 400 万美元。一台 49.588 万欧元已签订合同,2003 年 4 月到货。另一台由于招标失败,将再次招标。

(2) 农林飞机海燕飞机生产线技术改造项目:

承诺投资 11097 万元,承诺 2002 年投资 10396.78 万元,实际已签合同 3289.75 万元,实际已投资 2468.97 万元。土建工程正抓紧组织实施,数控机加厂房扩建、落锤厂房新建已完成公开招标,已破土动工。飞机总装厂房改造已完工交付。

(3) 转包生产线技术改造项目:

承诺投资 2992 万元,承诺 2002 年投资 2939.2 万元,实际已投资 52.8 万元。该项目主要涉及进口五坐标桥式龙门铣,金额 210 万欧元,已签合同。

(4) 引进飞机蒙皮拉型机项目:

承诺投资 2950 万元,承诺 2002 年投资 2950 万元,实际已投资 10 万元。现设备已安装调试完,正进入试运行阶段。

(5) 航空协作加工生产线技术改造项目:

承诺投资 2930 万元,承诺 2002 年投资 2809.11 万元,实际已签合同 2790.04 万元 ,实际已投资 319.83 万元。该项目主要涉及进口五坐标立式加工中心和五坐标龙门铣各一台,均已签订合同,总计 284 万美元。

(6) L8 飞机改型项目:

承诺投资 4500 万元,承诺 2002 年投资 3583.28 万元,实际已签合同 734.468 万元,实际投资 418.9 万元。

(7) N5A 飞机改型项目:

承诺投资 3000 万元, 承诺 2002 年投资 2740.28 万元, 实际已签合同 2441 万元, 实际投资 544.84 万元。

(8) 海燕飞机改型项目:

承诺投资 3000 万元,承诺 2002 年投资 2968.66 万元,实际已签合同 32.28 万元,实际投资为 32.28 万元。

(9) 航空电子试验室改造项目:

承诺投资 2200 万元,承诺 2002 年投资 2179.568 万元,实际已签合同 476.3 万元,实际投资为 285.782 万元。该项目已进入选型调研,已部份结束。

(10) 航空研发中心项目:

承诺投资 2800 万元,实际投资为 2800 万元。该项目主体工程已完工,内部装饰工程即将完工,拟追加投资 645 万元。

(11) 洪都高新科技园项目:已完成公开招标,已破土动工。

(12) 橡皮囊液压机:安装调试、验收完毕。

3、未达到承诺进度的主要原因是:

①土建工程应符合国家城市规划的总体布局要求,并应办理报建审批手续,然后以公开招标形式确定施工方。上述工作时间 周期长。

②募集资金投资项目是对原生产线进行技术改造,涉及工艺流程、生产场地布局的调整,与当前的生产造成冲突。为不影响主营产品生产任务的完成,只能边生产边技改,相互交叉进行,使技改进度受到相应影响。

③科研项目的投资在初始阶段主要是投入的人力很大,资金投入相对较少,大量的款项将发生在项目的中期阶段,如飞机风洞试验、工艺试验、结构强度试验等。

④募集资金投资技改项目中,很多涉及进口大型五坐标数控设备,项目实施前应进行充分的技术调研,并办理报批手续和进行公开招标,从而推迟了采购合同的签订。

上述项目均在实施过程中,其中国产设备的采购工作已基本完成,80%的设备已投入使用。进口设备采购涉及资金总额为 6500 万元人民币,现已签订合同。

4、尚未使用的资金 37824 万元存放在银行。

(二)其他投资情况

1、经 2002 年 5 月 10 日公司 2001 年度股东大会批准,公司根据《中航电测仪器股份有限公司发起人协议》和《中航电测仪器股份有限公司章程》的约定,于 2002 年 10 月 10 日投出 7,600,000.00 元人民币资金折合 6,810,000 股股份至中航电测仪器股份有限公司,占该公司总股份的 11.30%。公告刊登在 2002 年 5 月 11 日《上海证券报》和《中国证券报》。截至报告期末,未从该公司取得收益。

2、报告期内,公司拟用自有资金 2400 万投资昌南工业园项目,公告刊登在 2002 年 3 月 13 日《上海证券报》和《中国证券报》,已预付 94 万元订金。

3、报告期内,公司用自有资金 300 万增资北京伊格莱特航空技术发展有限公司,公告刊登在 2002 年 3 月 13 日《上海证券报》和《中国证券报》,报告期内投资收益-26.99 万元。

4、公司用自有资金 5,000 万元投资德恒证券有限责任公司, 持股比例 6.53%, 公告刊登在 2003 年 1 月 25 日《上海证券报》和《中国证券报》。截至报告期末,未从该公司取得收益。

三、报告期内公司公司财务状况及经营成果(单位:人民币元)

1、损益类及现金流量指标分析

项目	2002 年度	2001 年度	增减(+,-%)
主营业务利润	76,863,322.66	63,412,174.41	21.21
净利润	67,109,835.55	63,430,563.14	5.80
现金及现金等价物增加净额	-8,067,539.7	-192,674,595.99	95.18

变动原因分析:

(1)主营业务利润较上年增长的原因是 2002 年主营业务收入增加所致;

(2)现金及现金等价物增加净额较上年大幅度增加在于 2002 年公司货款回收多。

2、资产、负债及权益类指标分析

项目	期末数	期初数	增减(+,-%)
总资产	1,374,293,546.61	1,252,831,134.35	9.69
存货	240,033,362.88	185,114,484.17	29.67
长期投资	72,936,255.18	12,606,209.12	478.57
无形资产	11,775,938.05		100.00
应付账款	91,460,503.30	39,976,101.37	128.79
预收账款	6,704,675.00	39,367,162.09	-82.97
应交税金	959,722.44	-724,314.68	232.50
预提费用	95,554,187.07	61,765,147.06	54.70
股东权益	1,060,424,813.68	1,056,314,978.13	0.39

变动原因分析:

(1)存货原因增加在于公司于 2002 年 8 月末与集团公司进行了资产置换,其中置入存货 43,675,397.66 元;

(2)长期投资增加系公司坚持主业经营的同时,积极实施资本运作;

(3)无形资产增加主要系公司新取得的土地使用权;

(4)应付帐款增加系欠付各公司加工费和材料款所致;

(5)预收账款减少系公司收取中航技公司货款减少所致;

(6)应交税金增加系公司从 2002 年起缴纳企业所得税;

(7)预提费用增加系本期新增交付 K8 飞机;

四、董事会日常工作

(一)报告期内,董事会共召开了七次会议

1、第一届董事会第七次临时会议于 2002 年 3 月 11 日在洪都宾馆会议室召开,会议审议通过了如下决议:

(1)关于伊格莱特公司增资扩股项目的议案

(2)关于审议南昌高新开发区投资项目规划的议案

(3)关于组建江西洪都中介房地产投资有限公司的议案

2、第一届董事会第六次会议于 2002 年 4 月 1 日在洪都宾馆会议室召开,会议审议通过了如下决议:

(1)公司 2001 年度总经理业务工作报告

(2)公司 2001 年度董事会工作报告

(3)公司 2001 年度财务决算报告

(4)公司 2001 年利润分配预案

(5)公司 2002 年度经营计划

(6)募集资金使用情况说明

(7)公司 2002 年投资计划及有关投资项目的议案

A、关于公司 2002 年度募集资金投资计划项目

B、关于投资组建江西洪都科技创业投资有限公司项目

C、关于投资参股中原电测项目

D、关于公司开展委托理财项目

E、关于购买南昌昌南工业园区土地的项目

(8)公司 2002 年度财务预算报告

(9)公司 2002 年利润分配政策

(10)公司规范治理的议案

A、关于股东大会议事规则

B、关于《公司章程》修正案

C、关于董事会议事规则

D、关于选聘两名独立董事

(11)其它议案:

A、关于公司与洪都集团公司关联交易协议的议案

B、关于继续聘请北京岳华会计师事务所为公司财务审计机构的议案

(12)公司 2001 年度报告及摘要

(13)关于召开 2001 年度公司股东大会的议案

第八节　监事会报告

一、监事会会议召开情况

1、第一届监事会第六次会议于 2002 年 4 月 1 日在洪都宾馆会议室召开,会议审议通过了如下决议:

(1)公司 2001 年度监事会工作报告;

(2)修改公司监事会议事规则的议案;

(3)公司 2001 年度报告及摘要的议案。

2、第一届监事会第七次会议于 2002 年 4 月 22 日在洪都宾馆会议室召开,会议审议通过了如下决议:

(1)审议公司 2002 年第一季度报告

(2)审议公司变更募集资金投向的议案

3、第一届监事会第八次会议于 2002 年 8 月 14 日在洪都航空宾馆召开,会议审议通过了如下决议:

(1)审议公司 2002 年半年度报告及摘要;

(2)审议公司关于南昌特派办对公司巡检报告的整改方案。

4、第一届监事会第九次会议于 2002 年 10 月 20 日以传真方式召开, 会议审议通过了公司 2002 年度第三季度报告。

二、报告期内,按照《公司法》和《公司章程》的规定,监事会依法对公司生产经营情况进行了检查,对公司董事和全体高管人员的履行职责情况实施了有效监督,监事会认为:

1、公司董事会以股东利益最大化为原则,认真贯彻实施股东大会决议,公司决策程序合法,按照《上市公司治理准则》等法律法规要求,完善了内部控制制度,健立健全了多项公司制度,公司董事、经理层执行公司职务时无违反法律、法规、公司章程或损害公司利益的行为;

2、公司财务工作符合法律、法规要求,公司聘请的岳华会计师事务所有限责任公司出具的审计报告真实反映公司的财务状况和经营成果;

3、公司募集资金实际投入项目和承诺投资项目有所变更,变更部份程序合法有效,符合公司利益最大化原则;

4、公司收购、出售资产交易价格合理,无内幕交易,没有损害部分股东权益和造成公司资产流失;

5、公司关联交易坚持公平、合理原则,各项协议执行情况良好,没有损害公司利益行为。

第九节　重要事项

一、本年度公司无重大诉讼、仲裁事项。

二、资产置换

根据公司 2001 年度股东大会决议通过的与洪都集团公司签订的《资产置换协议》, 公司于 2002 年 8 月 29 日完成了与集团公司的资产置换,置入资产总金额 67,243,327.90 元,此交易公司支付货币资金 14,162,190.65 元;其中:固定资产 23,567,930.24 元,存货 43,675,397.66 元。资产置换完成后,公司生产组织机构更加完善,资产结构更为合理,并且减少了公司与集团公司的关联交易事项与金额。

三、本报告期公司重大关联交易

公司与关联方洪都航空工业集团有限责任公司及其子公司存在相互委托加工、物资采购、资产租赁、资产置换、后勤服务等关联交易。关联交易中航空产品的相互加工按国家指导的航空产品定价原则结算交易金额，其他产品按市场价格结算。公司与关联方发生的交易应收、应付款的结算方式为先行抵消相互的往来款项，不足部分用货币资金支付。

1.购销商品：

项目	金额	占同类交易的比例(%)
a.受托加工：	42,473,352.09 元	8.21
b.委托加工：	101,965,509.84 元	24.28
c.销售材料：	16,103,870.95 元	98.89
d.购买材料：	17,310,691.19 元	11.20

2.资产租赁

a.出租资产：3,041,277.03 元；

b.租入资产：2,056,733.00 元。

3.综合服务、生产保障：

a.综合服务 4,778,000.00 元

b.生产辅助和公用工程：3,471,729.29 元。

4.资产置换：资产置换总额 67,243,327.90 元。

第十节　财务报告

一、审计报告

江西洪都航空工业股份有限公司全体股东：

我们接受委托，审计了贵公司 2002 年 12 月 31 日的资产负债表、2002 年度的利润和利润分配表和 2002 年度的现金流量表。这些会计报表由贵公司负责，我们的责任是对这些会计报表发表审计意见。我们的审计是依据《中国注册会计师独立审计准则》进行的。在审计过程中，我们结合贵公司的实际情况，实施了包括抽查会计记录等我们认为必要的审计程序。

我们认为，上述会计报表符合《企业会计准则》和《企业会计制度》的有关规定，在所有重大方面公允地反映了贵公司 2002 年 12 月 31 日的财务状况、2002 年度的经营成果和 2002 年度的现金流量，会计处理方法的选用遵循了一贯性原则。

岳华会计师事务所有限责任公司　　中国注册会计师：魏先锋

2003 年 2 月 20 日　　中国注册会计师：邵立新

二、会计报表

资产负债表

编制单位：江西洪都航空工业股份有限公司　　单位：人民币元

资　　产	注释	2002 年 12 月 31 日
流动资产：		
货币资金	四、1	799,897,373.67
短期投资	四、2	81,234,070.00
应收票据	四、3	171,579.00
应收股利	四、	
应收利息	四、	
应收账款	四、4	8,047,244.23
其他应收款	四、5	1,838,954.52
预付账款	四、6	22,988,549.99
应收补贴款	四、	
存货	四、7	240,033,362.88
待摊费用		
一年内到期的长期债权投资		
其他流动资产		
流动资产合计		1,154,211,134.29
长期投资：		
长期股权投资	四、8	72,936,255.18
长期债权投资		
长期投资合计		72,936,255.18
固定资产：		
固定资产原价	四、9	118,058,659.85
减：累计折旧		38,234,228.23
固定资产净值		79,824,431.62
减：固定资产减值准备		
固定资产净额		79,824,431.62
工程物资		
在建工程	四、10	55,545,787.47
固定资产清理		
固定资产合计		135,370,219.09
无形资产及其他资产：		
无形资产	四、11	11,775,938.05
长期待摊费用		
其他长期资产		
无形资产及其他资产合计		11,775,938.05
递延税项		
递延税款借项		
资产总计		1,374,293,546.61
负债和股东权益	注释	2002 年 12 月 31 日
流动负债：		
短期借款	四、12	3,000,000.00
应付票据	四、13	27,000,000.00
应付账款	四、14	91,460,503.30
预收账款	四、15	6,704,675.00
应付工资		7,887,283.41
应付福利费		3,590,802.35
应付股利	四、16	63,000,000.00
应交税金	四、17	959,722.44
其他应交款		5,716.49
其他应付款	四、18	14,705,842.87
预提费用	四、19	95,554,187.07
预计负债		
一年内到期的长期负债		
其他流动负债		
流动负债合计		313,868,732.93
长期负债：		
长期借款		
应付债券		
长期应付款		
专项应付款		
其他长期负债		
长期负债合计		
递延税款：		
递延税款贷款		
负债合计		313,868,732.93
股东权益：		
股本	四、20	210,000,000.00
资本公积	四、21	787,140,490.85
盈余公积	四、22	32,267,637.46
其中：法定公益金		15,107,225.77
未分配利润	四、23	31,016,685.37
股东权益合计		1,060,424,813.68
负债和股东权益合计		1,374,293,546.61

利润及利润分配表

编制单位：江西洪都航空工业股份有限公司　　单位：人民币元

项　　目	2001 年度
一、主营业务收入	441,676,090.52
减：主营业务成本	377,975,713.78
主营业务税金及附加	288,202.33
二、主营业务利润	63,412,174.41
加：其他业务利润	-371,120.13
减：营业费用	2,703,350.82
管理费用	24,759,069.06
财务费用	-8,460,555.91
三、营业利润	44,039,190.31
加：投资收益	18,027,875.62
补贴收入	
营业外收入	2,374,814.04
减：营业外支出	1,011,316.83
四、利润总额	63,430,563.14
减：所得税	
五、净利润	63,430,563.14
加：年初未分配利润	10,584,366.40
盈余公积转入	
六、可供分配利润	74,014,929.54
减：提取法定盈余公积金	6,343,056.31
提取法定公益金	6,343,056.31
七、可供股东分配的利润	61,328,816.92
减：应付优先股股利	
提取任意盈余公积	
应付普通股股利	21,000,000.00
转作股本的普通股股利	
八、未分配利润	40,328,816.92
补充资料：	
1.出售、处置部门或被投资	
2.自然灾害发生的损失	
3.会计政策变更增加(或减	-732,437.02
4.会计估计变更增加(或减	
5.债务重组损失	
6.其他	

现金流量表

编制单位：江西洪都航空工业股份有限公司　　单位：人民币元

项　　目	注释	2002 年度
一、经营活动产生的现金流量：		
销售商品、提供劳务收到的现金		336,649,801.58
收到的税费返还		
收到的其他与经营活动有关的现金	四、32	18,619,696.17
现金流入小计		355,269,497.75
购买商品、接受劳务支付的现金		161,132,037.28
支付给职工以及为职工支付的现金		31,024,346.92
支付的各项税费		8,133,995.01
支付的其他与经营活动有关的现金	四、33	16,484,643.03
现金流出小计		216,775,022.24
经营活动产生的现金流量净额		138,494,475.51
二、投资活动产生的现金流量：		
收回投资所收到的现金		53,579,715.73
取得投资收益所收到的现金		16,203,119.73
处置固定资产、无形资产和其他长期资		115,954.00
收到的其他与投资活动有关的现金		
现金流入小计		69,898,789.46
购建固定资产、无形资产和其他长期资		52,151,212.44
投资所支付的现金		143,123,757.90
支付的其他与投资活动有关的现金		
现金流出小计		195,274,970.34
投资活动产生的现金流量净额		-125,376,180.88
三、筹资活动产生的现金流量		
吸收投资所收到的现金		
借款所收到的现金		3,000,000.00
收到的其他与筹资活动有关的现金		
现金流入小计		3,000,000.00
偿还债务所支付的现金		3,000,000.00
分配股利、利润或偿付利息所支付的现		21,185,834.33
支付的其他与筹资活动有关的现金		
现金流出小计		24,185,834.33
筹资活动产生的现金流量净额		-21,185,834.33
四、汇率变动对现金的影响		
五、现金及现金等价物净增加额		-8,067,539.70

四川国栋建设股份有限公司

四川国栋建设股份有限公司2002年年度报告

第一节 公司基本情况简介

(一) 公司法定中文名称：四川国栋建设股份有限公司
公司法定英文名称：SiChuan GuoDong Construction Co.,Ltd
(二) 法定代表人姓名：王春鸣
(三) 公司董事会秘书：王效明
联系电话：(028)85805811
传真：(028)85804146
电子信箱：Guodong@Chengdunet.com
联系地址：四川省双流县黄水镇板桥
证券事务代表：胡海涛
联系电话：(028)85806910
传真：(028)85804146
(四)公司注册地址：四川省成都市双流板桥
公司办公地址：四川省成都市双流板桥
邮政编码：610206
公司网址：HTTP://WWW.CHINAGUODONG.COM
公司电子信箱：Guodong@Chengdunet.com
(五) 公司信息披露报纸：《中国证券报》
《上海证券报》
《证券时报》
登载公司年度报告的网址：HTTP://WWW.SSE.COM.CN
公司中报备置地点：四川省成都市双流板桥公司证券部
(六) 公司股票上市地：上海证券交易所
公司股票简称：国栋建设
公司股票代码：600321
(七) 其他有关资料：
公司首次注册登记日期：1993 年 5 月 22 日
公司首次注册登记地点：绵阳市开元场沈家坝
公司变更登记日期：2001 年 3 月 26 日
公司变更登记地点：四川省成都市双流板桥
企业法人营业执照注册号:5101001806249
公司税务登记号码：51012220238978-X
公司聘请的会计师事务所名称:四川华信(集团)会计师事务所
办公地址：成都市洗面桥下街 5 号
四川国栋建设股份有限公司 2002 年年度报告

第二节 会计数据和业务数据摘要

(一)、本年度利润总额及构成(单位:元)

利润总额	57,236,592.30
净利润	48,415,028.73
扣除非经常性损益后的净利润★	39,066,323.45
主营业务利润	60,519,653.03
其他业务利润	530,072.24
营业利润	46,238,115.50
投资收益	11,046,100.00
补贴收入	0.00
营业外收支净额	-47,623.20
经营活动产生的现金流量净额	59,318,752.37
现金及现金等价物净增减额	-54,696,315.09

注:公司扣除的非经常性损益项目、涉及金额为:

项目	金额
债权投资收益	11,046,100.00
营业外收入	19,630.89
营业外支出	67,254.09
所得税影响数	1,649,771.52
合计	9,348,705.28

(二)报告期末公司前三年的主要会计数据和财务指标(单位:元)

指标项目	2002 年	2001 年
主营业务收入	222,764,913.34	341,043,684.01
净利润★	48,415,028.73	61,904,182.44
总资产	1,285,247,453.89	1,295,455,712.60
股东权益(不含少数股东权益)	1,054,989,037.59	1,050,374,008.86
每股收益	0.28	0.35
每股净资产	6.02	5.99
调整后每股净资产	6.02	5.99
每股经营活动产生的现金流量净额	0.34	0.01
净资产收益率(%)	4.59	5.89

指标项目	2000 年(调整后)	2000 年(调整前)
主营业务收入	331,408,390.41	331,408,390.41
净利润★	61,371,687.95	63,522,057.26
总资产	281,021,660.96	283,172,030.27
股东权益(不含少数股东权益)	143,847,106.96	145,977,475.89
每股收益	0.58	0.60
每股净资产	1.36	1.38
调整后每股净资产	1.36	1.36
每股经营活动产生的现金流量净额	0.18	0.18
净资产收益率	42.66	43.51

(三)报告期内公司股东权益变动情况

项目	股本	资本公积	盈余公积	法定公益金	未分配利润
期初数	175,200,000	809,662,720	45,900,021	15,300,007	19,611,268
本期增加			7,262,254	2,420,751	41,152,774
本期减少					43,800,000
期末数	175,200,000	809,662,720	53,162,275	17,720,758	16,964,042
变动原因			利润计提	利润计提	赢利和分配

项目	股东权益
期初数	1,050,374,009
本期增加	48,415,029
本期减少	43,800,000
期末数	1,054,989,038
变动原因	赢利和分配

第三节 股本变动及主要股东情况

一、股本变动情况

(一)公司股份变动情况表

	本次变动前	本次变动增减(+,-)					
		配股	送股	公积金转股	增发	其他	小计
一、未上市流通股份							
1、发起人股份							
其中:							
国家持有股份							
境内法人持有股份							
境外法人持有股份	92,700.000						
其他							
2、募集法人股份							
3、内部职工股							
4、优先股或其他	12,500,000						
未上市流通股份合计							
二、已上市流通股份	105,200,000						
1、人民币普通股							
2、境内上市的外资股	70,000,000						
3、境外上市的外资股							
4、其他	70,000,000						
已上市流通股份合计							
三、股份总数	175,200,000						

单位:股

	本次变动后
一、未上市流通股份	
1、发起人股份	
其中:	
国家持有股份	
境内法人持有股份	
境外法人持有股份	92,700.000
其他	
2、募集法人股份	
3、内部职工股	
4、优先股或其他	12,500,000
未上市流通股份合计	
二、已上市流通股份	105,200,000
1、人民币普通股	
2、境内上市的外资股	70,000,000
3、境外上市的外资股	
4、其他	70,000,000
已上市流通股份合计	
三、股份总数	175,200,000

(二)股票发行及上市情况

1、2001 年 3 月 16 日公司经中国证券监督管理委员会证监发行字(2001)19 号文批准,在上海证券交易所发行 7000 万股 A 股股票,每股发行价格为 12.28 元,

并经上海证券交易所上证上字(2001)71 号《上市通知书》批准,公司 7000 万 A 股股票于 2001 年 5 月 24 日在上海证券交易所正式上市交易。

2、公司现存内部职工股共 1250 万股,是于 1993 年 2 月 2 日经四川省体改委川体改(1993)69 号文批准,在公司成立时向公司内部职工募集的股份,当时发行内部职工股股份为 1250 万股,发行价格为 1.00 元/每股;

根据中国证券监督管理委员会证监发行字(2001)19 号文精神,公司 1250 万股内部职工股股票将于 7000 万股 A 股股票发行三年后上市。

二、主要股东持股情况介绍

(一)、截止 2002 年 12 月 31 日公司股东总数为 45650 户。

(二)、公司主要股东持股情况:

截止 2002 年 12 月 31 日公司前 10 名股东持股情况

股东名称	年度内增减(股)	年末持股数量(股)	比例(%)
四川国栋建设集团有限公司	0	92,700,000	52.91
金鑫证券投资基金	-620,546	1,644,200	0.94
金泰证券投资基金	-1,285,897	1,596,326	0.91

鹏华行业成长证券投资基金	641,428	641,428	0.37
华夏成长证券投资基金	624,992	624,992	0.36
景宏证券投资基金	-35,983	522,017	0.30
国泰君安证券股份有限公司	510,000	510,000	0.29
刘玉琼	0	352,500	0.20
汪少渊	0	350,000	0.20
刘丰	0	300,000	0.17

股东名称	股份类别	质押或冻结的股份数量
四川国栋建设集团有限公司	非流通	0
金鑫证券投资基金	流通	未知
金泰证券投资基金	流通	未知
鹏华行业成长证券投资基金	流通	未知
华夏成长证券投资基金	流通	未知
景宏证券投资基金	流通	未知
国泰君安证券股份有限公司	流通	未知
刘玉琼	非流通	未知
汪少渊	非流通	未知
刘丰	非流通	未知

第二大股东金鑫证券投资基金与第三大股东金泰证券投资基金同属国泰基金管理有限公司；其他股东未知其关联关系，也未知其一致行动情况。

(三)公司控股股东情况介绍：

1、公司控股股东为四川国栋建设集团有限公司，持有本公司法人股 92,700,000 股，占公司总股本的 52.91%。

法定代表人：龚联华先生，

成立日期：1994 年 6 月 18 日，

注册资本：189,188,000 元；

主要经营业务为：房地产开发、经营、驾驶培训、餐饮娱乐服务、生产、销售金属材料(不含稀贵金属)、化工产品(不含危险品)、建筑材料、五金交电、百货。

2、四川国栋建设集团有限公司的股东情况介绍：

四川国栋建设集团有限公司的股东为王春鸣、刘福琼、王亚伟。

王春鸣先生：男，54 岁，大专学历、高级工程师，中国籍，无其他国家或地区居留权，持有四川国栋建设集团有限公司 55%的股份。曾任四川国栋建筑工程公司总经理、四川国栋镀膜有限公司董事长，总经理；现任四川国栋建设集团有限公司董事、四川国栋建设股份有限公司董事长。

刘福琼女士：持有四川国栋建设集团有限公司 25%的股份，女，35 岁，中专文化，中国籍，无其他国家或地区居留权，曾任四川国栋建筑工程公司总经理、四川国栋建设股份有限公司总会计师；现任四川国栋建设集团有限公司董事。

王亚伟先生：持有四川国栋建设集团有限公司 20%的股份，男，30 岁，中专学历，中国籍，无其他国家或地区居留权，曾任四川国栋建设股份有限公司董事兼副总经理；现任四川国栋建设集团有限公司董事。

第四节　董事、监事、高级管理人员和员工情况

一、董事、监事和高级管理人员

1、基本情况：

姓名	职务	性别	年龄	任职起止日期	年初持股数(股)	年末持股数(股)	变动原因
王春鸣	董事长	男	54	2002.4-2005.4	39,000	39,000	
李秦生	董事、总经理	男	57	2002.4-2005.4			
周荣侯	董事、总经济师	男	58	2002.4-2005.4			
王世林	董事、总工程师	男	52	2002.4-2005.4			
胡艳琴	董事	女	27	2002.4-2005.4			
任鹏	独立董事	男	66	2002.4-2005.4			
王渊宝	独立董事	男	49	2002.4-2005.4			
徐晋江	监事长	男	37	2002.4-2005.4			
李定明	监事	男	40	2002.4-2005.4			
荣森林	监事	男	29	2002.4-2005.4			
何小丽	监事	女	28	2002.4-2005.4			
宋海斌	监事	男	29	2002.4-2005.4			
陈平原	副总经理	男	46	2002.4-2005.4			
曾武	副总经理、总会计师	男	39	2002.4-2005.4			
胡海涛	副总经理	男	32	2002.4-2005.4			
雷玉英	副总经理	女	35	2002.4-2005.4			
王效明	董事会秘书	男	36	2002.4-2005.4			

其中王春鸣先生为公司股东公司--四川国栋建设集团有限公司董事。

2、年度报酬情况：

现任公司董事、监事和高级管理人员共 17 人，2002 年年度报酬总额为 45.54 万元，其中金额最高的三名董事的报酬总额为 13.76 万元；金额最高的前三名高级管理人员的报酬总额为 13.43 万元；独立董事的津贴为每人每年 1.5 万元。

现任公司董事、监事和高级管理人员共 17 人中，年度报酬在 1-3 万元有 5 人；年度报酬在 3-6 万元有 12 人。

3、报告期间内离任的董事、监事、高级管理人员姓名及离任原因：

报告期内，公司第三届董事会、监事会届满，董事王亚伟先生、胡海涛先生、王效明先生和监事万鄂祥先生、杜亮先生离任。

经 2002 年 4 月 26 日召开的公司 2001 年年度股东大会审议，选举王春鸣先生、李秦生先生、周荣侯先生、王世林先生、赖宗涛先生、胡艳琴女士、任鹏先生、王渊宝先生为公司第四届董事会成员，其中王春鸣先生、李秦生先生、周荣侯先生为留任董事，任鹏先生、王渊宝先生为留任独立董事；选举徐晋江先生、李定明先生、荣森林先生、宋海斌先生、何小丽女士为公司第四届监事会成员，其中李定明先生、荣森林先生为留任监事。

2002 年 4 月 26 日召开的公司第四届董事会第一次会议，选举王春鸣先生为公司第四届董事会董事长；根据董事长王春鸣先生的提名，董事会聘请李秦生先生继续担任公司总经理，王效明先生为公司董事会秘书；根据总经理李秦生先生的提名，聘请陈平原先生、曾武先生、胡海涛先生、雷玉英女士为公司副总经理；聘请曾武先生为公司总会计师，周荣侯先生为公司总经济师，王世林先生为公司总工程师。

经 2002 年 8 月 19 日召开的公司第四届董事会第四次会议批准，同意赖宗涛先生因工作变动辞去董事职务。

二、员工情况

报告期末，公司员工总数为 2318 人，其中生产人员 1871 人，销售人员 63 人，专职技术人员 295 人，财务人员 31 人，行政人员 55 人。公司员工中大中专以上文化的 694 人，占员工总数的 30.8%；拥有中级以上技术职称的 395 人，占员工总数的 17.04%；年末公司实有退休人员 3 人。

第五节　公司治理结构

一、公司治理结构：

公司自成立以来，严格按照《公司法》、《证券法》等相关法律、法规的要求进行规范运作，一直致力于完善公司的法人治理结构，建立健全公司现代企业制度；为公司的持续成长、健康发展打下了良好的基础。在过去的一年里，公司在公司治理结构方面作了许多工作，但也还存在一些不足，有待于公司继续努力，不断完善。

1、公司公平对待所有股东，保证所有股东对公司情况享有知情权和参与权。

(1)公司重大事项，公司都通过《中国证券报》、《上海证券报》、《证券时报》及上交所网站等进行了及时、准确、完整的披露，并在公司证券部安排专人接待股东来访和解答股东问讯。

(2)公司一贯保护股东合法权益，公平对待所有股东，未发生过公司高管人员或大股东侵害其他股东，特别是中小股东合法权益的事件。

(3)制定了《股东大会议事规则》，明确了股东大会是公司的权利机构，规定了股东大会的召集、召开、表决等程序和公告，保证所有股东都能参与和了解公司重大事项的决策。

2、董事会、监事会的人员及构成。

报告期内，公司董事会、监事会均进行了换届选举，公司严格按照《公司章程》规定的选聘程序进行了选举，董事会的人员构成符合相关法律、法规的要求，专业结构合理。新一届董事会成员的构成，充分考虑了具有法律、会计等专业知识和工作经验的人员，确保监事会对公司财务及公司董事、经理和其他高管人员的独立有效监督和检查。

3、董事会、监事会的工作及评价。

(1)公司董事会制定了《董事会议事规则》，明确了董事和董事会的权利、责任和决策程序，有利于提高董事会工作效益，确保科学决策。

(2)公司董事均能以认真负责的态度出席董事会，对所议事项表达明确的意见，切实履行其应尽的职责；董事会会议记录完整、真实，有出席会议董事、董事会秘书和记录人的签名，并妥善保管。

(3)公司监事会也制定了《监事会议事规则》，明确了监事会对董事会和高管人员的监督职责，有利于监事会的提高工作效益，维护公司及股东的合法权益。

(4)监事会定期召开监事会会议，监事都能出席会议，明确发表意见并有会议记录，出席会议的监事和会议记录人都在会议记录上签名，会议记录妥善保管。公司也充分保障了监事的知情权、监督权和检查权。

4、独立董事工作情况及评价。

报告期内，公司独立董事积极参加公司董事会会议和股东大会，关心公司的生产经营，参与了公司第四届董事会候选人的提名，对变更募集资金投向，发表了独立意见。工作认真勤勉尽职，积极为公司的发展出谋划策，并提出了许多良好的建议和意见。

5、各专门委员会的组成及工作情况。

报告期内，公司董事会没有成立各专门委员会，

6、与《上市公司治理准则》比较，公司治理的实际状况与要求，仍存在一定的差异。公司将继续努力，不断完善。

(1)公司董事会成员中现有两名独立董事，尚缺一名会计专业的独立董事；《公司章程》尚缺少有关独立董事提名，职责以及如何行使权力的内容。公司将尽快落实完善，确保和发挥独立董事在公司治理中的作用。

(2)尚未建立薪酬与考核委员会，尚需完善对高级管理人员的绩效评价及激励约束机制。

(3)尚需加强公司信息披露工作，公司将制定信息披露制度，落实信息披露责任，保证真实、准确、完整、及时地披露公司信息。

三、独立董事履行职责情况：

报告期内公司董事会进行了换届选举，独立董事任鹏、王渊宝继续留任。2002 年 3 月，两名独立董事均参加了中国证监会和清华大学经济管理学院共同举办的上市公司独立董事培训班学习，为更好地履行独立董事的职责，打下了良好的基础。

报告期内，独立董事按照相关法律、法规、公司章程的要求，独立履行职责，认真勤勉尽职，维护了公司整体利益，保护了中小股东的权益；关心公司的生产经营，积极为公司的发展出谋划策，提出了许多良好的建议和意见。报告期内公司共 7 次召开董事会会议，任鹏先生亲自出席 4 次会议，并有 2 次会议委托其他董事代为出席；王渊宝先生亲自出席 6 次会议。参与公司第四届董事会候选人的提名，审议了关于将募集资金投资项目——"引进年产 45 万㎡平弯夹胶玻璃生产线"变更为"购买国产年产 45 万㎡平弯夹胶玻璃生产线"以及不再实施"镀膜玻璃生产线升级技术改造"项目，并将两个项目节余资金用于收购原四川省剑南木业有限公司破产资产的议案，并发表了独立董事意见。

四、公司与控股股东在业务、人员、资产、机构、财务等方面的分开情况：公司与控股股东在人员、资产、财务方面完全分开，各自有独立的经营管理机构和业务，并各自独立核算、独立承担责任和风险。

人员方面：公司的总经理、副总经理和其他高级管理人员均不在控股股东单位担任任何职务，公司董事长王春鸣先生在四川国栋建设集团有限公司没有担任除董事以外的其他任何职务。

资产方面：控股股东投入公司的资产完整、权属清晰，并全部办理了产权变更手续，公司对该部分资产独立登记、建帐、核算、管理，不存在控股股东占用、支配公司资产的情况。

财务方面：公司按照有关法律、法规的要求建立、健全了财务、会计管理制度，独立核算。不存在控股股东干预公司财务、会计活动的情况。

机构方面：公司董事会、监事会及其它内部管理机构都建立、健全了行之有效的管理制度，并能独立运作。与控股股东各部门之间不存在上下级关系，也不受控股股东的任何计划和指令。

业务方面：公司业务完全独立于控股股东，控股股东及其下属的其他单位均未从事与公司相同或相似的业务。控股股东同时承诺：四川国栋建设集团有限公司及其附属企业和控股的公司均不从事与本公司构成或可能构成竞争的相同或类似经营业务，同时也不会发展或投资于构成或可能构成竞争的相同或类似经营业务。

五、对高级管理人员的考评及激励机制建立情况：

公司报告期内对高级管理人员的考评主要是考评其目标完成情况，并根据其工作岗位的市场竞争性，确定其基本工资和奖金。在将来公司将逐步建立全面、系统的目标责任制考核体系和激励机制，加强对高级管理人员的管理和激励，由董事会、监事会会同有关部门对高级管理人员进行考核，确定其基本年薪和年度奖金，进一步调动高级管理人员的积极性和创造性，也有利于高级管理人员队伍的稳定。

第六节　股东大会情况简介

2002 年度内公司共召开了两次股东大会

一、公司 2001 年年度股东大会

2002 年 3 月 21 日，公司在《中国证券报》、《上海证券报》和《证券时报》上刊登了关于召开 2001 年年度股东大会的通知公告。

2002 年 4 月 26 日，公司 2001 年年度股东大会在四川省成都市双流县板桥公司会议室召开，到会股东及股东代表共 8 人，代表股份 9278.4 万股，占公司总股本的 52.96%。公司全体董事、监事及部份高管人员列席会议，会议由董事长王春鸣先生主持。会议通过了如下决议：

1、《公司 2001 年年度报告》；

2、《公司 2001 年年度董事会报告》；

3、《公司 2001 年度监事会报告》；

4、《公司 2001 年财务决算报告》；

5、《公司 2001 年年度利润分配预案》；

6、《股东大会议事规则》；

7、选举了公司第四届董事会成员；

8、选举了公司第四届监事会成员；

9、确定了公司独立董事的报酬；

10、《关于将引进年产 45 万㎡平弯夹层玻璃生产线变更为购买国产年产 45 万㎡平弯夹层防

弹玻璃生产线的说明》

11、关于支付四川华信(集团)会计师事务所有限公司报酬的议案

12、审议通过了《购买国债的议案》

本次股东大会决议公告刊登在 2002 年 4 月 27 日的《中国证券报》、《上海证券报》和《证券时报》上。

二、2002 年第一次临时股东大会

2002 年 5 月 15 日公司在《中国证券报》、《上海证券报》和《证券时报》刊登了关于召开 2002 年第一次临时股东大会的通知公告。

2002 年 6 月 15 日，公司 2002 年第一次临时股东大会在四川省成都市双流县板桥公司会议室召开，到会股东及股东代表共 10 人，代表股份 9280.35 万股，占公司总股本的 52.97%。公司全体董事、监事及部份高管人员列席会议，会议由董事长王春鸣先生主持。会议审议并通过了《关于变更部分募集资金用途收购资产并投资的报告》。

本次股东大会决议公告刊登在 2002 年 6 月 18 日的《中国证券报》、《上海证券报》和《证券时报》上。

三、选举、更换公司董事、监事情况

2002 年 4 月 26 日公司召开 2001 年年度股东大会，选举王春鸣先生、李秦生先生、周荣侯先生、王世林先生、赖宗涛先生、胡艳琴女士、任鹏先生、王渊宝先生为公司第四届董事会成员，其中王春鸣先生、李秦生先生、周荣侯先生为留任董事，任鹏先生、王渊宝先生为留任独立董事；选举徐晋江先生、李定明先生、荣森林先生、宋海斌先生、何小丽女士为公司第四届监事会成员，其中李定明先生、荣森林先生为留任监事。

第七节　董事会报告

一 报告期内公司的经营情况：

(一)主营业务的范围及其经营状况。

1、本公司的主营业务为：生产销售溅射镀膜玻璃、中空玻璃、钢化玻璃及夹胶玻璃；工业与民用建筑总承包、水利、路桥、市政、消防工程施工；幕墙装饰；房地产开发；中密度秸秆人造板及其深加工产品。各种业务经营情况如下：

(1)玻璃深加工业务：由于受市场疲软以及市场竞争的影响，公司各种玻璃深加工产品的销售总量和平均价格都有较大幅度的下降，其中销售玻璃深加工产品共 91.66 万平方米，与去年相比下降 32.35 万平方米，下降幅度为 26%；平均销售价格与去年相比下降 10.95%。受这两方面因素的影响，公司 2002 年玻璃深加工业务共完成销售收入 9814.19 万元，与 2001 年相比下降了 29.85%。

(2)公司建筑施工和装饰业务：由于各方面原因，报告期内公司新承接的工程施工业务减少，影响了公司施工业务收入，造成 2002 年只完成主营业务收入 11510.86 万元，与 2001 年相比总的收入出现了较大幅度的下降，下降幅度为 42.77%；

(3)房地产业务：公司与四川国栋建设集团有限公司联合开发的"国栋广场"房地产项目在报告期内已经完成后期装饰装修工作，并从 2002 年 8 月底开始正式销售和出租，截止 2002 年 12 月 31 日共销售写字间 30 套，出租 1 套，实现销售收入 1941.52 万元，其中本公司实现收入 951.34 万元。

(4)中密度秸秆人造板及其深加工项目：这些募集资金项目在报告期内都处在建设之中，并均已进入调试阶段，所以在报告期内没有营业收入和利润。2002 年，公司总的实现主营业务收入 22276.49 万元，与 2001 年相比下降 34.68%；实现主营业务利润 6051.96 万元，与 2001 年相比下降 27.64%；实现净利润 4841.50 万元，与 2001 年相比下降 21.79%。

2、公司主营业务收入和利润构成：

单位：元

产品	主营业务收入	主营业务成本	主营业务毛利
玻璃深加工	98,141,901.34	51,259,821.10	46,882,080.24
建筑、装饰	115,108,559.68	98,934,629.62	16,173,931.06
商品房销售	9,513,433.30	7,372,910.81	2,140,522.49

3、占主营业务收入或利润 10%以上的产品销售情况：

单位：元

产品	销售收入	销售成本	毛利润(%
玻璃加工	98,141,901.34	51,259,821.10	47.76
建筑施工	115,108,559.68	98,934,629.62	14.05

(二)主要控股公司及参股公司的经营情况及业绩。

1、成都升泰物业管理有限公司：公司与四川国栋建设集团有限公司共同组建，该公司注册资本为人民币 500 万元，本公司出资 475 万元，占总股本 95%。该公司主要业务是"国栋广场"的物业管理和服务，由于"国栋广场"在报告期内刚投入使用，使用率还很低，故该公司在报告期内业务收入只有 1019.02 元，利润为-117,110.22 元。

2、四川广元国栋新材有限公司：公司与四川鹏诚投资有限责任公司共同投资组建，该公司注册资本为 7800 万元，本公司出资 7020 万元，占总投资的 90%；主要经营：刨花板、饰面板、指接板、家具、木材加工；由于该公司在报告期内主要在进行生产线的恢复和改造，未正式投入生产，故没有营业收入和利润。

(三)主要供应商、客户情况：

报告期内公司向前五名供应商合计的采购金额占公司年度采购总额的比例为：60%；前五名客户销售额合计占公司销售总额的比例为：41%。

(四)经营中出现的问题与困难及解决方案：

公司经营中面临的主要问题及困难是玻璃深加工业受市场影响，竞争愈来愈激烈，销售量和销售价格都在下跌，对公司主营业务收入和主营业务利润影响较大；建筑施工和装饰工程业务同样面临激烈的市场竞争，工程业务承接难度增大，工程量减少。在 2003 年公司对于玻璃深加工和建筑装饰业务将加强销售和投标力度，并积极进行内部经营管理和质量管理改进，提高产品和工程施工质量，努力降低成本，适应市场发展；加强"国栋广场"房地产项目的销售及招租工作，作好秸秆中密度人造板及其配套项目的建设以及生产销售的准备工作，争取为公司创造新的主营业务收入和利润增长点。

二 报告期内公司的投资情况：

(一) 募集资金的运用和结果(单位：万元)

2001 年公司发行 7000 万股 A 股股票并上市，共募集资金 84055 万元(扣除发行费用)，报告期内公司继续按《招股说明书》计划进行实施，主要投向秸秆人造板及其配套项目。

截止 2002 年 12 月 31 日，本次募集资金的使用情况如下(单位：万元)

序号	承诺投资项目	项目预计总投资	实际投资项目
1	引进年产 10 万立方米秸秆中密度人造板生产线	19,800.00	引进年产 10 万立方米秸秆中密度人造板生产线
2	引进秸秆轻型墙板生产线	4,820.00	引进秸秆轻型墙板生产线
3	引进秸秆纤维板房屋建筑及构件技术生产设备	4,800.00	引进秸秆纤维板房屋建筑及构件技术生产设备
4	引进秸秆纤维复合板生产线	4,980.00	引进秸秆纤维复合板生产线
5	引进秸秆人造板配套包装箱生产线	4,998.00	引进秸秆人造板配套包装箱生产线
6	引进 MDI 胶粘合剂生产技术和设备	4,950.00	引进 MDI 胶粘合剂生产技术和设备
7	秸秆收购、打包、储运	4,966.00	秸秆收购、打包、储运
8	秸秆人造板水泥复合板生产技术和设备	4,650.00	秸秆人造板水泥复合板生产技术和设备
9	引进人造板家具生产线等设备	4,943.00	引进人造板家具生产线等设备
10	引进年产 45 万平方米平弯夹胶玻璃生产线	2,417.10	引进年产 45 万平方米平弯夹胶玻璃生产线
11	镀膜玻璃生产线升级技术改造	4,960.00	四川广元国栋建设新材有限公司
12	归还银行贷款	5,000.00	归还银行贷款
	合计	71,284.10	

序号	承诺投资项目	报告期内投资额	累计总投资额	投资进度
1	引进年产 10 万立方米秸秆中密度人造板生产线	6275.05	12853.00	64.91%
2	引进秸秆轻型墙板生产线	2855.21	4436.66	92.05
3	引进秸秆纤维板房屋建筑及构件技术生产设备	0.00	412.51	8.6%
4	引进秸秆纤维复合板生产线	0.00	330.45	6.6%
5	引进秸秆人造板配套包装箱生产线	0.00	726.24	14.5%
6	引进 MDI 胶粘合剂生产技术和设备	0.00	0.00	
7	秸秆收购、打包、储运	873.12	2178.63	43.87%
8	秸秆人造板水泥复合板生产技术和设备	252.74	1370.27	29.47%
9	引进人造板家具生产线等设备	3254.02	4462.85	90.27
10	引进年产 45 万平方米平弯夹胶玻璃生产线	355.91	442	
11	镀膜玻璃生产线升级技术改造	6935.10	6935.10	
12	归还银行贷款	0.00	5,000.00	
	合计	20801.15	39147.71	54.92%

其中：

(1) 年产 10 万立方米秸秆中密度人造板生产线：截止 2002 年 12 月 31 日已完成投资 12853.00 万元，2002 年 11 月已开始调试。

(2)秸秆轻型墙板生产线：截止 2002 年 12 月 31 日，已完成投资 4436.66 万元，完成进度的 92.05%，2003 年 3 月底已开始试生产。

(3)秸秆纤维板房屋建筑及构件技术生产设备：截止 2002 年 12 月 31 日，共投入资金 412.51 万元，主要是用作厂房用地、基础设施建设和项目准备，项目未正式实施。

(4)秸秆纤维复合板生产线：截止 2002 年 12 月 31 日，共投入资金 330.45 万元，主要是用作厂房用地、基础设施建设和项目准备，项目未正式实施。

(5)秸秆人造板配套包装箱生产线：截止 2002 年 12 月 31 日，共投入资金 726.24 万元，主要是用作厂房用地和项目准备，项目未正式实施。

(6)MDI 胶粘合剂生产技术和设备：截止 2002 年 12 月 31 日，该项目未实施。

(7)秸秆收购、打包、储运：截止 2002 年 12 月 31 日，已投入资金 2178.63 万元，完成计划进度的 43.87%。

(8) 秸秆人造板水泥复合板生产技术和设备：截止 2002 年 12 月 31 日，已投入募集资金 1370.27 万元，主要用于厂房及基础设施建设，项目未正式实施。

(9)人造板家具生产线：截止 2002 年 12 月 31 日，已投入募集资金 4462.85 万元，完成计划投资进度的 90.27%，现正在生产线设备的调试，预计 2003 年 5 月投入生产。

(10)年产 45 万平方米平弯夹胶玻璃生产线：该项目原计划投入募集资金 2,417.10 万元，其中引进设备投资 171.1 万美元。立项时间是 1997 年，当时国内设备生产厂家的技术和制造能力，距离国际先进水平差距很大，无法满足工艺要求和产品技术指标。2001 年公司实施该项目时国产平弯夹胶玻璃设备的技术水平已经达到或接近国际先进技术水平，而且产品质量经国家玻璃质量检验中心检测，其各项技术指标均能稳定地达到国家标准：GB9962-1999《夹胶玻璃》和 GB17840-1999《防弹玻璃》，且国产设备成本较低，共投入资金 442 万元，已完成生产线的全部建设。报告期内已投产，生产销售夹胶玻璃 3.19 万平方米。节余资金 1975.10 万元经公司股东大会批准投入四川广元国栋建设新材有限公司。

(11)镀膜玻璃生产线升级技术改造：是 1999 年经四川省经济贸易委员会以川经贸(1999)技改 672 号文批准的项目，计划利用国外先进技术在公司镀膜玻璃生产线现有两个镀膜室的基础上，增加五个镀膜室，并相应对其控制系统、水处理系统、电源系统进行改造，并加长现有厂房及水电扩容等，使改造后的镀膜玻璃生产线既能生产普通镀膜玻璃，又能生产低辐射镀膜玻璃、导电玻璃等特种玻璃，充分发挥原生产线的潜力，增加产量。由于最近两年国内玻璃深加工业发展较快，普通镀膜玻璃的市场竞争愈来愈激烈，产品价格已大幅下滑，预计市场的增长空间也不大；而项目完成后的主要产品-高档的低辐射镀膜玻璃、导电玻璃等特种玻璃又由于多种原因一直没有被市场所接受。因此继续实施该项目将存在极大的市场风险。经公司第四届董事会和股东大会批准将该项目资金 4960 万元全部投入四川广元国栋建设新材有限公司，报告期内四川广元国栋建设新材有限公司对原生产线设备进行恢复改造，未投入生产经营。

(二)非募集资金的投资、进度及收益情况：

本公司与四川国栋建设集团公司联合开发的"国栋广场"项目，预计总投资 17693.55 万元，本公司出资 8669.84 万元，占总投资的 49%。截止 2002 年 12 月 31 日，国栋广场已实际累计总投资 23,549.89 万元，公司累计实际投入 11,539.44 万元，公司本期内实际投入 2082.35 万元。该项目从 2002 年 8 月底开始正式销售和出租，报告期内共销售写字间 30 套，出租 1 套，实现销售收入 1941.52 万元，其中本公司实现收入 951.34 万元。

三、报告期内公司财务状况及增减变动的主要原因：

项目	2002 年度	2001 年度	增减(%)
总资产	1,285,247,453.89	1,295,455,712.60	-0.77
长期投资	0.00	0.00	
股东权益	1,054,989,037.59	1,050,374,008.86	0.44
主营业务利润	60,519,653.03	83,634,779.75	-27.64
净利润	48,415,028.73	61,904,182.44	-21.79
现金及现金等价物增加额	-54,696,315.09	667,357,490.72	-108.20

主要变动项目及原因：

主营业务利润及净利润分别减少 27.64%和 21.79%主要是由于玻璃深加工产品销售量下降以及价格下滑和建筑施工收入大幅减少所致；

现金及现金等价物增加额变动较大的原因主要是由于 2002 年使用募集资金进行募集资金项目建设，大量投入资金所致。

四、董事会日常工作情况：

(一)报告期内董事会的会议情况及决议内容

本报告期内公司董事会共召开了 7 次会议：

1、第三届董事会第十三次会议于 2002 年 3 月 18 日在公司会议室召开会议，应到董事 9 人，实到董事 9 人，4 名监事及部份高管人员列席会议。会议由公司董事长王春鸣先生主持，与会董事经过审议通过如下决议：

(1)《公司 2001 年年度报告》正文及摘要；

(2)《公司 2001 年年度董事会报告》；

(3)《公司 2001 年财务决算报告和 2002 年财务预算报告》；

(4)《公司2001 年年度利润分配预案及2002 年利润分配政策》;
(5)《股东大会议事规则》;
(6)《董事会议事规则》;
(7)《固定资产清理报废请示报告》;
(8)审议通过了公司第四届董事会候选人的议案;
(9)关于确定公司独立董事报酬的议案;
(10)《关于将引进年产45 万㎡平弯夹层玻璃生产线变更为购买国产年产45 万㎡平弯夹层防弹玻璃生产线的说明》;
(11)关于支付四川华信(集团)会计师事务所有限公司报酬的议案;
(12)审议通过了《购买国债的议案》。
本次董事会决议的公告刊登在2002 年3 月21 日的《中国证券报》、《上海证券报》和《证券时报》上。

2、公司第四届董事会第一次会议于2002 年4 月26 日在公司会议室召开会议,会议应到董事8 人,实到董事7 人,独立董事任鹏先生因出差在外,未出席会议;5 名监事和部份高管人员列席会议,会议由王春鸣董事长主持,会议讨论并表决通过了如下决议:(1)、《公司2002 年第一季度报告》;(2)、根据董事长王春鸣先生的提名,董事会决定聘请李秦生先生继续担任公司总经理,王效明先生为公司董事会秘书;根据总经理李秦生先生的提名,聘请陈平原先生、曾武先生、胡海涛先生、雷玉英女士担任公司副总经理;聘请曾武先生为公司总会计师,周荣侯为公司总经济师,王世林先生为公司总工程师。
本次董事会决议的公告刊登在2002 年4 月27 日的《中国证券报》、《上海证券报》和《证券时报》上。

3、公司第四届董事会第二次会议于2002 年5 月13 日下午在本公司会议室召开。会议应到董事8 人,实到6 人,独立董事任鹏出差在外,特委托独立董事王渊宝代为出席,并发表意见和投票;监事4 人及部分高管人员列席会议,会议由董事长王春鸣先生主持。经充分讨论,
(1)审议通过了《关于变更部分募集资金用途收购资产并投资的报告》;
(2)《关于召开2002 年第一次临时股东大会的议案》。
本次董事会决议的公告刊登在2002 年5 月15 日的《中国证券报》、《上海证券报》和《证券时报》上。

4、公司第四届董事会第三次会议于2002 年6 月22 日在公司会议室举行,会议应到董事8 名,实到董事7 名,董事赖宗涛先生因出差在外,未能出席本次会议,4 名监事及部分高管人员列席会议;会议由董事长王春鸣先生主持。会议讨论通过了《四川国栋建设股份有限公司建立现代企业制度自查报告》。

5、公司第四届董事会第四次会议于2002 年8 月19 日在公司会议室举行,会议应到董事8 名,实到董事7 名,赖宗涛先生因工作变动已向公司董事会提出辞职,未出席本次会议;5 名监事及部分高管人员列席会议;会议由董事长王春鸣先生主持。会议审议并通过了如下议案:
(1)、《公司2002 年半年度报告》正文及摘要;
(2)、同意赖宗涛先生因工作变动辞去公司董事职务;
(3)、同意推荐彭玉书女士担任公司董事职务,并提交下一次股东大会批准;
本次董事会决议的公告刊登在2002 年8 月21 日的《中国证券报》、《上海证券报》和《证券时报》上。

6、公司第四届董事会第五次会议于2002 年10 月24 日在公司会议室举行,会议应到董事8 名,实到董事6 名,独立董事王渊宝先生出差在外,未能出席本次会议;赖宗涛先生已向公司董事会提出辞职,也未出席本次会议;4 名监事及部分高管人员列席会议;会议由董事长王春鸣先生主持。会议审议并通过了如下议案:
(1)、《公司2002 年第三季度报告》;
(2)、同意公司向中国农业银行双流县支行申请公开授信人民币3 亿元;
(3)、同意公司向中国光大银行成都市玉双路支行申请公开授信人民币5 亿元。
本次董事会决议的公告刊登在2002 年10 月26 日的《中国证券报》、《上海证券报》和《证券时报》上。

7、公司第四届董事会第六次会议于2002 年12 月30 日在公司会议室举行,会议应到董事8 名,实到董事6 名,赖宗涛先生已向公司董事会提出辞职,未出席本次会议,独立董事任鹏因事请假,全权委托独立董事王渊宝行使表决权;4 名监事及部分高管人员列席会议;会议由董事长王春鸣先生主持。会议审议并通过了如下议案:
(1)、《关于2002 年巡回检查问题的整改报告》;
(2)、同意公司与四川国栋建设集团有限公司签定的《成都安美勤资讯有限责任公司股权转让协议》,将公司持有的成都安美勤资讯有限责任公司的80%股权转让给四川国栋建设集团有限公司,转让价格100 万元人民币。
本次董事会决议的公告刊登在2003 年1 月2 日的《中国证券报》、《上海证券报》和《证券时报》上。

(二)报告期内董事会对股东大会决议的执行情况
1、实施了2001 年的利润分配方案
2002 年4 月26 日召开的公司2001 年年度股东大会,审议通过了公司2001 年度利润分配方案:即以2001 年12 月31 日总股本175,200,000 股为基数,向全体股东每10 股派现金2.00 元(含税),共计分配股利35,040,000.00 元,尚余19,611,268.08 元,滚存到下一年度分配。
2002 年6 月6 日,公司在《中国证券报》、《上海证券报》和《证券时报》刊登了派息公告,并通过中国证券登记结算有限责任公司上海分公司的资金结算系统划付给流通股股东和内部职工股东,股权登记日为:2002 年6 月11 日,红利发放日为2002 年6 月18 日。
五、公司本次利润分配预案或资本公积金转增股本预案。
经四川华信(集团)会计师事务所审计,2002 年公司共实现利润48,415,028.73 元,根据《公司章程》规定,提取10%的法定公积金4,841,502.87 元,提取5%法定公益金2,420,751.44 元后,本年度可供股东分配利润为41,152,774.42 元,加上年初未分配利润19,611,268.08 元,可供股东分配利润为60,764,042.50 元。董事会提议:本年度的利润分配方案为以2002 年12 月31 日总股本175,200,000 股为基数,采取派发现金方式,向全体股东每10 股派2.50 元(含税),共计分配股利43,800,000.00 元,尚余16,964,042.50 元,滚存到下一年度分配。

第九节　监事会报告

一、报告期内公司监事会会议情况:
报告期内公司监事会共召开五次会议
1、公司第三届监事会第八次会议于2002 年3 月18 日在公司会议室召开,会议审议并通过了如下议案:
(1)公司2001 年度报告及摘要;
(2)公司2001 年度监事会工作报告;
(3)《监事会议事规则》
(4)公司第三届监事会成员任期届满,推荐徐晋江先生,荣森林先生,宋海斌先生为公司第四届监事会股东代表监事候选人;
(5)《关于将引进年产45 万㎡平弯夹层玻璃生产线变更为购买国产年产45 万㎡平弯夹层防弹玻璃生产线的说明》。
本次监事会决议的公告刊登在2002 年3 月21 日的《中国证券报》、《上海证券报》和《证券时报》上。
2、公司第四届监事会第一次会议于2002 年5 月13 日在公司会议室召开,会议审议并通过了如下决议:
(1)选举徐晋江先生担任公司监事会主席职务;
(2)《关于变更部分募集资金用途收购资产并投资的报告》。
本次监事会决议的公告刊登在2002 年5 月15 日的《中国证券报》、《上海证券报》和《证券时报》上。
3、公司第四届监事会第二次会议于2002 年8 月19 日在公司会议室召开,会议审议并通过了公司《2002 年半年度报告》正文及摘要。
4、公司第四届监事会第三次会议于2002 年10 月24 日在公司会议室召开,会议审议并通过了公司《2002 年第三季度报告》。
5、公司第四届监事会第四次会议于2002 年12 月30 日在公司会议室召开,会议审议并通过了如下决议:
(1)《关于2002 年巡回检查问题的整改报告》;
(2)《成都安美勤资讯有限责任公司股权转让协议》,同意将公司持有的成都安美勤资讯有限责任公司的80%股权转让给四川国栋建设集团有限公司,转让价格100 万元人民币。
二、监事会独立工作报告:
1、公司依法运作情况:根据《公司法》的规定,监事会的成员出席和列席了报告期内的所有股东大会和董事会会议,对股东大会和董事会会议召集、召开程序及决议事项进行了监督,认为公司决策程序符合国家有关法律、法规和公司章程的规定。公司董事、高级管理人员在执行股东大会决议和履行职务时,均无违反法律、法规、公司章程或损害公司、股东利益的行为。
2、检查公司财务的情况:报告期内,公司监事会对公司财务运作情况进行了监督和检查,认为2002 年度财务报告如实反映了公司的财务状况和经营成果,经四川华信(集团)会计师事务所有限公司审计所出具的无保留审计意见审计报告,是准确、公正的。
3、募集资金投资项目情况:公司募集资金到位后,公司按照承诺对招股说明书计划项目大部分进行了实施,而"镀膜生产线升级技术改造"项目未进行实施和减少"年产45 万平方米平弯夹胶玻璃生产线"项目的投资额,并将这两个项目节余资金投入到四川广元国栋建设新材有限公司,均经过公司董事会和股东大会批准。
4、报告期内公司收购了原四川省剑南木业有限公司破产资产,该交易价格是按照该资产破产拍卖溜标底价协商确定的;公司还将所持有的成都安美勤资讯有限责任公司的80%股权转让给四川国栋建设集团有限公司,转让价格100 万元人民币,是按照公司2002 年4 月的投资额所确定。本监事会认为该两项交易价格合理、公正、公平,未发现有内幕交易,没有损害部分股东权益或造成公司资产流失。
5、报告期内,公司与控股股东-四川国栋建设集团有限公司的关联交易有承建和联合开发《国栋广场》,以及出售成都安美勤资讯有限责任公司的80%股权,本监事会认为该交易价格公正合理,未损害公司利益。

第十节　重要事项

一、报告期内公司无重大诉讼、仲裁事项。
二、报告期内公司收购及出售资产、吸收合并事项。
1、收购原四川省剑南木业有限公司破产资产:2002 年4 月27 日,公司与四川省剑南木业有限公司破产清算小组签订了《四川省剑南木业有限公司破产资产出售协议书》,公司出资2500 万元收购原四川省剑南木业有限公司的土地、厂房和设备,该土地面积153 亩,位于四川省广元市南河利州经济开发区北京路117 号,土地使用权为50 年期的商住用地;办公和厂房建筑面积19600 ㎡;设备主要为1993 年至1997 年引进的一条年产5 万立方米刨花板生产线、两条年产165 万平方米饰面板生产线、一条年产3000 立方米的指接板生产线。经四川瑞麒会计师事务所评估(评估基准日2001 年9 月18 日),该部分资产的评估值为53,850,549.43 元。
本次收购经2002 年5 月13 日召开的公司第四届董事会第二次会议审议通过,并经2002 年6 月15 日召开的2002 年第一次临时股东大会批准。公告分别刊登在2002 年5 月15 日和2002 年6 月18 日的《中国证券报》、《上海证券报》和《证券时报》上。
2、出售成都安美勤资讯有限责任公司的80%股权:根据公司与四川国栋建设集团有限公司签定的《成都安美勤资讯有限责任公司股权转让协议》,公司将所持有的成都安美勤资讯有限责任公司的80%股权转让给四川国栋建设集团有限公司,转让价格100 万元人民币。出让该股权,有利于公司集中精力搞好主营业务,对公司财务状况和经营成果没有影响。
公告刊登在2003 年1 月2 日的《中国证券报》、《上海证券报》和《证券时报》上。
三、报告期内公司发生的重大关联交易事项。
1、提供劳务发生的关联交易:
1998 年11 月本公司与公司第一大股东四川国栋建设集团有限公司签订了《建设工程施工合同》,就本公司承建四川国栋建设集团有限公司开发的《国栋广场》达成协议,本公司承担《国栋广场》的基础、主体、装饰、安装及总平。合同价款为9383 万元,该交易的定价完全按照市场公允价格,协议已经本公司1998 年股东大会批准[该事项已在公司《招股说明书概要》中披露(见2001 年3 月14 日的《中国证券报》和《证券时报》)]。
报告期内公司提供上述服务,实现工程施工收入67,450,027.69 元,结转工程施工成本58,032,657.21 元。
2、其他重大关联交易:
公司于2000 年2 月与公司第一大股东四川国栋建设集团有限公司签订了《<国栋广场>联合开发协议书》,共同出资开发《国栋广场》,预计总投资17693.55 万元,公司出资8669.8395 万元,占总投资的49%[该事项已在公司《招股说明书概要》中披露(见2001 年3 月14 日的《中国证券报》和《证券时报》)]。
截止2002 年12 月31 日,国栋广场已实际累计总投资23,549.88 万元,公司累计实际投入11,539.44 元,公司本期实际投入2082.35 万元,实现销售收入951.34 万元。
四、重大合同及其履行情况:
1、报告期内公司无托管、承包、租赁其他公司资产或其他公司托管、承包、租赁上市公司资产的事项;
2、报告期内公司无重大担保事项;
3、报告期内委托他人进行现金资产管理事项:
经2001 年7 月11 日召开的公司第三届董事会第十一次会议讨论通过,并经2001 年8 月13 日召开的公司2001 年第二次临时股东大会审议批准,公司将自有闲置资金1.5 亿元人民币分别委托给四川天富投资有限责任公司和国泰君安证券股份有限公司,期限均为一年。具体委托理财情况如下:
(1)、2001 年7 月4 日公司与四川天富投资有限责任公司签订了《委托资产管理合同》,委托投资金额为5000 万元,委托期限为一年,投资于依法公开发行上市的股票、债券、基金等具有良好流动性的金融工具,现行法律法规禁止本公司投资的品种除外。受委托方在年收益率低于或等于8%时不收取业绩报酬,年收益率超出8%,受委托方收取超出部分70%的业绩报酬。
(2)、2001 年7 月6 日公司与四川天富投资有限责任公司签订了《委托资产管理合同》,委托投资金额为5000 万元,委托期限为一年,投资于依法公开发行上市的股票、债券、基金等具有良好流动性的金融工具,现行法律法规禁止本公司投资的品种除外。受委托方在年收益率低于或等于8%时不收取业绩报酬,年收益率超出8%,受委托方收取超出部分70%的业绩报酬。
(3)、2001 年7 月16 日公司与国泰君安证券股份有限公司签订了资产委托管理协议:委托投资金额为5000 万元,委托期限为一年,投资于依法公开发行上市的股票、债券、基金等具有良好流动性的金融工具,现行法律法规禁止本公司投资的品种除外。受委托方在年收益率低于或等于8%时不收取业绩报酬,年收益率超出8%,受委托方收取超出部分70%的业绩报酬。
2002 年7 月10 日,公司已收回委托给四川天富投资有限责任公司管理的10,000 万元人民币资金及投资收益900 万元;2002 年7 月19 日,公司已收回委托给国泰君安证券股份有限公司的委托理财资金本金5,000 万元人民币,未收到投资收益。
公司在未来年度没有委托理财计划。

报告期内公司没有委托贷款事项。

五、公司或持股5%以上股东在报告期内或者持续到报告期内没有承诺事项。

六、报告期内公司继续聘请四川华信(集团)会计师事务所为公司提供审计服务。

支付给四川华信(集团)会计师事务所的年度审计报酬为25万元,其他相关的差旅、食宿、翻译等费用由公司承担。四川华信(集团)会计师事务所已为公司提供审计服务连续5年。

七、报告期内公司董事会及董事、高级管理人员没有受中国证监会稽查、行政处罚、通报批评及上海证券交易所公开谴责的情形。

2002年10月9日至11日,中国证监会哈尔滨特派办对公司进行了检查,2002年12月3日成都证管办对公司下达了《限期整改通知书》,公司按照"整改通知"要求,对照《公司法》《证券法》《上海证券交易所股票上市规则》《公司章程》以及有关法律、法规的规定对公司存在的问题进行了逐项检查,制定了整改措施,并及时进行了整改。

八、公司的所得税继续执行15%的所得税政策。

第十一节 财务报告

一、审计报告

四川国栋建设股份有限公司全体股东:

我们接受委托,审计了贵公司2002年12月31日的资产负债表及合并资产负债表,2002年度的利润及利润分配表和合并利润及利润分配表,2002年度的现金流量表及合并现金流量表。这些会计报表由贵公司负责。我们的责任是对这些会计报表发表审计意见。我们的审计是依据《中国注册会计师独立审计准则》进行的。在审计过程中,我们结合贵公司实际情况,实施了包括抽查会计记录等我们认为必要的审计程序。

我们认为,上述会计报表符合《企业会计准则》和《企业会计制度》的有关规定,在所有重大方面公允地反映了贵公司2002年12月31日的财务状况及合并财务状况,2002年度的经营成果及合并经营成果、2002年度现金流量情况及合并现金流量情况,会计处理方法的选用遵循了一贯性原则。

四川华信(集团)会计师事务所有限责任公司　　中国注册会计师:秦茂

2003年3月31日　　中国注册会计师:张兰

二、会计报告

资产负债表

编制单位:四川国栋建设股份有限公司　2002年12月31日　单位:人民币元

资产	期末数 合并数
流动资产:	
货币资金	666,915,795.36
短期投资	4,346,100.00
应收票据	-
应收股利	-
应收利息	388,632.75
应收帐款	8,514,480.80
其他应收款	4,132,719.96
预付帐款	2,844,445.79
应收补贴款	-
存货	141,103,958.48
待摊费用	-
一年内到期的长期债权投资	-
其他流动资产	-
流动资产合计	828,246,133.14
长期投资:	
长期股权投资	72,200,000.00
长期债权投资	-
长期投资合计	72,200,000.00
合并价差	-
固定资产:	
固定资产原价	166,898,810.67
减:累计折旧	64,751,474.41
固定资产净值	102,147,336.26
减:固定资产减值准备	-
固定资产净额	102,147,336.26
工程物资	278,796.74
在建工程	272,035,383.63
固定资产清理	-
固定资产合计	374,461,516.63
无形资产及其他资产:	
无形资产	10,339,804.12
长期待摊费用	-
其他长期资产	-
无形资产及其他资产合计	10,339,804.12
递延税款:	
递延税款借项	-
资产总计	1,285,247,453.89
负债和股东权益	
流动负债:	
短期借款	135,574,706.60
应付票据	-
应付帐款	4,710,487.75
预收帐款	1,313,184.98
应付工资	4,416,342.12
应付福利费	8,937,446.02
应付股利	43,800,000.00
应交税金	8,648,607.77
其他应交款	385,628.86
其他应付款	21,459,410.38
预提费用	768,600.00
预计负债	-
一年内到期的长期负债	-
其他流动负债	-
	-
流动负债合计	230,014,414.48
长期负债:	
长期借款	-
应付债券	-
长期应付款	-
专项应付款	-
其他长期负债	-
长期负债合计	-
递延税项:	
递延税款贷项	-
负债合计	230,014,414.48
少数股东权益	244,001.82
股东权益:	
股本	175,200,000.00
减:已归还投资	-
股本净额	175,200,000.00
资本公积	809,662,719.84
盈余公积	53,162,275.25
其中:法定公益金	17,720,758.41
未分配利润	16,964,042.50
股东权益合计	1,054,989,037.59
负债及股东权益合计	1,285,247,453.89

利润及利润分配表

编制单位:四川国栋建设股份有限公司　2002年度　单位:人民币元

项目	本年数 合并数
一、主营业务收入	222,764,913.34
减:主营业务成本	157,575,601.23
主营业务税金及附加	4,669,659.08
二、主营业务利润	60,519,653.03
加:其他业务利润	530,072.24
减:营业费用	6,495,215.03
管理费用	9,997,789.83
财务费用	-1,681,395.09
三、营业利润	46,238,115.50
加:投资收益	11,046,100.00
补贴收入	-
营业外收入	19,630.89
减:营业外支出	67,254.09
四、利润总额	57,236,592.30
减:所得税	8,827,419.08
少数股东本期收益	-5,855.51
五、净利润	48,415,028.73
加:年初未分配利润	19,611,268.08
其他转入	-
六、可供分配的利润	68,026,296.81
减:提取法定盈余公积	4,841,502.87
提取法定公益金	2,420,751.44
提取职工奖励及福利基金	-
提取储备基金	-
提取企业发展基金	-
利润归还投资	-
七、可供股东分配的利润	60,764,042.50
减:应付优先股股利	-
提取任意盈余公积	-
应付普通股股利	43,800,000.00
转作股本的普通股股利	-
八、未分配利润	16,964,042.50

现金流量表

编制单位:四川国栋建设股份有限公司　2002年度　单位:人民币元

项目	合并数
一、经营活动产生的现金流量:	
销售商品、提供劳务收到的现金	239,278,134.46
收到的税费返还	
收到的其他与经营活动有关的现金	49,526.99
现金流入小计	239,327,661.45
购买商品、接受劳务支付的现金	115,403,350.39
支付给职工以及为职工支付的现金	29,064,816.34
支付的各项税费	25,516,367.80
支付的其他与经营活动有关的现金	10,024,374.55
现金流出小计	180,008,909.08
经营活动产生的现金流量净额	59,318,752.37
二、投资活动产生的现金流量:	
收回投资所收到的现金	194,387,500.00
取得投资收益所收到的现金	9,925,000.00
处置固定资产、无形资产和其他长期资产所收回的现金净额	
收到的其他与投资活动有关的现金	
现金流入小计	204,312,500.00
购建固定资产、无形资产和其他长期资产所支付的现金	128,472,959.83
投资所支付的现金	125,200,000.00
支付的其他与投资活动有关的现金	
现金流出小计	253,672,959.83
投资活动产生的现金流量净额	-49,360,459.83
三、筹资活动产生的现金流量:	
吸收投资所收到的现金	
借款所收到的现金	613,086,048.75
收到的其他与筹资活动有关的现金	8,620,837.54
现金流入小计	621,706,886.29
偿还债务所支付的现金	649,000,000.00
分配股利、利润或偿付利息所支付的现金	36,068,535.91
支付的其他与筹资活动有关的现金	
现金流出小计	685,068,535.91
筹资活动产生的现金流量净额	-63,361,649.62
四、汇率变动对现金的影响	-1,292,958.01
五、现金及现金等价物净增加额	-54,696,315.09

天津市房地产发展(集团)股份有限公司

天津市房地产发展(集团)股份有限公司2002年年度报告

一、重要提示

本公司董事会及其董事保证本报告所载资料不存在任何虚假记载、误导性陈述或者重大遗漏,并对其内容的真实性、准确性和完整性承担个别及连带责任。

本公司董事长张连选先生、总经理张建台先生、总会计师王大铮先生及财务部部长张兵女士声明:保证本年度报告中财务报告的真实、完整。

吴延龙董事委托张连选董事、欧阳勇董事委托陈长来董事出席并签署董事会决议。

二、公司基本情况简介

1、公司法定中文名称:天津市房地产发展(集团)股份有限公司
公司英文名称:Tianjin Reality Development (Group) Co., Ltd.
公司英文名称缩写:TJRP
2、公司法定代表人:张连选
3、公司董事会秘书:陈长来
联系地址:天津市和平区常德道80号
联系电话:(022)23317185
传真:(022)23317185
电子信箱:FDCDKF@EYOU.COM
4、公司注册、办公地址:天津市和平区常德道80号
邮政编码:300050
国际互联网网址:http://www.tfgroup.com.cn
电子信箱:FDCDKF@EYOU.COM
5、公司指定的信息披露报纸名称:《中国证券报》、《上海证券报》
登载年度报告的指定网站网址:http://www.sse.com.cn
公司年度报告备置地点:公司董事会办公室
6、公司股票上市交易所:上海证券交易所
股票简称:天房发展
股票代码:600322
7、其他有关资料:
公司首次注册登记日期:1993年2月25日
变更注册登记日期:2001年8月27日
公司首次注册登记地点:天津市和平区常德道80号
公司营业执照注册号:1200001010222
税务登记号码:120101103064779
公司聘请的会计师事务所名称:天津五洲联合合伙会计师事务所
会计师事务所办公地点:天津市和平区西康路33号康岳大厦610层

三、会计数据和业务数据摘要

(一)本年度主要利润指标情况(合并报表)

单位:人民币元

利润总额	46,764,098.21
净利润	34,294,261.83
扣除非经常性损益后的净利润	27,548,053.18
主营业务利润	147,760,779.68
其他业务利润	894,461.56
营业利润	34,378,371.76
投资收益	9,935,968.70
补贴收入	8,609,774.62
营业外收支净额	-6,160,016.87
经营活动产生的现金流量净额	-158,049,631.13
现金及现金等价物净增加额	-184,563,333.04

注:扣除非经常性损益项目和涉及金额:

补贴收入	8,609,774.62元
营业外收入	536,388.46元
股权转让及公司清算收益	7,619,210.38元
营业外支出	6,696,405.33元
所得税影响金额	3,322,759.48元
以上项目涉及金额合计	6,746,208.65元

(二)近三年主要会计数据和财务指标

单位:人民币元

项目	2002年	2001年
主营业务收入	515,541,703.05	608,679,018.01
净利润	34,294,261.83	66,301,936.10
总资产	2,959,599,776.34	3,059,129,286.02
股东权益(不含少数股东权益)	1,656,038,843.49	1,637,303,329.51
每股收益(摊薄)	0.0809	0.1565
每股收益(加权)	0.0809	0.1892
扣除非经常性损益后每股收益	0.0650	0.1612
每股净资产	3.9084	3.8642
调整后的每股净资产	3.7440	3.8210
每股经营活动产生的现金流量净额	-0.3730	-0.4984
净资产收益率(摊薄%)	2.0709	4.0495
净资产收益率(加权平均%)	2.0728	5.2724

项目	2000年
主营业务收入	586,872,370.05
净利润	66,903,564.57
总资产	2,560,248,251.33
股东权益(不含少数股东权益)	1,041,687,358.45
每股收益(摊薄)	0.2133
每股收益(加权)	0.2133
扣除非经常性损益后每股收益	0.1664
每股净资产	3.3206
调整后的每股净资产	3.2864
每股经营活动产生的现金流量净额	0.2625
净资产收益率(摊薄%)	6.4226
净资产收益率(加权平均%)	6.4226

(三)根据中国证监会《公开发行证券公司信息披露编报规则(第9号)》要求计算的利润数据:

单位:人民币元

报告期利润	净资产收益率% 全面摊薄	净资产收益率% 加权平均	每股收益 全面摊薄	每股收益 加权平均
主营业务利润	8.9225	8.9311	0.3494	0.3494
营业利润	2.0759	2.0779	0.0811	0.0811
净利润	2.0709	2.0728	0.0809	0.0809
扣除非经常性损益后的净利润	1.6635	1.6651	0.0650	0.0650

(四)报告期内股东权益变动情况

单位:人民币元

项目	股本	资本公积	盈余公积
期初数	423,707,417.00	980,980,200.81	169,485,345.03
本期增加	0	678,362.38	10,586,755.06
本期减少	0	0	1,345,824.07
期末数	423,707,417.00	981,658,563.19	178,726,276.02
变动原因		子公司资产评估增值	本年利润分配

项目	法定公益金	未分配利润	未确认投资损失	合计
期初数	43,686,798.71	63,199,306.12	-68939.45	1,637,303,329.51
本期增加	3,429,426.18	34,294,261.83		45,559,379.27
本期减少	19,708.28	25,546,980.67	-68939.45	26,823,865.29
期末数	47,096,516.61	71,946,587.28		1,656,038,843.49
变动原因	本年利润分配	本年损益增减	清算子公司转出	

四、股本变动及股东情况

(一)股东情况

1、报告期期末股东总数98,149户。

2、主要股东持股情况介绍

报告期末公司前十名股东持股情况如下:

序号	股东名称	股份性质	持股数额(股)
1	天津市房地产开发经营集团有限公司	国家股	178457417
2	海南农业租赁股份有限公司	法人股	1000000
3	中国黑色金属材料华北公司	法人股	1000000
4	深圳市建鹏达房地产开发有限公司	法人股	1000000
5	中国农业生产资料集团公司	法人股	1000000
6	华泰证券股份有限责任公司	法人股	1000000
7	广东控股集团有限公司	法人股	750000
8	景博证券投资基金	流通股	662900
9	刘建华	内部职工股	652500
10	天津经济技术开发区总公司	法人股	650000

序号	股东名称	本期增减	持股比例
1	天津市房地产开发经营集团有限公司	0	42.12%
2	海南农业租赁股份有限公司	0	0.236%
3	中国黑色金属材料华北公司	0	0.236%
4	深圳市建鹏达房地产开发有限公司	0	0.236%
5	中国农业生产资料集团公司	0	0.236%
6	华泰证券股份有限责任公司	0	0.236%
7	广东控股集团有限公司	0	0.177%
8	景博证券投资基金	0	0.156%
9	刘建华	0	0.154%
10	天津经济技术开发区总公司	0	0.153%

说明:(1)中国黑色金属材料华北公司持有的100万法人股因诉讼已被司法冻结。

(2)本公司控股股东为天津市房地产开发经营集团有限公司,持股比例为42.12%。

(3)前十名股东之间不存在关联关系。

(4)代表国家持有股份的单位为天津市房地产开发经营集团有限公司。

3、公司控股股东情况介绍

控股公司:天津市房地产开发经营集团有限公司
法定代表人:马鹤亭
成立日期:1999年7月6日
主营业务范围:国家授权资产投资、控股;房地产、销售等。
注册资本:54,008万元
公司性质:国有独资公司

天津市房地产开发经营集团有限公司是国有股东授权代表单位,代表天津市国有资产管理局持有国家股,并对股份公司的国有股权进行管理,行使出资者权利。

4、除控股股东外,本公司无其他持股在10%以上的法人股股东。

五、董事、监事、高级管理人员和员工情况

(一)公司董事、监事、高级管理人员

1、公司董事、监事、高级管理人员基本情况

姓名	任职情况	性别	年龄	任职起止日期
张连选	董事长	男	49	2002.5--2005.5

张建台	董事、总经理	男	47	2002.5--2005.5
王宏彬	董事、副总经理	男	54	2002.5--2005.5
王大铮	董事、总会计师	男	49	2002.5--2005.5
陈长来	董事、董事会秘书	男	49	2002.5--2005.5
吴延龙	董事	男	49	2002.5--2005.5
白雅文	董事	女	47	2002.5--2005.5
欧阳勇	董事	男	56	2002.5--2005.5
周宏光	董事	女	47	2002.5--2005.5
郭乃勤	董事	男	51	2002.5--2005.5
白小龙	董事	男	49	2002.5--2005.5
罗永泰	独立董事	男	56	2002.5--2005.5
朱玉栓	独立董事	男	36	2002.5--2005.5
兰国茗	监事会主席	男	46	2002.5--2005.5
陈作石	监事	男	58	2002.5--2005.5
田聪敏	监事	女	50	2002.5--2005.5
徐建中	监事	男	55	2002.5--2005.5
乔小明	副总经理	男	49	2001.10--2004.10
马秀兰	副总经理	女	53	2001.10--2004.10
杨宾	总工程师	男	37	2001.10--2004.10

2、年度报酬情况

在公司任职的董事、监事依据其任职情况领取报酬，在股东单位任职并领取报酬的董事、监事不在公司领取报酬。

根据《公司章程》的有关决定，公司董事、监事及高级管理人员的薪酬由董事会制定薪酬与考核制度，由董事会薪酬与考核委员会负责实施，公司董事会根据公司年初核定的经营目标，年底按照考核评定程序对其进行绩效考核后确定公司高级管理人员的薪酬标准。

公司现任董事、监事、高级管理人员共20人，在公司领取年度薪酬的8人，年度薪酬的总额为471,469元，金额最高的前三名董事的报酬金额为183,370.2元，金额最高的前三名高级管理人员的薪酬金额为185,314.4元，上述8人中年度薪酬数额在5—6万之间的2人，6—7万之间的有6人。独立董事的津贴及待遇情况是：每位独立董事年度津贴为3万元人民币(含税)，根据公司章程独立董事行使其他职权时发生的费用由公司另行支付。

上述人员未在本公司领取报酬的董、监事人员共有10人，分别是：董事张连选、吴延龙、白雅文、欧阳勇、周宏光、郭乃勤、白小龙和监事兰国茗、陈作石、田聪敏，均在股东单位领取报酬。

3、在报告期内董事、监事、高级管理人员变动情况

(1)报告期内公司第三届董事会、监事会任期届满，公司2002年5月29日召开的2001年度股东大会上选举吴延龙、张连选、王宏彬、张建台、王大铮、陈长来、周宏光、欧阳勇、白小龙、白雅文、郭乃勤为公司第四届董事会董事，罗永泰、朱玉栓为公司第四届董事会独立董事；选举兰国茗、陈作石、田聪敏为公司第四届监事会监事，与公司职工代表大会选举产生的职工监事徐建中共同组成公司第四届监事会。

(2)2002年5月29日公司第四届董事会第一次会议选举吴延龙为公司董事长，聘任陈长来为公司董事会秘书。

(3)2002年5月29日公司第四届监事会第一次会议选举兰国茗为公司监事会主席。

(4)公司于2002年7月29日召开第四届三次董事会，审议通过了由于工作调动原因同意吴延龙先生辞去公司董事长职务，选举张连选为公司董事长；同意张连选先生辞去公司总经理职务；聘任张建台先生担任公司总经理职务。决议公告刊登于2002年7月31日《上海证券报》、《中国证券报》上。

(二)公司员工情况

截止报告期末，公司共有在职员工216人，其中，管理人员103人，财务人员32人，销售人员23人，行政人员29人，其他人员29人。

在公司现有全部员工中，具有研究生及以上学历13人，本科学历69人，大专学历66人，中专及其他人员68人。

公司目前无离退休员工。

六、公司治理结构

(一)公司治理情况

为完善公司的法人治理结构、规范运作，公司依照《上市公司治理准则》等相关法律法规的要求，在本报告期内，治理情况如下：

1、关于股东与股东大会：公司严格按照《股东大会规范意见》和《公司股东大会议事规则》的规定执行，为了保证最大限度的股东能行使股东权力，参加股东大会，在股东大会召开前，本公司先后两次分别在《中国证券报》和《上海证券报》上刊登会议通知和提示性公告。

2、关于控股股东与上市公司的关系：本公司与控股股东除了在资产关系上是投资和被投资的关系外，是各自独立的法人实体。在报告期内，中国证监会和国家经贸委对本公司进行建立现代企业制度的检查，认为公司按照现代企业制度要求运作是规范的。

3、关于董事与董事会：报告期内，公司严格按照《公司章程》规定的董事选聘程序选举董事，做到了董事选聘公开、公平、公正、独立，董事会的人数和人员构成符合法律、法规的要求，当选的董事能够认真履行董事的职责并能切实的维护公司和股东的权益。公司董事会已制定了《董事会议事规则》，董事会已设立了考核与薪酬委员会、提名委员会，在2003年还将设立战略与投资评审委员会、审计委员会，补足尚缺的两名独立董事。

4、关于监事与监事会：报告期内，公司严格按照《公司章程》规定的监事选聘程序选举监事，监事会的人数和人员构成符合法律、法规的要求，当选的监事能够认真的履行监事的职责。监事会已制定了《监事会议事规则》，监事会本着对全体股东负责的精神，对公司财务以及公司董事、经理和其他高级管理人员履行职责的合法合规性进行监督。

5、关于绩效评价与激励约束机制：报告期内，公司聘请专家教授结合公司的实际制定了一整套对公司董事、监事和高级管理人员的绩效评价标准和程序，建立了与之相应的激励约束机制，在2002年年终考核中实施。

6、利益相关者：报告期内，公司能够尊重和维护利益相关者的合法权益，经常并及时的向银行及债权人提供公司的信息，员工通过职代会等方式建立与董事会、监事会和高级管理人员的沟通渠道，公司非常重视所负的社会责任。

7、关于信息披露与透明度：报告期内，公司严格按照法律法规和公司章程的有关规定，制定了《公司信息披露制度》，公司能真实、准确、完整、及时的披露持续信息、公司治理信息、股东权益信息等，保证所有股东有平等的机会获得公司的各种信息。

(二)独立董事履行职责情况

公司董事会按照《关于在上市公司建立独立董事制度的指导意见》的要求，制定了《公司独立董事制度》，在报告期内，各位独立董事能够认真履行职责并发表独立意见，对公司的规范运作和维护中小股东的合法权益起到非常重要的作用。

(三)公司与控股股东"五分开"情况

1、人员分开情况：本公司与控股股东在劳动、人事及工资管理等方面是独立的，公司设立了独立的人力资源管理部门，高级管理人员均不在控股股东单位任职。

2、资产方面：资产与控股股东间是分开的、完整的。报告期内，控股股东为帮助解决本公司进行机构重组分流的员工安置，暂借本公司的资金已如数归还。

3、财务独立方面：本公司设有独立的财务部门，建立了独立的会计核算体系和财务管理制度，在银行独立开户。

4、机构独立方面：本公司设立独立的组织机构，在独立场所办公。

5、业务分开方面：本公司业务独立，具有完整的业务及自主经营能力，不存在同业竞争的情况。

(四)高级管理人员的考评及激励机制

根据《公司章程》的有关规定，为进一步调动董事、监事和高级管理人员的主动性、积极性和创造性，公司聘请专家教授结合本公司的实际情况，制定了一整套科学的考评和激励制度，使董事、监事和高级管理人员的收益与公司的经济效益挂钩。公司董事、监事及高级管理人员的薪酬由董事会薪酬与考核委员会决定，公司董事会根据公司年初核定的经营目标，年底按照考核评定程序对其进行绩效考核后确定公司高级管理人员的薪酬标准。

七、股东大会情况简介

(一)股东大会情况

本报告期内，公司共召开一次股东大会，即2001年度股东大会。2002年4月29日，公司在《中国证券报》和《上海证券报》上刊登了召开2001年度股东大会的公告，通知了大会的召开时间、地点、议程和股东出席会议的登记办法。为确保股东大会的顺利召开，公司又于2002年5月17日分别在《中国证券报》和《上海证券报》刊登关于召开股东大会的提示性公告，再次通知。

2002年5月29日，股东大会在天津市华富宫大饭店南楼多功能厅召开。应出席会议的股东所持股数423707417股，登记出席会议的股东所持股数183709371股，实际出席会议的股东所持股数183709371股，占登记出席股数的100%，符合《公司法》和《公司章程》的有关规定。本次会议经天津嘉德律师事务所李天力律师鉴证，会议程序合法，会议内容真实有效。会议审议并通过了如下决议：

1、审议通过公司董事会2001年度工作报告的决议；同意183702871股，占出席会议股数的99.99646%；不同意0股，占出席股数的0%；弃权6500股，占出席会议股数的0.00354%。

2、审议通过公司监事会2001年度工作报告的决议；同意183702871股，占出席会议股数的99.99646%；不同意6500股，占出席会议股数的0.00354%；弃权0股，占出席会议股数的0%。

3、审议通过公司2001年度财务决算报告及利润分配预案的决议(利润分配预案已于2002年3月28日刊登在《中国证券报》和《上海证券报》上，分配实施办法另行公告)；同意183699246股，占出席会议股数的99.99448%；不同意10125股，占出席会议股数的0.00551%；弃权0股，占出席会议股数的0%。

4、审议通过修改公司章程的决议；同意183702871股，占出席会议股数的99.99646%；不同意0股，占出席会议股数的0%；弃权6500股，占出席会议股数的0.00354%。

5、审议通过修改公司股东大会议事规则的决议；同意183702871股，占出席会议股数的99.99646%；不同意0股，占出席会议股数的0%；弃权6500股，占出席会议股数的0.00354%。

6、审议通过公司建立独立董事制度的决议；同意18370287股占出席股数99.99646%，不同意0股，占出席会议股数的0%；弃权6500股，占出席会议股数的0.00354%。

7、审议通过公司董事会设立战略与投资评审、提名、审计、薪酬与考核专业委员会的决议；同意183709371股，占出席会议股数的100%；不同意0股，占出席会议股数的0%；弃权0股，占出席会议股数的0%。

8、审议通过公司关于董事会、监事会换届工作及董事、独立董事、监事候选人提名的决议；吴延龙、张连选、王宏彬、王大铮、张建台、陈长来、欧阳勇、郭乃勤、白雅文、白小龙、周宏光为公司董事，罗永泰、朱玉栓为公司独立董事。兰国茗、陈作石、田聪敏为公司监事。公司职工推举徐建中为监事会监事。同意183709371股，占出席股数100%；不同意0股，占出席会议股数的0%；弃权0股，占出席会议股数的0%。

9、审议通过公司关于确定董事、监事和经理人员薪酬及独立董事津贴标准的决议；同意183702871股，占出席会议股数的99.99646%；不同意6500股，占出席会议股数的0.00354%；弃权0股，占出席会议股数的0%。

股东大会的决议公告刊登在2002年5月30日《中国证券报》和《上海证券报》上。

(二)选举、更换公司董事、监事情况

1、董事会董事情况：

(1)根据《公司法》和《公司章程》的有关规定，经公司三届九次董事会会议通过，并经2001年度股东大会选举，吴延龙、张连选、张建台、王宏彬、王大铮、陈长来、欧阳勇、郭乃勤、白雅文、白小龙、周宏光为公司董事，罗永泰、朱玉栓为公司独立董事(尚空缺两名独立董事)。经公司四届一次董事会通过，选举吴延龙先生为董事长，陈长来先生为董事会秘书。

(2)张连选、王大铮、陈长来和周宏光为新当选董事。

(3)由于工作调动的原因，吴延龙先生不再担任本公司董事长职务，经公司四届三次董事会通过，选举张连选先生接任董事长职务。

2、监事会监事情况：

根据《公司法》和《公司章程》的有关规定，经三届八次监事会通过，并经2001年度股东大会选举，兰国茗、陈作石、田聪敏为公司监事。经公司四届一次监事会通过，选举兰国茗先生为监事会主席。

其中兰国茗先生、田聪敏女士为新当选的监事。

3、高管人员情况：

(1)公司四届一次董事会聘任张连选先生为公司总经理；根据总经理的提名，聘任王宏彬先生、乔小明先生、马秀兰女士为副总经理；聘任王大铮先生为总会计师，聘任张建台先生为总经济师，聘任杨斌先生为总工程师。

(2)经公司四届三次董事会通过，聘任张建台先生为公司总经理，接任张连选先生总经理职务。

八、董事会报告

(一)报告期内整体经营情况的讨论与分析

面对2002年激烈的市场竞争和不断变化的市场消费预期，公司调整和优化了产品结构和销售结构。在商品房销售方面，公司加大了对瑞江花园、吉利花园等重点项目的运作力度，合理安排确保施工进度，并把盘活存量房屋作为销售工作的重点，全年在商品房销售和盘活存量上都取得了一定成效。但由于近年来天津市大型公建写字楼的需求趋于饱和，2002年天津市写字楼销售面积仅占房地产总销售面积的1%左右。公司存货中公建写字楼占有一定比重，受市场制约，销售存在一定困难。此外，由于政府调整规划等原因，使海景公寓等项目推迟了建设和销售时间，影响了本期销售收入和利润的实现。为此，公司根据经营中的实际问题，不断理顺公司管理链条、规范工作标准，组织制定了一系列生产经营管理制度，建立了新的薪酬制度，为公司的稳定发展奠定了基础。报告期内，公司完成主营业务收入5.16亿元，实现主营业务利润14,776.08万元。

(二)报告期内的经营情况

1、主营业务范围及其经营状况

公司主营业务集中在房地产的开发经营、销售与出租等方面，是一家集综合开发、科研设计、经营销售和咨询服务为一体的综合性房地产企业。目前，公司的房地产开发项目均在天津市，没有异地开发的项目及业务。

公司主营业务行业构成情况：

单位：人民币元

项目	主营业务收入	所占比例%
房地产开发经营	470,099,406.58	91.19
出租	39,933,641.84	7.75
其他	5,508,654.63	1.06
合计	515,541,703.05	100

项目	主营业务利润	所占比例%
房地产开发经营	113,143,883.26	76.57
出租	34,815,124.89	23.56
其他	-198,228.47	-0.13
合计	147,760,779.68	100

报告期内,公司主营业务仍然是以房地产开发及销售为主,其占公司主营业务收入的91.19%,占公司主营业务利润的76.57%。2003年公司实现商品房销售收入4.7亿元,约占天津市当年市场份额的2.79%。

占公司主营业务收入或主营业务利润总额10%以上的业务主要有商品房销售和房屋出租。其中:(1)报告期内,公司实现商品房销售收入47009.94万元,商品房销售成本33885万元,毛利率27.92%;(2)报告期内,公司出租业务实现出租收入3993.36万元,出租成本685.21万元,毛利率82.84%。

(三)报告期内的投资情况

1、募集资金的使用情况

报告期内,公司没有新的募集资金。前次募集资金延续到本报告期内的使用情况如下:

项目	计划使用情况	实际使用情况
瑞江花园	2002年计划投入1.94亿元,累计计划投入4.84亿元。	2002年募集资金实际投入2.004亿元,累计投入4.651亿元,完成进度96.1%。
流动资金	4955万元	4955万元,完成进度100%
银行存款	0	剩余0.189亿元

公司募集资金时承诺的投资项目为瑞江花园,在报告期内,实际投资项目没有变更。截止报告期末,瑞江花园累计施工面积40.5万平方米,累计竣工面积18.73万平方米,其中年内新开工面积21.96万平方米,年内竣工面积13.56万平方米。报告期内,项目工程完成投资2.67亿元,销售商品房7.32万平方米,实现销售收入2.07亿元,实现主营业务利润5178.17万元。

2、其他投资情况

(1)吉利花园项目B区:该项目位于天津市和平区繁华地段,于2002年竣工。报告期内,该项目工程完成投资15024.62万元,实现销售收入9110.68万元。

(2)海景公寓项目:该项目位于天津市河西区,其中一期建筑面积5.5万平方米。该项目已于2001年开工建设,公司通过市场调研,认为在海河综合开发启动后再开盘销售对该项目更为有利,因此在报告期内暂缓了对该项目的投入,该项目目前尚未达到销售条件。2002年该项目工程完成投资1390.06万元。

(3)报告期内,公司以自有资金2300万元人民币出资组建上海吉亨经济发展有限公司,占该公司注册资本的48.94%。具体内容参见2002年2月8日的《中国证券报》和《上海证券报》。

(四)公司主要财务指标分析

1、主营业务利润、净利润、现金及现金等价物净增加额同比增减变化: 单位:人民币元

项目	2002年1-12月	2001年1-12月
主营业务利润	147,760,779.68	139,270,329.71
净利润	34,294,261.83	66,301,936.10
现金及现金等价物净增加额	-184,563,333.04	259,882,611.85

项目	增减比例(%)
主营业务利润	6.10
净利润	-48.28
现金及现金等价物净增加额	-171.02

其中:

(1)报告期内,公司主营业务利润同比增长6.10%,主要原因是公司对瑞江花园等项目加大成本控制力度,并取得成效。同时,吉利花园等危改安居项目享受到政府的有关优惠政策,使公司主营业务成本及税费与去年相比有所下降。

(2)报告期内,公司净利润同比减少48.28%,其原因主要有:

①报告期内,部分销售计划没有实现,直接影响了公司净利润的实现。

②其他业务利润与去年同期相比减少95.20%,减少1775.33万元。

③报告期内,公司期间费用同比增加18.48%,增加1782.80万元。其中,公司加大对瑞江花园、吉利花园等重点项目的宣传力度,广告宣传费用增加,导致营业费用同比有所增加;2002年公司除募集资金项目投入外,其他项目的建设投入也有所增加,导致公司期末贷款余额增加,使公司财务费用同比有所增加。

④报告期内,公司投资收益受公司调整对外投资,公司撤并等影响,同比减少70.32%,减少2354.22万元。

(3)报告期内,公司现金及现金等价物净增加额同比减少171.02%,主要由公司对募集资金项目投入增加、偿还到期债务等原因所致。

2、总资产、股东权益与期初相比的变化: 单位:人民币元

项目	2002年12月31日	2001年12月31日	增减比例(%)
总资产	2,959,599,776.34	3,059,129,286.02	-3.25
股东权益	1,656,038,843.49	1,637,303,329.51	1.14

其中:

(1)总资产与期初相比减少3.25%,主要是由于报告期内公司支付应付股利、欠缴税金及其他应付款,使公司流动负债下降12871.69万元所致。

(2)股东权益与期初相比增加1.14%,主要是由公司实现利润所致。

(五)经营环境的变化及其对公司的影响

目前,天津市提出海河开发总体战略,将对海河及其沿岸进行大规模的综合改造,其主要方向是"实施海河两岸综合开发建设,努力把海河建设成独具特色的、国际一流的服务型经济带、景观带和文化带,成为世界名河"。在未来的几年里,海河两岸综合开发建设将成为天津城市经济发展的巨大推动力,而房地产行业将成为最直接的受益行业。因为,无论经济带、景观带还是文化带,都需要大量的房地产建设作支持。海河开发启动后,沿河部分商品房和写字楼市场反应已经立竿见影。可以预见,通过海河开发,天津市将以经济带加文化带的建设,使整个城市获得重新包装,不断改善生活环境及相关投资环境,让天津经济逐步走向世界市场。

随着天津发展步伐加快、海河综合改造工程的启动和"三步走"战略的实施,随着房改的深化和房地产市场的进一步规范,住房刚性需求大大增加,广大群众的住房消费信心和消费能力将会进一步增强,为公司商品房销售提供了良好的外部市场环境。预计将对公司未来1—3年的生产经营将起到一定的积极影响。同时,公司的海景公寓项目地处海河沿岸,目前海河沿岸楼盘受海河开发改造的良好预期,销售价格均出现一定幅度的上扬,随着该项目一期2003年配套竣工,年内销售形势预期良好。

(六)董事会日常工作情况

报告期内董事会的会议情况和决议内容:

本报告期内,董事会共召开九次会议,即:两次临时会议,三届九次会议,四届一次至四届六次会议。

1、公司第一次临时董事会于2002年2月5日以通讯方式召开会议,公司应有董事13名(空缺2名),实到11名,符合《公司法》及《公司章程》的有关规定。经审议,同意10人,反对1人,通过如下决议:公司决定在上海奉贤区与深圳市嘉旭投资有限公司共同组建吉亨经济发展有限公司(以工商登记为准),注册资本人民币4700万元。其中深圳市嘉旭投资有限公司出资2400万,占注册资本总额的51.06%。天津市房地产发展(集团)股份有限公司出资2300万,占注册资本总额的48.94%。

此次会议决议刊登在2002年2月8日的《中国证券报》和《上海证券报》上。

2、公司三届九次董事会于2002年3月26日在天津市华富宫大饭店召开。应出席会议的董事13名,实到11名,其中2名委托出席,会议由董事长吴延龙主持,会议符合《公司法》和公司章程的规定,表决有效。经出席会议的董事认真审议,会议通过了如下决议:(1)通过公司2001年度总经理工作报告;(2)通过公司2001年年度报告及摘要的议案;(3)通过公司2001年度财务决算报告的议案;(4)通过公司2001年度利润分配的议案,2001年公司实现净利润66,301,936.10元,加年初未分配利润37,843,825.90元,本年度可供分配利润为104,145,762.00元,在提取公积金、公益金后2001年度每股分配红利0.04元(含税)计算;(5)通过公司2002年利润分配政策的议案,2002年度利润分配将不少于一次;公司以不少于当期利润的25%用于2002年度股利分配;2002年度利润分配将以现金的形式实施,且暂不考虑资本公积金转增股本,具体方案将依公司当时情况而定;(6)通过修改公司章程的议案;(7)通过修改公司股东大会议事规则的议案;(8)通过修改公司董事会议事规则的议案;(9)通过公司独立董事制度的议案;(10)通过公司信息披露管理制度的议案;(11)通过公司董事会设立战略与投资评审、提名、审计、薪酬与考核四个专业委员会及专业委员会工作细则的议案;(12)通过公司董事、经理人员薪酬制度改革方案及独立董事津贴标准的议案。公司经理人员年薪酬总额为5—7万元,奖励标准根据效绩考核最高不超过薪酬总额的1.5倍;公司董事每年给予6000—20000元的董事津贴(含税);独立董事每年给予30000元(含税)独立董事津贴。独立董事参加董事会和股东大会或根据公司章程行使其他职权时发生的费用,由公司另行支付;(13)通过董事会换届工作及董事、独立董事候选人、董事会秘书提名的议案。董事候选人为吴延龙、张连选、王宏彬、张建台、王大铮、陈长来、周宏光(女)、欧阳勇、白小龙、白雅文(女)、郭乃勤。独立董事候选人为罗永泰、朱玉栓。提名陈长来为公司董事会秘书;(14)通过关于召开2001年度股东大会的决议,公司定于2002年5月31日前召开股东大会。

会议决议刊登在2002年3月28日《中国证券报》和《上海证券报》上。

3、公司二OO二年第一次临时董事会于2002年4月25日在天津市华富宫大饭店召开。应出席会议的董事13名,实到10名,其中2名委托出席,1名因公务未出席,会议由董事长吴延龙主持,会议符合《公司法》和公司章程的规定,表决有效。经出席会议的董事认真审议,通过公司二OO二年第一季度报告正文。

公司第一季度报告刊登在2002年4月29日《中国证券报》和《上海证券报》上。

4、公司四届一次董事会于2002年5月29日在天津市华富宫大饭店召开。应出席会议的董事13名,实到13名,会议由吴延龙先生主持,会议符合《公司法》和《公司章程》的有关规定,表决有效。经出席会议的董事认真审议,通过了如下董事会决议:(1)选举吴延龙先生为公司第四届董事会董事长;(2)公司董事会聘任陈长来先生为第四届董事会秘书。

此次会议决议刊登在2002年5月30日《中国证券报》和《上海证券报》上。

5、公司四届二次董事会于2002年6月21日以通讯方式举行。应出席会议的董事13名,实到13名,其中4名委托出席,会议符合《公司法》和《公司章程》的有关规定,表决有效。经出席会议的董事认真审议,通过了如下事项:审议通过了上市公司建立现代企业制度自查报告的决议。

6、公司四届三次董事会于2002年7月29日在天津市华富宫大饭店召开。应出席会议的董事13名,实到13名,其中周宏光董事委托陈长来董事出席并表决,会议由董事长吴延龙先生主持,会议符合《公司法》和《公司章程》的有关规定,表决有效。经出席会议的董事认真审议,通过了如下董事会决议:(1)审议通过了公司董事长人事变更的议案,同意吴延龙先生辞去公司董事长职务,选举董事张连选先生为公司董事会董事长;(2)审议通过了公司总经理人事变更的议案,同意张连选先生辞去公司总经理职务,聘任张建台先生为公司总经理。

九、监事会报告

(一)监事会会议情况

报告期内本公司监事会共召开五次监事会会议

1、2002年3月25日召开了第三届监事会第八次会议。四名监事参加,会议通过以下决议:

公司2001年度总经理工作报告;

公司2001年度报告及年度报告摘要;

公司2001年度监事会报告;

公司2001年度利润分配方案;

公司修改章程议案、《股东大会议事规则》、《董事会议事规则》、信息披露制度议案、建立独立董事议案、建立专业委员会制度、薪酬与考核制度。

2、2002年5月29日召开了第四届监事会第一次会议,四名监事全部参加,与会监事以举手表决方式全票通过了以下决议:

选举兰国茗先生为公司第四届监事会主席;

选举陈作石先生为公司第四届监事会副主席;

3、2002年8月13日召开了第四届监事会第二次会议,四名监事全部参加,会议审议通过以下决议:

公司2002年上半年度报告及报告摘要;

4、2002年10月28日召开了第四届监事会第三次会议,四名监事全部参加,会议审议通过以下决议:

公司2002年第三季度报告;

5、2002年12月16日召开了第四届监事会第四次会议,三名监事参加会议,会议审议通过以下决议:

公司总经理2002年一至九月份工作报告;

监事会在四届六次董事会上的报告。

(二)监事会独立意见

1、报告期内,公司董事会认真履行了《公司法》和《公司章程》所赋予的各项职权,落实了股东大会决议,对公司实现年度生产经营目标、制定持续发展措施、进一步完善法人治理结构、改革考核与薪酬制度等重大问题进行科学决策,程序合法。

2、公司董事、总经理及其他高级管理人员在执行公司职务时,始终坚持依法规范运行,没有违反国家法律、法规、公司章程及损害公司利益行为。

3、监事会对公司的2002年度的财务状况进行了监督检查,并确认五洲联合合伙会计师事务所出具的2002年度财务审计报告,其真实反映了公司2002年度财务状况和经营成果。

监事会认为,本报告期内,董事会成员及公司高级管理人员工作勤奋敬业,卓有成效,公司生产经营、改革发展、等方面的工作全面推进,能在激烈的市场竞争中保持良好的发展势头。

2003年,监事会将一如既往的支持、配合和促进董事会工作,依照公司章程和国家有关法律、法规,本着对股东负责的精神,深化监事职能,完善监督机制,维护股东权益。

4、2002年公司监事会把工作重点确定在监督、跟踪募集资金的使用状况,监督募集资金项目——瑞江花园工程开发建设的进度、工程质量、销售情况等方面上,并于8月对瑞江花园项目进行了全方位的调研督查。通过监督检查真实看到:一是募集资金定向投放到位,数字准确真实。天房发展招股说明书曾向社会公示"公司拟将所募集的53355万元中的48400万元用于瑞江花园小区住宅工程项目"截至2002年底,已真实的定向投入了46510万元完成招股说明书承诺的48400万元的96.1%。二是工程进度较快,配套工作同步跟进,截止2002年底,该项目累计施工面积达到40.5万平方米,累计竣工18.73万平方米,有力保证了一、二期购房户如期入住。三是项目品牌日臻成熟,销售情况良好。由于该项目广场景观建成和各种营销宣传渠道全方位运用,再加之该项目成功获得中国住宅创新夺标唯一的"经济型住宅特别贡献楼盘奖"有效提高了该项目知名度,由于该项目营销方案确定准确、价格体系科学运用,该项目商品房处于热销中,去年销售商品房7.32万平方米,实现销售收入2.07亿元,实现利润5178.17万元。

5、公司购售资产、关联交易的交易价格公平合理,无内幕交易行为发生,没有损害股东的合法权益和造成公司资产流失。

十、重要事项

(一)报告期内公司无重大诉讼、仲裁事项。

(二)公司重大资产收购及出售资产、吸收合并等事项。

2002年12月15日,公司与天津市房地产信托集团公司(以下简称房信集团)签订了《股权转让合同》,公司将其拥有天津华新房地产开发有限公司30%的股权全部转让给房信集团,转让价格为12,420,000元,由此产生股权转让收益5,734,818.08元,占公司当年利润总额的12.26%。该项转让业已由天津市对外经济贸易委员会以津外经贸资管[2003]93号文予以批复。

(三)报告期内,公司无重大关联交易情况。

(四)重大合同及其履行情况:

1、报告期内或持续到报告期内,公司无重大托管、承包、租赁其他公司资产或其他公司托管、承包、租赁公司资产事项。

2、重大担保。报告期内,根据公司章程对董事长授权的有关规定,于2002年4月11日为天津环球磁卡股份有限公司提供5000万元人民币的银行贷款担保,承担连带担保责任,期限1年(2002.4.11-2003.4.10)。

3、报告期内或持续到报告期内,公司无重大委托他人进行现金资产管理的事项。

4、没有其他重大合同。

(五)报告期内或持续到报告期内,公司或持股5%以上(含5%)的股东未在指定报刊或网站上刊登承诺事项。

(六)报告期内,公司续聘天津五洲联合合伙会计师事务所担任本公司的财务审计工作,该所已连续8年为公司提供审计服务。公司2002年度支付给会计师事务所总报酬为115万元,其中,年报审计费50万元,资产评估费65万元。

在本年度内,公司无其他应付未付会计师事务所费用。

(七)报告期内,公司、公司董事会及董事、高级管理人员没有受中国证监会稽查、中国证监会行政处罚、通报批评和证券交易所公开谴责的情形。

(八)其他重要事项

1.1999年1月5日,公司与天津市天鼎纺织集团有限公司(原天津市棉纺六厂以下简称天鼎公司)签订《合作开发协议书》,共同开发位于天鼎公司厂区内南部共63亩(实际用地以天津市土地局核定的用地面积为准)的地块。该合作协议规定:天鼎公司以土地使用权出资,本公司投入建设资金并负责开发建设,天鼎公司与本公司按4:6的比例以商品房实物分房。2000年6月23日,公司与参股公司林克森华澳(天津)房地产开发有限公司(以下简称林克森公司)签订《协议书》,协议约定林克森参与开发位于天鼎公司厂区内的欣海苑一期项目,双方1:1进行投资,项目完成后以1:1比例分配利润;按协议规定公司应投资1143万元,由林克森公司相应投入资金1143万元后,双方根据资金计划并结合工程进度对等投入,林克森公司对公司与天鼎公司签订《合作开发协议书》认可,并保证自身享有的利润不违反本公司与天鼎公司(原棉纺六厂)所签协议书的规定,只限于对公司合作部分应享有的权益的分配。

2.2002年6月16日,公司与天津华昌房地产开发经营有限公司(以下简称华昌公司)签订协议,将部分存货(欣苑)出售给华昌公司,销售价格为14,688,011.00元。截止审计报告日,华昌公司已支付购房款9,699,364.00元。

3.2001年公司与天津万科物业管理有限公司(以下简称万科公司)签订《城市花园F座退楼协议》,和《部分终止世贸广场包销协议》以及《往来款项结算协议》,将公司与万科公司合作开发的存货中万科花园项目8,466.55平方米与万科公司包销的原公司开发的世贸广场项目3,373.39平方米进行等值置换,其交易价格为3,038.54万元,双方同意将上述款项相互抵销。

十一、财务会计报告

(一)财务报表

审计报告

天津市房地产发展(集团)股份有限公司全体股东:

我们接受委托,审计了贵公司2002年12月31日的资产负债表及合并资产负债表,2002年度的利润及利润分配表和合并利润及利润分配表以及2002年度的现金流量表和合并现金流量表。这些会计报表由贵公司负责,我们的责任是对这些会计报表发表审计意见。我们的审计是依据中国注册会计师独立审计准则进行的。在审计过程中,我们结合贵公司实际情况,实施了包括抽查会计记录等我们认为必要的审计程序。

我们认为,上述会计报表符合《企业会计准则》、《企业会计制度》和《合并会计报表暂行规定》及其有关的补充规定,在所有重大方面公允地反映了贵公司2002年12月31日的财务状况和2002年度的经营成果及现金流量,会计处理方法的选用遵循了一贯性原则。

天津五洲联合合伙会计师事务所　　中国注册会计师:王福才

2003年3月25日　　中国注册会计师:侯杏倩

资产负债表

2002年12月31日

编制单位:天津市房地产发展(集团)股份有限公司单位:人民币元

2002.12.31

项目	附注	合并
资产		
流动资产:		
货币资金	1	203,749,850.04
短期投资	2	12,060,000.00
应收票据		0.00
应收股利		0.00
应收利息		0.00
应收帐款	3(1)	67,803,326.52
其他应收款	3(2)	144,570,010.04
预付帐款	4	174,826,417.24
应收补贴款		0.00
存货	5	2,037,272,739.54
待摊费用	6	717,021.04
一年内到期的长期债权投资		0.00
其他流动资产		0.00
流动资产合计		2,640,999,364.42
长期投资:		0.00
长期股权投资	7	117,739,304.09
长期债权投资		0.00
长期投资合计	7	117,739,304.09
其中:合并价差	7	13,914,242.58
其中:股权投资差额	7	13,590,242.58
固定资产:		0.00
固定资产原价	8(1)	292,103,426.91
减:累计折旧	8(1)	102,542,673.08
固定资产净值		189,560,753.83
减:固定资产减值准备	8(2)	627,730.74
固定资产净额		188,933,023.09
工程物资		0.00
在建工程	9	101,613.42
固定资产清理		-500.00
固定资产合计		189,034,136.51
无形资产及其他资产:		0.00
无形资产		11,793.34
长期待摊费用	10	11,815,177.98
其他长期资产		0.00
无形资产及其他资产合计		11,826,971.32
递延税项:		0.00
递延税款借项		0.00
资产总计		2,959,599,776.34
负债及股东权益		
流动负债:		
短期借款	11	463,000,000.00
应付票据		110,000,000.00
应付帐款	12(1)	38,709,917.90
预收帐款	12(2)	61,328,420.96
应付工资		0.00
应付福利费		-2,286,671.07
应付股利	13	44,082,147.34
应交税金	14	-4,209,520.32
其他应交款		-131,816.07
其他应付款	12(3)	46,533,788.31
预提费用	15	74,071,564.93
预计负债		0.00
一年内到期的长期负债	17	310,000,000.00
其他流动负债		0.00
流动负债合计		1,141,097,831.98
长期负债:		0.00
长期借款	16	114,700,000.00
应付债券		0.00
长期应付款		0.00
专项应付款		0.00
其他长期负债	18	18,074,638.00
长期负债合计		132,774,638.00
递延税项:		0.00
递延税款贷项		0.00
负债合计		1,273,872,469.98
少数股东权益		29,688,462.87
股东权益:		0.00
股本	19	423,707,417.00
减:已归还投资		0.00
股本净额		423,707,417.00
资本公积	20	981,658,563.19
盈余公积	21	178,726,276.02
其中:法定公益金		47,096,516.61
未确认投资损失		0.00
未分配利润	22	71,946,587.28
股东权益合计		1,656,038,843.49
负债和股东权益总计		2,959,599,776.34

利润及利润分配表

编制单位:天津市房地产发展(集团)股份有限公司　单位:人民币元

项目	附注	合并 2002.1-12月
一、主营业务收入	23	515,541,703.05
减:主营业务成本	23	347,729,959.10
主营业务税金及附加	24	20,050,964.27
二、主营业务利润		147,760,779.68
加:其他业务利润	25	894,461.56
营业费用		18,844,524.14
管理费用		56,203,070.52
财务费用	26	39,229,274.82
三、营业利润		34,378,371.76
加:投资收益	27	9,935,968.70
补贴收入		8,609,774.62
营业外收入	28	536,388.46
减:营业外支出	29	6,696,405.33
四、利润总额		46,764,098.21
减:所得税		12,920,538.76
减:少数股东损益		-450,702.38
未确认投资损失		0.00
五、净利润		34,294,261.83
加:年初未分配利润		63,199,306.12
其他转入		-2,187,055.41
六、可供分配利润		99,680,623.36
减:提取法定盈余公积金		3,429,426.18
提取法定公益金		3,429,426.18
提取职工奖励及福利基金		198,984.34
提取储备基金		149,238.26
提取企业发展基金		149,238.26
利润归还投资		0.00
七、可供股东分配利润		92,324,310.14
减:应付优先股股利		0.00
提取任意盈余公积		3,429,426.18
已分配普通股股利		16,948,296.68
转作股本的普通股股利		0.00
八、未分配利润		71,946,587.28

西藏天路交通股份有限公司

西藏天路交通股份有限公司2002年年度报告

一、公司基本情况简介

一、公司法定中、文名称及缩写
公司法定中文名称:西藏天路交通股份有限公司
公司法定中文名称缩写:西藏天路
公司法定英文名称:TIBET TIANLU COMMUNICATIONS CO.,LTD.
公司法定英文名称缩写:TTC
二、公司法定代表人:扎西江措(先生)
三、公司董事会秘书的姓名、联系地址、电话、传真
公司董事会秘书:多吉罗布(先生)
联系地址:西藏拉萨市夺底路14号
公司英文联系地址:ADDRESS:NO.14DUODI ROAD,LHASA,TIBET
电话:0891-6322208 传真:08916333071
四、公司注册地址、办公地址、邮政编码、公司电子邮箱
公司注册地址:西藏拉萨市夺底路14号
公司办公地址:西藏拉萨市夺底路14号
邮政编码:850000
电子邮箱:xztlgf@163.net
五、公司选定的信息披露报纸名称《上海证券报》、《中国证券报》
登载公司年度报告的中国证监会指定国际互联网址:http://www.sse.com.cn
公司年度报告备置地点:公司董事会办公室
六、公司股票上市交易所、股票简称和股票代码
公司股票上市交易所:上海证券交易所
股票简称:西藏天路
股票代码:600326
七、其他有关资料
(一)公司首次注册登记日期、地点:
注册登记日:1999年3月29日
地点:西藏自治区工商管理局
(二)变更注册登记日期、地点:
1、首次变更注册登记日:2000年3月31日
地点:西藏自治区工商管理局
2、最近一次变更注册登記日期、地点
注册登记日:2001年1月5日
地点:西藏自治区工商管理局
(三)企业法人营业执照注册号:5400001000128
(四)税务登记号码:540100710905111
(五)公司聘请的会计师事务所名称:四川君和会计师事务所有限责任公司,公司聘请的会计师事务所办公地址:四川省成都市走马街68号锦城大厦10楼。

二、会计数据和业务数据摘要

一、本年度会计数据和业务数据: (单位:人民币元)

项目	本期数
利润总额	35,299,989.76
净利润	30,092,391.89
扣除非经常性损益后的净利润*	32,543,981.81
主营业务利润	73,666,296.19
其他业务利润	54,003.69
营业利润	36,548,373.57
投资收益	4,478,189.45
补贴收入	0.00
营业外收支净额	-5,726,573.26
经营活动产生的现金流量净额	51,946,618.07
现金及现金等价物净增加额	-58,890,000.41

注:*扣除的非经常性损益项目和涉及金额 (单位:人民币元)

项目	金额
营业外收入	71,393.43
减:营业外支出	1,581,124.42
存货盘亏	796,822.27
所得税影响数	145,036.66
对公司净利润的影响数	-2,451,589.92

二、截至报告期末公司前三年的主要会计数据和财务指标: (单位:人民币元)

项目	2002年	2001年
主营业务收入	509,022,200.76	342,566,125.77
净利润	30,092,391.89	23,740,493.88
总资产	703,155,099.35	564,299,409.57
股东权益(不含少数股东权益)	377,580,370.45	374,487,978.56
每股收益:		
(摊薄)	0.1672	0.2374
(加权)	0.1672	0.2456
每股净资产	2.0977	3.7449
调整后的每股净资产	2.0864	3.7358
每股经营活动产生的现金流量净额	0.2886	0.3817
净资产收益率(%):		
(摊薄)	7.97%	6.34%
(加权)	7.73%	6.82%
扣除非经常性损益后的净资产收益率(%):		
(摊薄)	8.62%	8.38%
(加权)	8.35%	9.01%

项目	2000年
主营业务收入	251,914,918.93
净利润	11,759,250.77
总资产	251,818,268.05
股东权益(不含少数股东权益)	92,004,455.30
每股收益:	
(摊薄)	0.1960
(加权)	0.1960
每股净资产	1.5334
调整后的每股净资产	1.5307
每股经营活动产生的现金流量净额	0.8679
净资产收益率(%):	
(摊薄)	12.78%
(加权)	13.47%
扣除非经常性损益后的净资产收益率(%):	
(摊薄)	15.18%
(加权)	15.99%

三、股本变动及主要股东持股情况

一、股东情况介绍
(一)报告期末公司股东总数 21055 户
(二)主要股东持股情况:
1、报告期期末持有公司股份达5%以上(含5%)股东情况:
2、2002年12月31日前在册,拥有公司股份前十名股东情况。

名次	股东名称	本期末持股数(股)	本期持股变动增减情况(+/-)	持股占总股本比例(%)
1	西藏公路工程总公司	66021840	+29342997.42	36.68
2	西藏自治区交通工业总公司	15747840	+6999000.82	8.75
3	西藏拉萨汽车运输总公司	12875220	+5722311.65	7.15
4	西藏自治区汽车工业贸易总公司	12580380	+5681331.51	6.99
5	西藏自治区交通厅格尔木运输总公司	774720	+344358.60	0.43
6	郑新	540000	不详	0.30
7	孙德兴	471786	不详	0.26
8	乔楚明	382060	不详	0.21
9	陈春华	288400	不详	0.16
10	黎克秀	258600	不详	0.14

(三)公司控股股东及公司控股股东实际控制人情况
1、公司控股股东名称:西藏公路工程总公司
注册地址:拉萨市夺底路14号
法定代表人:罗丹
成立日期:1959年
注册资本:人民币5924万元
主要业务和产品:建筑设备安装
股权结构:国有企业
2、公司控股股东实际控制人情况
公司控股股东实际控制人:西藏自治区交通厅
法定代表人:加措
单位性质:政府行政部门
主要职能:主管全区交通公路建设、运输行业
西藏交通厅注册地址:拉萨市罗布林卡路10号

四、董事、监事、高级管理人员和员工情况

一、董事、监事及高级管理人员情况
(一)基本情况

姓名	性别	年龄	职务	任期起止日期
扎西江措	男	36岁	董事长兼总经理	2002.3—2005.3
何黎峰	男	42岁	副董事长	2002.3—2005.3
李铧	男	37岁	董事	2002.3—2005.3
边巴次仁	女	40岁	董事	2002.3—2005.3
张德川	男	47岁	董事	2002.3—2005.3
饶邦骥	女	48岁	董事	2002.3—2005.3
范文理	男	57岁	独立董事	2002.6—2005.3
唐光兴	男	36岁	独立董事	2002.6—2005.3
洛桑曲加	男	53岁	监事会主席	2002.3—2005.3
普布	男	50岁	监事	2002.3—2005.3
肖慈祥	男	38岁	监事	2002.3—2005.3
田根	男	44岁	常务副总经理	2002.3—2005.3
王锦河	男	35岁	副总经理兼总工程师	2002.3—2005.3
李忠	男	34岁	副总经理	2002.3—2005.3
王继昌	男	49岁	副总经理	2002.3—2005.3
边连仲	男	49岁	副总经理	2002.3—2005.3
多吉罗布	男	29岁	董事会秘书	2002.3—2005.3
洪强	男	28岁	财务负责人	2002.3—2005.3

(二)董事、监事在股东单位任职情况

姓名	任职单位	现任职务
李铧	西藏公路工程总公司	总经理
边巴次仁	西藏自治区交通工业总公司	副总经理
张德川	西藏拉萨汽车运输总公司	总经理
饶邦骥	西藏自治区汽车工业贸易总公司	总经理
洛桑曲加	西藏公路工程总公司	公司党委书记、副总经理
普布	西藏拉萨汽车运输总公司	党委书记

二、公司员工情况
目前本公司共有职工1125人,其中各类人员及其构成如下:
(一)职工的专业构成
生产人员717人,占职工人数63.7%

销售人员 21 人,占职工人数 1.9%
技术人员 132 人,人占职工人数 11.7%
财务人员 57 人,占职工人数 5.1%
行政人员 186 人,占职工人数 11.1%
其他人员 12 人,占职工人数 6.5%
(二)专业技术人员构成如下
高级职称技术人员 2 人,占职工人数 0.2%
中级职称技术人员 50 人,占职工人数 4.4%
初级职称技术人员 80 人,占职工人数 7.1%
(三)职工文化程度情况
大专以上 113 人,占职工人数 10%
高中及中专 198 人,占职工人数 17.6%
高中以下 814 人,占职工人数 72.4%
(四)报告期内公司需承担费用的退休职工 286 名。

五、公司治理结构

一、董事会、监事会的人员及构成:

公司董事会、监事会的人数及人员构成符合法律法规的要求,

董事会由 8 人组成,其中:独立董事 2 人;大专以上文化 8 人;藏族 2 人、汉族 6 人;男 6 人、女 2 人;40—50 岁 5 人、30—40 岁 3 人。

监事会由 3 人组成,其中:大专以上文化 2 人;藏族 2 人、汉族 1 人;男 3 人;50 岁以上 1 人、40—50 岁 1 人;职工代表 1 人。

二、公司治理的实际状况:

(一)公司法人制理情况:

公司严格按照《公司法》《证券法》和中国证监会有关法律法规的要求,不断完善公司法人治理结构,建立现代企业制度,规范公司运作。公司董事的选聘严格按照公司章程规定的程序进行,董事的人数和人员构成也符合国家有关法律法规的要求。报告期内,公司通过股东大会进行换届选举产生了第二届董事会成员,并通过股东大会选举产生了独立董事,成立了董事会所属四个专门委员会,即战略委员会、提名委员会、审计委员会、薪酬与考核委员会。公司按要求修订了《公司章程》,制订了《股东大会议事规则》、《董事会议事规则》、《监事会议事规则》、《战略委员会实施细则》、《审计委员会实施细则》、《提名委员会实施细则》、《薪酬与考核委员会实施细则》、《独立董事制度》和《法定代表人授权管理规定》、《关联交易管理办法》等公司治理文件。这些规则符合中国证监会和国家经贸委发布的《上市公司治理准则》的有关要求。

报告期内公司按照 2002 年 5 月中国证监会及国家经贸委发布的《关于开展上市公司建立现代企业制度检查的通知》的要求以及证监会和国家经贸委对检查工作的安排认真进行了自查,并填写了自查报告,董事会召开了专门会议审议了公司的自查报告并上报了中国证监会。

2002 年 12 月 17 日公司作为西藏上市公司唯一代表被中国证监会拉萨证券监管特派员办事处推荐参加了经国务院批准,中国证券会、国家经贸委在上海召开的上市公司现代企业制度经验交流暨总结大会。

(二)公司董事、独立董事履行职责情况:

(1)公司各位董事能够认真负责的态度出席董事会和股东大会,能够积极参加有关培训,熟悉有关法律法规,行使董事的权利、义务和责任。

(2)公司根据《关于在上市公司建立独立董事制度的指导意见》于 2002 年 6 月 28 日公司第二届股东大会第一次会议上审议通过了聘任范文理(先生)、唐光兴(先生)为公司第二届董事会独立董事。自任职以来,两名独立董事认真参加了公司报告期内召开的董事会及股东大会,参与会议各项议案的审议,从法律、财务、行业等不同角度对董事会的议案发表了专业意见,并对公司经营动中的重大决策事项发表了客观公正的意见,出具了独立董事意见函。为董事会的科学决策及公司规范运作的良性发展都起到了积极的作用。两名独立董事认真履行了作为独立董事应承担的职责。切实发挥了维护公司及广大中小股东利益的作用。

(三)公司 2002 年公司忠实履行持续信息披露义务情况:

公司指定董事会秘书负责信息披露、接待股东来访与咨询,加强与股东之间的交流。充分履行持续信息披露义务,严格按照法律、法规和公司章程的信息披露要求做到公开、公证、公平、真实、准确、完整、及时地披露信息。建立了能够确保股东对法律、行政法规所规定的公司重大事项享有知情权和参与表决权的信息披露制度。维护股东,尤其是中小股东的合法权益。

(四)公司与控股股东在业务、人员、资产、机构、财务待方面的分开情况:

1、业务方面:公司具有独立完整的业务体系、业务部门和业务流程,公司的业务决策均系独立做出,并依据国家相关法规运营。公司具备独立面向市场自主经营的能力,与主要股东在业务范围、业务性质、产品市场及客户上不存在相互依赖的情况,股东单位不存在干涉公司经营的行为。

2、资产方面:公司拥有独立于股东单位和其他关联方的经营体系、生产设备设施、等;公司资产不存在被股东单位和其他关联方违规占用的情形。公司的资产独立完整,符合相关法律法规及规范性文件的规定。

3、人员方面:公司人员独立,总经理、副总经理、董事会秘书、财务负责人等高级管理人员均在公司领取报酬,不在股东单位担任任何职务。公司所有的董事和经理人均通过合法程序选举产生,公司股东不曾干预公司董事会和股东大会做出的人事任免决定。

4、机构方面:公司拥有独立的生产经营、行政管理系统,在劳动、人事及工资管理等方面完全独立,拥有单独的办公机构和生产经营场所。

5、财务方面:公司设有独立的财务部门,包括分、子公司均设立了独立的会计核算体系并建立了完整的财务管理制度。独立开设银行帐户,不存在与股东单位和其他关联方共用银行帐户的情况,也不存在将资金存入大股东的财务公司或结算中心帐户的情况,公司办理了《税务登记证》公司的财务决策均为独立作出,不存在大股东干预上市公司资金使用的情况。

(五)对高级管理人员的考评及激励机制:

公司高级管理人员向董事会负责,董事会对高级管理人员的工作按年度进行考核,同时董事会、监事会还对公司高级管理人员的经营管理工作情况进行监督。对高级管理人员以年度为单位,根据企业经营规模、经营管理业绩和承担的责任、风险确定工资收入实行的年薪制和年终奖金制。董事会根据公司利润等主要经营指标完成情况和经营、管理、廉政、安全生产等情况的考核结果按照董事会《西藏天路交通股份有限公司高层管理人员业绩激励方案》进行奖惩。

(六)公司监事会履行职责情况:

公司监事会列席了历次公司股东大会和董事会,严格按照公司建立的《监事会议事规则》要求认真审议各项议案。本着从股东利益出发,对公司董事会、经理及其他高级管理人员履行的合法、合规性进行监督,对公司财务状况进行检查监督,降低公司的财务和经营风险。

六、股东大会情况简介

一、2001 年度股东年会及股东大会决议刊登的信息披露报纸和披露日期

召开 2001 年度股东年会的通知公告,于 2002 年 2 月 5 日在《中国证券报》《上海证券报》刊登,会议于 2002 年 3 月 13 日上午在西藏拉萨召开,会议由公司董事长尼玛先生主持。大会以举手投票的方式逐一表决通过了以下议案:

1、2001 年年度报告及 2001 年年度报告摘要;
2、2001 年度财务决算议案及 2002 年财务预算议案;
3、公司 2001 年度利润分配议案;
4、关于续聘四川君和会计师事务所有限责任公司负责公司审计工作议案;
5、关于提请修改"公司章程"的议案;
6、关于第二届董事会、监事会设置议案及第二届董事会董事、监事选举;
7、2001 年度对公司董事、监事进行奖励的议案;
8、关于停止组建西藏天铁路桥工程有限公司的议案。

本次股东大会决议公告在 2002 年 3 月 13 日的《中国证券报》、《上海证券报》上刊登。

二、临时股东大会情况及股东大会决议刊登的信息披露报纸和披露日期

召开 2002 年股东大会第一次会议的通知公告,于 2002 年 5 月 29 日在《中国证券报》《上海证券报》刊登,会议于 2002 年 7 月 1 日上午在西藏拉萨召开,会议由公司董事长扎西江措先生主持。大会以举手投票的方式逐一表决通过了以下议案:

1、提名独立董事候选人的议案;
2、独立董事津贴及费用事项的议案;
3、《股东大会议事规则》;
4、《董事会议事规则》;
5、《独立董事制度》;
6、《战略委员会实施细则》;
7、《审计委员会实施细则》;
8、《提名委员会实施细则》;
9、《薪酬与考核委员会实施细则》;
10、《法定代表人授权管理规定》;
11、《关联交易管理办法》;
12、关于设立公司董事会专门委员会的报告;
13、关于提请修改"公司章程"的议案。

本次股东大会决议公告在 2002 年 6 月 29 日的《中国证券报》、《上海证券报》上刊登。

三、报告期内公司更换董事、监事的情况

1、报告期内聘任及离任的董事

2002 年 3 月 12 日召开的公司 2001 年度股东大会进行换届选举同意李锋(先生)、何黎峰(先生)、扎西江措(先生)、边巴次仁(女士)、张德川(先生)、饶邦骧(女士)为公司第二届董事会董事。原公司董事尼玛(先生)、赵锐(先生)、田根(先生)、李留丰(先生)、边连仲(先生)、旦增木龙(先生)、平措(先生)、达瓦次仁(先生)、胡浩(先生)不再担任公司董事。(详见 2002 年 3 月 12 日《中国证券报》、《上海证券报》公司公告。)

2002 年 6 月 28 日公司第二届股东大会第一次会议同意聘任范文理(先生)、唐光兴(先生)为公司第二届董事会独立董事。(详见 2002 年 5 月 26 日及 2002 年 6 月 28 日《中国证券报》、《上海证券报》公司公告。)

2、报告期内聘任及离任的监事

2002 年 3 月 12 日召开的公司 2001 年度股东大会进行换届选举同意聘任洛桑曲加(先生)普布(先生)为第二届监事会监事,肖慈祥(先生)作为职工代表担任公司监事会监事。原公司监事强巴珍珠(先生)、刘海(女士)不再担任公司监事。(详见 2002 年 3 月 12 日《中国证券报》、《上海证券报》公司公告。)

3、报告期内聘任及离任的高级管理人员

2002 年 3 月 12 日召开公司第二届董事会第一次会议选举扎西江措(先生)为公司董事长;何黎峰(先生)为公司副董事长;聘任扎西江措(先生)兼公司总经理,多吉罗布(先生)为公司董事会秘书,田根(先生)为常务副总经理、王锦河(先生)、李忠(先生)、王继昌(先生)、边连仲(先生)为公司副总经理;聘任王锦河(先生)兼任公司总工程师、洪强(先生)为公司财务负责人。原公司高级管理人员饶邦骧(女士)、李留丰(先生)、赵锐(先生)、肖慈祥(先生)、林素明(先生)、方权立(先生)离任不在担任公司高级管理人员职务。(详见 2002 年 3 月 13 日《中国证券报》、《上海证券报》)公司公告。)

七、董事会报告

一、管理层讨论与分析

报告期内公司所处行业及经营范围没有发生变化,公司持续稳定发展;报告期内公司以《上市公司治理准则》为规范依据,不断完善公司法人治理结构,建立健全现代企业制度,规范公司运作。公司第二届董事会对公司组织机构进行了重大改革,重塑工作业务流程,补充完善各项规章制度,以"做精品工程、创天路品牌"为质量方针和"以质量求生存、以质量促效益、以质量求发展"的发展方略,在日常工作中一以贯之,并逐步建立健全了质量保证体系。以提高施工质量和经济效益为根本出发点,充分发挥西藏本土施工企业的龙头优势,不断拓展市场,强化主业,使得工程安全、进度、质量、效益全面提高。通过调整经营结构、加强成本管理与控制、强化财务管理工作、狠抓质量管理等各项工作实施和落实,凝聚人气、激励斗志,建立起灵活有效的用人机制,充分发挥企业员工的积极性、创造性。降低经营成本,提升了管理水准和规模竞争力。

在企业的改革发展过程中,公司始终坚持以建立现代企业制度为"纲"、以规范化运作为"纲",以此来带动和促进企业经营机制的转换。报告期内公司建立现代企业制度,彻底转换经营机制,以适应市场经济和社会化大生产发展的需要。

由于公司的主业是公路建设,工程分公司的改革成败维系着整个公司的兴衰。为压缩开支,削减冗员,充分发挥各职能部门作用。不断压缩管理层次,推行扁平化管理是公司增产促效的重要手段。公司在报告期内开始全面贯彻执行 ISO9001:2000 国际质量体系标准。同时,公司资本运营、投资管理工作也正在有序推进,管理规范,取得较好投资回报。使公司 2002 年度公司实现主营业务收入 509,022,200.76 元,主营业务成本 422,226,645.66 元,主营业务利润 73,666,296.19 元,净利润 30,092,391.89 元;分别较上年度增长 166,456,074.99 元、149,401,620.93 元、12,008,253.82 元、6,351,898.01 元;增幅 48.59%、54.76%、19.48%、26.76%;其中:公路工程施工实现主营业务收入 424,763,861.59 元,主营业务成本 343,125,656.00 元,主营业务利润 68,752,025.00 元。

2002 年度净利润较上一年度增加了 26.76%,主要系本年度公路工程收入较上年大幅提升;募集资金投资项目本年度产生良好投资回报所致。

二、报告期内公司经营情况

(一)公司业务范围及其经营情况:

1、公司主营业务范围:

西藏天路公司主营业务为公路工程施工的基础设施建设,主要承担西藏自治区内的公路、桥梁的建设任务。其公路及桥梁施工能力、工程施工质量、公路建设市场占有率、高等级公路施工市场占有率、工程机械设备的先进程度及拥有量在西藏自治区内一直处于领先地位。公司的公路工程施工业务,始终保持占有西藏公路工程建设市场 20%的份额,其中在高等级公路建设中占有 50%以上的市场份额。所交验工程合格率达 100%,优质工程达 85%以上。

(1)公路、桥梁的建设(壹级);
(2)工业与民用建筑施工二级、装饰二级;
(3)承担大二型及以下水利水电建筑工程施工、基础处理施工,中型及以下水利水电工程机电设备安装、金属结构制作安装;电压等级为 110KV 及以下输变电工程施工与安装水利水电工程施工(二级资质)
(4)与公路建设相关的建筑材料(含水泥制品)生产、销售;
(5)汽车贸易(含小轿车)及汽车筑路机械零配件的经营;汽车维修;
(6)塑料制品;制氧业务;
(7)货物运输、长短途客运;
(8)对外经济技术合作业务,其对外经营范围为:承包境外公路工程和境内国际招标工程;上述境外工程所需的设备、材料出口;对外派遣实施上述境外工程所需的劳务人员。

(二)主营业务收入

2002 年度公司实现主营业务收入 509,022,200.76 元,主营业务成本 422,226,645.66 元,主营业务利润 73,666,296.19 元,净利润 30,092,391.89 元;分别较上年度增长 166,456,074.99 元、149,401,620.93 元、12,008,253.82 元、6,351,898.01 元;增幅 48.59%、54.76%、19.48%、26.76%。其

中:公路工程施工实现主营业务收入424,763,861.59元,主营业务成本343,125,656.00元,主营业务利润68,752,025.00元;分别较上年度增长180,193,608.95元,158,447,585.57元,16,399,969.75元;增幅73.68%,85.80%,31.33%。

公司2002年承建的公路工程建设项目有13个,其中续建工程5个(日喀则至江孜公路改建工程A合同段、川藏公路南线102工程、国道317线妥坝至昌都段达玛拉山保通工程、国道317线妥坝至昌都段公路改建工程第A合同段、青海省李家峡至坎布拉旅游二级公路路基工程)。新建工程8个(青海省西久公路S101线达日至满掌段三级公路路基工程、堆龙德庆县乃琼镇至波玛村三级公路、青藏公路整治改建工程第三合同段、西藏山南地区泽当至错那公路改建工程第01标段、川藏公路八宿至牛踏沟改建工程一标段、国道219线狮泉河镇至昆沙公路C标路面工程、国道318线田妥至怒江隧道西口段整治改建工程第四合同段、拉萨市纳金乡至林周县城公路第H合同段改建工程)。

A、续建工程:

(1)省道204线日喀则至江孜公路改建工程A合同段,全长23.09931公里,该工程为跨年度工程,开工时间为2001年6月,工程计划总投资5,060.64万元,计划2002年12月竣工。公司2002年完成投资1,971.23万元,截止2002年12月31日工程已全部竣工,已通过竣工验收。

(2)川藏公路南线102工程,全长616.23米,该工程为跨年度工程,开工时间为2001年6月,计划总投资3,350.13万元,计划2002年6月竣工。公司2002年完成投资4,354.99万元(含变更增加1,004.86万元),截止2002年12月31日工程已全部竣工,并通过交工验收。

(3)国道317线妥坝至昌都公路改建工程达玛拉山保通工程,该工程为长108公里范围内的部分路基、桥涵及防护工程等,开工时间定于2001年11月3日,2002年6月完工。总投资1,404.68万元,因变更减少公司2002年完成投资1,113.67万元,工程已全部竣工,并通过交工验收。

(4)国道317线妥坝至昌都公路改建工程A合同段(K353+350~K372+080),长约28公里,计划总投资11,383.37万元,开工时间为2001年11月,该工程工期为36个月。

(5)青海省李家峡至坎布拉旅游二级公路(路基工程),全长10公里,开工时间为2001年5月,工程计划总投资1543.86万元(其中:含工程暂定金额114.36万元),计划竣工时间2001年11月。该工程由于设计变更、自然条件恶劣等各种原因,于2002年6月竣工,并通过验收,截止2002年12月31日完成投资1,429.50万元。

B、新建工程:

(1)青海省西久公路S101线达日至满掌段三级公路路基工程G合同段,全长10公里,开工时间为2001年8月,计划总投资1,738.25万元(其中:含工程暂定金额158.02万元),因路途远2001年只做了些前期准备工作,计划2002年8月竣工。2002年完成投资1,580.23万元,截止2002年12月31日工程已全部竣工,未交验。

(2)堆龙德庆县乃琼镇至波玛村三级公路,全长2.5公里,开工时间为2002年3月,计划总投资201.84万元。

(3)青藏公路整治改建工程第三合同段,全长90.571公里,开工时间2002年4月。该工程为跨年工程,计划总投资13,617.44万元。

(4)西藏山南地区泽当至错那公路改建工程01合同段,全长34.9公里,开工时间为2002年5月,计划总投资3,262.90万元,计划竣工时间2002年12月。该工程因设计变更较多及地方协调困难等原因,故尚未竣工。

(5)川藏公路八宿至牛踏沟段改建工程一标段,全长20.95公里,开工时间为2002年6月,计划总投资3,200.90万元,计划竣工时间2003年3月。

(6)国道219线狮泉河至昆沙公路C标路面工程,全长80.0公里,开工时间为2002年5月,计划2003年9月竣工,计划总投资9,388.56万元。

(7)国道318线田妥至怒江隧道西口段整治改建工程第四合同段,全长11.44公里,开工时间2002年9月,计划竣工时间2003年7月,计划总投资5,942.75万元。

(8)拉萨市纳金乡至林周县城公路第H合同段改建工程,全长31公里,开工时间2002年3月,计划竣工时间2002年6月,计划总投资2,048.56万元。

八、监事会报告

一、报告期内董事会的会议情况及决议内容刊登的信息披露报纸和披露日期

报告期内公司监事会按照《公司法》和《公司章程》赋予的职责,认真、规范地开展工作,对股东大会的决议情况及公司财务状况进行了监督。监事会列席董事会议,对重大经营决策提出建议性意见。2001年度共召开七次监事会议:

1、公司监事会于2002年02月1日在拉萨召开了第一届监事会第六次会议在公司二楼会议室召开,审议通过:公司2001年度报告及摘要、公司2001年度财务决算方案、公司2002年财务预算方案、2001年度监事会报告、公司关于聘请会计师事务所、律师事务所及公司2002年度信息披露指定报纸的提案、审议通过了公司关于兑现2001年度经营集团奖的议案。

公司监事会换届选举的议案西藏天路交通股份有限公司第一届监事会将于2002年3月届满后进行换届选举。第二届监事会3名监事候选人为:洛桑曲加先生、普布先生,经公司职工代表大会民主选举推荐的职工监事候选人为肖慈祥先生。(详见2002年02月05日《中国证券报》、《上海证券报》)公司监事会公告。)

2、公司第二届监事会第一次会议于2002年03月12日在公司二楼会议室召开,会议选举洛桑曲加先生为本公司第二届监事会主席,对第一届监事强巴珍珠先生、刘海女士在任职期间勤勉尽责的工作表示感谢。(详见2002年03月14日《中国证券报》、《上海证券报》)公司监事会公告。)

3、监事会第二届监事会第三次会议于2002年05月26日在公司二楼会议室召开,审议并通过了:公司提名独立董事候选人的预案、公司独立董事津贴及费用事项的预案、《股东大会议事规则》、《董事会议事规则》、《独立董事制度》、《战略委员会实施细则》、《审计委员会实施细则》、《审计提名委员会实施细则》、《薪酬与考核委员会实细则》、《内部财务控制制度》、《信息披露管理办法》、《总经理工作细则》、《法定代表人授权管理规定》、《董事、监事、董秘、经理人员自律守则》、《监事会议事规则》、《关联交易管理办法》、关于提请修改《公司章程》的预案。

确定公司第二届股东大会第一次会议召开的时间、地点、会议议程、会议内容及出席会议对象等事宜。(详见2002年05月28日《中国证券报》、《上海证券报》)公司监事会公告。)

4、监事会于2002年06月27日在公司二楼会议室召开了第二届监事会第四次会议,审议通过了:

(1)公司关于在董事会闭会期间对董事长投资授权的建议的议案,第二届董事会授权董事长在第二届董事会期间运用投资总额不超过公司净资产的20%,单个项目投资资金额不超过公司净资产的5%。

(2)公司关于上报中国证监会的《上市公司建立现代企业制度自查报告》的提案。

(详见2002年06月27日《中国证券报》、《上海证券报》)公司监事会公告。)

5、第二届监事会第五次会议于2002年08月21日在公司二楼会议室召开,审议并通过:公司2002年半年度报告及摘要、关于公司董事会下设的四个委员会成员组成的议案、兼并林芝毛纺厂的预案、高层管理人员年薪及经营业绩奖惩方案的议案、公司董事、监事(独立董事除外)报酬及津贴的预案。

(详见2002年08月21日《中国证券报》、《上海证券报》)公司监事会公告。)

6、公司第二届监事会第六次会议于2002年10月25日上午九点在四川成都市拉萨大酒店五楼会议室召开,审议并通过:公司2002年第三季度报告、关于西藏云天工程建筑有限责任公司资金来源的预案、关于变更募集资金出资控股四川省邛崃市自来水有限责任公司的预案、关于西藏天路交通股份有限公司整改报告的议案、关于提请修改《监事会议事规则》的预案。

(详见2002年10月25日《中国证券报》、《上海证券报》)公司监事会公告。)

7、公司第二届监事会第七次会议,于2002年11月28日上午在拉萨市天路公司三楼会议室召开,审议并通过:关于西藏云天工程建筑有限责任公司资金来源的预案、关于变更募集资金出资控股四川省邛崃市自来水有限责任公司的预案、关于公司董事、监事(独立董事除外)报酬及津贴的预案、《监事会议事规则》(修订案)的预案。

九、重要事项

一、本年度公司无重大诉讼、仲裁事项

二、收购及出售资产、吸收合并事项

报告期内,根据公司发展战略,向公用事业进军,公司组织了项目考察组,对经营公用事业的原邛崃市自来水有限责任公司(以下简称"邛崃水厂")进行了考察,并聘请四川华衡资产评估有限公司对该公司进行了项目可行性研究。同时聘请具有证券业务资格的会计师事务所(四川华信(集团)会计师事务所对邛崃水厂进行审计。2002年9月19日由四川华信(集团)会计师事务所出具了"川华信审[2002]综字236号"标准无保留意见的审计报告。

2002年7月31日邛崃水厂总资产8,808万元,净资产5660万元;2002年1–7月主营业务收入513.8万元,净利润为338.16万元;2001年主营业务收入872.40万元,净利润为409万元;净资产收益经加权2002年为10.24%,2001年为13.8%,符合公司投资要求(详见2002年11月29日在《中国证券报》、《上海证券报》上的公司改变募集资金用途公告)。在项目投资前公司与四川省邛崃市自来水有限责任公司不存在关联关系。项目投资提请2002年11月28日股东大会第一次临时会议审议通过后开始实施。

根据第二届董事会第五次会议决议,公司于2002年12月9日收购了邛崃水厂,变更后的公司注册资本为800万元(我公司占480万元(60%)),公司总投资3,438万元,占总股本60%,并于12月17日更名为西藏天路邛崃水业有限责任公司,分别变更了地税与国税登记、变更了产权登记,该公司现试运行正常。

三、重大担保事项　公司2001年第二次临时董事会会议审议通过了公司采用对等担保贷款的方式与四川瑞云集团股份有限公司对等担保银行贷款1,000万元。为以前期间发生持续到报告期的担保事项。

四、重大关联交易事项

(一)、购销商品、提供劳务发生的关联交易

公司的购货、产品(商品)销售均执行市场价。本报告期内公司未发生购销商品、提供劳务的关联交易。

(二)、1999年5月18日,公司与母公司及发起企业签订《综合服务协议》、《土地租赁协议》、《房屋租赁协议》,公司每年向其支付243.93万元以获得日常生产经营和生活必须的服务。本报告期内公司已计提服务费2,401,344.37元,实际已支付服务费1,913,127.44元。

五、重大合同　报告期内公司各项业务合同履行正常,无重大合同纠纷。

(一)贷款合同

以下贷款合同均为以前期间发生但持续到报告期内的贷款合同。

1、2000年5月30日本公司(借款人)与中国人民建设银行西藏自治区分行(贷款人)签署贷款合同,贷款人向本公司提供人民币2,000万元用于技术改造。期限为2000年5月29日至2003年5月28日,利息为月息4.59‰,利息由财政贴息。

2、2000年7月20日本公司(借款人)与中国人民建设银行西藏自治区分行(贷款人)签署贷款合同,贷款人向本公司提供贷款人民币 800万元用于技术改造。期限为2000年7月21日至2003年7月20日,利息为月息4.95‰,利息由财政贴息。

3、2001年9月14日本公司(借款人)与中国人民建设银行西藏自治区分行(贷款人)签署借款合同,贷款人向本公司提供流动资金周转贷款人民币3,000万元。期限为2001年9月14日至2003年9月14日,利息为月息4.95‰,利息由财政贴息。

(二)报告期内新增贷款合同

2002年3月22日公司控股子公司西藏天路邛崃水业有限责任公司(借款人)与中国工商银行邛崃市支行(贷款人)签署贷款合同,贷款人向西藏天路邛崃水业有限责任公司提供贷款2,000.00万元用于自来水管网技术改造。期限为2002年3月22日至2007年3月22日,年利率6.696%,利息由借款人负担。

(二)公路工程施工承包合同

1、2002年1月19日,本公司(承包单位)与青藏公路整治改建工程项目管理办公室(建设单位)签署施工承包合同,由承包单位承包国道109线青藏公路整治改建工程第3合工程,承包总金额为人民币13,617.4376万元。

2、2002年4月20日,本公司(承包单位)与西藏自治区交通厅重点公路建设项目管理中心(建设单位)签署施工承包合同,由承包单位承包国道219线狮泉河至昆沙公路路面工程,承包总金额为人民币9,388.5566万元。

3、2002年5月24日,本公司(承包单位)与西藏自治区山南泽错公路建设项目管理办公室(建设单位)签署施工承包合同,由承包单位承包省道202线泽当至错那公路改建工程,承包总金额为人民币326.2899万元。

4、2002年6月21日,本公司(承包单位)与川藏公路八宿至牛踏沟段整治改建工程项目管理办公室(建设单位)签署施工承包合同,由承包单位承包国道318线川藏公路八宿至牛踏沟路基工程,承包总金额为人民币3,200.9042万元。

5、2002年6月21日,本公司(承包单位)与川藏公路八宿至牛踏沟段整治改建工程项目管理办公室(建设单位)签署施工承包合同,由承包单位承包国道318线川藏公路八宿至牛踏沟路面工程,承包总金额为人民币4,879.9956万元。

6、2002年6月26日,本公司(承包单位)与拉林公路改建工程建设项目管理办公室(建设单位)签署施工承包合同,由承包单位承包省道202线拉萨市纳金路至林周县公路改建工程国路面工程,承包总金额为人民币2,048.5800万元。

六、承诺事项　报告期内公司控股股东无承诺事项

七、公司聘任会计师事务所及支付给会计师事务所的报酬情况

本报告期内公司继续聘任四川君和会计师事务所有限责任公司负责公司财务会计报表审计工作。2002年度公司支付给四川君和会计师事务所的审计费 200,000.00元,差旅费16,640.00元,食宿费20,195.00元,合计236,835.00元。

截止2002年12月31日四川君和会计师事务所有限责任公司已连续为公司提供审计服务4年。

八、公司、公司董事会及董事在报告期内未有受中国证监会稽查、中国证监会行政处罚、通报批评、证券交易所公开谴责的情况

1、报告期内公司、公司董事会及董事在报告期内未受中国证监会稽查、中国证监会行政处罚、通报批评、证券交易所公开谴责。

2、报告期内中国证监会拉萨证券监管特派员办事处于2001年9月19日至23日对公司进行了巡回检后下发了《限期整改通知书》提出整改意见。

公司组织各位董事、监事和高级管理人员及相关部门进行了认真的学习,并对照《公司法》、《证券法》《上海证券交易所上市规则》和《公司章程》等相关法律法规的要求,针对公司存在的问题研究讨论并制定了整改措施。

(1)将在拉萨证券监管特派员办事处规定的时间范围内完成对巡检中发现的问题进行弥补与纠正。

(2)通过本次巡检,更加增强了公司规范运作的意识,使公司各项规章制度更加完善化,对公司未来可持续发展将产生积极的影响。

(3)公司将继续以股东利益最大化为根本目标,认真加强《公司法》、《证券法》、《股票发行与交易管理暂行条例》、《上海证券交易所上市规则》和《公司章程》等相关法律法规的学习,进一步规范运作,不断完善法人治理结构,强化信息披露,加强财务管理,建立健全各项内控制度,按照监管部门要求及时完成整改工作,争取在规范运作上取得更大的成绩。

八、所得税优惠政策

根据《中华人民共和国企业所得税暂行条例》第八条的规定,以及西藏自治区人民政府藏政发

(1993)121号文藏政函(1998)48号文,西藏自治区国税局藏国税函(1999)114号文,本公司从批准成立之日起,按15%税率缴纳企业所得税。2000年9月20日自治区国家税务局根据自治区人民政府(藏政发[2000]39号)《关于区内企业参照招待招商引资政策规定有关问题的通知》精神,下发了(藏国税函[2000]106号《关于统一区内企业所得税税率的通知》从2001年1月1日起区内企业统一执行15%的企业所得税政策。

根据西藏自治区人民政府办公厅藏政办发[1997]24号《关于转发我区扶持企业发展培植骨干财源的若干暂行规定的通知》和西藏自治区财政厅藏财预字[2001]246号文《关于下达专项补助支出预算指标的通知》,2002年本公司收到所得税超基数扶持返还215.80万元。增加了本公司2002年度的净利润。

九、其他事项:

报告期内,为发展西藏交通事业,服务社会,造福西藏人民,公司向西藏交通厅"扶贫救助"基金捐赠现金100万元人民币。并于2002年4月22日《上海证券报》、《中国证券报》中的公司《2002年第一季度报告》予以披露。

十、财务报告

审计报告

西藏天路交通股份有限公司全体股东:

我们接受委托,审计了贵公司2002年12月31日的资产负债表和合并资产负债表、2002年度的利润及利润分配表和合并利润及利润分配表以及2002年度的现金流量表和合并现金流量表。这些会计报表由贵公司负责,我们的责任是对这些会计报表发表审计意见。我们的审计是依据《中国注册会计师独立审计准则》进行的。在审计过程中,我们结合贵公司的实际情况,实施了包括抽查会计记录等我们认为必要的审计程序。

我们认为,上述会计报表符合《企业会计准则》和《企业会计制度》的有关规定,在所有重大方面公允地反映了贵公司2002年12月31日的财务状况及2002年度的经营成果和现金流量情况,会计处理方法的选用遵循了一贯性原则。

四川君和会计师事务所　　中国注册会计师:庄瑞兰

2003年2月25日　　中国注册会计师:阳　林

资产负债表

2002年12月31日

编制单位:西藏天路交通股份有限公司　　单位:人民币元

资产	附注	期末数 合并数
流动资产:		
货币资金	6.1	303,233,255.12
短期投资	6.2	1,791,051.00
应收票据		
应收股利		
应收利息		
应收账款	6.3	66,345,632.60
其他应收款	6.4	51,312,148.71
预付帐款	6.5	16,125,870.15
应收补贴款		
存货	6.6	27,848,114.31
待摊费用		
一年内到期的长期债权投资		
其他流动资产		
流动资产合计		466,656,071.89
长期投资		
长期股权投资	6.7	50,320,492.29
长期债权投资		
长期投资合计		50,320,492.29
合并价差		420,504.05
固定资产:		
固定资产原价	6.8	309,921,317.20
减:累计折旧	6.8	121,622,467.05
固定资产净值	6.8	188,298,850.15
减:固定资产减值准备	6.8	19,821,758.21
固定资产净额	6.8	168,477,091.94
工程物资		
在建工程	6.9	12,104,147.14
固定资产清理		
固定资产合计		180,581,239.08
无形资产及其他资产:		
无形资产	6.10	5,176,792.04
长期待摊费用		
其他长期资产		
无形资产及其他资产合计		5,176,792.04
递延税项:		
递延税款借项		
资产总计		703,155,099.35
负债及所有者权益		
流动负债:		
短期借款	6.11	913,147.05
应付票据		
应付帐款	6.12	85,420,427.65
预收帐款	6.13	47,113,803.24
应付工资	6.14	4,434,807.66
应付福利费		1,182,732.78
应付股利	6.15	27,047,030.18
应交税金	6.16	4,096,988.63
其他应交款	6.17	63,910.43
其他应付款	6.18	47,638,313.94
预提费用		23,903.38
一年内到期的长期负债		
其他流动负债		
流动负债合计		217,935,064.94
长期负债:		
长期借款	6.19	85,000,000.00
应付债券		
长期应付款		
其他长期负债		
长期负债合计		85,000,000.00
递延税项:		
递延税款贷项		
负债合计		302,935,064.94
少数股东权益		22,639,663.96
所有者权益:		
股本	6.20	180,000,000.00
资本公积	6.21	172,393,627.85
盈余公积	6.22	16,532,462.18
其中:公益金	6.22	6,502,786.46
未分配利润	6.23	8,654,280.42
股东权益合计		377,580,370.45
负债及股东权益总计		703,155,099.35

利润及利润分配表

2002年度

编制单位:西藏天路交通股份有限公司　　单位:人民币元

项目	附注	本年累计数 合并数	本年累计数 母公司数
一、主营业务收入	6.24	509,022,200.76	509,022,200.76
减:主营业务成本	6.24	422,226,645.66	422,226,645.66
主营业务税金及附加	6.25	13,129,258.91	13,129,258.91
二、主营业务利润		73,666,296.19	73,666,296.19
加:其他业务利润		54,003.69	54,003.69
减:营业费用		3,458,197.90	3,458,197.90
管理费用		33,437,764.09	33,437,764.09
财务费用	6.26	275,964.32	275,964.32
三、营业利润		36,548,373.57	36,548,373.57
加:投资收益	6.27	4,478,189.45	4,478,189.45
补贴收入			
营业外收入	6.28	71,393.43	71,393.43
减:营业外支出	6.29	5,797,966.69	5,797,966.69
四、利润总额		35,299,989.76	35,299,989.76
减:所得税	6.30	5,207,597.87	5,207,597.87
少数股东本期收益			
五、净利润		30,092,391.89	30,092,391.89
加:年初未分配利润		13,987,758.26	13,987,758.26
其他转入			
六、可供分配的利润		44,080,150.15	44,080,150.15
减:提取法定盈余公积		3,009,239.19	3,009,239.19
提取法定公益金		3,009,239.19	3,009,239.19
提取职工奖励及福利基金			
提取储备基金			
提取企业发展基金			
利润归还投资			
七、可供投资者分配的利润		38,061,671.77	38,061,671.77
减:应付优先股股利			
提取任意盈余公积		2,407,391.35	2,407,391.35
应付普通股股利		27,000,000.00	27,000,000.00
转作股本的普通股股利			
八、未分配利润		8,654,280.42	8,654,280.42

现金流量表

编制单位:西藏天路交通股份有限公司　　单位:人民币元

项目	附注	合并数
一、经营活动产生的现金流量:		
销售商品、提供劳务收到的现金		487,367,513.26
收到的税费返还		2,158,000.00
收到的其他与经营活动有关的现金		729,108.98
现金流入小计		490,254,622.24
购买商品、接受劳务支付的现金		378,012,373.01
支付给职工以及为职工支付的现金		35,454,091.37
支付的各种税费		10,905,341.44
支付的其他与经营活动有关的现金	6.31	13,936,198.35
现金流出小计		438,308,004.17
经营活动产生的现金流量净额		51,946,618.07
二、投资活动产生的现金流量:		
收回投资所收到的现金		49,650.00
取得投资收益所收到的现金		33,921.47
处置固定资产、无形资产和其他长期资产所收回的现金净额		557,624.74
收到的其他与投资活动有关的现金		1,847,167.09
现金流入小计		2,488,363.30
购建固定资产、无形资产和其他长期资产所支付的现金		41,413,939.13
投资所支付的现金		61,590,000.00
支付的其他与投资活动有关的现金		
现金流出小计		103,003,939.13
投资活动产生的现金流量净额		-100,515,575.83
三、筹资活动产生的现金流量:		
吸收投资所收到的现金		
借款所收到的现金		
收到的其他与筹资活动有关的现金		
现金流入小计		
偿还债务所支付的现金		
分配股利、利润或偿付利息所支付的现金		10,321,042.65
支付的其他与筹资活动有关的现金		
现金流出小计		10,321,042.65
筹资活动产生的现金流量净额		-10,321,042.65
四、汇率变动对现金的影响		
五、现金及现金等价物净增加额		-58,890,000.41

天津中新药业集团股份有限公司

天津中新药业集团股份有限公司2002年年度报告

第一章 公司基本情况简介

(一)公司法定中文名称:天津中新药业集团股份有限公司
中文名称缩写:中新药业
公司法定英文名称:TIANJIN ZHONGXIN PHARMACEUTICAL GROUP CORPORATION LIMITED
英文名称缩写:TZXP
(二)公司法定代表人:詹原竞
(三)公司董事会秘书:莫浩
联系电话:022-27020926
传真:022-27020926
电子信箱:zxyy600329@163.com
联系地址:天津市南开区白堤路17号中新大厦
"A"股证券事务代表:封浩
"S"股证券事务代表:侯薇
联系电话:022-27020892
传真:022-27020599
电子信箱:zxyy600329@163.com
(四)公司注册地址:天津市南开区白堤路119号
公司办公地址:天津市南开区白堤路17号中新大厦
邮政编码:300193
公司网址:http://www.pharmtzxp.com
电子信箱:zxyy600329@163.com
(五)信息披露媒体:
网站:http://www.sse.com.cn
http://www.sgx.com
定期报告刊登报刊:《中国证券报》
《上海证券报》
公司年报备置地点:中国天津市南开区白堤路17号中新大厦七楼
天津中新药业集团股份有限公司办公地
(六)公司股票上市地:
新加坡股票交易所(Singapore Exchange Securities Trading)
上海证券交易所
A股简称:中新药业　　A股代码:600329
(七)其他有关资料:
1、公司首次注册登记日期、地点:
1992年12月20日天津市和平区郑州道36号
变更登记、日期地点:
1997年8月天津市南开区白堤路119号
变更原因:由于公司重组后为高新技术企业,注册地址移至天津市新技术产业园区。发行"S"股增加注册资本100,000千元,注册资本变为329,654,360元。
2001年5月25日天津市南开区白堤路119号
变更原因:由于发行A股,增加注册资本40,000千元,注册资本变为369,654,360元。
2、法人营业执照注册号:1200001001306
3、税务登记号:120105103100784
4、公司聘请的会计师事务所名称、办公地址:
2002年度国际审计师:新加坡普华古柏会计师事务所
办公地址:新加坡048424邮区 PWC大厦,克罗士街8号#17-00
2002年度国内审计师:普华永道中天会计师事务所有限公司
办公地址:中国上海淮海中路333号瑞安广场十二楼

第二章 会计数据和业务数据摘要

(一)本年度主要合并会计指标　　单位:元

1.利润总额	101,913,000
2.净利润	85,111,000
3.扣除非经常性损益后的净利润	85,070,000
4.主营业务利润	677,435,000
5.其他业务利润	8,461,000
6.营业利润	46,479,000
7.投资收益	55,393,000
8.补贴收入	282,000
9.营业外收支净额	-241,000
10.经营活动产生的现金流量净额	187,604,000
11.现金及现金等价物净增减额	50,140,000

*注:扣除的非经常性损益项目和金额(2002年1—12月)　　单位:元

项目	金额
营业外收入	6,245,000
营业外支出	6,486,000
补贴收入	282,000

(二)公司近三年的主要会计数据和指标

项目	单位	2002年	2001年 调整后	2001年 调整前
主营业务收入	千元	1,839,259	1,521,939	1,521,939
净利润	千元	85,111	63,288	64,441
每股收益(摊薄)	元/股	0.23	0.17	0.17
每股收益(加权)	元/股	0.23	0.18	0.18
净资产收益率(摊薄)	%	5.65	4.39	4.45
净资产收益率(加权)	%	5.74	3.71	3.76
每股经营活动产生的现金流量净额	元/股	0.51	0.43	0.43
		2002年末		
总资产	千元	3,008,126	2,703,143	2,719,735
股东权益	千元	1,506,671	1,440,863	1,449,568
每股净资产	元/股	4.08	3.90	3.92
调整后的每股净资产	元/股	4.03	3.83	3.85

项目	2000年 调整后	2000年 调整前
主营业务收入	822,646	822,646
净利润	86,474	91,784
每股收益(摊薄)	0.26	0.28
每股收益(加权)	0.26	0.28
净资产收益率(摊薄)	8.22	8.63
净资产收益率(加权)	7.89	8.28
每股经营活动产生的现金流量净额	-0.043	-0.043
	2001年末	2000年末
总资产	2,512,656	2,527,612
股东权益	1,052,352	1,062,963
每股净资产	3.19	3.22
调整后的每股净资产	3.12	3.15

第三章 股本变动及主要股东持股情况

(一)、股东情况:

1、根据中国证券登记结算有限责任公司上海分公司以及新加坡林登记公司提供的股东名册数据,截止本报告期末公司股东总数为49,477户,其中有部分尚未办理确认的内部股股东股份集中在"中新药业"的户名下,其中公司"S"股股东为6,604户。

2、公司主要股东情况:

2001年12月31日前在册,拥有公司股份前十名股东情况。

名次	股东名称	本期末持股数(股)
1	天津市医药集团有限公司	194,654,360
2	Tan Swee Teck Michael or Tan Toh Heah	2,670,000
3	OCBC Securities Private Ltd	2,557,000
4	UOB Kay Hian Pte Ltd	2,312,000
5	Phillip Securities Pte Ltd	1,651,000
6	HL Bank Nominees(s) Pte Ltd	1,554,000
7	United Overseas Bank Nminees	1,401,000
8	Chan Wai Man	1,250,000
9	泰和基金	1,214,762
10	苏立美	1,126,300

名次	持股占总股本比例(%)	股份性质
1	52.66	国家股
2	0.72	外资股
3	0.69	外资股
4	0.63	外资股
5	0.45	外资股
6	0.42	外资股
7	0.38	外资股
8	0.34	外资股
9	0.33	流通A股
10	0.30	内部职工股

十大股东持股相关情况说明:

持股5%以上的股东为天津市医药集团有限公司,持股比例达到52.66%,为本公司控股股东,其所持股份在报告期中无质押、冻结情况。

公司未知外资股东之间是否存在关联关系或是否属于一致行动人。其余各股东之间均不存在关联关系,也不属于一致行动人。

3、公司控股股东情况:

公司第一大股东也是公司唯一的绝对控股股东是天津市医药集团有限公司,持有公司52.66%的股份,成立于1997年3月,是由天津市政府出资设立的国有独资公司,其前身为天津市医药局,1996年7月天津市政府将其改组为天津市医药总公司,后又改组为天津市医药集团有限公司,法人代表刘振武,注册资本人民币51,247万元。其主要经营范围是:经营管理国有资产、投资、控股、参股;生化药品、中成药、饮片、化学原料药及制剂;水针剂、冻干剂、医疗器械、制药机械;卫生材料;营养保健品的生产制造及批发、零售各类商品、物资的批发、零售;房地产开发;仓储运输;与上述业务相关的咨询服务业务(以上范围内国家有专营专向规定的按规定办理)。

公司报告期内控股股东未发生变更。

除天津市医药集团有限公司外,公司没有其他持股在10%以上的股东。

第四章 董事、监事、高级管理人员和员工情况

(一)基本情况

姓名	职务	性别	年龄	任期起止日期	报告期内持股情况
詹原竞	董事长、总经理	男	58	2002年至2005年	无
刘振武	董事	男	57	2002年至2005年	无

吴树民	董事	男	59	2002年至2005年	无
刘晋儒	董事	男	61	2002年至2005年	无
李美毓	执行董事、副总经理	女	47	2002年至2005年*	无
李家胜	执行董事	男	58	2002年至2005年	500
邓昌桂	独立董事	男	49	2001年至2004年	无
王本立	独立董事	男	63	2000年至2003年	见注释
徐其德	独立董事	男	65	2002年至2005年	无
宋宏意	监事会主席	女	55	2002年至2005年	无
马贵中	监事	男	47	2002年至2005年	无
郭乃勤	监事	男	51	2002年至2005年	无
王志强	常务副总经理	男	43	2000年起	500
邹颖	副总经理	男	49	2000年起	无
张宝桐	副总经理	男	44	2000年起	1000
莫浩	副总经理、董事会秘书	男	51	1996年起*	无
潘力佳	总工程师	女	40	2002年起	无
梁秀芹	总会计师	女	46	2002年起	1500
沈鸣岐	董事会财务秘书	男	65	1997年起	无

*注:1、邓昌桂先生为公司独立董事,董事会审计委员会主席,战略委员会、提名委员会、薪酬与考核委员会委员;徐其德先生为公司独立董事,董事会薪酬与考核委员会主席,审计委员会委员;

2、王本立先生为公司独立董事,董事会提名委员会主席,截止报告期末,王本立先生的亲属拥有公司的"S"股120,000股。

3、除王志强、李家胜持有公司内部职工股500股,张宝桐持有内部职工股1000股,梁秀芹持有内部职工股1500股,均尚未上市流通外,其他人员未持有公司股票。

4、李美毓女士副总经理职务任期是从2000年起,莫浩先生副总经理职务的任期是从2002年起。

(二)董事、监事、高级管理人员在股东单位任职情况:

董事刘振武先生为公司控股股东天津市医药集团有限公司董事长、总经理。

董事吴树民先生为公司控股股东天津市医药集团有限公司副董事长、党委书记。

董事刘晋儒先生为公司法人股股东单位中国药材公司副总经理。

监事马贵中先生为公司控股股东天津市医药集团有限公司总会计师。

(三)董事、监事、高级管理人员年度报酬情况:

(除独立董事外)公司现任董事、监事、高级管理人员共16人,在公司领取报酬的12人,其中100,000元以上12人,80,000至100,000元0人,50,000至80,000元0人,50,000元以下0人。上述人员于报告期内在公司共领取2002年报酬1,700,000元。

公司现任董事9名,在公司领取报酬的3人,报酬总额为700,000元,领取报酬最高的前三名高级管理人员报酬总额为600,000元。

独立董事邓昌桂先生在公司领取报酬,全年薪酬为50,000新加坡元,王本立先生为40,000新加坡元,徐其德先生为40,800元人民币。

刘振武、吴树民、刘晋儒董事、马贵中监事不在公司领取报酬,均在股东单位领取报酬。

在公司领取报酬的董事、监事、高级管理人员系依据董事会批准的公司高级管理人员年薪标准确定个人年薪总额分月发放。

(四)报告期内董事、监事、高级管理人员离任及原因以及聘任情况:

1、董事情况:

由于范洪哲、董志立、苏克勤三位董事的退休及任期已满的原因均不再担任公司董事,经2002年3月27日召开的公司2002年度第一次董事会提名,推荐吴树民、李美毓、刘晋儒为公司新任董事候选人,原刘振武、詹原竞、李家胜董事继续连任。本提案已经公司2001年度股东大会审议通过。相关信息已于2002年3月30日和6月29日的《中国证券报》和《上海证券报》上进行了公告,同时在新加坡MASNET网进行了披露。

公司于2002年5月13日召开的董事会提名徐其德为公司独立董事候选人,弥补了原张建津董事离任的空缺,使公司的独立董事人数达到了董事会成员的1/3。本提案已经公司2001年度股东大会审议通过。相关信息已于2002年5月14日和6月29日的《中国证券报》和《上海证券报》上进行了公告,同时在新加坡MASNET网进行了披露。

经公司2002年6月28日第六次董事会通过,选举詹原竞为公司董事长,并通过了董事会下设四个委员会成员名单。相关信息已于6月29日的《中国证券报》和《上海证券报》上进行了公告。

2、监事情况:

由于郭俊林监事任期已满不再担任公司监事,经2002年3月27日召开的公司2002年第一次监事会提名,推荐郭乃勤为新任监事候选人,原监事宋宏意、马贵中继续连任。本提案已经公司2001年度股东大会审议通过。相关信息已于2002年3月30日和6月29日《中国证券报》和《上海证券报》上进行了公告。

3、高管人员情况:

鉴于公司黄惠平副总经理、王秀珍总会计师已届退休年龄以及公司李满飞总工程师身体方面实际情况,公司于2002年3月27日召开的2002年度第一次董事会通过了解聘其相关职务的议案。

鉴于公司工作需要,本次董事会聘任莫浩先生担任公司副总经理职务。相关信息已于3月30日《中国证券报》和《上海证券报》上进行了公告。

鉴于公司工作需要,公司于2002年12月30日召开的2002年度第十一次董事会通过聘任梁秀芹女士担任公司总会计师职务,潘力佳女士担任公司总工程师职务。相关信息已于12月31日《中国证券报》和《上海证券报》上进行了公告。

(五)公司员工的基本情况:

截止2002年12月31日公司及直属企业员工总数为8,782人。其专业构成为:生产人员3,054人,营销人员1,458人,管理人员969人,技术人员1,693人,财务人员258人,其他人员1,350人。

其中研究生以上学历人员47人,大学本科以上学历人员597人,大学专科以上学历人员1,132人,高中及中专以上学历4,944人,其他2,062人。公司报告期内离退休人员51人。

第五章　公司治理结构

(一)公司治理情况

公司于1997年在新加坡股票交易所上市,并于2001年在上海证券交易所上市,因此公司需同时接受新加坡和上海两地交易所和中国、新加坡两国法律、法规的规范治理。公司依《境外上市公司章程必备条款》和新加坡股票交易所有关规则制定《公司章程》并依中国、新加坡有关法律、法规制定有关规章制度,规范公司治理结构。

在上半年,公司按照《上市公司治理准则》建立的《股东大会议事规则》,完善修订的《董事会议事规则》和《监事会议事规则》均获得公司2001年度股东大会的审议批准并付诸实施。

公司在已经拥有两位境外独立董事的基础上,经中国证监会核准并经公司2001年度股东大会批准,又聘任了一名高级会计师徐其德先生为公司境内独立董事。目前公司董事会已经有三分之一董事为独立董事,符合《上市公司治理准则》的要求。公司新一届董事会已经设立了审计、薪酬与考核、提名、战略等专门委员会,完善了公司的独立董事制度和治理结构。

在信息披露方面公司一直本着从多不从少,从严不从宽的原则,严格遵守中国、新加坡两地监管部门的要求做好信息披露工作。公司指定董事会秘书负责信息披露工作,并聘任了两名证券事务代表协助董事会秘书分别作好境内、境外相关的信息披露工作,设置专人接待股东来访咨询。公司董事会秘书已经按照《上市公司治理准则》等有关规定制定《信息披露管理办法(董事会秘书工作细则)》及《募集资金管理办法》,将尽快呈报董事会批准。

中国证监会派出机构于2002年10月21日至25日对公司进行了巡回检查,中国证监会天津证券监管办公室于2002年12月17日对公司出具了《限期整改通知书》,《通知书》中涉及公司治理结构的问题是"公司未根据《上市公司治理准则》、《关于在上市公司建立独立董事制度的指导意见》的相关内容及时全面修改公司章程。"我公司已于2002年12月27日形成《整改报告》并予以公告,公司目前正在积极将上述《指导意见》和《治理准则》的相关内容补充进入公司《章程》。在完成修改意见报经董事会审议后,将提交最近一期股东大会予以批准。

(二)独立董事履行职责情况:

公司目前已经聘任了三名独立董事,符合了《关于上市公司建立独立董事制度的指导意见》中规定的"上市公司应于2003年董事会中应有三分之一董事为独立董事"的要求,其中两名是居住于新加坡的独立董事,另外一名境内独立董事徐其德先生具有高级会计师职称。董事会设立了审计、薪酬与考核、提名、战略等专委员会,公司的独立董事分别在各专门委员会中担任主席或委员。按照中国、新加坡有关法律、法规和《公司章程》的要求,公司的重大关联交易、重要商业合同和重大投资行为都首先交由审计委员会审议同意后再提请董事会、股东大会审议通过。公司的重大收购行为、重大关联交易均要由独立董事聘请独立财务顾问审核,由独立财务顾问出具《股东大会通函》,再提请股东大会审议。凡属于重大关联交易,关联方股东无表决权。公司的三位独立董事都能够按时参加董事会会议和公司股东大会并能够独立履行职责。在其他公司认为会对生产经营或持续发展有重大影响的事项上,三位独立董事都会本着维护中小股东利益的原则,在公司提供完备的资料后及时提出具体的意见或建议,表明自己的态度,为公司对该事项做出正确决策提供了宝贵的信息。

(三)公司与控股股东在业务、人员、资产、机构、财务等方面完全做到分开,公司具有完整的业务及自主经营能力。

(四)公司报告期内对高级管理人员的考评及激励机制、相关奖励制度尚未有完善的制度建立。

第六章　股东大会情况简介

报告期内公司召开了一次年度股东大会。

2001年度股东大会情况

公司于2002年5月14日在《中国证券报》和《上海证券报》分别刊登了召开2001年度股东大会的通知,公布了会议召开的时间、地点、会议议程等事项。该次股东大会的通知同时于2001年5月14日在新加坡委托林登记公司寄发到每位"S"股股东。

该次会议于2002年6月28日在天津市南开区白堤路17号中新大厦703会议室召开,到会股东及股东代表9人,代表有表决权的股份195,688,860股,占公司股份总数的52.94%,符合《公司法》和公司章程规定的比例。会议由董事长詹原竞先生主持,尚志律师事务所指派律师见证了本次会议。经大会审议,表决通过了以下决议:

1、有关"董事长2001年度工作报告"。

2、有关"监事会2001年度工作报告"。

3、有关"2001年度董事会报告"。

4、有关"新加坡普华古柏会计师事务所和普华永道中天会计师事务所有限公司审计和经审计委员会审核确定的2001年度财务报告和审计报告"。

5、有关"批准公司2001年度利润分配和股利分配方案"。

6、有关"委任普华古柏会计师事务所和普华永道中天会计师事务所为2002年度公司国际及国内审计师并授权董事会确定其聘金的议案"。

7、有关"批准董事2001年度的酬劳的议案"。

8、有关"选举刘振武先生连任董事的议案"。

9、有关"选举詹原竞先生连任董事的议案"。

10、有关"选举李家胜先生连任董事的议案"。

11、有关"选举吴树民先生为公司董事的议案"。

12、有关"选举李美毓女士为公司董事的议案"。

13、有关"选举刘晋儒先生为公司董事的议案"。

14、有关"选举并聘任徐其德先生为公司独立董事的议案"。

15、有关"选举马贵中先生连任监事的议案"。

16、有关"选举郭乃勤先生为公司监事的议案"。

17、有关"修改公司章程有关部分的议案"形成特别决议。

18、有关"公司股东大会议事规则的议案"。

本次会议进行了公司董事会部分成员的换届选举,刘振武、吴树民、詹原竞、李美毓、李家胜、刘晋儒、徐其德,以上各位董事任期从2002年6月28日起三年,邓昌桂、王本立董事仍继续原任期。

本次会议进行了公司监事会成员的换届选举,马贵中、郭乃勤二位监事任期从2002年6月28日起三年,监事会主席宋宏意女士作为职工代表由职代会选举,任期从2002年6月28日起三年。

上述股东大会决议公告刊登于2002年6月29日《中国证券报》、《上海证券报》及在新加坡MASNET网站披露。

第七章　董事会报告

(一)对财务报告情况的讨论分析　　单位:元

项目	2002年12月31日	2001年12月31日	增减比率 %
1.总资产	3,008,126,000	2,703,143,000	11.28
2.股东权益	1,506,671,000	1,440,863,000	4.57
	2002年1—12月	2001年1—12月	
3.主营业务收入	1,839,259,000	1,521,939,000	20.85
4.主营业务利润	677,435,000	570,085,000	18.83
5.净利润	85,111,000	63,288,000	34.48
6.现金及现金等价物净增加额	50,140,000	144,711,000	-65.35

1、总资产比去年增加304,983千元的原因:一是公司对联营公司、子公司投资的增加及损益调整的增加使长期股权投资增加。二是公司在报告期内加大了项目的投入,尤其是加快了A股募集资金使用项目进度,使固定资产和在建工程增加。

2、股东权益比去年增加65,808千元,主要是留存收益及资本公积的增加。

3、主营业务收入比去年增加317,320千元,主要是由于公司的大品种销售收入以及外埠子公司商业销售的增加。

4、主营业务利润同比去年增加107,350千元,是由于公司主营业务收入增加。

5、净利润同比去年增加21,823千元,主要是由于对联营公司投资收益的增加。

6、现金及现金等价物净增加额同比减少94,571千元。由于公司为降低资金成本,报告期内将货币资金控制在合理的持有量范围内,使现金及现金等价物净增加额同比减少。

(二)公司经营情况

1、主营业务的范围及其经营情况

(1)公司的主营业务为中、西药品的生产和销售,2002年公司面对药品招标采购、医疗体制改革、医保制度改革等外部环境的变化,积极采取有效措施进行应对,进一步调整结构,继续加强内部管理,加大了主要产品的市场开发力度,强化突出中成药生产销售的主业,在全国医药行业竞争极为激烈的情况下,取得了良好的经营业绩,全年实现销售收入1,839,259千元比去年增加317,320千元,净利润85,111千元比去年增加21,823千元。

按产品划分,报告期内公司主营业务收入、主营业务利润情况:

单位:千元

产品类别	2002年度	
	主营业务收入	主营业务利润
出口		
中成药	35,987	4,731
西药	16,746	3,443
内销		
中成药	1,008,749	458,262
西药	710,925	210,827
其他	66,852	13,084
合计	1,839,259	690,347

(2)公司生产经营的主要产品有速效救心丸、牛黄降压丸、藿香正气软胶囊、金芪降糖片、安福隆干扰素、格列齐特、法洛西、特子社复等。

2002年占公司主营业务收入10%以上的品种为速效救心丸,全年销售收入271,390千元,占公司主营收入1,839,259千元的14.75%。销售成本87,116千元,毛利率为67.9%。

公司的主营业务仍是以中成药的生产经营为主,2002年公司针对医药行业竞争异常激烈的实际,一方面积极研发新品,优化产品结构,通过对工业企业的GMP改造,稳定提高药品生产质量,对医药商业系统的GSP改造,理顺销售渠道,对药材生产基地的GAP改造,规范了药材种植,确保提供标准药材,稳定药源质量水平,另一方面,公司通过调整完善组织机构,深化、细化各企业的营销工作,加大市场开发力度,提高营销人员的素质,管理与考核更加严密、科学,策略、措施更紧贴市场实际,思路上进一步创新,使2002年中成药的销售有稳步的增长。

(3)如报告期内主营业务或其结构、主营业务盈利能力较前一报告期发生较大变化的应予以说明。报告期内产品或服务发生变化,应介绍已推出或宣布推出的新产品及服务,并说明对公司经营及业绩的影响。

2、主要控股公司及参股公司经营情况及业绩。　单位:元人民币

名称	控参股比例	业务性质	注册资本	总资产
中央药业有限公司	51%	医药生产	82,353,000	301,950,854
华立达生物工程有限公司	55%	医药生产	19,940千美元	113,943,667
新丰制药有限公司	55%	医药生产	75,118,561.08	91,988,559
中美史克制药有限	25%	医药生产	17,940千美元	876,184,000

公司名称	净资产	净利润	公司投资收益
中央药业有限公司	195,894,750	12,359,475	6,303,332
华立达生物工程有限公司	102,797,474	3,601,515	1,627,368
新丰制药有限公司	53,329,938	-776,547	-427,101
中美史克制药有限公司	517,043,000	158,672,000	39,668,000

以上各公司主要产品:

华立达生物工程公司	安福隆(α-2b干扰素)
新丰制药有限公司	特子社复、法洛西
中央药业有限公司	VE胶囊、环丙沙星片、尼达尔片、芬必得、新康泰克、泰胃美针剂、
中美史克制药有限公司	肠虫清、百多邦、赛乐特

注:公司其他控股子公司如成都中新药业有限公司、吉林中新药业有限公司、陕西中新药业有限公司等是公司在外埠从事医药商业批发、零售的控股公司,对公司利润贡献较小,所以未列入上表。

3、主要供应商、客户情况:

公司2002年度前五家主要供应商为:

五家供应商合计采购金额143,877千元,占公司采购总额的13.95%。

(1)天津市第五中药厂	42,433千元
(2)天津市达仁堂制药二厂	41,338千元
(3)天津市药品包装印刷厂	25,440千元
(4)天津太平集团有限公司	20,190千元
(5)天津同仁堂股份有限公司	14,476千元

公司2002年度前五名主要客户为:

五家客户合计销售金额65,609千元,占公司销售总额的3.57%。

(1)天津太平集团有限公司	15,338千元
(2)北京丰科城医药有限公司	14,314千元
(3)北京市今日康旭医药有限公司	12,605千元
(4)成都中新药业有限公司	12,281千元
(5)四川天齐药业有限公司	11,071千元

(三)报告期内投资情况:

2002年公司各项投资数额总计228,595.4千元,比2001年的163,399千元增加65,196.4千元,增加幅度为39.9%。

1、关于募集资金使用情况:

2001年公司在上海证券交易所发行"A"股净募集资金384,100千元,该部分募集资金计划投资项目情况刊登于公司A股招股说明书并由《中国证券报》、《上海证券报》、《证券时报》和上证所、新交所网站披露。

(1)、根据招股说明书披露的募集资金投资项目情况如下表:

单位:千元人民币

项目名称	总投资	年度投资安排		
		2001年	2002年	2003年
1.芎归滴丸萃取车间生产项目(含所需流动资金)	45,480	15,000	30,480	0
2.合资建立澳莫普林产业化生产项目	101,100	15,000	62,775	23,325
3.乐仁堂"白龙片"产业化生产及GMP改造二期项目(含所需流动资金)	40,680	15,000	25,680	0
4.芎归滴丸制剂及车间生产项目(含所需流动资金)	44,850	15,000	29,850	0
5.合资建立天津中药产业现代化工程项目	60,710	80	33,750	26,880
6.补充流动资金	92,080	31,000	31,000	30,080
合计	384,900	91,080	213,535	80,285

项目名称	项目审批单位
1.芎归滴丸萃取车间生产项目(含所需流动资金)	天津市经济委员会津经技改[1999]108号
2.合资建立澳莫普林产业化生产项目	天津经济技术开发区管理委员会津开批(1999)496号
3.乐仁堂"白龙片"产业化生产及GMP改造二期项目(含所需流动资金)	天津市经济委员会津经技改[1999]109号
4.芎归滴丸制剂及车间生产项目(含所需流动资金)	天津市经济委员会津经技改[1999]105号
5.合资建立天津中药产业现代化工程项目	天津经济技术开发区管理委员会津开批(1999)495号
6.补充流动资金	
合计	

(2)、截止于2002年12月底募集资金实际使用情况的说明:

单位:千元人民币

项目名称	总投资
1.芎归滴丸萃取车间生产项目(含所需流动资金)	45,480
2.投资新新制药厂格列齐特原料车间搬迁及新建GMP制剂车间项目	58,680
3.现代中药产业园(一)——新建中药研究院工程项目	42,420
4.现代中药产业园(二)——中药制药厂"紫龙金片"产业化生产及GMP改造项目	40,680
5.芎归滴丸制剂及车间生产项目(含所需流动资金)	44,850
6.现代中药产业园(三)——达仁堂制药厂中药产业现代化工程项目	60,710
7.补充流动资金	91,280
合计	384,100

项目名称	已投入金额	投资安排完成比例%	项目进度
1.芎归滴丸萃取车间生产项目(含所需流动资金)	2,890	6.35	未达到
2.投资新新制药厂格列齐特原料车间搬迁及新建GMP制剂车间项目	29,860	50.89	基本达到
3.现代中药产业园(一)——新建中药研究院工程项目	4,930	11.62	未达到
4.现代中药产业园(二)——中药制药厂"紫龙金片"产业化生产及GMP改造项目	11,346	27.89	未达到
5.芎归滴丸制剂及车间生产项目(含所需流动资金)	0	0	未达到
6.现代中药产业园(三)——达仁堂制药厂中药产业现代化工程项目	12,881	21.22	未达到
7.补充流动资金	62,000	67.92	完成
合计	123,907	32.26	

关于上表的说明:

a、上表中"已投入金额"项目下的金额为公司接受巡检整改后,由以前报告中填报拨付金额更改填报为各分项的实际投入金额。

b、2001年12月28日,公司临时股东大会批准将"合资建立澳莫普林产业化生产项目"变更为"投资新新制药厂格列齐特原料车间搬迁及新建GMP制剂车间"项目和投资建立"中新药业中药研究院"项目,有关本次股东大会募集资金运用项目变更已于2001年12月29日发布公告,该公告刊登于同日的《中国证券报》、《上海证券报》,并在上海证券交易所网站和新加坡Masnet网予以披露。

2002年12月30日,公司2002年第十一次董事会通过了有关A股募集资金项目中中药现代化范畴的三个项目变更名称或迁址的议案,项目内容未发生变化,有关本次董事会的决议详细内容公司已公告,刊登于2003年1月2日《中国证券报》、《上海证券报》,并在新加坡Masnet网予以披露。上述议案尚需提交公司最近一次股东大会审议。

c、项目1和项目5都是由新药"芎归滴丸"带动的,在以前定期报告中已说明由于芎归滴丸的临床时间延长导致新药证书及生产批文的审批延迟。截止报告期末,公司已经成功完成芎归滴丸的三期临床实验。预计,在2003年3月召开临床总结会后汇总有关材料上报国家药监局待批。另外,项目5制剂车间在2003年1月已经奠基开工,项目基础设施工作全面实施。

d、项目2实施进度均按计划进行,其中格列齐特搬迁改造项目已完成验收竣工工作;制剂车间搬迁改造项目土建已完成主体施工工作,基本完成安装工程,2003年上半年将试投产。

e、项目3、4、6均是现代中药产业园项目中的子项目,现代中药产业园于2002年10月已经在

天津经济技术开发区奠基开工，各子项目已经开始全面实施。另外，项目4中药制药厂的“紫龙金片”在原厂址的小规模试生产在市场投放上取得良好的效果，2002年该产品销售收入3,480千元。

f.公司发行A股净募集资金384,100千元，至2002年12月31日已完成投资123,907千元。2003年是公司的投资发展年，在这一年里，公司将加快各有关项目的工作进展，加速投资进度。

2.2002年非募集资金投资情况：

(1)2002年经董事会或经理办公会批准，公司利用自有资金及贷款共完成投资152,604.4千元，具体项目为：

单位：千元人民币

序号	投资项目	金额
1	市内商业网点项目	17,459
2	购置馨名园综合楼	3,095
3	达仁堂制药厂制剂大楼项目	46,925
4	塘沽分公司仓库项目	3,400
5	乐仁堂制药厂经营、办公用房项目	600
6	华立达搬迁改造项目	15,613
7	联建医药大厦项目	14,270
8	ERP信息管理系统	4,832
9	其他	5,492.4
	合计	111,686.4
	股权投资	
10	陕西中新药业增资	6,000
11	吉林中新药业增资	1,500
12	控股康康药业公司	255
13	控股飞鹰医药公司	330
14	控股国卫医药公司	3,000
15	参股天津格斯宝药业	9,833
16	参股天津国展中心	20,000
	合计	40,918

关于上表的说明：

①上表中大部分项目情况公司已在2002年的季度报告和半年度报告中予以披露。

②项目11，增资控股子公司吉林中新药业2,850千元。公司持股95%，合资方吉林龙飞实业有限公司持股5%，双方按持股比例共同增资3,000千元，其中公司以现金增资2,850千元；吉林龙飞以现金增资150千元。截止2002年末，公司已完成1500千元的投资。

③项目10、11、16的联营公司在增资或参股后的营业执照在报告期内尚未变更完毕。

(2)股权变更情况

①公司减持控股子公司华立达公司股份，转让给合资方荷兰GATIO公司25%的股权后，现公司持有华立达公司的55%的股权，GATIO公司持有45%的股权。详细情况公司已在2002年半年报中披露。

②吉林中新药业公司为公司控股子公司，公司以现金1,500千元受让合资方吉林省龙飞实业有限公司持有的44%的股权。受让后，公司已持有吉林中新药业公司95%的股权。公司已在2002年第三季度报告中披露。

(四)生产经营环境及宏观政策法规在报告期内未发生重大变化，对公司财务状况和经营成果未产生的重大影响

(五)董事会日常工作情况

1.报告期内董事会会议情况及决议内容

报告期内董事会共召开17次会议，其中13次为通讯方式召开。

(1)公司于2002年3月27日下午在天津市南开区白堤路17号中新大厦702会议室召开2002年第一次董事会会议，会议形成决议如下：

·审议通过了《公司2001年年度报告及摘要》。

·审议通过了《公司2001年度财务报告》。

·审议通过了公司2001年度利润分配预案。

·审议通过了2001年度股利分配方案。

·审议通过了关于推荐公司董事候选人的议案。

提名下列人士为新任董事候选人：刘振武、吴树民、詹原竞、李美毓、李家胜、刘晋儒。

·审议通过了关于修改公司章程的议案。

·审议通过公司股东大会议事规则。

·审议通过公司董事会议事规则。

·审议通过关于调整公司机构设置的议案。

撤消公司原“化学事业部”和“中成药事业部”，成立公司直属职能部门“工业管理部”；将原“市内销售(事业)部”更名为“国内贸易(事业)部”；将原“国际业务(事业)部”更名为“国际贸易(事业)部”。

·审议通过了关于解聘公司有关高级管理人员的议案

鉴于公司黄惠平副总经理、王秀珍总会计师已届退休年龄，詹原竞总经理提名解聘黄惠平先生副总经理职务；解聘王秀珍女士总会计师职务。

鉴于公司李满飞总工程师身体方面实际情况，詹原竞总经理提名解聘李满飞先生总工程师职务。

·审议通过了关于聘任公司副总经理的议案

詹原竞总经理提名聘任莫浩先生担任公司副总经理职务。

·审议通过了有关2002年度利润分配政策的议案。

(2)公司于2002年4月10日以通讯方式召开2002年第二次董事会会议，会议形成决议如下：

根据《关于调整和规范权益分派方法的通知》中“A股每股应付红利额(税前、税后)按四舍五入原则保留至小数点后三位数”的要求，董事会对公司2001年度股利分配方案进行了调整，会议通过了调整后的2001年度股利分配方案，并作为议案提交2001年度股东大会审议。“2001年度向包括A股股东在内的全体股东派发现金股利，每股派发0.17元人民币(含税)，共计派发62841.3千元人民币，相比2002年第一次董事会决定的63,026.1千元少派发的184.8千元将于本年度末转入未分配利润。”

(3)公司于2002年4月25日以通讯方式召开2002年第三次董事会会议，会议审议通过了公司2002年第一季度报告。

(4)公司于2002年5月10日以通讯方式召开2002年第四次董事会会议，会议同意转让公司控股子公司天津华立达生物工程有限公司股份，转股后的股权比例为：公司拥有华立达55%的股权，荷兰阿姆斯特丹盖迪奥投资公司持有华立达45%的股权。

(5)公司于2002年5月13日以通讯方式召开董事会临时会议，会议通过提名徐其德先生为独立董事候选人。

(6)公司于2002年6月27日在天津市南开区白堤路17号中新大厦703会议室召开2002年第五次董事会会议，会议形成决议如下：

·同意《董事长2001年度工作报告》。

·同意《监事会2001年度工作报告》。

·同意《董事会2001年度报告》。

·同意《关于续聘国际及国内审计师的议案》。

·同意《有关董事2001年度酬劳的议案》。

·同意《关于投资华立达公司搬迁扩建项目的议案》。

·同意《关于公司与天津市医药集团有限公司联建医药大厦的议案》。

·通过《上市公司建立现代企业制度的自查报告》。

(7)公司于2002年6月28日在天津市南开区白堤路17号中新大厦703会议室召开2002年第六次董事会会议，会议形成决议如下：

·选举詹原竞董事任公司董事会董事长。

·通过战略委员会、审计委员会、提名委员会、薪酬与考核委员会的组成名单。

(8)公司于2002年6月30日以通讯方式召开董事会会议，会议同意并授权公司管理层委托大通证券股份有限公司管理1亿元人民币进行委托理财，委托期限为6个月，并签署有关委托理财协议。

(9)公司于2002年7月30日以通讯方式召开董事会临时会议，会议同意给予独立董事徐其德先生年薪40800元人民币(含税)，分月发放，即3400元/月。该议案将提交公司最近一次股东大会批准。

(10)公司于2002年8月26日在新加坡旭龄及穆律师楼召开公司2002年第七次董事会会议，会议通过公司《2002年半年度报告》、《2002年半年度报告摘要》及按照新交所要求的格式制作的中期报告。

(11)公司于2002年10月25日以通讯方式召开2002年第八次董事会会议，会议通过了公司2002年第三季度报告及按照新交所要求的格式制作的季度报告。

(12)公司于2002年11月29日以通讯方式召开2002年第九次董事会会议，会议同意将本公司中药科贸大厦资产与天津市医药集团部分土地及其全资子公司天津市药材集团公司的全资企业天津市第五中药厂、天津市达仁堂制药二厂、天津市药品包装印刷厂的部分资产和负债进行资产置换。此项关联交易的具体的置换方案和定价待有关审计、评估等项工作完成后，报请董事会及股东大会审议批准并履行相关手续。

(13)公司于2002年12月9日以通讯方式召开董事会会议，会议同意为公司的控股子公司成都中新药业有限公司向中国建设银行四川分行铁道专业支行贷款1500万元提供担保，其中包括成都公司原在该行的500万贷款担保。

(14)公司于2002年12月18日以通讯方式召开2002年第十次董事会会议，会议同意公司参股子公司天津百特医疗用品有限公司的另一投资方意大利比埃菲麦迪塔尔股份公司将其持有天津百特的70%的股权向百特(中国)投资有限公司转让，我公司放弃对该70%股权的优先购买权。

(15)公司于2002年12月26日以通讯方式召开董事会会议，会议同意公司根据《限期整改通知书》形成的《整改报告》。

(16)公司于2002年12月30日以通讯方式召开董事会临时会议，会议同意撤消为控股子公司成都中新药业公司在建行的1100万元贷款额度的担保，为成都公司由建行转到浦发银行的1100万元贷款额度提供担保。

(17)公司于2002年12月30日以通讯方式召开2002年第十一次董事会会议，会议形成如下决议：

·审议了A股募集资金项目中有关中药现代化范畴的三个项目的资料后，同意有关项目的改变名称或迁址：

原“新建中药研究院工程项目”更名为“现代中药产业园(一)——新建中药研究院工程项目”

原招股说明书中“乐仁堂‘白龙片’产业化生产及GMP二期改造项目”项目名称重新明确为“现代中药产业园(二)——中药制药厂‘紫龙金片’产业化生产及GMP改造项目”

原招股说明书中“合资建立天津中药产业现代化工程项目”更名为“现代中药产业园(三)——达仁堂制药厂中药产业现代化工程项目”

以上议案尚需提交公司最近一次股东大会审议。

·同意公司为控股子公司新丰制药有限公司提供三笔贷款担保，每笔担保金额均为500万元，共计1500万元，担保起始日期分别为2002年7月、9月和10月，担保期限分别为1年、10个月和10个月。

·同意公司为控股子公司成都中新药业有限公司银行承兑汇票提供500万元额度的担保，担保起始日期为2002年5月，担保期限为2年。

·同意公司向银行贷款12600万元，分别为：

向中国工商银行天津市分行新华支行贷款7000万元；向中国工商银行天津市分行新华支行贷款4200万元；向招商银行天津市分行河北路支行贷款1400万元。

·同意公司取得三笔贷款授信共计6.5亿元人民币。

取得深圳发展银行的1亿元贷款的授信，并授权公司管理层与该行签署授信合同；取得上海浦东发展银行浦诚支行2.5亿元的贷款授信；取得中国银行津市分行南开支行3亿元的贷款授信。

本议案尚需呈报公司最近一次股东大会批准。

·经公司总经理提名，聘任梁秀芹女士担任公司总会计师，潘力佳女士担任公司总工程师。

2.董事会对股东大会决议的执行情况

(1)经公司2001年度股东大会的批准，选举了公司新一届董事会成员，公司新一届董事会在当日召开了会议，选举了董事长，并确定了董事会下设各专门委员会的成员名单。

(2)董事会认真实施了经公司2001年度股东大会通过的股利分配方案，以“滚存利润”余额部分，向发行A股前的全体股东派发现金股利，每股派发0.0495元人民币(含税)，共计派发16,318千元人民币；向包括A股股东在内的全体股东派发现金股利，每股派发0.17元人民币(含税)，共计派发62,841.2千元人民币。公司为部分未及时办理派息的法人股和内部职工股股东延长了办理时间，目前仍可以到指定地点领取股利。

(六)利润分配预案

经普华永道中天会计师事务所有限公司审计，本公司2002年度可分配利润按中国会计准则核算为85,111千元，按新加坡会计准则核算为117,542千元，根据《公司章程》规定及孰低法原则，提取法定盈余公积金8,511千元和法定公益金4,255千元，加上年初未分配利润86,356千元，本年累计可供全体股东分配的利润为158,701千元。董事会决定本次利润分配预案为：拟以2002年年末总股本369,654,360股为基数，向全体股东每10股派发现金红利1.5元(含税)，派发现金红利总额55,448千元，剩余103,253千元结转以后年度分配。以上利润分配和股利分配预案须提交2002年年度股东大会审议。

第八章　监事会报告

(一)报告期内监事会工作情况：

2002年度监事会共召开四次会议，具体情况如下：

1.公司监事会于2002年3月27日在天津市南开区白堤路17号中新大厦召开2002年度第一次会议。会议应到监事3人，实到监事3人，会议由监事会主席宋宏意女士主持，会议表决通过了如下决议：

·审议通过了公司2001年度监事会工作报告；

·核对公司2001年度年报及摘要无误；

·核对公司2001年度财务报告无误；

·核对公司2001年度利润分配预案无误；

·核对公司2001年度股利分配预案无误；

·审议通过了关于修订公司《监事会议事规则》的议案；

·审议通过了公司2002年度利润分配政策的议案；

·审议通过了关于马贵中先生连任公司监事的议案；

·审议通过了关于监事会提名郭乃勤先生作为公司监事候选人的议案；

·接受公司工会委员会选举宋宏意女士作为职工代表继续担任公司监事的决议。

2、公司监事会于2002年6月28日在天津市南开区白堤路17号中新大厦召开会议。会议应到监事3人，实到监事3人，会议由监事会主席宋宏意女士主持，会议通过了一致选举宋宏意监事任监事会主席。

3、公司监事会于2002年8月26日在新加坡旭龄及穆律师楼召开2002年第二次会议。会议应到监事3人，实到监事3人，会议通过了公司《2002年半年度报告》、《2002年半年度报告摘要》及按照新交所要求的格式制作的中期报告。

4、公司监事会于2002年12月26日以通讯方式召开监事会会议，会议应到监事3人，实到监事3人，会议通过了公司根据《限期整改通知书》形成的《整改报告》。

(二)监事会对公司2002年度有关事项的独立意见：

1、公司依法运作情况：

公司监事会列席了本年度的董事会和股东大会会议，依法对公司的运作进行了监督，认为公司董事会能够严格按照《公司法》、《证券法》、上交所《股票上市规则》、新交所《上市手册》、《公司章程》及其他法律法规的要求进行规范运作，经营决策合理，建立完善的内部控制制度。公司的董事、经理和其他高级管理人员在执行职务时没有违反法律、法规和《公司章程》和损害公司利益的行为。并且公司董事会充分发挥了独立董事的作用，注意维护中小股东的各项合法权益。

2、检查公司财务情况：

公司监事会对公司财务制度和财务状况进行了监督和检查，认为公司2002年度财务报告真实准确地反映了公司的财务状况和经营成果。由新加坡普华古柏会计师事务所和普华永道中天会计师事务所有限公司分别按照新加坡和中国会计准则为公司出具的审计意见和所涉及事项的评价是客观公正的。

3、最近一次募集资金情况：

公司最近一次募集资金为2001年5月9日完成4000万A股的发行，该项募集资金实际投入项目除"溴莫普林"项目外，其余与承诺项目一致并均在实施中，"溴莫普林"项目的变更程序符合中国证监会和上交所及新交所有关规定的要求。2002年12月30日董事会通过的有关A股募集资金项目中中药现代化范畴的三个项目变更名称或迁址的议案，项目内容未发生变化，尚需提交最近一次股东大会批准。

4、监事会认为：公司收购、出售资产交易价格合理，没有发现内幕交易和损害部分股东权益和造成公司资产流失的行为。公司2002年第九次董事会通过的资产置换的关联交易，已经按照国家有关规定聘请审计师、评估师、律师和独立财务顾问，开始办理此项资产置换的有关事宜，具体的置换方案和定价待有关审计、评估等项工作完成后，再报请董事会及股东大会审议批准并履行相关手续。

5、监事会认为：公司关联交易价格公平合理，关联交易合同的制定合理合法，没有损害上市公司利益。

第九章　重要事项

(一)本年度公司无重大诉讼、仲裁事项。

(二)本报告期内公司收购出售资产行为。

公司于2002年11月29日以通讯方式召开2002年第九次董事会会议，本次会议同意将本公司中药科贸大厦资产与天津市医药集团部分土地及其全资子公司天津市药材集团公司的全资企业天津市第五中药厂、天津市达仁堂制药二厂、天津市药品包装印刷厂的部分资产和负债进行资产置换。此次交易为关联交易，中药科贸大厦2001年12月31日经审计的帐面价值为人民币57,188千元，因此本次关联交易的金额将超过人民币30,000千元。董事会授权管理层按照国家有关规定聘请审计师、评估师、律师和独立财务顾问，开始办理此项资产置换的有关事宜，具体的置换方案和定价待有关审计、评估等项工作完成后，报请董事会及股东大会审议批准并履行相关手续。截止报告期末，本项目有关审计、评估等项工作尚在进行之中，公司将及时向投资者披露项目实质性的进展情况。

(三)关联交易

1、公司(或公司分支机构)与关联方签有《原材料供应合同》、《药品购销合同》、《药品包装印刷合同》、《土地使用权租赁合同》、《商标使用许可合同》。公司与关联方发生的关联交易均遵循公平、公正的原则，按照上述关联交易合同执行。

其中公司发生的购销商品关联交易情况：

(1)采购货物

	2002年度金额
天津市达仁堂制药二厂	41,338
天津市第五中药厂	42,433
天津太平集团有限公司	20,190
天津市药品包装厂	25,440
天津同仁堂股份有限公司	14,476
天津力生制药股份有限公司	9,633
天津美伦医药有限公司	9,404
天津市中药饮片厂	7,690
(2)出售货物	
天津太平集团有限公司	15,338
天津市药材集团公司	8,657
天津市中药饮片厂	9,583
天津市第五中药厂	9,507
天津市达仁堂制药二厂	3,434

公司发生的上述关联交易均以天津市物价局所定价格或以市场价格作为定价基础。公司购销商品发生的关联交易未对公司的经营成果和财务状况造成影响，未对公司业务的连续性、管理层稳定性造成影响，有关关联方在报告期履行关联交易协议情况正常，其交易方、交易内容、交易价格、交易金额和结算方式在报告期内未发生变化。

(3)支付关联方土地租赁费

公司在本报告期内按照《土地租赁合同》向天津市医药集团有限公司支付土地租赁费共计1,028千元。

2、公司于2002年第九次董事会会议通过的资产置换项目属于关联交易，该项目的情况见本章第(二)款。

3、公司与关联方存在的债权、债务往来，包括对以下公司的应收帐款，天津市药材集团公司、天津市中药饮片厂、天津太平集团有限公司、天津医药集团销售分公司、天津医药集团，以及对以下公司的应付帐款，天津太平集团有限公司、天津市达仁堂制药二厂、天津市药品包装厂、天津市第五中药厂，上述款项均为正常的经营往来，而且金额较小，对公司未产生不良影响。

4、公司与控股股东医药集团联建医药大厦的关联交易。

公司董事会于2002年6月27日第五次董事会通过了与公司的控股公司医药集团共同投资联合兴建医药大厦的议案，并授权公司管理层与医药集团签署合同，已于2002年6月29日在《中国证券报》、《上海证券报》披露了该决议。签署合同后，此项关联交易的详情公司也已于2002年8月20日在上述两家报纸进行了公告。

公司与本公司控股股东天津市医药集团有限公司(持有公司52.66%的股权，以下简称医药集团)共同投资约1.3亿元，公司出资约22,360千元，占总投资比例17.2%，委托天津市金道房地产有限公司负责办理联建医药大厦综合楼的全部相关手续、设计、建设等事宜。本次关联交易未对公司持续经营能力、损益及资产状况产生重大影响。

截止报告期末，医药大厦建设项目进展顺利，预计2003年上半年可进行内部装修，2003年底可以交付使用。

(四)重大合同及履行情况

1、本报告期内公司无托管、承包、租赁其他公司资产或其他公司托管、承包、租赁上市公司资产的事项。

2、报告期内重大担保情况。

担保对象名称	发生日期(协议签署日)	担保金额(千元)	担保类型
天津新丰制药有限公司	2002年7月15日	5,000	贷款
	2002年9月28日	5,000	
	2000年10月30日	5,000	
成都中新药业有限公司	2002年5月16日	5,000	贷款
		5,000	银行承兑汇票
担保发生额合计(千元)			
担保余额合计(千元)			
其中：关联担保余额合计(千元)			

担保对象名称	担保期	是否履行完毕	是否为关联方担保(是或否)
天津新丰制药有限公司	1年	否	是
	10个月	否	是
	10个月	否	是
成都中新药业有限公司	2年	否	是
担保发生额合计(千元)	25,000		
担保余额合计(千元)	24,000		
其中：关联担保余额合计(千元)	24,000		

3、报告期内公司委托理财事项。

公司在2002年6月30日召开董事会授权管理层与大通证券股份有限公司签署委托理财合同，委托金额1亿元人民币，委托期限自2002年7月1日起为期6个月。公司已于2002年12月28日和29日分别收回本金1亿元及收益4,500千元。

在报告期内，公司未有其他委托理财事项。

(五)公司或股东对公开披露承诺事项在报告期的履行情况：

1、本报告期内，公司及持股5%以上股东无承诺事项。

2、公司第一大股东天津市医药集团有限公司延续到本报告期内的承诺如下：

(1)医药集团承诺其与本公司的关联交易将继续严格按照关联交易合同执行，其中涉及尚需具体协商条款将根据双方提供产品、服务的质量及市场情况按公平的市场原则协商确定，医药集团不得以控股股东的身份进行干预。

(2)医药集团将不会并且将要求或督促其子公司不会在中国境内外任何地方和以任何形式(包括但不限于独资经营、合资经营和拥有在其他公司或企业的股票或权益)从事与本公司及其全资企业、控股公司以及参股20%以上、50%以下股权的公司的业务有竞争或能构成竞争的业务或活动。

公司控股股东医药集团在报告期内严格按延续到本报告期内的承诺要求履行职责，未发生有损本公司利益的情况。

(六)聘任会计师事务所情况

公司在2002年6月28日股东大会审议通过续聘新加坡普华古柏会计师事务所为公司2002年度国际审计师，续聘普华永道中天会计师事务所有限公司为公司2002年度国内审计师。

公司2002年支付给国际和国内审计师的报酬总额为3,500千元人民币，2001年为3,500千元人民币，均为审计费用，其中不含交通费和住宿费。目前，该审计机构已经为公司提供6年的审计服务。

(七)公司整改情况。

中国证监会派出机构于2002年10月21日至25日对公司进行巡回检查，中国证监会天津证券监管办公室于2002年12月17日对公司出具了《限期整改通知书》。公司董事会通过《整改报告》并于2002年12月28日在《中国证券报》、《上海证券报》公告，同日在新加坡Masnet网予以披露。

1、公司正在补充公司《章程》。董事会指派董事会秘书负责此项工作，在将修改意见报经董事会审议后，提交最近一期股东大会予以批准。

2、公司将在天津和新加坡两地建立一套"视频通讯电话会议装置"以保证董事会的召开规范化。今后杜绝关联董事"在讨论关联交易时，关联董事没有回避表决"的情况再有发生。

3、公司对三家控股子公司提供担保未召开董事会。目前其中两家的担保均已到期并归还，对另一家公司的担保公司董事会已经召开会议补办了批准手续。

4、公司用募集资金中的3.2亿元偿还了银行贷款，同时取得了原贷款银行的承诺：将随着公司募股项目的进展随时需要，随时可以贷款。为能保证这些承诺的法律效力，公司相继取得了有关银行6.5亿元贷款授信额度，保证募股项目不会因资金问题影响进度。

关于定期报告中披露的资金投入数额与实际投入额有差异的问题系由于定期报告是根据公司募集资金帐户拨付记帐，上述两个项目帐户是根据实际花费记帐所至。对此，董事会要求管理层在以后的定期报告中披露的有关数额应与实际投入数额一致。

5、公司汇总报表中，有部分存货采用"平均法"而未按公司会计政策规定存货的核算采用"加权平均法"计算，在2000年、2001年主营业务核减成本出现了差异，随着2001年这部分存货已全部销售，2002年公司的合并报表已不存在这种情况。公司董事会要求公司管理层和公司财务部门今后严格执行公司规定的会计政策，杜绝此类问题再次发生

(八)其他重大事项。

1、关联交易合同：

截止报告期末各关联交易均按照规定正常履行，未发生有损于公司的关联交易。关联交易合同具体情况已刊登在2001年4月30日《中国证券报》、《上海证券报》和《证券时报》的公司招股说明书概要中。

2、公司正在按照《整改意见》的要求抓紧补充完善公司章程，报告期内尚未完成修改，尚未将修改意见提交董事会。

第十章　财务报告

审计报告

普华永道审字(2003)第1211号

天津中新药业集团股份有限公司全体股东：

我们接受委托，审计了贵公司和贵集团(包括贵公司及合并子公司)2002年12月31日的母公司及合并资产负债表和2002年度的母公司及合并利润表、母公司及合并利润分配表和母公司及合并现金流量表。这些会计报表由贵公司负责，我们的责任是对这些会计报表发表审计意见。我们的审计是根据中国注册会计师独立审计准则进行的。在审计过程中，我们结合贵公司和贵集团的实际情况，实施了包括抽查会计记录等我们认为必要的审计程序。

我们认为，上述贵公司和贵集团会计报表符合中华人民共和国企业会计准则和企业会计制度

的规定，在所有重大方面公允地反映了贵公司和贵集团2002年12月31日的财务状况及2002年年度的经营成果和现金流量情况，会计处理方法的选用遵循了一贯性原则。

普华永道中天会计师事务所有限公司　　注册会计师　牟磊

2003年3月26日　　注册会计师　涂益

资产负债表

金额单位:人民币元

项目	附注	2002年12月31日合并	2001年12月31日合并
流动资产			
货币资金	五(1)	449,410,000	399,270,000
短期投资		1,137,000	424,000
应收票据	五(2)	53,250,000	21,273,000
应收股利	五(5)	-	29,691,000
应收账款	五(3)、六(1)	360,274,000	325,523,000
其他应收款	五(3)、六(1)	85,261,000	107,218,000
预付账款	五(4)	29,318,000	3,889,000
存货	五(6)	501,308,000	489,014,000
一年内到期的长期资产		-	50,000,000
流动资产合计		1,479,958,000	1,426,302,000
长期投资			
长期股权投资	五(7)、六(2)	410,575,000	265,631,000
长期投资合计		410,575,000	265,631,000
其中:合并价差		6,458,000	9,324,000
固定资产			
固定资产原价		838,206,000	747,176,000
减:累计折旧		201,538,000	157,730,000
固定资产净值	五(8)	636,668,000	589,446,000
减:固定资产减值准备		5,301,000	5,301,000
固定资产净额		631,367,000	584,145,000
在建工程	五(9)	220,221,000	158,375,000
固定资产合计		851,588,000	742,520,000
无形资产及其他资产			
无形资产	五(10)	230,985,000	236,217,000
长期待摊费用	五(11)	14,917,000	14,165,000
其它长期资产	五(12)	20,103,000	18,308,000
无形资产及其他资产合计		266,005,000	268,690,000
资产总计		3,008,126,000	2,703,143,000
流动负债			
短期借款	五(13)	416,850,000	290,850,000
应付票据	五(14)	201,996,000	102,260,000
应付账款	五(15)	242,118,000	184,043,000
预收账款		15,162,000	8,934,000
应付福利费		17,687,000	13,960,000
应付股利	五(16)	65,334,000	92,950,000
应交税金	五(17)	1,269,000	9,104,000
其他应付款	五(15)	176,413,000	217,976,000
一年内到期的长期借款	五(18)	71,560,000	74,550,000
其他流动负债			-
流动负债合计		1,208,389,000	994,627,000
长期负债			
长期借款	五(19)	100,025,000	171,585,000
长期应付款	五(20)	4,452,000	4,452,000
专项应付款		6,000,000	-
长期负债合计		110,477,000	176,037,000
递延税项			
递延税款贷项		-	-
负债合计		1,318,866,000	1,170,664,000
少数股东权益		182,589,000	91,616,000
股东权益			
股本		369,654,000	369,654,000
资本公积	五(21)	925,970,000	889,825,000
盈余公积	五(22)	150,120,000	134,854,000
其中:法定公益金		57,050,000	51,698,000
未分配利润	五(23)	60,927,000	46,530,000
外币报表折算差额		-	-
股东权益合计		1,506,671,000	1,440,863,000
负债和股东权益总计		3,008,126,000	2,703,143,000

利润及利润分配表

金额单位:人民币元

项目	附注	2002年度合并	2001年度合并
一、主营业务收入	五(24)、六(3)	1,839,259,000	1,521,939,000
减:主营业务成本	五(24)、六(4)	1,148,912,000	940,509,000
主营业务税金及附加	五(25)	12,912,000	11,345,000
二、主营业务利润		677,435,000	570,085,000
加:其他业务利润	五(26)	8,461,000	7,616,000
减:营业费用		355,268,000	309,158,000
管理费用		271,429,000	209,955,000
财务费用-净额	五(27)	12,720,000	3,531,000
三、营业利润		46,479,000	55,057,000
加:投资收益	五(28)、六(5)	55,393,000	25,300,000
营业外收入		6,527,000	6,682,000
减:营业外支出		6,486,000	2,624,000
四、利润总额		101,913,000	84,415,000
减:所得税		7,930,000	11,915,000
少数股东损益		8,872,000	9,212,000
五、净利润		85,111,000	63,288,000
加:年初未分配利润		46,530,000	59,228,000
其它转入		-	-
六、可供分配的利润		131,641,000	122,516,000
减:提取法定盈余公积	五(23)	9,914,000	8,472,000
提取法定公益金	五(23)	5,352,000	4,674,000
七、可供股东分配的利润	五(23)	116,375,000	109,370,000
减:应付普通股股利	五(23)	55,448,000	62,840,000
八、未分配利润		60,927,000	46,530,000

现金流量表

金额单位:人民币元

项目	合并	母公司
一、经营活动产生的现金流量		
销售商品、提供劳务收到的现金	2,213,222,000	1,691,424,000
收到的税费返回	89,000	89,000
收到的其他与经营活动有关的现金	25,733,000	20,907,000
现金流入小计	2,239,044,000	1,712,420,000
购买商品、接受劳务支付的现金	1,242,759,000	923,410,000
支付给职工以及为职工支付的现金	269,748,000	217,888,000
支付的各项税费	162,427,000	135,903,000
支付的其他与经营活动有关的现金[附注五(29)]	376,506,000	296,749,000
现金流出小计	2,051,440,000	1,573,950,000
经营活动产生的现金流量净额	187,604,000	138,470,000
二、投资活动产生的现金流量		
收回投资所收到的现金	67,772,000	67,762,000
取得投资收益所收到的现金	33,984,000	33,548,000
处置固定资产、无形资产和其他长期资产所收回的现金净额	4,694,000	4,624,000
收到的其他与投资活动有关的现金	11,307,000	9,862,000
现金流入小计	117,757,000	115,796,000
购建固定资产、无形资产和其他长期资产所支付的现金	180,395,000	132,143,000
投资所支付的现金	52,000,000	76,657,000
现金流出小计	232,395,000	208,800,000
投资活动产生的现金流量净额	114,638,000	93,004,000
三、筹资活动产生的现金流量		
吸收投资所收到的现金	22,081,000	-
其中:子公司吸收少数股东权益性投资收到的现金	22,081,000	-
借款所收到的现金	489,850,000	415,000,000
收到的其他与筹资活动有关的现金	-	-
现金流入小计	511,931,000	415,000,000
偿还债务所支付的现金	438,400,000	372,550,000
分配股利、利润或偿付利息所支付的现金	96,367,000	87,418,000
其中:子公司支付少数股东股利	-	-
支付的其他与筹资活动有关的现金	-	-
其中:子公司依法减资支付给少数股东的现金	-	-
现金流出小计	534,767,000	459,968,000
筹资活动产生的现金流量净额	22,836,000	44,968,000
四、汇率变动对现金的影响	10,000	28,000
五、现金及现金等价物净增加额	50,140,000	526,000
补充资料		
1.将净利润调节为经营活动的现金流量		
净利润	85,111,000	85,111,000
加:少数股东损益	8,872,000	-
计提的资产减值准备	25,739,000	24,183,000
固定资产折旧	48,144,000	35,059,000
无形资产摊销	6,837,000	5,031,000
长期待摊费用摊销	5,033,000	3,555,000
处置固定资产、无形资产和其他长期资产的损失	2,998,000	2,851,000
财务费用(减:收入)	12,720,000	10,039,000
投资损失(减:收益)	-52,847,000	-47,462,000
存货的减少(减:增加)	-21,594,000	9,937,000
经营性应收项目的减少(减:增加)	-87,046,000	-64,761,000
经营性应付项目的增加(减:减少)	153,664,000	74,927,000
经营活动产生的现金流量净额	187,604,000	138,470,000
2.不涉及现金收支的投资和筹资活动		
债务转为资本	-	-
一年内到期的可转换公司债券	-	-
融资租入固定资产	-	-
3.现金及现金等价物净增加情况:		
现金的年末余额	449,410,000	375,179,000
减:现金的年初余额	399,270,000	374,653,000
现金等价物的年末余额	-	-
减:现金等价物的年初余额	-	-
现金及现金等价物净增加额	50,140,000	526,000

浙 江 国 祥 制 冷 工 业 股 份 有 限 公 司

浙江国祥制冷工业股份有限公司股票上市公告书

第一章 重要声明和提示

浙江国祥制冷工业股份有限公司(以下简称"发行人"、"本公司"或"公司")董事会保证上市公告书的真实性、准确性、完整性,全体董事承诺上市公告书不存在虚假记载、误导性陈述或重大遗漏,并承担个别和连带的法律责任。

根据《公司法》、《证券法》等有关法律、法规的规定,本公司董事、高级管理人员已依法履行诚信和勤勉尽责的义务和责任。

上海证券交易所、中国证券监督管理委员会(以下简称"中国证监会")、其他政府机关对本公司股票上市及有关事项的意见,均不表明对本公司的任何保证。

本公司提醒广大投资者注意,凡本上市公告书未涉及的有关内容,请投资者查阅2003年12月10日刊载于《中国证券报》、《上海证券报》、《证券时报》及《证券日报》的本公司招股说明书摘要,及刊载于上海证券交易所网站(www.sse.com.cn)的本公司招股说明书全文。

本上市公告书刊登网址:www.sse.com.cn

第二章 概览

1、股票简称:国祥股份　　2、沪市股票代码:600340

3、深市代理股票代码:003340　　4、总股本:100,000,000元

5、可流通股本:40,000,000元　　6、本次上市流通股本:40,000,000元

7、发行价格:7.3元/股　　8、上市地点:上海证券交易所

9、上市时间:2003年12月30日

10、股票登记机构:中国证券登记结算有限责任公司上海分公司

11、上市推荐人:联合证券有限责任公司、南方证券股份有限公司

12、根据国家现行法律、法规和中国证监会证监发行字［2003］144号《关于核准浙江国祥制冷工业股份有限公司公开发行股票的通知》,本公司发起人持有的自然人股和法人股暂不上市流通。

13、根据《上海证券交易所股票上市规则》,本公司第一大股东陈和贵先生承诺:自本公司股票上市之日起12个月内,不转让其持有的本公司的股份,也不由本公司回购其所持有的股份。

第三章 绪言

本上市公告书是根据《中华人民共和国公司法》、《中华人民共和国证券法》、《股票发行与交易管理暂行条例》、《公开发行股票公司信息披露实施细则》和《上海证券交易所股票上市规则》等国家有关法律、法规的规定,并按照中国证监会《公开发行证券的公司信息披露内容与格式准则第7号-股票上市公告书》而编制,旨在向投资者提供本公司的基本情况和本次股票上市的有关资料。

经中国证监会证监发行字[2003]144号文核准,本公司于2003年12月15日利用上海证券交易所和深圳证券交易所交易系统,以向沪市、深市二级市场投资者定价配售的方式成功发行4,000万股人民币普通股,每股面值1.00元,发行价为每股人民币7.3元。

经上海证券交易所上证上字[2003]151号《关于浙江国祥制冷工业股份有限公司人民币普通股股票上市交易的通知》批准,本公司公开发行的4,000万股人民币普通股股票将于2003年12月30日起在上海证券交易所上市交易。股票简称"国祥股份",沪市股票代码为"600340",深市代理股票代码为"003340"。

本公司已于2003年12月10日(T-3日)在《中国证券报》、《上海证券报》、《证券时报》及《证券日报》上刊登了《招股说明书摘要》,招股说明书正文及其附录刊载于上海证券交易所网站(www.sse.com.cn),距今不足三个月,故与其重复的内容不再重述,敬请投资者查阅上述内容。

第四章 发行人概况

一、本公司基本情况

1、公司名称:浙江国祥制冷工业股份有限公司

2、英文名称:ZHEJIANGKINGREFRIGERATIONINDUSTRYCO.,LTD

3、注册资本:本次发行前:60,000,000元;本次发行后:100,000,000元

4、法定代表人:陈天麟

5、成立日期:2001年7月19日　　6、注册地点:浙江省上虞市百官镇中塘

7、经营范围:恒温恒湿机、冷冻机组、冷水机组及其他制冷设备,风机盘管、组合式空调机组及其他空调末端设备,节能环保空气净化系统,冷藏集装箱,智慧型变频住宅户式中央空调设备的设计、制造、安装,销售自产产品并提供维修及相关信息咨询服务。

8、所属行业:日用电器制造业

9、联系电话:0575—2158818　　10、传真:0575—2151888

11、互联网址:http://www.ekingair.com　　12、电子信箱:Syplant@ekingair.com

13、董事会秘书:丁亚平

二、公司历史沿革及股权变动情况

1993年5月28日,经上虞市对外经济贸易委员会虞经贸资(1993)字第44号文批准,台湾省籍自然人陈和贵先生(以台湾国祥名义至2003年5月27日)与绍兴市制冷设备厂共同出资设立本公司的前身——浙江国祥制冷工业有限公司,注册资本500万美元。1996年9月27日,经上虞市对外经济贸易委员会虞经贸资(1996)字第37号批复批准,绍兴市制冷设备厂将6%的股权转让予陈和贵先生,并通过向陈和贵定向增资,公司注册资本增至600万美元。2000年12月,经上虞市对外贸易经济合作局虞经贸资(2000)字第71号批复批准,陈和贵先生将其持有的35%股权分别转让给三家中方企业法人,其中,浙江上风实业股份有限公司(以下简称"上风高科")受让25%股权、上虞市上浦金属加工厂和上虞上峰压力容器厂各受让5%股权。经上虞市对外贸易经济合作局虞经贸资(2000)字第75号批复批准,绍兴市制冷设备厂将其持有公司的20%股权转让予浙江春晖集团有限公司。

2001年7月19日,经浙江省人民政府企业上市工作领导小组浙上市［2001］24号文及对外贸易经济合作部外经贸资二函［2001］550号文的批准,浙江国祥制冷工业有限公司以截止2000年12月31日经浙江天健会计师事务所审计的净资产6,000万元人民币,按1:1的比例折为总股本6,000万元,整体变更为浙江国祥制冷工业股份有限公司,公司股东及各股东股权比例均不变。

本次发行前,公司的各股东持股情况如下:

股东名称	持有数(万股)	持股比例	股东性质
陈和贵	2,700	45%	外资自然人股
浙江上风实业股份有限公司	1,500	25%	法人股
浙江春晖集团有限公司	1,200	20%	法人股
上虞市上浦金属加工厂	300	5%	法人股
上虞上峰压力容器厂	300	5%	法人股
合计	6,000	100%	——

2003年12月,经中国证监会证监发行字[2003]144号文核准,本公司于2003年12月15日以全部向二级市场投资者定价配售发行方式发行了人民币普通股A股4,000万股,每股面值1.00元,每股发行价格7.3元。此次发行后,本公司的股份总数为10,000万股,其中发起人股占60%,社会公众股占40%。

三、公司主要经营情况

1、主营业务

本公司现有主营业务包括螺杆式冷水机组、风冷式冷热水机组、组合式空调机组、风机盘管机组、户式中央空调、单元柜式空调机等产品的生产和销售。

2、本公司的竞争优势和劣势

(1)技术、产品优势　本公司拥有高素质的专业技术人才队伍与设备齐全、性能先进的综合检测实验中心,技术开发实力雄厚,是中国制冷空调工业协会会员。公司先后被浙江省评为"外商投资先进技术企业"、"浙江省区外高新技术企业"、被国家科技部确认为"国家重点高新技术企业"。公司自主开发并拥有10项国家专利技术,并有6项专利技术正在申请。公司主要产品的各项性能指标在国内同行业处于领先水平,部分产品的性能指标已处于国际领先水平,其中集中式空气处理机组被评为"国家重点新产品"及国家级火炬计划项目;水冷螺杆式冷水机组、风机盘管机组被评为国家级火炬计划项目。此外,本公司还是全国冷冻设备国家行业标准起草者之一,负责起草《机房用单元式空气调节机》国家标准,在国内机房专用空调领域具有明显的技术竞争优势。凭借雄厚的技术实力,本公司进行严格的产品控制。本公司通过了CE欧洲产品安全认证,CHUA系列户式中央空调机组和KCHUA系列风冷式冷热水机组获得国家强制性产品认证(3C认证)。本公司主要产品还先后获得中国制冷学会和中国保护消费者基金会颁发"信得过产品"荣誉证书、"推荐产品合格证书"。

(2)管理、营销优势　公司作为外商投资股份有限公司,已建立由股东大会、监事会、董事会、总经理组成的较为完善有效的法人治理结构。公司根据国际惯例建立了完善规范的经营管理模式,致力于"国祥"企业文化的建设。公司已通过了ISO9001质量管理体系认证和ISO14001环境管理体系认证,成功的应用了企业资源计划(ERP)。先进的管理模式和管理思路促进了新产品的研发,并充分调动广大员工的能动性。此外,公司成立以来通过不断的市场探索,建立起了一套符合自身特点且行之有效的销售模式,培养和锻炼了一批精干的销售队伍,具备较强的营销能力优势。

(3)低成本、高性能价格比优势　本公司主要产品达到国内领先水平,部分产品已达到国际先进水平。公司产品采用高质量的自产部件或外购指明境外品牌配套部件,整机系统匹配和控制则采用本公司自主开发的关键核心技术。同时,由于地理位置、劳动力成本、管理效率、销售模式等因素,本公司的生产成本和销售费用较低,在产品价格上具备较强的竞争力。较高的性价比使本公司产品在市场中拥有较为明显的竞争优势。

(4)公司的劣势　本公司由于资金实力有限,难以进行大规模的技术改造与新项目建设,影响了新技术成果产业化的进程,也在一定程度上限制了市场开发的进程,在生产组织、资源调配上的管理难度也较大,容易形成作业瓶颈,公司目前的生产能力已不能满足本公司快速增长的产品市场需求。此外,最近三年来,由于对市场营销增加投入,本公司市场销售额保持连续的增长,公司在国内市场的品牌知名度也日渐提高,但目前本公司主要市场还是集中在华东及东南部沿海地区,品牌知名度与国际、国内著名品牌仍有一定的差距。

3、本公司主要财务指标　详见本《上市公告书》"财务会计资料部分"

4、主要知识产权

公司已获得的专利如下表:

专利名称	专利类型	专利号	用途及价值
一种风阀	实用新型	ZL98245970.X	用于组合式空调机组通风消防设备的风量调节,噪声较低
箱柜用框架构件	外观设计	ZL98328315.X	为组合式空调机组结构框架,外形美观,拆装方便
箱柜用框架构件	外观设计	ZL98328324.9	为组合式空调机组结构框架,外形美观,拆装方便
箱柜用框架构件	外观设计	ZL99312012.1	为组合式空调机组的结构框架,结构简单实用,箱体气密性高
窗式空调机面板	外观设计	ZL99337323.2	为家用窗式空调的前部塑料面板,拆洗简便
箱柜用框架构件	外观设计	ZL01319780.0	为组合式空调机组的结构框架,结构简单实用,箱体气密性高
户式中央空调器	实用新型	ZL01228108.5	为住宅用中央空调系统,采用变频调节,舒适,节能
冷暖机(户式)	外观设计	ZL01319781.9	为住宅用中央空调系统,外形美观,精巧
风冷热泵	外观设计	ZL01319777.0	为中央空调系统的机组设备,造型美观,整体感强
视窗	外观设计	ZL01319775.4	用于观察组合式空调机组内部运行情况,外观精巧,隔热性好

5、公司享受的税收优惠政策

本公司属于"沿海经济开放区"内的"生产性外商投资企业",根据国发［1988］21号文《国务院关于扩大沿海经济开放区范围的通知》、《中华人民共和国外商投资企业和外国企业所得税法》、《浙江省关于外商投资企业和外国企业征免地方所得税的若干规定》有关规定,适用的所得税率为26.4%,并自1999年起享受"两免三减半"的税收优惠。2002年,经浙江省上虞市国家税务局虞国税外[2002]42号文批准,因本公司被确认为年度外商投资先进技术企业,免征本公司地方所得税部分,即2002年度本公司实际税负为12%。2003年1–9月暂按13.2%的税率计缴。

2002年9月,根据浙江省科学技术委员会浙科计发［1999］418号文及上虞市财政局出具的《关于浙江国祥制冷工业有限公司1999年度国家级新产品返还增值税的说明》,上虞市财政局将公司于1999年销售国家级新产品KAHD集中式空气处理机组缴纳的部分增值税地方留成部分予于返还,共计11.07万元。经浙江省上虞市国家税务局虞国税外［2002]42号文批准,因本公司2001年度被确认为外商投资先进技术企业,予减免2001年度已征地方所得税35.67万元。

第五章股 票发行和股本结构

一、本次股票上市前首次公开发行股票的情况

1、发行股数:4,000万股　　2、发行价:7.3元/股

3、发行市盈率:20倍(2002年全面摊薄每股收益计算)

4、募集资金总量:29,200万元,募集资金净额:27,428.98万元

5、发行方式:全部向二级市场投资者定价配售

6、发行对象:于《招股说明书摘要》刊登日持有上交所或深交所流通股的收盘市值总和不少于10,000元的投资者。

7、发行费用总额及项目:承销费用:876万元;上网发行费用:101万元;上市推荐费:174万元;审核费用、路演费、律师费、审计费、证券登记费、信息披露费620万元;合计:1,771万元。

8、每股发行费用:0.44元/股

二、本次股票上市前首次公开发行股票的承销情况

本次向二级市场投资者定价配售发行的4000万股的社会公众股的配号总数为68,906,340个,中签率为0.05804981%,二级市场投资者实际认购39,535,379股,其余464,621股由主承销商包销。

三、本次上市前首次公开发行所募股资金的验资报告

浙江天健会计师事务所有限公司为本次股票上市前公开发行募集资金出具了浙天会验

［2003］第 121 号《验资报告》,摘录如下:

浙江国祥制冷工业股份有限公司全体股东:

我们接受委托,审验了贵公司截至 2003 年 12 月 22 日止新增注册资本实收情况。按照国家相关法律、法规的规定和协议、章程的要求出资,提供真实、合法、完整的验资资料,保护资产的安全、完整是全体股东及贵公司的责任。我们的责任是对贵公司新增注册资本的实收情况发表审验意见。我们的审验是依据《独立审计实务公告第 1 号--验资》进行的,在审验过程中,我们结合贵公司的实际情况,实施了检查等必要的审验程序。

贵公司原注册资本为人民币 60,000,000.00 元,根据 2002 年 11 月 26 日贵公司 2002 年度第三次临时股东大会决议及修改后章程的规定,贵公司申请向社会公开发行人民币普通股(A 股)增加注册资本人民币 40,000,000.00 元,变更后的注册资本为人民币 100,000,000.00 元。经中国证券监督管理委员会证监发行字［2003］144 号文核准,贵公司向社会公开发行人民币普通股(A 股)40,000,000 股,每股面值 1 元,每股发行价为人民币 7.30 元,可募集资金总额为 292,000,000.00 元。经我们审验,截至 2003 年 12 月 22 日止,贵公司实际已向社会公开发行人民币普通股(A 股)40,000,000 股,应募集资金总额人民币 292,000,000.00 元,减除实际发生的发行费用人民币 17,710,180.08 元后,募集资金净额为人民币 274,289,819.92 元,其中计入股本人民币肆仟万元(¥40,000,000.00 元),计入资本公积人民币 234,289,819.92 元。

同时我们注意到,贵公司本次增资前的注册资本为人民币 60,000,000.00 元,已经浙江天健会计师事务所有限公司审验,并于 2001 年 2 月 17 日出具浙天会验［2001］第 17 号《验资报告》。截至 2003 年 12 月 22 日止,变更后的累计注册资本实收金额为人民币 100,000,000.00 元。

本验资报告供贵公司申请变更登记及据以向股东签发出资证明时使用,不应将其视为是对贵公司验资报告日后资本保全、偿债能力和持续经营能力等的保证。因使用不当造成的后果,与执行本验资业务的注册会计师及会计师事务所无关。

四、募股资金入帐情况

1、入帐时间:2003 年 12 月 22 日　　2、入帐金额:274,289,819.92 元

3、入帐帐号:1211022019200007696　　4、开户银行:中国工商银行上虞市支行

五、公司上市前股权结构及各类股东的持股情况

1、本次上市前后股本结构

股东名称	股权性质	本次发行前 持有数(万股)	本次发行前 持股比例	本次发行后 持有数(万股)	本次发行后 持股比例
发起人股:		6,000	100%	6,000	60%
其中:陈和贵先生外资	自然人股	2,700	45%	2,700	27%
浙江上风实业股份有限公司	法人股	1,500	25%	1,500	15%
浙江春晖集团有限公司	法人股	1,200	20%	1,200	12%
上虞市上浦金属加工厂	法人股	300	5%	300	3%
上虞上峰压力容器厂	法人股	300	5%	300	3%
社会公众股	社会公众股	——	——	4,000	40%
合计		6,000	100%	10,000	100%

2、本次上市前十大股东情况

序号	股东名称	股份性质	持股数量(万股)	占总股本比例
1	陈和贵先生外资	自然人股	2,700	27%
2	浙江上风实业股份有限公司	法人股	1,500	15%
3	浙江春晖集团有限公司	法人股	1,200	12%
4	上虞市上浦金属加工厂	法人股	300	3%
5	上虞上峰压力容器厂	法人股	300	3%
6	联合证券有限责任公司	流通股	46.4621	0.46%
7	海富通精选	流通股	6.00	0.06%
8	天同 180	流通股	5.90	0.059%
9	德盛稳健	流通股	5.00	0.05%
10	招商股票	流通股	4.20	0.042%

第六章　董事、监事、高级管理人员及核心技术人员

一、董事、监事、高级管理人员及核心技术人员简历

1、董事会成员

董事长陈天麟先生,中国台湾省籍,1964 年出生,大学毕业,工程师。历任台湾国祥冷冻机械股份有限公司车间装配工、制造部工程师、风机部业务员。1995 年起,参与筹建浙江国祥制冷工业有限公司,并先后担任副总经理、总经理,1999 年起任本公司董事长至今。目前还兼任台湾国祥冷冻机械股份有限公司董事、石家庄国祥制冷设备有限公司副董事长。

副董事长徐灿根先生,中国籍,1943 年出生。大专文化程度,高级工程师。历任浙江风机风冷设备公司总经理、董事长,现任浙江上风实业股份有限公司董事长。

董事陈和贵先生,中国台湾省籍,1925 年出生。大学毕业。台湾国祥及本公司创始人,历任台北纺织厂厂长、台湾地区冷冻空调工业同业公会理事长,现任台湾国祥冷冻机械股份有限公司董事长、台湾中华冷冻空调学会理事长。

董事杨言荣先生,中国籍,1948 年出生。大专毕业,中共党员。历任上虞县中塘农机厂厂长,上虞县内燃机配件厂厂长,绍兴市制冷设备厂厂长,浙江春晖集团公司董事长兼总经理。现任浙江春晖集团有限公司董事长。

董事竺铭浩先生,中国籍,1966 年出生。大专毕业,中共党员,工程师。历任浙江风机风冷设备公司车间主任、外贸科科长、总经理助理等职务。现任浙江上风实业股份有限公司董事、董事会秘书、副总经理。

董事陈天龙先生,中国台湾省籍,1966 年出生,机械工程学士、工商管理硕士。历任花旗银行个人业务顾问、GCI 公司上海业务部经理、品保部经理、制造部副总经理、业务部副总经理。现任 GCI 公司上海分公司总经理,兼任台湾国祥冷冻机械股份有限公司董事。

独立董事任金禄先生,中国籍,1941 年出生。毕业于西安交通大学制冷设备与深度冷冻专业,教授级高级工程师。1964 年进入机械工业部通用机械研究所工作,2001 年退休。1992 年起享受国务院政府特殊津贴。

独立董事赵伟先生,中国籍,1955 年出生,兰州大学经济系硕士毕业,浙江大学经济学教授、博士生导师。历任甘肃省建工局工人,兰州大学经济系讲师、副教授,杭州大学经济系教授,瑞士联邦理工学院及德国明思特大学客座教授。现任浙江大学国际经济研究所所长。

独立董事史习民先生,中国籍,1960 年出生。上海财经大学会计系硕士毕业,中央财经大学会计系博士,教授。历任安徽财贸学院教师、浙江财经学院教师、会计系副主任。现任浙江财经学院会计学院副院长。

2、监事会成员

监事会召集人章立标先生,中国籍,1970 年出生。浙江大学能源系热能工程专业硕士。1995 年进入本公司工作,历任公司研发部副经理、研发一分部经理,现任公司副总工程师、研发部经理,是公司 6 项专利的设计人之一。

监事章嘉瑞先生,中国籍,1946 年出生。大专毕业。历任四川万县 455 厂装配车间副主任、机动科副科长、生产计划科副科长、民品开发科科长,绍兴市制冷设备厂厂长助理,浙江春晖集团公司常务副总经理等职。现任浙江春晖智能控制股份有限公司董事长。

监事徐祥根先生,中国籍,1954 年出生。中专毕业,经济师。历任浙江风机风冷设备公司销售科长,浙江上风实业股份有限公司销售科长。现任浙江上风实业股份有限公司监事、质量检查部部长。

3、高级管理人员

总经理陈俊健先生,中国籍,1971 年出生,大学毕业,现为西安交通大学能源动力工程专业在职研究生,工程师。1996 年进入本公司后,历任浙江国祥制冷工业有限公司开发科科长、设计部经理、副总工程师、副总经理,现任本公司总经理。陈先生是公司的核心技术人员,是公司 6 项专利的设计人。

副总经理王维山先生,中国台湾省籍,1951 年出生,大专毕业。历任台湾国祥冷冻机械股份有限公司品保部品保员、工程师,制造部工程师、经理,服务部经理、品保部经理,石家庄国祥总工程师。1995 年起担任本公司副总经理,目前还兼任台湾内政部冷冻空调装备技术技能检定监评委员。

副总经理兼总工程师关旭先生,中国台湾省籍,1958 年出生,大学毕业,历任台湾国祥制冷空调设备设计师,本公司研发部经理、制造部经理,现任本公司总工程师、业务副总经理。

副总经理局荆燕女士,中国台湾省籍,1968 年出生,大学毕业,曾就职于台湾中华航空公司空服处,台湾国祥冷冻机械股份有限公司财务部。1995 年,进入本公司任副总经理、总稽核。

财务负责人金兰芳女士,中国籍,1966 年出生。大专毕业,会计师。曾就职于绍兴津龙保温材料有限公司,1995 年进入浙江国祥制冷工业有限公司财务部工作。历任本公司财务科科长、副经理、经理,现任本公司财务负责人。

董事会秘书丁亚平先生,中国籍,1977 年出生,中共党员,上海财经大学会计学硕士研究生。2001 年 3 月进入本公司财务部工作,2002 年 7 月起任本公司董事会秘书。

4、核心技术人员

核心技术人员陈俊健先生,简历见高级管理人员总经理介绍。

核心技术人员章立标先生,简历见监事会召集人介绍。

核心技术人员关旭先生,简历见高级管理人员副总经理介绍。

核心技术人员张军先生,中国籍,1974 年出生,大学毕业,现为西安交通大学能源动力工程专业在职研究生,工程师。1996 年进入公司,历任设计科科长、研发二部经理等职,现任设计部经理,是公司 6 项专利的设计人之一。

核心技术人员杨言孝先生,中国籍,1966 年出生,大学学历,工程师。1995 年 3 月进入本公司,现任设计部副经理。

核心技术人员韩伟达先生,中国籍,1973 年出生,毕业于浙江大学制冷设备与低温技术专业,现为西安交通大学能源动力工程专业在职研究生,工程师。曾在浙江省上虞市联丰集团任职。韩伟达先生于 2000 年进入本公司研发部,是本公司 2 项专利的设计人之一。

二、董事、监事、高级管理人员及核心技术人员持股情况

本公司董事、监事、高级管理人员以及核心技术人员对本公司或关联企业直接或间接持股情况如下:

姓名	被持股企业	出资比例
陈和贵(注)	浙江国祥制冷工业股份有限公司	27%
徐灿根	上风高科第一大股东浙江风机风冷设备公司	12.9%
竺铭浩	上风高科第一大股东浙江风机风冷设备公司	1.76%
徐祥根	上风高科第一大股东浙江风机风冷设备公司	0.28%
杨言荣	浙江春晖集团有限公司	41.18%
章嘉瑞	浙江春晖集团有限公司	3.53%

注:陈和贵先生为本公司董事长陈天麟先生及董事陈天龙先生的父亲,陈天麟先生与本公司副总经理局荆燕女士为夫妻关系。

除上述人员外,本公司其他董事、监事、高级管理人员和核心技术人员未曾直接持有本公司股权的情形,也未通过其近亲属直接持有本公司股权。

本公司第一大股东陈和贵先生承诺:自本公司股票上市之日起 12 个月内,不转让其持有的本公司的股份,也不由本公司回购其所持有的股份。

第七章　同业竞争和关联交易

(一)同业竞争

本公司第一大股东陈和贵先生及其家族在台湾省投资设立了国祥冷冻机械股份有限公司(以下简称"台湾国祥"),陈和贵先生个人在大陆投资设立了本公司以及石家庄国祥制冷设备有限公司(以下简称"石家庄国祥")。陈和贵先生及台湾国祥、石家庄国祥目前与浙江国祥在国内市场和境外市场不存在同业竞争。为避免同业竞争,陈和贵先生出具了《不同业竞争承诺函》,承诺不在中国境内和境外,单独或与其他法人、个人、合伙或组织,以任何形式从事与本公司在中国市场上和境外产生竞争或可能竞争的业务。本公司也与台湾国祥签定了《避免同业竞争市场分割协议》,与石家庄国祥签定《避免同业竞争协议》。

本公司股东浙江上风实业股份有限公司、浙江春晖集团有限公司主要产品与本公司明显不同,未与本公司形成同业竞争。为避免在将来发生同业竞争,上述两家公司也分别做出了《避免同业竞争承诺函》。

(二)关联交易

1、关联方及关联关系　本公司目前的关联方及关联关系请查阅刊登于上海证券交易所网站(www.sse.com.cn)的本公司招股说明书全文及附录。

2、关联交易情况

(1) 采购商品　本公司 2003 年 1–9 月、2002 年、2001 年、2000 年的关联采购金额分别为 0 万元、30.67 万元、477.52 万元、796.45 万元,分别占当期主营业务成本的 0%、0.31%、7.27%、15.55%。交易根据市场价定价。

(2) 销售商品　本公司 2003 年 1–9 月、2002 年、2001 年、2000 年的关联销售金额分别为 0 万元、0 万元、292.08 万元、1291.81 万元,分别占当期销售收入的 0%、0%、2.21%、12.93%。交易根据市场价定价。

(3)债权债务　截止 2003 年 9 月底,本公司没有对关联方的应收、应付款项。

3、尚在履行的关联交易协议

(1)采购、销售协议　2002 年 11 月 27 日,本公司与台湾国祥签定《采购和销售协议书》,与上风高科签定《原材料采购和产品销售协议书》。

(2)商标协议　2002 年 8 月 7 日,本公司与台湾国祥签订《注册商标使用权许可协议》,许可台湾国祥在大陆境内无偿使用该公司无偿转让给本公司的第 1018299 号注册商标"" 和第 846493 号注册商标""。

(3)担保合同　浙江风机风冷设备公司(上风高科的第一大股东)在 2002 年 11 月 1 日至 2004 年 11 月 1 日之间,为本公司提供 4000 万元最高额贷款担保。2003 年 8 月 21 日,该公司又为本公司提供 2000 万元最高额贷款担保。

4、关于关联交易的说明

历史上,本公司存在少量的关联交易,对本公司的经营、财务状况不产生实质影响,截止 2003 年 9 月底,公司没有实际发生的关联交易。为确保关联交易能够公允、合理的进行,本公司建立了完整的关联交易决策制度和信息披露制度,并予以严格执行,注重发挥独立董事对关联交易的监督作用。在进行少量的、不可避免的关联交易时将本着市场原则和公司利益最大化原则,根据业已签定的关联交易协议书的约定进行,切实保护公司及其他股东的利益。本公司独立董事认为本公司的关联交易遵循公平、公正、公开原则,履行了合法的决策程序,关联交易公允、合理,未损害公司及其他非关联股东的合法权益。

第八章　财务会计资料

一、注册会计师的审计意见

公司已聘请浙江天健会计师事务所有限公司对本公司 2000 年 12 月 31 日、2001 年 12 月 31 日、2002 年 12 月 31 日和 2003 年 9 月 30 日的资产负债表,2000 年度、2001 年度、2002 年度和 2003 年 1–9 月的利润及利润分配表,以及 2002 年度和 2003 年 1–9 月的现金流量表进行了审计。浙江天健会计师事务所已对上述报表出具了标准无保留意见的浙天会审［2003］第 870 号审计报告。以下引用的财务会计数据,非经特别说明,均引自经审计的会计报表。

二、简要会计报表

简要资产负债表　　单位:人民币元

资产	2003年9月30日	2002年12月31日
流动资产:		
货币资金	25,231,020.58	8,718,865.01
应收票据	874,611.40	2,000,000.00
应收账款	74,121,117.40	74,066,067.31
其他应收款	5,859,275.48	4,595,922.43
预付账款	5,042,400.53	7,387,656.26
应收补贴款		
存货	32,392,234.19	36,744,484.72
待摊费用		65,883.19
流动资产合计	143,520,659.58	133,578,878.92
固定资产:		
固定资产原价	92,870,552.70	81,063,034.54
减:累计折旧	27,454,961.59	22,572,433.46
固定资产净值	65,415,591.11	58,490,601.08
固定资产净额	65,415,591.11	58,490,601.08
在建工程	90,640.00	1,927,504.00
固定资产合计	65,506,231.11	60,418,105.08
无形资产及其他资产:		
无形资产	3,730,651.41	3,800,455.68
长期待摊费用	563,625.94	687,496.55
无形资产及其他资产合计	4,294,277.35	4,487,952.23
资产总计	213,321,168.04	198,484,936.23
流动负债:		
短期借款	25,000,000.00	23,000,000.00
应付票据	8,849,954.53	
应付账款	28,574,908.97	31,467,484.93
预收账款	6,544,039.20	5,999,846.95
应付工资	1,057,058.25	1,335,434.40
应付福利费	140,974.51	936,166.01
应付股利		
应交税金	2,418,740.50	1,881,936.52
其他应交款	64,517.71	59,440.97
其他应付款	202,408.88	228,597.53
预提费用	46,432.50	38,558.33
一年内到期的长期负债		10,015,250.00
流动负债合计	72,899,035.05	74,962,715.64
长期负债:		
长期借款	20,048,800.00	20,033,550.00
长期负债合计	20,048,800.00	20,033,550.00
负债合计	92,947,835.05	94,996,265.64
股东权益:		
股本	60,000,000.00	60,000,000.00
股本净额	60,000,000.00	60,000,000.00
资本公积		
盈余公积	6,523,300.59	6,523,300.59
其中:法定公益金	2,174,433.53	2,174,433.53
未分配利润	53,850,032.40	36,965,370.00
股东权益合计	120,373,332.99	103,488,670.59
负债和股东权益总计	213,321,168.04	198,484,936.23

简要利润及利润分配表　　单位:人民币元

项目	2003年1-9月	2002年度
一、主营业务收入	129,703,052.19	162,461,860.34
减:主营业务成本	86,666,507.35	100,478,611.97
主营业务税金及附加	289,892.24	385,257.33
二、主营业务利润	42,746,652.60	61,597,991.04
加:其他业务利润	703,068.76	3,352,941.54
减:营业费用	13,514,677.81	18,741,418.54
管理费用	8,218,070.09	16,952,508.57
财务费用	2,358,859.49	3,345,635.69
三、营业利润	19,358,113.97	25,911,369.78
加:补贴收入		110,721.00
营业外收入	27,200.00	32,713.30
减:营业外支出	158,420.07	195,434.59
四、利润总额	19,226,893.90	25,859,369.49
减:所得税	2,342,231.50	3,946,665.04
五、净利润	16,884,662.40	21,912,704.45
加:年初未分配利润	36,965,370.00	18,339,571.22
六、可供分配利润	53,850,032.40	40,252,275.67
减:提取法定盈余公积		2,191,270.45
提取法定公益金		1,095,635.22
提取职工奖励及福利基金		
提取储备基金		
提取企业发展基金		
七、可供投资者分配的利润	53,850,032.40	36,965,370.00
减:应付普通股股利		
转作股本的普通股股利		
八、未分配利润	53,850,032.40	36,965,370.00

简要现金流量表　　单位:人民币元

项目	2003年1-9月	2002年度
一、经营活动产生的现金流量:		
销售商品、提供劳务收到的现金	155,877,917.87	166,167,072.35
收到的税费返还		467,435.00
收到的其他与经营活动有关的现金	381,086.34	3,368,545.18
现金流入小计	156,259,004.21	170,003,052.53
购买商品、接受劳务支付的现金	83,531,015.59	104,897,113.82
支付给职工以及为职工支付的现金	9,555,051.87	11,239,433.99
支付的各项税费	9,876,153.48	17,036,830.25
支付的其他与经营活动有关的现金	18,596,613.32	22,662,083.89
现金流出小计	121,558,834.26	155,835,461.95
经营活动产生的现金流量净额	34,700,169.95	14,167,590.58
二、投资活动产生的现金流量:		
处置固定资产、无形资产和其他长期资产所收回的现金净额	28,000.00	235,300.00
收到的其他与投资活动有关的现金	45,098.25	117,900.26
现金流入小计	73,098.25	353,200.26
购建固定资产、无形资产和其他长期资产所支付的现金	10,038,654.16	17,982,900.05
现金流出小计	10,038,654.16	17,982,900.05
投资活动产生的现金流量净额	−9,965,555.91	−17,629,699.79
三、筹资活动产生的现金流量:		
借款所收到的现金	33,000,000.00	58,000,000.00
现金流入小计	33,000,000.00	58,000,000.00
偿还债务所支付的现金	41,000,000.00	53,000,000.00
分配股利、利润或偿付利息所支付的现金	2,488,774.67	3,418,527.25
现金流出小计	43,488,774.67	56,418,527.25
筹资活动产生的现金流量净额	−10,488,774.67	1,581,472.75
四、汇率变动对现金的影响	−56,501.63	11,790.14
五、现金及现金等价物净增加额	14,189,337.74	−1,868,846.32
1.将净利润调节为经营活动的现金流量:		
净利润	16,884,662.40	21,912,704.45
计提的资产减值准备	−1,410,855.65	2,342,379.92
固定资产折旧	4,943,728.13	5,912,448.48
无形资产摊销	69,804.27	100,828.44
长期待摊费用摊销	123,870.61	255,056.08
待摊费用减少(减:增加)	65,883.19	284,445.63
预提费用增加(减:减少)		
处置固定资产、无形资产和其他长期资产的损失(减:收益)	−21,200.00	−32,713.30
固定资产报废损失		
财务费用	2,508,052.22	3,304,532.68
存货的减少(减:增加)	4,352,250.53	−2,306,891.91
经营性应收项目的减少(减:增加)	3,563,096.84	−26,057,975.86
经营性应付项目的增加(减:减少)	3,620,877.41	8,452,775.97
经营活动产生的现金流量净额	34,700,169.95	14,167,590.58
2.不涉及现金收支的投资和筹资活动:		
3.现金及现金等价物净增加情况		
现金的期末余额	22,908,202.75	8,718,865.01
减:现金的期初余额	8,718,865.01	10,587,711.33
现金及现金等价物净增加额	14,189,337.74	−1,868,846.32

第九章　其他重要事项

一、自本公司股票首次公开发行之日至本上市公告书公告之日,本公司严格依照《公司法》、《证券法》等法律法规的要求,规范运行,生产经营情况正常;所处行业和市场无重大变化;主要业务及发展目标的进展状况正常,主要投入、产出物供求及价格无重大变化。

二、自本公司股票首次公开发行之日至本上市公告书公告之日,本公司无重大对外投资、重大资产(股权)收购或出售行为;住所未发生变更。

三、自本公司股票首次公开发行之日至本上市公告书公告之日,本公司重大会计政策和会计师事务所没有发生变化。

四、自本公司股票首次公开发行之日至本上市公告书公告之日,本公司未发生新的重大负债或重大债项发生变化。

五、自本公司股票首次公开发行之日至本上市公告书公告之日,本公司董事、监事和高级管理人员没有尚未了结或可能发生的刑事诉讼事项。

六、自本公司股票首次公开发行之日至本上市公告书公告之日,本公司未涉及重大诉讼事项或仲裁,亦无尚未了结或可能面临的重大诉讼或索赔要求。

第十章　董事会上市承诺

本公司董事会承诺将严格遵守《中华人民共和国公司法》、《中华人民共和国证券法》、《股票发行与交易管理暂行条例》、《公开发行股票公司信息披露实施细则》和《上海证券交易所股票上市规则》等国家法律、法规和有关规定,并承诺自股票上市之日起做到:

一、真实、准确、完整、公允和及时地公布定期报告,披露所有对投资者有重大影响的信息,并接受中国证监会、证券交易所的监督管理;

二、本公司在知悉可能对股票价格产生误导性影响的任何公共传播媒介中出现的消息后,将及时予以公开澄清;

三、本公司董事、监事、高级管理人员和核心技术人员将认真听取社会公众的意见和批评,不利用已获得的内幕消息和其他不正当手段直接或间接从事本公司股票的买卖活动;

四、本公司没有无记录的负债。

第十一章　上市推荐及其意见

一、上市推荐人情况

名称:联合证券有限责任公司

法定代表人:马国强

办公地址:上海市浦电路370号宝钢大厦6楼

联系电话:021—68403700　　联系传真:021—68403690

联系人:胡刘斌、孙晓青

名称:南方证券股份有限公司

法定代表人:贺云

办公地址:深圳市罗湖区嘉宾路4028号太平洋商贸大厦20-28层

联系电话:021-52340808　　传真:021-52340280

联系人:马益平、李文波、朱峰

二、推荐意见

本公司上市推荐人认为,本公司章程符合《中华人民共和国公司法》等有关法律、法规和中国证监会关于公司章程的相关规定。本公司首次公开发行的股票符合《中华人民共和国公司法》、《中华人民共和国证券法》、《股票发行与交易管理暂行条例》、《上海证券交易所股票上市规则》等有关法律、法规的规定,已具备了上市的条件。

上市推荐人保证本公司的董事了解法律、法规、上海证券交易所上市规则及股票上市协议规定的董事的义务与责任,并协助本公司健全了法人治理结构、制定了严格的信息披露制度与保密制度。上市推荐人已对上市文件所载的资料进行了核实,确保上市文件真实、准确、完整,符合规定要求。保证本公司的上市申请材料、上市公告书没有虚假、严重误导性陈述或者重大遗漏,并保证对其承担连带责任。上市推荐人之间不存在关联关系。

上市推荐人愿意推荐本公司股票在上海证券交易所上市交易,并保证不利用在上市过程中获得的内幕信息进行内幕交易,为自己或他人谋取利益。

陕西航天动力高科技股份有限公司

陕西航天动力高科技股份有限公司股票上市公告书

第一节　重要声明与提示

陕西航天动力高科技股份有限公司(以下简称"本公司")董事会保证上市公告书的真实性、准确性、完整性,全体董事承诺上市公告书不存在虚假记载、误导性陈述或重大遗漏,并承担个别和连带的法律责任。

根据《公司法》、《证券法》等有关法律、法规的规定,本公司董事、高级管理人员已依法履行诚信和勤勉尽责的义务和责任。

上海证券交易所、中国证监会、其他政府机关对本公司股票上市及有关事项的意见,均不表明对本公司的任何保证。

本公司提醒广大投资者注意,凡本上市公告书未涉及的有关内容,请投资者查阅2003年3月19日刊载于《中国证券报》、《上海证券报》和《证券时报》的本公司招股说明书摘要,及刊载于上海证券交易所网站(www.sse.com.cn)的本公司招股说明书全文。

本上市公告书刊载网址:www.sse.com.cn。

第二节　概览

1.股票简称:　航天动力
2.沪市股票代码:　600343
　深市代理股票代码:　003343
3.股本总额:　185,000,000股
4.可流通股本:　65,000,000股
5.本次上市流通股本:　65,000,000股
6.发行价格:　3.68元/股
7.上市地点:　上海证券交易所
8.上市时间:　2003年4月8日
9.股票登记机构:　中国证券登记结算有限责任公司上海分公司
10.上市推荐人:　中银国际证券有限责任公司
　国泰君安证券股份有限公司

11.对首次公开发行股票前股东所持股份的流通限制及期限:根据国家现有法律、法规规定和中国证监会证监发行字[2003]24号《关于核准陕西航天动力高科技股份有限公司公开发行股票的通知》,本公司的国有法人股、法人股暂不上市流通。

12.本公司股票上市前第一大股东西安航天科技工业公司承诺:自本公司股票上市之日起一年内,不转让所持有的本公司股份,也不由本公司回购其所持有的股份。

第三节　绪言

本上市公告书是根据《中华人民共和国公司法》、《中国人民共和国证券法》、《股票发行与交易管理暂行条例》、《公开发行股票公司信息披露实施细则》和《上海证券交易所股票上市规则》等国家有关法律、法规的规定,并按照中国证券监督管理委员会制定的《公开发行证券的公司信息披露内容与格式准则第7号-股票上市公告书》而编制,旨在向投资者提供本公司的基本情况和本次股票上市的有关资料。

经中国证券监督管理委员会证监发行字[2003]24号文核准,本公司已于2003年3月24日采用向二级市场投资者定价配售的方式成功发行了每股面值1.00元的人民币普通股6500万股,每股发行价为3.68元。

经上海证券交易所上证上字[2003]25号文批准,本公司公开发行的6500万股社会公众股将于2003年4月8日起在上海证券交易所挂牌交易。股票简称为"航天动力",沪市股票代码为600343,深市代理股票代码为003343。

本公司已于2003年3月19日分别在《中国证券报》、《上海证券报》和《证券时报》上刊登了《招股说明书概要》。招股说明书正文及其附录可以在上海证券交易所网站(www.sse.com.cn)查询。距今不足三个月,故与其重复的内容不再重述,敬请投资者查阅上述内容。

第四节　发行人概况

(一)发行人基本情况

1、发行人名称:　陕西航天动力高科技股份有限公司
　英文名称:　SHAANXI AEROSPACE POWER HI-TECH CO.LTD
2、法定代表人:　王新敏
3、注册地址:　陕西省西安市高新技术产业开发区西区高新一路17号
4、成立日期:　1999年12月24日
5、经营范围:　航天技术流体机械系列液力变矩器;特种泵的研究、设计、试验、生产、销售;智能仪器仪表系列产品、机电产品、非标准设备、自动化控制设备的研究、设计、生产、销售;计量器具、模具的设计、制造、销售;通讯设备、计算机的研制开发、生产、销售;技术咨询和技术服务等
6、主营业务:　特种泵、钣金冲焊型液力变矩器、IC卡燃气表、光机电一体化设备和工程钻机等产品的研究、设计、生产和销售等
7、所属行业:　流体机械行业
8、电　话:　029-5615241
　传　真:　029-5615240
　公司网址:　http://www.aerospace-power.com
　电子邮箱:　cjt@aerospace-power.com
9、董事会秘书:　崔积堂

(二)发行人历史沿革及股权变更

本公司主要发起人为西安航天科技工业公司,是在原航天部O六七基地基础上组建的,于1993年在西安市成立,是隶属于中国航天科技集团公司的全民所有制企业,注册资本为一亿元人民币,法定代表人为雷凡培。O六七基地于1965年始建于陕西省凤县,是我国唯一的从事大型液体火箭发动机研究、设计、生产、试验中心,于1993年整体搬迁至西安市。

为促进军转民技术及产品的发展,1999年12月,经陕西省人民政府陕政函[1999]256号文批准,由西安航天科技工业公司作为主发起人,联合陕西苍松机械厂、西安航天发动机厂(原陕西红光机械厂)、陕西动力机械设计研究所、西安航天科技工业公司工会发起设立陕西航天动力高科技股份有限公司。

根据陕西资产评估公司(现陕西同盛资产评估有限责任公司)对发起人投入的各类资产进行了评估,《资产评估报告》业经财政部财评函字[1999]543号文批准立项,并经财政部《关于西安航天科技工业公司等单位拟共同组建陕西航天动力高科技股份有限公司(筹)资产评估项目审核意见的函》(财评字[1999]462号)确认评估结果。以1999年6月30日为基准日,发起人投入本公司的总资产为10,118.30万元,负债为1,517.61万元,净资产为8,600.69万元,加上债权和现金投入3,399.31万元,共12,000万元。按1:1的比例折为股本,计12000万股,分别由西安航天科技工业公司持有3,800万股,陕西动力机械设计研究所持有1,060万股,西安航天发动机厂持有1,900万股,陕西苍松机械厂持有2,740万股,西安航天科技工业公司工会持有2,500万股。本公司股权处置方案业经财政部　《关于陕西航天动力高科技股份有限公司(筹)国有股权管理有关问题的批复》(财管字[1999]384号)文批准。

1999年12月3日公司召开了创立大会暨第一次股东大会,1999年12月24日在陕西省工商行政管理局办理了工商注册登记,注册资本12,000万元人民币。

1999年11月份,经陕西省经济体制改革委员会陕改发[1999]117号文批复,同意航天动力进行工会持股试点。1999年12月,航天动力设立时,由西安航天科技工业公司工会代表职工作为发起人股东,认购航天动力股份2,500万股。西安航天科技工业公司工会的发起人股东资格已经陕西省经济体制改革委员会陕改发[1999]121号文批复,其名称和持有股份已记载于公司股东名册和章程。

根据国家民政部办公厅《关于暂停对企业内部职工持股会进行社团法人登记的函》(民办函[2000]110号)中规定的职工持股会将不再具有法人资格,不能直接或间接作为公司股东的精神,以及中国证监会暂不受理工会作为股东或发起人公开发行股票申请的要求,2001年8月,为规范公司股权设置,经陕西省经济体制改革委员会办公室陕改办发[2001]103号文批准,西安航天科技工业公司工会持有的2,500万股法人股分别转让给西安航天科技工业公司(600万股)、西安航天发动机厂(即原陕西红光机械厂)300万股、陕西动力机械设计研究所(170万股)、航天时代仪器公司(430万股)、万向创业投资股份有限公司(1,000万股),规范转让后西安航天科技工业公司工会不再持有本公司股份。航天动力已就上述股权设置规范情况请示陕西省经济体制改革委员会办公室,并获得陕改办发(2001)103号文批复。规范变更后的股权关系已经陕西省工商行政管理局登记生效。

经中国证监会证监发行字[2003]24号文核准,本公司于2003年3月24日采用全部向二级市场投资者定价配售的方式成功发行人民币普通股6500万股,每股面值1.00元,每股发行价格为3.68元。本公司于2003年3月31日办理验资手续,本次发行完成后,本公司的总股本为18500万股。

(三)发行人主要经营情况

1、主营业务情况

本公司是一家从事以航天流体技术为核心技术,以从事系列民用产品的研制和开发为主营业务的技术密集型公司。主要业务包括特种泵、钣金冲焊型液力变矩器、IC卡燃气表、光机电一体化设备和工程钻机的研究、设计、试验、生产和销售,已经形成上述五大产品系列、上百种型号的产品组合。

2、目前本公司的主要产品及主要竞争优势和劣势

(1)目前本公司的主要产品

钣金冲焊型液力变矩器:其作为自动变速系统的核心部件广泛应用于现代汽车工业和工程机械等领域。液力变矩器分为铸造型和冲焊型两种。传统铸造型的缺点是密封性能差,漏油现象突出,维护保养困难,使用寿命短;钣金冲焊型液力变矩器的优点在于密封性高,使用寿命长。目前,本公司生产的钣金冲焊型液力变矩器产品可用于叉车、各种工业机械车辆和汽车的自动变速系统中。

特种泵:本公司的特种泵产品包括车载消防泵、建筑消防泵及生活供水泵和石化用工业泵等。主要用于消防、建筑和住宅等领域。

智能型IC卡燃气表:国内外民用燃气表处在一个由传统机械型产品向智能型燃气表转换的阶段。智能型IC卡燃气表同时又细分为一体式和分体式两种。分体式实际上是对机械式燃气表的电子改进,精度和准确性较低。一体式对于机械运用部分、电子控制部分、电磁阀(释义)部分采用一体化设计,可靠性和安全性得到大幅度提高。本公司大部分产品都是智能型一体表。

光机电一体化产品:目前本公司生产的光机电一体化精密设备主要应用于彩电、玻壳行业的生产及测量,未来计划向纺织染整、石化等行业的检测设备发展,并逐渐替代昂贵的进口设备。现有产品包括首次在国内开发成功的具有国际先进水平的大屏幕屏组合测定机、屏周边平坦度测定机、CPT(彩色显像管)和CDT(彩色显示器)自动荫罩/网架焊接设备等。

(金刚石)工程钻机:金刚石工程钻机以其功率大、效率高、钻孔范围广,对整体建筑结构影响小等优势而广泛用于国内外建筑行业中,是国际风行、国内兴起的新型电动打孔工具。本公司金刚石工程钻机的研制成功,结束了我国重型电动工具行业依靠进口电机的局面。

(2)本公司的竞争优势和劣势

本公司的竞争优势主要体现在:

产业优势:本公司主要产品同建筑和房地产、汽车、基础设施、电子和工程机械等行业的发展密切相关,上述行业属于国家重点支持和发展领域,预计未来三至五年上述市场成长前景良好。技术优势:本公司主营产品是利用航天液体火箭发动机与平台惯性器件多年的研究与设计、生产的诸多技术基础上开发的民用产品,经过不断的开发创新,并积极吸收、引进国外先进技术和经验,公司的综合技术研究实力在同行业处于领先地位。人才优势:本公司拥有一支大专以上学历,专门从事开发研制新产品的科研队伍。平均年龄在35岁左右,富有活力,创新意识强,同时又有一批经验丰富的航天老专家、老工程技术人员传帮带,并进行设计开发和加工方面的审核把关,已开发的多项产品被批准为国家级火炬计划项目或被列为国家级重点新产品。生产优势:本公司生产设备较为齐全,检测手段完善,同时还有一支具有丰富生产经验的机械加工队伍,能够保质保量地进行生产加工。质量优势:本公司秉承航天工业精益求精的质量管理体系,以先进的技术手段以及精良的加工设备为保障,以通过认证的ISO9001质量体系为核心,加之科学的管理模式,充分保证了各项产品的质量,具有较强的质量优势。

本公司的竞争劣势主要体现在:

市场对本公司部分产品的需求量较大,但是多数产品(除IC卡燃气表外)尚未形成规模化生产,生产能力不足,公司的整体规模和实力都较小。本公司的营销能力和营销网络都需要进一步加强。

行业和地方保护政策限制:公司产品销往全国各地,且跨行业和领域,易受不同行业和地方保护政策的影响。

面对国外生产厂家的竞争,公司在产品质量、产品外观等方面有一定的差距。公司发展时间较短,产品的规格品种和产品质量等还需要进一步完善。随着公司的规模扩大,对公司的生产管理、营销管理等经营管理各方面提出了更高的要求。

3、主要财务指标

请参见本公告书"第八节 财务会计资料"。

4、主要知识产权

(1)商标

2001 年 2 月 14 日，经国家工商行政管理局商标局核准，本公司从西安航天华宇特种泵有限责任公司和西安天庆智能仪器仪表有限公司承继的注册商标"华宇"、"天庆"，商标权人变更为本公司。1999 年 11 月 28 日，本公司与陕西苍松机械厂、西安航天发动机厂签署《注册商标使用许可合同》，许可本公司无偿使用注册商标"苍松"和"天锥"，并已在国家工商行政管理局商标局备案。

本公司已于 2002 年 4 月 28 日，通过陕西省商标事务所向国家商标局申请注册　　"航力"牌商标，现已进入初步审定程序。发行人拟于新商标核准注册之日起终止使用"苍松"和"天锥"牌商标，同时开始使用新商标。

(2)特许证书

2001 年 6 月 20 日，陕西省质量技术监督局发放的陕制 00000271 号《中华人民共和国制造计量器具许可证》许可本公司生产制造智能型 IC 卡燃气表；2001 年 6 月 30 日陕西省公安厅消防局发放的陕公消生字第 2001014 号《陕西省消防产品生产许可证》许可本公司进行建筑消防泵、车用中低压消防泵和车用高低压消防泵的生产。

(3)其他知识产权和非专利技术

本公司已经获得的国家专利包括：

	专利名称	专利类别	用途	专利号
1	建筑用消防泵	实用新型	具有变流稳压的特性，用于高层建筑消防和生活供水	498691
2	液压墙锯	实用新型	用于切割水泥等建筑物	491373
3	一种一体化 IC 卡表	实用新型	家庭用户使用	513783
4	多卡对多表燃气表	实用新型	公用燃气灶具的团体用户	514003
5	液力变矩器	实用新型	用于新型大功率工程机械	514002
6	双涡轮液力变矩器	实用新型	用于现有工程机械的更新换代	514001

本公司使用的主要专有技术情况：

	专有技术名称	用途	鉴定情况	所有权情况
1	车用中低压消防泵及建筑用消防泵	用于车用高中低压消防泵及建筑用消防泵的研制和生产	通过陕西省科学技术委员会科技成果鉴定	本公司所有

5、财政税收优惠

本公司为注册在西安市高新技术开发区(国家级)的高新技术企业，享受高新技术企业税收优惠政策，2000 年、2001 年免缴企业所得税，从 2002 年开始，按 15%的税率缴纳企业所得税。

第五节　股票发行与股本结构

(一)本次股票上市前首次公开发行股票的情况

1、股票种类：人民币普通股

2、每股面值：1.00 元

3、发行数量：65,000,000 股

发行后总股本：185,000,000 股

发行股数占发行后总股本的比例：35.14%

4、发行价格：3.68 元/股

5、发行市盈率：20 倍(按照 2002 年 12 月 31 日经审计的经营净利润计算)

6、发行前每股净资产：1.22 元(按 2002 年 12 月 31 日审计后数据计算)

发行后每股净资产：2.03 元(扣除发行费用后全面摊薄)

7、发行方式：全部向二级市场投资者定价配售

8、发行对象：于招股说明书刊登日(2003 年 3 月 19 日)持有沪市或深市的已上市流通人民币普通股(A 股)股票市值(包括可流通但暂时锁定的股份市值)达 10,000 元及以上的二级市场投资者。

9、实收募股资金：228,577,719.82 元

10、发行费用：本次发行费用总额为 10,622,280.18 万元，包括承销费用、审计费用、评估费用、律师费用、发行手续费用、审核费用、登记托管费等。

11、每股发行费用：0.1634 元

(二)本次股票上市前首次公开发行股票的承销情况

本次公开发行的人民币普通股 65,000,000 股的配号总数为 73,199,389，中签率为 0.08879856%。其中二级市场投资者认购 64,462,747 股，其余 537,253 股由主承销商包销。

(三)本次股票上市前首次公开发行募股资金的验资报告

验资报告

希会验字(2003)116 号

陕西航天动力高科技股份有限公司全体股东：

我们接受委托，审验了贵公司截至 2003 年 3 月 28 日止新增注册资本实收情况。按照国家相关法律、法规的规定和协议、章程的要求出资，提供真实、合法、完整的验资资料，保护资产的安全、完整是全体股东及贵公司的责任。我们的责任是对贵公司新增注册资本的实收情况发表审验意见。我们的审验是依据《独立审计实务公告第 1 号–验资》进行的。在审验过程中，我们结合贵公司的实际情况，实施了检查等必要的审验程序。

贵公司原注册资本为人民币 120,000,000.00 元，根据 2001 年 8 月 18 日贵公司 2001 年第一次临时股东大会决议和修改后章程的规定，申请向社会公开发行人民币普通股增加注册资本 65,000,000.00 元，变更后的注册资本为人民币 185,000,000.00 元。经中国证券监督管理委员会证监发行字［2003］24 号文核准，同意贵公司向社会公开发行人民币普通股 65,000,000 股，每股面值 1.00 元，每股发行价 3.68 元，可募集资金总额为 239,200,000.00 元。

经我们审验，截至 2003 年 3 月 28 日止，贵公司实际向社会公开发行人民币普通股 65,000,000 股，每股面值 1.00 元，每股发行价 3.68 元，募集资金总额为 239,200,000.00 元，扣除发行费用 10,622,280.18 元后，募集资金净额为 228,577,719.82 元，其中股本 65,000,000.00 元，资本公积 163,577,719.82 元。

同时我们注意到，贵公司本次增资前的注册资本为人民币 120,000,000.00 元，已经本所审验，并于 1999 年 12 月 2 日出具希会验字(1999)第 675 号验资报告。截至 2003 年 3 月 28 日止，变更后的累计注册资本实收金额为人民币 185,000,000.00 元。

本验资报告仅供贵公司申请变更登记及据以向股东签发出资证明时使用，不应将其视为是对贵公司验资报告日后资本保全、偿债能力和持续经营能力等的保证。因使用不当造成的后果，与执行本验资业务的注册会计师及本所无关。

附件：1、注册资本变更前后对照表

2、新增注册资本实收情况明细表；

3、验资事项说明；

4、中国证券监督管理委员会《关于核准陕西航天动力高科技股份有限公司公开发行股票的通知》(证监发行字［2003］24 号)；

5、银行进帐单、银行询证函等入资凭证复印件；

6、本所《企业法人营业执照》及签字注册会计师执业资格复印件。

西安希格玛有限责任会计师事务所　　　　中国注册会计师

中国　　西安　　　　　　　　　　　　　2003 年 3 月 31 日

(四)募股资金入帐情况

1、入帐时间：2003 年 3 月 28 日

2、入帐金额：231,193,719.82 元

3、入帐帐号：30101101800050051l

4、开户银行：交通银行西安分行营业部

(五)本公司上市前股权结构和股东持股情况

1、本次上市前的股本结构

股份类别	股份数量(股)	股份比例(%)
1、尚未流通股份：	120,000,000	64.86
发起人股份	120,000,000	64.86
其中：国有法人持有股份	110,000,000	59.46
法人持有股份	10,000,000	5.41
2、可流通股份：	65,000,000	35.14
境内上市人民币普通股：	65,000,000	35.14
其中：本次公开发行股份	65,000,000	35.14
3、总股本	185,000,000	100.00

2、本次发行股票上市前，本公司前十名股东持股数及比例

序号	股东名称	股份类别	持股数量(万股)	占总股本的比例(%)
1	西安航天科技工业公司	国有法人股	4,400	23.78
2	陕西苍松机械厂	国有法人股	2,740	14.81
3	西安航天发动机厂	国有法人股	2,200	11.89
4	陕西动力机械设计研究所	国有法人股	1,230	6.65
5	万向创业投资股份有限公司	发起人境内法人股	1,000	5.41
6	航天时代仪器公司	国有法人股	430	2.32
7	中银证券	流通股	53.73	0.82
8	国信证券	流通股	7.80	0.12
9	久嘉基金	流通股	7.50	0.12
10	国泰君安	流通股	7.40	0.11

第六节　董事、监事、高级管理人员及核心技术人员

(一)董事会成员

董事长：王新敏，男，47 岁，毕业于哈尔滨工业大学，大学本科学历，研究员；1993 年享受政府特殊津贴；1995 年获中国航天基金奖；1998 年被批准为航天总公司有突出贡献专家；曾任西安航天发动机厂工艺员、副总工艺师兼工艺处副处长、处长、副总工程师兼总工艺师、副厂长兼总工程师、厂长。现兼任西安航天科技工业公司副总经理。

董事：李红军，男，37 岁，毕业于中央党校经济管理系，大学本科学历，高级工程师；曾任西安航天计量测试研究所副所长、所长、西安航天科技工业公司民品部部长。现任本公司总经理。

董事：谭永华，男，38 岁，毕业于西北工业大学，硕士研究生，研究员；1993 年获全国新长征突击手称号，同年被评为航天总公司航天十佳科技青年，1995 年享受政府特殊津贴，1998 年被批准为航天总公司有突出贡献专家，是国家级跨世纪学术技术带头人；曾任陕西动力机械设计研究所设计员、研究室副主任、主任兼副主任设计师、所长助理、副所长、所长；现任西安航天科技工业公司副总经理。

董事：尹宝宜，男，42 岁，毕业于哈尔滨工业大学，大学本科学历，研究员级高级工程师；曾任西安航天发动机厂工艺员、车间副主任、主任、处长、副厂长、第一副厂长；现任西安航天发动机厂厂长。

董事：戴世荣，男，62 岁，毕业于西北军事电讯工程学院，大学本科学历，研究员；1992 年享受政府特殊津贴，1996 年被批准为航天总公司有突出贡献的专家，1997 年获中国航天基金奖；曾任陕西苍松机械厂设计员、研究室副主任、主任、副厂长兼总工程师、厂长兼总工程师、党委书记；现任陕西苍松机械厂科技委第一主任。

董事：郑东方，男，59 岁，毕业于南京航天干部管理学院，大学专科学历，研究员级高级工程师；1992 年享受政府特殊津贴，同年获航空航天部航天奖，1996 年获中国航天基金奖；曾任西安航天发动机厂工艺员、计划员、计划科科长、副厂长兼总经济师、厂长；现任西安航天发动机厂党委书记。

董事：栾希亭，男，39 岁，毕业于国防科技大学，大学本科学历，研究员；1998 年被评为航天总公司十佳科技青年，航天总公司跨世纪学术技术带头人；曾任陕西动力机械设计研究所设计员、研究室副主任、主任、副所长；现任陕西动力机械设计研究所所长。

董事：屈孝池，男，42 岁，毕业于西安交通大学，大学本科学历，研究员；历任陕西苍松机械厂工艺员、车间副主任、技术处副处长、副厂长、第一副厂长；现任陕西苍松机械厂厂长。

董事：徐永红，男，31 岁，毕业于安徽大学财务会计专业，大学专科学历，助理会计师；曾从事万向集团公司财务部资产管理工作，历任万向集团投资检查办公室主任、万向创业投资股份有限公司投资部经理；现任万向创业投资股份有限公司总经理助理兼投资部经理。

独立董事：柴朝明，男，34 岁，毕业于上海财经大学；有 9 年以上公司融资、投资、收购兼并及国有企业股份制改造方面的专业经验；先后主持参与了十几家国有大型企业的股份制改造和境内外发行与上市的咨询工作；2001 年 11 月通过中国证监会与清华大学共同举办的上市公司独立董事培训；现任北京海问投资咨询有限公司执行董事。

独立董事：胡养雄，男，42 岁，毕业于北京航空航天大学，2001 年 9 月取得中国社会科学院经济法研究生结业证书，高级会计师；曾任陕西航空工业局财务处副处长，岳华会计师事务所常务副所长；自 1991 年开始从事注册会计师事务所工作及投资咨询业务，先后主持设计近 60 户不同类型企业股份制改制方案，曾担任 11 家上市公司财务顾问业务；现任陕西德威投资咨询公司总经理。

(二)监事会成员

监事会主席：李亚令，男，59 岁，毕业于哈尔滨航空工业学校，大学专科学历，高级政工师；曾任西安航天科技工业公司政治部组织处副处长、处长、政治部副主任、主任，现兼任西安航天科技工业公司党委副书记、纪委书记。

监事：贾可，男，36 岁，毕业于西北工业大学，大学本科学历，高级政工师；曾任西安航天科技工业公司团工委副书记、书记，陕西动力机械设计研究所党委副书记兼纪委书记；现兼任西安航天科技工业公司人事劳动教育部部长。

监事：何少勇，男，38 岁，毕业于南京航空大学，大学本科学历，高级工程师；曾任西安航天发动机厂综合计划处副处长，现兼任西安航天发动机厂财务处处长。

监事：于秀杰，女，53 岁，毕业于西安市委党校，大学专科学历，高级会计师；曾任陕西苍松机械厂财务处副处长、处长；现兼任陕西苍松机械厂副总会计师。

监事：

(职工代表)孟春祥(简介见核心技术人员)

监事：

(职工代表)辛学义，男，49 岁，毕业于陕西省广播电视大学，大学专科学历，工程师；曾任西安航天发动机厂技术员、车间副主任、民用机械分厂经营厂长。

监事：

(职工代表)杨满红，男，39 岁，毕业于西北工业大学，大学本科学历，高级工程师；曾任陕西动力机械设计研究所工艺员、设计员，西安航天华宇特种泵有限责任公司生产部副经理。

(三)其他高级管理人员

总经理：李红军(见董事会成员)

副总经理：陶维国，男，66 岁，毕业于西安交通大学，大学本科学历，研究员；1992 年享受政府特殊津贴，1996 年获航天总公司航天奖；曾任陕西动力机械设计研究所设计员、研究室副主任、主

任、副总工程师、民品总工程师兼西安航天华宇特种泵有限责任公司总经理；现任本公司副总经理兼总工程师，主管公司科研开发工作。

副总经理：王保堂，52岁，毕业于河南大学，大学专科学历，经济师；曾任西安航天发动机厂劳动服务公司副经理、车间主任、民用机械分厂厂长；现任本公司副总经理，主管生产工作，并被总经理任命为质量管理者代表。

副总经理：严家骁，男，48岁，毕业于西北电讯工程学院，大学学历，高级工程师；曾任陕西动力机械设计研究所设计员、机动技安处处长、西安航天华宇特种泵有限责任公司第一副总经理；现任本公司副总经理，主管规划和项目产业化工作。

财务总监：岳嵩山，男，61岁，毕业于沈阳通讯兵学院，大学专科学历，高级经济师；1993年享受政府特殊津贴；曾任陕西动力机械设计研究所工艺员、设计员、西安航天科技工业公司物资处副处长、副总会计师兼财务处处长、第一处长、总会计师。

董事会秘书：崔积堂，男，39岁，毕业于宝鸡文理学院，大学本科学历，高级政工师；曾任西安航天科技工业公司红光技工学校教师、办公室副主任、西安航天科技工业公司办公室秘书、办公室副主任、秘书处副处长、处长。

(四)技术负责人及核心技术人员

技术负责人：陶维国(见其他高级管理人员)

核心技术人员：赵卫忠，男，37岁，毕业于甘肃工业大学，大学本科学历，研究员；2000年享受政府特殊津贴；现任本公司副总设计师，特聘专家；先后参加开发的车载消防泵被列为国家级重点新产品和国家级火炬计划项目，并获陕西省科技进步一等奖，参加开发的建筑用消防泵亦被列为国家级重点新产品和国家级火炬计划项目，并获陕西省国防科技进步一等奖。

核心技术人员：王宏卫，男，31岁，毕业于西北轻工业学院，大学本科学历，工程师；现任本公司副总设计师，特聘专家，负责钣金冲焊型液力变矩器产品的设计和科技开发工作。在研究开发实践中，总结出一套实用可靠的设计、试验方法，极大地缩短了变矩器的研制周期，在提高产品的性能以及可靠性方面作了大量关键性的工作；负责《钣金冲焊型液力变矩器》国家标准的起草工作，推动了液力变矩器产品的升级换代。

核心技术人员：孟春祥，男，39岁，毕业于哈尔滨工业大学，大学本科学历，研究员；现任本公司副总工程师，特聘专家，负责光机电一体化非标准设备的开发研制工作；先后负责研制了彩管生产线荧光粉曝光台、彩管涂屏设备中试生产线中六种周边设备和四种主机程序凸轮(直径4M)的设计、锥成型量规、锥NTRNS兼容量规等产品；负责研制的单头涂屏机获部级科技进步二等奖；在孟春祥先生的指导下，公司研制生产的彩管生产线和玻壳生产线的光机电一体化非标准设备达到国际先进水平，替代了进口产品。

核心技术人员：范振河，男，40岁，毕业于西北工业大学，硕士研究生，研究员；现任本公司副总工程师并负责自动化技术分厂的工作；曾负责研制开发的彩管生产线用54CM荫罩焊接机、涂屏设备、水平绕线机及玻壳生产线用5马力研磨电机、14英寸和21英寸销钉封接机等关键设备，达到国际先进水平，替代进口。

核心技术人员 程海泉，男，38岁，毕业于重庆机电学院，大学专科学历，高级工程师；现任本公司特聘专家；主要承担了智能型IC卡燃气表方案论证，确立了燃气表的一体化方案；负责研制的智能型IC卡燃气表被列入2000年国家级火炬计划项目，并获陕西省国防科技进步二等奖。

上述人员相互之间不存在配偶关系、三代以内直系和旁系亲属关系。

(二)本公司董事、监事、高级管理人员持股情况

本次股票公开发行前，本公司董事、监事、高级管理人员及核心技术人员在发行前未以个人持股、家属持股、法人持股等形式持有发行人股份和关联企业股份。

第七节　同业竞争与关联交易

(一)同业竞争情况

本公司在组建时，各发起人将特种泵、液力变矩器、IC卡燃气表、工程钻机、光机电一体化设备相关资产、业务和技术全部投入本公司。这样，本公司从成立时就使公司拥有独立、完整的生产工艺流程和独立完整的产、供、销体系，减少了与原母体单位之间的关联交易，同时避免了与各股东之间的同业竞争。目前本公司与各关联方之间不存在同业竞争。

为了保证本公司具有一个独立的生产经营环境，避免同业竞争，各股东已出具了《关于放弃同业竞争的承诺函》，各股东承诺各发起人及其全资子公司和控股公司将不从事任何与本公司构成直接或间接竞争的业务。

(二)关联方和关联关系

1.关联股东：西安航天科技工业公司、陕西动力机械设计研究所、西安航天发动机厂、陕西苍松机械厂、万向创业投资股份有限公司、航天时代仪器公司

2.发行人控股子公司：烟台航天怡华科技有限公司

3.控股股东及其他股东控股或参股的其他企业：

(1)西安航天科技工业公司控股或参股的企业：

西安航兴动力厂(西安航天科技工业公司持股比例：100%)，西安航天天洁科技股份有限公司(西安航天科技工业公司持股比例：18%)，西安航天计量测试研究所(西安航天科技工业公司持股比例：100%)，西安航天医院(西安航天科技工业公司持股比例：100%)，金航宾馆　(西安航天科技工业公司持股比例：100%)，陕西杨凌节水科技股份有限公司(西安航天科技工业公司持股比例：11.91%)，西安航天金通物资公司(西安航天科技工业公司持股比例：100%)，西安顺兴经贸公司(西安航天科技工业公司持股比例：100%)；

(2)陕西苍松机械厂控股或参股的企业：

航天工业总公司七一七一厂劳动服务公司，为陕西苍松机械厂全资拥有；

(3)西安航天发动机厂控股或参股的企业：

西安航天华威压力容器设备制造有限公司(西安航天发动机厂持股比例81.9%)，西安航天华阳印刷包装设备有限公司(西安航天发动机厂持股比例：97%)，陕西航天通宇建筑工程有限公司西安航天发动机厂持股比例：92%)，陕西航天通力彩印有限责任公司　西安航天发动机厂持股比例：97%)，江苏九州针织纱有限公司　西安航天发动机厂持股比例：75%)，张家港九州航天工业有限公司　西安航天发动机厂持股比例：80%)，西安源发国际贸易有限公司(西安航天发动机厂持股比例：50%)，陕西欣宇科工贸有限公司　西安航天发动机厂持股比例：41.2%)；

(4)陕西动力机械设计研究所控股或参股的企业：

陕西杨凌航天节水科技股份有限公司　陕西动力机械设计研究所持股比例：42.8%)；(5)航天时代仪器公司控股或参股的企业：

北京兴华机械厂　航天时代仪器公司持股比例：100%)，陕西灯塔电机厂　航天时代仪器公司持股比例：100%)；

(6)万向创业投资股份有限公司控股或参股的企业：

浙江海利得新材料股份有限公司　万向创业投资股份有限公司持股比例：30%)，浙江正原电气股份有限公司(万向创业投资股份有限公司持股比例：20.6%)，浙江力宝高新建材股份有限公司万向创业投资股份有限公司持股比例：26.5%)，浙江金大地生物工程股份有限公司　万向创业投资股份有限公司持股比例：20%)，浙江京昌电子股份有限公司(万向创业投资股份有限公司持股比例：34%)，北京北纬通信科技股份有限公司　万向创业投资股份有限公司持股比例：12.5%)。

(三)重大关联交易

本公司与部分股东及控股股东的下属公司在部分产品的购销及水、电、气的供应方面存在一定的关联交易。但关联交易额占公司主营收入和主营成本的比重较低，故对公司财务状况及经营成果影响有限。

关联交易有关内容请查阅2003年3月19日刊载于《中国证券报》、《上海证券报》和《证券时报》的本公司招股说明书摘要，及刊载于上海证券交易所网站(www.sse.com.cn)的本公司招股说明书全文。

(四)减少或规范关联交易的措施

本公司将根据市场价格水平，通过协议的方式，指定关联方水、电、气、暖供应价格，确保交易的公平性。

加强资本运作，通过收购兼并等方式扩大公司经营规模和生产能力，逐步减少关联交易的数量及其比重。

本次募集资金投向不涉及关联交易，避免了关联交易金额的进一步增长。

本公司通过严格履行公司章程中关于关联交易的条款，规范关联交易的决策以切实保护中小股东利益。

第八节　财务会计资料

本公司2000年至2002年的财务会计资料，已于2003年3月19日分别在《中国证券报》、《上海证券报》和《证券时报》上刊登的《招股说明书概要》中进行了披露，投资者欲了解详细的内容，还可查阅刊载于上海证券交易所网站(www.sse.com.cn)的本公司招股说明书全文。

(一)注册会计师意见

本公司聘请了西安希格玛有限责任会计师事务所对本公司2002年12月31日、2001年12月31日和2000年12月31日资产负债表和合并资产负债表，2002年度、2001年度、2000年度的利润及利润分配表和合并利润分配表，2002年的现金流量表和合并现金流量表，根据《中华人民共和国注册会计师独立审计准则》实施了包括抽查会计记录等必要的审计程序。西安希格玛有限责任会计师事务所出具了标准的无保留意见的审计报告。

(二)简要会计报表

本公司简要会计报表见附表1、附表2和附表3。

(三)会计报表附注

本公司会计报表附注等有关内容，请查阅2003年3月19日刊载于《中国证券报》、《上海证券报》和《证券时报》的本公司招股说明书摘要，及刊载于上海证券交易所网站(www.sse.com.cn)的本公司招股说明书全文与附录。

(四)主要财务指标

本公司主要财务指标见附表4和附表5。

第九节　其他重要事项

(一)自本公司股票首次公开发行之日至本公司上市公告书公告之日，本公司严格依照《公司法》、《证券法》等法律法规的要求，规范运行，生产经营情况正常；所处行业、市场无重大变化；主要投入产出物供求及价格无重大变化；主要业务发展目标进展状况正常。

(二)自本公司股票首次公开发行之日至本公司上市公告书公告之日，本公司没有进行重大对外投资，无重大资产(股权)收购、出售行为。

(三)自本公司股票首次公开发行之日至本公司上市公告书公告之日，本公司重大会计政策和会计师事务所没有发生变化。

(四)2003年2月17日召开的公司2002年度股东大会形成的股利分配方案决议如下：2002年公司实现净利润22,026,555.20元，提取法定盈余公积金2,202,628.03元，提取法定公益金1,101,314.02元，可供分配利润为41,563,758.85元。2002年度向股东分配现金股利每10股2.00元，分配现金股利24,000,000.00元。本公司股东大会已作出决议，自A股发行和上市当年所产生的利润以及滚存利润，由本公司公开发行A股股票后的新老股东共同享有。

(五)本公司股票发行前后和股票上市前后，税负无变化。

(六)自本公司股票首次公开发行之日至本公司上市公告书公告之日，本公司未涉及任何重大诉讼、仲裁或行政处罚案件，并且董事会认为本公司未面临任何重大影响的诉讼和索赔要求。

(七)自本公司股票首次公开发行之日至本公司上市公告书公告之日，本公司董事、监事和高级管理人员未受到任何刑事起诉，亦没有尚未了结或可能发生的刑事诉讼事项。

(八)自本公司股票首次公开发行之日至本公司上市公告书公告之日，本公司住所未变更。

(九)自本公司股票首次公开发行之日至本公司上市公告书公告之日，本公司未发生新的重大负债，并且重大债项未发生变化。

(十)根据《上海证券交易所股票上市规则》，本公司第一大股东西安航天科技工业公司承诺：自本公司股票上市之日起一年内，不转让所持有的本公司股份，也不由本公司回购其所持有的股份。

(十一)自本公司股票首次公开发行之日至本公司上市公告书公告之日，没有其他应披露而未披露之重大事项。

第十节　董事会上市承诺

本公司董事会将严格遵守《中华人民共和国公司法》、《中华人民共和国证券法》、《股票发行与交易管理暂行条例》、《公开发行股票公司信息披露实施细则》和《上海证券交易所股票上市规则》等国家有关法律、法规的规定，承诺自本公司股票上市之日起作到：

(一)承诺真实、准确、完整、公允和及时地公布定期报告，披露所有对投资者有重大影响的信息，并接受中国证监会、上海证券交易所的监督管理；

(二)承诺发行人在知悉可能对股票价格产生误导性影响的任何公共传播媒介中出现的消息后，将及时予以公开澄清；

(三)本公司董事、监事、高级管理人员将认真听取社会公众的意见和批评，不利用已获得的内幕消息和其他不正当手段直接或间接从事发行人股票的买卖活动；

(四)本公司没有无记录的负债。

第十一节　上市推荐人及其意见

(一)上市推荐人有关情况

上市推荐人　中银国际证券有限责任公司
法定代表人：　平岳
办公地址：　上海市浦东银城中路200号中银大厦39层
电话：　010-85185505
传真：　010-85184063
联系人：　耿立生、刘保华、田劲
上市推荐人　国泰君安证券股份有限公司
法定代表人：　金建栋
办公地址：　上海市延平路121号17楼
电话：　021-62580818
传真：　021-62531028
联系人：　董海、陈于冰

(二)推荐人的推荐意见

本公司上市推荐人认为：本公司章程符合《中华人民共和国公司法》等有关法律、法规和中国证监会关于公司章程的相关规定；根据《中华人民共和国公司法》、《中华人民共和国证券法》、《股票发行与交易管理暂行条例》和《上海证券交易所股票上市规则》等法律、法规的规定，本公司首次公开发行的股票已具备公开上市条件。

本公司上市推荐人保证本公司董事了解法律、法规、上海证券交易所上市规则及股票上市协议规定的董事的义务与责任；本公司建立健全了法人治理结构，制定了严格的信息披露制度与保密制

度。

本公司上市推荐人已对上市文件所载的资料进行了核实,确保上市文件真实、准确、完整,符合规定要求。保证本公司的上市申请材料、上市公告书没有虚假、严重误导性陈述或者重大遗漏,并保证对其承担连带责任。本公司上市推荐人与本公司不存在关联关系。

本公司上市推荐人愿意推荐本公司股票在上海证券交易所上市交易,并保证不利用在上市过程中获得的内幕信息进行内幕交易,为自己或他人谋取利益。

陕西航天动力高科技股份有限公司

二〇〇三年四月三日

附表 1:合并资产负债简表

单位:元

资 产	2002.12.31	2001.12.31	2000.12.31
流动资产:			
货币资金	65,074,869.92	43,582,417.90	14,894,528.88
应收票据	530,000.00	670,000.00	3,180,470.00
应收帐款	77,424,640.95	59,433,796.85	29,796,646.88
其他应收款	1,061,441.00	1,228,876.41	5,561,631.44
预付帐款	3,069,119.63	2,572,080.73	3,873,536.93
存货	61,245,600.09	54,968,470.35	52,561,614.46
待摊费用	303,718.91	41,606.00	
流动资产合计	208,709,390.50	162,497,248.24	109,868,428.59
长期投资:			
长期股权投资	-1,122,007.24	-1,203,116.20	
其中:合并价差	-1,122,007.24	-1,203,116.20	
长期投资合计	-1,122,007.24	-1,203,116.20	
固定资产:			
固定资产原价	100,377,159.86	79,931,124.64	74,736,755.43
减:累计折旧	28,945,673.13	25,665,242.81	22,000,589.16
固定资产净值	71,431,486.73	54,265,881.83	52,736,166.27
固定资产净额	71,431,486.73	54,265,881.83	52,736,166.27
工程物资	1,991,931.99	1,255,129.92	
在建工程	3,325,916.33	15,717,094.43	2,175,049.64
固定资产合计	76,749,335.05	71,238,106.18	54,911,215.91
无形及其他资产:			
无形资产	13,874,497.55	14,400,919.54	13,384,574.04
长期待摊费用	1,125,139.51	1,466,415.56	2,565,100.36
无形及其他资产合计	14,999,637.06	15,867,335.10	15,949,674.40
资 产 总 计	299,336,355.37	248,399,573.32	180,729,318.90
负 债 及 股 东 权 益			
流动负债:			
短期借款	70,000,000.00	53,500,000.00	16,500,000.00
应付票据	2,860,000.00	2,000,000.00	
应付帐款	36,584,866.63	19,809,971.72	8,510,821.58
预收帐款	1,716,240.54	1,970,035.52	6,574,978.24
应付工资	570,633.87	838,645.63	
应付福利费	2,073,528.2	2,412,168.05	1,536,927.62
应付股利	24,000,000.00		7,200,000.00
应交税金	2,599,959.45	4,563,678.05	1,983,651.32
其他应交款	75,886.21	178,890.43	19,782.81
其他应付款	8,998,701.76	9,781,352.02	12,047,831.54
预提费用		205,857.00	
一年内到期的长期负债			400,000.00
流动负债合计	149,479,816.71	95,260,598.42	54,773,993.11
长期负债:			
专项应付款	96,551.84	1,167,764.91	
长期负债合计	96,551.84	1,167,764.91	
负 债 合 计	149,576,368.55	96,428,363.33	54,773,993.11
少数股东权益	3,590,919.40	3,828,697.77	
股东权益:			
股本	120,000,000.00	120,000,000.00	120,000,000.00
盈余公积	8,605,308.57	5,301,366.52	1,973,298.87
其中:法定公益金	2,868,436.19	1,767,122.17	657,766.29
未分配利润	17,563,758.85	22,841,145.70	3,982,026.92
股东权益合计	146,169,067.42	148,142,512.22	125,955,325.79
负债及股东权益总计	299,336,355.37	248,399,573.32	180,729,318.90

附表 2:合并利润及利润分配简表 单位:元

项目	2002 年度	2001 年度	2000 年度
一、主营业务收入	102,872,920.16	91,107,922.63	55,781,155.06
减:主营业务成本	58,886,870.85	51,355,422.55	31,503,812.96
主营业务税金及附加	938,898.18	925,206.81	199,248.93
二、主营业务利润:	43,047,151.13	38,827,293.27	24,078,093.17
加:其他业务利润	834,144.75	592,185.67	818,933.51
减:营业费用	7,776,962.96	8,130,660.19	6,178,732.58
管理费用	7,682,583.02	8,120,026.18	5,213,772.21
财务费用	2,100,973.19	1,601,438.69	349,196.10
三、营业利润	26,320,776.71	21,567,353.88	13,155,325.79
加:投资收益	81,108.96	13,518.16	
补贴收入	43,271.76	94,732.16	
营业外收入	197,578.00	420,280.00	
减:营业外支出	324,532.18		
四、利润总额	26,318,203.25	22,095,884.20	13,155,325.79
减:所得税	4,529,426.42		
少数股东当期收益	-237,778.37	-91,302.23	
五、净利润	22,026,555.20	22,187,186.43	13,155,325.79
加:年初未分配利润	22,841,145.70	3,982,026.92	
六、可供分配的利润	44,867,700.90	26,169,213.35	13,155,325.79
减:提取法定盈余公积	2,202,628.03	2,218,711.77	1,315,532.58
提取法定公益金	1,101,314.02	1,109,355.88	657,766.29
七、可供股东分配的利润	41,563,758.85	22,841,145.70	11,182,026.92
应付普通股股利	24,000,000.00		7,200,000.00
八、未分配利润	17,563,758.85	22,841,145.70	3,982,026.92

附表 3:合并现金流量表

单位:元

项目	2002 年合并数
一、经营活动产生的现金流量:	
销售商品、提供劳务收到的现金	100,300,466.79
收到的税费返还	
收到的其他与经营活动有关的现金	2,110,538.05
现金流入小计	102,411,004.84
购买商品、接受劳务支付的现金	37,775,402.73
支付给职工以及为职工支付的现金	17,299,045.29
支付的各项税费	16,712,715.26
支付的其他与经营活动有关的现金	15,264,906.97
现金流出小计	87,052,070.25
经营活动产生现金流量净额	15,358,934.59
二、投资活动产生的现金流量	
收到的其他与投资活动有关的现金	311,851.27
现金流入小计	311,851.27
购建固定资产、无形资产和其他长期资产所支付的现金	7,305,852.38
现金流出小计	7,305,852.38
投资活动产生的现金流量净额	-6,994,001.11
三、筹资活动产生的现金流量:	
吸收投资所收到的现金	
其中:子公司吸收少数股东投资收到的现金	
借款所收到的现金	94,000,000.00
收到的其他与筹资活动有关的现金	
现金流入小计	94,000,000.00
偿还债务所支付的现金	77,500,000.00
分配股利、利润和偿付利息所支付的现金	3,372,481.46
支付的其他与筹资活动有关的现金	
现金流出小计	80,872,481.46
筹资活动产生现金流量净额	13,127,518.54
四、汇率变动对现金的影响额	
五、现金及现金等价物净增加额	21,492,452.02

项 目	2002 年合并数
1、将净利润调节为经营活动的现金流量:	
净利润	22,026,555.20
加:少数股东收益	-237,778.37
计提的资产减值准备	1,244,600.31
固定资产折旧	4,155,336.75
无形资产摊销	526,421.99
长期待摊费用摊销	520,612.17
待摊费用的减少(减:增加)	-262,112.91
预提费用的增加(减:减少)	-205,857.00
处置固定资产、无形资产和其他长期资产的损失(减:收益)	-2,359.81
固定资产报废损失	129,313.99
财务费用	3,060,630.19
投资损失(减:收益)	-81,108.96
递延税款贷项(减:借项)	
存货减少(减:增加)	-6,277,129.74
经营性应收项目的减少(减:增加)	-19,181,803.98
经营性应付项目的增加(减:减少)	9,943,614.76
其他	
经营活动产生的现金流量净额	15,358,934.59
2、不涉及现金收支的投资和筹资活动	
3、现金及现金等价物的净额增加情况:	
现金的期末余额	65,074,869.92
减:现金的期初余额	43,582,417.90
现金和现金等价物的净增加额	21,492,452.02

报告期内公司没有不涉及现金收支的重大投资和筹资活动。

附表 4:主要财务指标表 1

项目	2002 年		2001 年		2000 年
	合并数	公司数	合并数	公司数	
流动比率	1.4	1.38	1.71	1.67	2.01
速动比率	0.99	0.99	1.13	1.11	1.05
资产负债率(%)	49.97	50.02	38.82	39.42	30.31
应收帐款周转率	1.5	1.5	2.04	2.04	2.82
存货周转率	1.01	1.05	0.96	0.97	0.77
无形资产占净资产比例@(土地使用权除外)(%)	1.04	0.63	1.19	0.75	1
研发费用占收入比率(%)	1.92	1.95	1.6	1.6	2.97
净资产收益率(全面摊薄)	15.07	15.07	14.98	14.98	10.44
每股经营活动现金流量	0.13	0.14	0.12	0.12	-0.15
每股净资产	1.22	1.22	1.23	1.23	1.05
每股收益(全面摊薄)	0.184	0.184	0.185	0.185	0.11

附表 5:主要财务指标 2

项目		净资产收益率(%)		每股收益(元/股)	
		全面摊薄	加权平均	全面摊薄	加权平均
主营业务	2000 年	19.12	19.02	0.2	0.2
利润	2001 年	26.21	28.33	0.32	0.32
	2002 年	29.45	27.05	0.36	0.36
营业利润	2000 年	10.44	10.39	0.11	0.11
	2001 年	14.56	15.74	0.18	0.18
	2002 年	18.01	16.54	0.22	0.22
净利润	2000 年	10.44	10.39	0.11	0.11
	2001 年	14.98	16.19	0.18	0.18
	2002 年	15.07	13.84	0.18	0.18
扣除非经常	2000 年	10.44	10.39	0.11	0.11
性损益后的	2001 年	14.63	15.81	0.18	0.18
净利润	2002 年	14.47	13.29	0.18	0.18

山西国阳新能股份有限公司

山西国阳新能股份有限公司股票上市公告书

第一节　重要声明与提示

山西国阳新能股份有限公司(以下简称"本公司"、"公司"或"发行人")董事会保证上市公告书的真实性、准确性、完整性,全体董事承诺上市公告书不存在虚假记载、误导性陈述或重大遗漏,并承担个别和连带的法律责任。

根据《公司法》、《证券法》等有关法律、法规的规定,本公司董事、高级管理人员已依法履行诚信和勤勉尽责的义务和责任。

上海证券交易所、中国证监会、其他政府机关对本公司首次公开发行股票上市及有关事项的意见,均不表明对本公司的任何保证。

本公司提醒广大投资者注意,凡本上市公告书未涉及的有关内容,请投资者查阅 2003 年 8 月 1 日刊载于《上海证券报》、《中国证券报》、《证券时报》及《证券日报》的本公司首次公开发行招股说明书摘要,及刊载于上海证券交易所网站(www.sse.com.cn)的本公司首次公开发行招股说明书全文。

本上市公告书刊登网址:www.sse.com.cn

第二节　概览

1、股票简称:国阳新能　　2、沪市股票代码:600348
3、深市股票代码:003348　　4、股本总额:48100 万股
5、可流通股本:15000 万股　　6、本次上市流通股本:15000 万股
7、发行价格:8.20 元/股　　8、上市地点:上海证券交易所
9、上市时间:2003 年 8 月 21 日
10、股票登记机构:中国证券登记结算有限责任公司上海分公司
11、上市推荐人:华夏证券股份有限公司、东方证券有限责任公司
12、对本公司首次公开发行股票前股东所持股份的流通限制及期限:根据国家有关法律、法规规定和中国证监会证监发行字[2003]84 号文《关于核准山西国阳新能股份有限公司首次公开发行股票的通知》,本公司发起人股中国有法人股、法人股暂不上市流通。
13、本公司第一大股东对所持股份自愿锁定的承诺:本公司公开发行股票前第一大股东阳泉煤业(集团)有限责任公司向上海证券交易所承诺,自本公司股票上市之日起一年内,不转让其所持有本公司的股份,也不由本公司回购其所持有的股份。

第三节　绪言

本上市公告书是根据《中华人民共和国公司法》、《中华人民共和国证券法》、《股票发行与交易管理暂行条例》、《公开发行股票公司信息披露实施细则》和《上海证券交易所股票上市规则》等国家有关法律法规的规定,并按照中国证监会《公开发行股票信息披露内容与格式准则第 7 号—股票上市公告书》而编制的,旨在向投资者提供有关本公司和本次股票上市的基本情况。

经中国证监会证监发行字[2003]84 号文核准,本公司于 2003 年 8 月 6 日通过上海证券交易所系统,采用全部向二级市场投资者定价配售的方式成功发行了 15000 万股人民币普通股,每股面值 1.00 元,发行价格为每股 8.20 元。

根据上海证券交易所上证上字[2003]96 号《关于山西国阳新能股份有限公司人民币普通股股票上市交易的通知》,本公司 15000 万股社会公众股将于 2003 年 8 月 21 日起在上海证券交易所挂牌交易,股票简称"国阳新能",沪市股票代码为"600348",深市代理股票代码为"003348"。

本公司已于 2003 年 8 月 1 日分别在《中国证券报》、《上海证券报》、《证券时报》和《证券日报》上刊登了招股说明书摘要,招股说明书全文及其必备附件在上海证券交易所网站(www.sse.com.cn)披露,前述招股文件距今不足 3 个月,故与其重复的内容不再重复,敬请投资者查阅上述文件。

第四节　发行人概况

一、公司的基本情况
注册名称:山西国阳新能股份有限公司
英文名称:SHANXI GUOYANG NEW ENERGY CO.,LTD
注册资本金:48100 万元
法定代表人:石盛奎
设立日期:1999 年 12 月 30 日
注册地:山西省阳泉市北大街 5 号(045000)
经营范围:煤炭生产、洗选加工、销售。电力生产、销售。
主营业务:煤炭采掘、洗选加工、发供电、热业务
所属行业:煤炭采选业
联系电话 :0353-7078728　　联系传真 :0353-7078718
互联网网址:www.gyne.com.cn　　电子信箱:gyne@public.yq.sx.cn
董事会秘书:李国基

二、公司历史沿革及改制重组情况

山西国阳新能股份有限公司是经山西省人民政府晋政函[1999]163 号文批准,以阳泉煤业(集团)有限责任公司为主发起人,联合阳泉煤业(集团)实业开发总公司(现更名为阳泉市新派新型建材总公司)、山西宏厦建筑工程有限公司、安庆大酒店有限责任公司、阳泉煤业集团多种经营总公司共同发起设立的股份公司。公司总股本 33100 万元,其中:阳泉煤业(集团)有限责任公司以其下属一矿、二矿和第二热电厂经评估后价值为 49955.67 万元的生产经营性净资产投入股份公司,按 65.01%的折股比例认购股份公司 32475.92 万股,占公司总股本 98.11%;阳泉市新派新型建材总公司、山西宏厦建筑工程有限公司、安庆大酒店有限责任公司、阳泉煤业集团多种经营总公司以现金方式,分别出资 240 万元,按 65.01%的折股比例折价入股,各认购 156.02 万股,各占总股本的 0.47%。

经中国证监会证监发行字[2003]84 号批准,公司于 2003 年 8 月 6 日向二级市场投资者定价配售发行 15000 万股人民币普通股。每股面值 1.00 元,发行价格每股 8.20 元。本次发行后,公司总股本变更为 48100 万股,其中发起人股 33100 万股,占总股本的 68.81%,社会流通股 15000 万股,占总股本的 31.19%。

三、公司的主要经营情况

(一)公司主营业务概况

目前本公司主要从事煤炭与电力的生产和销售业务,主要产品包括无烟煤产品和电力产品两大类。其中,无烟煤产品又主要分为洗粉煤、洗块煤和选末煤。洗粉煤主要用于冶金行业高炉喷吹;块煤中的中块用于化肥行业造气,小块用于冶金、机械、化工行业造气;末煤是电厂、水泥厂的主要燃料。公司第二热电厂生产的电力主要供一矿的生产、生活使用,热力主要用于工业加热和居民取暖等。

(二)公司业务的竞争优势与劣势

与同行业企业相比,公司的竞争优势主要集中在以下几个方面:

资源优势:公司处在全国煤层气储量最丰富和开采条件较好的矿区,一矿的井田面积 83.6 平方公里,目前地质储量 10.87 亿吨;二矿的井田面积 62.42 平方公里,目前地质储量 10.17 亿吨;两矿合计的可采储量为 10.14 亿吨。第二热电厂则以煤炭选煤过程中产生的中煤和末煤为主要原料,是成本低廉的环保和热电联供坑口电厂。

规模优势:公司下属一矿、二矿是原阳煤集团的主力矿井,2002 年度两矿实际生产煤炭 880.42 万吨,两矿坑口选煤厂的加工能力为 885 万吨,实现原煤全部入选。公司收购阳煤集团的洗选煤分公司后,将成为全国最大的洗粉煤生产基地和无烟煤出口基地,年产销能力将达到 1600 万吨。

技术和管理优势:公司下属两矿均为现代化矿井,采用先进的综采放顶煤采煤技术,采煤机械化程度高,采区探测、掘进、通风、运输等环节均使用先进的设备和工艺。在管理上,一矿自 1995 年以来连续被评为"高产高效矿井",并被山西省省委、省政府荣记"集体特等功",获全国"五一劳动奖状";二矿曾获"中国煤炭工业优秀企业金石奖"。

品牌和市场优势:公司生产的优质无烟煤享誉中外,"阳优"品牌是在我国首家注册的煤炭产品商标。公司的产品有洗大、中、小块,洗粉煤和优质末煤等品种,其中多个品种获国家、部、省级优质产品称号。公司与宝钢、鞍钢、首钢、山东鲁能等大型企业保持着长期稳定的供货关系,在东北、华北、山东等地拥有稳固的市场。在国外市场方面,公司的产品主要出口日本、韩国、巴西等国,与韩国浦项、巴西制铁、日本新日铁和住友金属等大型钢铁企业建立了良好的合作关系。公司现有的销售网络为进一步开拓市场奠定了坚实的基础。

发展优势:公司在立足煤炭生产、加工、电力生产的基础上,积极寻找新的利润增长点,增强企业的发展能力。公司拟新建一座拥有 4 万吨/年生产能力的活性炭厂,对煤炭进行深加工;一座生产能力达 5 万吨/年的甲醇厂,对煤层气进行综合利用。上述两个项目不仅利用了公司现有的资源和技术优势,而且产品还拥有良好的市场前景,能够提高公司整体盈利水平。通过不断开发新的具有成长性的项目,公司的长期发展将得到更好的保障。

公司的竞争劣势,主要是铁路运输的制约。石太线铁路运输基本处于饱和状态,在相当长的时期内要大幅度增加外运量十分困难。针对这一劣势,公司拟采取大力发展煤炭深加工、煤化工、坑口综合利用电厂的策略,实现煤炭就地转化和产品升级,既可减少外运量,又能实现产品就地增值。

第五节　股票发行与股本结构

一、本次股票上市前首次公开发行股票的情况
(一)发行数量:15000 万股
(二)发行价格:8.20 元/股
(三)募集资金总额:123000 万元(未扣除发行费用)
(四)发行方式:全部向二级市场投资者定价配售
(五)配售对象:于本公司招股说明书刊登当日(2003 年 8 月 1 日)收盘时持有沪市或深市的已上市流通人民币普通股股票市值达 10000 元及以上的投资者。
(六)发行费用总额及项目:本次公开发行股票发行费用总计 4729.40 万元,包括承销费、会计师费、资产评估费、土地评估费、采矿权评估费、矿产资源储量评审费、律师费、上网发行费及审核费。
(七)每股发行费用:0.315 元

二、本次股票上市前首次公开发行股票的承销情况

本次向二级市场投资者定价配售发行的 15000 万股社会公众股的配号总数为 87582306 个,中签率为 0.17126747%,二级市场投资者认购 148571560 股,其余 1428440 股由主承销商组织的承销团包销。

三、本次股票上市前首次公开发行股票所募集资金的验资报告

山西天元会计师事务所为本次发行出具了验资报告(晋天元变验[2003]04 号),现摘录如下:

山西国阳新能股份有限公司全体股东:

我们接受委托,审验了山西国阳新能股份有限公司(以下简称贵公司)截至 2003 年 8 月 12 日止新增注册资本的实收情况。按照国家相关的法律、法规的规定和协议、章程的要求出资,提供真实、合法、完整的验资资料,保护资产的安全、完整是全体股东及贵公司的责任。我们的责任是对贵公司新增注册资本的实收情况发表审验意见。我们的审验是依据《独立审计实务公告第 1 号—验资》进行的。在审验过程中,我们结合贵公司的实际情况,实施了检查等必要的审验程序。

贵公司变更前的注册资本为人民币 331,000,000.00 元,本次申请的注册资本为人民币 150,000,000.00 元,变更后的注册资本为 481,000,000.00 元。贵公司经中国证券监督管理委员会证监发行字[2003]84 号文核准,以每股人民币 8.20 元的价格向境内投资者发行面值为人民币 1.00 元的 A 股股票 15,000 万股,可募集资金额为人民币 1,230,000,000.00 元。

根据我们的审验,截至 2003 年 8 月 12 日止,贵公司已收到华夏证券股份有限公司汇入的募集资金款人民币 1,188,935,996.10 元(已扣除承销费用和上网发行费用)。

同时我们注意到,贵公司本次增资前的注册资本 331,000,000.00 元,已经山西晋元会计师事务所[1999]晋元师股验字第 9 号验资报告予以审验;截至 2003 年 8 月 12 日止,变更后的累计注册资本实收金额为 481,000,000.00 元,资本公积由发行前的 178,156,690.21 元增加为 1,211,436,690.21 元。

本验资报告供贵公司申请变更登记及据以向股东签发出资证明时使用,不应将其视为是对贵公司验资报告日后资本保全、偿债能力和持续经营能力等的保证。因使用不当造成的后果,与执行本次验资业务的注册会计师及会计师事务所无关。

山西天元会计师事务所(有限公司)　　中国注册会计师:李建勋
中国·太原　　中国注册会计师:杨爱斌

四、公司上市前股权结构及前十大股东持股情况

(一)公司上市前股权结构

	股东单位	股东性质	持股数量(万股)	比例
非	阳泉煤业(集团)有限责任公	国有法人股	32475.92	67.53%
	阳泉市新派新型建材总公司	社会法人股	156.02	0.32%
流	山西宏厦建筑工程有限公司	社会法人股	156.02	0.32%
通	安庆大酒店有限责任公司	社会法人股	156.02	0.32%
股	阳泉煤业集团多种经营总公司	社会法人股	156.02	0.32%
流通股			15000.00	31.19%
总股本			48100.00	100.00%

(二)本次上市前公司前十大股东持股情况

股东名称	股权类别	持股数(股)
1、阳泉煤业(集团)有限责任公司	国有法人股	324759200
2、阳泉市新派新型建材总公司	社会法人股	1560200
3、山西宏厦建筑工程有限公司	社会法人股	1560200
4、安庆大酒店有限责任公司	社会法人股	1560200
5、阳泉煤业集团多种经营总公司	社会法人股	1560200
6、华夏证券股份有限公司	流通股	1455440
7、富国动态平衡证券投资基金	流通股	288000
8、安顺证券投资基金	流通股	284000
9、同盛证券投资基金	流通股	276000
10、丰和价值证券投资基金	流通股	269000

股东名称	持股比例(%)
1、阳泉煤业(集团)有限责任公司	67.53%
2、阳泉市新派新型建材总公司	0.32%
3、山西宏厦建筑工程有限公司	0.32%
4、安庆大酒店有限责任公司	0.32%
5、阳泉煤业集团多种经营总公司	0.32%
6、华夏证券股份有限公司	0.30%
7、富国动态平衡证券投资基金	0.06%
8、安顺证券投资基金	0.06%
9、同盛证券投资基金	0.06%
10、丰和价值证券投资基金	0.06%

第六节　董事、监事、高级管理人员及核心技术人员

一、董事

石盛奎先生,54 岁,中国国籍,硕士研究生,高级经济师。现任山西国阳新能股份有限公司董事长,阳泉煤业(集团)有限责任公司党委副书记。曾任原阳泉矿务局党委组织部办公室副主任、组干科科长、多种经营管理处处长、阳泉矿务局副局长。

白英先生,46 岁,中国国籍,管理学硕士,高级会计师。现任山西国阳新能股份有限公司董事、总经理。曾任原阳泉矿务局总务处财务科科长、五矿副总会计师、五矿副矿长、阳泉矿务局财务处副处长、副总会计师、总会计师。

李宝玉先生,57 岁,中国国籍,大学文化,高级工程师。现任山西国阳新能股份有限公司董事、阳煤集团总工程师。曾任原阳泉矿务局四矿总调度长、机电科副科长、副矿长,五矿调度室主任、副总工程师、副矿长、矿长,阳泉矿务局副局长。

张仁先生,47 岁,中国国籍,大学文化,高级工程师。现任山西国阳新能股份有限公司董事、山西宏厦建筑工程有限公司董事长兼总经理。曾任原阳泉矿务局二处工程科副科长、建筑工区主任、三处副处长,山西宏厦建筑工程公司三公司副总经理。

孙康先生,39 岁,中国国籍,硕士学位,经济师。现任山西国阳新能股份有限公司董事、安庆大酒店有限责任公司总经理。曾任北京军区后勤部企业局计划科科长、海南正合集团公司副总经理、主任。

李国基先生,54 岁,中国国籍,大学文化,高级经济师。现任山西国阳新能股份有限公司董事、总经济师、董事会秘书。曾任原阳泉矿务局一矿办公室副主任、矿务局办公室副主任、主任,阳煤集团副总经济师兼董事会秘书处处长。

独立董事:

夏冬林先生,42 岁,中国国籍,博士学位,博士生导师。现任清华大学经济管理学院教授,兼任清华紫光股份有限公司监事会主席、中国会计学会学术委员、中国审计学会理事、《会计研究》编委、《中国财务与会计研究》执行编辑等职务;曾任江西财经大学会计系助教、讲师、副教授,中华财务会计咨询公司项目经理、经理,清华大学经济管理学院会计系主任。

黄聪明先生,62 岁,中国国籍,本科学历,教授。现任北京理工大学化工与材料学院院长,兼任中国材料研究学会常务理事等职务;曾任北京工业学院化工系助教、讲师、副教授,国家高新技术(863 计划)新材料领域专家委员会办公室主任等职。

李维安先生,46 岁,中国国籍,经济学和商学(管理)双科博士,教授,博士生导师。现任南开大学现代管理研究所教授、博士生导师、所长,南开大学国际商学院院长,同时兼任教育部高等学校工商管理类教学指导委员会委员、中国发展战略学研究会常务理事、天津市管理学会会长、《中国管理评论》主编;曾任南开大学经济系讲师、日本一桥大学客座研究员、南开大学经济学教授、博士生导师、日本学术振兴会特别研究员、日本东洋大学客座研究员。

二、监事

李彦璧先生,51 岁,中国国籍,大学文化,高级政工师。现任山西国阳新能股份有限公司监事会召集人、阳煤集团纪委书记。曾任原阳泉矿务局局党委办公室主任科员、副主任、主任,阳煤集团四矿党委书记。

贾冬至先生,58 岁,中国国籍,大专文化,高级政工师。现任山西国阳新能股份有限公司监事,阳煤集团党委常委。曾任原阳泉矿务局机厂联合车间党支部副书记、劳资科副科长、机厂党委组织部部长、党委副书记、党委书记。

廉贤先生,46 岁,中国国籍,大学文化,高级会计师。现任山西国阳新能股份有限公司监事、阳煤集团副总会计师兼财务部部长。曾任原阳泉矿务局财务处副科长、财务处科长、处副处长。

段千寿先生,51 岁,中国国籍,大专文化,工程师。现任山西国阳新能股份有限公司监事、股份公司二矿党委书记。曾任原阳泉矿务局五矿副矿长、四矿副矿长、二矿副矿长、矿长。

胡志宏先生,57 岁,中国国籍,大专文化,高级政工师。现任山西国阳新能股份有限公司监事、股份公司一矿党委书记,曾任原阳泉矿务局一矿工会宣传部部长、选煤厂副厂长、宣教科长、一矿党委宣传部长、党委副书记、党委书记。

吴景厚先生,50 岁,中国国籍,大专文化,会计师。现任山西国阳新能股份有限公司监事,阳泉煤业(集团)有限责任公司审计部部长。曾任原阳泉矿务局企业处预制厂副厂长、财务处副科长、阳煤集团财务处科长、副处长。

张润为女士,53 岁,中国国籍,大专文化,高级政工师。现任山西国阳新能股份有限公司监事、股份公司一矿党委副书记。曾任原阳泉矿务局团委副书记、综合服务公司党总支副书记、工会女工部部长、阳煤集团工会副主席。

三、其他高级管理人员

李国基先生, 公司董事会秘书,简历参见本节"一、董事"部分的相关介绍。

石焕小先生,53 岁,中国国籍,中专文化。现任山西国阳新能股份有限公司副总经理、股份公司一矿矿长。曾任原阳泉矿务局一矿北丈八井副主任、主任、安监处处长、阳煤集团一矿副矿长。

郭福生先生,52 岁,中国国籍,大专文化,工程师。现任山西国阳新能股份有限公司副总经理,股份公司二矿矿长。曾任原阳泉矿务局一矿北四尺副主任、一矿副矿长、阳煤集团五矿矿长、安全监察局副局长、二矿矿长。

张思维先生,47 岁,中国国籍,大专文化,会计师。现任山西国阳新能股份有限公司财务负责人、财务部部长。曾任原阳泉矿务局财务处生产财务科副科长、阳煤集团财务处成本科科长。

赵岩峰先生,40 岁,中国国籍,大学文化,高级工程师。现任山西国阳新能股份有限公司总工程师。赵岩峰先生在矿井锚索支护技术、岩巷新工艺开拓等方面有很深的造诣,曾荣获山西省煤炭系统科技进步奖二等奖,阳泉煤业集团科技进步特等奖、一等奖等奖项。现任山西国阳新能股份有限公司总工程师,生产技术部部长。曾任原阳泉矿务局生产技术处开拓科副科长、科长、阳煤集团生产技术处副处长。

四、有关事项说明

1、上述人员不存在直接持有本公司股份的情况。

2、上述人员的家属不存在直接或间接持有本公司股份的情况。

3、上述人员不存在通过其能够直接或间接控制的公司持有本公司股份的情况。

第七节　同业竞争和关联交易

一、同业竞争

由于公司与阳煤集团的主要煤炭产品均为洗块炭、洗粉煤和选末煤,存在一定的同质性,因而产生同业竞争;而公司下属第二热电厂与集团公司发供电分公司所属电厂用户均分布在同一地区,因此也存在一定程度的同业竞争。公司已采取下列措施加以解决:与阳煤集团签订《委托经营合同》,将其与公司存在同业竞争的全部生产经营性资产、业务和人员委托公司进行经营管理;公司拟利用本次募集资金收购阳煤集团下属洗选煤分公司和发供电分公司;收购实施后,阳煤集团与公司在原煤的开采及销售方面可能存在的同业竞争问题,将仍通过委托经营的方式解决;阳煤集团已出具了避免同业竞争的承诺函。

发行人律师、主承销商均认为发行人及阳煤集团已采取相应的措施并作出承诺避免和解决发行人与阳煤集团之间存在的同业竞争,且发行人已按照有关法律、法规的要求,对同业竞争事项进行了充分披露。

二、关联交易

关联交易内容

公司与关联方阳煤集团及其控制的企业在采矿权转让、综采设备租赁、电力采购、设备维修、材料采购和让售以及后勤服务等方面存在关联交易。具体情况请查阅刊登于上海证券交易所网站(www.sse.com.cn)的本公司招股说明书全文及附录。

公司独立董事、发行人律师和主承销商认为,公司报告期内的上述关联交易遵循了公开、公正、公平的原则,决策程序合法,关联交易价格具有公平性。申报会计师认为,公司报告期内与关联方之间发生的关联交易的会计处理方法符合有关规定,并已充分披露,在所有重大方面公允地反映了对公司的财务状况和经营成果的影响。

第八节　财务会计信息

本公司截至 2003 年 6 月 30 日的财务会计资料,已于 2003 年 8 月 1 日在《中国证券报》、《上海证券报》、《证券时报》及《证券日报》刊登的招股说明书摘要中进行了披露,投资者预了解详细内容,请查阅上述报纸或刊登在上海证券交易所网站(www.sse.com.cn)的本公司招股说明书全文及附录。

一、注册会计师意见

山西天元会计师事务所接受山西国阳新能股份有限公司全体股东的委托,审计了公司 2000 年 12 月 31 日、2001 年 12 月 31 日、2002 年 12 月 31 日及 2003 年 6 月 30 日的资产负债表和 2000 年度、2001 年度、2002 年度及 2003 年 1–6 月的利润表及利润分配表以及 2002 年度和 2003 年 1–6 月的现金流量表。会计师出具了晋天元审[2003]0147 号标准无保留意见的审计报告。

二、简要会计报表

(一)简要资产负债表　　单位:元

资产	2003 年 6 月 30 日	2002 年 12 月 31 日
货币资金	144,006,716.44	193,304,062.53
应收票据	53,431,269.40	21,636,807.79
应收账款	336,979,207.27	241,710,110.94
其他应收款	23,158,963.18	23,347,781.38
预付账款	30,837,908.35	58,330,969.05
应收补贴款	----	15,048,556.80
存货	108,208,800.11	64,136,790.03
待摊费用	1,382,227.31	173,605.30
流动资产合计	698,005,092.06	617,688,683.82
固定资产原价	1,477,803,841.08	1,432,558,040.25
减:累计折旧	694,596,679.88	662,471,439.95
固定资产净值	783,207,161.20	770,086,600.30
减:固定资产减值准备	3,878,147.61	6,772,643.97
固定资产净额	779,329,013.59	763,313,956.33
在建工程	74,054,889.33	8,695,501.63
固定资产合计	853,383,902.92	772,009,457.96
无形资产	105,531,799.52	107,450,559.68
无形资产及其他资产合计	105,531,799.52	107,450,559.68
资产总计	1,656,920,794.50	1,497,148,701.46
项目	2003 年 6 月 30 日	2002 年 12 月 31 日
短期借款	136,985,000.00	136,992,700.00
应付账款	109,743,008.76	102,932,588.13
预收账款	100,606,812.77	104,196,916.57
应付工资	111,679,237.31	36,229,522.32
应付福利费	20,233,452.51	15,807,989.33
应付股利	66,200,000.00	79,440,000.00
应交税金	28,990,429.30	16,491,215.45
其他应交款	26,769,670.66	20,000,429.32
其他应付款	107,219,772.96	94,197,072.87
预提费用	53,273,430.75	----
一年内到期的长期负债	----	102,127,300.00
流动负债合计	761,700,815.02	708,415,733.99
长期借款	223,925,567.41	121,805,567.41
长期应付款	45,125,600.00	65,125,600.00
长期负债合计	269,051,167.41	186,931,167.41
负债合计	1,030,751,982.43	895,346,901.40
股本	331,000,000.00	331,000,000.00
资本公积	178,156,690.21	178,156,690.21
盈余公积	96,222,424.36	78,109,021.96
其中:法定公益金	48,111,212.18	39,054,510.98
未分配利润	20,789,697.50	14,536,087.89
股东权益合计	626,168,812.07	601,801,800.06
负债和股东权益总计	1,656,920,794.50	1,497,148,701.46
资产	2001 年 12 月 31 日	2000 年 12 月 31 日
货币资金	99,095,969.53	39,451,814.66
应收票据	15,759,996.60	2,087,074.18
应收账款	363,872,475.67	442,385,788.35
其他应收款	21,477,268.98	30,251,026.02
预付账款	30,382,160.54	2,524,047.71
应收补贴款	14,806,390.60	----
存货	97,112,610.08	121,424,544.35
待摊费用	----	----
流动资产合计	642,506,872.00	638,124,295.27
固定资产原价	1,203,543,810.74	1,028,685,998.86

减:累计折旧	559,074,685.67	505,384,891.47
固定资产净值	644,469,125.07	523,301,107.39
减:固定资产减值准备	1,632,200.75	----
固定资产净额	642,836,924.32	523,301,107.39
在建工程	1,180,000.00	23,594,930.00
固定资产合计	644,016,924.32	546,896,037.39
无形资产	111,288,080.00	----
无形资产及其他资产合计	111,288,080.00	----
资产总计	1,397,811,876.32	1,185,020,332.66
项目	2001年12月31日	2000年12月31日
短期借款	125,392,700.00	104,995,400.00
应付账款	67,532,653.47	36,828,596.26
预收账款	93,760,590.43	27,271,129.32
应付工资	42,113,789.71	49,110,734.72
应付福利费	10,702,278.29	7,866,694.68
应付股利	99,300,000.00	66,200,000.00
应交税金	32,122,809.29	101,858,727.91
其他应交款	11,998,779.56	11,005,680.16
其他应付款	43,686,452.41	32,116,217.76
预提费用	----	----
一年内到期的长期负债	----	----
流动负债合计	526,610,053.16	437,253,180.81
长期借款	223,932,867.41	207,682,867.41
长期应付款	85,125,600.00	----
长期负债合计	309,058,467.41	207,682,867.41
负债合计	835,668,520.57	644,936,048.22
股本	331,000,000.00	331,000,000.00
资本公积	178,156,690.21	178,156,690.21
盈余公积	43,697,333.10	20,959,829.42
其中:法定公益金	21,848,666.55	10,479,914.71
未分配利润	9,289,332.44	9,967,764.81
股东权益合计	562,143,355.75	540,084,284.44
负债和股东权益总计	1,397,811,876.32	1,185,020,332.66

(二)简要利润表　单位:元

项目	2003年1-6月	2002年度
主营业务收入	721,837,558.82	1,363,983,663.12
减:主营业务成本	425,590,029.56	821,774,299.70
主营业务税金及附加	10,501,625.22	18,319,510.75
主营业务利润	285,745,904.04	523,889,852.67
加:其他业务利润	-385,611.20	2,114,007.59
减:营业费用	54,683,574.33	129,917,026.32
管理费用	78,893,965.16	130,102,379.57
财务费用	10,141,126.10	25,680,763.48
营业利润	141,641,627.25	240,303,690.89
加:营业外收入	1,568.00	190,667.76
减:营业外支出	2,234,716.69	6,307,949.23
利润总额	139,408,478.56	234,186,409.42
减:所得税	48,841,466.55	62,127,965.11
净利润	90,567,012.01	172,058,444.31

项目	2001年度	2000年度
主营业务收入	969,386,751.73	811,564,084.43
减:主营业务成本	541,100,713.14	442,753,046.00
主营业务税金及附加	15,384,123.39	9,626,962.71
主营业务利润	412,901,915.20	359,184,075.72
加:其他业务利润	184,150.44	-1,000,925.15
减:营业费用	126,723,599.84	115,882,233.60
管理费用	77,950,131.92	68,228,284.45
财务费用	21,786,923.33	16,657,154.57
营业利润	186,625,410.55	157,415,477.95
加:营业外收入	10,900.88	88,604.93
减:营业外支出	2,024,241.94	137,583.30
利润总额	184,612,069.49	157,366,499.58
减:所得税	70,924,551.05	52,567,352.48
净利润	113,687,518.44	104,799,147.10

(三)简要现金流量表　单位:元

项目	金额	
	2003年1-6月	2002年度
经营活动产生的现金流量净额	155,903,394.19	492,089,997.38
投资活动产生的现金流量净额	-115,604,614.18	-231,541,140.90
筹资活动产生的现金流量净额	-89,596,126.10	-166,340,763.48
现金及现金等价物净增加额	-49,297,346.09	94,208,093.00

三、会计报表附注

本公司会计报表注释等内容,请投资者参阅本公司招股说明书附录部分(www.sse.com.cn)。

四、主要财务指标

财务指标		2003年6月30日	2002年12月31日	2001年12月31日	2000年12月31日
流动比率		0.92	0.87	1.22	1.46
速动比率		0.77	0.78	1.04	1.18
应收账款周转率		2.49	4.50	2.40	1.80
存货周转率		4.94	10.19	4.95	5.10
无形资产/总资产		6.37%	7.18%	7.96%	——
资产负债率		62.21%	59.80%	59.78%	54.42%
每股净资产		1.89	1.82	1.70	1.63
每股经营活动现金流(元/股)		0.47	1.49	0.86	0.37
每股收益(元)	全面摊薄	0.29	0.52	0.34	0.32
	加权平均	0.29	0.52	0.34	0.32
净资产收益率	全面摊薄	14.46%	28.59%	20.22%	19.40%
	加权平均	14.00%	27.68%	19.05%	——

五、简要盈利预测数据

盈利预测表　(单位:元)

项目	2002年审定数	1-6月已审实现数
一、主营业务收入	1,363,983,663.12	721,837,558.82
减:主营业务成本	821,774,299.70	425,590,029.56
主营业务税金及附加	18,319,510.75	10,501,625.22
二、主营业务利润	523,889,852.67	285,745,904.04
加:其他业务利润	2,114,007.59	-385,611.20
减:营业费用	129,917,026.32	54,683,574.33
管理费用	130,102,379.57	78,893,965.16
财务费用	25,680,763.48	10,141,126.10
三、营业利润	240,303,690.89	141,641,627.25
加:投资收益	——	——
补贴收入	——	——
减:营业外支出	6,117,281.47	2,233,148.69
四、利润总额	234,186,409.42	139,408,478.56
减:所得税	62,127,965.11	48,841,466.55
五、净利润	172,058,444.31	90,567,012.01

项目	2003年预测数	
	7-12月预测数	合计
一、主营业务收入	719,102,441.18	1,440,940,000.00
减:主营业务成本	419,919,609.19	845,509,638.75
主营业务税金及附加	8,934,334.78	19,435,960.00
二、主营业务利润	290,248,497.21	575,994,401.25
加:其他业务利润	-231,968.80	-617,580.00
减:营业费用	100,548,154.70	155,231,729.03
管理费用	77,225,957.12	156,119,922.28
财务费用	11,768,873.90	21,910,000.00
三、营业利润	100,473,542.69	242,115,169.94
加:投资收益	——	——
补贴收入	——	——
减:营业外支出	——	2,233,148.69
四、利润总额	100,473,542.69	239,882,021.25
减:所得税	30,319,600.45	79,161,067.00
五、净利润	70,153,942.24	160,720,954.25

第九节 其他重要事项

一、自本公司股票首次公开发行之日至本上市公告书公告之日,本公司严格依照现行有关法律、法规的规定规范运作,生产经营情况正常,本公司所处行业和市场无重大变化,主要业务发展目标的进展状况正常,主要投入、产出物供求及价格无重大变化;

二、自本公司股票首次公开发行之日至本上市公告书公告之日,本公司没有进行重大对外投资、无重大资产(股权)收购、出售行为;

三、自本公司股票首次公开发行之日至本上市公告书公告之日,本公司重大会计政策和会计师事务所没有发生变化;

四、本公司未涉及任何重大诉讼、仲裁或行政处罚案件,并且董事会认为本公司未面临任何重大影响的诉讼和索赔要求;

五、自本公司股票首次公开发行之日至本上市公告书公告之日,本公司董事、监事和高级管理人员未受到任何刑事起诉,亦没有尚未了结或可能发生的刑事诉讼事项;

六、自本公司股票首次公开发行之日至本上市公告书公告之日,本公司住所未变更;本公司未发生新的重大负债;并且重大债项未发生变化。

七、根据《上海证券交易所股票上市规则》,本公司第一大股东阳泉煤业(集团)有限责任公司承诺,自本公司股票上市之日起12个月内,不转让其持有的本公司股份,也不由本公司回购其持有的本公司股份。

八、本公司股票首次公开发行至本上市公告书公告之日,没有其他应披露而未披露之重大事项。

第十节 董事会上市承诺

本公司董事会将严格遵守《中华人民共和国公司法》、《中华人民共和国证券法》、《股票发行与交易管理暂行条例》、《公开发行股票信息披露实施细则》和《上海证券交易所股票上市规则》等国家有关法律、法规和有关规定,并自股票上市之日起做到:

1、真实、准确、完整、公允和及时地公布定期报告,披露所有对投资者有重大影响的信息,并接受中国证监会、证券交易所的监督管理;

2、本公司在知悉可能对股票价格产生误导性影响的任何公共传播媒介中出现的消息后,将及时予以公开澄清;

3、本公司董事、监事、高级管理人员和核心技术人员将认真听取社会公众的意见和批评,不利用已获得的内幕消息和其他不正当手段直接或间接从事本公司股票的买卖活动;

4、本公司没有无记录的负债。

第十一节 上市推荐人及其意见

一、上市推荐人

1、上市推荐人:华夏证券股份有限公司

法定代表人:周济谱

地址:北京市东城区朝内大街188号

电话:010-65178899　传真:010-65185227

联系人:卢涛王姝

2、上市推荐人:东方证券有限责任公司

法定代表人:朱福涛

地址:上海市东方路1025号

电话:(010)84896457　传真:(010)84896457

联系人:张世刚

二、上市推荐人意见

本公司上市推荐人认为,发行人章程符合《中华人民共和国公司法》等有关法律、法规和中国证监会关于公司章程的相关规定;发行人本次股票发行完全符合《中华人民共和国公司法》、《中国人民共和国证券法》、《股票发行与交易管理暂行条例》、《上海证券交易所股票上市规则》等国家有关法律、法规的规定,已具备了上市条件;发行人董事了解法律、法规、上海证券交易所上市规则及股票上市协议规定的董事的义务与责任;发行人建立健全了法人治理结构,制定了严格的信息披露制度与保密制度。

上市推荐人已对上市文件所载的资料进行了核实,确保上市文件真实、准确、完整,符合规定要求;保证发行人的上市申请材料、上市公告书没有虚假、严重误导性陈述或者重大遗漏,并保证对其承担连带责任。华夏证券股份有限公司和东方证券有限责任公司与发行人不存在关联关系。上市推荐人愿意推荐发行人股票在上海证券交易所上市交易,并保证不利用在上市过程中获得的内幕信息进行内幕交易,为自己或他人谋取利益。

山西国阳新能股份有限公司

2003年8月13日

浙江龙盛集团股份有限公司

浙江龙盛集团股份有限公司股票上市公告书

第一节　重要声明与提示

浙江龙盛集团股份有限公司(以下简称"本公司"、"公司"或"发行人")董事会保证上市公告书的真实性、准确性、完整性,全体董事承诺上市公告书不存在虚假记载、误导性陈述或重大遗漏,并承担个别和连带的法律责任。

根据《公司法》、《证券法》等有关法律、法规规定,本公司董事、高管人员已依法履行诚信和勤勉尽责的义务和责任。

上海证券交易所、中国证监会、其他政府机关对本公司股票上市及有关事项的意见,均不表明对本公司的任何保证。

本公司提醒广大投资者注意,凡本上市公告书未涉及的有关内容,请投资者查阅 2003 年 7 月 14 日刊载于《中国证券报》、《上海证券报》和《证券时报》的本公司招股说明书摘要及刊载于上海证券交易所网站(http://www.sse.com.cn)的本公司招股说明书全文。

第二节　概览

1、股票简称:浙江龙盛
2、沪市股票代码:600352
3、深市代理股票代码:003352
4、股本总额:227,000,000 股
5、可流通股本:57,000,000 股
6、本次上市流通股本:57,000,000 股
7、每股发行价格:8.51 元
8、上市地点:上海证券交易所
9、上市时间:2003 年 8 月 1 日
10、股票登记机构:中国证券登记结算有限责任公司上海分公司
11、上市推荐人:兴业证券股份有限公司
12、对首次公开发行股票前股东所持股份的流通限制及期限:根据国家现有法律、法规规定和中国证监会证监发行字[2003]76 号《关于核准浙江龙盛集团股份有限公司公开发行股票的通知》,本公司的法人股、自然人持有的未流通股份暂不上市流通。
13、本公司第一大股东阮水龙承诺:自本公司股票上市之日起 12 个月内,不转让其所持有的本公司的股份,同时,本公司也承诺:自公司股票上市之日起 12 个月内不回购公司发起人持有本公司股份。

第三节　绪言

本上市公告书是根据《中华人民共和国公司法》、《中华人民共和国证券法》、《股票发行与交易管理暂行条例》、《公开发行股票公司信息披露实施细则》和《上海证券交易所股票上市规则》等国家有关法律、法规的规定,并按照中国证监会《公开发行证券的公司信息披露内容与格式准则第 7 号-股票上市公告书》而编制,旨在向投资者提供有关本公司的基本情况和本次股票上市的有关情况。

经中国证监会证监发行字[2003]76 号文核准,本公司于 2003 年 7 月 17 日采用全部向二级市场投资者定价配售的方式发行了每股面值 1.00 元的人民币普通股 5,700 万股,每股发行价为人民币 8.51 元。

经上海证券交易所上证上字[2003]87 号文批准,本公司公开发行的 5,700 万股社会公众股将于 2003 年 8 月 1 日起在上海证券交易所挂牌交易。股票简称"浙江龙盛",沪市股票代码"600352"、深市代理股票代码"003352"。

本公司已于 2003 年 7 月 14 日在《中国证券报》、《上海证券报》和《证券时报》上刊登了《招股说明书摘要》,招股说明书正文及其附录刊载于上海证券交易所网站(http://www.sse.com.cn),距今不足三个月,故与其重复的内容在此不再重述,敬请投资者查阅上述内容。

第四节　发行人概况

一、发行人的基本情况
1、公司中文名称:浙江龙盛集团股份有限公司
公司英文名称:Zhejiang Longsheng Group Co.,Ltd
2、法定代表人:阮水龙
3、设立日期:1998 年 3 月 23 日
4、住所及邮政编码:浙江省上虞市道墟镇,邮编:312368
5、注册资本:22,700 万元人民币
6、经营范围:染料及助剂、化工产品的技术开发、技术转让、技术咨询服务、生产、销售(化学危险品凭许可证经营);上述产品的原辅材料、机械设备、仪器仪表及零配件、包装制品的销售。本企业自产的各类染料、助剂、化工中间体的出口;本企业生产、科研所需的原辅材料、机械设备、仪器仪表、零配件的进口。
7、主营业务:染料、助剂、中间体的研发、生产和销售
8、所属行业:专用化工制品
9、电话:0575-2042778
10、传真:0575-2042878
11、电子信箱:long613@mail.sxptt.zj.cn
12、互联网网址:http://www.longsheng.com
13、董事会秘书:阮兴祥先生
二、发行人的历史沿革

1997 年 12 月 28 日,经浙江省人民政府证券委员会浙证委[1997]170 号文批准,由浙江龙盛集团股份有限公司职工持股会、上虞市道墟镇集体资产经营公司、上虞市国有资产经营总公司 3 个法人单位和阮水龙等 10 个自然人共同出资 10000 万元发起设立浙江龙盛集团股份有限公司,公司注册资本 10000 万元。1999 年 4 月 7 日,经浙江省人民政府证券委员会文件浙证委[1999]26 号文《关于同意浙江龙盛集团股份有限公司增资扩股的批复》批准,以 1998 年底总股本 10000 万股为基数,按每 10 股配 7 股的比例向全体股东配股,公司注册资本变更为 17000 万元。

经浙江省财政厅浙财国资字(2001)205 号《关于同意浙江龙盛集团股份有限公司国有股权转让的批复》文批复,上虞市国有资产经营总公司将其持有的发行人 140 万股国有法人股转让给浙江龙盛集团股份有限公司职工持股会。2001 年 9 月 30 日,经浙江龙盛集团股份有限公司职工持股会 2001 年度第二次会员代表大会决议通过,职工持股会将其持有发行人的 3643 万股分别转让给上虞市龙盛投资发展有限公司和阮水龙等 36 个自然人。至此,职工持股会不再持有发行人的股份。

经中国证监会证监发行字[2003]76 号文核准,本公司于 2003 年 7 月 17 日利用上海证券交易所和深圳证券交易所交易系统,采用全部向二级市场投资者定价配售的发行方式发行了 5700 万股每股面值 1.00 元的人民币普通股,发行价为每股 8.51 元。此次发行完成后,公司的总股本为 22,700 万股,注册资本为 22,700 万元。本次发行前后,股本结构如下:

发行前

股份类别	股东名称	股份(万股)	比重(%)
境内法人股	上虞市道墟镇集体资产经营公司	1,028.00	6.05
	上虞市龙盛投资发展有限公司	866.45	5.10
自然人持有的未流通股份	阮水龙等 36 个自然人	15,105.55	88.85
	社会公众股	0.00	0.00
合计		17,000.00	100.00

发行后

股份类别	股东名称	股份(万股)	比重(%)
境内法人股	上虞市道墟镇集体资产经营公司	1,028.00	4.53
	上虞市龙盛投资发展有限公司	866.45	3.82
自然人持有的未流通股份	阮水龙等 36 个自然人	15,105.55	66.54
	社会公众股	5,700.00	25.11
合计		22,700.00	100.00

三、发行人的生产经营情况
1、主要业务构成
本公司主要从事染料、助剂、中间体的研究开发、生产和销售,产品主要为分散染料、活性染料、酸性染料、化工中间体、助剂等五大类。
2、发行人的竞争优势及劣势
(1)竞争优势
①生产规模大,综合实力强。本公司是全球最大的分散染料生产出口基地,目前已形成规模和专业优势,在国内同行业中无论规模还是整体竞争优势都已处于的水平。根据中国染料工业协会对会员企业的统计,截止到 2002 年止,近几年公司染料生产量、销售收入、实现利税、出口创汇等各项指标均在国内行业中排名第一,其中分散染料的产量连续四年居世界第一。
②灵活的经营机制。公司在多变的国际市场和激烈的竞争中,确立了以"密切关注市场,快速反应出击、迅速决策"为核心的经营策略,拥有一批经验丰富、管理能力强的高、中级管理人员,建立了一支高效的销售和采购团队,形成高效、灵活的经营机制。
③产品和市场优势。本公司通过产品结构的调整,形成了以分散染料为主导,活性染料、酸性染料以及化工中间体为补充的产品营销格局,并已培育出各自的名牌。产品远销欧、美、日、东南亚等 70 余个国家和地区。公司产业目前已占国内市场份额的 30%以上。
④雄厚的技术力量。公司目前拥有各类专业技术人员 323 人,其中多数技术人员具有中高级职称,而且大都在科研开发、技术创新、品质管理等岗位工作,雄厚的技术力量已成为科技进步的强大推动力。公司化工研究所拥有中高级科技人员 85 人,下设试制、开发、引进、分析、信息管理等机构。同时公司与上海复旦、浙大、兰州大学、浙工大、大连理工大学等三十余所大专院校建立长期稳固的协作关系。2000 年,公司被浙江省人民政府认定为省级企业技术中心,并多次获得省级科技进步先进企业的称号。
⑤完善的企业管理。公司于 1998 年通过了 ISO9002 国际质量体系认证。目前发行人已实现信息化、网络化管理,各部门、各重要岗位全部实现无纸化办公,正在实施的 ERP 管理体系将使企业的管理更上一个台阶。
(2)竞争劣势
同国外知名染料公司相比较,公司的竞争劣势主要体现在以下几方面:
①染料新领域的开发能力相对较弱。虽然公司纺织用染料产品的开发能力在同行业中已经领先,但随着公司规模的快速扩张及产业延伸,支撑公司快速发展的纺织用染料已不能完全满足公司发展的需要,而纺织用染料以外的新产品的开发却显得相对滞后。比如对全新的分子结构设计和筛选工作还不能独立进行研制。
②企业信息化工作有待完善。虽然本公司已建立了计算机网络信息系统,为公司信息的及时传递、交流搭起了平台,但对外部的市场、人才、产品、技术等方面的信息的完整、准确、及时的收集,加工处理、传递略显滞后,从而在一定程度上制约了企业决策的及时、准确、有效的进行。
③全球化的产品服务体系尚待完善。虽然公司在国内建立了较为完善的产品服务体系,并在国际主要市场完善了产品代理制度,但在产品技术服务的深度方面还存在一定的差距,特别是在国际市场上,染料产品的技术服务有待进一步提高。
3、主要财务指标请参见本上市公告书"财务会计资料"部分
4、主要知识产权、特许经营权和非专利技术情况
(1)商标
目前与发行人产品相关的注册商标"龙盛"、"越州"由发行人拥有并独占专属使用。
(2)主要的非专利技术

主要非专利	来源	是否拥有所有权
亚硝酰硫酸	技术转让	是
染料后处理加工	技术自主开发	是
中间体烷基化生产成套	技术自主开发	是
分散染料晶型调整	技术自主开发	是
膜处理技术随	设备引进	使用权
高压液相控制检测手段	自主开发	是
低压液相催化加氢	技术技术转让	转让方、受让方共同拥有

(3)特许经营权
发行人持有进出口企业代码为 3300704202137、批准文号为[1996]外经贸政审函字第 1973 号的《中华人民共和国进出口企业资格证书》,有权"出口本企业自产的各类染料、助剂、化工中间体(国家组织统一联合经营的出口商品除外);进口本企业生产、科研所需的原辅材料、机械设备、仪器仪表及零配件(国家实行核定公司经营的进口商品除外)"。
5、财政税收优惠政策
公司按 33%的税率计缴,自 2001 年起,本公司(母公司)享受乡镇企业按应缴税款减征 10%的税收优惠;子公司上虞新晟化工工业有限公司系沿海经济开放区的中外合资经营企业,按 26.4%的

税率计缴,2002 年及 2003 年 1-3 月属“两免三减半”的免税期;子公司上海安诺芳胺化学品有限公司 2003 年 3 月以前按销售收入的 5‰计缴,3 月份改按销售收入的 1%计缴;其他子公司按 33%的税率计缴。

第五节　股票发行与股本结构

一、本次股票上市前首次公开发行股票的情况

1、发行股票种类:人民币普通股

2、每股面值:1.00 元

3、发行数量:5,700 万股

4、每股发行价格:8.51 元

5、募集资金总额:48,507 万元

6、发行时间:2003 年 7 月 17 日

7、发行方式:全部向二级市场投资者定价配售

8、发行对象:于《浙江龙盛集团股份有限公司首次公开发行股票招股说明书(摘要)》刊登日即 2003 年 7 月 14 日(T-3 日)收盘时持有沪市或深市已上市流通人民币普通股(A 股)股票的市值总和(包括可流通但暂时锁定的股份市值)达到 10,000 元及以上的投资者

9、发行市盈率:14.05 倍

10、发行费用总额及项目:本次股票发行费用共 1859.50 万元,主要包括承销费用、审计费用、律师费用、发行手续费用、登记费用、审核费用等费用。

11、每股发行费用:0.33 元

二、本次股票上市前首次公开发行股票的承销情况

本次公开发行的 5,700 万股社会公众股的配号总数为 76149697 个,中签率为 0.07485256%。其中,二级市场投资者认购 56427382 股,余股 572618 股由主承销商兴业证券股份有限公司包销。

三、本次上市前首次公开发行股票所募股资金的验资报告

验资报告

浙天会验[2003]第 75 号

浙江龙盛集团股份有限公司全体股东:

我们接受委托,审验了贵公司截至 2003 年 7 月 24 日止新增注册资本实收情况。按照国家相关法律、法规的规定和协议、章程的要求出资,提供真实、合法、完整的验资资料,保护资产的安全、完整是全体股东及贵公司的责任。我们的责任是对贵公司新增注册资本的实收情况发表审验意见。我们的审验是依据《独立审计实务公告第 1 号--验资》进行的,在审验过程中,我们结合贵公司的实际情况,实施了检查等必要的审验程序。

贵公司原注册资本为人民币 170,000,000.00 元,根据 2002 年 3 月 8 日贵公司 2001 年度股东大会决议和 2003 年 2 月 16 日 2002 年度股东大会决议及修改后章程的规定,申请向社会公开发行人民币普通股(A 股)增加注册资本人民币 57,000,000.00 元,变更后的注册资本为人民币 227,000,000.00 元。经中国证券监督管理委员会证监发行字[2003]76 号文核准,贵公司向社会公开发行人民币普通股(A 股)57,000,000 股,每股面值 1 元,每股发行价为人民币 8.51 元,可募集资金总额为 485,070,000.00 元。经我们审验,截至 2003 年 7 月 24 日止,贵公司实际已向社会公开发行人民币普通股(A 股)57,000,000 股,应募集资金总额人民币 485,070,000.00 元,扣除实际发生的发行费用人民币 18,594,956.77 元后,募集资金净额为人民币 466,475,043.23 元,其中计入实收股本人民币伍仟柒佰万元(¥57,000,000.00 元),计入资本公积人民币 409,475,043.23 元。

同时我们注意到,贵公司本次增资前的注册资本为人民币 170,000,000.00 元,已经绍兴会计师事务所审验,并于 1999 年 3 月 26 日出具绍会内验[1999]第 48 号《验资报告》。截至 2003 年 7 月 24 日止,变更后的累计注册资本实收金额为人民币 227,000,000.00 元。本验资报告仅供贵公司申请变更登记及据以向股东签发出资证明时使用,不应将其视为是对贵公司验资报告日后资本保全、偿债能力和持续经营能力等的保证。因使用不当造成的后果,与执行本验资业务的注册会计师及会计师事务所无关。

附件:

(一)注册资本变更前后对照表;

(二)验资事项说明;

(三)本公司《企业法人营业执照》复印件;

(四)中国证券监督管理委员会《关于核准浙江龙盛集团股份有限公司公开发行股票的通知》复印件;

(五)银行进账单、银行询证函等人资凭证复印件。

以上附件(三)、(四)、(五)仅送工商行政管理部门。

浙江天健会计师事务所有限公司中国注册会计师:王越豪

中国·杭州中国注册会计师:陈曙

中国注册会计师:杜烈康

报告日期:2003 年 7 月 24 日

四、本次募股资金入帐情况

入帐时间:2003 年 7 月 24 日

入帐金额:468,837,043.23 元(募集资金扣除承销费和上网发行费后的余额)

开户银行:中国工商银行上虞市支行

入帐帐号:1211022009021009869

五、本次股票上市前发行人的股权结构和股东的持股情况

1、本次股票上市前公司的股权结构

股本类别	本次股票上市前	
持股	数量(万股)	持股比例(%)
1、法人股	1,894.45	8.35
2、自然人持有的未流通股	15,105.55	66.54
3、社会公众股	5,700.00	25.11
总股本	22,700.00	100.00

2、本次股票上市前,公司前十名股东及其持股比例

股东名称	持股股数(万股)	持股比例(%)
1、阮水龙	4070.00	17.93
2、阮伟祥	2339.00	10.30
3、阮伟兴	2215.06	9.76
4、苏紫薇	2050.00	9.03
5、章荣夫	1088.61	4.80
6、项志峰	1057.45	4.66
7、上虞市道墟镇集体资产经营公司	1028.00	4.53
8、上虞市龙盛投资发展有限公司	866.45	3.82
9、潘小成	643.40	2.83
10、陈建华	188.60	0.83

第六节　董事、监事、高级管理人员及核心技术人员

一、董事、监事、高级管理人员及核心技术人员简介

1、董事会成员

阮水龙先生,董事长,男,1935 年 12 月出生,大专文化程度,高级经济师,中共党员。历任上虞县纺织印染助剂厂厂长,上虞县助剂厂厂长,上虞县助剂总厂厂长、党支部书记,浙江助剂总厂厂长、党支部书记,浙江染料助剂总厂厂长、党委书记,浙江龙盛集团公司董事长、党委书记、总经济师,浙江龙盛集团股份有限公司一届董事会董事长、党委书记等职。现为浙江龙盛集团股份有限公司二届董事会董事长、党委书记,绍兴市人大代表、上虞市政协常委,中国染料工业协会副理事长,浙江省染料工业协会理事长,绍兴市染料协会理事长。

阮伟兴先生,董事,总经理,男,1960 年 2 月出生,大专文化程度,工程师,中共党员。历任上虞县纺织印染助剂厂技术员,上虞县助剂厂技术科长、研究所长,上虞县助剂总厂副厂长,浙江助剂总厂生技副厂长,浙江染料助剂总厂厂长,浙江龙盛集团公司总经理、党委副书记,浙江龙盛集团股份有限公司一届董事会副董事长、公司总经理等职。现为浙江龙盛集团股份有限公司二届董事会董事、公司总经理。

阮伟祥先生,董事,总工程师,男,1965 年 10 月出生,理学硕士,工程师。历任复旦大学高分子材料系讲师,浙江染料助剂总厂副厂长、总工程师,浙江龙盛集团公司副总经理、总工程师,浙江龙盛集团股份有限公司一届董事会董事、副总经理、总工程师等职。现为浙江龙盛集团股份有限公司二届董事会董事、公司总工程师。

阮兴祥先生,董事,男,1962 年 12 月出生,大专文化程度,统计师,中共党员。历任上虞县助剂总厂企管科长,浙江助剂总厂企管科长,浙江染料助剂总厂企管科长,浙江龙盛集团公司企财部长,浙江龙盛集团股份有限公司一届董事会董事、企财部长、办公室主任等职。现为浙江龙盛集团股份有限公司二届董事会董事、董事会秘书。

章荣夫先生,董事,男,1954 年 11 月出生,中专文化程度,经济师,中共党员。历任上虞县助剂总厂供销科长、副厂长,浙江助剂总厂副厂长,浙江染料助剂总厂副厂长、党委委员,浙江龙盛集团公司副总经理,浙江龙盛集团股份有限公司一届董事会董事兼副总经理等职。现为浙江龙盛集团股份有限公司二届董事会董事。

吕秋萍女士,独立董事,女,1959 年 8 月出生,高级会计师,具有证券从业资格的注册会计师。1983 年 1 月毕业于上海财经学院会计系;1983 年-1985 年 8 月,上海交电站财务科工作;1985 年 8 月-1992 年 8 月,上海商业会计学校国际金融教研室讲师;1992 年 8 月-至今,大华会计师事务所(现更名为安永大华会计师事务所)工作,历任项目经理、部门经理、主任会计师助理,现为事务所合伙人,浙江龙盛集团股份有限公司独立董事。

方荣岳先生,独立董事,男,汉族,1964 年 11 月出生,浙江衢州人,中共党员,高级会计师,复旦大学在职博士生,历任上海财经大学助教、丽珠医药集团股份有限公司部门经理、安滔发展有限公司副总经理、丽珠(香港)有限公司副总经理以及联合国际财务投资有限公司董事总经理等职。现为浙江龙盛集团股份有限公司独立董事、珠海市丽士投资有限公司董事总经理及成都丽凯手性药物有限公司董事等职。

孙笑侠先生,独立董事,男,1963 年 8 月出生,浙江温州人,法学博士。现任浙江大学法学院教授、博士生导师,副院长兼法律系主任,浙江龙盛集团股份有限公司独立董事。兼任浙江省法制研究所副所长、杭州市人大立法咨询委员会副主任,中国 WTO 组织法研究会常务理事,中国法理学研究会常务理事,享受中国国务院特殊津贴。

杨玉良先生,独立董事,男,汉族,1952 年 11 月出生,浙江海盐人,中共党员,复旦大学教授,博士生导师。现任复旦大学副校长,高分子科学系主任,教育部聚合物分子工程重点实验室主任,上海市高分子材料研究开发中心主任,中国材料协会副理事长,长江学者奖励计划特聘教授、浙江龙盛集团股份有限公司独立董事。兼《化学学报》副主编和《高等学校化学学报》、《波谱学杂志》等多种重要学术刊物的编委。被聘为复旦大学物理系、中山大学和同济大学等国内多所院校的兼职教授。

2、监事会成员

陈建华先生,监事,男,汉族,1960 年 11 月出生,浙江上虞人,大专文化程度,经济师,政工师,中共党员。历任浙江助剂总厂办公室主任、工会主席、党委副书记,浙江龙盛集团公司办公室主任、工会主席、党委副书记,浙江龙盛集团股份有限公司一届董事会董事、总经理助理等职务。现为浙江龙盛集团股份有限公司二届监事会主席、公司原料公司经理。

顾晓晓先生,监事,男,汉族,1971 年 9 月出生,浙江上虞人,大专文化程度,助理会计师,中共党员。历任道墟镇财政办公室副主任、主任。现任道墟镇集体资产经营公司副经理、浙江龙盛集团股份有限公司二届监事会监事。

倪越刚先生,监事,男,汉族,1972 年 6 月出生,浙江上虞人,高中文化程度,中共党员。现为公司团总支书记、浙江龙盛集团股份有限公司二届监事会监事。

3、其它高级管理人员

项志峰先生,副总经理,男,1962 年 5 月出生,中专文化程度,经济师,中共党员。历任上虞县助剂厂基建设备科长,浙江助剂总厂供销处处长,经营副厂长,浙江助剂总厂经营副厂长兼销售公司经理,浙江龙盛集团公司经营副总经理、党委委员兼销售公司经理,浙江龙盛集团股份有限公司一届董事会董事,副总经理兼销售公司经理等职。现为浙江龙盛集团股份有限公司副总经理。

潘小成先生,副总经理,男,1964 年 8 月出生,中专文化程度,工程师,中共党员。历任上虞县助剂厂基建设备副科长,浙江助剂总厂设备科副科长,浙江染料助剂总厂副厂长,浙江龙盛集团公司副总经理,浙江龙盛集团股份有限公司一届董事会董事、副总经理等职。现为浙江龙盛集团股份有限公司副总经理。

王忠,财务总监,男,1967 年 11 月出生,硕士研究生、注册会计师。现任浙江龙盛集团股份有限公司财务总监。

4、核心技术人员

阮伟祥,公司技术负责人,为公司核心技术人员(详见董事会成员简历)。

何旭斌,研究所所长,男,1971 年 3 月出生,大学文化,工程师,中共党员。曾组织开发杂环系列染料新产品 5 个,组织开发的分散红 GS、分散黑 EX-SF 获得省级新产品。现为公司研究所所长。

魏荣宝男,教授,1945 年 3 月出生,毕业于天津南开大学,享受国务院特殊津贴专家。曾获得国家教委科技进步二等奖,辽宁省科技进步三等奖。现为公司研究所高级研究员。

赵德丰男,教授,博士生导师,1945 年出生,毕业于大连理工大学,现任中国化工学会理事,中国染料专业委员会副主任,享受国务院特殊津贴专家。主要科研成果:活性艳蓝 KN-FB 的开发研究,分散荧光黄 199 的开发研究。现为公司研究所特聘高级研究员。

上述董事、监事、高级管理人员、核心技术人员均为中华人民共和国公民。

五、持股情况

1、本次发行前及发行后公司董事、监事、高级管理人员以及核心技术人员持股数量/持股比例情况

项目	发行前		发行后	
	持股数量(股)	比例(%)	持股数量(股)	比例(%)
阮水龙	40700000	23.94	40700000	17.93
阮伟兴	22150630	13.03	22150630	9.76
阮伟祥	23390000	13.76	23390000	10.30
章荣夫	10886090	6.40	10886090	4.80
阮兴祥	967190	0.57	967190	0.43
方荣岳	0	0	0	0
孙笑侠	0	0	0	0
杨玉良	0	0	0	0
吕秋萍	0	0	0	0
陈建华	1886000	1.11	1886000	0.83
顾晓晓	0	0	0	0
倪越刚	0	0	0	0
项志峰	10574500	6.22	10574500	4.66
潘小成	6433990	3.78	6433990	2.83
王忠	0	0	0	0

上述 8 人已确认其所持有的本公司股份均未存在质押或冻结情况,并同意按照法律、法规、规范性文件和公司章程的有关规定,在任职期间以及离职六个月之内不转让所持本公司的股份。

2、本次发行前后上述人员家属持股情况

上述人员中，董事长阮水龙的儿子阮伟刚持有本公司股份 1716490 股，占发行前公司总股本的 1.01%，占发行后 0.76%。其他人员配偶及未满 18 岁的子女未持有发行人股份。

第七节 同业竞争和关联交易

一、关于公司同业竞争情况

1、与法人股东的同业竞争

发行人的经营范围主要是染料、助剂及化工产品的技术开发、技术转让、技术咨询服务、生产、销售；本企业自产的各类染料、助剂、化工中间体的出口。法人股东上虞市道墟镇集体资产经营公司的经营范围主要是从事镇集体资产经营管理和投资业务，市场物业管理。法人股东上虞市龙盛投资发展有限公司的经营范围主要是资产经营管理。发行人与法人股东所从事业务不同，不存在同业竞争关系。

2、与自然人股东的同业竞争

自然人股东目前没有在与本公司所从事的相同或相近的行业进行投资。发行人与自然人股东不存在同业竞争。

二、关联交易

1、公司的关联方及关联关系

本公司目前存在的关联方及关联关系请查阅刊登于上海证券交易所网站（www.sse.com.cn）本公司招股说明书全文。

2、公司的关联交易

本公司的关联交易主要包括购销商品、借款、受让股权、投资组建公司、租赁等关联交易。报告期内公司重要关联交易是产品的购销，其情况如下：

项目	2000 年		2001 年	
	金额（万元）	比例（%）	金额（万元）	比例（%）
采购	28198.71	50.06	1779.52	2.61
销售	3341.33	5.38	1640.72	2.12

项目	2002 年		2003 年 1－3 月	
	金额（万元）	比例（%）	金额（万元）	比例（%）
采购	320.83	0.52	20.28	0.15
销售	1257.47	1.38	44.17	0.18

关联交易详细内容请查阅刊登于上海证券交易所网站（www.sse.com.cn）本公司招股说明书全文。

第八节 主要财务会计资料

本公司截止 2003 年 3 月 31 日的财务会计资料已于 2003 年 7 月 14 日刊登在《中国证券报》、《上海证券报》和《证券时报》本公司招股说明书摘要中。投资者欲了解详细内容，请投资者查阅上述报纸或刊登于上海证券交易所网站（www.sse.com.cn）的本公司招股说明书全文及附录。

一、注册会计师意见

本公司已聘请浙江天健会计师事务所有限公司对本公司 2000 年 12 月 31 日、2001 年 12 月 31 日、2002 年 12 月 31 日、2003 年 3 月 31 日的资产负债表和合并资产负债表，2000 年度、2001 年度、2002 年度、2003 年 1-3 月的利润及利润分配表和合并利润及利润分配表，以及 2002 年度、2003 年 1-3 月的现金流量表和合并现金流量表进行了审计。浙江天健会计师事务所有限公司出具了标准无保留意见的《审计报告》（浙天会审[2003]第 786 号）。

二、简要会计报表

1、合并资产负债表　　单位：人民币元

项目	合并报表 2003-3-31	2002-12-31
流动资产		
货币资金	116,444,332.95	82,584,665.99
短期投资	324,000.00	270,900.00
应收票据	4,048,490.00	30,126,845.73
应收帐款	264,345,715.00	196,061,429.50
其他应收款	4,752,609.64	2,263,359.58
预付帐款	89,123,506.92	49,096,021.82
应收补贴款	1,034,784.99	839,035.57
存货	178,856,468.92	143,495,800.43
待摊费用	75,396.10	98,877.21
流动资产合计	659,005,304.52	504,836,935.83
长期投资：		
长期股权投资	0	0
长期投资合计	0	0
固定资产：		
固定资产原价	321,999,429.60	302,217,384.50
减：累计折旧	118,736,711.65	110,875,704.75
固定资产净值	203,262,717.95	191,341,679.75
固定资产净额	203,262,717.95	191,341,679.75
工程物资	288,170.42	1,563,313.40
在建工程	6,521,090.63	10,828,836.30
固定资产合计	210,071,979.00	203,733,829.45
无形资产及其他资产：		
无形资产	34,344,810.56	34,606,,620.30
长期待摊费用	0	0
无形资产及其他资产合计	34,344,810.56	34,606,,620.30
资产总计	903,422,094.08	743,177,385.58
流动负债：		
短期借款	85,000,000.00	67,000,000.00
应付票据	250,956,427.50	192,803,660.00
应付帐款	138,039,046.36	86,375,263.39
预收帐款	11,020,793.90	5,766,033.35
应付工资	6,150,784.25	4,622,529.42
应付福利费	7,935,678.74	7,971,654.22
应付股利	78,213,672.75	0
应交税金	8,929,043.04	1,846,594.80
其他应交款	1,813,525.81	658,504.33
其他应付款	18,676,192.35	21,690,613.78
预提费用	4,458,667.99	2,851,679.21
流动负债合计	611,193,832.69	391,586,532.50
长期负债：		
长期借款	0	0
专项应付款	19,980,000.00	23,980,000.00
长期负债合计	19,980,000.00	23,980,000.00
负债合计	631,173,832.69	415,566,532.50
少数股东权益	25,485,386.75	25,139,352.23
股东权益：		
股本	170,000,000.00	170,000,000.00
股本净额	170,000,000.00	170,000,000.00
资本公积	32,263,070.00	32,263,070.00
盈余公积	44,386,176.75	41,139,631.11
其中：法定公益金	12,631,485.76	11,549,303.88
未分配利润	113,627.89	59,068,799.74
股东权益合计	246,762,874.64	302,471,500.85
负债和股东权益合计	903,422,094.08	743,177,385.58

项目	合并报表 2001-12-31	2000-12-31
流动资产		
货币资金	26,638,715.77	39,191,805.33
短期投资	310,500.00	0
应收票据	7,421,293.10	5,344,345.00
应收帐款	184,309,522.72	143,916,944.29
其他应收款	1,085,461.52	15,326,688.95
预付帐款	33,778,627.64	26,774,028.08
应收补贴款	0	9,540,303.83
存货	140,296,569.76	152,025,447.71
待摊费用	62,500.00	222,879.00
流动资产合计	393,903,190.51	392,342,442.19
长期投资：		
长期股权投资	0	
长期投资合计	0	
固定资产：		
固定资产原价	252,159,964.71	214,597,321.8
减：累计折旧	90,143,138.88	69,145,735.84
固定资产净值	162,016,825.83	145,451,585.96
固定资产净额	162,016,825.83	145,451,585.96
工程物资	474,052.67	0
在建工程	7,060,856.21	5,994,389.24
固定资产合计	169,551,734.71	151,445,975.20
无形资产及其他资产		
无形资产	19,471,356.78	19,394,021.61
长期待摊费用	207,531.07	195,123.70
无形资产及其他资产合计	19,678,887.85	19,589,145.31
资产总计	583,133,813.07	563,377,562.70
流动负债：		
短期借款	59,700,000.00	11,100,000.00
应付票据	70,540,000.00	84,300,000.00
应付帐款	71,895,293.75	87,539,855.18
预收帐款	6,477,430.33	22,111,908.52
应付工资	4,305,357.68	1,671,998.15
应付福利费	5,383,680.61	2,645,222.10
应付股利	47,659,358.57	82,347,048.60
应交税金	1,674,157.11	29,165,839.05
其他应交款	1,822,897.69	2,036.90
其他应付款	23,370,389.54	15,424,516.29
预提费用	4,713,502.01	1,567,574.21
流动负债合计	297,542,067.29	337,875,999.00
长期负债：		
长期借款	0	0
专项应付款	19,270,000.00	0
长期负债合计	19,270,000.00	0
负债合计	316,812,067.29	337,875,999.00
少数股东权益	14,170,933.70	2,358,485.28
股东权益：		
股本	170,000,000.00	170,000,000.00
股本净额	170,000,000.00	170,000,000.00
资本公积	32,263,070.00	32,263,070.00
盈余公积	25,656,327.40	17,162,625.58
其中：法定公益金	6,388,202.64	3,556,968.70
未分配利润	24,231,414.68	3,717,382.84
股东权益合计	252,150,812.08	223,143,078.42
负债和股东权益合计	583,133,813.07	563,377,562.70

2、合并利润及利润分配表　　单位：人民币元

项目	2003 年 1–3 月	2002 年度
一、主营业务收入	239,145,568.64	910,633,597.12
减：主营业务成本	186,716,238.39	692,660,640.81
主营业务税金及附加	824,479.51	3,352,234.14
二、主营业务利润	51,604,850.74	214,620,722.17
加：其他业务利润	330,750.25	1,266,038.87
减：营业费用	6,157,668.63	27,057,648.50
管理费用	12,494,459.99	35,397,610.85
财务费用	–1,381,791.98	6,062,143.29
三、营业利润	34,665,264.35	147,369,358.40
加：投资收益	53,100.00	–39,600.00
营业外收入	775.00	56,436.19
减：营业外支出	301,690.46	403,468.96
四、利润总额	34,417,448.89	146,982,725.63
减：所得税	11,566,367.83	39,999,369.29
少数股东损益	346,034.52	3,962,667.57
五、净利润	22,505,046.54	103,020,688.77
加：年初未分配利润	59,068,799.74	24,231,414.68
六、可供分配的利润	81,573,846.28	127,252,103.45
减：提取法定盈余公积	2,164,363.76	10,322,202.47
提取法定公益金	1,082,181.88	5,161,101.24

七、可供股东分配的利润	78,327,300.64	111,768,799.74
减:应付普通股股利	78,213,672.75	52,700,000.00
八、未分配利润	113,627.89	59,068,799.74
年份	2001 年度	2000 年度
项目	772,357,895.02	620,885,460.05
一、主营业务收入	633,700,171.32	533,847,050.23
减:主营业务成本	2,497,948.01	582,462.68
主营业务税金及附加	136,159,775.69	86,455,947.14
二、主营业务利润	274,632.40	418,632.44
加:其他业务利润	14,911,766.90	9,729,637.56
减:营业费用	27,442,131.66	20,410,725.96
管理费用	1,224,071.59	-987,263.62
财务费用	92,856,437.94	57,721,479.68
三、营业利润	-932,446.26	0
加:投资收益	511,441.67	291,106.48
营业外收入	589,025.90	2,878,163.39
减:营业外支出	91,846,407.45	55,134,422.77
四、利润总额	34,407,373.12	19,629,499.93
减:所得税	1,231,300.67	-141,514.72
少数股东损益	56,207,733.66	35,646,437.56
五、净利润	3,717,382.84	49,937,335.91
加:年初未分配利润	59,925,116.50	85,583,773.47
六、可供分配的利润	5,662,467.88	3,577,593.75
减:提取法定盈余公积	2,831,233.94	1,788,796.88
提取法定公益金	51,431,414.68	80,217,382.84
七、可供股东分配的利润	27,200,000.00	76,500,000.00
减:应付普通股股利	24,231,414.68	3,717,382.84
八、未分配利润		

3.现金流量表(合并)　　单位:人民币元

项目	2003 年 1-3 月
一、经营活动产生的现金流量:	
销售商品、提供劳务收到的现金	231,408,395.21
收到的税费返还	
收到的其他与经营活动有关的现金	1,375,670.99
现金流入小计	232,784,066.20
购买商品、接受劳务支付的现金	162,892,098.80
支付给职工及为职工支付的现金	12,056,988.37
支付的各项税费	11,437,278.42
支付的其他与经营活动有关的现金	9,318,206.07
现金流出小计	195,704,571.66
经营活动产生的现金流量净额	37,079,494.54
二、投资活动产生的现金流量:	
收回投资所收到的现金	0
取得投资收益所收到的现金	0
处置固定资产、无形资产和其他长期资产所收回的现金净额	53,205.93
收到的其他与投资活动有关的现金	223,485.73
现金流入小计	276,691.66
购建固定资产、无形资产和其他长期资产所支付的现金	20,966,470.35
投资所支付的现金	0
支付的其他与投资活动有关的现金	0
现金流出小计	20,966,470.35
投资活动产生的现金流量净额	-20,689,778.69
三、筹资活动产生的现金流量:	
吸收投资所收到的现金	0
其中:子公司吸收少数股东权益投资收到的现金	0
借款所收到的现金	488,500,000.00
收到的其他与筹资活动有关的现金	0
现金流入小计	488,500,000.00
偿还债务所支付的现金	470,000,000.00
分配股利、利润或偿付利息所支付的现金	1,043,400.64
其中:子公司支付少数股东的股利	0
支付的其他与筹资活动有关的现金	0
现金流出小计	471,043,400.64
筹资活动产生的现金流量净额	17,456,599.36
四、汇率变动对现金的影响	13,351.75
五、现金及现金等价物净增加额	33,859,666.96

项目	2002 年度
一、经营活动产生的现金流量:	
销售商品、提供劳务收到的现金	1,038,287,005.05
收到的税费返还	2,785.00
收到的其他与经营活动有关的现金	5,433,944.77
现金流入小计	1,043,723,734.82
购买商品、接受劳务支付的现金	659,287,963.13
支付给职工及为职工支付的现金	26,313,085.25
支付的各项税费	85,427,945.67
支付的其他与经营活动有关的现金	46,121,438.10
现金流出小计	817,150,432.15
经营活动产生的现金流量净额	226,573,302.67
二、投资活动产生的现金流量:	
收回投资所收到的现金	0
取得投资收益所收到的现金	0
处置固定资产、无形资产和其他长期资产所收回的现金净额	452,635.44
收到的其他与投资活动有关的现金	625,648.06
现金流入小计	1,078,283.50
购建固定资产、无形资产和其他长期资产所支付的现金	78,105,800.00
投资所支付的现金	0
支付的其他与投资活动有关的现金	0
现金流出小计	78,105,800.00
投资活动产生的现金流量净额	-77,027,516.50
三、筹资活动产生的现金流量:	
吸收投资所收到的现金	7,005,681.00
其中:子公司吸收少数股东权益投资收到的现金	7,005,681.00
借款所收到的现金	595,780,000.00
收到的其他与筹资活动有关的现金	0
现金流入小计	602,785,681.00
偿还债务所支付的现金	588,480,000.00
分配股利、利润或偿付利息所支付的现金	107,690,342.35
其中:子公司支付少数股东的股利	0
支付的其他与筹资活动有关的现金	0
现金流出小计	696,170,342.35
筹资活动产生的现金流量净额	-93,384,661.35
四、汇率变动对现金的影响	-215,174.60
五、现金及现金等价物净增加额	55,945,950.22

三、主要财务指标

财务指标	2003.3.31	2002.12.31
资产负债率(%)	65.25	51.13
流动比率(%)	1.08	1.29
速动比率(%)	0.78	0.92
应收帐款周转率(次/年)	4.16	4.79
存货周转率(次/年)	4.63	4.88
无形资产占总资产的比例(%)	0	0
无形资产占净资产的比例(%)	0	0
每股净资产(元/股)	1.45	1.78
每股收益(元/股)	0.13	0.61
每股经营活动的现金流量(元/股)	0.22	1.33
财务指标	2001.12.31	2000.12.31
资产负债率(%)	53.28	59.72
流动比率(%)	1.32	1.16
速动比率(%)	0.85	0.71
应收帐款周转率(次/年)	4.71	4.83
存货周转率(次/年)	4.34	4.70
无形资产占总资产的比例(%)	0	0
无形资产占净资产的比例(%)	0	0
每股净资产(元/股)	1.48	1.31
每股收益(元/股)	0.33	0.21
每股经营活动的现金流量(元/股)	--	--

九、其他重要事项

1、本公司本次股票发行后至本公司上市公告书公告之日,本公司严格依照《公司法》、《证券法》等法律法规的要求,规范运行,生产经营情况正常;所处行业、市场无重大变化,主要业务发展目标进展状况正常,主要投入产出物供求及价格无重大变化。

2、本公司本次股票发行后至本公司上市公告书公告之日,本公司无重大对外投资活动、无重大资产(股权)收购或出售行为。

3、本公司住所未发生变更。

4、本公司本次股票发行后至本公司上市公告书公告之日,本公司未涉及任何重大诉讼事项或仲裁,亦无尚未了结或可能面临的重大诉讼或索赔要求。

5、本公司本次股票发行后至本公司上市公告书公告之日,本公司重大会计政策和会计师事务所没有发生变化。

6、本公司本次股票发行后至本公司上市公告书公告之日,本公司的税收政策未发生变化。

7、本公司本次股票发行后至本公司上市公告书公告之日,本公司未发生新的重大负债、担保或重大债项发生变化。

8、本公司本次股票发行后至本公司上市公告书公告之日,本公司董事、监事和高级管理人员未受到任何刑事起诉,亦没有尚未了结或可能发生的刑事诉讼事项。

9、本公司本次股票发行后至本公司上市公告书公告之日,没有其他应披露而未披露之重大事项。

第十节　董事会上市承诺

本公司董事会承诺将严格遵守《中华人民共和国公司法》、《中华人民共和国证券法》、《股票发行与交易管理暂行条例》、《公开发行股票公司信息披露实施细则》和《上海证券交易所股票上市规则》等国家法律、法规和有关规定,承诺自本公司股票上市之日起做到:

1、按照法律、法规规定的程序和要求披露所有对投资者有重大影响的信息,并接受中国证监会、上海证券交易所的监督管理;

2、真实、准确、完整、公允和及时地公布定期报告,并置备于规定场所供投资者查阅;

3、本公司董事、监事、高级管理人员如发生人事变动或持本公司股票发生变化时,在报告中国证监会、上海证券交易所的同时向投资者公布;

4、本公司在知悉可能对股票价格产生误导性影响的任何公共传播媒介中出现的消息后,将及时予以公开澄清;

5、本公司董事、监事、高级管理人员和核心技术人员将认真听取社会公众的意见和批评,不利用已获得的内幕消息和其他不正当手段直接或间接从事发行人股票的买卖活动;

6、本公司没有无记录的负债。

依据《上海证券交易所股票上市规则》,本公司全体董事、监事将按照有关规定,在本公司股票上市后两个月内签署《董事(监事)声明及承诺书》并送达上海证券交易所备案。

第十一节　上市推荐人及其意见

一、上市推荐人情况

上市推荐人:兴业证券股份有限公司

法定代表人:兰荣

注册地址:福建省福州市湖东路 99 号

电话:021-68419393

传真:021-68419547

联系人:白树锋、宋涛、徐阳军、陶海华、陈飞荣、王育贵

二、上市推荐人意见

本公司上市推荐人认为:本公司章程符合《中华人民共和国公司法》、《中华人民共和国证券法》及《上海证券交易所股票上市规则》等法律、法规和中国证监会的有关规定;本公司本次股票发行完全符合《中华人民共和国公司法》、《中华人民共和国证券法》及《上海证券交易所股票上市规则》法律、法规和中国证监会的有关规定,已具备了上市条件;本公司董事了解法律、法规、上海证券交易所上市规则及股票上市协议规定的董事义务与责任;本公司建立健全了法人治理结构,制定了严格的信息披露制度与保密制度。

上市推荐人已对上市文件所载的资料进行了核实,认为上市文件真实、准确、完整,符合规定要求,没有虚假记载、误导性陈述或重大遗漏,并对其承担连带责任。上市推荐人与本公司不存在关联关系。上市推荐人愿意推荐本公司的股票在上海证券交易所上市交易,并且在上市推荐过程中,保证不利用获得的内幕信息进行内幕交易,为自己或他人谋取利益。

浙江龙盛集团股份有限公司

二〇〇三年七月二十六日

江 西 铜 业 股 份 有 限 公 司

江西铜业股份有限公司2002年年度报告

一、公司资料

1 法定中文名称：江西铜业股份有限公司
中文名缩写：江西铜业
法定英文名称：Jiangxi Copper Company Limited
英文名称缩写：JCCL
2 法定代表人：何昌明
3 董事会秘书：黄东风
联系地址：中华人民共和国江西省贵溪市冶金大道15号
联系电话：0701-3777735 0701-3777736 0701-3777733
传真：0701-3777013
电子信箱：jccl@jxcc.com
4 公司注册及办公地址：中华人民共和国江西省贵溪市冶金大道15号
邮政编码：335424
传真：0701-3777013
公司国际互联网址：http://www.jxcc.com
电子信箱：jccl@jxcc.com
公司在香港营业地点：香港湾仔港湾道1号会展广场办公大楼49楼4901室
5 公司信息批露报纸名称：《中国证券报》、《香港经济日报》、《The Standard》
公司年度报告登载网址：http://www.sse.com.cn http://www.hkex.com.hk
公司年度报告备置地点：中华人民共和国江西省贵溪市冶金大道15号
江西铜业股份有限公司董事会秘书室
6 股票上市地点(A股)：上海证券交易所
股票上市地点(H股)：香港联交所(第二上市地：伦敦证券交易所)
股票代码(A股/H股)：600362/0358
股票简称(A股/H股)：江西铜业
7 其他相关数据：
公司注册日期：1997年1月24日
公司注册地点：中华人民共和国江西省贵溪市冶金大道15号
公司营业执照注册号：企股国副字第000732号
公司税务登记号：36062162591217
公司聘请会计师事务所：德勤华永会计师事务所有限公司(境内)
办公地点：上海市延安东路222号外滩中心30楼
公司聘请会计师事务所：德勤·关黄陈方会计师行(境外)
办公地点：香港干诺道中111号永安中心26楼

二、会计数据和业务数据摘要

1、按中国会计准则编制的会计数据和业务数据摘要

	2002年 人民币千元
利润总额	173,337
净利润	169,504
扣除非经常性损益后的净利润	187,709
主营业务利润	614,907
其他业务利润	26,022
营业利润	210,494
投资收益	2,836
补贴收入	-
营业外收支净额	(39,994)
经营活动产生的现金流量净额	773,135
现金及现金等价物净(减少)增加额	(423,561)

扣除非经常性损益的项目和涉及的金额

	人民币千元
处置固定资产的损失	(21,934)
其他	3,729

非经常性损益对所得税的影响数-

2、按中国会计准则编制的前三年主要会计资料及财务指标

	2002年 人民币千元
主营业务收入	3,327,073
净利润	169,504
总资产	8,823,138
股东权益(不含少数股东权益)	4,662,383
每股收益(元/股)	0.06
扣除非经常性损益后的每股收益(元/股)	0.07
每股净资产(元/股)	1.75
调整后的每股净资产(元/股)	1.74
每股经营活动产生的现金流量净额(元/股)	0.29
净资产收益率(%)	3.64
加权平均净资产收益率(%)	3.64
扣除非经常性损益后的加权平均净资产收益率(%)	4.03

	2001年 人民币千元
主营业务收入	2,995,793
净利润	301,435
总资产	8,460,149
股东权益(不含少数股东权益)	4,572,800
每股收益(元/股)	0.11
扣除非经常性损益后的每股收益(元/股)	0.11
每股净资产(元/股)	1.72
调整后的每股净资产(元/股)	1.71
每股经营活动产生的现金流量净额(元/股)	0.24
净资产收益率(%)	6.59
加权平均净资产收益率(%)	7.44
扣除非经常性损益后的加权平均净资产收益率(%)	7.51

三、董事长报告

各位股东：

非常感谢你们对本公司的信任和支持。本人欣然报告截至于2002年12月31日止的财政年度：

本公司实现主营业务收入为332,707万元，比上年增长11.1%；实现净利润为16,950万元；尽管由于铜价下跌使净利润比上年减少，但经营性净现金流入量却分别比上年增长20%，为77,314万元，每股经营性净现金流入为0.29元。

贵冶三期技术改造工程取得明显进展，粗炼系统改造已基本完成，精炼系统目前正进入尾声。到年底已基本形成了达到30万吨生产能力。

德兴矿九万吨达产项目已基本建成。全年日均矿石处理能力首次突破9万吨台阶，超过了预期目标；利用A股募集资金收购的武山铜矿实现了该矿历史上的首次达产目标，提高了自产铜产量。

经营管理中产品销售结构调整取得成效，财务负债结构更趋稳健。

积极开拓新的长期原料供应渠道工作有明显进展，保证了生产。

业绩回顾

市场综述

年内，世界经济增长缓慢，拖累全球铜金属消费增长速度放慢，同时，以前供应过剩导致的高库存于年内未能得到消化，伦敦金属交易所年末库存仍高达85.6万吨，比年初80万吨增加5.6万吨。因此，世界铜价在年内大部分时间运行于低位(见上图)，全年平均价格按伦敦金属交易所三月期铜价格为参照，较上年下跌大约2%，为1,574美元/吨。

中国经济增长使国内铜金属供求两旺，成为近两年来世界铜市场持续强劲增长的亮点。2002年，国内精铜产量为156万吨，比上年增加9%，全年铜消费量估计超过250万吨，位居世界第一；国内铜供应缺口随国民经济增长逐步扩大，2002年国内进口精铜大约133万吨，较上年增长大约39%。

尽管如此，国际铜价的下跌仍拖累了国内铜价走低。上海金属交易所三月期货铜全年平均含税价格为15,585元/吨，较上年下跌大约4%(见右图)。

本公司年内销售的阴极铜平均价格(含税价)为15,554元/吨，比上年下降1,038元/吨(或下降：6%)；收取的阴极铜加工费(含税价)为3,205元/吨，比上年下降242元/吨(或下降：7%)。

经营回顾

1. 挖潜改造取得明显进步，生产创历史记录

在贵冶三期改造及定期维修停产60天内，本公司完成了贵冶三期主体工程项目的改造和对接，同时完成了主要产品产量超过了上年实际水平的产量，其中，阴极铜产量(包括加工在内)为231,613吨，比上年增长2.4%，黄金8,079公斤，白银120,980公斤，硫精矿88.3万吨，分别比上年增长20.1%；5.2%和21.2%。

另外，通过对德兴矿进一步挖潜改造和加强现场作业管理，德兴矿选矿全年日均处理量首次突破9万吨；新收购的武山矿其每日综合处理能力在年内终于实现了3,000吨的设计水平，年产铜金属9,000余吨。矿山能力的提升，增加了本公司自产原料的供给。年内，本公司共生产铜精矿含铜143,338吨，比上年提高12.3%；铜精矿含金5,118公斤，比上年增长8.8%；铜精矿含银47,933公斤，比上年增长46.8%。

2. 依靠科技进步，拓宽了成本降低空间

透过对贵冶电解系统的电解净液的工艺研究及应用，不仅减少了为生产阴极铜每年耗用大约500万元的电解液成本，同时还为贵冶三期技改工程中的电解净液设施减少大约3,000万元的投资。

透过堆浸技术研究和交流，年内德兴矿利用湿法工艺产出了大约1,050吨阴极铜；而运用CPT浮选柱技术，在提高选铜回收率及铜精矿品位的同时还降低了选矿成本。

3.优化产品结构，化解经营风险

本公司通过产品经营结构调整战略，特别是提高金银产量的比重，一定程度缓解了铜价下跌对本公司产生的影响。

年内，本公司黄金、白银的产销量分别为8,000公斤和120吨，与上年实际相比，分别提高了19.0%和2.7%，阴极铜(含代加工铜)销售收入的比重由上年实际的72%降到本年度的63%。

4.强化资金管理，提高营运资金效率。

基于国内金融环境，充分利用公司信誉和新的金融产品，降低了融资成本。

不断地开展清仓查库，盘活存量资产，减少采购资金支出。

四、股本变动及股东情况简介

(一)报告期内，本公司股份结构变化如下：

	本次变动前(股)	增发(股)	本次变动后(股)
一、未上市流通股份			
1、发起人股份	1,277,556,200	-	1,277,556,200
其中：境内国有法人股	1,275,556,200	-	1,275,556,200
境内法人持有股份	2,000,000	-	2,000,000
境外法人持有股份	-	-	-
其它	-	-	-
2、已发行未上市A股(注1)	230,000,000	-230,000,000	-
3、内部职工股	-	-	-
4、优先股或其他	-	-	-
未上市流通股份合计	1,507,556,200	- 230,000,000	1,277,556,200
二、已上市流通股份			
1、人民币普通股	-	-	230,000,000
2、境内上市外资股(注2)	-	-	-
3、境外上市外资股	1,156,482,000	-	1,156,482,000
上市流通股份合计	1,156,482,000	230,000,000	1,386,482,000
三、股份总数	2,664,038,200	-	2,664,038,200

注1：已发行未上市流通股份是指本公司于2001年12月21日向国内投资者发行2.3亿A股，这些股份于2002年1月11日该等发行股份在上海证券交易所上市流通。

注2：境外上市外资股含有发起人国际铜业持有的5亿H股，这些股份从1997年起的三年后可转让并流通。

(二)股票发行与上市情况

报告期内，本公司并未发行任何股份，因此本公司股份总数没有变动。

(三)股东情况介绍

截至2002年12月31日止，持有本公司股票的股东总数为79,457名，其中，H股股东人数为3,932名，A股股东人数为75,525名。

前十名股东持股情况如下：

	年末持股数(股)	占总股本(%)
1.江铜集团	1,275,556,200	47.881
2.香港中央结算(代理人)有限公司	1,132,079,000	42.495
其中：国际铜业	500,000,000	18.768
3.国泰金鹰增长证券投资基金	3,024,744	0.114
4.上海证券有限责任公司	1,543,955	0.058
5.SONGZHENYUA	1,095,000	0.041
6.宝盈鸿利收益证券投资基金	1,046,135	0.039
7.深圳市宝恒(集团)股份有限公司	1,000,000	0.038
8.HSBCNOMINEES(HONGKONG)LIMITED	920,000	0.035
9.田小彦	776,585	0.029
10.兴和证券投资基金	749,531	0.028

	持股类别	股东性质
1.江铜集团	未流通	国有法人股
2.香港中央结算(代理人)有限公司	已流通	H股
其中：国际铜业	已流通	H股(发起人)
3.国泰金鹰增长证券投资基金	已流通	A股
4.上海证券有限责任公司	已流通	A股
5.SONGZHENYUA	已流通	H股
6.宝盈鸿利收益证券投资基金	已流通	A股
7.深圳市宝恒(集团)股份有限公司	未流通	法人股
8.HSBCNOMINEES(HONGKONG)LIMITED	已流通	H股
9.田小彦	已流通	A股
10.兴和证券投资基金	已流通	A股

五、董事、监事、高级管理人员和员工情况

(一)董事、监事、高级管理人员基本情况

1、董事、监事、高级管理人员持股变动情况

姓名	职务	性别	年龄	任期起止日期
何昌明	董事长	男	61	1997.1.18–2003.6.13
戚怀英	执行董事	女	60	1997.1.18–2003.6.13
杜新民	执行董事，财务总监	男	59	1997.1.18–2003.6.13
王赤卫	执行董事，副总经理	男	49	1998.10.14–2003.6.13
袁则平	执行董事	男	57	2001.1.19–2003.6.13
高建民	执行董事	男	43	1997.1.18–2003.6.13
梁 青	执行董事	男	49	2002.6.12–2003.6.13
康 义	独立董事	男	62	2002.6.12–2003.6.13
孙传尧	独立董事	男	58	1997.1.24–2003.6.13
刘新熙	独立董事	男	48	2001.5.17–2003.6.13
史忠良	独立董事	男	58	2000.10.25–2003.6.13
王振坤	监事会主席	男	57	1997.1.18–2003.6.13
杨其敏	监事	男	59	1998.8.14–2003.6.13
朱锦彦	监事	男	59	1997.1.18–2003.6.13
刘思根	监事	男	61	1999.6.16–2003.6.13
杨明洁	监事	女	45	2001.3.15–2003.6.13
李贻煌	总经理	男	40	2001.5.16起
刘跃伟	副总经理	男	42	2001.5.16起
刘江浩	副总工程师	男	41	2001.11.21起
黄东风	董事会秘书(境内)	男	44	2000.1.12起
佟达钊	董事会秘书(香港)	男	41	1997.1.18起

2、董事、监事、高级管理人员简介

执行董事：

何昌明先生，1941年10月生，教授级高级工程师，本公司董事长，江西省政治协商会议常委，中国铜发展中心首任理事长、期货业协会常务理事、上海期货交易所常务理事、中国矿业协会副会长。何先生1990年1月至1993年5月，何先生担任贵溪冶炼厂厂长；1993年5月起，何先生担任江铜集团经理。1997年本公司成立后，何先生除一直担任本公司董事长外，还兼任公司总经理至2001年5月15日。2001年5月16日公司董事会同意何先生辞去公司总经理职务。何先生具有丰富的企业管理经验，同时又是冶炼的技术专家。何先生毕业于贵州工学院冶炼专业。

戚怀英女士，1942年11月生，高级经济师，本公司执行董事。江西省人民代表大会常委，中国工业经济联合会常务理事、新华社《江西内参》参事会副秘书长、江西财经大学MBA教育指导委员会顾问。戚女士从事有色企业生产经营管理30多年，经验丰富。她毕业于北京矿业学院经济系，于1984年至1997年间担任江铜集团副经理，1997年至2000年还担任本公司副总经理。戚女士一直担任本公司董事。现还兼任江铜集团党委书记。

杜新民先生，1943年8月生，高级会计师，本公司执行董事兼财务总监。杜先生在2001年5月24日前曾任过江铜集团总会计师。杜先生在有色冶金行业从事财务管理工作30多年，具有丰富的财务管理经验。杜先生毕业于北京商学院商业经济专业。杜先生现还任职江中制药股份公司独立董事。

王赤卫先生，1953年8月生，高级经济师，本公司执行董事兼副总经理。上海仲裁委员会仲裁员、中国化学矿山协会副理事长。王先生毕业于中南工业大学管理工程系，2001年5月24日前曾任过江铜集团副经理。王先生于1995年12月至1998年7月担任上海冶炼厂副厂长，1998年7月至今一直在本公司任职。王先生在经营、销售等方面颇具经验。

袁则平先生，1945年9月生，教授级高级工程师，本公司执行董事。袁先生毕业于合肥工业大学化工系稀有专业，1993年至1998年期间担任贵溪冶炼厂厂长，从事冶炼专业30余年，在冶炼规划方面具有丰富经验。袁先生现还兼任江铜集团副经理。

高建民先生，1959年12月生，本公司执行董事。高先生在财务、工业投资和开发方面有10多年经验。高先生毕业于清华大学，拥有工程学士学位。高先生亦是国际铜业有限公司董事、总经理和庆铃汽车股份有限公司董事。高先生自本公司成立以来一直为本公司董事。

梁青先生，1953年5月生，本公司执行董事。现任中国五矿集团香港控股有限公司董事兼副总经理，具有十年以上的国际贸易经验。

独立非执行董事：

康义先生，1940年11月生，教授级高级工程师。全国劳动模范。曾任原中国有色金属工业总公司副总经理和国家有色金属工业管理局副局长，现任中国有色金属工业协会会长兼中国有色金属学会理事长，具有30多年的有色企业管理经验。

孙传尧先生，1944年12月生，教授级高级工程师，兼北京矿冶研究总院院长。他也是俄罗斯圣彼得堡工程科学院院士、东北大学、中南大学、昆明理工大学、中国矿业大学及北京科技大学兼职教授及博士生导师。孙先生在矿物加工方面积累过30多年经验。孙先生毕业于东北大学矿物加工专业，主修选矿。

史忠良先生，1944年1月生，江西财经大学校长、教授、博士生导师；史先生也是中国工业经济研究与开发促进会副会长、江西省社联副主席、教育部经济学教学指导委员会委员。史先生毕业于上海复旦大学，主修经济学，在产业经济、资源经济及区域经济方面有较深的研究并有丰富经验。

刘新熙先生，1954年7月生，现任南昌大学法学院院长、教授、硕士生导师，南昌大学学术委员会委员，江西添翼律师事务所律师。刘先生还是中国法学会理事、中国民法经济法研究会理事、中国律师协会知识产权专业委员会委员、南昌仲裁委员会副主任及仲裁员、江西省法学会常务理事。刘先生1982年毕业于西南政法大学法律专业。

监事：

王振坤先生，1945年10月生，高级经济师，本公司监事会主席。王先生担任过多项高级行政和管理职务。王先生曾任职江铜集团30年，具有丰富的管理经验。从1987年至现在，王先生曾担任德兴铜矿矿长、江铜集团党委副书记。王先生毕业于中国科技大学技术物理专业。

朱锦彦先生，1943年7月生，高级工程师，本公司监事，曾任江铜集团副经理，任职江铜集团30多年，积累了丰富的采矿经验。朱先生1967年毕业于江西冶金学院采矿专业。

杨其敏先生，1943年8月生，高级政工师，本公司监事。杨先生担任过多项高级行政和管理职务，任职江铜集团近30年，管理经验丰富。从1996年至1998年，杨先生担任德兴铜矿矿长。杨先生于1969年毕业于江西冶金学院采矿专业。

刘思根先生，1941年3月生，高级工程师，本公司监事。刘先生还担任江铜集团副总工程师职务。刘先生毕业于中南矿冶学院有色金属专业，从1979年7月至今一直在江铜集团和本公司任职，积累了丰富的冶炼经验。

杨明洁女士，1957年11月生，会计师，毕业于江西广播电视大学工业会计专业，从1981年起一直在江铜集团和本公司任职，曾任公司审计部副主任。

高级管理人员：

李贻煌先生，1962年10月生，教授级高级工程师，本公司总经理。李先生毕业于东北工学院重冶专业，1982年8月至2001年1月在本公司贵溪冶炼厂任职，曾担任副厂长、厂长等职务。担任本公司总经理前，李先生还担任过江铜集团副经理。李先生在冶炼及管理方面具有丰富的经验。

刘跃伟先生，1960年2月生，教授级高级工程师，本公司副总经理。刘先生毕业于鞍山钢铁学院采矿专业。刘先生从1982年7月起在本公司德兴铜矿任职，担任过副矿长、矿长等职务。担任本公司副总经理前，刘先生还担任过江铜集团经理助理职务。刘先生在采矿和管理方面有着丰富的经验。

刘江浩先生，1961年3月生，教授级高级工程师，本公司总工程师。刘先生毕业于江西冶金学院选矿专业。1982年起在本公司德兴铜矿任职，曾担任德兴铜矿泗州选矿厂厂长。刘先生在选矿及管理方面具有丰富的经验，刘先生曾获原中国有色金属工业总公司科技进步一等奖、二等奖多次，现享受国务院特殊津贴。

黄东风先生，1958年12月生，高级经济师，本公司董事会秘书，曾在江铜集团总经理办公室、政策研究室、经济开发处等部门任过职，从事企业管理工作19年，在企业管理、资本运作等方面积累了丰富的经验。黄先生还兼任本公司董事会秘书室主任职务。黄先生毕业于中南工业大学管理工程专业。

佟达钊先生，1962年4月生，本公司在香港的公司秘书，佟先生现为本公司香港法律顾问顾凯仁律师行事务所联营所普衡律师事务所的合伙人，拥有10余年香港执业律师经验。佟先生亦为多家香港上市公司的秘书及一家香港上市公司的独立非执行董事。佟先生持有英国曼斯特大学法律及会计学士学位。

3、在股东单位任职的董事、监事情况

姓名	任职的股东名称	在股东单位担任的职务	任职期间
何昌明	江铜集团	总经理	1993.5起
戚怀英	江铜集团	党委书记	1997.12起
袁则平	江铜集团	副总经理	1998.7起
杨明洁	江铜集团	财务处副处长	2001.11起

(二)年内公司董事、监事、高级管理人员的离任情况

年内，原公司独立非执行董事龙涛先生因所在公司与本公司有业务关联，龙涛先生因此辞去独立非执行董事职务，增补康义先生为公司独立非执行董事。原公司执行董事崔贵生先生因其工作调动，辞去公司执行董事职务，增补梁青先生为公司执行董事。

(三)董事、监事之服务合约及合约权益

所有董事均与本公司订立由其获委任日开始至将在2003年召开之股东周年大会当日为止的服务合约。

按本公司组织章程的条例，董事长和其他董事任期为三年(自获委任或连选之日起计)，可连选连任。按中国之公司法，监事任期亦为三年，可连选连任。

无任何董事或监事与本公司订有若于一年内本公司能终止即须作出赔偿(法定赔偿除外)之服务合约。

本公司或其控股公司或其附属公司于结算日或本年度内任何时间概无签订任何董事或监事于其中拥有直接或间接重大利益关系之重要合约。

(四)董事、监事及行政总裁之股份权益

于本年度内，董事、监事及行政总裁，或其联系人概无于本公司或其任何联系公司(定义见香港证券期货条例)之证券中拥有权益。各董事、监事及行政总裁，或其配偶或其十八岁以下之子女，概无持有可认购本公司证券之权利，或已行使任何该项权利。

(五)购入股份或债券之权利

本公司或其控股公司或其附属公司概无于本年度内任何时间订立任何安排，使本公司之董事，监事或行政总裁可藉此购入本公司或任何其他法人团体之股份或债券而得益。

(七)董事监事高级管理人员年度薪酬情况：

1、年度薪酬情况

年度报酬总额	249.17万元
金额最高的前三名董事的报酬总额	85.0万元
金额最高的前三名高级管理人员的报酬总额	25.57万元
独立董事津贴	8.0万元
独立董事其他待遇	无
不在公司领取报酬、津贴的董事、监事姓名	无
报酬区间	人数
25万元以上	5
10--25万元	7
5-10万元	1
5万元以下	3

五位最高酬金人士全部为执行董事，截至2001年12月31日及2002年12月31日止两个年度，每一位董事及监事之酬金均少于100万元。

2、酬金决策程序和确定依据

根据本公司章程规定，公司董事、监事报酬的决策程序由公司股东大会审议批准，高级管理人员的报酬由公司董事会审议批准。

本公司董事、监事、高级管理人员的报酬确定依据是股东大会批准/或董事会会议决议；董事服务合约；及本公司年度经营业绩的增长记录。

(八)员工情况

于2002年12月31日，本公司共有员工总人数13,164人。其中生产人员10,117人，工程技术人员919人，管理人员1,488人，其他辅助人员640人。

员工教育程度：大专及以上学历的员工约占总人数13.9%，中专及高中学历的员工约占总人数的47.8%，初中及以下学历员工约占总人数的38.3%。

年内，本公司员工薪酬总额为23,655万元。

六、公司治理结构

1.治理结构情况

本公司章程在股东及股东大会、董事及董事会、监事及监事会、高级管理层、关联交易制度、信息披露制度等方面均有详细的规定,符合上市地的有关规定。

本公司于1997年1月建立了独立董事制度,于1998年8月成立了由独立董事组成的独立审核委员会。本公司股东大会、董事会、监事会的召开及其日常运作均严格遵循了本公司章程的各项规定。

根据中国政府有关部门下发的《上市公司治理准则》,本公司正在制定股东大会等议事规则及信息披露制度。

2.独立董事履行职责情况

本公司董事会共有独立董事四人,分别为康义先生、孙传尧先生、史忠良先生和刘新熙先生。年内,独立董事共计参加了5次董事会会议,并本着为全体股东负责的态度,按照两地上市规则及相关法律法规要求,认真履行了诚信和勤勉的义务,维护了公司整体利益,保护了中小股东的合法利益。四位独立董事还对本公司2002年度的关联交易进行了审阅和确认,认为关联交易符合上市地所在交易所的规定,且客观公平,没有损害公司和中小股东的利益。

3.独立审核委员会

年内,由4名独立非执行董事组成的独立审核委员会已按香港联合交易所有限公司《证券上市规则》附件14(14)之规定开展工作,并已对本公司年度财务报告、关联交易及内部控制制度进行了审议,认为本公司的关联交易遵循了两地上市规则之规定,内部控制制度严格,财务报告客观、公允地反映了本公司的实际财务状况及盈利能力。

4.公司与控股股东在人员、资产、财务、机构、业务等方面的分开情况业务和资产独立情况

本公司拥有德兴铜矿、永平铜矿、武山铜矿和贵溪冶炼厂的主要资产,包含了从采矿、选矿到冶炼的完整生产线,能够独立从事铜的采、选、冶业务,本公司生产过程独立完整,同时本公司供应采购与销售系统独立完整,资产完整独立。

人员和机构独立情况

本公司的总经理、副总经理、财务总监、总工程师、董事会秘书等高管人员均专职在本公司工作并领取薪酬,没有在控股股东江铜集团担任任何职务;本公司的员工和机构独立于控股股东江铜集团。

财务独立情况

本公司设有独立的财务工作机构,建立了独立的会计核算体系,并制定了一系列财务会计制度和财务管理制度;本公司独立在银行开户,独立纳税。本公司根据公司《章程》和公司有关规定独立作出财务决策,资金使用亦不受江铜集团的干预。

5.高级管理人员的考评、激励和约束机制。

本公司高级管理人员实行与业绩挂钩考核的年薪制,本公司董事酬金由股东大会决定,本公司经理层年薪由董事会进行奖罚。

七、股东大会情况

2002年6月12日,本公司在江西省贵溪市冶金大道15号本公司大楼会议室召开2001年股东周年大会。会议由执行董事戚怀英女士主持。会议审议及批准了《2001年度董事会报告》、《2001年度监事会报告》、《2001年度经审核的财务报表及核数师报告》、《2001年度利润分配方案》以及续聘华永德勤会计师事务所有限公司及德勤? 关黄陈方会计师行为本公司2002年度之境内及境外之核数师、接受崔贵生先生辞退本公司外部执行董事及委任梁青先生为本公司外部执行董事、接受龙涛先生辞退本公司独立非执行董事及委任康义先生为本公司独立非执行董事等事项。

2001度股东周年大会会议通知及会议决议公告分别刊登于2002年4月12日和2002年6月13日的《中国证券报》、《香港经济日报》、《The Standard》。

八、管理层讨论与分析

本公司管理层谨此提呈二零零二年度经营业绩讨论与分析。该等讨论与分析所涉及的财务数据主要引用于本公司按中国会计准则编制的财务报告,敬请投资者在阅读本讨论与分析时,密切联系本公司经审计的本年度及2001年度按中国会计准则编制的财务报告。产品产量完成情况

2002年,本公司管理层认真贯彻和履行了董事会各项决议。为因应全球铜消费市场疲软导致铜价连续下跌,本公司积极主动采取了各种有效的管理措施并努力调整产品结构,使本公司在生产作业时间比上年减少的情况下,依然全面完成生产经营计划。

下表列示本公司2002年与2001年主要产品产量之比较数字:

	2002年	2001年	增加(减少)	增加(减少)%
阴极铜(含代加工,吨)	231,613	226,263	5,350	2.4
其中:代加工(吨)	93,094	98,673	(5,579)	(5.7)
黄金(公斤)	8,079	6,723	1,356	20.2
白银(公斤)	120,980	115,043	5,937	5.2
硫酸(吨)	729,293	823,103	(93,810)	(11.4)
硫精矿(吨)	882,615	728,133	154,482	21.2

主营业务收入及其结构情况

本公司管理层于年初即已制定的调整产品销售结构、提高金银产销量等消化铜价下跌的经营策略及其在年内的到全面贯彻执行,是本公司主营业务收入在铜价及加工费价格下跌的情况下仍然增加33,128万元(或增长:11.1%)的主要原因。

其中,黄金销售量为8,000公斤,比上年增长19.0%,年平均售价为82,107元/公斤,比上年提高13.3%;白银销售量为121吨,比上年增长2.7%,年平均售价为1,212元/公斤,比上年提高17.0%。金银销售收入由此增加19,438万元,增长31.9%。

年内,本公司还出售了部分中间产品残极大约1.55万吨,是本公司其他类别产品的销售收入比上年增长84.6%的主要原因。

经营成果

年内,本公司实现主营业务收入332,707万元,较上年增加33,128万元(或增加:11.1%),但因年内本公司阴极铜产品销售价格(含税)比上年下跌1,038元/吨(或下跌:6.3%),实现主营业务利润为61,491万元,较上年减少4,044万元(或减少:6.2%),净利润为16,950万元,较上年减少了13,193万元(或减少:43.8%)。

本公司年内主要损益项目变动如下:

	2002年	2001年	增加(减少)	增加(减少)
	人民币千元	人民币千元	人民币千元	%
主营业务收入	3,327,073	2,995,793	331,280	11.1
主营业务利润	614,907	655,349	(40,442)	(6.2)
净利润	169,504	301,435	(131,931)	(43.8)

净利润发生重大变动的主要原因:

(1)年内,本公司受各产品价格影响,减少盈利大约5,349万元。其中由于阴极铜产品销售价格下跌6.3%;及加工铜价格下跌7.0%,共计减少盈利大约14,122万元,但金银等其他产品价格变化,增加了盈利大约8,972万元。

下表列示2002年与2001年本公司主要产品销售价格(含税)之比较数字:

	2002年	2001年	增加(减少)	增加(减少)%
阴极铜(元/吨)	15,554	16,592	(1,038)	(6.3)
加工铜(元/吨)	3,205	3,447	(242)	(7.0)
黄金(元/公斤)	82,107	72,438	9,669	13.3
白银(元/公斤)	1,212	1,036	176	17.0
硫酸(元/吨)	223	242	(19)	(7.9)
硫精矿(元/吨)	63	66	(3)	(4.5)

(2)年内,各产品销售量及销售结构的调整使本公司增加盈利5,536万元。其中,金银销售比重提升增加盈利5,139万元,另外本公司及时把握市场机遇,加大硫精矿销售力度,硫精矿销售上升49.3%,缓解了硫精矿库存压力。

下表列示了2002年与2001年主要产品销售量之比较数字:

	2002年	2001年	增加(减少)	增加(减少)%
阴极铜(吨)	137,642	130,863	6,779	5.2
代加工(吨)	92,149	98,673	(6,524)	(6.6)
黄金(公斤)	8,000	6,722	1,278	19.0
白银(公斤)	120,980	117,830	3,150	2.7
硫酸(吨)	753,410	829,764	(76,354)	(9.2)
硫精矿(吨)	1,122,967	751,956	371,011	49.3

(3)由于外购原料、燃油价格上升及矿山矿石品质下降等因素致使成本增加,减少盈利大约5,100万元。

(4)期间费用增加,减少盈利大约9,052万元。

下表列示2002年与2001年期间费用之比较数字:

	2002年		2001年	
	人民币千元	占营业收入%	人民币千元	占营业收入%
管理费用	235,145	7.1	154,617	5.2
营业费用	40,488	1.2	31,583	1.1
财务费用	154,802	4.7	153,717	5.1
合计	430,435	12.9	339,917	11.3

本年提取坏帐准备为1,934万元,上年为回拨坏帐准备2,814万元,相比减少盈利大约4,748万元。

扩大出口销售业务,相应增加销售费用891万元。

人员经费增加,相应增加管理费。

下表列示了2002年与2001年按销售地域区分的主要产品收入构成情况之比较数字:

	2002年	2001年	增(减)
	人民币千元	人民币千元	%
中国大陆	3,096,039	2,925,824	5.8
印度	90,945	32,267	181.9
香港	43,410	2,380	1723.9
台湾	33,456	26,916	24.3
澳大利亚	26,934	-	-
韩国	20,688	-	-
其他地区	15,601	8,407	85.6
	3,327,073	2,995,793	11.1

(5)处理固定资产损失及计提固定资产减值准备本年为2,541万元(2001年:1,381万元),减少盈利1,160万元。

(6)其他业务收入中期货平仓盈利本年为1,748万元(2001年:亏损437万元),相比增加盈利大约2,185万元。

财务状况

于年末,本公司按中国会计准则编制的总资产为882,314万元,总负债为410,005万元,资产负债率为46.5%。

资产负债项目变动情况:

	2002年	2001年	增加(减少)	增加
	人民币千元	人民币千元	人民币千元	(减少)%
总资产	8,823,138	8,460,149	362,989	4.3
总负债	4,100,051	3,886,655	213,396	5.5
其中:长期负债	2,390,151	1,965,831	424,320	21.6
少数股东权益	60,704	694	60,010	8647
股东权益	4,662,383	4,572,800	89,583	2.0

于年内,本公司长期负债增加主要是由于贵冶三期技改工程建设对资金的需求所致。

应收帐款及信用风险

本公司信用风险主要存在于应收帐款,但本公司已根据以往经验和经济环境,提取了较为充分的坏帐准备。

另外,本公司没有重大的信用集中风险,因为本公司已将风险以大量的客户分散开去。营运资金及资金来源

于年末,本公司营运资金盈余为43,142万元,流动比率为1.25。

于年末,本公司银行借款总额为324,712万元,其中一年内须予偿还的借款约为98,401万元,

一年至二年内须予偿还的借款约为68,600万元,二至五年内须予偿还的借款约为102,040万元,五年以上须予偿还的借款约为55,671万元。所有银行借款利率介于3.0%至6.2%之间(2001年:4.5%至6.2%)。另外,本公司一年内须予偿还的银行票据约为18,790万元。

于年末,本公司持有现金及现金等价物约为25,750万元,比上年末减少42,356万元,该等现金减少的主要原因是由于上年末持有的A股募集资金于年内已全部用于募集资金投资项目。

年内,本公司经营活动产生的现金净流入额为77,314万元,比上年增加13,285(或增加20.7%);本公司经营活动产生的现金流量增加主要得益于:年内,本公司开展了一项旨在盘活资产存量、减少资金占用及积极清收客户欠款的计划,同时出售了大约1.55万吨的残极铜,使本公司年内经营业务活动产生的现金流量有较大幅度的提升。

九、董事会报告

主要业务

本公司主要经营铜采矿、选矿、熔炼与精炼业务,生产阴极铜及副产品,包括硫精矿、硫酸、黄金及白银。本公司也为客户根据来料加工安排提供熔炼与精炼服务,本公司的附属公司主要从事于硫酸销售业务。

报告期投资情况

年内,包括贵冶三期技术改造工程、收购武山铜矿、收购江西富家坞铜业有限公司拥有的采矿权及相关设施、投资15万吨无氧铜杆线项目和德兴9万吨达产工程项目等各个项目,使本公司年内资本性支出达到大约为123,818万元。

年内,本公司资本性支出的资金来源主要是上年末发行的A股的募集资金大约为49,485万元与其他商业借款等。

本公司未来资本需求仍然是继续完成贵冶三期技术改造工程、富家坞铜矿的开发及其他发展项目的投资。董事相信,本公司有足够的现金及借贷能力应付该等项目的资金需求,本公司也会进一步发挥财务杠杆作用,优化本公司资本结构。

1.募集资金投资项目情况

募集资金总额	49,485万元	本年度已使用募集资金总额 已累计使用募集资金总额	
承诺项目	拟投入金额 (万元)	实际投入金额 (万元)	其中:利用募集资金(万元)
贵冶三期技改工程项目	150,000	78,225	26,005

收购武山铜矿项目	19,381	19,381	19,381
富家坞铜矿开发	81,000	11,903	4,099
	250,381	109,509	49,485
			49,485 万元
募集资金总额			49,485 万元

承诺项目	完成进度	产生效益(万元)
贵冶三期技改工程项目	52.2%	-
收购武山铜矿项目	100%	933
富家坞铜矿开发	14.7%	-

2.非募集资金投资项目情况

项目名称项目	金额(万元)	项目进度	项目收益情况
德兴矿9万吨达产项目	120,000	96.8%	全年日均矿石处理能力达9万吨
15万吨无氧铜杆线项目	16,151	21%	
	136,151		

3.设立公司

2002 年3月11日,本公司与江铜集团订立合资协议,共同组建一个年产无氧铜杆线15万吨的江西铜业铜材有限责任公司。本公司投资现金人民币9,000万元,占60%股份,江铜集团投资现金6,000万元,占40%股份。

固定资产

本公司本年度内购置固定资产约104,700万元,主要包括用于扩展贵溪冶炼厂三期及改善和提升德兴矿的采矿能力及富家坞铜矿露天开采技术改造项目。另外,本集团本年度内从收购武山铜矿所增加的固定资产约23,800万元。以上所述与本公司及本公司其他固定资产之变动详情载于按国际财务报告准则编制的财务报表附注14。

董事会日常工作情况

年内本公司召开了五次董事会会议

2002 年3月11日,本公司董事会以书面决议案形式,审议批准本公司与江铜集团(下称"江铜集团")共同出资设立江西铜业铜材有限公司的决议及审议通过关于处理本公司与江铜集团合作涉及关连交易事宜的提案。

2002 年4月11日,本公司召开董事会会议,审议批准本公司2001年度业绩报告及经审计的财务报告的决议;审议2001年度利润分配预案及末期股息派发预案,提交2001年度股东周年大会批准;审议外部执行董事崔贵生先生的辞职及提名梁青先生为外部执行董事候选人的决议,提交2001年度股东周年大会批准;审议独立非执行董事龙涛先生的辞职及提名康义先生为独立非执行董事候选人的决议,提交2001年股东周年大会批准;审议批准独立审核委员会主席龙涛先生的辞职及委任史忠良先生为独立审核委员会主席的决议;审议通过了ADR提案;审议董事2001年年终奖金和2002年度报酬预增长比例及2001年监事报酬及授权董事会确定2002年度报酬预增长比例的议案,将2001年监事会报酬及2002年度报酬预增长比例提交股东周年大会批准;审议批准续聘德勤华永会计师事务所有限公司和德勤? 关黄陈方会计师行为本公司境内外审计师的决议;审议通过本公司2002年度预计利润政策;审议批准2002年公司生产经营计划;决定召开2002年度股东周年大会。

2002 年4月25日,本公司董事会以书面决议案形式,审议批准本公司按中国会计准则及会计制度编制的未经审计的2002年第一季度报告。

2002 年8月20日,本公司董事会召开董事会会议,审议批准2002年度中期(半年度)业绩报告及未经审计的中期(半年度)财务报告的决议;审议通过2002年度中期(半年度)利润分配方案。

2002 年10月25日,本公司董事会以书面决议案形式,审议批准本公司按中国会计准则及会计制度编制的未经审计的2002年第三季度报告。

十、监事会报告

(一)监事会工作情况

本报告期内,本公司监事会共召开四次会议

1、本公司第二届五次监事会于2002年4月9日上午8时在公司办公大楼602室召开,会议由监事会主席王振坤先生主持,应到监事5人,实到监事4人。符合《公司法》及《公司章程》的有关规定。会议预审了《监事会审计报告》和《监事会报告书》。

2、本公司第二届六次监事会于2002年4月11日11时30分在公司办公大楼602室召开,会议由监事会主席王振坤先生主持,应到监事5人,实到监事5人。符合《公司法》及《公司章程》的有关规定。会议审议并通过以下议案:

(1)《2001 年业绩报告》;

(2)《2001 年监事会报告》;

(3)《2001 年监事会决议》。

3、江西铜业股份有限公司第二届七次监事会于2002年5月24日10时在公司办公大楼602室召开,会议由监事会主席王振坤先生主持,应到监事5人,实到监事5人。会议传达学习了中国证监会、国家经贸委关于上市公司现代企业制度检查电视电话会议精神,讨论了加强监事会建设的事宜。

4、本公司第二届八次监事会于2002年8月20日10时在公司办公大楼602室召开,会议由监事会主席王振坤先生主持,应到监事5人,实到监事5人。会议审议通过了《2002年中期业绩报告》。

(二)监事会对2002年公司有关事项的独立意见

监事会按照《公司法》和《公司章程》行使职权,在本报告期内对公司财务管理,内控制度,执行股东大会决议、经营决策及董事会和经理的决策,以及经营行为进行了认真的检查和监督。现对以下事项发表独立意见:

1、公司依法运作情况

公司内部控制制度完善,决策程序合法,公司董事、经理执行公司职务时无违反法律、法规、公司章程或损害公司利益的和为。

2、检查公司财务情况

对会计事务所出具的公司2002年度的审计意见,监事会认为审计意见真实的反映了公司财务状况和经营成果。

3、公司最近一次募集资金实际投入与承诺项目一致。

4、报告期内公司收购、出售资产事项。

公司收购武山铜矿价格公允合理,无内幕交易,没有损害股东权益或造成公司资产流失。

5、关联交易公平、公正,无损害上市公司利益的情况。

十一、重大事项披露

1、年内,本公司无重大诉讼、仲裁事项。

2、报告期内资产收购、出售和吸收合并

交易对方及被收购资产	购买日	收购价格
江铜集团武山铜矿经营性资产及采矿权	2002.1.1	19,381 万元

交易对方及被收购资产	自购买日起至本年末为上市公司贡献的净利润
江铜集团武山铜矿经营性资产及采矿权	933 万元

交易对方及被收购资产	是否为关联交易	定价原则
江铜集团武山铜矿经营性资产及采矿权	是	评估价

注:收购江铜集团武山铜矿采矿权及全部经营性资产可进一步增加本公司资源储备及增强本公司对原料供应的控制能力,有助于降低国内外原料市场的供应风险,有利于本公司主营业务的持续稳定发展,收购计划未对本公司管理层的稳定性构成任何影响。

3、关联交易

(一)购销商品、提供劳务费及其他持续性关联交易

(1)交易合同、交易内容及交易金额情况

本公司和江铜集团签订了包括一项综合供应协议、一项综合工业服务协议、数项不动产协议和一项综合其他服务协议,本公司与江铜集团也订立了一项加工协议、一项铜销售合同和其他关联交易协议。

根据这些协议,本公司向江铜集团及其关联公司采购铜精矿、紫杂铜和辅助工业产品,销售阴极铜和硫酸及辅助工业产品;为江铜集团进口铜精矿、粗铜和废铜加工为阴极铜并代理销售;向江铜集团销售废料、洗净残渣及黑铜泥;提供水和传送电力,取得各项工业、社会和其他服务;租赁/出租物业及土地使用权的经营租约等。

4、关联债权债务往来

	向关联方提供资金	
	关联方发生额	余额
	人民币万元	人民币万元
江铜集团及其控制的公司		
应收票据	11,956	18
应收账款	18,562	616
其他应收款	7,266	5,971
预付账款	27,798	1,367
	65,582	7,972
应付票据		
应付账款		
预收账款		
其他应付款		
一年内到期长期负债		
长期应付款		

	关联方向上市公司提供资金	
	发生额	余额
	人民币万元	人民币万元
江铜集团及其控制的公司		
应收票据		
应收账款		
其他应收款		
预付账款		
应付票据	8,648	3,123
应付账款	19,282	2,611
预收账款	107	14
其他应付款	5,167	6,693
一年内到期长期负债	187	187
长期应付款	4,304	4,304
	37,695	16,932

重大合同及履行情况

年内本公司除以往公告外,并无重大托管、承包、租赁其他公司资产或其他公司托管、承包、租赁本公司资产事项。

年内,本公司无重大担保事项。

年内,本公司没有重大委托理财事项。

年内,本公司未在金融机构或非金融机构存有委托存款,也没有发生所存放的定期存款到期末不能收回的情况。

5%以上股东承诺事项

于1997年5月22日,江铜集团向本公司作出如下承诺:

江铜集团在其持有本公司30%或以上表决权的期间,江铜集团及其附属公司和联营公司(通过本公司控制的除外)将不会从事任何可能与本公司业务直接或间接竞争的活动或业务。

在其持有本公司30%或以上表决权的期间,将尽最大努力依照香港联交所和伦敦证券交易所的要求,确保本公司董事会的独立性,而不受江铜集团支配。

本公司董事会确信,江铜集团在其持有本公司30%或以上表决权的期间,遵循了以上承诺。

核数师

德勤华永会计师事务所有限公司及德勤·关黄陈方会计师行分别为本公司之境内及境外核数师。该等核数师已为本公司提供了连续6年的审计服务年限。

有关续聘德勤华永会计师事务所有限公司及德勤·关黄陈方会计师行之决议案将于本公司之股东周年大会上提呈。

本公司应付本年度会计师事务所审计报酬

	2002 年	2001 年
	人民币千元	人民币千元
年度审计费	3,082	2,975
其他(差旅费、食宿费)	166	60

十二、财务报告

审计报告

江西铜业股份有限公司全体股东:

我们接受委托,审计了贵公司2002年12月31日公司及合并的资产负债表、该年度公司及合并的利润及利润分配表和现金流量表。这些会计报表由贵公司负责,我们的责任是对这些会计报表发表审计意见。我们的审计是依据中国注册会计师独立审计准则进行的。在审计过程中,我们结合贵公司实际情况,实施了包括抽查会计记录等我们认为必要的审计程序。

我们认为,上述会计报表符合《企业会计准则》及《企业会计制度》的有关规定,在所有重大方面公允地反映贵公司2002年12月31日公司及合并的财务状况及2002年度公司及合并的经营成果和现金流量,会计处理方法的选用遵循了一贯性原则。

德勤华永会计师事务所有限公司

中国注册会计师

资产负债表

于2002年12月31日　　单位:人民币元

	附注	合并年末数	公司年末数
流动资产:			
货币资金	6	257,499,326	253,619,886
短期投资	7	699,348	699,348
应收票据	8	37,066,148	35,566,148
应收利息		-	-
应收账款	9	151,567,467	149,834,045
其他应收款	10	103,177,451	55,041,834
预付账款	11	80,435,551	80,435,551

存货	12	1,510,877,972	1,510,773,077
待摊费用		–	–
流动资产合计		2,141,323,263	2,085,969,889
长期投资:			
长期股权投资	13	5,610,000	96,665,617
固定资产:			
固定资产原价	14	10,439,886,221	10,439,794,763
减:累计折旧	14	4,882,454,625	4,882,363,167
固定资产净值		5,557,431,596	5,557,431,596
减:固定资产减值准备	14	11,707,124	11,707,124
固定资产净额	14	5,545,724,472	5,545,724,472
在建工程	15	1,024,348,962	990,312,844
固定资产合计		6,570,073,434	6,536,037,316
无形资产及其他资产:			
无形资产	16	106,131,229	106,131,229
长期待摊费用	17	–	–
无形资产及其他资产合计		106,131,229	106,131,229
资产总计		8,823,137,926	8,824,804,051
流动负债:			
短期借款	18	608,200,550	608,200,550
应付票据	19	187,900,000	187,900,000
应付账款	20	182,552,049	182,552,049
预收账款	21	30,718,790	30,718,790
应付福利费		484,001	464,348
应付股利	22	79,921,146	79,921,146
应交税金	23	22,703,637	22,625,181
其他应交款	24	15,072,927	15,067,122
其他应付款	25	200,631,927	263,105,711
预提费用	26	4,035,514	4,035,514
一年内到期的长期负债	27	377,680,000	377,680,000
流动负债合计		1,709,900,541	1,772,270,411
长期负债:			
长期借款	28	2,263,110,000	2,263,110,000
长期应付款	29	43,041,000	43,041,000
专项应付款	30	84,000,000	84,000,000
长期负债合计		2,390,151,000	2,390,151,000
负债合计		4,100,051,541	4,162,421,411
少数股东权益		60,703,745	–
股东权益			
股本	31	2,664,038,200	2,664,038,200
资本公积	32	1,292,747,042	1,292,747,042
盈余公积	33	370,811,322	370,656,510
其中:公益金	33	67,304,972	67,253,368
未分配利润	34	334,786,076	334,940,888
股东权益合计		4,662,382,640	4,662,382,640
负债及股东权益总计		8,823,137,926	8,824,804,051
流动负债:		989,668,243	989,668,243
短期借款		118,871,825	118,871,825
应付票据		229,060,232	229,060,232
应付账款		22,367,012	22,367,012
预收账款		382,088	371,488
应付福利费		133,201,910	133,201,910
应付股利		(2,267,842)	(2,336,071)
应交税金		17,750,994	17,743,599
其他应交款		235,419,998	235,417,659
其他应付款		2,500,000	2,500,000
预提费用		173,870,000	173,870,000
一年内到期的长期负债		1,920,824,460	1,920,735,897
流动负债合计			
长期负债:		1,836,920,000	1,836,920,000
长期借款		44,911,000	44,911,000
长期应付款		84,000,000	84,000,000
专项应付款		1,965,831,000	1,965,831,000
长期负债合计		3,886,655,460	3,886,566,897
负债合计		693,729	–
少数股东权益			
股东权益		2,664,038,200	2,664,038,200
股本		1,292,747,042	1,292,747,042
资本公积		302,991,520	302,854,799
盈余公积		62,328,331	62,315,695
其中:公益金		313,022,748	313,159,469
未分配利润		4,572,799,510	4,572,799,510
股东权益合计		8,460,148,699	8,459,366,407
负债及股东权益总计			

利润及利润分配表

截至2002年12月31日止年度　　单位:人民币元

	附注	合并本年数	公司本年数
一、主营业务收入	35	3,327,072,895	3,324,666,874
减:主营业务成本	36	2,677,730,786	2,676,571,749
主营业务税金及附加	37	34,434,877	34,434,877
二、主营业务利润		614,907,232	613,660,248
加:其他业务利润	38	26,021,720	26,021,720
减:营业费用		40,487,805	39,900,232
管理费用		235,145,204	234,763,161
财务费用	39	154,801,548	154,805,397
三、营业利润		210,494,395	210,213,178
加:投资收益	40	2,836,083	2,956,694
补贴收入	41	–	–
营业外收入		5,362,718	5,343,908
减:营业外支出	42	45,356,587	45,356,587
四、利润总额		173,336,609	173,157,193
减:所得税	43	3,751,926	3,652,917
少数股东损益		80,407	–
五、净利润		169,504,276	169,504,276
加:年初未分配利润		313,022,748	313,159,469
六、可供分配的利润		482,527,024	482,663,745
减:提取法定盈余公积	34(1)	16,962,489	16,950,428
提取法定公益金	34(2)	16,956,458	16,950,428
七、可供股东分配的利润		448,608,077	448,762,889
提取任意盈余公积	34(3)	33,900,855	33,900,855
应付普通股股利	34(4)	79,921,146	79,921,146
八、未分配利润		334,786,076	334,940,888

现金流量表

截至2002年12月31日止年度　　单位:人民币元

	合并本年数
一、经营活动产生的现金流量:	
销售商品、提供劳务收到的现金	5,096,390,411
收到的税费返还	–
收到的其他与经营活动有关的现金	12,710,982
现金流入小计	5,109,101,393
购买商品、接受劳务支付的现金	3,300,150,132
支付给职工以及为职工支付的现金	292,588,064
支付的各项税费	381,258,150
支付的其他与经营活动有关的现金	361,969,828
现金流出小计	4,335,966,174
经营活动产生的现金流量净额	773,135,219
二、投资活动产生的现金流量:	
收回投资所收到的现金	26,440,495
取得投资收益所收到的现金	2,870,046
处置固定资产、无形资产和其他长期资产所收回的现金净额	10,667,206
收到的其他与投资活动有关的现金	–
现金流入小计	39,977,747
购建固定资产、无形资产和其他长期资产所支付的现金	1,021,173,395
投资所支付的现金	25,938,753
收购武山铜矿所支付的现金	191,066,987
现金流出小计	1,238,179,135
投资活动产生的现金流量净额	(1,198,201,388)
三、筹资活动产生的现金流量:	
吸收投资所收到的现金	60,000,000
其中:子公司吸收少数股东权益性质投资所收到的现金	60,000,000
借款所收到的现金	1,900,956,096
收到的其他与筹资活动有关的现金	10,937,654
现金流入小计	1,971,893,750
偿还债务所支付的现金	1,652,423,789
分配股利、利润或偿付利息所支付的现金	316,094,631
其中:子公司支付少数股东股利	70,391
支付的其他与筹资活动有关的现金	1,870,000
现金流出小计	1,970,388,420
筹资活动产生的现金流量净额	1,505,330
四、汇率变动对现金的影响	–
五、现金及现金等价物净(减少)增加额	(423,560,839)

	公司本年数
一、经营活动产生的现金流量:	
销售商品、提供劳务收到的现金	5,093,496,841
收到的税费返还	–
收到的其他与经营活动有关的现金	12,688,322
现金流入小计	5,106,185,163
购买商品、接受劳务支付的现金	3,296,436,568
支付给职工以及为职工支付的现金	292,586,721
支付的各项税费	380,977,467
支付的其他与经营活动有关的现金	250,569,309
现金流出小计	4,220,570,065
经营活动产生的现金流量净额	885,615,098
二、投资活动产生的现金流量:	
收回投资所收到的现金	26,440,495
取得投资收益所收到的现金	2,975,634
处置固定资产、无形资产和其他长期资产所收回的现金净额	10,667,206
收到的其他与投资活动有关的现金	–
现金流入小计	40,083,335
购建固定资产、无形资产和其他长期资产所支付的现金	987,134,776
投资所支付的现金	115,938,753
收购武山铜矿所支付的现金	191,066,987
现金流出小计	1,294,140,516
投资活动产生的现金流量净额	(1,254,057,181)
三、筹资活动产生的现金流量:	
吸收投资所收到的现金	–
其中:子公司吸收少数股东权益性质投资所收到的现金	–
借款所收到的现金	1,900,956,096
收到的其他与筹资活动有关的现金	10,937,654
现金流入小计	1,911,893,750
偿还债务所支付的现金	1,652,423,789
分配股利、利润或偿付利息所支付的现金	316,024,240
其中:子公司支付少数股东股利	–
支付的其他与筹资活动有关的现金	1,870,000
现金流出小计	1,970,318,029
筹资活动产生的现金流量净额	(58,424,279)
四、汇率变动对现金的影响	–
五、现金及现金等价物净(减少)增加额	(426,866,362)

江西联创光电科技股份有限公司

江西联创光电科技股份有限公司2002年年度报告

一、重要提示

1.1 本公司董事会及其董事保证本报告所载资料不存在任何虚假记载、误导性陈述或者重大遗漏,并对其内容的真实性、准确性和完整性负个别及连带责任。

1.2 董事郭满金未能出席董事会,委托董事韩盛龙先生行使表决权。

1.3 公司董事长程德保先生、总裁韩盛龙先生、财务总监谢国林先生、财务会计部经理刘月兰女士声明:保证年度报告中财务会计报告的真实、完整。

二、上市公司基本情况简介

2.1 基本情况简介

公司法定中文名称	江西联创光电科技股份有限公司
公司法定英文名称	JIANGXI LIANCHUANG OPTOELECTRONIC SCIENCE AND TECHNOLOGY CO.,LTD.
公司法定代表人	程德保
公司选定的信息披露报纸	<<上海证券报>>
登载年度报告的中国证监会指定的国际互联网网站	WWW.SSE.COM.CN
公司年度报告备置地点	公司办公室
股票简称	联创光电
股票代码	600363
上市交易所	上海证券交易所
注册地址	南昌国家高新产业开发区火炬大街125号
办公地址	南昌国家高新产业开发区火炬大街125号
邮政编码	330029
公司国际互联网网址	HTTP//WWW.LIANCHUANG.COM.CN
电子信箱	LCKJGS@PUBLIC.NC.JX.CN
公司首次注册地址	南昌国家高新产业开发区火炬大街125号
公司首次注册日期	1999年06月30日
公司法人营业执照注册号	36000011311816(1-1)
公司税务登记号	36010670551268X
公司聘请的会计师事务所名称	广东恒信德律会计师事务所
公司聘请的会计师事务所办公地址	南昌市叠山路119号

2.2 联系人和联系方式

姓名	姚伟彪　董事会秘书
联系地址	南昌国家高新产业开发区火炬大街125号
电话	0791—8108479
传真	0791—8105326
电子信箱	ywb100172@163.com

三、会计数据和财务指标摘要

3.1 2002年度利润实现情况(元)

利润总额:	72,859,663.79
净利润:	46,617,374.00
扣除非经常性损益后的净利润:	47,776,215.38
主营业务利润:	201,364,861.65
其他业务利润:	3,239,889.56
营业利润:	71,844,780.23
投资收益:	-102,818.72
补贴收入:	4,224,084.82
营业外收支净额:	-3,106,382.54
经营活动产生的现金流量净额:	88,143,831.84
现金及现金等价物净增加额:	-135,950,778.62

注:按照<<公开发行证券的公司信息披露规范问答第1号-非经常性损益>>要求,非经常性损益扣除项目有:

1)、营业外收支净额:	-1,772,510.80
2)、补贴收入:	409,168.00
3)、所得税影响数:	204,501.42
合计	-1,158,841.38

3.2 主要会计数据(万元)

	2002年	2001年	本年比上年增减(%)	2000年
主营业务收入	74,535.01	63,234.81	17.87	47,410.73
利润总额	7,285.96	4,241.35	71.78	3,997.83
净利润	4,661.73	1,928.92	141.67	1,711.35
扣除非经常性损益的净利润	4,777.62	1,635.85	192.05	1,314.10

	2002年末	2001年末	本年末比上年末增减(%)	2000年末
总资产	126,253.90	110,166.86	14.60	70,060.87
股东权益(不含少数股东权益)	62,733.57	60,018.93	4.52	17,887.13
经营活动产生的现金流量净额	8,814.38	3,492.08	152.41	1,038.44

3.3 主要财务指标(元)

	2002年	2001年	本年比上年增减(%)	2000年
每股收益(摊薄)	0.1886	0.1170	61.19	0.1632
每股收益(加权)	0.2190	0.1287	70.16	0.1632
净资产收益率	7.43%	3.21%	131.46	9.56%
扣除非经常性损益的净利润为基础计算的净资产收益率	7.78%	3.30%	135.75	7.57%
每股经营活动产生的现金流量净额	0.3565	0.2118	68.31	0.099

	2002年	2001年	本年末比上年末增减(%)	2000年
每股净资产	2.5377	3.6428	-30.33%	1.7067
调整后的每股净资产	2.5151	3.5944	-30.33%	1.6340

3.4 利润表附表

项目	净资产收益率%		每股收益%	
	全面摊薄	加权平均	全面摊薄	加权平均
主营业务利润	32.10	32.10	0.8146	0.9460
营业利润	11.45	11.45	0.2906	0.3375
净利润	7.43	7.43	0.1886	0.2190
扣除非经常性损益后的净利润	7.78	7.78	0.1933	0.2211

四、股本变动及股东情况

4.1 前十名股东持股表(股)

报告期末股东总数　43577户

前十名股东持股情况

股东名称(全称)	年度内增减	年末持股数量	比例(%)	股份类别(已流通或未流通)
江西省电子集团公司	25403150	76209450	30.83	未流通
江西电线电缆总厂	16505600	51516800	20.84	未流通
江西华声通信(集团)公司	8493750	25481250	10.31	未流通
江西清华泰豪科技集团公司	666000	1998000	0.81	未流通
中国农业银行江西省井冈山培训中心	1000000	1000000	0.40	未流通
江西红声器材厂	333000	999000	0.40	未流通
鸿阳证券投资基金	913014	913014	0.37	流通股
湘财证券投资有限公司	617403	617403	0.25	流通股
张思宇	603900	603900	0.24	流通股
广州科技风险投资有限公司	195000	195000	0.08	流通股

股东名称(全称)	质押或冻结的股份数量	股东性质(国有股东或外资股东)
江西省电子集团公司	15000000	国有法人股
江西电线电缆总厂	无	国有法人股
江西华声通信(集团)公司	无	国有法人股
江西清华泰豪科技集团公司	无	法人股
中国农业银行江西省井冈山培训中心	无	国有法人股
江西红声器材厂	无	国有法人股
鸿阳证券投资基金	无	社会流通股
湘财证券投资有限公司	无	社会流通股
张思宇	无	社会流通股
广州科技风险投资有限公司	无	社会流通股

4.3 控股股东及实际控制人情况介绍

报告期内,公司第一大股东为江西省电子集团公司,没有发生变更。江西省电子集团公司成立于1996年11月,为国有独资公司,注册资本32128万元,法定代表人程德保先生。该公司主要业务是:江西省政府授权的依据产权关系经营集团部分成员企业和部分事业单位的国有资产,代管部分事业单位及非经营性国有资产。该公司最终控制人是江西省人民政府。

4.4 其他持股在10%(含)以上的法人股股东情况

股东名称	法定代表人	成立日期	注册资本(万元)
江西电线电缆总厂	欧阳森和	1966年6月	4066.00
江西华声通信(集团)公司	熊金荣	1995年12月	1884.90

股东名称	主要业务和产品
江西电线电缆总厂	信息传输线缆
江西华声通信(集团)公司	通信终端和光通信系统设备

五、董事、监事和高级管理人员

5.1 董事、监事和高级管理人员持股变动

姓名	职务	性别	年龄	任期起止日期
程德保	董事长	男	56	2002.6.30--2005.6.30
韩盛龙	副董事长总裁	男	45	2002.6.30--2005.6.30
周彦	副董事长副总裁	男	41	2002.6.30--2005.6.30
曾利民	董事	男	52	2002.6.30--2005.6.30
郭满金	董事	男	55	2002.6.30--2005.6.30
熊金荣	董事	男	48	2002.6.30--2005.6.30
刘健	独立董事	女	52	2002.6.30--2005.6.30
张荣	独立董事	男	39	2002.6.30--2005.6.30
卢福财	独立董事	男	40	2002.6.30--2005.6.30
钟力民	监事长	男	48	2002.6.30--2005.6.30
贾建	政副监事长	男	51	2002.6.30--2005.6.30
欧阳森和	监事	男	56	2002.6.30--2005.6.30
吕洪林	监事	男	56	2002.6.30--2005.6.30
任钧祥	监事	男	56	2002.6.30--2005.6.30
蒋国忠	副总裁 总工程师	男	42	2002.6.30--2005.6.30
曾涌	副总裁	男	39	2002.6.30--2005.6.30
谢国林	财务总监	男	43	2002.6.30--2005.6.30
姚伟彪	董事会秘书	男	31	2002.6.30--2005.6.30
黄倬桢	总裁助理	男	47	2002.6.30--2005.6.30

姓名	年初持股数	年末持股数	变动原因

程德保	0	0
韩盛龙	0	0
周彦	0	0
曾利民	0	0
郭满金	0	0
熊金荣	0	0
刘健	0	0
张荣	0	0
卢福财	0	0
钟力民	0	0
贾建	0	0
欧阳森和	0	0
吕洪林	0	0
任钧祥	0	0
蒋国忠	0	0
曾涌	0	0
谢国林	0	0
姚伟彪	0	0
黄倬桢	0	0

5.2 在股东单位任职的董事监事情况

姓名	任职的股东名称	在股东单位担任的职务
程德保	江西省电子集团公司	总经理
韩盛龙	江西省电子集团公司	副总经理
钟力民	江西省电子集团公司	副总经理
欧阳森和	江西电线电缆总厂	厂长
熊金荣	江西省华声通信(集团)公司	董事长

姓名	任职期间	是否领取报酬、津贴(是或否)
程德保		否
韩盛龙		是
钟力民		否
欧阳森和		是
熊金荣		否

5.3 董事、监事和高级管理人员年度报酬情况

年度报酬总额	117.30 万元
金额最高的前三名董事的报酬总额	49 万元
金额最高的前三名高级管理人员的报酬总额	39 万元
独立董事津贴	每人每年 3 万元，总额 9 万元，本报告期内实际执行 6 个月，每人实际领取 1.5 万元，共 4.5 万元
独立董事其他待遇	独立董事出席公司各项会议的差旅费及按《公司章程》行使职权所需费用，均在公司据实报销。
不在公司领取报酬、津贴的董事、监事姓名	程德保、钟力民、曾利民、熊金荣、吕洪林、任钧祥

报酬区间	人数
15—22 万元	2 人
10—15 万元(不含)	5 人
2—10 万元(不含)	3 人

注：公司董事、监事、高级管理人员报酬的决策程序、薪酬确定依据：公司 9 名董事中有 2 名董事以高级管理人员身份和其他 5 位高级管理人员根据董事会制定的《年薪制实施办法》领取薪酬，具体办法为：每月预支部分薪酬，待董事会年终考核后发放其余金额；有 1 名董事任控股子公司总经理，其薪酬由子公司董事会决定；有 2 名职工监事依据其工作岗位确定薪酬。

5.4 董事、监事、高级管理人员聘任和解聘情况

2002 年 6 月 30 公司第一届董事会、监事会、高级管理人员任职期满。

经 2002 年第一次临时股东大会审议通过，程德保、韩盛龙、周彦、曾利民、郭满金、熊金荣、刘健、张荣、卢福财 9 位人士组成公司第二届董事会，其中：刘健、张荣、卢福财 3 位人士为独立董事；经 2002 年第一次临时股东大会审议通过，钟力民、吕洪林、任钧祥 3 位人士为股东代表监事，与 2 位职工代表监事贾建政、欧阳森和组成公司第二届监事会；

2002 年 6 月 30 日二届一次董事会会议选举程德保先生为董事长，韩盛龙先生、周彦先生为副董事长；经董事长提名，聘任韩盛龙先生为公司总裁；经董事长提名，聘任姚伟彪先生为董事会秘书；经总裁提名，聘任周彦先生、蒋国忠先生、曾涌先生为副总裁、谢国林先生为财务总监、蒋国忠先生为总工程师(兼)，黄倬桢先生为总裁助理；

2002 年 6 月 30 日二届一次监事会会议选举钟力民先生为监事长、贾建政先生为副监事长。

5.5 公司员工情况：截止 2002 年 12 月 31 日，本公司现有员工 4965 人，没有离退休人员。

5.5.1 职工教育程度结构表

类别	人数(人)	所占比例(%)
大专及大专以上	917	18.47
中专、高中	2966	59.74
高中以下	1082	21.79
合计	4965	100.00

5.5.2 职工专业结构表

类别	人数(人)	所占比例(%)
生产人员	3694	74.40
销售人员	227	4.57
技术人员	651	13.11
管理及财务人员	393	7.92
合计	4965	100.00

六、公司治理结构

6.1 公司的治理结构与中国证监会发布的有关上市公司治理的规范性文件要求不存在差异。

6.2 独立董事履行职责的情况。

公司 2002 年第一次临时股东大会聘请了刘健、张荣、卢福财三人为公司独立董事并且制定了《独立董事制度》作为其履行职责的依据。报告期内公司独立董事对董事会建设及重大决策做了大量工作，对有关事项发表了中肯、客观的意见，促进了董事会决策及决策程序的科学化。

6.3 公司业务、人员、资产、机构、财务等 5 个方面完全独立于第一大股东江西省电子集团公司，具有独立完整的业务及自主经营能力。

6.4 公司高级管理人员根据董事会制定的《年薪制实施办法》领取薪酬，具体办法为：每月预支部分薪酬，待董事会年终考核后发放其余金额。

七、股东大会情况简介

7.1 股东大会通知、召集、召开情况

本年度共召开 2 次股东大会。

2002 年 4 月 29 日，公司 2001 年年度股东大会在南昌市五湖大酒店召开，出席本次股东大会的股东及股东代理人共计 6 人，代表 10480.33 万股公司股份，占公司总股本的 63.59%，符合《公司法》及《公司章程》的有关规定。本次股东大会会议通知于 2002 年 3 月 27 日刊登于《上海证券报》。

2002 年 6 月 30 日，公司 2002 年第一次临时股东大会在南昌市五湖大酒店召开，出席本次股东大会的股东及股东代理人共计 6 人，代表 15720.53 万股公司股份，占公司总股本的 63.59%，符合《公司法》及《公司章程》的有关规定。本次股东大会会议通知于 2002 年 5 月 31 日刊登于《上海证券报》。

7.2 股东大会通过的决议及信息披露情况

经 2001 年年度股东大会审议，以记名投票表决的方式通过以下议案：《2001 年度董事会报告》、《2001 年度监事会报告》、《2001 年度财务决算报告》、《2001 年度利润分配预案》、《2001 年度资本公积金转增股本的预案》、《股东大会议事规则》、《董事会议事规则》、《监事会议事规则》、《关于续聘广东恒信德律会计师事务所为公司审计机构的议案》；北京竞天公诚律师事务所为本次股东大会出具了见证书，认为本次股东大会程序合法，所通过决议合法有效。本次决议公告于 2002 年 4 月 30 日刊登于《上海证券报》。

经 2002 年第一次临时股东大会审议，以记名投票表决的方式通过以下议案：《关于变更募集资金投资项目的议案》、《关于章程修改的议案》、《关于独立董事津贴的议案》、《关于新一届董事会董事候选人的议案》、《关于新一届监事会监事候选人的议案》。江西华邦律师事务所为本次股东大会出具了见证书，认为本次股东大会程序合法，所通过决议合法有效。本次决议公告于 2002 年 7 月 2 日刊登于《上海证券报》。

7.3 股东大会选举、更换董事、监事情况

2002 年 6 月 30 日，公司第一届董事会、监事会成员任职期满。

经 2002 年第一次临时股东大会审议通过，程德保、韩盛龙、周彦、曾利民、郭满金、熊金荣、刘健、张荣、卢福财 9 位人士组成公司第二届董事会，其中：刘健、张荣、卢福财 3 位人士为独立董事；

经 2002 年第一次临时股东大会审议通过，钟力民、吕洪林、任钧祥 3 位人士为股东代表监事，与 2 位职工代表监事贾建政、欧阳森和组成公司第二届监事会。

八、董事会报告

8.1 报告期内整体经营情况的讨论与分析

报告期内，公司管理层在董事会的领导下，根据"一主两翼"，即以新型电子元器件为主导，专用通信和信息服务为两翼的产业发展思路，规范经营，扎实工作，整合各类资源，成功运作信息服务项目，取得良好经营业绩，全年实现销售收入 74535.01 万元，净利润 4661.73 万元，分别比上年增长 17.87%和 141.67%.公司呈现出厦门、南昌、吉安三大产业基地为公司贡献净利相对平衡的"三足鼎立"局面。

报告期内，公司光电科技园建设进展顺利，各项技改项目有序进行，"继电器生产线改造项目"等募集资金投资项目已经基本完成并且产生了较好收益，产品结构进一步优化。同时，公司围绕光电子主业发展方向，申请立项了几个具有前瞻性、规模化的产业发展项目并取得国家政策支持，逐渐形成完整的产业链。

报告期内，公司以财务管理为中心，建立并完善了以现金流为核心的的管理制度；成立了公司营销委员会及专业销售部，形成统一的营销体系，按产品组建了若干事业部，加强了总部对生产经营的调控力度，提升了公司形象，增强了公司核心竞争力。

8.2 主营业务分行业、产品情况表(万元)

分行业或分产品	主营业务收入	主营业务成本	毛利率(%)	主营业务收入比上年增减(%)
通信线缆	9127.61	6927.39	24.10	30.85
光电器件及微电脑控制器	22770.77	18070.19	20.64	-10.87
继电器	29423.67	18900.44	35.76	24.04
通信终端及程控电话	5807.04	4040.78	30.42	-9.84
电脑及器材	7405.91	6264.47	15.41	1249.15

分行业或分产品	主营业务成本比上年增减(%)	毛利率比上年增减(%)
通信线缆	24.83	17.90
光电器件及微电脑控制器	-14.82	21.70
继电器	19.39	6.00
通信终端及程控电话	-14.53	14.40
电脑及器材	2265.55	-68.94

8.3 主营业务分地区情况(元)

地区	主营业务收入	主营业务收入比上年增减(%)
江西地区	283281439.95	92.52
福建地区	462068663.70	-4.76

8.4 采购和销售客户情况(万元)

前五名供应商采购金额合计	9600.50	占采购总额比重	14.83%
前五名销售客户销售金额合计	19234.66	占销售总额比重	25.81%

8.5 经营中出现的问题及解决方案

本公司在经营过程中遇到货款回收周期过长，应收款项过大的问题。公司将通过制定应收帐款催收制度、调整产品结构等手段加以解决。

本公司在经营过程中遇到另一个重要问题是人才匮乏问题。公司将通过制定激励制度、与知名大学联合培养、定期培训等手段加以解决。

8.6 主要控股公司及参股公司经营情况及业绩

公司名称	主营业务	注册资本(万元)
厦门宏发电声有限公司	继电器	12,000.00
厦门华联电子有限公司	光电器件及微电脑控制器	7,750.00
江西联创信息技术有限公司	电子产品	500.00
南昌欣磊光电科技有限公司	光电器件芯片	672.00(万美元)
江西联创通信有限公司	通信设备	2,000.00

公司名称	法定代表人	本公司投资额(万元)
厦门宏发电声有限公司	赵玉鼎	6,120.00
厦门华联电子有限公司	赵玉鼎	4,107.50
江西联创信息技术有限公司	贾建政	450.00
南昌欣磊光电科技有限公司	蒋国忠	497.28(万美元)
江西联创通信有限公司	韩盛龙	1,931.00

公司名称	2002 年度净利润(万元)	权益比例
厦门宏发电声有限公司	2811.86	51%
厦门华联电子有限公司	574.18	53%

江西联创信息技术有限公司	40.10	90%
南昌欣磊光电科技有限公司	179.81	74%
江西联创通信有限公司	546.03	96.55%

本年新增控股子公司南昌欣磊光电科技有限公司，为中外合资企业，于2001年5月31日出资139.50万美元受让45%的股份；2002年8月1日增资357.78万美元而累计持有74%股份。

8.7 报告期内总资产、长期负债、股东权益、主营业务利润率、净利润比上年增减变动的主要原因

1、2002年末，公司总资产126,253.90万元，比2001年年末总资产110,166.86万元增长14.60%，主要原因是本年度流动负债增加及未分配利润滚存所致。

2、2002年末，公司长期负债16,867.04万元，比2001年年末长期负债16,536.51万元增长1.98%；

3、2002年末，公司股东权益62,733.57万元，比2001年年末股东权益60,018.93万元增长4.52%，主要原因是本年度未分配利润滚存所致。

4、2002年，公司主营业务利润率主营业务利润率比2001年提高2.4%。

5、报告期内，公司实现净利润4661.73万元，较2001年增长141.67%，主要原因是：

1）、营业务收入增长1.13亿元，增加主营业务利润2782万元；

2）、调整，主营业务利润率提高2.4%，增加主营业务利润1783万元；

3）、2002年度，公司利息支出减少且取得各级财政贴息，公司财务费用减少1016万元。

6、报告期内，公司经营活动产生的现金流量净额为8814.38万元，较2001年3492.08万元增长152.41%。主要原因是：报告期内公司实现净利润4661.73万元，比2001年1928.92万元（调整后数据）增长141.67%，绝对额2732.81万元；经营性应付项目增加金额为5039.06万元，比2001年1072.32万元增长469.90%，绝对额3966.74万元；经营性应收项目减少金额为6273.23万元，比2001年4264.52万元降低47.10%，绝对额2008.71万元。

8.7 报告期内公司生产经营环境以及宏观政策、法规没有产生重大变化

8.8 募集资金使用情况 （单位：万元）

募集资金总额	38722	本年度已使用募集资金总额	18584.64
		已累计使用募集资金总额	31045.04

承诺项目	拟投入金额	是否变更项目
收购金峰电子LED外延片生产线等资产	2300	否
光电器件外延片技改项目	15000	否
光耦合器、光MOS继电器技改项目	6732	是
继电器生产线改造项目	8329	是
专用程控交换机和光纤接入网设备技改项目	2950	否
ADSS特种光缆生产线技改项目	2980	否
补充流动资金	4000	否
合计	42291	--

承诺项目	实际投入金额	产生收益金额
收购金峰电子LED外延片生产线等资产	2182.65	106
光电器件外延片技改项目	9091.41	
光耦合器、光MOS继电器技改项目	1530	230
继电器生产线改造项目	3723	1275
专用程控交换机和光纤接入网设备技改项目	2928.4	546
ADSS特种光缆生产线技改项目	2962.38	80
补充流动资金	4434	
合计	26851.84	2237

承诺项目	是否符合计划进度和预计收益
收购金峰电子LED外延片生产线等资产	是
光电器件外延片技改项目	是
光耦合器、光MOS继电器技改项目	否
继电器生产线改造项目	是
专用程控交换机和光纤接入网设备技改项目	否
ADSS特种光缆生产线技改项目	否
补充流动资金	
合计	--

8.10 董事会本次利润分配或资本公积金转增预案

公司2002年度利润分配预案：

经广东恒信德律会计师事务所审计，公司2002年度合并净利润为人民币46617374.00元，根据《公司章程》的有关规定，提取10%的法定盈余公积金合并后计人民币7007301.12元，计提10%或5%法定公益金后计人民币6173972.19元，子公司南昌欣磊光电科技有限责任公司为中外合资企业，分别按5%计提职工奖励基金、储备基金、企业发展基金，三项合计人民币222970.43元，加上年初未分配利润808456.78元，本年度实际可供分配利润为34021587.04元。

利润分配预案为：以2002年末总股本247204500股为基数，向全体股东每10股派现金人民币0.8元（含税），分配后尚余未分配利润人民币14245227.04元，结转以后年度分配。2002年度不进行资本公积金转增股本。

该分配预案需提交股东大会审议批准后实施。

九、监事会报告

9.1 报告期内监事会的会议情况及决议内容

报告期内，公司监事会共召开5次会议，具体情况如下：

2002年3月25日，公司一届六次监事会会议在总部会议室召开。应到监事五人，实到监事五人。本次会议审议通过了以下各项决议案：〈〈2001年年度报告及其摘要〉〉、〈〈2001年度财务决算报告〉〉、〈〈2001年度监事会工作报告〉〉、〈〈监事会议事规则〉〉。

2002年5月30日，公司一届七次监事会会议在总部会议室召开。应到监事五人，实到监事五人。本次会议审议通过了以下各项决议案：〈〈关于变更募集资金投资项目的议案〉〉、〈〈关于公司新一届监事会监事侯选人的议案〉〉。

2002年6月30日，公司二届一次监事会会议在总部会议室召开。应到监事五人，实到监事五人。本次会议审议通过了〈〈关于选举公司第二届监事会监事长、副监事长的议案〉〉。

2002年8月11日，公司二届二次监事会会议在总部会议室召开。应到监事五人，实到监事五人。本次会议审议通过了〈〈关于公司2002年半年报度报告的议案〉〉。

2002年10月26日，公司二届三次监事会会议在总部会议室召开。应到监事五人，实到监事五人。本次会议审议通过了〈〈关于公司2002年第三季度季度报告的议案〉〉。

9.2 监事会对公司2002年度运行情况的监督

报告期内，监事会对公司董事会、股东大会的召开程序、决议事项及高级管理人员行为进行监督，一致认为认为公司法人治理结构较为完善并依照《公司法》及《公司章程》规范运作；

报告期内，监事会审议了《2002年年度报告及年度报告摘要》，该报告中包含有广东恒信德律会计师事务所出具的标准无保留意见审计报告，监事会认为公司财务并不存在问题；

报告期内，监事会对公司募股资金使用情况进行检查，认为公司依照照股说明书的确定的项目进行投资；变更的项目依法履行了变更程序；部分投资项目已经产生了收益，部分项目由于可以解释的原因推迟了投资进度；、

报告期内，监事会对公司收购及出售资产事项进行检查，认为公司有关事项都是围绕清洁股东单位所欠公司往来款项及完善公司产业链进行的，交易价格合理，无内幕交易，没有损害部分股东的权益或造成公司资产流失

报告期内，监事会对公司发生的两项关联交易事项进行检查，该两项关联交易同时属于上述公司收购及出售资产项目，所以该两项关联交易事项也是围绕清洁股东单位所欠公司往来款项及完善公司产业链进行的，交易公平，没有损害上市公司利益。

十、重要事项

10.1 本报告期内公司无重大诉讼、仲裁事项。

10.2 本报告期内公司有资产收购及出售事项

10.2.1 收购资产事项

交易对方及被收购资产	购买日	收购价格	自购买日起至本年末为上市公司贡献的净利润	是否为关联交易	定价原则
江西省电子集团公司以其所属的南昌飞虹宾馆和江西省电子科研所资产抵偿所欠本公司款项805.23万元	2002年5月24日	805.23万元		是	依据广东恒信德律会计师事务所评估价格并经江西省财政厅确认
收购南昌欣鑫电子有限公司和南海市盐步惠兴印刷工艺厂分别持有的南昌欣磊光电科技有限公司1%和2%的股权	2002年8月1日	79.626万元	106万元	否	双方协商
受让江西红声电子器材厂持有的南昌宏声电子有限公司70%的股权	2002年1月1日	457.70万元	36万元	否	双方协商确认
购买南昌高新技术产业开发区管理委员会170755.61平方米土地	2001年7月6日	2502.25万元（尚未支付）		否	双方协商确认
购买吉安高新技术产业开发区管委会300亩土地	2002年8月26日	900万元		否	双方协商确认

10.2.2 出售资产事项

交易对方及被出售资产	出售日	出售价格	本年初起出售日该售资产为市公司贡的净利润	出售产生的损益	是否为关联交易	定价原则
向江西华声通信（集团）公司转让线缆分公司终端厂民品事业部相关资产	2002年11月26日	873.71万元			是	以交易标的帐面价值确定转让价格

10.3 报告期内重大关联交易事项

交易双方及交易标的	购买日	收购价格	自购买日起至本年末为上市公司贡献的净利润	是否为关联交易	定价原则
江西省电子集团公司以其所属的南昌飞虹宾馆和江西省电子科研所资产抵偿所欠本公司款项805.23万元	2002年5月24日	805.23万元		是	依据广东恒信德律会计师事务所评估价格并经江西省财政厅确认
向江西华声通信（集团）公司转让线缆分公司终端厂民品事业部相关资产	2002年11月26日	873.71万元		是	以交易标的帐面价值确定转让价格

10.4 重大合同及履行情况

1）、报告期内，公司无托管、承包、租赁其他公司资产及其他公司托管、承包、租赁上市公司资产的事项

2）、公司无委托理财事项

3）、重大担保事项（单位：万元）

担保对象名称	发生日期（协议签署日）	担保金额	担保类型	担保期	是否履行完毕	是否为关联方担保（是或否）
南昌高新技术产业开发区管理委员会		5000		2001.06.22–2009.06.22	否	否
南昌欣磊光电科技有限公司		1098		2002.04.25–2003.04.25	否	是
厦门华联电子有限公司		400		2002.02.04–2005.02.03	否	是
厦门华联电子有限公司		2000		2002.04.02–2007.04.01	否	是
厦门华联电子有限公司		300		2002.09.23–2003.03.22	否	是
厦门华联电子有限公司		800		2002.10.10–2003.04.08	否	是
厦门法拉电子有限公司		1000		2001.04.11–2005.06.20	否	否
厦门宏发电声有限公司		4000		2000.11.14–2007.04.23	否	是
厦门宏发电声有限公司		385	银行承兑	2002.09.26–2003.05.04	否	是

		汇票		
厦门新纪元电子实业有限公司	330	2000.12.14-2003.01.18	是	否
担保发生额合计	6328.68			
担保余额合计	16657.68			
其中:关联担保余额合计	11327.68			

10.5 公司或持股5%以上股东在报告期内或持续到报告期内承诺事项履行情况

1、公司募股资金投资方向与公司《招股说明书》承诺的项目一致或按照规定履行了募股资金变更投资方向的决策程序;

2、公司报告期的利润分配预案与2001年度承诺的"2002年度利润分配政策"一致。

10.6 2002年度,本公司续聘广东恒信德律会计师事务所为公司审计机构,共支付财务审计费28万元,并为其负担差旅费。该所自1999年6月30日本公司成立以来连续4年为公司提供年度审计服务。

10.7 报告期内,公司、公司董事会及董事没有受到中国证监会稽查、行政处罚、通报批评、证券交易所公开谴责的情形。

十一、财务报告

11.1 审计报告

江西联创光电科技股份有限公司全体股东:

我们接受委托,审计了贵公司2002年12月31日的资产负债表、2002年度利润表及利润分配表、2002年度现金流量表。这些会计报表由贵公司负责,我们的责任是对这些会计报表发表审计意见。我们的审计是依据《中国注册会计师独立审计准则》进行的。在审计过程,我们结合贵公司实际情况,实施了包括抽查会计记录等我们认为必要的审计程序。

我们认为,上述会计报表符合《企业会计准则》和《企业会计制度》的有关规定,在所有重大方面公允地反映了贵公司2002年12月31日的财务状况及2002年度经营成果以及2002年度的现金流量情况,会计处理方法的选用遵循了一贯性原则。

广东恒信德律会计师事务所有限公司　　中国注册会计师:刘志坚、丁莉

二00三年三月二十八日

资产负债表

编制单位:江西联创光电科技股份有限公司　2002.12.31　单位:元

资产	注释	母公司	合并
流动资产:			
货币资金		86,747,143.67	161,333,369.01
短期投资		-	-
应收票据		706,220.00	15,607,274.24
应收股利		3,755,460.31	553,342.00
应收利息		-	-
应收帐款		117,096,737.71	264,904,218.57
其他应收款		34,217,054.49	43,186,400.89
预付帐款		5,060,741.53	30,888,851.10
应收补贴款		845,499.99	845,499.99
存货		46,016,883.34	158,030,405.38
待摊费用		66,241.60	171,284.59
一年内到期的长期债投资		-	-
其他流动资产		-	-
流动资产合计		294,511,982.64	675,520,645.77
长期投资:			
长期股权投资		270,263,974.33	68,111,580.23
长期债权投资		-	-
长期投资合计		270,263,974.33	68,111,580.23
其中:合并价差		-	2,192,788.84
固定资产:			
固定资产原价		190,562,736.03	556,852,751.11
减:累计折旧		85,493,658.84	178,781,079.45
固定资产净值		105,069,077.19	378,071,671.66
减:固定资产减值准备		-	-
固定资产净额		105,069,077.19	378,071,671.66
工程物资		10,263,952.19	10,263,952.19
在建工程		103,745,244.94	109,257,059.81
固定资产清理		-	-
固定资产合计		219,078,274.32	497,592,683.66
无形资产及其他资产:			
无形资产		15,496,102.26	21,037,605.46
长期待摊费用		100,124.50	276,558.09
其他长期资产		-	-
无形资产及其他资产合计		15,596,226.76	21,314,163.55
递延税项:			
递延税款借项		-	-
资产总计		799,450,458.05	1,262,539,073.21

负债及股东权益	注释	母公司	合并
流动负债:			
短期借款		60,000,000.00	76,000,000.00
应付票据		57,345,032.48	67,756,031.23
应付账款		22,044,645.17	97,465,117.92
预收账款		1,293,673.25	4,977,224.87
应付工资		-	5,200,000.00
应付福利费		1,231,855.41	12,903,383.73
应付股利		19,776,360.00	20,813,400.33
应交税金		2,048,185.02	4,703,946.30
其他应交款		659,580.76	692,648.95
其他应付款		2,034,445.43	9,071,278.90
预提费用		875,549.64	2,707,993.37
预计负债		-	-
一年内到期的长期负债		-	-
其他流动负债		-	-
流动负债合计		167,309,327.16	302,291,025.60
长期负债:			
长期借款		-	147,000,000.00
应付债券		-	-
长期应付款		-	-
专项应付款		4,950,000.00	21,670,420.28
其他长期负债		-	-
长期负债合计		4,950,000.00	168,670,420.28
递延税项:			
递延税款贷项		-	-
负债合计		172,259,327.16	470,961,445.88
少数股东权益		-	164,241,851.32
股东权益:			
股本		247,204,500.00	247,204,500.00
减:已归还投资			
股本净额		247,204,500.00	247,204,500.00
资本公积		322,887,173.35	322,887,173.35
盈余公积		19,880,197.98	42,998,875.62
其中:法定公益金		9,940,098.99	16,511,487.63
未分配利润		37,219,259.56	14,245,227.04
股东权益合计		627,191,130.89	627,335,776.01
负债和股东权益总计		799,450,458.05	1,262,539,073.21

利润及利润分配表

编制单位:江西联创光电科技股份有限公司　单位:元

项目	注释	2002年度 母公司	合并
一、主营业务收入		180,263,541.26	745,350,103.65
减:主营业务成本		137,432,189.31	542,032,913.42
主营业务税金及附加		771,090.79	1,952,328.58
二、主营业务利润		42,060,261.16	201,364,861.65
加:其他业务利润		799,962.41	3,239,889.56
减:营业费用		8,042,990.55	28,083,711.54
管理费用		16,326,385.53	103,367,111.48
财务费用		-3,461,777.44	1,309,147.96
三、营业利润		21,952,624.93	71,844,780.23
加:投资收益		23,729,009.60	-102,818.72
补贴收入		3,630,918.82	4,224,084.82
营业外收入		20,617.14	682,339.06
减:营业外支出		186,660.42	3,788,721.60
四、利润总额		49,146,510.07	72,859,663.79
减:所得税		1,216,155.79	8,837,014.06
少数股东收益		-	17,405,275.73
五、净利润		47,930,354.28	46,617,374.00
加:年初未分配利润		18,651,336.14	808,456.78
其他转入		-	-
六、可供分配利润		66,581,690.42	47,425,830.78
减:提取法定盈余公积金		4,793,035.43	7,007,301.12
提取法定公益金		4,793,035.43	6,173,972.19
提取职工奖励及福利基金		-	89,907.43
提取储备基金		-	66,531.50
提取企业发展基金		-	66,531.50
利润归还投资		-	-
七、可供股东分配的利润		56,995,619.56	34,021,587.04
减:应付优先股股利		-	-
提取任意盈余公积		-	-
应付普通股股利		19,776,360.00	19,776,360.00
转作股本的普通股股利		-	-
八、未分配利润		37,219,259.56	14,245,227.04

现金流量表

编制单位:江西联创光电科技股份有限公司货币　单位:人民币元

项目	合并
一、经营活动产生的现金流量	
销售商品、提供劳务收到的现金	671,927,207.30
收到的税费返还	2,655,265.78
收到的其他与经营活动有关的现金	56,723,977.60
现金流入小计	731,306,450.68
购买商品、接受劳务支付的现金	443,080,880.09
支付给职工以及为职工支付的现金	86,857,398.49
支付的各项税款	34,245,041.03
支付的其他与经营活动有关的现金	78,979,299.23
现金流出小计	643,162,618.84
经营活动产生的现金流量净额	88,143,831.84
二、投资活动产生的现金流量	
收回投资所收到的现金	-
取得投资收益所收到的现金	160,800.00
处置固定资产、无形资产和其他长期资产而收回的现金净	151,168.40
收到的其他与投资活动有关的现金	-
现金流入小计	311,968.40
购建固定资产、无形资产和其他长期资产所支付的现金	185,605,926.72
投资所支付的现金	40,226,232.50
支付的其他与投资活动有关的现金	-
现金流出小计	225,832,159.22
投资活动产生的现金流量净额	-225,520,190.82
三、筹资活动产生的现金流量	
吸收权益性投资所收到的现金	6,115,607.56
借款所收到的现金	239,157,582.08
收到的其他与筹资活动有关的现金	17,876,312.16
现金流入小计	263,149,501.80
偿还债务所支付的现金	238,000,000.00
分配股利、利润或偿付利息所支付的现金	17,592,506.55
支付的其他与筹资活动有关的现金	5,681,691.99
现金流出小计	261,274,198.54
筹资活动产生的现金流量净额	1,875,303.26
四、汇率变动对现金的影响	-449,722.90
五、现金及现金等价物净增加额	-135,950,778.62

江苏三房巷实业股份有限公司

江苏三房巷实业股份有限公司股票上市公告书

上市推荐人:兴业证券股份有限公司
股票简称:三房巷
上市时间:2003年3月6日
上市地点:上海证券交易所
股本总额:158,260,000股
本次上市流通股本:55,000,000股
沪市股票代码:600370 深市代理股票代码:003370
每股发行价格:7.62元可流通股本:55,000,000股
股票登记机构:中国证券登记结算有限责任公司上海分公司

释 义

在本上市公告书中,除非另有说明,下列名词具有特定含义:

中国证监会:	指中国证券监督管理委员会
本公司、公司、发行人:	指江苏三房巷实业股份有限公司
集团公司:	指江苏三房巷集团有限公司
化学纤维厂:	指江阴市化学纤维厂,原名江阴市粘胶短纤维厂
济化公司:	指中港合资江阴济化新材料有限公司
国贸公司:	指江苏三房巷国际贸易有限公司
上市推荐人:	指兴业证券股份有限公司
社会公众股、A股:	指发行人根据招股说明书发行的面值1元的人民币普通股
元:	指人民币元
本次发行:	指本公司本次向社会公开发行5500万股社会公众股的行为
上市:	指本公司股票在上海证券交易所挂牌交易
《公司法》	指《中华人民共和国公司法》
《证券法》	指《中华人民共和国证券法》
《公司章程》	指江苏三房巷实业股份有限公司章程

一、重要声明与提示

本公司董事会保证上市公告书的真实性、准确性、完整性,全体董事承诺上市公告书不存在虚假记载、误导性陈述或重大遗漏,并承担个别和连带的法律责任。

根据《公司法》、《证券法》等有关法律、法规规定,本公司董事、高管人员已依法履行诚信和勤勉尽责的义务和责任。

上海证券交易所、中国证监会、其他政府机关对本公司股票上市及有关事项的意见,均不表明对本公司的任何保证。

本公司提醒广大投资者注意:凡本上市公告书未涉及的有关内容,请投资者查阅2003年2月14日刊载于《中国证券报》、《上海证券报》和《证券时报》的本公司招股说明书摘要及刊载于上海证券交易所网站(http://www.sse.com.cn)的本公司招股说明书全文。

本上市公告书刊登网址:http://www.sse.com.cn

二、概览

1.股票简称: 三房巷
2.沪市股票代码: 600370
3.深市代理股票代码:003370
4.股本总额: 158,260,000股
5.可流通股本: 55,000,000股
6.本次上市流通股本:55,000,000股
7.每股发行价格: 7.62元
8.上市地点: 上海证券交易所
9.上市时间: 2003年3月6日
10.股票登记机构: 中国证券登记结算有限责任公司上海分公司
11.上市推荐人: 兴业证券股份有限公司

12.对首次公开发行股票前股东所持股份的流通限制及期限:根据国家现有法律、法规规定和中国证监会证监发行字[2003]2号《关于核准江苏三房巷实业股份有限公司公开发行股票的通知》,本公司的法人股暂不上市流通,本公司的内部职工股自本次发行之日起,期满三年后可申请上市流通。

13.根据《上海证券交易所股票上市规则》本公司第一大股东江苏三房巷集团有限公司承诺:自本公司股票上市之日起12个月内,不转让其所持有的本公司的股份,同时,本公司也承诺:自公司股票上市之日起12个月内不回购公司第一大股东所持有的本公司股份。

三、绪言

本上市公告书是根据《中华人民共和国公司法》、《中华人民共和国证券法》、《股票发行与交易管理暂行条例》、《公开发行股票公司信息披露实施细则》和《上海证券交易所股票上市规则》等国家有关法律、法规的规定,并按照中国证监会《公开发行证券的公司信息披露内容与格式准则第7号--股票上市公告书》而编制,旨在向投资者提供有关发行人和本次股票上市的基本情况。

经中国证监会证监发行字[2003]2号文核准,本公司于2003年2月19日利用上海证券交易所和深圳证券交易所交易系统,以向沪市、深市二级市场投资者定价配售的方式成功发行了5,500万股每股面值1.00元的人民币普通股,发行价为每股人民币7.62元。

经上海证券交易所上证上字[2003]16号《关于江苏三房巷实业股份有限公司人民币普通股股票上市交易的通知》批准,本公司公开发行的5,500万股社会公众股将于2003年3月6日起在上海证券交易所挂牌交易。股票简称"三房巷",沪市股票代码"600370"、深市代理股票代码"003370"。

本公司已于2003年2月14日在《中国证券报》、《上海证券报》和《证券时报》上刊登了《招股说明书摘要》,招股说明书正文及其附注材料刊载于上海证券交易所网站(http://www.sse.com.cn),距今不足三个月,故与其重复的内容在此不再重述,敬请投资者查阅上述内容。

四、发行人概况

(一)发行人的基本情况

1.公司中文名称:江苏三房巷实业股份有限公司
公司英文名称:Jiangsu Sanfangxiang Industry Co., Ltd.
2.法定代表人:卞平刚
3.设立日期:1994年6月13日
4.住所及邮政编码:江苏省江阴市周庄镇三房巷村(214423)
5.注册资本:15,826万元人民币
6.经营范围:化纤原料及制品、棉制品、印染布、涤棉布、色织布、服装生产与销售;布匹染整、印花;经营本企业自产产品及技术的出口业务;经营本企业生产、科研所需的原辅材料、仪器仪表、机械设备、零配件及技术的进口业务(国家限定公司经营和国家禁止进出口的商品及技术除外),经营进料加工和"三来一补"业务;技术咨询;实业投资。
7.主营业务:印染后整理
8.所属行业:工业类纺织业
9.电话号码:0510-6229867
10.传真号码:0510-6229823
11.电子信箱:sfx@jssfx.com
12.互联网网址:www.jssfx.com
13.董事会秘书:张民 先生

(二)发行人的历史沿革

1.发行人历史沿革

1994年5月18日,江苏省体改委出具苏体改生[1994]268号《关于同意设立江苏三房巷实业股份有限公司的批复》文件,同意由江苏三房巷实业集团总公司、江阴市三房巷热电厂、江阴市螺丝厂为发起人,以定向募集方式设立江苏三房巷实业股份有限公司,公司总股本为10326万元。公司于1994年6月13日在江阴市工商行政管理局领取了注册号为澄工商25041791-7号的企业法人营业执照,企业名称为"江阴三房巷实业股份有限公司"。1996年12月31日,公司依照国务院[1995]17号文和国家体改委[1995]117号文等有关法律法规精神进行了清理规范,在江苏省工商行政管理局进行了规范登记,领取了注册号为3200001103368的企业法人营业执照,规范后企业名称登记为"江苏三房巷实业股份有限公司"。

2.发行人的股本形成及股权变化情况

(1)发行人设立时股本的形成

公司成立时,股本总额10326万元,股本形成过程如下:

公司由江苏三房巷实业集团总公司、江阴市三房巷热电厂、江阴市螺丝厂为发起人,以定向募集方式设立,其中发起人江苏三房巷实业集团总公司以所属江阴市周庄三房巷纺纱厂和印染厂经评估界定的净资产(扣除土地评估值后)52,867,356.22元作为出资,折股比例为66.09%,其中34,941,200元列入股本,占总股本的33.84%,其余17,926,156.22元列入资本公积;发起人江阴市三房巷热电厂以经评估界定后的全部净资产(扣除土地评估值后)47,414,178.40元作为出资,折股比例为77.34%,其中36,668,900元列入股本,占总股本的35.51%,其余10,745,278.40元列入资本公积;发起人江阴市螺丝厂以经评估界定后的全部净资产(扣除土地评估值后)3,173,416.55元作为出资,折股比例为51.99%,其中1,649,900元列入股本,占总股本的1.6%,其余1,523,516.55元列入资本公积;定向募集法人江阴市粘胶短纤维厂(后更名为江阴市化学纤维厂)以经评估确认的化工车间资产18,608,510.80元及货币资金1,391,489.20元共计价值20,000,000元作为出资,全部列入股本,折股比例为100%,占总股本的19.37%;168名内部职工以货币资金10,000,000元作为出资,全部列入股本,折股比例为100%,占总股本的9.68%。

公司设立时的股权结构如下:

股东	股份(万股)	股权比例(%)
1.发起人:		
江苏三房巷实业集团总公司	3494.12	33.84
江阴市三房巷热电厂	3666.89	35.51
江阴市螺丝厂	164.99	1.60
2.定向募集法人:		
江阴市粘胶短纤维厂	2000	19.37
3.内部职工股(168人)	1000	9.68
合 计	10326	100

注:江阴市三房巷热电厂和江阴市螺丝厂为江苏三房巷实业集团总公司全资企业

(2)发行人设立后股权结构的历次演变

1996年12月,经公司第三次股东大会决议通过及168名内部职工股股东同意,1000万内部职工股在428名内部职工中进行调整,内部职工股股东人数从168人变更为428人。

2000年3月13日,根据苏体改生[1996]380号文《转发〈关于对原有股份有限公司规范中若干问题的意见〉的通知》中的规定,经公司1999年度股东大会决议通过,螺丝厂和热电厂持有的本公司股权变更为集团公司持有。同年3月15日,江阴市周庄镇人民政府对此次股权调整予以确认。

2000年3月13日,公司根据国家体改委1993年7月1日发布的《关于定向募集股份有限公司内部职工持股管理规定》的要求,对超比例募集的内部职工股进行了清理。经公司1999年度股东大会决议通过,江苏省体改委苏体改函[2000]10号文同意,公司将超比例募集的内部职工股741.85万股转让给集团公司,转让后内部职工股比例为2.5%。至此,公司股权结构变动为:

股 东	股份(万股)	股权比例(%)
1.法人股:		
江苏三房巷实业集团总公司	8067.85	78.13
江阴市化学纤维厂	2000	19.37
2.内部职工股(428人)	258.15	2.5
合 计	10326	100

注:①江阴市粘胶短纤维厂于1999年11月2日更名为江阴市化学纤维厂
②江苏三房巷实业集团总公司于2000年8月更名为江苏三房巷集团有限公司

自上次调整至本次发行前,公司上述股权结构未发生变化。

经中国证监会证监发行字[2003]2号文核准,本公司于2003年2月19日利用上海证券交易所和深圳证券交易所交易系统,在沪市和深市,采用向二级市场投资者定价配售的发行方式,成功发行了5500万股每股面值1.00元的人民币普通股,发行价为每股7.62元。此次发行完成后,公司的总股本为15,826万股,注册资本为15,826万元。发行后,股本结构如下:

股 东	股份(万股)	股权比例(%)
1.法人股	10067.85	63.62
2.内部职工股	258.15	1.63
3.社会公众股	5500	34.75

合　计　　15826　　100

(三)发行人的生产经营情况

1.主要业务构成

公司自成立后至1999年,主要业务包括染整、纺纱、化工、发电和蒸汽业务。1999年12月底,经股东大会审议通过,公司将下属纺纱厂、热电厂和化工车间整体资产转让给集团公司,转让后,公司以坯布染色整理为主业。

公司主要生产卡其印染布、锦棉染色布、麻棉印染布和精梳细布等四大类100多个产品。2000-2002年公司的产量分别为7670万米,8645万米和8493万米。公司产品主要用于制作各种休闲服、运动装和职业服装。公司的控股子公司济化公司的主营业务为光纤级PBT的生产和销售。

2.发行人的竞争优势及劣势

(1)竞争优势

①生产规模大,综合实力强

本公司已形成年产1亿米各类印染布的生产能力,2002年各类印染布产量超过8493万米,其中卡其布产量居全国之首。产量、销售收入和利润的持续增长,提高了公司的抗风险能力。公司在原材料采购中处于主动地位,根据价格变化调整原材料储备规模,避免了原材料价格上涨风险,有效地控制了生产成本。公司自99年以来持续快速发展,有实力负担越来越高的污染预防和治理成本,在行业中保持领先地位。本次发行后,公司产品将涉及家用纺织品领域,产品多元化的实现将进一步提高公司竞争力。

②灵活的经营机制和产品创新优势

公司在多变的国际市场和激烈的竞争中,确立了以"紧跟市场,快速反应、迅速决策"为核心的经营策略,拥有一批经验丰富、管理能力强的高、中级管理人员,建立了一支高效的销售和采购团队,形成了灵活、高效的经营机制。公司产品结构、产量及新产品开发策略根据国际面料市场的发展变化和客户的需求及时调整。近年来,为树立和保持在国际市场的竞争优势,公司大力引进科技人才,鼓励科技创新。通过引进和消化吸收国际先进设备及生产工艺,公司部分生产技术已达到国际90年代初期水平,处于国内领先地位。灵活的经营机制促进了企业技术创新和产品创新,使公司在激烈的市场竞争中保持着较强的生机和活力。

③较强的产品竞争力

公司充分利用得天独厚的地理和资源优势,有效组织生产,提高劳动生产率,与本公司同等规模的生产企业,人员平均在1500人左右,而本公司仅有500余人。公司一直重视产品质量,现已通过ISO9002产品质量认证体系,一等品占全部产品的95%,其中优等品比率超过60%。成本和质量提高了产品市场竞争力。

④严格的内部管理

本公司制定了各项严格的管理制度,控制费用,降低成本,制度执行效果明显,公司各项费用一直处于较低水平。目前公司已形成独具特色和颇有成效的经营管理理念,领导班子具有很强的凝聚力,而且培养出一支肯钻研、勤学习的技术和管理骨干队伍,保证了公司运营的高质量、高效益。在严格的内部管理下,公司三费控制得力。

(2)竞争劣势

与国内外优秀染整企业相比,公司的竞争劣势主要是业务相对单一。目前公司主要从事棉布和化纤布的染色及后整理业务,产品以各类棉印染布为主,缺乏其他纤维面料的生产。

3.主要财务指标

(1)简要合并资产负债状况(单位:万元)

项　目	2002.12.31	2001.12.31	2000.12.31
资产合计	49164.74	43232.26	28050.59
负债合计	26420.99	20339.50	9636.98
少数股东权益	3683.03	3730.87	0
所有者权益	19060.72	19161.89	18413.61

(2)简要合并利润表基本数据(单位:万元)

项　目	2002年度	2001年度	2000年度
主营业务收入	60803.31	62391.83	56358.95
主营业务利润	7857.79	7556.82	5298.65
营业利润	5900.11	5823.92	5453.56
利润总额	5894.22	5726.11	5316.05
净利润	3938.67	3815.26	3556.54

(3)简要主要财务指标

项　　目	2002年度	2001年度	2000年度
资产负债率(%)	54.96	50.20	34.36
摊薄净资产收益率(%)	20.66	19.91	19.31
加权平均净资产收益率(%)	18.64	18.77	17.56
每股收益(摊薄)(元/股)	0.38	0.37	0.34
每股收益(加权)(元/股)	0.38	0.37	0.34
每股净资产(元/股)	1.85	1.86	1.78

* 资产负债率以母公司报表口径计算。

4.公司有关的资产权属情况

(1)商标

2001年1月15日,集团公司与公司签订了《商标使用许可协议》,许可公司无偿使用其合法拥有的注册证号为1109706的"三房巷"牌注册商标,许可公司在40类商品上使用上述商标,使用期限至公司申请取得新的注册商标日止。

(2)专有技术

由于长期从事染整业务,公司已拥有较强的自主技术开发和创新能力,拥有一定的专有技术。2000年公司开发省级新产品2个,被评为省级科学技术成果,其中一项被列为江苏省和国家2001年火炬计划项目,另一项被认定为2000年省级高新技术产品。2001年5个新产品已申请江苏省省级新产品,其中1个产品已被认定为省级高新技术产品。

(3)特许经营权

公司于2001年1月获得中华人民共和国进出口企业资格证书,拥有自营进出口资格。

5.财政税收优惠政策

本公司适用所得税税率为33%,未享有任何税收优惠政策。本公司的控股子公司为外商投资企业,执行二免三减半的税收优惠政策。

五、股票发行与股本结构

(一)本次股票上市前首次公开发行股票的情况

1、发行股票种类:人民币普通股

2、每股面值:1.00元

3.发行数量:公开发行新股5,500万股

4.每股发行价格:7.62元

5.募集资金总额:41,910万元

6.发行时间:2003年2月19日

7.发行方式:全部向二级市场投资者定价配售

8.发行对象:于《江苏三房巷实业股份有限公司首次公开发行股票招股说明书(摘要)》刊登日即2003年2月14日(T-3日)收盘时持有沪市或深市已上市流通人民币普通股(A股)股票的市值总和(包括可流通但暂时锁定的股份市值)达到10,000元及以上的投资者

9.发行市盈率:20倍

10.发行费用总额及项目:本次股票发行费用共2236万元,主要包括承销费用、上市推荐费、审计费用、律师费用、发行手续费用、登记费用、审核费用、文件刊登费用、路演等费用

11.每股发行费用:0.41元

(二)本次股票上市前首次公开发行股票的承销情况

本次公开发行的5,500万股社会公众股的配号总数为72922915个,中签率为0.07542211%。其中,二级市场投资者认购54518325股,余股481675股由主承销商兴业证券股份有限公司包销。

(三)本次上市前首次公开发行股票所募股资金的验资报告

验　资　报　告

苏公W［2003］B017号

江苏三房巷实业股份有限公司全体股东:

我们接受委托,审验了贵公司截至2003年2月26日止的新增注册资本实收情况。按照国家相关法律、法规的规定和协议、章程的要求出资,提供真实、合法、完整的验资资料,保护资产的安全、完整是全体股东及贵公司的责任。我们的责任是对贵公司新增注册资本的实收情况发表审验意见。我们的审验是依据《独立审计实务公告第1号-验资》进行的。在审验过程中,我们结合贵公司的实际情况,实施了检查等必要的审验程序。

贵公司原注册资本为人民币103,260,000.00元,根据贵公司2001年第二次临时股东大会决议和修改后公司章程的规定,贵公司申请通过向社会公开发行人民币普通股(A股)增加注册资本人民币55,000,000.00元,变更后的注册资本为人民币158,260,000.00元。根据中国证券监督管理委员会证监发行字［2003］2号"关于核准江苏三房巷实业股份有限公司发行股票的通知",贵公司发行5500万股人民币普通股(A股),每股面值1元,每股发行价人民币7.62元。根据我们的审验,截至2003年2月26日止,贵公司实际已发行人民币普通股(A股)5500万股,募集资金总额为419,100,000.00元,扣除发行费用22,360,000.00元,实际募集资金净额为396,740,000.00元。其中新增注册资本伍仟伍佰万元(人民币55,000,000.00元),资本公积人民币341,740,000.00元。

本验资报告供贵公司申请变更登记及据以向股东签发出资证明时使用,不应将其视为是对贵公司验资报告日后资本保全、偿债能力和持续经营能力等的保证,因使用不当造成的后果,与执行本验资业务的注册会计师及会计师事务所无关。

江苏公证会计师事务所有限公司　　中国注册会计师:金章罗

黄德明

中国·无锡　　2003年2月26日

(四)本次募股资金入帐情况

入帐时间:2003年2月26日

入帐金额:405,072,996.35元(募集资金扣除承销费和上网发行费后的余额)

开户银行:中国建设银行江阴市三房巷分理处

入帐帐号:2210400836

(五)本次股票上市前发行人的股权结构和股东的持股情况

1.本次股票上市前公司的股权结构

股　本　类　别	本次股票上市前	
	持股数量(万股)	持股比例(%)
1.法人股	10067.85	63.62
2.内部职工股	258.15	1.63
3.社会公众股	5,500.00	34.75
总股本	15,826.00	100.00

3、本次股票上市前,公司前十名股东及其持股比例

股　东　名　称	持股股数(万股)	持股比例(%)
1.江苏三房巷集团有限公司	8067.85	50.98
2.江阴市化学纤维厂	2000.00	12.64
3.兴业证券股份有限公司	49.0675	0.31
4.银丰证券投资基金	11.30	0.07
5.卞兴才	8.65	0.05
6.久嘉证券投资基金	8.50	0.05
7.国信证券有限责任公司	6.60	0.04
8.卞平刚	6.50	0.04
9.卞良才	6.20	0.04
10.薛纪良	6.00	0.04

六、董事、监事、高级管理人员

(一)董事会成员

卞平刚先生　董事长。38岁,大学文化,中共党员,经济师。曾任集团公司合成纤维厂科长、江阴市三房巷热电厂厂长、集团公司副总经理,公司副董事长、副总经理。现兼任集团公司董事、江阴兴业塑化有限公司董事。多次被评为无锡市优秀经理(厂长),无锡市乡镇工业优秀厂长,无锡市明星厂长(经理)。

卞复侯先生　董事,总经理。51岁,大专文化,经济师。历任集团公司染整车间技术员、厂长、集团公司副总经理、股份公司副总经理。现兼任集团公司董事,江阴华美特种纤维有限公司董事。

卞永刚先生　董事。28岁,大学文化,中共党员,技术员。曾任江阴市化学纤维厂技术员、车间主任、副厂长。现任江阴市化学纤维厂法定代表人。

何红波先生　董事,33岁,大专文化,曾任东台市纺机厂项目经理,集团公司外经科科员,现任本公司进出口部一部经理。

方志宏先生　独立董事。42岁,工程师。历任江苏省纺织工业厅技术处技术员、企管科副科长。现任江苏省纺织总会规划发展处科长,江苏省纺织集团总公司工程技术分公司项目经理。

贾亚琴女士　独立董事。39岁,中共党员,注册会计师。曾任江阴市晶体元件厂会计,江阴市委农工部财务科会计,江阴市农村合作经济事务所所长,江阴市乡镇企业资产评估事务所所长。现任江阴市正大资产评估事务所有限公司经理。

曹志才先生　独立董事,40岁,本科学历,高级律师。曾任江阴市利港司法科副主任,江阴市律师事务所律师,江阴市滨江律师事务所副主任。现任江苏曹志才律师事务所主任。

(二)监事会成员

卞汝庆先生　监事会召集人。52岁,高中文化,中共党员。曾任三房巷村委会计,现在集团公司办公室工作,兼任集团公司董事。

卞平芳女士,监事。44岁,大专文化,中共党员。历任集团公司办公室科员、主任。现任股份公司办公室主任。

薛进良先生,监事。36岁,大学文化,中共党员,工程师。历任集团公司外经科科长。现任股份公司进出口部经理。

(三)其它高级管理人员

张民先生　董事会秘书。29岁,大学文化。从事股票证券事务多年,有一定的证券业务经验。未在其他单位兼职。

卞惠良先生,副总经理、技术负责人,36岁,大专文化,中共党员,技术员。历任集团公司染整厂

技术员、车间主任、厂长。现任股份公司副总经理，技术负责人。负责多项新产品的技术攻关。

束德宝先生，财务负责人，35岁，大专文化。曾任集团公司财务科会计。现任公司财务负责人。

上述董事、监事、高级管理人员均为中华人民共和国公民。

（五）兼职情况

公司董事长、总经理、董事会秘书、财务负责人、技术负责人均未在股东单位或股东单位控制的单位、同行业其他法人单位担任除董事以外的职务。

（六）持股情况

1、本次发行前及发行后个人持股数量/持股比例情况

姓名	发行前		发行后	
	持股数量（股）	比例（%）	持股数量（股）	比例（%）
卞平刚	65000	0.063	65000	0.041
卞复侯	52500	0.051	52500	0.033
卞永刚	0	0	0	0
何红波	0	0	0	0
方志宏	0	0	0	0
贾亚琴	0	0	0	0
曹志才	0	0	0	0
卞汝庆	48000	0.046	48000	0.030
卞平芳	38000	0.037	38000	0.024
薛进良	10500	0.010	10500	0.007
卞惠良	31000	0.030	31000	0.020
束德宝	38000	0.037	38000	0.024
张　民	0	0	0	0

上述7人已确认其所持有的本公司股份均未存在质押或冻结情况，并同意按照法律、法规、规范性文件和公司章程的有关规定，在任职期间以及离职六个月之内不转让所持本公司的股份。

2、本次发行前后上述人员家属持股情况

姓名	配偶姓名	发行前		发行后	
		持股数量（股）	比例（%）	持股数量（股）	比例（%）
卞平芳	薛纪良	60000	0.058	60000	0.038

上述人员中，监事卞平芳的配偶薛纪良持有本公司股份60000股。其他人员配偶及未满18岁的子女未持有发行人股份。

七、同业竞争和关联交易

（一）关于公司同业竞争情况

1、与控股股东的同业竞争

本公司目前主要从事坯布染色整理业务，本公司控股股东集团公司主要从事化纤类产品和聚酯类产品的生产及销售，第二大股东化学纤维厂主要从事粘胶纤维和金属制品的生产销售以及电力、蒸汽，自来水业务。本公司控股股东和第二大股东不生产与公司相同的产品，与公司不构成业务范围交叉，与公司不存在同业竞争。本公司控股子公司济化公司主要生产光纤光缆护套专用的PBT塑料，为PBT塑料中的高端产品，属于化工行业。集团公司全资企业江阴市合成纤维厂经营范围：工程塑料、涤纶切片、涤纶纤维、纱、线（不含棉纱）的制造、加工。该厂生产的化纤产品，属纺织行业，但该厂有少部分产品是改性工程塑料，主要用于电视机设备、电器设备元件；与济化公司所生产的产品性质不同，用途不同，市场不同，因而公司与合成纤维厂不存在同业竞争。公司控股股东集团公司下属控股子公司江阴兴业塑化有限公司（以下简称"塑化公司"）建成投产后将主要生产PET聚酯切片，不生产与公司相同的产品，与公司不构成业务范围交叉，因而公司和塑化公司也不存在同业竞争。2001年6月13日，集团公司和公司签署了《非竞争协议》，集团公司承诺不与公司同业竞争。

2、与化学纤维厂的同业竞争

化学纤维厂为公司第二大股东，该公司主要从事粘胶纤维和金属制品的生产销售以及电力、蒸汽，自来水业务。化学纤维厂不生产与公司相同的产品，与公司不构成业务范围交叉，与公司不存在同业竞争。

2001年6月13日，公司与化学纤维厂签署了《非竞争协议》，化学纤维厂承诺不新设立从事与公司有相同或类似业务的子公司、分公司等经营性机构；不会，并促使其子公司也不会在中国境内外成立、经营、发展或协助成立、经营、发展任何与公司业务直接竞争或可能竞争的业务、企业或项目；不会利用作为公司第二大股东股东的地位达成任何不利于公司利益或公司非关联股东利益的交易或安排。

（二）关联交易

1、公司的关联方及关联关系

（1）存在控制关系的关联方

江苏三房巷集团有限公司、江阴济化新材料有限公司

（2）不存在控制关系的关联企业

江阴市化学纤维厂、江苏三房巷国际贸易有限公司、江阴兴业塑化有限公司、江阴华美特种纤维有限公司、江阴市三房巷加油站、江阴市合成纤维厂、江阴市三房巷宾馆、江阴利用棉纺针织有限公司、华泰证券有限责任公司。

（3）关联自然人

本公司关联自然人主要是指自然人股东、对控股股东及主要股东有实质影响的自然人、核心技术人员、关键管理人员及其他对公司有实质影响的自然人。主要有董事长卞平刚、总经理卞复侯、董事卞永刚、董事何红波，独立董事方志宏、贾亚琴、曹志才，董事会秘书张民，监事卞汝庆、卞平芳、薛进良，副总经理卞惠良、财务负责人束德宝、济化公司董事长兼总经理卞仲高、集团公司董事长卞兴才、公司董事长弟弟卞惠刚、集团公司总经理卞良才、监事卞菊侯、卞菊良、卞平芳的配偶薛纪良。

2、公司的关联交易：

本公司在以下方面与关联企业存在关联交易：

（1）向关联方销售染整产品

2001年以前，公司由于未获得自营进出口权，部分染整产品通过集团公司出口。2000-2001年，公司向集团公司销售染整产品总额分别为13578.98万元、4222.58万元，分别占主营业务收入的24.09%、6.77%。2001年6月以后，公司已不再通过集团公司出口染整产品。2001年公司向国贸公司销售染整产品78.31万米，金额1007.89万元，占同期主营业务收入的1.62%；2002年公司没有向国贸公司销售染整产品。

（2）向第二大股东化学纤维厂采购水、电和蒸汽

1999年12月，公司将下属热电厂整体资产转让给集团公司后，集团公司又将其转让给江阴市化学纤维厂，因此自2000年起，公司生产经营所需水、电、蒸汽向江阴市化学纤维厂采购。2000年、2001年及2002年，采购水、电、汽金额分别为2909.01万元、3010.32万元及3099.10万元，占同期主营业务成本的5.7%、5.49%及5.85%，对公司产品成本影响较小。双方签订了《综合服务协议》，规范此类关联交易，该协议有效期一年。有效期届满时或展期后的期限届满时，将自动逐年续展。

（3）向江阴市化学纤维厂采购粘胶后对外销售

因经营需要，2000-2001年，公司向化学纤维厂分别采购粘胶1764.05万元、1313.04万元，按采购价对外销售，双方通过转帐结算货款。由于售价和进价一致，该类关联交易未对公司同期利润产生影响。2001年3月后，该类交易不再发生。

（4）向三房巷加油站采购汽油等

本公司所有车辆所需汽油、柴油、机油、工业脂等由本公司同三房巷加油站结算。根据公司与集团公司签订的《综合服务协议》，价格均按市场价确定。2000-2002年采购金额分别为285.35万元、266.91万元、233.70万元。

（5）受让集团公司所持济化公司股权

为拓展多元化经营，寻找和培育新的利润增长点，2001年3月31日召开的公司2000年度股东大会审议通过了受让集团公司所持济化公司70%股权的议案。同日双方签署了股权转让协议，济化公司注册资本为600万美元，其中集团公司出资人民币现金3476.802万元（420万美元），外方出资180万美元。因集团公司于2000年12月29日以人民币现金3476.802万元（420万美元）作为出资投入济化公司，距离股权转让仅三个月，故公司以集团公司的原始出资额为依据受让股权；

（6）购买集团公司水处理设施及配套房屋和部分办公楼资产

2000年10月，公司二届二次董事会审议决定受让集团公司污水处理设施及配套房屋和部分办公楼资产。根据锡公会评字［2000］第051号评估报告书，集团公司拟定转让的部分固定资产评估值为966.56万元。2001年1月22日，双方签订了《协议书》。收购该部分资产后，公司拥有了独立的污水处理设施及配套房屋以及独立的办公场所，资产更加完整。

（7）租赁使用集团土地

公司向集团公司租赁其拥有合法使用权的土地两宗，分别用于生产和办公。一宗面积22466.3平方米，租赁期限自2001年2月1日起至2051年1月17日止；一宗面积211.5平方米，租赁期限自2001年8月14日起至2051年8月9日止。两宗土地租金为每平方米每月0.7元，年租金为190,493.52元，每年12月31日前支付结清。租赁价格是参考当地同类性质、状况的土地租赁价格，并经过双方协商确定的。双方签订了《国有土地使用权租赁协议》，规范此类关联交易。

（8）与集团公司的关联往来及向集团公司收取资金占用费

2000、2001年底公司其他应收款余额分别为11443.99万元和56.08万元，其中应收集团公司款项分别为11304.51万元、0万元。为维护公司利益，双方于2000年2月18日签订了《往来款归还协议》，约定集团公司在2000年1月1日至2001年12月31日之间将所欠款项归还公司。2000年度，公司按7.02%的年利率向集团公司收取资金占用费，合计8,163,582.31元，计入2000年财务费用，占同期利润总额的15.36%。截止2001年7月31日，集团公司已将所欠款项全部归还。

（9）集团公司许可无偿使用商标

2001年1月15日，公司与集团公司双方签订了《商标使用许可协议》，集团公司许可本公司在其拥有的专用权期限内，无偿使用"三房巷"牌注册商标，直至本公司申请取得新的注册商标日止。由于公司染整产品为中间产品，且生产根据客户订单确定，目前公司在产品销售中未使用商标。

（10）使用集团公司综合服务设施

2001年1月1日，公司与集团公司签订了《综合服务协议》，公司使用集团公司的住房及配套设施，费用每年21万元；公司使用集团食堂浴室，费用为5万元/年；公司使用集团运输服务，费用按市场价执行。集团为公司提供消防、警卫及道路维护服务，费用10万元/年；提供绿化环卫服务，费用1万元/年；提供图书、科技、信息资料等服务，费用1万元/年；集团下属招待所为公司提供宾馆、会务服务，费用执行市场价。员工使用集团公司的文娱康乐设施和医疗保健服务，费用由员工自行支付。该协议有效期五年，在有效期届满时或展期后的期限届满时，将自动逐年续展。

（11）集团公司为公司贷款担保

集团公司对公司向中国工商银行无锡分行、中国建设银行江阴市支行和交通银行江阴支行的三笔贷款、济化公司一笔贷款分别进行担保，担保金额共计12750万元人民币和382.80万元欧元。

八、主要财务会计资料

本公司截止2002年12月31日的财务会计资料已于2003年2月14日分别刊登在《中国证券报》、《上海证券报》和《证券时报》上并在上海证券交易所网站（http://www.sse.com.cn）上的本公司《招股说明书》全文及其附录中进行了详细披露，尚未超出招股说明书有效时限。欲了解本公司经审计的财务报表及主要财务指标的详细内容，敬请投资者查阅上述报纸、网站或在公告的招股说明书查阅地查阅。

（一）注册会计师意见

本公司已聘请江苏公证会计师事务所有限公司对本公司2000年12月31日、2001年12月31日、2002年12月31日的母公司资产负债表，2001年12月31日、2002年12月31日的合并资产负债表，2000年度、2001年度、2002年度的母公司利润表及利润分配表，2001年度、2002年度的合并利润表及利润分配表，2002年度的母公司现金流量表及合并现金流量表进行了审计。江苏公证会计师事务所有限公司出具了标准无保留意见的《审计报告》（苏公W［2003］A004号）。

（二）简要会计报表（见附表）

（三）会计报表附注

本公司会计报表附注等有关内容，请查阅2003年2月14日刊登于《中国证券报》、《上海证券报》和《证券时报》上的《招股说明书摘要》以及刊登于上海证券交易所网站（http://www.sse.com.cn）上的本公司《招股说明书》全文及其附录。

（四）主要财务指标

财务指标	2002年12月31日	2001年12月31日	2000年12月31日
资产负债率（%）	54.96	50.20	34.36
流动比率	1.09	1.67	2.24
速动比率	0.72	1.04	1.43
应收帐款周转率（次）	19.19	35.41	40.84
存货周转率（次）	7.30	7.27	9.35
无形资产（土地使用权除外）占总（净）资产的比例	0	0	0
每股净资产（元）	1.85	1.86	1.78
每股经营活动的现金流量（元）	0.28	1.05	0.69

按母公司口径计算

本公司按《公开发行证券公司信息披露编报规则第9号----净资产收益率和每股收益的计算及披露》计算2002年净资产收益率和每股收益如下：

2002年	金额（人民币元）	净资产收益率（%）		每股收益（元/股）	
		全面摊薄	加权平均	全面摊薄	加权平均
主营业务利润	78,577,897.33	41.23	37.19	0.76	0.76
营业利润	59,001,135.90	30.95	27.92	0.57	0.57
净利润	39,386,709.90	20.66	18.64	0.38	0.38
扣除非常性损益后的净利润	38,854,218.63	20.38	18.39	0.38	0.38

九、其他重要事项

（一）本公司本次股票发行后至本公司上市公告书公告之日，本公司严格依照《公司法》、《证券法》等法律法规的要求，规范运行，生产经营情况正常；所处行业、市场无重大变化，主要业务发展目标进展状况正常，主要投入产出物供求及价格无重大变化。

（二）本公司本次股票发行后至本公司上市公告书公告之日，本公司无重大对外投资活动，无重大资产（股权）收购或出售行为。

（三）本公司住所未发生变更。

(四)本公司本次股票发行后至本公司上市公告书公告之日,本公司未涉及任何重大诉讼事项或仲裁,亦无尚未了结或可能面临的重大诉讼或索赔要求。

(五)本公司本次股票发行后至本公司上市公告书公告之日,本公司重大会计政策和会计师事务所没有发生变化。

(六)本公司本次股票发行后至本公司上市公告书公告之日,本公司的税收政策未发生变化。

(七)本公司本次股票发行后至本公司上市公告书公告之日,本公司未发生新的重大负债、担保或重大债项发生变化。

(八)本公司本次股票发行后至本公司上市公告书公告之日,本公司董事、监事和高级管理人员未受到任何刑事起诉,亦没有尚未了结或可能发生的刑事诉讼事项。

(九)本公司将在本次股票发行后的第一个盈利年度派发股利,派发对象为本公司全体股东。

(十)本公司本次股票发行后至本公司上市公告书公告之日,没有其他应披露而未披露之重大事项。

十、董事会上市承诺

本公司董事会承诺将严格遵守《中华人民共和国公司法》、《中华人民共和国证券法》、《股票发行与交易管理暂行条例》、《公开发行股票公司信息披露实施细则》和《上海证券交易所股票上市规则》等国家法律、法规和有关规定,承诺自本公司股票上市之日起做到:

(一)按照法律、法规规定的程序和要求披露所有对投资者有重大影响的信息,并接受中国证监会、上海证券交易所的监督管理;

(二)真实、准确、完整、公允和及时地公布定期报告,并置备于规定场所供投资者查阅;

(三)本公司董事、监事、高级管理人员如发生人事变动或持本公司股票发生变化时,在报告中国证监会、上海证券交易所的同时向投资者公布;

(四)本公司在知悉可能对股票价格产生误导性影响的任何公共传播媒介中出现的消息后,将及时予以公开澄清;

(五)本公司董事、监事、高级管理人员和核心技术人员将认真听取社会公众的意见和批评,不利用已获得的内幕消息和其他不正当手段直接或间接从事发行人股票的买卖活动;

(六)本公司没有无记录的负债。

依据《上海证券交易所股票上市规则》,本公司全体董事、监事将按照有关规定,在本公司股票上市后两个月内签署《董事(监事)声明及承诺书》并送达上海证券交易所备案。

十一、上市推荐人及其意见

(一)上市推荐人情况

兴业证券股份有限公司

法定代表人:兰荣

注册地址:福建省福州市湖东路99号

电话:021-68419393

传真:021-68419547

联系人:白树锋、陶海华

(二)上市推荐人意见

本公司上市推荐人认为:本公司章程符合《中华人民共和国公司法》、《中华人民共和国证券法》及《上海证券交易所股票上市规则》等法律、法规和中国证监会的有关规定;本公司本次股票发行完全符合《中华人民共和国公司法》、《中华人民共和国证券法》及《上海证券交易所股票上市规则》法律、法规和中国证监会的有关规定,已具备了上市条件;本公司董事了解法律、法规、上海证券交易所上市规则及股票上市协议规定的董事义务与责任;本公司建立健全了法人治理结构,制定了严格的信息披露制度与保密制度。

上市推荐人已对上市文件所载的资料进行了核实,认为上市文件真实、准确、完整,符合规定要求,没有虚假记载、误导性陈述或重大遗漏,并对其承担连带责任。上市推荐人与本公司不存在关联关系。上市推荐人愿意推荐本公司的股票在上海证券交易所上市交易,并且在上市推荐过程中,保证不利用获得的内幕信息进行内幕交易,为自己或他人谋取利益。

江苏三房巷实业股份有限公司

二〇〇三年二月二十七日

简要资产负债表

(单位:人民币元)

项　目	合并报表		母公司报表		
	2002-12-31	2001-12-31	2002-12-31	2001-12-31	2000-12-31
流动资产					
货币资金	43366465	70980839.53	38907987.49	60694109.9	9336622.57
应收票据	550000	100000	100000		
应收帐款	38996075	24368285.68	33257813.92	24368285.68	10873360.94
其他应收款	912765.4	560774.03	906185.4	560774.03	114439938.6
预付帐款	35909605.41	18761367.39	32726136.45	18183310.99	3187369.51
应收补贴款	22446496.4	15054673.52	22446496.4	15054673.52	
存货	72715935.13	72390715.72	62674457.41	72390715.72	78370626.71
流动资产合计	214897342.3	202216655.9	190919077.1	191351869.8	216207918.3
长期投资:					
长期股权投资	2000000	2000000	87937316.6	89058020	2000000
长期投资合计	2000000	2000000	87937316.6	89058020	2000000
固定资产:					
固定资产原价	246359958.1	128021445.8	110882379.3	104721939.2	91897739.18
减:累计折旧	49353356.27	35246061.02	41230941.54	35246061.02	29599729.71
固定资产净值	197006601.8	92775384.82	69651437.76	69475878.16	62298009.47
固定资产净额	197006601.8	92775384.82	69651437.76	69475878.16	62298009.47
工程物资	15942262.02	36781562.26	13418600	27355935.24	
在建工程	61801190.94	98291319.66	61293060.54	7553234	
固定资产合计	274750054.7	227848266.7	144363098.3	104385047.4	62298009.47
无形资产及其他资产:					
长期待摊费用	257632.56				
无形资产及其他资产合计	257632.56				
资产总计	491647397.1	432322555.2	423219492	384794937.2	280505927.8
流动负债:					
短期借款	88395168	40000000	68395168	40000000	
应付票据	9000000	9000000	4000000		
应付帐款	33755859.56	31536024.27	22031071.52	21317121.34	29782826.7
预收帐款	5629945.12	10820377.69	5589992.32	10820377.69	8611079.59
应付工资	6561346.57	5416584.77	6222692.57	5416584.77	3746900.47
应付福利费	3604538.64	2844876.43	3557585.64	2844876.43	2153882.02
应付股利	40398356.07	30978000	40398356.07	30978000	36141000
应交税金	-4644066.95	-128541.8	-4011174.91	-128541.81	0038965.44
其他应交款			1565665.07		
其他应付款	3763189.39	2922301.03	3683018.62	2922301.03	329530.89
预提费用	100246.19	120287.54	100246.19	120287.54	
一年内到期的长期负债	10018755	10018755			
流动负债合计	196583337.6	124509909.9	164985711	114291007	96369850.18
长期负债:					
长期借款	67626596.25	78885099.37	67626596.25	78885099.37	
长期负债合计	67626596.25	78885099.37	67626596.25	78885099.37	
负债合计	264209933.8	203395009.3	232612307.3	193176106.4	96369850.18
少数股东权益	36830278.54	37308715			
股东权益:					
股本	103260000	103260000	103260000	103260000	103260000
股本净额	103260000	103260000	103260000	103260000	103260000
资本公积	30503111.54	30503111.54	30503111.54	30503111.54	30194951.17
盈余公积	56844073.16	50936066.67	56844073.16	50936066.67	45213177.73
其中:法定公益金	18948024.39	16978688.89	18948024.39	16978688.89	15071059.24
未分配利润	0	6919652.66	0	6919652.66	5467948.68
股东权益合计	190607184.7	191618830.9	190607184.7	191618830.9	184136077.6
负债和股东权益合计	491647397.1	432322555.2	423219492	384794937.2	280505927.8

简要利润及利润分配表

(单位:人民币元)

	合并报表		母公司报表		
	2002年度	2001年度	2002年度	2001年度	2000年度
一、主营业务收入	608033057.5	623918297.5	581194770.6	623918297.5	563589485.2
减:主营业务成本	529455160.2	547859930.5	502438514.6	547859930.5	509499520.5
主营业务税金及附加	490130.62		490130.62	1103434.16	
二、主营业务利润	78577897.33	75568236.36	78756256.05	75568236.36	52986530.5
加:其他业务利润	17639.33	108994.36	17639.33	108994.36	640832.09
减:营业费用	6363664.1	6107047.75	6197577.3	6107047.75	2528363.49
管理费用	5056426.24	5427966.06	4204564.46	5427966.06	4590669.97
财务费用	8174310.42	5903058.33	7825154.44	5903058.33	-8027296.45
三、营业利润	59001135.9	58239158.58	60546599.18	58239158.58	54535625.58
加:投资收益	400000	200000	-720703.4	200000	
补贴收入	776163	776163			
营业外收入	108451.23	276310.9	108451.23	276310.9	22206.72
减:营业外支出	1343527.72	1454353.82	1289851.14	1454353.82	1397347.39
四、利润总额	58942222.41	57261115.66	59420658.87	57261115.66	53160484.91
减:所得税	20033948.97	19108522.74	20033948.97	19108522.74	17595134.61
少数股东损益	-478436.46				
五、净利润	39386709.9	38152592.92	39386709.9	38152592.92	35565350.3
加:年初未分配利润	6919652.66	5467948.68	6919652.66	5467948.68	11378400.93
六、可供分配的利润	46306362.56	43620541.6	46306362.56	43620541.6	46943751.23
减:提取法定盈余公积	3938670.99	3815259.29	3938670.99	3815259.29	3556535.03
提取法定公益金	1969335.5	1907629.65	1969335.5	1907629.65	1778267.52
七、可供股东分配的利润	40398356.07	37897652.66	40398356.07	37897652.66	41608948.68
减:应付普通股股利	40398356.07	30978000	40398356.07	30978000	36141000
八、未分配利润	0	6919652.66	0	6919652.66	5467948.68

简要现金流量表

(单位:人民币元)

项　目	合并报表	母公司报表
	2002年度	2002年度
一、经营活动产生的现金流量:		
销售商品、提供劳务收到的现金	607,843,116.58	583,045,148.48
收到的税费返还	1,775,715.60	1,775,715.60
收到的其它与经营活动有关的现金	1,558,126.89	1,290,519.08
现金流入小计	611,176,959.07	586,111,383.16
购买商品、接受劳务支付的现金	546,138,897.12	515,884,564.72
支付给职工以及为职工支付的现金	6,440,667.99	6,354,362.99
支付的各项税费	20,354,686.24	20,011,891.04
支付的其它与经营活动有关的现金	9,535,995.63	9,354,888.50
现金流出小计	582,470,246.98	551,605,707.25
经营活动产生的现金流量净额	28,706,712.09	34,505,675.91
二、投资活动产生的现金流量:		
取得投资收益所收到的现金	400,000.00	400,000.00
收到的其它与投资活动有关的现金	27,700,000.00	27,700,000.00
现金流入小计	28,100,000.00	28,100,000.00
购建固定资产、无形资产和其它长期资产所支付的现金	92,973,851.13	73,314,777.84
投资所支付的现金		
现金流出小计	92,973,851.13	73,314,777.84
投资活动产生的现金流量净额	-64,873,851.13	-45,214,777.84
三、筹资活动产生的现金流量:		
吸收投资所收到的现金		
借款所收到的现金	98,395,168.00	68,395,168.00
现金流入小计	98,395,168.00	68,395,168.00
偿还债务所支付的现金	50,000,000.00	40,000,000.00
分配股利、利润或偿付利息所支付的现金	39,826,051.01	39,455,836.00
现金流出小计	89,826,051.01	79,455,836.00
筹资活动产生的现金流量净额	8,569,116.99	-11,060,668.00
四、汇率变动对现金的影响	-16,352.48	-16,352.48
五、现金及现金等价物净增加额	-27,614,374.53	-21,786,122.41

江苏宁沪高速公路股份有限公司

江苏宁沪高速公路股份有限公司2002年年度报告

一、重要提示

本公司董事会及其董事保证本报告所载资料不存在任何虚假记载、误导性陈述或者重大遗漏，并对其内容的真实性、准确性和完整性负个别及连带责任。

董事周建强先生、王正义因特殊原因未能出席董事会，授权沈长全先生代为表决；独立董事王国刚先生因特殊原因未能出席董事会，授权独立董事杨雄胜代为表决。

本公司董事长沈长全先生、董事总经理陈祥辉先生、财务部经理刘伟女士声明：保证年度报告中财务报告的真实、完整。

二、公司基本情况简介

(一)本公司法定中文名称：江苏宁沪高速公路股份有限公司

本公司法定英文名称：Jiangsu Expressway Company Limited

中文名称缩写：宁沪高速

英文名称缩写：Jiangsu Expressway

(二)本公司法定代表人：沈长全

(三)本公司董事会秘书：姚永嘉

联系电话：8625-4469332

证券事务代表：江涛、楼庆、边庆梅

联系电话：8625-4200999-4706、4705

传真：8625-4466643

电子信箱：dms@jsexpressway.com

联系地址：中华人民共和国江苏省南京市石鼓路69号江苏交通大厦

(四)本公司注册地址：中华人民共和国江苏省南京市石鼓路69号江苏交通大厦

本公司办公地址：中华人民共和国江苏省南京市石鼓路69号江苏交通大厦

邮政编码：210004

本公司网址：http://www.jsexpressway.com

本公司电子信箱：nhgs@public1.ptt.js.cn

(五)定期报告刊登报刊：《上海证券报》、《中国证券报》《南华早报》、《香港经济日报》

信息披露指定网站：http://www.sse.com.cn

定期报告备置地点：上海市浦东南路528号上海证券交易所；

香港湾仔皇后大道东183号合和中心19楼香港证券登记有限公司；

江苏省南京市石鼓路69号江苏交通大厦公司本部

(六)本公司股票上市地：上海证券交易所　香港联合交易所美国

A股简称：宁沪高速　A股代码：600377

H股简称：江苏宁沪　H股代码：0177

ADR简称：JEXWW　证券统一代码：477373104

(七)本公司注册成立日期：1992年8月1日

注册地点：江苏省南京市

企业法人营业执照注册号：3200001100976

税务登记号码：320003134762764

(八)核数师

境内核数师：普华永道会计师事务所

办公地址：上海市淮海中路333号瑞安广场19楼

国际核数师：罗兵咸永道会计师事务所

办公地址：香港中环皇后大道中15号置地广场公爵大厦21楼

(九)法律顾问

境内法律顾问：江苏世纪同仁律师事务所

办公地址：南京市北京西路26号5楼

香港法律顾问：齐伯礼律师行

办公地址：香港中环遮打道16至20号历山大厦20楼

(十)股份过户登记处

境内股份过户登记处：上海市浦东新区陆家嘴东路166号中国保险大厦

中国证券登记结算有限责任公司上海分公司

境外股份过户登记处：香港湾仔皇后大道东183号合和中心17楼香港证券登记有限公司

(十一)本公司介绍

江苏宁沪高速公路股份有限公司([本公司])于一九九二年八月一日在中华人民共和国江苏省注册成立。本公司主要从事投资、建设、经营和管理沪宁高速公路江苏段([沪宁高速公路])及有关江苏省境内的收费公路，并发展该等公路沿线的客运及其他辅助服务业(包括加油、餐饮、购物、汽车维修、广告及住宿等)。

本公司为江苏交通基建唯一的上市公司。一九九七年六月二十七日本公司发行的H股在香港联合交易所有限公司([香港联交所])上市。二00一年一月十六日本公司发行的A股在上海证券交易所([上交所])上市。

本公司建立一级美国预托证券凭证计划(ADR)于二零零二年十二月二十三日生效，在美国场外市场进行买卖。

本集团架构：

本公司、江苏广靖锡澄高速公路股份有限公司([广靖锡澄公司])、南京双狮楼酒店有限责任公司([双狮楼])及江苏宁沪投资发展有限责任公司([投资公司])合称为本集团。

三、会计数据和业务数据摘要

(一)截至二零零二年十二月三十一日，按中国会计准则，本集团主要财务状况如下：

项目	人民币千元
利润总额	1,235,272
净利润	816,833
扣除非经常性损益后的净利润	819,725
主营业务利润	1,272,256
其他业务利润	52,109
营业利润	1,185,700
投资收益	42,639
补贴收入	-
营业外收支净额	6,933
经营活动产生的现金流量净额	1,301,452
现金及现金等价物净增减额	(65,246)

(二)扣除的非经常性损益项目和金额：

单位：人民币千元

项目	二零零二年度	
	本集团	本公司
营业外收入	20,059	13,131
营业外支出	(13,126)	(11,683)
所得税返还	-	-
长期股权投资差额摊销	(11,249)	(11,249)
所得税影响	1,424	1,424
合计	(2,892)	(8,377)

项目	二零零一年度	
	本集团	本公司
营业外收入	8,529	7,297
营业外支出	(14,680)	(14,299)
所得税返还	163,430	163,430
长期股权投资差额摊销	(6,026)	(6,026)
所得税影响	4,018	4,299
合计	155,271	154,701

四、股本变动及股东情况

(一)主要股东持股情况介绍

1.报告期末股东数

截止二零零二年十二月三十一日止，列于本公司股东名册上的境内股东共计18,352户。其中境内股东16,842户，外资股股东1,510户。

2.公司主要股东持股情况

(1)截止二零零二年十二月三十一日，拥有本公司股份前十名股东情况：

名次	股东名称	本期末持股数(股)	变动增减情况(+-)
1	江苏交通控股有限公司	2,781,743,600	
2	华建交通经济开发中心	597,471,000	
3	The Capital Group Companies Inc	154,696,000	
4	Capital Research and Management Company	88,250,000	88,250,000
5	银河证券有限责任公司	18,983,505	-426,765
6	华夏证券有限责任公司	16,660,000	
7	申银万国证券股份有限公司	14,450,000	
8	Winner Glory Development Ltd	12,000,000	
9	江苏鑫苏投资管理公司	8,484,000	
10	江苏汇远房地产发展实业公司	6,200,000	

名次	股东名称	占总股本比例(%)	股份性质
1	江苏交通控股有限公司	55.22	国家股
2	华建交通经济开发中心	11.86	国有法人股
3	The Capital Group Companies Inc	3.07	H股
4	Capital Research and Management Company	1.75	H股
5	银河证券有限责任公司	0.38	A股
6	华夏证券有限责任公司	0.33	社会法人股
7	申银万国证券股份有限公司	0.29	社会法人股
8	Winner Glory Development Ltd	0.24	H股
9	江苏鑫苏投资管理公司	0.17	社会法人股
10	江苏汇远房地产发展实业公司	0.12	社会法人股

注：十大股东持股相关情况说明：

(a)本公司所知，本公司前十名股东之间不存在关联关系或一致行动人关系；

(b)报告期内，本公司没有收到持股5%以上的法人股东所持股份发生质押、冻结等情况的通知；

(c)报告期内，没有发生本公司关联方、战略投资者和一般法人因配售新股而成为本公司前十名股东的情况。

(2)截止二零零二年十二月三十一日，按本公司根据披露权益条例第16条设立之登记名册，下列人士直接或间接拥有10%或以上股份权益：

(a)控股股东---江苏交通控股有限公司

本公司控股股东江苏交通控股有限公司([交通控股公司])是在本公司原控股股东江苏交通投资公司的基础上，根据苏政复[2000]132号《省政府关于成立江苏交通控股有限公司的批复》，于二零零零年九月十五日正式变更成立的。该公司持有本公司2,781,743,600股股份，占本公司总股本的55.22%。

交通控股公司由省政府出资设立，授权其为具有投资性质的国有资产经营单位和投资主体，法人代表：沈长全，注册资本人民币46亿元，其经营范围为：在省政府授权范围内，从事国有资产经营、管理；有关交通基础设施、交通运输及相关产业的投资、建设、经营和管理；实业投资，国内贸易(国家有专项规定的报经审批后经营)。

除本公司之外，交通控股公司未持有其他上市公司5%以上股份。

(b)持股10%以上股东---华建交通经济开发中心

华建中心于一九九三年十二月十八日设立，为全民所有制企业，法定代表人：傅育宁，注册资本人民币5亿元，其经营范围为：主营公路、码头、港口、航道的综合开发、承包建设；交通基础设施新技术、新产品、新材料的开发、研制和产品的销售以及经济信息咨询；人才培训等。

(c)The Capital Group Companies Inc. ?? 154,696,000 ??? ,???? H??? 12.66%

(3) 董事、监事及高级管理人员之持股情况

截止二零零二年十二月三十一日，本公司的董事、监事、主要高级管理人员及其关联人事概无持有任何本公司及联营公司的注册股本权益的记录。

在该年度，本公司及其联营公司并未作授予董事、监事、高级管理人员及其关联人士(包括其配偶及18岁以下子女)认购本公司或其联营公司的股本或债券而取得利益的安排。

(4) 购买、出售及购回本公司股份

截止二零零二年十二月三十一日，本公司概无购买、出售或购回本公司股份之行为。

(5) 优先购股权

根据本公司章程及中华人民共和国法律，本公司并无优先购股权规定公司需按持股比例向现有股东呈请发售新股之建议。

五、董事、监事、高级管理人员和员工情况

董事、监事及高级管理人员

1、基本情况

姓名	性别	年龄	职务	任期(注1)
沈长全	男	55	董事长	2001年4月至2003年
周建强	男	50	董事	2001年4月至2003年
张文盛	男	56	董事	2002年5月至2003年
陈祥辉	男	40	董事、总经理	2001年4月至2003年
范玉曙	女	51	董事	2000年5月至2003年
崔小龙	男	42	董事	2001年4月至2003年
王正义	男	45	董事	2000年5月至2003年
张永珍	女	71	独立董事	2000年5月至2003年
方 鏗	男	64	独立董事	2000年5月至2003年
王国刚	男	48	独立董事	2002年4月至2003年
杨雄胜	男	43	独立董事	2002年4月至2003年
钟章万	男	60	监事会主席	2000年5月至2003年
贾大康	男	60	监事	2000年5月至2003年
徐 扬	男	31	监事	2001年4月至2003年
张承育	男	52	监事	2002年5月至2003年
马 宁	女	46	监事	2001年4月至2003年
李大鹏	男	50	副总经理	2000年12月至2003年
刘步存	男	53	副总经理	2000年12月至2003年
吴赞平	男	39	副总经理	2001年8月至2003年
姚永嘉	男	39	董事会秘书	2000年12月至2003年
刘 伟	女	47	财务部经理	2000年12月至2003年
林志华	男	39	香港公司秘书	2002年6月起一年

姓名	年初持股数	增减变动	年末持股数(注2)
沈长全	0	0	0
周建强	0	0	0
张文盛	0	0	0
陈祥辉	0	0	0
范玉曙	0	0	0
崔小龙	0	0	0
王正义	0	0	0
张永珍	0	0	0
方 鏗	0	0	0
王国刚	0	0	0
杨雄胜	0	0	0
钟章万	0	0	0
贾大康	0	0	0
徐 扬	0	0	0
张承育	0	0	0
马 宁	0	0	0
李大鹏	0	0	0
刘步存	0	0	0
吴赞平	0	0	0
姚永嘉	0	0	0
刘 伟	0	0	0
林志华	0	0	0

注：

(1) 公司或有关董事、监事可以不少于三个月事先书面通知终止合同。

(2) 公司董事及高级管理人员之间无关联关系。

(3) 董事沈长全先生、周建强先生、范玉署女士、崔小龙先生及监事张承育先生为本公司控股股东交通控股公司董事或雇员，该公司持有本公司55.22%股份；董事张文盛先生、监事马宁女士为本公司第二大股东华建中心董事或雇员，该公司持有本公司11.86%股份；董事王正义先生为本公司发起人之一江苏交通建设集团有限公司董事，该公司持有本公司社会法人股3,080千股。

(4) 公司并没有董事因有关服务合约尚未届满并拟在下次股东周年大会上重选连任而需赔偿的情况。

(5) 公司并没有董事直接或间接拥有重大权益的重要和约等详细资料。

2、年度报酬情况

(1)董事、监事和其他高级管理人员的报酬依据为本公司与其所签定的薪酬协议。

(2)现任董事、监事和其他高级管理人员的年度报酬总额为1,588千元，金额最高的前三名董事的报酬总额为452千元。

(3)金额最高的前五名高级管理人员的报酬总额为936千元，其中基本薪金为936千元，无房屋及其他津贴.

(4)董事、监事和其他高级管理人员年度报酬区间在10-25万元，属第一级共8人。

(5)本公司支付给两位境外独立董事的津贴为每人每年港币10万元，支付给两位境内独立董事的津贴为每人每年人民币4万元。

(6)沈长全先生、周建强先生、张文盛先生、范玉曙女士、崔小龙先生、王正义先生、徐扬先生、张承育先生、马宁女士未在公司领取报酬。

(7)张永珍女士、方鏗先生、王国刚先生、杨雄胜先生除津贴外未在公司领取报酬。

(8)本公司在职董事目前采用的社会统筹养老保险，人均每年缴付人民币7,354元，本公司不为退休董事支付任何退休金。

3、报告期内董事、监事和高级管理人员变动情况

根据中国证监会颁布的《关于在上市公司建立独立董事制度的指导意见》的要求，本公司于报告期内对董事会成员进行了调整。本公司三届九次董事会提议王国刚先生、杨雄胜先生担任本公司独立董事，同意李大鹏先生、刘步存先生辞去董事职务；同意朱耀庭先生因退休辞去董事职务，提议张文盛先生担任本公司董事。

本公司三届六次监事会审议通过杜文毅先生因工作变动辞去监事职务，提议张承育先生担任本公司监事。

以上董事、监事人员的更换经本公司于二零零二年五月二十八日召开的二零零一年度股东周年大会审议通过。

4、董事、监事及高级管理人员简历

(1)董事

沈长全先生：董事长，1948年出生，经济师。沈先生自1981年起曾任吴县县长、县委书记；自1992年起担任苏州市副市长，长期主管苏州市的城市与交通建设，并在1992-1997年期间主持苏州高新技术开发区开发建设，具有丰富的工程与管理经验；2001年1月任交通控股公司董事长。

周建强先生：董事，1953年出生，高级经济师，高级工程师。1985年硕士研究生毕业。周先生自1985年起任江苏省计划经济委员会处长；1997年任江苏省国际信托投资公司副总经理；于1999年任江苏省计划经济委员会副主任；2001年1月任交通控股公司副董事长、总经理。长期从事投资管理和金融、证券工作，具有丰富的经营和管理经验。

张文盛先生：董事，1947年出生，高级经济师。张先生自1968年起在天津港工作；1974年起在交通部任职，历任办公厅秘书、生产调度局副处长、企业管理局副处长、体制改革司处长、体改法规司处长、助理巡视员等职务，长期从事交通管理工作；1998年至今在华建交通经济开发中心担任副总经理；现任东北高速公路股份有限公司、四川成渝高速公路股份有限公司副董事长和安徽皖通高速公路股份有限公司董事；具有丰富的企业法规研究及企业管理经验。

陈祥辉先生：董事、总经理，1963年出生，大学、高级工程师。陈先生长期从事交通建设与管理工作，曾任江苏省交通厅工程质量监督站副站长，江苏省宁连宁通公路管理处处长，具有十多年的交通建设以及经营管理经验。陈先生于二零零零年十二月担任本公司总经理，并担任广靖锡澄公司董事长，扬子大桥公司副董事长等职务。

范玉曙女士：董事，1952年出生，大专、高级会计师，现任交通控股公司财务审计部经理。范女士曾担任江苏省租赁公司交通业务部经理、江苏交通投资公司副经理等职，有二十年从事金融、财务管理经验。

崔小龙先生：董事，1961年出生，大学，会计师。崔先生自1984年起在江苏省交通厅工作，曾任财务处科长、任江苏交通投资公司副总经理；现任交通控股公司投资发展部经理；并在扬子大桥公司任董事，在江苏省交通企业协会任副秘书长等职务。具有十多年的企业管理和财务管理经验。

王正义先生：董事，1958年出生，大学、高级工程师，现任江苏交通建设集团董事长。王先生先后任江苏省交通规划设计院副院长、江苏省交通厅驻马达加斯加合营公司副总经理、总工程师等职。有近二十年从事公路设计、建设、管理等经验。

郑张永珍女士：独立董事，1932年出生。张女士曾任香港特别行政区筹备委员会委员、中国国务院港澳办及新华社香港分社事务顾问。现任中国人民政治协商会议全国委员会常务委员、香港中华总商会会长、中国宏观经济学会特邀顾问及香港管理专业协会企业管理发展中心主席。张女士也是大庆石油有限公司董事总经理、瑞典爱立信电话有限公司中国高级顾问、南京爱立信熊猫通信有限公司董事、北京爱立信熊猫通信有限公司董事，具有几十年商业投资和创业经验，更荣获瑞典国王卡尔十六世古斯塔夫颁发瑞典皇家北极星勇士勋章及香港特别行政区政府颁发紫荆勋章。

方鏗先生：独立董事，1939年出生，祖籍上海。60年代毕业于美国麻省理工学院并取得化学工程硕士学位，现任香港肇丰针织有限公司主席、香港汇丰银行非执行董事、全国政协委员。同时担任重要工商贸团体及公共服务机构职位，如香港生产力促进局主席、香港菲腊牙科医院管理局主席、香港纺织业联合会名誉会长、香港羊毛化纤针织业厂商会名誉会长及纺织业咨询委员会委员等职。

王国刚先生：独立董事，1955年出生，博士。王先生自1988年起在南京大学任职教授；1993年起在中国华夏证券有限公司担任副总裁，长期从事金融工作；1994年至今在中国社会科学金融研究中心财贸经济研究所担任副主任、教授，具有丰富的金融研究及管理经验。

杨雄胜先生：独立董事，1960年出生，博士生导师。杨先生自1981年任职江苏省连云港财经学校教研室主任；1987年在江苏省连云港审计局任职；1994年调入南京大学会计系，1999年至今在南京大学会计系担任系主任，具有丰富的会计经验。

(2)监事

钟章万先生：监事会主席，1942年出生，大专，一九九二年八月加入本公司。钟先生曾先后担任江苏省联运公司副经理及江苏省高速公路建设指挥部副处长、本公司证券处副处长、投资证券部经理等职。钟先生长期从事经济管理工作，具有丰富的经济管理工作经验，从一九九二年加入本公司后一直从事证券、投资融资等工作。

贾大康先生：监事，1943年出生，大学、高级工程师，一九九六年十月加入本公司。贾先生曾担任江苏省公路局路政科副科长、科长，江苏海员、公路运输工会副主席，江苏交通工程学会委员及秘书长、本公司路政处处长、资产管理部经理等职，现任江苏省高速公路路政总队沪宁高速公路路政支队支队长。贾先生长期从事经济管理和交通管理工作近三十年。

徐扬先生：监事，1972年出生，大学。现任交通控股公司办公室主任。曾在武警江苏总队、江苏省交通厅政治部工作；具有多年从事行政管理、交通运输，经济工作经验。

张承育先生：监事，1951年出生，大专，高级经济师。张先生自1985年起先后任扬州汽车运输总公司副总经理、党委副书记、总经理兼党委书记；1996年起任扬州市交通局副局长；2001年1月起担任江苏扬子大桥股份有限公司副总经理；2001年7月起担任江苏宁靖盐高速公路有限公司总经理；2002年1月起任江苏交通控股有限公司人事部经理。张先生具有丰富的经济管理及交通管理经验。

马宁女士：监事，1956年出生，大专、会计师。现任华建交通经济开发中心行政人事部副经理。马女士自1975年起在交通部工作，任机关财务处会计职务；1990年1月起在中国航海学会工作，任会计职务；自1994年6月至今在华建中心工作，现任部门副经理。

(3)其他高级管理人员

李大鹏先生：副总经理，1953年出生，大专、经济师，一九九六年一月加入本公司。李先生曾先后担任江苏省交通规划设计院副院长、江苏快鹿汽车运输股份有限公司董事长、锡澄公司总经理等职，具有二十多年经济管理及运输管理经验。

刘步存先生：副总经理，1950年出生，大学、经济师，一九九二年八月加入本公司。刘先生曾任江苏省交通厅办公室副主任、江苏省高速公路建设指挥部副处长、广靖公司总经理等职，具有二十多年法律和经济管理经验。

吴赞平先生：副总经理，1964年出生，大学、高级工程师，一九九二年八月加入本公司。吴先生曾先后担任江苏省高速公路建设指挥部副科长及科长、本公司工程技术处副处长及经理、总经理助理等职。吴先生从事交通项目管理工作十多年。

姚永嘉先生：董事会秘书，1964年出生，硕士、高级工程师，一九九二年八月加入本公司。姚先生曾先后任职江苏省交通规划设计院、江苏省高速公路建设指挥部科长及本公司证券科科长、董事会秘书室主任，姚先生自参加工作起，一直从事工程管理、投资分析、融资及证券等工作，积累了丰富的工作经验。

刘伟女士：财务会计部经理，1956年出生，中专、高级会计师，一九九二年八月加入本公司，曾担任江苏省交通厅规划计划处副科级科员、江苏省路桥公司财务部负责人及江苏省高速公路建设指挥部财务处科长、本公司财务处副处长及经理。刘女士从事经济管理及财务管理工作已二十年，积累了丰富的经验。

林志华先生：香港董事会秘书，1964年出生，英国特许秘书及行政人员公会会员及香港公司秘书公会会员，负责遵守香港有关规定的本公司秘书。林先生亦是本公司的香港公司秘书及传票接受人，为本公司香港法律顾问-齐伯礼律师行的雇员。

本公司员工情况

截止二零零二年十二月三十一日,本公司共有员工2,592名,其中行政管理人员393名,工程技术人员112名及生产人员2,199名。大学专科以上学历433人,占公司所有员工的16.7%。

二零零二年度,本公司职工工资总额为人民币85,000千元,需承担费用的离退休人员有12人。

六、公司治理结构

(一)公司治理状况

本着保护广大投资者权益的原则,本公司根据中国证监会发布的《关于在上市公司建立独立董事制度的指导意见》([指导意见])以及《上市公司治理准则》([治理准则])的要求,以建立现代企业制度和完善公司治理为目标,整改企业架构。

报告期内,本公司对董事会成员进行了调整,增设了两名符合任职条件的独立董事,目前,本公司董事会中独立董事为4人,占董事会成员的三分之一以上,已完全符合《指导意见》的规定。

为了进一步完善独立董事制度,本公司在董事会下设立了战略委员会,提名、薪酬与考核委员会,审计委员会共三个专门委员会,并完成了《公司章程》相应条款的修改。报告期内,委员会召开了两次会议,在公司的项目投资、财务报告审核等方面进行了决策。

对照《治理准则》的要求,公司相继建立了《股东大会议事规则》、《董事会议事规则》、《监事会议事规则》、《独立董事工作细则》、《董事会专门委员会工作细则》、《董事会秘书工作细则》、《总经理工作细则》以及《财务管理制度》等一系列议事规则及管理制度,为各项工作的开展提供了规范及指导性意见,确保公司各个机构工作效率和科学决策。

报告期内,本公司根据中国证监会、国家经贸委《关于开展上市公司建立现代企业制度检查的通知》要求,对公司的独立性、"三会"建设、规范运作以及控股股东的行为规范等情况开展了认真细致的自查自纠工作,形成自查报告。

(二)独立董事履行职责情况

本公司独立董事均能按照相关法律、法规和公司章程的要求,忠实履行诚信与勤勉义务,维护公司整体利益,尤其关注中小股东的合法权益不受损害,在本公司的关联交易、重大事项的审议中发表独立意见,履行独立职责。

(三)公司与控股股东五分开情况

围绕着"产权清晰、责权明确、政企分开、管理科学"的原则,本公司与控股股东交通控股公司在业务、资产、人员、机构、财务上分开,明确公司与控股股东之间纯粹的产权纽带关系。

本公司与控股股东在业务上有各自的经营范围,不存在上下游关系;在资产上与控股股东严格分开,对经营性资产拥有完整的所有权,并完全独立运营;在人员上没有交叉任职现象,在劳动、人事、及工资管理等方面有自主的任免决定权利,控股股东向本公司推荐董事、监事人选均通过合法程序进行;在机构上不存在"两块牌子、一套人马"、混合经营、合署办公的情况,办公及经营场所分开;在财务上有独立的财务部门,拥有独立的帐户,能自主作出公司的财务决策,资金运用不受控股股东干预。

(四)最佳应用守则

本公司董事会已按照联交所上市规则附录14之"最佳应用守则"之第14段,成立一个旨在检讨及监察本公司的财务汇报程序及内部控制的审计委员会。审计委员会由三名成员组成,其中两名为非执行董事。

董事会认为本公司在期内一直遵守最佳应用守则。

七、股东大会情况简介

二零零一年度股东周年大会

经本公司于二零零二年四月八日(星期一)召开的第三届九次董事会决议通过,同意于二零零二年五月二十八日(星期二)上午九时整在中国江苏南京市石鼓路69号(江苏交通大厦)召开二零零一年度股东周年大会,并于二零零二年四月九日刊登了股东周年大会通告。

经出席本次会议有表决权的股东及股东授权代理人投票表决审议通过以下议案:批准二零零一年度董事会报告、监事会报告、经审计帐目和核数师报告;批准聘任罗兵咸永道会计师事务所及普华永道中天会计师事务所为本公司境外及境内审计师;批准二零零一年末期股利分配方案为每十股分现金红利1.25元(含税);批准修改公司章程以及有关公司治理的各项议事规则;批准关于收购苏嘉杭高速公路有限公司33.33%股权的关连交易事项。

本次股东大会进行了董、监事的更换选举:批准王国刚先生、杨雄胜先生担任公司独立董事,并签定服务合同;批准张文盛先生担任公司董事、张承育先生担任公司监事,并签定委聘合同;批准李大鹏先生、刘步存先生、朱耀庭先生辞去董事职务,杜文毅先生辞去监事职务,并签定终止服务合同。

本公司于二零零二年五月二十九日将股东周年大会决议分别刊登于中国证券报、上海证券报、香港南华早报、香港经济日报。

八、董事长报告书

各位股东:

二零零二年是令人欣慰的一年。本集团抓住发展机遇,依靠各路桥资产交通流量的强劲增长,经营业绩取得了连续六年来的持续增长,全年实现营业收入人民币2,272,515千元,按中国会计准则,税后利润约为人民币816,833,308元,每股盈利约为人民币0.1621元,比上年同期上升4.58%。按香港会计准则,除税后溢利约为人民币854,445,000元,每股盈利约为人民币0.1696元,比上年同期上升1.56%。

维持股东价值的持续增长是本公司董事会和管理层的首要责任,为此,我们一直在积极寻求新的利润增长点。苏嘉杭高速公路股权的成功收购再一次实现了公司资本的良性扩张,通车以来所表现出的车流量快速增长足以证明董事会和管理层决策的正确。

在立足主业的同时,本集团积极探索相关行业的发展,充分利用自身资源优势,拓展投资领域。年内,本集团发起设立投资公司,参股上海中交海德交通科技股份有限公司("海德科技")、租赁公司,不断为本集团的发展注入新的活力。

美国第一级有保荐存托凭证计划(ADR)的建立,标志着公司继进入香港、国内资本市场后,成功的进入了美国资本市场。同时也意味着公司将在美国、香港及国内证券监督机构的监管下运作,本着从紧、从严的要求,公司的运作将会更加严格,将会更加规范,为抓住今后发展的国际市场契机,最终成为国际化大型上市公司奠定坚实的基础。

经过多年的努力,公司治理进一步趋于成熟与完善。本公司通过引入独立董事,使董事会决策更为公正、更为明智;在董事会下设立专门委员会,使董事会的运作更为科学、更为有效。二零零三年,本公司将进行董事会成员的换届选举,本人相信新一届的董事会必将能创造出更辉煌的业绩,为股东、为员工带来更佳的回报。

良好的运行机制和规范的公司治理,能够确保本公司适应环境的变化,并朝着正确的轨道运行。本年度,本公司入选上海证券交易所评选的沪深上市公司50强,综合排名第10位;在《亚洲首席财务总监》杂志公布的二零零二年亚太地区表现最佳的100家大企业排名榜上,本公司名列第14位,在所有入选的中国企业中排名第3。能够取得如此的荣誉,得益于所有尽职的董事会成员,得益于我们专经的管理层,更得益于我们全体员工所付出的辛勤与努力。

今后,我们将更加尽心尽力,以追求成为规模持续扩张、业绩快速成长、效益不断提高、股东收益稳步增加的成功企业。

九、董事会报告

(一)公司投资情况

1.收购苏嘉杭股权

本公司三届九次董事会审议通过了《关于买卖苏州苏嘉杭高速公路有限公司33.33%股本之协议》,以总代价人民币315,400千元向交通控股公司收购其持有的苏州苏嘉杭高速公路有限公司("苏嘉杭公司")约33.33%的权益,该收购事项于二零零二年五月二十八日经二零零一年度股东周年大会审议批准后实施,以本公司自有资金以现金支付。

苏嘉杭高速公路是同(江)三(亚)国道主干线的重要分流道路及江苏省规划的高速公路架构的重要组成部份,是江苏、浙江两省的交通枢纽。苏嘉杭高速公路与沪宁高速公路江苏段在苏州交汇,此交汇点将引导江苏省北部、浙江省、上海、南京的车辆通过沪宁高速公路,从而提高本公司主要营运资产沪宁高速公路江苏段的交通流量。因此,该项收购有明显增效作用,并将扩大本公司现时的资产基础,与本公司业务增长重点相配合。

2.设立投资公司

本公司三届八次董事会审议通过了与苏州市投资公司共同出资组建的投资公司的事项,投资公司的工商注册登记于二零零二年九月二十三日完成,注册资本为1亿元人民币,法定代表人陈祥辉先生(为本公司董事、总经理)。本公司出资95,000千元,以自有资金投入,拥有其95%的股份;苏州市投资公司出资5,000千元,占注册资本的5%。

投资公司的经营范围主要为各类基础设施、实业与产业的投资。该公司成立后,将对交通相关行业及其他行业进行分析研究,择机介入,为公司发展培育项目,相信会逐步为集团作出盈利贡献。

3.参股海德科技

本公司三届八次董事会审议通过了参股海德科技的议案,报告期内,由本公司作为发起人之一的海德科技于二零零二年五月三十日经上海市人民政府沪府体改审(2002)008号文批准设立。

海德科技设立后,一方面将立足于现有工程设计、施工管理软件市场,另一方面将广泛进行国内外合作,积极拓展公路资源管理、GIS、GPS应用领域的智能交通咨询等。海德科技总注册资本为21,000千元,本公司以现金出资7,500千元,持有约35.71%的股份,与中交第一公路勘测设计研究院同为第一大股东。

发起设立海德科技是本公司按照发展策略,利用自身资源优势进行强强联合,拓展投资领域,寻求新的利润增长点的积极尝试。海德科技经过半年经营,于二零零二年度实现利润23千元。

4.参股江苏租赁

本公司三届十一次董事会审议通过本公司附属公司广靖锡澄公司以总代价人民币100,000千元投资江苏省租赁有限公司("江苏租赁"),约占江苏租赁扩大注册资本后资本总额的20%;本公司之联营公司扬子大桥公司以总代价人民币170,000千元投资江苏租赁,约占江苏租赁扩大注册资本后资本总额的34%。该项投资完成后,本公司间接持有江苏租赁26.1%的股份。

江苏租赁是省内唯一一家、全国第十二家从事租赁业务的公司,通过此次增资扩股,注册资本达到人民币500,000千元,进一步扩大了现实资产规模与租赁业务能力。二零零二年度,该公司本年度实现总收入19,040千元,比去年同期增长66%。

(二)利润分配预案

董事会建议本公司二零零二年度利润分配预案如下:

按中国会计准则

	人民币千元
利润总额	1,235,272
减:所得税	400,500
少数股东权益	20,384
未确认的投资损失	2,445
净利润	816,833
加:年初未分配利润	468,814
可供分配利润	1,285,647
减:提取法定盈余公积	93,218
提取盈余公积	46,609
可供股东分配利润	1,145,820
减:应付股利	654,907
未分配利润	490,913
每股盈利	人民币0.1621元
按香港会计准则	人民币千元
除税及少数股东权益前溢利	1,308,949
税项	(434,120)
少数股东权益	(20,384)
股东应占溢利	854,445
转入	
法定公积金	107,851
法定公益金	53,925
任意公积金	/
本年度可供股东分配利润	692,669
承前保留溢利	1,294,661
二零零一年度股息	(629,718)
保留溢利结转	1,357,612
二零零二年度建议股息	(654,907)
每股盈利	人民币0.1696元

根据财政部有关规定和本公司章程,当按中华人民共和国会计准则和按香港会计准则审计,利润有差异时,以低者为准。经普华永道会计师事务所审计:按中国会计准则,本公司二零零二年度实现净利润816,833,308元,提取10%的法定公积金、5%的法定公益金,加上年初未分配利润468,813,520元,本次可供分配利润合计1,145,819,878元,本公司董事会以总股本5,037,747,500股为基数,建议向全体股东派发末期股息每十股人民币1.3元(含税)。

以上董事会建议之利润分配方案,提呈二零零二年度股东周年大会审议批准,派发末期股息的具体日期和程序另行公告。

凡二零零三年四月十六日名列本公司名册之H股股东均可获派末期股息。H股停止过户期为二零零三年四月十六日至二零零三年五月十五日。A股股东的股权登记股息派发办法和时间另行公告。

欲获派末期股息之H股股东最迟应于二零零三年四月二十五日下午四时前将股票送往香港湾仔皇后大道东183号合和中心17楼香港证券登记有限公司办理过户登记手续。

有关A股及H股的末期股息之详情待于二零零三年五月十五日召开的二零零二年度股东周年大会通过后公布,派发末期股息的具体日期和程序另行公告。

按本公司章程规定,A股股息以人民币支付,H股股息以港币支付,汇率将采用二零零三年五月十五日前一周中国人民银行公布的人民币兑换港币的汇率平均价计算。

十、管理层讨论与分析

(一)经营环境

二零零二年是中国加入世贸组织的第一年,是巩固和发展"十五"计划良好开局的关键一年,国家继续实行扩大内需的方针,积极调整产业结构,加快基础设施建设,全面建设小康社会,促进经济快速健康发展和社会全面进步,国内生产总值继续保持7.9%的高速增长。

经济的强劲增长在中国东部沿海地区表现尤为明显,特别是加入世贸组织后,国际资本和产业加速向长江三角洲地区聚集,开放型经济出现了近几年来的飞速发展,江苏省作为中国东部沿海地区经济最活跃的省市之一,经济总量位居全国第二,二零零二年国内生产总值更是保持了10.3%的高增长速度。

二零零二年也是江苏交通加速推进新一轮大跨越的重要一年,全年完成交通基础设施投资

223.58亿元，居全国首位，新增高速公路316公里，全省高速公路通车里程突破1700公里，跃居全国第三，密度继续位于全国各行政省区第一，纵穿南北、横贯东西、覆盖全省的高速公路网络骨架已经形成。

朝气蓬勃的经济环境带动了汽车销售量的进一步增长，特别是私有车辆的增长迎来了前所未有的良好局面。据报导，二零零二年全省私有车辆的增长幅度超过50%，为本公司所经营公路的交通量及收费额的增长提供了有利的条件。

国家及江苏省经济的快速发展，以及汽车数量与高速公路通车里程的增长，为本集团的经营业务提供了一个全面有利的经营环境，日益显示出公司经营项目的优势。

（二）经营优势

本公司是从事交通基础设施建设、经营及管理的专业性公司，自一九九六年运营以来，经营业绩连续保持快速增长的态势，充分显示了巨大的发展优势。

区域优势 本集团的经营区域位于中国经济最发达的长江三角洲地区，沪宁高速公路连接上海、苏州、无锡、常州、镇江、南京6个大中城市，该地区物产丰富，具有坚固的工业基础，交通运输十分繁忙，平均每年的GDP增长均高出全国3个百分点以上，在中国经济发展中具有特别重要的地位。

行业优势 高速公路产业是国家重点扶持的产业，具有收入相对稳定的特点，成为促进经济发展的重要基础设施。国家已经把交通基础设施行业作为未来几年的重点发展行业，将进一步给予资金和政策上的优惠。

项目优势 本集团所拥有的路桥资产是江苏省东西及南北陆路交通的大走廊，在国家交通主干线网络中具有特殊地位，其持续增长的交通流量，给本公司带来了稳定增长的投资回报。同时，江苏省也正处在以推进高速公路网络化为代表的新一轮交通建设时期，计划到2010年全省高速公路通车里程达到3500公里，项目发展前景十分广阔。

经营优势 区域内高速公路的联网畅通，本集团所拥有路桥资产已形成规模经营，提高了资源使用效率，规模效益逐步显现。

人才优势 本公司在公路建设时拥有一批优秀的工程建设专有人才，在不断的资本扩张与市场化运作中积累了大量的经营及管理人才，人才结构的多元化将带动公司整体管理水平的提高。

品牌优势 本公司一贯坚持依法治路、以德治企、形象立业、品牌优先的经营管理理念，推崇企业文化，完善公司治理，规范的公司运作以及良好的经营业绩打造了宁沪公司的一流品牌。

（三）业务经营分析

1.业绩综述

二零零二年，本集团充分利用自身优势，借助大好宏观经济环境，积极参与、努力把握投资机遇，不断实现公司资产的良性扩张；在稳固主业的同时进一步探索新的发展领域，不断寻求利润增长空间；致力于科学有效的管理与规范化运作，实现企业的稳步健康发展。

本集团二零零二年度实现总收入约人民币2,395,199千元，扣除收入相关税金后收入净值约为人民币2,262,265千元，比去年同期增长约24.76%。其收入构成及比例如下：

项目	2002年收入（人民币千元）	占总收入比例（%）
沪宁高速公路通行费收入	1,431,371	59.76
宁沪二级公路通行费收入	249,899	10.43
宁连公路南京段通行费收入	52,874	2.21
广靖高速公路通行费收入	124,693	5.21
锡澄高速公路通行费收入	167,402	6.99
其他业务收入	368,960	15.40
合计	2,395,199	100

项目	比去年同期增减（%）
沪宁高速公路通行费收入	24.23
宁沪二级公路通行费收入	11.09
宁连公路南京段通行费收入	4.88
广靖高速公路通行费收入	44.76
锡澄高速公路通行费收入	49.04
其他业务收入	25.59
合计	44.69

2.收费公路业务

本集团核心业务——收费公路业务在二零零二年度继续有良好表现，各路桥项目均已进入成熟期，交通流量显著增长，期内收费收入达到人民币2,026,238千元，占总收入的84.6%，比去年同期增长24.62%。

期内，本公司组织实施了南网收费升级改造工程，进一步统一、规范了收费业务，有效维护收费秩序。主要路桥项目详情

项目名称	里程（km）	车道数目	收费站数目
沪宁高速公路	258.46	4	19
宁沪二级公路经营权收购	271.1	2–4	6
宁连公路南京段经营权收购	29.8	4	1
广靖高速公路	17.2	6	1
锡澄高速公路	35	6	4
江阴长江公路大桥	3.07	6	1
苏嘉杭高速公路南段	54.4	4	6（已开通）

项目名称	服务区数目	开始运营年份	余下运营年限
沪宁高速公路	6	1997.6	25
宁沪二级公路经营权收购	0	1997.6	10
宁连公路南京段经营权收购	0	1999.1	27
广靖高速公路	0	1999.9	27
锡澄高速公路	1	1999.9	27
江阴长江公路大桥	0	1999.9	27
苏嘉杭高速公路南段	1	2002.12	30

日均车流量比较数字（日/辆）

	2002	2001	2000
沪宁高速公路	25,356	21,013	18,087
宁沪二级公路	41,442	42,434	42,357
宁连公路南京段	9,986	9,450	10,644
广靖高速公路	19,481	13,361	8,977
锡澄高速公路	17,205	11,889	8,963
江阴长江公路大桥	20,836	15,555	14,162
苏嘉杭高速公路南段	12,569	/	/

	1999	1998	1997
沪宁高速公路	16,235	13,964	12,121
宁沪二级公路	42,909	45,174	47,517
宁连公路南京段	10,243	/	/
广靖高速公路	7,471	/	/
锡澄高速公路	8,165	/	/
江阴长江公路大桥	/	/	/
苏嘉杭高速公路南段	/	/	/

日均收费额比较数字（千元/日）

	2002	2001	2000
沪宁高速公路	3,921.6	3,156.6	2,640.0
宁沪二级公路	684.7	616.3	620.9
宁连公路南京段	144.9	138.1	147.2
广靖高速公路	341.6	236.0	153.9
锡澄高速公路	458.6	307.7	212.9
江阴长江公路大桥	1,016.1	700.4	460.8
苏嘉杭高速公路南段	579.1	/	/

	1999	1998	1997
沪宁高速公路	2,390.0	2,049.5	1,570.0
宁沪二级公路	647.0	726.0	712.5
宁连公路南京段	143.5	/	/
广靖高速公路	128.0	/	/
锡澄高速公路	186.0	/	/
江阴长江公路大桥	/	/	/
苏嘉杭高速公路南段	/	/	/

沪宁高速公路

报告期内，沪宁高速公路日均全程交通量为25,356辆，较去年同期上升约20.67%，同比增幅首次超过20%，交通量增长势头良好。其中无锡枢纽以东至上海安亭断面流量达到35,234辆，较去年同期增长25.90%。

期内沪宁高速公路日均收费额为3,921.6千元，较去年同期增长约24.23%，大型车辆（三至六类车）的构成比例比去年同期上升了2.65个百分点。

宁沪二级公路

宁沪二级公路收费站点调整方案已获得江苏省政府批准，其中白杨收费站于二零零一年十二月二十八日移至与上海接壤处，更名为古南收费站，其他站点的调整工作正在继续进行之中，二零零三年内将全部完成。

期内，通过宁沪二级公路收费站日均收费车辆约为41,442辆，较去年同期下降2.34%（古南收费站实行单向收费，进江苏方向收费，出江苏方向不收费），日均收费额约为人民币684.7千元，较去年同期增长约11.09%。

宁连公路南京段

期内，通过宁连公路南京段的日均收费车辆为9,986辆，比去年同期上升5.68%，日均收费额为144.9千元，比去年同期上升4.88%。路面大修未产生负面影响，通行费收入优于预期。

广靖、锡澄高速公路

报告期内，广靖、锡澄高速公路仍然保持京沪高速公路全线贯通以来的高速增长势头，日均全程交通量分别为19,481辆及17,205辆，较去年同期分别增长45.80%、44.71%，日均通行费收入分别为341.6千元及458.6千元，较去年同期分别增长44.76%及49.04%。

江阴长江公路大桥

江阴长江公路大桥日均过桥车辆为20,836辆，日均通行费收入1,016.1千元，分别较去年同期增长33.95%、45.08%。

苏嘉杭高速公路

报告期内收购的苏嘉杭高速公路其全长54.4公里的南段（苏州至吴江）已于二零零二年十二月八日建成通车，通车以来的交通流量成长速度超出预期，日均全程交通流量为16,702辆，日均收费额为579.1千元，其交通量成长前景十分可观。

其北段常熟至苏州段计划于二零零四年七月建成通车，目前工程投资、进度、质量控制良好。

道路养护

交通流量的快速增长、超载超限的日趋严重，以及道路使用年限的增加，造成了高速公路路面损害。公司增加养护力量、资金等方面的投入，及时修复路面病害，保证道路安全畅通。

新技术、新工艺、新材料的引进以提高养护质量。养护工程在全线广泛推广使用了稀浆封层技术，应用TL2000、ERA–C等路面冷补新材料，加大路面预防性养护的力度，路况有了明显改善。

公司成功研制了道路状况智能检测车，其主要技术性能达到国际领先水平，属国内首创。

3.非主营业务

本公司积极开展沿线非主营业务，使广告、加油、餐饮等业务得到了充分的拓展，为广大驾乘人员提供了良好的服务，同时也增加了公司效益，成为宁沪高速的一大特色。同时，本公司充分利用沿线物化资源，报告期内通过出租沿线通讯电缆获得收益人民币14,706千元。

二零零二年非主营业务收入约人民币368,960千元，实现利润52,109千元，比去年同期增长127.4%。

（四）财务分析

本公司采用积极稳健的财务政策，定时地对债务组合进行审查并及时作出必要的调整，严格控制投资风险，以达到公司、股东利益最大化的目的。本集团财务状况（按中国会计准则）

项目	二零零二年人民币千元	二零零一年人民币千元	增减（%）
总资产	15,081,793	14,914,400	1.12
流动负债	1,010,594	1,014,683	–0.4
长期负债	61,494	297,813	–79.35
少数股东权益	396,503	131,345	201.88
股东权益	13,613,202	13,470,559	1.06
主营业务利润	1,272,256	1,017,568	25.03
净利润	816,833	780,864	4.61

主要变动原因：

长期负债减少及少数股东权益增加是由于广靖锡澄公司董事会决议将长期负债转增资本公积。

资本开支及财务资源

于二零零二年度，本集团已实施计划中的资本开支约为人民币756,548千元，具体如下：

资本开支项目	人民币千元
投资苏嘉杭公司	489,400
投资海德科技	7,500
投资江苏租赁公司	100,000
设立投资公司	95,000
经营性固定资产投资	64,648
合计	756,548

上述资本开支均使用本公司自有资金投入。

现金及负债管理

本集团作为收费公路企业，自正式营业以来，有较强的经营活动现金流量，具有极强的偿债能力，二零零二年度，本集团营业活动之净现金流入为1,301,452千元，较去年增长19.08%。因此，管理层认为本集团未有任何现金流动性的问题。

于二零零二年十二月三十一日，本集团共持有人民币819,611千元的现金及现金等价物，及人民币188,316千元的银行借款：

项目	截止二零零二年十二月三十一日 本集团(人民币千元)
现金及现金等价物	
库存现金	252
银行存款	719,359
短期投资	100,000
合计：	819,611
借款	
短期银行借款	120,000
一年内到期的长期借款	6,822
长期银行借款	61,494
合计	188,316

偿债能力

于二零零二年末，本公司借款情况如下：

	人民币千元
1、一年以内到期	126,822
2、一年以上，二年以内	6,822
3、二年以上五年以内	20,466
4、五年以上	34,206
合计：	188,316

十一、监事会报告

(一)报告期内监事会会议情况

1、二零零二年四月八日召开的第三届六次监事会

会议审议通过以下事项：公司二零零一年度业绩报告、监事会工作报告及监事会议事规则；提议张承育先生担任本公司监事，同意杜文毅先生因工作变动原因辞去本公司监事职务。

决议公告分别刊登于二零零二年四月九日的中国证券报、上海证券报、香港南华早报、香港经济日报。

2、二零零二年八月十五日召开的第三届七次监事会

会议审议通过以下事项：同意本公司二零零二年半年度报告及摘要。

(二)监事会独立意见

各位股东：

本公司监事会全体成员在二零零二年度内，严格按照《中华人民共和国公司法》和本公司章程之规定，忠实履行监事会职责，以维护股东和公司的合法权益为宗旨，以《治理准则》和《上市规则》为准绳，对本公司董事、管理层及高级管理人员经营管理行为及本公司的决策情况进行了全过程的有效监督，并对下列事项发表独立意见：

1、公司依法运作情况

监事会认为：本公司董事及高级管理人员在日常的经营管理中均能按照有关法律、法规以及《公司章程》、《治理准则》和《上市规则》之规定，认真履行其职责，建立完善的内部控制制度，以公司整体利益为出发点，发扬团队精神，积极、谨慎、勤勉地依法经营，决策程序合法有效。

本公司一年来未发生重大诉讼和被诉讼的事项；本公司董事、经理严格按照上市公司的上市规则进行规范运作，其经营管理行为符合国家的法律法规、本公司章程以及广大股东的利益。

2、公司财务情况

监事会认真审核董事会工作报告和总经理报告，认真审核提交股东大会审议的二零零二年度财务报告和利润分配方案等，认为本公司财务报告如实地反映了本公司的财务收支状况和经营成果，实现的经营业绩是真实的；各项费用支出是合理的；利润分配方案兼顾了境内外股东的利益和本公司长期发展的利益；公积金、公益金等各项提留符合法律、法规和《公司章程》的规定。

监事会同意普华永道会计师出具的本公司二零零二年度标准无保留意见的审计报告，该报告的财务数据真实、准确地反映了公司的实际情况。

十二、重要事项

(一)重大诉讼、仲裁事项

本年度公司无重大诉讼、仲裁事项。

(二)重大关联交易事项

1、本公司主要关联方(按上海证券交易所股票上市规则)：

名称	与本公司关系
交通控股公司	本公司的最终控股股东
广靖锡澄公司	本公司之附属公司
双狮楼	本公司之附属公司
宁沪投资公司	本公司之附属公司
扬子大桥公司	本公司之联营公司
快鹿公司	本公司之联营公司
苏嘉杭公司	本公司之联营公司

2、关联公司交易

报告期内，本公司与关联公司之重大交易如下：

江苏交通控股

报告期内，本公司以总代价人民币315,400千元向交通控股公司收购其持有的苏嘉杭公司约33.33%的权益，该收购价格略低于本公司聘请的境外评估师美国评值有限公司作出的评估结果。该收购事项经本公司三届九次董事会及二零零一年度股东周年大会审议通过，关联董事及关联股东回避了表决。

广靖锡澄公司及扬子大桥公司

报告期内，本公司附属公司广靖锡澄公司及联营公司扬子大桥公司分别按总代价100,000千元、170,000千元参与江苏租赁增资扩股事宜，投资金额均按照1元人民币折成1元人民币注册资本，交易价格公平合理。该投资事项经本公司三届十一次董事会审议通过，关联董事回避了表决。

本公司的独立董事，对以上所列的关连交易进行检讨，并确认：

a、该等交易是于日常业务中进行；

b、该等交易是按照有关合同及(1)按正常商务条款(即国内类似企业所进行的类似性质的交易条款)或(2)如无上述条款供比较，则按不差于本公司向第三方提供或由第三方提供本公司的条款进行；及

c、该等交易对于公司股东而言属公平合理。

(三)重大合同及其履行情况

1、重大托管、承包、租赁事项

截止二零零二年十二月三十一日，本公司没有发生重大托管、承包、租赁事项。

2、重大担保

截止二零零二年十二月三十一日，本公司没有为任何股东及关联人事及其他公司进行担保。

3、委托存款

截至二零零一年十二月三十一日止，本公司未有存放于中国境内金融机构的委托存款，并未出现定期存款到期而不能偿付的情况。

4、委托理财情况

本公司于二零零一年度投入的委托理财资金人民币210,000千元，已于本报告期收回全部本金，委托期间取得投资收益14,769千元。

本报告期内，本公司利用暂时闲置资金人民币100,000千元与苏州市投资公司签定了资产委托管理协议，协议期限二零零二年六月一日至二零零三年五月三十一日。上述委托理财事宜经本公司三届十一次董事会审议通过。截止二零零二年十二月三十一，由于委托协议尚未到期，本公司与受托方未进行资金结算，从帐面市值计算，委托资金未出现亏损。委托协议到期后，本公司即将委托资金收回，目前暂无其他委托理财计划。

5、其他重大合同

于二零零二年十二月三十一日，本公司正在履行的重大合同包括：

(1)本公司与有关银行签订的借款余额为188,316千元，其中中国银行江苏省分行的9,800千美元转贷协议，由交通控股公司作为担保人，已使用完毕，并已还本付息，目前该贷款余额为8,252千美元，折合人民币68,316千元。

(2)本公司于一九九九年四月八日与江苏省宁连宁通公路管理处签定的《南京至连云港公路南京段公路委托营运养护管理合同》(正在履行)，该合同的主要内容是：本公司以每年收取宁连公路南京段公路车辆通行费总收入的17%的总价格，委托江苏省宁连宁通公路管理处对宁连公路南京段进行经营及养护的管理。

(四)承诺事项

1、本公司董事会承诺二零零二年度利润分配方案：二零零二年分配现金红利一次，分配比例不低于该年度净利润的50%。

二零零二年利润分配方案完全根据以上董事会决议，具体分配方案请参见董事会报告中的“本年度利润分配预案”。

2、报告期内本公司持股5%以上股东没有在指定报纸和网站上披露承诺事项。

(五)聘任会计师事务所情况

本公司原聘用的境内外审计师安达信公司及安达信·华强会计师事务所已于二零零二年四月十七日与罗兵咸永道及普华永道会计师事务所正式签定了合并协议。

本公司二零零一年度股东周年大会聘任罗兵咸永道会计师事务所及普华永道中天会计师事务所有限公司分别为本公司二零零二年度的境外及境内审计师，并确定其酬金约为人民币1,250千元/年，此外本公司并未支付任何其他费用，差旅费等费用均由其自己承担，没有任何影响其独立性的费用。会计师除财务审计外没有提供其他咨询服务。

截至二零零二年度，该会计师事务所已为本公司提供审计服务6年。

十三、股东周年大会通告

兹公告江苏宁沪高速公路股份有限公司三届十六次董事会决定于二○○三年五月十五日（星期四）上午九时在中国南京本公司(石鼓路69号江苏交通大厦)举行二○○二年度股东周年大会(股东大会)，藉以处理以下事项：

1、审议和批准本公司截至二○○二年十二月三十一日止年度的董事会报告书；

2、审议和批准本公司截至二○○二年十二月三十一日止年度的监事会报告书；

3、审议和批准本公司截至二○○二年十二月三十一日止期间的经审核帐目和核数师报告；

4、确定二○○二年度末期利润分配方案：

二○○三年三月二十日董事会预案为每十股分现金红利人民币1.3元。

5、审议和批准董、监事换届选举：

董事：1)续聘沈长全先生担任本公司董事，并签订委聘合同，任期三年；

2)聘任孙宏宁先生担任本公司董事，并签订委聘合同，任期三年；

3)续聘张文盛先生担任本公司董事，并签订委聘合同，任期三年；

4)续聘陈祥辉先生担任本公司董事，并签订服务合同，任期三年；

5)续聘范玉曙女士担任本公司董事，并签订委聘合同，任期三年；

6)续聘崔小龙先生担任本公司董事，并签订委聘合同，任期三年；

7)续聘王正义先生担任本公司董事，并签订委聘合同，任期三年；

8)续聘张永珍女士担任本公司独立董事，并签订服务合同，年津贴为港币10万元，任期三年；

9)续聘方鏗先生担任本公司独立董事，并签订服务合同，年津贴为港币10万元，任期三年；

10)聘任洪银兴先生担任本公司独立董事，并签订服务合同，年津贴为人民币4万元，任期三年；

11)续聘杨雄胜先生担任本公司独立董事，并签订服务合同，年津贴为人民币4万元，任期三年；

监事：1)聘任周建强先生担任公司监事，并签订委聘合同，任期三年；

2)续聘张承育先生担任公司监事，并签订委聘合同，任期三年；

2)聘任钱永祥先生担任公司监事，并签订委聘合同，任期三年；

2)聘任伍育钧先生担任公司监事，并签订委聘合同，任期三年；

3)续聘马宁女士担任公司监事，并签订委聘合同，任期三年；

6、批准发放人民币16,838千元给满足住房分配货币化条件的公司职工；及

7、在有必要时处理其他事务。

十四、财务报告

合并报表范围

报告期内，本公司投资设立江苏宁沪投资发展有限责任公司并拥有其95%的股份，合并报表范围发生变化。

本公司、江苏广靖锡澄高速公路股份有限公司、南京双狮楼酒店有限责任公司及江苏宁沪投资发展有限责任公司合称为本集团。

资产负债表

单位：人民币元

项目	期末数	
	合并	母公司
流动资产：		
货币资金	719,611,366000	496,965,485000
短期投资	100,000,000000	100,000,000000
应收票据	-	-
应收股利	5,239,458000	5,239,458000
应收利息	131,458000	131,458000
应收账款	18,171,274000	16,190,226000
其他应收款	38,555,670000	47,948,144000
预付账款	11,052,244000	8,883,315000
应收补贴款	-	-
存货	7,743,710000	7,365,374000
待摊费用	-	-
一年内到期的长期债权投资	-	-
其他流动资产	-	-
流动资产合计	900,505,180000	682,723,460000
长期投资：		
长期股权投资	1,381,006,533000	3,592,359,349000
长期债权投资	-	-
长期投资合计	1,381,006,533000	3,592,359,349000
其中：合并价差	-	-

固定资产：		
固定资产原价	12,912,033,273000	10,379,920,423000
减：累计折旧	(1,635,937,687000)	(1,526,078,166000)
固定资产净值	11,276,095,586000	8,853,842,257000
减：固定资产减值准备	-	-
固定资产净额	11,276,095,586000	8,853,842,257000
工程物资	-	-
在建工程	12,525,157000	11,890,267000
固定资产清理	-	6,381000
固定资产合计	11,288,620,743000	8,865,732,524000
无形资产及其他资产：		
无形资产	1,509,767,503000	1,509,767,503000
长期待摊费用	1,893,277000	-
其他长期资产	-	-
无形资产及其他资产合计	1,511,660,780000	1,509,767,503000
递延税项：		
递延税款借项	-	-
资产总计	15,081,793,236000	14,650,582,836000
流动负债：		
短期借款	120,000,000000	120,000,000000
应付票据	-	-
应付账款	39,957,817000	38,258,336000
预收账款	3,703,162000	3,601,634000
应付工资	12,483,399000	12,483,399000
应付福利费	12,264,450000	9,903,882000
应付股利	660,724,748000	5,817,573000
应交税金	70,440,622000	58,378,629000
其他应交款	-	-
其他应付款	84,197,793000	63,268,748000
预提费用	-	-
预计负债	-	-
一年内到期的长期负债	6,822,316000	6,822,316000
其他流动负债	-	-
流动负债合计	1,010,594,307000	973,441,692000
长期负债：		
长期借款	61,493,867000	61,493,867000
应付债券	-	-
长期应付款	-	-
专项应付款	-	-
其他长期负债	-	-
长期负债合计	61,493,867000	61,493,867000
递延税项：		
递延税款贷项	-	-
负债合计	1,072,088,174000	1,034,935,559000
少数股东权益	396,503,024000	-
所有者权益(或股东权益)：		
实收资本(或股本)	5,037,747,500000	5,037,747,500000
减：已归还投资		
实收资本(或股本)净额		
资本公积	7,484,538,998000	7,484,538,998000
盈余公积	602,448,076000	563,197,257000
其中：法定公益金	200,816,024000	187,732,418000
未确认的投资损失	(2,445,239000)	-
未分配利润	490,912,703000	530,163,522000
外币报表折算差额	-	-
所有者权益(或股东权益)合计	13,613,202,038000	13,615,647,277000
负债和所有者权益(或股东权益)总计	15,081,793,236000	14,650,582,836000

利润及利润分配表

单位：人民币元

项目	本期数 合并
一、主营业务收入	2,026,238,352000
减：主营业务成本	(641,526,560000)
主营业务税金及附加	(112,456,174000)
二、主营业务利润(亏损以"-"号填列)	1,272,255,618000
加：其他业务利润(亏损以"-"号填列)	52,108,570000
减：营业费用	-
管理费用	(136,233,355000)
财务费用	(2,430,653000)
三、营业利润(亏损以"-"号填列)	1,185,700,180000
加：投资收益(损失以"-"号填列)	42,638,970000
补贴收入	-
营业外收入	20,058,941000
减：营业外支出	(13,126,027000)
四、利润总额(亏损总额以"-"号填列)	1,235,272,064000
减：所得税	(400,500,356000)
减：少数股东损益	(20,383,639000)
未确认的投资损失	2,445,239000
五、净利润(亏损以"-"号填列)	816,833,308000
加：年初未分配利润	468,813,520000
其他转入	-
六、可供分配的利润	1,285,646,828000
减：提取法定盈余公积	(93,217,967000)
提取法定公益金	(46,608,983000)
提取职工奖励及福利基金	-
提取储备基金	-
提取企业发展基金	-
利润归还投资	-
七、可供投资者分配的利润	1,145,819,878000
减：应付优先股股利	-
提取任意盈余公积	-
应付普通股股利	(654,907,175000)
转作资本(或股本)的普通股股利	-
八、未分配利润	490,912,703000
补充材料：	
出售、处置部门或被投资单位所得收益	-
自然灾害发生的损失	-
会计政策变更增加(或减少)利润总额	-
会计估计变更增加(或减少)利润总额	-
债务重组损失	-
其它	-

现金流量表

单位：人民币元

项目	合并
一、经营活动产生的现金流量：	
销售商品、提供劳务收到的现金	2,431,238,442000
收到的税费返还	-
收到的其他与经营活动有关的现金	20,058,941000
现金流入小计	2,451,297,383000
购买商品、接受劳务支付的现金	(462,057,530000)
支付给职工以及为职工支付的现金	(121,596,241000)
支付的各项税费	(450,247,920000)
支付的其他与经营活动有关的现金	(115,943,862000)
现金流出小计	(1,149,845,553000)
经营活动产生的现金流量净额	1,301,451,830000
二、投资活动产生的现金流量：	
收回投资所收到的现金	53,304,661000
取得投资收益所收到的现金	45,370,340000
处置固定资产、无形资产和其他长期资产所收回的现金净额	-
收到的其他与投资活动有关的现金	8,601,31600
现金流入小计	107,276,31700
购建固定资产、无形资产和其他长期资产所支付的现金	(150,352,86500)
投资所支付的现金	(596,900,00000)
支付的其他与投资活动有关的现金	-
现金流出小计	(747,252,865000)
投资活动产生的现金流量净额	(639,976,548000)
三、筹资活动产生的现金流量：	
吸收投资所收到的现金	5,000,000000
其中：子公司吸收少数股东权益性投资收到的现金	5,000,000000
借款所收到的现金	469,055,253000
收到的其他与筹资活动有关的现金	-
现金流入小计	474,055,253000
偿还债务所支付的现金	(545,754,760000)
分配股利、利润或偿付利息所支付的现金	(655,021,787000)
其中：子公司支付少数股东股利	(12,605,410000)
支付的其他与筹资活动有关的现金	-
其中：子公司依法减资支付给少数股东的现金	-
现金流出小计	(1,200,776,547000)
筹资活动产生的现金流量净额	(726,721,294000)
四、汇率变动对现金的影响	-
五、现金及现金等价物净增加额	(65,246,012000)
补充材料	
1.将净利润调节为经营活动现金流量：	
净利润	816,833,308000
加：少数股东权益	20,383,639000
未确认的投资损失	(2,445,239000)
计提的资产减值准备	136,190000
固定资产折旧	375,706,107000
无形资产摊销	63,569,160000
长期待摊费用摊销	382,965000
待摊费用减少(减：增加)	-
预提费用增加(减：减少)	-
处置固定资产、无形资产和其他长期资产的损失(减：收益)	-
固定资产报废损失	3,896,831000
财务费用	2,536,555000
投资损失(减：收益)	(42,638,970000)
递延税款贷项(减：借项)	-
存货的减少(减：增加)	(1,928,485000)
经营性应收项目的减少(减：增加)	7,103,070000
经营性应付项目的增加(减：减少)	57,916,699000
其他	-
少数股东本期收益	-
经营活动产生的现金流量净额	1,301,451,830000
2.不涉及现金收支的投资和筹资活动：	
债务转为资本	-
一年内到期的可转换公司债券	-
融资租入固定资产	-
3.现金及现金等价物净增加情况：	
现金的期末余额	719,611,366000
减：现金的期初余额	(775,622,715000)
加：现金等价物的期末余额	100,000,000000
减：现金等价物的期初余额	(109,234,663000)
现金及现金等价物净增加额	(65,246,012000)

四 川 天 一 科 技 股 份 有 限 公 司

四川天一科技股份有限公司2002年年度报告

第一章 公司基本情况简介

一、公司法定中文名称：四川天一科技股份有限公司
公司法定英文名称：SICHUAN TIANYI SCIENCE&TECHNOLOGYCO.,LTD.
二、法定代表人姓名：冯孝庭
三、公司董事会秘书：杨重谊
联系地址：四川省成都市机场路445信箱
邮政编码：610225
联系电话：028-85963659,85963417
传真：028-85963659,85881997
电子信箱：yzy@tianke.com
四、公司注册地址：成都市高新区高朋大道5号
公司办公地址：四川省成都市机场路445信箱
邮政编码：610225
公司网址：http:// www.tianke.com.
公司电子信箱：ctyc@tianke.com
五、公司选定的信息披露报纸名称：《上海证券报》、《中国证券报》
登载公司年度报告的中国证监会指定网站：http://www.sse.com.cn
公司年度报告备置地点：四川省成都市机场路445信箱公司证券部
公司董事会秘书办公室：四川省成都市机场路445信箱
六、公司股票上市交易所：上海证券交易所
股票简称：天科股份
股票代码：600378
七、其他有关资料：
1、公司首次注册登记日期：1999年8月5日
最近一次变更日期：2002年6月5日
注册地点：成都市高新区高朋大道5号成都高新区技术创新服务中心
2、企业法人营业执照注册号：5101091000223
3、税务登记号码：71606787-6
4、公司聘请的会计师事务所：四川君和会计师事务所有限责任公司
办公地址：四川省成都市走马街68号锦城大厦10楼

第二章 会计数据和业务数据摘要

一、本年度主要会计数据
单位：万元

项目	2002年
利润总额	1322.43
净利润	1321.53
扣除非经常性损益后的净利润(注1)	1317.24
主营业务利润	3537.87
其他业务利润	79.97
营业利润	1428.10
投资收益(注1)	-109.95
补贴收入	-
营业外收支净额	-
经营活动产生的现金流量净额	283.55
现金及现金等价物净增加额	-13608.74

注1已扣除的非经常性损益4.29万元，涉及营业外收支净额：4.29万元。
注2由于本公司的子公司---四川天科工程有限公司在2002年底已决定注销，因此本公司未将该公司2002年度会计报表进行合并，而是作为投资损益进入本公司2002年度的财务报表。天科工程公司2002年度净利润-115.80万元。(具体情况见第七章第一节第二款)
注3四川天科科瑞涂料助剂有限公司由于尚未正常生产经营，工程未验收，因此未合并。
二、公司近三年主要会计数据及财务指标：

项目	2002年	2001年
主营业务收入(万元)	15217.73	14280.81
净利润(万元)	1321.53	2359.26
总资产(万元)	52211.23	52418.56
股东权益(不含少数股东权益,万元)	41752.00	41209.84
全面摊薄每股收益(元)	0.07	0.16
加权平均每股收益(元)	0.07	0.16
扣除非经常性损益后的每股收益(元)	0.07	0.15
每股净资产(元)	2.13	2.74
每股经营活动产生的现金流量净额(元)	0.01	0.09
调整后每股净资产(元)	2.13	2.73
全面摊薄净资产收益率 %	3.17	5.72
加权平均净资产收益率 %	3.16	5.81
扣除非经常性损益后的加权平均净资产收益率 %	3.15	5.44

项目	2000年
主营业务收入(万元)	13865.31
净利润(万元)	2194.18
总资产(万元)	48811.32
股东权益(不含少数股东权益,万元)	39459.66
全面摊薄每股收益(元)	0.19
加权平均每股收益(元)	0.31
扣除非经常性损益后的每股收益(元)	0.32
每股净资产(元)	3.45
每股经营活动产生的现金流量净额(元)	0.02
调整后每股净资产(元)	3.41
全面摊薄净资产收益率 %	5.56
加权平均净资产收益率 %	18.44
扣除非经常性损益后的加权平均净资产收益率 %	18.81

第三章 股本变动及股东情况

第一节 股东情况介绍
一、截止本报告期末股东总数为26418户。
二、公司主要股东持股情况(前10名股东)

股东名称(全称)	年度内增减	年末持股数量
西南化工研究设计院	+25072671	108648241
浙江芳华日化集团公司	+1930500	8365500
南方证券有限公司	-2421307	2308104
山西证券有限责任公司	+1540170	1540170
湘财证券有限责任公司	+846095	846095
中化化工科学技术研究总院	+193050	836550
中橡集团碳黑工业研究设计院	+193050	836550
中蓝晨光化工研究院	+193050	836550
泰和投资基金	+393650	393650

股东名称(全称)	比例(%)	股份类别	质押冻结	股东性质
西南化工研究设计院	55.55	未流通	无	国家股
浙江芳华日化集团公司	4.28	未流通	无	法人股
南方证券有限公司	1.18	已流通	不详	流通股
山西证券有限责任公司	0.79	已流通	不详	流通股
湘财证券有限责任公司	0.43	已流通	不详	流通股
中化化工科学技术研究总院	0.43	未流通	无	法人股
中橡集团碳黑工业研究设计院	0.43	未流通	无	法人股
中蓝晨光化工研究院	0.43	未流通	无	法人股
泰和投资基金	0.20	已流通	不详	流通股

前十名股东关联关系或一致行动的说明　　前十名股东中法人股股东之间不存在关联关系和一致行动人关系。未知流通股股东之间是否存在关联关系和一致行动人关系的情况。
三、公司控股股东情况简介
1、控股股东名称：西南院，成立日期：1958年，法定代表人：古共伟，注册资本：950万，企业性质：国有独资企业，经营范围：化工技术转让、咨询、设计。
西南院报告期末持有本公司法人股108648241股，占总股本的55.55%。
2、公司股东的实际控制人情况：公司控股股东西南院是隶属中国昊华化工(集团)总公司的国有独资科技企业，其实际控制人为中国昊华化工(集团)总公司(该公司资产属于国务院)。

第四章 董事、监事、高级管理人员和员工情况

第一节 董事、监事和高级管理人员基本情况
一、基本情况

姓名	职务	性别	出生年月	任期起止日期	持股数
冯孝庭	董事长	男	1940.07	2002.09-2005.09	0
古共伟	副董事长	男	1957.01	2002.09-2005.09	0
王华	董事	男	1961.10	2002.09-2005.09	0
王晓东	董事	男	1960.05	2002.09-2005.09	0
叶明星	董事	男	1950.08	2002.09-2005.09	0
范汝新	董事	男	1947.08	2002.09-2005.09	0
唐磊	董事	男	1959.05	2002.09-2005.09	0
黄友	董事	男	1962.08	2002.09-2005.09	0
崔基道	董事	男	1951.07	2002.09-2005.09	0
傅旭	董事	男	1961.10	2002.09-2005.09	0
黎成宣	董事	男	1955.05	2002.09-2005.09	0
薛正儒	监事	男	1942.11	2002.09-2005.09	0
王宇人	监事	男	1947.01	2002.09-2005.09	0
张进	监事	女	1955.04	2002.09-2005.09	0
聂勇	监事	男	1963.04	2002.09-2005.09	0
黄维柱	监事	男	1957.08	2002.09-2005.09	0
陈健	总经理	男	1964.01	2002.09-2005.09	0
杨重谊	董秘	男	1959.09	2002.09-2005.09	0
申小南	副总经理	男	1956.04	2002.09-2005.09	0
申亚平	副总经理	男	1960.09	2002.09-2005.09	0
郑竺	财务总监	男	1948.03	2002.09-2005.09	0
周江宁	总工程师	男	1957.11	2002.09-2005.09	0

二、董事、监事、高级管理人员在股东单位任职情况

姓名	任职的股东名称	在股东单位担任的职务	任职期间	是否领取报酬津贴
古共伟	西南化工研究设计院	院长	2002.09	否
王晓东	西南化工研究设计院	副院长	2002.01	否
王华	中化化工科学技术研究总院	总会计师	2002.04	否
叶明星	浙江芳华日化集团公司	董事长	1994.09	否
范汝新	中橡集团炭黑工业研究设计院	院长	1998.01	否
崔基道	西南化工研究设计院	副院长	1995.05	否
付旭	中蓝晨光化工研究院	院长	1999.10	否
黎成宣	西南化工研究设计院	工会主席	2001.05	否
薛正儒	西南化工研究设计院	副院长	1983.04	否
张进	西南化工研究设计院	副总会计师	2002.08	否
聂勇	西南化工研究设计院	院长助理	2001.04	否

三、董事、监事、高级管理人员年度报酬情况
公司现任董事、独立董事、监事和高级管理人员共22人。除1名董事(2003年1012月)和2名独立董事(3万元/年人，含税)，在公司领取薪酬外，其余8名董事均不在本公司领取薪酬；公司5名监事中有2人在公司按原岗位领取薪酬；6名高级管理人员在本公司领取薪酬。11名在本公司领取薪酬的董事、监事和高级管理人员年度报酬总额为31万元，金额最高的前三名高级管理人员年

度报酬总额为 11 万元。

11 名在本公司领取薪酬的监事和高级管理人员本年度薪酬范围 1.50--5.00 万元，其中 3.5-5.0 的 8 人、1.50- 2.50 万元的 3 人。

董事古共伟、崔基道、王晓东、黎成宣、叶明星、王华、傅旭、范汝新，监事薛正儒、张进、聂勇，在股东单位领取报酬。

四、报告期内董事、监事、高级管理人员聘任及离任情况及原因

报告期内，由于第一届公司董事会、监事会任期届满，2002 年 9 月 10 日本公司临时股东大会进行了董事、监事换届选举，产生了公司第二届董事会和第二届监事会(见第六章第一节第二款)。2002 年 9 月 11 日在《上海证券报》和《中国证券报》上公告。

第二节 公司员工情况

截止 2002 年 12 月 31 日，公司在册职工总数 772 人，其中：管理人员 49 人、财务人员 16 人、科研开发人员 226 人、营销人员 20 人、辅助及生产人员 461 人；硕士及硕士以上 13 人；大专以上文化人员 304 人、中专文化人员 92 人，其它 363 人；高级技术职称 112 人、中级职称 150 人、初级职称 73 人；公司离退休人员 23 人。

第五章 公司治理结构

一、公司治理现状

公司自改制为股份制企业并成为上市公司以来，在中国证监会、上交所和成都证管办的指导帮助下，依照《公司法》、《证券法》及其他证券法规的规定，不断加强公司治理工作，公司股东大会、董事会、监事会和经营班子均能按规定依法运作，职责明确、运作独立。公司建立了“三会”和总经理工作制度，自觉接受各级证管部门和广大股东的监督，使公司的运作不断规范。公司根据中国证监会和国家经贸委联合发布《关于开展上市公司建立现代企业制度检查的通知》的要求，对公司的治理结构进行了认真系统地自查，完成了《上市公司建立现代企业制度自查报告》，这次自查对本公司严格按现代企业制度运行具有重要意义，有利于完善公司法人治理结构。根据《上市公司治理准则》精神，公司董事会设立了薪酬与考核、审计两个专业委员会，为独立董事发挥其重要作用提供了工作舞台，提高了董事会的科学决策水平。

1、关于股东与股东大会。公司能够确保所有股东，特别是中小股东享有平等地位，确保所有股东能够充分行使自己的权利；公司对法律、行政法规所规定的重大事项均在中国证监会指定的信息披露报纸及网站进行了及时、准确、完整地披露，以保证广大股东的知情权和参与决定权；能够严格按照股东大会规范意见的要求召集、召开股东大会，在股东大会时间、地点的选择上，尽可能让更多的股东参加股东大会，行使股东的表决权；按规定聘请律师出席会议并见证；公司关联交易公平合理，并对定价依据予以充分披露；本公司董事、监事的选举及高级管理人员的聘任、解聘均严格遵循法律、行政法规和《公司章程》规定的程序；控股股东行为进一步规范，未超越股东大会直接或间接干预公司的决策和经营活动，严格依法行使出资人的权利，公司与控股股东在人员、资产、财务、机构和业务方面都做到了相互独立，实现了“五分开”，各自独立核算，独立承担责任和风险；公司董事会、监事会和内部机构能够独立运作。报告期内无为股东及其关联单位提供担保的情况发生。

3、关于董事与董事会。本公司董事会向股东大会负责，按照法律、行政法规和《公司章程》的规定行使职权，平等对待所有股东；本公司董事会制定的《董事会工作规则》，明确了董事会的职责，决定公司的经营投资及内部管理，董事会会议定期召开，并根据需要及时召开临时会议，以确保董事会的高效运作和科学决策；公司董事都能认真负责地出席董事会和股东大会，能够积极参加培训，熟悉有关法律、法规，了解作为董事的权利、义务和责任；公司严格按照《公司章程》规定的选聘程序选举董事。

4、关于监事与监事会。本公司监事会对全体股东负责，具体工作是以财务监督为核心，同时对公司董事、经理及其他高级管理人员履行职责的合法性进行监督，维持了公司和股东的合法权益；公司监事会制定了《监事会工作规则》，公司监事会的人数和人员构成符合法律、法规的要求；公司监事能够认真履行自己的职责；公司监事熟悉有关法规，能认真履行自己的职责，能本着对股东负责的精神，对公司财务以及公司董事、高级管理人员履行职责的合法合规性进行监督。

5、关于相关利益者。公司能充分尊重和维护银行等债权人、员工、客户、社区等相关利益者的合法权益，能够与利益相关者积极合作，保证公司持续、健康地发展。

6、关于信息披露与透明度。公司指定董事会秘书负责信息披露工作，接待股东来访和咨询；公司能够严格按照法律、法规和《公司章程》的规定，真实、准确、完整、及时地披露有关信息，并保证所有股东有平等的机会获得信息；公司能够按照有关规定，及时披露持有本公司股份比例较大的股东及可以实际控制公司的股东或实际控制人的详细资料。

7、关于绩效评价与激励约束机制。本公司制定了《总经理工作规则》及各项具体制度，对高级管理人员的工作进行了约束，同时公司正积极着手建立公正透明的董事、监事和经理人员的绩效评价标准与激励约束机制；经理人员的聘任公开、透明，符合法律、法规的规定。从 2001 年起，公司已对经理和高管人员实行年薪制，并将进一步完善激励机制。

二、关于本公司限期整改情况

中国证监会成都证管办于 2002 年 9 月上旬对本公司进行了巡回检查，并于 2002 年 11 月 13 日向我公司下发了《限期整改通知书》，对 2001 年公司对外国债买卖委托和资产委托管理的决策程序及信息披露、大股东向公司提供短期借款方案、募集资金的使用和管理等三个方面存在的不规范问题，提出了限期整改意见。公司董事会、监事会、经理班子，按照整改通知书的要求，深入学习并对照国家有关法律法规及《公司章程》进行了逐项检查，并制定了整改措施：①由于 2002 年初本次巡检前公司就发现上述做法不妥，因此对 2002 年度的委托购买国债和资产委托管理已严格按照规定权限决策和信息披露；②2002 年 5 月公司已决定不再借款给所有股东，西南院也承诺：今后不再向公司借周转金，因此在本次巡检前公司和西南院已终止借款协议，而且西南院已采取切实措施解决资金问题；③董事会决定责成公司有关职能部门对募集资金的运用及管理再次认真清理，制订《募集资金管理制度》，并向下次董事会报告，保证今后募集资金管理和使用符合法律法规的要求，并产生效益。

董事会还决定：在今后的公司运行中，严格按法律法规进行决策和实施，尤其是全力做好募集资金的运用、投资决策、信息披露等工作，改进和完善并严格执行公司内控制度，严格控制公司的投资风险、经营风险、财务风险和法律法规风险，尽可能创造较大的利润回报股东。

三、独立董事履行职责情况

2002 年 4 月，公司 2001 年度股东大会选举唐磊和黄友为公司一届董事会独立董事，优化了董事会结构。2002 年 9 月 10 日公司临时股东大会再次选举唐磊和黄友二人继续当选公司独立董事。

两位独立董事自任职以来认真参加了报告期内公司的董事会和股东大会，对公司的议案发表了建设性意见，参与公司专业委员会的筹建并担任职务，以推动公司的治理和决策更加规范化、透明化、专业化，从而切实维护广大投资者的利益，促进公司的持续发展。

四、公司与控股股东“五分开”情况

本公司与控股股东西南院在人员、资产、财务、机构、业务上分开，具有独立完整的生产经营能力。具体情况如下：

1、人员分开方面。公司在劳动、人事及工资管理等方面实行独立，公司总经理、副总经理及高级管理人员均在本公司领取薪酬，未在控股股东单位领取薪酬和担任行政职务。

2、资产完整方面。本公司拥有独立的生产系统、采购系统、销售系统和配套设施，工业产权、商标、非专利技术等无形资产均由本公司拥有。

3、财务独立方面。本公司拥有独立的财务部门，并建立了独立的会计核算系统和财务管理制度，并在银行独立开户，依法独立纳税。

4、机构独立方面。本公司设立了完全独立于控股股东的组织机构，拥有独立的决策管理机构和完整的职能部门，公司设有科技产业部、财务部、人力资源部、市场营销部、质量管理部、项目管理部、储运部、证券部和总经理办公室。

5、业务分开方面。本公司在业务方面独立于控股股东，具有独立完整的业务及自主经营能力。控股股东没有超越股东大会和董事会直接或间接干预公司的经营管理。

五、公司高管人员激励机制

公司高级管理人员实行 3.55.0 万元/人的年薪制，接受董事会薪酬与考核委员会的考核，与董事、监事一起设立了奖励基金。

六、存在的不足

1、公司虽然在 2002 年底设立了董事会的审计委员会和薪酬与考核委员会，但尚未全面开展工作。公司 2003 年拟再设立战略与发展委员会和提名委员会，并制定工作细则，全面开展工作。

2、公司董事、监事及高级管理人员的考评激励机制有待进一步完善。

第六章 股东大会简介

一、股东大会情况

在报告期内公司共召开了 2 次股东大会。会议的召开、表决及信息披露符合《公司法》和《公司章程》等有关法律法规的要求，现将股东大会召开及决议情况介绍如下：

(一)2001 年度股东大会于 2002 年 4 月 26 日召开。出席会议的股东及股东代表 5 名，代表股份 91,941,070 股，占公司股份总额的 61.11%，会议由董事长冯孝庭先生主持。会议以记名投票表决方式审议通过了如下报告和决议：2001 年度董事会工作报告；2001 年度监事会工作报告；2001 年度财务报告；2001 年度报告及年度报告摘要；2001 年度利润分配及资本公积金转增股本：10 股送 0.5 股(含税)，派现金 0.70 元(含税)，资本公积金按每 10 股转增 2.5 股；设立独立董事及独立董事津贴：选举唐磊、黄友为独立董事；续聘四川君和会计师事务所为本公司 2002 年度审计机构；公司章程修改；董事会议事规则；监事会议事规则；股东大会议事规则；资产管理有关事项。

四川英捷律师事务所杨天均律师到会见证并出具见证意见书

公告刊登于 2002 年 4 月 27 日《中国证券报》、《上海证券报》。

(二)2002 年临时股东大会于 2002 年 9 月 10 日召开。出席会议的股东及股东代表 5 名，代表股份 119,523,391 股，占公司股份总额的 61.11%，会议由董事长冯孝庭先生主持。会议以记名投票方式选举了公司第二届董事会董事和第二届监事会监事。采用累积投票方式，选举王华、王晓东、古共伟、叶明星、冯孝庭、范汝新、唐磊、黄友、崔基道、傅旭、黎成宣为公司第二届董事会成员；选举张进、聂勇、薛正儒为公司监事，与公司职代会选举的监事王宇人、黄维柱组成公司第二届监事会成员。

四川英捷律师事务所杨天均律师到会见证并出具见证意见书。

公告刊登于 2002 年 9 月 11 日《中国证券报》、《上海证券报》。

第七章 董事会报告

第一节 经营情况

一、公司生产经营情况

(一)经营的基本情况

1、主营业务的范围及其经营状况

公司主营业务范围为碳一化学技术及催化剂，变压吸附气体分离技术及装置，合成芳樟醇、维生素 E 系列及精细化工产品、工业气体的研制、开发、生产、销售、技术服务及相关的工程设计与工程承包。本公司生产、经营及技术的出口业务；本公司生产所需的原辅材料、仪器仪表、机械设备、零配件及技术的进口业务；来料加工和"三来一补"业务。

2002 年度公司的主要业务中产品一(指碳一化学技术和变压吸附气体分离技术及装置、工程开发设计、技术服务、工程承包等)的收入和利润下降；产品二(指催化剂系列、精细化工产品、活性炭等)收入上升，利润上升；产品三(指工业气体产品)收入上升，利润下降，但所占比重较小。

公司 2002 年全年主营业务收入为 15217.73 万元，比上年增长 6.56 %；2002 年实现净利润 1321.53 万元(2001 年 2359.26 万元)，比上年下降 43.99%。

主营业务收入变化及主营业务利润变化情况单位：万元

项目	2002 年主营业务收入	2001 年主营业务收入	主营业务收入增减(%)
产品一	9350.02	10185.74	-8.18
产品二	5039.90	3442.83	46.39
产品三	827.81	652.24	26.92
合计	15217.73	14280.81	6.56

项目	2002 年主营业务利润	2001 年主营业务利润	主营业务利润增减(%)
产品一	2394.15	2736.67	-12.52
产品二	962.87	889.93	8.20
产品三	180.85	230.14	-21.42
合计	3537.87	3856.74	-8.27

2002 年公司主要产品由于加大了营销力度，销售收入有一定上升，但公司主要产品市场竞争激烈，成本较大幅度上升，部分有机产品原材料上涨，人工成本也有一定上升，造成公司主要产品主营业务利润下降。

2、占主营业务收入和主营业务利润 10%以上的主要产品情况

主要产品名称	2002 销售收入(万元)	产品销售成本(万元)
产品一	9350.02	6840.73
产品二	5039.90	4116.82
产品三	827.81	639.71

3、主营业务地区分布情况

地区	主营收入额(万元)	占主营收入的比例%	地区主营成本占全部主营成本的比例%
西南地区	2852.92	18.75	17.98
西北地区	1358.41	8.93	9.02
华南地区	753.51	4.95	4.75
华东地区	3845.15	25.27	25.33
华中地区	2247.34	14.77	14.86
华北地区	2486.08	16.33	16.02
东北地区	1674.32	11.00	12.04
合计	15217.73	100.00	100.00

4、主要供应商、客户情况：

	项目采购、销售(万元)	金额占年度采购(销售)比例(%)
前五名供应商	2368.30	23.59
前五名销售商	3383.98	22.82

二、主要控股公司及参股公司的经营情况及业绩

1、四川天科工程有限公司(简称“天科工程公司”)是本公司 2001 年 7 月 9 日与西南化工研究设计院均以货币共同出资设立的有限责任公司(为了满足国家建设部规定要求：独立法人企业才具备工程设计资格)。本公司投资 180 万元(占 90%)，西南化工研究设计院出资 20 万元(占 10%)。2002 年 2 月 27 日，本公司追加投资 90 万元，西南化工研究设计院 10 万元，持股比例不变。2002 年 6 月，国家建设部新的规定已不要求一定要独立法人企业才具备工程设计资格。本公司为了有利于管理和减少与控股股东的关联交易，2002 年末决定注销天科工程公司，将其变为本公司的二级经营实体，天科工程公司已在相关报纸上刊登了注销公告，注销手续正在办理之中。

因此，本公司未将天科工程公司 2002 年度会计报表进行合并，而是作为投资损益进入本公司

2002年度的财务报表。天科工程公司2002年末的净资产1,986,987.82元，主营业务收入3,846,264.96元，净利润-1,158,023.55元，上年度未分配利润123,259.66元，2002年度可供分配-1,034,763.89元。

2、本公司投资480万元(占60%，并垫付450万元流动资金)与北方涂料化工研究设计院(技术及现金，占40%)共同组建成立四川天科科瑞涂料助剂有限公司，于2002年4月投产试销涂料固化剂(PTB)，后因市场情况及产品质量等原因，未达到预期效果，目前仍在进行整改。本年度无收益。

3、参股320万元(占40%)的武汉天科气体发展有限公司，2002年8月开始投产，本年度无收益。

4、参股10%(本公司投资100万元)的兰州科瑞涂料有限公司，本年度无收益。

5、参股40%(本公司投资1152万元)的贡嘎神汤温泉有限公司，2002年5月进行试营业，本年度无收益。

6、参股30%(本公司投资900万元)的内江天科化工有限公司，装置正在建设之中，本年度无收益。

7、参股投资100万元的四川制动科技股份有限公司(拟上市公司)，本年度未分红。

8、参股投资100万元的自贡鸿鹤精细化工股份有限公司(拟上市公司)，本年度未分红。

三、公司经营中出现的主要困难问题及解决措施

1、公司由于历史原因，产供销联系不紧密，未能形成有机的经济联系整体，影响了公司效益的发挥，对此问题，公司2003年初已进行了改革，按产品系列组建产、供、销一体化的总厂，降低管理、销售费用和生产成本，建立整体的有效管理体系。

2、公司改制前属于科研院所，由于执行政策的延后性，遗留了如须补缴员工保险费等问题(2002年也已补缴)，影响了公司的业绩。

第二节 公司投资情况

截止报告期末，本公司募集资金项目和非募集资金项目的投资金额总计为16847.14万元。

一、募集资金项目情况

本公司于2000年12月25日定价发行4500万股，募集资金28321.60万元，截止2002年12月31日，用于募集资金项目的投资额为12389.14万元(包括在建工程款、预附工程款、工程备料款、流动资金等)，具体情况如下：

(一)变压吸附供气中心项目

计划总投资4570万元，预计投产后年收益735万元。已投入资金4849.93万元，占投资总额的106.13%。

总公司供气中心项目(棠湖工业园区PSA装配厂、气体厂、成都高新西区供氧装置等)投入资金1693.78万元，已于2002年5月中旬完成厂房改造、设备安装及搬迁工作，6月份装置开始试运行生产，8月份开始正式生产。

泸州分公司供气中心项目投入资金1114.36万元，已于2002年11月完成。

武汉供气分公司供气中心项目(武汉光谷项目)供气站装置投入资金2041.79万元，已建设完毕，并于2002年9月竣工投产。

(二)变压吸附专用吸附剂项目

计划总投资3975万元，预计投产后年收益723万元。已投入资金438.88万元，占投资总额的11.04%。

本公司于2002年5月实施完成了与西南院和四川通豪实业有限公司就绵阳市天阳活性炭有限公司股权转让事宜，经本次股权转让后，本公司持有绵阳市天阳活性炭有限公司90%的股权，西南院持有绵阳市天阳活性炭有限公司10%的股权，四川通豪实业有限公司不再持有绵阳市天阳活性炭有限公司股权。2002年10月，本公司又收购西南院持有绵阳天阳公司10%的股权，设立绵阳分公司。

原计划在绵阳建设PSA专用吸附剂项目，待原料进一步落实后再进行。

(三)变压吸附特种阀门项目

计划总投资2155万元，预计投产后年收益340万元。已投入资金2458.25万元，占投资总额的114.08%。其中总公司投入资金2245.34万元，泸州分公司投入资金212.91万元。

设备总装搬迁及系统建设施工已结束，总装部分向棠湖工业园区搬迁工作已完成，并于2002年6月开始试运行，8月开始正式生产。

(四)年产3000吨乙酰乙酸甲酯项目

计划总投资4946万元，预计投产后年收益860万元。已投入资金727.89万元，占投资总额的14.72%。

原计划在大邑县建设，已完成征地及前期工程和办公楼的建设等工作，并完成工程设计工作。后因产品市场变化及受国外产品的冲击等原因，故拟将该项目取消。所余资金用于补充"变压吸附供气中心项目"资金。"变压吸附供气中心项目"亦属募集资金项目之一，目前本公司变压吸附供气中心项目，包括武汉供气分公司供气中心项目(武汉光谷项目)供气站装置已建设完毕，并陆续竣工投产。本公司拟独资或合资建设供气站装置。待可行性研究报告完成后办理有关法定手续并披露。

第八章 监事会报告

2002年度公司监事会按照中国证监会对上市公司监督管理有关法律法规的要求，本着对全体股东负责的精神和高度的责任感，勤勉尽责，开展了一系列工作。报告期内监事会成员列席了公司的董事会会议，充分发表意见，提出建议，履行了监督的职责。2002年度公司监事会主要做了以下工作：

第一节监事会的工作情况

公司监事会在报告期内共召开了6次会议。会议的召开、表决及信息披露符合《公司法》和《公司章程》等有关法律法规的要求，现将监事会召开及决议情况介绍如下：

一、一届监事会五次会议于2002年3月22日召开。会议审议通过了以下事项：2001年度监事会工作报告；公司2001年年度报告及年度报告摘要；公司续聘审计机构；收购绵阳市天阳活性炭有限公司股权；监事会议事规则。公告刊登于2002年3月26日《中国证券报》、《上海证券报》。

二、一届监事会临时会议于2002年4月25日在公司二楼会议室召开。会议审议通过了2002年一季度报告。

三、一届监事会六次会议于2002年8月8日召开。会议审议通过以下决议：公司2002年半年度报告全文及摘要；提名第二届监事会监事候选人名单。

公告刊登于2002年8月10日《中国证券报》、《上海证券报》。

四、二届监事会一次会议于2002年9月10日在召开了第一次会议。会议审议通过了如下决议：由2002年临时股东大会选举产生的监事薛正儒、张进、聂勇，与职工代表选举的监事王宇人、黄维柱组成公司第二届监事会；选举薛正儒为监事会主席。

公告刊登于2002年9月11日《中国证券报》、《上海证券报》。

五、二届监事会二次会议于2002年10月26日召开。会议审议通过以下决议：本公司2002年第三季度报告；关于临时借用部分募集资金用于项目建设投资和补充生产经营流动资金的决议

公告刊登于2002年10月29日《中国证券报》、《上海证券报》。

六、二届监事会三次会议于2002年12月12日召开。会议审议通过以下决议：《本公司整改报告》；关于公司委托国债交易协议展期的决议；关于董事会设立薪酬与考核委员会的决议；关于董事会设立审计委员会的决议

公告刊登于2002年12月14日《中国证券报》、《上海证券报》。

第二节监事会对公司2002年度相关事项的独立意见

一、公司2002年度报告真实反映了公司的经营情况；

二、公司2002年度财务报告真实反映了公司的财务状况和经营成果；

三、2002年，公司严格按照《公司法》、《公司章程》等法律法规进行规范运作，认真执行了股东大会的各项决议和授权。公司董事和总经理等高级管理人员在执行职务时无违反法律法规、公司章程或损害公司利益的行为。

四、公司关联交易定价客观公允，未损害公司及股东，特别是中小股东和非关联股东利益。

第九章 重要事项

一、重大诉讼、仲裁事项

报告期内，公司各项经营业务活动正常无重大诉讼、仲裁事项。

二、收购及出售资产、吸收合并事项

报告期内公司无重大收购及出售资产、吸收合并事项。

三、重大关联交易事项

1、关联交易价格

关联方之间的采购货物、销售货物、提供劳务均采用市场价格进行结算。

(1)联方采购货物(购买的非标准设备)

企业名称	2002年度(万元)	2001年度(万元)
自贡市天立压力容器制造有限公司	534.90	644.23

(2)向关联方销售货物及提供技术服务

企业名称	2002年度(万元)	2001年度(万元)
西南化工研究设计院	0.00	378.63

2、经营性关联交易情况

截至2002年12月31日止，将同属购销活动性质的应收账款、预付账款、其他应收款、应付账款、预收账款及其他应付款的发生额及余额相抵后，本公司大股东及其他关联方经营性占用资金的原因、资金占用的时点金额(余额)、年末数与年初数的差额和全年累计占用金额(累计额)、偿还占用资金、资金占用的名称及资金占用方式。详见下表(单位：万元)：

单位 科目	性质	年末数	当年借方发生额	当年贷方发生额	年初数	差额
应收账款：						
	货款					
西南院＊						
应收账款：						
	货款	-185.01	534.90	559.99	-160.10	25.09
天立公司						
合计		-135.01	534.90	559.99	-160.10	25.09

＊西南化工研究设计院的简称

3、非经营性关联交易情况

截止2002年12月31日止，本公司大股东及其他关联方非经营性占用资金的原因、资金占用的时点金额(余额)、年末数与年初数的差额和全年累计占用金额(累计额)、偿还占用资金金额(累计额)、资金占用的名称及资金占用方式。详见下表：

应收西南化工研究院款项分解明细表 (单位：万元)

类别	年初余额	本年借方	本年贷方	年末余额	备注
水电费	18.34	279.29	51.58	246.05	代垫水电费
临时周转金	0.00	4580.00	4580.00	0.00	见下表
代垫费用	31.66	81.68	113.35	0.00	
合计	50.00	4940.98	4744.93	246.05	

西南化工研究设计院2002年借款明细表 (单位：万元)

借款单位	借款金额	起止日期
西南化工研究设计院	100.00	2002.01.14-2002.03.29
西南化工研究设计院	500.00	2002.01.31-2002.03.29
西南化工研究设计院	500.00	2002.02.01-2002.03.29
西南化工研究设计院	100.00	2002.04.08-2002.04.28
西南化工研究设计院	130.00	2002.01.04-2002.01.10
西南化工研究设计院	250.00	2002.02.10-2002.02.10
西南化工研究设计院	3000.00	2002.03.21-2002.03.29
合计	4580.00	

借款单位	借款天数	备注
西南化工研究设计院	73	借贷款周转金
西南化工研究设计院	58	借贷款周转金
西南化工研究设计院	57	借贷款周转金
西南化工研究设计院	20	借贷款周转金
西南化工研究设计院	6	借贷款周转金
西南化工研究设计院	1	借贷款周转金
西南化工研究设计院	8	借贷款周转金
合计		已全部归还

2002年6月公司已决定不再借款给所有股东，西南院也承诺：今后不再向公司借周转金，因此本公司和西南院已终止借款，而且西南院已采取切实措施解决资金问题。

4、担保情况

本公司为关联方内江天科化工有限责任公司的人民币14,400,000.00元银行借款提供连带责任保证。连带责任保证期间自2002年9月29日起至2008年9月28日止。

单位名称	交易内容	金额(万元)
西南化工研究设计院	为本公司贷款担保	2476
内江天科化工有限责任公司	本公司为其贷款担保	1440

四、公司无托管、承包、租赁其他公司资产或其他公司托管、承包、租赁本公司资产的事项。

五、报告期内公司聘任的会计师事务所为四川君和会计师事务所有限责任公司，年报审计费用为25万元，没有发生解聘情况。

六、报告期内公司其它重大合同。

公司2001年度股东大会通过决议：本公司使用不超过12000万元(12个月内累计总金额)的非募股资金进行短期国债投资和委托资产管理，签订协议等具体事宜授权董事会办理(该事项已于2002年4月27日在《上海证券报》和《中国证券报》上披露)，具体情况如下：

1、2002年4月公司使用自有资金4000万元，委托华德资产管理有限公司进行国债投资管理。年收益率低于4%时，该公司不收取管理费。当年收益率高于4%的部分，80%归本公司，20%为该公司的管理费。委托期限12个月。

2、2002年5月本公司使用自有资金2000万元，委托金新信托投资股份有限公司进行国债资产管理。年收益率不低于4%。对高于4%的部分，其中80%归本公司，20%为该公司的管理费。委托期限12个月。

3、2002年6月本公司使用自有资金2200万元，委托大鹏证券股份有限公司进行国债资产管理。年收益率不低于4%。对收益率高于4%的部分，其中80%归本公司，20%为该公司的管理费。委托期限12个月。

4、2002年1月本公司使用自有资金1500万元，委托上海兰燕公司进行国债交易，年收益率不低于6%，委托期限为10个月。(2002年 10月，本公司与上海兰燕公司签定补充协议，协议期限展期至2004年元月31日止)

5、2002年1月本公司使用自有资金1500万元，委托深圳市振峰公司进行国债交易，年收益率不低于6%，委托期限为10个月。(2002年10月，本公司与深圳市振峰投资发展有限公司签定补充协议，协议期限展期至2004年元月31日止)

(上述事项已在8月10日刊登在《上海证券报》、《中国证券报》的本公司《2002年半年度报告》

中公告）

七、报告期内公司没有更改名称或股票简称。

八、公司或持股5%以上股东对公开披露承诺事项的履行情况：

本公司在2000年12月上报中国证监会《公开发行股票申报材料》和《招股说明书》中载明的承诺有：

1、本公司控股股东－西南院承诺该院及其下属单位将避免从事与本公司业务构成竞争的业务。报告期内西南院履行了该承诺。

2、本公司控股股东－西南院许可本公司无偿使用与经营业务相关的三项专利："从气态烃中脱除乙炔和乙烷以上烃类的方法"；"侧面开孔的催化剂"；"N－甲基甲酰胺的制备方法"。报告期内西南院履行了该承诺。

3、本公司控股股东－西南院承诺本公司的七个募集资金项目在募集资金到位后，移交本公司实施，报告期内西南院履行了该承诺。

4、本公司控股股东－西南院和本公司为了节约搬迁费用，相互租赁了部分办公用房，每年按租赁面积差额结算费用。双方承诺：本公司股票上市后三年内，将办公用房彻底分开，届时将不再互相租赁办公用房。

5、本公司控股股东－西南院的上级中国昊华化工（集团）总公司承诺：在本公司股票上市后一年内，免去本公司董事长兼任的西南院院长职务。中国昊华化工（集团）总公司在报告期内履行了有关承诺：在本公司董事会换届后，于2002年9月免去了本公司董事长冯孝庭先生兼任的西南院院长职务。（公告于2002年9月25日《上海证券报》《中国证券报》）

九、报告期内，公司、公司董事会及董事、高级管理人员未受到中国证监会稽查、中国证监会行政处罚、通报批评、证券交易所公开谴责的情况。

第十章 财务报告

一、审计报告（君和审字[2003]第1055号）

四川天一科技股份有限公司全体股东：

我们接受委托，审计了四川天一科技股份有限公司（简称"贵公司"）二〇〇二年十二月三十一日的资产负债表和二〇〇二年度的利润表及利润分配表，以及二〇〇二年度的现金流量表。这些会计报表由贵公司负责，我们的责任是对这些会计报表发表审计意见。我们的审计是依据中国注册会计师独立审计准则进行的。在审计过程中，我们结合贵公司实际情况，实施了包括抽查会计记录等我们认为必要的审计程序。

我们认为，上述会计报表符合《企业会计准则》和《企业会计制度》的有关规定，在所有重大方面公允地反映了贵公司二〇〇二年十二月三十一日的财务状况，二〇〇二年度的经营成果和现金流量，会计处理方法的选用遵循了一贯性原则。

四川君和会计师事务所有限责任公司　　中国注册会计师：贺军

二〇〇三年一月二十七日　　中国注册会计师：杨建强

二、会计报表

资产负债表

编制单位：四川天一科技股份有限公司　　2002年12月31日　　单位：元

资产	年末数
流动资产：	
货币资金	112,171,006.70
短期投资	111,200,000.00
应收票据	5,260,200.00
应收股利	-
应收利息	-
应收帐款	34,835,959.06
其他应收款	11,613,510.43
预付帐款	8,840,018.99
应收补贴款	-
存货	37,802,603.47
待摊费用	44,722.28
一年内到期的长期债权投资	-
其他流动资产	-
流动资产合计	321,768,020.93
长期投资：	
长期股权投资	32,260,161.55
长期债权投资	-
长期投资合计	32,260,161.55
其中：合并价差	
固定资产：	
固定资产原价	116,245,690.98
减：累计折旧	50,337,737.38
固定资产净值	65,907,953.60
减：固定资产减值准备	4,266,999.59
固定资产净额	61,640,954.01
工程物资	-
在建工程	96,158,145.29
固定资产清理	-
固定资产合计	157,799,099.30
无形资产及其他资产：	
无形资产	9,819,986.48
长期待摊费用	465,075.51
其他长期资产	-
无形资产及其他资产合计	10,285,061.99
递延税项：	
递延税款借项	-
资产总计	522,112,343.77

负债和股东权益	年末数
流动负债：	
短期借款	73,760,000.00
应付票据	1,200,000.00
应付帐款	14,274,231.91
预收帐款	2,182,908.47
应付工资	26,661.80
应付福利费	245,008.03
应付股利	7,822,935.64
应交税金	806,316.81
其他应交款	34,470.48
其他应付款	3,999,818.85
预提费用	240,000.00
预计负债	-
一年内到期的长期负债	-
其他流动负债	-
流动负债合计	104,592,351.99
长期负债：	
长期借款	-
应付债券	-
长期应付款	-
专项应付款	-
其他长期负债	-
长期负债合计	-
递延税款：	
递延税款贷项	
负债合计	104,592,351.99
少数股东权益	
股东权益：	
股本	195,573,391.00
减：已归还投资	-
股本净额	195,573,391.00
资本公积	204,527,487.40
盈余公积	11,451,953.56
其中：法定公益金	3,817,317.85
未分配利润	5,967,159.82
外币折算差额	-
股东权益合计	417,519,991.78
负债和股东权益总计	522,112,343.77

利润表

编制单位：四川天一科技股份有限公司　　2002年度　　单位：元

项目	注释	本年实际数
一、主营业务收入	28	152,177,318.76
减：主营业务成本		115,972,553.29
主营业务税金及附加	29	826,016.77
二、主营业务利润（亏损以"—"号填列）		35,378,748.70
加：其他业务利润（亏损以"—"号填列）	30	799,702.84
减：营业费用		8,871,878.74
管理费用	31	10,172,561.06
财务费用	32	2,853,053.42
三、营业利润（亏损以"—"号填列）		14,280,958.32
加：投资收益（损失以"—"号填列）	33	-1,099,477.23
补贴收入		-
营业外收入	34	176,329.12
减：营业外支出	35	133,469.93
四、利润总额（亏损总额以"—"号填列）		13,224,340.28
减：所得税		9,063.89
减：少数股东损益		
五、净利润（净亏损以"—"号填列）		13,215,276.39

利润分配表

编制单位：四川天一科技股份有限公司　　2002年度　　单位：元

项目	注释	本年实际数
一、净利润		13,215,276.39
加：年初未分配利润		10,079,164.03
其他转入		-
二、可供分配的利润		23,294,440.42
减：提取法定盈余公积		1,321,527.64
提取法定公益金		660,763.82
提取职工奖励及福利基金		-

现金流量表

编制单位：四川天一科技股份有限公司　　2002年　　单位：元

项目	本年数
一、经营活动产生的现金流量：	
销售商品、提供劳务收到的现金	174,826,216.21
收到的税费返还	
收到的其他与经营活动有关的现金	-
现金流入小计	174,826,216.21
购买商品、接受劳务支付的现金	120,232,035.45
支付给职工以及为职工支付的现金	19,138,074.50
支付的各项税费	6,692,485.90
支付的其他与经营活动有关的现金	25,928,101.22
现金流出小计	171,990,697.07
经营活动产生的现金流量净额	2,835,519.14
二、投资活动产生的现金流量：	
收回投资所收到的现金	32,799,488.39
取得投资收益所收到的现金	68,119.18
处置固定资产、无形资产和其他长期资产而收回的现金净额	1,612.87
收到的其他与投资活动有关的现金	2,062,859.56
现金流入小计	34,932,080.00
购建固定资产、无形资产和其他长期资产所支付的现金	34,690,127.50
投资所支付的现金	122,008,800.00
支付的其他与投资活动有关的现金	-
现金流出小计	156,698,927.50
投资活动产生的现金流量净额	-121,766,847.50
三、筹资活动产生的现金流量：	
吸收投资所收到的现金	-
取得借款所收到的现金	95,760,000.00
收到的其他与筹资活动有关的现金	-
现金流入小计	95,760,000.00
偿还债务所支付的现金	99,260,000.00
分配股利、利润和偿付利息所支付的现金	13,656,100.94
支付的其他与筹资活动有关的现金	-
现金流出小计	112,916,100.94
筹资活动产生的现金流量净额	-17,156,100.94
四、汇率变动对现金的影响	
五、现金及现金等价物净增加额	-136,087,429.30

太原理工天成科技股份有限公司

太原理工天成科技股份有限公司首次公开发行股票上市公告书

第一节 重要声明与提示

太原理工天成科技股份有限公司(以下简称"本公司"、"公司"或"发行人")董事会保证上市公告书的真实性、准确性、完整性,全体董事承诺上市公告书不存在虚假记载、误导性陈述或重大遗漏,并承担个别和连带的法律责任。

根据《中华人民共和国公司法》、《中华人民共和国证券法》等有关法律、法规的规定,本公司董事、高级管理人员已依法履行诚信和勤勉尽责的义务和责任。

证券交易所、中国证券监督管理委员会、其他政府机关对本公司股票上市及有关事项的意见,均不表明对本公司的任何保证。

本公司提醒广大投资者注意,凡本上市公告书未涉及的有关内容,请投资者查阅 2003 年 4 月 30 日刊载于《中国证券报》、《上海证券报》、《证券时报》的本公司招股说明书摘要,及刊载于上海证券交易所网站(www.sse.com.cn)的本公司招股说明书全文。本上市公告书刊载网站:www.sse.com.cn。

第二节 概 览

一、股票简称:太工天成

二、沪市股票代码:600392

三、深市代理股票代码:003392

四、总股本:72,000,000 股

五、可流通股本:23,700,000 股

六、本次股票发行价格:9.73 元/股

七、本次上市流通股本:23,700,000 股

八、上市地点:上海证券交易所

九、上市日期:2003 年 5 月 29 日

十、股票登记机构:中国证券登记结算有限责任公司上海分公司

十一、上市推荐人:国信证券有限责任公司

本公司首次公开发行股票前股东所持股份的流通限制及期限:根据国家有关法律、法规规定和中国证券监督管理委员会证监发行字[2003]39 号《关于核准太原理工天成科技股份有限公司公开发行股票的通知》,本公司的国有法人股、其他法人股暂不上市流通。

本公司首次公开发行股票前第一大股东太原理工大学承诺:自本公司股票上市之日起 12 个月内,不转让其所持有的本公司股份,也不由本公司回购其所持有的本公司股份。

第三节 绪 言

本上市公告书是根据《中华人民共和国公司法》、《中华人民共和国证券法》、《股票发行与交易管理暂行条例》、《公开发行股票公司信息披露实施细则》和《上海证券交易所股票上市规则》等国家有关法律、法规的规定,并按照中国证券监督管理委员会《公开发行证券的公司信息披露内容与格式准则第 7 号--股票上市公告书》而编制,旨在向投资者提供本公司的基本情况和本次股票上市的有关资料。

经中国证券监督管理委员会证监发行字[2003]39 号文核准,本公司于 2003 年 5 月 14 日以向沪市、深市二级市场投资者定价配售的方式成功发行 2,370 万股人民币普通股(A 股),每股面值 1.00 元,发行价格为每股 9.73 元。

经上海证券交易所上证上字[2003]47 号文批准,本公司公开发行 2,370 万股社会公众股将于 2003 年 5 月 29 日起在上海证券交易所挂牌交易。股票简称"太工天成",沪市股票代码为"600392",深市代理股票代码为"003392"。

本公司已于 2003 年 4 月 30 日在《中国证券报》、《上海证券报》、《证券时报》上刊登了《招股说明书摘要》,招股说明书正文及其附录刊载于上海证券交易所网站(www.sse.com.cn),距今不足三个月,故与其重复的内容不再重述,敬请投资者查阅上述内容。

第四节 发行人概况

一、发行人基本情况

(一)中文名称:太原理工天成科技股份有限公司

英文名称:TIANCHENG CO.,LTD OF TAIYUAN UNIVERSITY OF TECHNOLOGY

(二)法定代表人:郭勇义

(三)设立日期:2000 年 7 月 5 日

(四)注册地址:太原市迎泽西大街 79 号

(五)办公地址:太原市万柏林区千峰南路鸿峰花园 10 号-11 号

电话号码:0351-6018786

传真号码:0351-6014037

互联网址:http://www.tichn.com

电子信箱:info@tichn.com

(六)经营范围:研制、开发、生产、销售、安装智能电子设备及其系统;研制、开发、生产、销售现代化教育设备及其软件、课件;承揽工业生产自动化工程、安全技术防范工程;综合技术服务、咨询;计算机及相关设备的租赁;承接水利水电工程的咨询及自动化系统集成项目;经营本企业自产产品及技术的出口业务,代理出口将本企业自行研制开发的技术转让给其他企业所生产的产品;经营本企业所需的原辅材料、仪器仪表、机械设备、零配件及技术的进口业务(国家限定公司经营和国家禁止进出口的商品及技术除外);经营进料加工和"三来一补"业务。

(七)所属行业:信息技术

(八)董事会秘书:段吉福

二、发行人历史沿革

本公司是经山西省人民政府晋政函[2000]166 号文批准,由山西太工天成科技实业有限公司(以下简称"天成实业")整体变更设立的股份有限公司。

本公司前身--天成实业成立于 1998 年 7 月 1 日,注册资本为 3,159 万元,五名股东分别为太原理工大学、太原宏展计算机网络工程有限公司、山西佳成资讯有限公司、深圳市殷图科技发展有限公司和太原德雷科技开发有限公司。为进一步建立现代企业制度,天成实业召开股东大会,与会股东一致同意将天成实业申请整体变更为股份有限公司。根据山西省国有资产管理局晋国资企函字(2000)第 72 号文批准的国有股权管理方案,天成实业以经审计的帐面净资产按 1:1 的比例折为股份,公司总股本为 3,220 万股,各股东按其出资占注册资本的比例持有股份有限公司的股份。五家股东的持股比例分别为 51.60%、23.34%、15.23%、4.56%和 4.27%。2000 年 7 月 3 日,公司召开了创立大会;2000 年 7 月 5 日,公司在山西省工商行政管理局办理了工商注册登记。2001 年,公司以截至 2001 年 6 月 30 日所实现的未分配利润送股,公司总股本增至 4,830 万股。

经中国证券监督管理委员会证监发行字[2003]39 号文核准,本公司于 2003 年 5 月 14 日在上海证券交易所以向二级市场投资者定价配售方式成功发行了人民币普通股 2,370 万股,每股面值 1.00 元,每股发行价 9.73 元。此次发行完成后,本公司的总股本增至 7,200 万股,注册资本为 7,200 万元人民币。

三、发行人主要经营情况

本公司以核心技术--"传感器及测控技术"和"应用软件开发技术"为支撑,以"智能化电子产品、应用软件与网络系统"为公司的主营业务方向,具体细分为"企业网络及信息化建设"、"教育领域信息化建设"、"传感器及测控系统"、"技术开发服务及软件"、"计算机及辅助设备销售"等五类。公司各类业务的开展情况如下:

(一)"企业网络及信息化建设"业务

"企业网络信息化建设"是将信息技术应用于企业管理的各个环节,用以提高管理效率和信息资源的利用率。其任务主要是信息系统支撑平台的构建(包括方案规划、设计、系统集成、工程实施)及管理信息系统的设计、开发、运行及维护。

为避开竞争的焦点,充分发挥公司的技术、人才及地域优势,本公司把业务重点放在了山西省本地网络的建设、智能终端设备和基于应用软件的综合解决方案上。由于本公司具有较强的软件开发和网络技术优势,在山西省具有较强的竞争力,公司的业务范围已遍及交通、教育、邮政、通信、金融等许多行业,公司开发了以应用软件为核心的针对企业和政府部门的多种信息化解决方案,如:电信运营商城域网解决方案、交通运政管理、交通征费、稽查解决方案以及电信运营商城域网解决方案等。

(二)"技术开发服务及软件"业务

"技术开发服务及软件"业务是公司业务中发展最快、盈利能力最强的业务。本公司结合企业网络信息化的建设,扬长避短,重点开发了基于数据库技术、"3S"技术、计算机信息集成技术面向特定行业的系列应用软件,主要有环保管理系列软件、交通管理软件、国土资源管理软件、流通企业供应链系统软件、金融系列软件等,主要运用于环保、交通、国土资源、商业等行业。

行业应用软件的竞争程度比通用软件低,公司的系列行业应用软件在山西省具有明显的技术、行业、服务等优势。

(三)"教学设备及中小学信息化建设"业务

教育领域是公司新近开辟的一个市场,是公司今后几年新的利润增长点。 公司的主要产品和服务有:教育电脑系列产品、多媒体教学设备系列产品、"校校通"工程解决方案、教育软件及课件等。公司生产的"智林教育电脑"是山西省首家获得国家有关部门认定并颁发生产许可证的品牌产品。"多媒体教学设备系列"产品是运用现代多媒体技术、控制技术和数据传输技术生产的用于各个教学环节的教学设备。针对"校校通"及中小学信息化工程,公司制订了包括自有的计算机设备、应用软件、教学资源在内的全面解决方案。

随着中小学信息化建设工程的推进,教学管理软件、多媒体教学软件、计算机教室管理软件也呈现出了较大的需求,针对这一情况,公司组织开发了相应的软件,这些软件已经随公司的产品和服务推广到了山西省城乡的中小学之中。在课件领域,公司也组织了大量的开发,其中,E-learning 网络课件平台通过了山西省科技厅主持的成果鉴定,达到国内领先水平。

(四)"传感器及测控系统"业务

"传感器及测控系统"业务是公司利用自身技术大力发展的一项业务,是公司业务中增长较快,利润率较高的业务。随着公司实力的不断增强,公司对"传感器及测控技术"的投入不断增加,该项技术逐渐走向成熟,成为公司新的盈利增长点。围绕该技术,公司组织开发了"感应式数字液位传感器及测控系统",该系统由感应式数字液位传感器、测控仪表及配套软件组成。"感应式数字液位传感器及测控系统"在水文实时监测、水利工程建设监控、水库调度、防汛、灌溉、水力发电及其它水利工程监控和管理等方面具有广泛的应用前景。

目前,本公司已具备该类产品的小批量生产能力,产品已在水利水文测量、污水处理、城市供水等许多方面得到了应用,已广泛应用在北京、河北、陕西、湖北、河南、山西等地,运行状况良好。

(五)"计算机及辅助设备销售"业务

"计算机及辅助设备销售"业务是公司创立之初的一项主要业务,随着公司实力的不断增强,这项业务的营业额绝对数值虽然仍在保持持续增长,但占公司业务的比重在持续下降。随着市场竞争的加剧,该项业务过去三年毛利率呈逐年下降态势。

公司此项业务主要面对山西、北京两个市场,部分产品配套于公司的其他四类业务。

公司各类业务收入占公司主营业务收入的比重如下表所示: 单位:万元

业务类别	2002 年		2001 年		2000 年	
	销售额	比重(%)	销售额	比重(%)	销售额	比重(%)
企业网络及信息化建设	3,106.17	9.70	3,145.98	14.04	1,687.31	12.68
技术开发服务及软件	2,435.93	7.61	928.45	4.14	154.06	1.16
教学设备及中小学信息化建设	8,284.02	25.87	3,247.64	14.50	942.61	7.08
传感器及测控系统	3,048.12	9.52	1,041.76	4.65	575.31	4.32
计算机及辅助设备销售	15,148.88	47.30	14,040.46	62.67	9,949.55	74.76
合计	32,023.12	100.00	22,404.29	100.00	13,308.84	100.00

四、主要知识产权

本公司的控股子公司--太原理工天成智林教育科技有限公司拥有"智林"牌商标,本公司另有"太工天成"、"TICHN"、"天晨"、"报童"、"精至达"等五个商标正在申请之中。

本公司拥有以下 2 项专利:感应式数字水位传感器、一种报纸杂志自动分离装置。本公司拥有 11 项计算机软件著作权:人武动员信息管理系统、TC-302 水位测控仪软件 V1.0、自动报纸销售机控制软件 V1.0、多功能教室集中控制系统单片机软件 V1.0、多媒体语音教学系统单片机软件 V1.0、多功能教室集中控制系统软件 V1.0、多媒体语言教学系统控制软件 V1.0、多媒体网络教室软件 V1.0、天成超市信息管理系统 V2.0、TC401 系列感应式数字传感器软件 V1.0、水位自动测报系统。本公司的控股子公司--太原理工天成软件科技有限公司拥有 2 项计算机软件著作权:公开查询系统 V1.0、城镇地籍管理系统 V3.0。

第五节 股票发行与股本结构

一、本次发行的基本情况

(一)股票种类:人民币普通股(A 股)

(二)每股面值:1.00 元

(三)发行数量:2,370 万股

发行后总股本:7,200 万股

发行股数占发行后总股本的比例:32.917%

(四)发行价格:9.73 元/股

(五)发行市盈率:按 2002 年每股税后利润 0.55 元计算的市盈率为 17.69 倍

(六)发行前每股净资产:1.64 元(合并报表数据)

发行后每股净资产:4.16 元(扣除发行费用)

(七)发行方式:全部向二级市场投资者定价配售

(八)发行对象:于 2003 年 4 月 30 日持有上海证券交易所或深圳证券交易所已上市流通人民币普通股(A 股)股票市值总和不少于 1 万元的投资者(上海证券交易所或深圳证券交易所流通股

票单独计算其市值总和)。两市投资者均可参加本次新股发行的配售。配售时,投资者分别使用其所持的两市的股票市值。

(九)本次发行实收募股资金及发行费用:本次发行共募集资金23,060.10万元,扣除发行费用(包括承销费、审计费用、律师费用、发行手续费用及审核费)1,055.51万元,实际筹集资金22,004.59万元。每股发行费用为0.445元。

二、本次股票上市前首次公开发行股票的承销情况

本次公开发行的2,370万股社会公众股的配号总数为58,474,411个,中签率为0.04053055%。其中二级市场投资者认购2,344.8461万股,其余25.1539万股由主承销商国信证券有限责任公司包销。

三、本次上市前首次公开发行股票所募股资金的验资报告

验 资 报 告

太原理工天成科技股份有限公司全体股东:

我们接受委托,审验了贵公司截至2003年5月20日止发行社会公众股募集资金的实收情况。按照国家相关的法律、法规的规定和协议、章程的要求出资,提供真实、合法、完整的验资资料,保护资产的安全、完整是全体股东及贵公司的责任。我们的责任是对贵公司发行社会公众股募集资金的实收情况发表审验意见。我们的审验是依据《独立审计实务公告第1号-验资》进行的。在审验过程中,我们结合贵公司的实际情况,实施了检查等必要的审验程序。

太原理工天成科技股份有限公司变更前的注册资本为人民币48,300,000.00元,贵公司本次申请的注册资本为人民币72,000,000.00元,其中:发起人投入资本人民币48,300,000.00元,已由我所[2001]天元股验字第005号验资报告予以验证;贵公司经中国证券监督管理委员会证监发行字[2003]39号文《关于核准太原理工天成科技股份有限公司公开发行股票的通知》核准,以每股人民币9.73元的价格向境内投资者发行面值为人民币1.00元的A股股票2,370万股,本次募集资金款为人民币230,601,000.00元,扣除预计发行费人民币10,555,100.00元后为人民币220,045,900.00元,其中:股本为人民币23,700,000.00元,资本公积为人民币196,345,900.00元。

根据我们的审验,截至2003年5月20日止贵公司已收到国信证券有限责任公司汇入的募集资金款人民币222,884,359.35元,此款为募集资金款人民币230,601,000.00元扣除承销发行费和上网发行手续费人民币7,716,640.65元后的款项,该款项汇入贵公司在中国工商银行太原市下元分理处开设的账户(账号0502126329026415980)。贵公司向社会公众发行拟上市A股后,股本总额为人民币72,000,000.00元,资本公积为人民币196,345,900.00元,其中:发起人为4,830万股,占67.083%,社会公众股为2,370万股,占32.917%。截至2003年5月20日止贵公司申请的注册资本已全部到位,经验证属实。

本验资报告供贵公司向国家工商行政管理部门申请变更登记及据以向股东签发出资证明时使用,不应将其视为是对贵公司验资报告日后资本保全、偿债能力和持续经营能力等的保证。因使用不当造成的后果,与执行本次验资业务的注册会计师及会计师事务所无关。

附件:1、注册资本变更情况表:

(1)新增注册资本实收情况明细表(表1)

(2)注册资本变更前后对照表(表2)

2、验资事项说明

山西天元会计师事务所(有限公司) 中国注册会计师:宋晓伟

二〇〇三年五月二十一日 中国注册会计师:刘志红

四、本次募股资金入帐情况

(一)入帐时间:2003年5月20日

(二)入帐金额:222,884,359.35元

(三)入帐帐号:0502126329026415980

(四)开户银行:工行下元分理处

五、本公司上市前股权结构及各类股东的持股情况

(一)本次上市前公司的股权结构

股份类别	持股数(股)	持股比例(%)
1、尚未流通股份	48,300,000	67.083
发起人持有的股份	48,300,000	67.083
其中:国有法人持有的股份	24,922,800	34.615
境内法人持有的股份	23,377,200	32.468
2、可流通股份	23,700,000	32.917
境内上市人民币普通股	23,700,000	32.917
其中:本次公开发行股份	23,700,000	32.917
3、总股本	72,000,000	100.000

(二)本次上市前公司前十名股东的持股情况

股东	股权性质	持股数(股)	持股比例
1、太原理工大学	国有法人股	24,922,800	34.615%
2、太原宏展计算机网络工程有限公司	境内法人股	11,756,220	16.328%
3、山西佳成资讯有限公司	境内法人股	7,356,090	10.217%
4、深圳市股图科技发展有限公司	境内法人股	2,202,480	3.059%
5、太原德雷科技开发有限公司	境内法人股	2,062,410	2.864%
6、国信证券	社会公众股	251.539	0.349%
7、久嘉基金	社会公众股	46,000	0.064%
8、天同180	社会公众股	29,000	0.040%
9、融鑫基金	社会公众股	19,000	0.026%
10、广发证券	社会公众股	18,000	0.025%

第六节 董事、监事、高级管理人员及核心技术人员

一、公司董事、监事、高级管理人员及核心技术人员简介

(一)公司董事简介

1、郭勇义先生,中华人民共和国公民,1955年生,教授。1997年7月任太原理工大学副校长,2003年2月至今任太原重型机械学院院长,2000年7月3日当选为公司董事、副董事长,2001年12月12日当选为董事长。郭勇义先生曾被评为山西省教育系统优秀共产党员,目前兼任中国煤炭学会理事,中国煤炭劳动保护学会矿山通风委员会副主任。

2、杜文广先生,中华人民共和国公民,1963年生,硕士,高级工程师。1991年在太原工业大学科技开发公司从事技术开发工作,1992年参与筹建山西天元电子技术有限公司并任副总经理,1998年7月创建山西太工天成科技实业有限公司并任董事长兼总经理,2000年7月3日当选为公司董事、副董事长,并被公司董事会聘为总经理。杜文广先生于1999年至2002年连续四年被太原高新技术开发区授予优秀企业家的称号,2000年被共青团山西省委授予"五四青年奖章",被共青团中央授予"中国青年科技创新奖章",2002年当选为太原市人大代表。

3、汤子强先生,中华人民共和国公民,1945年生,教授。曾任太原工业大学产业处处长,现任太原理工大学产业处处长,2000年7月3日当选为本公司董事,2001年12月12日当选为公司副董事长。

4、兰旭先生,中华人民共和国公民,1963年生,硕士。曾任太原宏展装饰工程有限公司董事长,1998年8月至今任太原宏展计算机网络工程有限公司董事长,2000年7月3日当选为公司董事。

5、闫海琴先生,中华人民共和国公民,1957年生,博士。曾任广西北海银河股份有限公司副总经理,1999年至今任深圳市股图科技发展有限公司董事长,2000年7月3日当选为公司董事。

6、胡柏彦先生,中华人民共和国公民,1954年生,教授。曾任太原理工大学水利系党总支书记、校人事处处长,现任太原理工大学副校长,2001年12月12日当选为公司董事。

7、冯子标先生,中华人民共和国公民,1938年生,教授,享受政府特殊津贴。曾任山西财经大学校长,现任中国生产力经济学会常务理事、山西经济学会会长等职,2000年7月3日当选为公司独立董事。冯子标先生对企业管理及资本运营有较深的研究,先后发表学术论文百余篇,出版专著15部。

8、孙建中先生,中华人民共和国公民,1957年生,博士,教授。1997年12月至今任山西财经大学常务副校长,2000年7月3日当选为公司独立董事。孙建中先生在生产力经济学等领域有较深的研究,先后发表学术论文30余篇,出版专著6部,1996年被评为山西省青年学科带头人。

9、张高勇先生,中华人民共和国公民,1942年生,工程院院士,享受政府特殊津贴。现任中国日用化学工业研究所所长,2000年7月3日当选为公司独立董事。张高勇先生1990年被批准为国家级有突出贡献的中青年专家,1991年被授予"国家七五重点科技攻关有突出贡献者"称号,2003年当选为十届全国人大代表。

(二)监事会成员

1、马福昌先生,中华人民共和国公民,1953年生,教授。1999年任太原理工大学副校长,2001年12月12日当选为公司监事、监事会召集人。马福昌先生主要从事测控技术方面的研究,获国家发明专利3项,主持省级科研项目8项(已完成6项,3项达国际领先水平),1998年获国家重点新产品1项,2000年获国家技术发明奖二等奖1项。本公司聘请马福昌先生在公司研究院进行传感器及测控技术方面的客座研究。

2、杨世春先生,中华人民共和国公民,1940年生,教授。曾任太原理工大学常务副校长,现已退休,2000年7月3日当选为公司监事。

3、焦淑英女士,中华人民共和国公民,1963年生,本科,会计师。1990年至今担任太原宏展计算机网络工程有限公司会计,2000年7月3日当选为公司监事。

4、师卫先生,中华人民共和国公民,1956年生,硕士。1998年始就职于本公司,为公司核心技术人员,2000年7月3日作为公司职工代表当选为公司监事。师卫先生主要从事数字信号处理及智能电子产品方面的研究,已发表科研论文10余篇,主持和参加科研项目6项,主持和参加产品开发项目7项(通过鉴定并已投放市场的产品有5项)。

5、苏斌先生,中华人民共和国公民,1959年生,学士。1998年7月至今就职于本公司,为公司核心技术人员,2000年7月3日作为公司职工代表当选为公司监事。苏斌先生主要从事智能电子产品方面的研究,发表科研论文10余篇,完成科研项目5项(2项达国内领先水平),获得国家专利2项。

(三)高级管理人员简介

1、总经理:杜文广先生,略

2、财务总监:冯解放女士,中华人民共和国公民,1952年生,会计师。曾先后在太原市水泵厂、太原工业大学科技开发公司财务部就职,1998年始任山西太工天成科技实业有限公司财务负责人,2000年7月3日被聘为公司财务总监。

3、技术负责人:何小刚先生,中华人民共和国公民,1960年生,副教授。1985年任教于太原工业大学,1998年任山西太工天成科技实业有限公司总工,2000年7月3日被聘为公司技术负责人。何小刚先生发表国际论文3篇、国内论文5篇,研制的控制系统仿真仪曾获山西省科技进步三等奖,获国家专利2项。何小刚先生兼任山西省电子技术协会、山西省电机工程学会和山西省自动化协会理事。

4、副总经理:张元义先生,中华人民共和国公民,1954年生,学士,高级工程师。1978年在太原工业大学任教,1991年担任太原工业大学科技开发公司计算机事业部经理,自1998年7月任山西太工天成科技实业有限公司副总经理,2000年7月3日被聘为公司副总经理。

5、副总经理:彭晋春先生,中华人民共和国公民,1971年生,学士。1998年-2000年7月任山西太工天成科技实业有限公司部门经理,2001年3月25日被聘为本公司副总经理。

6、副总经理:阎志中先生,中华人民共和国公民,1971年生,硕士。1998年任山西通泰昌集团股份有限公司副总经理,2001年任本公司总经理助理、证券部经理,2003年1月27日被聘为本公司副总经理。

7、董事会秘书:段吉福先生,中华人民共和国公民,1955年生,学士,高级工程师。曾任太原工业大学材料工程学院总务处长、产业处长等职,1999年在山西太工天成科技有限公司从事技术工作,2000年7月3日被聘为本公司董事会秘书。

(四)公司核心技术人员简介

1、何小刚先生:略

2、荣小平先生,中华人民共和国公民,1960年生,硕士,高级工程师。1992年在山西天元电子技术有限公司担任总工程师;1998年在山西太工天成科技实业有限公司从事技术工作。荣小平先生主要从事计算机软件及网络方面的研究,主持、开发的"山西省交通征费稽查微机管理信息系统",已在全省102个县市的130多个交通征费所推广应用。

3、苏斌先生:略

4、师卫先生:略

5、马福昌先生:略

6、余雪丽女士,中华人民共和国公民,1944年生,教授。1994年至今任太原理工大学计算机系主任。余雪丽女士主要从事计算机软件及多媒体技术方面的研究,在国内外学术刊物发表论文32篇,出版国家级专著和教材7部,曾负责"863"重大项目子课题"辉光离子渗金属微机监测系统",完成山西省自然科学基金和归国留学人员基金以及省教委教育研究课题共7项、国家开放实验室课题2项,承担横向课题7项。本公司聘请余雪丽女士在公司研究院进行教育软件和教学课件等方面的客座研究。

二、持股情况说明

本次发行前本公司董事、监事、高级管理人员及核心技术人员及其亲属均未持有本公司的任何股权。部分人员持有公司发起人股东的股份,除此之外,不再持有公司任何关联企业的股份。具体持股情况如下:

人员	发起股东	持股比例
杜文广	山西佳成资讯有限公司	20.0%
兰 旭	太原宏展计算机网络工程有限公司	55.0%
闫海琴	深圳市股图科技发展有限公司	28.0%
张元义	山西佳成资讯有限公司	10.0%
彭晋春	山西佳成资讯有限公司	2.0%
冯解放	山西佳成资讯有限公司	5.0%
何小刚	山西佳成资讯有限公司	2.0%
荣小平	山西佳成资讯有限公司	2.5%
苏 斌	山西佳成资讯有限公司	2.0%

第七节 同业竞争与关联交易

一、同业竞争情况

本公司与各股东之间不存在同业竞争。公司全体发起股东均承诺:在作为本公司股东期间,其及其具有实际控制权的公司保证不直接或间接从事与本公司的业务范围相同、近似或相似的,对本公司业务将构成或可能构成竞争的任何业务。

二、关联交易情况

与本公司存在控制关系的关联方为公司的控股股东太原理工大学及本公司的四个控股子公司,不与本公司存在控制关系的关联方为公司的另外四家发起股东及太原理工大学下属的其他校办企业。

本公司发生的关联交易主要为公司租赁太原理工大学的部分房屋、与其进行必要的技术合作以及小额商品的销售和代理采购,关联交易数额小,对公司财务状况和经营成果的影响很小。所发生的关联交易已遵循公允的市场原则定价,并履行了必要的决策程序,程序合法。

关联交易有关内容请查阅2003年4月30日刊载于上海证券交易所网站(www.sse.com.cn)的

本公司招股说明书全文。

为减少关联交易,公司已购置自有的生产经营场所,房屋租赁类关联交易已大幅减少;公司将尽可能依靠自主力量进行技术开发;公司将通过严格履行公司章程中关于关联交易的条款,规范关联交易的决策以切实保护中小股东利益。

第八节　财务会计资料

本公司2000年-2002年的财务会计资料已于2003年4月30日在《中国证券报》、《上海证券报》和《证券时报》刊登的《招股说明书摘要》中进行了披露,投资者欲了解详细内容,请查阅上述报纸或刊载于上海证券交易所网站(www.sse.com.cn)的本公司招股说明书全文与附录。

一、注册会计师意见

山西天元会计师事务所(有限公司)对本公司2000年1月1日至2002年12月31日的资产负债表、利润表、利润分配表以及2001年度、2002年度的现金流量表进行了审计,并已出具了标准无保留意见的审计报告。

二、简要会计报表(见附表)

三、会计报表附注

本公司会计报表附注等有关内容,请查阅2003年4月30日刊载于上海证券交易所网站(www.sse.com.cn)的本公司招股说明书全文与附录。

四、主要财务指标

本公司近三年主要财务指标如下表:

主要财务指标	2002年	2001年	2000年
流动比率	1.78	1.99	2.12
速动比率	1.47	1.69	1.77
资产负债率(%)	43.27	40.36	36.89
应收账款周转率(次/年)	7.85	9.10	8.17
存货周转率(次/年)	14.36	17.80	23.19
研发费用占主营业务收入的比例(%)	1.79	1.02	0.89
每股净资产(元/股)	1.64	1.09	1.23
每股经营活动的现金流量(元/股)	0.25	0.17	-0.03
按净利润计算:			
每股收益(全面摊薄)(元/股)	0.55	0.38	0.32
每股收益(加权平均)(元/股)	0.55	0.57	0.47
净资产收益率(全面摊薄)(%)	33.71	34.88	26.23
净资产收益率(加权平均)(%)	40.54	37.58	38.32
按扣除非经常性损益后的净利润计算:			
每股收益(全面摊薄)(元/股)	0.55	0.37	0.32
每股收益(加权平均)(元/股)	0.55	0.56	0.46
净资产收益率(全面摊薄)(%)	33.25	34.34	25.80
净资产收益率(加权平均)(%)	39.99	32.62	37.81

第九节　其他重要事项

一、自本公司股票首次公开发行之日至本上市公告书公告之日,本公司严格依照现行有关法律、法规的规定规范运行,生产经营情况正常,本公司所处行业和市场无重大变化,主要业务发展目标的进展状况正常,主要投入、产出物供求及价格无重大变化。

二、自本公司股票首次公开发行之日至本上市公告书公告之日,本公司没有进行重大对外投资,无重大资产(股权)收购、出售行为。

三、自本公司股票首次公开发行之日至本上市公告书公告之日,本公司重大会计政策和会计师事务所没有发生变化。

四、根据公司2001年度和2003年度股东大会决议,公司自2002年1月1日至股票发行日实现的税后利润由新老股东共同享有。本次新股发行后第一个盈利年度的股利分配方案由新股发行后召开的首次年度股东大会审议批准。

五、本公司股票首次公开发行和股票上市前后税负无变化。

六、自本公司股票首次公开发行之日至本上市公告书公告之日,本公司未涉及任何重大诉讼、仲裁或行政处罚案件,并且董事会认为本公司未面临任何重大影响的诉讼和索赔要求。

七、自本公司股票首次公开发行之日至本上市公告书公告之日,本公司董事、监事和高级管理人员未受到任何刑事起诉,亦没有尚未了结或可能发生的刑事诉讼事项。

八、自本公司股票首次公开发行之日至本上市公告书公告之日,本公司住所未变更。

九、自本公司股票首次公开发行之日至本上市公告书公告之日,未发生新的重大负债,并且重大债项未发生变化。

十、根据《上海证券交易所股票上市规则》,本公司第一大股东太原理工大学承诺,自本公司股票上市之日起12个月内,不转让其所持有的本公司股份,也不由本公司回购其持有的本公司股份。

十一、本公司股票首次公开发行之日至本上市公告书公告之日,没有其他应披露而未披露之重大事项。

第十节　董事会上市承诺

本公司董事会承诺将严格遵守《中华人民共和国公司法》、《中华人民共和国证券法》、《股票发行与交易管理暂行条例》、《公开发行股票公司信息披露实施细则》和《上海证券交易所股票上市规则》等国家法律、法规和有关规定,并自股票上市之日起做到:

(一)承诺真实、准确、完整、公允和及时地公布定期报告,披露所有对投资者有重大影响的信息,并接受中国证券监督管理委员会、证券交易所的监督管理;

(二)承诺本公司在知悉可能对股票价格产生误导性影响的任何公共传播媒介中出现的消息后,将及时予以公开澄清;

(三)本公司董事、监事、高级管理人员和核心技术人员将认真听取社会公众的意见和批评,不利用已获得的内幕消息和其他不正当手段直接或间接从事本公司股票的买卖活动;

(四)本公司没有无记录的负债。

第十一节　上市推荐人及其意见

一、上市推荐人情况

上市推荐人:国信证券有限责任公司

法定代表人:胡关金

地址:深圳市红岭中路1012号国信证券大厦

联系人:王炳全、傅承

电话:010-66215566

传真:010-66211976

二、上市推荐人意见

本公司上市推荐人认为,本公司章程符合《中华人民共和国公司法》等有关法律、法规和中国证券监督管理委员会关于公司章程的相关规定。根据《中华人民共和国公司法》、《中华人民共和国证券法》、《股票发行与交易管理暂行条例》、《上海证券交易所股票上市规则》等国家有关法律、法规的规定,本公司首次公开发行的股票已具备公开上市的条件。

本公司上市推荐人保证本公司的董事了解法律、法规、上海证券交易所上市规则及股票上市协议规定的董事的义务与责任,并协助本公司健全了法人治理结构、制定了严格的信息披露制度与保密制度。

本公司上市推荐人已对上市文件所载的资料进行了核实,确保上市文件真实、准确、完整,符合规定要求。保证本公司的上市申请材料、上市公告书没有虚假、严重误导性陈述或者重大遗漏,并保证对其承担连带责任。

本公司上市推荐人愿意推荐本公司股票在上海证券交易所上市交易,并保证不利用在上市过程中获得的内幕信息进行内幕交易,为自己或他人谋取利益。

简要合并资产负债表

编制单位:太原理工天成科技股份有限公司　　单位:人民币元

项目	2002年12月31日	2001年12月31日	2000年12月31日
流动资产:			
货币资金	50,980,898.91	23,809,482.72	12,441,947.95
应收票据	350,000.00	0.00	0.00
应收账款	52,633,342.88	28,933,043.29	20,309,832.10
其他应收款	3,632,559.37	4,056,809.69	6,336,482.61
预付账款	9,970,525.33	10,262,690.97	8,789,895.22
存货	24,827,269.35	12,098,471.70	9,462,817.24
待摊费用	207,794.56	246,738.39	136,509.92
流动资产合计	142,602,390.40	79,407,236.76	57,477,485.04
固定资产:	0		
固定资产原价	19,749,161.26	15,752,269.45	2,883,612.80
减:累计折旧	3,325,299.64	1,485,687.32	855,749.50
固定资产净值	16,423,861.62	14,266,582.13	2,027,863.30
减:固定资产减值准备	84,000.00	84,000.00	0.00
固定资产净额	16,339,861.62	14,182,582.13	2,027,863.30
在建工程	0.00	0.00	8,872,956.32
固定资产合计	16,339,861.62	14,182,582.13	10,900,819.62
无形资产及其他资产:	0		
无形资产	4,920,978.28	1,679,601.22	706,542.62
长期待摊费用	0.00	0.00	113,323.80
无形资产及其他资产合计	4,920,978.28	1,679,601.22	819,866.42
资产总计	163,863,230.30	95,269,420.11	69,198,171.08
流动负债:	0		
短期借款	45,800,000.00	16,800,000.00	10,290,000.00
应付票据	9,000,000.00	3,000,000.00	0.00
应付账款	2,184,517.53	1,071,977.19	9,403,045.85
预收账款	11,375,915.34	1,589,730.83	3,785,332.92
应付工资	132,744.00	24,120.00	0.00
应付福利费	662,494.91	292,069.68	128,352.32
应付股利	0.00	5,396,009.58	0.00
应交税金	912,872.37	3,339,014.13	1,223,653.88
其它未交款	46,647.86	59,990.32	70,307.27
其他应付款	9,562,810.55	7,835,249.79	2,170,126.50
预提费用	389,205.76	423,379.37	23,946.25
流动负债合计	80,067,208.32	39,831,540.89	27,094,764.99
长期负债合计	0		
负债合计	80,067,208.32	39,831,540.89	27,094,764.99
少数股东权益	4,343,773.36	2,765,361.43	2,406,662.33
所有者权益:	0		
股本	48,300,000.00	48,300,000.00	32,200,000.00
减:已归还投资	0		
股本净额	48,300,000.00	48,300,000.00	32,200,000.00
资本公积	0		
盈余公积	11,607,085.23	5,488,429.60	1,382,700.55
其中:法定公益金	3,869,028.41	1,829,476.53	460,900.18
未分配利润	19,545,163.39	-1,115,911.81	6,114,043.21
股东权益合计	79,452,248.62	52,672,517.79	39,696,743.76
负债及股东权益合计	163,863,230.30	95,269,420.11	69,198,171.08

简要合并利润及利润分配表

编制单位:太原理工天成科技股份有限公司　　单位:人民币元

项目	2002年度	2001年度	2000年度
一、主营业务收入	320,231,196.36	224,042,877.39	133,088,430.14
减:主营业务成本	265,146,017.98	191,860,472.83	116,851,439.80
主营业务税金及附加	2,527,674.91	1,264,432.10	504,361.41
二、主营业务利润	52,557,503.47	30,917,972.46	15,732,628.93
加:其他业务利润	62,417.24	91,219.26	686.83
减:营业费用	7,021,776.25	3,984,189.55	1,816,459.54
管理费用	12,546,582.03	4,803,633.11	2,525,092.24
财务费用	2,468,840.76	816,602.66	564,329.22
三、营业利润	30,582,721.67	21,404,766.40	10,827,434.76
加:投资收益	0		
补贴收入	550,000.00	340,000.00	100,000.00
营业外收入	3,580.66	50,000.20	76,329.54
减:营业外支出	168,517.73	200,671.25	63,392.28
加:以前年度损益调整	0.00	0.00	
四、利润总额	30,967,784.60	21,594,095.35	10,940,372.02
减:所得税	2,580,724.78	2,527,612.64	230,352.82
少数股东损益	1,607,328.99	694,699.10	299,306.27
五、净利润	26,779,730.83	18,371,783.61	10,410,712.93
加:年初未分配利润	-1,115,911.81	6,114,043.21	-607,333.83
其他转入	0		
六、可分配的利润	25,663,819.02	24,485,826.82	9,803,379.10
减:提取法定盈余公积	4,079,103.75	2,737,152.70	968,383.47
提取法定公益金	2,039,551.88	1,368,576.35	484,191.73
七、可供股东分配的利润	19,545,163.39	20,380,097.77	8,350,803.90
减:应付普通股股利	0.00	5,396,009.58	1,326,363.91
转作股本的普通股股利	0.00	16,100,000.00	910,396.78
八、未分配利润	19,545,163.39	-1,115,911.81	6,114,043.21

简要合并现金流量表

编制单位:太原理工天成科技股份有限公司　　单位:人民币元

项目	2002年度	2001年度
经营活动产生的现金流量净额	12,221,351.47	8,302,499.05
投资活动产生的现金流量净额	-7,003,347.74	-3,737,747.60
筹资活动产生的现金流量净额	21,953,412.46	6,802,783.32
现金及现金等价物净增加额	27,171,416.19	11,367,534.77

贵州盘江精煤股份有限公司

贵州盘江精煤股份有限公司2002年年度报告

一、公司简介

(一)公司法定中文名称: 贵州盘江精煤股份有限公司
公司法定英文名称:Guizhou Panjiang Refined Coal Co.,Ltd.
英文名称缩写:PJRC
(二)公司法定代表人姓名:郑 华
(三)公司董事会秘书:伍正斌
联系地址:贵州省六盘水市红果经济开发区干沟桥
联系电话:0858-3703046
传真:0858-3700328
电子信箱:pjwzb@163.com
证券事务代表:杨玉礼
联系地址:贵州省贵阳市北京路202号煤炭大厦
联系电话:0851-6810186
传真:0851-6810503
电子信箱:pjyyl@up369.com
(四)公司注册地址:贵州省六盘水市红果经济开发区
公司办公地址:贵州省六盘水市红果经济开发区干沟桥
邮政编码:553536
公司网址:HTTP://WWW.
(五)信息披露媒体:
网站:HTTP://WWW.sse.com.cn
定期报告刊登报刊:《中国证券报》、《上海证券报》
年报备置地点:公司董事会秘书处
(六)公司股票上市地:上海证券交易所
股票简称:盘江股份
股票代码:600395
(七)其他有关资料
公司首次注册登记日期:1999年10月29日。
注册地:贵州省红果经济开发区
公司变更注册登记日期:2001年5月16日。
注册地:贵州省红果经济开发区
公司法人营业执照注册号:5200001205689(2-1)
公司税务登记号码:520202714302772
公司聘请的会计师事务所名称:天一会计师事务所有限责任公司
公司聘请的会计师事务所办公地址:北京市西城区金融街27号投资广场A座1804

二、会计数据和业务数据摘要

(一)本年度主要会计数据:(单位:人民币元)

项目	金额
利润总额	79,994,955.49
净利润	67,776,531.03
扣除非经常性损益后的净利润	68,297,091.36
主营业务利润	170,508,970.40
其他业务利润	1,230,714.97
营业利润	80,661,084.17
投资收益	-
补贴收入	-
营业外收支净额	-666,128.68
经营活动产生的现金流量净额	80,315,137.56
现金及现金等价物净增加额	-248,856,962.39

注:扣除非经常性损益项目及金额:
1.营业外收入9,542.20元;
2.营业外支出675,670.88元;
3.盘盈产成品102,089.50元;
4.所得税影响43,478.85元。

(二)公司成立后完整会计年度的主要会计数据和财务指标:(单位:人民币元)

项目	2002年	2001年	2000年调整后
主营业务收入	668,095,548.62	493,218,189.56	470,349,552.56
净利润	67,776,531.03	68,594,330.31	49,440,139.36
总资产	1,441,494,073.90	1,391,446,321.47	730,289,182.31
股东权益	1,216,155,385.45	1,185,508,854.42	388,807,314.31
每股收益(摊薄)	0.183	0.185	0.197
每股收益(加权)	0.183	0.207	0.197
每股净资产	3.275	3.193	1.547
调整后的每股净资产	3.250	3.191	1.544
每股经营活动产生的现金流量净额	0.216	0.096	0.096
净资产收益率(摊薄)	5.57%	5.79%	12.72%
净资产收益率(加权)	5.64%	7.59%	12.91%

项目	2000年调整前
主营业务收入	470,349,552.56
净利润	49,664,293.95
总资产	730,513,336.90
股东权益	389,031,468.90
每股收益(摊薄)	0.198
每股收益(加权)	0.198
每股净资产	1.548
调整后的每股净资产	1.545
每股经营活动产生的现金流量净额	0.096
净资产收益率(摊薄)	12.77%
净资产收益率(加权)	12.97%

(三)报告期利润表附表:

项目	净资产收益率(%) 全面摊薄	加权平均	每股收益(元) 全面摊薄	加权平均
主营业务利润	14.02	14.20	0.459	0.459
营业利润	6.63	6.72	0.217	0.217
净利润	5.57	5.64	0.183	0.183
扣除非经常性损益后的净利润	5.62	5.69	0.184	0.184

注:利润表附表是按中国证券监督管理委员会《公开发行证券的公司信息披露编报规则第九号》的规定计算的。

(四)报告期内股东权益变动情况:

单位:人民币元

项目	股本	资本公积	盈余公积
期初数	371,300,000.00	727,818,038.00	11,150,418.09
本期增加			6,777,653.10
本期减少			
期末数	371,300,000.00	727,818,038.00	17,928,071.19
变动原因			计提盈余公积

项目	法定公益金	未分配利润	合计
期初数	5,575,201.05	69,665,197.28	1,185,508,854.42
本期增加	3,388,826.55	67,776,531.03	77,943,010.68
本期减少		47,296,479.65	47,296,479.65
期末数	8,964,027.60	90,145,248.66	1,216,155,385.45
变动原因	计提公益金	本年实现可供分配利润	

三、股本变动及股东情况

(一)股东情况

截止到2002年12月31日,公司股东总户数81098户,其中未流通法人股股东8户,流通股股东81090户。

1.公司主要股东持股情况

2002年12月31日拥有本公司股份前十名股东情况表

股东名称	本期末持股数(股)	本期持股变动增减情况(+ -)	持股占总股本比例(%)
盘江煤电(集团)有限公司	240,000,000		64.64
中国煤炭工业进出口集团公司	2,800,000		0.75
贵阳特殊钢有限公司	2,700,000		0.73
福建省煤炭工业(集团)有限公司	2,000,000		0.54
贵州省煤矿设计研究院	1,500,000		0.40
普惠证券投资基金	1,180,195		0.32
鹏华行业成长投资基金	1,093,499		0.29
中煤工程设计咨询集团重庆设计研究院	1,000,000		0.27
防城港务局	800,000		0.22
景博证券投资基金	597,854		0.16

股东名称	持有股份的质押或冻结情况	股份类别
盘江煤电(集团)有限公司		未流通股
中国煤炭工业进出口集团公司		未流通股

贵阳特殊钢有限公司	270万股被冻结	未流通股
福建省煤炭工业(集团)有限公司		未流通股
贵州省煤矿设计研究院		未流通股
普惠证券投资基金		流通股
鹏华行业成长投资基金		流通股
中煤工程设计咨询集团重庆设计研究院		未流通股
防城港务局		未流通股
景博证券投资基金		流通股

注:

(1)上述股东中,本公司未知其关联关系或属于《上市公司股东持股变动信息披露管理办法》规定的一致行动人。

(2)接四川省峨嵋山市人民法院2003年1月29日民事裁定书,因贵阳特殊钢有限责任公司与四川川投峨眉铁合金(集团)有限责任公司的债务纠纷,该院对贵阳特殊钢有限责任公司所持有的本公司270万股国有法人股(占本公司总股本0.73%)折价491万元抵偿给四川川投峨眉铁合金(集团)有限责任公司所有。

2.控股股东情况

控股股东名称:盘江煤电(集团)有限责任公司

法定代表人:张世新

成立日期:1997年1月18日

注册资本:5.2374亿元

公司类别:国有独资公司

经营范围:原煤开采、洗选精煤、特殊加工煤、焦炭、建材、建筑安装设计、机电修配加工、铁合金冶炼、电力、汽车修理、矿用风筒及橡胶制品、养殖、种植、化工、冶炼;自营出口:焦炭、金属镁、电解铝;自营进口:本企业生产、科研所需的原辅材料、机械设备、仪器仪表的零配件。

报告期末,持有本公司5%(含5%)以上股份的股东是盘江煤电(集团)有限责任公司,该公司持有本公司股份2.4亿股,占本公司总股份的64.64%,是本公司的控股股东。其所持法人股份总数报告期内没有变动。

报告期内,本公司控股股东没有发生变化。

四、董事、监事、高级管理人员和员工情况

(一)董事、监事、高级管理人员基本情况

董事、监事、高级管理人员基本情况如下表。

董事、监事、高级管理人员基本情况表

姓名	性别	年龄	职务	任期	持股数 年初	持股数 年末
郑 华	男	36	董事长	2000.9–今	0	0
林泽民	男	57	副董事长	1999.10–今	0	0
郭可沐	男	56	董事	1999.10–今	0	0
陈富庆	男	43	董事	2000.9–今	0	0
王立军	男	40	董事、总经理	1999.10–今	0	0
石文增	男	59	董事、党委书记	1999.10–今	0	0
辛 华	男	47	董事	2000.9–今	0	0
李晓冬	男	39	独立董事	2002.6–今	0	0
杨化彭	男	55	独立董事	2002.6–今	0	0
张利兴	男	50	监事会主席	1999.10–今	0	0
薛若冰	女	56	监事	1999.10–今	0	0
尤国良	男	50	监事	1999.10–今	0	0
任碧初	男	53	监事	2000.6–今	0	0
肖时华	男	44	监事	2000.6–今	0	0
伍正斌	男	52	董秘	1999.10–今	0	0
王志和	男	53	总会计师		0	0
王 廉	男	56	总经济师		0	0
邓长春	男	40	总工程师		0	0
何宗辉	男	38	副总经理		0	0

(二)董事、监事在股东单位的任职情况

董事、监事在股东单位的任职情况如下表。

董事、监事在股东单位任职情况表

姓 名	职 务	任 职 单 位
郑 华	副董事长、总经理、党委副书记	盘江煤电(集团)有限责任公司
林泽民	董事、总经济师、财务负责人	盘江煤电(集团)有限责任公司
郭可沐	副总经理	中国煤炭工业进出口集团公司
陈富庆	总工程师	盘江煤电(集团)有限责任公司
张利兴	党委副书记、工会主席、纪委书记	盘江煤电(集团)有限责任公司
薛若冰	总会计师	贵阳特殊钢有限责任公司
尤国良	审计部主任	盘江煤电(集团)有限责任公司

姓 名	任职期间
郑 华	1999.12–今
林泽民	1997.4–今
郭可沐	1999.5–今
陈富庆	1999.11–今
张利兴	1997.6–2002.9
薛若冰	1998.11–今
尤国良	1998.5–今

(三)董事、监事、高级管理人员年度报酬情况

报酬支付原则:在公司领取报酬的高级管理人员的工资、福利待遇参照煤炭行业工资管理办法执行。公司制定了《经理班子考核办法》,采取岗位技能工资加浮动奖金的方式,在年底考评的基础上,根据指标完成情况,确定高级管理人员的年度奖罚。

不在公司领取报酬的董事、监事的报酬由派出的股东单位支付,公司不单独(额外)为其提供工资、津贴、福利。不在公司领取报酬的董事、监事共7人:郑 华、林泽民、郭可沐、陈富庆、张利兴、薛若冰、尤国良。

在公司领取报酬的董事(不含独立董事)、监事有:王立军、石文增、辛 华、任碧初、肖时华。

在公司领取报酬的董事、监事、高级管理人员领取报酬总额为65万元。其中:7万元以上的4人,6万元以上的3人,5万元以上的3人。

在公司领取报酬的金额最高的前三名董事的报酬总额为20.7万元。

在公司领取报酬的金额最高的前三名高级管理人员的报酬总额为21万元。

公司现在任独立董事两名,公司向其发放工作津贴,标准为每人每年2万元,同时报销其为公司的事务而发生的差旅费。

(四)报告期内无离任的董事、监事、高级管理人员。

(五)员工情况

截止2002年12月31日,公司共有在册员工7589人,其构成情况如下表:

贵州盘江精煤股份有限公司员工构成情况表

期末人数	本科	专科	中专	技校高中	初中	小学以下	生产人员
	学历构成						
7589	96	86	220	1390	5070	727	6493
比例(%)	1.3	1.2	2.9	18.3	66.8	9.5	85.6

期末人数	本科	销售人员	技术人员	财务人员	行政人员
		专业构成			
7589	96	252	197	51	596
比例(%)	1.3	3.3	2.6	0.7	7.8

五、公司治理结构

(一)公司治理情况

2002年5月10日,中国证监会贵阳证券监管特派员办事处组织参加的中国证监会、国家经贸委联合召开的"上市公司建立现代企业制度检查工作电视电话会议"后,公司在董事会的统一领导下,组织有关人员认真学习会议精神和中国证监会、国家经贸委证监发[2002]32号文件《中国证监会、国家经贸委关于开展上市公司建立现代企业制度检查的通知》精神,并按照会议和文件精神的要求,对照《上市公司治理准则》等规范性文件,对公司建立现代企业制度情况进行了一次全面的自查工作。将形成的自查报告经董事会审议通过后上报中国证监会和国家经贸委。公司控股股东盘江煤电(集团)有限责任公司相应进行了自查,并按要求将自查报告上报有关部门。

公司严格按照我国《公司法》、《证券法》和其他有关法律、法规的要求,不断完善公司法人治理结构,规范公司运作。公司按《上市公司治理准则》的要求,对公司的《公司章程》、《股东大会议事规则》、《董事会议事规则》、《监事会议事规则》、《公司信息披露制度》等公司治理文件进行了修订。

目前公司治理情况如下:

1.股东与股东大会。公司能够确保所有股东,特别是中小股东享有平等地位,确保所有股东能够充分行使自己的权利;公司制定了股东大会议事规则,严格按照《上市公司股东大会规范意见》的要求召集、召开股东大会;公司上市后,股东大会均选择在省会贵阳召开尽可能让更多的股东能够方便参加股东大会行使股东的表决权;公司对法律、法规所规定的重大事项均在中国证监会指定的信息披露报纸及网站进行了及时、准确、完整的披露,以保证广大股东的知情权和参与决定权;公司关联交易公平合理,对有关关联交易予以充分披露。

2.控股股东与上市公司的关系。本公司控股股东能够按照法律规定行使出资人的权利。公司与控股股东在人员、资产、财务做到"三分开",公司董事、监事的选举和高级管理人员的聘任、解聘均严格遵循法律、法规、《公司章程》规定的程序;公司董事会、监事会和内部机构独立运作。到目前为止,不存在股东违规占用转移公司资产、资金及其他资源,公司也无为股东及其关联单位提供担保。

3.董事会人数和人员构成符合法律、法规的要求;公司董事会制定了董事会议事规则,董事能够以认真负责的态度出席董事会和股东大会,能够积极参加有关培训,熟悉有关法律、法规,了解作为董事的义务和责任;公司已按要求聘请独立董事。

4.监事和监事会。公司监事会人数和人员构成符合法律、法规的要求;公司监事会制定了监事会议事规则;监事能够认真履行自己的职责,本着对股东负责的精神,在具体工作中以财务监督为核心,同时对公司董事、经理和其他高级管理人员履行职责进行监督,保证公司资产安全,降低公司财务和经营风险,维护公司和股东的合法权益。

5.绩效评价与激励约束机制。公司对经理人员的聘任符合法律、法规的规定,并建立了《经理班子考核办法》。

6.相关利益者。公司充分尊重和维护银行和其他债权人、职工、消费者等其他利益相关者的合法权益,共同推动公司持续、健康地发展。

7.信息披露与透明度。公司由董事会秘书负责信息披露工作,接待股东来访和咨询;公司建立了信息披露制度,公司能够按照法律、法规和《公司章程》的规定,真实、准确、完整、及时地披露有关信息,并确保所有股东有平等的机会获得信息;公司能够按照有关规定及时披露大股东或公司实际控制人的详细资料和股份的变化情况。

本公司自成立以来,在治理建设方面存在的问题主要有:

(1)制度建设方面还需进一步完善。公司还需进一步在独立董事工作制度、关联交易公允决策等方面制定细则和办法。

(2)在采购、销售等业务上,还需进一步规范与控股股东盘江煤电(集团)有限责任公司的行为。

(3)根据《上市公司治理准则》和《关于在上市公司建立独立董事制度的指导意见》的要求,公司2001年度股东大会通过选举已聘独立董事二名,目前尚缺的一名独立董事,其候选人已通过董事会提名,报有关部门审查后,董事会将提交下次股东大会进行选举。

(二)独立董事履行职责情况

2002年6月26日公司2001年度股东大会选举两名外部人士担任公司独立董事。独立董事任职以来,认真履行法律、法规和《公司章程》赋予的职责,参加了公司一届董事会十一次、十二次会议,参与对公司2002年半年度报告、2002年第三季度报告的审议。独立董事勤勉尽职,认真审议董事会的各项议案,对有关事项发表了中肯、客观的意见,促进了公司治理结构的进一步完善,对公司的发展和经营起到积极的作用。

(三)公司与控股股东在人员、资产、财务、机构和业务等方面的分开情况

公司与控股股东在人员、资产、财务、机构和业务等方面已经分开,具有独立完整的业务和独立自主的生产经营能力。

1.人员分开。公司在劳动、人事及工资管理方面设立了独立的劳动人事部门进行管理,总经理、副总经理、"三总师"、董事会秘书等高级管理人员均在本公司领取薪酬,且均未在股东单位兼职或领取薪酬。

2.资产完整。公司拥有完整、独立的产、供、销系统,拥有完整的土地使用权和采矿权等无形资产。

3.财务独立。公司设有独立的财务部门,并建立了内部会计核算体系和财务管理制度,在银行独立开户。

4.机构独立。公司设有证券投资部、财务部、人事部、生产管理部、供应销售部、办公室、董事会秘书处等机构。这些机构完全独立于控股股东的组织机构,不存在与控股股东的组织机构合署办公的情况。

5.业务独立。公司的业务独立于控股股东,具有独立完整的业务管理及自主经营能力。

六、股东大会简介

报告期内公司召开年度股东大会一次。

(一)股东大会的通知、召集、召开情况

公司董事会于2002年5月23日分别在《中国证券报》和《上海证券报》刊登召开2001年度股东大会的公告。2002年6月26日公司2001年度股东大会在贵州省贵阳市北京路202号煤炭大厦11楼如期召开,会议由董事长郑华先生主持。出席会议的股东及股东代表共8人,代表股份数占公司股本总额的67.68%。

(二)股东大会的决议及决议刊登情况

大会审议通过了以下报告和议案:

1、2001年度董事会工作报告;

2、2001年度监事会工作报告;

3、2001 年度财务决算及 2002 年度财务预算预案；
4、2001 年度利润分配预案；
5、《2001 年年度报告》正文及摘要 ；
6、推荐公司独立董事候选人的议案；
7、独立董事经费及津贴的议案；
8、修改公司章程的议案；
9、股东大会议事规则修订案。
本次股东大会决议公告分别刊登于 2002 年 6 月 27 日的《中国证券报》和《上海证券报》。
(三)选举、更换公司董事、监事情况
本次股东大会选举李晓冬、杨化彭为公司独立董事。

七、董事会报告

(一)主营业务范围及经营情况
1、公司主营业务范围及经营情况
公司属煤炭采掘业。主营业务为原煤开采、洗选加工及销售。
公司是集原煤开采和煤炭加工为一体的大型煤炭企业，可生产灰分 8%-12%等级的精煤，并能根据用户的需要生产特殊加工煤。公司煤炭产品低硫、低灰、微磷、发热量高，在市场上有较强的竞争力。
2002 年，公司全面完成了各项生产经营目标。生产原煤 172 万吨，比 2001 年增加 11 万吨，提高 6.83%；生产精煤 203 万吨，比 2001 年增加 31 万吨，提高 18%；生产混煤 113 万吨，比 2001 年增加 29 万吨，提高 34.5%；销售商品煤 326.7 万吨，较上年增长 30.33%。其中出口煤炭 22.9 万吨，较上年增长 88.48%；主营业务收入 6.68 亿元，较上年增长 35.46%，主营业务收入占 2002 年全部销售收入总额的 99.42%；实现利润 7999 万元，较上年增长 0.9%。
3、公司主营业务收入、利润构成
公司主营业务收入、利润构成如下：

产品	收入		利润	
	金额(元)	比例(%)	金额(元)	比例(%)
洗精煤	501,477,464.94	75.06	122,851,713.17	75.05
洗混煤	166,618,083.68	24.94	47,657,257.23	24.95
合　计	668,095,548.62	-	170,508,970.40	-

(二)主要控股公司及参股公司的经营情况及业绩
经公司 2001 年 12 月 13 日临时董事会议决议(决议公告见 2001 年 12 月 14 日《中国证券报》、《上海证券报》)，公司投资 1000 万元参股华创证券经纪有限责任公司(以下简称："华创公司")。本公司持有华创公司股份 1000 万股，占该公司总股份的 5%。华创公司由贵州实联信托投资公司等企业共同出资设立，于 2002 年 1 月 22 日成立，注册资本 2 亿元人民币。主要业务为：证券的代理买卖，代理还本付息、分红派息，证券代保管、鉴证，代理登记开户。
华创公司 2002 年末总资产额 4.10 亿元，各项收入 2581 万元，税后利润-227 万元。
(三)主要供应商、客户情况
1、2002 年，公司向前五名供应商合计采购金额占年度采购总额的 83.49%。
2、2002 年，公司向前五名客户合计销售金额占年度销售总额的 62.21%。
(四)经营中出现的问题与困难及解决办法
2002 年，国民经济持续良好的发展势头和主要用煤行业生产的快速增长，为煤炭市场的进一步好转和市场的平稳发展提供了良好的环境，国内煤炭市场总体供需平衡，局部偏紧，煤炭产运销增长，价格总体水平上扬。本公司是煤炭加工企业，在生产经营中出现的问题与困难主要是：外购的入洗原料煤价格上涨，另外由于运力的影响，公司以运定产的局面还没有根本性好转，运输销售有一定困难。
面对上述问题和困难，公司抓住煤炭市场条件改善的时机，以市场为导向，适应市场需求，优化产品结构，不断改进煤炭洗选工艺，加强生产管理，努力提高产品质量和商品煤回收率，着力开拓国内外市场。同时做好铁路外运和货款回收工作，保证产品销售的稳定增长和效益的提高。在抓好主营业务的同时，抓紧抓好发行股票所募资金投资项目的建设，加快公司发展步伐。
(五)投资情况
报告期内，公司投资额合计 331,192,582.29 元，比上年的 33,922,981.21 元增加 297,269,601.08 元，增长 876.31%。
1、募集资金使用情况
公司的《招股说明书》承诺募集资金共投入五个项目。报告期内，承诺投资的五个项目中，2002 年 6 月已投入 22,190.43 万元完成了对盘北选煤厂项目的收购。该项目收购后，自收购之日起至 2002 年 12 月 31 日，共生产精煤 25.1 万吨，生产混煤 9.5 万吨，实现销售收入 7372 万元，净利润 471.75 万元。
其余未完成的四个项目，截止 2002 年 12 月 31 日进展情况如下：

承诺投资项目	实际投入项目	承诺投资金额(万元)	已投入金额(万元)
1、投资建设火铺矸石电厂	与承诺投入相同	24,318.00	2,355.73
2、投资建设盘北矸石电厂	与承诺投入相同	17,600.00	64.96
3、投资建设生产矿井煤层气利用工程	与承诺投入相同	10,098.00	
4、投资建设优质高效煤炭洗选示范工程	与承诺投入相同	12,388.00	722.42

(1)建设火铺矸石电厂，报告期内已完成投资 2,355.73 万元，完成总工程量的 9.69 %；
(2)建设盘北矸石电厂，已成立项目部开展前期工作，报告期内已完成投资 64.96 万元，完成总工程量的 0.37%；
(3)建设优质高效煤炭洗选示范工程，报告期内已完成投资 722.42 万元，已完成总工程量的 5.83%；
(4)建设生产矿井煤层气利用项目，已成立项目领导小组，负责前期准备工作。
上述项目因尚未建成投产，故未产生收益。
尚未使用的募集资金去向：截止 2002 年 12 月 31 日，公司募集资金已投入使用 25,333.54 万元(本年投入 24,893.27 万元)，剩余 44,472.95 万元。该项资金现存入银行，根据项目进度需要再进行投入。
2、非募集资金投资情况
公司用自有资金投资总额 8,225.99 万元。其中：购建固定资产 6,715.60 万元；购建无形资产 7.58 万元(电脑软件)；预付设备款 35.61 万元；用于安全技措及技改工程等 1,467.20 万元；
(六)财务状况
2002 年，公司的财务状况较上一年有了进一步的改善，天一会计师事务所有限责任公司为本公司出具了标准无保留意见的审计报告。具体分析如下：
(1)2002 年 12 月 31 日，公司总资产 1,441,494,073.90 元，比上年 1,391,446,321.47 元增加 3.60 %。
(2)2002 年 12 月 31 日，公司负债为 225,338,688.45 元，比上年 205,937,467.05 元增加 9.42%。
(3)2002 年 12 月 31 日，公司股东权益 1,216,155,385.45 元，比上年 1,185,508,854.42 元增加 2.59%。
(4)2002 年度公司主营业务利润 170,508,970.40 元，比上年度 148,615,676.57 元增加 14.73%。
(5)2002 年度公司实现净利润 67,776,531.03 元，比上年度 68,594,330.31 元减少 1.19%。

八、监事会报告

(一)监事会工作情况及所发表的意见
1、监事会会议情况
监事会一届五次会议于 2002 年 4 月 12 日在公司二楼会议室召开，会议由监事尤国良先生主持。会议审议通过了如下议案：
(1)2001 年度监事会工作报告；
(2)公司 2001 年年度报告正文及摘要；
(3)公司 2001 年度利润分配预案；
(4)公司 2002 年第一季度报告；
(5)监事会议事规则修订案。
本次监事会议决议分别刊登于 2002 年 4 月 16 日的《中国证券报》、《上海证券报》。
监事会一届六次会议于 2002 年 8 月 19 日在公司二楼会议室召开，会议由监事会主席张利兴先生主持。会议审议通过了《公司 2002 年半年度报告》的议案。
2、监事会工作报告
2002 年公司监事会根据国家有关法律、法规，紧紧围绕股东大会所形成的各项决议，依据我国《公司法》、《证券法》和《公司章程》赋予的权力认真履行职责，保证公司更加稳健快速发展，较好地维护股东的合法权益。一年来，监事会通过列席和参加董事会、股东大会，了解和掌握公司的经营和财务状况；对公司股东大会、董事会的召开程序、决策事项，董事会对股东大会决议的执行情况，公司高级管理人员执行职务的情况及公司管理制度的执行情况等进行了监督。认为公司本届董事会在过去的一年里工作是认真负责的，公司的经营决策科学、合理，公司的各项管理制度较为健全并得到了切实执行；公司董事会、经营班子及全体高级管理人员在执行职务时没有违反法律、法规和《公司章程》，没有发生损害公司利益和股东权益的情况。本年度主要工作如下：
(1)加强对董事、经理班子人员的监督检查。重点监督能否依法经营，廉洁经营，能否正确行使《公司章程》和股东赋予的权力。监事会认为：一年来，公司的决策程序符合有关法律规定，逐步建立并完善内部控制制度，公司管理和业务经营活动符合国家有关法律、法规和《公司章程》的规定。
(2)依法实施财务监督。监事会 2002 年 7 月和 2003 年初对公司 2002 年度财务情况进行了检查，对公司的会计资料和董事会拟提交给股东大会的财务报告进行了核对，并确认天一会计师事务所有限责任公司对公司 2002 年度财会会计出具的标准无保留意见的财务报告。
(3)对公司在报告期内首次发行股票募集资金的使用进行检查。公司本次募集资金实际投入项目与承诺投入项目一致，不存在变更投资的情况。
(4)公司的关联交易遵循"公平、公正、合理"的原则，符合有关规定，未发现有内幕交易和损害公司权益或造成公司资产流失的行为。
(二)公司经营运作情况
2002 年度，公司董事、总经理等高级管理人员在执行公务时遵纪守法，恪尽职守，努力维护全体股东的利益，认真执行股东大会有关决议，未发现有违反法律、法规和《公司章程》的行为。
通过查阅公司的财务报表及有关资料和天一会计师事务所有限责任公司的审计报告书，公司 2002 年度的财务结构合理，财务状况良好。公司 2002 年度的财务报告经天一会计师事务所有限责任公司审计并出具了无保留意见的审计报告，该报告能够客观反映公司的财务状况和经营成果，其意见是公正合理的。在报告期内，公司执行的会计政策和执行的过程中，未发现有违反国家法律、法规的情况。
公司主要的关联企业为盘江煤电(集团)有限责任公司。公司与其的关联交易严格按照市场原则，采用经济合同的形式，交易程序合法，交易公平公允，没有发现内幕交易，没有损害公司及非关联股东的利益，不造成公司资产的流失。

九、重要事项

(一)报告期内公司无重大诉讼、仲裁事项。
(二)报告期内公司无出售资产、吸收合并事项。
(三)报告期内公司收购资产事项
按照公司《招股说明书》关于募集资金投资项目的承诺，2002 年 6 月 26 日，经公司 2001 年度股东大会的批准，公司以 22,825.96 万元(其中募集资金 22,190.43 万元)对盘江煤电(集团)有限责任公司的盘北选煤厂进行收购。自 2002 年 6 月 30 日收购之日起至 2002 年末的半年时间里，盘北选煤厂实现销售收入 7372 万元，净利润 471.75 万元。
本公司实施对盘北选煤厂的收购是公司履行承诺，严格按照公司募集资金的使用计划进行投资，符合中国证监会的相关规定。本次收购完成后，既有利于突出公司的主营业务，加强公司主导产品洗精煤在市场中的竞争优势，进一步扩大市场份额，达到提高公司的经济效益和调整产品结构的目的，又消除与盘江煤电集团公司的同业竞争。
有关本次资产收购的董事会决议公告、关联交易公告、关联交易之独立财务顾问报告、关联交易的法律意见书刊载于 2002 年 6 月 29 日《中国证券报》和《上海证券报》。
(四)报告期内公司关联交易情况
1、购销商品、提供劳务发生的关联交易：
(1)公司于 2002 年 1 月 15 日与盘江煤电集团签订《原煤购销合同》。公司因生产需要，向盘江煤电集团购买原煤，盘江煤电集团向公司销售的原煤价格按其质量等级比照当地市场价格确定。报告期内，公司向盘江煤电集团购买原煤共 2,551,786 吨，向其支付购煤款 240,710,459.21 元。
(2)公司于 2002 年 1 月 10 日与盘江煤电集团控股的子公司贵州盘江电力股份有限公司签订《混煤购销合同》。贵州盘江电力股份有限公司向公司采购混煤，公司向贵州盘江电力股份有限公司销售的混煤价格按其质量等级比照当地市场价格确定。报告期内，公司向贵州盘江电力股份有限公司共销售混煤 93061 吨，收取售煤款 8,561,606.77 元。
(3)公司与盘江煤电集团签订《综合服务协议》及《补充协议》。服务期限为 10 年。
生产性服务：公司老屋基选煤厂的二、三车间的生产用电由盘江煤电集团代缴，公司按贵州省网上电价标准向盘江煤电集团支付电费；盘江煤电集团向公司提供房屋租赁、车辆、通讯等服务，公司每年支付 28 万元，按季结算；盘江煤电集团负责公司的矿山救护、公安保卫、消防卫生、绿化工作，公司每年支付 32 万元，按季结算；铁路运输，由铁道部统一向盘江煤电集团下达计划，盘江煤电集团承诺在其铁路运销煤炭的国家计划中，优先安排及满足公司的煤炭运销，并保证满足公司年生产能力 85%以上的运销需求。
生活后勤服务：盘江煤电集团按照其对自己公司职工的收费标准，收取其向公司职工提供的食堂、浴池、医疗、学校等服务的费用；盘江煤电集团与公司相互提供的供水、供暖服务，按照国家政策，按季结算；公司职工住房及其配套设施和相关服务，租金及费用按照盘江煤电集团职工同等的价格由公司职工向盘江煤电集团交纳，住房改革由盘江煤电集团统一考虑，公司职工与盘江煤电集团职工享有同等权利。
(4)公司与盘江煤电集团签订《委托采购协议》及《补充协议》。公司委托盘江煤电集团统一采购生产性辅助材料，及部分生产用设备，公司按照盘江煤电集团实际采购成本加 3%的综合费用，按月结算。报告期内，公司向盘江煤电集团采购材料、设备共计 90,125,821.00 元。
(5)公司与盘江煤电集团签订《土地租赁合同》。公司向盘江煤电集团租用生产用地 906,548.76 平方米，租赁期 50 年，年租金为 3,771,116.00 元，公司每年按季结算土地租赁费。报告期内，公司已支付土地租赁费 3,771,116.00 元。
(6)公司与盘江煤电集团签订《采矿权转让协议》。盘江煤电集团以经北京海地人资源咨询有限公司评估，国土资源部确认的火铺矿、老屋基矿的采矿权转让给公司，期限分别为 30 年，金额为 5,241.73 万元。报告期内，公司已支付采矿权转让费 1,747,300.00 元。
(7)2001 年 7 月 10 日，公司与发起人之一贵州煤矿设计研究院签订《建设工程设计合同》，委托其承担公司盘北煤泥矸石电厂的工程设计。合同标的额为 1,550,000.00 元，2002 年已付款 155,000.00 元。

(8)2001 年 7 月 10 日,公司与发起人之一贵州煤矿设计研究院签订《建设工程勘察合同》,委托其承担公司盘北煤泥矸石电厂的初、详勘任务。合同标的额为 350,000.00 元,2002 年已付款 70,000.00 元。

(9)2001 年 7 月 25 日,公司与发起人之一贵州煤炭实业总公司签订《房屋租赁合同》,租赁期 3 年,自 2001 年 9 月 1 日至 2004 年 8 月 31 日,每年支付租金 360,000.00 元。

十、财务报告

(一)审计报告

贵州盘江精煤股份有限公司全体股东:

我们接受委托,审计了贵公司 2002 年 12 月 31 日的资产负债表及该年度的利润及利润分配表和现金流量表。这些会计报表由贵公司负责,我们的责任是对这些会计报表发表审计意见。我们的审计是依据《中国注册会计师独立审计准则》进行的。在审计过程中,我们结合贵公司实际情况,实施了包括抽查会计记录等我们认为必要的审计程序。

我们认为,贵公司上述会计报表符合《企业会计准则》和《企业会计制度》的有关规定,在所有重大方面公允地反映了贵公司 2002 年 12 月 31 日的财务状况及 2002 年度的经营成果和现金流量情况,会计处理方法的选用遵循一贯性原则。

天一会计师事务所有限责任公司　　中国注册会计师:张再鸿

2003 年 3 月 31 日　　中国注册会计师:王琴珠

(二)会计报表

资产负债表(资产方)

2002 年 12 月 31 日

编制单位:贵州盘江精煤股份有限公司　金额单位:人民币元

资　产	注释	2002 年 12 月 31 日	2001 年 12 月 31 日
流动资产:			
货币资金	注 1	460,819,031.60	709,675,993.99
短期投资			
应收票据	注 2	113,949,377.50	97,100,000.00
应收股利			
应收利息			
应收帐款	注 3	88,624,371.59	127,899,421.50
其他应收款	注 4	54,804,123.16	6,928,199.21
预付帐款	注 5	915,945.28	806,002.99
应收补贴款	注 6		43,255.57
存货	注 7	54,030,411.49	56,197,693.15
待摊费用	注 8	9,121,099.66	257,760.00
一年内到期的长期债权投资			
其他流动资产			
流动资产合计		782,264,360.28	998,908,326.41
长期投资:			
长期股权投资	注 9	10,000,000.00	10,000,000.00
长期债权投资			
长期投资合计		10,000,000.00	10,000,000.00
固定资产:			
固定资产原价	注 10	1,032,058,068.25	750,272,605.38
减:累计折旧	注 10	488,629,842.91	426,323,710.58
固定资产净值	注 10	543,428,225.34	323,948,894.80
减:固定资产减值准备	注 11	349,779.49	224,154.59
固定资产净额		543,078,445.85	323,724,740.21
工程物资	注 12	9,128,147.88	684,067.93
在建工程	注 13	30,070,319.39	8,845,679.92
固定资产清理			
固定资产合计		582,276,913.12	333,254,488.06
无形资产及其他资产:			
无形资产	注 14	66,712,262.50	48,922,700.00
长期待摊费用	注 15	240,538.00	360,807.00
其他长期资产			
无形资产及其他资产合计		66,952,800.50	49,283,507.00
递延税项:			
递延税款借项			
资产总计		1,441,494,073.90	1,391,446,321.47

资产负债表(负债及股东权益方)

2002 年 12 月 31 日

编制单位:贵州盘江精煤股份有限公司　金额单位:人民币元

负债和股东权益	注释	2002 年 12 月 31 日	2001 年 12 月 31 日
流动负债:			
短期借款	注 16	20,000,000.00	17,000,000.00
应付票据			
应付帐款	注 17	45,779,257.74	43,286,127.44
预收帐款	注 18	14,035,723.89	2,759,400.41
应付工资	注 19	10,939,416.26	9,283,571.59
应付福利费		1,690,791.33	-1,494,067.73
应付股利	注 20	200,000.00	
应交税金	注 21	10,545,017.44	1,702,928.59
其他应交款	注 22	192,755.70	-60,250.62
其他应付款	注 23	26,480,326.09	33,537,057.37
预提费用	注 24	300,000.00	
预计负债			
一年内到期的长期负债			
其他流动负债			
流动负债合计		130,163,288.45	106,014,767.05
长期负债:			
长期借款	注 25	48,000,000.00	51,000,000.00
应付债券			
长期应付款	注 26	47,175,400.00	48,922,700.00
专项应付款			
其他长期负债			
长期负债合计		95,175,400.00	99,922,700.00
递延税项:			
递延税款贷项			
负债合计		225,338,688.45	205,937,467.05
股东权益:			
股本	注 27	371,300,000.00	371,300,000.00
减:已归还投资			
股本净额		371,300,000.00	371,300,000.00
资本公积	注 28	727,818,038.00	727,818,038.00
盈余公积	注 29	26,892,098.79	16,725,619.14
其中:法定公益金		8,964,027.60	5,575,201.05
未分配利润	注 30	90,145,248.66	69,665,197.28
股东权益合计		1,216,155,385.45	1,185,508,854.42
负债和股东权益总计		1,441,494,073.90	1,391,446,321.47

利润及利润分配表

2002 年度

编制单位:贵州盘江精煤股份有限公司　金额单位:人民币元

项目	注释	2002 年度	2001 年度
一、主营业务收入	注 31	668,095,548.62	493,218,189.56
减:主营业务成本	注 31	489,815,528.66	339,255,636.72
主营业务税金及附加	注 32	7,771,049.56	5,346,876.27
二、主营业务利润		170,508,970.40	148,615,676.57
加:其他业务利润		1,230,714.97	64,670.60
减:营业费用	注 33	48,495,244.13	39,999,926.97
管理费用		50,239,748.35	31,318,925.65
财务费用	注 34	-7,656,391.28	-2,247,825.47
三、营业利润		80,661,084.17	79,609,320.02
加:投资收益			
补贴收入			
营业外收入		9,542.20	128,210.49
减:营业外支出		675,670.88	454,938.87
四、利润总额		79,994,955.49	79,282,591.64
减:所得税	注 35	12,218,424.46	10,688,261.33
五、净利润		67,776,531.03	68,594,330.31
加:年初未分配利润		69,665,197.28	11,360,008.52
其他转入			
六、可供分配的利润		137,441,728.31	79,954,338.83
减:提取法定盈余公积		6,777,653.10	6,859,433.03
提取法定公益金		3,388,826.55	3,429,708.52
提取职工奖励及福利基金			
提取储备基金			
提取企业发展基金			
利润归还投资			
七、可供投资者分配的利润		127,275,248.66	69,665,197.28
减:应付优先股股利			
提取任意盈余公积			
应付普通股股利		37,130,000.00	
转作股本的普通股股利			
弥补累计亏损			
八、未分配利润		90,145,248.66	69,665,197.28

现金流量表

2002 年度

编制单位:贵州盘江精煤股份有限公司　金额单位:人民币元

项目	注释	金额
一、经营活动产生的现金流量:		
销售商品、提供劳务收到的现金		779,158,207.55
收到的税费返还		6,235,960.36
收到的其他与经营活动有关的现金	注 36	3,886,925.43
现金流入小计		789,281,093.34
购买商品、接受劳务支付的现金		397,181,986.90
支付给职工以及为职工支付的现金		78,361,840.55
支付的各项税费		76,766,323.43
支付的其他与经营活动有关的现金	注 37	156,655,804.90
现金流出小计		708,965,955.78
经营活动产生的现金流量净额		80,315,137.56
二、投资活动产生的现金流量:		
收回投资所收到的现金		
取得投资收益所收到的现金		
处置固定资产、无形资产和其他长期资产所收回的现金净额		
收到的其他与投资活动有关的现金		
现金流入小计		
购建固定资产、无形资产和其他长期资产所支付的现金		291,454,411.28
投资所支付的现金		
支付的其他与投资活动有关的现金		8,444,079.95
现金流出小计		299,898,491.23
投资活动产生的现金流量净额		-299,898,491.23
三、筹资活动产生的现金流量:		
吸收投资所收到的现金		
借款所收到的现金		
收到的其他与筹资活动有关的现金	注 39	11,612,139.70
现金流入小计		11,612,139.70
偿还债务所支付的现金		
分配股利、利润或偿付利息所支付的现金		40,857,590.80
支付的其他与筹资活动有关的现金		28,157.62
现金流出小计		40,885,748.42
筹资活动产生的现金流量净额		-29,273,608.72
四、汇率变动对现金的影响		
五、现金及现金等价物净增加额		-248,856,962.39

江苏申龙高科股份有限公司

江苏申龙高科股份有限公司股票上市公告书

一、重要声明与提示

江苏申龙高科股份有限公司(以下简称"公司"、"本公司"、"发行人")董事会保证上市公告书的真实性、准确性、完整性,全体董事承诺上市公告书不存在虚假记载、误导性陈述或重大遗漏,并承担个别和连带法律责任。

根据《公司法》、《证券法》等有关法律、法规的规定,本公司董事、高级管理人员已依法履行诚信和勤勉尽责的义务和责任。

上海证券交易所、中国证监会、其他政府机关对本公司股票上市及有关事项的意见,均不表明其对本公司的任何保证。本公司提醒广大投资者注意,凡本上市公告书未涉及的有关内容,请投资者查阅2003年9月5日刊登于《上海证券报》、《中国证券报》、《证券时报》和《证券日报》的本公司招股说明书摘要,以及刊载于上海证券交易所网站(http://www.sse.com.cn)的本公司招股说明书全文。

二、概览

1、股票简称: 江苏申龙
2、沪市股票代码: 600401
3、深市代理股票代码: 003401
4、总股本: 76,311,001股
5、可流通股本: 30,000,000股
6、本次上市流通股本: 30,000,000股
7、发行价格 8.00元
8、上市地点: 上海证券交易所
9、上市时间: 2003年9月24日
10、股票登记机构: 中国证券登记结算有限责任公司上海分公司
11、上市推荐人: 东北证券有限责任公司

根据国家现有法律、法规规定,本公司发起人股东所持股份暂不上市流通;本公司第一大股东江苏申龙创业集团有限公司承诺,自本公司股票上市之日起12个月内,不转让其持有的发行人股份,也不由本公司回购其持有的股份。

三、绪言

本公司首次公开发行股票上市公告书是根据《中华人民共和国公司法》(以下简称"《公司法》")、《中华人民共和国证券法》(以下简称"《证券法》")、《股票发行与交易管理暂行条例》、《公开发行股票公司信息披露实施细则》和《上海证券交易所股票上市规则》等国家有关法律法规的规定,并按照中国证监会《公开发行证券的公司信息披露内容与格式准则第7号-股票上市公告书》要求而编制的,旨在向投资者提供有关本公司及其股票上市的基本情况。

经中国证监会证监发行字[2003]105号文核准,本公司已于2003年9月10日采用全部向二级市场投资者定价配售方式成功发行了每股面值1.00元的人民币普通股股票3,000万股,发行价格为每股人民币8.00元。

根据上海证券交易所上证上字[2003]116号文,本公司3,000万股社会公众股将于2003年9月24日起在上海证券交易所挂牌交易,股票简称"江苏申龙",沪市股票代码为:600401,深市代理股票代码为:003401。

本公司已于2003年9月5日分别在《上海证券报》、《中国证券报》、《证券时报》和《证券日报》上刊登了招股说明书摘要,招股说明书全文及其必备附件可在上海证券交易所网站(http://www.sse.com.cn)查询。因招股说明书签署日为2003年8月14日,其中所引用的财务资料距今不足六个月,故与其重复的内容不再重述,敬请投资者查阅上述文件。

发行人董事会成员已批准本上市公告书,确信其中不存在任何重大遗漏或者误导,并对其真实性、准确性、完整性负个别的和连带的责任。

四、发行人概况

一、发行人的基本情况

1.公司名称:江苏申龙高科股份有限公司
英文名称:JIANGSU SHENLONG HI-TECH CO.,LTD
2.注册资本:76,311,001元
3.住　所:江苏省江阴市申港镇申圩路
4.邮政编码:214443
5.法定代表人:陆建平
6.经营范围:新型包装材料、塑料制品、精密模具、印花印刷辊筒的研制、销售;纸制品、通信设备(卫星地面接收设施除外)、电子计算机及外部设备、机械设备、化工产品(危险品除外)及化工原料(危险品除外)的销售;电子计算机软硬件开发、销售。包装印刷,经营本企业自产产品及技术的出口业务;经营本企业生产、科研所需的原辅材料、仪器仪表、机械设备、零配件及技术的进口业务(国家限定公司经营和国家禁止进出口的商品及技术除外);经营进料加工和"三来一补"业务。
7.主营业务:软塑彩印、复合包装产品的生产及销售
8.所属行业:制造业
9.联系电话:0510-6620263
10.传真号码:0510-6627755
11.电子信箱:shenlong@sl-packing.com
12.董事会秘书:吴江渝

二、发行人历史沿革

1.发行人的设立

江苏申龙高科股份有限公司(以下简称"江苏申龙"、"发行人"或"公司")是经江苏省人民政府苏政复[2000]169号文批准,由江阴市申达实业有限公司整体变更设立。以经无锡公证会计师事务所锡会A(2000)0260号审计报告审定的江阴市申达实业有限公司2000年4月30日净资产46,311,001.08元,按1:1的比例折成股本,各发起人以其持有的原江阴市申达实业有限公司的股权等额折为江苏申龙高科股份有限公司的股份,折股后公司总股本为4,631.1001万元。

公司于2000年7月28日在江苏省工商局注册成立,《企业法人营业执照》号为3200001104893,注册资本为人民币4631.1001万元,现公司法定代表人为陆建平。发行人自设立至本次发行前股权结构未发生变化。

2.本次发行

经中国证监会证监发行字[2003]105号文核准,本公司于2003年9月10日采取全部向二级市场投资者定价配售发行的方式成功发行了每股面值1.00元的人民币普通股股票3,000万股,每股发行价格为8.00元。本次发行完成后,公司股本结构变化如下:

本次发行前

股本类别	股数(股)	所占比例
一、发起人法人股	4,631.1001	100.00
江苏申龙创业集团有限公司	4,116.5848	88.89
江阴瀛寰资产投资有限公司	210.7151	4.55
江阴申达包装材料有限公司	149.1214	3.22
无锡新区联合科技网络有限公司	82.4336	1.78
江阴申达包装工业园物业管理有限公司	41.2168	0.89
江阴市申龙科技研究所有限公司	31.0284	0.67
二、社会公众股	–	–
总股本	4,631.1001	100.00

本次发行后

股本类别	股数(股)	所占比例
一、发起人法人股	4,631.1001	60.69
江苏申龙创业集团有限公司	4,116.5848	53.94
江阴瀛寰资产投资有限公司	210.7151	2.76
江阴申达包装材料有限公司	149.1214	1.95
无锡新区联合科技网络有限公司	82.4336	1.08
江阴申达包装工业园物业管理有限公司	41.2168	0.54
江阴市申龙科技研究所有限公司	31.0284	0.41
二、社会公众股	3,000.00	39.31
总股本	7,631.1001	100.00

三、发行人的主要经营情况

1.发行人业务概况

本公司实际从事的主要业务为:软塑彩印、复合包装产品的生产及销售。目前公司的主要产品为各种软塑彩印、复合包装产品,包括食品、医药、方便面、服装、洗涤剂及其他商品包装所使用的彩印及复合包装材料等。

本公司持有中国包装产品质量认证中心颁发的《包装产品质量认证证书》(注册号:CZB 2002011),彩印复合软包装产品符合ISO9001:2000标准。公司于2000年7月被国家科学技术部火炬高技术产业开发中心认定为国家火炬计划重点高新技术企业。公司的主要生产设备均引进发达国家20世纪90年代产品,并拥有一批核心技术人员,具有很强的开发能力,平均每年开发的新产品在十种以上;公司科技人员通过对引进设备的消化吸收以及与同行及科研院校的不断交流、合作,形成了一整套较为先进的复合技术和工艺诀窍。公司主要产品生产技术均处于大批量生产阶段,所生产的各种软塑彩印复合包装无论性能上还是质量上都居于同行业领先地位。

2.发行人的竞争优势及劣势

竞争优势:

公司的主要生产设备均引进发达国家20世纪90年代产品,公司培养了一批高水平的技术人员和熟练技术工人,在生产管理、工艺控制和质量管理上,形成了一套较为完备的规范,确保公司能够生产出高品质的包装产品。

公司于2002年8月7日取得了全国统一的药品包装材料和容器注册证。公司的医药包装车间达到了10万级净化标准,具有年产2,000吨医药包装或高档食品包装的生产能力。

公司凭借优异的产品质量和性能赢得了一批名牌客户,包括食品行业的百事可乐、纳贝斯克、伊利股份、青岛食品、上海东亚,日化行业的联合利华、天津汉高、浙江纳爱斯,医药行业的江西汇仁制药、海南海富制药、扬子江药业、烟台荣昌和中国大冢制药,建材行业的海螺型材等。公司将通过维系与上述客户的良好合作关系并进一步开拓名牌客户市场,提高公司的市场占有率和品牌知名度。

竞争劣势:

公司现有的员工学历结构、专业人员配置,与满足公司发展战略需要尚有一定差距。另外公司虽然地处长江三角洲腹地,北依长江,南临澄常运河,连接沪宁高速公路,水陆运输四通八达,地理位置得天独厚,且置身中国软塑包装基地园区,但因偏离于繁华的大都市,在吸引高素质人才上仍存在一定难度。公司已通过提高薪资待遇等措施,在吸引核心技术人员方面积累了一定经验并取得成效,今后将在提高管理人员待遇,引进高素质管理人才上加大力度。

3.主要财务指标

详见本上市公告书"财务会计资料"部分。

4.发行人拥有的主要知识产权和非专利技术

公司的控股股东申龙创业拥有"申達"牌注册商标,注册证号为第16类1099081号和第17类1093330号。申龙创业将"申達"牌注册商标无偿转让给公司。国家工商行政管理局商标局已核准上述注册商标的转让。

公司拥有的主要非专利技术包括:纸/SD1/AL/SD2高阻隔低温热封材料生产技术、无溶剂高阻隔复合材料生产技术和激光防伪复合材料生产技术,均于2000年获得江苏省科技厅授予的科学技术成果鉴定证书。该三项非专利技术由申达集团公司无偿转让给本公司,申达集团公司自转让之日起不再使用。

五、股票发行与承销

一、本次上市股票的公开发行情况

1.发行时间:2003年9月10日
2.发行数量:3,000万股
3.发行价格:8.00元/股
4.募集资金总额:24,000万元
5.发行方式:100%向二级市场投资者定价配售
6.配售对象:2003年9月5日收盘时持有沪市或深市已上市流通人民币普通股(A股)股票市值不少于1万元的投资者。
7.发行费用总额及项目:本次发行费用总额为1008.15万元。其中:承销费用720万元;审计费用132万元;律师费用60万元;土地评估费用10万元;上网发行费用84万元;审核费3万元。
8.每股发行费用:0.336元。

二、本次上市股票的承销情况

本次公开发行的3,000万股社会公众股的配号总数为64,449,196,中签率为0.04654829%;二

级市场投资者认购了29,697,426股,其余302,574股由主承销商包销。

三、验资报告

验资报告

江苏申龙高科股份有限公司全体股东:

我们接受委托,审验了贵公司截至2003年9月17日止的新增注册资本实收情况。按照国家相关法律、法规的规定和协议、章程的要求出资,提供真实、合法、完整的验资资料,保护资产的安全、完整是全体股东及贵公司的责任。我们的责任是对贵公司新增注册资本的实收情况发表审验意见。我们的审验是依据《独立审计实务公告第1号—验资》进行的。在审验过程中,我们结合贵公司的实际情况,实施了检查等必要的审验程序。

贵公司原注册资本为人民币4,631.1001万元,根据贵公司股东大会决议和修改后公司章程的规定,贵公司申请通过向社会公开发行人民币普通股(A股)增加注册资本人民币3,000万元,变更后的注册资本为人民币7,631.1001万元。根据中国证券监督管理委员会证监发行字[2003]105号"关于核准江苏申龙高科股份有限公司公开发行股票的通知",贵公司发行3000万股人民币普通股(A股),每股面值1元,每股发行价人民币8.00元。根据我们的审验,截至2003年9月17日止,贵公司实际已发行人民币普通股(A股)3,000万股,募集资金总额为24,000万元,扣除发行费用1,008.15万元,实际募集资金净额为22,991.85万元。其中新增注册资本叁仟万元(人民币3,000万元),资本公积人民币19,991.85万元。

同时我们注意到,贵公司本次增资前的注册资本为人民币4,631.1001万元,已经江苏公证会计师事务所有限公司验证,并于2000年7月15日出具锡会B(2000)0100号验资报告。截至2003年9月17日止,贵公司变更后的累计注册资本实收金额为人民币7,631.1001万元。

本验资报告供贵公司申请变更登记及据以向股东签发出资证明时使用,不应将其视为是对贵公司验资报告日后资本保全、偿债能力和持续经营能力等的保证,因使用不当造成的后果,与执行本验资业务的注册会计师及会计师事务所无关。

附件:1、新增注册资本实收情况明细表

2、注册资本变更前后对照表

3、验资事项说明

江苏公证会计师事务所有限公司主任会计师:沈岩

注册会计师:郭建康

中国·无锡2003年9月17日

四、本次募集资金入帐情况

1、入帐时间:2003年9月17日

2、入帐金额:22,991.85万元人民币

3、入帐账号:2631061813

4、开户银行:中国建设银行无锡市利港电厂支行

五、本次股票上市前发行人的股权结构和股东持股情况

1、本次股票上市前公司的股权结构

股份类别	股份数量(股)	比例(%)
发起人股	法人股 46,311,001	60.69
流通股	社会公众股 30,000,000	39.31
合计	76,311,001	100.00

2、本次股票上市前公司前十名股东及其持股比例

股东名称	持股数量(股)	持股比例(%)
1 江苏申龙创业集团有限公司	41,165,848	53.94
2 江阴瀛寰资产投资有限公司	2,107,151	2.76
3 江阴申达包装材料有限公司	1,491,214	1.95
4 无锡新区联合科技网络有限公司	824,336	1.08
5 江阴申达包装工业园物业管理有限公司	412,168	0.54
6 江阴市申龙科技研究所有限公司	310,284	0.41
7 东北证券有限责任公司	302,574	0.397
8 天同180指数证券投资基金	49,000	0.064
9 招商股票投资基金	35,000	0.046
10 同益基金	22,000	0.029

六、董事、监事及高级管理人员

一、董事、监事、高级管理人员简况

1、董事

(1)陆建平先生:现年41岁,本科学历,复旦大学经济系毕业,政工师。现任本公司董事长兼总经理。

(2)符炳方先生:现年45岁,大专学历,工程师。现任江苏申龙创业集团有限公司董事长、总经理。

(3)单玉华女士:现年40岁,高中学历。现任江苏申龙创业集团有限公司工会副主席。

(4)殷国波先生:现年37岁,高中学历。现任上海申连包装有限公司经理。

(5)杨祚民先生:现年36岁,本科学历,MBA在读,经济师。现任江苏申龙创业集团有限公司副总经理。

(6)邵虹先生:现年44岁,本科学历,经济师。现任本公司副总经理。

(7)陆德明先生:现年47岁,硕士学历,教授、博士生导师。现任本公司独立董事。

(8)贾亚琴女士:现年41岁,大专学历,会计师。现任本公司独立董事。

(9)王培生先生:现年60岁,大专学历,注册会计师。现任本公司独立董事。

2、监事

(1)韩仲喜先生:现年42岁,本科学历,留德归国,高级工程师,现任江阴申鹏包装材料有限公司总经理。

(2)林硕奇先生:现年31岁,本科学历,助理经济师。现任江苏申龙创业集团有限公司法律服务部副经理。

(3)於明强先生:现年36岁,高中学历。现任本公司职工代表监事兼供应部副经理。

3、高级管理人员

(1)陆建平先生:公司董事长兼总经理,已在董事中介绍。

(2)王德兴先生:现年49岁,大专学历,工程师。现任本公司副总经理、总工程师,分管技术与生产。

(3)张健先生:现年34岁,大专学历。现任本公司副总经理,分管营销。

(4)邵虹先生:本公司副总经理,已在董事中介绍。

(5)高国富先生:现年44岁,大专学历。现任本公司副总经理。

(6)吴江渝先生:现年37岁,本科学历,工程师。现任本公司董事会秘书兼办公室主任。

(7)蔡顺梅女士:现年39岁,本科学历,会计师。现任本公司财务部经理、财务负责人。蔡顺梅女士目前还担任江阴创源科技新材料有限公司监事长。

二、有关事项的说明

1、发行前上述人员不存在个人或家属直接持有申龙高科股份的情况。

2、符炳方先生通过持有申龙创业的股权,间接持有公司26.94%的股份。

3、单玉华女士通过持有申龙创业的股权,间接持有公司8.98%的股份。

4、陆建平先生通过持有江阴瀛寰资产投资有限公司的股权,间接持有公司1.36%的股份。

5、单卫忠先生通过持有江阴市申龙科技研究所有限公司的股权,间接持有公司0.36%的股份。

七、同业竞争与关联交易

一、同业竞争

公司控股股东申龙创业及其控制或参股的法人与公司不存在同业竞争。

公司控股股东申龙创业于2002年2月出具了《非竞争承诺函》,承诺:"截止本承诺函出具之日,本公司及本公司所控制的子公司、分公司、合营或联营公司及其他任何类型的企业未从事任何在商业上对发行人或其所控制的子公司、分公司、合营或联营公司构成直接或间接竞争的业务或活动。并保证将来亦不从事并不促使本公司所控制的子公司、分公司、合营或联营公司及其他任何类型的企业从事任何在商业上对发行人或其所控制的子公司、分公司、合营或联营公司构成直接或间接竞争的业务或活动。"

公司的终极控制人符炳方于2002年2月21日出具了《避免同业竞争承诺函》,承诺:"截止本承诺函出具之日,本人除江苏申龙创业集团有限公司外,无持有其他公司、企业及其他法人股权情况。本人保证将来亦不设立从事与江苏申龙高科股份有限公司相同或相似业务活动的公司、企业及其他法人,也不与其他人设立合营或联营企业、公司从事与江苏申龙高科股份有限公司相同或相似业务活动。"

二、关联方及关联关系

根据中国证监会证监发[2001]41号文规定的范围,本公司报告期存在的关联方及关联关系如下:

(一)关联方

(1)股东

公司的六家法人股东为公司的关联方。

(2)主要股东控股、参股企业

公司的控股股东申龙创业控制或参股的企业:江阴申龙制版有限公司、江阴申力新材料有限公司、江阴申鹏包装材料有限公司和上海申连包装有限公司为本公司关联企业。

(3)本公司控股、参股企业

公司控股子公司江阴创源科技新材料有限公司为本公司关联企业。

(4)董事、监事、高级管理人员及核心技术人员

公司的董事、监事、高级管理人员及核心技术人员为本公司的关联人士,参见"第六节 董事、监事及高级管理人员"。

(5)有实质影响的自然人

对本公司控股股东申龙创业有实质影响的自然人符炳方为本公司的关联人士。

八、财务会计资料

本公司截止2003年5月31日的财务会计资料已于2003年9月5日分别在《上海证券报》、《中国证券报》、《证券时报》和《证券日报》上刊登的招股说明书摘要以及刊登于上海证券交易所网站(http://www.sse.com.cn)的本公司招股说明书全文及其附录中进行了详细披露,尚未超出招股说明书有效期限。欲了解本公司经审计的财务报表及主要财务指标的详细内容,敬请投资者查阅上述报纸、网站或在公告的招股说明书查阅地查阅。

一、会计报表的编制基准和注册会计师意见

1、公司前身申达集团江阴物资供销有限公司,成立于1997年7月18日,其后经过数次公司名称、经营范围、注册资本等的变更,于2000年7月28日经江苏省苏政复[2000]169号文批准,依法整体变更为股份公司。

2、公司自1997年7月18日成立以来,即独立经营,并建立了会计账册独立核算。公司聘请江苏公证会计师事务所有限公司对公司按照《企业会计准则》和《企业会计制度》编制的近三年零一期会计报表进行了审计,会计师出具了标准无保留意见的审计报告。本节数据如无特别说明,均引自经审计的会计报表。

3、由于2000年、2001年公司无对外股权投资,公司2000年度起不再编制合并报表。2002年1月28日公司投资的子公司江阴创源科技新材料有限公司经工商注册成立。由于江阴创源科技新材料有限公司于2002年上半年度投入运营,生产规模尚小,故2002年和2003年1-5月未纳入合并范围。

二、简要会计报表

1、简要资产负债表

项目	2003年5月31日
资产	
流动资产:	
货币资金	38,358,712.24
应收票据	3,226,676.40
应收账款	36,146,660.49
其他应收款	1,346,559.85
预付账款	6,765,315.21
存货	19,136,969.84
待摊费用	2,788,733.98
流动资产合计	107,769,628.01
长期投资:	
长期股权投资	8,533,628.57
长期投资合计	8,533,628.57
固定资产:	
固定资产原值	93,211,232.18
减:累积折旧	41,751,670.15
固定资产净值	51,459,562.03
固定资产净额	51,459,562.03
在建工程	3,684,903.09
固定资产合计	62,639,320.10
无形资产及其他资产:	
无形资产	21,449,239.85
长期待摊费用	581,036.98
无形资产及其他资产合计	22,030,276.83
资产总计	200,972,853.51
负债	
流动负债:	
短期借款	20,000,000.00
应付票据	
应付账款	35,490,603.59
预收账款	892,154.08
应付工资	
应付福利费	101,459.07
应付股利	
应交税金	3,474,030.41
其他应交款	80,400.00
其他应付款	764,019.20
预提费用	417,359.73
一年内到期的长期负债	20,000,000.00

流动负债合计	81,220,026.08
长期负债：	
长期借款	20,000,000.00
专项应付款	100,000.00
长期负债合计	20,100,000.00
负债合计	101,320,026.08
所有者权益	
实收资本(或股本)	46,311,001.00
资本公积	0.08
盈余公积	6,482,275.85
其中:法定公益金	2,160,758.62
未分配利润	36,732,896.44
所有者权益合计	99,652,827.43
负债及所有者权益总计	200,972,853.51

项目	2002年12月31日
资产	
流动资产：	
货币资金	21,198,354.63
应收票据	327,250.00
应收账款	32,128,728.85
其他应收款	757,532.93
预付账款	172,013.79
存货	23,770,949.46
待摊费用	3,042,047.46
流动资产合计	81,396,877.12
长期投资：	
长期股权投资	7,815,746.52
长期投资合计	7,815,746.52
固定资产：	
固定资产原值	92,912,120.18
减:累积折旧	39,303,756.27
固定资产净值	53,986,445.47
固定资产净额	53,608,363.91
在建工程	1,640,671.03
固定资产合计	59,568,141.14
无形资产及其他资产：	
无形资产	21,633,912.65
长期待摊费用	597,346.31
无形资产及其他资产合计	22,231,258.96
资产总计	171,012,023.74
负债	
流动负债：	
短期借款	20,000,000.00
应付票据	
应付账款	37,589,206.17
预收账款	738,831.89
应付工资	
应付福利费	134,543.08
应付股利	
应交税金	1,211,646.66
其他应交款	80,400.00
其他应付款	1,473,374.15
预提费用	157,848.42
一年内到期的长期负债	
流动负债合计	61,385,850.37
长期负债：	
长期借款	20,000,000.00
专项应付款	100,000.00
长期负债合计	20,100,000.00
负债合计	81,485,850.37
所有者权益	
实收资本(或股本)	46,311,001.00
资本公积	0.08
盈余公积	6,482,275.85
其中:法定公益金	2,160,758.62
未分配利润	36,732,896.44
所有者权益合计	89,526,173.37
负债及所有者权益总计	171,012,023.74

项目	2001年12月31日
资产	
流动资产：	
货币资金	12,154,361.05
应收票据	78,975.60
应收账款	30,464,676.03
其他应收款	560,177.38
预付账款	1,041,448.92
存货	13,242,513.34
待摊费用	1,952,119.42
流动资产合计	59,494,271.74
长期投资：	
长期股权投资	7,000,000.00
长期投资合计	7,000,000.00
固定资产：	
固定资产原值	90,113,424.97
减:累积折旧	33,866,317.57
固定资产净值	56,247,107.40
固定资产净额	56,247,107.40
在建工程	-
固定资产合计	56,247,107.40
无形资产及其他资产：	
无形资产	4,729,680.00
长期待摊费用	807,841.94
无形资产及其他资产合计	5,537,521.94
资产总计	128,278,901.08
负债	
流动负债：	
短期借款	20,000,000.00
应付票据	-
应付账款	18,247,708.49
预收账款	613,663.53
应付工资	-
应付福利费	92,964.63
应付股利	-
应交税金	1,077,803.34
其他应交款	80,400.00
其他应付款	20,743,310.08
预提费用	35,750.00
一年内到期的长期负债	
流动负债合计	60,891,600.07
长期负债：	
长期借款	
专项应付款	
长期负债合计	
负债合计	60,891,600.07
所有者权益	
实收资本(或股本)	46,311,001.00
资本公积	0.08
盈余公积	3,161,444.99
其中:法定公益金	1,053,815.00
未分配利润	17,914,854.94
所有者权益合计	67,387,301.01
负债及所有者权益总计	128,278,901.08

项目	2000年12月31日
资产	
流动资产：	
货币资金	4,346,334.51
应收票据	347,800.00
应收账款	34,772,253.06
其他应收款	1,297,712.46
预付账款	1,133,665.06
存货	11,707,415.84
待摊费用	2,754,870.56
流动资产合计	56,360,051.49
长期投资：	
长期股权投资	-
长期投资合计	-
固定资产：	
固定资产原值	85,127,346.12
减:累积折旧	28,443,368.76
固定资产净值	56,683,977.36
固定资产净额	56,683,977.36
在建工程	-
固定资产合计	56,683,977.36
无形资产及其他资产：	
无形资产	-
长期待摊费用	289,399.99
无形资产及其他资产合计	289,399.99
资产总计	113,333,428.84
负债	
流动负债：	
短期借款	-
应付票据	-
应付账款	46,590,518.48
预收账款	1,065,358.09
应付工资	-
应付福利费	130,376.20
应付股利	7,429,004.09
应交税金	4,094,046.54
其他应交款	2,092.99
其他应付款	2,428,336.02
预提费用	-
一年内到期的长期负债	
流动负债合计	61,739,732.41
长期负债：	
长期借款	
专项应付款	
长期负债合计	
负债合计	61,739,732.41
所有者权益	
实收资本(或股本)	46,311,001.00
资本公积	0.08
盈余公积	792,404.30
其中:法定公益金	264,134.77
未分配利润	4,490,291.05
所有者权益合计	51,593,696.43
负债及所有者权益总计	113,333,428.84

2、简要利润表

项目	2003年1-5月
一、主营业务收入	75,404,785.191
减:主营业务成本	53,960,778.261
主营业务税金及附加	191,591.87

二、主营业务利润	21,252,415.06
加:其他业务利润	29,863.77
减:营业费用	1,587,145.00
管理费用	4,591,078.69
财务费用	669,259.06
三、营业利润	14,434,796.08
加:投资收益	717,882.05
补贴收入	-
营业外收入	5,440.00
减:营业外支出	300,500.00
四、利润总额	14,857,618.13
减:所得税	4,730,964.07
少数股东权益	-
五、净利润	10,126,654.06

项目	2002 年度
一、主营业务收入	72,268,670.62
减:主营业务成本	25,853,563.04
主营业务税金及附加	410,157.82
二、主营业务利润	46,004,949.76
加:其他业务利润	251,405.84
减:营业费用	3,259,767.01
管理费用	9,040,872.19
财务费用	1,419,008.41
三、营业利润	32,536,707.99
加:投资收益	815,746.52
补贴收入	
营业外收入	121,091.48
减:营业外支出	677,523.20
四、利润总额	32,796,022.79
减:所得税	10,657,150.43
少数股东权益	-
五、净利润	22,138,872.36

项目	2001 年度
一、主营业务收入	141,177,479.76
减:主营业务成本	107,361,186.60
主营业务税金及附加	310,666.39
二、主营业务利润	33,505,626.77
加:其他业务利润	524,783.10
减:营业费用	3,360,714.50
管理费用	6,910,343.08
财务费用	40,455.92
三、营业利润	23,718,896.37
加:投资收益	-
补贴收入	-
营业外收入	122,110.59
减:营业外支出	675,647.07
四、利润总额	23,165,359.89
减:所得税	7,371,755.31
少数股东权益	-
五、净利润	15,793,604.58

项目	2000 年度
一、主营业务收入	110,620,790.26
减:主营业务成本	95,657,604.12
主营业务税金及附加	128,907.45
二、主营业务利润	14,834,278.69
加:其他业务利润	138,891.36
减:营业费用	1,767,121.96
管理费用	1,514,265.06
财务费用	-40,150.28
三、营业利润	11,731,933.31
加:投资收益	-
补贴收入	-
营业外收入	17,352.20
减:营业外支出	74,897.05
四、利润总额	11,674,388.46
减:所得税	3,859,988.53
少数股东权益	-
五、净利润	7,814,399.93

3、简要现金流量表

项目	2003 年 1-5 月份	2002 年度
经营活动产生的现金流量净额	6,560,303.47	35,306,148.23
投资活动产生的现金流量净额	-7,709,329.74	-25,465,602.87
筹资活动产生的现金流量净额	18,309,383.88	-796,551.78
现金及现金等价物净增加额	17,160,357.61	9,043,993.58

三、主要财务指标

1、主要财务指标

财务指标	2003 年 1-5 月	2002 年
1、流动比率	1.33	1.33
2、速动比率	1.09	0.94
3、应收账款周转率	5.80	6.07
4、存货周转率	6.04	6.8
5、无形资产(土地使用权除外)占总资产的比例	0%	0%
无形资产(土地使用权除外)占净资产的比例	0%	0%
6、资产负债率	50.41%	47.65%
7、每股净资产(元)	2.15	1.93
8、每股经营活动的现金流量(元)	0.14	0.76
9、净资产收益率(全面摊薄)	10.16%	24.73%
净资产收益率(加权平均)	10.71%	28.22%
净资产收益率(扣除非经常性损益后的加权平均)	10.54%	27.99%
10、每股收益(元)	0.22	0.48
11、研究与开发费用占主营业务收入的比例	2.86%	2.27%

财务指标	2001 年	2000 年
1、流动比率	0.98	0.91
2、速动比率	0.73	0.68
3、应收账款周转率	5.1	3.2
4、存货周转率	8.6	9.1
5、无形资产(土地使用权除外)占总资产的比例	0%	0%
无形资产(土地使用权除外)占净资产的比例	0%	0%
6、资产负债率	47.47%	54.48%
7、每股净资产(元)	1.455	1.114
8、每股经营活动的现金流量(元)	0.25	-
9、净资产收益率(全面摊薄)	23.43%	15.15%
净资产收益率(加权平均)	26.55%	15.95%
净资产收益率(扣除非经常性损益后的加权平均)	26.47%	15.95%
10、每股收益(元)	0.34	0.17
11、研究与开发费用占主营业务收入的比例	2.4%	-(注)

注:研发费用在 2000 年和 1999 年未单列。

2、发行前后每股收益和净资产收益率

本公司按《公开发行证券公司信息披露规则第 9 号—净资产收益率的计算及披露》计算的 2000 年、2001 年、2002 年和 2003 年 1—5 月份净资产收益率和每股收益如下:

(1)净资产收益率

序号	报告期利润	全面摊薄 2003 年 1-5 月	2002 年	2001 年	2000 年
1	主营业务利润(%)	21.33	51.39	49.72	28.75
2	营业利润(%)	14.49	36.34	35.20	22.74
3	净利润(%)	10.16	24.73	23.43	15.15
4	扣除非经常性损益后的净利润(%)	10.01	24.53	23.37	15.15

序号	报告期利润	加权平均 2003 年 1-5 月	2002 年	2001 年	2000 年
1	主营业务利润(%)	21.33	58.64	56.32	30.29
2	营业利润(%)	14.49	41.47	39.87	23.95
3	净利润(%)	10.16	28.22	26.55	15.95
4	扣除非经常性损益后的净利润(%)	10.01	27.99	26.47	15.95

(2)每股收益

序号	报告期利润	全面摊薄 2003 年 1-5 月	2002 年	2001 年	2000 年
1	主营业务利润	0.46	0.99	0.72	0.32
2	营业利润	0.31	0.70	0.51	0.25
3	净利润	0.22	0.48	0.34	0.17
4	扣除非经常性损益后的净利润	0.22	0.47	0.34	0.17

序号	报告期利润	加权平均 2003 年 1-5 月	2002 年	2001 年	2000 年
1	主营业务利润	0.46	0.99	0.72	0.33
2	营业利润	0.31	0.70	0.51	0.26
3	净利润	0.22	0.48	0.34	0.18
4	扣除非经常性损益后的净利润	0.22	0.47	0.34	0.18

九、其他重要事项

一、本次股票发行后至本上市公告书公告之日,本公司未发生可能对本公司有较大影响的其他重要事项。

二、根据《上海证券交易所股票上市规则》的有关规定,本公司第一大股东江苏申龙创业集团有限公司承诺:自本公司股票上市之日起 12 个月内,不转让其持有的本公司股份,也不由本公司回购其持有的本公司股份。

十、董事会上市承诺

本公司董事会将严格遵守《中华人民共和国公司法》、《中华人民共和国证券法》、《股票发行与交易管理暂行条例》、《公开发行股票公司信息披露实施细则》和《上海证券交易所股票上市规则》等国家有关法律法规的规定,承诺自本公司股票上市之日起做到:

一、按照法律、法规规定的程序和要求披露所有对投资者有重大影响的信息,并接受中国证监会、上海证券交易所的监督管理;

二、真实、准确、完整、公允和及时地公布定期报告,并置备于规定场所供投资者查阅;

三、本公司董事、监事及高级管理人员如发生人事变动或持本公司股票发生变化时,在报告中国证监会、上海证券交易所的同时向投资者公布;

四、本公司在知悉可能对股票价格产生误导性影响的任何公共传播媒介中出现的消息后,将及时予以公开澄清;

五、本公司董事、监事、高级管理人员及核心技术人员将认真听取社会公众的意见和批评,不利用已获得的内幕消息和其他不正当手段直接或间接从事发行人股票的买卖活动;

六、本公司没有无记录的负债。

十一、上市推荐人及其意见

一、上市推荐人有关情况

上市推荐人:东北证券有限责任公司

法定代表人:李树

住　所:吉林省长春市人民大街 138-1 号

电　　话:010-68573827

传　　真:010-68573837

联 系 人:梁化军 田树春 黄峥

二、上市推荐人意见

上市推荐人东北证券有限责任公司认为:江苏申龙高科股份有限公司符合《中华人民共和国公司法》、《中华人民共和国证券法》及《上海证券交易所股票上市规则》等法律、法规规定的上市条件。

东北证券有限责任公司保证江苏申龙高科股份有限公司的董事了解有关法律、法规、上海证券交易所上市规则及股票上市协议规定的董事的义务与责任,并协助江苏申龙高科股份有限公司健全了法人治理结构,制定了严格的信息披露制度与保密制度;东北证券有限责任公司已对上市文件所载的资料进行了核实,保证江苏申龙高科股份有限公司的上市申请资料、上市公告书没有虚假、严重误导性陈述或重大遗漏,并保证对其承担连带责任。东北证券有限责任公司保证不利用在上市过程中获得的内幕信息进行内幕交易,为自己或他人谋取利益。

国电南瑞科技股份有限公司

国电南瑞科技股份有限公司股票上市公告书

第一节 重要声明与提示

国电南瑞科技股份有限公司(以下简称"本公司"、"公司"或"发行人")董事会保证上市公告书的真实性、准确性、完整性,全体董事承诺上市公告书不存在虚假记载、误导性陈述或重大遗漏,并承担个别和连带的法律责任。

根据《公司法》、《证券法》等有关法律、法规的规定,本公司董事、高级管理人员已依法履行诚信和勤勉尽责的义务和责任。

证券交易所、中国证监会、其他政府机关对本公司股票上市及有关事项的意见,均不表明对本公司的任何保证。

本公司提醒广大投资者注意,凡本上市公告书未涉及的有关内容,请投资者查阅2003年9月19日刊载于《中国证券报》、《上海证券报》和《证券时报》的本公司招股说明书摘要,及刊载于上海证券交易所网站(http://www.sse.com.cn)的本公司招股说明书全文。

第二节 概览

1、股票简称:	国电南瑞
2、沪市股票代码:	600406
3、深市代理股票代码:	003406
4、总股本:	109,000,000股
5、可流通股本:	40,000,000股
6、本次上市流通股本:	40,000,000股
7、上市地点:	上海证券交易所
8、上市时间:	2003年10月16日
9、股票登记机构:	中国证券登记结算有限责任公司上海分公司
10、上市推荐人:	北方证券有限责任公司 中国银河证券有限责任公司

11、本公司首次公开发行股票前股东所持股份的流通限制及期限:根据国家有关法律、法规规定和中国证监会证监发行字[2003] 115号《关于核准国电南瑞科技股份有限公司公开发行股票的通知》,本公司的国有法人股和法人股暂不上市流通。

12、根据《上海证券交易所股票上市规则》,本公司第一大股东南京南瑞集团公司承诺:自本公司股票上市之日起12个月内,不转让其持有的本公司的股份;同时也不由本公司回购其所持有的股份。

第三节 绪言

本上市公告书是根据《中华人民共和国公司法》、《中华人民共和国证券法》、《股票发行与交易管理暂行条例》、《公开发行股票公司信息披露实施细则》和《上海证券交易所股票上市规则》等国家有关法律、法规的规定,并按照中国证监会《公开发行证券的公司信息披露内容与格式准则第7号——股票上市公告书》而编制,旨在向投资者提供本公司的基本情况和本次股票上市的有关资料。

经中国证监会证监发行字[2003] 115号文核准,本公司于2003年9月24日以向沪市、深市二级市场投资者定价配售的方式成功发行4,000万股人民币普通股,每股面值1.00元,发行价为每股人民币10.39元。

经上海证券交易所上证上字[2003]126号文批准,本公司公开发行4,000万股社会公众股将于2003年10月16日起在上海证券交易所挂牌交易。股票简称"国电南瑞",沪市股票代码为"600406",深市代理股票代码为"003406"。

本公司已于2003年9月19日在《中国证券报》、《上海证券报》、《证券时报》和《证券日报》上刊登了《招股说明书摘要》,招股说明书正文及其附录刊载于上海证券交易所网站(http://www.sse.com.cn),距今不足三个月,故与其重复的内容不再重述,敬请投资者查阅上述内容。

第四节 发行人概况

一、本公司基本情况

1、公司名称:国电南瑞科技股份有限公司

英文名称:NARI Technology Development Limited Company

2、注册资本:本次股票发行前为6,900万元,发行后为10,900万元

3、法定代表人:闵涛

4、公司住所:江苏省南京市高新技术产业开发区D10幢

5、经营范围:发电、输电、变电、配电、供电控制系统设备;计算机及外部设备;通信交换、通信终端及通信设备(不含卫星地面接收设备);工业自动化仪表、电工仪器、电子测量仪器、工业过程控制系统及装置设计、制造、销售、服务;电子计算机软件的研制、开发、服务。经营本企业自产产品及技术的出口业务;经营本企业生产、科研所需的原辅材料、仪器仪表、机械设备、零配件及技术的进口业务(国家限定公司经营和国家禁止进出口的商品及技术除外)。

6、主营业务:电网调度自动化、变电站自动化、火电厂及工业控制自动化产品的研制、开发和销售。

7、所属行业:信息技术业

8、联系电话:025-3407064、3429900-2315

9、传真号码:025-3407064

10、互联网网址:www.naritech.cn

11、电子信箱:stock@naritech.cn

12、董事会秘书:郑延海

二、公司历史沿革

本公司是根据《公司法》等有关法律、法规,并经国家经贸委以国经贸企改[2001]158号文《关于同意设立国电南瑞科技股份有限公司的批复》批准,于2001年2月28日在南京市工商行政管理局注册成立的股份有限公司。

根据重组方案,南瑞集团和国电电力分别以资产投入,其他发起人以现金投入。其中主发起人南瑞集团以其下属的电网控制分公司和系统控制分公司的生产经营性净资产及位于南京市浦口区沿江镇高新技术产业开发区的1848.8平方米的土地使用权和4586.9平方米房产,投入股份公司。根据中联资产评估有限公司出具的中联评报字(2000)17号《南京南瑞集团公司投入拟设立的国电南瑞科技股份有限公司的部分资产项目资产评估报告书》和中联评报字(2000)23号《土地估价报告》的评估结果,并经财政部财企(2000)359号《关于组建国电南瑞科技股份公司资产评估项目审核的函》确认,南瑞集团拟投入股份公司的总资产为7796.98万元,负债为3940.74万元,净资产为3856.24万元。公司设立时,南瑞集团实际投入的净资产为3757.24万元,剩余99万元退还南瑞集团。国电电力将其以现金收购的原南京南瑞集团公司工业控制分公司的经营性净资产作为出资,投入股份公司。根据中联资产评估有限公司出具的中联评报字(2000)18号《南瑞公司出让、国电电力受让工业控制分公司并投入组建国电南瑞科技股份有限公司资产评估报告书》的评估结果,并经财政部财企(2000)359号《关于组建国电南瑞科技股份公司资产评估项目审核的函》确认,国电电力投入股份公司的总资产为10710.15万元,负债为8143.08万元,净资产为2567.06万元。其他发起人中,京瑞科以现金出资1789.16万元,江苏电力以现金出资178.92万元,云南电力以现金出资178.92万元,黑龙江电力以现金出资295.60万元,广东华电以现金出资89.46万元,济南英大以现金出资89.46万元,共计投入现金2621.52万元。

三、公司主要经营情况

1、发行人业务概况

本公司实际从事的主要业务是:电网调度自动化、变电站自动化、火电厂以及工业控制自动化系统的软硬件开发生产和系统集成服务。

本公司主要产品包括:

电网调度自动化类----OPEN-2000能量管理系统、SD-6000调度自动化系统、RD-800分布式电网监控系统等。

变电站自动化类----NS2000变电站综合自动化系统、BJ系列变电站微机监控系统、DISA系列分布式变电站监控系统、BSJ-2000变电站分布式计算机监控系统等。

工业控制类----GKS-9000分散控制系统、GKS-IAS企业管理信息统计分析系统等。

2、本公司的竞争优势与劣势

本公司是由南瑞集团部分改制而来,与国内竞争者相比,本公司前身早在70年代初期几乎与国外同步进入电力系统自动化产品的研究和开发领域,拥有国内多项首创技术和产品,因此具备竞争对手所缺少的专业优势。公司同时拥有以硕士、博士为骨干的人才队伍,本科以上员工占员工总人数的79%。南瑞品牌在国内电力工业界享有较高的声誉,被普遍认可,在国际同行中也拥有较高的知名度。随着中国加入WTO和本公司参与国际市场力度的进一步加强,相信本公司品牌的知名度将会进一步提高。同时,为充分挖掘产品的外延,本公司还是国内率先研究将电力自动化系统应用于石化、市政、环保、水利、轨道交通等多个领域的企业。因此,在国内竞争同行中,本公司拥有强大的竞争优势。

在国内市场上由于高技术人才的聘用竞争加剧,高技术人才的薪资逐渐增高,使本公司产品开发的成本有逐渐上升的趋势。同时由于市场上存在一些非正常的价格竞争,给本公司造成了一定的压力。但是本公司将会进一步改善运行机制,提高效率,在资本市场的支持下,进一步加大新产品的研发和拓宽销售服务网络的力度,保持竞争优势。

3、主要财务指标

请参见本公告书"第八节财务会计资料"。

4、主要知识产权

(1)商标

南瑞集团与本公司签订了《商标使用许可合同》及其补充协议,约定南瑞集团将其注册并持有的第715154号"NARI"商标和第1042407号"南瑞"商标许可股份公司使用,许可使用期限为2001年2月28日至2015年9月30日。新《商标法》实施后,本公司已经向国家商标局申请注册了"国电南瑞"文字商标,并已经于2003年3月17日取得了国家工商行政管理总局商标局出具的《商标注册证》。公司自行注册商标后,商标"NARI"将继续使用,商标"南瑞"将停止使用。

5、财政税收优惠政策

(1)增值税:本公司产品销售收入的增值税税率为17%。

股份公司设立后,根据《关于鼓励软件产业和集成电路产业发展有关税收政策问题的通知》(财税[2000]25号)规定,本公司取得的软件产品销售收入,符合退税规定的,按17%的法定税率征收增值税后,实际税负超过3%的部分实行即征即退政策。

(2)营业税:本公司技术转让、技术开发收入营业税税率为5%。根据财政部、国家税务总局财税字[1999]273号《关于贯彻落实〈中共中央国务院关于加强技术创新,发展高科技,实现产业化的决定〉有关税收问题的通知》规定,经南京市技术市场认定登记的技术转让、技术开发合同,其收入免征营业税。

(3)企业所得税:本公司为在南京高新技术产业开发区注册的高新技术企业、新办软件生产企业,根据财政部、国家税务总局、海关总署《关于鼓励软件产业和集成电路产业发展有关税收政策问题的通知》(财税[2000]25号)规定,经江苏省南京市国家税务局宁国税函[2002]71号《关于同意国电南瑞科技股份有限公司享受软件企业所得税优惠政策的函》批准,本公司自开始获利年度起,第一年和第二年免征企业所得税,第三年至第五年减半征收企业所得税(税率16.5%)。根据财税字(94)001号文规定,经江苏省南京市国家税务局宁国税高新减字[2003]第04号减免税批复,本公司自2003年度起减按15%征收企业所得税。

第五节 股票发行与股本结构

一、本次发行的基本情况

1、股票种类:境内上市人民币普通股(A股)

2、每股面值:1.00元

3、发行股数:4,000万股

4、每股发行价:10.39元

5、发行市盈率:20倍

6、发行方式:全部向二级市场投资者定价配售

7、发行对象:于2003年9月19日持有上海证券交易所或深圳证券交易所已上市流通人民币普通股(A股)股票的收盘市值总和(包括可流通但暂锁定的股份市值)不少于10,000元的投资者。

9、本次发行实收募股资金及发行费用

本次股票发行共募资金41,560万元,扣除发行费用(包括承销费、审计费用、评估费用、律师费用、发行手续费用、审核费等)1920.46万元,实募资金39639.54万元。每股发行费用为0.4802元。

二、本次股票上市前首次公开发行股票的承销情况

本次公开发行的4,000万股社会公众股的配号总数为68,170,666,起始号码为000100000001,中签率为0.05867626%。其中二级市场投资者认购39,481,942股,其余518,058股由主承销商包销。

三、本次上市前首次公开发行股票所募股资金的验资报告

验资报告

天健(2003)验字003号

国电南瑞科技股份有限公司全体股东:

我们接受委托,审验了贵公司截至2003年10月8日止新增注册资本(股本)的实收情况。按照国家相关法律、法规的规定和协议、章程的要求出资,提供真实、合法、完整的验资资料,保护资产的安全、完整是全体股东及贵公司的责任。我们的责任是对贵公司新增注册资本的实收情况发表审验意见。我们的审验是依据《独立审计实务公告第1号-验资》进行的。在审验过程中,我们结合贵公司的实际情况,实施了检查等必要的审验程序。

贵公司原注册资本(股本)为人民币69,000,000元,根据贵公司股东大会决议,贵公司申请增加注册资本(股本)人民币40,000,000元。变更后的注册资本(股本)为人民币109,000,000元。经

我们审验,截至 2003 年 10 月 8 日止,贵公司已收到社会公众股股东投入注册资本合计为人民币肆仟万元整(RMB40,000,000.00 元),各股东均以货币资金出资。

贵公司本次增资前的注册资本为人民币 69,000,000 元,业经天健会计师事务所天健(2001)验字 002 号《验资报告》验证。截至 2003 年 10 月 8 日止,变更后的累计注册资本实收金额为人民币 109,000,000 元。

本验资报告供贵公司申请变更登记及据以向股东签发出资证明时使用,不应将其视为是对贵公司验资报告日后资本保全、偿债能力和持续经营能力等的保证。因使用不当造成的后果,与执行本验资业务的注册会计师及天健会计师事务所有限公司无关。

北京天健会计师事务所有限公司　　中国注册会计师:廖良汉

2003 年 10 月 8 日　　中国注册会计师:邓书法

四、本次募股资金入帐情况

入帐时间:2003 年 10 月 8 日

入帐金额:403,696,120.70 元

入帐帐号:099211000095393601

开户银行:深圳发展银行南京分行营业部

五、本公司上市前股权结构及各类股东的持股情况

1、本次上市前股权结构

股份类别	股数(万股)	比例(%)
国有法人股	5451	50.01
社会法人股	1449	13.29
社会公众股	4000	36.70
合计	10900	100

2、本次上市前十大股东情况

股东名称	持股数(股)	持股比例(%)
南京南瑞集团公司	28,980,000	26.59
国电电力发展股份有限公司	19,800,000	18.17
南京京瑞科电力设备有限公司	13,800,000	12.66
黑龙江省电力有限公司	2,280,000	2.09
江苏省电力公司	1,380,000	1.27
云南电力集团有限公司	1,380,000	1.27
英大国际信托投资有限责任公司	690,000	0.63
广东华电实业有限公司	690,000	0.63
南方证券股份有限公司	528,058	0.48
天同 180	58,000	0.05

第六节　董事、监事、高级管理人员及核心技术人员

一、董事、监事、高级管理人员及核心技术人员的基本情况

1、董事会成员

闵涛先生,男,40 岁,大学毕业,高级工程师。曾荣获国家科技进步三等奖一次、省部级科技进步二等奖三次,并被评为江苏省优秀科技工作者,是"江苏省 333 跨世纪学术、技术带头人培养工程"的培养对象。现任本公司董事长。

薛禹胜先生,男,62 岁,中国工程院院士,博士生导师,高级工程师(教授级),本公司董事,十届全国人大代表。现任电力自动化研究院总工程师、南京南瑞集团公司总工程师。薛先生主持并参与了多个国家和省部级重点科研项目的开发研究工作,曾荣获国家科技进步一等奖一次、部科技进步一等奖三次,先后获得全国能源工业劳动模范、江苏省中青年科技奖、国家级突出贡献中青年科技管理专家、全国先进工作者等荣誉称号。

寇伟先生,男,42 岁,大学毕业,高级工程师,本公司董事。现任云南华能澜沧江水电有限公司党组书记、总经理。

朱大新先生,男,58 岁,硕士研究生,高级工程师(教授级),本公司董事。现任南京京瑞科电力设备有限公司技术总监。朱先生主持完成了多个重大科研项目的开发研究工作,曾荣获国家科技进步二等奖一次、省部级科技进步二等奖五次。

刘曙光先生,男,42 岁,研究生、高级工程师,本公司董事。现任国电电力发展股份有限公司证券事务代表、副总经济师、证券投资部经理。

李国春先生,男,42 岁,大学毕业,高级工程师,本公司董事。现任电力自动化研究院人事处处长。李先生长期从事测控技术的研究工作,参与主持完成了我国电力系统第一代实时自报式水情自动测报系统的开发研制工作,并多次主持完成过大型水情自动测报系统的设计及项目实施工作,曾获得江苏省新长征突击手称号。

徐从才先生,男,51 岁,经济学博士,教授,博士生导师,本公司独立董事。现任南京财经大学校长、党委副书记、教授。徐先生是"江苏省 333 跨世纪学术、技术带头人培养工程"的培养对象,享受政府特殊津贴,被评为"国家级有突出贡献的中青年专家"。

文晓明先生,男,51 岁,法学硕士,教授,博士生导师,本公司独立董事。现任南京师范大学教授,南京艺术学院教授、党委书记,常务副院长。文先生先后出版过多部学术专著及数十篇学术论文,两次获得省哲学社会科学成果奖,并被评为"江苏省有突出贡献中青年专家"。

吴明礼先生,男,52 岁,教授,硕士生导师,本公司独立董事。现任南京财经大学会计学院副院长。吴先生多年来一直从事会计教学。1986 年调入南京经济学院,主要从事财务管理与会计本专科教学,以及会计人员的会计继续教育(会计制度与会计准则培训)。曾先后承担了上市公司有关资本运营的省部级课题多项并取得相关研究成果。2002 年 6 月,吴先生出版了他的专著《现代财务理论与方法研究》。吴明礼先生还兼任南京中央商场股份有限公司独立董事。

2、监事会成员

柳一兵先生,男,42 岁,硕士研究生,高级工程师(教授级),本公司监事,监事会召集人。现任南瑞集团副总经济师,综合业务处处长

王玉霜女士,女,54 岁,大学毕业,高级经济师,本公司监事。现任中国南方电网公司监察部主任。

宋云翔先生,男,37 岁,大学毕业,高级工程师,职工监事代表,本公司监事。现任南瑞集团公司成套设备分公司总经理。

范钦南先生,男,37 岁,硕士研究生,高级工程师,职工监事代表,本公司监事。现任国电南瑞科技股份有限公司工业控制分公司总经理。

姚建国先生,男,40 岁,硕士研究生,高级工程师,职工监事代表,本公司监事。现任国电南瑞科技股份有限公司研发中心主任和电网控制分公司副总经理。

3、其他高级管理人员

张长银先生,男,40 岁,硕士研究生,高级工程师。现任国电南瑞科技股份有限公司总经理。张先生曾荣获部科技进步二等奖和三等奖各一次。

冷俊先生,男,40 岁,大学毕业,高级工程师。现任本公司副总经理。冷先生曾先后获得部科技进步二等奖和省部级科技进步一等奖各一次。

郑延海先生,男,44 岁,硕士研究生,高级工程师。现任国电南瑞科技股份有限公司副总经理、财务负责人、董事会秘书。郑先生曾获国家发明专利一项,并荣获部科技进步三等奖一次。

4、核心技术人员

江平先生,男,36 岁,博士研究生,高级工程师,是测控技术理论和工程方面的专家。

宋燕敏女士,女,42 岁,硕士研究生,高级工程师,是电力市场方面的技术专家,曾荣获 2001 年度浙江省科技进步一等奖和国家电力公司科技进步二等奖。

赵金荣先生,男,35 岁,硕士研究生,高级工程师,曾荣获 2000 年度国家科技进步二等奖,1999 年度国家电力公司科技进步二等奖。

刘极女士,女,35 岁,硕士研究生,高级工程师,曾荣获 99 年度江苏省科技进步一等奖。

高宗和先生,男,39 岁,硕士研究生,高级工程师,是电力系统高级应用软件方面的专家。曾荣获 94 年度电力部科技进步一等奖、96 年度国家科技进步一等奖。

李钢先生,男,36 岁,硕士研究生,高级工程师,曾荣获 1995 年电力部科技进步三等奖。

韩跃进先生,男,45 岁,硕士研究生,高级工程师,是工业控制自动化领域的专家。

丁杰先生,男,36 岁,硕士研究生,高级工程师,曾荣获广东省科技进步二等奖。

皮保农先生,男,39 岁,大学毕业,高级工程师,曾荣获国家科技进步三等奖、广东省科技进步奖。

何卫先生,男,33 岁,硕士研究生,工程师,长期从事电力系统自动化监控系统的研究开发工作。

严小文先生,男,35 岁,硕士研究生,工程师,是调度自动化系统方面的技术专家,曾荣获国家科技进步三等奖一次,电力部科技进步二等奖一次。

濮卫兴先生,男,34 岁,博士研究生,高级工程师。曾荣获 1996 年江苏省电力局科技成果一等奖。

二、持股情况说明

本次发行前,本公司董事、监事、高级管理人员和核心技术人员及其家属均未持有本公司股份。

第七节　同业竞争与关联交易

一、关于同业竞争

本公司控股股东南京南瑞集团公司及其控制的其他法人与本公司之间目前不存在同业竞争。

同时,本公司第一大股东南京南瑞集团公司在《不竞争承诺函》中郑重承诺:"本公司承诺,在今后的业务中,避免与贵公司同业竞争,即本公司包括本公司的全资和控股公司及本公司具有实际控制权的公司不以任何形式从事与贵公司相同或相似的业务。本公司与贵公司在开展新业务时,均有责任和义务相互通报,妥善协调,避免在新业务中产生同业竞争。在贵公司董事会或股东大会表决是否与本公司存在同业竞争的会议上,本公司人员担任的董事或股东代表将按照贵公司《章程》予以回避,或不参与表决。"本公司其他股东与本公司之间目前也不存在同业竞争。同时,南瑞集团出具了书面的"不竞争承诺函"。发行人律师与主承销商经核查认为,发行人与关联方之间不存在同业竞争。

本公司律师审查认为:经本所律师对公司股权关联方的《企业法人营业执照》、避免同业竞争承诺等的审查及对上述事实的调查,至本报告出具日,公司与其股权关联方不存在同业竞争。公司有关股权关联方亦已向发行人做出了关于不从事同业竞争的承诺。对于南瑞集团与发行人可能出现的同业竞争,公司与南瑞集团已经按有关承诺进行有效处理。经本所律师对公司《招股说明书》的审阅,发行人已按照中国证监会《公开发行证券的公司信息披露内容与格式准则第 1 号—招股说明书》的要求,对有关关联交易和解决同业竞争的措施或承诺进行了充分披露,本所律师未发现有重大遗漏或重大隐瞒。

本次发行主承销商经核查认为,发行人与关联方之间不存在同业竞争。

二、关联方及关联关系和关联交易

1、关联方及关联关系

关联方名称	与本公司关系
国家电力公司及所属公司	同受国家电力公司控制
国家电网公司及所属公司	同受国家电网公司控制
国家电力公司电力自动化研究院	母公司之母公司,本公司实际控制人
南京南瑞集团公司	本公司控股股东,持有本公司 42.0%股权
国电电力发展股份有限公司	本公司股东,持有本公司 28.7%股权
南京京瑞科电力设备有限公司	本公司股东,持有本公司 20.0%股权
江苏省电力公司	本公司股东,持有本公司 2.0%股权
云南电力集团有限公司	本公司股东,持有本公司 2.0%股权
黑龙江省电力有限公司	本公司股东,持有本公司 3.3%股权
广东华电实业有限公司	本公司股东,持有本公司 1.0%股权
英大国际信托投资有限责任公司	本公司股东,持有本公司 1.0%股权
南瑞继电保护有限公司	同受母公司控制的子公司
南京南瑞继保电气有限公司	同受母公司控制的子公司
南京南瑞继保营销有限公司	同受母公司控制的子公司
南京中德保护控制系统有限公司	同受母公司控制的子公司
南瑞国际系统工程有限公司	同受母公司控制的子公司
北京南瑞系统控制公司	同受母公司控制的子公司
北京南瑞北方自动化技术有限公司	同受母公司控制的子公司
上海南瑞实业有限公司	同受母公司控制的子公司
深圳南瑞科技有限公司	同受母公司控制的子公司
深圳市中瑞达实业有限公司	同受母公司控制的子公司
深圳南京自动化研究所	同受电自院控制的子公司
南京南瑞电气检测技术有限公司	同受电自院控制的子公司
南京南瑞工贸实业有限公司	同受电自院控制的子公司
南京南瑞广告传播有限公司	同受电自院控制的子公司

2、关联关系和存在的关联交易

公司的关联交易主要包括购货转签与销货转签、采购与委托加工、房屋租赁、控股股东为本公司提供担保、商标许可及专有技术许可等。公司与关联方分别签订了《关于分项中标后有关合同问题的原则协议书》、《委托加工协议》、《房屋租赁协议》、《商标使用许可合同》等关联交易协议以规范双方在上述交易中的权利和义务。

本公司律师审查认为:(1)公司无偿使用南瑞集团的有关商标等无形资产符合有关监管部门关于公司改制重组时对商标等无形资产处置的有关规定;(2)上述房屋租赁协议、委托加工协议的签署遵循了等价有偿、公平、公正原则,交易价格公允;(3)上述转签合同的交易价格和条件为招标方确定,未发现与招标方签订合同的一方在转签合同时,改变招标方所确定的交易价格和条件的情形;(4)上述关联交易不存在损害发行人及其他股东利益的情况;(5)经审查发行人的有关股东大会决议、表决记录等文件,在表决上述关联交易议案时,关联股东均放弃了表决权,履行了发行人《公司章程》中规定的关联交易决策程序。

经审查,发行人《公司章程》、《公司章程》(修订草案)等文件明确规定了关联交易公允决策的程序。根据发行人《公司章程》(修订草案)规定:同一标的金额或者与同一关联人在连续 12 个月内累计金额总额在公司最近审计净资产的 5%以上,或在 3000 万以上的关联交易,应由股东大会审议。当股东大会审议有关关联交易事项时,关联股东不应当参与投票表决,其所代表的有表决权的股份数不计入有效表决总数。发行人《公司章程》(修订草案)还规定:董事个人或者其所任职的其他企业直接或者间接与公司已有的或者计划中的合同、交易、安排有关联关系时,不论有关事项在一般情况下是否需要董事会批准同意,均应当尽快向董事会披露其关联关系的性质和程度。董事会审议有关关联交易事项时,关联董事应当回避,不参加董事会的投票表决。

本次发行主承销商认为所披露的关联方、关联关系、关联交易已全面披露,不存在损害发行人及中小股东利益的情形,决策程序合法有效,交易价格公允。

3、关联交易情况及占同类业务的比例

	2003 年 1-6 月		2002 年	
项目	交易额	比例	交易额	比例
采购	155.51	1%	832	3%
购货转签	1272.18	12%	5415.46	22%

销售	7561.02	46%	22341.28	64%
销货转签	410.17	2%	3340.39	10%

其中,前两项比例为关联方采购和关联方购货转签占总采购额的比例,后两项比例为关联方销售和关联方销货转签占总销售额的比例。其中2002年销售是指对原国家电力公司下属各企业的销售,2003年销售则是指对现国家电网公司下属各企业的销售。

4、本次募股资金的运用涉及的关联交易

根据目前的安排,本次募股资金的运用不涉及关联交易。

第八节 财务会计资料

本公司2000年、2001年、2002年和2003年1-6月的财务会计资料已于2003年9月19日在《中国证券报》、《上海证券报》和《证券时报》刊登的《招股说明书摘要》中进行了披露,投资者欲了解详细内容,请查阅上述报纸或刊载于上海证券交易所网站(http://www.sse.com.cn)的本公司招股说明书全文。

一、注册会计师意见

本公司已聘请天健会计师事务所有限公司对本公司2002年12月31日、2003年6月30日的资产负债表,2000年度、2001年度、2002年度和2003年1-6月的利润表,2001年3至12月、2002年度和2003年1-6月份的利润分配表,以及2002年度和2003年1-6月的现金流量表进行了审计。天健会计师事务所有限公司已出具了天健(2003)审字062号标准无保留意见的审计报告。

二、简要会计报表

1、简要资产负债表

资产	2003年6月30日	2002年12月31日
货币资金	100,161,675.23	88,517,429.80
应收票据	200,000.00	471,214.00
应收账款	167,481,356.48	154,017,671.61
其他应收款	18,416,127.48	12,759,992.36
预付账款	2,280,552.96	3,908,499.55
存货	103,448,283.73	93,056,280.09
流动资产合计	391,987,995.88	352,731,087.41
固定资产原价	14,793,697.54	13,554,788.56
减:累计折旧	4,365,578.40	3,814,345.53
固定资产净值	10,428,119.14	9,740,443.03
减:固定资产减值准备	135,400.26	135,400.26
固定资产净额	10,292,718.88	9,605,042.77
固定资产合计	10,292,718.88	9,605,042.77
无形资产	528,678.77	534,663.83
无形及其他资产合计	528,678.77	534,663.83
资产总计	402,809,393.53	362,870,794.01
负债及股东权益	2003年6月30日	2002年12月31日
短期借款	10,000,000.00	15,000,000.00
应付票据	9,601,385.31	-
应付账款	89,869,382.65	100,320,254.40
预收账款	95,464,377.16	79,180,869.85
应付福利费	11,624,048.06	10,843,895.55
应交税金	2,970,483.19	-8,067,315.86
其他应交款	394,183.39	170,599.21
其他应付款	12,285,281.28	12,101,027.56
流动负债合计	232,209,141.04	209,549,330.71
负债合计	232,209,141.04	209,549,330.71
股本	69,000,000.00	69,000,000.00
资本公积	20,458,255.55	20,458,255.55
盈余公积	12,772,641.56	12,772,641.56
其中:法定公益金	6,386,320.78	6,386,320.78
未分配利润	68,369,355.38	51,090,566.19
股东权益合计	170,600,252.49	153,321,463.30
负债和股东权益总计	402,809,393.53	362,870,794.01

2、简要利润及利润分配表

项目	2003年1-6月	2002年度
主营业务收入	166,052,214.48	348,526,435.67
减:主营业务成本	114,328,398.02	246,162,972.83
主营业务税金及附加	1,576,637.81	2,625,453.70
主营业务利润	50,147,178.65	99,738,009.14
加:其他业务利润	39,149.52	130,622.16
减:营业费用	7,781,331.02	19,370,508.48
管理费用	22,781,689.55	46,012,806.82
财务费用	-79,555.90	303,085.66
营业利润	19,702,863.50	34,182,230.34
补贴收入	1,147,112.28	1,997,240.66
营业外收入	-	18,711.96
减:营业外支出	-	355,133.98
利润总额	20,849,975.78	35,843,048.98
减:所得税	3,571,186.59	-
净利润	17,278,789.19	35,843,048.98

项目	2001年度	2000年度
主营业务收入	284,832,113.61	237,526,395.10
减:主营业务成本	205,054,617.15	161,682,638.06
主营业务税金及附加	2,708,031.25	3,040,130.64
主营业务利润	77,069,465.21	72,803,626.40
加:其他业务利润	116,462.20	1,304,697.56
减:营业费用	14,343,223.68	15,222,599.20
管理费用	31,880,450.90	38,995,671.24
财务费用	142,532.94	2,205,075.57
营业利润	30,819,719.89	17,684,977.95
补贴收入	62,858.97	-
营业外收入	-	-
减:营业外支出	1,292.99	5,000.00
利润总额	30,881,285.87	17,679,977.95
减:所得税	509,270.65	4,309,948.95
净利润	30,372,015.22	13,370,029.00

3、简要现金流量表

	2003年1-6月	2002年
经营活动产生的现金流量净额	21,125,054.41	33,617,442.80
投资活动产生的现金流量净额	-1,136,828.98	-2,972,887.51
筹资活动产生的现金流量净额	-8,343,980.00	-1,593,587.14
现金及现金等价物净增加额	11,644,245.43	29,050,968.15
每股经营活动的现金流量	0.3062	0.4872

三、、主要财务指标

1、主要财务指标

	2003年1-6月	2002年
流动比率	1.69	1.68
速动比率	0.97	1.24
应收帐款周转率	1.03	2.37
存货周转率	0.88	2.75
无形资产(土地使用权除外)占总资产比率	0	0
无形资产(土地使用权除外)占净资产比率	0	0
资产负债率	57.65%	57.75%
每股净资产	2.47	2.22
研发投入占主营业务收入比率	5.08%	8.13%

2、净资产收益率和每股收益

(1)净资产收益率

根据《公开发行证券公司信息披露编报规则第9号——净资产收益率和每股收益的计算及披露》及证监会[2001]7号文通知关于非经常性损益的有关规定,本公司2002年和2003年1-6月的净资产收益率如下:

	全面摊薄		加权平均	
报告期利润	2003年1-6月	2002	2003年1-6月	2002
主营业务利润	29.39%	65.05%	30.96%	73.66%
营业利润	11.55%	22.29%	12.17%	25.24%
净利润	10.13%	23.38%	10.67%	26.47%
扣除非经常性损益后的净利润	9.46%	23.13%	9.96%	26.20%

(2)每股收益

报告期利润	全面摊薄		加权平均	
	2003年1-6月	2002	2003年1-6月	2002
主营业务利润	0.73	1.45	0.73	1.45
营业利润	0.29	0.50	0.29	0.50
净利润	0.25	0.52	0.25	0.52
扣除非经常性损益后的净利润	0.23	0.51	0.23	0.51

第九节 其他重要事项

一、自本公司股票首次公开发行之日至本上市公告书公告之日,本公司未发生可能对本公司有较大影响的其他重要事项。

二、根据《上海证券交易所股票上市规则》,本公司第一大股东南京南瑞集团公司承诺:自本公司股票上市之日起12个月内,不转让其持有的本公司的股份;同时也不由本公司回购其所持有的股份。

第十节 董事会上市承诺

本公司董事会承诺将严格遵守《中华人民共和国公司法》、《中华人民共和国证券法》、《股票发行与交易管理暂行条例》、《公开发行股票公司信息披露实施细则》和《上海证券交易所股票上市规则》等国家法律、法规和有关规定,承诺自股票上市之日起作到:

1、按照法律、法规规定的程序和要求披露所有对投资者有重大影响的信息,并接受中国证监会、上海证券交易所的监督管理;

2、真实、准确、完整、公允和及时地公布定期报告,并置备于规定场所供投资者查阅;

3、本公司董事、监事和高级管理人员如发生人事变动或持本公司股票发生变化时,在报告中国证监会、上海证券交易所的同时向投资者公布;

4、本公司在知悉可能对股票价格产生误导性影响的任何公共传播媒介中出现的消息后,将及时予以公开澄清;

5、本公司董事、监事、高级管理人员和核心技术人员将认真听取社会公众的意见和批评,不利用已获得的内幕消息和其他不正当手段直接或间接从事本公司股票的买卖活动;

6、本公司没有无记录的负债。

第十一节 上市推荐人及意见

一、上市推荐人情况

1、上市推荐人:北方证券有限责任公司

法定代表人:路畔生

地址:上海市浦东南路500号国家开发银行大厦13楼

电话:021-58885109

传真:021-58885130

联系人:罗先文、刘辉

2、上市推荐人:中国银河证券有限责任公司

法定代表人:朱 利

地址:北京市西城区金融大街35号国际企业大厦

电话:025-3303093

传真:025-3303006

联系人:杨 立

二、上市推荐人意见

本公司上市推荐人认为,本公司章程符合《中华人民共和国公司法》等有关法律、法规和中国证监会关于公司章程的相关规定。根据《中华人民共和国公司法》、《中华人民共和国证券法》、《股票发行与交易管理暂行条例》、《上海证券交易所股票上市规则》等国家有关法律、法规的规定,本公司首次公开发行的股票已具备公开上市的条件。

本公司的董事了解法律、法规、上海证券交易所上市规则及股票上市协议规定的董事的义务与责任,本公司建立了健全的法人治理结构、制定了严格的信息披露制度与保密制度。

上市推荐人已对上市文件所载的资料进行了核实,确保上市文件真实、准确、完整,符合规定要求。保证本公司的上市申请材料、上市公告书没有虚假记载、严重误导性陈述或者重大遗漏,并对其承担连带责任。

上市推荐人与本公司不存在关联关系。上市推荐人愿意推荐本公司股票在上海证券交易所上市交易,并在上市推荐过程中,保证不利用获得的内幕信息进行内幕交易,为自己或他人谋取利益。

国电南瑞科技股份有限公司

2003年10月11日

山西安泰集团股份有限公司

山西安泰集团股份有限公司股票上市公告书暨2002年度财务报告

一、概览

(一)股票简称:安泰集团
(二)沪市股票代码:600408
深市代理股票代码:003408
(三)总股本:23,000万股
(四)可流通股本:7,000万股
(五)本次上市流通股本:7,000万股
(六)对首次公开发行股票前股东所持股份的流通限制及期限

根据国家现有法律、法规规定和中国证券监督管理委员会《关于核准山西安泰集团股份有限公司公开发行股票的通知》(证监发行字[2003]5号),本公司全部9位自然人股东所持有的股份暂不上市流通。

(七)首次公开发行股票前股东对所持股份自愿锁定的承诺

本公司全部9位自然人股东已于2001年4月10日向本公司作出《股份锁定承诺函》,承诺自本公司股票上市之日起两年内,不会将其各自所持有本公司的股份全部或部分以任何方式转让给任何人,也不会将其各自所持有本公司的股份相关的收益权、表决权及其他附属权利全部或部分以任何方式转让给任何人。

本公司已于2003年1月20日承诺,自本公司股票上市之日起一年内,不回购发起人所持有的股份。

(八)上市地点:上海证券交易所
(九)上市时间:2003年2月12日
(十)股份登记机构:中国证券登记结算有限责任公司上海分公司
(十一)上市推荐人:华龙证券有限责任公司

二、绪言

本公司上市公告书是根据《中华人民共和国公司法》、《中国人民共和国证券法》、《股票发行与交易管理暂行条例》、《公开发行股票公司信息披露实施细则》和《上海证券交易所股票上市规则》等国家有关法律、法规的规定,并按照中国证券监督管理委员会制定的《公开发行证券的公司信息披露内容与格式准则第7号-股票上市公告书》而编制,旨在向投资者提供本公司的基本情况和本次股票上市的有关资料。

经中国证券监督管理委员会证监发行字[2003]5号文核准,本公司已于2003年1月20日采用全部向二级市场投资者定价配售的方式成功发行了每股面值1.00元的人民币普通股(A股)7,000万股,每股发行价为5.09元。

经上海证券交易所上证上字[2003]05号《上市通知书》批准,本公司公开发行的7,000万股社会公众股将于2003年2月12日起在上海证券交易所挂牌交易。股票简称为"安泰集团",沪市股票代码为600408,深市代理股票代码为003408。

本公司已于2003年1月15日分别在《中国证券报》和《上海证券报》上刊登了《招股说明书摘要》。招股说明书正文及其附录可以在上海证券交易所网站(www.sse.com.cn)查询。上述内容刊登距今不足三个月,故与其重复的内容不再重述,敬请投资者查阅。

三、公司概况

(一)本公司基本情况
公司中文名称:山西安泰集团股份有限公司
英文名称及缩写:SHANXI ANTAI GROUP CO.,LTD.
注册资本:23,000万元
法定代表人:李安民
设立日期:1993年7月29日
注册地址:山西省介休市义安镇
邮政编码:032002
联系电话:(0354)7531034
传真号码:(0354)7536786
互联网网址:Http://www.antaigroup.com
电子信箱:zqbat@263.net
董事会秘书:郭全虎
所属行业:炼焦业
(二)本公司历史沿革
1、本公司设立及主要发展历程
(1)本公司前身山西安泰国际企业(集团)股份有限公司(以下简称"原公司")发起人的发展演变

原公司的发起人为义安焦化厂、义安镇洗煤厂和义安镇精煤发运站。其中,主发起人义安焦化厂的前身义安安民焦化厂是由李安民个人投资设立的个体工商户,成立时间为1984年10月3日。1985年10月16日,经介休县工商行政管理局批准,义安安民焦化厂变更为无独立法人地位的合作经济组织,并更名为介休县义安焦化厂。1985年开始,义安焦化厂开始进行股份合作制经营。企业主根据职工进厂时间的长短、担负职务的高低以及对企业贡献的大小等条件,将其自身积累的资金划分为股份划拨给职工,并最终形成1993年的185名股东。1990年6月23日,经介休市工商行政管理局批准,义安焦化厂变更为具有独立法人地位的集体所有制企业,并领取企业法人营业执照,注册资金为907.5万元。1992年5月23日,义安焦化厂注册资金增加至2,038万元,并在介休市工商行政管理局重新换发了企业营业执照。1992年11月、1993年1月,义安焦化厂分别出资设立了义安镇洗煤厂和义安镇精煤发运站,注册资本分别为210万元和900万元。

(2)1993年7月29日,原公司成立。

经山西省经济体制改革委员会晋经改[1993]140号文批准,义安焦化厂、义安镇洗煤厂和义安镇精煤发运站三家企业共同发起设立了原公司,原公司于1993年7月29日在山西省工商行政管理局依法登记注册,注册资本为8,000万元。

(3)1995年,原公司按照《公司法》进行规范。

1995年6月18日,原公司股东大会审议通过了关于按照《公司法》重新进行规范的方案。1996年12月27日,山西省经济体制改革委员会以晋经改[1996]58号文批准了原公司的规范方案,鉴于义安焦化厂等三家发起人原本就是由李安民等185位自然人投资设立,原公司的股东由三家法人变更为185位自然人,原公司名称变更为山西安泰集团股份有限公司,并于1996年12月28日依法办理了工商变更手续。

(4)2000年,公司股东股权转让。

2000年8月7日,经本公司2000年临时股东大会审议通过,同意李猛等176位自然人股东将其所持有的本公司股份协议转让给李安民等9位自然人股东持有。并于2000年11月15日,在山西省工商行政管理局办理了变更登记手续。

(5)2001年,公司转增股本。

2001年1月12日,本公司2001年第一次临时股东大会审议通过了按每10股派送10股红股的分配方案。2001年2月9日,经山西省人民政府晋政函[2001]54号文批准,本公司注册资本增加为16,000万元,并于2001年2月21日办理了工商变更手续。

2、本公司历次股权变动情况

(1)1993年7月29日,原公司成立。

经山西省经济体制改革委员会晋经改(1993)140号文批准,原公司由义安焦化厂、义安镇洗煤厂和义安镇精煤发运站等三家发起人共同发起设立。其中:义安焦化厂投入经评估后的净资产63,335,226.12元,折为5,399.65万股,占总股本的比例为67.50%;义安镇洗煤厂投入经评估后的净资产2,126,293.60元,折为181.25万股,占总股本的比例为2.26%;义安镇精煤发运站投入经评估后的净资产28,371,516.16元,折为2,419.10万股,占总股本的比例为30.24%。1993年7月29日原公司在山西省工商行政管理局依法登记注册。

(2)1995年,原公司按照《公司法》的要求进行规范。

1995年6月18日,原公司召开股东大会审议通过了按照《公司法》的要求重新规范的方案。1996年12月27日,山西省经济体制改革委员会以《关于批准山西安泰国际企业(集团)股份有限公司规范方案的通知》(晋经改[1996]58号)批准原公司按照《公司法》重新规范登记。本次规范后,原公司的股东全部恢复为以李安民为主要代表的自然人185人。其中:李猛持有4,080万股,占总股本的51.00%;李安民持有1,421万股,占总股本的17.76%,郭岐秀等183位自然人持有2,499万股,占总股本的31.24%。1996年12月28日,山西省工商行政管理局为原公司办理了规范登记手续,并核发了企业法人营业执照。

(3)2000年,本公司股东股权转让。

2000年8月7日,经本公司2000年临时股东大会审议通过,同意李猛等176名自然人股东将其所持有的本公司股份协议转让给李安民等9位自然人股东持有。本次股权转让后,李安民共持有5,600万股本公司股份,占本公司总股本的70.000%,成为本公司的控股股东;任家玺持有450万股,占5.625%;范青玉持有450万股,占5.625%;李光明持有440万股,占5.500%;郭玉明持有380万股,占4.750%;冀焕文持有380万股,占4.750%;曹振基持有100万股,占1.250%;赵军持有100万股,占1.250%;李织亨持有100万股,占1.250%。2000年11月15日,本公司在山西省工商行政管理局办理了变更登记手续。

(4)2001年,本公司转增股本。

2001年1月12日,本公司召开临时股东大会审议并通过了董事会提出的《关于增加公司注册资本的议案》。2001年2月9日,山西省人民政府以《关于同意山西安泰集团股份有限公司增加注册资本的批复》(晋政函[2001]54号),同意本公司将截至2000年底的可分配利润以送红股方式分配给现有股东,具体方案为每10股送10股。本次送股后,本公司股本总额为16,000万股,注册资本增加至16,000万元,各股东的股权比例不变。2001年2月21日,山西省工商行政管理局重新换发了企业法人营业执照。

3、本公司本次发行情况

经中国证券监督管理委员会证监发行字[2003]5号文核准,本公司已于2003年1月20日采用全部向二级市场投资者定价配售的方式成功发行了每股面值1.00元的人民币普通股7,000万股,每股发行价为5.09元。本次发行完成后,本公司的总股本为23,000万股。本公司已承诺于2003年3月15日前在山西省工商行政管理局完成工商变更注册登记。

(三)本公司主要经营情况

1、本公司经营范围及主营业务

本公司经营范围为生产、销售焦炭及副产品、生铁、钢材、水泥及制品、电力、碳素制品;煤炭洗选;石灰石开采、加工;货物运输;新产品开发;批发零售矿产品(除国家专控品)、化工原料(除易燃易爆易腐蚀品)、普通机械、汽车(除小轿车)、日杂百货、农副产品(除国家专控品)。

本公司主营业务是煤炭洗选、焦炭、生铁、水泥及其制品、电力的生产销售。

2、本公司主要产品及其用途

(1)焦炭。焦炭主要用于高炉冶炼,还用于铸造、气化、有色金属生产和电石生产。由于90%以上的焦炭均用于高炉炼铁,因此往往把高炉焦称为冶金焦。

(2)生铁。生铁的组成以铁为主,此外含碳2.5%-4.5%,并有少量硅、锰、磷、硫等元素。生铁质硬而脆,缺乏韧性,不能压延成型,机械加工性能及焊接性能不好,但含硅高的生铁(灰口铁)的铸造及切削性能良好。生铁按其用途又可分为普通生铁和合金生铁,前者包括炼钢生铁和铸造生铁。普通生铁占高炉冶炼产品的98%以上,而炼钢铁又占我国目前普通生铁的80%以上。

本公司以生产炼钢生铁为主,同时也根据用户要求生产铸造生铁。

(3)矿渣水泥。矿渣水泥是指由粒化高炉矿渣为主要组成,加入适量硅酸盐水泥熟料、石膏(或其他外加剂),磨细制成的水硬性胶凝材料,主要用于一般工业与民用建筑、地下工程与防水工程、大体积混凝土工程、道路工程。本公司主要生产矿渣425#水泥。

(4)电。本公司利用冶炼高炉、焦炉产生的煤气以及煤矸石发电,所发电力全部供本公司内部使用。

3、本公司主要技术

(1)安泰资源综合利用环保产业链技术。

本公司主要技术为本公司独创的安泰资源综合利用环保产业链技术。自本公司的主发起人义安焦化厂由炼焦起步以来,本公司在不断改进焦化生产技术的同时,通过对产业结构的调整优化,以及对新工艺、新技术的引进和应用,不断致力于资源综合利用的研究和实践,逐步发展成以焦化行业为龙头、以资源综合利用为目标的安泰资源综合利用环保产业链技术。

目前,安泰资源综合利用环保产业链的主要内容是:洗煤、焦炭、生铁、水泥、发电联合装置生产链。本公司通过物料平衡和工艺衔接,将洗煤、焦炭、生铁、水泥、发电等五条生产线科学地组合为一体。炼焦用的原煤,经过洗选工艺,被分解成精煤、中煤、煤泥和煤矸石。精煤用来生产优质冶金焦;中煤、煤泥炼出的次等焦用于炼铁;富裕的中煤作为水泥厂的动力燃料;煤矸石和富裕的煤泥用于发电;同时,炼焦和炼铁过程中产生的焦炉煤气和高炉煤气也用于发电。煤气发电厂及煤矸石发电厂生产的电力又用于焦炭、生铁和水泥的生产,发电余热被炼焦产生的回收产品焦油和粗苯生产过程利用;炼铁时产生的矿渣为水泥厂提供了原料;水泥生产过程中产生的粉尘经先进的收尘设备回收进入生产系统转化为水泥产品;五条生产线产生的废水经处理后相互之间及在各自封闭的系统内循环使用,特别是炼铁产生的循环水及电厂的循环水,先通过焦炭过滤,再流入养鱼塘,通过罗非鱼进行软化,既保证了循环水的水质,又可产1万多公斤罗非鱼。

按照1993年本公司制订的指导思想和十年发展规划,安泰资源综合利用环保产业链的建设分为三期工程,到2000年底基本完成了一、二期工程。一期工程于1995年底完成,以年产12万吨生铁的冶炼厂和年产10万吨水泥的水泥厂的建成,工业废水闭路循环和固体废料的综合利用为标志,形成资源综合利用环保产业链的雏形。二期工程于2000年底基本完成,以50万吨机焦炉改造工程、2×3000KW煤气热电厂的建成,焦炉煤气和高炉煤气回收发电实现废气能源化为标志,使资源综合利用环保产业链提高了档次,同时也丰富了资源综合利用环保产业链内容。第一、二期工程完成之后,本公司生产系统产生的废气、废水和部分固体废料实现了综合利用,本公司的生产规模和经济效益均有了大幅度的提高。2001年,本公司投资兴建了资源综合利用环保产业链三期工程之一的2×6KW煤矸石发电厂,充分利用了90万吨原煤经洗选后产生的10.8万吨煤矸石及除去用于水泥生产后的1.45万吨尾煤泥,使之由对环境造成严重污染的废弃物变为了重要的工业原料。煤矸石电厂的建成投产,既完善了现有物料的综合利用,又补充了本公司的用电量,更重要的是改善了环境,促进了环保。但是,本公司原有生铁、水泥生产工艺尚需按照现行产业政策进行技术改造。因此,安泰资源综合利用环保产业链三期工程其余六个项目即本公司本次发行募股资金投向项目的建设迫在眉睫。安泰资源综合利用环保产业链三期工程的建成投产,可大幅降低本公司生产成本,进一步提高本公司资源综合利用效率,使本公司真正实现清洁生产、工业生态化的目标,并最终完成由粗放型经营向集约型经营的转化。

(2)技术创新

本公司建立了科学的技术创新机制。本公司规定,对新产品、新工艺、新技术应用开发,经生产实践检验并获得显著经济效益的项目,按新增利润的1%提取奖金;对获得科学进步奖励的项目组,按获奖等级发放奖金,其中国家级奖10万元,省级奖5万元,项目负责人可领取奖金总额的30%。

同时,本公司还根据产品技术发展和市场要求,多渠道利用社会上的各种科研优势力量,组织和应用国内外技术和智力资源,开展广泛的国内外技术交流和合作,通过与中国科学院、太原理工大学、山西省冶金设计院、辽宁冶金规划设计院联合开发、设计等方式建立长期稳定的合作关系,走"产学研"结合的道路。

本公司计划进一步加大开发投入,建立科技开发中试基地,并选派有培养潜力的中青年科技人员到国内或国外高等院校或科研所深造,不断增大对新技术和新产品研发的投资,扩大和提高本公司的研发能力,提升本公司的核心技术力量。

四、股票发行与股本结构

(一)本公司本次股票上市前首次公开发行股票的情况

股票种类:境内上市人民币普通股(A股)

每股面值:人民币1.00元

发行数量:7,000万股

发行价格:5.09元/股

发行市盈率:19.99倍

募股资金总额:35,630万元

募股资金净额:34,115.395万元

发行方式:全部向二级市场投资者定价配售

发行对象:于2003年1月15日持有上海证券交易所或深圳证券交易所已上市流通的人民币普通股(A股)股票(以下简称"流通股票")的收盘市值总和(包括可流通但暂时锁定的股份市值)不少于10,000元的投资者。

发行费用:本次发行费用总额为1,514.605万元,包括承销费用、审计费用、验资费用、律师费用、上网发行手续费用、审核费。

每股发行费用:0.216元

(二)本公司本次股票上市前首次公开发行股票的承销情况

本公司本次公开发行人民币普通股(A股)7,000万股的配号总数为72,691,366,中签率为0.09629754%。其中,二级市场投资者认购69,343,535股,其余656,465股由主承销商包销。

(三)本公司本次上市前首次公开发行股票所募股资金的验资报告

验资报告

晋天元变验[2003]01号

山西安泰集团股份有限公司全体股东:

我们接受委托,审验了贵公司截至2003年1月27日止发行社会公众股募集资金的实收情况。按照国家相关的法律、法规的规定和协议、章程的要求出资,提供真实、合法、完整的验资资料,保护资产的安全、完整是全体股东及贵公司的责任。我们的责任是对贵公司发行社会公众股募集资金的实收情况发表审验意见。我们的审验是依据《独立审计实务公告第1号-验资》进行的。在审验过程中,我们结合贵公司的实际情况,实施了检查等必要的审验程序。

山西安泰集团股份有限公司变更前的注册资本为人民币160,000,000.00元,贵公司本次申请的注册资本为人民币230,000,000.00元,其中:发起人投入资本人民币160,000,000.00元,已由我所[2001]天元股验字第001号验资报告予以验证;贵公司经中国证券监督管理委员会证监发行字[2003]5号文《关于核准山西安泰集团股份有限公司公开发行股票的通知》核准,以每股人民币5.09元的价格向境内投资者发行面值为人民币1.00元的A股股票7,000万股,本次募集资金款为人民币356,300,000.00元,扣除预计发行费人民币15,146,050.00元后为人民币341,153,950.00元,其中:股本为人民币70,000,000.00元,资本公积为人民币271,153,950.00元。

根据我们的审验,截至2003年1月27日止贵公司已收到华龙证券有限责任公司汇入的募集资金款人民币344,363,950.00元,此款为募集资金款人民币356,300,000.00元扣除承销发行费和上网发行手续费人民币11,936,050.00元后的款项,该款项汇入贵公司在中国建设银行太原市迎泽支行开设的账户(账号0502-22106068)。贵公司向社会公众发行拟上市A股后,股本总额为人民币230,000,000.00元,资本公积为人民币291,072,086.69元,其中:发起人为16,000万股,占69.565%,社会公众股为7,000万股,占30.435%。截至2003年1月27日止贵公司申请的注册资本已全部到位,经验证属实。

本验资报告供贵公司向国家工商行政管理部门申请变更登记及据以向股东签发出资证明时使用,不应将其视为是对贵公司验资报告日后资本保全、偿债能力和持续经营能力等的保证。因使用不当造成的后果,与执行本次验资业务的注册会计师及会计师事务所无关。

附件:1、注册资本变更情况表:

(1)新增注册资本实收情况明细表(表1)

(2)注册资本变更前后对照表(表2)

2、验资事项说明

山西天元会计师事务所(有限公司)　　中国注册会计师:李建勋

中国　太原　　中国注册会计师:张秋香

(报告日期)二〇〇三年一月二十七日

(四)本公司本次上市前首次公开发行股票所募股资金入账情况

入帐时间:2003年1月27日

入帐金额:344,363,950元(已扣除承销费和上网发行手续费)

入帐账号:0502-22106068

开户银行:中国建设银行太原市迎泽支行

(五)本公司本次股票上市前股权结构和股东持股情况

1、本公司本次股票上市前的股权结构

股份类型	持股数量(万股)	占总股本比例(%)
发起人股	16,000	69.57
社会公众股	7,000	30.43
股份总额	23,000	100.00

2、本次股票上市前,本公司前十名股东持股数量及占总股本的比例

序号	股东名称	持股数量(万股)	占总股本比例(%)
1	李安民	11,200	48.695
2	任家玺	900	3.913
3	范青玉	900	3.913
4	李光明	880	3.826
5	郭玉明	760	3.304
6	冀焕文	760	3.304
7	曹振基	200	0.870
8	赵　军	200	0.870
9	李炽亨	200	0.870
10	华龙证券有限责任公司	65.6465	0.285

五、董事、监事、高级管理人员及核心技术人员

(一)董事、监事、高级管理人员简介

1、董事

(1)李安民先生:中国公民,58岁,大专学历,高级工程师,现任本公司董事长。李安民先生1963-1969年在北京军区某部服役,1984年起创办义安安民焦化厂(后于1985年改组为介休县义安焦化厂、1990年正式成立介休市义安焦化厂,以下均统称为"义安焦化厂")并任厂长,1993年起任本公司董事长兼总经理,董事长。李安民先生曾先后被授予"全国劳动模范"、"中国十佳民营企业家"、"全国优秀经营管理者"等称号,荣获全国"五一"劳动奖章,并当选为全国政治协商会议第八届、第九届委员、中华全国工商联常委、中国乡镇企业协会副会长、山西省工商业联合会副会长、中国民生银行董事。

(2)任家玺先生:中国公民,60岁,中专学历,工程师,现任本公司董事兼副总经理。

(3)冀焕文先生:中国公民,63岁,中专学历,现任本公司董事兼质检部部长。

(5)李成先生:中国公民,70岁,本科学历,教授级高工,中共党员,现任本公司独立董事。

(6)赵承亮先生:中国公民,68岁,本科学历,高级经济师,中共党员,现任本公司独立董事。

(7)朱龙先生:中国公民,45岁,本科学历,注册会计师,现任本公司独立董事。

(8)张松龄先生:中国公民,65岁,大专学历,高级经济师,中共党员,现任本公司独立董事。

(9)张世华先生:中国公民,62岁,大专学历,高级经济师,注册会计师,中共党员,现任本公司独立董事。

2、监事

(1)王风斌先生:中国公民,38岁,本科学历,讲师,中共党员,现任本公司监事会召集人。

(2)赵军先生:中国公民,36岁,中专学历,中共党员,现任本公司监事。

(3)郭玉明先生:中国公民,56岁,高中学历,现任本公司监事。郭玉明先生1984年起先后任义安焦化厂副厂长、本公司运输队长。现任本公司运输分公司经理。

3、高级管理人员

(1)黄敬花女士:中国公民,39岁,本科学历,现任本公司总经理兼总工程师。

(2)任家玺先生。

(3)王力端先生:中国公民,55岁,中专学历,经济师,中共党员,现任本公司副总经理。

(4)范青玉先生:中国公民,47岁,中专学历,中共党员,现任本公司副总经理。

(5)杨锦龙先生:中国公民,30岁,大专学历,现任本公司财务负责人。

(6)郭全虎先生:中国公民,28岁,本科学历,现任本公司董事会秘书。

4、核心技术人员

(1)黄敬花女士。

(2)王振纲先生:中国公民,67岁,本科学历,教授级高工,现任本公司技术顾问。王振纲先生1958年参加工作,1958-1995年在山西省机电设计研究院工作,先后担任技术员、室主任和总工程师,期间曾担任两项省级重大课题——型煤成套设备研制项目和带法兰杆件摆动碾压工艺及设备研制项目的负责人;1995年起在本公司担任技术顾问。

(3)王月娥女士:中国公民,57岁,本科学历,高级工程师,现任本公司焦化技术负责人。王月娥女士1968年参加工作,1968-1975年在山西省大同市钢铁厂任技术员,1973-1975年任国家重点工程官厅水库水源保护第一批重点治理工程大同市钢铁厂焦化酸氰污水治理工艺设计负责人,1975-1989年任山西省冶金设计院工艺科工程师,1989-1999年任山西省煤炭转化技术中心高级工程师,先后任技术开发部部长、中心主任助理、煤转化室主任等职;1993年起担任安泰机焦工程技术总负责人,2000年起担任本公司焦化技术负责人。

(4)韩瑞华先生:中国公民,39岁,大专学历,工程师,现任本公司水泥生产技术负责人。韩瑞华先生1984年参加工作,1984-1993年在中信机电公司微型汽车厂科研所工作;1993年起在本公司水泥厂工作,担任水泥厂总工程师,目前是本公司水泥生产技术负责人。

(二)董事、监事、高级管理人员及核心技术人员持股情况

姓名	在公司任职情况	股份类型	持股数(万股)	占总股本比例(%)
李安民	董事长	自然人股	11,200	48.696
任家玺	董事兼副总经理		900	3.913
范青玉	副总经理		900	3.913
郭玉明	监事		760	3.304
冀焕文	董事		760	3.304
赵　军	监事		200	0.870
合　计	——		14,720	64.000

本公司董事、监事、高级管理人员及核心技术人员相互之间存在三代以内直系和旁系亲属关系的共有2人,即李安民与范青玉,范青玉为李安民妻弟。

(三)董事、监事、高级管理人员及核心技术人员所持股份锁定的情况及契约性安排

1、本公司现6位持有本公司股份的董事、监事和高级管理人员已于2001年4月10日向本公司作出《股份锁定承诺函》,李安民等6位董事、监事和高级管理人员所持股份自本公司股票上市之日起两年内,将不会全部或部分以任何方式转让给任何其他人,包括协议转让和通过二级市场减持。

2、本公司没有由董事、监事、高级管理人员及核心技术人员授权或指示他人代其持有股份情况发生,无上述人员的家属持有本公司股份,也无上述人员通过其近亲属能够直接或间接控制的法人持有的股份。

3、本公司现6位持有本公司股份的董事、监事和高级管理人员所持本公司股份均无质押或冻结情况。

六、同业竞争与关联交易

(一)同业竞争情况

1、本公司同业竞争情况说明

本公司现有全部股东为李安民等9位自然人。本公司各股东及其控制的其他企业与本公司之间不存在同业竞争情况。

2、本公司股东及实际控制人的承诺

本公司的8名股东已向本公司出具了《避免同业竞争承诺函》(股东曹振基持有本公司股份200万股,占本公司股本的比例为1.25%,且未在本公司担任任何职务,故未提供承诺函),承诺将不会利用其在本公司中的控股或股东地位从事任何损害本公司及其众多小股东利益的行为。并且今后将不在中国境内外,直接或间接从事或参与任何在商业上对本公司构成竞争的业务及活动,以及不直接或间接开展对本公司有竞争或可能构成竞争的业务、活动或拥有与本公司存在同业竞争关系的任何经济实体、机构、经济组织的权益,或以其他任何形式取得该经济实体、机构、经济组织的控制权,或在该经济实体、机构、经济组织中担任总经理、副总经理、财务负责人、营销负责人及其他高级管理人员。

此外,鉴于李安民持有泰安公司70%的股权,故其特别承诺,将不促使该公司直接或间接从事与发行人有可能构成竞争的业务活动;或使得该公司成为与发行人存在同业竞争关系的任何经济实体、机构、经济组织的权益;或通过该公司直接或间接控制发行人存在同业竞争关系的任何经济实体、机构、经济组织。

(二)关联方与关联关系

根据中国证监会证监发［2001］41号文规定的范围，本公司目前存在的关联方及关联关系如下：

1、本公司的9名股东为本公司的关联人。

2、其他关联人

(1)本公司的董事、监事、高级管理人员及核心技术人员。

(2)范秋莲，李安民的配偶，且担任山西安泰制衣有限公司董事长。

(3)李猛，李安民之子，且担任国贸公司执行董事兼总经理。

(4)李莉，李安民之女，在本公司未担任任何职务。

3、关联法人

(1)本公司的五家控股子公司

① 山西安泰集团介休科技开发有限公司，本公司控股80%。

② 山西安泰集团介休包装制品有限公司，本公司控股90%。

③ 山西安泰集团介休建筑工程有限公司，本公司控股90%。

④ 山西安泰广告艺术有限公司，本公司控股90%。

⑤ 国贸公司，本公司控股95%。

(2)公司现有的非控制关系的关联方

① 天津港保税区泰安国际贸易有限公司，本公司董事长李安民持有该公司70%的股权，本公司股东李光明持有该公司30%的股权。

② 山西安泰制衣有限公司，本公司董事长李安民之配偶范秋莲担任该公司法定代表人。

③ 北京建恒投资集团股份有限公司，本公司股东李光明担任该公司执行董事兼副总裁。

④ 北京英特莱克科贸有限责任公司，本公司独立董事李成担任该公司董事长。

⑤ 介休诚信会计师事务所，本公司独立董事朱龙担任该所所长。

(三)关联交易

1、2000年10月前后与本公司发生关联交易的关联方的变化情况

(1)2000年10月前与本公司发生关联交易的关联方

① 本公司的控股子公司国贸公司；

② 李勇(时任本公司副总经理)兼任执行董事、总经理，并持有51%股权的义安公司；

③ 义安公司控股70%的焦化公司。

(2)2000年10月后与本公司发生关联交易的关联方

2000年9月28日，经义安公司股东会审议通过，李勇将其持有的义安公司51%的股权协议转让给自然人武有栋，并辞去义安公司执行董事和总经理职务。至此，义安公司及其控股的焦化公司不再是本公司的关联方。与本公司发生关联交易的关联方仅剩国贸公司一家。

2、发生的关联交易

(1)股权转让

① 2000年7月18日，本公司与义安公司签订《股权转让协议》，将本公司持有的制衣公司66.67%的股权以人民币1元的价格转让给义安公司；2000年8月8日，本公司与义安公司签订《股权转让协议》，将本公司持有的生物公司90%的股权无偿转让给义安公司。

② 2001年7月9日，本公司与李猛签订《股权转让协议》，本公司协议受让李猛持有的国贸公司15%的股权，转让价格为截至2001年6月30日经审计的国贸公司15%股权所对应的国贸公司账面净资产数额，即人民币10,901,717.87元。转让后，本公司将持有国贸公司95%的股权。2001年8月1日，本公司2001年第三次临时股东大会审议了股权转让协议。会议在关联股东回避表决的情况下，批准了该协议。目前国贸公司工商变更登记手续已全部办理完毕。

(2)资产及股权转让

① 2000年8月3日，本公司与义安公司签订《资产转让协议》，将本公司拥有的安泰大厦资产转让给义安公司，转让价格为该资产于2000年7月31日的账面价值人民币8,067.55万元。

② 2000年8月10日，本公司与义安公司签订《股权转让协议》，将本公司持有的以安泰大厦部分资产作为出资取得的山西安泰万狮酒店有限公司75%股权无偿转让给义安公司。

(3)合作投资设立企业

2000年10月12日，本公司与国贸公司共同出资设立山西安泰集团介休科技开发有限公司、山西安泰集团介休包装制品有限公司和山西安泰集团介休建筑工程有限公司。

(4)购销商品与委托加工

① 购销商品

2001年1月10日，本公司与国贸公司签订了《购销协议》，主要内容是本公司向国贸公司销售用于出口的焦炭产品，交易价格原则上按照公式"焦炭生产成本+运输费用+当地焦炭平均销售价格10%左右的利润"计算，并原则按照"国贸公司在完成结汇之前，应将销售货款的70%-85%支付给本公司，剩余货款在结汇后一次性支付给本公司"的方式进行货款结算。

② 委托加工

2001年1月10日，本公司与国贸公司签订了《委托加工协议》，主要内容是国贸公司委托本公司开展生铁的进料加工业务，加工费用按公式"公司的雇工的人工成本+生产辅料成本+水、电、汽及其他成本+前述成本总额3%左右的利润"计算，付款方式为国贸公司将生铁装船出口后一个月内按双方商定的加工费用一次性支付给本公司。

③ 2001年1月26日，本公司第三届董事会2001年度第一次会议审议了有关关联交易协议。会议在关联董事回避表决的情况下，批准了上述与国贸公司签订的《购销协议》和《委托加工协议》。2001年3月18日，本公司2000年年度股东大会审议了前述关联交易协议。会议在关联股东回避表决的情况下，批准了上述关联交易协议。

(5)资金占用

本公司与义安公司、焦化公司相互之间的资金支持是依据三方在1997年12月签署的资金相互支持协议办理的，协议书约定为相互支持各公司的发展，根据各公司资金需求情况，相互之间可以提供资金支持，支持的方式为三方之间直接划拨资金及发行人代收代付代垫一些往来款项，并规定每年年末各方核对资金的相互占用情况，对可以结清的款项进行清偿，并约定协议有效期为三年，自1998年1月1日起执行，三年后视具体情况另行协商解决。2000年末，本公司与焦化公司无资金余额、应付义安公司290.5万元，2001年末本公司应收焦化公司83.7万元、应收义安公司93.4万元，应收应付的资金余额不存在潜在的纠纷。

本公司股东已承诺，将不会利用本人的地位优势促使本公司与自己发生任何形式的资金借贷及占用行为，或者以任何形式占用本公司资产。

(6)担保

① 2001年2月20日，本公司与中国建设银行太原市迎泽支行签订《保证合同》，为国贸公司提供总金额为人民币3,000万元的保证担保。主债权期限：2001年2月20日至2004年2月19日；保证责任方式：连带责任保证；保证范围：主债权及其利息、违约金(包括罚息)、赔偿金、实现债权的费用(包括诉讼费、律师费)；保证期间：债务期限届满之日起2年。

② 2001年10月18日，本公司与中国建设银行太原市迎泽支行签订《保证合同》，为国贸公司提供总金额为人民币5,380万元的保证担保。主债权期限：2001年10月18日至2002年10月17日；保证责任方式：连带责任保证；保证范围：主债权及其利息、违约金(包括罚息)、赔偿金、实现债权的费用(包括诉讼费、律师费)；保证期间：债务期限届满之日起2年。

③ 2000年10月12日，国贸公司与中国建设银行太原市迎泽支行签订《保证合同》，为本公司提供总金额为人民币4,460万元的保证担保。主债权期限：2000年10月12日至2003年10月11日；保证责任方式：连带责任保证；保证范围：主债权及其利息、违约金(包括罚息)、赔偿金、实现债权的费用(包括诉讼费、律师费)；保证期间：债务期限届满之日起2年。

④ 2001年3月14日，国贸公司与中国建设银行太原市迎泽支行签订《保证合同》，为本公司提供总金额为人民币3,000万元的保证担保。主债权期限：2001年3月14日至2004年3月13日；保证责任方式：连带责任保证；保证范围：主债权及其利息、违约金(包括罚息)、赔偿金、实现债权的费用(包括诉讼费、律师费)；保证期间：债务期限届满之日起2年。

⑤ 2002年10月15日，本公司与中国建设银行太原市迎泽支行签订《保证合同》，为国贸公司提供总金额为人民币2,120万元的保证担保。主债权期限：2002年10月15日至2003年1月14日；保证方式：连带责任保证；保证范围：债权本金及其利息(包括复利和罚息)、违约金、赔偿金和被保证人实现债权的费用(包括但不限于诉讼费、仲裁费、财产保全费、差旅费、执行费、评估费、拍卖费)；保证期限：主债权届满之日后2年。

⑥ 2002年10月31日，本公司与中国建设银行太原市迎泽支行签订《保证合同》，为国贸公司提供总金额为人民币5,380万元的保证担保。主债权期限：2002年10月31日至2003年10月30日；保证方式：连带责任保证；保证范围：债权本金及其利息(包括复利和罚息)、违约金、赔偿金和被保证人实现债权的费用(包括但不限于诉讼费、仲裁费、财产保全费、差旅费、执行费、评估费、拍卖费)；保证期限：主债权届满之日后2年。

⑦ 2002年12月4日，本公司与中国建设银行太原市迎泽支行签订《保证合同》，为国贸公司提供总金额为人民币780万元的保证担保。主债权期限：2002年12月4日至2003年3月3日；保证方式：连带责任保证；保证范围：债权本金及其利息(包括复利和罚息)、违约金、赔偿金和被保证人实现债权的费用(包括但不限于诉讼费、仲裁费、财产保全费、差旅费、执行费、评估费、拍卖费)；保证期限：主债权届满之日后2年。

⑧ 2002年12月3日，本公司与中国银行介休支行签订《保证合同》，为国贸公司提供总金额为人民币2,500万元的保证担保。主债权期限为6个月，自2002年12月3日起算；保证方式：连带责任保证；保证范围：债权本金及其利息(包括法定利息、约定利息、复利、罚息)、违约金、赔偿金、实现债权的费用(包括诉讼费用、律师费用、公证费用、执行费用等)、因债务人违约而给债权人造成的损失和其他所有应付费用；保证期限：主债权届满之日后2年。

⑨ 2002年12月9日，本公司与中国银行介休支行签订《保证合同》，为国贸公司提供总金额为人民币1,900万元的保证担保。主债权期限为6个月，自2002年12月9日其算；保证方式：连带责任保证；保证范围：债权本金及其利息(包括法定利息、约定利息、复利、罚息)、违约金、赔偿金、实现债权的费用(包括诉讼费用、律师费用、公证费用、执行费用等)、因债务人违约而给债权人造成的损失和其他所有应付费用；保证期间：主债权届满之日起2年。

3、本公司关联交易的定价原则

本公司与国贸公司、李猛之间以及2000年10月之前与义安公司、焦化公司之间的关联交易，其定价均遵循公正、公平、公开及市场化的原则予以确定，不存在损害本公司及其他股东利益的情况。

4、本公司本次募股资金运用涉及的关联交易

根据目前的安排，本公司本次募股资金的运用不涉及关联交易。

七、财务会计资料

审计报告

晋天元审［2003］0105号

山西安泰集团股份有限公司全体股东：

我们接受委托，审计了贵公司2002年12月31日的合并资产负债表、资产负债表和2002年度的合并利润及利润分配表、利润及利润分配表与2002年度的合并现金流量表、现金流量表。这些会计报表由贵公司负责，我们的责任是对这些会计报表发表审计意见。我们的审计是依据中国注册会计师独立审计准则进行的。在审计过程中，我们结合贵公司的实际情况，实施了包括抽查会计记录等我们认为必要的审计程序。

我们认为，上述会计报表符合《企业会计准则》和《企业会计制度》的有关规定，在所有重大方面公允地反映了贵公司2002年12月31日的财务状况和2002年度的经营成果以及2002年度现金流量情况，会计处理方法的选用遵循了一贯性原则。

山西天元会计师事务所(有限公司)　　中国注册会计师：李建勋

二OO三年一月十八日　　中国注册会计师：张秋香

合并资产负债表(见附表)

合并资产负债表(续)(见附表)

资产负债表(见附表)

资产负债表(续)(见附表)

合并利润及利润分配表(见附表)

利润及利润分配表(见附表)

合并现金流量表(见附表)

合并现金流量表(续)(见附表)

八、其他重要事项

(一)自本公司股票首次公开发行之日起至本公司上市公告书公告之日止，本公司严格依照《中华人民共和国公司法》、《中华人民共和国证券法》等法律法规的要求，规范运行，生产经营情况正常；所处行业、市场无重大变化；主要投入产出物供求及价格无重大变化；主要业务发展目标进展状况正常。

(二)自本公司股票首次公开发行之日起至本公司上市公告书公告之日止，本公司没有进行重大对外投资，无重大资产(股权)收购、出售行为。

(三)2003年1月27日，本公司第四届董事会2003年第一次临时会议审议通过了本公司2002年财务报告的议案、本公司截止到2002年底的未分配利润暂不分配的议案及公司A股发行以后适用的章程的议案，并提请下一次召开的股东大会审议通过上述议案。

(四)自本公司股票首次公开发行之日起至本公司上市公告书公告之日止，本公司住所未变更。

(五)自本公司股票首次公开发行之日起至本公司上市公告书公告之日止，本公司未涉及任何重大诉讼、仲裁或行政处罚案件，并且董事会认为本公司未面临任何存在重大影响的诉讼和索赔要求。

(六)自本公司股票首次公开发行之日起至本公司上市公告书公告之日止，本公司董事、监事、高级管理人员及核心技术人员未受到任何刑事起诉，亦没有尚未了结或可能发生的刑事诉讼事项。

(七)自本公司股票首次公开发行之日起至本公司上市公告书公告之日止，本公司重大会计政策和会计师事务所没有发生变化。

(八)本公司股票发行前后和股票上市前后，税负无变化。

(九)自本公司股票首次公开发行之日起至本公司上市公告书公告之日止，本公司没有发生新的重大负债，且重大债项没有发生变化。

(十)自本公司股票首次公开发行之日至本公司上市公告书公告之日止，没有其他应披露而未披露之重大事项。

九、董事会上市承诺

本公司董事会将严格遵守《中华人民共和国公司法》、《中华人民共和国证券法》、《股票发行与交易管理暂行条例》、《公开发行股票公司信息披露实施细则》和《上海证券交易所股票上市规则》等国家有关法律、法规的规定，承诺自本公司股票上市之日起作到：

(一)承诺真实、准确、完整、公允和及时地公布定期报告，披露所有对投资者有重大影响的信息，并接受中国证监会、上海证券交易所的监督管理；

(二)承诺本公司在知悉可能对股票价格产生误导性影响的任何公共传播媒介中出现的消息后，将及时予以公开澄清；

(三)本公司董事、监事、高级管理人员及核心技术人员将认真听取社会公众的意见和批评，不利用已获得的内幕消息和其他不正当手段直接或间接从事发行人股票的买卖活动；

(四)本公司没有无记录的负债。

依据《上海证券交易所股票上市规则》，本公司全体董事、监事将按照有关规定，在本公司股票上市后两个月内签署《董事(监事)声明及承诺书》，并送达上海证券交易所备案。

十、上市推荐人及其意见

（一）上市推荐人有关情况

公司名称：华龙证券有限责任公司

法定代表人：张文武

注册地址：兰州市科技街139号

联系电话：010-88086668

传真电话：010-88087880

联系人：杨海飞、李勤、叶立国、李纪元

（二）上市推荐人的推荐意见

上市推荐人认为，本公司章程符合《中华人民共和国公司法》等有关法律、法规和中国证监会关于公司章程的相关规定。

上市推荐人认为，根据《中华人民共和国公司法》、《中华人民共和国证券法》、《股票发行与交易管理暂行条例》和《上海证券交易所股票上市规则》等法律、法规的规定，本公司本次发行的股票已经具备公开上市条件。

上市推荐人保证，本公司董事了解法律、法规、上海证券交易所上市规则及股票上市协议规定的董事的义务与责任。

上市推荐人已协助本公司健全了法人治理结构，制定了严格的信息披露制度与保密制度。

上市推荐人已对本公司本次股票上市文件所载的资料进行了核实，确保上市文件真实、准确、完整，符合规定要求。

上市推荐人保证，本公司本次股票上市申请材料、上市公告书没有虚假、严重误导性陈述或者重大遗漏，并对其承担连带责任。

上市推荐人保证，不利用在本公司本次股票上市过程中获得的内幕信息进行内幕交易，为自己或他人谋取利益。

上市推荐人与本公司不存在任何关联关系。

上市推荐人愿意推荐本公司本次发行的股票在上海证券交易所上市交易。

山西安泰集团股份有限公司

二○○三年一月二十八日

合并资产负债表

编制单位：山西安泰集团股份有限公司　　单位：人民币元

资　产	附注七	2002.12.31	2001.12.31
流动资产：			
货币资金	1	216,662,009.65	48,665,367.16
应收票据	2	2,360,870.00	1,800,000.00
应收账款	3A	22,755,034.79	34,299,726.29
其他应收款	3B	8,225,358.28	7,973,735.91
预付账款	3C	46,281,351.08	48,442,247.19
应收补贴款	4	11,663,685.16	46,542,314.20
存货	5	89,716,720.91	68,141,778.32
待摊费用	6	2,995,151.03	4,222,017.84
流动资产合计		400,660,180.90	260,087,186.91
长期投资：			
长期股权投资	7	10,000,000.00	10,000,000.00
长期投资合计		10,000,000.00	10,000,000.00
固定资产：			
固定资产原价	8A	581,684,362.45	487,660,323.76
减：累计折旧	8B	128,395,036.36	103,460,913.02
固定资产净值		453,289,326.09	384,199,410.74
减：固定资产减值准备		24,259,948.23	23,462,680.76
固定资产净额		429,029,377.86	360,736,729.98
工程物资	9	41,931.48	249,074.89
在建工程	10	5,886,779.07	63,153,119.38
固定资产合计		434,958,088.41	424,138,924.25
无形资产及其他资产：			
无形资产	11	22,410,741.11	22,899,712.23
长期待摊费用	12	590,624.49	747,230.49
无形资产及其他资产合计		23,001,365.60	23,646,942.72
资产总计		868,619,634.91	717,873,053.88

合并资产负债表(续)

编制单位：山西安泰集团股份有限公司　　单位：人民币元

负债和股东权益	附注七	2002.12.31	2001.12.31
流动负债：			
短期借款	13	316,615,950.00	170,200,000.00
应付票据		24,000,000.00	60,000,000.00
应付账款	14	81,839,995.84	65,212,332.45
预收账款	15	5,647,480.94	2,423,330.40
应付工资	16	1,545,210.93	2,468,467.22
应付福利费	16	5,394,430.49	2,819,689.95
应交税金	17	33,162,132.54	59,131,685.93
其他应交款	18	8,255,625.49	7,328,763.08
其他应付款	19	6,531,339.72	11,275,306.31
预提费用	20	1,593,624.00	1,140,059.54
一年内到期的长期负债		2144,600,000.00	-
流动负债合计		529,185,789.95	381,999,634.88
长期负债：			
长期借款	22	60,000,000.00	104,600,000.00
专项应付款	23	200,000.00	-
长期负债合计		60,200,000.00	104,600,000.00
递延税款：			
递延税款贷项	24	257,886.14	257,886.14
负债合计		589,643,676.09	486,857,521.02
少数股东权益	25	4,695,891.76	4,170,653.80
股东权益：			
股本	26	160,000,000.00	160,000,000.00
资本公积	27	19,918,136.69	19,903,534.09
盈余公积	28	47,793,674.06	39,060,459.40
其中：法定公益金		15,931,224.68	13,020,153.13
未分配利润	29	46,568,256.31	7,880,885.57
股东权益合计		274,280,067.06	226,844,879.06
负债和股东权益总计：		868,619,634.91	717,873,053.88

合并资产负债表

编制单位：山西安泰集团股份有限公司　　单位：人民币元

资　产	2002.12.31	2001.12.31
流动资产：		
货币资金	189,827,289.58	2,006,972.49
应收票据	1,360,870.00	
应收账款	5,599,802.16	12,217,274.87
其他应收款	4,676,369.72	6957499.79
预付账款	39,915,169.09	46,873,303.25
应收补贴款		
存货	54,954,418.89	56,332,607.21
待摊费用	2,977,762.76	1,351,642.12
流动资产合计	299,311,682.20	125,739,299.73
长期投资：		
长期股权投资	100,406,325.95	90,408,105.93
长期投资合计	100,406,325.95	
固定资产：		
固定资产原价	535,933,734.95	442,096,876.18
减：累计折旧	110,612,613.56	88,063,489.96
固定资产净值	425,321,121.39	354,033,386.22
减：固定资产减值准备	24,259,948.23	23,462,680.76
固定资产净额	401,061,173.16	330,570,705.46
工程物资	41,931.48	249,074.89
在建工程	5,886,779.07	63,119,627.50
固定资产合计	406,989,883.71	393,939,407.85
无形资产及其他资产：		
无形资产	22,410,741.11	22,899,712.23
长期待摊费用	590,624.49	747,230.49
无形资产及其他资产合计	23,001,365.60	23,646,942.72
资产总计	829,709,257.46	633,733,756.23

合并资产负债表(续)

编制单位：山西安泰集团股份有限公司　　单位：人民币元

负债和股东权益	2002.12.31	2001.12.31
流动负债：		
短期借款	150,400,000.00	50,400,000.00
应付票据		
应付账款	79,071,227.43	65,050,029.50
预收账款	2,523,404.95	2,423,330.40
应付工资	1,315,886.43	2,198,641.77
应付福利费	4,624,133.91	2,433,660.57
应交税金	35,548,115.46	58,022,820.76
其他应交款	8,230,406.11	7,320,009.81
其他应付款	196,500,204.49	143,483,781.32
预提费用	1,394,646.00	698,716.90
一年内到期的长期负债	44,600,000.00	-
流动负债合计	524,208,024.78	332,030,991.03
长期负债：		
长期借款	30,000,000.00	74,600,000.00
专项应付款	200,000.00	-
长期负债合计	30,200,000.00	74,600,000.00
递延税款：		
递延税款贷项	257,886.14	257,886.14
负债合计	554,665,910.92	406,888,877.17
股东权益：		
股本	160,000,000.00	160,000,000.00
资本公积	19,918,136.69	19,903,534.09
盈余公积	41,939,072.28	34,711,492.55
其中：法定公益金	13,979,690.75	11,586,861.15
未分配利润	53,186,137.57	12,229,852.42
股东权益合计	275,043,346.54	226,844,879.06
负债和股东权益总计：	829,709,257.45	633,733,756.23

合并利润及利润分配表

编制单位：山西安泰集团股份有限公司　　单位：人民币元

项　目	附注七	2002年度	2001年度
一、主营业务收入	30	684,442,430.94	668,797,590.10
减：主营业务成本	31	466,881,587.53	416,496,428.61
主营业务税金及附加	32	2,047,243.57	3,427,991.15
二、主营业务利润		215,513,599.84	248,873,170.34
加：其他业务利润	33	3,666,575.60	2,080,842.91
减：营业费用	34	110,891,035.64	157,531,201.97
管理费用		15,266,045.01	17,350,986.32
财务费用	35	19,869,654.71	17,817,153.38
三、营业利润		73,153,440.08	58,254,671.58
加：投资收益	36	910,000.00	2,000,000.00
营业外收入	37	24,307.24	759,898.18
减：营业外支出	38	2,114,746.34	2,280,470.35
四、利润总额		71,973,000.98	58,734,099.41
减：所得税	39	24,027,177.62	16,606,503.96
减：少数股东损益	40	525,237.96	1,390,619.74
五、净利润		47,420,585.40	40,736,975.71
加：年初未分配利润		7,880,885.57	73,713,138.27
六、可供分配的利润		55,301,470.97	114,450,113.98
减：提取法定盈余公积		5,822,143.11	4,379,485.61
提取法定公益金		2,911,071.55	2,189,742.80
七、可供投资者分配的利润		46,568,256.31	107,880,885.57

减:转作股本的普通股股利		100,000,000.00
八、未分配利润	46,568,256.31	7,880,885.57

补充资料:

项 目	2002年度
1.出售、处置部门或被投资单位所得收益	-
2.自然灾害发生的损失	-
3、会计政策变更增加(或)减少利润总额	-
4.会计估计变更增加(或)减少利润总额	-
5.债务重组损失	-
6.其他	-

企业负责人:李安民　　财务负责人:杨锦龙　　制表人:任昱柄

利润及利润分配表

编制单位:山西安泰集团股份有限公司　　单位:人民币元

项 目	附注八	2002年度	2001年度
一、主营业务收入	4	578,033,742.13	503,088,937.03
减:主营业务成本		418,120,369.98	373,522,571.32
主营业务税金及附加		1,992,779.64	3,391,471.29
二、主营业务利润		157,920,592.51	126,174,894.42
加:其他业务利润		543,313.97	456,769.37
减:营业费用		76,103,250.12	66,464,362.89
管理费用		14,563,146.52	15,506,785.10
财务费用		9,622,955.13	10,960,138.34
三、营业利润		58,174,554.71	33,700,377.46
加:投资收益	5	10,908,220.02	12,096,528.14
营业外收入		24,307.24	759,898.18
减:营业外支出		2,101,344.18	2,066,811.63
四、利润总额		67,005,737.79	44,489,992.15
减:所得税	6	18,821,872.91	10,825,980.51
五、净利润		48,183,864.88	33,664,011.64
加:年初未分配利润		12,229,852.42	83,615,442.52
六、可供分配的利润		60,413,717.30	117,279,454.16
减:提取法定盈余公积		4,818,386.49	3,366,401.16
提取法定公益金		2,409,193.24	1,683,200.58
七、可供投资者分配的利润		53,186,137.57	112,229,852.42
减:转作股本的普通股股利			100,000,000.00
八、未分配利润		53,186,137.57	12,229,852.42

补充资料:

项 目	2002年度
1.出售、处置部门或被投资单位所得收益	-
2.自然灾害发生的损失	-
3、会计政策变更增加(或)减少利润总额	-
4.会计估计变更增加(或)减少利润总额	-
5.债务重组损失	-
6.其他	-

合并现金流量表

编制单位:山西安泰集团股份有限公司　2002年度　单位:人民币元

项 目	附注七	金 额
一、经营活动产生的现金流量:		
销售商品、提供劳务收到的现金		850,285,338.36
收到的税费返还		45,135,719.60
收到的其他与经营活动有关的现金		24,307.24
现金流入小计		895,445,365.20
购买商品、接受劳务支付的现金		544,428,501.56
支付给职工以及为职工支付的现金		22,144,830.64
支付的各项税费		129,053,047.12
支付的其他与经营活动有关的现金	41	121,669,869.97
现金流出小计		817,296,249.29
经营活动产生的现金流量净额		78,149,115.91
二、投资活动产生的现金流量:		
收回投资所收到的现金		-
取得投资收益所收到的现金		910,000.00
处置固定资产、无形资产和其他长期资产而收回的现金净额		610,468.45
收到的其他与投资活动有关的现金		-
现金流入小计		1,520,468.45
购建固定资产、无形资产和其他长期资产所支付的现金		38,433,839.76
投资所支付的现金		-
支付的其他与投资活动有关的现金		-
现金流出小计		38,433,839.76
投资活动产生的现金流量净额		-36,913,371.31
三、筹资活动产生的现金流量:		
吸收投资所收到的现金		-
借款所收到的现金		468,815,950.00
收到的其他与筹资活动有关的现金		1,288,692.11
现金流入小计		470,104,642.11
偿还债务所支付的现金		322,200,000.00
分配股利、利润或偿付利息所支付的现金		20,968,570.73
支付的其他与筹资活动有关的现金		174,092.47
现金流出小计		343,342,663.20
筹资活动产生的现金流量净额		126,761,978.91
四、汇率变动对现金的影响		-1,081.02
五、现金及现金等价物净增加额		167,996,642.49

合并现金流量表(续)

编制单位:山西安泰集团股份有限公司　2002年度　单位:人民币元

补充资料	附注七	金 额
1.将净利润调节为经营活动的现金流量:		
净利润		47,420,585.40
加:少数股东损益		525,237.96
计提的资产减值准备		798,919.38
固定资产折旧		24,934,123.34
无形资产摊销		821,079.12
长期待摊费用摊销		486,845.89
待摊费用减少(减:增加)		1,226,866.81
预提费用增加(减:减少)		453,564.46
处置固定资产、无形资产和其他长期资产的损失(减:收益)		346,618.45
财务费用		19,869,654.71
投资损失(减:收益)		-910,000.00
递延税款贷项(减:借项)		-
存货的减少(减:增加)		-21,574,942.59
经营性应收项目的减少(减:增加)		48,833,326.80
经营性应付项目的增加(减:减少)		-45,082,763.82
其他		-
经营活动产生的现金流量净额		78,149,115.91
2.不涉及现金收支的投资和筹资活动:		
债务转为资本		-
一年内到期的可转换公司债券		-
融资租入的固定资产		-
3.现金及现金等价物净增加情况:		
现金的期末余额		216,662,009.65
减:现金的期初余额		48,665,367.16
加:现金等价物期末余额		-
减:现金等价物期初余额		-
现金及现金等价物净增加额		167,996,642.49

现金流量表

编制单位:山西安泰集团股份有限公司　2002年度　单位:人民币元

项 目	金 额
一、经营活动产生的现金流量:	
销售商品、提供劳务收到的现金	691,444,772.04
收到的税费返还	-
收到的其他与经营活动有关的现金	24,307.24
现金流入小计	691,469,079.28
购买商品、接受劳务支付的现金	442,518,023.83
支付给职工以及为职工支付的现金	20,427,182.25
支付的各项税费	64,493,067.33
支付的其他与经营活动有关的现金	30,042,452.98
现金流出小计	557,480,726.39
经营活动产生的现金流量净额	133,988,352.89
二、投资活动产生的现金流量:	
收回投资所收到的现金	-
取得投资收益所收到的现金	910,000.00
处置固定资产、无形资产和其他长期资产而收回的现金净额	610,468.45
收到的其他与投资活动有关的现金	-
现金流入小计	1,520,468.45
购建固定资产、无形资产和其他长期资产所支付的现金	38,280,151.72
投资所支付的现金	-
支付的其他与投资活动有关的现金	-
现金流出小计	38,280,151.72
投资活动产生的现金流量净额	
三、筹资活动产生的现金流量:	
吸收投资所收到的现金	-
借款所收到的现金	150,600,000.00
收到的其他与筹资活动有关的现金	599,359.13
现金流入小计	151,199,359.13
偿还债务所支付的现金	50,400,000.00
分配股利、利润或偿付利息所支付的现金	10,185,356.77
支付的其他与筹资活动有关的现金	22,357.03
现金流出小计	60,607,713.80
筹资活动产生的现金流量净额	90,591,645.33
四、汇率变动对现金的影响	2.14
五、现金及现金等价物净增加额	187,820,317.09

现金流量表(续)

编制单位:山西安泰集团股份有限公司　2002年度　单位:人民币元

补充资料	金 额
1.将净利润调节为经营活动的现金流量:	
净利润	48,183,864.88
加:计提的资产减值准备	792,802.87
固定资产折旧	22,549,123.60
无形资产摊销	821,079.12
长期待摊费用摊销	486,845.89
待摊费用减少(减:增加)	-1,626,120.64
预提费用增加(减:减少)	695,929.10
处置固定资产、无形资产和其他长期资产的损失	346,618.45
固定资产报废损失	-
财务费用	9,622,955.13
投资损失(减:收益)	-10,908,220.02
递延税款贷项(减:借项)	-
存货的减少(减:增加)	1,378,188.32
经营性应收项目的减少(减:增加)	7,642,271.93
经营性应付项目的增加(减:减少)	54,003,014.26
其他	-
经营活动产生的现金流量净额	133,988,352.89
2.不涉及现金收支的投资和筹资活动:	
债务转为资本	-
一年内到期的可转换公司债券	-
融资租入的固定资产	-
3.现金及现金等价物净增加情况:	
现金的期末余额	189,827,289.58
减:现金的期初余额	2,006,972.49
加:现金等价物期末余额	-
减:现金等价物期初余额	-
现金及现金等价物净增加额	187,820,317.09

唐 山 三 友 化 工 股 份 有 限 公 司

唐山三友化工股份有限公司股票上市公告书

第一节　重要声明与提示

唐山三友化工股份有限公司(以下简称"本公司"、"公司"或"发行人")董事会保证上市公告书的真实性、准确性、完整性,全体董事承诺上市公告书不存在虚假记载、误导性陈述或重大遗漏,并承担个别和连带的法律责任。

根据《中华人民共和国公司法》、《中华人民共和国证券法》等有关法律、法规的规定,本公司董事、高级管理人员已依法履行诚信和勤勉尽责的义务和责任。

证券交易所、中国证监会、其他政府机关对本公司股票上市及有关事项的意见,均不表明对本公司的任何保证。

本公司提醒广大投资者注意:凡本上市公告书未涉及的有关内容,请投资者查阅2003年5月30日刊载于《中国证券报》、《上海证券报》、《证券时报》及《证券日报》的本公司招股说明书摘要及刊载于上海证券交易所网站(www.sse.com.cn)的本公司招股说明书全文。

第二节　概览

1、股票简称:三友化工

2、沪市股票代码:600409

3、深市代理股票代码:003409

4、总股本:35,000万股

5、可流通股本:10,000万股

6、发行价格:6.00元/股

7、本次上市流通股本:10,000万股

8、对首次公开发行股票前股东所持股份的流通限制及期限

根据国家现有法律、法规规定和中国证券监督管理委员会《关于核准唐山三友化工股份有限公司公开发行股票的通知》(证监发行字[2003]48号),本公司全部5位发起人股东所持有的股份暂不上市流通。

8、上市地点:上海证券交易所

9、上市时间:2003年6月18日

10、股份登记机构:中国证券登记结算有限责任公司上海分公司

11、上市推荐人:国泰君安证券股份有限公司、东北证券有限责任公司

12、根据《上海证券交易所股票上市规则》,本公司第一大股东唐山三友碱业(集团)有限公司承诺:自本公司股票上市之日起一年内,不转让其持有的本公司的股份;同时也不由本公司回购其所持有的发起人股份。

第三节　绪言

本公司上市公告书是根据《中华人民共和国公司法》、《中国人民共和国证券法》、《股票发行与交易管理暂行条例》、《公开发行股票公司信息披露实施细则》和《上海证券交易所股票上市规则》等国家有关法律、法规的规定,并按照中国证券监督管理委员会制定的《公开发行证券的公司信息披露内容与格式准则第7号-股票上市公告书》而编制,旨在向投资者提供本公司的基本情况和本次股票上市的有关资料。

经中国证券监督管理委员会证监发行字[2003]48号文核准,本公司已于2003年6月4日采用全部向二级市场投资者定价配售的方式成功发行了每股面值1.00元的人民币普通股(A股)10,000万股,每股发行价为6.00元。

经上海证券交易所上证上字[2003]59号《上市通知书》批准,本公司公开发行的10,000万股社会公众股将于2003年6月18日起在上海证券交易所挂牌交易。股票简称为"三友化工",沪市股票代码为600409。

本公司已于2003年5月30日分别在《中国证券报》、《上海证券报》、《证券时报》及《证券日报》上刊登了《招股说明书摘要》。招股说明书正文及其附录可以在上海证券交易所网站(www.sse.com.cn)查询。上述内容刊登距今不足三个月,故与其重复的内容不再重述,敬请投资者查阅。

第四节　公司概况

一、本公司基本情况

公司中文名称:唐山三友化工股份有限公司

英文名称:TANGSHAN SANYOU CHEMICAL INDUSTRIES CO.,LTD.

注册资本:35,000万元

法定代表人:王春生

设立日期:1999年12月28日

注册地址:河北省唐山市南堡开发区

邮政编码:063305

联系电话:0315-8517040　0315-8511642

传真号码:0315-8519188

互联网网址: www. Sanyou-chem.com.cn

电子信箱:shilz@ sanyou-chem.com.cn

董事会秘书:史岭珠

所属行业:化工原材料

二、本公司历史沿革

唐山三友化工股份有限公司是经河北省人民政府冀股办(1999)48号文件批准,以唐山三友碱业(集团)有限公司(以下简称"集团公司")作为主发起人,联合国投资产管理公司、唐山投资有限公司、河北省建设投资公司、国富投资公司,共同发起设立的股份公司,设立时注册资本人民币25000万元。于1999年12月28日获得河北省工商行政管理局颁发的营业执照,执照编号为1300001001528。

经中国证券监督管理委员会证监发行字[2003]48号文核准,本公司于2003年6月4日采用全部向二级市场投资者定价配售的方式成功发行了每股面值1.00元的人民币普通股10,000万股,每股发行价为6.00元。本次发行完成后,本公司的总股本为35,000万股。本公司承诺于2003年7月31日前在工商行政管理部门完成工商变更注册登记。

三、本公司主要经营情况

1、本公司经营范围及主营业务

本公司的经营范围是:纯碱、食用添加剂碳酸钠及系列产品的生产、销售,经营本企业自产产品和技术的出口业务和本企业所需的原辅材料、机械设备、零配件及技术的进口业务,但国家限定公司经营和禁止进出口的商品和技术除外。

本公司是我国制碱工业的重要生产、出口基地,主要从事纯碱的生产和销售。

2、本公司主要产品及其用途

本公司纯碱产品主要包括:

①根据产品密度的不同,分为重质纯碱、轻质纯碱。

②根据氯化物含量的不同,分为普通碱、低盐碱、超低盐碱、特殊低盐碱。

③根据不同客户的需求,生产工业纯碱和食品添加剂纯碱。

纯碱是一种重要的化工原材料,广泛应用于化工、轻工、建材、冶金、医药等行业。目前我国纯碱的消费构成为:玻璃行业42%、化工行业12%、轻工行业12%、民用7%、冶金行业5%、医药行业2%、其他领域20%。本公司产品的下游企业主要是玻璃企业、氧化铝企业和合成洗涤剂企业。

3、本公司主要技术

本公司在石灰石工序采用大型竖式混装窑,这种窑具有生产能力大、热效率高等优点。上料采用PC机程序控制,大幅度降低了石灰石和焦碳的消耗。该装置是目前国内氨碱法纯碱生产企业采用的单台生产能力最大的混装窑。

本公司在盐水精制工序采用一步法精制盐水。与传统的石灰碳酸铵法相比,该法具有工艺流程短、设备结疤轻、盐水质量稳定、产品质量高、精制过程中不产生CNH3、有利于提高NaCl转化率等优点。目前,国内有本公司、南化公司连云港碱厂等大碱厂采用此法。

本公司在碳化工序采用异径菌帽碳化塔。该塔具有以下优点:①生产能力大。②冷却效率高。③转化率高,碳化转化率75%左右。④结晶质量好。因此目前国内许多大中型氨碱厂及联碱厂已采用这种碳化塔。

本公司引进德国筛得力公司SHS1002/1090ZK型双级柱锥式离心机,对真空过滤后重碱进行二次分离。在不加洗水的条件下,分离后重碱水份降到12.3%,盐份比分离前降低0.11%。使用后降低了重碱水份和盐份,提高了产品质量,节约了能源,提高了煅烧炉生产能力,而且还可以大规模生产优质低盐纯碱。

本公司在煅烧工序使用的φ3600×30000外返碱蒸汽煅烧炉,是目前生产能力最大的国产煅烧炉,生产能力800T/d,采用变频调速控制其转速,可大大缓解前工序波动对后工序的影响。

4、影响本公司发展的有利和不利因素

(1)有利因素:

1)属于基础原材料行业

纯碱属于基本化工原材料,被誉为"化工之母",与国民经济和人民生活具有密不可分的关系。由于这种密切关系,纯碱行业将在相当长的时期内稳步发展。

2)行业进入壁垒高

经过多年的发展,我国纯碱行业已经形成了稳定的产业基础和行业格局。由于纯碱生产企业具有对自然资源和能源的消耗量大、资金密集的特点,因此进入纯碱行业的壁垒较高,主要障碍包括:国家主管部门的批准、一次性投资大、生产需有规模效益、几大原材料供应基地应相距较近、须有符合环保要求的废渣液堆排放场地和处理技术等。

3)技术成熟

目前纯碱的主要生产方法是合成法纯碱和天然碱加工两种,其中合成法纯碱主要有联合制碱和氨碱法(索尔维)制碱两种工艺。上述两种制碱工艺均已经过长期生产实践的检验,技术成熟、可靠。

4)宏观经济形势整体看好

由于纯碱属于基本化工原材料,其市场价格与国民经济宏观经济形势密切相关。2001年国家实行积极的财政政策,扩大内需,使我国宏观经济出现良好上升态势,2001年国民经济增长速度略高于7%,2002年国民经济增长率与2001年基本持平,2003年我国将继续执行扩大内需、积极的财政政策和稳健的货币政策等经济政策,因此宏观经济形势仍整体看好,这必将对促进国内纯碱行业的发展将产生积极作用。

5)消费趋向的变化将带动产品结构的调整

随着对纯碱消费由轻质纯碱向重质纯碱的转变,将促使我国纯碱行业加快产品结构的调整速度,加大对相关领域的科研投入,最终实现纯碱产业的升级。

6)发达国家纯碱企业纷纷减产、停产

由于利用氨碱法生产纯碱需要消耗大量的自然资源和能源,以及其资金密集、劳动密集的特点,所以很多发达国家已经关闭或减少本国的纯碱企业。据报道,最近有以下几家纯碱企业由于环保和成本因素停产:日本旭硝子公司下属联碱厂、美国通用化学公司下属氨碱厂、美国FMC公司下属天然碱厂,以上三家企业共有纯碱生产能力210万吨。我国纯碱行业正可利用这一时机,占领国际市场。

7)我国天然碱储量不足,美国天然碱运输成本高

由于我国发现探明的天然碱矿数量少、品位低,使得国内天然碱目前无法替代合成碱;美国天然碱虽然成本低、品质高,但因运费高,加上国内纯碱市场化程度高,美国天然碱难以对国内纯碱市场造成大的冲击。

(2)不利因素

1)国内纯碱市场基本饱和,纯碱消费增长速度低于其生产增长速度

从近两年国内纯碱的生产和消费情况分析,可以看出纯碱消费增长速度低于其生产的增长速度。这主要是由于没有合理的战略格局和部分地方存在地方保护主义,各地均存在一些小型纯碱企业等原因。长期的生产能力扩张使得国内普通产品市场趋于饱和,市场竞争日益加剧。这种情况的出现,一方面能够促使行业内企业不断提高产品质量,开发高附加值产品,优化产品结构,但另一方面,存在的恶性竞争也会给国内纯碱行业的长远发展造成不利影响。

2)属于传统行业,产品附加值相对较低,增长缓慢

纯碱作为一种基本化工原材料,属于典型的传统行业。加之劳动密集、资金密集的特点,其产品的附加值相对较低,全行业增长速度相对缓慢。

第五节　股票发行与股本结构

一、本公司本次股票上市前首次公开发行股票的情况

股票种类:境内上市人民币普通股(A股)

每股面值:人民币1.00元

发行数量:10,000万股

发行价格:6.00元/股

发行市盈率:20倍

募股资金总额:60,000万元

募股资金净额:57,686.09万元

发行方式:全部向二级市场投资者定价配售

发行对象:于2003年5月30日持有上海证券交易所或深圳证券交易所已上市流通的人民币普通股(A股)股票(以下简称"流通股票")的收盘市值总和(包括可流通但暂时锁定的股份市值)不少于10,000元的投资者。

发行费用:本次发行费用总额为2,313.91万元,包括承销费用、审计费用、律师费用、评估费用、发行手续费用、股权登记费用、审核费等。

每股发行费用:0.23元

二、本公司本次股票上市前首次公开发行股票的承销情况

本公司本次公开发行人民币普通股（A股）10,000万股的配号总数为85,568,580，中签率为0.11686533%。其中，二级市场投资者认购992449989股，其余755011股由主承销商包销。

三、本公司本次上市前首次公开发行股票所募股资金的验资报告

验资报告

唐山三友化工股份有限公司全体股东：

我们接受委托，审验了唐山三友化工股份有限公司(以下简称“贵公司”)截至2003年6月11日止新增注册资本实收情况。按照国家相关法律、法规的规定和协议、章程的要求出资，提供真实、合法、完整的验资资料，保护资产的安全、完整是贵公司全体股东及贵公司的责任。我们的责任是对贵公司本次新增注册资本的实收情况发表审验意见。我们的审验是依据《独立审计实务公告第1号—验资》进行的。在审验过程中，我们结合贵公司的实际情况，实施了检查等必要的审验程序。

贵公司由唐山三友碱业(集团)有限公司、国投建化实业公司(现更名为国投资产管理公司)、河北省建设投资公司、河北省经济开发投资公司(现更名为国富投资公司)、唐山投资有限公司共同发起设立，于1999年12月28日在河北省工商行政管理局注册，工商注册登记号为1300001001528，注册资本为人民币25,000万元。

贵公司根据2002年第一次临时股东大会决议和修改后章程的规定，申请向社会公开发行普通股(A股)100,000,000股，增加注册资本人民币100,000,000元。经中国证券监督管理委员会证监发行字[2003]48号文件核准，贵公司于2003年6月4日以全部向二级市场投资者定价配售的发行方式向社会公开发行人民币普通股股票100,000,000股，每股面值人民币1.00元，每股发行价格为人民币6.00元。

经审验，我们认为，截至2003年6月11日止，贵公司已收到社会公众股股东缴纳的新增注册资本人民币100,000,000元，扣除发行费用23,139,144.90元后，募集资金净额为人民币576,860,855.10元，实际计入资本公积人民币476,860,855.10元。

同时我们注意到，贵公司本次增资前的注册资本为人民币250,000,000元，业经河北华安会计师事务所有限公司以冀华会验字[1999]第1020号验资报告予以审验。截至2003年6月11日止，连同本次验证的新增注册资本实收金额人民币100,000,000元，贵公司变更后的累计注册资本实收金额为人民币350,000,000元。

本验资报告仅供贵公司申请变更登记及据以向股东签发出资证明时使用，不应将其视为是对贵公司验资报告日后资本保全、偿债能力和持续经营能力等的保证。因使用不当所造成的后果，与执行本验资业务的注册会计师及会计师事务所无关。

河北华安会计师事务所有限公司　　中国注册会计师　刘国忠　廖志勇

2003年6月11日

四、本公司本次上市前首次公开发行股票所募股资金入账情况

入帐时间：2003年6月11日

入帐金额：576,860,855.10元（已扣除发行费用）

银行账号：13062603622100906

收款银行：中国建设银行唐山南堡开发区支行

银行账号：0403013229201099860

收款银行：中国工商银行唐山市南堡开发区支行

五、本公司本次股票上市前股权结构和股东持股情况

1、本公司本次股票上市前的股权结构

股份类型	持股数量(万股)	占总股本比例(%)
发起人股	25,000	71.43
社会公众股	10,000	28.57
股份总额	35,000	100.00

2、本次股票上市前，本公司前十名股东持股数量及占总股本的比例

序号	股东名称	持股数量(万股)	占股本比例
1	集团公司	22231	63.51%
2	国投资产管理公司	1400	4.00%
3	唐山投资有限公司	617	1.76%
4	河北省建设投资公司	560	1.60%
5	国富投资公司	192	0.55%
6	国泰君安	86.2	0.25%
7	开元基金	13.1	0.04%
8	国信证券	12.9	0.04%
9	科瑞基金	12.7	0.04%
10	景福基金	12.6	0.04%

第六节　董事、监事、高级管理人员及核心技术人员

一、董事、监事、高级管理人员及核心技术人员简介

1、董事

王春生，男，1963年6月出生，大学，高级工程师。1998年6月至2002年7月担任唐山三友集团有限公司(以下简称“三友集团”)副总经理职务；1999年12月起至2002年7月担任本公司副董事长，1999年12月至2001年6月任股份公司总经理，2002年7月30日当选为本公司董事长至今。

于得友，男，1959年10月出生，大专，经济师。1998年6月至2002年4月担任三友集团第一副总经理职务；1999年12月至今担任本公司董事，2001年6月至今担任本公司总经理，2002年7月起任本公司副董事长。

么志义，男，1957年7月出生，大学，高级经济师，全国人大代表、全国劳动模范，2001年被河北省人民政府授予2000年度河北省优秀企业家称号。1998年6月至今担任三友集团董事长；1998年6月15日至2001年8月16日担任集团公司董事长；1999年12月至2002年7月担任本公司董事长。

张兆仲，男，1946年3月出生，大学，高级工程师。1993年10月至今河北省建设投资公司副总经理，1999年12月起至今担任本公司董事。

常润兰，女，1948年6月出生，大学，工程师。1998年6月至今担任三友集团董事；1999年12月起至今担任本公司董事。

王兵，男，1960年12月27日出生，硕士学历，1998年5月至今任唐山投资有限公司总经理，2001年6月至今担任三友集团监事，1999年12月起至今担任本公司董事。

席长龙，男，1953年5月29日出生，大学学历，政工师。1988年至1993年任交通银行唐山分行工会主席、办公室主任，1993年至今担任唐山市经济开发投资公司、唐山投资有限公司董事、副总经理，2001年10月起至今担任本公司董事。

耿炳南，男，1966年3月出生，硕士学历。2001年6月至今担任三友集团董事、集团公司董事、本公司董事。

杨鹏飞，男，1954年8月8日出生，大学学历，助理经济师。2001年6月起至今担任本公司董事。

石景，女，1974年8月26日出生，硕士学历。2000年8月在国富投资公司投资管理部工作，2001年6月起至今担任本公司董事。

闫荣城，男，1961年10月出生，经济学硕士。1993年3月至1994年4月任河北省人民政府股份制试点办公室负责人，1994年4月至1996年11月任河北省体改委证券管理办公室主任（处长），1996年11月至1998年2月任河北省证券委国际业务处处长，1998年2月至1998年12月任河北省证券监督管理委员会上市公司处处长，1998年12月至2002年3月任中国证监会石家庄特派员办事处上市公司处处长，2002年3月至今任河北经贸大学副教授。2002年5月起担任本公司独立董事。

王鹏程，男，1970年11月出生，副教授，会计学博士。现任天健会计师事务所合伙人、中国注册会计师协会准则组成员。1994年4月至2000年10月在中央财经大学会计系任副教授，从事教学科研工作，并于2000年2月在财政部财政科学研究所获得会计学博士学位；1998年9月至今任天健会计师事务所合伙人。2002年5月起担任本公司独立董事。

王锡岭，男，1945年3月出生，高级工程师。1978年4月至1993年8月任化学工业部化肥司副处长，期间于1989年4月至1999年4月任中国纯碱工业协会副秘书长，1999年4月至2001年4月任中国纯碱工业协会秘书长，2001年4月至今任中国纯碱工业协会副理事长兼秘书长。2002年5月起担任本公司独立董事。

2、监事

赵瑞民，男，1960年5月出生，高中文化。1999年12月起担任本公司职工监事，监事会主席。

张定元，男，1964年12月出生，大学，高级经济师。1999年12月起至今担任本公司监事。

郭红林，男，1972年2月出生，大学。1999年12月起担任本公司监事。

张敏珊，女，1952年9月25日出生，中专学历，工程师。2001年10起任本公司监事。

张军，男，1966年9月出生，大学，工程师。1999年12月起至今担任本公司监事；2001年6月起担任三友集团监事。

毕开恒，男，1948年6月出生，大专学历，高级政工师。1998年6月至今担任三友集团监事会主席；1999年12月起担任本公司职工监事。

张建国，男，1953年12月出生，中专学历，政工师。2000年10月起担任本公司职工监事。

3、高级管理人员

总经理：于得友，同上。

常务副总经理：王宝云，男，1954年1月出生，大专学历，高级经济师。2002年7月30日起至今担任本公司常务副总经理职务。

副总经理：马德春，男，1965年6月出生，大学学历，高级工程师。2000年10月至今任本公司副总经理，2001年8月至今兼任本公司总工程师。

副总经理：陈炳谦，男，1963年12月出生，大学学历，高级工程师。2002年7月30日起至今任本公司副总经理职务。

副总经理：李木臣，男，1964年10月出生，大专学历。2002年7月30日起至今任本公司副总经理职务。

副总经理：李建渊，男，1966年10月出生，大学学历，高级经济师。2002年7月30日起至今担任本公司副总经理职务。

副总经理：孙任靖，男，1964年6月出生，大专学历，法医师。1999年12月任本公司经营部经理，2001年8月至今任本公司副总经理。

二、董事、监事、高级管理人员及核心技术人员持股情况

本公司除董事常润兰持有本公司1000股流通股外，其他上述人员均未持有本公司股份情况，且不存在上述人员在发行前持有发行人关联企业股份的情况。

三、董事、监事、高级管理人员相互之间不存在配偶关系、三代以内直系和旁系亲属关系。

第七节　同业竞争与关联交易

一、同业竞争情况

股份公司设立时，集团公司将与纯碱生产销售相关的生产经营性资产和业务部门全部投入本公司，集团公司不再从事纯碱的生产和销售业务。三友集团作为股份公司的实际控制人，三友集团及其下属子公司不存在与股份公司从事相同、相似业务的情况；同时，股份公司与集团公司及其控制的法人之间也不存在从事相同、相似业务的情况，不存在同业竞争。

二、关联方与关联关系

1、关联方

本公司的关联企业主要包括本公司的实际控制人———三友集团及其下属的全资和控股子公司，控股股东———集团公司及其下属的全资和控股子公司、本公司的控股子公司以及其他存在控制关系或发生关联交易的关联方等。

1、本公司实质控制人———三友集团及其下属的全资和控股子公司

序号	公司名称	持股比例
1	集团公司	90.43%
2	唐山三友集团化纤有限公司	99.87%
3	唐山义龙纺织集团公司	100%
4	唐山市冀东化工集团有限责任公司	99.1%

2、本公司控股股东———集团公司及其下属的全资及控股子公司

序号	公司名称	持股比例
1	唐山三友矿山有限公司	100%
2	唐山三友运输有限公司	87.2%
3	唐山三友实业有限公司	100%
4	唐山三友榆山实业有限公司	96.5%
5	唐山三友塑料制品有限公司	80%
6	唐山三友集团建筑安装工程有限公司	49.72%

3、本公司的控股子公司

本公司控股子公司为唐山三友志达钙业有限公司(以下简称“志达钙业”)。

4、其它存在控制关系或发生关联交易的关联方

唐山三友集团进出口有限公司，唐山三友集团化纤有限公司子公司，在报告期内曾为本公司代理纯碱出口业务。

2、关联关系

1、股权关系

三友集团持有集团公司90.43%的股份，集团公司持有本公司本次发行后63.51%的股权，因此三友集团是股份公司实际控制人。

集团公司本次发行前持有本公司88.92%的股份，发行后将持有本公司63.51%的股权，是本公司控股股东。

本公司持有志达钙业65%的股权，为志达钙业控股股东。

2、控制关系

截止至2002年12月31日，各关联方对本公司进行控制或影响的方式、途径、程度如下：

(1)集团公司持有股份公司88.92%的股份，是股份公司的控股股东，除通过行使投票权参与并影响股份公司的生产经营、人事管理等方面的决策外，还可以通过向股份公司提供软水、电、汽的供应、向股份公司提供土地、房屋、陡河引水管线租赁等途径影响股份公司的生产经营。股份公司生产所需用软水、电、汽全部由集团公司下属热电分厂提供，2002年上述关联交易共涉及金额16040万元，占主营业务成本的24.1%。

(2)矿山子公司是集团公司的控股子公司，可以通过提供石灰石影响股份公司的生产经营。2002年股份公司生产所需石灰石的58%由矿山子公司提供，涉及金额3910万元，占主营业务成本的5.9%。

(3)榆山子公司是集团公司的控股子公司，曾经向本公司提供石灰石。目前集团公司已对其完成产权改革，榆山子公司与本公司已不存在关联交易。

(4)塑编子公司是集团公司的控股子公司，可以通过提供编织袋影响股份公司的生产经营。2002年股份公司生产所需编织袋的78%由塑编子公司提供，涉及金额2552万元，占主营业务成本的3.8%。

(5)建安公司是集团公司的控股子公司，可以通过提供建筑工程、管道防腐等服务影响股份公司的生产经营。2002年建安公司与股份公司发生的工程施工服务占股份公司同类业务的23%，涉

及金额 1448 万元，占主营业务成本的 2.2%。

(6) 运输公司是集团公司的控股子公司，可以通过提供运输服务影响股份公司的生产经营。2002 年运输公司向股份公司提供的运输服务占股份公司同类业务的 56%，涉及金额 607 万元。

为减少股份公司同集团公司下属企业的关联关系，集团公司已分别通过股东会决议，对塑编子公司、矿山子公司进行产权改革，使其退出集团公司。

3、人事管理关系

董事长王春生先生兼任集团公司董事；

副董事长、总经理于得友先生兼任集团公司董事；

董事么志义先生兼任三友集团董事长、集团公司董事；

董事耿炳南先生兼任三友集团董事、集团公司董事；

董事常润兰女士为本公司股东———河北省建设投资公司工业分公司经理，兼任三友集团董事；

董事张兆仲先生为本公司股东———河北省建设投资公司副总经理；

董事王兵先生为本公司股东———唐山投资有限公司总经理，并兼任三友集团监事；

董事席长龙先生为本公司股东———唐山投资有限公司副总经理。

监事会主席赵瑞民先生兼任集团公司监事；

监事张定元兼任集团公司监事；

监事张军兼任三友集团监事、集团公司监事；

职工监事毕开恒兼任三友集团监事会主席、集团公司监事会主席；

副总经理李木臣先生兼任志达钙业董事长兼总经理。

4、商业利益关系

根据河北华安会计师事务所有限公司出具的冀华会审字[2003]1019 号《审计报告》，截止至 2002 年 12 月 31 日，本公司与矿山子公司、塑编子公司之间存在原材料及包装物采购的关联交易；与建安公司、运输公司之间存在接受关联企业提供劳务等商业利益关系。

本次发行股票募集资金投向 PVDC 项目所需土地、能源及原材料将由冀东化工供应；氯化钙项目将采取对志达钙业进行增资的方式进行项目建设。上述募集资金投向项目的建设和生产运行将与关联方发生关联交易。

三、关联交易

(一)关联交易内容

1、石灰石采购

两家生产矿石的子公司所开采的制碱用石灰石全部向本公司供货，2001 年本公司向上述两家子公司采购石灰石共计约 100 万吨，共计发生交易金额 4117 万元，占主营业务成本的 6.29%，本公司向关联方采购石灰石的数量占同类业务采购总量的 69%。由于集团公司已完成对榆山子公司的产权改革，2002 年本公司与榆山子公司不存在关联交易；与矿山子公司的关联交易金额为 3910 万元，占主营业务成本的 5.9%，占本公司同类业务采购总量的 58%。

为减少该项关联交易，集团公司于 2002 年 7 月 30 日通过股东会决议，对矿山子公司进行产权改革，使其退出集团公司。

2、编织袋采购

本公司向塑编子公司采购编织袋的关联交易价格为 1.49 元/条，与塑编子公司市场外销价一致。2002 年本公司向塑编子公司采购编织袋共计支付购货款 2552 万元，占主营业务成本的 3.8%，占本公司同类业务采购总量的 78%，占塑编子公司总销量的 93%。

目前，集团公司正在对塑编子公司进行产权改革，转让其所持有的股权，转让完成后股份公司将不再与塑编子公司发生关联交易。

3、纯碱出口代理

本公司于 2002 年 4 月 29 日申请获得进出口自营权，并于 2002 年 5 月 15 日通过股东大会决议，将本公司持有的进出口公司股权转让给化纤公司。为保证股份公司纯碱出口业务在办理自营进出口相关手续期间可以顺利进行，2002 年 4 月 1 日本公司与进出口公司签订了《纯碱出口代理原则协议》，于 2002 年 4 至 10 月间委托进出口公司代理纯碱出口业务，并相应支付代理费 103 万元。股份公司于 2002 年 11 月开始完全独立自营纯碱出口业务，而不再与进出口公司发生关联交易。

4、工程施工及相关服务

为保证股份公司正常生产运行，建安公司为本公司提供建筑安装、公用工程、防腐保温、设备维修维护等服务。2002 年与本公司发生的关联交易金额为 1448 万元，占同类业务的 23%。

5、用车、公路运输服务

为确保本公司正常生产对用车和公路运输的需要，本公司与运输公司签订了《用车、公路运输原则性协议》。2002 年本公司向运输公司支付的费用为 607 万元，占本公司同类业务量 56%。运输公司对外计价和对本公司计价标准一致。

6、水、电、汽供应

本公司生产所需软水、电、蒸汽全部由集团公司提供；集团公司生产所需之循环水、直流水由本公司提供，为明确双方这种供应关系，双方签订了《水电汽供应协议》。集团公司每年向本公司供软水约 90 万立方米，电 1 亿 KWH，汽 260 万吨；本公司每年向集团公司提供直流水约 690 万立方米、循环水 600 万立方米。

热电分厂发电的平均外销价格为 0.32 元/度，供给股份公司的电价为 0.30 元/度，2002 年交易金额为 3651 万元，占热电分厂总发电量的 53%。热电分厂蒸汽的平均外销价格为 43.17 元/吨，供给股份公司的蒸汽价格为 43.14 元/吨，2002 年交易金额为 12234 万元，占热电分厂蒸汽总产量的 63%。

2002 年本公司向集团公司支付水费、电费、蒸汽费等共计 16040 万元，占主营业务成本的 24.1%。

7、土地使用权租赁

根据《土地使用权租赁协议》，本公司向集团公司租赁使用与其投入本公司经营性资产相对应的土地，共计 193824.58 平方米(290.73 亩)，本公司每年需向集团公司支付租金 17.77 万元。

8、房产租赁

根据《房产租赁协议》，本公司主要管理职能部门的办公场所向集团公司租赁使用，租赁面积为 3175.88 平方米，期限为 20 年，本公司每年需向集团公司支付租金 31.76 万元。

9、陡河输水管线租赁

根据《陡河输水管线租赁协议》，本公司向集团公司租赁使用陡河输水管线，租赁期限十年，股份公司每年需向集团公司支付租金 200 万元。

10、商标转让

本公司设立时，集团公司未将"三友"商标投入本公司。为保障股份公司能够长期稳定的使用该商标，本公司与集团公司于 2001 年 5 月 29 日签订了《商标使用许可协议》。

为保证股份公司资产的完整性，集团公司于 2002 年 4 月 6 日通过董事会决议，同意将其所持有的 "三友" 商标无偿转让给股份公司，并于 2002 年 4 月 25 日通过股东大会决议。股份公司于 2002 年 4 月 15 日通过董事会决议，并于 2002 年 5 月 15 日通过股东大会决议，同意无偿受让"三友"商标。双方已于 2002 年 4 月 26 日签定了《商标转让合同》，国家工商行政管理总局商标局已于 2002 年 10 月 7 日核准该项转让事宜。

11、向集团公司提供资金

截止至 2000 年 12 月 31 日，股份公司应收集团公司款项为 4408.7 万元，该笔款项由集团公司无偿使用，并于 2001 年全部偿还。

12、其它对发行人有影响的重大关联交易———进出口公司和志达钙业股权转让

(二)关联交易协议

1、《石灰石购销原则性协议》

关于纯碱生产的原材料石灰石的供应，2000 年 1 月本公司分别与矿山子公司和榆山子公司签订了《石灰石购销原则性协议》。此协议均为长期协议，协议规定本公司每年向矿山子公司购买总数为 75±15 万吨的石灰石，向榆山子公司购买总数为 40±10 万吨的石灰石，购买价格可约定为固定价格或随行就市。如采取固定价格，应参考上年市场平均价格确定，每吨石灰石价格可上下浮动 10%；如采取随行就市，应参考当月 1-15 日的市场平均价格，每吨石灰石价格可上下浮动 5%。

由于集团公司已完成对榆山子公司的产权改革，本公司与其签定的《石灰石购销原则性协议》已终止。

2、《编织袋购销原则性协议》

为满足本公司纯碱产品的包装需要，2000 年 1 月本公司与塑编子公司签订了《编织袋购销原则性协议》。此协议为长期协议，协议规定本公司每年向塑编子公司购买约 1600±200 万条编织袋，购买价格可约定为固定价格或随行就市。如采取固定价格，应参考上年市场平均价格确定，每 100 条编织袋价格可上下浮动 8%；如采取随行就市，应参考当月 1-15 日的市场平均价格，每 100 条编织袋价格可上下浮动 4%。

3、《纯碱出口代理原则协议》

为保证本公司纯碱产品的出口需要，2002 年 4 月 1 日本公司与进出口公司签订了《纯碱出口代理原则协议》。协议规定进出口公司为本公司代理纯碱出口，代理费不高于进出口总金额的 2%(按纯碱出口 FOB 价计算)。

4、《用车、公路运输原则性协议》

为确保本公司正常生产对用车和公路运输的需要，2000 年 1 月，本公司与运输公司签订了《用车、公路运输原则性协议》。协议规定了用车、公路运输服务的提供方式、服务价格和支付时间，运价由双方参考《河北省汽车运价规则》和市场价格共同协商制定。协议有效期为 2000 年 1 月 1 日至 2000 年 12 月 31 日，有效期届满，可自动续展，每次续展一年。每年 12 月双方可重新协商次年的价格和结算方式。

5、《水电汽供应协议》

基于集团公司与本公司的渊源关系，本公司生产所需软水、电、汽有赖于集团公司提供；集团公司生产所需之循环水、直流水有赖于本公司提供，为明确双方这种供应关系，2001 年 1 月 1 日双方签订了《水电汽供应协议》。协议规定集团公司每年向本公司供应软水 90 万立方米、汽 260 万吨、电 10000 万千瓦时，价格分别为软水每立方米 2.05 元，电每千瓦时 0.30 元，汽每吨 43.14 元；股份公司向集团公司供应直流水 690 万立方米、循环水 600 万立方米，分别为每立方米 0.71 元和 0.30 元。协议于 2001 年 1 月 1 日签署，有效期十年，每年结束后 30 日内以现金向对方支付。

6、《土地使用权租赁协议》

本公司向集团公司租赁使用与经营性资产相对应的土地，共计 193824.58 平方米(290.73 亩)，1999 年 12 月，本公司与集团公司签定了《土地使用权租赁协议》。集团公司已办理该土地使用权的出让手续，取得了土地使用权。根据《中华人民共和国合同法》的有关规定，发行人与碱业公司于 2002 年 4 月 25 日签署《土地使用权租赁协议补充协议》，将土地使用权租赁期限由五十年变更为二十年，租金总额为 355.4 万元，年租金为 17.77 万元。

7、《房产租赁协议》

本公司主要管理职能部门的办公场所向集团公司租赁使用，1999 年 12 月双方签订了《房产租赁协议》。协议规定租赁面积为 3175.88 平方米，期限为 20 年，年租金为 31.76 万元，股份公司应在每一会计年度结束后 60 天内支付租金。

8、《陡河输水管线租赁协议》

由于目前陡河输水管线输送的水全部提供给本公司使用，而集团公司拥有陡河输水管线的所有权，2001 年 1 月 1 日双方签订了《陡河输水管线租赁协议》，协议规定，股份公司向集团公司租赁使用陡河输水管线，年租金 200 万元，租赁期限十年，并于每年 12 月 31 日前支付租金。

9、《商标转让合同》

为保证股份公司资产的完整性，集团公司于 2002 年 4 月 6 日通过董事会决议，同意将其所持有的 "三友" 商标无偿转让给股份公司，并于 2002 年 4 月 25 日通过股东大会决议。股份公司于 2002 年 4 月 15 日通过董事会决议，并于 2002 年 5 月 15 日通过股东大会决议，同意无偿受让"三友"商标。双方于 2002 年 4 月 26 日签定了《商标转让合同》。合同约定：在"三友"商标工商变更手续未完成之前，双方于 2001 年 5 月 29 日签署的《商标使用许可协议》继续有效。

国家工商行政管理总局商标局已于 2002 年 10 月 7 日核准该项转让事宜，《商标使用许可协议》已终止。

10、《商标使用许可协议》

由于公司改制设立时未将"三友"商标纳入股份公司，为保障本公司的正常生产经营，能够长期稳定的使用该商标，2001 年 5 月 29 日双方签订了《商标使用许可协议》。协议规定在集团公司所拥有的注册号为 548179 号的"三友"注册商标的核定商品范围未扩大之前，可由本公司及其下属公司无偿独占使用，即集团公司及其下属公司不得使用该商标，且集团公司不得再许可除本公司以外的任何第三方使用该商标；如"三友"商标的核定范围扩大，则发行人可以继续无偿使用该商标，而集团公司及其下属公司可以在与股份公司没有竞争的产品范围内使用"三友"注册商标。

第八节 财务会计资料

本公司 2000 年、2001 年和 2002 年的财务会计资料已于 2003 年 5 月 30 日在《中国证券报》、《上海证券报》、《证券时报》及《证券日报》刊登的《招股说明书摘要》中进行了披露，投资者欲了解详细内容，请查阅上述报纸或刊载于上海证券交易所网站(http://www.sse.com.cn)的本公司招股说明书全文。

一、注册会计师意见

发行人委托河北华安会计师事务所有限公司对本公司 2000 年 12 月 31 日、2001 年 12 月 31 日及 2002 年 12 月 31 日的资产负债表，2000、2001 及 2002 年度的利润及利润分配表， 2002 年度的现金流量表进行了审计，注册会计师已出具了标准无保留意见的审计报告。

三、会计报表附注

本公司会计报表附注等有关内容，请查阅 2003 年 5 月 30 日在《中国证券报》、《上海证券报》、《证券时报》及《证券日报》刊登的《招股说明书摘要》以及刊载于上海证券交易所网站(http://www.sse.com.cn)的本公司招股说明书全文与附录。

四、主要财务指标

指标名称	2002.12.31	2001.12.31	2000.12.31
流动比率(倍)	1.03	1.71	1.13
速动比率(倍)	0.91	1.54	1.00
应收帐款周转率(次)	5.63	4.29	3.97
存货周转率(次)	13.12	12.21	10.56
无形资产(土地使用权除外)占总资产的比例			
资产负债率(%)(按母公司会计报表计算)	56.97%	61.09%	64.59%
每股净资产	1.63	1.51	1.38
研究与开发费用占主营业务收入比例			
每股经营活动产生的现金流量	0.87	0.47	0.26

第九节 其他重要事项

一、自本公司股票首次公开发行之日至本上市公告书公告之日，本公司严格依照现行有关法律、法规的规定规范运行，生产经营情况正常，本公司所处行业和市场无重大变化，主要业务发展目标的进展状况正常，主要投入、产出物供求及价格无重大变化。

二、自本公司股票首次公开发行之日至本上市公告书公告之日，本公司没有进行重大对外投资，无重大资产(股权)收购、出售行为。

三、自本公司股票首次公开发行之日至本上市公告书公告之日，本公司住所未变更。

四、自本公司股票首次公开发行之日至本上市公告书公告之日，本公司未涉及任何重大诉讼、仲裁或行政处罚案件，并且董事会认为本公司未面临任何重大影响的诉讼和索赔要求；同时，本公

司董事、监事和高级管理人员未受到任何刑事起诉，亦没有尚未了结或可能发生的刑事诉讼事项。

五、自本公司股票首次公开发行之日至本上市公告书公告之日，本公司重大会计政策和会计师事务所没有发生变化。

六、自本公司股票首次公开发行之日至本上市公告书公告之日，未发生新的重大负债，并且重大债项未发生变化。

七、本公司股票首次公开发行和股票上市前后税负无变化。

八、根据《上海证券交易所股票上市规则》，本公司第一大股东唐山三友碱业(集团)有限公司承诺：自本公司股票上市之日起一年内，不转让其持有的本公司的股份；同时也不由本公司回购其所持有的股份。

九、自本公司股票首次公开发行至本上市公告书公告之日，本公司没有其他应披露而未披露之重大事项。

第十节　董事会上市承诺

本公司董事会承诺将严格遵守《中华人民共和国公司法》、《中华人民共和国证券法》、《股票发行与交易管理暂行条例》、《公开发行股票公司信息披露实施细则》和《上海证券交易所股票上市规则》等国家法律、法规和有关规定，并自股票上市之日起作到：

1、承诺真实、准确、完整、公允和及时地公布定期报告，披露所有对投资者有重大影响的信息，并接受中国证监会、证券交易所的监督管理；

2、承诺本公司在知悉可能对股票价格产生误导性影响的任何公共传播媒介中出现的消息后，将及时予以公开澄清；

3、本公司董事、监事、高级管理人员和核心技术人员将认真听取社会公众的意见和批评，不利用已获得的内幕消息和其他不正当手段直接或间接从事本公司股票的买卖活动；

4、本公司没有无记录的负债。

第十一节　上市推荐人及意见

一、上市推荐人情况

上市推荐人：　国泰君安证券股份有限公司

法定代表人：　金建栋

住　　所：　上海浦东商城路 618 号

联系电话：　010-82001473、82001471

联系传真：　010-82001523

联系人：张江、李海凌、任松涛

第二上市推荐人：东北证券有限责任公司

法定代表人：　李树

住　　所：　长春市人民大街 138-1 号

联系电话：　010-68573830

联系人：高毅辉

二、上市推荐人意见

本公司上市推荐人认为：本公司章程符合《中华人民共和国公司法》等有关法律、法规和中国证监会关于公司章程的相关规定。根据《中华人民共和国公司法》、《中华人民共和国证券法》、《股票发行与交易管理暂行条例》、《上海证券交易所股票上市规则》等国家有关法律、法规的规定，本公司首次公开发行的股票已具备公开上市的条件。

本公司上市推荐人保证本公司的董事了解法律、法规、上海证券交易所上市规则及股票上市协议规定的董事的义务与责任，并协助本公司健全了法人治理结构、制定了严格的信息披露制度与保密制度。

本公司上市推荐人已对上市文件所载的资料进行了核实，确保上市文件真实、准确、完整，符合规定要求。保证本公司的上市申请材料、上市公告书没有虚假、严重误导性陈述或者重大遗漏，并保证对其承担连带责任。

本公司上市推荐人愿意推荐本公司股票在上海证券交易所上市交易，并保证不利用在上市过程中获得的内幕信息进行内幕交易，为自己或他人谋取利益。

唐山三友化工股份有限公司

二OO三年六月十三日

附表：

合并资产负债表

单位：人民币元

资产	合并		
	2002.12.31	2001.12.31	2000.12.31
流动资产：			
货币资金	124,217,962.29	87,103,141.66	68,227,031.02
短期投资	99,000.00	-	-
应收票据	94,093,406.38	122,438,195.82	64,736,396.24
应收帐款	152,139,731.35	183,437,968.09	225,731,882.40
其他应收款	6,234,006.12	1,807,074.35	45,678,007.10
预付帐款	15,800,212.37	22,960,510.07	17,110,239.07
应收补贴款	-	18,269,082.62	12,046,974.66
存货	52,366,765.55	49,216,120.81	58,054,513.95
待摊费用	1,496,271.03	718,156.73	543,634.29
流动资产合计	446,447,355.09	485,950,250.15	492,128,678.73
长期投资：	-	-	-
合并价差	-1,536,021.63	-1,708,285.71	-
固定资产：	-	-	-
固定资产原价	958,651,944.78	943,460,226.23	878,438,815.02
减：累计折旧	483,993,446.26	436,688,692.97	383,892,555.41
固定资产净值	474,658,498.52	506,771,533.26	494,546,259.61
减：固定资产减值准备	18,889,859.34	18,889,859.34	17,131,057.56
固定资产净额	455,768,639.18	487,881,673.92	477,415,202.05
工程物资	2,050,374.63	-	-
在建工程	76,468,001.26	36,744,240.18	7,628,727.63
固定资产合计	534,287,015.07	524,625,914.10	485,043,929.68
无形资产及其他资产：	-	-	-
无形资产	4,872,557.83	4,974,958.24	-
无形资产及其他资产合计	4,872,557.83	4,974,958.24	-
资产总计	984,070,906.36	1,013,842,836.78	977,172,608.41

合并资产负债表

单位：人民币元

负债和股东权益	合并		
	2002.12.31	2001.12.31	2000.12.31
流动负债：			
短期借款	-	60,000,000.00	168,050,000.00
应付票据	9,812.00	3,350,000.00	42,690,000.00
应付帐款	112,470,419.20	128,066,558.60	70,558,181.13
预收帐款	7,055,465.58	8,573,756.01	29,587,082.76
应付工资	13,282,594.43	14,205,196.08	15,063,496.34
应付福利费	7,107,575.63	7,342,369.61	3,171,107.59
应付股利	50,000,000.00	41,655,000.00	37,500,000.00
应交税金	9,643,202.20	2,487,461.52	57,679,671.60
其他应交款	2,825,153.65	2,440,522.00	2,119,284.23
其他应付款	13,629,916.01	11,244,491.64	7,197,281.74
预提费用	4,594,021.72	4,027,872.90	648,365.54
一年内到期的长期负债	212,590,000.00	-	
流动负债合计	433,208,160.42	283,393,228.36	434,264,470.93
长期负债：	-	-	-
长期借款	127,200,000.00	339,790,000.00	202,590,000.00
长期负债合计	127,200,000.00	339,790,000.00	202,590,000.00
负债合计	560,408,160.42	623,183,228.36	636,854,470.93
少数股东权益：	16,027,133.28	12,130,542.38	-3,666,099.83
股东权益：	-	-	-
股本	250,000,000.00	250,000,000.00	250,000,000.00
股本净额	250,000,000.00	250,000,000.00	250,000,000.00
资本公积	76,839,057.49	76,750,923.11	76,689,923.11
盈余公积	30,869,483.27	19,597,488.35	8,769,062.09
其中：公益金	10,289,827.76	6,532,496.12	2,923,020.70
未分配利润	49,927,071.90	36,010,518.93	12,191,351.93
未确认的投资损失	-	-3,829,864.35	-3,666,099.82
股东权益合计	407,635,612.66	378,529,066.04	343,984,237.31
负债和股东权益总计	984,070,906.36	1,013,842,836.78	977,172,608.41

合并利润表

单位：人民币元

项　目	合 并		
	2002 年度	2001 年度	2000 年度
一、主营业务收入	944,375,468.72	878,027,198.92	811,326,926.34
减：主营业务成本	666,145,745.27	654,822,046.15	566,537,644.55
主营业务税金及附加	7,196,992.24	5,947,558.06	4,587,576.43
二、主营业务利润	271,032,731.21	217,257,594.71	240,201,705.36
加：其他业务利润	1,596,922.36	5,905,982.35	1,108,048.20
减：营业费用	49,547,353.73	36,380,816.34	37,193,466.65
管理费用	73,600,022.69	51,296,856.99	61,177,862.60
财务费用	22,463,531.49	24,212,397.43	21,994,585.45
三、营业利润	127,018,745.66	111,273,506.30	120,943,838.86
加：投资收益	172,264.08	14,355.34	-
补贴收入	408,295.00	259,142.00	558,591.00
营业外收入	87,440.00	396,366.32	1,218,514.72
减：营业外支出	6,900,897.40	4,142,045.57	6,010,201.16
四、利润总额	120,785,847.34	107,801,324.39	116,710,743.42
减：所得税	45,285,489.60	36,039,005.67	40,734,685.81
少数股东本期收益	189,268.20	-220,772.98	-808,474.86
未确认投资损失	122,541.65	-164,501.56	-808,474.86
五、净利润	75,188,547.89	72,147,593.26	77,593,007.33
加：年初未分配利润	36,010,518.93	12,191,351.93	-19,132,593.31
六、可供分配的利润	111,199,066.82	84,338,945.19	58,460,414.02
减：提取法定盈余公积	7,514,663.28	7,218,950.84	5,846,041.39
提取法定公益金	3,757,331.64	3,609,475.42	2,923,020.70
七、可供投资者分配的利润	99,927,071.90	73,510,518.93	49,691,351.93
应付普通股股利	50,000,000.00	37,500,000.00	37,500,000.00
八、未分配利润	49,927,071.90	36,010,518.93	12,191,351.93

合并现金流量表简表

单位：人民币元

项　目	2002 年度	2001 年度
经营活动产生的现金流量		
销售商品.		
提供劳务收到的现金	1,101,654,443.32	976,745,932.22
收到的税费返还	408,295.00	12,061,428.16
收到的其他与经营活动有关的现金	352,366.35	2,074,814.55
现金流入小计	1,102,520,104.67	990,882,174.93
购买商品.接受劳务支付的现金	688,394,567.54	661,325,970.27
经营租赁所支付的现金	3,012,800.00	145,000.00
支付给职工以及为职工支付的现金	65,557,202.47	49,877,204.28
支付的增值税款	61,812,292.59	102,926,636.21
支付的所得税款	41,291,512.60	45,000,000.00
支付的除增值税.所得税以外的其他税费	7,785,976.56	6,493,102.71
支付的其他与经营活动有关的现金	17,495,542.61	8,212,038.66
现金流出小计	885,349,894.37	873,979,952.13
经营活动产生的现金流量净额	217,170,210.30	116,902,222.80
投资活动产生的现金流量		0
处置固定资产、无形资产和其他长期资产而收回的现金净额	128,800.00	80,000.00
现金流入小计	128,800.00	80,000.00
购建固定资产.无形资产和其他长期资产所支付的现金	38,172,603.62	43,378,705.39
权益性投资所支付的现金	-	28,022,618.38
债权性投资所支付的现金	99,000.00	-
现金流出小计	38,271,603.62	71,401,323.77
投资活动产生的现金流量净额	-38,142,803.62	-71,321,323.77
筹资活动产生的现金流量		0
借款所收到的现金	-	197,200,000.00
现金流入小计	-	197,200,000.00
偿还债务所支付的现金	60,000,000.00	168,050,000.00
分配股利或利润所支付的现金	41,655,000.00	33,345,000.00
偿付利息所支付的现金	22,694,795.72	25,503,646.19
现金流出小计	124,349,795.72	226,898,646.19
筹资活动产生的现金流量净额	-124,349,795.72	-29,698,646.19
汇率变动对现金的影响额		7,628.47
现金及现金等价物净增加额	54,677,610.96	15,889,881.31

浙江中国小商品城集团股份有限公司

浙江中国小商品城集团股份有限公司2002年度报告

一、公司基本情况简介

1、公司法定中文名称:浙江中国小商品城集团股份有限公司
公司法定英文名称:ZheJiang China Commodities City Group Co.,Ltd.
2、公司法定代表人:何樟兴
3、公司董事局秘书:陈荣根
联系地址:浙江省义乌市宾王路158号
联系电话:0579-5544933 传真:0579-5546226
电子信箱:ywcrg@public.ywptt.zj.cn
4、公司注册地址:浙江省义乌市宾王路158号
公司办公地址:浙江省义乌市宾王路158号
邮政编码:322000
公司国际互联网网址:http://www.cccgroup.com.cn
公司电子信箱:zcscc@public.ywptt.zj.cn
5、公司选定的信息披露报纸:《上海证券报》、《中国证券报》
登载公司年度报告的国际互联网网址:http://www.sse.com.cn
公司年度报告备置地点:公司董事局秘书室
6、公司股票上市交易所:上海证券交易所
股票简称:小商品城
股票代码:600415
7、其他有关资料
公司首次注册登记日期:1993年12月28日
公司首次注册登记地点:浙江省义乌市
企业法人营业执照注册号:3300001001134(1/1)
税务登记号码:(地税)330725147641689
公司聘请的会计师事务所名称:浙江天健会计师事务所有限公司
办公地址:杭州市文三路388号钱江科技大厦15-20层

二、会计数据和业务数据摘要

1、本年度主要利润指标(单位:人民币元)

项目	金额
利润总额	63,267,178.58
净利润	43,496,949.32
扣除非经常性损益后的净利润	38,127,060.52
主营业务利润	200,012,538.70
其他业务利润	10,374,881.16
营业利润	57,982,679.26
投资收益	2,345,453.02
补贴收入	3,517,519.00
营业外收支净额	-5,179,817.81
经营活动产生的现金流量净额	680,813,980.41
现金及现金等价物净增加额	34,071,551.62

注:扣除非经常性损益的项目和涉及金额

项目	涉及金额(元)
(1)股权投资处置收益	3,223,054.09
(2)各项非经常性营业外收入	961,436.00
(3)各项非经常性营业外支出	-1,539,908.70
(4)补贴收入	3,517,519.00
(5)少数股东损益	-982,282.58
小计	
(6)以上项目的所得税影响数	190,070.99
非经常性损益合计	5,369,888.80

2、截止报告期末公司前三年的主要合并会计数据及财务指标:(单位:人民币元)

项目	2002年度	2001年度	2000年度
主营业务收入	752,686,000.23	385,376,532.06	408,079,556.59
净利润	43,496,949.32	32,963,764.78	33,169,310.43
总资产	1,522,456,192.51	959,850,686.70	781,790,519.37
股东权益(不含少数股东权益)	313,536,763.86	280,442,815.44	247,479,050.66
每股收益(摊薄)	0.42	0.32	0.32
每股收益(加权)	0.42	0.32	0.30
扣除非经常性损益后的每股收益	0.37	0.31	0.32
每股净资产(摊薄)	3.01	2.70	2.38
调整后每股净资产	2.94	2.65	2.34
每股经营活动产生的现金流量净额	6,54	0.44	0.13
净资产收益率(%)	13.87	11.75	13.40
加权平均净资产收益率(%)	14.39	12.49	12.32
扣除非经常性损益后的加权平均净资产收益率(%)	12.62	12.41	12.42

3、按中国证监会信息披露编报规则(第九号)要求计算的数据净资产收益率和每股净资产

2002年利润	净资产收益率(%) 全面摊薄	加权平均
主营业务利润	63.79	66.19
营业利润	18.49	19.19
净利润	13.87	14.39
扣除非经常性损益后的净利润	12.16	12.62

2002年利润	每股收益(元) 全面摊薄	加权平均
主营业务利润	1.92	1.92
营业利润	0.56	0.56
净利润	0.42	0.42
扣除非经常性损益后的净利润	0.37	0.37

4、报告期内股东权益变动情况及其原因:(单位:人民币元)

项目	股本	资本公积	盈余公积
期初数	104,030,009.00	40,300,586.23	80,467,413.96
本期增加	0	0	6,371,794.48
期末数	104,030,009.00	40,300,586.23	86,839,208.44

项目	其中:公益金	未分配利润	股东权益合计
期初数	13,423,852.76	55,644,806.25	280,442,815.44
本期增加	2,123,931.49	26,722,153.94	33,093,948.42
期末数	15,547,784.25	82,366,960.19	313,536,763.86

三、股本变动及股东情况

(一)股东情况介绍
1、报告期末,本公司股东总户数为12901户。
2、持有本公司股份的前十名股东情况:

股东名称	期末持股数(股)	持股比例(%)
1、义乌中国小商品城恒大开发总公司	43,211,300	41.54
2、浙江省财务开发公司	7,700,000	7.4
3、义乌市财务开发公司	6,600,000	6.34
4、浙江省国际信托投资有限责任公司	5,500,000	5.29
5、上海宝鼎投资股份有限公司	2,200,000	2.11
6、浙江物产元通机电(集团)有限公司	1,100,000	1.06
7、金华市信托投资股份有限公司	885,500	0.85
8、长江经济联合发展(集团)股份有限公司	880,000	0.85
9、浙江物通股份有限公司	660,110	0.63
10、中国建设银行义乌支行职工技协金融技术服务部	650,110	0.62

总股本前十名股东中,义乌中国小商品城恒大开发总公司和义乌市财务开发公司是同属义乌市国有资产投资控股有限公司运作、管理的关联公司,实际控制人仍为义乌市人民政府,其余法人股东无关联关系。

经浙江省工商行政管理局批准,原股东"浙江省国际信托投资公司"变更为"浙江省国际信托投资有限责任公司"。

报告期内持有公司股份达5%以上(含5%)股东所持股份无被质押、冻结或托管的情况。

以上前十名股东均为非流通股东。

3、公司第一大股东义乌中国小商品城恒大开发总公司的基本情况:

法定代表人:赵金池;成立日期:1993年6月27日;主要业务及产品:市场建设开发、房地产开发;注册资本:人民币7833.77万元;

4、报告期内本公司第一大股东未发生变更。

四、董事、监事、高级管理人员等和员工情况

(一)报告期内公司董事、监事和高级管理人员情况
1、基本情况

职务	姓名	性别	年龄	任期起止日
董事局主席	何樟兴	男	54	2000.5-2003.5
董事局副主席兼总裁	吴易	男	45	2000.5-2003.5
董事副总裁	孙文建	男	48	2000.5-2003.5
董事副总裁	林子宙	男	46	2000.5-2003.5
董事	季荣星	男	50	2000.5-2003.5
董事	何海美	女	52	2000.5-2003.5
董事	江翠斐	女	50	2000.5-2003.5
董事	胡浪潮	男	39	2000.5-2003.5
董事	曹中堃	男	56	2000.5-2003.5
独立董事	罗仲伟	男	48	2000.5-2003.5
独立董事	史习民	男	42	2002.6-2003.5
监事局主席	刘佳	女	45	2000.5-2003.5
监事	王一芳	女	50	2000.5-2003.5
监事	王青	女	38	2000.5-2003.5
监事	朱小泽	男	59	2000.5-2003.5
监事	楼俭	男	42	2000.5-2003.5
副总裁	孙永富	男	46	2000.5-2003.5
董事局秘书	陈荣根	男	40	2000.5-2003.5
财务负责人	朱碧云	女	47	2000.5-2003.5
总裁助理	何培松	男	49	2002.1-2002.12
总裁助理	朱素安	男	43	2002.1-2002.12
总裁助理	丁云峰	男	41	2002.1-2002.12
党委副书记	王雪虹	女	47	2002.4-

职务	姓名	年初持股数(股)	年末持股数(股)
董事局主席	何樟兴	8800	8800
董事局副主席兼总裁	吴易	11100	11100
董事副总裁	孙文建	8800	8800
董事副总裁	林子宙	8800	8800
董事	季荣星	55500	55500
董事	何海美	148500	148500
董事	江翠斐	0	0
董事	胡浪潮	0	0
董事	曹中堃	0	0
独立董事	罗仲伟	0	0
独立董事	史习民	0	0
监事局主席	刘佳	0	0
监事	王一芳	0	0
监事	王青	0	0
监事	朱小泽	5500	6600

监事	楼　俭	11000	11000
副总裁	孙永富	3300	4400
董事局秘书	陈荣根	3300	3300
财务负责人	朱碧云	5500	5500
总裁助理	何培松	3300	3300
总裁助理	朱素安	0	0
总裁助理	丁云峰	0	0
党委副书记	王雪虹	1100	1100

注:监事朱小泽和副总裁孙永富分别增持的 1100 股系原始持有,属核实遗漏所致,其余董事、监事、高管人员等持股均无变化。

2、董事、监事在股东单位任职的情况

姓名	任职单位
季荣星	义乌市场开发服务中心
江翠斐	浙江省国际信托投资有限责任公司
胡浪潮	现任浙江省财务开发公司所属浙江省华浙实业开发有限责任公司
曹中堃	上海宝鼎投资股份有限公司
王一芳	浙江物产元通机电(集团)有限公司

(二)年度报酬情况:

1、董事、监事和高级管理人员报酬的决策程序、报酬确定依据:

根据公司的规模、效益和年度经济指标计划在年初确定董事、监事和高级管理人员等的岗位责任制,年度末公司董事局根据企业经营实绩确定和调整董事、监事和高级管理人员年度报酬。

2、现任董、监事、高级管理人员在本公司领取报酬的有董事 4 名、监事 2 名、高级管理人员等 7 名,年度报酬总额为 195.14 万元。金额最高的前三名董事的年度报酬总额为 58.52 万元,金额最高的前三名高级管理人员的年度报酬金额为 54.21 万元。

3、本公司目前聘请两名独立董事,独立董事的年度总津贴为 7.2 万元(每人 3.6 万元,另外,其赴公司的差旅费及履行职务时的费用由公司列支)。

4、公司董事(不含独立董事)、监事、高级管理人员等在每个报酬区间的人数:

报酬区间(万元)	人数
8-10 万元	2 人
10--15 万元	6 人
15-20 万元	3 人
20--25 万元	2 人

5、未在本公司领取报酬的董事、监事情况:

职务	姓　名	是否在股东单位或其他关联单位领取报酬、津贴
董事	季荣星	是
董事	何海美	否
董事	江翠斐	是
董事	胡浪潮	是
董事	曹中堃	是
监事局主席	刘　佳	是
监事	王一芳	是
监事	王　青	否

(三)在报告期内离任的董事、监事、高级管理人员姓名及离任原因

报告期内,公司董事、监事和高级管理人员未发生离任情况。

(四)公司员工情况:

1、在职员工数量和构成

在职员工总数 1588 人

类别	人数	占职工总数的比例(%)
公司管理人员	23	1.45
一线管理人员	46	2.90
一线工作人员	1519	95.55
合计	1588	100

2、公司员工教育程度

本公司职工中有高级职称 10 人,中级职称 46 人,大中专以上学历的有 40%以上。

3、公司需承担费用的离退休职工人数:

公司职工根据国家及地方政府的有关规定,享受养老、工伤、医疗等保险,目前无离退休人员。

五、公司治理结构

(一)公司治理结构现状

公司严格按照《公司法》、《证券法》、中国证监会有关规定和《上海证券交易所股票上市规则》的要求,不断完善公司法人治理结构,加强信息披露工作,公司目前治理结构如下:

1、关于股东与股东大会:公司能够保证所有股东享有平等地位和充分行使自己的权力,使股东了解公司的运作情况;严格按照中国证监会公布的《股东大会规范意见》的要求召集、召开股东大会,在会场的选择上尽可能让更多的股东能够参加股东大会,行使股东的表决权,在请有证券资格的律师出席见证的同时,能主动邀请新闻记者参加,接受舆论监督。

2、关于第一大股东与上市公司的关系:第一大股东行为规范,没有超越股东大会直接或间接干预公司的决策和经营活动;公司与第一大股东在人员、资产、财务、机构和业务方面相互独立,公司董事局、监事局和内部结构能够独立运作。

3、关于董事与董事局:公司董事局的人数和人员构成符合法律、法规和《公司章程》的要求;公司董事能够以认真负责的态度出席董事局和股东大会,能够积极参加有关培训,熟悉有关法律法规,了解作为董事的权力、义务和责任。

4、关于监事和监事局:公司监事局的人数和人员构成符合法律、法规和《公司章程》的要求;公司制订了《监事局议事规则》,公司监事能够认真履行自己的职责,能够本着对股东负责的精神,对公司财务以及公司董事、公司总经理和其他高级管理人员履行职责的合法合规性进行监督。

5、关于绩效评价与激励约束机制:公司正积极着手建立公正、透明的董事、监事和经理人员的绩效评价标准与激励约束机制;经理人员的聘任公开、透明,符合法律法规的规定。

6、关于相关利益者:公司能够充分尊重和依法维护债权人、员工、客户、消费者等其他利益相关者的合法权益,共同推动公司持续、健康发展。

7、关于信息披露与透明度:公司制订了《信息披露管理制度》,指定董事局秘书负责信息披露工作、接待股东来访和咨询,加强与股东交流;公司能够严格按照法律、法规和公司章程的规定披露有关信息,并确保所有股东有平等的机会获得信息;公司能够按照有关规定,及时披露大股东或公司实际控制人的详细资料和股份的变化情况。报告期内,公司严格按照中国证监会有关文件的要求,修改了《公司章程》,完成了《上市公司建立现代企业制度检查的自查报告》;披露了《股东大会议事规则》、《董事局议事规则》、《监事局议事规则》、《总裁工作细则》、《重大生产经营决策程序》、《关联交易决策及实施制度》、《独立董事津贴制度》、《信息披露管理制度》、《公司治理纲要》、《董事局专门委员会实施细则》、《独立董事制度》等制度。

(二)治理结构中存在的差异情况

与中国证监会发布的上市公司治理规范性文件对照,除独立董事要达到董事总数 1/3 的要求待改进外,其它已无差异。

(三)改进公司治理的计划与措施

根据中国证监会和相关部门的要求,独立董事人数的达标拟在 2003 年的董事局换届中解决(2003 年 6 月 30 日前),其它出台的新要求,公司将按规定及时完善,努力把改进公司治理的具体措施落到实处。

(四)公司独立董事履行职责情况。

根据中国证监会发布的《关于在上市公司建立独立董事制度的指导意见》的要求,公司董事局已聘请了独立董事,修改了公司章程有关条款,按规定建立独立董事制度和董事局专门委员会。独立董事能按相应制度履行职责,在公司重大投资决策及相应内控制度建设中发挥作用。

(五)公司独立性情况:

公司与第一大股东在业务、人员、资产、机构、财务上已经完全分开,公司具有独立完整的业务及自主经营能力。

1、在业务方面:公司的业务与第一大股东从未发生过关联交易或者同业竞争现象。

2、在人员方面:本公司拥有独立的劳动、人事及工资管理体系。总经理、副总经理等高级管理人员均在上市公司领取薪酬。

3、资产方面:公司和第一大股东的产权关系明晰;公司拥有独立的资产;工业产权、商标、非专利技术等无形资产由上市公司拥有。

4、在机构方面:公司独立设置了财务部、资金部、证券部、办公室等管理部门;公司的经营和管理完全独立于第一大股东。

5、在财务方面:公司设立独立的财会部门,拥有独立完整的会计核算体系和财务管理制度;公司拥有独立的银行帐户并依法独立纳税;公司的资金使用由公司董事局或经理层按规定作出决策,不存在控股股东干预公司资金使用的情况。

(六)公司报告期内对高级管理人员的考评及激励机制、相关奖励制度的建立、实施情况。

根据公司的规模、效益和年度经济指标计划在年初确定董事、监事和高级管理人员岗位责任制,年度末公司董事局根据企业经营实绩确定和调整董事、监事和高级管理人员年度报酬。此外,公司正着手按现代企业的要求和规范逐步制定和完善对高级管理人员的考评及激励机制。

六、股东大会情况简介

本报告期内公司召开了两次股东大会。

1、公司 2001 年年度股东大会于 2002 年 6 月 21 日在本公司会议室召开,董事局主席何樟兴先生主持了会议。出席会议的股东及股东代表 39 人,代表股份 7088.652 万股,占公司总股本的 68.14%,符合《公司法》和《公司章程》的规定。本次股东大会决议公告刊登在 2002 年 6 月 22 日的《上海证券报》和《中国证券报》上。大会审议并以记名投票表决的方式逐项通过了如下决议:1)审议通过《2001 年度董事局工作报告》;

2)审议通过《2001 年度监事局工作报告》;

3)审议通过《2001 年度财务决算及 2002 年度财务预算报告》;

4)审议通过《2001 年度利润分配方案》;

5)审议通过《关于修改公司章程的议案》;

6)审议通过《转让对浙江证券的 4140 万元出资并购置相应的上海房产议案》,关联股东浙江省国际信托投资公司回避);

7)审议通过《投资 900 万元控股设立"义乌中国小商品城物流有限公司"议案》;

8)审议通过续聘浙江天健会计师事务所有限公司为公司 2002 年度审计机构,并授权董事局决定其报酬;

9)选举史习民为公司第三届董事局独立董事;

10)审议通过《独立董事津贴制度》;

11)审议通过《2002 年度担保事项》:

(1)为义乌中国小商品城房地产开发有限公司提供 1.5 亿元的银行贷款担保,该公司为本公司的控股子公司;

(2)为浙江义乌中国小商品城贸易有限责任公司提供 2000 万元的银行贷款担保,该公司为本公司的控股子公司;

12)审议通过《公司与控股子公司福田市场物业有限公司签订物业管理协议》。

2、公司 2002 年临时股东大会于 2002 年 12 月 21 日在本公司 15 楼会议室召开,董事局主席何樟兴先生主持了会议。出席会议的股东及股东代表 34 人,代表股份 6999.724 万股,占公司总股本的 67.29%,符合《公司法》和《公司章程》规定的比例。本次股东大会决议公告刊登在 2002 年 12 月 24 日的《上海证券报》和《中国证券报》上。大会审议并以记名投票表决的方式逐项通过了如下决议:

1)审议通过《关于公司符合申请公募增发 A 股条件的议案》

2)逐项审议通过《关于二〇〇三年度公募增发不超过 3,000 万股人民币普通股(A 股)发行方案的议案》:

(1)发行股票的种类:境内上市的人民币普通股(A 股);

(2)每股面值:人民币1.00 元;

(3)发行数量:不超过 3,000 万股;

(4)发行对象:本次增发股权登记日收市后登记在册的本公司 A 股流通股股东(简称"老股东",下同),以及在上海证券交易所开立 A 股股票帐户的境内自然人、法人和证券投资基金(国家法律、法规禁止购买者除外);

(5)发行方式:本次增发采取网上向社会公众投资者(含自然人、法人和证券投资基金,下同)和网下对机构投资者(含法人和证券投资基金,下同)累计投标询价发行的方式。在本次增发网上认购时,老股东可按其股权登记日收市后登记在册的持股数量享有一定比例的优先认购权;

(6)发行定价:本次增发价格的下限根据刊登招股意向书前五个交易日均价的算术平均数按一定折扣确定,上限拟定为刊登招股意向书前五个交易日均价的算术平均数。最终发行价格将依据网上对社会公众投资者(含原 A 股流通股股东)和网下对机构投资者累计投标询价的结果,由发行人和主承销商按照一定的超额认购倍数协商确定。该方案尚须报中国证券监督管理委员会核准。若本次增发获准实施,本公司将在招股意向书中对具体内容予以详细披露。

3)审议通过《关于募集资金数额、募集资金投资项目及其可行性的议案》,项目已经国家发展计划委员会计经贸[2002]2673 号文件批准。

4)审议通过《关于二〇〇三年度公募增发决议有效期的议案》,本次增发股票决议有效期为自股东大会审议通过增发议案之日起一年。

5)审议通过《关于提请股东大会授权董事局在本次增发决议有效期内处理本次增发的具体事宜的议案》,股东大会授权董事局在本次增发决议有效期内处理本次增发相关事宜,包括但不限于:

(1)根据证券监管部门的要求制作、修改、报送本次增发股票的申报材料;

(2)根据具体市场情况决定本次发行时机、老股东优先认购比例、发行数量、询价区间、最终发行价、发行方式的有关事宜;

(3)在本次公募增发 A 股完成后,修改公司章程中涉及注册资本变更等相关条款,并办理相应变更登记手续;

(4)在增发有效期内,若上市公司发行新股的政策发生变化,根据新政策的要求修改并继续报送本次增发的申报材料;

(5)办理与本次增发有关的中介机构聘请等其他事项;

(6)本授权自股东大会审议通过后一年内有效。

6)审议通过《关于本次公募增发 A 股前形成的滚存利润分配的议案》,为兼顾新老股东的利益,本次增发前的滚存利润由增发完成后的公司新老股东共同享有。

7)审议通过《关于前次募集资金使用情况的议案》,通过了前次募集资金的实际情况。

8)审议通过了《公司治理纲要》。

9)审议通过了《独立董事工作制度》。

10)审议通过了《董事局专门委员会实施细则》。

11)审议通过了将会展中心(分公司)改制为有限公司的议案。

以上两次股东大会均经国浩律师集团(杭州)事务所徐旭青律师鉴证并出具法律意见书。

律师确认，上述有关公司增发新股的决议在本次股东大会的逐项表决中均得到出席本次股东大会的流通股股东所持表决权的半数以上通过。律师认为,公司本次股东大会的召集和召开程序、出席会议人员资格及表决程序等事宜,均符合法律、法规及《公司章程》的有关规定。会议所通过的决议合法有效。

七、董事局报告

(一)报告期内公司主要经营情况

1、公司主营业务范围及其经营状况

公司的主营业务为市场网点经营、酒店服务、商品销售、房地产开发销售等。2002 年度公司经营情况良好,业绩稳中有升。本年度实现主营业务收入 75268.6 万元,比上年增长 95.32%,本年度实现净利润 4349.69 万元,比上年增长 31.95%。报告期内公司主要行业具体情况如下:

(1)按行业分主营业务收入构成单位:元

业务种类	主营业务收入	主营业务成本	毛利率(%)
市场经营	121,498,950.98	未设该科目	---
房地产销售	152,819,636.09	139,700,641.57	8.58
酒店服务业	80,132,434.97	20,833,266.63	74.00
商品销售	367,531,917.86	359,652,297.41	2.14
展览广告业	23,357,706.69	5,440,955.15	76.71
其他服务业	7,345,353.64	4,807,744.85	34.55
合计	752,686,000.23	530,434,905.61	29.66

业务种类	主营业务收入比上年增	毛利率比上年增长(%)
市场经营	64.31	---
房地产销售	331.95	-77.87
酒店服务业	13.05	3.01
商品销售	94.64	7.00
展览广告业	78.27	28.26
其他服务业	127.03	-54.84
合计	95.32	-25.55

(2)主营业务收入及主营业务利润构成比例单位:%

业务种类	收入构成比例(%)	主营业务利润构成比例(%)
市场经营	16.14	57.27
房地产销售	20.30	2.16
酒店服务业	10.65	27.29
商品销售	48.83	3.94
展览广告业	3.10	8.50
其他服务业	0.98	0.84
合计	100.00	100.00

2、报告期内整体经营情况的讨论分析

1)市场收入增幅较大。本年度实现市场经营业务收入 12149.9 万元,比上年增长 64.31%,主要原因是福田市场开业及对原交易区实施了部分撤摊改店，适应了经营户扩大经营规模及提升档次的需求所致。明年预计比今年有大幅度的上升,主要是福田市场本年 10 月份开始运营,年内体现了三个月的收入,明年将全年体现收入。

2)酒店经营继续有增长。本年度实现酒店服务业收入 8013.24 万元,比上年增长 13.05%。随着工艺品、饰品、玩具、花类四大行业迁入福田市场,对商城宾馆的客房入住率带来一定的负面影响,但银都酒店的入住率已明显好于以前,相抵不会太大地影响本公司酒店业收入

3)外贸出口增势较猛。本年度实现外贸收入 36753.19 万元,比上年增长 94.64%;主要原因是加入 WTO 后,中国小商品城的国际化程度不断提高,来义乌采购商品的外商显著增加,也带动了公司外贸收入的大幅度提高。

4)房地产预售形势较好。目前公司正在开发的锦绣家园、嘉鸿华庭两个项目,销售情况良好,预售率分别达到 97%和 87%,已预收售房款 26287.26 万元。本年度确认营业收入 15281.96 万元,利润和收入的配比比上一年度有变化,主要是公司的锦绣家园是通过土地竞标受让的,土地投资成本高,盈利水平较低,同时在成本结转时,考虑到谨慎原则,成本结转采用按销售面积与总面积比例结转成本的核算方法,而未采用按已售金额与总售金额的比例结转成本的方法,导致 2002 年利润率降低,而 2001 年体现损益的宗泽路地块是通过议标方式取得开发权的,相对来说土地投资成本较低。

目前公司已形成了 7 个分公司,9 个控股公司及部分参股公司。主要控股、参股企业与本公司的业务关系是:2002 年内共形成了上述四大主营业务收入中的市场经营收入是通过本公司的篁园市场分公司、宾王市场分公司及控股比例 90%的福田市场物业有限公司实现;酒店业务收入通过银都酒店、商城宾馆两个分公司实现、房地产业务收入通过比例占 90%的房地产有限公司实现、外贸收入通过比例占 71.6%的贸易有限公司实现。

另外,与市场相关行业同步发展,会展业再上新台阶,一是圆满完成了市交办的首届国际小商品博览会的各项工作目标。期间,完成了博览会开幕式文艺晚会、闭幕式亚欧足球赛的场地服务等工作,促进了展会的良性发展,国际小商品博览会实现成交额 51.2 亿元,其中,外贸成交额 2.85 亿美元,参展外商高达 5600 多人,成为我国第三大外向型展会。二是加强自营展会的策划与申办工作,先后承办了浙江省农博会等 20 多个不同级别的展会,为我市进一步确立国际小商品展示中心地位作了前期铺垫。餐饮公司以市场为导向,重视改善商户就餐环境和饮食质量,树立了良好的声誉;广告公司强化服务意识,提高广告策划与设计、承揽能力,承担了国际商贸城、博览会等项目的广告开发、环境美化等工作,有力支持了公司的发展。

八、监事局报告

(一)监事局报告期工作情况

2002 年度,公司监事局按照《公司法》赋予的职责和公司章程的规定,认真规范地开展工作,对股东大会的决议执行情况及公司财务状况、项目投资等进行了监督,对中期报告、年度报告进行了审核,对内控制度的执行情况进行了检查。监事局主席列席了董事局会议,对重大经营决策提出了一些建设性意见,有效地推动了公司的规范化运作。

1、报告期监事局会议情况和决议内容:

(1)2002 年 5 月 17 日,三届五次监事局会议在本公司 11 楼会议室召开,会议审议通过如下议案:

A、2001 年度监事局工作报告;

B、2001 年度运行情况及 2002 年工作目标报告;

C、2001 年度财务决算及 2002 年财务预算报告;

D、2002 年经营班子责任制方案;

E、2001 年度利润暂不分配的预案;

F、修改公司章程的议案。

(2)2002 年 8 月 1 日,三届六次监事局会议在本公司 11 楼会议室召开,会议审议通过如下议案:

A、听取公司上半年总结;

B、审议 2002 年半年度报告及报告摘要;

C、关于福田市场二期工程前期调研情况的汇报;

D、关于世贸中心调研进展情况及物流有限公司运作情况的通报。

(二)监事局对报告期有关事项的独立意见。

监事局认为,2002 年是小商品城发展史上极不平凡的一年，公司董事局、经理层能够团结一致,沉着应对,较好地克服了前进道路上的种种困难,主业得到进一步优化提升,有利因素在不断增多。

1、公司在经营、管理中能遵守国家法律、法规,执行党的方针、政策,接受有关部门的监督、检查,遵守公司章程,决策程序合法,内控制度基本健全,2002 年没有发生重大诉讼案件。能正确处理国家、企业、股东三者之间的利益关系,企业步入良性发展的轨道,股东的合法权益达到保障。到目前为止没有发现公司董事、高管人员违法、违规、违章及损害公司利益的行为。

2、2002 年度,浙江天健会计师事务所有限公司出具标准无保留意见的财务报告真实、客观地反映了公司的财务状况和经营成果。

3、公司在进行关联交易等经营行为时,坚持公开、公正、公平原则,没有发生损害公司利益的事件。

九、重要事项

(一)报告期内公司无重大诉讼、仲裁事项。

(二)报告期内,公司无重大资产收购、出售或处置。

2001 年 4 月 26 日召开的第三届六次董事局会议决议,本公司拟收购义乌宾王市场十二层大楼和原文化市场的资产,上述事宜已经本公司 2000 年年度股东大会批准,有关事宜目前正在洽谈中。

(三)报告期内,无重大关联交易。

(四)重大合同

1、2002 年 3 月 20 日,公司与义乌市财政局、义乌市体育发展局签订了《义乌市体育中心场馆租赁协议》,约定:根据义乌市人民政府办公室义办第 13 号抄告单《关于体育场、馆移交管理的意见》,本公司向义乌市财政局、义乌市体育发展局租赁义乌市体育中心体育场、体育馆,期限为 15 年,2002 年 7 月 1 日—2005 年 6 月 30 日,免交租金,2005 年 7 月 1 日—2008 年 6 月 30 日,每年上交义乌市财政 100 万元租金,2008 年 7 月 1 日—2017 年 6 月 30 日,每年上交义乌市财政 450 万元租金。2002 年 2 月 21 日,公司三届十次董事局会议同意设立浙江中国小商品城集团股份有限公司体育场管理分公司负责义乌市体育场、馆的管理与经营。此外,报告期内公司无托管、承包,租赁其他公司资产或其他公司托管、承包、租赁本公司资产的事项。

2、为控股子公司担保情况:

2002 年 6 月 21 日,2001 年度股东大会通过决议:同意为义乌中国小商品城房地产开发有限公司提供 1.5 亿元的银行贷款担保,该公司为本公司的控股子公司;同意为浙江义乌中国小商品城贸易有限责任公司提供 2000 万元的银行贷款担保,该公司为本公司的控股子公司。报告期内,实际为义乌中国小商品城房地产开发有限公司提供银行贷款担保余额为 2000 万元，实际为浙江义乌中国小商品城贸易有限责任公司提供银行贷款担保余额为 1300 万元。

3、报告期内,公司没有发生或以前期间发生但延续到报告期的重大委托理财。

4、报告期内,公司或持有公司股份 5%以上(含 5%)的股东在报告期内没有发生或以前期间发生但持续到报告期的对公司经营成果、财务状况可能产生重要影响的承诺事项。

5、2002 年 7 月 1 日,本公司(甲方)与下属子公司义乌中国小商品城福田市场物业有限公司(乙方)签订《福田市场物业管理协议》,约定将建成后的福田市场物业的管理委托给乙方负责,同时约定福田市场一期工程由甲方负责约 3.58 亿元的福田市场土地、土建、房屋等主体工程建设,由乙方负责约为 2.39 亿元的福田市场水电、空调、电梯、电子屏等辅助设施建设,招商收入暂按上述的投资比例分配,待工程决算后按实际投资额确认投资比例。上述协议期限自 2002 年 10 月 1 日起至 2004 年 9 月 30 日止,截至 2002 年 12 月 31 日,福田市场相关资产已投入运营。

6、报告期内本公司无委托他人进行现金资产管理事项。

7、报告期内公司正在履行或将要履行的重大合同有:

(1)、2002 年 8 月 9 日,本公司的控股子公司浙江义乌中国小商品城房地产开发有限公司与浙江八达建设集团有限公司签署《商城嘉鸿华庭工程施工合同》一份,约定由浙江八达建设集团有限公司承包浙江义乌中国小商品城房地产开发有限公司开发的商城嘉鸿华庭项目第二地块的建设。

(2)、2001 年 10 月 9 日,本公司与浙江宝业建设集团有限公司签署《中国小商品城福田市场一期建筑安装工程施工承包合同》一份,约定由浙江宝业建设集团有限公司承包小商品城开发的福田市场一期工程第 A 标段的建设。

(3)、2001 年 10 月 9 日,本公司与浙江八达建设集团有限公司签署《中国小商品城福田市场一期建筑安装工程施工承包合同》一份,约定由浙江八达建设集团有限公司承包小商品城开发的福田市场一期工程第 B 标段的建设。

(4)、2001 年 10 月 9 日,本公司与宁波华丰建设集团股份有限公司签署《中国小商品城福田市场一期建筑安装工程施工承包合同》一份,约定由宁波华丰建设集团股份有限公司承包小商品城开发的福田市场一期工程第 C 标段的建设。

(5)、2001 年 10 月 9 日,本公司与义乌市土木建设工程有限公司签署《中国小商品城福田市场一期建筑安装工程施工承包合同》一份,约定由宁波华丰建设集团股份有限公司承包小商品城开发的福田市场一期工程第 D 标段的建设。

(6)、2001 年 10 月 9 日,本公司与浙江省东阳市第三建筑工程公司签署《中国小商品城福田市场一期建筑安装工程施工承包合同》一份,约定由浙江省东阳市第三建筑工程公司承包小商品城开发的福田市场一期工程第 E 标段的建设。

审计报告

浙江中国小商品城集团股份有限公司全体股东:

我们接受委托,审计了贵公司 2002 年 12 月 31 日的资产负债表和合并资产负债表,2002 年度的利润及利润分配表和合并利润及利润分配表，以及 2002 年度的现金流量表和合并现金流量表。这些会计报表由贵公司负责,我们的责任是对这些会计报表发表审计意见。我们的审计是依据中国注册会计师独立审计准则进行的。在审计过程中,我们结合贵公司实际情况,实施了包括抽查会计记录等我们认为必要的审计程序。

我们认为,上述会计报表符合《企业会计准则》和《企业会计制度》的有关规定,在所有重大方面公允地反映了贵公司 2002 年 12 月 31 日的财务状况和 2002 年度的经营成果以及 2002 年度的现金流量,会计处理方法的选用遵循了一贯性原则。

浙江天健会计师事务所有限公司　　中国注册会计师 吕苏阳

2003 年 1 月 12 日　　中国注册会计师 翁伟

(二)会计报表

资产负债表

2002 年 12 月 31 日

会企 01 表

编制单位:浙江中国小商品城集团股份有限公司　　单位:元

资产	注释号	行次	期末数 母公司	期末数 合并
流动资产:				
货币资金	1	1	50,698,314.28	71,803,058.12
短期投资	2	4	16,723,512.08	16,723,512.08
应收票据		5		
应收股利		6		
应收利息		7		
应收账款	3	8	2,964,685.38	50,287,769.84
其他应收款	4	9	7,213,865.88	14,941,051.40
预付账款	5	12	357,136.80	47,930,762.54

应收补贴款	6	13		61,406,856.51
存货	7	16	2,983,349.24	154,899,359.51
待摊费用	8	17		83,425.00
一年内到期的长期债权投资		19		
其他流动资产		20		
流动资产合计		25	80,940,863.66	418,075,795.00
长期投资：				
长期股权投资	9	26	85,212,062.09	43,018,894.87
长期债权投资		27		
长期投资合计		30	85,212,062.09	43,018,894.87
其中：合并价差				
股权投资差额				
固定资产：				
固定资产原价	10	40	942,989,870.55	1,174,935,468.33
减：累计折旧	11	41	149,180,184.10	156,181,590.75
固定资产净值	12	42	793,809,686.45	1,018,753,877.58
减：固定资产减值准备				
固定资产净额			793,809,686.45	1,018,753,877.58
工程物资		43		
在建工程	13	44	3,468,542.64	6,263,239.57
固定资产清理		45		
固定资产合计		47	797,278,229.09	1,025,017,117.15
无形资产及其他资产：				
无形资产	14	50	28,767,127.76	28,767,127.76
长期待摊费用	15	52	179,414.07	7,577,257.73
其他长期资产		53		
无形资产及其他资产合计		54	28,946,541.83	36,344,385.49
递延税项：				
递延税款借项		59		
资产总计		60	992,377,696.67	1,522,456,192.51

负债和股东权益	注释号	行次	期末数	
			母公司	合并
流动负债：				
短期借款	16	61		53,940,000.00
应付票据	17	62	20,000,000.00	20,000,000.00
应付账款	18	63	15,097,827.30	173,666,941.78
预收账款	19	64	407,175,024.56	725,518,977.69
应付工资	20	66	25,639,932.36	27,752,410.22
应付福利费		67	7,996,706.71	9,105,795.79
应付股利	21	68	11,660,008.30	11,660,008.30
应交税金	22	69	13,945,269.57	18,179,620.34
其他应交款	23	70	950,088.24	1,276,828.83
其他应付款	24	71	119,955,380.95	95,937,015.57
预提费用	25	72	4,993,050.65	5,528,439.26
预计负债				
一年内到期的长期负债	26	73		
其他流动负债		74		
流动负债合计		80	627,413,288.64	1,142,566,037.78
长期负债：				
长期借款	27	81		
应付债券		82		
长期应付款	28	83	32,286,400.00	32,286,400.00
专项应付款		84		
其他长期负债	29	85	21,737,893.65	21,836,922.96
长期负债合计		86	54,024,293.65	54,123,322.96
递延税项：				
递延税款贷项		89		
负债合计		90	681,437,582.29	1,196,689,360.74
少数股东权益				12,230,067.91
股东权益：				
股本	30	91	104,030,009.00	104,030,009.00
减：已归还投资				
股本净额			104,030,009.00	104,030,009.00
资本公积	31	92	40,300,586.23	40,300,586.23
盈余公积	32	93	86,839,208.44	86,839,208.44
其中：公益金	32	94	15,547,784.25	15,547,784.25
未分配利润	33	95	79,770,310.71	82,366,960.19
股东权益合计		98	310,940,114.38	313,536,763.86
负债和股东权益总计		99	992,377,696.67	1,522,456,192.51

利润及利润分配表

2002年度

会企02表

编制单位：浙江中国小商品城集团股份有限公司　　单位：元

项目	注释号	行次	本期数	
			母公司	合并
一、主营业务收入	1	1	203,608,502.59	752,686,000.23
减：主营业务成本	1	4	23,025,808.63	530,434,905.61
主营业务税金及附加	2	5	11,770,920.71	22,238,555.92
二、主营业务利润		10	168,811,773.25	200,012,538.70
加：其他业务利润	3	11	9,026,390.42	10,374,881.16
减：营业费用		12	67,360,114.92	82,959,663.25
管理费用	4	15	53,453,505.17	66,035,431.33
财务费用	5	16	2,935,429.39	3,409,646.02
三、营业利润		18	54,089,114.19	57,982,679.26
加：投资收益	6	19	5,469,567.70	2,345,453.02
补贴收入	7	22		3,517,519.00
营业外收入	8	23	951,760.00	961,436.00
减：营业外支出	9	25	1,460,965.82	1,539,908.70
四、利润总额		27	59,049,476.07	63,267,178.58
减：所得税		28	16,570,846.19	19,039,697.92
少数股东损益		29		730,531.34
五、净利润		30	42,478,629.88	43,496,949.32
加：年初未分配利润		31	54,066,476.21	55,644,806.25
其他转入		32		
六、可供分配的利润		33	96,545,106.09	99,141,755.57
减：提取法定盈余公积		34	4,247,862.99	4,247,862.99
提取法定公益金		35	2,123,931.49	2,123,931.49
提取职工奖励及福利基金		36		
提取储备基金		37		
提取企业发展基金		38		
利润归还投资		39		
七、可供股东分配的利润		40	90,173,311.61	92,769,961.09
减：应付优先股股利		41		
提取任意盈余公积		42		
应付普通股股利		43	10,403,000.90	10,403,000.90
转作股本的普通股股利		44		
八、未分配利润		45	79,770,310.71	82,366,960.19

现金流量表

2002年度

编制单位：浙江中国小商品城集团股份有限公司

项目	注释号	行次	母公司
一、经营活动产生的现金流量：			
销售商品、提供劳务收到的现金		1	582,840,290.52
收到的税费返还		3	
收到的其他与经营活动有关的现金	1	8	58,477,253.56
现金流入小计		9	641,317,544.08
购买商品、接受劳务支付的现金		10	10,624,573.11
支付给职工以及为职工支付的现金		12	28,736,634.76
支付的各项税费		13	23,432,584.31
支付的其他与经营活动有关的现金	2	18	49,029,215.13
现金流出小计		20	111,823,007.31
经营活动产生的现金流量净额		21	529,494,536.77
二、投资活动产生的现金流量：			
收回投资所收到的现金		22	11,507,220.87
取得投资收益所收到的现金		23	3,486,979.22
处置固定资产、无形资产和其他长期资		25	439,954.73
收到的其他与投资活动有关的现金	3	28	391,752.58
现金流入小计		29	15,825,907.40
购建固定资产、无形资产和其他长期资		30	274,015,440.74
投资所支付的现金		31	25,517,942.17
支付的其他与投资活动有关的现金		35	
现金流出小计		36	299,533,382.91
投资活动产生的现金流量净额		37	-283,707,475.51
三、筹资活动产生的现金流量：			
吸收投资所收到的现金		38	
其中：子公司吸收少数股东投资收到的		39	
借款所收到的现金		40	575,000,000.00
收到的其他与筹资活动有关的现金		43	
现金流入小计		44	575,000,000.00
偿还债务所支付的现金		45	777,099,825.00
分配股利、利润或偿付利息所支付的现		46	8,424,849.27
其中：子公司支付少数股东的股利		47	
支付的其他与筹资活动有关的现金		52	
现金流出小计		53	785,524,674.27
筹资活动产生的现金流量净额		54	-210,524,674.27
四、汇率变动对现金的影响		55	
五、现金及现金等价物净增加额		56	35,262,386.99

项目	合并
一、经营活动产生的现金流量：	
销售商品、提供劳务收到的现金	1,245,568,116.50
收到的税费返还	11,340,000.00
收到的其他与经营活动有关的现金	40,090,330.18
现金流入小计	1,296,998,446.68
购买商品、接受劳务支付的现金	487,147,043.51
支付给职工以及为职工支付的现金	35,717,155.90
支付的各项税费	31,780,818.92
支付的其他与经营活动有关的现金	61,539,447.94
现金流出小计	616,184,466.27
经营活动产生的现金流量净额	680,813,980.41
二、投资活动产生的现金流量：	
收回投资所收到的现金	10,883,245.86
取得投资收益所收到的现金	2,784,391.22
处置固定资产、无形资产和其他长期资	440,404.73
收到的其他与投资活动有关的现金	462,308.99
现金流入小计	14,570,350.80
购建固定资产、无形资产和其他长期资	437,223,010.37
投资所支付的现金	14,237,942.17
支付的其他与投资活动有关的现金	
现金流出小计	451,460,952.54
投资活动产生的现金流量净额	-436,890,601.74
三、筹资活动产生的现金流量：	
吸收投资所收到的现金	6,800,000.00
其中：子公司吸收少数股东投资收到的	6,800,000.00
借款所收到的现金	746,870,000.00
收到的其他与筹资活动有关的现金	
现金流入小计	753,670,000.00
偿还债务所支付的现金	953,919,825.00
分配股利、利润或偿付利息所支付的现	9,602,002.05
其中：子公司支付少数股东的股利	673,000.00
支付的其他与筹资活动有关的现金	
现金流出小计	963,521,827.05
筹资活动产生的现金流量净额	-209,851,827.05
四、汇率变动对现金的影响	
五、现金及现金等价物净增加额	34,071,551.62

昆明制药集团股份有限公司

昆明制药集团股份有限公司2002年年度报告

第一节 重要提示

本公司董事会及其董事保证本报告所载资料不存在任何虚假记载、误导性陈述或者重大遗漏，并对其内容的真实性、准确性和完整性承担个别及连带责任。

董事汪力成先生因公务出差，委托董事吴秀东先生就本次会议议题代为行使表决权。

公司董事长李南高先生、总裁段继东先生、财务负责人陈蓉女士、资产财务部经理杨志琦女士声明：保证本年度报告中财务报告的真实、完整。

第二节 公司基本情况简介

1、公司法定中文名称：昆明制药集团股份有限公司

公司法定英文名称：KUNMING PHARMACEUTICAL CORP.

2、法定代表人：李南高

3、董事会秘书：徐朝能

电子信箱：xuchaoneng0006@sina.com

证券事务代表：孟丽

联系地址：云南省昆明市国家高新技术开发区科医路166号昆明制药集团股份有限公司证券部

联系电话：0871-8324311

传真号码：0871-8324311

电子信箱：mengli@iholley.com

4、公司注册及办公地址：

云南省昆明市国家高新技术开发区科医路166号

邮政编码：650106

公司国际互联网网址：www.kpc.com.cn

5、公司选定的信息披露报刊：中国证券报、上海证券报

刊载公司年度报告的中国证监会指定国际互联网网址为：www.sse.com.cn

公司年度报告备置地点：公司证券部

6、公司股票上市交易所：上海证券交易所

股票简称：昆明制药

股票代码：600422

7、其他有关资料：

公司首次注册登记日期：1995年12月14日

公司首次注册登记地点：云南省昆明市国家高新技术开发区金鼎科技园

公司首次变更注册登记地点日期：2001年5月15日

企业法人营业执照注册号：5300001002108

税务登记号码：530102216562280

公司聘请的会计师事务所名称：云南亚太会计师事务所

会计师事务所办公地址：云南省昆明市拓东路23号

第三节 会计数据和业务数据摘要

1、本年度主要利润指标

项目	2002年
利润总额	64,581,585.62
净利润	44,588,168.08
扣除非经常性损益的净利润	37,118,394.03
主营业务利润	222,614,662.28
其他业务利润	1,765,272.07
营业利润	57,907,644.42
投资收益	3,547,586.27
补贴收入	0
营业外收支净额	3,126,354.93
经营活动产生的现金流量净额	17,383,397.10
现金及现金等价物净增减额	-95,262,970.72

扣除纳税影响后的非经常性损益项目和金额：

项目	净额(元)
营业外收支净额	2,663,578.73
出售资产收益	4,806,195.32
合计	7,469,774.05

2、近三年的主要会计数据和财务指标

项目	2002年	2001年
主营业务收入	504,857,512.12	488,239,996.06
净利润	44,588,168.08	38,321,612.07
总资产	763,284,617.04	763,982,918.44
股东权益(不含少数股东权益)	530,835,232.50	518,856,401.07
每股收益(摊薄)	0.45	0.39
每股收益(加权)	0.45	0.39
净资产收益率%	8.40	7.39
扣除非经常性损益的净资产收益率%	6.99	6.41
每股经营活动产生的现金流量净额	0.18	0.68
每股净资产	5.41	5.28
调整后的每股净资产	5.28	5.18

	2000年	
项目	调整后	调整前
主营业务收入	511,359,384.92	512,039,085.81
净利润	38,885,442.90	35,178,524.45
总资产	794,040,469.86	798,795,994.59
股东权益(不含少数股东权益)	507,976,613.34	511,949,256.89
每股收益(摊薄)	0.40	0.36
每股收益(加权)	0.63	0.53
净资产收益率%	7.65	6.87
扣除非经常性损益的净资产收益率%	6.69	5.97
每股经营活动产生的现金流量净额	0.49	0.49
每股净资产	5.17	5.21
调整后的每股净资产	5.03	5.08

第四节 股本变动及股东情况

一、前十名股东持股情况

1、截止2002年12月31日，本公司股东总数为16,119户。

2、截止2002年12月31日公司前十名股东持股情况

股东名称(全称)	年末持股数量	比例	股份类别
云南医药集团有限公司	19,662,120	20.03%	国有法人股
云南红塔投资有限责任公司	19,662,120	20.03%	社会法人股
华立集团有限公司	10,141,640	10.33%	社会法人股
昆明云辰科工贸有限公司	4,699,770	4.79%	社会法人股
昆明八达实业总公司	1,838,440	1.87%	社会法人股
昆明富亨房地产开发经营公司	1,838,440	1.87%	国有法人股
西部证券股份有限公司	690,440	0.70%	流通股
国泰君安证券股份有限公司	680,000	0.69%	流通股
富国动态平衡证券投资基金	625,791	0.64%	流通股
南方稳健成长证券投资基金	549,156	0.56%	流通股

3、控股股东及实际控制人情况介绍

(1)华立集团有限公司基本情况

名称：华立集团有限公司

性质：有限责任公司

住所：浙江省杭州市莫干山路501号

法定代表人：汪力成

注册资本：9,430万元

经营范围：仪器仪表、电工材料、电子信息设备、生物药品的研究开发、设计、制造和销售，房地产经营开发、自营进出口业务等。

(2)、华立集团有限公司的控股股东基本情况

名称：浙江华立控股股份有限公司

性质：股份公司

住所：浙江省杭州市莫干山路501号

法定代表人：李以勤

注册资本：13,500万元

经营范围：实业投资、对外长期投资及集团内部股权的管理，资本运作及企业购并等。

(3)云南红塔投资有限责任公司基本情况

名称：云南红塔投资有限责任公司

性质：有限责任公司

住所：云南省玉溪市玉江路

法定代表人：柳万东

注册资本：伍拾陆亿元

经营范围：在国家法规、政策允许范围内进行投资、开发

云南红塔投资有限责任公司成立于1996年1月29日，是玉溪红塔烟草集团有限责任公司独资子公司。

(4)云南红塔投资有限责任公司的控股股东情况

名称：玉溪红塔烟草集团有限责任公司

性质：有限责任公司

住所：云南省玉溪市关索坝

法定代表人：柳万东

经营范围：烟草加工生产、销售、烟草工业专用设备制造，销售，烟草原辅料的购销。

第五节 董事、监事、高级管理人员和员工情况

一、董事、监事、高级管理人员基本情况

姓名	性别	年龄	职务	任期起止日期	持股数量
李南高	男	53	董事长	2002/11至2005/11	0
汪诚	男	40	副董事长	2002/11至2005/11	0
杨发甲	男	47	副董事长	2002/11至2005/11	0
汪力成	男	42	董事	2002/11至2005/11	0
吴秀东	男	30	董事	2002/11至2005/11	0
李惠庭	男	66	独立董事	2002/11至2005/11	0
杨苍	男	45	独立董事	2002/11至2005/11	0
孙水坤	男	44	监事会召集人	2002/11至2005/11	0
杨益清	男	46	监事	2002/11至2005/11	0
潘以文	女	56	监事	2002/11至2005/11	0
戴晗	男	34	监事	2002/11至2005/11	0
张光华	男	53	监事	2002/11至2005/11	0
张丽梅	女	32	监事	2002/11至2005/11	0
段继东	男	38	总裁	2002/11至2005/11	0
徐朝能	男	39	董事会秘书	2002/11至2005/11	0
陈蓉	女	32	财务负责人	2002/11至2005/11	0
徐永忠	男	34	总监 昆明制药药品销售公司总经理	2002/11至2005/11	0
李增秋	男	39	总监	2002/11至2005/11	0
熊建民	男	49	总监	2002/11至2005/11	0

李文光	男	44	总监	2002/11 至 2005/11	0
余泽琳	女	43	总监	2002/11 至 2005/11	0
刘鹏	男	39	总裁助理	2002/11 至 2005/11	0
马维鹏	男	39	总裁助理	2002/11 至 2005/11	0

二、董事、监事、高级管理人员年度报酬情况

1、报酬支付原则:本公司董事、监事按职务领取津贴,公司董事会对高级管理人员实行年度经营考核制,高级管理人员实行年薪制,月度根据所任岗位领取基薪,年度按照完成的董事会年初确定的经营目标,以审计确认的净利润数,由董事会给予奖罚,次年兑现。

2、报酬总额:报告期在公司领取报酬的董事、监事、高级管理人员的报酬总额为 246 万元。金额最高的前三名董事的报酬总额为 74 万元, 金额最高的前三名高级管理人员的报酬总额为 116 万元。在本公司领取报酬的董事、监事、高级管理人员的年度报酬统计情况如下:

报酬金额区间	领取人数
30 万元以上	1
20-30 万元	1
10-20 万元	6
5-10 万元	8
5 万元以下	10

三、员工情况

2002 年底,本公司在职员工 1,367 人,公司离退休人员的费用由社会统筹,员工的专业构成和教育程度如下:

员工的专业构成 :生产人员	679 人
销售人员	333 人
技术人员	113 人
管理人员	242 人
其中:财务人员	24 人
行政人员	140 人
员工的学历构成:博士	1 人
硕士及研究生	8 人
大专及本科	575 人
中专及中等教育学历	783 人

第六节　公司治理结构

一、公司治理状况

公司一贯严格按照《公司法》、《证券法》、中国证监会、上海证券交易所等有关法律法规的要求,不断完善公司法人治理结构、规范公司运作,结合公司自身的特点和需要,公司制定或修改了《公司章程》、股东会、董事会、监事会的议事规则等规章制度,对照 2002 年 1 月 7 日发布的《上市公司治理准则》的要求,成立四个专门委员会,进一步完善了公司治理结构,完善公司有关规章制度,严格规范公司运作,以股东利益最大化为目标,实现公司的高速、稳定发展。

公司股东行为规范, 没有超越股东大会或间接干预公司的决策和经营活动; 公司与股东在人员、资产、财务、机构和业务方面做到"五独立",公司董事会、监事会和内部机构能够独立运作。公司的关联交易按照"公平、公正、合理"的原则确定价格,并对定价依据予以充分披露。

二、设立独立董事情况

根据中国证监会发布的《关于在上市公司建立独立董事制度的指导意见》的规定要求,在董事会中设立独立董事。现公司董事会中独立董事的人数已达到相关法律法规的要求。

自任职以来,二位独立董事认真参加了报告期内的董事会和股东大会,分别从法律、财务、生产经营等方面对公司的项目投资、收购兼并、高级管理人员的聘任等各方面作出了客观、公正的判断,发表了专业性意见,并出具了独立董事意见书,对董事会的科学决策和公司的良性发展都起了积极的作用。作为独立董事,他们切实维护了公司及广大小投资者的利益。

三、公司与股东在人员、资产、财务、机构、业务等方面的分开情况

本公司于 1995 年改制设立股份有限公司后,上市公司与股东在资产、人员、财务上实行了规范的"三分开"。

(1)在人员方面,本公司在劳动、人事工资管理方面进行独立管理;公司总裁、董事会秘书、财务负责人、总监等高级管理人员均在上市公司领取薪酬。

(2)在资产方面,本公司拥有独立的生产经营系统、辅助生产系统和配套设施,工业产权、非专利技术等无形资产均属股份公司,股份公司拥有独立的采购、销售系统。

(3)在财务方面,本公司设立了独立的财务部门,并建立了独立的会计核算体系和财务管理制度,开立了独立的银行帐户和税务登记号,独立经营纳税。

(4)在公司机构方面,本公司不存在与股东合署办公的情况。

(5)在业务方面,本公司具有独立完整的业务及自主经营能力。

第七节　股东大会情况简介

在本报告期内,公司共召开五次股东大会,即一次年度股东大会和四次临时股东大会。

一、2001 年年度股东大会

本次会议于 2002 年 4 月 28 日在公司召开,会议由董事长朱晓阳先生主持。会议以记名投票表决的方式通过了以下决议:

1、2001 年年度报告及摘要
2、2001 年度董事会工作报告
3、2001 年度监事会工作报告
4、公司 2001 年度财务决算报告
5、公司 2001 年度利润分配方案
6、独立董事报酬的议案
7、2001 年度董事、监事奖励的议案
8、利用闲置资金投资国债的议案
9、续聘云南亚太会计师事务所为公司 2002 年度审计机构的议案

本次会议决议公告刊登在 2002 年 4 月 30 日的《上海证券报》、《证券时报》。

二、2002 年度第一次临时股东大会

本次会议于 2002 年 2 月 8 日在公司召开,会议由董事长李南高先生主持,会议以记名投票表决的方式通过了以下决议:

1、修改昆明制药集团股份有限公司公司章程部分条款的议案
2、选举公司第三届董事会董事
3、选举公司第三届监事会监事

本次会议决议公告刊登在 2002 年 2 月 9 日的《上海证券报》、《证券时报》。

三、2002 年度第二次临时股东大会

本次会议于 2002 年 8 月 1 日在公司召开,会议由董事长朱晓阳先生主持,会议以记名投票表决的方式通过了以下决议:

1、同意朱晓阳先生辞去公司董事职务
2、提名姚庆艳先生为公司董事候选人
3、审议通过公司股东大会议事规则
4、审议通过公司董事会议事规则
5、审议通过公司监事会议事规则
6、审议通过关于修改公司章程部分条款

本次会议决议公告刊登于 2002 年 8 月 2 日《上海证券报》、《证券时报》。

四、2002 年度第三次临时股东大会

本次会议于 2002 年 11 月 8 日在公司召开,会议由副董事长李南高先生主持,会议以记名投票表决的方式通过了以下决议:

1、终止 2001 年年度股东大会通过的《利用闲置资金投资国债》
2、修改昆明制药集团股份有限公司公司章程部分条款
3、修改公司董事会议事规则部分条款
4、修改公司监事会议事规则部分条款
5、公司三届董事会提前换届选举
6、公司三届监事会提前换届选举

本次会议决议公告刊登于 2002 年 8 月 2 日《上海证券报》、《证券时报》。

五、2002 年第四次临时股东大会

本次会议于 2002 年 12 月 9 日在公司召开,会议由董事长李南高先生主持,会议以记名投票表决方式通过了以下决议:

1、收购浙江英特药业有限责任公司部分股权

本次会议决议公告刊登于 2002 年 12 月 10 日《上海证券报》、《证券时报》。

以上五次股东大会每次都经具有证券从业资格的云南海合律师事务所律师郭靖宇先生现场见证,认为大会召集召开程序、出席会议人员资格、表决程序等均符合《公司法》及《公司章程》的规定,各次大会召开及会议决议合法有效。

六、选举、更换公司董事、监事情况

1、2002 年 2 月 8 日,公司 2002 年度第一次临时股东大会选举朱晓阳先生、李南高先生、李永红先生、张伟先生、杨发甲先生、王明辉先生、熊建民先生、张光华先生、王雷先生、杨苍先生、李惠庭先生为公司第三届董事会董事,其中李惠庭先生、杨苍先生为第三届董事会独立董事;选举潘以文女士、杨益清先生为公司第三届监事会股东监事,二位股东监事与 2001 年 3 月 13 日公司二届六次员工代表大会民主选举产生的职工代表监事谢波先生共同组成公司第三届监事会。同日公司第二届董事会、第二届监事会、高级管理人员到期离任。详细情况见 2002 年 2 月 9 日《上海证券报》、《证券时报》相关公告。

2、因公司股权发生重大变更,公司第三届董事会、第三届监事会进行提前换届,2002 年 11 月 8 日公司第三届临时股东大会选举李南高先生、汪诚先生、杨发甲先生、汪力成先生、吴秀东先生、李惠庭先生、杨苍先生为公司第四届董事会董事,其中李惠庭先生、杨苍先生为独立董事;选举孙水坤先生、杨益清先生、潘以文女士、戴晗先生为公司第四届监事会股东监事,四位股东监事与公司 2002 年 10 月 22 日召开的第二届十次员工大会选举出的职工监事张光华先生、张丽梅女士共同组成公司四届监事会。同日公司第三届董事会、第三届监事会、高级管理人员离任。详细情况见 2002 年 11 月 9 日刊登于《上海证券报》、《证券时报》的相关公告。

第八节　董事会报告

一、报告期公司经营情况

(一)主营业务范围及经营情况

本公司属医药制造业,主要从事天然植物药的生产经营和外购药品的批发零售。公司经营的主要产品有蒿甲醚系列、三七系列、天麻素系列等药品。

报告期内,公司实现主营业务收入 50,485.75 万元,与上年同期相比增长 3.40%;主营业务利润 22,261.46 万元, 与上年同期相比增长 11.32%; 净利润 4,458.82 万元, 与上年同期相比增长 16.35%。主营业务收入、主营业务利润的完成情况如下:

1、按品种系列分部列示:　　　　单位:人民币元

分行业或分产品	主营业务收入	主营业务成本	毛利率(%)
天然植物药系列	161,004,682.18	47,945,056.41	70.22
化学药系列	214,569,031.29	122,487,139.88	42.91
外购商品	129,283,798.65	109,157,161.13	15.57
合计	504,857,512.12	279,589,357.42	44.6

分行业或分产品	主营业务收入比上年增减(%)	主营业务成本比上年增减(%)	毛利率比上年增减(%)
天然植物药系列	18.93	0.28	4.66
化学药系列	-5.16	-4.99	-0.11
外购商品	2.10	-0.85	2.51
合计	3.40	-2.12	3.10

2、按地区分布列示:　　　　单位:人民币元

类别	主营业务收入	主营业务利润
国内	482,247,960.38	207,548,596.19
国外	22,609,551.74	15,066,066.09
合计	504,857,512.12	222,614,662.28

(二)报告期内主要完成的工作

1、继续贯彻"以利润为中心,以特色为重点"的经营方针,调整产品结构,进一步加大天然植物药的销售力度,自产药品销售收入增长 7.65%,其中蒿甲醚系列实现销售收入 3,335.89 万元,比上年增长 47.93%;三七系列实现销售收入 8,787.45 万元,比上年增长 23.22%;天麻素系列实现销售收入 2,339.92 万元,比上年增长 14.81%。

2、加强市场营销管理及网络建设,提高营销管理水平。

(1)为了进一步加强公司营销网络的构建,公司以股权收购方式,收购浙江英特集团股份有限公司持有的浙江英特药业有限责任公司(以下简称"英特药业")49%的股权,从而使公司依托英特药业现有的华东市场的营销网络, 带动公司特色产品的销售, 增强公司在华东区域的扩张及竞争力;充分利用英特药业先进的营销理念、较好的营销管理水平,充实公司的营销队伍。2003 年 3 月 5 日办理完该部分股权的过户手续。

(2)稳步推进省内药品配送体系建设。2002 年 5 月,公司与云南省中医中药研究所附属医院联合组建了昆药集团颐康大药房学府店;2002 年 6 月, 与云南省曲靖市麒麟区医院合作组建了昆药集团颐康连锁大药房暨麒麟区医院门诊大药房;2002 年 8 月份,昆药集团滇西药品物流有限公司、昆药集团颐康大药房大理中心店相继组建,使得公司在省内的药品配送体系逐步建立健全。

(3)国际贸易多元化市场体系作用明显。2002 年公司出口贸易创历史新高,建立多渠道的国际营销网络;非洲市场取得实质性突破,获得加纳、加蓬等国注册批准并实现销售,同期在越南、柬埔寨等 15 个国家提交注册文件;首次实现 UNICEF(联合国儿童基金会)采购蒿甲醚注射液;在蒿甲醚相对成熟的市场,以蒿甲醚系列为龙头,拉动公司部分普药的出口,加快公司其他品种的注册速度。

3、加强新药研发工作, 完成了年度新药研究计划; 严格的 GMP 管理, 保证市场抽检合格率 100%。

4、进一步加强内部管理、规范公司运作。积极推行人力资源改革试点,基本建立了公司关键业绩指标考核体系,为下一步在公司全面实行以绩效考核为核心、价值贡献为指导思想的薪酬体系打下了基础,以提高公司全员劳动生产率;进一步细化生产成本、部门费用的核算,加强对材料采购款项、工程项目建设资金支付的重点监控,确保公司资金的有效运用。

(三)公司控股及参股公司情况

报告期内,公司主要控股及参股公司的情况如下:　　　　单位:万元

公司名称　　主营业务　　　　法定　注册

		代表人	资本
昆明制药药品销售有限公司	批零兼营、代购代销化学原料药及其制剂、中药、中成药、药用原辅材料、医药器械、药用包装材料	李南高	3000
昆明贝克诺顿制药有限公司	生产和销售自产的各类西药及保健品，开发生产中药新品种等主要产品为抗生素类、治疗骨质疏松类药物	李南高	422 万美元
昆明康普莱特双鹤药业有限公司	生产及销售高档营养输液、脂肪乳、氨基酸等产品	张宇	211.8 万美元

公司名称	资产规模	持股比例	经济性质	本年净利润
昆明制药药品销售有限公司	19,073.29	96.67%	有限责任公司	321.12
昆明贝克诺顿制药有限公司	9,686.13	50%	中外合资企业	1,875.21
昆明康普莱特双鹤药业有限公司	3,232.05	37%	中外合资企业	–412.51

(四)主要供应商、客户情况

1、公司向前五名供应商合计的采购金额为 36,053,964.10 元，占公司年度采购总额的 17.6%；

2、公司向前五名客户合计的销售额为 90,853,797.62 元，占公司年度销售总额的 18%。

(五)在经营中出现的问题与困难及解决方案

1、存在的问题与困难

(1)日益激烈的市场竞争。根据我国政府对医药入世所作的承诺，2003 年 1 月 1 日起开放药品分销服务，此举将对我国医药行业的生产、流通和消费等产生重大影响，越来越多的企业也在涉足医药行业，医药行业的市场竞争呈现日益激烈的国际化趋势。

(2)频繁调整的行业政策。新的医药法规相继出台及招标规模扩大，直接导致药品价格不断下调，国家不断公布的各种中西药品的零售价格，将会对公司特别是公司商业利润带来负面的影响。

(3)公司市场营销比较薄弱。市场开发能力不强，营销规模近年增长较慢；国际市场方面仍没有根本性扭转市场基础薄弱的局面，新的经济增长点没有取得实质性突破。

(4)公司 GMP 认证工作形势依然严峻。根据新修订的《药品管理法》的有关规定和国务院相关指示精神，国家药品监督管理局发布了《关于全面加快监督实施药品 GMP 工作进程的通知》，GMP 认证的申报日截止于 2003 年 12 月，并且是一次性申报，公司必须得加快天麻素车间等的 GMP 认证工作。

2、解决方案

2003 年是公司加快发展的关键一年，公司恪守以市场求生存、以市场求发展的信条，解放思想，转变观念，尽快提升销售，打造知名品牌、提高管理效率，尽快确立公司在天然药物领域的优势地位。

(1)提升销售和打造昆药知名品牌。建立以营销为龙头的医药企业经营管理模式，健全营销系统的职能，培养全能型的专业销售队伍，以科学的管理思想来应对变化的市场格局。

(2)管理创新。完善公司法人治理结构和组织结构，构建公司关键业绩指标体系；推行业务流程重组，整合组织机构；畅通管理的流程，缩短管理半径，提高管理效率。

(3)加快 GMP、GSP 认证步伐。

(4)生产制造系统进行科学安排，保证销售所需的产品供应。

二、报告期内公司投资情况

(一)募集资金项目

1、公司按《招股说明书》中的承诺，进行募集资金项目的使用，没有改变募集资金的投向。募集资金使用情况：

截止 2002 年 12 月 31 日，本公司实际累计投入募集资金为 22,452.45 万元，其使用情况如下表：

项目名称	投资金额	承诺投资	累计实际投入
现代药品营销中心	2980	2980	2806.08
营销体系分支机构建设	2000	2000	178.91
云南天然药物研究开发中心	2980	2680	304.28
国际合作新产品开发项目	1000	900	53.37
蒿甲醚原料药及注射液车间技改项目	4780	4780	6523.29
蒿甲醚等天然药物和保健品口服制剂技改项目	4446.5	3646.5	3199.30
天然药物冻干粉针项目	4480	4180	12.77
天然药物和保健品软胶囊技改项目	4800	3800	3333.97
中药现代化技改项目	4100	3300	7.27
补充公司流动资金	7776.5	7776.5	7776.5
合计	39,343	36,043	24,195.64

项目名称	尚需投资	项目进度
现代药品营销中心	173.92	在建
营销体系分支机构建设	1821.09	在建
云南天然药物研究开发中心	2675.72	在建
国际合作新产品开发项目	946.63	在建
蒿甲醚原料药及注射液车间技改项目		完工
蒿甲醚等天然药物和保健品口服制剂技改项目	1247.2	在建
天然药物冻干粉针项目	4467.23	前期准备
天然药物和保健品软胶囊技改项目	1466.03	在建
中药现代化技改项目	4092.73	前期准备
补充公司流动资金	0	
合计	16,890.55	

2、尚未使用的募集资金去向

由于募集资金项目正在开展，尚有 16,890.55 万元募集资金未投入使用，现暂时存入银行。

3、项目的进度及收益

(1)蒿甲醚原料药及注射液车间技改项目改造完工，并已分别通过了国内和国际 GMP 认证，累计实际投入资金 6,523.29 万元；预计收益 3,335 万元，实际收益 964 万元，未达到预计收益的主要原因是市场有待于进一步开拓。

(2)其他项目未达到承诺进度，其原因是：

①募集资金实际到帐的时间比公司招股说明书披露的预计时间晚了近半年；

②根据市场发生的变化，公司按董事会的要求对各投资项目再次进行了认真、审慎的分析和论证，导致各项目实际开工时间比招股说明书的预计时间推迟。

(二)非募集资金项目

1、蒿甲醚原料药及注射液车间技改项目在原募集资金项目完工的基础上用剩余募集资金 1,482.02 万元继续用于该车间的设备更新，项目超过总投资的部分由自有资金提供，截止 2002 年 12 月 31 日已投入自有资金 1,743.19 万元。

2、报告期内，本公司投资 50 万元与控股子公司昆明制药药品销售公司投资 950 万元组建了昆药集团颐康大药房。

3、报告期内，本公司控股子公司昆明制药药品销售公司投资 384 万元与其控股子公司昆药集团颐康大药房投资 96 万元组建昆药集团滇西药品物流有限公司。

4、报告期内，本公司控股子公司昆明制药药品销售公司增资 60.36 万元，增持云南云辰药业有限公司 20%的股权。

5、2002 年 11 月 6 日，公司与浙江英特集团股份有限公司在杭州市签订了《英特药业股权转让协议书》。本公司以股权收购方式，以 9,148.3 万元的价格收购英特集团持有的浙江英特药业有限责任公司 49%的股权。2002 年 11 月 14 日，公司支付给英特集团定金 300 万元，2003 年 3 月 10 日支付第一笔股权转让款 4,274.15 万元，2003 年 3 月 14 日支付剩余的股权转让款 4,574.15 万元，该股权的过户手续已于 2003 年 3 月 5 日完成。

三、公司财务状况

报告期内，公司生产经营状况稳定发展，主营业务利润稳定增长，财务状况保持较好水平。具体情况如下：

单位：元

项目	2002 年 12 月 31 日	2001 年 12 月 31 日	增减幅度%
总资产	763,284,617.04	763,982,918.44	– 0.09
长期负债	12,515,001.63	28,752,741.13	–56.47
股东权益	530,835,232.50	518,856,401.07	2.31
主营业务利润	222,614,662.28	199,971,922.97	11.32
净利润	44,588,168.08	38,321,612.07	16.35

说明：

1、长期负债减少系为财政的技改贴息贷款转为一年内到期的流动负债。

2、主营业务利润与去年同期相比增加 11.32%，主要原因是公司天然植物药销售增加 18.93%。

3、净利润与去年同期相比上升主要是公司的主营业务利润增加 11.32%。

第九节　监事会报告

一、报告期内监事会会议情况

报告期内监事会共召开了七次会议，主要内容如下：

1、2002 年元月 8 日二届九次监事会议在公司召开，会议审议通过了以下决议：

(1)审议了公司二届十五次董事会会议议题

(2)公司监事会换届选举及第三届监事会候选人提名的预案

本次会议决议公告刊登于 2002 年元月 9 日《上海证券报》、《证券时报》。

2、2002 年 2 月 8 日三届一次监事会议在公司召开，会议审议通过了以下决议：

(1)选举潘以文女士为公司第三届监事会召集人

本次会议决议公告刊登于 2002 年 2 月 9 日《上海证券报》、《证券时报》。

3、2002 年 3 月 22 日三届二次监事会议在公司召开，会议审议通过了以下决议：

(1)公司 2001 年监事会工作报告

(2)审议了公司三届二次董事会会议议题

本次会议决议公告刊登于 2002 年 3 月 26 日《上海证券报》、《证券时报》。

4、2002 年 4 月 28 日三届三次监事会议在公司召开，会议审议通过了以下决议：

(1)修改公司监事会议事规则部分条款

本次会议决议公告刊登于 2002 年 4 月 30 日《上海证券报》、《证券时报》。

5、2002 年 9 月 27 日在三届四次监事会议在公司召开，会议审议通过了以下决议：

(1)修改公司监事会议事规则部分条款

(2)公司三届监事会提前换届选举

本次会议决议公告刊登于 2002 年 10 月 9 日《上海证券报》、《证券时报》。

6、2002 年 11 月 8 日四届一次监事会议在公司召开，会议选举孙水坤先生为公司四届监事会的召集人。

本次会议决议公告刊登于 2002 年 11 月 9 日《上海证券报》、《证券时报》。

7、2002 年 12 月 30 日四届二次监事会议在公司召开，会议审议通过了对《昆明制药集团股份有限公司监事会议事规则部分条款修订》的决议。

本次会议决议公告刊登于 2003 年元月 2 日《中国证券报》、《上海证券报》。

二、监事会对公司 2002 年度有关事项的独立意见

1、公司依法运作情况

公司监事会成员列席公司每次董事会和股东大会，根据国家有关法律、法规，对公司股东大会、董事会的召开程序、决议事项、董事会对股东大会决议的执行情况、公司高级管理人员执行职务的情况及公司管理制度等进行监督。公司监事会认为公司董事会和管理层 2002 年度的工作能严格按照《公司法》、《证券法》、《上市规则》、《公司章程》及其他有关法规制度进行规范运作，认真履行股东大会的有关决议，经营决策科学合理，工作认真负责，不断完善内部管理和内部控制制度；公司董事、经理执行职务时没有违反法律、法规、公司章程和损害公司利益的行为。

2、检查公司财务情况

公司监事会对公司的财务制度和财务状况进行了认真、细致的检查，认为公司 2002 年度财务报告能够真实地反映公司的财务状况和经营成果，云南亚太会计师事务所出具的审计报告是客观公正的。

3、公司最近一次募集资金实际投入项目与承诺投资项目一致。

4、公司收购、出售资产交易价格合理，没有发现内幕交易和损害股东权益或造成公司资产流失的行为。

5、公司关联交易按照"公平、公正、合理"的原则进行处理，未损害上市公司利益，无内幕交易行为。

第十节　重要事项

一、报告期内没有重大诉讼、仲裁事项发生。

二、报告期内公司重大资产出售及收购情况

1、2002 年元月 8 日公司董事会通过决议，将持有的子公司中瑞合资昆明康普莱特制药有限公司 38%的股权转让给北京双鹤药业股份有限公司，转让事宜于 2002 年 6 月 27 日全部完成。

2、2002 年 11 月 8 日公司四届一次董事会及 2002 年 12 月 9 日公司 2002 年第四次临时股东大会审议通过《收购浙江英特药业有限责任公司部分股权》的议案，公司以 9,148.3 万元价格收购了浙江英特药业有限责任公司 49%股权（相关公告详见 2002 年 11 月 9 日及 2002 年 12 月 10 日《上海证券报》、《证券时报》），2002 年 11 月 14 日，公司支付给英特集团定金 300 万元，2003 年 3 月 10 日支付第一笔股权转让款 4,274.15 万元，2003 年 3 月 14 日剩余的股权转让款 4,574.15 万元，该股权的过户手续已于 2003 年 3 月 5 日完成。

三、报告期内无重大的关联交易事项。

四、重大合同

1、报告期内，公司没有发生或前期间发生但延续到报告期的重大托管、承包、租赁其他公司资产或其他公司托管、承包、租赁公司资产的事项。

2、报告期内，公司没有发生或以前期间发生但延续到报告期的重大担保事项。

3、报告期内，公司没有发生或以前期间发生但延续到报告期的重大委托理财。

4、2002 年 4 月 28 日公司 2001 年年度股东大会通过决议，利用 1.5 亿元闲置资金购买国

债，聘请红塔兴业投资有限公司为国债运营的顾问公司；但经公司 2002 年 11 月 8 日的 2002 年第三次临时股东大会审议决定终止此议案，在此中间该决议未执行，资金一直存放于银行。

五、公司或持股 5%以上股东均无违反承诺的行为。

六、聘任、解聘会计师事务所的情况

公司聘任云南亚太会计师事务所为公司 2002 年度财务审计机构，公司 2002 年度支付该审计师事务所的报酬为 20 万元，均为年度审计费用。目前，该事务所已经连续为公司提供审计服务 8 年。

七、报告期内，公司、公司董事会及董事没有发生受到中国证监会稽查、行政处罚、通报批评和上海证券交易所公开谴责的情形。

八、报告期内公司没有发生《证券法》第六十二条、《公开发行股票公司信息披露实施细则》（试行）第十七条所列的重大事件，以及公司董事会判断为重大事件的事项。

第十一节　财务报告

一、审计意见

二、会计报表

资产负债表

编制单位：昆明制药集团股份有限公司　　2002 年 12 月 31 日

单位：人民币元

资产	行号	注释号	期末数 合并数
流动资产			
货币资金	1	5.1.1	273,062,474.17
短期投资	2		
应收票据	3	5.1.2	3,376,771.60
应收股利	4		
应收利息	5		
应收帐款	6	5.1.3	127,890,068.38
其他应收款	7	5.1.4	43,963,134.37
预付帐款	8	5.1.5	50,679,452.31
应收补贴款	9		
存货	10	5.1.6	99,124,699.17
待摊费用	11	5.1.7	887,329.30
一年内到期的长期债券投资	21		
其他流动资产	24		
流动资产合计	31		598,983,929.30
长期投资：			
长期股权投资	32	5.1.8	3,358,896.21
长期债权投资	34		
长期投资合计	38		3,358,896.21
长期投资减值准备			
长期投资净额			3,358,896.21
其中：合并价差（贷差以"-"号表示）			
股权投资差额（贷差以"-"号表示）			
固定资产：			
固定资产原价	39	5.1.9	175,611,378.64
减：累计折旧	40		66,214,955.52
固定资产净值	41		109,396,423.12
减：固定资产减值准备	42		
固定资产净额	43		109,396,423.12
工程物资	44	5.1.10	263,036.99
在建工程	45	5.1.11	40,661,719.10
固定资产清理	46	5.1.12	
固定资产合计	50		150,321,179.21
无形资产及其他资产：			
无形资产	51	5.1.13	5,005,250.49
长期待摊费用	52	5.1.14	5,615,361.83
其他长期资产	53		
无形及其他资产合计	60		10,620,612.32
递延税项：			
递延税款借项	61		
资产总计	67		763,284,617.04
负债及所有者权益　　行号　注释号			
流动负债			
短期借款	68	5.1.15	7,310,000.00
应付票据	69	5.1.16	6,794,500.00
应付帐款	70	5.1.17	79,166,881.78
预收帐款	71	5.1.18	736,854.86
应付工资	72	5.1.19	481,951.28
应付福利款	73		10,350,291.17
应付股利	74	5.1.20	31,417,600.00
应交税金	75	5.1.21	10,283,644.42
其他应交款	80	5.1.22	202,233.17
其他应付款	81	5.1.23	22,223,999.92
预提费用	82	5.1.24	614,165.70
预计负债	83		
一年内到期的长期负债	86	5.1.25	10,016,500.00
其他流动负债	90		
流动负债合计	100		179,598,622.30
长期负债：			
长期借款	101	5.1.26	1,000,000.00
应付债券	102		
长期应付款	103	5.1.27	8,504,244.46
专项应付款	106	5.1.28	3,010,757.17
其他长期负债	108		
长期负债合计	110		12,515,001.63
递延税项：			
递延税款贷项	111		
负债合计	114		192,113,623.93
少数股东权益			40,335,760.61
所有者权益			
股本	115	5.1.29	98,180,000.00
减：已归还投资	116		
股本净额	117		98,180,000.00
资本公积	118	5.1.30	387,580,115.18
盈余公积	119	5.1.31	40,871,215.66
其中：法定公益金	120		10,604,590.70
未分配利润	121	5.1.32	4,203,901.66
股东权益合计	122		530,835,232.50
负债及股东权益总计	135		763,284,617.04

利润表

编制单位：昆明制药集团股份有限公司　　2002 年度　单位：人民币元

项　　目	行次	注释号	合并数
一、主营业务收入	1	5.1.33	504,857,512.12
减：主营业务成本	4	5.1.34	279,589,357.42
主营业务税金及附加	5	5.1.36	2,653,492.42
二、主营业务利润（亏损以"-"号填列）	10		222,614,662.28
加：其他业务利润（亏损以"-"号填列）	11	5.1.37	1,765,272.07
减：营业费用	14		112,013,518.43
管理费用	15		58,305,178.66
财务费用	16	5.1.38	-3,846,407.16
三、营业利润（亏损以"-"号填列）	18		57,907,644.42
加：投资收益（亏损以"-"号填列）	19	5.1.39	3,547,586.27
补贴收入	22		
营业外收入	23	5.1.40	4,509,740.04
减：营业外支出	25	5.1.41	1,383,385.11
四、利润总额（亏损以"-"号填列）	27		64,581,585.62
减：所得税	28		11,489,581.44
少数股东收益			8,503,836.10
五、净利润（亏损以"-"号填列）	30		44,588,168.08

利润分配表

项目	行号	注释号	合并数	母公司
一、净利润	1		44,588,168.08	43,380,463.07
加：年初未分配利润	2		1,881.99	13,590,096.07
其他转入	4			
二、可供分配的利润	8		44,590,050.07	56,970,559.14
减：提取法定盈余公积	9		4,979,032.28	4,338,046.32
提取法定公益金	10		2,789,516.13	2,169,023.15
提取职工奖励及福利基金	11		1,200,000.00	
提取储备基金	12			
提取企业发展基金	13			
利润归还投资	14			
三、可供股东分配的利润	16		35,621,501.66	50,463,489.67
减：应付优先股股利	17			
提取任意盈余公积	18			
应付普通股股利	19		31,417,600.00	31,417,600.00
转作股本的普通股股利	20			
四、未分配利润	25		4,203,901.66	19,045,889.67

现金流量表

编制单位：昆明制药集团股份有限公司　　2002 年度　　单位：人民币元

项目	合并数
一、经营活动产生的现金流量：	
销售商品、提供劳务收到的现金	583,181,016.03
收到的税费返还	
收到的其他与经营活动有关的现金	23,785,268.40
现金流入小计	606,966,284.43
购买商品、接受劳务支付的现金	343,555,387.16
支付给职工以及为职工支付的现金	67,516,669.76
支付的各项税费	50,334,719.60
支付的其他与经营活动有关的现金	128,176,110.81
现金流出小计	589,582,887.33
经营活动产生的现金流量净额	17,383,397.10
二、投资活动产生的现金流量：	
收回投资所收到的现金	3,495,510.00
取得投资收益所收到的现金	462,155.46
处置固定资产、无形资产和其他长期资产所收回的现金净额	354,248.06
收到的其他与投资活动有关的现金	
现金流入小计	4,311,913.52
购建固定资产、无形资产和其他长期资产所支付的现金	79,615,983.94
投资所支付的现金	831,418.55
支付的其他与投资活动有关的现金	3,005,102.00
现金流出小计	83,452,504.49
投资活动产生的现金流量净额	-79,140,590.97
三、筹资活动产生的现金流量：	
吸收投资所收到的现金	
其中：子公司吸收少数股东权益性投资收到的现金	
借款所收到的现金	14,440,000.00
收到的其他与筹资活动有关的现金	8,486.62
现金流入小计	14,448,486.62
偿还债务所支付的现金	15,898,350.17
分配股利、利润或偿付利息所支付的现金	35,457,754.40
其中：子公司支付少数股东的股利	7,815,589.97
支付的其他与筹资活动有关的现金	27,205.70
现金流出小计	51,383,310.27
筹资活动产生的现金流量净额	-36,934,823.65
四、汇率变动对现金的影响	
五、现金及现金等价物净增加额	-98,692,017.52
现金流出小计	27,002,805.86
筹资活动产生的现金流量净额	-26,862,805.86
四、汇率变动对现金的影响	
五、现金及现金等价物净增加额	-77,226,391.26

柳州化工股份有限公司

柳州化工股份有限公司股票上市公告书

第一节 重要声明与提示

柳州化工股份有限公司(以下简称"公司"、"本公司"或"发行人")董事会保证上市公告书的真实性、准确性、完整性,全体董事承诺上市公告书不存在虚假记载、误导性陈述或重大遗漏,并承担个别和连带的法律责任。

根据《公司法》、《证券法》等有关法律、法规的规定,本公司董事、高级管理人员已依法履行诚信和勤勉尽责的业务和责任。

证券交易所、中国证监会、其他政府机关对本公司股票上市及有关事项的意见,均不表明对本公司的任何保证。

本公司提醒广大投资者注意,凡本上市公告书未涉及的有关内容,请投资者查阅2003年6月27日刊载于《中国证券报》、《上海证券报》、《证券时报》及《证券日报》的本公司招股说明书摘要,及刊载于上海证券交易所网站(www.sse.com.cn)的本公司招股说明书全文。

第二节 概览

1、股票简称 柳化股份
2、沪市股票代码 600423
3、深市代理股票代码 003423
4、总股本 146,786,000股
5、可流通股本 60,000,000股
6、本次股票发行价格 6.96元/股
7、本次上市流通股本 60,000,000股
8、上市地点 上海证券交易所
9、上市日期 2003年7月17日
10、股票登记机构 中国证券登记结算有限责任公司上海分公司
11、上市推荐人 大鹏证券有限责任公司 第一创业证券有限责任公司
12、对首次公开发行股票前股东所持股份的流通限制及期限:根据国家有关法律、法规规定和中国证券监督管理委员会证监发行字[2003]64号《关于核准柳州化工股份有限公司公开发行股票的通知》,本公司的国家法人股、法人股暂不上市流通。
13、本公司第一大股东柳州化学工业集团有限公司(以下简称"柳化集团")对所持股份自愿锁定的承诺:自本公司股票上市之日起12个月内,不转让其所持有的本公司股份,也不由本公司回购其所持有的本公司股份。

第三节 绪言

本公司上市公告书是根据《公司法》、《证券法》、《股票发行与交易管理暂行条例》、《公开发行股票公司信息披露实施细则》和《上海证券交易所股票上市规则》等有关法律、法规的规定,按照中国证券监督管理委员会制定的《公开发行证券的公司信息披露内容与格式准则第7号-首次公开发行股票上市公告书》的规定编制,旨在向投资者提供有关本公司的基本情况和本次股票发行上市的有关资料。

经中国证券监督管理委员会证监发行字[2003]64号文核准,本公司已于2003年7月2日以向二级市场投资者定价配售方式向社会公开发行了每股面值1.00元的人民币普通股6,000万股,每股发行价为6.96元。

经上海证券交易所上证上字[2003]82号《关于柳州化工股份有限公司人民币普通股股票上市交易的通知》批准,本公司6,000万股社会公众股将于2003年7月17日起在上海证券交易所挂牌交易,股票简称"柳化股份",沪市股票代码为"600423",深市代理股票代码为"003423"。

本公司已于2003年6月27日分别在《中国证券报》、《上海证券报》、《证券时报》和《证券日报》上刊登了《招股说明书概要》。招股说明书正文及其附录刊载于上海证券交易所网站(www.sse.com.cn),距今不足三个月,故与其重复的内容不再重述,敬请投资者查阅上述内容。

第四节 发行人概况

一、发行人概况
1 中文名称 柳州化工股份有限公司
2 英文名称 Liuzhou Chemical Industry Co., Ltd
3 注册资本 146,786,000元
4 法定代表人 吴铭爵
5 住所 广西柳州市北雀路67号
6 经营范围 硝铵、硝酸、氮肥、纯碱、硝酸钠、亚硝酸钠、工业甲醇、工业甲醛、液氨、硫磺、重碱制造,煤炭的销售;经营本企业自产产品及相关技术出口业务(国家限定公司经营或禁止出口的商品除外);经营本企业生产、科研所需的原辅材料、机械设备、仪器仪表、零配件及相关技术的进口业务(国家限定公司经营和禁止进口的商品除外);经营本企业的进料加工和"三来一补"业务。
7 主营业务 化工和化肥产品的生产销售
8 所属行业 基本化学原料制造业
9 电话、传真号码 0772-2516580、0772-2510401
10 邮政编码 545002
11 互联网网址 www.lzhg.cn
12 电子信箱 lhgf@ vip.sina.com
13 董事会秘书 袁志刚

二、发行人历史沿革

本公司是经广西壮族自治区人民政府桂政函[2001]25号文批准,由柳州化学工业集团有限公司作为主发起人,联合柳州凤山糖业集团有限责任公司、广西柳州钢铁(集团)公司、桂林市农业生产资料总公司、广西壮族自治区柳城县农业生产资料公司和中国石化集团兰州设计院等六家发起人共同发起设立的股份有限公司,于2001年3月6日在广西壮族自治区工商行政管理局正式注册,注册资本8,678.6万元,注册号:4500001001343。公司自2001年3月6日成立以来未进行任何资产重组。

经中国证监会证监发行字[2003]64号文批准,本公司于2003年7月2日在上海证券交易所以向二级市场投资者定价配售方式成功发行了人民币普通股6,000万股,每股面值1.00元,每股发行价格6.96元。此次发行完成后,本公司的总股本增为14,678.6万股,注册资本为14,678.6万元。

本次发行前后公司的股本结构:

股份类别	发行前		发行后	
	股数(万股)	比例(%)	股数(万股)	比例(%)
未上市流通股	8678.6	100	8678.6	59.13
发起人股	8678.6	100	8678.6	59.13
国家法人股份	8378	96.54	8378	57.08
境内法人股	300.6	3.46	300.6	2.05
社会公众股			6000	40.87
合计	8678.6	100	14678.6	100

目前各发起人持有的股权不存在任何被质押、诉讼等引致的纠纷和潜在的纠纷。

三、发行人主要经营情况

1、发行人业务概况

本公司是广西最大的化工化肥生产企业之一,主要从事化工和化肥产品的生产和销售,产品包括:合成氨、尿素、硝酸铵、纯碱、氯化铵、硝酸钠、亚硝酸钠、碳铵、硫磺、液氨、硝酸、甲醇、甲醛等,其中合成氨为中间产品。本公司目前实际年生产能力为合成氨21万吨,各种产品年总产量超过50万吨,是全国最大的中氮企业之一,合成氨综合能耗、硝酸铵生产成本以及经济效益等各项经济指标在以煤焦为原料的中氮企业中处于领先。

2、发行人竞争优势和劣势

本公司设备、技术等综合实力较强,产品结构合理,产品质量优良,地域优势明显,享受少数民族地区和西部地区税收优惠政策,具有较强的竞争优势。

本公司原料煤距离原料产地较远,运输成本较高;部分化工产品生产规模偏小,缺乏市场竞争力。

3、主要财务指标

请参见本上市公告书"财务会计资料"中的相关内容。

4、主要知识产权

本公司拥有三宗"大力"牌商标:商标注册证第1254004号,核准使用商品第1类,用于二氧化碳、干冰(固体二氧化碳)、化肥;商标注册证第298252号,核准使用商品第1类,用于碳酸钠、硝酸钠、亚硝酸钠、硫磺;商标注册证第1008104号,核准使用商品第1类,用于甲醇、甲醛、液氨、稀硝酸。另外,本公司拥有全低温变换、MDEA脱碳、粗甲醇直接生产甲醛等非专利技术。

5、享有的财政税收优惠政策

(1)根据桂政发[2001]100号《广西壮族自治区关于贯彻实施国务院西部大开发政策措施的若干规定》、广西壮族自治区地方税务局桂地税发[2001]136号文《自治区地方税务局关于贯彻执行国务院西部大开发企业所得税有关优惠政策的暂行通知》、桂地税函[2001]437号文及柳州市地方税务局柳地税函[2001]601号文,本公司属于"鼓励类"企业,2001年度减按15%的税率征收企业所得税。根据广西区地方税务局桂地税函[2002]117号文的批复,公司在2002年至2004年内的国家鼓励类业务收入占企业总收入70%以上的,可享受减按15%的税率征收企业所得税的优惠政策。

(2)根据财政部、国家税务总局《关于对若干农业生产资料征免增值税问题的通知》(财税字[1998]78号文)以及财政部、国家税务总局《关于延续若干增值税免税政策的通知》(财税明电[2000]6号文、桂国税翻[2001]1号文),公司生产销售的碳酸氢铵免征增值税。

(3)根据财政部、国家税务总局《关于若干农业生产资料征免增值税政策的通知》(财税字[2001]113号文),公司生产销售的尿素执行13%的增值税率,在2001、2002年两年内实行增值税先征后退的政策,2001年对征收的税款全额退还,2002年退还50%,自2003年起停止退还政策;公司生产销售的农业用硝酸铵、氯化铵、氨水原执行13%的增值税率,自2001年8月1日起免征增值税。

第五节 股票发行与股本结构

一、本次股票上市前首次公开发行股票的情况
1、发行数量 60,000,000股
2、发行价格 6.96元/股
3、募集资金总额 41,760万元
4、发行方式 全部向二级市场投资者定价配售
5、发行对象 2003年6月27日持有上海证券交易所或深圳证券交易所已上市流通人民币普通股股票的收盘市值总和(包括可流通但暂时锁定的股份市值)不少于10,000元的投资者
6、发行费用总额及项目 发行费用总额1,953.14万元,包括承销费用、审计费用、评估费用、律师费用、发行手续费用、审核费用等项目
7、每股发行费用 0.326元

二、本次股票上市前首次公开发行股票的承销情况

本次公开发行的6,000万股社会公众股的配号总数为75,148,200,中签率为0.07984223%,其中,二级市场投资者认购59,478,838股,其余521,162股由主承销商包销。

三、验资报告

湖北大信会计师事务有限公司对本公司本次上市前首次公开发行股票募集资金出具了鄂信验字[2003]第0019号《验资报告》,摘录如下:

柳州化工股份有限公司全体股东:

我们接受委托,审验了贵公司截至2003年7月9日止新增注册资本实收情况。按照国家相关法律法规的规定和章程的要求出资,提供真实、合法、完整的验资资料,保护资产安全、完整是全体股东及贵公司的责任。我们的责任是对贵公司新增注册资本的实收情况发表审验意见。我们的审验是依据《独立审计实务公告第1号-验资》进行的。在审验过程中,我们结合贵公司的实际情况,实施了检查等必要的审验程序。

贵公司变更前的注册资本为人民币捌仟陆佰柒拾捌万陆仟元整(¥86,786,000.00),申请向社会公开发行人民币普通股(A股)6000万股增加注册资本人民币陆仟万元整(¥60,000,000.00),变更后的注册资本为人民币壹亿肆仟陆佰柒拾捌万陆仟元整(¥146,786,000.00)。经中国证券监督管理委员会证监发行字[2003]64号"关于核准柳州化工股份有限公司公开发行股票的通知",同意贵公司向社会公开发行人民币普通股(A股)6000万股,每股面值1元,每股发行价格为人民币6.96元。经我们审验,截至2003年7月9日止,贵公司已收到社会公众股东认缴股款肆亿零叁佰陆拾贰万叁仟零玖拾伍元伍角肆分(¥403,623,095.54,已直接扣除发行手续费¥1,448,904.46和承销费¥12,528,000.00),其中股本人民币陆仟万元整(¥60,000,000.00)。

此外,我们注意到,贵公司本次增资前的注册资本为人民币捌仟陆佰柒拾捌万陆仟元整(¥86,786,000.00),已经湖北大信会计师事务有限公司审验,并于2001年2月27日出具鄂信验字[2001]第0008号验资报告。截至2003年7月9日止,贵公司变更后的注册资本累计实收金额为人民币壹亿肆仟陆佰柒拾捌万陆仟元整(¥146,786,000.00)。

本验资报告仅供贵公司变更登记时使用,不应将其视为是对贵公司验资报告日后资本保全、偿

债能力和持续经营能力等的保证,因使用不当造成的后果,与执行本验资业务的注册会计师及会计师事务所无关。

附件:1.新增注册资本实收情况明细表

2.注册资本变更前后对照表

3.验资事项说明

湖北大信会计师事务有限公司　　中国注册会计师 韩志娟

中国·武汉　　中国注册会计师 王 晖

2003 年 7 月 9 日

四、募集资金入帐情况

1、入帐时间:2003 年 7 月 9 日

2、入帐金额:403,623,095.54 元

3、入帐帐号、资金及开户银行:

中国工商银行柳州分行雀儿山支行

帐号:2105405029292219612,资金:50,000,000.00 元;

交通银行柳州分行营业部

帐号:060200018000043826,资金:123,623,095.54 元;

中国农业银行柳州广雅支行

帐号:114101040008418, 资金:120,000,000.00 元;

中国银行柳州市八一支行

帐号:01896908094001,资金:110,000,000.00 元。

五、本次股票上市前股权结构和股东持股情况

1、本公司本次上市前的股本结构

股份类别	股份数量(万股)	占总股本的比例(%)
发起人股	8,678.6	59.13
其中:国有法人股	8,378	57.08
境内法人股	300.6	2.05
社会公众股	6,000	40.87
总股本	14,678.6	100

2、本次上市前,本公司前十名股东持股数及比例

序号	股东名称	股份数量(万股)	占总股本的比例(%)
1	柳州化学工业集团有限公司	8,378	57.076
2	柳州凤山糖业集团有限责任公司	66.8	0.455
3	广西柳州钢铁(集团)公司	66.8	0.455
4	广西壮族自治区柳城县农业生产资料公司	66.8	0.455
5	桂林市农业生产资料有限公司	66.8	0.455
6	大鹏证券有限责任公司	52.1162	0.355
7	中国石化集团兰州设计院	33.4	0.228
8	天同 180 基金	9.2	0.063
9	国泰君安	6.1	0.042
10	天华基金	5.9	0.040

第六节　董事、监事、高级管理人员及核心技术人员

一、董事、监事、高级管理人员和核心技术人员简介

1、董事

吴铭爵,男,60 岁,中专学历,高级工程师,广西大学兼职教授。历任柳州化肥厂技术员、车间副主任、主任、厂长助理、常务副厂长、柳州化学工业集团有限公司总经理、董事长、党委书记。具有四十多年丰富的企业经营管理经验。现任本公司董事长、柳州化学工业集团有限公司董事。吴先生曾获"全国化工环境保护优秀厂长、经理"、化工部"'八五'化工环境保护优秀厂长、经理"、"广西石油化工环境保护工作优秀厂长、经理"、"自治区新产品成果三等奖"、"广西重奖研制推广科技成果有功人员三等奖"、"自治区新产品优秀成果奖二等奖"、"柳州市第二批专业技术拔尖人才"、"柳州市科技进步二等奖"等荣誉。

廖能成,男,44 岁,硕士,高级工程师,广西大学兼职教授,第九、十届全国人大代表。历任柳州化肥厂工艺员、车间副主任、主任、厂长助理、副厂长、柳化集团副总经理。现任本公司副董事长;柳州化学工业集团有限公司董事长、总经理、党委书记。廖先生曾获"全国质量管理奖"、"国务院民族团结进步模范"、"自治区新产品成果三等奖"、"广西重奖研制推广科技成果有功人员三等奖"、"自治区新产品优秀成果奖二等奖"、"柳州市首批优秀青年科技人才"、"柳州市科技进步二等奖"、"柳州市第七批专业技术拔尖人才"、"柳州市第三届十大杰出青年企业家"等荣誉。

覃永强,男,35 岁,学士,广西大学在读研究生,工程师。历任柳州化肥厂车间副主任、生产处副处长、分厂厂长、柳化集团总经理助理、副总经理,曾赴德国进修培训,现任柳州市第十一届人大代表、本公司董事、总裁。

苏东升,男,40 岁,学士,工程师。历任融安县氮肥厂技术员、柳州化肥厂工艺员、生产处副处长、供排水车间主任、合成氨车间主任、副厂长。现任本公司董事;柳化集团董事、副总经理。苏先生曾获"全国化工环境保护优秀厂长、经理"荣誉。

马朝梅,女,48 岁,硕士,高级工程师。历任柳州化肥厂技术员、车间副主任、副厂长、柳化集团公司副总经理,曾任柳州市柳北区第七届人大代表,现任柳州市第九届政协委员。现任本公司董事;柳化集团董事、副总经理。马女士曾获"柳州市岗位女能手"荣誉。

李兆胜,男,37 岁,学士,广西大学在读研究生,高级工程师。历任柳州化肥厂车间工艺员、技术组长、车间副主任、主任、柳化集团生产部副部长、劳动人事部部长、生产部部长。现任本公司董事、副总裁。李先生曾获"全国化工环保先进工作者"荣誉。

何小平,女,44 岁,毕业于中央财经大学会计系,经济学士,会计专业高级讲师,中国注册会计师协会非执业会员。历任柳州船厂会计、会计主管、广西柳州财经学校财会专业教师、广西工学院管理系财会专业教师兼财会教研室主任,现任广西工学院财务处副处长,为广西内部审计协会理事,广西会计教学研究会理事,北京亚太华财务会计研究中心研究员。何女士会计理论基础知识深厚,并具有丰富的实践经验。现任本公司独立董事。

邹德正,男,64 岁,本科学历,教授。历任广西大学化学化工系系主任、副校长、硕士导师、广西工学院院长、党委书记、广西区科委副主任、中国科技开发院广西分院院长、广西区科协主席、党组书记。现任政协广西区委员会常务委员、提案委员会副主任。现任本公司独立董事。

李 炼,男,43 岁,本科学历,厦门大学法学研修生,法学教授,具有律师资格。历任广西工学院教学秘书、教研室副主任、主任、院本科教学合格评价常务副主任,现任广西工学院管理工程系主任、企业管理学科带头人,为柳州市第十一届人大代表、柳州市人大常委会委员、市人大法制委员、柳州市金融学会常务理事。在经济、管理、法律等教学与行政管理方面具有丰富的经验,主要从事经济法与国际经济法的教学与学术研究工作,资深学者。现任本公司独立董事。

2、监事

施鸿根,男,55 岁,北京化工学院工程管理大专毕业,工程师。历任广西磷酸盐化工厂车间副主任、副科长、科长、厂长助理、副厂长、党委书记、柳化集团副董事长、党委副书记、纪委书记等职。现任本公司监事会召集人、柳化集团副董事长。

陈建平,男,48 岁,中专学历,会计师。历任桂林市农业生产资料总公司会计、副科长、科长、总经理等职,现任桂林农资公司党支部副书记。现任本公司监事。

金仁智,男,54 岁,大专学历,高级政工师。历任柳州化肥厂造气车间技术员、柳州化工技校副校长、柳化造气车间、净化车间党支部副书记、书记、柳化集团组织部部长、党办主任,曾获柳州市经贸委优秀党务工作者及多次荣获厂级先进工作者称号。现任本公司监事、柳化集团党委工作部长。

韦冬蜜,女,29 岁,本科学历,工程师。历任合成分厂、精炼车间工艺员、公司设计院设计员。曾多次荣获公司"先进工作者"、"三八红旗手"、"劳动模范"、"先进科技工作者"称号。现任本公司监事、技改工程指挥部办公室副主任。

林彬,男,39 岁,大专学历,历任柳州化肥厂车间团支部副书记、书记、工长、工段长、安全员、党支部副书记及工会主席等职务。曾获得先进生产工作者、工会积极分子、先进团员、优秀团干、优秀党员等光荣称号。现任本公司监事、净化分厂副厂长。

3、其他高级管理人员

韦挺,男,37 岁,广西工学院本科毕业,学士,在读研究生,高级工程师,柳北区第六届政协常务委员。曾任融安县氮肥厂技术员、融水水泥厂化验室主任、厂长助理、职校副校长,柳州化肥厂车间副主任,运销处副处长、处长、柳化集团销售公司经理,现任本公司副总裁。

彭致怡,女,54 岁,中专毕业,会计师。1969 年参加工作,历任柳州化肥厂财务科会计、副科长、科长,财务处处长,柳化集团财务部部长、副总会计师等职,曾获柳州市模范会计称号、柳州市巾帼建功能手称号。现任本公司财务总监。

袁志刚,男,29 岁,学士,经济师。历任柳州化肥厂技术员、柳化集团办公室秘书、办公室主任助理,公司行政部部长,现任本公司董事会秘书。

4、核心技术人员

黄捷生,男,57 岁,大学本科学历,高级工程师,历任柳州化肥厂技术员,合成车间主任,生产调度科科长,柳化集团副总工程师,现任本公司总工程师。黄先生多年从事化工生产工艺研究,具有深厚的化工工艺专业技术知识和丰富的化工生产经验,是本公司化工工艺技术负责人之一,参与了公司近期所有的化工工艺技改项目,曾多次获得先进工作者和劳动模范称号。现为公司重大技改工程"合成氨节能挖潜清洁生产技术改造"技术主要负责人之一。

麦长华,男,37 岁,大学本科学历,高级工程师,历任柳州化肥厂技术员、工段长、车间副主任,技术开发处副处长,柳化集团技术开发部副部长、部长,现任本公司技术发展部部长、副总工程师。麦先生化工工艺基础和专业理论知识扎实,生产基层技术改造实践经验丰富,并具有较强的技术工作组织实施能力。现为公司重大技改工程"合成氨节能挖潜清洁生产技术改造"主要负责人之一。

邓锦全,男,39 岁,大学本科学历,高级工程师,历任广西西江氮肥厂机械员,柳州化肥厂机械员,车间副主任,机动科副科长、设计处副处长,柳化集团技术开发部副部长、设计院院长,现任本公司副总工程师。

上述董事、监事、高级管理人员和核心技术人员均为中国国籍,相互之间不存在配偶关系、三代以内直系和旁系亲属关系。

二、公司董事、监事、高级管理人员和核心技术人员持股情况

本次上市前,本公司的董事、监事、高级管理人员和核心技术人员均未直接或间接持有本公司的股份。

第七节　同业竞争与关联交易

一、同业竞争

本公司与控股股东柳化集团及其控制的法人不存在同业竞争状况;控股股东已出具了避免同业竞争的承诺函,发行人律师及主承销商均对此发表了相同意见。

二、关联交易

1、关联方及关联关系

本公司目前存在的关联方及关联关系请查阅刊载于上海证券交易所网站(www.sse.com.cn)的本公司招股说明书全文及附录。

2、关联交易

(1)关联交易的具体内容

1)与柳化集团在综合服务、土地使用、房屋租赁、汽车运输服务、机器设备维修以及工程安装等方面存在关联交易。2002 年度和 2001 年度此六项关联交易金额合计分别为 1622.13 万元和 1009.53 万元。

2)注册商标使用许可

柳化股份许可柳化集团及其关联企业无偿使用商标注册证第 1254004 号"大力"牌商标(核准用于二氧化碳、干冰(固体二氧化碳),许可期限为至该商标有效期届满为止。

3)贷款担保

截止 2002 年 12 月 31 日公司向中国工商银行柳州分行短期借款 1,000 万元,向中国农业银行柳州分行短期借款 1,000 万元,由柳化集团提供保证担保。

4)代缴费用

本公司 2001 年 3 月 6 日设立至 2001 年 12 月,由柳化集团代本公司缴纳养老保险金、待业保险金、工伤保险金、生育保险金等共计 5,621,034.81 元,此项费用由本公司按规定比例提取并划转至柳化集团。从 2002 年 1 月起本公司自行缴纳上述款项。

5)供货

①本公司向柳化集团等关联企业采购产品。

关联交易内容	2001 年		2002 年	
	交易金额(元)	占同类交易比例	交易金额(元)	占同类交易比例
蒸汽	20,081,850.00	100%	37,648,845.00	100%
工业用水	9,528,781.80	100%	11,514,078.80	100%
脱氧软水	6,763,005.00	100%	8,487,090.00	100%
除氧脱盐水	3,078,615.00	100%	3,748,619.00	100%
化学软水	467,586.00	100%	600,394.00	100%
自发电	1,366,255.17	1.69%	1,314,504.07	1.58%
编织袋	9,534,209.46	100%	10,088,025.11	100%
煤	3,485,570.35	2.73%		
其他	1,397,964.41	4.18%	2,859,423.95	3.11%
合计	55,703,837.19	0	76,260,979.93	

②本公司向柳化集团等关联企业销售产品。

关联交易内容	2001 年		2002 年	
	交易金额(元)	占同类交易比例	交易金额(元)	占同类交易比例
细粉煤	30,113,985.82	94.22%	49,079,311.80	93.71%
粗粉煤	3,430,636.22	91.83%	717,959.04	14.14%
小块煤	2,897,547.10	100%		
尿素	8,151,808.58	5.74%	8,590,718.40	5.55%
硝酸铵	1,812,083.68	1.61%	2,997,419.00	2.71%
硝酸铵溶液	27,747,159.20	100%	31,993,693.44	100%
纯碱	1,579,787.00	7.64%	660,324.00	2.76%
氯化铵	0		2,140,280.00	13.77%
碳酸氢铵	0		460,690.00	7.93%
硝酸钠	0		852,129.60	11.13%

材料	2,710,346.77	51.58%	1,448,441.15	89.91%
其他产品	1,632,892.92	1.50%	515,001.60	
合计	80,076,247.29		99,455,968.03	

(2)关联交易对公司财务状况和经营成果的影响

本公司设立以来与主要关联方发生的关联交易对公司的财务状况和经营成果影响不大。

(3)减少关联交易的措施

在符合公司发展战略和时机适当的情况下，公司将收购部分关联企业资产以减少关联交易的发生；公司正在应用新技术将粉煤加工成棒煤自用，减少与柳化集团及其关联企业的部分关联销售;公司申请取得了进出口业务经营权,有利于减少与柳化集团的部分关联销售。

发行人律师、主承销商、会计师和独立董事均对关联交易发表了意见,认为公司存在的关联交易符合有关规定,关联交易是公允的,没有损害非关联股东的权益。

关联交易的详细内容请查阅刊载于上海证券交易所网站(www.sse.com.cn)的本公司招股说明书全文。

第八节　财务会计资料

本公司截止 2002 年 12 月 31 日的财务会计资料,已于 2003 年 6 月 27 日在《中国证券报》、《上海证券报》、《证券时报》和《证券日报》刊登的《招股说明书摘要》中进行了披露,投资者欲了解详细内容,请查阅上述报纸或刊载于上海证券交易所网站(www.sse.com.cn)的本公司招股说明书全文。

一、注册会计师意见

本公司已聘请湖北大信会计师事务所有限公司对本公司 2000 年 12 月 31 日、2001 年 12 月 31 日和 2002 年 12 月 31 日的资产负债表,2000 年度、2001 年度和 2002 年度的利润表,2001 年度、2002 年度的利润分配表,2002 年度的现金流量表进行了审计，会计师已出具了无保留意见的审计报告。

二、简要财务报表

1、简要资产负债表

单位:元

项　目	2002 年 12 月 31 日	2001 年 12 月 31 日	2000 年 12 月 31 日
货币资金	75,832,203.26	75,158,374.42	73,751,384.77
应收票据	720,000.00	5,336,580.53	1,267,095.80
应收账款	6,909,068.45	15,650,744.54	9,516,078.04
其他应收款	655,899.39	630,434.39	874,723.02
预付账款	24,799,041.45	25,729,564.01	18,454,196.08
应收补贴款	0	0	844,504.82
存货	49,610,930.34	39,548,702.19	50,728,062.39
待摊费用	6,672,146.16	6,223,895.46	2,038,568.22
流动资产合计	165,199,289.05	168,278,295.54	157,474,613.14
固定资产原价	382,290,073.90	349,843,683.54	262,412,687.44
减:累计折旧	234,692,213.50	213,659,158.08	166,080,981.42
减:固定资产减值准备	448,568.12	215,243.06	
固定资产净额	147,149,292.28	135,969,282.40	96,331,706.02
工程物资	46,587,309.00	1,227,057.50	3,151,215.40
在建工程	80,734,064.02	17,230,978.41	36,101,126.56
固定资产合计	274,470,665.30	154,427,318.31	135,584,047.98
无形资产及其他资产合计	0		
长期待摊费用	2,821,260.51	639,419.64	
资产总计	442,491,214.86	323,345,033.49	293,058,661.12
短期借款	20,000,000.00	33,000,000.00	27,000,000.00
应付账款	24,883,871.55	30,748,195.23	36,132,682.02
预收账款	37,422,703.58	32,495,272.41	18,648,879.28
应付工资	16,649,698.88	16,649,698.88	15,901,828.60
应付福利费	6,735,580.54	4,765,035.11	3,159,342.55
应付股利	21,696,500.00	5,207,160.00	
应交税金	3,667,283.56	3,505,953.06	7,774,104.15
其他应交款	763,729.02	1,123,865.24	1,086,461.09
其他应付款	1,773,427.80	2,580,396.07	1,251,004.80
一年内到期的长期负债	0	37,000,000.00	16,000,000.00
流动负债合计	133,592,794.93	167,075,576.00	126,954,302.49
长期借款	127,662,885.00	6,993,555.00	63,169,962.00
专项应付款	16,994,550.00	510,000.00	
长期负债合计	144,657,435.00	7,503,555.00	63,169,962.00
递延税款贷项	2,239,086.85	2,487,874.28	
负债合计	280,489,316.78	177,067,005.28	190,124,264.49
股本(改制前净资产)	86,786,000.00	86,786,000.00	102,934,396.63
股本净额(改制前净资产)	86,786,000.00	86,786,000.00	102,934,396.63
资本公积	41,374,503.18	40,644,503.18	
盈余公积	9,111,758.23	3,821,858.44	
未分配利润	24,729,636.67	15,025,666.59	
股东权益合计	162,001,898.08	146,278,028.21	102,934,396.63
负债和股东权益总计	442,491,214.86	323,345,033.49	293,058,661.12

2、简要利润表

单位:元

项　目	2002 年度	2001 年度	2000 年度
一、主营业务收入	442,871,503.92	411,710,935.75	389,710,887.45
减:主营业务成本	366,321,337.43	347,402,624.54	313,977,295.86
主营业务税金及附加	1,864,178.64	1,924,855.81	1,863,259.64
二、主营业务利润	74,685,987.85	62,383,455.40	73,870,331.95
加:其他业务利润	110,278.41	1,200,113.81	1,120,992.01
营业费用	2,922,757.54	2,547,268.97	2,326,379.85
管理费用	27,756,740.21	24,702,990.10	28,208,049.03
财务费用	2,797,524.85	5,108,187.67	8,148,704.40
三、营业利润	41,319,243.66	31,225,122.47	36,308,190.68
补贴收入	457,503.27	4,318,896.54	
营业外收入	2,750.40	200,988.95	80,704.71
减:营业外支出	236,898.06	315,743.06	227,292.82
四、利润总额	41,542,599.27	35,429,264.90	36,161,602.57
减:所得税	6,276,600.64	5,406,793.16	11,206,498.93
五、净利润	35,265,998.63	30,022,471.74	24,955,103.64

3、简要现金流量表

单位:元

项　目	2002 年度
经营活动产生的现金流量净额	75,561,583.51
投资活动产生的现金流量净额	-156,058,061.27
筹资活动产生的现金流量净额	81,170,306.60
现金及现金等价物净增加额	673,828.84

三、会计报表附注

本公司会计报表附注等有关内容,请查阅 2003 年 6 月 27 日在《中国证券报》、《上海证券报》、《证券时报》及《证券日报》刊登的《招股说明书摘要》及刊载于上海证券交易所网站(www.sse.com.cn)的本公司招股说明书全文及附录。

四、主要财务指标

财务指标	2002 年	2001 年	2000 年
流动比率	1.24	1.01	1.24
速动比率	0.86	0.77	0.84
应收账款周转率(次)	36.58	30.95	8.86
存货周转率(次)	. 8.15	7.66	5.81
资产负债率(%)	63.39	54.76	64.88
净资产收益率(全面摊薄)	21.77	20.52	24.24
扣除非经常性损益后净资产收益率(全面摊薄)	21.65	18.08	24.34
每股收益	0.41	0.35	0.29
每股经营活动产生的现金流量净额(元)	0.87	0.49	

2000 年的每股净资产系按公司设立时的股本模拟计算。

第九节　其他重要事项

一、自本公司股票首次公开发行之日至本上市公告书公告之日，本公司严格依照现行有关法律、法规的规定规范运行,生产经营情况正常,本公司所处行业和市场无重大变化,主要业务发展目标的进展状况正常,主要投入、产出物供求及价格无重大变化。

二、自本公司股票首次公开发行之日至本上市公告书公告之日，本公司没有进行重大对外投资,无重大资产(股权)收购、出售行为。

三、自本公司股票首次公开发行之日至本上市公告书公告之日,本公司住所未发生变更。

四、自本公司股票首次公开发行之日至本上市公告书公告之日,本公司董事、监事和高级管理人员没有尚未了结或可能发生的刑事诉讼事项;本公司未涉及任何重大诉讼事项或仲裁，亦无任何尚未了结或可能面临的重大诉讼或索赔要求。

五、自本公司股票首次公开发行之日至本上市公告书公告之日,本公司重大会计政策和会计师事务所未发生变动。

六、自本公司股票首次公开发行之日至本上市公告书公告之日,本公司未发生新的重大负债,并且重大债项未发生变化。

七、本公司股票首次公开发行和股票上市前后税负无变化。

八、根据《上海证券交易所股票上市规则》,本公司第一大股东柳化集团已承诺:自本公司股票上市之日起 12 个月内,不转让其持有的本公司股份,也不由上市公司回购本公司股份。

九、根据公司股东大会的决议,发行前的滚存利润由发起人股东和社会公众股股东共享。本公司预计在 2004 年上半年进行上市后的第一次利润分配。股利分配的具体时间由公司按照有关法律和公司章程规定的程序办理。

十、自本公司股票首次公开发行之日至本上市公告书公告之日,本公司没有其他应披露而未披露之重大事项。

第十节　董事会上市承诺

本公司董事会将严格遵守《公司法》、《证券法》、《股票发行与交易管理暂行条例》、《公开发行股票公司信息披露实施细则》和《上海证券交易所股票上市规则》等国家有关法律、法规的规定,承诺自本公司股票上市之日起作到:

一、承诺真实、准确、完整、公允和及时地公布定期报告,披露所有对投资者有重大影响的信息,并接受中国证监会、上海证券交易所的监督管理;

二、承诺本公司在知悉可能对股票价格产生误导性影响的任何公共传播媒介中出现的消息后,将及时予以公开澄清;

三、本公司董事、监事、高级管理人员及核心技术人员将认真听取社会公众的意见和批评,不利用已获得的内幕消息和其他不正当手段直接或间接从事发行人股票的买卖活动;

四、本公司没有无记录的负债。

根据《上海证券交易所股票上市规则》,本公司全体董事、监事将按照规定,在本公司股票上市后两个月内签署《董事(监事)申明及承诺书》并送达上海证券交易所备案。

第十一节　上市推荐人及其意见

一、上市推荐人情况

上市推荐人:大鹏证券有限责任公司

法定代表人:徐卫国

联系地址:深圳市深南东路 5002 号信兴广场地王商业中心商业大楼八楼

电话:0755-82463388

传真:0755-82462391

联系人:刘卫兵、肖志英、汤旸炀、马璟媛、罗杰夫

上市推荐人:第一创业证券有限责任公司

法定代表人：刘学民

联系地址:深圳市笋岗路 12 号中民时代广场 B 座上宾 25、26 层

电话:0755-25832527

传真:0755-25831718

联系人:李军

二、上市推荐人意见

本公司上市推荐人认为本公司具备了《中华人民共和国公司法》、《中华人民共和国证券法》、《股票发行与交易管理暂行条例》、《公开发行股票公司信息披露实施细则》和《上海证券交易所股票上市规则》等国家有关法律、法规规定的上市条件。

本公司上市推荐人保证本公司的董事了解法律、法规、上海证券交易所上市规则及股票上市协议规定的董事的业务与责任;本公司上市推荐人协助本公司健全了法人治理结构、制定了严格的信息披露制度与保密制度。

本公司上市推荐人已对上市文件所载的资料进行了核实,确保上市文件真实、准确、完整,符合规定要求,保证本公司的上市申请材料、上市公告书没有虚假记载、误导性陈述或者重大遗漏,并保证对其承担相应的法律责任。

本公司上市推荐人与本公司不存在关联关系，并保证不利用在上市过程中获得的内幕信息进行内幕交易,为自己或他人谋取利益。

本公司上市推荐人愿意推荐本公司股票在上海证券交易所上市交易。

柳州化工股份有限公司

2003 年 7 月 12 日

新疆青松建材化工股份有限公司

新疆青松建材化工股份有限公司股票上市公告书

第一节　重要声明与提示

新疆青松建材化工股份有限公司(以下简称"本公司"、"公司"、"青松建化"或"发行人")董事会保证上市公告书的真实性、准确性、完整性,全体董事承诺上市公告书不存在虚假记载、误导性陈述或重大遗漏,并承担个别和连带的法律责任。

根据《公司法》、《证券法》等有关法律、法规的规定,本公司董事、高级管理人员已依法履行诚信和勤勉尽责的义务和责任。

证券交易所、中国证监会、其他政府机关对本公司股票上市及有关事项的意见,均不表明对本公司的任何保证。

本公司提醒广大投资者注意,凡本上市公告书未涉及的有关内容,请投资者查阅 2003 年 7 月 4 日刊载于《上海证券报》、《证券时报》、《证券日报》和《中国证券报》上的《新疆青松建材化工股份有限公司首次公开发行股票招股说明书摘要》(以下简称"招股说明书摘要"),及刊载于上海证券交易所网站(http://www.sse.com.cn)上的《新疆青松建材化工股份有限公司首次公开发行股票招股说明书》(以下简称"招股说明书全文")。

本上市公告书刊登网址：http://www.sse.com.cn

第二节　概　览

1、股票简称：　青松建化
2、沪市股票代码：　600425
3、深市代理股票代码：　003425
4、发行价格：　4.30 元/股
5、股本总额：　184,927,500 股
6、可流通股本：　60,000,000 股
7、本次上市流通股本：　60,000,000 股
8、上市地点：　上海证券交易所
9、上市时间：　2003 年 7 月 24 日
10、股票登记机构：　中国证券登记结算有限责任公司上海分公司
11、上市推荐人：　新疆证券有限责任公司
河北证券有限责任公司

12、本公司首次公开发行股票前股东所持股份的流通限制及期限:根据国家现有法律、法规规定和中国证监会证监发行字[2003]74 号《关于核准新疆青松建材化工股份有限公司公开发行股票的通知》,本公司的国有法人股暂不上市流通。

13、根据《上海证券交易所股票上市规则》,本公司第一大股东新疆阿克苏青松建材化工总厂对所持股份自愿锁定的承诺:自本公司股票上市之日起 12 个月内,不转让所持有本公司的股份,也不由上市公司回购本公司股份。

第三节　绪　言

本上市公告书是根据《中华人民共和国公司法》、《中华人民共和国证券法》、《股票发行与交易管理暂行条例》、《公开发行股票公司信息披露实施细则》和《上海证券交易所股票上市规则》等国家有关法律、法规的规定,并按照中国证监会《公开发行证券的公司信息披露内容与格式准则第 7 号—股票上市公告书》的规定而编制,旨在向投资者提供有关新疆青松建材化工股份有限公司的基本情况和本次股票上市的有关资料。

经中国证券监督管理委员会证监发行字[2003]74 号文核准,本公司于 2003 年 7 月 9 日利用上海证券交易所交易系统,以向沪市、深市二级市场投资者定价配售的方式成功发行了 6,000 万股、每股面值 1.00 元的人民币普通股,发行价为每股人民币 4.30 元。

经上海证券交易所上证上字[2003]85 号文核准,本公司公开发行的 6,000 万股社会公众股将于 2003 年 7 月 24 日起在上海证券交易所挂牌交易。股票简称"青松建化",沪市股票代码"600425",深市代理股票代码"003425"。

本公司已于 2003 年 7 月 4 日在《上海证券报》、《证券时报》、《证券日报》和《中国证券报》上刊登了《招股说明书摘要》,招股说明书正文及其附录刊载于上海证券交易所网站(http://www.sse.com.cn),距今不足三个月,故与其重复的内容在此不再重述,敬请投资者查阅上述内容。

第四节　发行人概况

一、发行人的基本情况

1、发行人中文名称:新疆青松建材化工股份有限公司
英文名称:XINJIANG QINGSONG CEMENT Co.,Ltd.
2、注册资本:18,492.75 万元人民币
3、法定代表人:甘　军
4、注册地址:新疆阿克苏市林园
5、设立日期:2000 年 11 月 17 日
6、经营范围:建筑材料、工业用氧气、无机酸、烧碱、磷肥、复合肥、电力的生产经营;铸钢件、汽车运输、机械维修。
7、所属行业:制造业———非金属矿物制品业(C61)
8、邮政编码:843005
9、董事会秘书:沈荣法
10、电话:(0997)2811282
11、传真:(0997)2811675
12、电子信箱:qsgf@hotmail.com

二、发行人的历史沿革

本公司是经新疆维吾尔自治区人民政府新政函【2000】193 号《关于同意设立新疆青松建材化工股份有限公司的批复》批准,以新疆阿克苏青松建材化工总厂(以下简称"建化总厂")为主发起人,以其所属水泥厂、磷肥厂、烧碱厂、塑化厂、机械厂、运输公司、建筑公司、供应公司、电站、供电所的全部资产和管理机构中与主营业务相关的经营性资产 18,279.12 万元出资,其它发起人新疆生产建设兵团农一师塔里木热电有限责任公司(以下简称"热电公司")、新疆阿拉尔水利水电工程总公司(以下简称"水电公司")、新疆塔里木建筑安装工程总公司(以下简称"建安公司")、自然人刘功大分别以现金出资 200 万元、100 万元、60 万元、100 万元,股本总额为 12,492.75 万股,于 2000 年 11 月 17 日在新疆维吾尔自治区工商行政管理局办理了工商注册登记。

经中国证监会证监发行字[2003]74 号文核准,公司于 2003 年 7 月 9 日在上海证券交易所以向二级市场投资者定价配售方式成功发行了人民币普通股 6,000 万股,每股面值 1.00 元,每股发行价 4.30 元。此次发行完成后,公司的总股本增至 18,492.75 万股。

三、发行人主要经营状况

1、本公司主营业务

公司实际从事的主营业务为水泥及其制品、化工产品的生产与销售。公司主导产品为各种型号的通用水泥和特种水泥,楼板、加气砼等水泥制品以及磷肥、烧碱等化工产品。前三年,公司水泥及其制品占主营业务收入的平均比例为 86.17%,化工产品占主营业务收入的平均比例为 12.92%。

2、本公司主要产品及用途

(1)公司主要产品:

水泥产品,包括普通硅酸盐水泥(32.5R,42.5R,52.5R)、硅酸盐水泥(42.5RI,52.5RI,42.5RII,52.5RII)、32.5 复合硅酸盐水泥、275# 砌筑水泥、道路硅酸盐水泥(425,525)、中热硅酸盐水泥(425,525)、抗硫酸盐硅酸盐水泥(中抗 525,高抗 425)、高抗硫型油井水泥(G 级,H 级);

水泥制品,包括蒸压加气混凝土砌块、预应力混凝土空心板;

化工产品,包括普通过磷酸钙、工业硫酸、蓄电池硫酸、工业氢氧化钠、工业合成盐酸等。

(2)公司主要产品用途:

公司水泥产品广泛应用于工业、农业、水利、国防、道路、桥梁及民用建筑等工程。磷肥主要应用于农业种植。

3、发行人主要技术

(1)核心技术来源和方式

G 级油井水泥生产技术:公司引进、消化吸收和应用国外成熟的科技成果,研制油田开发急需的 G 级油井水泥取得成功,填补了自治区的空白,在全国处于领先地位,曾获兵团科学技术进步一等奖、自治区新产品二等奖。

H 级油井水泥生产技术:公司与塔里木油田勘探指挥部有关工程技术人员联合成立了 H 级油井水泥攻关小组,经过两年的艰苦工作终于取得了成功,该产品填补了自治区空白,在国内处于领先水平。

(2)现有生产系统的技术水平

公司水泥生产线现有生产系统是在历经多次技术改造后形成的,与全国同行业、同等规模的企业相比,无论工艺技术、工装设备、产品检测能力、新产品开发力度等方面均处于领先水平。

4、发行人竞争优势与劣势

公司生产基地阿克苏地区处于南疆地区的中心部位,具备向周边四地州辐射的天然地缘优势;公司生产的特种水泥适应南疆地区独特的自然环境和经济结构,产品质量好、附加价值高、市场占有率高,符合南疆地区的经济发展方向和重点工程施工的要求;公司是兵团最大工业企业之一,在兵团具有十分重要的地位,享有兵团特殊体制和经济结构调整所赋予的产业政策扶持优势和各种优惠政策优势;公司是南疆地区最大的水泥生产企业,本次募集资金投资项目建成投产,公司的规模优势将进一步彰显,行业龙头地位将进一步巩固和强化;公司在生产过程中严格执行过程控制程序并开展全员质量管理教育,曾被评为"全国质量效益型先进企业"、"全国建材行业推行全面质量管理先进企业"等,"青松牌"水泥是自治区和农业部优质产品;公司拥有储量丰富的各种矿产资源开采权,矿产原材料品种全、品位高、运输距离短,降低了产品生产成本,保障了产品质量,提高了产品竞争力。

公司的竞争劣势在于公司的生产规模仍然较小、生产工艺水平不够先进,与国家大型、特大型水泥生产企业,公司的生产规模尚难以与之抗衡,技术装备水平和生产工艺水平仍然处于较低层次。

四、主要财务指标

请参阅本公告书"财务会计资料"部分的相关内容。

五、主要知识产权、特许经营权

公司拥有的商标为"青松牌"图文商标,商标注册证号为 173826。

公司拥有下列特许经营权:证号分别为 6529010120013、6500000211175、6500000211200 的石灰石采矿许可证、证号为 6529010120022 的砂岩采矿许可证、证号为 6529010120023 的绿土采矿许可证、证号为 6529010120024 的黄土采矿许可证、证号分别为 6529260120022、6529260120023 的水泥用页岩采矿许可证。

有关知识产权的详细内容请查阅 2003 年 7 月 4 日刊载于上海证券交易所网站(www.sse.com.cn)的本公司招股说明书全文。

六、本公司享有的财政税收优惠政策

1、所得税优惠政策

根据财政部、国家税务总局、新疆维吾尔自治区国家税务局、兵团财务局等规定,公司 2000 年、2001 年、2002 年按每年经审计利润总额的 14.85%上交建化总厂,不再单独计征所得税,所得税由兵团汇总缴纳,兵团执行的所得税税率为 33%。在发行当年及以后年度将执行 14.85%的企业所得税税率。

2、增值税优惠政策

根据国家财政部税务总局财税字【2001】113 号文等规定,公司生产的普通过磷酸钙肥料免征增值税;利用废渣生产的建筑加气砼砌块在 2002 年 4 月 1 日前免征增值税;公司生产的加气砼砌块在原料中掺有煤矸石、石煤、粉煤灰、烧煤锅炉的炉渣等达到 30%以上的自 2002 年 1 月 1 日起至 2002 年 12 月 31 日免征增值税;公司生产的 325 号水泥利用硫铁矿渣、粉煤灰、石灰窑炉渣等工业废弃物生产而成,自 2000 年元月起免征公司生产销售的 325 号水泥的增值税,2000 年元月至 9 月已缴纳的 325 号水泥的增值税从应税产品增值税中抵减;公司生产的 275# 砌筑水泥、32.5 级复合硅酸盐水泥自 2001 年 4 月 1 日至 2002 年 4 月 1 日免征增值税,自 2002 年 1 月 1 日—2002 年 12 月 31 日实行增值税即征即退政策。

第五节　股票发行与股本结构

一、本次股票上市前首次公开发行股票的情况

1、发行数量:6,000 万股
2、股票发行价格:4.30 元/股
3、募股资金总额:25,800 万元
4、发行方式:全部向二级市场投资者定价配售
5、中签率:0.07965906%
6、发行费用总额及项目:本次股票发行费用共 1,535.06 万元,主要包括承销费用、律师费用、审计费用、评估费、上网发行费、审核费用等。
7、每股发行费用:0.256 元

二、本次股票上市前首次公开发行股票的承销情况

本次公开发行的 6,000 万股社会公众股的配号总数为 75,320,999,中签率为

0.07965906%。其中,二级市场投资者认购59,566,121股,其余433,879股由主承销商—河北证券有限责任公司包销。

三、本次上市前首次公开发行股票所募股资金的验资报告

上海立信长江会计师事务所有限公司对本公司本次上市前首次公开发行股票募集资金出具了《验资报告》(信长会师报字[2003]第21517号),摘录如下:

新疆青松建材化工股份有限公司全体股东:

我们接受委托,审验了贵公司截至2003年7月16日止新增注册资本的实收情况。按照国家相关法律、法规的规定和协议、章程的要求出资,提供真实、合法、完整的验资资料,保护资产的安全、完整是全体股东及贵公司的责任。我们的责任是对贵公司新增注册资本的实收情况发表审验意见。我们的审验是依据《独立审计实务公告1号—验资》进行的。在审验过程中,我们结合贵公司的实际情况,实施了检查等必要的审验程序。

贵公司原注册资本为人民币12,492.75万元,根据贵公司2001年度股东会决议和修改后章程的规定,贵公司申请通过向社会公开发行人民币普通股(A股)增加注册资本人民币6,000万元,变更后的注册资本为人民币18,492.75万元。经我们审验,截至2003年7月16日止,贵公司实际已发行人民币普通股(A股)6,000万股,募集资金总额为25,800万元,扣除发行费用1,535.06万元,实际募集资金净额为24,264.94万元。其中新增注册资本陆仟万元(6,000万元),资本溢价人民币18,492.75万元。

同时我们注意到,贵公司本次增资前的注册资本为人民币12,492.75万元,已经上海立信长江会计师事务所有限公司审验,并于2000年10月16日出具信长会师报字(2000)第20438号验资报告。截至2003年7月16日止,变更后累计注册资本实收金额为人民币18,492.75万元。

本验资报告供贵公司申请变更登记及据以向股东签发出资证明时使用,不应将其视为是对贵公司验资报告日后资本保全、偿债能力和持续经营能力等的保证。因使用不当造成的后果,与执行本验资业务的注册会计师及会计师事务所无关。

附件:1、注册资本变更情况明细表

(1)新增注册资本实收情况明细表(表1)

(2)注册资本变更前后对照表(表2)

2、验资事项说明

上海立信会计师事务所有限公司　　中国注册会计师　周琪

中国.上海.南京东路61号四楼　　中国注册会计师　朱颖

2003年7月16日

四、募股资金入账情况

1、入账时间:2003年7月16日

2、入账金额:24,856.35万元

3、入账账号:777601040001410

4、开户银行:中国农业银行阿克苏兵团支行建化厂分理处

五、发行人上市前股权结构及各类股东的持股情况

1、本公司上市前的股权结构:

股份类别	股份数额(万股)	占总股本比例(%)
发起人股	12,492.75	67.55
其中:法人股	12,426.08	
自然人股	66.67	
社会公众股	6,000.00	32.45
总股本	18,492.75	100.00

2、上市前,本公司前十名股东持股情况

序号	股东名称	股份数额(万股)	占总股本比例(%)
1	建化总厂	12,186.08	65.90
2	热电公司	133.33	0.72
3	水电公司	66.67	0.36
4	刘功大	66.67	0.36
5	河北证券有限责任公司	43.59	0.236
6	建安公司	40.00	0.21
7	天同180基金	9.80	0.053
8	易方达稳定基金	5.60	0.030
9	通乾基金	5.50	0.029
10	国泰金鹰基金	5.50	0.029

第六节　董事、监事、高级管理人员及核心技术人员

一、董事会成员

甘　军　男,中国国籍,本公司董事长,49岁,大专文化,高级政工师。历任建化总厂磷矿政治指导员、团委副书记、水泥厂党委书记、建化总厂党委书记等。

杨万川　男,中国国籍,本公司董事、总经理,38岁,大专文化,工程师。历任建化总厂水泥厂烧成三分厂厂长、水泥厂副厂长、厂长、党委书记;建化总厂副厂长;新疆青松建材化工股份有限公司副总经理。

李玉梅　男,中国国籍,本公司董事,40岁,大专文化,政工师。现任新疆生产建设兵团农一师塔里木热电有限责任公司总经理、党委书记。历任农一师十一团财务科副科长、农一师热电厂组织科长、党委书记、纪委书记。

陆　林　男,中国国籍,本公司董事,41岁,中专文化,工程师。现任新疆塔里木建筑安装工程总公司总经理、党委副书记。历任农一师工程团工业科科长、工程团副团长、团长。

张忠其　男,中国国籍,本公司董事,42岁,研究生学历,经济师。现任新疆阿拉尔水利水电工程总公司总经理。历任农一师第二工程团机械大队二队队长、水工处一队队长、经理、水利水电工程处副处长。

刘功大 男,中国国籍,本公司董事,56岁,大专文化。现任新疆塔里木建筑安装工程总公司202队队长,承包经营。历任农一师十二团工程连木工、技术员、施工队长,农一师基建工程公司202队队长。曾于1982年至1989年底承包农一师十二团工程连。

高　华　男,中国国籍,本公司董事,46岁,高中文化,政工师。现任建化总厂工会主席。历任建化总厂磷肥厂制酸车间副主任、磷肥厂副厂长。

方华生　男,中国国籍,本公司董事,56岁,初中文化。现任本公司水泥厂烧成三分厂安全员。

沈荣法　男,中国国籍,公司董事、董事会秘书兼证券部部长,58岁,大专文化,高级政工师。历任农一师建筑化工厂工会干事、办公室副主任、办公室主任;建化总厂工会副主席、办公室主任。

叶伟明　男,中国国籍,公司独立董事,40岁,研究生学历,律师。现为广东信扬律师事务所律师,广东省律师协会理事、金融证券委员会委员。曾任职于广东省司法厅和广东省经济体制改革委员会。

许锐敏　女,中国国籍,公司独立董事,35岁,大专学历,注册会计师。现任新疆天富热电股份有限公司董事会秘书。历任新疆石河子电力工业公司财务科出纳、会计,新疆石河子电力多种经营局财务科科长兼新疆天富热电股份有限公司行政秘书。

二、监事会成员

杨守德　男,中国国籍,本公司监事会主席,59岁,大专文化,高级政工师。历任农一师建筑化工厂指导员、副矿长、建化总厂中学宣传科科长、副校长、建化总厂党办室主任。

王运新　男,中国国籍,本公司监事,54岁,大专文化,高级政工师。现任建化总厂副厂长、纪委书记。历任建化总厂保卫科副科长、科长、党办室主任。

郭兆军　男,中国国籍,本公司监事,46岁,大专文化,政工师。现任新疆阿拉尔水利水电工程总公司副政委。历任建化总厂塔水处保卫干事、组织科干事、农一师工二团组织科副科长、科长、团纪委书记、农一师水利水电工程处纪委书记。

何光普　男,中国国籍,本公司监事,43岁,大专文化,助理会计师。现任新疆生产建设兵团农一师塔里木热电有限责任公司财务科科长。历任农一师十一团值班一连三班副班长、七连会计、十连会计、基建公司会计。

胡伯初　男,中国国籍,本公司监事,41岁,高中文化。现任本公司磷肥厂制酸车间值班长,曾在农一师建筑化工厂采矿一队工作。

三、其他主要高级管理人员

丁荣华　男,中国国籍,57岁,大专文化,工程师。历任建化总厂汽车队指导员、连长、运输分公司经理、建化总厂副厂长。现任本公司副总经理。

孙惠民　男,中国国籍,58岁,大专文化,会计师。历任建化总厂水泥厂财务会计、建筑分公司成本会计、财务组副组长、水泥厂经营办主任、副厂长、建化总厂销售科副科长、审计科科长、副总会计师、副总会计师兼财务科科长。现任本公司总会计师兼财务部部长。

四、公司主要核心技术人员

徐小庆　男,中国国籍,56岁,大专文化,高级工程师。现任本公司副总工程师。

顾志明　男,中国国籍,56岁,大专文化,工程师。现任本公司技术中心办公室主任。

以上人员在招股说明书披露日至上市公告书刊登日期没有变动。

五、董事、监事、高级管理人员与核心技术人员的持股情况

公司除董事刘功大先生作为发起人持有本公司66.67万股股份外,其他上述人员均未持有本公司及本公司关联方股份的情况。上述人员不存在通过其近亲属能够直接或间接控制的法人持有本公司及本公司关联方股份的情形。

公司董事、监事、高级管理人员与核心技术人员相互之间不存在配偶关系、三代以内的直系和旁系亲属关系。

第七节　同业竞争与关联交易

一、同业竞争情况

本公司与各股东之间不存在同业竞争。公司控股股东建化总厂承诺:"不利用控股股东的地位谋取不正当的特殊利益,不损害公司的合法权益,不从事与本公司生产经营范围相同与相似的业务,与本公司不发生同业竞争,不与本公司产生利益冲突"。

二、关联交易及关联协议

(一)关联交易

1、公司向建化总厂采购原煤、供应电力

本公司生产所需原煤,绝大部分由建化总厂供应,而建化总厂生产经营所需电力由公司提供。为规范上述关联交易行为,双方于2001年6月8日签署的《煤电互供协议》约定,上述产品以国家指导价格或市场价格进行结算。

2、综合服务

公司与建化总厂于2001年6月签署《综合服务协议》。该协议约定,公司生产经营及公司职工生活所需的综合服务由建化总厂供应,各项服务以国家指导价格、市场价格或依据建化总厂有关服务内容的实际成本计算的价格进行结算。

3、承包建化总厂建筑安装工程

公司2000年、2001年、2002年分别与建化总厂签订了《建筑安装工程承包确认书》和《建筑安装工程承包合同》,由公司作为承包方为建化总厂建造宿舍楼、医院门诊楼等。

4、无偿受让建化总厂注册商标

2000年7月18日,公司与建化总厂签订了《注册商标转让合同》,建化总厂将其所属的"青松"牌图文商标无偿转让给本公司。2001年12月30日,上述商标转让已获得国家工商行政管理总局商标局核准。

5、建化总厂为公司部分银行借款提供担保

2001年、2002年公司向中国银行阿克苏地区分行分别借款2,000万元、3,000万元,建化总厂为本公司上述借款提供担保,并与中国银行阿克苏地区分行签定了《保证合同》。

6、向建化总厂出租办公房屋

公司与建化总厂于2001年2月18日,签订了《房屋租赁协议》,根据协议约定,建化总厂共向公司租赁办公用房屋400平方米,年租赁费用5万元。

7、向建化总厂采购商品

前三年,公司向建化总厂生活服务公司采购职工劳保用品、福利用品等商品,分别支付290.96万元、358.42万元和435.98万元。

8、向股东建安公司、水电公司和刘功大承包经营的202队销售水泥

前三年,公司分别向公司股东单位销售水泥25,783.80吨、30,317.20吨和37,263.54吨,实现销售收入597.18万元、827.02万元和1,060.80万元。

发行人律师、注册会计师及主销商经核查认为,发行人有关重大关联交易是基于市场公平、公正的原则,以协议、合同形式进行的,不存在损害公司及其股东利益的情况。

第八节　财务会计资料

本公司截止2002年12月31日的财务会计资料,已于2003年7月4日在《上海证券报》、《证券时报》《证券日报》和《中国证券报》刊登的《招股说明书摘要》中进行了披露,投资者欲了解详细内容,请查阅上述报纸或刊载于上海证券交易所网站(http://www.sse.com.cn)的本公司招股说明书全文。

一、注册会计师意见

本公司已聘请上海立信会计师事务所有限公司对本公司2000年12月31日、2001年12月31日及2002年12月31日的资产负债表,2000年度、2001年度及2002年度的利润表及利润分配表,以及2002年的现金流量表进行了审计。会计师已出具了标准无保留意见的审计报告。

二、简要会计报表

简要资产负债表

编制单位:新疆青松建材化工股份有限公司 单位:元

项目	2002年12月31日	2001年12月31日	2000年12月31日
流动资产:			
货币资金	17,678,753.63	9,328,734.90	14,870,392.62
应收票据	142,800.00	300,000.00	
应收账款净额	48,475,894.13	47,856,430.93	42,071,413.45
其他应收款	2,062,719.71	1,402,883.76	3,163,287.37
预付账款	3,321,444.86	6,371,097.67	3,220,929.59
存货	52,934,099.35	53,293,054.67	38,305,956.05
待摊费用		655,000.00	
流动资产合计	124,615,711.68	119,207,201.96	101,631,979.08
长期投资:			
长期股权投资	829.082.10	791,567.29	549,310.72

长期投资合计	829.082.10	791,567.29	549,310.72
固定资产：			
固定资产原价	354,931,215.67	321,224,819.19	290,754,287.81
减：累计折旧	141,232,477.57	127,057,264.78	105,486,030.72
固定资产净值	213,698,738.10	194,167,554.41	185,268,257.09
减：固定资产减值准备	1,778,869.11	1,780,995.22	
固定资产净额	211,919,868.99	192,386,559.19	185,268,257.09
在建工程	52,591.28	193,729.74	1,620,032.24
固定资产合计	211,972,460.27	192,580,288.93	186,888,289.33
无形资产及其他资产：			
无形资产	12,643,135.89	12,948,266.69	1,709,007.04
长期待摊费用	185,561.60	408,741.18	902,204.04
无形资产及其他资产合计	12,828,697.49	13,357,007.87	2,611,211.08
资产总计	350,245,951.54	325,936,066.05	291,680,790.21
负债及股东权益			
流动负债：			
短期借款	36,000,000.00	60,000,000.00	62,000,000.00
应付账款	16,456,255.64	14,898,031.26	16,940,742.76
预收账款	5,248,922.18	4,232,794.78	1,664,990.03
应付工资	3,570,409.41	6,643,442.57	9.248,586.84
应付福利费	1,767,687.22	6,061,191.26	6,213,043.61
应付股利	20,000,000.00	20,000,000.00	
应交税金	5,808,331.72	3,226,842.64	−745,391.96
其他应交款	38,766.88	47,280.08	−6,882.83
其他应付款	10,025,590.86	15,945,860.40	8,254,613.08
预提费用	548,596.65	540,284.77	357,891.92
一年内到期的长期负债		1,000,000.00	
流动负债合计	99,464,560.56	132,595,827.76	103,927,593.45
长期负债：			
长期借款	50,000,000.00		1,000,000.00
长期负债合计	50,000,000.00		1,000,000.00
负债合计	149,464,560.56	132,595,827.76	104,927,593.45
股东权益：			
股本	124,927,500.00	124,927,500.00	124,927,500.00
资本公积	62,463,694.50	62,463,694.50	62,463,694.50
盈余公积	8,008,529.47	3,892,356.57	
其中：法定公益金	2,669,509.82	1,297,452.19	
未分配利润	5,381,667.01	2,056,687.22	−637,997.74
股东权益合计	200,781,390.98	193,340,238.29	186,753,196.76
负债及股东权益总计	350,245,951.54	325,936,066.05	291,680,790.21

简要利润及利润分配表

编制单位：新疆青松建材化工股份有限公司单位：元

项目	2002年	2001年	2000年
一、主营业务收入	221,313,561.42	190,957,191.00	166,542,012.25
减：主营业务成本	141,212,400.52	106,783,196.81	98,441,822.30
主营业务税金及附加	346,933.27	978.839.20	25.791.16
二、主营业务利润			
(亏损以"−"号填列)	79,754,227.63	83,195,154.99	67,256,362.75
加：其他业务利润			
(亏损以"−"号填列)	1,502,734.77	4,768,756.60	3,464,803.26
减：营业费用	8,058,050.05	8,007,875.84	3,546,916.78
管理费用	39,032,992.46	46,907,581.98	39,892,702.37
财务费用	5,442,087.15	3,723,180.31	4,177,762.27
三、营业利润			
(亏损以"−"号填列)	28,723,832.74	29,325,273.46	23,103,784.59
加：投资收益			
(损失以"−"号填列)	237,514.81	242,256.57	31,870.72
补贴收入	4,208,641.77	4,074,983.79	4,436,809.28
营业外收入	40,830.46	114,337.69	66,369.19
减：营业外支出	983,981.62	2,533,079.89	421,464.60
四、利润总额			
(亏损总额以"−"号填列)	32,226,838.16	31,223,771.62	27,217,369.18
减：所得税	4,785,685.47	4,636,730.09	4,136,521.99
五、净利润			
(净亏损以"−"号填列)	27,441,152.69	26,587,041.53	23,080,847.19
加：年初未分配利润	2,056,687.22	−637,997.74	−
六、可供分配的利润	29,497,839.91	25,949,043.79	−637,997.74
减：提取法定盈余公积	2,744,115.27	2,594,904.38	−
提取法定公益金	1,372,057.63	1,297,452.19	−
七、可供股东分配的利润	25,381,667.01	22,056,687.22	−637,997.74
减：应付普通股股利	20,000,000.00	20,000,000.00	−
八、未分配利润	5,381,667.01	2,056,687.22	−637,997.74

简要现金流量表

编制单位：新疆青松建材化工股份有限公司单位：元

项目	2002年
经营活动产生的现金流量净额	50,289,285.27
投资活动产生的现金流量净额	−41,425,745.27
筹资活动产生的现金流量净额	−513,521.27
现金及现金等价物净增加额	8,350,018.73

三、会计报表附注

本公司会计报表附注等有关内容，请查阅2002年7月4日在《上海证券报》、《证券时报》《证券日报》和《中国证券报》刊登的《招股说明书摘要》以及刊载于上海证券交易所网站(http://www.sec.com.cn)的招股说明书全文。

四、主要财务指标

项目	2002年或2002年12月31日	2001年或2001年12月31日	2000年或2000年12月31日
流动比率	1.25	0.90	0.98
速动比率	0.72	0.50	0.61
存货周转率(次)	2.66	2.33	2.32
应收账款周转率(次)	4.59	4.25	3.80
无形资产占总资产的比例(%)	3.61	3.97	0.59
无形资产占净资产的比例(%)	6.30	6.70	0.92
资产负债率(%)	42.67	40.68	35.97
每股净资产(元)	1.61	1.55	1.49
研究与开发费用占主营业务收入的比例(%)	0.30	0.30	0.20
每股经营活动的现金流量(元)	0.40	0.29	---

第九节　其他重要事项

一、自本公司股票首次公开发行之日至本公司上市公告书公告之日，本公司严格依照现行有关法律、法规的规定规范运行，生产经营情况正常，所处行业和市场无重大变化，主要业务发展目标进展正常，主要投入、产出供求及价格没有发生重大变化。

二、自本公司股票首次公开发行之日至本公司上市公告书公告之日，本公司没有进行重大对外投资行为，无重大资产(股权)收购、出售行为。

三、自本公司股票首次公开发行之日至本公司上市公告书公告之日，本公司住所未发生变更。

四、自本公司股票首次公开发行之日至本公司上市公告书公告之日，本公司董事、监事和高级管理人员没有尚未了结或可能发生的刑事诉讼事项；本公司未涉及任何重大诉讼事项或仲裁，亦无任何尚未了结或可能面临的重大诉讼或索赔要求。

五、自本公司股票首次公开发行之日至本公司上市公告书公告之日，本公司重大会计政策和会计师事务所未发生变动。

六、自本公司股票首次公开发行之日至本公司上市公告书公告之日，本公司未发生新的重大负债，并且重大债项未发生变化。

七、根据公司2002年度股东大会决议通过的2002年度利润分配方案，公司2002年度利润分配后的累计未分配利润5,381,667.01元滚存到下一会计年度，由新老股东共享，预计首次分配股利时间不迟于2004年6月30日。

八、本公司股票首次公开发行和股票上市前后税负无变化；

九、根据《上海证券交易所股票上市规则》，本公司第一大股东建化总厂已承诺：自本公司股票上市之日起12个月内，不转让其持有的本公司股份，也不由上市公司回购本公司股份。

十、自本公司股票首次公开发行之日至本公司上市公告书公告之日，没有其他应披露而未披露之重大事项。

第十节　董事会上市承诺

本公司董事会承诺将严格遵守《中华人民共和国公司法》、《中华人民共和国证券法》、《股票发行与交易管理暂行条例》、《公开发行股票公司信息披露实施细则》和《上海证券交易所股票上市规则》等国家法律、法规和有关规定，并自股票上市之日起做到：

一、承诺真实、准确、完整、公允和及时地公布定期报告，披露所有对投资者有重大影响的信息，并接受中国证监会、证券交易所的监督管理；

二、承诺本公司在知悉可能对股票价格产生误导性影响的任何公共传播媒介中出现的消息后，将及时予以公开澄清；

三、本公司董事、监事、高级管理人员和核心技术人员将认真听取社会公众的意见和批评，不利用已获得的内幕消息和其他不正当手段直接或间接从事发行人股票的买卖活动；

四、本公司没有无记录的负债。

依据《上海证券交易所股票上市规则》，本公司全体董事、监事将按照有关规定，在本公司股票上市后两个月内签署《董事(监事)声明及承诺书》并送达上海证券交易所备案。

第十一节　上市推荐人及其意见

一、上市推荐人情况

1、上市推荐人：新疆证券有限责任公司

法定代表人：高　虎

注册地址：新疆乌鲁木齐市解放北路1号

联系电话：(0991)2306684

传　　真：(0991)2301111−8028

联 系 人：刘军保、徐振江

2、上市推荐人：河北证券有限责任公司

法定代表人：武铁锁

注册地址：河北省石家庄市裕华东路81号冶金大厦

联系电话：(0311) 6991971

传　　真：(0311) 6982188

联 系 人：崔胜朝　韩长风　盖建飞　高月仓　黄坚

二、上市推荐人意见

本公司上市推荐人认为本公司具备了《中华人民共和国公司法》、《中华人民共和国证券法》、《股票发行与交易管理暂行条例》、《公开发行股票公司信息披露实施细则》和《上海证券交易所股票上市规则》等有关法律、法规所规定的上市条件。

本公司上市推荐人保证本公司的董事了解法律、法规、上海证券交易所上市规则及股票上市协议规定的董事的义务与责任；本公司建立健全了法人治理结构，制定了严格的信息披露制度与保密制度。

本公司上市推荐人已对上市文件所载的资料进行了核实，确保上市文件真实、准确、完整，符合规定要求。保证本公司的上市申请材料、上市公告书没有虚假记载、误导性陈述或者重大遗漏，并保证对其承担相应的法律责任。

本公司上市推荐人愿意推荐本公司股票在上海证券交易所上市交易，并保证不利用上市过程获得的内幕信息进行内幕交易，为自己和他人谋取利益。

新疆青松建材化工股份有限公司

2003年7月16日

广东冠豪高新技术股份有限公司

广东冠豪高新技术股份有限公司股票上市公告书

上市推荐人:广东证券股份有限公司
公告日期:2003年6月14日

一、重要声明与提示

本公司董事会保证上市公告书的真实性、准确性、完整性,全体董事承诺上市公告书不存在虚假记载、误导性陈述或重大遗漏,并承担个别和连带的法律责任。

根据《公司法》、《证券法》等有关法律、法规的规定,本公司董事、高级管理人员已依法履行诚信和勤勉尽责的义务和责任。"

上海证券交易所、中国证监会、其他政府机关对本公司股票上市及有关事项的意见,均不表明对本公司的任何保证。

本公司提醒广大投资者注意,凡本上市公告书未涉及的有关内容,请投资者查阅2003年6月2日刊载于《中国证券报》、《上海证券报》和《证券时报》的本公司招股说明书摘要,及刊载于上海证券交易所网站(http://www.sse.com.cn)的本公司招股说明书全文。

本上市公告书刊载网址是: http://www.sse.com.cn。

二、概览

(一)股票简称:冠豪高新
(二)股票代码: 600433
(三)总股本:160,000,000股
(四)可流通股本: 60,000,000股
(五)本次上市流通股本: 60,000,000股
(六)对首次公开发行股票前股东所持股份的流通限制及期限:本公司的国有法人股、法人股、外资股暂不上市流通。
(七)首次公开发行股票前股东对所持股份自愿锁定的承诺:本公司第一大股东———广东粤财投资有限公司承诺在本公司上市之日起12个内,不转让所持有的股份,也不由本公司回购该部分股份。
(八)上市地点:上海证券交易所
(九)上市日期:2003年6月19日
(十)股票登记机构:中国证券登记结算有限责任公司上海分公司
(十一)上市推荐人:广东证券股份有限公司

三、绪言

本上市公告书是根据《中华人民共和国公司法》、《中华人民共和国证券法》、《股票发行与交易管理暂行条例》、《公开发行股票公司信息披露实施细则》和《上海证券交易所股票上市规则》等国家有关法律、法规的规定,并按照中国证监会《公开发行证券的公司信息披露内容与格式准则第7号—股票上市公告书》而编制,旨在向投资者提供有关广东冠豪高新技术股份有限公司(以下简称本公司)和本次股票上市的基本情况。

经中国证监会证监发行字[2003]47号文核准,本公司于2003年6月5日向二级市场投资者定价配售发行6,000万社会公众股,每股面值1.00元,每股发行价为人民币4.60元。

经上海证券交易所上证上字[2003]61号《上市通知书》批准,本公司公开发行的6,000万社会公众股将于2003年6月19日起在上海证券交易所挂牌交易。股票简称"冠豪高新",股票代码"600433"。

本公司已于2003年6月2日在《中国证券报》、《上海证券报》和《证券时报》上刊登了《招股说明书摘要》,同时在上海证券交易所网站(http://www.sse.com.cn)上刊载了招股说明书全文及其附录材料,距今不足三个月,故与其重复的内容在此不再重述,敬请投资者查阅上述内容。

四、本公司概况

(一)本公司的基本情况
1.公司名称:广东冠豪高新技术股份有限公司
英文名称:GUANGDONG GUANHAO HIGH-TECH CO.,LTD
2.注册资本:16,000万元
3.法定代表人:韩晓进
4.成立日期:1999年7月21日
5.注册地址:广东省湛江市经济技术开发区高新技术区昌平路
6.经营范围:生产和销售热敏传真纸及其原纸、无碳复写纸及其原纸、微胶囊、电脑打印纸、商业表格纸、科学仪器记录纸、小卷传真纸以及从事商业表格印刷等业务。
7.主营业务:生产和销售热敏记录纸、无碳复写纸及其微胶囊。
8.所属行业:造纸行业的特种涂布加工行业
9.联系电话:0759-3399898
10.传真: 0759-3382109
11.电子信箱: http://www.guanhao.com
12.董事会秘书:薛亚松
(二)历史沿革

1999年7月,经广东省经济体制改革委员会粤体改[1999]041号文批准,由湛江冠豪纸业有限公司整体变更以发起方式设立股份公司,以截止1998年12月31日的帐面净资产按1:1的比例折为10000万股,并于1999年7月21日领取营业执照。原冠豪纸业的股东广东粤财投资有限公司(以下简称粤财投资)、湛江新亚实业湛江经济技术开发区新亚实业有限公司(以下简称新亚实业)、浩正(香港)集团有限公司(以下简称浩正集团)、广东粤财实业发展公司、广州润华置业有限公司为股份公司的发起人,各股东分别持有冠豪纸业41%、39%、10%、5%、5%的股权。

经中国证券监督管理委员会证监发行字[2003]47号文批准,本公司于2003年6月5日向二级市场投资者定价配售发行了人民币普通股6,000万股,每股面值1.00元,每股发行价4.60元。本次成功发行后,本公司已于2003年6月12日在工商行政管理部门依法办理了工商变更登记手续,公司注册资本变更为16,000万元人民币,工商执照注册号码为4400001008580。

(三)本公司的主要经营情况
1.本公司业务概况

本公司是我国首家大规模生产热敏记录纸的专业公司,是目前国内生产规模较大、设备及工艺最先进的无碳复写纸生产基地。本公司生产经营的无碳复写纸和热敏记录纸均属于技术密集型产品,技术含量高。在国内首创以自主开发的配方及成熟的工艺技术,生产出质量达到国际先进水平并在成本价格上具有竞争优势的高速热敏传真用纸以及其他热敏记录纸,其技术处于国际先进水平。公司生产的热敏记录纸被国家科学技术委员会列为国家级火炬计划项目;无碳复写纸被广东省经济委员会评为"广东省名牌产品";公司生产的微胶囊获得国家级火炬计划项目证书。公司产销量连续多年在国内同行业中名列前茅。

2.主要竞争优势和劣势

在无碳复写纸生产上,本公司是国内设备和工艺最先进的龙头企业;在热敏记录纸生产上,本公司打破了外国企业的垄断局面,填补了国内空白,是全国唯一一家大规模生产的企业。目前本公司的规模在国内同行业中处于领先地位。

在生产技术上,本公司制定并实施的无碳复写纸产品企业标准达到并超过了国家标准和广东省企业产品标准,在国内处于领先地位;热敏记录纸是依据日本传真纸的产品检测标准(世界先进标准)进行生产,该产品填补了国内空白,可替代进口同类产品;微胶囊制造技术先进,在粒度均匀性和显色性等方面优于国外同类产品,处于国际先进水平。

随着造纸原材料的进一步国产化,本公司的生产成本将会不断降低。同时,公司生产的热敏记录纸和无碳复写纸的质量达到国外同类产品先进水平,微胶囊生产技术先进,在粒度均匀性和显色性等方面优于国外同类产品。公司取得ISO9001认证后,市场竞争能力更强。此外,本公司的产品还拥有独特的市场,如涉及国家重要部门控制使用的防伪型或保密专用纸,已选定本公司独家供应。我国加入WTO后,公司产品能抵御进口产品的冲击。

3.主要财务指标

请参阅本公告书财务会计资料部分的相关内容。

4.主要知识产权

本公司拥有7项外观设计专利权,16类注册商标的专有权。

5.本公司享有的财政税收优惠政策

本公司1997年经国家科学技术委员会火炬计划办公室认定为"国家火炬计划重点高新技术企业"。根据中共广东省委省政府《中共广东省委省、广东省人民政府关于依靠科技进步推动产业结构优化升级的决定》(粤发[1998]16号文)的精神,凡经认定的高新技术企业,减按15%税率征收企业所得税。同时,本公司还被列入广东省地方税务局《关于印发我省高新技术企业名单的函》(粤地税函[1997]49号)的高新技术企业名单中,并经湛江市地方税务局开发区征收管理分局确认,本公司企业所得税适用15%的税率。

五、股票发行与股本结构

(一)本次股票上市前首次公开发行股票的情况
1.发行数量:6,000 万股
2.发行价格:4.60元/股
3.募股资金总额:27,600 万元
4.发行方式:全部向二级市场投资者定价配售
5.发行费用总额及项目:本次股票发行费用共1,140万元,主要包括承销费用、审计费用、评估费用、律师费用、发行手续费用、审核费等。
6.每股发行费用:0.19元
7.发行日期:2003年6月5日
(二)股票承销

本次公开发行6,000 万股,配号总数为78,274,034,中签率为0.07665377%。其中,二级市场投资者认购59,536,695股,其余463,305股由主承销商广东证券股份有限公司包销。

(三)验资报告
验资报告
广会所验字(2003)第202763号
广东冠豪高新技术股份有限公司全体股东:

我们接受委托,审验了广东冠豪高新技术股份有限公司(以下简称 贵公司)截止2003 年6月12日新增注册资本的实收情况。按照国家相关法律、法规的规定和协议、章程的要求出资,提供真实、合法、完整的验资资料,保护资产的安全、完整是全体股东及 贵公司的责任。我们的责任是对贵公司新增注册资本的实收情况发表审验意见。我们的审验是依据《独立审计实务公告第1号—验资》进行的。在审验过程中,我们结合 贵公司的实际情况,实施了检查等必要的审验程序。

贵公司变更前的注册资本和股本均为人民币100,000,000.00元,根据 贵公司2001年度股东大会决议和修改后章程的规定,申请向社会公开发行人民币普通股 (A股) 增加注册资本人民币60,000,000.00元,变更后的注册资本为人民币160,000,000.00元。经中国证券监督管理委员会证监发行字 [2003]47号文核准,同意 贵公司向社会公开发行人民币普通股 (A股)60,000,000.00股,每股面值1.00元,每股发行价4.60元,可募集资金总额为276,000,000.00元。根据我们的审验,截止2003年6月12日,贵公司采用全部向二级市场投资者定价配售的发行方式实际已发行人民币普通股(A股)60,000,000.00股,募集资金总额为人民币276,000,000.00元(大写:贰亿柒仟陆佰万元整),扣除券商承销佣金、上网发行手续费等发行费用11,400,000.00 元(大写:壹仟壹佰肆拾万元整),募集资金净额为264,600,000.00元(大写:贰亿陆仟肆佰陆拾万元整),其中新增注册资本人民币60,000,000.00元(大写:陆仟万元整),资本公积人民币204,600,000.00元(大写:贰亿零肆百陆拾万元整)。

同时我们注意到,贵公司本次增资前的注册资本为人民币100,000,000.00元,已经广东正中会计师事务所审验,并于1999年7月12日出具粤会所验字(99)第3049号《验资报告》。截止2003年6月12日,变更后的累计注册资本实收金额为人民币160,000,000.00元(大写:壹亿陆仟万元整)。

本验资报告供 贵公司申请变更登记及据以向股东签发出资证明时使用,不应将其视为是对贵公司验资报告日后资本保全、偿债能力和持续经营能力等的保证。因使用不当造成的后果,与执行本验资业务的注册会计师及会计师事务所无关。

附件:1.新增注册资本实收情况明细表
(1)新增注册资本实收情况明细表(表1)
(2)注册资本变更前后对照表(表2)
2.验资事项说明

广东正中珠江会计师事务所有限责任公司　　中国注册会计师:吉争雄

中国注册会计师：刘伙旺

中国　广州

二○○三年六月十二日

(四)募股资金入帐情况：

入帐时间：2003年6月12日

入帐金额：人民币265,921,459.20元

入帐帐号：1680299110001(本公司人民币帐户)

开户银行：招商银行广州东山支行

(五)本公司上市前股权结构及各类股东的持股情况

1、本次上市前股权结构

股权性质	股份数量(万股)	所占比例(%)
国有法人股	5,100	31.875
一般法人股	3,900	24.375
外资股	1,000	6.25
社会公众股	6,000	37.5
合计	16,000	100

2、本公司前十名股东持股情况

序号	股东名称	持股额(股)	占总股本比例(%)
1	广东粤财投资有限公司	41,000,000	25.625
2	湛江经济技术开发区新亚实业有限公司	39,000,000	24.375
3	浩正集团有限公司(香港)	10,000,000	6.25
4	广东粤财实业发展公司	5,000,000	3.125
5	广州润华置业有限公司	5,000,000	3.125
6	广东证券	463,305	0.290
7	国信证券	71,000	0.044
8	国泰君安	67,000	0.042
9	华安上指	62,000	0.039
10	久嘉基金	60,000	0.038

六、董事、监事人员、高级管理人员及核心技术人员

(一)董事

韩晓进，董事长，中国籍，男，53岁，研究生、经济师。曾任国家经济贸易委员会联络处副处长，国家计划委员会经济研究中心处长，佛山市政府副秘书长，佛山市体改委主任，佛山市市长助理、副市长、市委常委。现任本公司董事长，兼任广东粤财投资控股有限公司董事长。

赖财荣，副董事长，中国籍，男，50岁，经济学硕士、经济师。曾任广东省财政厅企财处科长，综合处副处长，飞龙公司总经理，现任本公司副董事长、粤财信托副总经理、冠龙公司、新港公司董事长。

黄阳旭，副董事长，中国籍，男，41岁，大学文化，工程师。曾任湛江冠中陶瓷工业公司副总经理，湛江坡头区造纸工业公司经理，总工程师。1997年被广东省工会评为优秀经理，2000年8月被广东省人民政府授予劳动模范称号，现任本公司总经理，同时兼任新亚实业、浩正集团、恒源公司、冠龙公司、新港公司董事。

陆鹏程，董事，中国香港特别行政区公民，男，41岁，大学文化。曾任香港粤丰货柜船务有限公司财务部主任，泰国CHAI RASIT PRODUCTS公司董事、香港健心有限公司董事、财务经理，香港碧能有限公司董事、副总经理，香港华恒有限公司董事长、总经理，现任浩正集团董事长、冠龙公司总经理。

薛亚松，董事，中国籍，男，41岁，经济学硕士，经济师。曾任职于河南省驻马店师范学校、驻马店市税务局，1991年考入财政部科研所研究生部，1994年获经济学硕士学位，毕业分配到广东粤财信托投资公司工作，1998年加入本公司，曾任副总经理、常务副总经理。现任本公司常务副总经理、董事会秘书。

黄阳辉，董事，中国籍，男，39岁，大专文化。曾任湛江经济技术开发区司法局副局长、湛江经济技术开发区机关事务局科长，现任新亚实业董事长总经理，恒源公司董事长总经理。

邓斌，董事，中国籍，男，32岁，经济学硕士，经济师。1994年至今在粤财信托工作，历任资金部计划部总经理助理、副总经理；现任信托　部总经理。

刘焕彬，独立董事，中国籍，男，60岁，华南理工大学造纸与环境工程学院教授、博士生导师、俄罗斯工程院外籍院士、中国造纸学会副理事长，国务院学位委员会学科组成员，广东省科学技术协会副主席，广东省造纸学会理事长。

刘焕彬教授长期从事高等学校的教学、科研、管理工作，特别是在制浆造纸方面有较深的造诣。他在"制浆过程中卡伯值软测量与智能控制技术的研究"和"无污染中高浓氯漂白过程及控制技术"两个领域进行了深入的研究，取得了较大的成绩。

睢国余，独立董事，中国籍，男，56岁，北京大学经济学院教授、博士生导师、北京大学经济研究所所长、院学术委员会主任、北京市经济学总会副会长、国务院特殊津贴享受者。

睢国余教授长期从事经济学教学和研究，近年来主要致力于社会主义经济理论和实践，特别是中国经济体制改革的研究和教学，取得了一定的成果，1999年被评为北京大学十佳教师。

王利明，独立董事，中国籍，男，42岁，博士，中国人民大学法学院副院长、教授，全国人大财经委委员，最高人民法院特邀咨询员，最高人民检察院专家咨询委员会委员，公安部特邀监督员，教育部高等自学考试指导委员会委员，北京市政府专家顾问团成员，全国高等教育自学考试指导委员会委员，建设部顾问，新华社顾问。

谭劲松，独立董事，中国籍，男，37岁，博士生，中国注册会计师，中山大学管理学院副院长、教授，广东省高级会计师第一评委会委员，广东省会计学会理事，广东省注册会计师协会理事，广东省审计学会理事，中国内部审计协会理事，广东省预算会计研究会理事，兼任广东美的集团股份有限公司、佛山华新包装股份有限公司独立董事。

(二)监事

陈海青，监事会召集人，中国籍，男，35岁，经济学硕士，高级会计师。曾任广州会计师事务所部门经理、注册会计师，广东资产评估公司部门经理、资产评估师、房地产估价师。现任广东粤财信托投资公司计划财务部总经理。

黄新元，监事，中国籍，男，52岁，大专文化，会计师。曾任广东省盐业机械厂车间主任、科长、副厂长、副总经理，现任本公司工会主席，是由职工代表出任的监事。

王波，监事，中国籍，男，26岁，大学本科，会计师。现任粤财信托计划财务部副总经理。

(三)其他高级管理人员

杨　　青，副总经理，中国籍，女，34岁，经济学硕士，经济师。曾任职于湛江港务局计划处，1996年加入本公司，曾任综合部经理，总经理助理，现任本公司副总经理。

熊　　杰，总经理助理，中国籍，男，31岁，大学本科，工程师。曾任本公司车间主任、生产部经理助理、副经理、经理、总经理助理，现任本公司总经理助理。

陈皓昆，财务负责人，中国籍，男，30岁，大学本科，会计师。曾任广东粤财信托投资公司财务部业务经理，飞龙公司财务部副经理，冠龙公司财务部副经理、经理，现任本公司财务负责人、财务部经理。

(四)核心技术人员

王际德，总工程师，中国籍，男，68岁，大学本科，教授级高级工程师，国务院特殊津贴享受者。曾任四川省造纸工业研究所副所长、国家纸张监督检验中心西南站站长、中国造纸学会理事、中国造纸学会学术委员会委员、珠海华文博益智特种纸业有限公司总工程师、中国造纸协会无碳复写纸分会理事长。

林德森，研究中心主任，中国籍，男，65岁，大学本科，教授级高级工程师。曾任轻工业部造纸工业研究所副所长、中国造纸学会学术委员会副主任委员、中国涂布加工纸专业委员会副主任委员、香港志豪纸业有限公司总工程师。1986年负责的轻工部重点项目"纸张涂布用白土精选的技术研究"获轻工部重点科学技术一等奖，获国家科委科学技术三等奖；1987年负责的轻工部重点项目"以酶淀粉为主要胶粘剂的铜板纸研究"获轻工部科学技术三等奖。

以上人员在招股说明书披露日至上市公告书刊登日期没有变动。

(五)董事、监事、高级管理人员与核心技术人员的持股情况

以上人员除黄阳旭、陆鹏程先生外，其他董事、监事、高级管理人员与核心技术人员均未直接或间接持有本公司股份。

董事总经理黄阳旭通过股东湛江经济技术开发区新亚实业有限公司间接持有本公司39%的股权；董事陆鹏程通过浩正(香港)集团有限公司间接持有本公司10%的股权。

七、同业竞争与关联交易

(一)同业竞争

本公司实际控制人及其控制的其他法人和本公司股东没有从事与本公司同一或同类产品的生产经营，没有经营与本公司相同或相似的业务，与本公司之间不存在同业竞争情况，并承诺今后也不从事与本公司相竞争的业务。

(二)关联交易

1、存在的主要关联交易

(1)向冠龙公司购买原材料

时间	采购数量(吨)	平均价格(元/吨)	交易金额(元)	占总采购额比例
2000年	21978.99	7516.12	165,196,796	71.15%
2001年	22066.36	7140.60	157,567,069	75.11%
2002年	29154.25	6761.59	197,129,155	73.87%

(2)产品销售

单位名称	2002年度	2001年度	2000年度
新港公司	12,560,247	8,294,663	13,891,139
恒源公司	109,051,414	100,534,912	58,462,183
关联销售占销售额的比例	35.68%	35.83%	25.20%

(3)代进口木浆

2002年2月，本公司代冠龙公司从国外进口硫酸盐漂白阔叶木浆。当年此项业务收入为21,581,882元，成本21,579,210元；产生差价2,672元。

(4)委托代理销售

2002年，本公司将生产过程中所产生的废纸委托新港公司代理对外销售，共代理销售废纸1828.638吨，公司就此项代销业务向新港公司支付代销手续费568,972.44元。

(5)资金占用

①1999年，冠龙公司曾以本公司名义从工商银行湛江开发区支行借款1.3亿元，新港公司曾以本公司名义从粤财信托借入4875.86万元。截至2001年6月止，本公司已经全部解决以上借款问题。

②占用公司自有资金的情况

单位名称	2001年度月平均资金占用额	2000年度月平均资金占用额
新港公司	6,395,762.50	4,701,119.11
冠龙公司	24,362,352.50	20,892,286.88
合计	30,758,115.00	25,593,405.99

截止2002年6月30日，冠龙公司、新港公司已将占用资金全部归还本公司。

(6)本公司除以上关联交易外，未发生过其他关联交易。

2、关联交易的产生原因和解决措施

(1)向冠龙公司采购原纸的原因

冠龙公司生产的原纸品种多，供货量大，符合大批量采购的需要，能够适合本公司高速涂布机使用的原纸标准；同时由于地缘因素，冠龙公司的原纸采购成本相对要小。因此，从2000年开始，本公司一直向冠龙公司采购原纸；以后在国内原纸供应市场没有改变的情况下，公司将保持与冠龙公司的原纸采购交易。

(2)与新港公司、恒源公司关联交易的解决措施

①新港公司的产品需求量稳定，货款回收快，向新港公司销售产品有利于扩大公司的销售。因此公司在保证关联交易价格公允的前提下，仍将保留与新港公司发生正常的销售交易。

②本公司与恒源公司签定了协议，恒源公司同意将其所有的与特种纸销售体系有关的资产和负债、相关销售人员、机构、网络及客户资源转让给本公司，具体交易价格根据评估结果确定。

(3)规范关联交易的制度安排

①章程制定了对关联交易表决权利和程序的限制性规定以及保护中、小股东利益的措施，当发生公司经营不可避免的关联交易时，确保交易符合公平、公正的市场原则。

②公司目前采购各项原辅材料均严格按照ISO9001《分承包方评价及控制程序》文件的要求进行，每年都对采购的原材料实行公开招标。

③公司《关联交易制度》明确了关联交易的原则、范围、内容和决策程序，量化了独立董事、监事会、董事会、股东大会在关联交易的决策权力。规定将定期聘请会计师事务所对关联交易的公允性发表独立审计意见，并公开披露。

④公司《关联交易内部控制制度》规定了公司关联交易的必要内部控制程序，明确公司各部门在关联交易决策中所负责的任务。

3、律师、主承销商、会计师、独立董事的意见

(1)律师认为：本公司发生的关联交易价格公允，不存在损害发行人及其他股东利益的情形；本公司已采取了对其他股东的利益进行保护的必要措施。

(2)主承销商认为：招股说明书对关联企业、关联关系、关联交易作了充分的披露；关联交易符合市场交易的公允性原则，不存在损害公司及中小股东利益的情形。

(3)申报会计师认为：报告期内公司对关联交易的会计处理符合《关联方之间出售资产等有关会计处理问题暂行规定》的有关规定。

(4)独立董事认为：公司的关联交易的价格公允，交易的关联方未对拟实施的交易进行干预；进行交易未对本公司利益造成损害；已发生的关联交易严格按照合同执行的；重大关联交易的实施是履行了法定批准程序的。

4、关联交易对本公司财务状况和经营成果的影响

公司在发生的采购和销售关联交易中，关联交易价格等同于市场价格，对报告期利润总额不构成影响。

八、财务会计资料

本公司截止2002年12月31日的财务会计资料，已于2003年6月2日在《中国证券报》、《上海证券报》和《证券时报》刊登的《招股说明书摘要》中进行了披露，投资者欲了解详细内容，请查阅上述报纸或刊载于上海证券交易所网站(http://www.sse.com.cn)的本公司招股说明书全文。

(一)注册会计师意见

本公司已聘请广东正中珠江会计师事务所有限公司对本公司2000年12月31日、2001年12月31日及2002年12月31日的资产负债表，2000年度、2001年度及2002年度的利润表及利润分配表，以及2002年的现金流量表进行了审计。会计师已出具了标准无保留意见的审计报告。

(二)简要财务报表

简要合并利润及利润分配表

单位:元

项　　目	2002年度	2001年度	2000年度
主营业务收入	340,846,063	303,701,931	287,120,507
减:主营业务成本	275,327,699	234,102,585	224,665,691
主营业务税金及附加	1,345,148	1,713,088	1,409,697
主营业务利润	64,173,216	67,886,258	61,045,119
加:其他业务利润	547,989	201,566	362,588
营业费用	14,517,073	16,928,204	15,451,078
管理费用	10,342,952	11,568,983	13,386,448
财务费用	11,569,793	10,022,594	11,620,770
营业利润	28,291,387	29,568,043	20,949,410
加:投资收益	0	-66,999	-37,407
补贴收入	60,775	200,000	2,607,432
营业外收入	86,824	1,026,173	255,755
减:营业外支出	111,962	231,533	286,538
利润总额	28,327,023	30,495,684	23,488,652
减:所得税	5,124,798	5,373,979	4,668,233
少数股东收益	125,411	116,440	-16,064
净利润	23,010,522	25,005,265	18,836,483
加:年初未分配利润	24,320,248	18,089,670	12,277,011
可供分配的利润	47,330,770	43,094,935	31,113,494
减:提取任意盈余公积	2,301,052	2,516,458	2,015,883
提取公益金	1,150,526	1,258,229	1,007,941
可供投资者分配的利润	43,879,192	39,320,248	28,089,670
应付普通股股利	23,000,000	15,000,000	10,000,000
未分配利润	20,879,192	24,320,248	18,089,670

简要合并资产负债表

单位:元

项　　目	2002年12月31日	2001年12月31日	2000年12月31日
流动资产			
货币资金	86,569,891	21,674,994	17,054,722
应收票据	322,000	271,488	350,000
应收帐款	44,076,983	63,752,162	48,138,489
其他应收款	25,829,545	18,287,749	136,466,670
预付帐款	2,186,151	6,200,004	58,331,984
应收补贴款	603,736	1,184,949	2,930,716
存货	82,517,864	78,568,949	84,518,680
待摊费用	2,909,952	2,576,876	2,749,383
流动资产合计	245,016,121	192,517,191	350,540,644
长期投资	0		
长期股权投资	-	-	662,593
长期投资合计	-	-	662,593
固定资产	0		
固定资产原价	161,093,786	157,192,046	155,473,159
减:累计折旧	54,623,297	43,844,855	33,925,792
固定资产净值	106,470,489	113,347,191	121,547,367
固定资产净额	106,470,489	113,347,191	121,547,367
工程物资	-	8,210	-
在建工程	1,667,070	600,000	-
固定资产合计	108,137,559	113,955,401	121,547,367
无形及其他资产:	0		
无形资产	5,894,029	6,024,259	6,132,783
长期待摊费用	632,688	718,693	2,040,692
无形及其他资产合计	6,526,718	6,742,952	8,173,476
资产总计	359,680,397	313,215,544	480,924,080
流动负债	0		
短期借款	115,000,000	29,000,000	135,758,049
应付票据	-	-	8,200,000
应付帐款	8,095,461	9,983,802	9,095,981
预收帐款	425,212	8,445,729	11,586,971
应付工资	8,421	725,763	7,526
应付福利费	514,725	185,109	54,591
应付股利	23,000,000	25,000,000	10,000,000
应交税金	1,213,702	7,012,782	10,901,277
其他应交款	123,309	76,138	154,764.
其他应付款	3,216,573	9,592,616	7,017,969
预提费用	1,139,237	100,448	1,369,557
一年内到期的长期负债	-	41,517,795	91,154,737
流动负债合计	129,736,640	131,640,182	285,301,422
长期负债:	0		
长期借款	60,000,000	30,000,000	49,226,500
长期应付款	8,487,992	12,423,325	18,035,504
专项应付款	2,515,595	3,422,523	2,752,846
长期负债合计	71,003,587	45,845,848	70,014,850
负债合计	223,740,228	177,486,030	355,316,272
少数股东权益:	2,142,080	1,950,377	1,833,936
股东权益:	0		
股本	100,000,000	100,000,000	100,000,000
资本公积	502,277	493,847	493,847
盈余公积	12,416,620	8,965,042	5,190.355
其中:法定公益金	4,138,873	2,988,347	1,730,118
未分配利润	20,879,192	24,320,248	18,089,670
股东权益合计	133,798,089	133,779,137	123,773,872
负债和股东权益合计	359,680,397	313,215,544	480,924,080

简要合并现金流量表

单位:元

项目	2002年度
经营活动产生的现金流量净额	35,944,427
投资活动产生的现金流量净额	-3,902,069
筹资活动产生的现金流量净额	32,852,539
现金及现金等价物净增加额	64,894,897

(二)最近三年的主要财务指标表

项目	2002.12.31	2001.12.31	2000.12.31
流动比率	1.89	1.46	1.23
速动比率	1.23	0.85	0.92
应收帐款周转率(次)	6.32	5.43	4.51
存货周转率(次)	3.41	2.87	2.58
资产负债率(%)	62.21%	56.67%	73.88%
每股收益(元)	0.23	0.25	0.19
净资产收益率(%)	17.20%	18.69%	15.22%
扣除非经常性损益后的净资产收益率(%)	17.18%	16.22%	4.59%
每股经营活动的现金流量(元)	0.36		

九、其他重要事项

(一)本公司股票首次公开发行后至本上市公告书公布之日，本公司严格依照《公司法》、《证券法》等法律法规的要求，规范运行，生产经营情况正常；所处行业、市场无重大变化；主要投入、产出物供求及价格无重大变化；主要业务发展目标无重大进展。

(二)本公司募股资金到位时间较短，截止上市公告书公布之日尚未进行项目投资及其他重大投资活动，无重大资产(股权)收购、出售行为。

(三)截止本公司上市公告书公布之日，本公司住所未发生变更，无重大诉讼、仲裁案件，本公司会计政策未发生重大变动，本公司会计师事务未发生变动。

(四)截止本公司上市公告书公布之日，本公司未发生新的重大负债或重大债项发生变化。

(五)依据《上海证券交易所股票上市规则》，本公司第一大股东已向上海证券交易所承诺，自本公司股票上市之日起12个月内，不转让所持有的股份，也不由上市公司回购其持有的股份。

(六)除本公司招股说明书及摘要和本上市公告书披露的事项外，本公司无其它应披露而未披露的重要事项。

十、董事会上市承诺

本公司董事会承诺将严格遵守《中华人民共和国公司法》、《中华人民共和国证券法》、《股票发行与交易管理暂行条例》、《公开发行股票公司信息披露实施细则》和《上海证券交易所股票上市规则》等国家法律、法规和有关规定，并自股票上市之日起作到：

(一)本公司将真实、准确、完整、公允和及时地公布定期报告，披露所有对投资者有重大影响的信息，并接受中国证监会、证券交易所的监督管理；

(二)本公司在知悉可能对股票价格产生误导性影响的任何公共传播媒介中出现的消息后，将及时予以公开澄清；

(三)本公司董事、监事、高级管理人员和核心技术人员将认真听取社会公众的意见和批评，不利用已获得的内幕消息和其他不正当手段直接或间接从事本公司股票的买卖活动；

(四)本公司没有无记录的负债。

(五)依据《上海证券交易所股票上市规则》，本公司全体董事、监事将按照有关规定，在本公司股票上市后两个月内签署《董事(监事)声明及承诺书》并送达上海证券交易所备案。

十一、上市推荐人及其意见

(一)上市推荐人有关情况

上市推荐人：广东证券股份有限公司

住　所：广州市解放南路123号金汇大厦

法定代表人：钟伟华

电　话：020-83270480

传　真：020-83270485

经办人：胡汉杰、孙云章

(二)上市推荐人意见

广东证券股份有限公司保证本公司的董事了解法律、法规、上海证券交易所上市规则及股票上市协议规定的董事的义务与责任，并协助本公司健全了法人治理结构，制定了严格的信息披露制度与保密制度。

广东证券股份有限公司已对上市文件所载的资料进行了核实，确保上市文件真实、准确、完整，符合规定要求；保证本公司的上市申请材料、上市公告书没有虚假、严重误导性陈述或者重大遗漏，对其承担连带责任，并保证不利用在上市过程中获得的内幕信息进行内幕交易，为自己或他人谋取利益。

广东证券股份有限公司认为本公司的上市完全符合《中华人民共和国公司法》、《中华人民共和国证券法》及《上海证券交易所股票上市规则》的有关规定。广东证券股份有限公司作为本公司的上市推荐人，特推荐其股票在上海证券交易所上市交易。

广东冠豪高新技术股份有限公司

二OO三年六月十四日

北京北方天鸟智能科技股份有限公司

北京北方天鸟智能科技股份有限公司股票上市公告书

上市推荐人：华龙证券有限责任公司
股票简称：北方天鸟
上市时间：2003年7月4日
上市地点：上海证券交易所
总股本：90,000,000股
可流通股本：40,000,000股
沪市股票代码：600435
深市代理股票代码：003435
本次上市流通股本：40,000,000股
发行价格：9.60元/股
股票登记机构：中国证券登记结算有限责任公司上海分公司

一、重要声明与提示

本公司董事会保证上市公告书的真实性、准确性、完整性，全体董事承诺上市公告书不存在虚假记载、误导性陈述或重大遗漏，并承担个别和连带的法律责任。

根据《公司法》、《证券法》等有关法律、法规的规定，本公司董事、高级管理人员已依法履行诚信和勤勉尽责的义务和责任。

上海证券交易所、中国证监会、其他政府机关对本公司股票上市及有关事项的意见，均不表明对本公司的任何保证。

本公司提醒广大投资者注意，凡本上市公告书未涉及的有关内容，请投资者查阅2003年6月16日刊载于《中国证券报》、《上海证券报》和《证券时报》的本公司招股说明书摘要，及刊载于上海证券交易所网站(http://www.sse.com.cn)的本公司招股说明书全文。

本上市公告书刊载网址是：http://www.sse.com.cn。

二、概览

(一)股票简称：北方天鸟
(二)沪市股票代码：600435
(三)深市代理股票代码：003435
(四)总股本：90,000,000股
(五)可流通股本：40,000,000股
(六)本次上市流通股本：40,000,000股
(七)发行价格：9.60元/股
(八)对首次公开发行股票前股东所持股份的流通限制及期限：根据国家现有法律、法规规定和中国证监会证监发行字[2003]63号文《关于核准北京北方天鸟智能科技股份有限公司公开发行股票的通知》，本公司的国有法人股、法人股暂不上市流通。
(九)首次公开发行股票前股东对所持股份自愿锁定的承诺：本公司第一大股东--北京华北光学仪器有限公司承诺在本公司上市之日起12个月内，不转让所持有的股份，也不由本公司回购该部分股份。
(十)上市地点：上海证券交易所
(十一)上市日期：2003年7月4日
(十二)股票登记机构：中国证券登记结算有限责任公司上海分公司
(十三)上市推荐人：华龙证券有限责任公司

三、绪言

本上市公告书是根据《中华人民共和国公司法》、《中华人民共和国证券法》、《股票发行与交易管理暂行条例》、《公开发行股票公司信息披露实施细则》和《上海证券交易所股票上市规则》等国家有关法律、法规的规定，并按照中国证监会《公开发行证券的公司信息披露内容与格式准则第7号—股票上市公告书》编制而成，旨在向投资者提供有关北京北方天鸟智能科技股份有限公司(以下简称本公司)和本次股票上市的基本情况。

经中国证监会证监发行字[2003]63号文核准，本公司于2003年6月19日向二级市场投资者定价配售发行4,000万社会公众股A股，每股面值1.00元，每股发行价为人民币9.60元。

经上海证券交易所上证上字[2003]72号《关于北京北方天鸟智能科技股份有限公司人民币普通股股票上市交易的通知》批准，本公司公开发行的4,000万社会公众股将于2003年7月4日起在上海证券交易所挂牌交易。股票简称"北方天鸟"，沪市股票代码"600435"，深市代理股票代码"003435"。

本公司已于2003年6月16日在《中国证券报》、《上海证券报》和《证券时报》上刊登了《招股说明书摘要》，同时在上海证券交易所网站(http://www.sse.com.cn)上刊载了招股说明书全文及其附录材料，距今不足三个月，故与其重复的内容在此不再重述，敬请投资者查阅上述内容。

四、本公司概况

(一)本公司的基本情况
1.公司名称：北京北方天鸟智能科技股份有限公司
英文名称：BEIJING NORTH PHENIX INTELLIGENCE TECHNOLOGY CO.,LTD.
2.注册资本：9,000万元
3.法定代表人：陈济民
4.成立日期：2000年9月11日
5.注册地址：北京市丰台区科学城星火路7号
6.经营范围：纺织服装业自动化成套设备及零配件、电子计算机软硬件及外部设备、机电一体化产品的技术开发、技术服务、制造、销售；网络技术开发、技术服务；经营本企业和成员企业自产产品及技术出口业务；本企业和成员企业生产所需的原辅材料、仪器仪表、机械设备、零配件及技术的进口业务(国家限定公司经营和国家禁止进出口的商品除外)；经营进料加工、"三来一补"业务。
7.主营业务：电脑刺绣机的研发、生产和销售
8.所属行业：轻纺工业专用设备制造业
9.联系电话：010-83682722
10.传　真：010-63729771
11.电子信箱：tndsh@163bj.com
12.董事会秘书：赵晗
(二)本公司设立及历史沿革

本公司系经原国家经贸委国经贸企改[2000]809号文批准，由原国营华北光学仪器厂(于2001年11月1日完成改制并更名为"北京华北光学仪器有限公司"，以下简称"华北光学")、深圳市盈宁科技有限公司(以下简称"盈宁科技")、北方光电工贸有限公司(以下简称"光电工贸")、北京励科鸣科技发展中心(以下简称"励科鸣")和温州经济技术开发区大田线带有限公司(以下简称"大田线带")作为发起人，于2000年9月11日发起设立的股份有限公司。

根据中国兵器工业集团公司《关于北京北方天鸟智能科技股份有限公司(筹)资产重组方案的批复》(兵财实便字[2000]40号)，财政部《对国营华北光学仪器厂等单位拟组建股份公司资产评估项目审核意见的函》(财企[2000]127号)，财政部《关于北京北方天鸟智能科技股份有限公司(筹)国有股权管理有关问题的批复》(财企[2000]155号)，同意原国营华北光学仪器厂将经评估后6,013.32万元净资产及其他4家发起人的现金投入1,225万元按69.0768%的折股比例折为股本，计5,000万股。

经中国证监会证监发行字[2003]63号文批准，本公司于2003年6月19日向二级市场投资者定价配售发行了人民币普通股4,000万股，每股面值1.00元，每股发行价9.60元。本次股票发行成功后，本公司的总股本为9,000万股，注册资本为9,000万元人民币。

本次发行前后公司的股本结构：

证券类别	发行前		发行后	
	数量(股)	持有人数(户)	数量(股)	持有人数(户)
国有法人股	43,610,390	2	43,610,390	2
发起人法人股	6,389,610	3	6,389,610	3
社会公众股	0	0	40,000,000	
合计	50,000,000	5	90,000,000	

(三)本公司的主要经营情况

1.本公司业务概况

本公司是我国最大的电脑刺绣机制造企业，市场占有率连续多年居全国第一位，在世界电脑刺绣机行业本公司的综合实力居于前列。本公司与模糊技术国家专业实验室合作建有模糊技术国家专业实验室北方天鸟研究试验中心，在国内率先将模糊控制技术应用于电脑刺绣机的电脑电控系统。"电脑刺绣机模糊控制系统"已于2001年9月8日获得了北京市科学技术委员会颁发的《科学技术成果鉴定证书》，目前模糊控制电脑刺绣机已初步形成规模化生产。多年来，本公司通过不断强化管理和技术革新，逐渐形成了较强的核心竞争力-从精密机械、电脑电控、制版软件到外围设备生产的多元技术组合，是一家具备国际市场竞争力、能够提供电脑刺绣完整解决方案的公司。

2.主要竞争优势和劣势

根据中国缝制机械协会统计资料显示，本公司电脑刺绣机产品的产量、销量、出口量连续多年列全国第一位，国内市场占有率为25%左右(中国缝制机械协会2001年10月8日关于《国内主要电脑刺绣机生产厂家统计资料》)。

由于本公司的研发和部分生产基地位于北京及其周边地区，因此人工成本和管理费用相对较高。同时，本公司的主要产品用户分布于东南沿海地区，从而导致了运输和服务成本较国内其他企业为高。此外，受目前技术发展水平、国内相关基础工业和加工工业的影响，本公司生产的电脑刺绣机在质量水平、品种档次上较国外名牌产品还有一定差距。

3.主要财务指标

请参阅本公告书财务会计资料部分的相关内容。

4.主要知识产权

本公司目前拥有"达美"图形和文字商标、"北方天鸟"图形和文字商标，已注册"多头电脑刺绣机的底线检测装置"等四项专利，拥有六项计算机软件著作权和三项专有技术，并正在申请一项专利。

5.本公司享有的财政税收优惠政策

本公司成立后被北京市科学技术委员会认定为高新技术企业，注册地为中关村科技园区丰台科技园。根据国务院批准的《北京市新技术产业开发试验区暂行条例》，自本公司成立之日起执行减按15%税率缴纳企业所得税的优惠政策。根据北京市国家税务局京国税函[2001]398号文和丰台区国家税务局丰国税批复[2001]050474号文批复，本公司自2001年1月1日至2003年12月31日享受免征企业所得税的税收优惠政策。

本公司所属深圳分公司按15%税率缴纳企业所得税。

五、股票发行与股本结构

(一)本次股票上市前首次公开发行股票的情况
1.发行数量：4,000万股
2.发行价格：9.60元/股
3.募股资金总额：38,400万元
4.发行方式：全部向二级市场投资者定价配售
5.发行费用总额及项目：本次股票发行费用共1,558.4万元，主要包括承销费用、审计费用、评估费用、律师费用、发行手续费用、审核费等。
6.每股发行费用：0.3896元
7.发行日期：2003年6月19日

(二)股票承销

本次公开发行4,000万股，配号总数为71439348，中签率为0.05599155%。其中，二级市场投资者认购39,621,196股，其余378,804股由主承销商华龙证券有限责任公司包销。

(三)本次上市前首次公开发行股票募集资金的验资报告

北京中兴宇会计师事务所有限责任公司为本次发行出具了"中兴宇验字(2003)1033号"验资报告，现摘录如下：

"北京北方天鸟智能科技股份有限公司全体股东：

我们接受委托，审验了贵公司截至2003年6月26日止新增注册资本实收情况。按照国家相关法律法规的规定和章程的要求出资，提供真实、合法、完整的验资资料，保护资产安全、完整是全体股东及贵公司的责任。我们的责任是对贵公司新增注册资本的实收情况发表审验意见。我们的审验是依据《独立审计实务公告第1号-验资》进行的。在审验过程中，我们结合贵公司的实际情况，实施了检查等必要的审验程序。

贵公司本次变更前的注册资本为人民币伍仟万元整(¥50,000,000.00)，通过向社会公开发行人民币普通股(A股)，拟申请增加注册资本人民币肆仟万元整(¥40,000,000.00)，变更后的注册资本为人民币玖仟万元整(¥90,000,000.00)。经我们审验，截至2003年6月26日止，贵公司已收到社会公众股东认缴股款叁亿柒仟壹佰壹拾叁万陆仟元整(¥371,136,000.00，已直接扣除发行手续费¥1,344,000.00和承销费¥11,520,000.00)，其中股本肆仟万元整(¥40,000,000.00)。

此外，我们注意到，贵公司本次增资前的注册资本为人民币伍仟万元整(¥50,000,000.00)，已经中庆会计师事务所审验，并于2000年8月8日出具中庆2000(验)字第256号验资报告。截至

2003年6月26日止，贵公司变更后的累计注册资本实收金额为人民币玖仟万元整(¥90,000,000.00)。

本验资报告仅供贵公司变更登记时使用，不应将其视为是对贵公司验资报告日后资本保全、偿债能力和持续经营能力等的保证，因使用不当所造成的后果，与执行本验资业务的注册会计师及会计师事务所无关。

附件：(一) 新增注册资本实收情况明细表

(二) 注册资本变更前后对照表

(三) 验资事项说明

中兴宇会计师事务所有限责任公司

中国注册会计师：王勇、树新

2003年6月26日"

(四)募股资金入帐情况

入帐时间：2003年6月26日

入帐金额：人民币371,136,000.00元

入帐帐号：0200003129200011787

开户银行：中国工商银行北京市珠市口支行

(五)本公司上市前股权结构及各类股东的持股情况

1、本次上市前股权结构

股东单位	股权性质	持股数量(万股)	持股比例(%)
北京华北光学仪器有限公司	国有法人股	4,153.809	46.153
深圳市盈宁科技有限公司	其他法人股	518.076	5.756
北方光电工贸有限公司	国有法人股	207.230	2.303
北京励科鸣科技发展中心	其他法人股	69.077	0.768
温州经济技术开发区 大田线带有限公司	其他法人股	51.808	0.576
流通股	社会公众股	4,000	44.444
合计		9,000	100.000

2、本公司前十名股东持股情况

序号	股东名称	持股数量(股)	占总股本的比例%
1	北京华北光学仪器有限公司	41,538,090	46.153
2	深圳市盈宁科技有限公司	5,180,760	5.756
3	北方光电工贸有限公司	2,072,300	2.303
4	北京励科鸣科技发展中心	690,770	0.768
5	温州经济技术开发区大田线带有限公司	518,080	0.576
6	华龙证券有限责任公司	381,804	0.424
7	天同180	70,000	0.078
8	广发证券	45,000	0.050
9	天元基金	35,000	0.039
10	融通监筹	33,000	0.037

六、董事、监事人员、高级管理人员及核心技术人员

(一)董事

陈济民先生　本公司董事长，男，58岁，中国国籍。1970年毕业于华东工学院炮兵指挥仪专业，1982年毕业于长春光机学院管理工程专业，大学本科，具有电子技术和管理工程双学历，高级经济师、高级工程师，拥有本行业30多年管理工作的丰富经验。1983年11月至2001年8月，任国营华北光学仪器厂副厂长、党委书记、厂长；自2000年9月出任本公司董事长。陈济民先生是1990年至1993年北京市崇文区人大代表；1994年至1997年第十届北京市人大代表。曾获得"全国五一劳动奖章"、"全国劳动模范"、"全国质量管理先进工作者"、"中国500名企业创业者"、"首都楷模"、"首都劳动奖章"、"北京市劳动模范"、"北京市先进工作者"、"北京市工业系统优秀厂长" 等荣誉称号。享受国务院颁发的政府特殊津贴。

李晋宁先生　本公司董事、总经理，男，44岁，中国国籍。1982年毕业于南京理工大学系统工程专业，大学本科，高级工程师，在本行业有12年管理经验。自1988年10月至1992年10月，任深圳飞达电脑机械有限公司总工程师；1992年10月至2000年7月，任香港富怡科技有限公司深圳公司董事长；2000年9月出任本公司董事、总经理。

陈龙振先生　本公司董事、常务副总经理，男，50岁，中国国籍。1987年毕业于西北工业大学思想政治专业，高级经济师，具有本行业17年生产管理工作的丰富经验。自1992年6月至2000年9月，任国营华北光学仪器厂副总工程师，2000年9月出任本公司副总经理，2001年6月任本公司董事。

张学军先生　本公司董事、副总经理，男，43岁，中国国籍。1982年毕业于北京理工大学机械自动化专业，1999年长春光学精密机械学院管理工程研究生毕业，高级工程师，张学军先生拥有丰富的机电产品开发设计和技术管理经验。自1982年1月至2000年9月，任国营华北光学仪器厂副总工程师、副厂长、总工程师；2000年9月出任本公司董事、副总经理。张学军先生是北京市优秀青年工程师、兵器工业有贡献的青年科技工作者，由他参与开发的电脑刺绣机曾获国家科技进步二等奖、兵器工业科技进步奖。

张志刚先生　本公司董事，男，37岁，中国国籍。1985年毕业于西安交通大学计算机应用专业，大学本科，高级工程师，拥有本行业16年的技术开发管理经验。自1993年2月至2000年5月，任香港富怡科技有限公司深圳公司研究所所长、总工程师，副总经理，总经理；2000年9月出任本公司董事。张志刚先生是"深圳首批优秀年轻科技人才(青年专家)"，由他主持开发的电脑刺绣机控制系统和制版系统等项目获得深圳市科技进步一等奖1项、二等奖3项，三等奖2项，其研究成果被列为国家级科技成果推广项目。

王志勇先生　本公司董事、天津分公司总经理，男，55岁，中国国籍。1968年毕业于天津市蓟县师范学校，高级经济师，具有丰富的基层管理工作经验。自1987年11月至1988年11月，任天津宝坻县政府经贸委副主任；1994年8月至1997年9月任天津市宝坻县经贸委主任、开发区党委书记；1997年9月任天津市达美机械制造有限公司总经理；于2000年9月出任本公司董事。

王胜炎先生　本公司董事，男，56岁，中国国籍。1968年毕业于南京理工大学军用光学仪器专业，高级经济师，具有本行业30多年管理工作的丰富经验。自1986年12月至1990年12月，任湖北长江光电仪器厂副厂长；1990年12月至1995年11月，任湖北长江光电仪器厂厂长、党委书记；1995年11月至今，任中国北方光电工业总公司总经理、党委书记；北方光电工贸有限公司董事长；2000年9月出任本公司董事。

单景龙先生　本公司董事，男，51岁，中国国籍。1978年毕业于北京师范大学无线电专业，高级工程师。自1990年12月至1994年4月，任国营华北光学仪器厂电脑刺绣机事业部副主任、销售公司副经理；自1994年4月至今，任国营华北光学仪器厂副厂长；2001年11月至今任北京华北光学仪器有限公司副总经理。2000年9月出任本公司董事。

于力先生　本公司董事，男，46岁，中国国籍。1983年毕业于中国人民解放军空军工程学院特种设备(自动控制)专业，大学本科，工程师。自1989年12月至1997年7月，任空军装备技术部订货部计划财务处处长；1999年7月至今，任北京励科鸣科技发展中心经理；于2000年9月出任本公司董事。

李俊巍先生，本公司董事、财务总监，男，38岁，中国国籍，大学本科，高级会计师，曾任内蒙古第一机械制造(集团)有限公司财务处会计、副科长、科长及财会审计部副部长，一直在企业从事会计工作，熟悉成本核算、财务管理以及国家有关的会计法律法规制度等。1999年因工作出色，荣获兵器工业集团"三等功"一次。

赵秀琴女士，本公司独立董事，女，57岁，中国国籍，大学本科，高级经济师，高级政工师。曾任国营华北光学仪器厂工会主席、党委副书记、副厂长。曾荣获"北京市优秀工会干部"、"首都劳动奖章"、"全国模范工会工作者"等称号，已于2001年2月退休，无其它兼职。

宋卫民先生，本公司独立董事，男，66岁，中国国籍，大学本科，高级工程师。曾任北京市经委质量处处长、北京市国防科工办专职副主任。现任北京军转民技术开发应用协会会长、北京企业家联合会常务副会长。

(二)监事

林相平先生　本公司监事会主席，男，57岁，中国国籍。1970年毕业于中国人民解放军后勤工程学院，大学本科，高级工程师。自1993年3月至1997年11月，任国营华北光学仪器厂总工程师；自1997年11月至2001年10月，任国营华北光学仪器厂党委书记兼副厂长；2001年11月至今任北京华北光学仪器有限公司董事长。2000年9月出任本公司监事会主席。林相平先生是电脑刺绣机研发的初创者，因成绩卓著，荣获中国兵器工业集团公司科技进步二等奖1项，三等奖1项，北京市优秀新产品一等奖2项。享受国务院颁发的政府特殊津贴。

潘寿华先生　本公司监事，男，40岁，中国国籍。1999年毕业于北京师范大学继续教育学院经济管理专业。自1987年至1991年，任温州市华侨副食品公司经理；自1992年至1999年，任温州市达美电脑刺绣机联营公司董事长；2000年9月出任本公司监事。

寇丽丽女士　本公司职工代表监事，女，38岁，中国国籍。1987年毕业于长春光学精密机械学院光学仪器专业，大学本科，高级工程师。自1999年11月至2000年9月，任国营华北光学仪器厂设计一所党支部书记兼副所长；2000年9月，任本公司人事部部长；2001年6月当选为本公司职工代表监事。

(三)其他高级管理人员

王向东先生　本公司副总经理，男，34岁，中国国籍。1991年8月毕业于南京理工大学机械制造电子控制与检测专业，高级工程师。自1994年10月至1998年1月，任国营华北光学仪器厂质量控制处副处长、处长；自1998年7月至2000年9月，任国营华北光学仪器厂副总工程师；2000年9月出任本公司总经理助理；2000年11月任本公司副总经理；2001年8月兼任本公司天津分公司总工程师。王向东先生作为电脑刺绣机研制开发的主要核心成员之一，参与、组织了几十种系列机型的开发设计，由其主管设计开发的9505-108型机开创了中国电脑刺绣机单针经济型机的先河。因工作业绩突出，王向东先生被批准享受2000年政府特殊津贴。

赵晗先生　本公司董事会秘书，男，34岁，中国国籍。管理学硕士，高级经济师。曾任北京昌华永欣实业公司办公室主任，辽宁省营口大正(集团)有限公司董事长助理兼分公司经理，从事集团公司融资、质量体系认证和分公司的全面管理工作。赵晗先生参与研制的新产品项目曾获哈尔滨市轻工优秀新产品二等奖两次、三等奖一次。

(四)核心技术人员

门桂香女士　本公司北京研究所所长，女，38岁，中国国籍。1986年7月毕业于沈阳工业大学机械制造工艺及设备专业，大学本科，高级工程师。自1996年1月至2000年8月，任国营华北光学仪器厂副总工程师兼设计二所所长；2000年9月，任本公司北京研究所副所长；2001年8月任本公司北京研究所所长。门桂香女士1992年被评为"北京市优秀青年工程师"，由其主持研发的多品种系列电脑刺绣机为公司创造了良好的效益。

刘进全先生　本公司深圳分公司副总经理兼深圳研究所所长，男，40岁，中国国籍。大学本科，工程师，1983年毕业于山东大学计算机科学专业。自1993年至2000年5月，任香港富怡科技有限公司深圳公司研究所所长；2000年9月出任本公司北京研究所副所长；2001年7月任深圳分公司副总经理兼深圳研究所所长。刘进全先生长期从事电脑电控产品的研制开发，由其主持开发设计的电脑刺绣机控制系统、制版系统等产品荣获深圳市科技进步一等奖1项，二等奖2项，三等奖1项。

张修凡先生　本公司模糊技术试验中心副主任兼电脑电控部副主任，男，36岁，中国国籍。1988年毕业于陕西机械学院机械制造工艺及设备专业，高级工程师。自1998年1月至1999年11月，任国营华北光学仪器厂电脑公司副总经理；1999年11月至2000年9月，任国营华北光学仪器厂电脑公司主任工程师；2000年9月，出任本公司北京研究所电控开发部部长；2001年任模糊技术试验中心副主任兼电脑电控部副主任。张修凡先生是我公司主产品电脑刺绣机自产系列电脑电控系统研制开发的核心成员之一，参与开发的GY09-1型电脑刺绣机荣获国家科技进步三等奖。

以上人员在招股说明书披露日至上市公告书刊登日期间没有变动。

(五)董事、监事、高级管理人员与核心技术人员的持股情况

本公司董事、监事、高级管理人员与核心技术人员均未直接或间接持有本公司股份。

七、同业竞争与关联交易

(一)同业竞争

本公司成立时，华北光学已将其本部、全资子公司与电脑刺绣机的研发、生产、销售业务有关的生产经营性资产全部投入本公司，不再从事与电脑刺绣机有关的业务，与本公司不存在同业竞争。

本公司的其他股东均不从事与本公司相同或相似的业务，因此与本公司也不存在同业竞争。

(二)关联交易

本公司自成立以来的关联交易情况如下表列示：

关联方向本公司提供的产品及劳务	2000年9-12月		2001年度	
	交易金额(元)	占同期同类业务的比例(%)	交易金额(元)	占同期同类业务的比例(%)
综合服务	849,405.59	-	2,235,932.65	2.06
土地房屋租赁	-	-	794,665.00	5.06
受让股权	-	-	1,400,000.00	-
担保事项	85,000,000.00	75,000,000.00		

关联方向本公司提供的产品及劳务	2002年度	
	交易金额(元)	占同期同类业务的比例(%)
综合服务	1,763,616.72	1.61
土地房屋租赁	2,383,995.00	11.42
受让股权	-	-
担保事项		

1、综合服务

从2001年4月起，华北光学为本公司提供的综合服务内容主要为零件加工服务。

2、土地房屋租赁

项目名称	出租方	承租方	签署时间	期限
土地租赁	华北光学	本公司	2001/4/16	20年
房屋租赁	华北光学	本公司	2001/8/10	20年

项目名称	年租金(万元)	位置
土地租赁	22.0825	中关村科技园丰台园
房屋租赁	216.317	中关村科技园丰台园

3、受让股权

2001 年 3 月,本公司共出资 140 万元,分别受让华北光学和大田线带持有的温州市达美电脑机械有限公司(以下简称"温州达美")的 60%和 10%的股权。

4、担保事项

截至 2002 年 12 月 31 日,华北光学共为本公司 7,500 万元银行借款提供担保。

(三)规范关联交易的制度安排

本公司为规范关联交易行为,制订了《关联交易决策制度》,并且在《公司章程》和《董事会议事规则》中对关联交易的审批作了明确的规定。

(四)律师、主承销商、申报会计师、独立董事的意见

1、律师认为:双方签定的综合服务协议,遵循了等价有偿、公平、公正原则,交易价格公允;双方进行土地、房屋、建筑物租赁等关联交易均遵循了等价有偿、公平、公正原则,交易价格公允;上述关联交易不存在损害本公司及其他股东利益的情况;

2、主承销商认为:公司的关联方、关联关系及关联交易已全面披露,不存在损害发行人及中小股东利益的情形;公司目前只有小额的关联交易行为,在原材料供应及产品生产销售方面与各关联方不存在日常的和重大的关联交易行为;公司现有的关联交易决策程序合法有效,交易价格公允。

3、会计师认为:报告期内公司对关联交易的会计处理符合《关联方之间出售资产等有关会计处理问题暂行规定》的有关规定。

4、独立董事认为:本公司的关联交易的价格公允,交易的关联方未对拟实施的交易进行干预;进行交易未对本公司利益造成损害;已发生的关联交易严格按照合同执行的;重大关联交易的实施是履行了法定批准程序的。

(五)关联交易对本公司财务状况和经营成果的影响

本公司上述关联交易对报告期利润总额不构成重大影响。

八、财务会计资料

本公司截止 2002 年 12 月 31 日的财务会计资料,已于 2003 年 6 月 16 日在《中国证券报》、《上海证券报》和《证券时报》刊登的《招股说明书摘要》中进行了披露,投资者欲了解详细内容,请查阅上述报纸或刊载于上海证券交易所网站(http://www.sse.com.cn)的本公司招股说明书全文。

(一)注册会计师意见

本公司已聘请北京中兴宇会计师事务所有限责任公司对本公司 2000 年 12 月 31 日、2001 年 12 月 31 日、2002 年 12 月 31 日的资产负债表及合并资产负债表, 2000 年度、2001 年度、2002 年度的利润表和合并利润表,2000 年 9-12 月、2001 年度、2002 年度的利润分配表和合并利润分配表,2002 年度的现金流量表和合并现金流量表进行了审计, 并出具了标准无保留意见的审计报告[中兴宇审字(2003)1016 号]。本部分引用的财务数据,非经特别说明,均引自经审计的会计报表。

(二)简要财务报表

1、简要合并资产负债表

单位:人民币元

项目	2002 年 12 月 31 日	2001 年 12 月 31 日	2000 年 12 月 31 日
货币资金	74,665,962.28	62,099,997.10	61,831,085.11
应收票据	2,551,500.00		
应收帐款	42,559,385.43	35,177,389.03	27,187,763.35
其他应收款	7,827,805.04	4,366,656.79	95,602.74
预付帐款	9,030,654.43	10,774,593.70	5,265,469.24
存货	50,916,916.09	43,950,883.80	42,098,193.32
待摊费用	424,037.95	436,000.23	127,029.82
流动资产合计	187,976,261.22	156,805,520.65	136,605,143.58
固定资产原价	97,451,747.12	87,004,760.44	56,060,061.77
减:累计折旧	35,290,221.97	30,555,594.63	25,841,089.35
固定资产净值	62,161,525.15	56,449,165.81	30,218,972.42
减:固定资产减值准备	415,530.45	415,530.45	-
固定资产净额	61,745,994.70	56,033,635.36	30,218,972.42
工程物资	936,429.08		
在建工程	211,076.50	2,048,170.80	13,635,052.70
固定资产合计	62,893,500.28	58,081,806.16	43,854,025.12
无形资产	7,645,132.74	7,621,808.05	7,747,100.00
长期待摊费用	3,649,250.55	4,091,583.95	653,333.33
无形资产及其他资产合计	11,294,383.29	11,713,392.00	8,400,433.33
资产总计	262,164,144.79	226,600,718.81	188,859,602.03
短期借款	32,380,000.00	32,380,000.00	32,380,000.00
应付票据	17,069,480.00		
应付帐款	23,088,609.79	21,797,370.31	16,542,124.25
预收帐款	2,398,567.96	371,269.10	4,503,360.26
应付工资	124,694.48	709,950.88	580,000.00
应付福利费	2,724,305.99	1,914,366.78	508,556.10
应付股利	-	-	1,000,000.00
应交税金	-616,795.45	1,397,233.79	-1,364,652.30
其他应交款	150,040.74	431,173.12	19,261.67
其他应付款	6,090,873.09	4,022,850.79	1,618,705.28
预提费用	-	-	83,937.10
一年内到期的长期负债	-	-	2,000,000.00
流动负债合计	83,409,776.60	63,024,214.77	57,871,292.36
长期借款	44,000,000.00	54,000,000.00	54,000,000.00
专项应付款	13,440,000.00	13,440,000.00	-
长期负债合计	57,440,000.00	67,440,000.00	54,000,000.00
负债合计	140,849,776.60	130,464,214.77	111,871,292.36
少数股东权益	704,258.35	702,064.61	
股本	50,000,000.00	50,000,000.00	50,000,000.00
股本净额	50,000,000.00	50,000,000.00	50,000,000.00
资本公积	22,383,248.73	22,383,248.73	22,383,248.73
盈余公积	11,045,372.22	6,010,238.14	1,121,012.18
其中:法定公益金	5,522,686.11	3,005,119.07	560,506.09
未分配利润	37,181,488.89	17,040,952.56	3,484,048.76
股东权益合计	120,610,109.84	95,434,439.43	76,988,309.67
负债及股东权益合计	262,164,144.79	226,600,718.81	188,859,602.03

2、简要合并利润表

单位:人民币元

项目	2002 年度	2001 年度	2000 年度
一、主营业务收入	219,361,501.11	190,106,805.24	146,699,332.20
减:主营业务成本	154,303,446.74	125,923,062.13	107,238,939.83
主营业务税金及附加	1,602,641.73	1,013,889.62	882,525.82
二、主营业务利润	63,455,412.64	63,169,853.49	38,577,866.55
加:其他业务利润	159,121.92	228,415.26	20,010.34
减:营业费用	12,843,929.33	14,752,679.58	10,515,696.49
管理费用	20,871,781.35	19,631,127.08	9,457,378.12
财务费用	4,844,294.53	4,450,415.69	1,762,753.17
三、营业利润	25,054,529.35	24,564,046.40	16,862,049.11
加:投资收益	-	-75,417.61	-
补贴收入	-	883,130.00	-
营业外收入	158,535.08	50,780.00	74,447.57
减:营业外支出	28,807.86	497,213.27	20,543.19
四、利润总额	25,184,256.57	24,925,325.52	16,915,953.49
减:所得税	6,392.42	344,809.31	4,741,880.24
少数股东权益	2,193.74	134,386.45	-
五、净利润	25,175,670.41	24,446,129.76	12,174,073.25

3、简要合并现金流量表

单位:人民币元

项　目	2002 年度
经营活动产生的现金流量净额	37,287,904.88
投资活动产生的现金流量净额	-8,654,132.42
筹资活动产生的现金流量净额	-16,067,807.28
现金及现金等价物净增加额	12,565,965.18

(三)最近三年的主要财务指标表

财务指标	2002 年	2001 年	2000 年
流动比率(倍)	2.25	2.49	2.36
速动比率(倍)	1.53	1.61	1.41
应收帐款周转率(次)	5.30	8.30	7.02
存货周转率(次)	3.24	2.93	2.47
资产负债率(%)	52.93	57.15	59.24
每股净资产(元)	2.41	1.91	1.54
研发费用占主营收入比例(%)	3.20	3.10	-
每股经营活动的现金流量净额(元)	0.75	0.58	-

九、其他重要事项

(一)自本公司股票首次公开发行日至本上市公告书公布之日,本公司严格依照《公司法》、《证券法》等法律法规的要求,规范运行,生产经营情况正常;所处行业、市场无重大变化;主要投入、产出物供求及价格无重大变化。

(二)自本公司股票首次公开发行日至本上市公告书公布之日,本公司未进行新的重大对外投资,也无重大资产(股权)收购、出售行为。

(三)自本公司股票首次公开发行日至本上市公告书公布之日,本公司住所未发生变更,无重大诉讼、仲裁案件,本公司会计政策未发生重大变动,本公司会计师事务未发生变动。

(四)自本公司股票首次公开发行日至本上市公告书公布之日,本公司未发生新的重大负债或重大债项发生变化。

(五)根据公司 2002 年度股东大会决议,本公司首次公开发行股票前剩余未分配利润由本次发行后的新老股东共享。

(六)依据《上海证券交易所股票上市规则》,本公司第一大股东已向上海证券交易所承诺,自本公司股票上市之日起 12 个月内,不转让所持有的股份,也不由本公司回购其持有的股份。

(七)本公司计划在本次股票发行后的第一个盈利年度即向全体股东派发股利一次,具体实施时间由本公司股东大会决定。

(八)除本公司招股说明书及摘要和本上市公告书披露的事项外,本公司无其它应披露而未披露的重要事项。

十、董事会上市承诺

本公司董事会承诺将严格遵守《中华人民共和国公司法》、《中华人民共和国证券法》、《股票发行与交易管理暂行条例》、《公开发行股票公司信息披露实施细则》和《上海证券交易所股票上市规则》等国家法律、法规和有关规定,并自股票上市之日起作到:

(一)本公司将真实、准确、完整、公允和及时地公布定期报告,披露所有对投资者有重大影响的信息,并接受中国证监会、证券交易所的监督管理;

(二)本公司在知悉可能对股票价格产生误导性影响的任何公共传播媒介中出现的消息后,将及时予以公开澄清;

(三)本公司董事、监事、高级管理人员和核心技术人员将认真听取社会公众的意见和批评,不利用已获得的内幕消息和其他不正当手段直接或间接从事本公司股票的买卖活动;

(四)本公司没有无记录的负债;

(五)依据《上海证券交易所股票上市规则》,本公司全体董事、监事将按照有关规定,在本公司股票上市后两个月内签署《董事(监事)声明及承诺书》并送达上海证券交易所备案。

十一、上市推荐人及其意见

(一)上市推荐人有关情况

上市推荐人:华龙证券有限责任公司

住　　所:甘肃省兰州市静宁路 138 号

法定代表人:张文武

电　　话:010-88086668

传　　真:010-88087880

经　办　人:范道远、李忠良、杨君华、蔡诗文、王融

(二)上市推荐人意见

本公司上市推荐人认为:本公司章程符合《中华人民共和国公司法》等有关法律、法规和中国证监会的规定。根据《中华人民共和国公司法》、《中华人民共和国证券法》、《股票发行与交易管理暂行条例》、《上海证券交易所股票上市规则》等国家有关法律、法规的规定,本公司符合上市条件。

本公司上市推荐人保证本公司的董事了解法律、法规、上海证券交易所上市规则及股票上市协议规定的董事的义务与责任,并协助本公司健全了法人治理结构,制定了严格的信息披露制度与保密制度。

本公司上市推荐人已对上市文件所载的资料进行了核实,确保上市文件真实、准确、完整,符合规定要求。本公司上市推荐人保证本公司的上市申请材料、上市公告书没有虚假、严重误导性陈述或者重大遗漏,对其承担连带责任。并保证不利用在上市过程中获得的内幕信息进行内幕交易,为自己或他人谋取利益。

本公司上市推荐人认为本公司的上市完全符合《中华人民共和国公司法》、《中华人民共和国证券法》、《股票发行与交易管理暂行条例》及《上海证券交易所股票上市规则》等国家有关法律、法规的规定。华龙证券有限责任公司作为本公司的上市推荐人,特推荐本公司股票在上海证券交易所上市交易。

北京北方天鸟智能科技股份有限公司

二〇〇三年六月二十八日

河 南 瑞 贝 卡 发 制 品 股 份 有 限 公 司

河南瑞贝卡发制品股份有限公司股票上市公告书

第一节 重要声明与提示

本公司董事会保证上市公告书的真实性、准确性、完整性,全体董事承诺上市公告书不存在虚假记载、误导性陈述或重大遗漏,并承担个别和连带的法律责任。

根据《公司法》、《证券法》等有关法律、法规的规定,本公司董事、高级管理人员已依法履行诚信和勤勉尽责的义务和责任。

证券交易所、中国证监会、其他政府机关对本公司股票上市及有关事项的意见,均不表明对本公司的任何保证。

本公司提醒广大投资者注意,凡本上市公告书未涉及的有关内容,请投资者查阅 2003 年 6 月 20 日刊载于《中国证券报》、《上海证券报》、《证券时报》及《证券日报》的本公司招股说明书摘要,及刊载于上海证券交易所(www.sse.com.cn)网站的本公司招股说明书全文。

第二节 概 览

(一)股票简称:瑞贝卡
(二)沪市股票代码:600439
(三)深市代理股票代码:003439
(四)发行价格:10.40 元/股
(五)总股本:90,000,000 股
(六)可流通股本:24,000,000 股
(七)本次上市流通股本:24,000,000 股
(八)对首次公开发行股票前股东所持股份的流通限制及期限:按照现行法律规定,本次公开发行股票前本公司股东所持发起人股份暂不流通。
(九)首次公开发行股票前股东对所持股份自愿锁定的承诺:公司第一大股东--许昌县发制品总厂作了股份锁定承诺,承诺其所持有的本公司 5,280 万股法人股,自本公司股票上市之日起予以锁定,保证在三年内不转让、不质押;公司股东郑桂花也作了股份锁定承诺,承诺其所持有的本公司 66 万股自然人股,自本公司股票上市之日起予以锁定,保证在三年内不转让、不质押。
(十)上市地点:上海证券交易所
(十一)上市时间:2003 年 7 月 10 日
(十二)股票登记机构:中国证券登记结算有限责任公司上海分公司
(十三)上市推荐人:中信证券股份有限公司

第三节 绪 言

本上市公告书是根据《中华人民共和国公司法》、《中华人民共和国证券法》、《股票发行与交易管理暂行条例》、《公开发行股票公司信息披露实施细则》和《上海证券交易所股票上市规则》等国家有关法律、法规的规定,并按照中国证监会《公开发行证券的公司信息披露内容与格式准则第 7 号-股票上市公告书》的规定而编制,旨在向投资者提供有关河南瑞贝卡发制品股份有限公司的基本情况和本次股票上市的有关资料。

经中国证券监督管理委员会证监发行字[2003]62 号文核准,本公司于 2003 年 6 月 25 日利用上海证券交易所和深圳证券交易所交易系统,以向沪市、深市二级市场投资者定价配售的方式成功发行了 2,400 万股、每股面值 1.00 元的人民币普通股,发行价为每股人民币 10.40 元。

经上海证券交易所上证上字[2003]75 号文核准,本公司公开发行的 2,400 万股社会公众股将于 2003 年 7 月 10 日起在上海证券交易所挂牌交易。股票简称"瑞贝卡",沪市股票代码"600439"、深市代理股票代码"003439"。

本公司已于 2003 年 6 月 20 日在《中国证券报》、《上海证券报》、《证券时报》及《证券日报》上刊登了《招股说明书摘要》,招股说明书正文及其附录刊载于上海证券交易所网站(www.sse.com.cn),距今不足三个月,故与其重复的内容在此不再重述,敬请投资者查阅上述内容。

第四节 发行人概况

一、发行人的基本情况
1、中文名称:河南瑞贝卡发制品股份有限公司
英文名称:HENAN REBECCA HAIR PRODUCTS CO.,LTD
2、注册资本:66,000,000 元人民币(本次发行前)
90,000,000 元人民币(本次发行后)
3、法定代表人:郑有全
4、注册地址:河南省许昌市文峰南路 288 号
5、设立日期:1999 年 10 月 19 日
6、经营范围:生产、销售发制品系列产品,技术服务与贸易,本企业自产产品相关技术的出口业务。
7、所属行业:毛皮鞣制及制品业
8、邮政编码:461000
9、董事会秘书:陆新尧
10、电话:0374-5136699
11、传真:0374-5136567
12、网址:www.chinarebecca.com
13、电子信箱:Yansw@public2.zz.ha.cn
二、发行人的历史沿革

本公司前身为河南瑞贝卡发制品有限公司。发制品公司是 1993 年 3 月经许昌市外经委许外经贸字[1993]023 号文批准,由发制品总厂与新亚公司共同出资组建的中外合资企业,经河南省工商行政管理局登记注册,注册资本 180 万美元,其中许昌县发制品总厂出资 126 万美元,新亚公司出资 54 万美元,分别占注册资本的 70%和 30%。

1996 年 10 月经许昌市对外经贸局许外资字第(96)112 号文批准,发制品公司将注册资本调整为 142 万美元,其中发制品总厂出资 106.5 万美元,占注册资本的 75%,新亚公司出资 35.5 万美元,占注册资本的 25%。

1999 年 7 月,经许昌市外经贸局许外经贸字[1999]056 号文批准,新亚公司将其持有的发制品公司 25%的股权分别转让给发制品总厂、利达厂、新和公司、盛隆公司和自然人郑桂花。此次股权转让完成后,发制品公司由中外合资企业变更为内资企业,并在河南省工商行政管理局重新登记注册,注册号:豫工商企 4100001004888。发制品总厂、利达厂、新和公司、盛隆公司和郑桂花分别持有发制品公司 80%、10%、6%、3%和 1%的股权。

1999 年 10 月,经河南省人民政府豫股批字[1999]26 号文批准,发制品公司整体变更为本公司,1999 年 10 月 24 日在河南省工商行政管理局登记注册,领取了《企业法人营业执照》,公司注册资本为 6,600 万元,注册号:豫工商企 4100001004888,注册地:许昌市文峰南路 288 号,经营范围:生产、销售发制品系列产品,技术服务与贸易,本企业自产产品相关技术的出口业务。

2003 年 6 月 5 日,经中国证监会证监发行字[2003]62 号文批准,本公司于 2003 年 6 月 25 日以全部向二级市场投资者定价配售发行的方式成功地发行了人民币普通股 2,400 万股,每股面值 1.00 元,每股发行价格 10.40 元。此次发行成功后,本公司注册资本为 9,000 万元。

发行前后公司的股本结构如下:

股份类别	发行前		发行后	
	持股数量(万股)	持股比例(%)	持股数量(万股)	持股比例(%)
未上市流通股	6600	100	6600	73.33
发起人股份	6600	100	6600	73.33
其中:	0			
境内法人持有股份	6534	99	6534	72.60
自然人股	66	1	66	0.73
社会公众股			2400	26.67
合计			9000	100.00

三、发行人主要经营状况

1、发行人业务概况

本公司是国内较早从事发制品生产的企业,目前已发展成为国内最大的发制品企业之一。公司建立了比较完善的市场营销网络,技术水平和新产品开发能力在国内处于领先地位,公司拥有"瑞贝卡"注册商标,品牌知名度较高。公司 2000 年 1 月获得自营进出口权,产品主要销往国际市场,出口额逐年增加,2000 年出口额为 3,476 万美元,2001 年出口额为 3,980 万美元,2002 年出口额为 4,826 万美元。

2、发行人竞争优势与劣势

本公司具有以下竞争优势:

与国外发制品生产企业相比,公司产品拥有较优的性价比,市场竞争力较强。另外,公司拥有得天独厚的资源优势,在人发资源上拥有较强的控制力。

与国内企业相比,公司具有规模经济、营销网络健全、品牌知名度高、技术领先和新产品开发能力强等优势,综合竞争能力强,市场竞争优势明显。公司管理规范,质量管理水平尤为突出,是发制品行业唯一获得国家方圆认证委员会 ISO9002 国际质量体系认证的企业。

本公司的竞争劣势主要是:

公司自身劣势主要表现在高档发制品市场竞争力不强,与日本、韩国生产企业有一定的差距。

四、主要财务指标

请参阅本公告书"财务会计资料"部分的相关内容。

五、主要知识产权

本公司享有"瑞贝卡"注册商标的专有权,商标注册号为第 1093255 号,核定使用商品为第 26 类,有效期 10 年(自 1997 年 9 月 7 日至 2007 年 9 月 6 日)。另外,公司拥有的已经入账的非专利技术有三项,包括工艺发条生产技术、人发洗色号染色工艺技术和色发修补技术。

第五节 股票发行与股本结构

一、本次股票上市前首次公开发行股票的情况
1、发行数量:2,400 万股
2、发行价格:10.40 元/股
3、市盈率:20 倍
4、募股资金总额:24,960 万元
5、募股资金净额:23,956 万元
5、发行方式:全部向二级市场投资者定价配售
6、中签率:0.03917794%
7、发行费用总额及项目:本次股票发行费用共 1,004 万元,主要包括承销费用、律师费用、审计费用、发行手续费、审核费用等。
8、每股发行费用:0.42 元

二、本次股票上市前首次公开发行股票的承销情况

本次公开发行的 2,400 万股社会公众股的配号总数为 61,258,971,中签率为 0.03917794%。其中,二级市场投资者认购 23,768,282 股,其余 231,718 股由主承销商-中信证券股份有限公司包销。

三、本次上市前首次公开发行股票所募股资金的验资报告

岳华会计师事务所对本公司本次上市前首次公开发行股票募集资金出具了《验资报告》(岳总验字[2003]第 A017 号),摘录如下:

河南瑞贝卡发制品股份有限公司全体股东:

我们接受委托,审验了贵公司截至 2003 年 7 月 1 日止新增注册资本实收情况。按照国家相关法律、法规的规定和协议、章程的要求出资,提供真实、合法、完整的验资资料,保护资产的安全、完整是全体股东及贵公司的责任。我们的责任是对贵公司新增注册资本的实收情况发表审验意见。我们的审验是依据《独立审计实务公告第 1 号-验资》进行的。在审验过程中,我们结合贵公司的实际情况,实施了检查等必要的审验程序。

贵公司原注册资本为人民币 6600 万元,申请向社会公开发行人民币普通股(A 股)增加注册资本人民币 2400 万元,变更后的注册资本为人民币 9000 万元。经中国证监会证监发行字[2003]62 号文《关于核准河南瑞贝卡发制品股份有限公司公开发行股票的通知》核准,贵公司采用全部向二级市场投资者定价配售发行方式,向社会公开发行人民币普通股股票 2400 万股,每股面值为人民币 1.00 元,经主承销商与贵公司共同协商确定的发行价格为每股人民币 10.40 元(含发行手续费)。根据我们的审验,截至 2003 年 7 月 1 日止,贵公司实际已发行人民币普通股股票 2400 万股,应募集资金总额为人民币 249,600,000.00 元,扣除承销费、发行手续费等发行费用计人民币 10,042,083.46 元,募集资金净额为 239,557,916.54 元,其中实收股本人民币贰仟肆佰万元整(RMB 24,000,000.00 元),资本公积人民币贰亿壹仟伍佰伍拾伍万柒仟玖佰壹拾陆元伍角肆分(RMB 215,557,916.54 元)。

同时我们注意到,贵公司本次增资前的注册资本为人民币 6600 万元,已经岳华会计师事务所有限责任公司审验,并于 1999 年 10 月 15 日出具岳总验字[1999]第 010 号验资报告。截至 2003 年 7 月 1 日止,贵公司变更后的累计注册资本实收金额为人民币玖仟万元整 (RMB 90,000,000.00 元)。

本验资报告仅供贵公司此次申请变更登记及据以向股东签发出资证明时使用,不应将其视为是对贵公司验资报告日后资本保全、偿债能力和持续经营能力等的保证。因使用不当造成的后果,与执行验资业务的注册会计师及会计师事务所无关。

2、注册资本变更前后对照表
3、验资事项说明

岳华会计师事务所有限责任公司　　中国注册会计师　黄　宾
二零零三年七月一日　　中国注册会计师　范志伟

四、募股资金入账情况

1、入账时间:2003 年 7 月 1 日

2、入账金额:241,096,834.54 元

3、入账账号:1702029329200034536

4、开户银行:中国工商银行郑州市华信支行

五、发行人上市前股权结构及各类股东的持股情况

1、本公司上市前的股权结构:

股份类别	股份数额(万股)	占总股本比例(%)
发起人股	6,600	73.33%
社会公众股	2,400	26.67%
总股本	9,000	100%

2、上市前,本公司前十名股东持股情况

序号	股东名称	股份数额(万股)	占总股本比例(%)
1	许昌县发制品总厂	52,800,000	58.67
2	许昌市魏都利达发制品厂	6,600,000	7.33
3	许昌县新和工艺品有限责任公司	3,960,000	4.40
4	许昌县盛隆工艺有限责任公司	1,980,000	2.20
5	郑桂花	660,000	0.73
6	中信证券	231,718	0.26
7	天同 180 基金	49,000	0.05
8	融鑫基金	23,000	0.03
9	国元证券	19,000	0.02
10	国泰君安	15,000	0.02

第六节　董事、监事、高级管理人员及核心技术人员

本公司共有董事 9 人,监事 3 人,其他高级管理人员 5 人,核心技术人员 1 人,其简要情况如下:

一、董事

郑有全:男,中国籍,1954 年生,本科学历,高级经济师,第十届全国人大代表。1983-1989 年任小宫工艺厂厂长;1990-1993 年任许昌县发制品总厂厂长;1993-1999 年任河南瑞贝卡发制品有限公司董事长兼总经理;1999-2001 年 3 月任公司董事长兼总经理。现任公司董事长。

刘丁榜:男,中国籍,1963 年生,本科学历,经济师。1984-1993 年在许昌高等师范专科学校外语系任教;1993-1999 年任河南瑞贝卡发制品有限公司总经理助理;1999-2001 年 3 月任公司董事兼总经理助理。现任公司董事兼副总经理。

郑桂花:女,中国籍,1965 年生,大专学历,经济师。1984-1989 年任小宫工艺厂采购员;1990-1993 年任许昌县发制品总厂仓库主任;1994-1998 年任河南瑞贝卡发制品有限公司生产部经理;1999-2001 年 3 月任公司董事兼总经理助理。现任公司董事兼副总经理。

陆振盈:男,中国籍,1963 年生,高中学历,经济师。1984-1989 年任小宫工艺厂销售科长;1990-1992 年任许昌县发制品总厂生产厂长;1993-1998 年任河南瑞贝卡发制品有限公司董事;1999 年任盛隆公司董事长、总经理。现任公司董事。

陆新尧:男,中国籍,1958 年生,大专学历,经济师。1985-1999 年历任许昌县第二工业局科长、副局长;2000 年-2001 年 3 月任公司董事会秘书。现任公司董事兼董事会秘书。

武俊安:男,中国籍,1967 年生,大学学历,注册会计师、经济师。1988-1993 年任许昌县机电修造厂主管会计、财务负责人;1994-2000 年 1 月任兆峰陶瓷(河南长峰)外墙砖有限公司主管会计、财务部经理;2000 年 2 月至今任公司财务总监。

吕随启:男,中国籍,1964 年生,北京大学经济学博士,副教授。1989 年至今在北京大学经济学院工作,现任金融系副主任。现任公司独立董事。

王增强:男,中国籍,1954 年生,复旦大学经济学硕士。曾任华东石油地质局局长助理兼办公室主任、南方证券南京分公司副总经理、大鹏证券上海管理总部总经理、中信证券南京管理总部总经理,现任上海天元投资管理公司总经理。现任公司独立董事。

李心愉:女,1954 年出生,北京大学教授,博士生导师。现任北京大学经济学院财政系主任。现任公司独立董事。

二、监事

郑子彬:男,中国籍,1945 年生,初中学历。1990-1992 年任许昌县发制品总厂副厂长;1993-1999 年任河南瑞贝卡发制品有限公司总经理助理;现任公司监事会主席。

张天有:男,中国籍,1969 年生,大专学历,会计师。1988-1993 年任许昌市外贸包装公司会计;1994-1997 年任许昌县发制品总厂一分厂副厂长;1998-1999 年任河南瑞贝卡发制品有限公司生产管理中心经理助理;1999-2001 年 3 月任公司生产助理;现任公司监事兼工艺部经理。

冯彦生:男,中国籍,1969 年生,大专学历。1993-1995 年在许昌县实验中学任教;1995-1999 年任河南瑞贝卡发制品有限公司部门经理;1999-2001 年 3 月任公司假发部经理;现任公司监事兼假发部经理。

三、其他高级管理人员

郑有志:男,中国籍,1957 年生,高中学历。1981-1989 年任小宫工艺厂副厂长;1990-1992 年任许昌县发制品总厂副厂长;1993-1999 年任河南瑞贝卡发制品有限公司副总经理。1999-2001 年 3 月任公司副董事长兼副总经理。现任公司总经理。

刘丁榜:公司营销副总经理,具体介绍见本节第一部分"董事"。

郑桂花:公司生产副总经理,具体介绍见本节第一部分"董事"。

陆新尧:公司董事会秘书,具体介绍见本节第一部分"董事"。

武俊安:公司财务总监,具体介绍见本节第一部分"董事"。

四、核心技术人员

赵晓宇:男,中国籍,1975 年生,大专学历。1993 年-1995 年在郑州黄河科技大学理工学院就读;1995 年-1996 年在河南瑞贝卡发制品有限公司色发部实习;1996-1999 年在河南瑞贝卡发制品有限公司从事技术研究工作;1999 年至今任本公司技术部副经理。

赵晓宇进入本公司后,一直从事发制品生产工艺和技术的研究开发,在人发染色工艺技术的基础上,主持开发完成了双色、间色等特种色号等技术,目前正在组织色发自动化控制技术的研制、开发。

公司董事、监事及其他高级管理人员仅拥有中国国籍,均无第二国籍和海外居留权。

以上人员在招股说明书披露日至上市公告书刊登日期没有变动。

五、董事、监事、高级管理人员与核心技术人员的持股情况

(一)董事、监事及高管人员持有公司股份情况

1、个人直接持有

郑桂花为本公司发起人之一,持有本公司股份 66 万股,该股份未被质押或冻结。

2、通过企业持有

郑有全系本公司董事长,持有发制品总厂 100%的权益。发制品总厂是本公司第一大股东,拥有本公司 80%的股份。陆振盈系本公司董事,持有盛隆公司 95%的股权,盛隆公司持有本公司 3%的股份。发制品总厂和盛隆公司所持本公司股份未被质押或冻结。

3、家属持股

公司本次股票公开发行前,上述人员的父母、配偶及子女均不持有公司股份。

(二)董事、监事、高级管理人员及核心技术人员所持股份锁定的情况

公司第一大股东--发制品总厂作了股份锁定承诺,承诺其所持有的本公司 5,280 万股法人股,自本公司股票上市之日起予以锁定,保证在三年内不转让、不质押;公司股东郑桂花也作了股份锁定承诺,承诺其所持有的本公司 66 万股自然人股,自本公司股票上市之日起予以锁定,保证在三年内不转让、不质押。

第七节　同业竞争与关联交易

一、同业竞争

(一)与股东之间的同业竞争

本公司主营业务为工艺发条、化纤发等发制品的生产和销售,与发制品总厂、利达厂不从事相同或相似的业务,目前不存在同业竞争。

1、发制品总厂

发制品总厂从事对外投资及马尾、马鬃、猪鬃和化工(化学危险品除外)材料加工销售,与公司不存在同业竞争。

2、利达厂

利达厂主要从事档发业务,即人发的分档委托来料加工业务。档发是指把人发经过手工反复梳理,扎制成不同尺寸的发束,经过梳理的档发再经清洗、酸洗等复杂的工艺处理和深层次加工后,可以制成高附加值的人发制品,档发与发制品具有不同的客户群体和市场范围。利达厂主要接受香港地区的档发业务,具有较为固定的加工需求和特殊的客户来源,与公司业务不存在同业竞争。

(二)发起人协议中关于避免同业竞争的规定

《河南瑞贝卡发制品股份有限公司之发起人协议》规定,发起人各方保证避免与本公司同业竞争,与本公司有相同或相似业务的发起人保证与本公司从事的业务有不同的客户对象、不同的市场区域并逐步缩小规模,其他发起人不从事与本公司相同或相似的业务。

(三)竞争方的承诺

为避免将来可能出现的同业竞争,发制品总厂、利达厂及新和公司均已作出书面承诺,保证不开展、新设或拓展与发行人实际构成竞争的业务,不新设从事竞争性业务的子公司、附属企业。

二、关联方及关联方关系

根据中国证监会证监发 [2003]26 号文规定的范围,本公司目前存在的关联方及关联关系如下:

(一)持有本公司 5%以上股份的股东,即发制品总厂、利达厂、新和公司为本公司关联方。

(二)本公司直接或间接持有 20%以上股份的企业为瑞贝卡高科,本公司持有瑞贝卡高科 65%的股份,瑞贝卡高科为本公司关联方。瑞贝卡高科已于 2001 年 11 月 29 日注销,关联关系不再存在。

(三)本公司第一大股东发制品总厂持有上海祥瑞投资管理有限公司 90%的权益,上海祥瑞投资管理有限公司为本公司关联方。

(四)按照规定,本公司董事、高级管理人员在其中担任主要职务的企业也是本公司的关联企业。本公司独立董事王增强现为上海天元投资管理公司总经理,上海天元投资管理公司是本公司关联企业。

本公司与新亚公司之间在财务和经营决策中不存在能够直接和间接控制对方或向对方施加重大影响的股权关系、人事关系、管理关系及商业利益关系,公司与新亚公司不存在关联关系。

本公司实际控制人郑有全、郑有志和郑桂花保证,公司关联方及关联关系的披露真实、全面、准确,除上述关联方及关联关系外,没有其他应予披露的事项,并已作出书面承诺。

三、关联交易

关联交易

1、公司与关联方之间无采购、销售货物的交易。

2、担保情况

(1)发制品总厂为本公司向中国银行许昌分行 2002 年流字 016 号借款合同项下的短期借款提供连带责任保证方式担保,保证合同编号 2002 年保字 016 号,本公司已取得短期借款本金 244 万元,期限为 2002 年 6 月 28 日至 2003 年 6 月 28 日。

(2)发制品总厂为本公司向中国光大银行郑州分行借款与中国光大银行郑州分行签定编号光郑公司银行部 BSXC(2002)001 号最高额保证合同,所担保的最高授信额度人民币短期借款 5,000 万元整,本公司已取得编号为光郑公司银行部 DK(2002)003 合同项下的担保短期借款本金 700 万元,期限为 2002 年 6 月 18 日至 2003 年 6 月 18 日(该借款已于 2002 年 9 月 30 日归还);编号为光郑公司业务部 DK (2002)013 合同项下的担保短期借款本金 2,100 万元,期限为 2002 年 10 月 18 日至 2003 年 10 月 18 日。

(3)发制品总厂为本公司向中国银行许昌分行新许支行 2002 年流字 017 号借款合同项下的短期借款提供连带责任保证方式担保,保证合同编号 2002 年保字 017 号,本公司已取得短期借款本金 1,800 万元,期限为 2002 年 6 月 27 日至 2003 年 6 月 27 日。

(4)许昌县发制品总厂为本公司向上海浦东发展银行郑州分行编号为外 20020017 号借款合同项下的短期借款提供连带责任保证方式担保,保证合同编号外 20020017,本公司已取得短期借款本金 1,000 万元,期限为 2002 年 6 月 20 日至 2003 年 6 月 20 日。

3、公司与关联方资金往来

(1)其他应收款

公司近三年没有对关联方的其他应收款。

(2)其他应付款

关联方名称	2002 年 12 月 31 日	2001 年 12 月 31 日	2000 年 12 月 31 日
发制品总厂			5,350,000.00
新和公司			1,532,864.40
瑞贝卡高科			775,627.00

因采购原材料需要,公司 2000 年分 9 次从发制品总厂借入 23,709,797.88 元,2001 年上半年分 11 次从发制品总厂借入 11,115,937.12 元。

上述借款中,公司与发制品总厂共签订资金占用协议六份,先后有偿占用发制品总厂资金 2,953.5 万元,按照实际占用期限支付发制品总厂资金占用费 359,281.37 元。资金占用协议具体内容如下表:

期限	金额(万元)	月利率(‰)	付息方式
2000.09.05-2000.12.25	300	5.775	按季付息
2000.12.26-2001.01.26	400	5.775	按季付息
2000.12.26-2001.02.26	400	5.775	按季付息
2000.12.27-2001.03.20	960	5.775	按季付息
2001.01.30-2001.04.30	234.5	4.95	按季付息
2001.03.20-2001.05.10	659	4.95	按季付息

公司 2000 年分 8 次偿还 18,359,797.88 元,2001 年上半年公司分别以现金及债务重组方式偿还借款本息 16,465,937.12 元。

由于原材料采购需要占用较多流动资金,通过银行借款手续较为繁琐,周期较长,难以满足临时性的原材料采购资金需求,从便利角度考虑,公司向发制品总厂临时借入多笔资金。公司已经充分认识到这种拆借资金行为的不规范性,从 2001 年起已不再向发制品总厂拆借资金。

2000 年公司向新和公司临时借入 9,000,000 元,当期偿还 7,467,135.60 元,余款已于 2001 年上半年全部偿还。2000 年度,公司向瑞贝卡高科临时借入 920,000 元,当期偿还 144,373 元,余款已于 2001 年上半年全部偿还。

4、公司以债权抵偿发制品总厂债务的情况

许昌县民营企业资金互助会(下称"互助会")是一家经政府有关部门批准的民营企业间资金互助组织。公司于 1998 年拆借给互助会资金 591,209.42 元,1999 年拆借给互助会资金 400,000.00 元,2000 年拆借给互助会资金 1,230,000.00 元,2001 年 1-2 月拆借给 440,000.00 元。以上借款,互助会 1999 年归还 576,650.00 元,2001 年归还 200,000.00 元。截至 2001 年 2 月,互助会累计欠公司 1,884,559.42 元。

1998 年 4 月,公司因业务关系拆借给许昌豫中化工厂(现更名为许昌豫中化工有限公司)资金

300,000.00元。2000年4月,公司因业务关系拆借给许昌中亚集团造纸设备厂资金250,000.00元。

2001年3月20日,经公司董事会批准并经各方同意,公司将应收互助会、许昌豫中化工厂和许昌中亚集团造纸设备厂的债权2,434,559.42元以账面值转让给发制品总厂。

通过上述债务重组,公司减少了其他应收款,避免了坏账的风险,提高了资产质量。由于按账面值转让,没有产生债务重组收益或损失,对当期损益没有影响,对公司业务连续性没有不利影响。

(二)募集资金投资项目所涉及的关联交易

本次募集资金投资项目不涉及关联交易。

第八节 财务会计资料

一、会计报表编制基准及注册会计师意见

本公司已聘请岳华会计师事务所有限责任公司对本公司2000年12月31日、2001年12月31日、2002年12月31日的资产负债表,2000年度、2001年度、2002年度的利润表、利润分配表,2002年度的现金流量表进行了审计,注册会计师出具了标准无保留意见的审计报告。

二、简要会计报表

本公司简要会计报表反映了本公司的基本财务状况、经营成果和现金流量情况,本节中披露了本公司近三年的简要会计报表。若想详细了解本公司近三年的财务状况、经营成果和现金流量情况,请阅读本公司招股说明书附录。

简要资产负债表 单位:元

项目	2002/12/31	2001/12/31	2000/12/31
货币资金	20,247,359.10	6,502,864.45	10,933,537.76
应收账款	61,829,167.54	64,759,187.83	43,728,528.72
其他应收款	3,535,493.01	3,655,068.26	9,116,298.18
预付账款	1,426,960.25	41,553.39	2,187,487.03
应收补贴款	14,838,963.81	2,671,253.73	1,921,953.38
存货	193,567,887.78	147,661,869.55	131,255,764.96
待摊费用	145,368.98	105,338.79	
流动资产合计	295,591,200.47	225,397,136.00	199,143,570.03
长期股权投资	--	--	1,080,000.00
固定资产原价	50,024,851.67	39,214,059.39	28,067,252.62
减:累计折旧	8,495,914.02	6,734,700.72	5,327,248.87
固定资产净值	41,528,937.65	32,479,358.67	22,740,003.75
固定资产净额	41,528,937.65	32,479,358.67	22,740,003.75
在建工程	1,051,100.00	3,030,919.12	1,931,080.02
固定资产合计	42,580,037.65	35,510,277.79	24,671,083.77
无形资产	8,486,579.55	8,901,182.43	5,842,388.60
无形资产及其他资产合计	8,486,579.55	8,901,182.43	5,842,388.60
资产总计	346,657,817.67	269,808,596.22	230,737,042.40
短期借款	154,816,450.00	92,289,050.00	57,842,150.00
应付账款	12,651,283.12	3,625,268.86	2,419,053.68
预收账款	508,420.40	1,428,994.39	1,542,850.61
应付工资	1,904,744.52	2,224,887.97	1,759,545.33
应付福利费	2,276,519.89	3,505,626.30	2,426,604.25
应付股利	9,900,000.00	6,600,000.00	11,235,019.48
应交税金	4,296,403.42	-1,764,860.62	4,388,323.25
其他应付款	8,348,782.67	12,126,292.63	18,781,542.81
预提费用	--	279,922.50	119,895.00
一年内到期的长期负债	22,000,000.00	21,900,000.00	--
流动负债合计	216,702,604.02	142,215,182.03	100,514,984.41
长期借款	--	22,000,000.00	44,400,000.00
其他长期负债	--	--	--
长期负债合计	--	22,000,000.00	44,400,000.00
负债合计	216,702,604.02	164,215,182.03	144,914,984.41
股本	66,000,000.00	66,000,000.00	66,000,000.00
股本净额	66,000,000.00	66,000,000.00	66,000,000.00
资本公积	538,287.96	431,645.76	--
盈余公积	13,302,636.77	8,179,363.17	4,288,406.60
其中:公益金	4,434,212.27	2,726,454.40	1,429,468.87
未分配利润	50,114,288.92	30,982,405.26	15,533,651.39
股东权益合计	129,955,213.65	105,593,414.19	85,822,057.99
负债和股东权益合计	346,657,817.67	269,808,596.22	230,737,042.40

简要利润表 单位:元

项目	2002年	2001年	2000年
主营业务收入	393,104,921.84	324,509,158.15	285,030,510.44
减:主营业务成本	317,843,356.19	265,086,343.44	232,068,306.82
主营业务税金及附加	--	--	19,451.73
主营业务利润	75,261,565.65	59,422,814.71	52,942,751.89
加:其他业务利润	57,410.09	52,774.95	112,442.22
减:营业费用	4,486,413.07	3,475,532.66	2,846,217.92
管理费用	8,597,739.61	8,804,596.96	9,424,100.67
财务费用	10,928,270.04	7,404,651.70	7,859,781.84
营业利润	51,306,553.02	39,790,808.34	32,925,093.68
加:投资收益	--	-241,920.00	--
营业外收入	--	3,710.00	980.26
减:营业外支出	498,238.74	423,046.37	96,538.61
利润总额	50,808,314.28	39,129,551.97	32,829,535.33
减:所得税	16,653,157.02	13,189,841.53	10,778,318.71
净利润	34,155,157.26	25,939,710.44	22,051,216.62

简要现金流量表 单位:元

项目	2002年
一、经营活动产生的现金流量	
销售商品、提供劳务受到的现金	394,298,591.95
收到的税费返还	1,000,000.00
收到的其他与经营活动有关的现金	12,255,360.56
现金流入小计	407,553,952.51
购买商品、接受劳务支付的现金	347,626,338.03
支付给职工以及为职工支付的现金	38,828,771.05
支付的各项税费	11,614,546.19
支付的其他与经营活动有关的现金	8,579,957.29
现金流出小计	406,649,612.56
经营活动产生的现金流量净额	904,339.95
二、投资活动产生的现金流量	0
处置固定资产、无形资产和其他长期资产所收回的现金净额	34,500.00
现金流入小计	34,500.00
购建固定资产、无形资产和其他长期资产所支付的现金	9,921,209.63
现金流出小计	9,921,209.63
投资活动产生的现金流量净额	-9,886,709.63
三、筹资活动产生的现金流量	0
借款所收到的现金	199,776,120.13
收到的其他与筹资活动有关的现金	173,470.09
现金流入小计	199,949,590.22
偿还债务所支付的现金	159,148,720.13
分配股利、利润和偿付利息所支付的现金	17,168,895.28
支付的其他与筹资活动有关的现金	957,889.85
现金流出小计	177,275,505.26
筹资活动产生的现金流量净额	22,674,084.96
四、汇率变动对现金的影响	52,779.37
五、现金及现金等价物净增加额	13,744,494.65

三、主要财务指标

财务指标	2002/12/31	2001/12/31	2000/12/31
流动比率	1.36	1.58	1.98
速动比率	0.47	0.55	0.68
应收账款周转率	6.10	5.84	6.58
存货周转率	1.86	1.89	1.90
资产负债率(%)	62.51	60.86	62.81
每股净资产(元)	1.97	1.60	1.30
研究开发费用占主营业务收入比例(%)	0.56	0.40	1.56
每股收益(元)	0.52	0.39	0.33
净资产收益率(%)	26.28	24.57	25.69
每股经营活动产生的现金流量(元)	0.010	-0.103	0.025

2002年度主要指标

报告期利润	净资产收益率		每股收益(元)	
	全面摊薄	加权平均	全面摊薄	加权平均
主营业务利润	57.91	61.35	1.14	1.14
营业利润	39.48	41.82	0.78	0.78
净利润	26.28	27.84	0.52	0.52
扣除非经常性损益后的净利润	26.06	27.60	0.51	0.51

第九节 其他重要事项

(一)自本公司股票首次公开发行之日至本公司上市公告书公告之日,本公司严格依照现行有关法律、法规的规定规范运行,生产经营情况正常,所处行业和市场无重大变化,主要业务发展目标进展正常,主要投入、产出供求及价格没有发生重大变化。

(二)自本公司股票首次公开发行之日至本公司上市公告书公告之日,本公司没有进行重大对外投资行为,无重大资产(股权)收购、出售行为。

(三)2003年6月19日,经中华人民共和国商务部[2003]商合企证字第073号文批准,本公司投资25万美元在尼日利亚设立瑞贝卡时尚有限公司。

(四)自本公司股票首次公开发行之日至本公司上市公告书公告之日,本公司住所未发生变更。

(五)自本公司股票首次公开发行之日至本公司上市公告书公告之日,本公司董事、监事和高级管理人员没有尚未了结或可能发生的刑事诉讼事项;本公司未涉及任何重大诉讼事项或仲裁,亦无任何尚未了结或可能面临的重大诉讼或索赔要求。

(六)自本公司股票首次公开发行之日至本公司上市公告书公告之日,本公司重大会计政策和本公司聘请的会计师事务所均未发生变动。

(七)自本公司股票首次公开发行之日至本公司上市公告书公告之日,本公司未发生新的重大负债,并且重大债项未发生变化。

(八)本公司股票首次公开发行和股票上市前后税率无变化。

(九)根据《上海证券交易所股票上市规则》,本公司第一大股东许昌县发制品总厂已承诺:自本公司股票上市之日起三年内,不转让其持有的本公司股份,也不由上市公司回购本公司股份。

(十)自本公司股票首次公开发行之日至本公司上市公告书公告之日,没有其他应披露而未披露之重大事项。

第十节 董事会上市承诺

本公司董事会承诺将严格遵守《中华人民共和国公司法》、《中华人民共和国证券法》、《股票发行与交易管理暂行条例》、《公开发行股票公司信息披露实施细则》和《上海证券交易所股票上市规则》等国家法律、法规和有关规定,并自股票上市之日起作到:

一、承诺真实、准确、完整、公允和及时地公布定期报告,披露所有对投资者有重大影响的信息,并接受中国证监会、证券交易所的监督管理;

二、承诺本公司在知悉可能对股票价格产生误导性影响的任何公共传播媒介中出现的消息后,将及时予以公开澄清;

三、本公司董事、监事、高级管理人员和核心技术人员将认真听取社会公众的意见和批评,不利用已获得的内幕消息和其他不正当手段直接或间接从事发行人股票的买卖活动;

四、本公司没有无记录的负债。

依据《上海证券交易所股票上市规则》,本公司全体董事、监事将按照有关规定,在本公司股票上市后两个月内签署《董事(监事)声明及承诺书》并送达上海证券交易所备案。

第十一节 上市推荐人及其意见

一、上市推荐人情况

上市推荐人:中信证券股份有限公司

法定代表人:王东明

注册地址:深圳市罗湖区湖贝路1030号海龙王大厦

联系电话:021-68825188

传 真:021-68820388

联 系 人:赵丽峰、周扣山、葛绍政、洪毅恺、杨海、陈恺、李虎、顾晓春

二、上市推荐人意见

本公司上市推荐人认为本公司具备了《中华人民共和国公司法》、《中华人民共和国证券法》、《股票发行与交易管理暂行条例》、《公开发行股票公司信息披露实施细则》和《上海证券交易所股票上市规则》等有关法律、法规所规定的上市条件。

本公司上市推荐人保证本公司的董事了解法律、法规、上海证券交易所上市规则及股票上市协议规定的董事的义务与责任;本公司建立健全了法人治理结构,制定了严格的信息披露制度与保密制度。

本公司上市推荐人已对上市文件所载的资料进行了核实,确保上市文件真实、准确、完整,符合规定要求。保证本公司的上市申请材料、上市公告书没有虚假记载、误导性陈述或者重大遗漏,并保证对其承担相应的法律责任。本公司上市推荐人与本公司不存在关联关系,并保证不利用在上市过程中获得的内幕信息进行内幕交易,为自己或他人谋取利益。

本公司上市推荐人愿意推荐本公司股票在上海证券交易所上市交易。

宁夏赛马实业股份有限公司

宁夏赛马实业股份有限公司股票上市公告书

第一节　重要声明与提示

本公司董事会保证上市公告书的真实性、准确性、完整性,全体董事承诺上市公告书不存在虚假记载、误导性陈述或重大遗漏,并承担个别和连带的法律责任。

根据《中华人民共和国公司法》、《中华人民共和国证券法》等有关法律、法规的规定,本公司董事、高级管理人员已依法履行诚信和勤勉尽责的义务和责任。

证券交易所、中国证券监督管理委员会、其他政府机关对本公司股票上市及有关事项的意见,均不表明对本公司的任何保证。

本公司提醒广大投资者注意,凡本上市公告书未涉及的有关内容,请投资者查阅 2003 年 8 月 11 日刊载于《上海证券报》、《中国证券报》、《证券时报》的本公司招股说明书摘要,及刊载于上海证券交易所网站(http://www.sse.com.cn)的本公司招股说明书全文。

发本上市公告书同时刊登于上海证券交易所网站(http://www.sse.com.cn)。

第二节　概览

1、股票简称:赛马实业
2、沪市股票代码:600449
3、深市代理股票代码:003449
4、总股本:123,000,000 股
5、可流通股本:48,000,000 股
6、本次上市流通股本:48,000,000 股
7、发行价格:6.70 元/股
7、上市地点:上海证券交易所
8、上市时间:2003 年 8 月 29 日
9、股票登记机构:中国证券登记结算有限责任公司上海分公司
10、上市推荐人:海通证券股份有限公司
11、根据国家现有法律、法规和中国证券监督管理委员会(以下简称"中国证监会")证监发行字[2003]93 号《关于核准宁夏赛马实业股份有限公司公开发行股票的通知》的规定,本次公开发行 A 股股票前宁夏赛马实业股份有限公司(以下简称"发行人"、"本公司"、"股份公司"或"公司")所有股东持有的国有股暂不上市流通。

12、本公司第一大股东宁夏赛马水泥(集团)有限责任公司作出承诺:自本公司上市起 12 个月内,不转让其所持有的本公司股票,也不由本公司回购其所持有的本公司股票。

第三节　绪言

本公司首次公开发行股票上市公告书是根据《中华人民共和国公司法》(以下简称"《公司法》")、《中华人民共和国证券法》(以下简称"《证券法》")、《股票发行与交易管理暂行条例》、《公开发行股票公司信息披露实施细则》和《上海证券交易所股票上市规则》等国家有关法律法规的规定,并按照中国证监会《公开发行证券的公司信息披露内容与格式准则第 7 号———股票上市公告书》要求编制的,旨在向投资者提供有关本公司及其股票上市的基本情况。

经中国证监会证监发行字[2003]93 号文核准,本公司已于 2003 年 8 月 14 日采用全部向二级市场投资者定价配售方式成功发行了每股面值 1.00 元的人民币普通股股票 4,800 万股,发行价格为每股人民币 6.70 元。

根据上海证券交易所上证上字[2003]101 号《关于宁夏赛马实业股份有限公司人民币普通股股票上市交易的通知》,本公司 4,800 万股社会公众股将于 2003 年 8 月 29 日起在上海证券交易所挂牌交易,股票简称"赛马实业",沪市股票代码为 600449,深市代理股票代码为 003449。

本公司已于 2003 年 8 月 11 日分别在《上海证券报》、《中国证券报》、《证券时报》上刊登了招股说明书摘要,招股说明书全文及其必备附件可在上海证券交易所网站(http://www.sse.com.cn)查询。因招股说明书签署日为 2003 年 7 月 18 日,其中所引用的财务资料距今不足六个月,故与其重复的内容不再重述,敬请投资者查阅上述文件。

第四节　发行人概况

一、发行人基本情况
公司名称:宁夏赛马实业股份有限公司
英文名称:NINGXIA SAIMA INDUSTRY CO., LTD.
法定代表人:李永进
注册资本:123,000,000 元
成立日期:1998 年 12 月 4 日
公司住所:银川市西夏区新小线二公里处
经营范围:水泥制造、销售,水泥制品、水泥熟料、塑料管材、精细石膏的制造与销售
所属行业:非金属硬设备矿务制造业——水泥制造业
邮政编码:750021
电　话:0951-2085256
传　真:0951-2085256
电子信箱:saimasy@saimasy.com.cn
董事会秘书:武雄

二、发行人的历史沿革

发行人经宁夏回族自治区经济体制改革委员会批准,由宁夏赛马水泥(集团)有限责任公司("集团公司")作为主发起人,以其有关水泥生产经营的资产作为出资,联合宁夏回族自治区水利制管厂(现改制变更为宁夏青龙管道有限公司)、宁夏新材房地产开发有限公司、宁夏宁河民族化工股份有限公司(现更名为宁夏英力特化工股份有限公司)、中国建筑材料西北公司(均以现金出资)于 1998 年 12 月 4 日共同发起设立。公司自成立至 2003 年 8 月 14 日发行前无股权变化。

三、发行人的主要经营情况

(一)公司主营业务范围及主要产品

公司主营业务范围是:水泥制造、销售,水泥制品、水泥熟料、塑料管材、精细石膏的制造与销售。

公司主要产品为"赛马"牌 32.5 级、42.5 级普通硅酸盐水泥。2000 年起公司下属控股公司还增加了塑料管材、精细石膏的制造与销售。

(二)发行人的优势与劣势

主要竞争优势如下:

1、宁夏市场容量相对较大

公司所在地区高标号水泥产量不能满足本地区基本建设的需要,而区外产品的进入又受到销售半径的制约,因此,较宽松的市场环境为公司发展壮大提供了条件。公司产品绝大多数供应宁夏市场,少量销往山西、内蒙古、甘肃、陕西等地。公司所在地银川地区 2003 年需水泥量约在 180 万吨左右,且每年以 7-8%的速度递增。随着国家加大对基础设施的投入,特别是西部大开发战略的实施,市场对水泥产品的需求将逐步增加。

2、生产规模和生产技术优势

宁夏共有水泥企业 23 家,总设计能力为 450 万吨/年,湿法旋窑、干法窑外分解窑及预热器窑等窑型的设计能力占 42.22%,立窑占 57.78%,采用较先进生产技术的旋窑生产企业只有 5 家,其余均为技术、装备落后的立窑企业,品种单一、质量档次低。根据国家六部委下发的文件,至 2005 年将淘汰直径在 2.2 米以下的机立窑,届时宁夏将减少水泥生产能力 78 万吨/年。公司水泥熟料生产能力达 85 万吨/年,生产技术主要为新型干法及湿法旋窑,无论在生产规模还是在生产技术方面,在所在市场上均具有明显优势。

3、政策优势

宁夏"九五"至"十五"水泥产业的结构调整目标为:贯彻"限制、淘汰、改造、提高"的方针,重点扶持本公司和青铜峡水泥(集团)有限公司,推进企业资产重组,对宁夏水泥企业实行联合、兼并和改造,壮大企业规模,形成核心竞争力。这一政策将有利于公司的发展。

4、品牌优势

公司生产的"赛马"牌水泥为宁夏名牌产品,主要产品"赛马"牌 32.5 级、42.5 级普通硅酸盐水泥已通过了中国水泥产品质量认证委员会的质量认证,出厂合格率一直保持 100%。

5、原料品位及储量优势

公司矿山所在地宁夏贺兰山脉水泥原材料石灰石的品位较高,所生产的水泥碱含量 0.42%,属西北地区最低,经中川机场的检测与使用,被西北民航管理局确定为水泥指定产品,同时也确立了赛马牌水泥的低碱优势。

公司拥有采矿权的石灰石矿山位于银川市贺兰山中段的套门沟,工业储量 8,908.2 万吨,设计圈定矿量 5,911.3 万吨,现保有矿量 5,500 万吨左右,可供使用 40 年。

主要竞争劣势:

1、本公司在本次发行之前均依赖银行贷款筹资,公司的发展存在受到资金瓶颈的约束,使得本公司生产规模的增长及经济效益的提高受到限制。

2、公司目前主要采用湿磨干烧和湿法旋窑技术生产水泥,与宁夏多数水泥企业以小型立窑生产水泥相比虽然具有产品质量高且稳定、污染小等优势,但生产成本较高,因此产品价格相对较高,在价格竞争中处于劣势。

(三)主要财务指标

公司的主要财务数据见第八节有关数据。

(四)享有的优惠政策

1、增值税优惠政策

根据宁夏回族自治区资源综合利用认定委员会宁资认[2000]01 号文和[2000]02 号文,公司生产的 32.5 级水泥被认定为资源综合利用产品,依据财政部、国家税务总局财税字[1995]44 号文及[1996]20 号文件,该产品可享受免增值税的优惠政策。经宁夏国家税务局宁国税(流)函发[2000]17 号文批准,公司本部自 2000 年 1 月 1 日起免征 32.5 级水泥的增值税;经宁夏国家税务局宁国税函[2001]147 号文批准,双鹿分公司自 2001 年 1 月 1 日起免征 32.5 级水泥的增值税。根据财政部国家税务总局财税[2001]198 号文和宁国税发[2002]76 号文,从 2002 年 1 月 1 日起,公司本部及双鹿分公司上述免征增值税的优惠政策改为即征即退的优惠政策。

根据宁夏回族自治区资源综合利用认定委员会宁资认[2002]1 号文,公司生产的 42.5 级水泥被认定为资源综合利用产品,根据财政部国家税务总局财税[2001]198 号文,该产品可以享受增值税即征即退的优惠政策。经宁夏国家税务局宁国税发[2002]165 号文批准,公司本部自 2002 年 4 月 1 日起,42.5 级水泥增值税享受即征即退的优惠政策。

2、所得税优惠政策

根据宁夏回族自治区资源综合利用认定委员会宁资认[2000]01 号文和[2000]02 号文,公司生产的 32.5 级水泥被认定为资源综合利用产品,依据财政部、国家税务总局财税字(94)001 号文,该产品可以享受所得税免税的优惠政策。经宁夏回族自治区地方税务局批准,公司本部及双鹿分公司 2000 年 1 月 1 日至 2004 年 12 月 31 日免征 32.5 级水泥的所得税。

根据宁夏回族自治区资源综合利用认定委员会宁资认[2002]1 号文,公司生产的 42.5 级水泥被认定为资源综合利用产品,依据财政部、国家税务总局财税字(94)001 号文,该产品可享受所得税免税的优惠政策。经宁夏回族自治区地方税务局宁地税函[2002]285 号文批准,公司 2002 年 1 月 1 日至 2006 年 12 月 31 日免征 42.5 级水泥所得税。

根据《国家税务局关于落实西部大开发有关税收政策具体实施意见的通知》(国税发[2002]47 号文)的精神,通过审核认定,宁夏回族自治区地方税务局宁地税发[2003]32 号文和银川市地方税务局银地税发[2003]94 号文批准,公司 2003 年所得税减按 15%的税率执行。

根据宁夏回族自治区地方税务局宁地税发 [2003]32 号文银川高新技术产业开发区税务局的退税批复,公司下属子公司-宁夏青龙塑料管材有限公司所得税从 2002 年起减按 15%的税率执行。

(五)主要知识产权

公司控股子公司宁夏赛马昊晶特种石膏有限公司拥有的卧式石膏反应釜,由宁科工[1999]028 号文确认为高新技术。

第五节　股票发行与股本结构

一、本次股票上市前首次公开发行股票的情况
1、发行数量:4,800 万股
2、发行价格:6.70 元/股
3、募股资金总额:32,160 万元
4、发行方式:全部向二级市场投资者定价配售
5、配售对象:持有沪市或深市已上市流通 A 股股票市值达 10,000 元或以上的二级市场投资者

6、发行费用总额及项目
单位:元

发行费用总额	承销费用	审计师费用	资产评估费用	律师费用	上网发行费用	审核费用	差旅费用
1,390.35	964.80	170	91	40	111.55	3	10

7、每股发行费用:0.29 元

二、本次股票上市前首次公开发行股票的承销情况

本次向二级市场投资者定价配售发行 4,800 万股社会公众股的配号总数为 72,937,933,中签率为 0.06580938%;二级市场投资者认购 47,568,488 股,其余 431,512 股由主承销商包销。

三、本次上市前首次公开发行股票募股资金的验资报告

验　资　报　告

武众会(2003)465 号

宁夏赛马实业股份有限公司全体股东：

我们接受委托，审验了贵公司截至 2003 年 8 月 20 日新增注册资本实收情况。按照国家相关法律、法规的规定和协议、章程的要求出资，提供真实、合法、完整的验资资料，保护资产的安全、完整是全体股东及贵公司的责任。我们的责任是对贵公司新增注册资本的实收情况发表审验意见。我们的审验是依据《独立审计实务公告第 1 号———验资》进行的。在审验过程中，我们结合贵公司的实际情况，实施了检查等必要的审验程序。

贵公司原注册资本为人民币柒仟伍佰万元整(¥75,000,000.00)，根据 2002 年 6 月 29 日贵公司 2001 年度股东大会决议和修改后章程的规定，申请通过向社会公开发行人民币普通股(A 股)增加注册资本肆仟捌佰万元整(¥48,000,000.00)，变更后的注册资本为人民币壹亿贰仟叁佰万元整(¥123,000,000.00)。经中国证券监督管理委员会"证监发行字[2003]93 号"文核准，同意贵公司向社会公众发行人民币普通股 4,800 万股。贵公司已于 2003 年 8 月 14 日以每股发行价格人民币 6.70 元，发行了每股面值 1.00 元的社会公众股 4,800 万股。经我们审验，截至 2003 年 8 月 20 日，贵公司已收到证券承销机构划转的社会公众股东认缴股款叁亿壹仟零捌拾叁万陆仟伍佰壹拾捌元玖角捌分(¥310,836,518.98，已直接扣除发行手续费¥1,115,481.02 和承销费¥9,648,000.00)，其中股本肆仟捌佰万元整(¥48,000,000.00)，资本公积贰亿伍仟玖佰陆拾玖万陆仟伍佰壹拾捌元玖角捌分(¥259,696,518.98)，其他发行费用叁佰壹拾肆万元整(¥3,140,000.00)。

同时我们注意到，贵公司本次增资前的注册资本为人民币柒仟伍佰万元整(¥75,000,000.00)，已经武汉中华会计师事务所审验，并于 1998 年 11 月 29 日出具了"武中会(1998)265 号"验资报告验证。截至 2003 年 8 月 20 日，变更后的累计注册资本实收金额为人民币壹亿贰仟叁佰万元整(¥123,000,000.00)。

本验资报告供贵公司申请变更登记及据以向股东签发出资证明时使用，不应将其视为是对贵公司验资报告日后资本保全、偿债能力和持续经营能力等的保证，因使用不当造成的后果，与执行本验资业务的注册会计师及会计师事务所无关。

附件：1.新增注册资本实收情况明细表

2.注册资本变更前后对照表

3.验资事项说明

武汉众环会计师事务所有限责任公司　　中国注册会计师　石文先

2003 年 8 月 20 日　　中国注册会计师　雷　闻

四、募股资金入帐情况

入帐时间：2003 年 8 月 20 日

入帐金额：310,836,518.98 元(募股资金扣除发行手续费及承销费后的余额)

入帐帐号：261034426

开户银行：银川市建行兴庆路支行

五、公司上市前股权结构及各类股东的持股情况

(一)公司本次上市前股权结构

股权类型	发行前		发行后	
	数量(万股)	所占比例%	数量(万股)	所占比例%
发起人股：				
国家股	6,975	93.00	6,975	56.71
国有法人股	525	7.00	525	4.27
社会公众股	0	0	4,800	39.02
合计	7,500	100.00	12,300	100.00

(二)公司前十名股东持股情况

股东名称	持股数量(万股)	持股比例(%)
集团公司	6,975	56.71
宁夏青龙管道有限公司	225	1.83
宁夏新材房地产开发有限公司	150	1.22
宁夏英力特化工股份有限公司	75	0.61
中国建筑材料西北公司	75	0.61
海通证券	44.05	0.36
天同 180	7.70	0.063
国泰君安	4.50	0.037
汉兴基金	4.50	0.037
融鑫基金	4.20	0.034

第六节　董事、监事、高级管理人员及核心技术人员

一、董事、监事、高级管理人员简况

1、董事会成员

李永进先生，董事长，1963 年出生，大学毕业，高级工程师。历任宁夏水泥厂设备科副科长、设备处处长、厂长助理、副厂长、集团公司副总经理。

朱国广先生，董事，1950 年出生，大专毕业，高级经济师。历任宁夏贺兰山农牧场队长、宁夏贺兰山农牧场建筑工程公司经理、宁夏新材房屋建筑开发公司党总支书记、副经理、经理；现任宁夏新材房地产开发有限公司董事长兼总经理。

杨万辉先生，董事、总经理，1958 年出生，大学毕业，高级经济师。历任宁夏水泥厂企业管理办公室副主任、主任、集团公司企业管理部部长、证券管理办公室主任等职；现兼任宁夏青龙塑料管材有限公司董事长。

焦彤英女士，董事、副总经理，1961 年生，大学毕业，高级政工师。历任宁夏水泥厂副厂长、集团公司副总经理等职。

尹自波先生，董事、副总经理，1968 年生，大学毕业，高级工程师、经济师。历任宁夏水泥厂矿山分厂副厂长、厂长、集团公司矿山分厂厂长、总经理助理兼企业管理部部长、副总经理兼企业管理部部长。

周春宁先生，董事、总会计师，1960 年出生，大专毕业，高级会计师。历任宁夏水泥厂财务处副处长、处长、集团公司财务部部长、总会计师。

武雄先生，董事、副总经理、董事会秘书，1967 年出生，大学毕业，工程师、经济师。历任宁夏水泥厂企业管理处副处长、集团公司企业管理部副部长、证券管理办公室副主任等职。

张志俊先生，独立董事，1937 年出生，高级会计师。曾取得中国注册会计师(具有从事证券相关业务资格)、中国注册资产评估师执业资格。历任宁夏汽车运输公司副总会计师、宁夏会计师事务所副所长、所长；现任宁夏美利纸业股份有限公司、西北轴承股份有限公司独立董事。

宋廷池先生，独立董事，1937 年出生，大学学历，教授级高级工程师。历任西北煤矿机械三厂副总工程师、厂长、西北煤矿机械总厂副厂长、厂长、宁夏回族自治区经贸委副主任、宁夏回族自治区党校兼职教授；现任西北轴承股份有限公司独立董事。

党玉松女士，独立董事，1950 年生，大专学历，经济师。历任宁夏回族自治区体改委企业处副处长，中国证券监督管理委员会银川特派员办事处副处长、调研员；现任宁夏沙湖旅游股份有限公司独立董事。

田家官先生，独立董事，1954 年生，硕士学历，经济学教授，硕士生导师。现任宁夏大学经济研究所所长。曾发表多篇学术论文及专著，获宁夏回族自治区及国家多项奖励。

2、监事会成员

毛德汝先生，监事会主席，1962 年出生，大专毕业，政工师。历任宁夏水泥厂党委办公室主任等职；现任集团公司党委工作部部长。

黄建忠先生，监事，1972 年出生，大学毕业，工程师。曾在集团公司企业管理部、证券管理办公室工作；现在本公司综合管理部工作。

蒋明刚先生，监事，1970 年出生，大专毕业，工程师。曾任集团公司办公室副主任；现任本公司办公室主任。

3、核心技术人员

罗雳先生，1964 年生，大学毕业，工程师。历任宁夏水泥厂化验室副主任、主任、集团公司技术质量部部长、总工程师；现任本公司技术质量部部长。

二、上述人员的其他情况

上述人员皆为中国国籍公民。截止本上市公告书签署日，除董事朱国广持有发起人宁夏新材房地产开发有限公司 54.5 万元股权(占该公司总股权的 1.817%)外，上述人员在本次发行前均未持有发行人及其关联企业的股份。

不存在其他与上述人员有控制关系的个人或法人持有本公司股份的情况。

第七节　同业竞争与关联交易

一、同业竞争情况

(一)公司与集团公司不存在同业竞争

本公司是由主发起人集团公司将其有关水泥生产的经营性资产经评估确认后作为出资，联合其他发起人(均以现金投入)共同发起设立的股份有限公司。本公司与集团公司及其控股公司不从事相同或相似业务，两者的业务性质、客户对象及产品市场等方面均不同，故不存在同业竞争。

(二)集团公司不竞争承诺

集团公司 1998 年 12 月 21 日出具的《同业竞争与关联交易承诺函》中承诺：集团公司将不从事同时亦促使集团公司所直接或间接控制的子公司、分公司、合营或联营公司不从事任何在商业上对本公司或其子公司、分公司、合营或联营公司有可能构成竞争的业务或活动。

二、关联方、关联关系及关联交易

(一)　关联方及关联关系

1.存在控制关系的关联方

关联方	关联关系
宁夏赛马水泥(集团)有限责任公司	母公司
宁夏青龙塑料管材有限公司	子公司
宁夏赛马昊晶特种石膏有限公司	子公司

2.不存在控制关系的关联方

关联方	关联关系
宁夏青龙管道有限公司	本公司股东
中国建筑材料西北公司	本公司股东
宁夏赛马集团工贸有限公司	同属集团公司
宁夏赛马汽车运输有限公司	同属集团公司
宁夏赛马集团机电装备有限公司	同属集团公司
宁夏赛马建材建设工程有限公司	同属集团公司
宁夏赛马物资经营有限公司	同属集团公司
宁夏赛马房地产开发有限公司	同属集团公司
宁夏赛马集团双鹿有限公司	同属集团公司

(二)关联协议及关联交易的定价

本公司成立后，拥有独立的产、供、销体系，同时因生产经营的需要与集团公司及其子公司之间在采购商品、销售货物、接受劳务、支付租金方面存在关联交易。

本公司已与相关关联方分别签定《生活区综合服务协议》、《机电维修及其他综合服务协议》、《土地租赁合同》、《注册商标无偿转让及使用许可合同》、《包装袋供应协议》、《房屋租赁合同》、《汽车运输综合服务协议》等关联交易协议，以规范双方在上述相互关系中的权利和义务。

上述关联交易中价格条款约定的基本原则是：依据国内外同类市场水平协商确定关联交易的价格。本公司股东大会在表决通过上述关联交易协议时，已严格履行了公司章程中有关的回避条款，同时，集团公司作出承诺：如集团公司与本公司发生或存在关联交易，将保证集团公司遵循公开的市场公平交易原则即正常的商业条款与本公司交易，以切实保障中、小股东的利益。上述关联交易的决策程序合法有效，本发行人律师已就此发表了专业法律意见。

本公司的董事会成员、监事会成员和高级管理人员目前皆与本公司无关联交易存在。

公司与关联方的关联交易情况详见招股说明书第七节的有关内容。

第八节　财务会计资料

一、报告期内的审计报告及简要财务报表

以下内容摘自武汉众环会计师事务所有限责任公司武众会(2003)437 号《审计报告》。该会计师事务所审计了本公司 2000 年、2001 年、2002 年及 2003 年 1–6 月的资产负债表和利润及利润分配表，以及 2002 年、2003 年 1–6 月的现金流量表，出具了标准无保留意见的审计报告。

1、简要合并资产负债表　　单位：元

资产	2003 年 6 月 30 日	2002 年 12 月 31 日
流动资产		
货币资金	34,750,656.64	33,242,403.46
短期投资		149,558.88
应收票据	8,214,000.00	2,003,054.16
应收帐款	79,744,565.64	65,260,417.45
其他应收款	4,407,828.97	3,045,086.03
预付帐款	8,429,816.20	3,592,118.91
存货	56,145,490.47	56,447,347.49
待摊费用	13,106.53	10,140.00
流动资产合计	191,705,464.45	163,750,146.38
固定资产		
固定资产原价	490,501,330.33	479,365,137.52
减：累计折旧	130,456,225.73	117,644,557.06
固定资产净值	360,045,104.60	361,720,580.46
减：固定资产减值准备	1,025,574.41	1,025,574.41
固定资产净额	359,019,530.19	360,695,006.05
工程物资	561,517.01	184,715.66
在建工程		
固定资产合计	359,581,047.20	360,879,721.71
无形资产及其他资产		
无形资产	1,012,500.00	1,087,500.00
长期待摊费用		
无形资产及其他资产合计	1,012,500.00	1,087,500.00
资产总计	552,299,011.65	525,717,368.09
流动负债		
短期借款	113,250,000.00	109,950,000.00
应付帐款	66,116,725.47	72,550,981.61
预收帐款	19,511,910.19	5,778,453.42
应付工资	124,329.57	89,974.28
应付福利费	4,450,641.26	4,001,663.34
应付股利		
应交税金	41,173.68	1,552,410.96
其他应交款	1,316,073.66	883,602.17

其他应付款	6,590,061.84	2,227,225.70
预提费用		
一年内到期的长期负债	11,800,000.00	15,100,000.00
流动负债合计	223,200,915.67	212,134,311.48
长期负债		
长期借款	136,000,000.00	136,000,000.00
专项应付款	5,138,850.73	4,811,506.73
长期负债合计	141,138,850.73	140,811,506.73
负债合计	364,339,766.40	352,945,818.21
少数股东权益	9,447,236.64	8,667,459.13
股东权益		
股本	75,000,000.00	75,000,000.00
股本净额	75,000,000.00	75,000,000.00
资本公积	25,300,017.14	25,300,017.14
盈余公积	12,945,611.04	12,945,611.04
其中:法定公益金	4,315,203.68	4,315,203.68
未分配利润	65,266,380.43	50,858,462.57
股东权益合计	178,512,008.61	164,104,090.75
负债及股东权益合计	552,299,011.65	525,717,368.09

资产	2001 年 12 月 31 日	2000 年 12 月 31 日
流动资产		
货币资金	89,251,360.57	61,744,254.83
短期投资		
应收票据	1,564,277.91	
应收帐款	46,742,538.51	39,297,770.24
其他应收款	4,755,668.57	5,175,019.86
预付帐款	5,666,469.49	10,340,801.88
存货	32,304,749.57	33,364,205.45
待摊费用	11,434.12	20,083.02
流动资产合计	180,296,498.74	149,942,135.28
固定资产		
固定资产原价	211,635,011.16	205,329,619.19
减:累计折旧	99,186,827.08	87,900,332.47
固定资产净值	112,448,184.08	117,429,286.72
减:固定资产减值准备		
固定资产净额	112,448,184.08	117,429,286.72
工程物资	63,865.66	202,532.67
在建工程	137,113,401.44	31,362,286.02
固定资产合计	249,625,451.18	148,994,105.41
无形资产及其他资产		
无形资产	1,237,500.00	1,387,500.00
长期待摊费用		453,829.40
无形资产及其他资产合计	1,237,500.00	1,841,329.40
资产总计	431,159,449.92	300,777,570.09
流动负债		
短期借款	132,170,000.00	95,510,000.00
应付帐款	30,386,325.10	32,898,331.67
预收帐款	2,799,665.78	6,137,001.78
应付工资	167,372.55	815,831.80
应付福利费	3,006,943.65	1,747,292.04
应付股利		22,500,000.00
应交税金	2,318,530.28	608,228.92
其他应交款	394,077.18	898,294.06
其他应付款	2,268,262.80	4,083,806.22
预提费用		74,500.00
一年内到期的长期负债	15,250,000.00	
流动负债合计	188,761,177.34	165,273,286.49
长期负债		
长期借款	95,100,000.00	16,800,000.00
专项应付款	1,891,543.40	
长期负债合计	96,991,543.40	16,800,000.00
负债合计	285,752,720.74	182,073,286.49
少数股东权益	6,624,820.76	5,195,736.23
股东权益		
股本	75,000,000.00	75,000,000.00
股本净额	75,000,000.00	75,000,000.00
资本公积	25,300,017.14	24,999,907.15
盈余公积	9,147,283.70	5,401,296.05
其中:法定公益金	3,049,094.57	1,800,432.02
未分配利润	29,334,607.58	8,107,344.17
股东权益合计	138,781,908.42	113,508,547.37
负债及股东权益合计	431,159,449.92	300,777,570.09

2、简要合并利润表　　　　单位:元

项目	2003 年 1-6 月	2002 年
一、主营业务收入	133,101,648.60	219,078,487.91
减:主营业务成本	88,207,437.32	136,481,612.18
主营业务税金及附加	1,279,140.61	1,644,844.48
二、主营业务利润	43,615,070.67	80,952,031.25
加:其他业务利润	344,433.56	672,746.23
减:营业费用	16,979,486.43	29,100,574.93
管理费用	10,717,352.10	19,085,898.17
财务费用	9,061,298.38	13,740,748.35
三、营业利润	7,201,367.32	19,697,556.03
加:投资收益	5,306.89	-441.12
补贴收入	8,297,276.38	14,211,435.91
营业外收入	5,665.00	26,358.00
减:营业外支出	275,675.77	1,443,786.64
四、利润总额	15,233,939.82	32,491,122.18
减:所得税	46,244.45	5,126,301.48
少数股东损益	779,777.51	2,042,638.37
五、净利润	14,407,917.86	25,322,182.33

项目	2001 年	2000 年
一、主营业务收入	165,627,758.01	133,387,391.07
减:主营业务成本	94,308,188.89	77,644,527.84
主营业务税金及附加	711,600.27	706,371.33
二、主营业务利润	70,607,968.85	55,036,491.90
加:其他业务利润	783,347.64	330,608.44
减:营业费用	25,894,524.74	19,377,128.19
管理费用	13,570,337.90	11,655,064.89
财务费用	8,572,796.35	3,743,569.78
三、营业利润	23,353,657.50	20,591,337.48
加:投资收益		
补贴收入	7,971,227.70	10,466,648.35
营业外收入	10,718.21	77,041.82
减:营业外支出	154,826.01	141,863.54
四、利润总额	31,180,777.40	30,993,164.11
减:所得税	4,778,441.81	2,039,868.10
少数股东损益	1,429,084.53	195,736.23
五、净利润	24,973,251.06	28,757,559.78

3、简要合并现金流量表　　　　单位:元

项目	2003 年 1-6 月	2002 年
经营活动产生的现金流量净额	23,923,382.09	39,301,839.72
投资活动产生的现金流量净额	-13,030,720.48	-96,701,421.91
筹资活动产生的现金流量净额	-9,384,408.43	1,390,625.08
现金及现金等价物净增加额	1,508,253.18	-56,008,957.11

二、主要财务指标

各项财务指标如下:

指标	2003 年 6 月 30 日(1-6 月)	2002 年	2001 年	2000 年
流动比率(倍)	0.86	0.77	0.96	0.91
速动比率(倍)	0.61	0.51	0.78	0.71
资产负债比率	65.39%	66.40%	65.49%	58.76%
应收帐款周转率(次)	1.84	3.91	3.85	4.20
存货周转率(次)	1.57	3.08	2.87	3.12
净资产收益率(全面摊薄)	8.1%	15.43%	17.99%	25.34%
每股净利(元)	0.19	0.34	0.33	0.38

注:公司每股净利以 7,500 万股为计算依据。

三、会计报表附注

有关本公司会计报表附注的详细内容,请查阅前述公开披露的招股说明书。

四、提请投资者注意,本公司未作 2003 年度盈利预测。

第九节　其他重要事项

本次股票发行后至上市公告书刊登前,本公司严格依照《公司法》、《证券　法》等法律法规的要求,规范运作,公司运行情况正常,在这一期间未发生可能对公司产生较大影响的其他重要事项,如:

1、公司主要业务发展目标没有发生变化,进展情况良好。

2、公司所处行业及市场无重大变化。

3、公司主要商品的供求及销售价格没有重大变化。

4、公司没有重大对外投资及资产(股权)收购与出售行为。

5、2003 年 8 月由于银川市对公司所在区进行更名,将"新市区"更名为"西夏区",公司住所由"银川市新市区新小线二公里处"变更为"银川市西夏区新小线二公里处。

6、公司未涉及重大诉讼、仲裁案件。

7、公司所执行的会计政策及负责审计的会计师事务所未发生变动。

8、公司未发生新的重大负债,原重大债项也未发生变化。

9、公司本次股票发行、上市前后的税负标准未发生变化。

10、公司 2001 年度股东大会决议,至本次发行前公司的滚存利润由发行后的新老股东共享。

11、本次发行后第一个盈利年度拟以现金分配股利,计划每股红利不低于每股净利的 40%。该项分配计划尚未经过董事会会议及股东大会审议。

12、根据《上海证券交易所股票上市规则》,公司第一大股东已向上海证券交易所作出承诺,自公司股票上市之日起 12 个月内,公司第一大股东不转让其持有的公司股份,也不由公司回购其持有的股份。

13、公司没有发生其他应披露的重大事项。

第十节　董事会上市承诺

本公司董事会承诺将严格遵守《公司法》、《证券法》等法律、法规和中国证监会的有关规定,并自公司股票上市之日起做到:

(一)承诺真实、准确、完整、公允和及时地公布定期报告,披露所有对投资者有重大影响的信息,并接受中国证监会、证券交易所的监督管理;

(二)承诺在知悉可能对股票价格产生误导性影响的任何公共传播媒介中出现的消息后,将及时予以公开澄清;

(三)公司董事、监事和高级管理人员将认真听取社会公众的意见和批评,不利用已获得的内幕消息和其他不正当手段直接或间接从事公司股票的买卖活动;

(四)公司没有无记录的负债。

第十一节　上市推荐人及其意见

一、上市推荐人

名　　称:海通证券股份有限公司

法定代表人:王开国

住　　所:上海市淮海中路 98 号金钟广场

联系电话:021-63756385

传　　真:021-63756458

联 系 人:张立　张应彪

二、上市推荐人的推荐意见

本公司聘请的上市推荐人海通证券股份有限公司(以下简称"海通证券")认为,本公司股票符合上市条件,并已向上海证券交易所出具了正式的《宁夏赛马实业股份有限公司 A 股上市推荐书》。其主要推荐意见如下:

海通证券认为,宁夏赛马实业股份有限公司具备了《公司法》、《证券法》及《上海证券交易所股票上市规则》等法律、法规所规定的上市条件。

海通证券保证宁夏赛马实业股份有限公司的董事了解法律、法规、上海证券交易所上市规则及股票上市协议规定的董事的义务与责任,并协助发行人健全了法人治理结构、制定了严格的信息披露制度与保密制度。海通证券已对上市文件所载的资料进行了核实,确保上市文件真实、准确、完整,符合规定要求,保证发行人的上市申请资料、上市公告书没有虚假、严重误导性陈述或重大遗漏,并保证对其承担连带责任。海通证券保证不利用在上市过程中获得的内幕信息进行内幕交易,为自己或他人谋取利益。

贵 研 铂 业 股 份 有 限 公 司

贵研铂业股份有限公司股票上市公告书

第一节 重要声明与提示

本公司董事会保证上市公告书的真实性、准确性、完整性，全体董事承诺上市公告书不存在虚假记载、误导性陈述或重大遗漏，并承担个别和连带的法律责任。

根据《公司法》、《证券法》等有关法律、法规的规定，本公司董事、高级管理人员已依法履行诚信和勤勉尽责的义务和责任。

上海证券交易所、中国证监会、其他政府机关对本公司股票上市及有关事项的意见，均不表明对本公司的任何保证。

本公司提醒广大投资者注意，凡本上市公告书未涉及的有关内容，请投资者查阅 2003 年 4 月 16 日刊登于《上海证券报》、《中国证券报》、《证券时报》的本公司招股说明书摘要，及刊载于上海证券交易所网站(www.sse.com.cn) 的本公司招股说明书全文。

本上市公告书刊登网址：www.sse.com.cn

第二节 概览

1、股票简称： 贵研铂业

2、沪市股票代码： 600459

3、深市代理股票代码：003459

4、股本总额： 85,950,000 股

5、可流通股本： 40,000,000 股

6、本次上市流通股本：40,000,000 股

7、发行价格： 6.80 元/股

8、上市地点： 上海证券交易所

9、上市时间： 2003 年 5 月 16 日

10、股票登记机构： 中国证券登记结算有限责任公司上海分公司

11、上市推荐人： 长城证券有限责任公司

12、本公司公开发行股票前股东所持股份的流通期限及限制：根据国家现有法律、法规规定和中国证监会证监发行字［2003］32 号文《关于核准贵研铂业股份有限公司公开发行股票的通知》，本公司的国有法人股和法人股暂不上市流通。

13、本公司股票上市前第一大股东昆明贵金属研究所承诺：自本公司股票上市之日起 12 个月内，不转让其所持有本公司股份，本公司也不会回购其所持有的股份。

第三节 绪 言

本上市公告书是根据《中华人民共和国公司法》、《中华人民共和国证券法》、《股票发行与交易管理暂行条例》、《公开发行股票公司信息披露实施细则》和《上海证券交易所股票上市规则》等国家有关法律、法规的规定，并按照中国证监会《公开发行证券的公司信息披露内容与格式准则第 7 号--股票上市公告书》而编制。

经中国证监会证监发行字［2003］32 文核准，本公司于 2003 年 4 月 21 日采取 100%向沪市、深市二级市场投资者定价配售的方式成功发行了 4000 万股每股面值 1.00 元的人民币普通股，发行价为每股人民币 6.80 元。

经上海证券交易所上证上字［2003］33 号《关于贵研铂业股份有限公司人民币普通股股票上市交易的通知》批准，本公司公开发行的 4000 万股社会公众股将于 2003 年 5 月 16 日起在上海证券交易所挂牌交易。股票简称"贵研铂业"，沪市股票代码"600459"，深市股票代码"003459"。

本公司已于 2003 年 4 月 16 日在《上海证券报》、《中国证券报》、《证券时报》上刊登了《招股说明书摘要》，招股说明书正文及其附录可以在上海证券交易所网站(http://www.sse.com.cn)查阅。相关资料刊登距今不足三个月，故与其重复的内容不再重述，敬请投资者查阅上述内容。

第四节 发行人概况

一、发行人基本情况

1、公司名称：贵研铂业股份有限公司

英文名称：SINO-PLATINUM METALS CO.,LTD.(SPM)

2、注册资本：85,950,000 元

3、法定代表人：唐俊

4、成立时间：2000 年 9 月 25 日

5、注册地址：云南省昆明市二环北路核桃箐

邮政编码：650221

6、经营范围：贵金属(含金)信息功能材料、环保材料、高纯材料、电气功能材料及相关合金、化合物的研究、开发、生产、销售；含贵金属(含金)物料综合回收利用。工程科学技术及技术服务，分析仪器，金属材料实验机及实验用品，贵金属冶金技术设备，有色金属及制品；经营本单位研制开发的技术和技术产品的出口业务以及本单位自用的技术、设备和原辅材料的进口业务；进行国内、外科技交流和科技合作。

7、所属行业：C67 有色金属冶炼及压延加工业

8、电话：0871-5123338

传真：0871-5122422

电子邮箱：stock@sino-platinum.com.cn

9、董事会秘书：朱绍武

二、发行人的历史沿革及历次股权变动情况

1、发行人的历史沿革情况

贵研铂业股份有限公司是经云南省人民政府云政复(2000)138 号文批准，由昆明贵金属研究所(简称"贵研所")作为主发起人将与贵金属高纯材料和贵金属功能材料相关的经营性资产投入，联合云南铜业(集团)有限公司(简称"云南铜业")、红塔创新投资股份有限公司(简称"红塔创新")、云南烟草兴云投资股份有限公司(简称"烟草兴云")、中国有色金属工业技术开发交流中心(简称"有色中心")、国信证券有限责任公司(简称"国信证券")、昆明冶金研究院(简称"昆冶院")、云南力宇高新技术发展中心(简称"云南力宇")七家法人以发起方式于 2000 年 9 月 25 日设立的股份有限公司。公司注册资本为 4595 万元，法定代表人为唐俊，注册地址为云南省昆明市二环北路核桃箐。

公司设立时的总股本为 4,595 万股。 贵研所作为主发起人将经云南亚太会计师事务所有限公司(简称"亚太所")评估并经国家财政部审核的净资产 5,933.63 万元，按 65.053%的折股比例折为 3,860 万股，占总股本的 84.0044%。 其他各发起人均以现金出资，同比例折股，具体股权比例为：云南铜业和红塔创新分别持有 230 万股，分别占总股本的 5.0054%；烟草兴云持有 140 万股，占总股本的 3.0468%；有色中心持有 50 万股，占总股本的 1.0881%；国信证券持有 40 万股，占总股本的 0.8705%；昆冶院持有 25 万股，占总股本的 0.5441%；云南力宇持有 20 万股，占总股本的 0.4353%。上述股权设置方案经云南省财政厅云财企［2000］9 号文批复同意。 根据云南同舟会计师事务所有限公司(简称"同舟所")出具的云同会验字［2000］第 152 号验资报告确认，截止 2000 年 9 月 13 日，各发起人股东出资均已足额到位。

2000 年 9 月 20 日本公司在昆明市召开了创立大会暨首届股东大会，2000 年 9 月 25 日在云南省工商行政管理局注册登记，注册资本 4,595 万元。

由于证券公司拥有的非证券类资产应该依照有关法律法规和中国证监会的规定进行清理，国信证券于 2003 年 2 月 13 日与太原高科耐火材料有限公司签订转让协议，将其拥有的本公司的股份转让给该公司，有关变更登记手续已办理完毕。

2、股权变动情况

除国信证券依据有关规定转让股份外，本公司自设立以来股权结构未发生其他变化，亦未发生任何重大资产重组行为。

经中国证监会证监发行字【2003】32 号文核准，发行人于 2003 年 4 月 21 日以 100%向二级市场投资者定价配售发行方式成功地发行了人民币普通股 4,000 万股，每股面值 1.00 元，每股发行价 6.80 元。此次发行成功后，本公司的总股本为 8,595 万股，注册资本为 8,595 万元。

本次发行前后公司的股本结构：

股份类型	发行前		发行后	
	持股数量(万股)	持股比例(%)	持股数量(万股)	持股比例(%)
国有法人股	4535	98.7	4535	52.8
其他法人股	60	1.3	60	0.7
社会公众股	--	--	4000	46.5
合 计	4595	100.00	8595	100.00

目前各发起人持有的本公司股权不存在任何因被质押、诉讼等引致的纠纷或潜在纠纷。

三、发行人的主要经营情况

1、发行人业务构成

本公司主营业务为贵金属高纯材料和贵金属功能材料(包括：贵金属特种功能材料、贵金属信息功能材料、贵金属环境及催化功能材料) 的生产及销售。 公司 2002 年主营业务收入构成情况如下： 单位：元

	2002 年度	比例
一、高纯材料	107,682,011.15	49.31%
二、功能材料	110,686,573.97	50.69%
①特种功能材料	74,813,894.46	34.26%
②信息功能材料	16,684,494.32	7.64%
③环境及催化功能材料	19,188,185.19	8.79%
合 计	218,368,585.12	100%

2、发行人在产品、技术、人才等方面的竞争优势和劣势

作为我国唯一从事贵金属领域多学科综合性研究开发的重点科研院所--贵研所的控股子公司，本公司是从事贵金属高纯材料及系列功能材料研究、开发和生产经营的专业企业。本公司集新产品科研和产业化建设为一体，拥有一支以中国工程院院士为首的稳定的科研生产队伍，掌握着一系列贵金属高纯及功能材料生产的核心技术。公司产品涉及贵金属高纯材料、特种功能材料、信息功能材料、环境及催化功能材料四大类，300 多个品种，4000 余种规格，产品用户涵盖电子信息、航空、航天、船舶、汽车、生物医药、化学化工、建材、矿产冶金、环保能源等行业。公司在产品、技术、人才方面的竞争优势和劣势如下：

(1)产品优势：本公司利用贵研所几十年积累的贵金属领域的技术、管理及经营等人才优势和技术优势，加速了贵金属高纯材料和功能材料的发展，形成了产品的多元化、系列化优势。产品的品种多，规格全，涵盖的行业范围广；本公司主导产品的技术水平高，大部分属国内领先水平，部分产品达到国际先进水平。公司产品在国内外获得良好的信誉，某些产品已远销美国。2001 年，本公司通过了 ISO9001 质量认证体系，质量得到进一步保证。本公司产品得到客户的信赖和认可；由于本公司具有几十年的技术储备和人才优势，产品的升级、更新及新产品的研究开发得到强有力的技术支撑，使本公司的产品能满足不断变化的市场需求。

产品劣势：公司的生产符合"专、精、特、新"的要求，但部分产品的生产方式为单件小批量。由于受历史上长期的计划经济体制影响，过分强调了"以销定产"，未充分开拓市场，致使内部资源利用不充分，单项看多数产品的增值率高，但由于未达到应有的生产批量和经济规模，整体运作效率还需要提高。另一方面，对于市场需求增长快的产品，公司原有的生产能力又不能及时满足订货要求。在进入 WTO 后，面对众多具有雄厚实力和市场运作经验的外国厂商，需要尽快改变这种状况。

(2) 技术优势：贵研所近年来在贵金属高纯材料和功能材料方面先后完成国家级、省部级攻关项目和高新技术项目 200 多项，具有自主知识产权的专利技术 20 项，获国家和省部级科技进步奖 141 项，其中有些是独有的技术，在国内整个贵金属领域内技术储备雄厚。本公司成立时继承了其中多项科研成果；公司成立后，又自行开发研究取得一系列技术成果。目前公司(含控股子公司)拥有 12 项发明专利、16 项专利申请权和 15 项非专利技术、164 项非专利技术独占实施许可权，这些技术已覆盖了主营业务的所有领域。

公司生产的催化剂产品在美国福特汽车公司研究实验中心经 8 万公里老化后，整车排放转化率测试(CO+HC+NOx)≥90%；按中国的国家标准已达到我国将在 2004 年执行的标准(即欧洲Ⅱ号排放标准)。公司生产的热电偶的性能达到国际电工委员会(IEC)标准要求，测温材料被国家计量部门用于制作基准热电偶。本公司新近利用自主知识产权开发的新型催化网被国家科技部、税务总局、对外贸易经济合作部、质量技术监督局、环境保护总局联合列为国家重点新产品。微功耗催化传感器产品性能达到国际先进水平。公司的系列开发的电极、电阻、导体、焊接、介质、玻璃包封浆料能够适应电子工业不同元器件生产线的使用要求。

公司能够适应各种复杂情况和高质量地满足社会各方对贵金属高纯材料和功能材料开发的要求。公司与国内多所大学和科研院所进行经常性技术交流、开展产、学、研合作，并与 Heraeus、Degussa、田中株式会社、Johnson-Matthey 及 Ford 公司等国外著名贵金属公司有多种形式的技术合作关系。公司还承担着多项政府科技攻关项目，有很强的综合技术配套能力。

制约技术优势发挥的劣势-资产规模小：在国内贵金属材料行业中，本公司拥有一批先进的核心技术和一定的经济实力，但与国外同行业的大公司相比，资产规模相对较小，致使许多有核心技术且市场前景好、需求量大的产品缺乏产业化开发的经济实力，也使新技术和新产品研制开发及促进产品更新换代的投入受限。 资产规模小已成为公司实现跨越式发展的重大障碍。

(3)人才优势：公司员工中有中国工程院院士 1 人，贵金属博士生导师 4 人， 教授级高级工程师 11 名，博士 2 人，硕士 20 人，大专以上学历者占 80.37%；40 岁以下的中青年占 70%。公司人员的文化水平及人员年龄构成合理，具有较强的竞争优势。公司集中了贵金属冶金、材料、化学、化工、加工、分析检测和经营管理等多学科配套专业人才，不仅可以保证现有项目的顺利实现，而且十分有利于新产品、新技术的开拓和发展。

人才方面的竞争劣势如下：与本公司较强的研究开发力量相比， 营销队伍相对较弱，而优秀营销人员的培养需要一定的过程。 虽然目前本公司依靠自身的技术优势占领了一定的市场，但随着本公司各项高新技术产业化进程的加快，若本公司不能相应地建立起适应市场变化的营销队伍，

将面临高新技术产业化后市场开发不足的风险。

3、发行人近三年主营业务收入和利润情况

单位:人民币元

项目	2002 年度	2001 年度	2000 年度
主营业务收入	218,368,585.12	157,858,453.67	192,120,070.26
营业利润	15,362,581.89	14,046,016.17	14,188,465.50
利润总额	16,191,010.35	14,939,488.59	14,198,465.50
净利润	16,189,082.86	15,605,833.08	14,198,465.50

4、发行人拥有的主要知识产权、政府特许经营权和非专利技术

(1)发明专利、专利申请权及非专利技术:

截止到 2002 年 12 月 31 日,本公司(含控股子公司)共拥有下列 12 项发明专利、16 项发明专利申请权以及 15 项非专利技术,并广泛地应用于公司的生产经营活动中。

①发明专利

序号	发明专利名称	用途	专利号
1	大面积大功率器件硅片与钼散热垫板钎焊料	电子元器件	ZL96111892.X
2	生产贵金属或合金微异型丝或复合丝的拉拔模具	贵金属材料加工	ZL92111281.5
3	高强度软钎料铅基合金	电子元器件	ZL95105290.X
4	电接触材料金基合金	电子元器件	ZL98105040.9
5	铅阳极泥湿法酸浸前预处理方法	贵金属冶金	ZL96113177.2
6	气敏传感器用钌基电极浆料	传感器元件	ZL95100702.5
7	贵金属-稀土-过渡金属废气净化催化剂及其制备	机动车尾气净化	ZL92113298.0
8	内燃机排气净化贵金属催化剂及制备	机动车尾气净化	ZL92113299.9
9	弥散强化铜基电极合金	电子元器件	Zl98104885.4
10	工业有机废气净化催化剂及其制备方法	工业废气处理	Zl98118283.6
11	从碱性氰化液中萃取金的方法	贵金属冶金	Zl96117348.3
12	镍钴铁合金/铜复合材料生产方法	贵金属加工	Zl00101458.7

②、发明专利申请权:

序号	发明专利申请名称	用途	申请号
1	铜基合金电极材料	电子元器件	98104886.2
2	贵金属及其合金粉末的制备方法及装置	贵金属粉末	00104536.9
3	高频电磁感应熔炼用坩埚成型外套及制作方法	贵金属成型	99124523.7
4	电接触材料钯基合金及钯基复合触点	电子元器件	99127597.7
5	含稀土元素的钯-银-钌基合金材料	电子元器件	00119295.7
6	氨氧化催化剂用铂基合金及其制得的催化网	硝酸、化工	00122339.9
7	氧化锆系列陶瓷粉末生产方法	传感器制造	01111426.6
8	乌铜及其着色方法	装饰材料制备	01107390.X
9	一种铅阳极泥的处理途径及处理工艺	贵金属冶金	00102538.4
10	从含铂碘化银渣中回收银铂的方法	贵金属资源回收	00122340.2
11	二氧化硫废气的净化处理方法	工业废气处理	00136819.2
12	从熔炼捕集料中回收铂族金属的方法	贵金属资源回收	01122339.1
13	一种高纯度氯锇酸盐溶液制备方法	贵金属冶金	99115143.7
14	一种高纯度锇粉制备方法	电子元器件	99115144.5
15	银基电接触复合材料	电子元器件	02102972.5
16	铜基合金电真空触头材料及其制备方法	电子元器件	02108943.4

③、非专利技术

序号	非专利技术名称	用途	鉴定单位
1	新型 Cu/Pd 纤维复合材料的研究	电子元器件	国家有色局
2	高纯电子材料金镓合金研究	电子元器件	有色总公司
3	新型电接点材料-银锡铈合金的研究	电子元器件	有色总公司
4	气敏元件第三代新型 APP 电极引线研究	传感元器件	云南省科委
5	可燃性气体敏感元件用 APM(Al)合金电极引线研究	传感元器件	云南省科委
6	从等离子体熔炼捕集料中回收铂钯铑	贵金属冶金	有色总公司
7	从汽车废气净化失效催化剂中回收铂钯铑的研究	贵金属冶金	有色总公司
8	玻璃型厚膜细线金浆的研究	电子元器件	国家冶金部
9	低温焊接金浆	电子元器件	有色总公司
10	可燃性气体传感器 APM(AL)电极引线焊接专用金浆料的研究	传感元器件	云南省科委
11	汽车后窗钢化玻璃用电热印刷线银浆的研究	轿车工业	国家有色局
12	高效低成本单晶硅太阳能电池及其专用导电浆料国产化研究与开发的导电浆料	太阳能电池	云南省科委
13	圆片瓷介电容器用银浆的研究	电子元器件	有色总公司
14	稀土催化传感器	传感元器件	云南省经委
15	膜片开关用低温聚合物银浆研制	电子元器件	云南省科技厅

此外,根据本公司筹委会与贵研所于 2000 年 9 月 1 日签订的《非专利技术独占实施许可合同》,贵研所还将其所拥有的 164 项非专利技术以独占实施许可的方式无偿提供公司以及公司投资控股的单位独占使用,并且无使用期限制。

(2)商标

本公司成立后,已于 2001 年 7 月 17 日和 8 月 14 日分别委托云南省商标事务所办理申请注册商标的有关事宜,分别用于公司在国内外市场销售的贵金属及贵金属功能材料产品。云南省商标事务所已向国家工商局商标局上报本公司的商标注册申请。相关手续目前正在办理过程之中。

(3)特许经营权

A、根据国家外经贸部颁发的《中华人民共和国进出口企业资格证书》(进出口企业代码为 5300719499287),本公司可以经营本公司自产产品及技术的出口业务,代理出口将本公司自行研制开发的技术转让给其他企业所生产的产品,经营本公司生产所需原辅材料,仪器仪表、机械设备、零配件及技术的进口业务,进行国内、外科技交流和合作。

B、根据云南省经贸委云禁毒经贸字(SC01)第 004 号、云禁毒经贸字(JY01) 第 025 号、云禁毒经贸字(SY01)第 007 号的《云南省易制毒特殊化学物品许可证》,本公司可以生产、经营和使用部分特殊化学物品。上述特许证书有限期自 2001 年 11 月 19 日起至 2004 年 11 月 19 日止。

C、根据《昆明市特种行业治安许可证》(昆公特许字第 250 号),公司可以经营废旧收购稀贵金属。

5、发行人享有的税收优惠政策

依据国家税务总局国税发［1999］135 号通知和国科发政字［1999］143 号通知,以及云南省国家税务局云国税函［2001］ 333 号及昆明市国家税务局昆国税函［2001］337 号批复的规定,公司从 2000 年 9 月 1 日至 2004 年 12 月 31 日免征企业所得税,同期免征技术转让收入的营业税,免征科研开发自用土地的城镇土地使用税。

第五节 股票发行和股本结构

一、本次股票上市前公开发行股票的情况

1、发行数量:4,000 万股

2、发行价格:6.80 元/股

3、募集资金总额:27,200 万元

4、发行方式:100%向二级市场投资者配售

5、发行费用总额及项目:本次发行费用总额为 1260.2 万元,包括承销费用、审计费用、律师费用、发行手续费、审核费用等项目。

6、每股发行费用:0.32 元

二、本次股票上市前首次发行股票的承销情况

本次公开发行的 4,000 万股社会公众股的配号总数为 71,807,926 个,中签率为 0.05570416%。其中,二级市场投资者认购 39,592,053 股,其余 407,947 股由主承销商包销。

三、本次上市前首次公开发行股票募集资金的验资报告

天一会计师事务所有限公司对本公司本次上市前首次公开发行股票募集资金出具了《验资报告》(天一验字(2003)第(5)13 号),摘录如下:

贵研铂业股份有限公司:

我们接受委托,审验了贵公司截止 2003 年 4 月 25 日止新增注册资本实收情况。按照国家相关法律、法规的规定和协议、合同、章程的要求出资、提供真实、合法、完整的验资资料,保护资产的安全、完整是全体股东及贵公司的责任。 我们的责任是对贵公司新增注册资本的实收情况发表审验意见。我们的审验是依据《独立审计实务公告第 1 号--验资》进行的。在审验过程中,我们结合贵公司的实际情况,实施了检查等必要的审验程序。

贵公司原注册资本为人民币 45,950,000.00 元,根据中国证券监督管理委员会证监发行字［2003］ 32 号《关于核准贵研铂业股份有限公司公开发行股票的通知》,同意贵公司向社会公众发行 4000 万股人民币普通股。经贵公司和主承销商协商确定的发行价格为 6.80 元/股。

经我们审验,截止 2003 年 4 月 25 日止,贵公司已收到向社会募集的股款 259, 321,574.08 元(已扣除发行费用 12,678,425.92 元),其中:新增股本为 40,000,000.00 元,资本公积为 219,321,574.08 元。

同时我们注意到,贵公司本次新增前的注册资本为人民币 45,950,000.00 元, 已经昆明会计师事务所审验,并于 2000 年 9 月 18 日出具云同会验字(2000)第 152 号验资报告。截止 2003 年 4 月 25 日止,变更后的累计注册资本实收金额为 85,950,000.00 元。

本验资报告仅供贵公司申请变更登记及据以向股东签发出资证明时使用, 不应将其视为是对贵公司验资报告日后资本保全、偿债能力和持续经营能力等的保证,因使用不当所造成的后果,与执行本验资业务的注册会计师及会计师事务所无关。

天一会计师事务所有限责任公司　　中国注册会计师:黄俊

地址:中国北京　　中国注册会计师:魏勇

四、募股资金入帐情况

1、入帐时间:2003 年 4 月 25 日

2、入帐金额:262,897,709.08 元(募集资金扣除承销费和上网发行费后的余额)

3、入帐帐号:2502010309022100707

4、开户银行:中国工商银行云南省分行营业部

五、发行人上市前股权结构及各类股东的持股情况

1、本次股票上市前,本公司的股权结构

项目	股数(万股)	比例(%)
一、非上市流通股	45,950,000	53.4613
1.国有法人股	45,350,000	52.7632
2.其他法人股	600,000	0.6981
二、社会公众股	40,000,000	46.5387
总股本	85,950,000	100.00

2、前十名股东持股情况

股　东	持股数量(股)	持股比例
昆明贵金属研究所	38,600,000	44.9098
云南铜业(集团)有限责任公司	2,300,000	2.6760
红塔创新投资股份有限公司	2,300,000	2.6760
云南烟草兴云投资股份有限公司	1,400,000	1.6288
中国有色金属工业技术交流中心	500,000	0.5817
长城证券有限责任公司	407,947	0.4746
太原高科耐火材料有限公司	400,000	0.4654
昆明冶金研究院	250,000	0.2909
云南力宇高新技术发展中心	200,000	0.2327
久嘉证券投资基金	71,000	0.0826
合　计	46,428,947	54.0185

第六节　董事、监事、高级管理人员及核心技术人员

本公司董事、监事、高级管理人员、技术负责人及核心技术人员均为中华人民共和国国籍;相互之间不存在配偶关系、三代以内直系和旁系亲属关系;均未以任何方式持有公司的股票。上述人员承诺在其任职或工作期间,将遵守国家有关法律、法规及公司规章制度关于其维护本公司利益的规定。

唐俊先生,董事长,45 岁,研究生学历,副研究员。1987 年~1998 年曾在昆明工学院、昆明理工大学、红河卷烟厂工作,1998 年 2 月~2000 年 6 月在昆明理工大学任校办主任、高等职业技术教育学院院长等职。2000 年 6 月至今任昆明贵金属研究所副所长,兼昆明贵金属研究所金峰公司、昆明贵金属研究所金达经贸公司法人代表。

普乐先生,副董事长、总经理,45 岁,研究生学历, 在读博士生 , 高级工程师。1990 年 8 月~1992 年 2 月任贵研所党办副主任、党委秘书,1992 年 3 月~1993 年 3 月任贵研所试制开发处副处长,1993 年 4 月~1994 年 10 月任贵研所进出口贸易部副总经理,1994 年~2000 年 11 月任贵研所副所长,2000 年 9 月至今任本公司总经理。

孙加林先生,董事,45 岁,工学博士,教授,博士生导师。 曾在英国利物浦大学完成博士后研究,1989 年 10 月~1999 年 9 月曾任昆明理工大学教授、材料系主任、校长助理、校党委委员,1999 年 9 月至今任昆明贵金属研究所所长。2001 年 2 月起兼任昆明贵研催化剂有限责任公司董事长。

张大为先生,董事,56 岁,大学学历,教授级高级工程师。曾在东川矿务局落雪矿工作,1984 年~1989 年曾任昆明贵金属研究所科技处副处长、条件处副处长、第四研究室副主任兼后勤处处长,1990 年至今任昆明贵金属研究所副所长。

米兆襄先生,董事,58 岁,大学学历,教授级高级工程师 1980 年~1993 年曾任白银有色金属公司冶炼厂熔炼车间副主任、技术科科长、总工程师、厂长 , 1993 年~1999 年 8 月任白银有色金属公司副总经理。1999 年 9 月至今任云南铜业(集团)有限公司副总经理,兼任云南铜业科技发展股份有限公司董事长。

张晓飞先生,董事,50 岁,大学学历,高级经济师。1986 年~1993 年历任云南经济信息报副主编、云南省计委办公室副主任、云南省经济研究所副所长 , 1993 年~1999 年 9 月任云南烟草兴云股份有限公司经营部、投资管理部部长,1999 年 9 月至今任云南烟草兴云投资股份有限公司副总经理。

石伟女士,董事,32 岁,研究生学历,工程师。1996 年~1999 年曾任北京市第二建筑工程公司工程师、北京中和会计师事务所评估师等职。1999 年至今任红塔兴业投资有限公司投资银行部副总

经理,并兼任红塔创新投资股份有限公司监事、中山医科大学达安基因股份有限公司监事会召集人、上海杰隆生物工程股份有限公司监事会召集人、深圳市国电南思系统控制工程公司监事。

何天淳先生,独立董事,49岁,工学博士,教授,博士生导师。1988年9月在德国弗莱贝格矿业学院获得博士学位、1994年在德国卡尔斯鲁厄大学从事博士后研究,1995年~1998年历任昆明理工大学教务处处长、校长助理、副校长等职。1999年至今任昆明理工大学校长,同时兼任云南铜业股份有限公司独立董事。

杨锡麒先生,独立董事,59岁,中专学历,高级会计师,注册会计师(非执业)。1983年至1989年历任中国有色金属工业第十四冶金建设公司第一井巷公司财务组长、财务科科长等职,1992年至今任中国有色金属工业第十四冶金建设公司财务审计处副处长。

2.公司监事

杨开明先生,监事会召集人,53岁,大学学历,高级政工师。历任云南一四三煤田地质勘探队子弟学校校长、队党委副书记兼纪委书记、云南煤田地质局党委宣传部部长、云南一九八煤田地质勘探队党委书记、云南大学附中副校长等职。1992年~1994年贵研所办公室主任,1994年至今任贵研所党委副书记、书记。

赵国健先生,监事(职工代表)、核心技术人员,56岁,大学学历,教授级高级工程师。1987年~1996年曾任贵研所科技处副处长、处长,1996年1月~2001年4月任所长助理。2001年5月至今本公司工会主席。主要的科研成果有"氯碱工业电解槽金属阳极含钯涂层的研制"、"导电滑环镀金与匹配电刷及其应用研究"及"铑电镀液"等。

何浩女士,监事,41岁,大学学历,会计师。1997年8月~2000年3月任贵研所计划财务处副处长,2000年3月~2000年9月任该所财务部副主任。2000年10月至今任贵研所财务部主任。

3.高级管理人员

普乐先生,总经理。简历如上所述。

钱琳先生,副总经理、技术负责人,46岁,在读工商管理硕士生,教授级高级工程师。1995年至2000年2月曾任贵研所科技处副处长、处长,2000年3月~2000年9月任所长助理、副所长等职。现兼任昆明贵研催化剂有限责任公司副董事长兼总经理。主要的科研成果有"弥散强化铂材料及坩埚的研制"、"Ag-Ni 纤维复合材料的研究"、"新型 Cu/Pd 纤维复合材料的研究"及"典型固溶型元素之金属纤维复合材料的界面研究"等。

侯树谦先生,副总经理,40岁,大学学历,高级工程师。1989年~1999年10月曾任贵研所办公室副主任、主任,1999年~2000年9月任催化剂产业办主任及副所长等职。
现兼任稀有金属公司副董事长。

朱绍武先生,董事会秘书,42岁,大学学历,高级工程师。1989年2月~1998年2月曾任贵研所第七研究室副主任、主任,1998年3月~2000年9月任分析测试室主任。

胥翠芬女士,财务负责人,32岁,大学学历,中国注册会计师、中国注册评估师。曾任滇黔贵石油勘探局天华公司财务总监,2000年11月至今先后任公司财务部副经理、经理。

4.核心技术人员

陈景先生,67岁,大学学历,研究员,中国工程院院士。长期在贵研所从事贵金属方面的科学研究工作。1973年~1984年任贵研所第一研究室副主任,1997年11月入选中国工程院院士,2000年10月至今任本公司首席研究员。主要的科研成果有"从二次铜镍合金提取贵金属新工艺"、"利用加压氢还原技术提纯铱的新方法"、"从粗氯铑酸溶液制取高纯铑的方法"及"从碱性氰化液中萃取金的研究"。

赵怀志先生,65岁,大学学历,研究员,博士生导师。1984年7月~1994年11月任贵研所所长,1994年11月~2000年9月任贵研所巡视员。2000年10月至今任本公司首席研究员。主要的科研成果有"银铈触头材料"、"新型电接点材料--银锡铈合金的研究"及"银钯基合金材料"等。

邓德国先生,60岁,大学学历,研究员,博士生导师。1992年9月~1994年11月任贵研所副所长,1994年12月~1999年7月任贵研所所长,1999年8月~2001年5月任贵研所巡视员。2000年10月任本公司首席研究员。主要科研成果有"玻纤漏板材料 Pt-Rh-Au 合金"、"含镉贵金属材料--银氧化镉材料无(微)冶金公害生产工艺技术"、"新型银基氧化物(AgSnO2)制备的研究"等。

陆跃华先生,44岁,博士,教授级高级工程师。1992年3月~1995年4月任贵研所第一研究室副主任,1995年4月~2000年9月任贵研所冶金工程部副主任。2000年10月至今任本公司高纯材料事业部经理。主要科研论文有"硫化亚铜与氧化亚铜交互反应动力学"、"锌浸出渣中有价金属综合回收工艺研究"、"用活性碳纤维(ACF)吸附金"及"高纯锇粉制备中溶剂萃取杂质元素的研究"。

秦国义先生,44岁,硕士,在读博士生,教授级高级工程师,国务院特殊津贴专家。现任本公司特种功能材料事业部经理。主要的科研成果有"掺杂银稀土合金电接触材料研究"、"银复合粉末材料研究"、"MQS2C 型气体敏感浆料"及"银基合金电接触材料"等十余项。

本公司与上述董事、监事、高级管理人员及核心技术人员之间没有签订借款、担保等协议。

上述董事、监事、高级管理人员及核心技术人员声明:除以上已披露的兼职情况外,均未在股东单位或股东控制的单位、本公司所控制的法人单位、同行业其他法人单位兼任其他职务。

第七节　同业竞争与关联交易

一、同业竞争

目前,本公司与一切直接、间接地控制公司或有重大影响的自然人、法人及其控制的法人单位不存在从事相同或相似产品的生产经营的情况。

为避免可能发生的同业竞争,贵研所已于2000年10月8日出具了贵所字[2000]第64号文《关于昆明贵金属研究所放弃和贵研铂业股份有限公司同业竞争及避免利益冲突的承诺函》。贵研所承诺:(1)贵研所将经亚太所评估,并由国家财政部财企[2000]158号文确认的资产(包括有关工业产权及非专利技术等)全部投入到公司,公司已形成独立的产、供、销生产经营系统;(2)在任本公司股东期间,贵研所不再从事任何与公司构成竞争或可能构成竞争的业务,并愿意对违反上述承诺而给公司造成的经济损失承担赔偿责任;(3)贵研所承诺不利用控股股东的地位从事任何有损于公司利益的生产经营行为;(4)在任本公司股东期间,贵研所相关贵金属高纯及功能材料的研究成果在同等条件下本公司拥有优先独占使用及购买权。

贵研所控制的法人昆明贵金属研究所金峰公司和昆明贵金属研究所金达经贸公司均已出具了《避免同业竞争的承诺函》,承诺不从事或发展与本公司经营业务相同或相近似的业务或项目,不从事或发展与本公司相竞争或可能构成竞争的业务或项目。

此外,公司章程第七十三条规定:公司所从事的主营业务如与主发起人或股东(追溯至实际控制人)及其控制的企业法人或超过10%股权以上的股东(以下简称竞争方)相同或相似,应由股东大会审议避免同业竞争的措施。公司采取以下方式避免同业竞争:(1)针对存在的同业竞争,通过收购将相竞争的业务集中到公司;(2)竞争方将有关业务转让给无关联的第三方;(3)公司放弃与竞争方存在同业竞争的业务;(4)其他方式。

发行人律师认为:发行人与控制人及其控制的法人之间不存在同业竞争。

二、关联方与关联关系

1、根据中国证监会证监发[2001]41号文规定的范围,本公司存在的关联方及关联关系包括:

(1)公司的控股股东:贵研所。

(2)持有公司股份5%的其他股东,包括云南铜业、红塔创新。

(3)贵研所控股或参股的企业(本公司除外):昆明贵金属研究所金峰公司、昆明贵金属研究所金达经贸公司、昆明三成贵金属药业有限责任公司(正在办理注销手续)、昆明贵研催化剂有限责任公司和云南铜业科技发展股份有限公司。

(4)公司的控股子公司、参股公司:昆明贵研催化剂有限责任公司、云南开远金潭稀有金属有限责任公司

(5)其他关联方:云南开远金潭稀有金属有限责任公司(本公司参股公司,且本公司副总经理侯树谦任该公司副董事长)。

2、公司董事、监事、高级管理人员及核心技术人员在上述关联方单位任职情况见本上市公告书第六节"董事、监事、高级管理人员与核心技术人员"。

3、由于本公司是由贵研所作为主发起人,并联合其他七家企业发起设立,贵研所作为本公司的控股股东,与本公司具有实质性关联关系。

(1)本公司成立之初的主要管理人员、技术人员和生产经营人员基本来自贵研所。目前,本公司已与全体员工签订劳动合同,享有独立的人事权。本公司高级管理人员的任免均由公司董事会和股东大会通过合法程序决定。

(2)贵研所作为本公司控股股东,将根据《公司法》和《公司章程》的规定参加股东大会,以持股比例行使其职权。本公司按公司章程产生董事会、监事会和公司管理层,实行董事会领导下的总经理负责制。公司的日常生产经营活动和管理根据公司章程由总经理负责。

(3)目前公司尚租赁贵研所的土地使用权和房屋进行生产经营活动,并在综合服务、技术合作和合作投资开发项目、非专利技术独占许可等方面与贵研所存在一定的关联交易。上述关联交易均依据有关法律法规和公司内部规章制度的要求,履行了合法的程序,签订了关联交易合同。贵研所与本公司的关联交易均为必要、合理的,关联交易遵循了公平、公正、公开以及等价有偿的一般商业原则,并已充分披露。

三、主要关联交易

本公司与关联方就双方之间存在的关联交易分别签订了协议,协议中明确规定了双方的权利和义务,约定了有关关联交易项目、费用的确定及支付、违约责任等,保证了双方之间的关联交易遵循公正、公平、公开的原则。主要的关联交易包括:

1、公司与贵研所于2000年10月9日签定了《综合服务协议》,贵研所为公司提供生产经营和生活后勤等综合性服务,生产经营服务主要为:生产运输服务、设备维护维修服务、辅助材料的供应、保卫及工作区的物业管理。定价原则:①生产经营服务,按当时的公允市价收取费用,如无法按上述标准确定价格时,则按成本加上合理的管理费用或一定的毛利确定交易价格;②生活后勤服务,参照市场公允价格收取费用。

2、代收水电费协议

公司与贵研所于2000年10月9日签定了《代收水、电费协议书》,昆明贵金属研究拥有统一的供水供电设施,统一向自来水公司和供电局缴纳水电费,公司生产、生活所需的水、电由其代收,收费标准按自来水公司和供电局的收费标准执行。

3、房屋租赁协议

公司与贵研所于2001年10月26日签定了修改后的《房屋租赁合同》,租赁期从2001年1月1日起至2020年12月31日止共20年。租赁前2年,租金为每月每平方米1.5元,年租金为500,097.78元。2年后双方根据市场情况另行商定租金,并在以后每3年调整一次。

4、土地使用权租赁协议

公司与贵研所于2001年10月26日签定了修改后的《土地使用权租赁合同》,租赁期从2001年1月1日起至2020年12月31日止共20年。租赁前2年,租金为每年每平方米15元,年租金为264,796.65元。2年后双方根据市场情况另行商定租金,并在以后每3年调整一次。

5、技术开发协议

公司与贵研所于2000年10月8日签定了《技术开发协议》,协议约定双方根据对方的优势可相互委托对方或以合作开发的形式从事科研项目技术的开发,科研开发的经费、利用经费购置资产的权属等问题在开发具体项目时约定,研究开发的技术成果及知识产权归研究开发方,但委托方可无偿使用,特殊情况双方可对具体项目另行约定。

根据2000年本公司与昆明贵金属研究所签定的《技术开发协议》的规定,2001年5月10日,2001年12月20日,本公司与贵研所分别签定了编号为2001-BY01和编号为2001-BY02的《科研项目委托执行合同书》;2001年4月26日,贵研所与昆明贵研催化剂有限责任公司(子公司)签定了编号为2001-CH01的《科研项目委托执行合同书》;2002年贵研所与本公司签定了编号为2002-BY01(001-008)、2002-BY02(009)、2002-BY03(010-013)《科研项目委托执行合同书》;贵研所与昆明贵研催化剂有限责任公司签定了编号为2002-CH02(001-002)的《科研项目委托执行合同书》。

6、非专利技术独占实施许可合同

公司与贵研所于2000年9月1日签订了《非专利技术独占实施许可合同》,贵研所承诺将其拥有的164项非专利技术无偿提供给本公司独占使用。

7、委托承建合同

2000年10月,贵研所与本公司签定《委托承建合同》,根据合同,原由贵研所承担的国家重点工业性试验项目"铂族金属二次资源再生回收利用",因与项目有关的研究开发人员已进入本公司,为此贵研所委托本公司执行该项目的建设和试运行,国家和地方投入本项目的资金,由贵研所划转给本公司;贵研所同意在项目建成投产并通过国家验收后、经云南省计划委员会批准,即将项目资产及所形成的业务一并转让给本公司,同时承诺:本公司对该项目拥有排他性的优先购买权。

8、共同投资协议

昆明贵研催化剂有限责任公司系由本公司与云南烟草兴云投资股份有限公司及云南铜业科技股份有限公司等单位共同出资设立。2000年11月23日本公司与云南烟草兴云投资股份有限公司等单位签订了《共同组建昆明贵研催化剂有限责任公司出资协议书》,昆明贵研催化剂有限责任公司已于2001年2月9日成立,成立时注册资本4,770万元。2001年10月昆明贵研催化剂有限责任公司吸收昆明贵金属研究所作为新股东加入,增资600万元,有关各方于2001年9月28日签订了《昆明贵研催化剂有限责任公司增资扩股协议》,公司注册资本变更为5370万元。

9、购销合同

2000年度本公司与贵研所及其下属公司签定两份《购销合同》,向其采购铝粉、精铝等;

2001年度本公司与贵研所及其下属公司签定八份《购销合同》,向其采购贵金属合金原材料、贵金属化合物原材料等。本公司与贵研所及其下属公司签定两份《销售合同》,向其销售贵金属化合物产品、贵金属合金产品、贵金属粉末产品等。

2002年度本公司与昆明贵金属研究所签定了十四份《销售合同》,向其销售金片、银板、铂丝、银锭等产品;

2002年度本公司与昆明贵金属研究所签定了四份《购销合同》,向其采购铝粉、银片、氧化铝等原材料。

第八节　财务会计资料

本公司已聘请天一会计师事务所有限责任公司(简称"天一所")对本公司2000年12月31日、2001年12月31日和2002年12月31日的资产负债表,2000年度、2001年度和2002年度的利润表和利润分配表以及2001年度和2002年度的现金流量表进行了审计,天一所已出具了标准无保留意见的(2003)第(5)-12号《审计报告》。本部分引用的财务数据,非经特别说明,均引自经审计的会计报表。

一、最近三年的简要报表

简要合并资产负债表

单位:人民币元

项　目	2002.12.31	2001.12.31	2000.12.31
流动资产:			
货币资金	68,858,512.30	53,647,565.66	34,845,140.93
短期投资			
应收票据	5,720,000.00	4,627,335.00	1,792,800.00
应收股利			
应收利息			
应收帐款	10,914,382.19	12,567,802.96	9,388,391.77

其它应收款	2,991,706.72	2,176,314.99	2,732,201.13
预付帐款	98,289.21	329,888.81	4,474,842.35
应收补贴款			4,261,447.41
存货	53,177,851.82	66,557,370.22	57,244,491.80
待摊费用			
其他流动资产			
流动资产合计	141,760,742.24	139,906,277.64	114,739,315.39
长期投资：			
长期股权投资	87,500.02	37,500.00	
长期债权投资			
长期投资合计	87,500.02	37,500.00	–
合并价差	–7,676,199.05	–8,625,831.91	
固定资产：			
固定资产原价	40,467,868.63	26,320,345.51	24,846,625.61
减：累计折旧	15,758,285.42	14,028,892.59	12,109,278.31
固定资产净值	24,709,583.21	12,291,452.92	12,737,347.30
减：固定资产减值准备			
固定资产净额	24,709,583.21	12,291,452.92	12,737,347.30
工程物资	604,000.00	16,376,648.15	914,000.00
在建工程	51,040,803.50	39,672,071.62	337,877.77
固定资产清理			
固定资产合计	76,354,386.71	68,340,172.69	13,989,225.07
无形资产及其他资产：			
无形资产	14,404,288.04	8,251,585.37	
长期待摊费用	687,934.48		
其他长期资产			
无形资产及其他资产合计	15,092,222.52	8,251,585.37	–
递延税项：			
递延税款借项			
资产总计	225,618,652.44	207,909,703.79	128,728,540.46
流动负债：			
短期借款	47,000,000.00	48,000,000.00	13,000,000.00
应付票据	2,100,000.00		
应付帐款	2,661,061.95	3,659,089.45	2,802,275.77
预收帐款	12,617,089.22	8,766,751.74	8,344,414.58
应付工资		420,530.00	834,000.00
应付福利费	6,701,169.69	6,620,997.51	6,393,392.68
应付股利		9,117,411.99	
应交税金	1,144,300.04	293,863.99	417,912.40
其他应交款	31,478.28	19,792.89	11,659.49
其他应付款	13,126,522.58	12,113,778.64	10,989,833.81
预提费用	–	35,750.00	24,664.75
预计负债			
一年内到期的长期负债	8,015,246.00	3,005,717.25	
其他流动负债			
流动负债合计	93,396,867.76	92,053,683.46	42,818,153.48
长期负债：			
长期借款	–	8,015,246.00	11,021,689.25
应付债券			
长期应付款			
专项应付款	8,920,000.00	730,000.00	
其他长期负债			
长期负债合计	8,920,000.00	8,745,246.00	11,021,689.25
递延税项：			
递延税款贷项			
负债合计	102,316,867.76	100,798,929.46	53,839,842.73
少数股东权益	25,735,583.00	25,733,655.51	
股东权益：			
股本	45,950,000.00	45,950,000.00	45,950,000.00
减：已归还投资			
股本净额	45,950,000.00	45,950,000.00	45,950,000.00
资本公积	24,684,859.42	24,684,859.42	24,684,859.42
盈余公积	17,294,131.45	9,460,904.35	2,041,842.39
其中：法定公益金	1,801,472.03	985,510.87	212,691.92
未分配利润	9,637,210.81	1,281,355.05	2,211,995.92
股东权益合计	97,566,201.68	81,377,118.82	74,888,697.73
负债和股东权益总计	225,618,652.44	207,909,703.79	128,728,540.46

简要合并利润表

单位：人民币元

项　目	2002 年度	2001 年度	2000 年度
一、主营业务收入	218,368,585.12	157,858,453.67	192,120,070.26
减：主营业务成本	191,390,109.96	133,207,530.85	168,940,198.58
主营业务税金及附加	292,855.55	255,290.25	59,506.53
二、主营业务利润	26,685,619.61	24,395,632.57	23,120,365.15
加：其他业务利润	3,444,897.97	1,522,626.90	1,113,388.84
减：营业费用	1,960,314.97	1,015,852.90	1,164,127.41
管理费用	11,034,504.09	10,544,234.15	8,892,144.00
财务费用	1,773,116.63	312,156.25	–10,982.92
三、营业利润	15,362,581.89	14,046,016.17	14,188,465.50
加：投资收益	999,632.88	907,996.80	
补贴收入			
营业外收入	210.00	50.00	10,000.00
减：营业外支出	171,414.42	14,574.38	
四、利润总额	16,191,010.35	14,939,488.59	14,198,465.50
减：所得税			
减：少数股东损益	1,927.49	–666,344.49	
五、净利润	16,189,082.86	15,605,833.08	14,198,465.50

简要合并现金流量表

单位：人民币元

项　目	2002 年度	2001 年度
一、经营活动产生的现金流量：		
销售商品、提供劳务收到的现金	268,782,809.38	179,550,921.27
收到的税费返还	191,817.89	4,261,447.41
收到的其他与经营活动有关的现金	14,499,832.58	2,868,575.46
现金流入小计	283,474,459.85	186,680,944.14
购买商品、接受劳务支付的现金	208,727,360.09	157,173,730.31
支付给职工以及为职工支付的现金	12,726,850.98	7,955,718.18
支付的各项税费	3,018,202.14	2,673,087.67
支付的其他与经营活动有关的现金	10,098,256.06	3,781,975.47
现金流出小计	234,570,669.27	171,584,511.63
经营活动产生的现金流量净额	48,903,790.58	15,096,432.51
二、投资活动产生的现金流量：		–
收回投资所收到的现金	–	–
取得投资收益所收到的现金	–	–
处置固定资产、无形资产和其他长期资产所收回的现金净额		9,200.00
收到的其他与投资活动有关的现金	–	–
现金流入小计	–	9,200.00
购建固定资产、无形资产和其他长期资产所支付的现金	17,868,976.20	45,693,166.02
投资所支付的现金	–	–
支付的其他与投资活动有关的现金	–	–
现金流出小计	17,868,976.20	45,693,166.02
投资活动产生的现金流量净额	–17,868,976.20	–45,683,966.02
三、筹资活动产生的现金流量：		–
吸收投资所收到的现金		16,063,910.00
借款所收到的现金	30,000,000.00	61,000,000.00
收到的其他与筹资活动有关现金	–	–
现金流入小计	30,000,000.00	77,063,910.00
偿还债务所支付的现金	34,000,000.00	26,000,000.00
分配股利、利润或偿付利息所支付的现金	11,638,867.74	1,673,951.76
支付的其他与筹资活动有关的现金	185,000.00	–
现金流出小计	45,823,867.74	27,673,951.76
筹资活动产生的现金流量净额	–15,823,867.74	49,389,958.24
四、汇率变动对现金的影响	–	–
五、现金及现金等价物净增加额	15,210,946.64	18,802,424.73

第九节　其他重要事项

一、自公司股票首次公开发行日至本上市公告之日，本公司严格依照现行有关法律、法规的规定规范运行，本公司生产经营情况正常，主要业务发展目标进展正常；

二、自公司股票首次公开发行日至本上市公告之日，本公司所处行业和市场无重大变化；

三、自公司股票首次公开发行日至本上市公告之日，本公司主要投入、产出物供求及市场价格无重大变化；

四、自公司股票首次公开发行日至本上市公告之日，本公司没有进行新的重大对外投资，无重大资产(股权)收购、出售行为；

五、自公司股票首次公开发行日至本上市公告之日，本公司住所没有发生变更；

六、自公司股票首次公开发行日至本上市公告之日，本公司无重大诉讼、仲裁案件；

七、自公司股票首次公开发行日至本上市公告之日，本公司无重大会计政策变化；

八、自公司股票首次公开发行日至本上市公告之日，本公司无会计事务所变动；

九、自公司股票首次公开发行日至本上市公告之日，本公司没有发生新的重大负债，重大债项未发生变化；

十、根据公司第一届董事会第八次决议，本公司首次公开发行股票前剩余未分配利润由本次发行后新老股东共享；

十一、本公司股票上市前后税赋无变化；

十二、本公司计划在本次股票发行后的第一个盈利年度即向全体股东派发股利一次，具体实施时间由本公司股东大会决定；

十三、根据《上海证券交易所股票上市规则》，公司第一大股东已向上海证券交易所承诺，自发行人股票上市之日起 12 个月内，第一大股东不转让其持有的发行人股份，也不由上市公司回购其持有的股份；

十四、自公司股票首次公开发行日至本上市公告之日，没有其他应披露而未披露之重大事项。

第十节　董事会上市承诺

本公司董事会承诺将严格遵守《中华人民共和国证券法》、《中华人民共和国公司法》、《股票发行与交易管理暂行条例》、《公开发行股票公司信息披露实施细则》和《上海证券交易所股票上市规则》等国家法律、法规和中国证监会的有关规定，并自股票上市之日起做到：

一、承诺真实、准确、完整、公允和及时地公布定期公告，披露所有对投资者有重大影响的信息，并接受中国证监会、证券交易所的监督管理；

二、承诺本公司在知悉可能对股票价格产生误导性影响的任何公共传播媒介中出现的消息后，将及时给予公开澄清；

三、本公司董事、监事、高级管理人员和核心技术人员将认真听取社会公众的意见和批评，不利用已获得的内幕消息和其他不正当手段直接或间接从事本公司股票的买卖活动；

四、本公司没有无记录的负债。

第十一节　上市推荐人及其意见

一、上市推荐人情况

上市推荐人：长城证券有限责任公司

法定代表人：魏云鹏

住　　所：深圳市深南大道 6008 号特区报业大厦 16、17 层

联 系 电 话：0755-83516283

传　　真：0755-83516266

联 系 人：于春洪、周炜、王颖、谢立俊、张国连

二、上市推荐人意见

本公司上市推荐人认为：本公司章程符合《中华人民共和国公司法》等有关法律、法规和和中国证监会的规定。根据《中华人民共和国公司法》、《中华人民共和国证券法》、《股票发行与交易管理暂行条例》、《上海证券交易所股票上市规则》等国家有关法律、法规的规定，本公司符合上市条件。

本公司上市推荐人保证本公司的董事了解法律、法规、上海证券交易所上市规则及股票上市协议规定的董事的义务与责任，并协助本公司健全了法人治理结构、协助本公司制定了严格的信息披露制度和保密制度。

本公司上市推荐人已对上市文件所载的资料进行了核实，确保上市文件真实、准确、完整，符合规定要求。本公司上市推荐人保证本公司的上市申请材料、上市公告书没有虚假、严重误导性陈述或者重大遗漏，并保证对其承担连带责任。

本公司上市推荐人愿意推荐本公司股票在上海证券交易所上市交易，并保证不利用在上市过程中获得的内幕信息进行内幕交易，为自己或他人谋取利益。

杭州士兰微电子股份有限公司

杭州士兰微电子股份有限公司股票上市公告书

注册地址:杭州市黄姑山路4号
上市推荐人:华龙证券有限责任公司 光大证券有限责任公司
股票简称:士兰微
上市地点:上海证券交易所
上市日期:2003年3月11日
总股本:10102万股
可流通股本:2600万股
沪市股票代码:600460
深市代理股票代码:003460
本次上市流通股本:2600万股
股票登记机构:中国证券登记结算有限责任公司上海分公司

重要声明与提示

本公司董事会保证上市公告书的真实性、准确性、完整性,全体董事承诺上市公告书不存在虚假记载、误导性陈述或重大遗漏,并承担个别和连带的法律责任。

根据《公司法》、《证券法》等有关法律、法规的规定,本公司董事、高级管理人员已依法履行诚信和勤勉尽责的义务和责任。

上海证券交易所、中国证监会、其他政府机关对本公司股票上市及有关事项的意见,均不表明对本公司的任何保证。

本公司提醒广大投资者注意,凡本上市公告书未涉及的有关内容,请投资者查阅2003年2月19日刊载于《中国证券报》、《上海证券报》、《证券日报》和《证券时报》的本公司招股说明书摘要,以及刊载于上海证券交易所网站(www.sse.com.cn)的本公司招股说明书全文。

一、释 义

除非特别说明,在本上市公告书中,下列词汇具有如下特定含义:

公司、本公司、士兰微	指	杭州士兰微电子股份有限公司
公司章程	指	杭州士兰微电子股份有限公司章程
本次股票发行	指	公司本次公开发行2600万股人民普通股的行为。
本次上市	指	本公司公开发行的2600万股人民普通股在上海证券交易所上市交易的行为。
发起人境内自然人股	指	本次股票发行前陈向东、范伟宏、郑少波、江忠永、罗华兵、宋卫权、陈国华持有的本公司股份。
元	指	人民币元
中国证监会	指	中国证券监督管理委员会
芯片或集成电路	指	集合多个电子装置(电阻、电容、晶体管等),利用半导体技术生产的电路。
芯片制造	指	在圆形硅片上按设计要求制造出完成一定功能的集成电路芯片的过程
芯片封装	指	用塑料或陶瓷将集成电路芯片封装起来
圆片	指	制造时在其上面生成集成电路的圆形硅片
双极型集成电路	指	集成电路的一种,其基本单元是双极晶体管,特点是精度高、线性好、驱动能力强。
CMOS集成电路	指	集成电路的一种,其基本单元是互补金属氧化物半导体晶体管,具有集成度高、功耗低等特点
BiCMOS	指	将MOS晶体管和双极型晶体管集成到同一芯片上,这样同时具有CMOS集成电路和双极电路的优点。
MCU(Micro-Control Unit)	指	微控制单元,广泛应用于各种电器的控制。
LCD(Liquid Crystal Display)	指	液晶显示屏,具有体积小、重量轻、能耗少、无辐射等优点。
掩膜板	指	一套(一般在10-15块)已按芯片设计的要求制作好的,在集电路生产过程中用于在硅片上生成图形的玻璃或石英板,作用类似于照相底片。

二、概 览

股票简称:士兰微
沪市股票代码:600460
深市代理股票代码:003460
总股本:10102万股
可流通股本:2600万股
本次上市流通股本:2600万股
上市地点:上海证券交易所
上市日期:2003年3月11日
股票登记机构:中国证券登记结算有限责任公司上海分公司
上市推荐人:华龙证券有限责任公司 光大证券有限责任公司

对本公司首次公开发行股票前股东所持股份的流通限制及期限:根据国家现有法律、法规规定和中国证监会证监发行字[2003]12号《关于核准杭州士兰微电子股份有限公司公开发行股票的通知》,本公司本次股票发行前7位境内自然人股东所持有的未流通股暂不上市流通。

本公司首次公开发行股票前7位自然人股东陈向东、范伟宏、郑少波、江忠永、罗华兵、宋卫权、陈国华作出承诺:"在《公司法》规定的对股份有限公司股东转让限制的期限内自有关部门允许股票流通前,不转让其持有的杭州士兰微电子股份有限公司股份"。

三、绪 言

本上市公告书是根据《中华人民共和国公司法》、《中华人民共和国证券法》、《股票发行与交易管理暂行条例》、《公开发行股票公司信息披露实施细则》和《上海证券交易所股票上市规则》等国家有关法律、法规的规定,并按照中国证监会《公开发行证券的公司信息披露内容与格式准则第7号-股票上市公告书》而编制,旨在向投资者提供本公司的基本情况和本次股票上市的有关资料。

经中国证监会证监发行字[2003]12号文核准,本公司已于2003年2月19日以向沪市、深市二级市场投资者定价配售方式成功发行了2600万股人民币普通股(A股),每股面值1.00元,发行价为每股人民币11.60元。

经上海证券交易所上证上字[2003] 17号文批准,本公司公开发行的2600万股社会公众股将于2003年3月11日起在上海证券交易所挂牌交易。股票简称"士兰微 ",沪市股票代码为" 600460 ",深市代理股票代码为" 003460 "。

本公司已于2003年2月19日在《中国证券报》、《上海证券报》、《证券日报》和《证券时报》上刊登了《杭州士兰微电子股份有限公司首次公开发行股票招股说明书摘要》,招股说明书正文刊载于上海证券交易所网站(www.sse.com.cn),距今不足三个月,故与其重复的内容不再重述,敬请投资者查阅上述资料。

四、发行人概况

(一)、本公司基本情况

公司中文名称:杭州士兰微电子股份有限公司
公司英文名称: Hangzhou Silan Microelectronics CO., LTD.
法定代表人:陈向东
设立日期:2000年10月28日
注册资本:本次股票发行前公司注册资本为7502万元,发行后将增至10102万元。
公司住所:杭州市黄姑山路4号
邮政编码:310012
经营范围:电子元器件、电子零部件及其他电子产品设计、制造、销售,经营进出口业务。
主营业务:CMOS、BiCMOS和双极型等消费类整机用集成电路产品的开发、生产与销售。业务重点是产品设计、芯片测试、封装后电路成品的测试以及产品销售。2002年12月随着其子公司杭州士兰集成电路有限公司6英寸芯片生产线的投产,公司已进入芯片制造业。
所属行业:集成电路。
电话号码:0571-88212980
传真号码:0571-88210763
公司网址: www.silan.com.cn
电子信箱: silan@silan.com.cn
董事会秘书:陈向明

(二)、本公司历史沿革

1994年,陈向东、范伟宏、郑少波、江忠永、罗华兵、宋卫权、陈国华等7位自然人在友顺科技股份有限公司(在台湾注册,以下简称"友顺科技")在杭州投资的台资企业---杭州友旺电子有限公司(以下简称"友旺电子")任职,全面负责友旺电子的产品设计、生产管理、市场营销工作。

1997年9月25日,陈向东、范伟宏、郑少波、江忠永、罗华兵、宋卫权、陈国华7人,以现金方式共同出资创立了杭州士兰电子有限公司(以下简称"士兰电子"),注册地为杭州市西湖区教三路九号,注册机关是杭州市工商行政管理局,注册号为25393397-6号,注册资本为350万元,其中陈向东、范伟宏、郑少波、江忠永、罗华兵各持有士兰电子17%的出资权,宋卫权、陈国华各持有士兰电子7.5%的出资权。

1997年10月,士兰电子与友顺科技签定了《关于杭州友旺电子股份与资产转让的协议》,友顺科技将其持有的友旺电子40%的权益即324.05272万元无偿赠送给士兰电子。

1998年10月6日,士兰电子注册地由杭州市西湖区教三路九号迁至杭州市西斗门路22号西斗门科技工业园16号;1999年6月30日,注册地迁至杭州市西湖区教工路48-1号保亭工业园A座第二层。2000年4月10日,士兰电子1999年度股东会通过决议以未分配利润转增注册资本,士兰电子的注册资本由350万元增至1500万元,同时范伟宏、郑少波、江忠永、罗华兵等四位股东向另一股东陈向东无偿转让各自持有的士兰电子0.1%的股权。该项增资及股权转让后,陈向东持有士兰电子17.4%的股权,范伟宏、郑少波、江忠永、罗华兵等四位股东各持有士兰电子16.9%的股权,宋卫权、陈国华等两位股东仍各持有士兰电子7.5%的股权。

2000年6月26日召开的士兰电子董事会2000年第二次会议和2000年7月12日召开的士兰电子2000年度第一次临时股东会做出决议,并报经浙江省人民政府企业上市工作领导小组以浙上市[2000]21号文批准,以2000年7月31日为基准日,以经审计的净资产值按1:1的比例折为等额股份,士兰电子整体变更设立"杭州士兰微电子股份有限公司",于2000年10月28日完成工商登记手续并领取企业法人营业执照,注册号为3300001007312(1/1)号,注册资本为7502万元。各股东持股情况如下:

股 东	持股数量(万股)	持股比例(%)
陈向东	1305.348	17.40
范伟宏	1267.838	16.90
郑少波	1267.838	16.90
江忠永	1267.838	16.90
罗华兵	1267.838	16.90
宋卫权	562.65	7.50
陈国华	562.65	7.50
合 计	7502	100

(三)本公司的主要经营情况

1.经营概况

本公司作为一家民营股份制的集成电路设计与制造企业,专业从事大规模集成电路的设计、生产与销售。经过五年的运营已成为国内最具规模的集成电路设计企业之一,在集成电路行业树立了较高的知名度和良好的形象。2002年本公司合并销售收入已达到2.6亿元以上,合计产量、销售额、企业获利、综合技术能力等在国内均处于前列。在产品与业务发展战略、技术与装备、人才与研发、营销网络建设、研发资金的投入等方面,与国内其它集成电路设计企业相比有较大的竞争优势,但与国外同行相比,技术水平上仍有较大的差距。

2.主要竞争优势与劣势

(1)发展战略与策略:以集成电路产品设计为重心、设计与芯片制造并举是本公司的产品与业务发展战略。在策略上集中资源先选择量大面广的中低端产品进入,在技术积累到一定深度后研发中高端产品,逐步填补和抢占国内市场空白并实现进口替代,同时利用产品设计优势,及时进入芯片制造领域,通过设计和芯片制造的相互推动,提高规模经济效益。为此,本公司在不断加强国内集成电路设计行业"龙头"地位的同时,投资兴建了芯片生产线,该生产线已于2002年12月建成投产,将形成月产5000片6英寸芯片的生产能力,因而使公司拥有了集成电路领域利润最为丰厚的两块业务-芯片设计与制造,具有设计与制造的协同优势。

(2)核心技术水平:公司目前已具备0.5-0.6微米CMOS、BiCMOS集成电路产品的设计技术,已有近30个产品用0.5-0.6微米工艺进行设计,并已投入市场,使用0.5-0.6微米工艺设计的产品平均经过2-3次芯片试制能保证成功;0.8微米以上集成电路设计技术已处于成熟期。个别的产品开始采用0.25微米的规则进行设计和试制,表明公司的产品研发技术已逐步开始进入到深亚微米领域。已具备2.0微米的双极型集成电路的设计技术和能力,已有近10个产品进行成功设计并投放市场。已具备在国内具有先进水平的4位-8位MCU软、硬核的设计技术,能进行MCU 的嵌入式设计,其中4位MCU技术的系列产品已有2种进入批量生产,8位MCU技术处于中试阶段。已具有初步的为用户解决从系统集成到应用软件的总体方案的能力。已具有研制、开发10MHz数字集成电路测试设备的能力,设计生产了上百台的集成电路测试设备,技术水平在国内属领先地位。已积累了一定数量的设计模块(IP),并已大量地应用于本公司现有的产品中。已掌握1-2微米的双极型集成电路芯片的制造工艺技术。已具有规范的设计流程和设计管理体系,该体系已通过了ISO9001质量体系的认证,涵盖了从产品前期调研阶段、设计阶段、产品试制阶段、用户认定阶段等所有环节。总的来说公司已经掌握和拥有的技术已可以从事中高端产品的开发,核心技术在国内同行业中处于较高水平,在集成电路设计行业具有明显的竞争优势,但与国际主流技术水平相比仍有较大的差距。

公司新建的6英寸芯片生产线主要是瞄准了市场容量大、销售应用面广的中低端集成电路的产品市场,适当避开了高端产品市场上的竞争;同时本公司作为集成电路设计主导型企业,为芯片制造提供了相对竞争优势。该生产线工艺技术达到0.8-1.2微米,属于中等水平,与国内外已投入运行或正在建设的其他较先进的生产线相比,在技术等级上则不具备明显的竞争优势。

(3)人才与研发:公司已拥有一支高素质的管理团队,在生产经营、工艺生产线、市场营销乃至资本运营方面均有丰富的经验。同时公司已建产了有效的人才激励机制和人才培养体系,有效地防止了因人才流失对公司持续发展的影响;公司已拥有了一支较强的科研团队,现有研究人员128人,硬件上已经拥有完善的集成电路自动化设计工具与平台以及国内一流的芯片和成品测试能力,因而公司在国内同行业中具有人才与研发方面的优势。但随着公司的不断发展和技术的不断升级,公司同样面临着高精尖专业技术人才紧缺的挑战。

(4)市场营销:本公司较早进入集成电路设计市场,已建立了高效率分片区垂直的营销管理体系和市场信息反馈体系,已具备对市场快速反应的营销运作网络与通道,能及时追踪市场的发展趋势;同时公司注重营销部门与研发部门的沟通,使市场推广能力与研发力量紧密结合,保证了公司产品不断更新、产品领域不断拓展,使公司在产品领域具有较高的抗风险能力;因而在市场营销方面具有较强的竞争优势,销售收入位居设计行业首位。但随着募集资金投资项目六英寸芯片生产线技术改造的完成,将形成年产24万芯片的生产能力,使公司的市场营销面临新的压力。

3.主要财务指标

主要财务指标见本上市公告书"八、财务会计资料"部分。

4.主要知识产权

按照国务院2001年4月颁布的《集成电路布图设计保护条例》,本公司已向国家知识产权局递交了四个集成电路产品的布图保护申请,并已获得布图设计专有权。

本公司重视产品设计和生产方面的知识产权保护,目前采取的措施有:

1)制订研发流程规范,强调在研发之前须先进行知识产权的调查和评估,防止发生专利及知识产权的侵权纠纷,避免不必要的研发投入;

2)与浙江科技情报研究所签订了《浙江省科技信息网数据库用户、科技文献专题服务协议书》,约定:根据公司选定的专题由该所从国内外专利文献中检索相关的信息,以文摘的形式定期提供给本公司,以保证公司及时了解国内外集成电路专利和知识产权的状况与动态;

3)将如何检索技术文献及专利文献、如何保护和管理知识产权等纳入公司人力资源培训体系,不断加强技术人员的专利和知识产权保护知识;

4)在委托加工环节,公司与制造商通过协议的方式对双方的知识产权及其法律责任进行约定,以避免在生产方面发生知识产权纠纷。

5.非专利技术

公司非专利技术主要为公司的核心技术,主要通过已经制订的技术保密措施来保护。

6.财政税收优惠政策

本公司经浙江省科委浙科工发[1999]408号文认定为杭州国家高新技术产业开发区高新技术企业。根据财政部、国家税务总局[1994]财税字第001号文《关于企业所得税若干优惠政策的通知》,经杭州市地方税务局征管分局批准,免征本公司1999年度和2000年度所得税,2001年度减按15%税率计缴企业所得税,2002年公司暂按15%的税率计缴企业所得税。根据有关规定本公司2003年仍按15%的税率计缴企业所得税,但还须经杭州市地方税务局的确认或批准。

五、股票发行与股本结构

(一)本次发行的基本情况

股票种类:境内上市人民币普通股(A股)

每股面值:人民币1.00元

发行数量:2600万股

发行价格:11.60元/股

发行市盈率:20倍(按2002年度净利润计算)

募股资金总额:30160万元

募股资金净额:286,924,150元(扣除发行与上市费用)

发行方式:全部向二级市场投资者定价配售

配售对象:于2003年2月19日持有上海证券交易所或深圳证券交易所已上市流通的人民币普通股(A股)股票的收盘市值总和(包括可流通但暂时锁定的股份市值)不少于10,000元的投资者。

发行与上市费用:本次发行与上市费用总额为14,675,850元,包括承销费、审计费、验资费、律师费、审核费、上网发行费、路演费、信息披露费、登记费、上市初费、上市推荐费等。每股发行上市费用:0.565元。

(二)本次上市股票发行时的承销情况

本公司本次公开发行的2,600万股社会公众股的配号总数为60819221个,中签率为0.04274964%。其中二级市场投资者认购25,729,308股,其余270,692股由主承销商光大证券有限责任公司包销。

(三)、本次发行募股资金的验资报告

验资报告

浙天会验[2003]第15号

杭州士兰微电子股份有限公司全体股东:

我们接受委托,审验了贵公司截至2003年3月3日止新增注册资本实收情况。按照国家相关法律、法规的规定和协议、章程的要求出资,提供真实、合法、完整的验资资料,保护资产的安全、完整是全体股东及贵公司的责任。我们的责任是对贵公司的新增注册资本的实收情况发表审验意见。我们的审验是依据《独立审计实务公告第1号--验资》进行的。在审验过程中,我们结合贵公司的实际情况,实施检查等必要的审验程序。

贵公司原注册资本为人民币75,020,000元,根据2001年12月22日贵公司2001年第三次临时股东大会决议和修改后章程的规定,申请向社会公开发行人民币普通股(A股)增加注册资本人民币26,000,000元,变更后的注册资本为人民币101,020,000元。经中国证券监督管理委员会证监发行字[2001]12号文核准,贵公司向社会公开发行人民币普通股(A股)26,000,000股。经我们审验,截至2003年3月3日止,贵公司实际向社会公开发行人民币普通股(A股)26,000,000股,每股面值1元,每股发行价11.60元,应募集资金总额301,600,000元,扣除发行费用14,675,849.92元后,募集资金净额为286,924,150.08元。其中实收资本贰仟陆佰万元(26,000,000元),资本公积260,924,150.08元。

同时我们注意到,贵公司本次增资前的注册资本为人民币75,020,000元,已经浙江天健会计师事务所有限公司审验,并于2000年10月13日出具浙天会验[2000]第169号《验资报告》。截至2003年3月3日止,变更后的累计注册资本实收金额为人民币101,020,000元。

本验资报告供贵公司申请变更登记及据以向股东签发出资证明时使用,不应将其视为对贵公司验资报告日后资本保全、偿债能力和持续经营能力等的保证。因使用不当造成的后果,与执行本验资业务的注册会计师及会计师事务所无关。

附件:1.注册资本变更前后对照表

2.验资事项说明

3.本所《企业法人营业执照》复印件

4.中国证券监督管理委员会《关于核准杭州士兰微电子股份有限公司公开发行股票的通知》

5.银行进帐单、银行询证函等入资凭证复印件

浙江天健会计师事务所有限公司

中国注册会计师:吕苏阳　翁伟

报告日期:2003年3月3日

(四)本次发行募股资金入账情况

1、入账时间:2003年3月3日

2、入账金额:291,507,390.08元

3、开户银行及入账账号:工行,1202022709900005030

(五)本公司上市前股权结构及各类股东的持股情况

1.本次上市前股权结构

股份类别	股数(万股)	比例(%)
发起人境内自然人股	7502	74.26
社会公众股	2600	25.74

2.本次上市前十大股东情况

名称股东	持股数(股)	持股比例(%)
陈向东	13,053,480	12.92
范伟宏	12,678,380	12.55
郑少波	12,678,380	12.55
江忠永	12,678,380	12.55
罗华兵	12,678,380	12.55
宋卫权	5,626,500	5.75
陈国华	5,626,500	5.75
光大证券	270,692	0.268
基金久嘉	42,000	0.0416
基金景福	16,000	0.0158
基金金泰	16,000	0.0158
大成价值	16,000	0.0158

六、董事、监事、高级管理人员及核心技术人员

(一)董事、监事、高级管理人员与核心技术人员简介

1.董事:

陈向东 男,1962年2月出生,大学本科。先后在甘肃第八七一厂、绍兴华越微电子有限公司从事芯片设计工作,主持研发了双极型线性集成电路60多个品种;曾担任绍兴华越微电子有限公司代总经理、杭州友旺电子有限公司副董事长总经理、杭州士兰电子有限公司董事长兼总经理;现任公司董事长兼总经理,同时由公司委派担任子公司杭州士兰集成电路有限公司董事长、参股企业杭州友旺电子有限公司副董事长、江苏长电科技股份有限公司董事。

范伟宏 男,1962年12月出生,大学本科。先后在甘肃第八七一厂、绍兴华越微电子有限公司从事芯片生产线工艺管理与工艺开发工作;曾担任绍兴华越微电子有限公司副总工程师兼技术质量处处长、杭州友旺电子有限公司董事副总经理、杭州士兰电子有限公司董事。现任公司副董事长,同时担任子公司杭州士兰集成电路有限公司总经理,并由公司派驻到杭州友旺电子有限公司担任董事,再由杭州友旺电子有限公司派驻到福建福顺微电子有限公司担任董事。

郑少波 男,1965年1月出生,硕士。曾任甘肃第八七一厂绍兴分厂技术员、三英寸芯片生产线车间主任、绍兴华越微电子有限公司生产管理处处长兼产品研发中心主任、杭州士兰电子有限公司董事副总经理、杭州友旺电子有限公司董事副总经理。现任公司副董事长副总经理,同时由公司委派担任杭州友旺电子有限公司总经理、杭州士兰集成电路有限公司监事、深圳市深兰微电子有限公司执行董事。

江忠永 男,1964年8月出生,大学本科。曾任甘肃第八七一厂绍兴分厂工艺员、绍兴华越微电子有限公司四英寸芯片生产线车间主任、杭州士兰电子有限公司董事。现任公司董事,同时由公司派驻到杭州友旺电子有限公司工作,再由杭州友旺电子有限公司派驻到丹东安顺微电子有限公司担任董事总经理。

罗华兵 男,1963年10月出生,大学本科。曾任八七一厂绍兴分厂工艺员、绍兴华越微电子有限公司销售科副科长、后道封装车间主任、杭州士兰电子有限公司董事。现任公司董事,同时由公司派遣担任深圳市深兰微电子有限公司总经理。

杨军 男,1968年1月出生,大学本科,工程师。先后在杭州市浙江电子仪器厂技术科开发成功低失真度信号源、低失真仪检定装置、函数信号发生器等多类型检测仪器。曾任杭州友旺电子有限公司测试部经理。现任公司董事及杭州友旺电子有限公司技术质量部经理。

吴德馨 女,1936年12月出生,大学本科。中国科学院微电子中心研究员,中国科学院院士。同时为第九届全国人大常委会委员、全国人大教科文卫委员会委员。目前正在从事砷化镓微波集成电路的研究。现任公司独立董事。

史晋川 男,1957年2月出生,博士,教授。浙江大学经济学院博士生导师、副院长,国家社会科学基金评审委员会委员,浙江省经济学会会长。1992年被评为享受国务院政府特殊津贴专家。现任公司独立董事。

沃健 男,1960年2月出生,大学本科,会计学副教授。1980年至今在浙江财经学院任教。1997-1998年曾借用到中国信达信托投资公司浙江证券总部任综合部经理。现任浙江财经学院教务处副处长,。现任公司独立董事。

2.监事

宋卫权 男,1968年12月出生,大学本科。曾任绍兴华越微电子有限公司技术员、杭州士兰电子有限公司设计所所长,主持开发了近50个集成电路产品;现任公司监事会召集人,公司设计所所长,也是公司的芯片设计技术负责人。

陈国华 男,1963年8月出生,大学本科。曾在绍兴华越微电子有限公司对外引进办公室工作;现任公司监事,同时由公司派遣担任深圳市深兰微电子有限公司副总经理。

吴建兴 男,1969年7月出生。1991年7月毕业于浙江大学信息与电子工程学系半导体物理与器件专业,获学士学位。1991年7月至1996年1月在绍兴华越微电子有限公司设计部从事于5微米双极电路的设计开发。1996年2月至1997年5月在香港兴华微电子有限公司芯片设计部从事CMOS电路的设计开发。1997年5月至1999年12月任绍兴华越微电子有限公司设计开发中心副主任,从事2微米双极电路的开发,获电子部八五科技贡献奖。2000年1月至今在本公司任设计所副所长,主要从事模拟模块设计开发等。2002年3月至今担任本公司监事,也是本公司重要的核心技术人员。

3.其他高级管理人员

李志刚 男,1964年10月出生,大学本科。曾任洛阳单晶硅有限责任公司副总经济师、副总经理,杭州士兰电子有限公司副总经理;现任公司副总经理兼财务负责人。

陈向明 男,1969年9月出生,95年获杭州大学工业心理硕士学位,目前是浙江大学经济学博士生。曾任浙江省永安期货经纪有限公司信息部经理、总经理助理。现任公司董事会秘书。

4.核心技术人员

吴俊辉 男,1971年9月出生。1994年7月毕业于四川大学计量测试与管理专业,获学士学位。

1997年7月毕业于四川大学"辐射技术和应用国家开放实验室",获硕士学位。研究方向主要是薄膜半导体器件的离子束改性和高电子迁移率晶体管(HEMT)在空间科学应用中的器件特性研究。2000年7月毕业于南京大学"固体微结构国家重点实验室",获博士学位,主要参与了国家自然科学基金和国家863计划资助的项目研究,研究方向是硅基纳米光电子集成。攻读期间发表数十篇论文,并且开创性研究"自组织法制备硅基纳米有序多孔列阵和发光纳米硅列阵",在国际上具有一定的影响。2000年7月至今在本公司担任设计所副所长和网络技术部经理,负责网络通信类的大规模专用电路开发工作。

李文杰 男,1975年10月出生。1997年7月毕业于浙江工业大学信息学院应用电子技术专业,获学士学位。1997年7月至1999年1月在杭州友旺电子有限公司工作,从事专用电路测试,新品认定,客户技术支持工作,后任测试应用研究室经理。1999年1月至今在本公司任系统开发部经理,负责MCU开发及系统开发,设计MCU仿真开发工具,为客户提供一整套的系统解决方案。已经成功开发了SM4100、SM4101、SM4103和SM4105系列仿真开发工具。在应用系统方面,开发了空调遥控器、空调主控系统、微波炉、多功能遥控器、DTS系统、万年历、计算器等一系列消费类的应用系统。

陈 波 男,1974年6月出生。1996年7月毕业于浙江大学电机系,获学士学位。1996年8月至1998年12月在杭州西冷电器有限公司工艺设备科从事设备技术方面工作,负责冰箱温度多点巡回检测仪、冰箱自动生产流水线、温控测试台、自动加液机、高压发泡机等生产设备电气部分的维修,冰箱自动生产流水线的PLC程序改善,完成了对老式温控测试台改型。1999年1月至今在本公司整机开发部从事测试机的开发工作,参加了J2000高速通用数字集成电路测试系统的开发,负责可测试LCD的J2810高速通用数字集成电路测试系统的开发,负责组织原有测试设备的改进工作。

袁 胜 男,1975年3月出生,1997年7月毕业于上海交通大学信息与控制工程系,获学士学位。2000年3月毕业于上海交通大学信息与控制工程系电力电子与电力传动专业,获硕士学位,研究基于图像的自动控制系统、交流伺服系统。2000年3月至今在本公司从事专用电路开发工作。

陈 勇 男,1975年7月出生。2000年3月毕业于杭州电子工业学院微电子CAE所集成电路CAE技术专业,获硕士学位。在校期间参加了原电子工业部"九五"攻关项目---"砷化镓微波集成电路CAD软件"的开发,负责优化算法和功率计算软件模块的设计,并在"微波学报"等刊物发表文章2篇,参与了横向课题如集成电路卡的设计与应用、通信专用集成电路设计等课题。2000年3月至今在本公司负责USB鼠标专用电路的开发,完成了从协议理解到FPGA实现,以及最后的线路综合、版图实现等一系列的工作;参与了高精度电表专用电路的开发,参与了公司0.6um双铝单多晶上华工艺线标准单元库的创建工作,参与低功耗遥控器专用电路的开发。

曾 华 男,1976年12月出生。1999年7月毕业于西安交通大学电子与信息工程学院电子科学与技术专业,获学士学位。1999年7月至今在本公司从事专用电路设计工作。2000年被任命为设计所数字组负责人,主要负责计算器电路的开发。先后开发了SC3423普通八位计算器、SC3432带时钟显示计算器、SC3414十二位计算器、SC3442函数计算器等电路。2001年又开发了SC3443函数计算器、SC3445函数计算器电路,在此基础上开发了SC3080、SC3081、SC3082、SC3083等能应用在计算器、万年历上的八位MCU电路。

陈百顺 男,1974年11月出生。1997年7月毕业于湖南大学物理系微电子专业,获学士学位。1997年7月到1999年12月在邮电部洛阳电话设备厂从事系统开发工作,独立开发了大型系统HIC998(4)桌式IC卡电话机,并于98年顺利获邮电部入网鉴定。1999年12月至今在本公司从事专用电路设计工作,独立开发了PWM编码的象叫语音片电路,PS/2兼容鼠标电路,参与了公司0.6um双铝单多晶上华工艺线标准单元库的创建工作。

管 慧 男,1968年11月出生。1990年7月毕业于西安交通大学微电子技术专业,获学士学位。1990年8月至1997年8月,在电子部第47研究所从事BIPOLAR、NMOS、CMOS集成电路的设计、工艺研究工作,参与完成了录像机系列电路、54系列电路、微机系列电路的开发。1999年9月毕业于上海交通大学微电子技术研究所,获硕士学位,负责完成了神经MOS晶体管的建模及其应用技术的研究工作,设计完成了两种大输入范围低压四象限模拟乘法器和2-3值转换电路的设计工作,通过了仿真验证。1999年2月至2000年1月在上海复旦微电子股份有限公司,任设计部项目电子项目经理、高级设计师,负责完成可调光型节能灯驱动BICMOS电路的开发,参与完成非接触卡芯片的前端设计。2000年2月至今在本公司任电源管理项目经理,负责完成了直流-直流转换电路、耳机驱动电路、锂电池保护电路、电源监控电路、电压检测电路、马达驱动控制电路等的开发,负责完成了0.6umSPDM和0.8umSPSM标准单元库的建库工作。

上述人员均为中国公民,相互间不存在配偶或三代以内直系及旁系亲属关系。公司除了与上述人员签定了有关聘用合同及与核心技术人员签定了技术保密协议外,未签定其他任何协议。

(二)董事、监事、高级管理人员与核心技术人员持股情况

本次上市前董事、监事、高级管理人员及核心技术人员持有公司股份情况:

姓名	在公司任职情况	持股数量(万股)	持股比例(%)
陈向东	董事长兼总经理	1305.348	12.92
范伟宏	副董事长	1267.838	12.55
郑少波	副董事长副总经理	1267.838	12.55
江忠永	董事	1267.838	12.55
罗华兵	董事	1267.838	12.55
宋卫权	监事	562.65	5.75
陈国华	监事	562.65	5.75
合 计		7502	74.26

以上人员所持有的公司股份均没有被质押、冻结的情况。

本公司暂无董事、监事、高级管理人员及核心技术人员的家属持有本公司股票的情形。

本公司董事、监事、高级管理人员及核心技术人员没有持有本公司其他关联企业的股权的情况。

陈向东、范伟宏、郑少波、江忠永、罗华兵、宋卫权、陈国华作出承诺"在《公司法》规定的对股份有限公司股东转让限制的期限内且自有关部门允许股票流通前,不转让其持有的杭州士兰微电子股份有限公司股份"。

七、同业竞争与关联交易

(一)同业竞争情况

本公司的7位自然人股东陈向东等除了在本公司及投资的下属企业中从事与其职务相符的业务活动外,没有在集成电路产业领域内从事其它相同或类似的业务活动。因此本公司与上述7位股东不存在同业竞争关系。

董事江忠永、范伟宏由公司派驻到杭州友旺电子有限公司工作,再由友旺电子分别派驻到丹东安顺微电子有限公司(以下简称"丹东安顺")与福建福顺微电子有限公司(以下简称"福建福顺"),分别担任董事总经理和董事职务。丹东安顺与福建福顺为典型的集成电路芯片制造企业,不从事集成电路设计业务,与公司目前的客户、业务不存在重叠,与本公司目前不构成同业竞争。但在公司六英寸芯片生产线投产后,丹东安顺与福建福顺则可能与本公司构成同业竞争。因此江忠永和范伟宏已做出承诺将在本公司六英寸芯片生产线投产后分别辞去丹东安顺董事总经理职务和福建福顺的董事职务。

(二)关联方与关联关系

1.持有公司股份5%以上的股东

本次股票发行前,自然人陈向东持有公司股份17.40%,范伟宏、郑少波、江忠永、罗华兵分别持有公司股份16.9%,宋卫权、陈国华分别持有公司股份7.5%,上述7人合计持有公司本次股票发行前的股份的100%。

2.投资企业及关联关系

项目	投资期限	初始投资额(元)	2002年12月31日投资额(元)	占被投资单位注册资本比例	与公司关系
杭州友旺电子有限公司	20年	0	30,168,259.61	40%	联营企业
江苏长电科技股份有限公司	长期	6,183,500.00	6,183,500.00	5.26%	其它股权投资
杭州士兰集成电路有限公司	50年	28,500,000.00	54,175,826.78	97.50%	子公司
深圳市深兰微电子有限公司	10年	450,000.00	810,579.30	90%	子公司
合 计		35,133,500.00	91,338,165.69	-	-

(1)与友旺电子的关联关系

本公司持有友旺电子40%的股权。本公司董事长兼总经理陈向东担任友旺电子的副董事长,副董事长兼副总经理郑少波担任友旺电子的总经理,副董事长范伟宏担任友旺电子的董事,董事江忠永到友旺电子工作,董事杨军担任友旺电子技术质量部经理。

(2)与杭州士兰集成电路有限公司的关联关系

本公司持有其97.5%的股权,本公司董事长兼总经理陈向东担任其董事长总经理,副董事长兼副总经理郑少波担任其监事,董事江忠永担任其董事。

(3)与江苏长电科技股份有限公司的关联关系

本公司持有其5.26%的股权,本公司董事长兼总经理陈向东担任其董事。

(4)与深圳市深兰微电子有限公司的关联关系

本公司持有其90%的股权,本公司董事罗华兵担任其总经理,监事陈国华担任其副总经理,副董事长兼副总经理郑少波担任其执行董事。

公司核心技术人员均未在关联方任职。

3.其他关联方及关联关系

(1)友顺科技股份有限公司:为在台湾注册的企业,资本额为新台币16,000万元,代表人为高耿辉。友顺科技目前在大陆主要控股企业有福建福顺微电子有限公司、丹东安顺微电子有限公司、杭州友旺电子有限公司。友顺科技是本公司联营企业友旺电子投资者,持有友旺电子60%的股权。本公司除持有友旺电子40%的股权并参与其经营管理外,与友顺科技无其它业务、资本关系。本公司股东陈向东、范伟宏、郑少波、江忠永、罗华兵、宋卫权、陈国华与友顺科技股东无配偶或三代以内直系及旁系亲属关系。本公司股东不持有友顺科技的股份。

(2)福建福顺微电子有限公司:注册地为福州市城门镇城楼260号,法定代表人为高耿辉,注册资本2000万元人民币,主要从事四英寸集成电路、分立器芯片制造。福建福日电子股份有限公司持有其30%的股权;友顺科技持有其70%的股权。友旺电子设计的集成电路产品部分委托给该公司的芯片生产线加工。友旺电子曾委派本公司董事范伟宏担任其董事总经理(现已辞去)。

(3)丹东安顺微电子有限公司:注册地为丹东市沿江开发区房坝2号,法定代表人为齐鹰,注册资本1500万元人民币,主要从事四英寸集成电路、晶体管芯片制造。中国丹东半导体器件总厂持有其30%的股权;友顺科技持有其70%的股权。友旺电子设计的集成电路部分产品委托给该公司的芯片生产线生产。友旺电子委派本公司董事江忠永担任其董事总经理。

(三)关联交易

1.货物采购

企业名称	2002年度	2001年度	2000年度	定价政策
江苏长电科技股份有限公司	2,780.68万元	3,082.25万元	702.50万元[注]	参照市价
杭州友旺电子有限公司	282.79万元	267.12万元	79.38万元	参照市价
小 计	3,063.47万元	3,349.37万元	781.88万元	

[注]期间为2000年8-12月

公司向关联企业江苏长电科技股份有限公司、杭州友旺电子有限公司采购的货物占公司主营业务成本2002年为14.64%,2001年为21.83%,2000年为6.44%。

本公司子公司深圳市深兰微电子有限公司目前主要为本公司销售产品,同时为满足客户需要也适当小量销售部分友旺电子的产品,因此向友旺电子采购相应产品,因而在合并会计报表中表现为本公司向友旺电子采购货物。

江苏长电科技有限公司(以下简称"长电科技")是我国年封装能力大于5亿块的四家集成电路封装企业之一,在国内集成电路封装企业中市场份额居于第二位,集成电路封装合格率达到99.54%。由于长电科技在国内集成电路封装行业中的重要地位,本公司在选择本公司芯片的封装企业时,不可避免地要把长电科技作为本公司重要的委托加工(封装)合作伙伴。事实上,为了稳定与长电科技的业务合作关系,本公司在2000年7月参股投资长电科技,使双方形成更加紧密的业务合作关系,这也是国外商务合作的通行作法。

本公司上述关联交易遵循了市场公平、公开、公正的原则,交易价格均参照市价,是公允的;遵循了本公司章程中有关关联交易决策权力与程序的规定,是合法的。

2.销售商品

企业名称	2002年度	2001年度	2000年度	定价政策
杭州友旺电子有限公司	140.49万元	26.68万元	-	参照市价

公司2002、2001年向关联企业杭州友旺电子有限公司销售商品分别占公司主营业务收入的0.53%、0.14%。

3.关联方应收应付款项余额

项目及企业名称	2002年度(万元)		占全部应收(付)款余额的比重(%)	
	期末数	期初数	期末数	期初数
(1)应收账款				
杭州友旺电子有限公司	7.26	-	0.19	-
小 计	7.26	-	0.19	-
(2)其他应收款				
陈国华	1.05	1.39	0.85	2.18
罗华兵	1.18	-	0.96	
小 计	2.23	1.39	1.81	2.18
(3)应付账款				
江苏长电科技股份有限公司	502.84	610.37	13.26	24.91
杭州友旺电子有限公司	55.60	-	1.47	
小 计	558.44	610.37	14.73	24.91
(4)其他应付款				
罗华兵	-	6.81	-	3.11
小 计	-	6.81	-	3.11

4.其他关联交易

1)2000年9月29日,本公司与马国萍签订了关于深圳市深兰微电子有限公司股权转让协议书,约定本公司以现金45万元的价款受让马国萍所持有的深圳市深兰微电子有限公司90%的股权。股权转让款已于2000年10月16日支付。

2)本公司将位于杭州市西湖区黄姑山路4号9栋的第一、二层房屋,出租给杭州友旺电子有限公司使用,租赁期限为2001年9月1日至2011年9月1日,租金为每月38,889.00元。2001年9-12月共计收取租金155,556.00元;2002年度共计收取租金466,668.00元。

3)本公司将位于深圳市电子科技大厦C座35C的房屋出租给深圳市深兰微电子有限公司,租赁期限为2001年10月1日至2004年10月1日,租金每月8,500.00元。2001年10-12月共计收取租金25,500.00元;2002年度共计收取租金102,000.00元。

4)本公司为控股子公司杭州士兰集成电路有限公司向中国工商银行保?支行借款8,780万元提供保证担保,以350万元的定期存单为其向中国工商银行保?支行借款315万元提供质押担保,

到期日均为 2004 年 5 月 28 日。

5)本公司为控股子公司杭州士兰集成电路有限公司向华夏银行杭州分行借款 2,500 万元提供保证担保，其中,1,000 万元借款到期日为 2003 年 4 月 10 日,500 万元借款到期日为 2003 年 5 月 5 日,1,000 万元借款到期日为 2003 年 5 月 29 日。

6)控股子公司杭州士兰集成电路有限公司为本公司向中信实业银行杭州分行借款 1,200 万元提供保证担保，其中,700 万元借款到期日为 2003 年 4 月 17 日,500 万元借款到期日为 2003 年 3 月 12 日;为本公司向中国民生银行杭州分行西湖支行借款 500 万元提供保证担保,到期日为 2003 年 5 月 28 日。

7)控股子公司杭州士兰集成电路有限公司为本公司取得中信实业银行杭州分行银行承兑汇票 1,460 万元提供保证担保,其中,500 万元汇票到期日为 2003 年 5 月 12 日,200 万元汇票到期日为 2003 年 1 月 10 日,260 万元汇票到期日为 2003 年 4 月 10 日;500 万元汇票到期日为 2003 年 4 月 20 日。

8) 本公司 2 位自然人股东以个人定期存单为杭州士兰集成电路有限公司向中国工商银行保?支行借款 405 万元提供质押担保,到期日为 2004 年 5 月 28 日。

八、财务会计资料

有关本公司 2000 年-2003 年财务会计资料详情,请投资者查阅招股说明书。

(一)注册会计师意见

公司全体股东委托浙江天健会计师事务所有限公司审计了本公司 2000 年 12 月 31 日、2001 年 12 月 31 日、2002 年 12 月 31 日的资产负债表和合并资产负债表,2000 年度、2001 年度、2002 年度利润及利润分配表和合并利润及利润分配表，以及 2002 年度的现金流量表和合并现金流量表。浙江天健会计师事务所有限公司出具了标准无保留意见的审计报告。

(二)简要会计报表

简要合并利润表

项　　目	2002 年度(元)	2001 年度(元)	2000 年度(元)
主营业务收入	264,947,822.25	190,502,222.44	189,292,688.90
减:主营业务成本	209,049,559.60	153,397,068.47	121,365,142.66
主营业务税金及附加	49,603.63	495,600.49	994,592.28
主营业务利润	55,848,659.02	36,609,553.48	66,932,953.96
加:其他业务利润	419,597.17	157,302.43	5,000.00
减:营业费用	2,950,014.30	2,259,726.97	823,206.59
管理费用	20,563,751.56	12,163,236.25	10,888,766.03
财务费用	1,327,073.44	-332,615.13	-139,604.12
营业利润	31,427,416.89	22,676,507.82	55,365,585.46
加:投资收益	17,959,252.15	16,412,473.23	12,957,831.22
补贴收入	237,687.00	2,607,900.00	-
营业外收入	-	22,000.00	-
减:营业外支出	138,553.65	210,799.19	97,743.03
利润总额	49,485,802.39	41,508,081.86	68,225,673.65
减:所得税	5,906,679.11	5,322,561.49	22,619.01
少数股东损益	-92,724.74	4,139.02	13,258.70
净利润	43,671,848.02	36,181,381.35	68,189,795.94

简要合并资产负债表

项目	2002.12.31(元)	2001.12.31(元)	2000.12.31(元)
货币资金	25,765,757.50	14,464,619.02	25,254,166.01
应收票据	1,512,568.03	900,000.00	1,026,487.75
应收账款	38,473,421.98	26,042,736.16	24,066,341.98
其他应收款	1,233,634.76	367,055.28	388,156.21
预付账款	1,296,662.84	235,931.00	1,096,683.00
应收补贴款	2,066,396.98	-	-
存货	56,584,517.01	31,729,033.07	35,821,065.83
流动资产合计	126,932,959.10	73,739,374.53	87,652,900.78
长期股权投资	36,351,759.61	30,251,134.34	26,465,177.88
固定资产原价	220,560,320.35	48,894,993.61	10,823,320.43
减:累计折旧	7,284,277.60	3,496,791.98	1,441,805.45
固定资产净值	213,276,042.75	45,398,201.63	9,381,514.98
在建工程	17,109,376.33	75,667,236.31	2,680,843.19
固定资产合计	230,385,419.08	121,065,437.94	12,062,358.17
无形资产	2,267,279.59	1,056,544.50	1,028,666.70
长期待摊费用	-	630,680.05	-
资产总计	395,937,417.38	226,743,171.36	127,209,103.53
短期借款	42,000,000.00	-	-
应付票据	17,600,000.00	1,568,000.00	-
应付账款	37,928,961.74	24,503,986.02	19,400,256.88
预收账款	1,742,162.71	830,803.26	39,559.00
应付工资	1,906,730.63	2,158,000.00	-
应付福利费	3,474,476.46	1,888,433.54	699,060.08
应付股利	15,004,000.00	-	3,152.91
应交税金	588,924.11	981,285.70	735,485.93
其他应交款	2,462.51	30,051.13	25,909.37
其他应付款	8,175,538.96	2,190,319.75	3,218,357.77
预提费用	492,757.52		
流动负债合计	128,916,014.64	34,150,879.40	24,121,781.94
长期借款	95,153,437.50	50,090,750.00	-
专项应付款	2,610,000.00	1,728,700.00	-
其他长期负债	2,685,681.35	2,685,681.35	2,685,681.35
长期负债合计	100,449,118.85	54,505,131.35	2,685,681.35
负债合计	229,365,133.49	88,656,010.75	26,807,463.29
少数股东权益	1,389,188.13	1,571,912.87	67,773.85
股本	75,020,000.00	75,020,000.00	75,020,000.00
资本公积	-	-	-
盈余公积	15,814,112.03	9,273,574.43	3,846,563.03
其中:法定公益金	5,271,370.68	3,091,191.48	1,282,187.68
未分配利润	74,348,983.73	52,221,673.31	21,467,303.36
股东权益合计	165,183,095.76	136,515,247.74	100,333,866.39
负债和股东权益总计	395,937,417.38	226,743,171.36	127,209,103.53

简要合并现金流量表

项　目	2002 年度(元)
经营活动产生的现金流量净额	19,599,978.76
其中:现金流入小计	294,158,858.73
现金流出小计	274,558,879.97
投资活动产生的现金流量净额	-96,353,093.99
其中:现金流入小计	12,438,475.29
现金流出小计	108,791,569.28
筹资活动产生的现金流量净额	88,054,253.71
其中:现金流入小计	139,000,000.00
现金流出小计	50,945,746.29
现金及现金等价物净增加额	11,301,138.48

(三)会计报表附注

请投资者查阅本公司招股说明书附录部分(www.sse.com.cn)

(四)主要财务指标

指　　标	2002 年	2001 年	2000 年
流动比率(倍)	0.98	2.16	3.63
速动比率(倍)	0.55	1.23	2.15
应收账款周转率(次)	8.21	7.60	11.35
存货周转率(次)	4.73	4.54	4.42
母公司资产负债率(%)	35.61	20.89	20.91
每股净资产(元)	2.20	1.82	1.34
每股收益(元)	0.58	0.48	0.90
净资产收益率(%)	26.44	26.50	67.80
每股经营活动的现金净流量(元)	0.26	0.43	-

九、其他重要事项

(一)自本公司股票首次公开发行之日至本上市公告书公告之日,本公司严格依照现行有关法律、法规的规定规范运行,生产经营情况正常,本公司所处行业和市场无重大变化,主要业务发展目标的进展状况正常,主要投入、产出物供求及价格无重大变化;本公司没有进行重大对外投资,无重大资产(股权)收购、出售行为;本公司重大会计政策和会计师事务所没有发生变化;本公司未涉及任何重大诉讼、仲裁或行政处罚案件,并且董事会认为本公司未面临任何重大影响的诉讼和索赔要求;本公司董事、监事和高级管理人员未受到任何刑事起诉,亦没有尚未了结或可能发生的刑事诉讼事项;本公司住所未变更;本公司未发生新的重大负债,并且重大债项未发生变化。

(二)根据有关规定,本公司股票首次公开发行和股票上市前后税负暂无变化,本公司 2003 年仍按 15%的税率计缴企业所得税,但须经杭州市地方税务局确认或批准。

(三)根据《上海证券交易所股票上市规则》,本公司第一大股东陈向东承诺,自本公司股票上市之日起 12 个月内,不转让其所持有的本公司股份,也不由本公司回购其持有的本公司股份。

(四)2003 年 2 月 28 日,本公司召开 2002 年度股东大会,一致通过了《杭州士兰微电子股份有限公司 2002 年度利润分配方案》的决议:2002 年度的净利润提取 10%的法定公积金和 5%的法定公益金后向老股东每股派发现金股利 0.20 元(含税),总计派发现金股利 1500.4 万元,剩余利润转到 2003 年分配;公司 2002 年度分配后的历年全部滚存利润由本次股票发行后的新老股东共享。同时一致通过了本公司 2002 年度董事会工作报告、监事会工作报告、财务决策报告和 2003 年财务预算报告以及《关于向杭州士兰集成电路有限公司提供不超过 3000 万元人民币担保的议案》和《关于与杭州士兰集成电路有限公司签订 2003 年委托加工协议的议案》。

(五)2003 年 3 月 3 日,本公司召开第一届董事会第十五次会议,一致通过了《关于杭州士兰集成电路有限公司进行特种半导体芯片生产线建设的议案》和《增加公司注册资本并修改公司章程的议案》。

(六)本公司股票首次公开发行至本上市公告书公告之日,没有其他应披露而未披露之重大事项。

十、董事会上市承诺

本公司董事会将严格遵守《中华人民共和国公司法》、《中华人民共和国证券法》、《股票发行与交易管理暂行条例》、《公开发行股票公司信息披露实施细则》和《上海证券交易所股票上市规则》等国家相关法律、法规和有关规定,并自股票上市之日起做到:

1.真实、准确、完整、公允和及时地公布定期报告,披露所有对投资者有重大影响的信息,并接受中国证监会、证券交易所的监督管理;

2.本公司在知悉可能对股票价格产生误导性影响的任何公共传播媒介中出现的消息后,将及时予以公开澄清;

3.本公司董事、监事、高级管理人员和核心技术人员将认真听取社会公众的意见和批评,不利用已获得的内幕消息和其他不正当手段直接或间接从事发行人股票的买卖活动;

4.本公司没有无记录的负债。

5.依据《上海证券交易所股票上市规则》,本公司全体董事、监事将按照有关规定,在本公司股票上市后两个月内签署《董事(监事)声明及承诺书》,并送达上海证券交易所备案。

十一、上市推荐人及其意见

(一)上市推荐人

第一上市推荐人:华龙证券有限责任公司

法定代表人:张文武

地址:兰州市宁静路 138 号

电话:0931-8815556

传真:0931-8815556

联系人:李福祥

第二上市推荐人:光大证券有限责任公司

法定代表人:王明权

地址:上海市浦东南路 528 号上海证券大厦南塔 15-16 层

电话:028-86622007

传真:028-86512213

联系人:余健　唐剑涛　马继刚　潘杨阳

(二)上市推荐人意见

上市推荐人华龙证券有限责任公司、光大证券有限责任公司认为,本公司章程符合《中华人民共和国公司法》等有关法律、法规和中国证监会关于公司章程的相关规定。根据《中华人民共和国公司法》、《中华人民共和国证券法》、《股票发行与交易管理暂行条例》、《上海证券交易所股票上市规则》等国家有关法律、法规的规定,本公司首次公开发行的股票已具备上市条件。

华龙证券有限责任公司、光大证券有限责任公司保证本公司的董事了解法律、法规、上海证券交易所上市规则及股票上市协议规定的董事的义务与责任,协助本公司健全了法人治理结构并将进一步完善,制定了严格的信息披露制度与保密制度并督促严格履行。

华龙证券有限责任公司、光大证券有限责任公司已对上市文件所载的资料进行了核实,确保上市文件真实、准确、完整,符合规定要求。保证本公司的上市申请材料、上市公告书没有虚假、严重误导性陈述或者重大遗漏,并保证对其承担连带责任。

华龙证券有限责任公司、光大证券有限责任公司推荐本公司股票在上海证券交易所上市交易,并保证不利用在上市过程中获得的内幕信息进行内幕交易,为自己或他人谋取利益。

杭州士兰微电子股份有限公司

2003 年 3 月 6 日

风神轮胎股份有限公司

风神轮胎股份有限公司股票上市公告书

第一节 重要声明与提示

风神轮胎股份有限公司(以下简称"公司"、"本公司")董事会保证上市公告书的真实性、准确性、完整性,全体董事承诺上市公告书不存在虚假记载、误导性陈述或重大遗漏,并承担个别和连带的法律责任。

根据《公司法》、《证券法》等有关法律、法规的规定,本公司董事、高级管理人员已依法履行诚信和勤勉尽责的义务和责任。

上海证券交易所、中国证监会、其他政府机关对本公司股票上市及有关事项的意见,均不表明对本公司收益的任何保证。

本公司提醒广大投资者注意,凡本上市公告书未涉及的有关内容,请投资者查阅2003年9月24日刊载于《中国证券报》、《上海证券报》和《证券时报》的本公司招股说明书摘要及刊载于上海证券交易所网站(http://www.sse.com.cn)的本公司招股说明书全文。

第二节 概览

1.股票简称:	风神股份
2.沪市股票代码:	600469
3.深市代理股票代码:	003469
4.总股本:	255,000,000股
5.可流通股本:	75,000,000股
6.本次上市可流通股本:	75,000,000股
7.发行价格:	4.30元/股
8.上市地点:	上海证券交易所
9.上市时间:	2003年10月21日
10.股票登记机构:	中国证券登记结算有限责任公司上海分公司
11.上市推荐人:	河北证券有限责任公司

12.本公司公开发行股票前股东所持股份的流通限制及期限:根据国家现有法律、法规规定和中国证监会证监发行字[2003]119号《关于核准风神轮胎股份有限公司公开发行股票的通知》,本公司的国有法人股和法人股暂不上市流通。

13.本公司公开发行股票前第一大股东河南轮胎集团有限责任公司承诺:自本公司股票上市之日起12个月内,不转让所持有本公司的股份,也不会由本公司回购其所持有的股份。

第三节 绪言

本公司上市公告书是根据《公司法》、《证券法》、《股票发行与交易管理暂行条例》、《公开发行股票公司信息披露实施细则》和《上海证券交易所股票上市规则》等国家有关法律、法规的规定,并按照中国证监会《公开发行证券的公司信息披露内容与格式准则第7号-股票上市公告书》的规定编制,旨在向投资者提供有关本公司的基本情况和本次发行上市的有关资料。

经中国证监会证监发行字[2003]119号文核准,本公司于2003年9月29日采取100%向沪市、深市二级市场投资者定价配售的方式成功发行了7,500万股每股面值1.00元的人民币普通股,发行价为每股人民币4.30元。

经上海证券交易所上证上字[2003]128号核准,本公司公开发行的7,500万股社会公众股将于2003年10月21日起在上海证券交易所挂牌交易。股票简称"风神股份",沪市股票代码"600469",深市股票代码"003469"。

本公司已于2003年9月24日在《中国证券报》、《上海证券报》和《证券时报》上刊登了《招股说明书摘要》,招股说明书正文及其附录可以在上海证券交易所网站(http://www.sse.com.cn)查阅。距今不足六个月,故与其重复的内容不再重述,敬请投资者查阅上述内容。

第四节 发行人概况

一、发行人基本情况

1.发行人中文名称:风神轮胎股份有限公司

英文名称:AEOLUS TYRE CO.,LTD.

2.注册资本:255,000,000元

3.法定代表人:曹朝阳

4.注册地址:河南省焦作市焦东南路48号

邮政编码:454003

5.经营范围:经营本企业生产的轮胎及相关技术的出口业务,经营本企业生产所需原辅材料、机械设备、零配件、仪器仪表及相关技术的进口业务,开展对外合作生产、来料加工、来件装配及补偿贸易业务。轮胎生产和销售。

6.所属行业:轮胎制造业

7.董事会秘书:韩法强

联系电话:0391-3999006

传真:0391-3933952

电子信箱:hfq@aeolustyre.com

二、发行人的历史沿革及股权变动情况

风神轮胎股份有限公司(原河南轮胎股份有限公司)是经河南省人民政府豫股批字[1998]49号文批准,由河南轮胎集团有限责任公司作为主发起人,联合中国神马集团有限责任公司、豫港(河南)开发有限公司、焦作市投资公司、焦作市锌品厂、江阴市创新气门嘴有限公司、封丘县助剂厂六家发起人,以发起设立方式组建的股份有限公司。公司于1998年12月1日在河南省工商行政管理局注册登记,注册资本18,000万元,注册号为豫工商企4100001004588-1/1。河南轮胎股份有限公司于2003年3月20日经批准更名为风神轮胎股份有限公司。

经中国证监会证监发行字[2003]119号文核准,本公司于2003年9月29日以100%向二级市场投资者定价配售方式成功地发行了人民币普通股7,500万股,每股面值1.00元,每股发行价4.30元。此次发行完成后,本公司的总股本为25,500万股,注册资本为25,500万元。

三、发行人的主要经营情况

(一)发行人在产品、技术和质量上的优势和劣势

(1)质量优势

公司先后通过了ISO9001质量体系认证、ISO9002产品质量认证、中国商检认证、欧盟ECE认证、美国DOT认证、QS9000认证、德国VDA6.1认证和国家3C认证,是国内轮胎行业中极少数通过上述八个认证的企业之一,被评为"2002年全国质量管理先进企业"。

(2)技术优势

本公司主要产品为斜交胎和载重子午胎。斜交胎产品在耐磨性、高速性、安全性、节油性、耐扎性等方面均处于国内领先水平。公司载重子午胎产品的生产技术为国内一流水平。公司技术中心开发的新产品中有38项填补了行业空白,荣获省级以上科技成果奖32项,具有强大的科研和新产品开发能力。

(3)生产工艺与设备优势

公司拥有国内一流的生产工艺和生产设备,主要生产工艺和生产设备均居国内同行业领先水平。

(4)产品竞争力优势

公司现有工程机械轮胎处于国内领先水平,具有较强的市场竞争优势。本公司于1986年5月建成投产国内第一条巨型轮胎生产线,改变了我国巨型轮胎产品一直依赖进口的局面,使我国成为继美国、日本、德国、前苏联之后的第五个生产巨型轮胎国家。

(5)政策优势

目前,国家对轮胎行业采取控制斜交胎、重点发展子午胎的政策,有关部门已加大了对现行国家产业政策的执行力度。公司的发展规划中包括80万套载重子午胎项目、120万套全钢轻卡及载重子午胎项目和400万套轿车子午胎项目均符合国家现行的产业政策,得到了国家有关部门的大力支持并享受一系列的优惠政策。

(6)规模效益优势

公司是国家重点轮胎制造企业之一,截止2003年5月末,公司各类轮胎的年生产能力为335万套。多年来,由于狠抓质量管理,不断提高产品的技术性能,并针对市场需要调整产品结构,因而产品产量呈逐年上升之势。本公司的主要经济技术指标均列居全国同行业前列。

公司的竞争劣势主要表现在:公司在产品结构调整、新产品开发以及高级技术人才的吸引等方面都需要巨额资金的支持。目前,公司所需资金主要通过银行贷款解决,为此公司每年都要支付巨额利息,截止2003年5月31日,公司的资产负债率为68.55%,其中短期借款占公司负债总额的41.74%,2003年1~5月公司发生财务费用1,438.97万元,而且贷款的数量和期限对公司发展形成了无形约束,不利于公司持续快速发展。

(二)业务经营情况分析(2003年第三季度)

2003年第三季度财务报告期内公司主营业务经营良好,所涉及的主要行业无重大变化;报告期内公司无重大投资项目;报告期内无会计政策、会计估计变更或重大会计差错更正;经营成果及财务状况如下。

1.经营成果

2003年1-9月,由于公司大力开拓销售市场,轮胎销量大幅增加,公司实现主营业务收入1,524,308,085.15元,较上年同期增长50.41%,较2002年度主营业务收入1,361,543,560.99元增加162,764,524.16元,增幅为11.95%;主营业务利润292,790,332.85元,较上年同期增长60.91%;净利润55,879,191.44元,较上年同期增长127.60%。

公司主营业务利润、其他业务利润、期间费用、投资收益、营业外收支净额占利润总额的比例情况:

	金额(元)	占利润总额比例(%)
主营业务利润	292,790,332.85	341.81
其他业务利润	4,577,553.39	5.34
期间费用	208,442,865.30	243.34
投资收益	0	0
补贴收入	250,000.00	0.29
营业外收支净额	-3,514,997.08	-4.10

与上一定期报告相比,本报告期内各项财务指标所占利润总额的比例没有重大变动。

2.财务状况(2003年9月30日)

项目	金额(元)	占总资产的比例(%)
应收帐款	249,207,679.86	19.76
存货	291,147,743.28	23.08
其它应收款	11,309,775.56	0.90

报告期内应收账款、存货等主要资产项目金额在总资产中所占比例与年初数相比未发生重大变化;报告期内没有委托理财和资金借贷行为,也没有重大逾期债务的发生。

3.或有事项与期后事项

报告期内公司无重大诉讼、仲裁事项;报告期内公司无重大对外担保事项;

报告期内公司无重大资产负债表日后事项。

4.其他重要事项

在报告期内,生产经营环境和政策法规未发生重大变化,也未发生重大资产收购及出售与企业并购行为,各项经营活动正常。

5.主要财务数据

根据亚太(集团)会计师事务所有限公司出具了亚会审字[2003]79号标准无保留意见的审计报告及公司最新一期未经审计的财务报告,本公司近三年及最近一期的主要财务数据如下:

(1)资产负债表主要数据(单位:元)

财务指标	2003.09.30	2003.05.31
总资产	1,261,344,760.01	1,117,841,460.18
负债总额	874,436,765.94	766,245,998.42
股东权益	386,907,994.07	351,595,461.76

财务指标	2002.12.31	2001.12.31	2000.12.31
总资产	1,008,832,297.58	952,175,324.39	881,352,206.44
负债总额	677,864,672.00	661,533,591.28	589,746,233.87
股东权益	330,967,625.58	290,641,733.11	291,605,972.57

(2)利润表主要数据(单位:元)

财务指标	2003年1~9月	2003年1~5月
主营业务收入	1,524,308,085.15	775,722,761.75
主营业务利润	292,790,332.85	138,271,471.41
利润总额	85,660,023.86	32,680,312.86
净利润	55,879,191.44	20,382,785.07
扣除非经常损益后的净利润	58,066,739.48	20,430,752.92

财务指标	2002年	2001年度	2000年度
主营业务收入	1,361,543,560.99	1,061,178,533.88	771,252,786.66
主营业务利润	244,688,879.63	196,118,276.40	118,458,394.86
利润总额	63,850,903.59	57,752,022.24	17,835,150.95
净利润	38,758,215.91	36,832,925.76	10,821,916.43
扣除非经常损	39,171,617.38	41,284,756.36	10,138,224.75

益后的净利润

(3)现金流量表主要数据(单位:元)

财务指标	2003 年 1~9 月	2003 年 1~5 月
	76,390,356.72	46,926,310.75
经营活动产生的现金流量净额		
投资活动产生的现金流量净额	-60,597,843.07	-16,068,986.17
筹资活动产生的现金流量净额	23,525,030.83	2,616,877.87
现金及现金等价物净增加额	39,267,683.34	33,441,788.13
每股经营活动的现金流量	0.424	0.261

财务指标	2002 年度
经营活动产生的现金流量净额	29,271,322.28
投资活动产生的现金流量净额	-15,790,049.00
筹资活动产生的现金流量净额	-71,034,429.54
现金及现金等价物净增加额	-57,666,128.39
每股经营活动的现金流量	0.163

(三)主要知识产权及非专利技术

1.注册商标

本公司产品所使用的商标为"风神"牌、"河南"牌、"豫轮"牌、"傲龙"牌、"众友"牌、"追风"牌、"成工"牌、"风力"牌、"金风行"牌。2002 年公司"风神"牌、"河南"牌商标已在 70 多个国家和地区注册。

2、非专利技术

本公司斜交胎产品由公司自主研制和开发,主要包括产品设计、配方设计、生产工艺及生产流程方面的应用技术;载重子午胎生产技术是全面继承并发展了集团公司引进青岛第二橡胶二厂的生产应用技术。上述应用技术均未办理技术专利申请,不拥有专利技术和知识产权。

(四)享受的财政税收优惠政策

根据国家财政部和国家税务总局[2000]145 号文,自 2001 年 1 月 1 日起,对"汽车轮胎"税目中的子午线轮胎免征消费税。根据国家税务总局国税发《1993》153 号文,"汽车轮胎"征收消费税税目中不含农业专用轮胎。

第五节 股票发行与股本结构

一、本次股票上市前首次公开发行股票的情况

1、发行数量:	7,500 万股
2、发行价格:	4.30 元/股
3、募集资金总额:	32,250 万元
4、发行方式:	向沪市、深市二级市场投资者定价配售
5、发行费用总额及项目:	本次 A 股发行费用总额为 1,717.44 万元,包括承销费用、审计费用、律师费用、上网发行手续费、审核费用等。
6、每股发行费用:	0.229 元

二、本次股票上市前首次公开发行股票的承销情况

本次公开发行的 7,500 万股社会公众股的配号总数为 77492452 个,中签率为 0.09678362%。其中,二级市场投资者认购 74,377,613 股,其余 622,387 股由主承销商包销。

三、本次上市前首次公开发行股票所募股资金的验资报告

验资报告

亚会验字(2003)1 号

风神轮胎股份有限公司全体股东:

我们接受委托,审验了贵公司截至二○○三年十月十日止的新增注册资本实收情况。按照国家相关法律、法规的规定和协议、章程的要求,提供真实、合法、完整的验资资料,保护资产的安全、完整是全体股东和贵公司的责任。我们的责任是对贵公司新增注册资本实收情况发表审验意见。我们的审验是依据《独立审计实务公告第 1 号—验资》进行的。在审验过程中,我们结合贵公司的实际情况,实施了检查等必要的审验程序。

贵公司原注册资本为人民币 18,000 万元,根据贵公司 2001 年第二次临时股东大会决议和修改后公司章程的规定,贵公司申请通过向社会公开发行人民币普通股(A 股)增加注册资本人民币 7,500 万元,变更后的注册资本为人民币 25,500 万元。根据中国证券监督管理委员会证监发行字[2003]119 号"关于核准风神轮胎股份有限公司公开发行股票的通知",贵公司于 2003 年 9 月 29 日向社会公众发行人民币普通股(A 股)7500 万股,每股面值 1 元。根据我们的审验,截止 2003 年 10 月 10 日止,贵公司实际已发行人民币普通股(A 股)7,500 万股,募集资金总额 322,500,000 元,扣除发行费用 17,174,383.22 元,实际募集资金净额为 305,325,616.78 元。其中新增注册资本 75,000,000 元,资本公积 230,325,616.78 元。

同时我们注意到,贵公司本次增资前的注册资本为人民币 18,000 万元,已经亚太会计师事务所验证,并于 1998 年 9 月 24 日出具亚会验字第 013 号验资报告。截止 2003 年 10 月 10 日止,贵公司变更后累计注册资本实收金额为 25,500 万元。

本验资报告仅供贵公司申请变更登记及据以向股东签发出资证明使用,不应将其视为对贵公司验资报告日后资本保全、偿债能力和持续经营能力的保证,因使用不当造成的后果,与执行本验资业务的注册会计师及会计师事务所无关。

亚太(集团)会计师事务所有限公司　　中国注册会计师:兰正恩

二○○三年十月十日　　中国注册会计师:谢忠平

四、募股资金入帐情况

1、入帐时间:2003 年 10 月 10 日

2、入帐金额:309,696,137.12 元

3、入帐帐号:4106604376008094001

4、开户银行:焦作市中行营业部

五、发行人上市前股本结构及各类股东的持股情况

1、本次股票上市前的股本结构

股份类别		股份数量(万股)	比例(%)
	国有法人股	17,737.23	69.56
尚未流通股份			
	发起人法人股	262.77	1.03
流通股	社会公众股	7,500.00	29.41
合计	----	25,500.00	100.00

2、本次股票上市前,本公司前十名股东及其持股比例

	股东名称	股权性质	持股数(股)	比例(%)
1	河南轮胎集团有限责任公司	国有法人股	162,262,800	63.63
2	中国神马集团有限责任公司	国有法人股	9,854,000	3.87
3	豫港(河南)开发有限公司	国有法人股	3,284,700	1.29
4	焦作市投资公司	国有法人股	1,970,800	0.77
5	焦作市锌品厂	发起人法人股	985,400	0.39
6	江阴创新气门嘴有限公司	发起人法人股	985,400	0.39
7	封丘县助剂厂	发起人法人股	656,900	0.25
8	河北证券有限责任公司	社会公众股	622,387	0.24
9	天同 180	社会公众股	98,000	0.04
10	普惠基金	社会公众股	89,000	0.03

第六节 董事、监事及高级管理人员

本公司董事、监事、高级管理人员与核心技术人员均为中国国籍,无境外的永久居留权,相互之间不存在配偶关系、三代以内直系和旁系亲属关系。

一、董事

曹朝阳先生,40 岁,中共党员,大学学历,高级工程师,本公司董事长、党委书记,兼任集团公司副董事长、党委书记,第十届全国人大代表。历任河南轮胎厂电力车间副主任,电力分厂副厂长、厂长,焦作市合成纤维厂副厂长、党委书记兼厂长,集团公司副总经理、总经理、董事长。

郑玉力先生,47 岁,中共党员,研究生学历,高级工程师,集团公司董事长,本公司董事。历任河南轮胎厂成型分厂副厂长,技术处副处长,生产处处长兼党支部书记,厂长助理、副厂长,股份公司副总经理,党委副书记、纪委书记。

王锋先生,39 岁,中共党员,大学学历,高级工程师,本公司副董事长、总经理。历任河南轮胎厂供应处副处长、处长、经营部部长,副厂长,股份公司常务副总经理。

郭春风先生,47 岁,中共党员,研究生学历,高级会计师,本公司董事,副总经理兼财务总监、证券部部长。历任河南轮胎厂财务处副处长,股份公司财务部副部长、部长。

张兆锋先生,42 岁,中共党员,研究生学历,高级经济师,神马集团副总经理,本公司董事。历任神马集团车间工段长、副主任、主任,神马实业股份有限公司副总经理、董事长,神马尼龙 66 盐公司党委书记。

朱延安先生,57 岁,中共党员,大学学历,高级工程师,豫港(河南)开发有限公司总工程师,本公司董事。历任四川宜宾长宁化肥厂业务员,河南建筑材料研究设计院研究员。

王世定先生,59 岁,经济学硕士,研究员、博士生导师,本公司独立董事。历任北京钟表工业公司主管会计,财政部财政科研所会计研究室副主任、主任、副所长、顾问。

丁宝安先生,62 岁,中共党员,大学学历,高级经济师,本公司独立董事。历任河南省环境保护局局长,河南省建设厅副厅长,中原化肥厂副厂长,河南省石油化工厅副厅长,正厅级巡视员。

陈岩先生,男,56 岁,大学学历,高级工程师,河南省政协七、八、九届科技委员,河南省八、九届政协常委,河南省复合肥推广中心主任,本公司独立董事。历任河南省石化厅高级工程师,科长,河南省化工装备联营公司总经理。

二、监事

林伟华先生,54 岁,中共党员,大学学历,政工师,股份公司工会主席,本公司监事会主席。历任河南轮胎厂车间副主任、主任,成型分厂厂长,厂工会副主席、主席,股份公司工会主席。

王玉忠先生,51 岁,中共党员,大专学历,经济师,焦作光亚实业总公司党委书记、焦作市山阳区经委副主任兼焦作市锌品厂厂长、书记,本公司监事。历任焦作光亚建材厂厂长,焦作光亚实业总公司副总经理。

马保群先生,43 岁,大专学历,高级咨询师,焦作市投资公司总经理,本公司监事。历任焦作市资源综合利用办公室干事、焦作市工程咨询公司副总经理。

秦鸿胜先生,35 岁,大学学历,工程师,本公司成型分厂厂长、监事。历任河南轮胎厂分厂副厂长,股份公司技术部副部长。

和新军先生,33 岁,中共党员,大专学历,会计师,本公司审计部副部长、监事。历任股份公司主管会计。

三、其他高级管理人员及重要管理人员

冯耀岭先生,46 岁,中共党员,大学学历,高级工程师,享受国家政府特殊津贴,本公司副总经理、总工程师。历任河南轮胎厂技术部部长、副总工程师。

申洪亮先生,39 岁,中共党员,研究生学历,会计师,本公司副总经理。历任河南轮胎厂财务处副处长,销售处处长,股份公司经营部部长。

韩法强先生,37 岁,中共党员,大学学历,中教高级,公司董事会秘书、总经理办公室主任。历任河南轮胎厂子弟学校副校长、校长兼党支部书记。

祁灿旺先生,62 岁,中共党员,大学学历,高级经济师,公司董事会顾问。历任河南轮胎厂办公室主任,股份公司总经办主任、总经理助理、董事会秘书。

初立珍女士,48 岁,中共党员,大专学历,高级会计师,公司董事会证券事务代表、财务部副部长。历任股份公司财务部成本会计。

第七节 同业竞争与关联交易

一、同业竞争

本公司的控股股东为集团公司,本公司与集团公司不存在同业竞争。集团公司及其控股、参股和全资子公司、公司的其他六家发起人股东和本公司的参股公司所从事的业务与本公司不存在同业竞争情况。

为杜绝今后可能产生的同业竞争,集团公司承诺:目前不存在、今后不发展与公司主营业务构成或可能构成相同或相似的业务,与公司彻底避免同业竞争。

二、关联交易

公司的关联交易主要包括土地租赁、综合服务、房屋租赁、原材料采购、租赁经营集团公司的载重子午胎生产线等。公司与关联方分别签署了《国有土地使用权租赁合同》、《合作经营合同》及《关于合作经营的补充协议》、《租赁合同》、《综合服务协议》及《综合服务补充协议》、《房地产租赁合同》,且履行了必要的批准手续,其交易和价格规范、公平、合理。公司的关联交易额占公司主营业务成本的比例较小,而且关联交易价格的制定采取了科学、合理的定价策略,对公司经营成果和财务状况没有构成明显影响。

关联交易的详细情况请查阅刊载于上海证券交易所网站(www.sse.com.cn)的本公司招股说明书第六章的有关内容。

第八节 财务会计资料

本公司截止 2003 年 5 月 31 日的财务会计资料已于 2003 年 9 月 29 日分别在《中国证券报》、《上海证券报》和《证券时报》上刊登的招股说明书摘要中进行了详细批露。投资者欲了解详细内容,请查阅上述报纸或刊载于上海证券交易所网站(www.sse.com.cn)的本公司招股说明书全文及附录。

一、注册会计师意见

亚太(集团)会计师事务所有限公司接受本公司委托,对公司 2000 年 12 月 31 日、2001 年 12 月 31 日、2002 年 12 月 31 日、2003 年 5 月 31 日的资产负债表和 2000 年度、2001 年度、2002 年度、2003 年 1~5 月利润及利润分配表以及 2002 年度、2003 年 1~5 月的现金流量表进行了审计,注册会计师出具了亚会审字[2003]79 号标准无保留意见的审计报告。

二、简要会计报表

(一)简要利润及利润分配表　　(单位:元)

项目	2003 年 1~9 月	2003 年 1~5 月
一、主营业务收入	1,524,308,085.15	775,722,761.75
减:主营业务成本	1,146,450,723.53	587,540,220.28
主营业务税金及附加	85,067,028.71	49,911,070.06
二、主营业务利润	292,790,332.85	138,271,471.41
加:其他业务利润	4,577,553.39	2,138,597.21
减:营业费用	57,156,572.46	30,189,128.54
管理费用	123,861,509.02	63,102,955.48
财务费用	27,424,783.82	14,389,703.89
三、营业利润	88,925,020.94	32,728,280.71
加:投资收益	0.00	0.00
补贴收入	250,000.00	0.00

营业外收入	413,529.21	400,136.05
减:营业外支出	3,928,526.29	448,103.90
四、利润总额	85,660,023.86	32,680,312.86
减:所得税	29,780,832.42	12,297,527.79
五、净利润	55,879,191.44	20,382,785.07
加:年初未分配利润		35,899,366.19
六、可供分配的利润		56,282,151.26
减:提取法定盈余公积		0.00
七、可供投资者分配的利润		56,282,151.26
减:应付普通股股利		0.00
八、未分配利润		56,282,151.26

项目	2002 年度	2001 年度
一、主营业务收入	1,361,543,560.99	1,061,178,533.88
减:主营业务成本	1,029,020,704.18	785,155,448.63
主营业务税金及附加	87,833,977.18	79,904,808.85
二、主营业务利润	244,688,879.63	196,118,276.40
加:其他业务利润	-533,824.04	-5,039,197.09
减:营业费用	54,196,765.08	43,222,308.15
管理费用	103,505,197.46	59,447,431.22
财务费用	30,408,787.99	31,205,487.10
三、营业利润	56,044,305.06	57,203,852.84
加:投资收益	0.00	0.00
补贴收入	8,220,000.00	5,000,000.00
营业外收入	101,175.92	7,132.91
减:营业外支出	514,577.39	4,458,963.51
四、利润总额	63,850,903.59	57,752,022.24
减:所得税	25,092,687.68	20,919,096.48
五、净利润	38,758,215.91	36,832,925.76
加:年初未分配利润	2,954,882.67	10,664,825.67
六、可供分配的利润	41,713,098.58	47,497,751.43
减:提取法定盈余公积	3,875,821.59	3,683,292.58
七、可供投资者分配的利润	35,899,366.19	41,972,812.56
减:应付普通股股利	0.00	39,017,929.89
八、未分配利润	35,899,366.19	2,954,882.67

项目	2000 年度
一、主营业务收入	771,252,786.66
减:主营业务成本	580,865,163.15
主营业务税金及附加	71,929,228.65
二、主营业务利润	118,458,394.86
加:其他业务利润	-464,854.54
减:营业费用	29,879,385.02
管理费用	53,259,415.61
财务费用	27,703,280.42
三、营业利润	7,151,459.27
加:投资收益	0.00
补贴收入	10,800,000.00
营业外收入	135,438.68
减:营业外支出	251,747.00
四、利润总额	17,835,150.95
减:所得税	7,013,234.52
五、净利润	10,821,916.43
加:年初未分配利润	15,326,196.70
六、可供分配的利润	26,148,113.13
减:提取法定盈余公积	1,082,191.64
七、可供投资者分配的利润	24,524,825.67
减:应付普通股股利	13,860,000.00
八、未分配利润	10,664,825.67

(二)简要资产负债表　(单位:元)

资产	2003.09.30	2003.05.31
流动资产:		
货币资金	93,784,961.04	87,959,065.83
应收票据	4,282,906.16	22,252,000.00
应收账款	249,207,679.86	275,330,148.78
其他应收款	11,309,775.56	15,656,521.64
预付账款	81,219,044.57	42,943,503.20
应收补贴款		0.00
存货	291,147,743.28	233,382,076.68
待摊费用	13,242,997.21	10,489,333.00
流动资产合计	744,195,107.68	688,012,649.13
长期投资:		
长期股权投资	19,500,000.00	19,500,000.00
长期投资合计	19,500,000.00	19,500,000.00
固定资产:		
固定资产原价	738,550,000.33	683,491,690.81
减:累计折旧	380,732,556.43	370,747,676.11
固定资产净值	357,817,443.90	312,744,014.70
减:固定资产减值准备	364,613.53	364,613.53
固定资产净额	357,452,830.37	312,379,401.17
工程物资	56,697,619.58	2,829,850.00
在建工程	82,373,285.25	94,030,324.97
固定资产清理	362,473.61	283,439.39
固定资产合计	496,886,208.81	409,523,015.53
无形资产及其他资产:		
无形资产	763,443.52	805,795.52
长期待摊费用	0.00	0.00
无形及其他资产合计	763,443.52	805,795.52
资产总计	1,261,344,760.01	1,117,841,460.18
流动负债:		
短期借款	319,585,300.00	319,835,300.00
应付票据	110,256,200.00	97,390,600.00
应付账款	212,262,107.14	160,457,506.53
预收账款	16,641,845.46	20,758,990.44
应付工资	0.00	0.00
应付股利	0.00	0.00
应交税金	24,467,002.77	18,678,131.06
其他应交款	2,947,473.18	2,370,650.65
其他应付款	12,722,837.63	10,288,235.06
预提费用	10,506,804.86	5,155,799.43
一年内到期的长期负债	75,000,000.00	76,160,000.00
流动负债合计	785,556,765.94	711,365,998.42
长期负债:		
长期借款	88,700,000.00	54,700,000.00
专项应付款	180,000.00	180,000.00
长期负债合计	88,880,000.00	54,880,000.00
负债合计	874,436,765.94	766,245,998.42
股东权益:		
股本	180,000,000.00	180,000,000.00
股本净额	180,000,000.00	180,000,000.00
资本公积	99,462,854.75	99,646,728.81
盈余公积	15,666,581.69	15,666581.69
其中:法定公益金	5,222,193.90	5,222,193.90
未分配利润	91,778,557.63	56,282,151.26
股东权益合计	386,907,994.07	351,595,461.76
负债和股东权益总计	1,261,344,760.01	1,117,841,460.18

资产	2002.12.31	2001.12.31
流动资产:		
货币资金	54,517,277.70	112,183,406.09
应收票据	3,000,000.00	780,000.00
应收账款	173,123,527.91	123,231,246.011
其他应收款	13,573,602.07	10,351,925.25
预付账款	91,451,081.75	38,827,320.65
应收补贴款	0.00	927,438.59
存货	270,922,404.34	275,017,050.131
待摊费用	8,510,474.26	11,709,594.55
流动资产合计	615,098,368.03	573,027,981.275
长期投资:		
长期股权投资	19,500,000.00	19,500,000.00
长期投资合计	19,500,000.00	19,500,000.00
固定资产:		
固定资产原价	682,306,842.33	678,831,085.876
减:累计折旧	356,700,884.88	329,667,287.482
固定资产净值	325,605,957.45	349,163,798.393
减:固定资产减值准备	309,613.53	615,912.12
固定资产净额	325,296,343.92	348,547,886.273
工程物资	2,631,616.00	4,019,956.37
在建工程	45,752,140.11	7,079,500.48
固定资产清理	0.00	0.00
固定资产合计	373,680,100.03	359,647,343.123
无形资产及其他资产:		
无形资产	553,829.52	0.00
长期待摊费用	0.00	0.00
无形及其他资产合计	553,829.52	0.00
资产总计	1,008,832,297.589	52,175,324.398
流动负债:		
短期借款	309,837,970.00	399,731,540.004
应付票据	76,926,200.00	23,189,877.50
应付账款	117,863,887.41	138,290,017.46
预收账款	11,739,548.75	12,011,850.48
应付工资	0.00	818,029.42
应付股利	0.00	28,331,664.15
应交税金	24,386,875.92	1,829,342.12
其他应交款	450,865.45	190,405.03
其他应付款	5,758,905.02	2,547,222.26
预提费用	103,700.35	3,102,821.95
一年内到期的长期负债		
流动负债合计	548,084,672.00	611,533,591.28
长期负债:		
长期借款	129,700,000.00	50,000,000.00
专项应付款	80,000.00	
长期负债合计	129,780,000.00	50,000,000.00
负债合计	677,864,672.00	661,533,591.28
股东权益:		
股本	180,000,000.00	180,000,000.00
股本净额	180,000,000.00	180,000,000.00
资本公积	99,401,677.70	97,834,001.14
盈余公积	15,666,581.69	9,852,849.30
其中:法定公益金	5,222,193.90	3,284,283.10
未分配利润	35,899,366.19	2,954,882.67
股东权益合计	330,967,625.58	290,641,733.11
负债和股东权益总计	1,008,832,297.58	952,175,324.39

资产	2000.12.31
流动资产:	
货币资金	19,680,286.30
应收票据	13,544,924.96
应收账款	87,151,013.31
其他应收款	38,679,773.53

预付账款	55,105,859.39
应收补贴款	3,279,736.03
存货	81,608,836.19
待摊费用	9,555,161.95
流动资产合计	08,605,591.66
长期投资：	
长期股权投资	
长期投资合计	
固定资产：	
固定资产原价	11,079,670.44
减：累计折旧	95,289,350.27
固定资产净值	15,790,320.17
减：固定资产减值准备	
固定资产净额	15,790,320.17
工程物资	6,590,668.75
在建工程	47,661,017.14
固定资产清理	0.00
固定资产合计	70,042,006.06
无形资产及其他资产：	
无形资产	0.00
长期待摊费用	2,704,608.72
无形及其他资产合计	2,704,608.72
资产总计	81,352,206.44
流动负债：	
短期借款	32,707,490.00
应付票据	28,480,000.00
应付账款	96,930,350.98
预收账款	8,159,560.11
应付工资	7,903,702.34
应付股利	100,000.00
应交税金	-2,514,653.51
其他应交款	7,212,130.67
其他应付款	7,854,333.73
预提费用	
一年内到期的长期负债	
流动负债合计	589,746,233.87
长期负债：	
长期借款	
专项应付款	
长期负债合计	
负债合计	589,746,233.87
股东权益：	
股本	180,000,000.00
股本净额	180,000,000.00
资本公积	96,613,236.47
盈余公积	4,327,910.43
其中：法定公益金	1,442,636.81
未分配利润	10,664,825.67
股东权益合计	291,605,972.57
负债和股东权益总计	881,352,206.44

（注：2003 年 6~9 月财务报告未经审计）

（三）简要现金流量表 （单位：元）

项目	2003 年 1~9 月
一、经营活动产生的现金流量	
销售商品、提供劳务收到的现金	1,065,943,078.63
收到的其他与经营活动有关的现金	3,437,629.33
现金流入小计	1,069,380,707.96
购买商品、接受劳务支付的现金	714,474,398.23
支付给职工以及为职工支付的现金	66,849,116.20
支付的各项税费	177,020,613.16
支付的其他与经营活动有关的现金	34,646,223.65
现金流出小计	992,990,351.24
经营活动产生的现金流量净额	76,390,356.72
二、投资活动产生的现金流量	
处置固定资产、无形资产和其他长期资产所收回的现金净额	11,560.00
收到的其他与投资活动有关的现金	0.00
现金流入小计	11,560.00
购建固定资产、无形资产和其他长期资产所支付的现金	60,609,403.07
现金流出小计	60,609,403.07
投资活动产生的现金流量净额	-60,597,843.07
三、筹资活动产生的现金流量	
借款所收到的现金	698,755,750.00
现金流入小计	698,755,750.00
偿还债务所支付的现金	654,755,750.00
分配股利、利润或偿付利息所支付的现金	20,474,969.17
支付的其他与筹资活动有关的现金	0.00
现金流出小计	675,230,719.17
筹资活动产生的现金流量净额	23,525,030.83
四、汇率变动对现金的影响	-49,861.14
五、现金及现金等价物净增加额	39,267,683.34

项目	2003 年 1~5 月
一、经营活动产生的现金流量	
销售商品、提供劳务收到的现金	492,294,647.76
收到的其他与经营活动有关的现金	1,457,755.12
现金流入小计	493,752,402.88
购买商品、接受劳务支付的现金	288,557,677.84
支付给职工以及为职工支付的现金	36,807,763.11
支付的各项税费	104,899,939.22
支付的其他与经营活动有关的现金	16,560,711.96
现金流出小计	446,826,092.13
经营活动产生的现金流量净额	46,926,310.75
二、投资活动产生的现金流量	
处置固定资产、无形资产和其他长期资产所收回的现金净额	278,560.00
收到的其他与投资活动有关的现金	0.00
现金流入小计	278,560.00
购建固定资产、无形资产和其他长期资产所支付的现金	16,347,546.17
现金流出小计	16,347,546.17
投资活动产生的现金流量净额	-16,068,986.17
三、筹资活动产生的现金流量	
借款所收到的现金	343,014,050.00
现金流入小计	343,014,050.00
偿还债务所支付的现金	333,014,050.00
分配股利、利润或偿付利息所支付的现金	7,353,404.27
支付的其他与筹资活动有关的现金	29,717.86
现金流出小计	340,397,172.13
筹资活动产生的现金流量净额	2,616,877.87
四、汇率变动对现金的影响	-32,414.32
五、现金及现金等价物净增加额	33,441,788.13

项目	2002 年度
一、经营活动产生的现金流量	
销售商品、提供劳务收到的现金	973,545,186.71
收到的其他与经营活动有关的现金	13,212,192.69
现金流入小计	986,757,379.40
购买商品、接受劳务支付的现金	675,485,514.36
支付给职工以及为职工支付的现金	79,343,601.04
支付的各项税费	157,665,940.97
支付的其他与经营活动有关的现金	44,991,000.75
现金流出小计	957,486,057.12
经营活动产生的现金流量净额	29,271,322.28
二、投资活动产生的现金流量	
处置固定资产、无形资产和其他长期资产所收回的现金净额	0.00
收到的其他与投资活动有关的现金	0.00
现金流入小计	0.00
购建固定资产、无形资产和其他长期资产所支付的现金	15,790,049.00
现金流出小计	15,790,049.00
投资活动产生的现金流量净额	-15,790,049.00
三、筹资活动产生的现金流量	
借款所收到的现金	801,443,550.00
现金流入小计	801,443,550.00
偿还债务所支付的现金	814,255,210.00
分配股利、利润或偿付利息所支付的现金	56,148,021.03
支付的其他与筹资活动有关的现金	2,074,748.51
现金流出小计	872,477,979.54
筹资活动产生的现金流量净额	-71,034,429.54
四、汇率变动对现金的影响	-112,972.13
五、现金及现金等价物净增加额	-57,666,128.39

第九节 其他重要事项

（一）2003 年 10 月 15 日，公司二届十次董事会通过《风神轮胎股份有限公司首次公开发行股票上市公告书暨 2003 年第三季度财务报告》。本次股票发行后至本上市公告书公告之日，本公司未发生可能对本公司有较大影响的其他重要事项。

（二）根据《上海证券交易所股票上市规则》，本公司第一大股东河南轮胎股份有限责任公司已向上海证券交易所承诺：自本公司股票上市之日起 12 个月内，不转让其持有的本公司股份，也不由本公司回购其持有的本公司股份。

第十节 董事会上市承诺

本公司董事会将严格遵守《中华人民共和国公司法》、《中华人民共和国证券法》、《股票发行与交易管理暂行条例》、《公开发行股票公司信息披露实施细则》和《上海证券交易所股票上市规则》等法律、法规和中国证监会的有关规定，并自股票上市之日起承诺做到：

（一）承诺真实、准确、完整、公允和及时的公布定期报告，批露所有对投资者有重大影响的信息，并接受中国证监会、证券交易所的监督管理；

（二）承诺本公司在知悉可能对股票价格产生误导性影响的任何公共传播媒介中出现的消息后，将及时予以公开澄清；

（三）本公司董事、监事、高级管理人员和核心技术人员将认真听取社会公众的意见和批评，不利用已获得的内幕消息和其他不正常手段直接或间接从事本公司股票的买卖活动；

（四）本公司没有无记录的负债。

第十一节 上市推荐人及其意见

一、上市推荐人有关情况

上市推荐人：河北证券有限责任公司

法定代表人：武铁锁

地址：河北省石家庄市裕华东路 81 号

电话：0311-6978334、6983358

传真：0311-6982188

联系人：毛传武霍永涛封江涛

二、上市推荐人意见

上市推荐人河北证券有限责任公司认为：本公司具备了《中华人民共和国公司法》、《中华人民共和国证券法》及《上海证券交易所股票上市规则》等法律法规所规定的上市条件。

本公司上市推荐人保证本公司的董事了解法律、法规、上海证券交易所上市规则及股票上市协议规定的董事的义务与责任，并协助本公司健全了法人治理结构、制定了严格的信息披露制度与保密制度。

本公司上市推荐人已对上市文件所载的资料进行了核实，确保上市文件真实、准确、完整，符合规定要求，保证本公司的上市申请材料、上市公告书没有虚假、严重误导性陈述或者重大遗漏，并保证对其承担连带责任，并保证不利用在上市过程中获得的内幕信息进行内幕交易，为自己或他人谋取利益。

本公司上市推荐人愿意推荐本公司股票在上海证券交易所上市交易。

无锡华光锅炉股份有限公司

无锡华光锅炉股份有限公司股票上市公告书

第一节 重要声明与提示

本公司董事会保证上市公告书的真实性、准确性、完整性,全体董事承诺上市公告书不存在虚假记载、误导性陈述或重大遗漏,并承担个别和连带的法律责任。

根据《公司法》、《证券法》等有关法律、法规的规定,本公司董事、高级管理人员已依法履行诚信和勤勉尽责的义务和责任。

上海证券交易所、中国证监会、其他政府机关对本公司股票上市及有关事项的意见,均不表明对本公司的任何保证。

本公司提醒广大投资者注意,凡本上市公告书未涉及的有关内容,请投资者查阅 2003 年 7 月 1 日刊载于《中国证券报》、《上海证券报》、《证券时报》和《证券日报》的本公司招股说明书摘要,及刊载于上海证券交易所网站(http://www.sse.com.cn)的本公司招股说明书全文。

本上市公告书刊登网址:http://www.sse.com.cn

第二节 概览

1.股票简称:华光股份
2.沪市股票代码:600475
3.深市股票代码:003475
4.总股本:160,000,000 股
5.可流通股本:60,000,000 股
6.本次上市流通股本:60,000,000 股
7.发行价格:4.92 元/股
8.上市地点:上海证券交易所
9.上市时间:2003 年 7 月 21 日
10.股票登记机构:中国证券登记结算有限责任公司上海分公司
11.上市推荐人:华泰证券有限责任公司、海通证券股份有限公司
12.本公司首次公开发行股票前股东所持股份的流通限制及期限:根据国家有关法律、法规规定和中国证监会证监发行字[2003]68 号《关于核准无锡华光锅炉股份有限公司公开发行股票的通知》,本公司的国有法人股和法人股暂不上市流通。
13.本公司公开发行股票前第一大股东无锡水星集团有限公司向上海证券交易所承诺:自本公司股票上市之日起一年内,不转让所持有本公司的股份,也不由本公司回购其所持有的股份。

第三节 绪言

本上市公告书是根据《中华人民共和国公司法》、《中华人民共和国证券法》、《股票发行与交易管理暂行条例》、《公开发行股票公司信息披露实施细则》和《上海证券交易所股票上市规则》等国家有关法律、法规的规定,并按照中国证监会公开发行股票信息披露内容与格式准则第 7 号—股票上市公告书》而编制的,旨在向投资者提供有关无锡华光锅炉股份有限公司(以下简称"本公司"和"发行人")和本次股票上市的基本情况。

经中国证监会证监发行字[2003]68 号文批准,本公司于 2003 年 7 月 4 日利用上海证券交易所系统,以向沪市、深市二级市场投资者定价配售的方式成功发行了 6,000 万股每股面值 1.00 元的人民币普通股,发行价为每股人民币 4.92 元。

经上海证券交易所上证上字[2003]83 号《关于无锡华光锅炉股份有限公司人民币普通股股票上市交易的通知》批准,本公司公开发行 6,000 万股社会公众股将于 2003 年 7 月 21 日起在上海证券交易所挂牌交易。股票简称"华光股份",沪市股票代码"600475",深市代理股票代码"003475"。

本公司已于 2003 年 7 月 1 日在《中国证券报》、《上海证券报》、《证券时报》和《证券日报》上刊登了《招股说明书摘要》,招股说明书正文及其附录在上海证券交易所网站(http://www.sse.com.cn)上网,距今不足三个月,故与其重复的内容不再重述,敬请投资者查阅上述内容。

第四节 发行人概况

一、发行人的基本情况
1.发行人名称:无锡华光锅炉股份有限公司
2.英文名称:Wuxi Huaguang Boiler Co.,Ltd
3.注册资本:16,000 万元
4.法定代表人:华金荣
5.成立日期:2000 年 12 月 26 日
6.注册地址:无锡市开发区 26#-G 地块 7.8 幢
7.邮政编码:214028
8.经营范围:电站锅炉、工业锅炉、锅炉辅机、水处理设备、压力容器的制造、销售,金属材料(贵金属除外)的销售,锅炉、水处理成套设备工程服务,公路货运,经营经外贸部批准的自营进出口业务。
9.主营业务:电站锅炉、工业锅炉、锅炉辅机、水处理设备、压力容器的制造、销售。
10.所属行业:锅炉及原动机制造业
11.联系电话:0510-5215556
12.联系传真:0510-5215605
13.互联网网址:www.wuxiboiler.com.cn
14.电子信箱:wbw@wuxiboiler.com
15.董事会秘书:沈衍庆

二、发行人的历史沿革及股权变动情况

本公司是经江苏省人民政府苏政复[2000]241 号文批准,在对无锡水星集团有限公司(以下简称"水星集团")下属主体企业无锡锅炉厂进行改制重组的基础上,由无锡水星集团有限公司作为主发起人,同时联合亚洲控股有限公司、无锡高新技术风险投资股份有限公司、无锡金和大厦有限公司、无锡市工业锅炉厂、无锡压缩机股份有限公司,以发起设立方式设立的股份公司。

本公司设立时,水星集团投入经营性净资产 11,242.75 万元按 1:0.79518 的比例折为 8,940 万股,其他五家发起人共投入现金 1,333.03 万,按相同的比例折为 1,060 万股(其中:亚洲控股有限公司投入现金 628.79 万元,折为 500 万股;无锡高新技术风险投资股份有限公司投入现金 503.03 万元,折为 400 万股;无锡金和大厦有限公司投入现金 138.33 万元,折为 110 万股;无锡市工业锅炉厂投入现金 50.30 万元,折为 40 万股;无锡压缩机股份有限公司投入现金 12.58 万元,折为 10 万股。),共折为 10,000 万股,每股面值 1.00 元。本公司于 2000 年 12 月 26 日在江苏省工商行政管理局依法登记注册(注册号:3200001105023),注册资本 10,000 万元。

经中国证监会证监发行字[2003]68 号文核准,本公司于 2003 年 7 月 4 日在上海证券交易所以向二级市场投资者定价配售方式成功发行了人民币普通股 6,000 万股,每股面值 1.00 元,每股发行价 4.92 元。此次发行完成后,本公司的总股本为 16,000 万股,注册资本为 16,000 万元。

本次发行前后股权结构变化情况:

股份类别	发行前		发行后	
	股本(万股)	占股本比例(%)	股本(万股)	占股本比例(%)
国有法人股	8,940	89.40	8,940	55.875
法人股	1,060	10.60	1,060	6.625
社会公众股	0	0	6,000	37.50
合计	10,000	100	16,000	100

三、发行人的主要经营情况

1.本公司主要业务构成

本公司主要从事电站锅炉、工业锅炉、锅炉辅机、水处理设备、压力容器的制造、销售。本公司产品主要用于供热、供汽、供电。

本公司为我国锅炉行业的最佳综合经济效益企业,根据中国机械工业联合会锅炉统计支会的统计数据,自 1993 年以来的连续 9 年里,本公司的利润总额、成本费用利润率等指标在我国的锅炉制造企业中均排名第一。本公司销售额在以 410t/h 以下为主要产品的锅炉企业中排名第一。

2.本公司的竞争优势和劣势

(1)产品质量、品牌优势

本公司自七十年代就开始流化床锅炉的开发,1988 年开始与中科院合作开发循环流化床锅炉,至今已生产了各种流化床锅炉 110 台,由于其效率高,运行稳定,煤种适应性广,特别适应劣质煤燃烧而深受欢迎,成为国内生产循环流化床锅炉最多的企业之一,尤其是最近几年本公司热电联产用锅炉产销两旺,主要产品的市场占有率较高。

本公司的特种锅炉在锅炉行业占有较为明显的优势,尤其是本公司的垃圾焚烧炉已走在国内锅炉制造企业的前列。在 2001 年,本公司在广东、浙江等地已销售了六台垃圾焚烧炉,日处理垃圾共计近千吨;在 2002 年本公司已同浙江、江苏、广东等地的用户签订了六台垃圾焚烧炉的销售合同,日处理垃圾的能力共计可达到 1500 吨。可以预计,本公司的垃圾焚烧炉不久将成为本公司新的利润增长点。

长期以来,本公司坚持"产品质量以用户满意为标准"的质量宗旨,实行售后服务承诺制,用户遍布全国各地,并有部分产品远销海外,"水星牌"锅炉连续三年被评为江苏省名牌产品和无锡市四星级名牌产品。

(2)较强的经济实力和综合经济效益

近几年来,本公司业务持续发展,企业综合实力稳步上升。根据中国机械工业联合会锅炉统计支会提供的统计数据显示(其中北京巴布科克.威尔科克斯有限公司为合资公司,拥有 A 级锅炉设计制造许可证,但锅炉统计支会无该公司统计数据,在本招股说明书中的有关 A 级锅炉企业的统计数据均不包括该公司的数据),本公司在利润总额、资金利润率、成本费用利润率等指标上连续多年排名第一,经济效益综合指数在全国锅炉行业中始终处于领先位置。

(3)较强的创新能力及技术优势

本公司前身原无锡锅炉厂是我国电站锅炉和工业锅炉的专业制造企业,也是全国水处理设备科研中心,同时也是全国首批九家获得国家质量技术监督局颁发的 A 级锅炉设计制造许可证企业之一和获得 AR1 级压力容器设计制造许可证企业之一。本公司在长期从事锅炉、压力容器和水处理设备的生产制造过程中,不但积累了丰富的科研和实践经验,形成了以享受政府特殊津贴专家待遇 1 人和部级专家 1 人、省市级专家 2 人为骨干的科研队伍,也形成了较强的创新能力和技术优势。自原无锡锅炉厂成立至今,本公司先后开发或联合开发出的新产品共有二十多项,正在开发的新产品有十六项,在已经开发的新产品中,共有十一项先后获得过国家、部和省级多种奖项;另外,本公司被江苏省科学技术委员会认定为高新技术企业,负责公司技术创新和产品创新的技术中心也于 2001 年 9 月被评为江苏省第五批重点支持的企业技术中心,2001 年科研投入占本公司当年销售收入的比例为 1.29%,2002 年科研投入占本公司当年销售收入的比例为 1.41%。

(4)企业管理优势

多年来,本公司已经形成了独具特色和卓有成效的经营管理理念。不但综合经济效益指标连续多年排名同行业前列,还先后获得过江苏省优秀企业、中国企业管理杰出贡献奖、综合经济管理示范进步奖等管理奖章,通过了 ISO14001 环境管理体系标准、ISO9001 质量管理体系认证书、美国 ASME"U"、"S"规范钢印和授权证书,在行业中具有独特的管理优势。

与国内外同行业相比,本公司具有如下竞争劣势:与国际技术先进的厂商相比,本公司产品在技术参数以及新产品、技术开发能力方面存在一定差距。

3.主要财务指标　　请参阅本上市公告书"财务会计资料"部分的相关内容。

4.主要知识产权　　本公司目前拥有"水星"牌商标(注册号为 176640)的商标所有权,本公司还拥有多项专有技术。

5.本公司享有的财政税收优惠政策　　本公司系江苏省高新技术企业,公司注册地位于无锡高新技术产业开发区(国家级)。根据江苏省人民政府苏政发[1996]153 号文件和无锡市地税局锡地税二(2000)30 号文件精神,本公司自 2001 年度起执行 15%的所得税率。

本公司 2001 年度因引进日本垃圾炉焚烧技术获得财政补贴 799.4 万元,其中用于专项借款利息支出 112.35 万元,其余按规定进入资本公积。

第五节 股票发行与股本结构

一、本次股票上市前首次公开发行股票的情况
1.发行数量:6,000 万股
2.发行价格:4.92 元/股
3.募集资金总额:29,520 万元
4.发行方式:全部向二级市场投资者定价配售
5.发行时间:2003 年 7 月 4 日
6.发行对象:持有中华人民共和国居民身份证的公民及境内法人(国家法律、法规禁止购买者除外)。
7.发行费用总额及项目

本次股票发行费用总额为 1,507.44 万元,主要包括:承销费用、审计费用、律师费用、发行手续费用、审核费用等项目。

8.每股发行费用:0.25 元。

二、本次股票上市前首次公开发行股票的承销情况

本次公开发行的 6,000 万股社会公众股的配号总数为 74,476,866 个,中签率为 0.08056193%。其中二级市场投资者认购 59,548,948 股,其余 451,052 股由主承销商包销。

三、本次股票上市前首次公开发行股票所募集资金的验资报告

江苏公证会计师事务所有限公司为本次发行出具了《验资报告》(苏公 W[2003]B119 号),现摘录如下:

无锡华光锅炉股份有限公司全体股东:

我们接受委托,审验了贵公司截至 2003 年 7 月 11 日止的新增注册资本实收情况。按照国家相关法律、法规的规定和协议、章程的要求出资,提供真实、合法、完整的验资资料,保护资产的安

全、完整是全体股东及贵公司的责任。我们的责任是对贵公司新增注册资本的实收情况发表审验意见。我们的审验是依据《独立审计实务公告第1号—验资》进行的。在审验过程中,我们结合贵公司的实际情况,实施了检查等必要的审验程序。

贵公司原注册资本为人民币100,000,000元,根据贵公司2002年度股东大会决议和修改后公司章程的规定,申请增加注册资本人民币60,000,000元,变更后的注册资本为人民币160,000,000元。经中国证券监督管理委员会证监发行字[2003]68号"关于核准无锡华光炉股份有限公司公开发行新股的通知",同意贵公司向社会公开发行人民币普通股60,000,000股,每股面值1元。经我们审验,截至2003年7月11日止,根据贵公司的发行结果,本次实际发行境内上市人民币普通股60,000,000股,每股发行价格为4.92元,共计募集资金295,200,000元,扣除发行费用15,074,432.88元,实际募集资金280,125,567.12元,其中注册资本60,000,000元,资本公积220,125,567.12元,上述募集资金已于2003年7月11日汇入贵公司在中国工商银行无锡分行营业部帐户(帐号:1103020219200512783)。截至2003年7月11日止,贵公司已收到新增注册资本人民币60,000,000元(大写陆仟万元整),均为货币资金。

同时我们注意到,贵公司本次增资前的注册资本为人民币100,000,000元,已经本所审验,并由本所于2000年12月25日出具苏会B(2000)183号验资报告。截至2003年7月11日止,变更后的累计注册资本实收金额为人民币160,000,000元。

本验资报告供贵公司申请变更登记及据以向股东签发出资证明时使用,不应将其视为是对贵公司验资报告日后资本保全、偿债能力和持续经营能力等的保证,因使用不当造成的后果,与执行本验资业务的注册会计师及会计师事务所无关。

江苏公证会计师事务所有限公司　　付主任会计师　　金章罗
中国·无锡　　中国注册会计师　　赵焕琪

四、募股资金入帐情况

1、入帐时间:2003年7月11日

2、入帐金额:285,318,567.16元(募集资金扣除承销费和上网发行费用后的余额)

3、入帐帐号:1103020219200512783

4、开户银行:无锡工行营业部

五、发行人上市前股权结构及各类股东的持股情况

1.本次上市前公司股权结构股份类别

股份类别	股份数量(股)	占总股本的比例(%)
1、尚未流通股份:	100,000,000	62.50
发起人股份	100,000,000	62.50
其中:国家持有股份	89,400,000	55.88
法人持有股份	10,600,000	6.63
2、可流通股份	60,000,000	37.50
境内上市人民币普通股	60,000,000	37.50
其中:本次公开发行股份	60,000,000	37.50
3、总股本	160,000,000	100.00

2.前十名股东持股情况股东名称

股东	股权类别	股数(万股)	持股比例(%)
无锡水星集团有限责任公司	国有法人股	8,940	56.00
亚洲控股有限公司	法人股	500	3.13
无锡高新技术风险投资股份有限公司	法人股	400	2.50
无锡金和大厦有限公司	法人股	110	0.69
华泰证券有限责任公司	流通股	45.1	0.29
无锡市工业锅炉厂	法人股	40	0.25
无锡压缩机股份有限公司	法人股	10	0.06
天同180指数基金	流通股	9.4	0.06
博时增长基金	流通股	5.8	0.04
国信证券有限责任公司	流通股	5.7	0.04
合计	-	16,000	100

第六节 董事、监事、高级管理人员及核心技术人员

一、高级管理人员与核心技术人员

1、公司董事

华金荣先生:中国国籍,1939年生,中共党员,大学专科文化,高级经济师,历任无锡压缩机厂车间副主任、主任、技术科长、生产计划科长、副厂长、代厂长、无锡锅炉厂第一副厂长、厂长,曾荣获无锡市优秀厂长、江苏省优秀企业家、机械部"十大杰出企业家"、全国企业家"金球奖"、无锡市劳动模范、江苏省劳动模范、全国"五一"劳动奖章、全国劳动模范等荣誉称号,享受国务院政府特殊津贴。现任本公司董事长、水星集团公司董事。2002年年收入9.5万元,全部在本公司领取。

蒋志坚先生:中国国籍,1967年生,中共党员,大学本科文化,高级工程师,历任无锡锅炉厂车间副主任、主任、供应处长、厂长助理、副厂长、党委书记,曾荣获无锡市机械局优秀共产党员、江苏省优秀营销工作者等荣誉称号。现任本公司副董事长、总经理、水星集团公司董事。2002年年收入6.8万元,全部在本公司领取。

钱德霞女士:中国国籍,1947年生,中共党员,大学专科文化,高级经济师,历任无锡锅炉厂计划科长、审计处长、副总经济师、总经济师、副厂长,曾荣获无锡市机械局优秀共产党员、无锡市优秀营销工作者、无锡市"十大营销功臣"等荣誉称号。现任本公司副董事长,副总经理、水星集团公司董事。2002年年收入6.6万元,全部在本公司领取。

季美昌先生:中国国籍,1947年生,中共党员,大学专科文化,高级经济师,历任无锡动力机厂厂长、无锡市机械工业局副局长。现任水星集团公司董事长、无锡市机械资产经营有限公司副董事长、副总经理。2002年年收入5万元,在无锡市机械资产经营有限公司领取,不在本公司领取薪酬。

唐祖荣先生:中国国籍,1971年生,中共党员,大学本科文化,曾任无锡小天鹅股份有限公司董事会秘书,现任亚洲控股有限公司总裁助理兼上海分公司总经理,上海易连电子商务有限公司董事等职。2002年年收入9.8万元,在亚洲控股有限公司领取,不在本公司领取薪酬。

刘成富先生:中国国籍,1943年生,中共党员,大学本科毕业,教授。曾任无锡财经学校教师、无锡轻工业学院经贸系副主任、无锡轻工业大学经贸系主任、成人教育学院副主任,现任江南大学商学院院长、本公司独立董事。2002年年收入6万元,在江南大学领取。

陈其龙先生:中国国籍,1950年生,中共预备党员,大学本科毕业,审计师,中国注册会计师。曾任无锡油泵厂车间会计、无锡市审计局公交审计科副科长、财政金融审计处处长、无锡市审计事务所所长、江苏兴业会计师事务所所长,现任无锡市国联发展(集团)有限公司财务部经理、本公司独立董事。2002年年收入5.1万元,在无锡市国联发展(集团)有限公司领取。

2、公司监事

居国民先生:中国国籍,1947年生,中共党员,大学本科文化,高级政工师。历任国营琼港农场副连长,清江合成纤维厂车间负责人,政治学校校长、工会主席、无锡锅炉厂宣传副科长、厂办主任,现任本公司工会主席兼公司办公室主任。2002年年收入5.5万元,全部在本公司领取。

朱嘉仁先生:中国国籍,1949年生,中共党员,大学专科文化,政工师。历任无锡锅炉厂车间党支部书记,纪委副书记、审计处长,现任本公司党委办公室主任兼纪委副书记。2002年年收入2.5万元,全部在本公司领取。

谢士鸣先生:中国国籍,1952年生,中共党员,大学专科文化,会计师。历任无锡市缝纫机二厂会计、无锡市人民政府驻厦门办事处会计主管、无锡高新技术产业开发区管理委员会计财部副经理、无锡市经济技术集团发展总公司计财部副经理,现任无锡高新技术风险投资股份有限公司计划资金部经理。2002年年收入3.8万元,在无锡高新技术风险投资股份有限公司领取,不在本公司领取薪酬。

3、其它高级管理人员

胡仪林先生:中国国籍,1954年生,中共党员,大学专科文化,经济师,历任无锡锅炉厂团委副书记、工会副主席、主席、副厂长,现任本公司副总经理。2002年年收入5.2万元,全部在本公司领取。

谢鹤清先生:中国国籍,1956年生,中共党员,大学专科文化,经济师,历任无锡锅炉厂车间副主任,生产处副处长、处长、厂长助理,现任本公司副总经理。2002年年收入5.2万元,全部在本公司领取。

贺旭亮先生:中国国籍,1962年生,中共党员,大学本科文化,高级工程师,历任无锡锅炉厂总工程师办公室副主任、销售处处长、厂长助理,现任本公司副总经理。2002年年收入5.5万元,全部在本公司领取。

缪银松先生:中国国籍,1952年生,中共党员,大学专科文化,经济师,历任无锡锅炉厂劳资教育处副处长、处长、厂长助理,现任本公司副总经理。2002年年收入5万元,全部在本公司领取。

邵耿东先生:中国国籍,1971年生,中共党员,工商管理硕士,历任无锡锅炉厂销售二处副处长、处长、总经理助理,现任本公司副总经理。2002年年收入4.8万元,全部在本公司领取。

沈衍庆先生:中国国籍,1951年生,中共党员,大学专科文化,会计师,历任无锡锅炉厂财务处副处长、处长、副总会计师、总经理助理,现任本公司董事会秘书、上市办主任。2002年年收入3.1万元,全部在本公司领取。

韩中英女士:中国国籍,1951年生,大学专科文化,会计师,历任无锡锅炉厂财务处副处长,现任本公司财务处处长。2002年年收入3.1万元,全部在本公司领取。

4、核心技术人员

邢培生先生:中国国籍,1941年生,中共党员,大学本科文化,高级工程师,曾任无锡锅炉厂副总工程师、总工程师。现任本公司总工程师,长期从事产品开发和技术管理,曾先后主持开发35t/h链条炉,75t/h煤粉锅炉,65t/h双炉排链条炉,130t/h和220t/h煤粉锅炉,200t/h垃圾焚烧锅炉,组织75t/h循环流化床锅炉,58MW热水锅炉等重大项目的研试,在新产品的开发中取得了较突出的成绩。"65t/h次高压双炉排锅炉"荣获1994年机械工业部科技进步二等奖,"75t/h次高压煤粉锅炉"获得1997年无锡市科技进步二等奖,"35t/h飞灰循环回燃流化床锅炉"获得无锡市科技进步二等奖,"发展城市生活垃圾焚烧锅炉及其探讨"论文获得2000年无锡市人民政府颁发的自然科学论文二等奖。1992年被命名为无锡市中青年专业技术拔尖人才,1993年被国务院批准享受政府特殊津贴。现为中国动力工程学会理事,全国锅炉标准化技术委员会委员,全国锅炉水处理协会常务理事。2002年年收入3.6万元,全部在本公司领取。

沈解忠先生:中国国籍,1968年4月出生,中共党员,大学本科文化,高级工程师,历任无锡锅炉厂设计员、设计组长、副处长、处长及副总工程师,现任本公司副总工程师,设计三处处长,一直从事新产品开发,先后开发日处理300吨的垃圾焚烧炉,75t/h循环流化床锅炉,曾经到美国及欧洲进行技术交流,多次获得省市科技进步奖,曾被评为市劳模。2002年年收入3.1万元,全部在本公司领取。

苏小平先生:中国国籍,1955年2月出生,中共党员,大学专科文化,高级工程师,历任无锡锅炉厂设计员、设计组长、设计处处长助理、副处长、处长,现任本公司副总工程师。1993年被聘为高级工程师,一直从事锅炉设计和新产品开发工作,个人获得省科技进步二等奖,省优秀新产品金牛奖,1999年获市委市府颁发的有突出贡献中青年专家称号。2002年年收入4.5万元,全部在本公司领取。

朱晓峰先生:中国国籍,1943年1月出生,中共党员,硕士研究生,高级工程师,历任无锡锅炉厂设计员、设计组长,现任本公司副总工程师,一直从事新产品开发和设计工作,曾多次获得部、省、市科技进步奖、金牛奖。经常出国进行技术交流和技术援助。2002年年收入4万元,全部在本公司领取。

5、相关事项说明

(1)本公司目前与上述董事、监事、高级管理人员、核心技术人员间未有借款或担保方面的协议。

(2)上述董事、监事、高级管理人员、核心技术人员在发行前未以个人持股、家属持股、法人持股等形式持有发行人及关联企业的股份。

(3)董事、监事、高级管理人员、核心技术人员在关联企业任职情况请参阅"第七节 同业竞争与关联交易"。

其他董事、监事、高级管理人员、核心技术人员均未在其他单位任职。

(4)上述人员相互之间不存在配偶关系、三代以内直系和旁系亲属关系。

(5)本公司独立董事的津贴为1万元。

(6)为激励技术人员的主动性和创造性,公司建立了科技开发奖励的制度,对作出突出贡献的技术人员给予奖励。

第七节 同业竞争与关联交易

一、同业竞争

本公司与控股股东及控股股东全资、控股企业、具有实际控制权的企业之间不存在同业竞争。为避免同业竞争情况的发生,水星集团已向本公司书面承诺,在今后的业务中,水星集团不与本公司产生同业竞争,即水星集团包括水星集团全资、控股公司及水星集团对其具有实际控制权的公司不会以任何形式直接或间接从事与本公司相同或相似的业务。

工业锅炉厂与本公司存在部分同业竞争关系。但由于工业锅炉厂仅持有本公司0.4%的股份,不是直接、间接地控制本公司或对本公司有重大影响的法人,且本公司与该公司存在同业竞争的产品收入占本公司主营业务收入比例较小,非本公司主导产品,因此,工业锅炉厂与本公司之间存在的部分同业竞争关系对本公司的生产经营活动影响较小。

发行人律师、主承销商均认为本公司与集团公司间不存在同业竞争。

二、关联方及关联交易

1、关联方及关联关系

本公司目前存在的关联方及关联关系请查阅刊载于上海证券交易所网站(www.sse.com.cn)的本公司招股说明书全文及附录。

2、主要关联交易

(1)本公司向集团公司租赁土地

2000年11月20日,本公司筹委会与集团公司签订《土地使用权租赁协议》,土地租赁面积为82,493平方米。在2002年1月,鉴于本公司已购买了集团公司的技术大楼和包装车间,本公司与集团公司就技术大楼和包装车间所在的土地签订了《土地使用权租赁协议》,新增土地租赁面积16,822平方米。

土地租赁协议约定,集团公司租赁与股份公司使用的有关土地的面积为99,315平方米;租赁期限为协议生效之日起至2050年7月4日;本公司每年向集团公司支付建筑物占用面积每平方米租金12元、干道面积每平方米租金18元、绿化面积每平方米租金24元,总计年租金201.48万元,双方可根据市场变化协商上浮或下调5–10%;年租金分两次支付,本公司每年6月30日前和12月31日前分别支付二分之一年租金。2001年度本公司按协议约定共向集团公司支付上述租赁费167.08万元,2002年本公司向集团公司支付土地租赁费201.48万元。

(2)本公司向集团公司租赁房屋

2000年11月20日,集团公司与本公司筹委会签订《房屋租赁协议》。协议约定,自2001年起,本公司应向集团公司交纳租金,技术大楼、包装车间、会堂及餐厅每平方米月租金10元,集体宿舍每平方米月租金5元,建筑物(围墙)每米月租金2元,租赁房屋的年租金共计为234.42万元。年租金分两次支付,本公司每年6月30日前和12月31日前分别支付二分之一年租金。2001年度本公司按协议约定共向集团公司支付上述租赁费用234.42万元。

在2002年1月,鉴于本公司已购买了集团公司的技术大楼和包装车间,本公司与集团公司重新签订的《房屋租赁协议》。根据重新签订的协议,2002年度向集团公司支付上述租赁费调整为

16.86万元,2002年支付16.86万元。

(3)集团公司向本公司提供综合服务

2000年11月20日,集团公司与本公司筹委会签订《综合服务协议》,协议对集团公司向本公司提供的包括保安、供水、供电、供汽、设备大修理、产品运输等后勤保障服务及生产辅助方面的某些服务或供应达成一致意见。2001年度本公司按协议约定向集团公司支付保安等后勤服务费用41.40万元,运输服务费用239.65万元,水、电、汽等费用264万元。2002年按集团公司实际提供的劳务向其支付运输服务费187.76万元,支付保安费41.40万元,水、电、汽等费用596万元。

(4)本公司向集团公司出售部分原材料

2001年1月1日,本公司与集团公司签订《供货协议》。协议约定,本公司向集团公司出售原材料。货物价格按以下原则执行:如果有国家定价则执行国家定价;在无国家定价时执行市场价格。货款的支付方式为:一般情况下,股份公司与母公司签订的供货协议均应当再按照公平合理原则约定付款期限,不得提供优于其他客户的条件;如果没有再作出特别的约定,原则上当月货款应当在三个月内结清。2001年度本公司向集团公司出售的原材料等产品共409万元。2002年度本公司向集团公司出售的原材料等产品共377万元。

(5)本公司向集团公司收购资产

2001年10月,华光股份收购水星集团的包装车间和技术大楼,本次资产收购价款为1,245.26万元。购买后的技术大楼和包装车间分别用于本公司科研基地和仓库。上述资产经江苏公证会计师事务所有限公司评估,并出具了苏公会评报字(2001)第0029号评估报告,评估结果已经无锡市国有资产管理局锡国评(2001)确认第138号文确认。

(6)本公司与集团公司的资金往来

2001年度,集团公司曾无偿占用本公司资金,按月度加权平均测算约为6,700万元。截止2001年12月31日,集团公司占用本公司的资金已经全部归还。在2002年度未发生集团公司占用本公司资金的情况。

(7)本公司与集团公司的全资子公司间的关联交易

根据双方签订的《供货协议》,本公司(包括原无锡锅炉厂)2000年、2001年、2002年向集团公司的全资子公司无锡锅炉厂锅炉工程公司销售锅炉等分别为1,088万元、837万元和0元。

根据双方签订的《供货协议》,本公司(包括原无锡锅炉厂)2000年、2001年、2002年向集团公司的全资子公司无锡锅炉厂锅炉实业公司销售锅炉配件等分别为360万元、317万元和505万元。

2001年度,本公司向无锡锅炉厂锅炉实业公司支付运费70万元。2002年度,本公司向无锡锅炉厂锅炉实业公司支付运费11.37万元,晒图费75.83万元。

2002年度本公司向无锡锅炉厂锅炉工程公司采购配件金额44万元。

(8)公司募集资金的运用与关联交易

公司本次募集资金所投的项目,全部由本公司独立实施,不存在与关联方合资的情况,本次募集资金投入后不与关联方存在交易。

3.减少、规范关联交易的措施

集团公司与本公司从事不同的业务,股份公司拥有自己独立的产、供、销系统,与公司股东在人员、资产、财务、机构、业务已完全分开。除本公司2002年度向集团公司出售原材料等产品共377万元和不可避免的土地租赁、房屋租赁、综合服务、水电汽供应等关联交易外,没有业务经营上的关联交易。对业已存在的关联交易,本公司已采取了相关的措施:

(1)明确关联交易决策的有关权限和程序

为规范关联交易,本公司先后制定了《关联交易决策制度》、《法人治理纲要》等规章制度,以明确关联交易决策的有关权限和程序。

(2)针对集团公司在2001年度占用本公司资金的情况,本公司制订了相关的制度,完善法人治理结构,集团公司也对本公司出具了不再占用本公司资金的承诺。

第八节 财务会计资料

本公司截止2002年12月31日的财务会计资料,已于2003年7月1日在《中国证券报》、《上海证券报》、《证券时报》和《证券日报》刊登的《招股说明书摘要》中进行了披露,投资者欲了解详细内容,请查阅上述报纸或刊登于上海证券交易所网站(http://www.sse.com.cn)的本公司招股说明书全文。

一、注册会计师意见

本公司已聘请江苏公证会计师事务所有限公司对本公司于2000年12月31日、2001年12月31日、2002年12月31日的资产负债表、2000年度、2001年度、2002年度的利润及利润分配表、2002年度的现金流量表进行了审计。注册会计师已出具了标准无保留意见的审计报告。以下引用的财务会计数据,非经特别说明,均引自经审计的会计报表。

二、简要会计报表

1、简要资产负债表

单位:元

资 产	2002/12/31	2001/12/31	2000/12/31
流动资产:			
货币资金	76,890,518.52	117,637,973.84	76,579,674.46
短期投资	324,000.00	-	60,000,000.00
应收票据	-	4,700,000.00	
应收帐款	45,089,237.28	46,842,676.72	35,032,399.44
其他应收款	3,936,240.98	4,319,812.20	897,096.75
预付帐款	21,598,234.15	9,050,978.92	15,164,560.62
存货	323,895,410.60	206,166,773.45	111,029,157.92
流动资产合计	471,733,641.53	384,018,215.13	303,402,889.19
长期投资:	0		
长期股权投资	31,999,413.17	29,305,942.90	35,703,299.66
长期投资合计	31,999,413.17	29,305,942.90	35,703,299.66
固定资产原价	146,911,200.54	132,045,063.20	103,374,468.20
减:累计折旧	66,970,801.21	58,920,700.35	44,469,708.98
固定资产净额	79,940,399.33	73,124,362.85	58,904,759.22
在建工程	5,165,074.89	1,373,902.85	3,908,982.22
固定资产合计	85,105,474.22	74,498,265.70	62,813,741.44
无形资产	6,493,499.55	7,718,800.00	-
无形资产及其他资产合计	6,493,499.55	7,718,800.00	-
资产总计	595,332,028.47	495,541,223.73	401,919,930.29
短期借款	-	5,000,000.00	11,000,000.00
应付票据	7,900,000.00	10,285,800.00	7,245,900.00
应付帐款	26,773,602.83	52,159,898.46	60,298,748.59
预收帐款	358,743,426.11	261,040,555.77	161,401,127.83
应付工资	5,330,000.00	8,000,000.00	8,000,000.00
应付福利费	4,329,260.18	1,076,507.81	82,459.74
应交税金	276,905.32	-4,055,358.74	5,570,439.61
其他应交款	4,038,970.07	2,945,258.67	2,036,252.76
其他应付款	1,986,724.54	2,348,368.73	2,744,267.43
流动负债合计	409,378,889.05	338,801,030.70	258,379,195.96
长期借款	-	-	19,600,000.00
长期负债合计	-	-	19,600,000.00
负债合计	409,378,889.05	338,801,030.70	277,979,195.96
股本	100,000,000.00	100,000,000.00	100,000,000.00
股本净额	100,000,000.00	100,000,000.00	100,000,000.00
资本公积	32,628,308.81	32,628,308.81	25,757,774.71
盈余公积	11,028,374.20	5,185,784.92	-
其中:公益金	5,514,187.10	2,592,892.46	-
未分配利润	42,296,456.41	18,926,099.30	-1,817,040.38
股东权益合计	185,953,139.42	156,740,193.03	123,940,734.33
负债和股东权益合计	595,332,028.47	495,541,223.73	401,919,930.29

2、简要利润表

单位:元

项 目	2002年度	2001年度	2000年度
一、主营业务收入	360,069,236.99	299,579,491.80	267,015,741.14
减:主营业务成本	257,533,905.47	208,028,236.06	185,227,236.05
主营业务税金及附加	502,196.70	432,236.00	1,677,389.13
二、主营业务利润	102,033,134.82	91,119,019.74	80,111,115.96
加:其他业务利润	3,083,135.78	2,702,893.92	1,932,474.66
减:营业费用	20,413,735.67	13,326,284.85	11,798,942.40
管理费用	54,725,623.07	48,075,053.13	41,909,603.74
财务费用	-1,737,398.52	817,180.99	4,872,795.66
三、营业利润	31,714,310.38	31,603,394.69	23,462,248.82
加:投资收益	4,247,253.14	-447,356.76	3,413,605.27
补贴收入	-	1,126,321.90	-
营业外收入	275,628.52	348,206.25	-
减:营业外支出	1,759,828.85	1,333,990.85	849,332.83
四、利润总额	34,477,363.19	31,296,575.23	26,026,521.26
减:所得税	5,264,416.80	5,367,650.63	8,588,752.02
五、净利润	29,212,946.39	25,928,924.60	17,437,769.24

3.简要现金流量表 单位:元

项 目	2002年度
经营活动产生的现金流量净额	-8,768,894.86
投资活动产生的现金流量净额	-26,775,854.40
筹资活动产生的现金流量净额	-5,202,706.06
五、现金及现金等价物净增加额	-40,747,455.32

第九节 其他重要事项

一、本公司本次股票发行后至本公司上市公告书公告之日,本公司严格依照《公司法》、《证券法》等法律法规的要求规范运行,生产经营情况正常;所处行业、市场无重大变化;主要投入产出物供求及价格无重大变化。

二、本公司本次股票发行后至本公司上市公告书公告之日,本公司无重大对外投资、重大资产(股权)收购或出售行为;住所未发生变更。

三、本公司本次股票发行后至本公司上市公告书公告之日,本公司重大会计政策和会计师事务所没有发生变化。

四、本公司本次股票发行后至本公司上市公告书公告之日,本公司未发生新的重大负债或重大债项发生变化。

五、本公司本次股票发行后至本公司上市公告书公告之日,本公司董事、监事、高级管理人员没有尚未了结或可能发生的重大诉讼事项。

六、本公司本次股票发行后至本公司上市公告书公告之日,本公司未涉及任何重大诉讼事项或仲裁,亦无任何尚未了结或可能面临的重大诉讼或索赔要求。

七、根据本公司2002年度股东大会决议,自公司成立之日起至本次发行前形成的滚存未分配利润,由本次发行后的新老股东共享。

八、本公司公开发行股票前第一大股东无锡水星集团有限公司承诺:自本公司股票上市之日起一年内,不转让所持有本公司的股份,也不由本公司回购其所持有的股份。

九、本公司本次股票发行后至本公司上市公告书公告之日,没有其他应披露而未披露之重大事项。

第十节 董事会上市承诺

本公司董事会承诺将严格遵守《中华人民共和国公司法》、《中华人民共和国证券法》、《股票发行与交易管理暂行条例》、《公开发行股票公司信息披露实施细则》和《上海证券交易所股票上市规则》等国家法律、法规和有关规定,并自股票上市之日起做到:

一、承诺真实、准确、完整、公允和及时地公布定期报告,披露所有对投资者有重大影响的信息,并接受中国证监会、证券交易所的监督管理;

二、承诺本公司在知悉可能对股票价格产生误导性影响的任何公共传播媒介中出现的消息后,将及时予以公开澄清;

三、本公司董事、监事、高级管理人员和核心技术人员将认真听取社会公众的意见和批评,不利用已获得的内幕消息和其他不正当手段直接或间接从事本公司股票的买卖活动;

四、本公司没有无记录的负债。

第十一节 上市推荐人及其意见

一、上市推荐人情况

上市推荐人:华泰证券有限责任公司

地址:江苏省南京市中山东路90号华泰证券大厦

法定代表人:吴万善

电话:021-68419797

传真:021-68816999

联系人:宋振方、周文昊、安雪梅

上市推荐人:海通证券股份有限公司

地址:上海市淮海中路98号金钟广场

法定代表人:王开国

电话:021-63756385

传真:021-63756458

联系人:张立、程建新、杨慧、周晓雷

二、上市推荐人意见

本公司上市推荐人认为:本公司章程符合《中华人民共和国公司法》、《中华人民共和国证券法》及《上海证券交易所股票上市规则》等法律、法规和中国证监会的有关规定;本公司本次股票发行完全符合《中华人民共和国公司法》、《中华人民共和国证券法》及《上海证券交易所股票上市规则》的法律、法规和中国证监会的有关规定,已具备了上市条件;本公司董事了解法律、法规、上海证券交易所上市规则及股票上市协议规定的董事的义务与责任;本公司建立健全了法人治理结构,制定了严格的信息披露制度与保密制度。

上市推荐人已对上市文件所载的资料进行了核实,认为上市文件真实、准确、完整,符合规定要求,没有虚假记载、误导性陈述或重大遗漏,并对其承担连带责任。上市推荐人与本公司不存在关联关系。上市推荐人愿意推荐本公司的股票在上海证券交易所上市交易,并且在上市推荐过程中,保证不利用获得的内幕信息进行内幕交易,为自己或他人谋取利益。

浙 江 杭 萧 钢 构 股 份 有 限 公 司

浙江杭萧钢构股份有限公司股票上市公告书

第一节　重要声明与提示

浙江杭萧钢构股份有限公司(以下简称"本公司"、"公司"、"发行人")董事会保证上市公告书的真实性、准确性、完整性,全体董事承诺上市公告书不存在虚假记载、误导性陈述或重大遗漏,并承担个别和连带责任。

根据《公司法》、《证券法》等有关法律、法规的规定,本公司董事、高级管理人员已依法履行诚信和勤勉尽责的义务和责任。

证券交易所、中国证监会、其他政府机关对本公司股票上市及有关事项的意见,均不表明对本公司的任何保证。

本公司提醒广大投资者注意,凡本上市公告书未涉及的有关内容,请投资者查阅 2003 年 10 月 21 日刊载于《中国证券报》、《上海证券报》、《证券时报》和《证券日报》的本公司招股说明书摘要及刊登于上海证券交易所网站(http://www.sse.com.cn)的本公司招股说明书全文。

第二节　概览

1.股票简称:杭萧钢构
2.沪市股票代码:600477
3.深市代理股票代码:003477
4.总股本:7,736.6823 万股
5.可流通股本:2,500 万股
6.本次股票发行价格:11.24 元/股
7.本次上市流通股本:2,500 万股
8.上市地点:上海证券交易所
9.上市日期:2003 年 11 月 10 日
10.股票登记机构:中国证券登记结算有限责任公司上海分公司
11.上市推荐人:大鹏证券有限责任公司
第一创业证券有限责任公司

根据国家现行法律、法规规定,本公司发起人股东所持股份暂不上市流通;本公司的第一大股东承诺:自本公司股票上市之日起 12 个月内,不转让其持有的本公司股份,也不由本公司回购其所持有的股份。

第三节　绪言

本上市公告书是根据《中华人民共和国公司法》、《中华人民共和国证券法》、《股票发行与交易管理暂行条例》、《公开发行股票公司信息披露实施细则》和《上海证券交易所股票上市规则》等国家有关法律、法规的规定,并按照中国证监会《公开发行证券的公司信息披露内容与格式准则第 7 号-股票上市公告书》而编制,旨在向投资者提供本公司的基本情况和本次股票上市的有关资料。

经中国证监会证监发行字[2003]129 号文核准,本公司于 2003 年 10 月 24 日利用上海证券交易所和深圳证券交易所交易系统,以向沪市、深市二级市场投资者定价配售的方式成功发行了 2,500 万股人民币普通股,每股面值 1.00 元,经上海证券交易所上证上字[2003]133 号《关于浙江杭萧钢构股份有限公司人民币普通股股票上市交易的通知》批准,本公司公开发行的 2,500 万股人民币普通股股票将于 2003 年 11 月 10 日起在上海证券交易所上市交易。股票简称"杭萧钢构",沪市股票代码为"600477",深市代理股票代码为"003477"。

本公司已于 2003 年 10 月 21 日 T-3 日 在《中国证券报》、《上海证券报》、《证券时报》和《证券日报》上刊登了《招股说明书摘要》,招股说明书正文及其附录刊载于上海证券交易所网站 www.sse.com.cn ,距今不足三个月,故与其重复的内容不再重述,敬请投资者查阅上述内容。

第四节　发行人基本情况

一、发行人的基本资料
1、中文名称:浙江杭萧钢构股份有限公司
2、中文简称:杭萧钢构
3、英文名称:ZHEJIANGHANGXIAOSTEELSTRUCTURECO.,LTD.
4、法定代表人:单银木
5、成立(工商注册)日期:本公司成立于 1994 年 12 月 20 日,经浙江省人民政府企业上市工作领导小组浙上市[2000]65 号文批准,于 2000 年 12 月 28 日由原杭州杭萧钢结构有限公司整体变更为浙江杭萧钢构股份有限公司。
6、经营范围:钢结构工程的制作、安装;地基与基础施工;专项工程设计。
7、住所:杭州市萧山区新街镇盛东村
8、邮政编码:311217
9、电话号码:(0571)87246788
10、传真号码:(0571)87240484
11、互联网网址:www.hxss.com.cn
12、电子信箱:hxsshz@mail.hz.zj.cn

二、发行人历史沿革及改制情况

本公司原为萧山市杭萧轻型钢房制造有限公司,成立于 1994 年 12 月 20 日。经浙江省人民政府企业上市工作领导小组浙上市[2000]65 号文《关于同意变更设立浙江杭萧钢构股份有限公司的批复》批准,公司整体变更为浙江杭萧钢构股份有限公司。2000 年 12 月 28 日,公司在浙江省工商行政管理局注册登记,领取了注册号为 3300001007493 的《企业法人营业执照》。

公司的发起人为自然人单银木、潘金水、戴瑞芳、陈辉、许荣根以及浙江国泰建设集团有限公司、靖江地方金属材料有限公司、浙江省工业设计研究院三家法人单位。其中单银木持有本次发行前 53.36%的股份,为公司的实际控制人。

经中国证监会证监发行字[2003]129 号文批准,本公司于 2003 年 10 月 24 日在上海证券交易所以向二级市场投资者定价配售方式成功发行了人民币普通股 2,500 万股, 每股面值 1.00 元,每股发行价格 11.24 元。此次发行完成后,本公司的总股本增至 7,736.6823 万股。

三、发行人主要经营情况

(一)发行人的业务及业务模式

本公司属于建筑钢结构行业,主要是针对顾客的需求,提供钢结构的设计、制作、安装一体化服务。公司拥有建设部颁发的钢结构专业承包壹级资质(资质证书编号 B1084033018102)、建设部颁发的专项工程设计甲级资质(资质证书编号 1569 号)。

钢结构是一种广泛用于建筑领域的结构形式。由于钢结构体系具有自重轻、安装容易、施工周期短、抗震性能好、投资回收快、环境污染少等综合优势,与钢筋混凝土结构相比,更具有在高、大、轻三个方面发展的独特优势,在全球范围内,特别是在西方发达国家,钢结构在建筑工程领域中得到合理、广泛的应用。

按目前通常的分类,钢结构行业包括高层钢结构、轻型钢结构、空间钢结构、住宅钢结构、桥梁钢结构 5 大子类。现阶段,本公司业务主要集中于轻钢结构和多层及高层用钢砼组合钢结构两方面。

本公司的业务采用"加工制作"+"服务"的模式。目前已完成的典型的工程有:上汽集团奇瑞汽车厂房、中国东方通信集团东方通信城、安徽海螺型材厂房和杭州瑞丰国际商务大厦等,本公司目前正在承做的典型工程有:66 层高的武汉国际证券大厦及浙江台州广电中心的钢结构工程等。

(二)发行人的优势与劣势

本公司目前的业务专注于轻钢结构及高层建筑钢结构。与国内钢结构企业相比,本公司具有以下竞争优势:

1、公司是国内最早从事轻钢结构生产的厂家之一,在市场上拥有相当的知名度和品牌形象。同时,在多层及高层钢结构研发方面,公司在技术、管理、市场开发等方面积累了一定的优势。

2、公司拥有一定的成本优势。公司已形成了一定的规模经济,效率较高,综合成本低。同时,通过在外地设立子公司生产基地,劳动力成本、运输成本、原材料成本都具备一定的优势。

3、公司盈利能力强,盈利质量高。2000 年、2001 年、2002 年全面摊薄法计算的净资产收益率分别为 23.25%、25.87%和 41.27%,公司盈利能力强,资本的回报率高。

公司的目前的不足主要表现在,一方面受融资渠道的限制,公司业务发展所需的资金基本上通过自有流动资金和银行贷款解决,公司要想拓展业务,以谋求良好的社会效益和经济效益,会受到资金短缺的制约;另一方面公司目前的债务结构不尽合理。截至 2003 年 6 月 30 日,本公司银行借款总额为 26,415.00 万元,其中短期借款 18,415.00 万元,长期借款 8,000.00 万元。短期借款数额大,负债结构不合理。

(三)主要财务指标

请参见本上市公告书"财务会计资料"中的相关内容。

(四)主要知识产权、特许经营权和非专利技术

1、商标

本公司拥有以下商标的所有权并已取得完备的权属证书:

注册商标	注册证号	注册有效期	备注
HANGXIAO	第 963453 号	自 1997 年 3 月 14 日至 2007 年 7 月 13 日	
	第 959185 号	自 1997 年 3 月 7 日至 2007 年 3 月 6 日	
杭萧	第 963480 号	1997 年 3 月 14 日至 2007 年 3 月 13 日	该商标由机械结构转让给本公司

2、知识产权和非专利技术

(1)专利

公司拥有专利如下:

专利名称	专利类型	专利号	专利权期限	授权公告日
楼板施工用钢模板组合件	实用新型	ZL02-2-04600.3	10 年	2003-01-01
楼板中的模板结构组合件	实用新型	ZL02-2-03766.7	10 年	2003-02-19

公司还有如下专利正在申请中:

专利名称	专利类型	申请号	申请日
可调式楼面钢模板支撑组合件	实用新型	02283127.4	2002-10-18
整体式内干墙板	实用新型	02290265.1	2002-12-05
整体式外墙板	实用新型	02290266.X	2002-12-05
自承式钢骨架-混凝土组合梁	实用新型	03201909.2	2003-01-02
自承式模板构件	实用新型	03240945.1	2003-03-17
石板材剖切方法	发明	02150064.9	2002-11-19

(2)非专利技术

公司拥有"冷弯薄壁 Z 型钢连续檩条工程应用技术"、"高层建筑钢-砼组合结构工程应用技术"等非专利技术。

(五)享有的财政税收优惠政策

1、本公司控股子公司安徽杭萧钢结构有限公司为外商投资企业,企业所得税适用二免三减半的优惠政策,经芜国税开函[2002]2 号文确认,2001 年为第一个获利年度,所得税适用税率为 0。2003 年所得税适用税率为 7.5%,城市维护建设税和教育费附加按税法规定免征。

2、根据浙江省地方税务局下发的《企业所得税减免管理实施办法》(浙地税二[1998]283 号文)的规定, 本公司 2000 年所得税减免幅度 5%(减免金额不得超过 20 万元), 实际免缴所得税 135,783.98 元。

3、根据国家税务总局国税发(1999)49 号文《企业技术开发费税前扣除管理办法》以及浙江省地方税务局浙地税二(1999)129 号文的规定,公司开发"高层结构建筑生产线"而发生的技术开发费的 50%部分可在税前扣除,公司 2000 年扣除 264,861.32 元,2001 年扣除 803,373.39 元,2002 年扣除 1,018,789.94 元。

4、根据财政部、国家税务总局下发的《技术改造国产设备投资抵免所得税暂行办法》(财税字[1999]290 号文)的有关规定,因技术改造而购买国产设备的 40%部分可抵减所得税额。公司 2000 年抵减所得税 2,643,932.00 元,2002 年抵减所得税 8,267,436.04 元。

5、2003 年根据浙江省地方税务局于 1996 年 8 月 30 日下发的《租赁费税务管理试行办法》(浙地税二[1996]192 号)的有关规定,公司 2003 年融资租赁费可在税前抵扣,计 20,768,679.24 元。

第五节　股票发行与股本结构

一、本次股票上市前首次公开发行股票的情况
1、发行数量:25,000,000 股
2、发行价格:11.24 元/股
3、募集资金总额:28,100 万元
4、发行方式:全部向二级市场投资者定价配售 2003 月 10 月 21 日持有上海证券交易所或深圳证券交易所已上市流通人民币普通股票的收盘市值总和(包括可流通但暂时锁定的股份市值)不少于 10,000 元的投资者。
6、发行费用总额及项目:发行费用总额 1,630.40 万元,包括承销费用、审计费用、评估费用、律师费用、发行手续费用、审核费用、宣传路演费等项目.
7、每股发行费用:0.65 元

二、本次股票上市前首次公开发行股票的承销情况

本次公开发行的 2,500 万股社会公众股的配号总数为 58438334 个,中签率为 0.04278014%,其中,二级市场投资者认购 24,663,193 股,其余 336,807 股由主承销商包销。

三、验资报告

北京中天华正会计师事务有限公司对本公司本次上市前首次公开发行股票募集资金出具了中天华正(京)验[2003]016 号《验资报告》,摘录如下:

浙江杭萧钢构股份有限公司:

我们接受委托,审验了贵公司截至 2003 年 10 月 31 日止新增注册资本的实收情况。按照国家

相关法律、法规的规定和协议、章程的要求出资,提供真实、合法、完整的验资资料,保护资产的安全、完整是全体股东及贵公司的责任。我们的责任是对贵公司新增注册资本的实收情况发表审验意见。我们的审验是依据《独立审计实务公告第1号验资》进行的。在审验过程中,我们结合贵公司的实际情况,实施了检查等必要的审验程序。

贵公司原注册资本为人民币伍仟贰佰叁拾陆万陆仟捌佰贰拾叁元(¥52,366,823.00),根据贵公司2001年度股东大会决议和修改后章程的规定,申请向社会公开发行人民币普通股(A股)增加注册资本人民币贰仟伍佰万元 ¥25,000,000.00 。经中国证券监督管理委员会证监发行字【2003】129号文核准,同意贵公司向社会公开发行人民币普通股(A股)2500万股,每股面值1.00元,每股发行价为人民币11.24元。根据我们的审验,截至2003年10月31日止,贵公司实际已发行人民币普通股(A股)2500万股,应募集资金总额为人民币贰亿捌仟壹佰万元,扣除券商承销佣金及上网发行手续费等计人民币玖佰叁拾万零贰佰伍拾元零捌分(¥9,300,250.08)后,募集资金金额为人民币贰亿柒仟壹佰陆拾玖万玖仟柒佰肆拾玖元玖角贰分(¥271,699,749.92),其中实收资本人民币贰仟伍佰万元(¥25,000,000.00)。截至2003年10月31日止,变更后的累计注册资本实收金额为人民币柒仟柒佰叁拾陆万陆仟捌佰贰拾叁元 ¥77,366,823.00 。

同时我们注意到,贵公司本次增资前的注册资本为人民币伍仟贰佰叁拾陆万陆仟捌佰贰拾叁元 (¥52,366,823.00) 业经北京中天华正会计师事务所审验,并于2000年12月13日出具京验[2000]1001号验资报告。本验资报告供贵公司申请变更登记及据以向股东签发出资证明时使用,不应将其视为是对贵公司验资报告日后资本保全、偿债能力和持续经营能力等的保证。因使用不当造成的后果,与执行本验资业务的注册会计师及会计师事务所无关。

附件:1.注册资本变更情况明细表

①新增注册资本实收情况明细表(表1)

②注册资本变更前后对照表(表2)

2.验资事项说明

中天华正会计师事务所副主任会计师:付丽君

中国北京中国注册会计师:李旭冬

报告日期:2003年10月31日

四、募集资金入帐情况

1、入帐时间:2003年10月31日

2、入帐金额:271,699,749.92元(人民币贰亿柒仟壹佰陆拾玖万玖仟柒佰肆拾玖元玖角贰分)

3、入帐帐号、资金及开户银行:

(1)、收款帐号:082801040009377

收款银行:杭州市萧山区农行新街分理处

金额:人民币91,699,749.92元 人民币玖仟壹佰陆拾玖万玖仟柒佰肆拾玖元玖角贰分

(2)、收款帐号:359590100100003798

收款银行:杭州市兴业银行萧山支行

金额:人民币20,000,000.00(人民币贰仟万元整)

(3)、收款帐号:1202090129900173951

收款银行:杭州市工行萧山支行

金额:人民币80,000,000.00元(人民币捌仟万元整)

(4)、收款帐号:95070155260000061

收款银行:杭州市浦发银行萧山支行

金额:人民币40,000,000.00元(人民币肆仟万元整)

(5)、收款帐号:6754160000531

收款银行:杭州市民生银行杭州分行钱塘支行

金额:人民币40,000,000.00元(人民币肆仟万元整)

五、本次股票上市前股权结构和股东持股情况

1、本公司本次上市前的股本结构

股份类别	股份数量(股)	占总股本的比例(%)
发起人股	52,366,823	67.69
其中:自然人股	45,559,136	58.89
国有法人股	523,668	0.68
境内法人股	6,284,019	8.12
社会公众股	25,000,000	32.31
总股本	77,366,823	100

2、本次上市前,本公司前十名股东持股数及比例

序号	股东名称	股份数量(万股)	占总股本的比例(%)
1	单银木	2,794.2937	36.12
2	潘金水	865.6236	11.19
3	戴瑞芳	622.6415	8.05
4	浙江国泰建设集团有限公司	523.6682	6.77
5	陈辉	136.6774	1.77
6	许荣根	136.6774	1.77
7	靖江地方金属材料有限公司	104.7337	1.35
8	浙江省工业设计研究院	52.3668	0.68
9	大鹏证券有限责任公司	33.6807	0.44
10	天同180指数证券投资基金	5.6000	0.07

第六节 董事、监事、高级管理人员及核心技术人员

一、董事、监事及高级管理人员及核心技术人员简介

1、董事

单银木,中国籍,男,43岁,大专文化,高级经济师,中共党员,浙江萧山人,是本公司的创始人。现为中国建筑金属结构协会常务理事及其建筑钢结构委员会常务委员、中国工程建设标准化协会常务理事及其轻型钢结构委员会委员。

单先生于1985年个人投资创办了萧山市金属构件厂(现在的杭州杭萧机械结构发展有限公司),拥有18年的钢结构生产经营管理经验。现任本公司董事长,控股子公司山东杭萧钢构有限公司、河南杭萧钢构有限公司、安徽杭萧钢结构有限公司、芜湖杭萧机械结构有限公司、杭州杭萧机械结构发展有限公司、洛阳杭萧机械结构有限公司、杭州金剑钢结构检测有限公司、江西杭萧通力钢构有限公司的董事长,杭州杭萧房地产开发有限公司董事。

潘金水,中国籍,男,45岁,大专文化,经济师,中共党员,浙江萧山人。曾任钱啤集团财务科长、总经理助理,浙江一洲啤酒食品有限公司总经理,具有丰富的管理经验。

现任本公司董事,河南杭萧钢构有限公司、洛阳杭萧机械结构有限公司总经理。

戴瑞芳,中国籍,男,40岁,大专文化,工程师,中共党员,浙江萧山人。曾任杭州金盾减速机械厂副厂长,杭萧输送机械有限公司总经理,杭州杭萧钢结构有限公司销售部经理、副总经理,具有丰富的经营管理经验。

现任本公司董事,山东杭萧钢构有限公司、青岛杭萧机械结构有限公司总经理。

王炳传,中国籍,男,43岁,大专文化,高级经济师,中共党员。曾任萧山市第二建筑工程公司总经理助理、副总经理,浙江顺泰工程建筑公司总经理。

现任本公司董事,浙江国泰建设集团有限公司董事长兼总经理,杭州萧山二建宾馆有限公司、浙江顺泰工程建设有限公司、浙江耀华房地产开发有限公司、浙江耀华信息技术有限公司、浙江耀华环保工程有限公司董事长。

魏潮文,中国籍,男,64岁,教授,国家一级注册结构工程师,广东五华人,湖南大学兼职教授、西安建筑科技大学客座教授。毕业于原华南工学院工民建专业,曾任华侨大学土木系助教,福州大学土木系副教授、土木建筑设计研究院总工程师。

现任本公司董事,并任中国工程建设标准化协会理事、中国标协轻型钢结构委员会委员、中国建筑金属结构协会建筑钢结构委员会专家顾问。

王琦琼,中国籍,女,29岁,大专文化,浙江萧山人。

现任杭州杭萧房地产开发有限公司董事兼总经理,本公司董事。

安浩峰,中国籍,男,64岁,大学文化,浙江定海人。曾任西安冶金建筑学院助教,浙江工业设计研究院院长,浙江冶金集团副总工程师。

现任浙江省邮电规划设计研究院总工程师。本公司独立董事。

周滨,中国籍,男,41岁,博士,中共党员。毕业于浙江大学应用心理学系。现为浙江大学心理与行为学院副教授,主要从事人力资源管理的研究。

现任本公司独立董事。

周似荣,中国籍,男,44岁,大专文化,注册会计师,浙江萧山人。曾工作于浙江金华地质大队、浙江丽水地质大队、浙江地质矿产厅机械厂、萧山地产建设开发公司。

现任浙江三弘国际羽毛有限公司财务部经理。本公司独立董事。

2、监事

吴传标,中国籍,男,53岁,初中文化,中共党员。曾任杭州杭萧钢结构有限公司焊接车间主任。现为本公司监事会召集人。

许荣根,中国籍,男,40岁,大专文化,经济师,浙江萧山人。曾任杭州杭萧钢结构有限公司销售员,杭萧输送机械有限公司销售部经理、总经理。

现任本公司监事,安徽杭萧钢结构有限公司副总经理。

陈辉,中国籍,男,41岁,中专文化,会计师,浙江萧山人。曾在供销系统工作,历任杭州杭萧钢结构有限公司总经理助理、财务部经理。

现任本公司监事,山东杭萧钢构有限公司副总经理。

陈一江,中国籍,男,39岁,高中文化,二级教师。

现任靖江地方金属材料有限公司董事长,本公司监事。

章华,中国籍,男,42岁,硕士,教授级高级工程师,国家一级注册结构工程师,中共党员。毕业于同济大学地下结构工程系。现任浙江省工业设计院副院长、院技术委员会主任委员;本公司监事。

江文良,中国籍,男,37岁,高中文化,浙江萧山人。曾任浙江万新集团热处理车间主任。

现任本公司监事,车间主任、综计办主任。

彭林立,中国籍,男,39岁,硕士,高级工程师,国家一级注册结构工程师,湖南湘潭人。曾任职于中南建筑设计院,中南建筑设计院上海浦东分院。

现任本公司监事,副总工程师。

3、高级管理人员

张振勇,中国籍,男,41岁,大学文化,高级工程师,河北定兴人。先后工作于冶金地质二队,历任团委书记、宣传部长、矿长、副大队长。现任本公司总经理,青岛杭萧机械结构有限公司董事长。

陆拥军,中国籍,男,33岁,大专文化,浙江萧山人。曾任职于杭州钱江味精总厂劳服公司任汽配部经理,杭州江南管道总公司任水暖科科长,钢材公司经理,浙江省安装公司、萧山同济钢结构工程有限公司经理。1999年加入本公司任新疆办事处主任,现任本公司副总经理。

来巧红,中国籍,女,41岁,大专文化,浙江萧山人。曾就职于杭州发电设备厂,曾任萧山东方宾馆部门经理,杭州之江有机硅化工有限公司总经理助理。现任本公司副总经理兼董事会秘书。

寿林平,中国籍,男,39岁,大专文化,会计师,浙江萧山人。曾任职于浙江省地矿厅机械厂,萧山市国营工业供销公司,北京中都大厦房地产开发公司。现为本公司财务负责人。

4、核心技术人员

杨强跃,中国籍,男,38岁,高级工程师,国家一级注册结构工程师,浙江东阳人。毕业于浙江大学土木工程系。曾任职于深圳华森设计顾问有限公司,浙江省工业设计研究院。先后参与或主持了深圳彭年酒店、深圳经协大厦、黄龙雅苑工程、杭州朝晖现代城、广东惠州港澳广场一期等数十项工程的设计。现为本公司总工程师。

吕建军,中国籍,男,40岁,高级建筑师,国家一级注册建筑师,湖北黄石人。毕业于原华南工学院建筑学系。曾任职于中南建筑设计院,2001年进入本公司工作。在工作期间,主持和参与设计的项目近百个,建筑面积达百万平方米。现任本公司总建筑师。

陈国津,中国籍,男,48岁,工程师,一级资质项目经理。毕业于浙江工业大学机械工程系。曾任职于杭州塑料泡沫材料厂。1995年进入本公司工作,历任总经理助理、副总工程师。在此期间,参与了公司重大技改项目的策划实施、人才引进和生产技术管理工作,组建了公司设计部。国家经贸委确定的"国家重点技术改造双优一高项目"的主要承担者。2000年当选为中国建筑金属结构协会建筑钢结构委员会副主任委员。现为本公司执行副总工程师。

朱德根,中国籍,男,60岁,高级工程师,浙江杭州人。毕业于西安交通大学焊接工艺及设备专业。曾任职于陕西宝鸡钢厂,杭州起重机械厂,杭州恒达钢结构公司。负责本公司钢结构的制造工艺,发表了多篇论文。现为本公司副总工程师

陈友泉,中国籍,男,51岁,硕士,高级工程师,一级注册结构工程师。毕业于西南交通大学土木系。曾先后任华东交通大学建筑工程系讲师,上海宝成钢结构建筑有限公司技术部经理,上海宝钢工程建设总公司钢结构分公司总工程师,上海美联钢结构有限公司总工程师。主持和参与完成钢结构建筑设计项目30余个,建筑面积约十四万平方米。公开发表学术论文数十篇。现为本公司副总工程师。

彭林立,简历见监事简历。现任本公司副总工程师。

李文斌,中国籍,男,37岁,高级工程师,国家一级注册结构工程师,陕西西安人,毕业于合肥工业大学建筑工程系,工民建专业,曾任职于机械部第七设计研究院,先后参加或主持了西安电讯大楼、西安开发区会展中心及综合办公楼、重庆ABB变压器厂、大型钢结构厂房等百余个项目的设计及审查工作,现任本公司副总工程师。

二、董事、监事、高级管理人员和核心技术人员持股情况

1、个人持股

本次发行后,本公司董事长单银木持有本公司36.12%的股份,本公司董事潘金水持有本公司11.19%的股份,本公司董事戴瑞芳持有本公司8.05%的股份,本公司监事陈辉持有本公司1.77%的股份,本公司监事许荣根持有本公司1.77%的股份。

本公司其余董事、监事及高级管理人员未以个人名义持有本公司股份。

2、家属持股

本次发行后公司董事、监事及高级管理人员未以亲属名义持有本公司股份。

3、董事、监事及高级管理人员之间亲属关系

本公司董事、监事及高级管理人员之间单银木董事长与王琦琼董事系夫妻关系;除此之外,其他董事、监事及高级管理人员之间不存在配偶关系、三代以内直系亲属关系。

第七节 同业竞争与关联交易

一、同业竞争

本公司与控股股东及主要股东及其控股参股的企业不存在同业竞争。本公司控股股东单银木先生、主要自然人股东潘金水先生、戴瑞芳先生、重要关联方王琦琼女士、单银荣先生出具了避免同业竞争的《承诺函》,承诺"现在没有、将来亦不会在中国境内外为自身或者连同或代表或受雇于任何人士、商号或公司,成立、发展、经营或协助经营、参与、从事、牵涉或从中拥有利益或被雇佣于任何业务、企业或项目,而该等业务、企业或项目与股份公司业务或股份公司不时经营的任何业务构成直接竞争或可能竞争。"

持有本公司10%股份的法人股东杭州萧山第二建筑工程有限公司与本公司签署了《避免同业竞争协议》,杭州萧山二建建筑工程有限公司承诺:将不会在中国境内外为其自身或者连同或代表任何人士、商号或公司,成立、发展、经营或协助经营、参与、从事、牵涉或从中拥有利益或被雇佣于任何业务、企业或项目,而该等业务、企业或项目与发行人业务或其中任何部分或发行人不时经营

的任何其他业务直接竞争或可能竞争；且杭州萧山二建建筑工程有限公司承诺其欲进行与发行人的业务可能产生竞争的新业务、投资和研究时或发行人如发现杭州萧山二建建筑工程有限公司经营、计划经营任何竞争业务，或投资、计划投资与经营任何竞争业务的企业，发行人将有权对该等项目或企业行使该协议项下的优先发展权和优先收购权。

第八节　财务会计信息

一、注册会计师意见

本公司已聘请北京中天华正会计师事务所有限公司对本公司及纳入合并报表范围的下属子公司2000年12月31日、2001年12月31日、2002年12月31日及2003年6月30日的合并资产负债表及资产负债表；2000年度、2001年度、2002年度、2003年1–6月的合并利润表、合并利润分配表及利润表、利润分配表；2002年度、2003年1–6月的合并现金流量表及现金流量表进行了审计。北京中天华正会计师事务所有限公司出具了标准无保留意见的审计报告(中天华正(京)审[2003]088号)。

二、简要会计报表

(一)简要合并资产负债表

单位：元

资产	2003年6月30日	2002年12月31日
流动资产：		
货币资金	66,489,968.68	17,323,863.28
应收票据	2,432,000.00	2,418,200.00
应收利息		
应收帐款	155,631,118.80	110,114,287.91
其他应收款	14,766,637.10	20,973,285.61
预付帐款	22,826,223.73	24,903,287.37
存货	155,255,034.09	113,625,986.06
待摊费用	327,198.50	508,829.05
流动资产合计	417,728,180.90	289,867,739.28
长期投资：		
长期股权投资	–3,300,200.09	–3,395,663.08
长期投资合计	–3,300,200.09	–3,395,663.08
固定资产：		
固定资产原值	397,300,137.91	341,359,994.58
减：累计折旧	45,858,231.12	33,937,938.53
固定资产净值	351,441,906.79	307,422,056.05
减：固定资产减值准备	620,201.83	620,201.83
固定资产净额	350,821,704.96	306,801,854.22
工程物资	12,029,347.45	4,684,490.63
在建工程	27,276,964.38	3,032,188.18
固定资产合计	390,128,016.79	314,518,533.03
无形资产及其他资产：		
无形资产	21,730,456.49	10,501,597.16
长期待摊费用	2,370,320.03	852,795.94
无形资产及其他资产合计	24,100,776.52	11,354,393.10
资产总计	828,656,774.12	612,345,002.33
流动负债：		
短期借款	184,150,000.00	152,750,000.00
应付票据	114,868,669.17	70,193,368.90
应付帐款	145,723,147.50	100,214,534.97
预收帐款	78,547,660.13	53,088,743.01
应付工资	1,255,536.48	1,056,477.10
应付福利费	782,070.30	475,673.22
应付股利		
应交税金	5,089,973.11	8,279,582.62
其他应交款	1,542,939.55	1,845,018.65
其他应付款	17,363,719.10	14,072,985.89
预提费用	30,979,692.55	27,968,677.05
流动负债合计	580,303,407.89	429,945,061.41
长期负债：		
长期借款	80,000,000.00	60,000,000.00
长期应付款	681,410.00	681,410.00
长期负债合计	80,681,410.00	60,681,410.00
负债合计	660,984,817.89	490,626,471.41
少数股东权益	28,441,639.96	15,189,472.10
股东权益：		
股本	52,366,823.00	52,366,823.00
股本净额	52,366,823.00	52,366,823.00
资本公积	278,647.23	11,347.23
盈余公积	17,055,724.54	17,055,724.54
其中：法定公益金	8,527,862.27	8,527,862.27
未分配利润	70,044,148.18	37,095,164.05
未确认投资损失	–515,026.68	–
股东权益合计	139,230,316.27	106,529,058.82
负债和股东权益合计	828,656,774.12	612,345,002.33

(二)简要合并利润表

单位：元

项目	2003年1–6月	2002年
一、主营业务收入	607,105,710.18	636,380,875.91
减：主营业务成本	514,760,608.67	502,260,751.75
主营业务税金及附加	12,030,287.85	18,691,665.69
二、主营业务利润	80,314,813.66	115,428,458.47
加：其他业务利润	–67,367.54	1,202,173.85
减：营业费用	9,724,995.31	13,927,482.00
管理费用	23,854,965.21	36,612,482.74
财务费用	8,024,596.40	12,403,587.99
三、营业利润	38,642,889.20	53,687,079.59
加：投资收益	214,095.97	425,403.00
营业外收入	215,574.89	160,883.76
减：营业外支出	766,552.45	1,679,269.55
四、利润总额	38,306,007.61	52,594,096.80
减：少数股东收益	3,525,796.01	2,430,217.92
未确认投资损失	–515,026.68	–
所得税	2,346,254.15	6,196,791.05
五、净利润	32,948,984.13	43,967,087.83
项目	2001年	2000年
一、主营业务收入	309,591,728.30	124,499,292.29
减：主营业务成本	234,785,257.03	85,816,911.91
主营业务税金及附加	8,272,072.38	5,274,665.88
二、主营业务利润	66,534,398.89	33,407,714.50
加：其他业务利润	360,787.47	35,671.35
减：营业费用	7,930,636.02	3,303,024.08
管理费用	22,978,668.18	13,401,544.88
财务费用	8,727,949.45	6,171,717.78
三、营业利润	27,257,932.71	10,567,099.11
加：投资收益	425,403.01	35,450.25
营业外收入	1,902,686.61	86.05
减：营业外支出	5,787,434.53	137,951.16
四、利润总额	23,798,587.80	10,464,684.25
减：少数股东收益	3,592,057.95	–1,060,181.10
未确认投资损失	–	–
所得税	3,501,431.42	99,172.80
五、净利润	16,705,098.43	11,425,692.55

(三)简要合并现金流量表

单位：元

项目	2003年1–6月	2002年
一、经营活动产生的现金流量净额：	60,630,325.40	45,756,210.35
二、投资活动产生的现金流量净额	–68,607,009.30	–155,035,662.08
三、筹资活动产生的现金流量净额	57,142,789.30	93,293,919.97
四、汇率变动对现金的影响		1,598.64
五、现金及现金等价物净增加额	49,166,105.40	–15,983,933.12

第九节　其他重要事项

一、自本公司股票首次公开发行之日至本上市公告书公告之日，本公司严格依照现行有关法律、法规的规定规范运行，生产经营情况正常，本公司所处行业和市场无重大变化，主要业务发展目标的进展状况正常，主要投入、产出物供求及价格无重大变化。

二、自本公司股票首次公开发行之日至本上市公告书公告之日，本公司没有进行重大对外投资，无重大资产(股权)收购、出售行为。

三、自本公司股票首次公开发行之日至本上市公告书公告之日，本公司住所未发生变更。

四、自本公司股票首次公开发行之日至本上市公告书公告之日，本公司董事、监事和高级管理人员没有尚未了结或可能发生的刑事诉讼事项；本公司未涉及任何重大诉讼事项或仲裁，亦无任何尚未了结或可能面临的重大诉讼或索赔要求。

五、自本公司股票首次公开发行之日至本上市公告书公告之日，本公司重大会计政策和会计师事务所未发生变动。

六、自本公司股票首次公开发行之日至本上市公告书公告之日，本公司未发生新的重大负债，并且重大债项未发生变化。

七、本公司股票首次公开发行和股票上市前后税负无变化。

八、根据《上海证券交易所股票上市规则》，本公司第一大股东单银木先生已承诺：自本公司股票上市之日起12个月内，不转让其持有的本公司股份，也不由上市公司回购本公司股份。

九、根据公司股东大会的决议，发行前的滚存利润由发起人股东和社会公众股东共享。本公司预计在2004年上半年进行上市后的第一次利润分配。股利分配的具体时间由公司按照有关法律和公司章程规定的程序办理。

十、自本公司股票首次公开发行之日至本上市公告书公告之日，本公司没有其他应披露而未披露之重大事项。

第十节　董事会上市承诺

本公司董事会将严格遵守《公司法》、《证券法》、《股票发行与交易管理暂行条例》、《公开发行股票公司信息披露实施细则》和《上海证券交易所股票上市规则》等国家有关法律、法规的规定，承诺自本公司股票上市之日起作到：

一、承诺真实、准确、完整、公允和及时地公布定期报告，披露所有对投资者有重大影响的信息，并接受中国证监会、上海证券交易所的监督管理；

二、承诺本公司在知悉可能对股票价格产生误导性影响的任何公共传播媒介中出现的消息后，将及时予以公开澄清；

三、本公司董事、监事、高级管理人员及核心技术人员将认真听取社会公众的意见和批评，不利用已获得的内幕消息和其他不正当手段直接或间接从事发行人股票买卖活动；

四、本公司没有无记录的负债。

第十一节　上市推荐人及其意见

一、上市推荐人情况

上市推荐人：大鹏证券有限责任公司

法定代表人：徐卫国

联系地址：深圳市深南东路5002号信兴广场地王商业中心商业大楼八楼

电话：0755–82463388

传真：0755–82462391

联系人：冯洪全、肖志英、汤炀、马王景媛

上市推荐人：第一创业证券有限责任公司

法定代表人：刘学民

联系地址：深圳市笋岗路12号中民时代广场B座上宾25、26层

电话：0755–25832527

传真：0755–25831718

联系人：王勇

二、上市推荐人意见

本公司上市推荐人认为本公司具备了《中华人民共和国公司法》、《中华人民共和国证券法》、《股票发行与交易管理暂行条例》、《公开发行股票公司信息披露实施细则》和《上海证券交易所股票上市规则》等国家有关法律、法规规定的上市条件。

本公司上市推荐人保证本公司的董事了解法律、法规、上海证券交易所上市规则及股票上市协议规定的董事的业务与责任；本公司上市推荐人协助本公司健全了法人治理结构、制定了严格的信息披露制度与保密制度。

本公司上市推荐人已对上市文件所载的资料进行了核实，确保上市文件真实、准确、完整，符合规定要求，保证本公司的上市申请材料、上市公告书没有虚假记载、误导性陈述或者重大遗漏，并保证对其承担相应的法律责任。

本公司上市推荐人与本公司不存在关联关系，并保证不利用在上市过程中获得的内幕信息进行内幕交易，为自己或他人谋取利益。

本公司上市推荐人愿意推荐本公司股票在上海证券交易所上市交易。

长沙力元新材料股份有限公司

长沙力元新材料股份有限公司股票上市公告书

第一节 重要声明与提示

长沙力元新材料股份有限公司(以下简称"本公司"、"公司"或"发行人")董事会保证上市公告书的真实性、准确性、完整性,全体董事承诺上市公告书不存在虚假记载、误导性陈述或重大遗漏,并承担个别和连带的法律责任。

根据《公司法》、《证券法》等有关法律、法规的规定,本公司董事、高级管理人员已依法履行诚信和勤勉尽责的义务和责任。

上海证券交易所、中国证监会、其他政府机关对本公司股票上市及有关事项的意见,均不表明对本公司的任何保证。

本公司提醒广大投资者注意,凡本上市公告书未涉及的有关内容,请投资者查阅2003年8月29日刊载于《中国证券报》、《上海证券报》和《证券时报》的本公司招股说明书摘要、及刊载于上海证券交易所网站(www.sse.com.cn)的本公司招股说明书全文。

本上市公告书刊登网址:www.sse.com.cn。

第二节 概览

1、股票简称:力元新材
2、沪市股票代码:600478
3、深市代理股票代码:003478
4、总股本:123,697,530股
5、可流通股本:40,000,000股
6、本次上市流通股本:40,000,000股
7、发行价格:4.93元/股
8、上市地点:上海证券交易所
9、上市时间:2003年9月18日
10、股票登记机构:中国证券登记结算有限责任公司上海分公司
11、上市推荐人:泰阳证券有限责任公司
12、根据国家现有法律、法规和中国证券监督管理委员会(以下简称"中国证监会")证监发行字[2003]103号《关于核准长沙力元新材料股份有限公司公开发行股票的通知》,本公司发起人所持有的国有法人股、法人股和自然人持有的未流通股份暂不上市流通。
13、根据《上海证券交易所股票上市规则》,本公司控股股东湖南新兴公司、并列第一大股东成都银河创新科技股份有限公司承诺:自本公司股票上市之日起12个月内,不转让其持有的本公司的股份;同时也不由本公司回购其所持有的股份。

第三节 绪言

本上市公告书是根据《中华人民共和国公司法》、《中华人民共和国证券法》、《股票发行与交易管理暂行条例》、《公开发行股票公司信息披露实施细则》和《上海证券交易所股票上市规则》等国家有关法律、法规的规定,并按照中国证监会《公开发行证券的公司信息披露内容与格式准则第7号–股票上市公告书》而编制,旨在向投资者提供本公司的基本情况和本次股票上市的有关资料。

经中国证监会证监发行字[2002]103号文核准,本公司于2003年9月3日利用上海证券交易所和深圳证券交易所交易系统,以向沪市、深市二级市场投资者定价配售的方式成功发行4,000万股人民币普通股,每股面值1.00元,发行价为每股人民币4.93元。

经上海证券交易所上证上字[2003]115号《关于长沙力元新材料股份有限公司人民币普通股股票上市交易的通知》批准,本公司公开发行的4,000万股社会公众股将于2003年9月18日起在上海证券交易所挂牌交易。股票简称"力元新材",沪市股票代码为"600478",深市代理股票代码为"003478"。

本公司已于2003年8月29日(T–3日)在《中国证券报》、《上海证券报》和《证券时报》上刊登了《招股说明书摘要》,招股说明书正文及其附录刊载于上海证券交易所网站(www.sse.com.cn),距今不足三个月,故与其重复的内容不再重述,敬请投资者查阅上述内容。

第四节 发行人概况

一、本公司基本情况
1、公司名称:长沙力元新材料股份有限公司
英文名称:CHANGSHALYRUNMATERIALCO.,LTD.
2、注册资本:83,697,530元人民币(本次发行前)
123,697,530元人民币(本次发行后)
3、法定代表人:张世明
4、注册地址:长沙市经济技术开发区星沙南路6号(410100)
5、设立日期:2000年8月22日
6、经营范围:连续化带状泡沫镍产品、电池及相关材料的生产、销售并提供相关技术咨询(不含中介)服务;经营本企业自产产品及技术的出口业务,本企业生产所需的原辅材料、仪器仪表、机械设备、零配件及技术的进口业务(国家限定公司经营和国家禁止进出口的商品及技术除外);经营进料加工和"三来一补"业务。
7、主营业务:连续化带状泡沫镍及系列产品的研制、开发、生产、销售并提供相关技术咨询服务。
8、所属行业:电子元器件制造业
9、联系电话:0731–4019421
10、传真号码:0731–4016101
11、互联网网址:http://www.lyrun.com
12、电子信箱:liyuan1818@cs.hn.cn
13、董事会秘书:陈志军

二、公司历史沿革及股权变动情况
1、公司历史沿革
长沙力元新材料股份有限公司的前身为长沙力元新材料有限公司。2000年8月,经湖南省人民政府以"湘政函[2000]121号文"批准,长沙力元新材料有限公司整体变更为股份有限公司。本公司自2000年8月22日整体变更设立以来,未发生任何股本结构的变化和重大资产重组行为。
2、本次发行股权变动情况
经中国证监会证监发行字[2003]103号文核准,本公司于2003年9月3日以全部向二级市场投资者定价配售发行方式发行了人民币普通股(A股)4,000万股,每股面值1.00元,每股发行价格4.93元。此次发行后,本公司的总股本为123,697,530股,注册资本为123,697,530元。

三、公司主要经营情况
1、本公司主要业务概况
本公司主营业务是连续化带状泡沫镍及系列产品的研制、开发、生产、销售并提供相关技术咨询服务。2000–2003年上半年本公司销售泡沫镍分别为85.15万m2、147.79万m2、318.48万m2、186.53万m2。为国内最大的连续化带状泡沫镍生产企业,按2002年的产能计算,在全球泡沫镍市场占有率达到25%以上,位居全球第一。

2、本公司的竞争优势和劣势
(1)规模优势。本公司是目前国内最大的连续化带状泡沫镍生产企业,2001年,本公司产能已达160万m2,位居全球第二;2002年销量已达318.48万m2。目前生产能力已达到340万m2。位居同行业全球第一、国内第一。
(2)技术领先优势。公司拥有连续化带状泡沫镍技术的自主知识产权和"高强度超强结合力型泡沫镍"生产技术。汇聚了以钟发平博士为核心的一大批高科技人才,拥有博士、硕士11人,高级职称12人,具有较强的科研开发能力。
(3)成本优势。与国外同行业企业相比,由于公司的关键生产设备为自主开发、部分原材料在国内采购,再加之国内人工成本相对较低,使公司同样品质的产品价格要远低于进口产品。
(4)机制优势。公司产权清晰,法人治理结构完善,运作规范高效,管理在同行业中处于领先水平,具有较强的竞争优势。
公司的竞争劣势在于主导产品结构单一,抵御市场系统风险的能力较弱,另外相对于国外厂家,公司资金压力较大,融资渠道狭窄,构成了公司后续发展的瓶颈。
3、主要财务指标详见本上市公告书"财务会计资料"部分。
4、主要知识产权及特许经营权
(1)商标
""牌商标权为有限公司在国家商标局注册的第1363759号商标,核定使用商品第9类"电池,车辆电力蓄电池,阴极、阳极电池,阴极,电力蓄电池,电池极板"。注册有效期为2000年2月14日至2010年2月13日止,该商标注册人名义已由有限公司变更为股份公司。
(2)专利与非专利技术
本公司的专利权为连续化带状泡沫镍整体电镀槽实用新型专利,专利号为ZL98230333.5。经湖南四达资产评估事务所于1999年9月13日出具的《资产评估报告书》(湘达评字(1999)第19号),评估基准日1999年8月31日之委评项目连续化带状泡沫镍整体电镀槽实用新型专利生产技术的价值为人民币1015万元整。经有限公司增资扩股时其他股东同意,作价850万元作为股东钟发平先生投入有限公司增资股本。
本公司的非专利技术为连续化带状泡沫镍生产技术。经湖南四达资产评估事务所于1997年12月12日出具的《资产评估报告书》(湘达评字(1997)第19号),评估基准日1997年12月6日之评估对象连续化带状泡沫镍生产技术价值人民币588万元,经设立有限公司时其他股东同意,折合人民币550万元,作为股东钟发平先生出资投入。
(3)自营进出口权
经国家对外经济贸易合作部湘外经贸贸发(1999)126号文批准,本公司于1999年12月29日被授予《中华人民共和国进出口企业资格证书》,进出口企业代码4300274963621。经营范围:经营本企业自产产品及技术的出口业务;经营本企业生产所需的原辅材料、机械设备、仪器仪表、零配件及技术的进口业务(国家限定公司经营的和国家禁止进出口的商品及技术除外);经营进料加工和"三来一补"业务。
5、公司享有的税收优惠政策
根据财税[1994]第001号文《关于企业所得税若干优惠政策的通知》的规定,经国务院批准的高新技术产业开发区内的高新技术企业,减按15%的税率征收所得税;新办的高新技术企业自投产年度起免征所得税两年。本公司为国务院批准的高新技术产业开发区–––长沙经济技术开发区注册的高新技术企业,经湖南省科学技术委员会"湘科工字[1999]159号"文件确认为高新技术企业,由长沙高新技术产业开发区筹委会管辖。公司所得税率为15%,并自投产年度起享受2年免征所得税的优惠,即本公司1999年、2000年享受免征所得税的优惠政策,从2001年起享受减按15%的所得税率。

第五节 股票发行与股本结构

一、本次股票上市前公开发行股票的基本情况
1、发行数量:4,000万股
2、发行价格:4.93元/股
3、市盈率:17.61倍
4、募集资金总额:19,720万元;募集资金净额:18,812.98万元
5、发行方式:全部向二级市场投资者定价配售
6、发行对象:2003年8月29日持有沪市或深市已上市流通A股股票的收盘市值不少于10,000元或以上的二级市场投资者。
7、发行费用总额及项目:本次股票发行费用总额为907.02万元,包括承销费、审计费用、律师费用、审核费用、发行手续费用等项目。
8、每股发行费用:0.227元

二、本次股票上市前首次公开发行股票的承销情况
本次向二级市场投资者定价配售发行的4,000万股社会公众股的配号总数为68,512,531个,中签率为0.05838348%;二级市场投资者实际认购3962.7645万股,其余37.2355万股由主承销商包销。

三、本次股票上市前首次公开发行股票所募股资金的验资报告
湖南开元有限责任会计师事务所为本次股票上市前首次公开发行股票募集资金出具了开元所(2003)内验字第026号《验资报告》,全文如下:
长沙力元新材料股份有限公司全体股东:
我们接受长沙力元新材料股份有限公司(以下简称贵公司)的委托,对贵公司截止二零零三年九月十日首发40,000,000股人民币普通股A股增加的实收股本进行了验证。按照中华人民共和国相关法律、法规和有关协议的规定出资是贵公司全体股东的责任;提供真实、合法、完整的验资资料,保护资产的安全、完整是贵公司的责任。我们的责任是对贵公司本次首发新股的实收股款情况发表审验意见。我们的审验是依据《独立审计实务公告第1号–––验资》进行的。在审验过程中,我们结合贵公司的实际情况,实施了检查等必要的审验程序。
贵公司原注册资本为人民币83,697,530.00元,2003年8月28日经中国证监会证监发行字[2003]103号文核准,贵公司于二零零三年九月三日至九月八日期间以每股发行价格人民币4.93元,首发每股面值人民币1.00元的40,000,000股A股股票。首发后贵公司的注册资本变更为123,697,530.00元。
经审验,截至二零零三年九月十日止,贵公司已收到首发40,000,000股A股扣除发行费用后的净收入188,129,800.00元,其中实收股本为人民币40,000,000.00元,资本公积–––股票溢价148,129,800.00元。
同时我们注意到,贵公司本次变更验资前的注册资本为人民币83,697,530.00元,已经湖南开元会计师事务所审验,并于2000年8月9日出具开元所(2000)内验字第034号验资报告。截至

2003年9月10日止,变更后的累计注册资本实收金额为人民币123,697,530.00元。

本验资报告仅供贵公司申请工商变更登记及申请本次首发A股上市交易使用,不应将其视为是对贵公司验资报告日后资本保全、偿债能力和持续经营能力等的保证。因使用不当造成的后果,与执行本验资业务的注册会计师及会计师事务所无关。

附件(一):验资事项说明

附件(二):本次首发A股实收股本变更前后明细表

附件(三):银行进账单

湖南开元有限责任会计师事务所中国注册会计师:周重揆

湖南·长沙中国注册会计师:严萍

2003年9月10日

四、本次募股资金入帐情况

1、入帐时间:2003年9月10日

2、入帐金额:190,509,800元(扣除发行手续费用及承销费用后的余额)

3、入帐帐号:1901002009006759225

4、开户银行:中国工商银行长沙市中山路支行

五、本公司上市前股权结构及各类股东的持股情况

(1)、本次上市前后股本结构

股份类别	发行前		发行后	
	股数(万股)	比例(%)	股数(万股)	比例(%)
未上市流通股份	8,369.753	100	8,369.753	67.66
其中:1、国有法人股	2,510.926	30	2,510.926	20.3
2、发起人境内法人股	4,352.271	52	4,352.271	35.18
3、发起人自然人股	1,506.556	18	1,506.556	12.18
社会公众股			4,000.000	32.34
合计	8,369.753	100	12,369.753	100

(2)、本次上市前十大股东情况

	股 东 名 称	股权性质	持股数量(股)	占总股本比例(%)
1	湖南新兴公司	国有法人股	25,109,260	20.3
2	成都银河创新科技股份公司	法人股	25,109,260	20.3
3	钟发平	自然人股	15,065,560	12.18
4	上海三湘(集团)有限公司	法人股	8,369,750	6.76
5	广东新锐投资有限公司	法人股	5,021,850	4.06
6	湖南天联复合材料有限公司	法人股	5,021,850	4.06
7	泰阳证券	流通A股	372,355	0.301
8	天同180	流通A股	64,000	0.052
9	招商股票投资基金	流通A股	43,000	0.035
10	广发证券	流通A股	38,000	0.031

第六节 董事、监事、高级管理人员及核心技术人员

一、董事、监事、高级管理人员与核心技术人员简介

本公司董事、监事、高级管理人员与核心技术人员均为中国国籍,无境外的永久居留权,相互之间不存在配偶、三代以内直系和旁系亲属关系。

1、董事

张世明先生,48岁,董事长,中共党员,高级经济师,湖南华天实业集团公司副董事长。

夏传文先生,41岁,董事、副董事长,博士生,高级会计师、中国注册会计师协会会员、中国注册资产评估师协会会员。现任成都银河创新科技股份有限公司董事长。

黄伯云先生,56岁,独立董事,中共党员,教授,中国工程院资深院士。现任中南大学校长。

刘业翔先生,73岁,独立董事,中共党员,教授,中国工程院资深院士。现任中南大学教授、博士导师、校学术顾问、中国有色金属学会常务理事及轻金属学委会主任委员。

邓小洋先生,39岁,独立董事,现为湖南大学会计学院副教授,硕士生导师,同时在中国人民大学工商管理博士后流动站从事博士后研究。

钟发平先生,38岁,董事、总经理,武汉大学化学系博士,其研制开发的"连续化带状泡沫镍整体电镀槽"作为"连续化带状泡沫镍"的关键设备被授予了国家专利。此外先后在储能材料及镍氢电池方面获得国家发明专利6项,。

汤义武先生,33岁,董事兼常务副总经理,博士、高级工程师。参加、主持并完成了电渗电解脱盐等五项重大科研项目。

高麟先生,43岁,董事,高级工程师,现任成都银河创新科技股份有限公司总经理。

吴学贵先生,45岁,董事,中共党员,本科,中级职称,现任广东新锐投资有限公司执行董事、总经理。

2、监事

张敏女士,47岁,监事会召集人,中共党员,本科学历,会计师,现任华天集团审计部经理。

张策先生,31岁,监事,本科学历。现任湖南华天置业有限公司财务部经理。

唐振武先生,41岁,监事,中共党员、工程师、MBA,现任本公司物资部副部长。

3、高级管理人员

向秀清女士,40岁,财务总监,本科学历。

陈振兵先生,35岁副总经理,本科学历。

陈志军先生,31岁,董事会秘书,中共党员,本科学历。

二、董事、监事、高级管理人员和核心技术人员持有公司股份及变动情况

除本公司董事、总经理钟发平持有1,506.556万股外,上述人员未直接持有本公司股份,上述人员的家属不存在直接或间接持有本公司股份的情况。

第七节 同业竞争与关联交易

一、关于同业竞争

本公司属于能源新材料行业,与持有本公司5%以上股份的关联方属于不同行业,经营范围亦无任何相同之处,因而不存在同业竞争。

本公司的股东均作出避免同业竞争的书面承诺,承诺其在向股份公司投资期间,不直接或间接生产和从事与股份公司构成或可能构成竞争的业务,同时不安排与股份公司的主营业务有竞争或可能构成竞争的投资行为,并在以后的项目安排上避免同业竞争。本公司的实际控制人华天集团亦作出避免同业竞争的书面承诺。

二、关联方及关联关系和关联交易

1、关联方

本公司的关联企业有二类:第一类是控股股东、对股份公司有重大影响的法人或自然人,分别为本公司的发起人股东新兴公司、银河创新、上海三湘、广东新锐、湖南天联、钟发平先生,以及本公司的实际控制人湖南华天集团、本公司2003年4月投资设立的控股子公司常德力元新材料有限责任公司;第二类是其它关联方,为银河高科、湖南华天大酒店股份有限公司、银河创新的控股子公司—湖南爱迪国际商情通讯有限公司、成都银晨网讯科技有限公司和四川省银河投资有限公司。

2、关联交易

除实际控制人华天集团为本公司截至2003年6月30日银行贷款共计16,950万元(其中长期贷款4,950万元,短期贷款12,000万元)提供担保外,本公司与持有5%以上股份的关联方和其它关联方之间没有发生任何重大关联交易、重大债权、债务关系及相互提供担保的情况。公司无逾期未偿还债务事项,也没有为关联方提供担保的情况。

第八节 财务会计资料

一、注册会计师意见

本公司已聘请湖南开元有限责任会计师事务所对本公司2000年度12月31日、2001年度12月31日、2002年度12月31日、2003年度6月30日的资产负债表、2000年度、2001年度、2002年度、2003年1-6月的利润及利润分配表及2002年度、2003年1-6月的现金流量表进行了审计,注册会计师出具了标准无保留意见的审计报告(开元所(2003)股审字第062号)。以下引用的财务会计数据,非经特别说明,均引自经审计的会计报表。

二、简要会计报表

1、简要资产负债表

单位:人民币元

资产	附注	2003年6月30日	2002年12月31日
货币资金	6-1	22,463,683.88	21,490,373.60
短期投资	6-2	296,677.44	299,117.76
应收票据	6-3	5,779,498.11	3,623,779.28
应收股利			-
应收利息			-
应收账款	6-4	58,590,880.11	42,454,455.83
其他应收款	6-5	5,974,282.83	4,189,024.59
预付账款	6-6	31,886,429.71	11,992,633.54
应收补贴款			-
存货	6-7	20,495,221.59	25,842,466.62
待摊费用	6-8	560,068.61	59,829.06
一年内到期的长债权投资			-
其他流动资产			-
流动资产合计		146,046,742.28	109,951,680.28
长期投资:			-
长期股权投资	6-9	700,000.00	-
长期债权投资			-
长期投资合计		700,000.00	-
固定资产:			-
固定资产原价	6-10	226,303,154.41	225,107,197.83
减:累计折旧		28,250,131.21	20,736,152.09
固定资产净值		198,053,023.20	204,371,045.74
减:固定资产减值准备			-
固定资产净额		198,053,023.20	204,371,045.74
工程物资			-
在建工程	6-11	1,984,295.75	423,498.48
固定资产清理			-
固定资产合计		200,037,318.95	204,794,544.22
无形资产及其他资产			-
无形资产	6-12	17,969,501.83	18,894,603.43
长期待摊费用	6-13	747,793.46	933,834.86
其他长期资产			
无形资产及其他资产合计		18,717,295.29	19,828,438.29
递延税项:			-
弟延税项借项			-
资产总计		365,501,356.52	334,574,662.79

续上表:

资产	2001年12月31日	2000年12月31日
货币资金	23,457,821.48	39,416,868.86
短期投资	-	-
应收票据	4,108,600.00	1,151,090.00
应收股利	-	-
应收利息	-	-
应收账款	36,001,564.05	28,962,928.64
其他应收款	1,855,510.46	1,533,434.48
预付账款	17,905,740.97	15,487,845.81
应收补贴款	-	-
存货	16,290,113.49	27,631,931.90
待摊费用	588,565.02	216,907.18
一年内到期的长债权投资	-	-
其他流动资产	-	-
流动资产合计	100,207,915.47	114,401,006.87
长期投资:	-	-
长期股权投资	-	-
长期债权投资	-	-
长期投资合计	-	-
固定资产:	-	-
固定资产原价	128,001,259.08	86,355,977.42
减:累计折旧	10,680,894.82	5,373,813.71
固定资产净值	117,320,364.26	80,982,163.71
减:固定资产减值准备	-	-
固定资产净额	117,320,364.26	80,982,163.71
工程物资	-	-
在建工程	54,958,274.71	69,937,367.31
固定资产清理	-	-
固定资产合计	172,278,638.97	150,919,531.02
无形资产及其他资产	-	-
无形资产	21,425,994.14	23,048,492.78
长期待摊费用	1,305,917.66	5,607,712.09
其他长期资产		-
无形资产及其他资产合计	22,731,911.80	28,656,204.87
递延税项:	-	-
弟延税项借项	-	-
资产总计	295,218,466.24	293,976,742.76

负债及股东权益	附注	2003年6月30日	2002年12月31日
流动负债			
短期借款	6-14	120,000,000.00	95,100,000.00
应付票据	6-15	48,550,000.00	37,600,000.00
应付账款	6-16	18,485,590.81	24,688,449.47
预收账款	6-17	356,979.41	1,170,117.63
应付工资			-

应付福利费	6-18	479,112.57	363,749.22
应付股利	6-19		7,369,753.00
应交税金	6-20	3,196,537.75	3,034,199.48
其他应交款	6-21	26,195.48	122,369.63
其他应付款	6-22	2,845,220.76	2,263,243.68
预提费用	6-23	1,264,216.63	54,556.00
预计负债			-
一年内到期的长期负债			-
其他流动负债			
流动负债合计		195,203,853.41	171,766,438.11
长期负债：			
长期借款	6-24	49,500,000.00	55,500,000.00
应付债券			-
长期应付款			-
专项应付款			-
其他长期负债			
长期负债合计		49,500,000.00	55,500,000.00
递延税项：			-
递延税项贷项			
负债合计		244,703,853.41	227,266,438.11
股东权益：			
股本	6-25	83,697,535.60	83,697,535.60
资本公积			
盈余公积	6-26	8,469,659.15	8,469,659.15
其中：法定公益金		2,947,290.44	2,947,290.44
未分配利润	6-27	28,630,308.36	15,141,029.93
股东权益合计		120,797,503.11	107,308,224.68
负债与股东权益总计		365,501,356.52	334,574,662.79

负债及股东权益	2001年12月31日	2000年12月31日
流动负债		
短期借款	69,730,000.00	75,680,000.00
应付票据	9,850,000.00	-
应付账款	7,214,927.77	30,377,146.67
预收账款	1,180,859.59	506,133.56
应付工资	-	-
应付福利费	-	114,061.69
应付股利	1,984,876.50	4,184,876.50
应交税金	3,414,022.56	-2,218,055.77
其他应交款	125,687.27	38,748.53
其他应付款	9,598,207.74	11,441,242.41
预提费用	321,795.12	1,886,741.12
预计负债	-	-
一年内到期的长期负债	68,000,000.00	60,000,000.00
其他流动负债	-	-
流动负债合计	171,420,376.55	182,010,894.71
长期负债：	-	-
长期借款	31,500,000.00	27,811,111.12
应付债券	-	-
长期应付款	-	-
专项应付款	-	-
其他长期负债	-	-
长期负债合计	31,500,000.00	27,811,111.12
递延税项：	-	-
递延税项贷项	-	-
负债合计	202,920,376.55	209,822,005.83
股东权益：	-	-
股本	83,697,535.60	83,697,535.60
资本公积	-	-
盈余公积	2,624,687.17	632,731.54
其中：法定公益金	609,301.65	210,910.52
未分配利润	5,975,866.92	-175,530.21
股东权益合计	92,298,089.69	84,154,736.93
负债与股东权益总计	295,218,466.24	293,976,742.76

2、简要利润表及利润分配表

单位：人民币元

项目	附注	2003年1-6月	2002年度
一、主营业务收入	6-28	145,340,179.01	242,888,619.86
减：主营业务成本	6-29	108,406,446.27	174,109,726.73
主营业务税金及附加	6-30	543,449.16	1,112,791.37
二、主营业务利润		36,390,283.58	67,666,101.76
加：其他业务利润	6-31	2,489,408.77	2,943,777.20
减：营业费用		4,641,917.33	10,136,939.75
管理费用		10,823,446.51	17,690,359.85
财务费用	6-32	7,528,789.69	14,926,485.87
三、营业利润		15,885,538.82	27,856,093.49
加：投资收益		-2,440.32	-882.24
补贴收入			-
营业外收入		8,035.95	242,795.86
减：营业外支出		18,035.00	135,630.97
四、利润总额		15,873,099.45	27,962,376.14
减：所得税		2,383,821.02	4,582,488.15
五、净利润		13,489,278,43	23,379,887.99
加：年初未分配利润		15,141,029.93	5,975,866.92
其他转入			
六、可供分配的利润		28,630,308,36	29,355,754.91
减：提取法定盈余公积			2,337,988.79
提取法定公益金			2,337,988.79
七、可供投资者分配的利润		28,630,308.36	24,679,777.33
减：应付优先股股利			
提取任意盈余公积			1,168,994.40
应付普通股股利			8,369,753.00
转作股本的普通股股利			
八、未分配利润		28,630,308.36	15,141,029.93

3、简要现金流量表

单位：人民币元

项目	附注	2003年1-6月
经营活动产生的现金流量净额		17,346,659.49
投资活动产生的现金流量净额		-17,922,496.26
筹资活动产生的现金流量净额		4,001,451.31
现金及现金等价物净增加额：		3,425,614.54
续上表：		
经营活动产生的现金流量净额		78,351,364.65
投资活动产生的现金流量净额		-43,365,496.29
筹资活动产生的现金流量净额		-36,953,316.24
现金及现金等价物净增加额：		-1,967,447.88

三、主要财务指标

财务指标	2003年上半年	2002年	2001年	2000年
流动比率	0.75	0.64	0.58	0.63
速动比率	0.64	0.49	0.49	0.48
资产负债率(%)	66.95	67.93	68.74	71.37
应收帐款周转率	2.88	6.19	4.02	4.90
存货周转率(次)	4.68	8.26	4.30	4.01
无形资产(土地使用权除外)占总资产比例(%)	2.21	2.66	3.57	4.06
每股净资产(元/股)	1.44	1.28	11.03	1.005
净资产收益率(%)(摊薄)	11.17	21.79	8.82	9.29
每股收益(元/股)(摊薄)	0.16	0.28	0.097	0.093
每股收益(元/股)(加权平均)	0.16	0.28	0.097	0.102
每股经营活动的现金流量(元)	0.21	0.94	0.22	-

按《公开发行证券公司信息披露编报规则第9号----净资产收益率和每股收益的计算及披露》要求计算的发行前的净资产收益率和每股收益如下：

项目	净资产收益率(%) 全面摊薄	加权平均
2003年度上半年		
主营业务利润	30.13	31.91
营业利润	13.15	13.93
净利润	11.17	11.83
扣除非经常性损益后的净利润	11.18	11.84
2002年度		
主营业务利润	63.06	65.07
营业利润	25.96	26.79
净利润	21.79	22.48
扣除非经常性损益后的净利润	21.69	22.38

项目	每股收益(元/股) 全面摊薄	加权平均
2003年度上半年		
主营业务利润	0.435	0.435
营业利润	0.190	0.190
净利润	0.161	0.161
扣除非经常性损益后的净利润	0.161	0.161
2002年度		
主营业务利润	0.808	0.808
营业利润	0.333	0.333
净利润	0.280	0.280
扣除非经常性损益后的净利润	0.278	0.278

第九节　其他重要事项

一、自本公司股票首次公开发行之日至本上市公告书公告前，本公司严格依照国家现行法律、法规的规定，规范运行，生产经营情况正常，没有发生可能对本公司产生较大影响的其他重要事项。

二、根据《上海证券交易所股票上市规则》的有关规定，本公司控股股东及并列第一大股东均承诺：自本公司股票上市之日起12个月内，不转让其持有的本公司的股份，也不由本公司回购其所持有的股份。

第十节　董事会上市承诺

本公司董事会承诺将严格遵守《中华人民共和国公司法》、《中华人民共和国证券法》、《股票发行与交易管理暂行条例》、《公开发行股票公司信息披露实施细则》和《上海证券交易所股票上市规则》等国家法律、法规和有关规定，并自股票上市之日起做到：

一、承诺真实、准确、完整、公允和及时地公布定期报告，披露所有对投资者有重大影响的信息，并接受中国证监会、证券交易所的监督管理；

二、承诺本公司在知悉可能对股票价格产生误导性影响的任何公共传播媒介中出现的消息后，将及时予以公开澄清；

三、本公司董事、监事、高级管理人员和核心技术人员将认真听取社会公众的意见和批评，不利用已获得的内幕消息和其他不正当手段直接或间接从事本公司股票的买卖活动；

四、本公司没有无记录的负债。

第十一节　上市推荐人及其意见

一、上市推荐人情况

名称：泰阳证券有限责任公司

法定代表人：鄢彩安

住所：湖南省长沙市新建西路1号

电话：0731-5382275

传真：0731-5382230

联系人：殷晓俊

二、上市推荐人意见

本公司上市推荐人认为，本公司章程符合《中华人民共和国公司法》等有关法律、法规和中国证监会关于公司章程的相关规定。本公司首次公开发行的股票完全符合《中华人民共和国公司法》、《中华人民共和国证券法》、《股票发行与交易管理暂行条例》、《上海证券交易所股票上市规则》等有关法律、法规的规定，已具备了上市的条件。

上市推荐人保证本公司的董事了解法律、法规、上海证券交易所上市规则及股票上市协议规定的董事的义务与责任，并协助本公司健全了法人治理结构、制定了严格的信息披露制度与保密制度。上市推荐人已对上市文件所载的资料进行了核实，确保上市文件真实、准确、完整，符合规定要求。保证本公司的上市申请材料、上市公告书没有虚假、严重误导性陈述或者重大遗漏，并保证对其承担连带责任。

上市推荐人愿意推荐本公司股票在上海证券交易所上市交易，并保证不利用在上市过程中获得的内幕信息进行内幕交易，为自己或他人谋取利益。

凌 云 工 业 股 份 有 限 公 司

凌云工业股份有限公司股票上市公告书

第一节 重要声明与提示

凌云工业股份有限公司(以下简称"本公司"、"公司"或"发行人")董事会保证上市公告书的真实性、准确性、完整性,全体董事承诺上市公告书不存在虚假记载、误导性陈述或重大遗漏,并承担个别和连带的法律责任。

根据《公司法》、《证券法》等有关法律、法规的规定,本公司董事、高级管理人员已依法履行诚信和勤勉尽责的义务和责任。

上海证券交易所、中国证监会、其他政府机关对本公司股票上市及有关事项的意见,均不表明对本公司的任何保证。

本公司提醒广大投资者注意,凡本上市公告书未涉及的有关内容,请投资者查阅2003年7月28日刊载于《中国证券报》、《上海证券报》、《证券时报》、《证券日报》的本公司招股说明书摘要,及刊载于上海证券交易所网站(http://www.sse.com.cn)的本公司招股说明书全文。

本上市公告书刊登网址:

第二节 概览

1、股票简称:凌云股份
2、沪市股票代码:600480
3、深市股票代理代码:003480
4、股本总额:24,000万股
5、可流通股本:6,800万股
6、本次上市流通股本:6,800万股
7、发行价格:3.48元/股
8、上市地点:上海证券交易所
9、上市时间:2003年8月15日
10、股票登记机构:中国证券登记结算有限责任公司上海分公司
11、上市推荐人:华安证券有限责任公司、东北证券有限责任公司
12、对本公司首次公开发行股票前股东所持股份的流通限制及期限:根据国家有关法律、法规规定和中国证券监督管理委员会证监发行字[2003]73号文《关于核准凌云工业股份有限公司公开发行股票的通知》,本公司的国有法人股、法人股暂不上市流通。
13、首次公开发行股票前股东对所持股份自愿锁定的承诺:本公司公开发行股票前第一大股东河北凌云工业集团有限公司向上海证券交易所承诺,自本公司股票上市之日起12个月内,不转让所持有本公司的股份,也不由本公司回购其所持有的股份。

第三节 绪言

本上市公告书是根据《中华人民共和国公司法》、《中华人民共和国证券法》、《股票发行与交易管理暂行条例》、《公开发行股票公司信息披露实施细则》和《上海证券交易所股票上市规则》等国家有关法律法规的规定,并按照中国证监会《公开发行股票信息披露内容与格式准则第7号---股票上市公告书》而编制的,旨在向投资者提供有关本公司和本次股票上市的基本情况和本次股票上市的有关资料。

经中国证券监督管理委员会证监发行字[2003]73号文核准,本公司于2003年7月31日通过上海证券交易所系统,以向沪市、深市二级市场投资者定价配售的方式成功发行了6,800万股每股面值1.00元的人民币普通股,发行价为每股人民币3.48元。

根据上海证券交易所上证上字[2003]94号《关于凌云工业股份有限公司人民币普通股股票上市交易的通知》,本公司6,800万股社会公众股将于2003年8月15日起在上海证券交易所挂牌交易,股票简称"凌云股份",沪市股票代码为"600480",深市代理股票代码为"003480"。

本公司已于2003年7月28日分别在《中国证券报》、《上海证券报》和《证券时报》、《证券日报》上刊登了招股说明书摘要,在上海证券交易所网站(http://www.sse.com.cn)刊载招股说明书全文及其必备附件,距今不足3个月,故与其重复的内容不再重述,敬请投资者查阅上述文件。

第四节 公司概况

一、公司基本情况

1、中文名称: 凌云工业股份有限公司
2、英文名称: LINGYUN INDUSTRIAL CORPORATION LIMITED
3、注册资本: 24,000万元
4、法定代表人: 李喜增
5、设立日期: 2000年11月10日
6、住 所: 河北省涿州市松林店镇
7、经营范围:生产和销售塑料燃气管道系统、给水管道系统、供热管道系统、大口径排水管道系统及相关施工设备和产品的设计、研制、开发;纳米材料加工和应用;生产和销售汽车零部件、机械加工产品及相关产品的设计、开发。
8、主导产品:汽车零部件产品(包括汽车辊压件、汽车冲压件与汽车压力管路系统总成)、PE管道系统产品(包括PE燃气管道系统、PE给水管道系统等)。
9、所属行业: 塑料制造业(C49)、普通机械制造业(C71)
10、电话号码: 0312-3951002
11、传真号码: 0312-3951234
12、网 址: www.lingyun.com.cn
13、电子信箱: lyac@heinfo.net
14、董事会秘书:张建华

二、公司历史沿革及改制重组情况

本公司前身为中外合资经营企业凌云汽车零部件有限公司(以下简称"零部件公司")。经原对外贸易经济合作部[2000]外经贸资二函字第808号文批准,零部件公司以经审计的2000年8月31日净资产按1:1比例折为17,200万股,依法整体变更为凌云工业股份有限公司。经中华人民共和国工商行政管理局企业注册局企外函字[2000]第94号文授权,本公司于2000年11月10日在保定市工商行政管理局办理了工商变更登记,注册资本为人民币17,200万元。

2000年8月,河北凌云集团有限责任公司(以下简称"凌云集团")与零部件公司签订了《股权转让协议》,约定以2000年5月31日作为转让基准日,由零部件公司将其持有的中外合资德尔福沙基诺凌云驱动轴有限公司(以下简称"德尔福公司")40%的股东权益转让给凌云集团,同时凌云集团将其持有的亚大塑料制品有限公司(以下简称"涿州亚大")50%股权、上海亚大塑料制品有限公司(以下简称"上海亚大")30%股权、长春亚大汽车零件制造有限公司25%(以下简称"长春亚大")股权转让给零部件公司。

经中国证监会证监发行字[2003]73号文核准,本公司于2003年7月31日采取向二级市场投资者定价配售的方式成功发行了6,800万股每股面值1.00元的人民币普通股,发行价为每股人民币3.48元。本次发行完成后,本公司总股本为为24,000万元,本公司承诺于2003年9月30日之前办理完毕工商变更登记。

本公司发行前后股权结构变化情况如下:

股权结构	本次发行前股本结构		本次发行后股本结构	
	股数(万股)	所占比例(%)	股数(万股)	所占比例(%)
国有法人股	10,664.00	62.00	10,664.00	44.44
外资股	6,536.00	38.00	6,536.00	27.23
社会公众股	--	--	6,800.00	28.33
总股本	17,200.00	100.00	24,000.00	100.00

三、公司主要经营情况

1、主营业务构成

本公司及子公司主营业务为汽车零部件(汽车车身辊压件、冲压件、PA-11汽车压力管路总成)与PE管道系统(PE燃气管道系统、PE给水管道系统)的研制、生产与销售。本公司主要从事汽车车身辊压件、冲压件的研制、生产和销售;本公司子公司主要从事PA-11汽车压力管路总成、PE(燃气、供水)管道系统产品的研制、生产和销售。

2、竞争优势与劣势

(1)竞争优势

①生产技术水平和研究开发水平较高

本公司是国内最早将辊压技术应用于汽车零部件生产中的厂商之一。经过多年的积累,本公司已经具备从原材料检测到产品的设计、开发能力。在辊压件的核心制造技术上,从工艺设计、工装到设备制造、运行软件的开发,本公司均有独特的技术,从而成为国内辊压件生产企业中的技术领先者。

本公司子公司亚大塑料制品有限公司是国内最早生产PE燃气管道的厂家之一。经过十几年的发展,三家亚大公司已经成为从PE管道产品、管件到施工设备等的综合供应商。

②规模优势

本公司目前是国内大型的汽车辊压件、汽车冲压件产品生产厂商之一,本公司子公司涿州亚大是目前国内PE燃气管道领域唯一能从管材、管件、施工机具到设计、施工、维修、提供成套服务的企业,也是PE燃气管道领域唯一进入国际市场的企业,其PE燃气管道产品在国内市场占有率居全国首位。本公司(包括子公司)具有一定的规模优势。

③市场网络比较健全

公司一直致力于建设完整的销售网络,本公司子公司PE管道系统产品的销售实行划区管理,形成了覆盖除台湾以外国内所有地区的销售服务网络。

④整体配套能力

本公司可以自行设计生产所需的模具,具有很强的技术开发能力。而燃气管道则可提供包括管材、管件及管道施工在内的全套产品和服务。

(2)竞争劣势

①未能实现规模经济

本公司是全国大型的专业汽车辊压件、冲压件生产企业之一,但由于我国的汽车整车生产厂家不具有大规模生产的条件,本公司单件产品的生产规模较小,难以形成规模经济。本公司子公司作为全国大型的PE燃气管道生产厂商,产量不能满足市场的需求,部分市场被竞争对手占领。

②产品结构单一

本公司仅生产汽车辊压件和冲压件,属于劳动密集型产品。本公司子公司主要生产PE管道系统产品,PA-11汽车压力管总成,产品结构比较单一。

3、主要财务指标

请参阅本上市公告书"八、财务会计资料"部分的相关内容。

4、专利和非专利技术

本公司拥有2项非专利技术,本公司子公司涿州亚大拥有2项非专利技术和10项专利证书,5项专利申请受理通知书。

5、公司享有的税收优惠政策

本公司作为外商投资先进技术企业2000年-2002年享受三年减半税收优惠政策,所得税实际税率为15%,2003年起所得税实际税率为33%;本公司子公司上海亚大作为外商投资先进技术企业2001年-2003年享受三年减半税收优惠政策,所得税实际税率为13.5%,2004年起所得税实际税率为27%;本公司子公司长春亚大作为外商投资先进技术企业2000年-2002年享受三年减半税收优惠政策,所得税实际税率为10%,2003年起所得税实际税率为15%。

第五节 股票发行与股本结构

一、本次股票上市前首次公开发行股票的情况

1、发行数量:6,800万股
2、发行价格:3.48元/股
3、募股资金总额:23,664万元
4、发行方式:全部向二级市场投资者定价配售
5、配售主要对象:持有2003年7月28日在沪市或深市的已上市流通人民币普通股(A股)股票的收盘市值总和不少于10,000元的投资者
6、发行费用总额及项目:本次公开发行股票的发行费用为1,148.744万元,主要包括:承销费用、审计费用、律师费用、评估费用、发行审核费及上网发行费等。
7、每股发行费用:0.169元/股

二、本次股票上市前首次公开发行股票的承销情况

本次发行向二级市场投资者定价配售发行6,800万股社会公众股的配号总数为76,820,808个,中签率为0.08851768%;二级市场投资者认购了67,479,936股,其余520,064股由主承销商组织的承销团包销。

三、本次股票上市前首次公开发行股票所募股资金的验资报告

验 资 报 告

利安达验字[2003]第1010号

凌云工业股份有限公司全体股东:

我们接受委托,审验了凌云工业股份有限公司(以下简称"贵公司")截至2003年8月6日止新增注册资本实收情况。按照国家相关法律、法规的规定和协议、章程的要求出资,提供真实、合法、完整的验资资料,保护资产的安全、完整是贵公司全体股东及贵公司的责任。我们的责任是对贵公司本次新增注册资本的实收情况发表审验意见。我们的审验是依据《独立审计实务公告第1号-验资》进行的。在审验过程中,我们结合贵公司的实际情况,实施了检查等必要的审验程序。

贵公司原注册资本为人民币172,000,000元,贵公司根据2001年第一次临时股东大会决议和修改后章程的规定,申请向社会公开发行普通股(A股)68,000,000股,增加注册资本人民币68,000,000元。经中国证券监督管理委员会证监发行字[2003]73号文件核准,贵公司于2003年7月

31日以全部向二级市场投资者定价配售的发行方式向社会公开发行人民币普通股股票68,000,000股,每股面值人民币1.00元,每股发行价格为人民币3.48元,可募集资金总额为人民币236,640,000元。

经审验,我们认为,截至2003年8月6止,贵公司已收到社会公众股股东缴纳的募集资金总额为人民币236,640,000元(大写:贰亿叁仟陆佰陆拾肆万元),扣除券商承销佣金、上网发行手续费等发行费用11,487,440元后,募集资金净额为人民币225,152,560元(大写:贰亿贰仟伍佰壹拾伍万贰仟伍佰陆拾元),其中新增注册资本人民币68,000,000元,资本公积人民币157,152,560元。

同时我们注意到,贵公司本次增资前的注册资本为人民币172,000,000元,已经原深圳中天会计师事务所审验,并于2000年11月8日出具股验字[2000]第C033号验资报告。截至2003年8月6日止,连同本次验证的新增注册资本实收金额人民币68,000,000元,贵公司变更后的累计注册资本实收金额为人民币240,000,000元。

本验资报告仅供贵公司申请变更登记及据以向股东签发出资证明时使用,不应将其视为是对贵公司验资报告日后资本保全、偿债能力和持续经营能力等的保证。因使用不当所造成的后果,与执行本验资业务的注册会计师及会计师事务所无关。

2、验资事项说明

利安达信隆会计师事务所　　主任会计师：　黄锦辉

有限责任公司　　中国注册会计师:温金辉

二○○三年八月六日

四、募股资金入帐情况

1、入帐时间:2003年8月6日

2、入帐金额:228,012,560.00元

3、入帐帐号:1306662082210000591

4、开户银行：中国建设银行河北省涿州物探支行

五、公司上市前股权结构及各类股东的持股情况

1、本次上市前股权结构

股份类别	持股数(万股)	持股比例(%)
发起人股	172,000	71.67
其中:国有法人股	10,664.00	44.44
外资股	6,536.00	27.23
社会公众股(A股)	6,800.00	28.33
股本总额	24,000.00	100.00

2、本次上市前十大股东情况

股东名称	股权性质	股数(万股)	持股比例(%)
1、河北凌云工业集团有限公司	国有法人股	104,748,000	43.64
2、英属维尔京群岛第五汽车有限公司	外资股	65,360,000	27.23
3、北京市燃气集团有限责任公司	国有法人股	860,000	0.36
4、华安证券	社会公众股	538,064	0.22
5、中国市政工程华北设计研究院	国有法人股	516,000	0.22
6、中国市政工程西南设计研究院	国有法人股	516,000	0.22
7、天同180	社会公众股	99,000	0.04
8、同益基金	社会公众股	77,000	0.03
9、汉盛基金	社会公众股	71,000	0.03
10、同盛基金	社会公众股	69,000	0.03

第六节　董事、监事、高级管理人员及核心技术人员

一、董事、监事、高级管理人员及技术负责人简历

1、董事

李喜增先生,49岁,本公司董事长,中国籍,本科,高级工程师。曾任河北凌云机械厂常务副厂长、凌云汽车零部件有限公司总经理等职。现兼任河北凌云工业集团有限公司总经理,兼任四家亚大子公司董事。

陈春国先生,31岁,本公司副董事长,中国籍,大专,高级经济师。曾任大连雷龙铸铁制品有限公司总经理等职。现任高登国际(香港)投资有限公司董事长,兼任英属维尔京群岛第五汽车有限公司董事长。

常志成先生,57岁,本公司董事、总经理,中国籍,本科,正高工。曾任河北凌云机械厂副厂长,涿州亚大副总经理等职,现兼任四家亚大子公司董事长。

王艺林先生,62岁,本公司董事,中国籍,本科,高级政工师。曾任河北凌云机械厂党委书记等职。现任河北凌云工业集团有限公司党委书记、监事会主席,兼任四家亚大子公司董事。

姜岩女士,32岁,本公司董事,中国籍,本科,注册会计师。曾任何铁文(香港)会计师事务所项目经理等职。现任高登国际(香港)投资有限公司财务总监。

董祯富先生,58岁,本公司董事,中国籍,中专。曾任河北凌云机械厂总会计师等职。现任河北凌云工业集团有限公司财务总监,兼任四家亚大子公司董事。

赵涌先生,77岁,本公司独立董事,中国籍,教授级高级工程师。曾任中国市政工程华北设计研究院副院长、国际煤气联盟理事等职。现任国家城市给排水工程技术研究中心顾问、中国城市煤气学会顾问等职。

贺德龙先生,68岁,本公司独立董事,中国籍,研究员。曾任中国机电报社社长兼总编等职,现任中国报业协会副主席、中国企业文化研究会理事等职。

杨金观先生,41岁,本公司独立董事,中国籍,副教授、硕士研究生导师,曾在北京华会计师事务所兼做注册会计师工作。现任中央财经大学会计系副主任,兼任中国税务咨询协会理事等职。

2、监事

王桂云女士,49岁,本公司监事会主席,中国籍,专科。曾任河北凌云机械厂财务处副处长,现任德尔福沙基诺凌云驱动轴有限公司财务负责人。

丁杰先生,31岁,本公司监事,中国籍,本科。现任英属维尔京群岛第五汽车有限公司投资事业部部长。

武利亚女士,54岁,本公司监事,中国籍,本科。曾任北京市公用局处长、副局长等职。现任北京市燃气集团有限责任公司董事、总经理。

李志发先生,39岁,本公司监事,中国籍,本科。曾任河北凌云机械厂技术处副处长等职,现任公司产品工程部经理。

陈宝军先生,45岁,本公司职工监事,中国籍,专科。曾任河北凌云机械厂保卫科科长等职。现任公司人事经理部经理。

3、其它高级管理人员

夏鑫玉先生,39岁,本公司副总经理,中国籍,本科。曾任大连宏安会计师事务所副所长等职。现兼任高登国际(香港)投资有限公司总经理。

信虎峰先生,40岁,本公司副总经理,中国籍,本科。曾任德尔福沙基诺凌云驱动轴有限公司中方副总经理等职。

于计俊先生,42岁,本公司负责技术的副总经理,中国籍,本科,高级工程师。曾任涿州亚大技术开发部经理等职。

史建升先生,48岁,本公司副总经理,中国籍,专科。曾任河北凌云机械厂党委副书记兼纪委书记等职。

石三棉女士,51岁,本公司财务负责人,中国籍,专科。曾任河北凌云机械厂财务处处长等职。

张建华先生,37岁,本公司董事会秘书,中国籍,本科,工程师。曾任河北凌云工业集团有限公司财务处副处长等职。

4、核心技术人员

李志发先生,见公司监事基本情况介绍。

刘永昌先生,38岁,中国籍,高级工程师,本科。现任产品工程部工程师。

赵海深先生,37岁,中国籍,高级工程师,本科,现任亚大塑料制品有限公司技术部经理。

卢培丰先生,34岁,中国籍,工程师,本科,现为亚大塑料制品有限公司技术部模具开发工程师。

第七节　同业竞争与关联交易

一、同业竞争情况

本公司控股股东凌云集团主要经营摩托车箱体件的生产,与本公司及其子公司产品具有不同的用途,相互之间不存在替代性,不与本公司构成同业竞争。本公司第二大股东英属维尔京群岛第五汽车有限公司除作为本公司股东外,无其他业务,与本公司不存在竞争关系。凌云集团已出具了避免同业竞争承诺函。

二、关联交易情况

(一)关联方与关联关系

本公司目前存在的关联方及关联关系请查阅刊登于上海证券交易所网站(www.sse.com.cn)的本公司招股说明书全文及附录。

(二)主要关联交易

1、关联交易内容

(1)综合服务:本公司、本公司子公司涿州亚大分别与凌云集团签订《综合服务协议》,约定向凌云集团采购水、电、蒸汽等,占同类产品交易比例为100%;约定凌云集团向本公司以及涿州亚大提供医疗保健服务、通讯服务、托幼服务及学校教育。

(2)商标使用许可:本公司许可凌云集团摩托车箱体分公司、德尔福公司无偿使用"凌云"商标。

(3)土地使用权租赁:本公司子公司涿州亚大向凌云集团租赁面积为15,920平方米土地使用权,土地使用年限为20年,租金为每年每平方米10元。

(4)房屋租赁:本公司子公司涿州亚大与凌云集团签订了《房屋租赁协议》,租用凌云集团的房屋的建筑面积为1,410.34平方米,租赁价格为每年每平方米200元。

(5)贷款担保:截至2003年5月31日,凌云集团为本公司向银行担保借款8,800万元。本公司与中国民生银行石家庄分行于2003年5月9日签定编号为(2003)(石分综)字(0509)号综合授信合同,获取1亿元贷款额度,该综合授信合同由凌云集团提供担保,目前本公司已在该额度内从民生银行石家庄分行获得贷款6,000万元。

(6)股权置换

2000年8月,本公司前身零部件公司与凌云集团进行股权置换,由零部件公司将其持有的德尔福公司40%的股权转让给凌云集团;同时,凌云集团将其持有的涿州亚大50%的股权、上海亚大30%的股权、长春亚大25%的股权转让给零部件公司。申报会计师认为本次置换按照《企业会计准则-非货币性交易》的有关规定进行了帐务处理。

第八节　财务会计信息

本公司截止2003年5月31日的财务会计资料,已于2003年7月28日在《中国证券报》、《中国证券报》、《上海证券报》、《证券时报》、《证券日报》刊登的《招股说明书摘要》中进行了披露,投资者欲了解详情内容,请查阅上述报纸或刊登在上海证券交易所网站(http://www.sse.com.cn)的本公司招股说明书全文。

一、注册会计师意见

公司全体股东委托利安达信隆会计师事务所有限责任公司审计了2000年12月31日、2001年12月31日、2002年12月31日、2003年5月31日母公司及合并资产负债表,2000年度、2001年度、2002年度、2003年1-5月母公司及合并利润及利润分配表以及2002年度、2003年1-5月母公司及合并现金流量表。利安达信隆会计师事务所有限责任公司出具了标准无保留意见的审计报告。

二、简要会计报表

1、发行人简要财务报表

简要合并资产负债表　　单位:元

资产	2003-5-31	2002-12-31
流动资产:		
货币资金	103,578,292.05	100,905,715.04
应收票据	36,930,268.53	25,764,215.78
应收帐款	218,678,545.07	192,949,796.90
其他应收款	11,793,246.75	5,464,708.38
预付帐款	24,624,305.85	18,713,162.33
存货	131,682,617.40	115,674,198.95
待摊费用	364,379.00	1,084.46
流动资产合计	527,651,654.65	459,472,881.84
长期投资		
长期股权投资	55,872,164.75	22,405,874.75
长期投资合计	55,872,164.75	22,405,874.75
固定资产		
固定资产原价	290,708,366.80	255,523,014.14
减:累计折旧	93,193,282.38	87,822,484.66
固定资产净值	197,515,084.42	167,700,529.48
固定资产净额	197,515,084.42	167,700,529.48
在建工程	4,742,857.13	28,269,415.80
固定资产合计	202,257,941.55	195,969,945.28
无形资产及其他资产		
无形资产	15,370,214.61	15,527,112.11
长期待摊费用	10,584,346.13	11,121,305.27
无形资产及其他资产合计	25,954,560.74	26,648,417.38
资产总计	811,736,321.69	704,497,119.25
流动负债		
短期借款	231,200,000.00	151,200,000.00
应付票据	645,673.74	1,508,750.00
应付帐款	62,366,350.29	57,927,527.78
预收帐款	6,337,086.54	8,576,540.40
应付工资	792,780.00	2,683,392.00
应付福利费	4,895,750.02	4,367,790.32
应付股利	120,066,521.79	125,966,521.79
应交税金	37,888,403.98	30,111,884.81
其他应交款	1,145.45	1,684.59
其他应付款	12,968,245.46	13,225,188.19
预提费用	3,371,840.01	1,945,503.19
一年内到期的长期负债	28,000,000.00	-
流动负债合计	508,533,797.28	397,514,783.07
长期负债		
长期借款	-	28,000,000.00
长期应付款	3,103,947.77	3,621,272.40

专项应付款	100,000.00	100,000.00
长期负债合计	3,203,947.77	31,721,272.40
负债合计	511,737,745.05	429,236,055.47
少数股东权益	102,474,312.41	89,506,229.33
股东权益		
股本	172,000,000.00	172,000,000.00
股本净额	172,000,000.00	172,000,000.00
资本公积	-	-
盈余公积	12,899,330.45	12,899,330.45
其中:法定公益金	4,336,260.30	4,336,260.30
未分配利润	12,624,933.78	855,504.00
股东权益合计	197,524,264.23	185,754,834.45
负债及股东权益总计	811,736,321.69	704,497,119.25

资产	2001-12-31	2000-12-31
流动资产:		
货币资金	61,234,822.51	51,589,340.18
应收票据	60,322,052.33	31,161,097.40
应收帐款	145,040,892.67	132,967,507.27
其他应收款	4,279,211.39	2,872,261.92
预付帐款	24,246,924.05	11,117,683.83
存货	107,896,084.56	70,851,864.71
待摊费用	385,292.74	110,174.69
流动资产合计	403,405,280.25	300,669,930.00
长期投资		
长期股权投资	25,328,378.75	28,250,883.55
长期投资合计	25,328,378.75	28,250,883.55
固定资产		
固定资产原价	212,637,882.87	179,413,891.33
减:累计折旧	71,039,902.16	57,270,670.28
固定资产净值	141,597,980.71	122,143,221.05
固定资产净额	141,597,980.71	122,143,221.05
在建工程	3,771,077.02	2,887,302.66
固定资产合计	145,369,057.73	125,030,523.71
无形资产及其他资产		
无形资产	15,903,666.11	16,280,220.11
长期待摊费用	5,036,813.37	4,576,915.12
无形资产及其他资产合计	20,940,479.48	20,857,135.23
资产总计	595,043,196.21	474,808,472.49
流动负债		
短期借款	125,200,000.00	96,200,000.00
应付票据	2,032,500.00	-
应付帐款	60,317,758.37	29,250,687.36
预收帐款	4,513,647.22	1,895,124.44
应付工资	490,538.00	1,196,936.40
应付福利费	1,887,146.04	5,088,262.10
应付股利	75,573,648.46	66,925,989.71
应交税金	24,739,645.95	23,042,397.53
其他应交款	-	
其他应付款	10,028,857.46	12,441,576.03
预提费用	1,270,105.15	1,924,786.74
一年内到期的长期负债	-	-
流动负债合计	306,053,846.65	237,965,760.31
长期负债		
长期借款	28,000,000.00	-
长期应付款	5,460,767.39	1,697,027.53
专项应付款	-	-
长期负债合计	33,460,767.39	1,697,027.53
负债合计	339,514,614.04	239,662,787.84
少数股东权益	74,876,418.41	60,889,624.46
股东权益		
股本	172,000,000.00	172,000,000.00
股本净额	172,000,000.00	172,000,000.00
资本公积		
盈余公积	7,109,052.89	2,650,166.63
其中:法定公益金	2,406,167.78	919,872.36
未分配利润	1,543,110.87	-394,106.44
股东权益合计	180,652,163.76	174,256,060.19
负债及股东权益总计	595,043,196.21	474,808,472.49

简要合并利润表　　单位:元

项目	2003 年 1-5 月	2002 年度
一、主营业务收入	215,947,980.36	499,148,996.51
减:主营业务成本	139,917,086.31	305,342,768.89
主营业务税金及附加	23,157.81	55,332.91
二、主营业务利润	76,007,736.24	193,750,894.71
加:其他业务利润	1,062,122.06	895,298.13
减:营业费用	17,621,380.86	35,767,928.13
管理费用	16,838,408.25	34,847,936.81
财务费用	4,255,899.71	11,164,865.06
三、营业利润	38,354,169.48	112,865,462.84
加:投资收益	-1,217,710.00	-2,922,504.00
补贴收入	201,000.00	80,000.00
营业外收入	77,736.81	270,689.72
减:营业外支出	184,450.29	803,333.29
四、利润总额	37,230,746.00	109,490,315.27
减:所得税	11,937,639.14	30,272,168.30
少数股东本期损益	12,968,083.08	37,188,137.12
五、净利润	12,325,023.78	42,030,009.85

项目	2001 年度	2000 年度
一、主营业务收入	387,116,660.98	174,405,209.31
减:主营业务成本	241,031,482.55	110,494,078.42
主营业务税金及附加	44,772.55	-
二、主营业务利润	146,040,405.88	63,911,130.89
加:其他业务利润	1,407,751.79	2,668,753.46
减:营业费用	29,123,546.59	10,504,348.81
管理费用	26,089,779.07	12,809,337.83
财务费用	7,269,752.89	3,027,012.04
三、营业利润	84,965,079.12	40,239,185.67
加:投资收益	-2,922,504.80	-524,507.87
补贴收入	-	-
营业外收入	99,656.43	113,465.87
减:营业外支出	1,318,365.74	385,248.97
四、利润总额	80,823,865.01	39,442,894.70
减:所得税	21,601,867.46	10,542,473.19
少数股东本期损益	29,365,602.75	9,636,265.75
五、净利润	29,856,394.80	19,264,155.76

简要合并现金流量表　　单位:元

项目	2003 年 1-5 月	2002 年度
经营活动产生的现金流量净额	-24,800,452.02	99,559,482.71
投资活动产生的现金流量净额	-43,408,103.20	-67,562,020.44
筹资活动产生的现金流量净额	70,881,132.23	7,673,430.26
现金及现金等价物净增加额	2,672,577.01	39,670,892.53

三、主要财务指标

以下财务指标中，除资产负债率为母公司报表口径外，均以合并财务报告数据为基础进行计算。

项目	2003 年 1-5 月	2002 年度	2001 年度	2000 年度
流动比率	1.04	1.16	1.32	1.26
速动比率	0.78	0.86	0.97	0.97
应收账款周转率	0.98	2.75	2.60	1.80
存货周转率	1.11	2.71	2.70	2.53
资产负债率(母公司)	54.77%	45.80%	40.52%	32.52%
扣除非常性损益后净资产收益率(全面摊薄)	6.26	23.25	16.74	11.22
每股净资产(元/股)	1.15	1.08	1.05	1.01
每股收益	0.07	0.24	0.17	0.11
每股经营活动的现金净流量	-0.14	0.58		
每股净现金流量(元)	0.015	0.23		

第九节　其他重要事项

一、自本公司股票首次公开发行之日至本上市公告书公告之日，本公司严格依照现行有关法律、法规的规定规范运行，生产经营情况正常，本公司所处行业和市场无重大变化，主要业务发展目标的进展状况正常，主要投入、产出物供求及价格无重大变化；

二、自本公司股票首次公开发行之日至本上市公告书公告之日，本公司没有进行重大对外投资，无重大资产(股权)收购、出售行为；

三、自本公司股票首次公开发行之日至本上市公告书公告之日，本公司重大会计政策和会计师事务所没有发生变化；

四、本公司未涉及任何重大诉讼、仲裁或行政处罚案件，并且董事会认为本公司未面临任何重大影响的诉讼和索赔要求；

五、自本公司股票首次公开发行之日至本上市公告书公告之日，本公司董事、监事和高级管理人员未受到任何刑事起诉，亦没有尚未了结或可能发生的刑事诉讼事项；

六、自本公司股票首次公开发行之日至本上市公告书公告之日，本公司住所未变更；本公司未发生新的重大负债，并且重大债项未发生变化。

七、根据《上海证券交易所股票上市规则》，本公司第一大股东凌云工业集团有限公司承诺，自本公司股票上市之日起 12 个月内，不转让其所持有的本公司股份，也不由本公司回购其持有的本公司股份。

八、本公司股票首次公开发行至本上市公告书公告之日，没有其他应披露而未披露之重大事项。

第十节　董事会上市承诺

本公司董事会将严格遵守《中华人民共和国公司法》、《中华人民共和国证券法》、《股票发行与交易管理暂行条例》、《公开发行股票公司信息披露实施细则》和《上海证券交易所股票上市规则》等国家相关法律、法规和有关规定，并自股票上市之日起做到：

1、真实、准确、完整、公允和及时地公布定期报告，披露所有对投资者有重大影响的信息，并接受中国证监会、证券交易所的监督管理；

2、本公司在知悉可能对股票价格产生误导性影响的任何公共传播媒介中出现的消息后，将及时予以公开澄清；

3、本公司董事、监事、高级管理人员和核心技术人员将认真听取社会公众的意见和批评，不利用已获得的内幕消息和其他不正当手段直接或间接从事发行人股票的买卖活动；

4、本公司没有无记录的负债。

第十一节　上市推荐人及其意见

一、上市推荐人

1、上市推荐人：华安证券有限责任公司

法定代表人：汪永平

地址：安徽省合肥市阜南路 166 号润安大厦

电话：(0551)5161657　　传真：(0551)5161659

联系人：皮文辉、江成祺、方书品、孙萍

2、上市推荐人：东北证券有限责任公司

法定代表人：李树

地址：吉林省长春市人民大街 138-1 号 19 层

电话：010-68573830　　传真：010-68573829

联系人：田树春

二、上市推荐人意见

本公司上市推荐人认为，发行人章程符合《中华人民共和国公司法》等有关法律、法规和中国证监会关于公司章程的相关规定；发行人本次股票发行完全符合《中华人民共和国公司法》、《中华人民共和国证券法》、《股票发行与交易管理暂行条例》、《上海证券交易所股票上市规则》等国家有关法律、法规的规定，已具备了上市条件；发行人董事了解法律、法规、上海证券交易所上市规则及股票上市协议规定的董事的义务与责任；发行人建立健全了法人治理结构，制定了严格的信息披露制度与保密制度。

上市推荐人已对上市文件所载的资料进行了核实，确保上市文件真实、准确、完整，符合规定要求，保证发行人的上市申请材料、上市公告书没有虚假、严重误导性陈述或者重大遗漏，并保证对其承担连带责任。上市推荐人与发行人不存在关联关系。上市推荐人愿意推荐发行人股票在上海证券交易所上市交易，并保证不利用在上市过程中获得的内幕信息进行内幕交易，为自己或他人谋取利益。

江苏双良空调设备股份有限公司

江苏双良空调设备股份有限公司股票上市公告书

第一节 重要声明与提示

江苏双良空调设备股份有限公司(以下简称"本公司"、"公司"或"发行人")董事会保证上市公告书的真实性、准确性、完整性,全体董事承诺上市公告书不存在虚假记载、误导性陈述或重大遗漏,并承担个别和连带的法律责任。

根据《中华人民共和国公司法》、《中华人民共和国证券法》等有关法律、法规的规定,本公司董事、高级管理人员已依法履行诚信和勤勉尽责的义务和责任。

证券交易所、中国证监会、其他政府机关对本公司股票上市及有关事项的意见,均不表明对本公司的任何保证。

本公司提醒广大投资者注意:凡本上市公告书未涉及的有关内容,请投资者查阅2003年4月2日刊载于《中国证券报》、《上海证券报》、《证券时报》的本公司招股说明书摘要及刊载于上海证券交易所网站(www.sse.com.cn)的本公司招股说明书全文。

第二节 概览

1、股票简称:双良股份

2、沪市股票代码:600481

3、深市代理股票代码:003481

4、总股本:30,600万股

5、可流通股本:8,000万股

6、本次上市流通股本:8,000万股

7、对首次公开发行股票前股东所持股份的流通限制及期限

根据国家现有法律、法规规定和中国证券监督管理委员会《关于核准江苏双良空调设备股份有限公司公开发行股票的通知》(证监发行字[2003]30号),本公司全部5位发起人股东所持有的股份暂不上市流通。

8、上市地点:上海证券交易所

9、上市时间:2003年4月22日

10、股份登记机构:中国证券登记结算有限责任公司上海分公司

11、上市推荐人:国泰君安证券股份有限公司

12、根据《上海证券交易所股票上市规则》,本公司第一大股东江苏双良集团有限公司承诺:自本公司股票上市之日起12个月内,不转让其持有的本公司的股份;同时也不由本公司回购其所持有的发起人股份。

第三节 绪言

本公司上市公告书是根据《中华人民共和国公司法》、《中华人民共和国证券法》、《股票发行与交易管理暂行条例》、《公开发行股票公司信息披露实施细则》和《上海证券交易所股票上市规则》等国家有关法律、法规的规定,并按照中国证券监督管理委员会制定的《公开发行证券的公司信息披露内容与格式准则第7号-股票上市公告书》而编制,旨在向投资者提供本公司的基本情况和本次股票上市的有关资料。

经中国证券监督管理委员会证监发行字[2003]30号文核准,本公司已于2003年4月7日采用全部向二级市场投资者定价配售的方式成功发行了每股面值1.00元的人民币普通股(A股)8,000万股,每股发行价为7.24元。

经上海证券交易所上证上字[2003]29号《上市通知书》批准,本公司公开发行的8,000万股社会公众股将于2003年4月22日起在上海证券交易所挂牌交易。股票简称为"双良股份",沪市股票代码为600481。

本公司已于2003年4月2日分别在《中国证券报》、《上海证券报》及《证券时报》上刊登了《招股说明书摘要》。招股说明书正文及其附录可以在上海证券交易所网站(www.sse.com.cn)查阅。上述内容刊登距今不足三个月,故与其重复的内容不再重述,敬请投资者查阅。

第四节 公司概况

一、本公司基本情况

公司中文名称:江苏双良空调设备股份有限公司

英文名称:Jiangsu Shuangliang Air-conditioning Equipment Co., Ltd.

注册资本:30,600万元

法定代表人:缪志强

设立日期:1995年10月5日

注册地址:江苏省江阴市利港镇

邮政编码: 214444

联系电话:0510-6632358

传真号码:0510-6632307

互联网网址:Http://www. Shuangliang.com

电子信箱:Wangxs@ Shuangliang.com

董事会秘书:王晓松

所属行业:机械行业

二、本公司历史沿革

江苏双良空调设备股份有限公司是经中华人民共和国对外贸易经济合作部于2000年11月30日批准,由江苏双良空调设备有限公司整体变更而成的外商投资股份有限公司。其历史沿革如下:

1995年10月4日,江苏双良特灵溴化锂制冷机有限公司经江苏省江阴市外经委(澄外经贸字[1995]112号文)批复同意设立,同日获得江苏省人民政府(外经贸苏府资字[1995]23912号)批准证书,注册资本为11,856,863.00美元。出资方为江苏双良集团公司和美标空调产品有限公司(外资),出资比例分别为48%和52%。公司的经营范围为生产销售空调产品及其零配件。

1997年2月3日,江苏双良特灵溴化锂制冷机有限公司经江苏省江阴市外经委(澄外经管字[1997]30号文)批复同意,并获得江苏省人民政府(外经贸苏府资字[1995]23912号)批准证书,原有股东江苏双良集团公司和美标空调产品有限公司(外资)同比例增资,公司的注册资本增加到23,194,248.00美元。

2000年4月10日,江苏双良特灵溴化锂制冷机有限公司经江苏省江阴市外经委(澄外经管字[2000]82号文)批复同意,并于同日重新获得江苏省人民政府(外经贸苏府资字[1995]S23912号)批准证书,江苏双良集团有限公司和香港STAR BOARD LIMITED(外资)分别受让美标空调产品有限公司(外资)所持有江苏双良特灵溴化锂制冷机有限公司27%和25%的权益,同时将"江苏双良特灵溴化锂制冷机有限公司"更名为"江苏双良空调设备有限公司"。

2000年8月22日,江苏双良空调设备有限公司经江苏省江阴市外经委(澄外经管字[2000]184号文)批复同意,并于同日重新获得江苏省人民政府(外经贸苏府资字[1995]S23912号)批准证书,香港STAR BOARD LIMITED、江苏双良科技有限公司、江苏双良停车设备有限公司和江苏澄利投资咨询有限公司分别受让江苏双良集团有限公司10%、2%、2%和1%的权益。变更后,江苏双良集团有限公司、香港STAR BOARD LIMITED、江苏双良科技有限公司、江苏双良停车设备有限公司和江苏澄利投资咨询有限公司的出资比例分别为60%、35%、2%、2%和1%。

2000年11月30日,江苏双良空调设备有限公司经对外贸易经济合作部([2000]外经贸资二函字第973号文)批准,整体变更为外商投资股份有限公司,即"江苏双良空调设备股份有限公司"。2000年12月20日,本公司经国家工商行政管理局核准登记注册设立。

经中国证券监督管理委员会证监发行字[2003]30号文核准,本公司于2003年4月7日采用全部向二级市场投资者定价配售的方式成功发行了每股面值1.00元的人民币普通股8,000万股,每股发行价为7.24元。本次发行完成后,本公司的总股本为30,600万股。本公司承诺于2003年5月21日前在工商行政管理部门完成工商变更注册登记。

三、本公司主要经营情况

1、本公司经营范围及主营业务

本公司经营范围为空调产品及其零部件的制造,销售本企业自产产品。

本公司主营业务是中央空调及其相关产品的制造和销售。

2、本公司主要技术

(1)产品技术

1)整体结构和系统流程技术

"溴化锂溶液串联流程、冷却水并联流程、冷剂水自动平衡装置技术、冷剂泵自保护系统技术、冷却水节水与节能技术、高压发生器技术、防结冰技术、防结晶技术和热泵系统"等专利技术,确保了机组运行的高效率和高可靠性,使机组的整体性能达到了世界先进水平,部分性能已达到了世界领先。

2)高气密性维持技术

本公司产品配置有高性能自动抽气系统和自动监控系统。自动抽气系统在机组运行过程中能自动将机内不凝性气体抽出并储存在储气筒内,自动监控系统连续监视储气筒内的气体压力,它们与氦质谱检漏仪的机组本体一起,使整机气密性达到国际最高水平。不需经常启动真空泵抽气,机内就能一直保持真空,可以保证机组最大出力,延长使用寿命。

3)冷却水泵变频控制技术

用户仅需配备一台与冷却水泵功率相匹配的变频器,即可由机组控制系统通过该变频器来控制冷却水泵的运转,调节冷却水量。不仅可以为用户节省大量的电力,还可使机组能适应更低的冷却水温度,并使机组在冷却水低温时也能满负荷稳定运行。

4)自动控制系统技术

控制系统采用先进的PID控制技术和触摸屏液晶显示,以文字、数字及图表方式显示运转状态和运转数据,使操作人员能了解机组的运行状态,并可查阅机组以往的运行状态,便于及时采取必要的措施。

(2)生产管理技术:

1)DFM生产管理模式及作业手段

DFM(Demand Flow Manufacturing)是一种基于产品的制造流程,将物料拉入产品的加工过程并及时满足客户需求的高级制造技术。通过应用DFM,使生产线按"客户"需求组织生产,可削除生产过程中各种浪费,实现各种资源的最佳配置,大大地缩短了产品的生产制造周期。与原有制造流程相比,可实现交货期从90天缩短到15天,空间节省25%-35%,生产率提高了15-25%,在制品减少70%,次品减少40%,库存周转次数可达到15次。

2)质量控制技术

公司在质量控制体系中,采用了高精度数控加工设备,可保证部件的加工精度;采用了先进的焊接方法和焊接设备,可保证机组的焊接质量;并且,所有出厂机组都经过氦质谱检漏仪严格检漏,整机泄漏率达 1×10-10Pa.m3 /s,比日本工业标准JIS/B 8622-1994规定的泄漏率指标 (2.03×10-6 Pa.m3 /s)还小三个数量级,确保了机组的高气密性。

4、影响本公司中央空调制造行业发展的有利和不利因素

(1)有利因素:

1)产业政策支持

高效、环保、节能型中央空调主机受到政府产业政策的支持。1997年12月,国家科委颁布《国家高新技术产品目录》,将新型高效压缩机和高效制冷机列入其中,以鼓励其发展。2001年8月,国家海关总署发布了《中国高新技术产品出口目录》,鼓励高效制冷机和溴化锂制冷机的出口。对中央空调行业有较大影响的产业有房地产业和能源业,房地产业是中央空调运用的重要领域之一,而能源供应及价格的变化会对中央空调需求产生直接影响。

2)技术进步

作为大型机电产品,中央空调主机的使用寿命一般在20年左右。对于老用户而言,更换中央空调主机不仅可能带来重大经济损失,而且还可能导致对原建筑物结构的破坏,因此中央空调用户一般不会轻易更换正常使用中的中央空调主机,除非新产品有极为突出的性能特征,如高得多的COP,并且采用新机型所产生的利益足以弥补淘汰旧机器所造成的损失。但是,对于新用户而言,性能更先进,使用更方便的新机型将会更有竞争力。因此,在市场竞争的机制下,行业内的技术水平将得以不断进步。经过近二十年的发展,我国部分中央空调产品如吸收式溴冷机已具有国际自主知识产权,技术上达到国际领先水平。

3)社会购买力不断增强

在全球范围内,我国经济一枝独秀,国民经济呈连续稳步增长趋势,社会购买力及消费潜力亦成为众所周知的全球亮点,蓄积了雄厚的集团购买力。在未来的若干年内,中国仍将是世界上经济增长最快的国家之一,中国的整体经济实力必将进一步增强。

4)对中央空调消费需求的增长

随着工业工艺质量的严格要求和人们对生活、工作环境舒适性要求的不断提高,国内对中央空调的需求量也将稳定增长。目前中央空调除在原有工业领域和商用领域外,已开始运用于住宅小区,实现集中供热供冷。此外,中央空调在技术上完全可以满足小型化和小制冷量的要求,从而在家用消费领域存在扩大的趋势。

(2)不利因素

国内的主体竞争格局是以包括本公司在内的少数国内中央空调制造厂商与国际中央空调制造厂商之间的竞争。目前国际著名中央空调制造厂商在中国都设有合资或独资企业,生产和销售各自品牌的中央空调产品,他们不断增加对中国中央空调市场的投入,将会给中国国内中央空调市场带来一定的冲击。在此格局内,还存在部分国内不规范企业通过仿制专利技术或设计,施行低质低价竞争,严重影响技术先进企业的质量提高、技术进步和科研投入,非常不利于行业内的公平竞争与技术进步。

5、本公司自身的竞争优势

(1)主导产品市场优势

追溯本公司制造第一台溴冷机至今已有18年,本公司在我国中央空调制造领域具有非常悠久的历史和丰富的经验,并占有了领先的市场地位和良好的市场形象。本公司现阶段主导产品中的溴化锂吸收式制冷机,具有国际先进的独立知识产权,可以涵盖各种型号和规格,同时还是国内唯一

拥有吸收式热泵机组技术的企业。

(2)技术与人才优势

1993-1996年,受原机械工业部委托,本公司及本公司的前身曾负责起草JB/T7247-94溴化锂吸收式冷水机组、JB/T8055-96直燃型溴化锂吸收式冷(热)水机组、JB8656-97溴化锂吸收式冷(热)水机组安全要求等三项部颁标准。2001年本公司受国家质量技术监督局委托,负责起草了GB/T18431-2001蒸汽和热水型溴化锂吸收式冷水机组国家标准,并获得批准实施。

本公司目前部分主要产品如蒸汽型和直燃型溴冷机产品的性能系数(COP)已分别达到1.33和1.325,处于国际领先水平。此外,本公司溴冷机产品还在整机气密性、溴化锂溶液低温防结晶、高效换热及网络化远程监控等技术上处于国际先进水平。本公司的DFM生产管理技术,确保了本公司产品在品质、成本及交货期等方面的竞争力。本公司目前已拥有39项国家专利,另有5项专利正在申请中。

本公司拥有多名国内一流中央空调专家,还拥有一批经过国际著名中央空调制造厂商--美国特灵多年培训的高级技术及管理人才,并聘请了多名行业专家为技术顾问。本公司目前24.17%的员工具有大专以上文化程度,另外本公司还拥有最重要和最有价值的财富--经十多年中央空调制造而培养出来的大量富有经验的和非常敬业的技术工人。

(3)品牌与网络优势

本公司生产的"双良"品牌溴冷机产品两次获得国家级新产品证书,并于1998年获全国质量统一监检抽样检测产品质量优秀表彰证书(国家机械工业局),2000年获得全国用户满意产品表彰证书(中国质量管理协会)。目前,"双良"商标为中国驰名商标,且"双良"品牌已成为国内中央空调著名品牌。

本公司拥有完善快速的智能化销售及售后服务网络,为本公司开拓市场提供了有力的保障。本公司已在全国范围内建立了33个销售及售后服务网点,拥有364名专职销售及售后服务工程师,为全国各地的客户提供中央空调解决方案和产品售后服务,为本公司的业务开展奠定了坚实的基础。

第五节 股票发行与股本结构

一、本公司本次股票上市前首次公开发行股票的情况

股票种类:境内上市人民币普通股(A股)

每股面值:人民币1.00元

发行数量:8,000万股

发行价格:7.24元/股

发行市盈率:20倍

募股资金总额:57,920万元

实际募集资金净额:553,805,581.88元

发行方式:全部向二级市场投资者定价配售

发行对象:于2003年4月2日持有上海证券交易所或深圳证券交易所已上市流通的人民币普通(A股)股票(以下简称"流通股票")的收盘市值总和(包括可流通但暂时锁定的股份市值)不少于10,000元的投资者。

发行费用:本次发行费用总额为25,394,418.12元,包括承销费用、审计费用、律师费用、上市推荐费、上网发行手续费用、路演推介费、审核费。

每股发行费用:0.317元

二、本公司本次股票上市前首次公开发行股票的承销情况

本公司本次公开发行人民币普通股(A股)8,000万股的配号总数为78,799,595,中签率为0.10152336%。其中,二级市场投资者认购79,258,804股,其余741,196股由主承销商包销。

三、本公司本次上市前首次公开发行股票所募股资金的验资报告

验资报告

天衡验字[2003]16号

江苏双良空调设备股份有限公司全体股东:

我们接受委托,审验了贵公司截至2003年4月11日止新增注册资本的实收情况。按照国家相关法律、法规的规定和协议章程的要求出资,提供真实、合法、完整的验资资料,保护资产的安全、完整是全体股东和贵公司的责任。我们的责任是对贵公司新增注册资本的实收情况发表审验意见。我们的审验是依据《独立审计实务公告第1号-验资》进行的。在审验过程中,我们结合贵公司的实际情况,实施了检查等必要的审验程序。

贵公司原注册资本为人民币22,600万元,根据贵公司2001年度股东大会决议和修改后的章程规定,贵公司申请向社会公开发行人民币普通股(A股)8000万股,增加注册资本8,000万元,变更后的注册资本为人民币30,600万元。经中国证券监督管理委员会证监发行字[2003]30号文"关于核准江苏双良空调设备股份有限公司公开发行股票的通知"核准,贵公司于2003年4月7日公开发行8,000万股人民币普通股,每股面值1.00元,每股发行价7.24元。根据我们的审验,截至2003年4月11日止,贵公司已发行人民币普通股8,000万股,募集资金总额为人民币579,200,000.00元,扣除发行费用25,394,418.12元,实际募集资金净额553,805,581.88元,其中新增注册资本人民币80,000,000.00元,资本公积人民币473,805,581.88元。

同时我们注意到,贵公司本次增资前的注册资本为人民币22,600万元,已经江苏天衡会计师事务所有限公司审验,并于2000年12月6日出具天衡验字[2000]60号验资报告。截至2003年4月11日止,公司变更后的累计注册资本实收金额为人民币30,600万元。

本验资报告仅供贵公司申请变更登记及据以向股东签发出资证明时使用,不应将其视为是对贵公司验资报告日后资本保全、偿债能力和持续经营能力等的保证。因使用不当造成的后果,与执行本验资业务的注册会计师及会计师事务所无关。

江苏天衡会计师事务所有限公司　　中国注册会计师:狄云龙

2003年4月11日　　中国注册会计师:汤加全

四、本公司本次上市前首次公开发行股票所募股资金入账情况

入帐时间:2003年4月11日

入帐金额:558,615,581.88元

银行账号:2631061188

收款银行:中国建设银行无锡市利港电厂支行

五、本公司本次股票上市前股权结构和股东持股情况

1、本公司本次股票上市前的股权结构

股份类型	持股数量(万股)	占总股本比例(%)
发起人股	22,600	73.86
社会公众股	8,000	26.14
股份总额	30,600	100.00

2、本次股票上市前,本公司前十名股东持股数量及占总股本的比例

序号	股东名称	持股数量(万股)	占总股本比例(%)
1	江苏双良集团有限公司	13,560.00	44.31
2	香港STAR BOARD LIMITED	7,910.00	25.85
3	江苏双良科技有限公司	452.00	1.48
4	江苏双良停车设备有限公司	452.00	1.48
5	江苏澄利投资咨询有限公司	226.00	0.74
6	国泰君安证券股份有限公司	82.51	0.27
7	银丰证券投资基金	13.50	0.04
8	国信证券有限责任公司	11.40	0.04
9	普惠证券投资基金	9.60	0.03
10	久嘉证券投资基金	9.60	0.03

第六节 董事、监事、高级管理人员及核心技术人员

一、董事、监事、高级管理人员及核心技术人员简介

1、董事

缪志强先生　公司董事长,男,现年36岁,工程师,中专学历,现攻读上海社科院工商管理MBA硕士研究生课程。1987年进入江阴市溴冷机厂,从事溴化锂空调的设计研究工作及售后服务工作,对溴化锂制冷机的设计、制造、调试有较丰富的经验,主持开发溴化锂产品多年,荣获国家、省市证书多次。其间参加国家经贸委清华远程教育等多次培训。曾任江苏双良停车设备公司副总经理。

朱宏清先生　公司副董事长,男,现年32岁,本科学历,工程师。1993年毕业于浙江大学制冷工程和低温技术专业,获工学士学位。历任江苏双良特灵溴化锂制冷机有限公司、江苏双良空调设备有限公司产品设计部、行销部及技术转移、外销等项目小组负责人、总经理助理。在溴冷机行业管理、技术和市场方面具有丰富经验。曾在美国特灵公司受训。

缪双大先生　公司董事,男,现年52岁,1983年创立江阴溴冷机厂,为江苏双良集团公司主要创办人。现任江苏双良集团公司董事长兼总裁。负责集团整体管理和制定公司政策及策略。在中国机械行业拥有逾18年的管理及营运经验。

李文龙先生　公司董事,男,现年39岁,江苏双良集团公司共同创办人。1981年毕业于江苏常州财经学校,主修会计。历任中国建设银行无锡利港电厂专业支行副行长、江苏双良集团公司副总裁。负责集团公司的财务管理。在中国的机械行业拥有逾8年的管理经验。

马培林先生　公司董事兼财务经理,男,现年37岁,本科学历。1990年毕业于内蒙古财经学院,获经济学学士学位,1995年-1997年苏州大学经济学院财务与会计研究生班毕业。1992年9月加入江苏双良集团公司,历任江苏双良集团公司财务科长、江苏双良集团公司财务总监、江苏双良特灵溴化锂制冷机有限公司财务部经理、江苏双良空调设备有限公司财务部经理。

谭伟楠先生　公司董事,男,现年43岁,香港籍,曾任亚洲旅行社董事兼经理,现任(英属维尔京群岛)MAGASTAND COMPANY INC董事、香港STAR BOARD LIMITED董事等。

张洪发先生　公司独立董事,男,现年39岁,本科学历,高级会计师,注册会计师(具有证券从业资格)。1986年至1993年任教于江苏省广播电视大学讲授财务会计、管理会计、财务管理等;1993年至1998年在江苏省会计师事务所历任项目经理、主审、部门经理等职;1998年至今,在江苏省注册会计师协会从事管理工作,现任江苏省注册会计师协会监管部主任。

樊高定先生　公司独立董事,男,现年54岁,本科学历,教授级高级工程师(制冷空调工程专业)。1977年参加工作以来,一直从事制冷空调的研究工作,现任合肥通用机械研究所所长,兼任全国冷冻设备标准化委员会主任委员,中国机械工程学会常务理事,中国机械工程学会流体机械学会理事长,中国制冷空调工业协会付理事长,中国制冷学会理事,国际制冷学会B2委员会委员,浙江大学及浙江工业大学兼职教授。2000年被评为享受国家特殊津贴待遇。

关　伟先生　公司独立董事,男,现年41岁,经济学硕士,副教授。现任中国人民大学财政金融学院金融系副教授、中国人民大学保险研究会会长。

2、监事

牛福元先生　公司监事会主席,男,现年35岁,本科学历。1990年毕业于内蒙古财经学院经济管理系,经济学学士。历任广东东莞某外资企业财务课课长、管理部经理、广东东莞某工厂副厂长、江苏双良集团公司审计部经理。

李志浩先生　公司监事,男,现年73岁,高级工程师、教授。1952年8月毕业于浙江大学机械系,1956年至1958年在哈尔滨工业大学进修,之后一直在一机部第六设计研究院和南京建筑工程学院工作,长期从事暖通空调制冷工程设计、研究与教学工作。1985年参加了编写国家科技规划中的室内高精度环境条件部分。现任南京建工学院教授、设计院副总工程师,并兼任东南大学、南京师范大学和解放军理工大学工程兵工程学院兼职教授、美国采暖制冷空调工程师学会会员、中国制冷学会空调委员会副主任兼空调学组组长、江苏省制冷学会副理事长、江苏省土建学会理事暖通委员会副主任、江苏省电子学会洁净技术委员会副主任、《暖通空调》和《建筑热能通风空调》杂志编委、《江苏暖通空调制冷》和《江苏制冷空调》杂志主编,还曾兼任国际制冷学会第十六、十七届E1中方委员、江苏省第六、七届政协常委、南京市人大城建委委员、东南大学兼职博士后导师、西安交通大学兼职博士生导师。1992年被评为享受国家特殊津贴待遇,2000年被评为江苏省优秀科技工作者。

牟自健先生　公司监事,男,现年55岁,专科学历,经济师。1975年起历任江阴钢厂财务科科长、人事科科长、行政办主任、江阴市经济委员会企管科副科长、主任助理、江阴市南闸镇副镇长、江阴市信托投资公司总经理、江苏双良集团公司人力资源部经理。现任江阴联通实业有限公司副总经理。

刘电收先生　公司监事,男,现年45岁,本科学历,高级工程师。1983年毕业于太原重型机械学院,获工程机械专业学士学位。1983年至1994年就职于甘肃天水风动工具厂主持产品设计工作,1994年加入江苏双良集团公司,历任江苏双良特灵溴化锂制冷机有限公司、江苏双良空调设备有限公司产品设计部经理,在溴化锂制冷机产品设计上有丰富经验。

李华宝先生　公司监事,男,现年36岁,本科学历。1989年毕业于中国纺织大学机械系工程材料专业,学士学位。1989年就职于江阴纺织器材厂,在该厂先后担任电工、化验员、总检等职务,1992年起任职于江阴市溴冷机厂、江苏双良特灵溴化锂制冷机有限公司,历任江苏双良特灵溴化锂制冷机有限公司、江苏双良空调设备有限公司材料工程师和质量检部经理。在任职期间曾接受过管理、英语等相关培训,曾在美国特灵公司受训。在工程材料和失效分析方面有一定的专业水平。

3、高级管理人员

江荣方先生　公司总经理,男,现年54岁,高中学历,高级工程师。江苏双良集团有限公司创始人之一,自八三年起担任江阴市溴冷机厂副厂长,九三年以后担任江苏双良集团董事、副总经理,一九九五年起担任江苏双良特灵溴化锂制冷机有限公司董事、副总经理。在溴化锂制冷机技术方面有极为丰富的经验,是业内公认的行业专家与权威。

蔡小荣先生　公司副总经理,男,现年55岁,硕士研究生,高级工程师。毕业于上海交通大学,1982年获制冷工程硕士学位。1982年加入中船总公司第704研究所从事溴冷机及空调工程设计。1995年加入江苏双良特灵溴化锂制冷机有限公司,任设计部经理。主持开发成功直燃机、热水二段型等新型产品系列。在溴化锂制冷机等空调领域生产、技术方面有丰富经验。曾在美国特灵公司受训。

节连山先生　公司副总经理,男,现年40岁,本科学历,工程师。1985年毕业于内蒙古大学,获理学士学位。1995年加入江苏双良特灵溴化锂制冷机有限公司,任信息中心主任、销售总监。在经营和管理方面有丰富的经验。

马培林先生　简历同上。

王晓松先生　公司董事会秘书,男,现年40岁,硕士研究生。1992年毕业于华东师范大学经济系,并获经济学硕士学位。随后,加入中信实业银行南京分行,并出任上海证券交易所出市代表。1993年就职于中国农村发展信托投资公司江苏代表处,任投资银行处副处长。1997年加入日本日兴证券株式会社上海代表处,任副代表。1999年进入本公司。

4、核心技术人员

江荣方先生　简历同上。

蔡小荣先生　简历同上。

刘电收先生　简历同上。

徐金礼先生　公司电制冷部经理,男,42岁,本科学历,毕业于陕西工学院机械制造工艺及设备专业。84年进入陕西省宝鸡电机厂从事新产品开发及产品制造工艺工作,有两项国家实用新型专利;92加入江阴市溴冷机厂任工艺科长,从事溴化锂制冷机产品的制造工艺及生产线设计工作;1995年起在江苏特灵电制冷机有限公司任工程部经理,负责离心制冷机和螺杆制冷机的技术转移及生产线的设计及运行工作。曾在美国特灵公司受训。

张健先生　公司风盘技术部经理,男,32岁,本科学历,工程师。1993年6月毕业于武汉工业大学机械工程系机械设计与制造专业,毕业后进入南通昆仑空调工业公司。1997年加入江苏双良

特灵澳冷机有限公司,从事空调机组的设计、工艺工作,曾开发出变风量空调机组。

二、董事、监事、高级管理人员及核心技术人员持股情况

上述人员本人及家属未直接持有本公司股份。缪双大先生、李文龙先生、江荣方先生及谭伟楠先生通过持有本公司股东股份间接持有本公司股份。具体情况见下表:

股权比例 公司名称	缪双大	江荣方	李文龙	谭伟楠
江苏双良集团有限公司	38%	15%	4%	—
江苏双良停车设备有限公司	35%	15%	10%	—
江苏双良科技有限公司	10%	5.33%	3.33%	—
香港 STAR BOARD LIMITED	—	—	—	100%
江苏双良空调设备股份有限公司	25.05%	9.60%	2.72%	35%

本次发行后

股东名称	数量(万股)	占总股本的比例
江苏双良集团有限公司	13,560	44.31%
香港 STAR BOARD LIMITED	7,910	25.85%
江苏双良科技有限公司	452	1.48%
江苏双良停车设备有限公司	452	1.48%
江苏澄利投资咨询有限公司	226	0.74%
社会公众股东	8,000	26.14%
合计	30,600	100.00%

三、董事、监事、高级管理人员与核心技术人员之间存在的亲属关系

缪双大(董事)与缪志强(董事长)之间为叔侄关系,江荣方(总经理)与朱宏清(副董事长)之间为翁婿关系。

第七节 同业竞争与关联交易

一、同业竞争情况

本公司主营业务为中央空调及其相关产品的制造和销售,具有完整独立的生产、供应、销售体系;本公司的控股股东江苏双良集团有限公司主要从事股权管理和投资管理,其各子公司及本公司各其他发起人与本公司主营业务截然不同、互不构成同业竞争。为避免今后可能发生的同业竞争,最大限度维护本公司的利益,保证公司的正常经营,本公司两个持股超过5%以上之发起人江苏双良集团有限公司和香港 STAR BOARD LIMITED 已承诺今后不从事与本公司有竞争性的业务。

二、关联方与关联关系

1、关联方

本公司关联方包括:发起人及其子公司和参股公司,发起人的终极股东,终极股东对外投资形成的公司。除以上各关联方之外,本公司不存在其他可以对本公司直接或间接控制或施加重大影响的关联方。现有关联方情况如下:

(1)本公司五家发起人股东

(2)集团公司参控股企业:中住住宅产品有限公司、江苏澄利投资咨询有限公司、江阴国际大酒店有限公司、江苏双良技术服务有限公司。

(3)终极股东

公司的终极股东为九位自然人,分别是缪双大先生、江荣方先生、缪敏达先生、缪黑大先生、缪敖大先生、李文龙先生、马福林先生、高云兴先生及谭伟楠先生。

(4)终极股东控股的企业

本公司的七位终极股东(包括缪双大先生、江荣方先生、缪敏达先生、缪黑大先生、缪敖大先生、李文龙先生、马福林先生)控股的企业为:江苏双良集团有限公司、双良国际投资有限公司(维京群岛注册)、江苏双良锅炉有限公司、双良科技(香港)有限公司、江苏双良科技有限公司、江阴市双良玻璃钢冷却塔有限公司、江苏双良停车设备有限公司、成都蜀都大厦股份有限公司、江苏双良特种纤维有限公司。本公司的终极股东谭伟楠先生控股的企业为(香港)STAR BOARD LIMITED、(英属维尔京群岛)MAGASTAND COMPANY INC.。

2、关联关系

(1)股权关系

1)本公司股东

江苏双良集团有限公司、香港 STAR BOARD LIMITED、江苏双良科技有限公司、江苏双良停车设备有限公司和江苏澄利投资咨询有限公司为本公司股东,在发行后仍持有本公司73.86%的股权,以上股东派出的董事在本公司董事会中的九人占有六人,因此可以通过董事会和股东大会对本公司的重大决策进行绝对控制。其中江苏双良集团有限公司发行后持有本公司44.31%的股权,对本公司的重大决策具有相对控制权,且江苏双良集团有限公司及其他三位关联股东派出的董事在本公司董事会中的九人占有五人。

2)集团公司的控股子公司

中住住宅产品有限公司、江苏双良技术服务有限公司、江苏澄利投资咨询有限公司与江阴国际大酒店有限公司为集团公司的控股子公司,目前均无对本公司进行直接或间接控制或施加重大影响的可能,除江阴国际大酒店有限公司外亦无商业利益往来。

3)终极股东

缪双大先生、江荣方先生、缪敏达先生、缪黑大先生、缪敖大先生、李文龙先生、马福林先生、高云兴先生、谭伟楠先生等九人为本公司的终极股东,在此次发行前拥有本公司100%股权,发行后该九位终极股东仍共同持有本公司73.38%的股权。

4)终极股东控股的企业

终极股东控股的企业为:江苏双良集团有限公司、双良国际投资有限公司(维京群岛注册)、江苏双良锅炉有限公司、双良科技(香港)有限公司、江苏双良科技有限公司、江阴市双良玻璃钢冷却塔有限公司、江苏双良停车设备有限公司、成都蜀都大厦股份有限公司1、江苏双良特种纤维有限公司2、(英属维尔京群岛)MAGASTAND CAMPANY INC.。其中除江苏双良集团有限公司和(英属维尔京群岛)MAGASTAND CAMPANY INC.外,目前均无对本公司进行直接或间接控制或施加重大影响的可能。

(2)控制关系

对本公司的直接控制主要来自江苏双良集团有限公司和香港 STAR BOARD LIMITED,其中江苏双良集团有限公司可以通过控制董事会和股东大会来控制本公司的经营管理决策。九位终极自然人股东可以通过控制本公司的股东间接控制本公司。

(3)人事管理关系

本公司董事中,有缪双大先生、李文龙先生等二人在江苏双良集团任职。其中本公司董事缪双大先生为江苏双良集团董事长、总裁,本公司董事李文龙先生为江苏双良集团董事、副总裁。

本公司监事中,牛福元先生现任成都蜀都大厦股份有限公司董事、副总经理、财务总监。

(4)与关联企业的商业利益往来

本公司在经营中,与江苏双良集团有限公司、江阴国际大酒店、江阴市双良玻璃钢冷却塔有限公司与江苏双良锅炉有限公司存在非重大关联交易。

三、关联交易

1、关联交易的内容(单位:人民币万元)

(1)销售货物

公司向关联方销售货物情况如下:

关联方名称	2002年度		2001年度		2000年度	
	金额(含税)	比例	金额(含税)	比例	金额(含税)	比例
江苏双良集团有限公司	注				1,202	2.71%

注:销售产品

2000年向江苏双良集团有限公司销售货物是由于双良集团代本公司签定部分货物销售合同所致。

(2)采购货物

公司从关联方采购货物情况如下:

关联方名称	2002年度		2001年度		2000年度	
	金额	比例	金额	比例	金额	比例
江阴市双良玻璃钢冷却塔有限公司	198	0.75%	902	3.95%	823	4.50%
江苏双良锅炉有限公司	95	0.36%	135	0.59%	250	1.37%
小　计	293	1.11%	1,037	4.54%	1073	5.87%

(3)接受劳务

公司从关联方接受劳务和接受管理服务情况如下:

关联方名称		2002年度		2001年度		2000年度	
		金额	比例	金额	比例	金额	比例
江苏双良技术服务有限公司	注1					700	100%
江阴国际大酒店有限公司	注2	209	68%	216	67.50%		

注1:系公司接受调试服务;

注2:系公司接受酒店等招待服务。

(4)支付租金

公司应向关联方支付房屋租金情况如下:

关联方名称	2002年度		2001年度		2000年度	
	金额	比例	金额	比例	金额	比例
江苏双良集团有限公司	103	13.34%	103	14.57%		
江阴国际大酒店有限公司	210	27.20%	210	29.70%		
小计	313	40.54%	313	44.27%		

(5)支付佣金

公司向关联方支付销售佣金情况如下:

关联方名称	2002年度		2001年度		2000年度	
	金额	比例	金额	比例	金额	比例
江苏双良集团有限公司					4,191	100%

(6)支付专有技术使用费

公司向关联方支付专有技术使用费情况如下:

单位:人民币万元

关联方名称	2002年度	2001年度	2000年度
江苏双良集团有限公司			602　注

注:系公司2000年1-7月支付给江苏双良集团有限公司的专有技术使用费,从2000年8月开始公司不再支付。

(7)转让固定资产及场地使用权

根据公司2000年8月2日临时董事会决议,同意将公司的生活区与培训中心的固定资产和土地使用权转让予江苏双良集团有限公司,转让价格为公司截止2000年7月31日该资产的账面净值计2,447.38万元人民币。

(8)商标使用及转让

公司于2000年12月28日与江苏双良集团有限公司签署了《商标许可使用合同》,江苏双良集团有限公司同意将其持有的由国家工商管理局颁发的注册号为690643号"双良"文字和图形组合商标许可公司无偿在溴冷机等产品上使用。公司于2002年5月23日与江苏双良集团有限公司签订了《商标转让合同》,江苏双良集团有限公司同意将用于溴化锂吸收式制冷机、冷却塔、风机盘管及空调器产品之上的"双良"文字和图形组合商标无偿转让给本公司。相关转让手续已办理完毕,本公司已拥有上述 "双良"商标的所有权。

(9)担保

关联方为本公司贷款提供担保情况如下:

关联方名称	2002年12月31日		2001年12月31日		2000年12月31日	
	金额	比例	金额	比例	金额	比例
江苏双良集团有限公司	4000	57.14%	4000	100.00%	4000	100.00%
江阴国际大酒店有限公司	3000	42.86%				
小　计	7000	100.00%	4000	100.00%	4000	100.00%

2、目前仍有效的关联交易协议

本公司目前进行中的关联交易都已与相关关联方签定了详尽合同予以规范,并明确了合同到期后的安排,即在有效期终止前30天,合同任一方均可以书面通知延长有效期一年,合同对方收到该书面通知之时,合同延长一年。在有效期内,合同任一方均可提前30日向对方发出终止合同的书面通知, 合同对方收到该书面通知之时,合同终止。由于本公司不依赖于任何关联方,且关联交易合同对方并非不可替代,如果合同终止,本公司将会迅速选择市场中的其他企业提供产品或服务。

(1)《冷却塔产品供应合作协议》

冷却塔产品系中央空调系统的配套设备,独立于中央空调主机机组。本公司客户可以自主决定冷却塔的采购。为规范冷却塔产品供应,本公司与江阴市双良玻璃钢冷却塔有限公司在2001年1月1日签署了《冷却塔产品供应合作协议》。

(2)《储液罐采购协议》

储液罐是指处理溴化锂溶液时的容器。储液罐不是溴冷机的必备品。本公司之客户在购买本公司所生产的中央空调用溴化? 制冷机时,可能但并非一定要求本公司购买相应型号的储液罐,用于存储溴化锂制冷机中的溴化? 溶液。为满足本公司之个别客户的需求,应本公司要求,江苏双良锅炉有限公司愿意为本公司之客户定制相应型号的储液罐,为此,本公司与江苏双良锅炉有限公司在2001年1月1日签署了《储液罐采购协议》。

(3)《房产租赁合同》

本公司目前分布于全国的销售网点共33处,其中本公司租用江阴国际大酒店有限公司所拥有的江阴国际大酒店5楼和江苏双良集团有限公司所拥有的位于上海、南京、郑州、沈阳、南昌、无锡、南通的7处房产作为销售总部和当地销售网点用房。该8处房产的总建筑面积约为2398平方米。2001年1月1日,本公司与该两个关联方签订了《房产租赁合同》。

(4)《酒店服务协议》

为建立长期服务关系,本公司与江阴国际大酒店有限公司于2001年1月1日签署了《酒店服务协议》。

四、本次募股资金的运用涉及的关联交易

根据目前的安排,本次募股资金的运用不涉及关联交易。

第八节 财务会计资料

本公司2000年、2001年和2002年的财务会计资料已于2003年4月2日在《中国证券报》、《上海证券报》及《证券时报》刊登的《招股说明书摘要》中进行了披露,投资者欲了解详细内容,请查阅上述报纸或刊载于上海证券交易所网站(http://www.sse.com.cn)的本公司招股说明书全文。

一、注册会计师意见

发行人委托江苏天衡会计师事务所有限公司对本公司2000年12月31日、2001年12月31日及2002年12月31日的资产负债表,,2000、2001及2002年度的利润及利润分配表,2002年度的现金流量表进行了审计,注册会计师已出具了标准无保留意见的审计报告。

二、简要会计报表

资产负债表

单位:人民币元

资产	2002年12月31日	2001年12月31日	2000年12月31日
流动资产:			
货币资金	124,051,792.28	67,491,895.76	25,158,948.07
短期投资	–		
应收票据	29,291,166.74	8,638,700.00	10,523,352.00
应收帐款	145,681,331.79	131,885,457.54	133,705,964.17
其他应收款	43,110,911.16	42,257,333.33	35,378,309.87
预付帐款	8,864,193.28	2,607,385.57	2,991,703.41
存货	72,259,656.15	45,436,118.68	34,774,399.02
待摊费用	–	72,379.00	1,045,066.88
其他流动资产	–	–	
流动资产合计	423,259,051.40	298,389,269.88	243,577,743.42
长期投资	–	–	
固定资产:			
固定资产原价	231,977,603.33	222,323,400.31	213,272,024.43
减:累计折旧	100,189,424.25	4,944,328.37	68,060,050.95
固定资产净值	131,788,179.08	137,379,071.94	145,211,973.48
减:固定资产减值准备	1,641,187.21	–	–
固定资产净额	130,146,991.87	137,379,071.94	145,211,973.48
在建工程	2,648,537.81	1,187,022.88	1,485,963.38
固定资产清理	–	–	
固定资产合计	132,795,529.68	138,566,094.82	146,697,936.86
无形资产及其他资产:			
无形资产	17,143,874.83	19,491,013.87	21,838,152.91
长期待摊费用	–	–	18,880.01
其他长期资产	–	–	
无形资产及其他资产合计	17,143,874.83	19,491,013.87	21,857,032.92
递延税项:			
递延税款借项			
资产总计	573,198,455.91	456,446,378.57	412,132,713.20
负债和股东权益	2002年12月31日	2001年12月31日	2000年12月31日
流动负债:			
短期借款	70,000,000.00	40,000,000.00	40,000,000.00
应付票据	38,272,363.04	–	
应付帐款	22,196,507.06	22,555,270.26	10,073,927.94
预收帐款	78,244,264.74	61,921,868.39	50,760,361.50
应付工资	6,412,835.18	6,128,530.00	6,034,848.60
应付福利费	7,652,155.58	7,616,592.40	7,191,986.23
应付股利	70,000,000.00	50,096,990.83	9,699,083.18
应交税金	9,160,797.48	6,874,066.72	46,201,060.77
其他应交款	1,833,136.53	1,685,106.38	80,560.99
其他应付款	4,481,094.25	2,776,541.43	7,692,252.70
预提费用	3,378,019.38	7,093,604.89	6,687,028.37
其他流动负债			
流动负债合计	311,631,173.24	206,748,571.30	184,421,110.28
长期负债:			
递延税项:			
递延税款贷项			
负债合计	311,631,173.24	206,748,571.30	184,421,110.28
股东权益:			
股本	226,000,000.00	226,000,000.00	226,000,000.00
资本公积	–	–	
盈余公积	24,789,954.89	12,234,854.78	1,711,602.92
其中:公益金	8,263,318.30	4,078,284.93	570,534.31
未分配利润	10,777,327.78	11,462,952.49	–
股东权益合计	261,567,282.67	249,697,807.27	227,711,602.92
负债和股东权益总计	573,198,455.91	456,446,378.57	412,132,713.20

利润及利润分配表

单位:人民币元

项目	2002年度	2001年度	2000年度
一、主营业务收入	468,306,433.86	405,469,294.37	379,322,328.97
减:主营业务成本	245,735,194.03	227,213,882.52	196,742,871.06
主营业务税金及附加	519,369.27	96,226.11	1,181,081.86
二、主营业务利润	222,051,870.56	178,159,185.74	181,398,376.05
加:其他业务利润	6,319,877.67	3,925,328.34	1,539,123.64
营业费用	75,670,245.54	63,152,409.02	66,286,779.53
管理费用	53,897,718.86	36,060,518.89	38,458,598.31
财务费用	3,008,196.98	1,285,258.51	2,895,378.71
三、营业利润	95,795,586.85	81,586,327.66	75,296,743.14
加:投资收益	–	–	–
补贴收入	–	–	–
营业外收入	551,460.18	595,328.81	696,164.06
减:营业外支出	2,755,051.88	1,039,492.13	781,162.11
四、利润总额	93,591,995.15	81,142,164.34	75,211,745.09
减:所得税	11,722,519.75	9,155,959.99	9,566,986.93
五、净利润	81,869,475.40	71,986,204.35	65,644,758.16
加:年初未分配利润	11,188,273.69	–	56,486,498.09
盈余公积转入	–	–	
六、可供分配的利润	93,057,749.09	71,986,204.35	122,131,256.25
减:提取法定盈余公积	8,186,947.54	7,015,501.24	5,026,022.15
提取法定公益金	4,093,473.77	3,507,750.62	570,534.31
提取职工奖励及福利基金	971,238.39		
七、可供股东分配的利润	80,777,327.78	61,462,952.49	115,563,461.40
减:应付优先股股利	–	–	–
提取任意盈余公积	–	–	–
应付普通股股利	70,000,000.00	50,000,000.00	122,234,494.95
转作股本的普通股股利	–	–	-6,671,033.55
八、未分配利润	10,777,327.78	11,462,952.49	–

2002年度现金流量表

单位:人民币元

项目	2002年度
一、经营活动产生的现金流量:	
销售商品、提供劳务收到的现金	529,366,684.52
收到的税费返还	–
收到的其他与经营活动有关的现金	1,301,955.65
现金流入小计	530,668,640.17
购买商品、接受劳务支付的现金	279,498,994.99
支付给职工以及为职工支付的现金	31,348,002.13
支付的各项税费	52,347,445.55
支付的其他与经营活动有关的现金	75,109,174.01
现金流出小计	438,303,616.68
经营活动产生的现金流量净额	92,365,023.49
二、投资活动产生的现金流量:	
收回投资所收到的现金	
取得投资收益收到的现金	
处置固定资产、无形资产和其他长期资产而收回的现金净额	90,440.21
收到的其他与投资活动有关的现金	
现金流入小计	90,440.21
购建固定资产、无形资产和其他长期资产所支付的现金	11,228,297.50
投资所支付的现金	
支付的其他与投资活动有关的现金	
现金流出小计	11,228,297.50
投资活动产生的现金流量净额	-11,137,857.29
三、筹资活动产生的现金流量:	
吸收投资所收到的现金	
借款所收到的现金	70,000,000.00
收到的其他与筹资活动有关的现金	–
现金流入小计	70,000,000.00
偿还债务所支付的现金	40,000,000.00
分配股利、利润或偿付利息所支付的现金	54,651,099.51
支付的其他与筹资活动有关的现金	
现金流出小计	94,651,099.51
筹资活动产生的现金流量净额	-24,651,099.51
四、汇率变动对现金的影响	-16,170.17
五、现金及现金等价物净增加额	56,559, 896.52

第九节　其他重要事项

一、自本公司股票首次公开发行之日至本上市公告书公告之日,本公司严格依照现行有关法律、法规的规定规范运行,生产经营情况正常,本公司所处行业和市场无重大变化,主要业务发展目标的进展状况正常,主要投入、产出物供求及价格无重大变化。

二、自本公司股票首次公开发行之日至本上市公告书公告之日,本公司没有进行重大对外投资,无重大资产(股权)收购、出售行为。

三、自本公司股票首次公开发行之日至本上市公告书公告之日,本公司住所未变更。

四、自本公司股票首次公开发行之日至本上市公告书公告之日,本公司未涉及任何重大诉讼、仲裁或行政处罚案件,并且董事会认为本公司未面临任何重大影响的诉讼和索赔要求;同时,本公司董事、监事和高级管理人员未受到任何刑事起诉,亦没有尚未了结或可能发生的刑事诉讼事项。

五、自本公司股票首次公开发行之日至本上市公告书公告之日,本公司重大会计政策和会计师事务所没有发生变化。

六、自本公司股票首次公开发行之日至本上市公告书公告之日,未发生新的重大负债,并且重大债项未发生变化。

七、本公司股票首次公开发行和股票上市前后税负无变化。

八、根据《上海证券交易所股票上市规则》,本公司第一大股东江苏双良集团有限公司承诺:自本公司股票上市之日起12个月内,不转让其持有的本公司的股份;同时也不由本公司回购其所持有的股份。

九、自本公司股票首次公开发行至本上市公告书公告之日,本公司没有其他应披露而未披露之重大事项。

第十节　董事会上市承诺

本公司董事会承诺将严格遵守《中华人民共和国公司法》、《中华人民共和国证券法》、《股票发行与交易管理暂行条例》、《公开发行股票公司信息披露实施细则》和《上海证券交易所股票上市规则》等国家法律、法规和有关规定,并自股票上市之日起作到:

1、承诺真实、准确、完整、公允和及时地公布定期报告,披露所有对投资者有重大影响的信息,并接受中国证监会、证券交易所的监督管理;

2、承诺本公司在知悉可能对股票价格产生误导性影响的任何公共传播媒介中出现的消息后,将及时予以公开澄清;

3、本公司董事、监事、高级管理人员和核心技术人员将认真听取社会公众的意见和批评,不利用已获得的内幕消息和其他不正当手段直接或间接从事本公司股票的买卖活动;

4、本公司没有无记录的负债。

第十一节　上市推荐人及意见

一、上市推荐人情况

上市推荐人:　国泰君安证券股份有限公司

法定代表人:　金建栋

住　　　所:　上海浦东商城路618号

联系电话:　010-82001480、82001448

联系传真:　010-82001523

联系人:宋晓晨、隋英鹏、刘屿

二、上市推荐人意见

本公司上市推荐人认为,本公司章程符合《中华人民共和国公司法》等有关法律、法规和中国证监会关于公司章程的相关规定。根据《中华人民共和国公司法》、《中华人民共和国证券法》、《股票发行与交易管理暂行条例》、《上海证券交易所股票上市规则》等国家有关法律、法规的规定,本公司首次公开发行的股票已具备公开上市的条件。

本公司上市推荐人保证本公司的董事了解法律、法规、上海证券交易所上市规则及股票上市协议规定的董事的义务与责任,并协助本公司健全了法人治理结构、制定了严格的信息披露制度与保密制度。

本公司上市推荐人已对上市文件所载的资料进行了核实,确保上市文件真实、准确、完整,符合规定要求。保证本公司的上市申请材料、上市公告书没有虚假、严重误导性陈述或者重大遗漏,并保证对其承担连带责任。

本公司上市推荐人愿意推荐本公司股票在上海证券交易所上市交易,并保证不利用在上市过程中获得的内幕信息进行内幕交易,为自己或他人谋取利益。

北京中创信测科技股份有限公司

北京中创信测科技股份有限公司股票上市公告书

第一节 重要声明与提示

北京中创信测科技股份有限公司(以下简称"本公司"、"公司")董事会保证上市公告书的真实性、准确性、完整性,全体董事承诺上市公告书不存在虚假记载、误导性陈述或重大遗漏,并承担个别和连带的法律责任。

根据《中华人民共和国公司法》、《中华人民共和国证券法》等有关法律、法规的规定,本公司董事、高级管理人员已依法履行诚信和勤勉尽责的义务和责任。

证券交易所、中国证券监督管理委员会、其他政府机关对本公司股票上市及有关事项的意见,均不表明对本公司的任何保证。

本公司提醒广大投资者注意,凡本上市公告书未涉及的有关内容,请投资者查阅2003年7月18日刊载于《中国证券报》、《上海证券报》、《证券时报》、《证券日报》的《北京中创信测科技股份有限公司首次公开发行股票招股说明书摘要》(下称"招股说明书摘要"),及刊载于上海证券交易所网站(www.sse.com.cn)的本公司招股说明书全文。

本上市公告书亦刊载于 www.sse.com.cn 网站。

第二节 概览

1、股票简称:中创信测
2、沪市股票代码:600485
3、深市代理股票代码:003485
4、总股本:68,316,000股
5、可流通股本:18,000,000股
6、本次股票发行价格:10.21元/股
7、本次上市流通股本:18,000,000股
8、上市地点:上海证券交易所
9、上市日期:2003年8月7日
10、股票登记机构:中国证券登记结算有限责任公司上海分公司
11、上市推荐人:广发证券股份有限公司

12、公司首次公开发行股票前股东所持股份的流通限制及期限:根据国家有关法律、法规规定和中国证券监督管理委员会证监发行字[2003]69号《关于核准北京中创信测科技股份有限公司公开发行股票的通知》,本公司的国有法人股、法人股暂不上市流通。

13、本公司第一大股东北京英诺维电子技术有限公司承诺:自本公司股票上市之日起12个月内,不转让其所持有的本公司股份,也不由本公司回购其所持有的本公司股份。

第三节 绪言

本上市公告书是根据《中华人民共和国公司法》、《中华人民共和国证券法》、《股票发行与交易管理暂行条例》、《公开发行股票公司信息披露实施细则》和《上海证券交易所股票上市规则》等有关法律、法规的规定,并按照中国证券监督管理委员会《公开发行证券的公司信息披露内容与格式准则第7号—股票上市公告书》编制,旨在向投资者提供本公司的基本情况和本次股票上市的有关资料。

经中国证券监督管理委员会证监发行字[2003]69号文核准,本公司于2003年7月23日以向沪、深二级市场投资者定价配售的方式发行1,800万股人民币普通股(A股),每股面值1.00元,发行价格为每股10.21元。

经上海证券交易所上证上字[2003]92号文批准,本公司公开发行1,800万股社会公众股将于2003年8月7日在上海证券交易所挂牌交易,股票简称"中创信测",沪市股票代码为"600485",深市代理股票代码为"003485"。

本公司已于2003年7月18日在《中国证券报》、《上海证券报》、《证券时报》、《证券日报》刊登了招股说明书摘要。本公司招股说明书全文及其附录已于同日刊载于上海证券交易所网站(www.sse.com.cn),且自招股说明书核准日至今不超过三个月,故与其重复的内容不再重述,敬请投资者查阅上述内容。

第四节 公司概况

一、基本情况

1、中文名称:北京中创信测科技股份有限公司
英文名称:Beijing Zhongchuang Telecom Test Co., Ltd.
2、法定代表:张春光
3、成立日期:2000年8月16日
4、注册资本:5031.6万元
5、注册地址:北京市海淀区学院南路四道口一号
电话号码:010-62125566
传真号码:010-62116339
互联网址:http://www.zcxc.com.cn
电子信箱:support@zcxc.com.cn

6、经营范围:技术开发、技术咨询、技术服务;销售开发后的产品、电讯器材、化工、计算机软硬件及外围设备、机械电器设备、仪器仪表、建筑材料(未取得专项许可的项目除外);经营本企业和成员企业自产产品及技术出口业务;本企业和成员企业生产所需的原辅材料、机械设备、仪器仪表、零配件及技术的进口业务(但国家限定公司经营或国家禁止进出口的商品及技术除外);经营进料加工和"三来一补"业务。

7、主营业务:通信网测试维护产品的研制开发、生产、销售和服务。
8、所属行业:信息技术业(通信设备制造业)
9、董事会秘书:王志刚

二、历史沿革

本公司系经北京市人民政府京政函2000[81]号文批准,由北京中创信测电子技术有限责任公司整体变更设立的股份有限公司。本公司于2000年8月16日在北京市工商行政管理局领取了营业执照。公司股东为北京英诺维电子技术有限公司、北京协力得企业管理顾问有限公司、北京智多维网络技术有限责任公司、北京方兴通信技术研究所、北京兴华动力科贸有限公司、深圳市世纪之舟实业发展有限公司等六家法人单位。

三、主要经营情况

1、主要经营概况

本公司主营业务为通信网测试维护产品的研制开发、生产、销售和服务。主要产品包括通信网测试仪器仪表和通信网监测维护、网管系统两大类,主要应用于交换、传输、接入、移动通信、数据通信、智能网、七号信令网等电信领域,不但可用于上述领域网络运营商对于网络及网间设备的现场测试、开通验收、日常维护,提高网络运营效率及服务质量,也可用于与上述电信领域相关的通信设备的研发制造、生产安装。

公司为国家火炬计划重点高新技术企业、北京市高新技术企业、北京市软件企业,于2000年3月顺利通过了科技部和中科院"高新技术企业评审与认证"。在1999年通过的ISO9001质量体系认证基础上,于2001年完成ISO9001:2000版升级工作;2002年取得信息产业部计算机信息系统集成二级资质证书及国家保密局颁发的涉及国家秘密的计算机信息系统集成资质证书。目前本公司共拥有6项国家专利,51项计算机软件著作权;获得1项国家科技进步奖;承担4项国家级火炬计划项目,1项国家科技成果重点推广计划项目,2项北京市重大科技成果推广计划项目,2项信息产业部推广计划项目和1项信息产业科研试制项目计划项目。公司承担的1项国家"863计划"项目与1项国家科技型中小企业技术创新基金支持项目已顺利通过验收。

此外,公司还先后接受中国移动委托,进行"移动七号信令网LSTP网管技术规范"的研究;接受中国联通委托,进行"七号信令网络网管技术规范"及"网络服务质量监测系统技术规范"的研究。

本公司凭借自身技术优势和开拓意识,不断推陈出新,在促进我国通信网测试技术水平的提高、保障通信网络运行质量方面发挥了重要作用。随着市场营销和技术服务网络的完善,公司产品在市场上表现出较大优势。公司七号信令集中监测系统在国内各大电信运营商的公开招标中,综合市场占有率达到50%以上,其中广东电信、北京电信、重庆电信、云南电信、吉林电信、广东联通、江苏联通、浙江联通、黑龙江联通、中国网通等全部采用了公司产品。在仪表方面,目前公司的主导产品七号信令测试仪在各大运营商公开招标选型中,中标率超过50%。

2、竞争优势与劣势

本公司自创建以来,立足国内通信网测试与维护领域,悉心研究、超前把握行业技术发展动态,建立、完善人才吸引机制和稳定机制,并依托一支专业知识丰富、创新开拓能力突出的技术开发队伍,在对客户多样化需求研究把握的基础上,不断推出新产品,形成通信网信令测试维护、网管的全方位解决方案;同时依据产品特点,采用了"两头在内,中间在外"的轻型生产模式,并建立起辐射全国的营销服务体系;基于公司坚实的技术积累、高质量的产品与完善的售后服务,公司树立起了良好的行业信誉和知名度,并先后参与起草相关的行业标准和技术规范;ISO9001质量体系标准是公司各项管理工作的质量保证和依据。因此本公司认为:突出的本地化特点、坚实的技术积累、超前的产品规划和技术研究、全方位的解决方案、独特的人才机制、严格的质量保证体系、良好的行业信誉和知名度构成了本公司的综合竞争优势。

目前公司在竞争中暴露出来的劣势有:规模较小,单纯依靠自身滚动发展,很难实现科研开发资金的大规模投入,造成科研成果难以迅速实现产业化,市场开拓不够,营销网络的建设速度仍不能满足公司业务迅速拓展的需要。以上这些不足对公司业务发展产生一定的影响。

3、主要知识产权和非专利技术

本公司拥有的知识产权包括6项专利权、51项计算机软件著作权和6项注册商标专有权,该等知识产权的所有权人均为本公司,不存在任何权属纠纷。

4、财政税收优惠政策

(1)依照国务院批准的《北京市新技术产业开发试验区暂行条例》(京政发[1998]49号)规定,公司自1998年12月1日至2001年11月30日执行实际税率为7.5%的所得税政策,自2001年12月1日起执行15%的所得税政策所得税税率为15%。

(2)据财政部、国家税务总局下发的《关于中关村科技园区软件开发生产企业有关税收政策的通知》(财税字[1999]192号)的规定,自1999年7月1日起,本公司软件产品的增值税实际税负为6%;依据国务院下发的《关于鼓励软件产业和集成电路产业发展若干政策的通知》(国发[2000]18号)第5条的规定,及由财政部、国家税务总局和海关总署联合下发的《关于鼓励软件产业和集成电路产业发展有关税收政策问题的通知》(财税[2000]25号)第1条的规定,自2000年6月24日至2010年底以前,对增值税一般纳税人销售其自行开发生产的软件产品,按17%的法定税率征收增值税后,对其增值税实际税负超过3%的部分实行即征即退政策。

5、主要财务指标

请参见本上市公告书"财务会计资料"中的相关内容。

第五节 股票发行与股本结构

一、本次公开发行情况

1、股票种类:人民币普通股(A股)
2、每股面值:人民币1.00元
3、发行股数:1,800万股,占发行后总股本的26.35%
4、每股发行价格:10.21元
5、发行市盈率:18.23倍(按2002年的净利润及发行前股本计算)
6、每股净资产:
(1)发行前每股净资产为1.82元(按2002年12月31日经审计的数据计算)
(2)发行后每股净资产为3.90元(按发行价10.21元计算,已扣除发行费用)
7、发行方式:向二级市场投资者定价配售
8、发行对象:于招股说明书摘要刊登日,即2003年7月18日收盘时持有沪市或深市已上市流通A股股票市值达10,000元及以上的投资者。
9、本次发行实收募股资金及发行费用:本次发行共募集资金18,378万元,扣除发行费用886万元,实际募资17,492万元,每股发行费用0.49元。

二、本次股票上市前首次公开发行股票的承销情况

本次公开发行的1,800万股社会公众股的配号总数为55483576个,中签率为0.03244203%。其中二级市场投资者认购17,826,918股,其余173,082股由主承销商广发证券股份有限公司包销。

三、本次上市前首次公开发行股票所募集资金的验资报告

验 资 报 告

北京中创信测科技股份有限公司:

我们接受委托,审验了北京中创信测科技股份有限公司(以下简称"贵公司")于2003年7月公开发行1,800万股人民币普通股("A股")所增加注册资本的实收情况。按照国家相关法律、法规的规定和协议、章程的要求出资,提供真实、合法、完整的验资资料,保护资产的安全、完整是全体股东及贵公司的责任。我们的责任是对贵公司新增注册资本的实收情况发表审验意见。我们的审验是依据《独立审计实务公告第1号-验资》进行的。在审验过程中,我们结合贵公司的实际情况,实施了检查等必要的审验程序。

根据贵公司于2002年3月11日召开的股东大会通过的发行人民币普通股股票及上市决议,以及2003年6月18日中国证券监督管理委员会证监发行字[2003]69号文的核准,贵公司获准发行1,800万股人民币普通股股票。贵公司原注册资本为人民币50,316,000元,业已经信永中和会计师事务所审验;根据修改后的章程,贵公司拟申请增加注册资本人民币18,000,000元,变更后的注册资本为人民币68,316,000元。

根据贵公司本次发行招股说明书,贵公司此次向社会公开发售的人民币普通股股票每股面值为人民币1元,发行数量1,800万股,发行价格为每股人民币10.21元,募集资金总额为人民币

183,780,000.00 元,扣除本次发行费用人民币 8,860,450.06 元,募集资金净额为人民币 174,919,549.94 元。

经我们审验,截止 2003 年 7 月 29 日,贵公司已收到上述募集资金净额人民币 174,919,549.94 元,其中注册资本为人民币 18,000,000 元,资本公积为人民币 156,919,549.94 元。贵公司变更后的注册资本为人民币 68,316,000 元。

本验资报告仅供贵公司申请工商变更登记及申请 A 股上市使用,不应将其视为是对贵公司验资报告日后资本保全、偿债能力和持续经营能力等的保证,因使用不当造成的后果,与执行本验资业务的注册会计师及会计师事务所无关。

附件一　验资事项说明

附件二　本次 A 股发行前后注册资本明细表

附件三　发行费用明细表

附件四　本会计师事务所营业执照复印件

信永中和会计师事务所　　中国注册会计师:张克

中国注册会计师:罗玉成　　2003 年 7 月 29 日

四、本次募股资金入帐情况

1、入帐时间:2003 年 7 月 29 日

2、入帐金额:177,449,549.94 元(募集资金扣除发行手续费和承销费后余额)

3、入帐帐号:11000253711201

4、开户银行:深圳发展银行北京分行西三环支行

五、本公司上市前股权结构及种类和股东的持股情况

1、本次上市前公司的股权结构

股份类别	持股数(股)	持股比例(%)
1、尚未流通股份	50,316,000	73.65
发起人股	50,316,000	73.65
其中:国有法人股	503,160	0.74
境内法人股	49,812,840	72.91
2、可流通股份	18,000,000	26.35
社会公众股	18,000,000	26.35
总股本	68,316,000	100

2、本次上市前公司前十名股东的持股情况

股东名称	股权性质	持股数(股)	持股比例(%)
1、北京英诺维电子技术有限公司	境内法人股	28,846,163	42.22
2、北京协力得企业管理顾问有限公司	境内法人股	10,063,200	14.73
3、北京智多维网络技术有限责任公司	境内法人股	10,063,200	14.73
4、北京正方兴通信技术研究所	境内法人股	503,160	0.74
5、北京兴华动力科贸有限公司	境内法人股	503,160	0.74
6、深圳世纪之舟实业发展有限公司	境内法人股	337,117	0.49
7、广发证券	社会公众股	214,082	0.31
8、融鑫基金	社会公众股	26,000	0.04
9、国信证券	社会公众股	13,000	0.02
10、裕泽基金	社会公众股	10,000	0.01

第六节　董事、监事、高级管理人员及核心技术人员

一、公司董事、监事、高级管理人员及核心技术人员简介

本公司董事、监事、高级管理人员与核心技术人员均为中国国籍,无境外永久居留权,相互之间不存在配偶关系、三代以内直系和旁系亲属关系。

(一)董事会成员

1、张春光先生　董事长,41 岁,工学学士,公司创始人之一。先后在沈阳变压器厂、海南电控成套设备厂工作。1995 年 12 月在北京市新技术产业开发试验区创建北京中创信测电子技术有限责任公司。

2、贾林先生　副董事长,40 岁,工学硕士,高级工程师,公司创始人之一。曾在原邮电部北京仪表研究所科研部工作,主持过多项国家重点科研项目的开发,曾获邮电部科学技术进步一等奖。1994 年荣获国务院颁发的政府特殊津贴。1995 年 12 月创建北京中创信测电子技术有限责任公司。

3、李铁巍先生　董事兼总经理,40 岁,经济学硕士、工商管理硕士,先后在吉林工业学院、怡富证券工作。1998 年底加盟本公司,曾担任公司总经理助理。

4、戴亚刚先生　董事兼副总经理,39 岁,工学学士,先后在原机械工业部科技情报所计算中心、北京兰岛商社、北京成众公司工作。1995 年 12 月加盟本公司。

5、刘云龙先生　董事兼副总经理,31 岁,博士,国际电气与电子工程师协会(IEEE)会员,曾在中国贝尔实验室工作。1999 年 4 月加盟本公司,曾担任研发中心数据分部总经理。

6、袁晓兰女士　董事,41 岁,学士,先后在湖南省邵阳市计划委员会信息中心、广东茂名石化公司、广东省茂名市卫生检疫局工作。1995 年 12 月加盟本公司,曾担任公司监事会召集人,现任公司广州办事处经理。

7、张皓捷先生　独立董事,31 岁,学士,先后在中华会计师事务所、天健会计师事务所工作。现任北京众鑫慧捷投资顾问有限公司总经理。

8、樊剑先生　独立董事,34 岁,工学硕士,先后在山西省体改委股改办、山西省证券管理办公室、广发证券股份有限公司工作。现任北京德瑞兴业投资顾问有限公司总经理。

9、陈山枝先生　独立董事,34 岁,博士,教授级高级工程师、博士生导师,曾在大唐电信集团北京高鸿通信技术有限公司工作,现任大唐电信科技股份有限公司副总工程师,北京邮电大学兼职教授。

(二)监事会成员

1、魏钧先生　监事会召集人,37 岁,工商管理硕士,曾在民政部工作。1999 年 9 月加盟本公司,曾担任本公司总经理办公室主任。

2、黄海长先生　监事,32 岁,工学学士,曾在邮电部仪表研究所工作。1997 年 8 月加盟本公司,现任公司"AMD 嵌入式处理器"、"VRTX 实时多任务操作系统"项目负责人。

3、王东先生　监事,29 岁,工学学士。1996 年加盟本公司,现任公司"xDSL 系列测试仪表"、"WOMS 无线网络优化系统"、"AST2000 自动业务测试系统"的项目负责人。

(三)高级管理人员

1、李铁巍先生,简历同上。

2、刘云龙先生,简历同上。

3、戴亚刚先生,简历同上。

4、王志刚先生,董事会秘书,33 岁,硕士。曾在北京燕山石油化工公司工作。2000 年 4 月加盟本公司。现兼任燕化高新(000609)的独立董事。

5、郑路先生,财务总监,29 岁,经济学学士,注册会计师,曾在北京市建筑材料科学研究院工作。2000 年 8 月加盟本公司,曾任财务部经理。

(四)核心技术人员

1、邵四清先生　37 岁,硕士,中国无线通信标准研究组成员。先后在邮电部北京仪表研究所、香港星达公司工作。1995 年加盟本公司,现任公司"GSM 信令网集中监测系统"的项目负责人。

2、周骏先生　37 岁,硕士,先后在航天部一院 704 所、美国 AT&T 航管部、黎明电子技术有限公司工作。1995 年加盟本公司,现任公司"省内七号信令网集中监控系统"项目负责人。

3、刘大庆先生　34 岁,工学博士,曾在深圳华为公司从事研究开发工作。1999 年 2 月加盟本公司,现任公司"接入网 V5 协议测试仪"、"七号信令测试仪"的项目负责人。

4、王东先生,简历同上。

5、黄海长先生,简历同上。

二、持股情况说明

本次上市前本公司董事、监事、高级管理人员、核心技术人员及上述人员亲属均未直接持有本公司的任何股权,亦不存在上述人员通过其亲属直接或间接控制的法人直接持有本公司股份的情况。

第七节　同业竞争与关联交易

一、同业竞争

本公司与各股东之间不存在同业竞争的情况。公司的实际控制人张春光先生和贾林先生及其控制的英诺维、智多维、协力得分别承诺"不会在中国境内或境外以任何方式参与与股份公司构成或可能构成竞争之任何业务或活动"。

二、关联交易情况

根据从严披露的原则,结合本公司的实际情况,本公司的关联方主要包括公司实际控制人、控股股东、其他发起人股东及由本公司独立董事担任高管人员的法人单位。

本公司目前发生的关联交易为:公司与股东英诺维、协力得、智多维间在保洁、保安、膳食服务等方面的关联交易。所发生的关联交易遵循公允市价原则,并履行了相应的决策程序。公司 2002 年度关联交易总额为 16 万元,占同期公司主营业务收入的 0.11%,占同期主营业务成本的 0.26%;2003 年 1-3 月关联交易总额为 4 万元,占同期主营业务收入的 0.13%,占同期主营业务成本的 0.37%,对公司的经营不构成重大影响。

第八节　财务会计资料

本公司 2000 年-2003 年 1-3 月份的财务会计资料已刊载于 2003 年 7 月 18 日的《中国证券报》、《上海证券报》、《证券时报》和《证券日报》本公司招股说明书摘要中。投资者欲了解详细内容,请查阅上述报刊或刊载于上海证券交易所网站 www.sse.com.cn 的本公司招股说明书全文及附录。

一、注册会计师意见

信永中和会计师事务所有限责任公司作为公司的财务审计机构,对本公司 2000、2001 年、2002 年及 2003 年 1-3 月份的会计报表进行了审计并出具了标准无保留意见的审计报告,其结论性意见如下:"我们认为,上述会计报表符合国家颁布的《企业会计准则》和《企业会计制度》的规定,在所有重大方面公允反映了贵公司 2000 年 12 月 31 日、2001 年 12 月 31 日、2002 年 12 月 31 日、2003 年 3 月 31 日的财务状况,2000 年度、2001 年度、2002 年度、2003 年 1-3 月经营成果和 2002 年度、2003 年 1-3 月现金流量情况。"

二、简要会计报表

以下会计报表的单位均为人民币元。

简要资产负债表

项目	2003 年 3 月 31 日	2002 年 12 月 31 日
货币资金	23,588,748.45	30,059,135.29
应收帐款	57,985,519.96	53,302,453.67
其他应收款	6,173,853.50	10,165,361.69
预付帐款	5,684,783.31	5,169,722.54
存货	25,542,051.91	21,278,793.87
待摊费用	-	517,222.22
流动资产合计	118,974,957.13	120,492,689.28
长期股权投资	-	-
长期投资合计	-	-
固定资产原值	30,643,507.93	30,242,801.93
减:累计折旧	10,145,615.50	9,459,727.31
固定资产净值	20,497,892.43	20,783,074.62
固定资产净额	20,497,892.43	20,783,074.62
固定资产合计	20,497,892.43	20,783,074.62
长期待摊费用	396,077.67	476,007.09
无形资产及其他资产合计	396,077.67	476,007.09
资产总计	139,868,927.23	141,751,770.99
短期借款	8,000,000.00	8,000,000.00
应付帐款	14,922,520.90	12,527,183.48
预收帐款	9,620,564.20	14,321,688.85
应付工资	1,255,242.00	1,527,806.11
应付福利费	1,789,611.17	1,718,203.52
应交税金	2,510,703.10	10,092,475.90
其他应交款	151,519.42	206,503.77
其他应付款	902,120.53	1,674,124.96
预提费用	238,700.00	73,700.00
流动负债合计	39,390,981.32	50,141,686.59
负债合计	39,390,981.32	50,141,686.59
股本	50,316,000.00	50,316,000.00
资本公积	1,738,529.37	1,738,529.37
盈余公积	7,894,529.51	7,894,529.51
其中:公益金	2,658,400.94	2,658,400.94
未分配利润	40,528,887.03	31,661,025.52
股东权益合计	100,477,945.91	91,610,084.40
负债和股东权益总计	139,868,927.23	141,751,770.99

项目	2001 年 12 月 31 日	2000 年 12 月 31 日
货币资金	23,152,396.72	7,427,064.27
应收帐款	33,335,106.50	20,286,406.85
其他应收款	2,030,449.93	1,848,536.61
预付帐款	2,161,365.16	1,958,048.69
存货	15,593,441.75	9,664,219.48
待摊费用	-	-
流动资产合计	76,272,760.06	41,184,275.90
长期股权投资	-	7,499,630.87
长期投资合计	-	7,499,630.87
固定资产原值	29,344,015.08	24,904,092.90
减:累计折旧	6,722,962.96	4,246,551.86
固定资产净值	22,621,052.12	20,657,541.04
固定资产净额	22,621,052.12	20,657,541.04
固定资产合计	22,621,052.12	20,657,541.04
长期待摊费用	790,171.05	564,583.37
无形资产及其他资产合计	790,171.05	564,583.37
资产总计	99,683,983.23	69,906,031.18
短期借款	8,000,000.00	-

应付帐款	10,052,861.48	4,264,307.85
预收帐款	10,999,911.10	19,502,110.05
应付工资	1,183,556.50	978,421.00
应付福利费	1,466,919.01	631,768.84
应交税金	2,369,996.64	1,823,660.45
其他应交款	50,625.23	-20,345.69
其他应付款	1,951,873.21	3,943,933.15
预提费用	12,870.00	-
流动负债合计	36,088,613.17	31,123,855.65
负债合计	36,088,613.17	31,123,855.65
股本	35,940,000.00	35,940,000.00
资本公积	1,738,529.37	-
盈余公积	3,692,322.36	413,453.56
其中:公益金	1,257,665.22	164,708.96
未分配利润	22,224,518.33	2,428,721.97
股东权益合计	63,595,370.06	38,782,175.53
负债和股东权益总计	99,683,983.23	69,906,031.18

简要利润表

项目	2003 年 1-3 月	2002 年度
一、主营业务收入	30,550,474.60	144,291,427.60
减:主营业务成本	10,789,783.50	62,339,866.49
主营业务税金及附加	351,044.95	1,898,626.34
二、主营业务利润	19,409,646.15	80,052,934.77
加:其他业务利润	160,177.50	1,851,655.00
减:营业费用	5,345,999.64	26,201,870.13
管理费用	7,878,879.67	33,337,713.92
财务费用	45,238.87	399,356.85
三、营业利润	6,299,705.47	21,965,648.87
加:投资收益	-	-
补贴收入	3,718,359.77	9,222,783.62
减:营业外支出	-	-
四、利润总额	10,018,065.24	31,188,432.49
减:所得税	1,150,203.73	3,173,718.15
五、净利润	8,867,861.51	28,014,714.34
加:年初未分配利润	31,661,025.52	22,224,518.33
六、可供分配的利润	40,528,887.03	50,239,232.67
减:提取法定盈余公积	-	2,801,471.43
减:提取法定公益金	-	1,400,735.72
七、可供股东分配利润	40,528,887.03	46,037,025.52
减:应付普通股股利	-	-
减:转增股本	-	14,376,000.00
八、未分配利润	40,528,887.03	31,661,025.52

项目	2001 年度	2000 年度
一、主营业务收入	101,780,604.94	54,115,716.97
减:主营业务成本	38,396,849.56	17,002,988.55
主营业务税金及附加	1,123,822.70	606,438.38
二、主营业务利润	62,259,932.68	36,506,290.04
加:其他业务利润	1,476,922.50	951,517.32
减:营业费用	18,467,278.73	8,735,682.72
管理费用	26,072,389.11	15,837,053.37
财务费用	347,246.52	-68,912.54
三、营业利润	18,849,940.82	12,953,983.81
加:投资收益	-418,731.55	-369.13
补贴收入	5,811,188.24	5,066,579.43
减:营业外支出	-	8,122.19
四、利润总额	24,242,397.51	18,012,071.92
减:所得税	1,167,732.34	1,576,068.37
五、净利润	23,074,665.17	16,436,003.55
加:年初未分配利润	2,428,721.97	14,990,486.56
六、可供分配的利润	25,503,387.13	31,426,490.11
减:提取法定盈余公积	2,185,912.53	1,700,279.54
减:提取法定公益金	1,092,956.27	850,139.77
七、可供股东分配利润	22,224,518.33	28,876,070.80
减:应付普通股股利	-	174,528.04
减:转增股本	-	26,272,820.79
八、未分配利润	22,224,518.33	2,428,721.97

简要现金流量表

	2003 年 1-3 月	2002 年度
经营活动产生的现金流量净额	-5,899,615.84	9,116,390.30
投资活动产生的现金流量净额	-453,951.00	-1,767,561.73
筹资活动产生的现金流量净额	-116,820.00	-442,090.00
现金及现金等价物净增加额	-6,470,386.84	6,906,738.57

本公司会计报表附注等有关内容，请查阅刊载于上海证券交易所网站 www.sse.com.cn 的本公司招股说明书全文及附录。

三、主要财务指标

1、本公司最近三年及一期的主要财务指标

主要财务指标	2003 年 1-3 月	2002 年	2001 年	2000 年
流动比率	3.02	2.40	2.11	1.32
速动比率	2.37	1.98	1.68	1.01
资产负债率	28.2%	35.4%	36.2%	44.5%
应收账款周转率(次)	0.52	3.13	3.59	3.16
存货周转率(次)	0.44	3.25	2.93	2.48
净资产收益率(全面摊薄)	8.8%	30.6%	36.3%	42.4%
扣除非经常性损益后的净资产收益率(全面摊薄)	8.8%	30.6%	36.3%	42.4%
每股收益(元)	0.18	0.56	0.64	0.46
每股经营活动的现金流量(元)	-0.12	0.18	-	-
每股净现金流量(元)	-0.13	0.14	-	-

2、最近三年及最近一期的每股收益与净资产收益率

报告期利润	净资产收益率(%)			
	全面摊薄			
	2003.3.31	2002	2001	2000
主营业务利润	19.32%	87.38%	97.90%	94.13%
营业利润	6.27%	23.98%	29.64%	33.40%
净利润	8.83%	30.58%	36.28%	42.38%
扣除非经营性损益后的净利润	8.83%	30.58%	36.94%	42.40%
	加权平均			
	2003.3.31	2002	2001	2000
主营业务利润	20.21%	103.16%	122.67%	117.43%
营业利润	6.56%	28.31%	37.14%	41.67%
净利润	9.23%	36.10%	45.46%	52.87%
扣除非经营性损益后的净利润	9.23%	36.10%	46.29%	52.90%

报告期利润	每股收益(元/股)							
	全面摊薄				加权平均			
	2003.3.31	2002	2001	2000	2003.3.31	2002	2001	2000
主营业务利润	0.39	1.59	1.73	1.02	0.39	1.59	1.73	1.02
营业利润	0.13	0.44	0.52	0.36	0.13	0.44	0.52	0.36
净利润	0.18	0.56	0.64	0.46	0.18	0.56	0.64	0.46
扣除非经营性损益后的净净利润	0.18	0.56	0.65	0.46	0.18	0.56	0.65	0.46

第九节　其他重要事项

一、自本公司股票首次公开发行之日至本上市公告书公告之日，本公司严格依照现行有关法律、法规的规定规范运行，生产经营情况正常，本公司所处行业和市场无重大变化，主要业务发展目标的进展状况正常，主要投入、产出物的供求和价格无重大变化。

二、自本公司股票首次公开发行之日至本上市公告书公告之日，本公司没有进行重大对外投资，无重大资产(股权)收购、出售行为。

三、自本公司股票首次公开发行之日至本上市公告书公告之日，本公司住所没有发生变更。

四、自本公司股票首次公开发行之日至本上市公告书公告之日，本公司未涉及任何重大诉讼、仲裁或行政处罚案件，并且本公司未面临任何重大影响的诉讼和索赔要求。

五、自本公司股票首次公开发行之日至本上市公告书公告之日，本公司的重大会计政策没有发生变动。

六、自本公司股票首次公开发行之日至本上市公告书公告之日，本公司的会计师事务所没有发生变化。

七、自本公司股票首次公开发行之日至本上市公告书公告之日，本公司董事、监事和高级管理人员未受到任何刑事起诉，亦没有尚未了结或可能发生的刑事诉讼事项。

八、自本公司股票首次公开发行之日至本上市公告书公告之日，未发生新的重大负债，并且已有重大债项没有发生变化。

九、根据《上海证券交易所股票上市规则》，本公司第一大股东北京英诺维电子技术有限公司承诺，自本公司股票上市之日起 12 个月内，不转让其所持有的本公司股份，也不由本公司回购其持有的本公司股份。

十、本公司于 2003 年 7 月 21 日召开 2003 年第一次临时股东大会，选举产生了新一届董事会、监事会成员。上述人员全部系公司第一届董事会、监事会组成成员，没有发生任何变动。

十一、本公司于 2003 年 7 月 21 日召开第二届董事会第一次会议，选举产生了董事长、副董事长，聘任了总经理、副总经理、财务总监和董事会秘书。上述人员的任职与第一届董事会选举、聘任结果相同，未发生任何变动。

十二、本公司于 2003 年 7 月 21 日召开第二届监事会第一次会议，选举产生了监事会主席，即监事会召集人。本届监事会召集人与公司第一届监事会召集人未发生任何变动。

十三、本公司股票首次公开发行之日至本上市公告书公告之日，没有其他应披露而未披露的重大事项。

第十节　董事会上市承诺

本公司董事会承诺将严格遵守《中华人民共和国公司法》、《中华人民共和国证券法》、《股票发行与交易管理暂行条例》、《公开发行股票公司信息披露实施细则》和《上海证券交易所股票上市规则》等国家法律、法规和有关规定，并自股票上市之日起：

一、承诺真实、准确、完整、公允和及时地公布定期报告，披露所有对投资者有重大影响的信息，并接受中国证券监督管理委员会、证券交易所的监督管理。

二、承诺本公司在知悉可能对股票价格产生误导性影响的任何公共传播媒介中出现的消息后，将及时予以公开澄清。

三、本公司董事、监事、高级管理人员和核心技术人员将认真听取社会公众的意见和批评，不利用已获得的内幕消息和其他不正当手段直接或间接从事本公司股票的买卖活动。

四、本公司没有无记录的负债。

第十一节　上市推荐人及其意见

一、上市推荐人情况

上市推荐人:广发证券股份有限公司

法定代表人:陈云贤

注册地址:广东省珠海市吉大海滨南路光大国际贸易中心 26 楼 2611 室

联系人:李朝辉、钟辉、刘旭阳

电话:010-68083328

传真:010-68083351

二、上市推荐人意见

本公司上市推荐人认为本公司章程符合《中华人民共和国公司法》等有关法律、法规和中国证监会关于公司章程的相关规定。根据《中华人民共和国公司法》、《中华人民共和国证券法》、《股票发行与交易管理暂行条例》、《上海证券交易所股票上市规则》等国家有关法律、法规的规定，发行人此次发行的社会公众股已具备公开上市的条件。

本公司上市推荐人保证本公司的董事了解法律、法规、上海证券交易所上市规则及股票上市协议规定的董事的义务与责任，并协助本公司健全了法人治理结构、协助发行人制定了严格的信息披露制度与保密制度。

本公司上市推荐人已对本公司上市文件所载的资料进行了核实，确保上市文件真实、准确、完整，符合规定要求；保证上市申请材料、上市公告书没有虚假、严重误导性陈述或者重大遗漏，并保证对其承担连带责任。

本公司上市推荐人同意推荐本公司本次公开发行股票在上海证券交易所上市交易，并保证不利用在上市过程中获得的内幕信息进行内幕交易，为自己或他人谋取利益。

北京中创信测科技股份有限公司

2003 年 8 月 2 日

江苏亨通光电股份有限公司

江苏亨通光电股份有限公司股票上市公告书

第一节 重要声明与提示

本公司董事会保证上市公告书的真实性、准确性、完整性,全体董事承诺上市公告书不存在虚假记载、误导性陈述或重大遗漏,并承担个别和连带的法律责任。

根据《公司法》、《证券法》等有关法律、法规的规定,本公司董事、高级管理人员已依法履行诚信和勤勉尽责的义务和责任。

上海证券交易所、中国证监会、其他政府机关对本公司股票上市及有关事项的意见,均不表明对本公司的任何保证。

本公司提醒广大投资者注意,凡本上市公告书未涉及的有关内容,请投资者查阅2003年8月4日刊登于《上海证券报》、《中国证券报》、《证券时报》、《证券日报》的本公司招股说明书摘要,及刊载于上海证券交易所网站(www.sse.com.cn)的本公司招股说明书全文。

本上市公告书刊登网址:www.sse.com.cn

第二节 概览

1、股票简称:亨通光电
2、沪市股票代码:600487
3、深市代理股票代码:003487
4、股本总额:126,120,000股
5、可流通股本:35,000,000股
6、本次上市流通股本:35,000,000股
7、发行价格:11.20元/股
8、上市地点:上海证券交易所
9、上市时间: 2003年8月22日
10、股票登记机构:中国证券登记结算有限责任公司上海分公司
11、上市推荐人:平安证券有限责任公司
12、本公司公开发行股票前股东所持股份的流通期限及限制:根据国家现有法律、法规规定和中国证监会证监发行字[2003]72号文《关于核准江苏亨通光电股份有限公司公开发行股票的通知》,本公司的法人股、自然人持有的未流通股份暂不上市流通。
13、本公司股票上市前第一大股东亨通集团有限公司承诺:自本公司股票上市之日起12个月内,不转让其所持有本公司股份,本公司也不会回购其所持有的股份。

第三节 绪言

本上市公告书是根据《中华人民共和国公司法》、《中华人民共和国证券法》、《股票发行与交易管理暂行条例》、《公开发行股票公司信息披露实施细则》和《上海证券交易所股票上市规则》等国家有关法律、法规的规定,并按照中国证监会《公开发行证券的公司信息披露内容与格式准则第7号--股票上市公告书》而编制。

经中国证监会证监发行字[2003]72号文核准,本公司于2003年8月7日采取100%向沪市、深市二级市场投资者定价配售的方式成功发行了3,500万股每股面值1.00元的人民币普通股,发行价为每股人民币11.20元。

经上海证券交易所上证上字[2003]97号《关于江苏亨通光电股份有限公司人民币普通股股票上市交易的通知》批准,本公司公开发行的3,500万股社会公众股将于2003年8月22日起在上海证券交易所挂牌交易。股票简称"亨通光电"、沪市股票代码"600487"深市股票代码"003487"。

本公司已于2003年8月4日在《上海证券报》、《中国证券报》、《证券时报》、《证券日报》上刊登了《招股说明书摘要》,招股说明书正文及其附录可以在上海证券交易所网站(http://www.sse.com.cn)查询。相关资料刊登距今不足三个月,故与其重复的内容不再重述,敬请投资者查阅上述内容。

第四节 发行人概况

一、发行人基本情况

1、公司名称:江苏亨通光电股份有限公司
英文名称:JIANGSU HENGTONG PHOTOELECTRIC STOCK CO., LTD
2、注册资本:126,120,000元
3、法定代表人:崔根良
4、成立时间:1999年12月14日
5、注册地址:江苏省吴江市七都镇
邮政编码:215234
6、经营范围:光纤光缆、电力电缆、特种通信线缆、光纤拉丝、电源材料及附件、电子元器件、通信设备(卫星地面接收设施除外)的制造、销售,网络工程设计、安装,实业投资。
7、所属行业:通信及设备制造业
8、电话: 0512-63802858 传真:0512-63801518
电子邮箱:htgd@htgd.com.cn
9、董事会秘书:姚央毛

二、发行人的历史沿革及经历的改制重组情况

江苏亨通光电股份有限公司系经江苏省人民政府苏政复[1999]144号文件批准,以线缆总厂作为主发起人,由吴江妙都光缆有限公司整体变更设立的股份公司。

吴江妙都光缆有限公司系中日合资经营企业,于1993年4月26日经吴江市对外经济贸易委员会吴外经(93)字第354号文批准成立,注册资本200万美元,其中中方线缆总厂出资150万美元,占注册资本的75%;日本株式会社妙香园出资50万美元,占注册资本的25%。妙都公司分别于1994年、1996年、1998年实行增资,注册资本增至1,146.50万美元。

1997年9月、1999年1月,合资中方线缆总厂分别向天津市电话器材公司、昆明市电信局职工技协服务部转让其持有的妙都公司2.1%、3.15%的股权。1999年9月,线缆总厂受让日本株式会社妙香园持有的妙都公司的25%的股权,经吴江市对外经济贸易委员会以吴外经(99)字第159号文批准,妙都公司变更为内资企业。1999年9月,线缆总厂将其持有的妙都公司的13.889%、3.152%、3.152%和2.102%股权分别转让给毛慧苏女士、苏州电力实业总公司、吴江市电力实业总公司和吴江亨利光电材料有限责任公司,并办理了工商变更登记手续。

2000年8月,亨通集团规范登记为有限责任公司,依据国家工商行政管理局《公司登记管理若干问题的规定》关于"有限责任公司不得设立非公司的企业法人"的规定,亨通集团申请并经核准于2000年8月注销了线缆总厂,依法承继了线缆总厂所有的资产、负债及相应的权利、义务,因而成为本公司控股股东。2001年3月,苏州电力实业总公司、吴江市电力实业总公司分别更名为苏州苏源电力实业总公司、吴江市苏源电力实业总公司。

三、股权变动情况

本公司自设立以来股权结构未发生其他变化,亦未发生任何重大资产重组行为。

经中国证监会证监发行字[2003]72号文核准,发行人于2003年8月7日以100%向二级市场投资者定价配售的发行方式成功地发行了人民币普通股3,500万股,每股面值1.00元,每股发行价11.20元。此次发行成功后,本公司的总股本为12,612万股,注册资本为12,612万元。

本次发行前后公司的股本结构:

股份名称	发行前		发行后	
	数量(万股)	比例(%)	数量(万股)	比例(%)
尚未流通股份				
发起人股份	9,112	100	9,112	72.25
已流通股份	0	0	3,500	27.75
股份总额	9,112	100	12,612	100

注:本公司不存在国家持有的股份、境外法人持有的股份、募集法人股、内部职工股等情况。

2、亨通集团有限公司持有吴江亨利光电材料有限公司76%的股权,除上述关联关系外,本公司股东间不存在其他关联关系。

3、本公司未发行过内部职工股。

四、发行人的主要经营情况

1、发行人的主营业务

本公司主营业务为光纤光缆的生产与销售。

2、、销售方式与渠道

公司产品直接销售给中国移动、中国联通、中国电信等客户。

3、所需主要原材料

公司生产所需原材料主要为光纤、护套料、PBT塑管、钢(铝)带等。

4、发行人的竞争优势和劣势

目前,国内光纤光缆生产厂家达150家之多,竞争激烈。根据2002年上半年《人民邮电报》,经中国邮电器材总公司授权刊登,2001年度公司销售量已上升为全国同行业第三位。

公司的竞争优势和劣势如下:

(1)优势分析

①覆盖全国的市场网络

公司拥有一支技术、业务能力很强的营销队伍,又由于公司的产品系列化和多功能,因而客户遍布中国电信、联通、中国移动、广电、网通、国防、铁通、电力、油田、高速公路、计算机网络及科研单位等领域,市场网络覆盖全国。

②强大的研发实力

本公司拥有10多名从事光纤光缆行业研究20多年的专家及高工。目前本公司已开发成功的光缆产品达20多个系列,规格逾千,成为国内同行业产品最齐全的公司之一。

1999年,本公司技术中心完成省级以上鉴定新产品15个,承担并完成国家级及省级火炬计划项目两个,开发出国家级及省级高新技术产品3个。

目前本公司共获得专利7项,其中层绞式半干式缆芯光缆在首届香港中华专利技术博览会上荣获金奖;另有3项产品获得江苏省高新技术产品证书。

2000年3月,本公司被国家科技部认定为重点高新技术企业;2000年5月,本公司技术中心被江苏省计划与经济委员会以苏计经科函(2000)87号文认定为省重点支持的企业技术中心;2000年5月,传送网与接入网标准研究组批准公司为其全权成员单位。

③领先的制造技术及严格的质量控制

本公司先后从芬兰NOKIA公司、奥地利M&S公司、意大利斯·安杰利公司、美国AFA公司和奥地利罗森泰公司等公司引进大量国际先进设备、实验设备和检测仪表,并于1997年6月被原广电部确定为华东地区光缆检测站。本公司于1997年5月通过了ISO9002质量体系认证,于2001年5月通过ISO14001环境管理体系认证。

(2)劣势分析

①需进一步充实高级人才

和上海等沿海大城市相比,本公司地理位置相对较偏,在引进人才上存在一定的难度,为此,本公司将把管理部门移至上海,并进一步注重人才资源的开发、培养与利用,积极招募高级管理、技术、财务和证券人才。

②需要克服融资能力的不足

目前公司的融资渠道仅限于银行贷款,根本无法满足本公司发展的需求。为促进本公司的快速发展,申请发行社会公众股并上市已成为本公司的迫切需要。

5、发行人近三年又一期主营业务收入和利润情况

单位:人民币元

项目	2003年1~3月	2002年度	2001年度
主营业务收入	104,484,102.54	632,155,060.01	802,759,295.21
主营业务利润	16,367,959.26	143,873,197.10	251,091,219.00
营业利润	5,594,432.04	75,554,244.93	112,674,117.31
利润总额	6,109,153.04	75,530,586.22	111,847,589.01
净利润	4,045,484.40	50,660,799.27	70,326,932.19

项目	2000年度
主营业务收入	401,189,532.49
主营业务利润	123,161,494.55
营业利润	67,442,636.80
利润总额	67,381,946.80
净利润	44,347,977.94

6、发行人拥有的主要知识产权

(1)专利

专利名称	剩余保护年限	专利权人
层绞式小缆芯ADSS光缆	6年	本公司
层绞式半干式缆芯光缆	6年	本公司
综合引入光缆	7年	本公司
同轴电缆五类电缆及光纤复合引入光缆	8年	本公司
裸光纤引入光缆	8年	本公司
含不锈钢光纤套管的陆上光缆	9年	本公司
半紧套光纤光缆	9年	本公司

专利名称	专利号

层绞式小缆芯ADSS光缆	ZL 99 2 46158.8
层绞式半干式缆芯光缆	ZL 99 2 19249.8
综合引入光缆	ZL 00 2 48678.4
同轴电缆五类电缆及光纤复合引入光缆	ZL01220693.8
裸光纤引入光缆	ZL01220696.X
含不锈钢光纤套管的陆上光缆	ZL01207139.0
半紧套光纤光缆	ZL01207138.2

(2)非专利技术

公司和上海大学联合研制国家自然科学基金项目大余长不锈钢管二次被覆光纤。

8、发行人享有的税收优惠政策

公司未享有任何财政、税收优惠政策。子公司上海亨通光电科技有限公司所得税享受高新技术企业优惠,税率15%。

第五节 股票发行和股本结构

一、本次股票上市前公开发行股票的情况

1、发行数量:3,500万股

2、发行价格:11.20元/股

3、募集资金总额:39,200万元

4、发行方式:100%向二级市场投资者配售

5、发行费用总额及项目:本次发行费用总额为1,183.40万元,包括承销费用、审计费用、律师费用、发行手续费、审核费用等项目。

6、每股发行费用:0.34元

二、本次股票上市前首次发行股票的承销情况

本次公开发行的3,500万股社会公众股的配号总数为68289218个,中签率为0.05125260%。其中,二级市场投资者认购34,590,361股,其余409,639股由主承销商包销。

三、本次上市前首次公开发行股票募集资金的验资报告

上海立信长江会计师事务所有限公司对本公司本次上市前首次公开发行股票募集资金出具了《验资报告》信长会师报字(2003)第11122号,摘录如下:

四、募股资金入帐情况

1、入帐时间:2003年8月13日

2、入帐金额:38,239.60万元(募集资金扣除承销费和上网发行费后的余额)

3、入帐帐号:501-3229976362210000551

4、开户银行:中国建设银行吴江市支行

五、发行人上市前股权结构及各类股东的持股情况

1、本次股票上市前,本公司的股权结构

股份名称	数量(股)	比例(%)
一、非上市流通股	91,120,000	72.25
社会法人股	78,464,343	62.22
自然人股	12,655,657	10.03
二、社会公众股	35,000,000	27.75
股份总额	126,120,000	100

2、前十名股东持股情况

股东名称	持股数量(股)	持股比例(%)
亨通集团	66,017,351	52.34
毛慧苏	12,655,657	10.03
吴江电力	2,872,102	2.28
苏源电力	2,872,102	2.28
昆明电信技	2,872,102	2.28
天津电器	1,915,343	1.52
亨利光材	1,915,343	1.52
平安证券	409,639	0.32
鸿阳基金	59,000	0.047
天同180	58,000	0.046

第六节 董事、监事、高级管理人员及核心技术人员

本公司董事、监事、高级管理人员、技术负责人及核心技术人员均为中华人民共和国国籍;相互之间不存在配偶关系、三代以内直系和旁系亲属关系;均未以任何方式持有公司的股票。上述人员承诺在其任职或工作期间,将遵守国家有关法律、法规及公司规章制度关于其维护本公司利益的规定。

一、董事会

1、崔根良先生,中国国籍,45岁,大专,高级政工师,现任本公司董事长,兼亨通集团有限公司董事、总经理,还兼任上海亨通、江苏亨通线缆有限公司、江苏亨通电力电缆有限公司、吴江亨通电力电缆有限公司、苏州亨通信息科技有限公司以及吴江亨通光电科技有限公司的董事长。崔先生先后获得苏州市劳动模范(1994年)、江苏省劳动模范(1996年)、优秀科技创业转业退伍军人奖(1997年)、全国优秀乡镇企业厂长(经理、董事长)称号(1998年)等多种荣誉称号。

崔先生曾担任的重要职务包括:1986年~1987年,七都丝织服装厂厂长;1988年~1990年,吴江乳胶厂厂长;1991年~2000年,线缆总厂、亨通集团公司总经理及董事长。

2、施广华先生,中国国籍,54岁,大学本科,经济师,现任本公司副董事长,兼任苏州苏源电力实业总公司董事长、苏州电力发展有限公司董事长。施先生曾担任的重要职务包括:1985~1992年,苏州供电局科长、公司经理;1992~2000年,江苏省电力工业局副处长、处长;2000年至今,担任苏州苏源电力实业总公司董事长、苏州电力发展有限公司董事长。

3、钱建林先生,中国国籍,30岁,在读研究生,助理工程师,现任本公司总经理、董事兼任亨通集团有限公司董事。钱先生曾担任的主要职务包括:1993~1995年,担任吴江妙都光缆有限公司工程部主任;1995~1996年,担任吴江妙都光缆有限公司技术部主任;1997~1998年,担任吴江妙都光缆有限公司副总经理助理;1998~2000年,担任江苏亨通光电股份有限公司董事、执行副总经理。

4、孙锦荣先生,中国国籍,46岁,大专,助理会计师,现任本公司董事,兼任亨通集团有限公司董事长、吴江亨利光电材料有限责任公司董事长。1988年~1990年,任吴江乳胶厂出纳会计;1991年~2000年,历任亨通集团公司财务部副总经理、亨通集团公司副总经理。

5、许劲先生,中国国籍,43岁,大学,高级工程师,本公司董事,现任天津市电话器材公司总经理。

6、毛慧苏女士,中国国籍,32岁,大学本科,现任本公司董事。1992年3月~1997年3月,留学日本大阪近畿大学。1999年12月至今,担任本公司董事。

7、万云波女士,中国国籍,42岁,大学本科,高级政工师,本公司董事,现任云南电信公司昆明分公司工委副主任、昆明市电信局职工技协服务部主任。万女士1993年4月至1997年4月,任昆明市电信局审计室主任;1997年5月至今,任云南电信公司昆明分公司工委副主任,昆明电信职工技协主任。万女士曾被评为1997年至1999年度云南省职工技协先进个人。

8、徐洪强先生,中国国籍,63岁,大专,经济师,现任本公司董事,兼任吴江市苏源电力实业总公司董事长。1964~1979年,任职于苏州供电局人事科、保卫科、团委等;1979年至今,任吴江市苏源电力实业总公司董事长。

9、姚央毛先生,中国国籍,40岁,大专,现任本公司董事、董事会秘书。1989~1993年,担任吴江色织化纤厂副厂长;1994~1999年,担任亨通集团公司办公室主任;2000年至今,担任本公司董事、董事会秘书。

10、钱瑞先生,中国国籍,39岁,大专,工程师,现任本公司董事,兼任亨通集团有限公司监事长。1991年4月至1998年12月,曾任亨通集团公司副总经理。

11、雷良海先生,中国国籍,41岁,博士研究生,本公司独立董事,雷先生历任上海理工大学财务处处长、沪江现代企业研究所所长、上海理工大学投资与建设学院副院长、上海理工大学商学院副院长等职。

12、顾秦华先生,中国国籍,40岁,在读研究生,高级律师,本公司独立董事,顾先生任江苏苏州震宇律师事务所主任,兼任江苏律师协会行政和国家赔偿专业委员会副主任。

13、周仲麒先生,中国国籍,65岁,大学,高级工程师,本公司独立董事,周先生现任中国通信企协光纤产业分会秘书长。

14、任晓敏先生,中国国籍,45岁,教授、博导,本公司独立董事,任先生现任北京邮电大学副校长兼研究生院院长。

15、王净女士,中国国籍,32岁,大学,本公司独立董事,王女士现任吴江华正会计师事务所有限公司评估部经理。

二、监事会

1、尹纪成先生,中国国籍,30岁,大专,技术员,现任本公司监事会召集人、本公司销售部经理。1994年~1996年,任吴江妙都光缆有限公司车间主任;1996年~2000年,任吴江妙都光缆有限公司生产部经理。

2、戴小林先生,中国国籍,43岁,高中文化,现任本公司监事会监事,兼任亨通集团有限公司销售部副总经理助理。1992年进入亨通集团销售部任销售员。

3、沈建峰先生,中国国籍,32岁,高中文化,现任本公司监事会监事,兼任吴江亨利光电材料有限公司财务部主任。

三、其他高级管理人员

1、钱建林先生,总经理(详见董事部分)。

2、吴重阳先生,中国国籍,61岁,大学本科,教授级高工,现任本公司副总经理、总工程师,兼任中国科技会堂专家委员会专家、香港新时代国际文化出版社科技专家顾问。曾历任邮电部侯马电缆厂仪表试制组长、光缆分厂副厂长、研究所副所长,获得过山西省科技先进工作者、邮电部成绩优异高级工程师等多种荣誉称号。作为中国第一批从事光纤、光缆研制的专家之一,吴先生曾负责(技术总负责)创建了中国第一条光缆生产线(国家级工业性实验项目)。吴先生曾获得的奖项包括:邮电部科技进步一等奖、三等奖、国家级新产品奖和世界科学技术发展成就奖(香港国际专利技术博览会)。

3、陈鸿保先生,中国国籍,52岁,大学本科,高级工程师,现任本公司副总经理,兼任上海光通信委员会委员、《光纤通信》副主编。1983年4月~1995年7月,任电子工业部光纤光缆室、设备研究室副主任;1995年7月~1997年9月,任安徽省天康集团总工程师。曾于电子部八所从事光纤光缆研究工作多年,研究领域涵盖光纤拉丝、光纤预制棒制作、光纤测试和光纤光缆专用设备研制等。

4、王剑先生,中国国籍,40岁,在读研究生,注册会计师资格,现为本公司财务负责人。

本公司与上述董事、监事、高级管理人员之间没有签订借款、担保等协议。

四、核心技术人员

1、吴重阳先生(详见高级管理人员)。

2、陈鸿保先生(详见高级管理人员)。

3、江平先生,中国国籍,36岁,硕士,高级工程师。主要从事光纤光缆专用设备研制,主持和参与研制的产品包括:光纤着色机、二次套塑生产线、钢丝铠装生产线、护套生产线、SZ绞合成缆机等。江先生的研究成果曾获得安徽省国防科工委科技成果一等奖(1998年)、安徽省国防科工委科技进步二等奖(1999年)、安徽省科技进步二等奖(1999年)。

4、李苏明先生,中国国籍,53岁,高级工程师,上海亨通科技有限公司总经理,从事光纤光缆和光通信系统研究工作二十多年,曾参加《西昌卫星发射场发射现场光纤图像传输系统》课题,获电子部科技成果一等奖;完成《核攻击下的光通信系统研究》,获国防科工委集体三等功;完成《上海市合流污水治理二期工程光纤监控试验段系统》,获上海市科技成果二等奖;曾获中国政府全额资助奖学金赴日本留学,现为复旦大学和上海理工大学兼职教授。

5、杜柏林先生,中国国籍,65岁,教授级高工,公司技术中心副主任,从事光通信研究二十多年,完成多项国家科研项目,著有《光纤通信和光纤传感器》,现为上海大学兼职教授,上海光通信专业委员会主任。

上述董事、监事、高级管理人员及核心技术人员声明:除以上已披露的兼职情况外,均未在股东单位或股东控制的单位、本公司所控制的法人单位、同行业其他法人单位兼任其他职务。

第七节 同业竞争与关联交易

一、同业竞争

本公司实际控制人及其控制的其它法人与本公司之间不存在同业竞争情况,并承诺今后也不从事与本公司相竞争的业务。

本公司的主营业务为光纤光缆的生产和销售,公司控股股东亨通集团有限公司的主营业务为通信电缆的生产和销售,两者是完全不同的产品。集团公司的控股子公司所从事的主要业务为同轴电缆、电力电缆、光电缆辅助材料的生产和销售,与本公司经营不构成竞争。

发行人律师及主承销商均对此发表了相同意见。

二、发行人关联方

根据中国证监会证监发[2001]41号文,本公司目前存在的关联方及关联关系如下:

(一)本公司的七家股东为本公司的关联方。

1、亨通集团有限公司

本公司控股股东,持有公司66,017,351股,占公司发行前总股本的72.451%。亨通集团有限公司前身为亨通集团公司,成立于1994年4月,2000年11月,改制成为亨通集团有限公司,为国内大型线缆企业集团,主要产品为通信电缆。

2、毛慧苏女士

1971年出生于苏州,持有本公司12,655,657股,占本公司发行前总股本的13.889%。

3、天津市电话器材公司

持有本公司1,915,343股,占本公司发行前总股本的2.102%。该公司成立于1993年12月,主营电信设备、器材及相关产品的批发零售。

4、昆明市电信局职工技协服务部

持有本公司2,872,102股,占本公司发行前总股本的3.152%,成立于1991年5月,主营电信技术服务。

5、苏州苏源电力实业总公司

持有本公司2,872,102股,占本公司发行前总股本的3.152%。该公司原名苏州电力实业总公司,成立于1993年11月,1997年10月进行股份合作制改造,主营电力设备安装及电力工程的勘探、设计、施工等,于2001年3月更名苏州苏源电力实业总公司。

6、吴江市苏源电力实业总公司

持有本公司2,872,102股,占本公司发行前总股本的3.152%。该公司原名吴江市电力实业总公司,成立于1992年10月,1997年9月进行股份合作制改造,主营供用电咨询与设计、输变配电设备安装与维修以及通讯设备安装调试,于2001年3月更名为吴江市苏源电力实业总公司。

7、吴江亨利光电材料有限责任公司

持有本公司1,915,343股,占本公司发行前总股本的2.102%。该公司成立于1999年6月,主营线缆辅助材料及连接插件的制造。

(二)控股股东控股或参股的企业。亨通集团控股企业(除本公司外)如下表:

注册资本

企业名称	主要业务	（万元）
吴江亨利光电材料有限责任公司	光电缆辅助材料的生产和销	500
江苏亨通线缆有限公司	市话电缆、射频同轴电缆	1,000 万美元
江苏亨通电力电缆有限公司	生产、销售电力电缆	2,000 万美元
苏州亨通信息科技有限公司	目前尚未开展业务	200
吴江亨通光电科技有限公司	目前尚未开展业务	50
吴江亨通电力电缆有限公司	电力电缆及辅助材料	500

企业名称	法定代表人	集团公司持股比例
吴江亨利光电材料有限责任公	孙锦荣	76%
江苏亨通线缆有限公司	崔根良	55%
江苏亨通电力电缆有限公司	崔根良	75%
苏州亨通信息科技有限公司	崔根良	85%
吴江亨通光电科技有限公司	崔根良	85%
吴江亨通电力电缆有限公司	崔根良	85%

（三）发行人控股子公司上海亨通光电科技有限公司，上海亨通原为亨通集团与上海凌云电信器材销售公司合资设立，亨通集团持有52%的股权。2002年5月，公司收购亨通集团所持上海亨通52%股份成为上海亨通的控股股东。

（四）对控股股东有实质影响的法人或自然人主要为集团公司的股东崔根良、孙根荣、沈明权、沈鑫仁、戴小林等。

（五）本公司的董事、监事和高管人员为本公司关联方。

（六）本公司董事、监事、高级管理人员担任其他企业主要职务的情况有：

1、本公司董事许劲先生兼任本公司股东天津市电话器材公司的总经理；

2、本公司董事施广华先生兼任本公司股东苏州电力发展有限公司的董事长。

上述人员之间不存在关联关系，除对集团公司的投资外，均未投资参股任何其他企业。

（七）本公司高管人员发行前持股情况如下：

1、除毛慧苏女士外，本公司董事、监事、高级管理人员和核心技术人员不存在直接持有本公司股份的情况。

2、本公司董事崔根良先生（持有集团公司50.007%股权）、孙锦荣先生（持有集团公司1.570%股权）、钱建林先生（持有集团公司1.570%股权）、钱瑞先生（持有集团公司1.178%股权）、姚央毛先生（持有集团公司0.327%股权）通过亨通集团有限公司间接持有本公司股份；本公司监事戴小林（持有集团公司6.609%股权）和尹纪成（持有集团公司0.327%股权）通过亨通集团有限公司间接持有本公司股份。除此以外，其它董事、监事、高级管理人员和核心技术人员不存在通过其能够直接或间接控制的公司持有本公司股份的情况。

3、本公司董事、监事、高级管理人员和核心技术人员的家属中不存在直接或间接持有本公司股份的情况。

除上述企业和人员外，本公司不存在其他关联方。

三、关联交易

（一）关联交易的具体内容及对公司财务状况和经营成果的影响

公司的关联交易主要发生在与亨通集团及其下属企业之间，包括原辅材料采购、销售产品、综合服务、委托加工等关联交易，具体情况如下：

交易内容	2002年 金额（万元）	2002年 所占比例（%）	2001年 金额（万元）	2001年 所占比例（%）
1、购买辅助材料	2,699.49	6.81	6,429.01	10.97
2、委托进口原料	5,321.97	13.44	24,653.51	–
3、销售材料	858.94	1.38	2,771.31	3.30
4、委托加工	984.82	–	5,077.03	–
5、购买固定资产	–	–	–	–
6、出售固定资产	–	–	–	–
7、委托经营	16.67	–	25.00	–
8、向关联方融资	–	–	–	–
9、综合服务	60.00	–	60.00	–
10、担保	–	–	–	–

交易内容	2000年 金额（万元）	2000年 所占比例（%）
1、购买辅助材料	1,724.02	6.03
2、委托进口原料	–	–
3、销售材料	42.41	0.10
4、委托加工	–	–
5、购买固定资产	1,062.48	–
6、出售固定资产	1,657.32	–
7、委托经营	–	–
8、向关联方融资	5,278.54	100.00
9、综合服务	60.00	–
10、担保	13,320	–

11、为了消除同业竞争，股份公司2002年5月受让亨通集团所持有的上海亨通的52%股权，价款2,680.28万元。

2003年1-3月公司的关联交易情况为：购买辅助材料773.17万元，占同期外购材料的9.33%；接受亨通集团提供综合服务，金额为41.80万元。因上述关联交易价格公允，对公司的经营成果影响不大。

（二）公司减少关联交易已经或拟采取的措施：

（1）公司为消除同业竞争，于2001年6月受托经营管理上海亨通，于2002年5月收购了亨通集团所持上海亨通的52%的股权，成为上海亨通的控股股东。

（2）本公司控股上海亨通后，终止了委托经营、出售材料及委托上海亨通加工两项关联交易。2002年1月31日，本公司取得自营进出口权，于次月4日与亨通集团签订协议，终止了委托进口原料的关联交易。

（3）本公司控股股东出具了《不予竞争承诺函》，承诺集团公司及由其控股的子公司将不从事与股份公司目前主营业务（即光缆产品的生产和销售）相同的业务；如今后股份公司从事新的业务，则集团公司亦将避免与股份公司在同一业务领域内进行竞争。

本公司公司章程中对有关关联交易的决策权力与程序做出了严格规定。

本公司控股股东亨通集团承诺，对于因集团公司作为控股股东控制本公司而使本公司的合法利益受到损害，由此产生的损失，集团公司愿承担赔偿责任。

（三）发行人律师、主承销商和独立董事均对关联交易发表了意见，认为公司关联交易符合有关规定，关联交易是公允的，没有损害本公司及其他股东的利益。

第八节　财务会计资料

本公司截止2002年3月31日的财务会计资料已于2003年8月4日刊登于《上海证券报》、《中国证券报》、《证券时报》、《证券日报》上刊登的招股说明书摘要以及刊载于上海证券交易所网站http://www.sse.com.cn的本公司招股说明书全文及附录中进行了详细批露，尚未超出有效期限。欲了解本公司经审计的财务报表及主要财务指标的详细内容，敬请投资者查阅上述报纸、网站或在公告的招股说明书查阅地查阅。

本公司已聘请上海立信长江会计师事务所有限责任公司（简称"立信长江所"）对本公司2000年12月31日、2001年12月31日、2002年12月31日和2003年3月31日的资产负债表，2000年度、2001年度、2002年度和2003年1–3月的利润表和利润分配表以及2002年度和2003年1–3月的现金流量表进行了审计，立信长江所已出具了标准无保留意见的信长会师报字（2003）第21450号《审计报告》。本部分引用的财务数据，非经特别说明，均引自经审计的会计报表。

一、最近三年的简要报表（见附表）

二、简要会计报表附注

有关本公司会计报表附注的详细内容，请查阅前述公开披露的招股说明书全文或招股说明书摘要。

三、主要财务指标：

1、根据立信长江所出具的审计报告，本公司的财务指标分析如下：

财务指标	2003.03.31	2002.12.31	2001.12.31
流动比率	1.20	1.36	1.60
速动比率	0.74	0.84	0.66
应收账款周转率	0.53	4.20	6.30
存货周转率	0.52	2.55	2.96
资产负债率（%）	63.61	64.69	64.52
每股净资产（元）	2.10	2.06	1.80
研发费用占主营业务收入比率（%）		4.32	5.14
净资产收益率（%）	2.11	27.03	42.85
每股收益（元）	0.04	0.56	0.77
每股经营活动现金流量（元）	–0.21	1.10	1.19

财务指标	2000.12.31
流动比率	1.18
速动比率	0.67
应收账款周转率	2.51
存货周转率	2.22
资产负债率（%）	66.52
每股净资产（元）	1.50
研发费用占主营业务收入比率（%）	6.95
净资产收益率（%）	32.42
每股收益（元）	0.50
每股经营活动现金流量（元）	0.03

2、本公司按《公开发行证券公司信息披露编报规则第9号–净资产收益率和每股收益率的计算及披露》计算的净资产收益率和每股收益如下：

报告期利润		净资产收益率（%） 全面摊薄	加权平均
	2000年	90.99	72.67
	2001年	154.30	147.18
主营业务利润			
	2002年	76.74	77.81
	2003年1~3月	8.55	8.64
	2000年	50.29	40.16
	2001年	68.65	65.48
营业利润			
	2002年	40.31	40.86
	2003年1~3月	2.92	2.95
	2000年	33.08	26.42
	2001年	42.85	40.87
净利润			
	2002年	27.03	27.40
	2003年1~3月	2.11	2.14
	2000年	33.12	26.45
扣除非经常性损益	2001年	43.35	41.35
后的净利润	2002年	27.02	27.39
	2003年1~3月	2.11	2.14

	每股收益（元/股） 全面摊薄	加权平均
	1.37	1.37
	2.78	2.78
主营业务利润		
	1.58	1.58
	0.18	0.18
	0.76	0.76
	1.24	1.24
营业利润		
	0.83	0.83
	0.06	0.06
	0.50	0.50
	0.77	0.77
净利润		
	0.56	0.56
	0.04	0.04
	0.50	0.50
扣除非经常性损益	0.78	0.78
后的净利润	0.56	0.56
	0.04	0.04

第九节　其他重要事项

一、自公司股票首次公开发行日至本上市公告之日，本公司严格依照现行有关法律、法规的规定规范运行，本公司生产经营情况正常，主要业务发展目标进展正常；

二、自公司股票首次公开发行日至本上市公告之日，本公司所处行业和市场无重大变化；

三、自公司股票首次公开发行日至本上市公告之日，本公司主要投入、产出物供求及市场价格无重大变化；

四、自公司股票首次公开发行日至本上市公告之日，本公司没有进行新的重大对外投资，无重大资产(股权)收购、出售行为；

五、自公司股票首次公开发行日至本上市公告之日，本公司住所没有发生变更；

六、自公司股票首次公开发行日至本上市公告之日，本公司无重大诉讼、仲裁案件；

七、自公司股票首次公开发行日至本上市公告之日，本公司无重大会计政策变化；

八、自公司股票首次公开发行日至本上市公告之日，本公司无会计事务所变动；

九、自公司股票首次公开发行日至本上市公告之日，本公司没有发生新的重大负债，重大债项未发生变化；

十、根据公司2002年度股东大会决议，本公司首次公开发行股票前剩余未分配利润由本次发行后新老股东共享；

十一、本公司股票上市前后税赋无变化；

十二、本公司计划将在上市当年进行利润分配，具体实施时间由本公司股东大会决定；

十三、根据《上海证券交易所股票上市规则》，公司第一大股东已向上海证券交易所承诺，自发行人股票上市之日起12个月内，第一大股东不转让其持有的发行人股份，也不由上市公司回购其持有的股份；

十四、自公司股票首次公开发行日至本上市公告之日，没有其他应披露而未披露之重大事项。

第十节　董事会上市承诺

本公司董事会承诺将严格遵守《中华人民共和国证券法》、《中华人民共和国公司法》、《股票发行与交易管理暂行条例》、《公开发行股票公司信息披露实施细则》和《上海证券交易所股票上市规则》等国家法律、法规和中国证监会的有关规定，并自股票上市之日起做到：

一、承诺真实、准确、完整、公允和及时地公布定期公告，披露所有对投资者有重大影响的信息，并接受中国证监会、证券交易所的监督管理；

二、承诺本公司在知悉可能对股票价格产生误导性影响的任何公共传播媒介中出现的消息后，将及时给予公开澄清；

三、本公司董事、监事、高级管理人员和核心技术人员将认真听取社会公众的意见和批评，不利用已获得的内幕消息和其他不正当手段直接或间接从事本公司股票的买卖活动；

四、本公司没有无记录的负债。

第十一节　上市推荐人及其意见

一、上市推荐人情况

上市推荐人：平安证券有限责任公司

法定代表人：杨秀丽

住　　所：深圳市八卦岭八卦三路平安大厦三层

联 系 电 话：0755-82262888-3628

传　　真：0755-82434614

联 系 人：金山、罗腾子、陈华

二、上市推荐人意见

本公司上市推荐人认为：本公司章程符合《中华人民共和国公司法》等有关法律、法规和中国证监会的规定。根据《中华人民共和国公司法》、《中华人民共和国证券法》、《股票发行与交易管理暂行条例》、《上海证券交易所股票上市规则》等国家有关法律、法规的规定，本公司符合上市条件。

本公司上市推荐人保证本公司的董事了解法律、法规、上海证券交易所上市规则及股票上市协议规定的董事的义务与责任，并协助本公司健全了法人治理结构、协助本公司制定了严格的信息披露制度和保密制度。

本公司上市推荐人已对上市文件所载的资料进行了核实，确保上市文件真实、准确、完整，符合规定要求。本公司上市推荐人保证本公司的上市申请材料、上市公告书没有虚假、严重误导性陈述或者重大遗漏，并保证对其承担连带责任。

本公司上市推荐人愿意推荐本公司股票在上海证券交易所上市交易，并保证不利用在上市过程中获得的内幕信息进行内幕交易，为自己或他人谋取利益。

附：亨通光电近三年简要财务报表(见附表)

江苏亨通光电股份有限公司

二○○三年八月十四日

1、简要合并利润表

单位：人民币元

项目	2003年1~3月	2002年度	2001年度
主营业务收入	104,484,102.54	632,155,060.01	802,759,295.21
主营业务成本	87,092,424.19	482,766,979.35	545,820,443.51
主营业务税金及附加	1,023,719.09	5,514,883.56	5,847,632.70
主营业务利润	16,367,959.26	143,873,197.10	251,091,219.00
其它业务利润	185,277.73	1,318,229.29	2,099,132.67
营业费用	3,984,491.39	37,735,076.80	107,818,567.70
管理费用	4,679,804.47	22,311,769.85	23,661,042.91
财务费用	2,294,509.09	9,590,334.81	9,036,623.75
营业利润	5,594,432.04	75,554,244.93	112,674,117.31
投资收益	-	-38,201.96	
营业外收入	27,391.00	123,125.95	10,023.80
营业外支出	24,670.00	108,582.70	836,522.10
利润总额	6,109,153.04	75,530,586.22	111,847,589.01
所得税	2,042,112.81	24,221,234.19	41,520,656.82
少数股东损益	21,555.83	648,552.76	
净利润	4,045,484.40	50,660,799.27	70,326,932.19

项目	2000年度
主营业务收入	401,189,532.49
主营业务成本	274,535,830.28
主营业务税金及附加	3,492,207.66
主营业务利润	123,161,494.55
其它业务利润	970,366.97
营业费用	38,863,658.18
管理费用	12,425,300.91
财务费用	5,400,265.63
营业利润	67,442,636.80
投资收益	
营业外收入	20,540.00
营业外支出	81,230.00
利润总额	67,381,946.80
所得税	23,033,968.86
少数股东损益	
净利润	44,347,977.94

2、简要合并资产负债表

单位：人民币元

项目	2003.03.31	2002.12.31	2001.12.31
货币资金	44,225,328.72	31,239,364.56	34,496,196.03
应收票据	522,032.00	3,919,800.00	0.00
应收账款	181,832,594.78	192,143,441.52	91,121,381.11
其它应收款	18,950,075.06	23,698,859.01	19,739,807.35
预付账款	23,204,088.89	16,784,578.40	10,628,012.02
存货	164,194,938.18	164,075,604.32	224,248,632.57
流动资产合计	432,929,057.63	431,861,647.81	380,234,029.08
固定资产原价	212,792,405.47	212,303,146.47	125,215,850.82
累计折旧	69,255,571.84	65,607,181.22	45,459,794.49
固定资产净值	143,536,833.63	146,695,965.25	79,756,056.33
无形资产	2,470,956.36	2,484,170.04	2,537,024.76
长期待摊费用	-	0.00	0.00
资产总计	578,936,847.62	581,041,783.10	462,527,110.17
短期借款	90,700,000.00	55,000,000.00	0.00
应付票据	3,000,000.00	12,601,835.39	0.00
应付账款	100,049,054.06	100,520,958.18	36,115,370.61
预收账款	18,029,132.05	19,478,295.35	9,518,436.36
应付工资	390,038.89	3,563,388.82	5,386,096.66
应付福利费	4,425,227.51	4,326,368.50	3,010,674.40
应付股利	27,336,000.00	27,336,000.00	13,668,000.00
应交税金	5,933,479.75	15,128,608.71	17,106,312.31
其它应交款	4,160,974.39	4,288,296.69	2,257,527.30
其它应付款	54,963,135.18	73,557,271.37	60,081,986.59
预提费用	2,432,142.15	1,836,511.68	3,303,051.41
一年内到期的长期负债	50,000,000.00	0.00	87,244,142.60
流动负债合计	361,419,183.98	317,637,534.69	237,691,598.24
长期借款	-	50,081,125.00	
长期应付款	-	0.00	60,712,800.00
专项应付款	1,078,500.00	951,000.00	
负债合计	362,497,683.98	368,669,659.69	298,404,398.24
少数股东权益	24,946,168.04	24,924,612.21	0.00
股本	91,120,000.00	91,120,000.00	91,120,000.00
资本公积	2,603.94	2,603.94	2,603.94
盈余公积	48,242,991.72	48,242,991.72	40,636,543.49
公益金	8,436,003.23	8,436,003.23	5,900,520.49
未分配利润	52,127,399.94	48,081,915.54	32,363,564.50
股东权益合计	191,492,995.60	187,447,511.20	164,122,711.93
负债及股东权益合计	578,936,847.62	581,041,783.10	462,527,110.17

项目	2000.12.31
货币资金	27,174,523.40
应收票据	0.00
应收账款	145,020,970.21
其它应收款	4,601,056.18
预付账款	5,998,316.76
存货	137,928,790.79
流动资产合计	320,723,657.34
固定资产原价	120,711,028.11
累计折旧	36,085,454.94
固定资产净值	84,625,573.17
无形资产	2,589,879.48
长期待摊费用	907,007.54
资产总计	408,846,117.53
短期借款	0.00
应付票据	0.00
应付账款	29,521,226.91
预收账款	44,194,000.34
应付工资	4,258,971.82
应付福利费	1,689,989.08
应付股利	0
应交税金	18,554,765.99
其它应交款	1,016,321.53
其它应付款	27,274,123.80
预提费用	0.00
一年内到期的长期负债	145,437,888.24
流动负债合计	271,947,287.71
长期借款	
长期应付款	0
专项应付款	
负债合计	271,947,287.71
少数股东权益	0.00
股本	91,120,000.00
资本公积	2,603.94
盈余公积	16,022,117.22
公益金	2,384,173.88
未分配利润	29,754,108.66
股东权益合计	136,898,829.82
负债及股东权益合计	408,846,117.53

3、简要合并现金流量表

单位：人民币元

项　目	2003年1~3月	2002年度
经营活动产生的现金流量净额	-19,400,480.85	99,918,275.67
投资活动产生的现金流量净额	-489,259.00	-36,410,234.88
筹资活动产生的现金流量净额	32,875,704.01	-66,764,872.26
现金及现金等价物净增加额	12,985,964.16	-3,256,831.477

中金黄金股份有限公司

中金黄金股份有限公司股票上市公告书

一、重要声明与提示

本公司董事会保证本上市公告书的真实性、准确性、完整性，全体董事承诺上市公告书不存在虚假记载、误导性陈述或重大遗漏，并承担个别和连带的法律责任。

根据《公司法》、《证券法》等有关法律、法规的规定，本公司董事、高级管理人员已依法履行诚信和勤勉尽责的义务和责任。

上海证券交易所、中国证监会、其他政府机关对本公司股票上市及有关事项的意见，均不表明对本公司的任何保证。

本公司提醒广大投资者注意，凡本上市公告书未涉及的有关内容，请投资者查阅2003年7月25日刊载于《中国证券报》、《证券时报》、《上海证券报》的本公司招股说明书摘要，以及刊载于上海证券交易所网站(www.sse.com.cn)的本公司招股说明书全文。

二、概览

股票简称：中金黄金

沪市股票交易代码：600489

深市代理股票交易代码：003489

总股本：28,000万股

可流通股本：10,000万股

本次上市流通股本：10,000万股

上市地点：上海证券交易所

上市日期：2003年8月14日

股票登记机构：中国证券登记结算有限责任公司上海分公司

上市推荐人：中国银河证券有限责任公司、

南方证券股份有限公司

根据国家现行法律、法规规定，本公司发起人股东所持股份暂不上市流通；本公司第一大股东承诺：自本公司股票上市之日起12个月内，不转让其持有的本公司股份，也不由本公司回购其所持有的股份。

三、绪言

本上市公告书是根据《中华人民共和国公司法》、《中华人民共和国证券法》、《股票发行与交易管理暂行条例》、《公开发行股票公司信息披露实施细则》和《上海证券交易所股票上市规则》等国家有关法律、法规的规定，并按照中国证监会《公开发行证券的公司信息披露内容与格式准则第7号-股票上市公告书》编制，旨在向投资者提供本公司的基本情况和本次股票上市的有关资料。

经中国证监会证监发行字[2003]71号文核准，本公司已于2003年7月30日向二级市场投资者定价配售发行10,000万股人民币普通股(A股)股票，发行价4.05元/股。

经上海证券交易所上证上字[2003]95号文核准，此次公开发行的10,000万股社会公众股股票将于2003年8月14日起在上海证券交易所挂牌交易。股票简称：中金黄金，沪市股票交易代码：600489，深市代理股票交易代码：003489。

本公司已于2003年7月25日在《中国证券报》、《证券时报》、《上海证券报》上刊登了《中金黄金股份有限公司首次公开发行股票招股说明书摘要》，招股说明书正文刊载于上海证券交易所网站(www.sse.com.cn)，距今不足三个月，故与其重复的内容不再重述，敬请投资者查阅上述资料。

四、发行人概况

1、发行人基本情况

发行人中/英文名称：中金黄金股份有限公司/

ZHONGJIN GOLD CO., LTD

法定代表人：宋鑫　　所属行业：采掘、冶炼

注册资本：28,000万元　　董事会秘书：李跃清

住所：天津港保税区海滨路28号　　邮政编码：300457

经营范围：黄金等有色金属地质勘查、采选、冶炼；黄金生产副产品加工、销售；黄金生产所需原材料、燃料、设备仓储、销售；黄金生产技术研究开发、咨询服务；国际贸易，保税仓储，商品展销；用自有资金兴办企业和投资项目等。

主营业务：黄金的地质勘查、采选和冶炼。

电话号码：022-66201747　　传真号码：022-66201498

公司网址：http://www.zjgold.com

电子信箱：zjgold@hotmail.com

2、发行人历史沿革

本公司由主发起人中国黄金总公司联合中信国安黄金有限责任公司、河南豫光金铅集团有限责任公司、西藏自治区矿业开发总公司、天津天保控股有限公司、山东莱州黄金(集团)有限责任公司和天津市宝银号贵金属有限公司共同发起设立的股份有限公司。经国家经贸委国经贸企改[2000]563号文批准，本公司于2000年6月23日在天津市设立，注册资本18,000万元。经中国证监会证监发行字[2003]71号文核准，本公司于2003年7月30日向二级市场投资者定价配售发行人民币普通股10,000万股，发行价4.05元/股。本次发行后，公司注册资本为28,000万元。本次发行前后本公司的股本结构如下：

股份类型	发行前 持股数（万股）	发行前 持股比例（%）	发行后 持股数（万股）	发行后 持股比例（%）
一、发起人股	18,000.00	100.00	18,000.00	64.29
1、国家股	15,935.39	88.53	15,935.39	56.91
2、国有法人股	1,999.07	11.11	1,999.07	7.15
3、法人股	65.54	0.36	65.54	0.23
二、社会公众股	--	--	10,000.00	35.71
三、总股本	18,000.00	100.00	28,000.00	100.00

目前各发起人持有本公司的股权不存在任何被质押、诉讼等引致的纠纷。

3、本公司的主要经营情况

本公司主要从事黄金的地质勘查、采选和冶炼，主产品黄金，副产品白银、电解铜和硫酸。主要产品的产量、销售额、实现利润及综合技术能力等均处于国内同行业前列。公司现保有黄金储量30吨以上，具有良好的找矿和持续开发前景。公司按照现代企业制度的要求规范运作，经营机制新，激励和约束机制健全，形成了采矿、选矿和专业冶炼厂的一条龙生产。金精炼项目和生物氧化—氰化提金项目的建设将提高公司产品质量和开辟新的资源领域，进一步增强公司市场竞争力。同时，公司还拥有一批经验丰富、技术过硬、市场拓展能力强的干部员工队伍。但是，与国际大型黄金矿业公司相比仍有较大差距，规模相对较小。公司产品主要是初级产品，附加值低，市场竞争力有待进一步提高。

本公司近三年主要财务指标见本上市公告书之"财务会计资料"。

本公司目前拥有的主要知识产权和非专利技术：波立登贵金属精炼工艺技术用于金银精炼，本公司拥有该工艺使用权；焙烧炉浆式进料技术用于含金多金属硫化物金精矿硫酸化焙烧预处理，铜萃取—电积工艺技术用于综合回收多金属硫化物金精矿焙烧后酸浸液中的铜。

本公司目前拥有的政府特许经营权：本公司拥有国家黄金生产主管部门核准的开采黄金矿产的经营权。

本公司目前拥有的财政税收优惠政策：国家对黄金生产企业免征增值税。

五、股票发行与股本结构

1、首次公开发行股票的基本情况

发行数量：10,000万股　　发行价格：4.05元/股

募股资金总额：40,500万元，扣除发行费用后实收资金38,829.25万元

发行方式：全部向二级市场投资者定价配售　　每股发行费用：0.167元

配售对象：于2003年7月25日持有上海或深圳证券交易所已上市流通的人民币普通股(A股)股票的收盘市值总和不少于10,000元的投资者

发行费用总额：本次发行费用总额1,670.75万元，包括承销费、上市推荐费、审计费、土地评估费、资产评估费、采矿权评估费、律师费、上市审核费、上网发行费等

2、首次公开发行股票的承销情况

本次公开发行的10,000万股社会公众股中，二级市场投资者认购99,275,082股，其余724,918股由主承销商中国银河证券有限责任公司包销。

3、注册会计师对首次公开发行股票所募股资金的验资报告

武汉众环会计师事务所有限责任公司为本次发行出具了武众会[2003]453号验资报告，摘录如下：

中金黄金股份有限公司全体股东：

我们接受委托，审验了贵公司截至2003年8月5日新增注册资本实收情况。按照国家相关法律、法规的规定和协议、章程的要求出资，提供真实、合法、完整的验资资料，保护资产的安全、完整是全体股东及贵公司的责任。我们的责任是对贵公司的新增注册资本的实收情况发表审验意见。我们的审验是依据《独立审计实务公告第1号-验资》进行的。在审验过程中，我们结合贵公司的实际情况，实施检查等必要的审验程序。

贵公司原注册资本为人民币壹亿捌仟万元整，根据2001年6月26日贵公司2001年第一次临时股东大会决议和修改后章程的规定，申请通过向社会公开发行人民币普通股(A股)增加注册资本壹亿元整，变更后的注册资本为人民币贰亿捌仟万元整。经中国证券监督管理委员会"证监发行字[2003]71号"文核准，同意贵公司向社会公开发行人民币普通股10,000万股。贵公司已于2003年7月30日以每股发行价格人民币4.05元，发行了每股面值1元的社会公众股10,000万股。经我们审验，截至2003年8月5日，贵公司已收到证券承销机构划转的社会公众股东认缴股款叁亿玖仟叁佰捌拾柒万贰仟肆佰捌拾玖元壹角捌分，其中股本壹亿元整，资本公积贰亿捌仟捌佰贰拾玖万贰仟肆佰捌拾玖元壹角捌分，其他发行费用伍佰伍拾捌万元整。

同时我们注意到：贵公司本次增资前的注册资本为人民币壹亿捌仟万元整，已经武汉众环会计师事务所有限责任公司审验，并于2000年6月21日出具了"武众会(2000)134号"验资报告验证。截止2003年8月5日，变更后的累计注册资本实收金额为为人民币贰亿捌仟万元整。

本验资报告供贵公司申请变更登记及据以向股东签发出资证明时使用，不应将其视为对贵公司验资报告日后资本保全、偿债能力和持续经营能力等的保证。因使用不当造成的后果，与执行本验资业务的注册会计师及会计师事务所无关。

附件：1、新增注册资本实收情况明细表；2、注册资本变更前后对照表；3、验资事项说明

武汉众环会计师事务所有限责任公司　　中国注册会计师　石文先

中国　武汉国际大厦B座16楼　　中国注册会计师　吴　杰

报告日期：2003年8月5日

4、本次发行募股资金入账情况

入账时间：2003年8月5日；

入账金额：393,872,489.18元；

入账银行：工行天津港保税区分行营业部；

入账账号：0302092129300284695

5、公司上市前股权结构及各类股东的持股情况

股权结构：发起人境内法人股18,000万股，占公司总股本的64.29%，社会公众股10,000万股，占35.71%。

本次发行前后本公司的股本结构如下：

股份类型	发行前 持股数（万股）	发行前 持股比例（%）	发行后 持股数（万股）	发行后 持股比例（%）
一、发起人股	18,000.00	100.00	18,000.00	64.29
1、中国黄金总公司	15,935.39	88.53	15,935.39	56.91
2、中信国安黄金有限责任公司	1,310.87	7.29	1,310.87	4.69
3、河南豫光金铅集团有限责任公司	327.72	1.82	327.72	1.18
4、西藏自治区矿业开发总公司	229.40	1.28	229.40	0.82
5、山东莱州黄金(集团)有限责任公司	65.54	0.36	65.54	0.23
6、天津天保控股有限公司	65.54	0.36	65.54	0.23
7、天津市宝银号贵金属有限公司	65.54	0.36	65.54	0.23
二、社会公众股	--	--	10,000.00	35.71

三、总股本	18,000.00	100.00	28,000.00	100.00

本公司目前的最大十名股东情况：

股东名称	持股数(万股)	持股比例(%)	股份类型
1、中国黄金总公司	15,935.39	56.91	发起人股
2、中信国安黄金有限责任公司	1,310.87	4.69	发起人股
3、河南豫光金铅集团有限责任公司	327.72	1.18	发起人股
4、西藏自治区矿业开发总公司	229.40	0.82	发起人股
5、中国银河证券有限责任公司	74.09	0.26	社会公众股
6、山东莱州黄金(集团)有限责任公司	65.54	0.23	发起人股
7、天津天保控股有限公司	65.54	0.23	发起人股
8、天津市宝银号贵金属有限公司	65.54	0.23	发起人股
9、天同180基金	14.40	0.05	社会公众股
10、汉盛基金	13.50	0.048	社会公众股
11、安顺基金	13.50	0.048	社会公众股
12、鸿阳基金	13.50	0.048	社会公众股

六、董事、监事、高级管理人员及核心技术人员

本公司全体董事、监事、高级管理人员与核心技术人员均为中国国籍。

1、董事会成员

宋鑫，男，40岁，硕士研究生，高级工程师。本公司董事长。

綦守宝，男，47岁，大学专科，高级工程师。本公司副董事长兼总经理。

孙永发，男，56岁，大学本科，高级经济师。本公司副董事长。

杨安国，男，49岁，大学本科，高级工程师。

琼达，男，38岁，大学本科。

叶建武，男，51岁，大学，高级工程师。本公司副总经理。

麻伯平，男，44岁，大学本科。本公司副总经理兼财务负责人。

王晋定，男，36岁，研究生，高级会计师。

王志江，男，43岁，大学本科，高级工程师。

刘海田，男，46岁，大学本科，高级工程师。

董安生，男，51岁，法学博士，证券执业律师，本公司独立董事。

2、监事会成员

傅世玮，男，49岁，大学专科，高级会计师、注册会计师。本公司监事会主席。

张贺，男，44岁，大学本科，高级会计师。

楼隆耀，男，60岁，大学本科，教授级高工。

王征海，男，39岁，硕士研究生，审计师。

苗军堂，男，46岁，大专，会计师。

陈维伟，男，42岁，大学本科，工程师。本公司办公室经理。

刘振华，男，49岁，大学本科，会计师。河南中原黄金冶炼厂计财处副处长。

3、其他高级管理人员

王文成，男，39岁，大学本科，高级工程师。本公司副总经理兼总工程师。

李跃清，男，38岁，大学本科，高级经济师。本公司董事会秘书。

李升年，男，56岁，大学，高级工程师。本公司审计专员。

4、核心技术人员

任文生，男，36岁，大学本科，高级工程师。

巨永辉，男，35岁，大学本科，高级工程师。

张玉明，男，35岁，大学本科，高级工程师。

梁绪树，男，37岁，硕士研究生，高级工程师。

杨中利，男，40岁，硕士研究生，高级工程师。

上述人员在发行前均未以个人持股、家属持股、法人持股等形式持有发行人及关联企业股份。

七、同业竞争与关联交易

1、同业竞争

黄金总公司所属及财政部委托代管的黄金生产企业与公司从事相同或类似的业务。为彻底消除同业竞争，黄金总公司分别与公司签署了《消除与避免同业竞争协议书》、《股权转让协议》和《股权委托管理协议》，并承诺：在黄金总公司及其所属、代管黄金生产企业现有黄金矿山开采范围外，将不再从事黄金等有色金属的地质勘探业务，也不再新建新的黄金矿山及冶炼企业，所有相关业务将由公司承继开展；黄金总公司保证将公平、平等对待包括公司在内的全部下属企业，不会利用其控股股东地位做出任何有损害公司及其全体股东、特别是中小股东利益的行为。

2、关联方、关联关系：详见本公司首次公开发行股票招股说明书第四节。

3、重大关联交易

本公司无对经营成果产生重大影响的关联交易。本公司的关联交易均为公司向关联方购买原材料、接受劳务和租赁房屋，公司的业务收入中不含任何关联交易收入。近三年关联交易占本公司成本费用总额的比例分别为5.73%、10.58%和19.27%，占本公司成本费用总额比重较小，对本公司经营成果的影响不大。

关联交易的定价政策及决策依据：关联交易均由交易双方根据"公平、公正、等价、有偿"的市场原则，按照一般的商业条款签订协议，董事会和股东大会在审议关联交易事项时，关联董事/股东均回避表决。其定价政策：国家有统一收费标准定价的，执行国家统一规定；国家无统一收费定价标准但当地有统一地方规定的，适用当地的规定；既没有国家统一规定，又无当地统一规定的，参照当地的市场价格；没有上述三项标准时，依据提供服务的实际成本，确定收费标准，采用这一标准的，以后各年度的收费增长率不得超过当地的增长幅度。

公司章程及有关制度中关于关联交易的规定：公司章程规定了关联股东或利益冲突的董事在关联交易表决中的回避制度或做必要的公允性声明。公司制定了《关联交易管理办法》，明确界定了关联关系及关联交易，规定了关联交易的提出及初步审查、董事会审查、股东大会审议及关联交易执行的程序。

八、财务会计资料

本公司最近三年一期的财务会计资料已于2003年7月25日在《中国证券报》、《证券时报》、《上海证券报》上刊登的《招股说明书摘要》中进行了披露，投资者欲了解详细内容，请查阅上述报纸或刊载于上海证券交易所网站(www.sse.com.cn)上的本公司招股说明书全文与附录。

1、武汉众环会计师事务所有限责任公司对于本公司最近三年一期的财务报告，出具了武众会[2003]404号标准无保留意见的审计报告。

2、主要财务指标

项目	净资产收益率(全面摊薄)	净资产收益率(加权平均)	每股收益(元)(全面摊薄)	每股收益(元)(加权平均)
2003年1-3月				
主营业务利润	10.82%	10.98%	0.2077	0.2077
营业利润	4.35%	4.42%	0.0836	0.0836
净利润	2.86%	2.90%	0.0549	0.0549
扣除非经常性损益后净利润	2.89%	2.93%	0.0555	0.0555
2002年度				
主营业务利润	36.34%	38.42%	0.6775	0.6775
营业利润	10.26%	10.81%	0.1912	0.1912
净利润	10.85%	11.47%	0.2023	0.2023
扣除非经常性损益后净利润	10.94%	11.57%	0.2040	0.2040
2001年度				
主营业务利润	31.18%	31.91%	0.5182	0.5182
营业利润	4.87%	4.98%	0.0809	0.0809
净利润	11.67%	11.95%	0.1940	0.1940
扣除非经常性损益后净利润	12.40%	12.69%	0.2061	0.2061
2000年度				
主营业务利润	35.10%		0.5572	
营业利润	4.19%		0.0665	
净利润	10.65%		0.1691	
扣除非经常性损益后净利润	11.77%		0.1869	

项目	2003年3月末	2002年末	2001年末	2000年末
流动比率	0.81	0.75	0.71	0.80
速动比率	0.40	0.42	0.39	0.44
应收账款周转率	30	61.23	40.76	—
存货周转率	2.47	6.93	4.89	—
无形资产占净资产的比例(%)	7.61	9.52	7.67	8.78
资产负债率(%)	53.46	53.64	54	57.39
每股净资产	1.92	1.86	1.66	1.59
研发费用占主营收入比例(%)	0.36	0.35	0.32	0.57
每股经营活动的现金流量净额	-0.11	0.65	0.26	—

3、发行人未对本次发行做专项的盈利预测，但发行人、主承销商、发行人律师均书面承诺公司发行当年净资产收益率不低于银行同期存款利率水平。

九、其他重要事项

1、自本公司股票首次公开发行后至本上市公告书公告前，本公司未发生可能对本公司产生较大影响的其他重要事项。

2、根据《上海证券交易所股票上市规则》的有关规定，本公司第一大股东—中国黄金总公司承诺：自本公司股票上市之日起12个月内，不转让其所持有的本公司股份，也不由本公司回购其持有的本公司股份。

十、董事会上市承诺

本公司董事会将严格遵守《中华人民共和国公司法》、《中华人民共和国证券法》、《股票发行与交易管理暂行条例》、《公开发行股票公司信息披露实施细则》和《上海证券交易所股票上市规则》等国家相关法律、法规和有关规定，并自股票上市之日起做到：

1、真实、准确、完整、公允和及时地公布定期报告，披露所有对投资者有重大影响的信息，并接受中国证监会、证券交易所的监督管理；

2、本公司在知悉可能对股票价格产生误导性影响的任何公共传播媒介中出现的消息后，将及时予以公开澄清；

3、本公司董事、监事、高级管理人员和核心技术人员将认真听取社会公众的意见和批评，不利用已获得的内幕消息和其他不正当手段直接或间接从事发行人股票的买卖活动；

4、本公司没有无记录的负债。

5、依据《上海证券交易所股票上市规则》的有关规定，本公司全体董事、监事将在本公司股票上市后两个月内签署《董事(监事)声明及承诺书》，并送达上海证券交易所备案。

十一、上市推荐人及其意见

1、上市推荐人

中国银河证券有限责任公司

住所：北京市西城区金融大街35号国际企业大厦C座

法定代表人：朱利

电话：010-66568888

传真：010-66568857

联系人：张卫东　邹大伟　张曜华

南方证券股份有限公司

住所：深圳市罗湖区嘉宾路4028号太平洋商贸大厦20-28层

法定代表人：贺云

电话：010-65182233转600

传真：010-85182317

联系人：曾楠

2、上市推荐人意见

上市推荐人认为，本公司章程符合《中华人民共和国公司法》等有关法律、法规和中国证监会关于公司章程的相关规定。根据《中华人民共和国公司法》、《中华人民共和国证券法》、《股票发行与交易管理暂行条例》、《上海证券交易所股票上市规则》等国家有关法律、法规的规定，本公司首次公开发行的股票已具备上市条件。

上市推荐人保证本公司的董事了解法律、法规、上海证券交易所上市规则及股票上市协议规定的董事的义务与责任，协助本公司健全了法人治理结构并将进一步完善，制定了严格的信息披露制度与保密制度并督促严格履行。

上市推荐人已对上市文件所载的资料进行了核实，确保上市文件真实、准确、完整，符合规定要求。保证本公司的上市申请材料、上市公告书没有虚假、严重误导性陈述或者重大遗漏，并保证对其承担连带责任。

上市推荐人推荐本公司股票在上海证券交易所上市交易，并保证不利用在上市过程中获得的内幕信息进行内幕交易，为自己或他人谋取利。

中金黄金股份有限公司

2003年8月9日

上 海 中 科 合 臣 股 份 有 限 公 司

上海中科合臣股份有限公司股票上市公告书

上市推荐人:东方证券有限责任公司
股票简称:中科合臣
上市地点:上海证券交易所
上市日期:2003 年 6 月 26 日
总股本:7,600 万股
本次股票发行价格:7.00 元/股
沪市股票代码:600490 深市代理股票代码:003490
可流通股本:3,000 万股 本次上市流通股本:3,000 万股
股票登记机构:中国证券登记结算有限责任公司上海分公司

第一节　重要声明与提示

上海中科合臣股份有限公司(以下简称"本公司"、"公司"或"发行人")董事会保证上市公告书的真实性、准确性、完整性,全体董事承诺上市公告书不存在虚假记载、误导性陈述或重大遗漏,并承担个别和连带的法律责任。

根据《中华人民共和国公司法》、《中华人民共和国证券法》等有关法律、法规的规定,本公司董事、高级管理人员已依法履行诚信和勤勉尽责的义务和责任。

证券交易所、中国证券监督管理委员会、其他政府机关对本公司股票上市及有关事项的意见,均不表明对本公司的任何保证。

本公司提醒广大投资者注意,凡本上市公告书未涉及的有关内容,请投资者查阅 2003 年 6 月 6 日刊载于《中国证券报》、《上海证券报》、《证券时报》和《证券日报》的本公司招股说明书摘要,及刊载于上海证券交易所网站(www.sse.com.cn) 的本公司招股说明书全文。本上市公告书刊载网站:www.sse.com.cn。

第二节　概览

一、股票简称:中科合臣
二、沪市股票代码:600490
三、深市代理股票代码:003490
四、总股本:7,600 万股
五、可流通股本:3,000 万股
六、本次股票发行价格:7.00 元/股
七、本次上市流通股本:3,000 万股
八、上市地点:上海证券交易所
九、上市日期:2003 年 6 月 26 日
十、股票登记机构:中国证券登记结算有限责任公司上海分公司
十一、上市推荐人:东方证券有限责任公司
十二、本公司首次公开发行股票前股东所持股份的流通限制及期限:根据国家有关法律、法规规定和中国证监会证监发行字【2003】50 号《关于核准中科合臣股份有限公司公开发行股票的通知》,本公司的国家股、国有法人股、发起人自然人股暂不上市流通。
十三、本公司首次公开发行股票前第一大股东上海中科合臣化学公司承诺:自本公司股票上市之日起 12 个月内,不转让其所持有的本公司股份,也不由本公司回购其所持有的股份。

第三节　绪言

本上市公告书是根据《中华人民共和国公司法》、《中华人民共和国证券法》、《股票发行与交易管理暂行条例》、《公开发行股票公司信息披露实施细则》和《上海证券交易所股票上市规则》等国家有关法律、法规的规定,并按照中国证监会《公开发行证券的公司信息披露内容与格式准则第 7 号股票上市公告书》而编制,旨在向投资者提供本公司的基本情况和本次股票上市的有关资料。

经中国证监会证监发行字【2003】50 号文核准,本公司已于 2003 年 6 月 11 日以向沪市、深市二级市场投资者定价配售方式成功发行了 3,000 万股人民币普通股 A 股,每股面值 1.00 元,发行价为每股人民币 7.00 元。

经上海证券交易所上证上字【2003】67 号文批准,本公司公开发行的 3,000 万股社会公众股将于 2003 年 6 月 26 日起在上海证券交易所挂牌交易。股票简称中科合臣,沪市股票代码为 600490,深市代理股票代码为 003490。

本公司已于 2003 年 6 月 6 日在《中国证券报》、《上海证券报》、《证券时报》和《证券日报》上刊登了《中科合臣股份有限公司首次公开发行股票招股说明书摘要》,招股说明书正文及其附录刊载于上海证券交易所网站(www.sse.com.cn) 距今不足三个月,故与其重复的内容不再重述,敬请投资者查阅上述内容。

第四节　发行人概况

一、发行人基本情况
(一)、公司中文名称:上海中科合臣股份有限公司
公司英文名称:ShanghaiSynicaCo.,Ltd.
(二)、法人代表:姜标
(三)、注册资本:7,600 万元
(四)、设立日期:2000 年 9 月 29 日
(五)、注册地址:上海市普陀区真北路 552 号
办公地址:上海浦东新区陆家嘴东路 166 号中国保险大厦 9 楼
邮政编码:200062
电话号码:021-68419800
传真号码:021-68419909
互联网网址:http://www.synica.com
电子信箱:synica@online.sh.cn
(六)、公司经营范围:GMP 条件下的医用原料的制造和销售(含医药原料和关键中间体);特种高分子新材料;液晶原料的生产和销售;化学技术的合同研究和咨询;化工设备设计、安装,有机化工产品及有机化学技术服务,常压化工设备加工及维修,中低压容器设计,经营本企业自产产品及技术的出口业务,经营本企业生产所需的原辅材料、仪器仪表、机械设备、零配件及技术的进口业务;经营进料加工和"三来一补"业务。
(七)、所属行业:精细化学品
(八)、董事会秘书:伍爱群
二、发行人历史沿革

本公司是经上海市人民政府沪府体改审【2000】018 号文批准,由上海中科合臣化学公司(简称"化学公司")作为主发起人,联合上海联和投资有限公司、上海科技投资公司和上海市普陀区国有资产经营有限公司,以及郑崇直、姜标、王霖、沈铮林、吴建平等五名自然人以发起方式设立的股份有限公司。

上海中科合臣化学公司作为主发起人将经中华财务会计咨询有限公司评估,财政部确认的经营性净资产 4,565.74 万元作为出资,折为 3,013 万股(国有法人股);上海联和投资有限公司以现金 1,254.74 万元出资,折为 828 万股(国有法人股);上海科技投资公司以现金 487.95 万元出资,折为 322 万股(国有法人股);上海市普陀区国有资产经营有限公司以现金 69.71 万元出资,折为 46 万股(国家股);郑崇直以现金 243.98 万元出资,折为 161 万股;姜标以现金 243.98 万元出资,折为 161 万股; 王霖以现金 55.77 万元出资,折为 36.8 万股;沈铮林以现金 24.40 万元出资,折为 16.1 万股;吴建平以现金 24.40 万元出资,折为 16.1 万股。上述出资均按 65.99%的比例折股, 共折为 4,600 万股。

财政部财企[2000]156 号文件《关于上海中科合臣股份有限公司(筹) 国有股权管理有关问题的批复》批准了本公司的国有股权设置方案。本公司于 2000 年 9 月 29 日在上海市工商行政管理局登记注册,注册资本 4,600 万元。

经中国证监会证监发行字【2003】50 号文批准,本公司于 2003 年 6 月 11 日以全部向二级市场投资者定价配售的方式发行了人民币普通股 3,000 万股,每股面值 1.00 元,发行价格 7.00 元/股。此次发行成功后,本公司注册资本为 7,600 万元。

三、发行人主要经营情况

(一)、主营业务概况

本公司主要生产医药中间体、农药中间体及有机新材料等精细化工品。主要产品为抗菌药物中间体含氟苯甲酸 245 与抗艾滋病原药中间体 02A。本公司主要的经营模式为参与国际大型医药、农药制造企业的"外部协作"。公司已于 2001 年取得自营进出口经营权。由于产品的特殊储运要求和客户意愿等原因,到目前为止,公司的产品主要通过外贸公司销售给国外的终端客户。

(二)、主要产品情况

245 化学名称为含氟苯甲酸,是生产一类新型抗菌药物 gatifloxacin(含氟喹诺酮类抗菌药物,如氟诺杀星等)所需的重要中间体。1998 年 5 月 15 日,本公司与日本宇部株氏会社签定了该产品长期供货协议。02A 是一种环丙基乙炔化合物。 该产品是生产特效抗艾滋病药物 Sustiva 的重要中间体,本公司与杜邦制药公司、瑞士 Lonza 公司重新签定了该产品长期供货协议。

(三)、竞争优势

1、人才优势:公司拥有强有力的科研开发团队,包括博士 7 人,其中 90% 的技术人员有过 2 年以上产品研发经历; 公司高级管理人员大都曾在国外著名大学或化学公司从事研究或进修。

2、技术优势:公司在技术创新方面的优势在于系统性的工程化能力,能以跨学科、多角度研发力量的有机集成保证新产品产业化的实现。公司产品的整体技术水平先进,若干产品的性能已得到大型跨国制药公司的认可,具备国际竞争力。

3、质量优势:公司已建成完整的产品质量管理和监控体系,按 ISO9001 标准实施全面质量管理,公司自设立以来从未出现过产品质量责任纠纷。

4、成本优势:国内劳动力成本、环境保护成本相对较低,并且国家产业政策和有关税收政策的扶持都有效降低了本公司产品成本。

四、主要财务指标

请参阅本公告书"财务会计资料"部分的相关内容。

五、主要知识产权、特许经营权

(一).专利与专有技术

目前,本公司的研发中心作为共同权利人之一,与上海有机化学研究所(以下简称"有机所")就以下 13 项技术提出发明专利申请,目前正在办理之中。

	申请专利名称	申请号	申请日
1	制备 1,1,1-三氟-2卌氟乙烷的催化剂及用途	98110959.4	1998.7.16
2	1,3′-双(氨基苯氧基)苯的合成技术	98122045.2	1998.11.27
3	1-三氟甲基-2-烷基乙烯基苯胺衍生物及其合成	99127005.3	1999.12.29
4	一种合成 4-三氟甲基吡啶类化合物的方法	99127004.5	1999.12.29
5	一种双酮化合物生产方法及其用途	98122044.4	1999.11.27
6	通过气相光氯化反应制备氯甲基三甲基硅烷的方法和装置	00119457.7	2000.7.14
7	(1-三氟甲基)烯基硼酸的制备及其应用	00125767.6	2000.10.25
8	(R)-2-[3-(2-N-邻苯二甲酰亚胺基乙基) -4,5 -二氢-5-异**唑基]-乙酸、合成及用途	00127841.X	2000.12.8
9	α-烷酰基-β-取代苯酰基-β-苯丙酰苯胺、合成及用途	00127839.8	2000.12.8
10	(3R,5R)-3,5-二羟基-7-N-邻苯二甲酰亚胺基-庚酸叔丁酯、合成及用途	00127840.1	2000.12.8
11	气相氟化制备氯甲基氯硅烷的方法和装置	01105690.8	2001.3.16
12	一种二氟甲磺酸金属试剂、合成方法及其用途	01105780.7	2001.3.23
13	氯甲基吡啶类化合物的液相氟化法	01105983.4	2001.4.13

作为共同申请人的本公司实际控制人上海有机化学研究所曾于 2001 年 11 月 25 日出具了承诺书,承诺"如 13 项发明专利申请成功,将永久放弃其使用权, 并许可上海中科合臣股份有限公司永久、无偿使用上述专利权, 在将来行使该部分专利权转让的过程中,上海中科合臣股份有限公司具有优先受让权"。

本公司拥有的核心技术主要以非专利技术的形式存在。

(二)、商标

公司使用的主要文字商标"SYNICA"已获有机所许可无偿使用。本公司主要使用的"S"形图样商标已由化学公司申请注册,该公司承诺在取得所有权后无偿转让给本公司,并协助办理相关手续。

公司 2001 年与有机所共同签署《商标转让合同》,向其购买以下 10 项商标权:

序号	商标	注册证号	核定使用商品类别
1	SYNICA	928123	1
2	SYNICA	932528	3
3	SYNICA	932928	2
4	SYNICA	936415	4
5	SYNICA	938513	30
6	赛氟龙	928150	1
7	赛氟龙	927265	11
8	Siocflon 赛氟龙	952997	2
9	Siocflon 赛氟龙	927267	11
10	Siocflon 赛氟龙	686351	1

同时，有机所与公司签署《商标无偿转让合同》，向本公司无偿转让商标权一项，为商标"赛氟龙"，核定使用商品类别为第2类，注册证号944789。

上述11项商标权的注册人变更手续已办理完毕。

(三)、特许经营权

本公司拥有上海市对外经济贸易委员会批准的自营进出口权、上海市物资局颁发的《上海市化学危险物的经营许可证》和上海市消防局普陀防火监督处颁发的《易燃易爆化学品消防安全许可证》。

有关知识产权的详细内容请查阅2003年6月6日刊载于上海证券交易所网站(www.sse.com.cn)的本公司招股说明书全文。

六、财政税收优惠政策

根据上海市国家税务局沪税所一(2001)第18号文的批复，2000年度所得税按15%征收；2001年度所得税实际按15%汇算清缴；根据上海市地方税务局普陀区分局沪税普字(2002)五减免第0727号文的批复2002年度所得税减按15%。

第五节　股票发行与股本结构

一、本次发行的基本情况

1、股票种类：人民币普通股(A股)

2、每股面值：1.00元

3、发行股数：3,000万股

发行后总股本：7,600万股

发行股数占发行后总股本比例：39.47%

4、每股发行价：7.00元

全面摊薄发行市盈率：20倍(按2002年每股税后利润计算)

5、募集资金总额：21,000万元

6、本次发行费用：发行费用概算：本次发行费用总额1094.04万元，其中包括：(承销费用：577.5万元；审计及验资费用：170万元；资产评估费用：110万元；律师费用：50万元；上网发行费用：180.54万元；股票登记费用：3万元；审核费用：3万元)

7、本次发行预计实收募股资金：19,905.96万元(扣除发行费用)

8、发行前每股净资产：2.16元/股(按2002年12月31日经审计净资产计算)

9、发行后每股净资产：3.925元/股(按2002年12月31日经审计的净资产加本次实际募集资金量计算)

10、发行方式：全部向二级市场投资者配售

11、发行对象：于2003年6月6日持有上交所或深交所已上市流通人民币普通股(A)股(以下简称"流通股票")的收盘市值总和(包括可流通但暂时锁定的股份市值)不少于10,000元的投资者。两市投资者都可参加本次新股发行的配售。配售时，投资者分别使用其所持有的沪、深两市的股票市值。

二、本次上市股票发行时的承销情况

本次发行采用余额包销的承销方式。公司本次公开发行的3,000万股社会公众股的配号总数为6,539,0521个，中签率为0.04587821%，其中二级市场中签投资者认购75,762,682股，其余237,318股全部由主承销商湘财证券有限责任公司包销。

三、本次发行募股资金的验资报告

上海立信长江会计师事务所有限公司为本次发行出具了信长会师报字[2003]第11046号验资报告，现摘录如下：

"上海中科合臣股份有限公司全体股东：

我们接受委托，审验了贵公司截至2003年6月17日止的新增注册资本实收情况。按照国家有关法律、法规的规定和协议、章程的要求出资，提供真实、合法、完整的验资资料，保护资产的安全、完整是全体股东及贵公司的责任。　我们的责任是对贵公司新增注册资本的实收情况发表审验意见。我们的审验是依据《独立审计实务公告第1号验资》进行的。在审验过程中，我们结合贵公司的实际情况，实施了检查等必要的审验程序。

贵公司原注册资本为人民币4,600万元，根据贵公司2001年度第一次临时股东大会及第一届第六次董事会决议和修改后章程的规定，一致通过向社会公开发行人民币普通股(A股)3,000万股，每股面值1元计增加注册资本人民币3,000万元，变更后的注册资本为人民币7,600万元。经中国证券监督管理委员会证监发行字[2003]　50号"关于核准上海中科合臣股份有限公司公开发行股票的通知"，　同意贵公司向社会公开发行人民币普通股股票3,000万股。经我们审验，截至2003年6月17日止，贵公司实际已发行人民币普通股(A股)3,000万股，募集资金总额为21,000万元，扣除发行费用1,094.04万元，实际募集资金净额为19,905.96万元。其中新增注册资本叁千万元(人民币3,000万元)，资本公积16,905.96万元。

同时我们注意到，贵公司本次增资前的注册资本为人民币4,600万元，已经上海立信长江会计师事务所有限公司审验，并于2000年9月13日出具信长会师报字(2000)第10075号验资报告。截至2003年6月17日止，变更后的累计注册资本实收金额为人民币7,600万元。

本验资报告供贵公司申请变更登记及据以向股东签发出资证明书时使用，不应将其视为是对贵公司验资报告日后资本保全、偿债能力和持续经营能力等的保证。因使用不当造成的后果，与执行本验资业务的注册会计师及会计师事务所无关。　附件：1、注册资本实收情况明细表；2、注册资本变更前后对照表；3、验资事项说明；4、验资证明表；5、上海立信长江会计师事务所证券、期货相关业务许可证；6、上海立信长江会计师事务所有限公司《营业执照》。

上海立信长江会计师事务所有限公司

中国注册会计师：周琪、林伟

二零零三年六月十七日"

四、本次募股资金入帐情况

(一)入帐时间：2003年6月17日

(二)入帐金额：203,495,814.28元

(三)入帐帐号：175471-11000454722903

(四)开户银行：深圳发展银行上海分行黄埔支行

五、本公司上市前股权结构及各类股东的持股情况

(一)、本次上市前公司的股权结构

股权性质	认股数(万股)	占总股本比例
一、尚未流通股份		
国有法人股	4,163	54.78%
国家股	46	0.61%
发起人自然人股	391	5.14%
二、可流通股份		
社会公众股	3,000	39.47%
合计	7,600	100%

(二)、本次上市前公司前十名股东的持股情况

	股东名称	股权性质	持股数(万股)	持股比例
1	上海中科合臣化学公司	国有法人股	3,013	39.64%
2	上海联和投资有限公司	国有法人股	828	10.89%
3	上海科技投资公司	国有法人股	322	4.24%
4	郑崇直	发起人自然人股	161	2.12%
4	姜标	发起人自然人股	161	2.12%
6	上海市普陀区国有资产经营有限公司	国家股	46	0.61%
7	王霖	发起人自然人股	36.8	0.48%
8	湘财证券有限责任公司	社会公众股	29.8318	0.39%
9	吴建平	发起人自然人股	16.1	0.21%
9	沈铮林	发起人自然人股	16.1	0.21%

第六节　董事、监事、高级管理人员及核心技术人员

一、公司董事、监事、高级管理人员及核心技术人员简介

(一)、公司董事简介

本公司董事共11人，其中包括2名独立董事，其简介如下：

姜标先生，中国国籍，41岁，博士学历，研究员、博士生导师，1988年8月参加工作，曾分别在有机所和美国杜邦制药公司取得博士后学位，姜先生曾任有机所所长助理、副所长；曾担任本公司参股子公司江苏康泰农化有限公司总经理，现任本公司董事长兼研发负责人，同时兼任有机所常务副所长、负责人、中国科学院有机合成工程研究中心主任、上海五洲制药股份有限公司董事长，以及股份公司控股子公司上海爱默金山药业有限公司总经理；姜先生是兰州大学兼职教授、上海市科技协会会员、上海市青年联合会常务委员、上海市第九届政协委员、上海市普陀区第十届政协常务委员、中华全国青年联合会委员。

郑崇直先生，中国国籍，63岁，本科学历，研究员，博士生导师。　曾任有机所计算机化学开放实验室主任、有机所所长、化学公司董事长及本公司董事长，现任本公司董事、总经理，以及上海爱默金山药业有限公司董事长。

钱永耀先生，中国国籍，38岁，硕士学历，经济师。曾在上海市国际信托投资公司金融部、中国新技术创业投资公司上海代表处工作，现任本公司副董事长、上海联和投资有限公司总经理助理。

胡金豪先生，中国国籍，54岁，本科学历，工程师。曾任上海科技大学教师、中国科学院上海分院处长、有机化所副所长、党委副书记(主持工作)，现任有机所副所长、纪律检查委员会书记。

王霖先生，中国国籍，39岁，大专，在读研究生。曾任有机所财务处副处长、中科院上海有机化学研究所开发公司副总经理、化学公司副总经理，现任本公司董事、副总经理。

吴建平先生，中国国籍，39岁，1986年6月参加工作，1992–1994年作为访问学者赴日本工作两年，曾任中科院上海有机化学研究所开发公司中试室副主任、副总工程师、化学公司生产技术部经理，现任本公司董事、副总经理，上海爱世博有机硅材料有限公司董事。

应晓明先生，中国国籍，35岁，本科学历，注册会计师、注册资产评估师。曾任上海市审计局工业交通审计处副主任科员、上海审计事务所注册会计师，现任上海联和投资有限公司业务发展部执行经理。

周勤俭先生，中国国籍，54岁，本科学历，高级工程师。曾任中国船舶工业总公司708研究所工程师、经营处副处长，现任上海科技投资公司投资二部经理。

王劲女士，中国国籍，36岁，本科学历，经济师。曾任新疆农业银行学校教师，现任上海市普陀区国有资产经营有限公司投资部经理助理。

王新奎先生，独立董事，中国国籍，56岁，本科学历，现任上海对外贸易学院院长、教授、博士生导师。曾任上海市政府决策咨询顾问、法律咨询专家委员会委员、决策咨询研究基金会评委委员，上海市第十一届人大常委会财经委员会委员、中国国际贸易学会常务理事、上海国际贸易学会副会长、上海世界经济学会常务副会长。

芮明杰先生，独立董事，中国国籍，49岁，经济学博士。曾任复旦大学工商管理博士后流动站副站长，复旦大学企业管理系副主任、主任，现任复旦大学管理学院副院长、教授、博士生导师。现享受国务院特殊津贴，入选教育部"跨世纪优秀人才计划"、美国管理学会会员、中国企业管理研究会常务理事、中国国民经济管理学会理事、IFSAM中国委员会委员、上海管理教育学会理事。

(二)监事会成员

张建新先生，中国国籍，49岁，本科学历，高级工程师。曾任中国科学院上海技术物理研究所航天遥感卫星项目负责人、所长助理、科研处处长、人事处处长、党委副书记，现任本公司监事会主席、中国科学院上海分院副院长、有机所党委书记。

季怀良先生，中国国籍，50岁，大专学历，曾任化学公司办公室主任，现任化学公司总经理、党总支部书记。

俞纪明先生，中国国籍，44岁，本科学历，高级会计师，注册会计师。　曾任上海浦东钢铁(集团)有限公司财务处成本组组长、财务处成本科科长、财务处副处长、对外经济贸易处处长、上海三钢国际贸易公司总经理、上海浦东钢铁(集团)有限公司副总会计师，现任上海科技投资公司财务部经理。

(三)高级管理人员

伍爱群先生，中国国籍，34岁，本科学历，会计师、研究员。曾在人民保险公司巢湖分公司、上海复星高科技(集团)有限公司财务部、金融投资部任职，历任化学公司总经理助理，现任本公司董事会秘书兼总经理助理。

丁永涛先生，中国国籍，44岁，工商管理硕士。曾任上海正泰橡胶厂财务科会计，上海轮胎橡胶(集团)股份有限公司乘用轮胎厂会计科副科长，上海轮胎橡胶　(集团)股份有限公司轮胎研究所财务科长，上海轮胎橡胶(集团)　股份有限公司财务部综合管理科科长、经理助理、副经理、资产财务部副总监，上海华谊(集团)　公司财务部副经理，现任本公司财务负责人。

(四)公司核心技术人员

本公司核心技术人员共4人，其简介如下：

姜标先生：略

郑崇直先生：略

杨永肖先生，中国国籍，54岁，本科学历，高级工程师。曾在化工部第六设计院工艺室、化学工程组任项目负责人、项目经理、工艺室副主任，现任本公司副总工程师兼自控化学工艺实验室主任。主要成果有：承担换热器的剖析、开发工作获优秀成果奖二等奖；承担"五丙"开发、换热器设计计算项目，获国家科技进步二等奖；承担有机氟的开发项目获国家级三等奖；承担国家"八五"重大课题攻关项目"合成氨流程模式"项目，获化工部优秀奖。

崔照云先生，中国国籍，52岁，博士，高级工程师。曾任上海石化合成纤维国家工程研究中心总工程师，上海石化股份有限公司合成纤维研究所高级工程师、总工程师，有机所高级工程师，现任本公司有机合成工程研究中心研究部高分子材料部主任。

二、持股情况说明

除下述5名发起人自然人股东外，本公司其他董事、监事、高级管理人员及核心技术人员及其亲属均未直接或间接持有本公司股份。

本公司5名自然人股东持股情况及在本公司任职情况如下：

股东	股权性质	持股数(万股)	持股比例	在本公司任职情况
姜标	发起人自然人股	161	2.11%	董事长
郑崇	直发起人自然人股	161	2.11%	董事、总经理
王霖	发起人自然人股	36.8	0.48%	董事、副总经理
吴建	平发起人自然人股	16.1	0.21%	董事、副总经理
沈铮	林发起人自然人股	16.1	0.21%	已退休

上述5名自然人所持股份本次暂不上市流通。

第七章　同业竞争与关联交易

一、同业竞争情况

本公司与实际控制人有机所(本公司控股股东化学公司为其全资企业)、控股股东化学公司及其控制的其他法人之间目前不存在同业竞争的情况。本公司与有机所、上海联和投资有限公司与姜标共同参股的企业上海五洲药业股份有限公司目前不存在同业竞争，但该公司有充分条件从事与本公司进行竞争的业务。

化学公司、有机所、上海联和投资有限公司和自然人股东姜标均出具了避免同业竞争的《非竞

争承诺函》承诺目前乃至将来不从事亦促使其控制的子公司、分公司、合营或联营公司不从事任何在商业上对股份公司或其子公司、分公司、合营或联营公司有可能构成竞争的业务或活动。

二、关联交易情况

本公司主要关联方为实际控制人有机所;控股股东化学公司;其他发起人股东包括:上海联和投资有限公司、上海科技投资公司、上海市普陀区国有资产经营有限公司、姜标、郑崇直、王霖、吴建平、沈铮林;化学公司控制或参股的企业,包括:上海浦东合臣化工厂、上海昭和特气净化工程有限公司;有机所控股及参股企业:上海五洲药业股份有限公司。

本公司目前发生的主要关联交易如下:(1)化学公司向本公司提供供电、供水、供煤等综合服务;(2)化学公司向本公司转让商标权;(3)有机所授权本公司使用其商标及商标权转让;(4)聘任自然人股东担任本公司高级管理职务并向其支付酬薪;(5)有机所、姜标先生、上海联合投资有限公司将在上海五洲药业股份有限公司股东大会上的投票权委托给本公司行使。

上述关联交易对本z公司的财务状况和经营成果不存在重大影响。发行人律师、发行人独立董事、主承销商、申报会计师均对关联交易发表了意见,认为公司存在的关联交易符合有关规定,是公允的,没有损害非关联股东的权益,对公司经营和财务情况没有重大不利影响。

关联交易有关内容请查阅 2003 年 6 月 6 日刊载于上海证券交易所网站(www. sse.com.cn)的本公司招股说明书全文与附录。

第八节 财务会计资料

本公司 2000 年 2002 年的财务会计资料已于 2003 年 6 月 6 日在《中国证券报》、《上海证券报》、《证券时报》和《证券日报》刊登的《招股说明书摘要》中进行了披露,投资者欲了解详细内容,请查阅上述报纸或刊载与上海证券交易所网站(www.sse.com.cn)的本公司招股说明书全文与附录。

一、注册会计师意见

上海立信长江会计师事务所有限公司对本公司 2000 年 12 月 31 日、2001 年 12 月 31 日、2002 年 12 月 31 日的资产负债表及 2000 年度、2001 年度、2002 年度的利润及利润分配表和 2002 年度的现金流量表进行了审计,并出具了标准无保留意见的审计报告。

二、简要的会计报表 见附表

三、会计报表附注

本公司会计报表附注等有关内容,请查阅 2003 年 6 月 6 日刊载于上海证券交易所网站(www. sse.com.cn)的本公司招股说明书全文与附录。

四、主要财务指标

本公司近三年主要财务指标如下表:

财务指标	2002.12.31	2001.12.31	2000.12.31
流动比率	1.40	1.05	1.23
速动比率	0.41	0.57	0.72
应收账款周转率(次/年)	5.05	3.25	3.93
存货周转率(次/年)	0.76	1.19	1.55
资产负债率(母公司)	41.35%	53.61%	46.63%
研发费用占主营业务收入比例	4.10%	2.93%	0.36%
每股净资产(元)	2.16	1.81	1.61
每股经营活动的现金流量(元)	0.57	–0.46	–0.07
按净利润计算			
每股收益(全面摊薄)(元/股)	0.35	0.33	0.26
每股收益(加权平均)(元/股)	0.35	0.33	0.35
净资产收益率(全面摊薄)	16.21	18.38	16.00
净资产收益率(加权平均)	17.64	19.47	21.36
按扣除经常性损益后的净利润计算			
每股收益(全面摊薄)(元/股)	0.35	0.33	0.26
每股收益(加权平均)(元/股)	0.35	0.33	0.35
净资产收益率(全面摊薄)	16.04	18.38	16.00
净资产收益率(加权平均)	17.46	19.47	21.36

第九节 其他重要事项

一、自本公司股票首次公开发行之日至本上市公告书公告之日,本公司严格依照现行有关法律、法规的规定规范运行,生产经营情况正常,本公司所处行业和市场无重大变化,主要业务发展目标的进展状况正常,主要投入、产出物供求及价格无重大变化。

二、自本公司股票首次公开发行之日至本上市公告书公告之日,本公司没有进行重大对外投资,无重大资产 股权 收购、出售行为。

三、自本公司股票首次公开发行之日至本上市公告书公告之日,本公司重大会计政策和会计师事务所没有发生变化。

四、自本公司股票首次公开发行之日至本上市公告书公告之日,本公司未涉及任何重大诉讼、仲裁或行政处罚案件,并且董事会认为本公司未面临任何重大影响的诉讼和索赔要求。

五、自本公司股票首次公开发行之日至本上市公告书公告之日,本公司董事、监事和高级管理人员未受到任何刑事起诉,亦没有尚未了结或可能发生的刑事诉讼事项。

六、自本公司股票首次公开发行之日至本上市公告书公告之日,住所未变更。

七、自本公司股票首次公开发行之日至本上市公告书公告之日,本公司未发生新的重大负债,并且重大债项未发生变化。

八、根据有关规定,本公司股票首次公开发行和股票上市前后税负暂无变化。

九、根据 2003 年 4 月 11 日本公司 2002 年度股东大会审议通过的《公司 2002 年度利润分配预案》,截止 2002 年 12 月 31 日公司滚存的未分配利润待发行之后由新、老股东共享。

十、根据《上海证券交易所股票上市规则》,本公司第一大股东上海中科合臣化学公司承诺,自本公司股票上市之日起 12 个月内 ,不转让其所持有的本公司股份,也不由本公司回购其持有的本公司股份。

十一、本公司股票首次公开发行之日起至本上市公告书公告之日,没有其他应披露而未披露之重大事项。

第十节 董事会上市承诺

本公司董事会承诺将严格遵守《中华人民共和国公司法》、《中华人民共和国证券法》、《股票发行与交易管理暂行条例》、《公开发行股票公司信息披露实施细则》和《上海证券交易所股票上市规则》等国家相关法律、法规和有关规定,并自股票上市之日起做到:

一、承诺真实、准确、完整、公允和及时地公布定期报告,披露所有对投资者有重大影响的信息,并接受中国证监会、证券交易所的监督管理;

二、承诺本公司在知悉可能对股票价格产生误导性影响的任何公共传播媒介中出现的消息后,将及时予以公开澄清;

三、本公司董事、监事、高级管理人员和核心技术人员将认真听取社会公众的意见和批评,不利用已获得的内幕消息和其他不正当手段直接或间接从事发行人股票的买卖活动;

四、本公司没有无记录的负债。

依据《上海证券交易所股票上市规则》,本公司董事、监事将按照有关规定,在本公司上市后两个月内签署《董事(监事)声明及承诺书》并送达上海证券交易所备案。

第十一节 上市推荐人及其意见

一、上市推荐人情况

上市推荐人:东方证券有限责任公司

公司住所:上海市浦东大道 720 号国际航运金融大厦

法定代表人:肖时庆

联系人:陈波、易春蕾

电话:021-50367888

传真:021-50366340

二、上市推荐人意见

本公司上市推荐人认为,本公司章程符合《中华人民共和国公司法》等有关法律、法规和中国证券监督管理委员会关于公司章程的相关规定。根据《中华人民共和国公司法》、《中华人民共和国证券法》、《股票发行与交易管理暂行条例》、《上海证券交易所股票上市规则》等国家有关法律、法规的规定,本公司首次公开发行的股票已具备上市条件。

本公司上市推荐人保证本公司的董事了解法律、法规、上海证券交易所上市规则及股票上市协议规定的董事的义务与责任,协助本公司健全了法人治理结构并将进一步完善,制定了严格的信息披露制度与保密制度并督促严格履行。

本公司上市推荐人已对上市文件所载的资料进行了核实,确保上市文件真实、准确、完整,符合规定要求。保证本公司的上市申请材料、上市公告书没有虚假记载、误导性陈述或者重大遗漏,并保证对其承担连带责任。

本公司上市推荐人保证不利用在上市过程中获得的内幕信息进行内幕交易,为自己或他人谋取利。

本公司上市推荐人愿意推荐本公司股票在上海证券交易所上市交易,

上海中科合臣股份有限公司

二零零三年六月十八日

简要资产负债表

编制单位:上海中科合臣股份有限公司　　单位:人民币元

项目	2002 年 12 月 31 日	2001 年 12 月 31 日	2000 年 12 月 31 日
资产			
货币资金	8,980,802.72	17,867,397.23	20,093,838.32
应收票据	7,800,000.00	0	0
应收账款	2,272,263.04	33,337,312.22	21,366,259.17
其他应收款	6,788,257.10	4,394,115.79	7,811,725.88
预付账款	13,697,209.85	11,056,033.38	1,989,860.98
存货	68,414,392.53	55,768,364.91	36,741,261.66
待摊费用	0	293,186.29	0
流动资产合计	107,952,925.24	122,716,409.82	88,002,946.01
长期投资	6,901,329.38	8,392,212.70	–778,260.31
固定资产净额	61,608,069.24	51,819,325.97	42,534,562.60
在建工程	2,757,792.35	6,069,687.05	4,366,432.51
固定资产总计	64,365,861.59	57,889,013.02	46,900,995.11
无形资产	10,094,823.17	10,318,516.01	10,433,598.36
长期待摊费用	2,941,691.08	1,725,334.05	1,589,637.17
无形资产及其他资产合计	13,036,514.25	12,043,850.06	12,023,235.53
资产总计	192,256,630.46	201,041,485.60	146,148,916.34
负债及股东权益			
短期借款	67,500,000.00	100,000,000.00	49,000,000.00
应付账款	6,389,914.00	4,434,501.06	4,719,134.69
预收货款	19,575.48	115,768.06	188,448.66
应付工资	0	23,530.88	23,530.88
应付福利费	493,216.99	887.02	56,480.97
应付股利	0	5,980,000.00	6,499,809.71
应交税金	–772,000.63	–99,208.76	3,690,424.71
其他应交款	36,091.99	–40,781.44	93,105.09
其他应付款	2,456,044.22	5,772,452.37	7,160,173.45
预提费用	1,055,899.12	880,813.12	30,725.00
流动负债合计	77,178,741.17	117,067,962.31	71,461,833.16
长期借款	15,000,000.00	0	0
长期负债合计	15,000,000.00	0	0
负债合计	92,178,741.17	117,067,962.31	71,461,833.16
少数股东权益	816,700.76	802,087.57	820,750.94
股本	46,000,000.00	46,000,000.00	46,000,000.00
资本公积	23,706,742.22	23,706,742.22	23,706,742.22
盈余公积	8,202,317.96	5,186,785.12	1,739,212.30
未分配利润	21,352,128.35	8,277,908.38	2,420,377.72
股东权益合计	99,261,188.53	83,171,435.72	73,866,332.24
负债及股东权益合计	192,256,630.46	201,041,485.60	146,148,916.34

简要利润表

编制单位:上海中科合臣股份有限公司　　单位:人民币元

项目	2002 年度	2001 年度	2000 年度
一、主营业务收入	95,712,647.21	94,632,031.74	79,793,514.09
减:主营业务成本	47,450,365.64	55,117,519.95	47,813,628.52
营业税金及附加	1,045,710.15	540,600.64	890,719.36
二、主营业务利润	47,216,571.42	38,973,911.15	31,089,166.21
加:其他业务利润	272,535.80	16,949.24	762,118.08
减:营业费用	1,106,074.07	786,847.60	998,785.48
管理费用	23,231,477.10	15,376,909.85	13,032,073.26
财务费用	4,411,183.75	4,068,600.39	3,013,616.85
三、营业利润	18,740,372.30	18,758,502.55	14,806,808.70
加:投资收益	309,116.68	950,473.01	–461,334.60
补贴收入	197,000.00		
营业外收入	3,230.00	17.09	68,781.13
减:营业外支出	193,129.15	1,323,686.06	15,000.00
四、利润总额	19,056,589.83	18,385,306.59	14,399,255.23
减:所得税	2,952,223.83	3,118,866.48	2,584,232.09
少数股东收益	14,613.19	–18,663.37	
五、净利润	16,089,752.81	15,285,103.48	11,815,023.14

简要现金流量表

编制单位:上海中科合臣股份有限公司　单位:人民币元

项目	2002 年度
一、经营活动产生的现金流量净额	26,302,441.32
二、投资活动产生的现金流量净额	–7,126,255.19
三、筹资活动产生的现金流量净额	–28,062,780.64
四、汇率变动对现金的影响	0
五、现金及现金等价物的净增加额	–8,886,594.51

安 徽 长 江 农 业 装 备 股 份 有 限 公 司

安徽长江农业装备股份有限公司 2002 年年度报告

第一节　公司基本情况简介

(一) 公司法定中文名称:安徽长江农业装备股份有限公司
法定中文名称缩写:长江股份
公司法定英文名称:Anhui Changjiang Agricultural Equipments Co.,Ltd
法定英文名称缩写:ACAE
(二) 公司法定代表人:严宏
(三)公司董事会秘书:喻小平
联系地址:安徽省六安市江淮路 28 号
联系电话:(0564)3366648
传真:(0564)3364237
电子信箱:yxp@cjgf.com.cn
公司证券事务代表:汤玉鹏
联系电话:(0564)3366353
(四)公司注册地址:安徽省六安市江淮路 28 号
公司办公地址:安徽省六安市江淮路 28 号
邮政编码:237009
公司国际互联网网址:http://www.cjgf.com.cn
公司电子信箱:cjgf@mail.la.ah163.net
(五)公司选定的信息披露报纸名称:《上海证券报》、《证券日报》
登载公司年度报告的国际互联网网址:http://www.sse.com.cn
公司年度报告备置地点:公司证券部
(六)公司股票上市证券交易所:上海证券交易所
股票简称:长江股份
股票代码:600496
(七)公司首次注册登记日期:1999 年 6 月
首次注册登记地点:安徽省工商行政管理局
公司变更注册登记日期:2002 年 6 月
变更注册登记地点:安徽省工商行政管理局
企业法人营业执照注册号:3400001300121
税务登记号码:342401711774045
公司聘请的会计师事务所名称:华证会计师事务所有限公司
办公地址:北京西城区金融街 27 号投资广场 A 座 12 层

第二节　会计数据和业务数据摘要

一、本年度主要利润指标情况　　单位:人民币元

利润总额	10,046,563.28
净利润	6,731,593.40
扣除非经营性损益的净利润*	6,321,179.49
主营业务利润	26,882,074.89
其他业务利润	0.00
营业利润	9,434,005.20
投资收益	816,000.00
补贴收入	0.00
营业外收支净额	-203,441.92
经营活动产生的现金流量净额	22,381,045.93
现金及现金等价物净增加额	100,274,789.27

*报告期扣除非经常性损益项目和涉及的金额　　单位:人民币元

投资收益	816,000.00
营业外收入	105,383.53
营业外支出	308,825.45
所得税影响	202,144.17
净利润影响	410,413,91

二、公司三年来主要会计数据和财务指标

项目	单位	2002 年
主营业务收入	元	138,805,636.78
净利润	元	6,731,593.40
总资产	元	345,449,097.87
股东权益(不含少数股东权益)	元	244,992,205.99
每股收益(摊薄)	元	0.06
每股收益(加权平均)	元	0.07
每股净资产	元	2.23
调整后的每股净资产	元	2.23
每股经营活动产生的现金流量净额	元	0.20

第三节 股本变动及股东情况

一、公司主要股东情况

1、报告期末,公司股东总数为 16611 户。

2、持有公司股份 5%以上的股东为六安手扶拖拉机厂,所持股份为国家股,持股数量为 67,888,320 股,占公司股本总额的 61.72%。在报告期内其所持股份无增减变化,也未发生被质押、冻结或托管的情况。

主要股东持股情况:(截止 2002 年 12 月 31 日)
单位:股

序号	股东名称	本期末持股数	持股比例	股份类别
1	六安手扶拖拉机厂	67,888,320.00	61.72	国家股
2	渤海证券	1,305,224.00	1.19	社会公众股
3	安徽强力新型模具总厂	659,900.00	0.60	法人股
4	六安市精工齿轮总厂	659,900.00	0.60	法人股
5	东航工程	514,900.00	0.47	社会公众股
6	六安市龙兴工业公司	461,930.00	0.42	法人股
7	河南省商城县通用机械制造有限公司	329,950.00	0.30	法人股
8	天津信托	281,077.00	0.25	社会公众股
9	兴安基金	206,600.00	0.19	社会公众股
10	何户书	191,200.00	0.17	社会公众股

3、公司控股股东情况介绍

六安手扶拖拉机厂,法定代表人:常新永,注册资金 8,000 万元,始建于 1956 年,是隶属安徽省六安市的国有大型企业,主要从事普通机械、机床制造维修、宾馆、综合服务等业务。

报告期内本公司控股股东未发生变更。

第四节　董事、监事、高级管理人员和员工情况

一、基本情况

公司董事、监事、高级管理人员名单及任职日期、持股数:

姓名	性别	出生年月	职务	任期起止日期
严　宏	男	1957.8	董事长、总经理	2000.6-2003.6
常新永	男	1951.12	副董事长	1999.6-2002.6
王朝旭	男	1947.10	副董事长	1999.6-2002.6
徐德鹏	男	1951.12	董事、副总经理	1999.6-2002.6
张保才	男	1951.6	董事、副总经理	1999.6-2002.6
王　伟	男	1958.7	董事、副总经理	2000.6-2003.6
任继田	男	1954.8	董事	1999.6-2002.6
张传如	男	1953.8	董事	1999.6-2002.6
毛先进	男	1944.12	董事	2002.9-2005.9
罗先进	男	1944.3	董事	1999.6-2002.6
许崇正	男	1952.10	独立董事	2002.9-2005.9
圣小武	男	1964.6	独立董事	2002.9-2005.9
杜　纯	男	1956.2	监事会主席	1999.6-2002.6
蒋世田	男	1954.10	监事	1999.6-2002.6
邬效学	男	1962.12	监事	1999.6-2002.6
喻小平	男	1954.9	董事会秘书	1999.6-2002.6
喻建华	女	1953.7	财务总监	1999.6-2002.6
郭永忠	男	1963.5	总工程师	2000.7-2003.7

注:(1)公司董事、监事、高级管理人员均未持有本公司股份。

(2)董事、监事和高级管理人员在股东单位任职情况

上述人员中,除常新永先生任六安手扶拖拉机厂厂长、王朝旭先生任精工齿轮总厂厂长、任继田先生任安徽强力新型模具总厂厂长、张传如先生任六安市龙兴工业公司经理、毛先进先生任河南商城通用机械制造有限公司董事长、邬效学先生任精工齿轮总厂副厂长之外,其他人员均未在股东或股东控股的企业、同行业其他企业担任职务。

二、年度报酬情况

在本公司领取报酬的董事、监事和高级管理人员共 11 人。其中,董事 4 人、监事 2 人、高级管理人员 3 人在公司领取报酬;独立董事 2 人在公司领取津贴。公司对董事、监事和高级管理人员的报酬,实行浮动工资加奖金的办法。

1、在公司领取报酬、津贴人员列表　　单位:人民币元

姓名	年度报酬总额	备注
严宏	13,046.40	2002 年 7 月-12 月
徐德鹏	16,252.70	
张保才	18,019.30	
王伟	16,634.60	
许崇正(独立董事)	6,667.00	2002 年 9 月-12 月
圣小武(独立董事)	6,667.00	2002 年 9 月-12 月
杜纯	16,981.90	
蒋世田	14,896.42	
喻小平	14,921.30	
喻建华	14,747.30	
郭永忠	15,999.60	

注:公司 2002 年第一次临时股东大会通过了《关于公司独立董事年度津贴的议案》,决定给予独立董事每人每年 2 万元人民币(含税)的津贴。

四、截止 2002 年 12 月 31 日,公司共有员工 935 人,暂无离退休人员。

(1)按专业构成分类	人数	比例(%)
生产服务人员	565	60.43
营销人员	115	12.30
技术人员	146	15.61
财务人员	19	2.03
行政人员	90	9.63
(2)按教育程度构成分类	人数	比例(%)
中专以下学历	707	75.61
中专学历	136	14.55
大专及以上学历	92	9.84

第五节　公司治理结构

一、公司治理状况

对照中国证监会发布的《上市公司治理准则》,并严格按照《公司法》、《证券法》和中国证监会有关法律法规的要求,公司在报告期内不断完善法人治理结构,规范公司运作。报告期公司相继修订了《公司章程》、《董事会议事规则》,制定并通过了《公司累积投票制实施细则》,设立了董事会战略委员会、董事会审计委员会、董事会薪酬与考核委员会和董事会提名委员会,并通过了各个委员会的人员组成及其《实施细则》,这些制度和做法符合中国证监会和国家经贸委发布的《上市公司治理准则》规范性文件的要求,对公司规范运作和科学决策起到了很好的推动和促进作用,有效地改进和完善了公司的治理结构。

(一)公司严格按照《公司章程》规定的选聘程序选举董事和监事,在报告期内制定并通过了《公司累积投票制实施细则》,符合《上市公司治理准则》的有关要求。

(二)公司能够保证所有股东,特别是中小股东享有平等地位,确保所有股东能够充分行使自己的权利;公司与控股股东在人员、资产、财务、机构和业务方面相互独立,公司具有独立完整的业务及自主经营能力;公司高级管理人员在控股股东单位没有担任任何职务;公司按照有关法律法规的要求建立健全财务、会计管理制度;公司董事会、监事会和内部机构能够独立运作。

(三)公司各位董事能够以认真负责的态度出席董事会和股东大会,能够积极参加有关培训,熟悉有关法律法规,了解作为董事的权利、义务和责任。

(四)公司监事会人数和人员构成符合法律法规要求;公司监事会建立了监事会议事规则;公司

监事能够认真履行职责,能够本着对股东负责的精神,对公司财务以及公司董事、经理和其他高级管理人员履行职责的合法合规性进行监督。

(五)公司按照有关规定和内部经济责任制确定的标准和考核办法,每年对董事、监事和经理人员进行绩效评价;经理人员的聘任公开、透明,并将逐步建立经理人员的薪酬与其职责、贡献挂钩的激励机制,经理人员的薪酬由公司董事会研究决定。

(六)公司严格按照法律、法规和公司章程的规定,真实、准确、完整、及时地披露信息,并指定董事会秘书负责信息披露事项,作好接待来访、回答咨询、联系股东、向投资者提供公司公开披露的资料,保证所有股东可平等获取公司信息;公司能够按照有关规定披露公司治理的有关信息和改进计划、措施。

二、独立董事情况

公司董事会根据中国证监会发布的《关于在上市公司建立独立董事制度的指导意见》的规定要求,2002 年 9 月 23 日公司 2002 年第一次临时股东大会上选举许崇正先生、圣小武先生为公司独立董事。独立董事就职后忠实地履行了自己的职责,为公司在财务、投资等方面出谋划策,特别是在公司重大投资、收购活动中提出了许多建设性意见,充分发挥了独立董事的作用。

三、公司在业务、资产、人员、机构和财务等方面与控股股东之间相互独立的情况

(一)业务独立:公司具有独立自主地进行经营活动的权力,拥有完整的法人财产权,包括经营决策权和实施权;拥有必要的人员、资金和技术设备,以及在此基础上按照分工协作和职权划分建立起来的一套完整组织,能够独立支配和使用人、财、物等生产要素,顺利组织和实施生产经营活动。

(二)资产独立:公司拥有完整独立的生产系统、辅助生产系统和配套设施等生产经营性资产,不存在任何资产被控股股东及其他股东占用的情况。公司亦没有以其资产、权益或信誉为各股东的债务提供担保,对所有资产具有完全的控制支配权。

(三)人员独立:公司董事、监事及高级管理人员均严格按照《公司法》、《公司章程》有关规定产生。除公司副董事长常新永先生任六安手扶拖拉机厂厂长外,其余高级管理人员均未担任六拖厂及其下属企业的任何其他职务。公司董事长、总经理及其他高级管理人员均在公司领取报酬。公司财务人员、技术人员和销售人员均不在六拖厂及其他关联企业兼职。公司的劳动、人事及工资管理与控股股东完全独立。

(四)机构独立:公司人事、财务供应和销售等职能部门独立与控股股东。

(五)财务独立:公司设立了独立的财务部门,建立了独立的财务核算体系,具有规范、独立并符合上市公司要求的财务会计制度和财务管理制度,配备了专职的会计人员,公司开设独立的银行帐号,依法独立纳税。

综上所述,公司具有独立完整的业务和面向市场自主经营的能力。

四、高级管理人员的考评及激励机制

根据年度生产、销售、效益等指标完成情况,对照有关规定和内部经济责任制确定的标准,由公司董事会对高级管理人员进行考评,并根据考评决定下一年度的工资定级、岗位安排直至聘用与否。公司计划在现有考评机制的基础上不断总结经验,力争建立起一套科学、公正、透明的关于高级管理人员的考核评价体系和激励机制。

第六节　股东大会情况简介

一、2002 年 3 月 30 日,公司 2001 年度股东大会举行,出席会议的股东代表 5 人,代表股权 7000 万股,占公司股份总数的 100.00%,符合《公司法》和《公司章程》的规定,会议决议有效。本次会议审议批准了《2001 年度董事会工作报告》、《2001 年度监事会工作报告》、《公司 2001 年度利润分配预案》及《公司 2001 年度财务决算和 2002 年度财务预算报告》等议案。

由于公司当时尚未上市,大会的通知是以专人送达的方式发送,股东大会通过的决议未在有关指定信息披露报纸上披露,但股东大会决议内容已在公司《招股说明书》和《上市公告书》中进行了披露。

二、2002 年 9 月 23 日上午 9:00 公司在安徽六安市皖西宾馆召开 2002 年第一次临时股东大会。股东大会的有关通知刊登在 2002 年 8 月 22 日的《上海证券报》和《证券日报》上,出席会议的股东代表 5 人,代表股权 7000 万股,占公司股份总数的 63.63%,符合《公司法》和《公司章程》的规定,会议决议有效。

大会审议并以记名投票的方式逐项通过如下决议:《关于更换公司董事的议案》、《关于修改公司章程的议案》、《关于授权董事会设董事会专门委员会的议案》、《关于调整项目实施顺序的议案》、《关于公司累积投票制实施细则的议案》,选举许崇正先生、圣小武先生为公司独立董事,以及审议批准了《关于修改董事会议事规则的议案》、《关于公司独立董事年度津贴的议案》。上述会议决议公告刊登在 2002 年 9 月 25 日的《上海证券报》和《证券日报》上。

本次股东大会经安徽天禾律师事务所喻荣虎律师到场见证,并为本次股东大会出具了法律意见书。

本次大会选举、更换公司董事情况:

1、同意罗先进先生辞去董事会董事职务,同意 7000 万股,反对 0 股,弃权 0 股;

2、选举毛先进先生为公司董事会董事,同意 7000 万股,反对 0 股,弃权 0 股;

3、选举许崇正先生为公司独立董事,同意 7000 万股,反对 0 股,弃权 0 股;

4、选举圣小武先生为公司独立董事,同意 7000 万股,反对 0 股,弃权 0 股。

第七节　董事会报告

一、公司经营情况

(一)主营业务范围及其经营情况

公司主要从事拖拉机、联合收割机、配套农机具及其他农机产品的生产和销售。手扶拖拉机是公司的主导产品,公司报告期内主营业务没有变化。报告期内,国内手扶拖拉机行业竞争进一步加剧,产品价格继续大幅走低,公司主营业务呈下降趋势,共完成主营业务收入 138,805,636.78 元,比去年同期相比下降 22.11%;主营业务利润 26,882,074.89 元,比去年同期相比下降 21.43%。其主要原因为:一是由于竞争加剧,公司为增强产品竞争优势,采取让利销售政策,两次大幅度下调产品价格,直接导致公司销售收入和利润减少;二是少数小型企业的恶性压价与竞争,使公司在部分地区的销售份额受到影响;三是今年四季度由于实施国债项目,总装、热电设备搬迁和调整工艺布局也影响了部分品种的生产与销售,对主营业务构成一定的影响。

由于公司采取让利销售、占领市场的经营策略,尽管公司效益受到影响,但产品市场得以巩固。根据行业内统计资料,2002 年度国内市场覆盖面为 79%,市场占有率 17%,市场份额基本与上年持平。公司产品外销情况良好,本年度手扶拖拉机出口 2253 台,主要为自营出口。本年度通过技术改造,公司的生产工艺布局更加合理,产品质量保证体系得以进一步完善。

1、主营业务产品构成情况

产品分类	主营业务收入 金额(元)	占总收入比例(%)	主营业务成本 金额(元)	占总成本比例(%)
拖拉机	133,706,372.63	96.33	106,822,116.87	95.57
旋耕机	2,698,877.73	1.94	2,452,688.25	2.19
联合收割机	149,495.59	0.11	173,731.52	0.16
其他配套农机具	2,250,890.83	1.62	2,325,732.67	2.08
合计	138,805,636.78	100.00	111,774,269.31	100.00

2、主营业务地区构成情况

地区分类	主营业务收入(元) 2002 年度	2001 年度	比上年增减(%)
国内	134,944,079.10	177,272,045.54	–23.88
国外	3,861,557.68	935,008.92	313.00
合计	138,805,636.78	178,207,054.46	–22.11

3、占主营业务收入 10%以上的主要产品:报告期,占公司主营业务收入 10%以上的主要产品为手扶拖拉机系列产品,所占比例为 96.33%。

(二)主要控股及参股公司的经营情况

报告期公司没有控股子公司,不存在源于单个参股公司的投资收益对公司净利润影响达到 10%以上的情况。

(三)主要供应商、客户情况

前五名供应商采购金额合计(万元)　3,778.06　占采购总额比重(%)　39.28

前五名销售客户采购金额合计(万元)　3,669.49　占销售总额比重(%)　26.44

(四)经营中出现的问题与困难及解决方案

近年来,特别是 2002 年度国内手扶拖拉机行业竞争加剧,以价格为主导的恶性竞争使整个行业的利润率急剧下滑,公司作为行业内的龙头企业承受巨大的压力。面对严峻形势,为了保持公司平稳发展,公司主要从以下几方面采取措施:

第一、主动出击,以价格应对价格,巩固已有的市场。报告期内公司两次大幅度下调产品价格,此举虽然使公司销售收入和利润有所减少,但公司产品市场得以巩固;

第二、严格控制生产成本,严格实行对大宗物资采购招投标制度,对各生产分厂实行"二级核算、定额发料"的成本管理制度,加强生产资源的内部控制,严格控制物资消耗,使各种物料消耗量有较大的降低,从而消化了部分降价因素;

第三、强化服务意识,力求从质量和服务上与其他厂家拉开差距;

第四、为了改变目前公司主导产品单一的现状,公司不仅加快了新产品研制步伐,增加手扶拖拉机产品的规格与型号,还积极向旅游酒店业和房地产业等其他行业拓展,减少主营单一给公司造成的风险。

(五)报告期实际经营成果和经营计划比较

公司制定的 2002 年度业务经营目标是实现销售收入 18,000.00 万元,报告期实际实现数额为 13,880.56 万元。产生差异的主要原因是报告期内公司主营手扶拖拉机行业以价格为主导的竞争加剧,产品销售价格有较大下滑,因此导致主营业务收入有所下降。

二、公司投资情况

1、报告期内募集资金投资情况　　单位:人民币元

公司于 2002 年 5 月 22 日发行人民币普通股 4000 万股,扣除发行费用后实际募集资金 13,221.55 万元。截止报告期末,募集资金投资情况如下:

募集资金投入项目名称	计划投资总额	报告期实际投资	累积投资	实际工程进度(%)
小型农田多用机项目	20,000,000.00	17,953,897.00	24,004,244.58	48.01
长江牌系列旋耕机项目	29,560,000.00	2,567,222.97	2,567,222.97	8.68
4L–0.8 型背负式稻麦联合收割机项目	45,510,000.00	2,462,296.48	4,205,390.99	9.24
4LZS–1.3 型自走全喂入式稻麦联合收割兼耕作机项目	29,950,000.00	1,131,908.08	1,878,948.58	6.27
中型轮式拖拉机项目	145,150,000.00	0.00	0.00	0.00
合计	270,170,000.00	24,115,324.53	32,655,807.12	10.88

(1)小型农田多用机项目计划投资总额除募股资金 2000 万元外,还包含 3000 万元国债专项贷款。报告期实际投资额含募股资金 425.32 万元,国债资金 1,370.07 万元,累积投资额含募股资金 560.62 万元,国债资金 1,839.80 万元。该项目进度较快,已进入样机试制阶段。

(2)经公司 2002 年第一次临时股东大会批准,公司调整了项目实施顺序。其中,中型轮式拖拉机项目暂缓实施。公司临时公告已对此作了披露,详情见 2002 年 9 月 25 日的《上海证券报》和《证券日报》。

(3)长江牌系列旋耕机在新年度将根据市场拓展情况加大投入。

(4)4L–0.8 型背负式稻麦联合收割机项目在本年度内主要对样机的设计进行改进、试验和完善,2003 年度将加大投入,逐步形成批量生产;4LZS–1.3 型自走全喂入式稻麦联合收割兼耕作机正在依托科研所,进行优化设计阶段。

报告期,公司利用 3000 万的间歇资金委托华安证券进行短期国债组合投资,公司临时公告对此进行了详细的披露,详情见 2002 年 12 月 26 日的《上海证券报》和《证券日报》。

公司没有使用的募集资金一直存放于银行。

2、报告期内非募集资金投资的项目情况

(1)报告期内,非募集资金投资项目主要为投资于小型农田多用机的 3000 万元国债项目,此项目共计投资 1,839.80 万元。

(2)报告期内,公司利用 3000 万元的自有资金委托华安证券进行短期国债组合投资,公司临时公告对此进行了详细的披露,详情见 2002 年 8 月 22 日的《上海证券报》和《证券日报》。在协议期内华安证券严格履行其承诺,保证了资金的安全、实现了预期的收益(年收益率 7.2%)。2002 年 12 月 15 日合同到期,华安证券已将本金和收益合计 3,081.6 万元划入公司帐下。

(3)9 月份和 11 月份公司利用自有资金购买国债累计 1000 万元。

三、财务状况及经营成果

项目	2002 年度	2001 年度	增减比例(%)
总资产	345,449,097.87	193,546,435.89	78.48
长期负债	33,800,000.00	33,600,000.00	0.60
股东权益	244,992,205.99	99,642,352.72	145.87
主营业务利润	26,882,074.89	34,212,899.77	–21.43
投资收益	816,000.00	0.00	100.00
净利润	6,731,593.40	12,656,313.11	–46.81
现金及现金等价物净增加额	100,274,789.27	7,031,785.79	1,326.02

变动原因:

1、总资产比上年同期上涨 78.48%,主要由于报告期内向社会公开发行了人民币普通股 4000 万股,增加了公司流动资产和固定资产,以及本年度实现的利润增加所致;

2、股东权益比上年同期上涨 145.87%,主要由于报告期发行新股,股本增加及股本溢价所致;

3、主营业务利润比上年同期下降 21.43%,主要是由于报告期公司下调了产品销售单价,销售收入减少所致;

4、投资收益比上年同期上涨 100.00%,主要是由于报告期新实施的委托投资国债产生收益所致;

5、净利润比上年同期下降 46.81%,主要是由于报告期主营业务利润下降所致;

6、现金及现金等价物比上年同期上涨 1,326.02%,主要是由于报告期发行新股,募集资金到位所致;

7、长期负债比上年同期上涨 0.60%,主要是由于上级拨付的企业信息化建设补助资金到位所致。

四、对生产经营环境以及宏观政策、法规产生重大变化已经、正在或将要对公司的财务状况和经营成果产生重要影响的说明

由于近几年农民收入没有明显提高,农村的购买力较弱,使得公司的市场拓展计划进展受限,

导致公司报告年度的业绩出现较大下滑。但随着国家对“三农”问题的重视和各项配套措施的出台,必然会对公司新年度的发展带来良好的契机。

五、新年度的经营计划

2003年度公司将继续坚持“立足主业,同心发展,多元发展”的方针,本着“深化管理求生存,改革创新求发展”的经营战略,确保2003年完成系列手扶拖拉机产量12万台,联合收割机500台,系列旋耕机及其他配套农机具1万台套,实现主营业务收入1.5亿元,比2002年增长10%左右,综合经济效益持续保持稳定,并实现一定增长。

为实现上述经营计划和目标,公司将重点做好以下几方面工作:

1、从品种、质量、服务和成本入手,努力提升现有产品竞争力。在品种上,公司将加快长江181-201型、31-41型两个新品种的投放进度,增强手扶拖拉机产品系列化优势;在质量上,公司将做好总装分厂的技术改造,提高产品质量;在服务上,公司将继续扩大营销网络,完善服务规范;在成本上,公司将进一步完善责任考核,继续加强对各种物耗指标的控制及大宗物资采购的招投标制度的完善。

2、强化营销管理,加大销售力度,对全体营销人员实行销售承包经济责任制,把每个营销人员的收入与业绩紧密挂钩,充分调动营销人员的积极性,切实巩固和扩大国内销售市场。并通过拟设立的控股子公司上海长江投资贸易有限责任公司加大外贸出口力度,进一步抢占国际市场。

3、加快募集资金等项目投入进度,力争部分项目早见效益,2003年度在抓好国债项目的同时,重点加大4L-0.8型背负式稻麦联合收割机项目的投入,使其形成小批量生产。对其它项目的实施,则依托品牌优势,在行业内寻求合作伙伴,或低成本扩张,优势互补,或强强联合,加快发展速度,切实提高项目实施的质量、进度和效益。

4、为减少过分依赖主营业务给公司效益带来的不确定因素,公司将充分利用业已具有的皖西宾馆闲置土地资源,适度向酒店旅游及房地产业介入。

5、充分运用博士后科研工作站的人才资源优势,加大人才招聘的力度,特别是引进和吸纳农机制造方面的工程技术人员,提高公司的新产品研发能力。

6、推进计算机管理信息系统工程的建设(简称CJ-ERP工程),以实现企业物流、资金流和信息流的集成运行,全面提高公司的管理水平和决策水平。

7、继续深化企业内部改革,按现代企业制度和上市公司要求规范运作,使公司法人治理结构,经营管理机制更趋完善。

8、为充分调动全体员工的积极性和创造性,公司还将根据改革进程和公司发展的需要,逐步展开产权制度的改革。

9、充分运用资产重组方式,通过强强联合的有效途径,广泛寻求合作伙伴,加快产品升级步伐,尽快培育新的经济增长点。

六、董事会日常工作情况

(一)报告期内董事会的会议情况及决议内容

2002年度,公司董事会共召集4次董事会会议,情况如下:

1、2002年2月26日,公司第一届董事会第十一次会议在公司会议室举行。会议审议通过以下事项:

(1)《公司2001年度董事会工作报告》;

(2)《公司2002年度经营计划的议案》;

(3)《2001年度总经理工作报告》;

(4)《公司2001年度财务决算和2002年度财务预算报告》。

2、2002年8月16日,公司第一届董事会第十二次会议在公司会议室举行。会议审议通过以下事项:

(1)《关于提请更换董事的议案》,会议同意罗先进先生因健康原因辞去公司董事的辞呈,并增补毛先进先生为公司董事候选人,报请2002年第一次临时股东大会选举;

(2)《关于修改公司章程的议案》,修改了公司注册资本及增加独立董事等条款;

(3)《关于报请股东大会授权董事会设董事会专门委员会》,为完善公司的组织结构,拟报请股东大会授权董事会设董事会战略、审计、提名、薪酬与考核等专门委员会;

(4)《关于调整项目实施顺序的议案》,即按照小型农田多用机项目、长江牌系列旋耕机项目、4L-0.8型背负式稻麦联合收割机项目、4LZS-1.3型自走全喂入式稻麦联合收割兼耕作机项目、中型轮式拖拉机项目的顺序实施;

(5)《关于委任公司证券事务代表的议案》,委任汤玉鹏先生为公司证券事务代表;

(6)《关于提名许崇正先生、圣小武先生为公司独立董事候选人的议案》;

(7)《关于修改董事会议事规则的议案》;

(8)《关于委托华安证券进行国债组合投资的议案》;

(9)《关于公司累积投票制实施细则的议案》;

(10)《关于公司独立董事年度津贴的议案》,为保证独立董事有效行使职权,公司董事会拟定给予独立董事每人每年2万元人民币(含税)的津贴;

(11)《公司2002年半年度报告及其摘要》。

上述会议决议公告刊登在2002年8月22日的《上海证券报》和《证券日报》上。

3、2002年10月23日,公司第一届董事会第十三次会议在公司会议室举行。会议审议通过以下事项:

(1)《关于提名董事会专门委员会组成人选的议案》,选出了董事会战略、审计、提名、薪酬与考核等专门委员会的人员组成;

(2)《董事会战略及投资委员会实施细则》;

(3)《董事会审计委员会实施细则》;

(4)《董事会提名、薪酬与考核委员会实施细则》;

(5)《公司2002年第三季度报告》。

上述会议决议公告刊登在2002年10月25日的《上海证券报》和《证券日报》上。

4、2002年12月24日,公司第一届董事会第十四次会议在公司会议室举行,会议审议通过以下事项:

(1)《关于继续委托华安证券进行国债组合投资的议案》;

(2)公司战略与投资委员会提交的《关于拟承债式整体收购皖西宾馆方案》的议案;

本次会议还听取了董事长严宏先生所做作的《关于设立上海长江投资贸易有限责任公司》的报告。

上述会议决议公告刊登在2002年12月25日的《上海证券报》和《证券日报》上。

第八节 监事会报告

一、报告期内监事会会议情况

报告期内监事会共召开5次会议,主要内容如下:

1、第一届监事会第五次会议于2002年2月26日在公司四楼会议室召开,全体监事出席会议,会议由监事会主席杜纯先生主持,会议审议并通过了以下决议:

(1)审议通过了《监事会2001年度工作报告》;

(2)审议通过了《公司2001年度财务决算和2002年度财务预算报告》;

(3)审议通过了《公司2001年度利润分配预案》。

2、第一届监事会第六次会议于2002年7月24日在公司四楼会议室召开,全体监事出席会议,会议由监事会主席杜纯先生主持。会议审议并通过了《监事会工作总结与计划》。

3、第一届监事会第七次会议于2002年8月16日在公司四楼会议室召开,全体监事出席会议,会议由监事会主席杜纯先生主持。会议审议并通过了公司《2002年半年度报告正文及摘要》和《关于委托华安证券进行国债组合投资的议案》。

4、第一届监事会第八次会议于2002年10月23日在公司四楼会议室召开,全体监事出席会议,会议由监事会主席杜纯先生主持。会议审议并通过了《公司2002年第三季度报告》。

5、第一届监事会第九次会议于2002年12月24日在公司四楼会议室召开,全体监事出席会议,会议由监事会主席杜纯先生主持。会议审议并通过了《关于继续委托华安证券进行国债组合投资的议案》和公司战略与投资委员会提交的《关于拟承债式整体收购皖西宾馆方案》的议案。

二、监事会对公司2002年度有关事项的独立意见

1、公司依法运作情况

公司监事会依照国家有关法律、法规和《公司章程》,对公司股东大会、董事会的召开程序、决议事项、董事会对股东大会决议的执行情况、公司高级管理人员履职的情况及公司管理制度等进行了监督,并列席了董事会和股东大会,认为公司董事会2002年度的工作能严格按照《公司法》、《证券法》、《上市规则》、《公司章程》和相关的议事规则进行规范运作,工作认真负责,经营决策科学合理,建立了较完善的内部管理和内部控制制度,公司董事、经理执行职务时没有违反法律法规、《公司章程》或损害公司利益的行为。

2、检查公司财务情况

在报告期内,监事会本着对全体股东负责的精神,对公司的财务制度和财务状况进行了监督和检查,认真审核公司月度会计报表,及时了解公司的财务信息。监事会认为,公司的财务制度健全,管理规范,一年来公司财务运作正常,公司2002年度财务报告能够真实地反映公司的财务状况和经营成果,华证会计师事务所有限公司出具的审计意见和对所涉及事项作出的评价是真实、公允的。

3、公司募集资金实际投入项目与承诺投资项目一致,公司将部分没有使用的募股资金用于国债组合投资充分考虑了其安全性和收益性,监事会对此表示赞同,认为募集资金使用良好。

4、监事会认为,公司拟用3600万元自筹资金承债式整体收购皖西宾馆,包括宾馆现有债权债务及有形无形资产和126亩市中心一级土地的使用权是切实可行的;公司战略与投资委员会提交的《关于拟承债式整体收购皖西宾馆方案》的提案最大限度的为公司争取了利益,同时具有很强的可操作性。

4、监事会认为公司关联交易公平,未损害公司利益,无内幕交易行为。

第九节 重要事项

一、本年度公司无重大诉讼、仲裁事项。

二、报告期内,公司收购及出售资产、吸收合并事项:

报告期内,公司战略与投资委员会向公司董事会提交了《关于拟承债式整体收购皖西宾馆方案》的提案,该委员会认为从优化资源配置,盘活存量资产和低成本扩张中介入其它领域,培育新的经济增长点出发,公司拟用3600万元自筹资金承债式整体收购皖西宾馆,包括宾馆现有债权债务及有形无形资产和126亩市中心一级土地的使用权是切实可行的,同时认为本次收购并不会对公司业务连续性、管理层稳定性产生实质性影响。公司2002年12月24日召开的第一届董事会第十四次会议通过了该提案,并组建了收购领导组,负责对收购标的的评估、审计工作和收购协议的签定。详情见2002年12月26日的《上海证券报》和《证券日报》。

三、报告期内,公司发生的关联交易事项:

1、购货

物资名称 关联方名称		2002年度 金额(万元)	2002年度 占购货总额%	2001年度 金额(万元)
六安手扶拖拉机厂	配件	263.43	2.74	542.18
六安市精工齿轮总厂	齿轮	1,008.49	10.49	589.24
安徽强力新型模具总厂	离合器	296.84	3.09	327.61
六安市龙兴工业公司	箱体	428.28	4.45	480.31
河南省商城县通用机械有限公司	机架	344.77	3.59	205.28

定价

关联方名称	占购货总额%	政策
六安手扶拖拉机厂	4.56	市价
六安市精工齿轮总厂	4.96	市价
安徽强力新型模具总厂	2.76	市价
六安市龙兴工业公司	4.04	市价
河南省商城县通用机械有限公司	1.73	市价

2、关联方往来款余额

	2002-12-31	2001-12-31
预付帐款		
其中:六安手扶拖拉机厂机床制修分厂	-	1,568,004.05
商城通用机械制造有限公司	-	75,293.50
其它应付款		
其中:六安手扶拖拉机厂	5,417,210.03	5,627,231.06
应付票据		
其中:六安市龙兴工业公司	1,150,000.00	-
六安市精工齿轮总厂	1,800,000.00	-
安徽强力新型模具总厂	900,000.00	-
商城通用机械制造有限公司	250,000.00	
应付帐款		
其中:六安市精工齿轮总厂	1,311,445.20	1,502,094.80
六安市龙兴工业公司	1,209,229.76	1,448,558.50
安徽强力新型模具总厂	204,471.55	679,316.65
六安手扶拖拉机厂机床制修分厂	1,057,722.23	
商城通用机械制造有限公司	543,436.10	

四、重大合同及其履行情况:

1、报告期内,公司无托管、承包、租赁其它公司资产或其它公司托管、承包、租赁本公司资产的事项。

2、报告期内,公司无对外担保事项。

3、报告期,公司与华安证券有限责任公司两次签定了《委托国债组合投资合同》,详情参见“报告期内募集资金投资情况”和“报告期内非募集资金使用情况”。

五、报告期内,公司第一大股东履行了不与公司发生同业竞争的承诺。

六、公司聘请的会计师事务所为华证会计师事务所有限公司。报告年度公司根据年度审计工作量和行业对比情况,与其协商后确定了报酬标准为:2002年度支付华证会计师事务所有限公司财务审计费用为人民币20万元。

七、报告期内,公司、公司董事会及董事未有受中国证监会稽查、中国证监会行政处罚、通报批评、证券交易所公开谴责的情形。

第十节 财务报告

审计报告

华证年审证字[2003]第13号

安徽长江农业装备股份有限公司全体股东:

我们接受委托,审计了贵公司2002年12月31日的资产负债表、2002年度的利润及利润分配表和2002年度的现金流量表。这些会计报表由贵公司负责,我们的责任是对这些会计报表发表审计意见。我们的审计是依据《中国注册会计师独立审计准则》进行的。在审计过程中,我们结合贵公司实际情况,实施了包括抽查会计记录等我们认为必要的审计程序。

我们认为,上述会计报表符合《企业会计准则》和《企业会计制度》的有关规定,在所有重大方面公允地反映了贵公司2002年12月31日的财务状况、2002年度经营成果和2002年度现金流量情况,会计处理方法的选用遵循了一贯性原则。

华证会计师事务所有限公司　　中国注册会计师:马　静

2003年2月18日　　中国注册会计师:马章松

资产负债表

编制单位:安徽长江农业装备股份有限公司　单位:人民币元

资产	附注	2002-12-31
流动资产:		
货币资金	四.1	148,460,197.21
短期投资	四.2	9,002,769.13
应收票据	四.3	1,219,650.00
应收股利		–
应收利息		–
应收账款	四.4	56,394,660.52
其他应收款	四.5	32,753,117.57
预付账款	四.6	141,786.95
应收补贴款	四.7	479,371.10
存货	四.8	28,720,677.11
待摊费用		–
一年内到期的长期债权投资		–
其他流动资产		–
流动资产合计		277,172,229.59
长期投资:		
长期股权投资		–
长期债权投资		–
长期投资合计		–
固定资产		
固定资产原价	四.9	79,338,261.16
减:累计折旧	四.9	36,380,567.22
固定资产净值		42,957,693.94
减:固定资产减值准备	四.9	86,907.59
固定资产净额		42,870,786.35
工程物资		–
在建工程	四.10	25,406,081.93
固定资产清理		–
固定资产合计		68,276,868.28
无形资产及其他资产:		
无形资产		–
长期待摊费用		–
其他长期资产		–
无形资产及其他资产合计		–
递延税项		–
递延税项借项		–
资产总计		345,449,097.87

资产负债表(续)

编制单位:安徽长江农业装备股份有限公司　单位:人民币元

负债及股东权益	附注	2002-12-31
流动负债:		
短期借款		–
应付票据	四.11	12,300,000.00
应付账款	四.12	37,588,645.74
预收账款	四.13	564,830.55
应付工资	四.14	5,980.00
应付福利费	四.15	3,860,418.67
应付股利	四.16	5,500,000.00
应交税金	四.17	-413,628.61
其他应交款	四.18	306,960.43
其他应付款	四.19	6,893,435.10
预提费用	四.20	50,250.00
预计负债		–
一年内到期的长期负债		–
其他流动负债		–
流动负债合计		66,656,891.88
长期负债:		
长期借款	四.21	30,000,000.00
应付债券		–
长期应付款		–
专项应付款	四.22	3,800,000.000
其他长期负债		–
长期负债合计		33,800,000.00
递延税项:		
递延税项贷项		–
负债合计		100,456,891.88
股东权益:		
股本	四.23	110,000,000.00
减:已归还投资		–
股本净额		110,000,000.00
资本公积	四.24	127,399,784.74
盈余公积	四.25	6,802,439.11
其中:公益金		2,267,479.70
未分配利润	四.26	789,982.14
股东权益合计		244,992,205.99
负债及股东权益总计		345,449,097.87

利润及利润分配表

编制单位:安徽长江农业装备股份有限公司　单位:人民币元

	附注	2002年度
一、主营业务收入	四.27	138,805,636.78
减:主营业务成本	四.28	111,774,269.31
主营业务税金及附加	四.29	149,292.58
二、主营业务利润		26,882,074.89
加:其他业务利润	四.30	–
减:营业费用		11,286,577.77
管理费用		7,461,969.32
财务费用	四.31	-1,300,477.40
三、营业利润		9,434,005.20
加:投资收益	四.32	816,000.00
补贴收入		–
营业外收入	四.33	105,383.53
减:营业外支出	四.34	308,825.45
四、利润总额		10,046,563.28
减:所得税	四.35	3,314,969.88
五、净利润		6,731,593.40
加:年初未分配利润		568,127.75
其他转入		–
六、可供分配的利润		7,299,721.15
减:提取法定盈余公积		673,159.34
提取法定公益金		336,579.67
七、可供股东分配的利润		6,289,982.14
减:提取任意盈余公积		–
应付普通股股利		5,500,000.00
转作股本的普通股股利		–
八、未分配利润		789,982.14
补充资料:		
1.出售、处置部门或被投资单位所得收益		–
2.自然灾害发生的损失		–
3.会计政策变更增加(或减少)利润总额		
4.会计估计变更增加(或减少)利润总额		–
5.债务重组损失		–
6.其他		–

利润表附表

编制单位:安徽长江农业装备股份有限公司　单位:人民币元

净资产收益率

2002年度	全面摊薄	加权平均
主营业务利润	10.97%	14.78%
营业利润	3.85%	5.19%
净利润	2.75%	3.70%
扣除非经常性损益后的净利润	2.58%	3.48%
2001年度		
主营业务利润	34.34%	31.17%
营业利润	18.93%	17.29%
净利润	12.70%	11.60%
扣除非经常性损益后的净利润	12.68%	12.59%

每股收益

2002年度	全面摊薄	加权平均
主营业务利润	0.24	0.29
营业利润	0.09	0.10
净利润	0.06	0.07
扣除非经常性损益后的净利润	0.06	0.07
2001年度		
主营业务利润	0.49	0.49
营业利润	0.27	0.27
净利润	0.18	0.18

现金流量表

编制单位:安徽长江农业装备股份有限公司　单位:人民币元

2002年度	
一、经营活动产生的现金流量:	
销售商品、提供劳务收到的现金	153,147,890.15
收到的税费返还	–
收到的其他与经营活动有关的现金	4,000.00
现金流入小计	153,151,890.15
购买商品、接受劳务支付的现金	97,423,328.65
支付给职工以及为职工支付的现金	13,861,642.86
支付的各项税费	9,536,259.10
支付的其他与经营活动有关的现金	9,949,613.61
现金流出小计	130,770,844.22
经营活动产生的现金流量净额	22,381,045.93
二、投资活动产生的现金流量:	
收回投资所收到的现金	30,000,000.00
取得投资收益所收到的现金	816,000.00
处置固定资产、无形资产和其他长期资产所收到的现金净额	120,425.00
收到的其他与投资活动有关的现金	–
现金流入小计	30,936,425.00
购建固定资产、无形资产和其他长期资产所支付的现金	17,277,649.05
投资所支付的现金	69,002,769.13
支付的其他投资与活动有关的现金	–
现金流出小计	86,280,418.18
投资活动产生的现金流量净额	-55,343,993.18
三、筹资活动产生的现金流量:	
吸收投资所收到的现金	144,400,000.00
借款所收到的现金	–
收到的其他与筹资活动有关的现金	13,418,394.44
现金流入小计	157,818,394.44
偿还债务所支付的现金	–
分配股利、利润或偿付利息所支付的现金	12,381,000.75
支付的其他与筹资活动有关的现金	12,199,657.17
现金流出小计	24,580,657.92
筹资活动产生的现金流量净额	133,237,736.52
四、汇率变动对现金的影响额	–
五、现金及现金等价物净增加额	100,274,789.27

江西长力汽车弹簧股份有限公司

江西长力汽车弹簧股份有限公司股票上市公告书

一、重要声明与提示

江西长力汽车弹簧股份有限公司(以下简称"公司"、"本公司"、"股份公司"、"发行人")董事会保证上市公告书的真实性、准确性、完整性,全体董事承诺上市公告书不存在虚假记载、误导性陈述或重大遗漏,并承担个别和连带的法律责任。

根据《中华人民共和国公司法》、《中华人民共和国证券法》等有关法律、法规的规定,本公司董事、高级管理人员已依法履行诚信和勤勉尽责的义务和责任。

上海证券交易所、中国证监会、其他政府机关对本公司股票上市及有关事项的意见,均不表明对本公司的任何保证。

本公司提醒广大投资者注意,凡本上市公告书未涉及的有关内容,请投资者查阅 2003 年 9 月 11 日刊登于《中国证券报》、《上海证券报》、《证券时报》和《证券日报》的本公司招股说明书摘要,以及刊载于上海证券交易所网站(http://www.sse.com.cn)的本公司招股说明书全文。本上市公告书同时刊登于上海证券交易所网站(http://www.sse.com.cn)。

二、概览

股票简称:长力股份　　沪市股票代码:600507

总股本股:12,500 万股　　深市代理股票代码:003507

可流通股本:5,000 万股　　本次上市流通股本:5,000 万股

上市地点:上海证券交易所　　上市时间:2003 年 9 月 30 日

股票登记机构:中国证券登记结算有限责任公司上海分公司

上市推荐人:中国华融资产管理公司

根据国家现有法律、法规和中国证券监督管理委员会的规定,本次公开发行 5,000 万 A 股股票前本公司所有股东持有的国有法人股、法人股暂不上市流通。本公司第一大股东江西汽车板簧有限公司承诺:在股份公司首次公开发行股票并上市后一年内不转让其所持股份公司的全部股票,也不由本公司回购其持有的本公司的股票。

三、绪言

江西长力汽车弹簧股份有限公司首次公开发行股票上市公告书是根据《中华人民共和国公司法》(以下简称"《公司法》")、《中华人民共和国证券法》(以下简称"《证券法》")、《股票发行与交易管理暂行条例》、《公开发行股票公司信息披露实施细则》和《上海证券交易所股票上市规则》等有关法律法规的规定,并按照中国证监会《公开发行证券的公司信息披露内容与格式准则第 7 号-股票上市公告书》要求而编制的,旨在向投资者提供有关本公司及其股票上市的基本情况。

经中国证监会证监发行字[2003]109 号文核准,本公司已于 2003 年 9 月 16 日采用 100%向二级市场投资者定价配售方式成功发行了每股面值 1.00 元的人民币普通股股票 5,000 万股,发行价格为每股人民币 6.50 元。

根据上海证券交易所上证上字[2003]121 号文批准,本公司 5,000 万股社会公众股将于 2003 年 9 月 30 日起在上海证券交易所挂牌交易,股票简称"长力股份",沪市股票代码为:600507,深市代理股票代码为:003507。

本公司已于 2003 年 9 月 11 日分别在《中国证券报》、《上海证券报》、《证券时报》和《证券日报》上刊登了招股说明书摘要,招股说明书全文及其必备附件可在上海证券交易所网站(http://www.sse.com.cn)查阅。因招股说明书签署日为 2003 年 8 月 15 日,其中所引用的财务资料距今不足三个月,故与其重复的内容不再重述,敬请投资者查阅上述文件。

发行人董事会已批准本上市公告书,确信其中不存在任何重大遗漏或者误导,并对其真实性、准确性、完整性负个别的和连带的法律责任。

四、发行人概况

(一)本公司基本情况

中文名称:江西长力汽车弹簧股份有限公司　　邮政编码:330012

英文名称:Jiangxi Changli AutomobileSpringCo.,Ltd

电话:0791—8394025、8394075

法定代表人:李其祥　　传真:0791—8394023

设立日期:1999 年 9 月 16 日　　互联网网址:http://www.clqcth.com

注册资本:本次股票发行前公司注册资本为 7,500 万元,发行后增至 12,500 万元

电子信箱:manager@clqcth.com

住所:南昌市高新技术产业开发区火炬大道 31 号

董事会秘书:田小龙

主营业务:汽车钢板弹簧、弹簧扁钢等

所属行业:交通运输设备制造业

经营范围:汽车钢板弹簧,扭杆弹簧,圆簧,弹簧扁钢,减震器,弹簧专用设备的研制开发、制造、销售,汽车销售,金属制品加工及销售、出口本企业产品,进口商品(国家限定公司经营和国家禁止进出口的商品除外)。

(二)本公司历史沿革

经江西省人民政府赣股[1999]08 号批准证书批准,江西汽车板簧有限公司(以下简称板簧公司)以其所属的第一冶炼厂、第一轧制厂和板簧成型厂等经营性净资产(包括土地使用权)10745.52 万元,联合广州市天高有限公司(以下简称广州天高)、江铃汽车集团公司(以下简称江铃汽车)、江西上饶信江实业集团公司(以下简称江西信江)、江西省进口汽车配件有限公司(以下简称江西进口汽配)共同发起设立股份公司,其中广州天高、江铃汽车、江西信江、江西进口汽配分别以现金出资 300 万元,250 万元,50 万元,20 万元。按 65.99%的比例折为 7,500 万股。公司于 1999 年 9 月 16 日在江西省工商行政管理局登记注册成立,企业法人营业执照的注册登记号为 3600001131919,注册地址在南昌市高新技术产业开发区火炬大道 31 号。公司已经江西省科学技术委员会赣科发工字(2000)106 号文认定为高新技术企业。公司拥有自营进出口权。

股份公司自设立后至发行前,股本为 7,500 万股,未发生股权变更。经中国证监会证监发行字[2003]109 号文批准,发行人于 2003 年 9 月 16 日以 100%向二级市场投资者定价配售方式成功发行人民币普通股 5000 万股,每股面值 1.00 元,每股发行价 6.50 元。此次发行成功后,本公司的总股本为 12,500 万股,注册资本为 12,500 万元。

本次发行前后公司的股本结构:

股东名称	股权性质	发行前 股数(万股)	发行前 比例(%)
1.江西汽车板簧有限公司	国有法人股	7,091	94.55
2.广州市天高有限公司	发起人境内法人股	198	2.64
3.江铃汽车集团公司	国有法人股	165	2.20
4.江西上饶信江实业集团公司	国有法人股	33	0.44
5.江西省进口汽车配件有限公司	发起人境内法人股	13	0.17
社会公众股			
合计		7,500	100

股东名称	发行后 股数(万股)	发行后 比例(%)
1.江西汽车板簧有限公司	7,091	56.728
2.广州市天高有限公司	198	1.584
3.江铃汽车集团公司	165	1.32
4.江西上饶信江实业集团公司	33	0.264
5.江西省进口汽车配件有限公司	13	0.104
社会公众股	5000	40
合计	12,500	100

目前各发起人持有的本公司股权不存在任何因质押、诉讼等引致的纠纷或潜在纠纷。

(三)本公司的主要经营情况

1、发行人业务构成

本公司目前的主营业务为生产销售汽车板簧、弹簧扁钢、优质圆钢,随着募股资金的投入,公司将扩大汽车钢板弹簧,扭杆弹簧,圆簧,减震器等汽车零部件的生产和销售。

公司主营业务收入的构成　单位:万元

类别	2003 年 1-6 月 金额	2003 年 1-6 月 比例	2002 年 金额	2002 年 比例
钢板弹簧	4778	13.92%	8236	15.62%
弹簧扁钢	20023	58.31%	22066	41.86%
钢材加工			356	0.68%
汽车			104	0.20%
优圆	7316	21.31%	20064	38.06%
弹簧坯			872	1.65%
合结钢	2219	6.46%	1019	1.93%
合计	34336	100%	52717	100%

类别	2001 年 金额	2001 年 比例	2000 年 金额	2000 年 比例
钢板弹簧	6194	17.75%	5508	27.39%
弹簧扁钢	17751	50.87%	9494	47.20%
钢材加工	3657	10.48%	4350	21.63%
汽车	111	0.32%	760	3.78%
优圆	3597	10.31%		
弹簧坯	3579	10.26%		
合结钢	6	0.01%		
合计	34895	100%	20112	100%

2、发行人的竞争优势和劣势

公司是江西省最大的汽车钢板弹簧生产厂家,是中国汽车零部件定点生产厂家之一,属于中国汽车配件工贸集团成员企业,在本行业中有一定的地位。在弹簧扁钢方面,根据行业有关会议统计,公司 2001 年弹簧扁钢产量行业排名第二,公司拥有从冶炼—轧制—板簧成型的一条龙生产线,原材料不但自给自足而且为众多板簧生产厂家提供弹簧扁钢。在汽车板簧方面,根据 2002 年《中国汽车工业年鉴》的统计资料及 2001 年全国钢板弹簧行业生产经营会资料统计,本公司是一汽、二汽集团之外最大的独立钢板弹簧生产企业。公司技术力量雄厚,生产设备先进,产品品种规格达 300 多种,涉及到微车、轻卡、重卡和各种商务用车,是国内品种最齐全的生产厂家之一,并且通过了 QS9000/ISO9002 质量体系认证。公司在原料、技术、品牌、营销等方面具有比较优势,拥有长期稳定的客户群。公司在工艺设备上不能满足生产重型汽车板簧的要求,目前只能以生产中、轻型车板簧为主。另外,部分生产工艺不够先进,生产设备有待更新。随着募集资金项目的投入,公司规模将会进一步扩大,产品品种亦会随之增多,能更好地满足市场需求。

3、发行人近三年主营业务收入和利润情况(见本上市公告书的"财务会计资料部分"

4、发行人拥有的主要知识产权和非专利技术

(1)商标

公司目前拥有"长力"牌商标,属于使用商品第 19 类,汽车配件。公司实际控制人南钢公司拥有其钢材产品"海鸥"牌商标,南钢公司许可股份公司的弹簧扁钢和优质圆钢产品无偿使用该"海鸥"牌注册商标,由于南钢公司无法将"海鸥"牌商标转移给发行人。公司已决定将自己的弹簧扁钢和优质圆钢产品改用"长力"牌商标,并且已于 2002 年 6 月委托江西省商标事务所向国家商标局申请在第 06 类弹簧扁钢、圆钢等商品上申报"长力"牌商标,目前正在办理中。

(2)专利及非专利技术:SUP9 铬锰弹簧钢开发、35MnVNb 非调质钢研制、JX1020 汽车钢板弹簧、平面弹簧扁钢、50CrVA 弹簧扁钢以及东南 MB339458、全顺 98VB-5560KA 变截面汽车钢板弹簧等非专利技术。本公司目前无专利技术。

5、发行人享受的税收优惠政策

(1)增值税返还。公司经江西省科学技术委员会赣科发工字[2000]106 号《关于认定江西长力汽车弹簧股份有限公司等企业为高新技术企业的通知》认定为高新技术企业。依据南昌市人民政府《南昌市人民政府关于重新印发南昌高新技术产业开发区若干政策的规定的通知》洪政发[1996]74 号文第十五条之规定"高新技术企业经省科委认定的高新技术产品,其增值税属地方财政收入部分,自投产年度起,由地方财政返还企业三年。"和南昌高新技术产业开发区管委会《关于同意江西长力汽车弹簧股份有限公司享受高新技术企业政策的批复》洪高新管字[2001]329 号文,经南昌高新区财政局审定,以公司在 2000 年度高新技术产品上缴增值税 834.8 万元为基数,核按 25%的比例对公司进行增值税返还,计 208.7 万元整。

(2)适用所得税税率及相关优惠政策

公司改制设立前,按 33%的税率缴纳企业所得税。公司改制设立后,注册地在南昌市高新技术产业开发区。南昌市高新技术产业开发区是经国务院国函[1992]169 号《国务院关于增建国家高新技术产业开发区的批复》和国家科委(92)国科发火字 845 号《关于在南昌建立国家高新技术产业开发区的通知》批准设立的国家级高新技术开发区。公司作为江西省科学技术委员会赣科发工字[2000]106 号文认定的高新技术企业,根据财政部、国家税务总局财税字[1994]001 号文件规定并经江西省地方税务局赣地税函[2000]164 号文批准,公司从投入生产年度之日起(即 1999 年 10 月至 2001 年 9 月)免征企业所得税两年,免税期满后按 15%的税率计征企业所得税。

五、股票发行与股本结构

(一)本次股票上市前的公开发行情况

发行数量:5000 万股　　发行价格:6.50 元/股

募集资金总额:32,500 万元	发行方式:100%向二级市场投资者定价配售
发行费用总额及项目:本次发行费用总额为 1193.25 万元,包括承销费用、审计费用、律师费、发行手续费、审核费等	每股发行费用:0.239 元

配售对象:2003 年 9 月 11 日收盘时持有上海证券交易所或深圳证券交易所已上市流通人民币普通股(A 股)的收盘市值总和不少于 10,000 元的投资者。

(二)本次上市股票的承销情况

本次公开发行的 5000 万股社会公众股的配号总数为 72,380,714 个,中签率为:0.06907917%,二级市场投资者认购了 49,562,508 股,其余 437,492 股由主承销商中国华融资产管理公司包销。

(三)验资报告

广东恒信德律会计师事务所为本次发行出具了(2003)恒德赣验字 008 号验资报告,全文如下:

江西长力汽车弹簧股份有限公司全体股东:

我们接受委托,审验了贵公司截至 2003 年 9 月 22 日止新增注册资本实收情况。按照国家相关法律、法规的规定和协议、合同、章程的要求出资,提供真实、合法、完整的验资资料,保护资产的安全、完整是全体股东及贵公司的责任。我们的责任是对贵公司新增注册资本的实收情况发表审验意见。我们的审验是依据《独立审计实务公告第 1 号——验资》进行的。在审验过程中,我们结合贵公司的实际情况,实施了检查等必要的审验程序。

贵公司原注册资本为人民币 7,500 万元,根据贵公司 2001 年度股东大会决议和修改后的公司章程的规定,贵公司申请增加注册资本人民币 5,000 万元。经中国证券监督管理委员会证监发行字(2003)109 号文件批准,贵公司于 2003 年 9 月 16 日向社会公众发行人民币普通股 5,000 万股,每股面值 1 元。经我们审验,截至 2003 年 9 月 22 日止,贵公司已收到社会公众股股东认缴的新增注册资本合计人民币 50,000,000.00 元(大写:人民币伍仟万元整)。社会公众股股东均以货币资金出资。

同时,我们注意到,贵公司本次增资前的注册资本为人民币 75,000,000.00 元,业经江西恒信会计师事务所有限公司审验,并于 1999 年 8 月 30 日出具赣恒会验字(1999)第 016 号验资报告。截至 2003 年 9 月 22 日止,变更后的累计注册资本实收金额为人民币 125,000,000.00 元(大写:人民币壹亿贰仟伍佰万元整)。

本验资报告仅供贵公司申请变更登记及据以向股东签发出资证明时使用,不应将其视为是对贵公司验资报告日后资本保全、偿债能力和持续经营能力等的保证。因使用不当造成的后果,与执行本验资业务的注册会计师及会计师事务所无关。

附件:1.注册资本变更情况明细表

(1)新增注册资本实收情况明细表(表 1)

(2)注册资本变更前后对照表(表 2)

2.验资事项说明

广东恒信德律会计师事务所　　　　中国注册会计师

中国.珠海　　　　李文智　王艳全

二〇〇三年九月二十二日

(四)募股资金入帐情况

1.入帐时间:2003 年 9 月 22 日

2.入帐金额:315,747,452.89 元人民币(募集资金扣除承销费和上网发行费后的余额)

3.入帐账号:1502209109022108828

4.开户银行:中国工商银行南昌市上海路支行南钢分理处

(五)本次股票上市前发行人的股权结构和股东持股情况

1.本次股票上市前,公司的股权结构及股份类别

项目	股数(万股)	比例(%)
一、非上市流通股	7500	60
1.国有法人股	7289	58.312
2.发起人境内法人股	211	1.688
二、社会公众股	5000	40
总股本	12500	100

2.前十名股东持股情况

股东	持股数量(股)	持股比例(%)
江西汽车板簧有限公司	70,910,000	56.728
广州市天高有限公司	1,980,000	1.584
江铃汽车集团公司	1,650,000	1.32
中国华融资产管理公司	437,492	0.35
江西上饶信江实业集团公司	330,000	0.264
江西省进口汽车配件有限公司	130,000	0.104
天同 180	67,000	0.056
广发证券	59,000	0.0472
招商股票	52,000	0.0416
金鑫基金	51,000	0.0408
合计	75,666,492.00	60.5356

六、董事、监事、高级管理人员及核心技术人员

本公司董事、监事、高级管理人员、技术负责人及核心技术人员均为中华人民共和国国籍;相互之间不存在配偶关系、三代以内直系和旁系亲属关系;均未以任何方式持有公司股票。上述人承诺在其任职或工作期间,将遵守国家有关法律、法规及公司规章制度关于其维护本公司利益的规定。本次上市前公司未设置认股权。

姓名	职务或核心技术人员	性别	年龄
李其祥	董事长	男	54
傅民安	副董事长	男	47
陈雪山	董事	男	51
肖锋	董事、总经理	男	38
章治中	董事	男	53
田小龙	董事兼董事会秘书、副总经理	男	46
朱毅	董事	男	33
李平	董事	男	39
胡宇辰	独立董事	男	39
金祖钧	独立董事	男	73
信维克	监事会召集人	男	53
杨龙贵	监事	男	57
余兵兵	监事	男	35
章庆瑞	监事	男	50
罗秋荣	监事	男	38
肖利斌	副总经理	男	41
谭兆春	财务负责人	男	38
宋秉荣	核心技术人员	男	37
汤建恒	核心技术人员	男	58
章庆瑞	核心技术人员	男	50
任履俊	核心技术人员	男	41

简要经历

李其祥　大专学历,高级政工师,曾任南钢公司副总经理

傅民安　本科学历,高级工程师,曾任南钢公司小型分厂副厂长、厂长、江西长力汽车弹簧股份有限公司总经理

陈雪山　本科学历,高级工程师,曾任南钢公司董事长兼总经理、板簧公司董事长、股份公司董事长

肖锋　本科学历,高级工程师,曾任南钢公司物理室主任、钢研所所长助理、副所长、所长,1999 年-2001 年任股份公司弹簧厂厂长

章治中　科学历,高级工程师,曾任南钢公司计控部副部长、部长,副总工程师、副总经济师兼经销处处长

小龙　本科学历,高级工程师,曾任南钢公司企管处副处长

朱毅　本科学历,会计师曾任江铃汽车股份有限公司仓储部副部长,财务部部长,江西进口汽车维修中心副总经理

李平　研究生学历,曾在深圳黄金经济发展公司工作

胡宇辰　研究生学历,教授,曾任江西财经大学工商管理学院副教授、教授、党委书记

金祖钧　本科学历,教授,曾任江西财经大学副教授

信维克　本科学历,高级工程师,曾任南钢公司总经理助理、副总经理,江西汽车板簧有限公司董事、副总经理

杨龙贵　本科学历,副总经济师,曾任南钢公司技术处副处长、企管处处长、副总工程师

余兵兵　本科学历,政工师,曾在南钢公司焦化厂办公室、审计监察处工作

章庆瑞　本科学历,高级工程师,曾任南钢公司质管处处长

罗秋荣　本科学历,政工师,曾在南钢公司计控部、党委组织部工作

肖利斌　大专学历,经济师,曾任股份公司供销部部长

谭兆春　大专学历,会计师,曾在南钢公司财务处工作,历任会计、科长、副处长

宋秉荣　本科学历,工程师,现任股份公司技术开发部部长

汤建恒　本科学历,高级工程师,股份公司技术开发部技术中心技术员

章庆瑞　同上

任履俊　本科学历,高级工程师,股份公司冶炼厂主任工程师

注:本公司董事、监事和高级管理人员均未持有公司股份的数量,与公司亦无其他利益关系。人员兼职情况为:李其祥还担任南钢公司党委书记、副董事长、江西汽车板簧有限公司副董事长;傅民安还担任南钢公司董事长、江西汽车板簧有限公司董事长;陈雪山还担任江西省冶金集团公司副总经理;章治中还担任南钢公司助理调研员;朱毅还担任江铃汽车集团资产财务处处长、江铃汽车股份有限公司监事;李平还担任担任广州市天高有限公司董事长、总经理;胡宇辰还担任江西财经大学工商管理学院党委书记、教授;金祖钧还担任江西财经大学教授;信维克还担任南钢公司工会主席;杨龙贵还担任南钢公司财务处处长;余兵兵还担任南钢公司审计监察处处长。

七、同业竞争与关联交易

(一)同业竞争

本公司控股股东-板簧公司在将其拥有与汽车钢板弹簧、弹簧扁钢产品生产有关经营性资产及相关业务重组投入股份公司后,其下属转炉冶炼厂、小型轧制厂及制氧厂主要从事螺纹钢、普碳圆钢的生产与销售业务。目前,该等业务及相关经营性资产业已通过与南钢公司签订的《租赁经营合同》方式整体租赁给南钢公司经营与管理。板簧公司在改制设立股份公司后,未保留任何与本公司从事业务相关的经营性资产和业务;其生产主要产品螺纹钢、普碳圆钢,与本公司主要产品汽车钢板弹簧、弹簧扁钢以及优质圆钢等产品,在钢种、应用行业、客户以及销售市场等方面均存在明显不同。板簧公司产品螺纹钢、普碳圆钢属建材用钢,本公司主要产品汽车钢板弹簧、圆簧、弹簧扁钢属国内外汽车企业汽车生产的配套产品。板簧公司与本公司当前不存在同业竞争情况。为避免同业竞争,板簧公司与南钢公司已分别向本公司出具了《关于避免同业竞争的声明及承诺书》,承诺并保证其未来不再发展任何与本公司构成竞争的业务;若未来业务拓展与本公司发展业务存在冲突的,将无条件转由本公司优先发展。

(二)关联方与关联关系:详见发行人首次公开发行股票招股说明书全文。

(三)主要关联交易

1.发行人已经终止或已履行完毕的关联交易:原材料供应、钢材加工、开坯加工、废料收购、仓储租赁、本公司与板簧公司债务置换、本公司与南钢公司、板簧公司往来款项处置。

2.发行人目前有效的关联交易:铁水及工业氧气供应、综合服务、房屋租赁、本公司与南昌冶金建设有限公司的业务约定、商标使用许可、借款担保。

3.关联交易影响分析

(1)在公司成立后的过渡期间内,严格按照减少关联交易时间表,减少与关联方的关联交易,目前公司与关联方主要还存在铁水、工业氧气供给,生产辅助与后勤供应两部分不可避免的关联交易。具体情况如下:

向关联方采购货物及接受劳务关联交易情况表

交易项目	2003 年 1-6 月		2002 年	
	金额(万元)	占主营业务成本比例(%)	金额(万元)	占主营业务成本比例(%)
采购货物及接受劳务	7310	25.16	11928	26.91

交易项目	2001 年		2000 年	
	金额(万元)	占主营业务成本比例(%)	金额(万元)	占主营业务成本比例(%)
采购货物及接受劳务	11519	39.89	12699	78.10

向关联方销售材料、提供劳务关联交易情况表

交易项目	2003 年 1-6 月		2002 年	
	金额(万元)	占主营业务收入比例(%)	金额(万元)	占主营业务收入比例(%)
销售材料,提供劳务	0	0	328	0.62

交易项目	2001 年		2000 年	
	金额(万元)	占主营业务收入比例	金额(万元)	占主营业务收入比例
销售材料,提供劳务				

	(%)		(%)
4712	13.50	7915	39.36

(2)公司按照国家有关法律、法规的有关规定并结合自身的实际情况,在公司《章程》、《关联交易内部决策制度》、《独立董事工作制度》中对公司关联交易的审批、执行进行了具体的约束。公司将本着关联交易信息及时公开、关联交易价格公允的原则,加强对关联交易的管理和监督,以确保关联交易的公允和规范。

关联交易详细内容请查阅刊登于上海证券交易所网站 http://www.sse.com.cn 的本公司招股说明书全文。

八、财务会计资料

本公司相关财务会计资料已于2003 年9 月11 日分别在《中国证券报》、《上海证券报》、《证券时报》和《证券日报》上刊登的招股说明书摘要以及刊登于上海证券交易所网站 http://www.sse.com.cn 的本公司招股说明书全文及其附录中进行了详细披露,尚未超出招股说明书有效期限。欲了解本公司经审计的财务报表及主要财务指标的详细内容,敬请投资者查阅上述报纸、网站或在公告的招股说明书查阅地查阅。

公司改制前企业执行《工业企业会计制度》;自公司成立起至 2000 年 12 月 31 日执行《股份有限公司会计制度》,从 2001 年 1 月 1 日起执行《企业会计制度》及其补充规定。本公司 2000、2001 年、2002 年及 2003 年中期的财务会计资料已经广东恒信德律会计师事务所有限公司审计,并出具了标准无保留意见的审计报告。以下引用的相关财务会计数据,非经特别说明,均摘自经审计的会计报表

(一)简要财务会计报表(单位:元)

1、简要资产负债表

项目	2003-6-30	2002-12-31
流动资产	282,616,665.23	249,523,962.78
长期投资	7,396,375	7,396,375.00
固定资产	98,398,923.48	85,153,617.82
无形资产及其他资产	16,227,598.15	16,403,031.67
资产总额	404,639,561.86	358,476,987.27
流动负债	229,357,105.82	192,183,244.28
长期负债		15,000,000.00
负债总额	229,357,105.82	207,183,244.28
股东权益	175,282,456.04	151,293,742.99

项目	2001-12-31	2000-12-31
流动资产	225,828,520.60	174,494,940.89
长期投资	14,980,000.00	14,980,000.00
固定资产	74,386,714.16	62,974,445.43
无形资产及其他资产	16,753,898.71	17,544,475.89
资产总额	331,949,133.47	269,993,862.21
流动负债	180,673,811.25	105,617,376.23
长期负债	30,000,000.00	30,000,000.00
负债总额	210,673,811.25	135,617,376.23
股东权益	121,275,322.22	134,376,485.98

2、简要利润表

项目	2003 年 1-6 月	2002 年
主营业务收入	343,358,810.68	527,171,004.91
主营业务利润	50,818,410.04	80,889,361.44
营业利润	28,179,068.00	41,225,934.82
利润总额	28,321.244.58	43,706,395.30
净利润	23,988,713.05	36,166,772.01

项目	2001 年	2000 年
主营业务收入	348,945,361.68	201,118,641.34
主营业务利润	58,761,388.40	37,436,153.72
营业利润	29,552,432.28	20,477,797.26
利润总额	31,231,200.84	20,221,643.84
净利润	29,717,027.92	20,221,643.84

3、简要现金流量表

项目	2003 年 1-6 月	2002 年
经营活动产生的现金流量净额	15,047,230.61	54,891,362.51
投资活动产生的现金流量净额	-10,736,532.14	3,957,410.93
筹资活动产生的现金流量净额	-3,216,050.91	-7,573,933.4
汇率变动对现金的影响		-
现金及现金等价物净增加额	1,094,647.56	51,274,840.04

(二)简要会计报表附注

有关本公司会计报表附注的详细内容,请查阅前述公开披露的招股说明书全文及附录。

(三)主要财务指标

财务指标			2003 年中期	2002 年
流动比率			1.23	1.30
速动比率			0.92	0.85
应收账款周转率(次/年)			-	11.51
存货周转率(次/年)			-	4.46
无形资产(土地使用权除外)占总(净)资产的比例(%)			0	0
资产负债率(%)			56.68	57.80
每股净资产(元/股)			2.34	2.02
每股经营活动的净现金流量(元/股)			0.20	0.73
研究与开发费用占主营业务收入比例(%)*				4.28
每股收益	主营业务利润	全面摊薄	0.68	1.08
(元)		加权平均	0.68	1.08
	营业利润	全面摊薄	0.38	0.55
		加权平均	0.38	0.55
	净利润	全面摊薄	0.32	0.48
		加权平均	0.32	0.48
	扣除非经常性	全面摊薄	0.32	0.53
	损益净利润	加权平均	0.32	0.53
净资产	主营业务利润	全面摊薄	28.99	53.46
收益率		加权平均	31.12	56.54
(%)	营业利润	全面摊薄	16.08	27.25
		加权平均	17.26	29.32
	净利润	全面摊薄	13.69	23.91
		加权平均	14.69	25.73
	扣除非经常性	全面摊薄	13.66	21.45
	损益净利润	加权平均	14.67	23.08

财务指标			2001 年	2000 年
流动比率			1.25	1.65
速动比率			0.63	0.74
应收账款周转率(次/年)			7.48	3.42
存货周转率(次/年)			2.76	1.76
无形资产(土地使用权除外)占总(净)资产的比例(%)			0	0
资产负债率(%)			63.47	50.23
每股净资产(元/股)			1.62	1.79
每股经营活动的净现金流量(元/股)			0.63	0.62
研究与开发费用占主营业务收入比例(%)*			1.02	0.94
每股收益	主营业务利润	全面摊薄	0.78	0.50
(元)		加权平均	0.78	0.50
	营业利润	全面摊薄	0.39	0.27
		加权平均	0.39	0.27
	净利润	全面摊薄	0.40	0.27
		加权平均	0.40	0.27
	扣除非经常性	全面摊薄	0.38	0.26
	损益净利润	加权平均	0.38	0.26
净资产	主营业务利润	全面摊薄	41.18	27.86
收益率		加权平均	42.41	30.13
(%)	营业利润	全面摊薄	20.71	15.24
		加权平均	21.33	16.48
	净利润	全面摊薄	20.83	15.05
		加权平均	21.45	16.27
	扣除非经常性	全面摊薄	19.81	14.75
	损益净利润	加权平均	20.41	15.96

九、其他重要事项

1、本次股票发行后至本上市公告书公告之日,未发生可能对本公司产生较大影响的其他重要事项。

2、根据《上海证券交易所股票上市规则》,本公司第一大股东板簧公司已向本公司承诺:在本公司首次公开发行股票上市之日起 12 个月内不转让其所持本公司的股份。

3、本公司定于 2003 年 9 月 28 日召开 2003 年第一次临时股东大会,审议(1)增选独立董事议案:为进一步完善公司法人治理结构,促进规范运作,结合公司董事会构成情况,董事会提名高立先生与辛全东先生出任公司独立董事。

附简历:高立,男,39 岁,工商管理硕士,高级经济师,毕业于东北大学,1989 年 3 月至 1998 年 3 月任冶金工业部体改司副处长,1998 年 3 月至 2000 年 9 月任冶金工业局体改法规司副处长。2000 年 9 月至今任国信证券有限公司投资银行部副总经理、业务董事。

辛全东,男,30 岁,毕业于上海财经大学,会计师(注册会计师),1996 年 7 月至 2001 年 4 月先后任职于深圳大华会计师事务所、上海上会会计师事务所,从事注册会计师工作;2001 年 4 月至 2002 年 11 月任职于华泰证券有限公司投资银行部;2002 年 11 月至今,任上海华博投资咨询有限公司总经理,兼上海华博信息服务有限公司财务总监。

(2)修改公司章程之发行上市相关事项。

十、董事会上市承诺

本公司董事会将严格遵守《中华人民共和国公司法》、《中华人民共和国证券法》、《股票发行与交易管理暂行条例》、《公开发行股票公司信息披露实施细则》和《上海证券交易所股票上市规则》等国家有关法律法规的规定,并自本公司股票上市之日起做到:

1、按照法律、法规规定的程序和要求披露所有对投资者有重大影响的信息,并接受中国证监会、上海证券交易所的监督管理;

2、真实、准确、完整、公允和及时地公布定期报告,并置备于规定场所供投资者查阅;

3、本公司董事、监事及高级管理人员如发生人事变动或持本公司股票发生变化时,在报告中国证监会、上海证券交易所的同时向投资者公布;

4、公司在知悉可能对股票价格产生误导性影响的任何公共传播媒介中出现的消息后,将及时予以公开澄清;

5、本公司董事、监事、高级管理人员及核心技术人员将认真听取社会公众的意见和批评,不利用已获得的内幕消息和其他不正当手段直接或间接从事发行人股票的买卖活动;

6、本公司没有无记录的负债。

十一、上市推荐人及其意见

(一)上市推荐人

上市推荐人:中国华融资产管理公司

法定代表人:杨凯生

公司地址:北京市西城区白云路 10 号

电话:010—63409999-5051、5082、5073

传真:010—63267930

联系人:戴念龄、李鹏、王劭斐

通讯地址:北京市西城区白云路 10 号(邮编 100045)

(二)上市推荐人意见:

华融公司认为,本公司章程符合《中华人民共和国公司法》等法律、法规和中国证监会有关公司章程的相关规定;本公司本次股票发行完全符合《中华人民共和国公司法》、《中华人民共和国证券法》、《股票发行与交易管理暂行条例》及《上海证券交易所股票上市规则》等法律、法规和中国证监会的有关规定,已具备了上市条件。

华融公司保证发行人的董事了解法律、法规、上海证券交易所上市规则及股票上市协议规定的董事的义务与责任,并协助发行人健全了法人治理结构、协助发行人制定了严格的信息披露制度与保密制度。

华融公司已对上市文件所载的资料进行了核实,确保上市文件真实、准确、完整,符合规定要求。保证发行人的上市申请材料、上市公告书没有虚假、严重误导性陈述或者重大遗漏,并保证对其承担连带责任。

华融公司愿意推荐本公司的股票在上海证券交易所上市交易,并且在推荐过程中,保证不利用在上市过程中获得的内幕信息进行内幕交易,为自己或他人谋取利益。

江西长力汽车弹簧股份有限公司

二ΟΟ三年九月二十五日

国药集团药业股份有限公司

国药集团药业股份有限公司2002年年度报告

一、公司基本情况简介

1. 中文名称:国药集团药业股份有限公司
中文简称:国药股份
英文名称:China National Medicines Corporation Ltd.
英文简称:SINOPHARM(CNCM LTD)
2. 法定代表人:付明仲
3. 董事会秘书:龚家申
联系地址:北京市崇文区永外三元西巷甲12号
电话:86-10-010-67262917
传真:86-10-010-67262919
电子信箱:zjb@cncm.com.cn
4. 注册地址:北京市崇文区永外三元西巷甲12号
办公地址:北京市崇文区永外三元西巷甲12号
邮政编码:100077
国际互联网址:http://www.cncm.com.cn
5. 信息披露报纸:《中国证券报》、《上海证券报》
刊载年报的指定国际互联网址:http://www.sse.com.cn
年报备置地点:北京市崇文区永外三元西巷甲12号国药股份403室
6. 股票上市交易所:上海证券交易所
股票名称:国药股份
股票代码:600511
7. 首次注册日期:1999年12月21日
首次注册地点:北京市崇文区永外三元西巷甲12号
变更注册日期:2003年1月8日
法人营业执照注册号:1000001003268(2-1)
税务登记号码:110103710925737
聘请的会计师事务所名称:岳华会计师事务所有限责任公司
聘请的会计师事务所办公地址:北京朝阳区宵云路26号鹏润大厦1201

二、会计数据和业务数据摘要

(一)公司本年度主要会计数据(单位:万元)

项目	金额
利润总额	4,437
净利润	2,618
扣除非经常性损益后的净利润*	2,797
主营业务利润	13,134
其他业务利润	493
营业利润	4,607
投资收益	15
营业外收支净额	-186
经营活动产生的现金流量净额	1,519
现金及现金等价物净增减额	28,379

*注:非经常性损益包括如下内容:

项目	(单位:万元)
营业外收入	9
营业外支出	195
合计收益	-186
所得税影响数	-7
扣除所得税后影响数	-179

(二)公司近三年的主要会计数据和财务指标

1.主要会计数据(单位:万元)

项目	2002年	2001年	2000年
主营业务收入	122,382	122,089	109,872
利润总额	4,437	3,490	2,584
净利润	2,618	1,986	1,399
扣除非经常性损益的净利润	2,797	1,993	1,407
项目	2002年末	2001年末	2000年末
总资产	80,837	43,576	38,283
股东权益(不含少数股东权益)	39,830	13,257	12,271
经营活动产生的现金流量净额	1,519	-1,180	4,422

注:公司2002年毛利率增长1.38个百分点是利润增长的主要原因,其中母公司毛利率增长了1.11个百分点,主要因为公司整合后统一购进,使采购成本下降;国瑞公司毛利率增长2.32个百分点,主要因为产品价格上升、销售数量增加、成本下降和产品结构调整所致。总资产和股东权益增长较快的主要原因是2002年11月27日公司5300万A股成功发行上市所致。

2.主要财务指标

项目	2002年	2001年
每股收益(人民币元/股)(摊薄)	0.197	0.248
每股收益(人民币元/股)(加权)	0.310	0.248
净资产收益率(%)(摊薄)	6.57	14.98
净资产收益率(%)(加权)	15.69	14.98
扣除非经常性损益后的净资产收益率(%)(摊薄)	7.02	15.03
扣除非经常性损益后的净资产收益率(%)(加权)	16.76	15.03
每股经营活动产生的现金流量净额(人民币元/股)	0.114	-0.147
项目	2002年末	2001年末
每股净资产(人民币元/股)	2.995	1.657
调整后的每股净资产(人民币元/股)	2.976	1.643

项目	2000年
每股收益(人民币元/股)(摊薄)	0.175
每股收益(人民币元/股)(加权)	0.175
净资产收益率(%)(摊薄)	11.40
净资产收益率(%)(加权)	11.40
扣除非经常性损益后的净资产收益率(%)(摊薄)	11.47
扣除非经常性损益后的净资产收益率(%)(加权)	11.47
每股经营活动产生的现金流量净额(人民币元/股)	0.553
项目	2000年末
每股净资产(人民币元/股)	1.534
调整后的每股净资产(人民币元/股)	1.529

注:公司2002年全面摊薄的每股收益和净资产收益率下降是由于2002年11月27日公司5300万A股成功发行上市所致,加权平均的每股收益和净资产收益率分别是0.310元和15.69%,比2001年有所上升。2002年现金流量增长除了公司上市融资外,主要是经营活动产生的现金净流量大幅提高所致。每股净资产的增加主要是公司股票成功发行上市所致。

(三)股东权益变动情况表(单位:万元)

项目	期初数	本期增加	本期减少	期末数
股本	8,000	5,300		13,300
资本公积	4,223.5	19,984.5		24,208
盈余公积	508	392		900
其中:法定公益金	169	131		300
未分配利润	526	895		1,421
股东权益	13,257	26,573		39,830

变动原因:资本公积增加的主要原因是发行新股产生溢价19,963万元,盈余公积、法定公益金、未分配利润增加的原因是当年产生利润及利润分配所形成的。

三、股本变动和股东情况

(一)主要股东持股情况

报告期末股东总数为24,865户,前十名股东持股情况如下:

股东名称	年度内增减(股)	年末持股数量(股)	比例(%)
中国医药集团总公司	-	78,036,600	58.674
广州南方医疗器材公司	-	654,500	0.492
国药集团上海医疗器械有限公司	-	654,500	0.492
沈桂英	+420,000	420,000	0.316
鞠桂芬	+350,000	350,000	0.263
朱汉城	+329,100	329,100	0.247
北京仁康医疗器材经营部	-	327,200	0.246
天津启宇医疗器械有限责任公司	-	327,200	0.246
马秀芳	+321,000	321,000	0.241
东航集团财务有限公司	+316,100	316,100	0.238

公司前十名股东中,中国医药集团总公司(第一大股东)是本公司其他四家发起人,即广州南方医疗器材公司(第二大股东)、国药集团上海医疗器械有限公司(第二大股东)、北京仁康医疗器材经营部(第七大股东)、天津启宇医疗器械有限责任公司(第七大股东)的控股单位,合并持股份8,000万股为国有法人股,占总股本的60.15%,暂不流通,没有股权质押、冻结情况。其它股东所持股份均可流通,并未知有关联关系或一致行动关系,没有股权质押、冻结情况。

中国医药集团总公司为本公司的母公司,是以中国医药(集团)公司为核心企业,接受中国医药工业公司、中国医疗器械工业公司、中国医药对外贸易总公司的整体划转,合并组建由中央企业工委直接管理的大型国有企业,于1998年11月正式更名为中国医药集团总公司。主要从事组织医疗器械、化学试剂、玻璃仪器(国家有专营专项规定的除外)的生产和销售;医药企业受托资产管理、资产重组;医药实业投资项目的咨询服务;举办医疗器械的展览展销等业务。法定代表人为郑鸿,注册资本为人民币28,408万元。

四、董事、监事、高级管理人员和员工情况

(一)董事、监事和高级管理人员的情况

1.基本情况

姓名	职务	性别	年龄	任期起止日期
付明仲	董事长	女	53	2001.02-2002.12
孙诚副	董事长、总经理	男	53	1999.12-2002.12
龚家申	董事、董事会秘书、副总经理	男	49	1999.12-2002.12
张有生	董事、副总经理	男	52	1999.12-2002.12
陈为钢	董事	男	45	1999.12-2002.12
韩栋	董事	男	55	1999.12-2002.12
李光甫	董事	男	46	1999.12-2002.12
魏玉林	董事	男	46	1999.12-2002.12
刘伟	独立董事	男	46	2002.05-2002.12
张连起	独立董事	男	40	2002.05-2002.12
宋学成	独立董事	男	53	2002.05-2002.12
张予敏	监事	男	58	1999.12-2002.12
张世均	监事	男	49	1999.12-2002.12
吕致远	监事	男	37	1999.12-2002.12
张锡麟	财务总监	男	50	2001.06-2002.12

2.在股东单位任职情况

姓名	任职的股东名称	在股东单位担任的职务	任职期间
付明仲	中国医药集团总公司	董事	1998.12--至今
孙诚	中国医药集团总公司	董事	1998.12--至今

3.以上各位董事、监事和高级管理人员均未持有本公司股份。

(二)年度报酬情况

在公司领取报酬的董事、监事薪酬由股东大会批准后实施,考核目标为股东大会确定的薪酬制度中包含的各项经济管理指标,高级管理人员报酬由董事会批准,考核目标为董事会批准的工作计划。董事、监事、高级管理人员本年度报酬总额为175.5万元,其中年度报酬数额在25万元至30万元有3人,在20万元至25万元有3人,10万元以下有4人。金额最高的前三名董事的报酬总额为79.5万元,金额最高的前三名高级管理人员的报酬总额为73万元。

独立董事年度津贴(税前)均为5万元。参加董事会和股东大会所发生的差旅费、住宿费由公司承担。

不在公司领取报酬、津贴的董事、监事有:韩栋、陈为钢、魏玉林、李光甫、张予敏、张世钧。

(三)在报告期内离任、聘任或聘解的董事、监事、高级管理人员情况

2002 年 5 月 11 日,2002 年度第一次临时股东大会同意陆志平先生、夏云梅女士和张琳女士于公司辞去董事职务;

2002 年 5 月 11 日,公司 2002 年度第一次临时股东大会选举刘伟、张连起、宋学成为公司独立董事。

(四)员工情况

公司员工总数为 857 人,其中销售人员 234 人,生产人员 395 人,技术人员 298 人,管理人员 133 人,具有大专及以上学历的 236 人。年末公司需承担费用的离退休人员 90 人。

五、公司治理结构

(一)公司治理结构完善情况

公司严格按照《公司法》、《证券法》、中国证监会有关规定以及《上海证券交易所股票上市规则》的要求,规范运作,并对照《上市公司治理准则》修改了公司章程,建立了较完善的法人治理制度。

公司以严格有效的内外部审计监督、及时准确的持续信息披露、良好互动的投资者关系,诚信经营,透明管理。

2002 年 5 月 11 日召开的 2002 年第一次临时股东大会审议通过了选举独立董事的议案,并在报告期内聘请了三名独立董事,其中财务专家一名、法律专家一名、管理专家一名。公司不断完善独立董事制度,确保独立董事充分发挥独立性,并以其丰富的专业知识促进公司决策水准的提高。

根据 2002 年度第一次临时股东大会决议,公司设立了由独立董事负责的审计委员会、战略委员会、薪酬委员会,并制定了相应的工作制度。公司将在董事会、独立董事指导下,继续按照《上市公司治理准则》、《关于在上市公司建立独立董事制度的指导意见》等法律法规和规章的规定,对《重大对外投资决策制度》、《关联交易决策制度》、《信息披露制度》等专项制度进行进一步的完善。

(二) 独立董事履行职责情况

独立董事尽职尽责,积极出席报告期内董事会会议,参与董事会专门委员会的建设及决策,履行章程赋予的特别职权,审查并批准了公司的重大关联交易,为公司重大决策提供专业及建设性建议,并认真监督管理层的工作,维护了公司和全体股东的合法权益。

(三)公司与控股股东的分开情况

本公司设立后,按照《公司法》及其它法律、法规的要求,依据资产权属关系建立健全了独立完整的运行体系,其中发起人投入本公司的业务体系健全、资产结构完整、人员和机构独立完整,为本公司在业务、资产、人员、机构、财务等方面与股东独立设立并独立运行奠定了良好的基础。

在人员独立方面,公司的劳动、人事及工资管理与中国医药集团总公司完全独立。公司总经理、副总经理、财务总监、董事会秘书等高级管理人员没有在中国医药集团总公司兼任(除董事以外的)任何职务。

在资产完整方面,公司拥有独立的经营资产,商标、工业产权和专利技术均由公司所有,由本公司独家使用。根据本公司设立时的资产评估和出资情况,发起人投入本公司的资产已经全部办理完毕相关法律交接手续及权属变更,并由中国医药集团总公司与本公司签订的《交接确认书》予以确认;其中具有权属证书的固定资产等已经变更为本公司所有。本公司已根据(国务院第 192 号令)《企业国有资产产权登记管理办法》取得了《中华人民共和国企业国有资产产权登记证》。

在机构独立方面,公司建立了完善的组织机构,董事会、监事会独立运作,公司的机构与控股股东完全分离。

在业务独立方面,公司具有独立完整的业务及自主经营能力。本公司主营业务:组织药品生产;化学原料药、西药制剂、生化药品、生物制品、中成药的销售;自营和代理各类商品及技术的进出口业务;来料加工和"三来一补"业务;对销贸易和转口贸易;保健食品的销售;与上述业务有关的咨询。本公司经销的药品采购自药品生产企业,并直接与其签订经销协议或代理协议,销售直接面向医疗机构、药品经销企业、普通消费者,本公司上述业务的开展与股东之间不存在任何依赖关系,完全独立,自主经营。

在财务独立方面,公司设立了独立的财会部门,建立了独立的会计核算体系和财务管理制度,独立在银行开户并依法独立纳税。

(四)高级管理人员的考评及激励机制、相关奖励制度的建立、实施情况

公司高级管理人员向董事会负责,由董事会实施考核评价。董事会制定的各项年度生产经营指标经股东大会批准后作为考核目标,董事会对公司高级管理人员进行年度考评和激励。

六、股东大会情况简介

(一)2002 年 1 月 17 日,公司在北京天元宫会议室召开 2001 年度股东大会,会议审议通过了下述决议:

通过董事会 2001 年工作报告;

通过监事会 2001 年工作报告;

通过第一届董事会第七次会议提交的公司 2001 年度审计报告暨公司决算方案的议案;

通过第一届董事会第七次会议提交的公司 2002 年度盈利预测报告暨公司财务预算方案的议案;

通过第一届董事会第七次会议提交的公司 2001 年度利润分配方案的议案;

通过第一届董事会第七次会议提交的公司聘请审计机构的议案。

(二)2002 年 5 月 11 日,公司在北京天鸿科园饭店会议室召开 2002 年度第一次临时股东大会,会议审议通过了下述决议:

通过了关于建立独立董事制度,进一步完善公司法人治理结构并改选部分董事的议案,会议同意陆志平先生、夏云梅女士和张琳女士辞去董事职务,增选刘伟先生、张连起先生和宋学成先生为公司独立董事;

通过了关于董事会下设战略委员会、审计委员会和薪酬与考核委员会等三个专门委员会的议案;

通过了重新修订的《董事会议事规则》;

通过了修改公司董事会投资权限的议案;

通过了根据以上四项议案修改后的公司章程。

七、董事会报告

(一)公司经营情况

1. 报告期内整体经营情况的讨论与分析

2002 年是国药集团药业股份有限公司锐意进取、与时俱进的一年。公司严格按照上市公司要求规范运作,团结一致,努力拼搏,完成了年初确定的股份公司 2002 年度重点工作,为公司的可持续发展奠定了坚实的基础。

2002 年是三项医疗体制改革全面实施的第一年,公司及时调整经营模式,积极、全面推行现代企业制度,加强现代企业制度管理及战略发展规划的研究,先后完成了业务财务一体化的整合和上市工作。2002 年全年实现主营业务收入 122,382 万元,同比增加 0.24%,利润总额 4,437 万元,同比增长 27.13%,净利润 2,618 万元,同比增长 31.82%,毛利率 10.85%,同比增长 1.38 个百分点。

经营中出现的困难与问题:①国瑞公司、国大药房正处在投入期,存在一定的经营性亏损。②应收账款的管理方面需进一步完善和加强。③经营品种结构有待于进一步按临床需求不断调整。

公司将进一步准确把握复杂多变的医药市场形势,强化风险意识,紧紧抓住新一轮发展机遇,开拓创新,务求实效,有效解决经营中面临的困难与问题。充分利用整合后的各种资源,进一步深化企业内部改革,改善公司的营销服务,扩大市场份额,全力提高公司运营质量,最终增强公司的盈利能力。

2、主营业务分行业、分产品情况表

单位:(人民币)万元

分行业或分产品	主营业务收入	主营业务成本	毛利率(%)
医药商业	118,227	105,720	10.58
医药工业	4,155	3,385	18.51
其中:医药商业关联交易	8,184	7,346	10.28

关联交易的定价原则：公司与关联方发生的购货合同和采购合同与其他非关联企业之间的价格完全保持一致,以政府制定的价格政策为依据,并根据市场化的原则确定价格,充分体现公平性。

关联交易必要性、持续性的说明：药品批发业务是公司的主营业务,因此不可避免与关联方发生药品的购销业务,这是由于业务模式所致,具有必要性和持续 性。公司将继续聘请有关中介机构开展财务顾问工作,对公司日 常业务中因业务模式而导致的关联交易提出意见和建议;通过完 善独立董事制度和业务管理制度,避免关联交易损害股东的利益。

分行业或分产品	主营业务收入比上年增减(%)	主营业务成本比上年增减(%)	毛利率比上年增减(%)
医药商业	0.04	-1.43	1.33
医药工业	6.26	3.31	2.32
其中:医药商业关联交易	-37.22	-37.96	1.11

关联交易的定价原则

关联交易必要性、持续性的说明

3、主营业务分地区情况

单位:(人民币)万元

地区	主营业务收入	主营业务收入比上年增减 (%)
北京	118,227	0.04
安徽淮南	4,155	6.26

4、公司控股公司的经营情况

(1)国药集团国瑞药业有限公司,注册资本 1000 万元,本公司占注册资本的 95%;经营范围:新药、成药制造;2002 年总资产 6,375 万元, 净利润为-512 万元,主要是因为现有产品果糖二磷酸钠、阿奇霉素等产量较小,暂时没有形成规模效益;GMP 改造及拟投资项目刚刚投入,新的利润增长点未能形成所致。

(2)国大药房连锁有限公司:注册资本 300 万元,本公司占注册资本的 74%;经营范围:销售西药制剂、中成药、中药饮片、医疗器械、仪器仪表、保健品等;2002 年总资产 772 万元,净利润为-241 万元,主要是因零售连锁经营处于起步阶段,零售连锁经营未形成规模,且前期资金、人力等投入较大所致。

5、采购和销售客户情况

单位:(人民币)万元

前五名供应商采购金额合计	30,375.15	占采购总额比重	24.65%
前五名销售客户销售金额合计	11,643.46	占销售总额比重	9.96%

(二)公司财务状况

1.经营成果和现金流量(单位:万元)

项目	2002 年	2001 年	本年比上年增减(%)
主营业务收入	122,382	122,089	0.24
主营业务利润	13,134	11,393	15.28
期间费用	9,021	8,189	10.16
营业利润	4,607	3,498	31.70
利润总额	4,437	3,490	27.14
净利润	2,618	1,986	31.82
经营活动产生的现金流量净额	1,519	-1,180	
现金及现金等价物	+28,379	-2,999	

2、资产负债(单位:万元)

项目	2002 年末	2001 年末	本年末比上年末增减(%)
应收账款	22,647	17,299	+30.92
应收票据	4		
应付账款	19,649	14,863	+32.20
应付票据	945	300	+215.00
短期借款	9,194	5,434	+69.19
长期借款	300		

(三)公司投资情况

1.募集资金使用情况

单位:(人民币)万元

募集资金总额	25,263	本年度已使用募集资金总额	3,559.5
		已累计使用募集资金总额	3,559.5

承诺项目	拟投入金额	是否变更项目	实际投入金额	产生收益金额	是否符合计划进度和预计收益
年产 10 吨果糖二磷酸钠原料药项目	2,800	否	0		
年产 5,000 万片丙氧匹林片技改项目	2,000	否	0		
年产 3,000 万粒盐酸特拉唑嗪胶囊项目	2,400	否	0		
年产 200 万瓶阿奇霉素冻干粉针项目	2,860	否	0		
国瑞药业 GMP 综合改造项目	2,680	否	0		
年产 400 吨氯硝柳胺哌嗪盐技改项目	2,920	否	0		
年产 500 吨 5-氨					

基水杨酸生产线技改项目	4,000	否	0	
建立计算机管理信息系统项目	2,005.5	否	0	
合计	21,665.5	—	0	—
未达到计划进度和收益的说明(分具体项目)	公司刚刚于2002年11月发行股票,募集资金到位时间较短,因此目前处在项目投入的前期筹备阶段,大部分项目尚未使用募集资金,公司将大力推进募集资金的投入工作。			
变更原因及变更程序说明(分具体项目)	无			

2.非募集资金投资情况

报告期内,公司不存在非募集资金的对外长短期投资情况。

(四)生产经营环境及宏观政策、法规变化对本公司的影响

1.医疗卫生体制、药品生产流通体制、全国城镇职工基本医疗保险制度改革

国家大力推行医疗卫生体制、药品生产流通体制、全国城镇职工基本医疗保险制度等"三项改革","三项改革"是关系国计民生的大事,是带有全局性和根本性的改革,也是社会进步的重要标志,同时对整个医药市场、医药生产和医药商业带来重大变革。随着"三项改革"的顺利进行,对本公司的业务方式、业务结构、总代理总经销品种选择、奖励机制、人才管理等都将产生深远的影响,对企业管理提出更高的要求。本公司将积极、全面推行现代企业制度的改革,加强现代企业制度管理、战略发展规划的研究,以适应"三项改革"实施后市场变化的要求。

2.药品集中招标采购

根据国家药品监督管理局《医疗机构药品集中招标采购试点工作若干规定》,2001年4月开始在北京市社保医院,联合对抗生素类和抗微生物类药品进行集中招标采购,公司针对集中招标采购的特点开展各项工作,一是增加总代理和总经销产品的品种,引进新厂家、新品种;二是增加品种的市场覆盖率,扩大销售地区,开发新市场等。

3.环保政策

本公司的子公司国瑞药业从事药品制剂生产,药品制剂生产产生的污染物低于药品化学原料药生产产生的污染物,但药品制剂在生产过程中也会产生部分废水、废气、废渣等污染物,若处理不当,对周边环境会造成一定不利影响。目前,本公司环保治理符合国家和地方环保部门规定的环保标准。公司将继续贯彻公司业务发展计划,密切注意和及时把握最新政策和行业动态,同时加强技术改造和技术更新,保证产品具有良好的市场竞争力。

(五)新年度经营计划

2003年是党的十六大胜利召开后的第一年,也是医药企业生存、发展的关键一年。面对竞争日趋激烈的市场形势,我们要在总结2002年工作的基础上,继续转变观念,开拓创新。我们要注重挖掘潜在的市场需求,积极调整经营策略,不断巩固完善与供应商、分销商及医院的战略伙伴关系,以诚挚的服务,逐步实现从经营产品向经营服务的转变;以利润为中心,以营销工作为重点,进一步巩固财务、业务一体化整合的各项成果,不断完善公司的制度建设,增强公司核心竞争力及可持续发展能力,使公司经济效益及管理水平再创新高,以良好的业绩回报社会、回报股东。

(六)董事会日常工作情况

1.报告期内董事会会议情况和决议内容

2002年1月16日,公司第一届董事会第七次会议在北京市天元宫会议室召开,会议审议通过了下述决议:

审议并通过公司2001年度审计报告暨公司决算方案的议案;

审议并通过公司2002年度盈利预测报告暨公司财务预算方案的议案;

审议并通过公司2001年度利润分配方案的议案;

审议并通过公司聘请审计机构的议案;

审议并通过公司2001年度工作总结和2002年度工作计划的议案;

审议并通过公司全面预算制度暨《全面预算管理实施办法》;

审议并通过公司修改财会制度的议案;

审议并通过公司2002年度对外投资计划;

审议并通过公司各项人事管理制度,包括:股份公司高级管理人员和经营者考核制度、股份公司人事制度改革办法、股份公司劳动用工制度改革办法、股份公司内部分配制度改革办法、股份公司吸引人才管理办法;

审议并通过公司完善法人治理结构、健全各项规章制度的议案;

审议并通过股份公司十五规划及未来发展战略。

2002年4月10日,公司第一届董事会第八次会议在北京市天元宫会议室召开,会议审议通过了下述决议:

审议并通过关于建立独立董事制度,进一步完善公司法人治理结构并改选部分董事的议案;

审议并通过关于董事会下设董事会战略委员会等三个专门委员会的议案;

审议并通过重新修订的《董事会议事规则》;

审议并通过修改公司董事会对外投资权限的议案;

审议并通过根据以上四项议案修改后的公司章程。

2002年7月18日,公司第一届董事会第九次会议在北京市天元宫会议室召开,会议审议通过了如下决议:

审议并通过了公司2002年半年度财务报告暨岳华会计师事务所出具的审计报告;

审议并通过了公司2002年上半年工作总结和下半年工作计划;

2002年11月19日,公司第一届董事会第十次会议在北京市天元宫会议室召开,会议审议通过了如下决议:

审议并通过了公司增资扩股并变更企业法人营业执照注册资本的决议;

审议并通过了根据公司首次公开发行A股股票而修改公司章程相关条款的议案;

审议并通过了募集资金财务处理的议案;

2002年12月6日,公司第一届董事会第十一次会议在北京市天元宫会议室召开,会议审议通过了如下决议:

审议并通过了向2003年第一次临时股东大会申请延长第一届董事会任期至2002年年度股东大会召开并选举新一届董事会为止的议案;

审议并通过出资2,760万元(自有资金)与安维世远东有限公司、久裕企业股份有限公司、哈药集团制药总厂、华北制药股份有限公司、山东鲁抗医药股份有限公司、中国医药工业公司等6家发起人共同发起设立国药物流有限责任公司(注册资本6,000万元,本公司占该公司注册资本的46%)的议案;

审议并通过了关于召开公司2003年第一次临时股东大会的议案。

2.董事会对股东大会决议的执行情况

(1)报告期内,公司董事会对2001年度股东大会、2002年第一次临时股东大会通过的各项决议均完全执行。

(2)公司2001年度股东大会通过公司2001年度利润分配方案的议案,2001年公司可分配利润15,257,110.82元,共分配利润1,000万元,其余未分配利润5,257,110.82元以及2002年1月1日至公司股票发行之日实现的税后利润由公司新老股东共享。该决议董事会已经完全执行。

(3)公司2002年度第一次临时股东大会,审议通过了关于建立独立董事制度,进一步完善公司法人治理结构并改选部分董事的议案。同意陆志平先生、夏云梅女士和张琳女士辞去董事职务,增选刘伟先生、张连起先生和宋学成先生为公司独立董事,该决议董事会已经完全执行,并且在董事会下设战略委员会、审计委员会和薪酬与考核委员会等三个专门委员会。

(七)本次利润分配预案

公司2002年度实现净利润2,618万元,按10%的比例提取法定公积金261.8万元,按5%的比例提取公益金130.9万元,加上期初未分配利润525.7万元,可供股东分配的利润共2,751万元。

公司于2003年3月13日第一届董事会第十三次会议审议通过,以2002年12月31日的总股本13,300万股为基数,每10股派发现金1.00元人民币(含税),共计1,330万元。此项决议将提交2002年度股东大会审议,通过后派发。

2002年度无资本公积金转赠股本的预案。

八、监事会报告

(一)监事会工作情况:

1.公司监事会在报告期内,严格按照《公司法》和《公司章程》所赋予的职责,重点从公司依法运作、董事、经理及其他高级管理人员履行职责、公司财务检查等方面行使监督职能。

2.监事会会议情况:

2002年1月16日,公司第一届监事会第六次会议在北京市天元宫会议室召开,会议审议通过了下述决议:

审议通过公司2001年度审计报告暨公司决算方案的议案;

审议通过公司2002年度盈利预测报告暨公司财务预算方案的议案;

审议通过公司2001年度利润分配方案的议案;

审议通过公司2001年度工作总结和2002年度工作计划的议案;

审议通过公司全面预算制度暨《全面预算管理实施办法》;

审议通过公司修改财会制度的议案;

审议通过公司2002年度对外投资计划;

审议通过公司完善法人治理结构、健全各项规章制度的议案。

2002年7月18日,公司第一届监事会第七次会议在北京市天元宫会议室召开,会议审议通过了下述决议:

审议并通过了公司2002年中期财务报告暨岳华会计师事务所出具的2002年中期审计报告;

审议并通过了公司2002年上半年工作总结和下半年工作计划。

2002年12月9日,公司第一届监事会第八次会议在北京市天元宫会议室召开,会议审议通过了以下决议:

审议并通过了向2003年第一次临时股东大会申请延长第一届监事会任期至2002年年度股东大会召开并选举新一届监事会为止的议案。

(二)对公司2002年度的工作,监事会发表如下意见:

1.公司决策程序合法,建立了较完善的内部控制制度。公司能严格执行国家法律、法规,按上市公司的规范程序运作。公司董事、经理及其他高级管理人员能尽职尽责,按股东大会和董事会的决议认真执行,未发现上述人员在执行公司职务时有违反法律、法规和《公司章程》或损害公司利益的行为。监事会认为公司在依法运作方面不存在问题。

2.报告期内,公司财务状况良好,财务管理规范,内控制度能够严格执行并不断完善,保证了生产经营的运行。公司2002年年度财务报告真实地反映了公司的财务状况和经营成果,岳华会计师事务所有限责任公司出具的审计报告是客观公正的。

3.报告期内公司募集资金的使用情况:公司在报告期内按招股说明书投入资金3,559.5万元用于巩固销售体系及补充流动资金。

4.报告期内,公司的关联交易价格公平,未发现有损害公司利益的情况。

九、重要事项

(一)本报告期内公司无重大诉讼、仲裁事项。

(二)本报告期内公司无收购及出售资产、吸收合并等事项。

(三)重大关联交易事项

1.购销商品的关联交易

关联单位名称	交易内容	定价原则	交易金额(万元)
中国医药对外贸易公司	采购货物	协议价	1,157.01
广东粤兴医药有限公司	采购货物	协议价	498.13
广东中健医药公司	采购货物	协议价	352.72
中国医药集团上海公司	产品销售	协议价	2,409.23
中国医药(集团)广州公司	产品销售	协议价	415.21
中国医药(集团)天津公司	产品销售	协议价	964.51
中国医药(集团)沈阳有限公司	产品销售	协议价	934.48
广东粤兴医药有限公司	产品销售	协议价	786.76
中国医药北京采购供应站	产品销售	协议价	468.65
国药集团大连中大医药公司	产品销售	协议价	427.19
北京新特药品公司	产品销售	协议价	857.63
国药集团西北医药有限公司	产品销售	协议价	375.35

以上交易均通过现金结算。

2.报告期内没有因资产、股权转让而发生的关联交易。

3.公司与关联方存在的债权债务,形成原因为执行购销关联交易而产生的经营性应收应付款项。

(四)重大合同及其履行情况

1.本公司2002年度与中国医药北京采购供应站签署了综合服务协议,其中包括租赁办公用房和仓储用房等共计570万元;本公司控股公司国瑞药业与淮南市制药六厂签署了综合服务协议,租赁办公用房和土地使用权等共计237.7万元。本报告期内公司无其他占当年利润10%的托管、承包、租赁其他公司资产或其他公司托管、承包、租赁上市公司资产的事项。

2.本报告期内公司无重大担保事项。

3.无在报告期内或报告期继续发生的委托他人进行现金资产管理事项。

4.本报告期内公司无其他重大合同。

(五)公司或持股5%以上股东在报告期内或持续到报告期内的承诺事项及其履行情况

2002年12月6日公司第一届董事会第十一次会议决议,拟出资2,760万元(自有资金)与安维世远东有限公司、久裕企业股份有限公司、哈药集团制药总厂、华北制药股份有限公司、山东鲁抗医药股份有限公司、中国医药工业公司共同发起设立国药物流有限责任公司(该公司注册资本6,000万元),公司持股比例为46%。该公司主要从事产品配送、仓库租赁、信息服务、增值服务、专用线到发货、发货及相关业务,有关设立手续正在办理中。

除上述事项外,公司或持股5%以上的股东在报告期无其他需要披露的承诺事项。

(六)会计师事务所情况

公司本年度聘请的会计师事务所为岳华会计师事务所有限责任公司,支付给岳华会计师事务所有限责任公司的报酬情况如下:

1.岳华会计师事务所的报酬或者确定报酬的方式由股东大会决定。独立董事对会计师事务所的报酬一致表示同意。

2.本次年度审计应付岳华会计师事务所有限责任公司的财务审计费用为23万元。

3.岳华会计师事务所有限责任公司为审计所实际发生的代垫费用由公司承担。

(七)报告期内,公司、公司董事会及董事无受到中国证监会稽查、中国证监会行政处罚、通报批评及证券交易所公开谴责的情形。

(八)其他重大事件

为适应医药市场变化,提高公司竞争力,公司本年度对业务环节和业务部门进行了调整和整

合,将新普药品为一类,麻醉药品为一类,按业务流程设立采购部(负责采购进货)、商务部(负责新普药品对商业单位的销售)、医院部(负责新普药品对医院的销售)、麻特药部(负责麻特药品按国家有关规定的销售)、储运部(负责仓储运输)。

国大药房连锁有限公司采取直营连锁和加盟连锁方式,截止 2002 年 12 月 31 日,已在北京开设 15 家连锁店。

十、财务报告

审计报告

岳总审字[2003]第 A118 号

国药集团药业股份有限公司全体股东:我们接受委托,审计了贵公司 2002 年 12 月 31 日的资产负债表和合并资产负债表,2002 年度的利润表及利润分配表、合并利润表及合并利润分配表,2002 年度现金流量表和合并现金流量表。这些会计报表由贵公司负责,我们的责任是对这些会计报表发表审计意见。我们的审计是依据《中国注册会计师独立审计准则》进行的。在审计过程中,我们结合贵公司的实际情况,实施了包括抽查会计记录等我们认为必要的审计程序。

我们认为,上述会计报表符合《企业会计准则》和《企业会计制度》的有关规定,在所有重大方面公允地反映了贵公司 2002 年 12 月 31 日的财务状况和 2002 年度的经营成果及 2002 年度的现金流量,会计处理方法的选用遵循了一贯性原则。

岳华会计师事务所有限责任公司中国注册会计师:

中国-北京中国注册会计师:

二 OO 三年一月二十五日

合并资产负债表(一)

编制单位:国药集团药业股份有限公司单位:人民币元

资产	注释	2002 年 12 月 31 日
流动资产:		
货币资金	五 .1	312,512,436.14
短期投资		
应收票据		45,496.00
应收股利		
应收利息		
应收帐款	五.2	226,472,990.04
其他应收款	五.3	1,678,650.96
预付帐款	五.4	6,612,372.13
应收补贴款	五.5	392,254.53
存货	五.6	199,882,782.78
待摊费用	五.7	1,323,593.03
一年内到期的长期债权投资		
其他流动资产		
流动资产合计		748,920,575.61
长期投资:		
长期股权投资	五.8	3,800,000.00
长期债权投资		
长期投资合计		3,800,000.00
固定资产:		
固定资产原价	五.9	73,165,392.13
减:累计折旧	五.9	29,501,442.36
固定资产净值		43,663,949.77
减:固定资产减值准备		217,223.61
固定资产净额		43,446,726.16
工程物资		
在建工程	五.10	6,361,889.72
固定资产清理		
固定资产合计		49,808,615.88
无形资产及其他资产:		
无形资产	五.11	1,555,555.56
长期待摊费用		
其他长期资产	五.12	4,285,856.00
无形资产及其他资产合计		5,841,411.56
递延税项:		
递延税款借项		
资产总计		808,370,603.05

合并资产负债表(二)

编制单位:国药集团药业股份有限公司 单位:人民币元

负债及股东权益	注释	2002 年 12 月 31 日
流动负债:		
短期借款	五.13	91,940,000.00
应付票据	五.14	9,450,000.00
应付帐款	五.15	196,487,970.00
预收帐款	五.16	11,126,186.29
应付工资	五.17	3,417,093.20
应付福利费	五.18	4,471,159.39
应付股利	五.19	13,300,000.00
应交税金	五.20	4,989,035.08
其他应交款	五.21	11,888.38
其他应付款	五.22	70,557,944.55
预提费用	五.23	
预计负债		
一年内到期的长期负债		
其他流动负债		
流动负债合计		405,751,276.89
长期负债:		
长期借款	五.24	3,000,000.00
应付债券		
长期应付款		
专项应付款		
其他长期负债		
长期负债合计		3,000,000.00
递延税项:		
递延税款贷项		
负债合计		408,751,276.89
少数股东权益	五.25	1,321,647.28
股东权益		
股本	五.26	133,000,000.00
减:已归还投资		
股本净额		133,000,000.00
资本公积	五.27	242,081,274.93
盈余公积	五.28	9,004,146.48
其中:法定公益金		3,001,382.16
未分配利润	五.29	14,212,257.47
股东权益合计		398,297,678.88
负债和股东权益总计		808,370,603.05

合并利润表及利润分配表

编制单位:国药集团药业股份有限公司 单位:人民币元

项目	注释	2002 年度
一、主营业务收入	五.30	1,223,820,747.28
减:主营业务成本	五.31	1,091,053,819.28
主营业务税金及附加	五.32	1,425,567.27
二、主营业务利润		131,341,360.73
加:其他业务利润	五.33	4,932,693.46
减:营业费用		35,667,161.26
管理费用		54,675,741.07
财务费用	五.34	-140,810.66
三、营业利润		46,071,962.52
加:投资收益	五.35	154,000.00
补贴收入		
营业外收入	五.36	85,778.00
减:营业外支出	五.37	1,945,341.14
四、利润总额		44,366,399.38
减:所得税	五.38	19,067,882.39
减:少数股东损益		-884,008.48
五、净利润		26,182,525.47
加:年初未分配利润		5,257,110.82
其他转入		
六、可供分配的利润		31,439,636.29
减:提取法定盈余公积		2,618,252.55
提取法定公益金		1,309,126.27
提取职工奖励及福利基金		
提取储备基金		
提取企业发展基金		
利润归还投资		
七、可供投资者分配的利润		27,512,257.47
减:应付优先股股利		
提取任意盈余公积		
应付普通股股利		13,300,000.00
转作股本的普通股股利		
八、未分配利润		14,212,257.47
补充资料:		
1.出售、处置部门或被投资单位所得收益		
2.自然灾害发生的损失		
3.会计政策变更增加(或减少)利润总额		
4.会计估计变更增加(或减少)利润总额		
5.债务重组损失		
6.其他		

合并现金流量表

2002 年度

项目	注释	金额
一、经营活动产生的现金流量:		
销售商品、提供劳务收到的现金		1,362,547,960.24
收到的税费返还		563,026.89
收到的其他与经营活动有关的现金	五.39	30,625,496.90
现金流入小计		1,393,736,484.03
购买商品、接受劳务支付的现金		1,225,459,115.35
支付给职工以及为职工支付的现金		32,564,308.78
支付的各项税费		45,463,329.44
支付的其他与经营活动有关的现金	五.40	75,055,549.23
现金流出小计		1,378,542,302.80
经营活动产生的现金流量净额		15,194,181.23
二、投资活动产生的现金流量		
收回投资所收到的现金		
取得投资收益所收到的现金		154,000.00
处置固定资产、无形资产和其他长期资		233,329.06
收到的其他与投资活动有关的现金		
现金流入小计		387,329.06
购建固定资产、无形资产和其他长期资		14,190,361.72
投资所支付的现金		
支付其他与投资活动有关的现金		
现金流出小计		14,190,361.72
投资活动产生的现金流量净额		-13,803,032.66
三、筹资活动产生的现金流量:		
吸收投资所收到的现金		256,130,431.08
借款所收到的现金		92,050,000.00
收到的其他与筹资活动有关的现金		215,843.85
现金流入小计		348,396,274.93
偿还债务所支付的现金		49,800,000.00
分配股利、利润或偿付利息所支付的现		13,753,923.27
支付的其他与筹资活动有关的现金		2,440,000.00
现金流出小计		65,993,923.27
筹资活动产生的现金流量净额		282,402,351.66
四、汇率变动对现金的影响		
五、现金及现金等价物净增加额		283,793,500.23

上海置信电气股份有限公司

上海置信电气股份有限公司股票上市公告书

第一节 重要声明与提示

上海置信电气股份有限公司(以下简称"本公司"、"置信电气"或"发行人")董事会保证上市公告书的真实性、准确性、完整性,全体董事承诺上市公告书不存在虚假记载、误导性陈述或重大遗漏,并承担个别和连带的法律责任。

根据《公司法》、《证券法》等有关法律、法规的规定,本公司董事、高级管理人员已依法履行诚信和勤勉尽责的义务和责任。

上海证券交易所、中国证监会、其他政府机关对本公司股票上市及有关事项的意见,均不表明对本公司的任何保证。

本公司提醒广大投资者注意,凡本上市公告书未涉及的有关内容,请投资者查阅 2003 年 9 月 15 日刊载于《上海证券报》和《证券时报》的本公司招股说明书摘要,及刊载于上海证券交易所网站(http://www.sse.com.cn)的本公司招股说明书全文。

本上市公告书刊登网址:http://www.sse.com.cn

第二节 概览

1、股票简称:置信电气

2、沪市股票代码:600517

3、深市股票代码:003517

4、总股本:79,830,000 股

5、可流通股本:25,000,000 股

6、本次上市流通股本:25,000,000 股

7、发行价格:6.30 元/股

8、上市地点:上海证券交易所

9、上市时间:2003 年 10 月 10 日

10、股票登记机构:中国证券登记结算有限责任公司上海分公司

11、上市推荐人:华泰证券有限责任公司

12、本公司首次公开发行股票前股东所持股份的流通限制及期限:根据国家有关法律、法规规定和中国证监会证监发行字[2003]113 号《关于核准上海置信电气股份有限公司公开发行股票的通知》,本公司的国有法人股、法人股和自然人持有的未流通股份暂不上市流通。

13、本公司的第一大股东上海置信(集团)有限公司向上海证券交易所承诺:自本公司股票上市之日起一年内,不转让所持有本公司的股份,也不由本公司回购其所持有的股份。

第三节 绪言

本上市公告书是根据《中华人民共和国公司法》、《中华人民共和国证券法》、《股票发行与交易管理暂行条例》、《公开发行股票公司信息披露实施细则》和《上海证券交易所股票上市规则》等国家有关法律、法规的规定,并按照中国证监会公开发行股票信息披露内容与格式准则第 7 号—股票上市公告书》而编制的,旨在向投资者提供有关置信电气和本次股票上市基本情况。

经中国证监会证监发行字[2003]113 号文批准,置信电气于 2003 年 9 月 18 日利用上海证券交易所系统,以向沪市、深市二级市场投资者定价配售的方式成功发行了 2,500 万股每股面值 1.00 元的人民币普通股,发行价为每股人民币 6.30 元。

经上海证券交易所上证上字[2003]124 号《关于上海置信电气股份有限公司人民币普通股股票上市交易的通知》批准,置信电气公开发行的 2500 万股社会公众股将于 2003 年 10 月 10 日起在上海证券交易所挂牌交易。股票简称"置信电气",沪市股票代码"600517",深市代理股票代码"003517"。

本公司已于 2003 年 9 月 15 日在《上海证券报》和《证券时报》上刊登了《招股说明书摘要》,招股说明书正文及其附录在上海证券交易所网站(http://www.sse.com.cn)上网,距今不足三个月,其中所引用的财务资料距今不足六个月,故与其重复的内容不再重述,敬请投资者查阅上述内容。

第四节 发行人概况

一、发行人的基本情况

1、发行人名称:上海置信电气股份有限公司

2、英文名称:SHANGHAIZHIXINELECTRICCO.,LTD.

3、注册资本:7,983 万元

4、法定代表人:徐锦鑫

5、成立日期:2000 年 9 月 27 日

6、注册地址:中国上海虹桥路 2239 号

7、邮政编码:200336

8、经营范围:电气 母线槽、高低压柜、开关箱、变压器、箱式变电站、电缆、输配电工具及材料领域内的科技咨询、技术开发、转让、服务、生产(外发加工)销售自身开发的产品

9、主营业务:非晶合金变压器及相关产品

10、所属行业:电器及机械制造业

11、联系电话:021-62623388

12、联系传真:021-62610088

13、互联网网址:www.zhixindianqi.com.cn

14、电子信箱:zxdq@zhixindianqi.com.cn

15、董事会秘书:彭永锋

二、发行人的历史沿革及股权变动情况

置信电气是经上海市人民政府沪府体改审(2000)019 号文批准,由上海置信(集团)有限公司(以下简称"置信集团")联合其它 16 位发起人,对上海置信电气工业有限公司(以下简称"工业公司")整体变更设立的股份有限公司。

置信电气以经上海上会会计师事务所审计的工业公司 2000 年 6 月 30 日净资产 5483 万元为基础,按《公司法》规定 1:1 的比例折成股本,各发起人股东以其持有的工业公司股权等额折为置信电气股份,股本总计为 5483 万元。

置信电气于 2000 年 9 月 27 日在上海市工商局注册成立,自设立至本次发行前股东未发生变化,发行前共有 17 位发起人股东,具体持股情况如下:

股东名称	持股数量(股)	持股比例(%)
上海置信(集团)有限公司	21,932,000	40
上海置信电气工程安装有限公司	9,035,984	16.48
上海电力实业总公司	8,224,500	15
上海国有资产经营有限公司	2,741,500	5
费维武	2,741,500	5
杜筱燕	1,930,016	3.52
上海鑫达实业总公司	1,781,975	3.25
上海中基进出口有限公司	1,370,750	2.5
上海石化企业发展有限公司	1,370,750	2.5
上海兴程实业合作公司	548,300	1
上海联康房产配套有限公司	548,300	1
上海加美实业公司	548,300	1
潘晓冬	548,300	1
王健攝	548,300	1
上海润祥装饰材料有限公司	411,225	0.75
上海远东城建技术发展有限公司	274,150	0.5
上海元合贸易有限责任公司	274,150	0.5
合计	54,830,000	100

经中国证监会证监发行字[2003]113 号文核准,置信电气于 2003 年 9 月 18 日在上海证券交易所以向二级市场投资者定价配售方式成功发行了人民币普通股 2500 万股,每股面值 1.00 元,每股发行价 6.30 元。此次发行完成后,本公司的总股本为 7983 万股,注册资本为 7983 万元人民币。

三、发行人的主要经营情况

1、主要业务构成

置信电气主要从事非晶合金变压器及相关产品的制造、销售,产品广泛用于建筑、房地产、交通、电力等行业,重点为电力、基础设施及房地产配套。

本公司是目前国内规模最大的非晶合金变压器专业化生产企业,研制开发了国内第一台非晶合金干式变压器、非晶合金地下式路灯变压器和配电变压器以及自动化切换的非晶合金组合式变压器;公司被评为国家火炬计划重点高新技术企业、上海市高新技术企业、上海市质量标兵企业和上海市工业优秀企业,公司系列产品还入选了国家级重点新产品和国家火炬计划。

2、主要竞争优势和劣势

(1)技术优势

技术起点高。置信电气技术引进合作方美国 GE 公司,是世界上最早实现非晶合金变压器产业化的企业,技术水平一直处于世界领先水平。置信电气在短期内进行的消化、吸收、二次开发、创新工作,实际是"站在巨人的肩膀上"迅速缩短了国内、国际非晶合金变压器生产领域的技术差距,技术起点高于国内同行。

技术全面。从技术专家队伍的多元化角度讲,公司荟萃了一批电气工业的专家、学者,技术实力较为全面;从产品分类角度讲,通过公司技术专家自行开发的电气产品不仅涉及非晶合金油浸式变压器,而且包括了电气自动化开关柜、干式变压器、谐波注入器、地下式变压器等众多领域,产品竞争优势明显。

技术创新能力强。在非晶合金变压器方面,置信电气消化吸收了美国 GE 技术,并进行了二次开发:不仅将产品系列从高压电压 10kVA 级提高到 20kVA 级,而且将 SF6 开关柜技术与非晶合金组合式变压器技术相结合,开发出具有自动化控制功能高效节能产品,填补了国内外空白;自行设计开发的非晶合金干式变压器融合了非晶合金材料变压器与干式变压器两大产品的优势,获得了国家实用新型专利,填补了国内空白;自行组织开发的地下式变压器不仅能够成功解决城市输电线路的黑色污染问题,而且价格优势明显、成功取代进口产品。

(2)人才优势

置信电气拥有一支梯队化的技术队伍,形成了"金字塔"型的科研开发、生产管理与生产操作人员,完善了公司的技术构架。

置信电气在发展过程中吸引了大批优秀人才的加盟,他们中有的曾在国有大型电力设备企业担任领导职务或者技术核心管理职务,有的曾在知名合资企业担任总工程师、副总工程师、技术负责人等重要领导岗位工作,他们既懂得管理,又在电气技术领域有着较深的造诣,因而牢牢把握了技术与质量等关键环节。

专业化生产人员。在发展过程,公司十分重视员工的知识、技能培训和市场意识、服务意识的培养,专门制定了培训规程,并使其制度化,因而培养和造就了一大批优秀的专业化生产操作人员。

(3)产品优势

节能效果明显。空载损耗比硅钢片变压器的空载损耗可降低 80%左右;且对输电系统无特殊要求,无论是电力使用高峰或是低谷它都是连续节能,对长期处于负荷率低时段或季节的城市电网和农村电网尤为重要。

环保效应强。公司产品大量采用非晶合金材料,不仅在运行时节能效果明显,而且在产品本身的制造环节中降低了大量能耗,每年可为国家节省大量发电燃料,减少对大气的污染。公司产品体积普遍小于同类产品或传统产品,节省大量土地占用和建筑材料,客观上起到"还绿于民,节省资源"的效果,有利于社会的可持续发展。

综合使用成本低。与常用 S9 型变压器相比,相同功率的 500KVA 非晶合金组合式变压器,每年可节约电能 6832.8kwh/台,以 0.7 元/kwh 电价计,一年节约电费 4783 元/台。虽然非晶合金变压器比 S9 变压器价格高 30%,但所增加的成本可在该变压器运行 3-5 年内全部回收,而公司产品正常使用寿命达 30 年左右,因此其后的 25 年就可多回收节电费约 119507 元/台。

结构紧凑、运行效率稳定,安全性能高。公司产品采用密封式结构,可延缓变压器油和绝缘纸的老化,不仅结构紧凑,而且具有运行效率高、免维护的优点。每台产品在出厂前均按照国际标准经过 95kv(高压 10kv)雷电冲击试验(国内唯一使用该项标准的企业,且均为台式试验而不是型式试验),以确保其可靠的运行性能,保证了用户的切身利益。

(4)竞争劣势

与国内外优秀的电力制造企业而言,公司的主要竞争劣势在于:企业规模依然过小;企业产品主要集中在非晶合金变压器及相关配件等领域,与大型电力设备制造企业相比,综合竞争力还不高;公司在行业内的领导地位还未完全确立,加之营销力量较为薄弱,目前依然通过各地代理机构打开当地市场,因此尽快加强公司销售力量、提高市场占有率和行业知名度,是公司发展的必要环节。

3、主要财务指标

请参阅本上市公告书"财务会计资料"部分的相关内容。

4、主要知识产权

置信电气目前拥有"置信"商标(电气类)的所有权;拥有多项自主开发的专有技术和六项国家实用新型专利。

5、置信电气享有的财政税收优惠政策

置信电气近三年财税优惠政策如下:

(1)根据沪财税政(1999)7 号文及沪税长所三字(2000)第免 1 号规定,置信电气 2000 年所得税减征 50%,实际执行税率 15%;作为上海市高新技术企业,根据《上海市促进高新技术成果转化的若干规定》(2000 年 11 月 12 日修订),2001 年上海市长宁区税务局第三税务所按 15%的所得税税率征收;2002 年起公司执行 33%所得税税率。

(2) 根据上海市长宁区税务局沪税长企免字 98 第 322 号规定,上海置信电气器材有限公司 1999 年免征所得税,2000 年 1 月-2001 年 12 月减征 50%,实际所得税税率 16.5%。2002 年器材公司按照 33%所得税税率执行。

(3)上海置信变压器有限公司执行33%的所得税税率。

(4)根据《上海市促进高新技术成果转化的若干规定》,经上海市长宁区人民政府批准,2001 年 5 月 24 日,本公司收到 2000 年缴纳的所得税地方留成部分共计 1,103,495.46 元。公司收到上述款项后冲减了 2001 年当期所得税。

第五节 股票发行与股本结构

一、本次股票上市前首次公开发行股票的情况

1、发行数量:2,500 万股

2、发行价格:6.30 元/股

3、募集资金总额:15,750 万元

4、发行方式:全部向二级市场投资者定价配售

5、发行时间:2003 年 9 月 18 日

6、发行对象:持有中华人民共和国居民身份证的公民及境内法人(国家法律、法规禁止购买者除外)

7、发行费用总额及项目:本次股票发行费用总额为 1005.1 万元,主要包括:承销费用、会计师费用、评估费用、律师费用、发行手续费用、审核费用等

8、每股发行费用:0.402 元

二、本次股票上市前首次公开发行股票的承销情况

本次公开发行的 2,500 万股社会公众股的配号总数为 60,269,337 个,中签率为 0.04148046%。其中二级市场投资者认购 24,737,883 股,余股 262,117 股由主承销商包销。

三、本次股票上市前首次公开发行股票所募集资金的验资报告

上海上会会计师事务所有限公司为本次发行出具了《验资报告》(上会师报字(03)第 856 号,现摘录如下:上海置信电气股份有限公司:

我们接受委托,审验了贵公司截至 2003 年 9 月 24 日止新增股本实收情况。按照国家相关法律、法规的规定和协议、章程的要求出资,提供真实、合法、完整的验资资料,保护资产的安全、完整是全体股东及贵公司的责任。我们的责任是对贵公司新增股本的实收情况发表审验意见。我们的审验是依据《独立审计实务公告第 1 号–验资》进行的,在审验过程中,我们结合贵公司的实际情况,实施了检查等必要的审验程序。

贵公司原股本为人民币 5,483.00 万元,根据贵公司 2001 年度第 1 次临时股东大会决议和修改后章程的规定,申请增加股本人民币 2,500.00 万元,经中国证券监督管理委员会证监发行字 2003 113 号文核准,贵公司已于 2003 年 9 月 18 日公开发行人民币普通股股票 2,500 万股,每股面值人民币 1.00 元,变更后的股本为人民币 7,983.00 万元。经我们审验,截至 2003 年 9 月 24 日止,贵公司已收到因本次公开发行人民币普通股股票 2,500 万股而新增的股本合计人民币 2,500.00 万元 贰仟伍佰万元 ,均以货币出资。

同时我们注意到,贵公司本次增资前的股本为人民币 5,483.00 万元,已经我所审验,并于 2000 年 9 月 26 日出具上会师报字 2000 第 0530 号验资报告。截至 2003 年 9 月 24 日止,变更后的累计股本实收金额为人民币 7,983.00 万元。贵公司增资前的股本实收情况不在本次变更验资的审验范围之内。

本验资报告供贵公司申请变更登记及据以向全体股东签发出资证明时使用,不应将其视为是对贵公司验资报告日后资本保全、偿债能力和持续经营能力等的保证。因使用不当造成的后果,与执行本验资业务的注册会计师及会计师事务所无关。

附件:注册资本变更情况明细表、新增注册资本实收情况明细表、注册资本变更前后对照表、验资事项说明、验资证明表 报工商局 、银行出具的收款凭证、对帐单、银行询证函回函 报工商局 、上海上会会计师事务所有限公司营业执照复印件 报工商局

上海上会会计师事务所有限公司

中国注册会计师庄礻韦蓓、熊丽萍

上海市威海路 755 号 20 楼! 报告日期:2003 年 9 月 24 日

四、募股资金入帐情况

1、入帐时间:2003 年 9 月 24 日

2、入帐金额:152,234,529.63 元(募集资金扣除承销费和上网发行费用后的余额)

3、入帐帐号:1001278639023312130

4、开户银行:中国工商银行上海分行延安西路支行

五、发行人上市前股权结构及各类股东的持股情况

1、本次新股发行前后的股本结构变化情况

股份名称	发行前		发行后	
	数量(万股)	比例(%)	数量(万股)	比例(%)
发起境内国有法人股	548.3	10	548.3	6.865
发起境内社会法人股	4357.8884	79.48	4357.8884	54.590
发起境内自然人股	576.8116	10.52	576.8116	7.225
社会公众股	--	--	2500	31.32
股份总额	5483	100	7983	100

注:本公司发起人股东上海国有资产经营有限公司、上海中基进出口有限公司和上海石化企业发展有限公司所持有股权的性质,尚需得到国有资产管理部门的界定,目前暂按"发起境内法人股"托管。本公司将尽快完成相关股权的界定手续。

2、上市前十名股东持股情况股东名称

股东名称	持股数(万股)	占总股本比例(%)
上海置信(集团)有限公司	21,932,000	27.47
上海置信电气工程安装有限公司	9,035,984	11.32
上海电力实业总公司	8,224,500	10.30
上海国有资产经营有限公司	2,741,500	3.43
费维武	2,741,500	3.43
杜筱燕	1,930,016	2.42
上海鑫达实业总公司	1,781,975	2.23
上海中基进出口有限公司	1,370,750	1.72
上海石化企业发展有限公司	1,370,750	1.72
上海兴程实业合作公司	548,300	0.69

注:第 11–14 位股东持股数量与第 10 位股东相同,分别为上海联康房产配套有限公司、上海加美实业公司、潘晓冬和王健播

第六节 董事、监事、高级管理人员及核心技术人员

一、人员简介

1、公司董事

董事长:徐锦鑫,男,48 岁,大专学历,经济师,上海市政协委员,上海市工商联执委,中国公民;历任上海铁路局住宅开发部负责人、海南置地集团上海公司总经理、上海置信实业有限公司董事长、总经理;现兼任置信集团董事,置信变压器和上海霍尼维尔置信非晶体金属有限公司法定代表人。

副董事长:张晓峰,男,50 岁,本科学历,高级经济师,中国公民;历任上海供电局党委办公室副主任,上海供用电器材公司党委副书记、公司副经理,上海送变电工程公司副经理;现任上海电力实业总公司副总经理。

董事:杨骥珉,男,49 岁,研究生学历,高级经济师、工程师,中国公民,历任共青团长宁区委书记、长宁区委组织部副部长、长宁区工业局局长、党委书记、中信香港集团上海雄元房地产公司董事副总经理、上海实业置业有限公司董事、总经理、上海实业投资有限公司执行董事、副总裁;现任本公司总经理。

董事:张仁坤,男,61 岁,本科学历,工程师,中国公民、取得加拿大永久居留权;历任上海无线电四厂质量科长、工艺科长、销售科长、经营厂长、加拿大 R&P 贸易公司总经理,现任本公司副总经理。

董事:翁荣基,男,61 岁,大学本科,工程师,历任上海供电局技训班主席、支委,沪东供电所监察员、副所长,上海市中电力工程公司经理,上海市区供电局九龙实业公司副总经理,现任上海电力实业总公司副总经济师。

董事:陆长生,男,50 岁,管理学博士,中国公民;历任上海市对外经济贸易委员会主任秘书、中国出口商品基地建设上海公司副总经理、总经理、中国出口商品基地建设总公司副总裁。现任上海中基进出口有限公司董事长。

董事:杨锃,男,56 岁,高级经济师,历任:上海东方造纸机械厂副厂长、上海轻工机械股份公司副董事长兼副总经理、上海市长宁区外经委主任;现任公司副总经理,财务负责人。

独立董事:王新奎,男,56 岁,教授,著名经济学家,中国公民,上海市政协副主席,现任上海对外贸易学院院长,上海 WTO 事务中心主任,兼任上海氯碱化工股份有限公司和上海中科合臣股份有限公司独立董事。

独立董事:顾肖荣,男,55 岁,法学硕士,上海市人大代表,现任上海社会科学法学研究所所长,研究员;兼任上海市法学会副会长、上海国际商务法律研究会副会长,中国法学会理事,上海市高级人民法院高级调研顾问,上海市人民检察院特邀研究员,兼职教授;上海仲裁委仲裁员;《证券市场研究》杂志社社长。1993 年被评为有特殊贡献的专家学者而享有国务院特殊津贴。

独立董事:朱英浩,男,74 岁,本科学历,中国公民,历任沈阳变压器厂任设计员、设计室主任,副总、总工程师、沈阳变压器研究所总工程师;1995 年入选中国工程院院士。

独立董事:张禹顺,男,68 岁,中国注册会计师、律师、高级经济师,现任职于上海中惠会计师事务所,历任中国工商银行上海市分行政策研究室调研员,《上海城市金融》杂志副主编。

2、公司监事

监事长:金雅明,男,47 岁,大学学历,高级政工师、经济师,历任上海机床电器厂、汽车电器厂团支书、团委书记,上海市电器工业公司团委副书记,上海电器厂工会负责人、厂党委副书记,上海电器股份有限公司变压器厂党委书记、副厂长,上海 ABB 变压器有限公司党组织书记、工会主席,上海电器股份上变分公司党委书记兼副总经理,现任变压器公司副总经理。

监事:沈扬华,男,55 岁,研究生学历,高级经济师。历任南市区服装鞋帽公司总支副书记、南市区集管局副局长、上海外滩房屋置换有限公司安置部、置换部经理,现任上海国有资产经营公司战略投资部经理。

监事:朱金富,男,57 岁,中专学历,会计师,历任上海杨树浦发电厂部门支部书记、财务科长;现任上海电力实业总公司副总会计师。

监事:吴根娣,女,48 岁,高中文化程度,中共党员,助馆员,历任上海百灵皮鞋厂统计,上海沪东机电五金工业公司办公室主任,上海汽车电器一分厂职员,现任公司人事部经理。

监事:林丽君,女,62 岁,大专学历,会计师,现任置信集团财务负责人。

3、其他高级管理人员

董事会秘书:彭永锋,男,29 岁,MBA 学历,毕业于上海交通大学,曾在中国出口商品基地建设上海公司、中基房地产公司工作,担任总经理助理。

4、核心技术人员

高级技术顾问:陈叔涛,男,82 岁,教授级高级工程师,国务院政府特殊津贴及上海市荣誉津贴享受者。历任上海电力系统职位工程师,上海电力局所属变压器修造厂总工程师、高级工程师,全国变压器标准化技术委员会顾问,上海电力工业局技术委员会委员、上海市电力变压器修造厂高级顾问。主要技术成果包括:主持设计 15000KVA 同期调相机、6–220KV 电压器及电力变压器、500KV 试验变压器、50–100KV 小型携带型试验变压器、220KV 携带型标准电力互感器、100KV 阻波器、35KV 级直流输电电抗器和阻波器。

总工程师:陈华山,男,62 岁,高级工程师,曾任上海变压器厂副总工程师兼总师办主任、上海 ABB 变压器公司工程部经理。主要技术成果:设计研制 315KVA 和 500KVA 千伏级矿用隔爆型移动变电站;设计 HSSP2–5000/35 有载调压电炉变压器;设计开发船用变压器系列;设计开发 315KVA 矿用干式变压器;起草国家标准 GB6450《干式电力变压器》;设计 6300KVA/6KV 干式起动电抗器。主要获奖成果包括:A、开发研制矿用干式变压器获机电部第一装备司科技进步奖(1988);B、撰写论文《干式变压器的动态及发展趋势》获全国变压器优秀论文壹等奖(1991);C、撰写论文《全自动保护变压器过载热特性研究》获全国变压器优秀论文贰等奖(1993);D、组织研制 SCR 雷神干式变压器系列获上海市优秀新产品贰等奖(1994);F、开发试制 SCL 型环氧浇注干式电力变压器获上海市优秀产学研工程项目贰等奖(1997)。

研发中心负责人:周礼震,男,59 岁,高级工程师,曾任甘肃省电机工程学会高压专委会副主任,江苏常州变压器厂常务副厂长、副总工程师,江苏省电机工程学会高压专委会委员,江苏省变压器检测站站长,常州东芝变压器有限公司中方副总经理。主要技术成果:参加国内第一条 33 万伏和 55 万伏输电系统调试,及大量大中型变压器制造技术、质量控制和事故分析,发表数篇学术论文;在江苏工作期间,筹建完成 270 万伏高压冲击实验大厅、22 万伏级变压器试验站及江苏省变压器测试站,发表论文数篇;1994 年参与同日本东芝公司大型变压器厂的合资谈判,并筹建完成了具有国际一流水平的常州东芝变压器厂。在本公司担任质保部经理期间,使公司顺利通过了 ISO9001 质量认证体系 2000 版升级,被评为 2000 年上海市质量标兵企业;负责研发中心工作期间,先后开发了数个品种、十多个规格的新产品,目前申请技术专利产品共 4 个,其中非晶合金地下式变压器和路灯变压器等,均属于国内首次开发的新品种。

二、相关事项说明

1、本公司目前与上述董事、监事、高级管理人员、核心技术人员间未有借款或担保方面的协议。

2、上述董事、监事、高级管理人员、核心技术人员在发行前未以个人持股、家属持股、法人持股等形式持有发行人及关联企业的股份。

3、董事、监事、高级管理人员、核心技术人员在关联企业任职情况请参阅"第七节同业竞争与关联交易"。

4、上述人员相互之间不存在配偶关系、三代以内直系和旁系亲属关系。

5、本公司独立董事的津贴为 2.5 万元。

第七节 同业竞争与关联交易

一、同业竞争

公司控股股东置信集团以房产开发和物业租赁为主营,公司与其之间不存在同业竞争关系;本公司股东、置信集团控股或参股的相关企业均不从事电气设备制造业务,与本公司之间均不存在同业竞争关系。置信集团已出具了避免同业竞争承诺函,发行人律师和主承销商对此发表了相关的意见。

二、关联方及关联交易

1、关联方及关联关系

本公司目前存在的关联方及关联关系请查阅刊载于上海证券交易所网站(www.sse.com.cn)的本公司招股说明书全文及附录。

2、主要关联交易

(1)资金使用:1999 年 12 月前,变压器公司与其控股股东置信集团存在资金往来。截至 1999 年 11 月末,变压器公司应收置信集团款项余额为 4600 万元。1999 年 12 月,变压器公司成为置信电气控股子公司,置信集团与变压器公司签订了借款协议书,承诺将所欠款项全部归还,并同意参照银行同期借款利率,按 5.8575‰的月利率支付资金使用费。2000 年 6 月,置信集团将上述款项全部还清。2000 年 1–5 月,变压器公司共收取资金使用费 1,347,225 元。

(2)为了支持置信电气的发展,置信集团将其坐落于虹桥路 2239 号置信花苑中的部分房产为置信电气取得银行借款设置抵押或提供保证担保:

上海置信(集团)有限公司	2003/6/30	2002/12/31	2001/12/31	2000/12/31
抵押担保	1,000 万元	1,050 万元	3,050 万元	4,050 万元

保证担保　　7,950 万元 *　　1,500 万元　　—　　—

* 其中 1500 万元由置信集团与控股子公司变压器公司共同提供担保

(3)公司曾委托厦门中洲国际有限公司代理进口电气产品,初期业务顺利进行,但后因该公司不履行相应义务,虽经多次催讨追回 636,876.26 元,尚有余款 2,946,250.49 元。鉴于该款项发生于公司股份制改造之前,为不损害中小股东利益,经 2001 年 9 月 18 日公司第三次董事会决议并经置信集团同意,由置信集团承担剩余款项。公司已收到置信集团相关款项。

(4)2000 年至今,置信电气委托上海霍尼维尔置信非晶体金属有限公司加工非晶合金铁芯,支付非晶合金铁芯加工费,具体情况如下:

支付加工费(单位:元)	2003 年 1–6 月	2002 年度	2001 年度	2000 年度
上海霍尼维尔置信非晶体金属有限公司	3,076,900.47	10,424,616.57	6,584,162.92	7,141,430.59

相关应付款项余额情况:

应付账款(单位:元)	2003/6/30	2002/12/31	2001/12/31	2000/12/31
上海霍尼韦尔置信非晶体金属有限公司	2,370,715.37	2,049,831.53	–	3,235,169.41

(5)2003 年 1–6 月期间,置信电气委托上海置信电气工程安装有限公司安装部分设备,支付安装费用 327,256.60 元,占当期主营业务成本的 0.9%。

(6)公司与置信集团于 2000 年 9 月 26 日签订了《物业租赁合同》,向置信集团租赁办公用房,协议有效期 2 年(在本协议有效期内免收租金);如考虑租金实际支付,公司需在 2000 年和 2001 年分别调减税后利润 46.54 万元和 186.15 万元,分别占 2000 年及 2001 年税后利润的 2.99%和 10.81%。

公司于 2002 年 2 月 6 日与置信集团签订《物业租赁协议的补充协议》,规定向置信集团租赁房屋,年租金 73 万元,协议期 1 年;2003 年该协议续签。2002 年和 2003 年 1–6 月公司向置信集团分别支付房租 73 万元和 36.5 万元。

(7)公司与置信集团于 2001 年 10 月 25 日签订《"置信"商标无偿转让协议》。目前,上述商标的变更登记已经完成。

(8)接受置信集团授权,公司获得 2000–2001 年上海霍尼维尔置信非晶体金属有限公司非晶合金带材独家采购权和非晶合金铁芯独家销售权。

(9)公司控股子公司器材公司与上海鑫达实业总公司于 1999 年 12 月签订《物业租赁合同》,租赁期 3 年,每年租金共计 33 万元。

3、减少、规范关联交易的措施

置信集团公司与本公司从事不同的业务,置信电气拥有自己独立的产、供、销系统,与公司股东在人员、资产、财务、机构、业务已完全分开。

(1)为了避免与置信集团及其控股的公司之间发生关联往来,公司在 1999 年增资扩股过程中,统一了非晶合金变压器的产供销系统,获得了非晶合金变压器专有制造技术以及相关的生产设施,从源头上杜绝了与之发生的采购与销售行为,确保了中小股东利益。(2)上市辅导过程中,根据辅导机构、公司律师以及审计机构的建议,公司避免了控股股东使用公司资金的情况发生。(3)由于业务处于快速发展阶段,公司需要大量经营性流动资金办理信用证购买非晶合金带材、准备原材料及附件,置信集团用其拥有的房地产向银行进行担保贷款,解决了公司发展的资金需求。

为了避免关联交易的发生,公司还制定了以下措施:

(1)对于发生的关联交易除及时结清的以外,全部签署协议,并遵循如下定价原则:向对方销售或者提供各项服务的价格,按照等价有偿、公允市价等原则,有国家定价的,按照国家物价管理部门规定的价格执行,无国家定价的,按照当地市场通常的价格协商确定。(2)《公司章程》中规定了有关关联交易的权利和程序,并以此为基础制定了明确的处理规则,对重大关联交易,严格按照公司章程的规定程序办理。(3)公司独立董事必须对重大关联交易、聘任或者解聘高级管理人员及其认为可能损害中小股东权益的事项向董事会和股东大会发表独立意见,且上述意见将在会议纪要和决议中单独披露。

第八节　财务会计资料

本公司截止 2003 年 6 月 30 日的财务会计资料,已于 2003 年 9 月 15 日在《上海证券报》和《证券时报》刊登的《招股说明书摘要》中进行了披露,投资者欲了解详细内容,请查阅上述报纸或刊登于上海证券交易所网站(http://www.sse.com.cn)的本公司招股说明书全文。

一、注册会计师意见

本公司已聘请上海上会会计师事务所有限公司对本公司于 2000 年 12 月 31 日、2001 年 12 月 31 日、2002 年 12 月 31 日和 2003 年 6 月 30 日的资产负债表、2000 年度、2001 年度、2002 年度和 2003 年 1–6 月的利润及利润分配表和现金流量表进行了审计。注册会计师已出具了标准无保留意见的审计报告。以下引用的财务会计数据,非经特别说明,均引自经审计的会计报表。

二、简要会计报表

1、简要资产负债表　　单位:元

资产	2003–6–30	2002–12–31
流动资产:		
货币资金	90,154,632.41	73,298,546.82
应收票据		
应收账款	66,113,926.50	60,457,691.00
其他应收款	4,635,652.97	4,329,288.74
预付账款	3,229,435.26	1,982,651.42
存货	37,054,207.38	38,922,230.90
待摊费用	71,799.98	138,222.36
其它流动资产		
流动资产合计	201,259,654.50	179,128,631.24
固定资产:		
固定资产原价	63,724,910.17	63,266,255.17
减:累计折旧	21,206,151.50	18,984,754.83
固定资产净额	42,518,758.67	44,281,500.34
在建工程		
固定资产合计	42,518,758.67	44,281,500.34
无形资产及其它资产:		
无形资产	10,791,013.86	11,658,011.88
长期待摊费用	2,399,974.07	1,887,672.91
无形资产及其它资产合计	13,190,987.93	13,545,684.79
资产合计	256,969,401.10	236,955,816.37
流动负债:		
短期借款	136,000,000.00	104,200,000.00
应付账款	26,556,339.06	19,749,392.73
预收账款	1,293,593.64	382,748.00
应付福利费	49,283.55	211,689.96
应付股利		21,932,000.00
应交税金	981,102.35	2,794,396.38
其他应交款	18,729.59	32,432.84
其他应付款	442,831.58	419,974.91
预提费用	314,761.75	704,057.41
流动负债合计	165,656,641.52	150,426,692.23
长期负债:		
专项应付款	728,288.24	2,737,454.59
长期负债合计	728,288.24	2,737,454.59
负债合计	166,384,929.76	153,164,146.82
少数股东权益	8,851,363.42	8,829,656.80
股东权益:		
股本	54,830,000.00	54,830,000.00
减:已归还投资		
股本净额	54,830,000.00	54,830,000.00
资本公积	356,511.06	291.06
盈余公积	8,002,130.63	8,002,130.63
其中:法定公益金	2,796,417.56	2,796,417.56
未分配利润	18,544,466.23	12,129,591.06
股东权益合计	81,733,107.92	74,962,012.75
负债和股东权益总计	256,969,401.10	236,955,816.37

2、简要利润表　　单位:元

	2003 年 1–6 月	2002 年度
一、主营业务收入	61,575,985.49	136,169,835.00
减:主营业务成本	34,535,942.98	75,364,377.11
主营业务税金及附加	451,650.19	1,001,895.50
二、主营业务利润(亏损以"–"号填列)	26,588,392.32	59,803,562.39
加:其他业务利润(亏损以"–"号填列)		
减:营业费用	5,129,159.12	8,046,688.82
管理费用	8,998,921.57	16,287,230.66
财务费用	3,190,569.32	6,916,019.77
三、营业利润(亏损以"–"号填列)	9,269,742.31	28,553,623.14
加:投资收益(损失以"–"号填列)		
补贴收入	638,138.00	
营业外收入	7,000.00	10,000.00
减:营业外支出	2,888.36	
四、利润总额(亏损总额以"–"号填列)	9,911,991.95	28,563,623.14
减:所得税	3,475,410.16	9,720,458.24
少数股东收益	21,706.62	1,579,297.57
五、净利润(净亏损以"–"号填列)	6,414,875.17	17,263,867.33

3、简要现金流量表　　单位:元

	2003 年 1–6 月	2002 年
经营活动产生的现金流量净额	10,927,458.02	12,218,301.25
投资活动产生的现金流量净额	–550,786.56	–1,788,939.24
筹资活动产生的现金流量净额	6,479,414.13	–12,226,326.58
现金净流量合计	16,856,085.59	–1,796,964.57

第九节　其他重要事项

一、本公司本次股票发行后至本公司上市公告书公告之日,本公司严格依照《公司法》、《证券法》等法律法规的要求规范运行,生产经营情况正常;所处行业、市场无重大变化;主要投入产出物供求及价格无重大变化。

二、本公司本次股票发行后至本公司上市公告书公告之日,本公司无重大对外投资、重大资产(股权)收购或出售行为;住所未发生变更。

三、本公司本次股票发行后至本公司上市公告书公告之日,本公司重大会计政策和会计师事务所没有发生变化。

四、本公司本次股票发行后至本公司上市公告书公告之日,本公司未发生新的重大负债或重大债项发生变化。

五、本公司本次股票发行后至本公司上市公告书公告之日,本公司董事、监事、高级管理人员没有尚未了结或可能发生的重大诉讼事项。

六、本公司本次股票发行后至本公司上市公告书公告之日,本公司未涉及任何重大诉讼事项或仲裁,亦无任何尚未了结或可能面临的重大诉讼或索赔要求。

七、根据本公司 2002 年度股东大会决议,本次发行前形成的滚存未分配利润由本次发行后的新老股东共享。

八、本公司公开发行股票前第一大股东置信集团有限公司承诺:自本公司股票上市之日起一年内,不转让所持有本公司的股份,也不由本公司回购其所持有的股份。

九、本公司本次股票发行后至本公司上市公告书公告之日,没有其他应披露而未披露之重大事项。

第十节　董事会上市承诺

本公司董事会承诺将严格遵守《中华人民共和国公司法》、《中华人民共和国证券法》、《股票发行与交易管理暂行条例》、《公开发行股票公司信息披露实施细则》和《上海证券交易所股票上市规则》等国家法律、法规和有关规定,并自股票上市之日起做到:

一、承诺真实、准确、完整、公允和及时地公布定期报告,披露所有对投资者有重大影响的信息,并接受中国证监会、证券交易所的监督管理;

二、承诺本公司在知悉可能对股票价格产生误导性影响的任何公共传播媒介中出现的消息后,将及时予以公开澄清;

三、本公司董事、监事、高级管理人员和核心技术人员将认真听取社会公众的意见和批评,不利用已获得的内幕消息和其他不正当手段直接或间接从事本公司股票的买卖活动;

四、本公司没有无记录的负债。

第十一节　上市推荐人及其意见

一、上市推荐人情况

上市推荐人:华泰证券有限责任公司

地址:江苏省南京市中山东路 90 号华泰证券大厦

法定代表人:吴万善

电话:021-68419797

传真:021-68816999

联系人:谭轶铭、安雪梅

二、上市推荐人意见

本公司上市推荐人认为:置信电气章程符合《中华人民共和国公司法》、《中华人民共和国证券法》及《上海证券交易所股票上市规则》等法律、法规和中国证监会的有关规定;本次股票发行完全符合《中华人民共和国公司法》、《中华人民共和国证券法》及《上海证券交易所股票上市规则》的法律、法规和中国证监会的有关规定,已具备了上市条件;置信电气董事了解法律、法规、上海证券交易所上市规则及股票上市协议规定的董事的义务与责任;置信电气建立健全了法人治理结构,制定了严格的信息披露制度与保密制度。

上市推荐人已对上市文件所载的资料进行了核实,认为上市文件真实、准确、完整,符合规定要求,没有虚假记载、误导性陈述或重大遗漏,并对其承担连带责任。上市推荐人与本公司不存在关联关系。上市推荐人愿意推荐本公司的股票在上海证券交易所上市交易,并且在上市推荐过程中,保证不利用获得的内幕信息进行内幕交易,为自己或他人谋取利益。

江苏江南高纤股份有限公司

江苏江南高纤股份有限公司股票上市公告书

第一节 重要声明与提示

江苏江南高纤股份有限公司(以下简称"本公司"或"发行人")董事会保证上市公告书的真实性、准确性、完整性,全体董事承诺上市公告书不存在虚假记载、误导性陈述或重大遗漏,并承担个别和连带的法律责任。

根据《中华人民共和国公司法》、《中华人民共和国证券法》等有关法律、法规的规定,本公司董事、高级管理人员已依法履行诚信和勤勉尽责的义务和责任。

证券交易所、中国证监会、其他政府机关对本公司股票上市及有关事项的意见,均不表明对本公司的任何保证。

本公司提醒广大投资者注意,凡本上市公告书未涉及的有关内容,请投资者查阅2003年11月7日刊载于《中国证券报》、《上海证券报》、《证券时报》和《证券日报》的《江苏江南高纤股份有限公司首次公开发行股票招股说明书摘要》及刊载于上海证券交易所网站(网址:http://www.sse.com.cn)的《江苏江南高纤股份有限公司首次公开发行股票招股说明书》。

第二节 概览

1、股票简称:江南高纤　　2、沪市股票代码:600527
3、深市代理股票代码:003527　　4、总股本:80,000,000股
5、可流通股本:30,000,000股　　6、本次上市流通股本:30,000,000股
7、发行价格:5.52元/股　　8、上市地点:上海证券交易所
9、上市日期:2003年11月27日
10、股票登记机构:中国证券登记结算有限责任公司上海分公司
11、上市推荐人:申银万国证券股份有限公司
12、本公司首次公开发行股票前股东所持股份的流通限制及期限:根据国家现有法律、法规和中国证券监督管理委员会(以下简称"中国证监会")证监发行字【2003】130号文《关于核准江苏江南高纤股份有限公司公开发行股票的通知》,本公司发起人所持有的法人股和自然人持有的未流通股份暂不上市流通。
12、本公司第一大股东陶国平先生承诺,自本公司股票上市交易之日起12个月内,不转让所持有的本公司股份,也不由本公司回购其所持有的本公司股份。

第三节 绪言

本上市公告书是根据《中华人民共和国公司法》、《中华人民共和国证券法》、《股票发行与交易管理暂行条例》、《公开发行股票公司信息披露实施细则》和《上海证券交易所股票上市规则》等国家有关法律、法规的规定,并按照中国证监会制定的《公开发行证券的公司信息披露内容与格式准则第7号———股票上市公告书》的要求而编制,旨在向投资者提供有关本公司的基本情况和本次股票上市的有关资料。

经中国证监会证监发行字【2003】130号文核准,本公司已于2003年11月12日采用向二级市场投资者定价配售方式成功发行了每股面值1.00元的人民币普通股(A股)3,000万股,每股发行价格5.52元。

经上海证券交易所上证上字【2003】140号文,本公司公开发行的3,000万股人民币普通股将于2003年11月27日在上海证券交易所上市交易。股票简称"江南高纤",股票代码"600527"。

本公司已于2003年11月7日分别在《上海证券报》、《证券时报》、《中国证券报》和《证券日报》上刊登了《江苏江南高纤股份有限公司首次公开发行股票招股说明书摘要》;招股说明书正文及其必备附件刊载于上海证券交易所网站(http://www.sse.com.cn)。因招股说明书及其摘要等刊载之日距今不足3个月,本上市公告书与之重复的内容不再重述,敬请投资者查阅上述文件。

第四节 发行人概况

一、发行人基本情况
1、发行人名称:
中文名称:江苏江南高纤股份有限公司
英文名称:JiangsuJiangnanHighPolymerFiberCo.,Ltd
2、注册资本:80,000,000元人民币
3、法定代表人:陶国平
4、住所:江苏省苏州市相城区黄埭镇
5、设立(工商注册)日期:1996年11月25日
6、变更为股份公司日期:2001年3月14日
7、经营范围:涤纶毛条、涤纶短纤维、粒子、聚酯切片、塑料编织套、人造毛皮生产、销售,废塑料瓶片、废塑料收购,经营本企业自产产品出口业务(国家禁止出口的商品除外),经营本企业生产科研所需的原辅材料、机械设备、仪器仪表、零配件进口业务(国家禁止进口的商品除外)
8、主营业务:涤纶毛条和涤纶短纤维的开发、生产和销售
9、所属行业:化纤制造业
10、电话:0512-65481181
11、传真:0512-65481181
12、电子邮箱:jsjngx@163.net
13、董事会秘书:石胜岷
二、发行人的历史沿革

本公司是由江苏江南化纤集团有限公司(以下简称"有限公司")整体变更而来。2001年3月14日,经江苏省人民政府苏政复【2001】29号文《省政府关于同意江苏江南化纤集团有限公司变更为江苏江南高纤股份有限公司的批复》批准,有限公司整体变更为江苏江南高纤股份有限公司,有限公司以经审定的净资产额5000万元,按照1:1的比例折为股份公司股本。变更后,股份公司股本结构如下:

股东名称	持有股数(万股)	持股比例(%)
发起人股其中:	5000	100
陶国平	1873.55	37.47
夏志良	663.69	13.27
盛冬生	559.42	11.19
苏州市相城区黄埭镇集体资产经营公司	496.52	9.93
周永康	331.02	6.62
顾兴男	215.16	4.30
上海石化鑫获良实业发展有限公司	190.33	3.81
尤小弟	187.02	3.74
沈永林	178.75	3.57
邹水林	82.75	1.66
沈惠康	57.93	1.16
浦金龙	57.93	1.16
朱瑞岐	43.03	0.86
朱明来	34.76	0.7
居明华	28.14	0.56
合计	5000	100

此后,本公司未发生股本和股权结构变动,本公司股东所持有的公司股票不存在被质押或其他有争议的情形。

经中国证监会证监发行字【2003】130号文核准,本公司于2003年11月12日采用全部向二级市场投资者定价配售的方式发行3,000万股人民币普通股股票,发行价为5.52元/股,本次发行后,本公司注册资本增加为8,000万元。

三、主要经营情况
(一)业务范围及主营业务

本公司从事的主要业务为:涤纶毛条和涤纶短纤维产品的开发、生产和销售。目前本公司的主要产品为"牛头牌"各类涤纶毛条和涤纶短纤维。

(二)本公司的竞争优势和劣势

竞争优势本公司已获得了国家火炬计划重点高新技术企业认定;建立了科研中心,负责新产品和新工艺的研究开发;公司与国内多家高等院校、科研院所建立了"产、学、研"合作体系,聘请了数位相关专业的专家学者担任顾问对公司发展、产品研发进行咨询,并协助企业解决实际问题,具有一定研发优势。

本公司对原料入库、中间产品和产成品整个生产过程中的各个环节,均制定了严格的质量标准和品质控制方法,并已通过ISO9001(2000版)质量管理体系认证,公司涤纶毛条产品被评为1999年、2001年"江苏省名牌产品",具有产品质量优势。

公司地处我国毛纺产业最发达的苏南地区,该区域集中了我国60%的毛纺生产能力,为公司毛条产品的开发和销售提供了便利的条件,具有明显的地缘优势。

本公司经营机制灵活,执行向技术骨干、销售骨干倾斜的分配制度和与绩效挂钩的奖励制度;公司因此拥有一支精干的经营管理队伍,对于市场需求变动、客户意见反馈等均能及时应对。

竞争劣势差别化化学纤维生产技术发展较快,一旦出现新工艺、新技术,而本公司未能及时掌握,则可能会逐步丧失已经取得的技术优势;如果本公司管理体制未能随着业务规模的不断扩大作相应调整,也有可能逐步丧失机制灵活的优势。

(三)享有的财政税收优惠政策

本公司法定所得税税率为33%,增值税税率为17%,营业税税率为5%。

控股子公司苏州苏海涤纶有限公司为中外合资企业,根据《中华人民共和国外商投资企业和外国企业所得税法》,并经苏州市国家税务局直属局涉外税收管理分局批复同意,自2001年1月1日起享受二免三减半的所得税优惠政策。

第五节 股票发行与股本结构

一、首次公开发行股票的情况
1、发行数量:30,000,000股,占发行后总股本80,000,000股的37.50%
2、发行价格:5.52元/股
3、市盈率:14.60倍(按2002年度每股收益全面摊薄计算)
4、募集资金总额:16560万元;募集资金净额:15762.24万元
5、发行方式:全部向二级市场投资者定价配售
6、发行对象:2003年11月7日收盘时持有沪市或深市的已上市流通人民币普通股(A股)股票市值(包括可流通但暂时锁定的股份市值)达10,000元及以上的二级市场投资者(法律、法规禁止购买者除外)。
7、发行费用总额及项目:本次股票发行费用总额为797.76万元,包括承销费用、审计费用、评估费用、律师费用、审核费用和上网发行手续费。
8、每股发行费用:0.266元
二、本次股票上市前首次公开发行股票的承销情况

本公司首次发行股票的主承销商为申银万国证券股份有限公司、副主承销商为东海证券有限责任公司、分销商为国海证券有限责任公司。

本次向二级市场投资者定价配售发行的3,000万股社会公众股的配号总数为58357572个,中签率为0.05140721%;二级市场投资者实际认购2962.9863万股,其余37.0137万股由主承销商包销。

三、本次上市前首次公开发行股票所募股资金的验资报告及募集资金入账情况
(一)验资报告
江苏江南高纤股份有限公司全体股东:

我们接受委托,审验了贵公司截至2003年11月18日止新增注册资本实收情况。按照国家相关法律、法规的规定和协议、章程的要求出资,提供真实、合法、完整的验资资料,保护资产的安全、完整是全体股东及贵公司的责任。我们的责任是对贵公司新增注册资本的实收情况发表审验意见。我们的审验是依据《独立审计实务公告第1号-验资》进行的。在审验过程中,我们结合贵公司的实际情况,实施了检查等必要的审验程序。

贵公司原注册资本为人民币5,000万元,根据贵公司2002年度股东大会决议,贵公司申请通过向社会公开发行人民币普通股(A股)增加注册资本人民币3,000万元,变更后的注册资本为人民币8,000万元。经我们审验,截至2003年11月18日止,贵公司实际已发行人民币普通股(A股)3,000万股,募集资金总额为16,560万元,扣除发行费用797.76万元,实际募集资金净额为15,762.24万元。其中新增注册资本叁仟万元(人民币3,000万元),资本溢价人民币12,762.24万元。

同时我们注意到,贵公司本次增资前的注册资本为人民币5,000万元,已经上海立信长江会计师事务所有限公司审验,并出具信长会师报字(2001)第20375号验资报告。截至2003年11月18日止,变更后的累计注册资本实收金额为人民币8,000万元。

本验资报告供贵公司申请变更登记及据以向股东签发出资证明时使用,不应将其视为是对贵公司验资报告日后资本保全、偿债能力和持续经营能力等的保证,因使用不当造成的后果,与执行本验资业务的注册会计师及会计师事务所无关。

上海立信长江会计师事务所有限公司中国注册会计师　　戴定毅、康吉言
二OO三年十一月十九日
(二)募集资金入账情况
入帐时间:2003年11月18日

金额:160,052,400 元
开户银行:中国农业银行苏州市黄埭分理处
入帐帐号:538401040016561

四、上市前股权结构及股东持股情况

(一)本次上市前股本结构情况

股东名称	持有股数(万股)	持股比例(%)
发起人股	5000	62.5
陶国平	1873.55	23.42
夏志良	663.69	8.30
盛冬生	559.42	6.99
苏州市相城区黄埭镇集体资产经营公司	496.52	6.21
周永康	331.02	4.14
顾兴男	215.16	2.69
上海石化鑫荻良实业发展有限公司	190.33	2.38
尤小弟	187.02	2.34
沈永林	178.75	2.23
邹水林	82.75	1.03
沈惠康	57.93	0.72
浦金龙	57.93	0.72
朱瑞岐	43.03	0.54
朱明来	34.76	0.44
居明华	28.14	0.35
社会公众股	3000	37.5
合计	8000	100

(二)股东持股情况

截至本上市公告书刊登之日,本公司前十名股东及其持股情况如下:

序号	股东名称	持有股数(万股)	持股比例(%)
1	陶国平	1873.55	23.42
2	夏志良	663.69	8.30
3	盛冬生	559.42	6.99
4	苏州市相城区市黄埭镇集体资产经营公司	496.52	6.21
5	周永康	331.02	4.14
6	顾兴男	215.16	2.69
7	上海石化鑫荻良实业发展有限公司	190.33	2.38
8	尤小弟	187.02	2.34
9	沈永林	178.75	2.23
10	邹水林	82.75	1.03
合计		4778.21	59.73

第六节　董事、监事、高级管理人员及核心技术人员

一、董事、监事、高级管理人员与核心技术人员的基本情况

本公司董事、监事、高级管理人员及核心技术人员均为中国国籍,均无境外的永久居留权,相互之间不存在配偶、三代以内直系和旁系亲属关系。

自 2003 年 11 月 7 日招股说明书披露日至本上市公告书刊登日期间,本公司董事、监事和高级管理人员变动情况如下:

2003 年 11 月 9 日,发行人召开 2003 年第二次临时股东大会,通过了《关于提名陈亚民先生、朱崭华先生为公司第一届董事会新增董事的议案》,增选陈亚民先生为公司独立董事、朱崭华先生为公司董事。增选后,本公司董事人数增加至 9 人,独立董事人数增加至 3 人。

截至本上市公告书刊登之日,本公司董事、监事、高级管理人员与核心技术人员情况如下:

(一)董事

陶国平先生,现年 43 岁,大专学历,经济师,江苏省政协委员,苏州市人大代表。现任本公司董事长,苏州苏海涤纶有限公司董事长。

俞明康先生,现年 55 岁,大专学历,高级经济师。现任上海石化鑫荻良实业发展有限公司董事长,本公司副董事长。

周永康先生,现年 41 岁,大专学历。现本公司副董事长。

盛冬生先生,现年 47 岁,高中文化程度。现任本公司总经理。

浦金龙先生,现年 41 岁,大专学历。现任苏州苏海涤纶有限公司总经理。

朱崭华先生,现年 32 岁,大专学历。现任本公司财务部部长。

李儒训先生,现年 77 岁,大学本科,享受国务院政府特殊津贴待遇。现任中国财政学会理事、全国高校财务学研究会会长、上海财务学会会长,兼任上海交通大学等院校教授,本公司独立董事。

胡学超先生,现年 62 岁,研究生学历,教授、博士生导师。现任中国纺织工程学会化纤专业委员会副主任、教育部科技委委员、上海市复合材料学会理事、上海市专业用纺织品学会副理事长,全国聚酰胺学会董事,本公司独立董事。

陈亚民先生,现年 51 岁,经济学博士,现任上海交通大学教授,本公司独立董事。

(二)监事

朱明来先生,现年 45 岁,高中文化程度。现任苏州苏海涤纶有限公司总经理助理、生产管理部部长,本公司监事会召集人。

毛小迪先生,现年 51 岁,大专学历。现任上海石化股份有限公司涤纶事业部副经理兼上海石化鑫荻良实业发展有限公司总经理,本公司监事。

李永男先生,现年 42 岁,大专学历。现任本公司计量室主任、监事。

(三)高级管理人员

盛冬生先生,本公司董事、总经理,已作为董事介绍。

顾兴男先生,现年 54 岁,高中文化程度。现任江苏江南高纤股份有限公司副总经理。

沈永林先生,现年 51 岁,高中文化程度。现任江苏江南高纤股份有限公司副总经理。

朱崭华先生,本公司董事、财务部部长,已作为董事介绍。

石胜岷先生,现年 35 岁,本科学历。现任本公司董事会秘书、总经理助理。

4、技术负责人

洪京治女士,现年 62 岁,本科学历。现任本公司科研中心主任、总工程师。

陈国正先生,现年 53 岁,大专学历,工程师。现任本公司科研中心副主任。

(二)上述人员持有发行人股份的情况

截至本上市公告书制作之日,本公司董事、监事、高级管理人员与技术负责人及其家属持有本公司股份的情况如下表:

姓名	现任职务	持股数额	占发行前总股本比例(%)	占发行后总股本比例(%)
陶国平	董事长	1873.55	37.47	23.42
周永康	副董事长	331.02	6.62	4.14
盛冬生	董事、总经理	559.42	11.19	6.99
浦金龙	董事、苏州苏海涤纶有限公司总经理	57.93	1.16	0.72
朱明来	监事会召集人	34.76	0.70	0.43
顾兴男	副总经理	215.16	4.30	2.69
沈永林	副总经理	178.75	3.57	2.23

上述人员没有通过本人或其近亲属能够直接或间接控制的法人而持有本公司股份。

上述持股情况自 2001 年公司设立至今未发生股份增减变动,上述人员所持股份也未发生任何质押或冻结。

(三)本公司董事、监事、高级管理人员及技术负责人的股份锁定安排

持有本公司股份的本公司董事、监事、高级管理人员及技术负责人声明:愿意根据国家有关法律法规和证券交易所有关规定要求,在规定时期内锁定其持有的本公司股份。本公司上市后,将根据国家及证券交易所有关规定的要求锁定其持有的公司股票。

第七节　同业竞争与关联交易

一、同业竞争

鉴于目前本公司持股 5%以上的股东及其所控制的企业均未从事与本公司相同或类似产品的生产经营,因此与本公司之间不存在同业竞争。

二、关联交易

(一)关联方及关联关系:详见本公司首次公开发行股票招股说明书全文

(二)关联交易

报告期内公司(含控股子公司)与关联方发生的采购、销售、提供或接受劳务、资金占用、土地房产租赁相关的关联交易情况　　单位:万元

关联方名称	关联交易内容	2000 年		2001 年	
		金额	占同类交易比例	金额	占同类交易比例
吴申化纤厂(厂长与公司董事长为同一人)	采购原料及接受劳务	755.96	1.30%	–	0
	销售原材料、半成品及产品	35227.39	53.28%	94.67	0.59%
	收取资金占用费	417.52	–	0	0
	收取土地租赁	–	0	6.88	0
	支付办公用房租赁	–	0	6	0
教育合纤厂(厂长与公司董事长为同一人)	销售原材料	10614.14	16.05%	–	0
	收取资金占用费	-40.30	–	0	

关联方名称	关联交易内容	2002 年		2003 年 1-6 月	
		金额	占同类交易比例	金额	占同类交易比例
吴申化纤厂(厂长与公司董事长为同一人)	采购原料及接受劳务	0	–	0	–
	销售原材料、半成品及产品	0	–	0	–
	收取资金占用费	–	0	–	
	收取土地租赁	–	0	–	
	支付办公用房租赁	0	–	0	–
教育合纤厂(厂长与公司董事长为同一人)	销售原材料	0	–	0	–
	收取资金占用费				

除上述情况外,本公司近三年及最近一期不存在其他关联交易。

公司与各关联方发生的采购原料及接受劳务、销售原材料、半成品及产品、收取或支付资金占用费、收取或支付租金、资产置换等关联交易均按照市场原则确定交易价格;关联交易的作价遵循了"市场公平、公开和公正"的原则。

本次募集资金的运用不涉及关联交易。

(三)规范关联交易的制度安排

针对前述关联方和关联交易,为规范经营行为、规避经营风险,2002 年 2 月 21 日江苏江南高纤股份有限公司召开 2001 年度股东大会,审议通过了《公司章程》(修正草案)、《股东大会议事规则》。《公司章程(修正草案)》规定了有关关联交易的权利和程序,并以此为基础制定了明确的处理规则,对重大关联交易严格按照公司章程的规定程序办理;公司独立董事必须对重大关联交易等事项向董事会和股东大会发表独立意见。

关联交易的详细内容请查阅刊登于上海证券交易所网站(http://www.sse.com.cn)的本公司招股说明书全文。

第八节　财务会计资料

本公司截止 2003 年 6 月 30 日的财务资料,已于 2003 年 11 月 7 日在《上海证券报》、《证券时报》、《中国证券报》和《证券日报》刊登的《招股说明书摘要》中进行了披露,投资者欲了解详细内容,请查阅上述报纸或刊登于上海证券交易所网站(http://www.sse.com.cn)的本公司招股说明书全文。

一、会计报表编制基准及注册会计师的意见

本公司是在江苏江南化纤集团有限公司的基础上整体改制设立,未作过剥离,因此股份公司设立前的报表编制框架与设立后一致。

股份公司设立以后执行企业会计准则、《企业会计制度》及其有关的补充规定;股份公司成立以前的会计报表已按企业会计准则、《企业会计制度》及其有关的补充规定调整。

本公司已聘请上海立信长江会计师事务所有限公司对本公司及下属公司近三年及最近一期的资产负债表及合并资产负债表、利润表及利润分配表以及合并利润表及利润分配表和近一年及最近一期的现金流量表和合并现金流量表进行了审计。会计师已出具了标准无保留审计意见。本公司详细的财务会计资料请参阅《招股说明书》及其附录一"审计报告"。

二、简要会计报表

简要合并资产负债表

编制单位:江苏江南高纤股份有限公司单位:元

项目	2003 年 6 月 30 日	2002 年 12 月 31 日
流动资产:		
货币资金	39,144,012.77	32,382,500.46
应收票据	17,822,218.27	19,725,761.50
应收账款	22,125,701.18	22,242,851.60
其他应收款	190,000.00	236,276.09
预付账款	310,155.12	26,947.12
应收补贴款	27,515.20	27,515.20
存货	27,919,208.63	30,093,533.70
待摊费用		
流动资产合计	107,538,811.17	104,735,385.67
长期投资:		
长期股权投资	1,299,300.00	1,299,300.00
长期债权投资	38,500.00	38,500.00
长期投资合计	1,337,800.00	1,337,800.00
固定资产:		
固定资产原价	85,903,484.40	85,702,532.32

减:累计折旧	25,156,143.33	21,787,278.26
固定资产净值	60,747,341.07	63,915,254.06
减:固定资产减值准备		
固定资产净额	60,747,341.07	63,915,254.06
在建工程		
固定资产合计	60,747,341.07	63,915,254.06
无形资产及其他资产:		
无形资产	3,707,835.16	3,746,875.24
长期待摊费用	69,822.90	139,645.80
无形资产及其他资产合计	3,777,658.06	3,886,521.04
资产总计	173,401,610.30	173,874,960.77
流动负债:		
短期借款	18,800,000.00	26,700,000.00
应付票据	10,000,000.00	.
应付账款	6,636,712.90	3,255,979.76
预收账款	7,357,923.78	6,963,751.27
应付工资	518,909.10	1,240,218.06
应付福利费	4,787,348.61	4,097,452.01
应付股利		521,057.16
应交税金	4,448,528.49	4,349,538.94
其他应交款	19,377.39	20,776.12
其他应付款	4,094,252.87	3,835,684.87
预提费用	162,277.27	197,749.27
一年内到期的长期负债		20,000,000.00
流动负债合计	56,825,330.41	71,182,207.46
长期负债:		
长期借款	17,700,000.00	14,800,000.00
长期负债合计	17,700,000.00	14,800,000.00
负债合计	74,525,330.41	85,982,207.46
少数股东权益	7,361,675.19	6,430,350.66
股东权益:		
股本	50,000,000.00	50,000,000.00
资本公积		
盈余公积	9,205,595.56	7,049,846.09
其中:法定公益金	2,165,662.86	1,654,040.72
未分配利润	32,309,009.14	24,412,556.56
股东权益合计	91,514,604.70	81,462,402.65
负债及股东权益总计	173,401,610.30	173,874,960.77

项目	2001年12月31日	2000年12月31日
流动资产:		
货币资金	13,364,718.42	5,731,192.22
应收票据	22,495,596.39	9,827,000.00
应收账款	33,284,727.05	29,022,143.68
其他应收款	505,168.77	37,625,228.50
预付账款	1,879,544.24	1,106,822.54
应收补贴款		
存货	23,575,105.67	18,486,392.79
待摊费用		33,184.00
流动资产合计	95,104,860.54	101,831,963.73
长期投资:		
长期股权投资	1,305,300.00	1,305,300.00
长期债权投资	38,500.00	38,500.00
长期投资合计	1,343,800.00	1,343,800.00
固定资产:		
固定资产原价	82,009,294.13	65,955,878.61
减:累计折旧	15,122,218.23	10,221,740.30
固定资产净值	66,887,075.90	55,734,138.31
减:固定资产减值准备		
固定资产净额	66,887,075.90	55,734,138.31
在建工程		2,675,541.30
固定资产合计	66,887,075.90	58,409,679.61
无形资产及其他资产:		
无形资产	3,824,955.40	560,280.00
长期待摊费用	177,085.80	159,077.95
无形资产及其他资产合计	4,002,041.20	719,357.95
资产总计	167,337,777.64	162,304,801.29
流动负债:		
短期借款	36,300,000.00	16,700,000.00
应付票据		
应付账款	18,338,336.20	39,723,242.52
预收账款	4,149,995.47	547,216.64
应付工资	833,162.80	
应付福利费	2,407,875.07	1,776,627.87
应付股利	2,020,857.59	397,150.24
应交税金	4,365,358.76	25,798,782.78
其他应交款	23,935.71	4,540,419.24
其他应付款	10,600,023.16	18,479,219.00
预提费用	68,857.45	
一年内到期的长期负债	20,000,000.00	
流动负债合计	99,108,402.21	107,962,658.29
长期负债:		
长期借款		
长期负债合计		
负债合计	99,108,402.21	107,962,658.29
少数股东权益	4,650,701.50	4,342,143.00
股东权益:		
股本	50,000,000.00	30,210,000.00
资本公积		4,226,039.90
盈余公积	2,814,745.15	4,603,098.02
其中:法定公益金	753,933.70	1,823,132.68
未分配利润	10,763,928.78	10,960,862.08
股东权益合计	63,578,673.93	50,000,000.00
负债及股东权益总计	167,337,777.64	162,304,801.29

简要合并利润表

编制单位:江苏江南高纤股份有限公司　　单位:元

项目	2003年1-6月份	2002年度
一、主营业务收入	113,281,516.13	201,580,735.74
减:主营业务成本	93,034,339.23	159,660,924.86
主营业务税金及附加	287,188.26	522,187.43
二、主营业务利润	19,959,988.64	41,397,623.45
加:其他业务利润		
减:营业费用	850,875.38	2,888,540.17
管理费用	2,786,981.74	7,888,397.29
财务费用	673,894.97	3,734,767.83
三、营业利润	15,648,236.55	26,885,918.16
加:投资收益	8,277.50	260.00
营业外收入		5,960.74
减:营业外支出		5,698.36
四、利润总额	15,656,514.05	26,886,440.54
减:所得税	4,259,065.45	5,678,818.91
减:少数股东损益	931,324.53	2,300,706.32
五、净利润	10,466,124.07	18,906,915.31

简要合并现金流量表

编制单位:江苏江南高纤股份有限公司单位:元

项目	2003年1-6月份	2002年度
经营活动产生的现金流量净额	30,570,598.02	22,297,657.13
投资活动产生的现金流量净额	-428,662.58	-2,686,978.19
筹资活动产生的现金流量净额	-26,390,465.16	-596,414.47
现金及现金等价物净增加额	3,761,512.31	19,017,782.04

第九节　其他重要事项

1、自发行人股票首次公开发行起至本上市公告书公告之日,发行人严格依照《中华人民共和国公司法》、《中华人民共和国证券法》等法律法规的要求,规范运行,生产经营情况正常;所处行业、市场无重大变化;主要投入产出物供求及价格无重大变化;主要业务发展目标进展状况正常。

2、自发行人股票首次公开发行起至本上市公告书公告之日,发行人严格依照《中华人民共和国公司法》、《中华人民共和国证券法》等法律法规的要求,无重大投资事项。

3、自发行人股票首次公开发行起至本上市公告书公告之日,发行人没有进行重大资产(股权)收购、出售活动。

4、截止本上市公告书公告之日,发行人未涉及任何重大诉讼、仲裁或行政处罚案件;并且董事会认为发行人未面临任何重大影响的诉讼;本公司董事、监事和高级管理人员亦未受到任何刑事起诉。

5、自发行人股票首次公开发行起至本上市公告书公告之日,未发生重大会计政策的变更情形,亦未更换会计师事务所。

6、自发行人股票首次公开发行起至本上市公告书公告之日,未发生新的重大负债或重大债项发生变化。

7、发行人第一大股东陶国平先生承诺:在发行人股票上市交易之日起12个月内,不转让其持有的发行人股份,也不由发行人回购其持有的本公司股份。

8、其他应披露的重大事项

除本公司首次公开发行股票招股说明书及本上市公告书披露的事项外,发行人无其他应披露而未披露的重要事项。

第十节　董事会上市承诺

本公司董事会将严格遵守《中华人民共和国公司法》、《中华人民共和国证券法》、《股票发行与交易管理暂行条例》、《公开发行股票公司信息披露实施细则》和《上海证券交易所股票上市规则》等国家有关法律、法规的规定,自股票上市之日起承诺做到:

1、按照法律、法规规定的程序和要求披露所有对投资者有重大影响的信息,并接受中国证监会、上海证券交易所的监督管理;

2、真实、准确、完整、公允和及时地公布定期报告,并置备于规定场所供投资者查阅;

3、本公司董事、监事及高级管理人员如发生人事变动或持本公司股票发生变化时,在报告中国证监会、上海证券交易所的同时向投资者公布;

4、本公司在知悉可能对股票价格产生误导性影响的任何公共传播媒介中出现的消息后,将及时予以公开澄清;

5、本公司董事、监事、高级管理人员和核心技术人员将认真听取社会公众的意见和批评,不利用已获得的内幕消息和其他不正当手段直接或间接从事发行人股票的买卖活动;

6、本公司没有无记录的负债。

第十一节　上市推荐人及其意见

一、上市推荐人情况

名称:申银万国证券股份有限公司

法定代表人:王明权

地址:上海市常熟路171号

联系电话:(021)54033888

传真:(021)64457982

联系人:是志浩、杨?、徐晓、林向阳、邱枫、杨瑞

二、上市推荐人意见

上市推荐人认为:本公司章程符合《中华人民共和国公司法》等法律、法规和中国证监会有关公司章程的相关规定;本公司本次股票发行完全符合《中华人民共和国公司法》、《中华人民共和国证券法》、《股票发行与交易管理暂行条例》及《上海证券交易所股票上市规则》等法律、法规和中国证监会的有关规定,已具备了上市条件。

上市推荐人保证:本公司董事了解法律、法规、上海证券交易所上市规则及股票上市协议规定的董事的义务与责任;本公司建立健全了法人治理结构、制定了严格的信息披露制度与保密制度。

上市推荐人已对上市文件所载资料进行了核实,确保上市文件真实、准确、完整,符合规定要求,保证人上市申请材料、上市公告书没有虚假记载、严重误导性陈述或者重大遗漏,并对其承担连带责任。

上市推荐人与本公司不存在关联关系;上市推荐人愿意推荐本公司的股票在上海证券交易所上市交易,并且在上市推荐过程中,保证不利用获得的内幕信息进行内幕交易,为自己或他人谋取利益。

江苏江南高纤股份有限公司

二〇〇三年十一月二十一日

河南豫光金铅股份有限公司

河南豫光金铅股份有限公司2002年年度报告

第一节 公司基本情况

一 公司法定中文名称:河南豫光金铅股份有限公司
公司法定英文名称:HENAN YUGUANG GOLD&LEAD CO.,LTD
二 公司法定代表人:杨安国
三 公司董事会秘书:任文艺
证券事务代表:蔡亮
联系电话:0391—6665836、6665835
传真:0391—6688986
联系地址:河南省济源市济水大街中段525号
电子信箱:Yuguang@yggf.com.cn
四 公司注册地址:河南省济源市济水大街中段525号
公司办公地址:河南省济源市济水大街中段525号
邮政编码: 454650
互联网网址:www.yggf.com.cn
电子信箱:Yuguang@yggf.com.cn
六 公司股票上市证券交易所:上海证券交易所
股票简称:豫光金铅
股票代码:600531
五 信息披露网站:http://www.sse.com.cn
公司选定的中国证监会指定报纸:《中国证券报》、《上海证券报》
公司半年度报告置备地点:公司董事会秘书处
七 其他有关资料:
公司首次注册登记日期:2000年1月6日
公司首次注册登记地点:河南省工商行政管理局
公司变更注册登记日期:2002年9月19日
公司变更注册登记地点:河南省工商行政管理局
企业法人营业执照注册号:4100001005006
税务登记号码:41088179717976X
八 公司聘请的会计师事务所:中勤万信会计师事务所有限公司
办公地址:湖北省武汉市武昌东湖路78号

第二节 会计数据和业务数据摘要

一、本年度主要利润指标情况

项目	金额(元)
利润总额	49,893,936.93
净利润	33,619,727.23
扣除非经常性损益后的净利润	33,377,787.34
主营业务利润	101,299,556.96
其他业务利润	377,921.13
营业利润	49,586,440.49
投资收益	74,333.33
补贴收入	742,577.42
营业外收支净额	-509,414.31
经营活动产生的现金流量净额	-79,067,631.10
现金及现金等价物净增减额	140,276,535.34

注:报告期扣除的非经常性损益的项目和涉及的金额

项目	金额(元)
流动资产盘盈、盘亏损益	53,607.87
投资损益	74,333.33
补贴收入	742,577.42
营业外收入	14,514.00
营业外支出	523,928.31
合计	361,104.31

二、截止报告期末公司前三年的主要会计数据和财务指标

单位:元

项目		2002	2001
主营业务收入(元)		1,005,990,475.64	748,055,228.13
净利润(元)		33,619,727.23	30,128,948.46
每股收益	全面摊薄	0.27	0.37
	加权平均	0.33	0.37
净资产收益率	全面摊薄	6.49%	17.20%
	加权平均	10.19%	18.06%
扣除非经常性损益后的加权平均净资产收益率		10.12%	18.64%

项目		2000
主营业务收入(元)		439,180,571.39
净利润(元)		25,905,666.60
每股收益	全面摊薄	0.32
	加权平均	0.32
净资产收益率	全面摊薄	17.45%
	加权平均	19.72%
扣除非经常性损益后的加权平均净资产收益率		19.62%

第三节 股本变动和股东持股情况

一、公司股东情况

1、报告期末,公司股东总数为:26725户。

2、报告期末,公司前十名股东持股情况:

股东名称	持股数	报告期增减(+、-)
1 河南豫光金铅集团有限责任公司	72,196,200	/
2 中国黄金总公司	6,760,000	/
3 鹏华行业成长证券投资基金	2,722,160	2,722,160
4 济源市财务开发公司	2,340,000	/
5 国泰金鹰增长证券投资基金	828,236	828,236
6 东吴证券有限责任公司	621,244	621,244
7 上海君仕物业管理有限公司	485,158	485,158
8国都证券有限责任公司	435,000	435,000
9 河南省济源市金翔铅盐有限公司	325,000	/
10 富国动态平衡证券投资基金	260,000	260,000

股东名称	占总股本比例	股份类别
1河南豫光金铅集团有限责任公司	56.93%	国有法人股
2 中国黄金总公司	5.33%	国有法人股
3鹏华行业成长证券投资基金	2.15%	流通股
4 济源市财务开发公司	1.85%	国有法人股
5 国泰金鹰增长证券投资基金	0.65%	流通股
6 东吴证券有限责任公司	0.49%	流通股
7 上海君仕物业管理有限公司	0.38%	流通股
8 国都证券有限责任公司	0.34%	流通股
9 河南省济源市金翔铅盐有限公司	0.26%	社会法人股
10 富国动态平衡证券投资基金	0.21%	流通股

注:1、公司前10名股东中,法人股东之间不存在关联关系,也不存在一致行动人情况,未知流通股股东是否存在关联关系或一致行动人情况。

2、公司前两大股东持股超过5%,报告期所持股份无增减变动,且所持股份未发生质押、冻结、托管情况;报告期公司法人股股东所持股份无增减变动,也未发生质押、冻结、托管情况;未知其他股东所持股份质押、冻结、托管情况。

二、公司控股股东情况

公司控股股东:河南豫光金铅集团有限责任公司

成立日期:1997年4月9日

注册资本:1.2亿元

法定代表人:王顺太

经营范围:有色金属、贵金属冶炼(不含金银和国家有专项规定的除外),煤炭机械,建筑材料,化工原料及产品(不含易燃易爆危险品),进出口贸易。

企业类型:国有独资企业。

报告期内公司控股股东未发生变更。

第四节 董事、监事、高级管理人员和员工情况

一、公司应披露董事、监事和高级管理人员的情况

1.基本情况

姓名	年龄	职务	任期起止日期
杨安国先生	48	董事长	1999.12.26-2002.12.26
王志江先生	42	董事	1999.12.26-2002.12.26
赵年荣先生	57	董事	1999.12.26-2002.12.26
张中州先生	35	董事	1999.12.26-2002.12.26
崔丙仁先生	53	董事	1999.12.26-2002.12.26
赵传和先生	57	董事	1999.12.26-2002.12.26
任文艺先生	35	董事、董事会秘书	1999.12.26-2002.12.26
王本哲先生	43	独立董事	2002.4.15-2002.12.26
李向阳先生	40	独立董事	2002.4.15-2002.12.26
李长军先生	50	监事会主席	1999.12.26-2002.12.26
王继荣先生	44	监事	1999.12.26-2002.12.26
侯和平先生	48	监事	1999.12.26-2002.12.26
王九江先生	52	监事	1999.12.26-2002.12.26
王克富先生	52	监事	1999.12.26-2002.12.26
李继红女士	47	总经理	1999.12.26-2002.12.26
赵乐中先生	42	副总经理	1999.12.26-2002.12.26
杨华锋先生	33	副总经理	1999.12.26-2002.12.26
李卫锋先生	37	副总经理	1999.12.26-2002.12.26
苗红强先生	36	财务负责人	1999.12.26-2002.12.26
孙中森先生	47	总工程师	2001.3.20-2002.12.26
李瑞乐先生	56	总经济师	2001.3.20-2002.12.26

注:①、公司董事、监事和高级管理人员未持有公司股票,亦未发生持股变动。②公司董事、监事和高级管理人员任期于2002年12月26日届满,为确保公司董事会、监事会和经营管理顺利交接,以及2002年度的各项工作的顺利完成,决定董事会、监事会和高管人员的任期延长至2002年度股东大会召开并选举产生新一届董事会监事会及高级管理人员为止。

2、董事、监事在股东单位任职情况。

杨安国先生兼任河南豫光金铅集团有限责任公司副董事长、总经理、党委书记,任期2001年5月至今。

王志江先生任中国黄金总公司项目开发部经理,任期2002年1月至今。

赵年荣先生任河南豫光金铅集团有限责任公司党委副书记,任期1997年4月至今。

张中州先生任济源市财务开发公司副经理,任期1999年2月至今。

崔丙仁先生任河南豫光金铅集团有限责任公司工会主席、监事,任期1997年4月至今。

李长军先生任河南豫光金铅集团有限责任公司纪检书记、监事,任期1997年4月至今。

侯和平先生任河南省济源市金翔铅盐有限责任公司董事长兼总经理,任期1999年5月至今。

王继荣先生任天水荣昌工贸有限责任公司董事长兼总经理,任期1997年1月至今。

二、董事、监事和高级管理人员年度报酬情况

1、依据公司创立大会审议通过的《关于公司董事会、监事会成员报酬及支付方法的议案》,与2000年7月20日第一届董事会第二次会议审议通过的《关于高级管理人员报酬的议案》,公司董事、监事和高级管理人员的报酬,实行月度考核与年度考核相结合的方法,由月度工资和年度风险抵押金构成。

2、公司现任董事、监事和高级管理人员共21人,公司董事、监事在公司领取津贴2000元/年人,独立董事津贴为20,000元/年人;除此外有11人在公司领取报酬,本年度报酬总额为287,784元,金额最高的前三名董事的报酬总额为55,920元(除两名独立董事外仅两名董事在公司领取报酬)、金额最高的前三名高级管理人员的报酬总额92,397元。

3、在公司领取报酬的董事、监事和高级管理中,年度报酬在3.0—3.5万元之间的3人,年度报酬在2.5—3.0万元之间的5人,年度报酬在2.0—2.5万元之间的3人。

三、报告期内公司董事、监事、高级管理人员的变动情况。

2002年4月15日,公司2001年度股东大会聘任王本哲先生、李向阳先生为公司本届董事会独立董事。本年度内未发生聘任或解聘公司经理、副经理、财务负责人、董事会秘书等高级管理人员的事项。

四、公司员工情况

截止2002年末,公司共有员工2122人,其中本科及本科以上103人,大专273人、中专224人、中专以下1522人。离退休人员6人,离退休人员均已参加社会养老保险,其退休金公司不再负担。

职工的专业构成:生产人员:1903人、销售人员:24人、技术人员:98人、财务人员:28人、行政人员:69人。

第五节　公司治理结构

一、公司治理情况

公司严格按照《公司法》、《证券法》、《上市公司治理准则》、《关于在上市公司建立独立董事制度的指导意见》以及中国证监会有关法律、法规的相关规定,不断完善法人治理结构,建立健全现代企业制度,规范公司运作,提高公司治理水平。

1、公司自成立以来,制定并实施了《公司章程》、《股东大会议事规则》、《董事会议事规则》、《监事会议事规则》、《总经理工作细则》、《内部关联交易决策制度》、《关于保护中小股东合法权益的暂行规定》、《公司信息披露制度》、《独立董事工作制度》等一系列规章制度,从制度上加强公司的规范化管理。公司治理的实际情况符合中国证监会发布的有关上市公司治理规范性文件的要求。

(1)关于股东大会:公司能够确保所有股东,特别是中小股东享有平等地位,充分享有决策、知情、参与及受益等权利;并建立公司《股东大会议事规则》,严格按照股东大会的规范意见的要求召集、召开股东大会,为公司股东参与公司的经营决策创造便利条件。

(2)关于董事会:公司董事会的人数、人员的选举和构成符合法律、法规和《公司章程》的要求,并将进一步完善董事的选聘程序,积极推行累积投票制;公司董事会建立了《董事会议事规则》及《独立董事工作制度》,正积极准备成立董事会专门委员会;各位董事勤勉尽职,认真出席董事会和股东大会,积极参加有关培训,熟悉相关法律、法规。

(3)关于监事会:公司监事会的人数、人员的选举和构成符合法律、法规和《公司章程》的要求,建立了《监事会议事规则》;公司监事能够认真履行职责,本着对股东负责的态度,对公司财务、公司董事及高管人员履行职责的合法性、合规性进行监督。

(4)关于相关利益者:公司能够充分尊重和维护银行及其他债权人、员工、消费者、供应商等其他相关利益者的合法权益,并与之共同推进公司持续、健康地发展。

(5)关于信息披露与透明度:公司指定董事会秘书负责公司信息披露,股河南豫光金铅股份有限公司 2002年年度报告东及投资者的来访接待与咨询,加强与股东及投资者的交流;并制定了《公司信息披露制度》,公司及时、准确、完整披露有关信息,确保所有股东平等地获得公司信息。

2、2002年4月15日,公司召开2001年度股东大会,对《公司章程》中有关风险投资权限进行了修改,并增加了有关独立董事内容,同时聘任王本哲先生、李向阳先生为公司第一届董事会独立董事,公司董事会的构成更加合理,对董事会决策的客观性、科学性奠定了良好的基础。

3、2002年5月10日,依据中国证监会和国家经贸委《关于开展上市公司建立现代企业制度检查的通知》,我公司和控股股东河南豫光金铅集团有限责任公司认真进行了自查,并分别填写自查报告,上报中国证监会和国家经贸委。

4、为提高公司董事及高管人员勤勉尽职、规范公司运作的意识,2002年11月,公司选派三名董事参加上交所在西安举办的《上市公司董事培训班》,2002年12月,选派四名董事及高管参加中国证监会郑州特派办和河南上市公司协会举办的《河南省首届董事及高管人员培训班》。

二、独立董事履行职责情况

按照中国证监会《关于在上市公司建立独立董事制度指导意见》的要求,在2002年4月15日召开的2001年度股东大会上,公司聘任李向阳先生、王本哲先生为公司第一届董事会独立董事,并制定公司《独立董事工作制度》,明确了独立董事的职责和义务。

公司独立董事自任职以来,亲自出席公司召开的董事会和股东大会,积极根据公司章程及相关规定认真行使独立董事的职权,履行独立董事职责和义务,切实维护了公司及投资者的合法利益。

三、公司与控股股东在业务、人员、资产、机构、财务上的五分开情况

业务方面,公司独立开展生产经营业务,拥有完全独立的生产、供应和销售系统,原材料采购、产品的生产和销售均不依赖于控股股东和其他关联企业,对控股股东和其他关联企业不存在依赖关系。

人员方面,本公司在劳动人事、工资管理等方面完全独立。公司总经理等高河南豫光金铅股份有限公司 2002年年度报告级管理人员在本公司领取报酬,且均未在股东单位及关联单位中双重兼职。

资产方面,本公司拥有独立的生产系统和辅助生产系统,资产独立完整、权属明晰。公司控股股东已将与公司生产经营相关的商标和生产技术无偿转让给公司。

机构方面,本公司独立设置工作机构,各职能部门与控股股东的职能部门之间不存在隶属关系,不存在混合经营、合署办公的情形,也未出现控股股东干预公司生产经营活动的情况。

财务方面,公司设立独立的财务管理机构,建立了独立的会计核算体系和财务管理制度,设立独立的银行账号,依法独立纳税。

四、公司对高级管理人员的考评、激励情况

公司高级管理人员的薪酬由月度工资与年终风险奖金构成,为体现公司高级管理人员权利和责任相结合的原则,公司每年与高管人员签订《个人目标责任书》,确定各自的目标任务及考核奖惩标准,年度风险奖金与其年度目标责任书考核挂钩。

第六节　股东大会情况简介

报告期内,公司共召开两次股东大会,即公司2001年度股东大会和2002年第一次临时股东大会。

一、公司2001年度股东大会

大会基本情况:

本次股东大会于2002年4月15日在公司会议室召开,2002年3月12日公司书面通知全体股东,会议的召开符合《公司法》和有关法律、法规以及《公司章程》的有关规定,会议合法有效。

会议审议通过了《2001年度董事会工作报告》、《2001年度监事会工作报告》、《公司2001年度财务决算报告》、《公司2002年度财务预算报告》、《公司2001年度利润分配议案》、《公司2002年度预计利润分配政策的议案》、《关于修改〈河南豫光金铅股份有限公司章程〉的议案》、《公司与河南豫光金铅集团有限责任公司签订的〈项目收购协议书之补充协议〉的议案》、《变更〈公司股票发行方案〉河南豫光金铅股份有限公司 2002年年度报告的议案》、《关于续聘中勤万信会计师事务所有限公司为公司2002年度审计机构的议案》、《〈公司独立董事制度〉的议案》、《关于公司独立董事工作津贴的议案》、《提名王本哲先生为独立董事的议案》、《提名李向阳先生为独立董事的议案》。

二、公司2002年第一次临时股东大会

大会基本情况:

本次股东大会于2002年7月26日在公司会议室召开,2002年7月1日公司书面通知全体股东,会议的召开符合《公司法》和有关法律、法规及《公司章程》的有关规定,会议合法有效。

大会审议通过了:

1、《关于变更公司注册资本的议案》。

同意在公司4500万人民币普通股发行结束、募集资金到位后,由董事会办理增加注册资本的工商变更登记手续。

2、《关于修改公司章程的议案》。

同意在公司4500万人民币普通股发行结束后,对公司章程中涉及公司股本的有关条款进行变更。

由于上述两次大会召开时公司股票尚未上市,未公开披露。

三、选举、更换公司董事、监事情况

2002年4月15日,公司召开2001年度股东大会,聘任王本哲先生、李向阳先生为公司第一届董事会独立董事。

第七节　董事会报告

一、公司经营情况讨论与分析

2002年,公司以提高经济效益为中心,努力推进技术创新,紧紧围绕生产经营目标开展各项工作,不断扩大生产规模、加大综合回收力度,强化内部管理、大力开展内部挖潜增效活动,取得了良好的生产经营业绩。主要产品的产销量均实现较快增长,全年销售电解铅14.29万吨、黄金682.57公斤、白银269.41吨、硫酸4.76万吨、氧化锌8425吨,同比增长55.24%、17.99%、10.41%、69.49%、31.54%;同时公司调整营销策略,加大营销力度,充分利用公司拥有的自营进出口权及公司电解铅在伦敦金属交易所注册的优势,巩固国内市场、积极开拓国际市场,全年实现销售收入100,599.05万元,占计划的129.20%,同比增长34.48%,其中出口创汇7049.8万美元,较去年同比增长67.18%;全年共实现净利润3,361.97万元,完成盈利预测的96.03%,同比增长11.59%。

2002年,由于受国际经济增长缓慢影响,国际、国内电解铅基本处于供大于求的状态,电解铅价格长期低迷,而铅精矿的供应紧张,导致价格上涨,致使产品成本上升,公司未能实现净利润与销售收入的同步增长。

二、公司经营情况

(一)报告期内公司主营业务范围与经营情况

公司属有色金属冶炼行业,主要从事有色金属、化工原料(不含化学危险品及易爆品)的生产、销售;贵金属冶炼(以上范围按国家有关规定);经营本企业自产产品的出口业务,经营本企业生产、科研所需的原辅材料、机械制造、仪器仪表及零配件的进口业务;经营本企业的进料加工和"三来一补"业务。公司主要产品电解铅、白银的生产规模居全国同行业前茅。

1、报告期内按行业、产品划分的主营业务收入、主营业务利润的构成情况:

单位:万元

		主营业务收入		主营业务成本	
行业	产品	本期	上期	本期	上期
有色金属	电解铅	56,039.36	36,453.99	49,825.77	31,279.93
贵金属	黄金	5,567.13	4,121.94	4,486.74	3,680.00
	白银	32,203.29	27,663.50	30,722.81	25,335.32
	次氧化锌	1,147.32	975.49	861.35	579.98
化工	硫酸	1,013.45	522.20	1,073.94	662.16
其他	粗铜等	4,628.50	5,068.40	3,498.48	4,123.75
合计		100,599.05	74,805.52	90,469.09	65,661.14

行业	产品	主营业务利润		毛利率%	
		本期	上期	本期	上期
有色金属	电解铅	6,213.59	5,174.06	11.09	14.19
贵金属	黄金	1,080.39	441.94	19.41	10.72
	白银	1,480.48	2,328.18	4.60	8.42
	次氧化锌	285.97	395.51	24.93	40.54
化工	硫酸	-60.49	-139.96	-5.97	-26.80
其他	粗铜等	1,130.02	944.65	24.41	18.64
合计		10,129.96	9,058.18	10.07	12.22

注:①公司5万吨电解工程投产后,公司电解铅与白银的产销量增加,公司主营业务收入较去年增加34.48%;②由于公司产品产量的增加与原料价格的上涨导致主营业务成本上升,较去年增加37.78%。

2、报告期内按地区划分的主营业务收入、主营业务成本的构成情况

项目	主营业务收入(万元)		主营业务成本(万元)	
	本期	上期	本期	上期
境内	35,876.13	39,906.16	30,958.28	35,526.09
境外	64,722.92	34,899.36	59,510.81	30,135.05
合计				

注:报告期内,公司电解铅和白银的出口量较去年分别增加100.53%、73.41%,出口收入较去年增长67.18%。

3、公司主要产品电解铅国内的销售量占国内消费量的7.36%,出口量占国外消费量的1.51%。

4、公司无来源于单个参股公司的投资收益对公司净利润影响达到10%以上情况。

5、公司主要供应商、客户情况

本年度公司向前五名供应商合计的采购金额为20,057.79万元,占公司年度采购金额的21.64%,向前五名客户销售额为56,265.23万元,占公司本年度全部销售收入的55.93%。

6、在经营中出现的问题与困难及解决方案

2002年,世界经济持续低迷,导致全球电解铅消费量下降,LME铅价持续低迷,国内电解铅市场供大于求、市场竞争激烈;同时,国家加大对小矿山的治理整顿力度,国内铅精矿产量开始大幅下降,而国内电解铅冶炼能力不断提高,使得铅精矿市场变得更加短缺,国际、国内原料及电解铅市场竞争更加激烈。

公司及时掌握市场信息,调整销售策略,强化产品的售前、售中、售后服务,细分市场,采取"走出去、请进来"的办法,加强与公司客户之间的交流,在巩固原有客户的基础上不断开发新客户;同时充分利用进出口自营权的优势,在国际电解铅价格高时大量出口。同时细分国内原料市场,有效利用国际原料市场资源,加大原料采购力度,对信誉好的供应商增加预付款、确保公司原料供应。

三、公司投资情况

(一)募集资金使用情况

公司募集资金实际投资项目与招股说明书中承诺的投资项目相同,没有发生变更。

单位:万元

项目	总投入	实际投入
收购"铅冶炼烟气(尘)综合治理技改项目"	19,865.59	16,797.23
综合回收铜、锑、铋有价金属技改项目	5,055.00	40.36
副产品氧化锌深加工生产等级(活性)氧化锌项目	3,265.00	1,057.18
补充公司流动资金	3,313.67	3,300.00
合计	31,499.26	21,194.77

项目	完成投资比例
收购"铅冶炼烟气(尘)综合治理技改项目"	84.55%
综合回收铜、锑、铋有价金属技改项目	0.80%
副产品氧化锌深加工生产等级(活性)氧化锌项目	32.38%
补充公司流动资金	99.59%
合计	67.29%

2002年12月15日,公司运用募集资金完成对河南豫光金铅集团有限责任公司"铅冶炼烟气(尘)综合治理技改项目"在建工程的收购,并继续进行建设,项目已基本建设完毕,并投入流动资金

1055万元，于2002年12月底投入试生产，报告期内未产生效益。

副产品氧化锌深加工生产等级(活性)氧化锌项目已完成投资1057.18万元，完成工程进度的30%；综合回收铜、锑、铋有价金属技改项目完成投资40.36万元；补充流动资金3,300万元。

(二)报告期内非募集资金投资的重大项目、项目进度及收益情况。

2002年3月10日，公司第一届董事会第六次会议决定，以自有资金1,800万元，新建一条生产能力5万吨/年的电解铅生产线。截止12月31日，该工程共投入资金1,181.03万元，完成工程进度的65%。

2002年11月公司购买了"中国广东核电集团有限公司"发行的"02广核债企业债券2,000万元(面值)，债券期限15年，年利息为4.5%，本年度可获取收益74,333.33元。

四、公司的财务状况、经营成果　　单位：元

项目	2002年12月31日	2001年12月31日
总资产	967,350,456.02	497,542,355.83
股东权益	517,860,270.76	181,905,667.76
	2002年	2001年
主营业务利润	101,299,556.96	90,581,844.62
净利润	33,619,727.23	30,128,948.46
现金及现金等价物净增加额	140,276,535.34	13,008,992.86

项目	增减(%)
总资产	94.43
股东权益	184.69
	增减(%)
主营业务利润	11.83
净利润	11.59
现金及现金等价物净增加额	978.30

五、董事会日常工作情况

(一)、报告期内董事会会议情况及决议内容

报告期内公司共召开5次会议。

1、第一届董事会第六次会议2002年3月10日在公司会议室召开，会议审议通过以下事项：

(1)《2001年度董事会工作报告》

(2)《2001年度总经理工作报告》

(3)《公司2001年度财务决算报告》

(4)《公司2002年度财务预算报告》

(5)《公司2001年度利润分配预案》

(6)《公司2002年度预计利润分配政策的预案》

(7)《关于修改〈河南豫光金铅股份有限公司章程〉的预案》

(8)《公司与河南豫光金铅集团有限责任公司签订的〈项目收购协议书之补充协议〉的预案》

(9)《公司与济源市三废利用实验厂签订的〈购货合同〉的议案》

(10)《变更〈公司股票发行方案〉的预案》

(11)《关于续聘中勤万信会计师事务所有限公司为公司2002年度审计机构的预案》

(12)《关于新建五万吨铅电解工程的议案》

(13)《关于〈公司独立董事制度〉的预案》

(14)《关于公司独立董事工作津贴的预案》

(15)《提名王本哲先生为公司独立董事候选人的议案》

(16)《提名李向阳先生为公司独立董事候选人的议案》

(17)《关于召开2001年度股东大会的议案》

2、第一届董事会第七次会议2002年6月20日在公司会议室召开，会议审议通过以下事项：《公司建立现代企业制度自查报告》

3、第一届董事会第八次会议2002年7月1日在公司会议室召开，会议审议通过以下事项：

(1)《关于变更公司注册资本的预案》。

(2)《关于修改公司章程的预案》。

(3)《关于召开2002年第一次临时股东大会的议案》

会议召开第一届董事第六、七、八次会议时，公司股票尚未发行上市，决议未公开披露。

4、第一届董事会第九次会议2002年8月22日在公司会议室召开，会议审议通过以下事项：《公司二OO二年半年度报告及报告摘要》

5、第一届董事会第十次会议2002年10月26日在公司会议室召开，会议审议通过以下事项：《公司二OO二年第三季度报告》

公司董事会第六、七、八次会议召开时，公司股票尚未发行上市，决议未公开披露；公司第九次和第十次董事会会议决议依据上海证券交易所相关规定免于披露。

(二)、董事会对股东大会决议的执行情况

本年度，公司董事会认真履行公司章程中董事会的有关职责，严格执行股东大会的有关决议。

1、根据2000年度股东大会决议和2001年度股东大会决议，董事会积极认真组织公司股票的发行上市工作，2002年7月，公司4500万A股股票在上海证券交易所公开发行并上市交易。在募集资金到后，公司积极组织实施募集资金投向的项目收购及建设工作，2002年12月15完成对"铅冶炼烟气(尘)综合治理技改项目"收购工作，目前此项工程正处于试生产阶段。

副产品氧化锌深加工生产等级(活性)氧化锌项目已完成投资1057.18万元，已完成工程进度的30%；综合回收铜、锑、铋有价金属技改项目完成投资40.36万元；补充流动资金3,300万元。

2、根据股东大会授权，公司与中国进出口银行签订了6,000万元人民币的中期借款合同，期限：2002年8月28日-2004年2月29日，年利率为3.51%。

3、2002年9月19日，公司在河南省工商局完成公司公开发行4,500万A河南豫光金铅股份有限公司2002年年度报告股股票后的注册资本变更工作，公司注册资本由8181.62万元增加至12,681.62万元。

第八节　监事会报告

一、报告期内监事会的会议情况

报告期内公司共召开两次会议

1、第一届监事会第五次会议2002年3月10日在公司会议室召开，会议审议通过以下事项：

①、《公司2001年度监事会工作报告》

②、《监事会对公司与河南豫光金铅集团有限责任公司签订的〈项目收购协议书之补充协议〉发表意见的议案》

③、《监事会对公司与济源市三废利用实验厂签订的〈购货合同〉发表意见的议案》

本次会议召开时，公司股票尚未发行上市，决议未公开披露。

2、第一届监事会第六次会议2002年8月22日在公司会议室召开，会议审议通过《公司二OO二年半年度报告及报告摘要》

依据上海证券交易所相关规定，本次会议决议免于披露。

二、报告期内监事会对有关事项发表的独立意见

(一)对公司依法运作情况进行的监督。依据有关法律法规和公司章程，监事会对公司股东大会和董事会的召开是否符合规定的程序、重大决策是否合法进行监督检查，对董事会对股东大会决议的执行情况、公司有关制度的执行情况进行检查，认为公司严格遵守国家法律法规和公司章程的有关规定，决策程序合法，并建立了完善的内部控制制度，运作规范。公司董事、总经理及高级管理人员勤勉尽责，在执行公司职务时无违反法律、法规、公司章程和损害公司利益的行为。

(二)检查公司财务的情况。监事会及时、准确、真实地了解公司财务信息，对公司的年度财务报告、中期财务报告及董事会向股东大会提交的财务会计文件进行了重点审核，并对公司经营活动中涉及的较大投资、资产收购等经济活动进行了重点监督。监事会认为公司2002年度财务状况良好，资金运转情况较好，财务管理规范；各项财务报告真实地反映了公司的财务状况及经营成果，中勤万信会计师事务所有限公司出具财务审计报告报告客观、真实。

(三)对募集资金使用情况的监督。监事会对公司收购"铅冶炼烟气(尘)综合治理技改项目"在建工程的实施过程和其他两项目的招标程序和资金使用情况进行监督。监事会认为公司募集资金实际投入项目与承诺投入项目一致，投资项目未发生变更，募集资金使用合理，未发生违规现象。

(四)监事会对公司收购"铅冶炼烟气(尘)综合治理技改项目"在建工程和全过程进行了监督，并对确定在建工程收购价格的审计报告和资产评估报告进行了重点审核，未发现内幕交易现象，收购价格价格公平合理，无损害公司和股东利益或造成公司资产流失的行为。

(五)监事会对公司的关联交易进行了监督，认为程序合法、手续完备，价格公平合理，无损害公司利益的行为，符合公开、公正、公平的原则。

第九节　重要事项

一、重大诉讼、仲裁事项

本年度公司无重大诉讼、仲裁事项。

二、收购及出售资产、吸收合并事项

2002年12月15日，公司运用募集资金对河南豫光金铅集团有限责任公司"铅冶炼烟气(尘)综合治理技改项目"在建工程进行收购，收购价格为1.56亿元，该项收购所涉及的资产移交工作已全部完成，公司已支付收购款9000万元，其余部分作为质量保证金在2003年度支付。项目已于2002年12月底投入试生产，项目投产后，公司可年新增粗铅产量约5万吨，现有内部粗铅供应不足的问题将达到解决，公司主营业务的技术水平进一步提高、生产规模进一步扩大，在铅冶炼行业的龙头地位将进一步巩固，但随着公司生产规模的不断扩大，公司也面临着铅精矿的需求进一步增加的压力。项目的收购对公司管理层的稳定性不产生影响。

三、公司报告期内发生的重大关联交易事项。

(一)购销商品、提供劳务发生的关联交易

1、公司向集团公司销售电解铅

集团公司向公司购买电解铅生产矿灯、蓄电池，公司与其签订了《供货合同》，销售价格参照与其规模和条件相当的无关联第三方同样产品价格确定；结算货款以现金或承兑汇票支付，当月货款必须当月结清。本关联交易具有持续性。

项目	销售量(吨)	金额(元)	占销售比例	影响利润额(万元)
2001年度	1371.90	5,334,365.39	1.46%	9.99
2002年度	1445.81	5,650,826.64	1.01%	1.94

2、集团公司向公司提供非生产性综合服务

公司改制时，非经营性资产(铁路专用线、通勤车、通讯、食堂、澡堂、医院、保卫、绿化等)未进入公司。公司与集团公司签定了《综合服务协议》，由集团公司提供非生产性综合服务，提供服务的价格，国家有统一收费标准的，执行国家规定；国家无统一收费标准的，执行河南省、济源市的地方规定；在无以上所列的收费标准时，根据实际成本加上5%的利润后，协商确定收费标准；服务费用根据服务的内容，实行按月或季度结算。本关联交易具有持续性。

项目	协议价(元/年)	2002年度(元)	2001年度(元)
铁路专用线使用权	907,963.00	907,963.00	907,963.00
治安环卫服务	1,024,743.17	1,024,743.17	1,024,743.17
通勤通讯服务	203,584.60	203,584.60	203,584.60
房屋道路设施租用	99,391.43	99,391.43	99,391.43
其他后勤服务	347,317.80	347,317.80	347,317.80
合计	2,583,000.00	2,583,000.00	2,583,000.00

3、向河南豫光金铅集团铅盐有限责任公司销售电解铅

河南豫光金铅集团铅盐有限责任公司向公司购买电解铅生产氧化铅，公司与其签订了《供货合同》，销售价格参照与其规模和条件相当的无关联第三方同样产品价格确定；结算货款以现金或承兑汇票支付，当月货款必须当月结清。本关联交易具有持续性。

项目	销售量(吨)	金额(元)	占销售比例	影响利润额(万元)
2001年度	5226.52	20,128,230.58	5.52%	50.89
2002年度	1554.10	5,902,438.58	1.05%	19.25

4、向天水荣昌工贸有限责任公司购买铅精矿

天水荣昌工贸有限责任公司是以生产铅精矿为主的企业，公司向其购买铅精矿作为生产的主要原料，双方签订了《购货合同》，铅矿粉和矿粉中银金属量及金金属量的价格：铅矿粉及矿粉中银金属量价格，参照其提供给规模与条件相当的无关联的第三方同样产品的价格，金金属量执行国家计划价格；货款以现金或承兑汇票支付，当月货款当月结清。本关联交易具有持续性。

时间	数量(吨)	金额(元)	占采购比例
2001年度	5,611.45	18,658,012.77	3.21%
2002年度	3,147.05	14,367,577.02	1.55%

(二)资产、股权转让发生的关联交易

2002年12月15日运用募集资金对河南豫光金铅集团有限责任公司(以下简称"豫光集团")在建工程"铅冶炼烟气(尘)综合治理技改项目"进行收购，收购价格156,205,640.36元。(相关公告见2002年12月17日《中国证券报》、《上海证券报》)

(三)、委托经营济源市三废利用实验厂

为解决公司与济源市三废利用实验厂之间的同业竞争，公司与控股股东河南豫光金铅集团有限责任公司签订了《委托经营协议书》。2002年7月5，集团公司河南豫光金铅股份有限公司2002年年度报告司将其所属的济源市三废利用实验厂改制并向社会公开出售，《委托经营协议书》终止执行。　(四)公司与关联方存在债权、债务往来、担保等事项的，应披露形成的原因及其对公司的影响。

项目	单位名称	金额(元) 2002年12月31日
应付帐款	天水荣昌工贸有限责任公司	1,053,956.94
其他应付款	河南豫光金铅集团有限责任公司	76,453,700.31

项目	单位名称	金额(元) 2001年12月31日
应付帐款	天水荣昌工贸有限责任公司	232,679.92
其他应付款	河南豫光金铅集团有限责任公司	122,231.05

注：应付河南豫光金铅集团有限责任公司款增加的原因是：公司收购其在建工程，经协商公司暂付其9,000万元的收购款，其余部分作为质量保证金在2003年度支付。

公司与关联方之间的债务、债权系正常的业务往来，对公司的正常生产经营不会产生重大影响。

(五)报告期内公司无其他重大关联交易。

四、公司应披露重大合同及其履行情况

1、在报告期内，公司未发生托管、承包、租赁其他公司资产或其他公司托管、承包、租赁上市公司资产的事项。

2、在报告期内，公司未发生重大担保。

3、在报告期内，公司未发生或继续发生委托他人进行现金资产管理事项。

4、其他重大合同

由于公司生产规模的不断扩大，购买原材料所需资金随之增加，且由于公司目前银行短期借款较多，短期偿债压力大，为满足公司正常生产经营所需资金及调整目前公司负债结构，根据股东大会对董事会的授权，公司与中国进出口银行签订了6,000万元人民币的中期借款合同，期限：2002年8月28日-2004年2月29日，年利率为3.51%。

五、报告期内，公司或持有公司5%以上(含5%)的股东没有发生或以前期间发生但持续到报告期的对公司经营成果、财务状况可能发生重要影响的承诺事项。

六、报告期内公司继续聘请中勤万信会计师事务所有限公司为公司提供审计服务，中勤万信会计师事务所有限公司已为本公司提供审计服务3年。

2002年度，公司支付给中勤万信会计师事务所有限公司年度财务报告审计费20万元。公司承担会计师事务所审计人员的差旅费用及驻地审计期间的食宿费用。

七、报告期内，公司、公司董事会及董事无受中国证监会稽查、中国证监会行政处罚、通报批评、证券交易所公开谴责的情形。

八、其他重大事项

1、2002年4月15日，公司召开2001年度股东大会，会议审议通过了《提名王本哲先生为独立董事的议案》、《提名李向阳先生为独立董事的议案》，公司新增王本哲先生、李向阳先生为公司独立董事。

2、2002年9月19日，公司在河南省工商局完成公司公开发行4,500万A股股票后的注册资本变更工作，公司注册资本由8181.62万元增加至12,681.62万元。

第十节 财务报告

一、审计报告：

河南豫光金铅股份有限公司全体股东：

我们接受委托，审计了贵公司2002年12月31日的资产负债表，2002年度的利润及利润分配表，2002年度的现金流量表。这些会计报表由贵公司负责，我们的责任是对这些会计报表发表审计意见。我们的审计是依据《中国注册会计师独立审计准则》进行的。在审计过程中，我们结合贵公司实际情况，实施了包括抽查会计记录等我们认为必要的审计程序。

我们认为，上述会计报表符合《企业会计准则》和《企业会计制度》的有关规定，在所有重大方面公允地反映了贵公司2002年12月31日的财务状况、2002年度经营成果及2002年度的现金流量情况，会计处理方法的选用遵循了一贯性原则。

二、会计报表

资产负债表

编制单位：河南豫光金铅股份有限公司　　单位：人民币元

资产	2002年12月31日	2001年12月31日
流动资产：		
货币资金	174,517,908.94	34,241,373.60
短期投资		
应收票据		1,773,000.00
应收股利		
应收利息		
应收账款	35,223,212.87	37,763,460.62
其他应收款	8,175,775.99	5,524,625.73
预付账款	48,455,139.60	27,400,145.10
应收补贴款	38,093,804.17	
存货	285,490,353.95	206,916,573.36
待摊费用	189,235.16	94,471.32
一年内到期的长期债权投资		
其他流动资产		
流动资产合计	590,145,430.68	313,713,649.73
长期投资：		
长期股权投资		
长期债权投资	20,194,333.33	
长期投资合计	20,194,333.33	
固定资产：		
固定资产原价	231,596,222.15	225,910,673.14
减：累计折旧	76,611,049.92	63,932,742.43
固定资产净值	154,985,172.23	161,977,930.71
减：固定资产减值准备	1,539,204.84	1,539,204.84
固定资产净额	153,445,967.39	160,438,725.87
工程物资		
在建工程	181,478,537.55	153,508.00
固定资产清理	62,217.15	
固定资产合计	334,986,722.09	160,592,233.87
无形资产及其他资产：		
无形资产	20,042,533.62	20,597,008.62
长期待摊费用	1,981,436.30	2,639,463.61
其他长期资产		
无形资产及其他资产合计	22,023,969.92	23,236,472.23
递延税项：		
递延税款借项		
资产总计	967,350,456.02	497,542,355.83

负债和股东权益	2002年12月31日	2001年12月31日
流动负债：		
短期借款	157,000,000.00	157,000,000.00
应付票据	600,000.00	3,000,000.00
应付账款	49,787,168.89	73,366,097.12
预收账款	7,258,299.14	4,489,032.83
应付工资	3,498,287.25	2,978,875.37
应付福利费	5,434,764.89	3,722,692.56
应付股利	12,681,620.00	
应交税金	-4,905,325.31	-9,868,082.15
其他应交款		10,529.86
其他应付款	86,833,989.23	9,331,999.98
预提费用	101,381.17	405,542.50
预计负债		
一年内到期的长期负债		
其他流动负债		
流动负债合计	318,290,185.26	244,436,688.07
长期负债：		
长期借款	131,200,000.00	71,200,000.00
应付债券		
长期应付款		
专项应付款		
其他长期负债		
长期负债合计	131,200,000.00	71,200,000.00
递延税项：		
递延税款贷项		
负债合计	449,490,185.26	315,636,688.07
股东权益：		
股本	126,816,200.00	81,816,200.00
减：已归还投资		
股本净额	126,816,200.00	81,816,200.00
资本公积	314,071,348.47	44,054,852.70
盈余公积	17,930,868.46	11,206,923.02
其中：法定公益金	8,965,434.23	5,603,461.51
未分配利润	59,041,853.83	44,827,692.04
股东权益合计	517,860,270.76	181,905,667.76
负债和股东权益合计	967,350,456.02	497,542,355.83

利润表及利润分配表

编制：河南豫光金铅股份有限公司　　单位：人民币元

项目	2002年度	2001年度
一、主营业务收入	1,005,990,475.64	748,055,228.13
减：主营业务成本	904,690,918.68	656,611,424.71
主营业务税金及附加		861,958.80
二、主营业务利润	101,299,556.96	90,581,844.62
加：其他业务利润	377,921.13	4,618,873.23
减：营业费用	17,379,561.30	14,100,616.77
管理费用	20,601,919.94	19,232,624.99
财务费用	14,109,556.36	14,243,854.58
三、营业利润	49,586,440.49	47,623,621.51
加：投资收益	74,333.33	
补贴收入	742,577.42	213,391.26
营业外收入	14,514.00	118,202.93
减：营业外支出	523,928.31	1,774,634.78
四、利润总额	49,893,936.93	46,180,580.92
减：所得税	16,274,209.70	16,051,632.46
五、净利润	33,619,727.23	30,128,948.46
加：年初未分配利润	44,827,692.04	20,724,533.28
其他转入		
六、可供分配的利润	78,447,419.27	50,853,481.74
减：提取法定盈余公积金	3,361,972.72	3,012,894.85
提取法定公益金	3,361,972.72	3,012,894.85
提取职工奖励及福利基金		
提取储备基金		
提取企业发展基金		
利润归还投资		
七、可供投资者分配的利润	71,723,473.83	44,827,692.04
减：应付优先股股利		
提取任意盈余公积		
应付普通股股利	12,681,620.00	
八、未分配利润	59,041,853.83	44,827,692.04

现金流量表

编制：河南豫光金铅股份有限公司　　单位：人民币元

项目	2002年度
一、经营活动产生的现金流量	
销售商品、提供劳务收到的现金	1,064,417,306.85
收到的税费返还	742,577.42
收到的其他与经营活动有关的现金	1,280,005.00
现金流入小计	1,066,439,889.27
购买商品、接受劳务支付的现金	1,084,658,523.18
支付给职工以及为职工支付的现金	31,214,896.46
支付的各项税费	18,422,639.85
支付的其他与经营活动有关的现金	11,211,460.88
现金流出小计	1,145,507,520.37
经营活动产生的现金流量净额	-79,067,631.10
二、投资活动产生的现金流量：	
收回投资所收到的现金	
取得投资收益所收到的现金	
处置固定资产、无形资产和其他长期资产所收回的现金净额	5,000.00
收到的其他与投资活动有关的现金	
现金流入小计	5,000.00
购建固定资产、无形资产和其他长期资产所支付的现金	121,946,086.27
投资所支付的现金	20,120,000.00
支付的其他与投资活动有关的现金	
现金流出小计	142,066,086.27
投资活动产生的现金流量净额	-142,061,086.27
三、筹资活动产生的现金流量：	
吸收投资所收到的现金	316,236,495.77
借款所收到的现金	224,851,275.00
收到的其他与筹资活动有关的现金	1,635,479.36
现金流入小计	542,723,250.13
偿还债务所支付的现金	164,851,275.00
分配股利、利润或偿付利息所支付的现金	15,333,429.77
支付的其他与筹资活动有关的现金	772,449.30
现金流出小计	180,957,154.07
筹资活动产生的现金流量净额	361,766,096.06
四、汇率变动对现金的影响	-360,843.35
五、现金及现金等价物净增加额	140,276,535.34

南京栖霞建设股份有限公司

南京栖霞建设股份有限公司2002年年度报告

第一节 公司基本情况简介

(一)公司法定中文名称:南京栖霞建设股份有限公司
中文缩写:栖霞建设
公司法定英文名称:NANJING CHIXIA DEVELOPMENT CO., LTD
英文缩写:CHIXIA DEVELOPMENT
(二)公司法定代表人:陈兴汉女士
(三)公司董事会秘书:王建优先生
公司证券事务代表:周文龙先生
联系地址:江苏省南京市龙蟠路218号兴隆大厦2107室
联系电话:(025)5600533
传真:(025)5502482
电子信箱:600533@chixia.com
(四)公司注册地址:南京市栖霞区和燕路251号
公司办公地址:南京市玄武区龙蟠路218号
邮政编码:210037
公司互联网网址:www.chixia.com
电子信箱:600533@chixia.com
(五)公司指定信息披露报纸:《中国证券报》、《上海证券报》
登载公司年度报告的互联网网址:http://www.sse.com.cn
公司年度报告备置地点:公司证券投资部
(六)公司股票上市交易所:上海证券交易所
股票简称:栖霞建设
股票代码:600533
(七)其他有关资料:
公司最近一次变更注册登记日期为2002年3月21日,注册地点为南京市栖霞区和燕路251号。
企业法人营业执照注册号:3201001012479
税务登记号码:320113721702184
公司聘请的会计师事务所:南京永华会计师事务所有限公司
会计师事务所办公地址:南京市中山北路26号新晨国际大厦8楼
南京栖霞建设股份有限公司2002年年度报告

第二节 会计数据和业务数据摘要

(一)本年度主要会计数据 单位:人民币元

利润总额	72,353,993.57
净利润	42,304,942.58
扣除非经常性损益后的净利润	42,713,357.48
主营业务利润	93,669,306.20
其他业务利润	444,136.45
营业利润	72,991,575.46
投资收益	-486,006.96
补贴收入	213,589.57
营业外收支净额	-365,164.50
经营活动产生的现金流量净额	-110,587,582.87
现金及现金等价物净增加额	85,365,020.86

注:扣除的非经常性损益项目及涉及金额(已扣除所得税影响)单位:人民币元

项目	金额
营业外支出	65,512.95
股权投资差额	486,006.96
补贴收入	-143,105.01

(二)近三年主要会计数据及财务指标 单位:人民币元

项目	2002	2001
主营业务收入	366,086,606.85	324,073,503.78
净利润	42,304,942.58	41,525,512.28
总资产	852,501,656.13	558,968,381.44
股东权益(不含少数股东权益)	490,015,983.75	154,140,500.62
每股收益(摊薄)	0.30	0.42
每股净资产(摊薄)	3.50	1.54
调整后的每股净资产	3.48	1.53
每股经营活动产生的现金流量净额	-0.79	-1.12
净资产收益率(摊薄)	8.63%	26.94%

项目	2000
主营业务收入	232,601,651.59
净利润	28,120,548.42
总资产	476,059,932.99
股东权益(不含少数股东权益)	147,933,756.33
每股收益(摊薄)	0.28
每股净资产(摊薄)	1.48
调整后的每股净资产	1.47
每股经营活动产生的现金流量净额	-0.41
净资产收益率(摊薄)	19.01%

(三)利润表附表

报告期利润	净资产收益率		每股收益(元/股)	
	全面摊薄	加权平均	全面摊薄	加权平均
主营业务利润	19.12%	22.21%	0.67	0.72
营业利润	14.90%	17.31%	0.52	0.56
净利润	8.63%	10.03%	0.30	0.33
扣除非经常性损益的净利润	8.72%	10.13%	0.31	0.33

(四)股东权益变动情况表单位:元

项目	股本(股)	资本公积	盈余公积
期初数	100,000,000	43,618,829.67	10,521,670.95
本期增加	40,000,000	288,570,540.55	6,345,741.39
本期减少			
期末数	140,000,000	332,189,370.22	16,867,412.34

项目	法定公益金	未分配利润	股东权益合计
期初数	3,507,223.65	0	154,140,500.62
本期增加	2,115,247.13	959,201.19	335,875,483.13
本期减少			
期末数	5,622,470.78	959,201.19	490,015,983.75

变动原因:
1、报告期内股本和资本公积增加系公司于2002年3月14日首次公开发行4,000万股A股所致;
2、盈余公积和法定公益金增加系公司报告期内实现利润分配提取所致;
3、未分配利润增加系公司报告期实现利润所致。

第三节 股本变动及股东情况

(一)股东情况介绍
1、截至报告期末公司股东总数12161人。
2、报告期内公司前十名股东持股变动情况:

单位:股

序号	股东名称	增减变动(+,-)	年末持股数量	占总股本(%)
1	南京栖霞建设(集团)公司	-	68,000,000	48.57
2	南京新港高科技股份有限公司	-	29,240,000	20.89
3	鹏华行业成长证券投资基金	+1,321,650	1,321,650	0.94
4	天元证券投资基金	+1,278,807	1,278,807	0.91
5	华夏成长证券投资基金	+1,253,300	1,253,300	0.90
6	嘉实成长收益型证券投资基金	+1,215,838	1,215,838	0.87
7	南方稳健成长证券投资基金	+1,171,419	1,171,419	0.84
8	南京市栖霞区国有资产投资中心	-	1,000,000	0.71
9	南京市园林实业总公司	-	1,000,000	0.71
10	中信证券股份有限公司	+988,000	988,000	0.71

注:(1)报告期内持股5%以上的股东为南京栖霞建设(集团)公司和南京新港高科技股份有限公司,报告期末他们分别持有本公司国有股6,800万股和法人股2,924万股,报告期内他们所持股份无增减。
(2)报告期内,持有本公司5%以上股份的股东所持有的股份没有发生质押、冻结等情况。
(3)公司前十名股东中,国有股和法人股股东之间无任何关联关系,法人股南京新港高科技股份有限公司为中信证券股份有限公司的股东,持有中信证券股份有限公司3,000万非流通股。其他流通股股东本公司未知其关联关系。
3、公司控股股东情况
公司名称:南京栖霞建设(集团)公司
法人代表:陈兴汉女士
成立时间:1993年9月7日
注册资本:人民币120,000,000元
股本结构和性质:国有独资
主要经营业务:房屋综合开发、建设(住宅除外)、销售、租赁、物业管理;工程管理(工程监理除外);室内装饰设计、施工;照明灯具、金属材料、百货销售。
4、其他持股在10%以上(含10%)的法人股东
公司名称:南京新港高科技股份有限公司
法人代表:梁学忠
成立日期:1992年5月
注册资本:人民币344,145,888元
主要经营业务:高科技产业投资、开发;市政基础设施建设;土地成片开发;建筑安装工程;商品住宅开发、销售;物业管理;国内贸易;工程设计;咨询服务等。

第四节 董事、监事、高级管理人员和员工情况

(一)董事、监事、高级管理人员基本情况

姓名	性别	年龄	职务	任期起止日期
陈兴汉	女	56	董事长	2002.12.23-2005.12.22
王祖治	男	54	董事	2002.12.23-2005.12.22
干泳星	女	46	董事	2002.12.23-2005.12.22
徐水炎	男	39	董事	2002.12.23-2005.12.22
周铣	男	39	董事	2002.12.23-2005.12.22
徐益民	男	41	董事	2002.12.23-2005.12.22
刘志彪	男	44	独立董事	2002.12.23-2005.12.22
李爱群	男	41	独立董事	2002.12.23-2005.12.22
安同良	男	37	独立董事	2002.12.23-2005.12.22
夏卫东	男	55	监事会主席	2002.12.23-2005.12.22
李云	男	50	监事	2002.12.23-2005.12.22
孔军	男	40	监事	2002.12.23-2005.12.22
王祖治	男	54	总经理	2001.03.01-2002.12.22
干泳星	女	46	副总经理兼总会计师	2001.03.01-2002.12.22
余薇	女	46	总经济师	2001.03.01-2002.12.22
范业铭	男	39	总工程师	2001.03.01-2002.12.22
钟增贤	男	51	征地拆迁总监	2001.03.01-2002.12.22
江劲松	男	34	营销总监	2001.03.01-2002.12.22
王建优	男	39	董事会秘书	2001.03.01-2002.12.22

姓名	任职股东单位	职务
陈兴汉	南京栖霞建设(集团)公司	总裁
徐水炎	南京栖霞建设(集团)公司	财务总监
周铣	南京新港高科技股份有限公司	副总经理
徐益民	南京新港高科技股份有限公司	计划财务部经理
李云	南京栖霞建设(集团)公司	人力资源部总经理

孔军　　　　　南京新港高科技股份有限公司　　　总会计师

姓名	任职期间
陈兴汉	2003.03.03-
徐水炎	2000.02.01-2005.02.01
周铣	2001.03.30-2003.03.29
徐益民	2002.05.01-2004.04.30
李云	2002.03.01-2003.02.28
孔军	2000.0508-2003.05.07

(二)年度报酬情况

1、董、监事及高级管理人员报酬的决策程序和确定依据。本公司高级管理人员报酬由公司董事会决定,其报酬确定的依据是其所担任的岗位重要性和工作业绩;本公司独立董事津贴由董事会拟定初步方案,最终由股东大会决议确定,独立董事报酬确定的依据是行业和上市公司的平均水平以及其履行职责的工作量;其他外部董、监事均不在本公司领取报酬。

2、在公司领取报酬的董、监事及高级管理人员年度报酬情况表单位:万元

现任董、监事和高级管理人员的年度报酬总额	107.97
金额最高的前三名董事的报酬总额	35.44
金额最高的前三名高级管理人员的报酬总额	44.96
独立董事津贴	9.00
独立董事其他待遇	无

报酬区间	董、监事和高级管理人员人数
7~9(不含9万)	2
9~10(不含10万)	3
10万元以上	4

3、不在本公司领取报酬和津贴的董、监事。董事周铣先生、徐益民先生、徐水炎先生和监事孔军先生、李云先生均不在本公司领取报酬,其中周铣先生、徐益民先生和孔军先生在本公司股东单位南京新港高科技股份有限公司领取报酬,徐水炎先生和李云先生在本公司控股股东南京栖霞建设(集团)公司领取报酬。

(三)报告期内公司董事、监事及高级管理人员变动情况

2002年12月23日,公司召开了2002年第一次临时股东大会,鉴于第一届董事会董事、监事会监事任期届满,公司股东大会进行了换届选举。除董事王定吾先生和监事顾宁平女士因离退休离任外,一届董事会和监事会其余成员为新一届董事会和监事会成员,同时选举徐益民先生为新一届董事会董事,李云先生为新一届监事会监事。

报告期内,公司高级管理人员无变动。

(四)公司员工情况

截止报告期末,公司员工总数为86人,公司没有需承担费用的离退休职工。

1、员工专业构成表　　单位:个

专业构成	人数	占总人数的比例
管理人员	21	24.4%
工程技术人员	27	31.4%
财务人员	7	8.1%
营销人员	26	30.2%
其他人员	5	5.8%

2、员工教育程度情况表　单位:个

教育程度	人数	比例
博士研究生	1	1.16%
硕士研究生	5	5.81%
本科	35	40.70%
大专	32	37.21%
中专及以下	13	15.12%

第五节　公司治理结构

(一)公司治理情况

公司自上市以来,按照《公司法》、《证券法》、《上海证券交易所股票上市规则》、《上市公司治理准则》、《上市公司股东大会规范意见》等法律、法规、规章的要求,不断完善公司的法人治理结构,规范公司运作。公司已制订了《公司章程》、《股东大会议事规则》、《董事会议事规则》、《监事会议事规则》、《重大决策程序和规则》、《董事会下设委员会议事规则》、《总经理工作细则》、《信息披露管理办法》等规章制度。报告期内,公司治理情况如下:

1.股东和股东大会:公司能确保所有股东,特别是中小股东享有平等的地位和充分行使权利;公司安排了专门的部门和通讯联系方式确保与股东进行有效的沟通;公司严格按照《上市公司股东大会规范意见》和公司《股东大会议事规则》的要求召集召开股东大会,保证股东充分形式权利;公司关联交易遵循"公开、公平、公正"的原则,保证公司利益不受损害。

2、董事和董事会:公司严格按照《公司章程》的规定程序选聘董事,董事会由9名董事组成;公司董事遵守有关法律、法规及公司章程的规定,维护全体股东的最大利益,忠实、诚信、勤勉、尽职;公司制订了《董事会议事规则》,确保董事会高效运作和科学决策;董事会设立了审计、投资决策、提名和薪酬三个专业委员会,都由独立董事担任主席;董事会制订了《董事会下设委员会议事规则》,各专业委员会严格按照有关规定积极履行职责。

3、监事与监事会:公司监事认真履行监督职责,维护公司及股东的合法权益;公司监事会由3名监事组成,人员和结构合理;制订了《监事会议事规则》,确保监事会能够独立有效地行使对董事、经理和其他高级管理人员及公司财务的监督和检查职能。

4、绩效评价与激励约束机制:公司经理人员的聘任公开、透明,符合法律、法规和公司章程的规定。

5、相关利益者:公司充分尊重银行及其它债权人、职工、消费者、供应商、社区等利益相关者的合法权利,与他们积极合作,共同推动公司持续健康地发展。

6、信息披露与透明度:公司严格按照《上海证券交易所股票上市规则》等法律、法规和公司章程的规定,真实、准确、完整、及时地披露信息;公司制订了《信息披露管理办法》,认真接待投资者来访,回答投资者咨询,主动、及时地披露有关信息,保证所有股东有平等的机会获得信息。

(二)公司独立董事履行职责情况

公司根据中国证监会《关于在上市公司建立独立董事制度的指导意见》的要求建立了独立董事制度,使独立董事在董事会中的比例达到了三分之一。公司独立董事能够及时了解、遵守有关法律、法规和公司章程的要求,能够确保有足够的时间积极参加董事会和股东大会,参与公司重大经营决策,促进了公司的规范运作和业务的发展,维护了广大股东尤其是中小股东的利益。

(三)公司与控股股东

公司控股股东通过股东大会依法行使出资人的权利,未直接干预公司的经营、决策活动,未损害公司和其他股东的合法权益,或利用其特殊地位谋取额外的利益。

公司与控股股东在人员、资产、财务上相互分开,机构、业务相互独立,各自独立核算、独立承担责任和风险:

1、在人员方面,公司人员独立于控股股东,公司高级管理人员未在控股股东兼职;

2、在资产方面,公司的资产独立完整,权属清晰,控股股东未占用、支配公司的资产或干预公司对资产的经营管理;

3、在财务方面,公司建立健全了财务、会计管理制度,独立核算。控股股东未干预公司的财务、会计活动;

4、在机构方面,公司的董事会、监事会及其他内部机构独立运作。控股股东及其下属机构未以任何形式影响公司经营管理的独立性;

5、在业务方面,公司拥有独立的产、供、销体系,生产经营自主决策。控股股东已采取有效措施避免同业竞争。

(四)公司高级管理人员的考评及激励机制

公司依据高级管理人员的岗位职责和职务要求进行考评,依据其工作业绩进行奖惩。公司正在讨论制定高级管理人员具体的奖励制度和实施办法。

(五)与公司治理的规范性文件的差异

本公司的公司治理与《上市公司治理准则》等规范性文件相比,尚有一些差距,将在以后逐步解决:

1、独立董事中还应补充一名会计专业人士;

2、公司还需进一步完善高级管理人员的考评与激励机制。

第六节　股东大会情况简介

报告期内,公司召开了两次股东大会。

(一)2001年度股东大会

2002年1月26日(公司尚未上市),公司通知全体股东于2002年2月26日在南京市龙蟠路218号兴隆大厦21楼会议室召开了2001年度股东大会。会议如期召开,出席会议的股东及代理人6人,代表股份10,000万股,占公司总股份的100%。会议由公司董事长陈兴汉女士主持。会议审议并通过了以下议案:

1、2001年度董事会工作报告;

2、2001年度监事会工作报告;

3、2001年度财务报告;

4、2001年度利润分配预案;

5、聘用会计师事务所的议案;

6、修改公司章程的议案;

7、关于汇林绿洲二期项目投资的议案;

8、投资建设住宅产业基地的议案;

9、关于独立董事津贴的议案。

(二)2002年度第一次临时股东大会

2002年11月22日,公司在《中国证券报》和《上海证券报》上刊登了2002年度第一次临时股东大会通知公告。12月23日,股东大会在南京市苜蓿园大街69号月牙湖会所召开。出席会议的股东及代理人9人,代表股份100,735,073股,占公司总股份的71.95%。会议由公司董事长陈兴汉女士主持。会议审议并通过了以下议案:

1、投资建设经济适用房项目的议案;

2、对南京十运会赛马场挂牌出让项目竞买的议案;

3、对南京聚宝山挂牌出让地块竞买的议案;

4、授权董事会并修改公司章程的议案;

5、董事会换届选举的议案;

6、监事会换届选举的议案;

7、合作投资开发马群科技园项目的议案。

本次股东大会的决议公告刊登于2002年12月24日的《中国证券报》和《上海证券报》上。

鉴于公司第一届董事会和监事会于2002年12月22日任期届满,此次股东大会进行了董事会和监事会的换届选举。会议选举陈兴汉女士、王祖治先生、干泳星女士、徐水炎先生、周铣先生、徐益民先生为第二届董事会董事,选举刘志彪先生、李爱群先生、安同良先生为独立董事,选举夏卫东先生、李云先生、孔军先生为第二届监事会监事。第一届董事会董事王定吾先生不再担任董事职务,第一届监事会监事顾宁平女士不再担任监事职务。

第七节　董事会报告

(一)报告期内公司经营情况

1、主营业务范围

公司主营业务范围:住宅小区综合开发建设;商品房销售、租赁、售后服务。

2、经营情况

报告期内,公司主营业务收入全部来自于商品房开发、销售。公司开发经营的房地产项目均位于南京市。2002年,公司经营情况良好,实现主营业务收入366,086,606.85元,比上年同期增长12.96%,实现主营业务利润93,669,306.20元。

报告期内,公司销售的房地产项目主要有太阳城天悦花园、汇林绿洲、云锦美地。公司及控股子公司的销售收入在南京市住宅市场的占有率约为5%。公司各项目经营情况如下:

项目名称	销售收入(元)	销售成本(元)	毛利率(%)
天悦花园	78,976,163.50	58,984,091.49	25.31
汇林绿洲	109,315,346.00	79,943,820.05	26.87
云锦美地	86,988,316.84	65,820,910.18	24.33
合计	275,279,826.34	204,748,821.72	25.62

3、主要控股公司的经营情况及业绩

公司的控股子公司南京东方房地产开发有限公司主营开发建设、租赁销售外汇商品房及售后配套服务,主要经营的房地产项目为位于南京市城东的东方城小区。报告期内该公司注册资本为230万美元,2003年3月10日该公司将注册资本增加为252万美元,报告期末总资产69,349,531.05元,净资产42,156,459.55元,报告期实现净利润24,122,087.00元。该公司是中外合资房地产开发企业,公司持有75%的股权。

4、主要供应商、客户情况

报告期内,公司向前五名供应商合计的采购金额占年度采购总额的比例为52.35%,前五名客户销售额合计占公司销售总额的比例为2.65%。

5、在经营中出现的问题与困难及解决方案

(1)2001年至2002年初,随着公司开发项目的大面积开工,公司资金状况呈现紧张的局面,公司一方面利用良好的信誉适当增加了银行贷款,同时加大销售力度加快资金回笼。2002年3月,公司公开发行4,000万A股,募集资金31,682.8万元,缓解了资金紧张的状况。

(2)报告期内,公司现有5个项目已全部陆续开工建设,该5个项目的土地储备预计将于2004年全部开发完毕。为了确保公司的持续发展,土地储备短缺问题日益引起公司管理层重视。由于土地招标市场竞争激烈,土地价格持续走高,给公司增加土地储备带来很大的挑战。面对这一新情况,公司一方面结合南京市城市规划的调整,进一步优化了天泓山庄和云锦美地项目的规划设计,同时强化内部管理,严格控制建设成本;另一方面认真做好各项招标土地的调研、测算,积极向周边大中型城市寻求土地储备、拓展业务领域。2003年2月27日,公司在苏州以约4.24亿元成功竞得苏州工业园区的两宗地块,地块编号:苏园土招(2003)01、02号,总占地面积约15.3万平方米,楼面地价约1450元/平方米(包括所有配套和费税)。这次土地竞标成功缓解了公司土地储备紧张问题。2003年3月13日,公司与南京栖霞区政府签订《南京市经济适用住房委托建设合同书》,这也为公司增加400多亩的住宅开发用地,预计到2006年开发完毕。公司还将利用一切机会在南京市及周边地区增加土地储备。

6、经营计划完成情况

公司在2002年3月首次公开发行A股的《招股说明书》中,预计2002年实现销售收入3.9亿元。由于报告期内募集资金项目云锦美地、天泓山庄因规划优化原因建设进度较原计划延迟,根据第一届董事会第十三次会议决议,公司在《2002年半年度报告》中将年度经营销售计划调整为3.3

亿元。《2002年半年度报告》刊登于2002年8月10日的《中国证券报》和《上海证券报》上。2002年公司实际实现销售收入366,086,606.85元,较好地完成了经营计划。

(二)报告期内的投资情况

1.对外投资情况

报告期内,公司对外投资未发生变化,投资情况如下:

投资单位名称	注册资金	主营业务	权益比例
南京东方房地产开发有限公司	230万美元	开发建设、租赁销售外汇商品房及售后配套服务等	75%
南京赛世实业发展有限公司	10,000万元	高新技术项目开发、转让;投资兴办实业等	6%

2.募集资金投资情况

公司于2002年3月公开发行4,000万A股,募集资金31,682.8万元。报告期内,募集资金均按原计划投资,投资情况为:

单位:千元

项目名称	总投资	募集资金计划投入	报告期内募集资金投入	募集资金累计投入	报告期内实现收入
云锦美地一期	243,790	80,000	80,000	80,000	86,988
云锦美地二期	248,880	80,000	60,000	60,000	0
天泓山庄一期	236,240	70,000	70,000	70,000	0
天泓山庄二期	240,480	86,828	50,000	50,000	0
合计	969,390	316,828	260,000	260,000	86,988

尚未使用募集资金5,682.8万元均为银行存款。

上述四个募集资金投资项目因规划方案优化,建设进度较《招股说明书》中披露的计划进度延迟(详见公司《2002年半年度报告》)。截至报告期末,四个项目的建设进度情况如下:

项目名称	总建筑面积(万M2)	累计竣工面积(万M2)	竣工比例(%)
云锦美地一期	10.94	3.09	28.24
云锦美地二期	13.92	0	0
天泓山庄一期	10.73	0	0
天泓山庄二期	10.79	0	0
合计	46.38	3.09	6.66

项目名称	施工面积(万M2)	施工比例(%)	预计竣工时间
云锦美地一期	3.54	32.36	2004-09
云锦美地二期	10.20	73.28	2004-12
天泓山庄一期	4.22	39.33	2004-12
天泓山庄二期	0	0	2004-12
合计	17.96	38.73	

注:云锦美地一期包括第一、二、三组团及小区配套;云锦美地二期包括第四、五、六组团;天泓山庄一期包括第一、二、三、四、五组团;天泓山庄二期包括第六、七、八、九、十、十一组团。

(1)截止报告期末,云锦美地二组团已全面竣工,绝大部分已销售;一组团也大部分销售完毕;四、五组团已全面开工建设。2003年,三、六组团也将全面开工。

(2)截止报告期末,天泓山庄二组团已即将全面竣工;一组团正加紧建设。为了完善小区内部环境,以保证更好的销售业绩,二组团将推迟到2003年第二季度开始销售。2003年,五、六、九、十、十一组团将全面开工建设。

3.非募集资金投资情况

截至报告期末,非募集资金投资的房地产项目的建设进度收益情况如下:

项目名称	总建筑面积(万M2)	累计竣工面积(万M2)	竣工比例(%)
东方城	17.00	13.57	79.82
天悦花园	17.25	9.24	53.57
汇林绿洲一期	6.71	6.71	100
汇林绿洲二期	15.20	0	0
合计	56.16	29.52	52.56

项目名称	施工面积(万M2)	施工比例(%)	报告期内实现收入(千元)
东方城	0	0	89,717
天悦花园	5.70	33.04	78,976
汇林绿洲一期	0	0	109,315
汇林绿洲二期	0	0	0
合计	5.70	10.15	278,008

(1)东方城最后一个组团拂晓园将于2003年全面开工建设。

(2)截止报告期末,天悦花园01—27幢已全面竣工;29—44幢正加紧建设。2003年,45—53幢将全面开工建设。

(3)截止报告期末,汇林绿洲一期已全面竣工。2003年,二期的首块01号地块将开工建设。

马群地区经济适用房项目已通过选址预审,并与栖霞区人民政府正式签订了开发建设该地块项目的合同。该项目住宅占地面积约400多亩,前期工作正在抓紧进行,预计2003年将开工建设约20万平方米。

马群科技园项目,合资方正在进行项目审计。

住宅产业基地项目,因原项目选址征地无法实施,正在另选用地。

(三)报告期内的财务状况及经营成果

报告期内,公司公司所处的生产经营环境以及宏观政策、法规等未发生重大变化。

报告期内,公司业务发展稳定,财务状况良好,各项财务指标及经营成果如下:单位:人民币元

项目	2002年	2001年	增减幅度
总资产	852,501,656.13	558,968,381.44	52.51%
股东权益	490,015,983.75	154,140,500.62	217.90%
主营业务利润	93,669,306.20	89,952,465.48	4.13%
净利润	42,304,942.58	41,525,512.28	1.88%
现金及现金等价物净增加额	85,365,020.86	-22,930,863.26	472.27%

项目	变动原因
总资产	2002年3月公司首次公开发行4,000万A股
股东权益	2002年3月公司首次公开发行4,000万A股
主营业务利润	商品房销售额增加
净利润	商品房销售额增加
现金及现金等价物净增加额	2002年3月公司首次公开发行4,000万A股

(四)利润分配预案

经南京永华会计师事务所审计,公司2002年实现净利润42,304,942.58元,提取10%的法定公积金4,230,494.26元,5%的法定公益金2,115,247.13元,年末实际可供股东分配的利润35,959,201.19元。

公司第二届董事会第四次会议审议并提交了2002年度利润分配预案:以2002年末股份总数1.4亿股为基数,向全体股东每10股派发现金红利2.5元(含税),共计派发现金35,000,000.00元,剩余利润959,201.19元结转下一年度。

此次利润分配预案与公司第一届董事会第十次会议通过的《预计2002年利润分配政策》相符。

公司2002年拟不进行资本公积金转增股本。

第八节　监事会报告

2002年,公司监事会严格按照《公司法》及《公司章程》的有关规定,认真履行监管职责,为公司规范运作和维护股东的最大权益提供了有力保障,现将年度工作报告如下:

(一)监事会会议召开情况

报告期内,监事会共召开了四次会议:

2002年1月26日召开了第一届监事会第六次会议,会议审议并通过了以下议案:2001年度监事会工作报告;2001年度财务报告。

2002年8月7日召开了第一届监事会第七次会议,会议审议并通过了《2002年半年度报告》。

2002年11月20日召开了第一届监事会第八次会议,会议审议并通过了监事会换届选举的议案。

2002年12月23日召开了第二届监事会第一次会议,会议审议并通过了选举夏卫东先生为公司第二届监事会主席的议案。

(二)监事会对下列事项的独立意见:

1.公司已建立较为完善的法人治理结构和内部控制制度,经营运作规范,决策程序合法,公司董事、高级管理人员在执行公司职务时能够尽心尽职,未发现有违反法律、法规、公司章程或损害公司利益的行为。

2.公司2002年财务状况良好,公司财务报告及南京永华会计师事务所出具的标准无保留意见的审计报告真实、客观、公正地反映了公司的财务状况和经营成果。

3.公司于2002年3月公开发行4,000万A股股票,募集资金31,682.8万元,募集资金实际投入项目和招股说明书承诺投入项目一致,未涉及投资项目变更事项。

4.2002年公司无收购、出售资产事项。

5.公司与关联方的关联交易均能遵循公开、公平、公正的原则,按市场价格进行交易,因此关联交易未损害公司利益。

第九节　重要事项

(一)本年度公司无重大诉讼、仲裁事项。

(二)重大关联交易事项

1.购销商品的关联交易

报告期内,公司从控股股东的控股子公司南京栖霞建设集团物资供销有限公司购入塑钢窗,共支付购货价款10,966,310.67元,占报告期内公司购买建材总价款的14.53%。上述购销商品的关联交易遵循了公开、公平、公正的定价原则。上述交易事项未损害公司的利益。

由于塑钢窗的质量和供货的及时性对提高公司商品房的品质和确保准时向客户交房具有重要的影响,而公司关联方南京栖霞建设集团物资供销有限公司所生产的塑钢窗不仅质量和技术标准在国内领先,而且能够确保公司根据开发需要及时得到货源,同时公司从该关联方购买塑钢窗能够得到便捷的售后服务,因此今后公司还将会持续地向南京栖霞建设集团物资供销有限公司购买塑钢窗。

2.担保

截止报告期末,公司控股股东南京栖霞建设(集团)公司共为本公司提供银行借款担保1.6亿元。这些担保未对公司产生不利影响。

(三)重大合同及其履行情况

1.重大担保合同

根据2000年第三次临时股东大会决议,公司为宝钢集团南京轧钢总厂提供不超过5,200万元贷款的连带责任担保。根据2002年11月20日公司与中国工商银行江苏省分行营业部签订的贷款《保证合同》,公司为宝钢集团南京轧钢总厂在该行的2,700万元贷款提供担保,担保期为二年,自贷款到期之日起计算,即自2002年11月20日起至2004年11月19日止。截止2002年12月31日,宝钢集团南京轧钢总厂已偿还全部贷款本金2,700万元,尚欠利息合计610万元。

截止2002年12月31日,公司应付宝钢集团南京轧钢总厂土地转让款约679万元,若其不能按期还贷,根据公司与宝钢集团南京轧钢总厂签订的合同规定,公司可从土地款中扣减,因此公司担保风险很小。

2.重大土地转让合同

(1)云锦美地土地使用权出让合同

2000年3月18日,公司与宝钢集团南京轧钢总厂签订了《土地转让协议》,南京轧钢总厂将位于南京市建邺区长虹南路南京轧钢总厂生产产区地块土地转让给公司进行商品住宅开发。该土地的净转让价格为77万元/亩,转让总价款约为16,377万元(含土地出让金)。2000年12月11日,公司与南京轧钢总厂签订《土地转让补充协议》,将净地转让价格调整为90万元/亩,总地价款约1.83亿元(含土地出让金)。

截止报告期末,公司已支付土地价款约17,643万元,南京轧钢总厂已按合同约定交付全部地块。

(2)汇林绿洲二期土地使用权出让合同

2002年10月15日,公司与南京市国土资源局签订了《国有土地使用权出让合同》,公司受让南京市鼓楼区芦席营97号的两宗地块,地籍号:06-007-009-001-16、06-007-009-001-17,规划用地总面积80,215平方米,实际出让面积65766.2平方米,成交价款总额27,205.4765万元。

截止报告期末,公司已按合同约定支付土地价款5,558.9765万元,国土资源局已交付第一宗地块,实际面积22912.3平方米。

(四)公司或股东承诺事项

公司控股股东南京栖霞建设(集团)公司分别于1999年12月、2001年9月向本公司出具《不竞争承诺函》,承诺:该公司以及该公司现有或将来成立的全资子公司、控股公司和其它受该公司控制的公司将不直接和间接从事与股份公司有竞争的业务;如该公司的参股公司或该公司附属公司的参股公司从事的业务与股份公司有竞争,则该公司或该公司的附属公司将对此事实施否决权;该公司在房地产开发和经营市场中,除承接委建项目和原有办公楼的租赁及销售业务外,将不再从事任何房地产开发和经营业务。

公司股东南京新港高科技股份有限公司于1999年12月向本公司出具《承诺函》,承诺:该公司除在南京新港经济技术开发区内进行基础设施和标准厂房开发建设,将不再从事其它商品住宅建设,与股份公司不进行直接或间接的同业竞争。

报告期内,上述股东均严格履行其承诺,未发现有违反承诺的行为。

(五)聘任会计师事务所情况

公司支付南京永华会计师事务所有限公司2002年度的财务审计费用20万元,并续聘该所为公司2003年度财务审计机构。该所已连续4年为公司提供审计服务。

(六)其它重大事项

根据2002年第一次临时股东大会决议,公司修改了《公司章程》的部分条款。详见2002年10月22日刊登于《中国证券报》和《上海证券报》的第一届董事会第十四次会议决议以及2002年12

月24日刊登于《中国证券报》和《上海证券报》的2002年第一次临时股东大会决议。

第十节　财务报告

(一)审计报告全文

审计报告

宁永会一审字(2003)071号

南京栖霞建设股份有限公司全体股东：

我们接受委托，审计了贵公司二○○二年十二月三十一日的资产负债表及合并资产负债表、二○○二年度的利润表及合并利润表、二○○二年度的利润分配表及合并利润分配表和二○○二年度的现金流量表及合并现金流量表。这些会计报表由贵公司负责，我们的责任是对这些会计报表发表审计意见。我们的审计是依据《中国注册会计师独立审计准则》进行的。在审计过程中，我们结合贵公司实际情况，实施了包括抽查会计记录等我们认为必要的审计程序。

我们认为，上述会计报表符合《企业会计准则》和《企业会计制度》及有关的补充规定，在所有重大方面公允地反映了贵公司二○○二年十二月三十一日的财务状况及二○○二年度的经营成果和二○○二年度现金流量变动情况，会计处理方法的选用遵循了一贯性原则。

南京永华会计师事务所有限公司　　中国注册会计师　杜文俊

二○○三年三月十三日　　中国注册会计师　王沙薇

(二)经审计的财务报表

资产负债表（一）

编制单位：南京栖霞建设股份有限公司　　单位：人民币元

资产	注释	2002.12.31 合并数	母公司数
流动资产：			
货币资金	四.1	164,957,717.01	118,792,594.13
短期投资			
应收票据			
应收股利			
应收利息			
应收帐款	四.2	19,994.91	15,417.80
其他应收款	四.3	2,109,095.21	1,740,302.66
预付帐款	四.4	68,512,373.73	63,335,493.19
应收补贴款			
存货	四.5	595,568,349.01	578,719,803.89
待摊费用		1,374,759.64	1,373,811.64
一年内到期的长期债权投资			
其他流动资产			
流动资产合计		832,542,289.51	763,977,423.31
长期投资：			
长期股权投资	四.6	9,775,349.73	41,392,694.38
长期债权投资			
长期投资合计		9,775,349.73	41,392,694.38
其中：合并差价		3,775,349.73	
固定资产：			
固定资产原价	四.7	11,292,771.63	10,077,459.21
减：累计折旧	四.8	1,753,858.54	1,323,210.97
固定资产净值	四.9	9,538,913.09	8,754,248.24
减：固定资产减值准备			
固定资产净额		9,538,913.09	8,754,248.24
工程物资			
在建工程			
固定资产清理			
固定资产合计		9,538,913.09	8,754,248.24
无形资产及其他资产：			
无形资产			
长期待摊费用	四.8	645,103.80	645,103.80
其他长期资产			
无形资产及其他资产合计		645,103.80	645,103.80
递延税项：			
递延税款借项			
资产总计		852,501,656.13	814,769,469.73

资产负债表(二)

编制单位：南京栖霞建设股份有限公司　　单位：人民币元

负债和股东权益	注释	2002.12.31 合并数	母公司数
流动负债：			
短期借款	四.9	170,000,000.00	170,000,000.00
应付票据	四.10	19,688,734.68	19,688,734.68
应付帐款	四.11	45,615,416.29	36,150,657.44
预收帐款	四.12	51,474,914.10	44,448,814.10
应付工资		1,319,982.72	1,319,982.72
应付福利费		167,655.90	167,655.90
应付股利	四.13	35,000,000.00	35,000,000.00
应交税金	四.14	4,573,010.05	3,597,824.39
其他应交款	四.15	-2,311.93	2,751.78
其他应付款	四.16	3,818,229.61	3,656,943.91
预提费用	四.17	6,828,626.06	720,121.06
预计负债			
一年内到期的长期负债			
其他流动负债			
流动负债合计		338,484,257.48	314,753,485.98
长期负债：			
长期借款		10,000,000.00	10,000,000.00
应付债券			
长期应付款			
专项应付款			
其他长期负债	四.18	3,462,300.00	
长期负债合计		13,462,300.00	10,000,000.00
递延税项：			
递延税款贷项			
负债合计		351,946,557.48	324,753,485.98
少数股东权益		10,539,114.90	
股东权益：			
实收资本(或股本)	四.19	140,000,000.00	140,000,000.00
减：已归还资本			
实收资本(或股本)净额		140,000,000.00	140,000,000.00
资本公积	四.19	332,189,370.22	332,189,370.22
盈余公积	四.19	16,867,412.34	16,867,412.34
其中：法定公益金		5,622,470.78	5,622,470.78
未分配利润	四.19	959,201.19	959,201.19
股东权益合计		490,015,983.75	490,015,983.75
负债和股东权益合计		852,501,656.13	814,769,469.73

利润表

编制单位：南京栖霞建设股份有限公司　　单位：人民币元

项目	注释	2002.1-12 合并数
一、主营业务收入	四.20	366,086,606.85
减：主营业务成本	四.20	252,355,561.18
主营业务税金及附加	四.21	20,061,739.47
二、主营业务利润(亏损以"—"号填列)		93,669,306.20
加：其他业务利润(亏损以"—"号填列)		444,136.45
减：营业费用		8,555,581.87
管理费用		12,284,030.85
财务费用	四.22	282,254.47
三、营业利润(亏损以"—"号填列)		72,991,575.46
加：投资收益(亏损以"—"号填列)	四.23	-486,006.96
补贴收入	四.24	213,589.57
营业外收入		16,660.01
减：营业外支出		381,824.51
四、利润总额(亏损以"—"号填列)		72,353,993.57
减：所得税	四.25	24,018,529.24
减：少数股东损益		6,030,521.75
五、净利润(亏损以"—"号填列)		42,304,942.58
项目		2002.1-12

利润分配表

编制单位：南京栖霞建设股份有限公司　　单位：人民币元

项目	注释	2002.1-12 合并数	母公司数
一、净利润		42,304,942.58	42,304,942.58
加：年初未分配利润			
其他转入			
二、可供分配的利润		42,304,942.58	42,304,942.58
减：提取法定盈余公积	四.19	4,230,494.26	4,230,494.26
提取法定公益金	四.19	2,115,247.13	2,115,247.13
提取职工奖励及福利基金			
提取储备基金			
提取企业发展基金			
利润归还投资			
三、可供投资者分配的利润		35,959,201.19	35,959,201.19
减：应付优先股股利			
提取任意盈余公积			
应付普通股利	四.19	35,000,000.00	35,000,000.00
转作资本(或股本)的普通股股利			
四、未分配利润		959,201.19	959,201.19

现金流量表

编制单位：南京栖霞建设股份有限公司　　单位：人民币元

项目	2002.1-12 合并数	母公司数
一、经营活动产生的现金流量：		
销售商品、提供劳务收到的现金	401,926,872.20	307,824,691.04
收到的税费返还	213,589.57	213,589.57
收到的其他与经营活动有关的现金	890,987.13	621,926.49
现金流入小计	403,031,448.90	308,660,207.10
购买商品、接受劳务支付的现金	443,195,734.48	418,914,629.83
支付给职工以及为职工支付的现金	7,646,534.16	6,638,320.50
支付的各项税费	45,824,656.69	26,654,545.94
支付的其他与经营活动有关的现金	16,952,116.44	13,636,968.49
现金流出小计	513,619,031.77	465,844,464.76
经营活动产生的现金流量净额	-110,587,582.87	-157,184,257.66
二、投资活动产生的现金流量：		
收回投资所收到的现金		
取得投资收益所收到的现金		30,000,000.00
处置固定资产、无形资产和其他长期资产所收回的现金净额	38,000.00	
收到的其他与投资活动有关的现金		
现金流入小计	38,000.00	30,000,000.00
购建固定资产、无形资产和其他长期资产所支付的现金	1,493,071.31	920,416.31
投资所支付的现金		
支付的其他与投资活动有关的现金		
现金流出小计	1,493,071.31	920,416.31
投资活动产生的现金流量净额	-1,455,071.31	29,079,583.69
三、筹资活动产生的现金流量：		
吸收投资所收到的现金	334,280,540.55	334,280,540.55
借款所收到的现金	150,000,000.00	150,000,000.00
收到的其他与筹资活动有关的现金		
现金流入小计	484,280,540.55	484,280,540.55
偿还债务所支付的现金	240,000,000.00	240,000,000.00
分配股利、利润或偿付利息所支付的现金	42,268,427.12	32,079,173.24
支付的其他与筹资活动有关的现金	4,605,000.00	4,605,000.00
现金流出小计	286,873,427.12	276,684,173.24
筹资活动产生的现金流量净额	197,407,113.43	207,596,367.31
四、汇率变动对现金的影响	561.61	
五、现金及现金等价物净增加额	85,365,020.86	79,491,693.34

天津天士力制药股份有限公司

天津天士力制药股份有限公司2002年年度报告

第一节 重要提示

本公司董事会及其董事保证本报告所载资料不存在任何虚假记载，误导性陈述或重大遗漏，并对其内容的真实性、准确性和完整性负个别及连带责任。

本公司董事长闫希军先生、总经理李文先生、财务总监李晓农先生、财务部经理王瑞华先生声明，保证年度报告中财务报告的真实、完整。

第二节 公司基本情况简介

一、公司法定中文名称：天津天士力制药股份有限公司
公司法定英文名称：TIANJIN TASLY PHARMACEUTICAL CO., LTD.
二、公司法定代表人：闫希军
三、公司董事会秘书：宋利元
联系地址：天津北辰科技园区辽河东路1号
电话：022-26736999
传真：022-26736721
电子信箱：sly1999@vip.sina.com
四、公司注册地址：天津北辰科技园区
公司办公地址：天津北辰科技园区
邮政编码：300402
公司国际互联网网址：http://www.tasly.com.cn
电子信箱：STOCK@TASLY.COM
五、公司选定的信息披露报纸《上海证券报》、《中国证券报》、《证券时报》
登载公司年度报告的网址：http://www.sse.com.cn
公司年度报告备置地点：本公司董秘办公室
六、公司股票上市交易所：上海证券交易所
股票简称：天士力
股票代码：600535
七、其他有关资料：

本公司于2000年4月27日经天津市人民政府(津股批[2000]4号文)批准，由天津天士力制药集团有限公司整体变更而成。并于2000年4月30日在天津市工商行政管理局领取企业法人营业执照，注册号1200001001441，税务登记号12011323944464X。本公司聘请的会计师事务所为：浙江天健会计师事务所，办公地址为：浙江省杭州市文三路。

第三节 会计数据和业务数据摘要

一、公司本年度利润总额及其构成

指标	金额(元)
利润总额	144,881,445.11
净利润	117,848,638.26
扣除非经常性损益后的净利润	119,690,782.00
主营业务利润	713,883,278.38
其他业务利润	5,406.19
营业利润	146,840,946.70
投资收益	64,094.25
补贴收入	150,000.00
营业外收支净额	2,173,595.84
经营活动产生的现金流量净额	206,221,824.26
现金及现金等价物净增减额	561,499,947.37

注：扣除非经常性损益项目的金额为1,842,143.74元，其中：捐赠支出2,091,349.30元、存货损失-23,047.89元，其他72,299.15元，对所得税影响-298,456.82元。

二、公司最近三年主要会计数据和财务指标

年份 项目	单位	2002年度
主营业务收入	元	929,786,247.76
净利润	元	117,848,638.26
每股收益(摊薄)	元/股	0.62
每股收益(加权)	元/股	0.75
每股经营活动产生的现金流量净额	元/股	1.09
净资产收益率	%	12.11
扣除非经常性损益后的每股收益	元/股	0.63
总资产	元	1,250,698,632.62
股东权益	元	972,901,823.72
每股净资产	元/股	5.12
调整后每股净资产	元/股	5.11

第四节 股本变动及股东情况

一、、公司股东情况

1、截止2002年12月31日，本公司股东总数为16291户，其中发起人股东7户。

2、公司前10名股东情况(截止2002年12月31日)

序号	股东名称	持股数(股)
1	天津天士力集团有限公司	98,000,000
2	广州市天河振凯贸易有限公司	14,000,000
3	天津市金士力药物研究开发有限公司	7,462,000
4	天津新技术产业园区永生建筑有限公司	7,000,000
5	金华市金磐开发区万顺贸易有限公司	7,000,000
6	浙江尖峰集团股份有限公司	4,536,000
7	华夏成长证券投资基金	3,467,836
8	鹏华行业成长证券投资基金	2,339,532
9	兴和证券投资基金	2,305,061
10	兴华证券投资基金	2,028,000

序号	占总股本(%)	股份性质
1	51.58	社会法人股
2	7.37	社会法人股
3	3.93	社会法人股
4	3.68	社会法人股
5	3.68	社会法人股
6	2.39	国有法人股
7	1.83	社会公众股
8	1.23	社会公众股
9	1.21	社会公众股
10	1.07	社会公众股

报告期内持有本公司5%以上(含5%)股份股东为天津天士力集团有限公司和广州市天河振凯贸易有限公司，持有数量在报告期内未发生变化，且其所持股份不存在质押或冻结的情况。

前十名股东，天津市金士力药物研究开发有限公司和浙江尖峰集团股份有限公司分别持有天津天士力集团有限公司公司50.11%和27.44%股权；天津天士力集团有限公司持有天津新技术产业园区永生建筑有限公司80%股权。

第七名至第十名股东为社会公众股股东，其中，华夏成长证券投资基金、兴和证券投资基金、兴华证券投资基金均为华夏基金管理有限公司管理。

3、控股股东和实际控制人情况介绍

1)天津天士力集团有限公司
法定代表人：吴廼峰
总裁：闫希军
成立日期：2000年3月30日
注册资本：1.86亿元

经营范围：对外投资、控股；天然植物药种植及相关加工、分离；组织所属企业开展产品的生产、科研、销售、进出口经营业务；各类商品、物资(含医疗器械)的批发、零售；技术开发、咨询、服务、转让生物技术(不含药品生产与销售)及产品；自有设备、房屋的租赁；各类经济信息咨询；本企业研制开发的技术和生产的科研产品的出口业务；本企业科研和生产所需的技术、原辅材料、机械设备、仪器仪表、零配件的进口业务；本企业的进料加工和"三来一补"业务(以上经营范围内国家有专营专项规定的按规定办理)。

目前主营业务是：投资控股。

2)天津市金士力药物研究开发有限公司
法定代表人：张建忠
总经理：裴富才
成立日期：1998年11月12日
注册资本：3,500万元
营业范围：技术开发、咨询、服务、转让(生物技术[不含药品生产与销售]及产品)。
该公司目前的主营业务为控股实业。

第五节 董事、监事、高级管理人员和员工情况

一、董事、监事、高级管理人员基本情况

姓名	性别	年龄	职务	任职起止时间	年初数持股数
闫希军	男	50	董事长	2002.06-2005.06	0
杜自强	男	65	副董事长	2002.06-2005.06	0
吴廼峰	女	51	董事	2002.06-2005.06	0
蒋晓萌	男	40	董事	2002.06-2005.06	0
张振有	男	44	董事	2002.06-2005.06	0
李　文	男	36	董事、总经理	2002.06-2005.06	0
李　扬	男	52	独立董事	2002.06-2005.06	0
王永炎	男	65	独立董事	2002.06-2005.06	0
于玉林	男	69	独立董事	2002.06-2005.06	0
张建忠	男	50	监事会主席	2000.05-2003.05	0
赵永良	男	52	监事	2000.05-2003.05	0
何继成	男	61	监事	2000.05-2003.05	0
傅得清	男	58	监事	2002.06-2003.05	0
叶正良	男	36	职工监事	2002.06-2003.05	0
叶　军	男	29	职工监事	2002.06-2003.05	0
王国成	男	30	职工监事	2000.05-2003.05	0
李晓农	男	40	财务总监	2002.06-2005.06	0
宋利元	男	38	董事会秘书	2002.12-2005.06	0

说明：

1、本公司董事、监事及高级管理人员均未直接持有本公司股份。

2、本公司董事、监事及高级管理人员在股东单位任职情况：

(1)董事长闫希军先生在本公司控股股东天津天士力集团有限公司担任总裁职务，任期为2000年4月至今。

(2)董事吴廼峰女士在本公司控股股东天津天士力集团有限公司担任董事长、副总裁职务，任期为2000年4月至今。

(3)董事蒋晓萌先生在本公司股东浙江尖峰集团股份有限公司担任董事兼常务副总经理职务，任期2002年5月至今。

(4)董事张振有先生在本公司股东广州市天河振凯贸易有限公司担任董事长、总经理职务，任期：1997年10月至今。

(5)监事会主席张建忠先生在本公司控股股东天津天士力集团有限公司担任副总裁职务，任期为2000年4月至今；在本公司股东天津市金士力药物研究开发有限公司担任董事长职务，任期：2000年7月至今。

(6)监事赵永良先生在本公司股东天津新技术产业园区永生建筑有限公司担任董事长、总经理职务，任期2000年3月至今。

(7)监事傅得清先生在本公司股东浙江尖峰集团股份有限公司担任副董事长兼总经理职务，任期：2002年5月至今。

二、董事、监事、高级管理人员年度报酬情况

根据本公司《章程》规定，本公司董事、监事的年薪由股东大会决定，高级管理人员的年薪由董事会决定。本公司2002年度董事、监事年薪是根据2001年度股东大会决议所确定。本公司独立董事津贴为每人5万元人民币/年，出席董事会和股东大会的差旅费以及按公司《章程》行使职权所需费用在公司据实报销；其他董事、监事，在公司任职的，按职务享受年薪，不在公司任职的，执行不带

年薪政策。

2002年度,本公司董事杜自强、吴廼峰、蒋晓萌、张振有,监事张建忠、赵永良、傅得清、何继成等8人不在本公司领薪,其中杜自强、蒋晓萌、傅得清在浙江尖峰集团股份有限公司领薪,吴廼峰、张建忠在天津天士力集团有限公司领薪,张振有在广州市天河振凯贸易有限公司领薪,赵永良在天津新技术产业园区永生建筑有限公司领薪,何继成在天津市中央药业有限公司领薪。

在本公司领薪的董事、监事、高级管理人员共计10人(包括独立董事3人),年度报酬总额为180万元,其中金额最高的前三名董事的报酬总额为100万元,金额最高的前三名高级管理人员的报酬总额为95万元。

在本公司领薪的董事、监事、高级管理人员的年度报酬统计情况如下:

报酬金额区间	领取人数
60-61万元	1
35-36万元	1
30-31万元	1
10-12万元	3
5-6万元	4

三、报告期内离任的董事、监事、高级管理人员姓名及离任原因

2002年3月16日召开的公司一届八次董事会批准张立国先生辞去生产总监,聘任刘岩女士为生产总监。

公司第一届董事会于2002年4月28日届满,2002年6月23日召开的2001年度股东大会选举闫希军、吴廼峰、杜自强、蒋晓萌、张振有、李文、王永炎、李扬、于玉林为公司第二届董事会董事,其中王永炎、李扬、于玉林为独立董事。

2002年6月23日召开的公司二届一次董事会选举闫希军为董事长,杜自强为副董事长。

2002年5月10日召开的公司职工代表大会作出改选职工监事的决议。决议同意袁晓霞、李冬梅辞去职工监事,推举叶军、叶正良为第一届监事会职工监事。公司于2002年6月23日召开的2001年度股东大会通过费忠新辞去公司监事职务、增补傅得清先生为公司监事的议案。

2002年6月23日召开的公司二届一次董事会续聘在任高级管理人员作为公司第二届经理班子成员,其中李文先生任公司总经理,张新军先生任董事会秘书,季晓农先生任财务总监,郭治昕先生任技术总监,刘岩女士任生产总监。

2002年12月15日召开的公司二届五次董事会批准张新军先生辞去公司董事会秘书职务,聘任宋利元先生为董事会秘书。

四、员工情况

截止2002年12月31日,本公司在职员工2442人,无离退休员工。员工专业构成和教育构成如下:

按照专业划分

财务人员(102人) 研发、质量控制人员(139人)

生产技术人员(936人) 营销人员(1140人)

行政管理人员(125人)

按照教育程度划分

硕士以上(45人) 大学本科(529人)

大专(869人) 中专(909人)

中专以下(90人)

第六节 公司治理结构

一、公司治理情况

公司严格按照《公司法》、《证券法》、《上市公司治理准则》和中国证监会、上海证券交易所有关法律、法规的要求,不断完善法人治理结构,建立现代企业制度。公司制定了《章程》、《股东大会议事规则》、《董事会议事规则》、《监事会议事规则》、《关联交易准则》、《经理工作细则》、《信息披露制度》等规章制度,建立了劳动人事制度、预算管理、营销管理、财务管理制度(投资决策办法、对外担保和财产抵押决策办法、关联交易决策办法、重大固定资产投资决策办法等)及内部审计制度等内部控制制度。公司以股东利益最大化为目标,不断规范运作,在2002年实现了高速稳定的发展。

二、独立董事履行职责情况

依据《上市公司治理准则》和《关于在上市公司建立独立董事制度的指导意见》,公司建立了独立董事制度,董事会设有3名独立董事,占董事会人数的33%。本公司独立董事于2002年1月4日召开了2002年度独立董事第一次全体会议,对本公司及其前身历次股权变动和关联交易的合法合规及客观公允性进行审查,并出具审查报告。报告期内,本公司独立董事参加了股东大会和董事会,分别从财务、法律和经营等方面对公司的投资决策、关联交易等议案作出了客观公正的判断,并对关联交易发表了专业性意见,对董事会的科学决策和公司的稳定发展起到积极作用,切实起到了维护公司及广大中小投资者利益的作用。

三、公司独立运作情况

1、业务独立

本公司的主营业务为复方丹参滴丸、养血清脑颗粒等药品的研发、生产和经营,本公司及其三个控股子公司的业务涵盖了药品研究开发、中药材种植、药品生产、药品销售的全部业务环节,构成了完全独立的研究开发和产供销体系。

本公司直接控股股东天津天士力集团有限公司的主营业务为投资控股;间接控股股东天津市金士力药物研究开发有限公司的营业范围为:技术开发、咨询、服务、转让等,但其目前主营业务为实业投资。本公司主营业务与上述两公司主营业务完全独立,不存在任何业务控制或其他影响本公司业务独立的关系。

2、资产完整独立

公司目前主导产品的生产程序主要为中药提取、中药制剂和药品包装。公司拥有全套提取设备、滴丸制剂设备、喷雾干燥颗粒制造设备、包装设备和运输设备等。以上设备能够完全满足公司生产每道工序的要求,保证了生产性资产的完整性。

公司控股的三家子公司分别从事中药材种植和药品销售业务。公司目前生产所需主要中药材丹参均由陕西商洛植物药业有限公司提供,制造的药品均批发给天津天士力医药有限公司进行销售。因而,公司整体上具有从中药材种植到加工提取、制剂、包装、药品销售的完整的产、供、销经营体系并独立运营。

此外,公司拥有"天士力"商标、复方丹参滴丸专有技术、养血清脑颗粒专利技术、土地使用权等无形资产保障了公司资产的完整性和生产经营的独立性。

3、人员独立

本公司董事、监事及高级管理人员系严格按照《公司法》、公司《章程》的有关规定选举产生或任命。在本公司董事会中,董事长未在股东单位担任法定代表人,总经理、财务总监、技术总监、生产总监、董事会秘书等高级管理人员在本公司专职工作,只在本公司领薪。公司的人事及工资管理与股东单位严格分离。

4、机构独立

本公司建立了健全、齐备的法人治理结构,并在运行中逐步规范。本公司的股东大会、董事会、监事会和经理层各司其职、各负其责,股东大会、董事会、监事会召开的程序符合《公司法》及公司《章程》的有关规定,且每次会议均有会议记录,运作规范。

5、财务独立

本公司成立后,单独设立了财务部门,具有完整、独立的机构设置和财务人员。本公司按照《企业会计制度》及相关的财务会计法规建立了一套独立、完整、规范的财务核算体系、财务会计制度和管理制度,帐务独立,单独开设银行帐户,单独纳税。

第七节 股东大会情况简介

报告期内,本公司共召开一次股东大会,即2001年度股东大会。本次会议于2002年6月23日在本公司会议室召开,会议由董事长闫希军先生主持,会议以记名投票方式通过了如下决议:

1、2001年度董事会工作报告;

2、2001年度监事会工作报告;

3、2001年度财务决算报告;

4、2001年4-12月利润分配方案和2002年度利润分配原则;

5、2002年度公司财务预算报告;

6、向天津博科林药品包装技术有限公司采购包装塑料瓶之关联交易。

7、《公司章程修正案》、《董事会议事规则修正案》、《监事会议事规则》、《关联交易准则》;

8、以累计投票制方式选举闫希军、吴廼峰、杜自强、蒋晓萌、张振有、李文、王永炎、李扬、于玉林为公司第二届董事会成员,其中王永炎、李扬、于玉林为公司独立董事。

9、通过费忠新辞去公司监事职务,增补傅得清先生为公司监事;

10、通过董事、监事年薪方案和董事长经营费用方案;

11、聘请浙江天健会计师事务所作为公司2002年度审计机构;

12、股东大会对董事会进行授权。

因本次股东大会召开时,本公司尚未公开发行股票,该次股东大会的内容没有在指定信息披露刊物上披露。但会议主要的决议内容已在本公司《招股说明书》和《上市公告书》中披露。

第八节 董事会报告

一、报告期的经营情况

1、报告期主营业务范围及其经营状况

本公司属制药行业。经营范围包括:中药材、中成药加工、化学药品原药、化学药品制剂、生物制品、滋补营养保健品制造;汽车货物运输。主要产品:复方丹参滴丸和养血清脑颗粒。

1)生产方面

2002年复方丹参滴丸产量为144,519箱,比去年同期增长了41.25%;养血清脑颗粒全年产量43,011箱,比去年同期增长了146.58%。

公司标准化建设取得重大进展,继2001年通过ISO9001和国家GMP认证后,2002年12月30日,公司通过中国环境科学院环境管理体系认证中心ISO14001认证(证书编号:06-2002-356),本公司中药制剂生产及相关服务全过程建立的环境管理体系符合GB/T24001idt ISO14001:1996标准,有效期至2005年12月29日;2002年11月8日,公司复方丹参滴丸生产管理过程通过澳大利亚治疗用品管理局(TGA,Therapeutic Goods Administration)GMP认证(证书编号1869),有效期至2005年9月10日。通过该项认证后,复方丹参滴丸具备了在澳大利亚进行新药注册资格,并将对该产品在药品生产检查互相承认公约(PIC,Pharmaceutical Inspection Convention)缔约国注册申请产生积极影响。

2)研发方面

按照公司大病种、大品种、系列化的科研发展思路,经本公司第二届董事会第六次(临时)会议批准,本公司与福建中特制药有限公司签署"荆花胃康产品转让合同书",受让荆花胃康胶丸生产技术;经本公司总经理办公会2002年第31次会议批准,本公司与江苏先声汉合制药有限公司签署"技术转让合同",受让萝藤安神片和水飞蓟宾胶囊生产技术,与本公司关联方天津天士力新资源药业有限公司签署"技术转让合同",受让柴胡滴丸生产技术。上述新药技术转让后本公司产品结构发生重大变化,产品品种由2种增加至6种,产品结构由单一心脑血管药品扩展至其他领域。

在研产品方面,尿激酶原(UPA)项目已顺利通过I期临床和II期临床预实验,取得了满意的效果;丹酚酸粉针剂已完成全部临床前研究工作,预计近期取得临床批文;黄芪丹参滴丸、脑清通等其他在研产品工作进展顺利。

3)市场方面

国内市场方面,公司控股的天津天士力医药有限公司通过GSP认证,于2002年9月完成增资扩股,注册资本由500万元增加至5000万元,并已在陕西,广东和天津分别投资组建专业营销公司:陕西天士力医药有限公司,广东天士力医药有限公司和天津天士力大药房有限公司,进一步强化了市场网络功能。

公司按照医疗、OTC和城乡三个板块市场营销理论,组织商务、处方药、非处方药、城乡、新品、健康服务等六个专业营销队伍,在各自的目标客户的分级、档案的确立、销售报表系统的完善、人员专业考核等方面做了大量的工作,充分体现了这种市场推广模式便于公司综合指导,有利于全国范围内统一活动、形成上下一致共同发展的良好局面。

"健康之星—天士力行"活动形成了天士力营销特色,并被列入中国城镇社区居民健康教育工程大型公益活动,在社会上引起极大反响。活动突出诚信和服务,2002年在全国25个省市展开,参与人数达百万人之多,经过评选有1350多人参加了"健康之星—天士力行"活动。

国际市场方面,复方丹参滴丸继取得了越南、俄罗斯、古巴、韩国、阿联酋当地的药品注册后,2002年又以复方丹参滴丸以药品身份在蒙古、香港和新加坡注册成功;在越南、俄罗斯、阿联酋等国设立办事处的基础上,2002年,公司又在韩国、法国和南非建立了办事处,国际市场网络正逐步建立。

2、公司主营业务构成情况

表8-1 主营业务行业构成单位:万元

所属行业	主营业务收入		主营业务成本	
	金额	占比(%)	金额	占比(%)
中药制造	92,978.62	100	20,227.74	100

所属行业	主营业务利润	
	金额	占比(%)
中药制造	72,750.88	100

表8-2 主营业务产品构成单位:万元

	主营业务收入		主营业务成本
产品类别	金额	占比(%)	金额
复方丹参滴丸	77,023.32	82.84	10,719.65
养血清脑颗粒	8,269.87	8.89	2,714.12
其他	7,685.43	8.27	6,793.97
合计	92,978.62	100.00	20,227.74

	主营业务成本	主营业务利润		
产品类别	占比 (%)	金额	毛利率(%)	占比 (%)
复方丹参滴丸	52.99	66,303.67	91.14	86.08
养血清脑颗粒	13.42	5,555.75	7.64	67.18
其他	33.59	891.46	1.22	11.60
合计	100.00	72,750.88	100.00	78.24

表8-3 主营业务地区分布单位:万元

	主营业务收入		主营业务成本	
销售地区	金额	占比(%)	金额	占比(%)
东北地区	7,294.23	7.85	1,672.33	8.27
华北地区	22,864.04	24.59	5,122.71	25.33
西北地区	4,345.02	4.67	994.94	4.92
西南地区	3,484.33	3.74	820.90	4.05

华东地区	35,561.09	38.25	7,667.61	37.91
中南地区	19,429.91	20.90	3,949.25	19.52
合计	92,978.62	100	20,227.74	100

主营业务利润

销售地区	金额	占比(%)
东北地区	5,621.90	7.73
华北地区	17,741.33	24.39
西北地区	3,350.07	4.60
西南地区	2,663.43	3.66
华东地区	27,893.48	38.34
中南地区	15,480.67	21.28
合计	72,750.88	100

3、公司主要产品市场占有率

根据中国医药市场信息网公布的统计数字表明，公司2002年上半年复方丹参滴丸的销售在我国心脑血管中成药的零售市场份额达到11%，排名第一；养血清脑颗粒的销售在我国治疗头痛类药的零售市场份额达到3.48%，排名第五。

4、主要控股公司及参股公司的经营情况

公司名称	注册资本(万元)	主营业务及产品	总资产(万元)
陕西天士力植物药业有限公司	866.67	中药材种植；丹参	1,841.72
云南天士力金不换三七种植有限公司	400	中药材种植；三七	481.48
天津天士力医药有限公司	5,000	药品批发	16,538.90
陕西天士力医药有限公司	300	药品批发	812.52
天津天士力大药房有限公司	30	药品零售	296.86

公司名称	净利润(万元)	持股比例(%)
陕西天士力植物药业有限公司	45.02	55
云南天士力金不换三七种植有限公司		
天津天士力医药有限公司	-203.08	50
陕西天士力医药有限公司	292.47	70
天津天士力大药房有限公司	-3.85	31

5、主要供应商、客户情况

报告期内，公司向前五名供应商采购金额合计8,211.05万元，占公司全年采购金额的62.03%；

公司向前五名主要客户销售金额合计9,154万元，占公司年度销售金额的9.85%。

6、在经营中出现的问题与困难及解决方案

面对激烈的市场竞争，公司需要不断推出新的优势拳头产品，打造与国际接轨的制造平台和人才队伍，降低成本增强竞争优势。在公司全面跨越式发展战略的实施过程中，公司需要在能力准备和观念转变方面进一步加强，以便更好的适应新剂型、新工艺技术转变及自动化生产线生产方式的转变。

公司将运用IT技术，全面实施BPR和CIMS系统，打造现代中药生产制造技术平台；公司将加速人才培养和引进，推倒围墙整合全球人力资源，实行不求所在、但求所用、成果所有、利益共享的用人原则，让成果参与分配，让知识参与分配，使知识复合型人才成为企业创新的主体，造就一支适应高速发展和国际市场的人才队伍；推行全面的预算成本管理，采用标准化招标和源头采购方式降低采购成本；全面实施ERP管理与生产末端对接，运用JIT和LEAN式看板丰田模式，打造先进物流管理配送平台；引入Six Sigma的质量管理思想，运用SPC技术建立QIS计算机管理系统，对质量进行数据化的分析和控制，建立数字质控模型，确保质量恒久稳定。

二、公司投资情况

2002年度，本公司投资总额为12,853.93万元，比2001年度的11,935.35万元增加918.58万元，增长7.70%。

1、募集资金使用情况

本公司于2002年8月8日公开发行人民币普通股5000万股，每股发行价格为14.70元，实际收到的募集资金净额71,125.68万元。至报告期末，公司已使用募集资金17,164.19万元，尚未使用的募集资金53,961.49万元已全部存入银行。募集资金使用情况如下表：

单位：万元

募集资金总额 71,125.68 本年度已使用募集资金总额

已累计使用募集资金总额

承诺项目	拟投入金额	是否变更项目
现代中药研究所建设项目	4,750	否
生物制品研究所建设项目	4,850	否
陕西天士力植物药业有限公司增资扩股项目	7,857	否
云南天士力金不换三七种植有限公司增资扩股项目	9,486	否
采用超临界萃取技术建设植物有效成分提取车间建设项目	4,900	否
复方丹参滴丸系列中药现代化产业化示范工程项目	13,704	否
养血清脑颗粒生产线改造项目	4,993	否
丹酚酸粉针剂生产线建设项目	4,950	否
国内销售网点改造项目	2,980	否
美国FDA临床实验项目	3,200	否
欧洲植物药研究所建设项目	2,748.96	否
投资组建天士力数字化中药中心有限公司	7,951	否
投资组建天士力生物制品有限公司	9,000	否
合计	81,369.96	—

承诺项目	实际投入金额	产生收益金额	是否符合计划进度和预计收益
现代中药研究所建设项目	1,557.42		是
生物制品研究所建设项目	90.47		是
陕西天士力植物药业有限公司增资扩股项目			是
云南天士力金不换三七种植有限公司增资扩股项目			是
采用超临界萃取技术建设植物有效成分提取车间建设项目			是
复方丹参滴丸系列中药现代化产业化示范工程项目	13,704		是
养血清脑颗粒生产线改造项目	1,210.26		是
丹酚酸粉针剂生产线建设项目	1.9		是
国内销售网点改造项目	600.14		是
美国FDA临床实验项目			是
欧洲植物药研究所建设项目			是
投资组建天士力数字化中药中心有限公司			是
投资组建天士力生物制品有限公司			是
合计	17,164.19		—

未达到计划进度和收益的说明(分具体项目)

变更原因及变更程序说明(分具体项目)

2、非募集资金投资情况

本公司报告期非募集资金投资3,315.45万元，其中现金投资3,165.45万元，控股子公司未分配利润转增资本150万元。

1)向公司控股子公司天津天士力医药有限公司增资

经本公司2002年3月16日召开的第一届董事会第八次会议批准，2002年9月30日，本公司与天津天士力医药有限公司另一股东天津天士力新资源药业有限公司向天津天士力医药有限公司同比例增资，本公司增资总金额为3,150万元，其中以现金方式增资3,000万元，未分配利润转增资本150万元；天津天士力新资源药业有限公司增资总金额为1,350万元，其中以现金方式增资1,285.71万元，未分配利润转增资本64.29万元。增资后，天津天士力医药有限公司注册资本为5,000万元，本公司持股比例(70%)不变。北京中润会计师事务所有限责任公司为本次增资出具验资报告(中润验字[2002]第021号)。

注：2002年11月25日，天津天士力新资源药业有限公司将其持有的天津天士力医药有限公司30%股权转让给天津天时利置业发展有限公司。

2)投资组建天津天士力大药房有限公司

经本公司2002年10月17日召开的总经理办公会决定，2002年11月1日，本公司与天津天士力医药有限公司合资成立天津天士力大药房有限公司，本公司出资120,000元，占注册资本40%。该公司经营范围为中成药、中药饮片、化学药制剂、抗生素、保健食品、日用百货零售，法人代表吴廼峰。

3)受让陕西格瑞医药科技有限公司所持有的陕西天士力医药有限公司31%股权。

经本公司2002年11月18日召开的总经理办公会决定，本公司于2002年12月15日与陕西格瑞医药科技有限公司签署协议，出资153.45万元，受让其持有的陕西天士力医药有限公司31%股权。陕西天士力医药有限公司注册资本300万元人民币，股权转让后，本公司持有31%股权，天津天士力医药有限公司持有67.33%股权，陕西医学高等专科学校持有1.67%股权。

三、公司财务状况分析

1、经营成果方面

(1) 主营业务收入、主营业务利润、净利润同比增减变动及原因

单位：万元

项目	2002年	2001年	增减(%)
主营业务收入	92,978.62	68,455.58	35.82
主营业务利润	71,388.33	52,092.97	37.04
净利润	11,784.86	10,287.14	14.56

变化的主要原因：

报告期内公司主营业务收入与去年同期相比增长35.82%，增幅较大，主要系公司主要产品复方丹参滴丸、养血清脑颗粒销量增加所致。

报告期内公司主营业务利润较上年同期增长37.04%，增幅较大，主要系公司主要产品复方丹参滴丸、养血清脑颗粒销量增加导致主营业务收入增加所致。

报告期内公司净利润较上年同期增长14.56%，主要系公司在主营业务利润增加的同时，期间费用的增幅相对较大，期间费用增加的主要原因是加大研发投入和扩大市场营销以及加强广告宣传，使得期间费用相应增加，但总体来讲净利润仍呈增长趋势。

2、财务状况方面

(1)主要资产项目的金额、在总资产中所占比例与年初数相比的重大变化及原因

金额(万元)

项目	2002年12月31日	2001年12月31日
总资产	125,069.86	59,539.04
货币资金	69,050.04	12,900.04
应收帐款	6,234.78	7,856.31
其他应收款	3,389.09	4,292.54
预付帐款	4,480.35	6,251.45
存货	4,854.34	3,084.81
固定资产净值	24,249.48	20,075.06
在建工程	5,772.10	2,721.05
无形资产	4997.76	1,354.86

占总资产比例(%)

项目	2002年12月31日	2001年12月31日
总资产		
货币资金	55.21	21.67
应收帐款	4.99	13.20
其他应收款	2.71	7.21
预付帐款	3.58	10.50
存货	3.88	5.18
固定资产净值	19.39	33.72
在建工程	4.62	4.57
无形资产	3.99	2.28

变化的主要原因：

报告期内总资产增加，主要系公司公开发行募集资金到位，资产规模相应增加所致。

报告期内货币资金增加，主要系公司公开发行募集资金到位所致。

报告期内公司应收帐款、其他应收款减少，主要系公司在扩大销售的同时，加大应收款管理力度，回款期缩短所致。

报告期内固定资产净值和在建工程增加，主要系公司扩大生产规模，相应固定资产投资规模增加所致。

报告期内无形资产增加，主要系公司新购萝藤安神片、水飞蓟宾胶囊、荆花胃康胶丸技术所致。

四、新年度经营计划

本公司2003年预计销售收入12.09亿元,比去年同期增长30%;净利润1.4亿元,比去年同期增长19.52%。公司在大力提高原有产品的销量同时,要不断增加新产品上市力度。2003年计划投入市场的新产品有:水林佳胶囊、萝藤安神片、荆花胃康胶丸。此外,公司还将全面提升管理水平,包括:

(1) 建设物料配送中心,全面实施ERP管理,与生产的末端对接,打造先进物流管理及配送平台;

(2) 全面实施预算和成本核算管理,采用标准化招标和源头采购等方式降低采购成本;

(3) 运用IT技术,全面实施BPR,实施CIMS系统,对生产全过程进行信息自动采集和控制,按定量处方方式柔性生产,打造先进生产制造技术平台;

(4) 引入 Six Sigma 的质量管理思想,运用SPC技术建立QIS计算机管理系统,对质量进行数据化的分析和控制,建立数字质控模型;

(5) 全面实施人才职业发展生涯及能力提升计划,强化专业培训、塑造全新的能力,形成天士力特有的可复制的和推广的知识体系,培养面向未来发展战略的人才团队。

我们将加速人才培养,实行全面的标准化和项目化管理,树立全员参与、创新、忠诚、危机、科研及全员市场营销的意识,同心同德,同舟共济,以股东价值最大化为我们坚定不移的宗旨,瞄准做世界一流制药企业的目标,逐步把公司建成一个现代化、国际化的制药企业。

五、董事会日常工作

1、报告期内董事会的会议情况及决议内容

2002年度,本公司董事会共召开8次会议,主要内容如下:

1)第一届董事会第八次会议于2002年3月16日在本公司会议室召开,会议一致通过了如下决议:

审议通过公司董事长闫希军先生所作《2001年度董事会工作报告》,并提交2001年度股东大会审议;

审议通过公司总经理李文先生所作《2001年度经理工作报告》;

审议通过公司财务总监季晓农先生所作《2001年度财务决算报告》,并提交2001年度股东大会审议;

审议通过公司2001年4–12月利润分配方案和2002年度利润分配原则,并提交2001年度股东大会审议;

审议通过公司财务总监季晓农先生所作《2002年度公司财务预算报告》,并提交2001年度股东大会审议;

审议通过公司向天津天士力医药有限公司增资方案;

审议通过租用集团公司科研办公房屋关联交易议案;

审议通过向中国证监会"关于关联交易等事项的声明与承诺";

审议通过《公司章程修正案》(草案),并提交2001年度股东大会审议;

审议通过《董事会议事规则修正案》(草案)、《关联交易准则》(草案),并提交2001年度股东大会审议;

审议通过提请股东大会对董事会进行重新授权的预案,并提交2001年度股东大会审议;

审议通过公司董事、监事年薪方案和董事长经营费用议案,并提交2001年度股东大会审议;

审议通过关于聘请会计师事务所及其报酬的议案,并提交2001年度股东大会审议;

决定免去张立国先生生产总监职务,聘任刘岩女士为公司生产总监;

审议通过董事会换届选举事宜及其选举办法;

决定2002年6月23日召开公司2001年度股东大会,对以上须股东大会审议的事项进行审议。

2)第二届董事会第一次会议于2002年6月23日在本公司会议室召开,会议一致通过了如下决议:选举闫希军先生为公司董事长,杜自强先生为公司副董事长;

聘任李文先生任公司总经理,张新军先生任董事会秘书,季晓农先生任财务总监,郭治昕先生任技术总监,刘岩女士任生产总监,宋利元先生任证券事务代表,任期三年;

审议批准《公司高级管理人员年薪方案》;

审议通过公司《信息披露制度》(草案)。

3)第二届董事会第二次会议于2002年7月30日在本公司会议室召开,会议一致通过了如下决议:

审议通过了公司总经理李文先生所作公司上半年经营情况的报告。

因上述董事会召开时,本公司尚未公开发行股票,上述董事会的内容没有在指定信息披露刊物上披露。但会议主要的决议内容已在本公司《招股说明书》和《上市公告书》中披露。

4)第二届董事会第三次会议于2002年10月19日在本公司会议室召开,会议一致通过了如下决议:

审议通过了公司2002年第三季度报告。

由于本次会议未涉及其他内容,根据上海证券交易所有关规定,未进行公告披露。

5)第二届董事会第四次会议于2002年11月16日在本公司会议室召开,会议一致通过了如下决议:

审议通过关于投资建设天士力中医药文化交流和展示中心的议案;

审议通过关于投资建设天士力培训中心的议案;

审议通过关于购买"北辰科技园区–12号"土地使用权的议案;

审议通过关于董事会对经理办公会授权的议案;

审议通过关于修改《经理工作细则》的议案。

本次会议决议公告刊登于2002年11月19日《上海证券报》。

6)第二届董事会第五次会议于2002年12月15日在本公司会议室召开,会议一致通过了如下决议:

审议通过了张新军先生辞去公司董事会秘书职务、宋利元先生辞去公司证券事务代表职务的议案;

审议通过了关于聘任宋利元先生为公司董事会秘书的议案。

本次会议决议公告刊登于2002年12月17日《上海证券报》。

7)第二届董事会第六次会议于2002年12月28日在本公司会议室召开,会议一致通过了如下决议:

审议通过了与福建中特制药有限公司签署"荆花胃康产品转让合同书",受让荆花胃康胶丸生产技术。

本次会议决议有关内容刊登于2002年12月31日《上海证券报》。

2、董事会对股东大会决议执行情况

1)预算完成情况

2002年全年完成主营业务收入92,978.62万元,完成董事会目标的112%,完成利润总额14,488.14万元,完成董事会目标年的109%,完成净利润11,784.86万元,完成董事会目标的108%,较好地完成了董事会目标。

2)2002年6月23日召开的2001年度股东大会决议修改了公司《章程》,选举产生公司第二届董事会成员。本公司董事会就上述变更进行了工商登记。

3)经中国证监会核准,本公司于2002年8月8日利用上海证券交易所系统,以全部向二级市场投资者定价配售方式成功发行了5000万股人民币普通股,每股面值1.00元,发行价为每股人民币14.70元。经上海证券交易所批准,本公司公开发行的5000万股社会公众股于2002年8月23日起在上海证券交易所挂牌交易。公司股票发行后,按照股东大会授权,公司董事会向有关机构办理了公司变更登记手续。

六、本次利润分配及资本公积金转增股本预案

经浙江天健会计师事务所审计,本公司2002年度合并会计报表净利润为117,848,638.26元,母公司会计报表净利润为116,739,644.7元。按《公司章程》规定,以母公司本年净利润为基数,按10%提取法定盈余公积金11,673,964.48元,按5%提取法定公益金5,836,982.24元。本公司2002年度合并会计报表年初未分配利润为73,639,978.57元,母公司会计报表年初未分配利润为77,624,755.76元。本公司2002年度合并会计报表可供投资者分配利润为173,977,670.11元,母公司会计报表可供投资者分配利润为176,853,453.74元。按照合并会计报表与母公司会计报表可供分配利润孰低的原则确定可供投资者分配的利润为173,977,670.11元。

第九节 监事会报告

一、报告期内监事会会议情况

报告期内,监事会共召开3次会议,主要内容如下:

1、第一届监事会第三次会议于2002年1月4日在本公司会议室召开,会议审议通过了《天津天士力制药股份有限公司有监事会关于关联交易的审查报告》及《天津天士力制药股份有限公司监事会关于股权变动的审查报告》,并同意报送中国证监会。

2、第一届监事会第四次会议于2002年5月26日在本公司会议室召开,会议审议通过了如下决议:

审议通过了监事会《2001年度工作报告》,并提交2001年度股东大会审议;

审议通过公司《2001年度财务决算报告》,并提交2001年度股东大会审议;

审议通过公司2001年4–12月利润分配方案和2002年度利润分配原则,并提交2001年度股东大会审议;

审议通过公司《2002年度公司财务预算报告》,并提交2001年度股东大会审议;

审议通过费忠新先生辞去公司监事职务的议案,增补傅得清先生为监事候选人,并提交2001年度股东大会审议;

审议通过《监事会议事规则》,并提交2001年度股东大会审议;

3、第一届监事会第五次会议于2002年7月30日在本公司会议室召开,会议审议通过了公司总经理李文先生所作公司上半年经营情况的报告。

因上述监事会召开时,本公司尚未公开发行股票,上述监事会的内容没有在指定信息披露刊物上披露。但会议主要的决议内容已在本公司《招股说明书》和《上市公告书》中披露。

二、监事会独立意见

1、公司依法运作情况

监事会成员列席了本年度召开的各次股东大会和董事会,从会议通知、会议召集、股东和董事出席会议情况、会议审议事项及表决结果等均符合法律规定的程序。各次会议所作决议均符合法律、法规和公司《章程》的规定,未发现有损害公司和股东利益的情况。

监事会认为,公司董事会和管理层2002年度的工作能严格按照《公司法》、公司《章程》等有关法规制度进行规范运作,认真履行股东大会有关决议,经营决策科学合理,工作认真负责,未发现有违反法律、法规和公司《章程》或损害公司利益的行为。

2、检查公司财务情况

监事会通过对公司2002年度决算报告认真核查后认为:公司财务报告真实地反映了本公司2002年度的财务状况和经营成果,浙江天健会计师事务所对本公司出具了无保留意见的[2003]138号审计报告是真实、客观的。

3、募集资金使用情况

截止2002年12月31日,公司已经使用募集资金17,164.19万元,占募集资金净额的24.13%,全部按照《招股说明书》承诺投入。

4、收购、出售资产情况

报告期内,公司未发生出售资产行为,公司收购资产行为价格合理、决策有效,没有发现内幕交易和损害公司及股东利益或造成公司资产流失的行为。

5、公司关联交易情况

公司2002年发生的关联交易事项均属合理、必要,交易定价合理有据、客观公允,公司及其股东并未因关联交易遭受任何损害。上述关联交易事项均已按相关法律法规办理了相关的授权、批准、登记或备案手续,交易事项合法合规、真实有效。

第十节 重要事项

一、报告期内,本公司无重大诉讼、仲裁事项。

二、报告期内,本公司无重大收购及出售资产、吸收合并事项。

三、报告期内公司重大关联交易事项

1、购买商品、提供劳务发生的关联交易

1)向博科林(天津)包装新技术有限公司采购包装塑料瓶

2002年1月1日,本公司与博科林(天津)包装新技术有限公司签署《PE包装瓶、瓶盖供货合作协议》,本公司向该公司采购各种类型、不同规格的药品包装瓶及瓶盖,采购价格根据市场供求关系每3–6个月磋商而定。2002年,本公司向该公司采购金额为658.05万元,占公司材料采购总额4.97%。该项关联交易已在本公司《招股说明书》中披露。

2)向天津博科林药品包装技术有限公司采购包装塑料瓶

2002年5月1日,本公司与天津博科林药品包装技术有限公司签署《PE包装瓶、瓶盖供货合作协议》,本公司向该公司采购各种类型、不同规格的药品包装瓶及瓶盖。由于该公司生产技术先进,已通过10万级净化标准认证,能够保证我公司药品的包装质量,因此,我公司将继续向该公司采购,采购价格根据市场供求关系每3–6个月磋商而定。2002年,本公司向该公司采购金额为2,613.98万元,占公司材料采购总额19.75%。该项关联交易已在本公司《招股说明书》中披露。

2、其他重大关联交易

1)2002年7月20日,本公司与天津天时利置业发展有限公司于签订了《服务协议》,协议约定,天津天时利置业发展有限公司在其授权的物业管理范围内,对公司的房屋、公共设备、公共设施、居住/使用等事务行使管理权,并收取合理的费用。2002年度,公司向其支付物业管理费3,083,744.50元。

2)根据本公司与天津天士力广告有限公司签订的《广告宣传代理合同》,由天津天士力广告有限公司全面代理本公司2002年度企业形象及产品整体策划及广告执行。本期本公司向其支付服务费1,400,000.00元。

3)根据本公司与天津天士力集团有限公司签订的《委托书》,由天津天士力集团有限公司以无偿代理方式负责为本公司进口设备仪器等,代理业务执行过程中所产生的直接费用由本公司承担。

4)2001年12月30日,本公司与天津天士力集团有限公司签署了《房屋租赁协议书》,本公司向天津天士力集团有限公司租用其拥有的位于天津市北辰科技园区科研质检楼第2–6层、办公楼第3层的房屋(建筑面积为9,211.58平方米)。租赁期自2002年1月1日至2002年12月31日,租赁费参照市场价格确定为每月202,654.76元。本期向其支付租赁费2,431,857.12元。

5)截至2002年12月31日,天津天士力集团有限公司为本公司及本公司控股子公司陕西天士力植物药业有限责任公司的银行借款3,950.00万元提供担保。

6)2001年12月31日,本公司与天津天士力新资源药业有限公司签订《商标使用许可合同》,同意其自2002年1月1日至2006年12月31日有偿使用天士力商标,并每年按使用商标商品年销售收入的0.01%向本公司支付商标使用费。2002年,公司按合同规定计提了1,006.19元商标使用费。

7)2002年12月28日,本公司与天津天士力新资源药业有限公司签署"技术转让合同",受让柴胡滴丸生产技术。技术受让费为265,176.67元。

四、重大合同及履行情况

报告期末,本公司正在履行的重要合同:2002年6月28日与中国建设银行北辰支行签定《人民币资金借款合同》,贷款金额3,600万元,期限3年,月利率4.575‰,天津天士力集团有限公司提供保证担保,担保金额3,600万元。

五、公司或持股5%以上股东对承诺事项的履行情况

本公司控股股东天津天士力集团有限公司于2001年4月25日作出不与本公司发生同业竞争的承诺。报告期内,天津天士力集团有限公司及本公司关联企业未从事与本公司构成同业竞争的生产经营活动。

上述事项已在本公司《招股说明书》中予以披露。

六、聘任、解聘会计师事务所的情况

本公司聘任浙江天健会计师事务所有限公司作为本公司财务审计机构,年度审计费用为55万元。目前该所已连续为本公司提供审计服务5年。

七、报告期内,公司、公司董事会及董事没有发生受到中国证监会稽查、中国证监会行政处罚、通报批评、上海证券交易所公开谴责的情形。

第十一节　财务报告

审计报告

浙天会审[2003]第138号

天津天士力制药股份有限公司全体股东:

我们接受委托,审计了贵公司2002年12月31日的资产负债表和合并资产负债表,2002年度的利润及利润分配表和合并利润及利润分配表,以及2002年度的现金流量表和合并现金流量表。这些会计报表由贵公司负责,我们的责任是对这些会计报表发表审计意见。我们的审计是依据中国注册会计师独立审计准则进行的。在审计过程中,我们结合贵公司实际情况,实施了包括抽查会计记录等我们认为必要的审计程序。

我们认为,上述会计报表符合《企业会计准则》和《企业会计制度》的有关规定,在所有重大方面公允地反映了贵公司2002年12月31日的财务状况,2002年度的经营成果,以及2002年度的现金流量,会计处理方法的选用遵循了一贯性原则。

浙江天健会计师事务所有限公司　　中国注册会计师　王越豪

中国注册会计师　钟建国

中国注册会计师　王 强

资产负债表

2002年12月31日

编制单位:天津天士力制药股份有限公司单位:元

期末数

项目	母公司	合并
流动资产:		
货币资金	608,978,530.38	690,500,373.85
短期投资	0.00	0.00
应收票据	101,258,000.00	13,463,664.35
应收股利	0.00	0.00
应收利息	0.00	0.00
应收账款	10,043,678.15	62,347,786.79
其他应收款	33,917,337.71	33,890,862.78
预付账款	42,197,898.93	44,803,538.83
应收补贴款	0.00	0.00
存货	39,065,598.32	48,543,441.38
待摊费用	0.00	352,339.83
一年内到期的长期债权投资	0.00	0.00
其他流动资产	0.00	0.00
流动资产合计	835,461,043.49	893,902,007.81
长期投资:		
长期股权投资	45,415,770.45	918,124.68
长期债权投资	0.00	0.00
长期投资合计	45,415,770.45	918,124.68
其中:合并价差	0.00	918,124.68
固定资产:		
固定资产原价	247,956,485.17	277,845,604.93
减:累计折旧	33,046,394.27	35,350,791.36
固定资产净值	214,910,090.90	242,494,813.57
减:固定资产减值准备	0.00	0.00
固定资产净额	214,910,090.90	242,494,813.57
工程物资	3,364,398.98	3,364,398.98
在建工程	56,676,058.57	57,720,958.57
固定资产清理	0.00	0.00
固定资产合计	274,950,548.45	303,580,171.12
无形资产及其他资产:		
无形资产	49,977,590.75	49,977,590.75
长期待摊费用	0.00	2,320,738.26
其他长期资产	0.00	0.00
无形资产及其他资产合计	49,977,590.75	52,298,329.01
递延税项:		
递延税款借项	0.00	0.00
资产总计	1,205,804,953.14	1,250,698,632.62
流动负债:		
短期借款	0.00	3,500,000.00
应付票据	0.00	0.00
应付账款	35,222,698.38	40,759,044.09
预收账款	0.00	4,180,101.01
应付工资	1,101,789.11	1,101,789.11
应付福利费	10,189,720.65	10,967,633.93
应付股利	95,000,000.00	95,000,000.00
应交税金	27,950,904.74	24,186,861.55
其他应交款	825,506.87	922,732.30
其他应付款	4,227,092.32	17,534,725.19
预提费用	529,633.72	565,027.47
预计负债	0.00	0.00
一年内到期的长期负债	0.00	0.00
其他流动负债	0.00	0.00
流动负债合计	175,047,345.79	198,717,914.65
长期负债:		
长期借款	36,000,000.00	36,000,000.00
应付债券	0.00	0.00
长期应付款	16,000,000.00	16,000,000.00
专项应付款	2,980,000.00	2,980,000.00
其他长期负债	0.00	0.00
长期负债合计	54,980,000.00	54,980,000.00
递延税项:		
递延税款贷项	0.00	0.00
负债合计	230,027,345.79	253,697,914.65
少数股东权益	0.00	24,098,894.25
股东权益:		
股本	190,000,000.00	190,000,000.00
减:已归还投资	0.00	0.00
股本净额	190,000,000.00	190,000,000.00
资本公积	661,256,803.91	661,256,803.91
盈余公积	42,667,349.70	42,667,349.70
其中:法定公益金	14,222,449.90	14,222,449.90
未分配利润	81,853,453.74	78,977,670.11
外币报表折算差额	0.00	0.00
股东权益合计	975,777,607.35	972,901,823.72
负债和股东权益总计	1,205,804,953.14	1,250,698,632.62

利润及利润分配表

2002年度

编制单位:天津天士力制药股份有限公司单位:元

本期数

项目	母公司	合并
一、主营业务收入	795,487,504.84	929,786,247.76
减:主营业务成本	144,776,351.12	202,277,369.84
主营业务税金及附加	11,715,569.84	13,625,599.54
二、主营业务利润	638,995,583.88	713,883,278.38
加:其他业务利润	1,006.19	5,406.19
减:营业费用	339,593,381.71	381,323,904.89
管理费用	151,231,306.36	174,695,482.79
财务费用	9,587,524.13	11,028,350.19
三、营业利润	138,584,377.87	146,840,946.70
加:投资收益	1,291,715.13	64,094.25
补贴收入	0.00	150,000.00
营业外收入	13,450.00	27,918.37
减:营业外支出	2,061,349.30	2,201,514.21
四、利润总额	137,828,193.70	144,881,445.11
减:所得税	21,088,549.00	27,609,065.29
减:少数股东损益	0.00	-576,258.44
五、净利润	116,739,644.70	117,848,638.26
加:年初未分配利润	77,624,755.76	73,639,978.57
其他转入	0.00	0.00
六、可供分配的利润	194,364,400.46	191,488,616.83
减:提取法定盈余公积	11,673,964.48	11,673,964.48
提取法定公益金	5,836,982.24	5,836,982.24
提取职工奖励及福利基金	0.00	0.00
提取储备基金	0.00	0.00
提取企业发展基金	0.00	0.00
利润归还投资	0.00	0.00
七、可供投资者分配的利润	176,853,453.74	173,977,670.11
减:应付优先股股利	0.00	0.00
提取任意盈余公积	0.00	0.00
应付普通股股利	95,000,000.00	95,000,000.00
转作资本(或股本)的普通股股利	0.00	0.00
八、未分配利润	81,853,453.74	78,977,670.11

现金流量表

2002年度

项目	母公司
一、经营活动产生的现金流量:	
销售商品、提供劳务收到的现金	890,505,333.08
收到的税费返还	
收到的其他与经营活动有关的现金	2,993,450.00
现金流入小计	893,498,783.08
购买商品、接受劳务支付的现金	150,651,649.38
支付给职工以及为职工支付的现金	67,751,654.26
支付的各项税费	150,686,956.01
支付的其他与经营活动有关的现金	385,526,684.08
现金流出小计	754,616,943.73
经营活动产生的现金流量净额	138,881,839.35
二、投资活动产生的现金流量:	
收回投资所收到的现金	
取得投资收益所收到的现金	
处置固定资产、无形资产和其他长期资产所收回的现金净额	
收到的其他与投资活动有关的现金	1,613,066.64
现金流入小计	1,613,066.64
购建固定资产、无形资产和其他长期资产所支付的现金	104,250,655.11
投资所支付的现金	31,654,500.00
支付的其他与投资活动有关的现金	
现金流出小计	135,905,155.11
投资活动产生的现金流量净额	-134,292,088.47
三、筹资活动产生的现金流量:	
吸收投资所收到的现金	714,086,803.91
借款所收到的现金	70,000,000.00
收到的其他与筹资活动有关的现金	
现金流入小计	784,086,803.91
偿还债务所支付的现金	269,000,000.00
分配股利、利润或偿付利息所支付的现金	18,356,939.39
支付的其他与筹资活动有关的现金	2,830,000.00
现金流出小计	290,186,939.39
筹资活动产生的现金流量净额	493,899,864.52
四、汇率变动对现金的影响	-14,688.25
五、现金及现金等价物净增加额	498,474,927.15

浙江海通食品集团股份有限公司

浙江海通食品集团股份有限公司股票上市公告书

第一节 重要声明与提示

浙江海通食品集团股份有限公司(以下简称"本公司"、"公司"或"发行人")董事会保证上市公告书的真实性、准确性、完整性,全体董事承诺上市公告书不存在虚假记载、误导性陈述或重大遗漏,并承担个别和连带的法律责任。

根据《公司法》、《证券法》等有关法律、法规的规定,本公司董事、高级管理人员已依法履行诚信和勤勉尽责的义务和责任。

上海证券交易所、中国证券监督管理委员会(以下简称"中国证监会")、其他政府机关对本公司股票上市及有关事项的意见,均不表明对本公司的任何保证。

本公司提醒广大投资者注意,凡本上市公告书未涉及的有关内容,请投资者查阅2003年1月3日刊载于《中国证券报》、《上海证券报》、《证券时报》的本公司招股说明书摘要,及刊载于上海证券交易所网站(http://www.sse.com.cn)的本公司招股说明书全文及附录。

本上市公告书刊登网址:http//www.sse.com.cn

第二节 概 览

股票简称:	海通集团
沪市股票代码:	600537
深市代理股票代码:	003537
总 股 本:	164,310,000股
可流通股本:	50,000,000股
本次上市可流通股本:	50,000,000股
发行价格:	6.00元/股
上市地点:	上海证券交易所
上市时间:	2003年1月23日
股票登记机构:	中国证券登记结算有限责任公司上海分公司
上市推荐人:	广发证券股份有限公司

本公司公开发行股票前股东所持股份的流通限制及期限:根据国家现有法律、法规规定和中国证监会"证监发行字[2002]130号"《关于核准浙江海通食品集团股份有限公司公开发行股票的通知》,本公司发起人持有的非流通股份暂不上市流通。

本公司公开发行股票前第一大股东慈溪恒通物产有限公司承诺:根据《上海证券交易所股票上市规则》,本公司第一大股东慈溪恒通物产有限公司已作出承诺,"自浙江海通食品集团股份有限公司股票上市之日起在国家有关法律法规规定限制的时间内,不转让本公司(此处指恒通公司)所持有的浙江海通食品集团股份有限公司股份;同时在该限制时间内不由浙江海通食品集团股份有限公司回购本公司(此处指恒通公司)所持有的股份"。

第三节 绪 言

本上市公告书是根据《公司法》、《证券法》、《股票发行与交易管理暂行条例》、《公开发行股票公司信息披露实施细则》和《上海证券交易所股票上市规则》等国家有关法律、法规的规定,并按照中国证监会《公开发行证券的公司信息披露内容与格式准则第7号--股票上市公告书》而编制,旨在向投资者提供本公司的基本情况和本次股票上市的有关资料。

经中国证监会"证监发行字[2002]130号"文核准,本公司于2003年1月8日采取全部向二级市场投资者定价配售的方式成功发行了5000万股每股面值1.00元的人民币普通股,每股发行价为6.00元。

经上海证券交易所"上证上字[2003] 3号"《关于浙江海通食品集团股份有限公司人民币普通股股票上市交易的通知》批准,本公司公开发行的5000万股社会公众股将于2003年1月23日起在上海证券交易所挂牌交易。股票简称"海通集团",沪市股票代码"600537",深市代理股票代码"003537"。

本公司已于2003年1月3日分别在《中国证券报》、《上海证券报》、《证券时报》上刊登了《招股说明书摘要》,招股说明书正文及其附录可以在上海证券交易所网站(http://www.sse.com.cn)查询。相关资料刊登距今不足三个月,故与其重复的内容不再重述,敬请投资者查阅上述内容。

第四节 发行人概况

一、发行人基本情况

1、发行人中文名称:浙江海通食品集团股份有限公司

发行人英文名称:Zhejiang Haitong Food Group CO.,LTD.

2、注册资本:164,310,000元

(注:本次公开发行新增股本尚未办理工商登记手续)

3、法定代表人:陈龙海

4、注册地址:浙江省慈溪市浒山镇南二环线288号

邮政编码:315300

5、经营范围:果蔬速冻、脱水、保鲜、冷藏、加工;食品、饮料(凭证生产)制造、加工、批发、零售;肉、蛋制品、水产品加工;金属、建筑材料、五交化(除危险品)、日用百货、针纺织品、果蔬批发、零售;饮食供应;汽车货运。

6、所属行业:果蔬加工行业

7、联系电话:0574-63039988,63039966

传真:0574-63039898,63039818

8、董事会秘书:李强

9、发行人网址:http://www.kaiz.com

10、发行人电子邮箱:securities@haitonggroup.com

二、发行人的历史沿革

本公司前身慈溪冷冻厂于1984年3月26日在慈溪县工商行政管理局依法取得临时营业执照,登记资金总额为180万元。1985年3月22日,慈溪市冷冻厂资金总额增至430万元。1986年10月24日,慈溪市冷冻厂注册资金增至632.8万元。1990年7月18日,慈溪市冷冻厂注册资金增至710万元。1992年10月15日,慈溪市冷冻厂名称变更为慈溪冷冻总公司,注册资金增至人民币1,010万元,经济性质仍为集体企业。

经慈溪市企业改革领导小组以"慈企改领[1998]1号"文批准,慈溪市冷冻总公司于1998年1月改组为慈溪海通食品有限公司,

经慈溪市工商行政管理局批准,慈溪海通食品有限公司于1998年2月25日更名为浙江海通食品集团有限公司。

经浙江海通食品集团有限公司2000年第一次股东会决议批准,慈溪市观城供销合作社与慈溪恒通投资有限公司于2000年3月30日签订了《股权转让协议》,该协议约定慈溪市观城供销合作社将其所持有的浙江海通食品集团有限公司9.80%的股权按出资额500万元转让给慈溪恒通投资有限公司;2000年3月30日,慈溪市浒山供销社与慈溪恒通投资有限公司签订了《股权转让协议》,该协议约定慈溪市浒山供销合作社将其所持有的浙江海通食品集团有限公司9.80%的股权按出资额500万元转让给慈溪恒通投资有限公司;2000年3月30日,浙江海通食品集团有限公司除陈龙海、周乐群、毛培成外的其他42位自然人股东与慈溪恒通投资有限公司、陈龙海、周乐群及毛培成签订了《股权转让协议》,根据该协议,上述42位自然人股东将其所持有的浙江海通食品集团有限公司的股权均按出资额(总计为525万元)分别转让给慈溪恒通投资有限公司、陈龙海、周乐群及毛培成。其中,慈溪恒通投资有限公司向三十九名自然人股东总计受让了浙江海通食品集团有限公司7.451%的股权,陈龙海向八名自然人股东总计受让了浙江海通食品集团有限公司1.569%的股权,周乐群向六名自然人股东总计受让了浙江海通食品集团有限公司0.686%的股权,毛培成向四名自然人股东总计受让了浙江海通食品集团有限公司0.588%的股权。

慈溪市企业改革领导小组办公室于2000年9月11日以《关于对慈溪市供销合作社联合社转让浙江海通食品集团有限公司股权方案的批复》(慈企改办[2000]11号文)批准了慈溪市供销合作社联合社《关于要求审批转让浙江海通食品集团有限公司股权方案的请示》(慈供办[2000]87号),并同意浙江海通食品集团有限公司经营者以2800万元一次性受让慈溪市供销合作社联合社持有的本公司3500万元出资额。(根据慈溪市供销合作社联合社、慈溪市企业改革领导小组办公室出具的有关说明,经营者系指陈龙海、周乐群及毛培成三人。)

浙江海通食品集团有限公司于2000年9月22日召开的2000年临时股东会作出决议,同意以1:1.4的比例增资扩股,将本公司的注册资本从5100万元人民币增加至7100万元。根据该决议,2000年9月28日,本公司与慈溪恒通投资有限公司、陈龙海、罗镇江及张建昌分别签订了《增资协议》。协议约定:慈溪恒通投资有限公司以现金人民币1855万元溢价出资认购1325万元新增注册资本,陈龙海以现金人民币630万元溢价出资认购450万元新增注册资本,罗镇江以现金人民币203万元溢价出资认购145万元新增注册资本,张建昌以现金人民币112万元溢价出资认购80万元新增注册资本。该次增资价格是参照本公司2000年6月30日每元注册资本对应的净资产值1.48元制定。根据慈溪永敬会计师事务所有限公司于2000年9月30日出具的《验资报告》(慈永会内验[2000]第708号),上述股东应缴纳的出资已全部到位。

经宁波市人民政府于2000年10月23日以"甬政发[2000]227号"文批准,慈溪恒通投资有限公司(后更名为"慈溪恒通物产有限公司")和陈龙海、周乐群、毛培成、罗镇江、张建昌六方共同作为发起人,将浙江海通食品集团有限公司整体变更为浙江海通食品集团股份有限公司。根据普华永道中天会计师事务所有限公司出具的 "普华永道审字(2000)第24号" 审计报告,截止2000年9月30日,有限公司账面净资产为114,311,234元。按照《公司法》第九十九条之规定,其中11,431万元按照1:1的比例折为11,431万元总股本,不足万元部分的1,234元,计入资本公积。本公司于2000年11月8日在宁波市工商行政管理局登记注册。

本公司自成立起至本次发行,没有发生过股本结构变化。

经中国证监会"证监发行字[2002]130号"文核准,本公司于2003年1月8日采用全部向二级市场投资者定价配售方式成功地发行了人民币普通股5000万股,每股面值1.00元,每股发行价6.00元。此次发行完成后,本公司的总股本增至16,431万元。截至本上市公告书公告之日,本公司尚未完成因本次公开发行股票增加股本的工商变更登记手续。

本公司历次股本结构变化均履行了法定程序,且未对公司的主营业务构成影响,公司管理层相对稳定,公司经营业绩稳步增长。

本次发行前后公司的股本结构:

股本类别	股东单位	本次发行前 股本总额(万股)	本次发行前 持股比例(%)	本次发行后 股本总额(万股)	本次发行后 持股比例(%)
法人股	慈溪恒通物产有限公司	4,354.982	38.098	4,354.982	26.505
自然人持有的非流通股	陈龙海	4,282.624	37.465	4,282.624	26.064
	周乐群	1,215.573	10.634	1,215.573	7.398
	毛培成	1,215.573	10.634	1,215.573	7.398
	罗镇江	233.421	2.042	233.421	1.421
	张建昌	128.827	1.127	128.827	0.784
社会公众股		–	–	5,000.000	30.430
总股本		11,431.000	100.00	16,431.000	100.00

目前各发起人持有的本公司股权不存在任何因被质押、诉讼等引致的纠纷或潜在纠纷。

三、发行人的主要经营情况

(一)发行人业务概况

本公司的主营业务为果蔬加工,包括速冻、脱水、保鲜、腌渍、调理果蔬,果蔬罐头及浓缩果蔬汁的生产和销售。

本公司最近三年及最近一期主营业务收入的构成情况如下:

单位:元

产品种类	2002年1至6月	2001年	2000年	1999年
速冻产品	31,822,989	63,219,740	38,762,978	45,493,049
调理产品	37,039,912	69,223,905	72,169,239	43,834,480
脱水产品	24,927,697	36,620,956	38,172,556	53,093,244
保鲜产品	82,425	16,455,211	11,920,881	1,410,036
罐头产品	17,830,715	20,714,732	22,880,497	14,914,321
其他	13,659,403	27,690,366	18,672,482	10,950,295
合计	125,363,141	233,924,910	202,578,633	169,695,425

(二)发行人竞争优势与劣势分析

1、竞争优势

(1)丰富的行业经验。本公司从事果蔬加工已有17年的历史,已培养了一定数量的既有专业业务知识又忠于公司的生产、经营、管理人员,同时在行业内树立了良好的市场形象,产品在目标市场已具有一定的知名度,公司与当地农场、农户也形成了密切的合作关系。丰富的行业经验、对行业特性的深刻认识以及对行业发展趋势的准确把握使本公司能及时抓住市场机会,从而位居市场竞争的主动地位。

(2)敬业、高效的企业氛围和经营团队。果蔬初加工增值幅度较小,而利润空间也相对有限。本公司在同行业企业中较强的竞争优势和较高的获利能力,主要来自于经营的低成本。公司在多年的生产经营中建立了完善的成本控制体系,有效降低了经营成本;同时,公司也造就了一支锐意进取、精诚团结的经营团队。它保证了公司产品的高质量和低成本,也保证公司在这一进入壁垒较低的行业内的获利能力及持久的竞争优势。

(3)经营机制优势。本公司是由主要管理人员持股的民营企业,企业的主要领导人员持有相当比例的公司股份。该种股权结构保证了所有者和管理者利益的一体化和一致性,激励机制到位,大

大降低了企业的委托代理成本,保证了企业决策和运作的高效率。

(4)管理优势。本公司建立了健全、有效的食品安全及质量保证操作体系。1998 年底,本公司通过了 CQC 浙江评审中心的 ISO9002 认证。另外,公司于 2001 年初获得宁波地区第一张速冻蔬菜 HACCP(危害分析与关键控制点)认证证书(HACCP 是一种世界公认的食品企业安全生产的预防性质量控制规程,而且是产品符合美国联邦产品质量、卫生规定的证明和产品出口到欧美、日本等发达国家所必须达到的标准)。为了进一步提高公司管理效率,本公司目前正在实施企业资源计划管理系统(ERP)项目。此外,与各种质量保证体系相配套的各种检测手段和检测设施也已投入运营。实施严格的管理制度使本公司的产品质量、安全卫生水平位居同行前列,有效提高了产品的综合竞争力,并为公司产品更多地进入国际市场打下了坚实基础。

(5)营销业绩优势。得益于公司多年来形成的严格的质量保障体系,公司在外商中建立了良好的信誉,发展了一批相对稳定的客户群体,出口额逐年增长。目前,公司正加大投入,建立和完善内销市场销售网络和高效的物流配送系统。该项目完成后,可有效提升公司的国内市场形象,提高公司产品在国内市场的占有率。

(6)良好的原料供给环境。蔬菜种植是蔬菜加工的基础。公司地处的慈溪市及周边地区,是传统的蔬菜种植区,当地农民有种植蔬菜的传统和良好的种植经验和农艺,同时善于接受新品种、新的种植技术和农艺,这就保证了公司能按外商订单组织农民种植和获得所需的原料,并满足对外出口的要求,使公司对外出口的原料供应有了可靠的保证。同时,公司近几年来出口量的不断增加、规模的不断扩大,又进一步带动和促进当地蔬菜种植业的发展,使蔬菜种植更具规模。公司蔬菜加工和出口与当地蔬菜种植的发展相互促进、良性发展,使公司拥有了一个良好的原料供给基地和供给环境,保证了公司蔬菜加工和出口规模的进一步扩大。

2、竞争劣势

(1)进入壁垒低。公司处于蔬菜加工行业,技术含量和进入壁垒相对较低。因此,公司容易受到来自行业外的其它经营实体的跟进威胁。另一方面,公司在初加工环节呈现给竞争对手的是一个相对固定的经营目标,经营手段和竞争优势可能被竞争对手模仿,公司的获利空间也将因此而被压缩。

(2)产品附加值低。本公司目前的经营主要集中在果蔬初加工上,产品附加值不高,增值幅度较小,利润空间受到限制。

(3)公司竞争优势的延伸受到限制。公司在初加工环节的主要竞争优势为低成本,竞争优势单一,竞争优势的扩展受到限制。

(4)产品的销售区域过于集中。公司约 77%的产品销往日本,如果中日出现贸易摩擦或日本经济和消费持续低迷,公司的出口量及经营业绩就会受到严重的影响。

(5)人力资源相对不足。由于公司发展较快,公司部分专业管理人员缺乏,管理人员的培养跟不上企业的发展。另一方面,由于企业的经营主要集中在产品的初加工,企业也缺少营销和新产品开发人员。人力资源的匮乏,会影响企业规模的进一步扩大和业务的扩展。

(三)主要财务数据

根据普华永道中天会计师事务所有限公司"普华永道审字[2002]第 1312 号"审计报告,本公司最近三年及最近一期的主要财务数据如下:

1、资产负债表主要数据(单位:人民币元)

项　目	2002 年 6 月 30 日	2001 年 12 月 31 日	2000 年 12 月 31 日	1999 年 12 月 31 日
总资产	437,476,028	379,753,681	254,329,980	189,217,902
负债总额	243,961,772	206,399,553	110,208,551	114,879,832
股东权益	177,965,048	159,540,528	125,848,436	62,827,938

2、利润表主要数据(单位:人民币元)

项　目	2002 年 1 至 6 月	2001 年度	2000 年度	1999 年度
主营业务收入	125,363,141	233,924,910	202,578,633	169,695,425
主营业务利润	34,605,575	69,513,178	72,723,542	49,264,695
营业利润	15,671,500	29,578,150	37,903,895	16,683,411
利润总额	24,251,858	37,676,288	42,449,050	18,429,532
净利润	18,395,240	34,185,965	35,385,476	11,458,857

3、现金流量表主要数据(单位:人民币元)

项　目	2002 年度 1 至 6 月	2001 年度
经营活动产生的现金流量净额	14,742,495	27,632,048
投资活动产生的现金流量净额	(45,249,674)	(111,331,120)
筹资活动产生的现金流量净额	13,176,173	115,935,860
现金及现金等价物净增加额	(17,331,006)	32,236,788

(四)发行人享有的税收优惠政策

本公司是农业产业化国家重点龙头企业,根据农业部、国家税务总局、中国证券监督管理委员会、国家发展计划委员会、国家经济贸易委员会、财政部、对外贸易经济合作部、中国人民银行等八部委"农经发[2000]8 号"文件和财政部、国家税务总局"财税字[1997]49 号"文件的精神,并根据浙江省宁波市地方税务局"甬地税[2001]269 号"和"甬地税[2000]306 号"的批复,本公司于 2000 年度及 2001 年度及 2002 年度从事种植业,养殖业和农林产品初加工取得的所得免征企业所得税。

本公司的控股子公司宁波路佑食品有限公司、宁波通达食品有限公司、上虞四海食品有限公司、余姚卡依之食品有限公司、宁海卡依之食品有限公司及宁波富士农业开发有限公司均为中外合资企业,享受两免三减半的税收优惠。上述企业均设立于沿海经济开发区,根据税法有关规定并经有关税务机关的审批,上述公司的所得税税率均为 26.4%。

第五节　股票发行与股本结构

一、本次股票上市前首次公开发行股票的情况

1、股票种类:人民币普通股

2、每股面值:1.00 元

3、发行数量:5000 万股

4、发行价格:6.00 元/股

5、发行市盈率:20 倍

6、发行方式:全部向沪市、深市二级市场投资者定价配售

7、发行对象:于 2003 年 1 月 3 日收盘时持有上交所或深交所已上市流通人民币普通股(A 股)股票的收盘市值总和(包括可流通但暂时锁定的股份市值)不少于 10,000 元的投资者均可参加本次新股发行的配售。配售时,投资者分别使用其所持有的沪、深两市的股票市值。

8、实际募集资金总额:285,876,362.21 元

9、发行费用总额及项目:本次 A 股发行费用总额为 14,123,637.79 元,主要包括承销费用、审计费用、律师费用、评估费用、上网发行手续费、审核费用等。

10、每股发行费用:0.2825 元

二、本次股票上市前首次公开发行股票的承销情况

本次公开发行的 5000 万股社会公众股的配号总数为 61,486,567,中签率为 0.08131857%。其中,二级市场投资者认购 49,510,844 股,其余 489,156 股由主承销商包销。

三、本次上市前首次公开发行股票所募股资金的验资报告

验资报告

普华永道验字(2003)第 6 号

浙江海通食品集团股份有限公司全体股东:

我们接受委托,审验了贵公司截至 2003 年 1 月 14 日止通过向境内投资者首次公开发行境内上市人民币普通股("A 股")募集的新增股本的实收情况。按照国家相关法律、法规的规定和招股说明书的要求出资,提供真实、合法、完整的验资资料,保护资产的安全、完整是全体股东及贵公司的责任。我们的责任是对贵公司本次发行 A 股募集的新增股本的实收情况发表审验意见。我们的审验是依据《独立审计实务公告第 1 号–验资》进行的。在审验过程中,我们结合贵公司的实际情况,实施了检查等必要的审验程序。

贵公司原注册资本为人民币 114,310,000 元,根据贵公司 2001 年度第二次临时股东大会决议及中国证券监督管理委员会证监发行字[2002]130 号《关于核准浙江海通食品集团股份有限公司公开发行股票的通知》核准,贵公司以每股人民币 6 元的价格向境内投资者首次发行面值为人民币 1 元的 A 股共计 50,000,000 股,并在上海证券交易所上市交易,增资后的注册资本为人民币 164,310,000 元。

经我们审验,根据贵公司与主承销商广发证券股份有限公司签订的承销协议,截至 2003 年 1 月 14 日止,贵公司已完成了上述股票发行工作。贵公司通过以每股人民币 6 元的价格发行 50,000,000 股 A 股共筹得人民币 300,000,000 元,均以人民币现金形式投入,扣除承销费用及其他发行费用共计人民币 14,123,637.79 元后,净筹得人民币 285,876,362.21 元,其中人民币 50,000,000 元为股本,人民币 235,876,362.21 元为资本公积。

截至 2003 年 1 月 14 日止,连同经普华永道中天会计师事务所有限公司于 2000 年 11 月 3 日出具的"普华永道验字 2000 第 28 号"验资报告所验证的贵公司原股本人民币 114,310,000 元,贵公司此次增资后股本的累计实收金额为人民币 164,310,000 元,每股面值为人民币 1 元,共计普通股 164,310,000 股。

本验资报告仅供贵公司向国家工商行政管理部门申请变更登记及据以向股东签发出资证明时使用,不应将其视为是对贵公司日后资本保全、偿债能力和持续经营能力等的保证。因使用本验资报告不当所造成的后果,与执行本验资业务的注册会计师及会计师事务所无关。

附件:　1、新增股本实收情况明细表　　4、银行收款通知书

　　　2、股本变更前后对照表　　5、验资机构《企业法人营业执照》

　　　3、验资事项说明

普华永道中天会计师事务所有限公司　　中国注册会计师:周忠惠

　　中国注册会计师:王　笑

2003 年 1 月 15 日

四、募股资金入帐情况

(一)入帐时间:2003 年 1 月 14 日

(二)入帐金额:290,360,272.21(募集资金扣除承销费、上网发行手续费和垫扣上市推荐费后的余额)

(三)入帐帐号:4170817000943308092001

(四)开户银行:中国银行慈溪市支行

五、发行人上市前股权结构及各类股东的持股情况

(一)本次股票上市前,本公司的股权结构

	股份类别	股份数量(万股)	比例(%)
尚未流通股份	发起人境内法人股	4,354.982	26.505
	发起人境内自然人持有的非流通股股	7,076.018	43.065
流通股	社会公众股	5,000	30.430
合计		16,431	100

(二)本次股票上市前,本公司前十名股东持股数及比例

序号	股东名称	持股数量(股)	持股比例(%)
1	慈溪恒通物产有限公司	43,549,820	26.505
2	陈龙海	42,826,240	26.064
3	周乐群	12,155,730	7.398
4	毛培成	12,155,730	7.398
5	罗镇江	2,334,210	1.421
6	张建昌	1,288,270	0.784
7	广发证券股份有限公司	489,156	0.298
8	长盛成长价值证券投资基金	53,000	0.032
9	金鑫证券投资基金	50,000	0.030
10	兴华证券投资基金	49,000	0.030

第六节　董事、监事、高级管理人员及核心技术人员

一、董事、监事与高级管理人员简介

本公司董事、监事、高级管理人员与核心技术人员国籍均为中国国籍,无境外的永久居留权,相互之间不存在配偶关系、三代以内直系和旁系亲属关系。

(一)公司董事会成员

1、陈龙海:公司董事长,男,50 岁,中共党员,大专学历,经济师。历任慈溪冷冻厂厂长,慈溪冷冻总公司总经理,浙江海通食品集团有限公司董事长、总经理。陈先生现任中国商贸专家委员会委员、浙江省蔬菜协会会长、浙江省罐头行业协会副理事长、浙江省制冷学会副理事长、浙江省食品工业协会理事和浙江省经营管理研究会会员。陈先生曾先后荣获全国农业企业家、国内贸易部劳动模范、浙江省优秀企业家、宁波市先进工作者、慈溪市优秀企业家创业奖等荣誉。

陈先生现时还兼任浙江海通食品进出口有限公司董事长兼总经理、宁波卡依之食品有限公司董事长、宁波富士农业开发有限公司董事长、宁波路佑食品有限公司董事长、慈溪建桥投资有限公司董事长、余姚卡依之食品有限公司董事长、上虞四海食品有限公司董事长、宁波通达食品有限公司董事长、慈溪万紫杨梅酿酒有限公司董事长、宁波慈农贸易有限公司董事长、宁波杭州湾大桥开发投资有限公司董事、宁波杭州湾发展有限公司董事。

2、周乐群:公司副董事长兼总经理,男,33 岁,中共党员,大专学历。曾在公司设备部、企业规划部、国际贸易部、事业推进部任职,历任部长、总经理助理等职,1996 年起任有限公司董事、副总经理。

周先生现时还兼任宁波富士农业开发有限公司董事兼总经理、宁波路佑食品有限公司董事兼总经理、宁海卡依之食品有限公司董事、浙江海通食品进出口有限公司董事、余姚卡依之食品有限公司董事、上虞四海食品有限公司董事、宁波通达食品有限公司董事、慈溪万紫杨梅酿酒有限公司董事、宁波大统食品有限公司董事。

3、毛培成:公司董事兼副总经理,男,37 岁,中共党员,大学学历,经济师。曾先后在车间、工场、销售部门工作,历任车间主任、副工场长、国内贸易部部长、事业推进部部长、总经理助理等职务。

毛先生现时还兼任浙江海通食品进出口有限公司董事、上虞四海食品有限公司董事、慈溪万紫杨梅酿酒有限公司监事。

4、罗镇江:公司董事兼副总经理,男, 35 岁,中共党员,大学学历,经济师。曾先后在公司办公室、贸易部从事文秘、业务等工作。曾多次被慈溪市人民政府评为先进工作者。

罗先生现时还兼任宁海卡依之食品有限公司副董事长、浙江海通食品进出口有限公司董事。

5、徐和君:公司董事,女,46 岁,中共党员,大专学历,会计师。曾在公司财务部门工作,历任主办会计、财务科长、财务部长、总经理助理。曾多次获得公司先进工作者、宁波市优秀会计等荣誉称号。

徐女士现任慈溪恒通物产有限公司董事兼总经理、浙江海通食品进出口有限公司董事、宁波路佑食品有限公司董事、上虞四海食品有限公司董事。

6、叶跃进:公司董事,女,44 岁,中共党员,高中文化,助理经济师职称。曾在本公司从事文书、总务及人事管理,历任办公室主任、副总经理。曾被评为慈溪市先进工作者、成人教育先进工作者。

叶女士现时还兼任慈溪恒通物产有限公司董事长、宁波通达食品有限公司董事、浙江海通食品进出口有限公司监事、宁波大统食品有限公司董事长兼总经理。

7、范荣宝:公司独立董事,男,48 岁, 硕士学历,副教授。曾先后任职于上海社科院、上海经济管理干部学院、华东师范大学,从事经济类教育和企业咨询,并从事 MBA 企业战略管理教学工作。

8、黄董良:公司独立董事,男,47 岁,中共党员,副教授,中国注册税务师、注册会计师(非执业)、高级会计师。浙江财经学院会计学院党支部书记、常务副院长,浙江省会计学会副秘书长,浙江省会计高级职称评审委员会委员。曾任浙江财经学院科研处处长、财政系副主任、教务处处长。

9、张慜:公司独立董事,男,40 岁,中共党员。江南大学食品科学与工程学科教授、博士生导师,食品学院农产品加工与贮藏教研室主任。亚洲农业工程协会(AAAE)执委和副理事长、亚太食品分析协作网(APFAN)高级会员、中国农机学会收获加工机械分会常务委员、中国农学会终身会员。

(二)公司监事会成员

1、杨国清:公司监事会召集人,男,44 岁,中共党员,中专学历,助理政工师职称。历任慈溪动力机总厂工会主席、党委委员,慈溪食品厂副厂长,浙东化工厂及浙东透明纸厂厂长、党委书记,1995 年起任宁波通达食品有限公司总经理,2001 年 12 月任公司生产中心负责人。曾获慈溪市级优秀工会工作者、宁波市级优秀工会工作者称号。

杨先生现时还兼任宁波通达食品有限公司董事兼总经理、浙江海通食品进出口有限公司监事。

2、杜国年:公司监事,男,40 岁,高中文化。历任东方啤酒厂销售部长、慈溪冷冻厂业务部长、日本大荣(株式会社)上海代表处业务员、宁波大荣食品有限公司工场长。

杜先生现时还兼任宁海卡依之食品有限公司董事、总经理。

3、潘菊红:公司监事(职工代表),女,44 岁,大专学历,会计师。曾任慈溪副食品公司会计、慈溪汽水厂财务科长、宁波大统食品有限公司财务部部长助理、浙江海通食品集团有限公司统计及内审负责人。现任本公司监事(职工代表)。

潘女士现时还兼任宁波富士农业开发有限公司和慈溪建桥投资有限公司财务负责人。

(三)高级管理人员

1、周乐群:公司总经理,简历详见董事人员介绍。

2、毛培成:公司副总经理,简历详见董事人员介绍。

3、罗镇江:公司副总经理,简历详见董事人员介绍。

4、张小霖:公司副总经理兼任杭州代表处负责人,女,41 岁,中共党员,中专学历。曾先后在浙江省粮油食品进出口公司、浙江银河食品有限公司担任业务员、副总经理。

5、吴立忠:公司副总经理兼财务负责人,男,38 岁,大学学历,助理农经师职称。曾任宁波大统食品有限公司财务科长,宁波路佑食品有限公司财务部长、办公室主任,慈溪冷冻总公司总经理助理,上虞四海食品有限公司代理总经理、常务副总经理、总经理。

吴先生现时还兼任宁波路佑食品有限公司董事、宁海卡依之食品有限公司董事、余姚卡依之食品有限公司董事、上虞四海食品有限公司董事、慈溪万紫杨梅酿酒有限公司监事。

6、李强:公司董事会秘书,男,29 岁,大学学历,经济师。曾先后从事公安外事管理、云南昆明福海实业有限公司翻译工作,1998 年进入公司,在公司办公室、国际贸易部工作,并担任市经营者协会外向分会秘书长。现任本公司董事会秘书。李先生有丰富的金融证券知识和较强的对外协调沟通能力,在推进公司制度化建设、构建公司集团化运行框架等方面发挥了积极作用。

李先生现时还兼任慈溪建桥投资有限公司监事。

(四)技术负责人及核心技术人员

1、许为黎:男,37 岁,硕士学历,副研究员。曾任江苏淮阴农科院副主任,2000 年 8 月进入公司,先后任研发中心主管,海通实验农场负责人等职务,主持原料基地建设、有机食品研究开发。

2、孙金才:男,36 岁,中共党员,本科学历,工程师职称。1989 年 8 月加盟公司,先后在本公司质检科、宁波通达食品有限公司、生技部、四海公司、品管部、宁海公司任职,历任科长、部长。现任本公司研发中心主管。

二、董事、监事及高级管理人员持股情况

(一)持有本公司股份情况

截至本上市公告书签署日,陈龙海先生、周乐群先生、毛培成先生、罗镇江先生分别持有本公司股份 4282.624 万股、1215.573 万股、1215.573 万股、233.421 万股。

(二)持有关联企业股份情况

1、叶跃进女士以现金出资 757.5 万元,持有慈溪恒通物产有限公司 14.854%的股权。

2、徐和君女士以现金出资 505 万元,持有慈溪恒通物产有限公司 9.902%的股权。

3、吴立忠先生以现金出资 124.5 万元,持有慈溪恒通物产有限公司 2.441%的股权。

4、杜国年先生以现金出资 75.5 万元,持有慈溪恒通物产有限公司 1.480%的股权。

5、杨国清先生以现金出资 56.5 万元,持有慈溪恒通物产有限公司 1.108%的股权。

除此以外,其它董事、监事、高级管理人员和核心技术人员不存在通过其能够直接或间接控制的公司持有本公司股份的情况。

二、关于股份锁定的契约性安排

本公司董事、监事、高级管理人员和核心技术人员中,陈龙海先生、周乐群先生、毛培成先生、罗镇江先生合共持有本公司 6,947 万股股份。为了公司的长期稳定发展,陈龙海先生、周乐群先生、毛培成先生、罗镇江先生出具了《股份自愿锁定承诺》,承诺"所持有的浙江海通食品集团股份有限公司股份在《证券法》、《公司法》、《公司章程》、《交易所上市规则》和中国证监会规定不得上市流通期内全部锁定,也不将所持有的浙江海通食品集团股份有限公司的全部或部分股份对外设置质押及其他担保"。

第七节 同业竞争与关联交易

一、同业竞争情况

(一)关于同业竞争的说明

本公司的主营业务为果蔬加工,主要包括速冻、脱水、保鲜、腌渍、调理果蔬,果蔬罐头及浓缩果蔬汁的生产和销售,本公司唯一法人股东慈溪恒通物产有限公司的业务经营范围为农副产品(国家专项审批和统一经营的除外)、食品机械、五金配件、建筑材料、日用百货、针纺织品、包装材料批发、零售。慈溪恒通物产有限公司于 2001 年 12 月 12 日出具确认函,确认目前其所从事的业务不涉及农产品初加工,与本公司不存在同业竞争关系。慈溪恒通物产有限公司除本公司外并无其他控股或参股单位。

本公司的自然人股东未投资设立与本公司有同业竞争关系的公司,亦未在与本公司有同业竞争关系的公司任职。

以上资料表明,本公司各股东与本公司之间不存在同业竞争情况。

为了避免同业竞争,保护中小股东的利益,本公司的各股东均与本公司订立了避免同业竞争的协议或作出了相关承诺。

(二)发行人律师、主承销商就同业竞争事宜所发表的意见

发行人律师核查后认为,本公司与关联方之间不存在同业竞争。本次发行主承销商核查后认为,本公司与关联方之间不存在同业竞争。

二、关联方和关联关系

本公司目前存在的主要关联方及关联关系如下:

(一)本公司的六个股东为本公司的关联方,包括:慈溪恒通物产有限公司以及陈龙海、周乐群、毛培成、罗镇江、张建昌等 5 个自然人。

本公司各股东控股、参股及联营企业情况如下:

股东名称	在本公司担任职务	持有本公司股权比例(%)	除本公司外控股、参股及联营企业名称	持有该控股、参股联营企业股权比例(%)
慈溪恒通物产有限公司		38.098	无对外股权投资	
陈龙海	董事长	37.465	无对外股权投资	
周乐群	副董事长兼总经理	10.634	浙江海通食品进出口有限公司	7
毛培成	董事兼副总经理	10.634	浙江海通食品进出口有限公司	6
罗镇江	董事兼副总经理	2.042	浙江海通食品进出口有限公司	7
张建昌		1.127	慈溪市蔬菜开发有限公司	3.75

(二)本公司的八家控股子公司为本公司的关联方,其基本情况为:

被投资单位名称	注册资本	投资额(2001 年 12 月 31 日)	拥有权益比例
宁波路佑食品有限公司	85 万美元	7,704,088 元	65%
宁波通达食品有限公司	30 万美元	4,638,207 元	70%
上虞四海食品有限公司	30 万美元	1,809,051 元	55%
余姚卡依之食品有限公司	70 万美元	4,662,969 元	75%
宁海卡依之食品有限公司	100 万美元	1,867,394 元	75%
宁波富士农业开发有限公司	12 万美元	637,701 元	65%
浙江海通食品进出口有限公司	1,500 万元	12,418,255 元	80%
慈溪万紫杨梅酿酒有限公司	100 万元	532,344 元	60%

(三)本公司的关联方还包括本公司直接或间接持有 20%以上权益的的参股公司:慈溪建桥投资有限公司。

(四)本公司董事、监事、高管人员及核心技术人员任职的其他企业为本公司的关联方:本公司董事长陈龙海兼任宁波杭州湾大桥开发投资有限公司董事,因此,该公司为本公司的关联方;本公司董事长陈龙海兼任宁波慈农贸易有限公司董事长,因此,该公司为本公司的关联方;本公司董事长陈龙海兼任宁波环球电子物流有限公司董事,因此,该公司为本公司的关联方;本公司董事长陈龙海兼任宁波杭州湾发展有限公司董事,因此,该公司为本公司的关联方;本公司董事长陈龙海兼任宁波杭州湾投资开发有限公司董事,因此,该公司为本公司的关联方;本公司董事叶跃进兼任宁波大统食品有限公司的董事长,因此,该公司为本公司的关联方。

(五)对本公司主要股东有实质影响的法人或自然人为本公司的关联方:本公司董事叶跃进持有本公司第一大股东慈溪恒通物产有限公司 14.854%的股权,并担任慈溪恒通物产有限公司的董事长,因此,叶跃进为本公司的关联方;本公司董事徐和君持有本公司第一大股东慈溪恒通物产有限公司 9.902%的股权,并担任慈溪恒通物产有限公司的总经理,因此,徐和君为本公司的关联方。

三、主要关联交易

以上关联方中,本公司与慈溪恒通投资有限公司发生关联交易。除上述关联方外,截止 2002 年 6 月 30 日,本公司与其他关联方没有发生应披露的重大关联交易。关联交易的内容如下:

本公司于 2000 年 9 月 23 日将所持有的宁波大统食品有限公司 66.67%的股权协议转让给慈溪恒通投资有限公司(即慈溪恒通物产有限公司),转让价格为 7,628,000 元。本公司已于 2000 年 9 月 29 日收到转让价款。

本公司过往三年未发生与公司主营业务经营相关的关联交易。因此,本公司的关联交易并未对公司的财务状况或经营成果产生重大影响。

第八节 财务会计资料

有关本公司 1999 年至 2002 年 6 月 30 日经审计的财务会计资料详情,请投资者查阅招股说明书正文及附录。

一、注册会计师意见

本公司已聘请普华永道中天会计师事务所有限公司对本公司 1999 年 12 月 31 日、2000 年 12 月 31 日、2001 年 12 月 31 日及 2002 年 6 月 30 日的合并资产负债表和资产负债表,1999 年度、2000 年度、2001 年度和 2002 年 1 至 6 月份的合并利润表和利润表,1999 年度、2000 年度、2001 年度和 2002 年 1 至 6 月份的合并利润分配表和利润分配表,以及 2001 年度、2002 年 1 至 6 月份的合并现金流量表和现金流量表进行了审计。注册会计师已出具了标准无保留意见的审计报告。

二、简要会计报表

1、合并资产负债表(见附表)

2、合并利润表及利润分配表(见附表)

3、合并现金流量表(见附表)

三、会计报表附注

请投资者查阅本公司招股说明书全文与附录(www.sse.com.cn)。

四、主要财务指标:

财务指标	2002/6/30	2001/12/31	2000/12/31	1999/12/31
流动比率	1.03	1.22	1.15	0.82
速动比率	0.45	0.61	0.38	0.33
应收账款周转率(次)	13.06	28.76	50.42	64.30
存货周转率(次)	1.06	2.12	2.02	2.71
无形资产(土地使用权除外)占净资产比率(%)	0.13	0.16	–	–
资产负债率(%)	53.66	48.81	36.85	57.90
每股净资产(元)	1.56	1.40	1.10	–
研究及开发费用占主营业务收入比例(%)	–	1.51	1.55	1.56
净资产收益率(%)	10.34	21.43	28.12	18.24
每股收益(元)	0.16	0.30	0.31	–
每股经营活动的现金流量(元)	0.13	0.24	0.18	–

2.按中国证监会《公开发行证券公司信息披露编报规则第 9 号–净资产收益率和每股收益的计算及披露》的计算及披露要求,本公司 2001 年度及 2002 年 1 至 6 月的每股收益和净资产收益率如下:

2002 年 1 至 6 月:

项目	报告期利润	净资产收益率(%)		每股收益(元/股)	
		全面摊薄	加权平均	全面摊薄	加权平均
主营业务利润	34,605,575	19	21	0.30	0.30
营业利润	15,671,500	9	9	0.14	0.14
净利润	18,395,240	10	11	0.16	0.16
扣除非经常性损益后的净利润	16,793,382	9	10	0.15	0.15

2001 年度:

项目	报告期利润	净资产收益率(%)		每股收益(元/股)	
		全面摊薄	加权平均	全面摊薄	加权平均
主营业务利润	69,513,178	44	49	0.61	0.61
营业利润	29,578,150	19	21	0.26	0.26
净利润	34,185,965	21	24	0.30	0.30
扣除非经常性损益后的净利润	27,291,019	17	19	0.24	0.24

第九节 其他重要事项

一、自本公司股票首次公开发行之日至本上市公告书公告之日,本公司严格依照现行有关法律、法规的规定规范运行,生产经营情况正常,本公司所处行业和市场无重大变化,主要投入、产出

物供求及价格无重大变化,主要业务发展目标的进展状况正常。

二、自本公司股票首次公开发行之日至本上市公告书公告之日,本公司未发生重大投资行为、无重大资产(或股权)的收购、出售行为。

三、自本公司股票首次公开发行之日至本上市公告书公告之日,本公司住所未发生变更。

四、自本公司股票首次公开发行之日至本上市公告书公告之日,本公司未涉及任何重大诉讼、仲裁案件。

五、自本公司股票首次公开发行之日至本上市公告书公告之日,本公司未发生重大会计政策和会计师事务所的变动

六、自本公司股票首次公开发行之日至本上市公告书公告之日,本公司未发生新的重大负债、担保或重大债项发生变化。

七、自本公司股票首次公开发行之日至本上市公告书公告之日,本公司董事、监事和高级管理人员未受到任何刑事起诉,亦没有尚未了解或可能发生的刑事诉讼事项。

八、本公司股票发行前后和股票上市前后,税负无变化。

九、本公司计划在2002年度结束以后进行上市后的第一次利润分配。

十、根据《上海证券交易所股票上市规则》本公司第一大股东慈溪恒通物产有限公司承诺,"自浙江海通食品集团股份有限公司股票上市之日起在国家有关法律法规规定限制的时间内, 不转让本公司(此处指恒通公司)所持有的浙江海通食品集团股份有限公司股份;同时在该限制时间内不由浙江海通食品集团股份有限公司回购本公司(此处指恒通公司)所持有的股份"。

十一、自本公司股票首次公开发行之日至本上市公告书公告之日,本公司无其他应披露而未披露之重大事项。

第十节　董事会上市承诺

本公司董事会将严格遵守《公司法》、《证券法》、《股票发行与交易管理暂行条例》、《公开发行股票公司信息披露实施细则》和《上海证券交易所股票上市规则》等法律、法规和中国证监会的有关规定,承诺自本公司股票上市之日起做到:

(一)承诺真实、准确、完整、公允和及时的公布定期报告,批露所有对投资者有重大影响的信息,并接受中国证监会、上海证券交易所的监督管理;

(二)承诺本公司在知悉可能对股票价格产生误导性影响的任何公共传播媒介中出现的消息后,将及时予以公开澄清;

(三)本公司董事、监事、高级管理人员和核心技术人员将认真听取社会公众的意见和批评,不利用已获得的内幕消息和其他不正常手段直接或间接从事本公司股票的买卖活动;

(四)本公司没有无记录的负债。

第十一节　上市推荐人及其意见

(一)上市推荐人有关情况

上市推荐人:广发证券股份有限公司

法定代表人:陈云贤

住　　所:广州市天河北路183号大都会广场42楼

办 公 地:广州市天河北路183号大都会广场38楼

联系电话:(020)87555888

传　　真:(020)87553583

联 系 人:朱项平　康翰震　朱煜起　吴克卫　覃广

(二)上市推荐人意见

本公司上市推荐人广发证券股份有限公司(以下简称"广发证券")认为本公司首次公开发行的股票符合上市条件,已向上海证券交易所出具了《浙江海通食品集团股份有限公司A股上市推荐书》。广发证券的推荐意见如下:

海通集团的章程符合《公司法》等有关法律、法规和中国证监会的相关规定;根据《公司法》、《证券法》、《股票发行与交易管理暂行条例》和《上海证券交易所股票上市规则》等法律、法规的规定,海通集团首次公开发行的股票已具备公开上市的条件。

广发证券协助海通集团健全了法人治理结构,制定了严格的信息披露制度与保密制度,保证海通集团的董事了解法律、法规、上海证券交易所上市规则及股票上市协议规定的董事的义务与责任。

广发证券已对海通集团上市文件所载的资料进行了核查,确保上市文件真实、准确、完整,符合规定要求。保证海通集团的上市申请材料、上市公告书没有虚假记载、误导性陈述或者重大遗漏,并愿意对其承担连带责任。广发证券与海通集团不存在关联关系。

广发证券保证不利用在上市过程中获得的内幕信息进行内幕交易,为自己或他人谋取利益。

广发证券作为海通集团首次公开发行股票的独家上市推荐人, 特此推荐海通集团本次发行的5,000万股人民币普通股股票在贵所上市交易。

浙江海通食品集团股份有限公司

二零零三年一月十八日

简要合并资产负债表

资产　　单位:元

项　目	2002年6月30日	2001年12月31日	2000年12月31日	1999年12月31日
货币资金	28287473.00	45618479.00	13381691.00	5995956.00
应收账款	10401529.00	8803163.00	7466611.00	569193.00
其他应收款	30482017.00	24010964.00	14174698.00	27289146.00
预付账款	1408592.00	2081311.00	1204735.00	3445959.00
存货	89656598.00	80047297.00	73565524.00	55084316.00
待摊费用	67038.00	16522.00	52544.00	10348.00
流动资产合计	160303247.00	160577736.00	109845803.00	92394918.00
长期股权投资	7574851.00	7176937.00	508918.00	35581.00
长期投资合计	7574851.00	7176937.00	508918.00	35581.00
固定资产原价	231128504.00	126811008.00	130946105.00	109743164.00
减:累计折旧	(41024891.00)	(34627165.00)	(29477031.00)	(21532700.00)
固定资产净值	190103613.00	92183843.00	101469074.00	88210464.00
固定资产净额	190103613.00	92183843.00	101469074.00	88210464.00
工程物资	–	15021312.00	–	–
在建工程	70400871.00	97221174.00	33295487.00	2016027.00
固定资产合计	260504484.00	204426329.00	134764561.00	90226491.00
无形资产	6747042.00	7066067.00	7893150.00	5184501.00
长期待摊费用	2346404.00	506612.00	1317548.00	1376411.00
无形资产及其他资产合计	9093446.00	7572679.00	9210698.00	6560912.00
资产总计	437476028.00	379753681.00	254329980.00	189217902.00

负债及股东权益　　单位:元

项　目	2002年6月30日	2001年12月31日	2000年12月31日	1999年12月31日
短期借款	109787940.00	108887240.00	61720000.00	59530000.00
应付账款	29449500.00	7678683.00	3340785.00	4741415.00
预收账款	1036885.00	521218.00	984078.00	389242.00
应付工资	1728590.00	3126097.00	2497595.00	2613844.00
应付福利费	1684082.00	1680928.00	1088864.00	892461.00
应付股利	760104.00	760104.00	3439599.00	8657477.00
应交税金	1052242.00	(4954417.00)	3187435.00	4476815.00
其他应交款	26889.00	102876.00	70927.00	34801.00
其他应付款	4433018.00	7721173.00	14839685.00	29071850.00
预提费用	5361706.00	5709470.00	3646332.00	2087418.00
一年内到期的长期负债	–	–	790256.00	–
流动负债合计	155320956.00	131233372.00	95605556.00	112495323.00
长期借款	87998300.00	72000000.00	12000000.00	–
长期应付款	–	–	2000000.00	1742650.00
专项应付款	–	2769011.00	–	–
长期负债合计	87998300.00	74769011.00	14000000.00	1742650.00
递延税款贷项	642516.00	397170.00	602995.00	641859.00
负债合计	243961772.00	206399553.00	110208551.00	114879832.00
少数股东权益	15549208.00	13813600.00	18272993.00	11510132.00
股本	114310000.00	114310000.00	114310000.00	–
资本公积	11199208.00	11169928.00	11169928.00	371927.00
盈余公积	6103719.00	6103719.00	89370.00	4826336.00
其中:法定公益金	1755755.00	1755755.00	71150.00	958706.00
未分配利润	46352121.00	27956881.00	279138.00	6629675.00
股东权益合计	177965048.00	159540528.00	125848436.00	62827938.00
负债和股东权益总计	437476028.00	379753681.00	254329980.00	189217902.00

简要合并利润表及利润分配表

单位:元

项　目	2002年1-6月	2001年度	2000年度	1999年度
主营业务收入	125363141.00	233924910.00	202578633.00	169695425.00
减:主营业务成本	(90269609.00)	(162864981.00)	(129806715.00)	(120236637.00)
主营业务税金及附加	(487957.00)	(1546751.00)	(48376.00)	(194093.00)
主营业务利润	34605575.00	69513178.00	72723542.00	49264695.00
加:其他业务利润	463801.00	612494.00	869584.00	90839.00
减:营业费用	(8269985.00)	(21143913.00)	(13074884.00)	(10885906.00)
管理费用	(7559399.00)	(17395453.00)	(18289653.00)	(16825173.00)
财务费用	(3568492.00)	(2008156.00)	(4324694.00)	(4961044.00)
营业利润	15671500.00	29578150.00	37903895.00	16683411.00
加:投资收益	22914.00	1680987.00	(144386.00)	251393.00
补贴收入	8773366.00	6065655.00	5657149.00	2794632.00
营业外收入	32505.00	871116.00	563622.00	216288.00
减:营业外支出	(248427.00)	(519620.00)	(1531230.00)	(1516192.00)
利润总额	24251858.00	37676288.00	42449050.00	18429532.00
减:所得税	(4121005.00)	(3266507.00)	(3675620.00)	(4943065.00)
少数股东损益	(1735613.00)	(223816.00)	(3387954.00)	(2027610.00)
净利润	18395240.00	34185965.00	35385476.00	11458857.00
加:年初未分配利润	27956881.00	279138.00	6629675.00	3085860.00
可供分配的利润	46352121.00	34465103.00	42015571.00	14544717.00
减:提取法定盈余公积	–	(4329744.00)	(124079.00)	(1988648.00)
提取法定公益金	–	(1684605.00)	(124079.00)	(551160.00)
提取职工奖励福利基金	–	(493873.00)	(364978.00)	(435669.00)
可供股东分配的利润	46352121.00	27956881.00	41402015.00	11569240.00
减:应付普通股股利	–	–	–	(4939565.00)
转作股本的普通股股利	–	–	(41122877.00)	–
未分配利润	46352121.00	27956881.00	279138.00	6629675.00

简要现金流量表

单位:元

项 目	2002年1-6月	2001年度
一、经营活动产生的现金流量:		
销售商品、提供劳务收到的现金	129195819.00	247890739.00
收到的税费返还	14902609.00	6827571.00
收到的其他与经营活动有关的现金	9191806.00	17519474.00
现金流入小计	153290234.00	272237784.00
购买商品、接受劳务支付的现金	(94478929.00)	(161832384.00)
支付给职工以及为职工支付的现金	(8565657.00)	(18067912.00)
支付的各项税费	(14391996.00)	(28287560.00)
支付的其他与经营活动有关的现金	(21111158.00)	(36417880.00)
现金流出小计	(138547740.00)	(244605736.00)
经营活动产生的现金流量净额	14742495.00	27632048.00
二、投资活动产生的现金流量:		
收回投资所收到的现金	–	4215318.00
处置固定资产、无形资产和其他长期资产而收回的现金净额	203935.00	697884.00
现金流入小计	203935.00	4913202.00
购建固定资产、无形资产和其他长期资产所支付的现金	(45078609.00)	(108414322.00)
投资所支付的现金	(375000.00)	(7830000.00)
现金流出小计	(45453609.00)	(116244322.00)
投资活动产生的现金流量净额	(45249674.00)	(111331120.00)
三、筹资活动产生的现金流量:		
吸收投资所受到的现金	–	1869228.00
其中:子公司吸收少数股东权益性投资收到的现金	–	1869228.00
借款所收到的现金	89519000.00	285617240.00
现金流入小计	89519000.00	287486468.00
偿还债务所支付的现金	(72620000.00)	(160520000.00)
分配股利、利润或偿付利息所支付的现金	(3722827.00)	(11030608.00)
其中:子公司支付少数股东股利	–	(5459528.00)
现金流出小计	(76342827.00)	(171550608.00)
筹资活动产生的现金流量净额	13176173.00	115935860.00
四、现金及现金等价物净增加额	(17331006.00)	32236788.00

北海国发海洋生物产业股份有限公司

北海国发海洋生物产业股份有限公司2002年年度报告

一、公司简介

(一)公司法定中文名称:北海国发海洋生物产业股份有限公司
中文缩写:北海国发
公司法定英文名称:BEIHAI GOFAR MARINE BIOLOGICAL INDUSTRY CO.,LTD.
(二)公司法定代表人:王世全
(三)公司董事会秘书:李勇
联系地址:广西壮族自治区北海市北京路西侧9号
电话:0779-3200619
传真:0779-3200618
电子信箱:securities@ gofar.com.cn
(四)公司注册地址:广西壮族自治区北海市北京路西侧9号
公司办公地址:广西壮族自治区北海市北京路西侧9号
邮政编码:536000
公司国际互联网网址:http://www.gofar.com.cn
公司电子信箱:securities@ gofar.com.cn
(五)公司选定信息披露报纸名称:《上海证券报》、《中国证券报》、《证券时报》
登载公司年度报告的中国证监会指定国际互联网网址:http://www.sse.com.cn
公司年度报告备置地点:公司董秘办
(六)公司股票上市交易所:上海证券交易所
股票简称:北海国发
股票代码:600538
(七)其他有关资料
公司首次注册登记日期　1993年1月22日
公司首次注册登记地点:北海市体育北路9号
企业法人营业执照注册号:(企)4500001000036
税务登记号码:450502198228069
公司聘请的会计师事务所名称:华寅会计师事务所有限责任公司
公司聘请的会计师事务所办公地址:北京市西城区德外五路通街19号院2号楼

二、会计数据和业务数据摘要

(一)本年度主要利润指标

项目	金额(元)
利润总额	24,082,535.58
净利润	23,693,989.51
扣除非经常性损益后的净利润	19,909,331.74
主营业务利润	58,420,174.28
其他业务利润	5,211.37
营业利润	24,035,516.43
投资收益	-78,469.80
补贴收入	-
营业外收支净额	125,488.95
经营活动产生的现金流量净额	17,013,359.07
现金及现金等价物净增加额	-5,049,488.02

备注:扣除的非经常性损益项目和金额

项目	金额(元)
政策有效期短于三年的免征所得税额	3,737,638.62
短期投资损益	-78,469.80
营业外收支净额	125,488.95
合计	3,784,657.77

(二)近三年主要会计数据及财务指标

项目	单位	2002年	2001年
主营业务收入	元	99,009,959.25	94,056,629.99
净利润	元	23,693,989.51	24,594,196.01
总资产	元	235,219,459.90	206,656,094.88
股东权益(不含少数股东权益)	元	142,037,403.14	129,423,413.63
每股收益	元/股	0.36	0.37
每股收益(股本变动)	元/股	0.21	0.22
每股净资产	元/股	2.16	1.97
调整后的每股净资产	元/股	2.13	1.95
每股经营活动产生的现金流量净额	元/股	0.26	0.35
净资产收益率	%	16.68	19.00

项目	2000年
主营业务收入	81,444,403.42
净利润	15,608,025.34
总资产	195,977,577.20
股东权益(不含少数股东权益)	104,829,217.62
每股收益	0.24
每股收益(股本变动)	0.14
每股净资产	1.59
调整后的每股净资产	1.57
每股经营活动产生的现金流量净额	0.29
净资产收益率	14.89

三、股本变动及股东情况

(一)股东情况
1.报告期末公司股东总数为608户
2.报告期末公司前十名股东持股情况如下

序号	股东名称	年末持股数(股)	占股本总数(%)
1	北海净海实业发展有限公司	26,781,000	40.70
2	北海市国有资产管理局	10,000,000	15.20
3	北京白云玛拉沁饭店	3,569,000	5.42
4	北海国际信托投资公司	3,000,000	4.56
5	西藏明珠股份有限公司	2,860,000	4.35
6	清华大学	2,680,000	4.07
7	海口鑫台实业公司	2,000,000	3.04
8	中国农业部规划设计研究院	700,000	1.06
9	北京良华投资管理有限公司	550,000	0.84
10	广西北海海运总公司	500,000	0.76

序号	股东名称	所持股份质押或冻结情况	股权性质
1	北海净海实业发展有限公司	无	法人股
2	北海市国有资产管理局	无	国家股
3	北京白云玛拉沁饭店	无	法人股
4	北海国际信托投资公司	全部冻结	法人股
5	西藏明珠股份有限公司	无	法人股
6	清华大学	无	法人股
7	海口鑫台实业公司	无	法人股
8	中国农业部规划设计研究院	无	法人股
9	北京良华投资管理有限公司	无	法人股
10	广西北海海运总公司	无	法人股

注:a.公司前10名股东相互之间不存在关联关系或一致行动人关系。
b.北海国际信托投资公司持有的300万股法人股于2003年1月15日被冻结。
c.公司控股股东及实际控制人情况

(1)公司第一大股东北海净海实业发展有限公司,成立于1992年,法定代表人王浩先生,公司注册资本:5,000万元,主要业务是电子元件的研究、开发、生产及销售,网络工程设计、安装,计算机软件开发。

(2)公司及公司控股股东北海净海实业发展有限公司的实际控制人是王世全先生,中国国籍,未取得其他国家或地区居留权,王世全先生近五年来主要从事企业经营管理工作,现任本公司董事、董事长,公司法定代表人,2001年9月前兼任公司总经理。

(3)报告期内控股股东无变更情况。

四、董事、监事、高级管理人员和员工情况

(一)董事、监事、高管人员基本情况
1.基本情况

姓名	性别	年龄	职务	任职起止时间	年初持股数(股)
王世全	男	50	董事长	2002.5—2005.5	5,000
云涛	女	52	副董事长	2002.5—2005.5	5,000
沈祖陶	男	47	副董事长兼副总	2002.5—2005.5	
张荣庆	男	47	董事兼总工	2002.5—2005.5	
邓乐平	男	54	董事	2002.5—2005.5	
王士奎	男	40	董事兼副总	2002.5—2005.5	
谢文浩	男	31	董事	2002.5—2005.5	
王仕海	男	54	董事	2002.5—2005.5	5,000
王剑	男	35	董事	2002.5—2005.5	
王礼明	男	35	独立董事	2002.5—2005.5	
张偲	男	40	独立董事	2002.5—2005.5	
朱怀庆	男	48	监事会召集人	2002.5—2005.5	3,000
吴清池	男	42	监事	2002.5—2005.5	
梁于锋	男	46	监事	2002.5—2005.5	
王洪钟	男	38	总经理	2002.5—2005.5	
任宏伟	男	38	副总经理	2002.5—2005.5	3,000
李勇	男	38	副总兼董秘	2002.5—2005.5	
张剑兰	女	46	财务经理	2002.5—2005.5	

姓名	年末持股数(股)	年内股份增减及变动原因
王世全	5,000	
云涛	5,000	
沈祖陶		
张荣庆		
邓乐平		
王士奎		
谢文浩		
王仕海	5,000	
王剑		
王礼明		
张偲		
朱怀庆	3,000	
吴清池		
梁于锋		
王洪钟		
任宏伟	3,000	
李勇		
张剑兰		

2.董事、监事在股东单位任职情况

姓名	任职单位	职务	是否领取报酬、津贴(是/否)
王世全	北海净海实业发展有限公司	董事	否
云涛	北京白云玛拉沁饭店	总经理	是
张荣庆	清华大学	教授	是
谢文浩	北海市国资局金源公司	职员	是
王仕海	北海净海实业发展有限公司	董事	是
王剑	西藏明珠股份有限公司	酒店部经理	是
梁于锋	广西北海海运总公司	副总经理	是

（二）董事、监事、高管人员年度报酬情况

公司建立了完善的薪资体系和奖励办法，对董事、监事、高级管理人员实行年薪制。根据《公司章程》的有关规定，董事、监事的报酬由股东大会决定，高级管理人员的报酬由董事会决定。公司董事会对高级管理人员进行年度考核，监事会对其生产经营工作情况进行监督。

本年度在公司领取报酬的董事、监事和高级管理人员共18人，年度报酬总额为56.4万元。其中：金额最高的前三名董事的报酬总额为24万元，金额最高的前三名高级管理人员的报酬总额为22.8万元；年度报酬数额在6-10万元的7人，年度报酬数额在2—6万元之间的3人，年度报酬数额在1万元以下的8人。

独立董事每人每年从公司领取2万元独立董事津贴。独立董事行使职权所需费用据实报销。

（三）报告期内董事、监事、高管人员离任情况及原因

报告期内，公司第三届董事会和监事会任期届满，公司2001年度股东大会选举王世全先生、云涛女士、沈祖陶先生、张荣庆先生、邓乐平先生、王士奎先生、王剑先生、谢文浩先生、王礼明先生、张偲先生为第四届董事会董事，其中王礼明先生、张偲先生是独立董事；选举朱怀庆先生、梁于锋先生为第四届监事会监事，职工代表大会选举吴清池先生为第四届监事会职工代表监事。报告期内，除吴清池先生为新当选监事外，其余董事、监事为连选连任，上届监事会成员陈书勤先生离任属正常换届。因会议召开之时，公司未获准发行股票，该次会议未对外公开。

公司第四届董事会第一次会议选举王世全先生为第四届董事会董事长，云涛女士、沈祖陶先生为第四届董事会副董事长；经董事长王世全先生提名，董事会聘任王洪钟先生为公司总经理、李勇先生为董事会秘书（兼）；经总经理王洪钟先生提名，董事会聘任沈祖陶先生、任宏伟先生、王士奎先生、李勇先生为副总经理，张庆先生为总工程师，张剑兰女士为财务中心经理。因会议召开之时，公司未获准发行股票，该次会议未对外公开。

（四）公司员工情况

报告期末，公司在册员工849人，其中，生产技术人员187人，占员工总数的22%，销售人员167人，占员工总数的19.7%，财务人员43人，占员工总数的5.1%，行政管理人员68人，占员工总数的8%，生产人员384人，占员工总数的45.2%。在员工总人数中具有大专以上学历的518人，占员工总数的61%。没有需公司承担费用的离退休职工。

五、公司治理结构

（一）公司治理情况

1、为进一步健全公司股东大会、董事会、监事会制度，公司根据《公司法》、《证券法》、《上市公司治理准则》等国家有关法规要求，结合自身运作实际，制定了《股东大会议事规则》、《董事会议事规则》、《监事会议事规则》、《独立董事议事规则》等管理细则，从制度上加强和细化公司管理。

2、公司确保所有股东、特别是中小股东应该享有的权利：公司严格按照《股东大会规范意见》的要求召集召开股东大会，确保所有股东能够充分行使自己的权利；同时，公司董秘办配备专线电话，并保持畅通，随时接待股东来电咨询和日常来访的接待工作。

3、公司严格按照《公司章程》规定的程序选举董事和聘任高管人员；各位董事都了解作为董事的权利、义务和责任，熟悉有关法律、法规，能够以认真负责的态度出席董事会和股东大会；公司已经设立熟悉财务和海洋生物工程技术的独立董事各一名。

4、公司监事能够认真履行自己的职责，本着对股东负责的精神，对公司董事、总经理及其他高级管理人员、公司财务进行有效地监督。

5、公司指定董事会秘书负责信息披露、接待股东的来访和咨询工作：公司严格按照法律、法规和《公司章程》之规定，真实、准确、完整、及时地披露公司相关信息，确保公司全体股东平等地了解公司的详细情况；公司能够按照有关规定，及时披露大股东或公司实际控制人的详细资料及其所持股份的变化情况；对于公司内部各分公司、子公司、各部门的重大事项，及时上报董事会如实披露。

（二）独立董事履行职责情况

公司2001年度股东大会，选举王礼明先生、张偲先生为公司独立董事，两位独立董事自上任以来，尽职尽责，认真参加了报告期内的董事会和股东大会，履行了《公司章程》赋予的特别职权，对公司的良性发展起到了积极的推动作用。公司董事会根据中国证监会发布的《关于在上市公司建立独立董事制度的指导意见》的定，将进一步建立健全独立董事制度。因会议召开之时，公司未获准发行股票，该次会议未对外公开。

（三）公司与控股股东"五分开"的情况

本公司的控股股东行为规范，没有超越股东大会、董事会直接或间接干预公司决策和经营活动；本公司与控股股东实行人员、资产、财务分开，机构、业务独立，各自独立经营、独立核算、独立承担责任和风险。本公司董事会、监事会和内部机构独立运作。

1、人员方面：公司在劳动、人事及工资管理等方面独立，公司总经理、副总经理、董事会秘书、财务经理等高级管理人员均在本公司领取报酬，且均未在控股股东单位领取报酬、担任职务。

2、资产方面：公司的主要资产包括主营业务所需的生产设备、土地、厂房建筑物、交通工具和工业产权等以及辅助生产系统和相关配套设施，其他相关工业产权和非专利技术等无形资产为公司独立拥有，资产产权明晰，完全独立于股东单位，不存在占用与被占用问题。

3、财务方面：公司制定了统一的会计核算办法和财务管理制度，对下属企业采取目标预算管理办法进行财务控制，建立健全了内部审计制度，通过内部审计，对各下属企业的会计核算、财务制度的执行、预算的执行情况进行检查监督。公司有独立的银行账户，独立纳税。公司执行的各项会计核算办法、财务管理制度符合《会计法》、《企业会计制度》、《企业会计准则》以及其他法律法规的规定。

4、机构独立方面：公司设立了健全的组织机构体系，不存在与控股股东职能部门之间的从属关系和合署办公情况。

5、业务独立方面：公司主要从事海洋生物农药、液体肥和海水珍珠深加工，在业务上与控股股东不存在竞争问题。公司拥有完全独立的生产、采购、供应、销售系统及人员和客户等，不存在由控股股东控制销售及采购的情况，在业务上完全独立于控股股东单位。

（四）对高管人员的考评及激励机制

公司基于业务开拓和长远发展的需要，建立了符合公司实际情况的人力资源开发与管理体系。公司注重管理团队建设，制定了高级管理人员的激励、约束和考评机制。

1、激励机制：董事、监事的报酬由股东大会决定，其它高级管理人员的报酬由董事会决定。董事会根据经理层的经营业绩决定对经理层的奖励。公司对高级管理人员实行年薪制，每月按年薪制总额预支薪金，高管人员的年薪与公司经营业绩以及个人工作绩效和考评结果挂钩，年终统一核算。

2、约束机制：公司通过《公司章程》、《董事会议事规则》、《监事会议事规则》、《总经理工作细则》、签订《劳动合同》、制定高管人员经济责任制和财务费用管理等内部管理制度，对高级管理人员的履职行为、权限、职责等作了相应的限制性规定，公司高管人员在履职过程中以上述相关规定为行为准则。

3、考评机制：监事会按照法律法规和《公司章程》的要求对董事、总经理和其它高级管理人员执行公司职务的行为进行监督。董事会按年度对公司高级管理人员的业绩和履职情况进行考评（副总经理先经总经理考评）。考评根据年度绩效考核目标和综合管理相结合的原则，由考评小组对高管人员进行考评，每年考评一次。考评小组成员由监事会成员及行政、财务负责人等组成。考评结果作为高管人员年薪核定、晋升、调动、辞退的主要依据。

六、股东大会情况简介

（一）股东大会召开情况

2001年度股东大会于2002年5月28日在公司会议室召开，会议审议通过公司2001年度董事会报告、2001年度监事会报告、2001年度财务报告、2001年度利润分配方案、聘请会计师事务所的议案、对北海国发海洋生物农药有限公司增资的议、公司公开发行股票并上市的议案、《公司章程》修正案、建设北海国发海洋生物科技园项目的议案、董事会换届选举的议案和监事会换届选举的议案。因会议召开之时，公司未获准发行股票，该次会议未对外公开。

（二）选举、更换公司董事、监事情况

公司2001年度股东大会于2002年5月28日在公司会议室召开，会议选举产生了公司第四届董事会董事和第四届监事会监事。因会议召开之时，公司未获准发行股票，该次会议未对外公开。

七、董事会报告

（一）公司整体经营情况的讨论分析

2002年，公司在面临机遇与挑战的环境中得到稳步健康发展。从外部看，国家对海洋生物资源开发极为重视。国家成立了八部委科技兴海办公室，制订了2010年科技兴海发展纲要。继国家重点科技攻关计划后，又先后在国家攀登计划、国家重大自然科学基金、国家重大基础研究规划项目（973）中，设立了海洋领域的项目，并立项实施了海洋863高新技术发展计划、"科技兴海"计划等一系列重大的研究和开发计划，为海洋生物产业的发展奠定了良好的技术基础。目前我国的海洋生物产业正处于快速发展阶段，从80年代初至90年代末，我国海洋产业总产值连翻了五番，2000年已达4,000亿元，平均每年递增25%左右，大大高于全国经济平均发展速度。本公司主要产品按原材料可分为珍珠（包括珍珠贝壳）、甲壳素（壳聚糖）、海藻三大类，公司利用北海当地特有的海洋生物资源进行综合开发利用，保证了公司产品在品质及成本上的竞争力。

从公司内部看，公司以提高经济效益、规范经营管理、实现A股股票发行上市为工作重点，创新营销理念，整合市场资源，稳扎稳打，海洋生物制药、海洋生物农药农肥两大产业市场开拓取得较好业绩；公司加大管理创新力度，提高员工素质，建立了高效运转的适应市场要求的经营机制。特别是公司围绕A股股票发行上市，进一步规范公司法人治理结构，成功实现了股票发行上市这一目标，极大地鼓了公司全体员工的工作热情。另外，在保证原有产品质量的同时，公司优化产品结构，积极开发新产品，提升产品科技含量，培育新的利润增长点，使公司保持了稳健的发展势头。根据华寅会计师事务所有限责任公司审计，公司2002年度实现主营业务收入9,901万元，实现主营业务利润5,842万元，净利润2,369万元，经营动产生的现金流量净额1,701万元。由于报告期内广告投入增加281.2万元，增长62%；而广告效果的滞后效应，致使销售收入增幅不大；主营业务利润仅增加170.6万元。加之新成立的控股孙公司贵州贵大科技产业公司开办费全部进入成本，发生经营亏损62.4万元所致。这些影响报告期内公司利润的不利因素将在新年度转化成有利因素，盈利能力将大为增强。

（二）公司主营业务的范围及其经营情况

1、主营业务范围

公司经营范围包括：藻类、贝类、甲壳类等海洋生物系列产品的研发、生产和销售，珍珠及其系列产品的生产和销售，免疫与代谢调控因子系列生物技术产品的研制与销售，生物农药的生产与销售，对滴眼液、颗粒剂、片剂、散剂、胶囊剂、口服液等海洋生物制药项目的投资。旅游酒店服务（供分支机构用）；经营按外经贸部门核定范围的自营进出口业务。

2、经营情况

（1）主要经济指标

项目	单位	2002年
主营业务收入	元	99,009,959.25
净利润	元	23,693,989.51
总资产	元	235,219,459.90
股东权益	元	142,037,403.14
每股收益	元/股	0.36
每股净资产	元/股	2.16
每股经营活动产生的现金流量净额	元/股	0.26

项目	2001年	增长率(%)
主营业务收入	94,056,629.99	5.27
净利润	24,594,196.01	-3.66
总资产	206,656,094.88	13.82
股东权益	129,423,413.63	9.75
每股收益	0.37	-2.70
每股净资产	1.97	9.64
每股经营活动产生的现金流量净额	0.35	-25.71

（2）主营业务收入按产品(服务)类别划分

单位：人民币元

项目	主营业务收入	主营业务成本	毛利率(%)
生物农药	24,599,957.02	7,417,277.90	69.85
珍珠药品	48,379,313.09	15,828,963.99	67.28
珍珠护肤品	2,024,620.34	779,251.12	61.51
珠宝首饰	6,662,476.15	5,028,865.71	24.52
酒店服务	17,343,592.65	9,043,007.04	47.86

（3）按地区分类的主营业务收入构成

单位：人民币元

地区	主营业务收入	主营业务成本	毛利率(%)
西南区	66,899,080.40	28,487,042.92	57.42
华南区	20,872,071.25	5,588,520.07	73.22
其他地区	11,238,807.60	4,021,802.77	64.22

（4）报告期内占公司主营业务收入总额10%以上产品(服务)：

单位：人民币元

产品(服务)	主营业务收入	主营业务成本	毛利率(%)
净土灵生物农药	24,073,319.08	6,832,444.78	71.62
珍珠明目滴眼液	33,075,904.64	8,282,913.83	74.96
珍珠粉	10,042,930.39	4,158,865.13	58.59
酒店服务	17,343,592.65	9,043,007.04	47.86

（5）产品市场占有率

中国医药市场信息网公布的京沪穗药品零售市场眼外用制剂销售排序中，公司产品海宝牌珍珠明目滴眼液在广州市场排名第四位。由于公司其余产品多样化，难以取得与公司其他产品相近或类似的相关产品资料，缺乏可比性，因而无法准确获知本年度公司其他产品的市场占有率。

（6）报告期内，公司主营业务及其结构较前一报告期没有发生较大变化。

3、公司来源于单个参股公司的投资收益对公司净利润影响达到10%以上的情况。

（1）公司控股99%的北海市珍珠有限责任公司，注册资本3,000万元。主要从事海水珍珠系列产品（包括珍珠制药、珍珠保健品、珍珠化妆品）的研发、生产和销售。报告期末，总资产8,776.64万元，净资产6,762.68万元，实现净利润1,610.33万元。

（2）公司控股99.9%的北海国发海洋生物农药有限公司，注册资本1,000万元。主要从事海洋生物农药农肥的研发、生产和销售，其主要产品生物农药净土灵是国内第一个以氨基寡糖素作为农药进行登记的产品，该产品无毒、无污染、无公、绿色环保，具有独特的生物学杀菌抗病机理。报告期末，总资产4,159.76万元，净资产2,703.61万元，实现净利润765.72万元。

4、主要供应商和销售客户情况

公司2002年向前五名供应商合计的采购金额为11,709,423.69元，占年度采购总额的36.10%。

公司2002年前五名客户销售收入的总额为15,049,513.77元，占公司全部销售收入的15.20%。

（三）在经营中出现的问题及解决方案

1、产品营销方面：公司市场营销网络建设初具规模，取得较好效果，但开发的深度和广度还不

够。对此,公司要加快引进优秀营销人才,同时加大对市场的投入,增加广告投放,加强企业形象宣传,树立公司产品品牌,进一步扩大市场占有率。

2、内部控制方面:公司内部严格成本控制的各项措施有待进一步细化。对此,将进一步改革和深化企业成本控制流程,实施节能降耗目标责任制,提高投入产出比例;加大新产品、新工艺的研发力度,以产品创新和工艺改进来进一步提高生产率水平。

3、人力资源结构方面:目前公司人力资源结构不尽合理,管理人才和市场营销人才相对缺乏。对此,公司将采取内部培养和外部引进的措施,努力营造"引才、用才、留才"的良好环境。

(四)报告期内的投资情况

1、募集资金投资项目情况

报告期内,公司募集资金没有到位。

2、非募集资金投入情况

(1)报告期内,公司出资500万元增资北海国发海洋生物农药有限公司,该公司增资后注册资本达到1,000万元,公司持股99.9%。

(2)报告期内,公司下属控股子公司北海国发海洋生物农药有限公司出资521万元同贵州大学精细化工研究中心组建贵大科技产业有限公司,持有其51.03%股份。该公司注册地为贵州省贵阳市,注册资本1,021万元。主要从事农药的生产和销售,精细化工产品及化学化工原料的科技开发和技术转让服务。

(3)报告期内,公司出资495万元在南宁市新设立广西国发珠宝制造有限公司,该公司注册资本500万元,公司持股99%。主要从事珍珠、珍珠镶钳饰品、钻石铂金镶钳饰品的销售。

(五)公司财务状况

公司主要财务指标如下: 单位:人民币元

项目	2002年	2001年	增减(%)
总资产	235,219,459.90	206,656,094.88	13.82
股东权益	142,037,403.14	129,423,413.63	9.75
主营业务利润	58,420,174.28	56,713,927.51	3.01
净利润	23,693,989.51	24,594,196.01	-3.66
现金及现金等价物净增加额	-5,049,488.02	8,805,956.16	-157.34

项目	原因分析
总资产	报告期内利润增加所致
股东权益	报告期内利润增加所致
主营业务利润	营业收入增加,毛利润增加所致
净利润	广告投入增大281.2万元,增长62%;由于广告的滞后效应,销售收入只增长5.27%;主营业务利润只增长170.6万元,即只增长3.01%。新成立的控股孙公司贵州贵大科技产业公司开办费全部进入成本,发生经营亏损62.4万元所致。
现金及现金等价物净增加额	购入土地所致

(六)新年度经营计划

2003年,公司将进入一个快速发展时期。新年度工作的指导思想是:以提高经济效益为中心,以上市为新平台,以做强做大主营业务为目标,加大市场营销力度,树立国发品牌,加快海洋生物科技园区建设,加速产品结构的升级和推进高新技术产业化与规模化,增强公司发展后劲,提升公司的核心竞争力,力求以优良的业绩回报全体投资者。

2003年,将重点抓好以下几方面工作:

1、公司治理方面:以《上市公司治理准则》为准绳,进一步建立和完善公司治理结构,充分发挥股东大会、董事会、监事会的协作分工职能,提高决策和管理的科学性,强化信息披露,确保公司持续、稳定、快速、健康地发展。

2、主业建设方面:进一步优化产品和服务结构,根据市场需求,积极进行内部生产要素重组,挖掘现有的生产和服务潜力,丰富产品种类,提高生产能力;加快国发海洋生物科技园及GMP车间建设,促使募集资金项目尽快达产;加大资产经营力度,通过收购、兼并、控股等形式,促进公司主业尽快做强做大。

3、市场营销方面:进一步加大市场开发力度,完善现有销售模式,挖掘客户潜力,巩固现有市场,积极寻求合作伙伴。在稳住现有市场的基础上,加大对新开发市场的拓展力度,扩大产品覆盖区域;对外扩大品牌宣传力度,增加广告投入,培育"国发"品牌。加强市场营销队伍建设,整合公司营销资源,进一步抓好售后服务和信息反馈;进一步拓展国际市场,力争海外市场有新的突破。

4、技术创新方面:进一步建立健全研发管理体制,完善激励机制,搞好研发中心扩建工作;加大研发投入,加快对新技术、新产品的科研开发与技术引进,重点实施国发净土灵复配、海洋生物制药厂GMP改造、珍珠系列化妆品升级换代;进一步改造和创新产品生产工艺与技术,提高现有产品附加值,提高产品档次和技术含量,促进产业升级,顺应市场发展需要;进一步做好研究人员的引进与培养工作;加强与高等院校和科研单位的技术开发与人才交流合作,壮大技术开发能力,健全主业发展的技术支持体系。

5、内部管理方面:切实加强财务控制、成本管理、人力资源管理等基础工作。进一步完善内部控制制度,健全内部管理,特别是对辖属公司的财务管理;实行目标责任制,完善激励约束机制;进一步健全公司的质量管理体系和质量保证体系,做好ISO9001质量认证体系2000版的转版工作,建立健全管理质量制度,促进公司质量管理跃上新台阶。促进公司内部管理程序规范化、制度化;重视人才的引进、培养、培训工作;加强企业文化建设,增强公司凝聚力,充分调动员工积极性与创造性,达到人人为公司创利增效,以优良的业绩回报投资者。

(七)董事会日常工作情况

1、报告期内董事会会议情况:

报告期内董事会共召开了三次会议,主要内容如下:

(1)2002年4月28日在公司会议室召开第三届董事会第七次会议,会议审议通过公司2001年度董事会报告、2001年度总经理工作报告、2001年度财务工作报告、2001年度利润分配预案、聘请2002年度财务审计机构的议案、对北海国发海洋生物农药有限公司增资的议案、公司组织机构设置的议案、启动北海国发海洋生物科技园建设项目的议案、公司发行3,500-4,500万股A股的议案、公司募集资金投向的议案、董事会换届选举的议案和召开2001年度股东大会的议案。因会议召开之时,公司未获准发行股票,该次会议未对外公开。

(2)2002年5月28日在公司会议室召开第四届董事会第一次会议,会议选举王世全先生为第四届董事会董事长,云涛女士、沈祖陶先生为第四届董事会副董事长;经董事长王世全先生提名,董事会聘任王洪钟先生为公司总经理、李勇先生为董事会秘书(兼);经总经理王洪钟先生提名,董事会聘任沈祖陶先生、任宏伟先生、王士奎先生、李勇先生为副总经理,张荣庆先生为总工程师,张剑兰女士为财务经理。因会议召开之时,公司未获准发行股票,该次会议未对外公开。

(3)2002年9月2日在公司会议室召开2002年董事会第一次临时会议,会议审议通过公司投资人民币495万元设立广西国发珠宝制造有限公司的议案。因会议召开之时,公司未获准发行股票,该次会议未对外公开。

2、董事会对股东大会决议的执行情况:

(1)董事会严格按照公司制定的《股东大会议事规则》的有关规定,认真组织召开每次股东大会,组织实施股东大会决议。

(2)根据股东大会授权,公司董事会依照中国证监会发行及上市政策的有关要求,组织人员实施发行上市工作。经中国证监会核准,公司于2002年12月27日利用上海证券交易所系统,以全部向二级市场投资者定价配售方式成功发行了4,500万股人民币普通股(A股),每股面值1.00元,发行价为每股人民币6.69元。经上海证券交易所批准,公司公开发行的4,500万股社会公众股于2003年1月14日起在上海证券交易所挂牌交易。公司股票发行后,按照股东大会授权,公司董事会向有关机构办理了公司变更登记手续。

(八)本年度利润分配及资本公积金转增股本预案

经华寅会计师事务所有限责任公司审计,2002年公司实现净利润23,693,989.51元,按照<<公司章程>>规定,提取10%的法定公积金4,750,872.36元和5%的法定公益金2,375,436.19元,加年初未分配的利润40,968,027.83元,可供分配的利润为57,535,708.79元。

根据公司招股说明书承诺,公司股票发行前的累计未分配利润新老股东共享,公司四届三次董事会会议通过2002年度利润分配预案,以公司发行A股后总股本110,800,000股为基数,每10股派发现金股利1.00元(含税),共计11,080,000.00元,剩余46,455,708.79元未分配利润待以后年度分配。本年度不送红股,也不进行公积金转增股本。

八、监事会报告

(一)报告期内监事会会议情况

报告期内监事会共召开了二次会议,主要内容如下:

1、2002年4月28日召开第三届监事会第四次会议,会议审议并通过如下决议:

(1)、审议通过公司监事会2001年度工作报告。

(2)、审议通过关于公司监事会换届选举的提案。

(3)、审议通过关于2001年度公司经营运作情况的独立意见的议案。

(4)、审议通过关于召开2001年度股东大会有关事宜的议案。

2、2002年5月28日召开第四届监事会第一次会议,会议选举朱怀庆先生为公司第四届监事会召集人。

(二)监事会对公司2002年度有关事项的独立意见

1、公司依法运作情况:监事会依据国家有关法律法规之规定,对公司股东大会、董事会的召开程序、决议事项、董事会对股东大会决议的执行情况、公司高管人员执行职务的情况以及公司管理制度的执行情况进行了监督,认为公司董事会及高管人员2002年度能够严格履行职责,保障股东大会各项决议的贯彻执行,认真执行股东大会决议,其决策程序符合《公司法》、《证券法》、《公司章程》等有关规定,在工作中恪尽职守,勤勉尽职、经营决策科学合理,没有违反国家法律、法规、《公司章程》及其他损害公司利益的行为。

2、检查公司财务的情况:监事会对公司财务制度和财务状况进行了仔细认真的检查。监事会认为,一年来公司资金使用情况良好,财务管理规范,内控制度能够严格执行,有效地保证了生产经营工作的顺利进行。2002年度财务报告真实地反映了公司的财务状况和经营成果,华寅会计师事务所有限责任公司出具的审计报告和对有关事项做出的评价是客观公正的。

3、募集资金使用情况:报告期内,由于公司首次募集资金已使用完毕,新的募集资金尚未到位,因此不存在募集资金使用不当的情况。

4、对公司重要经济业务严格审查。公司本年度增资北海国发海洋生物农药有限公司、投资设立广西国发珠宝制造有限公司等过程中,监事会对这些事项都进行了严格的审查,没有内幕交易以及损害部分股东的权益或造成公司资产流失的行为。监事会认为这些行为有利于公司的长远发展。

九、重要事项

(一)本年度公司无重大诉讼、仲裁事项。

(二)报告期内,公司无其他重大收购及出售资产、吸收合并事项。

(三)报告期内,本公司无重大关联交易事项。

(四)重大合同及履行情况

1、报告期内,公司无托管、承包、租赁其他公司资产或其他公司托管、承包、租赁本公司资产的情况。

2、报告期内,公司出资500万元对北海国发海洋生物农药有限公司增资,增资后北海国发海洋生物农药有限公司注册资本达到1,000万元人民币,公司出资占该公司总注册资本的99.9%。该公司主要从事海洋生物农药的研究开发、生产、销售。增资之时,公司未获准发行股票,该次内容未对外公开。

3、报告期内,公司以现金495万元出资在广西南宁市设立广西国发珠宝制造有限公司,该公司注册资本500万元,本公司占注册资本的99%。该公司主要从事珍珠、珍珠镶钳饰品、钻石铂金镶钳饰品的销售。该公司设立之时,公司未获准发行股票,该次内容未对外公开。

4、报告期内,公司下属控股子公司北海国发海洋生物农药有限公司出资521万元同贵州大学精细化工研究中心组建贵大科技产业有限公司,持有其51.03%股份。该公司注册地为贵州省贵阳市,注册资本1,021万元。主要从事农药的生产和销售,精细化工产品及化学化工原料的科技开发和技术转让服务。该公司设立之时,公司未获准发行股票,该次内容未对外公开。

5、公司为控股子公司北海国发海洋生物农药有限公司取得500万元长期借款提供担保,担保类型:联带责任担保,借款期限从2001年6月29日至2003年6月29日,贷款单位为中国银行北海市分行。该内容已在公司招股说明书中披露,于2002年12月24日登载于上海证券交易所网站(www.sse.com.cn)和《上海证券报》、《中国证券报》、《证券时报》、《证券日报》。

6、报告期内,公司未发生委托他人进行现金资产管理的情况。

(五)报告期内,公司控股股东北海净海实业发展有限公司向公司出具《承诺函》并在《承诺函》中承诺:本公司目前未从事与北海国发公司相同或相近的生产经营活动,不生产与北海国发公司所生产的产品相同或相近的产品,亦未在与北海国发公司业务相同或相近的公司投资,不存在同业竞争。在作为北海国发公司的第一大股东期间,不会在中国境内或境外,以任何方式(包括但不限于单独经营、通过合资经营或拥有另一公司或企业的股份及其他权益)直接或间接参与任何与北海国发公司构成竞争的任何业务或活动,亦不生产任何与北海国发公司产品相同或相似或可以取代北海国发公司产品的产品。

公司控股股东北海净海实业发展有限公司向上海证券交易所出具对所持股份自愿锁定的承诺:自本公司股票上市之日起12个月内,不转让所持有本公司的股份,也不由本公司回购其所持有的股份。

公司第二大股东为北海市国有资产管理局。公司第三大股东北京白云玛拉沁饭店向公司做出承诺:不会在中国境内或境外,以任何方式(包括但不限于单独经营、通过合资经营或拥有另一公司或企业的股份及其他权益)直接或间接参与任何与北海国发公司构成竞争的任何业务或活动,亦不生产任何与北海国发公司产品相同或相似或可以取代北海国发公司产品的产品。

公司董事会认为:公司股东北海净海实业发展有限公司和北京白云玛拉沁饭店在报告期内完全履行了各自所做的承诺:未从事与公司相同或相近的生产经营活动;未生产与公司所生产的产品相同或相近的产品,亦未在与公司业务相同或相近的公司投资。

(六)报告期内,公司于2002年5月28日召开的2001年度股东大会审议通过《关于续聘华寅会计师事务所有限责任公司的议案》,公司聘请华寅会计师事务所为公司2002年度审计机构。公司应向华寅会计师事务所有限责任公司支付2002年度财务报告审计费30万元,审计中发生的差旅费由公司承担,报告期末该部分审计费公司尚未支付。除此外,华寅会计师事务所作为公司首次公开发行A股的审计机构,公司向该事务所支付审计费135万元,审计中发生的差旅费也由公司承担。截至2002年度,该事务所已经为公司提供审计服务的年限为5年。

(七)经中国证券监督管理委员会证监发行字[2002]134号文核准,本公司于2002年12月27日向社会公众公开发行人民币普通股45,000,000股,每股面值人民币1元,每股发行价人民币6.69元。截至2003年1月3日止,本次发行共募集资金301,050,000.00元,扣除发行费用14,040,871.57元,新增股本45,000,000.00元,新增资本公积242,009,128.43元。本次发行已经华寅会计师事务所有限责任公司验资,并出具了寅验字[2003]3001号验资报告。股票发行后,本公司于2003年1月6日在广西壮族自治区工商行政管理局办理了变更注册登记,注册资本变更为110,800,000.00元。经上海证券交易所上证上字[2003]1号文件核准,本公司45,000,000股人民币普通股于2003年1月14日在上海证券交易所挂牌上市交易。

(八)报告期内公司、公司董事会以及董事均没有受到中国证监会稽查、中国证监会处罚、通报批评、交易所公开谴责的情形。

（九）报告期内公司无其他重大事项。

十、财务报告

一、审计报告正文

北海国发海洋生物产业股份有限公司全体股东：

我们接受委托，审计了贵公司2002年12月31日的资产负债表及合并资产负债表，2002年度的利润及利润分配表和合并利润及利润分配表以及2002年度的现金流量表和合并现金流量表。这些报表由贵公司负责，我们的责任是对这些会计报表发表审计意见。我们的审计是依据《中国注册会计师独立审计准则》进行的。在审计过程中，我们结合贵公司的实际情况，实施了包括抽查会计记录等我们认为必要的审计程序。

我们认为，上述会计报表的编制符合《企业会计准则》和《企业会计制度》的有关规定，在所有重大方面公允地反映了贵公司2002年12月31日的财务状况和2002年度的经营成果以及2002年度的现金流量情况，会计处理方法的选用遵循了一贯性原则。

华寅会计师事务所有限责任公司　　中国注册会计师谢泽敏

二00二年四月二十二日　　中国注册会计师黄永珍

二、会计报表

资产负债表

编制单位：北海国发海洋生物产业股份有限公司　　单位：人民币元

2002年12月31日

资　　产	注释	合并数	母公司
流动资产：			
货币资金	五.1.	22,702,678.79	9,244,068.53
短期投资	五.2.	421,530.20	421,530.20
应收票据			
应收股利			
应收利息			
应收帐款	五.3.	20,504,889.91	491,984.81
其他应收款	五.4.	23,183,238.88	19,998,868.16
预付帐款	五.5.	6,325,618.93	3,230,154.99
应收补贴款			
存货	五.6.	31,512,243.07	1,058,081.32
待摊费用	五.7.	89,097.75	40,107.40
一年内到期的长期债权投资			
其他流动资产			
流动资产合计		104,739,297.53	34,484,795.41
长期投资：			
长期股权投资	五.8.	1,100,000.00	103,359,512.15
长期债权投资			
长期投资合计		1,100,000.00	103,359,512.15
其中：合并价差			
固定资产：			
固定资产原价	五.9.	115,609,406.75	81,295,882.94
减：累计折旧	五.9.	26,983,251.55	22,191,417.99
固定资产净值	五.9.	88,626,155.20	59,104,464.95
减：固定资产减值准备	五.9.	3,564,234.77	3,447,717.50
固定资产净额	五.9.	85,061,920.43	55,656,747.45
工程物资			
在建工程			
固定资产清理			
固定资产合计		85,061,920.43	55,656,747.45
无形资产及其他资产：			
无形资产	五.10.	44,067,664.27	34,441,653.25
长期待摊费用	五.11.	250,577.67	-
其他长期资产			
无形资产及其他资产合计		44,318,241.94	34,441,653.25
递延税项：			
递延税款借项			
资产总计		235,219,459.90	227,942,708.26

资产负债表（续）

编制单位：北海国发海洋生物产业股份有限公司　　单位：人民币元

2002年12月31日

负债及股东权益	注释	合并数	母公司
流动负债：			
短期借款	五.12.	37,980,000.00	34,080,000.00
应付票据			
应付帐款	五.13.	9,427,754.20	1,262,015.45
预收帐款	五.14.	4,324,304.94	5,514.00
应付工资	五.15.	359,407.03	226,594.60
应付福利费		409,773.94	68,991.66
应付股利	五.16.	11,331,647.56	11,331,647.56
应交税金	五.17.	581,259.83	150,328.31
其他应交款	五.18.	176,050.09	2,544.06
其他应付款	五.19.	12,727,336.95	33,664,771.38
预提费用	五.20.	349,434.94	103,881.91
预计负债			
一年内到期的长期负债	五.21.	10,018,916.19	5,009,016.19
其他流动负债			
流动负债合计		87,685,885.67	85,905,305.12
长期负债：			
长期借款	五.22.	-	-
应付债券			
长期应付款			
专项应付款			
其他长期负债			
长期负债合计		-	-
递延税项：			
递延税款贷项			
负债合计		87,685,885.67	85,905,305.12
少数股东权益：		5,496,171.09	-
股东权益：			
股本	五.23.	65,800,000.00	65,800,000.00
减：已归还投资			
股本净额		65,800,000.00	65,800,000.00
资本公积			
盈余公积	五.24.	29,781,694.35	15,269,010.23
其中：法定公益金		9,927,231.46	5,089,670.08
未分配利润	五.25.	46,455,708.79	60,968,392.91
外币报表折算差额			
股东权益合计		142,037,403.14	142,037,403.14
负债和股东权益总计		235,219,459.90	227,942,708.26

利润及利润分配表

编制单位：北海国发海洋生物产业股份有限公司　　单位：人民币元

2002年

项　　目	注释	合并数	母公司
一、主营业务收入	五.26.	99,009,959.25	17,343,592.65
减：主营业务成本	五.27.	38,097,365.76	9,043,007.04
主营业务税金及附加	五.28.	2,492,419.21	1,134,763.73
二、主营业务利润		58,420,174.28	7,165,821.88
加：其他业务利润	五.39.	5,211.37	-
营业费用		18,062,344.84	455,913.15
管理费用		13,429,131.22	4,882,905.61
财务费用	五.30.	2,898,393.16	1,791,005.06
三、营业利润		24,035,516.43	35,998.06
加：投资收益	五.31.	-78,469.80	23,595,216.95
补贴收入			
营业外收入	五.32.	154,579.75	146,980.73
减：营业外支出	五.33.	29,090.80	14,539.42
四、利润总额		24,082,535.58	23,763,656.32
减：所得税	五.34.	519,472.77	69,666.81
少数股东损益		-130,926.70	-
五、净利润		23,693,989.51	23,693,989.51
加：年初未分配利润		40,968,027.83	51,908,501.83
其他转入			
六、可供分配的利润		64,662,017.34	75,602,491.34
减：提取法定盈余公积		4,750,872.36	2,369,398.95
提取法定公益金		2,375,436.19	1,184,699.48
提取职工奖励及福利基金			
提取储备基金			
提取企业发展基金			
利润归还投资			
七、可供投资者分配的利润		57,535,708.79	72,048,392.91
减：应付优先股股利			
提取任意盈余公积			
应付普通股股利		11,080,000.00	11,080,000.00
转作股本的普通股股利			
八、未分配利润		46,455,708.79	60,968,392.91
补充材料：			
出售、处置部门或被投资单位所得收益			
自然灾害发生的损失			
会计政策变更增加（或减少）利润总额			
会计估计变更增加（或减少）利润总额			
债务重组损失			
其它			

现金流量表

编制单位：北海国发海洋生物产业股份有限公司2002年度　　单位：人民币元

项　　目	注释	合并
一、经营活动产生的现金流量：		
销售商品、提供劳务收到的现金		104,724,181.66
收到的税费返还		
收到的其他与经营活动有关的现金	五.36.	148,403.75
现金流入小计		104,872,585.41
购买商品、接受劳务支付的现金		39,479,343.05
支付给职工以及为职工支付的现金		11,918,738.04
支付的各项税费		10,539,336.85
支付的其他与经营活动有关的现金	五.37.	25,921,808.40
现金流出小计		87,859,226.34
经营活动产生的现金流量净额		17,013,359.07
二、投资活动产生的现金流量净额：		
收回投资所收到的现金		
取得投资收益所收到的现金		
处置固定资产、无形资产和其他长期资产而收回的现金净额		280.00
收到的其他与投资活动有关的现金		
现金流入小计		280.00
购建固定资产、无形资产和其他长期资产所支付的现金净额		10,914,090.80
投资所支付的现金		500,000.00
支付的其他与投资活动有关的现金	五.38.	279,527.67
现金流出小计		11,693,618.47
投资活动产生的现金流量净额		-11,693,338.47
三、筹资活动产生的现金流量：		
吸收投资所收到的现金		50,000.00
借款所收到的现金		37,980,000.00
收到的其他与筹资活动有关的现金		
现金流入小计		38,030,000.00
偿还债务所支付的现金		45,130,000.00
分配股利或利润或偿付利息所支付的现金		3,269,508.62
支付的其他与筹资活动有关的现金		
现金流出小计		48,399,508.62
筹资活动产生的现金流量净额		-10,369,508.62
四、汇率变动对现金的影响		
五、现金及现金等价物净增加额		-5,049,488.02

中 油 吉 林 化 建 工 程 股 份 有 限 公 司

中油吉林化建工程股份有限公司股票上市公告书

第一节 重要声明与提示

中油吉林化建工程股份有限公司(以下简称"本公司"或"发行人")董事会保证上市公告书的真实性、准确性、完整性,全体董事承诺上市公告书不存在虚假记载、误导性陈述或重大遗漏,并承担个别和连带的法律责任。

根据《公司法》、《证券法》等有关法律、法规的规定,本公司董事、高级管理人员已依法履行诚信和勤勉尽责的义务和责任。

上海证券交易所、中国证监会、其他政府机关对本公司股票上市及有关事项的意见,均不表明对本公司的任何保证。

本公司提醒广大投资者注意,凡本上市公告书未涉及的有关内容,请投资者查阅2003年7月11日刊载于《中国证券报》、《上海证券报》、《证券时报》的本公司招股说明书摘要,及刊载于上海证券交易所网站(http://www.sse.com.cn)的本公司招股说明书全文。

本上市公告书刊登网址:http://www.sse.com.cn

第二节 概览

1、股票简称:中油化建
2、沪市股票代码:600546
3、深市股票代理代码:003546
4、股本总额:11,000万股
5、可流通股本:4,000万股
6、本次上市流通股本:4,000万股
7、发行价格:10.51元/股
8、上市地点:上海证券交易所
9、上市时间:2003年7月31日
10、股票登记机构:中国证券登记结算有限责任公司上海分公司
11、上市推荐人:广州证券有限责任公司、东北证券有限责任公司
12、对本公司首次公开发行股票前股东所持股份的流通限制及期限:根据国家有关法律、法规规定和中国证监会证监发行字[2003]77号文《关于核准中油吉林化建工程股份有限公司公开发行股票的通知》,本公司的国有法人股、法人股暂不上市流通。
13、首次公开发行股票前股东对所持股份自愿锁定的承诺:本公司公开发行股票前第一大股东吉化集团公司向上海交易所承诺:自本公司股票上市之日起一年内,不转让所持有本公司的股份,也不由本公司回购其所持有的股份。

第三节 绪言

本上市公告书是根据《中华人民共和国公司法》、《中华人民共和国证券法》、《股票发行与交易管理暂行条例》、《公开发行股票公司信息披露实施细则》和《上海证券交易所股票上市规则》等国家有关法律法规的规定,并按照中国证监会《公开发行股票信息披露内容与格式准则第7号——股票上市公告书》而编制的,旨在向投资者提供有关本公司和本次股票上市的基本情况。

经中国证监会证监发行字[2003]77号文核准,本公司于2003年7月16日通过上海证券交易所系统,以向沪市、深市二级市场投资者定价配售的方式成功发行了4,000万股每股面值1.00元的人民币普通股,发行价为每股人民币10.51元。

根据上海证券交易所上证上字[2003]88号《关于中油吉林化建工程股份有限公司人民币普通股股票上市交易的通知》,本公司4,000万股社会公众股将于2003年7月31日起在上海证券交易所挂牌交易,股票简称"中油化建",沪市股票代码为"600546",深市代理股票代码为"003546"。

本公司已于2003年7月11日分别在《中国证券报》、《上海证券报》和《证券时报》上刊登了招股说明书摘要,招股说明书全文及其必备附件在上海证券交易所网站(http://www.sse.com.cn)上网,距今不足3个月,故与其重复的内容不再重述,敬请投资者查阅上述文件。

第四节 发行人概况

一、发行人的基本情况

1.发行人名称:中油吉林化建工程股份有限公司
2.英文名称:CHINA PETROLEUM JILIN CHEMICAL ENGINEERING &CONSTRUCTION CO.,LTD.
3.注册资本:11,000万元
4.法定代表人:杜钟灵
5.设立日期:2000年11月20日
6.注册地址:吉林市江南高新区深圳街9号
7.经营范围:化工石油工程、市政公用工程、机电安装工程、房屋建筑工程、冶炼工程、电力工程施工承包;境外化工和建筑工程及境内国际招标工程承包;境外承包工程设备、材料出口;对外派遣劳务人员;锅炉、压力容器制造、安装;钢结构制作安装;机械施工、运输;建筑机械、设备、器材租赁、经营。
8.主营业务:本公司为建筑工程施工总承包企业,主营业务为受发包方委托的各类化工石油工程、市政公用工程、冶炼工程、机电安装工程和电力工程等的建设施工。
9.所属行业:建筑业
10.电话:0432-3993300
11.传真:0432-3038512
12.互联网网址:www.jccc.com.cn
13.电子信箱:jcc@jccc.com.cn
14.董事会秘书:赵铭

二、发行人历史沿革及改制重组情况

经国家经贸委国经贸企改[2000]1097号文批准,本公司由吉化集团公司所属的吉化集团公司建设公司主要经营性资产改制设立。吉化集团公司建设公司是中国最早从事化工石油建设的大型综合性国有施工企业,原名为吉林工程公司,1998年7月随吉化集团公司划归中国石油天然气集团公司管理。公司发起人包括吉化集团公司、吉林高新区华林实业有限责任公司、吉林市城信房地产开发公司、宁波市富盾制式服装有限公司、上海华理远大技术有限公司。

吉化集团公司投入本公司的资产及相关负债评估净资产值为6,213.18万元,按1:0.6599的比例折为4,100万股,股权界定为国有法人股。其他发起人均以现金投入并按同比例折股,其中:吉林市城信房地产开发公司出资250万元,折为164.98万股;上海华理远大技术有限公司出资50万元,折为33.00万股,上述股权均界定为国有法人股。吉林高新区华林实业有限责任公司出资1,280万元,折为844.67万股;宁波市富盾制式服装有限公司出资220万元,折为145.18万股,上述股权界定为法人股。

公司于2000年11月20日办理工商登记,注册股本为5,287.83万元。2001年3月12日,根据公司2000年度股东大会决议,以资本公积金按每10股转增3.2379股的比例向全体股东转增股本,注册资本增加为7,000万元。

经中国证监会证监发行字[2003]77号文核准,本公司于2003年7月16日采取向二级市场投资者定价配售的方式成功发行了4,000万股每股面值1.00元的人民币普通股,发行价为每股人民币10.51元。本次发行后公司注册资本变更为11,000万元,总股本为11,000万股。

发行后股权结构变化情况如下:

股份类别	发行前 股本(万股)	占总股本比例
国有法人股	5689.66	81.28%
法人股	1310.34	18.72%
社会公众股	0	0
合计	7000.00	100%

股份类别	发行后 股本(万股)	占总股本比例
国有法人股	5689.66	51.72%
法人股	1310.34	11.92%
社会公众股	4000.00	36.36%
合计	11000.00	100%

三、发行人的主要经营情况

1、主营业务构成

公司为建筑工程施工总承包企业,主营业务为受发包方委托的各类化工石油工程、市政公用工程、冶炼工程、机电安装工程和电力工程等的建设施工。

2001年10月30日,经建设部建建发资函[2001]14号文批准,本公司取得5项施工总承包资质,包括:化工石油工程施工总承包一级(主项);市政公用工程施工总承包一级;房屋建筑工程施工总承包二级;冶炼工程施工总承包二级;电力工程施工总承包三级资质。此外,本公司还取得机电安装工程专业承包一级资质。

本公司近三年又一期主营业务收入按业务类别划分如下:

业务类别	2002年 金额(万元)	2002年 占收入的比例(%)	2001年 金额(万元)	2001年 占收入的比例(%)
化工石油类	79,147.06	65.92	39,229.08	50.81
机电类	7,669.91	6.39	6,852.77	8.88
市政公用工程类	15,867.28	13.22	18,266.10	23.66
电力类	1,800.00	1.50	100.36	0.13
冶炼类	2,437.17	2.03	1,003.63	1.30
其他类	13,144.21	8.64	11,750.16	15.22
合计	120,065.63	100	77,202.10	100

业务类别	2000年 金额(万元)	2000年 占收入的比例(%)
化工石油类	15,402.40	37.25
机电类	13,499.97	32.65
市政公用工程类	5,974.97	14.45
电力类	--	--
冶炼类	--	--
其他类	6,471.92	15.65
合计	41,349.26	100

第五节 股票发行与股本结构

一、本次股票上市前首次公开发行股票的情况

1.发行数量:4,000万股
2.发行价格:10.51元/股
3.募股资金总额:42,040万元
4.发行方式:全部向二级市场投资者定价配售
5.配售主要对象:持有2003年7月11日在沪市或深市的已上市流通人民币普通股(A股)股票的收盘市值总和不少于10,000元的投资者。
6.发行费用总额及项目:
本次公开发行股票的发行费用为1,771.34万元,主要包括:承销费用、审计费用、律师费用、评估费用、发行审核费及上网发行费等。
7.每股发行费用:0.44元/股

二、本次股票上市前首次公开发行股票的承销情况

本次发行向二级市场投资者定价配售发行4,000万股社会公众股的配号总数为70,667,288个,中签率为0.05660328%;二级市场投资者认购了39,565,388股,其余434,612股由主承销商组织的承销团包销。

三、本次股票上市前首次公开发行股票所募股资金的验资报告

深圳南方民和会计师事务所有限责任公司为本次发行出具了验资报告(深南验字[2003]第086号),现摘录如下:中油吉林化建工程股份有限公司全体股东:

我们接受委托,审验了贵公司截至2003年7月23日止的新增注册资本实收情况。按照国家相关法律、法规的规定和公司章程的要求出资是贵公司全体股东的责任。提供真实、合法、完整的验资资料,保护资产的安全、完整是贵公司的责任。我们的责任是对贵公司新增注册资本的实收情况发表审验意见。我们的审验是依据《独立审计实务公告第1号-验资》进行的。在审验过程中,我们结合贵公司的实际情况,实施了检查等必要的审验程序。

贵公司原注册资本为人民币70,000,000.00元。根据贵公司股东大会决议和修改后的公司章程规定,贵公司申请增加注册资本人民币40,000,000.00元。经中国证券监督管理委员会证监发行字[2003]77号文核准,贵公司于2003年7月16日向社会公众发行人民币普通股4,000万股,每股面值1元,每股发行价10.51元。经我们审验,截至2003年7月23日止,贵公司已收到社会公众股股东认缴的新增注册资本人民币40,000,000.00元,社会公众股股东均以货币资金出资。

截至2003年7月23日止,贵公司收到主承销商广州证券有限责任公司代理社会公众股东缴入资金(已扣除承销费用和上网发行费用)共计人民币肆亿零陆佰叁拾壹万陆仟陆佰元整(¥406,316,600.00元)。上述款项已于2003年7月23日存入贵公司在中国光大银行上海分行开设的人民币账户083651-00304224051账号中,其中:实收资本人民币40,000,000.00元,溢缴金额扣除其他发行费用后计入资本公积。

同时我们注意到，贵公司本次增资前的注册资本为人民币 70,000,000.00 元，业经深圳南方民和会计师事务所有限责任公司深南验字[2001]第 YA090 号验资报告审验。截止 2003 年 7 月 23 日，变更后的累计注册资本实收金额为人民币 110,000,000.00 元。

本验资报告仅供贵公司申请变更登记及据以向股东签发出资证明时使用，不应将其视为是对贵公司验资报告日后资本保全、偿债能力和持续经营能力等的保证。因使用不当造成的后果，与执行本验资业务的注册会计师及会计师事务所无关。

深圳南方民和会计师事务所有限责任公司　　中国注册会计师　刘四兵

中国深圳　　中国注册会计师　钟　平

四、募股资金入帐情况

1、入帐时间：2003 年 7 月 23 日

2、入帐金额：406,316,600.00 元(扣除承销费用和上网发行费用)

3、入帐帐号：083651-00304224051

4、开户银行：中国光大银行上海分行

五、公司上市前股权结构及各类股东的持股情况

1、公司本次上市前股权结构

股东名称	持股数(万股)	占总股本比例(%)
1、尚未流通股份	7,000.00	63.64
发起人股份	7,000.00	63.64
其中：国有法人股	5,689.66	51.72
法人股	1,310.34	11.92
2、可流通股份	4,000.00	36.36
境内上市人民币普通股	4,000.00	36.36
其中：公开发行股份	4,000.00	36.36
总股本	11,000.00	100.00

2、本次上市前十大股东情况

股东名称	股权类别	持股数(股)
1.吉化集团公司	国有法人股	54,275,900
2.吉林高新区华林实业有限责任公司	法人股	11,181,600
3.吉林市城信房地产开发公司	国有法人股	2,183,900
4.宁波市富盾制式服装有限公司	法人股	1,921,800
5.上海华理远大技术有限公司	国有法人股	436,800
6.广州证券有限责任公司	流通股	434,612
7.天同 180 指数基金	流通股	70,000
8.国泰君安证券股份有限公司	流通股	38,000
9.久嘉基金	流通股	33,000
10.汉盛基金	流通股	31,000

股东名称	持股比例(%)
1.吉化集团公司	49.34
2.吉林高新区华林实业有限责任公司	10.17
3.吉林市城信房地产开发公司	1.99
4.宁波市富盾制式服装有限公司	1.75
5.上海华理远大技术有限公司	0.39
6.广州证券有限责任公司	0.39
7.天同 180 指数基金	0.06
8.国泰君安证券股份有限公司	0.03
9.久嘉基金	0.03
10.汉盛基金	0.03

第六节　董事、监事、高级管理人员及核心技术人员

一、董事、监事、高级管理人员及技术负责人简历

(一) 董事

杜钟灵，中国国籍，男，54 岁，法学硕士研究生，教授级高级经济师。曾任吉化集团公司建设公司副经理、经理兼党委书记。现任本公司董事长。

张春荣，中国国籍，女，55 岁，大学学历，高级会计师及注册会计师。曾任吉化集团公司财务部副部长、资金办公室主任。现任本公司董事、吉化集团公司副总会计师。

范喜哲，中国国籍，男，38 岁，工程硕士研究生，高级工程师。曾任吉化集团公司建设公司项目经理、副经理。现任本公司董事、总经理。

贾宝，中国国籍，男，53 岁，大学学历，高级工程师。曾任吉化集团公司建设公司计划科长、副理等职。现任本公司董事、常务副总经理。

闻月华，中国国籍，女，51 岁，经济学硕士研究生，高级会计师。曾任吉化集团公司建设公司资产财务部副部长、部长、总会计师。现任本公司董事、副总经理兼财务总监。

张琪，中国国籍，女，37 岁，会计学硕士，高级工程师。曾任吉林华强异丁基苯化工厂车间主任、吉林市机械制造厂技术科长、经营厂长。现任本公司董事、吉林高新区华林实业有限责任公司董事长。

夏秀娣，中国国籍，女，50 岁，高中学历。曾任溪口镇胶丸厂车间主任、畸山乡政府妇女主任。现任本公司董事、宁波市富盾制式服装有限公司董事长。

毕国军，中国国籍，男，44 岁，大学学历，高级经济师。曾任吉林市城信房地产开发公司副总经理。现任本公司董事、吉林市城信房地产开发公司总经理。

王行愚，中国国籍，男，59 岁，博士，教授、博士生导师。曾任华东理工大学讲师、副教授、教授、博士生导师。现任本公司董事、华东理工大学校长、上海华理远大技术有限公司董事长。

王振中，中国国籍，男，54 岁，博士，研究员，博士生导师。现任中国社会科学院经济研究所副所长、国光基金秘书长及本公司独立董事。

徐东华，中国国籍，男，43 岁，硕士，研究员。曾在中共中央书记处农村政策研究室、国务院发展研究中心工作。现任国务院企业经济研究部第一研究室主任及本公司独立董事。

李新春，中国国籍，男，41 岁，博士，教授、博士生导师。曾在国防科工委科技信息中心工作，现任中山大学管理学院副院长及本公司独立董事。

张宗生，中国国籍，男，32 岁，大学学历，中国注册会计师。曾任长春恒信会计师事务所发起人、上市公司审计部经理。现任吉林利安达会计师事务所有限责任公司发起人、副所长及本公司独立董事。

(二) 监事

李凤鸣，中国国籍，男，46 岁，大学学历，高级政工师。曾任吉化集团公司建设公司党委副书记。现任本公司监事会主席。

田世宝，中国国籍，男，48 岁，大专学历，高级会计师。曾任吉化集团公司松北公司财务部部长、副总会计师。现任本公司监事、吉化集团公司审计部长。

邵金声，中国国籍，男，51 岁，大学学历，高级经济师。曾任吉化集团公司建设公司项目经理、工程公司经理。现任本公司监事，第四工程公司经理。

张志刚，中国国籍，男，43 岁，大学学历。曾任吉化集团公司建设公司监察处副处长、处长。现任本公司监事、纪委副书记。

田英，中国国籍，女，32 岁，法学硕士。曾任吉林鸣飞律师事务所律师、吉林正大律师事务所律师。现任本公司监事、吉林高新区华林实业有限责任公司法律顾问。

汪顺章，中国国籍，男，52 岁，大专学历，经济师。曾任奉化溪口镇畸山乡党委书记。现任本公司监事、宁波市富盾制式服装有限公司副总经理。

杨永山，中国国籍，男，49 岁，大学学历，高级政工师。曾任吉化集团公司建设公司工会副主席，现任本公司监事、工会主席、CI 策划部经理。

王慧英，中国国籍，女，39 岁，大学学历，会计师。曾任吉化集团公司建设公司资产财务部专业部长。现任本公司监事、资产财务部资金部经理。

于金华，中国国籍，男，49 岁，大专学历，助理会计师。曾任吉化集团公司建设公司审计部长、资产财务部专业部长。现任本公司监事、审计部经理。

于克霞，中国国籍，女，40 岁，大学学历，注册会计师。曾任吉化华元公司财务科长、吉化集团公司建设公司绝热防腐公司财务科长。现任本公司监事、企业发展部经理。

耿振忠，中国国籍，男，35 岁，大学学历，工程师。曾任吉化集团公司建设公司国际工程部商务经理。现任本公司监事、法律事务部经理。

(三) 其他高级管理人员

李斌，中国国籍，男，38 岁，大学学历，高级工程师。曾任吉化集团建设公司工程师、国际工程部高级经理。现任本公司副总经理兼技术总监。

文春明，中国国籍，男，35 岁，工学硕士，高级工程师。曾任吉化集团公司建设公司马来西亚项目部经理。现任本公司副总经理兼市场总监。

梁凤山，中国国籍，男，53 岁，大学学历，高级工程师。曾任吉化集团公司建设公司副总工程师、总工程师。现任本公司副总经理兼质量总监。

赵铭，中国国籍，女，34 岁，会计学硕士，会计师。曾任吉化集团公司建设公司第四工程公司财务处处长。现任本公司董事会秘书。

(四) 技术负责人

李斌，简历同前。

二、相关事项说明

1、本公司董事夏秀娣持有本公司股东宁波市富盾制式服装有限公司 709.8 万元股份，占总股本的 91%；监事于克霞持有本公司关联企业吉林华健生化医药有限责任公司 36.24 万元股份，占总股本的 0.56%。除此以外，本公司其他董事、监事、高管人员及核心技术人员未直接或间接持有本公司或关联企业股份。

2、本公司目前与上述董事、监事、高级管理人员、核心技术人员间没有借款或担保方面的协议。

3、上述人员相互之间不存在配偶关系、三代以内直系和旁系亲属关系。

第七节　同业竞争与关联交易

一、同业竞争情况

本公司与控股股东吉化集团公司及实际控制人中石油集团不存在同业竞争。

中油吉林化建有限责任公司是本公司改制时形成的关联方，是由吉化集团公司以原吉化集团公司建设公司未投入本公司的其它资产出资设立。本公司取得民用建筑施工总承包二级资质产生的与有限公司的控股子公司吉林化建建筑工程有限责任公司的同业竞争，将通过以募集资金对建筑工程公司实施增资控股得到解决，在此之前本公司承诺不从事民用建筑施工总承包业务。

本公司拟投资设立的长春钢结构公司、上海预制维修公司与有限公司控股的吉林化建特种结构工程有限责任公司、吉林化建设备制造有限责任公司因资质不同或者客户对象不同，存在地域市场划分也不构成同业竞争。

此外，吉化集团公司、有限公司及其子公司均已作出书面承诺，在发行人存续期间不谋求、不产生与本公司构成直接或间接同业竞争的业务。

发行人律师、主承销商均认为发行人与控股股东吉化集团公司及实际控制人中石油不存在同业竞争。

二、关联交易情况

(一)关联方与关联关系

本公司目前存在的关联方及关联关系请查阅刊登于上海证券交易所网站 (www.sse.com.cn) 的本公司招股说明书全文及附录。

(二)主要关联交易

本公司目前与中油吉林化建有限责任公司及其控股子公司存在土地及房屋租赁、工程及劳务分包、设备维修、工程检测、非标设备采购、混凝土预制件和商品混凝土采购以及电脑设备租赁、维护及网络工程服务方面的关联交易，上述交易均按不偏离行业标准及市场价格原则定价。

本公司与吉化集团公司存在工程承包、供暖供水服务以及通讯服务的关联交易，交易按照不偏离行业标准以及国家公用事业部门及通讯部门的标准定价。

此外，根据国家有关规定，本公司从事的中石油集团大型化工石油工程业务均通过招投标程序，以符合行业标准的公平市场价格竞标取得。

发行人律师、主承销商和独立董事均对关联交易发表了意见，认为关联交易定价遵循了公平、公正、合理的原则，不存在损害发行人及其股东利益的情况，也没有违反国家有关法律、行政法规的限制性规定，其决策程序合法有效，发行人所存在的关联交易不影响发行人生产经营的独立性。

第八节　财务会计信息

一、注册会计师意见

公司全体股东委托深圳南方民和会计师事务所有限责任公司审计了本公司 2000 年 12 月 31 日、2001 年 12 月 31 日及 2002 年 12 月 31 日的合并资产负债表和母公司资产负债表，2000 年度、2001 年度及 2002 年度的合并利润及利润分配表和母公司利润及利润分配表，2002 年度的合并现金流量表和母公司现金流量表。深圳南方民和会计师事务所有限责任公司出具了标准无保留意见的审计报告。

二、简要会计报表

(一) 简要合并资产负债表

单位：元

项目	2002 年 12 月 31 日	2001 年 12 月 31 日
资产类		
流动资产：		
货币资金	74,903,550.16	57,455,594.03
应收票据	3,690,000.00	5,375,000.00
应收账款	185,088,494.62	173,564,374.12
其他应收款	11,809,759.92	10,138,232.43
预付帐款	54,062,871.39	19,058,880.94
存货	59,362,569.97	30,961,159.68
待摊费用	64,304.77	49,115.55
流动资产合计	388,981,550.83	296,602,356.75
固定资产：		
固定资产原值	81,464,537.81	81,090,488.81
减：累计折旧	31,542,303.91	23,423,993.84
固定资产净值	49,922,233.90	57,666,494.97
固定资产合计	49,922,233.90	57,666,494.97
无形资产及其他资产：		
无形资产	8,680,958.25	8,864,960.13
长期待摊费用	204,210.51	
无形及其他资产合计	8,885,168.76	8,864,960.13
资产总计	447,788,953.49	363,133,811.85

负债及股东权益		
流动负债：		
短期借款	70,000,000.00	55,000,000.00
应付账款	154,007,094.16	135,957,782.06
预收账款	19,665,082.16	27,551,997.12
其他应付款	31,493,230.51	15,562,961.84
应付福利费	527,185.55	--
未付股利	21,000,000.00	--
未交税金	13,135,126.57	5,599,718.48
其他未交款	2,576,681.36	2,473,462.69
流动负债合计	312,404,400.31	242,145,922.19
负债合计	312,404,400.31	242,145,922.19
少数股东权益	13,565,248.87	14,976,697.32
股东权益：		
股本	70,000,000.00	70,000,000.00
资本公积	10,131,810.51	10,131,810.51
盈余公积	9,513,330.70	3,992,113.90
其中：公益金	3,171,110.23	1,330,704.64
未分配利润	32,174,163.10	21,887,267.93
股东权益合计	121,819,304.31	106,011,192.34
负债及股东权益总计	447,788,953.49	363,133,811.85

项目	2000 年 12 月 31 日
资产类	
流动资产：	
货币资金	50,294,302.98
应收票据	1,500,000.00
应收账款	174,437,370.46
其他应收款	15,536,392.59
预付帐款	33,275,529.68
存货	34,780,898.45
待摊费用	17,488.96
流动资产合计	309,841,983.12
固定资产：	
固定资产原值	36,547,210.20
减：累计折旧	18,781,794.04
固定资产净值	17,765,416.16
固定资产合计	17,765,416.16
无形资产及其他资产？	
无形资产	9,048,961.98
长期待摊费用	
无形及其他资产合计	9,048,961.98
资产总计	336,656,361.26
负债及股东权益	
流动负债：	
短期借款	10,000,000.00
应付账款	161,826,511.49
预收账款	40,290,571.67
其他应付款	25,017,871.32
应付福利费	440,831.92
未付股利	734,710.90
未交税金	7,598,227.78
其他未交款	214,114.99
流动负债合计	246,122,840.07
负债合计	246,122,840.07
少数股东权益	11,895,617.96
股东权益：	
股本	52,878,300.00
资本公积	27,253,510.51
盈余公积	--
其中：公益金	--
未分配利润	(1,493,907.28)
股东权益合计	78,637,903.23
负债及股东权益总计	336,656,361.26

（二）简要合并利润及利润分配表

单位：元

项目	2002 年	2001 年
一、主营业务收入	1,200,656,283.64	772,020,989.84
减：主营业务成本	1,053,443,367.50	661,517,246.67
主营业务税金及附加	35,894,598.94	24,516,671.90
二、主营业务利润	111,318,317.20	85,987,071.27
加：其他业务利润	1,116,234.99	97,605.55
减：管理费用	45,122,700.83	38,540,325.68
财务费用	3,459,952.72	1,558,431.66
三、营业利润	63,851,898.64	45,985,919.48
加：营业外收入	--	28,037.76
减：营业外支出	415,885.16	142,912.43
四、利润总额	63,436,013.48	45,871,044.81
减：所得税	25,156,513.44	15,137,444.81
少数股东损益	1,471,388.07	3,360,310.89
五、净利润	36,808,111.97	27,373,289.11
加：年初未分配利润	21,887,267.93	(1,493,907.28)
减：转作股本的利润	--	--
上交改制前原股东利润	--	--
六、可供分配利润	58,695,379.90	25,879,381.83
减：提取法定盈余公积	3,680,811.21	2,661,409.26
提取法定公益金	1,840,405.59	1,330,704.64
七、可供股东分配的利润	53,174,163.10	21,887,267.93
减：应付普通股股利	21,000,000.00	--
八、未分配利润	32,174,163.10	21,887,267.93

项目	2000 年
一、主营业务收入	413,492,573.92
减：主营业务成本	343,248,657.81
主营业务税金及附加	12,807,703.49
二、主营业务利润	57,436,212.62
加：其他业务利润	--
减：管理费用	39,156,561.95
财务费用	3,002,815.60
三、营业利润	15,276,835.07
加：营业外收入	216,000.00
减：营业外支出	300,688.68
四、利润总额	15,192,146.39
减：所得税	5,013,408.31
少数股东损益	360,117.96
五、净利润	9,818,620.12
加：年初未分配利润	
减：转作股本的利润	3,073,062.15
上交改制前原股东利润	7,504,754.35
六、可供分配利润	(759,196.38)
减：提取法定盈余公积	--
提取法定公益金	--
七、可供股东分配的利润	(759,196.38)
减：应付普通股股利	734,710.90
八、未分配利润	(1,493,907.28)

注：2000 年未分配利润为负数系因 2002 年会计政策变更，计提关联方应收帐款及其它应收款坏帐准备并追溯调整报表所致。

（三）简要合并现金流量表　　单位：元

项目	2002 年
经营活动产生的现金流量净额	8,457,976.58
投资活动产生的现金流量净额	(1,496,461.00)
筹资活动产生的现金流量净额	10,486,440.55
现金及现金等价物净增加额	17,447,956.13

第九节　其他重要事项

一、自本公司股票首次公开发行之日至本上市公告书公告之日，本公司严格依照现行有关法律、法规的规定规范运行，生产经营情况正常，本公司所处行业和市场无重大变化，主要业务发展目标的进展状况正常，主要投入、产出物供求及价格无重大变化；

二、自本公司股票首次公开发行之日至本上市公告书公告之日，本公司没有进行重大对外投资，无重大资产(股权)收购、出售行为；

三、自本公司股票首次公开发行之日至本上市公告书公告之日，本公司重大会计政策和会计师事务所没有发生变化；

四、本公司未涉及任何重大诉讼、仲裁或行政处罚案件，并且董事会认为本公司未面临任何重大影响的诉讼和索赔要求；

五、自本公司股票首次公开发行之日至本上市公告书公告之日，本公司董事、监事和高级管理人员未受到任何刑事起诉，亦没有尚未了结或可能发生的刑事诉讼事项；

六、自本公司股票首次公开发行之日至本上市公告书公告之日，本公司住所未变更；本公司未发生新的重大负债，并且重大债项未发生变化。

七、根据《上海证券交易所股票上市规则》，本公司第一大股东吉化集团公司承诺，自本公司股票上市之日起 12 个月内，不转让其所持有的本公司股份，也不由本公司回购其持有的本公司股份。

八、本公司股票首次公开发行至本上市公告书公告之日，没有其他应披露而未披露之重大事项。

第十节　董事会上市承诺

本公司董事会将严格遵守《中华人民共和国公司法》、《中华人民共和国证券法》、《股票发行与交易管理暂行条例》、《公开发行股票公司信息披露实施细则》和《上海证券交易所股票上市规则》等国家相关法律、法规和有关规定，并自股票上市之日起做到：

1、真实、准确、完整、公允和及时地公布定期报告，披露所有对投资者有重大影响的信息，并接受中国证监会、证券交易所的监督管理；

2、本公司在知悉可能对股票价格产生误导性影响的任何公共传播媒介中出现的消息后，将及时予以公开澄清；

3、本公司董事、监事、高级管理人员和核心技术人员将认真听取社会公众的意见和批评，不利用已获得的内幕消息和其他不正当手段直接或间接从事发行人股票的买卖活动；

4、本公司没有无记录的负债。

第十一节　上市推荐人及其意见

(一)上市推荐人

1、上市推荐人：广州证券有限责任公司

法定代表人：吴张

地址：广州市先烈中路 69 号东山广场主楼 5 楼

电话：020-87322668

传真：020-87325041

联系人：陈小坚陆裕石志华

2、上市推荐人：东北证券有限责任公司

法定代表人：李树

地址：长春市人民大街 138-1 号长春紫荆花饭店 19-21 层

电话：010-68573830

传真：010-68573829

联系人：高毅辉梁化军

(二)上市推荐人意见

本公司上市推荐人认为，发行人章程符合《中华人民共和国公司法》等有关法律、法规和中国证监会关于公司章程的相关规定；发行人本次股票发行完全符合《中华人民共和国公司法》、《中华人民共和国证券法》、《股票发行与交易管理暂行条例》、《上海证券交易所股票上市规则》等国家有关法律、法规的规定，已具备了上市条件；发行人董事了解法律、法规、上海证券交易所上市规则及股票上市协议规定的董事的义务与责任；发行人建立健全了法人治理结构，制定了严格的信息披露制度与保密制度。

上市推荐人已对上市文件所载的资料进行了核实，确保上市文件真实、准确、完整，符合规定要求，保证发行人的上市申请材料、上市公告书没有虚假、严重误导性陈述或者重大遗漏，并保证对其承担连带责任。广州证券有限责任公司和东北证券有限责任公司与发行人不存在关联关系。上市推荐人愿意推荐发行人股票在上海证券交易所上市交易，并保证不利用在上市过程中获得的内幕信息进行内幕交易，为自己或他人谋取利益。

中油吉林化建工程股份有限公司

2003 年 7 月 26 日

山东黄金矿业股份有限公司

山东黄金矿业股份有限公司股票上市公告书

第一节　重要声明与提示

山东黄金矿业股份有限公司(下简称"本公司"、"公司"或"发行人")董事会保证上市公告书的真实性、准确性、完整性,全体董事承诺上市公告书不存在虚假记载、误导性陈述或重大遗漏,并承担个别和连带的法律责任。

根据《公司法》、《证券法》等有关法律、法规规定,本公司董事、高管人员已依法履行诚信和勤勉尽责的义务和责任。

上海证券交易所、中国证监会、其他政府机关对本公司股票上市及有关事项的意见,均不表明对本公司的任何保证。

本公司提醒广大投资者注意,凡本上市公告书未涉及的有关内容,请投资者查阅2003年8月8日刊载于《中国证券报》、《上海证券报》和《证券时报》的本公司招股说明书摘要及刊载于上海证券交易所网站(http://www.sse.com.cn)的本公司招股说明书全文。

第二节　概览

股票简称:山东黄金　　沪市股票交易代码:600547
深市代理股票交易代码:003547　　总股本:16,000万股
可流通股本:6000万股　　本次上市流通股本:6000万股
上市地点:上海证券交易所　　上市日期:2003年8月28日
股票登记机构:中国证券登记结算有限责任公司上海分公司
上市推荐人:西部证券股份有限公司、东北证券有限责任公司

根据国家现行法律、法规规定,本公司发起人股东所持股份暂不上市流通;本公司第一大股东承诺:自本公司股票上市之日起12个月内,不转让其持有的本公司股份,也不由本公司回购其所持有的股份。

第三节　绪言

本上市公告书是根据《中华人民共和国公司法》、《中华人民共和国证券法》、《股票发行与交易管理暂行条例》、《公开发行股票公司信息披露实施细则》和《上海证券交易所股票上市规则》等国家有关法律、法规的规定,并按照中国证监会《公开发行证券的公司信息披露内容与格式准则第7号—股票上市公告书》而编制,旨在向投资者提供有关本公司的基本情况和本次股票上市的有关情况。

经中国证监会证监发行字[2003]89号文核准,本公司于2003年8月13日采用全部向二级市场投资者定价配售的方式发行了6000万股人民币普通股(A股)股票,发行价为4.78元/股。

经上海证券交易所上证上字[2003]100号文批准,本公司公开发行的6000万股社会公众股将于2003年8月28日起在上海证券交易所挂牌交易。股票简称"山东黄金",沪市股票交易代码"600547"、深市代理股票交易代码"003547"。

本公司已于2003年8月8日在《中国证券报》、《上海证券报》和《证券时报》上刊登了《山东黄金矿业股份有限公司首次公开发行股票招股说明书摘要》,招股说明书正文及其附录刊载于上海证券交易所网站(www.sse.com.cn),距今不足三个月,故与其重复的内容在此不再重述,敬请投资者查阅上述内容。

第四节　发行人概况

1.发行人基本情况
发行人中文名称:山东黄金矿业股份有限公司
发行人英文名称:SHANDONG GOLD-MINING CO.,LTD.
法定代表人:张万青　　设立日期:2000年1月31日
所属行业:黄金采掘、冶炼　　注册资本:10000万元
董事会秘书:林朴芳　　电话、传真:0531-8562816,0531-8561938
住所:山东省济南市解放路16号　　邮政编码:250014
电子信箱:gftq@sd-gold.com　　网址:www.sdgoldmining.com

经营范围:批准许可范围内的黄金开采、选冶,黄金矿山专用设备、建筑装饰材料(不含国家法律法规限制产品)的生产、销售。

主营业务:黄金开采和选冶加工,同时,伴有白银、硫精矿的生产。

2.发行人历史沿革

本公司是经山东省体改委鲁体改企字[2000]第3号文批准,由山东黄金集团有限公司(简称"集团公司")作为主发起人将总部部分办公楼和新城金矿全部与黄金生产经营有关的净资产作为出资,联合山东招金集团公司、山东莱州黄金(集团)有限公司、济南玉泉发展中心及山东金洲矿业集团有限公司等四家发起人共同发起设立,并于2000年1月31日在山东省工商行政管理局登记注册的股份有限公司,注册资本10,000万元。

经中国证监会证监发行字[2003]89号文核准,本公司于2003年8月13日采用全部向二级市场投资者定价配售的方式发行了6000万股人民币普通股(A股)股票,发行价为4.78元/股。本次发行后,公司注册资本为16,000万元,本次发行前后股权变动情况如下:

	发行前		发行后	
股份类别	股数(万股)	比例(%)	股数(万股)	比例(%)
一、发起人股	10,000	100	10,000	62.500
1.国家股	9,700	97	9,700	60.625
2.国有法人股	200	2	200	1.250
3.法人股	100	1	100	0.625
二、社会公众股	–	–	6,000	37.500
三、总股本	10,000	100	16,000	100

3.本公司的主要经营情况

本公司的主营业务是黄金开采和选冶加工,公司的经营主体是新城金矿。

2000—2002年,公司黄金产量分别为2,929千克、3,105千克和2,816千克。本公司在生产规模、黄金储量和技术人才等方面具备一定的竞争优势。本公司实现了采、掘、运的无轨化,设计采选生产能力1,250吨/日,实际采选生产能力已达到1,400吨/日。

公司主要财务指标请参见本上市公告书"财务会计资料"。

本公司目前拥有的主要知识产权和非专利技术:公司"新城金矿复杂条件矿床开采方法研究"获全国黄金行业唯一一项国家科学技术进步二等奖,"新城金矿主溜井特大塌方区加固技术研究"获山东省科学技术二等奖。

本公司拥有的政府特许经营权:2001年2月8日,本公司取得国土资源部核发的以本公司为采矿权人《采矿许可证》。

本公司拥有的财政税收优惠政策:根据财政部、国家税务总局[1994]财税字第024号《关于黄金生产环节免征增值税问题的通知》和财政部、国家税务总局财税字[1996]20号《关于继续对部分资源综合利用产品等实行增值税优惠政策的通知》以及财政部、国家税务总局财税[2002]142号《财政部、国家税务总局关于黄金税收政策问题的通知》,公司生产的黄金产品享受免征增值税的优惠政策。

第五节　股票发行与股本结构

1.首次公开发行股票的基本情况
发行股票种类:人民币普通股　　每股面值:1.00元
发行数量:6000万股　　发行价格:4.78元
发行方式:向二级市场投资者定价配售　　每股发行费用:0.256元
募集资金总额:28,680万元,扣除发行费用后实收资金27,146万元

配售对象:于2003年8月8日收盘时持有沪市或深市已上市流通人民币普通股(A股)股票市值不少于1万元的投资者

发行费用总额:本次公开发行的费用总额为1,534万元,主要包括承销费用、审计费用、评估费用、律师费用、发行手续费用、审核费等

2.首次公开发行股票的承销情况

本次公开发行的6000万股社会公众股中,二级市场投资者认购59537629股,其余462371股由主承销商天同证券有限责任公司包销。

3.注册会计师对首次公开发行股票所募股资金的验资报告

山东乾聚有限责任会计师事务所为本次发行出具了乾聚验字[2003]15号验资报告,全文如下:

山东黄金矿业股份有限公司全体股东:

我们接受委托,审验了贵公司截至2003年8月19日止新增注册资本的实收情况。按照国家相关法律、法规的规定和协议、章程的要求出资,提供真实、合法、完整的验资资料,保护资产的安全、完整是全体股东及贵公司的责任。我们的责任是对贵公司新增注册资本的实收情况发表审验意见。我们的审验是依据《独立审计实务公告第1号——验资》进行的。在审验过程中,我们结合贵公司的实际情况,实施了检查等必要的审验程序。

贵公司原注册资本为人民币10,000万元,根据贵公司股东大会决议和修改后章程(草案)的规定,贵公司申请增加注册资本人民币6,000万元。经中国证券监督管理委员会证监发行字[2003]89号文批准,贵公司于2003年8月13日向社会公众发行人民币普通股6,000万股,每股面值为人民币1.00元。经我们审验,截至2003年8月19日止,贵公司已收到社会公众股股东认缴的新增注册资本合计人民币陆仟万元整(RMB6,000万元),各股东均以货币资金出资。

同时我们注意到,贵公司本次增资前的注册资本为人民币10,000万元,已经山东乾聚有限责任会计师事务所烟乾会验[1999]66号验资报告验证。截至2003年8月19日止,变更后的累计注册资本实收金额为人民币16,000万元。

本验资报告仅供贵公司申请变更登记及据以向股东签发出资证明时使用,不应将其视为是对贵公司验资报告日后资本保全、偿债能力和持续经营能力等的保证。因使用不当所造成的后果,与执行本验资业务的注册会计师及会计师事务所无关。

附件:1.注册资本变更情况明细表
(1)新增注册资本实收情况明细表(表1)
(2)注册资本变更前后对照表(表2)
2.验资事项说明

山东乾聚有限责任会计师事务所　　中国注册会计师:孙小波
中国注册会计师:梁益胜
地址:山东省烟台市胜利路201-209号　　二〇〇三年八月十九日

4.本次发行募股资金入帐情况
入帐时间:2003年8月19日　　入帐金额:200,000,000.00
入帐银行:中国建设银行珍珠泉支行　　入帐帐号:616801017300123460
入帐时间:2003年8月19日　　入帐金额:75,803,935.51
入帐银行:交通银行济南纬二路支行　　入帐帐号:613000018000246586

5.公司上市前股权结构及各类股东的持股情况
(1)本次发行前后股本结构如下

发行前

股份类型	股数(万股)	比例(%)
一、发起人股	10,000	100
1.山东黄金集团有限公司	9,700	97
2.山东招金集团公司	100	1
3.山东莱州黄金(集团)有限公司	100	1
4.济南玉泉发展中心	60	0.6
5.山东金洲矿业集团有限公司	40	0.4
二、社会公众股	0	0
三、总股本	10,000	100

发行后

股份类型	股数(万股)	比例(%)
一、发起人股	10,000	62.50
1.山东黄金集团有限公司	9,700	60.625
2.山东招金集团公司	100	0.625
3.山东莱州黄金(集团)有限公司	100	0.625
4.济南玉泉发展中心	60	0.375
5.山东金洲矿业集团有限公司	40	0.25
二、社会公众股	6,000	37.50
三、总股本	16,000	100

(2)本公司目前最大十名股东情况

股东名称	股份类型	持股数(万股)
1.山东黄金集团有限公司	发起人股	9700
2.山东招金集团公司	发起人股	100
3.山东莱州黄金(集团)有限公司	发起人股	100
4.济南玉泉发展中心	发起人股	60
5.天同证券	流通股	46.2371
6.山东金洲矿业集团有限公司	发起人股	40
7.天同180	流通股	9.3
8.国泰君安	流通股	6.1
9.景福基金	流通股	5.7

10、华安上指	流通股	5.5

股东名称	持股比例(%)
1、山东黄金集团有限公司	60.625
2、山东招金集团公司	0.625
3、山东莱州黄金(集团)有限公司	0.625
4、济南玉泉发展中心	0.375
5、天同证券	0.289
6、山东金洲矿业集团有限公司	0.25
7、天同 180	0.058
8、国泰君安	0.038
9、景福基金	0.036
10、华安上指	0.034

第六节　董事、监事、高级管理人员及核心技术人员

本公司全体董事、监事、高级管理人员与核心技术人员均为中国国籍。

1、董事

张万青，男，48 岁，董事长，研究生学历，高级经济师，高级政工师。

时民，男，45 岁，副董事长，大学学历，高级经济师，高级政工师。

李春元，男，55 岁，董事、总经理，中专学历，高级经济师，1996 年经国务院批准享受政府特殊津贴。

路东尚，男，41 岁，董事，研究生学历，高级工程师。

邓鹏飞，男，49 岁，董事，大学学历，高级工程师。

王月永，男，38 岁，独立董事，经济学硕士、管理学博士，高级会计师。

王玉中，男，63 岁，独立董事，大专学历。

2、监事

王民坤，男，57 岁，监事会主席，大学学历，高级政工师。

赵文学，男，56 岁，监事，大专学历，工程师。

镡旭日，男，54 岁，监事，大学学历，高级政工师。

3、其他高级管理人员

王永顺，男，52 岁，副总经理，大学学历，高级工程师。

陈玉民，男，40 岁，副总经理兼总工程师，研究生学历，工程技术应用研究员。

袁洪美，男，47 岁，副总经理兼总经济师，大学学历，高级政工师。

孙秀恩，男，45 岁，财务负责人兼总会计师，大学学历，高级会计师。

林朴芳，男，49 岁，董事会秘书，大专学历，高级经济师。

4. 核心技术人员

陈玉民，男，40 岁，研究生学历，工程技术应用研究员。

刘尚林，男，54 岁，大学学历，高级工程师。

刘国富，男，49 岁，大专学历，高级工程师。

公司董事、监事、高级管理人员以及核心技术人员在发行前均未直接或间接持有公司股份和关联企业的股份。

第七节　同业竞争与关联交易

1.同业竞争

集团公司目前除持有本公司的股权外，还拥有焦家金矿、玲珑金矿、三山岛金矿、沂南金矿等其他黄金生产经营单位，因而集团公司所从事的业务与本公司所从事的业务有相同之处。股份公司、集团公司拥有的采矿权的范围不同，因此，股份公司与集团公司在对已拥有的黄金资源的开采方面不存在同业竞争，但在新的黄金资源的开发及获取探矿权、采矿权方面存在潜在的同业竞争。由于黄金产品的稀缺性、特殊性，股份公司与集团公司在其中间产品方面以及在目前国家政策背景下的黄金产成品方面不存在同业竞争；黄金市场放开后，股份公司与集团公司在黄金产成品销售方面将出现潜在的同业竞争情况。

为彻底消除同业竞争，针对在开发新的黄金资源及获取探矿权、采矿权方面的同业竞争，集团公司出具了《关于避免同业竞争的承诺》：股份公司享有优先于集团公司及集团公司除股份公司以外的其他全资、控股子企业(子公司)获取探矿权、采矿权的权利；针对黄金市场放开后在黄金销售渠道方面产生的同业竞争，采取如下三项措施：(1)利用部分募股资金收购焦家金矿；(2)集团公司按照《矿产资源法》对沂南金矿实行闭坑处理；(3)股份公司与集团公司已签订《委托管理协议》，对于玲珑金矿、三山岛金矿以及山东黄金集团平度黄金有限公司在股份公司上市前由股份公司委托经营；同时集团公司承诺在股份公司上市一年之后、一年半之内，通过对股份公司增资的形式，将以上三个单位的生产经营性净资产折股进入股份公司；山东省黄金电力公司承诺在股份公司上市一年之后、一年半之内，通过对股份公司增资的形式，将所持有的山东黄金集团平度黄金有限公司的生产经营性净资产折股进入股份公司。

2.关联方、关联关系：详见本公司首次公开发行股票招股说明书全文。

3.公司的关联交易

公司的关联交易主要是对集团公司土地使用权的租赁、采矿权的转让、受让股权、资产委托管理以及电力、道路、综合服务等关联交易。

2000 年、2001 年和 2002 年，集团公司支付给本公司的费用占本公司营业收入的比例分别为 0.05%、0.09%和 0.10%，公司应支付给集团公司以及其他关联方的费用占本公司营业成本的比例分别为 11.35%、11.00%和 13.22%。以上关联交易中，电力供应的费用发生额对公司财务状况及经营成果的影响较大，其余关联交易的发生额影响则较小。

关联交易的定价政策及决策依据：对于在今后的经营活动中与股份公司发生的无法避免的关联交易(包括但不限于商品交易、相互提供服务或作为代理等事宜)，集团公司(含其全资、控股子企业)保证将遵循自愿、公平、诚信、等价有偿的原则，以市场公认的合理价格或有资质评估机构的评估价进行；集团公司不要求或接受股份公司在任何一项市场公平交易中给予现有股东的条件优于第三者给予的条件。若违反上述声明和保证，集团公司将对前述行为而给股份公司造成的损失向股份公司进行赔偿。集团公司保证将依照股份公司章程参加股东大会，平等地行使相应权利，承担相应义务，不利用控股股东地位谋取不正当利益，不损害股份公司和股份公司其他股东的合法权益。

公司章程及有关制度中关联交易的规定：公司章程规定了关联股东或利益冲突的董事在关联交易表决中的回避制度或做必要的公允性声明。

关联交易详细内容请查阅刊登于上海证券交易所网站(www.sse.com.cn)本公司招股说明书全文。

第八节　财务会计资料

本公司截止 2003 年 5 月 31 日的财务会计资料已于 2003 年 8 月 8 日刊登在《中国中证券报》、《上海证券报》、《证券时报》本公司招股说明书中。投资者欲了解详细内容，请查阅上述报刊或刊载于上海证券交易所网站(www.sse.com.cn)上的本公司招股说明书全文与附录。

1.注册会计师意见

本公司已聘请山东乾聚有限责任会计师事务所对本公司过去三年及最近一期的资产负债表、利润表及最近一年又一期的现金流量表进行了审计。注册会计师已出具了标准的无保留意见的审计报告(乾聚审字[2003]81 号)。

2.简要会计报表

简要资产负债表

单位：元

项　目	2003 年 5 月 31 日 合并数	母公司	2002 年 12 月 31 日 合并数
流动资产：			
货币资金	35,591,238.98	25,238,417.65	33,315,302.92
应收帐款	8,365,018.31	8,975,143.19	6,501,117.21
其他应收款	24,411,794.40	22,564,090.54	24,573,115.37
预付帐款	4,399,743.47	674,028.60	1,611,905.60
存货	73,759,975.51	22,605,511.36	70,156,347.37
流动资产合计	146,589,829.25	80,057,191.34	136,217,788.47
长期投资：			
长期股权投资	8,818,049.77	17,711,381.23	8,399,228.97
长期投资合计	8,818,049.77	17,711,381.23	8,399,228.97
其中：合并差价	788,160.96		828,787.81
固定资产：			
固定资产原价	479,168,500.85	470,795,862.77	483,201,929.95
减：累计折旧	257,935,244.79	255,480,377.22	247,592,260.19
固定资产净值	221,233,256.06	215,315,485.55	235,609,669.76
固定资产净额	221,233,256.06	215,315,485.55	235,609,669.76
工程物资	10,916,752.29	10,916,752.29	7,613,179.04
在建工程	79,809,659.34	71,805,359.54	62,272,208.18
固定资产合计	311,959,667.69	298,037,597.38	305,495,056.98
无形资产及其他资产：			
无形资产	35,889,531.98	35,889,531.98	37,073,268.23
长期待摊费用	492,143.47	146,485.25	1,651,469.36
无形资产及其他资产合计	36,381,675.45	36,036,017.23	38,724,737.59
资　产　总　计	503,749,222.16	431,842,187.18	488,836,812.01
流动负债：			
短期借款	56,000,000.00		66,000,000.00
应付帐款	1,535,165.73	1,392,238.56	2,071,409.04
预收帐款	8,975,968.68	320,184.47	6,417,083.34
应付工资	4,236,524.97	4,140,524.97	4,441,892.43
应付福利费	-969,559.61	-926,340.87	-114,505.68
应付股利	20,084,902.40	20,084,902.40	20,084,902.40
应交税金	7,239,894.79	5,150,993.75	5,576,777.84
其他应交款	1,971,095.34	1,918,360.04	-30,565.03
其他应付款	18,003,930.97	15,302,811.72	19,652,110.31
预提费用	1,529,870.00	1,238,300.00	194,590.00
一年内到期的长期负债			
流动负债合计	118,607,793.27	48,621,975.04	124,293,694.65
长期负债：			
长期借款	116,000,000.00	116,000,000.00	116,000,000.00
长期应付款	38,679,314.58	38,679,314.58	38,679,314.58
专项应付款	60,000.00	60,000.00	60,000.00
长期负债合计	154,739,314.58	154,739,314.58	154,739,314.58
负　债　合　计	273,347,107.85	203,361,289.62	279,033,009.23
少数股东权益	1,460,665.30		2,308,855.39
股东权益：			
股本	100,000,000.00	100,000,000.00	100,000,000.00
股本净额	100,000,000.00	100,000,000.00	100,000,000.00
资本公积	49,657,423.19	49,657,423.19	49,562,378.04
盈余公积	15,600,894.34	15,600,894.34	15,600,894.34
其中：法定公益金	7,800,447.17	7,800,447.17	7,800,447.17
未分配利润	63,683,131.48	63,222,580.03	42,331,675.01
股东权益合计	228,941,449.01	228,480,897.56	207,494,947.39
负债和股东权益合计	503,749,222.16	431,842,187.18	488,836,812.01

项　目	母公司	2001 年 12 月 31 日 合并数
流动资产：	23,047,761.12	30,286,842.17
货币资金	838,018.13	4,019,282.85
应收帐款	22,531,932.65	7,886,334.77
其他应收款	603,905.60	9,835,518.55
预付帐款	24,005,588.72	61,611,182.93
存货	71,027,206.22	113,639,161.27
流动资产合计		
长期投资：	16,783,176.48	8,725,608.04
长期股权投资	16,783,176.48	8,725,608.04
长期投资合计		926,292.25
其中：合并差价		
固定资产：	473,387,462.77	453,640,478.14
固定资产原价	245,273,768.65	219,265,255.49
减：累计折旧	228,113,694.12	234,375,222.65
固定资产净值	228,113,694.12	234,375,222.65
固定资产净额	7,613,179.04	8,051,599.04
工程物资	59,232,208.18	55,695,735.47
在建工程	294,959,081.34	298,122,557.16
固定资产合计		
无形资产及其他资产：	37,073,268.23	39,858,561.98
无形资产	185,034.00	1,291,342.68
长期待摊费用	37,258,302.23	41,149,904.66
无形资产及其他资产合计	420,027,766.27	461,637,231.13
资　产　总　计		
流动负债：	10,000,000.00	110,780,000.00
短期借款	1,271,151.12	1,173,375.43

应付帐款	264,396.12	846,034.51
预收帐款	4,345,892.43	6,287,964.76
应付工资	-95,726.41	-361,901.68
应付福利费	20,084,902.40	20,084,902.40
应付股利	5,267,641.97	3,600,791.64
应交税金	-36,437.71	-56,331.69
其他应交款	16,510,094.38	26,428,022.20
其他应付款	194,590.00	195,500.00
预提费用		70,000,000.00
一年内到期的长期负债	57,806,504.30	238,978,357.57
流动负债合计		
长期负债：	116,000,000.00	
长期借款	38,679,314.58	40,943,469.58
长期应付款	60,000.00	
专项应付款	154,739,314.58	40,943,469.58
长期负债合计	212,545,818.88	279,921,827.15
负 债 合 计		1,107,846.75
少数股东权益		
股东权益：	100,000,000.00	100,000,000.00
股本	100,000,000.00	100,000,000.00
股本净额	49,562,378.04	49,430,000.00
资本公积	15,600,894.34	10,252,491.92
盈余公积	7,800,447.17	5,126,245.96
其中：法定公益金	42,318,675.01	20,925,065.31
未分配利润	207,481,947.39	180,607,557.23
股东权益合计	420,027,766.27	461,637,231.13
负债和股东权益合计		

简要利润表

单位：元

项　目	2003年1-5月 合并数	母公司	2002年度 合并数
一、主营业务收入	144,083,324.58	109,943,598.25	283,177,907.09
减：主营业务成本	76,916,157.97	48,166,004.13	157,468,324.42
主营业务税金及附加	245,696.03	16,080.92	379,160.88
二、主营业务利润	66,921,470.58	61,761,513.20	125,330,421.79
加：其他业务利润	127,355.79	63,962.70	2,868,270.96
减：营业费用	1,585,507.31	313,955.59	3,073,337.83
管理费用	28,983,574.86	27,715,925.19	70,497,931.62
财务费用	4,328,632.75	2,821,530.22	10,725,027.09
三、营业利润	32,151,111.45	30,974,064.90	43,902,396.21
加：投资收益	311,025.65	833,159.60	-287,293.86
营业外收入	5,150.00		31,551.26
减：营业外支出	283,701.93	270,690.52	1,108,231.62
四、利润总额	32,183,585.17	31,536,533.98	42,538,421.99
减：所得税	10,859,568.79	10,632,628.96	16,067,109.91
少数股东收益	-27,440.09		-283,700.04
五、净利润	21,351,456.47	20,903,905.02	26,755,012.12

项　目	2002年度 母公司	2001年度 合并数
一、主营业务收入	230,412,182.07	249,778,253.12
减：主营业务成本	114,146,857.72	138,796,820.79
主营业务税金及附加	32,288.52	168,067.01
二、主营业务利润	116,233,035.83	110,813,365.32
加：其他业务利润	503,302.74	37,700.91
减：营业费用	403,995.94	800,130.08
管理费用	66,052,206.18	59,246,589.37
财务费用	7,654,682.62	9,293,430.85
三、营业利润	42,625,453.83	41,510,915.93
加：投资收益	325,898.32	-581,679.86
营业外收入	3,389.00	50.00
减：营业外支出	840,188.07	1,019,157.09
四、利润总额	42,114,553.08	39,910,128.98
减：所得税	15,372,540.96	13,722,679.00
少数股东收益		31,118.35
五、净利润	26,742,012.12	26,156,331.63

简要现金流量表

单位：元

项　目	2003年1-5月 合并数	母公司
经营活动产生的现金流量净额	35,268,673.25	29,903,381.94
投资活动产生的现金流量净额	-19,248,557.39	-15,887,524.61
筹资活动产生的现金流量净额	-13,744,179.80	-11,825,200.80
现金及现金等价物净增加额	2,275,936.06	2,190,656.53

项　目	2002年度 合并数	母公司
经营活动产生的现金流量净额	45,073,878.19	52,270,081.77
投资活动产生的现金流量净额	-35,372,757.17	-32,208,283.41
筹资活动产生的现金流量净额	-6,672,660.27	-18,409,580.94
现金及现金等价物净增加额	3,028,460.75	1,652,217.42

公司会计报表附注等有关内容，请查阅2003年8月8日刊登于《中国证券报》、《上海证券报》和《证券时报》上的《招股说明书摘要》以及刊登于上海证券交易所网站(http://www.sse.com.cn)上的本公司《招股说明书》全文及其附录。

3.主要财务指标

财 务 指 标	2003年1-5月	2002年度	2001年度
流动比率	1.24	1.10	0.48
速动比率	0.61	0.53	0.22
应收帐款周转率(次)	17.94	49.51	108.11
存货周转率(次)	1.07	2.39	3.24
资产负债率(%)	47.09	50.60	55.07
每股净资产(元/股)	2.29	2.07	1.81
研发费用占主营业务收入的比例(%)	0.00	1.65	0.04
无形资产(土地使用权除外)占总	7.12	7.58	8.63
(净)资产的比例(%)	(15.68)	(17.87)	(22.07)
每股经营活动现金流量	0.35	0.45	0.55

财 务 指 标	2000年度
流动比率	0.39
速动比率	0.18
应收帐款周转率(次)	311.53
存货周转率(次)	5.19
资产负债率(%)	54.59
每股净资产(元/股)	1.54
研发费用占主营业务收入的比例(%)	0.05
无形资产(土地使用权除外)占总(净)资产的比例(%)	—
每股经营活动现金流量	0.49

本公司按《公开发行证券公司信息披露编报规则第9号---净资产收益率和每股收益的计算及披露》计算的发行前的净资产收益率和每股收益如下：

2003年1-5月	净资产收益率(%) 全面摊薄	加权平均
主营业务利润	29.23	30.67
营业利润	14.04	14.73
净利润	9.33	9.78
扣除非经常性损益后的净利润	9.43	9.89

2002年度	净资产收益率(%) 全面摊薄	加权平均
主营业务利润	60.40	64.59
营业利润	21.16	22.62
净利润	12.89	13.79
扣除非经常性损益后的净利润	13.19	14.10

2003年1-5月	每股收益(元) 全面摊薄	加权平均
主营业务利润	0.67	0.67
营业利润	0.32	0.32
净利润	0.21	0.21
扣除非经常性损益后的净利润	0.22	0.22

2002年度	每股收益(元) 全面摊薄	加权平均
主营业务利润	1.25	1.25
营业利润	0.44	0.44
净利润	0.27	0.27
扣除非经常性损益后的净利润	0.27	0.27

第九节　其他重要事项

1.自本公司股票首次公开发行后至本上市公告书公告前，本公司未发生可能对本公司有较大影响的其他重要事项。

2.根据《上海证券交易所股票上市规则》的有关规定，本公司第一大股东——山东黄金集团有限公司承诺：自本公司股票上市之日起12个月内，不转让其所持有的本公司股份，也不由本公司回购其持有的本公司股份。

第十节　董事会上市承诺

本公司董事会将严格遵守《中华人民共和国公司法》、《中华人民共和国证券法》、《股票发行与交易管理暂行条例》、《公开发行股票公司信息披露实施细则》和《上海证券交易所股票上市规则》等国家相关法律、法规和有关规定，并自股票上市日起做到：

(一)真实、准确、完整、公允和及时地公布定期报告，披露所有对投资者有重大影响的信息，并接受中国证监会、证券交易所的监督管理；

(二)本公司在知悉可能对股票价格产生误导性影响的任何公共传播媒介中出现的消息后，将及时予以公开澄清；

(三)本公司董事、监事、高级管理人员和核心技术人员将认真听取社会公众的意见和批评，不利用已获得的内幕消息和其他不正当手段直接或间接从事发行人股票的买卖活动；

(四)本公司没有无记录的负债。

第十一节　上市推荐人及其意见

1.上市推荐人

(1)西部证券股份有限公司

法定代表人：　刘春茂

住所：　陕西省西安市东新街232号

联系电话：　(029)7406091

传真：　(029)7406134

联系人：　冷劲松、司维、赵霞

(2)东北证券有限责任公司

法定代表人：　李　树

住所：　吉林省长春市人民大街138—1号

联系电话：　(021)63286174

传真：　(021)63743169

联系人：　孙志梅

2.上市推荐人意见

本公司上市推荐人认为，本公司章程符合《中华人民共和国公司法》等法律、法规和中国证监会有关公司章程的相关规定；本公司本次股票发行完全符合《中华人民共和国公司法》、《中华人民共和国证券法》、《股票发行与交易管理暂行条例》及《上海证券交易所股票上市规则》法律、法规和中国证监会的有关规定，已具备了上市条件。

本公司董事了解法律、法规、上海证券交易所上市规则及股票上市协议规定的董事义务与责任；本公司建立健全了法人治理结构，制定了严格的信息披露制度与保密制度。

上市推荐人已对上市文件所载的资料进行了核实，确保上市文件真实、准确、完整，符合规定要求，保证本公司的上市申请材料、上市公告书没有虚假记载、严重误导性陈述或重大遗漏，并对其承担连带责任。

上市推荐人与本公司不存在关联关系。上市推荐人愿意推荐本公司的股票在上海证券交易所上市交易，并且在上市推荐过程中，保证不利用获得的内幕信息进行内幕交易，为自己或他人谋取利益。

科大创新股份有限公司

科大创新股份有限公司2002年年度报告

第一章 公司基本情况简介

一、公司名称
公司法定中文名称:科大创新股份有限公司
公司法定英文名称:USTC CHANGCXIN CO., LTD.
公司中文名称缩写:科大创新
二、公司法定代表人:陈宗海
三、公司董事会秘书:冯士芬
联系地址:安徽省合肥市长江西路669号 科大创新股份有限公司
邮政编码:230088
联系电话:0551-5329668
传 真:0551-5321568
电子信箱:cxstock@vip.sina.com.cn;stock@cx-ustc.com
四、公司注册地址:安徽省合肥市长江西路669号
公司办公地址:安徽省合肥市长江西路669号 科大创新股份有限公司
邮政编码:230088
公司国际互联网网址:http://www.cx-ustc.com
电子信箱: cxstock@vip.sina.com.cn;stock@cx-ustc.com
五、公司选定的信息披露报纸:《上海证券报》
登载公司年度报告的网址:http://www.sse.com.cn
公司年度报告备置地点:本公司证券部
六、公司股票上市交易所:上海证券交易所
股票简称:科大创新
股票代码:600551
七、其他有关资料:
1、公司首次注册登记日期、地点:1999年12月12日在安徽省工商行政管理局办理设立登记;
2、公司变更注册登记日期、地点:
2000年9月7日在安徽省工商行政管理局办理法定代表人变更登记;
2001年4月21日在安徽省工商行政管理局办理经营范围变更登记;
2002年9月13日在安徽省工商行政管理局办理注册资本变更登记;
3、企业法人营业执照注册号:3400001300011
4、税务登记号:国税皖字340104711774870号
地税合字340104711774870号
5、公司聘请的会计师事务所名称及办公地点:天健会计师事务所有限公司,北京市西城区金融街27号投资广场A座17层

第二章 会计数据和业务数据摘要

一、公司本年度主要会计数据 (单位:人民币元)

项目	金 额
利润总额	8,840,377.77
净利润	7,369,058.34
扣除非经常性损益后的净利润	7,137,430.14
主营业务利润	31,177,717.97
其他业务利润	1,221,863.69
营业利润	5,077,835.60
投资收益	1,769,990.18
补贴收入	1,975,048.23
营业外收支净额	17,503.76
经营活动产生的现金流量净额	10,052,108.51
现金及现金等价物净增(减)额	45,317,615.34
注:非经常性损益项目和涉及金额	
1、营业外收入	17,659.49
2、营业外支出	-155.73
3、非长期性补贴收入	255,000.00
4、所得税影响	-40,875.56
合计	231,628.20

二、截止报告期末公司前三年主要会计数据和财务指标(单位:人民币元)

财务指标	2002年
主营业务收入	66,814,652.63
净利润	7,369,058.34
总资产	305,131,521.56
股东权益(不含少数股东权益)	178,478,624.59
全面摊薄每股收益(元/股)	0.10
加权平均每股收益(元/股)	0.13
扣除非经常性损益的每股收益	0.10
每股净资产(元/股)	2.38
调整后的每股净资产(元/股)	2.34
每股经营活动产生的现金流量净额(元/股)	0.13
全面摊薄净资产收益率(%)	4.13
加权平均净资产收益率(%)	6.21
扣除非经常性损益的加权平均净资产收益率(%)	6.02

财务指标	2001
主营业务收入	60,782,372.35
净利润	10,049,816.81
总资产	165,727,791.07
股东权益(不含少数股东权益)	83,829,566.23
全面摊薄每股收益(元/股)	0.20
加权平均每股收益(元/股)	0.20
扣除非经常性损益的每股收益	0.20
每股净资产(元/股)	1.68
调整后的每股净资产(元/股)	1.60
每股经营活动产生的现金流量净额(元/股)	-0.15
全面摊薄净资产收益率(%)	11.99
加权平均净资产收益率(%)	12.75
扣除非经常性损益的加权平均净资产收益率(%)	12.48

财务指标	2000
主营业务收入	58,699,571.67
净利润	8,262,487.42
总资产	119,450,674.99
股东权益(不含少数股东权益)	73,779,749.42
全面摊薄每股收益(元/股)	0.17
加权平均每股收益(元/股)	0.17
扣除非经常性损益的每股收益	0.14
每股净资产(元/股)	1.48
调整后的每股净资产(元/股)	1.43
每股经营活动产生的现金流量净额(元/股)	-0.07
全面摊薄净资产收益率(%)	11.20
加权平均净资产收益率(%)	11.86
扣除非经常性损益的加权平均净资产收益率(%)	9.88

第三章 股本变动及股东情况

一、、股东情况
1、报告期末股东总数
截止2002年12月31日,公司股东总数为12,699户。
2、报告期末公司前十名股东持股情况

名次	股东名称(全称)	年度内增减	年末持股数量	比例(%)
1	中国科学技术大学科技实业总公司	0	27,545,900	36.73
2	合肥科聚高技术有限责任公司	0	9,454,100	12.61
3	中国科学院合肥智能机械研究所	0	4,648,100	6.20
4	安徽省信息技术开发公司	0	4,247,100	5.66
5	日本恒星股份有限公司	0	4,104,800	5.47
6	爱建证券有限责任公司	213,403	213,403	0.28
7	曹群社	149,035	149,035	0.20
8	上海易富投资有限公司	93,000	93,000	0.12
9	魏春才	83,900	83,900	0.11
10	施辉	76,160	76,160	0.10

名次	股东名称(全称)	质押或冻结的股份数量	股东性质
1	中国科学技术大学科技实业总公司	0	国有法人股
2	合肥科聚高技术有限责任公司	0	国有法人股
3	中国科学院合肥智能机械研究所	0	国有法人股
4	安徽省信息技术开发公司	0	国有法人股
5	日本恒星股份有限公司	0	外资股东
6	爱建证券有限责任公司	未知	流通股
7	曹群社	未知	流通股
8	上海易富投资有限公司	未知	流通股
9	魏春才	未知	流通股
10	施辉	未知	流通股

第四章 董事、监事、高级管理人员和员工情况

一、董事、监事和高级管理人员的情况

姓名	职务	性别	年龄	任期起止日期
陈宗海	董事长	男	40	2002.12.12-2005.12.11
苏 俊	董事	男	42	2002.12.12-2005.12.11
潘忠孝	董事	男	57	2002.12.12-2005.12.11
陆晓明	董事、总裁	男	41	2002.12.12-2005.12.11
匡光力	副董事长	男	39	2002.12.12-2005.12.11
冯士芬	董事、董秘、副总裁	女	59	2002.12.12-2005.12.11
伍先达	董事	男	53	2002.12.12-2005.12.11
马贤明	独立董事	男		2002.12.12-2005.12.11
尹登泽	监事会召集人	男	49	2002.12.12-2005.12.11
金卫东	监事	男	35	2002.12.12-2005.12.11
黄 闽	监事	男	46	2002.12.12-2005.12.11
张维农	监事	男	43	2002.12.12-2005.12.11
彭 辉	监事	男	39	2002.12.12-2005.12.11
张志成	副总裁	男	57	2002.12.12-2005.12.11
田 杰	副总裁	男	48	2002.12.12-2005.12.11
张建生	财务总监	男	37	2002.12.12-2005.12.11

1、公司董事、监事、高级管理人员均未持有本公司股份。
2、公司董事、监事、高级管理人员在股东单位任职情况:
(1)董事长陈宗海先生在本公司控股股东中国科学技术大学科技实业总公司任副董事长。
(2)董事苏俊先生在本公司控股股东中国科学技术大学科技实业总公司任董事、总裁。
(3)董事潘忠孝先生在本公司控股股东中国科学技术大学科技实业总公司任副董事长。
(4)董事、总裁陆晓明先生在本公司控股股东中国科学技术大学科技实业总公司任董事。
(5)董事、董秘、副总裁冯士芬女士在本公司股东合肥科聚高技术有限责任公司任董事。
(6)董事伍先达先生在本公司股东中国科学院合肥智能机械研究所任党委副书记、副所长。
(7)监事尹登泽先生在本公司控股股东中国科学技术大学科技实业总公司任监事。

(8)监事金卫东先生在本公司控股股东中国科学技术大学科技实业总公司任副总裁。
(9)监事彭辉先生在本公司股东合肥科聚高技术有限责任公司任董事。
二、公司董事、监事、高级管理人员年度报酬情况
苏俊董事、潘忠孝董事、匡光力董事、伍先达董事、尹登泽监事、金卫东监事、黄闽监事不在本公司领取报酬和津贴。独立董事马贤明先生2002年12月12日当选,所以本年度未在本公司领取报酬和津贴。
现任公司董事、监事和高级管理人员中在公司领取报酬和津贴共计8人,2002年度报酬总额38.9万元。金额最高的前三名董事的报酬总额15.3万元,金额最高的前三名高级管理人员的报酬总额17.4万元。其中5-7万元的4人,3-5万元的4人。
三、报告期内董事、监事、高级管理人员聘任及离任情况
1、报告期内公司第一届董事会组成人员和第一届监事会组成人员的任期于2002年12月届满,根据《公司法》等法律法规和《公司章程》的有关规定,公司于2002年12月12日在合肥市长江西路669号科大创新二楼会议室召开2002年度第二次临时股东大会。会议以记名投票表决方式选举产生公司第二届董事会成员和第二届监事会成员,具体如下:
(1)选举陈宗海先生、潘忠孝先生、苏俊先生、陆晓明先生、匡光力先生、伍先达先生、冯士芬女士、马贤明先生为公司第二届董事会董事,其中马贤明先生为独立董事、会计专业人士。原董事万元熙、张志成、田杰、管维立、裴植不再担任董事。
(2)选举尹登泽先生、金卫东先生、黄闽先生为公司第二届监事会成员中由股东方代表出任的监事。另经本公司职工代表大会选举张维农先生、彭辉先生担任公司职工代表监事。原监事姜桂萍不再担任监事。
2、公司于2002年11月7日召开公司第一届董事会第十一次会议,聘任张志成、田杰先生为公司副总经理。
公司于2002年12月12日召开第二届董事会第一次会议,选举陈宗海先生为公司董事长,匡光力先生为公司副董事长,聘任陆晓明先生为公司总裁,聘任冯士芬女士为公司董秘。根据陆晓明总裁的提名聘任冯士芬女士、张志成先生、田杰先生为公司副总裁,张建生先生为公司财务总监。根据冯士芬董秘的提名聘任尹翔先生担任公司董事会证券事务代表。
四、公司员工情况
截止2002年12月31日,本公司在职职工总数为447人,离退休职工0人。在职员工的构成情况如下:
1.按专业构成分类

	人数	比例(%)
生产服务人员	170	38.00
营销人员	122	27.30
技术人员	96	21.48
财务人员	21	4.72
行政人员	38	8.50

2.按专业技术职称构成分类

	人数	比例(%)
高级职称	76	17.00
中级职称	142	31.67
初级职称	124	27.67
其他	105	23.66

3.按教育程度构成分类

	人数	比例(%)
研究生以上学历	65	14.50
大学学历	262	58.60
大专学历	94	21.00
中专及以下学历	26	5.90

第五章 公司治理结构

一、公司治理现状
公司遵照《公司法》、《证券法》和中国证监会、上海证券交易所有关法律法规的要求,不断完善公司治理结构,建立健全各项规章制度,规范公司运作,加强信息披露工作。对照中国证监会和国家经贸委最近发布的《上市公司治理准则》文件的要求,目前公司治理结构主要状况如下:
1、关于股东与股东大会:公司制定了《股东大会议事规则》,并严格遵照执行,公司能够确保所有股东,特别是中小股东,享有平等权利,并承担相应义务,确保股东能够对法律、法规和公司章程规定的公司重大事项享有知情权与参与权,以及落实股东大会的各项决议。
2、公司关联交易公平合理,不损害全体股东的利益,并对定价依据予以充分披露。
3、关于控股股东与上市公司的关系:控股股东行为规范,没有超越股东大会和董事会直接或间接干预公司的决策与经营活动,也没有利用其特殊地位谋取额外利益的情况;公司与控股股东在人员、资产、财务、机构、业务方面做到"五分开",公司董事会、监事会和其他内部机构做到独立运作。
4、关于董事与董事会:公司修订了《公司章程》,其中增加了有关董事选聘程序的内容,以保证董事的选聘严格遵循公开、公平、公正和独立的原则;公司增选了独立董事,人员构成更加有利于董事会决策的科学性、民主性;公司修订了《董事会议事规则》,并严格遵照执行;公司各位董事根据公司和全体股东的最大利益,忠实、诚信、勤勉地履行职责。
5、关于监事和监事会:公司监事会的人数和人员构成符合法律、法规的要求;公司制定了《监事会议事规则》,并严格遵照执行,监事会能够认真履行自己的职责,本着对股东负责的精神,对公司关联交易、公司财务以及公司董事、公司经理和其他高级管理人员履行职责的合法、合规性进行监督。
6、关于利益相关者:公司能够充分尊重和维护银行和其他债权人、职工、消费者等其他利益相关者的合法权利,共同推进公司持续、健康地发展。
7、关于绩效评价与激励约束机制:公司根据公司的资产保值增值,年度生产、销售、效益等经营业绩指标完成情况,对照有关规定和内部经济责任制确定的标准,对高级管理人员进行考评,建立了高级管理人员的薪酬与其职责、贡献挂钩的激励机制,取得了良好的效果。结合本公司及地区内同行业其他企业的实际情况,具体根据公司报告期各项经济技术指标及年度业绩情况对高级管理人员进行年度考评,激发公司高级管理人员提高自我经营管理能力和企业创新运营等能力。公司将在此基础上,不断总结经验,进一步建立和完善,科学、公正、透明的关于高级管理人员的考核评价体系和激励机制。
8、关于信息披露与透明度:公司指定董事会秘书负责信息披露工作,接待股东来访和咨询;公司严格按照法律、法规和公司章程的规定,真实、准确、完整、及时地披露有关信息,并确保所有股东有平等的机会获得信息。
二、存在的差异及改进措施
1、目前公司暂未设立战略、提名、薪酬与考核委员会,主要原因是公司现在的设置及内控措施已能满足公司正常运转及发展的需要。公司将在2003年上半年增补独立董事,使董事会的人数和人员构成符合法律、法规的要求,并将在适当时机建立董事会专门委员会。
2、目前公司已建立董事、监事、经理人员的奖罚制度。公司将按照此制度对董事、监事、经理人员进行奖励和约束,并将进一步完善该制度。
三、独立董事履行职责情况
经2001年2月12日召开的公司2001年第一次临时股东大会审议通过,公司聘请管维立先生担任公司独立董事,任期截止2002年12月11日。管维立先生任职期间,出席了公司召开的董事会,并对公司董事人选发表了意见。
经2002年12月12日召开的公司2002年第二次临时股东大会审议通过,公司聘请马贤明先生担任公司独立董事。
公司独立董事在任职期间均遵守《公司章程》及治理细则等规范性文件的规定,积极认真参与董事会议案审议及决策,分别从经济、技术及财务等专业角度对公司报告期内聘请高级管理人员、建立现代企业制度、公司对外投资等事宜作出客观判断,并出具了独立董事建议。
独立董事在运用自身专业优势做出决策的同时,时刻兼顾中小投资者的利益,站在更广大的投资者角度为其着想,工作兢兢业业,尽到了独立董事应尽的职责。
四、公司与控股股东在人员、资产、财务、机构和业务分开情况说明
1、业务方面:公司在工商行政管理部门核准的经营范围内开展各项经营业务,独立开展经营业务活动,拥有独立完整的业务及自主经营能力。与控股股东不存在同业竞争的情况,具有自主经营的能力。
2、人员方面:公司在劳动、人事及工资管理等方面均独立运作。公司总经理、副总经理等高级管理人员均在本公司领取薪酬,不在本公司股东单位担任职务。
3、资产方面:公司的资产独立完整、权属清晰。
4、机构方面:公司根据经营管理和公司发展需要,设置了相关的管理和业务经营部门,健全了组织机构体系,同时配备了相应的管理人员,实行定岗、定编。各部门和各管理岗位均有明确的岗位职责和要求,不存在与控股股东职能部门间的从属关系,公司机构是独立的。公司的董事会、经理层及相应的管理机构功能健全、独立运作,控股股东及其职能部门与公司及职能部门之间没有上下级关系。
5、财务方面:本公司设有独立财务部门和财务人员,建立了独立的会计核算体系和财务管理制度。公司在银行设立独立的帐户,并独立依法纳税。公司能够独立作出财务决策,不存在控制人干预公司资金使用情况。本公司不为股东单位及其他关联企业提供担保,也不存在将本公司的借款转借给股东单位使用的情况。
综上所述,本公司在业务、机构、资产、人员、财务等方面与控股股东分开,具有独立完整的生产经营能力。

第六章 股东大会情况简介

2002年度公司共召开三次股东大会。简介如下:
一、2002年第一次临时股东大会
1、股东大会的通知、召集、召开情况:
公司于2002年2月7日发出通知,公司2002年第一次临时股东大会如期于2002年3月12日在公司三楼会议室召开。股东代表5人出席会议,代表公司100%股份。
2、本次股东大会审议并通过了以下决议:
经与会股东代表投票逐一表决同意对公司2000年度股东大会决议的募集资金投向做适当调整,将科大创新本次股票发行所募集资金用于:
(1)辐射法生产乳胶系列产品技改项目,投资金额为3980万元(固定资产投资3000万元),业经安徽省经济贸易委员会皖经贸投资【2001】201号文批准;
(2)医疗仪器设备技改项目,投资金额为2980万元(固定资产投资2150万元),业经安徽省经济贸易委员会皖经贸投资【2001】201号文批准;
(3)工业过程和先进控制与优化系统产业化项目,投资金额为3000万元(固定资产投资2500万元),省计委计高技函【2001】90号文批准。
如实际募集资金量低于上述项目总投资,申请银行贷款解决缺口资金,如募集资金大于上述项目总投资,余额用于补充科大创新流动资金。
(本次股东大会是在本公司上市前召开的,会议决议未公告。)
二、2001年度股东大会
1、股东大会的通知、召集、召开情况:
公司于2002年5月10日发出通知,公司2001年度股东大会如期于2002年6月16日在公司二楼会议室召开。股东代表5人出席会议,代表公司100%股份。
2、本次股东大会审议并通过了以下决议:
经与会股东代表投票逐一表决同意
(1)审议通过《董事会2001年度工作报告》;
(2)审议通过《监事会2001年度工作报告》;
(3)审议通过《公司2001年度财务决算报告》;
(4)审议通过《公司2001年度利润分配方案》;
(5)审议通过《公司2002年度财务预算方案》。
(本次股东大会是在本公司上市前召开的,会议决议未公告。)
三、2002年第二次临时股东大会
1、股东大会的通知、召集、召开情况:
公司于2002年11月7日在《上海证券报》上刊登了《科大创新股份有限公司召开2002年度第二次临时股东大会的通知》。公司2002年度第二次临时股东大会如期于2002年12月12日上午9:30在合肥市长江西路669号科大创新二楼会议室召开。出席会议的股东及股东代理人共7人,代表股份50,005,500股,占公司总股本66.67%。
2、股东大会通过的决议及决议刊登情况
会议按照公司章程的规定,以记名投票表决方式逐项审议如下议案:
(1)以特别决议通过关于修改《公司章程》的议案;
(2)审议通过了关于修改公司股东会议事规则的议案;
(3)审议通过了关于修改公司董事会议事规则的议案;
(4)审议通过了关于修改公司独立董事制度的议案;
(5)审议通过了关于修改公司监事会议事规则的议案;
(6)选举陈宗海先生、潘忠孝先生、苏俊先生、陆晓明先生、匡光力先生、伍先达先生、冯士芬女士、马贤明先生担任公司第二届董事会董事;以300股同意、0股反对、50,005,200股弃权没有通过管维立先生的独立董事任职;各位董事简历详见2002年11月12日《上海证券报》。
(7)审议通过了关于公司监事会换届选举的议案;选举尹登泽先生、金卫东先生、黄闽先生担任公司第二届监事会监事;各监事简历详见2002年11月12日《上海证券报》。
本次大会已经安徽天禾律师事务所蒋敏律师予以法律见证。
本次股东大会决议公告刊登在2002年12月13日《上海证券报》第12版。
另外经2002年10月22日召开的科大创新股份有限公司第二次职工代表大会审议通过,推选张维农、彭辉作为职工代表出任科大创新股份有限公司第二届监事会监事。

第七章 董事会报告

一、报告期内公司经营情况
1、公司主营业务范围及经营状况
(1)公司主营业务范围
公司营业范围为:电子和信息、光机电一体化、化工(不含危险品)、新材料、生物工程、环保、节能、医疗器械(限中佳分公司经营)、核仪器、等离子体、低温超导、电工电器、机械真空、离子束、微波通讯、自动控制、辐射加工、KG型纺织印染助剂、环保型建筑涂料开发、生产、销售及咨询服务、技术转让(以上经营范围需要许可证的一律凭证经营)。火灾自动报警系统产品开发、生产、销售、施工、技术咨询、技术转让(限天安消防分公司经营)。
公司属于制造业类其他电子设备制造企业,主要产品为辐射法生产的乳胶系列产品、医疗电子产品和电力安全产品。本公司是经安徽省科学技术委员会认定的高新技术企业,公司依托中国科学技术大学、中科院等离子体所、中科院智能所强大的技术基础和创新能力,通过不断加大科研投入,吸引各种类型的优秀人材,研制、开发出一系列具有国际、国内先进水平的新产品、新技术。
(2)公司主营业务完成情况

公司目前抓住机遇，坚持品种结构调整优化和发展规模经济同步推进，加快技术改造项目进度,不断提升技术装备水平,加强管理,在市场竞争日趋激烈的情况下克服重重困难,基本实现了2002年生产经营目标。

2002年度,公司主营业务收入及主营业务利润构成情况如下：

项目名称		主营业务收入(元)	比例(%)
1、按行业分	电子行业	39,371,704.27	58.93
	化工行业	25,852,741.96	38.69
	其他	1,590,206.40	2.38
2、按产品分	电子产品	39,371,704.27	58.93
	辐射化工产品	25,852,741.96	38.69
	其他	1,590,206.40	2.38
3、按地区分	国内	66,814,652.63	100
	国外	0	0

项目名称		主营业务利润(元)	比例(%)
1、按行业分	电子行业	20,900,239.13	67.04
	化工行业	9,212,592.02	29.55
	其他	1,018,633.19	03.27
2、按产品分	电子产品	20,900,239.13	67.04
	辐射化工产品	9,212,592.02	29.55
	其他	1,018,633.19	03.27
3、按地区分	国内	31,177,717.97	100
	国外	0	0

(3)公司主要产品生产经营情况

占公司主营业务收入或主营业务利润10%以上的主要产品,其生产经营及占有率情况如下：

产品名称	销售收入(元)	销售成本(元)	毛利率(%)
γ放射免疫计数器	6,509,098.13	2,538,924.48	60.99
印染助剂KG101A	7,046,200.44	4,260,127.66	39.54
印染助剂KG101	9,067,747.83	6,657,365.09	26.58
灭磁与过电压保护装置	9,184,280.25	3,980,327.83	56.66

2、公司主要控股公司及参股公司的经营情况及业绩

(1)合肥科大立安安全技术有限责任公司

本公司持有合肥科大立安安全技术有限责任公司25.7%的股权。该公司现有注册资本700万元,法定代表人为袁宏永。公司经营范围:智能防火、防盗、监控及办公自动化系统的设计、制造、销售、安装、技术服务及相关器材的销售。该公司主营业务与本公司天安分公司同属消防行业,但二者技术路线、应用对象明显不同,不存在同业竞争关系。报告期末该公司总资产为19,607,646.60元,实现净利润4,429,796.29元。

(2)安徽科大恒星电子商务技术有限公司

本公司持有安徽科大恒星电子商务技术有限公司36%的股权，该公司注册资本350万美元,法定代表人陈意云。公司经营范围:电子商务软件,电子和信息及其他新技术开发、转让及产品生产、销售;系统集成;咨询、培训及服务。报告期末该公司总资产为44,276,384.17元,实现净利润2,025,068.53元。

(3)合肥世安消防工程有限公司

本公司持有合肥世安消防工程有限公司95%的股权,该公司注册资本150万元,法定代表人张维农。公司经营范围:消防工程设计、安装、调试、维修;安全监控系统设计、安装、调试、维修;消防器材销售、维修。报告期末该公司总资产为1,656,464.73元,实现净利润34,020.18元。

(4)上海中科大研究发展中心有限责任公司

本公司持有上海中科大研究发展中心有限责任公司53.18%的股份,该公司注册资本3,000万元,法定代表人陈宗海。公司经营范围:电子与信息、生物制药、新材料技术研究与开发,电子与信息产品生产、销售及提供上述领域的技术咨询,并设招待所、住宿(涉及许可经营的凭许可证经营)。报告期末该公司总资产为50,249,024.02元,实现净利润-595,552.79元。

(5)安徽西鹏置业发展有限责任公司

本公司持有安徽西鹏置业发展有限责任公司95%的股份,该公司注册资本2,800万元,法定代表人陆晓明。公司经营范围:房地产开发、经营、咨询;建筑材料、装饰材料销售。室内装饰工程施工,房地产代理销售。经公司第一届董事会第十二次会议审议通过《关于投资成立安徽西鹏置业发展有限责任公司的议案》。会议决议公告详见2002年11月26日《上海证券报》。该公司现正在办理相关报建手续,尚未发生费用。

3、主要供应商和客户情况

2002年度公司前五名供应商合计的采购金额为11,543,478.36元，占年度采购总额的33.46%。

2002年度公司前五名客户销售额共计9,213,825.66元,占公司全年销售总额的13.79%。

4、经营中出现的问题与困难及解决方案

(1)由于公司业务涉及电子及化工新材料等多个领域,对公司的经营和管理提出了较高的要求;

(2)市场竞争激烈,公司规模较小,抵御风险的能力较差;

(3)随着企业的快速成长壮大,对人才的引进和使用也都提出了更高的要求。

针对上述经营生产中出现的问题,公司采取了如下的解决方法:

针对电子产品更新发展迅速的特点,本公司将密切关注电子产品的市场变化情况,抓住机遇根据需要及时调整产品设计,通过产品升级换代扩大市场,增加销量,同时以选用其他替代器件等方法来避免有关原材料供应不足的风险达到增产增效。

对价格波动较大的石化类原材料,本公司将适当增加库存储备,并积极与国内外主要供应商建立更加稳定可靠的供货关系,以降低价格波动带来的风险。

本公司建立了一整套内部控制制度,通过有效的人、财、物管理及强化财务、人事、企管、销售等职能部门,完善公司总部的配置和调控功能,加强内部管理,强化成本管理,信息化建设,提升管理水平、提高管理效率、增加企业效益。同时本公司正在积极制定并实施适合自身发展的激励和约束机制,更好的促进公司的发展。

二、报告期内投资情况

报告期内,公司实际投资6890.5万元,比上年增长248%,主要系公司募集资金到位后,募集资金投资项目建设展开所致。

1、募集资金使用情况

公司于2002年8月21日公开发行人民币普通股股票2,500万股,2002年8月28日天健会计师事务所有限公司出具天健(2002)验字009号验资报告验证,公司实际收到的募集资金净额9,328万元。根据《招股说明书》承诺,募集资金计划用于三个项目建设,共需资金9,980万元。

考虑到因为存在一定的资金缺口,公司决定按照《招股说明书》承诺的重轻、急缓次序投入募集资金项目建设,考虑到募集资金到位较迟,市场环境变化等因素,为确保项目实施后的经济性与投资安全,决定2002年度主要进行辐射法生产乳胶系列产品技改项目、医疗仪器设备技改项目的投入;工业过程先进控制与优化系统产业化项目在进一步做调研和分析论证的基础上,将制定切实可行的实施方案,并尽快实施。

本次募集资金投入项目中的"辐射法生产乳胶系列产品技改项目"和"医疗仪器设备技改项目"已于2002年初通过银行借款先期启动,公司已投入使用募集资金3288万元。尚未使用的募集资金6040万元,已全部存放在银行。

截止2002年12月31日,项目计划投资进度、实际投资进度、预计收益情况及募集资金实际投入情况如下：　　(单位:万元)

募集资金投入项目名称	计划投资	投资变更情况
辐射法生产乳胶系列产品技改项目	3,980	未变更
医疗仪器设备技改项目	3,000	未变更
工业过程先进控制与优化系统产业化项目	3,000	未变更
合计	9,980	

募集资金投入项目名称	已投入募集资金额	尚未使用资金去向
辐射法生产乳胶系列产品技改项目	800	存于银行
医疗仪器设备技改项目	2488	存于银行
工业过程先进控制与优化系统产业化项目	0	存于银行
合计	3288	

2、非募集资金投资情况

(1)报告期内非募集资金投资重大项目、项目进度及收益情况:(单位:万元)

项目名称	计划投资	实际投资 2002年	2003年	累计	项目进度
公司创新基地建设项目	3000	1800	1200	1800	60%

(2)本公司与合肥威能科贸有限责任公司合资成立了合肥世安消防工程有限公司,该公司注册资金150万元。本公司持有95%的股权。

(3)本公司以拥有的位于合肥市黄山路、肥西路交口的一宗土地使用权以及现金作为出资与合肥喜胜建筑装饰工程公司合资成立了安徽西鹏置业发展有限责任公司，该公司注册资本2,800万元。本公司持有95%的股权。

(4)本公司以800万元人民币现金增资上海中科大研究发展中心有限责任公司,本公司现持有53.18%的股权。

三、公司财务状况、经营成果分析

1、报告期末,公司总资产30,513.15万元,较上年末总资产16,572.78万元增长了84.12%,主要由于公司8月底募集资金到位,募集资金投资项目和非募集资金投资项目实施,公司经营规模扩大所致;

2、报告期末,公司长期负债203万元,较上年末长期负债120万元增长了69%;主要是:省财政厅、省经贸委为"复合粉体压敏材料及高性能压敏元件"项目拨付专项经费23万元;合肥市计委为"复合粉体压敏材料及高性能压敏元件"项目拨付专项经费60万元。

3、报告期末，公司股东权益17,847.86万元，较上年末股东权益8,382.96万元增长了112.91%,主要系公司募集资金到位,资本公积增加所致;

4、报告期末，公司主营业务收入6681.47万元，较上年末主营业务收入6078.24万元增长了9.92%,主要系公司经营规模扩大,销售增长,抵消了报告期内原材料价格上涨,市场竞争加剧等不利因素所致;

5、报告期末,公司净利润736.91万元,较上年末净利润1004.98万元下降了26.67%,主要因为报告期内,受世界市场石油价格的波动,对石化类原材料价格产生影响,导致公司主导产品乳胶系列产品原材料价格大幅上升;同时,随着公司加大市场投入及部分募投技改项目的实施引起营业费用、管理费用等期间费用增加,较大的影响了公司的利润水平。

第八章　监事会报告

一、报告期内监事会会议情况

报告期内监事会共召开3次会议,主要内容如下:

1、公司第一届监事会第四次会议于2002年5月12日在公司二楼会议室召开。监事会全体监事出席会议,会议由监事会召集人尹登泽先生主持。会议经投票表决,形成如下决议:

(1)审议通过《监事会2001年度工作报告》;

(2)审议通过《总经理2001年度工作报告》;

(3)审议通过《公司2001年度财务决算报告》(草案);

(4)审议通过《公司2001年度利润分配方案》(草案);

(5)审议通过《公司2002年度财务预算报告》(草案)。

2、公司第一届监事会第五次会议于2002年11月7日在科大创新股份有限公司二楼会议室召开。监事会全体监事出席会议,会议由监事会主席尹登泽先生主持,经过充分讨论,会议通过如下议案:

(1)关于修改公司《监事会议事规则》的议案;

(2)关于公司监事会换届选举的预案;

本次会议决议公告详见2002年11月12日《上海证券报》。

3、公司第二届监事会第一次会议于2002年12月12日在科大创新股份有限公司二楼会议室召开。监事会全体监事出席会议。会议经过充分讨论,与会监事投票表决一致通过如下决议:选举尹登泽先生为科大创新股份有限公司第二届监事会召集人。

本次会议决议公告详见2002年12月14日《上海证券报》。

二、监事会对公司2002年度有关事项的独立意见

2002年监事会严格按照《公司法》和《公司章程》的有关规定,从切实维护公司利益和广大股东权益出发,认真履行监事会的职责,对公司的依法运作情况、公司经营决策程序、公司财务情况、高级管理人员的履职守法情况等各方面进行了全面的检查监督。经认真审议一致认为:

(一)、公司依法运作情况

董事会能够严格按照《公司法》、《证券法》、《公司章程》及有关法规和制度进行规范化运作,本着审慎经营、有效防范化解资产损失风险的原则,工作认真负责,决策科学合理,决策程序规范合法,公司的内控制度较为完善且行之有效。

监事会在检查公司财务情况、监督公司董事及高级管理人员履行职责的情况时,未发现任何违纪违规的行为,亦未发现任何损害股东权益的问题。

(二)、检查公司财务情况

监事会认真审查了公司董事会准备提交股东大会审议的公司2002年度财务决算报告、公司2002年度利润分配方案、经审计的2002年度财务报告等有关材料。监事会认为:公司2002年度的财务决算报告真实可靠,公司财务结构合理,财务状况良好;天健会计师事务所有限公司出具的标准无保留意见的审计报告及所涉及事项是客观公正的，真实反映了公司2002年度的财务状况和经营成果。

(三)、报告期内,公司募集资金实际投入项目与承诺投入项目一致,未发生募集资金投入项目变更。

(四)、报告期内,公司无重大收购或出售资产的交易行为,未发现任何内幕交易,亦未发现损害部分股东的权益或造成公司资产流失的情况。

(五)、报告期内,公司未发生重大关联交易,因客观情况所发生的少数关联交易定价公平,未发现损害本公司利益的情况。

第九章　重要事项

一、本年度公司无重大诉讼、仲裁事项。

二、报告期内公司无重大出售资产、吸收合并事项。

三、重大关联交易事项

公司于2001年1月与中国科学技术大学科技实业总公司签订了技术转让合同,合同总金额为360,000.00,截止2002年12月31日本公司已预付技术转让费440,000.00元。

四、重大合同及其履行情况

1、报告期内,公司没有发生托管、承包、租赁资产的情况,也未发生占公司当期利润总额10%以上(含10%)的合同事项;

2、报告期内,公司无重大担保行为;

3、报告期内,公司未委托他人进行现金资产的管理,也无委托贷款事项;

4、报告期内,公司无其它重要合同;

五、公司或持股5%以上股东公开披露承诺事项的履行情况

1、控股股东中国科学技术大学科技实业总公司承诺公司在上海证券交易所上市后一年内不转让和不回购公司所持有的发起人股份。

2、公司承诺发行上市后,首次股利分配时间是上市后第一个赢利年度结束后六个月内。具体实施时间由本公司股东大会决定。根据《公司章程》所载利润分配政策,由公司董事会制订股利分配方案,并提交股东大会审议通过。

六、聘任、解聘会计师事务所情况

2002年度公司继续聘任天健会计师事务所有限公司为公司审计单位,该事务所累计已为公司提供审计服务两年。2002年度,公司支付给天健会计师事务所有限公司审计费用为35万元,A股发行专项审计费用150万元。

七、报告期内,公司、公司董事会及董事、监事、高级管理人员没有受到中国证监会稽查、中国证监会行政处罚、通报批评、证券交易所公开谴责的情形。

第十章　财务报告

一、审计报告

科大创新股份有限公司全体股东:

我们接受委托,审计了贵公司2002年12月31日的资产负债表和合并资产负债表、2002年度的利润及利润分配表和合并利润及利润分配表、2002年度的现金流量表和合并现金流量表。这些会计报表由贵公司负责,我们的责任是对这些会计报表发表审计意见。我们的审计是依据中国注册会计师独立审计准则进行的。在审计过程中,我们结合贵公司的实际情况,实施了包括抽查会计记录等我们认为必要的审计程序。

我们认为,上述会计报表符合企业会计准则和《企业会计制度》的有关规定,在所有重大方面公允地反映了贵公司2002年12月31日的财务状况和2002年度的经营成果以及现金流量,会计处理方法的选用符合一贯性原则。

天健会计师事务所有限公司　　中国注册会计师:童传江

2003年3月26日　　中国注册会计师:何降星

二、经审计的财务报表

资产负债表

编制单位:科大创新股份有限公司　　单位:人民币元

项目	附注	2002-12-31 母公司数	2002-12-31 合并数
流动资产			
货币资金	六、1	73,417,645.29	76,089,588.37
短期投资		-	-
应收票据	六、2	2,040,440.00	2,040,440.00
应收股利		-	-
应收利息		-	-
应收账款	六、3	40,302,273.78	40,825,876.20
其他应收款	六、4	2,950,303.92	3,047,838.52
预付账款	六、5	18,048,647.72	18,048,647.72
应收补贴款		-	-
存货	六、6	23,003,872.83	23,010,591.83
待摊费用	六、7	615,917.71	615,917.71
一年内到期的长期债权投资		-	-
其他流动资产		-	-
流动资产合计		160,379,101.25	163,678,900.35
长期投资			
长期股权投资	六、8	30,451,535.83	13,906,931.63
长期债权投资		-	-
委托贷款		-	-
长期投资合计		30,451,535.83	13,906,931.63
固定资产			
固定资产原价	六、9	49,140,950.14	97,803,555.60
减:累计折旧	六、9	7,800,565.71	8,407,481.52
固定资产净值	六、9	41,340,384.43	89,396,074.08
减:固定资产减值准备	六、9	-	-
固定资产净额	六、9	41,340,384.43	89,396,074.08
工程物资		-	-
在建工程	六、10	24,275,751.60	24,275,751.60
固定资产清理		-	-
固定资产合计		65,616,136.03	113,671,825.68
无形资产及其他资产			
无形资产	六、11	13,873,863.90	13,873,863.90
长期待摊费用	六、12	-	-
其他长期资产		-	-
无形资产及其他资产合计		13,873,863.90	13,873,863.90
递延税项			
递延税款借项		-	-
资产总计		270,320,637.01	305,131,521.56

项目	附注	2002-12-31 母公司数	2002-12-31 合并数
流动负债			
短期借款	六、13	50,000,000.00	60,000,000.00
应付票据	六、14	815,481.48	815,481.48
应付账款	六、15	17,266,860.44	27,195,561.26
预收账款	六、16	1,465,929.12	1,545,929.12
应付工资	六、17	100,177.43	100,177.43
应付福利费	六、18	1,548,182.42	1,687,220.08
应付股利	六、19	6,000,000.00	6,000,000.00
应交税金	六、20	1,674,194.97	1,749,288.35
其他应交款	六、21	47,438.87	49,720.74
其他应付款	六、22	10,697,568.60	11,439,476.23
预提费用	六、23	196,179.09	196,179.09
预计负债		-	-
一年内到期的长期负债	六、24	-	-
其他流动负债		-	-
流动负债合计		89,812,012.42	110,779,033.78
长期负债			
长期借款		-	-
应付债券		-	-
长期应付款		-	-
专项应付款	六、25	2,030,000.00	2,030,000.00
其他长期负债		-	-
长期负债合计		2,030,000.00	2,030,000.00
递延税项			
递延税款贷项		-	-
负债合计		91,842,012.42	112,809,033.78
少数股东权益		-	13,843,863.19
股东权益			
股本	六、26	75,000,000.00	75,000,000.00
减:已归还投资		-	-
股本净额		75,000,000.00	75,000,000.00
资本公积	六、27	84,189,259.76	84,189,259.76
盈余公积	六、28	3,852,204.38	3,852,204.38
其中:法定公益金		1,284,068.13	1,284,068.13
未分配利润	六、29	15,437,160.45	15,437,160.45
股东权益合计		178,478,624.59	178,478,624.59
负债和股东权益总计		270,320,637.01	305,131,521.56

利润及利润分配表

编制单位:科大创新股份有限公司　　单位:人民币元

项目	附注	2002年度 母公司数	2002年度 合并数
主营业务收入	六、30	64,931,694.23	66,814,652.63
减:主营业务成本	六、31	34,387,511.34	35,087,424.53
主营业务税金及附加	六、32	455,986.97	549,510.13
主营业务利润		30,088,195.92	31,177,717.97
加:其他业务利润	六、33	1,221,863.69	1,221,863.69
减:营业费用		9,882,508.25	9,882,508.25
管理费用		13,476,875.39	14,829,835.68
财务费用	六、34	2,330,571.17	2,609,402.13
营业利润		5,620,104.80	5,077,835.60
加:投资收益	六、35	1,485,594.38	1,769,990.18
补贴收入	六、36	1,975,048.23	1,975,048.23
营业外收入		17,659.49	17,659.49
减:营业外支出		155.73	155.73
利润总额		9,098,251.17	8,840,377.77
减:所得税		1,729,192.83	1,748,456.24
少数股东收益		-	-277,136.81
净利润		7,369,058.34	7,369,058.34
加:年初未分配利润		15,173,460.86	15,173,460.86
其他转入		-	-
可供分配的利润		22,542,519.20	22,542,519.20
减:提取法定盈余公积		736,905.83	736,905.83
提取法定公益金		368,452.92	368,452.92
可供股东分配的利润		21,437,160.45	21,437,160.45
减:应付优先股股利		-	-
提取任意盈余公积		-	-
应付普通股股利		6,000,000.00	6,000,000.00
转作股本的普通股股利		-	-
未分配利润		15,437,160.45	15,437,160.45

现金流量表

2002年度

编制单位:科大创新股份有限公司　　单位:人民币元

项目	合并数
一、经营活动产生的现金流量:	
销售商品、提供劳务收到的现金	76,975,855.25
收到的税费返还	1,975,048.23
收到的其他与经营活动有关的现金	2,878,244.43
现金流入小计	81,829,147.91
购买商品、接受劳务支付的现金	39,125,925.20
支付给职工以及为职工支付的现金	10,960,424.30
支付的各项税费	8,645,278.07
支付的其他与经营活动有关的现金	13,045,411.83
现金流出小计	71,777,039.40
经营活动产生的现金流量净额	10,052,108.51
二、投资活动产生的现金流量:	
收回投资所收到的现金	-
取得投资收益所收到的现金	257,000.00
处置固定资产、无形资产和其他长期资产收回的现金	-
收到的其他与投资活动有关的现金	643,192.69
现金流入小计	900,192.69
购建固定资产、无形资产和其他长期资产所支付的现金	45,435,950.85
投资所支付的现金	15,464,000.00
支付的其他与投资活动有关的现金	-
现金流出小计	60,899,950.85
投资活动产生的现金流量净额	-59,999,758.16
三、筹资活动产生的现金流量:	
吸收投资所收到的现金	98,725,000.02
借款所收到的现金	118,000,000.00
收到的其他与筹资活动有关的现金	-
现金流入小计	216,725,000.02
偿还债务所支付的现金	116,000,000.00
分配股利、利润或偿付利息所支付的现金	3,538,762.88
支付的其他与筹资活动有关的现金	1,920,972.15
现金流出小计	121,459,735.03
筹资活动产生的现金流量净额	95,265,264.99
四、汇率变动对现金的影响	-
五、现金及现金等价物净增加额	45,317,615.34

安徽方兴科技股份有限公司

安徽方兴科技股份有限公司2002年年度报告

第一章 公司基本情况简介

一、公司法定中文名称:安徽方兴科技股份有限公司
公司中文名称缩写:方兴科技
公司法定英文名称:Anhui Fangxing Science&Technology Co.,Ltd
二、公司法定代表人:孙东兴
三、公司董事会秘书:李群虎
联系地址:安徽省蚌埠市涂山路767号
邮政编码:233054
电话:0552-4077780
传真:0552-4077780
电子信箱:Lqh2858@vip.sina.com
四、公司注册地址:安徽省蚌埠市涂山路767号
办公地址:安徽省蚌埠市涂山路767号
邮政编码:233054
公司国际互联网址:http://www.fangxingkj.com
电子信箱:fxkj@fangxingkj.com
五、公司选定的信息披露报纸:《上海证券报》和《证券日报》
登载年度报告的中国证监会指定网站的网址:http://www.sse.com.cn
公司年度报告备置地点:安徽省蚌埠市涂山路767号
六、公司股票上市交易所:上海证券交易所
股票简称:方兴科技
股票代码:600552
七、公司的其他有关资料
公司首次登记注册日期:2000年9月30日
公司注册登记地点:安徽省蚌埠市涂山路767号
公司变更注册登记日期:2002年10月30日
公司注册登记地点:安徽省蚌埠市涂山路767号
企业法人营业执照注册号:3400001300126
税务登记号码:
国税:340304719957663
地税:34030071995766-3
公司聘请的会计师事务所名称、办公地址:
会计师事务所:安徽华普会计师事务所
地址:安徽省合肥市荣事达大道100号振信大厦九层

第二章 会计数据和业务数据摘要

一、公司2002年度主要业务数据

项目	金额(单位:元)
利润总额	20,578,328.09
净利润	14,073,865.33
扣除非经常性损益的净利润	14,607,000.00
主营业务利润	44,846,186.69
其他业务利润	268,685.74
营业利润	20,307,712.91
投资收益	0
补贴收入	0
营业外收支净额	270,615.18
经营活动产生的现金流量净额	29,249,162.98
现金及现金等价物净增减额	216,310,656.90

非经常性损益项目	金额(单位:元)
补贴收入	0
营业外收入	832.03
营业外支出	-269,783.15
会计政策变更增加(或减少)利润总额	-541,672.05
其他	-391,067.63
小计	-1,201,690.80
所得税	-4,556,404.04
合计	-5,758,094.84

二、公司前三年的主要会计数据和财务指标(合并报表)

	2002年	2001年
主营业务收入	189,137,930.20	177,960,698.59
净利润	14,073,865.33	13,867,863.44
总资产	466,740,225.00	221,598,069.03
股东权益(不含少数股东权益)	312,312,275.26	87,312,344.66
每股收益	0.16	0.28
每股净资产	3.37	1.75
调整后的每股净资产	3.36	1.73
每股经营活动产生的现金流量净额	0.32	0.35
净资产收益率	4.51	15.88
扣除非经常性损益的净利润为基础计算的净资产收益率	11.28	17.33

	2000年
主营业务收入	166,107,001.55
净利润	11,694,825.81
总资产	205,136,434.85
股东权益(不含少数股东权益)	73,444,481.22
每股收益	0.23
每股净资产	1.47
调整后的每股净资产	1.42
每股经营活动产生的现金流量净额	0.19
净资产收益率	15.92
扣除非经常性损益的净利润为基础计算的净资产收益率	21.83

三、报告期内股东权益变动情况

项目	股本	资本公积	盈余公积
期初数	50,000,000	21,428,542.49	2,733,519.73
本期增加	40,000,000	170,926,065.27	2,321,817.83
本期减少	0	0	0
期末数	90,000,000	192,354,607.76	5,055,337.56
变动原因	发行流通股	股本溢价	净利润转入

项目	法定公益金	未分配利润	股东权益合计
期初数	958,737.76	12,191,544.68	87,312,344.66
本期增加	840,869.12	10,911,178.38	215,999,930.60
本期减少	0	0	0
期末数	1,799,606.88	23,102,723.06	303,312,275.26
变动原因	净利润转入	净利润转入	净利润转入

第三章 股本变动及股东情况

一、股东情况介绍
报告期末股东总数为25,566户。
前十名股东持股情况

股东名称(全称)	年度内增减	年末持股数量	比例(%)	股份类别(已流通或未流通)
华光集团	0	44,850,000	49.84	未流通
蚌埠玻璃设计院	0	2,000,000	2.22	未流通
浙江大学	0	2,000,000	2.22	未流通
蚌埠建设投资有限公司	0	1,000,000	1.11	未流通
长盛成长价值证券基金	510,000	510,000	0.57	已流通
天津信托投资有限公司	326,000	326,000	0.36	已流通
上海三杰广告公司	299,999	299,999	0.33	已流通
王永明	194,355	194,355	0.22	已流通
姜明	194,000	194,000	0.22	已流通
蚌埠珠光复合材料公司	0	150,000	0.17	未流通

股东名称(全称)	质押或冻结的股份数量	股东性质(国有股东或外资股东)
华光集团	0	国有股
蚌埠玻璃设计院	0	国有股
浙江大学	0	国有股
蚌埠建设投资有限公司	0	国有股
长盛成长价值证券基金	0	社会公众股
天津信托投资有限公司	0	社会公众股
上海三杰广告公司	0	社会公众股
王永明	0	社会公众股
姜明	0	社会公众股
蚌埠珠光复合材料公司	0	国有股
前十名股东关联关系或一致行动的说明	国有股股东与其它社会公众股股东之间不存在关联关系或属于《上市公司股东持股变动信息披露管理办法》规定的一致行动人,社会公众 股股东之间未知是否存在关联关系或一致行动人。	

注:持有本公司5%以上股份的股东情况无变动。
持有本公司5%以上股份的股东中所持股份无质押、托管和冻结。
3、控股股东情况简介:
控股股东名称:安徽华光玻璃集团有限公司
法定代表人:孙东兴
成立日期:1989年
注册资本:20,318万元
经营范围:玻璃深加工制品、新型建材的制造,以及自产玻璃的出口和相关原材料的进口等业务。
股权结构:国有独资公司

第四章 董事、监事、高级管理人员和员工情况

一、董事、监事、高级管理人员
1、任董事、监事、高级管理人员情况

姓名	性别	年龄	任职区间	职务
孙东兴	男	52	2000.9-2003.9	董事长
陈国良	男	48	2000.9-2003.9	副董事长
关长文	男	40	2000.9-2003.9	董事兼总经理
陈魁义	男	53	2000.9-2003.9	董事
管宏志	男	43	2000.9-2003.9	董事
韩高荣	男	41	2000.9-2003.9	董事
彭寿	男	43	2000.9-2003.9	董事
李桂年	男	50	2000.9-2003.9	董事
刘建安	男	50	2000.9-2003.9	董事

李京文	男	70	2000.9-2003.9	独立董事
张传明	男	48	2000.9-2003.9	独立董事
王文献	男	49	2000.9-2003.9	监事会主席
曹红群	男	36	2000.9-2003.9	监事
辛萍	女	36	2000.9-2003.9	监事
李群虎	男	33	2000.9-2003.9	董事会秘书
倪世臻	男	53	2000.9-2003.9	财务总监

姓名	持股数	在股东单位任职情况	备注
孙东兴	0	总裁	
陈国良	0	副总	
关长文	0		
陈魁义	0	副总	
管宏志	0		
韩高荣	0		
彭寿	0		
李桂年	0		
刘建安	0		
李京文	0		
张传明	0		
王文献	0	工会主席	
曹红群	0	时代塑业书记	
辛萍	0		
李群虎	0		
倪世臻	0		

姓名	任职的股东名称	在股东单位担任的职务
孙东兴	华光集团	总裁
陈国良	华光集团	副总
陈魁义	华光集团	副总
王文献	华光集团	工会主席
曹红群	华光集团	时代塑业书记

姓名	任职期间	是否领取报酬、津贴(是或否)
孙东兴	96.6 至今	否
陈国良	93.1 至今	否
陈魁义	97.12 至今	否
王文献	97.12 至今	否
曹红群	01.8 至今	否

5.3 董事、监事和高级管理人员年度报酬情况

年度报酬总额	58,356 元
金额最高的前三名董事的报酬总额	29,352 元
金额最高的前三名高级管理人员的报酬总额	19,836 元
独立董事津贴	无
独立董事其他待遇	无
不在公司领取报酬、津贴的董事、监事姓名	董事韩高荣、彭寿、李桂年、刘建安、张传明、李京文、孙东兴、陈国良、陈魁义,监事王文献、曹红群不在公司领取报酬、津贴。

报酬区间	人数
1.0 万元以下	2
1.0-1.5 万元	2
1.5 万元以上	1

人员情况

本公司成立以来，员工数量比较稳定，截止到 2002 年 12 月 31 日，本公司员工总数为 758 人。结构如下：

(1)按文化程度构成：

大学学历	145 人	占总人数的 19%
大专学历	164 人	占总人数的 22%
高中学历	321 人	占总人数的 42%
初中学历	128 人	占总人数的 17%

(2)按职称构成：

高级职称	18 人	占总人数的 2%
中级职称	125 人	占总人数的 8%
初级职称	86 人	占总人数的 6%
其它	529 人	占总人数的 84%

(3)按年龄构成：

35 岁以下	471 人	占总人数的 62%
36--40 岁	121 人	占总人数的 16%
41--50 岁	148 人	占总人数的 20%
51 岁以上	18 人	占总人数的 2%

(4)按人员分工构成：

科技人员	122 人	占总人数的 16%
管理人员	46 人	占总人数的 6%
销售人员	123 人	占总人数的 16%
生产人员	467 人	占总人数的 62%

第五章 公司治理结构

一、公司治理情况

公司按照《公司法》、《证券法》和中国证监会有关法律法规的要求，不断完善公司法人治理结构，建立现代企业制度，规范公司运作.公司严格按照证监会文件的要求，建立了一系列的治理准则和规则，公司治理结构日趋合理、完善。

二、独立董事履行职责情况

公司在上市前就建立了独立董事制度，独立董事 2 人。独立董事任职以来，按照有关部门法律法规的要求积极履行自己的职责并发表独立意见，为公司治理结构的完善和保护中小投资者的权益发挥了积极的作用。在今年本公司将根据《上市公司治理规则》的要求，利用 2003 年公司董事会换届的时，进一步完善独立董事制度。

三、公司与控股股东在业务、人员、资产、机构、财务等方面的情况

公司与控股股东在业务、人员、资产、机构、财务等方面做到了“五独立”，公司具有独立完整的业务及自主经营能力

四、对高级管理人员的考评及激励机制、相关奖励制度

公司制定了奖金分配与职务津贴办法，并逐步提高奖金颁发的标准，加大了收入的灵活性，同时，让上述人员每年都有一次中短期脱产进修学习的机会，特别是核心技术人员，规定每年至少出国一次，进行交流学习，了解世界上相关技术的最前沿信息，进而使公司的经营管理水平与技术创新能力不断得到提高。

考评机制：由董事会按年度对公司高级管理人员的业绩和履职情况进行考评，并根据考评结果决定下一年度的年薪定级、岗位安排直至聘用与否。

激励机制：实行年度经营效益与奖金挂钩，根据经营业绩目标完成情况确定，超额完成经营目标，可获得额外奖励。

约束机制：公司与高级管理人员签订了《劳动合同》以及财务人事管理等内部管理制度，对高级管理人员的履职行为，权限、职责等作了相应的约束。

第六章 股东大会简介

一、公司在报告期内召开过一次年度股东大会。有关情况如下：

安徽方兴科技股份有限公司(以下简称“公司”)2001 年度股东大会于 2001 年 5 月 16 日在公司会议室召开，出席会议的股东及股东代表 5 人，代表有表决权的股份 5,000 万股，占公司总股份的 100%，符合《公司法》和公司章程规定。经全体股东代表记名投票表决，通过如下决议：

1、审议批准《2001 年度董事会工作报告》。赞成 5,000 万票，反对 0 票，弃权 0 票。赞成票占出席代表所持股份数的 100%。《2001 年度董事会工作报告》就公司的经营情况以及公司发行上市股票的工作进度情况、公司的财务状况、新年的业务规划、董事会的日常工作情况、公司管理层及员工情况和 2001 年度利润分配预案做了详细的报告。

2、审议批准《2001 年度监事会工作报告》。报告内容为 2001 年度监事会会议召开情况汇报，监事会对公司财务管理、内控制度、股东大会决议执行情况、董事及高管经理的经营行为进行检查和监督情况的汇报。赞成 5,000 万票，反对 0 票，弃权 0 票。赞成票占出席代表所持股份数的 100%。

3、批准《公司 2001 年度财务决算和 2002 年度财务预算报告》。2001 年度股份公司共实现净利润 1,386.79 万元，去年同期为 1,169.48 万元，同比增加 18.58%，未分配利润数为 1,339.23 万元。2002 年度股份公司利润总额预算计划为 2215 万元，净利润预算计划为 1,550 万元。赞成 5,000 万票，反对 0 票，弃权 0 票。赞成票占出席代表所持股份数的 100%。

4、审议批准《关于提请审议公司的经营计划》。经营计划：全年销售浮法玻璃 180 万重箱，销售镀膜玻璃 12 万平方米，货款回笼总计 1.404 万元。方兴科技股份公司 2002 年导电膜玻璃生产经营计划：计划全年实现销售收入 601.8 万美元，实现利润 615 万元。赞成 5,000 万票，反对 0 票，弃权 0 票。赞成票占出席代表所持股份数的 100%。

5、审议批准《公司 2001 年度利润分配预案》。赞成 5,000 万票，反对 0 票，弃权 0 票。赞成票占出席代表所持股份数的 100%。

即 2001 年度，公司实现净利润 1,386 万元，可分配利润为 1,219.15 万元，提取法定盈余公积金 369.23 万元，提取法定公益金 95.87 万元，可供股东分配的利润 1,219.15 万元。公司对 2001 年度利润决定暂不分配。

第七章 董事会报告

一、公司经营情况

(一)公司主营业务范围及其经营状况

1、公司主营业务范围：

生产浮法玻璃、在线镀膜玻璃、ITO 导电膜玻璃、玻璃深加工制品及新型材料的开发、研究、生产、销售和信息咨询。

2、公司经营情况

(1)报告期内公司重要事项的讨论和分析

A、2002 年 10 月 23 日向社会公众公开发行人民币普通股 4000 万股。11 月 8 日在上海证券交易所成功上市，公司注册资本由 5,000 万元增加到 9,000 万元，总股本由 5,000 万股增加到 9,000 万股。

(2)、主营业务分产品、分地区构成情况表

分行业或分产品	主营业务收入	主营业务成本	毛利率(%)
工业	189,137,930.20	143,435,308.23	24.16
其中：关联交易	789,085.44	410,241.50	--
分产品：			
ITO 导电膜	58,816,893.35	43,175,802.15	26.59
浮法玻璃	106,988,397.31	92,465,676.23	13.57
镀膜玻璃	31,092,004.07	15,612,574.38	49.79
抵销	-7,759,364.53	-7,818,744.53	--
合计	189,137,930.20	143,435,308.23	24.16
关联交易的定价原则			
关联交易必要性、持续性的说明			

分行业或分产品	主营业务收入比上年增减(%)	主营业务成本比上年增减(%)	毛利率比上年增减(%)
工业	6	6	
其中：关联交易	--	--	--
分产品：			
ITO 导电膜	9	12	-6.64
浮法玻璃	-11	-3	-35.02
镀膜玻璃	471	431	8.32
抵销	--	--	--
合计	6	6	
关联交易的定价原则	本公司向关联方销售货物，交易价格参照市场行情，由双方协商确定。		
关联交易必要性、持续性的说明	关联交易的形成是由于公司需要集团提供如浴室、花房、食堂、保卫等综合服务和生产协作，以及购销业务活动所产生的关联交易，属公司正常的经营活动。关联交易数额较小，为公司生产经营的稳定性和持续性提供了保证，维护了股东利益最大化的要求。		

主营业务分地区情况

分地区	主营业务收入	主营业务收入比上年增减(%)
华东地区	116,718,885.25	24.29

华中地区	19,973,390.87	-30.50
出口	60,205,018.61	5.68
抵销	7,759,364.53	--
合计	189,137,930.20	6.28

(二)、主要控股公司及参股公司的经营情况及业绩

本公司下属两个控股子公司,分别为安徽省蚌埠华益导电膜玻璃有限公司、上海安兴玻璃科技有限公司。

安徽省蚌埠华益导电膜玻璃有限公司是中外合资企业,主要产品为ITO 导电膜玻璃,公司注册资本USD6,379,000.00 元,本公司持股71%。2002 年度实现销售收入5,881.69 万元,利润总额770.48 万元。

上海安兴玻璃科技有限公司,主要从事玻璃制品专业内"四技"服务、建材、钢材、玻璃制品等批发零售。注册资本1,000,000.00 元,本公司控股90%。2002 年度实现销售收入1,598.14 万元,利润总额26.25 万元。

(三)、采购和销售客户情况

报告期内,公司向前五名主要供应商采购金额合计5,392.93 万元,占公司年度采购总额的53.29%;他们分别是唐山三友化工股份有限公司、安徽省徽商集团新能源股份有限公司、江苏省经济技术协作公司、日本板硝子、蚌埠市创智电子有限责任公司。(排名不分顺序)

报告期内,公司向前五名主要客户销售金额合计8,362.45 万元,占总销售收入的44.21%。

(四)经营中出现的问题和困难及解决方案

问题:

2002 年全国玻璃行业继续呈现供大于求的总体格局,全国玻璃企业效益大幅度亏损的形式下,如何在更趋激烈的市场竞争中,继续保持良好的发展态势,生产和销售同步增长,经济效益显著提高。

解决方案:

虽然我国浮法玻璃继续呈现供大于求的总体格局,但优质浮法玻璃仍需依赖进口。特别是随着国家以信息化带动工业化以及汽车工业、现代建筑业的发展,电子信息玻璃、汽车工业玻璃和建筑安全玻璃的市场前景还非常广阔。因此在今后的发展中,企业将以调整产品结构为重心,努力响应市场需求。

通过公司股票的上市发行,企业资产规模上升快,一批重点项目陆续建成投产,主导产业链逐步形成规模,融资和资本运作能力大大增强。

二、公司的投资情况

(一)募集资金使用情况

1、公司新建年产600 万片ITO 导电膜玻璃生产线项目经国家经济贸易委员会国经贸[2001]1000 号文《第二批国家重点技术改造"双高一优"项目导向计划》批准,列入第二批国家重点技术改造"双高一优"项目。本项目总投资13,500 万元,预计投产后年均销售收入(含税)14,929.4 万元人民币,产销率100%。本项目采用的生产线为真空磁控镀膜生产线。公司加大ITO 导电膜玻璃的投资规模,目的是继续增强公司的技术优势,提高核心竞争力,增加盈利与股东回报。目前,此项目正按计划实施当中。

2、年产30 万吨优质硅砂生产基地项目,本项目经安徽省经济贸易委员会皖经贸投资[2001]263 号文《关于下达安徽省2001 年第七批企业技术改造开展前期工作项目计划的通知》批准。本项目投资5,282 万元,预计达产后年均销售收入(含税)2,831 万元,产销率100%。本项目原矿品位高精砂成分稳定,铁含量低,市场前景好。目前,此项目正按计划实施当中。

(二)非募集资金使用情况

1、二氧化硅镀膜线改造工程,总投资249.79 万元,目前已完工,转入固定资产。

三、公司财务状况及经营成果分析

(一) 经营成果

报告期内,在全国玻璃行业呈现严峻形势下,在众多玻璃企业激烈的市场竞争中,公司全体员工凝心聚力,众志成城,公司经营保持了良好的发展态势,生产和销售同步增长。

1、本年度销售ITO 导电膜玻璃5,881.69 万元,同比增加9%;销售镀膜玻璃3,109.2 万元,同比增加471%;销售合计18,913.80 万元,同比增长6%。

2、本年度共计实现主营业务收入18,913.80 万元,比上年增长6.28%;实现净利润1,407.39 万元,比上年增长1.49%;。

3、主营业务收入、主营业务利润及净利润金额(元)

	2002 年	2001 年
主营业务收入	189,137,930.20	177,960,698.59
利润总额	20,578,328.09	21,095,689.47
净利润	14,073,865.33	13,867,863.44
经营活动产生的现金流量净额	29,249,162.98	17,530,505.16
现金及现金等价物净增加额	216,310,656.90	13,769,166.60

	本年比上年增减(%)
主营业务收入	6.28
利润总额	-2.45
净利润	1.49
经营活动产生的现金流量净额	66.85
现金及现金等价物净增加额	1470.98

变动的主要原因:

(1)主营业务收入、净利润的增长主要原因是产销量增长和产品结构的优化。利润总额的减少主要是因为营业费用和管理费用的升高。

(2)经营活动产生的现金流量净额、现金及现金等价物净增加额的大幅增长是由于本年度发行新股所致。

(二) 财务状况

金额(元)

项目	2002 年	2001 年	本年比上年增减(%)
总资产	466,740,225.00	221,598,069.03	110.63
负债	143,390,927.74	116,196,761.09	15.66
股东权益	303,312,275.26	87,312,344.66	257.70

变动的主要原因:

(1)总资产的增长主要原因是货币资金的大幅增加;

(2)股东权益的增长主要原因是本年度发行新股所致。

	指标分析项目	2002 年	2001 年	本年比上年增减
偿债能力分析	资产负债率(%)	28.79	52.44	-23.65
	流动比率(%)	284.31	139.70	144.61
	速动比率(%)	264.65	114.94	149.71
营运能力分析	应收帐款周转次数(次/年)	2.91	3.83	-24.02
	存货周转次数(次/年)	5.38	4.72	13.98

四、经营环境、宏观政策、法规变化对公司财务状况、经营成果的影响

本年度行业的经营环境、宏观政策、及相关法规相对稳定。

五、董事会日常工作情况

2002 年度董事会共召开两次会议:

(一)安徽方兴科技股份有限公司第一届董事会第四次会议于2002 年2 月5 日在公司会议室召开,会议由公司董事长孙东兴同志主持。应到董事11 人,实到董事11 人,公司监事、部分高级管理人员列席会议,符合《公司法》和《公司章程》的有关规定。经表决,一致通过如下决议:

1、审议通过关于以部分募集资金对蚌埠华益导电膜玻璃有限公司增资以实施年产600 万片ITO 导电膜玻璃项目的议案;

2、对应收账款计提方法和比例进行修订的议案;

(二)安徽方兴科技股份有限公司第一届董事会第五次会议,于2002 年4 月6 日下午在公司会议室召开,会议由公司董事长孙东兴同志主持。应到董事11 人,实到董事11 人,公司监事、部分高级管理人员列席会议,符合《公司法》和《公司章程》的有关规定。与会董事认真审议了本次会议的所有议案,经过投票表决,一致通过如下决议:

1、审议通过《2001 年度董事会工作报告》;

《2001 年度董事会工作报告》就公司的经营情况以及公司股票上市情况、公司的财务状况、新年的业务规划、董事会的日常工作情况、公司管理层及员工情况和2001 年度利润分配预案做了详细的报告。

2、审议通过《关于提请审议公司的经营计划》;

经营计划:全年销售浮法玻璃180 万重箱,销售镀膜玻璃12 万平方米,贷款回笼总计1.404 万元。方兴科技股份公司2002 年导电膜玻璃生产经营计划:计划全年实现销售收入601.8 万美元,实现利润615 万元。

3、审议通过《关于提请审议公司的2001 年度财务决算和2002 年预算的报告》;

2001 年度股份公司共实现净利润1,386.79 万元,去年同期为1,169.48 万元,同比增加18.58%,未分配利润数为1,219.15 万元。2002 年度股份公司利润总额预算计划为2,215 万元,净利润预算计划为1,550 万元。

4、批准《2001 年度总经理工作报告》;

报告介绍了公司2000 年的工作情况、公司在加强技术创新方面的情况和项目储备及下步规划。

5、审议通过《公司2001 年度利润分配预案》;

即2001 年度,公司实现净利润1,386.79 万元,可分配利润为1,219.15 万元,提取法定盈余公积金369.23 万元,提取法定公益金95.87 万元,可供股东分配的利润1,219.15 万元。公司对2001 年度利润决定暂不分配。

6、决定于2002 年5 月16 日召开公司年度股东大会,审议批准上述一、二、三、五项内容。

第八章 监事会报告

2002 年度,本公司监事会坚持贯彻中国证券会"法制、监督、自律、规范"的八字方针,认真履行《公司法》、《证券法》、《公司章程》和《监事会议事规则》赋予的职责,通过列席和参加董事会、股东大会和经营管理会议,了解和掌握公司的经营和财务状况,进行定期和不定期的专项检查或内部审计活动,实施监督,进一步促使公司规范运作,提升了公司质量。

(一) 监事会会议情况

2002 年4 月5 日召开了第一届监事会第三次会议,全体监事出席了会议。会议审议通过了以下决议:

2001 年度监事会工作报告

(二) 监事会独立意见

1、2002 年度,公司董事会认真履行了《公司法》和《公司章程》所赋予的各项职权,全面落实了股东大会的决议,对公司的年度生产经营目标、持续发展措施、依法运作等重大问题及时决策,决策程序合法,建立和完善了公司的内部控制制度,很好地防范了管理和财务风险,保证了公司健康发展。

2、公司董事、总经理及其他高级管理人员在执行公司职务时没有违反国家法律、法规、公司章程及损害公司利益的行为。

3、对公司的2002 年度的财务状况进行了监督检查,并确认安徽华普会计师事务所出具的标准无保留意见的2002 年度财务审计报告,真实反映了公司2002 年度财务状况和经营成果。

4、对公司本年度募集资金投入项目进行了监督,项目无变更。由于公司上市时间较晚,至年底,资金投入较少,但预计能够按照既定计划于2003 年度内完成。

5、公司聘用的安徽华普会计师事务所为具有证券资格证会计师事务所,已为公司服务三年,报酬为30 万元/年。

第九章 重要事项

一、报告期内,本公司无重大诉讼、仲裁事项。

二、报告期内,本公司无重大收购及出售资产、吸收并购事项。

三、报告期内,无重大担保、委托理财及重大合同事项。

四、报告期内,无持股5%以上股东的承诺事项。

五、报告期内,公司、公司董事会及董事没有受到中国证监会稽查,中国证监会行政处罚、通报批评公开谴责的情形。

第十章 财务报告

审计报告

华普审字[2003]0107 号

安徽方兴科技股份有限公司全体股东:

我们接受委托,审计了贵公司2002 年12 月31 日资产负债表、2002 年度利润表、利润分配表以及2002 年度现金流量表。这些会计报表由贵公司负责,我们的责任是对这些会计报表发表审计意见。我们的审计是依据《中国注册会计师独立审计准则》进行的。在审计过程中,我们结合贵公司的实际情况,实施了包括抽查会计记录等我们认为必要的审计程序。

我们认为,上述会计报表符合《企业会计准则》和《企业会计制度》的有关规定,在所有重大方面公允地反映了贵公司2002 年12 月31 日财务状况和2002 年度的经营成果以及现金流量情况,会计处理方法的选用遵循了一贯性原则。

安徽华普会计师事务所　　中国注册会计师　潘　峰

2003 年3 月6 日　　中国注册会计师　占铁华

会计报表

资产负债表

编制单位:安徽方兴科技股份有限公司　　单位:人民币元

项目	期末数	
	合并	母公司
流动资产:		
货币资金	271,787,809.93	250,116,447.56
短期投资	--	--
应收票据	9,570,085.23	5,260,000.00
应收股利	--	--
应收利息	--	--

应收账款	68,058,182.00	43,351,991.90
其他应收款	3,182,167.38	20,343,191.58
预付账款	2,109,803.44	566,045.30
应收补贴款	428,126.49	15,449.45
存货	26,426,442.12	17,869,391.16
待摊费用	528,130.86	528,130.86
一年内到期的长期债权投资	--	--
其他流动资产	--	--
流动资产合计	382,090,747.45	338,050,647.81
长期投资:	--	--
长期股权投资	-3,324,731.37	46,441,160.97
长期债权投资	--	--
长期投资合计	-3,324,731.37	46,441,160.97
其中:合并价差	-3,324,731.37	--
固定资产:	--	--
固定资产原价	172,875,402.09	113,126,963.90
减:累计折旧	105,921,339.96	87,638,225.18
固定资产净值	66,954,062.13	25,488,738.72
减:固定资产减值准备	1,015,864.92	1,015,864.92
固定资产净额	65,938,197.21	24,472,873.80
工程物资	--	--
在建工程	21,238,537.71	6,223,337.21
固定资产清理	--	--
固定资产合计	87,176,734.92	30,696,211.01
无形资产及其他资产:	--	--
无形资产	797,474.00	--
长期待摊费用	--	--
其他长期资产	--	--
无形资产及其他资产合计	797,474.00	--
递延税项:	--	--
递延税款借项	--	--
资产总计	466,740,225.00	415,188,019.79
流动负债:	--	--
短期借款	75,400,000.00	62,400,000.00
应付票据	7,780,000.00	7,780,000.00
应付账款	21,648,750.26	15,694,582.99
预收账款	4,758,182.94	3,985,544.73
应付工资	--	--
应付福利费	3,298,482.69	2,268,112.45
应付股利	9,000,000.00	9,000,000.00
应交税金	2,893,202.71	2,288,847.01
其他应交款	42,792.21	42,281.97
其他应付款	7,672,188.14	6,519,046.59
预提费用	1,897,328.79	1,897,328.79
预计负债	--	--
一年内到期的长期负债	9,000,000.00	--
其他流动负债	--	--
流动负债合计	143,390,927.74	111,875,744.53
长期负债:	--	--
长期借款	--	--
应付债券	--	--
长期应付款	--	--
专项应付款	--	--
其他长期负债	--	--
长期负债合计	--	--
递延税项:	--	--
递延税款贷项	--	--
负债合计	143,390,927.74	111,875,744.53
少数股东权益	20,037,022.00	--
所有者权益(或股东权益):	--	--
实收资本(或股本)	90,000,000.00	90,000,000.00
减:已归还投资	--	--
实收资本(或股本)净额	90,000,000.00	90,000,000.00
资本公积	192,354,607.76	192,354,607.76
盈余公积	6,854,944.44	4,793,226.80
其中:法定公益金	1,799,606.88	1,797,460.06
未分配利润	14,102,723.06	16,164,440.70
外币报表折算差额	--	--
所有者权益(或股东权益)合计	303,312,275.26	303,312,275.26
负债和所有者权益(或股东权益)总计	466,740,225.00	415,188,019.79

利润及利润分配表

编制单位:安徽方兴科技股份有限公司　　单位:人民币元

项目	本期数	
	合并	母公司
一、主营业务收入	189,137,930.20	122,516,183.32
减:主营业务成本	143,435,308.23	94,462,173.90
主营业务税金及附加	856,435.28	850,670.93
二、主营业务利润(亏损以"-"号填列)	44,846,186.69	27,203,338.49
加:其他业务利润(亏损以"-"号填列)	268,685.74	268,685.74
减:营业费用	8,777,460.13	3,112,361.39
管理费用	12,045,498.70	7,699,925.36
财务费用	3,984,200.69	3,179,477.97
三、营业利润(亏损以"-"号填列)	20,307,712.91	13,480,259.51
加:投资收益(损失以"-"号填列)	--	5,018,328.68
补贴收入	--	--
营业外收入	832.03	--
减:营业外支出	-269,783.15	--
四、利润总额(亏损总额以"-"号填列)	20,578,328.09	18,498,588.19
减:所得税	4,556,404.04	4,484,102.86
减:少数股东损益	1,948,058.72	--
五、净利润(亏损以"-"号填列)	14,073,865.33	14,014,485.33
加:年初未分配利润	12,191,544.68	13,392,273.02
其他转入	--	--
六、可供分配的利润	26,265,410.01	27,406,758.35
减:提取法定盈余公积	1,401,448.53	1,401,448.53
提取法定公益金	840,869.12	840,869.12
提取职工奖励及福利基金	--	--
提取储备基金	511,316.28	--
提取企业发展基金	409,053.02	--
利润归还投资	--	--
七、可供投资者分配的利润	23,102,723.06	25,164,440.70
减:应付优先股股利	--	--
提取任意盈余公积	--	--
应付普通股股利	9,000,000.00	9,000,000.00
转作资本(或股本)的普通股股利	--	--
八、未分配利润	14,102,723.06	16,164,440.70
补充材料:	--	--
出售、处置部门或被投资单位所得收益	--	--
自然灾害发生的损失	--	--
会计政策变更增加(或减少)利润总额	-541,672.05	-357,666.06
会计估计变更增加(或减少)利润总额	--	--
债务重组损失	--	--
其它	-391,067.63	-173,457.59

现金流量表

编制单位:安徽方兴科技股份有限公司　　单位:人民币元

项目	合并
一、经营活动产生的现金流量:	
销售商品、提供劳务收到的现金	183,421,243.77
收到的税费返还	4,607,266.03
收到的其他与经营活动有关的现金	663,886.57
现金流入小计	188,692,396.37
购买商品、接受劳务支付的现金	121,147,437.15
支付给职工以及为职工支付的现金	13,661,605.91
支付的各项税费	17,217,963.32
支付的其他与经营活动有关的现金	7,416,227.01
现金流出小计	159,443,233.39
经营活动产生的现金流量净额	29,249,162.98
二、投资活动产生的现金流量:	
收回投资所收到的现金	--
取得投资收益所收到的现金	--
处置固定资产、无形资产和其他长期资产所收回的现金净额	20,000.00
收到的其他与投资活动有关的现金	--
现金流入小计	20,000.00
购建固定资产、无形资产和其他长期资产所支付的现金	21,394,751.67
投资所支付的现金	--
支付的其他与投资活动有关的现金	--
现金流出小计	21,394,751.67
投资活动产生的现金流量净额	-21,374,751.67
三、筹资活动产生的现金流量:	
吸收投资所收到的现金	217,223,006.97
借款所收到的现金	91,400,000.00
收到的其他与筹资活动有关的现金	700,000.00
现金流入小计	309,323,006.97
偿还债务所支付的现金	91,400,000.00
分配股利、利润或偿付利息所支付的现金	5,241,834.68
支付的其他与筹资活动有关的现金	4,244,926.70
现金流出小计	100,886,761.38
筹资活动产生的现金流量净额	208,436,245.59
四、汇率变动对现金的影响	
五、现金及现金等价物净增加额	216,310,656.90
补充材料	
1、将净利润调节为经营活动现金流量:	
净利润	14,073,865.33
加:计提的资产减值准备	175,291.62
固定资产折旧	11,841,154.34
无形资产摊销	145,008.00
长期待摊费用摊销	--
待摊费用减少(减:增加)	214,431.50
预提费用增加(减:减少)	684,813.50
处置固定资产、无形资产和其他长期资产的损失(减:收益)	390,066.08
固定资产报废损失	--
财务费用	4,541,834.68
投资损失(减:收益)	--
递延税款贷项(减:借项)	--
存货的减少(减:增加)	126,174.83
经营性应收项目的减少(减:增加)	-12,720,391.84
经营性应付项目的增加(减:减少)	7,828,856.22
其他	--
少数股东本期收益	1,948,058.72
经营活动产生的现金流量净额	29,249,162.98
2.不涉及现金收支的投资和筹资活动:	
债务转为资本	--
一年内到期的可转换公司债券	--
融资租入固定资产	--
3.现金及现金等价物净增加情况:	
现金的期末余额	271,787,809.93
减:现金的期初余额	55,477,153.03
加:现金等价物的期末余额	--
减:现金等价物的期初余额	--
现金及现金等价物净增加额	216,310,656.90

河北太行水泥股份有限公司

河北太行水泥股份有限公司2002年年度报告

一、公司基本情况

(一)、公司法定中文名称:河北太行水泥股份有限公司
公司法定英文名称:Hebei Taihang Cement Co.,Ltd.
英文名称缩写:THCC
(二)、公司法定代表人:邱承玉
(三)、董事会证券事务代表:刘宇
联系电话:0310-5013722-2945
传 真:0310-5015753
电子信箱:lylply@163.com
联系地址:河北省邯郸市峰峰矿区建国路2号
(四)、公司注册地址:河北省邯郸市峰峰矿区建国路2号
公司办公地址:河北省邯郸市峰峰矿区建国路2号
邮政编码:056200
公司网址:http://www.taihang-cement.com
电子信箱:thgf@taihang-cement.com
(五)、公司选定的信息披露报纸:《上海证券报》
公司登载年度报告的网站:http://www.see.com.cn
公司年度报告备置地点:公司证券部
(六)、公司股票上市交易所:上海证券交易所
股票简称:太行股份
股票代码:600553
(七)、其他有关资料
公司首次注册登记日期:1993年3月5日
公司首次注册地点:河北省邯郸市峰峰矿区建国路2号
变更注册登记日期:2002年9月16日
公司变更注册地点:河北省邯郸市峰峰矿区建国路2号
企业法人营业执照注册号:1300001001550
税务登记号码:130406700731314
公司聘请的会计师事务所名称:中喜会计师事务所有限责任公司
事务所地址:北京市宣武区虎坊路11号

二、会计数据和业务数据摘要

(一)公司本年度主要业务指标　单位:元

项目	金额
利润总额	50460830.48
净利润	40398148.44
扣除非经常性损益后的净利润	41379949.74
主营业务利润	127927388.38
其他业务利润	2503545.15
营业利润	42117934.91
投资收益	-1261783.99
补贴收入	10517045.16
营业外收支净额	-912365.60
经营活动产生的现金流量净额	59541096.40
现金及现金等价物净增加额	229172486.42

注:扣除非经常性损益总金额合计:-981801.30元,涉及项目:
1.营业外收支净额:-912365.60元
2.所得税影响数: -69435.70元

(二)截止本报告期末公司前三年的主要会计数据和财务指标　单位:元

项目	2002年度	2001年度	2000年度
主营业务收入	379324641.33	354161637.76	336631312.24
净利润	40398148.44	40145209.15	36882615.29
总资产	1220904612.54	644474340.10	666880564.87
股东权益(不含少数股东权益)	664439103.68	359296562.69	332419384.43
每股收益	0.21	0.29	0.26
每股净资产	3.50	2.57	2.37
调整后的每股净资产	3.44	2.36	2.38
每股经营活动产生的现金流量净额	0.31	0.36	0.46
净资产收益率	6.08%	11.17%	11.10%

注:1.按照中国证监会《公开发行证券公司信息披露编报规则(9)》要求计算的利润数据:

项目	净资产收益率 全面摊薄%	净资产收益率 加权平均%
主营业务利润	19.25	27.24
营业利润	6.34	8.97
净利润	6.08	8.60
扣除非经常性损益后的净利润	6.23	8.81

项目	每股收益 全面摊薄%	每股收益 加权平均%
主营业务利润	0.67	0.82
营业利润	0.22	0.27
净利润	0.21	0.26
扣除非经常性损益后的净利润	0.22	0.26

三、股本变动及股东情况

(一)、股东情况介绍
1.报告期末股东总数为29338户。
2.主要股东持股情况(截止2002年12月31日)

名次	股东名称	本期末持股数量(股)	期持股变动情况(+,-)
1	河北太行华信建材有限责任公司	96860000	
2	湘财证券	6885737	+6885737
3	邯郸太行实业股份有限公司	4725000	
4	山海关开发区金蹄房地产投资公司	4100000	
5	河北太行集团青年综合利用厂	2350000	
6	国都证券	2225992	+2225992
7	河北冀铁集团公司	1500000	
8	中国银河证券有限责任公司上海东方路证券营业部	1150000	
9	中国金谷国际信托投资有限公司	1000000	
10	中国宝安集团股份有限公司	900000	

名次	股东名称	持股占总股东比例(100%)
1	河北太行华信建材有限责任公司	50.98
2	湘财证券	3.62
3	邯郸太行实业股份有限公司	2.49
4	山海关开发区金蹄房地产投资公司	2.16
5	河北太行集团青年综合利用厂	1.24
6	国都证券	1.17
7	河北冀铁集团公司	0.79
8	中国银河证券有限责任公司上海东方路证券营业部	0.61
9	中国金谷国际信托投资有限公司	0.53
10	中国宝安集团股份有限公司	0.47

3.十大股东相关说明

①前10名股东中,第五大股东受第一大股东控制。未知其他股东之间是否有关联关系,也未知其他股东之间是否存在属于《上市公司股东持股变动信息披露管理办》规定的一致行动人。

②公司控股股东为河北太行华信建材有限责任公司,法定代表人李安飞,成立日期2002年3月15日,注册资本63547万元,主要经营石灰石开采、水泥制品、汽运输、机械设备和厂区内房屋租赁、技术咨询服务等。

③公司原控股股东为河北太行集团公司。2000年12月27日经国家经贸委、财政部、中国人民银行联合审核并报经国务院同意,国家经贸委以国经贸产业[2000]1238号文件批复同意原河北太行集团公司为债转股试点企业,其中中国华融资产管理公司的协议转股债权为19600万元,中国信达资产管理公司的协议转股债权为6500万元。经协商,中国华融资产管理公司及中国信达资产管理公司分别以其持有的债权直接对原河北太行集团公司增资,2002年3月15日原河北太行集团公司依法更名为河北太行华信建材有限责任公司,并经工商变更登记予以确认。本公司于2002年8月2日在《中国证券报》、《上海证券报》、《证券时报》、《证券日报》及上交所网站上刊登的本公司《招股说明书》上对此事进行了披露。

④公司控股股东的控股股东情况

邯郸市国有资产管理局持有河北太行华信建材有限责任公司产权58.93%。中国华融资产管理公司持有河北太行华信建材有限责任公司产权30.84%,法定代表人杨凯生,成立日期1999年10月19日,注册资本100亿元,主要收购并经营中国工商银行剥离的不良资产。中国信达资产管理公司持有河北太行华信建材有限责任公司产权10.23%,法定代表人朱登山,成立日期1999年4月20日,注册资本100亿元,主要收购并经营中国建设银行剥离的不良资产。

⑤其他持股在10%以上(含10%)的法人股东

报告期内,公司无其他持股在10%以上(含10%)的法人股东。

四、董事、监事、高级管理人员和员工情况

(一)、董事、监事和高级管理人员的情况
1.基本情况

姓名	性别	年龄	职务	任职起止日期
邱承玉	男	60	董事长	2000.5-2003.5
王里顺	男	55	董事、总经理	2000.5-2003.5
李安飞	男	57	董事	2000.5-2003.5
孙新民	男	51	董事、副总经理	2000.5-2003.5
范国良	男	43	董事、副总经理	2000.5-2003.5
史国林	男	51	董事、副总经理	2000.5-2003.5
李怀江	男	45	董事	2000.5-2003.5
臧志宪	男	48	董事、董事会秘书	2000.5-2003.5
郑宝金	男	36	董事	2000.5-2003.5
冯志宏	男	41	董事	2000.5-2003.5
杨广林	男	50	董事	2000.5-2003.5
周守华	男	39	独立董事	2002.10-2003.5
王欣新	男	51	独立董事	2002.10-2003.5
闫荣城	男	42	独立董事	2002.10-2003.5
王维民	男	55	监事会主席	2000.5-2003.5
韩宝林	男	55	监事	2000.5-2003.5
徐景阳	男	44	监事	2000.5-2003.5
王卫平	男	39	监事	2000.5-2003.5
李平	男	45	监事	2000.5-2003.5

姓名	年初持股	年末持股
邱承玉	20000	20000
王里顺	20000	20000
李安飞	8000	8000
孙新民	8000	8000
范国良	5000	5000
史国林	8000	8000
李怀江	8000	8000

臧志宪	6000	6000
郑宝金	6000	6000
冯志宏	5000	5000
杨广林	6000	6000
周守华	0	0
王欣新	0	0
闫荣城	0	0
王维民	8000	8000
韩宝林	5000	5000
徐景阳	6000	6000
王卫平	5000	5000
李平	9000	9000

(二)公司员工基本情况

截止 2002 年 12 月 31 日，本公司在册职工 1948 人，其中生产人员 1326 人，销售人员 107 人，技术人员 335 人，财务人员 24 人，行政人员 156 人，需公司支付费用的离退休人员 559 人。

员工中具有初级职称的有 174 人，具有中级职称的有 133 人，具有高级职称的有 28 人；具有本科以上文化程度的有 107 人，具有大专文化程度的有 235 人，中专及以下 1606 人。

五、公司治理结构

(一)公司治理结构

报告期内在上级部门及证监会派出机构的支持和帮助下，公司按照《公司法》、《证券法》及中国证监会有关法律法规的要求，不断完善公司法人治理结构，规范公司运作，对公司治理中存在的一些问题进行了整改。已根据《股东大会规范意见》、上海证券交易所《股票上市规则》修订完善了《公司章程》、《股东大会议事规则》、《董事会议事规则》、《监事会议事规则》，同时制定了《关联交易管理办法》、《募集资金管理办法》和《信息披露管理办法》。这些制度的制定与修改使公司更加符合《上市公司治理准则》的要求。

公司独立董事尚未达到三分之一，尚未设立董事会专门委员会，仍需进一步完善公司法人治理结构。

(二)独立董事履行职责情况

根据中国证监会发布的《关于在上市公司建立独立董事制度的指导意见》的要求，本公司于 2002 年 10 月 25 日召开的 2002 年第一次临时股东大会上增选了三名独立董事，使董事会成员构成日趋合理，法人治理结构趋于完善。公司将于 2003 年 6 月 30 日前使独立董事达到三分之一的规定。

(三)公司与控股股东在业务、人员、资产、机构、财务等方面的分开情况

1.业务独立情况：控股股东及其下属单位未从事与公司相同的业务，公司在业务方面独立于控股股东，具有完整的自主经营能力。

2.人员独立情况：本公司与控股股东在劳动、人事及工资管理等方面独立分开，并设立了独立的劳动人事部门。公司经理人员、财务负责人、销售负责人、董事会秘书未在控股股东单位担任职务。

3.资产独立情况：公司拥有完整独立的产供销系统，控股股东投入的资产产权明晰。

4.机构独立情况：公司董事会、监事会及其他内部机构独立运作，职能部门与控股股东职能部门之间不存在上下级关系。

5.财务独立情况：公司建立、健全了财务、会计管理制度，设立独立财务部门，独立核算，在银行独立开户，单独依法纳税。

(四)高级管理人员的考评及激励制度

董事会按年度对公司高级管理人员的业绩和履职情况进行考评，经总经理提名聘任的高级管理人员由总经理先行考评，根据考评结果决定高级管理人员下一年度的薪酬定额，岗位安排。

本公司正根据河北省人民政府的有关规定制定高级管理人员年薪制实施办法，且高级管理人员均持有本公司内部职工股。公司董事会根据年度经济技术指标完成情况对高级管理人员的业绩和绩效进行考评，以决定年终的奖惩。为有效提高高级管理人员的工作效率、责任心及积极性，公司将进一步建立更加科学、合理、有效的考评制度，促进公司高级管理层与公司经济效益，经营成果的有机结合，保证公司价值最大化及持续发展长远目标的实现。

六、股东大会情况简介

报告期内公司共召开了二次股东大会，即 2001 年年度股东大会和 2002 年第一次临时股东大会。

1.2002 年 5 月 24 日，公司在《证券日报》刊登了召开 2001 年年度股东大会公告，通知大会召开的时间、地点、议程和股东出席会议的登记办法。

2002 年 6 月 26 日，大会在公司所在地文体中心会议室召开。共有股东及股东代理人 9 人出席会议，所代表的有表决权股份总数为 12433.5 万股，占公司有表决权股份总数的 88.8%，符合《公司法》和《公司章程》的有关规定。各项议案均以 12433.5 万股表决通过，占出席会议有表决权股份总数的 100%。决议如下：

(1)审议通过了《2001 年度董事会工作报告》；

(2)审议通过了《2001 年度监事会工作报告》；

(3)审议通过了《2001 年度财务决算和 2002 年度财务预算报告》；

(4)审议通过了《2001 年度利润分配方案及 2002 年度利润分配政策》；

(5)审议通过了《修改<公司章程>的议案》；

(6)审议通过了《修改"股东大会、董事会和监事会议事规则"的议案》；

(7)审议通过了《关于支付独立董事报酬的议案》；

(8)审议通过了《关于成立董事会下属的四个专门委员会的议案》；

(9)审议通过了《授权董事会全权处理股票发行与上市事宜的议案》；

(10)审议通过了《<关联交易管理办法>的议案》；

(11)审议通过了《<募集资金管理办法>的议案》；

(12)审议通过了《<信息披露管理办法>的议案》；

(13)审议通过了《关于聘请中喜会计师事务所有限责任公司为公司 2002 年度财务审计机构的议案》。

由于公司当时股票尚未上市，故本次股东大会决议未在媒体上发布公告。

2.2002 年 9 月 25 日在《上海证券报》上刊登了召开 2002 年第一次临时股东大会公告，通知大会召开的时间、地点、议程和股东出席会议的登记办法。

2002 年 10 月 25 日，大会在公司所在地文体中心会议室召开。共有股东及股东代理人 4 人出席会议，所代表的有表决权股份总数为 10433.5 万股，占公司有表决权股份总数的 54.91%，符合《公司法》和《公司章程》的有关规定。各项议案均以 10433.5 万股表决通过，占出席会议有表决权股份总数的 100%。决议如下：

(1)审议通过了《终止控股设立河北省冀中水泥有限责任公司的议案》，涉及募集资金 20000 万元；

(2)审议通过了《出资 7800 万元投资控股组建保定太行和益水泥有限公司的议案》；

(3)审议通过了《出资 5700 万元收购北京建谊建筑工程有限公司所持有的北京太行建谊水泥有限公司 57%的股权的议案》；

(4)审议通过了《投资 4972.63 万元实施低温余热发电综合利用技改工程的议案》；

(5)审议通过了《将此次变更募集投向后剩余的 1527.37 万元补充公司流动资金的议案》；

(6)审议通过了《提名周守华、王欣新、闫荣城先生为公司独立董事候选人的议案》；

(7)审议通过了《修改"公司章程"的议案》。

2002 年第一次临时股东大会决议刊登在 2002 年 10 月 26 日的《上海证券报》上。

七、董事会报告

(一)经营情况的讨论与分析

1.2002 年 8 月，公司 5000 万 A 股股票成功发行上市，募集资金 28650 万元，扣除相关发行费用后，实际募集资金 27762.74 万元。此次成功上市为公司的发展注入了新的活力，为公司的做大做强、实现跨越式发展奠定了基础。公司将以此为契机，进一步完善法人治理结构，切实转换经营机制，以股东权益最大化为目标，严格按照各项法律法规规范经营，给广大投资者以满意的回报。

一年来在公司全体员工的共同努力下，全面圆满的完成公司各项生产经营任务，全年水泥生产完成 193.17 万吨，熟料生产完成 164.48 万吨；水泥销售完成 197.54 万吨，同比基本持平；熟料销售完成 21.03 万吨，同比增长 8 万吨。实现销售收入 37932 万元；实现利润总额 5046 万元；净利润 4040 万元。

2.依据 2002 年第一次临时股东大会决议公司对募集资金的投向进行了变更，此次变更后新投和收购项目是公司主业的进一步增强和延伸，符合国家和地方产业政策，具有良好的经济效益和社会效益，有利于公司壮大主业、增强赢利能力。此次变更募集资金投向后公司将形成北京、保定、邯郸三点一线的布局，使公司的资源配置更加合理，为进一步巩固并扩大传统市场同时开发新市场奠定了基础。目前新投资项目进展顺利。(此次变更募集资金投向的具体事宜参见本章"募集资金变更情况"一节)

3.2003 年是公司发展的关键一年，"北京项目"和"保定项目"将陆续建成投产，立波尔窑烧成系统改造项目也将完成，"三点一线"的格局形成后，将使公司的实力大大增强。公司将进一步发挥"太行山"的品牌优势，借"奥运"商机，加强三地协调、协作，相互支援、相互补充，实行销售一体化，避免内部竞争，实现最佳经济效益。

4.新的一年里，公司也将面临一定的困难。北京是公司的传统市场，但面对"奥运"商机，各主要厂商也均加大了在北京市场的销售力度，同时周边市场的水泥生产能力仍在增加，2003 年销售市场将面临更激烈的竞争。新项目建成后能否顺利达产、能否达到预期收益，这其中还存在着诸多的不确定因素。立波尔窑烧成系统改造项目的实施将对公司的正常生产产生一定影响；同时，该项目完工后，公司原有的立波尔窑生产线将全部停产，由于该设备基本已到使用年限，所以对公司资产状况的影响将不会很大，但生产人员的分流将会使管理费用增加。"北京项目"和"保定项目"尚有一段建设期，在资金使用上有可能出现短缺。

(二)报告期内经营情况

1.主营业务的范围及其经营状况

(1)公司的主营业务范围为普通硅酸盐水泥、矿渣硅酸盐水泥及熟料的制造与销售，同时兼营承包境外建材行业工程及境内国际招标工程，境外工程所需的设备、材料出口，对外派遣实施上述境外工程所需的劳务人员等业务。

公司主要从事的生产与经营属建材行业。

(2)主营业务收入构成情况

按产品划分

主营业务项目	主营业务收入(元)	占主营业务收入比例(%)
水泥	349811642.70	92.22
熟料	29512998.63	7.78
合计	379324641.33	100

按地区划分

地区	主营业务收入(元)	占主营业务收入比例(%)
北京	90773977.53	23.93
天津	39463444.96	10.40
河北省	234044361.38	61.70
山西省	15042857.46	3.97
合计	379324641.33	100

(3)主营业务利润构成情况

主营业务项目	主营业务利润	占主营业务利润比例(%)
水泥	120527950.95	94.22
熟料	7399437.43	5.78
合计	127927388.38	100

按地区划分

地区	主营业务利润(元)	占主营业务利润比例(%)
北京	31276395.23	24.45
天津	13597226.16	10.63
河北省	77870713.78	60.87
山西省	5183053.21	4.05
合计	127927388.38	100

(4)占公司主营业务收入及主营业务利润 10%以上的产品为水泥。该产品的销售收入为 349811642.70 元，销售成本为 227260050.01 元，毛利率为 35.03%。

(5)主营业务及其结构变化情况

公司报告期内主营业务及其结构未发生变化。

2.主要控股公司及参股公司的经营情况及业绩

(1)保定太行和益水泥有限公司经营情况：截止报告期末，本公司持有该公司 65%的股权。该公司注册资本 12000 万元，业务范围是水泥及水泥制品的生产与销售。目前该公司尚在建设中。

(2)北京太行建谊水泥有限公司经营情况：截止报告期末，本公司持有该公司 57%的股权。该公司的注册资本为 10000 万元，业务范围是水泥及水泥制品的生产与销售。目前该公司尚在建设中。(该公司现已更名为北京太行前景水泥有限公司)

(3)天津市邯建建材有限公司经营情况：截止报告期末，本公司持有该公司 48%的股权。该公司注册资本为 3410 万元。该公司的经营范围为物资供销、五金、交电、化工、水泥、矿产品批发兼零售；汽车货运、劳务服务。截止 2002 年 12 月 31 日，资产合计 37865572.37 元，负债合计 4858556.21 元，净资产为 33007016.16 元，净利润为-2400779.04 元。

(4)廊坊市重工太行水泥有限公司经营情况：截止报告期末，本公司持有该公司 21.7%的股权。该公司注册资本为 1,000 万元。该公司的经营范围为水泥及水泥制品的生产、销售。截止 2002 年 12 月 31 日，资产合计 26337898.43 元，负债合计 10216269.18 元，净资产为 16121529.25 元，净利润为-504392.85 元。

(5)本公司目前无来源于单个参股公司的投资收益对公司净利润影响达到 10%以上的情况。

3.公司向前五名供应商合计的采购金额为 203007177.77 元，占年度采购总额的 65.19%；公司向前五名客户销售额合计 276121727.94 元，占公司销售总额的 72.79%。

4.在经营中出现的问题与困难及解决方案

(1)由于煤炭行业关闭小煤窑政策的实施，致使原煤价格大幅上涨，增加生产成本约 1600 万元；同时由于电价上涨，增加生产成本约 1000 万元，成为影响公司生产成本的主要因素。为此，公司狠抓采购关，实行采购公开招标制，最大限度的降低了采购成本；同时在生产过程中严格管理，节能降耗，使生产成本在最大限度内得以控制。

(2)2002 年度在公司销售半径内，大水泥的生产能力激增，使得竞争加剧。为此公司一方面在努力巩固原有的传统市场的同时，加大了对新市场的开发力度；另一方面实施异地建厂，以募集资金控股组建保定太行和益水泥有限公司，收购北京太行建谊水泥有限公司 57%的股权，使公司产品更加靠近市场，从而增加了产品的竞争力。

(三)公司投资情况

1.报告期内募集资金运用情况

公司于 2002 年 8 月 22 日公开发行 5000 万 A 股股票，共募集资金 28650 万元，扣除相关发行费用后，实际募集资金 27762.74 万元。

①募集资金承诺投资项目、项目进度与实际投资项目、进度的异同

承诺项目	总投资（万元）	2002 年计划（万元）	本期末累计投资（万元）	备注
1.控股设立河北省冀中水泥有限责任公司	20000	20000	0	项目变更
2.立波尔窑烧成系统改造项目	4919	4919	1244.50	——
3.粉料输送及原煤均化(节能)技改工程	2998	2998	1144.06	——

由于募集资金到位较晚，立波尔窑烧成系统改造项目、粉料输送及原煤均化(节能)技改工程项目正在实施当中，2003 年将全部完工，投入使用。立波尔窑烧成系统改造项目预计收益为年新增销售收入 3089 万元，净利润 1,091 万元。粉料输送及原煤均化(节能)技改工程项目预计收益为年新增净利润 1,029 万元。

②募集资金变更情况

报告期内公司对部分募集资金投向进行了变更。

公司原承诺以募集资金“控股设立河北省冀中水泥有限责任公司”是本公司与其他方共同合作的项目。在《河北省冀中水泥有限责任公司合资协议书》签署及项目立项后，由于我方募集资金迟迟不能到位，为了抢抓机遇，适应市场条件的变化，原合作三方河北省建设投资公司、石家庄市建设投资公司、石家庄水泥厂在未与本公司进行沟通的情况下，联合其它投资人已将该项目启动，致使公司已不便再行介入该项目。鉴于此，为了保证募集资金的顺利投入和使用效率，保护股东及广大投资者的利益，本着对投资人负责的态度，公司与原合作各方协商，解除了《河北省冀中水泥有限责任公司合资协议书》，终止了该项目的实施，涉及募集资金 2 亿元。

此次变更募集资金投向，经公司 2002 年 9 月 23 日三届九次董事会形成决议，已报 2002 年 10 月 25 日公司 2002 年第一次临时股东大会审议通过。具体事宜见 2002 年 9 月 25 日及 2002 年 10 月 26 日在《上海证券报》上刊登的本公司编号为临 2002-001、临 2002-002、临 2002-003 及临 2002-005 的本公司公告。

③变更后的项目实施情况：

a.投资 7800 万元组建“保定太行和益水泥有限公司”，本公司持有该公司 65%的股权。经 2002 年第一次临时股东大会批准后，该项目已投资 7800 万元，预计 2003 年可建成投产。此项目建成后预计年度可供分配利润为 2400 万元。

b. 出资 5700 万元收购北京建谊建筑工程有限公司所持有的北京太行建谊水泥有限公司 57%股权，经 2002 年第一次临时股东大会批准后，该项股权收购已实施完毕，现该公司名称已变更为北京太行前景水泥有限公司。在本报告期截止日前该项目尚在建设中；至本报告披露日，该项目已建成投产。此项目建成后每年可分配利润预计为 3864 万元。

c. 投资 4972.63 万元实施低温余热发电综合利用技改工程。目前该项目已支付工程设计费及大型设备预付款 211.6 万元。此项目建成后每年可分配利润预计为 1149 万元。

d. 将此次变更募集资金投向后剩余的 1527.37 万元补充公司流动资金。

e.募集资金剩余 10135.21 万元现储存在银行。

f.原“控股设立河北省冀中水泥有限责任公司”项目的预计收益为年税后利润 10027 万元。

2.报告期内非募集资金运用情况

报告期内无重大非募集投资情况。

㈢公司财务状况及经营成果

单位：元

项目	2002 年	2001 年
货币资金	285586602.45	56414116.03
应收票据	19450630.62	10790000.00
其他应收款	8984438.55	16006660.93
总资产	1220904612.54	644474340.10
股东权益	664439103.68	359296562.69
主营业务利润	127927388.38	141122534.29
净利润	40398148.44	40145209.15
现金及现金等价物净增加额	229172486.42	-5937254.11

项目	增长比率(%)
货币资金	406.23
应收票据	80.27
其他应收款	-43.87
总资产	89.44
股东权益	84.93
主营业务利润	-9.35
净利润	0.63
现金及现金等价物净增加额	3959.91

八、监事会工作报告

㈠公司报告期监事会工作情况：

本年度监事会共召开了二次会议。

1、公司于 2002 年 5 月 15 日召开三届三次监事会，审议通过了《公司 2001 年度财务决算和 2002 年度财务预算报告》、《公司 2001 年度利润分配预案和 2002 年度利润分配政策的报告》、《同意聘请中喜会计师事务所有限责任公司为公司 2002 年度审计机构》、《同意董事会于 2002 年 6 月 26 日召开 2001 年度股东大会有关事宜》、《监事会 2001 年度工作报告》、《修改<监事会议事规则>》。

由于公司当时股票尚未上市，故本次监事会决议未在媒体上发布公告。

2、公司于 2002 年 9 月 23 日召开三届四次监事会，审议通过了《董事会关于<终止控股设立河北省冀中水泥有限责任公司的议案>》、《董事会关于<出资 7800 万元投资控股组建保定太行和益水泥有限公司的议案>》、《董事会关于<出资 5700 万元收购北京建谊建筑工程有限公司所持有的北京太行建谊水泥有限公司 57%的股权的议案>》、《董事会关于<将此次变更募集资金投向后剩余的 1527.37 万元补充公司流动资金的议案>》、《董事会关于<提名周守华、王欣新、闫荣城先生为公司独立董事候选人的议案>》、《董事会关于<修改“公司章程”的议案>》、《董事会关于<召开 2002 年第一次临时股东大会的议案>》；同时出具了《河北太行水泥股份有限公司监事会关于变更部分募集资金投向的意见书》。此次会议决议公告刊登在 2002 年 9 月 25 日的《上海证券报》上。

㈡监事会发表的独立意见：

1、公司依法运作情况：2002 年监事会列席了公司所有的董事会和股东大会，并对其召开的程序、决议事项、决策程序、董事会对股东大会决议执行情况及公司董事和高级管理人员的履职情况进行了监督。监事会认为，公司决策程序合法，建立了比较完善的内部控制制度，公司董事、经理执行公司职务时没有违反法律、法规、公司章程或损害公司利益的行为。

2、检查公司财务的情况：监事会认为中喜会计师事务所有限责任公司为公司出具的标准无保留意见的审计报告客观、真实的反映了公司本年度的财务状况和经营成果。

3、募集资金使用情况：本年公司对部分募集资金进行了变更，变更程序是合法的，本监事会对此发表了《河北太行水泥股份有限公司监事会关于变更部分募集资金投向的意见书》；其余募集资金实际投入项目和承诺投入项目是一致的。

4、收购出售资产公允情况：报告期内公司以募集资金 5700 万元收购北京建谊建筑工程有限公司所持有的北京太行建谊水泥有限公司 57%的股权。监事会认为该项目资产的收购价格合理，没有发现内幕交易，无损害部分股东的权益或造成公司资产流失的情况发生。

5、公司关联交易公平，没有损害上市公司利益。

九、重要事项

㈠本年度公司无重大诉讼、仲裁事项。

㈡报告期内收购资产情况

2002 年 10 月 25 日，公司召开了 2002 年第一次临时股东大会，审议通过了以变更后的募集资金出资 5700 万元收购北京建谊建筑工程有限公司所持有的北京太行建谊水泥有限公司 57%的股权的议案。现该项收购事宜已完成，现该公司名称已变更为北京太行前景水泥有限公司，目前公司持有北京太行前景水泥有限公司 57%的股权。由于北京太行前景水泥有限公司至本报告期末尚在建设中，所以对公司 2002 年度财务状况和经营成果未产生影响。本次收购涉及的金额为 5700 万元，占利润总额的 112.96%。

该项收购对公司业务连续性、管理层稳定性没有影响。

㈢重大关联交易情况

1.采购货物与销售货物

(1)采购货物

本公司向关联方采购货物有关明细资料如下(单位：人民币元)：

单位名称	品种	2002 年度	占同类交易比例
河北太行华信建材有限责任公司	矿石	7097258.64	100%
河北太行集团青年综合利用厂	电	258466.92	0.03%

单位名称	支付方式	对利润的影响
河北太行华信建材有限责任公司	现金	无
河北太行集团青年综合利用厂	现金	无

定价政策：本公司与关联公司之间的交易价格以同类产品的市场价格为基础确定。

2001 年 1 月 1 日本公司与河北太行集团公司（现更名为河北太行华信建材有限责任公司）订立《矿石合作开采与供应协议》。河北太行集团公司以其合法拥有的位于邯郸市峰峰矿区的矿山开采设备、运输设备、铁路专用线和地面设施、石灰石采矿权、管理人员投入，本公司以人员劳务和监督管理人员投入，合作开采位于邯郸市峰峰矿区矿山的石灰岩矿石，本公司以每吨矿石 3.30 元向河北太行集团公司支付矿石供应费，用于河北太行集团公司支付资源税、补偿矿山资产及设施的折旧费等。据此，2002 年度本公司向原河北太行集团公司采购石灰岩矿石 2150688.00 吨，价款 7097258.64 元。

(2)销售货物

本公司向关联方销售货物有关明细资料如下(单位：人民币元)：

单位名称	品种	2002 年度	占同类交易比例
	材料	1910134.17	62.08%
河北太行华信建材有限责任公司	煤	779756.27	16.60%
	材料	1166426.22	37.92%
河北太行集团青年综合利用厂	煤	3918750.41	83.40%

单位名称	品种	支付方式	对利润的影响
	材料	现金	无
河北太行华信建材有限责任公司	煤	现金	无
	材料	现金	无
河北太行集团青年综合利用厂	煤	现金	无

定价政策：本公司与关联公司之间的交易价格以同类产品的市场价格为基础确定。

(3)采购货物与销售货物方面的关联交易的必要性和持续性说明

矿石是本公司生产的主要原料，本公司没有矿山的开采权，矿山的开采权属母公司，矿石的获得需向母公司采购。河北太行集团青年综合利用厂利用余热发电除满足自身需要外剩余部分由本公司使用。

关联方经营中所需的物资均在本公司采购物资之列，且金额不大，由本公司代为采购可减少采购成本。

2.其他关联交易

(1)租赁与许可协议

①1993 年 3 月 12 日本公司与河北太行集团公司订立《土地租用协议书》。本公司有偿使用河北太行集团公司用地 873 亩。本公司每年付给河北太行集团公司土地租用费人民币 40 万元。2001 年 3 月 19 日双方对此协议予以规范，订立《国有土地使用权租赁合同》，河北太行集团公司将其拥有合法使用权的国有土地 39.50 万平方米出租给本公司使用，按每年每平米 1.02 元人民币计收，年租金 40 万元人民币。

②2001 年 1 月 1 日，双方订立《注册商标权转让协议》，河北太行集团公司将其合法拥有的“太行山”牌水泥注册商标的商标权无偿转让于本公司。相关手续已经办理完毕，本公司已合法取得该商标所有权。

(2)综合服务协议

2001 年 1 月 1 日本公司与河北太行集团公司订立《综合服务协议》，河北太行集团公司向本公司提供以下服务：

①供暖服务：河北太行集团公司向本公司提供生产和办公所需的集中供暖服务，每年收取供暖服务费 512,000.00 元人民币。据此，2001 年度支付河北太行集团公司 512,000.00 元人民币；2002 年度支付 512,000.00 元人民币；

②电话通讯服务：河北太行集团公司向本公司提供生产经营工作所需的电话通讯服务，每年收取电话服务费 200,000.00 元人民币。据此，2001 年度支付河北太行集团公司 200,000.00 元人民币；2002 年度支付 200,000.00 元人民币；

③员工生活服务：河北太行集团公司保证在后勤服务方面向本公司的职工提供等同于其自己职工收费标准的非歧视待遇；

④窑灰处理与委托再加工：河北太行集团公司的附属企业为本公司水泥生产过程中产生的窑灰提供清理、运输、收集和处理服务，每年收取窑灰清理和处理费用 260,000.00 元人民币；本公司委托河北太行集团公司的附属企业对其清理的窑灰进行再加工或深加工利用，在其生产的窑灰再制熟料符合标准的情况下，按每吨 60.00 元支付委托加工费。2001 年度委托其加工窑灰再制熟料 44,368.85 吨，支付委托加工费 2,662,131.00 元。2002 年度支付窑灰清理和处理费用 260,000.00 元；2002 年度委托其加工窑灰再制熟料 85,284.00 吨，支付委托加工费 5,117,040.00 元。

注：以上关联交易事项均已在本公司《招股说明书》中进行过披露。

㈣报告期内发生的重大合同及履行情况

1.报告期内公司无托管、承包、租赁其他公司资产或其他公司托管、承包、租赁本公司资产的事项。

2.报告期内公司无重大担保事项。

3.报告期内公司未发生委托他人进行现金资产管理或委托贷款事项。

㈤聘请会计师事务所情况

报告期内，公司继续聘请中喜会计师事务所有限责任公司为公司的财务审计机构，该事务所为本公司提供审计服务的年限为 3 年。报告期内公司支付给会计师事务所的报酬为：审计费 30 万元。

㈥报告期内公司、公司董事会及董事没有受中国证监会稽查、中国证监会行政处罚、通报批评、

证券交易所谴责的情形。

(七)报告期内公司对部分募集资金投向进行了变更。具体事宜见2002年9月25日及2002年10月26日在《上海证券报》上刊登的本公司编号为临2002-001、临2002-002、临2002-003及临2002-005的本公司公告。

(八)期后事项。至本报告披露日,原董事长邱承玉先生已退休,董事会已同意了其辞去董事的申请,并选举王里顺董事为新董事长。

十、财务报告

(一)本公司2002年度财务报告经中喜会计师事务所有限责任公司审计,出具了标准无保留意见的审计报告。

审计报告

河北太行水泥股份有限公司全体股东:

我们接受委托,审计了贵公司2002年12月31日的合并资产负债表和资产负债表,2002年度的合并利润及利润分配表和利润及利润分配表,2002年度的合并现金流量表和现金流量表。这些会计报表由贵公司负责,我们的责任是对这些会计报表发表审计意见。我们的审计是依据《中国注册会计师独立审计准则》进行的。在审计过程中,我们结合贵公司实际情况,实施了包括抽查会计记录等我们认为必要的审计程序。

我们认为,上述会计报表符合《企业会计准则》和《企业会计制度》的有关规定,在所有重大方面公允地反映了贵公司2002年12月31日的财务状况及2002年度的经营成果和2002年度的现金流量情况,会计处理方法的选用遵循了一贯性原则。

中喜会计师事务所有限责任公司　　中国注册会计师:高明来

二零零三年三月十五日　　中国注册会计师:吕小云

(二)会计报表

资产负债表

编制单位:河北太行水泥股份有限公司　　单位:人民币元

项目	附注	合并 2002年12月31日
流动资产:		
货币资金	五、1	285,586,602.45
短期投资		-
应收票据	五、2	19,450,630.62
应收股利		-
应收利息		-
应收账款	五、3	142,765,532.78
其他应收款	五、4	8,984,438.55
预付账款	五、5	7,178,198.89
应收补贴款		-
存货	五、6	38,355,327.23
待摊费用		-
一年内到期的长期债权投资	五、7	5,180.00
其他流动资产		-
流动资产合计		502,325,910.52
长期投资:		
长期股权投资	五、8	19,541,739.61
长期债权投资		-
合并价差		-
长期投资合计		19,541,739.61
固定资产:		
固定资产原价	五、9	626,533,210.79
减:累计折旧	五、9	326,942,506.61
固定资产净值	五、9	299,590,704.18
减:固定资产减值准备	五、9	1,726,724.85
固定资产净额	五、9	297,863,979.33
工程物资	五、10	33,244,214.05
在建工程	五、11	353,030,868.55
固定资产清理		-
固定资产合计		684,139,061.93
无形资产及其他资产:		
无形资产	五、12	13,424,041.97
长期待摊费用	五、13	1,473,858.51
其他长期资产		-
无形资产及其他资产合计		14,897,900.48
递延税款:		
递延税款借项		-
资产总计		1,220,904,612.54

资产负债表(续)

编制单位:河北太行水泥股份有限公司　　单位:人民币元

项目	附注	合并 2002年12月31日	2001年12月31日
流动负债:			
短期借款	五、14	96,200,000.00	79,580,000.00
应付票据		-	-
应付账款	五、15	35,694,649.38	40,177,709.38
预收账款	五、16	4,743,314.13	8,025,628.80
应付工资		-	-
应付福利费		3,273,833.99	2,462,718.15
应付股利	五、17	14,304,500.00	15,738,500.00
应交税金	五、18	-8,896,900.82	-29,465,289.20
其他应交款	五、19	-349,283.81	105,955.48
其他应付款	五、20	194,895,395.99	35,432,554.80
预提费用		-	-
预计负债		-	-
一年内到期的长期负债	五、21	130,500,000.00	500,000.00
其他流动负债		-	-
流动负债合计		470,365,508.86	152,557,777.41
长期负债:			
长期借款	五、22	-	130,000,000.00
应付债券		-	-
长期应付款		-	-
专项应付款	五、23	1,100,000.00	2,620,000.00
其他长期负债		-	-
长期负债合计		1,100,000.00	132,620,000.00
递延税项:			
递延税款贷项		-	-
负债合计		471,465,508.86	285,177,777.41
少数股东权益		85,000,000.00	-
股东权益:			
股本	五、24	190,000,000.00	140,000,000.00
减:已归还投资		-	-
股本净额		190,000,000.00	140,000,000.00
资本公积	五、25	328,914,751.06	104,670,358.51
盈余公积	五、26	75,658,133.36	67,578,503.68
其中:法定公益金	五、26	34,538,300.18	30,498,485.34
未分配利润	五、27	69,866,219.26	47,047,700.50
股东权益合计		664,439,103.68	359,296,562.69
负债及股东权益总计		1,220,904,612.54	644,474,340.10

利润及利润分配表

编制单位:河北太行水泥股份有限公司　　单位:人民币元

项目	附注	合并 2002年度	2001年度
一、主营业务收入	五、28	379,324,641.33	354,161,637.76
减:主营业务成本	五、29	249,158,137.82	209,808,389.05
主营业务税金及附加	五、30	2,239,115.13	3,230,714.42
二、主营业务利润		127,927,388.38	141,122,534.29
加:其他业务利润	五、31	2,503,545.15	2,024,924.01
减:营业费用		41,547,798.22	44,049,020.71
管理费用		35,017,177.96	39,906,984.28
财务费用	五、32	11,748,022.44	11,603,001.62
三、营业利润		42,117,934.91	47,588,451.69
加:投资收益	五、33	-1,261,783.99	55,862.30
补贴收入	五、34	10,517,045.16	4,600,000.00
营业外收入	五、35	236,798.28	6,563.64
减:营业外支出	五、36	1,149,163.88	931,975.61
四、利润总额		50,460,830.48	51,318,902.02
减:所得税	五、37	10,062,682.04	11,173,692.87
少数股东本期损益		-	-
五、净利润		40,398,148.44	40,145,209.15
加:年初未分配利润		47,047,700.50	28,931,533.19
其他转入		-	-
六、可供分配利润		87,445,848.94	69,076,742.34
减:提取法定盈余公积		4,039,814.84	4,014,520.92
提取法定公益金		4,039,814.84	4,014,520.92
提取职工奖励及福利基金		-	-
提取储备基金		-	-
提取企业发展基金		-	-
利润归还投资		-	-
七、可供投资者分配的利润		79,366,219.26	61,047,700.50
减:应付优先股股利		-	-
提取任意盈余公积		-	-
应付普通股股利		9,500,000.00	14,000,000.00
转作股本的普通股股利		-	-
八、未分配利润	五、27	69,866,219.26	47,047,700.50

现金流量表

2002年度

编制单位:河北太行水泥股份有限公司　　单位:人民币元

项目	合并
一、经营活动产生的现金流量:	
销售商品、提供劳务收到的现金	481,378,708.96
收到的税费返还	-
收到的其他与经营活动有关的现金	17,251,794.11
现金流入小计	498,630,503.07
购买商品、接受劳务支付的现金	360,238,824.01
支付给职工以及为职工支付的现金	34,712,523.65
支付的各项税费	15,979,995.51
支付的其他与经营活动有关的现金	28,158,063.50
现金流出小计	439,089,406.67
经营活动产生的现金流量净额	59,541,096.40
二、投资活动产生的现金流量:	
收回投资所收到的现金	259.00
取得投资收益所收到的现金	43.20
处置固定资产、无形资产和其他长期资产所收回的现金净额	407,600.00
收到的其他与投资活动有关的现金	1,093,854.00
现金流入小计	1,501,756.20
购建固定资产、无形资产和其他长期资产所支付的现金	360,945,863.14
投资所支付的现金	-
支付的其他与投资活动有关的现金	2,914,947.24
现金流出小计	363,860,810.38
投资活动产生的现金流量净额	-362,359,054.18
三、筹资活动产生的现金流量	
吸收投资所收到的现金	362,627,453.75
其中:子公司吸收少数股东权益性投资收到的现金	85,000,000.00
借款所收到的现金	278,700,000.00
收到的其他与筹资活动有关的现金	37,827.50
现金流入小计	641,365,281.25
偿还债务所支付的现金	79,580,000.00
分配股利、利润或偿付利息所支付的现金	23,648,416.14
其中:子公司支付少数股东股利所支付的现金	-
支付的其他与筹资活动有关的现金	6,146,626.00
其中:子公司依法减资支付给少数股东的现金	-
现金流出小计	109,375,042.14
筹资活动产生的现金流量净额	531,990,239.11
四、汇率变动对现金的影响	205.09
五、现金及现金等价物净增加额	229,172,486.42

江 苏 康 缘 药 业 股 份 有 限 公 司

江苏康缘药业股份有限公司股票上市公告书

重要声明与提示

本公司董事会保证上市公告书的真实性、准确性、完整性，全体董事承诺上市公告书不存在虚假记载、误导性陈述或重大遗漏，并承担个别和连带的法律责任。

根据《公司法》、《证券法》等有关法律、法规的规定，本公司董事、高级管理人员已依法履行诚信和勤勉尽责的义务和责任。上海证券交易所、中国证监会、其他政府机关对本公司股票上市及有关事项的意见，均不表明对本公司的任何保证。

本公司提醒广大投资者注意，凡本上市公告书未涉及的有关内容，请投资者查阅2002年9月2日刊载于《中国证券报》、《上海证券报》、《证券时报》的本公司招股说明书摘要，及刊载于上海证券交易所网站(http://www.sse.com.cn)的本公司招股说明书全文。

本上市公告书刊登网址:http://www.sse.com.cn

第一节　重要声明与提示

本公司董事会保证上市公告书的真实性、准确性、完整性，全体董事承诺上市公告书不存在虚假记载、误导性陈述或重大遗漏，并承担个别和连带的法律责任。

根据《公司法》、《证券法》等有关法律、法规的规定，本公司董事、高级管理人员已依法履行诚信和勤勉尽责的义务和责任。上海证券交易所、中国证监会、其他政府机关对本公司股票上市及有关事项的意见，均不表明对本公司的任何保证。

本公司提醒广大投资者注意，凡本上市公告书未涉及的有关内容，请投资者查阅2002年9月2日刊载于《中国证券报》、《上海证券报》、《证券时报》的本公司招股说明书摘要，及刊载于上海证券交易所网站(http://www.sse.com.cn)的本公司招股说明书全文。

本上市公告书刊登网址:http://www.sse.com.cn

上市推荐人:华泰证券有限责任公司

第二节　概览

股票简称:康缘药业

沪市股票代码:600557

深市股票代理代码:003557

股本总额:91,800,000股

可流通股本：40,000,000股

发行价格:7.00元/股

本次上市流通股本：40,000,000股

上市地点:上海证券交易所

上市时间：2002年9月18日

股票登记机构:中国证券登记结算有限责任公司上海分公司

上市推荐人:华泰证券有限责任公司

本公司首次公开发行股票前股东所持股份的流通限制及期限:根据国家有关法律、法规规定和中国证监会证监发行字[2002]92号《关于核准江苏康缘药业股份有限公司公开发行股票的通知》，本公司的国有法人股、法人股暂不上市流通。

本公司公开发行股票前第一大股东连云港恒瑞集团有限公司向上海证券交易所承诺：自本公司股票上市之日起一年内，不转让所持有本公司的股份，也不由本公司回购其所持有的股份。

第三节　绪言

本上市公告书是根据《中华人民共和国公司法》、《中华人民共和国证券法》、《股票发行与交易管理暂行条例》、《公开发行股票公司信息披露实施细则》和《上海证券交易所股票上市规则》等国家有关法律、法规的规定，并按照中国证监会公开发行股票信息披露内容与格式准则第7号—股票上市公告书》而编制的，旨在向投资者提供有关江苏康缘药业股份有限公司(以下简称"公司"、"本公司"和"发行人")和本次股票上市的基本情况。

经中国证监会证监发行字[2002]92号文批准，本公司于2002年9月5日利用上海证券交易所系统，以向沪市、深市二级市场投资者定价配售的方式成功发行了4000万股每股面值1.00元的人民币普通股，发行价为每股人民币7.00元。

经上海证券交易所上证上字[2002]159号《关于江苏康缘药业股份有限公司人民币普通股股票上市交易的通知》批准，本公司公开发行4000万股社会公众股将于2002年9月18日起在上海证券交易所挂牌交易。股票简称"康缘药业"，沪市股票代码"600557"，深市代理股票代码"003557"。

本公司已于2002年9月2日在《中国证券报》、《上海证券报》和《证券时报》上刊登了《招股说明书摘要》，招股说明书正文及其附录在上海证券交易所网站(http://www.sse.com.cn)上网，距今不足三个月，故与其重复的内容不再重述，敬请投资者查阅上述内容。

第四节　发行人概况

一、发行人的基本情况

1.发行人名称:江苏康缘药业股份有限公司

2.英文名称:JIANGSU KANION PHARMACEUTICAL CO.,LTD.

3.注册资本:人民币9,180万元

4.法定代表人:肖伟

5.注册地址:江苏省连云港市新浦区海昌南路58号

6.邮政编码:222001

7.经营范围:中成药制剂、保健品制造、销售;出口本企业自产的中成药制剂、保健品;进口本企业生产、科研所需要的原辅材料、机械设备、仪器仪表及零配件。

8.主营业务:中成药制剂、保健品制造、销售。

9.所属行业:医药制造业

10.联系电话:0518-5521990

11.传真:0518-5521983

12.电子信箱:Kanionco@public.lyg.js.cn

13.董事会秘书:程凡

二、发行人的历史沿革

公司前身为连云港中药厂，1996年5月，连云港中药厂改制为连云港康缘制药有限责任公司(以下简称"康缘制药")，注册资本1023万元。其中:连云港市医药工业公司(1998年改制为连云港恒瑞集团有限公司)占78.49%;康缘制药公司职工持股会占21.51%。

2000年9月，根据江苏省人民政府办公厅[苏政办发(1999)98号文]和连云港市人民政府[连发(1999)40号]文精神，连云港市人民政府以[连政复(2000)25号文]批准，同意连云港恒瑞集团有限公司(以下简称"恒瑞集团")从1997—1999年康缘制药经连云港市国有资产管理局[连国资企(2000)18号文]确认的国有资产增值额3357.41万元中，提取三年平均增值额的10%即112万元，按照康缘制药1999年末经连云港市国有资产管理局、恒瑞集团核算调整后的净资产数折合股权1.63%，用于奖励康缘制药经营管理者肖伟等5人，其中：奖励肖伟先生0.59%、杨寅先生0.29%、穆敏女士0.28%、戴翔翎先生0.28%和夏月先生0.19%。

2000年10月，经公司股东会决议和职工持股会决议及连云港市人民政府[连政复(2000)27号]文批准，公司股东实施了股权转让，恒瑞集团将其持有康缘制药的27.86%股权分别转让给江苏苏云医疗器材有限公司(以下简称"苏云医疗")11.78%、连云港市天使大药房有限公司(以下简称"天使大药房")4.55%，肖伟等5人11.53%，其中：肖伟6%、杨寅1.49%、穆敏1.03%、戴翔翎1.58%、夏月1.43%等；康缘制药职工持股会将其持有公司的21.51%股权转让给上海联创投资有限公司(以下简称"上海联创")15%、江苏省高科技产业投资有限公司(以下简称"江苏高科")6%和苏云医疗0.51%，股权转让后职工持股会不再持有公司的股权。2000年10月30日，公司于连云港市工商局办理了股权变更登记。经过以上股权变动后，康缘制药股东数增加到10家，各股东持股比例为：恒瑞集团49%、上海联创15%、苏云医疗12.29%、江苏高科6%、肖伟6.59%、戴翔翎1.86%、杨寅1.78%、夏月1.62%、穆敏1.31%。

2000年11月20日，江苏省财政厅《关于江苏康缘药业股份有限公司国有股权管理方案的批复》[苏财办(2000)164号文]对公司的股权设置进行了确认。2000年12月，经江苏省人民政府[苏政复(2000)213号文]批准，由恒瑞集团、上海联创、肖伟等十位股东作为发起人，康缘制药以2000年10月31日经审计的净资产5180万元按1:1折股，整体变更为江苏康缘药业股份有限公司，公司注册资本为5180万元。

经中国证监会证监发行字[2002]92号文核准，本公司于2002年9月5日在上海证券交易所以向二级市场投资者定价配售方式成功地发行了人民币普通股4000万股，每股面值1.00元，每股发行价7.00元。此次发行完成后，本公司的总股本为9180万股，注册资本为9180万元。

三、发行人的主要经营情况

本公司致力于中药现代化，改进传统中药产品及研制新型中药制剂，推进中药现代化和国际化进程。公司现拥有年产10亿片剂、5亿粒胶囊、8500万粒软胶囊、500吨颗粒剂、5000万支口服液和15亿粒浓缩丸的生产能力。本公司是国家科技部认定的火炬计划重点高新技术企业，全国质量管理先进企业。

公司与国内同行相比有如下优势：

1.产品优势:公司目前可生产冲剂、硬胶囊、软胶囊等8个剂型86个品种，其中国家级新药有"桂枝茯苓胶囊"、"天舒胶囊"等10个品种。目前公司主导产品分别为桂枝茯苓胶囊、天舒胶囊、金振口服液、抗骨增生胶囊等品种。其中天舒胶囊、金振口服液被列入国家火炬计划项目。这些产品目前市场销售良好，特别是桂枝茯苓胶囊2001年销售已过亿元，为企业主营业绩的稳步提高提供了保证。

2.新产品储备的优势:目前正在开发、研制的新药共有二十余个，其中用于治疗心脑血管疾病的二类新药3个;用于治疗肾病的三类新药4个;用于治疗妇科疾病的二类新药1个;用于呼吸道、肠胃疾病的三类新药1个、四类新药2个等，这些新药为未来企业的发展做好了产品储备。

3.生产技术优势:运用现代高新技术对传统中成药进行二次深度开发，为了解决传统中药制药工艺与现代科技相结合的一些关键技术问题，公司应用了一系列新技术、新工艺、新设备、新辅料，逐步形成了高新技术产品规模化、新型软胶囊品种系列化、质量检测控制方法现代化、技术创新与进步持久化的主导技术特色。

4.研发优势:本公司注重科研与新产品的开发，有一批高素质的研发队伍，从事着各类产品系列的开发工作，加之公司与众多的大学和科研院所建立了广泛的技术合作关系，通过外部强有力的技术支持，加强了公司的科研开发能力，为公司下一步发展储备了技术优势和产品优势。公司2001年与南京中医药大学组建的江苏中康新药指纹图谱开发有限责任公司，运用气质联用、液质联用等先进的方法和手段，对中药的成份进行指纹图谱质量标准研究，为促进我国传统中药国际化、中药工程现代化奠定基础。"八五"以来，公司先后自主、合作研制开发了10个国家级新药，其中3个新药被列入国家、省级星火计划，2个被列入国家火炬计划。

5.管理文化的优势:公司经营管理高层共9人，其中硕士4名、高级工程师2名。平均年龄40岁左右，高层管理者具有丰富的专业知识、管理经验，是一个团结敬业、精通专业的领导集体。多年来公司员工以中药现代化、国际化为己任，密切关注民族中药产业的发展，以疗效确切、毒副作用小的高科技产品实现康缘人"振兴国药、报效祖国"心愿。

公司在中药生产领域也存在一些劣势。与国内大型中成药企业相比，公司在企业规模上还存在差距;公司市场开发费用投入不足，国外的制药企业每年都投入大量费用用于企业形象战略、品牌战略等，而本公司在这方面的投入很少，影响了产品的推广;同时，公司产品还面临着化学药的竞争，化学药作为医药市场的主导产品，每年的销售额都占整个药品市场的60%以上，加入WTO后，随着国外制药企业的进入，竞争将进一步加剧。

四、主要财务指标

请参阅本上市公告书"财务会计资料"部分的相关内容。

五、主要知识产权和非专利技术情况

1.注册商标

本公司目前使用"康缘"、"KANION"、"连中"、"金贵子"、"诚信"等文字或图形注册商标，以上商标均为原连云港康缘制药有限责任公司和原连云港中药厂注册所有，公司已于2001年1月完成以上商标的变更手续，现已依法变更为本公司所有。

2.专利权

(1)外观设计专利

名称	注册国家	专利号	届满日期
药品包装盒	中国	ZL96313094.3	2006年4月24日

(2)申请中之发明专利

名称	申请国家	国际申请号	国际申请日
治疗妇科血瘀症、心脑血管、呼吸系统等疾病的药物组合物*	国际专利	PCT/CN00/00273	2000年9月13日
一种治疗头痛病的药物组合物及其制备方法和应用*	国际专利	PCT/CN00/00272	2000年9月12日

3.中药品种保护证书

产品名称	证书编号	级别	届满日期
桂枝茯苓胶囊	(99)国药中保证字第141号	国家二级中药保护	2006年7月21日
十滴水软胶囊	(99)国药中保证字第093号	国家二级中药保护	2006年5月10日
妇乐颗粒	(2001)国药中保证字第1431号	国家二级中药保护	2008年8月5日
复方丹参颗粒	(99)国药中保证字第134号	国家二级中药保护	2006年7月21日
金振口服液	(2000)国药中保证字第044号	国家二级中药保护	2007年5月28日

4.新药证书

产品名称	证书编号	类别	保护截止期
复方丹参颗粒	(94)卫药证字 Z-01 号	中药四类	1997 年 1 月 10 日已办理中药保护
桂枝茯苓胶囊	(95)卫药证字 Z-21 号	中药四类	1998 年 3 月 28 日已办理中药保护
天舒胶囊	(95)卫药证字 Z-42 号	中药三类	1999 年 6 月 15 日*
十滴水软胶囊	(95)卫药证字 Z-50 号	中药四类	1998 年 6 月 15 日已办理中药保护
金振口服液	(96)卫药证字 Z-12 号	中药三类	2000 年 2 月 27 日已办理中药保护
抗骨增生胶囊	(98)卫药证字 Z-060 号	中药四类	2001 年 4 月 12 日*
元胡止痛软胶囊	国药证字(1999)Z-45 号	中药四类	2002 年 2 月 20 日*
腰痹通胶囊	国药证字 Z20010041	中药三类	2009 年 4 月 9 日
银翘解毒软胶囊	国药证字 Z20010016	中药四类	2007 年 1 月 21 日
都梁软胶囊	国药证字 Z20000014 号	中药四类	2006 年 2 月 1 日

*附注:保护期满后,可申请"中药品种保护证书",如申请获批准,该药品将有权享受 7 年以上的保护,现中药保护正在办理之中。

5.仿制药品批件

2000 年 11 月 21 日,公司研制的六味地黄软胶囊获得 SDA 仿制药品批件,批准文号:ZZ5746 国药准字 ZF20000315。

六、本公司享有的财政税收优惠政策

根据江苏省人民政府[苏政发(1998)29 号]文及江苏省劳动厅、江苏省财政厅、江苏省地方税务局和江苏省工商行政管理局联合颁发的[苏劳(1998)88 号文]《关于贯彻省政府扶持下岗职工再就业有关政策的办法》规定,企业安置失业人员和其他企业下岗职工达到一定比例,经劳动部门认定,税务部门审批,可享受减征所得税的优惠政策,公司因此 1999 年经江苏省地方税务局[苏地税二复字(1998)17 号]批准减征所得税 70 万元;2000 年经江苏省地方税务局[苏地税二复字(1999)42 号]批准减征所得税 165.50 万元;2001 年经江苏省地方税务局[苏地税二复字(2001)22 号]批准减征所得税 155.70 万元。

根据财政部、国家税务总局联合下发的[财税字(1999)290 号文]《技术改造国产设备投资抵免企业所得税暂行办法》和国家经贸委下发的[国经贸投资(2000)297 号文]《关于做好技术改造项目国产设备投资抵免企业所得税确认工作的通知》的规定,自 1999 年 7 月 1 日起,对符合国家产业政策的技术改造项目的企业,其项目所需国产设备投资的 40%可从企业新增所得税中抵免。本公司 2000 年发生的技术改造国产设备投资额为 105.98 万元,应抵免企业所得税额 42.39 万元。本公司 2000 年比 1999 年新增应纳企业所得税额 167.59 万元,2000 年实际抵免企业所得税 35.36 万元。

根据江苏省人民政府 [苏政发(1998)81 号]、江苏省财政厅和江苏省地方税务局《关于对区外高新技术企业所得税实行"先征收后返还"办法的通知》[苏财预(96)110 号]等文规定,区外高新技术企业比区内高新技术企业实行 15%所得税税率优惠政策而多缴纳的部分,实行先征收后返还的政策。公司是高新技术企业,根据上述文件的规定,应享受上述财政优惠政策,1999 年公司在缴纳所得税后,连云港市财政局以挖潜、革新、改造的用途拨付给公司 276 万元。

第五节 股票发行与股本结构

一、本次股票上市前首次公开发行股票的情况

1.社会公众股发行数量:4000 万股

2.股票发行价格:7.00 元/股

3.募集资金总额:28,000 万元

4.发行方式:向沪市、深市二级市场投资者定价配售

5.发行时间:2002 年 9 月 5 日

6.发行费用总额及项目:本次公开发行的发行费用总额预计为 1061 万元,包括承销费用、审计费用(含验资费用)、律师费用、上网发行手续费用、审核费等。

7.每股发行费用:0.265 元

二、本次股票上市前首次公开发行股票的承销情况

本次公开发行的 4000 万股社会公众股的配号总数为 71,411,718 个,中签率为 0.05601322%。其中二级市场投资者认购 39,629,658 股,其余 370,342 股由主承销商包销。

三、本次股票上市前首次公开发行股票所募集资金的验资报告

验 资 报 告

宁永会二验字(2002)023 号

江苏康缘药业股份有限公司全体股东:

我们接受委托,对江苏康缘药业股份有限公司截止 2002 年 9 月 11 日首次向社会公众发行人民币普通股 4,000 万股后的实收股本的真实性和合法性进行了审验。在审验过程中,我们按照《独立审计实务公告第 1 号——验资》的要求,实施了必要的审验程序。江苏康缘药业股份有限公司的责任是提供真实、合法、完整的验资资料,保护资产的安全、完整;我们的责任是按照《独立审计实务公告第 1 号——验资》的要求,出具真实、合法的验资报告。

江苏康缘药业股份有限公司申请的注册资本为人民币 9,180 万元。其中:发起人投入股本 5,180 万元,已由我所于 2000 年 11 月 23 日以宁永会二验字(2000)013 号验资报告验证。贵公司本次发行社会公众股 4,000 万股,每股发行价为 7.00 元,本次募集资金 28,000 万元,扣除券商承销费用、上市发行手续费 938 万元,实际收到募集资金 27,062 万元,其中:股本为 4,000 万元,转作资本公积为 23,062 万元(尚未扣除其他发行费用)。根据我们的审验,截止 2002 年 9 月 11 日江苏康缘药业股份有限公司已收到华泰证券有限责任公司汇入的募集资金款 27,062 万元。此款为募集资金 28,000 万元扣除券商承销费用、上市发行手续费 938 万元后的余额,该款已汇入江苏康缘药业股份有限公司在中国银行连云港分行营业部开设的 07321708095001 帐号,金额为 27,062 万元。贵公司向社会公开发行 A 股后,股本总额为人民币 9,180 万元,转作资本公积为 23,062 万元(尚未扣除其他发行费用)。贵公司申请的注册资本已全部到位,经验证情况属实。

本验资报告仅供江苏康缘药业股份有限公司登记注册资本时使用,不得用做任何其他目的。江苏康缘药业股份有限公司及其他第三者因使用本验资报告不当造成的后果,与本注册会计师及本会计师事务所无关。

附件(一)《变更前后注册资本、实收股本对照表》

附件(二)《验资事项说明》

附件(三)《银行进账单复印件》

附件(四)《银行询证函复印件》

南京永华会计师事务所有限公司　　中国注册会计师　诸旭敏

2002 年 9 月 11 日　　中国注册会计师　杜文俊

四、募股资金入帐情况

入帐时间:2002 年 9 月 11 日

入帐金额:27,062 万元(募集资金扣除承销费和上网发行费用后的余额)

入帐帐号:07321708095001

开户银行:中国银行连云港分行营业部

五、发行人上市前股权结构及各类股东的持股情况

1.本次上市前公司股权结构股份类别

股 份 名 称	发 行 前		发 行 后	
	数量(万股)	比例(%)	数量(万股)	比例(%)
发起人股份	5180.00	100.00	5180.00	56.43
其中:国有法人股	2538.2	49.00	2538.2	27.65
法人股	1960.112	37.84	1960.112	21.35
个人股	681.688	13.16	681.688	7.43
已流通股份	---	---	4000.00	43.57
股份总额	5180.00	100.00	9180.00	100.00

2.前十名股东持股情况

股东名称	持股数(万股)	占总股本比例(%)
连云港恒瑞集团有限公司	2538.20	27.65
上海联创投资有限公司	777.00	8.46
江苏苏云医疗器材有限公司	636.622	6.93
肖 伟	341.362	3.72
江苏省高科技产业投资有限公司	310.80	3.39
连云港市天使大药房有限公司	235.69	2.57
戴翔翎	96.348	1.05
杨 寅	92.204	1.00
夏 月	83.916	0.91
穆 敏	67.858	0.74

第六节 董事、监事、高级管理人员及核心技术人员

一、高级管理人员与核心技术人员

1.董事、监事及高级管理人员

肖 伟先生,董事长,核心技术人员,现年 42 岁,博士在读,高级工程师。肖伟先生曾参与国家中医药局组织的现代中药发展中关键问题的软课题研究,并多次作为被聘专家参加中药研究开发课题评审工作。先后在全国性中医药刊物上发表《复方丹参颗粒中丹参酮ⅡA 的薄层扫描定量》等数篇学术论文。其主持完成的中药新药研究开发项目也多次获得国家和省级奖项,其中,国家级新药金振口服液荣获国家经贸委 2000 年科技进步二等奖;桂枝茯苓胶囊新药项目获 1997 年江苏省科技进步三等奖,该项目先后被推选为国家和省重点火炬计划项目、国家经贸委科技成果推广项目、国家中药工程现代化项目。肖伟先生曾荣获江苏省优秀企业家、省医药行业优秀企业家、省十大杰出青年企业家、省科技成果转化先进个人等荣誉称号,自 1998 年起享受国务院特殊津贴。目前担任江苏省青年企业家协会常务理事、省医学会会员,恒瑞集团董事。1986 年至 1996 年任原连云港中药厂副厂长、厂长,1996 年至 2000 年 11 月任康缘制药公司董事长兼总经理,2000 年 12 月起担任本公司董事长至今。肖伟先生同时担任康盛公司、中康公司董事长。

杨 寅先生,董事、总经理,现年 39 岁,工商硕士,工程师。曾获连云港市劳模荣誉称号。1982 年至 1989 年任连云港医疗器械厂技术员、副厂长,1989 年至 1996 年任连云港中药厂副厂长,1996 年至 2000 年 11 月任原康缘制药公司董事、副总经理,分管公司销售工作,股份公司成立后任本公司董事、总经理至今。

穆 敏女士,董事、财务总监,现年 39 岁,大学文化,会计师。1981 年至 1996 年先后担任原连云港中药厂会计、财务科长、副厂长等职,曾获连云港市三八红旗手称号。1996 年至 2000 年 11 月任原康缘制药公司董事、副总经理,分管公司财务工作,股份公司成立后任董事、财务总监至今。

周水文先生,董事,现年 34 岁,大学文化。1989 年 7 月参加工作,任上海三维制药有限公司技术员,1994 年 5 月至 1997 年 7 月任上海三维生物工程研究所副所长、上海三维生物技术有限公司副总经理,1997 年 8 月至 1999 年 5 月任上海新药研究开发中心生物制药中试基地副主任,1999 年 6 月至今任上海联创投资有限公司投资经理。

任 路先生,董事,现年 46 岁,大专文化,经济师。任路先生历任连云港制碘厂车间工人、班长、工段长、车间主任,连云港医药局团委副书记,江苏连云港医药工业公司开发科副科长,连云港药用包装材料厂代厂长,连云港制药厂副厂长,连云港中金医用包装有限公司书记等职,现为恒瑞集团公司总经理助理。

盛字华先生,独立董事,现年 43 岁,教授,博士研究生导师,南京师范大学工商管理系主任,南京师范大学软科学研究中心主任,江苏省政府重点学科带头人,省高级市场营销人才培训中心主任,管理科学研究专家。研究领域主要有管理决策与领导科学、人力资源和企业产权制度等。盛先生曾赴英国剑桥大学研修经济管理。1991 年-1998 年获得多项荣誉称号,出版个人专著 8 部,主编著作和教材 20 余部,发表文章 80 余篇,获得省部级以上科研奖 10 余项,主持了多项省部级以上重大研究项目。

方志军先生,独立董事,现年 45 岁,副教授,硕士生导师,南京师范大学工商管理系副主任、党支部书记。方先生 1988 年起从事财会专业课程的教学和研究工作,近年来,先后出版《管理会计》、《统计学》等著作 10 余部,发表《资本化还是费用化》、《刍议我国国债利率合理化》等学术论文 20 余篇,曾主持过 7 项省部级科研项目。

程 凡先生,董事会秘书,现年 35 岁,大学文化,工程师、经济师。1991 年到原连云港中药厂工作,历任车间主任、技改办主任、办公室主任等职,股份公司成立后任董事会秘书至今。

江希明先生,监事,监事会召集人,现年 48 岁,大学文化程度,高级工程师。曾连续获九七、九八年度江苏省科技进步三等奖,获九六、九七年市科技进步二等奖。历任连云港中药厂副厂长,康缘公司研究所所长,副总工程师,省中医药学会理事,市中医药学会常务理事。现任股份公司工会主席,监事会主席。

杨 斌先生,监事,现年 35 岁,工商管理硕士。曾任职于中国银行江苏省分行及东方海外(中国)有限公司,在市场营销、财务分析等方面有丰富经验。现任江苏省高科技产业投资有限公司投资银行部经理。

刘福堂先生,监事,现年 35 岁,大学文化,会计师。历任西北探矿机械厂车间核算员、会计员,黄海机械厂审计科审计员、科长,现任恒瑞集团财务部会计。

戴翔翎先生,副总经理,技术负责人,核心技术人员,现年 37 岁,大学文化,高级工程师。在全国中医药杂志发表《复方丹参颗粒中冰片的气相色谱测定》等科研论文数篇。1993-1994 年负责小儿咳喘灵工艺改进 QC 小组,该组获得"江苏省医药局、省科协优秀 QC 小组"称号;1996-1997 年主持提高桂枝茯苓胶囊检验合格率 QC 小组,该组获得"省医药行业优秀质量管理小组"称号;1996 年主持攻克微生物污染、提高蛇胆川贝液质量 QC 小组,该组获"江苏省医药行业优秀质量管理小组"称号;1997—1998 年主持贯叶连翘提取金丝桃素研制工作。戴翔翎先生还获得江苏省中医药系统先进工作者、江苏省优秀青年工程师、连云港市医药系统科技管理优秀工作者等荣誉称号。1987 年到原连云港中药厂工作,1996 年任原康缘制药公司副总经理,分管科研、生产工作,股份公司成立后任公司副总经理至今。

夏 月先生,副总经理,现年 30 岁,大学文化,工程师。1992 年到原连云港中药厂工作,1996 年任康缘制药公司副总经理,分管销售工作,股份公司成立后任公司副总经理至今。

2.核心技术人员

曹淑波先生,研究所副所长,现年 32 岁,大学文化,工程师。主要成果有:参加桂枝茯苓胶囊新药工艺、金振口服液生产工艺、天舒胶囊的研制及生产工艺改进;参加都梁软胶囊的研制工作;参加国家二类新药丙内酯注射液、T 注射液、等 4 个新药的研制;参加腰痹通胶囊的研制及申报工作。

廖正根先生,研究所副所长,现年 34 岁,硕士,工程师,主要成果有:国家新药炙甘草汤颗粒剂的研究;国家自然基金课题研究及省自然基金课题研究"炙甘草汤有效成分及其配伍对触发活动的影响";参与设计并指导完成了加味藿香正气软胶囊的临床前研究工作;完成双黄连软胶囊的药理、毒理学研究的设计和试验;完成坤舒泡腾片(消杀剂)的研究;完成坤舒泡腾片(准字号)的临床前研究工作;主持完成利胆溶石胶囊等 3 个新药的临床前研究工作。先后在全国性中医药刊物上发表《中成药名方药理与临床》等 7 篇科研论文。

王振中先生,研究所副所长,现年 33 岁,在读硕士,工程师。主要成果有:参加了国家四类新药复方丹参颗粒质量标准转正的起草工作;参加并完成国家级三类新药金振口服液质量标准的制定

工作和质量标准转正过程中的修订工作等。先后发表《小柴胡冲剂质量标准的改进 》等6篇科研论文。

李明慧先生,现年31岁,硕士,工程师。参加的科研项目有:中国自然科学基金资助项目"桔叶全爪螨的酶联反应"、"泰和乌骨鸡及其黑素的药理作用"的研究;公司在研品种中药新药二类利胆溶石软胶囊和乙生物碱制剂的研制开发。先后发表《泰和乌骨鸡对"气虚"大鼠的影响》、《几种捕食螨对女贞刺瘿螨的捕食效应》等5篇学术论文。

陈艳明先生,现年28岁,大学文化,助理工程师。主要科研项目有:参与金丝桃素的提取工艺及检测研究并获美国ALPHA公司的认可,参与脂质体和鳞脂的提取研究,参与四类新药抗骨增生胶囊的开发研究等。先后发表《蛇葡萄根中鞣质的鉴定》等3篇学术论文。

徐涟明先生,现年35岁,大学文化,工程师。主要科研项目有:对清热解毒口服液进行工艺改进;参加蛇胆川贝液QC小组;参加三七片、保肾片和金振口服液的工艺改进等。先后发表《柴酮片的稳定性试验》等3篇学术论文。

沈 静先生,现年30岁,大学文化,助理工程师。主要科研项目有:主持完成降粘胶囊(中药新药三类)研制工作;参与金振颗粒及伊痛舒口服液、在研品种中药二类新药血管通胶囊和坤血安软胶囊等。先后发表《R-HPLC法测定小柴胡颗粒中黄芩苷的含量》等学术论文。

詹永成先生,现年30岁,硕士,工程师。主要科研项目有:参加国家科学基金资助项目"肉苁蓉化学成分研究"、国家自然科学基金资助课题"叶下珠抗HBV有效成分研究"、阿毒素脂质体的新药开发及在研品种甲生物碱(中药新药二类)的新药开发等工作。先后发表《肉苁蓉化学成分研究》等学术论文。

上述高级管理人员与核心技术人员均为中国国籍。

二、董事、监事、高级管理人员及核心技术人员持股情况

股东姓名	持股数(万股)	发行前占总股本比例(%)	发行后占总股本比例(%)
肖 伟	341.362	6.59	3.719
戴翔翎	96.348	1.86	1.05
杨 寅	92.204	1.78	1.004
夏 月	83.916	1.62	0.914
穆 敏	67.858	1.31	0.739

上述人员作为股份公司发起人,在股份公司设立后持股数未发生变动,也不存在所持股份被质押或冻结的情况。

三、董事、监事、高级管理人员及核心技术人员持股及锁定股份的声明

持有本公司股份的董事及高级管理人员肖伟先生、杨寅先生、穆敏女士、戴翔翎先生、夏月先生已于2001年12月20日作出承诺:在公司本次A股发行上市后,自所发行的股票在证券交易所正式挂牌上市交易之日起三年内以及担任公司高级管理人员期间及离职后半年内,不以任何形式转让本股东持有的股份,如国家对上述股份的上市流通问题有新的规定,按新规定执行。如违反上述承诺,除法律另有规定外,公司及任何持有公司股份的人均可就此向有管辖权的法院提起诉讼,本股东愿承担由此造成的一切法律责任。

第七节 同业竞争与关联交易

一、同业竞争

本公司控股股东恒瑞集团的业务主要为政府授权范围内的国有资产的管理运营,其本身不从事医药产品的生产和销售。恒瑞集团的下属企业,除本公司以外主要从事化学原料药、西药、医疗器材、医药和食品包装材料的研制、开发、生产、销售,并不从事中成药(植物药)的研制、开发、生产和销售。因此恒瑞集团及其下属企业与公司不构成业务范围交叉,不存在同业竞争。

二、关联方、关联关系和关联交易

1.关联方和关联关系

企业名称	企业类型	主要业务
连云港恒瑞集团有限公司	国有独资公司	政府授权范围内的国有资产管理营运
江苏苏云医疗器材有限公司	有限责任公司	生产经营医疗器材
连云港市天使大药房有限公司	有限责任公司	批发零售药品、保健品等
江苏恒瑞医药股份有限公司	股份有限公司	化学原料药及西药制剂的开发、制造和销售;SP铝箔、PTP铝箔的制造和销售
连云港中金医药包装有限公司	有限责任公司	SP铝箔、PTP铝箔的制造和销售
连云港市医药采购供应站	国有企业	化学药、中药材、中成药、医疗器械等的批发零售
连云港新力药业有限公司	有限责任公司	化学药、医药中间体、西药制剂、中成药、化学试剂等批发、零售。
连云港永康医药器化玻经销站	国有企业	医疗器械、化学试剂等的批发、零售。
连云港药材场	国有企业	药材及农作物种植、农产品产销
连云港康盛制药有限公司	有限责任公司	制造销售中成药制剂
江苏中康新药指纹图谱开发有限责任公司	有限责任公司	纯天然中药新药和指纹图谱研制开发、技术转让、技术服务。

企业名称	与公司关系
连云港恒瑞集团有限公司	母公司
江苏苏云医疗器材有限公司	股东,同受母公司恒瑞集团控制
连云港市天使大药房有限公司	股东,同受母公司恒瑞集团控制
江苏恒瑞医药股份有限公司	同受母公司恒瑞集团控制
连云港中金医药包装有限公司	受同一母公司恒瑞集团控制,恒瑞医药子公司
连云港市医药采购供应站	同受母公司恒瑞集团控制
连云港新力药业有限公司	同受母公司恒瑞集团控制
连云港永康医药器化玻经销站	同受母公司恒瑞集团控制
连云港药材场	同受母公司恒瑞集团控制
连云港康盛制药有限公司	子公司
江苏中康新药指纹图谱开发有限责任公司	子公司

2.关联交易

(1)公司向关联方租赁土地使用权

依据公司与恒瑞集团公司所签订的《土地使用权租赁合同》,公司以租赁形式从恒瑞集团公司取得土地使用权,面积为24,811.70平方米,租赁期限为48.67年,自2001年1月1日起计算,至2049年6月10日止,租赁期内年租金为人民币40万元。

(2)关联方为公司提供银行借款担保

截至2002年6月30日,恒瑞集团为本公司借款计6928.50万元提供了担保。

(3)公司与恒瑞医药的子公司连云港中金医药包装有限公司存在关联交易

公司与中金包装是非控制关系的关联方。中金包装是国内药用包装材料产量最大、设备最先进的生产企业。公司采购中金包装的PTP铝箔和SP铝塑复合膜,主要是为了提高桂枝茯苓胶囊、天舒胶囊等国家级新药的包装档次和产品质量的稳定性,双方之间的交易是企业生产经营中的正常采购行为,交易定价均采用市场公允价格,对双方利润无异常影响。公司近三年与中金包装的关联交易如下:

年度	交易额(元)	占同类采购额比例	交易事项
1999年	1,233,474.37	15.91%	购货
2000年	2,372,251.17	19.69%	购货
2001年	2,210,868.88	17.12%	购货
2002年1-6月	1,409,986.62	18.85%	购货

三、公司减少关联交易的措施

本次发行前,恒瑞集团公司向本公司作出《不竞争承诺函》,恒瑞集团将尽量减少与本公司的关联交易,对于无法避免的任何业务往来或交易均应按照公平、公允和等价有偿的原则进行,交易价格应按市场原则确定,并按规定履行信息披露义务。《公司章程(草案)》第72条、第73条、第74条、第75条、第86条、第87条、第88条以及《股东大会议事规则》第四十七条、第四十九条明确了关联股东、关联董事的关联交易披露和决议表决回避义务,并规定了关联股东、关联董事在股东大会、董事会就相关关联交易决议时的表决和回避程序。有关内容详见招股说明书第七节"同业竞争与关联交易"及第八节"公司治理结构"的相关部分。

第八节 财务会计资料

本公司截止2002年6月30日的财务会计资料,已于2002年9月2日在《中国证券报》、《上海证券报》和《证券时报》刊登的《招股说明书摘要》中进行了披露,投资者欲了解详细内容,请查阅上述报纸或刊登于上海证券交易所网站(http://www.sse.com.cn)的本公司招股说明书全文。

一、注册会计师意见

本公司已聘请南京永华会计师事务所有限公司对本公司及下属子公司于1999年12月31日、2000年12月31日、2001年12月31日、2002年6月30日的资产负债表及合并资产负债表,1999年度、2000年度、2001年度、2002年1-6月的利润表及合并利润表、利润分配表及合并利润分配表,2001年度和2002年1-6月的现金流量表及合并现金流量表进行了审计,注册会计师出具了标准无保留意见的审计报告。

二、简要会计报表(附后)

三、会计报表注释

本公司会计报表注释等内容,请查阅2002年9月2日《中国证券报》、《上海证券报》和《证券时报》刊登的《招股说明书摘要》,本公司招股说明书全文请查阅上海证券交易所网站(http://www.sse.com.cn)。

四、提请投资者注意:本公司未对2002年度进行盈利预测。

五、主要财务指标

财务指标	2002.6	2001年	2000年	1999年
流动比率	1.90	1.82	1.38	1.64
速动比率	1.64	1.57	1.21	1.38
应收账款周转率	1.70	3.64	2.69	1.58
存货周转率	1.64	3.14	2.46	1.59
研究与开发费用占主营业务收入的比例(%)	6.63	8.95	3.35	4.57
资产负债率(母公司)(%)	58.31	57.44	67.21	73.27
每股净资产(元)	1.59	1.40	1.07	4.06
每股经营活动的现金流量(元)	0.14	0.406	0.299	
净资产收益率(%)	12.14	25.34	20.57	13.41

第九节 其他重要事项

一、本公司本次股票发行后至本公司上市公告书公告之日,本公司严格依照《公司法》、《证券法》等法律法规的要求,规范运行,生产经营情况正常;所处行业、市场无重大变化;主要投入产出物供求及价格无重大变化。

二、本公司本次股票发行后至本公司上市公告书公告之日,本公司无重大对外投资、重大资产(股权)收购或出售行为;住所未发生变更。

三、本公司本次股票发行后至本公司上市公告书公告之日,本公司重大会计政策和会计师事务所没有发生变化。

四、本公司本次股票发行后至本公司上市公告书公告之日,本公司未发生新的重大负债或重大债项发生变化。

五、本公司本次股票发行后至本公司上市公告书公告之日,本公司董事、监事、高级管理人员没有尚未了结或可能发生的刑事诉讼事项。

六、本公司本次股票发行后至本公司上市公告书公告之日,本公司未涉及任何重大诉讼事项或仲裁,亦无任何尚未了结或可能面临的重大诉讼或索赔要求。

七、本公司将在本次股票发行后的第一个盈利年度派发股利,派发时间预计在2003年6月30日之前,具体分配方案届时由公司股东大会决定。

八、本公司公开发行股票前第一大股东恒瑞集团承诺:自本公司股票上市之日起12个月内,不转让所持有本公司的股份,也不由本公司回购其所持有的股份。

九、本公司本次股票发行后至本公司上市公告书公告之日,没有其他应披露而未披露之重大事项。

第十节 董事会上市承诺

本公司董事会承诺将严格遵守《中华人民共和国公司法》、《中华人民共和国证券法》、《股票发行与交易管理暂行条例》、《公开发行股票公司信息披露实施细则》和《上海证券交易所股票上市规则》等国家法律、法规和有关规定,并自股票上市之日起做到:

一、承诺真实、准确、完整、公允和及时地公布定期报告,披露所有对投资者有重大影响的信息,并接受中国证监会、证券交易所的监督管理;

二、承诺本公司在知悉可能对股票价格产生误导性影响的任何公共传播媒介中出现的消息后,将及时予以公开澄清;

三、本公司董事、监事、高级管理人员和核心技术人员将认真听取社会公众的意见和批评,不利用已获得的内幕消息和其他不正当手段直接或间接从事本公司股票的买卖活动;

四、本公司没有无记录的负债。

第十一节 上市推荐人及其意见

一、上市推荐人情况

上市推荐人:华泰证券有限责任公司

地址:江苏省南京市中山东路90号华泰证券大厦

法定代表人:吴万善

联系人:唐涛、贾双林、胡明、孔玉飞、毛志华、陈侃晔、蒋政

电话:(025)6799621、6799622

传真:(025)6528921

二、上市推荐人意见

本公司上市推荐人认为:本公司章程符合《中华人民共和国公司法》、《中华人民共和国证券法》及《上海证券交易所股票上市规则》等法律、法规和中国证监会的有关规定;本公司本次股票发行完全符合《中华人民共和国公司法》、《中华人民共和国证券法》及《上海证券交易所股票上市规则》的法律、法规和中国证监会的有关规定,已具备了上市条件;本公司董事了解法律、法规、上海证券交易所上市规则及股票上市协议规定的董事的义务与责任;本公司建立健全了法人治理结构,制定了严格的信息披露制度与保密制度。

上市推荐人已对上市文件所载的资料进行了核实,认为上市文件真实、准确、完整,符合规定要求,没有虚假记载、误导性陈述或重大遗漏,并对其承担连带责任。上市推荐人与本公司不存在关联关系。上市推荐人愿意推荐本公司的股票在上海证券交易所上市交易,并且在上市推荐过程中,保证不利用获得的内幕信息进行内幕交易,为自己或他人谋取利益。

江苏康缘药业股份有限公司
二○○二年九月十三日

简要合并资产负债表

单位:人民币元

资　　产	2002.6.30	2001.12.31
货币资金	20,514,566.99	13,404,546.98
应收票据	1,077,421.55	1,204,000.00
应收股利	24,000.00	-
应收账款	69,630,039.69	66,980,672.44
其他应收款	17,438,483.10	17,144,968.04
预付账款	8,518,508.00	9,564,008.00
存货	18,816,487.72	17,369,479.07
待摊费用	200,000.00	
流动资产合计	136,219,507.05	125,667,674.53
长期股权投资	919,783.99	906,010.87
长期债权投资	-	-
长期投资合计	919,783.99	906,010.87
固定资产原价	51,225,506.66	48,132,068.11
减:累计折旧	17,273,252.27	15,395,094.47
固定资产净值	33,952,254.39	32,736,973.64
减:固定资产减值准备	1,861,850.32	1,875,717.85
固定资产净额	32,090,404.07	30,861,255.79
在建工程	35,271,549.90	16,489,067.17
固定资产合计	67,361,953.97	47,350,322.96
长期待摊费用	3,106,019.36	3,599,556.48
无形资产及递延资产合计	3,106,019.36	3,599,556.48
资产总计	207,607,264.37	177,523,564.84

负债及所有者权益:	2002.6.30	2001.12.31
短期借款	30,000,000.00	24,939,190.38
应付票据	-	-
应付账款	20,478,063.04	23,636,730.85
预收账款	215,220.51	304,332.86
应付工资	3,211,617.62	3,211,617.62
应付福利费	862,849.80	522,736.77
应付股利	-	-
应交税金	5,344,677.33	5,214,736.00
其他应交款	1,290,551.21	750,953.59
其他应付款	9,970,967.82	6,890,234.43
预提费用	385,717.57	431,179.33
一年内到期的长期负债	-	3,000,000.00
流动负债合计	71,759,664.90	68,901,711.83
长期借款	43,285,373.45	28,299,863.87
应付债券	-	-
长期应付款	-	-
专项应付款	8,410,000.00	6,410,000.00
长期负债合计	51,695,373.45	34,709,863.87
负债合计	123,455,038.35	103,611,575.70
少数股东权益	1,638,876.53	1,611,003.75
股本	51,800,000.00	51,800,000.00
资本公积	1,217,141.54	1,017,841.53
盈余公积	3,896,628.76	3,896,628.76
其中:法定公益金	1,948,314.38	1,948,314.38
未分配利润	25,599,579.19	15,586,515.10
所有者权益合计	82,513,349.49	72,300,985.39
负债及所有者权益总计	207,607,264.37	177,523,564.84

资　　产	2000.12.31	1999.12.31
货币资金	23,617,611.87	25,328,589.65
应收票据	811,944.00	342,051.00
应收股利	193,810.38	-
应收账款	56,727,652.09	59,737,919.73
其他应收款	36,793,460.16	18,606,485.63
预付账款	1,697,618.39	740,000.00
存货	16,959,285.82	20,137,139.32
待摊费用		
流动资产合计	136,801,382.71	124,892,185.33
长期股权投资	300,000.00	647,969.53
长期债权投资	-	7,350.00
长期投资合计	300,000.00	655,319.53
固定资产原价	41,503,185.17	34,383,746.28
减:累计折旧	12,644,607.95	12,050,744.42
固定资产净值	28,858,577.22	22,333,001.86
减:固定资产减值准备	1,875,717.85	-
固定资产净额	26,982,859.37	22,333,001.86
在建工程	6,141,271.12	6,504,066.88
固定资产合计	33,124,130.49	28,837,068.74
长期待摊费用	5,704,114.84	1,000,000.00
无形资产及递延资产合计	5,704,114.84	1,000,000.00
资产总计	175,929,628.04	155,384,573.60

负债及所有者权益:	2000.12.31	1999.12.31
短期借款	32,575,000.00	34,894,000.00
应付票据	-	1,810,000.00
应付账款	20,539,371.11	23,411,778.01
预收账款	-	-
应付工资	3,211,617.62	2,323,221.42
应付福利费	891,519.63	417,795.97
应付股利	31,120.63	-
应交税金	3,658,998.21	1,232,923.13
其他应交款	93,527.21	-125,896.83
其他应付款	21,031,137.22	11,616,264.91
预提费用	258,335.24	550,000.00
一年内到期的长期负债	16,517,333.33	-
流动负债合计	98,807,960.20	76,130,086.61
长期借款	21,600,000.00	27,800,000.00
应付债券	-	11,448,333.33
长期应付款	-1,486,417.45	-1,533,775.40
专项应付款	-	-
长期负债合计	20,113,582.55	37,714,557.93
负债合计	118,921,542.75	113,844,644.54
少数股东权益	1,475,488.43	-
股本	51,800,000.00	10,230,000.00
资本公积	2,567,616.83	13,110,636.14
盈余公积	232,996.00	3,966,984.02
其中:法定公益金	116,498.00	1,983,492.01
未分配利润	931,984.03	14,232,308.90
所有者权益合计	55,532,596.86	41,539,929.06
负债及所有者权益总计	175,929,628.04	155,384,573.60

简要合并利润表

单位:人民币元

	2002.1-6 月	2001 年度
一、主营业务收入	116,010,725.97	225,433,160.29
减:主营业务成本	29,616,827.05	53,845,191.95
主营业务税金及附加	1,671,406.83	3,520,596.07
二、主营业务利润	84,722,492.09	168,067,372.27
加:其他业务利润	609,157.78	358,129.15
减:营业费用	42,681,685.21	83,239,332.58
管理费用	25,043,790.44	56,590,004.93
财务费用	1,216,909.42	2,478,755.05
三、营业利润	16,389,264.80	26,117,408.86
加:投资收益	37,773.12	36,010.87
营业外收入	-	53,098.99
减:营业外支出	335,605.87	1,430,833.91
四、利润总额	16,091,432.05	24,775,684.81
减:所得税	6,050,495.18	6,322,005.66
减:少数股东收益	27,872.78	135,515.32
五、净利润	10,013,064.09	18,318,163.83
	2000 年度	1999 年度
一、主营业务收入	156,558,666.24	100,414,903.87
减:主营业务成本	45,562,499.64	28,581,248.50
主营业务税金及附加	2,407,791.51	1,368,592.97
二、主营业务利润	108,588,375.09	70,465,062.40
加:其他业务利润	392,865.24	-
减:营业费用	59,312,785.44	37,179,260.16
管理费用	28,338,741.64	18,841,626.06
财务费用	1,599,884.05	4,255,028.88
三、营业利润	19,729,829.20	10,189,147.30
加:投资收益	172,192.85	107,969.53
营业外收入	642,580.03	318,782.97
减:营业外支出	4,347,237.54	451,965.73
四、利润总额	16,197,364.54	10,163,934.07
减:所得税	4,800,704.51	4,595,088.89
减:少数股东收益	-24,511.57	-
五、净利润	11,421,171.60	5,568,845.18

简要现金流量表

单位:人民币元

项　　目	2002 年 1-6 月	2001 年度
一、经营活动产生的现金流量:		
销售商品、提供劳务收到的现金	126,539,770.49	238,104,642.11
收到的税费返还	18,867.89	1,557,000.00
收到的其他与经营活动有关的现金	769,285.28	2,207,834.33
现金流入小计	127,327,923.66	241,869,476.44
购买商品、接受劳务支付的现金	26,072,594.63	62,546,131.83
支付给职工以及为职工支付的现金	17,912,795.77	27,698,783.99
支付的各项税费	23,415,642.53	46,094,782.99
支付的其他与经营活动有关的现金	52,602,625.23	84,505,564.89
现金流出小计	120,003,658.16	220,845,263.70
经营活动产生的现金流量净额	7,324,265.50	21,024,212.74
二、投资活动产生的现金流量:		
收回投资所收到的现金		
取得投资收益所收到的现金		223,810.38
现金流入小计	-	223,810.38
购建固定资产、无形资产和其他长期资产所支付的现金	17,351,950.08	18,435,287.66
投资所支付的现金		600,000.00
现金流出小计	17,351,950.08	19,035,287.66
投资活动产生的现金流量净额	-17,351,950.08	-18,811,477.28
三、筹资活动产生的现金流量:		
吸收投资所收到的现金		
借款所收到的现金	53,000,000.00	57,217,693.45
收到的其他与筹资活动有关的现金	2,000,000.00	6,551,400.00
现金流入小计	55,000,000.00	63,769,093.45
偿还债务所支付的现金	35,939,190.38	69,406,752.07
分配股利、偿还利息所支付的现金	1,923,105.03	6,788,141.73
现金流出小计	37,862,295.41	76,194,893.80
筹资活动产生的现金流量净额	17,351,950.08	-12,425,800.35
四、现金及现金等价物净增加额	7,110,020.01	-10,213,064.89

北 京 金 自 天 正 智 能 控 制 股 份 有 限 公 司

北京金自天正智能控制股份有限公司2002年年度报告

一、公司基本情况简介

1、公司法定中文名称：北京金自天正智能控制股份有限公司
公司法定中文名称缩写：金自天正
公司法定英文名称：Beijing AriTime Intelligent Control Co., Ltd.
2、公司法定代表人：张剑武
3、公司董事会秘书：胡邦周
联系电话：(010)63848915
传　　真：(010)63812131
联系地址：北京金自天正智能控制股份有限公司董事会秘书办公室
电子信箱：hubangzhou@sohu.com
证券事务代表：党红文
联系电话：(010)63848915
传　　真：(010)63812131
联系地址：北京金自天正智能控制股份有限公司董事会秘书办公室
电子信箱：hongwen@263.net
4、公司注册地址：北京市丰台区丰台路84号
公司办公地址：北京市丰台区丰台路84号
邮政编码：100071
公司国际互联网网址：http://www.AriTime.com.cn
电子信箱：aritime@AriTime.com
5、公司选定的信息披露报纸：中国证券报、上海证券报
登载公司年度报告的中国证监会指定国际互联网网址：
http://www.sse.com.cn
公司年度报告备置地点：公司董事会秘书办公室
6、公司股票上市交易所：上海证券交易所
股票简称：金自天正
股票代码：600560
7、公司其他有关资料：
(1)公司首次注册登记日期：1999年12月28日
公司首次注册登记地点：北京市工商行政管理局
公司变更注册登记日期：2002年10月15日
公司变更注册登记地点：北京市工商行政管理局
(2)公司法人营业执照注册号：1100001114148
(3)公司税务登记号：11010670024070X
(4)公司聘请的会计师事务所名称：岳华会计师事务所有限责任公司
会计师事务所办公地址：北京市朝阳区霄云路26号鹏润大厦12层

二、会计数据和业务数据摘要

1、本年度主要利润指标及现金流量状况　单位：人民币元

项目	金额
利润总额	23,304,967.28
净利润	23,304,967.28
扣除非经常性损益后的净利润	23,365,553.51
主营业务利润	37,277,268.69
其他业务利润	474,253.52
营业利润	22,751,707.35
投资收益	0.00
补贴收入	613,846.16
营业外收支净额	-60,586.23
经营活动产生的现金流量净额	4,855,499.82
现金及现金等价物净增加额	258,009,326.51

说明：本年度非经常性损益金额为-60,586.23元，分别为：
营业外收入：5,000.1元；营业外支出：65,586.33元，
营业外收支净额-60,586.23元。

2、公司三年主要会计数据及财务指标　单位：人民币元

项目	2002年度	2001年度
主营业务收入	174,906,545.00	150,992,922.07
净利润	23,304,967.28	21,133,312.27
总资产	509,244,644.90	226,121,987.21
股东权益(不含少数股东权益)	366,056,259.85	101,663,461.78
每股收益(摊薄)	0.30	0.45
每股净资产	4.79	2.19
调整后的每股净资产	4.77	2.17
每股经营活动产生的现金流量净额	0.06	0.14
净资产收益率(%)	6.37	20.79
扣除非经常损益后的加权净资产收益率(%)	13.17	21.91

项目	2000年度
主营业务收入	124,801,607.60
净利润	16,920,966.85
总资产	248,271,191.08
股东权益(不含少数股东权益)	90,286,749.51
每股收益(摊薄)	0.36
每股净资产	1.94
调整后的每股净资产	1.91
每股经营活动产生的现金流量净额	0.02
净资产收益率(%)	18.74
扣除非经常损益后的加权净资产收益率(%)	20.33

注：按照中国证监会《公开发行证券的公司信息披露编报规则(第9号)》要求计算的净资产收益率和每股收益如下：

净资产收益率(%)

项目	全面摊薄		加权平均	
	2002年	2001年	2002年	2001年
主营业务利润	10.18	36.53	21.01	36.82
营业利润	6.22	21.50	12.82	21.67
净利润	6.37	20.79	13.14	20.95
扣除非经营性损益后的净利润	6.38	21.73	13.17	21.91

项目	全面摊薄		加权平均	
	2002年	2001年	2002年	2001年
主营业务利润	0.49	0.80	0.69	0.80
营业利润	0.30	0.47	0.42	0.47
净利润	0.30	0.45	0.43	0.45
扣除非经营性损益后的净利润	0.31	0.48	0.43	0.48

三、股本变动及股东情况

1、股东情况介绍
(1)截止2002年12月31日，本公司股东总数为19393户。
(2)公司前十名股东情况

序号	股东名称	持股数量(股)	所占比例(%)
1	冶金自动化研究设计院	43,535,000	56.94
2	北京富丰高科技发展总公司	1,430,000	1.87
3	南方证券有限公司	1,066,212	1.39
4	北京市机电研究院	650,000	0.85
5	北京国冶星自动化工程有限责任公司	520,000	0.68
6	久嘉证券投资基金	385,430	0.50
7	裕华证券投资基金	354,666	0.46
8	深圳市禾滨实业有限公司	325,000	0.42
9	刘仁友	324,100	0.42
10	渤海证券有限责任公司	288,800	0.38

(3)公司控股股东情况
本公司的控股股东冶金自动化研究设计院，是直属于中央企业工委的国有独资大型科技企业，持有本公司56.94%的国有法人股股份，法人代表周康，成立于1973年，注册资本11602万元，主要经营范围为：从事计算机应用、电气传动及仪器仪表集成系统的技术开发、转让、咨询、服务、工程承包、工程监理和设备成套；机电新工艺、新材料、新技术的技术开发、转让、咨询、服务；机械电子设备、计算机软硬件、电子元器件、仪器仪表产品的研制、销售；环保及资源综合利用技术、设备的研制、销售、工程承包；冶金及电子自动化的标准化、计量、质量检验、质量认证；人员培训；《冶金自动化》、《工业计量》的出版发行。

四、董事、监事、高级管理人员和员工情况

(一) 董事、监事和高级管理人员基本情况
董事、监事和高级管理人员持股情况

姓名	职务	性别	年龄	任期起止日期
张剑武	董事长	男	39	2003.1.27~2006.1.27
周康	副董事长	男	43	2003.1.27~2006.1.27
薛兴昌	副董事长	男	58	2003.1.27~2006.1.27
孟维宗	董事	男	55	2003.1.27~2006.1.27
方伦言	董事	男	56	2003.1.27~2006.1.27
张玉庆	董事	男	47	2003.1.27~2006.1.27
葛钢	董事、总经理	男	47	2003.1.27~2006.1.27
汪洪	董事	男	45	2003.1.27~2006.1.27
周新长	独立董事	男	43	2003.1.27~2006.1.27
吴晓根	独立董事	男	37	2003.1.27~2006.1.27
孙为	独立董事	男	36	2003.1.27~2006.1.27
高真	监事会召集人	女	58	2003.1.27~2006.1.27
王社教	监事	男	37	2003.1.27~2006.1.27
李保泉	监事	男	42	2003.1.27~2006.1.27
范湘钧	监事	男	55	2003.1.27~2006.1.27
马武	监事	男	51	2003.1.27~2006.1.27
杨溪林	常务副总经理	男	45	2002.12.24~2006.1.27
李崇坚	副总经理	男	51	1999.12.23~2006.1.27
陈春雨	副总经理	男	38	2002.3.8~2006.1.27
李凯	副总经理	男	48	2002.12.24~2006.1.27
于长新	财务总监	女	54	2000.7.22~2006.1.27
胡邦周	董事会秘书	男	41	2003.1.27~2006.1.27

在股东单位任职的董事监事情况

姓名	任职的股东名称	在股东单位担任的职务
张剑武	冶金自动化研究设计院	副院长
周康	冶金自动化研究设计院	院长
薛兴昌	冶金自动化研究设计院	副院长
孟维宗	冶金自动化研究设计院	党委书记
方伦言	冶金自动化研究设计院	副院长
张玉庆	冶金自动化研究设计院	副院长
葛钢	冶金自动化研究设计院	党委委员
汪洪	北京富丰高科技发展总公司	总经理
高真	冶金自动化研究设计院	党委副书记、工会主席
王社教	冶金自动化研究设计院	副总会计师兼财经部主任
李保泉	北京富丰高科技发展总公司	经管部副部长

姓名	任职期间
张剑武	2002.12~现在
周康	2001.12~现在
薛兴昌	1996.6~现在
孟维宗	1995.6~现在
方伦言	1996.6~现在
张玉庆	2001.12~现在

葛钢	2002.3~现在
汪洪	1999.6~现在
高真	1999.6~现在
王社教	2002.5~现在
李保泉	2001.8~现在

(二)董事、监事、高级管理人员年度报酬情况

不兼任公司高级管理人员的董事、股东代表出任的监事不在公司取得任何报酬,公司独立董事的津贴由公司股东大会审议决定,高级管理人员的报酬按董事会制定的年薪制执行。

公司董事、监事、高级管理人员的报酬总额为:81 万元 ,其中:

1、金额最高的前三名董事的报酬总额为:12 万元(只有一名董事)

2、金额最高的前三名高级管理人员的报酬总额为:33 万元

3、独立董事津贴为:5 万元/人/年(含税),参加本公司会议的车旅费、聘请中介机构费用由公司承担。报告期内公司没有聘任独立董事。

4、董事张剑武先生、周康先生、薛兴昌先生、孟维宗先生、方伦言先生、张玉庆先生、汪洪先生和监事高真女士、王社教先生、李保泉先生的报酬不由本公司承担,其报酬在股东单位领取。

5、公司董事、监事、高级管理人员的年度报酬区间为:4-5 万 2 人,9-10 万 5 人,11-12 万 2 人

(三)报告期内离任的董事、监事、高级管理人员姓名及离任原因。

2002 年 12 月 24 日,公司第一届董事会第 11 次会议审议通过,同意张剑武先生因工作调动辞去公司常务副总经理职务,聘任杨溪林先生为公司常务副总经理,李凯先生为公司副总经理。

2003 年 1 月 27 日,公司 2003 年第一次临时股东大会,选举张剑武先生、周康先生、薛兴昌先生、孟维宗先生、方伦言先生、张玉庆先生、葛钢先生、汪洪先生、周新长先生、吴晓根先生、孙为先生为董事,组成公司第二届董事会,其中周新长先生、吴晓根先生、孙为先生为独立董事;选举高真女士、王社教先生、李保泉先生为监事,与职工选举产生的监事范湘钧先生、马武先生组成公司第二届监事会。2003 年 1 月 27 日,公司第二届董事会第一次会议选举张剑武先生为董事长,周康先生、薛兴昌先生为副董事长,聘任葛钢先生为公司总经理,赵恩光先生因接近退休年龄,董事会同意赵恩光先生辞去公司董事会秘书职务,聘任胡邦周先生为公司董事会秘书。2003 年 1 月 27 日,公司第二届监事会第一次会议选举高真女士为监事会召集人。

(四)公司员工情况

公司现有员工 504 人,具体构成如下:

1、员工专业结构

专业分工	人数	占员工比例(%)
生产人员	135	26.79
销售人员	47	9.33
技术人员	242	48.01
财务人员	19	3.77
管理人员	42	8.33
其他人员	19	3.77
合计	504	100

2、员工受教育程度

教育程度	人数	占员工比例(%)
研究生以上	49	9.72
大学本科	228	45.24
大专及中专	97	19.25
其他	130	25.79
合计	504	100

3、截止到 2002 年 12 月 31 日公司没有离退休人员。

五、公司治理结构

(一) 公司治理结构现状

公司自成立以来,一直严格按照《中华人民共和国公司法》、《中华人民共和国证券法》及《北京金自天正智能控制股份有限公司章程》等有关法律法规的要求,不断完善公司法人治理结构,按照《上市公司治理准则》等规范性文件建立现代企业管理制度,规范公司运作。公司相继制定了《股东大会议事规则》、《监事会议事规则》、《董事会议事规则》、《募集资金管理办法》、《信息披露制度》、《关联交易决策制度》、《总经理工作细则》等规章制度,符合中国证监会发布的《上市公司治理准则》等规范性文件的要求。

(二) 公司独立董事情况

公司董事会根据中国证监会发布的《关于在上市公司建立独立董事制度的指导意见》的要求,公司于 2002 年 12 月 24 日召开第一届董事会第十一次会议,持有公司股份 5%以上的冶金自动研究设计院和董事会提名周新长、吴晓根、孙为三人为独立董事,此次会议决议公告刊登在 2002 年 12 月 26 日的《中国证券报》和《上海证券报》上。在公司 2003 年第一次临时股东大会上,选举周新长、吴晓根、孙为三人为独立董事,本次会议决议公告刊登在 2003 年 1 月 28 日的《中国证券报》和《上海证券报》上。

公司独立董事自当选以来,共计参加了 2 次董事会会议,并本着为全体股东负责的态度,按照《证券法》等法律法规的要求,履行诚信和勤勉的义务,维护公司整体利益,保护中小股东的合法利益不受侵犯。三位独立董事对公司 2002 年度的关联交易情况发表了独立意见,认为关联交易客观公平,没有损害公司利益。

(三) 公司与控股股东在业务、人员、资产、机构、财务等方面情况

公司在业务、人员、资产、机构、财务等方面与控股股东冶金自动化研究设计院完全分开。

1、业务方面:股份公司独立从事生产经营活动,与控股股东之间不存在同业竞争问题;为了避免同业竞争,控股股东向公司作出避免同业竞争的承诺并与公司签署了避免同业竞争的协议;公司已建立起独立、完整的原材料采购、产品生产和销售、项目承揽及售后服务的业务运营管理体系,具有独立完整的业务架构和面向市场自主经营的能力。

2、人员方面:公司根据《劳动法》、《公司法》及国家有关政策的规定,建立了独立、完整的劳动、人事及工资管理体系,不受控股股东的影响和干预;公司总经理、副总经理、财务总监、董事会秘书等高级管理人员均在本公司领取报酬。

3、资产方面:作为高科技企业,公司拥有与自身生产经营业务密切相关的专利权、专有技术所有权和软件产品登记证书等知识产权;具有独立、完整的从事生产经营活动所必须的资产体系以及与生产经营业务密切相关的各类无形资产,具有完整的采购、生产和销售系统及相应设施;公司没有以自有资产、权益或信誉为控股股东的债务提供过任何担保,对所拥有的各项资产具有完全自主的控制支配权,不存在资产或资金被控股股东占用而损害公司利益的行为。

4、机构方面:公司按照《公司法》和《证券法》及有关法律法规的规定,建立了独立的法人治理结构,设立了健全的组织机构体系,董事会、监事会等内部机构独立运作,不存在与控股股东职能部门之间的从属关系。

5、财务方面:公司设有独立的财务部门,在银行独立开户,并建立了独立的会计核算体系和财务管理制度。

(四)公司报告期内对高级管理人员的考评及激励机制、相关奖励制度

公司高级管理人员直接向董事会负责,接受董事会直接考核、奖惩。董事会给高级管理人员制定生产经营目标责任制,并根据利润完成情况和经营、管理、廉政、安全生产等实际情况对高级管理人员进行考核。

六、股东大会情况简介

(一)2001 年年度股东大会情况

2002 年 3 月 8 日,公司发出了关于召开 2001 年年度股东大会的通知,公司 2001 年年度股东大会于 2002 年 4 月 11 日在公司二楼会议室召开,出席会议的股东及股东代表共计五人,代表公司股份 4646 万股,占公司股份总额的 100%。符合《中华人民共和国公司法》和《北京金自天正智能控制股份有限公司章程》的规定。会议以举手表决方式逐项表决,通过了:

1、《2001 年度董事会工作报告》;

2、《2001 年度监事会工作报告》;

3、《2001 年度财务审计报告》;

4、《2002 年度财务预算报告》;

5、《2001 年度利润分配议案》;

6、《公司滚存利润处置方案》;

7、《关于续聘岳华会计师事务所有限责任公司作为公司会计报表审计业务的会计师的议案》

(二)2002 年临时股东大会情况

公司在 2002 年度没有召开临时股东大会

七、董事会报告

(一)报告期内整体经营情况的讨论与分析

2002 年是中国加入 WTO 的第一年,我国经济继续保持着较高的增长速度,由于国家实行积极的财政政策,拉动了国家在基础设施建设上的投资;同时随着住房、汽车成为新的消费热点,房地产投资和汽车需求增速加快,这些都有力的推动了钢铁行业的生产和投资,尤其是一批中小和民营企业的快速发展,给我们提供了一个良好的市场机遇,公司积极依托自身在钢铁行业中所处的整体优势,加强管理,强化对重要客户和重大项目的市场营销工作,重大项目的跟踪、技术交流、技术谈判、商务投标均由公司统一管理,取得了明显的效果。2002 年公司取得了攀钢 1450 热轧板厂两级自动化控制系统改造和川威 950mm 热连轧机三电自动化系统两个特大型项目的合同,2002 年公司已签的重要合同中 100 万元以上的合同有 49 个,占总合同额的 75.18%。强化对重要客户和重大项目的市场营销工作,是公司 2002 年主营业务收入增长较大的主要因素之一。

报告期内,在国家加大对软件产业扶持的有利形势下,公司"人工神经元网络开发平台(AriNevro)"、"棒材生产线自动化和传动控制系统软件(AriTime)"、"高炉自动化控制系统软件(AriTime)"、"Aritect 监控系统软件(简称:Aritect)"已获得了计算机软件著作权,为公司进一步发展软件产业奠定了基础。

本报告期,公司全体员工在董事会的正确领导下,各方面工作都取得了好成绩。2002 年公司共计完成主营业务收入 174,906,545.00 元,主营业务利润 37,277,268.69 元,净利润 23,304,967.28 元,分别比上年度增长 15.84%、0.39%、10.28%,整体经营情况是自公司成立以来最好的一年。

公司期末存货余额 126,997,720.95 元,存货余额较大主要有以下几方面原因:(1)公司在产品余额各期期末变化不大,此规模为公司正常生产经营所需;(2)部分产成品在期末未验收或交付使用,使公司各期期末产成品余额较大;(3)公司生产的产品主要是工业自动化领域的成套设备,生产所需的材料无论种类还是数量、金额都相当大,采购周期较长,为保证公司生产经营的正常进行,公司必须保持较高的再订货点。另外,为避免缺货或供应中断造成的损失,公司必须确定一个合理的保险储备量。以上两个原因导致公司各期期末的原材料金额较大;(4)公司存货余额在 2001、2002 年末变化不大,这一存货水平适应公司生产经营规模及特点,并使公司存货取得成本、采购成本及缺货成本三者之和较小。

由于公司经营规模扩大,造成公司期末应收账款期末余额增加到 61,038,633.34 元。

(二)公司报告期内的经营情况

1、公司主营业务的范围及其经营状况

公司主营业务的范围为:自动化系统的开发、技术转让、技术咨询、技术培训、技术服务;制造销售计算机控制系统软硬件及网络产品、智能控制软硬件及配套设备、电气传动装置及配套设备、电子元器件、控制系统配套设备仪表;承接系统集成工程。主要产品系列有工业计算机控制系统、电气传动装置、工业专用检测及控制仪表、电力半导体元器件等。公司通过了 ISO9001 质量标准体系认证。

本报告期公司生产经营情况如下:

(1)按行业划分　　单位:人民币万元

行业	主营业务收入	所占比例	主营业务利润	所占比例
钢铁	14576	83.33%	2916	78.22%
机械	2151	12.30%	569	15.26%
其他	764	4.37%	243	6.52%

(2)按产品划分　　单位:人民币万元

产品	主营业务收入	所占比例	主营业务利润	所占比例
电气传动装置	11,199	64.03%	2103	56.41%
工业计算机控制系统	4175	23.87%	952	25.54%
工业专用检测及控制仪表	1,444	8.25%	530	14.21%
电力半导体元器件	673	3.85%	143	3.84%

(3)按地区划分　　单位:人民币万元

地区	主营业务收入	所占比例	主营业务利润	所占比例
华北地区	6556	37.48%	1429	38.33%
东北地区	3770	21.56%	517	13.87%
华东地区	2397	13.70%	713	19.12%
华中地区	3174	18.15%	838	22.48%
其他	1594	9.11%	231	6.2%

公司主要产品电气传动装置在冶金行业的市场占有率为 10%。

公司主要产品工业计算机控制系统在冶金行业的市场占有率为 3%。

占公司主营业务收入 10%以上的产品情况　　单位:人民币元

产品	产品销售收入	产品销售成本	毛利润
电气传动装置	111,992,696.60	89,977,549.13	22,015,147.47
工业计算机控制系统	41,751,589.05	31,229,356.38	10,522,232.67

2、公司主要控股公司及参股公司的经营情况及业绩

截止到 2002 年 12 月 31 日,公司没有控股公司及参股公司。

3、公司主要供应商、客户情况

公司向前五名供应商合计的采购金额占年度采购总额的 43.38%

公司向前五名客户销售额合计占公司销售总额的 22.39%。

4、经营中出现的问题与困难及解决方案

在本报告期内公司经营中没有出现问题与困难。

(三)公司报告期内的投资情况

1、募集资金使用情况

本公司经中国证券监督管理委员会(证监发行字[2002]88 号)批准,于 2002 年 9 月 4 日,以全部向二级市场投资者定价配售的方式发行人民币普通股股票 3000 万股,发行价格 9 元/股,扣除发行费用后,实际募集资金人民币 256,379,830.79 元已全部到位,由岳华会计师事务所有限责任公司验资并出具了岳总验字(2002)第 A026 号验资报告。公司按照《招股说明书》承诺的项目进行投资,截止到 2002 年 12 月 31 日,公司共计使用募集资金 662.13 万元,尚未投入的募集资金共计 24975.85 万元全部存放在银行。募集资金使用情况如下:

序号	项目	承诺投资额	实际投资额	项目进度
1	电力电子及电气传动装置产业化	19809 万元	529.70 万元	2.67%
2	KF100 燃气热值(指数)仪改造	2990 万元	132.43 万元	4.43%
3	补充股份公司流动资金所需	2869 万元	0	0

说明:1)实际募集资金 256,379,830.79 元比拟募集资金 256,680,000 元减少 300169.21 元。

2)公司董事会根据《电力电子及电气传动装置产业化》项目、《KF100 燃气热值(指数)仪改造》项目共用一个生产基地的具体情况,将这两个项目分成两个阶段来进行,即生产基地建设阶段和产业化建设阶段。中关村科技园区丰台园生产基地建设,经公司多次讨论和反复修改,正式确定了生产基地建设的总体思想,并拟订了《生产基地设计任务书》。经过设计单位的招标,最终确定由北京钢铁设计研究总院承担项目设计。设计单位于 2002 年 9 月初完成了生产基地的规划设计方案,2002 年 9 月 23 日,公司第一届董事会第九次会议批准了生产基地规划设计方案,生产基地建设费用概算为人民币 5730.8 万元。董事会批准后的规划设计方案报请北京市相关政府部门审批,现正在审批过程中。

2002 年 12 月 24 日,公司第一届董事会第十一次会议批准了公司产业建设投资概算,拟使用资金 17020.78 万元,募集资金剩余部分 2886.42 万元补充公司流动资金所需。

2、变更募集资金投资情况

在本报告期内公司没有变更募集资金投向

3、报告期内非募集资金投资项目

在本报告期内公司没有非募集资金投资项目

(四)公司报告期内的财务状况、经营成果

2002 年度,公司在规范财务管理的基础上,继续加强资金管理,加大项目资金的回收,保证了资金按计划有效的使用,保护了公司广大投资者的利益。公司全年的财务状况分析如下:

1、主要会计指标　　单位:人民币元

会计指标	报告期数据	上年度数据	本期增减(+、-)
总资产	509,244,644.90	226,121,987.21	283,122,657.69
股东权益	366,056,259.85	101,663,461.78	264,392,798.07
主营业务利润	37,277,268.69	37,132,913.00	144,355.69
净利润	23,304,967.28	21,133,312.27	2,171,655.01
现金及现金等价物净增加额	258,009,326.51	6,423,529.38	251,585,797.13

变动原因:

(1)总资产增加是因为公司本年度发行了 30,000,000 股人民币普通股,实际募集资金 25638 万元,另外随着公司经营规模扩大,资产也相应增加。

(2) 股东权益增加是因为公司本年度发行了 30,000,000 股人民币普通股, 实际募集资金 25638 万元,另外公司经营实现利润分配后的余额也使股东权益增加。

(3)主营业务利润增加是因为公司经营规模扩大所致。

(4)净利润增加是因为主营业务利润增加,募集资金存款产生的利息所致。

(5)现金及现金等价物净增加是因为:A) 公司经营活动产生现金流入 485 万元;B)投资活动产生现金支出 580 万元;C) 公司本年度发行 30,000,000 股人民币普通股, 实际募集资金 25638 万元,银行借款 700 万元,分配股利 443 万元。

(五)税收政策变化将要对公司财务状况和经营成果产生的影响

根据京国税所[2000]362 号文件精神,丰国税批复(2000)055101 号文件,公司自 2000 年 1 月 1 日至 2002 年 12 月 31 日享有免征企业所得税的优惠;公司现正申请 7.5%的企业所得税优惠政策, 在整体经营情况不发生较大变化的情况下, 即使成功申请 7.5%的企业所得税优惠政策,2003 年度也可能影响净利润约 175 万元.

(六)公司董事会日常工作情况

1、报告期内董事会的会议情况及决议内容

2002 年度,公司董事会共召开四次会议:

(1)2002 年 3 月 8 日,公司召开第一届董事会第八次会议,审议通过了公司《2001 年度董事会工作报告》、《2001 年度总经理工作报告》、《2001 年度财务审计报告》、《2002 年度财务预算报告》、《2001 年度利润分配议案》、《公司滚存利润处置方案》、《关于聘任总经理班子的议案》、《关于续聘岳华会计师事务所有限责任公司作为公司会计报表审计业务的会计师的议案》、《关于授权公司总经理每次办理 1000 万元以下银行贷款额度的议案》、《关于召开 2001 年度股东大会的议案》。

(2)2002 年 9 月 23 日,公司召开第一届董事会第九次会议,审议通过了公司《关于公司本次成功发行 A 股股票并上市情况的说明》、《审阅岳华会计师事务所有限责任公司出具的验资报告》、《关于修改公司章程的议案》、《关于变更公司股本并变更公司营业执照的议案》、《关于中关村科技园区丰台园生产基地建设方案的议案》、《关于中关村科技园区丰台园生产基地建设投资预算的议案》,此次会议决议公告刊登于 2002 年 9 月 24 日的《中国证券报》和《上海证券报》上。

(3)2002 年 10 月 24 日,公司召开第一届董事会第十次会议,审议通过了公司《2002 年第三季度报告》,此次会议决议公告刊登于 2002 年 10 月 25 日的《中国证券报》和《上海证券报》上。

(4)2002 年 12 月 24 日,公司召开第一届董事会第十一次会议,审议通过了公司《关于修改公司章程的议案》、《关于募集资金管理办法的议案》、《关于独立董事津贴的议案》、《关于关联交易决策制度的议案》、《关于信息披露制度的议案》、《关于股东大会议事规则的议案》、《关于董事会议事规则的议案》、《关于第二届董事会候选人提名的议案》、《关于聘任杨溪林先生为常务副总经理,李凯先生为副总经理,同意张剑武先生辞去常务副总经理的议案》、《关于公司产业建设投资概算的议案》、《关于投资成立上海子公司的议案》、《关于召开 2003 年第一次临时股东大会的议案》, 此次会议决议公告刊登于 2002 年 12 月 26 日的《中国证券报》和《上海证券报》上。

2、董事会对股东大会决议的执行情况

报告期内,公司董事会履行诚信和勤勉的义务,认真执行了股东大会的各项决议。2002 年度,是公司发展历程中具有里程碑意义的一年,2002 年 5 月 31 日,公司首次公开发行 A 股股票并上市文件获中国证监会发审委员会通过,2002 年 8 月 29 日取得中国证监会证监发行字[2002]88 号《关于核准北京金自天正智能控制股份有限公司公开发行股票的通知》的批文,2002 年 8 月 30 日起,在《中国证券报》、《上海证券报》、《证券时报》和《证券日报》上分别刊登招股说明书、发行公告、网上路演、中签率公告、中签结果公告和上市公告书等法律规定文件,并在其中部分媒体上刊登了有关企业形象宣传的文章,期间,完成了股票发行、托管、摇号、验资及挂牌上市等各项工作。2002 年 9 月 19 日,公司股票在上海证券交易所正式上市交易,董事会尽职尽责,在其中做了大量艰苦细致的工作。

(七)公司 2003 年度的主要工作

1)全面落实公司的发展战略

公司发展战略已经逐步完善和确定,2003 年要把公司层面的发展战略分解到各个业务体系和业务单位,形成完整的发展战略体系;根据外部环境和内部条件的变化,不断修正和完善公司的发展战略。

2) 完成公司内部组织机构重组和业务流程再造

公司正在进行业务重组,提升组织架构,再造管理体系,建立科学的人力资源管理体系,建设全新的企业文化。

3) 新的生产基地和生产线要基本建成,产品体系要逐步形成

利用募集资金建设公司新的生产基地和生产线,实现公司发展战略,其进度将直接影响公司发展战略的实施,2003 年内公司新的生产基地要基本建成,大部分生产线要开始安装调试。

4) 以资本为纽带实现公司业务和规模的快速扩张

5) 进一步加强对市场营销工作的领导,加快公司市场营销网络的建设

市场营销一方面要规范管理、有序开展,另一方面要发挥公司的整体优势,强化统一领导和相互的协调配合。重大项目由公司统一组织,各个事业部在公司的统一领导下开展本单位的市场营销工作。市场营销网络建设要与公司业务和规模扩张相结合,统筹考虑、统一安排,2003 年公司的市场营销网络要初步形成并发挥作用。

6) 要完成 ISO9000 质量体系 2000 版的换版工作

2003 年要结合公司内部组织机构重组和业务流程再造, 完成 ISO9000 质量体系换 2000 版的工作。

7) 建立和完善公司的技术创新体系,加大对研发的投入和管理

(八)公司分配政策

2002 年度利润分配预案或资本公积金转增股本预案

经岳华会计师事务所有限责任公司审计确认,北京金自天正智能控制股份有限公司 2002 年度共实现净利润 23,304,967.28 元,按照《公司法》和《公司章程》以及股份制企业会计制度的有关规定,按 10%提取法定盈余公积金 2,330,496.73 元,按 10%提取法定公益金 2,330,496.73 元;本年度可供股东分配利润为 18,643,973.82 元,加上年初未分配利润 19,486,302.01 元,本次可供股东分配的利润为 38,130,275.83 元。考虑到股东的利益和公司发展的需要,拟作如下分配:以 2002 年度末总股本 7646 万股为基数,向全体股东每 10 股派发现金红利 2 元(含税),共计分配现金红利 15,292,000 元,占本次可分配利润的 40.1%,余额 22,838,275.83 元结转下一年度。

此预案需经公司 2002 年年度股东大会审议通过。

八、监事会报告

1、报告期内监事会工作情况

报告期内,公司监事会共计召开 2 次会议

(1)第一届监事会第四次会议于 2002 年 3 月 11 日在公司二楼小会议室召开,会议审议通过了公司《2001 年度监事会工作报告》,认为监事会成员努力学习有关业务知识,进一步掌握了有关法规和要求,扩大了知识面,提高了业务水平,为更好地履行职责创造了条件;通过参加董事会会议、听取公司高管的工作汇报和与公司员工交谈等形式, 了解和掌握了公司在财务管理和其他重大事宜的基本情况,为更好地从实际出发实施监督掌握了必要的材料;对股份公司 2001 年和 2002 年第一季度的财务报表进行了检查。并在 2001 年年底专门听取了股份公司财务总监于长新关于全年财务管理情况的汇报。通过审阅财务报表和听取汇报,较全面具体地了解和掌握了股份公司的财务情况。一致认为,股份公司在财务管理上是严格的,没有发现存在何种问题。

(2)第一届监事会第五次会议于 2002 年 12 月 23 日在公司二楼会议室召开,会议审议通过了公司《关于第二届监事会监事候选人提名的议案》,提名高真女士、王社教先生、李保泉先生为公司第二届监事会监事候选人,此次会议决议公告刊登在 2002 年 12 月 26 日的《中国证券报》和《上海证券报》上。

2、监事会独立意见

(1)公司依法运作情况

报告期内,公司监事会对公司依法运作情况进行了全程监督,认为公司决策程序合法,公司已建立完善的内部控制制度,公司董事及高级管理人员在执行公司职务时均能廉洁守法,尽职尽责,无违反法律、法规、公司章程或损害公司利益的行为。

(2)检查公司财务的情况

经严格审查,公司监事会认为公司财务报告真实反映了公司的财务状况和经营成果,岳华会计师事务所有限责任公司为本公司出具的标准无保留意见的审计报告客观公正, 真实反映了公司的财务状况和经营成果。

(3)公司最近一次募集资金使用情况

公司最近一次募集资金是于 2002 年 9 月完成的首次公开发行人民币普通股 3000 万股, 扣除发行费用后实际募集资金 256,379,830.79 元,募集资金项目已按计划实施。

(4)报告期内公司收购、出售资产行为

报告期内公司无收购、出售资产行为。

(5)关联交易情况

报告期内,本公司与关联方冶金自动化研究设计院、北京中冶科技发展公司、北京冶金横河自动化工程有限公司、北京中钢实业总公司、北京阿瑞姆科贸集团发生了关联交易,监事会审查认为,关联交易客观公平,没有损害公司利益。

(6)报告期内,担任公司审计任务的岳华会计师事务所有限责任公司为本公司出具了标准无保留意见的审计报告。

九、重要事项

1、本年度公司无重大诉讼、仲裁事项。

2、本年度公司无收购及出售资产、吸收合并事项。

3、报告期内发生的重大关联交易

(1)公司在购销商品、提供劳务方面发生的重大关联交易情况:

关联方名称	交易内容	定价原则	交易价格	交易金额	占同类交易的比例
冶金自动化研究设计院	接受关联方综合服务	见说明		305.01 万元	100%
北京中冶科技发展公司	向关联方采购货物	采用市场价格		343.58 万元	3.13%
关联交易必要性、持续性的说明	接受关联方综合服务,是确保本公司以合理的价格,持续不断地获得冶金自动化研究设计院提供的某些必需的经营辅助服务和生活福利设施服务;采购货物方面,由于关联方是德国西门子(除控制器以外的产品)的系统集成商,有较好的优惠价格,公司设备配 套所需的进口零部件以市场价格向关联方购买。				

关联方名称	结算方式	对公司利润的影响
冶金自动化研究设计院	现金和银行承兑汇票背书转让	无影响
北京中冶科技发展公司	现金和银行承兑汇票背书转让	无影响

说明:2000 年 6 月,本公司与控股股东冶金自动化研究设计院签订了有关供水、供电、供暖及其它生产、生活等方面服务内容的《综合服务合同》,该合同已于 1999 年 8 月 12 日生效,有效期为五年。与该合同相关服务的交易价格按如下标准确定:a)国家标准价格、行业标准价格;b)如无适用的国家标准价格、行业标准价格,采用市场价格;c)如无市场价格,依据冶金自动化研究设计院提供服务的实际成本定价。若以市场价格支付服务费用时,市场价格的确定应经双方协商,且应考虑的主要因素是本地区、本行业提供类似服务的第三方当时收取的价格。

(2)担保事项:本期短期借款 11,000,000.00 元,由控股股东冶金自动化研究设计院提供担保。

4、公司重大合同及其履行情况

(1)本年度公司未发生托管、承包、租赁其他公司资产或其他公司托管、承包、租赁本公司资产的事项。

(2)截止 2002 年 12 月 31 日本公司没有为关联人或其他公司提供任何担保。

(3)在报告期内或报告期公司未发生委托他人进行现金资产管理事项。

(4)其他重大合同

截至 2002 年 12 月 31 日,本公司正在执行的超过 500 万元的重大合同共有 9 个。

5、公司或持股 5%以上股东无在报告期内或持续到报告期内的承诺事项。

6、本年度公司继续聘任岳华会计师事务所有限责任公司担任本公司的财务审计工作。公司本年度支付给岳华会计师事务所有限责任公司的报酬为 15 万元(包括 2002 年中期及 2001 年年度审计费用),审计人员的差旅费及食宿费由本公司承担。公司费用的支出不影响注册会计师审计意见的独立性。目前的审计机构已为公司提供了 4 年审计服务。

7、报告期内公司、公司董事会及董事没有受到中国证监会稽查、中国证监会行政处罚、通报批评、证券交易所公开谴责等情形。

8、报告期内公司重大事件

2002 年 12 月 24 日,公司召开第一届董事会第十一次会议,审议通过了公司《关于修改公司章程的议案》、《关于独立董事津贴的议案》、《关于第二届董事会候选人提名的议案》, 持有公司股份

5%以上的冶金自动研究设计院和董事会提名张剑武先生、周康先生、薛兴昌先生、孟维宗先生、方伦言先生、张玉庆先生、葛钢先生、汪洪先生、周新长先生、吴晓根先生、孙为先生为董事，其中周新长先生、吴晓根先生、孙为先生为独立董事，此次会议决议公告刊登在2002年12月26日的《中国证券报》和《上海证券报》上。

2002年12月23日，公司召开第一届监事会第五次会议，会议审议通过了公司《关于第二届监事会监事候选人提名的议案》，提名高真女士、王社教先生、李保泉先生为公司第二届监事会监事候选人，此次会议决议公告刊登在2002年12月26日的《中国证券报》和《上海证券报》上。

2003年1月27日，公司召开2003年第一次临时股东大会，选举张剑武先生、周康先生、薛兴昌先生、孟维宗先生、方伦言先生、张玉庆先生、葛钢先生、汪洪先生、周新长先生、吴晓根先生、孙为先生为董事，组成公司第二届董事会，其中周新长先生、吴晓根先生、孙为先生为独立董事；选举高真女士、王社教先生、李保泉先生为监事，与职工选举产生的监事范湘钧先生、马武先生组成公司第二届监事会；此次会议决议公告刊登于2003年1月28日的《中国证券报》和《上海证券报》上。

2003年1月27日，公司第二届董事会第一次会议选举张剑武先生为董事长，周康先生、薛兴昌先生为副董事长，聘任葛钢先生为公司总经理，赵恩光先生因接近退休年龄，董事会同意赵恩光先生辞去公司董事会秘书职务，聘任胡邦周先生为公司董事会秘书，此次会议决议公告刊登于2003年1月28日的《中国证券报》和《上海证券报》上。

2003年1月27日，公司第二届监事会第一次会议选举高真女士为监事会召集人，此次会议决议公告刊登于2003年1月28日的《中国证券报》和《上海证券报》上。

十、财务报告

（一）审计报告（岳总审字[2003]第A029号）

北京金自天正智能控制股份有限公司全体股东：

我们接受北京金自天正智能控制股份有限公司（以下简称"贵公司"）的委托，审计了贵公司2002年12月31日的资产负债表、2002年度的利润及利润分配表和2002年度的现金流量表。这些会计报表由贵公司负责，我们的责任是对这些会计报表发表审计意见。我们的审计是依据《中国注册会计师独立审计准则》进行的。在审计过程中，我们结合贵公司的实际情况，实施了包括抽查会计记录等我们认为必要的审计程序。

我们认为，贵公司的会计报表符合《企业会计准则》和《企业会计制度》的有关规定，在所有重大方面公允地反映了贵公司2002年12月31日的财务状况和2002年度的经营成果及2002年度的现金流量，会计处理方法的选用遵循了一贯性原则。

岳华会计师事务所有限责任公司　　中国注册会计师　黄宾

二零零三年二月二十七日　　中国注册会计师　闫丙旗

（二）财务报表

资产负债表（一）

编制单位：北京金自天正智能控制股份有限公司　　货币单位：人民币元

资产	注释	2002年12月31日	2001年12月31日
流动资产：			
货币资金	五.1	275,839,919.39	17,830,592.88
短期投资			
应收票据	五.2	5,753,000.00	3,720,973.00
应收股利			
应收利息		1,054,675.00	
应收账款	五.3	61,038,633.34	49,744,284.48
其他应收款	五.4	1,404,392.81	8,124,342.74
预付账款	五.5	13,540,626.75	11,645,046.07
应收补贴款			
存货	五.6	126,997,720.95	117,080,376.72
待摊费用	五.7		15,158.33
待处理流动资产净损失			
一年内到期的长期债权投资			
其他流动资产			
流动资产合计		485,628,968.24	208,160,774.22
长期投资：			
长期股权投资			
长期债权投资			
长期投资合计			
固定资产：			
固定资产原价	五.8	37,336,855.00	37,226,609.40
减：累计折旧	五.8	24,416,634.22	23,537,781.86
固定资产净值		12,920,220.78	13,688,827.54
减：固定资产减值准备	五.8	20,764.86	185,187.07
固定资产净额		12,899,455.92	13,503,640.47
工程物资			
在建工程	五.9	6,363,764.98	
固定资产清理			
固定资产合计		19,263,220.90	13,503,640.47
无形资产及其他资产：			
无形资产	五.10	4,352,455.76	4,457,572.52
长期待摊费用			
其他长期资产			
无形资产及其他资产合计		4,352,455.76	4,457,572.52
递延税项			
递延税款借项			
资产总计		509,244,644.90	226,121,987.21

资产负债表（二）

编制单位：北京金自天正智能控制股份有限公司　　货币单位：人民币元

负债和股东权益	注释	2002年12月31日	2001年12月31日
流动负债：			
短期借款	五.11	11,000,000.00	4,000,000.00
应付票据			
应付账款	五.12	26,155,703.37	22,145,296.05
预收账款	五.13	70,539,255.73	71,996,479.41
应付工资			
应付福利费		3,358,685.18	2,553,924.63
应付股利	五.14	15,292,000.00	12,397,106.22
应交税金	五.15	3,342,416.94	702,522.28
其他应交款	五.16	114,817.90	21,344.41
其他应付款	五.17	13,385,505.93	10,641,852.43
预提费用			
一年内到期的长期负债			
其他流动负债			
流动负债合计		143,188,385.05	124,458,525.43
长期负债：			
长期借款			
应付债券			
长期应付款			
专项应付款			
其他长期负债			
长期负债合计			
递延税款：			
递延税款贷款			
负债合计		143,188,385.05	124,458,525.43
股东权益：			
股本	五.18	76,460,000.00	46,460,000.00
减：已归还投资			
股本净额		76,460,000.00	46,460,000.00
资本公积	五.19	251,396,154.96	25,016,324.17
盈余公积	五.20	15,361,829.06	10,700,835.60
其中：法定公益金		7,680,914.53	5,350,417.80
未分配利润	五.21	22,838,275.83	19,486,302.01
股东权益合计		366,056,259.85	101,663,461.78
负债和股东权益合计		509,244,644.90	226,121,987.21

利润及利润分配表

编制单位：北京金自天正智能控制股份有限公司　　货币单位：人民币元

项目	注释	2002年度	2001年度
一、主营业务收入	五.22	174,906,545.00	150,992,922.07
减：主营业务成本		135,395,413.00	112,259,583.36
主营业务税金及附加	五.23	2,233,863.31	1,600,425.71
二、主营业务利润		37,277,268.69	37,132,913.00
加：其他业务利润	五.24	474,253.52	690,005.33
减：营业费用	五.25	2,571,237.81	3,001,716.55
管理费用		13,192,011.23	12,759,975.02
财务费用	五.26	-763,434.18	205,727.67
三、营业利润		22,751,707.35	21,855,499.09
加：投资收益			
补贴收入		613,846.16	
营业外收入	五.27	5,000.10	30,004.00
减：营业外支出	五.28	65,586.33	752,190.82
四、利润总额		23,304,967.28	21,133,312.27
减：所得税			
五、净利润		23,304,967.28	21,133,312.27
加：年初未分配利润		19,486,302.01	12,336,252.20
其他转入			
六、可供分配利润		42,791,269.29	33,469,564.47
减：评估折股净利润			
提取法定盈余公积金		2,330,496.73	2,113,331.23
提取法定公益金		2,330,496.73	2,113,331.23
提取职工奖励及福利基金		-	-
提取储备基金		-	-
提取企业发展基金		-	-
利润归还投资		-	-
七、可供股东分配的利润		38,130,275.83	29,242,902.01
减：应付优先股股利		-	-
提取任意盈余公积		-	-
应付普通股股利		15,292,000.00	9,756,600.00
转作股本的普通股股利		-	-
八、未分配利润		22,838,275.83	19,486,302.01

现金流量表

编制单位：北京金自天正智能控制股份有限公司　　货币单位：人民币元

项目	注释	2002年度
一、经营活动产生的现金流量：		
销售商品、提供劳务收到的现金		142,118,848.99
收到的税费返还		613,846.16
收到的其他与经营活动有关的现金		5,418,806.00
现金流入小计		148,151,501.15
购买商品、接受劳务支付的现金		119,703,850.56
支付给职工以及为职工支付的现金		11,378,166.42
支付的各项税费		8,815,657.53
支付的其他与经营活动有关的现金	五.29	3,398,326.82
现金流出小计		143,296,001.33
经营活动产生的现金流量净额		4,855,499.82
二、投资活动产生的现金流量：		
收回投资所收到的现金		
取得投资收益所收到的现金		
处置固定资产、无形资产和其他长期资产而收回的现金净额		4,431.00
收到的其他与投资活动有关的现金		425,913.74
现金流入小计		430,344.74
购建固定资产、无形资产和其他长期资产所支付的现金		6,226,507.65
投资所支付的现金		
支付的其他与投资活动有关的现金		
现金流出小计		6,226,507.65
投资活动产生的现金流量净额		-5,796,162.91
三、筹资活动产生的现金流量		
吸收投资所收到的现金		256,379,830.79
借款所收到的现金		11,000,000.00
收到的其他与筹资活动有关的现金		
现金流入小计		267,379,830.79
偿还债务所支付的现金		4,000,000.00
分配股利、利润或偿付利息所支付的现金		4,408,011.22
支付的其他与筹资活动有关的现金		21,829.97
现金流出小计		8,429,841.19
筹资活动产生的现金流量净额		258,949,989.60
四、汇率变动对现金的影响		
五、现金及现金等价物净增加额		258,009,326.51

安徽山鹰纸业股份有限公司

安徽山鹰纸业股份有限公司2002年年度报告

第一章 公司基本情况简介

一、公司名称
公司法定中文名称:安徽山鹰纸业股份有限公司
公司法定英文名称:AN HUI SHAN YING PAPER INDUSTRY CO.,LTD.
公司中文名称缩写:山鹰纸业
二、法定代表人
董事长:王德贤
三、公司董事会秘书
董事会秘书:钱军
联系地址:安徽省马鞍山市勤俭路3号公司证券部
联系电话:(0555)2826275
传真:(0555)2826369
电子信箱:stock@shanyingpaper.com
四、公司地址
注册地址:安徽省马鞍山市勤俭路3号
办公地址:安徽省马鞍山市勤俭路3号
邮政编码:243021
公司国际互联网网址:http://www.shanyingpaper.com
电子信箱:stock@shanyingpaper.com
五、公司信息披露方式
选定的信息披露报纸:《上海证券报》
登载年度报告的中国证监会指定网站的网址:http://www.sse.com.cn
公司年度报告备置地点:公司证券部
六、公司股票交易
上市交易所:上海证券交易所
股票简称:山鹰纸业
股票代码:600567
七、其他有关资料
1、公司首次注册登记日期:1999年10月20日
注册登记地点:安徽省工商行政管理局
2、公司变更注册登记日期:2001年12月6日
变更注册登记地点:安徽省工商行政管理局
3、法人营业执照注册号:3400001300031
4、税务登记号码:340502150501716
5、公司聘请的会计师事务所名称:天健会计师事务所有限公司
会计师事务所办公地址:北京市西城区金融街27号投资广场A座17层

第二章 会计数据和业务数据摘要

一、本年度主要利润指标及现金流量

单位:人民币元

项目	金额
利润总额	32,002,115.87
净利润	25,118,284.50
扣除非经常性损益后的净利润	25,288,268.28
主营业务利润	70,397,521.68
其他业务利润	-21,444.99
营业利润	29,576,243.08
投资收益	251,375.39
补贴收入	2,334,665.19
营业外收支净额	-160,167.79
经营活动产生的现金流量净额	61,148,202.56
现金及现金等价物净增(减)额	-82,421,637.90

注:非经常性损益项目、涉及金额

1、营业外收入	47,943.05
2、营业外支出	-208,110.84
3、所得税影响额	-9,815.99

二、截止报告期末公司前三年主要会计数据和财务指标

单位:万元

财务指标	2002年	2001年
主营业务收入	48,822.48	28,094.60
净利润	2,511.83	2,303.51
总资产	83,089.91	66,627.67
股东权益(不含少数股东权益)	34,875.82	32,979.49
每股收益(全面摊薄,元/股)	0.157	0.144
每股收益(加权平均,元/股)	0.157	0.229
扣除非经常性损益后的每股收益	0.158	0.144
每股净资产(元/股)	2.173	2.055
调整后的每股净资产(元/股)	2.157	2.049
每股经营活动产生的现金流量净额(元/股)	0.38	-0.032
全面摊薄净资产收益率(%)	7.20	6.98
加权平均净资产收益率(%)	7.34	16.97
扣除非经常性损益的加权平均净资产收益率(%)	7.39	17.06

财务指标	2000年
主营业务收入	32,267.62
净利润	1,806.71
总资产	33,755.62
股东权益(不含少数股东权益)	12,423.74
每股收益(全面摊薄,元/股)	0.180
每股收益(加权平均,元/股)	0.180
扣除非经常性损益后的每股收益	0.201
每股净资产(元/股)	1.236
调整后的每股净资产(元/股)	1.196
每股经营活动产生的现金流量净额(元/股)	0.161
全面摊薄净资产收益率(%)	14.54
加权平均净资产收益率(%)	15.03
扣除非经常性损益的加权平均净资产收益率(%)	16.81

三、报告期利润表附表

报告期利润	净资产收益率,% 全面摊薄	加权平均
主营业务利润	20.19	20.56
营业利润	8.48	8.64
净利润	7.20	7.34
扣除非经常性损益后的净利润	7.25	7.39

报告期利润	每股收益,元 全面摊薄	加权平均
主营业务利润	0.439	0.439
营业利润	0.184	0.184
净利润	0.157	0.157
扣除非经常性损益后的净利润	0.158	0.158

第三章 股本变动及股东情况

一、股东情况
1、报告期末股东总数
截止2002年12月31日,公司股东总数为31,047户。
2、报告期内持股5%以上(含5%)股东的股份变动情况

股东名称	期初数(股)	报告期内增减	期末数(股)
马鞍山山鹰纸业集团有限公司	93,465,000		93,465,000

注:①马鞍山山鹰纸业集团有限公司(简称山鹰公司)为本公司主发起人,所持股份93,465,000股为未上市流通的国家股,占公司总股本的58.23%。
②报告期内,持股5%(含5%)以上的法人股东所持股份未发生质押或冻结情况。
3、报告期末公司前10名股东持股情况
截止2001年12月31日,公司前10名股东持股情况见下表。

名次	股东名称	持股数(股)	占总股本(%)
1	马鞍山山鹰纸业集团有限公司	93,465,000	58.234
2	马鞍山市轻工国有资产经营有限公司	5,025,000	3.131
3	马鞍山港务管理局	1,005,000	0.626
4	马鞍山隆达实业总公司	804,000	0.501
5	同德证券投资基金	564,950	0.352
6	天元证券投资基金	403,944	0.252
7	王玉琴	330,380	0.206
8	苏州证券有限责任公司	261,261	0.163
9	马鞍山市科技服务公司	201,000	0.125
10	侯永木	150,000	0.093

名次	股东名称	股份性质
1	马鞍山山鹰纸业集团有限公司	国家股
2	马鞍山市轻工国有资产经营有限公司	国有法人股
3	马鞍山港务管理局	国有法人股
4	马鞍山隆达实业总公司	法人股
5	同德证券投资基金	流通股
6	天元证券投资基金	流通股
7	王玉琴	流通股
8	苏州证券有限责任公司	流通股
9	马鞍山市科技服务公司	法人股
10	侯永木	流通股

第四章 董事、监事、高级管理人员和员工情况

一、公司现任董事、监事、高级管理人员基本情况

姓名	性别	职务	年龄
王德贤	男	董事长	56
汤涌泉	男	董事、总经理	49
夏林	男	董事、副总经理	46
杨义传	男	董事、副总经理	50
王黄来	男	董事	41
包先保	男	董事	42
关德琪	女	董事	51
曹朴芳	女	独立董事	58
王居才	男	独立董事	40
林钟高	男	独立董事	43
吴革	男	独立董事	36
沈晓卿	女	监事会主席	38
周德林	男	监事	45
潘苏云	男	监事	36
罗旻	男	副总经理	56
樊茂英	女	财务负责人	55
钱军	男	董事会秘书	33

说明:
1、公司董事、监事、高级管理人员均未持有本公司股份。
2、董事、监事和高级管理人员在股东单位任职情况
① 董事长王德贤在本公司控股股东马鞍山山鹰纸业集团有限公司任总经理。
② 董事汤涌泉在本公司控股股东马鞍山山鹰纸业集团有限公司任董事。
③ 董事夏林在本公司控股股东马鞍山山鹰纸业集团有限公司任董事。
④ 董事杨义传在本公司控股股东马鞍山山鹰纸业集团有限公司任董事。
⑤上述董事在股东单位任职期间为2001年3月12日至2004年3月11日,其他没有在股

东单位任职的情况。

二、公司员工情况

截止 2002 年 12 月 31 日,本公司在职职工总数为 1051 人,离退休职工 85 人。在职员工的构成情况如下:

(1)按专业构成分类	人数	比例(%)
生产服务人员	814	77.45
营销人员	27	2.57
技术人员	140	13.82
财务人员	22	2.09
行政人员	48	4.57
(2)按专业技术职称构成分类	人数	比例(%)
高级职称	12	1.14
中级职称	42	4.00
初级职称	189	17.98
其他	808	76.88
(3)按教育程度构成分类	人数	比例(%)
中专及以下学历	836	79.54
大专学历	123	11.70
大学学历	89	8.47
研究生以上学历	3	0.29

第五章 公司治理结构

一、公司治理状况

根据中国证券监督管理委员会、国家经济贸易委员会证监发[2002]32 号"关于开展上市公司建立现代企业制度检查的通知"和合肥特派办、安徽省经贸委皖证监发字[2002]34 号"关于做好上市公司建立现代企业制度检查工作的通知"要求,我公司认真组织各项自查工作,公司的控股股东马鞍山山鹰纸业集团有限公司也进行了自查。2002 年 6 月公司将自查报告上报中国证监会、国家经贸委、合肥特派办和安徽省经贸委。

公司按照《公司法》、《证券法》和中国证监会有关法律法规要求,不断完善法人治理结构,建立现代企业制度并规范运作,公司制订并不断完善相关制度,严格遵照执行。公司一届九次董事会通过了对《公司章程》、《股东大会议事规则》、《董事会议事规则》、《总经理工作细则》等的修订;建立了《独立董事制度》;增选会计学专家林钟高和律师吴革为公司独立董事,使独立董事人数达到 4 名,占公司 11 名董事的 36%,董事会人员结构更加合理;同时设立了战略决策、审计、提名、薪酬与考核 4 个专门委员会,其中审计、提名、薪酬与考核 3 个专门委员会均由独立董事任主任委员,制定了各专门委员会工作细则。这些制度和做法符合中国证监会和国家经贸委发布的《上市公司治理准则》规范性文件的要求,对公司规范运作和科学决策起到了很好的推动和促进作用。

公司严格按照《公司章程》规定的选聘程序选举董事和监事,公司第二届董事候选人由董事会提名委员会提名,并在 2002 年第二次临时股东大会的董事和监事换届选举中采用了累积投票制度,符合《上市公司治理准则》的有关要求。

公司能够保证所有股东,特别是中小股东享有平等地位,确保所有股东能够充分行使自己的权利;公司与控股股东在人员、资产、财务、机构和业务方面做到"五独立",公司具有独立完整的业务及自主经营能力;公司高级管理人员在控股股东单位没有担任除董事以外的其它职务;公司按照有关法律法规的要求建立健全财务、会计管理制度;公司董事会、监事会和内部机构能够独立运作。

公司各位董事能够以认真负责的态度出席董事会和股东大会,能够积极参加有关培训,熟悉有关法律法规,了解作为董事的权利、义务和责任。

公司监事会人数和人员构成符合法律法规要求;公司监事会建立了监事会议事规则;公司监事能够认真履行职责,能够本着对股东负责的精神,对公司财务以及公司董事、经理和其他高级管理人员履行职责的合法合规性进行监督。

公司按照有关规定和内部经济责任制确定的标准和考核办法,每年对董事、监事和经理人员进行绩效评价;董事、监事的报酬由董事会拟定方案报股东大会决定;经理人员的聘任公开、透明,并建立了经理人员的薪酬与其职责、贡献挂钩的激励机制,经理人员的薪酬由公司董事会研究决定。

公司严格按照法律、法规和公司章程的规定,真实、准确、完整、及时地披露信息,并指定董事会秘书负责信息披露事项,作好接待来访、回答咨询、联系股东、向投资者提供公司公开披露的资料,保证所有股东可平等获取公司信息;公司能够按照有关规定披露公司治理的有关信息和改进计划、措施。

第六章 股东大会情况简介

报告期内公司共召开股东大会三次,简介如下:

(一)2001 年度股东大会

1.股东大会的通知、召集、召开情况

公司于 2002 年 3 月 30 日在《上海证券报》上刊登了《安徽山鹰纸业股份有限公司董事会关于召开 2001 年度股东大会的通知》,2002 年 4 月 30 日公司 2001 年度股东大会在公司四楼会议室如期召开。出席会议的股东代表 5 人,代表公司 10050 万股,占公司总股本 16050 万股的 62.62%。

2.股东大会通过的决议及决议刊登情况

会议按公司章程规定采取记名方式投票表决,审议通过如下报告和议案:

(1)审议通过《2001 年度董事会工作报告》。

(2)审议通过《2001 年度监事会工作报告》。

(3)审议通过《2001 年度财务决算报告》。

(4)审议通过《2001 年度利润分配议案》。

(5)审议通过《2001 年年度报告及摘要》。

(6)审议通过《安徽山鹰纸业股份有限公司章程(修正案)》。

(7)审议通过《股东大会议事规则(修正案)》。

(8)审议通过《独立董事制度》

(9)审议通过《关于公司董事、监事薪酬的议案》。

(10)审议通过《关于设立和重组董事会战略决策、审计、提名、薪酬与考核等专门委员会的议案》。

(11)审议通过《关于提名林钟高、吴革为公司第一届董事会独立董事候选人的议案》。

(12)审议通过《关于继续聘任天健会计师事务所有限公司为公司审计机构并授权董事会决定其报酬的议案》。

本次股东大会决议公告刊登在 2002 年 5 月 8 日的《上海证券报》第 12 版。

(二)2002 年第一次临时股东大会

1.股东大会的通知、召集、召开情况

公司于 2002 年 4 月 20 日在《上海证券报》上刊登了《安徽山鹰纸业股份有限公司董事会关于召开 2002 年第一次临时股东大会的通知》,2002 年 5 月 21 日公司 2002 年第一次临时股东大会在公司四楼会议室如期召开。出席会议的股东代表 5 人,代表公司 10050 万股,占公司总股本 16050 万股的 62.62%。

2.股东大会通过的决议及决议刊登情况

会议按公司章程规定采取记名投票表决方式,审议通过如下事项:

(1)审议通过《关于公司申请发行可转换公司债券的议案》。

(2)逐项审议通过《关于公司 2002 年度发行可转换公司债券的发行方案》。

(3)审议通过《关于本次发行可转换公司债券有效期限的议案》。

(4)逐项审议通过《关于授权公司董事会办理本次发行可转换公司债券相关事宜的议案》。

(5)审议通过《关于公司 2002 年度发行可转换公司债券募集资金运用可行性的议案》。

(6)审议通过《公司董事会关于前次募集资金使用情况的说明》。

本次股东大会决议公告刊登在 2002 年 5 月 22 日的《上海证券报》第 12 版。

(三)2002 年第二次临时股东大会

1.股东大会的通知、召集、召开情况

公司于 2002 年 9 月 28 日在《上海证券报》上刊登了《安徽山鹰纸业股份有限公司董事会关于召开 2002 年第二次临时股东大会的通知》,2002 年 10 月 30 日公司 2002 年第二次临时股东大会在公司四楼会议室如期召开。出席会议的股东代表 5 人,代表公司 10050 万股,占公司总股本 16050 万股的 62.62%。

2.股东大会通过的决议及决议刊登情况

会议按公司章程规定采取记名投票表决方式,审议通过以下议案:

(1)审议通过《关于提名公司第二届董事会成员候选人的议案》。

(2)逐项审议通过《关于提名公司第二届监事会成员候选人的议案》。

(3)审议通过《关于进一步明确公司首次公开发行股票募集资金投资项目安排的议案》。

本次股东大会决议公告刊登在 2002 年 10 月 31 日的《上海证券报》第 9 版。

3.选举、更换公司董事、监事情况

(1)选举王德贤、汤浦泉、夏林、杨义传、王黄来、包先保、关德琪、曹朴芳、王居才、林钟高、吴革等十一人为公司第二届董事会成员,其中曹朴芳、王居才、林钟高、吴革等四人为公司独立董事,增选包先保和关德琪为第二届董事会董事,第一届董事会董事谢皖生和赵英祥不再担任第二届董事会董事。

(2)本次股东大会公司审议通过《关于提名公司第二届监事会成员候选人的议案》,采取累计投票制选举沈晓卿、周德林为公司第二届监事会成员中由股东代表出任的监事。

另外经工会委员会研究决定,推荐潘苏云为第二届监事会职工监事。

公司第二届监事会由以上三人组成,与第一届监事会成员相比未发生变化。

第七章 董事会报告

一、报告期内公司经营情况

1.公司主营业务范围及经营状况

(1)公司主营业务范围公司经营范围为:纸、纸板、纸箱制造,本公司生产产品出口及本公司生产、科研所需的原辅材料、机械设备、仪器仪表、零配件进口。

公司属于轻工业类制浆造纸企业,主营"山鹰牌"各类包装纸板、纸箱及其它纸制品的生产和销售。公司是安徽省重点扶持发展的 40 家大型骨干企业之一,国家火炬计划重点高新技术企业。公司坚持以废纸为主要原料,减少污染,保护环境,经过不断的产品结构调整与优化,产品质量和技术装备均达到国内先进水平,主导产品可替代进口,生产规模和经济效益连续多年居安徽省造纸业首位。

(2)公司主营业务完成情况

2002 年国内纸业市场需求增大,公司抓住机遇,坚持品种结构调整优化和发展规模经济同步推进,加快技术改造项目进度,不断提升技术装备水平,加强管理,在市场竞争日趋激烈的情况下克服重重困难,基本实现了 2002 年生产经营目标,发展后劲增强。

报告期内公司按行业、产品、地区分类的主营业务收入和主营业务利润构成:

项目名称	主营业务收入	比例,%
1.按行业分		
造纸	354,892,043.17	72.69
包装	133,332,747.21	27.31
2.按产品分		
纸及纸板	354,892,043.17	72.69
纸箱纸管	133,332,747.21	27.31
3.按地区分		
国内	488,224,790.38	100.00
国外		

项目名称	主营业务利润	比例,%
1.按行业分		
造纸	45,835,369.62	65.11
包装	24,562,152.06	34.89
2.按产品分		
纸及纸板	45,835,369.62	65.25
纸箱纸管	24,562,152.06	34.75
3.按地区分		
国内	70,397,521.68	100.00
国外		

(3)公司主要产品生产经营情况

占公司主营业务收入或主营业务利润 10%以上的主要产品,其生产经营及市场占有率情况如下:

产品名称	销售收入	销售成本
箱纸板	320,802,416.40	273,349,159.75
纸箱纸管	128,652,070.75	104,939,103.31

产品名称	毛利率	市场占有率
箱纸板	14.79%	2.74%
纸箱纸管	18.43%	0.45%

[资料来源]:市场占有率以公司产品销售量占国内同类产品消费总量的比重计算。行业数据摘自 2001 年第 6 期《纸和造纸》和 2003 年第一期《造纸信息》。

2.公司主要控股公司及参股公司的经营情况及业绩

(1)马鞍山市天福纸箱纸品有限公司

公司持有马鞍山市天福纸箱纸品有限公司 98.75%的股权,该公司现注册资本为 1,000 万元,法定代表人包先保,兼任该公司经理。主营业务为:生产销售纸管、纸箱、纸制品、纱管纸、瓦楞原纸、箱纸板、分切纸、商标标识印刷。报告期末该公司总资产为 51,406,274.44 元,报告期内实现主营业务收入 68,759,316.62 元,实现净利润 9,392,029.78 元。

(2)马鞍山市蓝天废旧物资回收有限公司

公司持有马鞍山市蓝天废旧物资回收有限公司 95%的股权,该公司现注册资本为 244 万元,法定代表人张维忠,兼任该公司经理。主营业务为:购销造纸原材料及辅助材料。报告期末该公司总资产为 4,789,407.98 元,报告期内实现主营业务收入 112,176,491.64 元,实现净利润 1,447,871.65 元。

(3)苏州山鹰纸业纸品有限责任公司

公司持有苏州山鹰纸业纸品有限责任公司 75%的股权,该公司于 2001 年 12 月登记注册成立,注册资本为 1,500 万元,法定代表人关德琪,兼任该公司总经理。主营业务为:生产销售纸板、瓦楞箱板、纸箱、纸制品。该公司 1800mm 纸箱生产线已安装完毕,现进入运行调试阶段。

(4)扬州市邗江现代彩印包装有限公司

2002 年 7 月本公司和马鞍山市天福纸箱纸品有限公司共同出资受让扬州市邗江现代彩印包装有限公司股权,本公司持有扬州市邗江现代彩印包装有限公司 66.67%的股权。该公司注册资本 150 万元,法定代表人沈晓卿,兼任该公司总经理。主营业务为:生产销售包装制品、塑料制品、纸张印刷。报告期末该公司总资产为 14,467,430.01 元,报告期内实现主营业务收入 16,494,488.25

元,现净利润-110,712.30 元。

(5)杭州山鹰纸业纸品有限公司

公司持有杭州山鹰纸业纸品有限公司 75%的股权，该公司于 2002 年 9 月 20 日登记注册成立,注册资本 800 万元,法定代表人李昌斌。主营业务为:生产瓦楞纸箱板,销售箱纸板、纱管纸。该公司目前尚处于建设期。

3、主要供应商和客户情青况

2002 年公司前 5 名供应商的采购额合计为 119,193,147.92 元,占年度采购总额的 65%。

2002 年公司前 5 名客户的销售额合计为 79,693,639.08 元,占年度销售总额的 16.32%。

4、经营中出现的问题与困难及解决方案

近年来国内包装纸板生产企业规模迅速扩大，加上中国入世后面临国际纸业公司和进口纸的冲击,市场竞争日趋激烈。公司必须要不断扩大规模、提高产品质量档次、降低成本,增强竞争力,才能保证持续稳定发展。由于造纸投资大,项目建设所需资金问题较为突出;另外随着公司规模的大幅增加,废纸原料收购和产品市场开拓两个重要环节面临考验。

针对以上问题和困难,公司主要开展了以下工作:

(1)积极申请发行 2.5 亿元可转换公司债券,以缓解项目建设所需资金问题,保证项目建设进度,进一步扩大生产规模,调整产品结构,提高市场份额。

(2)为保证废纸来源和扩大收购渠道,公司一方面充实废纸人员队伍,一方面在南京、扬州等地增设收购点,完善废纸收购网络,同时健全废纸收购、检验、货款支付等相关制度,确保生产所需废纸的供应。

(3)抓好生产降耗工作。首先加快年产 5 万吨高档包装箱纸板募集资金项目的达产;其次确保现有各条生产线满负荷运转,2002 年全年完成纸板产量 19.76 万吨,比 2001 年增长 52%,实现规模效益。同时加强内部管理,狠抓节能降耗,严把采购关,降低产品成本。

(4)营销方面,公司在保持价格竞争优势的基础上,加强销售力量,修订销售人员业绩考核办法，在考核销售量、回笼资金的同时增加部分软指标的考核,2002 年公司销售资金回笼率达到 99.13%,市场开拓成效明显,公司产品在浙江地区的销售量大幅增加。

(5)根据公司经营发展战略,大力发展纸箱、纸管等纸制品,向造纸下游产业链延伸,提高了产品附加值,促进纸板销售,达到纸板与纸箱互助发展的目的。2002 年公司纸箱销售量比 2001 年增长了 249%,为公司带来了良好的效益。

(6)公司为提高管理水平,有效控制和降低成本,积极实施信息化管理,设立了信息中心专门从事此项工作,目前信息化管理系统网络布线已基本完成。

5、经营计划完成情况

根据公司《招股说明书》盈利预测及公司 2001 年年报披露的 2002 年经营计划，2002 年公司计划主营业务收入 41,982 万元,净利润 2,660 万元。实际完成主营业务收入 48,822.48 万元,比计划增长 16.3%,比去年同期增长 73.8%;净利润 2,511.83 万元,比去年同期增长 9.04%;完成计划的 94.4%。

二、报告期内投资情况

报告期内,公司实际投资 34,229.25 万元,比上年增长 101.49%。

1、募集资金使用情况

公司于 2001 年 11 月 22 日成功发行 6,000 万股社会公众股,根据《招股说明书》承诺,募股资金计划用于 6 个项目建设,共需资金 51,474.97 万元。由于实际募集资金 17,388.42 万元与项目所需资金缺口较大，根据公司一届九次董事会和一届十五次董事会决议及 2002 年第二次临时股东大会决议,本次募集资金只投入 8 万吨/年牛皮箱纸板技改工程和 5 万吨/年高档包装箱纸板技改工程两个项目,除 1.5 万吨/年纱管纸技改项目暂不实施外,其余 3 个项目作为公司 2002 年发行可转换公司债券募集资金项目。具体内容详见 2002 年 3 月 30 日、2002 年 9 月 28 日和 2002 年 10 月 31 日的《上海证券报》。

公司对前次募集资金的实际使用与招股说明书承诺的项目和董事会关于前次募集资金投向的安排相符,募集资金使用良好。截止 2002 年 12 月 31 日,募集资金实际投入情况如下:(单位:万元)

项目名称	募集资金实际投入		
	2001 年	2002 年	累计
8 万吨/年牛皮箱纸板技改工程	5,663.09	6,458.45	12,121.54
5 万吨/年高档包装箱纸板技改工程	3,025.20	2,241.68	5,266.88
合计	8,688.29	8,700.13	17,388.42

项目计划投资进度、实际投资进度及预计收益情况如下:

单位:万元

项目名称	计划投资	计划进度		
		2001 年	2002 年	2003 年
8 万吨/年牛皮箱纸板技改工程	22922.89	8708.26	11192.3	3022.33
5 万吨/年高档包装箱纸板技改工程	5182.66	2940.98	2241.68	--
合计	28105.55	11649.24	13433.98	3022.33

项目名称	预计收益		累计实际投资
	营业收入	净利润	
8 万吨/年牛皮箱纸板技改工程	30,400	4107.9	27,560.28
5 万吨/年高档包装箱纸板技改工程	19,000	1595.64	5,266.88
合计			32,827.16

说明:

(1)截止 2002 年 12 月 31 日募集资金项目共使用募集资金 17,388.42 万元,占募集资金总额的 100%。

(2)8 万吨/年牛皮箱纸板技改工程为国债贴息项目，截止 2002 年 12 月 31 日实际投资额 27,560.28 万元,占计划投资总额的 120.23%,其中募集资金投资 12,121.54 万元,贷款投资 10,000 万元。该项目超投资计划主要是由于增购部分进口设备和土地开发费用增加所致。该项目按计划于 2002 年 9 月底安装完毕,目前处于调试阶段,计划 2003 年上半年投产。

(3)5 万吨/年高档包装箱纸板技改工程已按计划进度完成,项目实际投资为 5,266.88 万元,占计划投资的 101.63%。2002 年全年累计完成产量 53,483 吨,实现销售收入 11,482.22 万元,成本 9,808.50 万元,销售利润 1,673.72 万元。

2、非募集资金投资情况

报告期内非募集资金投资重大项目、项目进度及收益情况:

单位:万元

项目名称	计划投资	实际投资	
		2001 年	2002 年
250t/d 精制 AOCC 制浆线改造项目	2,890.38	--	1,846.78
污水处理场及净水系统工程项目	2,523.60	--	1,532.44

项目名称	累计	项目进度
250t/d 精制 AOCC 制浆线改造项目	1,846.78	63.89%
污水处理场及净水系统工程项目	1,532.44	60.72%

三、公司财务状况分析

1、报告期末,公司总资产 83,089.91 万元,较上年末总资产 66,627.67 万元增长了 24.71%,主要由于公司项目陆续投产,生产经营规模扩大所致。

2、报告期末，公司长期负债 21,008.60 万元，比上年末长期负债 14,367.25 万元增长了 46.23%,主要由于公司技术改造项目借款增加所致。

3、报告期末,公司股东权益 34,875.82 万元,比上年末股东权益 32,979.49 万元增长了 5.75%,主要由于本期净利润转入所致。

4、报告期内，公司主营业务收入 48,822.48 万元，比上年度增长 73.8%；主营业务利润 7,039.75 万元,比上年度 4,996.02 万元增长了 40.91%。由于 2002 年公司主要技术改造项目达产良好,纸板和纸箱的产销量增幅均较大,同时技术改造后产品质量和档次提高,销售良好,使得主营业务收入和主营业务利润增幅较大。

5、报告期内,公司净利润 2,511.83 万元,比上年度净利润 2,303.51 万元增长了 9.04%,主要是由于公司生产规模扩大,产销量提高,产品结构更趋合理,销售状况良好所致。但由于受纸品进口总量增加和国际经济总体下滑的影响,国内纸业市场竞争激烈,造成价格下滑而成本上升,加上公司规模迅速扩大,为了占领市场调整了部分产品售价,使得净利润增幅相对较小。预计 2003 年公司募集资金项目年产 8 万吨牛皮箱纸板工程和在建纸箱生产线能够顺利投产见效,将会成为公司新的经济增长点。

6、报告期内,公司经营活动产生的现金流量净额为 6,114.82 万元,比上年度的-521.44 万元增长 1273%，主要是由于销售增长，相应的现金流量也增长。现金及现金等价物净增加额为-8,242.16 万元,上年度为 11,466.90 万元,下降的主要原因是由于年初募集资金未用完,至报告期末募集资金已全部用完所致。

第九章　重要事项

一、本年度公司无重大诉讼、仲裁事项。

二、报告期内公司没有重大的收购及出售资产、吸收合并事项

三、报告期内,公司没有发生重大关联交易事项。

四、重大合同及履行情况

1、报告期内,公司无托管、承包、租赁其它公司资产或其它公司托管、承包、租赁本公司资产的事项。

2、报告期内,公司除为控股子公司担保外,无对外担保事项。

3、报告期内,公司没有发生委托他人进行现金资产管理事项,未来也没有委托理财计划。

4、其它重大合同

(1)公司一届十二次董事会审议通过同意公司与中国银行安徽省分行签署《可转换公司债券担保合同书》，中国银行安徽省分行同意为本公司 25,000 万元可转换公司债券提供连带责任保证;同时同意公司与中国银行马鞍山分行签署《反担保抵押合同书》。详细情况已在公司 2002 年半年度报告中进行披露。

(2)公司一届十三次董事会审议通过同意公司与非关联方江苏三羹集团有限公司签订《设备等财产转让合同》,出资 1153 万元购买其五层瓦楞纸板机等设备和资产,该合同已履行完毕。

(3)公司 2002 年 7 月与台湾裕力机械股份有限公司签订购销合同,合同号为 S20020701,购买两套 2.2m×250m/min 五层瓦楞箱纸板流水线及配件,合同总金额 388 万美元。目前该合同正在履行。

(4)报告期内,公司尚在履行的 1000 万元以上的借款合同见下表。

单位:万元

借款银行	借款金额	借款日期	到期日期
工商银行金家庄办事处	5,000	2002-12-31	2005-12-31
工商银行金家庄办事处	1,700	2002-12-31	2007-12-31
光大银行	1,000	2002-7-18	2005-7-17
光大银行	1,000	2002-7-18	2005-7-17
中国建设银行金家庄办事处	1,000	2002-9-27	2004-9-27
中国银行马鞍山分行	1,000	2002-9-30	2004-9-30
工商银行汇通办事处	1,657.94	2002-11-29	2003-11-29
工商银行金家庄办事处	3,000	2000-10-31	2003-1-29
工商银行金家庄办事处	4,000	2001-5-31	2003-5-31
工商银行金家庄办事处	3,000	2001-6-29	2004-6-28
工商银行金家庄办事处	1,9510	2001-8-29	2006-8-26

五、承诺事项

持股 5%以上的股东为本公司控股股东山鹰公司，山鹰公司在报告期内或持续到报告期内已对本公司及全体股东作出承诺,对本公司已进行建设和拟投资兴建的项目,将在项目选择和投资方向上,避免与本公司相同或相似,不与本公司发生同业竞争,以维护本公司的利益。另外,山鹰公司承诺在一年内不转让、也不由本公司回购其所持有的本公司 9,346.5 万股发起人股份。山鹰公司在报告期内履行了上述承诺事项。

六、公司聘任、解聘会计师事务所情况

报告期内，公司续聘天健会计师事务所有限公司担任本公司审计工作,2002 年支付给天健会计师事务所有限公司审计费用 60 万元,其中 2002 年年报审计费用 40 万元,公司为发行可转债支付给会计师事务所审计费用 20 万元。

该事务所为公司提供审计服务 2 年。

七、报告期内,公司、公司董事会及董事没有受中国证监会稽查、中国证监会行政处罚、通报批

评、证券交易所公开谴责的情形。

八、其他重大事项

1、公司2002 年第一次临时股东大会批准公司2002 年发行2.5 亿元可转换公司债券,为保证可转债顺利发行,公司拟对可转债部分发行条款进行修改,并延长发行有效期限,上述议案已经公司二届三次董事会审议通过,须提交2003 年第一次临时股东大会审议。具体内容详见2003 年1月8 日的《上海证券报》。

2、公司一届十三次董事会审议通过《关于向中国银行马鞍山分行申请1 亿元人民币授信额度的议案》,本公司向中国银行马鞍山分行申请1 亿元人民币授信额度,其中短期贷款额度7000 万元,信用证及保函额度3000 万元,期限一年。具体内容详见2002 年7 月31 日的《上海证券报》。

3、公司一届十三次董事会审议同意公司与非关联方江苏三笑集团有限公司签署《股权转让协议》,出资100 万元人民币,收购江苏三笑集团有限公司持有的扬州邗江现代彩印包装有限公司66.67%的股权。通过本次资产收购,公司顺利实现了包装纸板产品在苏北地区的布点,有效降低运输成本,有利于公司产品在江苏及沿海地区市场的拓展,符合公司发展战略和地区布局构想。

4、公司一届十四次董事会审议通过《关于投资组建杭州山鹰纸业纸品有限公司的议案》,同意公司出资600 万元,组建杭州山鹰纸业纸品有限公司,本公司持有其75%的股权。

第十章 财务报告

一、审计报告

审计报告

天健(2003)审字007 号

安徽山鹰纸业股份有限公司全体股东:

我们接受委托,审计了贵公司2002 年12 月31 日的资产负债表及合并资产负债表、2002 年度的利润及利润分配表、2002 年度的合并利润及利润分配表、2002 年度的现金流量表及合并现金流量表。这些会计报表由贵公司负责,我们的责任是对这些会计报表发表审计意见。我们的审计是根据中国注册会计师独立审计准则进行的。在审计过程中,我们结合贵公司的实际情况,实施了包括抽查会计记录等我们认为必要的审计程序。

我们认为,上述会计报表符合企业会计准则和《企业会计制度》的有关规定,在所有重大方面公允地反映了贵公司2002 年12 月31 日的财务状况、2002 年度的经营成果、2002 年度的现金流量,会计处理方法的选用遵循了一贯性原则。

天健会计师事务所有限公司　　中国注册会计师　童传江

2003 年1 月26 日　　中国注册会计师　王　树

二、经审计的财务报表(附后)

第十一章 备查文件目录

1、载有法定代表人、主管会计工作负责人、财务负责人签名并盖章的会计报表。

2、载有会计师事务所盖章、注册会计师签名并盖章的审计报告原件。

3、报告期内在中国证监会指定报纸上公开披露过的所有公司文件的正本及公告的原稿。

上述文件的原件备置于公司证券部。当中国证监会、证券交易所要求提供时,或股东依据法规或公司章程要求查阅时,公司将及时提供。

附:财务报表

资产负债表

编制单位:安徽山鹰纸业股份有限公司　　单位:人民币元

	注释	2002 年12 月31 日 母公司	合并
流动资产			
货币资金	五.1	62,848,566.99	83,768,692.46
短期投资			
应收票据	五.2	17,253,425.00	17,831,999.51
应收股利			
应收利息			
应收账款	五.3	40,575,486.42	40,215,986.86
其他应收款	五.4	18,796,293.55	2,632,810.49
预付账款	五.5	25,982,564.14	27,914,831.30
应收补贴款			
存货	五.6	48,919,186.83	74,262,311.85
待摊费用			70,923.55
待处理流动资产净损失			
一年内到期的长期债权投资			
其他流动资产			
流动资产合计		214,375,522.93	246,697,556.02
长期投资			
长期股权投资	五.7	52,581,552.23	5,287,375.39
长期债权投资			
长期投资合计		52,581,552.23	5,287,375.39
固定资产			
固定资产原价	五.8	293,340,691.59	318,355,703.28
减:累计折旧	五.8	78,460,109.66	81,510,983.84
固定资产净值		214,880,581.93	236,844,719.44
减:固定资产减值准备		426,464.87	426,464.87
固定资产净额		214,454,117.06	236,418,254.57
工程物资			
在建工程	五.9	318,207,138.69	338,988,960.20
固定资产清理			
固定资产合计		532,661,255.75	575,407,214.77
无形资产及其他资产			
无形资产			
长期待摊费用	五.10		3,506,984.21
其他长期资产			
无形资产及其他资产合计			3,506,984.21
递延税项			
递延税款借项			
递延税项合计			
资产总计		799,618,330.91	830,899,130.39

	注释	2001 年12 月31 日 母公司	合并
流动资产			
货币资金	五.1	145,579,345.32	166,190,330.35
短期投资			
应收票据	五.2	20,277,093.05	20,947,778.03
应收股利			
应收利息			
应收账款	五.3	33,501,919.30	35,150,552.92
其他应收款	五.4	3,358,487.84	3,717,479.43
预付账款	五.5	12,825,424.80	13,071,751.72
应收补贴款			
存货	五.6	57,650,491.42	62,858,972.54
待摊费用			
待处理流动资产净损失			
一年内到期的长期债权投资			
其他流动资产			
流动资产合计		273,192,761.73	301,936,864.99
长期投资			
长期股权投资	五.7	34,333,620.51	5,000,000.00
长期债权投资			
长期投资合计		34,333,620.51	5,000,000.00
固定资产			
固定资产原价	五.8	194,857,721.27	195,073,291.45
减:累计折旧	五.8	60,606,880.14	60,655,869.82
固定资产净值		134,250,841.13	134,417,421.63
减:固定资产减值准备		426,464.87	426,464.87
固定资产净额		133,824,376.26	133,990,956.76
工程物资			
在建工程	五.9	225,338,686.20	225,338,686.20
固定资产清理			
固定资产合计		359,163,062.46	359,329,642.96
无形资产及其他资产			
无形资产			
长期待摊费用	五.10		10,210.00
其他长期资产			
无形资产及其他资产合计			10,210.00
递延税项			
递延税款借项			
递延税项合计			
资产总计		666,689,444.70	666,276,717.95

所附注释为本会计报表的组成部分

公司负责人:王德贤　　财务负责人:樊茂英　　编制人:张煜

资产负债表(续)

编制单位:安徽山鹰纸业股份有限公司　　单位:人民币元

	注释	2002 年12 月31 日 母公司	合并
流动负债			
短期借款	五.11	73,026,451.99	73,026,451.99
应付票据	五.12	2,060,593.43	12,701,726.18
应付账款	五.13	69,892,631.62	72,454,188.21
预收账款	五.14	4,049,705.98	5,038,064.17
应付工资	五.15		199,859.24
应付福利费		32,598.65	366,156.24
应付股利	五.16	8,025,000.00	8,025,000.00
应交税金	五.17	5,751,028.18	5,835,235.18
其他应交款	五.18	65,398.55	86,636.56
其他应付款	五.19	21,228,934.83	21,711,877.29
预提费用	五.20	1,789,434.28	2,101,258.25
一年内到期的长期负债	五.21	70,000,000.00	70,000,000.00
其他流动负债			
流动负债合计		255,921,777.51	271,546,453.31
长期负债			
长期借款	五.22	183,500,000.00	199,506,862.50
应付债券			
长期应付款			
专项应付款	五.23	10,579,168.67	10,579,168.67
住房周转金			
其他长期负债			
长期负债合计		194,079,168.67	210,086,031.17
递延税项			
递延税款贷项			
递延税项合计			
负债合计		450,000,946.18	481,632,484.48
少数股东权益			508,485.13
股东权益			
股本	五.24	160,500,000.00	160,500,000.00
资本公积	五.25	134,708,408.91	134,708,408.91
盈余公积	五.26	14,840,451.45	14,668,606.66
其中:公益金		7,420,225.74	7,334,303.34
未分配利润	五.27	39,568,524.37	38,881,145.21
股东权益合计		349,617,384.73	348,758,160.78
负债和股东权益总计		799,618,330.91	830,899,130.39

	注释	2001 年12 月31 日 母公司	合并
流动负债			
短期借款	五.11	42,029,318.80	42,029,318.80
应付票据	五.12	3,250,000.00	3,250,000.00
应付账款	五.13	35,017,094.84	33,317,815.42
预收账款	五.14	1,317,749.68	1,638,269.40
应付工资	五.15		
应付福利费			269,953.28
应付股利	五.16	9,630,000.00	9,630,000.00
应交税金	五.17	9,410,751.89	9,523,071.24
其他应交款	五.18	41,309.54	45,966.95
其他应付款	五.19	36,174,003.10	36,335,573.83
预提费用	五.20	1,351,881.90	1,450,722.90
一年内到期的长期负债	五.21	55,000,000.00	55,000,000.00
其他流动负债			
流动负债合计		193,222,109.75	192,490,691.82

长期负债			
长期借款	五.22	128,500,000.00	128,500,000.00
应付债券			
长期应付款			
专项应付款	五.23	15,172,458.67	15,172,458.67
住房周转金			
其他长期负债			
长期负债合计		143,672,458.67	143,672,458.67
递延税项			
递延税款贷项			
递延税项合计			
负债合计		336,894,568.42	336,163,150.49
少数股东权益			318,691.18
股东权益			
股本	五.24	160,500,000.00	160,500,000.00
资本公积	五.25	132,838,408.91	132,838,408.91
盈余公积	五.26	9,644,949.77	9,644,949.77
其中:公益金		4,822,474.89	4,822,474.89
未分配利润	五.27	26,811,517.60	26,811,517.60
股东权益合计		329,794,876.28	329,794,876.28
负债和股东权益总计		666,689,444.70	666,276,717.95

所附注释为本会计报表的组成部分

公司负责人:王德贤　　财务负责人:樊茂英　　编制人:张煜

利润表

编制单位:安徽山鹰纸业股份有限公司　　单位:人民币元

	注释	2002年度	
		母公司	合并
主营业务收入	五.28	451,079,399.40	488,224,790.38
减:主营业务成本	五.28	398,080,104.54	415,483,553.85
主营业务税金及附加	五.29	2,098,245.56	2,343,714.85
主营业务利润		50,901,049.30	70,397,521.68
加:其他业务利润	五.30	(51,008.54)	(21,444.99)
减:营业费用	五.31	12,160,109.61	16,035,874.20
管理费用		12,708,413.59	18,581,810.65
财务费用	五.32	5,983,011.10	6,182,148.76
营业利润		19,998,506.46	29,576,243.08
加:投资收益	五.33	11,211,931.73	251,375.39
补贴收入	五.34	435,000.00	2,334,665.19
营业外收入		39,698.32	47,943.05
减:营业外支出		161,678.64	208,110.84
利润总额		31,523,457.87	32,002,115.87
减:所得税	五.35	5,545,949.41	6,694,037.41
少数股东损益			189,793.96
净利润		25,977,508.46	25,118,284.50

	注释	2001年度	
		母公司	合并
主营业务收入	五.28	265,850,404.38	280,946,033.75
减:主营业务成本	五.28	227,282,425.31	229,558,274.10
主营业务税金及附加	五.29	973,946.15	1,427,515.13
主营业务利润		37,594,032.92	49,960,244.52
加:其他业务利润	五.30	658,451.11	533,480.39
减:营业费用	五.31	3,430,330.08	3,430,330.08
管理费用		14,448,379.48	18,248,560.25
财务费用	五.32	5,461,027.76	5,426,074.17
营业利润		14,912,746.71	23,388,760.41
加:投资收益	五.33	13,378,175.52	217,950.00
补贴收入	五.34		3,893,143.86
营业外收入		16,494.04	16,694.04
减:营业外支出		120,007.42	151,704.08
利润总额		28,187,408.85	27,364,844.23
减:所得税	五.35	5,152,346.51	4,162,185.11
少数股东损益			167,596.78
净利润		23,035,062.34	23,035,062.34

所附注释为本会计报表的组成部分

公司负责人:王德贤　　财务负责人:樊茂英　　编制人:张煜

利润分配表

编制单位:安徽山鹰纸业股份有限公司　　单位:人民币元

	注释	2002年度	
		母公司	合并
净利润		25,977,508.46	25,118,284.50
加:年初未分配利润		26,811,517.60	26,811,517.60
其他转入			
可供分配的利润		52,789,026.06	51,929,802.10
减:提取法定盈余公积		2,597,750.85	2,511,828.45
提取法定公益金			
提取职工奖励及福利基金			
提取储备基金			
提取企业发展基金			
利润归还投资			
可供股东分配的利润		47,593,524.37	46,906,145.21
减:应付优先股股利			
提取任意盈余公积			
应付普通股股利		8,025,000.00	8,025,000.00
转作股本的普通股股利			
未分配利润		39,568,524.37	38,881,145.21

	注释	2001年度	
		母公司	合并
净利润		23,035,062.34	23,035,062.34
加:年初未分配利润		18,013,467.72	18,013,467.72
其他转入			
可供分配的利润		41,048,530.06	41,048,530.06
减:提取法定盈余公积		2,303,506.23	2,303,506.23
提取法定公益金			
提取职工奖励及福利基金			
提取储备基金			
提取企业发展基金			
利润归还投资			
可供股东分配的利润		36,441,517.60	36,441,517.60
减:应付优先股股利			
提取任意盈余公积			
应付普通股股利		9,630,000.00	9,630,000.00
转作股本的普通股股利			
未分配利润		26,811,517.60	26,811,517.60

所附注释为本会计报表的组成部分

公司负责人:王德贤　　财务负责人:樊茂英　　编制人:张煜

现金流量表

编制单位:安徽山鹰纸业股份有限公司

	注释	2002年度
		母公司
一、经营活动产生的现金流量:		
销售商品、提供劳务收到的现金		528,154,920.51
收到的税费返还		1,865,000.00
收到的其他与经营活动有关的现金		
现金流入小计		530,019,920.51
购买商品、接受劳务支付的现金		386,661,806.03
支付给职工以及为职工支付的现金		22,752,857.58
支付的各项税款		45,312,159.82
支付的其他与经营活动有关的现金	五.40	27,238,530.22
现金流出小计		481,965,353.65
经营活动产生的现金流量净额		48,054,566.86
二、投资活动产生的现金流量:		
收回投资所收到的现金		
取得投资收益所收到的现金		264,000.00
处置固定资产、无形资产和其他长期资产收回的现金		
收到的其他与投资活动有关的现金		
现金流入小计		264,000.00
购建固定资产、无形资产和其他长期资产所支付的现金		200,749,815.19
投资所支付的现金		7,300,000.00
债权性投资所支付的现金		
支付的其他与投资活动有关的现金		
现金流出小计		208,049,815.19
投资活动产生的现金流量净额		207,785,815.19)
三、筹资活动产生的现金流量:		
吸收权益性投资所收到的现金		
发行债券所收到的现金		
借款所收到的现金		357,027,678.35
收到的其他与筹资活动有关的现金	五.41	3,000,000.00
现金流入小计		360,027,678.35
偿还债务所支付的现金		256,030,930.02
分配股利或偿付利息所支付的现金		24,291,592.22
支付的其他与筹资活动有关的现金	五.42	2,704,686.11
现金流出小计		283,027,208.35
筹资活动产生的现金流量净额		77,000,470.00
四、汇率变动对现金的影响额		
五、现金及现金等价物净增加额		(82,730,778.33)

	注释	2002年度
		合并数
一、经营活动产生的现金流量:		
销售商品、提供劳务收到的现金		592,156,337.03
收到的税费返还		3,764,665.19
收到的其他与经营活动有关的现金		11,719.43
现金流入小计		595,932,721.65
购买商品、接受劳务支付的现金		426,609,846.76
支付给职工以及为职工支付的现金		30,773,941.57
支付的各项税款		48,409,816.53
支付的其他与经营活动有关的现金	五.40	28,990,914.23
现金流出小计		534,784,519.09
经营活动产生的现金流量净额		61,148,202.56
二、投资活动产生的现金流量:		
收回投资所收到的现金		
取得投资收益所收到的现金		264,000.00
处置固定资产、无形资产和其他长期资产收回的现金		
收到的其他与投资活动有关的现金		
现金流入小计		264,000.00
购建固定资产、无形资产和其他长期资产所支付的现金		229,934,678.53
投资所支付的现金		300,000.00
债权性投资所支付的现金		
支付的其他与投资活动有关的现金		6,462,787.01
现金流出小计		236,697,465.54
投资活动产生的现金流量净额		(236,433,465.54)
三、筹资活动产生的现金流量:		
吸收权益性投资所收到的现金		
发行债券所收到的现金		
借款所收到的现金		389,027,678.35
收到的其他与筹资活动有关的现金	五.41	3,077,836.98
现金流入小计		392,105,515.33
偿还债务所支付的现金		272,030,930.02
分配股利或偿付利息所支付的现金		24,506,274.12
支付的其他与筹资活动有关的现金	五.42	2,704,686.11
现金流出小计		299,241,890.25
筹资活动产生的现金流量净额		92,863,625.08
四、汇率变动对现金的影响额		
五、现金及现金等价物净增加额		(82,421,637.90)

安阳钢铁股份有限公司

安阳钢铁股份有限公司2002年年度报告

一、公司基本情况简介

(一)公司名称:安阳钢铁股份有限公司
公司英文名称:AnYangIron&SteelInc.
英文缩写:AYIS
(二)公司法定代表人:王子亮
(三)公司董事会秘书:阎长宽
证券事务代表:段金亮
联系地址:河南省安阳市殷都区梅元庄
联系电话:0372——3120175
传真:0372——3120181
电子信箱:AGCWC @371.NET
(四)公司注册、办公地址:河南省安阳市殷都区梅元庄
邮政编码:455004
公司互联网网址:http://www.aysteel.com.cn
公司电子信箱:AGZQ@sohu.com
(五)公司指定信息披露报纸:《中国证券报》、《上海证券报》
登载公司年度报告的国际互联网网址:http://www.sse.com.cn
公司年度报告备置地点:本公司证券部
(六)公司股票上市交易所:上海证券交易所
公司股票简称:安阳钢铁
公司股票代码:600569
(七)其他有关资料:
首次注册登记日期:1993年11月15日
变更注册登记日期:2003年3月12日
注册地点:河南省安阳市殷都区梅元庄
企业法人营业执照注册号:4100001002945
税务登记号码:410500172199044
公司聘请的会计师事务所
名称:亚太(集团)会计师事务所有限公司
办公地址:郑州市红专路84号
安阳钢铁股份有限公司2002年年度报告

二、会计数据和业务数据摘要

(一)本年度主要会计数据
(单位:人民币元)

利润总额	725597259.08
净利润	537303166.45
扣除非经常性损益后的净利润	486128713.27
主营业务利润	1091147872.78
其他业务利润	16644066.04
营业利润	718574454.40
投资收益	7165411.87
补贴收入	0
营业外收支净额	-142607.19
经营活动产生的现金流量净额	1021050139.28
现金及现金等价物净增减额	337542464.71

扣除非经常性损益后的净利润的扣除项目:

1、营业外收入:	
处理固定资产净收益	4356206.40
罚款收入	418849.49
其他	-32200.40
合计	4742855.49
2、营业外支出:	
处理固定资产净损失	4621750.17
赔偿违约金及罚款	155912.51
债务重组损失	100000.00
其他	7800.00
合计	4885462.68
3、所得税返还	51270000.00

三、股本变动及股东情况

(一)股本变动情况表(截止2002年12月31日)
数量单位:股
本次变动增减+、—

项目	本次变动前	配股	送股	转股	首发
一、未上市流通股份					
1、发起人股份:	870490259				
国家持有股份	870490259				
境内法人持有股份					
境外法人持有股份					
其他					
2、募集法人股					
3、内部职工股	200000000				
4、优先股或其他					
未上市流通股份合计	1070490259				
二、已上市流通股份					
1、人民币普通股	275000000				
2、境内上市的外资股					
境外上市的外资股					
已上市流通股份合计	275000000				
三、股份总数	1345490259				

本次变动增减+、—

项目	国有股减持	本次变动后
一、未上市流通股份		
1、发起人股份:		870490259
国家持有股份		870490259
境内法人持有股份		
境外法人持有股份		
其他		
2、募集法人股		
3、内部职工股		200000000
4、优先股或其他		
未上市流通股份合计		1070490259
二、已上市流通股份		
1、人民币普通股		275000000
2、境内上市的外资股		
境外上市的外资股		
已上市流通股份合计		275000000
三、股份总数		1345490259

(二)股票发行与上市情况

1、1993年2月,经河南省体改委批准,由原安阳钢铁公司(后改制为安阳钢铁集团有限责任公司)独家发起,采取定向募集方式设立安阳钢铁股份有限公司,总股本109549万股,其中国家股89549万股,内部职工股20000万股。

2、经中国证监会批准,2001年8月1日,在上海证券交易所通过上网发行人民币普通股27500万股,其中首次公开发行25000万股,国有股存量发行2500万股,发行价6.8元/股,发行市盈率19.59倍。8月20日在上海证券交易所挂牌上市,流通股共27500万股。

3、公司现有内部职工股20000万股,于1993年采取定向募集方式发行,每股1元(人民币)。经中国证监会核准,自2001年8月1日起,期满三年后可上市流通。

(三)股东情况

(1)截止到2002年12月31日,公司股东总数为132599户。

(2)截止到2002年12月31日,公司前10名股东持股情况:

序号	股东名称	持股数(股)	持股比例(%)
1	安阳钢铁集团有限责任公司	870490259	64.70
2	财政金融	3582500	0.27
3	同益基金	2196900	0.16
4	闽发证券	1711045	0.13
5	景宏基金	1440874	0.11
6	武汉证券	1195000	0.09
7	华安上指	890460	0.07
8	红磷公司	777000	0.06
9	华宝信托	663600	0.05
10	宋声时	660614	0.05

(四)公司控股股东情况
名称:安阳钢铁集团有限责任公司
法定代表人:李文山
成立日期:1995年12月
注册资本:贰拾贰亿元人民币
股权结构:国有独资公司

经营范围:经营政府授权的国有资产;经营本企业自产产品及相关技术的出口业务;经营本企业生产、科研所需的原辅材料、机械设备、仪器仪表、零配件及相关技术的进口业务;经营本企业的进料加工和"三来一补"业务。经营冶金产品和副产品、钢铁延伸产品、化工产品(不含易燃易爆及危险品)、冶金辅料、建材、机加工产品、农副产品(不含棉、烟、茧、粮)生产经营;冶金机电设备设计、制造和经营,技术服务协作、咨询服务;利用自有电视台,发布国内电视广告,承办分类电视广告业务。家电及配件、文体用品、广电器材、化肥(焦化副产品,不含尿素)的销售。

安阳钢铁股份有限公司2002年年度报告

四、董事、监事、高级管理人员和员工情况

(一)董事、监事、高级管理人员情况
1、基本情况

姓名	性别	年龄	职务	任期
史济春	男	47	董事长	2002.52005.4
李文山	男	57	董事	2002.52005.4
郝秀仲	男	58	董事	2002.52005.4
窦庆和	男	51	董事	2002.52005.4
姚桐	男	48	董事	2002.52005.4
安志平	男	48	董事	2002.52005.4
谭恩河	男	64	独立董事	2002.52005.4
昝廷全	男	40	独立董事	2002.52005.4
李洪海	男	40	独立董事	2002.52005.4
吴长顺	男	49	监事会主席	2002.52005.4
张太升	男	48	监事会副主席	2002.52005.4
靳雨顺	男	45	监事	2002.52005.4
朱红一	男	42	监事	2002.52005.4
李德新	男	54	监事	2002.52005.4
王建祥	男	42	经理	2002.52005.4
刘润生	男	39	副经理	2002.52005.4
王新江	男	40	副经理	2002.5—2005.4
刘楠	男	43	副经理	2002.5—2005.4
阎长宽	男	39	董事会秘书	2002.5—2005.4
段金亮	男	38	财务负责人	2002.52005.4

姓名	年初持股数量(股)	年末持股数量(股)

史济春	6500	6500
李文山	7000	7000
郝秀仲	6500	6500
窦庆和	6500	6500
姚桐	6500	6500
安志平	6500	6500
谭恩河	0	0
昝廷全	0	0
李洪海	0	0
吴长顺	6500	6500
张太升	6500	6500
靳雨顺	6500	6500
朱红一	6500	6500
李德新	6700	7700
王建祥	6500	6500
刘润生	6000	6000
王新江	6000	6000
刘楠	6700	6700
阎长宽	6200	6200
段金亮	6200	6200

注:除监事李德新先生于2002年4月购入1000股流通股外,其他持股均为内部职工股。

2、年度报酬情况

公司实行工效挂钩类企业工资总额的增长幅度低于经济效益的增长幅度、职工实际平均工资增长幅度低于劳动生产率的增长幅度的"两低于"政策确定公司董事、监事和高级管理人员的报酬,现任董事、监事、高级管理人员有15人在公司领取报酬,年度报酬总额为675555.70元,金额最高的前三名董事的报酬总额130645.30元,金额最高的前三名高管人员的报酬总额112012.10元。

年度报酬在4万元以上的有4人,年度报酬在3.5万元——4万元区间的有1人,年度报酬在3.5万元以下的有7人。

董事李文山、郝秀仲,监事会主席吴长顺、监事会副主席张太升、监事靳雨顺均在股东单位领取报酬。

3、股东单位任职情况

姓名	任职单位	在股东单位担任的职务
		副董事长、党委
史济春	安阳钢铁集团有限责任公司	副书记、总经理
李文山	安阳钢铁集团有限责任公司	董事长、党委书记
郝秀仲	安阳钢铁集团有限责任公司	董事、工会主席
吴长顺	安阳钢铁集团有限责任公司	党委副书记
张太升	安阳钢铁集团有限责任公司	党委副书记、纪委书记
靳雨顺	安阳钢铁集团有限责任公司	监事、审计部部长

4、报告期内董事、监事、高级管理人员变动情况

(1)2002年4月10日,公司第三届董事会第十七次会议通过,因工作需要,同意李存牢辞去经理职务,孙俊北辞去董事会秘书职务;聘任王建祥为公司经理,阎长宽为公司董事会秘书。同意李涛、李利剑辞去副经理职务,靳雨顺辞去财务负责人职务;聘任刘润生、王新江、刘楠为公司副经理,段金亮为公司财务负责人。

(2)2002年5月22日,公司2001年度股东大会选举史济春、李文山、郝秀仲、窦庆和、姚桐、安志平为第四届董事会董事,谭恩河、昝廷全、李洪海为第四届董事会独立董事;吴长顺、张太升、靳雨顺、朱红一、李德新为第四届监事会监事。

(3)2002年5月22日,公司第四届董事会第一次会议选举史济春为公司董事长,聘任王建祥为公司经理,阎长宽为公司董事会秘书;聘任刘润生、王新江、刘楠为公司副经理,段金亮为公司财务负责人。

(4)2002年5月22日,公司第四届监事会第一次会议选举吴长顺为第四届监事会主席、张太升为监事会副主席。

(二)员工情况

公司现有员工18647人,其中销售人员266人,技术人员1369人,财务人员126人,行政人员1247人,生产人员15639人,公司具有专科以上学历人员3860人。公司执行国家以及地方有关法律法规规定的关于职工福利、保险和养老退休制度,离退休职工全部参加社会统筹。

五、公司治理结构

(一)公司按照《公司法》、《证券法》和中国证监会有关法律法规以及《关于在上市公司建立独立董事制度的指导意见》和《上市公司治理准则》等的要求,报告期内修订、完善了《公司章程》、《股东大会议事规则》、《董事会议事规则》、《监事会议事规则》和《经理工作细则》,制定了《独立董事工作细则》、《信息披露管理制度》、《董事会秘书工作细则》、《关联交易管理办法》,对公司建立现代企业制度情况进行了一次全面认真的自查并形成报告上报有关部门。公司于2002年5月召开了年度股东大会,通过了上述行为规范细则并进行了换届选举,选举产生了第四届董事会、监事会,聘任了三名独立董事。公司2003年拟在董事会下设战略、审计、提名、薪酬与考核等四个专门委员会并制定相应的工作细则,将进一步完善治理结构,规范公司运作。

(二)独立董事做为公司的外部董事,严格履行《公司章程》和《独立董事工作细则》规定的权利与义务,既安全维护了公司整体利益不受损害,又维护了广大中小投资者的合法权益不受损害。在董事会会议上就重大关联交易,聘任、解聘高管人员等事项发表了独立意见,充分发挥了独立董事所特有的作用。

(三)公司与控股股东在人员、资产、财务、机构和业务方面做到了"五分开",具有独立完整的业务和自主经营能力,公司董事会、监事会和内部机构能够独立运作。

(1)人员方面:董事长、经理、副经理、董事会秘书、财务负责人等高级管理人员均在公司工作并领取报酬,高级管理人员与控股股东无违规交叉任职现象。董事、监事兼职人员职责明确,能够保证有足够的时间和精力承担公司工作。公司员工与控股股东能够分开。

(2)资产方面:公司拥有独立的生产系统、辅助生产系统和配套设施,拥有独立的物资采购和产品销售系统。公司和控股股东分别拥有各自的工业产权、非专利技术等资产。公司和安阳钢铁集团有限责任公司签定了《国有土地使用权租赁合同》。

(3)财务方面:公司设有独立的财务部门和财务人员,建立了公司独立的财务核算体系和财务管理制度,并按照相关的会计科目设置了财务账目;公司独立纳税,开立了独立的银行账户。

(4)业务方面:公司业务独立,由于主要经营性资产已全部投入到公司,公司虽然与安阳钢铁集团有限责任公司属同一行业,但两者产品品种、产品种类有差别,基本上不存在同业竞争问题,公司不断采取有效措施,包括修改《综合服务协议》等,最大限度地避免和减少与控股股东的关联交易。对于不可避免的关联交易,严格按《公司章程》规定的决策权限和程序执行;严格按股东大会中关联股东表决回避制度执行。

(5)机构方面:公司有独立的董事会、监事会、经理层及相应的管理机构。控股股东与本公司的关系基本上符合有关规定,安阳钢铁集团有限责任公司能够按法定程序行使股东权利,不直接干预本公司的生产经营决策。目前,本公司主要办公机构和安阳钢铁集团有限责任公司办公机构暂时在一栋大楼,但没有出现合署办公的情形。

(四)公司已建立了董事、监事和高级管理人员业绩评价考核标准与激励约束机制,并实现了良好运作。

六、股东大会情况简介

(一)报告期内公司召开了2001年年度股东大会

公司董事会于2002年4月12日在《中国证券报》和《上海证券报》上刊登了关于召开2001年年度股东大会通知的公告。公司2001年年度股东大会于2002年5月22日上午在安钢影剧院召开。出席会议的股东及股东代理人共8人,代表股份数870535259股,占公司股份总额的64.7%。本次大会的召开符合法律法规及《公司章程》的规定。会议由公司董事长史济春先生主持,会议审议并通过了以下议案:

(1)《公司2001年度董事会工作报告》
(2)《公司2001年度监事会工作报告》
(3)《公司2001年度财务决算报告》
(4)《公司2001年度利润分配预案》
(5)《公司2002年度财务预算方案》
(6)《公司董事会换届选举及提名公司第四届董事会候选人》
(7)《公司监事会换届选举及提名公司第四届监事会候选人》
(8)《设立独立董事和独立董事津贴预案》
(9)《聘请会计师事务所及会计师事务所酬金预案》
(10)《修改公司章程》
(11)《股东大会议事规则》
(12)《董事会议事规则》
(13)《监事会议事规则》
(14)《独立董事工作细则》
(15)《公司关联交易管理办法》
(16)《公司2002年度投资方案》

2001年年度股东大会决议公告刊登于2002年5月23日的《中国证券报》、《上海证券报》。

(二)选举、更换公司董事、监事情况

2002年5月22日,公司2001年度股东大会选举史济春、李文山、郝秀仲、窦庆和、姚桐、安志平为第四届董事会董事,谭恩河、昝廷全、李洪海为第四届董事会独立董事;吴长顺、张太升、靳雨顺、朱红一、李德新为第四届监事会监事。

七、董事会报告

(一)报告期内的经营情况

1、主营业务的范围

公司主营业务为钢铁及钢铁延伸产品的生产和销售。

2、经营状况

2002年是中国加入WTO后的第一年,国内钢材市场经受了严峻形势的考验,年初钢材价格降到近几年来的最低点,3月份美国实施"201"条款后,国外钢材大量涌进,进口钢材严重冲击了国内市场;为保护国内钢铁企业利益,国家自5月24日起对普通中厚板等17类钢铁产品的进口实施临时保障措施;11月份出台针对薄板为主的5类钢材产品为期3年的最终保护措施。这些措施的实施抑制了国外钢材向我国出口钢材的热潮,在一定程度上也刺激了国内钢材价格的上涨。国内经济的高速增长,西气东输等重点基础设施的建设,房地产业、汽车工业等快速发展以及国家鼓励实施工业化政策的出台,直接拉动了钢铁产品的消费,钢材价格尤其是中厚板价格一路上扬,与此同时,钢铁企业原燃料价格也一路攀升。报告期内公司深入开展行业对标挖潜活动,积极组织实施以"抓成本、降消耗、反浪费、增效益"为中心的效益系统工程,可比产品成本同口径降低4.46%。

报告期内公司被中国技术监督情报协会授予"中国质量过硬服务放心"信誉单位,被确认为"中国质量服务诚信单位"。高强度船板通过中、美、英、法、德五国船级社认证;螺纹钢筋获中国产品质量"金杯奖"。型材、螺纹钢、圆钢、中板、薄板、无缝钢管、高速线材等7个品种获中国质协颁发的"全国质量稳定合格产品"荣誉称号。

报告期内共生产生铁241.79万吨,钢337.76万吨,钢材311.31万吨,钢材产销率为100.17%。

(1)公司主营业务所属行业为黑色金属冶炼及压延加工业,报告期内完成主营业务收入6717388911.54元,其中管材占5.36%,型材占12.90%,建材占41.88%,板材占31.32%,钢坯占1.58%,其他占6.96%;其地区构成分别为:中南地区67.56%,华东地区14.89%,华北地区7.16%,西北地区5.95%,西南地区3.92%,东北地区0.23%,国外0.29%;其行业构成为黑色金属占97.40%,化工产品占2.60%。报告期内完成主营业务利润1091147872.78元,其中管材占4.67%,型材占20.45%,建材占41.74%,板材占27.51%,其他占4.73%,钢坯占0.90%;其地区构成分别为:中南地区74.16%,华东地区11.13%,西北地区4.95%,华北地区6.21%,西南地区3.29%,东北地区0.32%,国外–0.06%;其行业构成为黑色金属占97.10%,化工产品占2.90%。

(2)公司生产经营的主要产品为钢材,其国内市场占有率为1.62%。占公司主营业务收入或主营业务利润10%以上的主要钢材产品情况如下:

产品名称	销售收入(元)	销售成本(元)
型材	866435712.43	643321400.68
建材	2812984877.50	2357567928.87
板材	2104092124.44	1803934748.96

产品名称	毛利率(%)
型材	25.75
建材	16.19
板材	14.27

(3)报告期内主营业务及其结构与前一报告期没有大的变化。

3、公司主要控股公司的经营情况及业绩(未经审计)

单位:人民币元

控股子公司名称	注册资本	经营范围	资产规模	净利润
陕西鸿安金属材料有限公司	10000000	销售钢材	12,262,956	351,775
潍坊安鲁金属材料有限公司	10000000	销售钢材	35,818,021	127,352
南阳安宛金属材料有限公司	10000000	销售钢材	11,495,332	160,101
兰州安兰金属材料有限公司	4000000	销售钢材	12,659,499	496,872

4、主要供应商、客户情况

公司前五名主要供应商合计的采购金额为102497.62万元,占采购总额的比例为27.28%;

公司前五名主要销售客户合计的销售额为99286.68万元,占销售总额的比例为14.93%。

5、公司在经营中存在的问题与困难及解决方案

公司在2002年遇到了原燃材料涨价、钢材市场竞争激烈等不利因素,对此公司采取以下措施:

(1)调整原料结构,优化生产组织,加大品种钢、专用材的生产,品种钢比例提高2.13个百分点;

(2)调整营销策略,拓宽营销渠道,降低销售风险;

(3)深入开展行业对标挖潜活动,积极组织实施以"抓成本、降消耗、反浪费、增效益"为中心的效益系统工程;

(4)加强质量管理,实施技术创新,2002年开发新产品13个。

6、公司在2001年年度报告中提出2002年公司奋斗目标为:钢310万吨,生铁230万吨,钢材

270万吨；销售收入60亿元，产销率100%。2002年公司实际完成钢337.76万吨，生铁241.79万吨，钢材311.31万吨；销售收入67.17亿元，产销率100.17%。

(二)报告期投资情况

2002年共完成投资额38805.56万元，较上年减少102.19%。

1、募集资金投资情况

公司股票于2001年8月发行上市共募集资金16.68亿元，延续使用至本报告期。本公司募集资金承诺投资项目为100吨级转炉----炉卷轧机，根据公司《招股说明书》第十二章第二条"募集资金的运用"的投资进度安排，截止2002年底，募集资金应投入该项目15亿元，由于该项目用地距离殷墟遗址保护区较近，考古物探工作量较大，本报告期内公司一方面与国家有关部门积极协调，争取考古物探工作早日结束，另一方面抓紧与外商进行商务谈判，预计该项目商务谈判和设备引进协议可在2003年上半年谈判签署完毕。2001年度该项目前期准备及场地平整、考古物探工作等使用募集资金609万元；本报告期内完成投资1102万元，其中考古费用60万元，场地平整费用562万元，设计费用480万元。

截止本报告期末，尚未使用的募集资金16.51亿元，其中：

(1)本公司董事会2001年10月通过决议使用暂时闲置募集资金购买国债2.4亿元(详见2001年10月13日《中国证券报》、《上海证券报》)，本公司已于2001年12月底前全部购买国债。

(2)本公司董事会2002年6月26日通过决议使用暂时闲置募集资金购买国债1.8亿元(详见2002年6月27日《中国证券报》、《上海证券报》)，本公司已于2002年8月底前全部购买国债。

(3)其余募集资金按规定存入有关银行。

2、非募集资金投资情况

报告期内公司围绕开发新产品、节能降耗、提高产品质量、改善产品性能等以自有资金完成投资额19703.77万元。主要项目如下：

焦化煤气净化4660.90万元；100吨电炉方坯电磁搅拌2074.75万元；100吨电炉VD炉3549.71万元；线棒材易地改造(尾工)3898.67万元；7#锅炉热电联产1211.40万元；2#14000制氧机(尾工)642.23万元；焦炉置换高炉煤气858.43万元；一次综合原料场547.09万元；其他项目2260.59万元。

转增固定资产4218.34万元。主要是以下项目：

线棒材易地改造(预转)2600万元；2#14000制氧机(尾工)278.43万元；其他工程1339.91万元。

(三)公司财务状况

单位：人民币万元

项目	2002年度	2001年度	增(+)减(-)比率%
总资产	625125.84	606853.36	3.01
长期负债	6114.27	6109.32	0.08
股东权益	457007.60	429942.43	6.30
主营业务利润	109114.79	103172.79	5.76
净利润			

变动的主要原因：

1、股东权益比上年增加6.30%，主要是公司本年度盈利所致；

2、净利润比上年增加14.14%，主要是主营业务利润增加和企业所得税返还5127万元。

(四)生产经营环境以及宏观政策变化对公司经营状况的影响

根据国家有关规定，从2002年1月1日起，"公司上市后享受企业所得税实行先按33%法定税率征收再返还18%的优惠政策"停止执行，2002年公司收到2001年度企业所得税返还5127万元，2003年度将无此项收入，会对公司的净利润有一定影响。

(五)亚太(集团)会计师事务所有限公司为本公司出具了标准无保留意见的审计报告。[亚会审字(2003)28号]

(六)2003年度公司业务发展计划

公司四届五次董事会通过的2003年生产经营计划为：钢产量347万吨、生铁产量255万吨、钢材产量316万吨，产销率100%。销售收入67亿元人民币。

(七)公司董事会日常工作情况

1、报告期内董事会的会议情况及决议内容：

2002年，公司董事会共召开八次会议。

(1)2002年3月18日，召开第三届董事会第十六次会议，审议并通过以下议案：

①关于《成立安阳钢铁股份有限公司第一轧钢厂》的议案；

②关于《成立安阳钢铁股份有限公司第二轧钢厂》的议案；

③关于《成立安阳钢铁股份有限公司第三轧钢厂》的议案；

④关于《成立安阳钢铁股份有限公司第四轧钢厂》的议案；

⑤关于《撤消安阳钢铁股份有限公司矿山原料处、中型轧钢厂、中板厂、小型轧钢厂、无缝钢管厂、薄板厂、高速线材厂》的议案。

(2)2002年4月10日，召开第三届董事会第十七次会议，审议并通过以下议案：

(1)《公司2001年度财产清查情况的汇报》；

(2)《公司2001年度财务决算报告》；

(3)《公司2001年度利润分配预案》；

(4)《公司2002年度利润分配政策预案》；

(5)《公司2001年度经理工作报告》；

(6)《公司2001年度董事会工作报告》；

(7)《公司2001年年度报告及报告摘要》；

(8)《公司董事会换届选举及提名公司第四届董事会候选人》；

(9)《设立独立董事和独立董事津贴预案》；

(10)《聘请会计师事务所及会计师事务所酬金预案》；

(11)《修改公司章程》；

(12)《股东大会议事规则》(修订草案)；

(13)《董事会议事规则》(修订草案)；

(14)《经理工作细则》(修订草案)；

(15)《独立董事工作细则》；

(16)《董事会秘书工作细则》；

(17)《公司信息披露制度》；

(18)《公司关联交易管理办法》；

(19)《公司2002年度投资方案》；

(20)《调整公司经理和董事会秘书》；

(21)《调整公司副经理和财务负责人》；

(22)《撤销第三炼钢厂、高速线材厂，成立第一炼轧厂》；

(23)《召开公司2001年年度股东大会》的议案。

(3)2002年4月17日，召开第三届董事会第十八次会议，审议并通过以下议案：

①关于《公司2002年第一季度季度报告》的议案。

(4)2002年5月22日，召开第四届董事会第一次会议，审议并通过以下议案：

①关于《选举公司董事长》的议案；

②关于《聘任公司经理和董事会秘书》的议案；

③关于《聘任公司副经理、财务负责人》的议案。

(5)2002年6月26日，召开第四届董事会第二次会议，审议并通过以下议案：

①关于《安阳钢铁股份有限公司建立现代企业制度自查报告》的议案；

②关于《使用募集资金1.8亿元购买国债》的议案。

(6)2002年7月25日，召开第四届董事会第三次会议，审议并通过以下议案：

①关于《安阳钢铁股份有限公司2002年半年度报告及摘要》的议案；

②关于《安阳钢铁股份有限公司租赁安阳钢铁集团有限责任公司380m高炉》的议案；

③关于《核销青海省建材供销总公司应收账款》的议案。

(7)2002年10月23日，召开第四届董事会第四次会议，审议并通过以下议案：

①关于《安阳钢铁股份有限公司2002年第三季度季度报告》的议案。

(8)2002年12月23日，召开第四届董事会第五次会议，审议并通过以下议案：

①关于《公司2003年生产经营计划》的议案；

②关于《公司报废部分固定资产》的议案；

③关于《公司核销湖南省张家界金属材料总公司坏账》的议案；

④关于《终止与兰州北方石化公司联营》的议案；

⑤关于《设立安阳钢铁股份有限公司兰州销售分公司》的议案。

2、董事会对股东大会决议的执行情况

报告期内，公司董事会根据《公司法》、《公司章程》以及有关法律法规的要求，按照股东大会的决议和授权，认真执行股东大会通过的各项决议。

2002年7月8日，实施了公司2001年度股东大会通过的2001年利润分配方案。

(八)2002年度利润分配预案

经亚太(集团)会计师事务所有限责任公司审计，公司2002年度实现净利润537303166.45元，依据《公司章程》规定，提取10%的法定公积金和10%的公益金，共计107460633.30元，加上年初未分配利润513408299.72元，年末可供投资者分配的利润累计为943250762.87元。公司拟以2002年末总股本1345490259股为基数，向全体股东每10股派发现金2元（含税），共派发现金269098051.80元，剩余利润674152711.07元转入下年度。

本次派发现金股利预案在公司2002年度股东大会通过后适当时间实施。

公司2002年度利润分配预案与公司2001年度报告预计分配政策相符。

八、监事会报告

(一) 监事会工作情况

2002年，公司监事会根据《公司法》和《公司章程》的规定，本着对全体股东负责的精神，认真履行有关法律、法规所赋予的职责，积极开展工作。报告期内本公司监事会共召开五次会议，并列席了各次董事会会议和出席股东大会。

1、监事会第三届第八次会议于2002年4月10日在安钢宾馆二号楼三楼会议室召开，会议审议并通过了以下议案：

(1) 2001年度监事会工作报告；

(2) 2001年年度报告及报告摘要；

(3) 2001年度财务决算报告；

(4) 2001年度利润分配预案；

(5) 2002年度利润分配政策预案；

(6) 公司监事会议事规则(修订草案)；

(7) 公司监事会换届选举和提名下一届监事会候选人的议案。

2、监事会第三届第九次会议于2002年4月17日在安钢宾馆二号楼三楼会议室召开，会议审议并通过了以下议案：

(1) 公司2002年第一季度季度报告。

3、监事会第四届第一次会议于2002年5月22日在安钢宾馆二号楼三楼会议室召开，会议审议并通过了以下议案：

(1) 选举公司监事会主席、副主席的议案。

4、监事会第四届第二次会议于2002年6月26日在安钢宾馆二号楼三楼会议室召开，会议审议并通过了以下议案：

(1) 建立现代企业制度自查报告；

(2) 关于使用募集资金1.8亿元购买国债的议案。

5、监事会第四届第三次会议于2002年7月25日在安钢宾馆二号楼三楼会议室召开，会议审议并通过了以下议案：

(1) 公司2002年半年度报告及摘要；

(2) 公司租赁安阳钢铁集团有限责任公司380M高炉；

(3) 核销青海省建材供销总公司应收账款的议案。

(二) 公司依法运作情况

公司监事会根据国家有关法律、法规和《上市公司治理准则》等规范性文件，对公司股东大会、董事会的召开程序、决议事项，董事会对股东大会决议的执行情况，公司高级管理人员的执行职务情况及公司管理制度等进行了监督。认为董事会的工作是认真负责的，公司的经营决策是科学合理的，公司的管理制度规范、科学，公司的内控体系是较为完整良好的，能较好地防范公司的管理和财务风险。公司的董事、高级管理人员在执行职务时没有违犯国家法律、法规以及《公司章程》，也未发现有损害公司利益和股东权益的情况发生。换届选举程序符合《公司法》和《公司章程》，独立董事的选举、聘任公开、公正，符合程序及规定。

(三)检查公司财务情况

公司监事会对公司的财务结构和财务状况进行了检查，认为公司2002年度财务结构合理，财务状况良好。公司2002年度财务报告能够真实反映公司的财务状况和经营成果。

(四) 公司募集资金使用情况

公司股票于2001年8月发行上市共募集资金16.68亿元，延续使用至本报告期。本公司募集资金承诺投资项目为100吨级转炉—炉卷轧机，根据公司《招股说明书》第十二章第二条"募集资金的运用"的投资进度安排，截止2002年底，募集资金应投入该项目15亿元，由于该项目用地距离殷墟遗址保护区较近，考古物探工作量较大，本报告期内公司一方面与国家有关部门积极协调，争取考古物探工作早日结束，另一方面抓紧与外商进行商务谈判，预计该项目商务谈判和设备引进协议可在2003年上半年谈判签署完毕。2001年度该项目前期准备及场地平整、考古物探工作等使用募集资金609万元；本报告期内完成投资1102万元，其中考古费用60万元，场地平整费用562万元，设计费用480万元。

截止本报告期末，尚未使用的募集资金16.51亿元，其中：

(1)公司董事会2001年10月通过决议使用暂时闲置募集资金购买国债2.4亿元(详见2001年10月13日《中国证券报》、《上海证券报》)，本公司已于2001年12月底前全部购买国债。

(2)本公司董事会2002年6月26日通过决议使用暂时闲置募集资金购买国债1.8亿元(详见2002年6月27日《中国证券报》、《上海证券报》)，本公司已于2002年8月底前全部购买国债。

(3)其余募集资金按规定存入有关银行。

(五) 公司收购、出售资产交易价格合理，未发现有内幕交易、损害部分股东权益或造成公司资产流失的现象。

(六) 公司在进行关联交易时，严格遵循有关关联交易的规定和程序，交易过程公平，价格合理，未发现损害公司利益的现象。

(七) 亚太(集团)会计师事务所有限公司为本公司出具了亚会审字[2003]28号标准无保留意见的审计报告。

九、重要事项

(一)报告期内公司无重大诉讼、仲裁事项。

(二)报告期内公司无重大收购及出售资产、吸收合并事项。

(三)关联交易事项：

(1)向关联方采购材料：

单位:人民币元

单位名称	2002 年度	2001 年度
安阳钢铁集团有限责任公司	163,558,272	205,702,938
安钢集团水冶钢铁有限公司*	594,951,870	461,232,394
安钢集团福利实业有限公司	30,467,033	19,849,876
安钢集团附属企业有限公司	73,800,156	71,719,546
其他	76,879,436	110,522,987
小计	939,674,767	869,027,741
占主营业务成本的比例	16.85%	17.81%

单位名称	交易内容
安阳钢铁集团有限责任公司	白灰、渣钢、铸件
安钢集团水冶钢铁有限公司*	生铁、改性铁、球团矿等
安钢集团福利实业有限公司	劳保用品、配电箱
安钢集团附属企业有限公司	五金化工　电料

*2002 年向该公司采购生铁 220,407 吨,价格 1,197.88 元/吨(含税);改性生铁 281,834 吨,价格 1,085.12 元/吨(含税);球团矿 247,669.57 吨,价格 445.70 元/吨(含税)。

(2)向关联方销售产品:

单位:人民币元

单位名称	2002 年度	2001 年度	交易内容
安钢集团水冶钢铁有限公司*	69,421,921	124,821,920	焦碳
安钢集团国际贸易有限公司	128,260,618	83,591,949	钢材产品
河南安阳钢铁公司郑州经销公司	50,717,711	277,577,367	钢材产品
潍坊安鲁金属材料有限公司	45,884,762	20,763,377	钢材产品
兰州安兰金属材料有限公司	78,115,032	111,659,317	钢材产品
南阳安宛金属材料有限公司	38,495,730	51,623,215	钢材产品
陕西鸿安金属材料有限公司	87,976,817	114,178,496	钢材产品
其他	45,342,163	236,272,896	
小　计	544,214,754	1,020,488,537	
占主营业务收入的比例	8.10%	17.16%	

*2002 年度公司向安钢集团水冶钢铁有限公司销售焦碳 147,476 吨,价格 535.86 元/吨 (含税)。

(3)接受关联方劳务:

单位:人民币元

单位名称	2002 年度	2001 年度
安钢集团有限责任公司	123,969,701	108,041,435
安钢集团附属企业有限公司	64,599,233	64,200,473
其他	40,162,342	21,092,130
小　计	228,731,276	193,334,038
占主营业务成本的比例	4.10%	3.96%

单位名称	交易内容
安钢集团有限责任公司	运输装卸
安钢集团附属企业有限公司	设备修理
其他	
小计	
占主营业务成本的比例	

(4)向关联方销售材料:

单位:人民币元

单位名称	2002 年度	2001 年度	交易内容
安钢集团有限责任公司	88,383,509	183,479,583	备件辅助材料
其他	79,555,619	6,663,935	
小　计	167,939,128	190,143,518	

(5)根据公司与安钢集团公司签订的《进出口代理合同》,公司进口矿石由安钢集团公司代理,公司按进口矿石金额的 1‰支付代理费。2002 年代理进口矿石 1,554,716 吨,2001 年代理进口矿石 1,625,984 吨。

(6)综合服务费:

根据公司与安钢集团公司达成的综合服务协议,股份公司 2002 年度向安钢集团公司支付综合服务费 930 万元,其中:警卫消防费 420 万元、电话通讯服务费 180 万元、办公用小车 180 万元、绿化费 150 万元。

(7)土地租赁费:

根据公司与安钢集团公司达成的土地租赁协议,公司租用安钢集团公司土地 2,975,847.37 平方米,按年 1.64 元/平方米标准 2002 年度向安钢集团公司支付土地租赁费 4,880,389.68 元。

(8)380M 高炉租赁费:

根据公司与安钢集团公司达成的资产租赁协议,公司租用安钢集团公司 380M 高炉,租赁期三年(2002 年 8 月 1 日—2005 年 7 月 31 日),年租金 1500 万元,2002 年向安钢集团支付资产租赁费 625 万元。

四、重大合同及其履行情况

①报告期内,公司没有发生托管、承包、租赁事项。

②报告期内,公司没有发生重大担保事项。

③报告期内,公司没有发生委托他人进行现金资产管理事项。

④报告期内,公司无其他重大合同。

五、承诺事项及其履行情况

安阳钢铁集团有限责任公司在本公司股票上市时已作出以下承诺:

①集团公司承诺:1、本公司作为股份公司控股股东,不会就 1993、1994 年度利润分配问题向股份公司或有关部门提出任何有利于本公司的要求或请求;2、如果股份公司内部职工股股东或任何其他第三方就 1993、1994 年度利润分配向股份公司或有关部门提出要求或请求,该要求或请求所引致的风险及损失全部由本公司承担。

②集团公司承诺并保证:集团公司不会在中国境内或境外,以任何方式(包括但不限于单独经营、通过合资经营或拥有另一家公司或企业的股份及其他权益)直接或间接参与任何与股份公司构成竞争的任何业务或活动;集团公司不利用其控股地位从事有损于股份公司利益的行为。

③集团公司承诺:自发行人股票上市之日起 12 个月内,不转让所持有的股份,也不由上市公司回购其持有的股份。

在报告期内,集团公司没有违反以上任何一项承诺。

十、财务报告

(一)审计报告

审计报告

亚会审字(2003)28 号

我们接受委托,审计了贵公司 2002 年 12 月 31 日的资产负债表、2002 年度的利润及利润分配表以及 2002 年度的现金流量表。上述会计报表由贵公司负责,我们的责任是对上述会计报表发表审计意见。我们的审计是依据《中国注册会计师独立审计准则》进行的。在审计过程中,我们结合贵公司实际情况,实施了包括抽查会计记录等我们认为必要的审计程序。

我们认为,上述会计报表符合《企业会计准则》和《企业会计制度》的有关规定,在所有重大方面公允地反映了贵公司 2002 年 12 月 31 日的财务状况及 2002 年度的经营成果和现金流量情况,会计处理方法的选用遵循了一贯性原则。

亚太(集团)会计师事务所有限公司　　中国注册会计师:王红奎

二零零三年三月十八日　　中国注册会计师:郭德功

(二) 会计报表

安阳钢铁股份有限公司 2002 年年度报告

资产负债表

编制单位:安阳钢铁股份有限公司　　2002 年 12 月 31 日

单位:人民币元

项目	注释	期末数
流动资产:		
货币资金	1	2,083,893,532.80
短期投资	2	419,100,000.00
应收票据	3	307,899,684.75
应收股利		
应收利息		
应收帐款	4	21,704,994.73
其他应收款	5	8,893,800.52
预付帐款	6	30,157,940.58
应收补贴款		
存货	7	700,582,002.89
待摊费用	8	4,026,014.47
一年内到期的长期债权投资		
其他流动资产		
流动资产合计		3,576,257,970.74
长期投资:		
长期股权投资	9	18,057,647.34
长期债权投资		
长期投资合计		18,057,647.34
固定资产:		
固定资产原价	10	5,174,166,324.67
减:累计折旧		2,738,867,875.72
固定资产净值		2,435,298,448.95
减:固定资产减值准备		
固定资产净额		2,435,298,448.95
工程物资	11	6,449,354.42
在建工程	12	214,238,978.06
固定资产清理		
固定资产合计		2,655,986,781.43
无形资产及其他资产:		
无形资产		
长期待摊费用	13	956,031.30
其他长期资产		
无形资产及其他资产合计		956,031.30
递延税项:		
递延税款借项		
资产总计		6,251,258,430.81

项目	期初数
流动资产:	
货币资金	1,746,351,068.09
短期投资	240,000,000.00
应收票据	179,040,385.68
应收股利	
应收利息	
应收帐款	71,341,176.77
其他应收款	7,511,267.74
预付帐款	21,741,774.64
应收补贴款	
存货	955,438,368.75
待摊费用	11,420,708.05
一年内到期的长期债权投资	
其他流动资产	
流动资产合计	3,232,844,749.72
长期投资:	
长期股权投资	20,885,931.80
长期债权投资	
长期投资合计	20,885,931.80
固定资产:	
固定资产原价	5,151,248,703.48
减:累计折旧	2,392,451,144.06
固定资产净值	2,758,797,559.42
减:固定资产减值准备	
固定资产净额	2,758,797,559.42
工程物资	7,638,569.98
在建工程	48,366,775.08
固定资产清理	
固定资产合计	2,814,802,904.48
无形资产及其他资产:	
无形资产	
长期待摊费用	
其他长期资产	
无形资产及其他资产合计	-
递延税项:	
递延税款借项	
资产总计	6,068,533,586.00

资产负债表(续)

编制单位:安阳钢铁股份有限公司　　2002 年 12 月 31 日

单位:人民币元

项目	注释	期末数
流动负债:		
短期借款	14	5,600,000.00
应付票据	15	301,859.98
应付账款	16	425,758,764.97
预收账款	17	302,533,164.46
应付工资	18	317,840,905.07
应付福利费		169,568,396.60
应付股利	19	269,098,051.80
应交税金	20	60,671,163.87
其他应交款		700,440.45
其他应付款	21	67,966,926.65
预提费用		
预计负债		
一年内到期的长期负债		
其他流动负债		
流动负债合计		1,620,039,673.85
长期借款	22	60,049,500.00
长期应付款	23	1,093,228.00
专项应付款		
其他长期负债		
长期负债合计		61,142,728.00
递延税项:		
递延税款贷项		
负债合计		1,681,182,401.85
股东权益:		
股本	24	1,345,490,259.00
股本净额		1,345,490,259.00
资本公积	25	1,444,887,413.86
盈余公积	26	1,105,545,645.03
其中:法定公益金		420,460,401.99
未分配利润	27	674,152,711.07
股东权益合计		4,570,076,028.96
负债和股东权益总计		6,251,258,430.81

项目	期初数
流动负债:	
短期借款	3,050,000.00
应付票据	303,429,951.19
应付账款	459,189,114.40
预收账款	113,342,627.50
应付工资	317,840,905.07
应付福利费	153,983,343.63
应付股利	252,279,423.56
应交税金	20,615,829.05
其他应交款	601,318.75
其他应付款	83,683,562.89
预提费用	
预计负债	
一年内到期的长期负债	
其他流动负债	
流动负债合计	1,708,016,076.04
长期借款	60,000,000.00
长期应付款	1,093,228.00
专项应付款	
其他长期负债	
长期负债合计	61,093,228.00
递延税项:	
递延税款贷项	
负债合计	1,769,109,304.04
股东权益:	
股本	1,345,490,259.00
股本净额	1,345,490,259.00
资本公积	1,442,440,781.51
盈余公积	998,085,011.73
其中:法定公益金	366,730,085.34
未分配利润	513,408,229.72
股东权益合计	4,299,424,281.96
负债和股东权益总计	6,068,533,586.00

利润及利润分配表

编制单位:安阳钢铁股份有限公司 2002 年度

单位:人民币元

项目	注释	2002 年度
一、主营业务收入	28	6,717,388,911.54
减:主营业务成本	29	5,576,122,336.08
主营业务税金及附加	30	50,118,702.68
二、主营业务利润		1,091,147,872.78
加:其他业务利润	31	16,644,066.04
减:营业费用		70,857,407.60
管理费用	32	334,792,622.41
财务费用	33	-16,432,545.59
三、营业利润		718,574,454.40
加:投资收益	34	7,165,411.87
补贴收入		
营业外收入		4,742,855.49
减:营业外支出		4,885,462.68
四、利润总额		725,597,259.08
减:所得税	35	188,294,092.63
少数股东损益		
五、净利润		537,303,166.45
加:年初未分配利润		513,408,229.72
其他转入		
六、可供分配的利润		1,050,711,396.17
减:提取法定盈余公积		53,730,316.65
提取法定公益金		53,730,316.65
提取职工奖励及福利基金		
提取储备基金		
提取企业发展基金		
利润归还投资		
七、可供投资者分配的利润		943,250,762.87
减:应付优先股股利		
提取任意盈余公积		
应付普通股股利		269,098,051.80
转作股本的普通股股利		
八、未分配利润		674,152,711.07

项目	2001 年度
一、主营业务收入	5,947,481,443.95
减:主营业务成本	4,879,033,484.07
主营业务税金及附加	36,720,088.81
二、主营业务利润	1,031,727,871.07
加:其他业务利润	25,390,205.47
减:营业费用	64,669,818.84
管理费用	303,302,615.52
财务费用	-14,188,373.41
三、营业利润	703,334,015.59
加:投资收益	4,487,412.90
补贴收入	
营业外收入	1,158,171.12
减:营业外支出	5,455,663.00
四、利润总额	703,523,936.61
减:所得税	232,793,677.07
少数股东损益	
五、净利润	470,730,259.54
加:年初未分配利润	389,103,445.64
其他转入	
六、可供分配的利润	859,833,705.18
减:提取法定盈余公积	47,073,025.95
提取法定公益金	47,073,025.95
提取职工奖励及福利基金	
提取储备基金	
提取企业发展基金	
利润归还投资	
七、可供投资者分配的利润	765,687,653.28
减:应付优先股股利	
提取任意盈余公积	
应付普通股股利	252,279,423.56
转作股本的普通股股利	
八、未分配利润	513,408,229.72

现金流量表

编制单位:安阳钢铁股份有限公司 2002 年度 单位:人民币元

项目	注释	金额
一、经营活动产生的现金流量:		
销售商品、提供劳务收到现金		8,093,320,660.85
收到的税费返还		51,270,000.00
收到的其他与经营活动有关的现金		17,114,704.44
现金流入小计		8,161,705,365.29
购买商品、接受劳务支付的现金		5,660,841,425.07
支付给职工以及为职工支付的现金		499,676,718.24
支付的各项税费		764,290,904.18
支付的其他与经营活动有关的现金	36	215,846,178.52
现金流出小计		7,140,655,226.01
经营活动产生的现金流量净额		1,021,050,139.28
二、投资活动产生的现金流量:		
收回投资所收到的现金		
取得投资收益所收到的现金		7,376,392.55
处置固定资产、无形资产和其他长期资产而收到的现金净额		5,107,388.44
收到的其他与投资活动有关的现金		
现金流入小计		12,483,780.99
购建固定资产、无形资产和其他长期资产所支付的现金净额		264,135,147.07
投资所支付的现金		180,000,000.00
支付的其他与投资活动有关的现金		956,031.30
现金流出小计		445,091,178.37
投资活动产生的现金流量净额		-432,607,397.38
三、筹资活动产生的现金流量:		
吸收投资所收到的现金		
借款所收到的现金		2,550,000.00
收到的其他与筹资活动有关的现金		2,346,107.67
现金流入小计		4,896,107.67
偿还债务所支付的现金		
分配股利、利润或偿付利息所支付的现金		255,796,384.86
支付的其他与筹资活动有关的现金		
现金流出小计		255,796,384.86
筹资活动产生的现金流量净额		-250,900,277.19
四、汇率变动对现金的影响数		
五、现金及现金等价物净增加额		337,542,464.71

杭州信雅达系统工程股份有限公司

杭州信雅达系统工程股份有限公司2002年年度报告

一、公司基本情况简介

(一)公司法定中文名称:杭州信雅达系统工程股份有限公司
中文名称缩写:信雅达
公司法定英文名称: HANGZHOU SUNYARD SYSTEM ENGINEERING CO.,LTD.
英文名称缩写:SUNYARD
(二)公司法定代表人:郭华强
(三)公司董事会秘书:费禹铭
董事会证券事务代表:吴文光
联系电话:0571-56686501
传真:0571-56686502
电子信箱:mail@sunyard.com
联系地址:杭州市高新技术产业开发区(滨江)高新软件园二期信雅达科技大厦证券部
(四)公司注册地址:杭州市文三路252号伟星大厦6楼
公司办公地址:杭州市高新技术产业开发区(滨江)高新软件园二期信雅达科技大厦
邮政编码:310053
公司电子信箱:mail@sunyard.com
(五)信息披露报刊名称:《中国证券报》、《上海证券报》
登载年度报告的中国证监会指定网址:HTTP://WWW.SSE.COM.CN
年度报告备置地点:杭州信雅达系统工程股份有限公司证券部
(六)公司股票上市交易所:上海证券交易所
股票简称:信雅达
股票代码:600571
(七)其他有关资料
变更注册登记日期:2002年12月31日
变更注册登记地点:浙江省工商行政管理局
企业法人营业执照注册号:3300001008622
税务登记号码:330195253917765
公司聘请的会计师事务所名称:浙江天健会计师事务所有限公司
会计师事务所办公地址:杭州市文三路388号钱江科技大厦15-20楼

二、会计数据和业务数据摘要

(一)本年度的主要会计数据和财务指标
单位:人民币元

项目	2002年度金额
利润总额	39,336,007.62
净利润	32,013,108.74
扣除非经常性损益后的净利润	30,044,860.68
主营业务利润	70,251,352.01
其他业务利润	1,805,539.32
营业利润	30,322,437.34
投资收益	-35,029.28
补贴收入	9,867,160.98
营业外收支净额	-818,561.42
经营活动产生的现金流量净额	55,062,282.83
现金及现金等价物净增加额	241,596,089.80

注:扣除的非经常性损益金额合计1,968,248.06元,涉及的项目如下:
单位:人民币元

项目	金额
补贴收入	3,705,000
营业外收入	214.70
营业外支出	-767,531.03
所得税影响数	-969,435.61

(二)截至报告期末前三年的主要会计数据和财务指标
单位:人民币元

会计数据和财务指标	2002年度
主营业务收入	190,400,101.28
净利润	32,013,108.74
每股收益(全面摊薄)	0.55
每股收益(加权平均)	0.74
扣除非经常性损益后的每股收益	0.51
每股经营活动产生的现金流量净额	0.94
净资产收益率(%)(全面摊薄)	10.21
净资产收益率(%)(加权平均)	28.15
扣除非经常性损益后的净资产收益率(%)	9.59
扣除非经常性损益后的加权平均净资产收益率(%)	26.65
总资产	447,714,608.19
股东权益(不含少数股东权益)	313,246,898.33
每股净资产	5.36
调整后的每股净资产	5.35

三、股本变动及股东情况

(一)公司股份变动情况表

单位:股

	本次变动前	本次变动增减(+,-) 配股	送股	公积金转股
一、未上市流通股份				
1、发起人股份				
其中:				
国家持有股份				
境内法人持有股份	24,276,000			
境外法人持有股份				
其他	16,184,000			
2、募集法人股份				
3、内部职工股				
4、优先股或其他				
未上市流通股份合计	40,460,000			
二、已上市流通股份				
1、人民币普通股				
2、境内上市的外资股				
境外上市的外资股				
其他				
已上市流通股份合计				
三、股份总数	40,460,000			

	本次变动增减(+,-) 增发	其他	本次变动后 小计
一、未上市流通股份			
1、发起人股份			
其中:			
国家持有股份			
境内法人持有股份			24,276,000
境外法人持有股份			
其他			16,184,000
2、募集法人股份			
3、内部职工股			
4、优先股或其他			
未上市流通股份合计			40,460,000
二、已上市流通股份			
1、人民币普通股	18,000,000		18,000,000
2、境内上市的外资股			
境外上市的外资股			
其他			
已上市流通股份合计	18,000,000		18,000,000
三、股份总数	18,000,000		58,460,000

(二)股票发行与上市情况

1、2002年10月17日,公司经中国证券监督管理委员会证监发行字[2002]101号文核准向社会公众发行1800万股人民币普通股,每股发行价13.87元,全面摊薄发行市盈率20倍,并于2002年11月1日在上海证券交易所挂牌流通。

2、报告期内,公司股份总数及股本结构因公司向社会公众发行1800万股人民币普通股发生变动,变动情况如下表:

发行前

股份类别	持股数量(万股)	比例(%)
发起人股	4,046	100
其中:法人股	2,427.6	60
自然人股	1,618.4	40
社会公众股	0	0
合计	4,046	100

发行后

股份类别	持股数量(万股)	比例(%)
发起人股	4,046	69.21
其中:法人股	2,427.6	41.53
自然人股	1,618.4	27.68
社会公众股	1,800	30.79
合计	5,846	100.00

(三)股东情况介绍

1、报告期末股东总数:9036户

2、主要股东持股情况

持有本公司5%以上股份的股东杭州信雅达电子有限公司、郭华强、宁波经济技术开发区春秋科技开发有限公司,在本年度内股份没有发生增减变动,年末分别持有本公司1,903.643万股、727.4708万股、523.957万股,分别占总股本的32.56%、12.44%、8.96%,三家股东均未将所持股份作任何质押。

截止2002年12月31日公司前10名股东的持股情况:

股东名称	年末持股数量(万股)	比例(%)
1、杭州信雅达电子有限公司	1,903.643	32.56
2、郭华强	727.4708	12.44
3、宁波经济技术开发区春秋科技开发有限公司	523.957	8.96
4、西北证券有限责任公司	210.4814	3.6
5、许建国	161.0308	2.75
6、朱宝文	141.2054	2.42
7、张健	91.035	1.56
8、潘庆中	84.966	1.45
9、杨文山	64.736	1.11

10、傅宁　64.736　1.11

股东名称	所持股份类别
1、杭州信雅达电子有限公司	社会发起人法人股
2、郭华强	发起人自然人股
3、宁波经济技术开发区春秋科技开发有限公司	社会发起人法人股
4、西北证券有限责任公司	流通股
5、许建国	发起人自然人股
6、朱宝文	发起人自然人股
7、张健	发起人自然人股
8、潘庆中	发起人自然人股
9、杨文山	发起人自然人股
10、傅宁	发起人自然人股

前 10 名股东之间的关联关系：

(1)郭华强先生为杭州信雅达电子有限公司董事，持有其 71.73%的股权；

(2)许建国先生持有宁波经济技术开发区春秋科技开发有限公司 90.73%的股权；

(3)朱宝文先生为杭州信雅达电子有限公司董事，持有其 11.77%的股权；

(4)张健先生为杭州信雅达电子有限公司董事，持有其 6.02%的股权；

(5)潘庆中为杭州信雅达电子有限公司董事，持有其 2.41%的股权；

(6)杨文山为杭州信雅达电子有限公司监事，持有其 2.41%的股权；

(7)傅宁为宁波经济技术开发区春秋科技开发有限公司监事，持有其 9.27%的股权。

(四)公司控股股东情况

1、控股股东杭州信雅达电子有限公司成立于 1994 年 10 月 7 日，法定代表人：朱乃成；注册资本为人民币 106 万元；经营范围：技术开发、技术服务、技术咨询、成果转让：工业控制计算机软件及系统软件、电子设备；制造：该公司开发的产品；批发、零售：该公司生产的产品。

该公司现有产品为电子数字监控系统。

该公司除持有本公司的股份外，现无其他子公司。

2、本公司实际控股股东郭华强先生，1956 年生，中国国籍，未取得其他国家或地区的居留权，高级经济师。直接持有本公司股份 727.4708 万股，占总股本的 12.44%，加上郭华强控股的杭州信雅达电子有限公司持有公司总股本的 32.56%股份，郭华强实际可控制公司总股本的 45%，是本公司的实际控制股东。另其妻陈澜持有本公司总股本 0.69%的股份，其妹陈旭持有本公司总股本 0.69%的股份。

郭华强先生 1993 年至 1998 年任杭州新利电子有限公司总裁，是该公司的创始人之一。1996 年创办本公司，任执行董事。1999 年至今担任本公司董事长兼总裁。郭华强先生现还担任宁波经济技术开发区信雅达三金系统工程有限公司、杭州信雅达数据集成有限公司、深圳市信雅达三金系统工程有限公司执行董事，是杭州电子工业学院兼职教授。

(五)无其他持股 10%以上的法人股东及自然人股东。

四、董事、监事、高级管理人员和员工情况

(一)董事、监事和高级管理人员情况

1、基本情况

(1)基本情况表

姓名	年龄	性别	任职职务	起止日期
郭华强	46	男	董事长、总裁	00.11–03.11
许建国	56	男	副董事长	00.11–03.11
朱宝文	33	男	董事、总工程师	00.11–03.11
张健	41	男	董事、常务副总裁	00.11–03.11
潘庆中	40	男	董事	00.11–03.11
蔡亮	26	男	董事、副总裁	01.06–03.11
傅宁	40	男	董事、副总裁	00.11–03.11
杨文山	39	男	董事、副总裁	00.11–03.11
潘云鹤	56	男	独立董事	00.11–03.11
赵纯均	61	男	独立董事	00.11–03.11
费忠新	48	男	独立董事	02.01–03.11
叶慧清	38	男	监事会召集人	00.11–03.11
鲍伯生	64	男	监事	01.06–03.11
魏致善	33	男	监事	00.11–03.11
羊英杰	39	男	副总裁	00.11–03.11
许以纲	43	男	副总裁	01.05–03.11
耿俊岭	30	男	副总裁	01.05–03.11
郭庆	29	男	副总裁	00.05–03.11
费禹铭	33	男	董事会秘书	00.11–03.11
徐丽君	39	女	财务部经理	00.11–03.11

姓名	年初持股数量(万股)	年末持股数量(万股)	报告期内股份变动(万股)	股份增减变动原因
郭华强	727.4708	727.4708	0	
许建国	161.0308	161.0308	0	
朱宝文	141.2054	141.2054	0	
张健	91.035	91.035	0	
潘庆中	84.966	84.966	0	
蔡亮	0	0	0	
傅宁	64.736	64.736	0	
杨文山	64.736	64.736	0	
潘云鹤	0	0	0	
赵纯均	0	0	0	
费忠新	0	0	0	
叶慧清	40.46	40.46	0	
鲍伯生	0	0	0	
魏致善	0	0	0	
羊英杰	40.46	40.46	0	
许以纲	40.46	40.46	0	
耿俊岭	0	0	0	
郭庆	40.46	40.46	0	
费禹铭	0	0	0	
徐丽君	0	0	0	

(2)在股东单位任职情况

郭华强先生、朱宝文先生、张健先生、潘庆中先生、蔡亮先生任杭州信雅达电子有限公司董事，其中郭华强先生、朱宝文先生、张健先生、潘庆中先生任职起止日期为 2000 年 9 月至 2003 年 9 月，蔡亮先生任职起止日期为 2002 年 11 月至 2003 年 9 月，杨文山先生任杭州信雅达电子有限公司监事，任职起止日期为 2000 年 9 月至 2003 年 9 月。

傅宁先生任宁波经济技术开发区春秋科技开发有限公司监事，任职起止日期为 2001 年 5 月至 2004 年 5 月。

2、年度报酬情况

(1)报酬的决策程序、报酬确定依据

根据 2001 年度股东大会决议，本公司的独立董事在公司领取独立董事津贴，独立董事津贴标准为每年 6 万元(含税)，出席公司董事会和股东大会的差旅费及按《杭州信雅达系统工程股份有限公司章程》(下称"《公司章程》")履行职权所需的费用据实在公司报销；在公司领取报酬的董事(不包括独立董事)、监事、高级管理人员的收入按实际绩效考核确定，每年年初根据公司的总体发展战略和年度的经营目标确定高级管理人员的考核指标；年末，根据指标的完成情况确定报酬。

(2)本年度公司董事、监事、高级管理人员 17 人在公司领取报酬，年度报酬总额为 356.5 万元，金额最高的前三名董事报酬总额 94 万元，金额最高的前三名高级管理人员报酬总额 88 万元。年度报酬数额区间人数如下：

报酬区间	人数
10–15 万元	3 人
15–20 万元	5 人
20–25 万元	4 人
25–35 万元	5 人

3、报告期内无离任的董事、监事、高级管理人员。

4、报告期内未发生聘任及解聘公司总裁、副总裁、董事会秘书、财务负责人等高管人员情况。

(二)公司员工情况

1、截止报告期末，公司在职员工 355 人。

2、员工专业构成如下：

类别	人数(人)	占员工总数的比例(%)
生产人员	49	13.8
销售人员	76	21.4
技术人员	158	44.5
财务人员	6	1.7
行政管理人员	66	18.6

3、员工受教育程度

类别	人数(人)	占员工总人数的比例(%)
博士研究生	4	1.12
硕士研究生	36	10.14
大学本科	207	58.31
大学专科	75	21.13
大学专科以下	33	9.30

4、公司没有需承担费用的离退休职工。

五、公司治理结构

(一)公司治理的实际情况

公司自成立以来，严格按照《中华人民共和国公司法》、《中华人民共和国证券法》、中国证券监督管理委员会有关法规规章和《上海证券交易所股票上市规则》的要求，不断完善公司的法人治理结构，规范公司运作，先后制订和修改了《公司章程》、《杭州信雅达系统工程股份有限公司股东大会议事规则》、《杭州信雅达系统工程股份有限公司董事会议事规则》、《杭州信雅达系统工程股份有限公司监事会议事规则》等基本制度，以及《财务管理制度》、《技术管理制度》、《大项目管理暂行规范》、《项目管理规范》、《设备管理制度及执行规范》、《统计管理系统及操作规范》、《内部监督与审计制度》、《行政管理制度》、《软件 CMM 规范》、《销售激励奖管理办法》、《公务接待与礼仪规范》、《信息资源管理制度》、《合同管理制度及执行规范》等具体规章。公司当前的治理情况主要表现为：

1、关于股东和股东大会：公司的治理结构能确保所有股东，特别是中小股东享有平等的地位和充分行使自己权利的条件。公司使用了专用电子信箱，保持与股东的有效沟通，认真接待股东来访和来电咨询，使股东能无障碍地了解公司的经营情况；公司制订了《杭州信雅达系统工程股份有限公司股东大会议事规则》，按照中国证监会公布的《股东大会规范意见》和《上海证券交易所股票上市规则》的要求召集召开股东大会，使尽可能多的股东参加会议；公司关联交易遵循"公开、公平、公正"的原则，未损害公司和股东的利益。

2、关于控股股东和上市公司：控股股东与上市公司在业务、人员、资产、机构和财务方面做到相互分开，上市公司在业务、人员、资产、机构和财务方面能够独立运行；控股股东通过股东大会依法行使出资人的权利，没有采取任何其他方式直接或间接地干预公司的决策和经营活动；公司董事会、监事会和内部管理机构能够独立运作，确保公司的重大决策能按照规范的程序作出；在报告期内，2002 年第一次临时股东通过了"关于修改《公司章程》的议案"，在《公司章程》第六十七条原条款内补充了"董事的选举，采用累积投票制度"，确保了中小股东权利的充分行使。

3、关于董事和董事会：公司严格按照《公司章程》的规定程序选聘董事，制订了《杭州信雅达系统工程股份有限公司董事会议事规则》，公司董事会的人员构成符合法律、法规和《公司章程》的要求；公司董事熟悉有关法律、法规，了解作为董事的权利和义务，忠实、诚信和勤勉地履行职责；根据中国证监会发布的《关于在上市公司建立独立董事制度的指导意见》的要求，公司已按照有关规定修改了《公司章程》，增加了有关独立董事的内容，报告期内独立董事增至三名，一名为技术专家，一名为经济专家，一名为具有注册会计师资格的财务与审计专家。

4、关于监事与监事会：公司监事会的人数和人员构成符合法律、法规和《公司章程》的要求；公司监事会已制订了监事会议事规则；公司监事能够本着对全体股东负责的精神，认真履行自己的职责，对公司财务以及公司董事、经理和其他高级管理人员履行职责的合法合规性进行监督。

5、关于高级管理人员的选择、考评、激励和约束机制：公司建立了公正、透明的董事、监事和高级管理人员的绩效评价标准与激励约束机制；公司高级管理人员的聘任公开、透明，符合法律法规的规定。

6、关于相关利益者：公司充分尊重债权银行及其他债权人、职工、客户、供应商等利益相关者的合法权利，积极与他们开展合作，努力推动公司持续健康地发展。

7、关于信息披露与透明度：公司严格按照法律、法规和《公司章程》，真实、准确、完整、及时地披露信息。公司指定董事会秘书、证券事务代表负责信息披露、接待股东来访和咨询；公司能够按照有关规定，及时披露公司的重大事项、公司大股东的详细资料和股份的变化情况。

8、存在的差异：公司尚未设立董事会薪酬与考核委员会、董事会提名委员会、董事会战略委员会，为进一步健全公司治理结构，以上三个专门委员会正在设立之中。

(二)独立董事履行职责情况

公司的独立董事自受聘以来，积极参加公司董事会，对公司目前的经营情况和治理结构已经有了一定的了解，认真、独立行使董事的职责，促进了公司现代企业制度的完善，对于公司的投资决策、经营管理等方面也提出了许多很好的建议。

(三)公司与控股股东"五分开"情况

1、在业务方面，公司的生产经营完全独立于控股股东，产、供、销等生产经营活动均由公司自主决策，公司无需依赖股东单位进行生产经营活动，拥有独立的采购、生产和销售系统，业务机构完整。

2、在人员方面，公司劳动、人事及工资管理完全独立，公司的总裁、副总裁、董事会秘书等高级管理人员均在本公司工作并领取报酬，未在股东单位兼任具体经营、管理职务。

3、在资产方面，公司拥有独立的生产系统、辅助生产系统和销售系统，产权明晰，商标等无形资产均由公司拥有。

4、在机构方面，公司设立了健全的组织机构体系，所有机构设置程序和机构职能独立；董事会、监事会等内部机构独立运作，不存在与控股股东职能部门之间的从属关系。

5、在财务方面，公司设立了独立的财务会计部门(财务部)，并建立了独立的会计核算体系和财务管理制度；公司独立在银行开户，独立纳税，能独立作出财务决策。

综上所述，公司与控股股东在业务、人员、资产、机构、财务方面已做到完全各自独立、分开，具备了独立完整的业务及自主经营能力。

(四)高级管理人员的选择、考评、激励和约束机制的情况

公司基于业务开拓和长远发展的需要，制定了高级管理人员的选择、考评、激励和约束机制。在选择机制方面，根据公司发展需要，遵循"德、能、智、体"择优的原则，由董事会决定公司高级管理人员的聘任(副总裁由总裁提名)，任期一般为三年。在考评机制方面，董事会按年度对公司高级管理人员的业绩和履职情况进行考评(副总裁先经总裁考评)，并根据考评结果决定下一年度的年薪定级、岗位安排直至聘用与否。在激励机制方面，公司对高级管理人员实行年薪加激励奖制度；部分高级管理人员已通过在本公司直接持股，或在本公司股东单位持股间接拥有公司部分股权。此外，公司已决定在国家有关法律、法规许可并经有关部门批准的情况下，在公司全体高管人员和骨干员工中推行认股权计划。在约束机制方面，公司通过公司章程、签订《劳动合同》和《知识产权及保密协议》以及财务人事管理等内部管理制度，对高级管理人员的履职行为、权限、职责等作了相应的约束。

六、股东大会情况简介

报告期内，公司共召开了二次股东大会，即一次年度股东大会和一次临时股东大会。

(一)2001年度股东大会

2001年度股东大会于2002年2月18日在公司大会议室召开，出席本次股东大会的股东及授权代表共16名，代表公司股份40,460,000股，占公司有表决权股份总数的100%，符合《公司法》和《公司章程》的有关规定。会议审议并通过以下决议：

1、审议通过《公司2001年度董事会工作报告》；
2、审议通过《公司2001年度监事会工作报告》；
3、审议通过《公司2001年度财务决算报告》；
4、审议通过《公司2001年度利润分配方案》；
5、审议通过《关于增选公司独立董事的提案》；
6、审议通过《关于修改公司章程的提案》；
7、审议通过《公司上市后章程(草案)的提案》；
8、审议通过《关于确定公司董事、监事年度薪酬的提案》；
9、审议通过《关于续聘浙江天健会计师事所有限公司为本公司2002年度财务报告审计机构的提案》；
10、审议通过《公司关联交易议事规则的提案》。

(二)2002年第一次临时股东大会

公司董事会于2002年11月18日在《中国证券报》、《上海证券报》上刊登了关于召开2002年第一次临时股东大会的公告。2002年第一次临时股东大会于12月18日在杭州市教工路2号金都宾馆多功能厅召开。出席会议的股东及股东代表15名，持有代表有表决权股份38,111,925股，占本公司股份总数的65.19%。大会审议通过如下决议：

1、审议通过了《关于增加公司注册资本的议案》；
2、审议通过了《关于修改公司章程的议案》。

浙江天册律师事务所对该次股东大会的召集、召开、表决程序和表决结果进行了现场见证并出具了法律意见书。

以上决议公告刊登于2002年12月19日的《中国证券报》、《上海证券报》上。

(三)选举、更换公司董事、监事情况

报告期内，经2002年2月18日2001年度股东大会审议通过，增选费忠新先生为公司独立董事。

七、董事会报告

(一)报告期内整体经营情况的讨论与分析

2002年公司在全体员工的努力下，积极依托自身的技术优势、客户优势、营销优势、管理优势，努力开拓银行、证券、保险、税务、工商行政管理、土地管理等行业和行政管理部门的电子化应用软件业务，取得了较好的业绩，2002年度实现主营业务收入190,400,101.28元，与2001年度159,153,284.64元相比，增长19.63%；净利润32,013,108.75元，与2001年度27,360,007.2元相比，增长17.01%。截止2002年12月31日，总资产达447,714,608.19元，净资产313,246,898.33元，与2001年相比，都有大幅增长。

报告期内，公司再度成为中国工商银行电子档影像系统的入围集成应用服务商，并在交通银行总行客户服务中心入围招标中唯一中标，公司签定的重要合同中300万元以上的有16个，占总合同额的48.53%。

报告期内，公司坚持"做精产品、做深行业"的产品战略，扎实做好主营业务，重视品牌建设。公司顺利通过由美国SEI认可的CMM2级评审，成为华东地区首家通过此项认证的软件企业；获准筹建省级电子文档影像信息处理平台技术工程研究中心；继票据光盘缩微系统、客户服务中心系统、企业电子银行系统、支付密码器系统等国家火炬计划项目后，信雅达银证通系统又被列为国家火炬计划项目。

2002年10月17日，公司获准向社会公众公开发行1800万股(A股)股票，并于11月1日在上海证券交易所上市交易。

(二)报告期内主要经营情况

1、主营业务的范围及其经营情况

公司主营业务的经营范围为电子文档影像、电子商务和信息安全等软件产品的生产、销售，提供系统集成等。

(1)主营业务收入、主营业务利润的构成情况

按产品分：

单位：人民币万元

主营业务	主营业务收入	占本期比例(%)
电子文档影像系统	11371.39	59.72
客户服务中心系统	4422.79	23.23
信息安全产品	1365.01	7.17
银证通	1317.02	6.92
其他	563.80	2.96
合计	19040.01	100.00

主营业务	主营业务利润	占本期比例(%)
电子文档影像系统	3307.12	41.83
客户服务中心系统	1906.77	24.12
信息安全产品	963.97	12.19
银证通	1261.89	15.96
其他	466.29	5.90
合计	7906.04	100.00

按地区分(七大区)

单位：人民币万元

区域分布	主营业务收入	占本期比例(%)
华东地区	8006.32	42.05
东北地区	3495.75	18.36
华北地区	2737.95	14.38
西北地区	1730.74	9.09
华南地区	1629.82	8.56
西南地区	1043.39	5.48
华中地区	396.04	2.08
合计	19040.01	100.00

区域分布	主营业务利润	占本期比例(%)
华东地区	2972.15	37.59
东北地区	1518.21	19.20
华北地区	1232.08	15.58
西北地区	778.83	9.85
华南地区	679.71	8.60
西南地区	490.49	6.20
华中地区	234.57	2.97
合计	7906.04	100.00

(2)报告期内主营业务及其结构、主营业务盈利能力与2001年度相比未发生较大变化。

2、主要控股子公司经营情况及业绩

(1)宁波经济技术开发区信雅达三金系统工程有限公司

该公司经营范围为电子计算机、家用电器、通信设备、办公设备、电子产品、计算机硬件、软件的开发、咨询服务、设备租赁；注册资本为人民币50万元；截止2002年12月31日，总资产达5858.25万元，净资产为1068.76万元；2002年度净利润为631.42万元。

(2)杭州信雅达数据集成有限公司

该公司经营范围为技术开发、技术服务、技术咨询、成果转让：电子产品，计算机软、硬件；批发、零售：电子计算机，家用电器，通信设备，办公自动化设备；注册资本为人民币50万元；截止2002年12月31日，总资产达954.91万元，净资产为108.88万元；2002年度净利润为49.40万元。

(3)深圳市信雅达三金系统工程有限公司

该公司经营范围为计算机硬件、软件，电子产品的技术开发与购销；注册资本为人民币50万元；截止2002年12月31日，总资产达31.60万元，净资产为4.48万元；2002年度净利润为4.28万元。

(4)北京信雅达三金电子技术有限公司

该公司经营范围为电子技术开发、技术咨询、技术转让、技术服务、技术培训、销售计算机及外围设备、家用电器；注册资本为人民币50万元；截止2002年12月31日，总资产达98.24万元，净资产为1.85万元；2002年度净利润为-4.36万元。

3、主要供应商客户情况

报告期内公司向前五名供应商合计的采购金额占年度采购总额的比例58.04%，前五名客户销售额占公司销售总额的比例为的26.28%。

4、在经营中出现的问题与困难及解决方案

报告期内，公司在经营中出现的问题和困难是电子商务软件产品的销售额没有达到预期目标和未能实施骨干员工认股期权制度。

在本报告期内，公司客户之一——证券经营机构所处行业整体发展放缓，证券公司为控制经营成本，在电子商务方面的投入相对减少，致使公司电子商务软件的销售额未能达到预测数。

公司针对这一形势采取的措施包括：继续加快市场拓展，加大产品研发投入力度，推出具有市场竞争力的电子商务系列高端产品，完成电子商务平台的设计与开发；通过收购兼并加快产品发展；通过与IBM等国际公司的合作提升产品水平；发挥服务网络健全的优势，形成服务竞争力；加强专业人才培养和引进；开展伙伴合作。

股票期权制度是现代高科技企业吸引人才的重要机制。公司已准备在有关部门批准的情况下，在公司全体高级管理人员和核心业务骨干人员中推行认股权计划。但由于目前我国有关法律和法规尚不能支持该制度的操作运行，故目前该计划暂不能实行，从而对公司吸引和保留人才带来一定的影响。

5、盈利预测完成情况

报告期内，公司在刊登招股说明书的同时，披露了2002年度盈利预测，预测2002年度实现主营业务收入22,864.10万元，净利润3,428.53万元，实际分别完成19,040.01万元、3,201.31万元，公司基本完成盈利预测目标。

(三)报告期内投资情况

完成总投资4,358.19万元，主要系本期募集资金使用增加所致。

1、报告期内公司募集资金使用情况

公司按照首次公开发行股票时在《招股说明书》中承诺的项目进行投资，截止到2002年12月31日，公司共计使用募集资金4,358.19万元，尚未投入的募集资金共计19,220.959万元全部存放在银行。募集资金使用情况如下：

单位：人民币万元

序号	承诺投资项目	项目总投资额	实际投资项目
1	票据光盘缩微处理系统	7,500	未变更
2	银行票据档案电子影像文档处理系统	3,673	未变更
3	客户服务中心系统	3,980	未变更
4	工作流管理系统	3,987	未变更
5	计算机主机通讯安全系统	3,157	未变更
6	税务档案电子影像处理系统	3,348	未变更

序号	承诺投资项目	实际完成投资额	投资项目完成进度
1	票据光盘缩微处理系统	1,430.56	19.07%
2	银行票据档案电子影像文档处理系统	599.37	16.32%
3	客户服务中心系统	1,222.39	30.71%
4	工作流管理系统	767.98	19.26%
5	计算机主机通讯安全系统	306.70	9.71%
6	税务档案电子影像处理系统	31.19	0.93%

(1)票据光盘缩微处理系统项目，该项目本期实际投入1,430.56万元，累计投入1,430.56万元，完工进度19.07%。本项目建成后，预计可实现年销售收入23,200万元，内部收益率(税后)34.7%，投资回收期3.92年。

(2)银行票据档案电子影像文档处理系统项目，该项目本期实际投入599.37万元，累计投入599.37万元，完工进度16.32%。本项目建成后，预计可实现年销售收入15,240万元，内部收益率(税后)49.2%，投资回收期2.8年。

(3)客户服务中心系统项目，该项目本期实际投入1,222.39万元，累计投入1,222.39万元，完工进度30.71%。本项目建成后，预计可实现年销售收入6,786.7万元，内部收益率(税后)38.1%，投资回收期2.4年。

(4)工作流管理系统项目，该项目本期实际投入767.98万元，累计投入767.98万元，完工进度

19.26%。本项目建成后,预计可实现年销售收入7,320万元,内部收益率(税后)29.2%,投资回收期3.3年。

(5)计算机主机通讯安全系统项目,该项目本期实际投入306.70万元,累计投入306.70万元,完工进度9.71%。本项目建成后,预计可实现年销售收入3,886.7万元,内部收益率(税后)35.9%,投资回收期2.5年。

(6)税务档案电子影像处理系统项目,该项目本期实际投入31.19万元,累计投入31.19万元,完工进度0.93%。本项目建成后,预计可实现年销售收入9,512万元,内部收益率(税后)37%,投资回收期3.04年。

2、报告期内没有发生非募集资金投资的重大项目。

(四)报告期内财务状况分析

单位:人民币元

项目	2002年	2001年
总资产	447,714,608.19	142,561,619.52
股东权益	313,246,898.33	62,980,299.59
主营业务利润	70,251,352.01	61,880,364.43
净利润	32,013,108.75	27,360,007.52
现金及现金等价物净增加额	241,596,089.80	33,139,882.12

项目	增减幅度(%)
总资产	214.05
股东权益	397.37
主营业务利润	13.53
净利润	17.01
现金及现金等价物净增加额	629.02

(五)董事会日常工作情况

1、报告期内董事会的会议情况及决议内容

本年度董事会共召开了五次会议:

(1)2002年1月18日,公司第一届董事会第四次会议在杭州召开,应到董事10人,实到董事10人,一致审议通过了以下议案:

1)审议通过《公司2001年总裁业务报告》;

2)讨论制订《公司2001年度董事会工作报告》;

3)拟定《公司2001年度财务决算报告》;

4)拟定《公司2001年度利润分配预案》;

5)审议通过《关于增选公司独立董事的提案》;

6)审议通过《关于修改公司章程的提案》

7)审议通过《关于制订公司上市后章程(草案)的提案》;

8)审议通过《关于确定公司有关财务政策的议案》;

9)审议通过《关于拟定公司董事、监事年度薪酬的提案》

10)审议通过《关于确定公司非董事高级管理人员年度薪酬的议案》;

11)审议通过《关于续聘浙江天健会计师事务所有限公司为本公司2002年度财务报告审计机构的提案》;

12)审议通过《关于制订公司关联交易议事规则的提案》;

13)审议通过《关于制订公司董事会议事规则的议案》;

14)审议通过《关于审议公司总裁工作细则的议案》;

15)审议通过关于《2001年度股东大会召开时间及其议题的决定》。

(2)2002年5月28日公司第一届董事会第五次会议在公司大会议室召开,应到董事11人,实到董事11人,会议审议通过了《关于调整公司投资项目及首次向社会公开发行股票定价市盈率的议案》。

(3)2002年7月10日,公司第一届董事会第六次会议在公司大会议室召开,应到董事11人,实到董事11人,会议审议通过了《关于设立公司审计委员会的议案》。

(4)2002年8月6日,公司第一届董事会第七次会议在公司大会议召开,应到董事11人,实到董事11人,会议审议通过了《关于公司上半年工作总结及下半年工作计划的议案》。

(5)2002年11月15日,公司第一届董事会第八次会议,在公司大会议室召开。会议应到董事11名,实到董事11名,会议审议通过了以下议案:

1)《关于增加公司注册资本的议案》;

2)《关于修改公司章程的议案》;

3)《关于召开公司2002年第一次临时股东大会的议案》。

本次董事会决议公告刊登于2002年11月18日的《中国证券报》、《上海证券报》。

2、董事会对股东大会决议的执行情况

报告期内,公司董事会根据《公司法》、《证券法》和《公司章程》等有关法律法规的要求,严格按照股东大会的决议和授权,认真执行股东大会通过的各项决议内容。

(1)公司2001年度利润分配执行情况

公司2001年度利润分配方案于2002年2月18日经2001年度股东大会审议通过,于2001年3月7日,公司以2001年末总股本4046万股为基数,向全体股东每10股派发现金红利1.5元(含税),共计6,069,000元,剩余17,369,134.25元未分配利润留待以后年度分配。

(2)报告期内《关于全权委托董事会决定上市事宜的议案》执行情况

依据公司于2001年6月30日经2000年度股东大会审议通过的《关于全权委托董事会决定上市事宜的议案》,报告期内,根据股东大会的授权,董事会履行诚信和勤勉的义务,认真执行了股东大会的各项决议。公司1800万股A股已于2002年10月17日公开发行,并2002年11月1日在上海证券交易所挂牌上市。

(六)本年度利润分配预案

根据浙江天健会计师事务所出具的浙天会审[2003]第321号审计报告,本公司2002年度实现净利润31,373,938.68元(母公司),按照《公司章程》规定提取10%的法定公积金3,137,393.87元,提取5%法定公益金1,568,696.93元,加上上年度结转未分配利润17,430,940.90元,本年度实际可供股东分配的利润为44,098,788.78元

2003年3月18日召开的第一届董事会第十次会议拟定:以2002年末总股本5846万股为基数,向全体股东按每10股派发现金红利3.00元(含税),共计派发现金17,538,000元,剩余26,560,788.78元结转下一年度。不进行资本公积金转增股本。该预案须提交2002年度股东大会审议通过后方可实施。

(七)其他报告事项

本报告期内公司信息披露指定报刊是《中国证券报》、《上海证券报》。

八、监事会报告

公司监事会依照《公司法》和《公司章程》赋予的权利,本着对全体股东负责的态度,认真履行职权,列席各次董事会会议,对公司财务以及公司董事和高级管理人员履行职责进行监督,维护公司及股东的合法权益。

(一)报告期内监事会会议情况

报告期内召开了二次监事会会议。

1、2002年1月19日,一届三次监事会在公司会议室召开,会议审议并通过了如下决议:

审议通过《监事会2001年度工作报告》。

2、2002年8月11日,一届四次监事会在公司会议室召开,会议审议并通过了如下决议:

审议通过了《关于公司上半年工作总结及下半年工作计划的议案》。

(二)监事会独立意见

1、公司依法运作情况:

报告期内,公司股东大会、董事会严格依照国家有关法律、法规和《公司章程》行使职权,履行义务。公司历次股东大会、董事会的召集、召开、表决、决议等决策程序均符合法律法规的等相关规定。报告期内,公司健全了内部控制制度,保证了资产的安全和有效使用。公司董事、总裁及高级管理人员执行公司职务时能够勤勉尽责,没有发现违反法律、法规和公司章程的行为,也没有损害公司利益的行为。

2、检查公司财务的情况:

本年度监事会检查了公司业务和财务情况,审核了公司的季度、半年度、年度财务报告及其它文件。监事会认为,浙江天健会计师事务所为本公司年度财务报告出具的审计意见是客观的,公司的财务报告客观、真实地反映了公司的财务状况和经营成果。

3、募集资金项目情况:

本期公司向社会公众发行人民币普通股(A股)1,800万股,每股发行价格为13.87元,应募集资金总额为249,660,000元,扣除与发行有关的费用13,868,510元,实际可使用募集资金235,791,490元。报告期内,公司募集资金实际投入项目和承诺投入项目一致,实际投入项目未发生变更。

4、收购、出售资产情况:

公司在报告期内,未发生重大收购、出售资产情况。

5、关联交易情况:

公司在报告期内,未发生重大关联交易情况。发生的关联交易按公平原则进行,未损害公司利益。

九、重要事项

(一)本年度公司无重大诉讼、仲裁事项。

(二)报告期内公司无重大收购及出售资产、吸收合并事项。

(三)报告期内未发生重大关联交易事项

(四)其他重大合同及其履行情况。

1、报告期内,公司无托管、承包、租赁其他公司资产或其他公司托管、承包、租赁本公司资产事项。

2、报告期内,公司没有重大担保。

3、报告期内,公司无委托他人进行现金资产管理事项。

4、报告期内,公司重大合同为:

(1)2002年11月8日,本公司与杭州先创科技有限公司签订《银行中间业务平台软件V2.0著作权转让合同》。根据该协议,本公司以以320万元购买其拥有的"银行中间业务平台软件V2.0"软件著作权。截止报告期末,公司已支付转让价款300万元,该计算机软件著作权的变更手续正在办理之中。

(2)2002年11月15日,本公司与杭州山虎软件技术有限公司签订《银银通V4.0著作权转让合同》。根据该协议,本公司以550万元购买其拥有的"银银通V4.0"软件著作权。截止报告期末,公司已支付转让价款500万元,该计算机软件著作权的变更手续正在办理之中。

(五)公司或持股5%以上股东在报告期内或持续到报告期内承诺事项,在报告期内的履行情况。

1、本公司法人股东杭州信雅达电子有限公司、宁波经济技术开发区春秋科技开发有限公司就避免同业竞争问题与本公司签订了《避免同业竞争协议书》,承诺不在中国境内或境外,以任何方式直接或间接从事对本公司 的生产、经营构成竞争的业务或活动。

在本报告期内,杭州信雅达电子有限公司、宁波经济技术开发区春秋科技开发有限公司履行了承诺,在中国境内或境外未从事对本公司 的生产、经营构成竞争的业务或活动。

2、本公司自然人股东郭华强、许建国、朱宝文、张健就避免同业竞争问题签署了《关于不从事同业竞争的承诺函》,承诺在公司上市后,不直接或通过其他任何方式间接从事构成与本公司业务有同业竞争的经营活动。

在本报告期内,郭华强、许建国、朱宝文、张健履行了承诺,未从事构成与本公司业务有同业竞争的经营活动。

(六)报告期内公司续聘浙江天健会计师事务所有限公司为公司财务的审计机构。

报告期内支付浙江天健会计师事务所有限公司审计费用25万元,差旅费由会计师事务所承担。

浙江天健会计师事务所有限公司已连续2年为公司提供审计服务。

(七)报告期内公司、公司董事会及董事没有受中国证监会稽查、中国证监会行政处罚、通报批评、证券交易所公开谴责的情形。

(八)其他事项

经中国证券监督管理委员会核准,公司于2002年10月17日公开发行1,800万股(A股),因此,公司注册资本由4046万元增加至5846万元,并相应修改了《公司章程》。该事项已于2002年12月19日在《中国证券报》、《上海证券报》上刊登披露。

十、财务报告

(一)审计报告

公司财务会计报告已经浙江天健会计师事务所审计并出具了浙天会审[2003]第321号标准无保留意见的审计报告。

审计报告

本财务报表业经公司第一届董事会第十次会议于2003年3月18日批准报出。

杭州信雅达系统工程股份有限公司全体股东:

我们接受委托,审计了贵公司2002年12月31日的资产负债表和合并资产负债表,2002年度的利润及利润分配表和合并利润及利润分配表,以及2002年度的现金流量表和合并现金流量表。这些会计报表由贵公司负责,我们的责任是对这些会计报表发表审计意见。我们的审计是依据中国注册会计师独立审计准则进行的。在审计过程中,我们结合贵公司实际情况,实施了包括抽查会计记录等我们认为必要的审计程序。

我们认为,上述会计报表符合《企业会计准则》和《企业会计制度》的有关规定,在所有重大方面公允地反映了贵公司2002年12月31日的财务状况及2002年度的经营成果和现金流量,会计处理方法的选用遵循了一贯性原则。

浙江天健会计师事务所有限公司　　中国注册会计师 朱大为

2003年2月21日　　中国注册会计师 朱剑敏

资产负债表

2002年12月31日

编制单位:杭州信雅达系统工程股份有限公司　　单位:人民币元

项目	期末数
合并	
流动资产:	
货币资金	308,176,874.96
短期投资	
应收票据	
应收股利	
应收利息	
应收账款	56,813,297.23
其他应收款	4,012,307.33

预付账款	812,942.54
应收补贴款	
存货	6,952,886.58
待摊费用	116,927.93
一年内到期的长期债权投资	
其他流动资产	
流动资产合计	376,885,236.57
长期投资：	
长期股权投资	315,263.47
长期债权投资	
长期投资合计	315,263.47
其中：合并价差	315,263.47
固定资产：	
固定资产原价	67,279,573.87
减：累计折旧	9,255,334.49
固定资产净值	58,024,239.38
减：固定资产减值准备	
固定资产净额	58,024,239.38
工程物资	
在建工程	
固定资产清理	
固定资产合计	58,024,239.38
无形资产及其他资产：	
无形资产	8,555,000.00
长期待摊费用	
其他长期资产	3,934,868.77
无形资产及其他资产合计	12,489,868.77
递延税项：	
递延税款借项	
资产总计	447,714,608.19
流动负债：	
短期借款	9,600,000.00
应付票据	33,102,390.00
应付账款	50,433,607.64
预收账款	3,310,644.72
应付工资	3,103,800.00
应付福利费	653,301.72
应付股利	17,538,000.00
应交税金	11,454,173.83
其他应交款	330,227.46
其他应付款	1,967,060.46
预提费用	52,906.25
预计负债	
一年内到期的长期负债	
其他流动负债	
流动负债合计	131,546,112.09
长期负债：	
长期借款	228,971.51
应付债券	
长期应付款	
专项应付款	2,036,700.00
其他长期负债	
长期负债合计	2,265,671.51
递延税项：	
递延税款贷项	
负债合计	133,811,783.60
少数股东权益	655,926.26
所有者权益(或股东权益)：	
实收资本(或股本)	58,460,000.00
减：已归还投资	
实收资本(或股本)净额	58,460,000.00
资本公积	218,068,621.90
盈余公积	8,853,139.20
其中：法定公益金	2,951,046.40
未分配利润	45,403,137.24
外币报表折算差额	
所有者权益(或股东权益)合计	313,246,898.33
负债和所有者权益(或股东权益)总计	447,714,608.19

利润及利润分配表

2002 年度

编制单位：杭州信雅达系统工程股份有限公司 单位：人民币元

本期数

项目	合并
一、主营业务收入	190,400,101.28
减：主营业务成本	119,353,504.31
主营业务税金及附加	795,244.96
二、主营业务利润(亏损以"-"号填列)	70,251,352.01
加：其他业务利润(亏损以"-号填列)	1,805,539.32
减：营业费用	17,197,576.04
管理费用	24,075,911.17
财务费用	460,966.78
三、营业利润(亏损以"-"号填列)	30,322,437.34
加：投资收益(亏损以"-号填列)	-35,029.28
补贴收入	9,867,160.98
营业外收入	226.00
减：营业外支出	818,787.42
四、利润总额(亏损以"-"号填列)	39,336,007.62
减：所得税	6,957,954.02
少数股东损益	364,944.86
五、净利润(亏损以"-"号填列)	32,013,108.74
加：年初未分配利润	18,096,119.29
其他转入	-
六、可供分配利润	50,109,228.03
减：提取法定盈余公积	3,137,393.87
提取法定公益金	1,568,696.93
提取职工奖励及福利基金	-
提取储备基金	-
提取企业发展基金	-
利润归还投资	-
七、可供投资者分配的利润	45,403,137.23
减：应付优先股股利	-
提取任意盈余公积	-
应付普通股股利	17,538,000.00
转作资本(股本)的普通股股利	-
八、未分配利润	27,865,137.23
出售、处置部门或被投资单位所得收益	
自然灾害发生的损失	
会计政策变更增加(或减少)利润总额	
会计估计变更增加(或减少)利润总额	
债务重组损失	
其他	

现金流量表

2002 年度

编制单位：杭州信雅达系统工程股份有限公司 单位：人民币元

项目	合并
一、经营活动产生的现金流量：	
销售商品、提供劳务收到的现金	193,837,182.30
收到的税费返还	7,729,322.36
收到的其他与经营活动有关的现金	5,596,132.86
现金流入小计	207,162,637.52
购买商品、接受劳务支付的现金	85,758,181.14
支付给职工以及为职工支付的现金	17,636,256.18
支付的各项税费	26,062,824.15
支付的其他与经营活动有关的现金	22,643,093.22
现金流出小计	152,100,354.69
经营活动产生的现金流量净额	55,062,282.83
二、投资活动产生的现金流量：	
收回投资所收到的现金	
取得投资收益所收到的现金	
处置固定资产、无形资产和其他长期资产所收回的现金净额	71,436.14
收到的其他与投资活动有关的现金	739,986.90
现金流入小计	811,423.04
购建固定资产、无形资产和其他长期资产所支付的现金	26,820,308.28
投资所支付的现金	
支付的其他与投资活动有关的现金	
现金流出小计	26,820,308.28
投资活动产生的现金流量净额	-26,008,885.24
三、筹资活动产生的现金流量：	
吸收投资所收到的现金	235,791,490.00
其中：子公司吸收少数股东权益性投资收到的现金	
取得借款所收到的现金	46,800,000.00
收到的其他与筹资活动有关的现金	
现金流入小计	282,591,490.00
偿还债务所支付的现金	60,949,738.74
分配股利、利润和偿付利息所支付的现金	9,099,059.05
其中：子公司支付少数股东的股利	906,136.59
支付的其他与筹资活动有关的现金	
其中：子公司依法减资支付给少数股东的现金	
现金流出小计	70,048,797.79
筹资活动产生的现金流量净额	212,542,692.21
四、汇率变动对现金的影响额	
五、现金及现金等价物净增加额	241,596,089.80
补充资料：	
1.将净利润调节为经营活动的现金流量：	
1、将净利润调节为经营活动现金流量：	
净利润	32,013,108.74
加：计提的资产减值准备	2,011,986.37
固定资产折旧	3,484,426.05
无形资产摊销	145,000.00
长期待摊费用摊销	
待摊费用减少(减：增加)	26,389.72
预提费用增加(减：减少)	-5,345.00
处置固定资产、无形资产和其他长期资产的损失(减：收益)	
固定资产报废损失	
财务费用	434,639.66
投资损失(减：收益)	35,029.28
递延税款贷项(减：借项)	
存货的减少(减：增加)	1,103,065.34
经营性应收项目的减少(减：增加)	-32,711,253.36
经营性应付项目的增加(减：减少)	49,747,488.97
其他	
少数股东损益	
经营活动产生的现金流量净额	55,062,282.83
2.不涉及现金收支的投资和筹资活动：	
债务转为资本	
一年内到期的可转换公司债券	
融资租入固定资产	
3.现金及现金等价物净增加情况	
现金的期末余额	308,176,874.96
减：现金的期初余额	66,580,785.16
加：现金等价物的期末余额	
减：现金等价物的期初余额	
现金及现金等价物净增加额	241,596,089.80

福建省惠泉啤酒集团股份有限公司

福建省惠泉啤酒集团股份有限公司上市公告书暨2002年度财务报告

一、重要声明与提示

本公司董事会保证上市公告书的真实性、准确性、完整性，全体董事承诺上市公告书不存在虚假记载、误导性陈述或重大遗漏，并承担个别和连带的法律责任。

根据《公司法》、《证券法》等有关法律、法规的规定，本公司董事、高级管理人员已依法履行诚信和勤勉尽责的义务和责任。

上海证券交易所、中国证监会、其他政府机关对本公司股票上市及有关事项的意见，均不表明对本公司的任何保证。

本公司提醒广大投资者注意，凡本上市公告书未涉及的有关内容，请投资者查阅2003年1月28日刊登于《中国证券报》、《上海证券报》、《证券时报》和《证券日报》的本公司招股说明书摘要，以及刊登于上海证券交易所网站(www.sse.com.cn)的本公司招股说明书全文及附录。

本上市公告书同时刊登于上海证券交易所网站(http://www.sse.com.cn)。

二、概　览

1.股票简称:	惠泉啤酒
2.沪市股票代码:	600573
3.深圳代理股票代码:	003573
4.总股本:	25,000万股
5.可流通股本:	6,300万股
6.本次上市流通股本:	6,300万股
7.每股发行价格:	7.44元
8.上市地点:	上海证券交易所
9.上市时间:	2003年2月26日
10.股票登记机构:	中国证券登记结算有限责任公司上海分公司
11.上市推荐人:	广发证券股份有限公司 福建省闽发证券有限公司

12.对首次公开发行股票前股东所持股份的流通限制及期限:根据国家现有法律、法规和中国证券监督管理委员会(以下简称"中国证监会")证监发行字［2003］10号文《关于核准福建省惠泉啤酒集团股份有限公司公开发行股票的通知》的规定，本公司本次公开发行股票前股东所持有的国家股、社会法人股和境内自然人股暂不上市流通。

13.根据《上海证券交易所股票上市规则》，本公司第一大股东惠安县国有资产投资经营有限公司承诺:自本公司股票上市之日起12个月内，不转让其所持有的本公司的股份。同时，本公司也承诺:自公司股票上市之日起12个月内不回购公司第一大股东所持有的本公司股份。

三、绪　言

本上市公告书是根据《中华人民共和国公司法》(以下简称"《公司法》")、《中华人民共和国证券法》(以下简称"《证券法》")、《股票发行与交易管理暂行条例》、《公开发行股票公司信息披露实施细则》和《上海证券交易所股票上市规则》等有关法律法规的规定，并按照中国证监会《公开发行证券的公司信息披露内容与格式准则第7号-股票上市公告书》要求而编制的，旨在向投资者提供有关本公司及其股票上市的基本情况。

经中国证监会证监发行字［2003］10号文核准，本公司已于2003年2月11日采用100%向二级市场投资者定价配售方式成功发行了每股面值1.00元的人民币普通股股票6,300万股，发行价格为每股人民币7.44元。

根据上海证券交易所上证上字［2003］9号文批准，本公司6,300万股社会公众股将于2003年2月26日起在上海证券交易所挂牌交易，股票简称"惠泉啤酒"，沪市股票代码为:600573，深市代理股票代码为:003573。

本公司已于2003年1月28日分别在《中国证券报》、《上海证券报》、《证券时报》和《证券日报》上刊登了招股说明书摘要，招股说明书全文及其必备附件可在上海证券交易所网站(http://www.sse.com.cn)查询。因招股说明书签署日为2003年1月27日，其中所引用的财务资料距今不足三个月，故与其重复的内容不再重述，敬请投资者查阅上述文件。

四、发行人概况

(一)发行人基本情况

发行人名称:	福建省惠泉啤酒集团股份有限公司
英文名称:	HUIQUAN BREWAGE GROUP INC. FUJIAN CHINA
注册资本:	25,000万元
法定代表人:	程汉川
公司住所:	福建省惠安县螺城镇建设大街157号
经营范围:	啤酒、饮料制造。
主营业务:	"惠泉"牌啤酒的生产与销售。
所属行业:	饮料制造业
邮政编码:	362100
联系电话:	(0595)7396105
传真:	(0595)7378169
互联网网址:	Http://www.huiquan-beer.com; Http://www.kindspring.com
电子信箱:	ksbeer@public.qz.fj.cn
董事会秘书:	陈荣标

(二)发行人历史沿革

福建省惠泉啤酒集团股份有限公司最早起源于1938年惠安县王氏家族兴办的生产地瓜酒的手工小作坊，解放后改造为地方国营企业惠安酒厂，专事生产白酒、黄酒、果露酒、碳酸饮料等产品。1983年公司在福建省啤酒行业中率先引进啤酒露天大罐发酵新技术，进行啤酒生产，1987年企业更名为惠安啤酒厂，1995年9月登记成立福建惠泉啤酒集团公司。

本公司是经福建省人民政府闽政体股［1996］09号文批准，福建惠泉啤酒集团公司整体改制，由福建省惠安县经济贸易局作为主要发起人，联合惠泉集团工会、惠安县惠泉大酒店工会委员会、福建泉州龙珠酒厂工会、惠安县麦芽厂工会委员会、晋达国际有限公司、福建省惠安县华源实业发展公司、惠安县中德彩色印刷厂、泉州市区宏泰名酒食品贸易中心、厦门市建达盛贸易公司、龚金柱等10名发起人，以发起设立方式设立的。本公司于1997年2月4日在福建省工商行政管理局正式登记注册。福建省国有资产管理局以闽国资［1997］021号文对本公司的国有股权设置方案进行了批复:公司成立时总股本为6,880万股，其中福建省惠安县经济贸易局以福建惠泉啤酒集团公司经评估确认的净资产58,677,373.16元(评估基准日为1996年5月31日)作为出资投入本公司，按1.529:1的折股比例认购3,838万股，占公司股本总额的55.78%，股权性质界定为国家股。

公司设立时，主发起人投入公司的资产情况见下表:　　(单位:元)

资　产	评估值	负债及所有者权益	评估值
货币资金	48,974,625.34	短期借款	65,210,000.00
应收账款	734,074.86	预收账款	1,635,893.62
预付货款	2,182,548.96	其他应付款	15,923,513.25
其他应收款	27,290,450.43	应付工资	757,898.41
存货	27,158,768.57	应付福利费	2,224,184.03
待摊费用	3,819,181.80	未交税金	17,787,694.85
流动资产合计	110,159,649.96	其他未交款	1,256,747.46
长期投资	465,301.02	预提费用	4,439,879.21
固定资产	92,140,323.01	流动负债合计	109,235,810.83
无形资产	4,508,910.00	长期负债	40,261,000.00
递延资产	900,000.00	所有者权益	58,677,373.16
资产合计	208,174,183.99	合计	208,174,183.99

其中，主发起人投入的固定资产为:　　(单位:元)

项　目	金　额	备　注
房屋建筑物	16,190,287.48	生产厂房和办公楼共25座，共计18,145.08平方米，评估值为14,651,385.63元，其他建筑物评估值为1,538,901.85元。
机器设备	63,927,395.00	啤酒酿造设备、包装线和辅助设备等
汽　车	177,550.00	
管理设备	2,113,387.80	办公用电脑、打印机等设备

其他发起人均以现金投入，以同样的比例折股认购3,042万股，占公司股本总额的44.22%。

福建中兴会计师事务所于1997年1月19日出具闽中兴所(97)验字第02号《验资报告》，对公司设立时的注册资本予以验证。公司于1997年2月4日在福建省工商行政管理局正式注册成立。

公司成立时的股本结构如下:

股东名称	股份数(万股)	比例(%)
福建省惠安县经济贸易局	3,838	55.78
福建惠泉啤酒集团公司工会委员会	1,768	25.70
惠安县惠泉大酒店工会委员会	35	0.51
福建泉州龙珠酒厂工会	43	0.63
惠安县麦芽厂工会委员会	35	0.51
晋达国际有限公司	328	4.77
福建省惠安县华源实业发展公司	200	2.91
惠安县中德彩色印刷厂	35	0.51
泉州市区宏泰名酒食品贸易中心	35	0.51
厦门市建达盛贸易有限公司	35	0.51
龚金柱	528	7.67
合计	6,880	100

1999年6月24日经惠安县人民政府惠政［1999］综171号文批准，本公司的国家股持股单位由惠安县经济贸易局变更为惠安县国有资产投资经营有限公司；同时本公司股东惠安县中德彩色印刷厂已依法改制为泉州中德印务有限公司。本公司据此对公司章程进行了修改，并办理了工商变更登记。

1999年5月，经1998年度股东大会批准，并经福建省人民政府闽政体股［1999］17号文批准，公司以1998年末总股本11,000万股为基数，按每10股派发现金2.10元、送红股2股、转增2股，并以1998年末总股本11,000万股为基数，向全体股东配售3,300万股(10:3的比例)，每股价格为2.90元，股东均以现金认购，筹集的资金用于公司10万吨规模异地技改工程建设。本次配股过程中，福建泉州龙珠酒厂工会按照10:3的比例可获配售20.6145万股，实际认购19.399万股，将1.2155万股配股权转让给惠泉集团工会。惠安县麦芽厂工会按照10:3的比例可获配售16.9209万股，实际认购16.2358万股，将0.6851万股配股权转让给惠泉集团工会。泉州市区宏泰名酒食品贸易中心按照10:3的比例可获配售15万股，实际认购4万股，将11万股配股权转让给惠泉集团工会。厦门市建达盛贸易公司按照10:3的比例可获配售13.65万股，实际认购0股，分别将所享有的配股权转让给惠泉集团工会11.3516万股和惠安县惠泉大酒店工会2.2984万股。配股权转让后，惠泉集团工会认购952.9724万股，惠安县惠泉大酒店工会认购21.9928万股，福建泉州龙珠酒厂工会认购19.399万股，惠安县麦芽厂工会委员会认购16.2358万股，泉州市区宏泰名酒食品贸易中心认购4万股，厦门市建达盛贸易公司未认购，其余股东均按10:3的比例认购。1999年7月21日，惠安会计师事务所出具了惠会所验字(1999)105号《验资报告》，验证了上述资本变更情况。

对于本次配股时股东转让配股权的情况，发行人律师认为:配股权是公司股东依法享有的一项权利，股东可以根据自己的经济状况决定是否配股以及是否转让配股权，我国《公司法》以及其他有关法律、法规和规范性文件并未对此作出任何限制性规定，因此，发行人1999年配股时股东转让配股权的行为是合法有效的。

1999年8月，福建泉州龙珠酒厂工会名称变更为"福建泉州市龙珠酿酒有限公司工会委员会"；1999年12月，惠安县麦芽厂工会委员会名称变更为"泉州市金麦啤酒原料有限公司工会"；2001年3月，福建省惠安县华源实业发展公司改制为福建省惠安县华源实业有限公司，其原持有的本公司612万股股份相应变更至福建省惠安县华源实业有限公司名下；2001年8月，泉州市区宏泰名酒食品贸易中心改制为泉州市宏泰名酒贸易有限公司，其原持有的本公司74万股股份相应变更为泉州市宏泰名酒贸易有限公司持有。

2001年6月25日，本公司原有工会股东按每股3.9元的价格，将其所持有的本公司股份全部转让给新股东，有关转让情况如下:

受让方	转让方	转让股数(万股)	受让方与发行人关系
泉州兴达船务有限公司	龙珠工会	115.6	
王建明	金麦工会	95.2	
福建天力投资有限公司	惠安县惠泉大酒店工会委员会	113.9	
	惠泉集团工会	2,781.1	
福建省青山纸业股份有限公司	惠泉集团工会	600	
深圳市恒宝鼎投资有限公司	惠泉集团工会	350	
江西清华科技集团有限公司	惠泉集团工会	500	
香港圣歌德奇有限公司	惠泉集团工会	841.5	
柯文良	惠泉集团工会	139.202	
程汉川	惠泉集团工会	10	董事长
郭振辉	惠泉集团工会	10	董事总经理

陈荣标	惠泉集团工会	5.198	董事会秘书
庄木辉	惠泉集团工会	5	总工程师
陈光明	惠泉集团工会	5	副董事长
黄其聪	惠泉集团工会	5	董事
黄植农	惠泉集团工会	5	监事
林志坚	惠泉集团工会	5	董事、财务总监
陈新华	惠泉集团工会	5	常务副总经理
许炎平	惠泉集团工会	5	副总经理
叶清法	惠泉集团工会	5	副总经理
刘友华	惠泉集团工会	5	副总经理
郑金成	惠泉集团工会	5	技术总监

上述股份转让完成后,本公司已于 2001 年 9 月在福建省工商行政管理局办理了工商变更登记手续。

对于本次股份转让的行为,发行人律师认为:公司工会股东将其持有的股份转让给 15 个自然人,受让的自然人均为发行人股份的终极所有者;该次股份转让行为已经履行了必要的法律程序;公司在转让前已明确告知自然人股东该股权不能流通的有关规定;原工会持股转让后不存在潜在的问题和风险隐患。

经中国证监会证监发行字[2003]10 号文核准,本公司已于 2003 年 2 月 11 日采用 100%向二级市场投资者定价配售方式成功发行了每股面值 1.00 元的人民币普通股股票 6,300 万股,发行价格为每股人民币 7.44 元。本公司已于 2003 年 2 月 18 日办理了验资手续。本次发行完成后,本公司注册资本为 25,000 万股。

(三)发行人的主要经营情况

1、发行人业务概况

本公司的主要业务范围为"惠泉"牌啤酒的制造和销售。从原材料配方看,公司现有产品包括小麦啤酒和大麦啤酒;从生产工艺看,公司现有产品包括熟啤酒、纯生啤酒和白瓶啤酒;从包装形式上看,公司现有产品包括 500 毫升瓶装啤酒、620 毫升瓶装啤酒和 350 毫升听装啤酒。1999 年、2000 年、2001 年,公司的啤酒产量分别为 25.4 万吨、31.5 万吨和 40.08 万吨,同期福建省的啤酒产量分别为 116.33 万吨、118.89 万吨和 128.11 万吨,公司在福建省的市场占有率分别为 21.83%、26.50%和 31.29%,啤酒产量和福建省内市场占有率连续三年省内排名第一。(福建省啤酒产量数据参见:福建省啤酒专业协会主办的《福建省啤酒行业主要经济技术指标汇总资料》)

2、发行人的竞争优势及劣势

本公司的竞争优势是:高级管理人员队伍团结,人员和专业结构搭配较合理,并保持相对稳定性,形成了有效的经营、技术、管理团队,并具有较强的创新及战略策划能力;市场定位把握准确,确立了惠泉品牌的优质产品定位,并以城市为主要消费市场;产品在福建省品牌知名度和美誉度高,市场占有率高,在竞争中处于领先地位;公司财务状况良好,盈利能力较强;技术改造步伐快,引进了大量先进设施,整体设备水平处于全国行业的领先地位;公司具有较强的技术开发、产品开发和产品推广能力,产品的技术含量较高,包装设计新颖,新产品市场推广成功率高;能根据产品的生命周期,不断调整产品结构,即一方面不断进行新产品开发,实现产品升级换代,一方面改进产品的内外在质量,延长成熟产品的生命周期;本公司较早建立了产品质量保证体系,质量长期稳定,口味深受欢迎,产品的市场形象良好;已初具较大的生产规模,进入了全国行业十强,同时通过有效的广告投入已逐步扩大了在全国市场的影响和知名度,并在各地市场保持着良好的产销势头。

劣势是:公司高素质人才储备较少,特别是管理、营销、财务人才不足;虽具有一定的产量规模,但与少数啤酒巨头相比,差距仍然较大;公司地处福建泉州市惠安县,与北京、上海等文化中心城市在各方面均有较大差距,部分员工视野有限,开拓精神欠佳;管理方面,虽然随着企业规模的扩大,本公司适时引进了部分高级管理人才,但传统管理经验仍占有较大成分,长期有效的激励机制有待加强。

五、股票发行与股本结构

(一)本次上市股票的公开发行情况

1、发行股票种类:人民币普通股

2、每股面值:1.00 元

3、发行数量:公开发行新股 6,300 万股

4、每股发行价格:7.44 元

5、募集资金总额:46,872 万元

6、发行时间:2003 年 2 月 11 日

7、发行方式:100%向二级市场投资者定价配售

8、于本公司《招股说明书摘要》刊登日收盘时持有上证所或深交所已上市流通人民币普通股(A 股)股票市值达 10,000 元及以上的投资者。

9、发行市盈率:20 倍(按 2002 年净利润全面摊薄计算)

10、发行费用总额及项目:本次发行费用总额为 1,614.54 万元,包括承销费用、审计费用、律师费、发行手续费、审核费等

11、每股发行费用:0.2563 元

(二)本次上市股票的承销情况

本次公开发行的 6,300 万股社会公众股的配号总数为 73247338 个,中签率为 0.08600995%;二级市场投资者认购了 62418897 股,其余 581103 股由主承销商新疆证券有限责任公司包销。

(三)验资报告

验　资　报　告

闽华兴所(2003)验字 C-001 号

福建省惠泉啤酒集团股份有限公司全体股东:

我们接受委托,审验了贵公司截止 2003 年 2 月 17 日止新增注册资本的实收情况。按照国家相关法律、法规的规定和协议、章程的要求出资,提供真实、合法、完整的验资资料,保护资产的安全、完整是全体股东及贵公司的责任。我们的责任是对贵公司新增注册资本的实收情况发表审验意见。我们的审验是依据《独立审计实务公告第 1 号--验资》进行的。在审验过程中,我们结合贵公司的实际情况,实施了检查等必要的审验程序。

贵公司原注册资本和实收资本均为人民币壹亿捌仟柒佰万元整(RMB187,000,000 元),已经惠安会计师事务所于 1999 年 7 月 21 日出具惠会所验字[1999]105 号验资报告予以审验。根据贵公司股东大会决议和修改后章程的规定,贵公司申请增加注册资本人民币陆仟叁佰万元整(RMB63,000,000 元)。经中国证券监督管理委员会证监发行字[2003]10 号文批准,贵公司于 2003 年 2 月 11 日向社会公众发行人民币普通股 6,300 万股,全部向二级市场投资者定价配售,每股发行价格 7.44 元。经我们审验,截止 2003 年 2 月 17 日止,贵公司本次发行募集资金为人民币 468,720,000 元,扣除发行费用后,实际募集资金净额为人民币 452,574,611.81 元,其中增加注册资本为人民币陆仟叁佰万元整(RMB63,000,000 元),增加资本公积为人民币 389,574,611.81 元,变更后注册资本和实收资本均为人民币贰亿伍仟万元整(RMB250,000,000 元)。社会公众股股东均以货币资金出资,款存中国工商银行惠安县支行 1408011129001201282 账号和兴业银行惠安县支行 157300101100003436 账号。

本验资报告仅供贵公司申请变更登记及据以向股东签发出资证明时使用,不应将其视为对贵公司验资报告日后资本保全、偿债能力和持续经营能力等的保证,因使用不当所造成的后果,与执行本验资业务的注册会计师及本会计师事务所无关。

福建华兴有限责任会计师事务所　　中国注册会计师:童益恭

二〇〇三年二月十八日　　中国注册会计师:陈玉珍

(四)本次募集资金入帐情况

1、入帐时间:2003 年 2 月 17 日

2、入帐金额:452,574,611.81 元人民币(募集资金扣除承销费和上网发行费后的余额)

3、入帐账号:1408011129001201282 和 157300101100003436

4、开户银行:中国工商银行惠安县支行和兴业银行惠安县支行

(五)本次股票上市前发行人的股权结构和股东持股情况

1、本次股票上市的股权结构

项　目	股份数(万股)	比例
国家股	9,537	38.15%
发起人境内法人股	851.7	3.41%
社会法人股	4460.6	17.84%
境内自然人股	309.6	1.24%
外资股	3541.1	14.16%
社会公众股	6,300	25.20%
合　计	25,000	100.00%

2、本次股票上市前,公司前十名股东及其持股比例

股　东	股本数(万股)	所占比例(%)
惠安县国有资产投资经营有限公司	9,537	38.15
福建天力投资有限公司	2,895	11.58
龚金柱	1,700	6.80
晋达国际有限公司	999.6	4.00
香港圣歌德奇有限公司	841.5	3.37
福建省惠安县华源实业有限公司	612	2.45
福建省青山纸业股份有限公司	600	2.40
江西清华科技集团有限公司	500	2
深圳市恒宝鼎投资有限公司	350	1.40
柯文良	139.202	0.56

六、董事、监事、高级管理人员及核心技术人员

(一)董事、监事、高级管理人员简况

1、董事

程汉川先生,48 岁,大专文化,高级经济师,历任惠安啤酒厂车间副主任、主任、副厂长、厂长、福建惠泉啤酒集团公司董事长等职。程汉川先生长期从事啤酒行业的研究和大型国有企业的管理工作,在啤酒企业的经营管理、投资运营、发展战略方面拥有丰富的专业经验。程汉川先生是中国啤酒协会常务理事、福建省啤酒协会副会长、泉州市科学技术协会副主席、泉州市工商联合会(商会)副会长、惠安县工商联合会(商会)会长,现任惠安县国有资产投资经营有限公司董事、本公司董事长。程汉川先生于 2000 年被授予"全国劳动模范"光荣称号。

陈光明先生,49 岁,大专文化,中级馆员,曾任泉州市档案局业务科长、惠安啤酒厂厂长助理、福建惠泉啤酒集团公司副董事长。现任本公司副董事长。陈光明先生于 1999 年被评为福建省轻纺系统"思想政治工作先进个人"。

郭振辉先生,37 岁,大学文化,高级工程师,曾任惠安啤酒厂车间主任、技术科长、厂长助理、副厂长、福建惠泉啤酒集团公司副董事长兼总经理。郭振辉先生是泉州市青年联合会副主席、泉州市青年企业家协会会长、福建省青年企业家协会副会长,现任本公司董事兼总经理。郭振辉先生于 1999 年被授予"全国五一劳动奖章"。

何跃英先生,41 岁,大专文化,统计师,曾任惠安县糖酒副食品公司经理、惠安县副食品基地开发公司经理,现任惠安县国有资产投资经营有限公司副总经理、本公司董事。

黄其聪先生,51 岁,大专文化,会计师,历任惠安啤酒厂会计主管、财务部科长、福建惠泉啤酒集团公司财务部经理、本公司第一、二届董事、财务总监等职,现任本公司董事兼金麦公司执行董事。

林志坚先生,36 岁,大学文化,会计师、审计师,曾任惠安县审计局审计科长、本公司监事会主席,现任惠安县国有资产投资经营有限公司副董事长、本公司董事、财务总监。

杨孙西先生,64 岁,大学文化,中国香港人士,曾任香港特区筹委会推委会委员。杨孙西先生现任全国政协委员、福建省政协常委、世界华人友好协会秘书长、全港工商业联谊会会长、香江国际有限公司董事长、晋达国际有限公司董事长、Hendon Holdings Ltd 董事长、股达针织厂有限公司和正旭(香港)有限公司董事、本公司董事。

龚金柱先生,61 岁,大学文化,中国台湾人士,现任福建省惠安龙益实业有限公司董事长、本公司董事。

姚弘先生,30 岁,大学文化,硕士研究生在读,中国注册会计师。姚弘先生曾任上海申银证券公司发行二部项目经理、港澳信托投资银行总部副总经理,海南力神咖啡股份有限公司董事、海南港澳实业股份有限公司董事,现任福州天力投资顾问有限公司总经理、本公司董事。

独立董事两名:

李耀忠先生,34 岁,研究生,注册会计师,会计师,曾任宁夏财政厅科研所《宁夏财会》、《宁夏财政科学研究资料》编辑,宁夏会计师事务所业务助理、项目负责人、部门经理,宁夏五联会计师事务所董事长、主任会计师,现任中国注册会计师协会理事、五联联合会计师事务所有限公司董事、主任会计师。

强纪英女士,59 岁,经济师,曾于 1962 年至 1988 年就职于中国工商银行上海分行静安支行;1988 至 1990 年就职于中国工商银行上海分行信托投资公司,并参与筹建申银证券公司;1990 年至 1999 年就职于上海证券交易所,曾任上市部副总监;1999 年 6 月发起创建内地第一家上市公司董事会秘书协会。强纪英女士参加了由中国证监会和清华大学管理学院举办的全国独立董事培训班,经考核成绩合格,成为全国首批经中国证监会认可的具有独立董事任职资格的人员。

2、监事

骆铁富先生,57 岁,大学文化,统计师,曾任惠安县统计局副局长、惠安县审计局副局长、惠安县审计局主任科员,2001 年 5 月至今在惠安国投工作,现任本公司监事会主席。

黄植农先生,51 岁,初中文化,政工师,曾任惠安酒厂制曲车间主任、成品车间主任,惠安酒厂、惠安啤酒厂、福建惠泉啤酒集团公司工会主席、本公司首届董事。黄植农先生于 1992 年获得"全国优秀工会工作者"光荣称号。黄植农先生现任泉州市总工会委员、惠安县总工会委员、本公司工会主席、监事会副主席(职工代表出任的监事)。

潘燕华女士,46 岁,高中文化,助理统计师。潘燕华女士长期从事本公司统计工作和工会工作,曾任本公司工会委员、统计主管,现任公司统计主管、工会女工委员会主任、监事(职工代表出任的监事)。

杨圣敦先生,53 岁,大学文化,中国香港人士。杨圣敦先生 1971 年至 1975 年在香港加铝公司工作,1975 年创办健德贸易公司,1977 年创办永盛玩具制造公司,现任永盛玩具制造公司董事、香港香江国际发展有限公司董事、本公司监事。

姚迅先生,30 岁,大学文化,经济师,证券分析师,曾任福州物贸中心期货交易员、福州天力投资顾问公司投行二部经理,具有较为丰富的投资银行运作经验。姚迅先生现任福州天力投资顾问有限公司副总经理、本公司监事。

3、高级管理人员

郭振辉先生,公司总经理,简历见董事一节。

陈新华先生,39 岁,大专文化,助理工程师,曾任惠安啤酒厂办公室副主任、泉州市龙珠酒厂厂长、泉州市兴龙包装用品有限公司总经理。陈新华先生是惠安县青年联合会常委,现任本公司常务副总经理。陈新华先生于 1998 年被授予福建省"新长征突击手"光荣称号,于 2000 年被评为泉州市"优秀青年企业家"。

叶清法先生,48 岁,大学文化,高级工程师,曾任惠安啤酒厂质检科长、生产部副主任、厂长助理、副厂长,福建惠泉啤酒集团公司副总经理等职。叶清法先生现任福建省啤酒协会副秘书长、福建

省消费者委员会食品分会副会长、本公司副总经理。叶清法先生于2000年荣获"全国质量管理先进个人"称号。

许炎平先生,41岁,大专文化,工程师,曾任惠安啤酒厂包装车间组长、副主任、主任、生产部主任,副厂长,福建惠泉啤酒集团公司副总经理等职。许炎平先生现任泉州市总工会职工技协副秘书长,本公司副总经理。许炎平先生于1995年被授予"全国劳动模范"光荣称号。

刘友华先生,38岁,大学文化,高级工程师。刘友华先生曾任福州啤酒厂副厂长、金泰来啤酒有限公司常务副总经理,福建九州映雪啤酒集团副总经理和总工程师,现任本公司副总经理兼北厂厂长。

庄木辉先生,58岁,大学文化,高级工程师,曾任惠安啤酒厂副厂长、福建惠泉啤酒集团公司董事副总经理,本公司董事兼副总经理,长期负责本公司设备技术工作。庄木辉先生是全国饮料酿酒机械行业专家组专家,福建省投资咨询轻工组专家,福建省啤酒协会专家组成员,现任本公司总工程师。曾连续获得"八五"和"九五"期间福建省"企业技术改造先进个人"荣誉称号。

郑金成先生,56岁,大学文化,高级工程师,高级酿酒师,曾任惠安酒厂车间主任,副厂长,福建惠泉啤酒集团公司技术部经理,副总工程师,福建省轻工厅企业质量管理诊断师等职。郑金成先生长期担任本公司技术负责人,主持了本公司历次技术改造以及小麦啤酒、全麦啤酒、千禧啤酒、纯生啤酒、枸杞啤酒、螺旋藻啤酒等新产品的开发研制工作,现任本公司技术总监。

陈荣标先生,54岁,大学文化,高级经济师,曾任惠安啤酒厂麦芽车间主任、惠安麦芽厂厂长、惠安啤酒厂生产部副主任、厂长助理、副厂长、本公司首届监事、第二届董事,现任本公司董事会秘书兼兴龙包装执行董事。

4、核心技术人员

庄木辉先生,现任本公司总工程师,主管公司的设备技术工作。

郑金成先生,现任本公司技术总监,主管公司的工艺技术工作。

程志强先生,32岁,大学文化,工程师,曾任惠安啤酒厂质管科科长、福建惠泉啤酒集团公司生产部副经理、技术部副经理、采购部副经理、酿造部主任、分厂副厂长等职。程志强先生曾担任福建省科委重点科研项目"小麦啤酒研制"的技术负责人,并荣获福建省"科技进步三等奖",现任本公司技术中心主任,福建省啤酒评酒委员,全国啤酒评酒委员。

王国川先生,36岁,大学文化,工程师。王国川先生曾任惠安啤酒厂质检科技术员、福建惠泉啤酒集团公司技术开发部主管、技术部副经理、技术创新中心副经理等职。王国川先生一贯从事啤酒研究与新产品开发工作,近几年来参加了公司所有新产品的开发与研制工作。王国川先生现任本公司技术中心副主任,全国啤酒评酒资格委员。

罗伟先生,31岁,大学文化,工程师,历任公司酿造车间主任、技术部经理、二分厂厂长、生产部经理等职,曾参与数次技术攻关和技术创新项目,现任公司工艺部经理。

蔡金龙先生,32岁,大学文化,工程师,历任公司生产部技术员、品管部主管。蔡金龙先生曾参加小麦啤酒等新产品的研制开发工作,对啤酒质量管理颇有研究,是本公司推行ISO9000国际质量体系的带头人,现任公司高级技术顾问兼品管部经理。

本公司所有董事、监事、高级管理人员、核心技术人员除龚金柱先生系中国台湾人士、杨孙西先生和杨圣敦先生系中国香港人士外,其余均为定居在国内的中华人民共和国公民。

本公司所有董事、监事、高级管理人员、核心技术人员之间,除杨孙西先生和杨圣敦先生系兄弟关系、程汉川先生和许炎平先生系表兄弟关系外,不存在配偶关系或其他三代以内直系亲属或旁系亲属关系。

(二)董事、监事、高级管理人员及核心技术人员持有公司股份情况

1、董事、监事、高级管理人员和核心技术人员发行前三年持有公司股份变动情况、发行前三年年末持股数量及比例及本次发行后所占比例的情况如下表:

(单位:万股)

姓名	职务	2000年末		2001年末		2002年末		本次发行后(按发行6300万股计)	
		持股数	比例(%)	持股数	比例(%)	持股数	比例(%)	持股数	比例(%)
龚金柱	董事	1700	9.09	1700	9.09	1700	9.09	1700	6.8
程汉川	董事长	–	–	10	0.053	10	0.053	10	0.04
郭振辉	总经理	–	–	10	0.053	10	0.053	10	0.04
陈荣标	董秘	–	–	5.198	0.027	5.198	0.027	5.198	0.0208
庄木辉	总工程师	–	–	5	0.0267	5	0.0267	5	0.02
陈光明	副董事长	–	–	5	0.0267	5	0.0267	5	0.02
黄其聪	董事	–	–	5	0.0267	5	0.0267	5	0.02
黄植农	监事	–	–	5	0.0267	5	0.0267	5	0.02
林志坚	财务总监	–	–	5	0.0267	5	0.0267	5	0.02
陈新华	副总经理	–	–	5	0.0267	5	0.0267	5	0.02
许炎平	副总经理	–	–	5	0.0267	5	0.0267	5	0.02
叶清法	副总经理	–	–	5	0.0267	5	0.0267	5	0.02
刘友华	副总经理	–	–	5	0.0267	5	0.0267	5	0.02
郑金成	技术总监	–	–	5	0.0267	5	0.0267	5	0.02

上述14人中,龚金柱先生系本公司发起人之一,其余13人所持本公司的股份均为2001年6月25日通过受让工会股份而来,在此之前所有董事、监事、高级管理人员和核心技术人员均未持有本公司股份。上述14人已确认其所持有的本公司股份均未存在质押或冻结情况,并同意按照法律、法规、规范性文件和公司章程的有关规定,在任职期间以及离职六个月之内不转让所持本公司的股份。

2、本公司无董事、监事、高级管理人员或核心技术人员的配偶或未满18岁的子女持有本公司股份的情形。

3、本公司监事杨圣敦先生持有香港圣歌德奇有限公司33.33%的权益,香港圣歌德奇有限公司持有本公司4.5%的股份;除此而外,本公司其他董事、监事、高级管理人员或核心技术人员不存在通过其近亲属能够直接或间接控制的法人持有本公司发行前股份的情形。

七、同业竞争与关联交易

(一) 同业竞争情况

本公司实际控制人惠安县国有资产投资经营有限公司及其控制的其他法人与本公司之间不存在同业竞争情况。本公司主要股东惠安国投、福建天力投资有限公司、龚金柱和晋达国际有限公司为了避免发行人与其股东之间将来可能发生同业竞争,已分别向本公司出具了《关于避免同业竞争的承诺函》,承诺其自身及其控制的企业、公司或其他组织将不在中国境内外以任何形式从事与发行人主营业务或者主要产品相竞争或者构成竞争威胁的业务活动,包括在中国境内外投资、收购、兼并与发行人主营业务或者主要产品相同或者相似的公司、企业或者其他经济组织;并承诺若发行人将来开拓新的业务领域,发行人享有优先权,发行人的主要股东将不再发展同类业务。

(二) 关联方及关联关系

根据中国证监会证监发[2001]41号文规定的范围,本公司目前存在的主要关联方及关联关系如下:

1、本公司股东

惠安县国有资产投资经营有限公司、福建天力投资有限公司、晋达国际有限公司、香港圣歌德奇有限公司、福建省惠安县华源实业有限公司、福建省青山纸业股份有限公司、江西清华科技集团有限公司、深圳市恒宝鼎投资有限公司、泉州兴达船务有限公司、泉州中德印务有限公司、泉州市宏泰名酒贸易有限公司、厦门市建达盛贸易有限公司。

自然人股股东龚金柱、柯文良、王建明、程汉川、郭振辉、陈荣标、庄木辉、陈光明、黄其聪、黄植农、林志坚、陈新华、许炎平、叶清法、刘友华、郑金成

2、控股股东及其股东控股或参股的企业

泉州惠泰石油化工有限公司

3、对控股股东和主要股东有实质影响的法人或自然人

对福建天力投资有限公司有实质影响的自然人为该公司的董事长兼总经理林长青,居民身份证号码:350500640416705;对晋达国际有限公司有实质影响的自然人为该公司董事长杨孙西先生,中国香港特别行政区居民,身份证号码:B061640(6)。

4、本公司的合营企业或联营企业

泉州市金麦啤酒原料有限公司

福建泉州市龙珠酿酒有限公司

泉州市兴龙包装用品有限公司

福建惠泉啤酒福鼎有限公司

惠安县中新再生资源回收有限公司

5、主要投资者个人、关键管理人员、核心技术人员、或与上述关系密切的人士控制的其他企业

正旭(香港)有限公司,在中国香港特别行政区注册,《商业登记证》号码:07371343-000-01-00-2;本公司董事杨孙西占该公司已发行股本的95%;该公司主要从事投资业务。

股达针织厂有限公司,在中国香港特别行政区注册,《商业登记证》号码:05463708-000-02-00-8;本公司董事杨孙西占该公司已发行股本的84%;该公司主要从事投资和进出口业务。

福建省惠安龙益实业有限公司,该公司系本公司股东、董事龚金柱先生在惠安县投资的外商独资企业,其经营范围为生产建筑陶瓷、卫生洁具及相关配套产品和各种鞋及鞋用材料。

(三) 重大关联交易

1、本公司2000年至2002年期间一直向中德印务采购各类啤酒标,双方历年均签订了《工矿产品购销合同》。根据福建华兴有限责任会计师事务所的《审计报告》,本公司2000年至2002年期间向中德印务采购各类啤酒标的交易金额、占同类交易的比例及占主营业务成本的比例分别如下:

(单位:万元)

项目 期间	含税交易金额	占同类交易的比例	主营业务成本	占主营业务成本的比例
2000年度	4,380.69	100%	50,732.14	8.6%
2001年度	6,274.69	100%	57,175.59	10.97%
2002年度	5,073.41	100%	56,207.28	9.03%

本公司2000年至2002年期间向中德印务采购商标、铝箔标等各类啤酒标的数量、单价分别如下:

纸张类别		2000年度	2001年度	2002年度	
铜版纸标		0.032元/套	500ML 0.025元/套	500ML	0.022元/套
			620ML 0.030元/套	620ML	0.028元/套
镀铝纸标		0.075元/套	500ML 0.064元/套	500ML	0.058元/套
			620ML 0.074元/套	620ML	0.03元/套
防伪镀铝纸标		0.094元/套	500ML 0.070元/套	500ML	0.031元/套
			620ML 0.083元/套	620ML	0.035元/套
铝箔纸标		500ML 0.035元/张	500ML 0.031元/张	0.031元/张	0.026元/张
		620ML 0.038元/张	620ML 0.031元/张	0.031元/张	0.026元/张
总数量	商标	5.18亿套	6.9亿套	6.7亿套	
	铝标	5.18亿张	6.5亿张	6.5亿张	
总金额		4,380.69万元	6,274.69万元	5,073.41万元	

2、本公司2000年至2001年6月期间一直向兴龙包装采购各类纸箱,双方历年均签订了《工矿产品购销合同》。根据福建华兴有限责任会计师事务所的《审计报告》,本公司2000年至2001年6月期间向兴龙包装采购各类纸箱的交易金额、占同类交易的比例及占主营业务成本的比例分别如下:

(单位:万元)

项目 期间	含税交易金额	占同类交易的比例	主营业务成本	占主营业务成本的比例
2000年度	8,029.41	82.39%	50732.14	15.83%
2001年1–6月	4,404.23	82.08%	–	–

八、财务会计资料

本公司截止2002年12月31日的财务会计资料已于2003年1月28日分别刊登在《中国证券报》、《上海证券报》、《证券时报》和《证券日报》上并在上海证券交易所网站http://www.sse.com.cn上的本公司《招股说明书》全文及其附录中进行了详细披露,尚未超出招股说明书有效期限。欲了解本公司经审计的财务报表及主要财务指标的详细内容,敬请投资者查阅上述报纸、网站或在公告的招股说明书查阅地查阅。

(一)注册会计师意见

本公司已聘请福建华兴有限责任会计师事务所对本公司2000年12月31日、2001年12月31日、2002年12月31日的资产负债表、合并资产负债表,2000年度、2001年度、2002年度的利润及合并利润表, 2000年度、2001年度、2002年度的利润分配表及合并利润分配表,2002年度的现金流量表与合并现金流量表进行了审计。福建华兴有限责任会计师事务所出具了标准无保留意见的《审计报告》(闽华兴所(2003)审字C-002号)。

(二)简要会计报表 见附表

本公司简要会计报表参见附表1-3。

(三)会计报表附注

本公司会计报表附注等有关内容,请查阅2003年1月28日刊登于《中国证券报》、《上海证券报》、《证券时报》和《证券日报》上的《招股说明书摘要》以及刊登于上海证券交易所网站http://www.sse.com.cn的本公司《招股说明书》全文及其附录。

(四)主要财务指标

本公司主要财务指标参见附表4、附表5。

九、其他重要事项

1、本次股票发行后至本上市公告书公告之日,本公司严格依照《公司法》、《证券法》等法律法规的要求,规范运作,生产经营状况正常;所处行业、市场无重大变化,主要投入、产出物供求及价格无重大变化,主要业务发展目标进展状况正常。

2、本次股票发行后至本上市公告书公告之日,本公司无重大投资活动,无重大资产(股权)收购出售行为。

3、本公司住所未发生变更。

4、本次股票发行后至本上市公告书公告之日,本公司未涉及任何重大诉讼或仲裁事项,亦无任何尚未了结或可能面临的重大诉讼或索赔要求。

5、本次股票发行后至本上市公告书公告之日,本公司重大会计政策和会计师事务所未发生变化。

6、本次股票发行、上市前后,公司的税收政策未发生变化。

7、本次股票发行后至本上市公告书公告之日,本公司未发生新的重大负债、担保或重大债项发生变化。

8、自本公司股票首次公开发行之日至本公司上市公告书公告之日,本公司董事、监事和高级管理人员未受到任何刑事起诉,亦没有尚未了结或可能发生的刑事诉讼事项。

9、2003年1月9日,本公司2003年第一次临时股东大会审议通过了《关于公司首次公开发行股票前实现利润的处置方案的议案》,对本次公开发行前的滚存利润的处理做如下安排:本公司发行当年实现的利润和以前年度的滚存的未分配利润由发行后的新股东(即社会公众股股东)与现有

股东按照股份比例及同股同权的原则共享。

10、福建省惠泉啤酒集团股份有限公司第二届董事会第十一次会议于2003年2月20日在公司董事会会议室召开。会议应到董事11人，实到董事7人，有3人董事用传真方式参加了表决。监事会3名监事列席了会议，会议由董事长程汉川先生主持。会议审议了公司《2002年度财务报告》和《2002年度利润分配预案》。会议以举手表决和传真表决的方式通过以下决议：同意本公司所做的二〇〇二年财务报告，同意本公司截止到二〇〇二年底的未分配利润暂不分配，并提请在下一次召开的股东大会上审议通过上述议案。

11、根据《上海证券交易所股票上市规则》，本公司第一大股东惠安县国有资产投资经营有限公司承诺：自本公司股票上市之日起12个月内，不转让其所持有的本公司的股份。同时，本公司也承诺：自公司股票上市之日起12个月内不回购公司第一大股东所持有的本公司股份。

12、本次股票发行后至本上市公告书公告之日，本公司无其他应披露而未披露之重大事项。

十、董事会上市承诺

本公司董事会将严格遵守《中华人民共和国公司法》、《中华人民共和国证券法》、《股票发行与交易管理暂行条例》、《公开发行股票公司信息披露实施细则》和《上海证券交易所股票上市规则》等国家有关法律法规的规定，承诺自本公司股票上市之日起做到：

1、按照法律、法规规定的程序和要求披露所有对投资者有重大影响的信息，并接受中国证监会、上海证券交易所的监督管理；

2、真实、准确、完整、公允和及时地公布定期报告，并置备于规定场所供投资者查阅；

3、本公司董事、监事及高级管理人员如发生人事变动或持本公司股票发生变化时，在报告中国证监会、上海证券交易所的同时向投资者公布；

4、公司在知悉可能对股票价格产生误导性影响的任何公共传播媒介中出现的消息后，将及时予以公开澄清；

5、本公司董事、监事、高级管理人员及核心技术人员将认真听取社会公众的意见和批评，不利用已获得的内幕消息和其他不正当手段直接或间接从事发行人股票的买卖活动；

6、本公司没有无记录的负债。依据《上海证券交易所股票上市规则》，本公司全体董事、监事将按照有关规定，在本公司股票上市后两个月内签署《董事(监事)声明及承诺书》，并送达上海证券交易所备案。

十一、上市推荐人及其意见

(一)上市推荐人有关情况

上市推荐人：广发证券股份有限公司

法定代表人：陈云贤

住　　所：广州市天河区天河北路183号大都会广场

电　　话：(020)87555888-507

传　　真：(020)87553583

联　系　人：安用兵、庄勇

上市推荐人：福建省闽发证券有限公司

法定代表人：张晓伟

住　　所：福建省福州市五四路158号环球广场28-29层

电　　话：(0591)7804218

传　　真：(0591)7804717

联　系　人：杨东宇、陈丹丹

(二)上市推荐人的推荐意见

广发证券股份有限公司及福建省闽发证券有限公司认为本公司的《公司章程》符合《公司法》等有关法律、法规和中国证监会的相关规定。根据《公司法》、《证券法》、《股票发行与交易管理暂行条例》和《上海证券交易所股票上市规则》等法律、法规的规定，本公司首次公开发行的股票已具备公开上市的条件。

广发证券股份有限公司及福建省闽发证券有限公司保证发行人的董事了解法律、法规、上海证券交易所上市规则及股票上市协议规定的董事的义务与责任，并协助发行人健全了法人治理结构、协助发行人制定了严格的信息披露制度与保密制度。广发证券股份有限公司及福建省闽发证券有限公司已对上市文件所载的资料进行了核实，确保上市文件真实、准确、完整，符合规定要求。广发证券股份有限公司及福建省闽发证券有限公司保证发行人的上市申请材料、上市公告书没有虚假、严重误导性陈述或者重大遗漏，并保证对其承担连带责任，并保证不利用在上市过程中获得的内幕信息进行内幕交易，为自己或他人谋取利益。

福建省惠泉啤酒集团股份有限公司

2003年2月21日

简要合并利润表　　(单位：元)

项　目	2002年	2001年	2000年
一、主营业务收入	905,695,320.15	943,915,911.91	885,500,852.76
减：主营业务成本	562,072,757.79	571,755,898.26	507,321,380.05
主营业务税金及附加	112,301,845.33	109,997,308.72	88,542,541.31
二、主营业务利润	231,320,717.03	262,162,704.93	289,636,931.40
加：其他业务利润	609,075.27	1,375,166.29	350,519.15
减：营业费用	58,647,602.52	68,092,293.09	67,633,723.15
管理费用	30,635,695.57	50,894,180.53	41,793,004.74
财务费用	36,043,438.52	33,603,182.77	7,544,596.55
三、营业利润	106,603,055.69	110,948,214.83	73,016,126.11
加：投资收益	702,663.12	558,637.82	1,015,781.87
补贴收入	-		1,100,000.00
营业外收入	4,017.32	200.00	13,037.39
减：营业外支出	1,161,567.49	2,066,590.27	21,797,626.83
四、利润总额	106,148,168.64	109,440,462.38	153,347,318.54
减：所得税	35,345,896.71	45,335,002.40	67,808,669.03
减：少数股东损益	1,254,140.84	802,531.58	196,391.08
五、净利润	69,548,131.09	63,302,928.40	85,342,258.43
加：年初未分配利润	325,717.65	6,465,526.76	31,746,428.98
六、可供分配的利润	69,873,848.74	69,768,455.16	117,088,687.41
减：提取法定盈余公积	7,735,036.39	6,785,060.73	8,570,698.48
提取法定公益金	7,379,696.49	6,557,676.78	8,552,462.17
七、可供股东分配的利润	54,759,115.86	56,425,717.65	99,965,526.76
减：应付普通股股利	-	56,100,000.00	93,500,000.00
转作股本的普通股股利	-		-
八、未分配利润	54,759,115.86	325,717.65	6,465,526.76

简要合并资产负债表　　(单位：元)

资　产	2002.12.31	2001.12.31	2000.12.31
流动资产：			
货币资金	89,439,316.05	80,137,980.15	38,994,891.91
应收票据	1,190,000.00		1,400,000.00
应收股利	-		520,000.00
应收账款	17,697,148.85	21,856,182.99	423,510.64
其他应收款	6,207,154,31	4,278,268.43	10,062,034.39
预付账款	24,229,864.27	2,897,547.82	5,932,454.14
存货	84,246,267.60	74,326,567.40	58,928,788.87
待摊费用	1,050,213.49	1,001,502.39	578,007.96
流动资产合计	224,059,964.57	184,498,049.18	116,839,687.91
长期投资：			
长期股权投资	5,114,604.73	5,051,941.61	5,681,882.94
长期债权投资	-		-
长期投资合计	5,114,604.73	5,051,941.61	5,681,882.94
固定资产：			
固定资产原价	1,174,537,505.99	988,069,123.80	440,310,723.17
减：累计折旧	273,817,282.26	194,881,136.38	124,944,887.82
固定资产净值	900,720,223.73	793,187,987.42	315,365,835.35
减：固定资产减值准备	23,474,204.50	23,474,204.50	2,655,636.82
固定资产净额	877,246,019.23	769,713,782.92	312,710,198.53
工程物资	116,285.36	63,523,500.00	-
在建工程	68,385,912.53	49,071,701.25	420,338,543.97
固定资产合计	945,748,217.12	882,308,984.17	733,048,742.50
无形资产及其他资产：			
无形资产	18,203,484.92	18,608,342.20	17,986,215.84
长期待摊费用	3,200,982.36	1,758,354.53	-
无形及期他资产合计	21,404,467.28	20,366,696.73	17,986,215.84
资产总计	1,196,327,253.70	1,092,225,671.69	873,556,529.19
负债及所有者权益			
流动负债：			
短期借款	160,000,000.00	134,500,000.00	114,200,000.00
应付票据	76,014,970.00	-	
应付账款	32,742,382.97	35,263,750.25	35,596,021.86
预收账款	2,313,131.26	5,060,957.19	1,801,619.94
应付工资	-	2,682,287.97	3,859,638.50
应付福利费	5,333,400.32	12,132,605.72	8,607,381.46
应付股利	-	57,293,712.22	93,500,000.00
未交税金	17,472,360.02	15,597,516.46	26,571,912.65
其他应交款	625,916.59	980,601.07	564,341.42
其他应付款	28,228,709.49	16,318,623.59	19,373,370.03
预提费用	3,458,733.00	3,388,480.24	279,032.50
一年内到期的长期负债	216,500,000.00	34,000,000.00	51,000,000.00
流动负债合计	542,689,603.65	317,218,534.71	355,353,318.36
长期负债：			
长期借款	202,500,000.00	394,000,000.00	150,000,000.00
长期应付款	500,000.00	500,000.00	650,000.00
专项应付款	-	150,000.00	-
长期负债合计	203,000,000.00	394,650,000.00	150,650,000.00
负债合计	745,689,603.65	711,868,534.71	506,003,318.36
少数股东权益	9,370,159.56	8,773,771.44	3,209,044.45
股东权益：			
股　本	187,000,000.00	187,000,000.00	187,000,000.00
股本净额	187,000,000.00	187,000,000.00	187,000,000.00
资本公积	118,603,464.62	118,467,470.76	118,431,200.00
盈余公积	80,904,910.01	65,790,177.13	52,447,439.62
其中：法定公益金	40,148,218.70	32,768,522.21	26,210,845.43
未分配利润	54,759,115.86	325,717.65	6,465,526.76
股东权益合计	441,267,490.49	371,583,365.54	364,344,166.38
负债及股东权益总计	1,196,327,253.70	1,092,225,671.69	873,556,529.19

简要合并现金流量表　　(单位：元)

项　目	2002年
一、经营活动产生的现金流量：	
销售商品、提供劳务收到的现金	1,072,133,407.25
收到的其他与经营活动有关的现金	-
现金流入小计	1,072,133,407.25
购买商品、接受劳务支付的现金	481,388,005.82
支付给职工以及为职工支付的现金	64,142,514.68
支付的各种税费	236,387,941.08
支付的其他与经营活动有关的现金	73,394,310.57
现金流出小计	855,312,772.15
经营活动产生的现金流量净额	216,820,635.10
二、投资活动产生的现金流量：	
收回投资所收到的现金	-
取得投资收益所收到的现金	640,000.00
处置固定资产、无形资产和其他长期资产而收回的现金净额	-
收到的其他与投资活动有关的现金	1,577,402.97
现金流入小计	2,217,402.97
购建固定资产、无形资产和其他长期资产所支付的现金	146,672,609.75
投资所支付的现金	-
支付的其他与投资活动有关的现金	2,079,035.73
现金流出小计	148,751,645.48
投资活动产生的现金流量净额	-146,534,242.51
三、筹资活动产生的现金流量：	
吸收投资所收到的现金	-
借款所收到的现金	53,000,000.00
收到的其他与筹资活动有关的现金	19,180,000.00
现金流入小计	72,180,000.00
偿还债务所支付的现金	36,500,000.00
分配股利或利润或偿付利息所支付的现金	96,665,056.69
支付的其他与筹资活动有关的现金	-
现金流出小计	133,165,056.69
筹资活动产生的现金流量净额	-60,985,056.69
四、汇率变动对现金的影响	-
五、现金及现金等价物净增加额	9,301,335.90

芜湖港储运股份有限公司

芜湖港储运股份有限公司股票上市公告书

第一节 重要声明与提示

芜湖港储运股份有限公司(以下简称"本公司"、"公司"或"发行人")董事会保证上市公告书的真实性、准确性、完整性,全体董事承诺上市公告书不存在虚假记载、误导性陈述或重大遗漏,并承担个别和连带的法律责任。

根据《公司法》、《证券法》等有关法律、法规的规定,本公司董事、高级管理人员已依法履行诚信和勤勉尽责的义务和责任。

证券交易所、中国证监会、其他政府机关对本公司股票上市及有关事项的意见,均不表明对本公司的任何保证。

本公司提醒广大投资者注意,凡本上市公告书未涉及的有关内容,请投资者查阅2003年3月8日刊载于《中国证券报》、《上海证券报》、《证券时报》和《证券日报》上的公司招股说明书摘要,及刊载于上海证券交易所网站(http://www.sse.com.cn)的本公司招股说明书全文。

第二节 概览

1.股票简称: 芜湖港
2.沪市股票代码: 600575
3.深市代理股票代码:003575
4.总股本: 118,600,000股
5.可流通股本: 45,000,000股
6.本次上市流通股本:45,000,000股
7.上市地点: 上海证券交易所
8.上市时间: 2003年3月28日
9.股票登记机构: 中国证券登记结算有限责任公司上海分公司
10.上市推荐人: 国元证券有限责任公司

11.本公司首次公开发行股票前股东所持股份的流通限制及期限:根据国家有关法律、法规规定和中国证监会证监发行字［2003］17号《关于核准芜湖港储运股份有限公司公开发行股票的通知》,本公司的国有法人股暂不上市流通。

12.根据《上海证券交易所股票上市规则》,本公司第一大股东芜湖港口有限责任公司承诺:自本公司股票上市之日起12个月内,不转让其持有的本公司的股份;同时也不由本公司回购其所持有的股份。

第三节 绪言

本上市公告书是根据《中华人民共和国公司法》、《中华人民共和国证券法》、《股票发行与交易管理暂行条例》、《公开发行股票公司信息披露实施细则》和《上海证券交易所股票上市规则》等国家有关法律、法规的规定,并按照中国证监会《公开发行证券的公司信息披露内容与格式准则第7号--股票上市公告书》而编制,旨在向投资者提供本公司的基本情况和本次股票上市的有关资料。

经中国证监会证监发行字［2003］17号文核准,本公司于2003年3月13日以向沪市、深市二级市场投资者定价配售的方式成功发行4,500万股人民币普通股,每股面值1.00元,发行价为每股人民币7.08元。

经上海证券交易所上证上字［2003］22号文批准,本公司公开发行4,500万股社会公众股将于2003年3月28日起在上海证券交易所挂牌交易。股票简称"芜湖港",沪市股票代码为"600575",深市代理股票代码为"003575"。

本公司已于2003年3月8日在《中国证券报》、《上海证券报》、《证券时报》和《证券日报》上刊登了《招股说明书摘要》,招股说明书正文及其附录刊载于上海证券交易所网站(http://www.sse.com.cn),距今不足三个月,故与其重复的内容不再重述,敬请投资者查阅上述内容。

第四节 发行人概况

一、本公司基本情况

1.公司名称:芜湖港储运股份有限公司
英文名称:WUHU PORT STORAGE&TRANSPORTATION CO.,LTD
2.注册资本:本次股票发行前为7,360万元,发行后为11,860万元
3.法定代表人:孙新华
4.公司住所:芜湖市经济技术开发区内
5.经营范围:货物装卸、仓储、中转服务,国际集装箱装卸,物流配送,多式联运
6.主营业务:从事煤炭、外贸集装箱、散货、件杂货等货类的装卸中转
7.所属行业:交通运输行业
8.联系电话:0553-5840528
9.传真号码:0553-5840510
10.互联网网址:www.whpstc.com
11.电子信箱:whps@whpstc.com
12.董事会秘书:欧业群

二、公司历史沿革

本公司是于2000年11月24日经安徽省人民政府皖府股字［2000］第41号《安徽省股份有限公司批准证书》和安徽省体改委皖体改函［2000］85号文《关于同意设立芜湖港储运股份有限公司的批复》批准,由芜湖港务管理局(现芜湖港口有限责任公司)作为主发起人,联合芜湖长江大桥公路桥有限公司、芜湖经济开发区建设总公司、芜湖高新技术创业服务中心、中国芜湖外轮代理公司共同出资,以发起设立方式设立。2000年11月29日,本公司在安徽省工商行政管理局登记注册,领取企业法人营业执照,注册号为3400001300189,注册资本为7,360万元。

根据交通部交体法发［2000］419号文《关于同意芜湖港务管理局进行股份制改造的批复》,主发起人芜湖港口公司将其所属裕溪口煤炭生产港区、朱家桥外贸生产港区的经营性资产和相关负债经评估确认后的净值按70%折价入股注入本公司;公路桥公司、开发区建总、创服中心、芜湖外代以现金出资并按70%折价入股。

根据财政部财企［2000］520号文《对芜湖港务管理局等单位拟共同组建股份有限公司资产评估项目审核意见的函》,主发起人投入本公司的净资产为10,303.79万元,相应的总资产为16,559.84万元(其中固定资产13,555.64万元,用电权、用水权和通讯权等无形资产价值为342.65万元),负债为6,256.05万元。公路桥公司投入货币资金75.71万元,开发区建总投入货币资金60.00万元,创服中心投入货币资金52.86万元,芜湖外代投入货币资金22.86万元。上述发起人出资情况已经上海立信长江会计师事务所有限公司审验,并出具信长会师报字(2000)第20278号验资报告。

根据财政部财企［2000］622号《关于芜湖港储运股份有限公司(筹)国有股权管理有关问题的批复》,上述净资产及货币资金均按70%的折股率折合成每股面值为人民币1.00元的普通股,共计7,360万股,为国有法人股,由发起人持有,其中:芜湖港务局持有7,212万股,占发行前总股本的98.00%;公路桥公司持有53万股,占发行前总股本的0.72%;开发区建总持有42万股,占发行前总股本的0.57%;创服中心持有37万股,占发行前总股本的0.50%;芜湖外代持有16万股,占发行前总股本的0.21%。

本公司自成立起直至本次发行前,股本总额及股本结构均未发生任何变化。

三、公司主要经营情况

1.本公司主要业务构成

目前,本公司主要从事煤炭、外贸集装箱、散货、件杂货等货类的装卸中转,核心业务为煤炭与外贸集装箱货物中转服务。2002年度,核心业务收入占主营业务收入的92.12%,毛利润占公司毛利润的95.10%。本公司的煤炭中转业务集中于裕溪口分公司,外贸货物中转业务集中于朱家桥分公司,目前,裕溪口分公司年通过能力逾700万吨,是当前长江最重要的能源输出大港之一;朱家桥分公司的设计年集装箱综合中转能力达3万TEU,是当前安徽省最大的外贸港口,长江重要的外贸运输港口。2002年度本公司业务构成情况如下表:

主营业务种类	收入(元)	比例(%)	毛利(元)	比例(%)
煤炭	85,403,679.90	81.81	51,082,164.63	88.70
外贸	10,767,154.83	10.31	3,679,950.94	6.40
内贸	8,220,392.36	7.88	2,809,529.64	4.90
合 计	104,391,227.09	100.00	57,571,645.21	100.00

2.本公司的竞争优势和劣势

相对于同行业的竞争企业,本公司的竞争优势主要体现在:

(1)得天独厚的区位优势

本公司港口位于安徽省东南部,长江三角洲的西北角,滨江通海,处于我国生产力"T"型结构的主轴线上,距上海488多公里,距杭州湾仅290多公里,不仅是华东第二通道的重要连接点和枢纽,而且是安徽省最大、最便捷的通江达海的水上通道,肩负着拉动内陆经济发展,实施中西部发展战略的重任。

(2)资源丰富、工业发达的腹地经济

安徽省煤炭工业主要有淮南、淮北、新集和皖北矿,为国内规模前列的煤区;全省水泥产量每年约2000万吨,芜湖港腹地内,有以海螺集团为核心的一批水泥生产企业,2000年生产能力达560万吨;芜湖港腹地内有多家电厂,长江沿岸主要有安庆、池州、铜陵、芜湖、马鞍山电厂等;安徽省长江沿岸与皖南、皖中还拥有丰富优质的沙石建材资源,又是我国重要的稻米产地,芜湖市自古以来就是我国"四大米市"之一,产品远销日本和东南亚地区;本公司经济腹地内的芜湖经济技术开发区和合肥经济技术开发区入驻了大批需要进行外贸中转业务的大企业。随着芜湖市水、铁、公、空等交通运输体系的形成,芜湖港的经济腹地不断扩大。江北的经济腹地从皖中、皖北扩大到豫南、豫北与晋南;江南的经济腹地从皖南扩大到赣东北、浙西与苏西南。

(3)畅通的集疏运通道,是港口发展的重要基础

芜湖市位于安徽省的东南部,是沿海开放向内地梯度推进的交汇点,交通便捷,集疏运畅通。其中,公路方面:芜湖是皖南公路网的中心,有318国道和205国道经过,有合巢芜高速、正在兴建的芜杭高速公路连通内外。特别是芜湖长江公路、铁路两用大桥的建成,芜湖市的公路交通条件更便捷。芜湖长江大桥通车后,车辆过江时间比原先缩短了84%,并且几乎不受天气的影响;集装箱卡车过桥费与原过江费相比每吨减少30%(原每吨12元,现每吨8元)。铁路方面:芜湖系沪铜、宣杭、皖赣三条铁路线交汇地,又有芜裕轮渡,是北接淮南线,南接宣杭线的必经之道,是华东第二通道的主要枢纽,铁路运输条件非常优越;航运方面:芜湖港是长江主枢纽港和最大的煤炭能源输出港之一,也是安徽省水陆交通枢纽、最大的外贸港口,以及长江沿岸的主要集散港口和内河航运的主要基地;航空方面:芜湖军用机场经扩建后,现已开通民用航班,可起降客机,现已开通芜湖-北京、芜湖-佛山航班。随着芜马高速的建成,芜湖至南京禄口机场也仅1个小时车程,便捷的集疏运环境和畅通的通道为港口的中转量和经济效益的提高,创造了良好的条件,提供了有力的基础和保证。

(4)公司拥有长江上第一大煤炭能源输出港和安徽省最大的外贸码头

本公司裕溪口煤码头为著名的长江煤运"三口一枝"之一,堆场一次堆存能力为45万吨。根据交通部长江航务管理局长航运［2003］53号《关于2002年12月份及1至12月份长江干线运输生产完成情况的报告》披露:2002年度,长江"三口一枝"浦口、裕溪口、汉口和枝城煤炭发运分别完成593.08万吨、612.35万吨、348.75万吨和62.07万吨,芜湖港的煤炭中转量已成为长江上的龙头老大。

本公司朱家桥外贸码头可常年停靠万吨级以下海轮,为长江南京以上最后一个万吨级深水码头。外贸码头还设有综合保税仓库。

(5)具备较为先进的生产设备和完善的管理体系

目前,公司生产已全部实现机械化,装卸工艺均为国内具有甲级资质的交通部所属设计院设计。主要机械设备均为长江港口先进水平,其中,直线摆动式装船机为交通部"八五"重点攻关项目。2001年8月1日,公司通过了ISO9002质量体系认证。并于2001年12月通过ISO14001环境管理体系认证,成为全国港口企业首家获此认证的企业。

本公司的竞争劣势主要体现在:

(1)港口规模与国内主要港口相比尚有一定差距。不能满足腹地经济快速发展的需要,亟需扩大经营规模,提高货物中转的能力。

(2)港口整体功能不完善、不配套。如对发展趋势较快、运量较大的水泥和集装箱运输还没有大吨位的专用码头泊位。

(3)港口业务结构相对单一。亟需根据腹地内货源结构的变化,开展一些发展势头迅猛货种的中转业务,进一步优化公司的经营结构,增强抗御风险能力。

3.主要财务指标

请参见本公告书"第八节 财务会计资料"。

4.财政税收优惠政策

本公司作为新办的独立核算的从事交通运输业的企业,享受2001年度免征所得税,2002年度减半征收所得税的优惠政策,2003年后实行33%的所得税率。其依据如下:根据财政部、国家税务总局［94］财税字001号《关于企业所得税若干优惠政策的通知》,对新办的独立核算的从事交通运输业的企业或经营单位,第一年免征所得税,第二年减半征收所得税。根据安徽省国家税务局皖国税函［2001］265号文《关于免征芜湖港储运股份有限公司2001年度企业所得税的批复》,本公司属新办的独立核算的交通运输企业,符合享受国家规定的减免企业所得税政策,根据财政部、国家税务总局［94］财税字第001号文,本公司2001年度应缴纳的企业所得税予以免征。根据安徽省国家税务局皖国税函［2002］57号文《关于减征芜湖港储运股份有限公司2002年度企业所得税的批复》,本公司2002年度应缴纳的企业所得税予以减征50%的优惠。

第五节 股票发行与股本结构

一、本次发行的基本情况

1.股票种类:境内上市人民币普通股(A股)
2.每股面值:1.00元
3.发行股数:4,500万股

4、每股发行价:7.08 元
5、发行市盈率:20 倍
6、发行方式:全部向二级市场投资者定价配售
7、发行对象:于 2003 年 3 月 10 日持有上海证券交易所或深圳证券交易所已上市流通人民币普通股(A 股)股票的收盘市值总和(包括可流通但暂锁定的股份市值)不少于 10,000 元的投资者。
8、本次发行实收募股资金及发行费用:
本次股票发行共募资金 31,860 万元,扣除发行费用 1,700.066 万元,实际募集资金净额为 301,599,340.00 元。每股发行费用为 0.378 元。
二、本次股票上市前首次公开发行股票的承销情况
本次公开发行的 4,500 万股社会公众股的配号总数为 68,091,570 个,起始号码为 000,100,000,001,中签率为 0.06608748%。其中二级市场投资者认购 4457.279 万股,其余 42.7210 万股由主承销商包销。
三、本次上市前首次公开发行股票所募股资金的验资报告
验资报告
信长会师报字(2003)第 20775 号
芜湖港储运股份有限公司全体股东:
我们接受委托,审验了贵公司截至 2003 年 3 月 20 日止的新增注册资本实收情况。按照国家相关法律、法规的规定和协议、章程的要求出资,提供真实、合法、完整的验资资料,保护资产的安全、完整是全体股东及贵公司的责任。我们的责任是对贵公司新增注册资本的实收情况发表审验意见。我们的审验是依据《独立审计实务公告第 1 号–验资》进行的。在审验过程中,我们结合贵公司的实际情况,实施了检查等必要的审验程序。
贵公司原注册资本为人民币 7,360 万元,根据贵公司 2002 年第一次临时股东大会决议和修改后公司章程的规定,贵公司申请通过向社会公开发行人民币普通股(A 股)增加注册资本人民币 4,500 万元,变更后的注册资本为人民币 11,860 万元。根据中国证券监督管理委员会证监发行字[2003]17 号"关于核准芜湖港储运股份有限公司公开发行股票的通知",贵公司发行 4,500 万股人民币普通股(A 股),每股面值 1.00 元,每股发行价人民币 7.08 元。根据我们的审验,截至 2003 年 3 月 20 日止,贵公司实际已发行人民币普通股(A 股)4500 万股,募集资金总额为 31,860 万元,扣除发行费用 1,700.066 万元,实际募集资金净额为 30,159.934 万元。其中新增注册资本肆仟伍佰万元(人民币 4,500 万元),资本公积人民币 25,659.934 万元。
同时我们注意到,贵公司本次增资前的注册资本为人民币 7,360 万元,已经上海立信长江会计师事务所有限公司审验,并出具信长会师报字(2000)第 20278 号验资报告。截至 2003 年 3 月 20 日止,变更后的累计注册资本实收金额为人民币 11,860 万元。
本验资报告供贵公司申请变更登记及据以向股东签发出资证明时使用,不应将其视为是对贵公司验资报告日后资本保全、偿债能力和持续经营能力等的保证,因使用不当造成的后果,与执行本验资业务的注册会计师及会计师事务所无关。
附件(一):注册资本实收情况明细表
附件(二):注册资本变更前后对照表
附件(三):验资事项说明
上海立信长江会计师事务所有限公司
中国注册会计师:戴定毅、韩 频、孙 峻
二 OO 三年三月二十日
四、本次募股资金入帐情况
入帐时间:2003 年 3 月 20 日
入帐金额:306,926,900 元
入帐帐号:2580665510001
开户银行:招商银行合肥分行
五、本公司上市前股权结构及各类股东的持股情况
1、本次上市前股权结构

股份类别	股份数量(万股)	所占比例(%)
一、国有法人股	7,360	62.06
芜湖港口有限责任公司	7,212	60.81
芜湖长江大桥公路桥公司	53	0.45
芜湖经济开发区建设总公司	42	0.35
芜湖高新技术创业服务中心	37	0.31
中国芜湖外轮代理公司	16	0.13
二、社会公众股	4,500	37.94
合　计	11,860	100

2、本次上市前十大股东情况

股东名称	持股数(股)	持股比例(%)
芜湖港口有限责任公司	72,120,000	60.81
芜湖长江大桥公路桥有限公司	530,000	0.45
国元证券有限责任公司	427,210	0.36
芜湖经济开发区建设总公司	420,000	0.35
芜湖高新技术创业服务中心	370,000	0.31
中国芜湖外轮代理公司	160,000	0.13
久嘉基金	61,000	0.05
汉兴基金	37,000	0.03
富国平衡	37,000	0.03
普丰基金	36,000	0.03

第六节 董事、监事、高级管理人员及核心技术人员

一、董事、监事、高级管理人员及核心技术人员的基本情况
1、董事会成员
孙新华:中国国籍,男,46 岁,高级经济师,本科学历,中共党员。1994 年起供职于芜湖港务局,历任党委书记兼副局长、党委书记和局长,芜湖港口公司党委书记。曾荣获交通部长航局党委授予的"优秀班长"称号;中国海员工会全国委员会授予的"金锚奖";荣获中共芜湖市委、市政府授予"抗洪抢险英雄模范人物"及交通部长航局授予的"抗洪抢险先进个人";2001 年被交通部和人事部授予交通劳动模范称号,2002 年全国质量管理先进个人。现任本公司董事长,负责本公司整体管理事务。
郭平正:中国国籍,男,41 岁,高级经济师,大专学历,中共党员。历任芜湖外轮理货公司副经理、芜湖港务局副局长。现任芜湖港口公司副总裁。
张家由:中国国籍,男,51 岁,高级经济师,研究生学历,中共党员。历任芜湖市民生锅厂厂团总支书记、厂工会副主席;芜湖市金属家具厂厂长、书记;芜湖市计划委员会工交科任副科长;芜湖地方铁路公司经理;芜湖港务局副局长。现任芜湖港航管理局副局长。
胡一科:中国国籍,男,52 岁,统计师,大专学历,中共党员。历任芜湖市一建公司科员;芜湖市建委计划财务科副科长;芜湖经济技术开发区管委会计财处处长、主任助理。现任芜湖长江大桥公路桥有限公司副总经理。
王济合:中国国籍,男,59 岁,高级工程师,大学学历,中共党员。历任青海柴油机厂技术员;青海齿轮厂工程师;芜湖市三建公司副经理。现任芜湖经济技术开发区建设总公司副总经理。
周治俭:中国国籍,男,46 岁,助理研究员,大专学历,中共党员。曾就职于芜湖市毛巾厂、马鞍山第六中学;历任芜湖市科协普教部副部长、芜湖市科技咨询中心主任;中国科技开发院芜湖分院院长助理。现任芜湖高新技术创业服务中心主任。
龙跃进:中国国籍,男,43 岁,政工师,大专学历,中共党员。曾服役于成都军区 56123 部队;历任长航芜湖公安局政治处干事;厦门特区华耀工贸公司总经理、芜湖港务局驻厦门办事处主任;长鹰房地产开发公司常务副总经理;皖华国际集装箱运输有限公司总经理、党支部书记。现任中国芜湖外轮代理公司总经理。
张思华:中国国籍,男,58 岁,高级经济师、工程师,大专学历,中共党员,负责本公司全面行政管理工作。历任芜湖港裕溪口作业区副主任、主任;芜湖港务局局长助理、总经济师。现任本公司总经理。
张立民:中国国籍,男,46 岁,享受国务院政府特殊津贴,博士。曾任教于天津财经学院,历任副教授、教授、博士生导师,系副主任、主任,1999 年至今在中山大学任会计学博士生导师。先后担任审计署高级审计师评审委员会委员,天津审计学会副会长,天津注协副会长,中注协理事,美国会计学会会员,广东省审计学会理事等职务。现任本公司独立董事。
林云卿:中国国籍,男,61 岁,高级工程师,大学学历。曾就职于长航土木设计室,任工程师;长航设计事务所所长;1988 年至 2000 年就职长江航务管理局,历任工程处副处长、处长,副局长、局长;2000 年至今任中国港口协会长江分会会长。现任本公司独立董事。
盛杰民:中国国籍,男,61 岁,本科学历。曾任教于华东政法学院、上海复旦大学;现任北京大学法学院教授、博士生导师、经济法研究所所长。现任本公司独立董事,兼任同和律师事务所律师,美克国际家具股份有限公司、江苏澄星磷化股份有限公司独立董事。
2、监事会成员
汤朝相:中国国籍,男,55 岁,高级经济师,中专学历,中共党员。历任汕头港务局调度室计划员、积载员;芜湖港务局副局长、总工程师等职。现任芜湖港口公司副总裁,本公司监事会主席。
高明:中国国籍,男,49 岁,高级政工师,本科学历,中共党员。历任芜湖起重运输机器厂政工科科长;中共芜湖市委组织部组织员,副科长;恒鑫集团属下芜湖冶炼厂党委副书记;芜湖港务局任党委副书记、纪委书记。现任芜湖港口公司副总裁,本公司监事。
黄世巧:中国国籍,女,46 岁,馆员,大专学历,中共党员。曾就职于芜湖市公交公司劳资科;芜湖市城建档案馆员政秘科长。现任芜湖长江大桥公路桥有限公司办公室主任,本公司监事。
尹增年:中国国籍,男,25 岁,中专学历。曾就职于芜湖港裕溪口作业区办公室秘书、主办秘书;芜湖港务局办公室秘书。现作本公司办公室秘书、主办秘书,职工代表监事。
高翔:中国国籍,男,24 岁,助理经济师,大专学历,中共党员。曾就职于芜湖港口公司实业公司财务科;中共办公厅警卫局;皖东轮驳公司办公室秘书;芜湖港务局劳动人事处劳动合同管理员。现任本公司人事部经理,职工代表监事。
3、其它高级管理人员
张思华:本公司董事、总经理。简历见上文。
欧业群:中国国籍,男,44 岁,高级经济师,大专学历,中共党员。历任芜湖港裕溪口作业区干事、科长、主任;江岸港区办公室主任、党委书记,芜湖港务局党办及局办副主任、主任、两办主任,芜湖港务局副局长。现任本公司副总经理兼董事会秘书。
方世玉:中国国籍,男,47 岁,助理经济师,本科学历,中共党员。曾就职于芜湖市凤凰造漆厂;芜湖港裕溪口作业区属下劳服公司副经理、经理,作业区办公室秘书,作业区副主任、主任、党委书记;芜湖港务局副局长。现任本公司副总经理,分管本公司生产经营管理等事宜。
陶延山:中国国籍,男,38 岁,大学学历,中共党员,企业会计师。曾就职于芜湖港务局财务科副科长,财务处处长;芜湖港改制办主任。现任本公司证券投资部经理,财务负责人。
李昌华:中国国籍,男,40 岁,大学学历,中共党员。曾就职于长航公安局芜湖分局;历任长航公安局芜湖分局任刑警支队支队长;芜湖港务局公安局局长。曾荣获交通部公安局"三等功"。现任本公司裕溪口分公司经理。
李健:中国国籍,朱家桥分公司经理,男,38 岁,大学学历,在读工商管理硕士,中共党员。历任长航公安局芜湖分局保安公司总经理;芜湖港务局劳服公司总经理;芜湖港务局裕溪口作业区主任;裕溪口分公司经理。现任本公司朱家桥分公司经理。
4、技术负责人
俞庆安:中国国籍,总工程师,男,52 岁,高级经济师,中专学历,中共党员。曾就职于芜湖港长江 601 轮、456 轮,任轮机长;历任芜湖港港作船队、轮驳公司副队长、副经理兼书记、经理;芜湖港务局局长助理、副局长、工会代主席、工会主席。现任本公司总工程师。
二、持股情况说明
本次发行前,本公司董事、监事、高级管理人员和核心技术人员及其家属均未持有本公司股份。

第七节 同业竞争与关联交易

一、关于同业竞争
1、同业竞争现状
本公司控股股东芜湖港口有限责任公司原拥有各类码头 31 个、泊位 34 个。在本公司设立时及辅导期内,芜湖港口公司将裕溪口港区 31#、32#、33# 和朱家桥港区 15#、16#、17#、18# 共计 7 个码头、10 个泊位投入股份公司。目前,芜湖港口公司还拥有岸线内包括装卸作业码头、客运码头以及废弃停止使用等各类码头 24 个、泊位 24 个。
目前,本公司的核心业务为煤炭与外贸集装箱的装卸中转,占主营业务收入的 90%以上,占毛利润的 95%以上,而芜湖港口公司没有煤炭和外贸集装箱专用码头。因此,在本公司核心业务上,两家公司不存在同业竞争。
芜湖港口公司老港区与本公司构成一定的同业竞争,但基于以下原因,芜湖港口公司老港区对本公司业务经营基本不构成影响:
1)老港区货物 2001 年吞吐量只有 55 万吨,不到本公司吞吐量的 10%,且呈加速萎缩之势。
2)老港区都是一些客运、船舶维修、船舶加水码头,只是出于充分利用码头资源的考虑,才零星从事一些小批量散货、件杂货的装卸中转,由于这些码头不是专门用于货物中转的码头,在码头结构形式、前沿水深、靠泊能力、装卸设备等方面与本公司朱家桥码头无法相比。且老港区地处芜湖市区,货场无法再拓展(散货、件杂货需要货场堆存),经营规模不可能再进一步扩大,不可能对本公司造成影响,且这些码头将陆续拆除。
3)选择本公司朱家桥码头或是老港区从事货物装卸,其主动权完全在于客户自身,不由芜湖港口公司来安排。因此,芜湖港口公司不能利用对本公司的控制地位,通过老港区进行对本公司不利的行为。
综上所述,芜湖港口公司在本公司核心业务不构成同业竞争;芜湖港口公司 29# 码头与本公司散货、件杂货业务不构成同业竞争;芜湖港口公司老港区虽与本公司散货、件杂货业务构成一定的同业竞争,但因其量小,且呈加快萎缩之势,对本公司业务经营基本不构成影响。
由于芜湖港口公司控股、参股公司及本公司其他发起人均未从事货物的中转业务,因此,本公司与这些企业不构成同业竞争。
2、潜在同业竞争
本公司本次发行上市募集资金投资项目之一为建设获港综合码头,用于水泥、矿石、矿建材料等的装卸,这与芜湖港口公司所属获港和新港码头的业务构成潜在的同业竞争。
3、同业竞争的避免安排
芜湖港口公司已于 2000 年 9 月 12 日出具《避免同业竞争承诺书》,承诺:老港区码头逐步减少货物的中转业务,将其纳入本公司,到 2002 年底前,不再从事任何与本公司构成同业竞争的业务。这将有效解决芜湖港口公司老港区与本公司存在的一定程度的同业竞争。
根据芜湖港口公司的规划,获港和新港码头由于是斜坡式浮码头,未来将予以拆除。芜湖港口公司已于 2001 年 11 月 20 日出具《关于避免获港港区码头同业竞争的承诺书》,承诺:在本公司本次发行股票募集资金到位时(不立即拆除的原因是为本公司拟投资的获港综合码头保留当地的客户资源),即陆续拆除获港和新港码头,在获港综合码头竣工投产前,全部拆除获港和新港码头,若因故不能全部拆除的,获新码头停止港口作业,并将其腹地内的市场和业务纳入本公司。

4、中介机构意见

发行人律师北京市国方律师事务认为：

"(1)芜湖港口公司与股份公司在核心业务上不存在同业竞争。

(2)股份公司朱家桥件杂货码头服务客户、辐射区域为长江南岸芜湖市及周边皖南地区，芜湖港口公司29#码头服务客户、辐射区域为长江北岸巢湖、合肥等地区，获新码头服务客户、辐射区域仅限于繁昌县区域。因此，芜湖港口公司29#码头、获新码头与股份公司朱家桥件杂货码头不构成同业竞争。

(3)芜湖港口公司老港区虽与公司散货和件杂货业务构成同业竞争，但由于：老港区码头散货、件杂货业务量较小，且受码头专用性和城市规划限制已无发展空间，且呈加快萎缩之势；客户对货物装卸的码头有完全的选择权，芜湖港口公司不能利用对股份公司的控制地位，通过老港区对股份公司实施不利行为。并且，芜湖港口公司已承诺老港区码头逐步减少货物的中转业务，将其纳入股份公司，到2002年底前，不再从事任何与股份公司构成同业竞争的业务，并承诺现有件杂货、散货业务不采取任何压价或变相压价等方式与股份公司开展竞争。因此，在芜湖港口公司切实履行其所作的承诺的情形下，将有效解决目前存在的同业竞争。

(4)在芜湖港口公司切实履行其所作的承诺的情形下，将有效解决股份公司获港综合码头与芜湖港口公司获新码头的潜在同业竞争问题。"

发行人主承销商国元证券有限责任公司认为：

"(1)本次发行前，股份公司对存在同业竞争的裕溪口32#煤码头进行了收购，因该项资产而产生的同业竞争问题已从根本上得到有效解决。

(2)芜湖港口公司无煤炭和集装箱码头，因此，芜湖港口公司与股份公司的核心业务不存在同业竞争情况。

(3)由于所处地理位置以及服务客户和辐射区域的不同，芜湖港口公司江北29#码头、繁昌县获新码头与股份公司江南朱家桥码头的散货、件杂货业务不构成同业竞争。

(4)芜湖港口公司老港区虽与公司散货和件杂货业务构成一定的同业竞争，但由于：老港区码头散货、件杂货业务量较小，且受码头专用性和城市规划限制已无发展空间；客户对货物装卸的码头有完全的选择权，芜湖港口公司不能利用对股份公司的控制地位，通过老港区对股份公司实施不利行为。并且，芜湖港口公司已承诺老港区码头逐步减少货物的中转业务，将其纳入股份公司，到2002年底前，不再从事任何与股份公司构成同业竞争的业务。因此，芜湖港口公司老港区码头业务对股份公司的业务经营基本不构成影响，在芜湖港口公司切实履行其承诺的情形下，将有效解决目前存在的一定程度的同业竞争。

(5)在芜湖港口公司切实履行其承诺的情形下，将有效解决股份公司获港综合码头与芜湖港口公司获新码头的潜在同业竞争问题。"

二、关联方及关联关系和关联交易

(一)、关联方及关联关系

1、存在控制关系的关联方情况：

企业名称	住所	主营业务	与本企业关系	经济性质或类型	法人代表
芜湖港口有限责任公司	芜湖市滨江北路32号	仓储、代理	母公司	有限责任公司(国有独资)	李非列

2、不存在控制关系的关联方情况：

企业名称	与本公司关系
芜湖外轮代理公司	本公司董事是该公司的法定代表人

(二)关联方交易

1、本公司与控股股东芜湖港口公司之间的关联交易

1)土地租赁

本公司设立时向芜湖港务局(现芜湖港口公司)租赁位于芜湖市港湾路北侧和裕溪口沿江路西侧的8宗土地，总面积为316,995.88平方米。上述土地经由安徽省地产评估事务所评估，土地使用权总价格为4,865.24万元。根据2001年4月20日本公司与芜湖港务局签订的《土地租赁合同》，确定租赁期自2000年11月29日起期限为40年，土地租金第1年为50万元，第2年为60万元，第3年为80万元，从第4年起至2040年均为100万元。

本公司收购港务局32#煤码头时，向芜湖港务局租赁该生产线资产所占用的土地，土地总面积93,000平方米。经安徽地源土地评估有限责任公司评估，该宗土地使用权总价格为1,264.80万元。根据2001年12月25日本公司与芜湖港务局签订的《土地租赁合同》，土地租赁期自2001年12月10日起期限为40年。土地租金第1年为20万元，第2年为25万元，第3年为35万元，之后的37年每年均为50万元(合同总价款为1930万元)。

根据《合同法》关于"租赁期限不得超过20年"的规定，本公司于2002年4月30日与芜湖港务局签订了两份《关于<土地租赁合同>的补充协议》，对上述《土地租赁合同》中的租赁期限进行了修改，即将租赁期限修改为20年；该等补充协议还规定租赁期满前30日，本公司若提出继续租赁土地，港务局保证同意继续向发行人出租；双方同意届时按照上述《土地租赁合同》规定的条件重新签订新的《土地租赁合同》，并拟定租赁期限仍为20年。

2002年，本公司租赁芜湖港口公司土地应支付145.5万元。

2)租用32#煤码头铁路专用线

32#煤码头铁路专用线是为32#煤码头作业服务的配套设施，铁路线长1.610公里，原价值1,656.42万元。根据公司与芜湖港务局签订的《铁路专用线租赁合同》，32#码头铁路专用线租期10年，年租金为70万元，由公司负责铁路线的检修和日常维护工作。

2002年，本公司租赁芜湖港务局32#煤码头专用线应支付70万元，占主营业务成本的1.50%。

5)医疗服务(已于2002年6月终止)

2000年12月28日，本公司与芜湖港务局签订《医疗服务协议书》，该协议经公司一届二次董事会审议通过。根据该协议，本公司委托芜湖港务局全权负责本公司全体员工的医疗工作；与本公司签订劳动合同的员工，生病后门诊、住院委托芜湖港务局全权负责，享受芜湖港务局员工医疗的相同待遇。本公司员工在芜湖港务局门诊部就诊，自付30%医药费，其余70%医药费由芜湖港务局承担。该协议履行期间是2001年1月1日至2003年12月31日。期间，若公司参加芜湖市统一的社会医疗保险，则可提前终止该协议。2002年6月，本公司参加了社会基本医疗保险统筹，本公司与芜湖港务局签订的《医疗服务协议书》于当月终止。

2002年3月28日，芜湖港务局对本公司2001年度的医疗费进行了结算，全年实际医疗费为1,222,678.76元，占当年计提福利费的59.46%。

4) 借款担保

截止2002年12月31日，本公司的银行借款(总计7,140万元)均由芜湖港口公司提供连带责任保证。其中，短期借款为600万元，一年内到期的长期借款为750万元，长期借款为5,790万元。

5) 应付芜湖港口公司的账款

截止2002年12月31日，本公司关联方负债为：应付账款1,100,627.92元，为应付租赁芜湖港口公司9宗土地的款项。

6)主要合同承诺债务

截止2002年12月31日，本公司租赁芜湖港口公司9宗土地，合同负债余额为1,100,627.92元。

2、与芜湖港口公司下属控股、参股公司的关联交易

本公司与芜湖港口公司参股40%的芜湖外代发生的关联交易：

由于芜湖代理的芜湖–上海外贸集装箱内支线班轮航线在本公司朱家桥外贸码头靠泊，并进行装卸作业，班期为每周一班。为此，2000年12月28日，本公司经一届二次董事会批准与芜湖外代签订了《外贸内支线港航班轮协议书》。根据该协议，本公司向芜湖外代提供船舶靠泊作业、集装箱装卸、堆场管理等服务。

近三年，本公司与芜湖外代依据该协议所发生的关联交易情况如下：

年份	交易金额(元)	占外贸中转货物业务收入的比重(%)	占公司主营业务收入的比重(%)	期末余额(元)
2000年	611,714.30	13.19	0.81	622,281.25
2001年	2,806,847.28	39.35	3.48	1,391,950.53
2002年	1,766,149.80	16.4	1.70	233,447.00

3、本次募股资金的运用涉及的关联交易

根据目前的安排，本次募股资金的运用不涉及关联交易。

第八节 财务会计资料

本公司2000年、2001年和2002年的财务会计资料已于2003年3月8日在《中国证券报》、《上海证券报》、《证券时报》和《证券日报》上刊登的《招股说明书摘要》中进行了披露，投资者欲了解详细内容，请查阅上述报纸或刊载于上海证券交易所网站(http://www.sse.com.cn)的本公司招股说明书全文。

一、注册会计师意见

上海立信长江会计师事务所有限公司受聘对本公司2000年12月31日、2001年12月31日和2002年12月31日的资产负债表和2000年度、2001年度和2002年度的利润及利润分配表以及2002年度的现金流量表进行了审计。上海立信长江会计师事务所有限公司已出具了信长会师报字(2003)第20037号标准无保留意见的审计报告。

二、简要会计报表(见附表)

三、会计报表附注

本公司会计报表附注等有关内容，请查阅2003年3月8日在《中国证券报》、《上海证券报》、《证券时报》和《证券日报》上刊登的《招股说明书摘要》以及刊载于上海证券交易所网站(http://www.sse.com.cn)的本公司招股说明书全文与附录。

四、主要财务指标

主要财务指标	2002.12.31	2001.12.31	2000.12.31
流动比率	0.80	0.85	1.64
速动比率	0.77	0.83	1.59
存货周转率	44.96	44.80	52.57
应收账款周转率	10.20	5.80	3.84
资产负债率	41.9%	43.47%	34.90%
每股净资产(元)	1.84	1.63	1.43
每股经营活动的现金流量(元)	0.74	0.45	–
无形资产占总资产的比重	0.2%	–	2%
研发费用占主营业务收入比例	–	–	–

根据中国证监会《公开发行证券公司信息披露编报规则第9号–净资产收益率和每股收益的计算及披露》、《公开发行证券的公司信息披露规范问答第1号–非经常性损益的》规定，本公司近三年的净资产收益率和每股收益如下：

项目	会计期间	报告期利润(万元)	净资产收益率 全面摊薄	净资产收益率 加权平均	每股收益(元) 全面摊薄	每股收益(元) 加权平均
主营业务利润	2002年度	5,411.43	40.05%	40.65%	0.74	0.74
	2001年度	3,821.99	31.83%	32.34%	0.52	0.52
	2000年度	3,628.22	34.44%	48.14%	0.49	0.49
营业利润	2002年度	3,596.09	26.61%	27.02%	0.49	0.49
	2001年度	2,567.19	21.38%	21.72%	0.35	0.35
	2000年度	2,294.05	21.78%	30.44%	0.31	0.31
净利润	2002年度	2,607.60	19.30%	19.59%	0.35	0.35
	2001年度	2,567.69	21.38%	21.73%	0.35	0.35
	2000年度	1,529.64	14.52%	20.30%	0.21	0.23
扣除非经常性损益后的净利润	2002年度	2,186.52	16.18%	17.24%	0.30	0.30
	2001年度	1,720.35	14.33%	14.56%	0.23	0.23
	2000年度	1,529.64	14.52%	20.30%	0.21	0.23

第九节 其他重要事项

一、自本公司股票首次公开发行之日至本上市公告书公告之日，本公司严格依照现行有关法律、法规的规定规范运行，生产经营情况正常，本公司所处行业和市场无重大变化，主要业务发展目标的进展状况正常，无重大变化。

二、自本公司股票首次公开发行之日至本上市公告书公告之日，本公司没有进行重大对外投资，无重大资产(股权)收购、出售行为。

三、自本公司股票首次公开发行之日至本上市公告书公告之日，本公司住所未变更。

四、自本公司股票首次公开发行之日至本上市公告书公告之日，本公司未涉及任何重大诉讼、仲裁或行政处罚案件，并且董事会认为本公司未面临任何重大影响的诉讼和索赔要求；同时，本公司董事、监事和高级管理人员未受到任何刑事起诉，亦没有尚未了结或可能发生的刑事诉讼事项。

五、本公司2002年度利润分配方案为每股派现0.15元，已于本次公开发行股票前分配完毕。根据本公司2002年第一次临时股东大会决议，本公司公开发行股票前的滚存未分配利润由公开发行股票后的全体股东共同享有。

六、自本公司股票首次公开发行之日至本上市公告书公告之日，本公司重大会计政策和会计师事务所没有发生变化。

七、自本公司股票首次公开发行之日至本上市公告书公告之日，未发生新的重大负债，并且重大债项未发生变化。

八、本公司股票首次公开发行和股票上市前后税负无变化。

九、根据《上海证券交易所股票上市规则》，本公司第一大股东芜湖港口有限责任公司承诺：自本公司股票上市之日起12个月内，不转让其持有的本公司的股份；同时也不由本公司回购其所持有的股份。

十、自本公司股票首次公开发行至本上市公告书公告之日，本公司没有其他应披露而未披露之重大事项。

第十节 董事会上市承诺

本公司董事会承诺将严格遵守《中华人民共和国公司法》、《中华人民共和国证券法》、《股票发行与交易管理暂行条例》、《公开发行股票公司信息披露实施细则》和《上海证券交易所股票上市规则》等国家法律、法规和有关规定，并自股票上市之日起作到：

1、承诺真实、准确、完整、公允和及时地公布定期报告，披露所有对投资者有重大影响的信息，并接受中国证监会、证券交易所的监督管理；

2、承诺本公司在知悉可能对股票价格产生误导性影响的任何公共传播媒介中出现的消息后，将及时予以公开澄清；

3、本公司董事、监事、高级管理人员和核心技术人员将认真听取社会公众的意见和批评，不利用已获得的内幕消息和其他不正当手段直接或间接从事本公司股票的买卖活动；

4、本公司没有无记录的负债。

第十一节 上市推荐人及意见

一、上市推荐人情况

上市推荐人：国元证券有限责任公司

法定代表人：凤良志

地址:安徽省合肥市寿春路 179 号国元大厦
电话:0551-2645704、2634400-2605
传真:0551-2672806
联系人:刘锦峰、王晨、丁跃武

二、上市推荐人意见

本公司上市推荐人认为,本公司章程符合《中华人民共和国公司法》等有关法律、法规和中国证监会关于公司章程的相关规定。根据《中华人民共和国公司法》、《中华人民共和国证券法》、《股票发行与交易管理暂行条例》、《上海证券交易所股票上市规则》等国家有关法律、法规的规定,本公司首次公开发行的股票已具备公开上市的条件。

本公司上市推荐人保证本公司的董事了解法律、法规、上海证券交易所上市规则及股票上市协议规定的董事的义务与责任,并协助本公司健全了法人治理结构、制定了严格的信息披露制度与保密制度。

本公司上市推荐人已对上市文件所载的资料进行了核实,确保上市文件真实、准确、完整,符合规定要求。保证本公司的上市申请材料、上市公告书没有虚假、严重误导性陈述或者重大遗漏,并保证对其承担连带责任。

本公司上市推荐人愿意推荐本公司股票在上海证券交易所上市交易,并保证不利用在上市过程中获得的内幕信息进行内幕交易,为自己或他人谋取利益。

芜湖港储运股份有限公司

2003 年 3 月 22 日

简要资产负债表

项 目	2002 年 12 月 31 日	2001 年 12 月 31 日	2000 年 12 月 31 日
流动资产:			
货币资金	6,790,821.99	1,829,263.74	1,043,416.73
短期投资			
应收票据	12,670,051.70	14,981,594.61	5,826,400.00
应收股利			
应收利息			
应收账款	8,634,056.04	11,841,584.17	15,935,789.25
其他应收款	2,352,096.17	1,736,907.28	728,243.99
预付账款	187,044.00	138,003.00	
应收补贴款			
存货	1,065,622.74	1,017,263.71	754,938.35
待摊费用			
其他流动资产			
流动资产合计	31,699,692.64	31,544,616.51	24,288,788.32
固定资产:			
固定资产原价	273,697,353.14	255,747,343.02	205,346,837.00
减:累计折旧	85,305,956.89	79,578,359.09	72,335,134.34
固定资产净值	188,391,396.25	176,168,938.93	133,011,702.66
减:固定资产减值准备			
固定资产净额	188,391,396.25	176,168,983.93	133,011,702.66
工程物资			
在建工程	12,257,600.73	4,284,847.78	467,480.00
固定资产清理			
固定资产合计	200,648,996.98	180,453,831.71	133,479,182.66
无形资产及其他资产:			
无形资产	373,666.66		3,426,450.00
长期待摊费用		406,017.54	613,730.69
其他长期资产			
无形资产及其他资产合计	373,666.66	406,017.54	4,040,180.69
资 产 总 计	232,722,356.28	212,404,465.76	161,808,151.67
流动负债:			
短期借款	6,000,000.00	6,000,000.00	6,000,000.00
应付票据			
应付账款	2,362,954.31	1,446,959.21	760,566.10
预收账款	903,856.69	854,707.49	1,659,798.35
应付工资	3,084,800.00	841,900.00	
应付福利费	2,312,187.66	675,127.33	143,584.50
应付股利	11,040,000.00	11,040,000.00	
应交税金	2,009,648.73	210,410.17	351,132.10
其他应交款	11,762.67	9,259.83	7,320.52
其他应付款	2,822,054.65	6,066,894.86	5,847,735.52
预提费用	1,651,996.00	2,584,249.49	
一年内到期的长期负债	7,500,000.00	7,200,000.00	
流动负债合计	39,699,260.71	36,929,508.38	14,770,137.09
长期负债:			
长期借款	57,900,000.00	55,400,000.00	41,695,612.21
应付债券			
长期应付款			
长期负债合计	57,900,000.00	55,400,000.00	41,695,612.21
递延税项:			
递延税款贷项			
负 债 合 计	97,599,260.71	92,329,508.38	56,465,749.30
股东权益:			
股本	73,600,000.00	73,600,000.00	73,600,000.00
减:已归还投资			
股本净额	73,600,000.00	73,600,000.00	73,600,000.00
资本公积	31,686,841.97	31,674,725.97	31,579,105.97
盈余公积	7,787,438.04	3,876,034.71	24,494.46
其中:法定公益金	2,595,812.68	1,292,011.57	8,164.82
未分配利润	22,048,815.56	10,924,196.70	138,801.94
股 东 权 益 合 计	135,123,095.57	120,074,957.38	105,342,402.37
负债及股东权益总计	232,722,356.28	212,404,465.76	161,808,151.67

简要利润表

项 目	2002 年度	2001 年度	2000 年度
一主营业务收入	104,391,227.09	80,593,961.71	75,203,742.52
减:主营业务成本	46,819,581.88	39,699,258.96	36,295,601.32
主营业务税金及附加	3,457,318.48	2,674,824.50	2,625,984.69
二主营业务利润	54,114,326.73	38,219,878.25	36,282,156.51
加:其他业务利润	129,549.75	186,481.94	50,014.47
减:管理费用	14,069,980.34	10,472,801.89	11,469,035.06
财务费用	4,213,004.97	2,261,623.29	1,922,657.44
三营业利润	35,960,891.17	25,671,935.01	22,940,478.48
加:投资收益			
补贴收入			
营业外收入	5,000.00		
减:营业外支出	2,837,029.35		
四利润总额	33,123,861.82	25,676,935.01	22,940,478.48
减:所得税	7,047,839.63		7,644,062.03
五净利润	26,076,022.19	25,676,935.01	15,296,416.45
加:期/年初未分配利润	10,924,196.70	138,801.94	
六可供分配的利润	37,000,218.89	25,815,736.95	15,296,416.45
减:提取法定盈余公积	2,607,602.22	2,567,693.50	16,329.64
提取法定公益金	1,303,801.11	1,283,846.75	8,164.82
七可供股东分配的利润	33,088,815.56	21,964,196.70	15,271,921.99
减:应付普通股股利	11,040,000.00	11,040,000.00	
转作股本的普通股股利		15,133,120.05	
八期/年末未分配利润	22,048,815.56	10,924,196.70	138,801.94

简要现金流量表

项 目	2002 年
一、经营活动产生的现金流量:	
销售商品、提供劳务收到的现金	110,340,919.02
收到的税费返还	
收到的其他与经营活动有关的现金	23,102.13
经营活动现金流入小计	110,364,021.15
购买商品、接受劳务支付的现金	16,357,150.10
支付给职工以及为职工支付的现金	25,645,260.23
支付的各项税费	9,254,863.49
支付的其他与经营活动有关的现金	4,922,354.37
经营活动现金流出小计	56,179,628.19
经营活动产生的现金流量净额	54,184,392.96
二、投资活动产生的现金流量:	
收回投资所收到的现金	
取得投资收益所收到的现金	
处置固定资产、无形资产和其他长期资产所收回的现金	213,333.53
收到的其他与投资活动有关的现金	
投资活动现金流入小计	213,333.53
购建固定资产、无形资产和其他长期资产所支付的现金	36,705,340.49
投资所支付的现金	
支付的其他与投资活动有关的现金	
投资活动现金流出小计	36,705,340.49
投资活动产生的现金流量净额	-36,492,006.96
三、筹资活动产生的现金流量:	
吸收投资所收到的现金	
其中:子公司吸收少数股东权益性投资收到的现金	
借款所收到的现金	16,000,000.00
收到的其他与筹资活动有关的现金	12,116.00
筹资活动现金流入小计	16,012,116.00
偿还债务所支付的现金	13,200,000.00
分配股利、利润或偿付利息所支付的现金	15,542,649.54
其中:支付少数股东的股利	
支付的其他与筹资活动有关的现金	
其中:子公司依法减资支付给少数股东的现金	
筹资活动现金流出小计	28,742,649.54
筹资活动产生的现金流量净额	-12,730,533.54
四、汇率变动对现金的影响	-294.21
五、现金及现金等价物净增加额	4,961,558.25
补 充 资 料	
1、将净利润调节为经营活动的现金流量:	
净利润(亏损以"-"号表示)	26,076,022.19
加:少数股东损益(亏损以"-"号表示)	
减:未确定的投资损失	
加:计提的资产减值准备	-67,508.29
固定资产折旧	9,700,826.68
无形资产摊销	6,333.34
长期待摊费用摊销	50,754.00
待摊费用的减少(减:增加)	
预提费用的增加(减:减少)	-932,253.49
处置固定资产、无形资产和其他长期资产的损失(减:收益)	2,833,729.35
固定资产报废损失	
财务费用	4,229,206.25
投资损失(减:收益)	
递延税款贷项(减:借项)	
存货的减少(减:增加)	-48,359.03
经营性应收项目的减少(减:增加)	4,922,349.44
经营性应付项目的增加(减:减少)	7,413,292.52
其 他	
经营活动产生的现金流量净额	54,184,392.96
2、不涉及现金收支的投资和筹资活动:	
债务转为资本	
一年内到期的可转换公司债券	
融资租入固定资产	
3、现金及现金等价物净增加情况:	
现金的期末余额	6,790,821.99
减:现金的期初余额	1,829,263.74
加:现金等价物的期末余额	
减:现金等价物的期初余额	
现金及现金等价物净增加额	4,961,558.25

铜陵精达特种电磁线股份有限公司

铜陵精达特种电磁线股份有限公司2002年度报告

一、公司基本情况简介

1.公司的法定名称及缩写
中文名称:铜陵精达特种电磁线股份有限公司
中文简称:精达股份
英文名称:TONGLING JINGDA SPECIAL MAGNET WIRE CO.,LTD.
2.公司法定代表人:王世根
3.公司董事会秘书:张天赢
联系地址:安徽铜陵市芜铜路(经济技术开发区内)
电话:0562-2809086
传真:0562-2809086
电子信箱:zqb@jingda.sina.net
4.公司注册地址:安徽铜陵市芜铜路(经济技术开发区内)
公司办公地址:安徽铜陵市芜铜路(经济技术开发区内)
邮政编码:244000
互联网网址:www.jingdagroup.com.cn
电子信箱:zqb@jingda.sina.net
5.公司信息披露报纸:《中国证券报》
登载年度报告的网址:www.sse.com.cn
公司年度报告备置地点:公司证券办
6.公司股票上市交易所:上海证券交易所
股票简称:精达股份
股票代码:600577
7.其他有关资料
(1)公司首次注册日期:2000年7月12日
公司首次注册地点:安徽省工商行政管理局
变更注册登记日期、地点:2002年9月4日
(2)企业法人营业执照注册号:3400001300176
(3)税务登记号码:34070071997253X
(4)公司未流通股票的托管机构:中国证券登记有限责任公司上海分公司
(5)公司聘请的会计师事务所:安徽华普会计师事务所
办公地址:安徽合肥荣事达大道100号振兴大厦8-10层

二、会计数据和业务数据摘要

1.2002度主要利润指标情况

单位:元	(合并报表)
利润总额	33,969,336.82
净利润	21,330,311.40
扣除非经常性损益后的净利润	20,765,870.50
主营业务利润	76,741,147.75
其他业务利润	-2,495,983.76
营业利润	34,420,657.96
投资收益	-638,227.79
营业外收支净额	186,906.65
经营活动产生的现金流量净额	21,473,551.25
现金及现金等价物净增加额	105,674,892.65

注:扣除非经常性损益的项目和涉及的金额:

(1)营业外收入及资产盘盈	906,259.56元
(2)营业外支出	135,128.09元
(3)非经常损益项目所得税影响数	206,967.23元

2.近三年主要会计数据和财务数据

项目	2002年
主营业务收入	429,681,523.69
净利润(元)	21,330,311.40
扣除非经常损益后的净利润(元)	20,765,870.50
每股收益(元/股)	0.36
全面摊薄每股收益(元/股)	0.36
扣除非经常性损益后的每股收益(元/股)	0.35
每股经营活动产生的现金流量净额	0.36
全面摊薄净资产收益率(%)	7.99%
加权平均净资产收益率(%)	17.08%
扣除非经常损益后的加权平均净资产收益率(%)	16.63%
扣除非经常损益后的全面摊薄净资产收益率(%)	7.77%
总资产	470,499,092.73
股东权益(不含少数股东权益)(元)	267,114,287.11
每股净资产(元/股)	4.45
调整后的每股净资产(元/股)	4.44
项目	2001年
主营业务收入	316,279,392.77
净利润(元)	19,844,336.09
扣除非经常损益后的净利润(元)	19,781,240.29
每股收益(元/股)	0.50
全面摊薄每股收益(元/股)	0.50
扣除非经常性损益后的每股收益(元/股)	0.49
每股经营活动产生的现金流量净额	0.85
全面摊薄净资产收益率(%)	29.12%
加权平均净资产收益率(%)	33.14%
扣除非经常损益后的加权平均净资产收益率(%)	33.03%
扣除非经常损益后的全面摊薄净资产收益率(%)	29.02%
总资产	239,475,573.86
股东权益(不含少数股东权益)(元)	68,156,574.71
每股净资产(元/股)	1.70
调整后的每股净资产(元/股)	1.70
项目	2000年
主营业务收入	276,964,721.88
净利润(元)	14,488,897.25
扣除非经常损益后的净利润(元)	14,466,627.12
每股收益(元/股)	0.36
全面摊薄每股收益(元/股)	0.36
扣除非经常性损益后的每股收益(元/股)	0.36
每股经营活动产生的现金流量净额	
全面摊薄净资产收益率(%)	28.43%
加权平均净资产收益率(%)	28.43%
扣除非经常损益后的加权平均净资产收益率(%)	28.43%
扣除非经常损益后的全面摊薄净资产收益率(%)	28.39%
总资产	167,723,740.89
股东权益(不含少数股东权益)(元)	50,960,842.63
每股净资产(元/股)	1.27
调整后的每股净资产(元/股)	1.27

三、股本变动及股东情况

1.股东情况简介
(1)报告期末股东总数:截止2002年12月31日,公司股东总数为14039户。
(2)主要股东持股情况

序号	股东名称	持股数量
1	铜陵精达铜材(集团)有限责任公司	35,000,000
2	安徽省科技产业投资有限公司	2,100,000
3	合肥高科技风险投资有限公司	1,500,000
4	北京中关村青年科技创业投资有限公司	1,000,000
5	徐秀芳	577,809
6	铜陵皖中物资有限责任公司	400,000
7	长江证券	395,098
8	崔建军	222,645
9	西部证券	180,000
10	杨明秀	116,075

序号	股东名称	所占比例	股份类别
1	铜陵精达铜材(集团)有限责任公司	58.33	国有法人股
2	安徽省科技产业投资有限公司	3.50	境内法人股
3	合肥高科技风险投资有限公司	2.50	境内法人股
4	北京中关村青年科技创业投资有限公司	1.67	境内法人股
5	徐秀芳	0.96	社会公众股
6	铜陵皖中物资有限责任公司	0.67	境内法人股
7	长江证券	0.66	社会公众股
8	崔建军	0.37	社会公众股
9	西部证券	0.30	社会公众股
10	杨明秀	0.19	社会公众股

注:
a.持有本公司5%以上(含5%)股份的股东仅为铜陵精达铜材(集团)有限责任公司,持股数量为3500万股,占公司发行后总股本的58.33%。报告期内无股份变动情况。
b.公司前10名股东持股情况(截止2002年12月31日)
公司国有法人股及境内法人股股东之间无关联关系,流通股股东之间关联关系不详。
(3)公司控股股东情况介绍
控股股东名称:铜陵精达铜材(集团)有限责任公司
法定代表人:何晓云
成立日期:1996年7月2日
注册资本:5000万元
股权结构:安徽省铜陵市国有资产经营有限责任公司持有其100%股权
经营范围:铜管、铜杆及其它铜产品制造和销售,出口本企业自产产品及相关技术,进口本企业生产和科研所需的原材料、机械设备、一起仪表、零配件及相关技术,经营本企业的进料加工和"三来一补"业务,对高科技企业、民营企业、房地产企业投资及资本运营。
精达集团公司自本公司设立到本期报告截止日,未从事任何生产活动。

四、董事、监事、高级管理人员和员工情况

1.基本情况

姓名	性别	年龄	职务	任期起止日期年
王世根	男	50	董事长	2000.7-2003.7
周志虹	男	59	副董事长	2001.7-2003.7
章延胜	男	34	董事、总经理	2000.7-2003.7
徐成春	男	36	董事、副总经理	2000.7-2003.7
胡壮麒	男	73	独立董事	2000.7-2003.7
李明发	男	39	独立董事	2001.7-2003.7
蒋义宏	男	52	独立董事	2001.7-2003.7
孔祥云	男	64	董事	2000.7-2003.7
张金柱	男	37	董事	2000.7-2003.7
何晓云	女	47	监事会主席	2000.7-2003.7
王强	男	32	监事	2001.3-2003.7
周建龙	男	39	监事	2001.3-2003.7
储中京	男	34	财务总监	2001.2-2003.7
张天赢	男	39	董事会秘书	2000.7-2003.7

2.现任董事、监事在股东单位任职情况

姓名	股东单位名称	职务	任期起止日期
何晓云	铜陵精达铜材(集团)有限责任公司	董事长	2001.至今
王世根	铜陵精达铜材(集团)有限责任公司	党委书记、总经理	1996.7至今

周志虹	安徽省科技产业投资有限公司	总经理	2000至今
孔祥云	合肥高科技风险投资有限公司	董事长	2000年至今
张金柱	北京中关村青年创业投资有限公司	总经理	2001年至今

3、年度报酬情况

我公司董事、监事和高级管理人员报酬除董事、监事津贴由公司股东大会决定外,其他仍参照国家劳动部门规定的标准执行。现任董事、监事和高级管理人员的在本公司领取的年度报酬总额(包括基本工资、各项奖金、福利、补贴、住房津贴及其他津贴等)情况如下:

姓名	性别	年龄	职务
王世根	男	50	董事长
周志虹	男	59	副董事长
章延胜	男	34	董事、总经理
徐成春	男	36	董事、副总经理
胡壮麒	男	73	独立董事
李明发	男	39	独立董事
蒋义宏	男	52	独立董事
孔祥云	男	64	董事
张金柱	男	37	董事
何晓云	女	47	监事会主席
王强	男	32	监事
周建龙	男	39	监事
储中京	男	34	财务总监
张天赢	男	39	董事会秘书

姓名	年度报酬总额(元)	备注
王世根	97537	
周志虹	6000	董事津贴
章延胜	106376	
徐成春	66514	
胡壮麒	20000	董事津贴
李明发	15000	董事津贴
蒋义宏	15000	董事津贴
孔祥云	5000	董事津贴
张金柱	5000	董事津贴
何晓云	6000	监事津贴
王强	51867	监事津贴
周建龙	6000	监事津贴
储中京	54334	
张天赢	48951	

金额最高的前三名董事的报酬总额为270427元。

金额最高的前三名高级管理人员的报酬总额为270427元。

年度报酬在9-11万元之间的有2人;在4-7万元之间的有4人;1-2万元之间的有3人;6千元以下的有5人。

4、在报告期内离任的董事、监事、高级管理人员姓名及离任原因:

(1)报告期内,公司的董事、监事、高级管理人员无离任情况。

(2)报告期内,公司总经理、副总经理、财务负责人、董事会秘书等高级管理人员无变更情况。

5、公司员工情况

(1)员工专业结构

专业结构	人数	比例
技术人员	86	23%
管理人员	32	9%
销售人员	13	3.5%
生产人员	244	65%
合计	375	100%

(2)员工受教育程度

文化程度	人数	比例
大专学历以上	79	21%
中专、中技、高中	267	71%
高中以下	29	8%
合计	375	100%

(3)上述人员不包括控股子公司人员。

五、公司治理结构

1、公司严格按着《公司法》、《证券法》和中国证监会有关法律法规的要求,不断完善公司法人治理结构,建立现代企业制度,规范公司运作。公司制订了《公司章程》、《股东大会条例》、《董事会工作条例》、《监事会工作条例》及《总经理工作条例》。这些规章符合《上市公司治理准则》等规范性文件的要求,公司治理情况如下:

(1)关于股东与股东大会:公司能够确保所以股东,特别是中小股东享有平等地位,充分行使自己的职权;公司章程明确了对董事会的授权;公司制订了《股东大会条例》,能够严格按照《股东大会规范意见》的要求召集、召开股东大会,使股东充分行使表决权;尽可能避免关联交易,将关联交易减少到最低限度。

(2)关于控股股东和上市公司:控股股东行为规范,没有超越股东大会直接干预公司的决策和经营活动;公司与控股股东在人员、资产、财务、机构和业务方面已完全分开;公司董事会、监事会和经营管理的职能部门能够独立运作;公司董事长与控股股东董事长分设;公司经理、财务总监、董事会秘书等高级管理人员均在本公司领取报酬。

(3)关于董事与董事会:公司严格按照《公司章程》的规定选举产生董事,并按中国证监会《关于在上市公司建立独立董事制度的指导意见(征求意见稿)》要求,在2001年7月选举了三名独立董事,董事会的人数和人员构成符合法律、法规的要求;公司董事会按照《董事会工作条例》开展工作,各位董事以认真负责的态度出席公司董事会和股东大会,积极参加有关培训,熟悉相关法律法规,了解董事的权利、义务和责任,正确行使权利。

(4)关于监事和监事会:公司监事会人数和人员构成符合法律和法规的要求,本着对全体股东负责的精神,公司还选举了一名外部监事;公司监事会按照法律法规和《监事会工作条例》积极开展工作,全体监事认真履行职责,对公司重大事项、财务以及董事、经理和其他高管人员实行合法监督。

(5)关于绩效评价与激励约束机制:公司正积极着手建立公正、透明的董事、经理和其他高管人员的绩效评价标准和激励约束机制;经理人聘任公开、透明,符合法律法规的规定和公司利益的要求。

(6)关于信息披露:公司指定董事会秘书负责信息披工作,接待股东、投资者的来访和咨询;根据有关规定制订了《信息披露制度》,能够真实、准确、及时、完整地披露有关信息;及时准确地向证监会派出机构报告有关情况。

2、独立董事履行职责情况

公司在设立时就建立了独立董事制度,选举产生了1名独立董事。2001年7月根据中国证监会《关于在上市公司建立独立董事制度的指导意见(征求意见稿)》规定,增选了两名独立董事,董事会人员结构进一步合理。

独立董事本着对全体股东负责的态度,按照法律法规的要求,勤勉尽职,积极参加公司董事会和股东大会,为公司的长远发展和管理出谋划策,对公司的关联交易等重大事项发表了专业性意见,为董事会科学客观决策起到积极的作用。

六、股东大会情况简介

本报告期内公司共召开了一次年度股东大会和一次临时股东大会。

1、2001年度股东大会情况

2002年2月1日,公司发出了召开2001年度股东大会的通知,通知明确了会议召开的时间、地点及会议议程。

2002年3月4日在本公司二楼会议室召开了2001年度股东大会。出席会议的股东代表5人,代表4000万股本,占公司总股本的100%。符合《公司法》及公司章程的规定,公司董事、监事和高级管理人员出席了本次会议,安徽安泰达律师事务所律师潘平列席了会议。会议由王世根董事长主持。大会审议并表决通过了下列决议:

(1)审议通过了公司2001年度董事会工作报告;

(2)审议通过了公司2001年度监事会工作报告;

(3)审议通过了公司2001年度财务报告;

(4)审议通过了公司2001年度利润分配方案;

(5)审议通过了公司2002年度财务预算;

(6)审议通过了公司调整募集资金运用项目的报告;

(7)审议通过了公司2002年度投资计划。

(本次股东大会是在本公司上市前召开的,会议决议未公告)

2、2002年第一次临时股东大会

2002年9月18日公司在《中国证券报》、《上海证券报》上刊登了关于召开公司2002年第一次临时股东大会的公告,公布了会议召开的时间、地点及会议议程等事项。

2002年10月18日上午9时公司2002年第一次临时股东大会在本公司二楼会议室召开。出席会议的股东代表5人,代表股份4000万股,占本公司股份总数的66.67%,符合《公司法》及《公司章程》的规定。会议由公司董事长王世根先生主持,公司部分董事、监事及高级管理人员出席了会议。经大会认真审议,并以记名投票表决方式通过了以下决议:

(1)审议通过了《关于变更募集资金投资方式的议案》。

(2)审议通过了《关于与美国里亚公司合资在广东南海建设特种漆包线公司的议案》。

(3)会议通过了《关于修改公司章程的议案》。

(4)审议通过了《关于提请聘用安徽华普会计师事务所为公司常年审计机构的议案》。

上述股东大会决议公告刊登在2002年10月20日《中国证券报》上。

七、董事会报告

(一)报告期内的经营情况

1、主营业务的范围及其经营状况

(1)公司经营范围是:漆包电磁线、裸铜线、电线电缆制造、销售。

(2)经营状况

2002年是公司发展过程中的重要一年,公司抓住股票发行上市的契机,加大技术改造的投入,扩大特种电磁线的生产规模,增加市场需求产品的生产能力,产品销量大幅度提高,在行业中的地位进一步巩固,特种电磁线市场占有率约为30%。

为了公司长远发展,与美国里亚公司在广东合资建设电磁线生产公司,在生产工艺技术、产品开发、质量管理和成本控制等方面开展广泛和深入的合作。

由于2002年受到下游行业--家电行业激烈竞争和大幅降价的影响,为之配套的特种电磁线产品销售价格也有较大幅度下降,特别是下半年主营业务利润未能随销售收入同步增长。

全年共完成特种漆包电磁线产量18230.7吨,销量16878.5吨,实现销售收入42968万元,主营业务利润为7674万元,净利润2133.43万元,产品销量、销售收入和净利润分别比上年增长47%、35.86%、7.49%。

① 主营业务产品构成情况:

产品	2002年		
	产品销售收入	产品销售成本	毛利率(%)
漆包线	386,925,514.72	313,678,996.17	18.93%
超微细线	9,434,544.00	8,832,421.11	6.38%
裸铜线	33,321,464.97	29,529,171.39	11.38%
合计	429,681,523.69	352,040,588.67	18.93%

②占主营业务收入10%以上的主要产品:

产品	产品销售收入	产品销售成本	毛利率(%)
漆包线	386,925,514.72	313,678,996.17	18.93%

2、技术改造项目实施情况

(1)"年产6000吨自润滑漆包线及2000吨无氟漆包线"项目在报告期内全部建成,并通过国家经贸委委托安徽省经贸委组织的竣工验收。

公司特种电磁线年生产能力(包括控股子公司)已达20000吨。

(2)"年产5000吨变频电机用抗电晕电磁线"项目可行性报告已上报国家经贸委。预计在2003年开工建设。

3、新产品开发

由我公司自主开发的变频电机用抗电晕电磁线于2002年11月25日通过国家经贸委组织的新产品鉴定,填补国内空白,具备批量生产的技术条件。

4、企业内部管理

为获取进入汽车行业的通行证,公司在通过ISO9002-2000质量体系的监督审核的基础上又顺利通过了QS9000质量体系认证;在全公司开展5S管理活动;进一步强化预算编制和预算执行的监督、考核管理。

5、报告期内公司主营业务及其结构未发生大的变化,因此对本期的经营业绩未产生实质性影响。

(二)公司主要控股子公司及参股子公司的经营情况及经营业绩

1、铜陵精工特种漆包线有限公司。该公司注册资本1970万元,本公司占70%,投资1379万元。2002年12月31日总资产6443万元,净资产3589万元。主要业务为:特种漆包铜圆电磁线制造、销售。报告期内,该公司实现净利润1154万元。

2、广东精达里亚特种漆包线有限公司。该公司注册资本548.6万美元,本公司占70%,投资384万美元。2002年12月31日总资产4540.69万元,净资产4,540.69万元,主要业务为:特种漆包铜圆电磁线制造、销售。该公司于2002年9月筹建,预计2003年3月试生产。

(三)主要供应商、客户情况:

1、2002年,公司前五名供应商依次是:南京华新电线电缆有限公司、常州金源铜业有限公司、铜陵西瓦绝缘材料有限公司、宜兴市诚峰铜线材有限公司、铜陵市精正绝缘材料有限公司。向前五名供应商合计的采购金额占年度采购总额的83.1%

2、2002年,公司前五名客户依次是:上海日立电器有限公司、沈阳华润三洋压缩机有限公司、上海扎努西电气机械有限公司、加西贝拉压缩机有限公司、广州冷机股份有限公司。向前五名客户销售额合计占公司向电磁线客户销售总额的35.50%。

(四)在经营中出现的问题与困难及解决方案

2002年,家电生产企业为了在激烈的市场大战中抢占份额,摆脱亏损局面,要求处于同一产业链上的上游产品——压缩机、电磁线等大幅度降价,2002年下半年,为了保证新增产量顺利进入市场,公司被迫调整产品售价,此举对公司的利润产生较大影响。

为了维护全体股东的利益和公司在资本市场的形象，公司采取了相应对策：加强财务预算的考核，确保完成全年各项经济指标；以招标方式降低主要原材料、包装物的采购成本和产品运输成本，采取加工费与电解铜价格分离的原则确定电磁线产品价格，减少电解铜价格波动的影响；对内部机构进行调整，提高市场反应速度和工作效率；优化劳动组合，辞退富余人员，减少工资费用；开发新客户和新市场，降低季节性销售淡季的影响，保证均衡生产；加强质量控制，提高投入产出率。

(五)公司投资情况

本报告期内公司实际投资7200万元，其中使用募集资金5905万元。用于投资"年产6000吨自润滑漆包线及2000吨无氟漆包线项目2727万元；投资设立子公司广东精达里亚特种漆包线有限公司金额为3178万元，占该公司注册资本的70%；投资投资顶科公司521万元，累计投资844万元，占该公司注册资本的30%；子公司精工公司自筹资金773万元实施扩产计划。

1、募集资金使用情况

公司股票于2002年9月11日成功上市，共募集资金18420.45万元，根据《招股说明书》的承诺，公司募股资金拟投向三个项目，"年产6000吨自润滑漆包线及2000吨无氟漆包线"项目、"年产5000吨变频电机用抗电晕电磁线"项目、"年产3000吨汽车电器用耐高温漆包线"项目，这些项目全部为特种电磁线产品技术改造项目。本年度募集资金用于投资的金额为5905万元，其中：用于"年产6000吨自润滑漆包线及2000吨无氟漆包线"项目2727万元；用于"年产3000吨汽车电器用耐高温漆包线"项目3178万元。

剩余募集资金除小部分暂时用于补充流动资金外均存于银行。

(1)募集资金时承诺投资项目情况

已累计使用募集资金总额　5905万元

承诺项目	拟投入金额(万元)	是否变更项目	实际投入金额(万元)	产生收益金额(万元)	是否符合计划进度和预计收益
年产6000吨自润滑漆包线及2000吨无氟漆包线项目	2684	否	2727	1670	符合计划进度，未达预期收益
年产5000吨变频电机用抗电晕电磁线项目	10538	否	—	—	符合计划进度(2003年开工)
年产3000吨汽车电器用耐高温漆包线项目	3012	是	3178	—	符合计划进度
合计	16234	—	5905	—	—
未达到计划进度和收益的说明	年产6000吨自润滑漆包线及2000吨无氟漆包线项目，因未全部达产及产品售价下浮，未达预期收益。				

(2)变更项目情况

变更投资项目的资金总额	3178万元				
变更后的项目	对应的原承诺项目	变更项目拟投入金额	实际投入金额	产生收益金额	是否符合计划进度和预计收益
与美国里亚电磁线公司合资建设广东精达里亚特种漆包线有限公司	年产3000吨汽车电器用耐高温漆包线项目	3178万元	3178万元		符合计划进度，预计2003年3月试生产。
合计	—	3178万元	3178万元	—	—
变更原因及变更程序说明	年产3000吨汽车电器用耐高温漆包线项目经公司2002年第一次临时股东大会批准变更为与美国里亚电磁线公司在广东南海合资实施，股东大会决议、变更募集资金投资项目及对外投资公告刊登在2002年10月20日《中国证券报》上。				

2、非募集资金投资情况

(1)本公司与马耳他马杰科国际有限公司等合资组建铜陵顶科镀锡铜线有限公司，该公司注册资本总额为340万美元，本公司出资102万美元，占注册资本的30%，本公司共出资844万元人民币，其中本年度投资521万元。顶科公司已于2001年6月15日取得工商登记，目前已投入生产。

(2)子公司精工公司自筹资金773万元实施扩产计划。

3、对外投资情况

本年度对外投资总额3699万元，其中使用资金3178万元。

(1)投资3178万元，与美国里亚电磁线公司合资建设广东精达里亚特种漆包线有限公司。

(2)投资844万元，与马耳他马杰科国际有限公司等合资建设铜陵顶科镀锡铜线有限公司，其中本年度投资521万元。

(六)财务状况及经营情况

1、经营成果分析

项目	2002年1-12月金额(元)	2001年1-12月金额(元)	增减比例
主营业务收入	429,681,523.69	316,279,392.77	35.86%
主营业务利润	76,741,147.75	73,138,552.67	4.93%
其他业务利润	-2,495,983.76	-3,314,424.32	-24.69%
营业费用	14,715,218.76	13,504,568.26	8.96%
管理费用	15,099,817.68	15,840,894.01	-4.68%
财务费用	10,009,469.59	10,384,713.18	-3.61%
投资收益	-638,227.79	46,414.47	-1475.06%
营业外收支净额	186,906.65	47,758.37	291.36%
利润总额	33,969,336.82	30,188,125.74	12.53%
净利润	21,330,311.40	19,844,336.09	7.49%
现金及现金等价物净增加额	105,674,892.65	8,075,735.10	1208.55%

注：①主营业务收入本期比上年同期增长35.86%，主要原因是漆包线销售量增加所致；

②主营业务利润本期比去年同期增长4.93%，主要原因是本公司漆包线销售量增加和降低成本所致；

③其他业务利润本期比去年同期减少亏损818,440.56元，降幅24.69%，主要原因是提高了投入产出率，同时以物抵款交易减少所致；

④营业费用本期比上年同期增长8.96%，主要原因是销量增加导致运费增加所致；

⑤管理费用本期比上年同期降低4.68%，主要是公司流动资产盘盈所致；

⑥投资收益本期比上年同期降低-1475.06%，主要原因是本公司参股公司顶科公司目前尚未转入正常生产，其利润为亏损2,282,140.84元，按30%权益计算记入股份公司影响了股份公司投资收益684,642.25元；

⑦营业外收支净额本期比上年同期增长291.36%，主要原因是公司加大对供应商的产品质量管理力度，对不合格品处罚增加所致；

⑧利润总额本期比去年同期增长12.53%，主要原因是公司销量增加、提高投入产出率，降低成本所致，但同时由于公司为提高市场占有率下调了销售价格及参股子公司顶科公司亏损的影响，使的利润增幅不大；

⑨净利润本期比去年同期增长7.49%，增幅不大的主要原因是控股子公司精工公司自本年度开始按15%所得税税率交纳所得税，减少净利润2,062,143.40元；

⑩现金及现金等价物净增加额本期比去年同期增长1208.55%，主要原因是本期发行股票募集资金到账所致。

2、公司财务状况分析

项目	2002年12月31日金额(元)	2001年12月31日金额(元)	增减比例
总资产	470,499,092.73	239,475,573.86	96.47%
应收票据	31,089,840.00	770,000.00	3937.64%
应收账款	69,773,068.37	55,295,206.74	26.18%
存货	89,478,410.44	55,589,391.72	60.96%
长期投资	6,986,435.90	2,411,819.27	189.67%
固定资产	136,763,614.17	110,813,044.59	23.42%
无形资产	9,401,750.47	1,509,319.96	522.91%
短期借款	9,250,000.00	43,250,000.00	-78.61%
应付票据	78,394,534.06	35,100,000.00	123.35%
应付账款	19,431,525.92	10,855,383.99	79.00%
其他应付款	5,804,768.77	4,086,928.56	42.03%
长期借款	55,000,000.00	65,000,000.00	-15.38%
股东权益	267,114,287.11	68,156,574.71	291.91%

注：①总资产本期比上年同期增长96.47%，主要原因是公司股票发行所致；

②应收票据本期比上年同期增长3937.64%，主要原因是为降低承兑汇票贴现费用，暂时使用了闲置的募集资金支付经营性支出；

③应收账款本期比上年同期增长26.18%，主要原因是销售收入增长所致；

④存货本期比上年同期增长60.96%，主要原因是公司为2003年销售旺季到来备货和主要客户实施材料零库存生产所致；

⑤长期投资本期比上年同期增长189.67%，主要原因是本公司与马耳他马杰科国际有限公司等合资组建铜陵顶科镀锡铜线有限公司，根据合资合同、章程本公司应出资102万美元，占注册资本的30%，投资各方资本可分期投入，本年度公司出资521万元全部到位所致；

⑥固定资产本期比上年同期增长23.42%，主要原因是年产6000吨自润滑漆包线及2000吨无氟漆包线项目实施完毕所致；

⑦无形资产本期比上年同期增长522.91%，主要原因是子公司广东精达里亚特种电磁线有限公司的合资方美国里亚公司以专有技术和专利技术投入所致；

⑧短期借款本期比上年同期降低78.61%，主要原因是偿还借款所致；

⑨应付票据本期比上年同期增长123.35%，主要原因是产量增加导致采购量增加以及公司为减少利息支出增加了应付票据的开票金额；

⑩应付账款本期比上年同期增长79.00%，主要原因是延长了对供应商的付款期限所致；

(11)其他应付款本期比上年同期增长42.03%，主要原因是应付中介机构款项增加所致；

(12)长期借款本期比上年同期降低15.38%，主要原因是偿还借款所致；

(13)股东权益本期比上年同期增长291.91%，主要原因是股票发行和净利润增加所致。

(七)新年度的经营计划

1、经营计划：电磁线产品产销量23,000吨(包括控告股子公司)，实现销售收入54,860万元。

2、主要策略

(1)在加快项目实施进度的同时加大市场开发力度，确保新增产能顺利达产，充分发挥规模效益，降低单位产品成本，提高公司市场竞争能力。

(2)加强财务预算管理，控制原材料采购和运输价格，减少各项费用支出，降低生产经营成本。

(3)调整产品结构，拓宽产品应用领域，减低家电行业季节性影响，保证全年均衡生产。

八、监事会报告

1、报告期内监事会会议情况

报告期内监事会共召开2次会议，主要内容如下：

(1)第一届监事会第四次会议于2002年2月1日召开。会议经过认真讨论通过了以下决议：

a、审议通过了《监事会工作报告》；

b、审议通过了《2001年财务报告》。

本次会议召开时，公司为非上市公司，会议决议未公告。

(2)第一届监事会第五次会议于2002年9月11日召开。会议审议了如下事项：

a、审议通过了《关于变更募集资金投资方式的议案》；

b、审议通过了《关于与美国里亚公司合资在广东南海建设特种漆包线公司的议案》；

c、审议通过了《关于修改公司章程的议案》；

d、审议通过了《关于提请聘用安徽华普会计师事务所为公司常年审计机构的议案》。

本次会议决议公告刊登在2002年9月13日《中国证券报》和《上海证券报》上。

2、监事会对2002年公司有关事项的独立意见

(1)公司依法运作情况

公司决策程序合法，建立了完善的内部控制制度，公司董事、经理执行公司职务时勤勉尽职，无违反法律、法规、公司章程或损害公司利益的行为。

(2)检查公司财务的情况。

在报告期内，监事会对公司的财务制度和财务状况进行了监督检查，认真审核财务报表，及时了解财务信息。监事会认为，公司财务制度健全，运作规范，会计师事务所对2002年财务报告出具的审计意见及所涉及的事项，真实地反映了公司的财务状况和经营成果。

(3)公司募集资金实际投入项目与承诺投入项目一致；变更募集资金投资项目，程序合法。

(4)监事会认为关联交易严格按照合理合法和"三公"的原则进行，没有损害上市公司利益，无内幕交易行为。

九、重要事项

1、本年度公司无重大诉讼、仲裁事项。

2、本年度公司无收购及出售资产、吸收合并事项。

3、、本年度公司重大关联交易事项。

本公司及精工公司铜陵精达供销有限责任公司(与本公司同一母公司)有废漆包线交易，本年度交易金额1010.47万元，占同类交易金额的50.88%。销售价格在当月上海金属交易所加权平均价基础上下浮2400元/吨。

4、、本年度公司无托管、承包、租赁其他公司资产或其他公司托管、承包、租赁本公司资产、重大担保、委托他人进行现金资产管理事项。

5、承诺事项

持股5%以上股东仅为本公司控股股东铜陵精达铜材(集团)有限责任公司，精达集团在报告期内或持续到报告期内承诺：对股份公司已进行建设和拟投资建设的项目，将在项目选择和投资方向上，避免与股份公司相同或相似，不与股份公司发生同业竞争，以维护股份公司的权益；另外，精达集团还承诺：自本公司首次公开发行的股票在上海证券交易所挂牌上市之日起12个月内，不转

让其持有的本股份，也不由本公司回购其持有的股份。精达集团在报告期内履行了其承诺事项。

6、公司聘任、解聘会计师事务所情况

本公司自2000年7月设立时即聘请安徽华普会计师事务所为审计机构。2002年9月11日本公司股票在上海证券交易所上市后，本公司应向该所支付审计费用150万元，截止到本年末已支付126万元。

2002年10月18日临时股东大会决定聘请安徽华普会计师事务所为本公司常年审计机构，截止2002年12月31日尚未支付报酬。

十、财务报告

审计报告

铜陵精达特种电磁线股份有限公司全体股东：

我们接受委托，审计了铜陵精达特种电磁线股份有限公司(以下简称贵公司)2002年12月31日的合并资产负债表和资产负债表，2002年度的合并利润表和2002年度的利润表，2002年度的合并利润分配表和利润分配表以及2002年度的合并现金流量表和现金流量表。这些会计报表由贵公司负责，我们的责任是对这些会计报表发表审计意见。我们的审计是依据《中国注册会计师独立审计准则》进行的。在审计过程中，我们结合贵公司的实际情况，实施了包括抽查会计记录等我们认为必要的审计程序。

我们认为，上述会计报表符合《企业会计准则》和《企业会计制度》的有关规定，在所有重大方面公允地反映了贵公司2002年12月31日的合并财务状况和财务状况，2002年度的合并经营成果和2002年度的经营成果及2002年度的合并现金流量情况和现金流量情况，会计处理方法的选用遵循了一贯性原则。

安徽华普会计师事务所　　中国注册会计师：陈媛媛

2003年2月23日　　中国注册会计师：方长顺

合并资产负债表

编制单位：铜陵精达特种电磁线股份有限公司　　单位：人民币元

资产	附注号	2002.12.31	2001.12.31
流动资产：			
货币资金	五.1	115,788,661.14	10,113,768.49
短期投资			
应收票据	五.2	31,089,840.00	770,000.00
应收股利			
应收利息			
应收账款	五.3	69,773,068.37	55,295,206.74
其他应收款	五.4	4,391,449.97	1,151,235.05
预付账款	五.5	6,309,803.76	837,869.49
应收补贴款			
存货	五.6	89,478,410.44	55,589,391.72
待摊费用	五.7	471,951.20	983,918.55
一年内到期的长期债权投资			
其他流动资产			
流动资产合计		317,303,184.88	124,741,390.04
长期投资：			
长期股权投资	五.8	6,986,435.90	2,411,819.27
长期投资合计		6,986,435.90	2,411,819.27
其中：合并价差		-771,273.11	-816,120.73
固定资产：			
固定资产原价	五.9	178,190,262.09	149,578,910.85
减：累计折旧	五.9	60,545,815.06	47,209,603.43
固定资产净值	五.9	117,644,447.03	102,369,307.42
减：固定资产减值准备			
固定资产净额		117,644,447.03	102,369,307.42
工程物资	五.10	3,925,076.28	
在建工程	五.11	15,194,090.86	8,443,737.17
固定资产清理			
固定资产合计		136,763,614.17	110,813,044.59
无形资产及其他资产：			
无形资产	五.12	9,401,750.47	1,509,319.96
长期待摊费用	五.13	44,107.31	
其他长期资产			
无形资产及其他资产合计		9,445,857.78	1,509,319.96
递延税项：			
递延税款借项			
资产总计		470,499,092.73	239,475,573.86

合并资产负债表(续)

编制单位：铜陵精达特种电磁线股份有限公司　　单位：人民币元

负债和股东权益	附注号	2002.12.31	2001.12.31
流动负债：			
短期借款	五.14	9,250,000.00	43,250,000.00
应付票据	五.15	78,394,534.06	35,100,000.00
应付账款	五.16	19,431,525.92	10,855,383.99
预收账款	五.17	768,406.24	1,402,381.66
应付工资	五.18	1,213,703.39	1,264,441.45
应付福利费	五.19	2,663,719.39	1,572,981.98
应付股利	五.20	7,280,724.88	1,428,000.00
应交税金	五.21	-335,402.60	-966,685.57
其他应交款	五.22	12,871.66	12,873.78
其他应付款	五.23	5,804,768.77	4,086,928.56
预提费用	五.24	534,324.41	577,824.41
预计负债			
一年内到期的长期负债			
其他流动负债			
流动负债合计		125,019,176.12	98,584,130.26
长期负债：			
长期借款	五.25	55,000,000.00	65,000,000.00
应付债券			
长期应付款			
专项应付款	五.26	290,000.00	290,000.00
其他长期负债			
长期负债合计		55,290,000.00	65,290,000.00
递延税项：			
递延税款贷项			
负债合计		180,309,176.12	163,874,130.26
少数股东权益		23,075,629.50	7,444,868.89
股东权益：			
股本	五.27	60,000,000.00	40,000,000.00
资本公积	五.28	164,299,058.77	94,570.00
盈余公积	五.29	10,644,847.22	6,340,581.24
其中：法定公益金	五.29	2,316,222.89	1,265,230.93
未分配利润	五.30	32,170,381.12	21,721,423.47
股东权益合计		267,114,287.11	68,156,574.71
负债和股东权益总计		470,499,092.73	239,475,573.86

公司法定代表人：王世根　　主管会计工作的负责人：储中京　　会计机构负责人：储中京

合并利润表

编制单位：铜陵精达特种电磁线股份有限公司　　单位：人民币元

项目	附注号	2002年度	2001年度
一、主营业务收入	五.31	429,681,523.69	316,279,392.77
减：主营业务成本	五.32	352,040,588.67	242,038,068.98
主营业务税金及附加	五.33	899,787.27	1,102,771.12
二、主营业务利润		76,741,147.75	73,138,552.67
加：其他业务利润	五.34	-2,495,983.76	-3,314,424.32
减：营业费用		14,715,218.76	13,504,568.26
管理费用		15,099,817.68	15,840,894.01
财务费用	五.35	10,009,469.59	10,384,713.18
三、营业利润		34,420,657.96	30,093,952.90
加：投资收益	五.36	-638,227.79	46,414.47
补贴收入			
营业外收入	五.37	322,034.74	98,681.95
减：营业外支出	五.38	135,128.09	50,923.58
四、利润总额		33,969,336.82	30,188,125.74
减：所得税	五.39	9,349,625.13	6,222,077.42
减：少数股东损益		3,289,400.29	4,121,712.23
五、净利润		21,330,311.40	19,844,336.09

合并利润分配表

编制单位：铜陵精达特种电磁线股份有限公司　　单位：人民币元

项目	2002年度	2001年度
一、净利润	21,330,311.40	19,844,336.09
加：年初未分配利润	21,721,423.47	9,056,051.55
其他转入		
二、可供分配的利润	43,051,734.87	28,900,387.64
减：提取法定盈余公积	2,101,983.92	1,943,438.40
提取法定公益金	1,050,991.96	971,719.20
提取职工奖励及福利基金	577,087.77	743,174.01
提取储备基金	767,526.73	1,013,755.04
提取企业发展基金	383,763.37	506,877.52
利润归还投资		
三、可供股东分配的利润	38,170,381.12	23,721,423.47
减：应付优先股股利		
提取任意盈余公积		
应付普通股股利	6,000,000.00	2,000,000.00
转作股本的普通股股利		
四、未分配利润	32,170,381.12	21,721,423.47

合并现金流量表

编制单位：铜陵精达特种电磁线股份有限公司　　单位：人民币元

报表项目	附注号	2002年度
一、经营活动产生的现金流量：		
销售商品、提供劳务收到的现金		473,543,660.33
收到的税费返还		
收到的其他与经营活动有关的现金	五.40	784,922.47
现金流入小计		474,328,582.80
购买商品、接受劳务支付的现金		403,354,590.23
支付给职工以及为职工支付的现金		11,664,042.95
支付的各项税费		22,472,691.63
支付的其他与经营活动有关的现金	五.41	15,363,706.74
现金流出小计		452,855,031.55
经营活动产生的现金流量净额		21,473,551.25
二、投资活动产生的现金流量：		
收回投资所收到的现金		
取得投资收益所收到的现金		
处置固定资产、无形资产和其他长期资产而收回的现金净额		
收到的其他与投资活动有关的现金		
现金流入小计		
购建固定资产、无形资产和其他长期资产所支付的现金		47,773,710.13
投资所支付的现金		5,214,411.26
支付的其他与投资活动有关的现金		
现金流出小计		52,988,121.39
投资活动产生的现金流量净额		-52,988,121.39
三、筹资活动产生的现金流量：		
吸收投资所收到的现金		187,414,488.77
子公司吸收少数股东权益性投资收到的现金		5,624,221.49
借款所收到的现金		134,000,000.00
收到其他与筹资活动有关的现金		
现金流入小计		327,038,710.26
偿还债务所支付的现金		178,000,000.00
分配股利、利润或偿付利息所支付的现金		7,791,247.47
子公司支付少数股东的股利		1,428,000.00
支付的其他与筹资活动有关的现金	五.42	2,630,000.00
现金流出小计		189,849,247.47
筹资活动产生的现金流量净额		137,189,462.79
四、汇率变动对现金的影响		
五、现金及现金等价物净增加额		105,674,892.65

江苏长电科技股份有限公司

江苏长电科技股份有限公司股票上市公告书

一、重要声明与提示

本公司董事会保证上市公告书的真实性、准确性、完整性,全体董事承诺上市公告书不存在虚假记载、误导性陈述或重大遗漏,并承担个别和连带的法律责任。

根据《公司法》、《证券法》等有关法律、法规的规定,本公司董事、高级管理人员已依法履行诚信和勤勉尽责的义务和责任。

上海证券交易所、中国证监会、其他政府机关对本公司股票上市及有关事项的意见,均不表明对本公司的任何保证。

本公司提醒广大投资者注意,凡本上市公告书未涉及的有关内容,请投资者查阅2003年5月14日刊载于《中国证券报》、《上海证券报》、《证券日报》和《证券时报》的本公司招股说明书摘要,以及刊载于上海证券交易所网站(www.sse.com.cn)的本公司招股说明书全文。

二、概览

1、股票简称:长电科技
2、沪市股票代码:600584
3、深市代理股票代码:003584
4、总股本:18,287万股
5、可流通股本:5,500万股
6、本次上市流通股本:5,500万股
7、发行价格:7.19元/股
8、上市地点:上海证券交易所
9、上市日期:2003年6月3日
10、股票登记机构:中国证券登记结算有限责任公司上海分公司
11、上市推荐人:泰阳证券有限责任公司
12、对本公司首次公开发行股票前股东所持股份的流通限制及期限:根据国家现有法律、法规规定和中国证监会证监发行字[2003]40号《关于核准江苏长电科技股份有限公司公开发行股票的通知》,本公司本次股票发行前8位境内发起人股东所持有的未流通股暂不上市流通。
13、本公司第一大股东江阴市新潮科技有限公司承诺:自本公司上市之日起12个月内,不转让其持有的江苏长电科技股份有限公司股份,也不由股份公司回购其所持有的股份。

三、绪言

本上市公告书是根据《中华人民共和国公司法》、《中华人民共和国证券法》、《股票发行与交易管理暂行条例》、《公开发行股票公司信息披露实施细则》和《上海证券交易所股票上市规则》等国家有关法律、法规的规定,并按照中国证监会《公开发行证券的公司信息披露内容与格式准则第7号-股票上市公告书》而编制,旨在向投资者提供本公司的基本情况和本次股票上市的有关资料。

经中国证监会证监发行字[2003]40号文核准,本公司已于2003年5月19日以向沪市、深市二级市场投资者定价配售方式成功发行了5,500万股人民币普通股(A股),每股面值1.00元,发行价为每股人民币7.19元。

经上海证券交易所上证上字[2003]53号文批准,本公司公开发行的5500万股社会公众股将于2003年6月3日起在上海证券交易所挂牌交易。股票简称"长电科技",沪市股票代码为"600584",深市代理股票代码为"003584"。

本公司已于2003年5月14日在《中国证券报》、《上海证券报》、《证券日报》和《证券时报》上刊登了《江苏长电科技股份有限公司首次公开发行股票招股说明书摘要》,招股说明书正文刊载于上海证券交易所网站(www.sse.com.cn+,-(+.),距今不足三个月,故与其重复的内容不再重述,敬请投资者查阅上述资料。

四、发行人概况

(一)本公司基本情况
公司中文名称:江苏长电科技股份有限公司
公司英文名称:JiangsuChangjiangElectronicsTechnologyCo.,Ltd.
法定代表人:王新潮
设立日期:2000年12月12日
注册资本:本次股票发行前公司注册资本为12,787万元,发行后增至18,287万元。
公司住所:江苏省江阴市滨江中路275号
邮政编码:214431
经营范围:生产销售半导体、电子元件、专用电子电气装置,经营本企业自产机电产品、成套设备及相关技术的出口业务,经营本企业生产、科研所需的原辅材料、机械设备、仪器仪表零配件及技术的进口业务(国家实行核定公司经营的14种商品除外),开展本企业进料加工和"二来 补"业务。

主营业务:本公司主要从事集成电路封装、测试和分立器件的生产、销售业务,属国家重点鼓励发展的产业,公司生产的主要产品分为集成电路与分立器件两大类,前者有QFP、PLCC、SOP、SSOP、HSOP、DIP等系列的封装形式,后者主要有SOT-23、SOT-89、SOT-25、SOT-26、SOT-223、SOT-323/353/363、SOD123/323及功率器件TO-251/252、TO-220/263及其他T0系列产品。
所属行业:C51电子元器件
电话号码:(0510)6851811
传真号码:(0510)6854550
公司网址:http://www.cj-elec.com
电子信箱:cjdz@public1.wxjs.cn
董事会秘书:朱正义
(二)本公司历史沿革

1.本公司是由江阴长江电子实业有限公司直接变更设立的股份有限公司。江阴长江电子实业有限公司是在江阴长江电子实业公司的基础上改制设立的有限责任公司,由江阴长江电子实业公司联合江阴长江电子实业公司工会、厦门永红电子有限公司、宁波康强电子有限公司、连云港华威电子集团有限公司共同出资设立;2000年5月28日,有限公司通过未分配利润转增资本,有限公司注册资本金增加为5,416.8万元;2000年7月12日,实业公司将其所持有的221.6628万元出资转让给自然人王新潮,将517.2132万元出资转让给实业公司工会,实业公司工会及王新潮接受让出资额以1:1比例对有限公司现金增资共计738.876万元,其中,王新潮投入现金221.6628万元,持有公司注册资本221.6628万元;实业公司工会投入现金517.2132万元,持有公司注册资本517.6628万元;2000年7月27日,经股东会决议通过,有限公司吸收上海恒通资讯网络有限公司、杭州士兰微电子股份有限公司增资,公司注册资本增加到8,272.862万元;2000年10月9日,江阴市新潮科技有限公司分别受让自然人王新潮和实业公司工会所持有的443.3256万元和2,809.0924万元出资,本次转让后,新潮科技持有有限公司的出资为3,252.418万元,占注册资本的39.31%;2000年10月25日,上海华易投资有限公司受让实业公司所持有的1,000万元出资;并以1:1.75的溢价向公司增资,投入现金2147.4915万元,持有有限公司注册资本1,227.138万元;2000年11月11日,有限公司的全体股东一致同意以2000年10月30日为审计基准日,以经审计后的公司净资产额12,787万元,按1:1比例折合的股本为12,787万元,2000年12月12日,经江苏省人民政府批准,有限公司依法变更为江苏长电科技股份有限公司。

2003年4月28日,经中国证监会证监发行字[2003]40号文批准,本公司于2003年5月19日以100%向二级市场投资者定价配售发行的方式成功地发行了人民币普通股5,500万股,每股面值1.00元,每股发行价格7.19元。此次发行成功后,本公司注册资本为18,287万元。发行前后公司的股本结构如下:

股份类型	发行前 持股数(万股)	发行前 持股比例	发行后 持股数(万股)	发行后 持股比例
发起人境内法人股	12,787	100%	12,787	69.92%
社会公众股	---	---	5,500	30.08%
合计	12,787	100%	18,287	100%

目前各发起人持有本公司的股权不存在任何被质押、诉讼等引致的纠纷。

(三)本公司的主要经营情况

1.经营概况

本公司主要从事集成电路封装、测试和分立器件的生产、销售业务,属国家重点鼓励发展的产业,公司生产的主要产品分为集成电路与分立器件两大类,前者有QFP、PLCC、SOP、SSOP、HSOP、DIP等系列的封装形式,后者主要有SOT-23、SOT-89、SOT-25、SOT-26、SOT-223、SOT-323/353/363、SOD123/323及功率器件TO-251/252、TO-220/263及其他T0系列产品。2002年本公司合并销售收入已达到6.78亿元,合计产量、销售额、企业获利、综合技术能力等在国内均处于前列。

2.主要竞争优势与劣势

在国内集成电路封装、测试行业,本公司面临的主要竞争主要集中在产品质量、技术档次、新产品开发速度、生产过程的管理能力、客户服务的满意度、产品价格等方面。

公司建立了严格的质量保证体系,具有较强的质量控制能力。1996年通过ISO9002质量体系认证,2002年1月通过QS9000质量体系认证,近年来投入大量的资金进行技术改造,进口了大量的先进生产设备和可靠性测试设备,从原材料进厂到成品出厂,实行了严格的质量管理,公司集成电路产品组装良品率达到99.5%,已经达到国际水平,"长江"牌分立器件产品获"江苏省名牌产品"和"中国半导体行业十大品牌"称号,具有一定的质量优势,赢得客户的信赖。

公司充分重视技术进步,拥有一支精干的产品开发队伍,有较强的产品开发能力。建立了技术研究中心,先后开发出了SOP系列、QFP系列等片式集成电路封装技术,开发出了SOT系列、SOD系列片式分立器件及片式功率器件产品,并正在开发BGA/CSP等与国际主流封装技术接轨的产品,技术水平处于国内领先地位。

公司已经形成规模优势,产品成本不断降低,市场占有率不断扩大,在2001年、2002年产品市场价格有较大幅度下降的情况下,公司仍能保持较好的盈利能力。低成本使得本公司面对市场价格波动和加入WTO,仍能保持一定的竞争优势。

公司在发展过程中,培养和造就了一批技术人才和管理人才,并引进了半导体行业的资深管理专家,建立了行之有效的激励措施,为公司的持续发展奠定了基础。

2001年11月26日,中国半导体行业协会组织国内知名专家,对公司的现状、行业地位和发展前景进行了考察评价,认为公司已经初步形成了"大规模、高品质、低成本、高效率"生产的核心竞争能力,在国内半导体封装行业中名列前茅。

但是,公司在竞争过程中也面临着一定的不利因素:国外同行中的一些大公司纷纷到我国投资设厂,从事半导体器件生产,也包括半导体集成电路的后道封装测试,加剧了国内电子行业的市场竞争。由于这些国际大公司投资规模大,技术含量高,产品具有较强的市场竞争力,国内企业与之竞争将面临资金和技术上的挑战。

3、主要知识产权

公司现有信号灯专利十二项,是在有限公司设立时由实业公司随其他资产一并投入有限公司(均未另行计价),归有限公司所有。有限公司变更为股份公司后,于2001年5月在国家知识产权局办理了变更手续。目前,上述专利的专利权人为江苏长电科技股份有限公司。

4、非专利技术

公司非专利技术主要为公司的核心技术,主要通过已经制订的技术保密措施来保护。

5、财政税收优惠政策

在2001年本公司的重点技术改造项目收到贷款贴息600万元。根据江苏省外经贸厅和财政厅联合印发的苏经贸财(2001)969号文件规定,本公司2001年收到出口商品贴息9.05万元;2002年收到出口商品贴息19.22万元。

五、股票发行与股本结构

(一)本次发行的基本情况
股票种类:境内上市人民币普通股(A股)
每股面值:人民币1.00元
发行数量:5,500万股
发行价格:7.19元/股
发行市盈率:18.94倍(按2002年度净利润全面摊薄计算)
募股资金总额:39,545万元
募股资金净额:37,966.25万元(扣除发行与上市费用)
发行方式:全部向二级市场投资者定价配售

配售对象:于2003年5月14日持有上海证券交易所或深圳证券交易所已上市流通的人民币普通股(A股)股票的收盘市值总和(包括可流通但暂时锁定的股份市值)不少于10,000元的投资者。

发行与上市费用:本次发行与上市费用总额为1,755.14万元,包括承销费、审计费、验资费、律师费、审核费、上网发行费、路演费、信息披露费、登记费、上市初费、上市推荐费等。每股发行上市费用:0.319元。

(二)本次上市股票发行时的承销情况

公司本次公开发行的5,500万股社会公众股的配号总数为55,000个,中签率为0.0759441%,其中二级市场投资者认购54,564,129股,其余435,871股由主承销商泰阳证券有限责任公司包销。

(三)本次发行募股资金的验资报告

江苏公证会计师事务所有限公司为本次发行出具了江苏公W[2003]第B080号验资报告,摘录如下:

江苏长电科技股份有限公司全体股东:

我们接受委托,审验了贵公司截至 2003 年 5 月 23 日止新增注册资本实收情况。按照国家相关法律、法规的规定和协议、章程的要求出资,提供真实、合法、完整的验资资料,保护资产的安全、完整是全体股东及贵公司的责任。我们的责任是对贵公司的新增注册资本的实收情况发表审验意见。我们的审验是依据《独立审计实务公告第 1 号--验资》进行的。在审验过程中,我们结合贵公司的实际情况,实施检查等必要的审验程序。

贵公司原注册资本为人民币 12,787 万元,根据 2003 年 3 月贵公司临时股东大会决议和修改后章程的规定,申请向社会公开发行人民币普通股(A 股)增加注册资本人民币 55,000,000 元,变更后的注册资本为人民币 18,287 万元。经中国证券监督管理委员会证监发行字[2003]40 号文核准,贵公司向社会公开发行人民币普通股(A 股)55,000,000 股。经我们审验,截至 2003 年 5 月 23 日止,贵公司实际向社会公开发行人民币普通股(A 股)55,000,000 股,每股面值 1 元,每股发行价 7.19 元,应募集资金总额 39,545 万元,扣除发行费用 1,755.1445 万元后,募集资金净额为 37,789.8555 万元。其中实收资本五仟五佰万元(55,000,000 元),资本公积 32,289.8555 万元。

同时我们注意到,(1)贵公司本次增资前的注册资本为人民币 12,787 万元,已经江苏公证会计师事务所有限公司审验,并于 2000 年 12 月 6 日出具锡会 B[2000]0168 号《验资报告》。截至 2003 年 5 月 23 日止,更后的累计注册资本实收金额为人民币 18,287 万元。(2)贵公司招股说明书披露的预期发行费用为 1,578.75 万元,实际发生的费用为 1,755.1445 万元。

本验资报告供贵公司申请变更登记及据以向股东签发出资证明时使用,不应将其视为对贵公司验资报告日后资本保全、偿债能力和持续经营能力等的保证。因使用不当造成的后果,与执行本验资业务的注册会计师及会计师事务所无关。(附件:1、新增注册资本实收情况明细表,2、注册资本变更前后对照表,3、验资事项说明)

江苏公证会计师事务所有限公司

中国注册会计师:沈岩郭建康

报告日期:2003 年 5 月 23 日

(四)本次发行募股资金入账情况

入账时间:2003 年 5 月 23 日;入账金额:38,220.2425 万元;开户银行:中国工商银行江阴市支;入账账号:1103027509000010196

(五)本公司上市前股权结构及各类股东的持股情况

1、股权结构

发起人境内法人股:12,787 万股占 69.92%

社会公众股:5,500 万股占 30.08%

2、公司上市前的最大十名股东情况

股东名称	持股数(万股)	持股比例(%)
江阴市新潮科技有限公司	4,377.7546	23.94
上海华易投资有限公司	2,997.7278	16.39
上海恒通资讯网络有限公司	2,176.7512	11.90
江阴长江电子实业公司	974.5632	5.33
厦门永红电子有限公司	685.3832	3.75
杭州士兰微电子股份有限公司	673	3.68
宁波康强电子有限公司	468.9464	2.56
连云港华威电子集团有限公司	432.8736	2.37
湖南上证	43.5871	0.24
久嘉基金	8.8	0.048

六、董事、监事、高级管理人员及核心技术人员

本次上市前董事、监事、高级管理人员及核心技术人员暂没有持有公司股份情况;本公司暂无董事、监事、高级管理人员及核心技术人员的家属持有本公司股票的情形。

王新潮,本公司董事长,核心技术人员,男,1956 年出生,中国国籍,中共党员,大专毕业,经济师,东南大学兼职研究员。1998 年 12 月至 2000 年 12 月任江阴长江电子实业有限公司董事长、总经理、党委书记;2000 年 12 月至 2002 年 2 月任本公司董事长、总经理、党委书记,现任本公司董事长。王新潮先生 1995 年加入江苏省半导体行业协会,1997 年至今任该协会副理事长;1996 年加入中国半导体行业协会,现任该协会集成电路分会副理事长和分立器件分会副理事长。

王江涛,本公司副董事长,男,1967 年出生,中国国籍,研究生毕业,经济师。1998 年 11 月至 2000 年 10 月任上海华氏资产经营有限公司总经理助理,现任上海华易投资有限公司总经理。

于燮康,本公司总经理,核心技术人员,男,1948 年出生,中国国籍,南京工学院管理工程专业毕业,大专文化,高级经济师,中共党员。曾任无锡华晶集团公司副总经理,于燮康先生还是世界经济研究中心研究员,中国半导体行业协会副秘书长,集成电路分会秘书长,江苏省半导体行业协会秘书长,现任本公司总经理。

王德祥,本公司董事、财务总监,男,1957 年出生,中国国籍,中共党员,大专毕业,助理会计师。1998 年 12 月至 2000 年 11 月任江阴长江电子实业有限公司总经理助理兼审计部部长。2000 年 12 月至今任本公司财务总监。

王炳炎,本公司董事、副总经理,男,1949 年出生,中国国籍,中共党员,中专毕业,助理经济师。1991 年至 2000 年任江阴长江电子实业公司副总经理、江阴长江电子实业有限公司副总经理,现任本公司副总经理、江阴长江电器有限公司副董事长。

罗宏伟,本公司董事、副总经理,男,1960 年出生,中国国籍,中共党员,大专毕业,助理工程师、助理经济师职称。2000 年 12 月起担任本公司副总经理。

严秋月,本公司董事、副总经理,女,1954 年出生,中国国籍,中共党员,大专毕业,助理经济师。1998 年 12 月至今担任有限公司工会主席、副总经理、股份公司工会主席、副总经理。严秋月女士曾被授予"江苏省劳动模范"、"江阴市先进生产者"、"江阴市优秀党员"等荣誉称号,现任本公司副总经理。

钱浩忠,本公司董事、副总经理,男,1955 年出生,中国国籍,中共党员,高中毕业。1991 年至 2000 年 10 月先后任江阴长江电子实业公司器件分厂厂长、器件总厂厂长,2000 年 10 月至今担任本公司副总经理。

朱懿,本公司董事,男,1974 年出生,中国国籍,大学毕业。1999 年 8 月至 2001 年 6 月任上海富士发英电线有限公司财务经理,2001 年 6 月至今任上海华易投资有限公司财务部副经理。

汤正华,本公司董事,男,1961 年出生,中国国籍,大学毕业。1983 年 7 月至 1989 年 10 月任上海市粮食局干部,1989 年 10 月至 1999 年 12 月任上海都利实业公司总经理,1999 年 12 月至今任上海恒通资讯网络有限公司董事长。

吴昭才,本公司董事,男,1963 年出生,中国国籍,硕士研究生学历,中共党员。先后任中国饲料工业发展总公司财务部负责人、开发部负责人、副总经理等职,现任厦门永红电子有限公司财务总监。

郑康定,本公司董事,男,1948 年出生,中国国籍,中共党员,中专毕业,经济师。现任宁波沪东无线电有限公司经理兼党支部书记、宁波康强电子有限公司总经理、宁波强盛电子有限公司董事长、经理。郑康定先生多次被评为县级"先进工作者"、"优秀企业家",1996 年被评为宁波市"优秀企业家"。

韩江龙,本公司董事,男,1965 年生,中国国籍,大学毕业,中共党员,经济师。1987 年参加工作,现任连云港华威电子集团有限公司董事长。韩江龙先生 1995 年被连云港市政府评为"企业技术进步优秀工作者"。

史顺华,本公司董事,男,1944 年出生,中国国籍,中共党员,大学毕业,高级工程师。1997 年 8 月至今任厦门永红电子有限公司董事长、总经理兼党委书记。史顺华先生目前还担任厦门市人大代表、厦门市电子同业商会代理事长。

陈向东,本公司董事,男,1962 年生,中国国籍,中共党员,大学毕业,高级工程师。现任杭州士兰微电子股份有限公司总经理、杭州市西湖区政协委员。

都建源(曾用名:强伟),本公司董事,男,1955 年生,中国国籍,大专文化,中共党员,政工师。1972–1996 年任上海感光胶片总厂宣传科主任科员,现任上海华易投资有限公司副总经理。

施建军,本公司独立董事,男,1955 年 10 月生,中国国籍,中共党员,南京大学教授。1982 年毕业于安徽财贸学院计划统计专业,1984 年获厦门大学经济学硕士学位,2001 年获厦门大学经济学博士学位。现任南京大学副校长、工商管理学教授、博士生导师、中国统计学会副会长、中国教育会计学会副会长、江苏省数量经济与管理科学学会会长等职。

胡先发,本公司独立董事,男,1942 年 12 月生,中国国籍,研究员级高级工程师。1968 年毕业于成都电讯工程学院无线电元件与材料系,1999 年至今任信息产业部电子第五十八研究所所长。胡先发先生曾先后参与和组织实施了代表我国最高水平的集成电路的研制和生产工作,特别是负责国家"八五"重大科技攻关项目 1.0–1.5 微米集成电路的生产技术研究和"九五"重大科技攻关项目"集成电路标准加工技术和示范工程",研究成果先后获得国家科技进步二等奖、电子部科技进步二等奖、国家自然科学基金奖和国家个人突出贡献奖。

陈浩军,本公司独立董事,男,1949 年出生,中国国籍,大专文化,高级会计师。1972 年参加工作,现任无锡威孚集团有限公司副总经理、董事,南京威孚金宁有限公司董事,无锡华星机电制造有限公司董事。现任中国内燃机工业协会财务价格工作委员会副主任,江苏省价格协会理事,江苏省机械价格研究会副秘书长,全国油泵油嘴行业协会财务价格工作委员会秘书长,无锡市审计协会理事等职。

包志忠,本公司监事,男,1944 年生,中国国籍,大学毕业,中共党员,工程师。现任上海恒通资讯网络有限公司副董事长。

陈越,本公司监事,男,1970 年出生,中国国籍,浙江大学毕业,工商管理硕士、注册会计师,曾任浙江金达期货期货经纪有限公司财务部经理助理,浙江天健会计师事务所项目经理,现任杭州士兰微电子股份有限公司财务部经理。

潘小英,本公司监事,男,1945 年生,中国国籍,中共党员,中专毕业。1966 年–1982 年参军,先后任排长、连指导员、党支部书记、营教导员、团政治处副主任,现任江阴市新潮科技有限公司董事长。

赖志明,本公司常务副总经理,核心技术人员,职业经理人,男,43 岁,台湾台北县人,主管品质管理及工程技术。1980 年毕业于台湾华夏大学化工专业,从事半导体行业已达十八年,熟悉集成电路和分立器件封装的工程技术、电子元器件的制造管理、ISO/QS 质量认证体系。

朱正义,董事会秘书,男,1951 年出生,中共党员,经济师。1986 年 9 月毕业于江南大学干部专修科,1990 年 9 月–1994 年 1 月就读于复旦大学企业管理无锡研究生班,1994 年获经济学硕士学位,2000 年 8 月至今担任本公司董事会秘书。朱正义先生曾获"江苏省企业管理先进工作者"、"建设银行江阴支行先进工作者"称号。

七、同业竞争与关联交易

(一)同业竞争情况

本公司与关联企业除经营范围不同外,各自的客户对象也完全不同,业务市场差别较大,不存在同业竞争。尽管如此,本公司第一大股东江阴市新潮科技有限公司及其他主要股东均已向本公司做出书面不竞争承诺。

(二)关联方与关联关系

1、关联企业及关联关系

本公司的关联企业主要是持有本公司 5%股份以上的股东,他们通过股东大会形式影响发行人的经营决策、投资计划等,并通过董事会人选的提名,间接影响本公司的经营管理。本公司高级管理人员控股的公司———新潮科技作为本公司的第一大股东,对本公司的经营管理有着重要的影响;另外,本公司股东厦门永红,杭州士兰为本公司主要客户之一。

本公司的关联企业还包括新潮科技的子公司———江阴长江斯菲尔电力仪表有限公司、江阴宜扬半导体装备有限公司、江阴王电软件有限公司、宁波大榭开发区长海贸易有限公司。

此外,本公司还有控股子公司江阴长江电器有限公司和无锡长旺电子有限公司两家关联企业。

2、公司董事、监事、高级管理人员关联方任职情况

姓名	任本公司职务任	关联方职务
王新潮	董事长、总经理	江阴长江电器有限公司、江阴新昌电子有限公司董事长、新潮科技董事
钱浩忠	董事、副总经理	新潮科技董事
王德祥	董事、财务总监	新潮科技董事
罗宏伟	董事、副总经理	新潮科技董事
王炳炎	董事、副总经理	新潮科技董事
严秋月	董事、副总经理	新潮科技董事
王江涛	副董事长	上海华易总经理
朱懿	董事	上海华易财务部副经理
汤正华	董事	上海恒通董事长
吴昭才	董事	厦门永红财务总监
郑康定	董事	宁波康强总经理
韩江龙	董事	连云港华威董事长
史顺华	董事	厦门永红董事长
陈向东	董事	杭州士兰总经理
都建源	董事	上海华易副总经理
陈越	监事	杭州士兰财务经理
潘小英	监事	新潮科技董事长
包志中	监事	上海恒通副董事长
朱正义	董事会秘书	无锡长旺电子有限公司、宁波大榭开发区长海贸易有限公司法定代表人

(三)关联交易

1.关联交易定价原则:

本公司将尽量减少关联交易,对于业已存在的不可避免的关联交易,将遵循市场公平、公正、公开的原则确定价格,保护股份公司及全体股东的利益不受侵害。对于经常性的关联购销行为,由本公司董事会就下年度拟向关联方采购的产品品种、数量提交年度股东大会批准,具体实施时,由公司运行处按照公平、公开、公正的市场原则确定采购价格。

2.关联交易情况

(1)本公司历年向关联方采购货物情况

本公司历年向关联方采购货物有关明细情况如下: 单位:万元

企业名称	交易事项	2002 年度 金额	2002 年度 比例	2001 年度 金额	2001 年度 比例	2000 年度 金额	2000 年度 比例
江阴市新潮科技有限公司	原材料	81.47	0.19%	543.97	1.53%	161.53	0.62%
江阴市新潮科技有限公司	固定资产	1445.44	12.45%	1,260.68	6.06%	6.15	0.06%
江阴长江斯菲尔电力仪表有限公司	原材料	43.78	0.10%				
厦门永红电子有限公司	原材料	1,345.48	3.17%	1,082.66	3.04%	1,519.95	5.80%

本公司向新潮科技购买的原材料主要为生产用刀具,各年度向其采购额占公司同类业务采购总额的比例如下表:

年度	采购金额(万元)	同类业务采购总额(万元)	比例(%)
2000年	161.53	2,146.37	7.35
2001年	543.97	2,810.84	19.35
2002 年	81.47	1,835.28	4.44

本公司向新潮科技采购的刀具价格低于向无关联第三方采购的同类产品的价格:

年度	平均单价（元/副）	非关联采购平均单价（元/副）	对利润影响额（万元）
2001年	148.32	174.07	121.60
2002年	108.61	1 56.00	11.70

2002年、2001年度本公司向新潮科技采购刀具对本公司当期利润的影响数分别占当期利润总额的0.16%、1.74%,未产生显著影响。

向新潮科技采购的设备系封装检测用打印机、电镀线、电路测试分选机、排片机及其零配件。2001年采购额1,260.68万元,占年度固定资产采购的6.06%;2002年采购额为1,338.77万元,占当期固定资产采购额的11.53%。上述产品与进口同类产品相比,产品性能接近,价格仅为进口产品的40%—60%左右,采购价格合理;电镀线采购量较少,采购价格低于向非关联方采购的价格,对公司利润影响较少。上述关联交易为本公司正常生产经营所需,为本公司节约了生产成本。

厦门永红是国内引线框架的主要生产厂商之一,本公司各年度向其采购引线框架的金额及占本公司同类产品采购总额的比例见下表:

年度	采购金额（万元）	同类采购金额（万元）	比例(%)
2000年	1,519.95	6,399.64	23.75
2001年	1,082.66	8,209.88	13.19
2002年	1,345.48	11,486.16	11.71

(2)本公司向关联方销售产品情况

杭州士兰是我国著名的集成电路设计企业,近年来快速成长,本公司向其销售集成电路产品占各年度营业收入及同类产品销售收入的比例:

年度	销售额（万元）	占公司同类产品销售额的比例(%)	占公司营业收入的比例(%)
2000年	1,701.83	10.02	3.98
2001年	2,647.93	12.45	4.60
2002年	2,780.68	11.97	4.10

②2002年,本公司向江阴长江斯菲尔电力仪表公司销售产品8.48万元,价格与非关联方无差异。

(3)其他关联交易

有限公司于2000年10月与新潮科技共同出资成立了无锡长旺电子有限公司,本公司以现金108万元出资,占90%的股权。

本公司与江阴长江电子实业公司签订了为期20年的土地租赁合同,租赁土地面积合计61,369平方米,土地租金的价格按照土地出让金并结合市场价格确定为每平方米每年8元。土地租赁经过本公司第一届第四次董事会决议通过。

本公司将位于滨江中路275号的简易生产厂房960平方米租赁给江阴市新潮科技有限公司,租期自2000年9月1日至2002年8月31日,年租金5.76万元。

本公司将位于滨江中路275号的科技大楼建筑面积为1,500平方米的生产用房租赁给江阴长江斯菲尔电力仪表有限公司使用,租期自2001年1月1日至2005年12月31日,年租金7.2万元。

本公司将滨江中路275号新建电子大楼建筑面积为1,500平方米的生产用房租赁给本公司的子公司江阴长江电器有限公司,租赁期自2001年1月1日至2005年12月31日,年租金13.44万元。

2002年1月,本公司与江阴长江电器有限公司签订了《商标使用许可协议》。约定本公司将其在国家商标局注册登记的,证号为1217244的"长江"牌商标无偿许可江阴长江电器有限公司使用,无偿许可使用商标的类别为第9类,无偿使用许可期限为五年。

本公司与杭州士兰微电子股份有限公司于2001年12月4日签订了框架性《委托加工协议书》。协议约定本公司应用自身的技术设施、加工原料按照约定的技术标准进行封装加工,杭州士兰微电子股份有限公司提供加工所需的半导体管芯;加工量为1.5亿只左右;加工价格根据本公司向其他客户提供同类加工最低价格下浮5%—10%确定;协议有效期为一年。

本公司与江阴长江电器有限公司于2000年12月20日签订了《委托加工协议》。协议约定本公司委托江阴长江电器有限公司为其生产的部分分立器件产品进行球焊包封;加工价格的确定依据为:(1)国家物价管理部门规定的价格;(2)若无国家物价管理部门规定的价格,则为可比的当地市场价格。可比的当地市场价格应由甲乙二方协商后确定。订定可比的当地市场价格时,应考虑在当地提供类似加工时的价格;(3)若无可比的当地市场价格,则为推定价格(推定价格是指依据当时适用的中国有关会计准则而加以确定的实际成本加上不超过5%的利润而构成的价格)。协议有效期为三年。

本公司与江阴长江斯菲尔电力仪表有限公司签有委托加工合同,协议约定本公司委托江阴长江斯菲尔电力仪表有限公司进行打线包封加工;加工价格的确定依据为:(1)国家物价管理部门规定的价格;(2)若无国家物价管理部门规定的价格,则为可比的当地市场价格。可比的当地市场价格应由甲乙二方协商后确定。订定可比的当地市场价格时,应考虑在当地提供类似加工时的价格;(3)若无可比的当地市场价格,则为推定价格。协议有效期为三年。2001年、2002年委托加工费用分别为30.36万元、48.78万元。

2000年10月,经有限公司2000年第六次董事会通过,将有限公司所持有的斯菲尔仪表公司64%的股权转让给新潮科技,按照斯菲尔仪表公司截至2000年9月30日经审计的净资产为作价依据,转让价格为255.26万元,占当期同类业务的100%。本次股权转让经过江阴市对外经济贸易委员会澄外经管字［2000］211号文批准。

2000年10月,经有限公司2000年第六次董事会批准,有限公司将部分金加工设备按照帐面净值转让给新潮科技,金额为164.58万元,占当年处理固定资产总额的81.56%。

截至2002年12月31日,本公司股东新潮科技为本公司银行借款共计15,045.00万元提供无条件连带责任担保。

本公司本次募集资金拟全部投入到本公司主营业务的技术改造和扩大规模,募集资金项目的实施将涉及到主要原材料采购和少量机器设备采购方面的关联交易,按本公司现有关联交易处理原则处理。

(4)本公司与关联方应收、应付款项余额

企业名称	2002-12-31 金额	2002-12-31 比例	2001-12-31 金额	2001-12-31 比例	2000-12-31 金额	2000-12-31 比例
应收账款						
江阴市新潮科技有限公司	0	0	54.94	0.70%		
杭州士兰微电子股份有限公司	509.78	5.13%	610.37	7.78%	276.65	3.48%
合计	509.78	5.13%	665.31	8.48%	276.65	3.48%
其他应收款						
江阴市王电软件有限公司	48.00	3.88%				
江阴市新潮科技有限公司	13.36	1.08%				
合计	61.36	4.96%				
应付账款						
厦门永红电子有限公司	220.38	4.04%	68.81	1.35%	248.76	5.88%
江阴市新潮科技有限公司	36.87	0.87%				
合计	461.26	8.45%	693.05	13.59%	520.21	12.30%

本公司与关联方应收、应付帐款均系正常的购销活动引起;应收江阴王电软件有限公司48万元,系由于预付ERP系统开发费引起。

(5)关联交易对本公司财务状况和经营成果的影响

本公司关联交易主要为向关联方采购原材料、设备,是正常的经营活动所需,应收、应付款项亦由正常的购销活动所引起,本公司与主要关联方有着多年的合作关系,每年的关联交易的比例保持在合理的范围内。本公司最近三年关联交易未对本公司财务状况和经营成果发生重大影响。

八、财务会计资料

有关本公司2000年-2002年财务会计资料详情,请投资者查阅招股说明书以及招股说明书附录。

(一)注册会计师意见

公司全体股东委托江苏公证会计师事务所有限公司审计了本公司2000年12月31日、2001年12月31日、2002年12月31日的资产负债表和合并资产负债表,2000年度、2001年度、2002年度利润及利润分配表和合并利润及利润分配表,以及2002年度的现金流量表和合并现金流量表。江苏公证会计师事务所有限公司出具了标准无保留意见的审计报告。

(二)主要财务指标

主要财务指标如下表:(除资产负债率按母公司报表计算外,其余均按合并报表口径计算)。

财务指标	计算公式	2002年	2001年	2000年
流动比率	流动资产/流动负债	0.59	0.57	0.79
速动比率	速动资产/流动负债	0.32	0.39	0.60
应收帐款周转率(次/年)	主营业务收入/应收帐款平均余额	8.21	7.90	5.44
存货周转率(次/年)	主营业务成本/存货平均余额	5.99	8.30	7.51
无形资产占总资产的比例(%)	无形资产(土地使用权除外)/总资产			
资产负债率(母公司报表)(%)	总负债/总资产	68.43	68.68	68.46
每股净资产(元)	期末净资产/期末股本总额	1.78	1.41	1.04
研发费用占主营业务收入的比例(%)	研究及开发费用/主营业务收入	2.28	2.42	2.20
每股经营活动的现金流量(元)	经营活动产生的现金净流量净额/期末股本总额	0.60	0.27	----
每股收益(全面摊薄,元)	净利润/期末股本总额	0.38	0.36	0.26
净资产收益率(全面摊薄,%)	净利润/期末净资产	21.19	25.72	25.39
净资产收益率(加权平均,%)	净利润/期初、期末平均净资产	23.70	29.52	42.87

九、其他重要事项

(一)自本公司股票首次公开发行之日至本上市公告书公告之日,本公司严格依照现行有关法律、法规的规定规范运行,生产经营情况正常,本公司所处行业和市场无重大变化,主要业务发展目标的进展状况正常,主要投入、产出物供求及价格无重大变化;本公司没有进行重大对外投资,无重大资产(股权)收购、出售行为;本公司重大会计政策和会计师事务所没有发生变化;本公司未涉及任何重大诉讼、仲裁或行政处罚案件,并且董事会认为本公司未面临任何重大影响的诉讼和索赔要求;本公司董事、监事和高级管理人员未受到任何刑事起诉,亦没有尚未了结或可能发生的刑事诉讼事项;本公司住所未变更;本公司未发生新的重大负债,并且重大债项未发生变化。

(二)根据有关规定,本公司股票首次公开发行和股票上市前后税率暂无变化。

(三)根据《上海证券交易所股票上市规则》,本公司第一大股东新潮科技承诺,自本公司股票上市之日起12个月内,不转让其所持有的本公司股份,也不由本公司回购其持有的本公司股份。

(四)2003年,本公司召开2002年度股东大会,一致通过了《江苏长电科技股份有限公司2002年度利润分配方案》的决议:公司历年全部滚存利润由本次股票发行后的新老股东共享。同时一致通过了本公司2002年度董事会工作报告、监事会工作报告、财务决策报告和2003年财务预算报告。

(五)本公司股票首次公开发行至本上市公告书公告之日,没有其他应披露而未披露之重大事项。

十、董事会上市承诺

本公司董事会将严格遵守《中华人民共和国公司法》、《中华人民共和国证券法》、《股票发行与交易管理暂行条例》、《公开发行股票公司信息披露实施细则》和《上海证券交易所股票上市规则》等国家相关法律、法规和有关规定,并自股票上市之日起做到:

1、真实、准确、完整、公允和及时地公布定期报告,披露所有对投资者有重大影响的信息,并接受中国证监会、证券交易所的监督管理;

2、本公司在知悉可能对股票价格产生误导性影响的任何公共传播媒介中出现的消息后,将及时予以公开澄清;

3、本公司董事、监事、高级管理人员和核心技术人员将认真听取社会公众的意见和批评,不利用已获得的内幕消息和其他不正当手段直接或间接从事发行人股票的买卖活动;

4、本公司没有无记录的负债。

5、依据《上海证券交易所股票上市规则》,本公司全体董事、监事将按照有关规定,在本公司股票上市后两个月内签署《董事(监事)声明及承诺书》,并送达上海证券交易所备案。

十一、上市推荐人及其意见

(一)上市推荐人

上市推荐人:泰阳证券有限责任公司

住所:湖南省长沙市芙蓉中路458号

法定代表人:谭载阳

电话:(021)58314748

传真:(021)68750393

联系人:郑齐华赵明

(二)上市推荐人意见

上市推荐人泰阳证券有限责任公司认为,本公司章程符合《中华人民共和国公司法》等有关法律、法规和中国证监会关于公司章程的相关规定。根据《中华人民共和国公司法》、《中华人民共和国证券法》、《股票发行与交易管理暂行条例》、《上海证券交易所股票上市规则》等国家有关法律、法规的规定,本公司首次公开发行的股票已具备上市条件。

泰阳证券有限责任公司保证本公司的董事了解法律、法规、上海证券交易所上市规则及股票上市协议规定的董事的义务与责任,协助本公司健全了法人治理结构并将进一步完善,制定了严格的信息披露制度与保密制度并督促严格履行。

泰阳证券有限责任公司已对上市文件所载的资料进行了核实,确保上市文件真实、准确、完整,符合规定要求。保证本公司的上市申请材料、上市公告书没有虚假、严重误导性陈述或者重大遗漏,并保证对其承担连带责任。

泰阳证券有限责任公司推荐本公司股票在上海证券交易所上市交易,并保证不利用在上市过程中获得的内幕信息进行内幕交易,为自己或他人谋取利。

北 京 用 友 软 件 股 份 有 限 公 司

北京用友软件股份有限公司2002年年度报告

一、公司基本情况简介

(一)公司法定中文名称:北京用友软件股份有限公司
公司中文名称缩写:用友软件
公司法定英文名称:BEIJING UFSOFT CO., LTD.
公司英文名称缩写:UFSOFT
(二)公司法定代表人:王文京
(三)公司董事会秘书:章珂
公司证券事务代表:钱晓宁
联系地址:北京市海淀区上地信息产业基地开拓路15号
联系电话:(010)62986688
联系传真:(010)62971426
电子信箱:ir@ufsoft.com.cn
(四)公司注册地址:北京市海淀区上地信息产业基地开拓路15号
公司办公地址:北京市海淀区上地信息产业基地开拓路15号
邮政编码:100085
公司国际互联网网址:http://www.ufsoft.com
电子信箱:ir@ufsoft.com.cn
(五)公司选定的信息披露报纸名称:《上海证券报》
登载年度报告的中国证监会指定网站的网址:http://www.sse.com.cn
公司年度报告备置地点:公司董事会办公室
(六)公司股票上市交易所:上海证券交易所
股票简称:用友软件
股票代码:600588
(七)其他有关资料
1、公司变更股份有限公司的注册登记日期:1999年12月06日
2、注册登记地点:北京市海淀区上地信息产业基地开拓路15号
3、企业法人营业执照注册号:1100002511925(1—1)
4、税务登记号码:110108600001760
5、公司聘请的会计师事务所名称:安永华明会计师事务所
6、会计师事务所办公地址:北京市东城区东长安街1号东方广场东方经贸城东三办公楼16层

二、会计数据和业务数据摘要

(一)公司本年度主要会计数据

(单位:人民币元)

项目	金额
利润总额	103,445,027
净利润	91,605,983
扣除非经常性损益后的净利润	91,814,082
主营业务利润	438,842,123
其他业务利润	135,547
营业利润	58,292,456
投资收益	6,467,616
补贴收入	38,966,369
营业外收支净额	-281,414
经营活动产生的现金流量净额	83,797,297
现金及现金等价物净增加额	84,098,059

扣除非经常性损益项目和涉及的金额: (单位:人民币元)

项目	金额
营业外收入	203,074
营业外支出	-484,488
非经常性损益对所得税的影响	73,315
非经常性损益合计	-208,099

(二)公司前三年主要会计数据和财务指标

(单位:人民币元)

项目	2002年度
主营业务收入	488,215,150
净利润	91,605,983
总资产	1,218,117,870
股东权益(不含少数股东权益)	1,033,923,602
每股收益(元/股)	0.92
每股净资产(元/股)	10.34
调整后的每股净资产(元/股)	10.30
每股经营活动产生的现金流量净额(元/股)	0.84
净资产收益率	8.9%
扣除非经常性损益的净利润为基础计算的加权平均净资产收益率	9.0%

项目	2001年度
主营业务收入	333,483,187
净利润	70,400,601
总资产	1,167,865,248
股东权益(不含少数股东权益)	1,002,317,619
每股收益(元/股)	0.70
每股净资产(元/股)	10.02
调整后的每股净资产(元/股)	9.96
每股经营活动产生的现金流量净额(元/股)	1.03
净资产收益率	7.0%
扣除非经常性损益的净利润为基础计算的加权平均净资产收益率	9.8%

项目	2000年度
主营业务收入	212,885,320
净利润	40,042,866
总资产	162,499,084
股东权益(不含少数股东权益)	83,844,465
每股收益(元/股)	0.53
每股净资产(元/股)	1.12
调整后的每股净资产(元/股)	1.01
每股经营活动产生的现金流量净额(元/股)	0.64
净资产收益率	47.8%
扣除非经常性损益的净利润为基础计算的加权平均净资产收益率	42.1%

三、股本变动及股东情况

(一)股东情况
1、股东总数情况
截至报告期末,公司股东总数为27,629户。
2、报告期内股东持股情况
(1)截至报告期末,公司前十名股东持股情况如下:

股东名称	期末数 持股数量	持股比例(股)
北京用友科技有限公司	41,250,000	41.25%
北京用友企业管理研究所有限公司	11,250,000	11.25%
上海用友科技咨询有限公司	11,250,000	11.25%
上海益倍管理咨询有限公司	7,500,000	7.50%
上海优富信息咨询有限公司	3,750,000	3.75%
华泰证券有限责任公司	524,102	0.524%
江苏红羚羊设计制作工作群有限公司	95,000	0.095%
钱林平	88,200	0.088%
王广贵	84,515	0.085%
西部证券股份有限公司	77,200	0.077%

股东名称	所持股份类别	所持股份质押冻结情况
北京用友科技有限公司	法人股	无
北京用友企业管理研究所有限公司	法人股	无
上海用友科技咨询有限公司	法人股	无
上海益倍管理咨询有限公司	法人股	无
上海优富信息咨询有限公司	法人股	无
华泰证券有限责任公司	流通股	不清楚
江苏红羚羊设计制作工作群有限公司	流通股	不清楚
钱林平	流通股	不清楚
王广贵	流通股	不清楚
西部证券股份有限公司	流通股	不清楚

注:
①前五大股东之间因受相同实际控制人王文京先生控制而存在关联关系，本公司不了解流通股股东之间是否存在关联关系。
②以上列出的前五名股东中没有代表国家持有股份的单位,也没有外资股东;公司不了解六至十名流通股东是否有代表国家持有股份的单位或者外资股东。
3、公司控股股东情况介绍
公司第一大股东为北京用友科技有限公司。
(1)北京用友科技有限公司法定代表人为高志勇,该公司成立于1999年4月15日,注册资本为人民币85,000,000元,经营范围包括:高科技项目投资管理;技术开发、技术转让、技术咨询、技术服务、技术培训;企业管理咨询;信息咨询。
(2)实际控制人的情况
该公司的实际控制人为王文京,其具体情况如下:
王文京,男,1964年12月出生,中国国籍,未取得其他国家或地区居留权,公司董事长,大学学历。1983年大学毕业后分配到国务院机关事务管理局财务管理司工作。1988年创建用友,历任公司总裁等职务,并一直担任公司的董事长。
4、其他持股在10%以上(含10%)的法人股东情况　(1)北京用友企业管理研究所有限公司法定代表人为王文京,该公司成立于1998年7月15日,注册资本为人民币25,000,000元,经营范围包括:企业管理咨询;技术开发、技术服务、技术转让、会议服务、展览展示、信息咨询(除中介服务);组织文化艺术交流活动、市场调查、文化咨询、对高科技项目投资及投资管理。
(2)上海用友科技咨询有限公司法定代表人为王文京,该公司成立于1994年5月30日,注册资本为人民币25,000,000元,经营范围包括:信息技术、企业管理的四技服务。

四、董事、监事、高级管理人员和员工情况

(一)董事、监事和高级管理人员情况
1、基本情况

姓名	职务	性别	年龄	任期起止日期
王文京	董事长	男	38	1999/11/28——注2
郭新平	副董事长	男	39	2002/01/01——注2
吴政平	董事	男	38	1999/11/28——注2
	执行副总裁			2002/01/01——注3
	财务总监			2002/01/01——注3
邵凯	董事	男	38	2000/01/18——注2
	高级副总裁			2002/01/01——注3
何经华	董事	男	47	2002/04/28——注2
	总裁			2002/04/28——注3
苏启强	独立董事	男	41	2000/01/18——注2
杨元庆	独立董事	男	38	2000/01/18——注2
吴晓球	独立董事	男	44	2000/01/18——注2
曾之杰	独立董事	男	35	2002/04/28——注2
杨祉雄	监事会召集人	男	37	1999/11/28——注2
彭六三	监事	男	40	2002/04/28——注2
乔海	监事	男	32	1999/11/28——注2
高少义	副总裁	男	41	2002/01/01——注3

章培林	副总裁	男	39	2002/01/01——注3
章珂	董事会秘书	男	36	1999/11/28——注3
	副总裁			2002/01/01——注3
郭延生	副总裁	男	36	2002/01/01——注3
吴晓冬	副总裁	男	35	2002/01/01——注3
李友	副总裁	男	39	2002/01/01——注3
许建钢	副总裁	男	43	2002/01/01——注3
张京	副总裁	男	46	2002/06/26——注3
卢刚	副总裁	男	41	2002/06/26——注3

注2:公司于2003年1月15日召开公司2003年第一次临时股东大会,以累积投票的方式选举出了公司第二届董事会。为便于公司股东大会及董事会运作,本届董事会任期自2003年1月15日起至公司2004年年度股东大会选举出新一届董事会之日止。

注3:公司于2003年1月15日召开公司第二届董事会2003年第一次会议,选举王文京先生为公司董事长,选举郭新平先生为公司副董事长,聘任章珂先生为公司董事会秘书,聘任何经华先生为公司总裁,聘任吴政平先生为公司执行副总裁兼财务总监,聘任高少义先生、李友先生、章培林先生、章珂先生、郭延生先生、张京先生、吴晓冬先生及卢刚先生为公司副总裁。上述人员任期自2003年1月15日起至公司2004年年度股东大会选举出新一届董事会之日止。

2、年度报酬情况

(1)董事、监事和高级管理人员报酬的决策程序、报酬确定依据

公司对董事、监事和高级管理人员主要实行年薪和绩效奖金制,其报酬的确定依据主要是年度绩效考评结果、可比企业高级管理人员报酬行情和公司年度业绩。决策程序主要包括:

①公司董事会按年度对公司高级管理人员的业绩和履行职责情况进行考评和进行可比企业高级管理人员报酬调查;

②董事会根据绩效考评结果和报酬调查结果,确定有竞争力的年薪报酬;

③公司高级管理人员奖金报酬与公司经营业绩结果直接挂钩。公司董事会每年年初审定批准公司年度经营计划和业绩目标,并根据年度业绩目标的一定比例确定公司高级管理人员的年度奖金报酬。年度结束后根据实际业绩结果,核定批准高级管理人员的奖金数;

④独立董事实行年度津贴制,由公司董事会确定年度津贴标准预案,报经股东大会批准执行。

(2)公司董事、监事和高级管理人员的年度报酬总额为13,898,743元,金额最高的前三名董事的报酬总额为4,725,923元,金额最高的前三名高级管理人员报酬总额为4,725,923元。独立董事年度津贴均为60,000元人民币,无其他待遇。

(3)公司董事、监事和高级管理人员年度报酬在1,000,000元以上的3人,在1,000,000元至500,000元之间的9人,在500,000元以下的5人。

(4)公司没有不在公司领取报酬、津贴的董事和监事,公司董事、监事不在股东单位或其他关联单位领取报酬、津贴。

3、报告期内董事、监事和高级管理人员变动情况及原因

(1)离任情况

①公司原监事李友因担任公司副总裁,于2002年3月11日辞去公司监事职务;

②公司于2002年4月28日召开公司第一届董事会2002年第八次会议,免去郭新平先生公司总经理职务;

上述事项公告刊登于2002年4月30日《上海证券报》。

(2)选举聘任情况

①公司于2002年4月28日召开公司2001年年度股东大会,增选何经华先生为公司董事、曾之杰先生为公司独立董事,选举彭六三先生为公司监事。

上述事项公告刊登于2002年4月30日《上海证券报》。

②公司于2002年4月28日召开公司第一届董事会2002年第八次会议,选举郭新平先生为公司副董事长,聘任何经华先生为公司总裁,聘任吴政平先生为公司执行副总裁兼财务总监,聘任邵凯先生为公司高级副总裁,聘任高少义先生、章培林先生、章珂先生、郭延生先生、吴晓冬先生、李友先生及许建钢先生为公司副总裁。

上述事项公告刊登于2002年4月30日《上海证券报》。

③公司于2002年6月26日召开公司第一届董事会2002年第十一次会议,聘任张京先生、卢刚先生为公司副总裁。

上述事项公告刊登于2002年6月28日《上海证券报》。

(二)公司员工情况

截至报告期末,公司没有需承担费用的离退休职工。公司(不包括子公司)在职员工总数为2,875人,其结构如下:

	教育程度					
类别	博士	硕士	本科	大专	大专以下	总人数
生产人员				6	10	16
销售人员	2	25	507	221	82	837
开发人员	5	95	499	44	5	648
支持服务人员		19	558	265	198	1040
财务人员		2	33	25	34	94
行政人员	1	17	73	64	85	240
总人数	8	158	1670	625	414	2875

五、公司治理结构

(一)公司治理情况

报告期内,公司根据中国证监会和国家经贸委发布的《上市公司治理准则》的规定,进一步完善了公司治理结构。为实现公司的规范化、制度化运作,二〇〇二年四月召开的公司股东大会审议通过了公司《章程修正案》。《章程修正案》增加了累积投票制、征集投票权、股东大会提案权、临时股东大会召开程序等内容,进一步完善了公司股东大会制度。同时,公司对《股东大会议事规则》和《董事会议事规则》进行了修改,进一步完善了公司股东大会和董事会的议事制度。公司董事会根据《上市公司治理准则》的要求在公司董事会中设立了战略委员会、审计委员会、提名委员会、薪酬与考核委员会等专门委员会,并制定了各专门委员会的实施细则,使公司董事会的决策程序更加规范、科学。公司董事会制定了《信息归集与披露制度》,规范了公司信息归集、披露和保密工作,做到及时、准确、公平地披露公司信息。公司董事会制定了《募集资金管理办法》,对募集资金的使用管理和信息披露作了严格规定,切实保护投资人的利益。

二〇〇二年六月,公司按照《关于转发<中国证监会、国家经贸委关于开展上市公司建立现代化企业制度检查的通知>的通知》(京证监发[2002]63号)的要求,由公司董事长担任组长,组成了专门的自查小组,对公司机构设置、制度建设、行为规范等内容进行了认真细致的自查工作,按时完成并上报了《自查报告》。公司控股股东北京用友科技有限公司也根据要求进行了自查并上报了自查报告。

目前,公司已经按照《中华人民共和国公司法》、《中华人民共和国证券法》和《上市公司治理准则》等法律法规的规定建立起了较为完善的治理结构。公司的运作与管理与中国证监会发布的有关规范性文件不存在差异。

二〇〇二年十二月,公司在《经济观察报》和北京连城国际理财顾问公司联合推出的"中国上市公司董事会治理排名"中名列第一。二〇〇三年,公司董事会将在具备了较为完善的董事会运作机制基础上,充分发挥独立董事和董事会各专门委员会的作用,进一步改善公司治理。

(二)独立董事履行职责情况

公司二〇〇一年度股东大会修订的《章程》将公司独立董事人数由三名增加到四名,并聘任曾之杰先生为公司独立董事。报告期内,公司独立董事本着为全体股东负责的态度,按照《中华人民共和国公司法》、《中华人民共和国证券法》及《上市公司治理准则》等法律法规的要求,履行诚信和勤勉的义务,维护公司整体利益及全体股东、尤其是中小股东的合法利益不受侵犯。独立董事通过参加董事会会议及作为董事会各专门委员会的成员,参与公司的决策预案审议,发表独立意见,为董事会科学决策提供建设性意见。

公司独立董事出席了报告期内公司召开的历次董事会会议,并参加了多次董事会专门委员会的专业会议。在参加上述会议的过程中,独立董事积极发表独立意见,对公司决策的科学性、合理性起到了重要作用。

(三)公司控股股东与公司的关系

公司的控股股东是北京用友科技有限公司。该控股股东行为规范,没有超越股东大会直接或通过其他途径间接干预公司的决策和经营活动;公司与控股股东在人员、资产、财务、机构和业务方面做到了"五分开",公司董事会、监事会和经营管理层能够独立运作。

(1)业务:公司独立从事业务经营,对控股股东及其关联企业不存在依赖关系。公司拥有独立的采购和产品的开发生产、销售系统,产品的生产、销售不依赖于控股股东及其关联企业。公司拥有独立的商标权、专利权、著作权等知识产权和独立的技术开发队伍,业务发展不依赖和受制于控股股东和任何其他关联企业。

(2)人员:公司高级管理人员均专职在本公司工作并领薪,不在控股股东及其关联企业兼任除董事之外的其他职务;公司的劳动、人事及工资管理完全独立;控股股东推荐董事和经理人员均通过法定程序进行。

(3)资产:公司拥有独立于控股股东的生产经营场所及相关配套设施、拥有独立于他人的房屋所有权、土地使用权、工业产权和非专利技术等有形和无形资产。

(4)机构:公司与控股股东及其关联企业的办公机构和生产经营场所分开,不存在混合经营、合署办公的情况;公司的相应部门与控股股东及其关联企业的内设机构之间没有上下级关系。

(5)财务:公司设置了独立的财务会计部门,并建立了独立的会计核算体系和财务管理制度;公司独立作出财务决策,不存在控股股东干预公司资金使用的情况;公司在银行独立开户,依法独立纳税。

(四)关于高级管理人员绩效评价与激励约束机制

公司目前对经理人员的聘任公开、透明,符合法律法规的规定;公司目前实施的高级管理人员的绩效评价制度是:公司董事会按年度对公司高级管理人员的业绩和履行职责情况进行考评,并根据考评结果决定下一年度的年薪定级、岗位安排直至聘用与否。

公司对高级管理人员实行与公司年度经营目标与经营业绩挂钩的年薪和绩效奖金制。部分高级管理人员已通过在公司的股东单位持股间接拥有公司部分股权。

六、股东大会情况简介

报告期内,公司于2002年4月28日召开了公司2001年年度股东大会。

(一)股东大会的通知、召集、召开情况

公司于2002年3月28日在《上海证券报》刊登了关于召开公司2001年年度股东大会会议通知公告,公告就本次会议召开的时间、地点、会议内容、出席会议对象及会议登记办法等相关事项予以明确规定。

公司2001年年度股东大会于2002年4月28日上午9点30分在北京市海淀区上地信息产业基地知识产权培训中心召开,出席会议的股东及股东代表共15人,代表有表决权股份75,692,817股,占公司股份总额的75.69%。

(二)股东大会通过的决议及披露情况

1、审议通过《公司2001年度董事会工作报告》;
2、审议通过《公司2001年度监事会工作报告》;
3、审议通过《公司2001年度财务决算方案和2002年度财务预算方案》;
4、审议通过《公司2001年度利润分配方案》;
5、审议通过《公司2001年度报告及摘要》;
6、审议通过《关于授予公司董事会对风险投资(包括收购、出售、兼并资产)、公司年度借款总额、公司资产融资抵押额度及担保额度的审批权限的议案》;
7、审议通过《公司章程修正案》;
8、审议通过《选举公司两名董事的议案》;
9、审议通过《选举公司一名监事的议案》;
10、审议通过《增加公司独立董事报酬议案》;
11、审议通过《修改公司股东大会议事规则议案》;
12、审议通过《修改公司董事会议事规则议案》;
13、审议通过《公司独立董事工作细则》;
14、审议通过《聘任会计师事务所议案》。

北京市中伦金通律师事务所就公司2001年年度股东大会召开程序及表决结果进行了现场见证,并出具法律意见书。

公司2001年年度股东大会决议公告刊登于2002年4月30日《上海证券报》。

(三)公司选举、更换董事、监事情况

1、公司原监事李友因担任公司副总裁,于2002年3月11日辞去公司监事职务;
2、公司2001年年度股东大会,增选何经华先生为公司董事、曾之杰先生为公司独立董事;
3、公司2001年年度股东大会,选举彭六三先生为公司监事。

七、董事会报告

(一)公司经营情况

1、公司主营业务范围及经营状况

(1)公司经营范围

电子计算机软件、硬件及外部设备的技术开发、技术咨询、技术转让、技术服务;企业管理咨询;数据库服务;销售电子计算机软硬件及外部设备。

报告期内,公司主营业务依然以管理软件为专注领域,公司继续实施"全面升级、扩张发展"的业务战略,业务升级与转型取得了较大突破和成果,实现了产品与服务发展的突破、人才培养和引进的突破、组织架构的突破、ERP品牌战略的突破及对外合作的突破。

(2)公司经营状况

2002年,全球经济仍处于增长趋缓的阶段,对信息技术产品与服务增长迟缓。与此同时,公司正处于经营模式转型的关键一年。2002年,公司成功地在保持中国最大的财务软件厂商和中国最大的管理软件厂商位势的基础上,公司ERP软件的中国市场占有率成功超越国际厂商,位居第一,并打破了由国际厂商垄断管理软件高端市场的局面,成为中国最大的ERP软件厂商。这标志着公司的转型取得了重大进展。

报告期内,公司实现主营业务收入488,215,150元人民币(其中扣除主营业务税金及附加的主营业务收入478,108,376元人民币),主营业务利润438,842,123元人民币,税后利润91,605,983元人民币,与去年同期相比,分别增长了46.4%、44.1%和30.1%。扣除主营业务税金及附加的公司主营业务收入和主营业务利润按行业、产品、地区构成情况如下:

①按行业划分

	2002年度主营业务收入		2002年度主营业务利润	
行业	金额(元)	比例	金额(元)	比例
软件行业	478,108,376	100%	438,842,123	100%
合计	478,108,376	100%	438,842,123	100%

②按产品划分

	2002年度主营	业务收入
产品或服务项目	金额(元)	比例

软件销售	393,295,766	82.3%
技术服务及培训	62,350,313	13.0%
软件配套用品销售	22,462,296	4.7%
合计	478,108,376	100%

	2002年度主营	业务利润
产品或服务项目	金额(元)	比例
软件销售	387,182,391	88.2%
技术服务及培训	48,000,284	11.0%
软件配套用品销售	3,659,448	0.8%
合计	438,842,123	100%

③按地区划分

2002年度主营业务收入

地区	金额(元)	比例	年度增长率
北方区	143,256,632	30.0%	39.5%
华东区	157,755,984	33.0%	49.6%
中南区	115,616,220	24.2%	53.5%
西部区	61,479,540	12.8%	41.0%
合计	478,108,376	100%	46.1%

2002年度主营业务利润

地区	金额(元)	比例
北方区	121,344,495	27.7%
华东区	150,251,114	34.2%
中南区	110,263,304	25.1%
西部区	56,983,210	13.0%
合计	438,842,123	100%

(3)公司生产经营的主要产品或提供服务及其市场占有率情况

①产品发展情况

报告期内,公司软件产品体系取得了重大发展。公司在持续加强研发投入的基础上,逐步形成了中国最丰富的管理软件产品线和相对完整的用友ERP产品。公司用友ERP-U8产品线在进一步加强技术成熟度和应用稳定度基础上,通过整合购买的软件技术,拓宽了客户应用功能,成为面向中端客户的精品ERP产品。公司用友ERP-NC产品线经过多年的发展,已进入收获期,成为打破国际厂商在中国ERP高端市场垄断的主要民族软件产品。分销、CRM等公司新研发的产品,为满足公司客户不断增长的需求奠定了基础,成为公司通用软件产品线的有力补充。报告期内,还通过购买和整合深圳市硕旺信息技术开发有限公司的人力资源软件产品,使得用友在人力资源软件这一具有良好发展前景的产品领域占得先机。报告期内,公司发布了中国本土第一个可与国际高端ERP竞争的产品——"用友ERP-NC2.0",并隆重推出"用友ERP-NC/网络分销v2.1"、"用友ERP-NC/移动商务系统"、"用友NC/医药解决方案"、"用友ERP-U8v8.50"、"用友ERP-U8v850金税系统联接方案"、"用友CRMv2.0"及"用友票据通"等软件产品或解决方案。同时,公司与微软公司基于.NET技术平台上开发ERP软件的研发合作已经取得了阶段性成果。

②营销发展情况

报告期内,为适应公司业务转型和产业发展规模提升的需要,公司加强了销售组织的调整,形成了"总部、大区、分/子公司、合作伙伴"四级销售网络。在销售过程控制方面,公司制定并推行了销售管理流程,普及和推广销售漏斗,规范大项目销售管理。公司还通过升级商务合同范本,进一步防范经营中的法律风险。

③服务发展情况

告期内,公司服务经营得到进一步加强,服务收入增长达135.35%,占主营业务收入的13%。公司进一步完善了专业服务模式,形成了完整的咨询、实施、培训、运行维护和IT运营外包业务体系,为客户提供全方位的IT服务。报告期内,公司通过进行ERP顾问培训、认证,培养了ERP高级专业人才约200人,组建了近500人的管理软件咨询实施顾问体系队伍,分布于全国各地区的主要城市,就近服务用户。报告期内,公司与三十多所大学合作建立了ERP实验中心,为ERP社会普及教育作出了贡献。报告期内,公司咨询实施、培训业务取得了重大突破,推动服务业务,实现业绩高速增长,为服务业务发展成为公司第二战略业务,奠定了良好的开端。同时,公司也进一步加强了与服务合作伙伴的业务合作。

④占主营业务收入(已扣除主营业务税金及附加)或主营业务利润总额10%以上的主要产品及服务销售情况

(单位:人民币元)

产品及服务名称	销售收入	占主营业务收入比例
ERP软件	346,100,274	72.39%
财务软件	47,195,492	9.87%
技术服务及培训	62,350,313	13.04%

产品及服务名称	产品销售成本	毛利率
ERP软件	5,479,769	98.42%
财务软件	633,606	98.66%
技术服务及培训	14,350,029	76.98%

⑤主要产品的市场占有率情况

根据中国电子信息产业发展研究院(CCID)发布的"2002-2003年中国管理软件市场研究年度报告",公司在中国ERP软件领域的市场占有率为21.6%(其中ERP软件产品中

注包括部分财务软件模块,该数据不包含安易公司的市场份额),是中国市场占有率最高的ERP软件厂商;公司在中国管理软件市场的市场占有率为16.8%(该数据不包含安易公司的市场份额),是中国市场占有率最高的管理软件厂商;公司在中国财务管理软件市场的市场占有率为24.3%(该数据不包含安易公司的市场份额),是中国市场占有率最高的财务软件厂商。

注:安易公司全称为北京安易软件有限责任公司,本公司于2002年末与有关各方达成协议对该公司进行整合,详细内容参见本章公司投资情况。

2、报告期内,公司其他投资情况

(1)经公司董事会同意,公司于2002年2月9日与冶金自动化研究设计院及中投信用担保有限公司共同签订出资转让合同,公司同意受让冶金自动化研究设计院持有的中投信用担保有限公司注册资本的0.5%,转让金额为人民币5,000,000元。截至报告期末,受让该项出资的工商变更登记手续已办理完成。

(2)2002年3月21日,公司及公司的全资子公司UF INTERNATIONALHOLDINGS.,LTD.与LEGEND HOLDINGS LIMITED (以下简称"LEGEND"),HANINTERNATIONAL CONSULTING COMPANY LIMITED(以下简称"HAN")及HAN的其他股东VISION ON-LINE LIMITED(以下简称"VISION")、STARLING TECHNOLOGYLIMITED(以下简称"STARLING")和AISA LOGISTICS TECHNOLOGIES LIMITED、张后启先生等签署股东协议,LEGEND向HAN出资55,000,000元港币,持有HAN股权份额的51%,HAN其他股东在LEGEND完成对HAN的出资后,股权比例为:UFINTERNATIONAL HOLDINGS.,LTD.持有HAN股权份额的4%,VISION持有HAN股权份额的30%,STARLING持有HAN股权份额的15%。

(3)根据公司的中长期发展规划的需要,经公司董事会同意,公司就利用自有资金,在北京海淀区永丰高新技术产业基地内建设用友软件园事项,于2002年12月27日与北京中关村永丰产业基地发展公司(简称永丰基地)签署《土地开发建设协议书》,公司将以人民币170,700,000元向永丰基地分期支付土地建设开发费,进行用友软件园用地的开发建设。

(4)根据公司与北京市商业银行战略合作的需要,经公司董事会同意,公司于2002年12月28日与北京市商业银行股份有限公司签订协议,以每股人民币1.7元的价格向北京市商业银行股份有限公司认购其拟发行股票50,000,000股,并以自有资金预付人民币85,000,000元,约占其发行后2,806,681,168股总股本的1.78%。

(5)经公司董事会同意,为提高公司短期资金使用效率,决定利用人民币100,000,000元自有资金进行国债短期投资,投资期限截止至2003年年底。

(三)报告期内财务状况

1、财务状况、经营成果

(单位:人民币元)

项目	2002年12月31日	2001年12月31日
总资产	1,218,117,870	1,167,865,248
股东权益(不含少数股东权益)	1,033,923,602	1,002,317,619
主营业务利润	438,842,123	304,436,611
净利润	91,605,983	70,400,601
现金及现金等价物净增加额	84,098,059	673,005,601

项目	增减
总资产	4.30%
股东权益(不含少数股东权益)	3.15%
主营业务利润	44.15%
净利润	30.12%
现金及现金等价物净增加额	-87.50%

2、报告期内,安永华明会计师事务所出具了标准无保留意见的审计报告。

(四)生产经营环境以及宏观政策、法规变化对公司的影响

为了进一步鼓励软件产业发展,2002年,国务院办公厅转发了《振兴软件产业行动纲要(2002年至2005年)》(国办发[2002]47号文)。该文件在培育国内软件市场、扶持软件企业、培养软件人才和鼓励软件产品出口等方面作出了具体规定,便于操作实施,为国内软件企业的发展进一步改善了环境。2002年12月31日,国家发展计划委员会、信息产业部、对外贸易经济合作部、国家税务总局联合发布了《关于发布2002年度国家规划布局内重点软件企业名单的通知》(计高技[2002]2879号文),我公司被确认为2002年度国家规划布局内重点软件企业。根据国务院颁布的《鼓励软件产业和集成电路产业发展的若干政策》(国发[2000]18号文),公司作为国家规划布局内重点软件企业,2002年度所得税率将由原来的15%调整为10%,即公司及公司的北京分公司于2002年按照10%的税率征收企业所得税。2003年,公司及公司的北京分公司暂按15%计征企业所得税。近年来国家出台的对软件产业的扶植政策,将有利于公司业绩的提升。

八、监事会报告

报告期内公司监事会全体成员按照《中华人民共和国公司法》及有关法规和《公司章程》要求,谨慎、诚实地履行了自己的职责;依法独立行使职权,以保证公司规范运作,维护本公司利益,维护股东利益。监事会对公司长期发展规划、重大发展项目、公司的生产经营活动、财务状况和公司董事、高级管理人员的履行职责情况进行了监督,促进了公司规范运作、健康发展。报告期内,公司召开了三次监事会会议,现将监事会一年的主要工作内容报告如下:

(一)监事会会议情况及决议内容

1、公司第一届监事会2002年度第一次会议于2002年3月26日召开,审议通过如下决议:

(1)公司2001年年度报告及摘要;

(2)公司2001年度财务决算方案及2002年度财务预算方案;

(3)公司2001年度利润分配预案;

(4)公司监事李友提出的辞职报告;

(5)检查讨论公司2001年度董事会工作报告;

(6)公司2001年度监事会工作报告,并提交公司2001年年度股东大会审议。

2、公司第一届监事会2002年度第二次会议于2002年8月8日召开,审议通过如下决议:

(1)公司2002年半年度报告及摘要;

(2)对公司2002年上半年的运作情况和经营决策发表独立意见。

3、公司第一届监事会2002年度第三次会议于2002年12月12日召开,审议通过如下决议:

关于提名公司第二届监事会监事候选人的议案,并提交公司2003年第一次临时股东大会审议。

(二)公司监事会对以下事项发表独立意见

1、公司依法运作情况

报告期内,公司监事会根据国家有关法律法规的规定,对公司股东大会、董事会的召开程序、决议事项,董事会对股东大会决议的执行情况,公司高级管理人员的执行职务情况及公司管理制度执行情况等进行了监督。通过上述监督工作,公司监事会认为,公司依照国家法律法规及公司《章程》的规定,建立了较为完善的公司治理结构及内部控制制度。报告期内,公司严格按照国家有关法律法规和公司《章程》规范运作,股东大会和董事会的召开程序、议事规则和决议程序合法有效,符合《中华人民共和国公司法》等法律法规和公司《章程》的有关规定。未发现公司董事及高级管理人员执行公司职务时有违反法律法规、公司《章程》或损害公司利益的行为;公司内部控制制度比较完善,保证了公司资产安全和高效。

2、检查公司财务情况

公司监事会对公司财务结构和财务状况进行了认真、细致的检查,认为公司二〇〇二年度财务结构合理,财务状况良好。安永华明会计师事务所出具的标准无保留意见审计报告及对所涉及事项作出的评价是客观公正的,公司二〇〇二年度财务报告能够真实反映公司的财务状况和经营成果。

3、募集资金使用情况

报告期内,公司募集资金实际投入项目与承诺投入项目一致,没有变更募集资金的投向。

4、公司收购、出售资产情况

报告期内公司发生的购并项目中,董事会聘请中介机构做了调研和起草相关文件的工作,使公司收购、出售资产的交易价格合理,未发现有内幕交易、损害部分股东权益及造成公司资产流失的现象发生。

5、关联交易情况

报告期内,公司没有发生重大关联交易。

6、股东大会决议执行情况

公司监事会成员列席了公司董事会和股东大会会议,对公司董事会提交股东大会审议的各项报告和提案内容,公司监事会没有异议。公司监事会对股东大会的决议执行情况进行了监督,认为公司董事会能够认真履行股东大会的有关决议。

九、重要事项

(一)重大诉讼、仲裁事项

本年度公司无重大诉讼、仲裁事项。

(二)公司收购、出售资产及吸收合并事项的简要情况及进程

1、报告期内,公司无出售资产及吸收合并事项。公司收购事项详见本报告第七部分(二)的公司投资情况。

2、公司收购事项对财务状况及经营成果的影响:

(1)公司对北京安易软件有限责任公司的业务重组,进一步加强了公司在电子政务软件领域的竞争能力,有助于公司扩大企业应用软件领域的市场份额及电子政务软件业务的拓展,从而增强公司的核心竞争能力和长期盈利能力。同时,亦实现了公司与北京安易软件有限责任公司的资源优势互补,进行分工合作,以降低经营成本,提高经营效益,为各方股东带来更高的回报。

(2)其他业务重组及收购事项短期内对公司财务状况和经营成果无显著影响,但将有利于公司

核心竞争能力的提高和经营业绩的长期稳定增长。

上述收购与重组,不会影响公司业务连续性及管理层稳定性。

(三)重大关联交易事项

报告期内,公司无重大关联交易事项。

(四)公司重大合同及其履行情况

1.公司上年度签订并持续到本报告期的委托理财合同履行情况为:

经公司董事会同意,公司于2001年8月12日与兴业证券股份有限公司签订委托理财管理协议书,委托管理资金人民币2亿元,委托期限12个月。截至报告期末,公司分别于2002年7月12日、7月25日、8月14日和9月29日收到兴业证券股份有限公司归还的委托投资款项人民币60,000,000元、55,000,000元、138,375.53元及75,361,624.47元,加上2001年12月30日收到的人民币9,500,000元,共计收回人民币200,000,000元。兴业证券股份有限公司对此项委托理财款项共支付收益人民币8,000,000元,其中公司于2002年9月29日收到人民币4,000,000元,于2002年10月18日收到其余人民币4,000,000元。

2.其他重大合同参见本报告第七部分(二)的公司投资情况。

(1)2002年8月26日,公司与深圳市硕旺信息技术开发有限公司、刘建南、陈谏及朱颖签订《框架协议书》。公司以人民币7,750,000元收购深圳市硕旺信息技术开发有限公司已开发的全部人力资源软件和工具的著作权等知识产权及开发团队。同时以人民币250,000元受让陈谏持有的深圳市硕旺信息技术开发有限公司5%的股份。

(2)2002年12月27日,公司及子公司深圳市用友科技实业有限公司、北京电子办公软件技术有限公司(已更名为"北京用友安易软件技术有限公司")与北京安易软件有限责任公司、财政部财政科学研究所、北京金山峰软件有限公司及严绍业先生签署《投融资及股权转让合作框架协议》及附件。

(3)公司与北京中关村永丰产业基地发展有限公司就用友软件园项目签署《土地开发建设协议书》。

(五)公司或持股5%以上股东承诺事项

报告期内,无公司或持股5%以上股东承诺事项。

(六)公司支付年度审计费用情况

报告期内,公司继续聘用安永华明会计师事务所为公司年度审计机构,支付费用情况如下:

(单位:人民币元)

项目	2002年度	2001年度
财务审计费用	930,000	1,050,000
其中:年末应付未付费用	930,000	850,000
咨询服务费用	370,000	-
差旅费用	45,315	83,304
合计	1,345,315	1,133,304

(七)公司接受监管部门稽查情况

报告期内,公司、公司董事会及董事没有受中国证监会稽查、中国证监会行政处罚、通报批评、证券交易所公开谴责的情形。

十、财务报告

审计报告

北京用友软件股份有限公司全体股东:

我们接受北京用友软件股份有限公司(以下简称"贵公司")的委托,审计了贵公司2002年12月31日的合并资产负债表及资产负债表、2002年度的合并利润表及利润表、合并利润分配表及利润分配表与合并现金流量表及现金流量表。这些会计报表由贵公司负责,我们的责任是对这些会计报表发表审计意见。

我们的审计是根据《中国注册会计师独立审计准则》进行的。在审计过程中,我们结合贵公司及其子公司的实际情况,实施了包括抽查会计记录等我们认为必要的审计程序。

我们认为,上述会计报表符合《企业会计准则》和《企业会计制度》的有关规定,在所有重大方面公允地反映了贵公司2002年12月31日的合并财务状况和财务状况,2002年 度合并经营成果和经营成果及合并现金流量和现金流量,会计处理方法的选用遵循了一贯 性原则。

安永华明会计师事务所　　中国注册会计师　金　馨

二零零三年四月十六日　　中国注册会计师　朱春健

合并资产负债表

2002年12月31日

人民币元

资产	附注五	2002年
一、流动资产:		
货币资金	1	810,178,233
短期投资	2	100,000,000
应收利息		1,560,731
应收账款	3	37,668,640
其它应收款	4	93,971,967
预付账款	5	6,867,568
存货	6	2,138,242
待摊费用	7	1,364,931
流动资产合计		1,053,750,312
二、长期投资:		
长期股权投资	8	40,322,274
长期债权投资	9	8,277,200
长期投资合计		48,599,474
三、固定资产:		
固定资产原价	10	125,471,040
减:累计折旧	10	49,979,022
固定资产净值	10	75,492,018
四、无形资产及其它资产:		
无形资产	11	37,328,182
长期待摊费用	12	2,947,884
无形资产及其它资产合计		40,276,066
资产总计		1,218,117,870
负债及股东权益	附注五	2002年
五、流动负债:		
短期借款	13	8,111,460
应付账款	14	2,015,593
预收账款	15	17,156,918
应付工资		24,028,247
应付福利费		9,874,538
应付股利	34	60,000,000
应交税金	16	20,935,718
其它应付款	17	30,868,540
其它应交款		1,022,221
预提费用	18	2,660,206
流动负债合计		176,673,441
六、长期负债:		
专项应付款	19	2,000,000
负债合计		178,673,441
七、少数股东权益:		5,520,827
八、股东权益:		
股本	20	100,000,000
资本公积	21	883,232,553
盈余公积	22	32,699,016
其中:公益金	22	10,899,672
未分配利润	23	17,992,033
股东权益合计		1,033,923,602
负债及股东权益总计		1,218,117,870

合并利润表

截至2002年12月31日止年度　　人民币元

项目	2002年度	2001年度
一、主营业务收入	488,215,150	333,483,187
减:主营业务成本	39,266,253	22,631,384
主营业务税金及附加	10,106,774	6,415,192
二、主营业务利润	438,842,123	304,436,611
加:其它业务利润	135,547	12,523
减:营业费用	205,910,545	137,083,677
管理费用	182,951,008	129,801,655
财务收入	(8,176,339)	(12,541,312)
三、营业利润	58,292,456	50,105,114
加:营业外收入	203,074	281,506
补贴收入	38,966,369	31,329,010
投资收益/(损失)	6,467,616	(1,085,396)
减:营业外支出	484,488	1,390,866
四、利润总额	103,445,027	79,239,368
减:所得税	13,264,561	9,161,212
加:少数股东亏损	1,425,517	322,445
五、净利润	91,605,983	70,400,601

合并利润分配表

截至2002年12月31日止年度

人民币元

项目	附注五	2002年度
五、净利润		91,605,983
加:年初未分配利润		126,947
六、可供分配的利润		91,732,930
减:提取法定盈余公积	22	9,160,598
提取法定公益金	22	4,580,299
七、可供股东分配的利润		77,992,033
减:已分配股利	34	60,000,000
八、年末未分配利润		17,992,033

项目	2001年度
五、净利润	70,400,601
加:年初未分配利润	286,436
六、可供分配的利润	70,687,037
减:提取法定盈余公积	7,040,060
提取法定公益金	3,520,030
七、可供股东分配的利润	60,126,947
减:已分配股利	60,000,000
八、年末未分配利润	126,947

合并现金流量表

截至2002年12月31日止年度

人民币元

	2002年度
一、经营活动产生的现金流量:	
销售商品、提供劳务收到的现金	568,536,535
收到的增值税退税	38,966,369
收到的其它与经营活动有关的现金	186,860
现金流入小计	607,689,764
购买商品、接收劳务支付的现金	(65,696,254)
支付给职工以及为职工支付的现金	(218,970,235)
支付的各项税费	(83,404,888)
支付的其它与经营活动有关的现金	(155,821,090)
现金流出小计	(523,892,467)
经营活动产生的现金流量净额	83,797,297
二、投资活动产生的现金流量:	
收回投资成本所收到的现金	290,500,000
取得投资收益所收到的现金	10,206,398
取得存款利息收入所收到的现金	12,089,200
处置固定资产所收到的现金	3,992,306
现金流入小计	316,787,904
购建固定资产和其它长期资产所支付的现金	(61,308,210)
投资所支付的现金	(195,580,000)
现金流出小计	(256,888,210)
投资活动产生的现金流量净额	59,899,694
三、筹资活动产生的现金流量:	
吸收投资所收到的现金	-
借款所收到的现金	8,111,460
收到的其他与筹资活动有关的现金	1,000,000
现金流入小计	9,111,460
偿还债务所支付的现金	(8,111,460)
分配股利和偿付利息所支付的现金	(60,591,966)
已作为借款质押的定期存款	-
支付的其他与筹资活动有关的现金	-
现金流出小计	(68,703,426)
筹资活动产生的现金流量净额	(59,591,966)
四、汇率变动对现金的影响额	(6,966)
五、现金及现金等价物净增加额	84,098,059

泰豪科技股份有限公司

泰豪科技股份有限公司2002年年度报告

第一节 公司基本情况

一、公司名称
中　　文:泰豪科技股份有限公司
中文简称:泰豪科技
英　　文:TELLHOW SCI-TECH CO.,LTD.
英文简称:TELLHOW
二、公司法定代表人:陆致成
三、公司董事会秘书:杨 骏
证券事务代表:曾 锐
联系地址:江西省南昌高新开发区泰豪大厦
电　　话:0791-8110590
传　　真:0791-8106688
电子信箱:stock@tellhow.com
四、公司注册地址:江西省南昌高新开发区清华泰豪大楼
公司办公地址:江西省南昌高新开发区泰豪大厦
邮政编码:330029
公司国际互联网网址:http://www.tellhow.com
电子信箱:tsinghua@tellhow.com
五、公司信息披露的指定报纸:《上海证券报》
登载年度报告的中国证监会指定网站的网址:http://www.sse.com.cn
公司年度报告备置地点:公司董秘办
六、公司股票上市交易所:上海证券交易所
股票简称:泰豪科技
股票代码:600590
七、其他有关材料:
公司首次注册登记日期:1996年3月20日
变更注册登记日期:2002年9月23日
注册登记地点:江西省工商行政管理局
企业法人营业执照注册号:3600001130471
税务登记号码:360106158304717
公司聘请的会计师事务所:中磊会计师事务所有限责任公司
会计师事务所办公地址:北京市西城区西单中水大厦815室

第二节 会计数据和业务数据摘要

一、本年度主要财务指标情况
单位:(人民币)千元

项目名称	指标
利润总额	28,637
净利润	24,710
扣除非经常性损益后的净利润	21,373
主营业务利润	70,616
其他业务利润	1,652
营业利润	26,034
投资收益	1,409
补贴收入	1,792
营业外收支净额	-598
经营活动产生的现金流量净额	4,928
现金及现金等价物净增减额	69,047

注:非经常性损益金额合计 3,337千元,涉及项目有:
1、补贴收入:1,792千元;
2、营业外收支净额:-303千元;
3、子公司享受政策性税收优惠:2,437千元;
4、所得税影响额:-589千元。
二、截止报告期末公司前三年的主要会计数据及财务指标

项目名称	单位	2002年
主营业务收入	千元	381,926
净利润	千元	24,710
总资产	千元	646,394
股东权益(不含少数股东权益)	千元	330,568
每股收益(全面摊薄)	元/股	0.19
每股收益(加权平均)	元/股	0.22
每股净资产	元/股	2.48
调整后的每股净资产	元/股	2.48
每股经营活动产生的现金流量净额	元/股	0.037
净资产收益率(全面摊薄)	%	7.48
净资产收益率(加权平均)	%	10.28
扣除非经常性损益的净利润为基础计算的加权平均净资产收益率	%	8.8

项目名称	2001年	2000年
主营业务收入	330,411	23,6629
净利润	22,177	13,482
总资产	347,314	253,878
股东权益(不含少数股东权益)	137,072	114,895
每股收益(全面摊薄)	0.24	0.14
每股收益(加权平均)	0.24	0.14
每股净资产	1.47	1.23
调整后的每股净资产	1.47	1.23
每股经营活动产生的现金流量净额	0.148	0.023
净资产收益率(全面摊薄)	16.18	11.73
净资产收益率(加权平均)	17.60	12.47
扣除非经常性损益的净利润为基础计算的加权平均净资产收益率	17.17	12.45

本年度公司股票成功发行上市,总股份由9,306万股增加至13,306万股,公司每股净资产增加较多,每股收益和净资产收益率被稀释。

第三节 股本变动及股东情况

一、报告期内股东情况介绍
1、截止2002年12月31日,公司在中国证券登记结算有限公司上海分公司登记的股东共有22,655户。
2、公司主要股东持股情况(前十名股东)
单位:股

股东名称	2002年01月01日持股数	2002年年度内股份增减数
清华同方股份有限公司	32,569,891	0
江西清华泰豪科技集团有限公司	25,590,628	0
凤凰光学股份有限公司	23,264,207	0
江西大华置业有限责任公司	5,816,051	0
江西三和电力股份有限公司	4,652,841	0
南昌高新技术产业开发区发展有限责任公司	1,163,210	0
健桥证券股份有限公司	0	555,603
田德荣	0	510,000
杨水清	0	440,100
河北财达投资管理服务中心	0	425,968

股东名称	2002年12月31日持股数	股份性质
清华同方股份有限公司	32,569,891	法人股
江西清华泰豪科技集团有限公司	25,590,628	法人股
凤凰光学股份有限公司	23,264,207	法人股
江西大华置业有限责任公司	5,816,051	法人股
江西三和电力股份有限公司	4,652,841	法人股
南昌高新技术产业开发区发展有限责任公司	1,163,210	法人股
健桥证券股份有限公司	555,603	流通股
田德荣	510,000	流通股
杨水清	440,100	流通股
河北财达投资管理服务中心	425,968	流通股

注:①公司第二大股东江西清华科技集团有限公司于2002年9月9日变更公司名称为"江西清华泰豪科技集团有限公司"。
②前10名股东中,江西清华泰豪科技集团有限公司是清华同方股份有限公司的第三大股东,除此之外,其它法人股股东之间没有关联关系且不属于一致行动人。
③流通股股东未知是否存在关联关系或是否属于一致行动人。
④前10名股东中,江西大华置业有限责任公司所持有的5816051股在中国证券登记结算有限责任公司上海分公司办理了股权质押,质押期限为2003年1月10日至2006年1月10日。
其他法人股股东不存在其股份质押、冻结、托管情况,流通股股东未知其股份质押、冻结、托管情况。
3、公司控股股东情况
清华同方股份有限公司为本公司第一大股东,持有股份总额为32,569,891股,占公司总股本133,056,828股的24.48%,股份性质为法人股。
清华同方股份有限公司成立于1997年6月,注册资本57,461.23万元,法定代表人是荣泳霖先生,主要经营业务为信息技术、人工环境等领域产品的生产和销售。本报告期内,由于本公司发行普通股(A)4000万股,使该公司所持股份由原来的35%减少到24.48%,该公司未将其持有的股份进行质押。
清华同方股份有限公司的实际控制人为北京清华大学企业集团。北京清华大学企业集团成立于1995年,为全民所有制企业,注册资本11,053.65万元,法定代表人是荣泳霖先生,主要经营范围包括技术开发、技术转让、技术咨询、技术培训、技术服务;销售开发后的产品;销售五金交电化工、电子计算机及外部设备、金属材料、机械电器设备、化工轻工材料,建筑材料、装饰材料等。
4、其他持股10%以上的法人股东
江西清华泰豪科技集团有限公司为本公司第二大股东,持有股份总额为25,590,628股,占公司总股本133,056,828股的19.23%,股份性质为法人股。江西清华泰豪科技集团有限公司成立于1993年4月,注册资本10,000万元,法定代表人是万晓民先生,主要经营业务为城市信息化建设和高科技企业投资。本报告期内,由于本公司发行普通股(A)4000万股,使该公司所持股份由原来的27.50%减少到19.23%,该公司未将其持有的股份进行质押。
凤凰光学股份有限公司为本公司第三大股东,持有股份总额为23,264,207股,占公司总股本133,056,828股的17.48%,股份性质为法人股。凤凰光学股份有限公司成立于1997年5月,注册资本23,747.25万元,法定代表人为王熙晏先生。主要经营业务为光学元件、仪器等综合性高科技光学产品的生产和销售。本报告期内,由于本公司发行普通股(A)4000万股,使该公司所持股份由原来的25.00%减少到17.48%,该公司未将其持有的股份进行质押。

第四节 董事、监事、高级管理人员和员工情况

一、公司董事、监事、高级管理人员基本情况

姓名	性别	年龄	现任职务	任职起止日期	年初持股数
陆致成	男	55	董事长	1999.12~2002.12	0
王朝松	男	57	副董事长	1999.12~2002.12	0
陈兆祥	男	56	董事	1999.12~2002.12	0
任捷	女	58	董事	1999.12~2002.12	0
黄代放	男	40	董事、总裁	1999.12 2002.12	0
范新	男	43	董事	1999.12~ 2002.12	0
孔祥川	男	52	董事、常务副总裁	1999.12~2002.12	0
史忠良	男	59	独立董事	2001.01~2002.12	0
甘筱青	男	47	独立董事	2001.01~2002.12	0
李华	男	43	监事会主席	1999.12~2002.12	0

韩美兰	女	56	监事	1999.12~2002.12	0
殷晓莅	男	41	监事	1999.12~2002.12	0
殷少彬	男	48	监事	1999.12~2002.12	0
王令红	男	48	监事	1999.12~2002.12	0
饶兰秀	女	45	监事	2000.06~2002.12	0
邵建生	男	50	副总裁	1999.12~2002.12	0
毛勇	男	39	副总裁	2002.03~2002.12	0
邹映明	男	40	副总裁	2002.07~2002.12	0
洪小华	男	39	副总裁	2002.07~2002.12	0
杨骏	男	42	董事会秘书	2000.06~2002.12	0

(董事、监事和高级管理人员的责任至2002年度股东大会)

二、公司董事、监事、高级管理人员的年度报酬情况

公司董事会按照公司资产规模、经营业绩和承担工作的职责等考评指标对高级管理人员的绩效进行考核。

报告期内现任公司董事、监事及高级管理人员中共有八人在本公司受薪,受薪总额为36万元,其中金额最高的前三名董事的报酬总额为12万元(仅有2名董事在公司领取报酬),金额最高的前三名高级管理人员的报酬总额为13万元。公司现任独立董事二名,其年度津贴分别为2万元。

按照年薪数额区间划分现任公司董事、监事及高级管理人员受薪情况为:年薪在6万元至10万元区间内有一人,年薪在5万元至8万元区间内有一人,年薪在4万元至7万元区间内有四人,年薪在3万元至5万元区间内有二人。

报告期内现任公司董事共有七人不在公司受薪,除二名独立董事外,董事长陆致成先生、董事陈兆祥先生在清华同方股份有限公司领薪,副董事长王朝松先生不在本公司及股东单位领薪,董事任捷女士在凤凰光学股份有限公司领薪,董事范新先生在清华同方人工环境有限公司领薪;报告期内现任公司监事共有五人不在公司受薪。其中,监事李华先生在江西清华泰豪科技集团有限公司领薪,监事韩美兰女士在清华同方股份有限公司领薪,监事殷晓莅先生在江西大华置业有限责任公司领薪,监事殷少彬先生在江西三和电力股份有限公司领薪,监事王令红先生在南昌高新技术产业开发区发展有限责任公司领薪。

三、本报告期内公司董事、监事、高级管理人员变动及增补的情况说明

本报告期内公司于2002年3月23日召开第一届董事会第九次会议。经会议审议通过,董事会同意万晓民先生辞去公司副总裁职务,聘任毛勇先生为公司副总裁。公司于2002年7月28日召开第一届董事会第十次会议。经会议审议通过,董事会聘任洪小华、邹映明先生为公司副总裁。

四、公司员工情况

截止2002年12月31日公司职工总数1008人,其中:

1、按照教育程度构成分类:大学以上学历195人占19%;大中专学历410人占41%。

2、专业构成分类:经营管理47人占5%,技术开发229人占23%,市场营销200人占20%,生产制造436人占43%,职能服务94人占9%。

3、年龄结构分类:35岁以下553人占55%,35–44岁249人占25%,其余为45岁以上。

4、公司没有离退休职工。公司实行全员聘任制,离退休人员由社保基金统筹解决。

第五节　公司治理结构

一、公司治理情况

公司严格按照《公司法》、《证券法》和中国证监会有关法律法规的要求,不断完善公司法人治理结构,建立现代企业制度,规范公司运作。公司按《上市公司治理准则》修订了《公司章程》,《公司独立董事津贴制度》,并已提呈本年度召开的股东大会审议通过,在股东大会授权之下,公司还制订了《公司信息披露制度》。目前公司正着手制定相关公司治理的细则和股东大会议事规则,进一步提高公司的治理水平。

按照中国证监会、国家经贸委发布的《关于开展上市公司建立现代企业制度检查的通知》的精神,公司认真进行了自查,并根据自查情况如实填写了自查报告。公司第一届董事会第十次会议于2002年7月28日审议通过了《公司建立现代企业制度自查报告》并上报中国证监会、国家经贸委。公司的控股股东清华同方也进行了自查。

公司目前独立董事人数为2人,尚不足董事会成员的三分之一,且没有会计专业人士,公司将在2003年6月30日前增补独立董事,达到中国证监会《关于在上市公司建立独立董事制度的指导意见》的要求。

二、关于独立董事职责履行情况

公司独立董事在认真履行董事职责的基础上,对董事会审议的投资项目、关联交易及重大事项等进行单独审核,积极征询和听取公司董事、监事、高级管理人员的意见,并在公司董事会上发表独立意见。切实地履行了职责,维护了公司及广大中小投资者的利益。

三、关于公司独立性的承诺

公司与控股股东——清华同方股份有限公司之间一直实行人员、资产、财务的分开,机构和业务的独立。公司具有独立完整的业务及自主经营的能力。

人员方面:公司拥有独立的劳动、人事及工资管理体系。公司总裁、副总裁和高级管理人员均在本单位领取薪酬,不在股东单位兼职。

资产方面:公司具有独立完整的供应、生产、销售系统以及工业产权、商标、非专利技术、土地使用权等无形资产。公司现有资产不存在被股东无偿占用的情况。

财务方面:公司有独立的财务部门,并建立了独立的财务核算体系和独立的财务会计制度。公司拥有独立的银行账户,依法进行纳税。

机构方面:公司的生产经营和办公机构与控股股东完全分开,不存在混合经营、合属办公的情形;公司自主设置内部机构,独立的行使职权,不受控股股东及其他单位或个人的干涉;控股股东及其职能部门与本公司及其职能部门之间不存在上下级关系,公司的生产经营活动不受任何其他单位和个人的干涉。

业务方面:公司与控股股东之间不存在同业竞争。

四、本报告期内对高级管理人员的考评及激励机制

公司由董事会按年度对总裁,董事会秘书的工作业绩和职责履行情况进行考评,决定其下一年度的年薪等级和岗位任用;由总裁对副总裁等其他高级管理人员按分管各块的经营规模、业务利润、员工队伍建设和客户满意度等方面进行考评,并将考评结构报请公司董事会决定其下一年度的年薪定级和岗位任用。公司对高级管理人员实行年薪制。公司已决定在国家政策许可并经有关部门批准的情况下,考虑对高级管理人员实行期股权计划。

第六节　股东大会情况简介

报告期内公司共召开一次股东大会,即2001年年度股东大会。

一、2001年年度股东大会

1、根据第一届第九次董事会决议,公司于2002年3月25日以书面形式通知六家发起人股东单位召开2001年年度股东大会。

2、公司于2002年4月27日在公司会议室召开2001年年度股东大会。清华同方、江西清华、凤凰光学、大华置业、三和电力、南昌高新六家股东代表出席了会议,代表股份9305.6828万股,占本公司股份总数的100%。会议审议通过如下议案:

(1)通过了公司2001年度财务决算报告。

(2)通过了公司2001年度利润分配方案暨股票公开发行前利润处置方案。

(3)通过了公司2002年财务预算报告。

(4)通过了《2001年度董事会工作报告》。

(5)通过了《2001年度监事会工作报告》。

(6)通过了公司独立董事津贴制度。

(7)通过了董事会关于减少公司募股资金拟投资项目的议案。

3、报告期内,公司无董事、监事选举、更换情况。

第七节　董事会报告

一、报告期内主要经营情况

(一)主营业务的范围及其经营状况

1、公司业务范围包括:计算机及软件产品、空调机组、发电机组、输变电配套设备、电子产品及通信设备、光机电一体化设备、医疗仪器、环保设备的开发、生产、销售;智能建筑弱电工程、中央空调工程、网络信息系统集成、电气自动化工程、环保工程的承接和综合技术服务;设计、安装防盗报警、闭路电视监控工程;本企业自产产品及相关技术的出口业务(国家组织统一经营的出口商品除外);本企业生产、科研所需的原辅材料、机械设备、仪器仪表、零配件及相关技术的进口业务(国家实行核定公司经营的进口商品除外);本企业的进料加工和"三来一补"业务(以上项目国家有专项规定的除外)。

本年度公司实现主营业务收入38,193万元,比去年同期增长15.59%;净利润2,471万元,比去年同期增长11.42%。公司主营业务行业及地区构成情况如下:

主营业务收入按产品归类行业分布　　　单位:(人民币)千元

类别	主营业务收入	主营业务利润
智能发电机组	148,941	38,783
智能电气产品	216,098	31,886
光电信息产品	16,887	1,785

2、公司经营的主要产品　　　单位:(人民币)千元

项目	产品销售收入	产品销售成本	毛利率
智能发电机组	148,941	110,158	26%
智能建筑电气产品	216,098	184,212	15%

(1)智能发电机组

正交谐波励磁智能电站是公司利用现代智能控制技术和正交谐波励磁发电机技术研制开发的新产品,在电气性能方面具有较好的品质,如波形特性、调整特性等方面大大优于普通电站,并且有较强的启动异步电动机能力和非线形负载能力。在智能化方面具有自动识别和启动、自诊断、智能调度、远程监控、图形化控制界面等特点,公司在市场准入上已取得邮电入网证、渔检证。该产品已广泛应用于建筑、邮电、金融、铁路机车、船舶、矿山、油田、军工等领域作为备用电源。正交谐波励磁电站综合性能处于国内领先水平,部分指标达到了国际先进水平。2002年经国家科技部严格评审,公司该项目列入国家级火炬计划项目。

(2)智能配电设备

智能配电设备是供电设备的基本控制与保护电器,能保障在控制保护对象的任何工作状态下可靠工作,主要用于电力行业。

(3)模块式中央空调机组

模块式中央空调机组是公司模块式中央空调机组质量和性能在国内同类产品中具领先水平,达到国际上同等水平。2002年经国家科技部严格评审,《大型风冷冷热水机组项目》列入国家级火炬计划项目。

公司拥有国内一流的空调设备试验检测中心。该中心是由国家制冷设备检测中心—合肥通用机械研究所设计及监制,采用国家标准GB/T规定的项目严格检测,与美国ARI标准、日本JSB标准兼容。2002年10月,公司获得由国家压缩机制冷设备质量监督检验中心颁发的《认可证书》(证书编号:RZ-ZL-200216)。

(二)主要控股公司及参股公司的经营情况及业绩

1、江西泰豪电器城有限公司(原江西清华空调城有限公司)

江西泰豪电器城有限公司成立于1994年7月。注册资本为280万元,法定代表人为黄代放。本公司出资200万元,出资比例为71.43%。该公司主要经营家用电器及空调设备的安装、销售及维修,制冷技术服务等业务。江西泰豪电器城有限公司报告期实现主营业务收入10,302万元,净利润1万元。期末总资产4,526万元。1998年1月起纳入合并报表范围。

2002年10月31日,第一届董事会第四次临时会议审议通过《关于对公司控股子公司——江西清华空调城有限公司增资扩股并更名的议案》。2002年11月20日,经江西工商行政管理局核准,该公司办理了名称、法定代表人和注册资本的变更,注册资本为1,000万元,法定代表人为李岗华。本公司出资600万元,出资比例为60%。

2、深圳市清华泰豪智能科技有限公司

深圳市清华泰豪智能科技有限公司成立于2001年8月。注册资本为500万元,法定代表人为孔祥川。本公司出资450万元,出资比例为90%。该公司主要从事智能电气产品、计算机软件的技术开发、销售及技术服务。深圳市清华泰豪智能科技有限公司报告期实现主营业务收入638万元,净利润50万元。期末总资产2,073万元。2001年8月起纳入合并报表范围。

2002年10月31日,第一届董事会第四次临时会议审议通过《关于对公司控股子公司——深圳市清华泰豪智能科技有限公司增资扩股的议案》。2003年1月10日,该公司完成增资扩股,注册资本为2,000万元,法定代表人为孔祥川。本公司出资1,800万元,出资比例为90%。

3、江西清华泰豪三波电机有限公司

江西清华泰豪三波电机有限公司成立于2001年10月,注册资本为800万元,法定代表人为毛勇。本公司出资780万元,出资比例为97.5%。该公司主要从事电源设备、电机及成套设备、电气机械及器材研制、销售等。江西清华泰豪三波电机有限公司报告期实现主营业务收入6,479万元,净利润1,093万元。期末总资产3,810万元。2001年10月起纳入合并报表范围。

4、北京康富英格尔智能电气技术有限公司

北京康富英格尔智能电气技术有限公司成立于2001年6月,注册资本为2,000万元,法定代表人黄代放。本公司出资1,040万元,出资比例为52%。该公司主要从事技术开发、技术转让、技术咨询、技术服务、技术培训、销售开发后的产品等。北京康富英格尔智能电气技术有限公司报告期实现主营业务收入5,564万元,净利润690万元。期末总资产5,234万元。2002年5月起纳入合并报表范围。

5、天津天动动力有限公司

2002年9月17日,公司与天津动力机厂共同投资设立天津天动动力有限公司。该公司注册资本1974.67万元,法定代表人为詹平。本公司出资1,008万元,出资比例为51%。该公司主要从事柴油机、柴油发电机组及零配件、楼宇智能化电气产品制造、加工等。天津天动动力有限公司报告期实现主营业务收入313万元,净利润-143万元。期末总资产2,099万元。2002年10月起纳入合并报表范围。

(三)主要供应商、客户情况

报告期前五名主要供应商提供商品总额为人民币34,850千元,占本期公司采购总量的10.95%。

报告期前五名客户销售收入总额为41,090千元,占本期主营业务收入总额的10.75%。

(四)在经营中出现的问题与困难及解决方案

2002年公司经营中出现的问题有:缺乏与产业发展相匹配的专业技术队伍和有竞争力的企业品牌;考评/考核制度有待完善;高层次人才匮乏;市场开发不足等。这些都制约着公司的发展。为此公司拟采取以下措施:

1、持续提高公司产品集成化竞争优势。培养公司核心竞争力,加强项目管理和服务质量,规范完善各项内部管理机制,在更高、更新的起点上,为广大客户提供高新的产品技术、更全面的解决方案、更优质的服务支持。

2、继续抓好人才内部培养和外部引进相结合工作。不断完善人才激励和约束机制,积极从"事业留人、感情留人、待遇留人"三方面建立培养和吸引人才的机制。公司已相继制定了"骨干人才计划实施方案"、"引进人才管理办法"等人力资源政策,以适应公司对人才的需求,满足公司快速发展

的需要。

3、继续充实销售队伍的力量、加强对销售队伍的培训，并通过优质的产品和负责任的售前服务来吸引客户，开发新市场，使公司产品的市场份额保持稳步上升趋势。公司将加大市场营销的力度，实行积极的集成营销战略，主动和行业主管及地方主管沟通，并积极开展多种市场宣传活动，增加市场对建筑智能化的认知度和对建筑电气集成化的认同度。

4、进一步完善公司组织模式和管理制度。通过学习和引进先进的组织模式和科学的管理方法，建立以发展产品为主的内部相对独立核算的事业部制的产业发展体系，兼顾产业发展过程中的深度和广度。

5、加大科技创新力度。公司一方面将以市场需求为导向，积极研制开发适销对路的新产品，另一方面，将加强研发力量，以博士后科研工作站为平台，提高研究开发水平。

二、报告期内投资情况

(一)报告期内募集资金使用情况

报告期内，公司在7月初募股资金到位的情况下，迅速组织工程技术人员对募股资金的四个技改项目进行了全面实施，保质保量按时完成工程进度。目前四个项目正按工程设计要求进度进行，并且正交谐波励磁智能发电设备技改项目部分技改设备1,350万元已投入生产，已产生效益120万元。

(二)报告期内非募集资金的投资情况

1、本公司于2002年4月增加对北京康富英格尔智能电气技术有限公司投资570万元，持股比例为52%；

2、本公司于2002年11月增加对江西泰豪电器城有限公司的投资400万元，持股比例为60%；

3、本公司于2002年11月增加对深圳市清华泰豪智能科技有限公司投资1,350万元，持股比例为90%。

三、报告期内财务状况、经营成果

(一)2002年度公司贯彻"夯实基础管理，加快品牌建设，推动智能建筑电气产业发展"的经营方针，保持了生产经营平稳发展，公司主导产品智能发电机组、智能电气产品保持了稳步增长态势，公司结合市场需求，及时加强了智能建筑电气、机电总包和楼控集成技术开发，主导产品市场份额不断扩大，公司经营业绩取得稳步提高。

单位：(人民币)千元

项目	2002年	2001年	增减幅度(%)
主营业务收入	381,926	330,411	15.59
主营业务利润	70,616	53,677	31.56
利润总额	28,637	24,321	17.75
净利润	24,710	22,177	11.42

本公司主营业务收入、主营业务利润与上年比较均有不同幅度增长，主营业务收入比上年增长15.59%，主要是公司主导产品智能发电机组产品生产、销售能力迅速扩张所致。主营业务利润比上年增长31.56%，主要是公司主导产品产量提高，所占份额增长及产品技术含量增加，产品附加值相应提高，以及公司采取集中材料采购招标竞价，提高工艺水平，降低原材料成本所致。公司实现利润总额保持与主营业务收入同比增速，达到17.75%，实现净利润比上年增加11.42%，主要是合并子公司报表有少数股东权益1,409千元影响所致。

(二)财务状况

单位：(人民币)千元

项目	2002年	2001年	本年比上年增减(%)
资产总额	646,394	347,314	86
货币资金	101,930	32,883	210
短期投资	3,015	0	-
应收及预付款项	158,355	105,295	50
存货	104,294	63,163	65
长期投资	-5,716	5,369	-
固定资产净额	117,603	86,247	36
在建工程	125,121	10,190	1128
短期借款	70,000	55,000	27
应付票据	22,280	14,000	59
应付款项	88,484	60,018	47
应付股利	13,306	33	402
长期借款	53,388	43,461	23
股东权益	330,568	137,072	141

四、报告期内，生产经营环境以及宏观政策、法规变化对公司的影响

本年度本行业的生产经营环境以及宏观政策、法规变化相对稳定。

五、2003年度的生产、经营计划

1、形成主导产品合力，不断拓展销售市场。

随着公司主导产品智能发电机组、智能电气产品稳步增长，整合公司资源使之形成集智能建筑电气、机电总包和楼控技术开发为一体的主导产品，不断拓展开发产品销售市场，充分利用公司在全国建立的12个代表处及各事业部销售部门，进一步扩大公司产品的市场占有率。

2、提高产品技术含量，增强产品竞争力。

在公司2002年新产品开发的基础上，加大实施新产品开发项目的激励机制，充分发挥技术人员创造力，不断提高产品技术含量，增强产品内在竞争力。

3、加快技改进度，稳定产品质量。

2003年将按计划完成首期投资项目的建设。随着公司募股资金投入的技改项目的竣工，生产能力迅速提升，为公司扩大生产规模打下了扎实的基础。在管理方面，在公司整体通过ISO9001：2000质量管理体系认证及整体通过ISO14001环境管理体系认证基础上，进一步加强管理，争取年内通过OHSAS18001职业健康安全管理体系认证。为扩大公司产品的出口作充分准备。

4、强化信息管理水平，降低费用成本。

2003年，公司全面推广"ERP"管理，强化物流信息化，对原材料采购实行公开市场招标竞价机制，降低非生产开支和销售收入费用率，切实提高公司效益。

5、培养员工队伍，引进科技人才。

随着公司生产经营规模的迅速扩张，抓紧培养员工队伍，建立公司员工培训中心，实施总经理负责制的员工培训计划，使之思想上稳定，技术上过硬，适应新技术、新装备发展需要，并努力引进高技术人才，提高公司技术、管理水平。

六、董事会日常工作情况

(一)本报告年度公司董事会共召开五次会议，会议情况及决议内容如下：

1、2002年1月19日，第一届董事会第八次会议在公司会议室召开。会议审议通过了关于公司2001年度利润分配方案暨股票公开发行前利润处置方案。

2、2002年3月23日，第一届董事会第九次会议在公司会议室召开。会议通过如下决议：

(1)公司2001年度总经理工作报告。

(2)通过公司2001年度财务决算报告。

(3)通过公司2002年度财务预算方案。

(4)同意《2001年度董事会工作报告》。

(5)同意万晓民先生辞去公司副总经理职务。

(6)同意聘任毛勇先生为公司副总经理。

(7)同意公司独立董事津贴制度。

(8)同意减少公司募股资金拟投资项目。

(9)同意公司对北京康富英格尔智能电气技术有限公司增加投资。

3、2002年7月28日，第一届董事会第十次会议在北京清华大学同方大厦三楼会议室召开。会议通过如下决议：

(1)审议通过《公司2002年半年度报告》。

(2)同意聘任洪小华、邹映明先生为公司副总经理。

(3)审议通过《公司信息披露制度》。

(4)审议通过《公司建立现代企业制度自查报告》。

(5)审议通过《关于投资设立天津天动动力有限公司的议案》。

本次会议的决议以公告方式刊登在2002年7月30日的《中国证券报》和《上海证券报》上。

4、2002年10月16日，第一届董事会第三次临时会议以通讯方式召开。会议审议通过《公司2002年第三季度季度报告》。

5、2002年10月31日，第一届董事会第四次临时会议以通讯方式召开。会议通过如下决议：

(1)审议通过《关于对公司控股子公司——深圳市清华泰豪智能科技有限公司增资扩股的议案》。

(2)审议通过《关于对公司控股子公司——江西清华空调城有限公司增资扩股并更名的议案》。

(二)董事会已完成公司股票发行及上市工作。

公司于2002年1月25日获得中国证监会发审委的审核通过。经中国证券监督管理委员会证监发行字[2002]59号文审核批准，2002年6月19日，由主承销商长城证券有限责任公司组织的承销团通过上海证券交易所及深圳证券交易所交易系统，采用全部向二级市场投资者定价配售的方式，公开发行人民币普通股(A股)4000万股，每股发行价格4.76元。所发行股票于2002年7月3日在上海证券交易所挂牌交易。发行后，公司总股本为13305.68万股，其中已流通股占30.06%。

(三)董事会履行股东大会决议，执行股东大会授权情况的说明

1、根据2001年1月9日召开的2001年第一次临时股东大会审议通过的公司更名的议案，即公司名称更名为"泰豪科技股份有限公司"。公司已根据国家工商行政管理总局2002年6月27日(国)名称变核内字[2002]第241号《企业名称变更核准通知书》，并经江西省工商行政管理局2002年9月23日核准，办理了公司名称变更登记，即公司中文名称由清华泰豪科技股份有限公司变更为泰豪科技股份有限公司。(相关公告详见2002年9月26日的《中国证券报》和《上海证券报》)

2、根据2002年4月27日召开的2001年度股东大会审议通过的决议，董事会通过了2001年度利润分配方案的决议，即发行前形成的公司滚存利润 由老股东与股票发行后产生的新股东共同享有。

3、根据2002年4月27日召开的2001年度股东大会审议通过的决议，同意减少公司募股资金拟投资项目，即取消数字化直流电源屏技术改造项目、智能建筑物业管理系统项目和公司技术中心扩建项目。募股资金主要投向智能发电机组等四个项目。公司已在申请股票发行文件招股说明书中予以披露。

4、经股东大会授权，经公司董事会审议通过，根据公司发展需要，增资北京康富英格尔智能电气技术有限公司、深圳市清华泰豪智能科技有限公司、江西清华空调城有限公司；根据公司战略规划，设立天津天动动力有限公司(相关公告详见2002年9月28日的《中国证券报》和《上海证券报》)。

(四)关于公司高级管理人员聘任情况的说明

本报告期内公司于2002年3月23日召开第一届董事会第九次会议。经会议审议通过，董事会同意万晓民先生辞去公司副总裁职务，聘任毛勇先生为公司副总裁。公司于2002年7月28日召开第一届董事会第十次会议。经会议审议通过，董事会聘任洪小华、邹映明先生为公司副总裁。

七、本次利润分配预案或资本公积金转增股本预案

经中磊会计师事务所对本公司的审计，2002年度泰豪科技股份有限公司实现利润总额为28637249.30元，净利润 24709987.97元，加年初未分配利润36729343.29元，可供分配的利润为61439331.26元；根据《公司法》和公司章程规定，应提取法定盈余公积金 10 %为 2416972.20元，提取法定公益金 5 %为 1208486.10 元。2002年末可供股东分配的利润为 57813872.96元。

根据本公司第一届董事会十一次会议通过的有关决议，本公司拟以2002年12月31日的公司总股本 13306万股为基数，每10股派现金红利1元(含税)。共分配 13305682元，剩余利润结转以后年度分配。

此预案须经股东大会审议通过。

八、其他需要披露事项

报告期内公司信息披露报刊没有变更。

报告期内公司无其他需要披露事项。

第八节 监事会报告

一、报告期内监事会的工作情况

报告期内，监事会共召开二次会议，会议情况及决议内容如下：

1、2002年3月23日，第一届监事会第六次会议在公司会议室召开。会议通过如下决议：

(1)《关于通过2001年度监事会工作报告》。

(2)《关于通过公司董事、高级管理人员执行公司职务的监事意见的决议》。

(3)《关于通过公司2001年度财务会计报告的监事意见的决议》。

(4)《关于通过公司2001年度关联交易的监事意见的决议》。

2、2002年7月28日，第一届监事会第七次会议在北京清华大学同方大厦三楼会议室召开。会议审议通过了《公司2002年半年度报告》。

3、列席报告期内历次董事会和股东大会。

二、监事会独立意见

1、2002年度，公司监事会列席了历次董事会和股东大会，并根据有关法律、法规对董事会、股东大会的召开程序、决议事项、决策程序、董事会对股东大会决议的执行情况、公司董事、高级管理人员执行公司职务的情况等进行了监督。监事会认为：公司董事会能够按照《公司法》、《公司章程》等进行规范运作，决策程序合法，建立和完善了各项内部控制制度。公司董事、高级管理人员执行公司职务时无违反法律、法规、公司章程或损害公司利益的行为。

2、中磊会计师事务所经过审计，对公司2002年年度会计报表确认并出具了无保留意见的审计报告。公司监事会认为2002年年度会计报表真实地反映了公司的财务状况和经营成果。

3、公司募集资金投资项目按计划进行。公司监事会认为，公司在募集资金使用和管理过程中没有违规行为。

4、公司与关联方之间的关联交易严格遵循了公正、公平、公开的原则，按照市场公允的价格进行交易。双方通过订立关联交易承诺函明确了各自的关系。公司监事会认为公司2002年度发生的关联交易定价公平合理，没有损害上市公司利益。

第九节 重要事项

一、报告期内公司无重大诉讼、仲裁事项情况

二、报告期内公司无收购及出售资产、吸收合并事项

三、报告期内公司无重大关联交易

四、重大合同及其履行情况

1、报告期内本公司未发生托管、承包其他公司资产或其他公司托管、承包、租赁上市公司资产的情况。

2、报告期内本公司无重大担保事项。

3、报告期内本公司未发生委托他人进行现金资产管理事项。

4、报告期内本公司无重大合同及其履行情况。

五、公司或持股5%以上股东未在报告期内或持续到报告期内有重大承诺事项

六、会计师事务所聘任及报酬情况

1、报告期内公司续聘中磊会计师事务所有限责任公司为公司审计机构。

2、报告年度公司支付中磊会计师事务所有限责任公司的报酬为财务审计费用65万元(不含差旅、食宿等)。

3、中磊会计师事务所有限责任公司从1999年起为公司提供审计服务,已连续服务4年。

七、报告期内,公司、公司董事会及董事没有受中国证监会稽查、中国证监会行政处罚、通报批评、上海证券交易所公开谴责的情形。

第十节 财务报告

一、审计报告

泰豪科技股份有限公司全体股东:

我们接受委托,审计了贵公司2002年12月31日资产负债表和合并资产负债表,2002年度利润表及利润分配表和合并利润表及利润分配表,2002年度现金流量表和合并现金流量表。这些会计报表由贵公司负责,我们的责任是对这些会计报表发表审计意见。我们的审计是依据《中国注册会计师独立审计准则》进行的。在审计过程中,我们结合贵公司的实际情况,实施了包括抽查会计记录等我们认为必要的审计程序。

我们认为,上述会计报表符合《企业会计准则》和《企业会计制度》的有关规定,在所有重大方面公允地反映了贵公司2002年12月31日的财务状况,2002年度的经营成果及2002年度现金流量情况,会计处理方法的选用符合一贯性原则。

中磊会计师事务所有限责任公司　　中国注册会计师:付慧勤

二〇〇三年三月十日　　中国注册会计师:龚勤红

二、会计报表

资产负债表

编制单位:泰豪科技股份有限公司　　单位:人民币元

资产	行次序号	附注	2002年12月31日 合并	母公司
流动资产:				
货币资金	1	六-1	101,929,981.90	77,889,724.87
短期投资	2	六-2	3,015,000.00	3,015,000.00
应收票据	3	六-3	219,566.00	19,566.00
应收股利	4			
应收利息	5			
应收帐款	6	六-4	69,046,505.91	43,726,252.02
其他应收款	7	六-5	56,880,621.93	52,179,875.72
预付帐款	8	六-6	32,428,298.98	10,311,085.72
应收补贴款	9			
存货	10	六-7	104,294,364.47	48,747,938.17
待摊费用	11	六-8	131,664.00	50,000.00
一年内到期的长期债权投资	12			
其他流动资产	24			
流动资产合计	31		367,946,003.19	235,939,442.50
长期投资:				
长期股权投资	32	六-9	-5,715,773.25	60,771,239.16
长期债权投资	34			
其中:合并价差			-5,815,773.25	
长期投资合计	38		-5,715,773.25	60,771,239.16
固定资产:				
固定资产原值	39	六-10	173,291,049.47	113,054,513.23
减:累计折旧	40	六-10	55,688,204.02	21,563,668.46
固定资产净值	41		117,602,845.45	91,490,844.77
减:固定资产减值准备	42			
固定资产净额	43		117,602,845.45	91,490,844.77
工程物资	44			
在建工程	45	六-11	125,120,962.94	125,120,962.94
固定资产清理	46			
固定资产合计	50		242,723,808.39	216,611,807.71
无形资产及其他资产:				
无形资产	51	六-12	39,541,402.66	39,523,694.37
长期待摊费用	52	六-13	63,249.97	30,000.00
其他长期资产	53	六-14	1,835,292.80	1,835,292.80
无形资产及其他资产合计	60		41,439,945.43	41,388,987.17
递延税项:				
递延税项借项	61			
资产总计	67		646,393,983.76	554,711,476.54

资产负债表(续)

编制单位:泰豪科技股份有限公司　　单位:人民币元

负债及股东权益	行次	附注序号	2002年12月31日 合并	母公司
流动负债:				
短期借款	68	六-15	70,000,000.00	60,000,000.00
应付票据	69	六-16	22,280,000.00	900,000.00
应付账款	70	六-17	52,168,832.76	25,522,229.17
预收账款	71	六-18	27,850,386.31	10,769,071.51
应付工资	72		172,620.23	
应付福利费	73	六-19	3,365,003.31	2,736,377.93
应付股利	74	六-20	13,305,682.00	13,305,682.00
应交税金	75	六-21	5,971,674.46	3,961,498.03
其他应交款	80	六-22	1,420,460.49	1,018,258.68
其他应付款	81	六-23	8,464,652.19	22,489,241.14
预提费用	82	六-24	282,552.00	272,552.00
预计负债	83			
一年内到期的长期负债	86	六-25	29,573,800.00	29,573,800.00
其他流动负债	90			
流动负债合计	100		234,855,663.75	170,548,710.46
长期负债:				
长期借款	101	六-26	53,387,600.00	53,387,600.00
应付债券	102			
长期应付款	103			
专项应付款	106	六-27	860,000.00	860,000.00
其他长期负债	108			
长期负债合计	110		54,247,600.00	54,247,600.00
递延税项:				
递延税项贷款	111			
负债合计	114		289,103,263.75	224,796,310.46
少数股东权益			26,722,463.19	
股东权益:				
股本	115	六-28	133,056,828.00	133,056,828.00
减:已归还投资	116			
股本净额	117		133,056,828.00	133,056,828.00
资本公积	118	六-29	143,508,586.35	143,508,586.35
盈余公积	119	六-30	9,494,651.51	9,494,651.51
其中:法定公益金	120		3,164,883.86	3,164,883.85
未分配利润	121	六-31	44,508,190.96	43,855,100.22
股东权益合计	122		330,568,256.82	329,915,166.08
负债和股东权益总计	135		646,393,983.76	554,711,476.54

利润及利润分配表

编制单位:泰豪科技股份有限公司　　单位:人民币元

项目	行次	附注序号	2002年度 合并
一、主营业务收入	1	六-32	381,925,621.31
减:主营业务成本	4	六-33	309,471,909.41
主营业务税金及附加	5	六-34	1,838,052.45
二、主营业务利润	10		70,615,659.45
加:其他业务利润	11	六-35	1,652,371.30
减:营业费用	14		16,770,524.42
管理费用	15		24,187,765.67
财务费用	16	六-36	5,275,444.45
三、营业利润	18		26,034,296.21
加:投资收益	19	六-37	1,409,480.43
补贴收入	22	六-38	1,791,744.25
营业外收入	23	六-39	
减:营业外支出	25	六-40	598,271.59
四、利润总额	27		28,637,249.30
减:所得税	28		2,521,524.47
少数股东本期损益	29		1,405,736.86
五、净利润	30		24,709,987.97
加:年初未分配利润	31		36,729,343.29
其他转入	32		
六、可供分配利润	33		61,439,331.26
减:提取法定盈余公积	34		2,416,972.20
提取法定公益金	35		1,208,486.10
提取职工奖励及福利基金	36		
提取储备基金	37		
提取企业发展基金	38		
利润归还投资	39		
七、可供投资者分配的利润	40		57,813,872.96
减:应付优先股利	41		
提取任意盈余公积	42		
应付普通股股利	43		13,305,682.00
转作股本的普通股股利	44		
八、未分配利润	45		44,508,190.96

现金流量表

编制单位:泰豪科技股份有限公司单位:人民币元

项目	2002年度 合并
一、经营活动产生的现金流量:	
销售商品、提供劳务收到的现金	438,062,383.10
收到的税费返还	1,133,200.00
收到的其他与经营活动有关的现金	1,141,489.47
现金流入小计	440,337,072.57
购买商品、接受劳务支付的现金	332,902,916.15
支付给职工以及为职工支付的现金	21,709,519.75
支付的各项税费	14,798,485.78
支付的其他与经营活动有关的现金	65,997,855.23
现金流出小计	435,408,776.91
经营活动产生的现金流量净额	4,928,295.66
二、投资活动产生的现金流量:	
收回投资所收到的现金	
取得投资收益所收到的现金	1,031.53
处置固定资产、无形资产和其他长期资产而收回的现金净额	454,611.86
收到的其他与投资活动有关的现金	
现金流入小计	455,643.39
购建固定资产、无形资产和其他长期资产所支付的现金	142,546,190.44
投资所支付的现金	3,015,000.00
支付的其他与投资活动有关的现金	
现金流出小计	145,561,190.44
投资活动产生的现金流量净额	-145,105,547.05
三、筹资活动产生的现金流量:	
吸收投资所收到的现金	189,591,600.00
其中:子公司吸收少数股东权益性投资收到的现金	7,500,000.00
借款所收到的现金	134,500,000.00
收到的其他与筹资活动有关的现金	
现金流入小计	324,091,600.00
偿还债务所支付的现金	108,323,800.00
分配股利、利润或偿付利息所支付的现金	6,543,480.90
支付的其他与筹资活动有关的现金	
现金流出小计	114,867,280.90
筹资活动产生的现金流量净额	209,224,319.10
四、汇率变动对现金的影响	
五、现金及现金等价物净增加额	69,047,067.71

福 建 龙 溪 轴 承 股 份 有 限 公 司

福建龙溪轴承股份有限公司2002年年度报告

第一节、公司基本情况

(一)公司法定中文名称:福建龙溪轴承股份有限公司
公司法定英文名称:FUJIAN LONGXI BEARING CO.,LTD.
(二)公司法定代表人:陈福胜
(三)公司董事会秘书:曾凡沛
公司证券事务代表:何秋勇
联系地址:福建省漳州市延安北路
联系电话:0596-2072091
传真:0596-2072136
电子信箱:zfpls@163.com
(四)公司注册地址:福建省漳州市延安北路
公司办公地址:福建省漳州市延安北路
邮政编码:363000
公司网址:http://www.ls.com.cn
电子信箱:Lsmarket@public.zzptt.fj.cn
(五)信息披露刊登报刊:《上海证券报》
信息披露网站:http://www.sse.com.cn
公司年度报告备置地点:公司证券投资部
(六)公司股票上市证券交易所:上海证券交易所
股票简称:龙溪股份
股票代码:600592
(七)其他有关资料:
公司首次注册登记日期及地点:
注册时间:1997年12月24日在福建省工商行政管理局办理设立登记
注册地点:福建省漳州市延安北路。
公司变更注册登记日期及地点:
1999年10月30日在福建省工商行政管理局办理注册资本变更登记
2002年8月20日在福建省工商行政管理局办理注册资本变更登记
变更登记时注册地点未发生变化,仍为福建省漳州市延安北路
企业法人营业执照注册号:3500001001857
税务登记号码:350602158166297
公司聘任的会计师事务所名称:厦门天健华天有限责任会计师事务所
公司聘任的会计师事务所办公地址:厦门湖滨南路57号金源大厦17、18层

第二节、会计数据和业务数据摘要

一、本年度主要会计数据: 单位:元

项目	金额
利润总额	41,416,084.69
净利润	27,021,513.69
扣除非经常性损益后的净利润	27,308,037.96
主营业务利润	80,911,271.97
其他业务利润	2,120,856.27
营业利润	43,181,740.89
投资收益	-406,954.40
补贴收入	179594.00
营业外收支净额	-1,538,295.80
经营活动产生的现金流量净额	21,491,767.10
现金及现金等价物净增减额	226,408,878.09

*注:扣除的非经常性损益项目和金额: 单位:元

项目	金额
营业外收支净额	1,538,295.80
股票收益	-931,053.64
母公司补贴收入	-179,594.00
所得税影响额	-141,123.89
合计	286,524.27

二、截止报告期末公司前三年的主要会计数据和财务指标:

1、主要会计数据: 单位:元

项目	2002年	2001年	
		调整前	调整后
主营业务收入	189,442,880.95	168,384,816.82	168,384,816.82
利润总额	41,416,084.69	36,312,768.72	36,285,446.03
净利润	27,021,513.69	29,796,629.78	29,769,307.09
扣除非经常性损益的净利润	27,308,037.96	28,776,267.48	28,748,944.79

项目	比上年增减(%)	2000年
主营业务收入	12.51	105,019,722.02
利润总额	14.14	29,269,167.59
净利润	-9.23	23,498,386.37
扣除非经常性损益的净利润	-5.01	16,245,146.30

	2002年末	2001年末	
		调整前	调整后
总资产	614,122,851.32	351,487,997.77	351,255,283.82
股东权益(不含少数股东权益)	485,402,304.19	201,798,151.27	201,626,725.92
经营活动产生的现金流量净额	21,491,767.10	26,436,291.76	26,436,291.76

	比上年末增减(%)	2000年末
总资产	74.84	300,103,548.79
股东权益(不含少数股东权益)	140.74	171,130,237.72
经营活动产生的现金流量净额	-18.70	36,344,897.11

2、主要财务指标: 单位:元

项目	2002年	2001年	
		调整前	调整后
每股收益	0.18	0.30	0.30
净资产收益率	5.57%	14.77%	14.76%
扣除非经常性损益后加权平均净资产收益率	8.54%	15.47%	15.46%
每股经营活动产生的现金流量净额	0.14	0.26	0.26

	2002年末	2001年末	
		调整前	调整后
每股净资产	3.24	2.02	2.02
调整后的每股净资产	3.18	1.95	1.95

项目	本年比上年增减(%)	2000年
每股收益	-39.60	0.23
净资产收益率	-62.30	13.73%
扣除非经常性损益后加权平均净资产收益率	-44.76	9.49%
每股经营活动产生的现金流量净额	-46.15	0.36

	本年末比上年末增减(%)	2000年末
每股净资产	60.4	1.71
调整后的每股净资产	63.08	1.64

3、利润表附表(按中国证监会关于发布《公开发行证券公司信息披露编报规则》第9号的通知计算的净资产收益率和每股收益)

净资产收益率(%)

报告期利润	2002年 全面摊薄	2002年 加权平均	2001年 全面摊薄 变动后	2001年 全面摊薄 变动前	2001年 加权平均 变动后	2001年 加权平均 变动前
主营业务利润	16.67	25.31	35.66	35.64	38.65	38.66
营业利润	8.90	13.51	16.32	16.32	17.70	17.71
净利润	5.5	78.45	14.76	14.77	16.00	16.02
扣非经营性损益后的净利润	5.6	38.54	14.26	14.28	15.46	15.47

每股收益(元)

报告期利润	2002年 全面摊薄	2002年 加权平均	2001年 全面摊薄 变动后	2001年 全面摊薄 变动前	2001年 加权平均 变动后	2001年 加权平均 变动前
主营业务利润	0.53	0.67	0.72	0.72	0.72	0.72
营业利润	0.29	0.36	0.33	0.33	0.33	0.33
净利润	0.18	0.22	0.30	0.30	0.30	0.30
扣非经营性损益后的净利润	0.18	0.23	0.29	0.29	0.29	0.29

4、报告期内股东权益变动情况: 单位:元

项目	期初数	本期增加
股 本	100,000,000.00	50,000,000.00
资 本公积	52,430,444.09	236,754,064.58
盈余公积	25,199,866.24	5,134,087.60
法定公益金	9,461,562.56	2,431,936.23
未分配利润	23,996,415.59	27,021,513.69
股东权益	201,626,725.92	318,909,665.87

项 目	本期减少	期末数
股 本	-	150,000,000.00
资本公积	-	289,184,508.67
盈余公积	-	30,333,953.84
法定公益金	11,893,498.79	
未分配利润	35,134,087.60	15,883,841.68
股东权益	35,134,087.60	485,402,304.19

变动原因:(1)股本增加系龙溪股份当年发行5000万股流通股股票;

(2)资本公积增加主要是龙溪股份本年发行5000万股流通股溢价及债务重组收益增加;

(3)盈余公积增加主要是按公司章程规定对本年实现净利润提取10%公积金与9%公益金后相应增加;

(4)法定公益金增加主要是按公司章程规定对本年实现净利润提取9%公益金相应后增加;

第三节、股本变动及股东情况

一、股东情况:

1、报告期末股东总数:23302名

2、报告期末公司前十名股东持股情况: 单位:股

股东名称	年度内增减	年末持股数	比例(%)
漳州市国有资产投资经营有限公司	--	55,392,000	36.93
漳州片仔癀集团公司	--	15,922,000	10.61
万利达集团有限公司	--	14,857,000	9.90
中国工程与农业机械进出口总公司	--	11,329,000	7.55

上海财政证券公司	2,620,635	2,620,635	1.75
龙海市多棱钢砂有限公司	--	2,500,000	1.67
国都证券有限公司	2,107,615	2,107,615	1.41
南方稳健成长证券投资基金	1,089,006	1,089,006	0.73
长江证券有限责任公司	503,588	503,588	0.34
同益证券投资基金	503,150	503,150	0.34

股东名称	股份类别	质押或冻结	股东性质 股份数量
漳州市国有资产投资经营有限公司	未流通	无	国有股
漳州片仔癀集团公司	未流通	无	国有法人股
万利达集团有限公司	未流通	无	法人股
中国工程与农业机械进出口总公司	未流通	无	国有法人股
上海财政证券公司	已流通	无	流通股
龙海市多棱钢砂有限公司	未流通	无	法人股
国都证券有限公司	已流通	无	流通股
南方稳健成长证券投资基金	已流通	无	流通股
长江证券有限责任公司	已流通	无	流通股
同益证券投资基金	已流通	无	流通股

三、控股股东情况：

公司控股股东名称：漳州市国有资产投资经营有限公司

法定代表人：谭培根

成立日期：1998 年 9 月 25 日

注册资本：35900 万元

企业类别：国有独资

持有本公司股份数量：55,392,000 股

经营范围：依法运营漳州市市本级工业系统国有资产

四、报告期内，公司控股股东没有发生变化，仍为漳州市国有资产投资经营有限公司。

五、持股 10%以上（含 10%）的法人股东情况：

股东名称：漳州片仔癀集团公司

法定代表人：陈景涛

成立日期：1991 年 7 月 19 日

注册资本：6905 万元

主要经营业务或管理活动：经营管理其下属企业的国有资产及对外投资

第四节、董事、监事、高级管理人员和员工情况

一、董事、监事及高级管理人员的情况：

（一）基本情况：

表一

姓名	职务	性别	年龄
陈福胜	董事长	男	58
冯忠铭	董事、总经理	男	50
吴景询	董事、财务总监	男	61
曾凡沛	董事、董事会秘书、副总经理	男	35
骆家駹	董事	男	38
何建文	董事	男	57
吴雪平	董事	女	26
邱华炳	独立董事	男	60
陈江良	独立董事	男	61
张泰生	监事会主席	男	46
李绥鲜	监事	女	49
方良乐	监事	男	56
杜超英	监事	男	44
王新辉	监事	男	40
许厦生	副总经理	男	46
黄继新	副总经理	男	46
庄思明	副总经理	男	50

姓名	任期起止日期	持股数量
陈福胜	2001.3~2004	0
冯忠铭	2001.3~2004	0
吴景询	2001.3~2004	0
曾凡沛	2001.3~2004	0
骆家駹	2001.3~2004	0
何建文	2001.3~2004	0
吴雪平	2001.3~2004	0
邱华炳	2002.5~2004	0
陈江良	2002.5~2004	0
张泰生	2001.3~2004	0
李绥鲜	2002.3~2004	0
方良乐	2001.3~2004	0
杜超英	2001.3~2004	0
王新辉	2001.3~2004	0
许厦生	2001.3~2004	0
黄继新	2001.3~2004	0
庄思明	2002.4~2004	0

表二、股东单位及其他单位任职的董事、监事情况：

姓名	任职单位名称	担任的职务
骆家駹	中国工程与农业机械进出口总公司	总经理
	中国机械装备集团公司	总裁助理
杜超英	中国机电广告公司	总经理助理
何建文	漳州市片仔癀药业股份有限公司	董事长
吴雪平	万利达集团公司	投资部经理
王新辉	龙海市多棱钢砂有限公司	董事长、总经理

姓名	任职期间	是否领取报酬、津贴（是或否）
骆家駹	2001.10~2002.9	
	2002.7	起未在本公司领取报酬
杜超英	2002.1	起未在本公司领取报酬
何建文	2003.3	起未在本公司领取报酬
吴雪平	2000.1	起未在本公司领取报酬
王新辉	1998.3	起未在本公司领取报酬

（二）董事、监事和高级管理人员年度报酬情况：

1、2002 年度在本公司领取报酬的的董事、监事和高级管理人员的年度报酬依据公司《年薪制度规定》及其考核办法经考核后发放。独立董事的薪酬依据股东大会批准的独立董事津贴标准发放。

2、现任董事、监事和高级管理人员的年度报酬总额：151.17 万元，金额最高的前三名董事报酬总额：54.45 万元，金额最高的前三名高级管理人员的报酬总额：50.67 万元。

3、独立董事的津贴：独立董事年度工作津贴为人民币 8 万元（含税），独立董事参加公司董事会、股东大会及行使职权时所需交通、食宿费用据实报销。

4、董事、监事和高级管理人员年度报酬区间：16~20 万元 3 人，10~16 万元 5 人，10 万元以下 4 人。

5、不在公司领取报酬、津贴的董事、监事：董事骆家駹、何建文、吴雪平，监事杜超英、王新辉；以上董事、监事均其任职单位领取报酬、津贴。

（三）在报告期内，董事、监事和高级管理人员聘任及离任情况：

2002 年 5 月 16 日，公司召开了 2001 年度股东大会，选举邱华炳先生、陈江良先生为公司第二届董事会独立董事；

由于公司职工监事林其政同志已到退休年龄，公司于 2002 年 3 月 25 日召开职代会，同意林其政先生辞去公司职工监事的职务并选举李绥鲜女士为公司第二届监事会职工监事；

2002 年 4 月 9 日，公司二届四次董事会聘任庄思明先生为公司副总经理。

二、公司员工情况：

报告期末，公司在职员工总数 1081 人（不包括控股子公司），公司需承担的离退休职工人数：185 人。

表一、员工的专业构成：

项目	人数	比例(%)
生产人员	830	76.78%
销售人员	27	2.50%
技术人员	120	11.10%
财务人员	12	1.11%
行政人员	92	8.52%
合计	1081	100%

表二、员工的教育程度：

项目	人数	比例(%)
高中或中专	593	54.86%
初中及以下	301	27.84%
合计	1081	100%

第五节、公司治理结构

一、公司治理结构情况：

1、公司治理的实际情况：

本公司严格按照《公司法》、《上市公司章程指引》、《上市公司治理准则》、福建龙溪轴承股份有限公司 2002 年年度报告《上海证券交易所股票上市规则》及有关法律法规的规定，设立了股东大会、董事会、监事会、总经理及有关生产经营管理机构，并制定了《公司章程》、《股东大会议事规则》、《董事会议事规则》、《监事会议事规则》、《总经理工作细则》和《募集资金管理办法》等制度，不断完善公司的法人治理机制，建立了健全的法人治理结构。

（1）股东及股东大会：公司已经制定了《股东大会议事规则》，确保了股东特别是中小股东平等的地位和权利，公司历次的股东大会的召开和表决程序均严格按照《公司法》、《股东大会规范意见》、《公司章程》的有关规定；公司制定了《关联交易决策制度》，与关联方之间的关联交易均签订书面协议，遵循平等、自愿、等价、有偿的原则，与控股股东签订关联交易协议时实行关联股东回避制度，切实维护中小股东利益。

（2）控股股东与公司：控股股东依法行使股东的权利，承担股东的义务，没有超过股东大会直接或间接干预公司的决策及依法开展的生产经营活动，不存在损害公司及其他股东的权益；控股股东与本公司在人员、资产、财务、机构、业务完全分开独立，各自独立核算、独立承担责任和风险。

（3）董事和董事会：公司按照《公司法》、《公司章程》规范、透明的选聘程序公开、公平、公正、独立地选聘董事，董事能根据公司和全体股东的最大利益，忠实、诚信、勤勉地履行职责；公司已根据《上市公司治理准则》的规定，修订了《董事会议事规则》，制定了《董事会专门委员会实施细则》，同时增聘了两名独立董事，制定了《独立董事制度》，提高了董事会的议事质量。公司董事会的召开及表决程度均严格《公司法》、《上市公司治理准则》、《董事会议事规则》的规定进行，所有董事均出席会议。

（4）监事及监事会：公司已按照《公司法》、《上市公司治理准则》等有关规定制定了《监事会议事规则》，监事会的召集、召开均严格按照《公司法》、《监事会议事规则》进行；监事能向全体股东负责，对公司财务以及董事、经理和其他高级管理人员发行职责的合法合规性进行监督，维护公司及股东的合法权益。

（5）绩效评价与激励约束机制：由董事会制定公司年度计划，并对管理层的执行情况进行检查。根据检查结果决定其是否胜任及年薪；公司实行年薪制；公司建立了各项内部控制制度，对高管人员的任职、权限、职责以及损害公司利益等方面均有相应的约束性规定。

（6）利益相关者：公司尊重银行及其他债权人、职工、消费者、供应商、社区等　　利益相关者的合法权利，并与利益相关者积极合作，共同推进公司持续、健康、稳定的发展。

（7）信息披露及透明度：公司已按照《公司法》、《上市公司治理准则》、《上海证券交易所股票上市规则》等有关规定制定了公司信息披露制度，并严格按照信息披露制度的规定，切实履行信息披露义务，真实、准确、完整、及时披露所有对本公司股票价格可能产生重大影响的信息；并且将信息的知情者控制在最小范围内，杜绝内幕交易。

2、公司治理的实际状况与上市公司治理准则要求存在差异：

根据中国证监会发布的《关于在上市公司建立独立董事制度的指导意见》的要求，公司还将不断完善公司法人治理机制，增设一名独立董事，进一步提高董事会的议事质量和议事水平。

二、独立董事履行职责情况：

公司根据中国证监会发布的《关于在上市公司建立独立董事制度的指导意见》的要求，于 2002 年 5 月 16 日召开的 2001 年度股东大会增设了两名独立董事，制定了《独立董事制度》。一年来，独立董事根据《关于在上市建立独立董事制度的指导意见》和公司独立董事制度等相关法律法规的规定独立履行职责，认真参加了报告期内的董事会和股东大会，以认真负责的态度对公司进行调查研究和审议各项议案，对董事会的科学决策和公司规范运作、良性发展起到积极的作用，切实维护了公司和股东特别是中小股东的利益。

三、公司与控股股东在业务、资产、人员、财务、机构的独立情况

1、业务独立情况

本公司拥有一整套独立供、产、销系统，独立开展业务，不存在和控股股东共用供、产、销体系问题或重复、交叉业务的情况，也不存在同业竞争，业务独立完整。

2、资产独立情况

本公司拥有所有经营性资产（包括其完整的供应、生产、销售系统和商标），资产独立完整。

3、人员独立情况

本公司董事、监事及其他高级管理人员均严格按照《公司法》、公司章程的相关规定产生，董事长、总经理等不存在双重任职；公司经理层和财务人员均由专职人员担任，未在股东单位任职，其薪金在本公司领取；公司的劳动、人事、工资管理等都福建龙溪轴承股份有限公司 2002 年年度报告与

股东单位完全分开,员工由公司人事部门聘用,未受任何其他方干预。因此,本公司人员完全独立。

4、财务独立

本公司拥有独立的财务部门,建立了独立的财务核算体系和财务会计制度,在银行开立了独立的银行帐户,独立核算、独立纳税,独立支配自有全部财产和资金,未出现控股股东占用公司资金、资产等非规范行为。控股股东无与本公司共用财务部门、共用财务人员、共用银行帐户、共同纳税等不规范的情况。本公司的财务完全独立。

5、机构独立

本公司建立了以股东大会为最高权力机构、董事会为执行机构、监事会为监督机构、总经理办公会为经营管理机构的独立的法人治理结构;建立了独立完整的组织机构,拥有生产经营所需的决策、管理、监督、研发、财务、采购、生产、销售等完整体系,独立有效地开展各项工作,未受任何其他方的干预,也未依赖于任何其他方。本公司的机构完全独立。

四、对高级管理人员的考评及激励机制、相关奖励制度的建立及实施情况:

公司建立了高级管理人员的年薪制度和绩效考评体系,依据各高管人员的职责分工,对其本人及所负责单位的指标完成、工作质量、创新成效等工作业绩进行考核,并将考评结果与个人薪酬挂钩。公司将根据发展需要不断完善考评与激励机制。

第六节、股东大会情况简介

一、报告期内公司共召开两次股东大会,具体情况如下:

1、2001年度股东大会:本公司2001年度股东大会于2002年5月16日在公司会议室召开。出席会议股东代表5人,代表股份10000万股,占公司总股份的100%,会议由陈福胜董事长主持。经投票表决,审议通过以下决议:2001年董事会工作报告、2001年监事会工作报告、2001年财务决算方案和2002年财务预算方案、2001年度利润分配方案、《公司章程》修改草案、上市后公司章程修改草案、关于成立董事会专门委员会及其实施细则的议案、公司独立董事制度、关于修订公司股东大会议事规则的议案、关于提名邱华炳、陈江良同志为独立董事候选人的议案、关于独立董事津贴的议案等。

2、2002年第一次临时股东大会:2002年8月22日,公司在《上海证券报》公告了关于召开2002年第一次临时股东大会的通知;公司2002年第一次临时股东大会于2002年9月26日在公司本部二楼会议室召开,出席会议股东及股东授权代表共5人,代表股份10000万股,占公司有表决权股份的66.67%。会议由陈福胜董事长主持,公司董事、监事及高级管理人员出席了会议。经与会股东认真审议,审议通过了以下决议:公司二○○二年中期利润分配方案、审议通过公司募集资金管理办法。(2002年第一次临时股东大会决议公告见2002年9月27日《上海证券报》)

二、选举、更换董事、监事情况:根据中国证监会发布的《关于在上市公司建立独立董事制度的指导意见》的规定,为规范公司运作,2002年5月16日,公司召开2001年度股东大会,选举了邱华炳同志、陈江良同志两位独立董事。

第七节、董事会报告

一、报告期内整体经营情况的讨论与分析:

公司紧紧围绕"坚持新优特;相关多元化,组织生态化;实现优强大"的总体发展战略,面对日益严峻的市场环境,以市场为导向,积极深化内部改革,健全内控与考核力度;强化市场竞争意识,优化市场营销策略,改革市场营销责任制,深化财务预算,加强成本控制,充分发挥公司在规模、产能、人才、管理与技术等方面的优势,克服了市场竞争等带来的种种不利影响,公司生产经营持续稳步发展,全面完成2002年经营目标,全年完成销售收入18,944.29万元、实现利润总额4,141.61万元,分别比2001年增长12.51%、14.14%。

因福建省停止执行并纠正不符合国家统一规定的税收优惠政策,本公司所得税优惠政策被取消,按法定税率33%缴纳企业所得税,所得税政策的变化对本年度的经营产生一定的影响。

二、公司经营情况:

1、公司的主要业务是生产、经营关节轴承、深沟球轴承和汽车配件等机械基础件、配套件产品,同时,通过子公司福建省永安轴承有限责任公司从事AG系列轴承、精密圆锥滚子轴承的生产和经营;通过子公司福建金柁汽车转向器有限公司从事汽车动力转向器的生产和经营。

公司主营核心业务是研发、生产、销售关节轴承等特种轴承。

2、公司主营业务分部报告:

(1)按产品分类的主营业务情况表:单位:元

主营业务收入		
产品	本年数	上年数
关节轴承	108,475,451.77	103,417,328.85
精密圆锥滚子轴承	42,753,268.06	32,044,030.46
汽车配件	13,454,637.96	735,508.13
英制滚轮轴承	9,189,906.07	9,018,914.20
深沟球轴承	8,364,297.49	12,073,948.94
AG轴承	7,205,319.60	11,095,086.24
合计	189,442,880.95	168,384,816.82
其中:关联交易	0	0

主营业务成本		
产品	本年数	上年数
本年数	49,543,790.18	47,403,302.40
关节轴承	31,601,865.59	23,948,764.13
精密圆锥滚子轴承	8,691,835.40	604,955.81
汽车配件	6,487,592.80	6,581,701.57
英制滚轮轴承	5,218,946.22	7,968,147.73
深沟球轴承	5,117,938.51	8,111,170.24
AG轴承	106,661,968.70	94,618,041.88
合计		
其中:关联交易	0	0

毛利率(%)		
产品	本年数	上年数
本年数	54.33	54.16
关节轴承	26.08	25.26
精密圆锥滚子轴承	35.40	17.75
汽车配件	29.41	27.02
英制滚轮轴承	37.60	34.01
深沟球轴承	28.97	26.89
AG轴承	43.70	43.81
合计		
其中:关联交易	0	0

(2)、按地区分部主营业务收入情况表:单位:元

项目	本年数	上年数	增减(%)
国外	71,668,097.75	84,012,064.96	-14.69
国内	117,774,783.20	84,372,751.86	39.59
合计	189,442,880.95	168,384,816.82	12.51

(3)、主营业务收入构成情况表:

产品	本年数	
	主营业务收入(元)	比例
关节轴承	108,475,451.77	57.26%
精密圆锥滚子轴承	42,753,268.06	22.57%
汽车配件	13,454,637.96	7.10%
英制滚轮轴承	9,189,906.07	4.85%
深沟球轴承	8,364,297.49	4.42%
AG轴承	7,205,319.60	3.80%
合计	189,442,880.95	100%

产品	上年数	
	主营业务收入(元)	比例
关节轴承	103,417,328.85	61.42%
精密圆锥滚子轴承	32,044,030.46	19.03%
汽车配件	735,508.13	0.44%
英制滚轮轴承	9,018,914.20	5.36%
深沟球轴承	12,073,948.94	7.17%
AG轴承	11,095,086.24	6.59%
合计	168,384,816.82	100%

三、参控股公司情况:

(一)控股子公司情况:

截止2002年12月31日,公司控股子公司有福建省永安轴承有限责任公司(下称永安轴承)和福建金柁汽车转向器有限公司(下称金柁公司),具体情况如下:

1.福建省永安轴承有限责任公司:该公司经营范围是轴承等机械设备制造、加工、销售,经营本企业产品及原辅材料进口业务,汽车货运,食品、百货零售;主要产品是AG轴承和精密圆锥滚子轴承;注册资本是2472万元;截止2002年12月31日资产总额8586.47万元,净资产2619.56万元,2002年实现销售收入6038.82万元,净利润93.03万元。

2.福建金柁汽车转向器有限公司:该公司经营范围是生产、销售汽车转向器及配件;主要产品是汽车转向器;注册资本是500万元;截止2002年12月31日资产总额2060.25万元,净资产723.32万元,2002年实现销售收入1345.46万元,净利润123.32万元。

(二)报告期内,公司未有来自单个参股公司的投资收益达到公司净利润的10%以上。

四、供应商、客户情况:

前五名供应商采购金额合计	31,601,345.55	占采购总额比重	29.14%
前五名销售客户销售金额合计	44,148,414.91	占销售总额比重	23.30%

五、经营中的问题及解决方案:

1、经营中出现的问题是原材料、辅助材料(化工类)价格上涨和日益激烈的市场竞争。

2、解决方案:面对经营中出现的不利因素,公司积极采取有效的措施,加强管理,克服了材料价格上涨和激烈的市场竞争带来的不利影响。

(1)公司着力加强财务管理和成本控制,在采购过程中坚持货比三家的采购原则,比质比价;实施全面预算管理,严格控制各项费用;在生产过程中,加强工艺创新,降低原辅材料消耗,努力降低生产经营成本。

(2)为应对日益激烈的行业竞争和市场竞争,公司充分发挥技术中心的作用,加快技术创新和新产品开发的步伐,努力开发出适应市场的新产品;不断深化内部管理体制改革,加强内部管理;加大市场调研,同时加强营销队伍建设,改进营销策略,加大营销责任制的改革,建立良好的营销体系。

六、公司在首次公开发行股票招股说明书中承诺2002年实现主营业务收入18,000万元,利润总额4000万元,实际完成主营业务收入18,944.29万元,利润总额4141.61万元,全面完成承诺的经营目标。

七、投资情况:

(一)募集资金使用情况:

本公司于7月22日向社会公开发行人民币普通股5000万股,扣除发行费用后,共募集资金286,690,000.00元。

报告期内,募集资金使用情况:

募集资金运用项目投资进度表单位:万元

本年度已使用募集资金总额3928.66 募集资金总额28,669 已累计使用募集资金总额3928.66

承诺项目	承诺项目投资总额	承诺募集资金投资总额	是否变更
年产100万套特种关节轴承技改	7,000	2200	否
低温真空等离子体渗硫技术产业化一期工程技改	12,000	12,000	否
企业技术中心升级改造	2,000	2,000	否
带锁口带座杆端关节轴承技改	5,500	5,500	否
出资对福建省永安轴承有限责任公司增资项目	10,000	6,969	否
其中:			
扩大AG轴承出口技改	2,990	2,990	否
扩大精密圆锥滚子轴承出口技改	4,800	3,979	否
补充永安轴承流动资金	2,210	----	--
合计	36,500	28,669	--

承诺项目	项目实际投资总额	募集资金实际投资总额
年产100万套特种关节轴承技改	3520.50	2,200
低温真空等离子体渗硫技术产业化一期工程技改	298.19	298.19
企业技术中心升级改造	155.75	155.75
带锁口带座杆端关节轴承技改	274.72	274.72
出资对福建省永安轴承有限责任公司增资项目	1,000	1,000
其中:		
扩大AG轴承出口技改	0	0
扩大精密圆锥滚子轴承出口技改	1,000	1,000
补充永安轴承流动资金	----	----
合计	5249.16	3928.66

承诺项目	产生收益金额	是否符合计划进度和预计收益
年产100万套特种关节轴承技改	782.11	是
低温真空等离子体渗硫技术产业化一期工程技改	建设期	否
企业技术中心升级改造	建设期	否
带锁口带座杆端关节轴承技改	建设期	否
出资对福建省永安轴承有限责任公司增资项目	----	
其中:		
扩大AG轴承出口技改	建设期	否
扩大精密圆锥滚子轴承出口技改	建设期	否

补充永安轴承流动资金	----	----
合计	----	

项目投资进度与收益的说明：公司募集资金投资项目除年产 100 万套特种关节轴承技术改造项目达到计划进度和收益外，其余五个投资项目未达到计划进度和收益。具体如下：

年产 100 万套特种关节轴承技术改造项目：由于已用生产资金先行投入，2002 年 12 月竣工投产，2002 年新增销售收入 1396.63 万元，新增主营业务利润 782.11 万元。

未达到计划进度和收益的说明：公司预计募集资金可在 2002 年第一季度到位，而公司募集资金实际到位时间是 2002 年第三季度，募集资金到位的迟缓影响了公司募集资金投资项目的实施进度，同时由于从申请至获准公开发行股票时间较长，为慎重投资，对各项目的工艺方案进行再论证，一定程度影响了投资进度，导致公司 5 个项目的投资进度与承诺的投资进度不一致。尚未使用的募集资金存放在公司募集资金专户中。

(二)报告期内，公司未发生非募集资金投资项目。

八、财务状况和经营成果分析：

1、财务状况分析：单位:元

项目	2002 年度	2001 年度	变动比率(%)
货币资金	318,277,940.98	91,869,062.89	246.45
应收票据	6,319,134.36	1,449,930.00	335.82
应收帐款	65,279,839.27	58,949,469.98	10.74
其他应收款	2,892,775.04	4,774,103.15	-39.41
预付帐款	22,060,729.68	9,012,901.97	144.77
存货	75,657,191.78	65,641,745.18	15.26
待摊费用	1,154,755.15	175,756.42	557.02
流动资产	494,225,983.85	234,365,849.59	110.88
在建工程	3,936,100.06	1,668,377.25	135.92
长期待摊费用	1,924,572.73	-	-
期末资产总额	614,122,851.32	351,255,283.82	74.84
应付股利	4,037,190.93	384,341.90	950.42
应交税金	2,455,236.65	1,207,534.30	103.33
预提费用	1,097,255.26	52,257.78	1,999.70
长期借款	-	28,000,000.00	-

变动原因：

(1)货币资金比年初增加主要是母公司当年公开发行股票募集资金到位。

(2)应收票据比年初增加主要是母公司及子公司永安轴承新收到的银行承兑汇票增加。

(3) 应收帐款比年初增加主要是子公司金柁公司当年营业跨期收款新增的应收货款 524 万元，及母公司的重型汽车与工程机械制造行业客户需求与归还货款不同步，新增欠款。

(4)其他应收款比年初减少主要是子公司永安轴承处置应收离退休人员费用。

(5)预付帐款比年初增加主要是母公司为降低采购成本，预付钢厂购钢材款 400 多万元，及预付特种关节轴承技改项目工程与设备款 500 多万元等，子公司金柁公司增加购转向器零件发票未到先挂帐。

(6)存货比年初增加主要是母公司为规避钢材提价影响增加物资储备与提高产成品的库存储备量，及子公司金柁当年营业新增加存货 323 万元的影响。

(7)待摊费用比年初增加主要是母公司当年上市新增加财务顾问费 200 万元，其受益期跨期 2 年，尚余 1 年未摊销。

(8)流动资产比年初增加主要是以上各因素综合影响。

(9)在建工程比年初增加主要是母公司技改项目新增投入的未完工工程及未安装投产的设备。

(10)长期待摊费用比年初增加主要是新增子公司金柁公司购入的技术入门费按 10 年期限摊销的余额。

(11)期末总资产比年初增加主要是母公司当年公开发行股票募集资金及实现净利润的影响。

(12)应付股利比年初增加主要是母公司对 2001 年至 2002 年 6 月滚存利润进行分配(每 10 股派发 2 元)，尚未支付法人股股东的股利(于 2003 年度支付)。

(13)应交税金比年初增加主要是母公司所得税当年实行按季缴纳，报告期第四季度实现所得税先挂帐至 2003 年元月缴纳的影响。

(14)预提费用增加主要是母公司按权责发生制提取统筹及电费等 68 万元，子公司永安轴承提取失业保险、借款利息、电费 41 万元。

(15)长期借款比年初减少主要是母公司归还特种关节轴承技改贷款 2800 万元。

2、经营成果分析：单位:元

项目	2002 年度	2001 年度 变动后
主营业务收入	189,442,880.95	168,384,816.82
利润总额	41,416,084.69	36,285,446.03
净利润	27,021,513.69	29,769,307.09
扣除非经营性损溢后净利润	27,308,037.96	28,748,944.79
主营业务利润	80,911,271.97	71,900,126.02
营业利润	43,181,740.89	32,915,589.45
投资收益	-406,954.40	5,597,734.88
补贴收入	179,594.00	335,023.00
营业外收支净额	-1,538,295.80	-2,562,901.30
经营活动产生现金流量净额	21,491,767.10	26,436,291.76
现金及现金等价物净增减额	226,408,878.09	37,013,729.15

变化原因：

项目	2001 年度 变动前	变动比率 (%)
主营业务收入	168,384,816.82	12.51
利润总额	36,312,768.72	14.14
净利润	2,9796,629.78	-9.23
扣除非经营性损溢后净利润	28,776,267.48	-5.22
主营业务利润	71,925,972.79	12.53
营业利润	32,941,436.22	31.19
投资收益	5,597,734.88	-107.27
补贴收入	335,023.00	-46.39
营业外收支净额	-2,562,901.30	-39.98
经营活动产生现金流量净额	26,436,291.76	-18.70
现金及现金等价物净增减额	37,013,729.15	511.69

(1)主营业务收入比上年同期增长 12.51%，主要是报告期内子公司金柁投产后已实现批量销售；同时母公司比上年同期增长 3.9%，其中：关节轴承销售收入比上年同期增长 6.53%，深沟轴承比上年同期减少 30.77%。

(2)利润总额比上年同期增长 14.14%，主要是报告期内子公司金柁投产后已实现批量销售当年实现利润 346 万元；同时母公司内部挖潜降耗毛利率提高 1.3%及管理费用与财务费用降低影响。

(3)净利润及扣除非经营性损溢后净利润比上年同期减少，主要是根据国税部门通知今年取消 15%优惠所得税率，按 33%税率计征所得税，而上年同期则按 15%所得税率计征所得税。

(4)主营业务利润比上年同期增长 12.53%，主要是母公司产品结构调整后，毛利率较高的关节轴承销量继续增加，及强化目标成本管理，着力挖潜降耗，使毛利率水平较上年同期增长 1.3%；子公司金柁实现批量销售。

(5)营业利润比上年同期增加主要是报告期内子公司金柁投产后已实现批量销售；同时母公司管理费用与财务费用降低影响。

(6)投资收益比上年同期减少主要是母公司投资北京金东方当年损失 121 万元、库存股票出售收益比上年减少 250 万元及兴业证券上年分红 270 万元而当年无分红等因素影响。

(7)补贴收入比上年同期减少主要是母公司当年收到财政补贴减少。

(8)营业外收支净额比上年同期减少，主要是母公司当年减少处理职工宿舍房改损失的影响。

(9)经营活动产生现金流量净额比上年同期减少主要是龙轴公司为降低采购成本预付购钢材货款增加；

(10)现金及现金等价物净增减额比上年同期增加主要是母公司当年公开发行股票募集资金的影响。

3、报告期内，公司利润构成中营业利润增加 31.19%，投资收益减少 107.27%。

第八节、监事会报告

一、监事会的工作情况：

报告期内，公司监事会共召开 3 次会议，具体情况如下：

1、2002 年 4 月 8 日召开二届三次监事会，审议通过了以下决议：2001 年度监事会工作报告、2001 年度公司财务决算方案和公司 2002 年度财务预算方案、2001 年度利润分配方案、公司章程修改草案、关于修订公司上市后章程修改草案的议案、关于调整监事会成员的议案、独立董事津贴方案等。

2、2002 年 8 月 20 日召开二届四次监事会，审议通过了以下决议：总经理工作报告、2002 年中期利润分配预案、2002 年半年度报告及其摘要、公司募集资金管理办法、关于召开 2002 年第一次临时股东大会的议案等。

3、2002 年 10 月 28 日以通讯方式召开二届五次监事会，审议通过了 2002 年第三季度报告。

二、监事会独立意见：

1、公司依法运作情况：公司董事会能按照《公司法》、《证券法》、《公司章程》及其他有关法律法规的规定规范运作，科学决策；公司董事、总经理及其他高级管理人员能严格按照《公司法》、《证券法》、《公司章程》和其他有关法律法规的要求，工作认真负责，依法经营，决策程序合规合法，并进一步完善了内部管理和内部控制制度，已建立良好的内部控制机制。公司董事、总经理和高级管理人员均能认真履行职责，勤勉诚信、廉洁自律，执行职务时没有违反国家法律、法规、公司章程和损害公司利益的行为。

2、公司财务状况：公司会计制度健全，财务管理规范，财务运作正常，公司 2002 年度财务报告真实地反映了公司的财务状况和经营成果，厦门天健华天会计师事务所为公司出具的厦门天健华天所审(2003)GF 字第 0051 号标准无保留意见审计报告是客观、公正、真实、可信的。

3、公司募集资金使用情况：监事会对公司募集资金使用情况进行全过程的监督。报告期内，公司按照"统筹规划，分步实施，务求实效"的原则，认真抓好募集资金使用项目的实施工作，按照《招股说明书》承诺的投资项目进行，实际投入项目与承诺投入项目一致。

4、收购、出售资产情况：报告期内，公司没有发生重大收购、出售资产情况。

5、公司交易情况：报告期内，公司没有发生重大关联交易事项。关联交易公平合理，没有损害公司利益和股东权益。

第九节、重要事项

一、报告期内，公司无重大诉讼、仲裁事项。

二、报告期内，公司无重大的收购及出售资产、吸收合并事项。

三、报告期内，公司无重大关联交易。

四、重大合同及履行情况：

(一)报告期内，公司无托管、承包、租赁其他公司资产或其他公司托管、承包、租赁本公司资产的事项。

(二)报告期内履行的及尚未履行完毕的担保合同：截止 2002 年 12 月 31 日，本公司为福建省漳州市第二汽车配件厂 260 万元短期借款提供担保。

担保对象名称	发生日期(协议签署日)	担保金额	担保类型
福建省漳州市第二汽车配件厂	2001.1.10	130 万元	连带责任担保
	2001.11.8	20 万元	
	2000.11.10	150 万元	
		20 万元	
	2002.11.8	260 万元	
担保发生额合计			580 万元
担保余额合计			260 万元
其中:关联担保余额合计			无

担保对象名称	担保期	是否履行完毕	是否为关联方担保
福建省漳州市第二汽车配件厂	2001.1.10~2002.1.10 展期至 2003.1.10	是	否
	2001.11.8~2002.11.8	是	否
	2000.11.10~2002.11.10	是	否
	2002.11.8~2003.11.7	是	
		否	否
担保发生额合计	580 万元		
担保余额合计	260 万元		
其中:关联担保余额合计	无		

以上担保尚未对本公司的财务状况构成影响。

(三)报告期内，公司未发生委托他人进行现金资产管理事项。

五、公司或持股 5%以上股东在报告期内或持续到报告期内承诺事项的履行情况：

(1)公司在报告期内或持续到报告期内承诺事项的履行情况：

公司 2002 年 7 月 30 日刊登的《上市公告书》承诺如下：本公司预计于 2002 年 10 月 3 日前进行首次公开发行后的首次股利分配，具体分配数额、方式和时间，则需由董事会根据盈利状况和经营情况提出分配预案，经股东大会审议通过后执行。本公司首次公开发行前滚存的未分配利润由本次发行后新老股东共享。

2002 年 8 月 20 日，公司召开二届六次董事会，制定了二〇〇二年中期利润分配方案(二届六次董事会决议公告见 2002 年 8 月 22 日《上海证券报》)，该分配方案经 2002 年 9 月 26 日召开的 2002 年第一次临时股东大会审议通过后实施(2002 年第一次临时股东大会决议公告见 2002 年 9 月 27 日《上海证券报》)，股利于 2002 年 11 月 6 日发放(公司 2002 年中期分红派息实施公告详见 2002 年 10 月 22 日《上海证券报》)。

(2)、报告期内持股 5%以上(含 5%)股东发生或以前期间发生但延续到报告期的对公司经营成果、财务状况可能发生重要影响的承诺事项：

由于本公司(母公司)1999 年、2000 年、2001 年按 15%缴纳企业所得税，在公司 2002 年 7 月 18 日刊登的《招股说明书》中，截止本公司首次公开发行股票前的本公司股东均承诺如下：如因国家政策原因，本公司须按 33%税率缴纳前三年企业所得税，需补缴的部分由本次发行前的公司股东共同支付并承担连带责任。因国务院清理省定企业所得税优惠政策，根据税务部门的通知，本公司应按33%所得税率补缴的上述年度企业所得税由A股发行前的公司股东共同支付，对公司本年度经营未产生影响。

六、公司2002年聘任的注册会计师事务所为厦门天健华天有限责任会计师事务所。公司2002年度财务报告经厦门天健华天有限责任会计师事务所审计并出具标准无保留意见审计报告，签字注册会计师是常煊和周浩。公司为本次财务报告审计支付给厦门天健华天有限责任会计师事务所审计费25万元(对公司财务审计发生的往返交通费和住宿费用由公司承担)。目前厦门天健华天会计师事务所已为公司提供审计服务3年。

七、报告期内，公司未发生董事会及董事受中国证监会稽查、中国证监会行政处罚、通报批评、证券交易所公开谴责的情况。

第十节、财务报告

一、财务报告：

公司本年度会计报告经厦门天健华天有限责任会计师事务所审计，并出具标准无保留意见审计报告，签字注册会计师是常煊和周浩。

审计报告

厦门天健华天所审(2003)GF字第0051号

福建龙溪轴承股份有限公司全体股东：

我们接受委托，审计了贵公司2002年12月31日的资产负债表和合并资产负债表、2002年度的利润及利润分配表和合并利润表及利润分配表以及现金流量表和合并现金流量表。这些会计报表由贵公司负责，我们的责任是对这些会计报表发表审计意见。我们的审计是依据中国注册会计师独立审计准则进行的。在审计过程中我们结合贵公司的实际情况，实施了包括抽查会计记录等我们认为必要的审计程序。

我们认为，上述会计报表符合《企业会计准则》和《企业会计制度》的相关规定，在所有重大方面公允地反映了贵公司2002年12月31日的财务状况、2002年度经营成果和现金流量情况，会计处理方法的选用遵循了一贯性原则。

厦门天健华天有限责任会计师事务所中国注册会计师：常煊

中国注册会计师：周浩

中国厦门二零零三年三月八日

资产负债表

2002年12月31日

编制单位：福建龙溪轴承股份有限公司　　单位：人民币元

合并

资产	注释号	年末数	年初数
流动资产：			
货币资金	1	318,277,940.98	91,869,062.89
短期投资	2	2,583,617.59	2,492,880.00
应收票据	3	6,319,134.36	1,449,930.00
应收股利		–	–
应收利息		–	–
应收账款	4	65,279,839.27	58,949,469.98
其他应收款	5	2,892,775.04	4,774,103.15
预付账款	6	22,060,729.68	9,012,901.97
应收补贴款		–	–
存货	7	75,657,191.78	65,641,745.18
待摊费用	8	1,154,755.15	175,756.42
一年内到期长期债权投资		–	–
其他流动资产		–	–
流动资产合计		494,225,983.85	234,365,849.59
长期投资：			
长期股权投资	9	38,939,402.57	40,267,383.15
长期债权投资	10	–	64,000.00
合并价差	11	298,552.51	347,043.91
长期投资合计		39,237,955.08	40,678,427.06
固定资产：			
固定资产原价	12	162,450,882.07	158,722,308.36
减：累计折旧	12	87,722,583.70	84,234,475.80
固定资产净值	12	74,728,298.37	74,487,832.56
减：固定资产减值准备		–	–
固定资产净额	12	74,728,298.37	74,487,832.56
工程物资		–	–
在建工程	13	3,936,100.06	1,668,377.25
固定资产清理		–	–
固定资产合计		78,664,398.43	76,156,209.81
无形资产及其他资产：			
无形资产	14	69,941.23	54,797.36
长期待摊费用	15	1,924,572.73	–
其他长期资产		–	–
无形资产及其他资产合计		1,994,513.96	54,797.36
递延税款：			
递延税款借项		–	–
资产总计		614,122,851.32	351,255,283.82

资产负债表(续)

2002年12月31日

编制单位：福建龙溪轴承股份有限公司　　单位：人民币元

合并

负债及所有者权益	注释号	年末数	年初数
流动负债：			
短期借款	16	34,500,000.00	35,300,000.00
应付票据		–	–
应付账款	17	28,197,344.03	25,063,298.56
预收账款	18	2,790,046.10	2,803,545.11
应付工资	19	17,359,604.80	17,358,604.80
应付福利费	20	10,880,988.74	12,179,587.33
应付股利	21	4,037,190.93	384,341.90
应交税金	22	2,455,236.65	1,207,534.30
其他应交款	23	164,875.88	280,735.08
其他应付款	24	6,899,288.93	6,480,885.24
预提费用	25	1,097,255.26	52,257.78
预计负债		–	–
一年内到期的长期负债		–	–
其他流动负债		–	–
流动负债合计		108,381,831.32	101,110,790.10
长期负债：			
长期借款	26	–	28,000,000.00
应付债券		–	–
长期应付款		–	–
专项应付款	27	8,123,366.40	8,933,848.00
其他长期负债		–	–
长期负债合计		8,123,366.40	36,933,848.00
递延税款：			
递延税款贷项		–	–
负债合计		116,505,197.72	138,044,638.10
少数股东权益	28	12,215,349.41	11,583,919.80
所有者权益：			
股本	29	150,000,000.00	100,000,000.00
资本公积	30	289,184,508.67	52,430,444.09
盈余公积	31	30,333,953.84	25,199,866.24
其中：公益金	31	11,407,458.55	9,461,562.56
未分配利润	32	15,883,841.68	23,996,415.59
所有者权益合计		485,402,304.19	201,626,725.92
负债及股东权益总计		614,122,851.32	351,255,283.82

利润表及利润分配表

2002年度

编制单位：福建龙溪轴承股份有限公司　　单位：人民币元

合并

项目	注释号	本年数	上年同期数
一、主营业务收入	33	189,442,880.95	168,384,816.82
减：主营业务成本	33	106,661,968.70	94,618,041.88
主营业务税金及附加	34	1,869,640.28	1,866,648.92
二、主营业务利润		80,911,271.97	71,900,126.02
加：其他业务利润	35	2,120,856.27	2,227,797.86
减：营业费用		5,646,315.61	5,167,066.74
管理费用		35,019,324.62	33,619,082.63
财务费用	36	–815,252.88	2,426,185.06
三、营业利润(亏损以"–"号填列)		43,181,740.89	32,915,589.45
加：投资收益(亏损以"–"号填列)	37	–406,954.40	5,597,734.88
补贴收入		179,594.00	335,023.00
营业外收入	38	884,634.24	1,655,193.54
减：营业外支出	39	2,422,930.04	4,218,094.84
四、利润总额(亏损以"–"号填列)		41,416,084.69	36,285,446.03
减：所得税		13,763,141.39	6,052,801.76
少数股东收益		631,429.61	463,337.18
五、净利润(亏损以"–"号填列)		27,021,513.69	29,769,307.09
加：年初未分配利润		23,996,415.59	–116,723.15
其他转入		–	–
六、可供分配的利润		51,017,929.28	29,652,583.94
减：提取法定盈余公积		2,702,151.37	2,976,930.71
提取法定公益金		2,431,936.23	2,679,237.64
七、可供投资者分配的利润		45,883,841.68	23,996,415.59
减：应付优先股股利		–	–
提取任意盈余公积		–	–
应付普通股股利		30,000,000.00	–
转作普通股股利		–	–
八、期末未分配利润		15,883,841.68	23,996,415.59

现金流量表

2002年度

编制单位：福建龙溪轴承股份有限公司　　单位：人民币元

项目	合并
一、经营活动产生的现金流量：	
销售商品、提供劳务收到的现金	217,012,659.08
收到的税费返还	–
收到的其他与经营活动有关的现金	1,230,958.73
现金流入小计	218,243,617.81
购买商品、接受劳务支付的现金	108,446,249.43
支付给职工以及为职工支付的现金	47,943,794.50
支付的各项税费	30,665,858.83
支付的其他与经营活动有关的现金	9,695,947.95
现金流出小计	196,751,850.71
经营活动产生的现金流量净额	21,491,767.10
二、投资活动产生的现金流量：	
收回投资所收到的现金	1,633,943.64
取得投资收益所收到的现金	70,000.00
处置固定资产、无形资产和其他长期资产所收回的现金净额	1,348,928.60
收到的其他与投资活动有关的现金	50,571.55
现金流入小计	3,103,443.79
购建固定资产、无形资产和其他长期资产所支付的现金	12,827,920.30
投资所支付的现金	1,092,967.59
支付的其他与投资活动有关的现金	–
现金流出小计	13,920,887.89
投资活动产生的现金流量净额	–10,817,444.10
三、筹资活动产生的现金流量：	
吸收投资所收到的现金	289,358,091.38
借款所收到的现金	40,650,000.00
收到的其他与筹资活动有关的现金	700,000.00
现金流入小计	330,708,091.38
偿还债务所支付的现金	69,450,000.00
分配股利、利润或偿付利息所支付的现金	29,735,663.08
支付的其他与筹资活动有关的现金	5,736,742.54
现金流出小计	104,922,405.62
筹资活动产生的现金流量净额	225,785,685.76
四、汇率变动对现金的影响	–51,130.67
五、现金及现金等价物净增加额	226,408,878.09

大连圣亚海洋世界股份有限公司

大连圣亚海洋世界股份有限公司2002年年度报告

第一节 公司基本情况

1.公司法定中文名称:大连圣亚海洋世界股份有限公司
公司法定英文名称:DalianShengyaOcean World Co.,LTD.
2.法定代表人:栗东生
3.董事会秘书:肖 峰
联系地址:辽宁省大连市沙河口区中山路608-6号
电子信箱:tzb@sunasia.com
联系电话:0411-4685225
传真:0411-4685217
4.公司注册及办公地址:辽宁省大连市沙河口区中山路608-6号
邮政编码:116023
公司网址:http://www.sunasia.com
电子信箱:tzb@sunasia.com
5.股票上市地点:上海证券交易所
股票简称:大连圣亚
股票代码:600593
6.选定的中国证监会指定报纸:《中国证券报》、《上海证券报》、《证券时报》
信息披露网站:http://www.sse.com.cn
年度报告备置地点:大连市沙河口区中山路608-6号大连圣亚海洋世界股份有限公司投资管理部
7.其他有关资料
公司成立日期:1994年1月18日
注册地点:辽宁省大连市沙河口区中山路608-6号
企业法人营业执照注册号:企股辽大总(副)字02426号
税务登记号码:210204604862592
公司聘请的会计师事务所:大连华连会计师事务所有限责任公司
公司聘请的会计师事务所办公地址:大连市中山区同庆街67号

第二节 会计数据和业务数据摘要

一、年度主要会计数据情况(单位:元)

项目	2002年
利润总额	31,502,837.85
净利润	22,063,122.57
扣除非经常性损益后的净利润	22,056,499.25
主营业务利润	49,343,839.37
其他业务利润	-
营业利润	31,493,375.97
补贴收入	-
营业外收支的净额	9,461.88
经营活动产生的现金流量净额	33,550,502.64
现金及现金等价物净增减额	186,927,435.67
扣除非经常性损益的项目	6,623.32
1营业外收支的净额	9,461.88
2所得税影响数	-2,838.56

二、截至报告期末公司前三年的主要会计数据和财务指标情况

项目		单位	2002年	2001年	2000年
主营业务收入		元	69,012,065.96	68,024,295.00	65,317,008.50
净利润		元	22,063,122.57	23,132,924.45	22,604,445.03
每股收益	摊薄	元/股	0.24	0.39	0.38
	加权	元/股	0.30	0.39	0.38
净资产收益率	摊薄	%	6.78	33.04	33.97
	加权	%	12.24	29.61	26.17

项目	单位	2002年12月31日
总资产	元	382,625,319.88
股东权益(不含少数股东权益)	元	325,615,278.01
每股净资产	元/股	3.54
调整后的每股净资产	元/股	3.53
每股经营活动产生的现金流量净额	元/股	0.37

项目	2001年12月31日	2000年12月31日
总资产	122,372,627.40	121,775,895.03
股东权益(不含少数股东权益)	70,019,655.44	66,549,716.78
每股净资产	1.17	1.11
调整后的每股净资产	1.13	1.06
每股经营活动产生的现金流量净额	0.51	0.49

三、利润表附表

	净资产收益率(%)		每股收益(元)	
项目	全面摊薄	加权平均	全面摊薄	加权平均
主营业务利润	15.15	27.37	0.54	0.67
营业利润	9.67	17.47	0.34	0.43
净利润	6.78	12.24	0.24	0.30
扣除非经常性损益后的净利润	6.77	12.24	0.24	0.30

上述指标根据《公开发行证券的公司信息披露编报规则第九号》计算。

四、报告期内股东权益变动情况(单位:元)

项目	期初数	本期增加	本期减少	期末数	变动原因
股本	60,000,000.00	32,000,000.00		92,000,000.00	发行新股
资本公积	-	206,132,500.00		206,132,500.00	股本溢价
盈余公积	10,019,655.44	3,309,468.39		13,329,123.83	按本年净利润15%提取
其中:公益金	3,339,885.15	1,103,156.13		4,443,041.28	按本年净利润5%提取
未分配利润	-	22,063,122.57	7,909,468.39	14,153,654.18	注1
股东权益合计	70,019,655.44	263,505,090.96	7,909,468.39	325,615,278.01	

注1:增加原因为本年实现净利润,减少原因为计提法定盈余公积金,法定公益金,分配现金股利。。

第三节 股本变动及股东情况

一、公司股东情况介绍

1.截止2002年12月31日,公司股东总数为18,837户。

连圣亚海洋世界股份有限公司2002 年度报告2002.1.1 2002.12.31

截止2002年12月31日,公司前十名股东情况如下:

股东名称	本期持股数	持股占总股本比例	股份性质
中国石油辽阳石油化纤公司	27,000,000	29.35%	国有法人股
辽宁迈克集团股份有限公司	15,000,000	16.30%	境内法人股
新西兰海底世界工程开发有限公司	9,000,000	9.78%	境外法人股
香港世隆国际有限公司	6,000,000	6.52%	境外法人股
大连神洲游艺公司	3,000,000	3.26%	境内法人股
国都证券	930,000	1.01%	流通股
河北财达投资管理服务中心	479,917	0.52%	流通股
通宝基金	331,645	0.36%	流通股
嘉实成长	288,657	0.31%	流通股
华泰证券	218,785	0.24%	流通股

3.公司前十大股东持股相关情况

1.前十大股东中,本公司第一大股东中国石油辽阳石油化纤公司持有本公司第四大股东香港世隆国际有限公司65%的股份,为该公司的控股股东。本公司其他未流通股股东之间无关联关系。本公司未知流通股股东是否存在关联关系。

2.报告期内持有本公司5%以上股份的股东,所持股份均无转让、质押和冻结情况。

3.本公司第一大股东中国石油辽阳石油化纤公司代表国家持有2700万股国有法人股。本公司第三大股东新西兰海底世界工程开发有限公司、第四大股东香港世隆国际有限公司为公司外资股东,分别持有900万股和600万股境外法人股。

4.公司控股股东中国石油辽阳石油化纤公司是隶属于中国石油天然气集团公司的国有独资公司,成立于1988年10月6日,注册资金233,500万元,法定代表人孙洪来,主营范围为化纤,化纤单体塑料原料,石油化工原料,承包境外石化工程及所需的设备、材料出口和派遣境外工程所需的劳务人员,境内国际招标工程。

5.公司第二大股东辽宁迈克集团股份有限公司持有本公司16.30%的股份,该公司前身为辽宁省机械设备进出口公司,1997年9月4日经中国对外贸易经济合作部批准成立,住所为大连市中山区昆明街42号,法定代表人康剑,注册资本4000万元,企业类型为股份有限公司,经营范围为机械设备、电子产品、仪器仪表、工农具、运输工具出口及国家政策允许的进出口贸易;承办中外合资、合作及"三来一补"业务;易货贸易及转口贸易;商务代理、住处咨询;上述出口转内销及易货商品国内销售。

第四节 董事、监事、高级管理人员和员工情况

一、基本情况

姓名	职务	性别	年龄	任期起止日期	本期持股数
栗东生	董事长	男	46	1999年~今	0
王双宏	副董事长	男	46	1999年~今	0
周昱今	副董事长、总经理	男	43	1999年~今	0
赵伟	董事	男	53	1999年~今	0
刘德义	董事	男	45	1999年~今	0
肖军	董事	女	35	1999年~今	0
艾洪德	独立董事	男	48	2000年~今	0
袁琳	独立董事	女	43	2002年~今	0
王盛军	独立董事	男	33	2002年~今	0
高锐峰	监事会召集人	女	51	1999年~今	0
范力	监事	男	36	1999年~今	0
赵成东	监事	男	34	1999年~今	0
吕刚	副总经理	男	33	1999年~今	0
肖峰	董事会秘书	男	34	1999年~今	0
韩志强	财务部经理	男	39	2001年~今	0

注:报告期内公司董事、监事、高管人员均没有持有本公司股票。

二、年度报酬情况

现任公司董事、监事及高级管理人员的年度报酬总额为48.12万元,在公司领取薪酬的董事一人,领取的报酬额为15.51万元,金额最高的前三名高级管理人员的报酬总额为34.04万元。

三、报告期内聘任及离任的董事、监事、高级管理人员

报告期内,公司聘任袁琳女士、王盛军先生担任公司董事会独立董事(详细情况见6月24日,公司在《上海证券报》、《中国证券报》、《证券时报》上刊登的《招股说明书》)。

报告期内,公司监事、高级管理人员没有发生变动。

四、公司员工情况

截至报告期末,本公司共有员工123人,目前无离退休人员。按照专业构成和教育程度划分其

具体情况如下：

分类		人数(名)	比例(%)
教	硕士	7	6
育	大学本科	34	28
程	大学专科	45	36
度	大专以下	37	30
	管理人员	22	17
专业	技术人员	45	37
	财务人员	76	
	其他人员	49	40
	高级职称	22	
职称	中级职称	10	8
	其它	111	90

第五节　公司治理结构

一、公司治理情况

公司按照《公司法》及中国证监会等监管机构的有关法律法规的要求，建立了较为完善的法人治理结构，初步实现了规范化运作。

1、按照国家现行法律法规的有关规定结合自身实际情况，制定了《公司章程》、《股东大会议事规则》、《董事会议事规则》、《监事会议事规则》及《公司独立董事工作制度》。

(1)关于股东大会：公司法人治理结构及规章制度能够保障公司所有股东，特别是中小股东享有平等地位，充分享有决策、知情、参与、受益等权利，公司制定了《股东大会议事规则》，并经2002年第一次股东大会审议通过，确保股东大会能够严格按照《上市公司股东大会规范意见》的要求，为股东能够充分参与公司经营决策创造便利条件。

(2)关于董事会：董事会的人数、人员选举和构成符合法律、法规和《公司章程》的要求，并建立了《董事会议事规则》和《独立董事工作制度》，确保董事会具有高效运作和科学决策的机制。公司现任三名独立董事的任职条件符合中国证监会下发《关于在上市公司建立独立董事制度的指导意见》的规定，并在法律、投资和会计方面具有丰富的经验，能够认真履行其职责。

(3)关于监事会：监事会的人数、人员选举和构成符合法律、法规和《公司章程》的要求，并建立了《监事会议事规则》。公司监事能够认真履行职责，本着对股东负责的态度，对公司财务及公司董事、高级管理人员履行职务的合法合规性进行监督。

(4)关于利益相关者：公司能够充分尊重和维护员工、消费者、供应商等其他相关者的合法权益，诚信为本、互惠互利，共同推动公司持续、健康地发展。

(5)关于信息披露与透明度：公司遵守中国证监会及上海证券交易所的规定，指定董事会秘书负责信息披露、接待股东来访与咨询，加强与股东的交流，制定了《信息披露制度》，规范了信息披露行为，真实、准确、及时地披露了有关信息，确保所有股东有平等的机会获得信息。

2、根据管理的需要，公司于第一届董事会二OO一年第一次会议通过了在董事会下设立战略、审计、提名、薪酬与考核四个专门委员会，并制订了《大连圣亚海洋世界股份有限公司董事会战略委员会实施细则》、《大连圣亚海洋世界股份有限公司董事会审计委员会实施细则》、《大连圣亚海洋世界股份有限公司董事会提名委员会实施细则》、《大连圣亚海洋世界股份有限公司董事会薪酬与考核委员会实施细则》。

3、为提高公司董事及高管人员勤勉尽责、合规经营的法律意识，公司于2002年9月10日-13日选派五名董事参加上海证券交易所在哈尔滨举办的《上市公司董事培训班》，于2002年12月26日-27日派一名董事参加中国证监会大连特派办和大连上市公司协会举办的《大连市首届董事培训班》。

二、独立董事履行职责情况

2000年4月10日，公司1999年度股东大会审议通过聘任艾洪德先生为公司独立董事。2002年4月28日公司2001年度股东大会审议通过聘任王盛军先生、袁琳女士为公司独立董事。公司第一届董事会二OO二年第一次会议通过了《董事会议事规则(二OO二年修订)》及《独立董事工作制度》的议案，通过了设立董事会战略、审计、提名、薪酬与考核四个专门委员会实施细则的议案。公司董事会设立的四个专门委员会中均有独立董事参加。艾洪德、王盛军及袁琳三位独立董事，自任职以来严格地按照《独立董事工作制度》履行职责，他们参加了报告期内的历次股东大会及董事会，认真审议了董事会的各项议案，分别从法律及财务的角度对公司的生产经营、重大决策发表了专业性的意见。

三、公司与控股股东在"五分开"方面的情况

报告期内，公司在劳动、人事及工资管理方面完全独立，公司总经理、副总经理等高级管理人员均在本公司领取薪酬，且未在股东单位担任职务；公司有独立的办公场地；拥有独立完整的生产、采购和销售系统；设立了独立的财会部门，建立了独立的会计核算体系和财务管理制度，拥有独立的银行账户。公司与控股股东在人员、机构、业务、资产、财务方面按要求做到了"五分开"。

四、报告期内公司对高管人员的考评及激励情况

公司严格按照《公司章程》及《总经理工作细则》的相关规定，由公司董事会薪酬与考核委员会对高级管理人员的工作进行考评，并制定相关的激励政策。

第六节　股东大会情况简介

本年度公司共召开了一次股东大会。

一、2001年度股东大会

公司2001年度股东大会于2002年4月28日上午在大连圣亚海洋世界股份有限公司会议室召开。

会议审议通过了如下决议：

1、《公司董事会二〇〇一年度工作报告》；

2、《公司监事会二〇〇一年度工作报告》；

3、《公司二〇〇一年度工作报告》；

4、《公司二〇〇一年度利润分配方案和发行后第一个盈利年度股利分配政策》；

5、选举董事会提名的独立董事候选人王盛军先生、袁琳女士为公司董事会独立董事；

6、续聘大连华连会计师事务所有限责任公司为公司二OO二年度的审计机构；

7、《公司章程(二OO二年修订)》；

8、《公司股东大会议事规则(二OO二年修订)》；

9、《董事会议事规则(二OO二年修订)》；

10、《监事会议事规则(二OO二年修订)》；

11、《独立董事工作制度》；

12、《关联交易决策制度(二OO二年修订)》

由于当时公司尚不是上市公司，该次股东大会有关资料没有在中国证监会指定报纸上披露。

二、增加公司独立董事情况

公司2001年度股东大会于2002年4月28日上午在大连圣亚海洋世界股份有限公司会议室召开。会议审议通过了公司增加独立董事的议案，聘请王盛军先生、袁琳女士为公司独立董事。

第七节　董事会报告

一、报告期内整体经营情况的分析

报告期内公司坚持"诚信、团结、务实、发展"的经营理念，面对市场竞争，适时调整了公司经营策略。通过展出新的展示品种和推出新的展示项目，提高现有水族馆的竞争力；通过加强内部管理，降低经营成本；通过加强营销管理，拓宽营销渠道，保证了公司经营业绩的稳定。2002年实现主营业务收入6,901万元，比上年增长1.45%。本年实现净利润2,206万元，比上年降低4.62%。本期净利润与上年相比略有降低，主要原因是公司本期发行股票上市，为公司上市和营销需要，加大了广告宣传力度，本期广告宣传费用增长较大。

二、公司主营业务的范围及经营情况

公司的主营业务范围：建设、经营水族馆、海洋探险人造景观、游乐园、海洋生物标本陈列馆、船舶模型陈列馆、餐饮、酒吧

1、报告期内公司主营业务收入、主营业务成本构成情况：

分行业或分产品	主营业务收入(元)	主营业务成本(元)	毛利率(%)
水族馆	69,012,065.96	17,563,612.88	74.55
其中：关联交易	无	无	

分行业或分产品	主营业务收入比上年增减(%)	主营业务成本比上年增减(%)	毛利率比上年增减(%)
水族馆	1.45	-3.70	1.36
其中：关联交易			

2、主营业务分地区情况

地区	主营业务收入	主营业务收入比上年增减(%)
大连	68,381,570.00	0.53
北京	630,495.96	新增

3、采购和销售客户情况

前五名供应商采购金额合计	424,355.85	占采购总额比重	17.26%
前五名销售客户销售金额合计	4,001,955.00	占销售总额比重	5.79%

三、公司投资情况

1、募集资金使用情况

募集资金总额	23,813.25万元	本年度已使用募集资金总额	7,318.23万元
		已累计使用募集资金总额	7,318.23万元

承诺项目	拟投入金额	是否变更项目	实际投入金额	产生收益金额	是否符合计划进度和预计收益
大连圣亚海洋世界二期工程项目	18,110万元	否	9,544.87万元	0	计划提前完工
大连圣亚海洋世界一期扩建工程	8,923.23万元	否	0	0	延后
旅顺黄金山项目	4,209万元	否			延后
合计	31,242.23万元	—			—

未达到计划进度和收益的说明(分具体项目)：

1.由于募集资金到位较晚，因此公司募集资金项目开工竣工时间均向后顺延。

2.圣亚海洋世界二期工程于2001年10月开始工程前期准备工作，自2002年6月公司发行股票募集资金到位后全面展开，正常工期应为18个月，即2003年12月完工，但公司管理层以对股东高度负责的态度，考虑到第三季度是大连旅游市场旺季，且其对当年度经营业绩具有巨大影响，公司管理层计划提前6个月，希望尽力赶上旺季开业。但目前客观上尚存在不确定影响因素，是否能达到公司预期目标尚不能完全确定。

3.圣亚海洋世界二期工程计划投资18,110万元，现已投资9,544.87万元，已完成计划的52.70%。

4.一期扩建工程拟在2003年内开工。

变更原因及变更程序说明(分具体项目)

变更项目情况：无变更项目。

2、报告期内无非募集资金投资的重大项目

四、公司财务状况及经营成果

项目	2002年(元)	2001年(元)	增减(%)
总资产	382,625,319.88	122,372,627.40	212.67
股东权益	325,615,278.01	70,019,655.44	365.03
主营业务利润	49,343,839.37	47,703,162.92	3.44
净利润	22,063,122.57	23,132,924.45	-4.62
经营活动产生的现金流量净额	33,550,502.64	30,388,365.76	10.41

1. 总资产增加的原因主要为本年发行人民币普通股3200万股，募集资金到位。

2. 股东权益增长较大的原因主要为发行人民币普通股，股本增加和股本溢价增加资本公积。

3. 主营业务利润略有增长，主要原因为本年公司营业收入稳定且略有增长，同时公司加强成本控制，使营业成本有所下浮。

4. 净利润较上年略有降低，主要原因为本年公司上市广告宣传费用增长。

5. 经营活动产生的现金流量净额增加的主要原因为营业收入本年略有增长，部分应收款项本期回款。

五、对生产经营环境产生重大变化将要对公司的财务状况和经营成果产生重要影响的说明

2003年圣亚二期工程项目计划对外营业，如果二期工程项目按公司计划顺利完成，公司经营规模可能会产生大幅度的增加，同时由于二期工程项目投资较大，成本、费用水平会随之出现大幅度的增长。

六、公司在经营中出现的问题与困难及解决方案

以参观游览为主的海洋主题公园，能否吸引游客的注意力是个重要问题，若展品和表演长期一成不变，吸引游客再次光顾会有一定难度。因此本公司门票收入保持稳中有升的目标不是轻易能够实现的。公司地处大连，大连地区受气候影响，冬季寒冷，游客较少，而公司游客数量和大连市游客数量呈同比增减趋势，公司的经营有明显的季节性。每年的6月至10月为旺季，每年第一季度和11月份、12月份均处于亏损或微利状态。

以海洋为主题的游览项目在世界上不但数量多，而且历史悠久，现已有50年历史，例如美国圣地亚哥海洋世界、意大利热那亚水族馆和日本大阪水族馆均已成功运行多年，很多水族馆已成为当地甚至是一个国家的标志。本公司借鉴国外的成功经验，通过不断变换的展示内容提高信息量、知识含量和趣味性，并针对游客的需求逐步增加参与性强的项目，努力把水族馆建成一个多功能的、常去常新的学习和娱乐的场所。本公司借助于一流的企业策划和广告宣传，已形成了独具特色的销售理念，公司经营的大连圣亚海洋世界已成为大连市旅游业的一个知名品牌。2002年，公司利用上市契机，加大了广告宣传力度，保证了接待游客数量的逐年增长，2003年随着二期工程开始对外营业，本公司经营的将不再是单一的参观型的人造景观，将形成以儿童娱乐学习、成人参与探险，海洋生物观赏等并重的高档次旅游娱乐区，将进一步减少公司的销售风险。

七、董事会日常工作情况

(一)报告期内董事会的会议情况及决议内容

公司董事会在报告期内共召开了3次会议。

1、公司第一届董事会2002年第一次会议于2002年3月8日上午9时在大连瑞士酒店会议室召开，董事会全体成员出席会议。经会议讨论形成如下决议：

(1)审议通过了《公司二〇〇一年度工作报告》；

(2)审议通过了《董事会工作报告》；

(3)审议通过了《总经理工作报告》；

(4)审议通过了《二〇〇一年度决算方案及二〇〇二年度预算方案》；

(5)审议通过了《二〇〇一年度利润分配方案及二〇〇二年度利润分配政策》；

(6)审议通过了续聘大连华连会计师事务所有限责任公司作为公司的审计机构；

(7)审议通过了王盛军先生、袁琳女士为本公司独立董事候选人；

(8)审议通过了《关于修改〈公司章程〉的议案》；

(9)审议通过了《公司股东大会议事规则》；

(10)审议通过了《公司董事会议事规则》；

(11)审议通过了《独立董事工作制度》；

(12)审议通过了《公司董事会战略、审计、提名、薪酬与考核四个专门委员会实施细则》；

(13)审议通过了召开二〇〇一年度股东大会的议案。

由于当时公司尚未上市，所以本次会议具体情况未在中国证监会指定报纸上进行披露。

2、大连圣亚海洋世界股份有限公司2002年第二次董事会会议于2002年8月8日上午九时在大连经济技术开发区金元酒店三楼会议室召开。应到董事九人，实到董事九人。公司全体监事和高级管理人员列席了会议。会议由董事长栗东生先生主持。经与会董事认真讨论，逐项审议通过了以下决议：

(1)审议通过了《关于2002年上半年公司经营情况的报告》；

(2)审议通过了《总经理工作细则》；

(3)审议通过了《大连圣亚海洋世界股份有限公司2002年半年度报告》及《大连圣亚海洋世界股份有限公司2002年半年度报告摘要》。

本次会议的召开完全符合《中华人民共和国公司法》和《公司章程》的有关规定，表决结果真实有效。

本次董事会决议公告刊登在2002年8月12日的《中国证券报》、《上海证券报》、证券时报》上。

3、大连圣亚海洋世界股份有限公司2002年第三次董事会会议于2002年10月26日上午九时在大连圣亚海洋世界股份有限公司会议室召开。应到董事九人，实到董事九人。公司全体监事和高级管理人员列席了会议。会议由董事长栗东生先生主持。经与会董事认真讨论，审议通过了以下决议：

审议通过了《大连圣亚海洋世界股份有限公司2002年第三季度报告》。

本次会议的召开完全符合《中华人民共和国公司法》和《公司章程》的有关规定，表决结果真实有效。

本次董事会决议公告刊登在2002年10月29日的《中国证券报》、《上海证券报》、《证券时报》上。

八、公司本年度利润分配预案、资本公积金转增预案

经大连华连会计师事务所审计，公司2002年度净利润22,063,122.57元，按规定提取10%法定盈余公积金2,206,312.26元，提取5%法定公益金1,103,156.13元，期末可供股东分配的利润为18,753,654.18元。

2002年度的利润分配预案为：以2002年12月31日总股本9200万股为基数，每10股派发0.5元现金(含税)共460万元，剩余未分配利润14,153,654.18元结转下年度，本年度资本公积金不转增股本。此预案需经公司股东大会审议通过。

九、报告期内公司选定的信息披露报纸没有改变。

第八节　监事会报告

一、报告期内监事会会议情况

公司监事会在报告期内共召开了3次会议。

(一)大连圣亚海洋世界股份有限公司二OO二年监事会第一次会议于2002年3月8日在大连瑞士酒店会议室召开。经与会监事充分讨论形成如下决议：

1、《监事会工作报告》；

2、《公司二〇〇一年度工作报告》；

3、《公司二〇〇一年度决算方案及二〇〇二年度预算方案》；

4、《公司二〇〇一年度利润分配方案及二〇〇二年度利润分配政策》；

5、《续聘大连华连会计师事务所为公司的审计机构的议案》；

6、《监事会议事规则》。

由于当时公司尚未上市，所以本次会议具体情况未在中国证监会指定报纸上进行披露。

(二)大连圣亚海洋世界股份有限公司二OO二年监事会第二次会议于2002年8月8日在大连经济技术开发区金元酒店三楼会议室召开。经会议讨论表决形成如下决议：《大连圣亚海洋世界股份有限公司二〇〇二年半年度报告》及《大连圣亚海洋世界股份有限公司二〇〇二年半年度报告摘要》。

本次监事会决议公告刊登在2002年8月12日的《中国证券报》、《上海证券报》《证券时报》上。

(三)大连圣亚海洋世界股份有限公司二OO二年监事会第三次会议于2002年10月26日在大连圣亚海洋世界股份有限公司会议室召开。经会议讨论表决形成如下决议：

《大连圣亚海洋世界股份有限公司二〇〇二年第三季度报告》。

二、监事会履行职责情况

(一)对公司依法运作情况进行监督。报告期内，监事会依法行使监事会的职权。列席了公司历次董事会会议，对会议的召集、召开、表决程序，议案和决议的合法合规性进行了严格的监督。对董事会各项决策的权限执行情况进行了监督，保障了股东大会各项决议的贯彻执行。认为公司董事会严格履行了职责，切实执行了股东大会决议，遵守《公司法》及《公司章程》的规定，各项经营决策科学合理，没有违反法律、法规或者公司章程的行为，没有损害公司利益和职工权益的行为。

(二)对公司财务进行检查审核。监事会依公司实际情况，认真审核了公司各项会计报表和会计帐薄、有关文字文件等，及时、准确、全面地了解公司的财务信息。其认为，公司在报告期内财务状况良好，资金运转及使用情况较好，财务制度及管理较规范，执行严格，保证了公司生产经营顺利进行。

(三)对公司募集资金使用情况进行了全程跟踪监督。监事会对公司二期工程项目参与全方位的查看监督，认真严格监督所募集资金的投入运用情况。监事会通过与各项目负责人的交流沟通，一一了解工程的招投标管理、比价采购、工程的施工、各项检验等相关环节，进而得以监督审核。通过对管理层的有效监督，促使各施工单位管理科学、廉洁自律、高效施工；促使资金运用科学合理、节俭高效。报告期内项目建设进展顺利，未发生违法违纪现象。公司按照招股说明书披露募集资金所投项目执行，即募集资金实际投入项目与承诺的投入项目一致，未发生挤占资金和挪作他用的情况。

(四)对公司报告期内发生的关联交易是否公允进行监督。公司在报告期内未发生关联交易。

(五)公司监事会加强自身建设，健全规章制度，提高依法行使职权的水平。监事会始终坚持保护职工、广大股东及投资者的合法权益，严格履行监督职能。不断学习《公司法》、《证券法》及有关法律法规，结合公司实际，进一步学习各类相关公司管理制度、公司治理结构、旅游相关行业的经营等知识，增强对公司信息披露、生产经营等方面的监督意识，自觉行使职权。《监事会议事规则》的制定为完善公司治理结构，发挥监事会的作用提供了有利保障，促进董事会科学民主决策和经理层规范稳健经营，确保了公司规范高效运作。

第九节　重要事项

一、报告期内本公司无重大诉讼、仲裁事项。

二、报告期内公司无重大资产收购、出售或处置行为。

三、报告期内无重大关联交易事项。

四、报告期内未签署重大合同。

五、报告期内公司续聘大连华连会计师事务所为公司进行2002年度财务审计工作，支付2002年度审计费用20万元，上述费用的支付没有影响会计师的审计独立性。大连华连会计师事务所自1998年起已连续5年为本公司提供审计服务。

六、报告期内，公司董事、监事及高级管理人员遵纪守法，没有受到任何监管部门的处罚、通报批评和谴责。

七、其他重要事项。

第十节　财务会计报告

1.审计报告

审计报告

外审字[2003]56号

大连圣亚海洋世界股份有限公司全体股东：

我们接受委托，审计了贵公司2002年12月31日的资产负债表，2002年度的利润及利润分配表和现金流量表。这些会计报表由贵公司负责，我们的责任是对这些会计报表发表审计意见。我们的审计是依据《中国注册会计师独立审计准则》进行的。在审计过程中，我们结合贵公司的实际情况，实施了包括抽查会计记录等我们认为必要的审计程序。

我们认为，贵公司上述会计报表的编制符合《企业会计准则》和《企业会计制度》等有关财务会计法规的规定，在所有重大方面公允地反映了贵公司2002年12月31日的财务状况及2002年度的经营成果和现金流量情况，会计处理方法的选用遵循了一贯性原则。

大连华连会计师事务所　　　　中国注册会计师：石笛侠

二OO三年三月十日　　　　中国注册会计师：张耀麟

2.会计报表(附后)

资产负债表

2002年12月31日

编制单位：大连圣亚海洋世界股份有限公司　　　　单位：人民币元

项目	附注	期末数 合并	母公司
流动资产：			
货币资金	1	228,777,754.28	228,391,943.65
短期投资			
应收票据			
应收股利			
应收利息			
应收帐款			
其他应收款	2	134,523.30	431,376.80
预付货款	3	129,900.00	129,900.00
应收出口退税款			
存货	4	2,089,998.96	2,028,080.06
待摊费用			
一年内到期的长期债权投资			
其他流动资产			
流动资产合计		231,132,176.54	230,981,300.51
长期投资：			
长期股权投资	5	6,000,000.00	7,207,692.55
长期债权投资			
长期投资合计		6,000,000.00	7,207,692.55
固定资产：			
固定资产原价	6	98,269,432.76	96,841,588.16
减：累计折旧	6	48,666,700.70	48,602,447.69
固定资产净值	6	49,602,732.06	48,239,140.47
减：固定资产减值准备			
固定资产净额		49,602,732.06	48,239,140.47
工程物资			
在建工程	7	95,448,714.36	95,448,714.36
固定资产清理			
固定资产合计		145,051,446.42	143,687,854.83
无形资产及其他资产：			
无形资产	8		
长期待摊费用	9	441,696.92	441,696.92
其他长期资产			
无形资产及其他资产合计		441,696.92	441,696.92
递延税项：			
递延税款借项			
资产总计		382,625,319.88	382,318,544.81

资产负债表

2002年12月31日

编制单位：大连圣亚海洋世界股份有限公司　　　　单位：人民币元

项目	附注	期末数 合并	母公司
流动负债：			
短期借款			
应付票据			
应付帐款			
预收货款			
应付工资		303,028.27	303,028.27
应付福利费			
应付股利	10	55,481,810.90	55,481,810.90
应交税金	11	-458,386.64	-461,010.79
其他应付款	12	1,380,377.32	1,379,438.42
其他应交款		1,288.88	
预提费用			
预计负债			
一年内到期的长期负债			
其他流动负债			
流动负债合计		56,708,118.73	56,703,266.80
长期负债：			
长期借款			
应付债券			

长期应付款			
专项应付款			
其他长期负债			
长期负债合计			
递延税项:			
递延税项贷项			
负债合计		56,708,118.73	56,703,266.80
少数股东权益		301,923.14	
股东权益:			
股本	13	92,000,000.00	92,000,000.00
减:已归还投资			
股本净额		92,000,000.00	92,000,000.00
资本公积	14	206,132,500.00	206,132,500.00
盈余公积	15	13,329,123.83	13,329,123.83
其中:法定公益金			
未分配利润	16	14,153,654.18	14,153,654.18
外币报表折算差额			
股东权益合计		325,615,278.01	325,615,278.01
负债及股东权益总计		382,625,319.88	382,318,544.81

利润及利润分配表

2002 年度

编制单位:大连圣亚海洋世界股份有限公司 单位:人民币元

		本年数	
项目	附注	合并	母公司
主营业务收入	17	69,012,065.96	68,381,570.00
主营业务成本	17	17,563,612.88	16,952,355.97
主营业务税金及附加	18	2,104,613.71	2,087,818.80
主营业务利润		49,343,839.37	49,341,395.23
加:其他业务利润			
减:营业费用	19	9,181,311.50	9,055,101.50
管理费用		10,585,614.07	10,218,185.06
财务费用	20	-1,916,462.17	-1,915,651.61
营业利润		31,493,375.97	31,983,760.28
加:投资收益			-392,307.45
补贴收入			
营业外收入		10,000.00	10,000.00
减:营业外支出		538.12	538.12
利润总额		31,502,837.85	31,600,914.71
减:所得税		9,537,792.14	9,537,792.14
少数股东损益		-98,076.86	
净利润		22,063,122.57	22,063,122.57
加:年初未分配利润			
其他转入			
可供分配利润		22,063,122.57	22,063,122.57
减:提取法定盈余公积		2,206,312.26	2,206,312.26
提取法定公益金		1,103,156.13	1,103,156.13
提取职工奖励及福利基金			
提取储备基金			
提取企业发展基金			
利润归还投资			
可供投资者分配的利润		18,753,654.18	18,753,654.18
减:应付优先股股利			
提取任意盈余公积			
应付普通股股利		4,600,000.00	4,600,000.00
转作股本的普通股股利			
弥补累计亏损			
未分配利润		14,153,654.18	14,153,654.18

现金流量表

编制单位:大连圣亚海洋世界股份有限公司 2002 年度

单位:人民币元

项目	附注	合并
一、经营活动产生的现金流量:		
销售商品、提供劳务收到的现金		69,012,065.96
收到的税费返还		
收到的其他与经营活动有关的现金		
现金流入小计		69,012,065.96
购买商品、接受劳务支付的现金		6,238,511.64
支付给职工以及为职工支付的现金		6,271,216.50
支付的各项税费		11,994,703.11
支付的其他与经营活动有关的现金	21	10,957,132.07
现金流出小计		35,461,563.32
经营活动产生的现金流量净额		33,550,502.64
二、投资活动产生的现金流量:		
收回投资所收到的现金		
取得投资收益所收到的现金		
取得债券利息收入所收到的现金		
处置固定资产、无形资产和其他长期资产而收回的现金净额		91,140.00
收到的其他与投资活动有关的现金		
现金流入小计		91,140.00
购建固定资产、无形资产和其他长期资产所支付的现金		79,246,706.97
投资所支付的现金		6,000,000.00
支付的其他与投资活动有关的现金		
现金流出小计		85,246,706.97
投资活动产生的现金流量净额		-85,155,566.97
三、筹资活动产生的现金流量:		
吸收投资所收到的现金		238,532,500.00
借款所收到的现金		
收到的其他与筹资活动有关的现金		
现金流入小计		238,532,500.00
偿还债务所支付的现金		
分配股利或利润或偿付利息所支付的现金		
支付的其他与筹资活动有关的现金		
现金流出小计		
筹资活动产生的现金流量净额		238,532,500.00
四、汇率变动对现金的影响		
五、现金及现金等价物净增加额		186,927,435.67

项目	母公司
一、经营活动产生的现金流量:	
销售商品、提供劳务收到的现金	68,381,570.00
收到的税费返还	
收到的其他与经营活动有关的现金	
现金流入小计	68,381,570.00
购买商品、接受劳务支付的现金	5,655,962.20
支付给职工以及为职工支付的现金	6,227,798.86
支付的各项税费	11,979,314.47
支付的其他与经营活动有关的现金	10,427,703.06
现金流出小计	34,290,778.59
经营活动产生的现金流量净额	34,090,791.41
二、投资活动产生的现金流量:	
收回投资所收到的现金	
取得投资收益所收到的现金	
取得债券利息收入所收到的现金	
处置固定资产、无形资产和其他长期资产而收回的现金净额	91,140.00
收到的其他与投资活动有关的现金	
现金流入小计	91,140.00
购建固定资产、无形资产和其他长期资产所支付的现金	78,172,806.37
投资所支付的现金	7,600,000.00
支付的其他与投资活动有关的现金	
现金流出小计	85,772,806.37
投资活动产生的现金流量净额	-85,681,666.37
三、筹资活动产生的现金流量:	
吸收投资所收到的现金	238,132,500.00
借款所收到的现金	
收到的其他与筹资活动有关的现金	
现金流入小计	238,132,500.00
偿还债务所支付的现金	
分配股利或利润或偿付利息所支付的现金	
支付的其他与筹资活动有关的现金	
现金流出小计	
筹资活动产生的现金流量净额	238,132,500.00
四、汇率变动对现金的影响	
五、现金及现金等价物净增加额	186,541,625.04

补充资料	合并	母公司
1、将净利润调节为经营活动的现金流量:		
净利润	22,063,122.57	22,063,122.57
加:计提的资产减值准备	-451,563.44	-451,563.44
固定资产折旧	8,324,158.11	8,259,965.10
无形资产摊销	395,540.44	395,540.44
长期待摊费用摊销	1,114,868.64	1,114,868.64
少数股东收益	-98,076.86	
待摊费用减少(减:增加)		
预提费用增加(减:减少)		
处置固定资产、无形资产和其他长期资产的损失(减收益)	-9,461.88	-9,461.88
固定资产报废损失		
财务费用		
投资损失(减收益)		392,307.45
递延税款贷项(减借项)		
存货的减少(减增加)	-149,528.65	-87,609.75
经营性应收项目的减少(减增加)	2,606,236.94	2,663,327.44
经营性应付项目的增加(减减少)	-244,793.23	-249,705.16
其他		
经营活动产生的现金流量净额	33,550,502.64	34,090,791.41
2、不涉及现金收支的投资和筹资活动:		
债务转为资本		
一年内到期的可转换公司债券		
融资租入固定资产		
3、现金及现金等价物净增加情况		
现金的期末余额	228,777,754.28	228,391,943.65
减:现金的期初余额	41,850,318.61	41,850,318.61
加:现金等价物的期末余额		
减:现金等价物的期初余额		
现金及现金等价物净增加额	186,927,435.67	186,541,625.04

利润表附表

编制单位:大连圣亚海洋世界股份有限公司 2002 年度

报告期利润	净资产收益率(%)	
	全面摊薄	加权平均
主营业务利润	15.15	27.37
营业利润	9.67	17.47
净利润	6.78	12.24
扣除非经常性损益后的净利润	6.77	12.24

报告期利润	每股收益(元)	
	全面摊薄	加权平均
主营业务利润	0.54	0.67
营业利润	0.34	0.43
净利润	0.24	0.30
扣除非经常性损益后的净利润	0.24	0.30

上 海 光 明 乳 业 股 份 有 限 公 司

上海光明乳业股份有限公司2002年年度报告

一、公司基本情况简介

1.公司法定中文名称:上海光明乳业股份有限公司(以下简称"公司")
公司英文名称:SHANGHAIBRIGHT DAIRY & FOODCO., LTD
2.公司注册地址:上海市吴中路578号
邮政编码:201103
电话:021-54584520
传真:021-64655033
E-mail:600597@brightdairy.com
互联网网址:www.brightdairy.com
3.公司法定代表人:王佳芬
4.公司董事会秘书:朱建毅
联系地址:上海市吴中路578号
电话:021-54584520
传真:021-64013337
E-mail:600597@brightdairy.com
5.公司年度报告备置地点:上海市吴中路578号
备置网址:http://www.sse.com.cn
6.公司股票上市地:上海证券交易所
股票简称:光明乳业
股票代码:600597
7.公司选定的信息披露报刊:《中国证券报》、《上海证券报》、《证券时报》
8.其他有关资料:
公司首次注册或变更注册登记日期、地点:
首次注册日期:2000年11月17日
地点:上海市工商行政管理局
变更注册登记日期:2002年9月25日
地点:上海市工商行政管理局。
企业法人营业执照注册号:企股沪总字第022797号(市局)
税务登记号码:310048607360299
公司聘请的会计师事务所名称:德勤华永会计师事务所有限公司
会计师事务所办公地址:上海市延安东路222号外滩中心30楼

二、会计数据和业务数据摘要

1.2002年度(以下简称"本年度"或"报告期内")公司业务数据摘要

单位:元

利润总额	371,886,994
净利润	226,313,752
扣除非经常性损益后的净利润	250,639,087
主营业务利润	1,715,081,054
其他业务利润	12,867,113
营业利润	383,708,656
投资收益	2,182,401
补贴收入	14,717,860
营业外收支净额	-28,721,923
经营活动产生的现金流量净额	480,085,588
现金及现金等价物净增加额	699,628,553

本年度非经常性损益包括:

项目	涉及金额(元)
可的便利店9%股权转让获得收益	548,518
股票投资收益	887,805
固定资产报废损失	-11,536,910
改制费用	-5,891,756
固定资产减值准备	-8,332,992

注:上述项目均已考虑所得税和少数股东权益产生的影响。

本年度重要会计估计变更的具体说明:

公司在计提应收账款的一般坏账准备时,原对账龄在180天以内的应收账款的计提比例为零。由于市场竞争加剧的因素,公司对部分客户的信用期有所延长,考虑到与此相应的货款回收风险,公司本年度对账龄在180天以内的应收账款的计提比例变更为5%,采用未来适用法。此项会计估计的变更减少2002年度利润总额人民币13,529,914元。

公司在估计固定资产残值时,原对残值估计为原值的10%。公司本年度根据实际情况对除产畜外的部分固定资产的估计残值变更为原值的3%,采用未来适用法。此项会计估计的变更减少2002年度利润总额人民币5,123,723元。

2.本年度公司主要会计数据和财务指标摘要

项目	本年度	2001年度	本年比上年增减(%)	2000年度
主营业务收入(元)	5,021,503,488	3,520,210,605	42.65%	2,279,828,659
净利润(元)	226,313,752	162,906,619	38.92%	104,235,179
总资产(元)	2,937,365,249	1,829,170,116	60.58%	1,488,891,590
股东权益(元)	1,578,679,864	543,663,332	190.38%	504,739,445
每股收益(元)	0.35	0.33	6.06%	0.21
扣除非经常性损益后的每股收益(元)	0.38	0.36	5.56%	0.24
每股净资产(元)	2.42	1.08	124.07%	1.01
调整后每股净资产(元)	2.30	0.98	134.69%	0.95
每股经营活动产生的现金流量净额(元)	0.74	0.76	-2.63%	0.54
净资产收益率(%)	14%	30%	-53.33%	21%
扣除非经常性损益的净资产收益率(%)				
摊薄:	16%	33%	-51.52%	24%
加权:	27%	32%	-15.63%	21%

三、股本变动及股东持股情况

1、股东情况介绍

(1)报告期末(2002年12月31日)公司股东总户数为42,956户。

(2)主要股东持股情况

股东名称或姓名	持股数量(股)	股份种类
上海牛奶(集团)有限公司	200,473,141	国有法人股
S.I.Food Products Holdings Limited	200,473,141	外资股
上海国有资产经营有限公司	25,059,142	国家股
大众交通(集团)股份有限公司	25,059,142	社会法人股
东方希望集团有限公司	25,059,142	社会法人股
Danone Asia Pte. Ltd.	25,059,142	外资股
兴华证券投资基金	4,174,297	流通股
嘉实成长收益型证券投资基金	2,940,582	流通股
安顺证券投资基金	2,648,674	流通股
丰和价值证券投资基金	2,427,797	流通股

股东名称或姓名	年度内持股变动情况
上海牛奶(集团)有限公司	无变动
S.I.Food Products Holdings Limited	无变动
上海国有资产经营有限公司	无变动
大众交通(集团)股份有限公司	无变动
东方希望集团有限公司	无变动
Danone Asia Pte. Ltd.	无变动
兴华证券投资基金	
嘉实成长收益型证券投资基金	
安顺证券投资基金	
丰和价值证券投资基金	

注:经向嘉实成长收益型证券投资基金和丰和价值证券投资基金函证,上述两基金同属嘉实基金管理有限公司管理,存在关联关系。

(3)控股股东情况介绍

上海牛奶(集团)有限公司注册地址为上海市枫林路251号,成立于1997年6月2日,注册资本为人民币50,576万元(国有独资),法定代表人为叶观年,经营范围:生产、加工、销售乳制品,奶牛,牛奶,冰淇淋,饮料,食品,糖果,橡胶制品,生物制品,畜牧机械,乳品食品加工机械,塑料及纸制包装容器,饮用水,上述范围的科研和咨询服务,实业投资,附设分支机构。持有公司30.78%的股份。

S.I.Food Products HoldingsLimited(上实食品控股有限公司)注册地址为英属维尔京群岛,授权代表为吕明方。该公司成立于1996年10月2日,注册资本1美元,持有公司30.78%的股份。Shanghai Industrial Holdings Limited(上海实业控股有限公司)持有S.I.FoodProducts Holdings Limited100%的股权,是其实际控制方。Shanghai Industrial HoldingsLimited注册资本20,000万港元,法定代表人为蔡来兴,住所为香港告士打道39号26楼。主要业务为基建、现代物流、消费品/零售、汽车零部件、信息技术、医药科技等。

经核实,上海牛奶(集团)有限公司与S.I.Food Products HoldingsLimited持有的公司股份均没有质押或被冻结的情形。

四、董事、监事、高级管理人员和员工情况

1.基本情况

姓名	职务	性别	年龄	任期起止日期
王佳芬	董事长、总经理	女	51	2000年11月至2003年11月
周杰	副董事长	男	35	2000年11月至2003年11月
叶观年	董事	男	52	2000年11月至2003年11月
陈宝祥	董事	男	55	2000年11月至2003年11月
沈伟家	董事	男	49	2000年11月至2003年11月
季建忠	董事	男	46	2000年11月至2003年11月
陈绍昌	董事	男	54	2000年11月至2003年11月
杨国平	董事	男	46	2000年11月至2003年11月
唐勇	董事	男	46	2000年11月至2003年11月
秦鹏	董事	男	47	2000年11月至2003年11月
吕公良	董事、副总经理	男	55	2000年11月至2003年11月
张华富	董事、副总经理	男	54	2000年11月至2003年11月
郭广昌	独立董事	男	35	2000年11月至2003年11月
曹福康	监事长	男	63	2000年11月至2003年11月
檀文耀	监事	男	56	2000年11月至2003年11月

苏斌	监事	男	34	2000年11月至2003年11月
朱建毅	董事会秘书	男	48	2000年11月至2003年11月
林豪	副总经理	男	41	2001年9月至2003年11月
郭本恒	副总经理	男	39	2001年9月至2003年11月
章国政	财务总监	男	37	2002年3月至2003年11月

上述董事、监事和高级管理人员在本年度内未持有公司任何股份,亦没有持股变动情形。

公司副总经理林豪因个人原因于2003年2月离职。

2、董事、监事在股东单位任职情况

姓名	任职的股东名称	担任职务
周杰	S.I.FoodProducts Holdings Limited	董事
	上实医药科技(集团)股份有限公司	董事、总裁
	Shanghai Industrial Holdings Limited	董事、副总裁
叶观年	上海牛奶(集团)有限公司	董事长
陈宝祥	上海牛奶(集团)有限公司	党委书记
沈伟家	上实医药科技(集团)股份有限公司	董事、副总经理
季建忠	上实管理(上海)有限公司	财务总监
陈绍昌	上海国有资产经营有限公司	副总裁
杨国平	大众交通(集团)股份有限公司	董事长兼总经理
唐勇	东方希望集团有限公司	董事长助理投资部部长
秦鹏	Danone Asia Pte. Ltd.	中国区总裁
曹福康	上实管理(上海)有限公司	董事长
檀文耀	上海牛奶(集团)有限公司	资产总监

姓名	任期起止日期	是否领取薪酬
周杰	2002年2月至今	是
叶观年	2001年4月至今	否
陈宝祥	1996年7月至今	是
沈伟家	2002年11月至今	是
季建忠	2000年11月至今	是
陈绍昌	2000年2月至今	是
杨国平	1988年12月至今	是
唐勇	1996年3月至今	是
秦鹏	2000年11月至今	是
曹福康	1999年12月至今	是
檀文耀	2000年9月至今	是

注:公司股东S.I.FoodProducts Holdings Limited与上实医药科技(集团)股份有限公司、上实管理(上海)有限公司的实际控制方均为Shanghai Industrial Holdings Limited。

3、年度报酬情况

公司现任董事(除担任高级管理人员的董事以外)、监事(除由职工代表出任的监事以外)不在公司领取报酬,公司亦未制订任何有关董事、监事的报酬标准和相应制度,部分公司董事、监事系基于其担任公司高级管理人员或员工的身份在公司领取报酬。公司根据自身情况并参考同类上市公司高级管理人员的薪酬情况决定高级管理人员的报酬。本年度公司现任高级管理人员的年度报酬总额为人民币141万元,金额最高的前三名高级管理人员的报酬总额为人民币69.8万元。公司独立董事未在公司领取报酬。

公司高级管理人员年度报酬在3万元至18万元之间为3人,在18万元至30万元之间为5人,公司10名董事(周杰、季建忠、沈伟家、叶观年、陈宝祥、杨国平、陈绍昌、唐勇、秦鹏、郭广昌)、2名监事(曹福康、檀文耀)不在公司领取报酬,均在其各自所在的公司股东单位领取报酬。

4、在报告期内离任的董事、监事、高级管理人员姓名及离任原因

公司原财务总监王家谱因个人原因于2002年3月离职。公司于2002年3月聘任章国政为财务总监。

5、公司在职员工2677人,其中生产人员1,081人、销售人员564人、技术人员302人、财务人员116人、行政人员419人,其他人员195人,13.71%具备大学本科或以上学历,公司需承担费用的离退休职工31人。

五、公司治理结构

1、公司治理情况

公司严格按照《中华人民共和国公司法》以及相关法律、法规、规范性文件的要求,并严格履行公司章程规定的程序,建立并不断完善法人治理结构,推进公司的规范化运作。根据2002年1月国家经贸委和中国证监会发布的《上市公司治理准则》的要求,公司着重在以下几方面建立和完善法人治理结构:

(1)公司在公司章程中明确了全体股东、特别是中小股东享有平等地位,明确规定了股东大会的召集、召开、表决等程序,确保全体股东能够充分行使股东权利。

(2)公司较好地保持了经营运作的独立性,在资产、人员、财务、业务和机构等方面与控股股东严格分开,独立运作。公司控股股东亦能够合法行使股东权利。

(3)公司董事、监事均按法定程序选举,董事会、监事会的组成符合法律规定并依法开展工作,所有董事、监事均能够尽到勤勉尽责、竞业禁止的义务。

(4)公司管理层能够依法贯彻股东大会、董事会的各项决议,合理审慎地管理公司,尽到了管理层应尽的义务。

(5)公司能够根据有关监管政策的要求,及时、准确、全面地履行信息披露义务,为确保股东的知情权提供了必要保障。

2、独立董事履行职责情况

公司目前聘任一名独立董事,该独立董事在本年度较好地履行了《中华人民共和国公司法》和公司章程规定的董事职责。公司将于2003年4月30日召开的2002年度股东大会年会中增选独立董事。

3、公司与控股股东在业务、人员、资产、机构、资金、财务等方面完全分开,并具有独立完整的业务及自主经营能力。

(1)公司主要从事与奶和乳制品、奶牛和公牛、饮料和食品相关的生产、销售和其他经营业务,公司的业务独立于控股股东。

(2)公司对开展业务活动的主体经营性资产均拥有完整的所有权或使用权,没有被控股股东占用的情况。

(3)公司总经理、副总经理、财务总监和董事会秘书等未在控股股东单位担任任何管理职务,财务人员没有在公司控制的关联公司以外兼职,公司劳动、人事及工资管理均由其下属职能部门承担,完全独立于控股股东。

(4)公司的职能部门均独立运作,与控股股东的相关部门不存在上下级隶属关系,符合机构独立的要求。

(5)公司有独立的财务部门,建立了独立的财务核算体系;公司独立在银行开户,不与控股股东共用一个帐户;公司独立纳税,有独立的税务登记证;公司具有规范、独立的财务会计制度和对分公司、子公司的财务管理制度。

(6)公司对与开展其主营业务有关的生产、供应、销售等系统拥有独立的控制权或管理权,具备了独立的生产经营环境,具备独立完整的包括资产、业务、机构、人员、内部管理体系在内的各项经营要素,具有面向市场自主经营的基础条件。

4、对高级管理人员的考评及激励机制、相关奖励制度(如有)的建立、实施情况:

为完善公司的激励、约束机制,充分调动公司高级管理人员持续的工作积极性,以制度创新和管理创新来保证公司稳定、持续、健康的发展,从而提升公司核心竞争力,保证公司发展战略的实现,最终实现股东价值的最大化,公司拟建立管理层激励基金,并最终实现将管理层利益与企业长期发展目标有机结合的新型激励与约束机制,确保公司持续、健康发展。

六、股东大会简介

1、2002年度第一次临时股东大会

公司于2002年1月21日在公司会议室召开2002年度第一次临时股东大会,出席该次会议的股东代表6人,代表股份总数501,182,850股,占公司股本总额的100%。经审议,该次会议以501,182,850股(占出席会议股东代表股份总数100%)赞成,0股反对,0股弃权,审议通过修改公开发行股票方案的提案,将公开发行股票数量由10,000万股调整为不超过15,000万股。

2、2001年度股东大会年会

公司于2002年2月25日在公司会议室召开2001年度股东大会年会,出席该次会议的股东代表6人,代表股份总数501,182,850股,占公司股本总额的100%。经审议,该次会议通过以下决议:

(1)以501,182,850股(占出席会议股东代表股份总数100%)赞成,0股反对,0股弃权,审议通过《上海光明乳业股份有限公司2001年度董事会工作报告》;

(2)以501,182,850股(占出席会议股东代表股份总数100%)赞成,0股反对,0股弃权,审议通过《上海光明乳业股份有限公司2001年度监事会工作报告》;

(3)以501,182,850股(占出席会议股东代表股份总数100%)赞成,0股反对,0股弃权,审议通过《上海光明乳业股份有限公司2001年度财务决算及年度报告》;

(4)以501,182,850股(占出席会议股东代表股份总数100%)赞成,0股反对,0股弃权,审议通过《上海光明乳业股份有限公司2001年度利润分配方案》;

(5)以501,182,850股(占出席会议股东代表股份总数100%)赞成,0股反对,0股弃权,审议通过《上海光明乳业股份有限公司续聘会计师事务所的提案》。

七、董事会报告

1、报告期内整体经营情况的讨论与分析

2002年度是公司成功上市,跨入资本市场的第一年,也是公司发展历程的一个里程碑。全年在董事会的正确领导下,在全体员工的共同努力下,公司坚持树立以赢利支持增长的观念,以规划建立科学的管理流程为抓手,依靠科技创新推动生产力发展,强化了系统执行力,全面贯彻了利用全国资源做大全国市场的战略方针,经济得到了稳定增长,管理上了新台阶。报告期内公司实现主营业务收入5,021,503,488元,同比增长42.65%,完成利润总额371,886,994元,净利润226,313,752元,同比增长38.92%。经营创利继去年达到历史最好水平后再创新高。

在当前激烈的乳业市场竞争下,公司取得上述成果得益于董事会的正确决策。首先公司利用上市募集资金到位,加快了募集资金投资项目的建设步伐,更好地提升了公司的竞争力;其次,公司确立了以资本拉动产业发展的方针,演绎了商品市场和资本市场双轨发展格局,加大了收购兼并步伐。2002年公司在上海市以外实现的销售额已超过销售总额的60%,全国市场营销网络和产业基地建设不断取得成果,实现了总体产业布局从区域性向全国性的转型,成为真正意义上的全国性公司;第三,公司不断完善现代化管理手段,通过ERP项目适时、准确、持续的成功运作,推进了产、供、销体系的有效整合,使走向全国的管理体系不断得到完善和提高,同时促进了公司整体效益的提高。

(1)主营业务收入、主营业务利润的构成情况

主要产品情况

产品	主营业务收入 本年度金额(万元)	主营业务收入 比上年度增减(%)	主营业务成本 本年度金额(万元)	主营业务成本 比上年度增减(%)
液态奶	380,041	55%	240,143	54%
其他	42,628	-7%	28,204	-1%
商业	79,481	31%	61,129	26%

产品	毛利率(%) 本年度	比上年度增减(%)
液态奶	37%	0%
其他	34%	-4%
商业	23%	3%

地区分布

项目	地区	主营业务收入(万元) 本年度	主营业务收入(万元) 上年度	占公司主营业务收入比例(%) 本年度	占公司主营业务收入比例(%) 上年度
	上海	154,148	132,313	36%	45%
乳制品等	外地	268,521	159,121	64%	55%
	小计	422,669	291,434	100%	100%

项目	比上年度增减(%)
	17%
乳制品等	69%
	45%

注1:上述地区分布产品仅指公司主营的乳制品及相关产品。公司商业销售收入主要在上海实现。

注2:报告期主营业务利润171,508万元,比上年度增加45%。增加原因主要系主营业务收入比上年增加43%;净利润实现22,631万元,比上年度增长39%,增加原因主要系主营业务利润增加所致;现金及现金等价物净增加额69,963万元,增加原因主要系新股发行及经营活动产生现金净流量增加所致。

(2)主要控股公司及参股公司的经营情况及业绩

单位:万元

公司名称	主要产品和服务	注册资本
上海光明乳业销售有限公司	食品批发、实业投资	2,000
上海可的便利店有限公司	商品零售	2,000
上海乳品四厂有限公司	乳品加工、销售	4,452
南京光明乳品有限公司	乳品加工、销售	1,500
黑龙江省光明松鹤乳品有限公司	奶粉加工、销售	10,000
上海永安乳品有限公司	乳品加工、销售	(USD)250
上海达能酸乳酪有限公司	乳品加工、销售	(USD)435
光明乳业(泾阳)有限公司	乳品加工、销售	2,000
北京光明健能乳业有限公司	乳品批发、零售	2,000
广州光明乳品有限公司	乳品加工、销售	2,000
上海邀请电子商务有限公司	网站开发、经营和服务	3,000

公司名称	资产规模	净利润
上海光明乳业销售有限公司	10,322	-1,734
上海可的便利店有限公司	18,220	81
上海乳品四厂有限公司	9,519	1,493

南京光明乳品有限公司	5,303	984
黑龙江省光明松鹤乳品有限公司	33,944	487
上海永安乳品有限公司	5,141	302
上海达能酸乳酪有限公司	3,090	1,772
光明乳业(泾阳)有限公司	6,127	-259
北京光明健能乳业有限公司	5,617	-105
广州光明乳品有限公司	7,075	-481
上海邀请电子商务有限公司	7,996	-1,535

(3)主要供应商、客户情况

公司向前五名供应商合计的采购金额约为31,767万元,占年度采购总额的11%,公司前五名客户销售额约为31,542万元,占公司年度销售总额的6%。

2.在经营中出现的问题与困难及解决方案

作为形成基本市场化的乳制品行业,近年来,由于其盈利增长的稳定性,吸引了众多投资者进入这个市场,造成市场竞争的异常激烈。公司在这竞争环境中,以领先改革的先发效应,领导着乳业的快速发展,但同样也面临了许多困难和问题,如随着乳制品需求的迅速增长,国内原料奶价格也随之上升,从某种意义上讲,乳业竞争也是原料奶的竞争。我司将通过变革牧业事业部的产权结构机制,以赢利为中心,形成积极有效的激励机制,推动牧业服务产业化,进而扩大奶源基地建设,更好地为主业服务;第二,随着乳制品市场竞争的白热化,产品价格竞争将显得更加突出,价格战在所难免,为此我司将加大成本控制力度,努力提高主营产品毛利率,提高经济效益,扩大市场份额;第三,公司管理层清醒地认识到,在传统消费品领域,唯有依托高科技手段形成核心竞争力,才能保证公司的长远发展。为此,公司将大力推进基础研究和技术革新的力度,使公司在乳业产业链方面进一步扩大领先优势。

3.投资情况

公司本次发行承诺投资项目金额总计81,124万元,至报告期末实际投入金额50,740万元,本年度公司使用募集资金实际投资项目与承诺项目没有发生变化,该等项目的投资情况如下:

(1)建设保健发酵乳品生产基地项目,承诺投资金额7,445万元,项目预计在2003年完工。本年度实际使用募集资金投入2,791万元,与承诺金额和进度相符。该项目建成后预计增加年生产能力30,000吨,年新增销售收入32,487万元,税后利润5,040万元。

(2)扩大液态保鲜奶和超高温灭菌奶生产能力项目,承诺投资金额18,376万元,项目建设期至2004年末。本年度实际使用募集资金投入4,445万元,与承诺金额和进度相符,该项目建成以后预计可增加年生产保鲜奶45,000吨,UHT奶33,000吨的能力,预计新增销售收入39,108万元,税后利润3,879万元。

(3)营养保健食品科技开发项目,承诺投资金额13,500万元,项目建设期至2004年12月。本年度实际使用募集资金投入2,875万元,与承诺金额和进度相符。该项目建成以后预计新增高科技含量的新产品20余项,年新增销售收入65,132万元,税后利润5,794万元。

(4)建设大型现代物流基地项目,承诺投资金额16,970万元,项目建设期至2003年12月。本年度实际使用募集资金投入4,057万元,与承诺金额和进度相符,该项目达产后每年将直接增加营业收入270,000万元人民币,增加利润5,250万元。

(5)增资黑龙江省光明松鹤乳品有限责任公司项目,承诺投资金额12,944万元,项目建设期至2003年12月。本年度实际使用募集资金投入5,500万元,与承诺金额和进度相符。该项目建成以后预计增加年生产13,000吨奶粉和18,000吨超高温灭菌奶的生产能力,年新增销售收入30,400万元,税后利润2,413万元。

(6)增资北京光明健康乳业有限公司项目,承诺投资金额11,889万元,项目建设期至2003年12月。报告期实际使用募集资金投入4,000万元,与承诺金额和进度相符。该项目建成以后预计增加年生产24,000吨风味酸奶和36,000吨保鲜奶的生产能力,年新增销售收入33,235万元,税后利润3,280万元。

本年度公司使用自有资金投资的项目如下:

(1)2002年1月,公司出资115万元投资新海奶牛场,并占新海奶牛场更名后成立的上海新乳奶牛场有限公司10%股权。该公司注册资本为1,150万元,上海农工商集团新海总公司持有20%股份,牛奶集团持有70%股份。该项目预计投资回报率10%。

(2)2002年1月,公司出资60万元投资五四奶牛场,并占五四奶牛场更名后成立的上海五四奶牛场有限公司10%股权。该公司注册资本为600万元,上海农工商集团五四总公司持有20%股份,牛奶集团持有70%股份。该项目预计投资回报率10%。

(3)2002年6月,公司与上海农工商(集团)总公司、牛奶集团共同投资组建上海奶牛育种中心有限公司,该公司注册资本2,857万元,公司出资1,457万元持有51%股权。该项投资资金已经全部到位,该项目预计前三年实现销售收入3,650万元,利润总额664万元。

(4)2002年9月,公司与湖南派派食品有限公司共同投资组建湖南光明派派乳品有限公司,该公司注册资本2,500万元,公司出资1,500万元持有60%股权。该项投资资金已经全部到位,该项目预计达产年2005年的销售收入可达11,383万元,前五年的销售收入可达49,283万元,达产年的年利润可达925万元,该项目的静态投资回收期约需4年,内部收益率为15%。

(5)2002年9月,公司对光明乳业(德州)有限公司增资1,394万元。增资完成后,该公司注册资本为3,061万元,公司持有51%股权。

(6)2002年10月,公司决定与江苏新澄集团公司共同投资组建江苏荷斯坦璜塘奶牛场有限公司,该公司注册资本1,450万元,公司出资900万元(经评估的牛只资产),持有62.1%股权。该项目合作期为30年,预计项目前10年销售收入为10,000万元,税后利润2,025万元,项目内部报酬率15%,静态投资回收期需6.6年。

(7)2002年10月,公司与控股子公司上海光明乳业销售有限公司共同投资组建黑龙江光明乳品销售有限公司,该公司注册资本50万元,公司出资10万元持有20%股权。该项投资资金已经全部到位。

(8)2002年10月,公司出资2,000万元收购广州市牛奶公司持有的广州达能酸乳酪有限公司23%股权。

(9)2002年11月,公司出资2,670万元收购达能亚洲有限公司持有的广州达能酸乳酪有限公司72%的股权。该公司2002年已实现销售收入14,756万元,净利润1,516万元。

以上收购广州达能酸乳酪有限公司项目已获得有关审批部门的批准。

(10)2002年11月,公司对上海乳品四厂增资2,918万元。增资完成后,该公司注册资本4,452万元,公司持有82%股权。

(11)2002年11月,公司出资1,800万元收购天津市梦得食品饮料公司持有的天津梦得奶制品有限公司60%股权。上述收购于2003年1月10日完成。该项目预计到2005年将产销液态奶70,000吨/年,预期年实现销售收入20,000万元,税后利润800万元。

(12)2002年12月,公司出资2,960万元以收购部分股权和增资的方式取得光明食品有限公司30%股权,该公司注册资本为9,867万元。该项目收购和增资行为正在进行中。该项目预计到2004年可实现销售收入13,970万元,净利润1,209万元。

(13)2002年12月,公司出资5,480万元收购江西金牛企业集团公司持有的江西英雄乳业股份有限公司51%股份合计3,060万股。上述收购于2003年1月10日完成。该项目预计到2004年达产后年处理生奶量55,000吨,实现销售收入21,400万元,税后利润960万元。

4.财务状况

公司财务状况良好,各项财务指标变动情况如下:

单位:万元

项目	本年度	上年度	增减变动(%)
总资产	293,737	182,917	61%
长期负债	7,645	4,944	55%
股东权益	157,868	54,366	190%
主营业务利润	171,508	118,302	45%
净利润	22,631	16,291	39%
现金及现金等价物	111,328	41,366	169%

项目	原因
总资产	企业经营规模的扩大以及本报告期公司发行新股;
长期负债	本报告期企业接收国家十五科技技改拨款、子公司长期借款增加以及提取中长期激励基金;
股东权益	企业经营规模的扩大以及本报告期公司发行新股;
主营业务利润	报告期主营业务收入比上年度增加43%;
净利润	企业经营规模扩大,主营业务收入增加;
现金及现金等价物	新股发行及经营活动产生现金净流量增加。

5.2003年度经营计划

2003年公司发展的指导方针是:通过进一步获取市场资源,建立领导品牌,满足消费需求,并依托科技创新发展光明新鲜核心竞争优势;继续坚持以轻资产管理发展技术、信息和服务经济;通过现代化的管理手段,明确内部岗位责任,激发活力,增加动力,促进赢利支持增长,为股东创造价值。

(1)有计划有步骤地实施好募集资金投资项目建设,促进产能进一步升级,提高产品质量,降低产品成本,更好地满足日益增长的消费需求,稳定提高产品市场占有率。

(2)公司将以高科技为内涵使产品在技术、新鲜、服务上具有与众不同的优势,以满足消费者的需求,提升品牌形象,增强市场竞争优势。

(3)进一步完善管理优势,使公司在从"生产企业规模化盈利"发展到"市场销售规模化盈利"的基础上,向"资本和知识管理盈利"的模式发展。

(4)加快市场扩张,推动资源整合。进一步依托资本市场,做好兼并收购工作,促进金融资本带动产业资本的发展。

(5)公司将借鉴国际通行的管理模式,结合我国的实际情况,探索和建立将管理层利益与企业长期发展目标有机结合的新型激励与约束机制,确保公司持续、健康发展。

(6)公司将继续发挥以光明文化、合适人才为内涵的人力资源优势,使光明团队在共同价值观的基础上,形成团结、高效的职工队伍,使个人和公司共同发展,为股东,为企业,为社会创造更大价值。

(7)加大规范运作力度,进一步提升公司形象,打造一流上市公司品牌。

6.董事会日常工作

(1)公司于2002年1月21日在公司会议室召开第一届董事会第七次会议,该次会议应到董事13人,亲自或委托代理人出席会议董事12人。经审议,该次会议通过的决议包括:《上海光明乳业股份有限公司2001年度总经理工作报告》、《上海光明乳业股份有限公司2001年度董事会工作报告》、《2001年年度报告》、《关于2001年度利润分配预案》、《2002年度财务预算方案的预案》、《投资设立北京光明健能乳业有限公司的议案》、《关于收购新海、五四及燎原总公司三个牧场部分股权的议案》、《关于聘请会计师事务所的议案》、《关于召开2001年度股东大会年会的议案》。

八、监事会报告

1.监事会会议情况

(1)第一届监事会第三次会议

公司于2002年1月21日在公司会议室召开第一届监事会第三次会议,该次会议应到监事3人,亲自或委托代理人出席会议监事3人。经审议,该次会议通过了《上海光明乳业股份有限公司2001年度监事会工作报告》的决议。

(2)第一届监事会第四次会议

公司于2002年7月23日在上实管理(上海)有限公司会议室召开第一届监事会第四次会议,该次会议应到监事3人,亲自或委托代理人出席会议监事3人。经审议,该次会议通过了《关于制订监事会议事规则的议案》。

2、监事会意见

(1)公司的决策程序合法有效,至今未发现公司董事、经理执行公司职务时有损害公司利益的行为和违反法律、法规、公司章程的行为。

(2)公司的财务报告真实反映了公司的财务状况和经营成果,会计师事务所出具的审计意见是客观公正的。

(3)公司募集资金实际投入项目、金额、进度和承诺投入项目、金额、进度一致。

(4)公司收购、出售资产交易价格公平合理,至今未发现内幕交易行为,至今未发现损害股东的权益特别是小股东权益的情形发生。

(5)关联交易条件公平合理,至今无损害本公司利益及股东利益的情形发生。

九、重要事项

1.涉诉情况

报告期内公司无重大诉讼、仲裁事项。

2.首次发行

经中国证监会证监发行字[2002]80号文批准,公司于2002年8月14日首次向社会公众公开发行人民币普通股(以下简称"A股")15,000万股(以下简称"本次发行"),每股发行价格为人民币6.50元。本次发行股份全部募集到位,扣除发行费用人民币2,870万元,实际募集资金为人民币94,630万元。本次发行股份已经全部获准于2002年8月28日在上海证券交易所上市交易。

3.本年度公司收购及出售资产、吸收合并事项

本年度公司收购资产事项见第七节第3条"本年度公司使用自有资金投资的项目"。

收购资产项目对公司业务连续性、管理稳定性呈正面影响。尤其是收购广州达能、天津梦得和江西英雄乳业,对于公司进一步扩大奶源建设,拓展华南、华北及华中市场,提升光明主营业务的竞争力起到积极作用。

本年度公司无出售资产、吸收合并事项。

4.重大关联交易事项

除公司于2002年7月29日公开披露的关于本次发行的招股说明书中披露的关联交易以外,本年度公司尚与关联方发生下列关联交易:

(1)销售和采购

公司在报告期内与大股东上海牛奶集团有限公司及其下属牧场发生销售(出售饲料)和采购(购入公牛冻精、收购生奶)业务分别为60,093,740元和138,713,507元。

(2)合作投资

2002年1月,公司出资115万元投资新海奶牛场,并占新海奶牛场更名后成立的上海新乳奶牛场有限公司10%股权。该公司注册资本为1,150万元,上海农工商集团新海总公司持有20%股份,牛奶集团持有70%股份。

2002年1月,公司出资60万元投资五四奶牛场,并占五四奶牛场更名后成立的上海五四奶牛场有限公司10%股权。该公司注册资本为600万元,上海农工商集团五四总公司持有20%股份,牛奶集团持有70%股份。

2002年6月,公司与上海农工商(集团)总公司、牛奶集团共同投资组建上海奶牛育种中心有

限公司,该公司注册资本2,857万元,公司出资1,457万元持有51%股权,上海市农工商(集团)总公司持有42%股权,牛奶集团持有7%股权。

在上述关联交易中,购销业务为公司日常业务,有关交易条件遵循市场化原则,是公平合理的。融资与合作投资业务的交易条件均公平合理,没有损害公司与公司股东利益的情形,并且履行了公司章程规定的程序。

5、重大合同情况

报告期内公司无根据上市规则应当予以披露的重大合同。

6、聘任会计师情况

报告期内公司聘任德勤华永会计师事务所有限公司担任审计,本年度支付予该会计师事务所有限公司各类服务的报酬总计2,464,023元,(其中2002年上半年度会计报表审计项目550,000元,2002年下半年度会计报表审计项目800,000元,验资项目150,000元,各子公司会计报表审计287,000元,会计手册咨询项目628,000元,代垫费用及其他49,023元)该审计机构已经为公司连续服务3年。

十、财务报告

资产负债表

2002年12月31日

编制单位:上海光明乳业股份有限公司　　单位:人民币元

资　产	附注	合并 年末数
流动资产:		
货币资金	7	1,113,284,923
短期投资	8	4,731,934
应收帐款	9	270,116,426
其他应收款	10	33,548,212
预付帐款	11	15,550,756
存货	12	251,954,883
待摊费用	13	20,000,468
流动资产合计		1,709,187,602
长期投资		
长期股权投资	14,47	17,479,225
固定资产:		
固定资产原价	15,48	1,426,149,237
减:累计折旧	15,48	454,062,669
固定资产净值		972,086,568
减:固定资产减值准备	15,48	28,280,544
固定资产净额		943,806,024
在建工程	16	127,617,081
固定资产合计		1,071,423,105
无形资产及其他资产		
无形资产	17	78,083,479
长期待摊费用	18	61,191,838
无形资产及其他资产合计		139,275,317
资产总计		2,937,365,249

负债及股东权益	附注	年末数
流动负债:		
短期借款	19	134,700,000
应付帐款	20	321,588,028
预收帐款	21	122,594,665
应付工资	22	49,073,718
应付福利费	23	22,539,665
应付股利	24	138,792,164
应交税金	25	71,422,649
其他应交款		1,446,591
其他应付款	26	289,828,956
预提费用		1,501,809
其他流动负债		–
一年内到期的长期负债	27	13,201,960
流动负债合计		1,166,690,205
长期负债:		
长期借款	27	43,132,340
长期应付款	28	23,918,725
专项应付款	29	3,400,000
长期激励基金	30	6,000,000
长期负债合计		76,451,065
负债合计		1,243,141,270
少数股东权益		115,544,115
股东权益:		
股本	31	651,182,850
资本公积	32	797,304,377
盈余公积	33	94,999,376
其中:公益金	33	44,425,854
未分配利润	34	35,193,261
股东权益合计		1,578,679,864
负债及股东权益总计		2,937,365,249

利润及利润分配表

2002年年度

编制单位:上海光明乳业股份有限公司　　单位:人民币元

项目	附注	合并 本年累计数
一、主营业务收入	44,49	5,021,503,488
减:主营业务成本	44	3,294,759,886
主营业务税金及附加		11,662,548
二、主营业务利润		1,715,081,054
加:其他业务利润	36	12,867,113
减:营业费用		1,046,789,147
管理费用		279,626,141
财务费用	37	17,824,223
三、营业利润		383,708,656
加:投资收益	38,47	2,182,401
补贴收入	39	14,717,860
营业外收入		2,121,881
减:营业外支出	40	30,843,804
四、利润总额		371,886,994
减:所得税	41	134,381,676
少数股东损益		11,191,566
五、净利润		226,313,752
加:年初未分配利润		–
六、可供分配的利润		226,313,752
减:提取法定盈余公积金	34	27,468,805
提取法定公益金	34	25,050,090
七、可供股东分配的利润		173,794,857
减:提取任意盈余公积	34	–
应付普通股股利	34	138,601,596
八、未分配利润		35,193,261

现金流量表

2002年度

编制单位:上海光明乳业股份有限公司　　单位:人民币元

项目	合并 本年累计数
一、经营活动产生的现金流量:	
销售商品、提供劳务收到的现金	5,807,997,152
收到的税费返还	4,348,599
收到的其他与经营活动有关的现金	10,459,548
现金流入小计	5,822,805,299
购买商品、接受劳务支付的现金	3,632,899,732
支付给职工以及为职工支付的现金	378,015,375
支付的各项税费	329,901,460
支付的其他与经营活动有关的现金	1,001,903,144
现金流出小计	5,342,719,711
经营活动产生的现金流量净额	480,085,588
二、投资活动产生的现金流量:	
购买子公司货币资金净增加额	11,728,772
收回投资收到的现金	2,683,660
取得投资收益收到的现金	1,194,020
处置固定资产、无形资产和其他长期资产所收回的现金净额	7,283,894
现金流入小计	22,890,346
购建固定资产、无形资产和其他长期资产所支付的现金	413,060,420
投资所支付的现金	6,481,934
收购子公司货币资金净减少额	–
现金流出小计	419,542,354
投资活动产生的现金流量净额	(396,652,008)
三、筹资活动产生的现金流量:	
吸收投资所收到的现金	946,297,296
借款所收到的现金	594,210,042
收到少数股东投资	30,272,075
现金流入小计	1,570,779,413
偿还债务所支付的现金	804,800,000
分配股利、利润或偿还利息所支付的现金	145,748,112
少数股东收回投资	–
支付给少数股东的利润	4,036,328
现金流出小计	954,584,440
筹资活动产生的现金流量净额	616,194,973
四、汇率变动对现金的影响	–
五、现金及现金等价物净增加(减少)额	699,628,553

项目	上年累计数
一、经营活动产生的现金流量:	
销售商品、提供劳务收到的现金	4,332,019,818
收到的税费返还	3,347,507
收到的其他与经营活动有关的现金	19,373,532
现金流入小计	4,354,740,857
购买商品、接受劳务支付的现金	2,612,734,070
支付给职工以及为职工支付的现金	232,747,343
支付的各项税费	243,580,416
支付的其他与经营活动有关的现金	885,693,409
现金流出小计	3,974,755,238
经营活动产生的现金流量净额	379,985,619
二、投资活动产生的现金流量:	
购买子公司货币资金净增加额	–
收回投资收到的现金	–
取得投资收益收到的现金	9,023,572
处置固定资产、无形资产和其他长期资产所收回的现金净额	9,882,257
现金流入小计	18,905,829
购建固定资产、无形资产和其他长期资产所支付的现金	331,970,657
投资所支付的现金	9,793,660
收购子公司货币资金净减少额	21,307,696
现金流出小计	363,072,013
投资活动产生的现金流量净额	(344,166,184)
三、筹资活动产生的现金流量:	
吸收投资所收到的现金	–
借款所收到的现金	423,743,180
收到少数股东投资	750,000
现金流入小计	424,493,180
偿还债务所支付的现金	257,959,040
分配股利、利润或偿还利息所支付的现金	213,423,132
少数股东收回投资	10,000,000
支付给少数股东的利润	1,444,384
现金流出小计	482,826,556
筹资活动产生的现金流量净额	(58,333,376)
四、汇率变动对现金的影响	–
五、现金及现金等价物净增加(减少)额	(22,513,941)

黑 龙 江 北 大 荒 农 业 股 份 有 限 公 司

黑龙江北大荒农业股份有限公司2002年年度报告

一、公司基本情况简介

(一)公司的法定中文名称:黑龙江北大荒农业股份有限公司
中文缩写:北大荒
公司的法定英文名称:Heilongjiang Agriculture Company Limited
英文缩写:HACL
(二)公司的法定代表人:孙勇才先生
(三)董事会秘书:史晓丹先生
联系地址:黑龙江省哈尔滨市南岗区汉水路263号
电话:0451-5195980
传真:0451-5195993
电子信箱:600598@haclbdh.com.cn
董事会证券事务代表:高建国先生
联系地址:黑龙江省哈尔滨市南岗区汉水路263号
电话:0451-5195977
传真:0451-5195950
电子信箱:hacl@haclbdh.com.cn
(四)公司注册地址:黑龙江省哈尔滨市香坊区红旗大街175号
公司办公地址:黑龙江省哈尔滨市南岗区汉水路263号
邮政编码:150090
公司国际互联网网址:http://www.haclbdh.com.cn
电子信箱:hacl@haclbdh.com.cn
(五)公司指定信息披露报纸:《上海证券报》、《中国证券报》
登载公司年度报告的国际互联网网址:http://www.sse.com.cn
公司年度报告备置地点:公司董事会秘书办公室
(六)公司股票上市交易所:上海证券交易所
股票简称:北大荒
股票代码:600598
(七)其他有关资料:
公司首次注册日期:1998年11月27日
公司最近一次变更注册登记日期:2002年3月20日
公司最近一次变更注册登记地点:黑龙江省工商行政管理局
企业法人营业执照注册号码:2300001100490
税务登记号码:地税230106020704359、国税23010670283865X
公司聘请的会计师事务所:北京信永中和会计师事务所
会计师事务所办公地址:北京市东城区朝阳门北大街8号富华大厦C座12层

二、会计数据和业务数据摘要

(一)本年度主要会计数据
单位:人民币元

项目	金 额
利润总额	380,637,181.31
净利润	380,637,181.31
扣除非经常性损益后的净利润*	380,192,988.54
主营业务利润	898,454,094.55
其他业务利润	27,812,199.25
营业利润	380,192,988.54
投资收益	0
补贴收入	0
营业外收支净额	444,192.77
经营活动产生的现金流量净额	232,556,625.54
现金及现金等价物净增加额	1,234,076,800.25

注:扣除的非经常性损益项目为营业外收支净额444,192.77元。

(二)近三年主要会计数据和财务指标　　单位:人民币元

项目	2002年	2001年
主营业务收入	1,471,430,073.09	1,406,322,626.46
净利润	380,637,181.31	364,282,993.16
总资产	6,199,190,010.65	4,339,305,681.18
股东权益(不含少数股东权益)	3,496,411,604.29	1,724,488,520.94
全面摊薄	0.26	0.31
每股收益(元/股)		
加权平均	0.27	0.31
每股净资产(元/股)	2.38	1.47
调整后每股净资产(元/股)	2.30	1.40
全面摊薄	10.89	21.12
净资产收益率(%)		
加权平均	12.28	20.54
每股经营活动产生的现金流量净额(元/股)	0.16	0.18

项目	2000年
主营业务收入	1,519,536,160.03
净利润	314,483,926.22
总资产	4,503,761,718.38
股东权益(不含少数股东权益)	1,591,354,866.27
全面摊薄	0.27
每股收益(元/股)	
加权平均	0.27
每股净资产(元/股)	1.36
调整后每股净资产(元/股)	1.28
全面摊薄	19.76
净资产收益率(%)	
加权平均	18.48
每股经营活动产生的现金流量净额(元/股)	0.08

(三)利润表附表

根据《公开发行证券的公司信息披露编报规则第九号》的要求计算本年度净资产收益率和每股收益

报告期利润	净资产收益率(%)	
	全面摊薄	加权平均
主营业务利润	25.70	28.98
营业利润	10.87	12.26
净利润	10.89	12.28
扣除非经常性损益后的净利润	10.87	12.26

报告期利润	每股收益(元/股)	
	全面摊薄	加权平均
主营业务利润	0.61	0.64
营业利润	0.26	0.27
净利润	0.26	0.27
扣除非经常性损益后的净利润	0.26	0.27

(四)报告期内股东权益变动情况　　单位:人民币元

项　目	股本	资本公积	盈余公积
期初数	1,169,960,000	313,624,989.67	165,036,415.23
本期增加	300,000,000	1,282,380,702.04	57,095,577.20
本期减少			
期末数	1,469,960,000	1,596,005,691.71	222,131,992.43

项　目	其中:法定公益金	未分配利润	股东权益合计
期初数	55,012,138.45	75,867,116.04	1,724,488,520..94
本期增加	19,031,859.07	132,446,804.11	1,771,923,083.35
本期减少			
期末数	74,043,997.52	208,313,920.15	3,496,411,604.29

变动原因:
1.股本增加为2002年度发行新股30,000股,增加30,000万元;
2.资本公积增加主要为2002年度发行新股的股本溢价126,326万元,冻结利息1,721万元;
3.盈余公积增加为本年提取增加;
4.法定公益金增加为本年提取增加;
5.未分配利润增加为本期利润增加。

三、股本变动及股东情况

(一) 股东情况介绍
1.报告期末股东总数89,940户
2.报告期公司前十名股东持股变动情况

序号	股东名称	增减变动(+,-)	年末持股数(股)
1	黑龙江北大荒农垦集团总公司	无	1,169,960,000
2	泰和基金		5,451,274
3	鹏华成长		5,102,848
4	嘉实成长		4,627,076
5	银丰基金		4,065,933
6	南方稳健		4,024,953
7	汉兴基金		3,581,547
8	汉盛基金		3,260,504
9	华夏成长		3,114,936
10	国元证券		2,630,100

序号	股东名称	占总股本比例%	股份类别	质押或冻结情况
1	黑龙江北大荒农垦集团总公司	79.59	国有股	无
2	泰和基金	0.37	流通股	
3	鹏华成长	0.35	流通股	
4	嘉实成长	0.31	流通股	
5	银丰基金	0.28	流通股	
6	南方稳健	0.27	流通股	
7	汉兴基金	0.24	流通股	
8	汉盛基金	0.22	流通股	
9	华夏成长	0.21	流通股	
10	国元证券	0.18	流通股	

注:

(1)报告期内持有本公司5%(含5%)以上股份的股东为黑龙江北大荒农垦集团总公司,其持有的股份为国家股,持有数量在报告期内未发生变化,且所持股份不存在质押或冻结的情况。

(2)本公司第一大股东与其他九位流通股股东之间不存在关联关系,本公司不了解其它九名流通股股东之间的关联关系。

(二)公司控股股东情况

本公司独家控股股东为黑龙江北大荒农垦集团总公司(简称集团公司)。集团公司是经黑龙江省体改委批准,于1994年4月9日成立的大型国有资产运营公司,是经国家计委、经贸委、体改委以计规划[1998]332号文批准的国家120家大型企业试点集团黑龙江北大荒农垦集团的核心企业。注册资本60亿元,注册地址为哈尔滨市香坊区红旗大街175号,法定代表人王玉林。经营范围主要包括:农林牧渔业、采掘、生产加工、交通运输、建筑工程、房地产开发、物资供销、仓储等。2002年集团公司总资产352亿元,净资产104亿元,实现主营业务收入152亿元,净利润4.66亿元。

四、董事、监事、高级管理人员和员工情况

(一)董事、监事、高级管理人员基本情况

姓名	职务	性别	年龄	任期起止日期
孙勇才	董事长	男	61	2000.6-2003.6
胡成真	董事	男	58	2001.6-2003.6
母松华	董事	男	55	2001.6-2003.6
张广勤	董事	男	39	2001.6-2003.6
郭维和	董事	男	58	2001.6-2003.6

姜 夏	董事	男	55	2001.6-2003.6
邹积慧	董事	男	48	2001.6-2003.6
于洪洲	董事、总经理	男	56	2001.6-2003.6
付连祯	董事、副总经理	男	54	2001.6-2003.6
戴谟安	独立董事	男	68	2001.6-2003.6
程国强	独立董事	男	40	2001.6-2003.6
钟国林	监事	男	55	2001.6-2003.6
丁元森	监事	男	54	2001.6-2003.6
谭占龙	监事	男	41	2001.6-2003.6
史晓丹	董事会秘书	男	43	2001.6-2003.6
陈玉林	副总经理	男	39	2002.8-2003.6

在股东单位任职的董事监事情况

		在股东单担任的职务	任职期间
胡成真	北大荒农垦集团总公司	副总经理	1998.11-今
母松华	牋北大荒农垦集团总公司	工会主席	1996.4-今
张广勤	北大荒农垦集团总公司建三江分公司	经理	1996.4-今
郭维和	北大荒农垦集团总公司红兴隆分公司	经理	1996.8-今
姜夏	北大荒农垦集团总公司牡丹江分公司	经理	1999.12-今
邹积慧	北大荒农垦集团总公司宝泉岭分公司	经理	1997.7-今
钟国林	北大荒农垦集团总公司	纪委书记	1998.5-今
谭占龙	北大荒农垦集团总公司	财务部经理	2000.6-今

姓名	任职的股东单位名称	是否领取报酬、津贴
胡成真	北大荒农垦集团总公司	是
母松华	牋北大荒农垦集团总公司	是
张广勤	北大荒农垦集团总公司建三江分公司	是
郭维和	北大荒农垦集团总公司红兴隆分公司	是
姜夏	北大荒农垦集团总公司牡丹江分公司	是
邹积慧	北大荒农垦集团总公司宝泉岭分公司	是
钟国林	北大荒农垦集团总公司	是
谭占龙	北大荒农垦集团总公司	是

(二)年度报酬情况

1、董事、监事、高级管理人员报酬的决策程序和确定依据公司董事、监事报酬依据公司章程和股东大会决议，每年享受职务津贴分别为2.5万元、2万元，监事会主席执行董事职务标准；董事长职务津贴为每年4万元。执行董事年基薪7.2万元；高级管理人员年基薪5.4万元。非执行董事不在本公司领取工资。

2、现任董事、监事、高级管理人员报酬

年度报酬总额	47.15万元
金额最高的前三名董事的报酬总额	18.4万元
金额最高的前三名高级管理人员的报酬总额(公司实有两名)	7.65万元
独立董事津贴	5万元
独立董事其他待遇	无
不在公司领取报酬、津贴的董事、监事姓名	无
报酬区间	人数
2.5-4万元	12人
5.4-7.2万元	4人

(三)报告期内无离任董事、监事、高级管理人员，本年度增加一名高级管理人员陈玉林担任公司副总经理，此项决议于2002年8月18日召开第二届董事会第七次会议通过。

(四)公司员工情况

截止报告期末，公司员工总数39,607人，公司没有需承担费用的离退休职工。主要构成为：

1、员工专业构成：生产人员33,388人，销售人员511人，技术人员1,230人，管理财务人员4,478人，分别占总人数的84.29%、1.29%、3.11%、11.31%。

2、员工受教育程度：大专以上3,873人，中专3,152人，高中10,919人，其他21,663人，分别占总人数的9.78%、7.96%、27.57%、54.69%。

五、公司治理结构

(一) 公司治理情况

报告期内公司严格按照现代企业制度的有关要求规范运作，修改并完善了《董事会议事规则》、《独立董事制度》、《信息披露管理办法》。公司按照中国证监会、国家经贸委关于开展上市公司建立现代企业制度检查的通知要求进行了自查和整改，并及时形成了《上市公司建立现代企业制度的自查报告》，此报告已经第二届董事会第六次会议通过，并于2002年6月28日公告。

(二)公司独立董事履行职责情况

本公司程国强、戴谟安二位独立董事除因公出国和因病分别有三次和一次委托对方代为行使表决权外，均参加了公司董事会会议。二位独立董事就董事会决议事项认真研究特别是对于事关中小股东利益和公司发展的事项均给予特别关注，忠实履行了独立董事的职责。

(三)公司与控股股东

本公司与控股股东在业务、人员、资产、机构、财务等方面相互独立，各自独立核算，独立承担责任及风险。

1、业务方面：公司拥有独立的生产、供应、销售系统及人员，具有自主经营能力，并完于股东单位。

2、人员方面：公司人员独立于控股股东，公司总经理、财务负责人、营销负责人及董事等高级管理人员未在控股股东兼职、领取

3、资产方面：公司的资产独立完整，权属清晰，控股股东未占用、支配公司的资产或干预公司对资产的经营管理。

4、机构方面：公司建立健全了董事会、监事会并独立于控股股东的组织机构，不存在从属于控股股东职能部门合署办公等情况。

5、财务方面：公司设立了独立的财务部门，建立健全了统一的财务会计制度，独立开设银行账户。控股股东未干预公司财务会计活动。

(四)公司高级管理人员考评及激励机制、相关奖励制度建立、实施

公司已初步建立了对董事、监事、高级管理人员的绩效考评标准与激励约束机制。建立并严格依照《股东大会制度》、《董事会议事规则》、《经理工作规则》等制度进行决策，建立了任前及解聘审计制度、年度工作责任目标制度及绩效考核和业绩评价制度。

(五)与公司治理的规范性文件差异

本公司的公司治理与《上市公司治理准则》等规范性文件相比，尚有一些差距，将在今后逐步解决：

1、独立董事中应补充一名会计专业人士，独立董事人数尚未达到有关规定要求；

2、公司需进一步完善高级管理人员考评及激励机制。

六、股东大会情况简介

报告期内公司召开了一次股东大会，即2001年度股东大会。于2002年4月23日在哈尔滨市香坊区红旗大街175号农垦大厦举行。大会由公司董事长孙勇才先生主持。出席大会的股东及股东代表共7人，代表有表决权股份总数117,442.11万股，占公司总股份数的79.89%，公司部分董事、监事及高级管理人员列席了会议。会议符合《公司法》及《公司章程》的规定，会议以记名投票方式，表决通过如下议案：

(一)审议通过了《2001年度董事会工作报告》。

(二)审议通过了《2001年度监事会工作报告》。

(三)审议通过了《2001年度财务决算报告》。

(四)审议通过了《2002年度财务预算方案》。

(五)审议通过了《2001年度利润分配方案》。

2001年度利润分配方案：经信永中和会计师事务所审计，本公司2001年度实现净利润364,282,993.16元，根据招股书已披露的公司2001年第3次临时股东大会决议，其中1至9月份实现的利润275,027,562.55元，在提取10%法定公积金27,502,756.26元、5%的法定公益金13,751,378.13元后，可供股东分配的利润由老股东——黑龙江北大荒农垦集团总公司享有；10月至12月实现的利润89,255,430.61元，在提取10%法定公积金8,925,543.05元、5%的法定公益金4,462,771.52元后，可供股东分配的利润75,867,116.04元，由全体股东共享，本年度不进行利润分配、资本公积金不转增股本。

(六)表决通过了《关于继续聘用信永中和会计师事务所及支付其报酬的议案》。

继续聘用信永中和会计师事务所作为2002年度审计会计师，其报酬授权经理机构，本着公正、合理的原则，参照同类型及同规模上市公司的一般标准，以及过往实际支付数额，加以确定。上述决议公告刊登于2002年4月23日《上海证券报》。

七、董事会报告

(一)报告期内整体经营情况讨论与分析

经受住了严重的阶段性低温冷害的考验，农业及化肥生产取得较好成绩；种植业结构调整迈出较大步伐，产品品种结构进一步优化；整体经营状况明显改善，经济运行质量明显提高。2002年度实现主营业务收入147,143万元，主营业务利润89,845万元、净利润38,064万元，分别比2001年增长4.6%、5.5%、4.5%(其中实现净利润扣除非经常性收益后，同口径较上年增长10.06%)；每股收益为0.26元，净资产收益率为10.89%。截止2002年末，资产总额61.99亿元，其中净资产34.96亿元，资产负债率由年初的60.26%下降到43.60%，每股净资产2.38元，长短期借款比年初减少34,345万元。

2002年是公司迈入资本市场的一年，是机制创新、基础建设取得可喜成绩的一年，资产、财务状况大幅改善，管理进一步加强，规范运作水平进一步提高。农业生产经受住了市场及自然灾害的双重考验，基本实现了预计经营目标；化肥生产销售比上年有较大好转，销售价格有所回升，但由于浩良河分公司油改煤工程项目建设尚未产生效益，化肥生产成本仍较高，本年度化肥业务亏损，但较上年同口径实际减亏2600万元。

(二) 经营情况

1、主营业务范围及经营状况

公司主要是从事水稻、小麦、大豆、玉米等粮食作物的生产、精深加工、销售；尿素的生产、销售；与种植业生产及农产品加工相关的技术、信息及服务体系的开发、咨询及运营。

2002年完成粮豆种植面积60.2万公顷，其中水稻26.4万公顷、大豆14.7万公顷、玉米5.07万公顷、小麦2.87万公顷、经济作物11万公顷。粮豆总产251.1万吨，其中水稻由于遭受70年一遇的低温冷害影响，总产151.2万吨，公顷单产5727.3公斤，均较上年有所下降；大豆33.6万吨，公顷单产2260公斤，比上年增加36公斤；玉米32.2万吨，公顷单产6355.2公斤；小麦10.3万吨，公顷单产3592.95公斤，比上年增加298.95公斤；大麦16.3万吨，公顷单产3750公斤，比上年增加360公斤；杂粮7.5万吨。

在稳定水稻面积的同时，经济作物比上年增加了51.4%，玉米比上年增加了38.7%，小麦比上年增加了20.2%。在作物结构调整的同时，品种结构进一步优化。水稻优质品种面积达95%，比上年提高了2个百分点；高油、高蛋白大豆占71.1%，是上年面积的7.5倍；专用小麦品种占95%，比上年增加12个百分点；硬质玉米占34.5%，比上年增加2个百分点。绿色、有机食品有了长足的发展，绿色产品监测面积上升至6.4万公顷，其中水稻3.3万公顷，大豆0.51万公顷，麦类1万公顷，玉米0.4万公顷，经济作物1.13万公顷。

化肥业务在技改项目建设的同时，生产尿素15.8万吨。

(1)按行业分析主营业务收入、主营业务利润构成情况　　单位：人民币元

行　业	主营业务收入	占主营业务收入比重%
种植业	1,294,577,573.43	87.98
化肥业务	176,852,499.66	12.02
合　计	1,471,430,073.09	100

行　业	主营业务利润	占主营业务利润比重%
种植业	907,445,990.05	101.00
化肥业务	-8,991,895.50	-1.00
合　计	898,454,094.55	100

(2)占主营业务收入或利润10%以上产品销售情况

单位：人民币元

行　业	主营业务收入	主营业务成本	毛利率%
农产品	1,294,577,573.43	387,131,583.38	70.10
化　肥	176,852,499.66	185,844,395.16	-5.08
合　计	1,471,430,073.09	572,975,978.54	61.06

行　业	主营业务收入比上年增减%	主营业务成本比上年增减%	毛利率比上年增减%
农产品	-2.37	-16.65	5.13
化　肥	120.21	106.39	7.04
合　计	4.63	3.33	0.49

(3)报告期公司主营业务或其结构、主营业务盈利能力未发生重大变化

2、报告期公司无控股公司及参股公司

3、主要供应商、客户情况

公司向前五名供应商采购金额合计为11,491万元，占年度采购总额的33.1%；公司向前五名客户销售金额合计为13,823万元，占年度主营业务收入的9.39%。

4、经营中出现的问题与困难及解决方案

主营业务结构性矛盾仍较突出，作物结构、品种结构未达到优质、高产、高效的要求；主要的大宗产品尤其是水稻等的销售对国有粮库敞开收购的依赖仍然过大；产品流通还未跟上发展的要求；工业的效益与实力亟待改善和提高。

种植业要"围绕一条主线，优化三个结构，推进五项建设"，走出一条结构优、品质佳、成本低、竞争力强、效益好的发展路子。围绕一条主线就是要围绕结构调整、优化种植业布局。优化三个结构就是优化作物结构、品种结构和技术措施结构。作物结构上要使粮经饲比由2002年的81.6∶17.6∶1.8调整为77.5∶20.5∶2。大豆占旱田作物面积由44%调整为40%。品种结构上要使水稻品种向早、优、

专发展；积极实施大豆行动计划，高油、高蛋白大豆的种植业面积要达到70%；硬粒型玉米要达到40%以上；小麦种植在推广强筋品种的同时，扩大专用品种。技术结构上要围绕关键技术抓突破、常规技术抓标准、综合组装抓配套，重点推广十项先进实用技术。推进五项建设就是推进农业基本制度建设、农业科技推广队伍建设、三站一室业务建设、水稻全程机械化建设和绿色（有机）食品基地建设。

工业方面要积极扩充整体实力，不断提高公司利润中工业贡献的份额。浩良河化肥分公司在确保15万吨尿素生产的同时，要切实加强油改煤工程质量管理，加快工程建设进程，到2003年底完成土建工程和设备安装，为明年一季度试生产打好基础。加快稻草板项目建设，为产品早日投放市场做好准备。

建立完善产品流通服务体系，做大做强流通产业。要积极开辟农副产品贸易渠道，与国内外实力雄厚、资信良好的粮食流通企业和加工企业及其他客户建立稳定的贸易合作伙伴关系，特别要寻找水稻、玉米、麦类专用客户，建立健全农副产品销售网络。在积极进行农副产品现货贸易的同时，挺进期货市场，开展大豆等的套期保值业务，发现市场价格，规避市场风险，提高公司整体经济效益。

新的一年资本运作要有实质性突破，本着安全可靠、快速回报的原则，实现低成本扩张，培育公司发展的亮点，提高公司整体效益水平。

5、生产经营环境及宏观政策、法规发生重大变化对公司的影响

党的十六大和中央农村工作会议，把解决"三农"问题提到了重要的议事日程。国家将通过采取降低税费负担、建立财政转移支付制度、扩大基础设施投入等具体措施给农业以更大的支持，因此从中长期看，受益于国家政策，公司的经营环境将更为宽松。

作为国家大豆行动计划的重要实施单位，公司将得到国家的有力扶持。

黑龙江省出台的新的粮食购销政策，将缩小保护价敞开收购的区域范围，下调保护价，为公司粮食尤其是水稻的承包生产以及销售带来了很大的压力，同时对公司调整种植业结构及开发市场增添了动力，提出了新的要求。

（三）报告期公司投资情况

1、募集资金的使用情况

公司于2002年3月募集资金16.14亿元，扣除发行费用净募集资金15.63亿元。由于公司股票发行比预计时间晚了三个月，因此2002年度募集资金使用未完成原订计划。报告期使用46,594万元，尚未使用的募集资金存于银行，未作其它用途使用。

2、募集资金建设项目实施情况

（单位：万元）

承诺投资项目	实际投资项目	总投资	2002年计划投资额
1、百万吨稻谷精深加工及十万立方米绿色稻草板生产项目		60,177	39,292
2、农业高新技术大规模综合应用项目	农业高新技术大规模综合应用项目	59,528	43,133
3、浩良河分公司"油改煤"技改工程项目	浩良河分公司"油改煤"技改工程项目	61,648	19,936
合计		181,353	102,361

承诺投资项目	2002年实际投资额	完成本年度投资计划(%)	产生收益情况
1、百万吨稻谷精深加工及十万立方米绿色稻草板生产项目	0	0	无
2、农业高新技术大规模综合应用项目	28,287	65.6	无
3、浩良河分公司"油改煤"技改工程项目	18,307	91.8	无
合计	46,594	45.5	

2002年募集资金建设项目总投资完成46,594万元，其中：

(1)农业高新技术大规模综合应用项目完成投资额28,287万元。主要用于农业基础设施建设、低产田改造、农机具购置及信息中心建设。具体购置农用飞机2架；完成节水灌区7处；粮食仓储设施16座，新增仓储能力2.7万吨；水泥晒场39万平方米；仓棚7760平方米；购置先进农机具1352台；完成信息中心建设2,400平方米，信息中心购置设备210台件。

(2) 浩良河分公司"油改煤"技改工程项目完成投资18,307万元，其中土建投资4135.7万元；安装投资56.20万元；专利、设计、监理、试验、服务3178.24万元；招标设备113台套，投资10,722.51万元；

(3)鉴于公司未按计划完成A股股票发行，母公司已组建北大荒米业集团，该集团与公司拟建百万吨稻谷精深加工项目存在同业竞争，对北大荒米业集团的收购、重组事宜一直在讨论中，故2002年未对该项目进行投资；十万立方米绿色稻草板项目2002年度在原设计基础上又进一步进行了论证、编制可研报告，因年度内与国外公司在工艺设计、进口设备引进等谈判尚未结束，故未按时完成预计投资计划。在2002年度项目资金管理上，按照基本建设程序要求，实行了严格的项目法人责任制、招投标制、建设监理制、合同管理制，有效地实施了对项目全过程的监督，同时制订了《固定资产投资管理办法》和《浩良河分公司油改煤化肥工程项目专项管理制度》，项目建设中全部实行招投标与比质比价采购，有效地保证了资金的使用效益和安全。

3、报告期内公司无重大非募集资金项目的投资活动。

（四）报告期内财务状况及经营成果

单位：人民币元

项　　目	2002年
总资产	6,199,190,010.65
股东权益	3,496,411,604.29
主营业务利润	898,454,094.55
净利润	380,637,181.31
现金及现金等价物净增加额	1,234,076,800.25

项　　目	2001年	增减%
总资产	4,339,305,681.18	42.86
股东权益	1,724,488,520.94	102.75
主营业务利润	851,774,955.08	5.48
净利润	364,282,993.16	4.49
现金及现金等价物净增加额	50,159,453.17	2360.31

注：总资产、股东权益、现金及现金等价物净增加额大幅度增加主要是2002年度发行股票募集大量资金所致；主营业务利润、净利润比上年略有增长为承包收入、化肥销售业务比上年增加。

（五）董事会日常工作情况

1、报告期内董事会的会议情况及决议内容

(1)2002年3月20日上午在哈尔滨农垦大厦八楼会议室召开公司第二届董事会第四次会议，会议审议通过如下议案：公司《2001年度董事会工作报告》；公司《2001年度财务决算报告》；公司《2002年度财务预算方案》；公司《2001年度利润分配方案》；《关于继续聘用信永中和会计师事务所及支付其报酬的议案》；公司《上市公告书暨2001年年度报告(正文及摘要)》；公司《2002年年度利润分配政策》。以上所有议案除第六、七项外尚需股东大会审议通过，董事会决定于2002年4月23日(星期二)召开2001年度股东大会审议以上议案。上述决议公告刊登于2002年3月23日《上海证券报》。(2) 2002年4月22日上午在哈尔滨农垦大厦八楼会议室召开公司第二届董事会第五次会议，会议审议了调整董事会专业委员会设置及人员组成的议案，以及公司2002年第一季度报告的议案。上述决议公告刊登于2002年4月23日《上海证券报》。

(3) 2002年6月27日在哈尔滨市香坊区红旗大街175号农垦大厦8楼会议室召开公司第二届第六次董事会会议。审议通过：关于公司建立现代企业制度检查自查情况报告的议案；修改后的公司《董事会议事规则》；修改后的公司《独立董事制度》；修改后的公司《信息披露管理办法》。上述决议公告刊登于2002年6月28日《上海证券报》。

(4)2002年8月18日在哈尔滨市香坊区红旗大街175号农垦大厦八楼会议室召开第二届第七次董事会会议，会议审议并决议通过了以下议案：本公司2002年半年度报告及报告摘要；公司董事总经理丁洪州先生关于提名陈玉林担任公司副总经理的议案。上述决议公告刊登于2002年8月20日《上海证券报》。

(5)2002年10月10日在哈尔滨市香坊区红旗大街175号农垦大厦八楼会议室召开第二届第八次董事会会议，会议审议并决议通过了以下议案：《关于限期整改通知书中有关问题的整改报告》；《2002年第三季度报告》；《各项资产减值准备提取和损失处理的内部控制制度》。上述决议公告刊登于2002年10月14日《上海证券报》。

2、董事会对股东大会决议的执行情况

报告期内公司董事会根据《公司法》、《证券法》、《公司章程》等有关法律、法规要求，严格按照股东大会的决议和授权，认真执行股东大会通过的各项决议内容。

（五）利润分配预案

经信永中和会计师事务所审计，本公司2002年度实现净利润380,637,181.31元。根据公司章程，按10%比例提取法定盈余公积金38,063,718.13元，按5%比例提取法定公益金19,031,859.07元，2002年度可供股东分配的利润计323,541,604.11元。董事会提议以2002年底股本146,996万股为基数，每10股派1.20元现金红利。

根据公司2001年度第三次临时股东大会决议，2001年度10月至12月可供股东分配的利润75,867,116.04元，由全体股东共享，董事会提议该项利润按每10股派0.10元现金红利。

以上两项合计每10股派1.30元现金红利(含税)。派送现金红利后剩余未分配利润208,313,920.15元，结转2003年度。公司本年度不实施资本金转增股本。

（六）其他

公司选定信息披露的报纸增加《中国证券报》

八、监事会报告

（一）报告期内监事会工作情况

2002年度公司监事会列席了公司全部董事会会议。2002年3月20日上午在哈尔滨市农垦大厦八楼会议室召开第二届监事会第三次会议，会议由监事会召集人钟国林先生主持，应到监事3人，实到3人。本次会议符合《公司法》及公司章程规定，会议审议通过如下议案：

1、审议通过公司《2001年度监事会工作报告》；

2、审议通过公司《上市公告书暨2001年年度报告(正文及摘要)》；

3、审议通过就公司运作有关事项发表的独立意见

上述决议公告刊登于2002年3月23日《上海证券报》。

（二）监事会对下列事项的独立意见

1、公司依法运作情况

公司决策程序合法有效，已建立起完善的内部控制制度，未发现公司董事、经理执行公司职务时有违反法律、法规、公司章程或损害公司利益的行为；

2、检查公司财务情况

会计师事务所出具的审计报告及附注，真实地反映了公司的财务状况和经营成果；

3、报告期内无收购、出售资产交易的情况发生；未发现损害公司利益的内幕交易与损害股东权益的行为；

4、关联交易公平，未发现损害上市公司利益的行为。

九、重要事项

（一）报告期内公司无重大诉讼、仲裁事项。

（二）报告期内公司无重大资产收购及出售处置、吸收合并事项。

（三）报告期内公司重大关联交易事项。

因黑龙江北大荒农垦集团总公司规模大、地域分布较广，公司发生的经济业务主要是在集团公司的地域范围内进行，因此公司与集团公司形成较频繁的购销及债权债务往来业务，但这些购销业务和其他往来占公司全部的经济业务总额的比例较小。

1、购销业务

报告期内公司与关联方发生的经济业务签订了相关合同及协议，双方的购销业务均遵循公平、公正的市场原则进行。公司向关联方采购占公司全部采购总额的8.4%，向关联方销售产品占公司主营业务收入的18.8%。其中较大的销售业务包括：

(1)报告期对九三油脂厂的累计销售额为6,186万元，占公司主营业务收入的4.2%；

(2)报告期对北大荒米业公司的累计销售额为3,313万元，占公司主营业务收入的2.2%。

2、公司无资产、股权转让发生的关联交易 。

（四）重大合同及其履行情况

1、公司未发生托管、承包、租赁其他公司资产或其他公司托管、承包本公司资产的事项。

2、报告期内公司无重大合同、担保事项发生。

3、报告期内公司没有委托他人进行现金资产管理事项。

（五）报告期内无公司或持股5%以上股东承诺事项及履行情况。

（六）聘任会计师事务所情况

报告期内公司继续聘用信永中和会计师事务所作为2002年度审计会计师，审计费用75万元，目前已支付18万元。该会计师事务所已为公司连续审计2年。

（七）中国证监会天津证管办巡回检查情况

公司于2002年8月接受中国证监会天津证管办巡回检查，对检查中发现的问题进行了认真整改，并于2002年10月14日刊登于《上海证券报》。

十、财务报告

（一）审计报告

黑龙江北大荒农业股份有限公司全体股东：

我们接受委托，审计了黑龙江北大荒农业股份有限公司(以下简称：贵公司)2002年12月31日的资产负债表、2002年度的利润表及利润分配表以及2002年度的现金流量表。这些会计报表由贵公司负责，我们的责任是对会计报表发表审计意见。我们的审计是依据《中国注册会计师独立审计准则》的规定进行的。在审计过程中，我们结合贵公司的实际情况，实施了包括抽查会计记录等我们认为必要的审计程序。

我们认为，上述会计报表符合《企业会计准则》和《企业会计制度》的有关规定，在所有重大方面公允地反映了贵公司2002年12月31日的财务状况、2002年度经营成果和现金流量情况，会计处理方法的选用符合一贯性原则。

信永中和会计师事务所　　中国注册会计师　张 克

2003年4月6日　　中国注册会计师　郎 争

（二）会计报表

资产负债表

编制单位:黑龙江北大荒农业股份有限公司　　单位:人民币元

资　产	2002 年 12 月 31 日
流动资产:	
货币资金	1,399,576,226.78
短期投资	
应收票据	
应收股利	
应收利息	
应收账款	570,244,408.36
其他应收款	1,799,663,599.07
预付账款	15,509,093.80
应收补贴款	-
存货	551,104,056.59
待摊费用	340,861.70
一年内到期的长期债权投资	-
其他流动资产	-
流动资产合计	4,336,438,246.30
长期投资:	-
长期股权投资	-
长期债权投资	-
长期投资合计	-
固定资产:	
固定资产原价	2,657,359,409.66
减:累计折旧	1,056,467,125.31
固定资产净值	1,600,892,284.35
减:固定资产减值准备	2,807,569.01
固定资产净额	1,598,084,715.34
工程物资	-
在建工程	120,257,022.18
固定资产清理	-
固定资产合计	1,718,341,737.52
无形资产及其他资产:	
无形资产	99,538,150.00
长期待摊费用	44,871,876.83
其他长期资产	-
无形资产及其他资产合计	144,410,026.83
递延税项:	
递延税款借项	-
资产总计	6,199,190,010.65
负债及股东权益:	2002 年 12 月 31 日
流动负债:	
短期借款	698,789,936.59
应付票据	-
应付账款	246,298,590.53
预收账款	90,880,163.30
应付工资	77,628,019.98
应付福利费	90,165,250.26
应付股利	191,094,800.00
应交税金	28,450,828.28
其他应交款	44,583.62
其他应付款	869,442,508.88
预提费用	10,802,909.21
预计负债	-
一年内到期的长期负债	194,674,720.82
其他流动负债	-
流动负债合计	2,498,272,311.47
长期负债:	
长期借款	196,313,965.57
应付债券	-
长期应付款	7,778,952.82
专项应付款	-
其他长期负债	-
长期负债合计	204,092,918.39
递延税项:	
递延税款贷项	413,176.50
负债合计	2,702,778,406.36
股东权益:	
股本	1,469,960,000.00
减:已归还投资	
股本净额	1,469,960,000.00
资本公积	1,596,005,691.71
盈余公积	222,131,992.43
其中:法定公益金	74,043,997.52
未分配利润	208,313,920.15
股东权益合计	3,496,411,604.29
负债和股东权益总计	6,199,190,010.65

利润及利润分配表

编制单位:黑龙江北大荒农业股份有限公司　　单位:人民币元

项目	2002 年
一、主营业务收入	1,471,430,073.09
减:主营业务成本	572,975,978.54
主营业务税金及附加	-
二、主营业务利润	898,454,094.55
加:其他业务利润	27,812,199.25
减:营业费用	37,067,665.39
管理费用	430,631,729.14
财务费用	78,373,910.73
三、营业利润	380,192,988.54
加:投资收益	
补贴收入	
营业外收入	5,609,790.71
减:营业外支出	5,165,597.94
四、利润总额	380,637,181.31
减:所得税	-
五、净利润	380,637,181.31
加:年初未分配利润	75,867,116.04
其他转入	
六、可供分配的利润	456,504,297.35
减:提取法定盈余公积	38,063,718.13
提取法定公益金	19,031,859.07
提取职工奖励及福利基金	-
提取储备基金	-
提取企业发展基金	-
利润归还投资	-
七、可供投资者分配的利润	399,408,720.15
减:应付优先股股利	-
提取任意盈余公积	-
应付普通股股利	191,094,800.00
转作股本的普通股股利	
八、未分配利润	208,313,920.15

现金流量表

编制单位:黑龙江北大荒农业股份有限公司　　单位:人民币元

项目	2002 年
一、经营活动产生的现金流量:	
销售商品、提供劳务收到的现金	1,131,970,243.54
收到的税费返还	-
收到的其他与经营活动有关的现金	166,731,377.16
现金流入小计	1,298,701,620.70
购买商品、接受劳务支付的现金	459,571,476.07
支付给职工以及为职工支付的现金	157,242,743.13
支付的各项税费	59,124,499.89
支付的其他与经营活动有关的现金	390,206,276.07
现金流出小计	1,066,144,995.16
经营活动产生的现金流量净额	232,556,625.54
二、投资活动产生的现金流量:	
收回投资所收到的现金	-
收到投资收益所收到的现金	-
处置固定资产、无形资产和其他长期资产所收回的现金净额	1,003,204.19
收到的其他与投资活动有关的现金	-
现金流入小计	1,003,204.19
购建固定资产、无形资产和其他长期资产所支付的现金	173,043,849.58
投资所支付的现金	-
支付的其他与投资活动有关的现金	-
现金流出小计	173,043,849.58
投资活动产生的现金流量净额	-172,040,645.39
三、筹资活动产生的现金流量:	
吸收投资所收到的现金	1,593,279,028.54
借款所收到的现金	298,922,234.23
收到的其他与筹资活动有关的现金	9,366,517.13
现金流入小计	1,901,567,779.90
偿还债务所支付的现金	644,418,696.08
分配股利、利润或偿付利息所支付的现金	83,155,602.84
支付的其他与筹资活动有关的现金	432,660.88
现金流出小计	728,006,959.80
筹资活动产生的现金流量净额	1,173,560,820.10
四、汇率变动对现金的影响	-
五、现金及现金等价物净增加额	1,234,076,800.25

现金流量表补充资料

编制单位:黑龙江北大荒农业股份有限公司　　单位:人民币元

项目	2002 年
1.将净利润调节为经营活动的现金流量:	
净利润	380,637,181.31
加:计提的资产减值准备	27,054,459.08
固定资产折旧	112,341,906.40
无形资产摊销	2,167,800.00
长期待摊费用摊销	21,963,000.00
待摊费用减少(减:增加)	284,024.72
预提费用增加(减:减少)	-4,894,069.20
处置固定资产、无形资产和其他长期资产损失(减:收益)	-1,178,102.75
固定资产报废损失	-
财务费用	78,373,910.73
投资损失(减:收益)	-
递延税款贷项(减:借项)	413,176.50
存货的减少(减:增加)	103,758,973.39
经营性应收项目的减少(减:增加)	-206,172,000.89
经营性应付项目的增加(减:减少)	-282,193,633.75
其他	-
经营活动产生的现金流量净额	232,556,625.54
2.不涉及现金收支的投资和筹资活动:	
债务转为资本	-
一年内到期的可转换公司债券	-
融资租入固定资产	-
3.现金及现金等价物净增加情况:	
现金的期末余额	1,399,576,226.78
减:现金的期初余额	165,499,426.53
现金等价物的期末余额	
减:现金等价物的期初余额	
现金及现金等价物净增加额	1,234,076,800.25

中国石化上海石油化工股份有限公司

中国石化上海石油化工股份有限公司2002年年度报告

一、公司简况

(一) 公司名称:中国石化上海石油化工股份有限公司
简　称:上海石化
英文名称:Sinopec Shanghai Petrochemical Company Limited
简　称:SPC
(二) 公司法定代表人:陆益平
(三) 公司秘书:张经明
联系电话:(8621) 57943143
传　真:(8621) 57940050
电子信箱:zhangjm@spc.com.cn
(四) 公司注册地址:上海市、金山区金一路48号
办公地址:上海市、金山区金一路48号
邮政编码:200540
网　址:http://www.spc.com.cn
电子信箱:spc@spc.com.cn
(五) 公司选定的信息披露报纸为:《上海证券报》、《中国证券报》、香港的《南华早报》及《香港商报》。
如中英文发生歧义,以中文为准。
刊登公司年度报告指定网址为:http://www.sse.com.cn
公司年度报告备置地点:董事会秘书室
(六) 公司股票上市交易所、股票简称、股票代码

股票种类	股票上市地	股票简称	股票代码
A股	上海证券交易所	上海石化	600688
H股	香港联合交易所有限公司	上海石化	338
ADR	纽约证券交易所	SHI	

7. 公司首次注册日期:　一九九三年六月二十九日
首次注册地点:　中华人民共和国上海金山卫
公司变更注册登记日期:二零零零年十月十二日
变更注册登记地点:中华人民共和国上海市金山区金一路48号
工商登记号:3100001002263
税务登记号码:31004513221229
8. 中国法律顾问:海问律师事务所
中国北京市朝阳区东三环路2号南银大厦1016室
邮政编码 100027
香港法律顾问:富而德律师事务所
香港中环交易广场第2座11楼
美国法律顾问:高特兄弟律师事务所
香港中环置地广场告罗士打大厦39楼及
Grace Building
1114 Aenue of te Americas
New York, NY 10036, USA
9. 国际审计师:　毕马威会计师事务所
执业会计师
香港中环太子大厦8楼
国内审计示:毕马威华振会计师事务所
中国注册会计师
中国北京建国门外大街1号
中国国际贸易中心
国贸大厦2座16层1608室
邮政编码:100004
10. H股过户登记处:香港证券登记有限公司
香港湾仔皇后大道东183号和合中心17楼

二、主要财务数据和业务数据摘要

(一).按中华人民共和国会计准则编制
1.二零零二年度主要业务数据

项目	金额(人民币千元)
主营业务利润	2,979,862
其他业务利润	74,082
营业利润	1,096,517
投资收益	58,368
营业外收支净额	(118,647)
利润总额	1,036,238
净利润	908,965
扣除非经常性损益后的净利润	1,009,815
经营活动产生的现金流量净额	2,322,574
现金及现金等价物净增加额	213,853

2.财务指标

指标项目	二零零二年	二零零一年	二零零零年
	截至十二月三十一日止年度		
1.主营业务收入(人民币千元)	22,322,896	20,197,396	21,277,268
2.净利润(人民币千元)	908,965	71,604	903,932
3.每股收益(人民币元)	0.126	0.010	0.126
4.净资产收益率(%)(年末)	6.44	0.53	6.54
5.每股经营活动产生的现金流量净额(人民币元)	0.323	0.365	0.409
6.扣除非经常性损益后的净利润为基础计算的净资产收益率(%)	7.151	1.522	6.704
	于十二月三十一日		
7.总资产(人民币千元)	26,562,285	24,770,182	22,099,657
8.股东权益(人民币千元)	14,121,460	13,572,495	13,817,038
9.每股净资产(人民币元)	1.961	1.885	1.919
10.调整后每股净资产(人民币元)	1.946	1.867	1.855

注:(1)以上指标按二零零零、二零零一及二零零二年经审计财务报表数据计算;总股本按截至二零零零年十二月三十一日、二零零一年十二月三十一日及二零零二年十二月三十一日已发行在外的总股数7,200,000,000股计算。

3. 报告期内股东权益变动情况

项目	股本 人民币千元	资本公积 人民币千元	盈余公积 人民币千元	法定公益金 人民币千元
期初数	7,200,000	2,856,278	2,942,936	749,122
本期增加	—	—	181,794	90,897
本期减少	—	—	—	—
期末数	7,200,000	2,856,278	3,124,730	840,019

项目	未分配利润 人民币千元	股东权益合计 人民币千元
期初数	573,281	13,572,495
本期增加	908,965	1,090,759
本期减少	(541,794)	(541,794)
期末数	940,452	14,121,460

三、董事长报告书

致列位股东:

本人十分高兴地向中国石化上海石油化工股份有限公司("本公司")及其附属公司("本集团")的各位股东报告,本公司在二零零二年度取得了令人满意的经营业绩。本集团截至二零零二年十二月三十一日止年度之营业额为人民币223.23亿元(折合港币210.34亿元),较二零零一年同期上升10.5 %;税前利润人民币10.45亿元(折合港币9.85亿元),较上年同期上升6.16倍;除税及少数股东权益后利润人民币9.16亿元(折合港币8.83亿元),比上年同期上升6.44倍。每股净资产由二零零一年年末的每股人民币1.83元,增加至二零零二年年末的每股人民币2.01元。从经营业绩看,本集团已摆脱了上年的不利局面,并恢复到本行业比较合理水平。

董事会现建议派发二零零二年末期股利,每股人民币0.05 元,相当于每股美国预托股份人民币5.00元。全年派发之股利总额共计人民币3.60亿元。这项末期股利待股东于二零零三年六月十八日召开的二零零二年度股东周年大会批准后,将派发于二零零三年五月十六日名列本公司股东名册之H股股东及于二零零三年五月十五日名列本公司股东名册之美国预托股份持有人。A股股东的股权登记日、股利派发办法和时间将另行公告。

二零零二年,由于世界主要经济国家采取了一系列恢复经济增长的措施,世界经济开始慢慢摆脱美国"9.11"事件带来的负面影响,呈现出缓慢的回升态势。世界经济有波动且发展不平衡,但总体经济形势好于上年。中国经济在过去一年里继续成为全球经济的一个亮点,保持了较强劲的持续增长势头,国内生产总值比上年增长8.0 %。中国加入WTO给中国经济注入了新的活力,外贸出口的快速增长、投资和消费的不断扩大,有力地支持了中国经济的增长,而经济增长又为中国石化行业的发展创造了一个良好的外部环境。

二零零二年的石化产品市场也象世界经济一样,开始逐步向好的方向发展。特别是中国经济的快速增长和相对较低的人工成本,吸引了大量的投资,使石化产品的下游加工和出口有了较大发展,带动了石化产品的需求,使石化产品价格在原油价格和需求增长的双重推动下,走出了阶段性低谷,并维持在较合理的范围,从而使国内石化企业的经营形势有所改观,也为本公司充分发挥扩能优势和炼化一体化优势提供了机遇。正是得益于外部环境的逐步改善和本公司经营效率的不断提高,才使本公司二零零二年的经营业绩较上年有了大幅度的提升。

二零零二年对本公司而言,无疑是十分关键的一年。一方面,本公司经受了二零零一年业绩大幅下滑的严峻考验;另一方面,又承受着"四期工程"建成并投入生产和日常生产经营两方面任务。面对压力,本公司全体员工继续发扬"金山精神",以给股东最大回报为目标,以"精细管理"为手段,使各方面的工作总体取得了令人满意的结果,较出色地完成了各项建设和生产任务。"四期工程"的建成投产,提高了上海石化的竞争力,为上海石化今后的发展奠定了坚实的基础。

此外,本公司本着"诚信"、"勤勉"和"公正"的态度,根据纽约、香港和上海三地监管要求,逐步完善公司治理和信息披露等工作,通过对照三地的证券法规和要求,从制度制订(修订)、实施控制、监督检查等方面,完善本公司的公司治理和信息披露工作。鉴于本公司同时在上海、香港和纽约三地上市,本公司必须遵守三地监管机构中规定最严格的披露要求。另外,美国和中国均强制要求上市公司建立信息的准备和披露制度。因此,本公司已制订并开始实施了适用于公司整体和主要经营部门的内部控制制度。为保持和不断提高自身的内部管理水平,本公司将定期审议并改进上述内控制度。

四、业绩回顾

二零零二年,由于受世界经济缓慢回升和国内经济继续强劲增长的影响,石化行业开始回暖,国内石化产品市场转好,销售通畅,产品价格有所回升。二零零二年六月起,本公司的"四期"工程项目全面建成并投入运行,原油加工量、产品实物量和销售量均创历史新高,公司经营业绩大幅度提高并保持了正常运作和良好的发展。

"四期"工程等重大建设项目顺利建成投产,产品实物量创出历史新高

"四期"工程项目新建20万吨/年聚丙烯装置、新建25万吨/年聚乙烯装置、热电总厂扩建项目、70万吨/年乙烯改造主体工程于二零零二年上半年陆续建成投产,实现安全、经济、一次开车成功的目标。乙二醇装置、涤纶短丝装置的增量技术改造及重点工程项目--以新建150万吨/年中压加氢裂化装置为主的加工含硫原油改造如期完成。这些重大技术改造项目的相继建成投产,进一步缩小了公司与国际先进水平的差距,为上海石化做大做强,提升产品质量和技术含量、提高经济效益奠定了坚实的基础。

二零零二年,本公司累计加工原油742.84万吨,比上年增长12.00%(其中加工进口原油520.15万吨,比上年增长18.64%,占总加工原油的比例为70.02%),再创历史新高;生产汽油88.69万吨,比上年增长12.17%;柴油223.20万吨,比上年增长3.6%;生产乙烯80.00万吨、丙烯42.84万吨,比上年分别增长26.78%、33.21%;生产合纤原料38.05万吨、合纤聚合物47.43万吨,分别比上年增长6.37%、10.59%、合成纤维30.25万吨,比上年增长32.50%;生产合成树脂66.84万吨,比上年增长51.26%;主要产品的产量均超过本年度计划要求,继续保持中国最大乙烯生产商地位。同时 ,本公司产品质量继续保持优质稳定。石化产品市场回暖,产品价格有所回升

二零零二年,石化行业从二月底开始步出低谷趋向好转,大部分石化产品价格从三月份开始回升,并随原油价格逐级走高后在相对高位震荡,但总体价格水平仍低于上年。本公司合成纤维、树脂

及塑料、中间石化产品和石油产品的后三个季度价格与一季度价格相比均有一定程度的上升。截至二零零二年十二月三十一日止，本公司的合成纤维和中间石化产品的综合价格与上年相比分别上升了3.45%和0.85%；树脂及塑料和石油产品综合价格与上年相比分别下降了8.56%和0.27%。

原油成本影响

二零零二年，国际原油价格跌宕起伏，总体呈现从年初低位逐级走高的走势，主要现货市场原油平均离岸价格由1月份每桶18.5美元攀升至12月份每桶28.4美元。截至二零零二年十二月三十一日止，本公司共加工原油742.84万吨：其中大庆原油17.90万吨，胜利原油137.52万吨，海洋原油67.27万吨，进口原油520.15万吨。本公司销售成本中，原油成本开支为人民币114.47亿元，占本公司年度销售成本的57.5%。加工原油的平均成本价格为人民币1,541元/吨，(不含增值税，含运输费)，比上年同期下降6.83%，主要是国际市场原油价格的变动及本公司及时调整了原油结构，降低了原油采购成本。虽然原油价格下降，但本公司原油加工量的增加，综合后使本公司原油成本增加人民币4.77亿元。

企业内部管理得到进一步加强

二零零二年，公司进一步加大财务管理、审计监督和效能监察的力度。通过进一步强化预算管理、加强成本管理、规范会计基础管理，使各项成本、费用指标得到了有效控制；通过加强资金管理，适时调整资金支付方式、利用利率差进行贷款利率转换等手段，全年节约财务费用5000万元；通过加强税收管理，为降低项目的投资成本并利用好国家优惠政策，在确保项目质量的前提下积极采用国产化设备，认真做好技改项目国产设备税收抵免等工作，实际抵免所得税6600万元。同时，公司深入开展以降本增效和强化管理为目标的生产经营审计、工程建设和检修项目审计以及其他专项审计，积极探索以内部控制评审为基础的现代审计方法，通过实施各类审计，为公司增加效益，减少了损失。

虽然长期以来，公司逐步建立起一套比较健全的管理制度，但个别管理人员和作业员工对石化企业安全生产的艰巨性、复杂性缺乏足够的认识，缺少严格遵章守纪的科学态度。由于放松管理和违章违纪，年内在生产装置曾发生了三起较大的生产事故。公司上下吸取了深刻的教训。

市场营销工作保持平稳顺畅。

二零零二年，针对"四期"工程建成投产后公司产品实物量有较大幅度增长的实际情况，面对复杂多变的石化产品市场走势，本公司营销系统努力拓展营销思路，及时调整营销策略，合理优化销售渠道，有效扩大销售网络，加快内外贸一体化进程，积极做好营销服务。在全年产品实物量比上年有较大幅度增长的情况下，本公司仍能实现平稳销售。年度产销率达到100 %，货款回笼率达到100.19%。

本公司物资供应工作更趋规范化、科学化、专业化。通过修订、完善并大力推进物资供应管理制度建设，强化供应、采购的规范化管理和监督，有效降低采购成本；通过按"总量控制，提高质量、优胜劣汰、公正公平"的原则建立优胜劣汰机制，使供应商的结构更趋优化；通过加强管理和落实责任，积极做好无动态物资在检修、项目建设中的调剂、改代、利用工作，使库存结构得到合理调整，储备资金平均占有额逐年下降。全年物资集中采购率达到96.69%。

新产品开发、新技术应用成效明显

二零零二年，公司继续强化科研与生产、市场的联系与衔接，围绕生产主流程和市场需求开展技术进步工作，积极推进科研成果产业化。部分先进技术、科研项目完成开发和成果转化。完成了丙烯腈装置从6万吨/年改造到13万吨/年工艺软件包的开发；20万吨/年聚丙烯国产化成套技术成功应用于新建的20万吨/年聚丙烯装置，已有6个聚丙烯新牌号完成中试研究工作；完成了1,3-丙二醇中试装置建设，正进行PTT(对苯二甲酸丙二酸酯)聚合工艺优化和批量纺丝、加弹试验；完成了催化汽油选择性加氢脱硫项目工艺包设计和新型催化剂的工业试生产；成功应用具有自主知识产权的3万吨/年涤纶短纤维工程技术，对短丝联合装置4#、5#、6#线进行了国产化增量技术改造。部分新产品较大规模投放市场。高速BOPP专用料在10万吨/年聚丙烯装置上实现了工业化生产，2万吨/年乙酸乙酯工业装置和国内第一套工业规模异戊烯生产装置建成投产，使公司新产品的市场投放量逐步形成规模优势，并取得了良好的经济效益。二零零二年，本公司共生产新产品142.85万吨(其中清洁汽油75.83万吨)，比上年增长10.71%；新产品产销率为87.90%，新产品产值率为17.57%(不含清洁汽油)；合成树脂专用料比例为69.77%，合成纤维差别化率为30%。

资本开支计划进展顺利

二零零二年度，本公司以"四期"工程为主的各项资本开支项目进展顺利。70万吨/年乙烯改造工程于二月通过中间交接，六月投料开车一次成功；20万吨/年聚丙烯项目于六月实现投料开车一次成功；25万吨/年聚乙烯项目于一月通过中间交接，六月投料开车一次成功；热电总厂扩建项目的5#A、B炉和5#发电机组于八月运转成功。

加工含硫原油改造工程二零零二年四月实现中间交接，其中32000标立方米/时制氢装置、4.2万吨/年硫磺回收装置、干气、液化气脱硫装置、150万吨/年中压加氢裂解装置及80万吨航煤临氢脱硫醇装置相继于二零零二年下半年投料开车。

此外，依靠自身科技力量，采用自己开发的工艺技术和国产化设备进行改造的涤纶短丝4、5、6号线项目于五月份开始拆除旧设备，土建施工，七月份开始设备安装，十月份开车试生产。装置能力由15万吨/年提高到22.5万吨/年的乙二醇改造工程于一月份完成。13万吨/吨丙烯腈装置改造项目正按计划进行。

本公司与中国石油化工股份有限公司、BP公司合资兴建乙烯项目取得了重大进展，上海赛科石油化工有限责任公司于三月进行了工程开工典礼，目前，各项建设正按节点顺利进行。

五、管理层讨论与分析

总论

本集团的经营业绩曾一直受若干基于计划经济体制下经营所引致的且超出本集团控制范围的因素的影响，随着中国加入WTO，这些因素的影响已逐渐减弱。

二零零二年度，世界经济开始缓慢复苏，中国经济则继续保持高速增长，石化行业在原油价格上涨及需求增长的带动下，大部分产品价格从本年度二月份开始出现了回升，这在一定程度上改善了本集团的外部经营环境。同时，随着本集团以"四期工程"为主的资本开支项目的陆续建成投产，进一步提升了本集团的产能，调整了产品结构，有效地降低了单位产品的生产成本，从而使本集团二零零二年度的经营效益与上一年度相比有了很大幅度的增长。

净销售额

二零零二年本集团净销售额达人民币217.230亿元，较二零零一年的人民币196.178亿元，增长了10.73%。二零零二年度，石化行业的复苏使大部分石化产品价格开始止跌回升，但从整体上看主要石化产品的全年平均价格仍低于上年平均价格，而本集团的"四期工程"等主要资本开支项目顺利建成投产，则大幅增加了本集团主要产品的产量和销售数量，调整了产品结构，高附加值的化工产品的产量大幅度增加。 与二零零一年度相比，本集团二零零二年度合成纤维、树脂与塑料、中间石化产品及石油产品的销售数量分别增加了1.40%、24.84%、20.37%和3.59%，并实现了本集团销售额的同比增长。

合成纤维

合成纤维产品的净销售额为人民币33.743亿元，较二零零一年的人民币32.158亿元上升了4.93%。这主要是由于加权平均价格及销售量同比二零零一年分别上升了3.47%、1.40%。在合成纤维中，通过对腈纶装置产能的扩充，使腈纶产品销售量大幅增加，与上年同期相比，本集团腈纶纤维和腈纶毛条的销售量分别增加了23.89%和29.25%，而受停产改造及市场，影响涤纶短丝和涤纶预取向丝则分别下降2.19%、36.12%。

本年度合成纤维占总净销售额比例继续降至15.53%，同比二零零一年降低了0.86%。

树脂及塑料

树脂及塑料的净销售额为人民币64.407亿元，与上年同期相比增加了14.28%。占总销售额的比重也比二零零一年略升 0.92%，达到29.65%。主要是由于本集团涤纶聚脂装置改造、新建25万吨聚乙烯装置和20万吨聚丙烯装置等项目的完工投产，增加了相关产品的销售量，使树脂及塑料产品总销售量同比增加了24.84%，在该类产品加权平均价格同比下降8.56%的情况下，依然保持了销售额的增加。二零零二年度本公司的树脂及塑料产品中，聚脂切片、聚乙烯、聚丙烯的销售数量同比分别增加18.96%、32.31%和49.31%，而平均销售价格除聚脂切片、聚丙烯同比分别上升5.73%和0.78%外，PVA、聚乙烯、聚乙烯薄膜同比则分别下降18.92%、11.38%和13.09%

中间石化产品

中间石化产品的净销售额从二零零一年的人民币21.053亿元上升至人民币25.550亿元，增加了21.37%，占总销售额的比重为11.76%。其中加权平均价格同比二零零一年微升0.84%。而乙烯扩建和乙二醇改造等项目的完工投产则使销售量比上年同期增加20.33%，而乙烯、纯苯、乙二醇和丁二烯的销售量比二零零一年分别上升了35.18%、15.31%、274.22%、和46.39%。在中间石化产品中，乙烯、乙二醇的平均销售价格同比分别下降10.49%、12.31%，纯苯和丁二烯同比则分别上升21.68%、27.30%。石油产品

石油产品的净销售额为人民币79.912亿元，与二零零一年相比略升3.31%，主要是销售数量增加所致。与上年相比，石油产品的销售数量增加了3.59%。其中汽油、柴油及航空煤油销售量同比分别增加9.19%、2.12%和72.57%，而石油产品加权平均销售价格则比二零零一年略有下降。

二零零二年度，石油产品占本集团净销售额的36.79%。比上年下降2.64%。

贸易及其他收入

贸易及其他收入为人民币13.618亿元，比二零零一年增加了47.10%。

销售成本

二零零二年度本集团销售成本为人民币198.539亿元，比上年同期上升5.59%，销售成本占本年度净销售额的91.40%，比二零零一年有所下降。这是由于本集团在扩大产能的基础上，进一步加强了生产经营的管理，严格控制产品生产过程中原材料、能源等的消耗及购入价格，从而有效地降低了单位产品的生产和销售成本。

原油

二零零二年度，本集团共加工原油742.84万吨，比二零零一年增加79.63万吨，每吨原油的加权平均成本则为人民币1540.67元，同比二零零一年下降6.83%。而原油总成本由于加工总量的增加同比上升4.33%，至二零零二年的人民币114.448亿元，占销售成本的57.64%。

原油供应及价格是决定本集团盈利能力的关键因素。二零零一年三月起，国内原油的基准价改由石油集团和石化集团按照国家计委计划确定的原则和方法，根据国际市场的价格确定。进口和国内海洋原油本公司通常以国际市场原油价格购入。国内原油价格趋势总体上与国际原油价格一致。二零零二年本集团进口原油、国内海洋原油、国内陆上原油的加工量分别为520.14万吨、67.27万吨、155.42万吨，平均加工成本分别为每吨人民币1,588元、1,537元、人民币1,384元。

其他支出

二零零二年度本集团其他辅料的支出为人民币30.716亿元。比上年同期增加27.27%。折旧开支由二零零一年的人民币13.596亿元增加至二零零二年的人民币15.858亿元。这是由于二零零二年度以"四期工程"为主的一系列资本开支项目陆续完工，使本集团固定资产有了较大的增加而导致折旧开支的上升。

销售及管理费用

销售及管理费用由二零零一年的人民币3.632亿元增至二零零二年的人民币4.212亿元。主要是本公司增加促销力度和产品销售数量增多所致。

经营利润

经营利润由二零零一年的人民币4.515亿元大幅上升至二零零二年的人民币14.478亿元，增幅达220.67%。主要是由于本集团在本年度扩大了主要产品的产销量，降低了产品的单位销售成本所致。

其他业务收入

其他业务收入为人民币1.366亿元，比二零零一年度降低14.62%。

其他业务支出

其他业务支出由二零零一年的人民币2.173亿元降低至二零零二年的人民币1.548亿元，降低28.76%。

财务费用净额

财务费用净额由二零零一年的人民币2.278亿元上升至二零零二年的人民币4.007亿元，主要是本集团为满足资本开支项目所发生的银行贷款在四期工程完工投产后停止了利息资本化，计入了当期财务费用。

税前利润

税前利润从二零零一年的人民币1.458亿元上升至二零零二年的人民币10.450亿元，增幅达616.74%。

所得税

二零零二年度本公司所得税费用为人民币0.845亿元。(二零零一年：人民币116万元)。增加的主要原因是利润总额的大幅上升。本公司于本年继续享受优惠的所得税税率15%。自一九九三年一月一日起，本公司经国家税务机关批准开始享受这一税收优惠。根据财政部和国家税务总局的有关税务法规，第一批九家H股上市公司(包括本公司)获准在1996年和1997年仍然适用15%的所得税税率。自1998年至二零零二年国家有关部门并未收回这项税收优惠措施。但本公司并不保证财政部不会在2003年收回15%的优惠税率。另外，根据国家有关政策，本集团在二零零二年度内就购置国产设备作技术改造而获得了人民币0.664亿元(二零零一年为人民币0.193亿元)的所得税返还。

税后利润

二零零二年的税后利润为人民币9.605亿元，较二零零一年的人民币1.446亿元增加564.09%。

B、资产流动性和资本来源

本集团主要资金来源是经营现金流入，以及向非关联的银行借贷。本集团资金的主要用途为销售成本、其他经营性开支和资本支出，本集团预计二零零三年的资金来源将继续充足。

资本来源

营业活动现金净流入量

本集团二零零二年经营活动现金净流入量比上年同期减少人民币5.896亿元，为人民币17.983亿元。其中，税前利润在扣除折旧影响后为人民币26.308亿元(上年同期为人民币15.054亿元)。以"四期工程"为主的一系列新装置于二零零二年陆续投产，加上近年底时购入较多原油，使二零零二年度期末存货余额增加而增加现金流出人民币5.038亿元（上年同期则因期末存货余额下降而减少现金流出6.174亿元)。由于应付帐款、其他应付款期末余额的变动增加现金流出2.002亿元(上年同期该项变动则增加了本集团现金流入人民币7.459亿元)。因其他应收款、应收帐款、预付款等期末余额的减少而增加了现金流入人民币0.808亿元（上年同期则因该项期末余额增加而减少了现金流入人民币0.722亿元)。

借款

二零零二年本集团的总借款额增加了人民币10.234亿元，期末借款余额为人民币85.932亿元。其中短期借款为人民币40.023亿元，比上年减少了人民币1.037亿元。短期借款主要用于补充本集团在生产经营过程中对流动资金的需求，短期借款由人民币短期贷款和美元短期贷款组成并均为浮动利率贷款。二零零二年本集团的长期借款增加了人民币11.271亿元，至人民币45.909亿元(主要是为满足以"四期工程"为主的资本扩充项目本年度的资金需求)。其中大部分为人民币浮动利率贷款，约占长期贷款的82%，其余的18%为外币贷款。

本集团通过对银行借款等负债加强管理，提高对财务风险的控制，从而使本集团资产负债率保持在一个安全水平上。本集团的借款总体上不存在任何季节性借款。然而，由于资本支出的计划特征，长期借款的支出能被预先适当安排，而短期借款则主要用于经营运作。本集团现存的银行贷款的条款对本集团就其股份派发股利的能力并无限制。

负债资本比率

本集团二零零二年的负债资本比率为24.72%(二零零一年:20.96%)。负债资本比率的计算方法为:长期借款/(长期借款+股东权益)。

C.其它项目

汇率波动风险

由于本集团大部分的主要原料(原油)是通过中石化从国外购买,亦直接通过中石化出口本集团一部分的石油产品,因此汇率的变动将会间接影响本集团的原料及石油产品价格从而对本集团的盈利能力产生一定的影响。此外,如上说述由于本集团有小部分债务是外币债务,有关的汇率变动将影响本集团的财务费用支出水平,这也会对本集团的盈利能力产生影响。

资本支出

二零零二年本集团资本开支为人民币24.04亿元,比二零零一年减少人民币19.56亿元。主要项目包括本集团已于二零零二年完工投产的乙烯装置的扩充、新建聚丙烯和聚乙烯项目、电厂一期扩充、加工含硫原油改造工程、乙二醇装置技术改造和涤纶短丝扩容改造工程等项目及仍在进行的丙烯腈装置改造等项目。

本集团2003年的资本开支预计约为人民币22亿元。除继续完成丙烯腈装置改造项目的建设外,还将对聚脂装置改造、涤纶工业长丝扩建、其他技术改造项目及其对外投资和固定资产零购进行投入。

乙烯合资企业

于二零零一年后期,本集团与BP和中石化共同在中国合资成立了合资公司。本公司拥有合资公司20%的权益,BP和中石化则分别拥有合资公司50%和30%的股权。该合资公司的总注册资本为901,440,964美元,其中本公司需出资相当于180,287,952美元的人民币金额。二零零一年和二零零二年,本集团已支付了该金额中的人民币2.24亿元。在工程于2005年完工前,本公司应根据项目建设进度缴纳其全部出资。

本公司计划的资本开支可以由经营所得现金、银行信贷及其他方式融资拨付。或有负债

于二零零二年十二月三十一日,本集团向银行为本集团的联营公司及合资公司作出的担保为人民币3.453亿元,(二零零一年为人民币4.356亿元)。为联营公司等向银行作出的担保,以本集团分别在这些单位拥有的权益为限。收购、出售及投资

除在年报已作披露外,在二零零二年,本集团没有任何有关附属公司及联营公司的重大收购、出售及没有任何重大投资。

资产抵押

二零零二年度本集团并无重大资产抵押。

对比美国公认会计准则

本公司按国际财务报告准则编制的会计账项,与美国公认会计原则有若干差异。请参见"十财务报告(D)"。由于此等差异及所带来的税项影响,二零零二年根据美国公认会计原则计算的合并净利润,与根据国际财务报告准则计算的结果相比,高出人民币2.08亿元,而二零零一年和二零零年则分别高出人民币1.841亿元和人民币1.634亿元。而根据美国公认会计原则计算出的股东权益在二零零二年十二月三十一日和二零零一年十二月三十一日分别为人民币137.03亿元和人民币125.79亿元。

六、董事会报告书

本公司董事会("董事会")提呈董事会报告书及本公司及本集团截至二零零二年十二月三十一日止年度已审核之财务报告。

集团财务及财务业绩

根据二零零二年的净销售额和乙烯产量,本集团是中国最大的石化企业之一,本集团是一家高度综合的石化企业,主要从事石油化工业务,把原油加工以制成多种合成纤维,树脂和塑料,中间石化产品及石油产品。根据二零零二年的销售量,本集团每类主要产品均位居国内生产商前列。(资料来源:二零零二年《中国石化经济信息》杂志)。本集团的主要附属公司资料详见载于第21页「附属公司」一节。

有关本集团截至二零零二年十二月三十一日止年度之业绩及本公司及本集团该年度业务与财务状况如资产及负债、银行贷款及其他借款、固定资产、储备等变动详情,请参阅载于第44页至77页的该年度之财务报表。

利润分配

董事会建议就截至二零零二年十二月三十一日止本公司年度利润分配方案如下:

	人民币千元
税后利润	960,544
少数股东权益	(44,179)
股东应占溢利	916,365
拨入储备	
法定公积金	(90,879)
法定公益金	(90,879)
承前保留溢利	573,281
股利	(360,000)
保留溢利	947,888
每股盈利(基本及全面摊薄后)	人民币0.127元

以上董事会建议之利润分配方案,提请二零零二年股东周年大会审议批准。

根据财政部有关规定和本公司章程,可供分配给股东的未分配利润为按中国会计准则及制度和国际财务报告准则计算出来的较低者。

分红派息

二零零三年三月二十六日第四届董事会第四次会议建议向全体股东派发末期股利每股人民币0.05元,全年派发之股利总额共计人民币360,000,000元。

财务资料概要

本集团截至二零零二年十二月三十一日之业绩、总资产、负债及股东权益已载于本年报第7页。

银行贷款及其他借款

本公司及本集团于二零零二年十二月三十一日止年度之银行贷款及其他借款详情已载于财务报表注释21及30。

资本化之利息

年内资本化之利息之详情已载于财务报告注释6。

固定资产

年内固定资产之变动情况已载于财务报告注释12。

附属公司

于二零零二年十二月三十一日,本公司拥有50%以上权益的主要附属公司如下:

企业名称	主营业务
上海石化投资发展有限公司	投资管理
上海石化市场经营开发公司	石化产品贸易
中国金山联合贸易公司	石化产品及机器进出口贸易
上海金化实业有限公司	石化产品贸易
上海金东石油化工实业公司	石化产品贸易
浙江金浙石化联合股份有限公司	石化产品贸易
上海金威石油化工股份有限公司	醋酸乙烯产品生产
上海金昌工程塑料有限公司	改性聚丙烯产品生产
上海金菲石油化工股份有限公司	聚乙烯产品生产
浙江金甬腈纶有限公司	腈纶产品生产
上海石化企业发展有限公司	投资管理
上海石化江海弹力丝厂	涤纶弹力丝产品生产

企业名称	本公司持有股权百分比	子公司持有股权百分比	注册资金(千元)
上海石化投资发展有限公司	100	-	人民币 650,000
上海石化市场经营开发公司	100	-	人民币 25,000
中国金山联合贸易公司	70	-	人民币 25,000
上海金化实业有限公司	—	81.46	人民币 25,500
上海金东石油化工实业公司	—	60	人民币 40,000
浙江金浙石化联合股份有限公司	—	53.4	人民币 40,000
上海金威石油化工股份有限公司	—	75	美元 3,460
上海金昌工程塑料有限公司	—	50.84	美元 4,750
上海金菲石油化工股份有限公司	—	60	美元 50,000
浙江金甬腈纶有限公司	75	—	人民币 250,000
上海石化企业发展有限公司	100	—	人民币 220,000
上海石化江海弹力丝厂	—	100	人民币 3,000

所有子公司均未发行任何债券。

本集团于二零零二年期间,注销上海金阳腈纶厂法人工商登记。该厂原为本集团全资子公司。注销后,其业务、资产和债务全部并入本公司属下之腈纶部。

本集团在合资企业的权益,包括非控股的股份投资。这些企业主要从事与本集团业务有关的制造或贸易活动。本集团在截至二零零二年十二月三十一日止年度内因这些权益而应占的利润,对本集团的利润并不重要,故未按权益法入帐。再者,在这些合资企业的权益中包括了未合并的附属公司。这些附属公司对本集团的业绩或资产并没有重要影响,故未合并或按权益法入帐。

本集团在合资企业的权益,包括于中华人民共和国成立的上海化学工业区发展有限公司的38.26%,计人民币560,000,000元的权益,以及于中华人民共和国成立的上海赛科石油化工有限责任公司的20%,计人民币466,214,000元的权益。上海化学工业区发展有限公司的主营业务是规划、开发和经营位于中华人民共和国上海的化学工业区。由于上海化学工业区发展有限公司仍处于建设化学工业区初步阶段,并且尚未开始运作,故未对其按权益法入帐。于二零零二年十二月三十一日,本集团对上海化学工业区发展有限公司的人民币347,770,000元的资本承担。上海赛科石油化工有限责任公司的主营业务是生产乙烯等石化产品。由于该公司仍处于生产设备阶段,并且尚未开始运作,故未对其按权益法入帐。于二零零二年十二月三十一日,本集团对上海赛科石油化工有限责任公司有人民币1,430,176,000的资本承担。

储备

储备变动情况已载于财务报表注释25。

法定公益金

有关法定公益金的性质、应用、其变动及计算基准(包括所采用之百分比及用以计算之利润数额)之详情已载于财务报表注释25。

慈善捐款

本年度内,本集团给予各慈善机构之捐款约为人民币1,699,000元。

职工退休金计划

有关本集团职工退休金计划之详情载于财务报表注释31。

职工宿舍

根据财政部财企(2000)第295号文件需求,住房制度改革于二零零零年停止。本公司没有按住房改革之条例出售职工住房。

优先购股权

根据本公司章程及中华人民共和国法律,本公司并无优先购股权规定公司需按持股比例向现有股东呈请发售新股之建议。

主要供应商及客户

本集团在二零零二年度内前五名供应商为:中国国际石油化工联合有限责任公司、中国石化管道储运分公司、中化国际石油公司、中海(石油)中国有限公司、中国石化股份有限公司。集团向这前五名供应商合计的采购金额占年度采购总额比例为68%。

本集团在二零零二年度内前五名客户为中国石化销售华东公司、上海氯碱化工股份有限公司、上海高化公司化工厂、中国国际石油化工联合公司和上海金菲石油化工股份有限公司,本集团这五名客户取得之销售金额占全年营业额的38%。

根据董事会了解,本公司股东和董事及其联系人在这些供应商和客户中,除中国石化销售公司华东公司和中国国际石油化工联合公司外,没有任何权益。中国石化销售公司华东公司和中国国际石油化工联合公司是本公司主要股东中国石油化工股份有限公司的附属公司。

股本变动及股东情况

数量单位:股

	本次变动前	本次变动增减(+,-) 配股	送股	公积金转股
一.未上市流通股份				
1.发起人股份				
其中:				
国家持有股份				
境内法人持有股份	4,000,000,000	—	—	—
境外法人持有股份				
其他				
2.募集法人股	150,000,000	—	—	—
3.内部职工股				
4.优先股或其他				
未上市流通股份合计	4,150,000,000	—	—	—
二.已上市流通股份				
1.人民币普通股	720,000,000	—	—	—
2.境内上市的外资股				
境外上市的外资股	2,330,000,000	—	—	—
其他				
已上市流通股份合计	3,050,000,000	—	—	—
三.股份总数	7,200,000,000	—	—	—

	增发	其他	小计	本次变动后
一.未上市流通股份				
1.发起人股份				
其中:				
国家持有股份				

境内法人持有股份	—	—	—	4,000,000,000
境外法人持有股份				
其他				
2.募集法人股	—	—	—	150,000,000
3.内部职工股				
4.优先股或其他				
未上市流通股份合计	—	—	—	4,150,000,000
二、已上市流通股份				
1.人民币普通股	—	—	—	720,000,000
2.境内上市的外资股				
境外上市的外资股	—	—	—	2,330,000,000
其他				
已上市流通股份合计	—	—	—	3,050,000,000
三、股份总数	—	—	—	7,200,000,000

截至二零零二年十二月三十一日止，本公司总股本为72亿股，拥有股东323,419户，其中A股股东319,947户，H股股东3,472户。

购买、出售和赎回股份

二零零二年度内，本公司及附属公司概无购买、出售或赎回本公司股份。

前十名股东持股情况

于二零零二年十二月三十一日，持有本公司股份的前十名股东名单如下：

名次	股东名称	股数(股)	占总股本比例(%)
1.	中国石油化工股份有限公司	4,000,000,000	55.56
2.	香港中央结算(代理人)有限公司	1,858,015,401	25.81
3.	香港汇丰(代理人)有限公司	354,580,000	4.92
4.	上海康利工贸有限公司	16,730,000	0.23
5.	浙江省经济建设投资公司	12,000,000	0.17
6.	香港汇丰(代理人)有限公司(A/C-8)	10,336,000	0.14
7.	富国平衡	5,994,143	0.08
8.	祥顺实业	5,500,000	0.08
9.	上海市纺织原料公司	5,500,000	0.08
10.	景福基金	4,400,900	0.06

名次	股东名称	持股种类
1.	中国石油化工股份有限公司	发起法人股
2.	香港中央结算(代理人)有限公司	H股
3.	香港汇丰(代理人)有限公司	H股
4.	上海康利工贸有限公司	社会法人股
5.	浙江省经济建设投资公司	社会法人股
6.	香港汇丰(代理人)有限公司(A/C-8)	H股
7.	富国平衡	A股
8.	祥顺实业	社会法人股
9.	上海市纺织原料公司	社会法人股
10.	景福基金	A股

持股10%以上的法人股东情况

中国石油化工股份有限公司于二零零二期末持有本公司股份40亿股，占本公司总股本55.56%。

法人代表：李毅中

成立日期：二零零零年二月二十五日

注册资本：人民币867亿元

主营业务：石油及天然气业务包括勘探、开发及生产原油及天然气；管输原油、天然气及产品；将原油提炼为石油制成品；以及营销原油、天然气和成品油。化工业务包括制造及营销广泛的工业用化工产品。

主要产品：合成树脂、合成纤维单体及聚合物、合成纤维、合成橡胶、化肥以及中间石化产品。

持有股份的抵押情况：没有抵押

香港中央结算(代理人)有限公司于二零零二年末持有本公司1,858,015,401H股，占本公司总股本25.81%。

本公司现任董事、监事及高级管理人员和员工情况

姓名	职务	性别	年龄(岁)
陆益平	董事长兼总经理	男	57
许开程	副董事长	男	46
戎光道	董事兼副总经理	男	47
冯建平	董事兼副总经理	男	49
张志良	董事副总经理	男	49
蒋宝兴	董事	男	58
励伟昌	董事	男	49
* 刘文龙	外部董事	男	62
* 张保鉴	外部董事	男	58
* 张洪林	外部董事	男	60
* 黄鉴	外部董事	男	61
* 王永寿	独立董事	男	63
* 顾传训	独立董事	男	68
* 王行愚	独立董事	男	58
杜重骏	监事会主席	男	48
张成华	监事	男	57
朱为炎	监事	男	55
* 张建军	外部监事	女	51
* 吕向阳	外部监事	男	52
* 陈信元	外部监事	男	38
* 刘向东	外部监事	男	52
刘训峰	副总经理	男	38
吴海君	副总经理	男	41
殷济海	副总经理	男	46
韩志浩	总会计师	男	53
张经明	公司秘书	男	46

公司员工

本集团共有员工31,489人，其中23,293人为生产人员，5,234人为销售、财务和其他人员，2,962人为行政人员。本集团17.57%的员工是大专或以上学历毕业生。

公司治理结构

(一)、公司治理情况：

本公司具有规范的法人治理结构。公司建立健全了股东大会、董事会、监事会、经理层相互制衡的管理体制，明确股东会、董事会、监事会、经理层的职责，构筑了以股东为导向的公司治理结构，营造可持续发展的公司制度环境。根据《中国证监会、国家经贸委关于开展上市公司建立现代企业制度检查的通知》，本公司已就公司的法人治理结构、独立性、内部控制制度和激励机制、及募集资金管理与信息披露等方面，对本公司建立现代企业制度进行了自查工作，并将自查报告呈报证监会和国家经贸委。

公司将继续完善法人治理结构，设立董事会专门委员会，并制订董事会专门委员会实施细则，强化董事会的决策功能。

(二)、公司独立董事履行职责的情况：

公司独立董事在参加公司二零零一年度股东大会及二零零二年董事会中充分发挥了独立董事的作用，与公司共同参与讨论审议二零零一年度报告、二零零二年中期报告、利润分配预案、关联交易等议案，发挥了自己的工作经验和专业知识，发表了自己的意见，认真负责地履行了独立董事的职责。

(三)、进一步完善公司治理结构的计划：

尽管公司在建立和完善旨在保护全体股东利益的法人治理结构方面做了一些工作，但与《上市公司治理准则》的要求还有一定的差距，计划从以下几方面推进公司治理结构的完善：

1.对照《上市公司治理准则》，尽快修改完善《公司章程》；

2.根据《关于在上市公司建立独立董事制度的指导意见》，本公司将完善独立董事制度；

3.进一步规范公司和控股股东的关系；

4.进一步完善和规范董事会专门委员会运作机制；

5.积极推进和完善董事、监事和高级管理人员的绩效评价与激励约束机制。

公司董事、监事、高级管理人员及其所占股份或债券之权益

各董事、监事及高级管理人员于二零零二年十二月三十一日在本公司已发行股本中拥有之实际股数如下：

姓名	职务	年初持股数(股)	年末持股数(股)
陆益平	董事长兼总经理	3,600	3,600
许开程	副董事长	3,600	3,600
戎光道	董事兼副总经理	3,600	3,600
冯建平	董事兼副总经理	3,600	3,600
张志良	董事兼副总经理	3,600	3,600
蒋宝兴	董事	3,600	3,600
励伟昌	董事	1,000	1,000
刘文龙	董事	未持有	未持有
张洪林	董事	未持有	未持有
张保鉴	董事	未持有	未持有
黄鉴	董事	未持有	未持有
王永寿	独立董事	3,600	3,600
顾传训	独立董事	未持有	未持有
王行愚	独立董事	未持有	未持有
杜重骏	监事会主席	1,000	1,000
张成华	监事	未持有	未持有
朱为炎	监事	未持有	未持有
张建军	外部监事	未持有	未持有
吕向阳	外部监事	未持有	未持有
陈信元	监事	未持有	未持有
刘向东	监事	未持有	未持有
刘训峰	副总经理	1,500	1,500
吴海君	副总经理	1,500	1,500
殷济海	副总经理	未持有	未持有
韩志浩	总会计师	未持有	未持有
张经明	公司秘书	未持有	未持有

以上人士所持股均为本公司A股股票，均为其个人权益。除上述外，各董事、监事和高级管理人员及彼等之联系人士于二零零二年度内概无在本公司或彼等相联法团的已发行股本或债务证券中拥有任何实际权益或认购权。

本公司各董事、监事及高级管理人员之履历资料已载于第33页至第39页。董事、监事及高级管理人员变动

本公司第三届董事会，监事会于二零零二年六月十八日任期届满，本公司于同日召开二零零一年度股东周年大会，选举陆益平先生、许开程先生、戎光道先生、冯建平先生、张志良先生、蒋宝兴先生、励伟昌先生、刘文龙先生、张保鉴先生、张洪林先生、黄鉴先生、顾传训先生、王永寿先生、王行愚先生为本公司第四届董事会成员，其中顾传训先生、王永寿先生、王行愚先生为独立董事；选举杜重骏先生、张建军女士、吕向阳先生、陈信元先生、刘向东先生为第四届监事会成员，其中陈信元先生、刘向东先生为独立监事。张成华先生、朱为炎先生作为职工代表任职监事，由公司职工民主选举为第四届监事会成员。

本公司于二零零二年六月十八日召开的第四届董事会第一次会议选举陆益平先生为董事长，选举许开程先生为副董事长；根据董事会提名，聘任陆益平先生为总经理；根据总经理提名，聘任戎光道先生、冯建平先生、张志良先生、刘训峰先生、吴海君先生、殷济海先生为公司副总经理，聘任韩志浩先生为总会计师；根据董事长提名，聘任张经明为董事会秘书。

本公司于二零零二年六月十八日召开的第四届监事会第一次会议，选举杜重骏先生为监事会主席。

第三届董事会独立董事何斐先生不再担任本公司董事；第三届监事会监事金维城先生，夏简英女士及刘兴汉先生不再担任本公司监事。

董事及监事之合约权益

各董事及监事在本公司或任何附属公司于年内所订立或存在之重大合约中，概无拥有任何实际直接或间接的权益。

本公司各董事及监事概无与本公司签订任何一年内若由本公司终止合约时须作出赔偿之服务合约(法定赔偿除外)。

最佳应用守则

截至二零零二年十二月三十一日，本公司遵守了香港联合交易所有限公司的证券上市规则「上市规则」附录十四《最佳应用守则》的规定要求。

董事会日常工作情况

报告期内本公司共召开了五次董事会会议，具体情况及决议内容如下：

1.二零零二年三月二十九日召开了第三届第十一次董事会。会议审议通过了二零零一年度董事会工作报告、二零零一年度财务报告、二零零一年度利润分配方案、二零零一年年报、二零零一年年报摘要、审议通过了提呈美国SEC的20F表格、并审议通过了关于提呈二零零一年度股东大会的议案和总经理工作报告。有关公告刊载于二零零二年四月二日的《上海证券报》、《中国证券报》、香港《南华早报》和《香港商报》。

2.二零零二年四月二十六日召开了第三届第十二次董事会。会议审议通过了二零零二年度第一季度业绩报告、提名下一届董事会董事候选人、审议通过二零零二年度财务预算和投资计划。有关公告刊载于二零零二年四月二十九日的《上海证券报》、《中国证券报》、香港《南华早报》和《香港商报》。

3.二零零二年六月十八日召开了第四届第一次董事会。会议选举了公司董事长、副董事长、确认了公司执行董事及其授权、聘任公司总经理、副总经理、总会计师、聘任公司董事会秘书和委任董事会证券事务代表、审议通过上市公司建立现代企业制度自查报告、审议通过公司信息披露内控制

度。有关公告刊载于二零零二年六月十九日的《上海证券报》、《中国证券报》、香港《南华早报》和《香港商报》。

4.二零零二年八月二十一日召开了第四届第二次董事会。会议通过了二零零二年中期业绩报告、二零零二年度中期业绩利润分配方案。有关公告刊载于二零零二年八月二十二日的《上海证券报》、《中国证券报》、香港《南华早报》和《香港商报》。

5.二零零二年十月二十三日召开了第四届第三次董事会。会议审议通过了二零零二年度第三季度业绩报告。有关公告刊载于二零零二年十月二十四日的《上海证券报》、《中国证券报》、香港《南华早报》和《香港商报》。

股东大会简介

二零零二年度股东大会

本公司于二零零二年六月十八日在中华人民共和国上海市金山区召开了二零零一年度股东大会,出席的股东及经授权股东代理人 79 人,代表股份约 46.15 亿股,占本公司股份总额的 64.09%,符合本公司章程和中华人民共和国《公司法》规定要求。

大会审议通过了六项议案:

1.二零零一年度董事会工作报告;

2.二零零一年度监事会工作报告;

3.二零零一年度经审核的财务报告;

4.二零零一年度利润分配方案;

5.续聘毕马威华振会计师事务所为本公司二零零二年度境内核数师和毕马威会计师事务所为本公司二零零二年年度境外核数师,授权董事会决定其酬金;

6.选举本公司新一届董事会;选举本公司新一届监事会

7.授权董事会修改章程特别案。

股东大会决议公告刊登于二零零二年六月十九日的《上海证券报》、《中国证券报》、香港《南华早报》和《文汇报》。

重大事项

1.本公司二零零二年度利润分配预案

本公司二零零二年度按中华人民共和国会计准则编制的净利润为人民币 908,965,000 元,按国际会计准则编制之净利润为人民币 916,365,000 元,提取 10%法定盈余公积人民币 90,897,000 元,则可分配利润为人民币 727,171,000 元(按国际会计准则为人民币 734,571,000 元);加上年初未分配利润人民币 573,281,000 元(按国际会计准则为人民币 644,478,000 元),可供股东分配利润为人民币 1,300,452,000 元(按国际会计准则为人民币 1,379,049,000 元)。董事会建议派发末期股利每股人民币 0.05 元。有关公告刊登于二零零三年三月二十七日《上海证券报》、《中国证券报》、香港《南华早报》和《文汇报》。

2. 重大诉讼、仲裁事项

本集团在二零零二年内无重大诉讼、仲裁事项。

3.收购项目及出售项目

本集团在二零零二年内无重大收购或出售项目。

4.委托理财

本集团在二零零二年内并无委托理财。

5.重大关联交易事项

(1) 本公司已获香港联合交易所有限公司(「联交所」)确认本公司于一九九三年七月六日的招股书内描述的有条件豁免,获免本公司遵守《上市规则》有关关联交易须持续披露及须获股东批准的要求,在本公司的前主要股东中国石油化工集团[中石化]完成重组后,豁免仍然有效。

中石化完成重组后,以前由本公司和中石化及其各自之联系人之间在豁免项下进行的关连交易将改为由本公司和中国石油化工股份有限公司及其各自之联系人之间进行。联交所已确认,由于本公司最终的控股股东不变,该等关连交易亦在豁免范围内。

(2) 本公司、中国石油化工股份有限公司("中国石化")和 BP 化工华东投资有限公司("BP 公司")于二零零一年 11 月成立合资经营公司,合资公司的宗旨是建设一套年产 90 万吨乙烯的石化生产联合装置。合资公司的总投资额为人民币 224.5 亿元,注册资本约为人民币 74.9 亿元,其中本公司出资 20%,中国石化出资 30%,BP 公司出资 50%。

中国石化是本公司的控股股东,持有本公司现有已发行股份重大约 55.56%的实质权益。中国石化是合资公司的主要股东。因此,根据上市规则,本公司参与该合资项目即构成本公司的关联交易,本公司已于二零零一年特别股东大会经独立股东批准上述合资项目。

关联方	向关联方提供资金	
	净变动额	余额
中国石化财务有限责任公司	257,045	461,220
中石化石油化工联合公司	—	—
母公司	745	50,852
其他同级附属公司	96,561	100,783
合计	354,360	612,855

关联方	关联方向上市公司提供资金	
	净变动额	余额
中国石化财务有限责任公司	130,000	130,000
中石化石油化工联合公司	149,571	423,279
母公司	(184,037)	114,158
其他同级附属公司	35,686	55,195
合计	131,220	722,632

关联交易的定价原则:本公司的董事会认为上述交易是一般的普通业务往来及基于普通的商业交易条件或有关交易的协议进行的。以上均得到本公司非执行董事确认。

6.托管、承包、租赁情况

本集团在二零零二年内无托管、承包、租赁其他公司资产或其他公司托管、承包、租赁本集团资产的事项。

7.核数师

二零零二年度内,毕马威华振会计师事务所仍继续担任本公司之境内核数师,而毕马威会计师事务所则继续担任本公司之国际核数师。

本公司拟于二零零三年本公司周年股东大会建议续聘毕马威华振会计师事务所及毕马威会计师事务所分别为本公司境内和国际核数师。

本公司支付给毕马威会计师事务所及毕马威华振会计师事务所的年度审计费及年限如下,无其他费用。

会计师事务所名称	报酬	连续服务年限
毕马威会计师事务所	49 万美元(未支付)	11 年
毕马威华振会计师事务所	6 万美元(未支付)	11 年

8.重大合同

本集团在二零零二年内无其他重大合同或本公司没有履行其义务的合同。

9.控股股东

中国石油化工股份有限公司(「中国石化」)为本公司控股股东,其持股比例 55.56%,计 40 亿股。

中国石化是中国和亚洲最大的汽油、柴油、航煤和大部分其他主要石油产品的生产、分销和营销商。中国石化同时是中国最大的石化产品生产商和分销商和中国原油及天然气的第二大勘探、开发和生产商。

10.税率

本公司目前使用的所得税是按 15%的税率(二零零一年:15%)计算,财政部尚未有通知本公司于二零零三年将更改 15%的税率。

11.存款

报告期内,本集团并无委托存款,于二零零二年十二月三十一日,本集團并没有任何定期存款到期而未能收回.

12. 担保

于报告期内本集团为以下公司作出担保:

担保对象名称	发生日期(协议签署日)	担保金额(人民币千元)	担保类型
上海金地石化有限公司	1998.06.20	47,230	银行贷款
上海金地石化有限公司	1998.12.15	48,000	银行贷款
上海金地石化有限公司	2002.03.06	48,000	银行贷款
上海金地石化有限公司	2002.09.01	31,200	银行贷款
上海金地石化有限公司	2002.09.30	16,800	银行贷款
上海金地石化有限公司	2002.09.15	20,160	银行贷款
上海金森石油树脂有限公司	1999.03.22	40,000	银行贷款
上海金森石油树脂有限公司	2002.05.17	14,600	银行贷款
其它		79,442	银行贷款
担保发生额合计(人民币千元)			
担保余额合计(人民币千元)			
其中:关联担保余额合计(人民币千元)			

担保对象名称	担保期	是否履行完毕
上海金地石化有限公司	1998.06.20-2003.06.20	否
上海金地石化有限公司	1998.12.15-2003.12.15	否
上海金地石化有限公司	2002.03.06-2003.03.06	否
上海金地石化有限公司	2002.09.01-2003.09.01	否
上海金地石化有限公司	2002.09.30-2003-09.30	否
上海金地石化有限公司	2002.09.15-2003.09.15	否
上海金森石油树脂有限公司	1999.03.22-2004.03.21	否
上海金森石油树脂有限公司	2002.05.17-2003.05.17	否
其它	1995.08.16-2003.12.18	否
担保发生额合计(人民币千元)		
担保余额合计(人民币千元)		
其中:关联担保余额合计(人民币千元)		

担保对象名称	是否为关联方担保
上海金地石化有限公司	是
上海金地石化有限公司	是
上海金地石化有限公司	是
上海金地石化有限公司	是
上海金地石化有限公司	是
上海金地石化有限公司	是
上海金森石油树脂有限公司	是
上海金森石油树脂有限公司	是
其它	是
担保发生额合计(人民币千元)	130,760
担保余额合计(人民币千元)	345,432
其中:关联担保余额合计(人民币千元)	345,432

13. 信息披露

除已根据中国《证券法》第六十二条、《股票发行与交易管理暂行条例》第 60 条及《公开发行股票公司信息披露实施细则》(试行)第 17 条的规定所例举的重大事件或须予披露的情况而予以披露的以外,本报告期内本集团无任何重大事件或须予披露的情况发生。

14. 股东承诺事项

本集团或持股 5%以上股东在指定报纸和网站上没有披露过承诺事项。

15. 报告期内公司、公司董事会及董事没有受中国证监会稽查、中国证监会行政处罚、通报批评、证券交易所公开谴责的情形。

七、监事会报告书

二零零二年,公司监事会根据《公司法》、有关法律法规及《公司章程》,依法行使职权,认真履行职责,以保证公司规范运作和股东合法权益不受损害。

一、本报告期内监事会共召开了五次会议

1、二零零二年三月二十八日,在公司办公楼监事会召开三届十一次会议,审议通过如下决议:

(1)二零零一年监事会工作报告;

(2)监事会对公司经营管理的评价报告。

2、二零零二年四月二十六日,公司三届十二次监事会会议以通讯方式举行,审议通过如下决议:

(1)推荐杜重骏、陈信元、刘向东、张建军、吕向阳、张成华、朱为炎等 7 人为公司第四届监事;

(2)同意公司二零零二年第一季度报告。

3、二零零二年六月十八日,在公司办公楼监事会召开四届一次会议,审议通过如下决议:

(1) 推选杜重骏监事为公司监事会主席;

(2) 聘任监事会办公室正、副主任。

4、二零零二年八月二十日,在公司办公楼监事会召开四届二次会议,会议通过对公司二零零二年上半年度经营业绩的评价报告的决议。

5、二零零二年十月二十二日,公司四届三次监事会会议以通讯方式举行,审议通过公司二零零二年第三季度报告的决议。

二、公司依法运作情况

报告期内,公司监事会对公司管理层执行国家有关法律、法规的情况,执行公司章程、股东大会决议、董事会决议的情况实施了监督。未发现公司董事会、总经理班子及高级管理人员在执行职务时有违反国家法律、法规、公司章程及管理制度的情况,以及没有发生损害公司利益和股东权益的行为。

三、监事会的独立工作

报告期内,公司监事会认真开好每一次会议,注意提高议事的质量,积极列席董事会各次会议,对公司经营管理情况作出专题评价,二零零二年提出主要的建议有:加强应收款项管理,减少坏帐风险;控制期间费用支出,努力降本增效;加快优化库存结构,有效降低库存;积极降低物耗能耗,挑战先进水平;加强对外投资管理,提高投资回报等。公司监事会并二次与毕马威会计师事务所专题沟通，讨论如何进一步加强公司经营管理。

监事会坚持每月对公司财务报告进行分析，增加分析内容，扩大发放范围、加强日常监督；坚持根据证监会的要求，对各项资产减值准备的提取，重大工程项目资金使用情况，收购和出售资产的价格的合理性，呆滞积压物资处理，资产报损，为控股及联营单位提供贷款担保等方面进行核实，加强程序监督；坚持开展资产运作实际质量的检查，对公司应收帐款、赊销授权管理、票据制度执行情况进行了专项调研，并就一些在监督检查中发现的不足，及时开展了推进工作。

在2003年，公司监事会要通过不断完善公司法人治理结构，加强资产运作规范的检查，进一步推进财务预算管理，不断完善监督约束机制，确保公司资产保值增值，确保股东的合法权益不受损害。

二零零三年二月

八、董事、监事及高级管理人员

执行董事

陆益平，现年五十七岁，现任本公司董事长兼总经理。

许开程，现年四十六岁，现任本公司副董事长和党委书记。

戎光道，现年四十七岁，现任本公司副总经理，负责劳动人事、教育培训、战略研究和企业管理工作。

冯建平，现年四十九岁，现任本公司副总经理，负责生产组织、设备管理、安全环保、多种经营工作。

张志良，现年四十九岁，现任本公司副总经理，负责合资项目建设。

蒋宝兴，现年五十八岁，自本公司成立以来，一直担任本公司工会主席。

励伟昌，现年四十九岁，现任本公司党委副书记。

外部董事

刘文龙，现年六十二岁，现任中国石化集团公司总经理助理、总经济师

张保鉴，现年五十八岁，现任中国石化集团公司财务计划部主任，一九九九年六月任本公司董事。

张洪林，现年六十岁，现任中国石化股份有限公司董事会秘书，一九九九年六月被任命为本公司董事。

黄鉴，现年六十一岁，现任中国石化股份公司总裁助理，一九九九年六月任本公司董事。

独立董事

王永寿，现年六十三岁，自本公司成立以来，一直担任中国石化金山实业公司副总经理，并于一九九三年六月任本公司董事。

顾传训，现年六十八岁，现任本公司独立董事。

王行愚，现年五十八岁，现任华东理工大学校长和教授，一九九六年六月任本公司独立董事。

监事

杜重骏，现年四十八岁，现任本公司党委副书记、纪委书记，一九九九年六月任本公司监事会主席。

张成华，现年四十七岁，现任本公司纪委副书记、监察室主任。

朱为炎，现年五十五岁，现任本公司工会副主席。

外部监事

张建军，现年五十一岁，现任中国石油化工集团公司监察局副局长，二零零零年六月任本公司外部监事。

吕向阳，现年五十二岁，现任中国石化集团公司审计局副局长。

独立监事

陈信元，现年三十八岁，现任上海财经大学会计学院院长、教授、博士生导师，二零零零年六月任本公司独立监事。

刘向东，现年五十二岁，现任正大国际财务有限公司总裁，二零零零年六月任本公司独立监事。

高级管理人员

刘训峰，现年三十七岁，本公司副总经理，负责科研开发、技术进步、新产品开发和信息管理工作。

吴海军，现年四十岁，本公司副总经理，负责总体和规划、投资项目和工程建设工作。

殷济海，现年四十五岁，本公司副总经理，负责经营、对外合资合作和对外贸易工作。

韩志浩，现年五十二岁，本公司总会计师，负责财务管理和投融资工作。

张经明，现年四十四岁，现任本公司董事会秘书兼董事会秘书室主任和战略研究室主任。

九、财务报告

中国境内核数师报告书

中国石化上海石油化工股份有限公司各位股东：

我们接受委托，审计了贵公司二零零二年十二月三十一日的合并资产负债表和资产负债表、二零零二年度合并利润及利润分配表和利润及利润分配表及合并现金流量表和现金流量表。这些会计报表由贵公司负责，我们的责任是对这些会计报表发表审计意见。我们的审计是依据中华人民共和国财政部颁布的《中国注册会计师独立审计准则》进行的。在审计过程中，我们结合贵公司及其子公司实际情况，实施了包括抽查会计记录等我们认为必要的审计程序。

我们认为，上述会计报表符合《企业会计准则》及《企业会计制度》的有关规定，在所有重大方面公允地反映了贵公司二零零二年十二月三十一日的合并财务状况和财务状况、二零零二年度合并经营成果和经营成果及合并现金流量和现金流量，会计处理方法的选用遵循了一贯性原则。

毕马威华振会计师事务所　　中国注册会计师 罗 铮

中国北京建国门外大街1号　　中国注册会计师 金乃雯

二零零三年 三月 二十六日

资产负债表

于二零零二年十二月三十一日

(按照中华人民共和国会计准则及制度编制)

	注释	二零零二年 人民币千元	二零零一年 人民币千元
资产			
流动资产			
货币资金	3	1,227,275	1,008,364
应收票据	4	534,839	287,791
应收账款	5	506,049	521,566
其它应收款	6	433,623	666,422
预付账款	7	237,240	112,675
存货	8	2,869,179	2,257,065
流动资产合计		5,808,205	4,853,883
长期投资			
长期股权投资	9	2,920,199	2,529,214
固定资产			
固定资产原价	10(b)	26,559,764	21,367,093
减：累计折旧	10(b)	(11,642,798)	(10,647,225)
固定资产净额	10(b)	14,916,966	10,719,868
工程物资	11	19,667	36,106
在建工程	12	847,121	4,238,739
固定资产合计		15,783,754	14,994,713
无形资产	13	49,311	-
递延税项	14(c)	15,171	8,796
资产总计		24,576,640	22,386,606

资产负债表（续）

	二零零二年 人民币千元	二零零一年 人民币千元
负债及股东权益		
流动负债		
短期借款	2,830,045	2,643,000
应付票据	804,497	1,298,785
应付账款	1,028,179	594,351
预收账款	126,602	89,309
应付工资	46,868	20,638
应付福利费	31,980	41,417
应付股利	360,000	-
应交税金	245,696	86,319
其它应交款	8,418	5,346
其它应付款	427,468	549,513
预提费用	8,239	2,954
一年内到期的长期负债	393,386	731,502
流动负债合计	6,311,378	6,063,134
长期负债		
长期借款	4,143,802	2,750,977
长期负债合计	4,143,802	2,750,977
负债合计	10,455,180	8,814,111
股东权益		
股本	7,200,000	7,200,000
资本公积	2,856,278	2,856,278
盈余公积	3,124,730	2,942,936
其中：法定公益金	840,019	749,122
未分配利润	940,452	573,281
股东权益合计	14,121,460	13,572,495
负债及股东权益总计	24,576,640	22,386,606

利润及利润分配表

截至二零零二年十二月三十一日止年度

	二零零二年 人民币千元	二零零一年 人民币千元
主营业务收入	20,749,136	18,263,053
减：主营业务成本	(17,732,686)	(16,283,409)
主营业务税金及附加	(570,037)	(555,960)
主营业务利润	2,446,413	1,423,684
加：其它业务利润	58,891	53,871
减：营业费用	(279,817)	(257,583)
管理费用	(898,843)	(802,049)
财务费用	(364,796)	(247,453)
营业利润	961,848	170,470
加：投资收益	115,087	60,156
营业外收入	1,168	10,738
减：营业外支出	(116,335)	(183,559)
利润总额	961,768	57,805
所得税	(52,803)	13,799
净利润	908,965	71,604
加：已于以前年度披露的年初		
未分配利润	573,281	832,144
减：冲销住房周转金余额	-	(316,147)
重报的年初未分配利润	573,281	515,997
可供分配的利润	1,482,246	587,601
减：提取法定盈余公积	(90,897)	(7,160)
提取法定公益金	(90,897)	(7,160)
可供股东分配利润	1,300,452	573,281
减：已分配股利	360,000	-
年末未分配利润	940,452	573,281

现金流量表

截至二零零二年十二月三十一日止年度

	注释	二零零二年 人民币千元
经营活动产生的现金流量：		
销售商品、提供劳务收到的现金		21,089,102
收到的税费返还		3,478,576
收到的其它与经营活动有关的现金		1,547
现金流入小计		24,569,225
购买商品、接受劳务支付的现金		(17,907,795)
支付给职工以及为职工支付的现金		(903,383)
支付的各项税款		(4,024,431)
支付的其它与经营活动有关的现金		(54,068)
现金流出小计		(22,889,677)
经营活动产生的现金流量净额	(a)	1,679,548
投资活动产生的现金流量：		
收回投资所收到的现金		20,815
取得投资收益所收到的现金		63,685
处置固定资产和其它		
长期资产所收回的现金净额		57,746
收到的其它活动有关的现金		17,381
现金流出小计		159,627
购建固定资产和其它		
长期资产所支付的现金		(2,058,926)
投资所支付的现金		(231,639)
支付的其它与投资活动有关的现金		(26,095)
现金流出小计		(2,316,660)

黑龙江电力股份有限公司

黑龙江电力股份有限公司2002年年度报告

一、公司基本情况简介

1.公 司法定中文名称：黑龙江电力股份有限公司
公司中文名称缩写：龙电股份
公司英文名称：HEILONGJIANG ELECTRIC POWER COM PLAINMYITED
公司英文名称缩写：HLJEPCL
2.公司法定代表人：陈飞虎
3.公司董事会秘书：梅君超
联系电话：0451-2525998
证券事务代表：战莹
联系电话：0451-2525778
传真：0451-2525878
电子信箱：dlgf@public.hr.hl.cn
联系地址：哈尔滨市南岗区大成街209号
4.公司注册地址：哈尔滨市南岗区高新技术开发区19号楼B座
公司办公地址：哈尔滨市南岗区大成街209号
邮编：150001
国际互联网网址：http://www.londian.com
电子信箱：dlgf@public.hr.hl.cn
5.公司信息披露报纸：《上海证券报》、《文汇报》
登载公司年报的中国证监会指定国际互联网网址：http://www.sse.com.cn
公司年报备置地点：公司股权管理部
6.公司股票上市交易所：上海证券交易所
股票代码：600726(A股) 900937(B股)
股票简称：龙电股份(A股) 龙电B股(B股)
7.公司首次注册登记：1993年2月2日在黑龙江省哈尔滨市
公司最近一次变更注册登记：2002年9月18日在黑龙江省哈尔滨市
企业法人营业执照注册号：企股黑总字第002036号
税务登记号码：国税哈开发登字230109126973422
国内会计师事务所：安永华明会计师事务所
办公地址：中国北京市东城区东长安街1号东方广场东方经贸城东三办公楼16层
国际会计师事务所：安永会计师事务所
办公地址：香港中环夏悫道10号和记大厦15楼

二、会计数据和业务数据摘要

(一)公司本年度主要财务数据

	单位：人民币元
利润总额	289,239,873.27
净利润	249,090,227.59
扣除非经常性损益后的净利润	195,980,825.40
主营业务利润	287,272,729.76
其他业务利润	7,937,871.26
营业利润	236,770,215.78
投资收益	52,382,125.50
补贴收入	-
营业外收支净额	(87,531.99)
经营活动产生的现金流量净额	501,180,611.73
现金及现金等价物净增加/(减少)额	(11,268,336.06)
扣除非经常性损益项目	金额(元)
转回已计提长期投资减值准备	53,035,000.00
营业外收支净额(税后)	74,402.19
合计	53,109,402.19

(二)前三年主要会计数据和财务指标

单位：人民币元

指标项目	2002年	2001年
主营业务收入	1,124,660,819.56	1,188,046,509.35
净利润	249,090,227.59	281,644,119.58
总资产	3,605,285,751.73	3,495,309,851.84
股东权益	3,024,750,060.44	2,887,786,328.85
每股净资产(元/股)	2.70	2.58
调整后每股净资产(元/股)	2.70	2.58
每股经营活动产生的现金流量净额	0.45	0.53

指标项目	2000年	
	调整后	调整前
主营业务收入	807,498,682.91	807,498,682.91
净利润	228,215,735.53	224,700,092.53
总资产	3,297,266,583.46	3,305,762,720.89
股东权益	2,740,694,004.47	2,749,190,141.90
每股净资产(元/股)	3.91	3.92
调整后每股净资产(元/股)	3.91	3.91
每股经营活动产生的现金流量净额	0.27	0.27

按公开发行证券公司信息披露编报规则第九号计算的净资产收益率和每股收益：

净资产收益率 (%)

	报告期利润			全面摊簿		
	2002年	2001年	2000年	2002年	2001年	2000年
净利润	8.24	9.75	8.33	8.27	9.77	12.17
扣除非经常性损益后的净利润	6.48	9.75	7.84	6.51	9.78	11.46

每股收益(元)

报告期利润	全面摊簿			加权平均		
	2002年	2001年	2000年	2002年	2001年	2000年
净利润	0.22	0.25	0.33	0.22	0.25	0.38
扣除非经常性损益后的净利润	0.17	0.25	0.31	0.17	0.25	0.35

2000年按公开发行证券公司信息披露编报规则第九号计算的净资产收益率和每股收益(调整前)：

报告期利润	净资产收益率(%)		每股收益(元)	
	全面摊薄	加权平均	全面摊薄	加权平均
净利润	8.17	12.07	0.32	0.37
扣除非经常性损益后的净利润	7.69	10.64	0.30	0.33

(三)股东权益变动情况　　单位：人民币万元

项目	期初数	本期增加	本期减少	期末数
股本	112,126.50			112,126.50
资本公积	93,603.39			93,603.39
盈余公积	22,152.51	3,974.83		26,127.34
其中：法定公益金	7,104.77	1,324.94		8,429.71
未分配利润	60,896.24	24,909.02	15,187.48	70,617.78
股东权益合计	288,778.64	28,883.85	15,187.48	302,475.01

项目	变动原因
股本	
资本公积	
盈余公积	净利润15%提取
其中：法定公益金	净利润5%提取
未分配利润	增加是因盈余利润增加，减少是因提取两金和拟进行利润分配
股东权益合计	

三、股本变动及股东情况

1、股东情况介绍
(1)截至2002年12月31日，本公司股东总数为141,279户，A股62,966户，B股78,313户。
(2)2 002年12月31日主要股东持股情况(前十名)
单位：股

名次	股东名称	期末持股数(股)	本期持股变动情况	持股比例(%)
1	黑龙江省电力有限公司	383,964,933	无	34.24
2	黑龙江华源电力开发公司	29,565,867	无	2.64
3	黑龙江电力实业集团有限公司	23,765,334	无	2.12
4	黑龙江省华富电力投资公司	19,392,000	无	1.73
5	TOYO SECURITIES ASIA LTD. A/C CLIENT	11,121,416	-29%	0.99
6	五矿发展股份有限公司	8,600,000	-11%	0.77
7	黑龙江省电力开发公司	8,514,000	无	0.76
8	龙电集团有限公司	7,974,400	无	0.71
9	中国电力投资有限公司	7,200,000	无	0.64
10	中国电力财务有限公司	6,811,200	无	0.61

名次	股东名称	股份质押或冻结情况	股份性质
1	黑龙江省电力有限公司	无	法人股
2	黑龙江华源电力开发公司	无	法人股
3	黑龙江电力实业集团有限公司	无	法人股
4	黑龙江省华富电力投资公司	无	法人股
5	TOYO SECURITIES ASIA LTD. A/C CLIENT		流通B股
6	五矿发展股份有限公司		流通A股
7	黑龙江省电力开发公司	冻结	法人股
8	龙电集团有限公司	无	法人股
9	中国电力投资有限公司	无	法人股
10	中国电力财务有限公司	无	法人股

注：五矿发展股份有限公司因参与公司增发A股网下向机构投资者配售而成为公司前十大股东。

黑龙江华源电力开发公司是黑龙江省电力有限公司的全资子公司，龙电集团有限公司和黑龙江电力实业集团有限公司是黑龙江省华富电力投资有限公司的参股股东。

(3)公司控股股东情况

黑龙江省电力有限公司成立于1999年，法定代表人郑宝森，注册资本人民币67亿元。经营范围：电力、热力的生产、销售，销售电力物资、电力技术咨询、技术服务，电力工程设计、设备成套、工程监理、施工调试及生产检修，设备租赁。目前，其持有的本公司股份无质押和冻结情况。根据电力体制改革发电资产重组方案，我公司控股股东将发生变化，该公司持有的股份将全部划转给中国华电集团公司，中国华电集团公司是经国务院同意进行国家授权投资的机构和国家控股公司的试点，法定代表人贺恭，注册资金120亿元。目前我公司正在进行股权划转的准备工作，详见2003年2月26日本公司公告。

黑龙江省电力有限公司的控股股东是国家电力公司，成立于1997年，是国务院出资设立的国有独资公司，法定代表人赵希正，注册资本人民币1,600亿元。经营范围：国有资产经营；电力项目投资；电力工程设计、施工；电力、热力生产和电网经营。2002年12月29日，该公司根据电力体制改革电网资产重组方案，已变更为国家电网公司，目前正在履行工商变更登记手续。

四、董事、监事、高级管理人员和员工情况

(一)董事、监事和高级管理人员情况

1.基本情况

姓名	职务	性别	年龄	任期起止日期
路书军	董事长	男	42	2002年4月-2005年4月
姜魁	副董事长	男	51	2002年4月-2005年4月

贾哲	副董事长	男	53	2002年4月-2005年4月
孙光	董事、总经理	男	48	2002年4月-2005年4月
王福利	董事	男	60	2002年4月-2005年4月
赵东升	董事	男	57	2002年4月-2005年4月
关野	董事	男	55	2002年4月-2005年4月
李国良	董事	男	38	2002年4月-2005年4月
施凤上	董事	男	57	2002年4月-2005年4月
赵亚洲	董事	男	43	2002年4月-2005年4月
张国新	董事	男	40	2002年4月-2005年4月
魏精一	董事	男	57	2002年4月-2005年4月
刘长青	董事、副总经理	男	42	2002年4月-2005年4月
吴凤山	独立董事	男	73	2002年6月-2005年6月
杨震	独立董事	男	51	2002年6月-2005年6月
马怀生	监事会召集人	男	54	2002年4月-2005年4月
赵庆斌	监事	男	47	2002年4月-2005年4月
王颖秋	监事	男	38	2002年4月-2005年4月
梅君超	副总经理、董秘	男	41	2002年12月-2005年12月
王成瑞	副总经理	男	35	2000年5月-2003年5月
郝彬	副总经理、总会计师	男	41	2002年12月-2005年12月
栾恩连	总经济师	男	54	2002年12月-2005年12月
常立宏	总工程师	男	42	2002年12月-2005年12月

姓名	年初持股数	年末持股数	变动原因
路书军			
姜魁	0	0	
贾哲	10667	10667	
孙光	0	0	
王福利	8880	8880	
赵东升	26666	26666	
关野	15947	15947	
李国良	0	0	
施凤上	5333	5333	
赵亚洲	5333	5333	
张国新	5333	5333	
魏精一	0	0	
刘长青	0	0	
吴凤山	3360	3360	
杨震	0	0	
马怀生	0	0	
赵庆斌	0	0	
王颖秋	0	0	
梅君超	0	0	
王成瑞	10000	10000	
郝彬	0	3200	增持
栾恩连	0	0	
常立宏	0	1920	增持

在股东单位任职董事、监事情况：

姓名	任职的股东名称	在股东单位担任的职务	任职期间
路书军	黑龙江省电力有限公司	总经理	2002年6月至今
姜魁	黑龙江省电力有限公司	副总经理	2002年2月至今
赵东升	黑龙江省电力有限公司	总会计师	1997年8月至今
王福利	黑龙江省电力有限公司	副总经济师	1997年4月至今
李国良	黑龙江省电力有限公司	财务部主任	2002年1月至今
马怀生	黑龙江省电力有限公司	总审计师	2001年11月至今
贾哲	黑龙江电力开发公司	总经理	2000年3月至今
赵庆斌	黑龙江电力开发公司	副总经理	1998年7月至今
施凤上	华能集团黑龙江分公司	总经理	1998年1月至今

姓名	是否领取报酬、津贴(是或否)
路书军	否
姜魁	否
赵东升	否
王福利	否
李国良	否
马怀生	否
贾哲	否
赵庆斌	否
施凤上	否

2、年 度报酬情况

报酬支付原则：公司尚未实行高级管理人员年薪制，高级管理人员的工资、福利待遇参照电力行业工资管理办法制定并执行。

在公司领取报酬的董事(不包括独立董事)、监事包括：孙光、关野、刘长青、魏精一、王颖秋。公司现任董事、监事和高级管理人员共23人，在公司领取报酬的10人，年度报酬总额共为63.7万元，其中年度报酬总额在7万元以上的2人，在5—7万元之间的7人，5万元以下的1人。金额最高的前三名董事的报酬总额为20.64万元，金额最高的前三名高级管理人员的报酬总额为20.97万元。

除以上5位董事、监事及2位独立董事外，其余11位董事、监事均不在公司领取报酬，各自在其所在单位领取。公司的独立董事津贴为每人每年3万元。

3、在 报告期内离任的董事和监事

由于工作变动及董事会换届，郑宝森、田勇、李维翰、袁纯嘏辞去公司董事职务，顾建国辞去公司监事职务。

(二)员工情况

报告期末公司在职职工为2,371人，其中生产人员2,056人，销售人员43人，技术人员187人，财务人员12人，行政人员18人，管理人员27人，其他人员28人。公司职工中大专以上学历所占比例为38%，期末离退休人员为13人。

五、公司治理结构

1、公司治理结构情况

公司严格按照有关法律、法规的要求，不断完善公司法人治理结构、规范运作，加强信息披露工作。公司已按照《上市公司治理准则》的要求，修改了公司章程，制定了股东大会议事规则和监事会议事规则，并修订了董事会议事规则和经理工作细则。公司目前治理结构如下：

(1)公司能够确保所有股东均享有平等地位和充分行使自己的权力，制定了股东大会议事规则，严格按照《股东大会规范意见》的要求召集、召开股东大会，并有律师出席见证。公司关联交易公平合理，关联股东在表决时放弃表决权。

(2)公司制定了董事会议事规则，并严格按照《公司章程》规定的董事选聘程序选聘董事，董事会的人数及人员符合有关要求，公司董事了解董事的权利、义务和责任。公司目前有两名独立董事，公司还在积极寻找其他独立董事的适当人选，以保证在2003年6月30日前使独立董事人数达到规定要求。

(3)公司制定了监事会议事规则，公司监事会的人数及人员符合有关要求，公司监事认真履行职责，对公司财务及董事、监事和其他高级管理人员履行职责的合法合规性进行监督。

(4)经理人员的聘任公开、透明，并建立了经理工作细则。

(5)公司指定董事会秘书负责信息披露工作，加强与股东的交流。公司严格按照有关规定，认真履行信息披露义务，确保所有股东享有平等的机会获得公司信息。

2、独立董事履行职责情况

公司2002年6月召开的2002年度第一次临时股东大会选举产生了公司两名独立董事。独立董事任职以来，严格按照《关于在上市公司建立独立董事制度的指导意见》的要求，认真履行职责，参加了任职以来的全部董事会和股东大会，审议了相关会议议案，独立董事对公司董事会的科学决策和保护中小股东利益方面都起到了积极作用。

3、公司与控股股东在业务、人员、资产、机构和财务方面分开情况

公司在业务、人员、资产、机构和财务方面均独立于控股股东。业务方面，公司目前已独立拥有牡丹江第二发电厂，主要从事电力生产，在发电环节上独立于公司的控股股东。另一方面，由于公司只从事发电业务，不从事输电、配电业务，在电力销售环节上，公司控股股东现在及将来都是本公司电力销售的唯一客户。因此，由于电力生产的特殊性，公司在业务上与控股股东存在关联交易。人员方面，公司在劳动、人事及工资管理等方面独立，公司高级管理人员在本公司领取薪酬，未在股东单位担任职务。资产方面，公司拥有独立生产系统、辅助生产系统和配套设施，工业产权、商标、非专利技术等无形资产由公司所有，本公司拥有独立的采购和销售系统。机构方面，公司的生产经营和办公机构与控股股东完全分开，不存在混合经营、合署办公的情形。财务方面，公司设立独立的财务部门，建立了独立的会计核算体系和财务管理制度，并独立在银行开户，依法独立纳税。

4、高级管理人员考评和激励机制情况

公司初步建立了高级管理人员的绩效评价标准和激励约束机制，并在年终考核后兑现。

六、股东大会情况简介

报告期内公司共召开三次股东大会，包括一次年度股东大会和两次临时股东大会。

2002年3月6日在《上海证券报》、香港的《文汇报》(以下简称指定报刊)公告了召开2001年度股东大会的通知，公布了会议地点、召开时间、会议议程等事项。2002年4月15日召开2001年度股东大会，会议审议通过了2001年度董事会工作报告、公司2001年度监事会工作报告、2001年度财务决算及2002年度财务预算报告、公司2001年度利润分配的议案、董事会换届及设立独立董事的议案、监事会换届的议案、关于增加银行贷款的议案、更改境外披露报刊的议案、收购哈尔滨第三发电有限责任公司有关问题的议案和修改公司章程部分条款的议案。会议选举公司四届董事会成员如下：路书军、姜魁、贾哲、孙光、赵东升、王福利、李国良、关野、刘长青、魏精一、施凤上、张国新、赵亚洲。同时选举公司四届监事会成员如下：马怀生、赵庆斌和王颖秋。股东大会决议公告于2002年4月16日在指定报刊刊登。

2002年5月28日在指定报刊公告了召开2002年度第一次临时股东大会的通知，公布了会议地点、召开时间、会议议程等事项。2002年6月28日召开2002年第一次临时股东大会，会议审议通过了关于推荐独立董事候选人的议案、建立股东大会议事规则的议案、建立监事会议事规则的议案、调整收购收购哈尔滨第三发电有限责任公司股权与债权有关问题的议案。股东大会决议公告于2002年6月29日在指定报刊刊登。

2002年8月8日在指定报刊公告了召开2002年度第二次临时股东大会的通知，公布了会议地点、召开时间、会议议程等事项。2002年9月10日召开2002年第二次临时股东大会，会议审议通过了关于延长2001年发行可转换公司债券及授权事宜有效期的议案和修改章程部分条款的议案。股东大会决议公告于2002年9月11日在指定报刊刊登。

七、董事会报告

(一)报告期内整体经营情况的讨论与分析

公司所属的电力行业是国家重点扶持的基础产业，截止到2002年12月31日，公司按权益比例拥有的发电装机容量为1,089MW，约占黑龙江省的10%；另外，还拥有两台租赁经营的100MW机组。

2002年公司完成发电量474,162万kwh，比上年的452,006万kwh增加了4.9%，其中火力发电为463,000万kwh(不含租赁机组)。上网电量为417,714万kwh，比上年增加4.7%。

2002年公司实现主营业务收入112,466.08万元，比去年同期减少5.34%。利润总额28,923.99万元，净利润24,909.02万元，分别比去年同期减少7.57%和11.56%。净利润比去年下降主要是因为去年是电力体制改革过渡时期，电力市场的过剩和因此而造成的上网电量结算政府批准电价执行不到位。

(二)公司经营情况

1、公司主营业务的范围及其经营状况

(1) 公司主要从事电力生产、供热、电厂检修、电力技术咨询等业务，报告期内公司的主营业务没有发生变化。

(2)发电是公司报告期内的唯一产业。

主营业务分行业、产品情况表

单位：元

分行业或分产品	主营业务收入	主营业务成本	毛利率(%)
发电	1,124,660,819.56	837,388,089.80	25.54
其中：关联交易	1,124,660,819.56	144,075,878.24	
关联交易的定价原则	关联交易按照《并网协议》进行，遵循了自愿、有偿、公平交易的市场经济原则，交易价格均属公允		
关联交易必要性、持续性的说明	由于本公司只是从事电力生产业务，不负责把电力直接销售给最终用户，而是把电量全部销售给黑龙江省电力有限公司，由后者通过遍布全省的各市、县电业局将电能销售给最终用户并回收电费，公司同其按月结算电费，后者既是公司的大股东，又兼有行业管理职能，负责全省的发、供电管理及经营业务。因此，现在及今后一段时期黑龙江省电力有限公司都是公司唯一客户，公司主要 收入来源于公司与其的关联交易。随着电力体制改革的深入，公司控股股东发生变化，这种关联关系将自然解除。		

分行业或分产品	主营业务收入比上年增减(%)	主营业务成本比上年增减(%)	毛利率比上年增减(%)
发电			
其中：关联交易	-5.34	-0.83	-11.72

(3)对公司利润产生重大影响的其他业务经营活动：公司租赁经营佳木斯发电厂两台100MW机组，报告期上网电量62,372万千瓦时，租赁机组收入17,135万元，租赁主营业务利润为2,584万元。

2.公司控股及参股公司的经营情况和业绩

绥芬河市新源工贸有限责任公司(原名称为绥芬河市龙瑞经贸有限责任公司)是公司的控股子公司,注册资金500万元人民币,公司持股比例为99%。该公司主要经营电力供应、电力设备等。报告期内实现净利润1,606万元。

另外公司参股设立的新型能源公司已于2002年10月正式投产发电。

3.主要供应商和客户情况

公司的供应商主要是燃料供应商,其中采购金额前五名供应商合计的采购比例占年度采购比例的48%。

公司主营业务收入主要来自电力生产和销售,黑龙江省电力有限公司是公司现在及将来唯一的客户,报告期内销售收入为112,466.08万元。

4.在 经营中出现的问题与困难及解决方案

2002年从用电市场的形势来看,得力于国家扩大内需及国企三年脱困一系列措施的落实,用电需求随着省内经济回升继续保持恢复性增长。但由于近两年鹤岗、七台河等大型坑口电厂的投产发电,新增长的用电需求都被新投产的机组抵消了;电力体制改革还处于过渡期,统一的大区域电力市场尚未建立,在原有的"省为实体、分省核算"的体制下,黑龙江省2002年继续从东北主网接受电量,进一步加剧了省内电力供大于求的矛盾。

面对较为困难的经营形势,公司经营者积极进取,加强管理,保证设备安全稳定运行,对发电计划和每日电量常抓不懈;另外,严格预算管理,控制成本,提高机组的健康水平,增强公司在竞价上网过程中的竞争力。公司机组的利用小时达到4,539小时,高于全省平均水平,创近几年最好水平。

(三)公司投资情况

报告期末公司长期投资净额为48,904.48万元,比上年的26,216.78万元增加22,687.7万元,其主要原因是预付收购哈尔滨第三发电有限责任公司股权款。

1.公司报告期内没有新的募集资金使用,也没有以前年度募集资金在报告期内使用的情况。

2.使用非募集资金投资情况

(1)供热项目

为抢占供热市场,公司启动了牡丹江第二发电厂供热系统改造工程,报告期末累计投资10,484.05万元。

(2)收购哈尔滨第三发电有限责任公司部分股权

公司与黑龙江省华富电力投资有限公司就受让其拥有的哈尔滨第三发电有限责任公司7.89%股权事宜签定了正式的《股权转让协议书》,并已支付12,000万元转让价款,详见2002年3月15日本公司公告。

中国华融资产管理公司持有的哈尔滨第三发电有限责任公司15,000万元债权转股权方案已获得国家经贸委批准,本公司就受让其15,000万元"债转股"股权事宜正履行相关手续,并已支付15,553万元转让价款,详见2002年9月17日本公司公告。

(3)参与一级市场申购

2002年9月公司作为一般法人投资者参与申购中国联合通信股份有限公司发行新股的网下配售,获配214.6万股,投资额493.58万元。

(四)公司财务状况

单位:人民币元

项目	2002年	2001年	增减(%)
总资产	3,605,285,751.73	3,495,309,851.84	3.15
股东权益	3,024,750,060.44	2,887,786,328.85	4.74
主营业务利润	287,272,729.76	343,656,107.54	-16.41
净利润	249,090,227.59	281,644,119.58	-11.56
现金及现金等价物净增加/(减少)额	(11,268,336.06)	(309,079,282.83)	96.35

项目	增减变动说明
总资产	固定资产和在建工程增加
股东权益	2002年度新增利润
主营业务利润	上网电量结算单价降低
净利润	上网电量结算单价降低
现金及现金等价物净增加/(减少)额	加强现金流入管理和控制 现金流出及对外投资减少

(五)生产经营环境以及宏观政策、法规变化对公司的财务状况和经营成果影响的说明 按照电力体制改革发电资产重组方案,公司的控股股东即将变更为中国华电集团公司。电力体制改革的实施将给公司带来新的发展机遇和更大的资本运营空间。由于公司原来的控股股东是黑龙江省电力有限公司,受到省为实体、条块分割的限制,公司收购电厂和发电机组只能局限在黑龙江省内,受当地经济景气程度影响较大,而且可供选择的优质发电资源也较为有限,在水、火、风电等发电结构组合方面也没有调整余地。控股股东变更为中国华电集团公司后,公司未来收购资产的地域将突破黑龙江省的限制,水、火电及新型能源的搭配将更趋合理。

此外,电力体制改革的一项主要内容就是建立大区域电力市场,实行"竞价上网",通过竞争达到优胜劣汰、清除壁垒、实现电力资源在更大区域内进行优化配置的目的。黑龙江省作为我国的煤炭基地之一,其运营成本和上网电价在全国处于较低水平。组建东北区域电力市场后,打破省间壁垒,在大区域内实行统一调电、统一竞价,黑龙江省具有较强的竞争优势,将大大缓解黑龙江省目前由于省间壁垒造成的电力供大于求的矛盾,公司也因此会从中获益。

(六)新年度的业务发展计划

2003年公司还要抓好生产经营保障资本运营顺利实施,以资本运营壮大产业规模,促进生产经营的发展,主要工作如下:

1.积极推进收购哈尔滨第三发电有限责任公司的工作。

2.在市场机会成熟时完成可转换公司债券的发行工作,为牡丹江第二发电厂供热和收购哈尔滨第三发电有限责任公司股权项目募集部分资金。

3.在电力市场仍然严峻的情况下,积极做好竞价上网,保障机组安全稳定运行,确保安全生产。

4.结合电力体制改革后的管理体制,完善所属电厂管理模式。

5.研究制定公司的中长期发展计划,做好项目储备。

(七)董事会日常工作情况

1.董事会会议及披露情况

公司报告期内共召开七次董事会,会议召开时间、重要决议及披露情况如下:

(1)2002年3月4日召开三届十七次董事会,会议审议通过了如下决议:公司2001年度董事会工作报告及年度报告和报告摘要;2001年度财务决算及2002年度财务预算报告;公司2001年度利润分配预案及2002年度利润分配政策的议案;关于募集资金使用管理办法的议案;关于董事会换届及设独立董事的议案;关于增加银行贷款的议案;关于支付2001年度会计师事务所报酬的议案;关于更改境外披露报刊的议案;关于2001年度对经营者考核与奖励的议案;关于收购哈尔滨第三发电有限责任公司有关问题的议案;关于修改公司章程部分条款的议案;关于修改公司2001年度发行可转换公司债券部分条款的议案;召开2001年度股东大会的有关事宜。董事会决议公告于2002年3月6日在指定报刊刊登。

(2)2002年4月15日召开四届一次董事会,会议选举书军为董事长,贾哲、姜魁为副董事长,并通过了2002年第一季度报告。董事会决议公告于2002年4月17日在指定报刊刊登。

(3)2002年5月27日召开四届二次董事会,会议审议通过了关于推荐独立董事候选人的议案、建立股东大会议事规则的议案、关于发行可转换公司债券有关问题的议案和召开2002年度第一次临时股东大会的有关事宜。董事会决议公告于2002年5月28日在指定报刊刊登。

(4)2002年6月28日召开四届三次董事会,会议审议通过了关于公司建立现代企业制度自查报告的议案。董事会决议公告于2002年6月29日在指定报刊刊登。

(5)2002年8月6日召开四届四次董事会,会议审议通过了公司2002年半年度报告正文及摘要和财务报告、关于延长发行可转换公司债券方案及授权事宜有效期的议案、关于修改公司章程部分条款的议案和召开2002年度第二次临时股东大会的有关事宜。董事会决议公告于2002年8月8日在指定报刊刊登。

(6)2002年10月25日召开四届五次董事会,会议审议通过了公司2002年第三季度报告,根据上交所有关规定,董事会决议公告未披露。

(7)2002年12月3日召开四届六次董事会,会议审议通过了关于对可转换公司债券发行方案部分条款进行修改的议案、授权董事会在发行前根据市场情况对发行方案的具体条款作适当修改的议案、关于发行可转债决议有效期的议案和召开2003年度第一次临时股东大会的有关事宜。董事会决议公告于2002年12月4日在指定报刊刊登。

2.报告期内公司利润分配方案的执行情况

公司报告期内实施了2001年度利润分配方案,2002年5月15日在指定报刊刊登实施公告。

(八)本次利润分配预案(不含子公司)

公司2002年度实现净利润为24,909.02万元,提取法定公积金2,490.90万元,提取公益金1,245.45万元,加年初未分配利润61,146.60万元,2002年可供股东分配的利润为82,319.27万元。

公司2002年度利润分配预案拟定为发放现金红利,以2002年末公司股本总数112,126.5万股为基数,向全体股东每10股派送现金红利1.0元(含税),共计派送11,212.65万元,尚余未分配利润71,106.62万元,结转以后年度分配。

八、监事会报告

1.监 事会日常工作情况

报告期内共计召开四次监事会会议。

(1)2002年3月4日,召开三届七次监事会,通过了2001年度监事会工作报告、关于监事会换届的议案,并审查通过了拟提交股东年会的各项议案。决议公告于2002年3月6日在指定报刊刊登。

(2)2002年4月15日,召开四届一次监事会,会议选举马怀生担任公司四届监事会召集人。决议公告于2002年4月16日在指定报刊刊登。

(3)2002年5月27日,召开四届二次监事会,审议通过了监事会议事规则。决议公告于2002年5月28日在指定报刊刊登。

(4)2002年8月6日,召开四届三次监事会,审议通过了2002年半年度报告正文及摘要和财务报告、关于修改公司章程部分条款的议案。决议公告于2002年8月8日在指定报刊刊登。

2.监 事会对公司有关事项的独立意见

(1)公司依法运作情况

监事会按照《公司法》和《公司章程》行使职权,列席了报告期内所有的董事会和股东大会,对董事会和股东大会召开程序、决议进行监督。监事会认为公司决策程序合法,内部控制制度较为完善,未发现公司董事、高级管理人员在执行公司职务时有违反法律、法规、公司章程或损害公司利益的行为。

(2)检查公司财务情况

监事会认为安永华明会计师事务所所出具的无保留意见审计报告是恰当的,真实地说明了公司的财务状况和经营成果。

(3)收购资产情况

监事会认为,公司收购资产的交易价格合理,没有内幕交易,没有损害股东权益。

(4)关联交易情况

监事会认为,公司关联交易公平合理,严格按市场原则进行,未损害本公司利益。

综上,监事会认为公司在上述几方面均不存在问题。

九、重要事项

1本年度公司无重大诉讼、仲裁事项。

2.重大关联交易事项

(1)购销商品、提供劳务发生的关联交易

黑龙江省电力有限公司于现在和可预见的将来均会是公司电力销售的唯一客户,公司于报告期内应从黑龙江省电力有限公司收取的售电收入为112,466万元,其中租赁机组收入为17,135万元。同时,本期公司应收自东北电力集团财务公司存款的利息收入为168万元。

(2)公司与关联方存在的股权、债务往来和担保等事项

公司应收及应付关联公司款如下:

单位:人民币元

应收关联公司款:	2002年12月31日	2001年12月31日
黑龙江省电力有限公司	103,286,339.91	220,716,315.66
黑龙江省电力对外贸易公司	5,017,600.01	1,163,099.03
黑龙江蓝筹镜泊湖水力发电公司	5,212,706.33	3,980,306.33
其他	-	2,909,207.44
合计	113,516,646.25	228,768,928.46

应付关联公司款:

	2002年12月31日	2001年12月31日
黑龙江华源电力开发公司	2,814,116.27	2,814,116.27
佳木斯发电厂	3,083,397.51	3,083,397.51
其他	582,591.91	5,197,658.06
合计	6,480,105.69	11,095,171.84

公司报告期末应收大股东黑龙江省电力有限公司款项10,328.63万元,系电力行业电费结算滞后的行业特点所致,但和去年同期的22,071.63万元相比下降了53.20%。

公司报告期末长期借款9,000万元、一年内到期的长期借款4,200万元和短期借款10,000万元均由黑龙江省电力有限公司提供担保。

3.重大合同及其履行情况

(1)公司租赁经营佳木斯发电厂#11、#12机组,资产账面值29,083万元,报告期租赁收入17,135万元。

(2)公司没有对外担保和委托理财事项。

4.报告期内公司或持股5%以上股东没有在指定报纸和网站上披露承诺事项。

5.报告期内本公司继续聘任安永华明会计师事务所为境内审计机构,聘任安永会计师事务所为公司境外审计机构。

公司本年度支付给会计师事务所的报酬为111.65万元,差旅费及在本公司所在地发生的费用由本公司承担。

公司目前的审计机构已为公司提供审计服务的连续年限为7年。

十、财务报告

审计报告、会计报表和会计报表附注(境内)

审计报告

黑龙江电力股份有限公司全体股东:

我们接受委托,审计了贵公司2002年12月31日的合并资产负债表和资产负债表,2002年度

的合并利润及利润分配表和利润及利润分配表以及合并现金流量表和现金流量表。这些会计报表由 贵公司负责,我们的责任是对这些会计报表发表审计意见。我们的审计是根据《中国注册会计师独立审计准则》进行的。在审计过程中,我们结合贵公司及其子公司的实际情况,实施了包括抽查会计记录等我们认为必要的审计程序。

我们认为,上述会计报表符合《企业会计准则》和《企业会计制度》的有关规定,在所有重大方面公允地反映了 贵公司2002年12月31日的合并财务状况和财务状况,2002年度合并经营成果和经营成果及合并现金流量和现金流量,会计处理方法的选用遵循了一贯性原则。

安永华明会计师事务所　　中国注册会计师　葛明

中国注册会计师　杨俊

合并资产负债表

2002年12月31日

人民币元

资产	附注五	2002 年	2001 年
流动资产			
货币资金	(1)	864,643,949.19	875,912,285.25
短期投资	(2)	10,901,024.43	6,558,820.98
预付账款	(3)	5,903,944.81	3,859,402.00
其他应收款(4)		19,110,004.70	13,956,120.42
应收关联公司款	(5)	113,516,646.25	228,768,928.46
存货	(6)	39,923,618.47	37,828,088.78
流动资产合计		1,053,999,187.85	1,166,883,645.89
长期投资	(7)		
长期股权投资		78,514,834.16	80,202,834.16
长期债权投资		-	96,965,000.00
预付长期投资款		410,530,000.00	85,000,000.00
长期投资合计		489,044,834.16	262,167,834.16
固定资产	(8)		
固定资产原价		2,606,881,503.44	2,500,890,834.98
减:累计折旧		654,645,435.49	512,162,967.46
固定资产净值		1,952,236,067.95	1,988,727,867.52
在建工程	(9)	106,422,917.30	65,349,173.00
固定资产合计		2,058,658,985.25	2,054,077,040.52
无形资产及其他资产			
无形资产	(10)	3,582,744.47	12,181,331.27
无形资产及其他资产合计		3,582,744.47	12,181,331.27
资产总计		3,605,285,751.73	3,495,309,851.84

合并资产负债表(续)

2002 年 12 月 31 日

人民币元

负债及股东权益	附注五	2002 年	2001 年
流动负债			
短期借款	(11)	100,000,000.00	100,000,000.00
应付账款	(12)	41,802,889.59	54,082,912.43
应付工资		298,403.99	741,263.48
应付福利费		152,733.28	2,090,069.18
应付股利	(13)	129,206,912.24	140,267,119.63
应交税金	(14)	64,710,108.13	50,882,882.89
其他应付款	(15)	101,832,329.38	76,961,934.49
预提费用	(16)	3,673,025.00	3,663,576.20
一年内到期的长期负债			
-一年内到期的长期借款	(17)	42,000,000.00	35,520,000.00
应付关联公司款	(5)	6,480,105.69	11,095,171.84
流动负债合计		490,156,507.30	475,304,930.14
长期负债			
长期借款	(17)	90,000,000.00	132,000,000.00
长期负债合计		90,000,000.00	132,000,000.00
负债合计		580,156,507.30	07,304,930.14
少数股东权益		379,183.99	18,592.85
股东权益股本	(18)	1,121,264,960.00	1,121,264,960.00
资本公积	(19)	936,033,877.39	936,033,877.39
盈余公积	(20)	261,273,453.88	221,525,141.36
其中:法定公益金		84,297,174.20	71,047,736.69
未分配利润(21)		706,177,769.17	608,962,350.10
股东权益合计		3,024,750,060.44	2,887,786,328.85
负债及股东权益总计		3,605,285,751.73	3,495,309,851.84

合并利润及利润分配表

截至 2002 年 12 月 31 日止年度

人民币元

项目	附注五	2002 年度	2001 年度
主营业务收入	(22)	1,124,660,819.56	1,188,046,509.35
减:主营业务成本	(22)	837,388,089.80	844,390,401.81
主营业务利润		287,272,729.76	343,656,107.54
加:其他业务利润	(23)	7,937,871.26	12,925,049.12
减:管理费用		30,563,547.36	25,547,520.67
财务费用	(24)	27,876,837.88	8,392,301.73
营业利润		236,770,215.78	322,641,334.26
加:投资收益/(损失)	(25)	52,382,125.50	(9,656,026.39)
营业外收入		351,481.09	271,310.10
减:营业外支出		263,949.10	334,273.60
利润总额		289,239,873.27	312,922,344.37
减:所得税		39,989,054.54	31,109,746.69
少数股东损益		160,591.14	168,478.10
净利润		249,090,227.59	281,644,119.58
加:年初未分配利润		608,962,350.10	506,621,301.53
可供分配的利润		858,052,577.69	788,265,421.11
减:提取法定盈余公积		26,498,875.01	29,834,183.87
提取法定公益金		13,249,437.51	14,917,091.94
可供股东分配的利润		818,304,265.17	743,514,145.30
减:拟派发之普通股股利	(13)	112,126,496.00	134,551,795.20
未分配利润		706,177,769.17	608,962,350.10

合并现金流量表

截至 2002 年 12 月 31 日止年度

人民币元

项目	2002 年度
一、经营活动产生的现金流量:	
销售商品、提供劳务收到的现金	1,243,239,666.43
收到的其他与经营活动有关的现金	36,133,906.55
现金流入小计	1,279,373,572.98
购买商品、接受劳务支付的现金	534,972,698.11
支付给职工以及为职工支付的现金	82,466,263.96
支付的各项税费	160,753,999.18
现金流出小计	778,192,961.25
经营活动产生的现金流量净额	501,180,611.73
二、投资活动产生的现金流量:	
收回投资所收到的现金	150,017,633.05
取得投资收益所收到的现金	1,885,568.30
处置固定资产所收回的现金净额	94,675.92
收到的其他与投资活动有关的现金	11,740,835.34
现金流入小计	163,738,712.61
购建固定资产所支付的现金	147,718,605.32
投资所支付的现金	330,740,279.30
现金流出小计	478,458,884.62
投资活动产生的现金流量净额	(314,720,172.01)
三、筹资活动产生的现金流量:	
吸收投资所收到的现金	-
借款所收到的现金	1,200,000,000.00
现金流入小计	1,200,000,000.00
偿还债务所支付的现金	1,235,520,000.00
分配股利、利润和偿付利息所支付的现金	162,208,775.78
现金流出小计	1,397,728,775.78
筹资活动产生的现金流量净额	(197,728,775.78)
四、现金及现金等价物净增加/(减少)额	(11,268,336.06)
注:每股经营活动产生的现金流量	0.45

项目	2001 年度
一、经营活动产生的现金流量:	
销售商品、提供劳务收到的现金	1,274,649,153.27
收到的其他与经营活动有关的现金	109,764,543.36
现金流入小计	1,384,413,696.63
购买商品、接受劳务支付的现金	541,663,489.35
支付给职工以及为职工支付的现金	65,792,799.67
支付的各项税费	187,160,501.76
现金流出小计	794,616,790.78
经营活动产生的现金流量净额	589,796,905.85
二、投资活动产生的现金流量:	
收回投资所收到的现金	-
取得投资收益所收到的现金	2,391,666.67
处置固定资产所收回的现金净额	642,619.38
收到的其他与投资活动有关的现金	38,718,286.30
现金流入小计	41,752,572.35
购建固定资产所支付的现金	675,142,454.62
投资所支付的现金	116,999,486.86
现金流出小计	792,141,941.48
投资活动产生的现金流量净额	(750,389,369.13)
三、筹资活动产生的现金流量:	
吸收投资所收到的现金	50,000.00
借款所收到的现金	1,283,420,000.00
现金流入小计	1,283,470,000.00
偿还债务所支付的现金	1,305,400,000.00
分配股利、利润和偿付利息所支付的现金	126,556,819.55
现金流出小计	1,431,956,819.55
筹资活动产生的现金流量净额	(148,486,819.55)
四、现金及现金等价物净增加/(减少)额	(309,079,282.83)
注:每股经营活动产生的现金流量	0.53

合并现金流量表(续)

截至 2002 年 12 月 31 日止年度

人民币元

补充资料	2002 年度
(1) 将净利润调节为经营活动的现金流量:	
净利润	249,090,227.59
加:计提/(转回)的长期投资减值	(53,035,000.00)
计提的短期投资减值准备	660,981.50
固定资产折旧	143,115,016.01
无形资产摊销	8,598,586.80
预提费用的增加	9,448.80
处置固定资产损失/(收益)	(73,031.34)
财务费用	27,281,237.05
投资损失/(收益)	(8,107.00)
少数股东损益	160,591.14
存货的减少/(增加)	(2,095,529.69)
经营性应收项目的减少	108,053,855.12
经营性应付项目的增加	19,422,335.75
经营活动产生的现金流量净额	501,180,611.73
(2) 不涉及现金收支的投资和筹资活动	
长期债权投资转换为固定资产的相关权益	-
固定资产转换为长期股权投资	-
资本公积转增股本	-
(3) 现金及现金等价物净增加/(减少)情况:	
货币资金的年末余额	864,643,949.19
减:货币资金的年初余额	875,912,285.25
现金及现金等价物净增加/(减少)额	(11,268,336.06)

江西江中药业股份有限公司

江西江中药业股份有限公司2002年年度报告

第一节 公司基本情况简介

(一)中文名称:江西江中药业股份有限公司
中文简称:江中药业
英文名称:JIANGXI JIANGZHONG PHARMACEUTICAL CO.,LTD
(二)法定代表人:廖礼村
(三)董事会秘书:吴伯帆
联系地址:江西省南昌市福州路347号
电话:0791-8515742
传真:0791-8515742
电子信箱:jzyy@jzjt.com
(四)公司注册地址:江西南昌市火炬大道888号
邮政编码:330000
公司办公地址:江西南昌市福州路347号
邮政编码:330077
公司国际互联网址:Http://www.jzjt.com
电子信箱:jzyy@jzjt.com
(五)公司选定的信息披露报纸:《上海证券报》
登载公司年度报告的中国证监会指定国际互联网网址:
http://www.sse.com.cn
年度报告备置地点:公司证券部
(六)公司股票上市交易所:上海证券交易所
股票简称:江中药业
股票代码:600750
(七)其他有关资料
公司首次登记注册日期:1996年9月18日
公司首次注册登记地址:江西省乐平市东风路15号
公司最新变更注册登记日期:2002年2月25日
公司最新变更注册登记地址:江西省南昌市火炬大道888号
企业法人营业执照注册号:3600001130740
税务登记号码:360281158307408
聘请会计师事务所名称:广东恒信德律会计师事务所
聘请会计师事务所办公地址:江西省南昌市叠山路246号

第二节 会计数据和业务数据摘要

一、本年度主要会计数据

项目	金额(单位:人民币元)
利润总额	69,318,666.85
净利润	43,213,413.95
扣除非经常性损益后的净利润*	46,459,853.87
主营业务利润	376,463,556.14
其他业务利润	395,505.94
营业利润	73,280,962.45
投资收益	-1,521,363.33
补贴收入	--
营业外收支净额	-2,440,932.27
经营活动产生的现金流量净额	94,901,625.40
现金及现金等价物净增减额	-99,121,851.94

注:扣除非经常性损益项目和涉及金额

项目	金额(单位:人民币元)
营业外收支净额	-2,440,932.27
扣除非经常性损益项目的所得税影响	-805,507.65
合计	-3,246,439.92

二、公司近三年主要会计数据及财务指标(单位:人民币元)

项目	2002年	2001年调整后
主营业务收入	667,672,108.02	354,965,944.99
净利润	43,213,413.95	37,820,923.47
总资产	740,781,442.58	636,572,579.59
股东权益(不含少数股东权益)	549,698,986.61	520,860,547.36
每股收益	0.30	0.26
每股净资产	3.76	3.56
调整后的每股净资产	3.63	3.50
每股经营活动产生的现金流量净额	0.65	0.28
净资产收益率%	7.86	7.26

项目	2001年调整前	2000年调整后
主营业务收入	354,965,944.99	368,460,145.52
净利润	40,243,819.24	279,115.18
总资产	639,271,897.00	686,363,685.62
股东权益(不含少数股东权益)	523,559,864.77	496,963,680.42
每股收益	0.28	0.002
每股净资产	3.58	3.40
调整后的每股净资产	3.55	3.38
每股经营活动产生的现金流量净额	0.28	0.83
净资产收益率%	7.68	0.06

项目	2000年调整前
主营业务收入	368,460,145.52
净利润	555,536.82
总资产	686,640,107.26
股东权益(不含少数股东权益)	497,240,102.06
每股收益	0.004
每股净资产	3.58
调整后的每股净资产	3.56
每股经营活动产生的现金流量净额	0.83
净资产收益率%	0.11

第三节 股本变动及股东情况

一、股东情况

1、至报告期末,公司股东总户数为16727户;

2、至报告期末,公司前10名股东的持股情况:

名次	股东名称	期末持股数(股)	总股本比例(%)	持股性质
1	江中制药(集团)有限公司	83,712,000	57.29	国有法人股
2	海通证券	7,018,683	4.80	流通股
3	国信证券	3,887,509	3.22	流通股
4	华鑫咨询	2,229,200	1.53	流通股
5	英达盛投	2,033,727	1.39	流通股
6	华扬制衣	1,946,711	1.33	流通股
7	华洋服装	1,179,693	0.81	流通股
8	浦东标三	1,156,496	0.79	流通股
9	通信股份	1,094,421	0.75	流通股
10	晟恺贸易	1,084,372	0.74	流通股

注:

①截止报告期末,持股5%以上的股东为江西江中制药(集团)有限责任公司,年度内所持股份没有发生变化,且所持股份无质押、冻结等情况。

②报告期内前十名股东之间无关联关系。

4.控股股东情况介绍

公司控股股东为江西江中制药(集团)有限责任公司,其持有本公司国有法人股8371.2万股,占公司总股本的57.29%。该公司系由江西中医学院和江西省医药国资公司联合出资成立的一家综合性国有医药企业集团。公司成立于1998年6月26日,注册资本2亿元,法定代表人钟虹光。

公司经营范围:抗生素原料、化学制剂、葡萄糖、农用抗生素、化学药制剂、中药材、中成药、原料药、粉针剂、片剂、冲剂、口服液、酊剂、软膏剂、糖浆剂、胶囊剂、散剂、茶剂、外用洗剂、玻璃瓶、医药包装材料的的制造、加工、销售,自产产品及相关技术的出口业务、本企业生产、科研所需要的原辅材料、机械设备、仪器仪表、零配件及相关产品的进口业务、本企业的进料加工和"三来一补"业务。

5、公司控股股东的控股股东情况介绍

本公司控股股东江西江中制药(集团)有限责任公司的控股股东为江西中医学院,该院创建于1959年5月,是一所江西省教委、江西省卫生厅直辖的以中医药教育为主体的高等学府,经过多年发展,目前已成为江西省中医药人才培养基地和中医药研究中心。

目前该学院有各类在校生9000余人。建院以来为国家培养高级中医人才9300余人,有70余项科研成果获国家、省、部级奖励,两项成果获国家发明奖,转让科技成果278项,主编、参编全国统一教材25部、论著302部,《江西中医药》杂志和《江西中医学院报》发行海内外。

第四节 董事、监事、高级管理人员和员工情况

一、现任董事、监事、高级管理人员　　单位:股

姓名	职务	性别	年龄
廖礼村	董事长	男	50
钟虹光	董事	男	45
董全臣	董事	男	46
易敏之	董事	男	46
许金发	董事	男	40
刘旭海	董事	男	41
杜新民	独立董事	男	60
詹 政	独立董事	男	30
陈富香	监事会主席	女	53
何孝平	监事	男	53
罗万根	监事	男	53
刘为权	财务负责人	男	32
吴伯帆	董事会秘书	男	27

姓名	任期	年初持股数	年末持股数
廖礼村	2002.11-2005.11	0	0
钟虹光	2002.11-2005.11	0	0
董全臣	2002.11-2005.11	0	0
易敏之	2002.11-2005.11	0	0
许金发	2002.11-2005.11	0	0
刘旭海	2002.11-2005.11	0	0
杜新民	2002.6-2005.6	0	0
詹 政	2002.6-2005.6	0	0
陈富香	2002.11-2005.11	0	0
何孝平	2002.11-2005.11	0	0
罗万根	2002.11-2005.11	2600	2600
刘为权	2002.11-2005.11	0	0
吴伯帆	2002.11-2005.11	0	0

说明:

1、除罗万根监事外,公司其他董事、监事和高管人员均未持有公司股份。

2、董事、监事、高级管理人员在股东单位任职情况:

(1)董事钟虹光先生在本公司控股股东江西江中制药(集团)有限责任公司担任董事长。

(2)董事董全臣先生在本公司控股股东江西江中制药(集团)有限责任公司担任总裁。

二、年度报酬情况

1、公司董事、监事和高级管理人员的年度报酬决策程序：董事、监事报酬由股东会决定，高管人员的报酬由董事会决定，均实行年薪制。

报酬确定依据：以公司年初制订的经营计划为基础，以公司经营目标为导向，年终结合目标责任制要求进行绩效考核，最终确定报酬。

2、报告期内公司董事、监事和高级管理人员共13人，其中8人在公司领取报酬，其年度报酬分为两固定部分和浮动部分，固定部分为基本薪资，变动部分为与效益挂钩的绩效薪资和特殊业绩奖励，分布如下：

1)基本薪资：参照同行业、同规模企业、竞争对手市场薪资状况确定，8名在公司领薪的董、监事及高管人员年度基本薪资总额为68.14万元，最高的前三名董事(其中两名兼任公司高级管理人员)的报酬总额为34.2万元，金额最高前三名高级管理人员的报酬总额为37.2万元。在公司领取报酬的董事、监事、高级管理人员年度报酬的区间范围如下：10-15万元2人、5-10万元5人、5万元以下2人。

2)年度绩效薪资和特殊业绩奖励：根据公司薪酬制度，经营目标责任书的业绩考核指标和业绩奖励办法及董事会批准的特殊业绩奖励，8名公司董事、监事及高管人员奖励总额在31.86万元-55.85万元之间。

3、根据公司二届十三次董事会会议决议及2001年度股东大会决议，董事、监事及高管人员本年度还在公司每月领取津贴500元。

4、未在公司领取报酬的董事、监事及高级管理人员有：钟虹光、董全臣、许金发、罗万根，其中钟虹光、董全臣在江中制药集团领薪，许金发、罗万根在子公司江西东风药业股份有限公司领薪。

5、独立董事年度津贴为5万元(含税)。本报告期内两位独立董事实际任职6个月，每人领取2.5万元(含税)。

三、报告期内董事、监事、高级管理人员离任及解聘情况

1、2002年2月，因工作调整的需要，经公司二届十二次董事会审议通过，同意张浩、董寿法同志辞去公司董事职务。

2、2002年2月，因工作调整的需要，经公司二届十二次董事会审议通过，同意何行真先生辞去公司总经理、乐珍荣先生辞去公司总会计师的请求。

3、报告期内公司第二届董事会、监事会均届满，2002年11月23日公司召开临时股东大会，选举产生了第三届董事会，原第二届董事会成员万素娟女士、杨建坤先生不再担任公司董事，增选董全臣先生、易敏之先生为公司董事，其余董事、监事均在第三届董事会中继续留任。

4、由于公司公司董事会换届改选，新一届董事会不再万素娟女士为公司财务负责人，不再聘任杨人彦先生为公司董事会秘书，董事会聘任刘为权先生为财务负责人，聘任吴伯帆先生为董事会秘书。

四、公司员工情况

截止2002年底，公司员工总人数为526人，本科以上员工占16%，博士1人，硕士13人，具有各种专业职称人员为93人，其中高级职称11人、中级职称55人、初级职称27人，占员工总数的18%。员工工作分工情况：经营管理178人，财务7人、研究开发41人、市场销售93人、生产制造299人。公司无承担费用的离退休人员。

第五节　公司治理结构

一、公司治理情况

(一)公司法人治理现状

公司严格按照《公司法》、《证券法》、《上海证券交易所股票上市规则》的要求规范运作，报告期内参照《上市公司治理准则》的要求修订了《公司章程》、《董事会议事规则》、《监事会议事规则》，并进一步制订了《独立董事制度》、《股东大会议事规则》、《信息披露管理制度》、《关联交易实施细则》、《总经理工作细则》等规章制度，从制度上完善了公司的法人治理结构，规范和加强了公司的管理。

报告期内，公司建立了独立董事制度，聘请了两位独立董事，其中一位具有会计专业背景和丰富的财务管理经验，公司严格执行《独立董事制度》的规定，确保独立董事充分发挥独立性，并以其丰富的专业知识促进公司决策水平的提高。

公司董事会还设立了四个专门委员会：提名委员会、战略发展委员会、审计委员会、薪酬与考核委员会，其中提名委员会、审计委员会、薪酬与考核委员会中独立董事占多数并担任负责人。通过专门委员会的设立，公司进一步规范了董事会的职能和议事程序。

(二)进一步完善法人治理结构

按照中国证监会的规定，上市公司必须在2003年6月30日前确保独立董事人数达到董事会成员的三分之一，目前公司聘请了两名独立董事，尚缺一名，但公司在三届二次董事会明确了第三位独立董事候选人，并拟在2002年度股东大会审议通过后予以聘任。

公司在第三位独立董事到位后，还将继续完善董事会下属专门委员会的建设，更好的发挥董事会的相应职能；继续完善董事、监事及高级管理人员的激励和约束机制，建立科学有效的绩效考核体系。

二、独立董事履行职责情况

2002年6月24日，公司经2002年第三次临时股东大会审议批准，聘请杜新民、詹政两位同志为独立董事。报告期内，两名独立董事按照《上市公司治理准则》及公司《独立董事制度》的要求，诚信勤勉履行义务，出席了报告期内所有董事会会议，参与董事会专门委员会的建设及决策，认真审核了董事会各项议题，对公司投资项目和重大事项发表独立见解，维护了公司和全体股东的合法权益。

三、公司与控股股东在业务、人员、资产、机构、财务等方面的分开情况

1、业务方面

公司拥有独立核心业务——中成药生产、开发和销售，下属两家绝对控股子公司：控股96.68%的江西东风药业股份有限公司和控股51%的江西江中医药贸易有限责任公司，二者均独立开展业务，前者从事抗生素原料药及制剂的生产经营，后者从事药品销售业务，同时为充分发挥营销资源优势，本公司主要产品的销售和江西东风药业股份公司内销业务均委托江中医贸公司经营。公司与控股股东不存在同业竞争，控股股东已承诺自身及受其控制的任何子公司或其他关联企业将不从事任何在商业上与本公司有直接竞争的业务活动，以避免同业竞争。

2、人员方面

公司的劳动、人事及工资管理完全独立，公司设立了人力资源部门专门负责公司劳动人事及薪资管理并制订了一系列规章制度对员工进行考核和奖惩，公司总经理、财务负责人、董事会秘书等高管人员均未在控股股东兼任职务，控股股东推荐董事和经理人员均通过合法程序进行。

3、资产方面

公司拥有独立于控股股东的生产系统、辅助生产系统和配套设施以及生产经营使用的工业产权、非专利技术等无形资产。由于2002年2月25日公司更名为"江西江中药业股份有限公司"，而生产经营中使用的"江中"牌文字商标和"中"字徽标系为江中制药厂所有，为明确双方权利义务，公司于2002年3月21日与江中制药厂签订了商标使用许可合同。

4、机构方面

公司设立了完整独立的组织机构，不存在与控股股东合署办公的情况。控股股东及其职能部门与公司及其职能部门之间不存在上下级关系，亦未有控股股东以任何形式干预本公司生产经营的情况发生。

5、财务方面

公司设置了独立的财务会计部门，并建立了独立的会计核算体系和财务管理制度；公司独立作出财务决策，不存在控股股东干预本公司资金使用的情况；公司在银行独立开户，依法独立纳税。

四、高级管理人员的考评和激励机制、相关奖励制度的建立、实施情况公司高级管理人员对董事会负责，董事会每年制定公司经营目标和年度预算，建立了目标责任制考核体系，加强对高级管理人员的管理和激励，并由此与高级管理人员签定经营目标考核责任书，针对每年考核目标及完成情况，进行相应的奖惩。

第六节　股东大会情况简介

一、报告期内公司共召开一次年度股东大会、五次临时股东大会

(一)2002年第一次临时股东大会

公司2002年第一次临时股东大会于2002年1月12日上午9:30在公司大会议室召开，出席本次股东大会股东共9名，代表股份9096.002万股，占公司股份总额的62.25%。会议由董事长廖礼村先生主持，公司董事、监事、高管人员列席了会议，会议以记名表决的方式审议通过如下议案：

1、审议通过《关于收购江中医贸有限责任公司51%股权议案》；

2、审议通过《关于变更部分募集资金投向的议案》；

3、审议通过《关于收购江中药业有限责任公司15%股权议案》；

4、审议通过《关于吸收合并江中药业有限责任公司的议案》

本次股东大会经国浩律师集团(上海)事务所刘维、陈毅敏现场见证并出具了法律意见书，认为公司本次股东大会的召集、召开程序、出席会议人员资格及表决程序等均符合法律、法规及《公司章程》的规定，该会议决议公告已刊登在2002年1月14日的《上海证券报》上。

(二)2002年第二次临时股东大会

公司2002年第二次临时股东大会于2002年2月20日上午9:30在公司会议室召开，出席本次股东大会的股东共5名，代表股份83728700股，占公司股份总额的57.3%。会议由董事长廖礼村先生主持，公司董事、监事、高管人员列席了会议。

(三)2001年度股东大会

公司2001年度股东大会于2002年4月25日上午8:30在公司会议室召开，出席本次股东大会的股东共10名，代表股份83734950股，占公司股份总额的57.31%，会议由董事长廖礼村先生主持，公司董事、监事、高管人员列席了会议。

(四)2002年第三次临时股东大会

公司2002年第三次临时股东大会于2002年6月24日上午9:00在公司会议室召开，出席本次股东大会的股东共4名，代表股份83720800股，占公司股份总额的57.3%，会议由董事长廖礼村先生主持，公司董事、监事、高管人员列席了会议。

(五)2002年第四次临时股东大会

公司2002年第四次临时股东大会于2002年9月10日上午9:30在公司会议室召开，出席本次股东大会的股东共6名，代表股份83743900股，占公司股份总额的57.31%，会议由董事长廖礼村先生主持，公司董事、监事、高管人员列席了会议。

(六)2002年第五次临时股东大会

公司2002年第五次临时股东大会于2002年11月23日上午9:00在公司会议室召开，出席本次股东大会的股东共4名，代表股份83727600股，占公司股份总额的57.3%。会议由董事长廖礼村先生主持，公司董事、监事、高管人员列席了会议。

二、选举更换董、监事情况

1、2002年2月，因工作调整的需要，经公司二届十二次董事会审议通过，同意张浩、董寿法同志辞去公司董事职务。

2、2002年6月24日公司召开第三次临时股东大会，选举杜新民、詹政为公司独立董事。

3、报告期内公司第二届董事会届满，2002年11月23日公司召开第五次临时股东大会，选举钟虹光、董全臣、廖礼村、易敏之、刘旭海、许金发为新一届董事会董事，独立董事杜新民、詹政聘期未满，继续留任。2002年11月23日，公司召开三届一次董事会，选举廖礼村先生为公司董事长。

4、2002年11月，公司第二届监事会届满，2002年11月23日公司召开第五次临时股东大会，选举陈富香、何孝平、罗万根为新一届(第三届)监事会监事。2002年11月23日，公司召开三届一次监事会，选举陈富香女士为公司监事会主席。

第七节　董事会报告

一、公司经营情况讨论与分析

2002年是我国正式加入世贸组织的第一年，也是公司调整业务结构、强化经营管理的一年。报告期内，公司通过吸收合并江西江中药业有限责任公司，更名为"江西江中药业股份有限公司"，对外投资成立江西东风药业股份有限公司等一系列资产重组工作，进一步理顺了公司主营业务结构，优化资源配置，将公司主营业务由抗生素原料药、抗生素制剂调整为中成药制剂的生产和销售，从而大大提高了公司主营业务创收能力和市场知名度。公司通过收购药品销售公司江西江中医药贸易有限责任公司51%股权，对其形成绝对控股，建立健全了公司销售体系，减少了公司与控股股东的关联交易，加强了营销资源的整合。同时，公司还进一步完善了内部管理制度及规范，形成了公司未来5年的总体战略规划，为公司加快发展打下了良好的基础。

2002年公司经营目标是扩大市场份额、提高市场占有率，集中资源做好拳头产品的市场拉动、新产品研发及上市、规范管理流程等工作，取得了明显的经营业绩。2002年公司实现主营业务收入66767万元，比上年增长88%，主营业务利润37646万元，比上年增长183%，净利润4321万元，比上年增长14%。

二、公司经营情况

(一)公司主营业务范围及其经营状况

1、公司所属行业为医药行业，主要从事中成药片剂、冲剂、胶囊剂、生化原料药的生产经营。

2、公司主营业务收入和主营业务利润构成如下：

(1)按产品分析

单位：人民币万元

品种	主营业务收入	主营业务利润	占比%
中成药	474424.90	33929.87	89.65%
原料药	12308.05	2331.99	6.16%
抗生素制剂	5853.81	1021.26	2.70%
其他	1180.45	562.47	1.49%
合计	66767.21	37845.59	100%

(2)由于公司主营业务实行全国统一核算，对各地区的销售由公司统一指挥，各地区市场未形成利润中心，因此无法按地区确定利润构成情况。

(3)占公司主营业务收入或主营业务利润10%以上的产品销售情况

单位：人民币万元

主要产品	销售收入	销售成本	毛利率%
中成药	474424.90	13134.87	72.30%
原料药	5853.81	9929.95	17.77%

(二)公司主要控股公司及参股公司的经营情况及业绩

1、江西东风药业股份有限公司

江西东风药业股份有限公司成立于2002年4月25日，注册资本12000万元，本公司持有其96.68%股权，该公司主要产品主营业务为抗生素原料药及粉针剂生产，主要产品是青霉素原料药及制剂，截止2002年12月31日，该公司资产总额为19672万元，总负债7110万元，净资产12467万元元，当期实现主营业务收入15657万元，净利润447万元。

2、江西江中医药贸易有限责任公司

江西江中医药贸易有限责任公司成立于2000年1月5日，注册资本7000万元，本公司拥有其51%的股权，该公司主要经营西药制剂，中成药的批发，玻璃仪器，医疗器械的批发、零售。公司主营业务主要是以代理形式负责江西江中制药集团各子企业OTC产品、中、西普药类产品及日用消费品的销售，2002年12月31日，该公司资产总额为10764万元，总负债6194万元，净资产

4570 万元，当期实现主营业务收入 52888 万元，净利润-943 万元。

（三）公司主要供应商、客户情况

公司前五名供应商合计采购金额占年度采购总额比例 49.76%，前五名客户销售额合计占公司销售总额的比例为 18.71%。

（四）经营中出现的问题与困难及解决方案

公司所在的医药行业市场竞争异常激烈，局部市场趋于饱和，制药企业的毛利率下降，国家对医药企业的市场监管也日益严格，入世后国外制药企业凭借雄厚的资本、先进的管理正逐步挤占国内市场，针对上述经营中面临的问题，公司将采取以下对策：

1、根据市场形势，结合自身情况，适时调整产品结构，减少附加值低没有竞争优势的产品，强化优势品种的生产和销售，提高公司的盈利能力。

2、继续加强对市场的分析，尤其做好优势市场的细分，开拓潜在市场，提高市场占有率。

3、充分发挥企业技术优势，加强与研发机构的合作，大力推进新产品开发和研制，通过技术创新提升产品的科技含量，加快技术成果转化，增强企业后劲。

4、继续推进并完善企业 SAP 管理信息系统，使企业的经营管理实现科学化、信息化，与国际接轨，为今后开辟国际市场打下基础。

5、公司新的生产基地建成后，将积极推进 GMP 认证工作，实现整体通过国家认证，下属江中医贸公司通过 GSP 认证，使企业在市场竞争中居于主动。

（五）完成经营计划的情况

公司 2002 年经营状况基本符合年初制订的经营计划，当年实现主营业务收入 6.68 亿元（经营计划中预计 6.5 亿元），净利润 4321 万元（经营计划中预计 4000 万元），均在计划的基础上略有增加，达到预期目标。

三、公司投资情况

（一）募集资金的使用情况

公司报告期内未进行再融资，1999 年 10 月公司曾实施配股计划，共募集资金 13900 万元，延续到本期期初的配股资金为 12400 万元，公司报告期内共使用该配股资金 8090 万元，剩余 4310 万元，存于公司银行存款帐户上。

1、《配股说明书》承诺配股资金项目及进度情况

单位：人民币万元

项目名称	实施进度 1999 年	2000 年
1、综合制剂楼 GMP 标准技术改造工程	2000	1742
2、"健胃消食片"扩产技术改造工程	2000	1835
3、"博洛克"扩产一期技术改造工程	1800	1307
4、6 亿片/年"嚼哮片"生产线技术改造项目	1420	--
5、年产 1.5 亿粒阿司匹林缓释胶囊生产线	500	2414
合计	7720	7298

注：项目资金不足部分由企业自有资金解决

2、实际配股资金项目及进度情况

项目名称	实施进度 1999 年	2000 年
1、综合制剂楼 GMP 标准技术改造工程	--	--
2、"健胃消食片"扩产技术改造工程	--	--
3、"博洛克"扩产一期技术改造工程	--	--
4、6 亿片/年"嚼哮片"生产线技术改造项目	--	--
5、年产 1.5 亿粒阿司匹林缓释胶囊生产线	--	1500
合计	0	1500

项目名称	实施进度 2001 年	2002 年
1、综合制剂楼 GMP 标准技术改造工程	--	3742（变更）
2、"健胃消食片"扩产技术改造工程	--	3451
3、"博洛克"扩产一期技术改造工程	--	616
4、6 亿片/年"嚼哮片"生产线技术改造项目	--	281
5、年产 1.5 亿粒阿司匹林缓释胶囊生产线	--	--
合计	0	8090

实际投资情况说明：

（1）"综合制剂楼 GMP 改造工程"项目于 2003 年 1 月变更资金用途，具体情况见本节"前次募集资金变更情况"部分。

（2）截止报告期，"健胃消食片"扩产技术改造工程项目累计投入 3451 万元，占项目计划投资总额的 90%，其中固定资产投资完成 2551 万元。该项目采取边建设边投产的方式滚动投入，当年投资即产生收益 1679 万元，项目预计 2003 年上半年全部建成。

（3）截止报告期，"博洛克"扩产一期技术改造工程项目累计投入 616 万元，占项目计划投资总额的 19.83%，其中固定资产投资完成 26.71%，预计 2003 年上半年建成投产。

（4）截止报告期，6 亿片/年"嚼哮片"生产线技术改造项目累计投入 281 万元，占项目计划投资总额的 19.79%，其中固定资产投资完成 30.55%，占项目计划投资总额的，预计 2003 年上半年建成。

（5）"年产 1.5 亿粒阿司匹林缓释胶囊生产线"项目已于 2000 年建设完毕，由于市场原因，公司调整了投资规模，实际投资 1500 万元（其中固定资产投资 866 万元，补充流动资金 634 万元），占原计划投资额的 51.5%，该项目目前尚未产生利润，未达计划收益，主要系市场因素影响。

3、承诺投资与实际投资差异分析

原承诺的五个项目中，除"年产 1.5 亿粒阿司匹林缓释胶囊生产线"项目调减投资后按期建成外，其余均未能按计划进度投入，其主要原因是：

（1）1999 年 10 月公司完成配股，资金到位时间接近年末，当年无法投入。

（2）由于公司通过国家医药管理部门 GMP 认证时间紧迫，而配股资金到位情况不确定，对于"综合制剂楼 GMP 改造工程"项目的建设，企业在配股申报过程中已逐步用自有资金投入，2000 年建成并顺利 GMP 认证。而后为保证资金使用效率，此项目募集资金变更了用途。

（3）"健胃消食片"扩产技术改造工程、"博洛克"扩产一期技术改造工程、6 亿片/年"嚼哮片"生产线技术改造三个项目 2000-2001 年未按计划投入的原因是：

①随着南昌经济的发展，公司生产场地现已位于城市繁华地带，根据地方政府城区规划及国家对制药企业生产条件的要求，公司于 2000 年开始规划搬迁生产场地，因此上述三个项目涉及变更建设场所，需待建设条件具备方可进行。

②"健胃消食片"、"博洛克"、"嚼哮片"的产品技术改造的批复是在 1998 年，而 2000 年上述产品的市场已经发生变化，本着慎重使用募集资金的原则，公司暂缓项目投资，待市场好转后再投入。进入 2002 年，"健胃消食片"市场出现增长机会，公司抓紧时机加快了该产品的扩产建设，并采取边投产边投入的滚动方式，当年就实现了良好的经济效益，单品种增加收益 1696 万元。

4、募集资金变更用途情况

（1）变更原因

原配股项目中承诺投资的"综合制剂楼 GMP 标准技术改造"项目配股资金到位较晚，而同期国家药品监督局又要求药品生产企业尽快通过 GMP 认证，否则将停止新药审批并撤消企业有关生产许可。为保障公司的正常经营，公司已用自有资金根据企业生产布局调整，先期投资 545 万元完成了固体制剂车间的 GMP 改造，并通过了国家 GMP 认证。由于企业综合制剂楼所在场地狭窄，不能适应企业扩大再生产的需要，因此公司拟将生产场地迁入市郊新厂区，对新厂区的 GMP 改造企业将用自有资金完成。因此，为妥善使用募集资金并兼顾资金使用效益，公司变更了该项目资金用途。

（2）变更程序

经二届十次董事会、2002 年第一次临时股东大会审议通过，公司将该项目所需资金 3742 万元变更为 3277.09 万元收购江中药业 15%股权，结余 464.91 万元用于补充公司流动资金。

（3）信息披露情况

关于本次变更募集资金使用的信息披露情况，参见公司 2001 年 12 月 12 日刊登在《上海证券报》上的董事会决议公告、变更募集资金公告及 2002 年 1 月 13 日刊登在《上海证券报》上的临时股东大会决议公告。

（4）变更项目的收益情况

本次变更涉及投资方式的改变，由固定资产投资变为股权收购，而收购标的公司原是本公司的控股子公司，有着良好的行业背景和稳定的利润来源，收购后即实现权益收益 759 万元。由于此项目收购计划目的是调整公司资产结构，强化主营业务，本公司在收购后立即注销了江中药业有限责任公司，因此该变更项目的后期效益将直接包含在公司主营业务利润中。

（二）非募集资金的重大投资情况

1、根据本公司第二届董事会第十次会议决议（详见 2001 年 12 月 12 日《上海证券报》）、2002 年第一次临时股东大会决议（详见 2002 年 1 月 13 日《上海证券报》），公司以自有资金 3,515.89 万元收购江西江中制药（集团）有限责任公司持有的江西江中医药贸易有限责任公司 51%股权。

2、根据本公司第二届董事会第十一次会议决议（详见 2002 年 1 月 17 日《上海证券报》）、2002 年第二次临时股东大会决议（详见 2002 年 2 月 21 日《上海证券报》），公司将抗生素生产线及其相关资产对外投资，联合江西江中制药厂、北京江中高科技投资有限责任公司、江西江中医药贸易有限责任公司、南昌江中实业公司等四家发起人共同发起设立"江西东风药业股份有限公司"，该注册资本 12000 万元，法定代表人许金发。公司出资 11600 万元，占 96.68%股权，其余四家发起人各出资 100 万元，各占 0.83%股权。公司经营范围是国内贸易、国际贸易、生产、加工（以上项目国家有专项规定的除外）。

3、根据本公司第二届董事会第十一次会议决议（详见 2002 年 1 月 17 日《上海证券报》），公司投资 1000 万元参股国盛证券有限责任公司。截至报告期末，国盛证券设立的有关验资手续尚在办理当中。

4、根据本公司第二届董事会第十六次会议决议（详见 2002 年 6 月 4 日《上海证券报》），公司拟以自有资金 1200 万元收购四川天风证券有限责任公司 18%股权，但收购结束后，公司实际获得了天风证券 19.8%的股权，天风证券据此办理了工商变更手续，详见 2002 年 11 月 28 日公司刊登在《上海证券报》上的"关于收购四川天风证券有限责任公司股权进展情况的公告"。

5、根据二届董事会十八次会议决议（详见 2002 年 8 月 6 日《上海证券报》）及 2002 年第四次临时股东大会决议（详见 2002 年 9 月 11 日《上海证券报》），公司进行了两项投资：

（1）公司原拟以现有生产大楼、科研大楼、生产设备等实物资产出资 3000 万元，与江西江中制药（集团）有限责任公司、江西中医学院、中国军事医学科学院二所、上海药物制剂国家工程研究中心联合投资组建中药制造技术国家工程中心。在实际组建过程中，由于出资主体资格问题，中国军事医学科学院二所、上海药物制剂国家工程研究中心未能参与投资，本公司最后经以经岳华会计师事务所评估及江西天翔会计师事务所验资的实物资产出资 3520 万元，与江中制药（集团）有限责任公司、江西中医学院、北京中泽生科技有限责任公司共同投资组建了江西本草天工科技有限责任公司（中药片剂制剂技术国家工程中心）。该公司成立于 2002 年 12 月 13 日，注册地南昌高新技术开发区火炬大道 888 号，法人代表吕爱平，注册资本 8800 万元，本公司占其 40%股权。该投资事项详见公司 2002 年 12 月 25 日刊登在《上海证券报》上的"关于组建中药片剂制造技术国家工程中心进展情况的公告"。

（2）公司为拓展企业经营场所空间，保持厂区整体规划，拟投资 1500 万元在湾里新厂区临近区域购置土地 700 亩用于生产储备用地。

6、为促进公司信息化建设，根据二届十七次董事会决议，公司投资 2800 万元用于企业信息化系统技术改造，该项目为国家重点技术改造项目——第八批国债专项资金项目。截止报告期末，该项目尚在建设当中。

四、公司财务状况变动分析

单位：人民币元

项年	2002 年度	2001 年度	增减变动（%）
总资产	740,781,442.58	636,572,579.59	16.4%
长期负债	26,400,000.00	-	--
股东权益	549,698,986.61	520,860,547.36	5.5%
主营业务利润	376,463,556.14	132,904,703.42	183.3%
净利润	43,213,413.95	37,820,923.47	14.3%
现金及现金等价物净增加值	-99,121,851.94	36,650,394.24	-370.5%

变动原因：

1、总资产增加的原因是本年度经营规模扩大。

2、长期负债增加的原因是原江中制药厂国债专项资金项目转入本公司，同时该项目的专项补助资金也转入公司，该资金暂列入专项应付款科目。

3、股东权益增加的原因是 2002 年实现盈利，净利润增加。

4、主营业务利润增加的原因是公司主营业务收入增加。

5、现金及现金等价物净增加值大幅度减少的原因：

1）2002 年 1 月 15 日公司投资收购了江中医药贸易有限责任公司 51%股权及江中药业有限责任公司 15%的股权；

2）2002 年公司投入大量资金用于国债项目、国债配套项目及前次配股资金项目建设。

五、公司新年度的经营计划

2003 年，公司继续以市场为导向，以强化管理为依托，切实贯彻目标责任制，力争促使企业经营规模再上一个台阶，具体来说主要有以下几个方面：在确保资金使用效率前提下加大市场投入，力争保持 2002 年的增长势头；推进以全面预算管理为基础的财务管理体系，节约运行成本；加强新产品的开发和新药申报，保证企业推陈出新，增强市场竞争力；建立与完善考核和激励体制、员工工作手册等，改善组织气氛和提升凝聚力；完善企业采购流程，节约采购成本；加快在建项目建设，争取早投产早见效。

六、董事会对股东大会决议的执行情况

报告期内，公司董事会根据《公司法》、《公司章程》以及有关法规的要求，认真执行报告期内 2001 年度股东大会及五次临时股东大会通过的决议及授权，决议具体内容参见"第六节股东大会情况简介"。

报告期内，公司董事会根据 2001 年度股东大会决议，于 2002 年 5 月 31 日顺利实施了 2001 年度利润分配方案，即公司以 2001 年末总股本 14611.2 万股为基数，每 10 股派送现金 1 元（含税），共计派发现金 14,611,200 元，剩余未分配利润 61,584,263.48 元结转下一年度，本次不进行资本公积金转增股本。本次分红派息股权登记日为 2002 年 5 月 23 日。

七、公司 2002 年利润分配预案

经广东恒信会计师事务所对公司财务报告进行审计，公司 2002 年度实现净利润 43,213,413.95 元，根据《公司章程》的规定，按 10%提取法定公积金、按 10%提取法定公益金，加上年度结转的未分配利润 59,424,809.55 元，2002 年度可供全体股东分配的利润为 107,217,841.26 元。本

次拟订的分配方案为：以 2001 年末公司总股本 14611.2 万股为基数，每 10 股派送现金 1 元（含税），共计派发现金 14,611,200 元，剩余未分配利润 92,606,641.26 元结转下一年度。该分配方案尚须提交年度股东大会审议。公司 2002 年度拟不进行资本公积金转增股本。

八、关于公司会计差错错更正说明

由于 2001 年度公司计提坏帐准备时帐龄分析有偏差，本报告期按会计差错更正的要求进行了追溯调整，调整明细如下：坏账准备（应收账款）2,687,678.77 元，坏账准备（其他应收款）11,638.64 元，其中 2000 年末补提坏账准备（应收账款）276,421.64 元，2001 年补提坏账准备（应收账款）2,411,257.13 元，2001 年补提坏账准备（其他应收款）11,638.64 元。

上述差错更正调减 2000 年度净利润 276,421.64 元，调减 2001 年度净利润 2,422,895.77 元，2002 年年初留存收益 2,699,317.41 元。该项调整仅占公司净资产的 0.5%，对公司的财务盈利状况无重大影响。

第八节 监事会报告

一、报告期内监事会会议情况

2002 年监事会共召开了 10 次会议，会议情况如下：

1、公司二届九次监事会于 2002 年 1 月 16 日在公司会议室召开，全体监事出席会议，经审议通过以下决议：

1)审议通过《关于公司更名的议案》；
2)审议通过《关于抗生素生产线及其相关资产对外投资议案》；
3)审议通过《关于投资 1000 万元参股国盛证券有限责任公司的议案》；
4)审议通过《修改公司章程的议案》；
5)审议通过《股东大会议事规则》

会议决议公告刊登于 2001 年 3 月 15 日上海证券报上。

2、公司二届十次监事会于 2002 年 2 月 25 日在公司会议室召开，全体监事出席会议，经审议通过以下决议：

1)审议通过《公司 2001 年度监事会工作报告》；
2)审议通过《公司 2001 年度财务决算报告》；
3)审议通过《公司 2001 年报正文及其摘要》；
4)审议通过《公司 2001 年度利润分配预案》；
5)审议通过《公司 2002 年度预计利润分配政策及资本公积金转增股本议案》；
6)审议通过《关于计提资产减值准备及资产损失核销议案》；
7)审议通过《修订"董事会议事规则"的议案》；
8)审议通过《修订"监事会议事规则"的议案》；
9)审议通过《总经理工作细则》。

3、公司二届十一次监事会于 2002 年 3 月 21 日在公司会议室召开，全体监事出席了会议，经审议形成以下决议：

1)审议通过《公司内部机构设置方案》
2)审议通过《公司 2002 年经营计划》
3)审议通过《关于公司委托经营事项的议案》
4)审议通过《公司有偿使用"江中"商标的议案》；
5)审议通过《公司建立独立董事制度的议案》；
6)审议通过《关于公司独立董事报酬及董事、监事及高管人员津贴的议案》；
7)审议通过《公司薪酬制度方案》
8)审议通过《公司设立董事会战略发展委员会、提名委员会、审计委员会、薪酬与考核委员会的议案》；
9)审议通过《江中制药厂国债项目转入本公司的议案》；
10)审议通过《关于兴建企业培训中心》单身职工宿舍楼及其配套工程的议案》
11)审议通过《公司信息披露管理制度》；
12)审议通过《公司关联交易实施细则》；
13)审议通过《关于召开 2001 年度股东大会的议案》。

4、公司二届十二次监事会于 2002 年 4 月 28 日在公司会议室召开，全体监事出席了会议，经讨论审议通过了《公司 2002 年第一季度报告》。

5、公司二届十三次监事会于 2002 年 5 月 21 日在公司会议室召开，全体监事出席了会议，经讨论审议通过了以下决议：

1)审议通过了《关于公司聘请两名独立董事的议案》；
2)审议通过了《关于公司控股子公司江西东风药业股份有限公江中司资产租赁的议案》。

6、公司二届十四次监事会于 2002 年 6 月 3 日在公司会议室召开，全体监事出席了会议，经讨论审议通过了《关于公司收购四川天风证券有限责任公司 18%股权的议案》。

7、公司二届十五次监事会于 2002 年 6 月 18 日在公司会议室召开，全体监事出席了会议，经讨论审议通过如下决议：

1)审议通过了《关于公司建立现代企业制度自查报告的议案》；
2)审议通过了《关于公司 CIMS 信息系统建设项目的议案》。

8、江西江中药业股份有限公司二届十六次监事会于 2002 年 8 月 2 日在公司会议室召开，会议应到监事 3 人，实到 3 人，出席监事列席了同日召开的董事会会议，并监督了该次会议的全过程。会议由监事会主席陈富香女士主持，经审议通过以下议案：

1)审议通过了《公司 2002 年半年度报告》；
2)审议通过了《关于确定公司董事会专门委员会委员人选的议案》；
3)审议通过了《关于共同组建中药片剂制造技术国家工程中心的议案》；
4)审议通过了《关于江中制药厂国债配套项目转入本公司的议案》；
5)审议通过了《关于在湾里购置 700 亩工业用地的议案》。

9、公司二届十七次监事会于 2002 年 10 月 22 日在公司会议室召开，全体监事出席了会议，经审议通过以下议案：

1)审议通过了《公司 2002 年第三季度报告》；
2)审议通过了《关于湾里厂区新建生产管理楼的议案》；
3)审议通过了《关于湾里新厂制剂楼外挂干墙的议案》；
4)审议通过了《关于引进两台包衣机、一条铝塑包装生产线的议案》；
5)审议通过了《关于本届监事会换届改选的议案》；

10、公司第三届第一次监事会会议于 2002 年 11 月 23 日在公司会议室召开，全体监事出席了会议，会议讨论了选举本届监事会新的监事会主席的有关事项，全体一致通过选举陈富香女士为本届监事会主席。

二、2002 年，公司监事会按照《公司法》和公司章程赋予的职责，围绕股东大会通过的各项决议，本着对公司全体股东认真负责的态度，较好的发挥了监督检查作用。公司监事除列席董事会会议、参与公司重大决策外，在检查公司财务、监督公司高级管理人员履行职务等方面，认真地履行了监事会职权，在公司的规范化运作方面起到了积极作用。监事会对公司 2002 年的工作发表如下独立意见：

1、报告期内，公司依照《公司法》、《证券法》、《公司章程》及其它有关法律、法规的规定规范运作，公司决策程序合法，建立了较完善的内部控制制度，公司董事、经理及其他高级管理人员能尽职尽责，认真执行董事会和股东大会的决议，监事会认为公司依法运作，上述人员不存在违反法律、法规、公司章程及损害公司利益的行为。

2、报告期内，公司财务状况良好，财务管理规范，公司监事会对公司的财务结构和财务状况进行了认真、细致的检查，认为公司 2002 年度财务报告客观公正真实地反映了公司的财务状况和经营成果，广东恒信德律会计师事务所对公司 2002 年的财务报告出具的标准无保留意见的审计报告是客观公正的。

3、报告期内，公司加快了前次募集资金的使用，基本按照承诺项目投入，其项目进度滞后是受客观素影响，期间公司未擅自将募集资金挪作他用。公司从提高资金使用效率，维护股东利益的角度出发，提出了"变更部分募集资金的议案"，变更议案于 2002 年 1 月 12 日经临时股东大会审议通过后执行，变更程序合法。

4、报告期内，监事会对公司几个资产购并项目实施了监督，认为所涉及的资产交易价格合理，未发现内幕交易，未损害股东权益和造成公司资产流失。

5、报告期内，监事会对关联交易进行了认真审核，认为公司关联交易行为遵循自愿、合理、公平、诚信的原则，未出现损害公司利益的行为。

第九节 重要事项

一、本报告期内公司无重大诉讼、仲裁事项。

二、收购及出售资产、吸收合并事项

1、根据本公司第二届董事会第十次会议决议、2002 年第一次临时股东大会决议，2002 年 1 月 15 日公司以自有资金 3515.89 万元收购江西江中制药(集团)有限责任公司持有的江西江中医药贸易有限责任公司 51%股权。本次收购行为实施后，将进一步完善公司的产、供、销体系，减少关联交易，有利于公司长远发展，符合全体股东根本利益。

2、根据本公司第二届董事会第十次会议决议、2002 年第一次临时股东大会决议，2002 年 1 月 15 日公司变更募集资金 3742 万元，其中用 3277.09 万元收购江西江中药业有限责任公司 15%股权，用 464.91 万元补充公司流动资金。该项股权收购一方面有利于公司提高募集资金使用效率，另一方面有利于调整主营业务结构，提高盈利能力。本次股权收购完成后，公司将江中药业有限责任公司予以合并注销，促进了公司主营业务结构的调整，优化配置公司资源，有助于提高公司在医药行业的竞争能力。

三、重大关联交易事项

1、2002 年 1 月 15 日公司以自有资金 3515.89 万元收购江西江中制药(集团)有限责任公司(公司最大股东)持有的江西江中医药贸易有限责任公司 51%股权。本次交易为关联交易。

江中医贸成立于 2000 年 1 月 5 日，系由江中集团和江西省医药国有资产经营公司共同出资创办，公司注册资本为 7000 万元，江中集团出资 6980 万元，占公司 99.7%的股权，营公司出资不变仍为 20 万元，占公司 0.3%的股权。截止 2001 年 9 月 30 日，江中医贸帐面资产总额为 13414.11 万元，负债总额为 6587.39 万元，净资产为 6826.72 万元。根据天津中联有限责任会计师事务所对江中医贸进行资产评估并出具的"中联评估资字(2001)第 031 号评估报告书"，江中医贸经评估后的总资产为 13488.36 万元，总负债 6594.45 万元，净资产 6893.91 万元。本次交易评估后的公司净资产为定价依据，按照收购江中医贸 51%股权计算的股权转让款为 3515.89 万元。

2、2002 年 1 月 15 日公司变更募集资金 3742 万元，其中用 3277.09 万元收购江西江中药业有限责任公司职工持股会持有的江中药业公司 15%股权，该交易属关联交易。

江西江中药业有限责任公司成立于 2000 年 1 月 20 日，注册资本为 12340 万元，系由本公司与持股会共同出资设立，其中本公司占有江中药业公司股权的 85%，持股会占公司股权的 15%。公司注册地址江西省南昌市福州路 347 号，法人代表钟虹光。

截止 2001 年 9 月 30 日，江中药业帐面资产总额为 24547.61 万元，负债总额为 5952.03 万元，净资产为 18595.59 万元。根据广东恒信德律会计师事务所对江中药业 2001 年 9 月 30 日的会计报表进行审计，并出具(2001)恒德赣审字 139 号审计报告，公司总资产为 24559.49 万元，负债总额为 5561.86 万元，净资产为 18997.63 万元。本次交易按公司报表净资产审计数为定价基数，对应江中药业 15%股权的净资产数额为 2849.64 万元。鉴于持股会转让股权后将放弃江中药业从审计时点到交割时点期间的资产收益，为了在保证本公司股东利益同时兼顾持股会利益，本次收购定价政策为在经审计净资产数的基础上溢价 15%，最终确定本次交易价格为 3277.09 万元。

2002 年 2 月 25 日，公司名称变更为"江西江中药业股份有限公司"，证券简称自 3 月 6 日起变更为"江中药业"。

四、重大合同及其履行情况

1、报告期内公司未有托管、承包、租赁其他公司资产或其他公司托管、承包、租赁上市公司资产为上市公司带来的利润达到上市公司当年利润总额的 10%以上(含 10%)的事项。

2、报告期内公司没有发生重大担保事项。

3、报告期内公司没有发生重大委托理财事项。

4、报告期内公司无其他重大合同。

五、承诺事项

报告期内公司或持有公司股份 5%以上(含 5%)的股东没有发生或以前期间发生但持续到报告期的对公司经营成果、财务状况可能产生重要影响的承诺事项。

六、聘请会计师事务所的情况

经公司 2001 年度股东大会决议，公司 2002 年度继续聘请广东恒信德律会计师事务所为年报审计机构，年审计费用是 30 万元，该会计师事务所已经连续四年为公司提供审计服务。

七、报告期内，没有发生公司、公司董事会及董事受中国证监会稽查、中国证监会行政处罚、通报批评、证券交易所公开谴责的情形。

八、其他重大事项

1、经公司二届十三次董事会决议及 2001 年度股东大会决议，公司以 2002 年 5 月 31 日为交接时点，与江中制药厂就其国债项目进行交接，该项目累计投资总额为 31,597,682.98 元(其中筹资费用为 1,846,868.62 元)，有关具体事项的公告刊登在 2002 年 6 月 20 日的《上海证券报》上。

2、根据第二届董事会第十一次会议决议、2002 年第二次临时股东大会决议，公司对外投资设立"江西东风药业股份有限公司"。本公司出资 1.16 亿元，占其 96.68%股权。有关具体事项的公告刊登在 2002 年 5 月 23 日的《上海证券报》上。

3、2002 年 9 月 6 日，根据二届十八次董事会决议及第四次临时股东大会决议，公司将江中制药厂投资建设的国债配套项目转入本公司，转入项目总金额为 3161.2 万元。有关具体事项刊登在 2002 年 10 月 24 日的《上海证券报》上。

4、根据二届董事会十八次会议决议及 2002 年第四次临时股东大会决议，公司对外投资组建了江西本草天工科技有限责任公司(中药片剂制剂技术国家工程中心)。该公司成立于 2002 年 12 月 13 日，注册资本 8800 万元，本公司占其 40%股权。有关具体事项的公告刊登在 2002 年 12 月 26 日的《上海证券报》上。

第十节 财务报告

一、审计报告

(22000033)恒德赣审字 021 号

江西江中药业股份有限公司全体股东：

我们接受委托，审计了贵公司 2002 年 12 月 31 日资产负债表和合并资产负债表、2002 年度利润表及利润分配表和合并利润表及利润分配表、2002 年度现金流量表和合并现金流量表。这些会计报表由贵公司负责，我们的责任是对这些会计报表发表审计意见。我们的审计是依据中国注册会计师独立审计准则进行的。在审计过程中，我们结合贵公司实际情况，实施了包括抽查会计记录等我们认为必要的审计程序。

我们认为，上述会计报表符合《企业会计准则》和《企业会计制度》的有关规定，在所有重大方面公允地反映了贵公司 2002 年 12 月 31 日的财务状况及 2002 年度经营成果以及 2002 年度的现金流量情况，会计处理方法的选用遵循了一贯性原则。

广东恒信德律会计师事务所有限公司　　　　中国注册会计师：周益平

赵翠英

二00三年三月十日

二、会计报表

合并资产负债表

2002年12月31日会企01表

编制单位:江西江中药业股份有限公司 单位:人民币元

资产	注释五	2002年12月31日 母公司	合并
流动资产:			
货币资金	1	109,360,157.09	190,211,292.66
短期投资		–	–
应收票据	2	–	8,509,162.00
应收股利		–	106,234.37
应收利息		–	–
应收帐款	3	99,504,716.68	78,746,085.03
其他应收款	4	49,732,465.92	41,200,474.97
预付帐款	5	7,325,673.35	12,054,238.09
应收补贴款		–	706,936.86
存货	6	37,683,433.90	81,682,045.32
待摊费用	7	105,225.40	959,111.82
一年内到期的长期债权投资		–	–
其他流动资产		–	–
流动资产合计		303,711,672.34	414,175,581.12
长期投资:			
长期股权投资	8	214,370,596.35	70,818,426.37
长期债权投资	9	600,000.00	600,000.00
长期投资合计		214,970,596.35	71,418,426.37
其中:合并价差		–	15,336,617.56
固定资产:			
固定资产原值	10	22,591,848.88	133,118,617.83
减:累计折旧		11,282,242.61	23,151,183.96
固定资产净值		11,309,606.27	109,967,433.87
减:固定资产减值准备		–	–
固定资产净额		11,309,606.27	109,967,433.87
工程物资	11	728,499.87	1,052,702.50
在建工程	12	125,913,618.85	134,007,465.03
固定资产清理		–	–
固定资产合计		137,951,724.99	245,027,601.40
无形资产及递延资产:			
无形资产	13	10,064,626.34	10,064,626.34
长期待摊费用	14	95,207.35	95,207.35
其他长期资产		–	–
无形资产及其他资产合计		10,159,833.69	10,159,833.69
递延税款:			
递延税款借项		–	–
资产总计		666,793,827.37	740,781,442.58
负债和股东权益	注释五	母公司	合并
流动负债:			
短期借款	15	50,000,000.00	59,500,000.00
应付票据	16	–	2,038,000.00
应付帐款	17	17,646,404.15	44,510,496.47
预收帐款	18	1,898,763.49	5,866,150.19
应付工资	19	–	1,172,277.29
应付福利费		-901,181.10	3,036,901.69
应付股利	20	14,611,200.00	14,611,200.00
应交税金	21	4,957,039.89	-4,105,753.78
其他应交款	22	96,222.76	195,652.67
其他应付款	23	837,486.12	4,160,675.05
预提费用	24	5,506,438.40	8,190,636.29
预计负债		–	–
一年内到期的长期负债		–	–
其他流动负债		–	–
流动负债合计		94,652,373.71	139,176,235.87
长期负债:			
长期借款		–	–
应付债券		–	–
长期应付款		–	–
专项应付款	25	26,400,000.00	26,400,000.00
其他长期负债		–	–
长期负债合计		26,400,000.00	26,400,000.00
递延税项:			
递延税款贷项		–	–
负债合计		121,052,373.71	165,576,235.87
少数股东权益			25,506,220.10
股东权益:			
股本	26	146,112,000.00	146,112,000.00
减:已归还投资		–	–
实收资本净额		146,112,000.00	146,112,000.00
资本公积	27	274,931,478.32	274,933,200.39
盈余公积	28	35,200,411.30	36,047,144.96
其中:公益金		17,600,205.65	18,023,572.48
未分配利润	29	89,497,564.04	92,606,641.26
股东权益合计		545,741,453.66	549,698,986.61
负债和股东权益合计		666,793,827.37	740,781,442.58

合并利润表及利润分配表

项目	2002年度 合并
一、主营业务收入	667,672,108.02
减:主营业务成本	284,941,692.91
主营业务税金及附加	6,266,858.97
二、主营业务利润(亏损以"一"号填列)	376,463,556.14
加:其他业务利润(亏损以"一"号填列)	395,505.94
减:营业费用	250,732,280.60
管理费用	52,516,963.67
财务费用	328,855.36
三、营业利润(亏损以"一"号填列)	73,280,962.45
加:投资收益(亏损以"一"号填列)	-1,521,363.33
补贴收入	–
营业外收入	104,873.32
减:营业外支出	2,545,805.59
四、利润总额(亏损以"一"号填列)	69,318,666.85
减:所得税	30,615,191.71
少数股东损益	-4,509,938.81
五、净利润(亏损以"一"号填列)	43,213,413.95
加:年初未分配利润	59,424,809.55
加:其他转入	–
六、可供分配的利润	102,638,223.50
减:提取法定盈余公积	-2,289,808.88
提取法定公益金	-2,289,808.88
七、可供股东分配的利润	107,217,841.26
减:应付优先股股利	–
提取任意盈余公积	–
应付普通股股利	14,611,200.00
转作股本的普通股股利	–
其他	–
八、未分配利润	92,606,641.26

合并现金流量表

项目	合并
一、经营活动产生的现金流量:	
销售商品、提供劳务收到的现金	835,046,921.04
收到的税费返还	706,936.86
收到的其他与经营活动有关的现金	263,904,655.28
现金流入小计	1,099,658,513.18
购买商品、接受劳务支付的现金	345,247,298.11
支付给职工以及为职工支付的现金	42,887,442.69
支付的各项税费	107,304,629.89
支付的其他与经营活动有关的现金	509,317,517.09
现金流出小计	1,004,756,887.78
经营活动产生的现金流量净额	94,901,625.40
二、投资活动产生的现金流量:	–
收回投资所收到的现金	–
取得投资收益所收到的现金	–
处置固定资产、无形资产和其他长期资产所收回的现金净额	-195.00
收到的其他与投资活动有关的现金	1,208,536.49
现金流入小计	1,208,341.49
购建固定资产、无形资产和其他长期资产所支付的现金	115,404,292.65
投资所支付的现金	90,794,090.17
支付的其他与投资活动有关的现金	–
现金流出小计	206,198,382.82
投资活动产生的现金流量净额	-204,990,041.33
三、筹资活动产生的现金流量:	–
吸收投资所收到的现金	3,000,000.00
借款所收到的现金	129,500,000.00
收到的其他与筹资活动有关的现金	26,400,000.00
现金流入小计	158,900,000.00
偿还债务所支付的现金	132,000,000.00
分配股利、利润或偿付利息所支付的现金	15,933,436.01
支付的其他与筹资活动有关的现金	–
现金流出小计	147,933,436.01
筹资活动产生的现金流量净额	10,966,563.99
四、汇率变动对现金的影响	–
五、现金及现金等价物净增加额	-99,121,851.94
1.将净利润调节为经营活动现金流量:	
净利润	43,213,413.95
加:少数股东收益	-4,509,938.81
计提的资产减值准备	426,994.05
固定资产折旧	20,195,991.14
无形资产摊销	984,372.03
长期待摊费用摊销	49,673.40
待摊费用的减少(减:增加)	-35,940.92
预提费用的增加(减:减少)	4,844,395.68
处置固定资产、无形资产和其他长期投资的损失(减:收益)	772,855.67
固定资产报废损失	–
财务费用	113,699.52
投资损失(减:收益)	1,521,363.33
递延税款贷项(减:借项)	–
存货的减少(减:增加)	-26,914,717.39
经营性应收项目的减少(减:增加)	113,268,236.39
经营性应付项目的增加(减:减少)	-59,028,772.64
其他	–
经营活动产生的现金流量净额	94,901,625.40
2.不涉及现金收支的投资和筹资活动:	–
债务转为资本	–
一年内到期的可转换公司债券	–
融资租入固定资产	–
3.现金及现金等价物净增加情况:	–
现金的期末余额	190,211,292.66
减:现金的期初余额	289,333,144.60
加:现金等价物的期末余额	–
减:现金等价物的期初余额	–
现金及现金等价物净增加额	-99,121,851.94

山东鲁抗医药股份有限公司

山东鲁抗医药股份有限公司2002年年度报告

一、重要提示

本公司董事会及董事保证本报告所载资料不存在任何虚假记载、误导性陈述或者重大遗漏，并对其内容的真实性、准确性和完整性承担个别及连带责任。公司董事长章建辉先生、财务总监刘敏女士、会计主管关玲女士声明：保证年度报告中财务报告的真实、完整。

本公司董事徐志贤先生未能出席本次董事会，委托董事李建先生行使表决权。

二、公司基本情况简介

(一)公司法定中文名称：山东鲁抗医药股份有限公司

公司法定英文名称：SHANDONG LUKANG PHARMACEUTICAL CO.,LTD.

公司英文名称缩写：LKPC

(二)公司股票上市交易所：上海证券交易所

公司股票简称：鲁抗医药

公司股票代码：600789

(三)公司注册地址：山东省济宁市太白楼西路173号

公司办公地址：山东省济宁市太白楼西路173号

公司邮政编码：272021

公司国际互联网网址：Http://www.lkpc.com

公司电子信箱：zqb@lkpc.com

(四)公司法定代表人：章建辉先生

(五)公司董事会秘书：田立新先生

公司董事会证券事务代表：王德泉先生

联系地址 ：山东省济宁市太白楼西路173号

联系电话：(0537)2983174、2983097

联系传真：(0537)2983097

联系邮箱：wdq801@sina.com

(六)公司选定的信息披露报纸：《中国证券报》、《上海证券报》

刊登公司年度报告的中国证监会指定互联网网址：www.sse.com.cn

年度报告备置地点：公司董事会秘书处

(七)公司变更注册日：1998年10月28日

公司注册变更登记地点：济南市燕子山路、山东省工商行政管理局

公司企业法人营业执照注册号：3700001800975-1

公司企业税务登记号码：国税鲁字370800165929731号

公司企业税务登记号码：鲁地税济字370801165929731号

公司聘请的会计师事务所：山东乾聚有限责任会计师事务所

会计师事务所办公地址：山东省烟台市芝罘区胜利路2号

三、会计数据和业务数据摘要

(一) 主要财务数据和指标：

财务指标(单位:元)	2002年12月31日
利润总额	122,996,528.07
净利润	97,621,753.85
扣除非经常性损益后的净利润	83,853,721.37
主营业务利润	269,627,006.63
其它业务利润	2,665,590.13
营业利润	123,695,126.52
投资收益	240,240.92
补贴收入	0
营业外收支净额	-938,839.37
经营活动产生的现金流量净额	315,589,769.71
现金及现金等价物净增加额	-139,420,413.44

注：扣除的非经常性损益项目和涉及金额：

营业外收入：1,026,361.47 元；

营业外支出：1,965,200.84 元；

汇兑损益：-1,635,551.27 元；

国产设备投资抵免所得税额：13,301,235.57 元。

(二)最近3年的会计数据和财务指标(单位：元)

	2002年12月31日	2001年12月31日
主营业务收入	1,039,480,479.00	771,137,423.89
净利润	97,621,753.85	70,460,242.86
总资产	2,361,076,789.49	2,405,011,588.93
股东权益	1,259,357,235.16	1,161,735,481.31
每股收益(加权)	0.27	0.19
每股收益(摊薄)	0.27	0.19
每股净资产	3.45	3.18
调整后的每股净资产	3.44	3.17
每股经营活动产生的现金流量净额	0.87	0.74
净资产 摊薄	7.75	6.07
收益率 (%) 加权	8.06	6.10
加权平均净资产收益率(扣除非经常损益后)%	6.93	4.93

	2000年12月31日	
	调整后	调整前
主营业务收入	701,322,197.30	701,322,197.30
净利润	56,809,169.18	59,755,484.84
总资产	2,259,906,130.47	2,269,924,797.20
股东权益	1,120,455,575.25	1,130,474,241.98
每股收益(加权)	0.16	0.16
每股收益(摊薄)	0.16	0.16
每股净资产	3.07	3.10
调整后的每股净资产	3.02	3.05
每股经营活动产生的现金流量净额	0.061	0.061
净资产 摊薄	5.07	5.29
收益率 (%) 加权	5.03	5.29
加权平均净资产收益率(扣除非经常损益后)%	5.03	5.29

(三)报告期内股东权益变动情况：

项目	股本	资本公积	盈余公积
期初数	364754210	535918202.3712	7279183.24
本期增加	0	0	14643263.08
本期减少	0	0	0
期末数	364754210	535918202.3714	1922446.32
变动原因	无变化	无变化	本期提取

项目	法定公益金	未分配利润	股东权益合计
期初数	25957746.82	133783885.70	1161735481.31
本期增加	4881087.69	97621753.85	97621753.85
本期减少	0	14643263.08	0
期末数	30838834.51	216762376.47	1259357235.16
变动原因	本期提取	本期实现净利润	本期实现净利润

四、股本变动及股东情况

(一)股份变动情况表

(单位：元)

本次变动增减(+,-)

股份类别	本次变动前	配股	送股	公积金转增
未上市流通股份				
1、发起人股份				
其中：国有股份	142,997,400			
境内法人持有股份				
外资法人持有股份	63,658,870			
其他				
2、募集法人股份				
3、内部职工股				
4、优先股及其他				
其中：转配股				
未上市流通股份合计	206,656,270			
已上市流通股份				
1、人民币普通股	158,097,940			
2、境内上市的外资股				
3、境外上市的外资股				
4、其它				
已上市流通股份合计	158,097,940			
股份总数	364,754,210			

	本次变动增减(+,-)		本次变动后
股份类别	增发	其它	小计
未上市流通股份			
1、发起人股份			142,997,400
其中：国有股份			
境内法人持有股份			63,658,870
外资法人持有股份			
其他			
2、募集法人股份			
3、内部职工股			
4、优先股及其他			
其中：转配股			206,656,270
未上市流通股份合计			
已上市流通股份			158,097,940
1、人民币普通股			
2、境内上市的外资股			
3、境外上市的外资股			
4、其它			158,097,940
已上市流通股份合计			364,754,210
股份总数			

(二)股票发行与上市情况

1、公司历年股票发行与上市情况

1997年1月23日，经中国证监会证监发字(1997)26、27 号文批准公司利用上交所交易系统，采用上网定价方式向社会公开发行A股8000万股普通股股份，发行价格6.3元/股。使公司总股本由21865万股增加到29865万股。1997年2月26日，经上交所上证上字(97)第007号文批准同意公司公开发行的8000万A股在上交所挂牌上市。

1998年5月29日，公司实施了"一九九七年度股东大会"审议通过的《公司1997年年度利润分配及公积金转增股本的分红方案》，即以1997年底总股本29865万股为基数，按10:1的比例，向股权登记日在册的本公司全体股东以资本公积金转增2986.50万股普通股股份，使公司总股本由29865万股增加到32851.50万股。其中：社会公众股东转增可流通部分800万股，于1998年5月29日除权除息日上市交易。

1998年8月24日至9月4日，经中国证监会证监上字(1998)96号文批准，公司通过上交所网上交易系统，向股权登记日在册的本公司全体股东按10:1.818的比例进行增资配股，配股价为每股人民币5.00元。其中：国家股股东以现金认购1191.645万股，其余部分予以放弃；法人(外资)股股东配股权全部予以放弃；内部职工股股东以现金认购832.276万股；社会公众股股东以现金认购1600万股；共配售了3623.921万股普通股股份，配股结束后，公司总股本由32851.50万股增加到36475.421万股。社会公众股东获配的1600万股可流通部分，于1998年10月7日上市交易。

2、本报告期内，公司没有发生因送股、转增股本、配股、增发新股、吸收合并、可转换公司债券转股、减资、内部职工股或公司职工股上市或其他原因引起的公司股份总数及结构的变动。

3、本公司内部职工股于1992年12月12日发行，发行价格1元/股，发行数量4161.38万股，经1998年送、配方案的实施增至5409.794万股。2000年1月26日，经上交所核准同意公司内部职工股在上海证券交易所上市流通，使公司流通股份由10400万股增至15809.794万股。(其中本公司董事、监事及高级管理人员所持的13.208万股股份已被中国证券登记结算有限责任公司上海分

公司锁定）。

（三）股东情况

1、报告期末股东总数为90095户。

2、截止2002年12月31日，公司前十名股东持股情况如下：

序号	股东名称	年末持股数量(股)	持股比例(%)
1	山东鲁抗医药集团有限公司(国家股)	142997400	39.20
2	中国置业(控股)有限公司(境外法人)	63658870	17.45
3	国投兴业	1300000	0.36
4	中关村	1210211	0.33
5	天华基金	984322	0.27
6	兴和基金	598775	0.16
7	陈人墩	593800	0.16
8	裕阳基金	507575	0.14
9	姚文娟	312990	0.09
10	王莲英	312000	0.09

序号	股东名称	增减数(+,-)	股份类别
1	山东鲁抗医药集团有限公司(国家股?	0	未上市流通股份
2	中国置业(控股)有限公司(境外法人)	0	未上市流通股份
3	国投兴业	-31480	已上市流通股份
4	中关村	1210211	已上市流通股份
5	天华基金	984322	已上市流通股份
6	兴和基金	392281	已上市流通股份
7	陈人墩	593800	已上市流通股份
8	裕阳基金	507575	已上市流通股份
9	姚文娟	312990	已上市流通股份
10	王莲英	312000	已上市流通股份

3、公司主要股东情况：

(1)山东鲁抗医药集团有限公司为本公司第一大股东，截止2002年12月31日，持有本公司14299.740万股普通股股份(国家股)，占公司总股本的39.20%，报告期内所持股份无增减变动，没有发生所持股份质押和冻结情况；是本公司的控股公司，同本公司之间存在关联关系。

山东鲁抗医药集团有限公司成立于1994年3月30日，1999年8月30日改制为国有独资公司，公司法定代表人为章建辉先生，注册资本额为19399万元人民币，国家股占公司股本总额的100%；目前经营范围是：生产、销售化学原料药及制剂、化工原辅料及中间体、兽药、医药包装品、化工产品、印刷品、纸制品、饲料、饮料、粮油制品的制造、销售；洗涤用品、橡胶制品、纺织品、服装的销售；医药技术的咨询、开发、质量监测；医药化工设备制作。

(2)中国置业(控股)有限公司为公司的第二大股东，截止2002年12月31日，持有本公司6365.887万股普通股股份(外资法人股)，占公司总股本的17.45%报告期内所持股份无增减变动，没有发生所持股份质押和冻结情况。

中国置业(控股)有限公司于1991年3月成立，是一家在香港特别行政区注册的投资公司，并于1992年4月在香港联合交易所上市，目前公司法定代表人为劳元一先生，法定股本总额为74，383，160股，第一上海投资有限公司为第一大股东，占25，162，866股，约33.83%；公司主要业务范围是投资中国钢铁、水泥、建材、基建、医药、塑胶、金融及科技等行业，重点放在资讯科技及生物科技行业的投资。

(3)报告期内公司控股股东无变更情况。

4、报告期内公司前十名股东之间不存在关联关系。

五、董事、监事、高级管理人员和员工情况

(一)董事、监事、高级管理人员基本情况

基本情况

职务	姓 名	性别	年龄	任期(年)
董事长	章建辉	男	57	2000-2003
副董事长	徐志贤	男	45	2000-2003
董事、总经理	林永彬	男	39	2000-2003
董事、常务副总经理	陈冠胜	男	35	2000-2003
董事、副总经理	李　建	男	47	2000-2003
董事	程　军	男	45	2000-2003
董事	刘振文	男	50	2000-2003
董事	童云从	男	53	2000-2003
董事	颜骏廷	男	39	2000-2003
独立董事	周喜良	男	63	2002-2003
独立董事	刘仲川	男	29	2002-2003
监事会主席	王海燕	男	52	2000-2003
监事会副主席	刘宪新	女	47	2002-2003
职工监事	宗传芳	男	52	2001-2003
董事会秘书	田立新	男	35	2000-2003
副总经理	廿士喜	男	51	2001-2003
副总经理	唐　健	男	36	2000-2003
副总经理	黄贤胜	男	36	2000-2003
财务总监	刘　敏	女	47	2000-2003

职务	姓 名	持股数量(股) 年初	年末
董事长	章建辉	13000	13000
副董事长	徐志贤	0	0
董事、总经理	林永彬	6500	6500
董事、常务副总经理	陈冠胜	3250	3250
董事、副总经理	李　建	0	0
董事	程　军	13000	13000
董事	刘振文	11000	11000
董事	童云从	2600	2600
董事	颜骏廷	7700	7700
独立董事	周喜良	5500	5500
独立董事	刘仲川	0	0
监事会主席	王海燕	12000	12000
监事会副主席	刘宪新	1000	1000
职工监事	宗传芳	2100	2100
董事会秘书	田立新	0	0
副总经理	廿士喜	1500	1500
副总经理	唐　健	1980	2280
副总经理	黄贤胜	550	550
财务总监	刘　敏	2600	2600

本报告期内，除公司副总经理唐健在期内增持本公司股票300股，所持股份由原1980股增至2280股外，公司其他董事、监事、高级管理人员所持有的本公司股份数量期初至期末没有发生变动情况。

其中，董事长章建辉在控股股东单位山东鲁抗医药集团有限公司任董事长，任职期间为1999年8月至今；副董事长徐志贤在股东单位中国置业(控股)有限公司任董事，任职期至今；董事刘振文在控股股东单位山东鲁抗医药集团有限公司任总经理，任职期间为2001年12月至今；董事程军、童云从分别在控股股东单位山东鲁抗医药集团有限公司任副总经理、总会计师，任职期间均为1999年8月至今。

监事会主席王海燕在控股股东单位山东鲁抗医药集团有限公司任工会主席。任职期间为1999年8月至今；监事会副主席刘宪新在控股股东单位山东鲁抗医药集团有限公司任纪委书记兼政工部部长，任职期间为1999年8月至今。

（二）董事、监事、高级管理人员年度报酬情况

1、董事、监事和高级管理人员报酬的决策程序、报酬确定依据

在本年度内公司高级管理人员实行年薪制，高级管理人员的工资福利待遇按照公司董事会通过的公司年薪制实施方案结合内部经济承包责任制完成情况执行。

不在公司领取报酬的董事、监事的报酬，由派出的股东方支付，公司不再单独(额外)为其提供工资、津贴、福利。

在公司领取报酬的董事、监事根据其在公司担任的相应行政职务获得劳动报酬，此外公司不再额外提供其他报酬和福利待遇。

2、现任董事、监事和高级管理人员的年度报酬总额183万元（税前），金额最高的前三名董事的报酬总额53万元(税前)，金额最高的前三名高级管理人员的报酬总额45万元(税前)。

3、公司现有两名独立董事，每人每年独立董事津贴标准为2.4万元(税后)。本报告期内实际执行7个月，每人每年共领取1.4677万元。

4、本年度董事、监事及高级管理人员在公司领取报酬的总额为111万元(税前)。其中：报酬15万元以上有1人，报酬10万元以上7人，4万元以上2人。

不在本公司领取报酬的董事、监事人员有：章建辉、徐志贤、刘振文、程军、童云从，王海燕、刘宪新，以上人员均在股东单位领取报酬、津贴。

（三）报告期内董事、监事、高管人员变动情况

1、在本报告期内，经公司2001年年度股东大会批准，公司董事田大文、任同申于2002年4月27日辞去公司董事的职务；同时经股东大会批准，周喜良、刘仲川于2002年4月27日受聘为公司的独立董事。

经公司2001年年度股东大会批准，公司监事会主席宋成业、监事于国友、胡建、戴惠萍于2002年4月27日辞去公司监事会主席或监事的职务；同时经股东大会批准同意，刘宪新于2002年4月27日增补为公司的监事。

2、经2002年4月27日召开的公司二OO一年年度股东大会审议通过的《关于公司调整监事会成员职数的议案》和本次股东大会通过的《关于修改公司章程部分条款的议案》中的要求，公司决定将监事会成员职数由5人调整为3人。由两位股东监事王海燕、刘宪新和一名职工监事宗传芳共同组成公司的三届监事会。

3、经2002年4月27日召开的公司三届八次监事会讨论审议，会议一致推举王海燕为公司监事会主席，刘宪新为监事会副主席。

（四)在职员工的数量、专业、教育、年龄及公司需承担费用的离退休职工人数。

1、截止2002年末，公司员工总数为:5076人，同期比增加494人。

其中：

按教育程度构成分类：

大专以上学历（含大专）	1455人，占总人数的29%
高中学历	1894人，占总人数的37%
其余	1727人，占总人数的34%
按专业构成分类	
生产人员	4343人，占总人数的85.6%
销售人员	339人，占总人数的6.7%
财务人员	88人，占总人数的1.7%
行管人员	306人，占总人数的6%
按年龄结构分类：	
35岁以下	3655人，占总人数的72%
35-45岁	962人，占总人数的19%
45岁以上	459人，占总人数的9%

2、本报告期内，公司员工实行全员劳动制，执行国家及地方有关法律、法规规定的职工劳保、福利、待业保险和养老退休制度。截止2002年12月31日，公司离退休职工人数合计为522人，其中需要公司承担医疗费用的离休人数合计为28人。

六、公司治理结构

(一)公司治理情况

1、本报告期内，公司严格按照中国证监会和济南证管办下发的《关于上市公司进行规范运作情况自查的通知》要求，组织董事、监事、高管人员认真学习了中国证监会证监发[2002]32号文件，并按照两部委《关于开展上市公司建立现代企业制度检查的通知》精神，针对《公司法》、《上市公司章程指引》和《上海证券交易所股票上市规则》等现行有关政策，对公司规范运作进行了自查；并在自查的基础上制定了相应的整改方案，填报了《上市公司自查答卷》，将《公司治理规范自查整改报告》上报省体改委和济南证管办，顺利完成了证监会布置要求开展的自查活动。

2、根据规范整改方案，公司进一步完善了与母公司五分开关系，经三届董事会第十一次会议审议通过，公司与控股母公司重新签订了《进出口代理协议》和《无偿受让山东鲁抗医药集团有限公司商标所有权的协议》，进一步规范了公司的代理进出口业务，确保公司拥有独立的商标使用权和独立完整的业务及自主经营的能力。

3、根据自查活动要求，公司又一次修订了《公司章程》、《董事会议事规则》、《监事会议事规则》、《总经理工作细则》；制订了公司的《募集资金管理办法》、《关联交易管理办法》和《信息披露管理办法》，使公司的法人治理在制度上又得到了进一步完善和提高。

4、按《上市公司治理准则》的要求，公司董事会组织成立了四个下设的专门委员会并编制了相应的四个工作细则即《董事会战略发展委员会工作细则》、《董事会审计委员会工作细则》、《董事会薪酬与考核委员会工作细则》、《董事会提名委员会工作细则》，建立健全了董事会组织架构。

5、严格按照股东大会规范意见的要求召集、召开股东大会，并在会场的选择上尽可能地让更多的股东能够参加股东大会，行使股东的表决权，积极保护股东的合法权益特别是中小股东的权益；关联交易公平合理，并对定价依据予以充分披露；控股股东行为规范，没有超越股东大会直接或间接干预公司的决策和经营活动；内部绩效评价激励约束机制公正、透明；债权人、职工、消费者等其他利益相关者的合法权益得到了充分的重视与保护。

6、公司董事会、监事会和内部机构能够独立运作；董事能够以认真负责的态度出席董事会和股东大会，积极参加有关培训；监事能够认真履行自己的职责，本着对股东负责的精神，对公司财务以及公司董事、公司经理和其他高级管理人员履行职责的合法合规性进行监督。

7、公司能够按照法律、法规和公司章程的规定，真实、准确、完整、及时地披露有关信息，并确保所有股东有平等的机会获得信息，能够按照有关规定，及时披露大股东或公司实际控制人的详细资料和股份的变化情况。并能及时做好服务接待股东的来访和咨询。

（二）独立董事履行职责情况

公司董事会根据中国证监会发布的《关于在上市公司建立独立董事制度的指导意见》的规定要求，于2002年3月15日三届十次董事会会议上提名通过了周喜良先生、刘仲川先生为公司独立董事候选人，并于2002年4月27日召开的公司2001年年度股东大会获得通过。

独立董事自任职以来,认真参加了上海证券交易所举办的独立董事培训班,并取得了相应的资格证书,全部参加了报告期内的董事会和股东大会,分别从财务、经营等方面对公司的关联交易以及其他方案作出了客观、公正的判断,发表了专业性意见,并出具了独立董事意见书。

七、股东大会情况简介

本报告期内,公司共召开两次股东大会:即公司2001年年度股东大会和2002年第一次临时股东大会。

(一)、股东大会的通知、召集、召开情况。

1、2002年3月15日公司三届董事会第十次会议决定于2002年4月27日在公司召开2001年年度股东大会并于2002年3月19日在《中国证券报》、《上海证券报》上刊登了大会召开的通知和审议事项。

2、2002年4月27日公司三届董事会第十一次会议决定于2002年5月31日在公司召开2002年第一次临时股东大会并于2002年4月30日在《中国证券报》、《上海证券报》上刊登了临时股东大会召开的通知和审议内容。

(二)股东大会通过或否决的决议,决议刊登的信息披露报纸及披露日期。

1、公司2001年年度股东大会

公司2001年年度股东大会于2002年4月27日在公司召开。公司董事长章建辉先生主持会议。出席会议的股东和股东委托代理人共计21人,所持股份合计208,695,356股,占公司有表决权总股份364,754,210股的57.22%,大会以记名投票的表决方式通过了以下议案:

(1)公司《2001年年度董事会工作报告》。

(2)公司《2001年年度监事会工作报告》。

(3)公司《2001年年度财务决算和2002年财务预算的报告》。

(4)公司《2001年年度利润分配议案》。

(5)《关于审议公司治理纲要的议案》。

(6)《关于公司高级管理人员实施年薪制的议案》。

(7)《关于修改公司章程部分条款的议案》。

(8)《关于田大文、任同申辞去公司董事职务的议案》。

(9)《关于公司聘任独立董事的议案》

(10)《关于公司独立董事津贴的议案》。

(11)《关于公司调整监事会成员职数的议案》。

(12)《关于宋成业、戴惠萍辞去公司监事职务的议案》。

(13)《关于增补刘宪新出任公司股东代表监事的议案》。

以上决议已于2002年4月30日在《中国证券报》、《上海证券报》上刊登公告。

2、公司2002年第一次临时股东大会

公司2002年第一次临时股东大会于2002年5月31日在公司召开,公司董事长章建辉先生主持会议。出席会议的股东和股东委托代理人共计15人,所持股份合计206,740,350股,占公司有表决权总股份364,754,210股的56.68%,大会以记名投票的表决方式通过了以下议案:

(1)《公司增发新股有效期延长12个月的议案》。

(2)《公司关于调减增发募集资金用于补充流动资金数量的议案》。

以上决议已于2002年6月1日在《中国证券报》、《上海证券报》上刊登公告。

(三)选举、更换公司董事、监事情况

(1)2002年4月27日经公司2001年年度股东大会审议通过,田大文、任同申两同志因工作变动辞去公司董事职务,同时并根据公司《公司关于建立独立董事制度的筹备意见》的规定聘任周喜良、刘仲川为公司独立董事。

(2)2002年4月27日经公司2001年年度股东大会审议通过,宋成业、戴惠萍因工作需要辞去监事职务,同时并通过刘宪新为公司新任的股东监事。

(3)2002年4月27日经公司2001年年度股东大会审议通过,于国友,胡建辞去职工代表监事,并根据公司一届二次职工代表大会的决议同意增补宗传芳为新的职工代表监事。

以上选举、更换公司董事、监事事项决议已于2002年4月30日在《中国证券报》、《上海证券报》上刊登公告。

八、董事会报告

(一)公司经营情况

1、公司所处行业以及行业地位

本公司行业归属抗生素类药品制造业,主营生物发酵及生物合成产品,是国家大型一类企业、512户国家重点企业、国内抗生素生产基地之一,特别是随着两大工程千吨青霉素和双加工程的投产,拉动了企业内部技术的全面升级,公司实现了由传统抗生素生产向半合抗深加工生产的成功跨越,形成了新的经济增长点,成为国内目前唯一同时拥有抗生素三大母核6-APA、7-ADCA、7-ACA生产技术的药业基地,被国家、省、市列为行业重点扶持发展的对象。

2、公司主营业务范围情况

目前公司主要生产经营人用抗生素、半合成抗生素、兽用农用抗生素、生物技术药品以及抗生素相关制剂、医药中间体、药用树脂、淀粉、葡萄糖等产品。主要品种:青霉素、链霉素、乙酰螺旋霉素、大观霉素、盐霉素、泰乐霉素以及氨苄青霉素、头孢氨苄、头孢唑啉、头孢拉啶等已形成规模优势;产品质量和环保治理分别通过国家ISO9001质量认证体系监督性复审和ISO14001环保认证;国内销售分布华东、华北、华南、东北、西北、西南等地区,并出口远销欧洲、北美洲和东南亚。

(二)公司经营状况总体分析

1、报告期公司经营状况分析

2002年是中国入世元年,公司积极抓住国内经济持续增长的发展机遇,认真贯彻落实董事会批准的年度计划,发扬与时俱进,奋力爬坡的精神,转变经营理念,加大半合抗原料药和医药中间体的销售,扩大动植物药品的出口;并注重高新技术的引进与消化,合理组织生产,保持生产秩序的稳定;通过强化目标成本管理,大力开展技术进步和技术攻关活动,推进一增两降工作的开展,使公司产品成本得到了较大下降,增强了产品的市场竞争力,实现了半合抗和抗生素产品的增产与稳产,取得了创新创效双丰收,完成了2002年全年的任务和目标。截止2002年12月31日,累计完成主营业务收入103,948.05万元,比上年同期增长34.8%,实现利润总额12,299.65万元,比上年同期增长50.01%,出口创汇实现3080万美元。

2、报告期公司主营业务收入、主营业务利润构成情况(按产品划分):

产品	主营业务收入	
	金额(万元)	所占比例(%)
抗生素原料药	14,851.80	14.29
半合成抗生素原料药	15,890.65	15.29
制剂药品	59,541.60	57.28
兽用抗生素	12,931.60	12.44
其他	732.38	0.70

产品	主营业务利润	
	金额(万元)	所占比例(%)
抗生素原料药	4,598.30	17.05
半合成抗生素原料药	3,149.54	11.68
制剂药品	7,142.05	63.58
兽用抗生素	1,709.25	6.34
其他	363.56	1.35

3、报告期公司主要产品销售收入、销售成本、毛利率(按占收入10%划分):

产品	销售收入(万元)	销售成本(万元)	毛利率(%)	行业类属
抗生素原料药	14,851.80	10127.46	31.81	人用药品
半合成抗生素原料药	15,890.65	12604.97	20.68	人用药品
制剂药品	59,541.60	41901.44	29.63	人用药品
兽用抗生素	12,931.60	11107.96	14.10	兽用药品
其他	732.38	430.27	41.25	化工原料

分布地区	销售收入(万元)	销售比例(%)
省内	41595	40.01
省外	40559	39.02
出口	21794	20.97

5、报告期公司主营业务结构、盈利能力的主要变化及增减变化因素:

报告期内,公司主营业务结构、盈利能力的突出变化特点,主要体现在公司实现了生产、销售、效益同比大幅增长的局面,其中增加的主要因素是:

(1)销售市场的拓宽,有效的提高了产销率,夯实了全年业绩的基础。

(2)九五重点项目进入了收获期,增加了产品产量,扩产改造提高了生产能力,青霉素系列产品、6-APA产品链、7-ACA产品链的销售收入,同比分别增长了31%、22%和40%。

(3)技术进步使产品的技经指标得到大幅地提高,成本下降率达14.76%,提高了市场竞争力。

(4)国际市场需求的增大,原料药和中间体出口量的增加,以及价格的稳定走势加大了如青霉素工业钾盐、大观霉素及兽用抗生素的销量。新产品头孢地嗪的投产也增加了主营业务的利润。

(5)开展营销方式创新和严格执行资信控制等管理工作,加快了营运资金的周转,减轻了财务资金的压力,有效地降低了经营中的风险,毛利率完成与去年同期比增加2.5个百分点,改善了公司主营业务的结构,提高了产品的盈利能力。

(三)公司参股公司报告期内的经营情况及业绩:

本报告期内公司参股的主要公司为:山东省资产管理有限公司,该公司是经山东省人民政府批准于一九九六年九月在山东省工商管理局注册成立的有限责任公司,该公司注册地址为山东省济南市千佛山东二路11号,现注册资本为26000万元人民币,本公司出资参股持有该公司4420万股股份,占其总股本数额的17%,为其第一大股东。该公司经营业务范围包括:企业资产、股权及基金的委托经营及管理,企业的购并重组、投资管理、财务顾问、股份制改造、咨询服务业务,拥有齐鲁国际招标公司、山东省博彩有限公司两个全资子公司,还是天同证券有限公司、齐鲁期货经纪公司、山东省环保产业股份有限公司、山东证券登记有限公司的大股东。2002年末,该公司的资产总额为52060.72万元,股东权益为33604.28万元,每股净资产1.29元,实现利润总额132.80万元(未经审计)。

(四)报告期公司主要供应商、客户情况:

本年度,公司对前五名客户销售额合计为33403.73万元,占年度公司销售总额的32.14%。

本年度,公司对前五名供应商采购金额合计为18847万元,占年度公司采购总额的31.25%。

(五)报告期公司在生产经营中出现的问题与困难及解决方案

1、本年度公司生产经营与国家医药行业整体情况基本保持一致,继续朝着稳中有升的态势发展,但生产经营工作也存在许多突出问题。主要是:(1)药品市场竞争激烈,制剂产品招标、投标中,药品降价竞争继续存在;(2)市场开拓能力不及民营企业和外资企业;(3)国家税收政策的调整,水资源利用政策的调整对公司的效益影响较大。

2、针对以上问题,我们下一步将采取以下解决措施:(1)继续抓好一增两降和技术进步降成本工作的开展,充分发挥技术优势,积极挖掘生产潜力。(2)利用公司质量、信誉和品牌优势,提高经营档次,做好招投标工作,严格控制支出。(3)坚持营销制度创新,加大市场开拓力度,培养团队精神,减少企业经营风险。

(六)报告期公司对外投资的情况:

1、本报告期末,公司的股权投资余额为4871.08万元,比上年减少35万元,减少幅度为0.713%。其中投资:

被投资的公司名称	主要经营活动	期末投资金额(元)
中联广深医药股份公司	医药商业	262,788
交通银行 金融信贷		2,340,000
山东省资产管理有限公司	股权、投资、理财	45,208,000
陕西鲁康医药有限公司	医药商业	900,000

被投资的公司名称	占被投资公司权益的比例(%)
中联广深医药股份公司	0.24
交通银行 金融信贷	0.01
山东省资产管理有限公司	17.00
陕西鲁康医药有限公司	32.16

注:投资陕西鲁康医药有限公司的有关事项见审计报告附注长期投资说明。

2、本报告期内,公司无募集资金使用或报告期之前募集资金的使用延续到本报告期内的情况。

4、本报告期内,公司非募集资金的重大项目,投资金额合计达19995万元,主要用于对公司原有产品的扩产与改造。其中主要有:

(1)头孢类抗生素及中间体技术改造项目,已投资12498万元,完成建设进度90%;

(2)青霉素扩产项目,投资2275万元,已建成投产;

(3)西区冷冻扩产项目,投资800万元,已建成,保证了夏季用冷增加的需要;

(4)乙酰螺旋霉素GMP改造项目,投资500万元,已完成;

(七)报告期公司的财务状况分析:

1、报告期内公司财务指标分析

财务指标	2002年(万元)	2001年(万元)	同比(%)
资产总额	236,107.68	240,501.16	-1.83
流动资产	68529.23	82714.90	-17.15
负债总额	110122.42	121811.01	-9.60
长期负债	43107.89	53760.92	-19.82
股东权益	125935.72	116173.55	8.40
主营业务利润	26962.70	18126.26	48.75
净利润	9762.18	7046.02	38.55
现金及现金等价物净增加额	-13942.04	-3031.64	-359.88

2、报告期内公司总资产、长期负债、股东权益、主营业务利润、净利润比上年增减变动的主要原因。

(1)本年度末公司总资产为236107.68万元,比上年减少4393.48万元,同比减少1.83%,主要原因为货币资金期内归还1999年发行的企业重点建设债券和日本输银贷款等所致。

(2)本年度末公司长期负债为43107.89万元,比上年减少10653.03万元,同比减少19.82%,主要原因为一年内到期的长期借款转为流动负债所致。

(3)本年度末公司股东权益合计为125935.72万元,比上年增加9762.17万元,同比增加8.04%,主要原因是本年度利润增加所致。

(4)本年度末公司主营业务利润为26962.70万元,比上年增加8836.44万元,同比48.75%,主要原因为是公司产品整体销量增加、成本降低、毛利率提高所致。

(5)本年度公司净利润为9762.18万元,比上年增加2716.16万元,同比增加38.55%,主要原因为销售额增长,成本降低所致,国产设备投资抵免所得税1330.12万元也相应地增加了当期净利润。

(6)本年度公司现金及现金等价物净增加额为-13942.04万元,比上年减少10910.40万元,同比减少359.88%,主要原因为归还借款和固定资产投资所致。

(八)报告期内利润构成与变化

本年度内,公司利润构成与上年度比未有发生重大变化,主营业务实现的利润占利润总额构成的98.40%,为12102.95万元。

(九)生产经营环境、国家宏观政策以及法规发生变化给公司带来的影响:

2003年,加入WTO后各种影响将进一步凸现,市场尚有极大的不确定性。

(一)加入WTO后,我国化学制药行业原料药的比较优势已经开始发挥,中国已成为世界原料药的重要生产基地。公司作为国内抗生素原料药的生产基地之一,具有产量大、成本低、适合中国国情的优势。公司将进一步加大原料药和仿制药品的生产,提高外贸出口销售额占整个销售收入的比重,进一步增强本公司的出口创汇能力。

(二)2003年国家继续坚持扩大内需,实施积极的财政政策和稳健的货币政策,宏观经济总体继续向好。随着人口老龄化及人民生活水平的提高,国内药品消费将持续增长,尤其是国内农村卫生体制的改革会增加农村医药市场对普药的需求及OTC市场的规范,将为药品生产、流通企业带来新的商机,同时半合抗药品尤其是头孢类产品替代传统抗生素制剂品种的步伐进一步加快,已成为城市的用药主流,必将对半合抗的快速增长起到推动作用。

(三)医药流通体制和国家医疗体制改革继续深化,医疗保险制度、药品分类管理制度、医院与药房分开核算、医药企业结构调整、生产领域GMP认证、流通领域GSP认证等改革措施的到位,将使医药市场运作更为规范,有利于国内规范的大型医药企业的经营。

(四)国家对环境保护和生态农业、绿色食品的要求,会增加兽用、农用抗生素的市场需求。

(五)能源方面,水价会提高,煤炭价格预计将稳中有降,电力价格亦将有所下降。

(十)公司新年度的经营计划

面对国内外经济形势及医药行业的发展变化,结合公司当前的生产经营状况,公司确定2003年经营的总体思路是:全面树立市场竞争意识;围绕一增两降夯实基础管理,加大技术进步力度,加快新产品开发步伐,力争改革取得新突破。预计全年实现销售收入12.8亿元,同比增长22.38%。

(十一)董事会日常工作情况

1.董事会会议情况及决议内容

本报告期内,公司董事会在董事长的召集主持下,共召开了六次董事会会议即三届十次、二届十一次、三届十二次、三届十三次、三届十四次、三届十五次会议,主要工作分别审议通过了《公司2001年年度报告》和《公司2002年半年度报告》《公司2002年第一季度报告》、《公司2002年第三季度报告》和《公司2001年年度利润分配方案》以及修改公司章程、董事会议事规则、总经理工作细则等有关公司法人治理文件,并组织实施了公司2001年度分配方案。具体内容如下:

(1)、公司三届第十次董事会会议

公司三届董事会第十次会议于2002年3月15日在公司经营大楼804会议室召开,审议并通过以下决议:

一、《2001年年度董事会工作报告》

二、《2001年年度财务决算及2002年财务预算报告》

三、《2001年年度利润分配预案》

四、《2001年年度报告及摘要》

五、《2001年年度总经理业务工作的报告》

六、《关于审议〈公司治理纲要〉的议案》

七、《关于田大文、任同申辞去公司董事职务的议案》

八、《关于公司聘任独立董事的议案》

九、《关于公司高级管理人员实施年薪制的议案》

十、《关于公司独立董事津贴的议案》

十一、《关于公司通过规范运作自查情况的议案》

十二、《关于修改公司〈章程〉部分条款的议案》

十三、《关于召开公司2001年年度股东大会的议案》

(2)、公司三届第十一次董事会会议

公司三届第十一次董事会会议于2002年4月27日在公司经营大楼804会议室召开,会议由公司董事长章建辉先生主持,审议并通过了以下决议:

一、公司《2002年第一季度季度报告》;

二、公司《关于变更与山东鲁抗医药进出口公司〈进出口代理协议〉的议案》;

三、公司《关于无偿受让山东鲁抗医药集团有限公司商标所有权的议案》。

四、会议决定于2002年5月31日,召开公司2002年第一次临时股东大会。

(3)、公司三届第十二次董事会会议

公司三届第十二次董事会会议于2002年6月25日在公司经营大楼804会议室召开,会议经审议,采用举手表决的方式通过了《公司关于建立现代企业制度的自查报告》。

(4)、公司三届第十三次董事会会议

公司三届第十三次董事会会议于2002年8月8日在公司经营大楼804会议室召开,会议经审议,采用投票表决的方式通过了以下决议:

一、公司《2002年半年度报告》。

二、《公司总经理关于出资参股国药物流有限公司决定的议案》。

(5)、公司三届第十四次董事会会议

公司三届第十四次董事会会议于2002年10月18日在公司经营大楼804会议室召开,会议经审议,采用投票表决的方式通过了以下决议:

一、《公司2002年第三季度报告》;

二、《公司董事会议事规则》;

三、《公司总经理工作细则》;

四、《公司募集资金管理办法》;

五、《公司关联交易管理办法》

六、《公司信息披露管理办法》

七、《关于成立董事会战略发展委员会、薪酬与考核委员会、审计委员会、提名委员会的议案》

八、《公司董事会战略发展委员会工作细则》

九、《公司董事会薪酬与考核委员会工作细则》

十、《公司董事会审计委员会工作细则》

十一、《公司董事会提名委员会工作细则》

(6)、公司三届第十五次董事会会议

公司三届第十五次(临时)董事会会议于2002年12月10日在公司经营大楼804会议室召开,会议经审议,采用投票表决的方式通过了《关于调减公司增发新股数量的议案》的决议。

2.董事会对股东大会决议的执行情况:

本年度公司董事会共主持召开了两次股东大会即2001年年度股东大会和2002年临时股东大会,会议决议内容及会议执行情况如下:

(1)公司2001年度股东大会会议执行情况

公司于2002年4月27日,在公司经营大楼12楼会议室召开了公司2001年年度股东大会。大会经认真审议,以记名投票的表决方式通过了以下议案:

(一)公司《2001年年度董事会工作报告》;

(二)公司《2001年年度监事会工作报告》;

(三)公司《2001年年度财务决算和2002年财务预算的报告》;

(四)公司《2001年年度利润分配议案》;

(五)《关于审议公司治理纲要的议案》;

(六)《关于公司高级管理人员实施年薪制的议案》;

(七)《关于修改公司章程部分条款的议案》;

(八)《关于田大文、任同申辞去公司董事职务的议案》;

(九)《关于公司聘任独立董事的议案》;

(十)《关于公司独立董事津贴的议案》;

(十一)《关于公司调整监事会成员职数的议案》;

(十二)《关于宋成业、戴惠萍辞去公司监事职务的议案》;

(十三)《关于增补刘宪新出任公司股东代表监事的议案》。

北京中伦金通律师事务所刘凤良律师现场见证并出具了法律意见书,以上股东大会通过的决议事项,公司董事会按照既定计划在期内已全部完成实施。其中:以2001年末总股本为基数向全体股东每10股派发现金红利0.80元(含税),同时不进行资本公积金转增股本的《公司2001年年度利润分配议案》,经股东大会通过后,公司已委托中国证券登记结算公司上海公司,于2002年6月20日7月6日期间,通过上海证券交易所清算系统向公司流通股股东实施了派息。股权登记日为2002年6月28日,除权日为2002年7月1日,派息日为2002年7月5日,到帐日为7月6日,公司分红派息公告刊登在2002年6月25日的《中国证券报》、《上海证券报》上,顺利地完成了公司2001年度的分红派发事宜。

(2)公司2002年第一次临时股东大会会议执行情况

2002年5月31日在公司经营大楼12楼会议室召开了公司2002年第一次临时股东大会,大会经认真审议,以记名投票的表决方式通过了以下议案:

一、《公司增发新股有效期延长12个月的议案》;

二、《公司关于调减增发募集资金用于补充流动资金数量的议案》;

北京华堂律师事务所邱家宇律师现场见证并出具了法律意见书,公司董事会依照既定计划,在期内已按股东大会通过的决议完成本次增发新股材料的调整修改上报中国证监会。会议公告刊登在2002年5月31日的《中国证券报》、《上海证券报》上。

3.报告期内公司利润分配方案、公积金转增股本方案执行情况

以2001年末总股本为基数向全体股东每10股派发现金红利0.80元(含税),同时不进行资本公积金转增股本。公司2001年度利润分配方案,经2002年4月27日召开的公司2001年年度股东大会通过后,公司已委托中国证券中央登记结算公司上海分公司于2002年6月20日7月6日期间向公司流通股股东实施了派息。

4.报告期内增发新股方案的实施情况

(1)公司于2002年5月31日在公司召开了2002年第一次临时股东大会,对增发新股方案进行了调整,表决通过《公司增发新股有效期延长12个月的议案》和《公司关于调减增发募集资金用于补充流动资金数量的议案》,并依照既定计划在期内已按股东大会通过的决议完成本次增发新股材料的调整修改上报中国证监会,增发调整方案公告刊登在2002年5月31日的《中国证券报》、《上海证券报》上。

(2)公司于2002年12月10日在公司经营大楼804会议室召开三届十五次董事会,表决通过了公司对增发新股方案进行调整的议案,会议决定按照证监发[2002]55号《关于上市公司增发新股有关条件的通知》及起草说明的要求,根据公司2001年第一次临时股东大会授权董事会在该次股东大会通过的增发新股决议范围内全权办理公募增发A股有关事宜的决议,决定对公司公募增发数量进行适当调减,发行数量由原来的不超过6000万股调减为不超过4700万股。调整方案公告刊登在2002年12月11日的《中国证券报》、《上海证券报》上。

(3)经中国证券监督管理委员会的批准同意,公司于2002年12月11日,通过《中国证券报》和《上海证券报》刊登了公司增发新股4700万A股的招股说明书,决定采取网上网下累计投标询价的方式向公司股东和社会公众进行申购发行。增发详细情况刊登在2002年12月11日《中国证券报》、《上海证券报》上的《山东鲁抗医药股份有限公司2002年度增发招股意向书》。

(4)2002年12月16日公司董事会通过《中国证券报》、《上海证券报》向社会公众发布了山东鲁抗医药股份有限公司董事会关于暂缓实施增发的公告,由于目前尚有未尽事宜,经公司董事会讨论决定,本次增发暂缓实施,原定于2002年12月16日进行的股权登记也暂不进行,新的发行安排另行公告。

5.公司2002年年度利润分配预案

公司2002年度利润分配预案为:经山东乾聚有限责任会计师事务所审计,公司2002年实现利润总额122,996,528.07元,税后利润97,621,753.85元,提取10%的法定盈余公积金9,762,175.39元,提取5%法定公益金4,881,087.69元,加上上年未分配利润133,783,885.70元,本年度可供股东分配的利润为216,762,376.47元。公司董事会拟定2002年度利润暂不分配,同时不进行资本公积金转增股本。

2003年度利润分配政策:公司拟在2003年中期进行分配一次,年度结束后分配利润一次,公司下一年度净利润用于股利分配的比例约为50%左右。2003年度利润分配计划需由董事会提出预案,提交股东大会审议通过后实施。

6.公司选定信息披露的报纸与变更情况

本年度公司指定的信息披露报刊仍为:《中国证券报》和《上海证券报》。其它报刊信息和非本公司在指定报刊披露的公司信息其准确性、真实性和完整性本公司概不负责,敬请投资者注意。

九、监事会报告

1.公司监事会工作情况

2002年公司监事会依据《公司法》、公司《章程》认真履行了职责,密切关注公司的生产经营状况,参加董事会会议,检查公司的财务情况,对公司依法运作发表独立意见,维护了广大股东的利益。本报告期内共召开四次监事会会议,具体情况如下:

(1)公司三届监事会第八次会议

公司三届监事会第八次会议于2002年3月15日在公司经营大楼八楼会议室召开,会议应到监事5人,实到5人,会议由监事会主席宋成业主持,会议审议并通过了如下决议:

1.公司2001年年度监事会工作报告。

2.公司2001年年度报告及年度报告摘要。

3.公司2001年利润分配预案。

4.关于调整监事会成员职数的议案(由5人调整为3人,其中职工监事一人)

5.同意宋成业因工作需要辞去监事,监事会主席的议案。

6.同意戴惠萍因工作需要辞去监事职务的议案。

7.同意于国友,胡建辞去职工代表监事,增补宗传芳为新的职工代表监事的议案。

8.关于推荐刘宪新同志为股东代表监事的议案。

(2)公司三届监事会第九次会议

公司三届监事会第九次会议于2002年4月27日在公司经营大楼八楼会议室召开,会议应到监事3人,实到3人,会议由监事会副主席王海燕先生主持,会议审议并通过了如下决议:

1.选举王海燕先生为监事会主席,刘宪新女士为监事会副主席;

2.通过了公司《2002年第一季度季度报告》;

3.通过了《关于变更与山东鲁抗医药进出口公司〈进出口代理协议〉的议案》;

4.通过了公司《关于无偿受让山东鲁抗医药集团有限公司商标所有权的议案》。

(3)公司三届监事会第十次会议

公司三届监事会第十次会议于2002年8月8日在公司经营大楼823会议室召开,会议应到监事3人,实到3人,会议由监事会主席王海燕先生主持,会议经审议,采用举手表决的方式一致通过了以下决议:

一、公司《2002年半年度报告》

二、《公司总经理关于出资参股国药物流有限公司决定的议案》。

(4)公司三届监事会第十一次会议

公司三届监事会第十一次会议于2002年10月18日在公司经营大楼823会议室召开,会议应到监事3人,实到监事3人。会议由公司监事会主席王海燕先生主持,会议经审议,采用举手表决的方式一致通过了以下决议:

一、《公司2002年第三季度报告》;

二、《公司监事会议事规则》。

2、监事会对公司2002年年度有关事项的独立意见:

(1)2002年度,公司监事会全体成员列席了公司召开的所有董事会与股东大会,并根据有关法律法规,对董事会,股东大会的召开程序、决议事项和会议决议的执行情况,进行了监督,同时对公司各项重大经营决策进行了咨询和监督,对公司董事、经理执行职务的情况进行了监督。监事会认为,公司董事会能按照《公司法》、《证券法》、和《公司章程》的规定和国家相关的法律法规进行规范运作,严格执行股东大会的各项决议和授权,公司决策程序合法,建有规范和完善的内控管理制度,公司董事及经理等高级管理人员在执行公司职务时没有违反国家法律法规,公司章程或损害公司利益的行为。

(2)公司监事会对公司的财务状况进行了认真,细致的检查,公司全年度主营业务收入103,948.05万元,比上年同期增长34.80 %,实现利润总额12,299.65万元,净利润9,762.18万元,分别比上年同期增长50.01%、38.55 %;实现每股收益0.27元,经山东乾聚有限责任会计师事务所为公司出具了标准无保留意见的审计报告,监事会认为公司财务报告真实反映了公司的财务状况和经营成果。

(3)本年度内公司关联交易公平合理,没有损害上市公司利益的行为,其决策符合《公司法》和《公司章程》的有关规定。

十、重要事项

(一)报告期内,公司无重大诉讼、仲裁事项。

(二)报告期内,公司未发生收购及出售资产、吸收合并事项。

(三)报告期内,与关联各方重大关联交易(见财务报表附注)。

(四)报告期内,公司无托管、承包、租赁其他公司资产或其他公司托管、承包租赁本公司资产的事项。

(五)报告期内公司不存在委托理财事项。

(六)报告期内,山东乾聚有限责任会计师事务所继续为公司的财务审计单位。

(七)报告期内公司支付给山东乾聚有限责任会计师事务所2002年年度报告审计费为40万元人民币,公司不承担差旅费等其他费用。

(八)报告期内公司无重大合同担保事项。

(九)报告期内公司无对外承诺事项。

(十)本报告期内,公司无公积金转增股本方案的情况。

(十一)2002年8月8日三届董事会第十三次会议召开,经审议通过了《公司总经理关于出资参股国药物流有限公司决定的议案》。公司决定出资480万元人民币参股?国药物流有限责任公司?,占该公司注册资本的8%,该公司是由中国医药集团国药集团股份有限公司联合美国安维世远东有限公司、台北久裕企业股份有限公司、哈药集团制药总厂、华北制药股份有限公司、山东鲁抗医药股份有限公司和中国医药工业公司共同筹建的一家国内大型医药产品配送物流的经营性中外合资公司;主要经营范围包括:产品配送、仓库租赁、信息服务、增值服务、专用线发货及相关业务;注册资本总额为:6000万元人民币,其中:国药集团股份有限公司出资2760万元,占注册资本的46%,为第一大股东。其具体内容公司已刊登在2002年8月13日的《中国证券报》和《上海证券报》上。

(十二)2002年12月16日公司董事会发布公告,由于尚有未尽事宜,决定暂缓实施原定于2002年12月17日进行的新股增发,原定于12月16日的股权登记暂不进行,新的发行安排另行公告,公司生产经营情况一切正常。

(十三)报告期内公司没有变更股票简称及代码。

十一、财务报告

(一) 审计报告

审 计 报 告

山东鲁抗医药股份有限公司全体股东:

我们接受委托,审计了贵公司2002年12月31日的资产负债表及2002年度的利润表、利润分配表和现金流量表。这些会计报表由贵公司负责,我们的责任是对这些会计报表发表审计意见。我们的审计是依据《中国注册会计师独立审计准则》进行的。在审计过程中,我们结合贵公司的实际情况,实施了包括抽查会计记录等我们认为必要的审计程序。

我们认为,上述会计报表符合《企业会计准则》和《企业会计制度》的有关规定,在所有重大方面公允地反映了贵公司2002年12月31日的财务状况及2002年度的经营成果和现金流量情况,会计处理方法的选用遵循了一贯性原则。

山东乾聚有限责任会计师事务所　　中国注册会计师:于翠莲

二○○三年一月二十五日　　中国注册会计师:车　云

(二)财务报表

资产负债表

编制单位:山东鲁抗医药股份有限公司　　单位:元

资产	附注	2002年12月31日	2001年12月31日
流动资产:			
货币资金	1	66,579,291.97	205,999,705.41
短期投资			
应收票据	2	130,984,348.21	64,606,285.81
应收股利			
应收利息			
应收帐款	3	276,383,521.81	298,973,560.77
其他应收款	4	12,012,655.14	28,050,644.39
预付账款	5	14,873,620.93	25,105,547.88
应收补贴款			
存货	6	184,458,846.85	204,413,275.76
待摊费用			
一年内到期的长期债权投资			
其他流动资产			
流动资产合计		685,292,284.91	827,149,020.02
长期投资:			
长 期股权投资	7	48,710,788.00	47,810,788.00
长 期债权投资	7		1,250,000.00
长期投资合计		48,710,788.00	49,060,788.00
固定资产:			
固定资产原价	8	1,832,039,856.08	1,761,363,129.13
减:累计折旧	8	380,985,122.00	293,987,980.37
固定资产净值		1,451,054,734.08	1,467,375,148.76
减:固定资产减值准备	8	6,028,843.72	7,052,476.73
固定资产净额		1,445,025,890.36	1,460,322,672.03
工程物资	9	23,874,310.94	12,105,825.75
在建工程	10	144,683,466.92	46,187,149.72
固定资产清理			
固定资产合计		1,613,583,668.22	1,518,615,647.50
无形资产及其他资产:			
无形资产	11	13,490,048.36	10,186,133.41
长期待摊费用			
其他长期资产			
无形资产及其他资产合计		13,490,048.36	10,186,133.41
递延税项:			
递延税款借项			
资产总计		2,361,076,789.49	2,405,011,588.93

资产负债表

编制单位:山东鲁抗医药股份有限公司　　单位:元

负债和股东权益	附注	2002年12月31日	2001年12月31日
流动负债:			
短期借款	12	122,030,000.00	174,980,400.00
应付票据	13	8,554,110.00	14,215,000.00
应付账款	14	251,584,389.23	202,789,628.11
预收账款	15	12,930,930.99	5,848,473.05
应付工资	16	3,377,943.23	4,382,746.79
应付福利费		4,372,212.88	1,959,473.46
应付股利			29,180,336.80
应交税金	17	207,671.70	1,061,891.79
其他应交款	18	722,683.40	288,771.29
其他应付款	19	131,796,542.27	100,951,945.29
预提费用	20	8,401,067.02	8,579,995.49
预计负债			
一年内到期的长期负债	21	126,167,727.55	136,262,233.71
其他流动负债			
流动负债合计		670,145,278.27	680,500,895.78
长期负债:			
长期借款	22	431,078,870.52	537,609,170.67
应付债券			
长期应付款			
专项应付款			
住房周转金			
其他长期负债			
长期负债合计		431,078,870.52	537,609,170.67
递延税项:			
递延税款贷项			
负债合计		1,101,224,148.79	1,218,110,066.45
递延收益	23	495,405.54	25,166,041.17
股东权益:			
股本	24	364,754,210.00	364,754,210.00
减:已归还投资			
股本净额		364,754,210.00	364,754,210.00
资本公积	25	535,918,202.37	535,918,202.37
盈余公积	26	141,922,446.32	127,279,183.24
其中:法定公益金		30,838,834.51	25,957,746.82
未分配利润	27	216,762,376.47	133,783,885.70
股东权益合计		1,259,357,235.16	1,161,735,481.31
负债和股东权益合计		2,361,076,789.49	2,405,011,588.93

利润表

编制单位:山东鲁抗医药股份有限公司　　单位:人民币元

项目	附注	2002年度	2001年度
一、主营业务收入	28	1,039,480,479.00	771,137,423.89
减:主营业务成本	29	761,085,219.72	583,842,746.97
主营业务税金及附加	30	8,768,252.65	6,032,097.02
二、主营业务利润		269,627,006.63	181,262,579.90
加:其他业务利润		2,665,590.13	3,068,616.78
减:营业费用		41,481,754.76	35,219,577.87
管理费用		73,254,652.10	45,512,544.41
财务费用	31	33,861,063.38	26,187,037.21
三、营业利润		123,695,126.52	77,412,037.19
加:投资收益	32	240,240.92	5,100,975.92
补贴收入			
营业外收入		1,026,361.47	563,379.15
减:营业外支出		1,965,200.84	1,082,161.12
四、利润总额		122,996,528.07	81,994,231.14
减:所得税		25,374,774.22	11,533,988.28
五、净利润		97,621,753.85	70,460,242.86

利润分配表

编制单位:山东鲁抗医药股份有限公司　　单位:人民币元

项目	附注	2002年度	2001年度
一、净利润		97,621,753.85	70,460,242.86
加:年初未分配利润		133,783,885.70	103,073,016.07
其他转入			
二、可供分		6,960,751.61	663,330.49
其中:库存商品		2,857,419.32	189,700.00
原材料		4,103,332.29	473,630.49
四、长期投资减值准备合计			
其中:长期股权投资			
长期债权投资			
五、固定资产减值准备合计		7,052,476.73	
其中:房屋、建筑物		979,986.85	
机器设备		6,072,489.88	
六、无形资产减值准备			
其中:专利权			
商标权			
七、在建工程减值准备		2,750,000.00	313,048.88
八、委托贷款减值准备			

中海(海南)海盛船务股份有限公司

中海(海南)海盛船务股份有限公司2002年年度报告

一、公司基本情况简介

1.公司法定中文名称:中海(海南)海盛船务股份有限公司
公司法定英文名称:CHINA SHIPPING HAISHENG CO.,LTD.
2.公司法定代表人:王大雄
3.公司董事会秘书:胡小波
公司证券事务代表:刘柏成
联系地址:海南省海口市龙昆北路2号珠江广场帝豪大厦25层公司证券部
联系电话:0898-68583985、68583777-388、311
传真:0898-68581486
电子信箱:x.b.hu@hsshipping.163.com
b.c.liu@hsshipping.163.com
4.公司注册地址及公司办公地址:海南省海口市龙昆北路2号珠江广场帝豪大厦25层
邮政编码:570125
公司国际互联网网址:http://www.hsshipping com
公司电子信箱:security@hsshipping.com
5.公司选定的信息披露报纸名称:《中国证券报》、《上海证券报》
登载公司年度报告的中国证监会指定网站的网址:http:/www.sse.com.cn
公司年度报告备置地点:海南省海口市龙昆北路2号珠江广场帝豪大厦25层公司证券部
6.公司股票上市交易所:上海证券交易所
股票简称:中海海盛
股票代码:600896
7.其他有关资料
公司首次注册登记日:1993年4月2日
地点:海南省工商行政管理局
公司变更注册登记日:2002年5月27日
地点:海南省工商行政管理局
企业法人营业执照注册号:4600001002067
税务登记号码:460100284077535
公司聘请的会计师事务所:安永大华会计师事务所有限责任公司
办公地点:中国上海昆山路146号

二、会计数据和业务数据摘要

一、本年度主要会计数据 (单位:人民币元)

利润总额	75,714,674.20
净利润	55,187,575.94
扣除非经常性损益后的净利润	54,801,523.03
主营业务利润	51,445,642.31
其它业务利润	15,807,618.22
营业利润	35,810,702.55
投资收益	38,936,058.28
补贴收入	0
营业外收支净额	967,913.37
经营活动产生的现金流量净额	108,698,032.43
现金及现金等价物净增减额	33,449,744.98

注:扣除的非经常性损益项目和涉及金额

项目		金额
存货盘盈		6,135,630.00
营业外收支净额		967,913.37
投资收益	合并价差摊入	-5,651,958.95
所得税影响数		-1,065,531.51
合计		386,052.91

二、截止报告期末公司前三年主要会计数据和财务指标 (单位:人民币元)

指标项目	2002年	2001年 追溯调整后
主营业务收入	434,029,264.18	445,211,041.90
净利润	55,187,575.94	47,201,701.75
总资产	1,054,286,778.61	1,085,055,179.26
股东权益(不含少数股东权益)	816,372,111.97	792,760,679.48
每股收益(摊薄)	0.17	0.15
每股净资产	2.57	2.50
调整后的每股净资产	2.43	2.38
每股经营活动产生的现金流量净额	0.34	0.23
净资产收益率(摊簿)(%)	6.76	5.95

指标项目	2001年 追溯调整前	2000年
主营业务收入	467,624,608.39	428,660,912.09
净利润	48,268,832.35	66,721,502.55
总资产	1,071,600,257.14	1,107,277,081.41
股东权益(不含少数股东权益)	793,827,810.08	777,287,232.73
每股收益(摊薄)	0.15	0.21
每股净资产	2.50	2.45
调整后的每股净资产	2.38	2.35
每股经营活动产生的现金流量净额	0.23	0.42
净资产收益率(摊簿)(%)	6.08	8.58

三、股本变动及股东情况

一、股东情况介绍
1、报告期末公司股东总数为101960户。
2、公司前十名股东持股情况如下:

股东名称	持股数量(股)	占总股本比例(%)
1、中国海运(集团)总公司	122,925,000	38.74
2、海南省电力有限公司	10,500,000	3.31
3、海口港集团公司	10,500,000	3.31
4、秦皇岛港务局	6,000,000	1.89
5、八所港务总公司	2,250,000	0.71
6、上海裕海实业公司	1,050,000	0.33
7、海口兴华贸易公司	765,600	0.24
8、中国人民保险公司海口分公司	750,000	0.24
9、海南省海口岭南物资供运中心	750,000	0.24
10、海南省船舶引航公司	750,000	0.24

注:截止报告期末,持股5%以上的法人股东为中国海运(集团)总公司,所持股份在报告期内未发生变动,也未发生质押或冻结情况。

上海裕海实业公司是隶属于中国海运(集团)总公司的全资公司,双方有关联关系,其他股东之间无关联关系。

3、公司控股股东介绍

公司控股股东为中国海运(集团)总公司,法定代表人:李克麟;成立于1997年8月;注册资本:561739万元;主要经营业务:向国外提供海员、海务、港口技术服务和其他工程、生产技术人员及服务人员;代理进出口业务;沿海、远洋、国内江海直达货物运输、集装箱运输及揽货订舱、运输报关、多式联运、船舶租赁、船舶代理、国际货运代理、船舶物料、淡水供应、船用食品伙食供应、储运及船舶修造及拆船、船舶销售、房地产开发与经营等。本报告期内公司控股股东没有发生变更。

中国海运(集团)总公司直属国务院。

四、董事、监事、高级管理人员和员工情况

一、董事、监事、高级管理人员情况
1、基本情况

姓名	职务	性别	年龄	任期起止日期
王大雄	董事长	男	42	2002.4-2005.4
徐祖远	董事	男	50	2002.4-2005.4
燕明义	董事	男	57	2002.4-2005.4
王康田	董事	男	37	2002.4-2005.4
朱万顺	董事	男	59	2002.4-2005.4
李伟	董事	男	48	2002.4-2005.4
董咸德	董事	男	55	2002.4-2005.4
谭兵	独立董事	男	60	2002.4-2005.4
童光明	独立董事	男	41	2002.4-2005.4
寇来起	监事会主席	男	52	2002.4-2005.4
张云标	监事	男	41	2002.4-2005.4
梁钜华	监事	男	52	2002.4-2005.4
庄镇玩	监事	男	49	2002.4-2005.4
陈大维	职工监事	男	53	2002.4-2005.4
郑斌	职工监事	男	33	2002.4-2005.4
陈昌海	总经理	男	56	2002.4-2005.4
李全根	党委书记兼副总经理	男	52	2002.4-2005.4
赵汉顺	副总经理	男	43	2002.4-2005.4
赵英韬	副总经理	男	42	2002.4-2005.4
李明昌	副总经理	男	45	2002.4-2005.4
方楚南	总会计师	男	41	2002.4-2005.4
胡小波	董事会秘书	男	31	2002.4-2005.4

2、年度报酬情况

公司董事、监事报酬决策程序及决策依据:2002年度,公司董事、监事依据公司2002年度股东大会通过的《董事、监事津贴分配方案》的规定,按年领取固定津贴。

公司高级管理人员报酬决策程序及决策依据:按照公司2002年三届十四次董事会审议通过了《公司经理人员薪酬分配方案》规定,2002年度,以年初董事会制定的公司本部利润总额指标为考核标准,确定公司薪酬总额,当利润总额增减时,相应增减公司薪酬总额。公司薪酬总额确定后,公司高级管理人员及职工监事的年度报酬依据公司工资薪酬制度有关工资管理和等级标准的规定按月发放。

现任公司董事、监事和高级管理人员的年度报酬总额为173.6万元,金额最高的前三名董事的报酬总额为9.4万元,金额最高的前三名高级管理人员的报酬总额为56.6万元,每位独立董事津贴为每年2.8万元。

本年度报酬数额区间及人数如下:

报酬区间	人数
14.8-19.8万元	6
9.8-14.8万元	3
1.8- 9.8万元	13

公司所有董事、监事均在公司领取报酬。

3、报告期内离任董事、监事、高级管理人员姓名及离任原因

因任期届满,周松柏先生不再担任公司董事职务,杨大庆、梅安健先生不再担任公司监事职务。

公司四届一次董事会聘任新一届公司高级管理人员:聘陈昌海先生任公司总经理,李全根、赵汉顺、赵英韬、李明昌先生任副总经理,方楚南先生任总会计师,胡小波先生任董事会秘书。

二、公司员工情况

公司在职员工152人,其中大专以上学历100人,约占总人数65.8%;员工专业构成:生产人员26人,技术人员96人,财务人员21人,行政人员9人;需公司承担费用的离退休职工8人。

五、公司治理结构

一、公司治理情况

2002年,公司严格按照《公司法》、《证券法》等有关法律、法规的要求,不断完善公司的治理结构,对照《上市公司治理准则》,并结合中国证监会、国家经贸委发布的《关于开展上市公司建立现代企业制度检查的通知》,制定公司治理细则,开展认真的自查,从而促进公司规范运作,公司法人治理的实际情况符合《上市公司治理准则》的要求。

1、关于股东与股东大会：公司制定了《股东大会议事规则》，并严格按《规则》办事，公司股东大会的召开及表决程序合法，能保证所有股东，特别是中小股东，享有平等权利，承担相应义务，对法律、法规和公司《章程》规定的公司重大事件享有知情权和参与权，确保全体股东的利益。

2、关于控股股东和上市公司的关系：公司控股股东行为规范，没有利用其特殊地位超越股东大会干预公司的决策和经营活动，公司的重大决策在股东大会的授权范围内由董事会依法作出，其余由股东大会依法作出；公司与控股股东在业务、人员、资产、机构、财务方面做到"五分开"，关联交易公平合理；公司具有独立的业务及自主经营能力，董事会、监事会、内部机构能独立运作，建立了比较完善的内部控制制度。

3、关于董事与董事会：公司按照《章程》规定的董事选聘程序选举董事，实行了累计投票制度；董事会人数及人员构成符合有关法律法规的要求；公司制订了《董事会议事规则》、《总经理工作细则》等规范性文件，建立了独立董事制度，确保董事会高效运作和科学决策。公司董事能够按照法律、法规、公司《章程》的规定忠实、诚信、勤勉地履行自己的职责。

4、关于监事与监事会：公司监事会人数及人员构成符合有关法律法规的要求；公司制订了《监事会议事规则》；公司监事能够按照《公司法》和《公司章程》赋予的职责，认真履行自己的职责，本着向全体股东负责的精神对公司关联交易、经营决策及董事、高级管理人员履行职责的合法合规性进行监督。

5、关于绩效评价和激励约束机制：公司制订了《董事、监事津贴分配方案》、《公司经理人员薪酬分配方案》，以健全公司激励与约束相结合的运行机制，落实经营者责任，提高经营者积极性及公司效益。公司经理人员的聘任符合有关法律法规及公司章程的有关规定。

6、关于利益相关者：公司能够充分尊重和维护银行及其他债权人、职工、客户、供应商等利益相关者的合法权益，共同推进公司持续、健康的发展

7、关于信息披露和透明度：公司制订了《信息披露管理办法》，指定董事会秘书负责信息披露工作，接待股东来访与咨询，加强与股东联系；公司能够按照法律法规和《公司章程》的规定，真实、准确、及时、完整地披露有关信息并确保所有股东有平等的机会获得信息。

二、独立董事履行职责情况

公司建立了独立董事制度，并经股东大会选举产生了两位符合任职要求的独立董事；公司独立董事勤勉尽职，能积极出席公司董事会会议，认真参与公司重大事项的决策，并对关联交易发表了独立意见，依法有效的行使职权，维护了公司和全体股东的合法权益。

三、公司与控股股东在业务、人员、资产、机构、财务等方面的分开情况

1、在业务方面，公司具有独立完整的业务及自主经营能力；与控股股东分开经营；

2、在人员方面，公司在劳动、人事及工资管理等方面实行单独管理。公司高级管理人员均在公司领取报酬，与控股股东在人员方面分开；

3、在资产方面，公司拥有独立的资产，无公司资产被控股股东占有的情况；

4、在机构方面，公司设置独立的办事机构，独立运作，无与控股股东合署办公的情况；

5、在财务方面，公司设立独立的财务部门，建立独立的会计核算系统和财务管理制度，并独立在银行开设帐户。

四、公司高级管理人员的考评及激励机制

2002 年，公司三届十四次董事会通过了《公司经理人员薪酬分配方案》，建立了对公司高级管理人员的考评及激励机制。公司三届五次董事会根据年初确定的经营计划的完成情况对公司高级管理人员进行了考评。

六、股东大会情况简介

一、报告期内公司召开了一次股东大会。

公司董事会于 2002 年 3 月 19 日在《中国证券报》、《上海证券报》上以公告形式刊登了关于召开 2001 年度股东大会的通知，说明了会议召开的时间、地点、审议事项及其他有关事项。

公司 2001 年度股东大会于 2002 年 4 月 25 日在海口市龙昆北路 2 号珠江广场帝豪大厦 25 层公司会议室举行，会议由徐祖远董事主持，出席会议的股东和股东代表共 5 人，持有和代表股份 15217.5 万股，占公司总股本的 47.96%，符合《公司法》和公司《章程》的有关规定。本次会议以记名投票的表决方式，审议通过了以下事项：

1、审议并通过了公司 2001 年度董事会工作报告；

2、审议并通过了公司 2001 年度监事会工作报告；

3、审议并通过了公司 2001 年度财务决算报告及 2002 年度财务预算报告；

4、审议并通过了公司 2001 年度利润分配方案；

经大华会计师事务所有限公司审计，公司 2001 年度实现税后利润 48,268,832.35 元。根据公司《章程》有关规定，提取法定公积金 9,145,321.51 元，提取公益金 4,664,369.00 元，加上年初未分配利润 62,625,600.57 元，本年度可供股东分配的利润为 97,084,742.41 元。决定以 2001 年末总股本 317,282,550 股为基数，向全体股东每 10 股派发现金红利 1.00 元（含税），共派发股利 31,728,255.00 元，剩余利润 65,356,487.41 元转入下一年度。

5、审议并通过了公司关于董事会换届选举的议案；

本次股东大会选举董事采用的是累计投票制。

6、审议并通过了公司关于监事会换届选举的议案；

7、审议并通过了公司《董事、监事津贴分配方案》；

同意董事长年度津贴 3.8 万元，董事 2.8 万元，监事会主席 2.8 万元，监事 1.8 万元的津贴分配方案。

8、审议并通过了公司关于修改《章程》的议案；

9、审议并通过了公司《股东大会议事规则》；

10、审议并通过了公司《董事会议事规则》（修改稿）；

11、审议并通过了公司《监事会议事规则》；

12、审议并通过了公司关于续聘大华会计师事务所有限公司的议案；

继续聘请大华会计师事务所有限公司为公司的审计机构。

13、审议并通过了公司关于银行贷款及有关授权的议案；

(1)公司同一时间最高银行贷款总额为 3 亿元。（最高银行贷款总额可以循环使用，即发生贷款后即自总金额中扣除相应额度，贷款归还后额度即行恢复）。若公司需要超过 3 亿元以上的贷款，需另行按规定程序报请董事会、股东大会审议。

(2)授权董事长根据公司的实际情况在额度范围内自主决定贷款的时间、金额及期限。

(3)同意董事长在股东大会、董事会授权的权限内授权总经理办理银行贷款的有关事宜并签署有关贷款的文件。

本次股东大会经海南乾诚律师事务所邹志诚律师见证并出具了法律意见书。

本次股东大会决议刊登在 2002 年 4 月 26 日的《中国证券报》、《上海证券报》上。

二、选举、更换董事、监事情况

报告期内，公司进行换届选举，具体情况如下：

选举王大雄、王康田、徐祖远、燕明义、李伟、朱万顺、董咸德先生为公司第四届董事会董事；选举谭兵先生、童光明先生为公司第四届董事会独立董事；选举寇来起、张云标、梁钜华、庄镇玩先生为公司第四届监事会监事；公司工会组织职工民主选举陈大维先生、郑斌先生为公司第四届监事会职工监事。

因任期届满，周松柏先生不再担任公司董事职务；杨大庆、梅安健先生不再担任公司监事职务。

七、董事会报告

一、公司经营情况

（一）公司主营业务的范围及经营状况

1、公司主营业务范围：从事以海南省港口为主的近洋国际航线运输、国际海运，国内沿海及长江中下游各港间货物（含液体危险品）运输，水路运输服务、船务代理，房地产开发及经营；宾馆酒店经营，海南省及国内沿海的货物运输、实业投资，高科技开发。

2、2002 年，公司董事会领导经营班子坚持"调整、治理、提高，开创发展新阶段"的工作方针，认真贯彻执行国家有关法律、法规和政策，进一步规范公司治理；根据公司实际情况和市场形势，调整船队结构和经营方式、经营手段，以务实、稳步发展为原则，巩固散货运输市场，积极开发沥青运输市场，稳步开拓化学品运输市场，适度参与证券市场；克服航运市场竞争加剧、燃油价格上涨，船舶日渐老化，参股公司分回红利减少带来的不利影响，主营运输生产回升，较好地完成了全年经营计划和各项任务。全年完成货运量 437.88 万吨，货运周转量 55.78 亿吨海里；实现主营业务收入 43402.93 万元，主营业务利润 5144.56 万元，净利润 5518.76 万元。

3、按行业、地区说明报告期内公司主营业务收入、主营业务利润的构成情况。

主营业务分行业情况　　单位：元

分行业或分产品	主营业务收入	主营业务成本	毛利率(%)
运输业	309,147,271.00	257,524,336.74	16.70
沥青贸易及仓储	131,296,898.38	127,447,178.29	2.93
内部抵减	-6,414,905.20	-8,397,810.75	-
合计	434,029,264.18	376,573,704.28	13.24

分行业或分产品	主营业务收入比上年增减(%)	主营业务成本比上年增减(%)	毛利率比上年增减(%)
运输业	-8.40	-7.85	-2.91
沥青贸易及仓储	14.87	12.91	136.29
内部抵减	-	-	-
合计	-2.51	-1.29	-7.54

主营业务分地区情况　　单位：元

地区	主营业务收入	主营业务收入比上年增减(%)
海南	268,936,196.55	8.64
广东	131,296,898.38	14.87
上海	40,211,074.45	-5.53
内部抵减	-6,414,905.20	
合计	434,029,264.18	-2.51

（二）、公司主要控股公司及参股公司的经营情况及业绩

广州振华船务有限公司为公司控股子公司，占有 80%股权，主营国内、国际大宗散货运输，截止 2002 年 12 月 31 日，该公司注册资本 12604 万元，总资产 17532 万元，净利润 3313 万元。

上海金海船务贸易有限公司为公司控股公司，占有 80%股权，主营化学品货物运输，截止 2002 年 12 月 31 日，该公司注册资本 6000 万元，总资产 10765 万元，净利润 656 万元。

深圳市中海海盛沥青有限公司为公司控股公司，占有 60%股权，主营沥青仓储和贸易，截止 2002 年 12 月 31 日，该公司注册资本 2000 万元，总资产 4444 万元，净利润 121 万元。

海南中海海盛海连船务有限公司为公司控股公司，占有 51%股权，主营沥青运输，截止 2002 年 12 月 31 日，该公司注册资本 5000 万元，总资产 9744 万元，净利润 528 万元。

中海（海南）海盛贸易有限公司为公司控股公司，占有 95%股权，主营贸易，截止 2002 年 12 月 31 日，该公司注册资本 500 万元，总资产 2228 万元，净利润-28 万元。

招商证券股份有限公司为公司参股公司，占有 4%股权，主营证券，截止 2002 年 12 月 31 日，该公司注册资本 24 亿元，总资产 92 亿元，净利润 529 万元。公司 2002 年从该公司获得股利 774.4 万元。

（三）主要供应商、客户情况

前五名供应商采购金额合计	50,058,995.88	占采购总额比重	13.01%
前五名销售客户销售金额合计	176,916,692.22	占销售总额比重	40.76%

（四）在经营中出现的问题与困难及解决方案

2002 年，面对国内外航运市场低迷，货源紧缺，竞争加剧，燃油价格上涨，公司船舶日渐老化等不利因素，公司坚持航运生产的中心地位，以务实、稳步发展为原则，通过调整船队结构和经营方式、经营手段，狠抓增收节支和安全管理，较好地完成了全年经营计划和各项任务。

2002 年，公司在自营的同时，采用期租经营、光租经营、签定 COA 合同等方式，充分运用公司运力，巩固国内运输市场，积极拓展国外运输市场，扩大了市场份额，减少了航运市场货源供应量下降对经营的影响，增加了公司运输收入；狠抓三项成本和费用的控制，内部挖潜，严控运输成本和管理费，消化燃油价格上涨的不利影响，使各项成本和费用控制在计划目标以内；坚持以安全管理体系为纲，努力抓好船舶安全管理，为公司的运输生产提供保证，并顺利完成了澳新水域和非洲航线的远洋运输任务；逐步调整船队结构，购进了一艘 6 万吨级的散货运输船"百花山"轮，以较好的价格出售了主机损坏的"向华轮"，逐步缓解船舶老化对生产经营造成的压力，为公司的可持续发展奠定基础。

（五）完成经营计划情况

	原拟订的本年度经营计划
收入	公司本部争取实现主营业务收入 25620 万元
成本及费用	公司本部主营业务成本控制在 21175 万元

	本年度实际数
收入	公司本部实现主营业务收入 21988 万元
成本及费用	公司本部主营业务成本 19444 万元

差异说明

一方面，原计划 2002 年内运用配股募集资金购买一艘化学品运输船并投入使用，上述经营计划中包括了该船投入运营后的收入及成本的预测数，由于未找到合适的船舶，该船未购入；一方面，由于市场运价下降、货源紧缺，船况老化，造成主营业务收入比计划进度要少，狠抓节支，主营业务成本也比计划得到更有效的控制。所以主营收入与主营成本实际完成数均低于经营计划数。

二、公司投资情况

1、募集资金使用情况

公司 1999 年配股共募集资金 21818 万元，截止目前，已累计使用 15341 万元，尚余 6477 万元。公司 2000 年度股东大会审议通过了关于运用募集资金尚未使用的 6477 万元和部分自筹资金购买一艘二手化学品运输船的议案。报告期内，由于公司目前正在寻找合适的船舶，该项目尚未实施。尚未使用的 6477 万元暂时存放在银行。

		本年度已使用募集资金总额	0
募集资金总额	21818 万元		

已累计使用募集资金总额	15341 万元

承诺项目	拟投入金额	是否变更项目	实际投入金额
购置4艘沥青运输船	15000 万元	部分变更	10091 万元
购置4艘散装水泥运输船	12800 万元	是	—
合计	27800 万元	—	10091 万元

承诺项目	产生收益金额(本年度)	是否符合计划进度和预计收益
购置4艘沥青运输船	574 万元	否
购置4艘散装水泥运输船	—	否
合计	574 万元	—

未达到计划进度和收益的说明(分具体项目)

1、购置4 艘沥青运输船项目:公司在实施过程中,经自查,发现上述配股募集资金已使用部分(购买并改造3 艘沥青运输船)涉及关联交易及其信息披露不充分,存在一些不规范的问题,公司进行补救和整改,未按计划进度执行此项目。已投入的项目获得较好的营业利润

2、购置散装水泥运输船项目:1998 年 6 月,该项目经公司二届四次董事会审议通过,可行性报告是基于当时市场情况制订的,由于募集资金于 1999 年 10 月底到位,时间相差一年多,在这期间市场发生了变化,国内及沿海散装水泥运输市场并非我们预期的那样快速扩张和发展。本着审慎的原则,未按计划执行。

变更原因及变更程序说明(分具体项目)

1.购买沥青运输船项目

公司原计划投资 15000 万元购买4 艘沥青运输船。公司原计划通过航交所向国内船东购买4 艘沥青运输船,由于国内无现成的沥青运输船,而国外船东卖价又比较高,公司为实现低成本发展沥青运输船队,经与公司控股股东中海集团下属公司协商,向其以较低的价格购入3 艘船舶,并委托中海集团下属船厂加以改造。目前公司已投资 10091 万元购买并改造3 艘沥青运输船,其中,投资 3000 万元购买并改造沥青运输船"定安海"轮、投资 3602 万元购买并改造沥青运输船"平安海"轮、投资 3489 万元购买并改造沥青运输船"新安海"轮,及时投入营运,取得比较好收益。本项目尚余 4909 万元。

2000 年,经公司自查,上述配股募集资金已使用部分涉及关联交易及其信息披露不充分,存在一些不规范的问题,公司立即主动汇报,采取了一系列的补救、整改措施,将上述关联交易提交股东大会确认,刊登相关的关联交易的补充公告等。

2、购买散装水泥运输船项目:公司原计划投资 12800 万元购买4 艘散装水泥运输船。 1998 年6 月 19 日,公司召开第二届董事会第四次会议通过了本次配股方案及配股募集资金计划,公司配股募集资金运用可行性报告是基于当时市场情况制订的,由于募集资金于 1999 年 10 月底到位,时间相差一年多。在这段时间里,国内及沿海散装水泥运输市场并非我们预期的那样快速扩张和发展。 国内水泥散装率仍然极低,基本停留在普通散装水泥运输和袋装水泥运输,散装水泥专用码头建设滞后,严重制约了散装水泥运输的发展。且近年来,散装水泥运输市场竞争激烈,运价较低,拖欠运费的情况比较严重。鉴于上述原因,为维护广大投资者的利益,决定放弃此项目。

3、经公司三届九次董事会及 2000 年第一次临时股东大会审议通过,变更后的 1999 年配股募集资金投向,具体如下:

(一)放弃投资 12800 万元购买四艘水泥运输船的计划。

(二)变更投资 15000 万元购买四艘沥青运输船的计划。在已购三艘沥青运输船的基础上,投入 2700 万元购买及改造"万泉海"沥青运输船和投入 2550 万元组建海南中海海盛海连船务有限公司。共投资 15341 万元,与原计划相比,增加了部分投资组建沥青运输船队。

(三)因公司当时尚未有合适的项目,余下的募集资金约 6477 万元暂不投入使用。

4、2001 年,经公司三届十次董事会及 2000 年度股东大会审议,同意公司运用配股募集资金及自筹资金购买一艘二手化学品运输船。变更项目情况

变更投资项目的资金总额	11727 万元

变更后的项目	对应的原承诺项目	变更项目拟投入金额	实际投入金额
购买并改造"万泉海"轮沥青运输船。	购置4艘沥青运输船	2700 万元	2700 万元
组建海南中海海盛海连船务有限公司	购置4艘沥青运输船	2550 万元	2550 万元
因公司当时尚未有合适的项目,余下的募集资金约 6477 万元暂不投入使用	购置4艘散装水泥运输船	—	—
购买一艘二手化学品运输船	暂未投入使用的 6477 万元	1 亿元左右	—
合计	—	15250 万元	5250 万元
未达到计划进度和收益的说明(分具体项目)	购买一艘二手化学品运输船:由于公司目前正在开展购船的前期工作,寻找合适的船舶,该项目尚未实施。尚未使用的资金暂时存放在银行。		

变更后的项目	产生收益金额(本年度)	是否符合计划进度和预计收益
购买并改造"万泉海"轮沥青运输船。	523 万元	是
组建海南中海海盛海连船务有限公司	269 万元	是
因公司当时尚未有合适的项目,余下的募集资金约 6477 万元暂不投入使用	—	
购买一艘二手化学品运输船	—	否
合计	792	—
未达到计划进度和收益的说明(分具体项目)		

2、其他投资情况

(1)根据公司四届一次董事会通过的投资 7400 万元左右购买一艘 6 万 5 千吨左右巴拿马型散货运输船的决议,2002 年 6 月 18 日,公司与挪威公司 F.H.Lorentzen Shipping AS 签订购船协议,公司以 5,850,000 美元的价格购入散货运输船"ROBERT STOVE"(现已更名为"百花山"),另公司因此缴纳关税等税费 13,893,725.00 元人民币,该船已过户至公司名下,有关交接手续已办理完毕。

(2)根据总经理办公会议决定,公司投资 100 万元参股海南海峡航运股份有限公司,占该公司总股本的 1.05%。

(3)2001 年,公司三届十一次董事会审议通过了关于出资 2500 万元与中国海运(集团)总公司等股东共同发起设立中国海运集团财务有限公司的议案,公司出资额占出资总额的 5%,资金来源为公司自筹资金。目前,此项目正在报中国人民银行审批。

三、公司财务状况

2002 年公司总资产 105,429 万元,比去年减少 2.84%,主要原因是偿还了短期借款。

2002 年公司长期负债 2,019 万元,比去年降低 33.34%,主要原因是偿还了长期借款。

2002 年公司股东权益 81,637 万元,比去年增加 2.98%,主要原因是经营利润增加。

2002 年公司主营业务利润 5145 万元,比去年减少 8.53%,主要原因是受国际航运市场疲软影响,运输收入减少。

2002 年公司净利润 5519 万元,比去年增加 16.92%,主要原因是本年度计提坏帐减少及偿还了部分借款,使管理费用和财务费用大幅降低。

四、新年度的经营计划

2003 年的工作方针是:深化管理,提升素质,重点培育推进化学品运输,开创企业持续发展新阶段。

总体要求是:通过深化以船舶管理为主要内容的各项企业管理工作,以及申请 ISO9000 认证,提高船舶管理能力和企业整体素质;与时俱进,积极进取,集中精力发展化学品运输;落实各项工作新举措,实现管理新突破,形成改革新局面,开创企业持续发展新阶段。

2003 年将切实做好以下工作:

1、坚持航运生产的中心地位,增收节支,稳定企业经济效益

2、预防为主,确保安全生产

3、深化管理,不断提升企业整体素质

4、集中精力谋求发展,注意防范商务风险

5、加强治理,实现企业持续健康发展

五、本次利润分配预案

经安永大华会计师事务所有限责任公司审计, 公司 2002 年度实现税后利润 55,187,575.94 元。根据公司《章程》有关规定,提取法定公积金 8,803,979.97 元,提取公益金 4,4 01,989.99 元,加上年初未分配利润 64,609,495.99 元, 本年度可供股东分配的利润为 106,591,101.97 元。拟定以 2002 年末总股本 317,282,550 股为基数,向全体股东每 10 股派发现金红利 1.00 元(含税),共派发股利 31,728,255.00 元,剩余利润 74,862,846.97 元转入下一年度。

八、监事会报告

2002 年,公司监事会按照《公司法》、公司《章程》及有关法律法规规定,积极开展工作,列席了公司董事会会议并出席了股东大会,了解公司经营发展、规范运作情况,检查了公司财务状况,对公司的重大投资、关联交易、募集资金运用、决议执行等行使了监督职能,切实地履行了监事会的各项职责。

报告期内,公司监事会共召开三次会议:

一、2002 年 3 月 15 日,公司召开第三届监事会第七次会议,会议审议并通过了以下事项:

1、审议并通过了公司 2001 年度监事会工作报告;

2、审议并通过了公司关于监事会换届选举的议案;

3、审议并通过了《公司监事会议事规则》;

4、审议并通过了公司 2001 年年度报告及年报摘要。

二、2002 年 4 月 25 日,公司召开第四届监事会第一次会议,会议选举寇来起先生为公司第四届监事会主席。

三、2002 年 8 月 8 日,公司召开第四届监事会第二次会议,审议并通过了公司 2002 年半年度报告及半年度报告摘要。

监事会对公司 2002 年度有关事项发表独立意见如下:

1、2002 年,公司规范运作,建立了完善的内部控制制度,决策程序合法规范,公司董事及高级管理人员认真履行自己的职责,没有违反法律、法规、公司《章程》或损害公司利益的行为。

2、安永大华会计师事务所有限责任公司对公司 2002 年度财务报告出具的无保留意见的审计意见是公正、真实的。公司财务报告真实反映了公司的财务状况和经营成果。

3、公司 1999 年配股募集资金共 21818 万元,原计划购买 4 艘沥青运输船和 4 艘水泥运输船。公司已于 1999 年度按计划投资 10091 万元购买并改造了 3 艘沥青运输船, 由于市场变化的原因,经公司董事会及股东大会审议通过,公司变更了募集资金运用计划,即:放弃购买 4 艘水泥运输船,未使用的 11727 万元募集资金的运用项目变更为投资 2550 万元组建海南中海海盛海连船务有限公司和投资约 2700 万元购买并改造沥青运输船"万泉海轮,余下的 6477 万元暂不投入使用。2001 年,经公司董事会、股东大会审议,同意公司运用余下的 6477 万元配股募集资金和部分自筹资金购买一艘化学品运输船,因公司尚在寻找合适的船舶,此项目尚未实施。公司配股募集资金运用及变更程序合法、有效。

4、公司收购、出售资产交易价格合理,在交易活动中,没有发现内幕交易,没有损害股东的权益,也未造成公司资产流失。

5、关联交易符合公平、公开、公正的原则,交易价格遵循市场价格原则,协商确定,公平交易,没有损害公司利益。

九、重要事项

一、重大诉讼、仲裁事项

1、报告期内公司未发生重大诉讼、仲裁事项。

2、公司截止 2002 年 12 月 31 日已判决但尚未或正在执行的诉讼有:

(1)应收帐款-广州穗成企业发展有限公司 2002 年 12 月 31 日余额为人民币 854,600.00 元,经海南省高级人民币法院 99 年 3 月终审判决胜诉,债务人 至今尚未履行完毕。

(2)应收帐款-广东增城市沿海火电能源有限公司 2002 年 12 月 31 日余 额为人民币 1,387,681.55 元,经广东省高级人民法院以(1998)粤法经二上字 第 190,191 号民事判决书终审判决,广东增城市沿海火电能源有限公司应向本 公司支付人民币 396,500.00 元,至今尚未执行。

(3)应收帐款-海南省京海建设实业总公司截止 2002 年 12 月 31 日余额为 人民币 1,070,090.58 元,该款 2000 年 12 月 31 日余额为人民币 3,920,090.58 元, 2000 年 10 月 8 日海口市新华区人民法院以(2000)新经初字第 232 号民事判决 书判定京海公司向本公司偿付货款人民币 3,941,787.50 元及相关的违约金等,2000 年 12 月 8 日双方达成和解协议,以价值约 285 万元的房产抵作欠款,剩余款项 自 2001 年 5 月 30 日-2001 年 11 月 30 日止分三期偿还,2001 年已收到价值 2,850,000.00 元的房产,余款尚未偿还。

二、收购、出售资产事项简要说明

1、根据公司四届一次董事会通过的投资 7400 万元左右购买一艘 6 万 5 千吨 左右巴拿马型散货运输船的决议,2002 年 6 月 18 日,公司与挪威公司 F.H.Lorentzen Shipping AS 签订购船协议,公司以 5,850,000 美元的价格购入散货运输船 "ROBERT STOVE"(现已更名为"百花山"),另公司因此缴纳关税等税费 13,893,725.00 元人民币,目前,该船已过户至公司名下,有关交接手续已办理完 毕。

2、公司四届二次董事会同意公司以 600 万元人民币左右的价格出售损坏后 的"向华"轮,该船帐面资产净值为 21,496,418.92 元人民币。2002 年 7 月 4 日, 公司与张家港市祥和船务运

输有限公司签订了"'向华'轮买卖合同",公司以 7,766,600元人民币的价格将"向华"轮卖给张家港市祥和船务运输有限公司, 加上保险公司的赔款15,176,269.78元人民币,公司累计回收22,942,869.78元人 民币,较好地执行了公司董事会要求经营班子按照"向华轮"帐面资产净值争取 全额收回的决议。

3、公司2000年度股东大会审议通过了关于运用1999年度配股募集资金尚 未使用的6477万元和部分自筹资金购买一艘二手化学品运输船的议案,由于公 司目前正在开展购船的前期工作,寻找合适的船舶,该项目尚未实施。

二、重大关联交易事项

(一) 购销商品、提供劳务发生的关联交易

关联方名称	交易内容	交易金额
中海工业有限公司上海外轮修理厂	修船及改造船	5,045,194.00
上海立丰船厂	修船及改造船	13,089,880.70
上海立新船厂	修船及改造船	3,017,731.00
广州海运英华船员劳务分公司	船员租赁	5,476,666.67
中海上海船员公司	船员租赁	6,912,000.00
广州中海劳务合作有限公司	船员租赁	800,178.30
上海海运实业总公司	船舶、车辆租入	7,250,594.40
中海供贸有限公司	采购燃油	10,398,191.02
海南国盛石油有限公司	采购燃油	18,507,999.16
广州海运集团有限公司	运输支出	921,754.62
中海集团国际贸易有限公司	购船代理费支出	581,256.00
中国海运(香港)航运有限公司	租船收入	8,311,050.00
中海集装箱运输有限公司	租船收入	737,445.07
广州海运集团有限公司	租船收入	11,427,208.65
中海环球空运有限公司	房租收入	43,148.00
海口中海船务代理有限公司	房租收入	42,000.00

关联方名称	占同类交易金额的比例(%)	定价原则
中海工业有限公司上海外轮修理厂	9.88	市场协议价
上海立丰船厂	25.64	市场协议价
上海立新船厂	5.91	市场协议价
广州海运英华船员劳务分公司	41.52	市场协议价
中海上海船员公司	52.41	市场协议价
广州中海劳务合作有限公司	6.07	市场协议价
上海海运实业总公司	100	市场协议价
中海供贸有限公司	16.11	市场协议价
海南国盛石油有限公司	28.68	市场协议价
广州海运集团有限公司	100	市场协议价
中海集团国际贸易有限公司	100	市场协议价
中国海运(香港)航运有限公司	17.02	市场协议价
中海集装箱运输有限公司	1.51	市场协议价
广州海运集团有限公司	23.40	市场协议价
中海环球空运有限公司	50.67	市场协议价
海口中海船务代理有限公司	49.33	市场协议价

2002年10月28日,公司将散货运输船"百花山"轮光船租赁给关联方广州海运(集团)有限公司,租期两年,租金总额:2535.81万元。租金从2002年8月10日零时开始计算。第一年(至2003年8月9日2400时)租金为1299.56万元,第二年(至2004年8月9日2400时)租金为1236.25万元。定价原则:市场协议价。

2002年1月30日,公司与关联方广州海运(集团)有限公司签订光船租赁合同,将公司"湛盛"散货船光租给广州海运(集团)有限公司,租期:自2002年2月1日至2005年1月止,租金:自2002年2月1日至2002年12月31日24点租金为18942元/天,从2003年1月1日零时零分至2005年1月还船时止为9804元/天,定价原则:市场协议价。

关联企业在国内沿海拥有数量众多的船舶修理厂、供油设备及船员,能便利地为公司航运生产提供修船、船员租赁、燃油供应等服务,是公司船舶在国内航线营运时不可缺的后备支持。公司将船舶光船租赁给关联方,可使公司不受市场变化的影响,获得稳定的收益。

(二)公司与关联方债权、债务往来及担保情况

1、债权、债务往来 单位:元

关联方	项目	期末金额
中国海运(香港)航运有限公司	应收帐款	705,870.00
广州海运集团有限公司	应收票据	2,232,819.36
中海上海船员公司	应付帐款	2,363,970.00
海南国盛石油有限公司	应付帐款	751,818.36
上海立丰船厂	应付帐款	2,121,208.82
广州海运英华船员劳务分公司	应付帐款	38,000.00
中海工业有限公司上海外轮修理厂	应付帐款	5,045,194.00
上海立丰船厂	预付帐款	677,461.00
中海集团国际贸易有限公司	预付帐款	201,250.55
中海工业有限公司上海外轮修理厂	预付帐款	3,507,812.00
中海集装箱运输有限公司	其他应收款	516,195.42
海南海源船舶货运代理有限公司	其他应收款	10,690.00
中海集团国际贸易有限公司	其他应收款	21,170,967.90
海南国盛石油有限公司	其他应收款	5,000,000.00
中海上海船员公司	其他应收款	233,003.64
中海环球空运有限公司	其他应收款	12,944.40
中海香港船务代理有限公司	其他应收款	63,711.79
中海曼谷船务代理有限公司	其他应收款	157,846.46
中海新加坡船务代理有限公司	其他应收款	795,536.85
上海立丰船厂	其他应付款	4,646,316.17
上海立新船厂	其他应付款	5,669,452.00

关联方	占全部应收(付)款项余额的比重(%)
中国海运(香港)航运有限公司	1.62
广州海运集团有限公司	9.64
中海上海船员公司	6.62
海南国盛石油有限公司	2.11
上海立丰船厂	5.94
广州海运英华船员劳务分公司	0.11
中海工业有限公司上海外轮修理厂	14.14
上海立丰船厂	4.68
中海集团国际贸易有限公司	1.39
中海工业有限公司上海外轮修理厂	24.26
中海集装箱运输有限公司	0.71
海南海源船舶货运代理有限公司	0.01
中海集团国际贸易有限公司	29.06
海南国盛石油有限公司	6.86
中海上海船员公司	0.32
中海环球空运有限公司	0.02
中海香港船务代理有限公司	0.09
中海曼谷船务代理有限公司	0.22
中海新加坡船务代理有限公司	1.09
上海立丰船厂	21.76
上海立新船厂	26.55

2、公司本年度向中国海运结算中心贷款累计额为人民币3600万元,本年末余额为人民币0元,本年度共发生相应的利息支出为人民币767,142.50元;公司本年度在中国海运结算中心存款累计额为人民币 22118万元,本年末余额为人民币59,397,900.35元,本年度共发生相应的利息收入为人民币734,834.04元。

四、重大合同及其履行情况

(一)托管、承包、租赁其他公司资产或其他公司托管、承包、租赁公司资产情况。

1、2002年10月28日,公司将散货运输船"百花山"轮光船租赁给广州海运(集团)有限公司,租期两年,租金总额:2535.81万元。租金从2002年8月10日零时开始计算。第一年(至2003年8月9日2400时)租金为1299.56万元,第二年(至2004年8月9日2400时)租金为1236.25万元。

2、2002年1月30日,公司与广州海运(集团)有限公司签订光船租赁合同,将公司"湛盛"散货船光租给广州海运(集团)有限公司,租期:自2002年2月1日至2005年1月止,租金:自2002年2月1日至2002年12月31日24点租金为18942元/天,从2003年1月1日零时零分至2005年1月还船时止为9804元/天。

(二)重大担保:

担保对象名称	发生日期(协议签署日)	担保金额	担保类型	担保期
海南中海海盛海连船务有限公司	2000年11月22日	1,530万元	连带担保责任	2000年11月22日至2005年11月6日
深圳市中海海盛沥青有限公司	2001年8月14日	1000万元	连带担保责任	2001年8月16日至2002年2月15日
深圳市中海海盛沥青有限公司	2001年10月2日	200万元	连带担保责任	2001年10月2日至2002年4月1日
深圳市中海海盛沥青有限公司	2002年1月19日	1000万元	连带担保责任	2002年1月19日至2002年7月18日。
深圳市中海海盛沥青有限公司	2002年3月7日	700万元	连带担保责任	2002年3月7日至2002年9月6日。
深圳市中海海盛沥青有限公司	2002年4月2日	200万元	连带担保责任	2002年4月2日至2002年10月1日。
深圳市中海海盛沥青有限公司	2002年7月19日	500万元	连带担保责任	2002年7月19日至2002年10月18日。
深圳市中海海盛沥青有限公司	2002年12月11日	300万元	连带担保责任	2002年12月11日至2003年3月11日。

(三)公司不存在在报告期内或持续到报告期内继续发生委托他人进行现金资产管理事项。

五、公司或持股5%以上的股东没有在报告期内或持续到报告期内承诺事项。

六、报告期内,公司继续聘用安永大华会计师事务所有限责任公司负责公司审计工作,该会计师事务所已连续7年为公司提供审计服务。公司最近两年支付给会计师事务所的报酬如下。

	2002年度	2001年度	备注
上年度财务审计费	35万元	31万元	公司承担差旅费

七、公司、公司董事会及董事在报告期内没有受中国证监会稽查、行政处罚、通报批评及证券交易所公开谴责的情形。

八、其它重大事项

1、2001年11月21日,因三亚中亚信托投资公司停业整顿,公司在三亚中亚信托投资公司海口证券营业部保证金帐户里的7800余万元的资金的提取受到限制。2002年5月27日,公司按三亚中亚海口市托管组的要求将该帐户中的国债投资及全部现金转入中国银河证券有限责任公司海口龙华路证券营业部。2002年12月,公司接到三亚中亚海口市托管组口头通知,公司在中国银河证券有限责任公司海口龙华路证券营业部保证金帐户里的所有资金的提取不再受到限制。截止2002年12月30日,公司已调回约8090万元资金。至此,此事已圆满解决,该部分资金未发生损失。

2、子公司上海金海船务贸易有限公司其他应收款-上海亿德经济发展公司2002年12月31日余额为人民币9,679,017.71元原系存放在浦东发展银行普陀支行的定期存款,1998年与浦东发展银行普陀支行、上海亿德经济发展公司签订委托贷款协议,将此款项贷给上海亿德经济发展公司,原定期存单一直展期至2000年7月,由于亿德公司经营不善,项目处于停建状态,定期存单不再转期,可能产生或有损失。公司对该笔应收款项已计提了7,743,214.17元坏帐准备。

3、子公司中海(海南)海盛贸易有限公司其他应收款-中海集团国际贸易有限公司2002年12月31日余额人民币21,170,967.90元,系为1998年本公司同中海集团国际贸易有限公司签订在国内代理运输及销售进口尿素合同后的垫付款(含货款、运费、保险费),因该批由中海集团国际贸易有限公司负责进口的尿素入关后被北海海关扣押并变卖,由于委托进口方提供了虚假的化肥进口配额及许可证,并经广西北海海关货物监管科验证,中海集团国际贸易有限公司才与新加坡公司签定进口合同,故目前中海集团国际贸易有限公司正在以受害人的身份提起诉讼,该笔款项截止审计报告日尚未收回。公司对该笔应收款项已计提了16,936,054.32元坏帐准备。

4、子公司中海(海南)海盛贸易有限公司应收帐款-江门蓬江区威南经贸公司2002年12月31日余额为人民币1,661,909.43元,系98年销售给江门蓬江区威南经贸公司的燃料油款项,因该公司涉嫌诈骗,已被公安局立案侦察,本公司已报案,已取得部分扣押物资。公司对该笔应收款项已计提了993,527.55元坏帐准备。

5、子公司中海(海南)海盛贸易有限公司应收帐款-中国汽车贸易总公司郑州公司肇庆分公司2002年12月31日余额为人民币4,197,922.61元,系98年销售给中国汽车贸易总公司郑州公司肇庆分公司的煤炭款项,已报案追讨。公司对该笔应收款项已计提了3,028,738.09元坏帐准备。

十、财务报告

审计报告

安永大华业字(2003)第399号

中海(海南)海盛船务股份有限公司全体股东：

我们接受委托，审计了贵公司2002年12月31日的资产负债表及合并资产负债表、2002年度的利润及利润分配表及合并利润及利润分配表、2002年度现金流量表及合并现金流量表。这些会计报表由贵公司负责，我们的责任是对这些会计报表发表审计意见。我们的审计是根据中国注册会计师独立审计准则进行的。在审计过程中我们结合贵公司的实际情况，实施了包括抽查会计记录等我们认为必要的审计程序。

我们认为，上述会计报表符合《企业会计准则》和《企业会计制度》的有关规定，在所有重大方面公允地反映了贵公司2002年12月31日的财务状况及2002年度经营成果和现金流量情况，会计处理方法的选用遵循了一贯性原则。

安永大华会计师事务所有限责任公司　　中国注册会计师　朱蕾蕾

中国注册会计师　杨晓梅

中国 上海　昆山路146号　　2003年3月6日

资产负债表

2002-12-31

编制单位：中海(海南)海盛船务股份有限公司

资产	年末数 母公司	合并
流动资产：		
货币资金	120,733,197.66	260,878,381.32
短期投资	1,315,590.00	1,342,590.00
应收票据	21,366,381.73	23,166,381.73
应收股利	240,000.00	
应收利息		
应收帐款	11,497,538.98	30,396,563.57
其他应收款	25,790,765.37	29,476,708.54
预付帐款	5,566,363.93	14,459,851.49
应收补贴款		
存货	21,841,288.20	33,866,411.48
待摊费用	272,100.12	369,100.15
一年内到期的长期债权投资		
其他流动资产		
流动资产合计	208,623,225.99	393,955,988.28
长期投资：		
长期股权投资	395,549,742.41	244,107,964.52
长期债权投资		
长期投资合计	395,549,742.41	244,107,964.52
其中：合并价差(贷差以"-"号表示，合并报表填列)		27,949,577.63
其中：股权投资差额(贷差以"-"号表示，合并报表填列)		27,949,577.63
固定资产：		
固定资产原值	429,657,580.48	727,381,903.41
减：累计折旧	187,215,894.58	352,010,481.28
固定资产净值	242,441,685.90	375,371,422.13
减：固定资产减值准备		69,151.19
固定资产净额	242,441,685.90	375,302,270.94
工程物资		
在建工程	306,326.90	306,326.90
固定资产清理		
固定资产合计	242,748,012.80	375,608,597.84
无形资产及其他资产：		
无形资产	6,772,364.54	7,077,794.54
长期待摊费用	30,895,226.11	33,536,433.43
其他长期资产		
无形资产及其他资产合计	37,667,590.65	40,614,227.97
递延税项：		
递延税款借项		
资产总计	884,588,571.85	1,054,286,778.61
流动负债：		
短期借款		3,000,000.00
应付票据		10,000,000.00
应付帐款	19,133,753.09	35,683,574.35
预收帐款	2,065,210.92	3,648,451.85
应付工资	1,932,397.89	2,298,615.45
应付福利费	959,259.47	1,519,332.82
应付股利	32,522,820.60	32,582,820.60
应交税金	4,451,710.65	5,880,338.06
其他应交款	8,212.21	51,489.59
其他应付款	6,746,920.05	21,354,383.51
预提费用		550,000.00
预计负债		
一年内到期的长期负债	396,175.00	10,396,175.00
其他流动负债		
流动负债合计	68,216,459.88	126,965,181.23
长期负债：		
长期借款		20,000,000.00
应付债券		
长期应付款		191,567.63
专项应付款		
其他长期负债		
长期负债合计		20,191,567.63
递延税项：		
递延税款贷项		
负债合计	68,216,459.88	147,156,748.86
少数股东权益(合并报表填列)		90,757,917.78
股东权益：		
股本	317,282,550.00	317,282,550.00
资本公积	321,066,100.61	321,066,100.61
盈余公积	76,092,869.09	103,160,614.39
其中：法定公益金	26,757,777.98	36,538,807.17
减：未确认的投资损失(合并报表填列)		
未分配利润	101,930,592.27	74,862,846.97
外币报表折算差额(合并报表填列)		
股东权益合计	816,372,111.97	816,372,111.97
负债和股东权益总计	884,588,571.85	1,054,286,778.61

利润及利润分配表

2002年度

编制单位：中海(海南)海盛船务股份有限公司

项目	本年实际数 母公司	合并
一、主营业务收入	219,876,478.16	434,029,264.18
减：主营业务成本	194,436,558.18	376,573,704.28
主营业务税金及附加	4,347,291.62	6,009,935.59
二、主营业务利润(亏损以"-"号填列)	21,092,628.36	51,445,624.31
加：其他业务利润(亏损以"-"号填列)	7,119,755.12	15,807,618.22
减：营业费用		3,562,739.73
管理费用	10,416,101.80	25,930,632.86
财务费用	385,579.58	1,949,167.39
三、营业利润(亏损以"-"号填列)	17,410,702.10	35,810,702.55
加：投资收益(亏损以"-"号填列)	42,682,853.58	38,936,058.28
补贴收入		
营业外收入	834,997.58	1,660,867.47
减：营业外支出	238,081.20	692,954.10
四、利润总额	60,690,472.06	75,714,674.20
减：所得税	6,263,092.09	9,516,940.23
少数股东损益		11,010,158.03
加：未确认的投资损失		
五、净利润	54,427,379.97	55,187,575.94
加：年初未分配利润	87,395,574.29	64,609,495.99
其他转入		
六、可供分配的利润	141,822,954.26	119,797,071.93
减：提取法定盈余公积	5,442,737.99	8,803,979.97
提取法定公益金	2,721,369.00	4,401,989.99
提取职工奖励及福利基金		
七、可供股东分配的利润	133,658,847.27	106,591,101.97
减：应付优先股股利		
提取任意盈余公积		
应付普通股股利	31,728,255.00	31,728,255.00
转作股本的普通股股利		
八、未分配利润(未弥补亏损以"-"号填列)	101,930,592.27	74,862,846.97

现金流量表

2002年度

编制单位：中海(海南)海盛船务股份有限公司

项目	合并金额
一、经营活动产生的现金流量：	
销售商品、提供劳务收到的现金	478,127,425.27
收到的税费返还	
收到的其他与经营活动有关的现金	34,192,851.82
经营活动现金流入小计	512,320,277.09
购买商品、接受劳务支付的现金	317,097,479.18
支付给职工以及为职工支付的现金	44,670,381.63
支付的各项税费	18,417,619.93
支付的其他与经营活动有关的现金	23,436,763.92
经营活动现金流出小计	403,622,244.66
经营活动现金流量净额	108,698,032.43
二、投资活动产生的现金流量：	
收回投资所收到的现金	561,294,104.53
取得投资收益所收到的现金	30,117,857.07
处置固定资产、无形资产和其他长期资产所收回的现金	22,111,331.10
收到的其他与投资活动有关的现金	
投资活动现金流入小计	613,523,292.70
购建固定资产、无形资产其他长期资产所支付的现金	83,310,290.15
投资所支付的现金	479,164,197.06
支付的其他与投资活动有关的现金	
投资活动现金流出小计	562,474,487.21
投资活动产生的现金流量净额	51,048,805.49
三、筹资活动产生的现金流量：	
吸收投资所收到的现金	
其中：子公司吸收少数股东权益性投资收到的现金	
借款所收到的现金	38,500,000.00
收到的其他与筹资活动有关的现金	
筹资活动现金流入小计	38,500,000.00
偿还债务所支付的现金	117,500,000.00
分配股利、利润或偿付利息所支付的现金	47,025,960.76
其中：支付少数股东的股利	8,536,520.25
支付的其他与筹资活动有关的现金	95,784.00
其中：子公司依法减资支付给少数股东的现金	
筹资活动现金流出小计	164,621,744.76
筹资活动产生的现金流量净额	-126,121,744.76
四、汇率变动对现金的影响	-175,348.18
五、现金及现金等价物净增加额	33,449,744.98

中国长江电力股份有限公司

中国长江电力股份有限公司股票上市公告书

第一节　重要声明与提示

本公司董事会保证上市公告书的真实性、准确性、完整性,全体董事承诺上市公告书不存在虚假记载、误导性陈述或重大遗漏,并承担个别和连带的法律责任。

根据《公司法》、《证券法》等有关法律、法规的规定,本公司董事、高级管理人员已依法履行诚信和勤勉尽责的义务和责任。

证券交易所、中国证监会、其他政府机关对本公司股票上市及有关事项的意见,均不表明对本公司的任何保证。

本公司提醒广大投资者注意,凡本上市公告书未涉及的有关内容,请投资者查阅 2003 年 10 月 28 日刊载于《中国证券报》、《上海证券报》、《证券时报》、《证券日报》的《中国长江电力股份有限公司首次公开发行股票招股说明书摘要》,及刊载于上海证券交易所网站(http://www.sse.com.cn)、中国长江电力股份有限公司网站(http://www.cypc.com.cn)、中信金融网站(http://www.ecitic.com)和全景网网站 http://www.p5w.net 的《中国长江电力股份有限公司首次公开发行股票招股说明书》。

第二节　概览

1、股票简称:长江电力;

2、沪市股票代码:600900;

深市代理股票代码:003900

3、总股本:7,856,000,000 股;

4、可流通股本:2,326,000,000 股;

5、本次上市流通股本:1,279,300,000 股;

6、参与网下配售的法人投资者获配股票的流通限制及期限:参与网下配售的法人投资者获配的股票,在锁定期满后,方可上市流通,其中战略投资者持有 400,000,000 股,锁定期限为 18 个月;一般法人投资者持有 646,700,000 股,锁定期限为 6 个月;法人投资者获配股票上市的具体时间将另行公告;

7、首次公开发行股票前股东所持股份的流通限制及期限:根据国家现有法律、法规规定和中国证券监督管理委员会证监发行字[2003]132 号文《关于核准中国长江电力股份有限公司公开发行股票的通知》,本公司的国家股、国有法人股暂不上市流通;

8、首次公开发行股票前股东对所持股份自愿锁定的承诺:本公司第一大股东承诺,自本公司股票上市之日起一年之内,及国家有关法律、法规规定的期限内,不转让其持有的本公司股份;

9、本公司承诺:未经有权部门批准,不向发起人股东回购所持本公司的股份;

10、上市地点:上海证券交易所;

11、上市时间:2003 年 11 月 18 日;

12、股票登记机构:中国证券登记结算有限责任公司上海分公司;

13、上市推荐人:中信证券股份有限公司、国泰君安证券股份有限公司。

第三节　绪言

本上市公告书是根据《中华人民共和国公司法》、《中华人民共和国证券法》、《股票发行与交易管理暂行条例》、《公开发行股票公司信息披露实施细则》和《上海证券交易所股票上市规则》等国家有关法律、法规的规定,并按照中国证券监督管理委员会《公开发行证券的公司信息披露内容与格式准则第 7 号–股票上市公告书》编制,旨在向投资者提供本公司的基本情况和本次股票上市的有关资料。

经中国证券监督管理委员会证监发行字[2003]132 号文核准,本公司已于 2003 年 10 月 28 日–2003 年 11 月 11 日,以网下向法人投资者 含战略投资者、证券投资基金和一般法人投资者 定价配售与网上向二级市场投资者定价配售发行相结合的方式成功发行了 232,600 万股、每股面值 1.00 元的人民币普通股(A 股)股票,发行价格为每股人民币 4.30 元。

经上海证券交易所《关于中国长江电力股份有限公司人民币普通股股票上市交易的通知》(上证上字[2003]139 号文)核准,此次公开发行股票中的 1,279,300,000 股社会公众股股票将于 2003 年 11 月 18 日起在上海证券交易所挂牌交易。股票简称:长江电力,沪市股票代码:600900;深市代理股票代码:003900。

本公司已于 2003 年 10 月 28 日在《中国证券报》、《上海证券报》、《证券时报》、《证券日报》上刊登了招股说明书摘要,招股说明书全文刊载于上海证券交易所网站(http://www.sse.com.cn)、中国长江电力股份有限公司网站(http://www.cypc.com.cn)、中信金融网站(http://www.ecitic.com)和全景网网站 http://www.p5w.net ,距今不足三个月,故本上市公告书与其重复的内容不再重述,敬请投资者查阅上述资料。

第四节　发行人概况

一、公司基本情况

中文名称及缩写	中国长江电力股份有限公司(简称:长江电力)
英文名称及缩写	China Yangtze Power Co., Ltd.(简称:CYPC)
注册资本	785,600 万元
法定代表人	陆佑楣
住所	北京市崇文区广渠门内大街 25 号
邮政编码	100062
联系地址	北京市西城区金融大街 19 号富凯大厦 B 座 22 层
邮政编码	100032
经营范围	电力生产、经营和投资,电力生产技术咨询,水电工程检修维护
主营业务	电力生产、经营和投资
所属行业	电力生产业
电话	010–58688900
传真	010–58688898
电子邮箱	cypc@cypc.com.cn
互联网网址	http://www.cypc.com.cn
董事会秘书	张定明

二、公司历史沿革

1、公司设立及发展历程

公司在中国长江三峡工程开发总公司(以下简称"三峡总公司")下属的原葛洲坝水力发电厂(以下简称"原葛电厂")的基础上改制设立。原葛电厂成立于 1980 年 11 月 24 日,隶属于原电力工业部,由原华中电管局代管。1996 年 6 月 1 日,原葛电厂划归三峡总公司管理。

经原中华人民共和国经济贸易委员会《关于同意设立中国长江电力股份有限公司的批复》(国经贸企改[2002]700 号文)批准,三峡总公司作为主发起人,以原葛电厂所有发电资产及与发电业务密切相关的辅助性生产设施等资产配比相应负债作为出资,联合华能国际电力股份有限公司(以下简称"华能国际")、中国核工业集团公司(以下简称"中核集团公司")、中国石油天然气集团公司(以下简称"中石油")、中国葛洲坝水利水电工程集团有限公司(以下简称"葛洲坝集团")和长江水利委员会长江勘测规划设计研究院(以下简称"长江委院")等五家发起人以发起方式设立公司。公司于 2002 年 11 月 4 日在国家工商行政管理总局登记注册成立。

2、公司股本变动情况

公司发起人出资及股本结构如下:

发起人	出资额(万元)	出资形式	折合股本(万股)	持股比例	股权性质
三峡总公司	760,718.83	资产	494,935	89.5%	国家股
华能国际	25,498.95	现金	16,590	3.0%	国有法人股
中核集团公司	25,498.95	现金	16,590	3.0%	国家股
中石油	25,498.95	现金	16,590	3.0%	国家股
葛洲坝集团	8,499.65	现金	5,530	1.0%	国有法人股
长江委院	4,249.83	现金	2,765	0.5%	国有法人股
合计	849,965.16		553,000	100%	

公司设立以来至本次 A 股发行前股本结构未发生过变化。

三、公司主要经营情况

(一)公司经营概况

公司的主要业务为水力发电,拥有的葛洲坝电站是我国规模最大的水力发电站之一,总装机容量 2,715MW,多年平均发电量 157 亿 kWh,在全国各发电厂中位居前列;收购三峡工程首批投产机组后,公司总装机容量达到 5,515MW,成为国内规模最大的水电企业。

(二)公司的竞争优势及劣势

1、公司的竞争优势

作为全国规模最大的水力发电企业之一,公司在规模、成本、设备与技术、管理与人才等方面具有竞争优势,具体如下:

(1)规模优势

公司目前总装机容量为 5,515MW,是国内规模最大的水电企业;随着三峡工程投产机组及其他发电资产的持续收购,公司的规模将持续增长。公司计划用 20 年左右时间发展成为国内及国际一流的清洁能源公司。

(2)成本及现金流量优势

目前国内水电公司运行成本一般是 0.04–0.09 元/kWh;火电企业运行成本为 0.198 元/kWh 左右(资料来源:《中国行业景气分析报告》)。公司近三年的单位发电成本平均为 0.032 元/kWh 左右,具有较明显的成本优势。公司近三年平均电力销售收入在 14 亿元左右,款项回收及时;2003 年 1–6 月公司成本中无需支付现金的折旧费用占主营业务成本的 59%以上,现金流充足、稳定,生产经营活动产生的现金流量能为公司提供稳定的资金来源。

(3)设备与技术优势

葛洲坝电站拥有 21 台水轮发电机组,其设计制造代表了当时我国水电机组的最高水平。近年来通过主、辅机设备的全面检修、优化与技术改造,保持了运行的安全性,增强了机组设备的稳定性、可靠性及自动化水平。公司主设备完好率 100%、主设备一类率 98.1%、考核设备的等效可用系数大于 105%,这些指标均达到国家一流企业的标准。葛洲坝电厂综合自动化水平已达到国内领先水平,部分装备的技术性能达到国际领先水平。

公司收购的三峡发电机组经国际公开招标采购,由 VGS 集团、法国 ALSTOM、瑞士 ABB 等国际知名厂家承担制造任务,法国技术监督局和法国电力公司(BV/EDF)监造。该发电机组可靠性好、自动化水平高,机组容量为世界最大(单机额定功率 700MW,最大容量可达 840MVA);水轮机稳定性、抗泥沙磨蚀、抗气蚀性能均较好;机组效率最高达 95%,技术水平属国际领先。

(4)管理与人才优势

公司具有 20 多年丰富的水电生产管理经验,并按信息化、扁平化和专业化的原则组建了组织机构,建立健全了法人治理结构;建立了目标绩效管理体系,对生产成本进行严格控制。葛洲坝电站按 8MW/人的标准配置运行管理人员,属国内领先水平,高于国内一流水电站 2.5MW/人的标准;三峡电站计划按 50MW/人配置运行管理人员,属国际领先水平。原葛电厂的各项运行可靠性指标多年来位于国内水电行业前列,在全国大中型水电厂中率先实现机电合一的运行值班制度,并于 1998 年成功地通过了"无人值班"(少人值守)鉴定验收。公司建立了管理信息系统(MIS),电力生产实现了调度自动化,使公司在水电站自动控制技术应用方面居行业领先水平。

公司在 20 多年的水电生产过程中培养了一批过硬的技术队伍,曾多次派出人员参与其他大型水电站的建设与运营管理,现有中高级技术人员 716 人,占公司员工总数的 44%。

2、公司的竞争劣势

公司在生产经营中存在以下劣势:

(1)目前公司电源为单一的水电结构。其中,葛洲坝电站属径流式电站,三峡电站为季调节电站,调节能力较弱。

(2)公司发电生产所需的主要资源为长江天然来水,其来水量存在不均衡性,可能给公司的发电量和经营业绩带来一定的波动。

(3)目前我国最大的 5 家发电集团平均可控装机容量为 32,000MW,权益容量为 20,000MW 左右,公司目前装机容量为 5,515MW,与 5 家发电集团相比,规模尚有差距。公司将通过收购三峡工程陆续投产的发电机组和其他优质发电资产,逐步提高市场竞争能力。

(三)公司的主要财务指标

公司近三年主要财务指标见本上市公告书之"财务会计资料"。

(四)公司享有的财政税收优惠政策

根据《财政部国家税务总局关于葛洲坝电站电力产品增值税政策问题的通知》(财税[2002]168 号文)及《财政部国家税务总局关于三峡电站电力产品增值税税收政策问题的通知》(财税[2002]24 号文)的批准,葛洲坝电站和三峡电站适用增值税优惠政策。葛洲坝电站自 2003 年 1 月 1 日起、三峡电站自发电之日起,电力产品增值税税负超过 8%的部分实行即征即退的政策。

第五节　股票发行与股本结构

一、首次公开发行股票的情况

1、发行股数:2,326,000,000 股,占发行后总股本的比例为 29.61%;

2、发行价格:4.30 元/股;

3、募集资金总额:10,001,800,000 元,扣除发行费用后实收资金 9,885,537,478.81 元(含申购资金冻结期间产生的利息收入 58,980,918.80 元);

4、发行方式:网下向法人投资者 含战略投资者、证券投资基金和一般法人投资者 定价配售与网上向二级市场投资者定价配售发行相结合；

5、配售主要对象：网下配售对象包括战略投资者、证券投资基金和一般法人投资者；网上配售对象为2003年10月31日(T-3日,市值配售申购日为T日)收盘时持有上海证券交易市场(下称"沪市")或深圳证券交易市场(下称"深市")已上市流通人民币普通股(A股)股票市值达10,000元及以上的投资者；

6、配售比例：网下向法人投资者定价配售发行数量为1,046,700,000股，占本次发行总量的45%,有效冻结资金23,811,815.3万元,其中向战略投资者配售发行400,000,000股,配售比例100%；向一般法人投资者配售发行646,700,000股，配售比例为1.176468448%。网下配售发行共有余股655股由主承销商包销。网上向二级市场投资者定价配售,发行数量为1,279,300,000股,占本次发行总量的55%,配号总数为89229610个,市值配售中签率为1.43371690%；

7、发行费用总额及项目：本次发行费用为175,243,439.99元,包括承销费、上网发行手续费、审计费、评估费、律师费和审核费；

8、每股发行费用:0.0753元。

二、本次上市前首次公开发行股票的承销情况

本次公开发行的232,600万股社会公众股中，网下配售发行数量为104,670万股，由战略投资者、证券投资基金和一般法人投资者认购;网上配售发行数量为127,930万股,采取市值配售方式由二级市场投资者认购。网下配售发行部分确定配售比例后产生的余股为655股;网上配售发行部分因中签投资者资金账户中认购资金不足而放弃认购的股票为21,064,926股，合计21,065,581股,占本次发行总股数的0.91%,由主承销商中信证券股份有限公司包销。

三、本次上市前首次公开发行股票募集资金的验资报告

北京中洲光华会计师事务所有限公司对本公司本次上市前首次公开发行股票募集资金出具了《验资报告》(中洲光华[2003]验字第026号),摘录如下：

中国长江电力股份有限公司全体股东：

我们接受委托,审验了中国长江电力股份有限公司(以下简称"长江电力")截至2003年11月11日止新增注册资本的实收情况。按照国家相关法律、法规的规定和协议、章程的要求出资,提供真实、合法、完整的验资资料,保护资产的安全、完整是全体股东及长江电力的责任;我们的责任是对长江电力新增注册资本的实收情况发表审验意见。我们的审验是依据《独立审计实务公告第1号---验资》进行的。在审验过程中,我们结合长江电力的实际情况,实施了检查等必要的审验程序。

长江电力原注册资本为人民币5,530,000,000.00元,根据长江电力股东大会决议、中国证券监督管理委员会证监发行字[2003]132号关于核准中国长江电力股份有限公司公开发行股票的通知,长江电力于2003年10月28日向社会公开发行人民币普通股(A股)232,600万股,每股面值1元,每股发行价格为4.30元。经我们审验,截至2003年11月11日止,长江电力已收到社会公众股东缴入的出资款人民币10,001,800,000.00元,申购资金于冻结期间产生的利息收入58,980,918.80元,扣除发行费用后实际收到人民币9,885,537,478.81元，其中新增注册资本人民币2,326,000,000.00元,余额计人民币7,559,537,478.81元作为资本公积。

同时我们注意到,长江电力本次增资前的注册资本为人民币5,530,000,000.00元,业经北京中洲光华会计师事务所有限公司验证,并出具中洲光华(2002)验字第014号验资报告。截至2003年11月11日止,变更后的累计注册资本实收金额为人民币7,856,000,000.00元。

本验资报告仅供长江电力申请变更登记及据以向股东签发出资证明时使用，不应将其视为是对长江电力验资报告日后资本保全、偿债能力和持续经营能力等的保证。因使用不当所造成的后果,与执行本验资业务的注册会计师及会计师事务所无关。

四、募集资金入账情况

1、入账时间:2003年11月11日

2、入账金额:9,891,817,478.81元(扣除承销费和上网发行费,含申购资金于冻结期间产生的利息收入)

3、入账账号:4220050002369

4、开户银行:中国建设银行三峡分行西坝分理处

五、发行人上市前股本结构及各类股东的持股情况

1、本公司上市前的股权结构：

股本类别	股数(股)	比例
一、未上市流通股份	5,530,000,000	70.39%
发起人股	5,530,000,000	70.39%
1.国家股	5,281,150,000	67.22%
其中:三峡总公司	4,949,350,000	63.00%
中核集团公司	165,900,000	2.11%
中石油	165,900,000	2.11%
2.国有法人股	248,850,000	3.17%
其中:华能国际	165,900,000	2.11%
葛洲坝集团	55,300,000	0.71%
长江委院	27,650,000	0.35%
二、社会公众股	2,326,000,000	29.61%
1.本次上市流通股	1,279,300,000	16.29%
2.战略投资者持有股份	400,000,000	5.09%
3.一般法人投资者持有股份	646,700,000	8.23%
股本合计	7,856,000,000	100.00%

注:战略投资者持有股份锁定期限为18个月,一般法人投资者持有股份锁定期限为6个月,在锁定期满后,方可上市流通。

2、本次股票上市前,公司前十名股东及其持股比例

序号	股东名称	股数(股)	比例
1	三峡总公司	4,949,350,000	63.00%
2	中核集团公司	165,900,000	2.11%
3	中石油	165,900,000	2.11%
4	华能国际	165,900,000	2.11%
5	葛洲坝集团	55,300,000	0.71%
6	博时基金管理有限公司——全国社保基金五〇一组合	40,000,000	0.51%
7	国家电网公司	40,000,000	0.51%
8	上海宝钢集团公司	30,020,000	0.38%
9	申能(集团)有限公司	30,018,000	0.38%
10	北京首都创业集团有限公司	30,000,000	0.38%
11	浙江省能源集团有限公司	30,000,000	0.38%
12	广东省广电集团有限公司	30,000,000	0.38%
合计		5,732,388,000	72.97%

第六节 董事、监事、高级管理人员

一、董事

陆佑楣,男,中国籍,1934年1月出生,大学本科学历,教授级高级工程师。历任水电部副部长,能源部副部长等职。现任三峡总公司总经理,国务院三峡工程建设委员会副主任,本公司董事长。

李永安,男,中国籍,1942年10月出生,大专学历,高级经济师,享受政府特殊津贴专家。历任湖北省人民政府副秘书长,清江水电开发公司总经理、党委书记等职。现任三峡总公司副总经理、党组书记,国务院三峡工程建设委员会委员,本公司副董事长、总经理。

王家柱,男,中国籍,1939年8月出生,大学本科学历,教授级高级工程师。历任长江水利委员会总工程师、副主任等职。现任三峡总公司副总经理、本公司董事。

王家柱董事于2003年9月14日病故。

郭涛,男,中国籍,1947年8月出生,硕士研究生,教授。历任成都科技大学管理系主任,三峡总公司办公室副主任等职。现任三峡总公司副总经理、本公司董事。

杨清,男,中国籍,1951年12月出生,大学本科学历,高级工程师。历任水电部地质勘探机电研究所所长,三峡总公司工程建设部副主任等职。现任三峡总公司副总经理,三峡国际招标有限责任公司董事长,本公司董事。

曹广晶,男,中国籍,1964年2月出生,硕士研究生,教授级高级工程师。历任三峡总公司工程建设部副主任兼厂坝项目部主任等职。现任三峡总公司副总经理,本公司董事。

王晓松,男,中国籍,1946年2月出生,大学本科学历,教授级高级工程师。历任华能国际副总经理等职。现任华能国际副董事长、华能国际电力开发公司董事,副总经理、中国华能集团公司副总经理,本公司董事。

孙又奇,男,中国籍,1952年5月出生,大学本科学历,高级会计师。历任中国核工业总公司核燃料局副局长,中核财务公司副总经理,中核集团公司审计部主任等职。现任中核集团公司党组成员、副总经理、中国广东核电集团公司董事、中核财务公司董事长,本公司董事。

贾华章,男,中国籍,1946年2月出生,中专学历,教授级高级会计师。历任中国石油天然气总公司财务局总会计师、副局长、局长,中石油财务资产部主任等职。现任中国石油天然气集团公司党组成员、总会计师,中国石油天然气股份有限公司董事,中油财务有限责任公司董事长,中银国际证券有限责任公司董事,本公司董事。

独立董事

崔建民,男,中国籍,1932年11月出生,大学本科学历,高级审计师,注册会计师。历任国家审计署副审计长,中国注册会计师协会会长等职,现任中国注册会计师协会会长、中国石油化工股份有限公司独立监事、中信国安信息产业股份有限公司独立董事、兖州煤业股份有限公司独立董事,本公司独立董事。

林义相,男,中国籍,1964年1月出生,博士。历任华夏证券公司副总裁,中国证券业协会副会长等职。现任北京天相投资顾问有限公司董事长兼总经理,中捷缝纫机股份有限公司董事,北京同仁堂股份有限公司独立董事,本公司独立董事。

吴敬儒,男,中国籍,1932年2月出生,毕业于上海交通大学,教授级高级工程师,享受政府特殊津贴专家。历任国家能源投资公司副总经理,国家开发银行电力信贷局局长等职。现任国家开发银行资深顾问,本公司独立董事。

武广齐,男,中国籍,1957年8月出生,研究生学历,高级政工师。历任中海石油钻井公司、技术服务公司、研究中心党委书记,中国海洋石油总公司直属党委书记、等职。现任中国海洋石油总公司总经理助理,本公司独立董事。

二、监事

林初学,男,中国籍,1959年3月出生,硕士研究生,高级工程师。历任中信公司财务部副主任、信息中心主任、网络金融办公室常务副主任等职。现任三峡总公司副总经理,本公司监事会主席。

张崇久,男,中国籍,1952年10月出生,工程硕士,高级经济师。历任葛洲坝工程局副总经济师,葛洲坝集团总经济师,葛洲坝股份有限公司副总经理等职。现任葛洲坝集团董事、副总经理,葛洲坝股份有限公司董事,本公司监事。

刘志明,男,中国籍,1963年4月出生,工程硕士,教授级高级工程师。历任长江委院枢纽处处长等职。现任长江委院副院长,本公司监事。

毕为民,女,中国籍,1956年9月出生,硕士研究生,教授级高级工程师。历任原葛电厂工会副主席、厂长助理、副厂长,等职。现任公司总经济师、纪委书记、工会主席,本公司职工监事。

程永权,男,中国籍,1962年10月出生,硕士研究生,教授级高级工程师,历任原葛电厂分厂厂长等职。现任三峡电厂副厂长,本公司职工监事。

三、其他高级管理人员

毕亚雄,男,中国籍,1962年4月出生,工程硕士,教授级高级工程师。历任原葛电厂车间主任、总工程师、副厂长、厂长等职。现任本公司副总经理。

寇日明,男,中国籍,1958年3月出生,工学硕士,理学博士,高级工程师,金融学教授,享受政府特殊津贴专家。历任国家开发银行国际金融局副局长、资金局副局长兼交易室总经理,三峡总公司改制办公室主任等职。现任本公司副总经理、财务总监。

张定明,男,中国籍,1963年12月出生,管理学硕士,工程师。历任国务院三峡工程建设委员会办公室计划资金司副司长,三峡总公司电力生产管理部副主任等职。现任本公司副总经理、董事会秘书。

公司董事、监事及高级管理人员之间无配偶关系、三代以内直系和旁系亲属关系。除劳动合同外,公司亦未与董事、监事及高级管理人员签订担保协议、借款协议等其他协议。

四、董事、监事与高级管理人员的持股情况

公司董事、监事及高级管理人员在本次发行前未以个人持股、家属持股、法人持股等形式持有本公司股份,亦未持有公司5%以上股份的股东单位及其控制的法人单位的股份。

第七节 同业竞争与关联交易

一、同业竞争

1、同业竞争情况

三峡总公司是公司的控股股东，主要从事三峡工程建设和经营管理，本次发行前持有公司89.5%的股份。改制重组设立公司时,为避免同业竞争,三峡总公司已将与发电业务相关的全部经营性资产投入公司,不从事与公司构成同业竞争的业务,其附属企业与公司也不存在同业竞争情况。但随着三峡发电机组的逐步建成投产,三峡总公司将与公司产生同业竞争。

2、公司解决同业竞争的措施

为避免可能产生的同业竞争,公司设立时在《关于共同发起设立中国长江电力股份有限公司之发起人协议》中专门制定了不竞争条款;并由三峡总公司出具了《避免同业竞争承诺函》,承诺三峡总公司在作为公司控股股东期间不直接或间接在中国境内或境外从事与公司营业执照载明的主营业务构成竞争或可能构成竞争的业务,并促使其全资、控股企业在中国境内或境外不经营导致或可能导致与公司主营业务直接或间接产生竞争的业务。

为解决由于三峡发电机组逐步投产产生的同业竞争问题，三峡总公司赋予公司以合理价格优先收购陆续投产的三峡发电机组的权利。公司与三峡总公司签订了《三峡工程2#,3#,5#,6#发电机组资产收购协议》，计划运用本次发行股票募股资金配以一定债务融资收购三峡工程首批投产的4台发电机组,并拟根据公司财务状况和资本市场的实际情况,通过持续融资逐步收购三峡工程后续投产的发电机组。公司还与三峡总公司

签订了《三峡发电资产委托管理协议》,由三峡总公司委托公司统一管理已建成投产但暂未进入公司的三峡发电机组。

二、关联交易

(一)关联方及关联关系

公司本次发行前存在的关联方包括公司控股股东、其他股东、控股股东控制或参股的企业、公司参股企业及公司董事控制的其他企业。

1、控股股东

三峡总公司是公司的控股股东,本次发行前持有公司89.5%的股份,发行后持有公司63.0%的股份。

2、控股股东控制或参股的企业

公司的控股股东三峡总公司除持有本公司股份外,还控股或参股三峡财务有限责任公司、三峡国际招标有限责任公司、长江三峡投资发展有限责任公司、宜昌三峡工程实业总公司、长江三峡技

术经济发展有限公司、宜昌三峡工程设备有限公司、三峡高科信息技术有限责任公司、宜昌三峡工程多能公司、宜昌荆当公路建设有限责任公司和重庆变压器有限责任公司等10家企业。

3、公司持股比例20%以上的参股企业

公司持有三峡财务有限责任公司27.08%的股份。

4、公司董事控制的其他企业

北京天相投资顾问有限公司的董事长兼总经理由公司独立董事林义相先生担任，该企业与公司无投资及股权关系。

(二)公司目前存在的重大关联交易情况

公司改制设立时，三峡总公司已将原葛电厂与发电业务相关的全部经营性资产投入公司，公司拥有独立的产、供、销系统，电力产品的生产、销售及主要原材料的采购等业务均未通过关联方进行。目前，公司与三峡总公司及其下属企业在委托管理发电资产、提供劳务、综合服务等方面存在一定的关联交易。利用本次募股资金向三峡总公司收购三峡工程首批投产机组也属于关联交易。公司目前重大关联交易情况如下：

1、与三峡总公司签订的《三峡工程2#、3#、5#、6#发电机组资产收购协议》，由公司向三峡总公司收购三峡工程首批投产的4台单机容量为700MW的发电机组及其所对应的发电资产，收购总金额为18,699,946,417.38元。协议约定，2#、5#发电机组的交割日为2003年9月1日，3#、6#发电机组的交割日为2003年10月1日。

2、与三峡总公司签订的《三峡发电资产委托管理协议》。协议约定，三峡总公司将建成投产的三峡发电资产委托给公司管理，同时赋予公司在同等条件下优先收购陆续建成投产的三峡发电资产的收购选择权。2003年委托管理费用预计为6,533万元。

3、与三峡总公司签订的《综合服务协议》，对公司与三峡总公司及其下属企业之间存在和可能存在的生产供水、物业管理、社会服务等经常性关联交易行为作了原则性规定。

关联交易详细内容请查阅刊登于上海证券交易所网站(http://www.sse.com.cn)的本公司招股说明书全文。

(三)公司减少和规范关联交易的措施

公司在《公司章程》、《股东大会议事规则》、《关联交易制度》等规章制度中对关联交易行为作出了严格规定，并通过与三峡总公司签订《综合服务协议》，对公司与三峡总公司及其下属企业间发生的生产供水、物业管理、社会服务等涉及关联交易的行为作了原则性规定，从而逐步减少和规范公司存在的关联交易。

第八节　财务会计信息

本公司截止2003年6月30日的财务会计资料已于2003年10月28日刊登在《中国证券报》、《上海证券报》、《证券时报》和《证券日报》的本公司招股说明书摘要中。投资者欲了解详细内容，请查阅上述报纸或刊登于上海证券交易所网站(http://www.sse.com.cn)的本公司招股说明书全文及附录。

一、注册会计师意见

公司聘请北京中洲光华会计师事务所有限公司对公司2002年12月31日、2003年6月30日的资产负债表和2000年度、2001年度、2002年度及2003年1-6月的利润表以及2002年11月11日-12月31日、2003年1-6月的现金流量表进行了审计。北京中洲光华会计师事务所有限公司出具了标准无保留意见的审计报告(中洲光华[2003]股审字第045号)。

二、公司简要会计报表

1.简要资产负债表

单位:元

项目	2003年6月30日	2002年12月31日
应收账款	643,010,008.41	509,056,755.58
其他应收款	13,743,690.82	7,994,126.26
预付账款	13,888,990.31	12,326,407.17
流动资产合计	1,441,115,560.35	1,870,094,088.18
长期投资合计	176,573,137.93	169,322,250.85
固定资产合计	7,898,824,501.33	7,872,440,978.19
资产总计	9,516,513,199.61	9,911,857,317.22
应付账款	2,442,747.82	5,861,728.77
其他应付款	36,957,286.87	85,560,120.58
应付股利	253,699,339.77	19,511,406.11
流动负债合计	960,893,427.91	706,963,506.89
长期负债合计	——	701,232,000.00
负债合计	960,893,427.91	1,408,200,060.89

2.简要利润表

单位:元

项目	2003年1-6月	2002年度
主营业务收入	696,240,582.71	1,371,139,637.93
主营业务利润	437,645,922.69	798,244,673.06
营业利润	426,350,657.93	664,671,019.80
利润总额	459,694,862.83	675,246,246.33
净利润	305,661,855.14	442,623,815.28
项目	2001年度	2000年度
主营业务收入	1,414,965,181.06	1,407,285,229.72
主营业务利润	866,404,964.28	890,603,982.96
营业利润	717,182,725.01	730,800,245.14
利润总额	729,243,946.82	744,252,590.98
净利润	493,591,446.22	505,068,257.15

3.简要现金流量表

单位:元

项目	2003年1-6月	2002年11月11日-12月31日
经营活动产生的现金流量净额	359,044,418.83	58,188,662.67
投资活动产生的现金流量净额	-166,115,312.43	-38,473,208.46
筹资活动产生的现金流量净额	-708,561,694.99	-29,165,500.00
现金及现金等价物净增加额	-515,632,588.59	-9,450,045.79

三、公司会计报表附注

公司会计报表附注等有关内容，请查阅2003年10月28日刊登于《中国证券报》、《上海证券报》、《证券时报》和《证券日报》上的招股说明书摘要以及刊登于上海证券交易所网站(http://www.sse.com.cn)上的本公司招股说明书全文及其附录。

四、公司主要财务指标

财务指标	2003年6月30日	2002年12月31日	2001年12月31日	2000年12月31日
流动比率	1.5	2.65	1.07	1.26
速动比率	1.47	2.59	1.03	1.24
资产负债率(%)	10.10	14.21	31.21	28.49
应收账款周转率(次)	1.21	2.60	2.65	2.48
存货周转率(次)	8.18	17.93	21.98	23.59
净资产收益率(%)	3.57	5.21	5.80	5.94
扣除非经常性损益后的净资产收益率(%)	3.60	5.25	5.85	6.02
每股收益(元)	0.055	0.080	0.089	0.091

注:公司三年又一期每股收益均依据本次发行前股本553,000万股计算。

五、盈利预测

本公司盈利预测的编制遵循了谨慎性原则，但盈利预测所依据的各种假设具有重大不确定性，投资者进行投资决策时不应过分依赖该项资料。盈利预测的详细内容，请查阅刊登于上海证券交易所网站http://www.sse.com.cn的本公司招股说明书全文及附录。

单位:元

项目	2002年度实际发生数	2003年度预测数	2004年度预测数
主营业务收入	1,371,139,637.93	3,004,529,055.00	5,524,839,246.00
主营业务利润	798,244,673.06	2,138,549,400.00	3,958,943,846.00
营业利润	664,671,019.80	1,890,849,073.00	3,417,162,940.00
利润总额	675,246,246.33	2,140,154,394.16	3,892,878,472.00
净利润	442,623,815.28	1,414,503,444.16	2,605,228,576.00

第九节　其他重要事项

1、本次股票发行后至上市公告书公告之日，本公司严格依照《公司法》、《证券法》等法律法规要求，规范运行，生产经营情况正常；所处行业、市场无重大变化，主要业务发展目标进展状况正常，主要投入产出物供求及价格无重大变化。

2、本次股票发行后至上市公告书公告之日，本公司无重大对外投资活动、无重大资产(股权)收购或出售行为。

3、本次股票发行后至上市公告书公告之日，本公司住所未发生变更。

4、本次股票发行后至上市公告书公告之日，本公司未涉及任何重大诉讼事项或仲裁，亦无尚未了结或可能面临的重大诉讼或索赔要求。

5、本次股票发行后至上市公告书公告之日，本公司重大会计政策和会计师事务所没有发生变化。

6、本次股票发行后至上市公告书公告之日，本公司的税收政策未发生变化。

7、2003年11月12日，公司偿还了分别于2003年9月1日、10月8日向中国工商银行三峡分行、国家开发银行等金融机构借入的流动资金贷款共计96亿元。除此之外，本次股票发行后至上市公告书公告之日，本公司未发生新的重大负债，担保或重大债项发生变化。

8、本次股票发行后至上市公告书公告之日，本公司董事、监事和高级管理人员未受到任何刑事起诉，亦没有尚未了结或可能发生的刑事诉讼事项。

9、根据公司2002年度股东大会决议，本公司截至招股说明书披露的2003年最近一期审计报告基准日前的滚存利润由老股东享有；该基准日后公司产生的利润由新老股东共享。

10、预计本次发行后公司首次利润分配时间为2004年上半年。

11、根据公司2002年度股东大会通过的《关于公司首次公开发行A股募集资金投向的决议》、《2003年度财务预算报告》等相关文件，公司预计于近期与国家开发银行签订金额为50亿元的借款合同、与中国建设银行三峡分行等十家金融机构签订金额为33.5亿元的借款合同。上述借款期限三年，采用信用方式。

12、本次股票发行后至上市公告书公告之日，本公司没有其他应披露而未披露之重大事项。

第十节　董事会上市承诺

本公司董事会承诺将严格遵守《中华人民共和国公司法》、《中华人民共和国证券法》、《股票发行与交易管理暂行条例》、《公开发行股票公司信息披露实施细则》和《上海证券交易所股票上市规则》等国家法律、法规和有关规定，承诺自本公司股票上市之日起做到：

1、真实、准确、完整、公允和及时地公布定期报告，披露所有对投资者有重大影响的信息，并接受中国证监会、证券交易所的监督管理；

2、本公司在知悉可能对股票价格产生误导性影响的任何公共传播媒介中出现的消息后，将及时予以公开澄清；

3、本公司董事、监事、高级管理人员和核心技术人员将认真听取社会公众的意见和批评，不利用已获得的内幕消息和其他不正当手段直接或间接从事公司股票的买卖活动；

4、本公司没有无记录的负债。

依据《上海证券交易所股票上市规则》，本公司全体董事、监事将按照有关规定，在本公司股票上市后两个月内签署《董事(监事)声明及承诺书》并送达上海证券交易所备案。

第十一节　上市推荐人及其意见

一、上市推荐人有关情况

1、中信证券股份有限公司

法定代表人：王东明

注册地址：深圳市罗湖区湖贝路1030号海龙王大厦

办公地址：北京市朝阳区新源南路6号京城大厦5层

电话：010-84864818

传真：010-84865610

联系人：杨宇翔金剑华商宾邵向辉渠亮黄立海王逸松张峥嵘刘政刘凡

2、国泰君安证券股份有限公司

法定代表人：金建栋

注册地址：上海市浦东新区商城路618号

电话：021-62580818-496

传真：021-62581852

联系人：施继军

二、上市推荐人意见

本公司的上市推荐人中信证券股份有限公司、国泰君安证券股份有限公司认为本公司首次公开发行的股票符合上市条件，已向上海证券交易所出具了《中国长江电力股份有限公司首次公开发行A股股票上市推荐书》。中信证券股份有限公司、国泰君安证券股份有限公司的推荐意见主要内容如下：

长江电力公司章程符合《公司法》等有关法律、法规和中国证监会的相关规定；按照《中华人民共和国公司法》和《中华人民共和国证券法》及《上海证券交易所股票上市规则》等国家有关法律、法规的规定，上市推荐人认为长江电力股票已具备公开上市的条件。

上市推荐人保证发行人的董事了解法律、法规、上海证券交易所上市规则及股票上市协议规定的董事义务与责任，并协助发行人健全了法人治理结构、协助发行人制定了严格的信息披露制度与保密制度。上市推荐

人已对上市文件所载的资料进行了核实，确保上市文件真实、准确、完整，符合规定要求。上市推荐人保证发行人的上市申请材料、上市公告书没有虚假、严重误导性陈述或者重大遗漏，保证对其承担连带责任，并保证不利用在上市过程中获得的内幕信息进行内幕交易，为自己或他人谋取利益。

中信证券股份有限公司、国泰君安证券股份有限公司作为中国长江电力股份有限公司首次公开发行股票的上市推荐人，特此推荐长江电力本次发行的1,279,300,000股人民币普通股股票在上海证券交易所上市交易。

中国长江电力股份有限公司

二〇〇三年十一月十二日

浙江东南发电股份有限公司

浙江东南发电股份有限公司2002年年度报告

第一节　公司基本情况简介

一、法定中文名称:浙江东南发电股份有限公司
法定英文名称:Zhejiang Southeast Electric Power Company Limited
英文名称缩写:ZSEPC
二、法定代表人:胡江潮
三、董事会秘书:戴建成
联系地址:浙江省杭州市延安路528号标力大厦22-23层
联系电话:0571-85774566
传真:0571-85774321
电子信箱:djc@zsepc.com
四、注册及办公地址:浙江省杭州市延安路528号标力大厦22-23层
邮政编码:310006
互联网址:http://www.zsepc.com/
五、信息披露报纸:上海证券报、中国证券报、香港南华早报、香港文汇报
登载年度报告的中国证监会指定网址:http://www.sse.com.cn/
年度报告备置地点:公司办公地点、史密夫律师事务所香港及伦敦办事处
六、公司股票上市资料:
B股上市地:上海证券交易所
B股股票简称:东电B股
B股股票代码:900949
全球存托凭证(GDR)上市地:伦敦证券交易所
全球存托凭证(GDR)代码:0949QLT
七、其他有关资料
(一)首次注册登记日期:1997年5月15日
首次注册登记地址:浙江省杭州市凤起路451号凤起大厦
变更注册登记日期:2002年7月8日
变更注册登记地址:浙江省杭州市延安路528号标力大厦22-23层
(二)法人营业执照注册号:企股浙总字第002189号
(三)税务登记号
国税浙字330000142943450、地税浙字330000142943450
(四)公司聘请的境内外会计师事务所名称及办公地址
公司境内会计师:浙江天健会计师事务所
地址:杭州市文三路388号钱江科技大厦
公司境外会计师:普华永道中天会计师事务所有限公司
地址:上海市淮海中路333号瑞安广场

第二节　会计数据和业务数据摘要

一、主要会计数据

项目	金额(元)
利润总额	812,753,137.31
净利润	545,515,105.11
扣除非经常性损益后的净利润(注)	551,797,237.70
主营业务利润	1,083,122,228.03
其他业务利润	489,090.01
营业利润	813,206,952.99
投资收益	33,459,111.29
补贴收入	-
营业外收支净额	-33,912,926.97
经营活动产生的现金流量净额	1,040,154,528.73
现金及现金等价物净增减额	-142,807,870.93

注:扣除的非经常性损益项目及金额

净利润	545,515,105.11
扣除项目:1、处理固定资产净损失	-28,867,919.89
2、赔偿滞纳金、罚款	-2,011,780.67
3、捐赠	-1500.00
4、存货盘盈	6,805,492.23
5、委托理财收益	16,363,090.00
6、其他	-44,087.14
所得税调整	1,474,572.88
扣除非经常性损益后的净利润	551,797,237.70

二、主要财务指标　单位:人民币元

项目	2002年
主营业务收入	3,320,944,888.62
净利润	545,515,105.11
全面摊薄每股收益	0.27
加权平均每股收益	0.27
扣除非经常性损益后的每股收益	0.27
全面摊薄净资产收益率(%)	10.13
扣除非经常性损益后净利润的加权平均净资产收益率(%)	9.83
每股经营活动产生的现金流量净额	0.52

项目	2001年	
	调整后	调整前
主营业务收入	3,370,277,286.61	3,370,277,286.61
净利润	707,945,727.20	734,057,844.37
全面摊薄每股收益	0.35	0.37
加权平均每股收益	0.35	0.37
扣除非经常性损益后的每股收益	0.35	0.37
全面摊薄净资产收益率(%)	13.26	13.68
扣除非经常性损益后净利润的加权平均净资产收益率(%)	12.97	13.42
每股经营活动产生的现金流量净额	0.65	0.65

项目	2000年
主营业务收入	3,400,222,722.54
净利润	621,708,729.65
全面摊薄每股收益	0.31
加权平均每股收益	0.31
扣除非经常性损益后的每股收益	0.38
全面摊薄净资产收益率(%)	12.08
扣除非经常性损益后净利润的加权平均净资产收益率(%)	14.58
每股经营活动产生的现金流量净额	0.51

第三节　股本变动及股东情况

一、股东情况介绍
(一)报告期末股东总数
截至2002年12月31日,本公司股东总数为86816户。
(二)持有本公司5%以上(含5%)股份及前10名股东持股情况
1、报告期末持股5%以上(含5%)股东情况
(1)浙江省电力开发公司
浙江省电力开发公司持有本公司国有法人股799,963,200股,占总股本的39.80%,为本公司的第一大股东。报告期内,其所持股票没有质押或冻结的情况。
浙江省电力开发公司,经营范围包括集资办电、开发电力、计划外电量的加工与销售、节电技术改造,注册资金2,545,000,000.00元,法定代表人沈志云。
浙江省电力开发公司为浙江省能源集团有限公司的全资子公司,浙江省能源集团有限公司间接持有公司39.80%的股权,为本公司实际控制人。
浙江省能源集团有限公司为浙江省政府设立的省级能源类国有资产运营机构,经营范围为经营国家授权的集团公司及其所属企业的国有资产和国有股权、实业投资开发、技术咨询服务,注册资金3,500,000,000.00元,法定代表人胡江潮。
(2)浙江省电力公司
浙江省电力公司持有本公司国有法人股514,036,800股,占总股本的25.57%,为本公司的第二大股东。浙江省电力公司为浙江电网的单一购买者,本公司上网电量全部向其销售。浙江省电力公司对本公司的生产经营具有实质影响力。本报告期内,其所持股票没有质押或冻结的情况。
浙江省电力公司,经营范围包括电力生产供应,组织发电、输变电工程的设计施工建设,电力设备修造、维修,注册资金4,275,160,000.00元,法定代表人陈积民。
根据国家计委计基础[2002]2704号《关于国家电力公司发电资产重组划分方案的批复》,浙江省电力公司持有公司514,036,800股国有法人股股权将以行政划拨的方式无偿划转至中国华能集团公司。上述股份划转后,华能集团公司共计公司的股份为514,036,800股,占公司股份总数的25.57%,为公司的第二大股东。浙江省电力公司不再持有公司股份。
2、报告期末公司前10名股东持股情况

股东名称(全称)	年度内增减	年末持股数量(股)	比例(%)	股份类别
浙江省电力开发公司	0	799,963,200	39.80	未流通
浙江省电力公司	0	514,036,800	25.57	未流通
NAITO SECURITIES CO.LTD	未知	14,247,804	0.71	已流通
SCBHK A/C BROWN BROTHERS HARRIMAN AND COBOSTON S/A CMO EMERGING MARKETS FUND	未知	9,112,918	0.45	已流通
TOYO SECURITIES ASIA LTD. A/C CLIENT	未知	7,305,500	0.36	已流通
华聪投资有限公司	未知	6,807,825	0.34	已流通
浙江八达股份有限公司	0	4,000,000	0.20	未流通
HKSBCSB S/A HSBC(NOM) S/A ABN AMRO BANK NV	未知	4,000,000	0.20	已流通
BRITISH AIRWAYS PENSIONS	未知	3,023,999	0.15	已流通
SCBHK A/C NOMURA TB/NOMURA ITM	未知	2,400,000	0.12	已流通

第四节　董事、监事、高级管理人员和员工情况

一、董事、监事和高级管理人员情况
(一)基本情况
1.持股情况

姓名	职务	性别	年龄	任期起止日期
胡江潮	董事长	男	51	2001.5-2003.5
寿德生	董事、总经理	男	45	2000.5-2003.5
沈志云	董事	男	46	2001.5-2003.5
谢国兴	董事	男	48	2000.5-2003.5
张怀宇	董事	男	39	2002.5-2003.5
李远	董事	男	46	2000.5-2003.5
柯吉欣	董事	男	34	2000.5-2003.5
朱立	董事	男	42	2002.5-2003.5
李建国	董事	男	44	2001.5-2003.5
傅木庆	董事	男	44	2000.5-2003.5
戴建成	董事、董事会秘书	男	46	2000.5-2003.5
王佳富	董事	男	49	2000.5-2003.5
朱长荣	董事	男	60	2000.5-2003.5

黄董良	独立董事	男	47	2002.5-2003.5
宦国苍	独立董事	男	53	2002.5-2003.5
顾功耘	独立董事	男	45	2002.5-2003.5
唐信根	监事长	男	55	2000.5-2003.5
江华东	监事	男	48	2002.5-2003.5
胡根法	监事	男	47	2001.5-2003.5
朱海明	监事	男	46	2000.5-2003.5
杨剑雄	监事	男	30	2002.5-2003.5
吴宏飞	监事	男	36	2000.5-2003.5
王国强	监事	男	40	2000.5-2003.5
吴耀忠	副总经理	男	54	2001.2-2003.5
陈觉民	副总经理	男	49	2000.5-2003.5
胡森健	总会计师	男	47	2000.5-2003.5
裘宝兴	工委主任	男	54	2001.2-2003.5

2、在股东单位任职的董事、监事情况

姓名	任职的股东名称	在股东单位担任的职务
胡江潮	浙江省能源集团有限公司	董事长
沈志云	浙江省能源集团有限公司、 浙江省电力开发公司	副总经理(能源集团) 总经理(开发公司)
谢国兴	浙江省电力公司	发输电部主任
张怀宇	浙江省电力公司	计划与规划部主任
李远	浙江省电力开发公司	副总经理
柯吉欣	浙江省电力开发公司	副总经理
朱立	浙江省电力公司	财务产权部副主任
唐信根	浙江省电力公司	纪检组组长
江华东	浙江省电力公司	电力工会主席
胡根法	浙江省能源集团有限公司	财务产权部主任
杨剑雄	浙江省能源集团有限公司	投资开发部副主任

第五节　公司治理结构

一、公司治理情况

公司按照《公司法》、《证券法》和中国证监会颁布的《上市公司治理准则》的要求，先后制定了《公司治理纲要》、《股东大会议事规则》、《董事会议事规则》、《监事会议事规则》、《独立董事制度》等一系列用以建立现代企业制度、规范公司运作的规范性文件，修订完善了《公司章程》，使公司法人治理结构在制度上得以不断规范。

2002 年 5 月 10 日，公司召开 2001 年度股东大会，聘请了 3 名独立董事，设立了战略、审计、薪酬与考核等 3 个董事会专业委员会。除战略委员会外，其他委员会均由独立董事担任负责人，对董事会决策的科学性、客观公正性奠定了良好的基础。为充分体现中小股东的意愿，公司还首次在董事选举中采用了累积投票制度。

根据中国证监会、国家经贸委联合发布的《关于开展上市公司建立现代企业制度检查的通知》，公司进行了认真全面的自查，并填写了自查报告，上报中国证监会和国家经贸委。经浙江省政府企业上市工作领导小组办公室、中国证监会杭州特派办和浙江省经贸委的检查，公司在建立现代企业制度方面所取得的成绩获得检查团的一致肯定。

公司监事会本着对股东负责的精神，认真履行职责，报告期内对公司董事、高级管理人员的履职情况进行了有效监督。

二、独立董事履行职责情况

2002 年，公司聘请黄董良、宦国苍、顾功耘为公司独立董事。独立董事自任职以来，严格按照法律、法规和公司《章程》的要求履行职责，出席了 2002 年召开的股东大会、董事会和专业委员会会议，对公司的年度报告、中期报告、季度报告进行了认真的审查监督，对公司经营层的任职及薪酬情况进行了严格考核。在认真分析研究的基础上，对公司各项重大事项发表了自己的独立意见，为公司规范运作和持续发展提供了合理化建议，保障了董事会决策的科学性和合理性，维护了公司及中小股东的利益。

三、公司与控股股东在人员、资产、财务、机构、业务等方面的分开情况

(一)人员方面：公司有专门的机构负责劳动、人事及工资管理，有健全的劳动人事管理制度。公司总经理、副总经理、总会计师、董事会秘书等高级管理人员均在本公司领取薪酬，且均未在控股股东单位担任重要职务。

(二)资产方面：公司资产完整，拥有独立的生产、辅助生产系统，与控股股东在土地使用权上界定清晰。

(三)财务方面：公司设立了独立的财会部门，在银行开设独立的帐户，建立了独立的会计核算体系和财务管理制度。

(四)机构方面：公司设立了独立于控股股东的组织机构，有独立的办公经营场所。

(五)业务方面：由于电力行业的特点，浙江省电力公司为浙江电网的单一购买者，公司的上网电量全部向浙江省电力公司销售。根据国家计委计基础[2002]2704 号《关于国家电力公司发电资产重组划分方案的批复》，浙江省电力公司持有公司 25.57%的股权划归中国华能集团公司所有。股权划转后，该关联交易将不存在。

四、高级管理人员的考评及激励机制

公司董事会下设薪酬与考核委员会，考核主要依据年初制定的全年生产经营工作目标，根据各高级管理人员的具体分工，按年度进行考核。公司将进一步完善考评、激励机制，建立相应的奖励制度，以起到更好的激励作用。

第六节　股东大会情况简介

一、2001 年度股东大会情况

公司于 2002 年 5 月 10 日召开了 2001 年度股东大会。有关会议召开的时间、地点、审议事项及其他事项等相关董事会决议、股东大会会议通知于 2002 年 3 月 18 日以公告的方式刊登在《上海证券报》、《中国证券报》、香港《南华早报》和香港《文汇报》上。会议如期在杭州市望湖宾馆召开。出席会议的股东及股东代表人持有股份 1,321,140,000 股，占公司有表决权股份的 65.73%，会议的召开程序符合《公司法》和《公司章程》的有关规定。会议由董事长胡江潮主持。

会议以投票方式审议通过了如下决议：

(一)审议通过《2001 年度董事会工作报告》；

(二)审议通过《2001 年度监事会工作报告》；

(三)审议通过《2001 年度财务决算报告》；

(四)审议通过《2001 年度利润分配方案》；

(五)审议通过《2002 年度财务预算报告》；

(六)审议通过《关于建立独立董事制度的议案》；

(七)审议通过《关于设立董事会专门委员会的议案》；

(八)审议通过《关于董事、监事调整和聘请独立董事的议案》

(九)审议通过《关于续聘会计师事务所的议案》；

(十)审议通过《关于修改公司章程的议案》；

本次股东大会由浙江省公证处公证并由出席会议的见证律师出具法律意见书。有关会议决议公告刊登在 2002 年 5 月 11 日的《上海证券报》、《中国证券报》、香港《南华早报》和香港《文汇报》上。

二、选举、更换公司董事、监事情况

经 2001 年度股东大会审议通过，同意赵元杰、张丹不再担任公司董事职务，选举张怀宇、朱立为公司董事；同意黄培根、孔繁祥不再担任公司监事职务，选举江华东、杨志雄为公司监事；同意选举宦国苍、顾功耘、黄董良为公司独立董事。

第七节　董事会报告

一、公司经营情况

(一)主营业务范围及经营状况

1、主营业务范围：公司主营电力的投资、开发及经营

2、公司的经营状况

2002 年，公司在电力体制发生重大变革的形势下，妥善处理好改革、发展和稳定的关系，实现主营业务收入 33.21 亿元、净利润 5.46 亿元，全面完成了股东大会年初制定的各项任务。但与去年相比较，公司净利润减少 1.62 亿元。详见本节"公司财务状况、经营成果和现金流量分析"。

3、主营业务构成情况

公司的主营业务全部来源于发电。与上一年度相比，公司的主营业务构成没有发生变化。

分行业或分产品	主营业务收入(元)	主营业务成本(元)	毛利率(%)
发电业务	3,320,944,888.62	2,208,191,596.44	33.51

分行业或分产品	主营业务收入比上年增减(%)	主营业务成本比上年增减(%)	毛利率比上年增减(%)
发电业务	-1.46	0.70	-1.42

(二)主要控股公司及参股公司的经营情况及业绩

1、浙江长兴发电有限责任公司

本公司持有浙江长兴发电有限责任公司 65%的股权。

浙江长兴发电有限责任公司注册资金 61000 万元，经营范围为电力电量的生产和销售及相关派生产业和辅业。浙江长兴发电有限责任公司拥有 2 台 300MW 机组，其中 1 号机组于 2002 年 12 月 15 日投入商业运行，2 号机组尚在建设之中，预计于 2003 年第二季度投产。2002 年浙江长兴发电有限责任公司亏损 57,479,548.72 元。出现亏损的主要原因是根据会计准则的规定，将浙江长兴发电有限责任公司的开办费 53,225,601.22 元计入本期损益。

2、浙江嘉华发电有限责任公司

本公司持有浙江嘉华发电有限责任公司 24%的股权。

截至本报告期末，浙江嘉华发电有限责任公司注册资金 55,519 万元，经营范围为电力电量的生产和销售及相关派生产业和辅业。浙江嘉华发电有限责任公司拥有 4 台 600MW 机组，目前尚在建设之中，未产生盈利。

(三)主要供应商、客户情况

1、供应商情况

主要供应商	占采购总额比重(%)
1.宁波富兴电力燃料有限公司	59.36
2.浙江富兴电力燃料有限公司	27.80
3.北京金三维动力工程有限公司	1.28
4.豪顿华工程有限公司	0.32
5.上海汽轮机有限公司	1.44

2、客户情况

由于电力行业的特点，浙江省电力公司为浙江省电网的运营机构及单一购买者。公司的上网电量全部向浙江省电力公司销售，销售额占公司主营业务收入的 100%。

(四)经营中出现的问题与困难及解决方案

2002 年，公司面临着较大的经营压力(详见本节"公司经营状况")。为最大限度的消化增支减利因素所带来的不利影响，公司加大内部管理力度，努力挖潜增效。在降低成本方面，公司加强对设备的治理与维护，进一步提高了设备的可靠性、安全性和经济性。一年来，台州电厂实现供电标准煤耗 346 克/千瓦时，较去年下降 2 克/千瓦时，创历史最好水平；萧山电厂实现供电标准煤耗 352 克/千瓦时，也较上年下降 2 克/千瓦时。在增加收入方面，公司深入研究电力市场运作特征，加强电力市场预测，适时调整报价策略，实现市场竞争效益最大化。2002 年，公司平均结算电价达 0.335 元/千瓦时，较 2001 年提高了 0.002 元/千瓦时。经过努力，公司最终完成了年初股东大会制定的各项目标任务。

二、公司投资情况

(一)募集资金使用情况

本公司 1997 年股票发行上市时，共募集资金 2.3 亿美元(折合人民币约 19 亿元)。该资金完全按照招股说明书所披露的募集资金使用投向，用于：

投资项目	金额(亿元)	完成情况	收益情况
建设台州电厂 8 号机组	2.66 亿元	1998 年完成	本年度实现售电收入 70,210.05 万元
收购萧山发电厂	9.03 亿元	1997 年完成	本年度实现售电收入 48,891.15 万元

根据公司 2001 年度临时股东大会审议通过，节余的约 7.42 亿元募集资金用于：(1)作为出资本金投入浙江嘉华发电有限责任公司(2)其余部分补充公司流动资金。浙江嘉华发电有限责任公司注册资本金采用分期到位的方式。截至本报告期末，该公司注册资本金为 55,519 万元。按照出资比例，公司已于 2001 年度投入资本金 13,325 万元。

根据 2002 年 11 月 28 日召开的浙江嘉华发电有限责任公司股东会 2002 年度会议《关于增加注册资本的决议》：各股东方一致同意将浙江嘉华发电有限责任公司的注册资本增加至 155,519 万元(截至 2002 年 12 月 31 日，浙江嘉华发电有限责任公司注册资本为人民币 55,519.00 万元。公司累计已投入 13,325.00 万元，占该公司注册资本总额的 24%。)，由股东按各自的出资比例并按浙江嘉华发电有限责任公司《2003 年度资本金投入计划》在 2003 年分 4 次投入。根据上述决议，本公司 2003 年将对浙江嘉华发电有限责任公司增资 24,000 万元。2003 年 3 月 17 日，公司已按上述决议支付投资款 6,000 万元。

三、公司财务状况、经营成果和现金流量分析

(一)财务状况分析

1、总资产：本报告期公司总资产为 8,602,419,267.42 元，较上年增加 786,105,491.17 元。

主要系固定资产增加 747,831,268.36 元。固定资产增加主要是由于浙江长兴发电有限责任公司 1 号机组投入商业运行，根据工程实际成本，按估计的价值转入固定资产。

2、股东权益：股东权益增加系由于本报告期公司实现净利润增加所致。

(二)经营成果分析

2002 年，公司实现净利润 545,515,105.11 元，较 2001 年 707,945,727.20 元减少 162,430,622.09 元。

1、主营业务收入减少。本报告期，公司主营业务收入较上年减少 4,933 万元，是由于上网电量减少所致。2002 年公司上网电量为 99.04 亿千瓦时(其中浙江长兴发电有限责任公司为 0.53 亿千瓦时)，2001 年公司上网电量为 101.16 亿千瓦时。

2、由于主要受到煤炭价格上涨因素的影响，2002 年公司标煤单价较 2001 年上涨 9.68 元/吨，增加支出 3,418 万元。

3、管理费用增加，主要系：

(1)公司按规定将一次性住房补贴和工龄补贴 5,044 万元计入本期管理费用。

(2)浙江长兴发电有限责任公司开办费 5,322 万元计入本期管理费用。

4、营业外支出增加。本报告期,公司营业外支出较上年增加 2,237 万元,主要为报废固定资产净损失以及转让固定资产净损失。

5、所得税支出增加,原因是根据财政部的有关规定,从 2002 年开始,公司所得税地方部分不再享受先征后返的优惠政策。

(三)现金流量分析

现金及现金等价物净增加额:本报告期公司现金及现金等价物净增加额为-142,807,870.93 元。其中:经营活动产生的现金净流量为 1,040,154,528.73 元,投资活动产生的现金流量净额为-1,038,748,935.94 元,筹资活动产生的现金流量净额为-143,957,124.28 元。

四、重大会计差错更正

根据浙江省国家税务局稽查局稽便函[2002]11 号文《浙江省国家税务局稽查局关于对省属企业开展税收自查若干问题的通知》,公司对 2001 年度有关税收情况进行了自查:1)公司下属台州发电厂 1 号机组大修费用 47,310,582.22 元,因已符合固定资产改良支出的条件,不允许在 2001 年度一次性在税前列支,纳税调整补缴企业所得税 15,612,492.13 元,同时报经主管税务部门同意,该大修费用从 2002 年起分 5 年在税前扣除;公司支付 2001 年度的补充养老金及下属萧山发电厂二期项目前期费用等共计 15,650,345.95 元,按税法规定不允许在税前列支,因该项纳税调整补缴企业所得税 5,164,614.17 元;公司多计提待业保险费、离退休人员管理费等共计 3,725,853.19 元,自查时予以冲回,相应补缴企业所得税 1,229,531.55 元。上述三项公司共计补缴了 2001 年度企业所得税 22,006,637.85 元。2)公司将作为大修费用列支的专项设备相应的进项税 340,699.82 元转出,补缴增值税 340,699.82 元。

又根据浙江省国家税务局稽查局浙国税稽处字 [2002] 第 0057 号《税务处理决定书》,公司下属台州发电厂 1 号机组大修发生的领用材料及其他用于应税项目的购进货物已抵扣进项税共计 7,490,632.69 元,相应补缴增值税 7,490,632.69 元。

对上述事项,公司已作为重大会计差错更正处理,采用追溯调整法调减了 2001 年度净利润 26,112,117.17 元,相应调减了盈余公积 5,222,423.44 元,调减 2002 年年初未分配利润 20,889,693.73 元,资产负债表相关项目的期初数和利润及利润分配表的上年同期数也作了相应调整。

五、对生产经营环境以及宏观政策、法规产生重大变化已经、正在或将要对公司的财务状况和经营成果产生重要影响的说明

(一)2002 年 12 月 19 日,经国务院批准,中国电力新组建(改组)的 11 家公司正式宣告成立,实现了厂网分开,引入了竞争机制,这是我国电力体制改革的重要成果。电力体制改革的总体目标是,打破垄断,引入竞争,提高效率,降低成本,健全电价机制,优化资源配置,促进电力发展,推进全国联网,构建政府监管下的政企分开、公平竞争、开放有序、健康电力体制改革发电资产重组方案,"厂网分开"后,浙江省电力公司所持有的本公司 514,036,800 股国有法人股股权将以行政划拨方式无偿划转至中国华能集团公司。上述股份划转后,华能集团公司共计持有公司的股份为 514,036,800 股,占公司股份总数的 25.57%,为公司的第二大股东。浙江省电力公司不再持有公司股份。

(二)根据国家计委《关于规范电价管理有关问题的通知》以及《关于加快实施城乡用电同价工作的通知》的精神,经浙江省物价局浙价商[2003]36 号文核定,公司所属台州发电厂合约电价自 2003 年 1 月 1 日起调整为 352.42 元/千千瓦时(不含税),较 2002 年降低 5 元/千千瓦时。萧山发电厂合约电价保持不变。

(三)公司控股子公司浙江长兴发电有限责任公司 1 号机组于 2002 年 12 月 15 日完成 168 小时调试正式投入运行,开始并网发电。经浙江省物价局浙价商[2003]15 号文核定,该公司合约电价为 324.78 元/千千瓦时(不含税)。

(四)根据国家和省政府相继出台的关于住房制度改革实施货币分房的政策法规,以及浙江省电力工业局浙电行[2002]1364 号《关于下发<浙江省电力局在杭单位住房分配货币化实施办法>的通知》和台州市住房委员会办公室台房改[2001]47 号《关于<台州发电厂住房补贴实施方案>的批复》,本报告期公司按规定计提一次性住房补贴和工龄补贴共计 76,742,750.69 元。根据相关文件规定,申请一次性住房补贴的职工应具备 20 年工龄,未满 20 年工龄者,按实际工作年限计发,差额年限部分的一次性住房补贴,与公司签订《住房补贴借款协议》后作暂借款预支。经计算,工龄未满 20 年部分的一次性住房补贴 26,302,005.38 元,作职工暂借款列"其他应收款"科目反映,其余 50,440,745.31 元计入本年损益。

六、本公司 2002 年度财务报告经浙江天健会计师事务所和普华永道中天会计师事务所有限公司审计,中国注册会计师王越豪、陈曙、黄元喜出具了浙天会审[2003]第 383 号标准无保留意见的审计报告。

七、董事会日常工作情况

(一)董事会会议及决议情况

2002 年度,公司共召开 8 次董事会会议。

1、2002 年 2 月 22 日,公司以通讯方式召开第二届董事会第十六次会议,对本公司建立第一级美国存托凭证计划进行了审议。鉴于第一级美国存托凭证计划对于促进公司股票的流通有一定的推动作用,因此表示赞成。该计划目前尚未获得中国证监会的批准。

2、2002 年 3 月 14 日,公司召开第二届董事会第十七次会议,会议形成如下决议:

(1)审议通过 2001 年度董事会工作报告

(2)审议通过 2001 年度总经理工作报告

(3)审议通过 2001 年度财务决算报告

(4)审议通过 2001 年利润分配方案及 2002 年度利润分配政策

(5)审议通过 2001 年年度报告及年度报告摘要

(6)审议通过关于计提四项准备的议案

(7)审议通过 2002 年度财务预算

(8)审议通过关于建立独立董事制度及设立董事会专门委员会的议案

(9)审议通过关于董事调整和聘请独立董事的议案

(10)审议通过关于修改公司章程的议案

(11)审议通过关于续聘会计师事务所的议案

(12)审议通过关于提议召开 2001 年年度股东大会的议案

本次董事会会议的决议公告刊登在 2002 年 3 月 18 日出版的《上海证券报》、《中国证券报》、香港《南华早报》、香港《文汇报》上。

3、2002 年 4 月 18 日,公司以通讯方式召开第二届董事会第十八次会议,会议审议通过公司 2002 年度第一季度季度报告。券报》、香港《南华早报》、香港《文汇报》上。

4、2002 年 4 月 30 日,公司召开第二届董事会第十九次会议,根据浙江省发展计划委员会浙计基础[2002]124 号《关于下达 2002 年半山发电厂等天然气发电项目前期工作和经费安排计划的通知》,公司同意

(1)同意拨付萧山电厂天然气发电工程项目 2002 年前期工作费用 430 万元(2002 年度实际发生 168.80 万元)。

(2)预征萧山电厂天然气发电工程项目用地 186 亩。待萧山电厂天然气发电工程可行性研究报告批复后,办理正式征用手续。目前预征手续尚未办理。

5、2002 年 6 月 26 日,公司以通讯方式召开第二届董事会第二十次会议,会议审议通过如下决议:

(1)因上报项目建议书的需要,同意公司全额投资萧山电厂天然气发电工程。目前该工程项目建议书尚在报批中。

(2)同意关于公司建立现代企业制度的自查报告。

6、2002 年 7 月 29 日,公司以通讯方式召开第二届董事会第二十一次会议,会议形成如下决议:

(1)公司 2002 年上半年度不进行利润分配,也不进行公积金转赠股本。

(2)通过公司 2002 年上半年度报告,并同意予以披露。

公司 2002 年上半年度报告刊登在 2002 年 7 月 31 日出版的《上海证券报》、《中国证券报》、香港《南华早报》、香港《文汇报》上。

7、2002 年 10 月 24 日,公司以通讯方式召开第二届董事会第二十二次会议,会议审议通过公司 2002 年度第三季度报告,并同意予以披露。

公司 2002 年度第三季度报告刊登在 2002 年 10 月 25 日出版的《上海证券报》、《中国证券报》、香港《南华早报》、香港《文汇报》上。

8、2002 年 12 月 31 日,公司以通讯方式召开第二届董事会第二十三次会议,会议根据浙江省电力工业局浙电行[2002]1364 号《关于下发<浙江省电力局在杭单位住房分配货币化实施办法>的通知》和台州市住房委员会办公室台房改[2001]47 号《关于<台州发电厂住房补贴实施方案>的批复》,同意列支住房分配货币化补贴资金。

第八节　监事会报告

一、报告期内监事会会议情况

本报告期内,公司共召开两次监事会会议,主要内容如下:

(一)2002 年 3 月 14 日召开公司第二届监事会第六次会议,会议通过如下决议:

1、审议通过 2001 年度监事会工作报告

2、审议通过关于监事调整的议案

3、审议 2001 年年度报告及摘要,监事会认为,2001 年年度报告及摘要内容真实、准确、完整,不存在虚假性陈述、重大遗漏和严重误导,境内外会计师事务所均出具了无保留意见的审计报告,同意予以披露。

4、审议通过《关于计提四项准备的议案》

(二)2002 年 7 月 29 日以通讯方式召开公司第二届监事会第七次会议,会议通过如下决议:

1、同意公司 2002 年上半年度不进行利润分配,也不进行公积金转赠股本。

2、2002 年半年度报告真实、准确、完整地反映了公司 2002 年上半年度公司的生产经营情况,同意予以披露。

二、监事会对公司 2002 年度有关事项的独立意见

( )监督公司依法运作情况

2002 年,公司监事会按照《公司法》、《公司章程》所赋予的权力,对公司董事会的召开程序、决议事项、董事会对股东大会决议的执行情况及公司高级管理人员执行职务的情况进行了监督,认为公司 2002 年度的工作能严格按照《公司法》、《证券法》、《上市规则》、《公司章程》及其他有关法规制度进行规范运作,经营决策合理,并进一步完善了内部管理和内部控制制度,建立了良好的内控机制;公司董事、经理执行职务时没有违反法律、法规、公司章程和损害公司利益或广大投资者利益的行为。

(二)检查公司重大经营活动

监事会认真听取总经理及其他高级管理人员的专项汇报,全面及时地了解公司的生产经营活动,进行动态监督。监事会认为,公司经理层勤勉尽责,在电力体制改革的关键时期,妥善处理好改革、发展和稳定的关系,确保了安全生产和职工队伍的稳定,经过努力,完成了股东大会制订的各项目标任务。

(三)检查公司财务情况

公司监事会根据公司的实际情况,认真审核定期财务报表和文件,及时准确地了解公司的财务信息。监事会认为,一年来公司财务状况良好,资金使用情况良好,财务管理规范,内控制度能够严格执行,保证了生产经营工作的顺利进行。

监事会注意到,根据浙江省国家税务局稽查局稽便函[2002]11 号文《浙江省国家税务局稽查局关于对省属企业开展税收自查若干问题的通知》,公司对 2001 年度有关税收情况进行了自查。经检查,公司共计补缴了 2001 年度企业所得税 22,006,637.85 元,补缴增值税 340,699.82 元。又经浙江省国家税务局稽查局审定,补缴增值税 7,490,632.69 元。上述事项公司作为重大会计差错更正处理,采用追溯调整法调减了 2001 年度净利润 26,112,117.17 元,相应调减了盈余公积 5,222,423.44 元,调减 2002 年年初未分配利润 20,889,693.73 元。

监事会认为,公司 2002 年度财务报告能够真实地反映公司的财务状况和经营成果。浙江天健会计师事务所和普华永道中天会计师事务所出具的标准无保留意见的审计报告和对有关事项作出的评价是客观公正的。

(四)检查募集资金使用情况

公司监事会对募集资金投资项目实施全过程监督,确保募集资金实际投入项目与承诺的投入项目一致。根据 2001 年度公司临时股东大会决议,公司募集资金节余部分用于投资浙江嘉华发电有限责任公司(嘉兴电厂二期项目)。2002 年,国家计委以计基础[2002]2349 号文批复了工程扩建方案,嘉兴电厂二期工程建设全面铺开。按照"工程管理与国际接轨,建成国产同类型机组全国最好水平"的要求,工程建设顺利完成了全年度各项控制目标。

(五)检查收购、出售资产及关联交易情况。

本报告期内,公司无收购事项发生。为盘活非经营性资产,本报告期内公司将所属萧山发电厂生活区内的集体宿舍、职工培训中心、相关附属设施等建筑物及与建筑物相应的土地使用权转让给杭州市萧山临江工贸有限公司。交易价格乃按照经浙江天健资产评估有限公司的评估价格确定。监事会认为,一年来公司进行的关联交易公平合理并按信息披露的有关规定进行了披露,交易价格按照政府定价、市场价格或评估价格进行结算,未损害公司利益或中小股东利益,无内幕交易行为发生。

(六)监督股东大会决议执行情况

公司监事会成员列席了公司董事会和股东大会会议,对公司董事会提交股东大会审议的各项报告和提案内容,本公司监事会并无异议。公司监事会对股东大会的决议执行情况进行了监督,认为公司董事会能够认真履行股东大会的有关决议。

(七)监督货币化分房政策执行情况

监事会认为,本报告期公司执行浙江省电力工业局浙电行[2002]1364 号《关于下发<浙江省电力局在杭单位住房分配货币化实施办法>的通知》及台州市住房委员会办公室台房改[2001]47 号《关于<台州发电厂住房补贴实施方案>的批复》精神,按规定拨付一次性住房补贴和工龄补贴的行为,符合国家和省政府关于住房制度改革实施货币分房的政策法规。

第九节　重要事项

一、重大诉讼、仲裁事项

本年度公司无重大诉讼、仲裁事项

二、收购及出售资产事项

(一)本报告期,公司无收购资产事项。

(二)出售资产事项

为盘活非经营性资产,本报告期内,公司向萧山临江工贸有限公司转让萧山发电厂生活区内的集体宿舍、职工培训中心、相关附属设施等建筑物及与建筑物相应的土地使用权。上述资产的帐面值为 1,186.75 万元。经浙江天健资产评估有限公司清查及评估(浙天评报字[2002]第 42 号),评估值为 547.82 万元。转让价格乃按照经评估的资产价值确定,计人民币 547.82 万元。该出售事项对于公司业务的连续性、管理层的稳定性不会产生影响。

三、重大关联交易事项

(一)购销商品

1、销售上网电量

浙江省电力公司为浙江省电网的运营机构及单一购买者,公司的上网电量全部向浙江省电力公司销售,公司与浙江省电力公司的交易具有行业特殊性和不可避免性。截至本报告期末,浙江省电力公司为本公司第二大股东。

关联方	交易内容	定价原则	交易金额(元)
浙江省电力公司	出售上网电量	[注]	3,320,944,888.62

关联方	结算方式	占同类交易金额的比例
浙江省电力公司	每月按旬结算	100%

[注]根据浙江省电力公司浙电计[2002]150号《关于下达2002年浙江省电力公司电力生产经营计划的通知》,公司2002年度仍参与电力市场竞价上网,其中参加竞价的电量安排约为20%,合约电量约为80%。竞价电量部分电价按照市场竞价情况实时结算;合约电量部分电价本期仍按照浙江省物价局2000年1月28日浙价工[2000]39号文批复确认的电价执行,即公司2002年不含税合约上网电价分别为:台州发电厂1-8号机组357.415元/千千瓦时(不含税),萧山发电厂1-2号机组320元/千千瓦时(不含税)。又根据浙江省物价局浙价商[2002]342号《关于2002年超发电量上网电价的通知》,对2002年各有关电厂平均发电利用小时的80%超过4,800基数合约利用小时部分所发电量的上网电价,实行超发电量电价,确定台州发电厂按200元/千千瓦时(不含税),萧山发电厂按197元/千千瓦时(不含税)结算。根据浙江省物价局浙价商[2003]15号《关于浙江长兴发电有限责任公司上网电价的批复》,浙江长兴发电有限责任公司自投产之日起至2003年底上网电价为380.00元/千千瓦时(含税)。

2、采购煤炭

关联方	交易内容	定价原则	交易金额(元)
浙江富兴电力燃料有限公司	购买煤炭	[注]	428,731,263.86
宁波富兴电力燃料有限公司			915,622,685.53

关联方	结算方式	占同类交易金额的比例
浙江富兴电力燃料有限公司	按全年实际采购量计算	31.89%
宁波富兴电力燃料有限公司		68.11%

[注]:公司发电所需燃料由浙江省电力公司的子公司浙江富兴电力燃料有限公司及其子公司宁波富兴电力燃料有限公司供应。1997年5月,公司与该公司签订了《燃料供应协议》,有效期限为20年。据此协议,双方每年制定年度供煤合同,确定当年供煤的质量、规格、数量和价格等事宜。浙江富兴电力燃料有限公司及其子公司宁波富兴电力燃料有限公司向本公司供应的燃料价格条件应不高于其向其他发电厂供应的同类燃料的价格条件,也不高于双方在商定价格时本公司在一般市场上可获得的同类燃料的价格条件,否则本公司有权自行采购燃料。

(二)收购、出售资产事项

本报告期,公司无重大收购、出售资产关联交易事项。

(三)债权、债务往来事项

1、偿还长期负债

1997年,公司与两债权人浙江省电力公司和浙江省电力开发公司签订了《债务合同》,借入为期10年的四期工程(7-8号机组)建造款,明确了在新建机组试生产结束后,由公司向上述两公司分期偿还本息。1999年3月,公司与两债权人对原《债务合同》的部分条款进行了修订,并于同月22日正式签订《债务合同<补充协议>》,重新调整确定了两债权人实际投入资金情况以及债务比例和债务金额。1999年12月,本公司、浙江省电力公司和华东电力集团财务有限公司签订《委托贷款协议书》,浙江省电力公司所属债务部分改为委贷借款,委贷借款总额为170,638.00万元;2000年12月29日,本公司、浙江省电力开发公司和上海浦东发展银行杭州分行签订《委托贷款合同》,浙江省电力开发公司所属债务截至2000年末剩余部分改为四年期委贷借款,委贷借款总额为31,789.20万元。经偿还后,2001年末该等长期债务金额为978,180,000.00元。根据2001年2月28日三方签订《2001年及以后年度还款协议》,确定2002年度偿还及变动情况如下表:

债权人(会计科目) 内容	上海浦发银行杭州分行(长期借款)	华东电力集团财务有限公司(长期借款)
截至2001年末债务总额	238,419,000.00	739,761,000.00
2002年度已偿还金额	79,473,000.00	246,587,000.00
转入一年内到期长期负债	79,473,000.00	246,587,000.00
2002年底止长期债务额	79,473,000.00	246,587,000.00

债权人(会计科目) 内容	合计
截至2001年末债务总额	978,180,000.00
2002年度已偿还金额	326,060,000.00
转入一年内到期长期负债	326,060,000.00
2002年底止长期债务额	326,060,000.00

2、委托贷款

为提高资金使用效率,公司委托中国工商银行杭州市庆春路支行向浙江长兴发电有限责任公司提供委托贷款。

委贷时间	委贷金额(万元)	到期时间	还款时间
2001.12.16	5000	2002.12.25	2002.12.25
2002.1.30	5000	2003.1.29	2003.1.29
2002.9.25	5000	2003.9.24	尚未到期
2002.10.25	5000	2003.10.24	尚未到期
2002.12.25	5000	2003.12.24	尚未到期
2003.1.27	5000	2004.1.26	尚未到期
2003.1.29	5000	2004.1.28	尚未到期
2003.3.4	5000	2004.3.3	尚未到期

委贷时间	贷款年利率	年手续费率
2001.12.16	一年期5.85%	0.03%
2002.1.30	一年期5.85%	0.03%
2002.9.25	一年期5.31%	0.03%
2002.10.25	一年期5.31%	0.03%
2002.12.25	一年期5.31%	0.03%
2003.1.27	一年期5.31%	0.03%
2003.1.29	一年期5.31%	0.03%
2003.3.4	一年期5.31%	0.03%

(四)担保事项

1、因建设浙江长兴发电有限责任公司2×300MW机组的需要,浙江长兴发电有限公司各股东方为该项目的贷款提供股东按份担保。各股东方按出资比例对债务的相应部分承担担保责任,各股东方之间无须承担连带责任。该担保事项已经公司第二届董事会第十五次会议审议通过。2001年12月,浙江长兴发电有限责任公司向中国建设银行长兴县支行申请150,000万元的借款额度。根据出资比例,其中107,000万元由本公司提供保证式担保,担保期限为借款余额为45,000万元,其中由本公司提供保证式担保的金额为32,900万元。截至本期末无迹象表明可能存在相应的预计负债。

2、因建设浙江嘉华发电有限责任公司4×600MW机组的需要,浙江嘉华发电有限责任公司各股东方为该项目的贷款提供股东按份担保。各股东方按出资比例对债务的相应部分承担担保责任,各股东方之间无须承担连带责任。该担保事项已经公司2001年度临时股东大会审议通过。2001年12月,浙江嘉华发电有限责任公司向中国工商银行浙江省分行和中国建设银行浙江省分行申请45,000万元和320,000万元的长期借款,担保期限为2001年12月17日至2026年12月16日。截至2002年末,浙江嘉华发电有限责任公司实际贷款余额为10,000万元,根据出资比例,其中2,400万元由本公司提供保证式担保。截至本期末无迹象表明可能存在相应的预计负债。

3、公司浙江长兴发电有限责任公司本期已开具但截至期末止未到期的银行承兑汇票56,963,000.00元,其中:39,696,000.00元由本公司提供保证式担保,担保期限为2002年8月6日至2003年4月28日。截止本期末无迹象表明可能存在相应的预计负债。

(五)其他关联交易事项

1、本报告期,公司根据与台州发电厂实业总公司签订的《借用劳动力协议》、《运输服务合同》和《炉渣、石子煤等外运承包合同》等,向台州发电厂实业总公司支付劳动力借用费、上下班客车接送费和废灰处理费等共计16,978,526.88元。台州发电厂实业总公司由台州发电厂参与日常管理。

2、本报告期,公司根据与杭州萧山临江工贸有限公司签订的《车辆运输合同》、《后勤服务承包合同》等,向杭州萧山临江工贸有限公司支付车辆租赁费和后勤服务费等共计10,435,238.00元,并向其转让萧山发电厂生活区内的集体宿舍、职工培训中心、相关附属设施等建筑物及与建筑物相应的土地使用权,详见本节二"收购及出售资产事项"。杭州萧山临江工贸有限公司由萧山发电厂参与日常管理。

3、本报告期,浙江长兴发电有限责任公司向长兴长风能源有限责任公司按双方协商价格发生的采购货物等金额为32,165,270.62元。长兴长风能源有限责任公司由浙江长兴发电有限责任公司参与日常管理。

4、根据公司与浙江省电力公司和浙江省电力开发公司于2000年11月8日签订的《剥离资产租赁协议》,公司把改制时原台州发电厂剥离的非经营性资产租入,并支付相应的资产租赁费,本报告期支付该项资产租赁费1,738,800.00元。

四、重大合同及其履行情况

(一)托管、承包、租赁情况

本报告期内,本公司无重大托管、承包、租赁其他公司资产或其他公司托管、承包、租赁本公司资产的事项。

(二)重大担保

详见本节"重大关联交易事项"

(三)信托资金管理

根据董事会授权经营层在3亿元额度内进行国债、证券投资的决议,本报告期内,公司与浙江省国际信托投资公司分别签署了三项《信托资金管理协议》

受托人	委托金额	委托期限	约定收益
浙江省国际信托投资公司	100,000,000.00元	2002年1月4日至2003年1月4日	无
浙江省国际信托投资公司	100,000,000.00元	2002年4月22日至2003年4月22日	无
浙江省国际信托投资公司	100,000,000.00元	2002年6月23日至2003年6月23日	无
合计	300,000,000.00元	-	-

受托人	实际收益	实际收回金额
浙江省国际信托投资公司	16,363,090.00元	协议均提前终止,于2002年12月20日收回本金2亿元、于2002年12月24日收回本金1亿元,并收回信托资金相应的管理收益16,363,090.00元。
浙江省国际信托投资公司		
浙江省国际信托投资公司		
合计	16,363,090.00元	316,363,090.00元

根据2003年1月22日本公司与浙江省国际信托投资公司签订的《信托资金管理协议》,2003年本公司继续委托浙江省国际信托投资公司进行资金运作。

受托人	委托金额	委托期限
浙江省国际信托投资公司	100,000,000.00元	从信托资金到达浙江省国际信托投资公司指定帐户之日起至2004年1月21日止。
浙江省国际信托投资公司	50,000,000.00元	

受托人	约定收益	实际收益
浙江省国际信托投资公司	无	尚未产生
浙江省国际信托投资公司	无	尚未产生

(四)委托贷款事项

详见本节"重大关联交易事项"

(五)公司无其他重大合同

五、承诺事项

根据2002年11月28日召开的浙江嘉华发电有限责任公司股东会2002年度会议《关于增加注册资本的决议》:各股东方一致同意将浙江嘉华发电有限责任公司的注册资本增加至155,519万元(截至2002年12月31日,浙江嘉华发电有限责任公司注册资本为人民币55,519.00万元。公司按24%的出资比例足额认缴出资款,累计已投入资本金13,325.00万元),由股东按各自的出资比例并按浙江嘉华发电有限责任公司《2003年度资本金投入计划》在2003年分4次投入。根据上述决议,本公司2003年将对浙江嘉华发电有限责任公司增资24,000万元。2003年3月17日,公司已按上述决议支付投资款6,000万元。

六、聘请的会计师事务所情况

本报告期内,公司聘请浙江天健会计师事务所和普华永道中天会计师事务所有限公司为公司境内外审计机构。截至本报告期末,浙江天健会计师事务所和普华永道中天会计师事务所有限公司已连续6年为公司提供审计服务。公司近两年支付给会计师事务所的报酬如下:

名称	2002年	2001年
浙江天健会计师事务所	900,000.00元	900,000.00元
普华永道中天会计师事务所有限公司	1,050,000.00元	1,050,000.00元

名称	说明
浙江天健会计师事务所	公司不承担交通费
普华永道中天会计师事务所有限公司	公司不承担交通费

七、本报告期内,公司、公司董事会及董事未受到中国证监会稽查、中国证监会行政处罚、通报批评、证券交易所公开谴责的情形。2002年6月,中国证监会杭州特派办对公司进行巡

八、其他重要事项

根据浙江省财政厅浙财企一字[2002]49号《关于浙江东南发电股份有限公司所得税返还的复函》,公司于2002年7月26日收到返还的2001年10-12月份的已纳所得税税3,029.70万元中属

地方部分的 18%,计 1,652.56 万元,已冲抵本期"所得税"项目。

第十节 财务报告

审计报告

浙江东南发电股份有限公司全体股东:

我们接受委托,审计了贵公司 2002 年 12 月 31 日的资产负债表和合并资产负债表、2002 年度的利润及利润分配表和合并利润及利润分配表,以及 2002 年度现金流量表和合并现金流量表。这些会计报表由贵公司负责,我们的责任是对这些会计报表发表审计意见。我们的审计是依据中国注册会计师独立审计准则进行的。在审计过程中,我们结合贵公司的实际情况,实施了包括抽查会计记录等我们认为必要的审计程序。

我们认为,上述会计报表符合《企业会计准则》和《企业会计制度》的有关规定,在所有重大方面公允地反映了贵公司 2002 年 12 月 31 日的财务状况,2002 年度的经营成果以及现金流量,会计处理方法的选用遵循了一贯性原则。

浙江天健会计师事务所有限公司　　中国注册会计师:王越豪

报告日期:2003 年 2 月 20 日　　中国注册会计师:陈　曙

中国注册会计师:黄元喜

资产负债表

编制单位:浙江东南发电股份有限公司　　2002 年 12 月 31 日

单位:人民币元

资产	期末数 母公司	合并
流动资产:		
货币资金	1,275,444,909.15	1,316,602,765.12
短期投资	245,339,100.00	45,066,100.00
应收票据		
应收股利		
应收利息		
应收帐款	101,911,910.02	189,310,963.44
其他应收款	34,336,919.77	34,892,310.31
预付帐款	12,461,180.00	12,461,180.00
应收补贴款		
存货	89,186,432.87	109,881,758.45
待摊费用		
一年内到期的长期债权投资		
其他流动资产		
流动资产合计	1,758,680,451.81	1,708,215,077.32
长期投资:		
长期股权投资	1,567,688,293.33	1,208,550,000.00
长期债权投资		
长期投资合计	1,567,688,293.33	1,208,550,000.00
其中:合并价差		
其中:股权投资差额		
固定资产:		
固定资产原价	6,663,381,995.97	8,262,163,609.22
减:累计折旧	3,313,017,453.44	3,315,214,904.61
固定资产净值	3,350,364,542.53	4,946,948,704.61
减:固定资产减值准备		
固定资产净额	3,350,364,542.53	4,946,948,704.61
工程物资	21,012,643.90	32,013,043.90
在建工程	80,280,204.67	458,328,216.40
固定资产清理		
固定资产合计	3,451,657,391.10	5,437,289,964.91
无形资产及其他资产:		
无形资产	221,098,737.29	221,098,737.29
长期待摊费用	24,564,741.71	27,265,487.90
其他长期资产		
无形资产及其他资产合计	245,663,479.00	248,364,225.19
递延税项:		
递延税款借项		
资产总计	7,023,689,615.24	8,602,419,267.42
负债及所有者权益		
流动负债:		
短期借款	3,390,000.00	553,390,000.00
应付票据		56,963,000.00
应付帐款	144,452,442.30	456,384,684.26
预收帐款		
应付工资	86,879,011.39	86,668,618.65
应付福利费	26,056,228.71	26,425,375.38
应付股利	498,480,000.00	498,480,000.00
应交税金	108,557,056.55	116,153,980.49
其他应交款	1,320,983.85	1,584,804.17
其他应付款	115,652,165.44	122,446,669.53
预提费用		934,800.00
预计负债		
一年内到期的长期负债	326,060,000.00	326,060,000.00
其他流动负债		
流动负债合计	1,310,847,888.24	2,245,491,932.48
长期负债:		
长期借款	326,060,000.00	776,763,450.00
应付债券		
长期应付款		
专项应付款		
其他长期负债		
长期负债合计	326,060,000.00	776,763,450.00
递延税项:		
递延税款贷项		
负债合计	1,636,907,888.24	3,022,255,382.48
少数股东权益		193,382,157.94
股东权益:		
股本	2,010,000,000.00	2,010,000,000.00
减:已归还投资		
股本净额	2,010,000,000.00	2,010,000,000.00
资本公积	1,863,272,079.51	1,863,272,079.51
盈余公积	763,152,307.26	763,152,307.26
其中:法定公益金	381,576,153.63	381,576,153.63
未分配利润	750,357,340.23	750,357,340.23
外币报表折算差额		
股东权益合计	5,386,781,727.00	5,386,781,727.00
负债及所有者权益合计	7,023,689,615.24	8,602,419,267.42

利润及利润分配表

2002 年度

编制单位:浙江东南发电股份有限公司　　单位:人民币元

项　目	本期数 母公司	合并
一、主营业务收入	3,303,121,784.34	3,320,944,888.62
减:主营业务成本	2,197,760,669.91	2,208,191,596.44
主营业务税金及附加	29,518,549.61	29,631,064.15
二、主营业务利润(亏损以"-"号填列)	1,075,842,564.82	1,083,122,228.03
加:其他业务利润(亏损以"-"号填列)	489,090.01	489,090.01
减:营业费用		
管理费用	173,026,072.79	229,175,442.48
财务费用	40,081,923.83	41,228,922.57
三、营业利润(亏损以"-"号填列)	863,223,658.21	813,206,952.99
加:投资收益(损失以"-"号填列)	2,552,849.05	33,459,111.29
补贴收入		
营业外收入	399,756.67	399,756.67
减:营业外支出	34,295,269.99	34,312,683.64
四、利润总额(亏损以"-"号填列)	831,880,993.94	812,753,137.31
减:所得税	286,406,513.83	287,355,874.26
少数股东损益		-20,117,842.06
五、净利润(亏损以"-"号填列)	545,474,480.11	545,515,105.11
加:年初未分配利润	812,457,756.14	812,417,131.14
其他转入		
六、可供分配利润	1,357,932,236.25	1,357,932,236.25
减:提取法定盈余公积	54,547,448.01	54,547,448.01
提取法定公益金	54,547,448.01	54,547,448.01
提取职工奖励及福利基金		
提取储备基金		
提取企业发展基金		
利润归还投资		
七、可供股东分配的利润	1,248,837,340.23	1,248,837,340.23
减:应付优先股股利		
提取任意盈余公积		
应付普通股股利	498,480,000.00	498,480,000.00
转作股本的普通股股利		
八、未分配利润	750,357,340.23	750,357,340.23
补充资料:		
出售、处置部门或被投资单位所得收益		
自然灾害发生的损失		
会计政策变更增加(或减少)利润总额		
会计估计变更增加(或减少)利润总额		
债务重组损失		
其它		

现金流量表

2002 年度

编制单位:浙江东南发电股份有限公司　　单位:人民币元

项目	母公司
一、经营活动产生的现金流量:	
销售商品、提供劳务收到的现金	3,850,736,874.32
收到的税费返还的现金	16,525,600.00
收到的其他与经营活动有关的现金	1,804,473.06
现金流入小计	3,869,066,947.38
购买商品、接受劳务支付的现金	1,707,813,925.82
支付给职工以及为职工支付的现金	304,851,485.17
支付的各项税费	777,827,538.64
支付的其他与经营活动有关的现金	26,272,825.23
现金流出小计	2,816,765,774.86
经营活动产生的现金流量净额	1,052,301,172.52
二、投资活动产生的现金流量:	
收回投资所收到的现金	350,382,378.23
取得投资收益所收到的现金	39,718,792.49
处置固定资产、无形资产和其他长期资产所收回的现金净额	7,154,728.51
收到的其他与投资活动有关的现金	24,185,433.65
现金流入小计	421,441,332.88
购建固定资产、无形资产和其他长期资产所支付的现金	197,706,587.10
投资所支付的现金	545,002,200.00
支付的其他与投资活动有关的现金	
现金流出小计	742,708,787.10
投资活动产生的现金流量净额	-321,267,454.22
三、筹资活动产生的现金流量:	
吸收投资所收到的现金	
其中:子公司吸收少数股东权益投资收到的现金	
借款所收到的现金	3,390,000.00
收到的其他与筹资活动有关的现金	
现金流入小计	3,390,000.00
偿还债务所支付的现金	326,060,000.00
分配股利、利润或偿付利息所支付的现金	563,493,842.98
其中:子公司支付少数股东的股利	
支付的其他与筹资活动有关的现金	
现金流出小计	889,553,842.98
筹资活动产生的现金流量净额	-886,163,842.98
四、汇率变动对现金的影响	-256,339.44
五、现金及现金等价物净增加额	-155,386,464.12

华意压缩机股份有限公司

华意压缩机股份有限公司2002年度报告

一、公司基本情况简介

(一)公司的法定中文名称:华意压缩机股份有限公司
公司的法定英文名称:HUAYI COMPRESSOR CO., LTD.
公司英文名称缩写:HUAYI
(二)公司法定代表人:符念平
(三)公司董事会秘书:简家凤
联系地址:江西省景德镇市新厂东路28号
电话:0798-8470237
传真:0798-8470221
电子信箱:hyyszqb@public1.jdptt.jx.cn
(四)公司注册及办公地址:江西省景德镇市新厂东路28号
邮政编码:333001
电子信箱:hyccglb1@public1.jdptt.jx.cn
(五)公司选定的信息披露报纸:《证券时报》
公司登载年报的网址:www.cninfo.com.cn
公司年报备置地点:公司证券办公室
(六)公司股票上市交易所:深圳证券交易所
股票简称:华意压缩
股票代码:000404
(七)其他有关资料
公司变更注册登记日期:2001年5月24日
注册地址:江西省景德镇市新厂东路28号
企业法人营业执照注册号:3600001130630
税务登记号码:360201158306309
公司聘请的会计师事务所:广东恒信德律会计师事务所
会计师事务所办公地址:江西省南昌市叠山路119号

二、会计数据和业务数据摘要

(一)2002年度会计数据摘要　　单位:人民币元

利润总额	6,315,403.84
净利润	1,112,189.34
扣除非经常性损益后的净利润	-13,956,132.58
主营业务利润	37,785,763.97
其他业务利润	486,358.09
营业利润	-9,736,345.41
投资收益	6,357,275.38
补贴收入	10,119,900.00
营业外收支净额	-425,426.13
经营活动产生的现金流量净额	161,806,235.79
现金及现金等价物净增减额	-36,585,973.41

(二)公司近三年的主要会计数据和财务指标

年度			2001年	
指标	单位	2002年	调整前	调整后
主营业务收入	万元	43068.87	18789.11	18789.11
净利润	万元	111.22	92.18	-101.17
总资产	万元	165513.40	114560.64	113835.25
股东权益	万元	64152.85	64711.51	63986.12
每股收益	元/股	0.0043	0.0035	-0.0039
每股净资产	元/股	2.46	2.48	2.45
调整后的每股净资产	元/股	2.46	2.48	2.45
每股经营活动产生的现金流量净额	元/股	0.62	0.097	0.097
净资产收益率	%	0.17	0.14	-0.16

年度	2000年	
指标	调整前	调整后
主营业务收入	19982.02	19882.02
净利润	3348.73	340.16
总资产	69979.59	88029.59
股东权益	46720.16	45867.31
每股收益	0.14	0.014
每股净资产	1.97	1.93
调整后的每股净资产	1.97	1.93
每股经营活动产生的现金流量净额	-0.04	-0.04
净资产收益率	7.17	0.74

(三)报告期内股东权益变动情况　　单位:万元

项目	股本	资本公积	盈余公积
期初数	26085.38	31165.55	4358.30
本期增加数	0	55.51	69.21
本期减少数	0	0	0
期末数	26085.38	31221.06	4427.51
变动原因		主要系债务重组收益	本年度实现净利润

项目	法定公益金	未分配利润	股东权益
期初数	1177.94	2376.88	63986.12
本期增加数	34.60	42.01	166.73
本期减少数	0	0	0
期末数	1212.54	2418.89	64152.85
变动原因	本年度实现净利润	本年度实现净利润	本年度实现净利润和被投资

单位会计政策
变更调整期初数

三、股本变动及股东情况

(一)、股东情况
1、截止2002年12月31日股东总数为48,580户。
2、主要股东持股情况
截止2002年12月31日,本公司前10名股东持股情况

序号	股东名称	持股数量(股)	持股比例(%)
1	景德镇华意电器总公司	106,087,800	40.67
2	广东科龙电器股份有限公司	59,280,000	22.73
3	丰和价值证券投资基金	904,743	0.35
4	景博证券投资基金	826,863	0.32
5	房学花	518,547	0.20
6	国泰君安证券股份有限公司	432,200	0.17
7	鹏华行业成长证券投资基金	401,385	0.15
8	许育滨	295,000	0.11
9	李志隆	236,700	0.09
10	马全义	231,223	0.09

四、董事、监事、高级管理人员和员工情况

(一)基本情况

姓名	职务	性别	年龄	任期
符念平	董事长	男	46	2003.1--2006.1
滕征朴	董事总经理	男	53	2003.1--2006.1
徐兆庆	董事	男	39	2003.1--2006.1
余笑兵	董事副总经理	男	35	2003.1--2006.1
刘从梦	董事	男	57	2003.1--2006.1
姜宝军	董事	男	35	2003.1--2006.1
李维安	独立董事	男	45	2003.1--2006.1
廖进球	独立董事	男	44	2003.1--2006.1
张志雄	监事会主席	男	54	2003.1--2006.1
俞焕贵	监事	男	38	2003.1--2006.1
程桂英	监事	女	49	2003.1--2006.1
潘发祥	副总经理	男	49	2003.1--2006.1
王立津	副总经理	男	39	2003.1--2006.1
简家凤	董事会秘书	男	52	2003.1--2006.1

注:董事、监事在股东单位任职及任职期间说明

姓名	任职单位	职务	任职期间
符念平	景德镇华意电器总公司	总经理	1999年11月至今
张志雄	景德镇华意电器总公司	副总经理	1997年至今
徐兆庆	景德镇华意电器总公司	副总经理	2003年2月至今
俞焕贵	景德镇华意电器总公司	副总会计师	2003年2月至今
刘从梦	广东科龙电器股份有限公司	总裁	2002年1月至今
姜宝军	广东科龙电器股份有限公司	财务督查	2001年12月至今

(二)年度报酬情况

1、在公司有行政职务的董事、监事及高级管理人员实行岗位系数工资。

2、在公司领取报酬的现任董事、监事及高级管理人员的报酬总额为27万元,报酬在6万元以上的1人,3—6万元以上的5人,1—3万元以上的3人。其中金额最高的前三名董事的报酬总额12万元,金额最高前三名高级管理人员的报酬总额12万元。

3、董事符念平、徐兆庆、刘从梦及姜宝军,监事张志雄及俞焕贵,不在本公司领取报酬。

4、独立董事津贴每人每年30000元,独立董事出席公司董事会和股东大会的差旅费以及按<<公司章程>>、<<独立董事制度>>行使职权时所需费用按公司规定的标准执行。

五、公司治理结构

(一)、公司治理情况

公司严格按照《公司法》、《证券法》和中国证监会有关法律法规的要求,不断完善公司法人治理结构,建立现代企业制度,规范公司运作,已对《公司章程》、《董事会议事规则》进行修订,《股东大会议事规则》、《监事会议事规则》、《经理工作细则》和《信息披露制度》等规范性文件已经制定,具体情况如下:

1、关于股东与股东大会规范

(1)公司能够确保所有股东,特别是中小股东享有平等地位,所有股东均能充分行使自己的权利;

(2)公司能够严格按照股东大会规范意见的要求召集、召开股东大会,在会场的选择上尽可能地让更多的股东参加股东大会,行使股东的表决权;

(3)公司关联交易价格公平合理,并对定价依据予以充分披露。报告期内不存在为股东及关联方提供担保事项。

2、关于控股股东和公司的关系

(1)公司与控股股东在人员、资产、财务分开,机构和业务独立,各自独立核算、独立承担责任和风险;

(2)公司董事会、监事会和内部机构能独立运作;

(3)控股股东对董事、监事候选人的提名,遵循了法律、法规和公司章程规定的条件和程序。

3、关于董事与董事会

(1)公司严格按照《公司章程》规定的董事选聘程序公开、公平、公正、独立地选举董事;

(2)公司董事会建立了董事会议事规则,各董事能够以认真负责的态度出席董事会和股东大会,能够积极参加有关培训,熟悉有关法律法规,了解作为董事的权利、义务和责任,忠实、诚信、勤勉地履行职责;

4、关于监事与监事会

(1)公司监事会的人员和结构符合国家有关法律法规的要求;

(2)公司已制定监事会议事规则;

(3)公司监事能认真履行职责,能够本着对股东负责的精神,对公司财务以及公司董事、经理和其他高级管理人员履行职责的合法合规性进行监督。

5、关于绩效评价与激励约束机制

公司正积极着手完善董事、监事和经理人员的绩效评价标准与激励约束机制。

6、关于利益相关者

公司能够充分尊重和维护银行及其他债权人、职工、消费者等其他利益相关者的权益，共同推动公司持续、健康发展。

7、关于信息披露与透明度

公司能够严格按照法律、法规和公司章程的要求，真实、准确、完整、及时地披露有关信息。

(二)、独立董事履行职责情况

公司董事会根据中国证监会的《关于上市公司建立独立董事制度的指导意见》的规定要求，制订了《独立董事制度》。经公司 2002 年 6 月 30 日召开的 2001 年度股东大会决议，选举李维安先生、廖进球先生为公司第二届董事会独立董事；经公司 2002 年 12 月 28 日召开的 2002 年度第二次临时股东大会决议，选举李维安先生、廖进球先生为公司第三届董事会独立董事，符合指导意见的要求。另外，公司仍正在积极物色适格的独立董事人选，使公司独立董事数量在 2003 年 6 月 30 日前不少于公司董事数量的三分之一。

公司独立董事李维安先生、廖进球先生出席了公司 2002 年 8 月 20 日、2002 年 10 月 29 日、2002 年 11 月 26 日、2002 年 12 月 28 日分别召开的二届十六次、二届十七次、二届十八次、三届一次董事会，并按指导意见的要求，积极履行职责。

公司独立董事李维安先生出席了公司 2002 年 12 月 28 日召开的 2002 年度第二次临时股东大会。

公司独立董事李维安先生、廖进球先生就公司 2002 年 11 月 26 日召开的二届十八次董事会审议通过的资产置换及资产回租关联交易出具了独立意见。

公司独立董事李维安先生、廖进球先生就公司 2002 年 12 月 28 日召开的三届一次董事会聘任相关高管人员的程序、任职资格合法性出具了独立意见。

(三)、本公司与控股股东在业务、人员、资产、机构、财务中的"五分开"情况

1、本公司拥有独立完整的生产系统、辅助生产系统和配套设施，本公司的采购和销售系统由本公司独立拥有，本公司能独立开展主营产品及项目的开发、研究、生产、销售等各项业务经营活动，不存在同业竞争情况。

2、公司建立了独立的劳动、人事及工资管理制度，经理、副经理等高级管理人员在公司领取报酬，未在股东单位担任职务。董事长在控股股东单位任法人代表。

3、本公司相对于控股股东资产完整，拥有独立的产、供、销系统，工业产权、非专利技术等无形资产由公司拥有。商标是使用控股股东景德镇华意电器总公司所有的"华意"牌，并与其签订了《商标使用许可协议》。

4、本公司与控股股东及其下属机构之间没有上下级关系，机构完全独立运作。

5、本公司财务独立，拥有独立的财务部门，建立有独立的财务核算体系和规范的财务核算制度、财务管理制度，有独立的银行帐户，依法独立纳税。

(四)、高级管理人员激励机制情况

本公司目前未建立高级管理人员的激励机制。

六、股东大会情况简介

一、2001 年度召开了三次股东大会，情况如下：

(一)公司于 2002 年 2 月 7 日在《证券时报》刊登了召开 2002 年度第一次临股东大会通知的公告，2002 年 3 月 14 日在《证券时报》刊登了延期召开 2002 年度第一次临时股东大会通知的公告，4 月 9 日会议召开，出席会议的股东及股东代表共 13 名，代表股份 165,423,911 股，占公司总股本的 63.42%，会议审议通过如下决议：

1、审议通过了<<关于变更募集资金投向的议案>>；

2、审议通过了<<关于购买加西贝拉公司部份股权并增资控股的议案>>；

会议决议刊登在 2002 年 4 月 10 日《证券时报》。福建君立律师事务所为本次股东大会出具了法律意见书。

(二)公司于 2002 年 5 月 30 日在《证券时报》刊登了召开 2001 年度股东大会通知的公告，6 月 30 日会议召开，出席会议的股东及股东代表共 14 名，代表股份 165,424,211 股，占公司总股本的 63.42%，会议审议通过如下决议：

1、审议通过了 2001 年年度报告及年报摘要；

2、审议通过了 2001 年度董事会工作报告；

3、审议通过了 2001 年度监事会工作报告；

4、审议通过了 2001 年度利润分配方案；

5、审议通过了 2002 年度利润分配政策；

6、审议通过了<<关于修改向关联股东收取资金占用费标准的议案；

7、审议通过了<<关于延期董事会、监事会换届选举的议案>>；

8、审议通过了<<关于修改公司章程的议案>>；

9、审议通过了<<股东大会议事规则>>；

10、审议通过了<<董事会议事规则>>；

11、审议通过了<<监事会议事规则>>；

12、审议通过了<<独立董事制度>>；

13、审议通过了<<关于聘请独立董事的议案>>；

(1)、同意聘请廖进球先生为公司独立董事；

(2)、同意聘请李维安先生为公司独立董事。

14、审议通过了<<关于调整公司部份董事的议案>>；

(1)、由于工作变动原因，同意谢哲胜先生辞去董事职务。

(2)、受公司第二大股东—广东科龙电器股份有限公司的推举，同意姜宝军先生为公司董事。

15、审议通过了<<关于独立董事津贴的议案>>；

16、审议通过了<<关于胡金水先生辞去监事职务的议案>>；

由于退休原因，同意胡金水先生辞去公司监事职务。

会议决议刊登在 2002 年 7 月 2 日《证券时报》。福建君立律师事务所为本次股东大会出具了法律意见书。

(三)公司于 2002 年 11 月 28 日在《证券时报》刊登了召开 2002 年度第二次临股东大会通知的公告，12 月 28 日会议召开，出席会议的股东及股东代表共 13 名，代表股份 165,411,403 股，占公司总股本的 63.41%，会议审议通过如下决议：

1、审议通过了<<公司以部份固定资产与景德镇华意电器总公司的冰箱生产线进行置换，差额部分用来偿还公司债务的议案>>；

2、审议通过了<<景德镇华意电器总公司回租公司置入的冰箱生产线的议案>>；

3、审议通过了<<董事会换届选举的议案>>；

(1)、选举符念平先生为第三届董事会董事

(2)、选举滕征朴先生为第三届董事会董事

(3)、选举余笑兵先生为第三届董事会董事

(4)、选举徐兆庆先生为第三届董事会董事

(5)、选举姜宝军先生为第三届董事会董事

(6)、选举刘从梦先生为第三届董事会董事

(7)、选举廖进球先生为第三届董事会独立董事

(8)、选举李维安先生为第三届董事会独立董事

4、审议通过了<<监事会换届选举的议案>>。

(1)、选举张志雄先生为第三届监事会监事

(2)、选举俞焕贵先生为第三届监事会监事

(3)、根据公司职代会选举，程桂英女士为第三届监事会职工监事

会议决议刊登在 2002 年 12 月 31 日《证券时报》。福建君立律师事务所为本次股东大会出具了法律意见书。

七、董事会报告

一、报告期内经营情况

(一)主营业务的范围及其经营状况

1、公司主营无氟压缩机的生产和销售，报告期内公司生产压缩机 353 万台，销售压缩机 356 万台，实现主营业务收入 43068.87 万元，实现主营业务利润 3778.58 万元。根据中国家用电器协会统计，2002 年度公司冰箱压缩机市场占有率约 25%，在同行业居首位。

2、公司主营业务收入、主营业务利润构成情况

(1)业务分部

项目类别	主营业务收入	主营业务利润
压缩机	43068.87 万元	3778.58 万元
合计	43068.87 万元	3778.58 万元

(2)地区分部

项目类别	主营业务收入	主营业务利润
境外	71.76 万元	7.8 万元
境内	42997.11 万元	3770.78 万元
其中：		
省内	8322.38 万元	842.06 万元
省外	34674.73 万元	2928.72 万元
合计	43068.87 万元	3778.58 万元

3、公司主营业务盈利情况

	产品销售收入	产品销售成本	毛利率
冰箱压缩机	43068.87 万元	39106.22 万元	9.20%

(二)主要控股公司及参股公司的经营情况及业绩

1、加西贝拉压缩机有限公司，注册资本 24000 万元，本公司合法持有其 53.78%股权，主营生产冰箱、冰柜压缩机、压缩机配件及售后维修服务。报告期末该公司总资产 54531.70 万元，所有者权益 25039.40 万元；2002 年度，生产压缩机 165 万台，销售压缩机 160 万台，实现销售收入 30414.79 万元，实现净利润 718.52 万元。由于本公司是 2002 年 7 月份才享有加西贝拉压缩机有限公司 53.78%股权，因此仅对加西贝拉压缩机有限公司截止 2002 年 12 月 31 日的资产负债表和 2002 年 7-12 月份利润及利润分配表纳入合并范围。

2、华意压缩机(荆州)有限公司，注册资本 300 万元，本公司合法持有其 69.9%的股权，主营生产、销售各种型号冰箱压缩机及相应的服务，研究和发展新产品。报告期末该公司总资产 3912.06 万元，2002 年度生产压缩机 45 万台，销售压缩机 45 万台，实现销售收入 6044.94 万元，实现净利润 341.67 万元

3、广东科龙模具有限公司，注册资本 1500 万美元，本公司合法持有其 30%股权，主营生产经营模具，报告期末该公司净资产 13291.75 万元，2002 年度实现净利润 287.73 万元。

4、顺德容声塑胶制品厂有限公司，注册资本 1580 万美元，本公司合法持有其 30%股权，主营生产经营电冰箱塑料件、空调塑料件，报告期末该公司净资产 27483.67 万元，2002 年度实现净利润 380.14 万元。

(三)主要供应商、客户情况

2002 年度，公司向前五名供应商合计的采购额占年度采购总额的 48.28%，向前五名客户销售额合计占公司销售总额的 71.79%。

(四)在经营中出现的问题与困难及解决方案

1、问题与困难

冰箱压缩机行业恶性竞争，毛利率低。

由于国家对特殊钢材实行特殊保护价，从 2002 年下半年开始，矽钢片、壳体钢板等价格上涨了近 50%，并且矽钢片、壳体钢板的成本占单台压缩机材料成本的约 34%，对本公司影响较大。

2、解决方案

(1)不断优化产品结构，开发适销对路的产品；加强现场管理，优化生产过程和工艺控制，提高了生产能力对市场的应变度。2002 年度，母公司生产压缩机 143 万台，销售压缩机 151 万台，分别比去年同期增长了 33%和 64%。

(2)为避免行业内的恶性竞争，提高对市场的驾驭能力。本公司董事会审时度势，科学决策，运用一系列资本营运手段，合法持有了加西贝拉压缩机有限公司 53.78%股权，通过对技术、营销、采购等资源的整合，强强联合优势显现。2002 年，加西贝拉压缩机有限公司实现销售收入 30414.79 万元，实现主营业务利润 4883.80 万元。

(3)为提升竞争力，首要是降低成本。通过从采购、制造、营销、研发等方面入手，2002 年单台压缩机成本在 2001 年的基础上同比下降了 15%。

(五)公司未曾公开披露过报告期内盈利预测。

二、报告期内的投资情况

(一)募集资金使用情况

公司于 2000 年 5 月 8 日召开的 1999 年年度股东大会审议通过的配股方案，获中国证监会证监公司字[2001]33 号文核准，以 1999 年 12 月 31 日总股本为基数，每 10 股配售 3 股，配股价格为每股 8.20 元，本次配股共配售 23,603,039 股，其中国家股股东配售 1,567,800 股，社会公众配售 22,035,239 股。经广东恒信德律会计师事务所(2001)恒德赣验字 006 号验资报告审验，本次配股共募集资金 193,544,919.80 元，扣除承销费等募集资金费用 6,673,951.80 元，实际可使用的募集资金为 186,870,968.00 元，于 2001 年 3 月 31 日全部到位。

根据公司 2001 年 2 月 23 日在《证券时报》上披露的《2000 年度配股说明书》，本次配股募集资金承诺用途：

承诺投入项目	承诺投入资金	实际投入情况
年产 100 万台无氟压缩机产品结构调整(替代进口)技改项目	0294 万元	1058 万元
AE1390MH(R600a)高效节能无氟压缩机项目	4500 万元	0
剩余部分补充流动资金	3893 万元	3893 万元
合计	18687 万元	4951 万元

截止 2002 年 12 月 31 日，公司按承诺于 2001 年投入的替代进口项目之子项目——9000㎡轻钢结构综合仓库已基本完工，使用募集资金 858 万元，已转入固定资产；按承诺已用募集资金补充流动资金 3893 万元；经国家经贸委投资(2003)087 号文批准，本公司年产 100 万台无氟压缩机产品结构调整(替代进口)技改项目建设地调整到嘉兴市加西贝拉压缩机有限公司建设，本公司为该项目的前期费用而使用的募集资金 200 万元将一并转入；2000 年配股剩余募集资金 13736 万元。由于技术引进洽谈未果和国内外市场环境变化等原因，上述项目无法按时承建，为使募集资金尽快产生效益，增强公司实力和竞争力，经公司二届十二次董事会决议，拟将配股剩余募集资金 13736 万元的用途予以变更，用于购买嘉兴市二轻企业集团所持加西贝拉压缩机有限公司及加西贝拉压缩机配件有限公司(以下合称加西贝拉公司)各 25%股权，并拟在此基础上增资 10000 万元，最终使本公司持有加西贝拉公司股权不低于 53%。本次募集资金用途的变更及购买加西贝拉公司股权和增资 10000 万元已经公司 2002 年 4 月 9 日召开的 2002 年度第一次临时股东大会审议通过。

根据协议，本公司于 2002 年 4 月 22 日向嘉兴市二轻企业集团支付了收购款 4014.86 万元；

2002 年 7 月 9 日,本公司对加西贝拉公司增资壹亿元。至此,本公司合法持有加西贝拉压缩机有限公司及加西贝拉压缩机配件有限公司各 53.78%股权。经加西贝拉公司股东大会决议,2002 年 11 月完成了加西贝拉压缩机有限公司吸收合并加西贝拉压缩机配件有限公司。

(二)报告期内非募集资金投资情况。

(l)经本公司 2002 年 3 月 14 日召开的第二届董事会 2002 年度第一次临时会议决议,决定以自有资金壹亿元用于短期国债投资,2002 年度实现国债投资收益 434.76 万元。

(2) 加西贝拉压缩机有限公司依据其董事会决议,委托浙江省国际信托投资有限责任公司 2002 年 9 月 26 日购买了 2002 年 13 期记账式国债 60,000,000.00 元,委托管理期限为十二个月,依据托管协议,该投资年收益率不低于 7%;

(3) 加西贝拉压缩机有限公司 2002 年认购了平衡型开放式基金——易方达基金 150,000.00 元。

三、财务状况和经营成果(单位:人民币万元)

(一)财务状况

	期初数	期末数	增减幅度
总资产	113835.25	165513.40	45.40%
应收帐款	15826.84	26578.23	67.91%
股东权益	63986.12	64152.85	0.26%

(二)经营成果

	上年同期数	报告期数	增减幅度
主营业务利润	1984.39	3778.58	90.42%
净利润	-101.17	111.22	209.93%
现金及现金等价物净增加额	26918.60	-3658.60	-113.59%

八、监事会报告

一、报告期内监事会工作情况

(一)报告期内本公司召开了六次监事会

1、二届六次监事会会议于 2002 年 2 月 6 日在公司会议室召开,会议应到监事 4 名,实到监事 4 名,审议通过了如下决议:

(1)审议通过了关于变更募集资金投资项目的议案;

(2)审议通过了关于购买加西贝拉压缩机有限公司及加西贝拉压缩机配件有限公司各 25%股权并增资控股的议案;

2、二届七次监事会会议于 2002 年 4 月 3 日在公司三楼会议室召开,会议应到监事 4 名,实到监事 4 名,审议通过了如下决议:

(1)审议通过了公司 2001 年年度报告及报告摘要;

(2)审议通过了公司 2001 年度监事会工作报告;

(3)审议通过了公司 2001 年度利润分配预案及 2002 年度利润分配政策;

(4)审议通过了关于公司 2001 年度利润分配与 2001 年度利润分配政策有同的说明;

(5)审议通过了<<监事会议事规则>>。

3、二届八次监事会会议于 2002 年 5 月 29 日在公司三楼会议室召开,会议应到监事 4 名,实到监事 3 名,审议通过了如下决议:

(1)审议通过了关于提请股东大会审议延期监事会换届选举的议案;

(2)同意胡金水先生由于退体原因辞去公司监事职务。

4、二届九次监事会会议于 2002 年 8 月 20 日在公司三楼会议室召开,会议应到监事 3 名,实到监事 2 名,审议通过了如下决议:

(1)审议通过了公司 2002 年半年度报告正文及摘要。

5、二届十次监事会会议于 2002 年 11 月 26 日在公司三楼会议室召开,会议应到监事 3 名,实到监事 3 名,审议通过了如下决议:

(1)审议通过了公司以部份固定资产与景德镇华意电器总公司的冰箱生产线进行置换,差额部分用来偿还公司债务的议案;

(2)审议通过了景德镇华意电器总公司回租公司置入的冰箱生产线的议案;

(3)审议通过了监事会换届选举的议案。

6、三届一次监事会会议于 2002 年 12 月 28 日在公司三楼会议室召开,会议应到监事 3 名,实到监事 3 名,审议通过了如下决议:

(1)选举张志雄先生为第三届监事会主席。

二、监事会对公司运作情况等的独立意见

(一)公司依法运作情况。报告期内公司决策程序合法,建立并逐步在完善内部控制制度,公司董事、经理执行公司职务时无违反法律、法规、公司章程或损害公司利益的行为。

(二)广东恒信德律会计师事务所对公司 2002 年度报告出具了无保留意见的审计报告,该财务报告真实反映了公司的财务状况和经营成果。

(三)公司 2000 年度配股募集资金实际投入项目与承诺投入项目发生变更,已经公司 2002 年 2 月 6 日召开的二届十二次董事会审议和公司 2002 年 4 月 9 日召开的 2002 年度第一次临时股东大会决议通过。

(四)公司关联交易遵守公开、公平、公正原则,与景德镇华意电器总公司之间的货物购销均参照前期市场平均价格协议定价,本监事会认为不存在内幕交易,其定价基本公允,无损害公司和中小股东的利益。

九、重要事项

(一)、本年度公司无重大诉讼、仲裁事项

(二)、收购及出售资产情况

1、经公司 2002 年 2 月 6 日召开的二届十二次董事会决议,通过了购买加西贝拉压缩机有限公司及加西贝拉压缩机配件有限公司(下称加西贝拉公司)25%股权并增资控股的议案。会议决议在 2002 年 2 月 7 日《证券时报》上披露。

上述议案已经公司 2002 年 4 月 9 日召开的 2002 年度第一次临时股东大会决议通过。股东大会议决议在 2002 年 4 月 10 日《证券时报》上披露。

根据协议,本公司于 2002 年 4 月 22 日向嘉兴市二轻企业集团支付了收购款 4014.86 万元;2002 年 7 月 9 日,本公司对加西贝拉公司增资壹亿元。至此,本公司合法持有加西贝拉压缩机有限公司及加西贝拉压缩机配件有限公司各 53.78%股权。

经加西贝拉压缩机有限公司股东大会决议,2002 年 11 月成功完成了加西贝拉压缩机有限公司吸收合并加西贝拉压缩机配件有限公司。

加西贝拉压缩机有限公司主营压缩机配件及压缩机的生产和销售,2002 年加西贝拉压缩机有限公司实现压缩机销售 160 万台。

收购与公司相同主营业务的资产,可迅速提高公司压缩机生产规模,符合公司中长期发展规划,较之原项目更有利于提高募集资金使用效率,有利于维护公司全体股东的利益。成功收购后,通过整合两公司的市场营销资源,会迅速提升公司产品的市场份额,公司合并之压缩机销量占行业的比重将达到 20%以上,使公司在今后市场竞争中的地位和实力提升到一个新的平台。公司现有产品以 R134a 工质为主,加西贝拉公司则以 R600a 工质见长,成功收购后,通过优势互补,有利于提高公司技术水准,进一步满足市场对压缩机产品规格的不同需求,提高公司生产制造对市场的应变能力和抗风险能力。

2、经公司 2002 年 11 月 26 日召开的二届十八次董事会决议(会议决议在 2002 年 11 月 28 日《证券时报》上披露),在关联董事回避的情况下,审议通过了《公司以部份固定资产与景德镇华意电器总公司冰箱生产线进行置换及置换差额用来清偿公司债务》的议案。

景德镇华意电器总公司用于置换的冰箱生产线 1998 年底竣工验收,具备年产 20 万台冰箱的生产能力,帐面原值 99,256,675.46 元,帐面净值 87,097,810.06 元。本公司用于置换的部份固定资产为闲置资产,但景德镇华意电器总公司可使用,该资产帐面原值 24,118,548.70 元,帐面净值 12,885,708.97 元。

经广东恒信德律会计师事务所评估,景德镇华意电器总公司的冰箱生产线评估净值为 108,833,431.00 元,经天津华夏松德有限责任会计师事务所评估,本公司的部份固定资产评估净值为 12,745,649.00 元。同意以评估价为基准,冰箱生产线的实际置换价格为 108,833,431.00 元,公司的部份固定资产实际置换价格为 12,745,649.00 元,差额 96,087,782.00 元由景德镇华意电器总公司冲减对本公司的关联往来欠款。

上述议案已经公司 2002 年 12 月 28 日召开的 2002 年度第二次临时股东大会审议通过。会议决议在 2002 年 12 月 31 日《证券时报》上披露。

(三)、关联交易事项

(1)经二届十三次董事会审议和 2002 年 6 月 30 日召开的 2001 年度股东大会决议,本公司与母公司—景德镇华意电器总公司修订了收取资金占用费的协议。按照协议,以各月末应收、应付景德镇华意电器总公司款项净额为基数,按同期银行一年期存款利率(2002 年 1-2 月为 2.25%,2002 年 3-12 月为 1.98%)计收的资金占用费为 5,373,848.05 元,至 2002 年 12 月 31 日前已全部收到。关联交易公告公司在 2002 年 5 月 30 日<<证券时报>>披露。

(2)华意电器总公司是本公司的独家发起人,由于历史原因和本公司暂无生产企业自营进出口经营权,而无氟压缩机部分关键配件又无法实现国内配套,因此本公司的部分零配件的进口委托华意电器总公司之进出口处统一办理,2002 年本公司向华意电器总公司采购货物累计 2924.57 万元,占本公司本年度购进货物比例的 15.17%,采购定价按实际市场价。

(3)压缩机是冰箱的核心配件,形成本公司与华意电器总公司的主导产品为上、下游产品,且华意电器总公司之电冰箱厂所用压缩机基于品牌、价格性能匹配及服务等多方面的考虑,一直以来都是只使用本公司生产的无氟压缩机,报告期内本公司向华意电器总公司销售货物 7218.76 万元,占本公司本年度销售比例的 16.76%,销售定价原则系按实际市场价,无市场价按成本 120%的加成价定价。

(4)经公司二届十八次董事会审议和 2002 年 12 月 28 日召开的 2002 年度第二次临时股东大会决议,公司以部份固定资产,评估净值 12,745,649.00 元,与景德镇华意电器总公司的冰箱生产线评估净值 108,833,431.00 元进行置换,差额 96,087,782.00 元由景德镇华意电器总公司冲减对公司的关联往来欠款。董事会决议公告、关联交易公告、资产评估报告和独立董事意见在 2002 年 11 月 28 日的<<证券时报>>披露;独立财务顾问报告、股东大会决议公告分别在 2002 年 12 月 17 日、2002 年 12 月 31 日的<<证券时报>>披露。

(5)经公司二届十八次董事会审议和 2002 年 12 月 28 日召开的 2002 年度第二次临时股东大会决议,公司同意景德镇华意电器总公司回租公司置入的冰箱生产线,以评估机构对该冰箱生产线的评估值为基准,按该资产使用年限 15 年,固定资产净残值率 3%计算,考虑税费影响,年租金额为 10,850,00.00 元。董事会决议公告、关联交易公告、资产评估报告和独立董事意见在 2002 年 11 月 28 日的<<证券时报>>披露;独立财务顾问报告、股东大会决议公告分别在 2002 年 12 月 17 日、2002 年 12 月 31 日的<<证券时报>>披露。

具体情况详见会计报表附注。

(四)、重大合同履行情况

1、经公司二届十八次董事会审议和 2002 年 12 月 28 日召开的 2002 年度第二次临时股东大会决议,公司同意景德镇华意电器总公司回租公司置入的冰箱生产线,以评估机构对该冰箱生产线的评估值为基准,按该资产使用年限 15 年,固定资产净残值率 3%计算,考虑税费影响,年租金额为 10,850,00.00 元。。

2、截止 2002 年 12 月 31 日本公司为华意(荆州)公司流动资金贷款 700 万元提供了担保。其中:2002 年 3 月 27 日--2003 年 3 月 27 日贷款担保 200 万元;2002 年 12 月 5 日--2003 年 11 月 26 日贷款担保 300 万元;2002 年 12 月 25 日--2003 年 12 月 23 日贷款担保 200 万元。同时为华意(荆州)公司应付票据 600 万元提供担保。

3、加西贝拉公司依据其董事会决议,委托浙江省国际信托投资有限责任公司 2002 年 9 月 26 日购买了 2002 年 13 期记账式国债 60,000,000.00 元,委托管理期限为十二个月,依据托管协议,该投资年收益率不低于 7%。

4、景德镇华意电器总公司将所持华意压缩股份 5200 万股国有发起人股为本公司向中国工商银行南昌市赣江支行 1300 万美元贷款提供质押担保,2002 年 2 月 6 日在中国证券登记结算有限责任公司深圳分公司办理完质押登记手续。(见 2002 年 2 月 7 日证券时报)。因本公司归还了中国工商银行南昌市赣江支行 1300 万美元贷款,景德镇华意电器总公司为该笔贷款提供的 5200 万国有法人股质押担保于 2002 年 6 月 3 日正式解除。(见 2002 年 6 月 4 日证券时报)

景德镇华意电器总公司将所持华意压缩股份 4033 万股国有发起人股为本公司向中国工商银行景德镇市分行壹亿元流动资金贷款提供质押担保,2002 年 7 月 19 日在中国证券登记结算有限责任公司深圳分公司办理完质押登记手续。(见 2002 年 7 月 20 日证券时报)。

(五)、承诺事项

(l)公司于 2002 年 3 月 15 日在《证券时报》披露了第一大股东景德镇华意电器总公司按承诺偿还了公司 9000 万元,至此景德镇华意电器总公司于 2000 年以公司名义向银行贷款 19000 万元已按承诺全部归还。

(2)2003 年 1 月 21 日,公司在<<证券时报>>披露了关于与第一大股东景德镇华意电器总公司的关联往来情况及向关联方清收资金占用方案的公告。

景德华意电器总公司为 2002 年末所欠本公司款项作出还款承诺:①对截止 2002 年 12 月 31 日应收帐款和其他应收款三年内全部偿还,其中 2003 年偿还 30%;2004 年偿还 30%;2005 年偿还 40%。②2003 年 1 月 1 日以后新增的购销货物关联往来,母公司回款率不低于其他用户货款回笼的平均比例。

(六)、报告期内公司无解聘会计师事务所的情况,广东恒信德律会计师事务所仍担任公司财务报告的审计机构。2002 年度,公司共支付给广东恒信德律会计师事务所报酬 35 万元,差旅费由本公司承担。

十、财务报告

审计报告

华意压缩机股份有限公司全体股东:

我们接受委托,审计了贵公司 2002 年 12 月 31 日资产负债表和合并资产负债表、2002 年度利润表及利润分配表和合并利润表及利润分配表、2002 年度现金流量表和合并现金流量表。这些会计报表由贵公司负责,我们的责任是对这些会计报表发表审计意见。我们的审计是依据中国注册会计师独立审计准则进行的。在审计过程中,我们结合贵公司实际情况,实施了包括抽查会计记录等我们认为必要的审计程序。

我们认为,上述会计报表符合《企业会计准则》和《企业会计制度》的有关规定,在所有重大方面公允地反映了贵公司 2002 年 12 月 31 日的财务状况及 2002 年度经营成果以及 2002 年度的现金流量情况,会计处理方法的选用遵循了一贯性原则。

广东恒信德律会计师事务所有限公司　　中国注册会计师:李文智

二 00 三年四月三日　　中国注册会计师:王继文

合并资产负债表

编制单位:华意压缩机股份有限公司　　单位:人民币元

2002 年 12 月 31 日

资产	合并
流动资产:	
货币资金	287,139,869.37

短期投资	164,493,726.32
应收票据	98,481,443.68
应收股利	
应收利息	
应收帐款	230,366,359.96
其他应收款	53,727,532.49
预付帐款	70,494,982.11
应收补贴款	
存货	163,648,406.57
待摊费用	422,702.91
一年内到期的长期债权投资	
其他流动资产	
流动资产合计	1,068,775,023.41
长期投资：	
长期股权投资	135,395,030.76
长期债权投资	
长期投资合计	135,395,030.76
其中：合并价差	8,970,977.82
减：长期股权投资减值准备	29,808.00
长期投资净额	135,365,222.76
固定资产：	
固定资产原值	867,766,945.69
减：累计折旧	418,160,057.99
固定资产净值	449,606,887.70
减：固定资产减值准备	2,746,722.59
固定资产净额	446,860,165.11
工程物资	
在建工程	3,448,429.39
固定资产清理	
固定资产合计	450,308,594.50
无形资产及其他资产：	
无形资产	127,833.34
长期待摊费用	557,321.26
其他长期资产	
无形资产及其他资产合计	685,154.60
递延税项：	
递延税款借项	
资产总计	1,655,133,995.27

合并资产负债表

2002 年 12 月 31 日　　会企 01 表

编制单位：华意压缩机股份有限公司　　单位：人民币元

2002 年 12 月 31 日

负债	附注	母公司	合并
流动负债：			
短期借款	五、14	337,400,000.00	414,900,000.00
应付票据	五、15	111,000,000.00	204,398,609.23
应付帐款	五、16	50,267,876.18	154,532,479.02
预收帐款	五、17	1,670,747.83	3,465,223.83
应付工资	五、18		1,021,509.42
应付福利费		283,722.54	3,723,153.29
应付股利			
应交税金	五、19	1,910,546.15	411,818.04
其他应交款	五、20	782,225.04	917,751.47
其他应付款	五、21	4,531,485.29	19,156,269.32
预提费用	五、22	675,321.53	14,762,585.14
一年内到期的长期负债			
其他流动负债			
流动负债合计		508,521,924.56	817,289,398.76
长期负债：			
长期借款	五、23	50,000,000.00	62,000,000.00
应付债券			
长期应付款			
专项应付款	五、24	12,885,000.00	13,101,000.00
其他长期负债			
长期负债合计		62,885,000.00	75,101,000.00
递延税项：			
递延税款贷项			
负债合计		571,406,924.56	892,390,398.76
少数股东权益			
股东权益：			
股本	五、25	260,853,837.00	260,853,837.00
减：已归还投资			
股本净额		260,853,837.00	260,853,837.00
资本公积	五、26	312,210,610.95	312,210,610.95
盈余公积	五、27	43,680,662.88	44,275,110.48
其中：公益金	五、27	11,828,200.48	12,125,424.28
未分配利润	五、28	25,103,365.70	24,188,918.19
股东权益合计		641,848,476.53	641,528,476.62
负债和股东权益合计		1,213,255,401.09	1,655,133,995.27

合并利润及利润分配表

2002 年度会企 02 表

编制单位：华意压缩机股份有限公司　　单位：人民币元

2002 年 1-12 月

项目	附注	母公司	合并
一、主营业务收入	五、29	269,353,638.57	430,688,741.76
减：主营业务成本	五、30	256,677,301.25	391,062,206.78
主营业务税金及附加	五、31	1,332,441.18	1,840,771.01
折扣与折让			
二、主营业务利润		11,343,896.14	37,785,763.97
加：其他业务利润	五、32	471,049.44	486,358.09
减：营业费用		4,397,550.42	8,594,289.67
管理费用		10,512,810.57	19,981,723.72
财务费用	五、33	16,933,101.88	19,432,454.08
三、营业利润		-20,028,517.29	-9,736,345.41
加：投资收益	五、34	11,648,807.44	6,357,275.38
补贴收入	五、35	10,050,000.00	10,119,900.00
营业外收入	五、36	4,515.81	215,077.77
减：营业外支出	五、37	602,616.71	640,503.90
四、利润总额		1,072,189.25	6,315,403.84
减：所得税			1,756,836.06
少数股东损益			3,446,378.44
五、净利润		1,072,189.25	1,112,189.34
加：年初未分配利润		24,245,614.29	23,768,823.53
加：其他转入			
六、可供分配的利润		25,317,803.54	62,471,012.87
减：提取法定盈余公积		107,218.92	346,047.34
提取法定公益金		107,218.92	346,047.34
七、可供股东分配的利润		25,103,365.70	61,778,918.19
减：应付优先股股利			
提取任意盈余公积			
应付普通股股利			
转作股本的普通股股利			37,590,000.00
八、未分配利润	五、28	25,103,365.70	24,188,918.19

合并现金流量表

编制单位：华意压缩机股份有限公司　　2002 年度　　单位：元

项目	合并
一、经营活动产生的现金流量	
销售商品、提供劳务收到的现金	570,593,560.74
收到的税费返还	2,180,025.95
收到的其他与经营活动有关的现金	17,855,778.02
现金流入小计	590,629,364.71
购买商品、接受劳务支付的现金	357,583,533.08
支付给职工以及为职工支付的现金	35,086,688.12
支付的各项税款	20,257,630.80
支付的其他与经营活动有关的现金	15,895,276.92
现金流出小计	428,823,128.92
经营活动产生的现金流量净额	161,806,235.79
二、投资活动产生的现金流量	
收回投资所收到的现金	99,999,639.20
取得投资收益所收到的现金	4,347,579.10
处置固定资产、无形资产和其他长期资产而收回的现金净额	167,339.96
收到的其他与投资活动有关的现金	8,624,209.42
现金流入小计	113,138,767.68
购建固定资产、无形资产和其他长期资产所支付的现金	11,145,546.09
投资所支付的现金	295,451,666.56
支付的其他与投资活动有关的现金	
现金流出小计	306,597,212.65
投资活动产生的现金流量净额	-193,458,444.97
三、筹资活动产生的现金流量	
吸收投资所收到的现金	3,300,000.00
借款所收到的现金	463,200,000.00
收到的其他与筹资活动有关的现金	377,394.31
现金流入小计	466,877,394.31
偿还债务所支付的现金	437,316,600.00
分配股利、利润或偿付利息所支付的现金	34,264,431.69
支付的其他与筹资活动有关的现金	236,069.24
现金流出小计	471,817,100.93
筹资活动产生的现金流量净额	-4,939,706.62
四、汇率变动对现金的影响小计	5,942.39
五、现金及现金等价物净增加额	-36,585,973.41

补充资料：	合并
1、将净利润调节为经营活动的现金流量	
净利润	1,112,189.34
加：少数股东损益	3,446,378.44
计提的资产减值准备	-7,262,187.07
固定资产折旧	29,112,996.76
无形资产摊销	
长期待摊费用摊销	
待摊费用减少(减：增加)	111,355.84
预提费用增加(减：减少)	-4,909,961.53
处置固定资产、无形资产和其他长期资产的损失(减：收益)	-66,835.43
固定资产报废损失	
财务费用	17,221,339.39
投资损失(减：收益)	-6,387,083.38
递延税款贷项(减：借项)	
存货的减少(减：增加)	-2,263,915.50
经营性应收项目的减少(减：增加)	50,685,588.00
经营性应付项目的增加(减：减少)	80,346,541.66
其他	
经营活动产生的现金流量净额	161,811,223.71
2、不涉及现金收支的投资和筹资活动	
债务转为资本	
一年内到期的可转换公司债券	
融资租入固定资产	
3、现金及现金等价物净增加情况：	
现金的期末余额	287,139,869.37
减：现金的期初余额	323,725,842.78
加：现金等价物的期末余额	
减：现金等价物的期初余额	
现金及现金等价物净增加额	-36,585,973.41

中国石化武汉凤凰股份有限公司

中国石化武汉凤凰股份有限公司2002年年度报告

一、公司基本情况简介

(一)公司的法定中、英文名称:
中文名称:中国石化武汉凤凰股份有限公司
英文名称:SINOPEC WUHAN PHOENIX COMPANY LIMITED
(二)公司法定代表人:邬昆华
(三)公司董事会秘书:
姓名:熊克金宫薇薇
联系地址:武汉市青山区长青路
电话:027-86516722 传真:027-86515968
电子邮箱:fengh001@public.wh.hb.cn
(四)公司注册、办公地址:武汉市青山区长青路
邮政编码:430082
(五)公司选定的信息披露报纸名称:《中国证券报》、《证券时报》
登载年度报告的中国证监会指定网站的网址:http://www.cninfo.com.cn
公司年度报告备置地点:公司办公室
(六)公司股票上市交易所:深圳证券交易所
股票简称:中国凤凰股票代码:000520
(七)其他有关资料:
公司首次注册或变更注册登记日期、地点:
公司于1992年6月15日在武汉市工商行政管理局注册登记
(2000年10月20日在武汉市工商行政管理局变更登记)
企业法人营业执照注册号:4201001101451
税务登记号码:42010717767908X
公司聘请的会计师事务所名称、办公地址。
名称:毕马威华振会计师事务所
办公地址:中国北京建国门外大街1号中国国际贸易中心2座16层
邮政编码:100004
电话:(010)65056300 传真:(010)65056306/07/08

二、会计数据和业务数据摘要

(一)会计数据

项目	金额(元)
利润总额	88,994,539.43
净利润	50,158,691.08
扣除非经常性损益后的净利润	58,598,495.80
主营业务利润	91,065,571.04
其他业务利润	32,908,853.57
营业利润	96,497,721.98
投资收益	5,740,979.49
补贴收入	
营业外收支净额	-13,244,162.04
经营活动产生的现金流量净额	150,787,912.64
现金及现金等价物净增额。	136,805,023.38

扣除非经常性损益的项目和涉及金额:

项目金额	
固定资产减值准备	6,829,917.21
长期债券投资处置收益	1,117,018.58
长期投资减值准备	490,100.00
短期投资减值准备	-20,520.00
固定资产报废损失	6,862,647.96
营业外收入	458,403.13
捐赠支出	10,000.00

(二)截至报告期末公司前三年的主要会计数据和财务指标:

项目	2002年	2001年
主营业务收入(万元)	90,642.16	90,378.10
净利润(万元)	5,015.87	4,507.87
总资产(万元)	146,645.36	148,271.03
股东权益(不含少数股东权益)(万元)	127,335.66	126,473.14
每股收益(按净利润全面摊薄元/股)	0.0966	0.0868
每股净资产(按净资产全面摊薄元/股)	2.4527	2.4361
调整后的每股净资产(元/股)	2.4527	2.4361
每股经营活动产生的现金流量净额(元/股)	0.29	0.50
净资产收益率(按净利润全面摊薄·%)	3.94	3.56
净资产收益率(按净利润加权平均计算·%)	3.81	3.43

项目	2000年	
	调整后	调整前
主营业务收入(万元)	80,106.41	80,106.41
净利润(万元)	6,853.22	6,652.22
总资产(万元)	138,663.38	138,663.38
股东权益(不含少数股东权益)(万元)	126,118.61	125,917.61
每股收益(按净利润全面摊薄元/股)	0.132	0.128
每股净资产(按净资产全面摊薄元/股)	2.43	2.43
调整后的每股净资产(元/股)	2.43	2.42
每股经营活动产生的现金流量净额(元/股)	-0.22	-0.22
净资产收益率(按净利润全面摊薄·%)	5.43	5.28
净资产收益率(按净利润加权平均计算·%)	5.28	5.13

三、股本变动及股东情况

(一)股东情况:
1、截止2002年12月31日,中国凤凰股东总数为135,703户。
2、前10名股东的持股情况。

股东名称	持股数量(股)	比例(%)
(1)中国石油化工股份有限公司	211,423,651	40.72
(2)中国人民保险公司武汉市分公司青山支公司	5,577,658	1.07
(3)武汉石化实业公司	5,577,658	1.07
(4)丰和价值证券投资资金	2,500,000	0.48
(5)武汉证券有限责任公司	2,432,282	0.47
(6)光大证券有限责任公司	2,102,437	0.40
(7)富国动态平衡证券投资基金	1,502,930	0.29
(8)国泰君安证券股份有限公司	1,446,100	0.28
(9)长盛成长价值证券投资基金	999,950	0.19
(10)鸿飞证券投资基金	933,207	0.18

股东名称	备注
(1)中国石油化工股份有限公司	国有法人股
(2)中国人民保险公司武汉市分公司青山支公司	发起人法人股
(3)武汉石化实业公司	发起人法人股
(4)丰和价值证券投资资金	公众股
(5)武汉证券有限责任公司	法人股、公众股
(6)光大证券有限责任公司	公众股
(7)富国动态平衡证券投资基金	公众股
(8)国泰君安证券股份有限公司	公众股
(9)长盛成长价值证券投资基金	公众股
(10)鸿飞证券投资基金	公众股

武汉证券有限责任公司所持股中有1,421,784股为募集法人股,1,010,498股为流通股。

3、公司控股股东情况介绍
(1)控股股东:中国石油化工股份有限公司(以下简称:中国石化)
(2)法定代表人:李毅中
(3)注册资本:867亿元
(4)成立日期:2000年2月25日
(5)公司概况:中国石化是中国首家在香港、纽约、伦敦、上海四地上市且上、中、下游业务高度一体化的世界级能源化工公司。按经营收入计算中国石化是中国最大的上市公司(资料来源:《财富》杂志中文版,2002年1月第37期)。

中国石化是中国和亚洲最大的汽油、柴油、航煤和大部分其他主要石油产品的生产、分销和营销商。中国石化同时是中国最大的石化产品生产商和营销商。主要石化产品包括:合成树酯、合成纤维单体及聚合物、合成纤维、含碱橡胶、化肥以及中间石化产品。中国石化还是中国原油及天然气的第二大勘探开发和生产商。

(6)股权结构:

股东类别持股数(千股)	所占比例	(%)
1、国家股	67,121,951	77.42
其中:中国石油化工集团公司	47,742,561	55.06
2、已流通境外股	16,780,488	19.35
3、已流通境内A股	2,800,000	3.23
总股本	86,702,439	100.00

4、公司控股股东实际控制人情况介绍
(1)控股股东的控股股东:中国石油化工集团公司(以下简称:中国石化集团)
(2)法定代表人:李毅中
(3)注册资本:1049亿元
(4)公司概况:中国石化集团是国家授权投资机构和国家控股公司,主要经营石油及天然气勘探和开采、炼油及石化生产、石油及石化产品的营销及分销、石油产品的进出口业务,以及其他相关业务。

中国石化集团成立于1998年7月,其前身为成立于1983年的大型国有企业——中国石油化工总公司。2000年,中国石化集团通过重组,将其石油石化的主营业务投入中国石化。中国石化集团继续经营的主要业务包括:经营集团公司保留的若干石化设施、规模小的炼油厂及零售加油站;提供钻井服务,社会服务、测井服务、井下作业服务、生产设备制造及维修、工程建设服务及水电等公用工程服务及社会服务。

四、董事、监事、高级管理人员和员工情况

(一)董事基本情况

姓名	性别	出生年月	任期起止日期	年初和年末持股数量
邬昆华	男	1945年11月	2001-2004	12,330
张廷建	男	1946年7月	2001-2004	14,773
凌　兵	男	1943年8月	2001-2004	17,262
罗爱国	男	1962年8月	2001-2004	1,000
张宝林	男	1949年11月	2002-2004	0
高维民	男	1936年11月	2002-2004	0
马振中	男	1942年12月	2001-2004	0
刘西章	男	1946年1月	2001-2004	7,397
李永宽	男	1958年3月	2001-2004	0
王玉花	女	1945年10月	2001-2004	12,330
黄绍雄	男	1945年1月	2001-2004	8,877
熊克金	男	1946年10月	2001-2004	9,892
宫薇薇	女	1957年10月	2001-2004	22,194
涂英勇	男	1963年5月	2001-2004	2,054
郭万青	男	1961年3月	2001-2004	500
陈品尚	男	1963年3月	2001-2004	1,00
梁林涛	男	1965年6月	2001-2004	1,00

(二)独立董事基本情

姓名	性别	出生年月	任期起日	年初和年持股数
喻景忠	男	1964年6月	2002-2004	0
张异君	女	1944年11月	2002-2004	0

姓名	年度内股增减变动	增减变的原因	其他单位任职情况
喻景忠	0		中南财大副教授
张异君	0		武钢股份董事

(三)监事基本情

姓名	性别	出生年月	任期起止日期	年初和年末持股数量
邱安翔	男	1952 年 5 月	2001-2004	12,330
陈全忠	男	1944 年 1 月	2001-2004	12,330
孙之敬	男	1950 年 3 月	2001-2004	7,397
顾文达	男	1945 年 8 月	2001-2004	1,026
熊宗纯	男	1950 年 7 月	2001-2004	1,026
李华栋	男	1957 年 11 月	2001-2004	2,054
吴隆波	男	1955 年 8 月	2001-2004	500
万文刚	男	1964 年 2 月	2001-2004	0
孙卫红	女	1966 年 10 月	2001-2004	1,000
余定英	女	1958 年 4 月	2001-2004	1,000

(四)高级管理人员基本情况

姓名	性别	出生年月	任期起止期	年初和年末持股数
张涧	男	1961 年 10 月	2001-2004	1,000
胡书霖	男	1946 年 1 月	2001-2004	2,465
贺振桂	男	1950 年 10 月	2001-2004	0

(五)员工情况:在职员工 292 人,专业构成如下:生产人员 220 人、销售人员 6 人、技人员 43 人、财务人员 6 人、行政人员 17 人;按教育程度分:本科 38 人、专科 68 人、中专人、技校及高中 119 人、初中及以下 42 人;公司需承担费用的离退休职工 259 人。

五、公司治理结构

(一)公司规范运作情况:

公司已按照中国证监会发布的有关上市公司治理的规范性文件,制定了公司《董事议事制度》、《监事会暂行条例》、《独立董事工作制度》等规范性文件,并拟对照中国证会和深圳证券交易所新发布的规范性文件进行修订。公司董事会、监事会和股东大会严按有关规定召集、召开,在规定期限内报深交所备案并在指定报刊公告会议决议。公司务独立、规范运作,在中国石化财务管理综合考评工作中取得优秀成绩,被授予 2002 年"标兵单位"称号;公司一贯重视信息披露工作,注重信息披露的及时性、准确性、完性和合法性,2002 年度深交所上市公司信息披露考核成绩为优秀。

(二)独立董事履行职责情况:

截止 2002 年 6 月 30 日,公司已配两名独立董事。独立董事都能按时出席每次董事会会议能认真阅读本公司相关报告材料及历史文件,认真审阅公司定期财务报告和报表,能对务数据中不了解的情况及时提出质询,在董事会上敢于就公司经营运作中存在的不足提建议,对重大议题独立发表意见。

(三)与控股股东"五分开"情况:

公司资产完整,产权清晰,除聚丙烯二车间外,其余房产证均已办理。公司设有独的经营部和财务部,主营产品的销售独立,财务独立。公司一般行政管理人员和车间生人员与武石化分离。本公司生产、基建、教育、生活、后勤由武石化(或武汉分公司)托管。

公司管理层已注意高层管理人员有重叠任职这一事实,并已着手解决:在本次换届举中,公司已对高层管理人员进行了较大幅度的调整:公司董事占董事总数的 36.84%还设有独立董事两名,今年 6 月底之前还将增补独立董事三名。公司还设置了在公司领报酬的副总经理一名、总工程师一名、副总会计师一名。但高层管理人员兼职现象仍然在,已向有关部门书面报告。

这些问题将随着改制的深入逐步加以解决。

(四) 对高级管理人员的考评及激励机制、相关奖励制度(如有)的建立、实施情况。

公司对高级管理人员的考评由武石化组织部会同人事处及工会统一组织考核。激励制、相关奖励制度由武石化统一建立、实施。2002 年度,对中层以上领导进行了测评。

六、股东大会情况简介

(一)股东大会的通知、召集、召开情况。

2002 年 4 月 29 日,在《中国证券报》和《证券时报》上刊登关于召开 2001 年年度股东会的公告;2002 年 6 月 7 日,在《中国证券报》和《证券时报》上刊登延期召开 2001 年度东大会的公告。

2002 年 6 月 28 日,在武石化宾馆召开 2001 年度股东大会。出席会议的股东及股东授权托代表 40 人数,代表股份 225,189,408 数量,占公司有表权股份总数的比例 43.38%。

(二)股东大会通过的决议;决议刊登的信息披露报纸及披露日期。

1、审议通过公司二〇〇一年年度报告;

2、审议通过公司二〇〇一年年度财务决算报告;

3、审议通过公司二〇〇一年年度资产减值准备议案;

4、审议通过公司二〇〇一年年度利润分配预案;

5、审议通过公司二〇〇二年投资 7000 万元对气体分馏装置改造扩建的投资计划。

6、审议通过修改公司章程议案。

7、选举通过张异君、喻景忠为独立董事。

8、审议通过独立董事津贴议案。

9、选举通过增补张宝林为公司第三届董事会董事。

10、审议通过变更会计师事务所的议案。

11、审议通过了大股东提名喻景忠为独立董事的临时议案。

12、审议通过了大股东关于董事调整的临时议案。

股东大会决议公告刊登在 2002 年 6 月 29 日《证券时报》上。

(三)选举、更换公司董事、监事情况

会议同意史济义先生因年龄原因提出辞去董事职务的请求。

选举通过增补张宝林、高维民为第三届董事会董事。

选举通过张异君、喻景忠为第三届董事会独立董事。

七、董事会报告

(一)主营业务的范围及其经营状况

1、公司主营业务范围:石油化工原料及产品的生产与销售;精细化工原料及产品的产与销售;石油化工原料后续产品的生产与销售。

2、二零零二年,公司认真贯彻"鼓劲、顺气、抓实"的工作方针,坚持以提高经济益为中心,加强管理,努力降本减费;搞好降本增效工作,利用国内市场对聚丙烯需求续增长的契机,充分利用装置生产能力,扩大产品产销量,优化产品结构,紧贴市场,时调整营销策略,较好地完成了全年目标任务,各项工作取得了新的进展。

2002 年公司合理安排各车间的生产进度,最大限度利用装置生产能力,努力改变产结构,提高聚丙烯在产品总量中的比重,特别是提高高附加值产品的产量,增加了公司益。

(1)全年主要产品产量情况

生产聚丙烯粒料 88,591 吨,比上年的 85,933.32 吨增加 2,657.68 吨,增长了 3.09%。

生产聚丙烯粉料 11,074 吨,比上年的 7,556.68 吨增加 3,517.32 吨,增长了 46.55%。

全年生产聚丙烯 99,665 吨,同比增长 6.6%,实现聚丙烯产量七年连续增长历年聚丙烯产量。

生产商品液化气 152,740 吨,比上年的 150,942 吨增加 337 吨;

生产其他化工原料产品 36,529 吨,比上年的 29,719 吨增加了 6,810 吨,增长了 22.91%;

(2)主要产品销售情况

2002 年聚丙烯市场需求保持了稳定增长的态势,全年销售聚丙烯 98,034 吨,销售格较上年有一定的上涨。

(3)利税、利润完成情况

在产销量扩大和销售收入上升的影响下,公司效益明显好于上年。

全年实现主营业务收入 90,642 万元,比上年的 90,378 万元增加 264 万元,增长 0.29%;

全年实现利润总额 8,899.45 万元,比上年的 7,435.62 万元增加 1,463.83 万元,增 19.69%;

全年实现净利润 5,015.87 万元,比上年的 4,507.87 万元增加 508 万元,增长 11.27%;

全年实现利税总额 13,311 万元,比上年的 11,901 万元增加 1,410 万元,增长 11.85%;

(4)主营业务收入、主营业务利润、净利润、现金及现金等价物净增加额同比增减变;

分析:(单位:元)

项目	2002 年度	2001 年度	增减比率(%)
主营业务收入	906,421,636.70	903,780,996.88	0.299
主营业务利润	91,065,571.04	65,178,818.65	39.72
净利润	50,158,691.08	45,078,722.09	11.27
投资收益	5,740,979.49	1,412,167.86	306.54
营业外支出	13,702,565.17	5,605,712.10	144.44
现金及现金等价物净增加额	136,805,023.38	220,838,459.65	-38.05

变动原因分析

①主营业务收入增加主要是产品产销量上升所致。

②主营业务利润有效增长主要系主营业务成本同比大幅下降所致,主营业务成本降原因有:

1)、2002 年度公司加强车间成本核算效果明显,使动力消耗及原料损耗同比大幅降低.

2)、在严格审核计划及领用等各环节的情况下,车间生产用其他材料消耗也得到有控制.

3)、原料采购价格下降

③净利润增加主要系公司主营业务利润和投资收益增加。

④现金及现金等价物净增加额减少主要是受上年同期收回原预付工程款的影响所致。

3、按行业、产品、地区分报告期内公司主营业务收入、主营业务成本的构成情况。

(1)按行业分

单位:人民币万

分行业或产品	主营业务入	主营业务成本	本毛利率(%)
石油化工	90,642.16	81,076.44	10.55
其中:关交易金	42,039.33	44,168.52	-5.06

分行业或产品	主营业务入比上年减(%)	主营业务本年减(%)
石油化工	0.29	-2.70
其中:关联交易金	-2.13	-2.16

分行业或产品	毛利率比年增减(%)
石油化工	1.40
其中:关交易金	0.98

(2)按产品分:单位:人民币万元

产品	主营业务入	主营业成本	毛利(%)	主营业务收入上年增减(%)
聚丙烯	48,533.57	36,853.60	24.07	2.34
液化气	32,533.07	34,897.52	-7.27	-8.31
异丁烯	5,074.43	4,898.89	3.46	11.81
异丁烷	3,717.46	3,544.78	4.65	64.85
催化原料油	424.21	547.00	-28.95	19.16
丙烷	259.59	256.75	1.09	3.11
干气	99.83	77.90	21.97	34.91
其中:关联交易金	42,039.33	44,168.52	-5.06	-2.13

关联　　国家有定价标准的按国家标准执行;

交易的　　没有国家标准有行业标准的按行业标准执行;

定价原　　没有国家标准也没有行业标准的按市场价格执行;

则　　既没有国家标准和行业标准,又没有市场价格的按双方协议价格执行;

产品	主营业务成本上年增减(%)	毛利率比上年增减(%)
聚丙烯	-3.48	23.
液化气	-6.16	-51.
异丁烯	4.73	213.
异丁烷	51.63	226.
催化原料油	-15.19	64.
丙烷	9.87	-81.
干气	16.42	131.
其中:关联交易金	-2.16	0.

(3)按地区分:单位:人民币万元

地区	主营业务收入	主营业务收入比上增减(%)
中南地区	60,898.59	869.
华东地区	26,671.14	23.
西南地区	3,072.43	23.

4、本公司主要产品是聚丙烯粒料和粉料,经过多年的努力,产品产量和品种结构发显著变化,全年生产量首次达 10 万吨品种日趋齐全,已形成包括扁丝、薄膜、注塑和纤维大系列共计 10 个牌号的生产能力,新开发的 X37F 和 H30S 这两个新牌号产品,一投入市场即受到下游厂家的欢迎,可以顶替部分进口原料。在我国加入 WTO 之后,本公司销售网络加完善,产品继续辐射销售了全国 16 个省(市),顶住了进口原料的冲击,保持和提高市场份额,销售量创历史新高,全面超额完成年初预定的经营目标。

5、主要供应商、客户情况:

前五名供应商采购金额合计　74,032.09　占采购总额比重　100.0

前五名销售客户销售金额合计　54,191.34　占销售总额比重　60.0

(二)在经营中出现的问题与困难及解决方法

在 2002 年,全国新建和扩建的聚丙烯装置较多,实际形成的产能有较大幅度提高,进口数量同比增长 17.05%,供应量大幅增长,需求量有限增长,这必将给市场带来较大的争压力,特别是同类型的生产装置开发的新产品牌号重复,市场重叠,如果过度竞争,也会市场带来负面影响。因此,我们在始终强调产品质量第一的基础上,重视销售人员服务识的培养,重点提高售后服务人员的技术素质,增加售后服务中的科技含量,从而加强后服务工作,全方位地提高产品的市场竞争力。

(三)报告期内的投资情况:

1、在报告期内公司没有募集资金,也没有报告期之前募集资金的使用延续到报告期的情形。

2、公司二〇〇一年年度股东大会决定的二〇〇二年投资七千万元对气体分馏装置改扩建的投资计划,因该项目立项未获得有关部门批准,未实施。

3、由于将原计入短期投资的 6,825,700 元的国债投资划转为长期投资,导致短期投期内减少-96.78%。

(四)报告期内的财务状况、经营成果分析:

1、主营业务收入、主营业务利润、净利润、现金及现金等价物净增加额同比增减变分析:(单位:元)

项目	2002 年度	2001 年度	增减比率(%)
主营业务收入	906,421,636.70	903,780,996.88	0.
主营业务利润	91,065,571.04	65,178,818.65	39.
净利润	50,158,691.08	45,078,722.09	11.
投资收益	5,740,979.49	1,412,167.86	306.

营业外支出	13,702,565.17	5,605,712.10	144.
现金及现金等价物净增加额	136,805,023.38	220,838,459.65	-38.

变动原因分析

(1) 主营业务收入增加主要是产品产销量上升和主导产品价格上涨所致。

(2) 主营业务利润有效增长主要系主营业务成本同比大幅下降所致,主营业务成本低原因有:

① 2002 年度公司加强车间成本核算效果明显,使动力消耗及原料损耗同比大幅降低。

② 在严格审核计划及领用等各环节的情况下,车间生产用其他材料消耗也得到有效制。

③ 原料采购价格下降。

(3) 净利润增加主要系公司主营业务利润和投资收益增加。

(4) 投资收益比上年同期增加了 433 万元,增长 306.54%,主要原因如下:公司出部分长期债券,获得处置收益 112 万元;收到新增债券利息 120 万元;计提长期股权投减值准备金额比上年减少 206 万元。

(5) 营业外支出增加系发生固定资产报废净损失及按有关规定计提固定资产减值准所致。

(6) 现金及现金等价物净增加额减少主要是受上年同期收回原预付工程款的影响致。

2、总资产、股东权益、短期投资等与期初数相比的变化分析:(单位:元)

项目	期末数	期初数	增减比率 (%)
总资产	1,466,453,605.35	1,482,710,345.79	-1.
货币资金	579,482,794.05	442,677,770.57	30.
短期投资	233,082.00	7,239,340.00	-96.
存货	17,697,960.39	8,673,732.54	104.
应收账款	26,259,029.02	64,669,162.78	-59.
其他应收款	86,879.99	686,435.63	-87.
固定资产减值准备	8,889,167.21	2,059,250.00	331.
预收账款	24,451,296.22	6,030,003.90	305.
应交税金	27,019,884.04	50,216,827.54	-46.
其他应付款	6,287,411.94	12,836,597.29	-51.
股东权益	1,273,356,550.69	1,264,731,360.57	0.

变动原因分析

(1) 总资产减少主要是固定资产报废净损失及减值准备增加所致。

(2) 货币资金增加主要是经营现金流入增加所致。

(3) 短期投资减少系本公司因投资目的改变,本年度将原计入短期投资的于 200212 月 31 日账面金额计人民币 6,825,700 元的国债投资,划转为长期投资。

(4) 存货增加主要是 12 月份化工产品销售市场形势持续向好,公司从长远效益着眼增加库存商品所致。

(5) 应收账款减少系关联交易欠款及时结算;其他应收款减少系计提坏帐准备所致。

(6) 固定资产减值准备增加系公司根据有关规定对长期闲置资产及因技术落后已不满足正常生产需要的资产按其净值计提减值准备所致。

(7) 预收账款增加是公司聚丙烯产品销售坚持款到发货的原则,在产品销售价格上的情况下,客户预付货款增加。

(8) 应交税金减少系按要求及时缴纳以前年度欠缴的税金所致;其他应付款减少主是交纳了账龄在一年以上的职工社会保险及职工补充养老保险等款项。

(9) 股东权益增加主要是实现 2002 年净利润所致。

(五)新年度的经营计划

党的"十六大"提出了全面建设小康社会的奋斗目标,2003 年是实施"十五"计划上启下的一年,机遇与挑战并存,希望中蕴含着风险和压力,我们一定要全面分析形势任务,充分估计困难,积极研究对策,脚踏实地干好工作,全面完成 2003 年的各项工作务

1.加强生产经营管理,努力实现重点装置的优化运行。根据国际、国内市场的情况:

从实现效益最大化的目标出发,精心组织好生产,捕捉市场机遇,降低经营成本.

2.全面深化车间成本核算,扩大成本项目考核范围,加大成本分析力度,严格控制产经营成本.

3.围绕效益和发展,择机进行装置检修和技术更新是今年工作的重点,事关今年的益目标和公司未来的发展,公司上下务必同心同德、集中力量,分工协作,抓实、抓万吨聚丙烯装置扩能改造,排除一切困难,保证改造工程的顺利进行.

4.在进行装置检修和技术改造的同时,努力抓好安全生产,聚丙烯产量达到 9 万吨同时生产液化气 13.31 万吨,其他化工原料产品 4.9 万吨,提高公司效益.

5.继续开展聚丙烯专用料技术攻关和长周期生产攻关活动,增加新品种,提高技术备,减少非计划停工,争取多创效益.

6.强化财务基础管理,发挥控制监督职能。强化以财务预算、成本、资金管理为中的内部管理。完善内部财务管理制度的建设,重视财务管理信息化、现代化。促进全面算管理向纵深发展.

党的"十六大"东风催人奋进,2003 年我们面临的工作任务繁重而艰巨,新的一年让我们按照"发展要有新思路,改革要有新突破,开放要有新局面,工作要有新举措,益要有新增长"的要求,扎实工作,争取取得新成绩.

(六)董事会日常工作情况:

1.报告期内董事会的会议情况及决议内容.

(1)第三届第四次董事会会议于二OO二年三月二十七日在公司会议室召开,应到董事 16 人,出席会议董事 15 人,董事涂英勇因病未出席会议,会议审议通过的事项如下:

①审议通过公司二OO一年年度报告;

②审议通过公司二OO一年年度财务决算报告;

③审议通过公司二OO一年年度资产减值准备议案;

④审议通过公司二OO一年年度利润分配预案;

⑤审议通过公司二OO二年投资 7000 万元对气体分馏装置改造扩建的投资计划;

⑥审议通过变更会计师事务所的议案;

会议决议刊登在二OO二年三月二十九日的《证券时报》和《中国证券报》上.

(2)第三届第五次董事会会议于二OO二年四月二十六日下午在中国石化武汉凤凰股份有限公司会议室召开,应到董事 16 人,出席会议董事 16 人,会议审议通过的事项如下:

①通过公司二OO二年一季度报告:

②通过公司二OO二年度部分关联交易合同.

③通过《公司章程》修改方案.

④通过增补张宝林为公司第三届董事会董事.

⑤通过高维民、张异君为独立董事人选及独立董事津贴的议案.

会议决议刊登在二OO二年四月二十九日的《证券时报》和《中国证券报》上.

(3)第三届第六次董事会会议于二OO二年六月十四日在中国石化武汉凤凰股份有公司会议室召开,应到董事 16 人,出席会议董事 15 人,史济义董事因出差,未能出席会议。会议审议通过的事项如下:

①审议通过了大股东提名喻景忠为独立董事候选人的临时议案

②审议通过了大股东关于董事调整的临时议案:因年龄原因,史济义先生提出辞去司董事职务;增补高维民为董事候选人会议决议刊登在二OO二年六月十五日的《证券时报》和《中国证券报》上。

八、监事会报告

(一)监事会工作情

2002 年,公司监事会全体成员按照《公司法》和公司《章程》赋予的职责,本着对体股东负责的精神,全面公正地行使了职权。本报告期内,按照有关方面的要求对照现企业制度认真地进行了自查和整改,召开了四次监事会,出席了一次股东大会,列席参了五次董事会。其中,四次监事会情况如下:

1、第三届第三次监事会会议情

公司第三届第三次监事会会议于 2002 年 3 月 27 日在公司会议室召开,会议由监事主席邱安翔先生主持,应到监事 10 人,出席会议监事 10 人,本次监事会符合《公司法和本公司《章程》的有关规定,会议审议通过的决议如下:

(1)公司二OO一年年度报告;

(2)公司二OO一年年度财务决算报告

(3)公司二OO一年年度资产减值准备议案;

(4)公司二OO一年年度利润分配预案;

(5)公司二OO二年气体分馏装置改造投资计划;

(6)公司二OO一年年度监事会工作报告;

本次监事会决议公告刊登在二OO二年三月二十九日《中国证券报》、《证券时报上》。

2、第三届第四次监事会会议情

公司第三届第四次监事会会议于 2002 年 4 月 26 日在公司小会议室召开,会议由监会副主席陈全忠先生主持,应到监事 10 人,出席会议监事 7 人,本次监事会符合《公司法和本公司《章程》的有关规定,会议审议通过的决议如下:

(1)《公司 2002 年一季度报告》

(2)公司 2002 年度部分关联交易合同

(3)《公司章程》有关条款修改方

(4)公司关于独立董事人选及独立董事津贴的议案

(5)公司关于增补董事的议案

本次监事会决议公告刊登在二OO二年四月二十九日《中国证券报》、《证券时报》上。

3、第三届第五次监事会会议情况

公司第三届第五次监事会会议于 2002 年 8 月 23 日在武石化宾馆五楼会议室召开,议由监事会主席邱安翔先生主持,应到监事 10 人,出席会议监事 9 人,本次监事会符合《司法》和本公司《章程》的有关规定,会议讨论通过了《公司二OO二年半年度报告》

本次监事会决议公告刊登在二OO二年八月二十七日《中国证券报》、《证券时报》上。

4、第三届第六次监事会会议情

公司第三届第六次监事会会议于 2002 年 10 月 25 日在武石化宾馆四楼会议室召开,会议由监事会主席邱安翔先生主持,应到监事 10 人,出席会议监事 9 人,本次监事会符合《司法》和本公司《章程》的有关规定,会议讨论通过了如下决议:

(1)《公司二OO二年三季度报告》

(2)对经理办公会授权 1000 万元以内投资权限的议案

本次监事会决议公告刊登在二OO二年十月二十六日《中国证券报》、《证券时报》上。

(二)监事会独立意

报告期内,监事会依法对公司董事会和经营班子进行了监督,列席了全部董事会,与审议了董事会决议.

1.公司依法运作情况

2002 年度公司董事会严格按照股东大会的各项决议要求,确实履行了各项决议,其策程序符合《公司法》及本公司《章程》的有关规定.公司本着审慎经营的态度建立了好的公司内部控制制度,并在逐步完善。监事会没有发现公司董事、经理担任公司职务有违反法律、法规和公司《章程》或损害公司利益的行为。公司董事会和经理层尽职尽责努力工作,取得了较好的经营效果。

2.财务检查情

毕马威华振会计师事务所为本公司审计并出具了标准无保留意见的 2002 年度审计告,监事会认真阅读了会计师事务所的审计报告并认真检查了公司财务报告及其有关资料,认为该报告公允地反映了公司的财务状况和实际经营成果。

3.本报告期内公司未募集资金

4.本报告期内公司没有收购和出售资产

5.关联交易情

公司所需的原材料由武汉分公司提供,所需的动力由武石化及武汉分公司提供。公生产的其他原料油和部分化工产品按国家规定由武汉分公司代销,生产的液化气按有关定由液化气公司代销。在此关联交易中双方按照物价部门定价的标准范围和参照中石化有关定价标准签订了供销合同。没有定价标准的参照市场价格协商一致确定以上关联交易价格合理,未损害上市公司利益。

6.会计师事务所未出解释性说明、保留意见、无法表示或否定意见的审计报告

九、重要事项

(一)本年度公司无重大诉讼、仲裁事项

(二)其他重大关联交易

1.武汉分公司与本公司是上下游关系,本公司原料液化石油气及其他辅助材料全部武汉分公司采购,按市场价格结算,年交易额 68,269.65 万元;

2.本公司水、电、汽、风等动力由武石化提供,价格为行业价,年交易额 5,097.万元;部分动力由武汉分公司提供,价格为行业价,年交易额 664.47 万元;

3.本公司液化石油气按专业化分工,全部由武石化代销,年交易额 32,656.10 万元;

4.本公司为武汉分公司提供 MTBE 原料、烷基化原料和催化原料油,价格为协议价年交易额 9,383.23 元;

5.公司由建安公司提供检、维修服务,年交易额 568.44 万元。

(三)重大合同及其履行情况

1.资产租赁情况

公司 60 万吨/年重油催化裂化装置因原料属国家统配物资,其业务属武汉分公司单业务范围,因此,该装置租赁给武汉分公司使用。该装置和部分球罐等资产 34,498.53 元人民币,租赁合同每年签订一次,年租金 5,174.78 万元。该装置租赁给武汉分公司后,公司可获得稳定的收益,同时可规避市场风险。

公司的氮氧站、富余的球罐等辅助性生产设施,按专业不交叉原则,租赁给武石化用,资产总计 175.60 万元,租赁合同每年签订一次,年租金 476.34 万元。

本公司生产装置占用土地从武石化租赁,租赁合同每年签订一次,年租金 429 万元。

以上关联交易系连续性关联交易事项在以前年度报告中均有披露,未单独公告。

2.报告期内公司没有担保合同及尚未履行完毕的担保合同

3.公司没有在报告期内或报告期继续发生委托他人进行现金资产管理事项、委托贷事项。

(四)根据工作需要,本年度公司辞聘中勤万信会计师事务所,改聘请毕马威华振会师事务所为公司审计中介机构,约定书每年签订一次。2002 年度支付 2001 年度应付给聘。

会计师事务所的报酬为:20 万元。

(五)公司、公司董事会及董事在报告期内没有受中国证监会稽查、中国证监会行政罚、通报批评、证券交易所公开谴责的情形。

在 2002 年中国证监会、国家经贸委联合开展上市公司建立现代企业制度检查过程中,武汉证管办对本公司进行了现场检查。公司董事会对这次检查极为重视,对武汉证管办"现代企业制度检查整改通知书"(以下简称:"整改通知书")中提出的问题,立即召开议研究整改措施:

1.对能够解决的立即整改

(1)对"三会"记录中存在的不足,立即整改,如:

①对"2001 年度股东大会会议记录未记载:出席股东大会有表决权的股份数及占公总股份的比例;每一表决事项的表决结果。"我们立即将表决汇总表的内容补充到记录去:

②对董事会记录中董事签名不完整的,立即补充完整:

(2)对"公司虽然拥有房产的实际控制权和资产收益权,但由于无土地使用权,公房产证至今尚在办理中"的问题,公司已办理了气体分馏装置、聚丙烯一车间、气体回装置及60万吨/年重油催化裂化装置的房产证,聚丙烯二车间的房产证正在积极办理中。

2、对需要通过股东大会决定的事项,我们拟列入2002年度股东大会议案解决

①在董事选举中实行累积投票制;(列入修改章程议案)

②资金管理权限的逐级授权;(列入修改章程议案

③成立专业委员会;(列入股东大会议题)

④"监事会成员构成不合理,公司职工监事选举不合规问题"。(列入股东大会议题)

十、财务报告

(一)审计意见全文:

审计报告

中国石化武汉凤凰股份有限公司全体股东:

我们接受委托,审计了贵公司二零零二年十二月三十一日的资产负债表及二零零二度的利润及利润分配表和现金流量表。这些会计报表由贵公司负责,我们的责任是对这些会计报表发表审计意见。我们的审计是依据《中国注册会计师独立审计准则》进行的。审计过程中,我们结合贵公司的实际情况,实施了包括抽查会计记录等我们认为必要的审计程序。

我们认为,上述会计报表符合《企业会计准则》和《企业会计制度》的有关规定,所有重大方面公允地反映了贵公司二零零二年十二月三十一日的财务状况和二零零二年的经营成果和现金流量,会计处理方法的选用遵循了一贯性原则。

毕马威华振会计师事务所　　中国注册会计师　宋晨

二零零三年四月十二日　　中国注册会计师　陈玉

(二)经审计财务报表

资产负债表

编制单位:中国石化武汉凤凰股份有限公司　2002年12月31日　单位:人民币元

项目	期末数	期初数
流动资产:		
货币资金	579,482,794.05	442,677,770.67
短期投资	233,082.00	7,239,340.00
应收票据	112,342,856.00	122,004,025.66
应收股利		
应收利息		
应收账款	26,259,029.02	64,669,162.78
其他应收款	86,879.99	686,435.63
预付账款	403,500.00	230,000.00
应收补贴款		
存货	17,697,960.39	8,673,732.54
待摊费用		
一年内到期的长期债权投资	5,330,241.00	-
其他流动资产		
流动资产合计	741,836,342.45	646,180,467.28
长期投资:		
长期股权投资	31,258,900.00	31,749,000.00
长期债权投资	115,028,917.37	148,439,802.04
长期投资合计	146,287,817.37	180,188,802.04
其中:合并价差		
固定资产:		
固定资产原价	1,082,596,737.69	1,083,983,629.03
减:累计折旧	495,378,124.95	425,583,302.56
固定资产净值	587,218,612.74	658,400,326.47
减:固定资产减值准备	8,889,167.21	2,059,250.00
固定资产净额	578,329,445.53	656,341,076.47
工程物资		
在建工程		
固定资产清理		
固定资产合计	578,329,445.53	656,341,076.47
无形资产及其他资产:		
无形资产		
长期待摊费用		
其他长期资产		
无形资产及其他资产合计		
递延税项:		
递延税款借项		
资产总计	1,466,453,605.35	1,482,710,345.79

资产负债表(续表)

编制单位:中国石化武汉凤凰股份有限公司　2002年12月31日　单位:人民币元

项目	期末数	期初数
流动负债:		
短期借款		
应付票据		
应付账款	74,792,085.97	91,207,377.11
预收账款	24,451,296.22	6,030,003.90
应付工资		
应付福利费	5,378,453.54	5,058,988.21
应付股利	44,803,547.14	43,797,379.06
应交税金	27,019,884.04	50,216,827.54
其他应交款	5,857,121.39	5,140,397.69
其他应付款	6,287,411.94	12,836,597.29
预提费用		
预计负债		
一年内到期的长期负债		
其他流动负债		
流动负债合计	188,589,800.24	214,287,570.80
长期负债:		
长期借款		
应付债券		
长期应付款		
专项应付款	4,507,254.42	3,691,414.42
其他长期负债		
长期负债合计	4,507,254.42	3,691,414.42
递延税项:		
递延税款贷项		
负债合计	193,097,054.66	217,978,985.22
少数股东权益		
股东权益:		
股本	519,168,762.00	519,168,762.00
减:已归还投资		
股本净额	519,168,762.00	519,168,762.00
资本公积	455,176,501.76	455,176,501.76
盈余公积	255,073,706.29	245,041,968.07
其中:法定公益金	74,157,218.61	69,141,349.50
未分配利润	43,937,580.64	45,344,128.74
外币报表折算差额		
股东权益合计	1,273,356,550.69	1,264,731,360.57
负债和股东权益总计	1,466,453,605.35	1,482,710,345.79

利润及利润分配表

编制单位:中国石化武汉凤凰股份有限公司　2002年度　单位:人民币元

项　目	期末数
一、主营业务收入	906,421,636.70
减:主营业务成本	810,764,410.29
主营业务税金及附加	4,591,655.37
二、主营业务利润(亏损以"-"号填列)	91,065,571.04
加:其他业务利润(亏损以"-"号填列)	32,908,853.57
减:营业费用	444,517.69
管理费用	32,521,221.35
财务费用	-5,489,036.41
三、营业利润(亏损以"-"号填列)	96,497,721.98
加:投资收益(损失以"-"号填列)	5,740,979.49
补贴收入	
营业外收入	458,403.13
减:营业外支出	13,702,565.17
四、利润总额(亏损总额以"-"号填列)	88,994,539.43
减:所得税	38,835,848.35
减:少数股东损益	
五、净利润(净亏损以"-"号填列)	50,158,691.08
加:年初未分配利润	45,344,128.74
其他转入	
六、可供分配的利润	95,502,819.82
减:提取法定盈余公积	5,015,869.11
提取法定公益金	5,015,869.11
提取职工奖励及福利基金	
提取储备基金	
提取企业发展基金	
利润归还投资	
七、可供股东分配的利润	85,471,081.60
减:应付优先股股利	
提取任意盈余公积	
应付普通股股利	41,533,500.96
转作资本(或股本)的普通股股利	
八、未分配利润	43,937,580.64
补充资料:	
1.出售、处置部门或被投资单位所得收益	
2.自然灾害发生的损失	
3.会计政策变更增加(或减少)利润总额	
4.会计估计变更增加(或减少)利润总额	
5.债务重组损失	
6.其他	

现金流量表

编制单位:中国石化武汉凤凰股份有限公司　2002年度　单位:人民币元

项目	金额
一、经营活动产生的现金流量:	
销售商品、提供劳务收到的现金	1,005,528,481.49
收到的税费返还	
收到的其他与经营活动有关的现金	769,544.09
经营活动产生的现金流入小计	1,006,298,025.58
购买商品、接受劳务支付的现金	699,236,947.00
支付给职工以及为职工支付的现金	32,516,172.67
支付的各项税费	109,523,196.78
支付的其他与经营活动有关的现金	14,233,796.49
经营活动产生的现金流出小计	855,510,112.94
经营活动产生的现金流量净额	150,787,912.64
二、投资活动产生的现金流量:	
收回投资所收到的现金	44,620,630.58
取得投资收益所收到的现金	4,999,884.58
处置固定资产、无形资产和其他长期资产所收回的现金净额	51,150.00
收到的其他与投资活动有关的现金	5,586,040.28
投资活动产生的现金流入小计	55,257,705.44
购建固定资产、无形资产和其他长期资产所支付的现金	20,410,727.82
投资所支付的现金	8,302,534.00
支付的其他与投资活动有关的现金	
投资活动产生的现金流出小计	28,713,261.82
投资活动产生的现金流量净额	26,544,443.62
三、筹资活动产生的现金流量:	
吸收投资所收到的现金	
借款所收到的现金	
收到的其他与筹资活动有关的现金	
筹资活动产生的现金流入小计	
偿还债务所支付的现金	
分配股利、利润或偿付利息所支付的现金	40,527,332.88
支付的其他与筹资活动有关的现金	
筹资活动产生的现金流出小计	40,527,332.88
筹资活动产生的现金流量净额	-40,527,332.88
四、汇率变动对现金的影响	
五、现金及现金等价物净增加额	136,805,023.38

云南白药集团股份有限公司

云南白药集团股份有限公司2002年年度报告

一、公司基本情况简介

(一)公司法定名称:云南白药集团股份有限公司
公司英文名称:YUNNAN BAIYAO GROUP CO.,LTD.
(二)公司法定代表人:龙江
(三)公司董事会秘书:黄艾农联系电话:(0871)8324159
电子信箱:huangainong@yunnanbaiyao.com.cn
公司董事会证券事务代表:马青联系电话:(0871)8350538
电子信箱:maqing@yunnanbaiyao.com.cn
联系地址:云南省昆明市二环西路222 号
传真:(0871)8324169
(四)公司注册、办公地址:昆明国家高新技术产业开发区
邮政编码:650118
公司国际互联网网址:www.yunnanbaiyao.com.cn
公司电子信箱:ynby@yunnanbaiyao.com.cn
(五)公司选定的信息披露报纸名称:《证券时报》、《上海证券报》
登载公司年度报告的国际互联网网址:http://www.cninfo.com.cn
公司年度报告备置地点:本公司档案室
(六)公司股票上市地:深圳证券交易所
公司股票简称:云南白药
公司股票代码:000538
(七)其他有关资料
1.公司首次注册登记日期:1993 年 11 月 30 日
公司注册地点:云南省昆明市西坝路51 号
公司变更注册登记日期:2000 年 5 月 24 日
公司注册地点:昆明市国家高新技术产业开发区
2.企业法人营业执照注册号:530000100380
3.企业税务登记号码:53010221652214X
4.公司聘请的会计师事务所:云南亚太会计师事务所
会计师事务所办公地址:云南省昆明市拓东路23 号。

二、会计数据和业务数据摘要

(一)本年度实现利润总额及其构成(单位:人民币元)

项目	金额	备注
利润总额	118208822.06	
净利润	93687567.67	
扣除非经营性损益后的净利润	94314932.84	注
主营业务利润	387913654.47	
其他业务利润	251321.03	
营业利润	118565116.56	
投资收益	274558.17	
补贴收入	0	
营业外收支净额	-630852.67	
经营活动产生的现金流量净额	115400424.27	
现金及现金等价物净增加额	26370213.04	

注:扣除非经营性损益项目及涉及金额

a.债券投资收益	0 元
b.股票投资收益	-107224.00 元
d.营业外收支净额	-630852..67 元
合计	-738076.67 元
扣除所得税纳税影响后为	- 627365.17 元

(二)报告期末前三年的主要会计数据和财务指标

项目	单位	2002 年	2001 年
1.主营业务收入	千元	1100942	900299
2.净利润	千元	93688	75137
3.总资产	千元	920651	843993
4.股东权益(不含少数股东权益)	千元	463748	417507
5.每股收益	元	0.504	0.404
6.每股净资产	元	2.50	2.25
7.调整后的每股净资产	元	2.43	2.20
8.每股经营活动产生的现金流量净额	元	0.62	0.45
9.净资产收益率	%	20.20	18.00

项目	2000 年	
	调整后	调整前
1.主营业务收入	795297	795297
2.净利润	48400	49224
3.总资产	771492	792851
4.股东权益(不含少数股东权益)	378339	389876
5.每股收益	0.260	0.265
6.每股净资产	2.04	2.10
7.调整后的每股净资产	2.01	2.07
8.每股经营活动产生的现金流量净额元	0.57	0.57
9.净资产收益率	12.84	12.63

(三)股东权益变动情况(单位:元)

项目	股本	资本公积	盈余公积
期初数	185817976	133123195	98356564
本期增加	0	12015092	26507355
本期减少	0		
期末数	185817976	145138287	124863919
变动原因		资产评估增值及拨款转入	本年盈利计提

项目	法定公益金	未分配利润	股东权益合计
期初数	14788920	208936	417506671
本期增加	8831325	93687568	132210015
本期减少		85969107	85969107
期末数	23620245	7927397	463747579
变动原因	本年盈利计提	本年盈利计提及分配	

三、股本变动及股东情况

(一)股份变动情况表(根据中国证券登记结算公司深圳分公司提供截至2002 年 12 月 31 日的资料)

公司股份变动情况表　　单位:股

	本次变动前	本次变动增减(+,-) 配股	送股	公积金转增	增发	其他
一、未上市流通股份						
1.发起人股份	85050000	0	0	0	0	37843650
其中:国家持有股份	58620000	0	0	0	0	48433650
境内法人持有股份	26430000	0	0	0	0	-10590000
2.募集法人股份	42017490	0	0	0	0	-37843650
3.内部职工股	0	0	0	0	0	0
4.优先股或其他	0	0	0	0	0	0
尚未流通股份合计	127067490	0	0	0	0	0
二、已上市流通股份						
1.人民币普通股	58750486	0	0	0	0	0
已上市流通股份合计	58750486	0	0	0	0	0
三、股份总数	185817976	0	0	0	0	0

	小计	本次变动后	占总股本%
一、未上市流通股份			
1.发起人股份	37843650	122893650	66.13
其中:国家持有股份	48433650	107053650	57.61
境内法人持有股份	-10590000	15840000	8.52
2.募集法人股份	-37843650	4173840	2.25
3.内部职工股	0	0	0
4.优先股或其他	0	0	0
尚未流通股份合计	0	127067490	68.38
二、已上市流通股份			
1.人民币普通股	0	58750486	31.62
已上市流通股份合计	0	58750486	31.62
三、股份总数	0	185817976	100

由于云南红塔投资有限责任公司受让1059 万股,并其持有的股份定性为发起人国有法人股而调整。

(二)股票发行与上市情况

本公司于1993 年 11 月 3 日至 24 日发行社会公众股 2000 万股(其中内部职工股 200 万股),定向法人股400 万股,均按每股3.38 元发行,总股本8000 万股。

1993 年 12 月 15 日在深圳证券交易所上市1800 万股。

1994 年 3 月按每10 股送1 股红利,共送800 万股,本公司股本总额增至8800 万股。同年7 月 11 日公司内部职工股200 万股经批准上市交易。

1995 年 11 月,本公司按每10 股送2 股,共送1760 万股,同时执行每10 股配2.7 股的方案,配股价每股3.10 元。法人股认购了23.166 万股,国家股及部分法人股的配股权按每股0.10 元转让,社会公众股认购了594 万股及转让部分的35.162 万股,总股本达到11212.328 万股。

1996 年至1998 年未送配,股本总额和结构未发生变化。

1999 年 9 月按每10 股送1 股红利,用公积金每10 股转增4 股,共送转5606.164 万股,12 月按送转股以后的每10 股配2 股,配股价每股7 元,共配1763.3056 万股,配股款已于1999 年 12 月 30 日到帐,已办理验资及工商登记变更,总股本达到18581.7976 万股(配股增加股份待批准上市,1999 年末在深交所的总股本为16818.492 万股)。

2000 年 1 月 21 日配股部分1763.3056 万股批准上市, 2000 年 8 月 3 日转配股538486 股批准上市流通。

2001 年股本未变动。

2002 年股本未变动。

(三)股东情况

1.期末股东总数:9287 户。

2.前10 名股东持股情况表(根据2002 年 12 月 31 日中国证券登记结算公司深圳分公司提供资料):

单位:股

持股单位	持股数	占总股本%
1.云南医药集团有限公司	58620000	31.55
2.云南红塔投资有限责任公司	48433650	26.07
3.云南省国际信托投资公司	15840000	8.52
4.上海小西生物技术有限公司	1386000	0.75
5.昆明市大鹏证券公司证券业务部	1042965	0.56
6.云南省粮食管理局机关服务中心	297000	0.16
7.王怀乡	250600	0.13
8.张贵勤	218535	0.12
9.杨穗欢	210720	0.11
10.云南鲲鹏航空服务有限公司	198000	0.11
合计	126497470	68.08

持股单位	备注
1.云南医药集团有限公司	发起人国有法人股
2.云南红塔投资有限责任公司	发起人国有法人股
3.云南省国际信托投资公司	发起人境内法人股
4.上海小西生物技术有限公司	定向法人境内法人股
5.市大鹏证券公司证券业务部	定向法人境内法人股

6.云南省粮食管理局机关服务中心	定向法人境内法人股
7.王怀乡	社会公众股
8.张贵勤	社会公众股
9.杨穗欢	社会公众股
10.云南鲲鹏航空服务有限公司	定向法人境内法人股
合计	

前三名股东持股 5%以上。

云南医药集团有限公司持股数未变;

云南红塔投资有限公司受让了法人股 1059 万股而增至 4843.365 万股;

云南省国际信托投资公司所持股份未变动。

以上法人股东之间不存在关联关系。

3、控股股东情况持有股份 10%以上的股东情况

报告期内相对控股股东未变更,仍为云南医药集团有限公司。

云南医药集团有限公司持有本公司 31.55%的股份,其法定代表人:龙江。成立日期:1996 年 9 月 26 日,主要业务和产品:生产经营各类药品、药及包装材料、医疗器械、制药机械及设备、化工试剂、玻璃仪品、卫生材料、保健品、医药科技开发及咨询服务;经营本企业自产产品及相关技术的出口业务;经营本企业生产科研所需的原辅材料、机械设备、仪器仪表、零配件及相关技术的进口业务;经营本企业的进料加工和“三来一补”业务。注册资本 2.8666 亿元。股权结构:国有独资。

4、其他持有股份 10%以上的股东情况

云南红塔投资有限公司持有本公司 20.37%的股份,其法定代表人:柳万东。成立日期:1996 年 1 月 29 日,经营范围:在国家法规、政策允许范围内进行投资、开发。注册资本 56 亿元。股权结构:国有独资。

四、董事、监事、高级管理人员和员工情况

(一)现任董事、监事、高级管理人员基本情况:

姓名	职务	性别	年龄	年初持股数	年末持股数
龙江	董事长	男	46	0	0
刘会疆	副董事长	男	46	0	0
王明辉	董事、总裁	男	40	0	0
戚太云	董事	男	50	0	0
丁世南	董事	男	55	7672	7672
杨发甲	董事	男	47	0	0
王雷	董事	男	39	0	0
曹芹	董事	女	45	0	0
陈小悦	独立董事	男	55	0	0
郝小江	独立董事	男	51	0	0
潘以文	监事会召集人	女	56	0	0
刘广明	监事	男	56	0	0
杨益清	监事	男	46	0	0
蔡琨	监事	男	47	0	0
陈万陆	监事	男	53	0	0
杨昌红	副总裁	男	39	0	0
钟祖华	副总裁	男	53	7856	7856
蒋鈔	生产制造总监	男	47	6804	6804
尹品耀	财务总监	男	33	0	0
黄艾农	董事会秘书	男	55	6840	6840

姓名	任期	领取报酬单位	股东单位担任职务
龙江	20021129-20051128	医药集团公司	总经理
刘会疆	20021129-20051128	红塔投资公司	副总经理
王明辉	20021129-20051128	本公司	
戚太云	20021129-20051128	本公司	
丁世南	20021129-20051128		
杨发甲	20021129-20051128	红塔投资创投	副总经理
王雷	20021129-20051128	红塔创投公司	
曹芹	20021129-20051128	云南国托公司	总经理
陈小悦	20021129-20051128	国家会计学院	副院长
郝小江	20021129-20051128	昆明植物所	所长
潘以文	20021129-20051128	医药集团公司	总会计师
刘广明	20021129-20051128	医药集团公司	劳人部长
杨益清	20021129-20051128	红塔投资公司	计财部主任
蔡琨	20021129-20051128	本公司	
陈万陆	20021129-20051128	本公司	
杨昌红	20021129-20051128	本公司	
钟祖华	20021129-20051128	电子商务公司	
蒋鈔	20021129-20051128	本公司	
尹品耀	20021129-20051128	本公司	
黄艾农	20021129-20051128	本公司	

以上持有股票的四人持股数 29172 股票(另有零碎余股 1 股),本年度未变动,年末持股数为中国证券登记结算公司深圳分公司提供数据。

(二)年度报酬情况

本公司的董事、监事从 2002 年 7 月开始领取报酬,每月税后董事 2000 元、独立董事 6000 元、监事 1500 元。

公司董事会对高级管理人员实行年度责任考核制,高级管理人员的报酬实行年薪制。基薪是根据公司执行的薪酬制度,按其所在的岗位,根据其月度考核系数计算领取岗位工资;年度按照完成的董事会年初确定的经济指标,以审计确认的净利润数,由董事会给予奖罚,次年兑现。

本年度有董事 8 人领取报酬,报酬总额为 11.04 万元。金额最高的前三名的报酬总额 4.14 万元。

本年度有独立董事 2 人领取报酬,报酬总额为 9 万元。各为 4.5 万元。

本年度有监事 5 人领取报酬,报酬总额为 4.74 万元。金额最高的前三名的报酬总额 2.84 万元。

本年度高级管理人员有 7 人领取报酬,报酬总额为 77.32 万元。金额最高的前三名的报酬总额 35.78 万元。个人年度报酬额 10 万元至 13 万元的 6 人,5 万元至 9.99 万元的 1 人,5 万元以下的 13 人。

(三)在报告期内离任的董事、监事、高级管理人员情况

在报告期内,11 月 28 日董事会、监事会换届,无离任的董事,监事李劲因工作调动离任,高级管理人员中原常务副总裁丁世南因工作调动离任,因年龄超过 55 岁,原技术质量总监李之光离任,原财务总监黄艾农离任。

(四)在报告期内聘任的董事、监事、高级管理人员情况

在报告期内,11 月 28 日董事会、监事会换届,本公司 2002 年第三次临时股东大会选举龙江、王明辉、戚太云、丁世南、杨发甲、刘会疆、王雷、曹芹、陈小悦、郝小江为董事,选举潘以文、刘广明、杨益清、蔡琨、陈万陆为监事。

11 月 28 日本公司第四届董事会第一次会议选举龙江为董事长,选举刘会疆为副董事长,经董事长龙江提名聘任黄艾农为董事会秘书,聘任马青为董事会证券事务代表。

11 月 28 日本公司第四届监事会第一次会议选举潘以文为监事会召集人。

12 月 25 日董事会根据王明辉总裁的提名,采用通讯方式同意聘任杨昌红、钟祖华为公司副总裁;蒋鈔为生产制造总监;尹品耀为财务总监。

(五)公司员工情况

母公司及含电子商务公司现有员工 897 人,其中生产人员 281 人,销售人员 211 人,技术人员 262 人,财务人员 26 人,行政人员 179 人。员工教育程度为:博士研究生 5 人,硕士研究生 8 人,大学本科 216 人,大学专科 229 人,中专 43 人,高中 118 人,职高 16 人,初中及以下 263 人。2002 年末退休人员 399 人,其中代管改制前退休人员 312 人,公司承担退休费用的 87 人。

五、公司治理结构

(一)公司治理状况

本公司严格按照《公司法》、《证券法》和中国证监会有关法律法规的要求,不断完善公司法人治理结构、建立现代企业制度、规范公司运作,公司制定或修订了《公司章程》、《股东大会议事规则》、《董事会议事规则》、《监事会议事规则》、《总裁办公会议事规则》、《信息批露管理办法》等管理制度,已设立独立董事两名;对照 2002 年 1 月 7 日发布的《上市公司治理准则》,除尚未成立专门委员会外,,其他无较大的差异,本公司将认真组织学习该准则,不断规范公司治理结构。

(二)独立董事履行职责情况

本报告期内本公司已设立独立董事两名,他们能认真履行其职责,能独立发表意见。

(三) 本公司与控股股东在业务、人员、资产、机构、财务上分开情况

本公司与控股股东在业务、人员、资产、机构、财务上一直做到分开,保持业务独立、人员独立、资产完整、机构完整、财务独立。

1、在业务方面,本公司有独立完整的采购、生产、销售、研发体系。

2、在人员方面,本公司在劳动、人事及工资管理等方面是独立的;总裁、副总裁等高级管理人员在本公司领取薪酬,未在股东单位担任重要职务。

3、在资产方面,本公司拥有独立的生产系统、辅助生产系统和配套设施,拥有工业产权、商标、非专利技术等无形资产;并拥有独立的采购和销售系统。

4、在机构方面,本公司具有独立完整的采购、生产、销售、研发和管理部门,拥有独立的办公地点和生产场所。

5、在财务方面,本公司设立独立的财务部门,建立了独立的会计核算体系和财务管理制度,独立在银行开户,独立纳税。

(四)对高级管理人员的考评及激励机制、相关奖励制度的建立、实施情况

从 2000 年初起,董事会就建立了对高级管理人员的考评、激励机制和相关的奖励制度。对高级管理人员实行年薪制,每年初,董事会即制定当年的考核指标,在各项指标完成的基础上,以审计确认的净利润为基数,完不成基数不奖甚至扣发工资,完成基数给一定比例的奖金,超额完成则又可提一定比例的奖金,在下年度由董事会决议通过。

六、股东大会情况简介

本年度内召开股东大会四次。

1、股东大会的通知、召集、召开情况

(1) 本公司于 2002 年 3 月 1 日在《上海证券报》、《证券时报》上公告通知 4 月 16 日召开 2001 年度股东大会。2001 年年度股东大会于 2002 年 4 月 16 日上午 9:00 在本公司会议室召开,到会股东及其代表(授权人)共 53 人,代表股权 127140062 股,占总股本的 68.42%。

(2)本公司于 2002 年 5 月 25 日在《上海证券报》、《证券时报》上公告通知 6 月 25 日召开 2002 年第一次临时股东大会。200 年第一次临时股东大会于 2002 年 6 月 25 日上午 9:00 在本公司会议室召开,到会股东及其代表(授权人)共 53 人,代表股权 126612929 股,占总股本的 68.14%。

(3)本公司于 2002 年 7 月 26 日在《上海证券报》、《证券时报》上公告通知 8 月 27 日召开 2002 年第二次临时股东大会。2002 年第二次临时股东大会于 2002 年 8 月 27 日上午 9:00 在本公司会议室召开,到会股东及其代表(授权人)共 72 人,代表股权 125992457 股,占总股本的 67.8%。

(4)本公司于 2002 年 10 月 25 日在《上海证券报》、《证券时报》上公告通知 11 月 28 日召开 2002 年第三次临时股东大会。2002 年第三次临时股东大会于 2002 年 11 月 28 日上午 9:00 在本公司会议室召开,到会股东及其代表(授权人)共 75 人,代表股权 125633955 股,占总股本的 67.61%。

2、股东大会通过或否决的决议及其信息披露情况

(1)在 2002 年 4 月 16 日的 2001 年年度股东大会上,审议通过了 2001 年年度董事会和监事会的工作报告、财务决算报告、利润分配方案、分红方案、2000 年度报告及其摘要、周小澜辞去董事、修改公司章程中有关独立董事的相关条款、未续聘云南亚太会计师事务所为审计机构。详细情况刊登在 2002 年 4 月 17 日的《上海证券报》、《证券时报》上。

(2)在 2002 年 6 月 25 日的 2002 年第一次临时股东大会上,审议通过了选举陈小悦、郝小江为独立董事,董事、独立董事、监事的津贴议案。详细情况刊登在 2002 年 6 月 26 日的《上海证券报》、《证券时报》上。

(3)在 2002 年 8 月 27 日的 2002 年第二次临时股东大会上,审议通过了本公司的《董事会议事规则》、《股东大会议事规则》、《监事会议事规则》、《信息披露制度》。详细情况刊登在 2002 年 8 月 28 日的《上海证券报》、《证券时报》上。

(4)在 2002 年 11 月 28 日的 2002 年第三次临时股东大会上,审议通过了选举龙江、王明辉、戚太云、丁世南、杨发甲、刘会疆、王雷、曹芹、陈小悦、郝小江为董事,选举潘以文、刘广明、杨益清、蔡琨、陈万陆为监事,续聘云南亚太会计师事务所为审计机构。详细情况刊登在 2002 年 11 月 29 日的《上海证券报》、《证券时报》上。

3、选举、更换公司董事、监事情况

在报告期内,11 月 28 日董事会、监事会换届,本公司 2002 年第三次临时股东大会选举龙江、王明辉、戚太云、丁世南、杨发甲、刘会疆、王雷、曹芹、陈小悦、郝小江为董事,选举潘以文、刘广明、杨益清、蔡琨、陈万陆为监事。

七、董事会报告

(一)公司报告期内的经营状况

1、公司主营业务的范围及其经营状况

本公司是云南省医药工贸结合的大型综合性企业,主要从事药品(以中成药为主)的生产经营及外购药品的批发零售。1999 年,本公司被云南省科委认定为高新技术企业,2000 年被云南省经贸委、中共云南省委企业工作委员会、云南省统计局、计委、财政厅、省委组织部和人事厅认定为大型一级企业管理评价单位,1999 年被国家人事部批准建立博士后科研工作站。2001 年被云南省质量技术监督局授予“云南省‘2000 年全国质量管理先进企业’”称号,并被列为云南省技术创新示范企业,并被云南省经贸委、财政厅评为 2001 年云南省管理优秀达标企业,被云南省质量管理协会授予“2001 年度云南省质量效益型先进企业’”称号,并被列为云南省技术创新示范企业,2002 年被云南省政府列为 10 户重点扶持的医药企业之一。

2002 年,公司经营班子坚持“做强主业、做透产业、做百年企业”的发展思路,围绕公司董事会所确定的“一个核心、四个经济增长点”的发展战略,在做强母体、提升优势、强化核心竞争力的基础上,全力打造云南白药集团天然药物产业链工程。一年来,公司经营业绩保持高速增长,主营业务收

入、实现利税、实现净利润、资产收益率等各项经济指标均创历史最好水平；与此同时，通过省医药和天紫红的改组改造、武定基地项目和连锁大药房的建设，以及相关合资合作项目的推进，云南白药全新产业布局初具雏形，集团新的经济增长点初现端倪。这些成绩的取得，不仅为云南白药已经走过的100年划上了一个圆满的句号，更为重要的是，为云南白药又一个百年的持续、健康发展奠定了极为坚实的基础。

2002年主要经营情况概述

主要经济指标完成情况

主营业务收入：全年实现1100942千元，较2001年的900299千元净增200643千元，增幅为22.29%。

利润总额：全年实现118209千元，较2001年的81717千元增加36492千元，增长44.66%。

净利润：全年实现93688千元，较2001年的75137千元净增18551千元，增幅为24.69%。

2002年做了以下主要工作：

A.集团本部改革、改组、改造工作强力展开，并取得巨大成效

伴随ERP系统的顺利实施、气雾剂生产线的成功引进，集团"第二步"发展战略基本完成，与此同时，经过多方坚持不懈的努力，云南白药荣获"中国驰名商标"称号，决定公司长远发展的核心优势得以进一步巩固和提高。

公司近年来所创立并成功推行的"内部创业机制"、"首席科学家制"、"虚拟企业运作模式"等先进机制和模式得以持续创新、升华，成效卓著。电子商务公司各项工作有序开展，市场基础得以进一步夯实；天然药物研究院新品开发取得突破性进展；上海事业部两个产品销售从去年的3000万元跃升至7000余万元。此外，通过ERP系统的正常运作、精细化的成本核算及管理体系，以及本年度对生产单元的模拟考核等，为集团内部实行"定单制"创造了基本的条件。

省医药公司、天紫红公司顺利完成改制整合工作，尤其是省医药公司通过整合后，活力大增，主营业务收入增幅达到18%。

控股制药企业的GMP改造工作全速展开，文山公司已成功通过国家GMP认证，大理公司取得阶段性成果，丽江、天紫红也已经启动。

省医药公司率先在云南省第一家通过国家GSP认证。

B.集团"第三步"发展战略——"云南白药集团天然药物产业链"的打造工作稳步推进，"四个经济增长点(药材、研发、服务体系、海外市场)"呼之欲出。

以武定基地为依托，公司原生药材产业化进程提速开展。本年度，公司在国家资金扶持下，先后投资组建"中药材种源繁育公司"、"云药重点实验室公司"，并吸收了一批高端人才，GLP基地建设取得了巨大的进展。与此同时，围绕基地的一批后续项目也正抓紧落实。

开放式、市场化、产业化的研发工作成效显著，成果频传，云南白药的中药现代化进程提速推进。

云南白药大药房有限公司的成功组建，拉开了构筑市场流通服务体系的序幕。

拓展海外市场的条件得到改善，目前已在多个国家设立商务代表处，长期以来困扰公司海外市场拓展的商标问题得以解决。

C. 初步构架集团母子公司管理体制，管理向纵深拓展。

以目标预算管理工作为核心，以内部控制制度、效绩评价体系及相关考核机制为主线、贯穿母子公司的各项管理工作渐次展开，基本建立起了母子公司财务管理体制。

集团内部资源整合顺势进行，逐步实现人才、资金、信息的流通与互动，集团整体功效开始显现。

D. 伴随云南白药百年庆典工作的精密筹备和成功举办，公司企业文化建设工作再上新台阶。

(1)报告期内公司主营业务收入、主营业务利润的构成情况(单位：千元)

	主营业务收入	占比例%	主营业务利润	占比例%
药品销售收入	1077076	97.83	376888	97.16
胶囊生产经营	19325	1.76	8626	2.22
酒店营业收入	2605	0.24	2181	0.56
其它销售收入	1936	0.17	219	0.06
合计	1100942	100.00	387914	100.00

(2)生产经营的主要产品及其市场占有率情况

本公司生营的以云南白药系列产品和三七系列产品为主，云南白药系列产品为独家经营；药品批发零售额在云南省排第一名。

占公司主营业务收入或主营业务利润10%的主要业务和产品(单位：千元)：

产品名称	占主营收入%	占主营利润%	主营业务收入
云南白药胶囊	11.15	27.05	122781
药品批发零售	58.25	10.25	641290
合计	69.40	37.30	764071

产品名称	主营业务成本	毛利率%
云南白药胶囊	16265	86.75
药品批发零售	600382	6.38
合计	616647	19.29

(3)报告期内主营业务或其结构、主营业务盈利能力较上年发生较大变化的说明

本公司以药品生产销售为主，药品销售收入占主营业务收入的97.83%，其中生产经营的药品(以下自产药品)的主营业务收入435786千元(在合并报表中还被抵消了21363千元)，占主营业务收入总额的39.58%，比上年的360747千元增长20.80%；批发零售药品的主营业务收入641290千元，占主营业务收入总额58.25%，比上年的524495千元增长22.27%。主要是扩大销售网络，积极促销自产药品，医药商业重组后竞争力大大加强。本公司主营业务盈利能力较去年未发生较大变化。

2.公司主要控股公司及参股公司的经营情况及业绩

公司现有控股子公司11个、参股公司5个。

1)控股子公司情况

(1)控股子公司云南省医药有限公司(简称省医药有限公司)经营药品的批发零售，注册资本为42000千元，年末总资产285447千元，净资产42152千元；

(2)控股子公司云南白药集团天紫红药业有限公司(简称天紫红公司)生产经营中成药及中药饮片，由昆明天紫红药厂改制成立，主要产品有天紫红女金胶囊、风寒感冒胶囊，注册资本为16400千元，年末总资产23140千元，净资产16172千元；

(3)控股子公司云南白药集团医药电子商务有限公司(简称电子商务公司)主要经销母公司生产的药品，注册资本为30000千元，年末总资产182796千元，净资产130954千元；

(4)控股子公司云南白药集团大理药业有限公司(简称大理公司)生产经营药品，主要产品有益脉康片、岩白菜片，注册资本15515千元，年末总资产40510千元，净资产29126千元；

(5)控股子公司云南白药上海透皮技术研究有限公司(简称透皮公司)主要从事云南白药气雾剂、云南白药创可贴的研究开发、市场培育，注册资本5000千元，年末总资产2365千元，净资产1752千元。

(6)控股子公司云南白药集团文山七花有限公司(简称文山公司)生产经营药品，主要产品有气血康口服液、血塞通胶囊，注册资本17300千元，年末总资产45433千元，净资产29134千元；

(7)控股子公司云南白药集团丽江药业有限公司(简称丽江公司)生产经营药品，主要产品有岩白菜片、青阳参片，注册资本21930千元，年末总资产53712千元，净资产48041千元。

(8)控股子公司云南白药大药房有限公司(简称白药大药房)2002年10月21日注册成立，经营药品的批发零售，注册资本为40000千元，正在筹备开业，年末总资产44744千元，净资产39951千元；

(9)控股子公司云南云药实验室有限公司(简称云药实验室)2002年7月31日注册成立，经营药用动植物繁育技术等的研究开发，注册资本为10000千元，年末总资产9935千元，净资产9835千元；

(10)控股子公司云南白药集团中药材优质种源繁育有限责任公司(简称种植基地)经营药品、药材及其种植，注册资本为21000千元，年末总资产37209千元，净资产20303千元；

(11)控股公司云南广得利胶囊有限公司(简称胶囊公司)生产经营空心胶囊，注册资本4000千美元，持股比例45%，年末总资产52184千元，净资产49796千元。

2)主要参股公司情况

(1)参股公司云南红塔证券股份有限公司(简称红塔证券)自营、代理证券交易，注册资本1386510.4千元，投资20000千元，持股比例1.44%，。

(2)参股公司云南红塔创新投资有限公司(简称红塔创新)投资经营，注册资本400000千元，投资10000千元，持股比例2.5%。

以上控股子公司的经营业绩列表如下：

单位：千元

公司名称	主营业务收入	利润总额	净利润	备注
云南省医药有限公司	641290	148	148	含云南省医药公司
云南白药集团天紫红药业有限公司	15371	74	74	
云南白药集团医药电子商务有限公司	411202	77645	65023	
云南白药集团大理药业有限责任公司	19656	7123	7053	
云南白药上海透皮技术研究有限公司	0	-1110	-1110	
云南白药集团文山七花有限责任公司	15628	2940	2934	
云南白药集团丽江药业有限公司	7925	4121	4121	
云南广得利胶囊有限公司	19325	5988	5226	
云南白药大药房有限公司	0	-49	-49	
云南云药实验室有限公司	0	0	0	
云南白药集团中药材优质种源繁育有限责任公司	1837	-999	-999	

本年度提供出口供货值10313千元，比上年下降8.80%；其中自营出口创汇710千美元，比上年下降26.4%。

3、公司主要供应商和客户情况

(1)母公司向前五名供应商合计的采购金额27256千元，占年度采购总额的24.89%。

(2)本公司前五名客户销售额73743千元，占年度销售总额的6.69%。

4、在经营中出现的外部问题与困难及解决方案

(1)中国加入WTO以后，市场转型速度加快，市场竞争日趋激烈，面对这样的外部环境，本公司将加强销售网络的建设，电子商务公司新建学术推广部，白药大药房的开业加强了对市场的服务，加快新药的研发、新技术的应用。

(2)从创造利润的角度来看，仍然是母公司及电子商务公司一支独秀，其他子公司盈利能力始终没有根本性的改善；而新的项目要真正形成公司的经济增长点，尚有大量艰辛繁杂的工作要做。同时，变个体优势为整体优势，充分实现集团内部的资源共享和优势互补，亦即产业链的"链条"如何构造，将是一项长远而系统的庞大工程。本公司将整合集团内部资源，采用集团内部定单制，降低成本，提高子公司盈利水平和市场竞争力。

(3)现行行政管理体制和相关政策在一定程度上制约了公司的发展。本公司将通过加强与工商、税务、药监、医保等部门的沟通与协调，强化内部管理，提高经营效率，有效降低运行成本。

5、公司报告期净利润增长的原因

本报告期实现净利润93688千元，比上年度75137千元增加18551千元，增长24.69%，主要是利润总额增加所致。全年利润总额实现118209千元，较2001年的81717千元增加36492千元，增长44.66%。但由于所得税增加，使净利润增长幅度低于利润总额增幅度。

(1) 利润总额的增长的主要原因分析

A、销售的增长。主营业务收入同比增长22.29%，增加利润18210千元。

B、自产产品销售结构的优化及成本控制。公司生产经营的药品的主营业务收入，比上年的增长21.34%，特别是母公司主要产品销售的增长，其中云南白药胶囊增长13%，云南白药散剂增长26%，云南白药膏增长160%，云南白药气雾剂增长60%，云南白药创可贴同比增长133%，云南白药酊增长219%，成本得到有效控制，母公司可比产品成本下降10.69%。产品销售结构的优化及自产产品成本降低使得合并的主营业务利润率提升0.99个百分点，增加主营业务利润10900千元。

C、费用得到有效控制。本年除营业费用增长外，管理费用、财务费用都下降，三项费用占主营业务收入的比例下降1.15个百分点，，增加利润总额12660千元。

(2)所得税的增加

所得税本年应缴18189千元，比上年的880千元增加17309千元，主要是电子商务公司免税期满缴纳12622千元。

(二)报告期内的投资情况

本年末公司长期投资额为31137千元，比上年的30887千元，增加250千元。

1、募集资金使用情况

本公司以前募集资金延续至2002年的有以下两个项目，截至2001年末未使用募集资金有25720千余元。

(1)承诺投资项目与实际投资项目对照表

承诺投资项目	实际投资项目	备注
a.投资成立企业技术中心	a.投资成立企业技术中心	
b.投资引进气雾剂等生产流水线技改	b.投资引进气雾剂等生产流水线技改.	

(2)投资项目进度、效益情况(单位：千元)

投资项目	计划投资	实际投资	完成进度
a.投资成立企业技术中心	5220	1811	35%
b.投资引进气雾剂等生产流水线技改	29930	15744	100%
合计	35150	17555	

投资项目	预计收益	已获收益
a.投资成立企业技术中心	未预计	0
b.投资引进气雾剂等生产流水线技改	4730	10573
合计	4730	10573

投资成立企业技术中心，计划投资5220千元，本年度投资1047千元，累计投资1811千元，董事会决定在其基础上结合博士后工作站，成立云南白药集团天然药物研究院，原预计2001年完成，由于该院拟在北京设立研发基地方案的变化的原因而延迟。

投资引进气雾剂等生产流水线技改,计划投资29930千元,本年度投资3490千元,累计投资15744千元,从英国KP公司进口的生产流水线已于2002年3月投入生产。

上述两个项目截止本年度共计投资17555千元,募集资金尚结余8165千元,全部存放在银行。

2、非募集资金投资的情况

本年度无其他对外投资。

(三)公司财务状况、经营成果

1、公司财务状况变动的情况及其原因

(1)总资产:期末达到920651千元,比上年末的843993千元增加76658千元,其中负债增加26368千元,主要是专项应付款增加12799千元,其他应付款减少13914千元,应付股利增加19810千元,帐款增加7146千元,归还长期借款减少8716千元,应交税金增加6651千元所致;股东权益增加46241千元,主要是分配利润增加;少数股东权益增加5049千元,主要是盈利增加。

(2)长期负债:期末为24776千元,比上年末的20478千元增加4298千元。主要是收到政府拨给的项目研究及开发资金的专项应付款增加12799千元,归还长期借款减少8716千元所致。

(3)股东权益:期末463748千元,比上年末的417507千元增加46241千元,主要是盈余公积增加26507千元,未分配利润增加7718千元,为本年盈利及其分配;资本公积增加12015千元,为资产评估增值。

(4)现金及现金等价物净增加额:本期26370千元,比上年的-29391千元增加55761千元,主要是经营活动产生的现金流量净额增加69288千元,筹资活动产生的现金流量净额减少16521千元,投资活动产生的现金流量净额增加2994千元。

2、公司财务经营成果的情况及其原因

(1)主营业务利润:本年达到387914千元,比上年的308261千元增加79653千元,增长25.84%,主要是主营业务的增长增加。

(2)净利润:本年达到93688千元,比上年的75137千元增加18551千元,与利润增长及税收增加同步。

(四)生产经营环境、宏观政策及法规变化的影响

1、2001年底我国加入WTO,市场竞争加剧,对本公司是机遇与挑战并存。

2、国家实行的医疗保险制度的改革的深化,医疗和药品的分立,新的《药品法》的执行,对药品实行处方药和非处方药(OTC)的管理,药品实行招投标采购,将对本公司的财务状况和经营成果产生重要影响。

(五)新年度的经营计划

1、生产经营目标

2003年计划主营业务收入仍将比2002年有一定的增长。

2、实现目标的主要工作

(1)继续抓紧抓好日常生产经营工作,各项经营指标再上新台阶;

(2)进一步巩固和完善公司内部创新改造和转机建制的各项成果,并通过必要的凝练和提升,使之形成公司积极、进取的企业文化;

(3)紧紧围绕集团核心竞争力,规划、整合集团经济资源,优化集团经济结构,合理布局产业版块,培育新的经济增长点,打造云南白药集团天然药物产业链。

3、努力完成筹资项目

努力完成企业技术中心项目,加快新药的研发进度,新技术的采用。

4、存在的问题和困难

子公司本身盈利能力普遍下降。

集团所属几家生产型企业还面临GMP改造的问题,投入大,时间长,在一定程度上给正常生产经营造成了较大影响。

(六)董事会日常工作情况

1、董事会会议情况及决议内容

本年度共召开七次董事会。

2002年2月26日召开的第一次董事会审议通过了2001年度董事会工作报告、总裁工作报告、年度报告和年度报告摘要、财务决算、利润分配方案、分红预案、、对经营班子2001年度年薪中奖励、召开2001年年度股东大会预案、变更公司信息披露报纸、同意周小渊辞去董事职务、续聘云南亚太会计师事务所为审计机构等议案。

2002年4月17日召开的第二次董事会审议通过了公司2002年第一季度报告、对总裁等高管人员的考核指标、将云南白药武定基地(分公司)改注册为云南白药集团中药材优质种源繁育有限责任公司、成立云南白药集团海外事业部、取消成立云南白药集团国际商务公司等议案。

2002年5月24日召开的第三次董事会审议通过了公司独立董事提名、召开2002年第一次临时股东大会预案、董事、监事、独立董事津贴预案、云南省医药公司改制情况等议案。

2002年6月13日召开的第四次董事会审议通过了公司建立现代企业制度自查报告、合资成立云南白药先进基因有限公司、成立云南云药实验室集团有限公司等议案。

2002年7月23日召开的第五次董事会审议通过了公司2002年半年度报表及其摘要、股东大会议事规则、董事会议事规则、总裁办公会议事规则、信息披露制度、召开2002年第二次临时股东大会预案、成立云南白药大药房有限公司、昆明天紫红药厂改制方案等次临时股东大会预案。

2002年10月24日召开的第六次董事会审议通过了公司2002年第三季度报告、第四届董事候选人名单、续聘云南亚太会计师事务所为审计机构、召开2002年第三次临时股东大会预案等。

2002年11月28日召开的第四届第一次董事会选举了龙江为董事长、刘会疆为副董事长、聘任王明辉为总裁、请总裁在一个月内提出副总裁、总监的名单交下一次董事会聘任、聘任黄艾农为董事会秘书、马青为董事会证券事务代表、为云南白药集团天紫红药业公司2003年贷款担保800万元、2002年的坏帐比例维持2001年的水平等。

2、董事会对股东大会决议的执行情况

利润分配决议:2001年的净利润已按10%计提法定公积金、按5%计提法定公益金,提取分红基金36377055.91元,剩余的21302551.08元留作以后年度分配,已在2001年年报中反映。

分红决议:按2001年末的总股本18581.7976万股每10股派2.00元(含税),已在2002年5月完成。

(七)本年度利润分配预案和分红预案

经2003年2月26日公司第四届董事会2003年第三次会议通过2002年度利润分配预案为:本年度实现净利润93836741.67元,加上年初未分配利润21302551.08元,计提10%的法定资本公积金9383674.17元,计提5%的法定公益金4691837.08元,计提59461752.32元作为分红基金,剩余的41602029.18元留作以后年度分配。

分红预案为:按2002年末总股本185817976股为基数,每10股派3.20元(含税);不送红股,也不用资本公积金转增股本。

(八)其他报告事项

本公司无其他报告事项。

八、监事会报告

公司监事会在2002年中紧紧围绕公司的投资及生产经营活动开展了监事会工作,2002年监事会共召开会议4次,在本年度中完成了监事会的换届选举工作。

第一次会议于2月26日在本公司召开,审议通过2001年度监事会工作报告及摘要;审议同意了公司2001年度董事会、总裁工作报告;审议同意公司2002年度财务决算、利润分配、分红方案;审议同意变更信息披露报纸,拟从2002年起将《中国证券报》改为《上海证券报》。

第二次会议于7月23日在本公司召开,审议通过了"监事会议事规则",提请股东大会批准后正式执行。

第三次会议于10月24日在本公司召开,审议通过了由股东推荐的新一届监事会候选人。

第四次会议于11月28日在本公司召开,会议选举潘以文同志为新一届监事会召集人。

一年来,公司在董事会、经营班子的带领下,在全体股东的支持下,经过全体职工的共同努力和改革创新,促进了各项工作迈上了一个新的台阶。2002年主营业务收入110094.2万元,比上年度增长22.29%;利润总额11820.9万元,比上年度增长44.66%;净利润9368.8万元,比上年度增长24.39%。其它指标均有不同程度的增长。一年中,董事会能依法贯彻执行好股东大会的决议和决定。公司总裁及其经营班子依据董事会授权,尽心尽责、勤奋工作、锐意进取、不断创新,使公司的生产经营等各项工作步入到了一个快速、健康的发展时期。在2002年中,控股子公司云南省医药公司顺利完成了改制组合工作,通过整合后,企业活力明显增强。云南省医药有限公司率先在云南省第一家通过了GSP认证。

控股子公司文山七花公司成功通过了GMP认证;控股的大理药业有限公司GMP认证工作取得了阶段性的进展。另外,丽江药业有限公司公司、天紫红药业有限公司GMP认证工作已经开始起动。

云南白药大药房有限公司已正式成立,并拉开了构筑市场流通服务体系的序幕。为了拓展海外市场,目前已在多个国家设立商务代表处,并彻底解决了长期以来困扰公司海外市场拓展的商标问题。

初步构架集团母子公司管理体制,管理向纵深拓展,以目标预算管理工作为核心,以内部控制制度、效绩评价体系及相关考核机制为主线、贯穿母子公司的各项管理工作渐次展开,基本建立起了母子公司财务管理体制。

伴随云南白药百年庆典工作的精密筹备和成功举办,以及云南白药陈列馆的建立,使公司的企业文化建设迈上了一个新的台阶。

经审核,本公司以前募集资金延续至2002年已投资以下两个项目:

1、投资引进英国KP公司气雾剂等生产流水线,计划投资2993万元,实际投资1574.4万元,该生产线已于2002年3月投入生产。

2、投资成立企业技术中心,计划投资522万元,本年度投资104.7万元,累计投资181.1万元,公司董事会决定在其基础上结合博士后工作站,成立云南白药集团天然药物研究院,原预计2001年完成,由于该院拟在北京设立研发基地方案的变化的原因而延迟。

截止本年度共计投资1755.5万元,募集资金尚结余816.5万元,全部存放在银行。

经审查,报告期内本公司为控股子公司云南省医药公司提供了6310万元银行贷款担保;为控股子公司昆明天紫红药厂提供了500万元银行贷款担保。

在以上募集资金投资项目中,以及为两家子公司提供担保中,未发现和发生有损坏股东或公司利益的问题。

经审查,公司在报告期内无重大诉讼、仲裁事项,公司董事、监事及其高管人员没有因违法违规而受到监管部门的处罚。

本公司2002年度的财务报告真实地反映了公司的财务和生产经营成果,云南亚太会计师事务所出具的无保留意见的审计报告结论,准确地反映了本公司的实际情况。

九、重要事项

(一)本年度公司无重大诉讼、仲裁事项。

(二)本年度公司无重大收购及出售资产、吸收合并事项。

(三)本年度公司无重大的关联交易事项。

(四)本年度公司重大合同及其履行情况

1、本年度本公司无重大的托管、承包、租赁其它公司资产或其它公司托管、承包、租赁本公司资产;仅受托代管原云南白药厂非经营性资产(主要为宿舍);并受第一大股东委托代管原云南白药厂离退休的人员,代垫其费用,至本年度末本公司代垫费用3159千元(次年初结清)。

2、重大担保情况

(1)2001年12月18日公司董事会讨论决定,为本公司控股子企业云南省医药公司2002年度经营周转贷款63100千元提供担保,担保期满后担保终止;2003年1月6日决定2003年度为云南省医药有限公司经营周转贷款73100千元提供担保。

(2)2002年为本公司控股子公司天紫红药厂担保贷款5000千元,担保期满后担保终止;2002年12月18日公司董事会决定2003年度为天紫红药业公司贷款8000千元提供担保。

(3)除以上两项担保事项外,本公司无其它担保事项。

3、本年度公司未发生委托他人进行现金资产管理事项。今后是否有委托理财计划,按《公司章程》由授权部门决策。

4、其他重大合同

(五)报告期内本公司或持股5%以上股东无其他承诺事项。

(六)聘任会计师事务所情况

本年度继续聘任云南亚太会计师事务所为审计机构。本报告期将支付其审计费用200千元。亚太会计师事务所自1993年开始为本公司提供审计服务的连续年限为10年。

(七)本年度内公司、公司董事会及董事未受到监管部门的处罚。

(八)云南医药集团有限公司的5862万股、云南红塔投资有限公司的2030.8047万股和云南省国际信托投资公司的1584万股2003年1月29日协议转让给云南云药有限公司并已托管。该事项的临时公告刊登于2003年2月10日、11日、14日、26日的《证券时报》、《上海证券报》。

十、财务会计报告

(一)审计报告

审计报告

云南白药集团股份有限公司全体股东:

我们接受委托,审计了云南白药集团股份有限公司(以下简称"贵公司")2002年12月31日的资产负债表和合并资产负债表、2002年度的利润及利润分配表和合并利润及利润分配表、2002年度的现金流量表和合并现金流量表。这些会计报表由贵公司负责,我们的责任是对这些会计报表发表审计意见。我们的审计是依据《中国注册会计师独立审计准则》进行的。在审计过程中,我们结合贵公司实际情况,实施了包括抽查会计记录等我们认为必要的审计程序。

我们认为,上述会计报表符合《企业会计准则》和《企业会计制度》的有关规定,在所有重大方面公允地反映了贵公司2002年12月31日的财务状况以及合并财务状况、2002年度的经营成果以及合并经营成果、2002年度的现金流量以及合并现金流量情况,会计处理方法的选用遵循了一贯性原则。

云南亚太会计师事务所有限公司　　中国注册会计师:杨守任

中国　昆明　　中国注册会计师:李仕军

2003年2月26日

(二)会计报表

合并资产负债表

编制单位:云南白药集团股份有限公司　　2002年12月31日　　单位:人民币元

资产	注释	合并数 期末数	期初数
流动资产:			
货币资金		254,693,069.47	228,322,856.43
短期投资		306,436.00	416,780.00
应收票据		7,838,481.00	1,516,720.00

应收股利		
应收利息		
应收账款	87,645,597.86	70,536,063.56
其他应收款	24,237,409.93	23,147,448.48
预付账款	17,961,281.22	9,948,841.35
应收补贴款		
存货	197,582,687.39	198,334,215.59
待摊费用	611,474.34	1,488,770.86
一年内到期的长期债权投资		
其他流动资产		
流动资产合计	590,876,437.21	533,711,696.27
长期投资：		
长期股权投资	31,136,828.90	30,887,049.03
长期债权投资		
长期投资合计	31,136,828.90	30,887,049.03
其中：合并价差	-413,171.10	-662,950.97
固定资产：		
固定资产原值	337,659,715.58	314,298,797.35
减：累计折旧	107,390,381.59	95,547,541.23
固定资产净值	230,269,333.99	218,751,256.12
减：固定资产减值准备	2,761,775.54	3,300,634.11
固定资产净额	227,507,558.45	215,450,622.01
工程物资		
在建工程	9,266,327.13	14,763,634.52
固定资产清理	104,911.10	
固定资产合计	236,878,796.68	230,214,256.53
无形资产及其他资产：		
无形资产	48,778,147.09	36,908,195.99
长期待摊费用	1,700,900.29	991,535.22
其他长期资产	11,280,000.00	11,280,000.00
无形资产及其他资产合计	61,759,047.38	49,179,731.21
递延税项：		
递延税款借项		
资产总计	920,651,110.17	843,992,733.04

负债及股东权益	注释	合并数	
		期末数	期初数
流动负债：			
短期借款		79,720,000.00	85,900,000.00
应付票据			
应付账款		137,726,635.53	130,581,306.17
预收账款		11,397,145.08	6,982,155.10
应付工资		5,601,920.94	12,038,281.82
应付福利费		11,679,923.40	9,930,545.30
应付股利		60,952,811.84	41,142,908.21
应交税金		10,929,273.17	4,184,050.22
其他应交款		995,006.98	148,174.85
其他应付款		41,983,853.06	55,898,082.67
预提费用		175,224.18	286,310.45
预计负债			
一年内到期的长期负债		9,500,146.04	2,500,000.00
其他流动负债			
流动负债合计		370,661,940.22	349,591,814.79
长期负债：			
长期借款		1,000,000.00	9,715,661.25
应付债券			
长期应付款		5,310,039.43	5,095,000.00
专项应付款		17,186,142.71	4,387,375.43
其他长期负债		1,280,000.00	1,280,000.00
长期负债合计		24,776,182.14	20,478,036.68
递延税项：			
递延税款贷项			
负债合计		395,438,122.36	370,069,851.47
少数股东权益		61,465,409.12	56,416,210.06
股东权益：			
股本		185,817,976.00	185,817,976.00
减：已归还投资			
股本净额		185,817,976.00	185,817,976.00
资本公积		145,138,287.29	133,123,195.46
盈余公积		124,863,918.62	98,356,563.71
其中：法定公益金		23,620,245.01	14,788,920.15
未分配利润		7,927,396.78	208,936.34
股东权益合计		463,747,578.69	417,506,671.51
负债及股东权益合计		920,651,110.17	843,992,733.04

合并利润及利润分配表

编制单位：云南白药集团股份有限公司　　2002 年度　　单位：人民币元

项目	注释	合并数 本期数
一、主营业务收入		1,100,942,499.49
减：主营业务成本		705,536,195.89
主营业务税金及附加		7,492,649.13
二、主营业务利润(亏损以"-"号填列)		387,913,654.47
加：其他业务利润(亏损以"-"号填列)		251,321.03
减：营业费用		176,713,828.52
管理费用		93,108,275.33
财务费用		-222,244.91
三、营业利润(亏损以"-"号填列)		118,565,116.56
加：投资收益(损失以"-"号填列)		274,558.17
补贴收入		
营业外收入		304,453.63
减：营业外支出		935,306.30
四、利润总额(亏损以"-"号填列)		118,208,822.06
减：所得税		18,189,033.47
少数股东收益		6,332,220.92
五、净利润(净亏损以"-"号填列)		93,687,567.67
加：年初未分配利润		208,936.34
其他转入		
六、可供分配的利润(亏损以"-"号填列)		93,896,504.01
减：提取法定盈余公积		17,676,030.05
提取法定公益金		8,831,324.86
提取职工奖励及福利基金		
提取储备基金		
提取企业发展基金		
利润归还投资者		
七、可供投资者分配的利润		67,389,149.10
减：应付优先股股利		
提取任意盈余公积		
应付普通股股利		59,461,752.32
转作股本的普通股股利		
八、未分配利润		7,927,396.78

合并现金流量表

编制单位：云南白药集团股份有限公司　　单位：元

项目	注释	2002 年度 合并数
一、经营活动产生的现金流量		
销售商品、提供劳务收到的现金		1,328,718,182.20
收到的税费返还		888,400.00
收到的其他与经营活动有关的现金		11,032,911.35
现金流入小计		1,340,639,493.55
购买商品、接受劳务支付的现金		870,649,613.55
支付给职工以及为职工支付的现金		92,900,031.65
支付的各项税费		103,536,291.44
支付的其他与经营活动有关的现金		158,153,132.64
现金流出小计		1,225,239,069.28
经营活动产生的现金流量净额		115,400,424.27
二、投资活动产生的现金流量		
收回投资所收到的现金		
取得投资收益所收到的现金		241,086.50
处置固定资产、无形资产和其他长期资产而收回的现金净额		272,806.00
收到的其他与投资活动有关的现金		
现金流入小计		513,892.50
购建固定资产、无形资产和其他长期资产所支付的现金		35,906,325.14
投资所支付的现金		
支付的其他与投资活动有关的现金		
现金流出小计		35,906,325.14
投资活动产生的现金流量净额		-35,392,432.64
三、筹资活动产生的现金流量		
吸收投资所收到现金		
借款所收到的现金		70,960,000.00
收到的其他与筹资活动有关的现金		
现金流入小计		70,960,000.00
偿还债务所支付的现金		77,340,000.00
分配股利、利润或尝付利息所支付的现金		47,257,778.59
支付的其他与筹资活动有关的现金		
现金流出小计		124,597,778.59
筹资活动产生的现金流量净额		-53,637,778.59
四、汇率变动对现金的影响额		
五、现金及现金等价物净增加额		26,370,213.04

合并现金流量表(附表)

编制单位：云南白药集团股份有限公司　　单位：元

附注	合并数
1、将净利润调节为经营活动的现金流量	
净利润：	93,687,567.67
加：少数股东收益	6,332,220.92
计提的资产减值准备	1,330,650.33
固定资产折旧	18,197,387.90
无形资产摊销	1,809,047.64
长期待摊费用摊销	688,694.79
待摊费用的减少(减：增加)	877,296.52
预提费用的增加(减：减少)	-93,422.79
处置固定资产、无形资产和其他长期资产的损失(减：收益)	124,350.38
固定资产报废损失	324,037.39
财务费用	5,639,771.50
投资损失(减：收益)	-274,558.17
递延税款贷项(减：借项)	
存货的减少(减：增加)	840,918.13
经营性应收项目的减少(减：增加)	-34,120,062.55
经营性应付项目的增加(减：减少)	20,036,524.61
其他	
经营活动产生的现金流量净额	115,400,424.27
2、不涉及现金收支的投资和筹资活动	
债务转为资本	
一年内到期的可转换公司债券	
融资租入固定资产	
3、现金及现金等价物净增加情况	
现金的期末余额	254,693,069.47
减：现金的期初余额	228,322,856.43
加：现金等价物的期末余额	
减：现金等价物的期初余额	
现金及现金等价物净增加额	26,370,213.04

创 元 科 技 股 份 有 限 公 司

创元科技股份有限公司2002年年度报告

第一节　公司基本情况简介

一、公司法定中文名称:创元科技股份有限公司
公司法定英文名称:CREATE TECHNOLOGY & SCIENCE CO.,LTD.
英文名称缩写:CTS
二、公司法定代表人:张志忠
三、公司董事会秘书:陈小麟
联系地址:苏州南门东二路4号
电话及传真:0512-65300551
电子信箱:cts0551@pub.sz.jsinfo.net
四、公司注册地址:江苏苏州市新区淮海街6幢E3号
邮政编码:215011
公司办公地址:江苏苏州市南门东二路4号
邮政编码:215007
电子信箱:cykj@000551.com.cn
五、公司选定的信息披露报纸:《中国证券报》和《证券时报》
登载年度报告的中国证监会指定网站的网址:www.cninfo.com.cn
公司年度报告备置地点:公司董事会秘书处
六、公司股票上市交易所:深圳证券交易所
股票简称:创元科技
股票代码:000551
七、其他有关资料:
1、公司首次注册登记日期:1993年12月22日
登记地点:苏州市工商行政管理局
变更登记日期:2000年11月14日
2、企业法人营业执照注册号:3200001103361
3、税务登记号码:
国家税务局:320508720523600号
地方税务局:320591720523600号
4、公司聘任的会计师事务所名称:安永大华会计师事务所有限公司
办公地址:上海市昆山路146号

第二节　会计数据和业务数据摘要

一、本年度实现利润情况　　单位:人民币元

项目	金额
利润总额	59,104,578.08
净利润	40,984,660.75
扣除非经常性损益后的净利润	40,401,471.86
主营业务利润	142,549,255.94
其他业务利润	14,072,530.78
营业利润	41,856,684.20
投资收益	19,022,031.97
补贴收入	602,143.43
营业外收支净额	-2,376,281.52
经营活动产生的现金流量净额	26,662,120.26
现金及现金等价物净增加额	-14,240,659.46

备注:扣除非经常性损益的项目及涉及金额

项目	金额
1、债券投资收益	787,985.69
2、股权处置损益	1,672,256.98
3、补贴收入	602,143.43
4、营业外收支净额	-2,376,281.52
5、非经常性损益所得税	-102,915.69
合计	583,188.89

二、截至报告期末公司前三年的主要会计数据和财务指标　单位:人民币元

项目	2002年	2001年
主营业务收入	820,145,016.33	629,255,923.42
净利润	40,984,660.75	53,002,021.41
每股收益 全面摊薄	0.17	0.22
加权平均	0.17	0.22
每股经营活动产生的现金流量净额	0.11	0.14

项目	2002年末	2001年末
总资产	1,037,341,968.73	1,041,323,378.40
股东权益(不含少数股东权益)	507,698,047.60	491,695,638.40
每股净资产	2.10	2.03
调整后的每股净资产	2.08	2.00
净资产收益率(%)	8.07	10.78
扣除非经常性损益后的净资产收益率(%)	7.96	9.62

第三节　股本变动及股东情况

一、股东情况
(一)报告期内股东总数 76,056户。
(二)报告期末本公司前10名股东持股情况:

序号	股东名称	年度内增减	年末持股数量(股)
1	苏州创元(集团)有限公司	0	100,774,030
2	中国物资开发投资总公司	0	20,621,280
3	中国诚通控股公司	0	4,736,800
4	中国轻工物资供销华东公司	0	2,400,000
5	北京巨鑫泰经贸发展有限公司	0	2,400,000
6	南方稳健成长证券投资基金	1,679,000	1,679,000
7	景阳证券投资基金	455,713	1,642,650
8	景福证券投资基金	428,995	871,494
9	东方证券有限责任公司	227,600	727,662
10	大成价值增长证券投资基金	458,000	458,000

(三)公司前10名股东所持股份质押或冻结的情况
1、中国物资开发投资总公司持有本公司股份中10,310,000股因质押被冻结。
2、中国轻工物资供销华东公司持有本公司的2,400,000股被司法冻结。
(四)公司前10名股东之间存在关联关系的情况
1、中国诚通控股公司是中国物资开发投资总公司和北京巨鑫泰经贸发展有限公司的控股股东,因此中国诚通控股公司直接和间接持有本公司股份27,758,080股,占总股份的11.48%;
2、流通股股东中景阳证券投资基金、景福证券投资基金以及大成价值增长证券投资基金的基金管理人都是大成基金管理有限公司。上述3名股东合计持有本公司股份2,972,144股,占总股份的1.23%。
3、本公司未知其他股东之间是否存在关联关系或是否属于一致行动人。
(五)公司控股股东情况介绍
公司控股股东苏州创元(集团)有限公司为国有独资公司,注册资本320,000千元,注册地址:苏州南门东二路4号,法定代表人:葛维玲。公司成立于1995年,主营授权范围内的资产经营管理;国内商业、物资供销业(国家规定的专营、专项审批商品除外);提供生产以及生活服务;开展技术开发、技术转让、技术服务;承接机械成套项目、房地产开发项目;为进出口企业提供服务。根据国家统计局、中国行业信息发布中心按营业收入统计排序,苏州创元(集团)有限公司位居2001年中国最大500家企业集团第142名。

第四节　董事、监事、高级管理人员和员工情况

一、董事、监事、高级管理人员情况
(一)基本情况

姓名	职务	性别	出生年月
张志忠	董事长	男	1946.6
王自德	副董事长	男	1948.10
徐震	副董事长	女	1964.6
葛维玲	董事	女	1950.1
李耀强	董事	男	1963.1
李汉生	董事	男	1966.9
朱国祺	董事	男	1955.7
曹进	董事兼总经理	男	1948.7
朱志浩	董事兼副总经理	男	1960.10
陈小麟	董事兼董事会秘书	男	1951.9
许鸿新	董事	男	1955.1
任荣桂	董事	男	1950.8
褚德伟	董事	男	1949.7
曹新彤	董事	男	1952.4
黄群慧	独立董事	男	1966.8
陈帆	独立董事	男	1961.7
余恕莲	独立董事	女	1953.6
陆炳英	监事会主席	女	1954.11
周成明	监事	男	1970.10
陈亚美	监事	男	1945.1

姓名	任期起止日期	年初持股数	年末持股数
张志忠	2000.10.30至本届董事会届满	0	0
王自德	2000.5.10至本届董事会届满	0	0
徐震	2002.4.1至本届董事会届满 2002.12当选为副董事长	0	0
葛维玲	2000.5.10至本届董事会届满	0	0
李耀强	2000.5.10至本届董事会届满	1,000	1,000
李汉生	2002.12至本届董事会届满	0	0
朱国祺	2002.4.1至本届董事会届满	0	0
曹进	2000.5.10至本届董事会届满; 2000.10.30至本届董事会届满(总经理)	0	0
朱志浩	2002.4.1至本届董事会届满; 2001.3.7至本届董事会届满(副总经理)	0	0
陈小麟	2000.5.10至本届董事会届满	0	0
许鸿新	2000.5.10至本届董事会届满	0	0
任荣桂	2000.5.10至本届董事会届满	0	0
褚德伟	2002.6.29至本届董事会届满	0	0
曹新彤	2002.11.29至本届董事会届满	0	0
黄群慧	2001.6.26至本届董事会届满	0	0
陈帆	2001.6.26至本届董事会届满	0	0
余恕莲	2002.6.29至本届董事会届满	0	0
陆炳英	2002.4至本届董事会届满	0	0
周成明	2002.2至本届董事会届满	0	0
陈亚美	2002.11至本届董事会届满	0	0

二、公司员工情况
(一)公司年末在职职工人数为1940人。其专业构成及教育程度情况

按专业构成分	人数(人)	占总人数的比例(%)
生产人员	1114	57
销售人员	116	6
技术人员	295	15
财务人员	51	3
行政人员	234	12
其他	129	7

合计	1940	100
按教育程度分	人数(人)	占总人数的比例(%)
研究生及以上	10	1
大学本科	198	10
大学专科	287	15
高中	113	6
初中及以下	703	36
其他	629	32
合计	1940	100

(二)其他情况

公司需承担费用的离退休人员为105人,占公司总人数的5%。

第五节　公司治理结构

一、公司治理的实际情况和差距

(一)公司治理的实际情况

公司按照《公司法》、《证券法》和中国证监会发布的有关文件要求,不断提高对公司治理的认识,完善公司法人治理结构。报告期内根据中国证监会和国家经贸委的要求,认真开展了上市公司建立现代企业制度自查工作,进一步提高了公司规范运作的自觉性:通过修订和完善各项制度,健全了公司内部规章制度体系:董事会、监事会成员及构成符合法律、法规及《公司章程》的要求;董事和高级管理人员勤业敬业,诚信意识增强:监事会认真履行对公司财务以及公司董事、高级管理人员履行职责的合法合规性进行监督:初步建立了包括董事、监事津贴,高级管理人员基本年薪和奖励办法,对所属公司经营者实行基本年薪加绩效奖励办法等有效的分配、激励机制。

(二)存在的差距和改进公司治理的措施

1.董事会专门委员会尚未设立。公司将在2003年换届选举新一届董事会、监事会的同时,按照股东大会的有关决议,设立董事会专门委员会,建立有关工作制度,进一步完善公司治理结构。

2.董事、监事个人绩效评价制度还不够完善。公司将在设立董事会专门委员会的基础上,结合公司实际情况,建立健全董事、监事个人绩效评价制度:探索包括鼓励高级管理人员持股等促进公司长期稳定发展的有效激励约束机制。

二、独立董事履行职责的情况

根据中国证监会《关于在上市公司建立独立董事制度的指导意见》的规定,本公司现有3名独立董事,其中1名为会计专业人士。公司独立董事参加了年度内召开的董事会会议,参与会议各项议案的审议,对重大关联交易和董事任免等事项,认真陈述自己的观点,发表独立意见。独立董事因故未能亲自出席会议时,也能在会前认真阅读文件,主动委托其他董事进行表决和发表意见,较好的履行了独立董事应承担的职责

三、公司与控股股东在业务、人员、资产、机构、财务等方面分开的情况

(一)业务方面

公司及所属控股公司均拥有独立完整的业务和自主经营能力,拥有完整的生产经营和辅助生产系统,以及独立的采购和供销系统,完全独立于控股股东。

(二)人员方面

公司及所属控股公司均有独立的劳动、人事工资管理制度和独立的工效挂钩、绩效考核体系:公司董事长、总经理及其他高级管理人员均在公司领取报酬:公司总经理及其他高级管理人员均未在控股股东单位任职。

(三)资产方面

公司及所属控股公司资产权属关系清晰、明确,除以下事项外,拥有独立的生产设备、房屋建筑物以及工业产权、商标、非专利技术等无形资产。

1.公司所属苏州一光仪器有限公司,现使用的经营场地23,240.11平方米土地使用权,向控股股东苏州创元集团租赁使用:

2.公司所属苏州远东砂轮有限公司,现使用的经营场地30,000平方米土地使用权,向控股股东苏州创元集团所属苏州砂轮厂以120千元/年租金租赁:现使用的"三圈牌"商标,经苏州砂轮厂许可无偿使用。

(四)机构方面

公司股东大会、董事会、监事会等权力机构、决策组织和监督机构依法设立,公司管理机构设置由董事会决定,不受控股股东干预:公司管理机构独立运行,与控股股东不存在混合经营、合署办公的情况。

(五)财务方面

公司设立独立的财务会计部门,按照《企业会计制度》建立了独立的会计核算体系和财务管理制度:公司拥有独立的银行账户,办理了独立的税务登记:公司财务决策依据《公司章程》等有关制度规定的决策程序独立进行,不存在控股股东干预公司资金使用的情况

第六节　股东大会情况简介

一、报告期内召开的年度股东大会和临时股东大会的有关情况

(一)股东大会的通知、召集、召开以及通过的决议、决议刊登信息的情况

1.2002年4月1日召开了公司2001年度股东大会。会议通知公告刊载于2002年2月27日的《中国证券报》和《证券时报》。会议由董事会召集,到会股东和股东代理人6人,代表8位股东,共代表股份130,935,110股,占公司总股份的54.17%。会议审议通过了:(1)2001年度董事会工作报告:(2)2001年度监事会工作报告:(3)2001年度财务决算和2002年度财务预算报告:(4)2001年度利润分配方案和2002年度利润分配政策:(5)续聘大华会计师事务所并确定其报酬:(6)2001年年度报告和年报摘要:(7)更换董事和监事:(8)修改公司章程。(9)修改《股东大会会议细则》:(10)《独立董事制度》:(11)《董事、监事津贴制度》等议案。股东大会决议公告刊载于2002年4月2日的《中国证券报》和《证券时报》。

2.2002年6月29日召开了公司2002年第一次临时股东大会。会议通知公告刊载于2002年5月29日的《中国证券报》和《证券时报》。会议由董事会召集,到会股东和股东代理人4人,代表6位股东,共代表股份130,932,610股,占公司总股份的54.17%,会议审议通过了更换董事的议案。股东大会决议公告刊载于2002年7月2日的《中国证券报》和《证券时报》。

3.2002年7月29日召开了公司2002年第二次临时股东大会。会议通知公告刊载于2002年6月29日的《中国证券报》和《证券时报》。会议由董事会召集,到会股东和股东代理人共4人,代表7名股东。共代表股份130,934,910股,占公司总股份的54.17%。会议审议通过了:将本公司2001年7月29日股东大会审议通过的增发A股方案有效期延长一年:若本公司增发方案因故不能继续实施时,将增发新股改为配股形式,实施配股方案的有关议案。股东大会决议公告刊载于2002年7月30日的《中国证券报》和《证券时报》。

4.2002年11月29日召开了公司2002年第三次临时股东大会。会议通知公告刊载于2002年10月29日的《中国证券报》和《证券时报》。会议由董事会召集,到会股东和股东代理人3人,代表6名股东,共代表130,934,410股,占公司总股份的54.17%。会议审议并以累积投票方式逐项审议通过了更换董、监事人选的事项。股东大会决议公告于2002年11月30日的《中国证券报》和《证券时报》。

5.2002年12月25日召开了公司2002年第四次临时股东大会。会议通知刊载于2002年11月23日的《中国证券报》和《证券时报》。会议由董事会召集,到会股东和股东代理人5人,代表7名股东,共计代表股份130,936,310股,占公司总股份的54.17%,会议审议通过了:(1)苏州创元集团财务有限公司向本公司提供金融服务之关联交易:(2)出让苏州轴承厂有限公司股权之关联交易:(3)更换董事等议案。关联股东对上述关联交易事项的议案放弃了投票权。股东大会决议公告刊载于2002年12月26日的《中国证券报》和《证券时报》。

(二)选举、更换公司董事、监事的情况

1.经2002年4月1日召开的公司2001年度股东大会批准,张建平、李铁峰、周鸿章不再担任公司董事,选举朱志浩、徐震、朱国祺为公司董事:徐明辉不再担任公司监事,选举陆炳英为公司监事。

2.经2002年6月29日召开的公司2002年第一次临时股东大会批准,钱宝荣、杨泉英不再担任公司董事,选举余恕莲为公司独立董事,褚德伟为公司董事。

3.经2002年11月29日召开的公司2002年第三次临时股东大会批准,黄梅晴不再担任公司董事,选举曹新彤为公司董事:王晓敏不再担任公司监事,选举陈亚美为公司监事。

4.经2002年12月25日召开的公司2002年第四次临时股东大会批准,张国通不再担任公司董事,选举李汉生为公司董事

第七节　董事会报告

一、公司经营情况

(一)总体经营成果、财务状况的讨论和分析

2002年公司坚持以科技开发为先导,以优化结构为主线、提升核心主业,整合资源配置、强化经营管理,在国际国内市场竞争激烈的形势下,取得了良好的经营成果。

1.本报告期实现主营业务收入820,145,016元,比上年增长30%:主营业务利润142,549,255元,比上年增长10%:实现营业利润41,856,684元,占利润总额的比例为71%,比上年提高13个百分点。在营业利润构成中,环保洁净技术产品和光电测绘仪器产品形成的营业利润28,300,750元,占公司营业利润总额的68%,表明核心主业成为公司营业利润的主要来源。公司负债总额比上年减少33,222,768元,资产负债率比上年下降了3个百分点,现金流状况良好,财务稳健。

2.报告期内,公司洁净环保产品、光电测绘仪器产品的科技开发和技术改造工作进展顺利,成效显著。江苏苏净集团有限公司的国家产业化示范工程"工业废水处理工程和0.1微米空气洁净设备"项目通过了国家验收:"江苏省净化工程技术研究中心"的建设项目也基本完成,并取得1项发明专利和3项实用新型专利:通过资产整合、增资扩股,组建了专业从事水环境保护的工程公司。苏州一光仪器有限公司开始启动位于苏州工业园区"现代光电仪器产业基地"建设项目。

3.报告期内公司对优势产业追加了投资,对参股的财务公司实施了增资,投资设立了生产立体停车库的苏州思莫特停车设备有限公司,收购了位于苏州工业园区的房地产项目公司,取得了31,271平方米住宅开发用地。同时根据调整发展需要出售了苏州轴承厂有限公司股权。上述举措不仅增强了优势产业竞争能力,也为后续发展打下了基础。

4.报告期内公司汽车销售和出口贸易业务比上年增长83%,导致了主营业务收入、成本、利润结构发生变化,毛利率水平有所降低。公司在实施工贸一体、扩大经营规模过程中,有待进一步调整业务结构,努力提高产品和服务的附加值形成新的利润增长点。

(二)主营业务的范围及其经营情况

1.公司主营业务范围

本公司主营业务的范围主要包括空气净化产品、空调净化系统工程、洁净监测仪器等洁净技术产品,光学经纬仪、自动安平水准仪、电子经纬仪、全站型电子测速仪等测绘仪器产品,砂轮、滚针轴承、球形轴承、磁轴承、停车设备制造、销售,各类汽车及轿车销售、租赁、出租、房地产开发以及经营本系统商品的进出口业务。

2.主营业务按行业、产品分布情况

行业(产品)	主营业务收入(千元)	主营业务成本(千元)	毛利率(%)
制造业	459,756.52	333,728.42	27.41
其中:洁净产品	251,971.52	194,124.18	22.96
测绘仪器	89,867.76	56,989.78	36.58
轴承	47,971.45	31,711.20	33.90
磨具磨料	40,401.91	29,827.37	26.17
其他	29,543.88	21,075.89	28.66
商贸业务	361,303.31	341,777.36	5.40
其中:汽车销售	242,020.13	232,522.88	3.92
出口贸易	119,283.18	109,254.48	8.41
其中:关联交易	0	0	0
其他	4,159.56	2,014.48	51.57
减内部抵扣	5,074.38	5,074	0
合计	820,145.02	672,445.89	18.01

3.主营业务按地区分布情况

地区	主营业务收入(千元)	主营业务收入比上年增减(%)
东北地区	17,872.52	-35.94
西北地区	46,621.91	25.60
华东地区	498,188.55	29.02
中南地区	47,856.96	-16.28
西部地区	47,337.75	45.27
出口	147,936.51	95.47
其他	14,330.82	255.52
合计	820,145.02	30.34

4.占主营业务收入或主营业务利润10%以上的业务经营活动及所属行业

(1)"苏净"牌空气净化产品、气体纯化产品、水处理设备、净化中央空调器、空调净化系统工程、洁净监测仪器为主的系列洁净环保产品,属信息产业类电子设备制造业或广义环保产业:其中空气净化设备市场占有率为46.8%。

(2)"一光"牌光学经纬仪、自动安平水准仪、电子经纬仪、全站型电子测速仪等测绘仪器产品,属仪器仪表制造业:其中光学经纬仪市场占有率为55%。

(3)滚针轴承属普通机械制造业。

(4)轿车、客车销售业务属零售业。

(5)出口贸易业务属批发业。

(三)主要控股公司及参股公司的经营情况及业绩。

1.江苏苏净集团有限公司,本公司持有股权89.46%。注册地址:苏州市虎丘路1号桥,注册资本61,630千元。主要经营空气净化设备、水处理设备系统工程、废水处理设备及工程、气体纯化设备、中央空调设备等净化设备的生产、销售、设计、开发、服务,是全国520家重点企业之一,国家级高新技术企业。2002年末总资产330,781千元,所有者权益87,276千元:全年主营业务收入259,659千元,主营业务利润55,930千元,净利润15,516千元。

2.苏州电梯厂有限公司,本公司直接持有股权95%,间接持有股权5%。注册地址:苏州市金门路358号,注册资本58,868千元。主要经营电梯式停车设备、大吨位货梯。参股拥有苏州迅达电梯有限公司37%股权。2002年末总资产110,542千元,所有者权益107,049千元:全年主营业务收入6,479千元,主营业务利润1,913千元,净利润7,493千元。

3.苏州远东砂轮有限公司,本公司持有股权75%。注册地址:江苏省苏州市胥门外劳动路82号,注册资本5,000千美元。主营陶瓷砂轮、金刚石砂轮和滚轮等磨料磨具的制造和销售,是江苏省高新技术企业。2002年末总资产45,491千元,年末所有者权益31,126千元:全年主营业务收入40,402千元,主营业务利润10,546千元,净利润2,120千元。

4.苏州晶体元件有限公司,本公司持有股权95%。注册地址:苏州市南门外苏嘉公路3号,注册资本6,610千元。主要经营人造宝石、刚玉轴承、特种晶体元件。2002年末总资产47,987千元,所

有者权益 27,344 千元：全年主营业务收入 15,377 千元，主营业务利润 5,175 千元，净利润 1,230 千元。

5、苏州一光仪器有限公司，本公司持有股权 50%。注册地址：苏州工业园区娄葑分区，注册资本 46,320 千元。主营经纬仪、水准仪、测距仪、全站仪、垂准仪和扫平仪等系列测量仪器的制造和销售，是江苏省高新技术企业。2002 年末总资产 99,604 千元，所有者权益 58,537 千元：全年主营业务收入 89,868 千元，主营业务利润 32,297 千元，净利润 6,263 千元。

6、苏州创元汽车销售有限公司，本公司持有股权 95%。注册地址：苏州新区玉山路 98 号，注册资本 15,000 千元。主营各类汽车和轿车销售、租赁、出租。2002 年末总资产 37,273 千元，所有者权益 16,694 千元：全年主营业务收入 242,020 千元，主营业务利润 8,835 千元，净利润 901 千元。

7、苏州创元房地产开发有限公司，本公司持有股权 95%。注册地址：苏州新区狮山路 72 号，注册资本 10,180 千元。主营适用型住宅的开发和销售。2002 年末总资产 35,307 千元，所有者权益 11,428 千元：全年主营业务收入 4,160 千元：主营业务利润 1,914 千元，净利润 338 千元。

8、苏州思莫特停车设备有限公司，本公司直接持有股权 55.75%，间接持有股权 25%。注册地址：苏州市吴中区长桥镇工业园，注册资本 8,000 千元。主营：电梯式停车设备、机械式停车设备、电梯零部件、金属结构件等。2002 年新建，尚未经营，2002 年末总资产 7,836 千元，所有者权益 7,851 千元。

9、苏州苏净环保工程有限公司，本公司直接持有股权 33.33%，间接持有股权 66.67%。注册地址：苏州新区玉山路 55 号，注册资本 15,000 千元。主要从事设计制造、销售、安装服务：水处理设备系统工程、废水处理设备与工程、污水处理设备与工程。2002 年新建，年末总资产 23,823 千元，所有者权益 14,580 千元：主营业务收入 550 千元，主营业务利润 189 千元，所有者权益-420 千元。

10、苏州迅达电梯有限公司，是本公司控股 95%的苏州电梯厂有限公司参股的中外合资企业。注册地址：苏州市金门路 358 号，注册资本 155,370 千元。苏州电梯厂有限公司拥有 37%股权，瑞士迅达控股公司拥有 55%股权，香港怡和有限公司拥有 8%股权。该公司主要从事制造、销售、安装、维修各类电梯、自动扶梯、自动人行道及其零部件。2002 年末总资产 615,051 千元，所有者权益 270,945 千元：全年主营业务收入 688,282 千元，主营业务利润 145,075 千元，净利润 27,935 千元，苏州电梯厂有限公司按出资比例获得的收益 9,100 千元。

(四)主要供应商、客户情况

公司向前五名供应商合计的采购金额为 224,878.98 千元，占采购总额的 33.44%：向前五名客户的销售收入总额 41,850.26 千元，占公司全部销售收入比例的 5.10%。

(五)在经营中出现的问题与困难及解决方案

报告期内公司为进一步调整主业结构，加大了对江苏苏净集团有限公司和苏州一光仪器有限公司的扶持力度，通过增资扩股、追加投资、引入资金、扩大合作等举措，促进公司在洁净环保技术产品和现代光电测绘仪器领域内创新技术、拓展业务。

二、投资情况

报告期内公司增加投资 32,388.77 千元，减少投资 7,171.09 千元，净增投资额 25,217.68 千元，转回长期投资减值准备 5,000 千元。报告期末长期投资额为 165,177.02 千元，比去年增加 30,217.68 千元，增长 22.28%。

(一)被投资的公司情况

1、苏州思莫特停车设备有限公司。注册资本 8,000 千元，报告期本公司出资 4,460 千元，占注册资本的 55.75%，公司所属苏州电梯厂有限公司出资 2,000 千元，占注册资本的 25%。该公司主营电梯式停车设备和机械式停车设备。

2、苏州金龙汽车销售有限公司。注册资本 6,000 千元，报告期本公司出资 2,100 千元，占注册资本的 35%，浙江捷顺汽车车身模具有限公司出资 1,800 千元，占注册资本的 30%，其余的 35%由 6 名自然人持股，该公司主营汽车和汽车配件销售，并提供汽车售后服务。

3、苏州苏净环保工程有限公司。注册资本 15,000 千元。报告期本公司出资 5,000 千元，占注册资本的 33.33%，公司所属江苏苏净集团有限公司出资 10,000 千元，占注册资本的 66.67%，该公司将以工业废水处理为龙头，带动生活污水、纯水、超纯水工程及设备制造业务的发展和壮大。

4、苏州一光仪器有限公司。原注册资本 40,510 千元，报告期本公司单方面增资 5,813 千元，增资后注册资本 46,320 千元，本公司出资占注册资本的 50%%公司经营情况详见"主要控股公司以及参股公司的经营情况及业绩之 5")。

5、苏州创元集团财务有限责任公司。原注册资本 200,000 千元，报告期本公司按原出资比例增资 20,000 千元，累计出资 30,000 千元，占增资扩股后注册资本 300,000 千元的 10%。由苏州创元集团出资控股 73.33%的集团财务公司，是中国人民银行批准的非银行金融机构，经营范围为吸收成员单位 3 个月以上定期存款，发行财务公司债券，同业拆借，对成员单位办理贷款计融资租赁承销成员单位债券等金融业务。

6、苏州净化空调系统设备安装有限公司。报告期江苏苏净集团有限对其所属苏州净化空调系统设备安装部改制扩股，注册资本由 4,000 千元增至 10,000 千元，其中江苏苏净集团有限公司持有 75%的出资份额，苏州苏净空调净化工程有限公司持有 25%的出资份额。该公司经营范围：净化空调系统设备方案设计与安装服务。

7、江苏苏净钢结构有限公司。注册资本 8,000 千元。报告期江苏苏净集团有限公司出资 4,080 千元，占注册资本的 51%。常熟市振兴实业有限公司出资 3,920 千元，占注册资本的 49%。该公司经营范围：钢结构房及相关配套件设计、制造、销售与安装服务。

8、苏州市商业银行。本报告期增加投资 500 千元，累计投资 10,500 千元，占注册资本的 5%。苏州市商业银行是地方性商业银行，本次增资扩股将改制成苏州市商业银行股份有限公司。

(二)报告期内公司未募集资金，也无报告期之前募集资金的使用延续到报告期内的事项。

(三)报告期内非募集资金投资的项目、项目进度情况

1、由公司所属江苏苏净集团公司承担的国家产业化示范工程"工业废水处理工程和 0.1 微米空气洁净设备"项目，报告期内本期已经实施完成，于年底通过了国家验收。经审计该项目总投入 40,164.9 千元。

2、江苏苏净集团公司实施的技术改造项目："亚微米 IC 生产线高洁净等级系统工程设备制造"、"0-3 复合纳米氧化锌陶瓷电阻"和"江苏省净化工程技术研究中心"项目，报告期内完成投资 20,380 千元。

3、对苏州市三香路 120 号胥城大厦继续实施大楼设施改造项目，报告期内投资 3,685 千元，其中 3,106 千元已形成固定资产。

三、财务状况、经营成果分析

名称	2002 年(千元)	2001 年(千元)	增减(%)
总资产	1,037,342	1,041,323	0
应收账款	55,529	84,021	-34
预付账款	35,594	17,878	99
预收账款	126,141	96,796	30
其他应付款	30,570	41,724	-27
长期负债	31,270	40,030	-22
股东权益	507,698	491,696	3
主营业务收入	820,145	629,256	30
主营业务成本	672,446	493,133	36
主营业务利润	142,549	129,788	10
营业费用	28,523	17,854	60
财务费用	9,120	5,996	52
净利润	40,985	53,002	-23
现金及现金等价物净增加值	-14,241	9,818	-245

变动原因分析

1、应收账款比上年下降 34%，主要是轴承厂有限公司本年末资产负债表已不纳入合并报表范围，剔除上述因素，应收账款比上年下降 4%。

2、预付账款比上年增长 99%，净增加 17,716 千元，主要是江苏苏净集团有限公司本年开工未完工的工程项目增多，相应增加预付工程款 9,070 千元，以及新设立钢结构子公司，用作建造厂房支付工程款 6,630 千元。

3、预收账款比上年增长 30%，净增加 29,345 千元，其中江苏苏净集团有限公司因工程合同增加，相应增加预收账款 24,492 千元。

4、其他应付款比上年下降 27%，主要是轴承厂有限公司本年末资产负债表已不纳入合并报表范围，剔除上述因素，其他应付款比上年下降 12%

5、长期负债比上年下降 22%，净减少 8,760 千元，主要原因是江苏苏净集团有限公司因国家产业化示范工程项目竣工，本年该项目的 10,000 千元专项应付款已转销。

6、主营业务收入比上年增长 30%，净增加 190,889 千元，主营业务成本比上年增长 36%，净增加 179,313 千元。主要原因是本年度汽车销售和出口贸易量有较大增幅，合计增加销售收入 163,899 千元，主营业务成本相应增加 157,151 千元：由于汽车销售价格呈下降趋势，且出口贸易进销差价愈来愈小，因此主营业务利润仅增长 10%。

7、营业费用比上年增长 60%，净增加 10,669 千元，财务费用比上年增长 52%，净增加 3,124 千元。主要原因是公司出口贸易业务量增大以及出口退税款增加，相应增加经营费用 3,353 千元，财务费用 1,448 千元；江苏苏净集团有限公司因经营业务增加以及新增投资项目，相应增加经营业务费用 5,025 千元，财务费用 768 千元：苏州一光仪器有限公司因经营业务量增加相应增加经营费用 2,130 千元，财务费用 1,211 千元。

8、净利润比上年降低 23%，净减少 12,017 千元，主要原因是上年土地转让收益形成利润 11,430 千元，股票投资收益形成的利润 10,490 千元：本年长期股权投资减值准备转回 5,000 千元，相抵后影响净利润 14,382 千元。

9、现金及现金等价物净增加值比上年减少 24,058 千元。主要原因是投资活动产生的现金流量净额减少，上年有收回短期投资款 39,922 千元：以及轴承厂有限公司本年末资产负债表已不纳入合并报表范围，减少现金流量 14,358 千元。

第九节　重要事项

一、重大诉讼、仲裁事项

(一)北京王府井百货(集团)股份有限公司诉讼本公司的事项

原告北京王府井百货(集团)股份有限公司因"房屋租赁合同纠纷"，起诉苏州华银物业发展有限公司，请求法院判决解除租赁协议，返还预付租金 40,000 千元并支付利息 9,140 千元及返还定金 1,500 千元，要求本公司承担连带担保责任。经江苏省高级人民法院主持调解，双方当事人达成调解协议。江苏省高级人民法院于 2002 年 3 月 25 日以(2001)苏民初字第 04 号《民事调解书》对"调解协议"予以确认。报告期内民事调解书约定条款已履行完毕。根据"调解协议"，本公司不承担担保责任。上述事项的公告刊载于 2002 年 4 月 19 日的《中国证券报》和《证券时报》。

(二)苏州创元汽车销售有限公司诉讼事项的进展情况

公司所属苏州创元汽车销售有限公司的下属公司上海汽车工业苏州销售有限公司，诉常熟远东汽车出租有限公司(下称"远东公司")购销合同贷款纠纷一案，1999 年 4 月胜诉，执行标的 2,602 千元，报告期尚未执行的余额为 1,542 千元。2003 年 2 月 19 日，远东公司签署了还款计划书，承诺先以价值 1,000 千元的资产抵偿欠款，542 千元余款在 2003 年底内分期偿还。签订还款计划书时已向创元汽销公司支付人民币 20 千元现金。

(三)1992 年发生的融资担保引起的诉讼事项

江苏联投信托投资公司与江苏中山实业有限公司融资纠纷，将苏州物贸中心和本公司作为连带责任还款人的诉讼事项，于 2002 年 6 月由江苏联投与物贸中心签署了和解协议书，并已履行完毕。本公司不承担民事责任。上述事项已在 2002 年半年度报告中披露公告。

(四)苏州轴承厂有限公司的诉讼事项

苏州轴承厂有限公司诉济南轻骑摩托车公司发动机厂与济南轻骑摩托车公司二被告拖欠货款及逾期付款一案于 2001 年 7 月 9 日胜诉。2002 年底，本公司已将所持苏州轴承厂有限公司的全部股权转让给苏州创元集团和苏州电缆厂。该诉讼事项对本公司无影响。

二、收购、出售资产的情况及进程

(一)收购股权事项

公司所属苏州创元房地产有限公司(以下简称"创元房产")于 2002 年 10 月与冯超等 4 人签订了"股权转让协议"，创元房产以 9,900 千元购买苏州工业园区日兴置业有限公司 90%的股权。截至 2002 年 11 月 30 日该公司经审计的股东权益为 11,000 千元，经评估的公司股东权益为 12,033 千元。由于苏州经济的迅速发展以及城市总体规划的加速实施，住宅需求和房价呈上升趋势。此收购事项可以使创元房产在苏州工业园区获得 24,000 平方米的房产开发项目，并获得相应的收益。以上股权转让、工商变更登记等有关手续于 2002 年 12 月办妥。该公司 2002 年财务报表已纳入创元房产合并报表范围。

(二)出售苏州轴承厂有限公司股权事宜

详见重大关联交易事项之(二)。

三、重大关联交易事项

(一)向苏州创元集团所属 6 家企业购买产品用以出口的事项

关联交易方：苏州创元(集团)有限公司(下称"苏州创元集团")。详见

第三节　第二点股东情况(五)。

苏州铸件厂是苏州市国资委授权苏州创元集团经营的国有企业。注册资本 7,000 千元人民币，注册地址：苏州市西园路 37 号。法定代表人：陈锦魁。主营：本企业自产产品及技术的出口业务：经营本企业生产、科研所需的原辅材料、仪器仪表、机械设备、零配件及技术的进口业务，铸件加工。

苏州铸造机械厂有限公司，注册资本 9,430 千元人民币，其中苏州创元集团出资 8,487 千元，占注册资本的 90%。公司注册地址：苏州市阊胥路 119 号。法定代表人：张静。经营范围：铸造机械、环保机械及其他机械设备，相关的备品备件、机械加工业务。

苏州小羚羊电动车有限公司，注册资本 21,570 千元人民币，其中苏州创元集团出资 21,170 千元，占注册资本的 98.15%。公司注册地址：苏州工业园区星红小区东兴路 8 号，法定代表人：管前根。经营范围：电动车及部件产品的制造、销售及相关的技术服务。

苏州环球链传动有限公司，注册资本 6,000 千美元，其中苏州链条总厂出资 4,000 千美元，占注册资本的 66.67%。苏州链条总厂是苏州国资委授权苏州创元集团经营的国有企业。公司注册地址：苏州市苏浒路 47 号，法定代表人：陶琦。经营范围：生产销售链条、链轮、各类传动件、链传动输送线及气缸垫产品。

苏州长城机电工业有限公司，注册资本 10,000 千元人民币，其中苏州创元集团出资 8,500 千元，占注册资本的 85%。公司注册地址：苏州市仁安街 8 号，法定代表人：潘燕跃。经营范围：生产模具、燃气用具、自行车、摩托车、电机、电器元件设备、日用电器、教育仪器、不锈钢制品、金属加工机械。

苏州机床电器厂有限公司，注册资本 15,130 千元人民币，其中苏州创元集团出资 8,790 千元，占注册资本的 58.13%。公司注册地址：苏州市平门平四路 58 号，法定代表人任荣柱。经营范围：制造机床电器、低压电器、调压变压器、稳压器。冲压、五金、注塑、零件加工。

交易事项：报告期内本公司向上述 6 家企业采购产品用以出口的情况如下：

供货方名称	采购产品名称	采购金额(千元)
苏州铸件厂	阀体	14,391.15
苏州铸造机械厂有限公司	橡胶机械、磨煤机装置	551.79
苏州小羚羊电动车有限公司	电动自行车	2,087.43
苏州环球链传动有限公司	链条	9,364.11
苏州机床电器厂	开关	327.10

苏州长城机电工业有限公司	电风扇	2,138.26
合计		28,859.84

上述产品收购价格，遵循市场公允性原则，货款以人民币结算，收购产品的价款原则上于外销结汇后支付。董事会对此关联交易事项已批准确认。

上述交易属经常性关联交易事项，2003年2月13日，公司与上述6家企业分别签订《出口产品购销、代理框架性协议》。框架协议中所述产品收购或代理价格，将遵循市场公允性原则，由双方签订符合双方共同利益且公平合理的购销或代理协议，货款以人民币结算，收购产品的价款原则上于外销结汇后支付。本公司将根据国际市场需求，参照上述协议的基本条款，向苏州创元集团其他所属企业采购国际市场需要的产品用以出口。此类关联交易总额预计将超过30,000千元。此项关联交易已经股东大会审议批准。

(二)出让苏州轴承厂有限公司股权的事项

关联交易方：苏州创元集团。详见第三节第二点股东情况之(五)。

苏州电缆厂，苏州市国资委授权苏州创元集团经营的国有企业，注册资本22,020千元。注册地址：苏州市虎丘路玻纤路6号，法定代表人：程争鸣。经营范围：电缆、电线。

苏州创元汽车销售有限公司，注册资本15,000千元，本公司持有95%股权，苏州创元集团持有5%股权。注册地址：苏州新区玉山路98号，法定代表人：曹进。经营范围：各类汽车和轿车、摩托车销售、汽车租赁、机动车置换、汽车中介等。

交易事项：2002年11月19日在苏州市签订了相关协议，本公司将所持苏州轴承厂有限公司95%股权转让给苏州创元集团，转让价格为73,720千元；苏州创元汽车销售有限公司将所持苏州轴承厂有限公司5%股权转让给苏州电缆厂，转让价格为3,880千元；合计股权转让价格为77,600千元。苏州创元集团和苏州电缆厂在协议生效后3个月以内，以现金支付上述股权转让价款。至2003年3月，上述款项已经全部付清。

经苏仁评报字(2002)。第160号评估，截止2002年10月31日轴承公司净资产的账面价值为73,680千元，评估价值为82,040千元。转让价格合计为77,600元，定价依据是以截止2002年10月31日轴承公司未经审计的财务报表所有者权益77,611千元为基础协商确定的。本公司上述股权转让事项获得投资收益1,672千元。本项关联交易经股东大会审议批准。相关公告刊载于2002年12月26日《中国证券报》和《证券时报》。

(三)公司与关联方存在债权、债务往来的事项及其原因

1、本公司对苏州创元集团的其他应收款期末余额为14,744千元，是当年股权转让款余额，已于2003年3月全部付清。

2、本公司下属公司对苏州创元集团的其他应付款期末余额为275.84千元，是期初2,177.22千元的基础上当年还款1,901.37千元后的余额。

3、本公司对苏州电缆厂的其他应收款期末余额为776千元，是当年股权转让款余额，已于2003年3月全部付清。

4、本公司控股的苏州远东砂轮有限公司对苏州砂轮厂的其他应收款年末余额为947千元，是苏州砂轮厂受让资产欠款，当年还款120千元后的余额。

5、因购买产品用以出口，形成应付苏州铸件厂779.65千元、苏州环球链传动公司396.99千元、小羚羊电动车有限公司2.1千元；预付苏州铸造机械厂111.2千元。

(四)胥城大厦租赁房屋事项

关联交易方：苏州市胥城大厦，是一家四星级涉外酒店，苏州创元集团为其实际控制人。注册地址：苏州三香路120号，法定代表人：朱巍。注册资本36,690千元，主营客房、餐饮、娱乐等配套服务。

关联交易事项：2002年2月21日，公司与苏州市胥城大厦签订"房屋、设备、设施租赁协议"，将苏州三香路120号大院内营业用房屋、场地及设施设备租赁给苏州市胥城大厦，包括租赁营业和办公用房屋面积约25,000平方米、场地面积约10,000平方米、酒店所用全部设备(设施)。租赁期限为三年，即自2002年1月1日至2004年12月31日。年租金协商确定为12,000千元。使公司上述资产获得相应的收益，符合公司利益。该交易事项经三届五次董事会审议批准。相关公告刊载于2002年2月27日《中国证券报》、《证券时报》。

(五)江苏苏州物贸中心(集团)有限公司租赁房屋事项

关联交易方：江苏苏州物贸中心(集团)。有限公司(下称"物贸中心")。国有独资有限公司，苏州创元集团为其实际控制人。注册地址：苏州市三香路120号，注册资本377,000千元。法定代表人：陆炳英。主营授权范围内的资产经营管理，国有商业、物资供销业、对外贸易业、来料加工；提供仓储运输、信息咨询服务。

交易事项：公司与物贸中心于2001年4月签订租赁协议。将苏州市三香路120号万盛大厦4、5、16、17、18、20楼部分办公用房3,985平方米和大院内场地5,000平方米，租赁给物贸中心。2002年租金2,000千元。租赁期限至本报告期止。以上价格由双方协商确定。本租赁事项，使本公司上述资产获得相应收益，符合公司利益。

(六)苏州创元集团财务有限公司租赁房屋事项

关联交易方：苏州创元集团财务有限公司(下称"财务公司")。是苏州创元集团控股的非银行金融机构。注册资本300,000千元。注册地址：苏州市三香路120号。苏州创元集团持有73.33%股份。法定代表人：许鸿新。经营范围：金融业务(凭中国人民银行金融许可证经营)。

交易事项：公司与财务公司于2001年4月签订协议。将苏州市三香路120号万盛大厦一楼营业用房及办公用房266平方米，租赁给财务公司。2002年租金300千元，租赁期限至2002年底。以上价格由双方协商确定。本租赁事项，使本公司上述资产获得相应收益，符合公司利益。

(七)通宝期货经纪有限公司租赁房屋事项

关联交易方：通宝期货经纪有限公司(下称"通宝期货公司")。是苏州创元集团控股的有限公司，注册资本38,000千元。苏州创元集团持有50%股份。注册地址：苏州市三香路120号。法定代表人：陈耀忠。主营代理客户进行国内期货交易、商品实物交割、客户资金管理及相关信息咨询服务。

交易事项：公司与通宝期货公司于2001年4月签订租赁协议。将苏州市三香路120号万盛大厦二楼营业用房及办公用房1,369平方米，租赁给通宝期货公司。2002年租金700千元，租赁期限至2002年底止。以上价格由双方协商确定。本租赁事项，使本公司上述资产获得相应收益，符合公司利益。

(八)苏州远东砂轮有限公司租赁苏州砂轮厂土地使用权事项

关联交易方：苏州砂轮厂，是苏州市国资委授权苏州创元集团经营的国有企业，注册地：苏州市劳动路82号，注册资本14,023千元，法定代表人：许心辰。主营烧结钢玉磨具、金刚石磨料磨具制造、销售。

交易事项：本公司控股的苏州远东砂轮有限公司于2001年12月签订租赁协议。租赁属于苏州砂轮厂的公司经营场所占用的30,000平方米土地使用权，2002年租金为120千元，租赁价格由双方协商确定，租赁期限为2002年1月1日至2002年12月31日。

(九)向财务公司按持股比例增资的事项

关联交易方：苏州创元集团。详见第三节第二点股东情况之(五)。

交易事项：2002年1月本公司按原持股比例向财务公司增资20,000千元。同时由公司控股股东苏州创元集团向财务公司增资180,000千元，合计对财务公司增资200,000千元。增资扩股后，财务公司股权结构为：苏州创元集团出资220,000千元，持股73.33%，物贸中心出资50,000千元，持股16.67%，本公司出资30,000千元，持股10%。此项关联交易经董事会批准，增资扩股事宜已经实施完毕。相关公告刊载于2002年1月29日《中国证券报》和《证券时报》。

(十)财务公司向本公司提供金融服务的事项

关联交易方：财务公司。详见重大关联交易事项之(六)。

交易事项：2002年11月与财务公司签订了"关于苏州创元集团财务有限公司项本公司提供金融服务的协议"。根据该协议形成的持续性关联交易内容有：财务公司向本公司以及下属公司提供包括：存款、借款、贴现、承兑、担保等经中国人民银行批准的多项金融服务。其金额将根据本公司经营需要由双方协商确定，不受3,000万元限制。

财务公司将严格遵守中国人民银行的规定，在向本公司以及下属公司提供金融服务时的贷款利率以及其他各项手续费率，比照商业银行同期、同类、同档水平执行。此项关联交易经股东大会批准。相关公告刊载于2002年12月26日的《中国证券报》和《证券时报》。

四、重大合同及其履行情况

(一)租赁事项

1.将苏州市三香路120号胥城大厦酒店营业及办公用房租赁给苏州市胥城大厦。详见重大关联交易事项之(四)。

2.将苏州市三香路120号万盛大厦部分办公用房和大院内场地租赁给物贸中心。详见重大关联交易事项之(五)。

3.将苏州市三香路120号万盛大厦一楼营业及办公用房租赁给财务公司。详见重大关联交易事项之(六)。

4.将苏州市三香路120号万盛大厦二楼营业及办公用房租赁给通宝公司。详见重大关联交易事项之(七)。

5.将苏州市三香路120号营业及办公用房5,331平方米，租赁给东吴证券有限公司。2002年租金为1,560千元，租赁期限至2005年底前。

6.将苏州市三香路120号、苏州新区塔园路160号原备件库房、部分群房，部分营业用房分别租赁给上海浦发银行苏州分行、苏州肯德基有限公司等客户，2002年收取租金3,088千元

7.苏州远东砂轮有限公司租赁苏州砂轮厂土地使用权事项。详见重大关联交易事项之(八)。

以上租赁事项租赁价格均由租赁双方协商确定，除第7项以外的租赁事项收入合计19,648.19千元，形成利润12,350.68千元。

(二)担保事项

1.报告期内公司无重大担保事项。

2.报告期公司对外担保及关联担保余额情况：

(1)。报告期内本公司对外担保余额累计为9,000千元，是本公司为原控股子公司苏州轴承厂有限公司有限公司借款提供的担保。担保期限至2003年2月。以上担保现已解除。

(2)。公司所属苏州晶体元件有限公司对外担保余额为1,480千元，是为本公司原控股子公司苏州仪表总厂有限公司4笔借款提供的担保。担保期限最迟至2003年5月。

(3)。关联担保事项

控股股东对本公司担保余额为25,100千元。

本公司为所属控股子公司苏州创元汽销公司及苏州创元房产公司合计担保余额为12,500千元。

公司所属控股子公司江苏苏净集团和安发国际空调公司之间的担保余额合计为28,050千元。

(三)委托贷款事项

公司所属苏州一光仪器有限公司委托中国工商银行苏州市阊门支行向其持有40%股权的苏州一光镭射仪器有限公司贷款800千元。贷款期限自2002年3月27日至2003年3月27日。按季结息，年利率为3.615%。

(四)其他重大合同

苏州创元集团于2001年8月与本公司签订了"避免同业竞争协议书"。明确承诺：创元集团在作为本公司第一大股东期间，不直接或间接参与任何与本公司构成竞争的业务或活动；集团公司的高级管理人员不在本公司经理层任职；不从事与本公司产生直接竞争或可能竞争的业务；凡是可能产生同业竞争的业务机会，都将建议本公司参与；不利用控股股东的地位达成任何不利于本公司或非关联股东利益的交易或安排。协议双方同意在进行关联交易时，按市场公允价格进行，并按规定进行信息披露。

报告期内，苏州创元集团遵守了上述承诺，有关关联交易都按规定履行了审批程序，进行了信息披露。

五、其他重大事项

(一)公司聘任会计师事务所和支付报酬的情况

2002年4月1日召开的公司2001年度股东大会批准，续聘安永大华会计师事务所有限公司为公司2002年度财务报告进行审计。该机构从1993年到2002年连续10年为公司提供审计服务。2002年公司支付给安永大华会计师事务所本年度报酬825千元。支付差旅费137千元

第十节　财务报告

审计报告

安永大华业字(2003)第465号

创元科技股份有限公司全体股东：

我们接受委托，审计了贵公司2002年12月31日资产负债表和合并资产负债表、2002年度利润及利润分配表和合并利润及利润分配表，以及2002年度现金流量表和合并现金流量表。这些会计报表由贵公司负责，我们的责任是对这些会计报表发表审计意见。我们的审计是根据中国注册会计师独立审计准则进行的。在审计过程中，我们结合贵公司的实际情况，实施了包括抽查会计记录等我们认为必要的审计程序。

我们认为，上述会计报表符合《企业会计准则》和《企业会计制度》的有关规定，在所有重大方面公允地反映了贵公司2002年12月31日的财务状况及2002年度经营成果和现金流量情况，会计处理方法的选用遵循了一贯性原则。

安永大华会计师事务所有限责任公司　　中国注册会计师：汪阳、周力

中国上海昆山路146号　　2003年3月2

资产负债表

编制单位：创元科技股份有限公司　　2002年12月31日

资产	年末数	
	母公司	合并
流动资产:		
货币资金	87,743,200.83	220,297,307.33
短期投资		800,000.00
应收票据		710,000.00
应收股利		
应收利息		
应收账款	3,510,708.56	55,528,792.94
其他应收款	33,252,732.64	34,012,587.21
预付账款	2,203,661.00	35,593,665.26
应收补贴款	14,000,499.45	14,306,709.04
存货	25,775,298.61	203,845,899.59
待摊费用	0.00	6,325.40
一年内到期的长期债权投资	0.00	0.00
其他流动资产	0.00	0.00
流动资产合计	166,486,101.09	565,101,286.77
长期投资:		
长期股权投资	335,668,768.25	165,177,019.54
长期债权投资		
长期投资合计	335,668,768.25	165,117,019.54
其中:合并价差(贷差以"-"号表示合并报表填列)	0.00	1,495,774.04
其中:股权投资差额		

(贷差以"-"号表示:合并报表填列)		
固定资产		
固定资产原值	115,486,114.42	368,964,277.15
减:累计折旧	31,606,378.62	138,938,140.40
固定资产净值	83,879,735.80	230,026,136.75
减:固定资产减值准备	7,769,034.61	7,802,311.45
固定资产净额	76,110,701.19	222,223,825.30
工程物资		
在建工程	700,000.00	6,638,589.18
固定资产清理		
固定资产合计	76,810,701.19	228,862,414.48
无形资产及其他资产:		
无形资产	50,932,020.00	77,162,643.11
长期待摊费用	936,499.20	1,038,604.83
其他长期资产		
无形资产及其他资产合计	51,868,519.20	78,201,247.94
递延税项:	0.00	0.00
递延税款借项		
资产总计	630,834,089.73	1,037,341,968.73
流动负债:		
短期借款	76,750,000.00	139,260,584.93
应付票据		402,500.00
应付账款	5,123,563.68	77,070,044.67
预收账款	7,810,279.60	126,140,911.24
应付工资		13,979,623.24
应付福利费	492,457.69	7,412,093.38
应付股利	24,234,106.44	24,270,298.14
应交税金	-840,176.42	1,419,811.46
其他应交款	-20,939.37	271,018.33
其他应付款	11,046,322.18	30,569,863.42
预提费用		3,056,748.69
预计负债		
一年内到期的长期负债		
其他流动负债		
流动负债合计	124,595,613.80	423,853,497.50
长期负债		
长期借款		14,000,000.00
应付债券		
长期应付款		
专项应付款		17,269,514.31
其他长期负债		
长期负债合计		31,269,514.31
递延税项:		
递延税款贷项		
负债合计	124,595,613.80	455,123,011.81
少数股东权益(合并报表填列)		74,520,909.32
股东权益		
股本	241,726,394.00	241,726,394.00
资本公积	87,615,223.32	87,615,223.32
盈余公积	88,593,885.00	103,490,483.31
其中:法定公益金	36,944,273.64	43,135,056.14
减:未确认的投资损失(合并报表填列)		
未分配利润	88,302,973.61	74,865,946.97
外币报表折算差额(合并报表填列)		
股东权益合计	506,238,475.93	507,698,047.60
负债和股东权益总计	630,834,089.73	1,037,341,968.73

利润及利润分配表

编制单位:创元科技股份有限公司　　2002年度

项目	注释号	行次	本年实际数 母公司	合并
一、主营业务收入	31	1	119,283,184.59	820,145,016.33
减:主营业务成本		2	109,254,483.19	672,445,890.85
主营业务税金及附加	32	3	0.00	5,149,869.54
二、主营业务利润(亏损以"-"号填列)		4	10,028,701.40	142,549,255.94
加:其他业务利润(亏损以"-"号填列	34	5	13,559,949.36	14,072,530.78
减:营业费用		6	5,140,001.53	28,522,842.20
管理费用		7	8,379,447.81	77,122,173.91
财务费用	33	8	5,163,247.55	9,120,086.41
三、营业利润(亏损以"-"号填列)		10	4,905,953.87	41,856,684.20
加:投资收益(亏损以"-"号填列	35	11	35,790,585.05	19,022,031.97
补贴收入	36	12	251,091.94	602,143.43
营业外收入		13	0.00	419,515.35
减:营业外支出		14	692,103.32	2,795,796.87
四、利润总额(亏损以"-"号填列)		15	40,255,527.54	59,104,578.08
减:所得税		16	1,208,125.58	10,430,069.99
少数股东损益(合并报表填列)		17	0.00	7,689,847.34
五、净利润(亏损以"-"号表示)		20	39,047,401.96	40,984,660.75
加:年初未分配利润		21	81,237,691.45	73,072,614.73
其他转入				622,141.84
六、可供分配的利润		25	120,285,093.41	114,679,417.32
减:提取法定盈余公积金		26	3,904,740.20	8,245,549.25
提取法定公益金		27	3,904,740.20	6,585,669.55
提取职工奖励及福利基金(合并报表填列子公司为外商投资企业的项目)		28	0.00	809,612.15
七、可供股东分配的利润		35	112,475,613.01	99,038,586.37
减:应付优先股股利		36	0.00	0.00
提取任意盈余公积		37	0.00	0.00
应付普通股股利		38	24,172,639.40	24,172,639.40
转作股本的普通股股利		39	0.00	0.00
八、未分配利润(未弥补亏损以"-"号填列)		40	88,302,973.61	74,865,946.97
补充资料				
1.出售、处置部门或被投资单位所得收益		41	1,592,256.98	1,672,256.98
2.自然灾害发生的损失		42		
3.会计政策变更增加(或减少)利润总额		43		
4.会计估计变更增加(或减少)利润总额		44		
5.债务重组损失		45		
6.其他		46		

现金流量表

编制单位:创元科技股份有限公司　　2002年度

项目	合并金额
一、经营活动产生的现金流量:	
销售商品、提供劳务收到的现金	986,549,914.78
收到的税费返还	
收到的其他与经营活动有关的现金	3,777,887.35
经营活动现金流入小计	990,327,802.13
购买商品、接受劳务支付的现金	758,418,121.59
支付给职工以及为职工支付的现金	81,615,808.89
支付的各项税费	57,213,287.99
支付的其他与经营活动有关的现金	66,418,463.40
经营活动现金流出小计	963,665,681.87
经营活动现金流量净额	26,662,120.26
二、投资活动产生的现金流量:	
收回投资所收到的现金	77,314,420.00
取得投资收益所收到的现金	11,230,275.09
处置固定资产、无形资产和其他长期资产所收回的现金	919,992.43
收到的其他与投资活动有关的现金	
投资活动现金流入小计	89,464,687.52
购建固定资产无形资产其他长期资产所支付的现金	38,360,744.56
投资所支付的现金	32,600,000.00
支付的其他与投资活动有关的现金	15,158,334.81
投资活动现金流出小计	86,119,079.37
投资活动产生的现金流量净额	3,345,608.15
三、筹资活动产生的现金流量	
吸收投资所收到的现金	
借款所收到的现金	
收到的其他与筹资活动有关的现金	5,460,000.00
筹资活动现金流入小计	5,460,000.00
偿还债务所支付的现金	2,453,892.83
分配股利、利润或偿付利息所支付的现金	47,254,495.04
支付的其他与筹资活动有关的现金	
筹资活动现金流出小计	49,708,387.87
筹资活动产生的现金流量净额	-44,248,387.87
四、汇率变动对现金的影响	
五、现金及现金等价物净增加额	-14,240,659.46
补充资料	
1.将净利润调节为经营活动现金流量	
净利润(亏损以"-"号填列)	40,984,660.75
减:未确认的投资损失	
加:计提的资产减值准备	-1,774,970.56
固定资产折旧	24,193,325.13
无形资产摊销	4,383,445.63
长期待摊费用摊销	287,085.56
待摊费用减少(减:增加)	23,275.60
预提费用增加(减:减少)	-1,693,464.83
处置固定资产、无形资产和其他长期资产的损失(减:收益)	735,232.50
固定资产报废损失	
财务费用	10,998,443.94
投资损失(减:收益)	-14,142,031.97
递延税款贷项(减:借项)	
存货的减少(减:增加)	-50,377,396.79
经营性应收项目的减少(减:增加)	12,971,979.24
经营性应付项目的增加(减:减少)	-7,617,310.98
其他	
加:少数股东本期损益(亏损以"-"号表示)	7,689,847.34
经营活动产生的现金流量净额	26,662,120.26
2.不涉及现金收支的投资和筹资活动	
债务转为资本	
一年内到期的可转换公司债券	
融资租入固定资产	
3.现金及现金等价物增加情况	
现金的期末余额	219,430,720.54
减:现金的期初余额	233,671,380.00
加:现金等价物的期末余额	
减:现金等价物的期初余额	
现金及现金等价物净增加额	-14,240,659.46

成都蜀都大厦股份有限公司

成都蜀都大厦股份有限公司二OO二年年度报告

一、重要提示

1、本公司董事会及董事保证本报告所载资料不存在任何虚假记载、误导性陈述或者重大遗漏,并对其内容的真实性、准确性和完整性承担个别及连带责任。

2、本公司董事长兼总经理程高潮先生、常务副总经理何蜀朗先生、财务中心负责人何兴浩先生声明:保证本年度报告中的财务会计报告真实、完整。

二、公司基本情况简介

1、公司名称:成都蜀都大厦股份有限公司
英文名称:CHENGDU SHUDU MANSION CO, LTD.
英文名称缩写:CDSD
公司法定代表人:程高潮
2、公司董事会秘书:罗亦弟
公司证券事务代表:崔益民
联系地址:成都市蜀都大道署袜北三街20号
电话:(028) 86757539 86752215
传真:(028) 86741677
3、公司注册地址:四川省成都市蜀都大道署袜北三街20号
邮政编码:610016
公司办公地址:四川省成都市蜀都大道署袜北三街20号
邮政编码:610016
公司电子信箱:sddm@mail.sc.cninfo.net
5、公司选定的信息披露报纸名称:《证券时报》、《中国证券报》;登载公司年度报告的国际互联网网址:深交所"巨潮资讯网":www.cninfo.com.cn
6、公司股票上市交易所:深圳证券交易所
股票简称:蜀都A
股票代码:000584
7、其他有关资料:
公司首次注册登记日期:1981年2月18日
企业法人营业执照注册号:5101001800902
税务登记号码:国税:510104201965183
地税:51010020196518-3
公司聘请的会计师事务所:岳华会计师事务所有限责任公司
办公地址:北京市朝阳区霄云路26号鹏润大厦1201-1203

三、会计数据和业务数据摘要

1、本年度会计数据

项目	金额(元)
利润总额(元)	16,597,977.51
净利润(元)	15,558,079.30
扣除非经营性损益后的净利润(元)	12,236,818.19
主营业务利润(元)	45,925,363.04
其它业务利润(元)	16,036,658.54
营业利润(元)	16,443,739.73
投资收益(元)	95,240.29
补贴收入(元)	120,000.00
营业外收支净额(元)	-61,002.51
经营活动产生的现金流量净额(元)	28,851,777.83
现金及现金等价物净增加额(元)	-34,695,186.59

注:扣除的非经营性损益项目及涉及金额:

免征房产税增加利润	3,262,263.62
营业外收入	116,539.88
补贴收入	120,000.00
营业外支出	177,542.39

2、前三年财务指标　　　　单位:人民币元

指标项目	2002年度	2001年度 调整前
主营业务收入	97,927,462.85	117,726,056.30
净利润	15,558,079.30	17,895,188.99
总资产	766,222,132.55	754,798,890.40
股东权益	297,248,387.51	289,407,012.53
每股收益(摊薄)	0.0769	0.0885
每股收益(加权)	0.0769	0.0885
每股收益(扣除非经常性损益后)	0.0605	0.0780
每股净资产	1.47	1.43
调整后的每股净资产	1.45	1.28
每股经营活动产生的现金流量净额	0.143	0.087
净资产收益率%	5.23	6.18
扣除非经常性损益后净资产收益率%	5.26	6.25
扣除非经常性损益后净资产收益率(加权)%	4.14	5.50

指标项目	2001年度 调整后	2000年度 调整前
主营业务收入	117,726,056.30	137,894,532.53
净利润	17,612,015.87	20,657,627.61
总资产	754,798,890.40	675,846,515.53
股东权益	287,884,875.67	279,617,332.64
每股收益(摊薄)	0.0871	0.10
每股收益(加权)	0.0871	0.10
每股收益(扣除非经常性损益后)	0.0766	0.04
每股净资产	1.42	1.38
调整后的每股净资产	1.27	1.20
每股经营活动产生的现金流量净额	0.087	0.05
净资产收益率%	6.12	7.39
扣除非经常性损益后净资产收益率%	6.15	7.48
扣除非经常性损益后净资产收益率(加权)%	5.41	3.07

指标项目	2000年度 调整后
主营业务收入	137,894,532.53
净利润	18,906,723.50
总资产	674,593,200.31
股东权益	277,554,017.42
每股收益(摊薄)	0.0935
每股收益(加权)	0.0935
每股收益(扣除非经常性损益后)	0.0487
每股净资产	1.37
调整后的每股净资产	1.19
每股经营活动产生的现金流量净额	0.05
净资产收益率%	6.81
扣除非经常性损益后净资产收益率%	6.87
扣除非经常性损益后净资产收益率(加权)%	3.58

四、股本变动及股东情况

1、股东情况介绍:

(1)报告期末公司股东总数8662名,其中公司董事、监事、高级管理人员冻结1户。

(2)持有公司股份前10名股东的持股情况(截止2002年12月31日)

股东名称	年初持股数(股)	年末持股数(股)
成都市国有资产投资经营公司	37,699,255	37,699,255
中国东方电气集团公司	11,166,415	11,166,415
四川汇源科技产业控股集团有限公司	8,500,200	8,500,200
西藏自治区国有资产经营公司	7,736,086	7,736,086
成都市煤气总公司	5,423,633	5,423,633
成都市信托投资公司	4,703,035	4,703,035
成都市汇通城市合作银行	4,260,575	4,260,575
四川天成金银制品金店	2,341,644	2,341,644
阿坝州经济技术协作开发总公司	2,310,084	2,310,084
上海晋泰投资有限公司	2,200,000	2,200,000

股东名称	占总股本比例%	股份性质
成都市国有资产投资经营公司	18.64	国有股
中国东方电气集团公司	5.52	法人股
四川汇源科技产业控股集团有限公司	4.20	法人股
西藏自治区国有资产经营公司	3.82	国有股
成都市煤气总公司	2.68	法人股
成都市信托投资公司	2.33	法人股
成都市汇通城市合作银行	2.11	法人股
四川天成金银制品金店	1.16	法人股
阿坝州经济技术协作开发总公司	1.14	国有股
上海晋泰投资有限公司	1.08	法人股

注:A、持有本公司5%以上股权的股东是成都市国有资产投资经营公司(本公司国有股)和中国东方电气集团公司(法人股),其所持有的股份报告期内无质押行为。

B、以上股东中,成都市国有资产投资经营公司、西藏自治区国有资产经营公司、阿坝州经济技术协作开发总公司所持有的股权为国有法人股。

C、本公司前10名股东之间不存在关联关系。

D、报告期内,原第三大股东四川省长江企业(集团)公司所持有的本公司8,500,200股法人股,因其重组后资产置换改由四川汇源科技产业控股集团有限公司持有,已在中国证券登记结算有限责任公司深圳分公司办理过户手续。

(3)本公司无持股10%(含10%)以上的法人股东。

(4)报告期内控股股东未发生变更。

(5)公司控股股东成都市国有资产投资经营公司,成立于1992年12月1日,法人代表马蓉生,注册资本5亿元人民币,主营国有资产产权收益、投资经营、财政信用、投资咨询;兼营企事业所需设备租赁。实际控制人为成都市人民政府。

五、董事、监事、高级管理人员及员工情况

1、董事、监事、高级管理人员

(1)、基本情况表:

姓名	职务	性别	年龄	任期起止日期
程高潮	董事长、总经理	男	46	02.06.28-05.06.28
何蜀朗	董事、常务副总经理	男	52	02.06.28-05.06.28
张斌	董事、副总经理	男	46	02.06.28-05.06.28
程小凡	董事、副总经理	男	43	02.06.28-05.06.28
杨林董	事、总经理助理	男	50	02.06.28-05.06.28
彭宗洲	董事	男	31	02.06.28-05.06.28
唐泽平	董事	男	45	02.06.28-05.06.28
朱开友	董事	男	48	02.06.28-05.06.28
李嘉	董事	男	46	02.06.28-05.06.28
蒲世军	董事	男	42	02.06.28-05.06.28
张剑渝	独立董事	男	53	02.06.28-05.06.28
任侠	独立董事	男	31	02.06.28-05.06.28
陈卫亚	监事会主席、副书记	女	50	02.06.28-05.06.28

倪华	监事	女	44	02.06.28-05.06.28
李弥	监事	女	41	02.06.28-05.06.28
罗亦弟	董事会秘书	男	57	02.06.28-05.06.28

姓名	年初持股数	年末持股数
程高潮	0	0
何蜀朗	11,440	11,440
张斌	0	0
程小凡	0	0
杨林董	0	0
彭宗洲	0	0
唐泽平	0	0
朱开友	0	0
李嘉	0	0
蒲世军	0	0
张剑渝	0	0
任侠	0	0
陈卫亚	0	0
倪华	0	0
李弥	0	0
罗亦弟	0	0

B、公司董事、监事、高级管理人员年度报酬情况

报告期内,公司董事、监事、高级管理人员实行岗位工资制。在公司领取报酬的 9 名董事、监事、高级管理人员年报酬总额为 55.11 万元。

董事彭宗洲、唐泽平、朱开友、李嘉、蒲世军不在公司领取报酬;独立董事津贴为每年 3 万元(含税);其余董事、监事、高级管理人员年报酬在 3 万元至 4 万元有 2 人,4 万至 6 万元的有 2 人,6 万元至 9 万元的有 5 人。金额最高的前三名董事的年度报酬总额为 23.44 万元,金额最高的前三名高级管理人员的年度报酬总额为 23.47 万元。

C、在报告期内离任的董事、监事、高级管理人员姓名及离任原因:

姓名	职务	离任原因
马睿生	董事	因董事会换届
马宗琼	董事	因董事会换届
彭子都	董事	因董事会换届
周代郡	董事	因董事会换届
鄢涌	董事	因董事会换届
边晓敌	监事	因监事会换届

D、聘任或解聘公司经理、董事会秘书的情况:

经二 00 二年八月十四日公司五届董事会二次会议通过,聘任程高潮先生为公司总经理、何蜀朗先生为常务副总经理、张斌先生、程小凡先生为副总经理,经二 OO 二年六月二十八日年度股东大会通过,聘任罗亦弟为公司董事会秘书。

(2) 公司员工的数量、专业构成、教育程度及退休职工人数情况

本公司员工总数 838 人(含正式工 640 人,外聘人员 198 人),其中大专以上文化 299 人,占 35.68 %(含研究生 8 人,本科 58 人);专业构成为经营销售生产人员 541 人,财务人员 67 人,行政人员 43 人,离退休职工 135 人。

六、公司治理结构

1、公司治理结构现状

公司严格按照《上市公司治理准则》、《公司法》、《证券法》、中国证监会有关法规和《深圳证券交易所股票上市规则》的要求,不断完善公司法人治理结构,加强规范运作,认真履行信息披露义务。公司制定并实施了《信息披露制度》、《独立董事工作制度》、《监事会议事规则》,完成了公司章程修改草案、董事会议事规则草案,公司的治理结构现状与《上市公司治理准则》有一定的差距,如《上市公司治理准则》要求根据《上市公司治理准则》修订公司章程,鉴于公司即将重组的现状,目前尚未完成。

2、独立董事履行职责情况

根据中国证监会颁发的《关于在上市公司建立独立董事制度的指导意见》的要求,本公司已于 2002 年 6 月 28 日召开的二 00 一年年度股东大会选举了两名独立董事,并将于 2003 年 6 月 30 日前增选独立董事,使独立董事人数超过董事总人数的三分之一。公司两名独立董事中,一名因出国未能出席报告期内本公司召开的董事会,另一名正常行驶了独立董事职权。

3、公司与控股股东在人员、资产、财务、机构和业务方面的分开情况公司与控股股东在人员、资产、财务、机构和业务方面做到相互独立,董事长、经理人员、董事会秘书等高级管理人员均专职在本公司工作,并在公司领取薪酬,未在控股股东单位兼职。公司董事会、监事会和内部机构能够独立运作。

公司与大股东之间产权关系明确,公司拥有完整的资产权,具有独立完整的业务和自主经营能力,拥有独立的财务部门,建立了独立完整的财务核算体系和资金管理体系以及财务管理制度,独立行使财务决策和资金调度。公司独立在银行开户。

七、股东大会简介

报告期内,公司召开一次股东大会,即二 OO 一年度股东大会,会议有关情况如下:

1、公司二 OO 一年度股东大会由董事会负责召集,会议通知以公告方式刊登于二 OO 二年五月二十八日《证券时报》和《中国证券报》。会议于二 OO 二年六月二十八日上午九时半在成都蜀都大厦南五楼川粤大酒家举行,到会股东 18 名,代表股份 8868.56 万股,占公司总股本的 43.85%,符合《公司法》和《公司章程》规定。大会审议通过了如下事项:

①董事会二 OO 一年度工作报告;

②监事会二 OO 一年度工作报告;

③公司二 OO 一年度利润分配方案。具体内容为:

二 OO 一年度,公司实现净利润 1789.52 万元,公司不进行利润分配,也不进行资本公积金转增股本。实现净利润 1789.52 万元用于弥补往年度亏损。公司二 00 二年度预计利润分配政策:用于弥补往年度亏损;

④公司二 OO 一年度财务决算报告;

⑤公司二 OO 一年度报告及摘要;

⑥聘请岳华会计师事务所;

⑦公司独立董事制度;

⑧第五届董事会独立董事津贴标准;

⑨董事会换届及选举独立董事;

⑩监事会换届。

2、按照《上市公司股东大会规范意见》要求,公司聘请四川英捷律师事务所杨建民律师担任股东大会法律见证,法律意见书和股东大会决议公告同时刊登在二 OO 二年六月二十九日《证券时报》和《中国证券报》上。

八、董事会报告

1、公司经营情况的讨论与分析

2002 年,公司按照股东大会确定的发展思路和工作,围绕公司战略发展中心任务,坚持不懈地抓好市场营销和经营管理工作,重新审视蜀都大厦物业经营思路,坚持投资改造与引资改造相结合,努力改善经营条件,不断加大经营结构的调整力度,引入名优品牌,发展专业化经营,开始形成了新的经营特色和市场亮点,增强了市场竞争力,物业经营保持了稳中有升的态势;物资贸易方面,由于产品价格的市场波动较大,经营风险增加,本着保证资金安全,不形成新的坏帐损失的要求,贸易业务基本与上年有所持平;房地产开发方面,南宁珉旛大厦销售和盘活存量土地的工作已近尾声,收入及利润较上年有所下降。全年公司共实现主营业务收入 9792.75 万元,实现净利润 1555.81 万元。

2、公司经营情况

①主营业务的范围及其经营情况

公司主营业务范围及主营业务收入、主营业务利润构成情况

本公司主营业务范围为:宾馆旅游、餐饮娱乐、商品批发零售、物资贸易、汽车租赁及出租车营运、房地产开发、实业投资和股权投资。

报告期内公司主营业务收入为商品贸易、宾馆旅游服务、房地产、工业及其他等的销售收入,收入构成情况如下:

项目	2002 年度	
	主营业务收入	主营业务成本
商业贸易	42,435,687.60	17,179,613.95
宾馆旅游服务	32,896,991.42	13,938,189.65
房地产	12,058,830.00	9,993,748.94
工业	8,945,467.83	5,486,371.50
其他	1,590,486.00	938,905.93
合计	97,927,462.85	47,536,829.97

项目	2001 年度	
	主营业务收入	主营业务成本
商业贸易	42,090,065.97	26,713,128.36
宾馆旅游服务	38,136,295.16	18,704,417.27
房地产	30,962,179.10	14,479,926.46
工业	5,242,107.55	3,413,855.67
其他	1,295,408.52	
合计	117,726,056.30	63,311,327.76

主营业务收入按地区列示如下:(金额单位:元)

地区	2002 年度	2001 年度
四川地区	83,937,541.46	102,627,751.06
广西地区	12,317,165.00	14,326,928.60
北京地区	1,672,756.39	771,376.64
合计	97,927,462.85	117,726,056.30

主营业务利润构成情况如下(金额单位:元)

项目	2002 年度	2001 年度
商业贸易	23,603,347.25	14,134,939.20
宾馆旅游服务	16,844,025.55	17,290,326.29
房地产	1,533,517.49	14,741,299.14
工业	3,365,662.20	1,822,630.01
其他	578,810.55	1,222,638.97
合计	45,925,363.04	49,211,833.61

(2) 占公司主营业务收入或主要业务利润 10%以上的业务经营活动及行业属性

①宾馆旅游:实现营业收入 2749 万元,利润 766.11 万元,主要经营住宿、餐饮、写字间出租、旅游等。行业属性为服务业。

②商品批发零售:实现营业收入 2458.26 万元,利润 1192.30 万元,主要经营商业场地租赁、管理及少量商品销售。行业属性为批发零售贸易业。

③物资贸易:实现营业收入 513.54 万元,利润 186.96 万元,经营业务主要有化工原料销售、出租车营运及车辆租赁。行业属性为批发零售贸易业。

④房地产开发:实现销售收入 1205.88 万元,利润 153.35 万元,主要经营商品房的开发销售、盘活存量土地等。行业属性为房地产业。

(3)、主要供应商、客户情况

前五名供应商合计的采购金额为 2,210.70 万元,占年度采购总额的 74.68%; 前五名客户销售额合计为 2,783.22 万元,占公司全年销售总额的 28.42%。

(4) 在经营中出现的问题与困难及解决方案

报告期内,公司存在的主要困难一是有的经营单位,尤其是宾馆存在设备设施和装修陈旧的情况,对经营产生了一定的影响,二是商业零售业和物资贸易业的竞争加剧,经营风险增加。针对以上问题,公司采取了以下措施。

①根据不同情况,采取由公司出资和由进场商家出资的办法对必须改造的项目进行改造,公司出资改造的旋转餐厅今年 2 月投入使用后,企业形象和经济效益较上年有较大提升,投资 800 万元的宾馆改造已于 12 月中旬动工,2002 年中由进场商家投资进行的改造装修达到 300 万元以上。

②针对商业零售业竞争加剧的情况,主要采取按照有进有退的原则,调整经营结构和商品结构,同时引进有实力,有市场号召力的商家进场经营的办法,达到了既规避风险,又形成新的市场亮点,同时增加收益的目的。

③鉴于物资贸易方面进销差小,价格波动大的情况,对原有品种采取在保资金安全的前提下快进快出。同时加大寻求和开发新的商品及渠道,虽然销售与上年基本持平,但没有产生新的积压和损失。

3、公司投资情况

(1) 报告期内无募集资金,也无募集资金的投资项目。

(2) 报告期内非募集资金的投资情况

公司控股的成都蜀都投资有限公司投资项目进展情况

①、四川省艾普网络有限公司

在本报告期内,该公司的各项业务取得长足进展:

A、加强企业管理,顺利通过年检。在报告期内,该公司顺利完全了信息产业部 ISP 经营许可、四川省信息产业厅、通讯管理局宽带驻地网经营许可年检工作。再次确认了该公司的资格和资信。

B、大力开拓市场,用户发展势头加快。在报告期内,该公司以"双优"(建设优良工程,提供优质服务)为着力点,加快 IP 宽带网用户工程建设,加快发展上网用户。新建设宽带社区 27 个,发展用户 6764 户,在建宽带社区 11 个,在建用户 5010 户。现该公司已建用户达 1.9 万多户。

C、城域骨干网络建设进展较快。在报告期内,该公司通过自建和购买,增加城域骨干网光缆 40 公里。现该公司已拥有一环路环状网和横贯东西、南北市区这样一个呈"田"字型的骨干光缆网络,为该公司在成都地区做大做强宽带网络经营奠定了基础。

D、新业务开拓顺利。在报告期内,该公司加强与中国铁通、中国网通的业务合作,开展了通讯光缆代建工程、铁通固定电话代理业务等业务项目;与四川大学乐地公司合作开通了网上 VOD 点播服务,与券商合作开通网上证券交易服务,与境外企业合作开发无线电宽频广告业务播出业务。

截至本报告期末,该公司实现主营业务税后利润 153.82 万元。

②北京城际电迅科技发展有限公司

在报告期内,该公司项目进展情况为:

A、加快铁通IC 卡公话建设。截至本报告期末,该公司已在东北、华北、西南等15 省、区、直辖市投放IC 卡公话机15610 部,话亭近7000 个,使铁通IC卡公话在局部地区已初具规模。现正抓紧公话网络和立终端设备的运行调整工作。

B、加快技术进步,在加强与中国铁通公司的合作,建立了铁通IC 卡公话技术标准体系,确定了技术发展路线,加快向智能网公话方向发展,并已在北京开通了试点运行。

C、努力开拓新业务。在报告期内,该公司已设计并开发的该公司自有的IC卡、IP 卡卡类产品;取得了信息产业部颁发的ISP 经营许可;加强与铁通公司的合作关系,使经营资源进一步优化。

由于该公司目前尚处于投资建设期内,去年该公司主营业务利润为-8.8 万元。

③成都蜀都纳米材料科技发展有限公司

在本报告期内,该公司继续保持较好的经营业绩:

A、产品市场销售额稳中有升,截至本报告期末,该公司的主导产品——电子级氧化钴、氧化铋金属掺杂陶瓷的市场销量分别较去年相比增加了12.3%,亚微米级、纳米级金属掺杂陶瓷粉体产品继续保持优势、畅销的状态。去年销售回款率达97.8%。

B、加大新产品开发力度。在本报告期内,该公司在成功开发出IT 产品电池材料之后,紧跟市场发展,将新产品开发触角延伸至磁性材料、烟花材料,同时正抓紧新产品和新市场的开发工作。

截至本报告期末,该公司实现主营收入894 万元,税后净利润61.96 万元。

4、公司财务状况

本年末公司总资产为76,622.21 万元,比年初的75,479.89 万元,增长1.51%。 年末股东权益29,724.84 万元,比年初的28, 788.49 万元,增长3.25%。增长的原因是本年度公司实现净利润转入所致。

本年度公司实现主营业务收入9, 792.75 万元。比上年同期的11, 772.61 万元,减少16.82%;公司在引入名优品牌,提高物业使用率的情况下,主营业务利润实现了4,592.54 万元,比上年减少6.68%;本年度实现净利润1,555.81 万元,比上年的1,761.20 万元,减少11.66%。主要是因今年承包业务增加后,按财务制度使公司主营业务收入,利润及净利润都相应有所减少。

本年度公司现金及现金等价物净增加额减少3,469.52 万元。其中:经营活动实现的现金流量比上年净增加1,122.44 万元。在投资活动中,由于本年购建固定资产、无形资产和其他长期资产所支付的现金减少,以及支付的其他与投资活动有关的现金减少,使现金流量净增加了2, 052.21 万元。在筹资活动中,由于支付其他与筹资活动有关的现金及偿还债务所支付的现金增加,现金流量净减少9,981.98 万元。

5、主营业务或其结构:主营业务盈利能力发生较大变化的原因说明公司全资附属企业成都蜀都大厦商场原以商品自营销售为主,兼有商业经营场地租赁。随着市场变化,商场重新进行了市场定位,采取了逐步收缩自营业务,引进有实力的商家和知名品牌的方针。2001 年底前完成了对"蜀都运动城"、"蜀都通讯城"的引进调整,2002 年,商场主营业务已改变为以商业经营场地租赁、兼有少量自营商品销售。因为这种转变,对商场的销售利润率带来了较大影响。因此2002 年商场在营业收入比上年增加26.49%的情况下,利润比上年增加了169.81%。

6、新年度业务发展计划

2003 年是公司资产重组进入实质性的操作阶段,也是公司加快战略发展的一年。公司拟以资产重组为契机,以新材料新技术产业为主攻方向,继续贯彻稳定现有物业经营,实现产业转型、提升经营业绩、增强核心竞争力的经营方针,狠抓经营、强化管理、转换机制,努力提高经济效益。

(1) 对成都蜀都大厦宾馆进行改造装修,该项目已于2002 年12 月中旬动工,计划2003 年2 月底完成。改造后,成都蜀都大厦宾馆将突出商务行政酒店个性化、智能化的特色,增强其在本地酒店业中的竞争能力。

(2) 加大房地产开发力度,做大房地产业,使之成为公司重要的经济支撑点和利润增长点。在已做好前期准备工作的基础上,今年拟新开工1–2 个项目。

(3) 进一步整合优化物业经营项目和物业资源,通过委托蜀都大厦物业资源和项目的整合,进一步规范分公司,在规范,改制的基础上采用合资、合作、承包、租赁经营等方式,引入名优品牌,努力扩大经营规模,大幅度提升经营效益。

(4) 抓好公司控股企业"成都蜀都投资管理有限责任公司"已投资项目的规模运作和经营管理。

①四川省艾普网络有限公司:A、 力争建设优质社区宽带网络用户20000 户,使用户达到39000 户;B、建设、收购光缆线路100 公里;C、开发无线移动多媒体网络项目、网络视频监控系统项目和电子政务系统项目。

②北京城际电迅科技发展有限公司:A、整合资源,拓展融资渠道,继续IC 卡公话项目和其它项目的建设及运营;B、大力推进有人职守公话业务。

③成都蜀都纳米材料科技发展有限公司:A、在稳定现有产品市场份额的基础上,重点抓好现有产品的新市场,力争外贸销售的比重达到10%以上;B、积极开发新产品,年内完成锰酸锂电池正极材料和氧化锌避雷器和压敏电阻用复合材料的研制。

(5)、规范运作搞好资产重组工作,加速公司战略发展的步伐。江苏双良科技有限公司完成对本公司股权的收购(详情见《中国证券报》2003 年1 月21 日第11 版)后,公司将进一步提高资产质量,改善经营结构,提升公司的盈利能力,促进公司的持续发展。

7、董事会日常工作情况

(1) 报告期内董事会的会议情况及决议内容

在二OO 二年度内,本公司共召开董事会议七次。

①四十五次董事会,于二OO 二年二月二十七日召开,通过以下决议:

聘请岳华会计师事务所

上述决议公告已在二OO 二年二月二十八日《中国证券报》和《证券时报》上公告。

②四届十六次董事会,于二OO 二年四月十一日召开,通过以下决议:

A、二OO 一年度董事会工作报告。

B、审议通过了公司二OO 一年度报告和年度报告摘要。

C、审议通过了公司二OO 一年度财务决算情况的说明报告。

D、通过了公司二OO 一年度利润分配利润,即不进行利润分配,不进行公积金转增股本,提交二OO 一年度股东大会审议。

E、审议通过了二OO 二年度预计利润分配政策,不进行利润分配,也不进行资本公积金转增股本。

F、二OO 一年度股东大会召开时间及会议议题另行通知。

G、成都蜀都大厦股份有限公司信息披露制度。

上述决议已在二OO 二年四月十三日《中国证券报》和《证券时报》上公告。

九、监事会报告

2002 年度,公司监事会依照《公司法》、《公司章程》和有关法律、法规,列席了董事会所有会议,为维护股东的权益,检查公司财务状况,对公司合法经营和董事、经理等高级管理人员履行职务实施监督,发表了独立意见,维护了广大股东的利益:

(一)、报告期内监事会会议情况:

本报告期内监事会共召开5 次会议,会议情况如下:

1、第四届监事会第九次会议于2002 年4 月11 日召开,4 名监事全部出席了会议。本次会议通过了以下决议:

(1)、审议通过了2001 年度监事会工作报告;

(2)、审议通过了公司2001 年度财务决算情况的说明报告;

(3)、审议通过了公司2001 年度利润分配方案;

(4)、审议通过了2001 年度预计利润分配政策;

(5)、审议通过了公司2001 年度报告及年报摘要;

(6)、审议通过了关于召开2001 年度股东大会的有关事项。

公司监事会通过一系列检查、监督、审核活动,形成下列独立意见:

公司依法运作情况:公司决策程序合法、方法科学,建立了较完善的内部控制制度,在报告期内未发现公司董事、高级管理人员在履行职责和行使职权时有违反法律、法规及公司章程或损害公司利益的行为。

公司财务情况:监事会认为:公司财务会计处理严格遵照国家及有关部委颁发的各项法规和制度,能够根据新的规定、准则及时依法做出调整,2002 年度财务报告真实反映了公司的财务状况和经营成果。

公司在报告期内出售资产事项,交易价格合理,没有发现内幕交易,也不损害部分股东的权益或造成公司资产流失的情况发生。

岳华会计师事务所的审计意见是真实、准确、完整的。

本次会议决议已在2002 年4 月12 日《中国证券报》和《证券时报》上公告。

2、第四届监事会第十次会议于2002 年5 月17 日召开,应到监事4 人,实到3 人,本次会议主要议题为第四届监事会任期届已满,推荐第五届监事会监事会候选人,经审议通过第五届监事会监事候选人为:陈卫亚、倪华、李弥。其中:陈卫亚为国有资产股权代表,需提交2002 年度股东大会审议;倪华、李弥已经公司职代会联席会选举通过,作为职工代表进入第五届监事会。

本次会议决议已在2002 年5 月18 日《中国证券报》和《证券时报》上公告。

3、第五届监事会第一次会议于2002 年6 月28 日召开,应到监事3 人,实到3 人。本次会议审议通过了以下决议:

选举陈卫亚女士为公司第五届监事会主席。

本次会议决议已在2002 年6 月29 日《中国证券报》和《证券时报》上公告。

4、第五届监事会第二次会议于2002 年8 月14 日在公司会议室召开,3 名监事全部参加了会议。会议审议通过了公司2002 年半年度报告及半年度报告摘要。本次会议决议已在2002 年8 月17 日《中国证券报》和《证券时报》上公告。

5、 第五届监事会第三次会议于2002 年10 月25 日在公司319 办公室召开,3 名监事全部到会,公司财务中心主任列席了会议。本次会议听取了财务中心主任对公司三季度报表的分析,监事一致认为:三季度报表客观地、真实地反映了公司的财务状况和经营成果。

(二)、监事会对公司2002 年度的运作情况和经营决策进行了监督,现就有关情况发表意见如下:

1、公司监事会依照有关法律、法规和公司章程的有关规定,对公司股东大会、董事会的召开程序、议案事项、决议执行情况进行了监督,认为公司在管理运作方面遵照公司法和公司章程,严格遵守国家各项法律法规,进一步完善了各项管理制度,保证了公司依法运作。

2、在报告期内未发现公司董事、高级管理人员在履行职责和行使职权时违反法律、法规及公司章程或损害公司利益的行为。

3、2002 年度的财务报告真实反映了公司的财务状况和经营成果。会计师事务所出具的审计报告是客观公正的。

十、重要事项

1、本年度内公司重大诉讼、仲裁事项:

(1) 在以往年度报告中披露过,但报告期内尚未结案的重大诉讼事项:

①四川蜀都餐饮有限公司执行一案。

香港安托(中国)有限公司与成都蜀都大厦股份有限公司中外合作纠纷一案历经省高院一审、最高法院二审,于2000 年8 月送达中华人民共和国最高人民法院(1999) 经终字第176 号民事判决书。判决生效后,安托公司向四川省高级人民法院申请强制执行,2000 年11 月,省高院根据终审判决的第四项判决:"对中外合作经营企业四川蜀都餐饮有限公司的资产,在清算时应与成都蜀都大厦股份有限公司向中外合作经营企业四川蜀都餐饮有限公司转移作为出资的场地所有权及相应的土地使用权为基础,重新进行审计、评估。"并委托会计师事务所对合作企业四川蜀都餐饮有限公司从筹建起至1997 年11 月15 日止的会计报表、经营成果、债权债务、股东权益进行审计。同时,还委托资产评估事务所对中方蜀都大厦向合作企业作为出资的房产即蜀都大厦南楼第五层全部、东楼第三十层全部第二十七层西南部、南楼地下室等的场地所有权及相应的土地使用权进行评估。2001 年10 月,已完成审计报告和评估报告,现省高院正在对合作企业组织清算。

②四川蜀都康乐中心执行一案

公司与香港运辉发展有限公司(简称香港运辉公司)在90 年初曾有过合作关系。后因香港运辉公司未履行合同,其投资在合作企业清算时也未到位。依据法律规定,香港运辉公司在合作企业中并没有任何权益。后因香港运辉公司在未告知本公司的情况下,将实际上并不持有的合作企业"股权"转让给了四川省威华旅游服务有限公司(简称威华公司),双方就此发生纠纷,并诉诸于法院。香港运辉公司败诉后,长期不执行生效判决,威华公司申请强制执行,成都市中级人民法院以本公司曾承诺在合作企业清算后负责处理遗留问题为由,将本公司追加为案外"被申请执行人", 强行扣划本公司银行存款47 万元。经公司董事会审议,本公司对成都市中级人民法院的以上行为提出了执行异议,并向上级法院提出了申诉。在报告期内,公司委托律师对此案进行了深入的研究。四川省高院执行局已受理并立案,且组织了合议庭。此案正在进行之中。

③深圳蜀深贸易公司借款一案

本公司下属的深圳蜀深贸易公司 (简称蜀深公司) 与惠州市新城房地产开发公司利华开发处(简称惠州公司)于1993 年7 月4 日、10 月30 日签订了两份名为投资,实为借贷的《投资合作协议》。合同生效后,蜀深公司将700 万元划给了惠州公司。后因开发商未能按时交房,致使蜀深公司无法实现利润回报。在蜀深公司的催促下,惠州公司先后偿还了部分款项,截止2001 年10 月30 日惠州公司尚欠475.67 万元没有偿还,经多次催促未果,蜀深公司于2001 年11 月7 日向惠州市中级人民法院提起诉讼。法院在审理过程中,查明:惠州市道路桥梁开发总公司(简称路桥公司)与惠州公司是同一个法人主体,只是不同的两块牌子。2002 年5 月30 日,惠州市中级人民法院向公司送达了(2001) 惠中法经初字第210 号民事判决书,并判决如下:一、新城公司与蜀深公司签订的一系列《投资合作协议》无效。二、新城公司应在本判决发生法律效力之日起30 日内,返还借款人民币455.27 万元给蜀深公司。三、驳回蜀深公司的其他诉讼请求。公司接到判决书后,在上诉期内,对该判决认定的债务承担的主体新城公司,也就是路桥公司在一审诉讼中将新城公司重新以200 万元资金注册,从路桥公司分离出来,以达到路桥公司逃避法律责任的行为向广东省高级人民法院提起了上诉,法院已受理该案,截至报告期该案正在审理过程中。

2、报告期内公司、公司董事及高级管理人员无受监管部门处罚的情况。

3、报告期内公司控股股东未变更;董事马蓉生、彭子都、周代郡、鄢涌先生,马宗琼女士因董事会换届原因辞去董事职务,彭宗洲、朱开友、李嘉先生当选为董事,张剑渝、任侠先生当选为独立董事,公司监事边晓政先生因监事会换届辞去监事职务。

4、报告期内公司无收购及出售资产、吸收合并事项。

5、报告期内无重大关联交易事项。

6、公司与控股股东在业务、资产、人员、机构、财务上的"五分开"情况参阅本报告第六章公司治理结构之第三节。

7、报告期内委托理财等事项。

(1) 本公司将1000 万元自有资金委托给成都福耀投资有限公司(受托方)投资管理事项(该事项本公司已在2001 年度报告、年度报告及2002 年度中期报告中予以披露),因本公司需回收资金,双方于2002 年6 月18 日终止了《委托投资管理合同》及相关的补充协议。该合同及其补充协议被终止后,在本报告期内本公司已收回了委托受托方管理的投资本金1000 万元并取得投资收益款5 万元。

(2) 本公司将200 万元自有资金委托给成都福耀投资有限公司(受托方)投资管理事项(该事项本公司已在2001 年度报告和2002 年度中期报告中予以披露),经本公司与受托方协商,分别在2002 年6 月21 日、2002 年12 月20 日签订了《补充协议》, 将委托期延长至2003 年6 月28

日。在延长期内受托方不向本公司收取资产管理费,其余按本公司与受托方原签订的《委托投资管理合同》规定办理。

(3) 本公司在报告期内无托管资产事项。

8、经公司四届十五次董事会决议,二OO一年度股东大会批准,改聘岳华会计师事务所为公司会计师事务所。公司2002年度支付给岳华会计师事务所的报酬为25万元人民币。

9、报告期内公司无更改名称或股票简称的情况。

10、持股5%以上股东承诺事项履行情况。

因历史原因,本公司替成都国有资产投资经营公司垫付9,929,896.17元本金,成都国有资产投资经营公司承诺在转让所持有的本公司国有股的转让收益中支付。支付时间为:收到全部转让款后的三个工作日内一次性向本公司支付。

十一、财务报告

1、审计报告

岳总审字(2003)第B038号

审计报告

成都蜀都大厦股份有限公司全体股东:

我们接受委托,审计了成都蜀都大厦股份有限公司(以下简称贵公司)2002年12月31日的合并资产负债表、资产负债表和2002年度的合并利润及利润分配表、利润及利润分配表以及2002年度的合并现金流量表、现金流量表。这些会计报告由贵公司负责,我们的责任是对这些会计报告发表审计意见。我们的审计是依据《中国注册会计师独立审计准则》进行的。在审计过程中,我们结合贵公司实际情况,实施了包括抽查会计记录等我们认为必要的审计程序。

我们认为,上述会计报表符合《企业会计准则》和《企业会计制度》及其有关规定,在所有重大方面公允地反映了贵公司2002年12月31日的财务状况和2002年度的经营成果及现金流量情况,会计处理方法的选用遵循了一贯性原则。

岳华会计师事务所有限责任公司

中国注册会计师　　甄明

中国注册会计师(副主任会计师)　　张昕

中国.北京二OO二年一月二十八日

2、会计报表

合并资产负债表

编制单位:成都蜀都大厦股份有限公司　　2002年12月31日　单位:人民币元

资产	注释	期末数	年初数
流动资产:			
货币资金	1	32,278,273.33	66,973,459.92
短期投资	2	11,199,164.80	12,000,000.00
应收票据	3	150,000.00	625,679.00
应收股利		–	–
应收利息		–	–
应收帐款	4	11,897,298.93	22,829,865.11
其他应收款	4	50,000,715.88	32,916,419.77
预付帐款	5	84,673,316.71	10,982,043.33
应收补贴款	–		–
存货	6	51,309,234.56	80,913,983.17
待摊费用	7	125,637.11	509,109.66
一年内到期的长期债权投资		–	–
其他流动资产		–	–
流动资产合计		241,633,641.32	227,750,559.96
长期投资:			
长期股权投资	8	46,228,872.23	46,292,117.97
合并价差	8	3,591,706.64	4,089,228.49
长期债权投资		–	–
长期投资合计	8	49,820,578.87	50,381,346.46
固定资产:			
固定资产原价	9	540,149,315.28	534,534,541.32
减:累计折旧	9	145,699,092.05	132,831,481.38
固定资产净值	9	394,450,223.23	401,703,059.94
减:固定资产减值准备	9	–	–
固定资产净额	9	394,450,223.23	401,703,059.94
工程物资		68,154.68	–
在建工程	10	60,187,048.66	50,002,594.99
固定资产清理		–	–
固定资产合计		454,705,426.57	451,705,654.93
无形资产及其他资产:			
无形资产	11	17,432,832.29	17,945,266.29
长期待摊费用	12	2,629,653.50	7,016,062.76
其他长期资产		–	–
无形资产及其他资产合计		20,062,485.79	24,961,329.05
递延税项:			
递延税款借项			
资产总计		766,222,132.55	754,798,890.40

合并资产负债表(续)

编制单位:成都蜀都大厦股份有限公司　　2002年12月31日　单位:人民币元

负债和股东权益	注释	期末数	年初数
流动负债:			
短期借款	13	224,672,400.00	287,002,200.00
应付票据	14	9,000,000.00	9,000,000.00
应付帐款	15	48,243,543.87	40,493,761.89
预收帐款	15	563,764.40	3,283,287.96
应付工资	16	44,941.00	31,979.00
应付福利费		1,374,039.17	404,913.89
应付股利	17	1,243,909.77	1,263,254.25
应交税金	18	–693,897.37	30,569,134.03
其他应交款	19	549,149.24	1,119,685.85
其他应付款	15	83,486,413.47	67,867,955.52
预提费用	20	25,333.23	36,800.00
预计负债		–	–
一年内到期的长期负债		–	–
其他流动负债		–	–
流动负债合计		368,509,596.78	441,072,972.39
长期负债:			
长期借款	21	73,900,000.00	–
应付债券		–	–
长期应付款		–	–
专项应付款		–	–
其他长期负债		–	–
长期负债合计		73,900,000.00	–
递延税项:			–
递延税款贷项		–	–
负债合计		442,409,596.78	441,072,972.39
少数股东权益		26,564,148.26	25,841,042.34
股东权益:		–	–
股本	22	202,235,080.19	202,235,080.19
减:已归还投资			–
股本净额		202,235,080.19	202,235,080.19
资本公积	23	312,961,054.57	319,155,622.03
盈余公积	24	35,656,996.50	35,494,631.96
其中:法定公益金		13,022,981.05	12,968,859.53
未分配利润	25	–253,604,743.75	–269,000,458.51
股东权益合计		297,248,387.51	287,884,875.67
负债和股东权益总计		766,222,132.55	754,798,890.40

单位负责人:　　财务负责人:　　制表:

合并利润及利润分配表

编制单位:成都蜀都大厦股份有限公司　　2002年度　　单位:人民币元

项目	注释	本年实际数	上年实际数
一、主营业务收入	26	97,927,462.85	117,726,056.30
减:主营业务成本	27	47,536,829.97	63,311,327.76
主营业务税金及附加	28	4,465,269.84	5,202,894.93
二、主营业务利润		45,925,363.04	49,211,833.61
加:其他业务利润	29	16,036,658.54	6,443,499.65
减:营业费用		7,713,536.62	10,076,921.51
管理费用		18,465,786.83	17,053,424.79
财务费用	30	19,338,958.40	17,770,246.16
三、营业利润		16,443,739.73	10,754,740.80
加:投资收益	31	95,240.29	6,775,502.94
补贴收入		120,000.00	–
营业外收入	32	116,539.88	440,657.83
减:营业外支出	32	177,542.39	36,650.91
四、利润总额		16,597,977.51	17,934,250.66
减:所得税		109,336.78	382,500.43
少数股东损益		930,561.43	–60,265.64
五、净利润	25	15,558,079.30	17,612,015.87
加:年初未分配利润	25	–269,000,458.51	–286,551,971.31
其他转入		–	–
六、可供分配的利润		–253,442,379.21	–268,939,955.44
减:提取法定盈余公积	25	108,243.02	40,335.38
提取法定公益金	25	54,121.52	20,167.69
七、可供股东分配的利润		–253,604,743.75	–269,000,458.51
减:应付优先股股利		–	–
提取任意盈余公积		–	–
应付普通股股利		–	–
转作股本的普通股股利		–	–
八、未分配利润	25	–253,604,743.75	–269,000,458.51

合并现金流量表

编制单位:成都蜀都大厦股份有限公司　　2002年度　　单位:人民币元

项目	行次	金额
一、经营活动产生的现金流量:		
销售商品、提供劳务收到的现金	1	111,354,564.61
收到的税费返还	3	–
收到的其他与经营活有关的现金	8	82,545,872.11
现金流入小计	9	193,900,436.72
购买商品、接受劳务支付的现金	10	80,298,272.68
支付给职工以及为职工支付的现金	12	22,709,981.53
支付的各项税费	13	35,794,077.19
支付的其他与经营活动有关的现金	18	26,246,327.49
现金流出小计	20	165,048,658.89
经营活动产生的现金流量净额	21	28,851,777.83
二、投资活动产生的现金流量:		–
收回投资所收到的现金	22	10,000,000.00
取得投资收益所收到的现金	23	659,207.89
处置固定资产、无形资产和其他长期资产所收回的现金净额	25	45,976.20
收到的其他与投资活动有关的现金	28	–
现金流入小计	29	10,705,184.09
购建固定资产、无形资产和其他长期资产所支付的现金	30	17,290,457.93
投资所支付的现金	31	–
支付的其他与投资活动有关的现金	35	–
现金流出小计	36	17,290,457.93
投资活动产生的现金流量净额	37	–6,585,273.84
三、筹资活动产生的现金流量:		–
吸收投资所收到的现金	38	–
其中:子公司吸收少数股东权益性投资收到的现金	38–1	–
借款收到的现金	40	298,572,400.00
收到的其他与筹资活动有关的现金	43	317,723.84
现金流入小计	44	298,890,123.84
偿还债务所支付的现金	45	287,002,200.00
分配股利、利润或偿付利息所支付的现金	46	19,558,180.65
其中子公司支付少数股东的股利	46–1	–
支付的其他与筹资活动有关的现金	52	49,291,433.77
现金流出小计	53	355,851,814.42
筹资活动产生的现金流量净额	54	–56,961,690.58
四、汇率变动对现金的影响	55	–
五、现金及现金等价物净增加额	56	–34,695,186.59

广 西 斯 壮 股 份 有 限 公 司

广西斯壮股份有限公司 2002 年年度报告

第一节　公司基本情况简介

一、公司名称：
中文名称：广西斯壮股份有限公司
英文名称：GUANGXI STRONG CO.，LTD.
二、公司法定代表人：赵明
三、公司董事会秘书：赵东晨
联系地址：南宁市桃源路 63 号广西斯壮股份有限公司
联系电话：0771-5306588
传　　真：0771-5308090
电子信箱：gsdm@public.nn.gx.cn
四、公司注册地址：广西南宁市民主路 8 号
五、公司办公地址：广西南宁市桃源路 63 号
邮政编码：530021
国际互联网网址：http：//www.gxstrong.cn
电子信箱：gxsz@public.nn.gx.cn
六、公司选定的信息披露报纸：《中国证券报》、《证券时报》
登载公司年度报告的中国证监会指定国际互联网网址：
http：//www.cninfo.com.cn
公司年度报告备置地点：深圳证券交易所、本公司董事会办公室
七、公司股票上市交易所：深圳证券交易所
股票简称：广西斯壮
股票代码：000716
八、其他有关资料：
公司首次注册日期：1993 年 5 月 31 日
公司首次注册地址：广西南宁市民生路 45 号
公司法人营业执照注册号：4500001000767(2-1)
公司税务登记号码：地税：450100198225511，
国税：450100198225511
公司聘请的会计师事务所名称：湖北大信会计师事务有限公司，地址：湖北省武汉市汉口中山大道 1056 号金源世界中心 A-B 座八楼。

第二节　会计数据和业务数据摘要

一、本年度公司主要会计数据(元)

利润总额	-70,763,676.42
净利润	-69,042,604.92
扣除非经常性损益后的净利润	-39,391,295.09
主营业务利润	-272,812.51
其他业务利润	32,072.30
营业利润	-67,587,393.02
投资收益	-4,359,454.69
补贴收入	
营业外收支净额	-291,876.33
经营活动产生的现金流量净额	-61,056,897.45
现金及现金等价物净增减额	-103,926,867,81

二、非经常性收益项目及金额如下：

项目	金额(元)
转让深圳傲龙宽频科技有限公司 55%股权	-118,608.36
营业外收支净额	1,183,171.29
财政贴息	194,815.50
短期投资收益	-155,284.60
超额计提坏帐准备	-27,797,926.96
长期投资减值	-2,957,476.70
其他	-4.42
合计	-29,651,309.83

三、公司前三年的主要会计数据和财务指标

年份 指标项目		2002 年	2001 年 调整后
主营业务收入(万元)		3,998.60	20,020.47
净利润(万元)		-6,904.26	410.22
总资产(万元)		51,508.59	54,846.69
股东权益(万元)		25,683.18	32,587.44
每股收益(元)		-0.3873	0.0299
扣除非经常性损益后每股收益(元)		-0.221	-0.060
每股净资产(元)		1.44	2.38
调整后的每股净资产(元)		1.29	2.21
每股经营活动产生的现金流量净额(元)		-0.34	0.47
净资产收益率(%)	加权 -23.70	摊薄 -26.88	1.26

年份	2001 年	2000 年	
指标项目	调整前	调整后	调整前
主营业务收入(万元)	20,209.13	12,209.14	13,514.37
净利润(万元)	457.53	260.93	599.74
总资产(万元)	53,476.24	57,713.90	74,262.28
股东权益(万元)	32,771.02	32,862.83	35,502.87
每股收益(元)	0.0333	0.019	0.0437
扣除非经常性损益后每股收益(元)	-0.0563	-0.067	-0.0601
每股净资产(元)	2.39	2.40	2.59
调整后的每股净资产(元)	2.22	2.30	2.48
每股经营活动产生的现金流量净额(元)	0.47	-0.39	-0.39
净资产收益率(%)	1.40	0.79	1.69

第三节　股本变动及股东情况

一、公司股东情况
(一)截止到 2002 年 12 月 31 日，本公司共有股东 24,980 人。
(二)主要股东持股情况
前十名股东持股情况表

单位：股

股东	期初数	本期变动数
广西投资(集团)有限公司	18709720	5612916
广西容县容州宾馆有限责任公司	6704330	2011299
珠海轻捷商贸有限公司	6388111	1916433
柳州市城市投资建设发展有限公司	5617152	1685146
北京中外名人科贸有限责任公司	4579200	1373760
南宁正业工贸有限责任公司	4016000	1204800
广西快点机电销售有限责任公司	3434400	1030320
桂林五洲旅游股份有限公司	3004931	901479
北京隆鼎房地产开发有限公司	1396656	418997
南宁人本企业管理咨询有限责任公司	1180416	354125

股东	期末数	占股本比例
广西投资(集团)有限公司	24322636	13.64%
广西容县容州宾馆有限责任公司	8715629	4.89%
珠海轻捷商贸有限公司	8304544	4.66%
柳州市城市投资建设发展有限公司	7302298	4.10%
北京中外名人科贸有限责任公司	5952960	3.34%
南宁正业工贸有限责任公司	5220800	2.92%
广西快点机电销售有限责任公司	4464720	2.50%
桂林五洲旅游股份有限公司	3906410	2.19%
北京隆鼎房地产开发有限公司	1815653	1.02%
南宁人本企业管理咨询有限责任公司	1534541	0.86%

注：1、本公司前十名股东之间不存在关联关系。
2、前十名股东所持股份均为未流通股份。所持股份变动系实施公司 2001 年度股东大会审议通过的利润分配方案所致，其中：

股东	股数	
广西容县容州宾馆有限责任公司	8715629	被质押冻结
珠海轻捷商贸有限公司	8304544	被质押冻结
北京中外名人科贸有限责任公司	5952960	被质押冻结
南宁正业工贸有限责任公司	5220800	被质押冻结
广西快点机电销售有限责任公司	4464720	被质押冻结

3、前十名股东中广西投资(集团)有限公司和柳州市城市投资建设发展有限公司是代表国家持股的单位。
4、珠海轻捷商贸有限公司持有原股东广西信托投资公司转让的本公司股份 6388111 股，实施转增股本方案后持有 8304544 股，成为本公司第三大股。
(三)公司控股股东情况：
本公司第一大股东为广西投资(集团)有限公司，法定代表人：黄名汉，公司成立于 1996 年 3 月，注册资本 19.3 亿元人民币，是直属广西壮族自治区人民政府领导的国有独资企业，是自治区人民政府国有资产投资公司和经营公司，是自治区人民政府的投融资主体。
公司经营范围包括：
1、对自治区的建设项目以委托贷款、参股、控股或全资的方式进行投资；
2、办理独资、参股、控股项目的筹资业务，包括在境外筹措资金等；
3、经自治区人民政府批准办理投资项目的股权或产权转让业务；
4、办理建设项目的评估、咨询和担保业务；
5、办理金融和其他机构委托和转贷业务；
6、开展房地产、商贸等经营性、开发性业务；
7、开展技术、经济合作业务；
8、经批准的其他经营业务。

第四节　董事、监事、高级管理人员和员工情况

一、董事、监事和高级管理人员情况
(一)基本情况

姓名	性别	年龄	在公司职务	任期	持股数
赵明	男	57	董事长	2002.4-2005.4	0
韩国宁	男	42	副董事长	2002.4-2005.4	0
黄志平	男	41	副董事长、总裁	2002.7-2005.4	0
李少民	男	50	董事	2002.4-2005.4	0
傅强	男	44	董事	2002.7-2005.4	0
李祖连	男	37	董事	2002.7-2005.4	0
陈俭	男	38	董事	2002.12-2005.4	0
李志雄	男	45	董事	2002.4-2005.4	0
谭庆	男	33	董事	2002.7-2005.4	0
朱建华	男	36	董事	2002.7-2005.4	0
陈福生	男	40	董事	2002.7-2005.4	0
李俊杰	男	44	独立董事	2002.4-2005.4	0
张敦	男	53	独立董事	2002.4-2005.4	0
陈强祥	男	49	监事会主席	2002.4-2005.4	0
雷民军	男	55	监事	2002.4-2005.4	0
彭开灿	男	51	监事	2002.4-2005.4	0

陈建民	男	57	监事	2002.4-2005.4	4299
闭兆田	男	37	监事	2002.4-2005.4	0
吴耿勋	男	46	行政总监	2002.4-2005.4	0
胡雷冰	男	40	财务总监	2002.4-2005.4	0
刘晓勇	男	38	运营总监	2002.4-2005.4	0
赵东晨	男	32	董事会秘书	2002.4-2005.4	0

注:1、公司董事会、监事会经2001年度股东大会换届选举,上表为截止2002年12月31日的第四届董事会、监事会成员以及第四届董事会聘任的高级管理人员。

2、本公司监事陈建民持有公司股票3307股,实施转增方案后为4299股,其他董事、监事及高级管理人员均未持有本公司股份。

3、董事、监事在股东单位任职期间未明。

4、经2002年7月30日召开的公司2002年度第二次临时股东大会选举,傅强、李祖连、黄志平、谭庆、朱建华、陈福生当选为公司第四届董事会非独立董事。

5、侯家维董事辞去公司非独立董事职务,经2002年12月30日召开的公司2002年度第三临时股东大会选举,陈俭当选为公司第四届董事会非独立董事。

(一)年度报酬情况

本公司董事、监事的报酬依据公司章程,由股东大会确定,高级管理人员的报酬依据公司章程,由董事会确定。

现任董事、监事和高级管理人员的年度报酬总额为908,434元,独立董事的年度津贴总额为26,880元,金额最高的前三名董事的报酬总额为301,806元,金额最高的前三名高级管理人员的报酬总额为358,804元。

年度报酬在80000-130000元之间的董事、监事、高级管理人员7人,年度报酬在6000-19200元的董事、监事13人,这部分人员只在公司领取董事或监事津贴,其中董事津贴每人每月1600元(含税),独立董事津贴每人每月2000元(含税),监事津贴为每人每月1200元(含税)。

在股东单位领取报酬,只在公司领取津贴的董事、监事有:韩国宁、李志雄、李少民、谭庆、陈俭、傅强、陈福生、李祖连、朱建华、陈建民、雷民军、闭兆田。

(二)在报告期内离任的董事、监事、高级管理人员情况

姓名	职务	离任原因
黄克	董事、总裁	换届
潘坚强	董事、财务总监	换届
谢国雄	董事	换届
侯家维	董事	辞职
刘建文	监事	换届
陈家劲	监事	换届
赵致权	副总裁	董事会未续聘
黎显刚	副总裁	董事会未续聘
管自力	副总裁、董事会秘书	董事会未续聘

二、公司员工情况

本公司2002年聘任、聘用员工160名,其中经营管理人员18人,销售人员35名,技术人员19名,财务人员17名,行政人员30名。员工中,硕士研究生文化程度人员8名,大学本科文化程度人员42名,大学专科文化程度人员46名,中专文化程度人员8名,公司需承担费用的离退休员工1人。

第五节 公司治理结构

一、公司治理情况

报告期内,公司根据中国证监会对上市公司完善法人治理结构的有关规定,按照证券监管部门的要求,积极地进行了自查和整改,进一步完善公司法人治理结构,建立健全了规范的现代企业制度:通过了《股东大会议事规则》、《公司在证券市场募集资金管理制度》、《公司信息披露管理制度》;补充了《公司章程》中的董事会议事规则和监事会议事规则等章节;成立了战略、审计、薪酬与考核等三个董事会的专门委员会,加强董事会的领导;聘任了两名独立董事,发挥独立董事监督作用。从而使公司的法人治理结构达到中国证监会的相关要求,更趋于科学和合理,更能适应公司发展的需要。

二、独立董事履行职责情况

报告期内,两名独立董事出席了公司董事会及股东大会会议,对董事会所议事项作出了判断,忠实履行对公司和全体股东的诚信、勤勉义务,切实维护了公司整体利益和中小股东的合法权益。

三、与控股股东关系

在业务方面,公司拥有独立的业务及产业结构体系,独立从事业务经营,不依赖控股股东和其他关联企业。

在人员方面,公司在劳动、人事、工资管理等方面完全独立,公司设立了专门机构负责劳动、人事及工资管理,建立健全了完善的劳动、人事管理制度。公司总裁与其他高级管理人员均在公司领取报酬,除董事长兼任控股股东单位副总经理外,其余高级管理人员均未在控股股东单位担任职务。

在资产方面,公司拥有独立完整的经营系统。

在机构方面,公司与控股股东及其关联企业的办公机构和生产经营场所分开,不存在混合经营、合署办公的情况,公司的相应部门与控股股东的相关机构没有上下级关系和隶属关系。

在财务方面,公司设有独立财务部,作为公司的财务管理机构,建立独立的会计核算体系和财务管理制度,设立独立的银行帐户,依法独立纳税。

四、对高级管理人员的考评及激励机制、相关奖励制度的建立、实施情况

为了完善公司激励机制,激励公司经营班子、各部门、各控股子公司努力完成艰巨的2003年奋斗目标。2002年12月30日召开的第四届董事会第六次会议审议通过了《广西斯壮股份有限公司2003年度激励方案》。

第六节 股东大会情况简介

一、股东大会的通知、召集、召开情况

本公司2002年度共召开四次股东大会,均由公司董事会召集,历次股东大会均按照《公司法》及《公司章程》之要求,提前三十日以上在《中国证券报》和《证券时报》上以公告的形式通知本公司股东,会议均在广西南宁市民主路8号斯壮大厦本公司会议室召开。

二、股东大会通过或否决的决议,决议刊登的信息披露报纸及披露日期

(一)2002年4月29日,本公司2001年年度股东大会决议通过以下事项:

1、审议通过了2001年度董事会工作报告;

2、审议通过了2001年度监事会工作报告;

3、审议通过了2001年度财务决算报告和2002年度财务预算报告;

4、审议通过了关于核销2001年度无法收回坏帐、呆帐情况报告;

5、董事会向股东大会作了关于调整未分配利润的说明;

6、审议通过了2001年年度报告;

7、审议通过了2001年度利润分配预案;

8、审议了关于修改《公司章程》的议案;

9、选举第四届董事会董事、独立董事;

赵明、李少民、侯家维、韩国宁、李志雄当选为第四届董事会非独立董事。

张敦、李俊杰当选为第四届董事会独立董事。

10、选举第四届监事会监事;

雷民军、陈建民、闭兆田当选为第四届监事会监事。

以上决议公告刊登于2002年4月30日的《中国证券报》和《证券时报》。

(二)2002年5月30日,本公司2002年度第一次临时股东大会决议否决了关于修改《公司章程》的议案,审议了关于补选第四届董事会非独立董事的议案,非独立董事候选人傅强、李祖连、黄志平、谭庆、朱建华、陈福生、黄克、杭德帆均未当选。该决议公告刊登于2002年5月31日的《中国证券报》和《证券时报》。

(三)2002年7月30日,本公司2002年度第二次临时股东大会决议通过了以下议案:

1、审议通过了关于《股东大会议事规则》的议案;

2、审议通过了关于修改《公司章程》的议案;

3、补选第四届董事会非独立董事;

傅强、李祖连、黄志平、谭庆、朱建华、陈福生当选为第四届董事会非独立董事。

该决议公告刊登于2002年7月31日的《中国证券报》和《证券时报》。

(四)2002年12月30日,本公司2002年度第三次临时股东大会决议通过了以下议案:

1、审议通过了关于修改《公司章程》的议案;

2、审议通过了关于聘请会计师事务所的议案;

公司继续聘请湖北大信会计师事务有限公司为我公司审计2002年度财务报告。

3、审议通过了关于调整公司董事、监事津贴的议案;

公司董事、监事津贴作以下调整:

董事津贴:1600元/月/人;

独立董事津贴:2000元/月/人;

监事津贴:1200元/月/人。

由公司财务部按规定代扣代缴应纳个人所得税。

4、审议通过了关于选举董事的议案;

补选陈俭先生为公司第四届董事会非独立董事。

该决议公告刊登于2002年12月31日的《中国证券报》和《证券时报》。

三、选举、更换公司董事、监事情况

2002年4月29日召开的本公司2001年年度股东大会进行了董事会、监事会换届选举,赵明、李少民、侯家维、韩国宁、李志雄当选为第四届董事会非独立董事,张敦、李俊杰当选为第四届董事会独立董事,雷民军、陈建民、闭兆田当选为第四届监事会监事,陈强祥、彭开灿由公司职工大会选举为第四届监事会监事。

2002年7月30日召开的本公司2002年度第二次临时股东大会补选第四届董事会非独立董事,傅强、李祖连、黄志平、谭庆、朱建华、陈福生当选为第四届董事会非独立董事。

报告期内,侯家维董事辞去公司非独立董事职务,经2002年12月30日召开的本公司2002年度第三次临时股东大会补选陈俭为公司第四届董事会非独立董事。

第七节 董事会报告

一、公司的经营情况

(一)主营业务的范围及其经营状况

1、公司主营业务收入及利润情况报告

(1)行业分部:

项目	本年累计数(元)	上年实际数(元)
商品销售	17,603,733.93	59,316,299.49
房地产	20,744,224.16	133,870,822.46
通讯业		6,705,699.70
城市设施广告	933,000.00	311,850.02
微电子产品	705,037.78	
合计	39,985,995.87	200,204,671.67

(2)地区分部

地区	本年累计数	
	收入(元)	成本(元)
广西	30,695,142.63	27,764,137.63
境内(除广西外)	6,610,060.90	8,415,234.94
境外	2,680,792.34	2,834,681.28
合计:	39,985,995.87	39,014,053.85

地区	本年累计数	上年实际数
	毛利(元)	收入(元)
广西	2,931,005.00	165,876,732.44
境内(除广西外)	-1,805,174.04	26,447,077.35
境外	-153,888.94	7,880,861.88
合计:	971,942.02	200,204,671.67

地区	上年实际数	
	成本(元)	毛利(元)
广西	135,161,837.84	30,714,894.60
境内(除广西外)	25,592,993.69	854,083.66
境外	7,458,292.88	422,569.00
合计:	168,213,124.41	31,991,547.26

2、公司主要产品或服务情况:

占公司主营业务收入及主营业务利润10%以上的产品或服务有房地产业务和贸易业务,两项业务收入占公司营业收入的90%以上,且均较上年有较大幅度减少。房地产方面,由于后续项目衔接不好,2002年有数项房地产开发项目均处于筹备阶段,没有新的楼盘上市销售,仅有少量剩余楼房销售及斯壮大厦写字楼出租带来一些收益,全年共销售商品房40套,销售面积4,204.46平方米,完成房屋出租面积16130平方米,房地产业务全年销售收入20,744,224.16元,销售成本17,998,696.45元,毛利率13.24%。

贸易业务方面,本公司2002年度实际上已从贸易业务逐步退出,实现的贸易销售收入基本上是处理库存商品所得,因此,收入大幅度减少,全年实现商品销售收入17,603,733.93元,销售成本19,655,402.31元,销售毛利率为-11.65%。

3、公司主营业务构成变化情况:

本公司主营业务构成在2002年没有发生变化。

(二)、主要控股公司及参股公司的经营情况及业绩

控、参股公司

名称	投资比例	业务性质	主要产品或服务	注册资本
桂林斯壮微电子有限责任公司	85%	生产型企业	SOT-23片式晶体管	2000万元
广西斯壮房地产开发有限公司	51%	房地产开发	商品房、商铺、物业管理	2000万元
广西斯壮城市综合开发有限公司	55%	房地产开发	商品房、商铺	2000万元
上海壮虹房	89.29%	房地产开	商品房、商铺	560万元

地产开发有限公司		发、旧城改造		
广西航空有	40%	航空运输	航空运输服务	17090 万元

控、参股公司名称	资产规模	净利润
桂林斯壮微电子有限责任公司	总资产 4382.52 万元	–425.3 万元
广西斯壮房地产开发有限公司	总资产 3939.4 万元	–162.5 万元
广西斯壮城市综合开发有限公司	总资产 3051.4 万元	–63.7 万元
上海壮虹房地产开发有限公司	总资产 390.50 万元	–173.4 万元
广西航空有限责任公司	总资产 38169.27 万元	885.5 万元

(三)公司主要供应商、客户情况

2002 年基本没有大宗采购发生,本公司前五名客户均为房地产业主,占公司销售总额比例很低。

(四)经营中出现的问题与困难及解决方案

本公司在经营中出现的主要问题与困难是:公司上市后,一直未能确定主业,原有各产业之间的关联性差,结构不合理,企业核心竞争力不强,多元化的投资策略始终未见成效,使公司陷入投资分散、主业不突出,经营滑坡的困境。2002 年 5 月开始,公司第四届董事会、经营班子着手进行投资战略和公司组织架构的重新规划和部署,并进行大幅度的产业结构调整,改善经营状况。在 2002 年度内,占公司主营业务收入及主营业务利润 10%以上的产品或服务有房地产业务和贸易业务,两项业务收入占公司营业收入的 90%以上,且均较上年有较大幅度减少。房地产方面,由于后续项目衔接不好,2002 年有数项房地产开发项目均处于筹备阶段,没有新的楼盘上市销售,仅有少量剩余楼房销售及斯壮大厦写字楼出租带来一些收益。贸易业务方面,本公司 2002 年度实际上已从贸易业务逐步退出,实现的贸易销售收入基本上是处理库存商品所得,收入大幅度减少。致使 2002 年销售收入大幅下降,公司经营出现亏损。针对公司发展中遇到的问题,董事会、经营班子,认真分析公司的经营状况,果断采取措施,进行产业结构调整、改善经营状况、改革管理体系、提高管理水平。主要解决方案是:

一是确定了公司未来的经营方针:"以城市公用事业为基础,以房地产产业为支柱,以电子元器件生产为新兴产业"。公司将集中资源,强化以上三个方向的投资,实现公司的产业结构的调整,培育公司核心竞争力,为公司稳定、持续发展打造好发展的平台;

二是对部分自营产业进行改制剥离,公司在 2002 年已经将部分自营产业作了调整;

三是通过对经营体制实施了深层次的改革,将公司逐步转型为投资控股型企业;

四是引进科学管理理念,借助先进的管理经验,对管理结构的设置、岗位人员的配备、管理制度的完善等各方面重新设计;

五是塑造精干、高效的管理团队。

(五)2002 年经营计划调整情况

2002 年公司年度经营计划中,房地产业务的经营指标所占公司自营部分的 91.8%,但由于项目储备不足及房地产业务开发周期长等原因,新项目在短期内无法产生收入和利润,仅依靠销售原有项目剩余商品房而获得收入,要完成原定的《2002 年度经营计划》是不现实的。因此,公司于 2002 年 8 月 18 日第四届董事会第三次会议审议通过《关于公司下半年经营计划的议案》,该决议公告刊登于 2002 年 8 月 21 日的《中国证券报》和《证券时报》。

二、公司投资情况

(一)公司报告期前募集资金使用情况

本公司 1999 年配股募集资金 121060312.02 元,其中 980 万元 2000 年 11 月用于收购南宁市政建设有限公司所持南宁管道燃气有限责任公司 15%的股权,另有 9061 万元委托南宁管道燃气有限责任公司投向南宁管道燃气管网及附属设施建设,于 2002 年底建成并完成了工程结算审计,根据审计结果,工程实际支出为 87,557,473.89 元,超出部分 2,642,526.11 元已转至预付账款,目前正在办理资产验收移交手续。尚余 20,650,312.02 元参与公司周转。

(二)报告期内非募集资金投资的重大项目、项目进度及收益情况的说明

1、桂林斯壮微电子有限责任公司工程进展情况:

桂林斯壮微电子有限责任公司,注册资本为 2000 万元。本公司投资为 1700 万元,占注册资本的 85%。桂林斯壮微电子公司于 2002 年 7 月完成生产设备的进口及安装调试工作,员工队伍的培训工作,并于 7 月底生产出第一批产品,目前基本能达到设备设计产能的 70%,2002 年 9 月通过了桂林市经贸委组织的项目验收小组的验收。到 2002 年底实现产量 6028.2 万只 SOT–23 片状晶体管,销售收入 70.5 万元,目前该公司正努力建立营销渠道。同时该公司的二期工程正在办理手续,计划在 2003 年完成二期工程。

2、广西斯壮房地产开发有限公司开发聚宝苑二期房地产项目情况:

广西斯壮房地产开发有限公司,成立于 2002 年 5 月 9 日,注册资金 2000 万元人民币,本公司以土地使用权出资,占注册资本的 51%。该公司开发的聚宝苑二期房地产项目,由于种种原因,无法按时开工建设,致使该项目开工建设时间拖延了长达一年之久。经过新一届公司经营班子及该公司班子多方努力,积极准备,排除干扰,期内已进入报建阶段。

3、广西斯壮城市综合开发有限公司,于 2002 年 6 月 7 日成立,本公司出资 1100 万元人民币,占注册资本的 55%。该公司投资开发广西玉林市斯壮商业广场(东门市场),报告期内已完成项目的前期准备工作,并已开始拆迁旧房。

4、上海壮虹房地产开发有限公司,于 2002 年 1 月 16 日在上海注册,注册资金 560 万元人民币,本公司投资为 500 万元,占注册资本的 89.29%。原计划在上海市各城区进行旧城区的房地产改造项目。经新一届公司董事会及经营班子到上海考察、调研,董事会经慎重研究后,同意出售本公司所持有上海壮虹房地产开发有限公司的全部股权。报告期内已完成有关股权出售的准备工作。

5、广西佳园房地产有限公司,2002 年 12 月 26 日董事会决议同意本公司出资 2346 万元人民币收购该公司 51%股权。报告期内正在办理房地产项目的前期准备工作。

三、公司财务状况

1、公司财务状况变动情况 (单位:万元)

项目	2002 年	2001 年	增减比例(%)
总资产	51508.59	54846.69	–6.09
股东权益	25683.18	32587.74	21.19
主营业务收入	3988.60	20,020.47	–80.02
主营业务利润	–27.28	2,395.93	–101.14
投资收益	–435.95	1,592.43	–127.38
净利润	–6904.26	410.22	–1577.06
现金及等价物净增加额	–10,392.69	886.44	–1272.41

原因分析:

1、主营业务收入同比下降原因:(1)房地产上年同期收入为 13,387 万元,而本期收入为 2,074 万元,减少 11,313 万元,主要受无新楼盘出售的影响;(2)贸易业务本年以处理积压存货为主,不再经营新的业务,故收入比上年同期 4,027 万元下降 2,267 万元;(3)因改制剥离通讯与煤炭贸易业务使收入同比减少 2574 万元。

2、主营业务利润同比下降原因:(1) 处理贸易业务库存积压使主营业务利润比上年同期多亏 322 万元。(2)房地产业务上年同期销售状况良好,而本期内无新楼盘销售,主要以销售存量房为主,销售收入和毛利率均有所下降,故主营业务利润同比减少 1509 万元。(3)因改制剥离通讯与煤炭贸易业务使主营业务利润同比减少 892 万元。

3、投资收益同比下降原因:(1)参控股公司投资收益亏损 1540 万元;(2)上年存在转让南宁管道燃气有限公司股权收益 1070 万元,本期出售本公司所持深圳傲权宽频科技有限公司 55%股权亏损 11.8 万元。

4、上述因素综合影响,净利润指标同比亏损增加 5209 万元。

5、现金及等价物净增加额同比减少原因:(1)本公司报告期主营业务收入、投资收益大幅下降,经营活动产生的现金流入同比下降 12,529 万元;(2),对外投资增加,投资活动产生的现金流出同比增加 2446 万元。

四、对生产经营环境以及宏观政策、法规产生重大变化已经、正在或将要对公司的财务状况和经营成果产生重要的影响:

公司主要业务——房地产业务面临的市场环境正在发生变化,南宁市未来几年内房地产市场可能面临需求增长放缓或需求增长停滞等变化,加之住房按揭贷款及房地产投资项目贷款政策有逐步收紧的趋势,为本公司今后的房地产开发带来了较大的不确定因素。

五、湖北大信会计师事务有限责任公司对公司报告期财务审计后出具了标准无保留意见的审计报告。

第八节 监事会报告

一、2002 年主要工作

(一)健全完善规章制度,依法行使监督权力。2002 年度,公司监事会依据《中华人民共和国公司法》、《中华人民共和国证券法》,参照《上市公司章程指引》及中国证监会对上市公司监督机制的有关规定,修改了《广西斯壮股份有限公司监事会议事规则》,并补充到《公司章程》中,使监事会的工作职责更明确,重点更突出,更好的依法行使监事会的监督权力。

(二)认真做好监事会的换届工作。2002 年是公司监事会换届的时间,根据《公司章程》的有关规定,在 2001 年度股东大会上进行了监事会换届选举,四年一次的正常换届工作于 2002 年 4 月 29 日完成,正式产生了第四届监事会。

(三)注重抓好工作落实,按时召开监事会工作会议。2002 年度,公司监事会遵循《公司章程》及《监事会议事规则》的要求,召开了四次监事会会议,具体情况如下:

1、公司于 2002 年 3 月 27 日在广西斯壮大厦召开了第三届监事会第八次会议,审议并通过了:

(1)2001 年度公司经营工作总结;

(2)2002 年度公司经营工作计划;

(3)2001 年度财务决策报告及 2002 年度财务预算草案;

(4)2001 年度利润分配方案及 2002 年度利润分配政策;

(5)关于 2001 年度计提坏帐准备情况报告;

(6)关于核销 2001 年度无法收回坏帐、呆帐报告;

(7)2001 年董事会工作报告草案;

(8)2001 年度报告及年度报告摘要;

(9)关于修改《公司章程》的议案;

(10)关于召开 2001 年度股东大会;

(11)2001 年度监事会工作报告;

(12)关于推荐第四届监事会监事候选人议案;

(13)关于董事会和经营班子就监事会的咨询复函情况通报。

2、公司于 2002 年 4 月 29 日在广西斯壮大厦召开了第四届监事会第一次会议,会议一致通过选举陈强祥先生为公司第四届监事会主席。

3、公司于 2002 年 8 月 19 日在广西斯壮大厦召开了第四届监事会第二次会议,会议审议通过了公司 2002 年半年度报告及其摘要。

4、公司于 2002 年 11 月 28 日在广西斯壮大厦召开了第四届监事会第三次会议,会议审议通过续聘会计师事务所的议案、修改《公司章程》的议案、关于召开公司 2002 年度第三次临时股东大会的议案。

二、公司依法运作情况

2002 年度,公司监事会严格按照《公司法》、《证券法》和《公司章程》及有关规章制度,依法行使权力,依法列席公司召开的各次股东大会、董事会会议,对公司的股东大会、董事会的召开程序、决议事项,以及董事会对股东大会决议的执行情况,公司高级管理人员执行职务情况进行了监督。认为:

(一)2002 年度,公司第四届董事会的工作认真负责,能严格按照股东大会的决议要求,认真履行职责,落实各项决议内容;一是进一步完善了公司法人治理结构;二是加大了产业结构调整的力度;三是加大了盘活存量资产的力度;四是支持经营班子推进改革,抓好经营管理工作;五是进行了资本运作。在这些工作中,董事会的各项决策和各次会议的程序符合《公司法》、《公司章程》的规定;在执行职务过程中符合公司股东大会的授权。

(二)公司的经营决策合理。公司通过咨询公司运作,管理制度不断完善,建立了激励机制,保证了经营工作的各项措施得以落实,使公司的经营工作逐步实现了规范化和科学化的管理要求。报告期间,公司能够依法运作,各项决策合法并建立了完善的内部控制制度;有效地防范了经营和财务风险。

(三)公司董事、经理及其他高级管理人员,在执行公司职务时,未发现有违反法律、法规、《公司章程》或损害公司利益的行为。

(四)检查公司财务的情况

报告期内,监事会检查和审核了公司的财务资料,湖北大信会计师事务有限责任公司出具的无保留意见的审计报告,监事会认为报告客观反映了公司的财务状况和经营成果。

(五)公司募集资金使用情况

报告期内,公司没有募集资金。

(六)报告期内,公司收购、出售资产,没有发现内幕交易或有损害股东的权益或造成公司资产流失的行为。

(七)关联交易情况

报告期间,公司无重大关联交易事项。

三、2003 年的工作要点

(一)加强对监督工作的规范化管理。一是进一步熟悉掌握《公司法》、《证券法》、《上市公司治理准则》以及中国证监会对上市公司监事会工作的要求,严格按要求落实监事会的各项监督职责;二是进一步完善工作制度;三是处理好监事会日常工作事务。严格按照《公司法》、《证券法》、《上市公司治理准则》、《公司章程》和《监事会工作暂行条例》的要求,依法列席公司董事会、股东大会,监督董事会的每一项决议是否符合法律、法规和股东大会的授权要求。定期组织召开监事会工作会议,全年按规定至少召开 2 次以上例会。

(二)发挥监督作用,依法行使监督权力。一是定时向公司财务部门了解和掌握公司的财务状况;二是对公司董事、经理及高管人员执行职务情况进行监督;三是注意与公司所委托的会计师事务所保持沟通联系,协助其搞好中期和年度报告的审计;四是定期向股东大会提交监事会的工作报告,真实、准确、完整地反映报告期内监事会的工作情况和公司依法运作情况。

(三)抓好监事的学习培训工作。一是根据监事会的换届情况,适时安排监事参加全国性关于上市公司监事会工作研修班的学习,拓宽知识面。二是以多种形式,组织全体监事深入学习《公司法》、《证券法》、《会计法》等国家有关上市公司的法律法规,学习监事会工作的基本常识,探讨搞好监事

会工作的办法,不断提高工作水平,更好的发挥监督作用。

第九节 重要事项

一、本年度重大诉讼、仲裁事项。

报告期内,公司与西安文华科技实业有限公司(以下简称文华科技),西安富邦投资有限责任公司(以下简称西安富邦)股权转让合同纠纷案,以及公司与西安富邦借款纠纷案的详细经过已在《公司2002年度第三季度报告》上披露,刊登于2002年10月30日《中国证券报》和《证券时报》上。陕西省西安市中级人民法院于2002年11月7日开庭公开审理借款纠纷案,并于2002年11月11日作出(2002)西经二初字第51号民事判决,判令本公司返还西安富邦借款人民币500万元。陕西省西安市中级人民法院受理股权转让合同纠纷案,并于2002年12月6日作出了(2002)西经二初字第059号民事判决,判决驳回本公司要求文华科技、西安富邦支付500万元人民币履约金的诉讼请求。对上述判决本公司均未上诉,上述判决已发生法律效力。因此本公司成为文华科技的发起人之一,本公司出资500万元人民币,占文华科技总股本的9.09%。

二、本年度公司收购及出售资产、吸收合并事项:

1.收购广西佳园房地产有限公司51%股权

经董事会研究决定,本公司出资2346万元人民币收购广西佳园房地产有限公司51%股权。并于2002年12月26日签订股权转让协议。

2.改制广西斯壮城市设施广告分公司

根据公司产业结构调整的部署和需要,公司于2002年7月将广西斯壮城市设施广告分公司改制为独立法人公司,成立"广西斯壮城市设施策划广告有限责任公司",注册资金人民币100万元,公司以"斯壮"品牌作为无形资产出资占10%股权,该分公司职工出资占90%股权。改制后,本公司将公交候车亭广告权益项目,朝阳人行天桥项目承包和委托给新成立的广告公司经营。

3.重组广西斯壮南宁贸易分公司

广西斯壮南宁贸易分公司是以经营原煤为主,由于国内煤炭市场竞争越来越激烈,该分公司赢利能力越来越低,虽然该分公司在公司上市初期做出了一定的贡献,但同时也给公司带来许多遗留问题,往来账款账龄越来越长,逐渐形成不良资产,影响了公司的经营及财务指标,而且该分公司经营规模较小,业务种类单一,长期稳定客户较少。

为了配合公司产业结构调整的需要,经第四届董事会第三次会议审议通过,同意将该分公司改制为"广西斯壮矿业有限公司",重组后的广西斯壮矿业有限公司注册资金为人民币300万元,公司出资人民币50万元,占16.67%,该分公司9名自然人共同出资250万元,占83.33%,同时双方于2002年6月7日签订改制协议,将该分公司经营的资产和负债整体转让给新成立的广西斯壮矿业有限公司。

4.出售深圳市傲龙宽频科技有限公司股权

深圳市傲龙宽频科技有限公司是以研制、开发多媒体频道网络和机顶盒等产品的高新技术企业,公司自1999年投资1862.88万元扩股持有该公司75%的股权,但该公司重研发、轻市场,产品销路不畅,2001年亏损196.48万元,2002年上半年亏损384.43万元,使公司的经营业绩受到极大的影响。

经四届董事会第三次会议审议通过,同意将本公司持有该公司75%股权中的55%股权以900万元人民币转让给北京北广联经济开发有限公司,重组后本公司仍持有该公司20%的股权,成为本公司的参股公司。

5.出售上海壮虹房地产开发有限公司股权

上海壮虹房地产开发有限公司经三届董事会十五次会议审议,同意本公司与其他股东在上海市投资成立的房地产开发公司,公司注册资本560万元,本公司出资500万元,占89.29%股权,自然人出资60万元,占10.71%股权。主要在上海市各城区进行旧城区的房地产改造项目。

该项目经新一届公司董事及经营班子到上海考察、调研,董事会经慎重研究后,同意出售本公司所持有上海壮虹房地产开发有限公司的全部股权。

三、报告期内公司未发生重大关联交易事项。

四、重大合同及其履行情况

(一)报告期内公司无托管、承包、租赁其他公司资产或其他公司托管、承包、租赁公司资产的事项。

(二)重大担保

1.本年度担保事项

报告期内本公司新增担保五笔,列示如下:

担保对象名称	借款单位	金额(万元)
桂林斯壮微电子有限责任公司	建行桂林分行	900
桂林斯壮微电子有限责任公司	建行桂林分行	300
桂林斯壮微电子有限责任公司	建行桂林分行	400
桂林斯壮微电子有限责任公司	建行桂林分行	200
广西斯壮通讯有限责任公司	建行南宁朝阳支行	150

担保对象名称	担保类型	担保期
桂林斯壮微电子有限责任公司	连带责任	2001.11.23——2006.11.22
桂林斯壮微电子有限责任公司	连带责任	2001.12.14——2006.12.13
桂林斯壮微电子有限责任公司	连带责任	2002.03.18——2006.03.17
桂林斯壮微电子有限责任公司	连带责任	2002.10.30——2006.10.29
广西斯壮通讯有限责任公司	连带责任	2002.05.10——2003.05.10

2.尚未履行完毕的担保

截止2001年末,本公司为南宁管道燃气有限责任公司提供的长期借款及国债担保共计183,000,000.00元,2003年1月13日,该公司归还建行南宁市朝阳支行借款2000万元,尚余163,000,000元担保,列示如下:

借款单位	借款金额	借款期限
建设银行南宁市朝阳支行	10,000,000.00	1999.3.-2003.3.
建设银行南宁市朝阳支行	10,000,000.00	1999.8.-2003.8.
农业银行南宁市国贸支行	20,000,000.00	1999.4. 2007.4.
农业银行南宁市国贸支行	30,000,000.00	1999.12.-2007.12.
交通银行南宁市分行	46,000,000.00	2000.9.26.-2003.9.25.
南宁市财政局	7,000,000.00	1999.9.-2009.9.
南宁市财政局	10,000,000.00	1999.12.-2009.12.
南宁市财政局	10,000,000.00	2000.8.-2010.8.
南宁市财政局	10,000,000.00	2000.9.-2010.9.
合计	163,000,000.00	

截至2002年12月31日止,本公司为"聚宝苑"商品房业主向银行提供按揭贷款阶段性(业主办理房产证之前)担保,额度为20,000,000.00元,期限最长不超过30年。商品房业主办理房屋产权证及他项权证后,商品房业主将他项权证抵押在银行,本公司即可解除担保。

本公司对外担保均经董事会决议。

(三)报告期内公司无委托他人进行现金资产管理事项。2003年公司没有委托理财计划。

(四)其他重大合同

2002年11月1日,本公司与北京嘉隆投资管理有限公司达成协议,该公司向本公司借资2930万元用于周转。

2002年12月1日,本公司与北京嘉隆投资管理有限公司达成协议,该公司向本公司借资15,270,777.67元用于周转。

五、报告期内公司聘任湖北大信会计师事务有限公司为公司2002年度财务审计机构。2002年支付财务审计报酬35万元(不含审计工作期间发生的差旅费及食宿费用),目前该会计事务所已连续为本公司提供审计服务7年。

六、报告期内公司、公司董事会及董事没有受中国证监会稽查、中国证监会行政处罚、通报批评、证券交易所公开谴责等情况。

本年度广西壮族自治区地方税务局直属征收分局对公司2000至2001年度缴纳企业所得税的情况进行检查并下发了桂地税直稽字[2003]9号处理决定。检查认为:2000、2001年度公司部分坏账损失不得在税前扣除。

处理决定:2000年度应补缴企业所得税767,350.30元,滞纳金207,568.28元;2001年度应补缴企业所得税434,766.67元,滞纳金38,259.48元。

根据《企业会计准则—会计政策、会计估计变更和会计差错更正》、《企业会计准则—资产负债表日后事项》的规定,在编制2001年与2002年可比会计报表时,公司对上述事项进行了追溯调整:1999年度调增应交税金387,814.14元,调增所得税387,814.14元,调减盈余公积58,172.12元;2000年度调增应交税金974,918.58元,调增所得税767,350.30元,调增营业外支出207,568.28元,调减盈余公积146,237.79元;2001年度调增应交税金473,026.15元,调增所得税434,766.67元,调增营业外支出38,259.48元,调减盈余公积70,953.92元。

此事项对2001年净利润影响金额为473,026.15元,对年初未分配利润的影响金额为1,158,322.81元;对2002年年初未分配利润的影响金额为1,560,395.04元。

七、中国证监会南宁证券监管特派员办事处与自治区经贸委于2002年8月联合对本公司进行上市公司建立现代企业制度检查,指出了本公司存在的主要问题,并要求本公司按要求进行整改。

1.本公司存在的主要问题

(1)本公司主营业务不突出,利润主要来源于非经常性损益。

(2)本公司担保数额较大,存在潜在风险。

2.公司针对存在问题进行整改的情况

(1)对主业不突出问题的整改

公司主营业务不突出是困扰本公司发展的主要问题,公司早已意识到了这一问题,并已着手进行产业结构的优化与调整,公司董事会及经营班子换届之后,经过调查研究和分析,结合特派办和自治区经贸委联合检查指出的问题,本着求真务实的原则,确定了"以公用事业为基础,以房地产产业为支柱,以电子元器件生产为新兴产业"的经营方针。

①、积极进入城市公用事业,全力打造基础产业

②、全面开发房地产业,大力发展支柱产业

③、加快电子元器件的生产,重点发展新兴产业

按照上述整改方案,本公司2003年的经营状况将有显著改善。

(2)公司对外提供大额担保的问题。

本公司对外担保至2002年3月的总额2.8亿元,其中有1.8亿元对外担保的对象是南宁管道燃气有限责任公司,2003年南宁管道燃气有限责任公司将有8,000万元的借款到期偿付,另外8,000多万元国债尚有五年时间,公司密切关注南宁管道燃气有限责任公司的经营动向,成立协调小组,加强联系和沟通,并督促其按期归还到期借款本息;2003年1月,该公司已按期归还2000万元贷款,本公司对其担保额已降为1.6亿元。在条件成熟的时候,与南宁管道燃气有限责任公司共同协商,将其资产进行抵押,以确保公司对其的担保风险降到最低程度。

公司与海南民生燃气(集团)公司于2000年11月签订了三年的担保协议。但海南民生燃气(集团)公司于2002年6月和12月已归还借款,该项借款担保已解除。

第十节 财务报告

一、审计报告

审计报告

鄂信审字(2003)第0173号

广西斯壮股份有限公司全体股东:

我们接受委托,审计了广西斯壮股份有限公司2002年12月31日的资产负债表和合并资产负债表、2002年度的利润表和合并利润表、2002年度的利润分配表和合并利润分配表、2002年度的现金流量表和合并现金流量表。这些会计报表由贵公司负责,我们的责任是对这些会计报表发表审计意见。我们的审计是依据《中国注册会计师独立审计准则》进行的。在审计过程中,我们结合贵公司的实际情况,实施了包括抽查会计记录等我们认为必要的审计程序。

我们认为,上述会计报表符合《企业会计准则》和《企业会计制度》的有关规定,在所有重大方面公允地反映了贵公司2002年12月31日的财务状况及2002年度的经营成果和现金流量情况,会计处理方法的选用遵循了一贯性原则。

湖北大信会计师事务有限公司　　中国注册会计师 韩志娟

中国·武汉　　中国注册会计师 王 晖

2003年4月17日

财务报表

资产负债表

编制单位:广西斯壮股份有限公司　　2002年12月31日　　单位:元

资产	行次	期末数 母公司	合并
流动资产:			
货币资金	1	5,713,305.07	19,148,752.99
短期投资	2		
应收票据	3		
应收股利	4		
应收利息	5		
应收账款	6	7,256,386.76	7,256,386.76
其他应收款	7	79,409,080.15	68,769,497.48
预付账款	8	39,165,602.86	41,321,986.17
应收补贴款	9	325,441.80	325,441.80
存货	10	71,570,841.93	75,150,483.91
待摊费用	11	11,129.92	94,575.12
一年内到期的长期债权投资	21		
其他流动资产	24		
流动资产合计	31	203,451,788.49	212,067,124.23
长期投资:			
长期股权投资	32	146,570,895.80	112,608,377.60
长期债权投资	34		
合并价差	35		556,945.27
长期投资合计	38	146,570,895.80	113,165,322.87
固定资产:			
固定资产原价	39	15,615,732.30	43,371,081.05
减:累计折旧	40	3,980,312.58	4,796,389.72
固定资产净值	41	11,635,419.72	38,574,691.33
减:固定资产减值准备	42	2,672,220.98	2,672,220.98
固定资产净额	43	8,963,198.74	35,902,470.35
工程物资	44		
在建工程	45	87,557,473.89	88,199,601.00
固定资产清理	46		

固定资产合计	50	96,520,672.63	124,102,071.35
无形资产及其他资产：			
无形资产	51	75,192.33	53,319,400.75
长期待摊费用	52	9,627,171.71	10,377,350.55
其他长期资产	53	2,054,648.98	2,054,648.98
无形资产及其他资产合计	60	11,757,013.02	65,751,400.28
递延税项：			
递延税款借项	61		
资产总计	67	458,300,369.94	515,085,918.73

资产负债表(续)

编制单位:广西斯壮股份有限公司　　2002年12月31日　　单位:元

负债	行次	期末数 母公司	合并
流动负债：			
短期借款	68	116,300,000.00	116,300,000.00
应付票据	69		
应付帐款	70	6,678,370.29	30,069,913.49
预收帐款	71	5,547,356.80	5,547,356.80
应付工资	72	3,539.05	53,039.05
应付福利费	73	424,042.12	533,349.22
应付股利	74	1,106,899.65	1,106,899.65
应交税金	75	1,064,013.34	958,661.92
其他应交款	80	27,573.27	27,573.27
其他应付款	81	62,725,039.74	62,670,532.65
预提费用	82	91,727.00	91,727.00
预计负债	83		
一年内到期的长期负债	86	7,500,000.00	7,500,000.00
其他流动负债	90		
流动负债合计	100	201,468,561.26	224,859,053.05
长期负债：			
长期借款	101		18,000,000.00
应付债券	102		
长期应付款	103		
专项应付款	106		1,805,184.50
其他长期负债	108		
长期负债合计	110		19,805,184.50
递延税项：			
递延税款贷项	111		
负债合计	114	201,468,561.26	244,664,237.55
少数股东权益			13,589,872.50
股东权益：			
股本	115	178,259,538.00	178,259,538.00
减:已归还投资	116		
股本净额	117	178,259,538.00	178,259,538.00
资本公积	118	138,443,650.52	138,443,650.52
盈余公积	119	9,040,029.15	9,040,029.15
其中:法定公益金	120	3,236,437.33	3,236,437.33
未分配利润	121	-68,911,408.99	-68,911,408.99
股东权益合计	122	256,831,808.68	256,831,808.68
负债及股东权益总计	135	458,300,369.94	515,085,918.73

利润表

编制单位:广西斯壮股份有限公司　　2002年度　　单位:元

项目	行次	本年累计数 母公司
一、主营业务收入	1	39,280,958.09
减:主营业务成本	4	38,224,004.03
主营业务税金及附加	5	1,244,754.53
二、主营业务利润(亏损以"-"号填)	10	-187,800.47
加:其他业务利润(亏损以"-"号填列)	11	32,072.30
减:营业费用	14	3,737,293.32
管理费用	15	48,033,348.59
财务费用	16	9,127,490.11
三、营业利润(亏损以"-"号填列)	18	-61,053,860.19
加:投资收益(损失以"-"号填列)	19	-9,171,920.44
补贴收入	22	
营业外收入	23	445,647.48
减:营业外支出	25	-737,528.23
四、利润总额(亏损总额以"-"号填列)	27	-69,042,604.92
减:所得税	28	
少数股东损益	29	
五、净利润(净亏损以"-"号填列)	30	-69,042,604.92

项目	本年累计数 合并
一、主营业务收入	39,985,995.87
减:主营业务成本	39,014,053.85
主营业务税金及附加	1,244,754.53
二、主营业务利润(亏损以"-"号填)	-272,812.51
加:其他业务利润(亏损以"-"号填列)	32,072.30
减:营业费用	3,914,601.62
管理费用	54,177,973.41
财务费用	9,254,077.78
三、营业利润(亏损以"-"号填列)	-67,587,393.02
加:投资收益(损失以"-"号填列)	-4,359,454.69
补贴收入	
营业外收入	445,647.48
减:营业外支出	-737,523.81
四、利润总额(亏损总额以"-"号填列)	-70,763,676.42
减:所得税	
少数股东损益	-1,721,071.50
五、净利润(净亏损以"-"号填列)	-69,042,604.92

利润分配表

编制单位:广西斯壮股份有限公司　　2002年度　　单位:元

项目	行次	本年实际 母公司	合并
一、净利润	1	-69,042,604.92	-69,042,604.92
加:年初未分配利润	2	131,195.93	131,195.93
其他转入	4		
二、可供分配的利润	8	-68,911,408.99	-68,911,408.99
减:提取法定盈余公积	9		
提取法定公益金	10		
提取职工奖励及福利基金	11		
提取储备基金	12		
提取企业发展基金	13		
利润归还投资	14		
三、可供投资者分配的利润	16	-68,911,408.99	-68,911,408.99
减:应付优先股股利	17		
提取任意盈余公积	18		
应付普通股股利	19		
转作股本的普通股股利	20		
四、未分配利润	25	-68,911,408.99	-68,911,408.99

现金流量表

编制单位:广西斯壮股份有限公司　　2002年度　　单位:元

项目	金额 合并
一、经营活动产生的现金流量：	
销售商品、提供劳务收到的现金	49,549,693.07
收到的税费返还	999,018.18
收到的其他与经营活动有关的现金	36,597,254.98
现金流入小计	87,145,966.23
购买商品、接受劳务支付的现金	31,955,761.97
支付给职工以及为职工支付的现金	6,011,327.73
支付的各项税费	6,645,178.80
支付的其他与经营活动有关的现金	103,590,595.18
现金流出小计	148,202,863.68
经营活动产生的现金流量净额	-61,056,897.45
二、投资活动产生的现金流量：	
收回投资所收到的现金	20,844,715.40
取得投资收益所收到的现金	
处置固定资产、无形资产和其他长期资产所收回的现金净额	
收到的其他与投资活动有关的现金	2,600,000.00
现金流入小计	23,444,715.40
购建固定资产、无形资产和其他长期资产所支付的现金	34,952,641.92
投资所支付的现金	31,680,000.00
支付的其他与投资活动有关的现金	
现金流出小计	66,632,641.92
投资活动产生的现金流量净额	-43,187,926.52
三、筹资活动产生的现金流量：	
吸收投资所收到的现金	
借款所收到的现金	107,500,000.00
收到的其他与筹资活动有关的现金	12,737,887.74
现金流入小计	132,778,831.74
偿还债务所支付的现金	116,600,000.00
分配股利、利润或偿付利息所支付的现金	15,860,875.58
支付的其他与筹资活动有关的现金	
现金流出小计	132,460,875.58
筹资活动产生的现金流量净额	317,956.16
四、汇率变动对现金的影响	
五、现金及现金等价物净增加额	-103,926,867.81

补充资料	金额 合并
1.将净利润调节为经营活动的现金流量：	
净利润	-69,042,604.92
加:少数股东本期损益	
计提的资产减值准备	33,597,872.62
固定资产折旧	1,531,113.38
无形资产摊销	306,639.57
长期待摊费用摊销	5,082,679.16
待摊费用减少(减:增加)	-76,336.40
预提费用增加(减:减少)	41,847.64
处置固定资产、无形资产和其他长期资产的损失(减:收益)	-411.17
固定资产报废损失	
财务费用	9,254,077.78
投资损失(减:收益)	1,401,977.99
递延税款贷项(减:借项)	
存货的减少(减:增加)	3,271,830.93
经营性应收项目的减少(减:增加)	16,205,264.77
经营性应付项目的增加(减:减少)	-61,117,483.07
其他长期资产摊销	207,705.77
经营活动产生的现金流量净额	-61,056,897.45
2.不涉及现金收支的投资和筹资活动：	
债务转为资本	
一年内到期的可转换公司债券	
融资租入固定资产	
3.现金及现金等价物净增加情况：	
现金的期末余额	19,148,752.99
减:现金的期初余额	123,075,620.80
加:现金等价物的期末余额	
减:现金等价物的期初余额	
现金及现金等价物净增加额	-103,926,867.81

海口农工贸(罗牛山)股份有限公司

海口农工贸(罗牛山)股份有限公司2002年年度报告

一、公司简介

1.公司法定中文名称:海口农工贸(罗牛山)股份有限公司
公司法定英文名称:HaikouAgriculture&Industry&Trade(LUONIUSHAN) Co.,Ltd.
英文名称缩写:HKAIT
2.法定代表人姓名:吴伟雄
3.公司董事会秘书:张小林
证券事务代表:吴从锋
联系电话:0898-68581213
传　　真:0898-68581830
电子信箱:wcf@luoniushan.com
联系地址:海口市珠江广场帝豪大厦9楼
4.公司注册地址:海口市人民大道50号
公司办公地址:海口市珠江广场帝豪大厦9楼
邮政编码:570125
公司国际互联网网址:http://www.luoniushan.com
公司电子信箱:lns@luoniushan.com
5.公司选定的信息披露报纸名称:《中国证券报》、《证券时报》
登载年度报告的中国证监会指定国际互联网网址:http://www.cninfo.com.cn
公司年度报告备置地点:公司证券部
6.公司股票上市交易所:深圳证券交易所
股票简称:罗牛山
股票代码:000735
7.其他有关材料
公司首次注册登记日期:1993年10月15日
公司变更注册登记日期:2000年12月8日,2002年4月18日
注册登记地址:海口市人民大道50号
企业法人营业执照注册号:4600001004517
税务登记号码:460100284089747
公司聘请的注册会计师事务所名称:海南从信会计师事务所
会计师事务所办公地址:海口市国贸大道CMEC大厦12楼东区

二、会计数据和业务数据摘要

1.公司本年度利润总额及其构成　(单位:人民币元)

利润总额	38,561,909.77
净利润	37,386,159.36
扣除非经常性损益后的净利润	19,691,108.19
主营业务利润	62,869,886.94
其他业务利润	9,038,733.34
营业利润	21,939,121.06
投资收益	17,668,977.61
营业外收支净额	-1,046,188.90
经营活动产生的现金流量净额	11,097,831.69
现金及现金等价物净增加额	205,330,702.25
注:扣除的非经常性损益项目和涉及金额:	17,695,051.17
其中:转让股权收益:	12,811,834.07
营业外收入:	573,728.03
收取资金占用费:	5,929,406.00
营业外支出:	1,619,916.93

2.截至报告年度末公司前三年的主要会计数据和财务指标
单位:元

指标项目单位	2002年	2001年
主营业务收入	291,150,437.47	228,620,287.37
净利润	37,386,159.36	63,708,154.72
总资产	2,141,410,357.45	1,427,790,601.18
股东权益(不含少数股东权益)	1,283,430,160.22	767,290,954.51
每股收益(摊薄)	0.064	0.13
每股收益(加权平均)	0.0646	
每股净资产	2.1855	1.5747
调整后的每股净资产	2.1749	1.5619
每股经营活动产生的现金流量净额	0.0189	0.055
净资产收益率(摊薄,%)	2.91	8.26
净资产收益率(加权平均,%)	3.077	8.26

指标项目单位	2000年
主营业务收入	226,226,697.24
净利润	76,177,079.91
总资产	1,208,055,017.43
股东权益(不含少数股东权益)	712,793,320.62
每股收益(摊薄)	0.156
每股收益(加权平均)	
每股净资产	1.46
调整后的每股净资产	1.38
每股经营活动产生的现金流量净额	-0.001
净资产收益率(摊薄,%)	10.69
净资产收益率(加权平均,%)	10.69

三、股本变动及股东情况

1、股东情况介绍
(1)报告期末股东总数为196,786户。
(2)报告期末公司主要股东持股情况:

股东名称(全称)	年度内增减(股)	年末持股数量(股)	比例(%)
海口市国营罗牛山农场		99,705,000	16.98
海口永盛畜牧机械工程有限公司		27,645,000	4.71
湖北锐达商贸有限公司		21,131,000	3.60
海南京海中隆投资管理公司		14,739,000	2.51
海口保税区深能贸易有限公司		14,450,000	2.46
海口宏昌贸易有限公司		14,450,000	2.46
海南发海贸易有限公司		14,450,000	2.46
海南兴地实业投资有限公司		13,005,000	2.21
中国经济开发信托投资公司		8,670,000	1.48
海南琼山京美畜牧公司		7,282,800	1.24

股东名称(全称)	股份类别(已流通或未流通)	质押或冻结的股份数量(股)
海口市国营罗牛山农场	未流通	33,500,000
海口永盛畜牧机械工程有限公司	未流通	19,600,000
湖北锐达商贸有限公司	未流通	
海南京海中隆投资管理公司	未流通	
海口保税区深能贸易有限公司	未流通	
海口宏昌贸易有限公司	未流通	14,450,000
海南发海贸易有限公司	未流通	5,000,000
海南兴地实业投资有限公司	未流通	
中国经济开发信托投资公司	未流通	8,670,000
海南琼山京美畜牧公司	未流通	

(3)海口市国营罗牛山农场是本公司的第一大股东,持有本公司股份9,970.5万股,占公司总股本的16.98%,成立于1990年7月3日,注册资金3,703万元,为全民所有制企业,法定代表人吴伟雄,主要经营粮食、热带作物种植,药材种植,动物饲养,淡水养殖和加工等。

(4)报告期内无控股股东变更情况。

说明:1.报告期末持有本公司5%(含5%)以上股份的股东只有海口市国营罗牛山农场一家,股份类别国有法人股,其持股数量在报告期内未发生增减变动情况。

2.前10名股东不存在关联关系或一致行动关系。

3.报告期内,前10名股东所持股份均为未上市流通股份,为一般法人,前10名股东中无战略投资者。海口市国营罗牛山农场为国有法人股股东,中国经济开发信托投资公司为国家股股东。本公司无外资股东。

4.本公司增发不超过10,000万新股(A股)于2002年1月18日进行网上申购(详见1月18日《中国证券报》、《证券时报》和《上海证券报》),于1月23日在《中国证券报》、《证券时报》和《上海证券报》刊登了发行结果公告,最终发行10,000万股,于2月4日在《中国证券报》、《证券时报》和《上海证券报》刊登了股份变动公告。

四、董事、监事、高级管理人员和员工情况

1.董事、监事和高级管理人员情况
(1)基本情况

姓名	职务	性别	年龄	任期起止日期
吴伟雄	董事长	男	46	2000.4-2003.4
付永进	副董事长	男	31	2000.4-2003.4
黄传仁	副董事长	男	37	2000.4-2003.4
王建新	董事、副总经理	男	43	2000.4-2003.4
范平岳	董事	男	45	2000.4-2003.4
徐自力	董事	男	36	2000.4-2003.4
徐翔	董事	男	32	2000.4-2003.4
毛刚	董事	男	46	2000.4-2003.4
吴育华	独立董事	男	57	2002.3-2003.4
朱新蓉	独立董事	女	46	2001.12-2003.4
于刚	独立董事	男	43	2001.12-2003.4
毛耀庭	监事会主席	男	39	2002.4-2003.4
王国强	监事	男	47	2000.4-2003.4
李天庆	监事	男	47	2000.4-2003.4
谢京	总经理	女	36	2000.4-2003.2
邹东江	副总经理	男	40	2001.12-2003.12
汤勇	副总经理	男	39	2002.4-2003.12
孔金龙	副总经理	男	47	2002.4-2003.12
张小林	副总经理、董秘	男	30	2002.4-2003.12
姚德标	总畜牧师	男	45	2002.4-2003.12

(2)在股东单位任职情况

姓名	任职的股东名称	在股东单位担任的职务
吴伟雄	海口市国营罗牛山农场	场长
黄传仁	海口宏昌贸易有限公司	总经理
徐翔	湖北锐达商贸有限公司	总经理
毛耀庭	海口市国营罗牛山农场	工会副主席
王国强	海口市国营罗牛山农场	财务科长
孔金龙	海口市国营罗牛山农场	工会主席

姓名	任职期间	是否领取报酬、津贴
吴伟雄	1993年至今	是
黄传仁	1999年至今	是
徐翔	2000年至今	是
毛耀庭	2000年至今	否
王国强	2000年至今	是
孔金龙	2000年至今	否

2.年度报酬情况
(1)报酬的决策程序、报酬确定依据

根据国家有关规定以及公司的实际情况,公司股东大会和董事会制定了董事、独立董事、监事和高级管理人员的津贴标准以及报酬标准,公司董事、监事和高级管理人员根据公司股东大会和董事会的规定以及工作岗位领取相应薪酬。

根据董事、独立董事、监事履行职责的情况,董事、独立董事、监事每年可从公司领取不超过1.8

万元的董事、监事津贴。独立董事不在公司另外领取报酬。报告期内,公司共有吴育华、朱新蓉、于刚三位独立董事。独立董事出席董事会和股东大会的差旅费以及按照公司章程行使职权所需的费用在公司据实报销。

报告期内,先后有19位董事、监事和高级管理人员在公司领取报酬或津贴。公司现任董事、监事和高级管理人员年度报酬总额为54.78万元,金额最高的前三名董事的报酬总额为15.624万元;金额最高的前三名高级管理人员的报酬总额为18.42万元。

报告期内,公司董事、监事和高级管理人员的年度报酬数额区间为:2万元以下的9人;2至6万元的4人;6至8万元的1人。

(2)在报告期内离任的董事、监事、高级管理人员姓名及离任原因

报告期内,由于工作原因,李运英先生不再担任公司董事职务。公司职工监事孔金龙先生因工作调整,辞去公司职工监事职务,由公司职工代表大会推选毛耀庭先生作为职工监事进入公司第三届监事会,并经公司监事会三届五次会议推选为监事会召集人。公司于2002年4月10日、22日和11月2日召开的董事会审议通过了关于邓平先生辞去公司总经理助理职务、阎康先生辞去公司副总经理职务、毛耀庭先生辞去公司董事会秘书职务的议案,同时聘任孔金龙先生为公司副总经理、汤勇先生为公司副总经理、张小林先生为公司董事会秘书。

3、员工情况

公司员工的数量、专业构成、教育程度及退休职工人数情况:

公司目前共有职工1,500人,其中管理人员255人,占职工总人数的17%,生产人员1,245人,占83%;科研人员86人,其中教授级及研究员级人员5名,高级职称人员15名。大专以上文化程度500余人,离退休职工11人。

五、公司治理结构

1、公司与控股股东在业务、人员、资产、机构、财务等方面都已经分开,具有独立完整的业务及自主经营能力。

第一大股东海口市国营罗牛山农场,持有公司9,970.5万股的股份,占公司总股本的16.98%,对公司具有实际控制权,控股股东按其在公司所占有的股份依法享有所有权,但不干涉公司的独立经营运作。公司拥有独立的办公场所和生产经营场所,生产经营活动完全独立于控制人,与控制人严格分开。

(1)、资产独立

公司拥有独立的法人财产权,公司以其全部资产对公司的债务承担责任。具体说来,公司拥有完全独立于控制人的生产系统、相对独立的辅助生产系统和供应等配套设施的固定资产;拥有属于完全独立于控制人的土地使用权及商标等无形资产;拥有生产销售所需的必要流动资产。公司的资产完全独立于控制人。

(2)、业务完整

控股股东承诺不与股份公司从事相同或相近业务,因此公司的业务独立于控制人,并拥有完整的采购、生产、销售等配套的业务运作体系,能够独立运作其业务。

(3)、人员分开

除公司董事长吴伟雄兼任海口市国营罗牛山农场(第一大股东)法定代表人外,公司的总经理、副总经理、财务负责人、董事会秘书等高管人员均专职在公司工作,未在控制人处兼任高级职务,上述高级管理人员均只在本公司处领薪。

公司的经理层在公司董事会的授权范围内,制定公司的经营计划,依法独立经营,并对公司的董事会负责。公司在内部实行全员劳动合同制,并与全体职工签署了劳动合同,公司享有国家有关法律、法规和公司章程规定的独立的人事权;未发现控制人干预公司董事会和股东大会已经作出的人事任免决定的情况,控制人历次推荐董事和经理人选完全符合法定程序。

(4)、财务独立

公司拥有健全的财务管理体制,董事会在股东大会的授权范围内,享有独立的财务决策权和投资决策权。公司根据有关的规定,依照财政部颁发的会计准则及会计制度等的有关要求,建立了适用于本企业的财务管理制度及会计制度,并建立了以公司财务部为核算主体的多级会计核算体系。

(5)、机构分开

公司的组织机构完整,公司设有完备的行政管理部门、职能部门、经营分公司、参股及控股的子公司,公司的办公机构与生产经营场所与控股股东完全分开。

2、独立董事制度

公司三位独立董事按照中国证监会《关于在上市公司建立独立董事制度的指导意见》和《公司章程》的要求独立履行职责,参与公司重大事项的决策,充分发挥独立董事作用。如增发新股有关事项、公司的2003年生产经营计划、投资计划、财务预算等;对公司重大关联交易事项发表独立意见,维护公司整体利益,尤其是保护中小股东的合法权益。三位独立董事的引进,进一步完善了公司的法人治理结构,改善了董事会的结构,提高了董事会的决策水平,规范了上市公司的运作。

3、公司治理情况

公司按照《中华人民共和国公司法》、《中华人民共和国证券法》和中国证监会有关法规的要求,不断完善公司的法人治理结构,努力建立现代企业制度,规范公司运作。根据中国证监会的要求,对照《上市公司治理准则》,公司董事会对公司法人治理的实际情况说明如下:

(1)、关于公司股东与股东大会:公司的治理结构能够确保所有股东特别是中小股东的平等地位,确保股东充分行使合法权利;公司制订了股东大会议事规则,报告期内公司召开的两次股东大会的召集召开程序、出席会议人员的资格和表决程序都符合《公司法》、《上市公司股东大会规范意见》和《公司章程》的规定。

(2)、关于控股股东与上市公司的关系:公司控股股东对上市公司十分重视,并给予大力支持。控股股东依法行使权利,承担股东义务;公司与控股股东在业务、资产、机构、人员和财务等方面做到"五分开",独立核算,独立承担责任和风险。

(3)、关于董事与董事会:公司按照《公司章程》规定的董事选聘程序选举董事;董事均忠实、诚信、勤勉地履行职责;董事会的人数及人员构成符合有关法律、法规的要求;公司董事会制订了董事会议事规则,董事会会议按照规定的程序进行;公司按照监管部门的要求建立了独立董事制度。

(4)、关于监事与监事会:公司按照《公司章程》及有关法规规定的监事选聘程序,并根据2002年海口特派办例行巡检的意见,选举公司股东监事和职工监事;公司监事会的人员和结构能确保监事会独立有效地行使对董事、高级管理人员及公司财务的监督和检查;公司监事会制订了监事会议事规则,监事会会议按照规定的程序进行。

(5)、关于绩效评价与激励约束机制:

①、公司对高管人员的选择有一套严密的程序,经选拔的人员均被选派到相关的业务部门或分、子公司担任领导职务,进行锻炼,经人事部考核其具有较全面的领导、业务等方面的素质,由总经理提名报董事会批准聘用。

②、公司有明确的考评制度,年初将公司该年度计划的业务发展及经营目标分解到分管各项业务的高管人员,制订相应的考核办法,分别在中期及期末由公司经营管理部根据完成情况进行考核,考核结果作为高管人员升降、奖惩的依据。

③、公司建立了有效的激励机制,包括事业激励、物质激励、精神激励等方面的激励措施,主要有:对表现突出的高管人员赋予更大的责任,增加其成就感;对计划指标完成情况好或对公司有重大贡献的高管人员给予奖金、子女教育、住房等方面的奖励;公司还计划在相关法规出台后,将实施高管人员的股权激励计划;对有突出贡献的高管人员授予"罗牛山拓荒牛"称号。

④、公司高管人员工资的60%作为风险抵押金,待期末考核后按完成任务的比例发放,若在本期内不能完成任务或作出损害公司利益的行为,风险抵押金将由公司收回。连续两年考核不合格的,将被降职或解聘。

(6)、关于利益相关者:公司尊重银行及其它债权人、职工、消费者、供应商、社区等利益相关者的合法权利,并积极合作共同推动公司持续、健康地发展。

(7)、关于信息披露与透明度:公司按照有关规定,认真履行信息披露义务;公司设立了董事会秘书处,在董事会的领导下负责信息披露工作。公司董事会专门下发了《关于建立信息披露责任制的通知》,明确公司信息披露工作的第一责任人是董事长;直接责任人是总经理;责任人是董事会秘书;公司本部各部门主要负责人为该部门信息披露责任人,各控股公司信息披露工作的第一责任人是由我方派出的董事长或副董事长,以便使公司完整、准确、及时地进行信息披露工作。

对照《上市公司治理准则》,公司董事会认为,公司治理的实际状况与《上市公司治理准则》的要求基本一致。今后公司将根据中国证监会的要求和国家有关规定,积极探索建立累积投票制度、公开征集股东大会投票权、为董事购买责任保险、建立绩效评价与激励约束机制等问题,进一步加大董事、监事和高级管理人员的培训力度。

六、股东大会简介

2001年度股东大会于2002年5月27日上午9时在公司会议室召开,大会审议并以逐项投票表决方式通过了如下决议:

a、2001年年度董事会工作报告;

b、2001年年度监事会工作报告;

c、2001年度财务决算报告;

d、2001年度利润分配预案;

e、续聘海南从信会计师事务所为公司2002年度财务审计单位;

f、关于贷款四亿元的议案;

g、李运英先生辞去董事职务。

2001年度股东大会会议通知及决议公告刊登于2002年4月12日和5月28日的《中国证券报》和《证券时报》。

七、董事会报告

1、公司经营情况

(1)公司是以畜禽养殖业为主的综合类集团型企业,主要生产销售生猪、鸡、鲜鸡蛋、无公害蔬菜等农副产品,并投资于教育产业和房地产行业,公司以"菜篮子"工程为龙头的养殖业已逐步形成了科技开发、良种繁育、饲料加工、商品畜禽生产、兽医防疫、再制品加工、建筑安装与环保八大体系,是海南省最大的"菜篮子"工程基地、良种繁育及种苗供应基地,也是全国配套最完善的"菜篮子"工程企业。公司现有生猪生产能力为30万头,产量占海口市场的55%;养殖种鸡1万只(套),鲜鸡蛋年产量450万公斤,占海口市场的63%;淘汰鸡年产量30万只,约占海口市场的50%;年产全价饲料8万吨。本年度公司贯彻加强规范管理,提升核心竞争能力,实现企业持续发展的战略思想,以市场为导向,通过引进技术自行开发等多种手段整合内部资源,适时调整产品结构,提高产品的技术含量和生产工艺装备水平,扩大了产品市场覆盖面,巩固了罗牛山系列知名品牌和产销规模行业领先的地位,2002年度公司共实现主营业务收入29,115万元,主营业务利润6,286.99万元,净利润3,738.62万元。

2002年公司主营业务按行业分布情况: 单位:万元

行业	主营业务收入	占主营业务收入比例(%)	主营业务利润
农业	20,150.76	69.21	5,079.82
建筑业	8,090.05	27.79	1,064.51
合计	28,240.81	97.00	6,144.33

行业	占主营业务利润比例(%)
农业	80.80
建筑业	16.93
合计	97.73

2002年公司主营业务按地区分布情况: 单位:万元

地区	主营业务收入	占主营业务收入比例(%)	主营业务利润
海南	29,115.04	100	6,286.99

地区	占主营业务利润比例(%)
海南	100

2002年公司主营业务按产品分布情况: 单位:万元

产品	主营业务收入	占主营业务收入比例(%)
生猪	14,901.37	51.18
鲜鸡蛋、淘汰鸡	3,781.36	12.99
工程施工、商品房	8,090.05	27.79
合计	26,772.78	91.96

产品	主营业务利润	占主营业务利润比例(%)
生猪	3,840.75	61.09
鲜鸡蛋、淘汰鸡	712.37	11.33
工程施工、商品房	1,064.51	16.93
合计	5,617.63	89.35

主要产品基本情况: 单位:万元

产品	市场占有率(%)	销售收入
生猪	55	14,901.37
鲜鸡蛋、淘汰鸡	63	3,781.36
工程施工、商品房	1.5	8,090.05

产品	销售成本	毛利润率(%)
生猪	11,060.62	25.77
鲜鸡蛋、淘汰鸡	3,068.99	18.84
工程施工、商品房	6,820.00	15.7

报告期内,由于生猪私宰严重,岛外生猪大量涌入,导致销售价下降,但公司主营业务收入及其结构较前一报告期没有较大变化。

(2)公司控股子公司及参股公司的经营情况

本公司主要全资子公司的经营情况如下:

海口市罗牛山种猪场,注册资本840万元,下设万头种猪场、1.5万头育种场及5,000头种猪场,与公司所属的25个专业化商品猪场形成养猪生产配套体系。截止2002年12月31日,总资产4,353.62万元,净资产4,663.38万元,主营业务收入2,523.00万元,净利润482.57万元。

海口市罗牛山禽蛋有限公司,注册资本50万元,经营范围:禽畜饲养添加剂、农牧产品加工、食品、饲料、禽畜、日用百货、五金文化产品购销。截止2002年12月31日,总资产256.41万元,净资产213.70万元,净利润-21.76万元。

海南罗牛山禽业发展有限公司,注册资本500万元,经营范围:鲜鸡蛋、活鸡、种鸡、种蛋和饲料销售等。截止2002年12月31日,总资产862.76万元,净资产612.76万元,主营业务收入891.61万元,净利润112.76万元。

海南罗牛山六万头猪场有限公司,注册资本2,000万元,经营范围:猪苗、肥猪生产及销售等。截止2002年12月31日,总资产5,351.32万元,净资产5,296.25万元,主营业务收入1331.41万元,净利润465.23万元。

海南神牛牧工商发展有限公司,本公司持有其100%的股份,注册资本1000万元,经营范围:畜牧饲料、饲料添加剂等。截止2002年12月31日,总资产5,594.09万元,净资产2,406.15万元,主营业务收入1,375.02万元,净利润296.26万元。

本公司主要控股子公司的经营情况如下:

海南海牛农业综合开发有限公司,本公司持有其95%的股份,注册资本2,000万元,经营范围:畜禽养殖、饲料、兽药生产销售;农副产品、粮油、化肥、农药(凭许可证经营)的批发、零售;房地产开发经营。截止2002年12月31日。总资产13,155.51万元,净资产6,897.49万元,主营业务收入6,505.86万元,净利润1,341.39万元。

海南省万州农工贸有限公司,本公司持有其90%的股份,注册资本500万元,经营范围:畜禽产品、水产品、养殖业、兽药、肉猪、饲料、饲料及添加剂、粮油、农副土特产品、房地产开发、畜牧机械、副食品加工。截止2002年12月31日,总资产1,290.63万元,净资产687.92万元,主营业务收入748.77万元,净利润103.49万元。

海口四建建筑工程有限公司,本公司持有其90%的股份,注册资本2,000万元,经营范围:承担30层以下房屋建筑、道路、桥梁、市政工程施工(以上项目凭许可证经营),室内外装饰工程、园林工程、土石方工程、水电安装、房地产开发经营、汽车货运。截止2002年12月31日,总资产3,770.07万元,净资产2,891.590万元,主营业务收入4,559.13万元,净利润-73.84万元。

海南罗牛山禽业发展有限公司,本公司持有其95%的股份,注册资本1,000万元,经营范围:鲜鸡蛋、活鸡、种鸡、种蛋和饲料销售等。截止2002年12月31日,总资产2,824.34万元,净资产1,235.38万元,主营业务收入2,889.75万元,净利润368.59万元。

海南职业技术学院,本公司持有其66.7%的股份,注册资本5,545.80万元,经营范围:培养应用型高级人才等。截止2002年12月31日,总资产7,189.20万元,净资产6,189.58万元,主营业务收入1,801.02万元,净利润444.64万元。

海口景山学校,本公司持有其96.6%的股份,注册资本5,580万元,经营范围:教学等。截止2002年12月31日,总资产7,087.06万元,净资产6,508.98万元,主营业务收入723.76万元,净利润170.91万元。

海南洋浦海发面粉有限公司,本公司持有其95%的股份,注册资本20,000万元,该公司处于筹建期,无收入和利润。

本公司主要参股公司的经营情况如下:

海南莱特农业生物工程产业有限公司:注册资本为2,000万元,主要从事杂交水稻种子业、农业生物技术的研究开发,公司投资额600万元,占该公司35%的股权。

三亚罗牛山肉类联合加工有限公司,注册资本2,000万元,主要从事生猪、三鸟屠宰加工及销售、食品冷藏、畜禽养殖等,本公司实际投资350万元,公司拥有该公司42%的股份。

琼山狮子岭信用社,本公司投资了100万元,投资比例为11.1%。

公司无来自参股公司的投资收益超过公司净利润的10%。

(3)主要供应商、客户情况

①.供应商情况

公司材料采购主要为饲料、玉米、豆粕、木薯干、麸皮和进口鱼粉等,饲料及原料的供应商主要位于海口。前5名供应商的采购额为19,445.20万元,占年采购总额的90.03%。

②.客户情况

公司生猪、猪肉、鲜鸡蛋、淘汰鸡等产品的批发量极小,客户多为个体猪贩、饭店,零售是主要销售形式,公司前5名客户的年销售额大体估计为4,549.53万元,约占年度销售额的15.6%。

(4)在经营中出现的问题与困难及解决方案

①.我国加入WTO以后,2003年公司面临市场竞争日趋激烈,利润空间越来越小,如何打造企业核心竞争力和提高市场应变能力将是我们的一个重要课题;

②.生产经营模式的转变,需一定时间的稳定。

针对上述情况,公司采取以下措施:

①.强化生产经营和质量规范管理,加强成本管理,努力降低成本,实施全过程、分层次的成本控制方式,大力开展对指标挖潜的管理活动;

②.实施品牌战略,主要产品如鸡蛋、蔬菜等以"罗牛山"商标标识,通过良好的产品质量和服务树立品牌形象;

③.进一步探索规模扩张、成本控制、风险控制的经营管理思路;

④.积极做大做强主营业务,大力开拓市场,立足于批零业务的策略,构筑完整的销售网络,以形成规模效益,以品牌经营为核心,以营销助推服务,拓展新的利润空间,提升企业的竞争力;

⑤.大力加强制度创新、管理创新和经营创新。2002年公司组织了ISO9001质量管理体系认证工作;积极推进管理信息化的建设工作,全面提升公司管理和服务的水平,同时加强对外投资的管理,着力培养企业家队伍,使公司持续、稳定、快速的发展。

2.公司投资情况

(1)募集资金的运用和结果　　单位:万元

承诺投资项目	承诺拟投入金额	实际投资项目
海南洋浦海发面粉加工厂项目	47,950	海南洋浦海发面粉加工厂项目

承诺投资项目	实际拟投资金额	实际与承诺金额差额
海南洋浦海发面粉加工厂项目	47,950	0

(2)募集资金实际投资项目进度表　　单位 万元

实际投资项目	实际拟投入金额	实际投入金额	尚未投入金额
海南洋浦海发面粉加工厂项目	47,950	23,049.94	24,900.06

实际投资项目	项目进度	是否符合预计进度
海南洋浦海发面粉加工厂项目	41%	是

(3).报告期内募股资金使用情况说明。公司报告期增发新股10,000万股,扣除发行费用后,募集资金净额47,950万元,募集资金已经于2002年1月29日全部到位。海南从信会计师事务所对此出具了琼从会验字(2002)第006号验资报告,对上述资金进行了验证。本公司承诺投资项目海南洋浦海发面粉加工厂项目预计投资总额为86,232万元,实际募集资金47,950万元。本次募集资金项目海南洋浦海发面粉加工厂项目已注册成立海南洋浦海发面粉有限公司,已于2002年3月18日破土动工,首期工程设计已于2002年6月21日通过海南省发展计划厅组织的专家评审。截止报告期末,公司累计使用募集资金23,049.94万元,项目预计投资期两年。由于募股资金到位仅9个月,尚在建设期内,故项目暂无盈利。

尚未使用的募集资金去向:为提高募集资金的使用效率,公司根据项目进度将暂时空置的资金用于营运资金,以减少对银行融资的需求,节省财务费用;并严格按照进度将资金投入到相关项目中。

(4).报告期之前无募集资金的使用延续到报告期内的情况。

(5).非募集资金的投资、进度及收益情况:

报告期内,公司新增对外投资项目总额为3,788万元,其中配套完善投资项目及金额分别为:北京景山学校海口分校新增1,238万元,海南高等职业技术学院305万元,信联教育信息产业有限公司1755万元,惠宝房地产开发有限公司490万元。

以上非募集资金投资项目的投资收益情况参见会计报表附注。

3.公司财务状况

项目	2002年(元)	2001年(元)	增减(%)
总资产	2,141,410,357.45	1,427,790,601.18	49.98
长期负债	151,284,949.00	238,878,316.52	-36.67
股东权益	1,283,430,160.22	767,290,954.51	67.27
主营业务利润	62,869,886.94	60,908,339.23	3.22
净利润	37,386,159.36	63,708,154.72	-41.32
现金及现金等价物净增加额	205,330,702.25	-18,456,938.68	1,212.49

项目	原因分析
总资产	增发新股所致
长期负债	偿还贷款所致
股东权益	增发新股所致
主营业务利润	经营规模扩大所致
净利润	非经常性收益减少、商品价格下降所致
现金及现金等价物净增加额	增发新股所致

4.公司所处生产经营环境以及宏观政策、法规变化对公司的影响

①.加入WTO后农产品进口关税的下调。入世之前,我国对除粮棉油以外的外国农产品的进口,设置了50%—100%的关税,平均进口关税税率为21%,入世后,农产品的平均进口关税税率将下调至17%,关税的下调为国外的农产品进入中国市场提供了条件,必将加剧国内竞争并冲击国内畜牧业生产。

②.配额、许可证等管理手段的取消使控制进口数量的难度增大。

公司将继续以发展海南的"菜篮子"工程为宗旨,扩大公司农副产品的生产规模,加强"菜篮子"配套工程的建设,充分利用国家对农业的优惠政策,加速资本积累,扩大经营规模,壮大综合实力,降低政策风险可能对公司带来的影响。同时,加强对公司教育产业的管理和投入,随着《中华人民共和国民办教育促进法》的出台,教育产业可成为我公司新的利润增长点。

对本公司有利的因素主要有:我国可以获得多边、稳定、无条件的最惠国待遇,有利于市场的多元化,有利于外资的引进,公司有了更多、更广泛参与国际分工和国际合作的机会,能够更加直接地引进、借鉴和学习国际上先进的经营理念和管理方法,从而使公司向更高水平迈进。

5.新年度业务发展计划

(1)经营方针和目标:迎难而进,从严管理,锐意创新,确保效益,紧密围绕提高公司营运能力、发展动力和竞争能力,严格规范运作,加快科技进步,加大学习创新力度,进一步调动职工的积极性,团结拼搏,奋力夺取新形势下生产经营与发展的新胜利,实现销售收入2.9亿元。

(2) 2003年,公司将重点抓好以下几项工作:

①.继续进行产品结构调整,通过产品上档次、上水平来提高竞争力。

2003年,公司将在畜牧业板块已通过ISO9001认证的基础上,实现全公司通过ISO9001认证。同时,继续推进转变畜牧业增长方式,由外延扩大再生产向内涵扩大再生产过渡,利用洋浦海发面粉加工厂的副产品——麦麸,降低禽畜养殖业的成本,大幅度提高现有生产厂(场)的盈利能力。继续开发新的产品,加大产品的科技含量、提高产品的质量,从而提高产品的附加值,通过调整产品结构来调整市场结构,从而增加企业效益,提高竞争力。

②.加强管理,降低消耗,提高效益。

2003年,公司将一如既往地抓好企业基础管理工作,将坚持以经济责任制考核为中心的管理模式;加强以现场管理为核心内容的管理工作;建立劳动、资金、原材料消耗定额;完善办公自动化管理系统,以挖掘潜力,增加效益,增强后劲,保证公司生产和经营顺利运行。

八、监事会报告

1.召开监事会会议情况。本报告期公司监事会共召开三次会议。

公司第三届监事会第四次会议于2002年4月10日在本公司会议室召开,会议审议并通过了如下决议:

a.审议通过了2001年度报告;

b.审议通过了2001年度财务报告;

c.审议通过了2001年度利润分配预案;

d.审议通过了公司2002年度利润分配政策。

公司第三届监事会第五次会议于2002年5月27日在本公司会议室召开,会议审议并通过了关于监事会推荐毛耀庭先生为监事会召集人的议案。

公司第三届监事会第六次会议于2002年8月20日在本公司会议室召开,会议审议并通过了公司2002年中期报告及摘要的议案。

2.公司依法运作情况

2002年度公司进一步完善了人事、财务、资金、投资、企业管理和资产等方面的规章制度,建立了完善的内部控制制度,严格执行决策程序。

本年度公司监事会成员列席了董事会的所有会议,认为公司董事、经理及其他高级管理人员能够自觉遵守法律、法规和公司章程的规定,在执行公司职务时没有损害公司利益的行为。

3.本年度海南从信会计师事务所出具了无保留意见的审计报告,真实反映了公司的财务状况和经营成果。

4.公司最近一次募集资金实际投入项目与承诺投入项目一致。

5.2002年度公司收购出售资产程序规范合法,交易价格合理,未发现损害部分股东的权益和公司利益的情况。

6.公司的关联交易公平合理,没有损害公司利益。

九、重大事项

1.本报告期公司无重大诉讼或仲裁事项。

2.本报告期内公司、公司董事及高级管理人员没有受监管部门处罚的情况。

3.收购及出售资产。

(1)收购资产

交易对方及被收购资产	收购日	收购价格
上海同达股份有限所持有的海南万泉农产品批发市场有限公司90%的股权	2002年12月27日	3,000.00

交易对方及被收购资产	自收购日起至本年末为上市公司贡献的净利润	是否为关联交易
上海同达股份有限所持有的海南万泉农产品批发市场有限公司90%的股权	2.70	否

(2)出售资产　　单位:万元

交易对方及被出售资产	出售日	出售价格
本公司将所持有的海南创业科技风险投资有限公司3900万股股权分别转让给中科信资产管理有限公司和银通创业投资有限公司	2002年01月27日	4,316.52
本公司将所持有的天津宝罗畜牧发展有限公司95%的股份转让给海南创投有限公司宝罗有限公司	2002年04月01日	3,477.00
将所持有的海口金山果菜万股开发有限公司3000万股股权分别转让给海南万汇投资有限公司和海南万泉投资有限公司	2002年05月22日	4,519.17

交易对方及被出售资产	本年初起至出售日该出售资产为上市公司贡献的净利润	出售产生的损益	是否为关联交易

本公司将所持有的海南创业科技风险投资有限公司3900万股股权分别转让给中科信资产管理有限公司和银通创业投资有限公司	0.00	0.00	否
本公司将所持有的天津宝罗畜牧发展有限公司95%的股份转让给海南创投有限公司宝罗有限公司	627.00	627.00	否
将所持有的海口金山果菜万股开发有限公司3000万股股权分别转让给海南万汇投资有限公司和海南万泉投资有限公司	639.35	639.35	否

4、本报告期内，公司没有吸收合并事项。

5、本报告期公司无重大关联交易事项。

十、财务报告

1、审计报告

海口农工贸(罗牛山)股份有限公司全体股东：

我们接受委托，审计了贵公司2002年12月31日的资产负债表，截至该日为止会计年度的利润表、利润分配表及现金流量表。这些会计报表由贵公司负责，我们的责任是对这些会计报表发表审计意见。我们的审计是根据《中国注册会计师独立审计准则》进行的。在审计过程中，我们结合贵公司的实际情况，实施了包括抽查会计记录等我们认为必要的审计程序。

我们认为，上述会计报表符合《企业会计准则》及《企业会计制度》的有关规定，在所有重大方面公允地反映了贵公司2002年12月31日的财务状况，2002年度的经营成果以及现金流量情况，会计处理方法的选用遵循了一贯性原则。

海南从信会计师事务所　　中国注册会计师：刘泽波

二零零三年四月一日　　中国注册会计师：云逢深

2、财务报告

合并资产负债表

编制单位：海口农工贸(罗牛山)股份有限公司　2002年12月31日　金额单位：人民币元

资产	附注	年末数	年初数
流动资产：			
货币资金	5.1	296,648,803.36	47,178,249.32
短期投资	5.2	102,195,251.60	
应收票据			
应收股利	5.3	350,000.00	
应收利息			
应收账款	5.4	34,108,545.15	30,159,006.88
其他应收款	5.5	176,923,073.88	153,748,818.10
预付账款	5.6	128,370,565.65	126,337,004.16
应收补贴款			
存货	5.7	225,287,779.25	212,246,255.87
待摊费用	5.8	1,227,630.58	3,773,802.44
一年内到期的长期债权投资			
其他流动资产	5.9	50,262,870.00	
流动资产合计		1,015,374,519.47	573,443,136.77
长期投资：			
长期股权投资	5.10	413,177,175.68	409,988,315.80
长期债权投资	5.10	300.00	300.00
长期投资合计		413,177,475.68	409,988,615.80
其中：合并价差		14,586,536.81	
股权投资差额		4,087,808.53	6,650,000.00
固定资产：			
固定资产原价	5.11	255,904,458.77	115,070,464.40
减：累计折旧	5.11	45,606,367.02	27,593,299.72
固定资产净值		210,298,091.75	87,477,164.68
减：固定资产减值准备			
固定资产净额		210,298,091.75	87,477,164.68
工程物资			
在建工程	5.12	223,176,467.71	147,627,943.27
固定资产清理			
固定资产合计		433,474,559.46	235,105,107.95
无形资产及其他资产：			
无形资产	5.13	274,425,213.94	206,880,674.38
长期待摊费用	5.14	4,958,588.90	2,373,066.28
其他长期资产			
无形资产及其他资产合计		279,383,802.84	209,253,740.66
递延税款：			
递延税款借项			
资产合计		2,141,410,357.45	1,427,790,601.18

负债和股东权益	附注	年末数	年初数
流动负债：			
短期借款	5.15	466,000,000.00	166,280,000.00
应付票据	5.16		20,000,000.00
应付账款	5.17	11,297,881.06	18,491,919.37
预收账款	5.18	12,626,365.34	15,952,247.13
应付工资	5.19	6,472,271.12	12,130,100.96
应付福利费		624,084.20	1,849,585.36
应付股利	5.20	6,377,140.42	6,764,640.42
应交税金	5.21	5,698,682.59	9,619,834.18
其他应交款	5.22	108,544.70	130,287.39
其他应付款	5.23	162,699,972.53	150,717,781.68
预提费用	5.24	978,621.36	4,159,476.55
预计负债			
一年内到期的长期负债			
其他流动负债			
流动负债合计		672,883,563.32	406,095,873.04
长期负债：			
长期借款	5.25	151,284,949.00	238,878,316.52
应付债券			
长期应付款			
专项应付款			
其他长期负债			
长期负债合计		151,284,949.00	238,878,316.52
递延税项：			
递延税款贷项			
负债合计		824,168,512.32	644,974,189.56
少数股东权益		33,811,684.91	15,525,457.11
股东权益：			
股本	5.26	587,254,000.00	487,254,000.00
减：已归还投资			
股本净额		587,254,000.00	487,254,000.00
资本公积	5.27	479,461,548.80	100,708,502.45
盈余公积	5.28	105,314,690.54	90,675,391.28
其中：法定公益金		41,356,911.22	35,861,750.48
未分配利润	5.29	111,399,920.88	88,653,060.78
股东权益合计		1,283,430,160.22	767,290,954.51
负债及股东权益合计		2,141,410,357.45	1,427,790,601.18

合并利润及利润分配表

项目	本年发生数
一、主营业务收入	291,150,437.47
减：主营业务成本	226,225,101.33
主营业务税金及附加	2,055,449.20
二、主营业务利润(亏损以"-"号填列)	62,869,886.94
加：其他业务利润(亏损以"-"号填列)	9,038,733.34
减：营业费用	4,654,521.14
管理费用	34,286,982.73
财务费用	11,027,995.35
三、营业利润(亏损以"-"号填列)	21,939,121.06
加：投资收益(损失以"-"号填列)	17,668,977.61
补贴收入	
营业外收入	573,728.03
减：营业外支出	1,619,916.93
四、利润总额(亏损总额以"-"号填列)	38,561,909.77
减：所得税	108,571.20
少数股东损益	611,532.86
购并利润	455,646.35
五、净利润(净亏损以"-"号填列)	37,386,159.36
加：年初未分配利润	88,653,060.78
其他转入	
六、可供分配的利润	126,039,220.14
减：提取法定盈余公积金	7,297,955.56
提取法定公益金	5,495,160.74
提取职工奖励及福利基金	
提取储备基金	
提取企业发展基金	
利润归还投资	
七、可供投资者分配的利润	113,246,103.84
减：应付优先股股利	
提取任意盈余公积	1,846,182.96
应付普通股股利	
转作股本的普通股股利	
八、未分配利润	111,399,920.88

现金流量表

项目	合并数
一、经营活动产生的现金流量	
销售商品、提供劳务收到的现金	280,510,999.69
收到的税费返还	
收到的其他与经营活动有关的现金	100,859,270.59
现金流入小计	381,370,270.28
购买商品、接受劳务支付的现金	266,460,663.02
支付给职工以及为职工支付的现金	27,476,296.85
支付的各项税费	7,109,433.48
支付的其他与经营活动有关的现金	69,226,045.24
现金流出小计	370,272,438.59
经营活动产生的现金流量净额	11,097,831.69
二、投资活动产生的现金流量：	
收回投资所收到的现金	34,000,000.00
取得投资收益所收到的现金	
处置固定资产、无形资产和其他长期资产所收回的现金净额	
收到的其他与投资活动有关的现金	
现金流入小计	34,000,000.00
购建固定资产、无形资产和其他长期资产所支付的现金	128,248,362.16
投资所支付的现金	378,285,103.39
支付的其他与投资活动有关的现金	
现金流出小计	506,533,465.55
投资活动产生的现金流量净额	-472,533,465.55
三、筹资活动产生的现金流量：	
吸收投资所收到的现金	478,700,000.00
借款所收到的现金	857,800,000.00
收到的其他与筹资活动有关的现金	
现金流入小计	1,336,500,000.00
偿还债务所支付的现金	650,080,000.00
分配股利、利润或偿付利息所支付的现金	19,653,663.89
支付的其他与筹资活动有关的现金	
现金流出小计	669,733,663.89
筹资活动产生的现金流量净额	666,766,336.11
四、汇率变动对现金的影响	
五、现金及现金等价物净增加额	205,330,702.25

云南铝业股份有限公司

云南铝业股份有限公司2002年年度报告

一、公司基本情况简介

1、公司名称:云南铝业股份有限公司
英文名称:YUNNAN ALUMINIUM CO., LTD.
2、公司法定代表人:陈智
3、董事会秘书:张文伟
联系地址:云南省昆明市呈贡县云南铝业股份有限公司证券部
联系电话:(0871)7455858
传真:(0871)7455605
电子信箱:stock@ylgf.com
4、公司注册地址:云南省昆明市呈贡县
办公地址:云南省昆明市呈贡县
邮政编码:650502
网址://www.china.ylgf.com
电子信箱:ylgf@public.km.yn.cn
5、公司选定的信息披露报纸:《中国证券报》、《证券时报》
登载公司年度报告的中国证监会指定国际互联网网址:http://www.cninfo.com.cn
公司年度报告备置地:公司证券部
6、公司股票上市交易所:深圳证券交易所
股票简称:云铝股份
股票代码:000807
7、其它有关资料
公司首次注册日期:1998年3月20日
注册登记地点:云南省昆明市呈贡县
企业法人营业执照注册号:5300001003782
税务登记号码:53012121658149X
公司聘请的会计师事务所:天一会计师事务所有限责任公司
会计师事务所办公地址:北京市西城区金融街27号投资广场A座1804

二、会计数据与业务数据摘要

1、本年度主要利润指标情况(单位:人民币元)

利润总额:	180,404,621.87
净利润:	152,342,555.51
扣除非经常性损益后的净利润:	158,658,406.41
主营业务利润:	313,831,265.15
其他业务利润:	1,363,276.49
营业利润:	187,924,176.12
投资收益:	720,146.76
补贴收入:	-
营业外收支净额:	-8,239,702.01
经营活动产生的现金流量净额:	310,316,994.83
现金及现金等价物净增加额:	264,343,356.75
注:扣除所得税影响后的非经常性损益项目及金额:	-6,315,850.90
其中:(1)营业外收入:	260,456.12
(2)营业外支出:	-7,905,838.06
(3)短期投资收益及处置股权投资收益:	1,329,531.04

2、主要会计数据和财务指标(合并报表,单位:人民币元)

项目	2002.12.31	2001.12.31
主营业务收入	1,562,796,827.50	1,603,742,305.84
净利润	152,342,555.51	150,111,809.03
总资产	2,761,535,381.93	2,321,605,879.98
股东权益	1,324,572,601.96	756,959,658.72
每股收益	0.42	0.4842
每股收益(按月加权法计算)	0.44	0.4842
每股收益(扣除非经常性损益)	0.44	0.4864
每股净资产(元)	3.64	2.4418
调整后的每股净资产	3.634	2.4348
每股经营活动产生的每股现金流量净额	0.85	1.19
净资产收益率(%)	11.50	19.83
加权净资产收益率(%)	12.88	18.99

项目	2000.12.31
主营业务收入	1,470,275,397.69
净利润	97,568,149.96
总资产	2,287,439,157.79
股东权益	715,347,849.69
每股收益	0.3147
每股收益(按月加权法计算)	0.3147
每股收益(扣除非经常性损益)	0.2768
每股净资产(元)	2.31
调整后的每股净资产	2.29
每股经营活动产生的每股现金流量净额	0.64
净资产收益率(%)	13.64
加权净资产收益率(%)	12.33

3、利润分配表附表

项目	金额(元)	净资产收益率(%)	
		全面摊薄	加权平均
主营业务利润	313,831,265.15	23.69	26.45
营业利润	187,924,176.12	14.19	15.89
净利润	152,342,555.51	11.50	12.88
扣除非经常性损益后的净利润	158,658,406.41	11.98	13.42

项目	每股收益(元/股)	
	全面摊薄	加权平均
主营业务利润	0.86	0.91
营业利润	0.52	0.54
净利润	0.42	0.44
扣除非经常性损益后的净利润	0.44	0.46

4、报告期内股东权益变动情况(单位):人民币元

项目	期末数	本期增加
股本	364,000,000	54,000,000
资本公积	856,450,087.46	471,170,387.73
盈余公积	97,754,404.08	38085638.88
其中:公益金	20,001,125.73	7,617,127.78
未分配利润	6,368,110.42	5,056,916.63
股东权益合计	1,324,572,601.96	568,312,943.24

项目	本期减少	期初数
股本	-	310,000,000
资本公积		385,279,699.73
盈余公积		59,668,765.20
其中:公益金		12,383,997.95
未分配利润		1,311,193.79
股东权益合计		756,259,658.72

变动原因:
(1)股本增加是因为本年度增发了5400万新股;
(2)资本公积增加是因为增发新股后募集资金524,970,387.73元(已扣除发行费用);
(3)盈余公积增加是因为本年度税后利润分配;
(4)未分配利润增加是分配利润后的剩余数增加;
(5)股东权益增加同(2)。

三、股本变动及股东情况

1、股东情况介绍
(1)、本公司报告期末,公司在深圳证券交易所结算公司登记的股东共有41073户。
(2)、持有本公司5%(含5%)以上股份的股东和前十位股东持股情况。

名次	股东名称	年末持股数(股)	占股本比例(%)
1	云南冶金集团总公司	230,000,000	63.19
2	西北证券股份有限公司	3,712,424	1.02
3	华安创新证券投资基金	3,373,850	0.93
4	科瑞证券投资基金	3,351,320	0.92
5	奥伊尔投资管理有限责任公司	3,218,988	0.88
6	大成价值增长证券投资基金	1,589,063	0.44
7	安信证券投资基金	1,523,555	0.42
8	裕泽证券投资基金	1,344,528	0.37
9	易方达平稳增长证券投资基金	1,313,237	0.36
10	上海申能资产管理有限公司	1,103,141	0.3

说明:
A、云南冶金集团总公司为本公司最大持股股东,代表国家持有本公司股份23000万股;
B、前10名股东中,国有法人股股东云南冶金集团总公司与其它股东之间不存在关联关系,也不属于《上市公司持股变动信息披露管理办法》中规定的一致行动人;其它流通股股东之间是否存在关联关系、是否属于《上市公司持股变动信息披露管理办法》中规定的一致行动人,本公司不清楚;
C、持有本公司5%以上(含5%)股份的股东仅有云南冶金集团总公司一家,本年度内其所持股份无增减变动情况,未发生质押或冻结的情况。
(3)、公司控股股东情况介绍
控股股东名称:云南冶金集团总公司
法定代表人:陈智
成立日期:1989年2月
注册资本:5.5119亿元
股权结构:国有独资
经营范围:主营矿产品、冶金产品及副产品、延伸产品;兼营冶金生产建设所需材料及设备,冶金技术开发、转让及培训,农副产品,工艺美术品(不含金银首饰)。
报告期内本公司控股股东没有发生变更。
(4)公司没有其它持股10%以上(含10%)的法人股东。

四、董事、监事、高级管理人员和员工情况

1、董事、监事、高级管理人员情况
(1)董事、监事、高级管理人员基本情况

姓名	姓别	出生年月	职务	任期起止日期
陈智	男	1947.8	董事长	2001.3--2004.3
代祖让	男	1946.6	副董事长	2001.3--2004.3
朱崇仁	男	1945.10	董事	2001.3--2004.3
田永	男	1960.1	董事、总经理	2001.3--2004.3
周昌武	男	1962.7	董事、党委书记	2001.12--
丁吉林	男	1967.11	董事、副总经理	2001.3--2004.3
武绍清	男	1952.7	董事	2001.3--2004.3
段曰灿	男	1944.10	董事	2001.3--2004.3
周环	男	1961.5	董事	2001.3--2004.3
金恩淑	女	1967.10	独立董事	2002.4--2004.3
孙振武	男	1948.12	独立董事	2002.4--2004.3
董英	男	1955.10	监事会召集人	2001.3--2004.3
彭治平	男	1945.10	监事	2001.3--2004.3
张自义	男	1964.9	监事	2001.3--2004.3
郭天承	男	1949.11	监事	2001.3--2004.3

刘刚	男	1950.6	监事	2001.3--2004.3
董仕毅	男	1963.10	副总经理	2001.12--2004.3
陈德斌	男	1966.11	副总经理	2001.12--2004.3
李洪	男	1965.10	党委副书记	2001.3--
万多稳	男	1969.11	党委副书记	2001.12--2004.3
谢孝华	女	1954.3	总会计师	2001.12--2004.3
张文伟	男	1968.10	董事会秘书	2001.3--2004.3

姓名	年初持股数(股)	增发新股增加(股)	年初持股数(股)
陈智			
代祖让	5000	1500	6500
朱崇仁			
田永	5000	6668	11668
周昌武			
丁吉林			
武绍清	5000	1500	6500
段曰灿			
周环	5000	1500	6500
金恩淑			
孙振武			
董英			
彭治平	4000	1200	5200
张自义	4000	1200	5200
郭天承	4000		4000
刘刚	3000		3000
董仕毅	5000	1500	6500
陈德斌	4900		4900
李洪	5000	1500	6500
万多稳			
谢孝华	5000	1500	6500
张文伟	1000		1000

说明:① 董事长陈智先生在本公司控股股东云南冶金集团总公司任董事长、总经理;

② 副董事长代祖让先生在本公司控股股东云南冶金集团总公司任副总经理;

③ 董事朱崇仁先生在本公司控股股东云南冶金集团总公司任副总经理;

④ 监事会召集人董英先生在本公司控股股东云南冶金集团总公司副总经理;

⑤ 监事彭治平先生在本公司控股股东云南冶金集团总公司任副总经济师兼资产经营部主任;

⑥ 监事张自义先生在本公司控股股东云南冶金集团总公司任副总会计师兼财务部主任;

(2)董事、监事和高级管理人员年度报酬情况

① 报酬的决策程序:根据《公司章程》的有关规定,董事、监事的报酬由股东大会决定,高级管理人员的报酬由董事会决定;

② 报酬的确定依据:公司二届五次董事会审议通过的《关于2002 年对领导班子实行年薪制及奖励办法的议案》;

③ 现任董事、监事和高级管理人员领取的年度报酬总额为 322.6 万元(其中未包括陈智先生、代祖让先生、朱崇仁先生、董英先生,因其年度报酬还未确定),金额最高的前三名董事的报酬总额为 89.6 万元,金额最高的前三名高级管理人员的报酬总额为 76.8 万元。

④ 独立董事金恩淑女士、孙振武先生的津贴为每月 1000 元,此外不再在公司领取其它报酬。

⑤ 公司董事、监事和高级管理人员中有 12 人在公司领取报酬,年度报酬总额为 275.6 元,其中年度报酬总额为 32 万元的 2 人,25.6 万元的 7 人,22.4 万元的 1 人,5 万元至 6 万元的 2 人

董事长陈智先生、副董事长代祖让先生、董事朱崇仁先生、段曰灿先生、周环先生、监事会召集人董英先生、监事彭治平先生、张自义先生不在公司领取报酬,其中,董事长陈智先生、副董事长代祖让先生、董事朱崇仁先生、监事会召集人董英先生、监事彭治平先生、张自义先生在本公司控股股东云南冶金集团总公司领取报酬。

(3)报告期内离任的董事、监事及高级管理人员

报告期内,董事刘宗全先生、武佩雄先生因工作变动请求辞去董事职务,获 2002 年 5 月 20 日召开的公司 2001 年度股东大会审议通过,公告内容刊登在 2002 年 5 月 22 日的《中国证券报》和《证券时报》上。无监事和高级管理人员离任的情况。

2、公司员工数量、专业构成、教育程度及退休职工人数情况

本公司现有职工 3240 人,其中:生产人员 2661 人,销售人员 32 人,技术人员 213 人,财务人员 33 人,行政人员 301 人,本科以上文化程度的人员有 228 人,大专文化程度的人员有 467 人,中专以上文化程度的人员有 1027 人,无退休人员。

五、公司治理结构

1、公司治理情况

公司严格按照《公司法》、《证券法》和国家有关法律法规的规定,不断完善公司法人治理结构、建立现代企业制度、规范公司运作。报告期间内,公司按照《上市公司治理准则》、《股东大会规范意见》等要求,修改了《公司章程》。公司治理的实际情况与中国证券监督管理委员会发布的有关上市公司治理的规范性文件基本不存在差异。

2、独立董事履行职责情况

报告期间内,公司董事会根据中国证监会发布的《关于在上市公司建立独立董事制度的指导意见》的规定要求,在 2002 年 4 月 11 日召开的二届六次董事会上审议通过了《关于提名金恩淑女士为独立董事候选人的预案》和《关于提名孙振武先生为独立董事候选人的预案》;在 2002 年 5 月 20 日召开的 2001 年度股东大会上选举了金恩淑女士、孙振武先生为公司独立董事。以上二位独立董事参加了公司二届七次、二届八次、二届九次董事会,并对公司关联交易发表了意见。

3、报告期内,本公司与控股股东在业务、人员、资产、机构、财务等方面分开的情况:

报告期内本公司业务独立、人员独立、资产完整、机构独立、财务独立,实行了与控股股东在业务、人员、资产、机构、财务上的分开;

业务方面:公司拥有独立的采购和销售业务部门;

人员方面:按公司法及有关法律法规的要求,本公司总经理、财务负责人、董事会秘书、财务人员均属专职,公司设有独立的劳动、人事及工资管理机构,总经理、副总经理及其它高级管理人员均在本公司领取报酬,未在股东单位担任职务;

资产方面:公司拥有独立的生产系统、辅助生产系统和配套设施;拥有独立的"云海"牌注册商标,拥有独立的自主知识产权;

机构方面:公司设立独立的行政管理部门;

财务方面:公司拥有独立的财务部门和财务人员,并建立了独立的会计核算体系和财务管理制度,开立有独立的银行帐户。

4、报告期内公司对高级管理人员的考评及激励机制、相关奖励制度:公司一届九次董事会审议通过的《关于 2002 年对经理班子实行年薪制和奖励办法的议案》,规定了相关方面的内容,并已严格执行。

六、股东大会简介

本报告年度内召开了云南铝业股份有限公司 2001 年度股东大会。

1、股东大会的通知、召集、召开情况

公司于 2002 年 5 月 10 日在《中国证券报》和《证券时报》上刊登了召开 2001 年度股东大会的公告;2002 年 5 月 20 日,2001 年度股东大会在云南铝业股份有限公司本部召开,会议由董事长陈智先生主持。

2、股东大会通过了如下决议:

(1)审议《2001 年度董事会工作报告》;
(2)审议《2001 年度监事会工作报告》;
(3)审议《2001 年度利润分配的议案》;
(4)审议《续聘天一会计师事务所有限责任公司负责公司审计工作及报酬议案》;
(5)审议《关于进行第二电解分厂环境治理节能技术改造工程的议案》;
(6)审议《关于刘宗全先生辞去董事职务的议案》;
(7)审议《关于武佩雄先生辞去董事职务的议案》;
(8)审议《关于选举周昌武先生为公司董事的议案》;
(9)审议《关于选举丁吉林先生为公司董事的议案》;
(10)审议《关于选举孙振武先生为公司独立董事的议案》;
(11)审议《关于选举金恩淑女士为公司独立董事的议案》;
(12)审议《关于独立董事津贴的议案》;
(13)审议《关于进行套期保值业务的议案》;
(14)审议《关于增加公司注册资本的议案》;
(15)审议《关于修改公司章程的议案》;
(16)审议《关于参与证券市场短期投资的议案》。

3、报告期内选举、更换公司董事、监事的情况。

报告期内, 2002 年 5 月 8 日召开的公司 2001 年度股东大会审议通过了关于刘宗全先生、武佩雄先生辞去董事职务的议案;审议通过了选举周昌武先生、丁吉林先生为公司董事的议案;审议通过了选举金恩淑女士、孙振武先生为公司独立董事的议案。以上公告内容刊登在 2002 年 5 月 22 日的《中国证券报》和《证券时报》上。

七、董事会报告

1、经营情况分析与讨论

本公司是中国国家有色金属协会确定的中国十三家重点铝企业之一。公司的主营业务是铝冶炼、铝加工产品、炭素及炭素制品的生产和销售。2002 年主要进行的是铝冶炼、铝加工产品的生产和销售。公司 2002 年实现电解铝产量 125168 吨,较上年同期 123998 吨增加 1170 吨;实现主营业务收入 1,562,796,827.50 元元,较上年同期 1,603,742,305.84 元下降 2.55%;实现主营业务利润 313,831265.15 元, 较上年同期 286,648,127.44 元增长 9.48%; 实现净利润 152,342,555.51 元,较上年同期 150,111,809.03 元增长 1.49%。

2、主营业务范围及经营情况

(1) 经营状况:.

A、按行业划分　　单位:人民币元

项目	主营业务收入 2002.12.31	2001.12.31
铝锭	1,126,939,127.28	1,263,926,337.61
铝加工产品	435,857,700.22	339,815,968.23
合计	1,562,796,827.50	1,603,742,305.84

项目	主营业务成本 2002.12.31	2001.12.31
铝锭	869,707,155.70	1,014,817,277.17
铝加工产品	377,968,768.30	300,751,769.33
合计	1,247,675,924.00	1,315,569,046.50

B、按地区划分　　单位:人民币元

地区	行业	主营业务收入 2002.1-12	2001.1-12
国内	铝锭	532,575,629.46	869,152,746,.72
	铝加工产品	432,246,821.38	339,815,968.23
国外	铝锭	594,363,497.82	394,773,590.89
	铝加工产品	3,610,878.84	
合计		1,562,796,827.50	1,603,742,305.84

地区	主营业务成本 2002.1-12	2001.1-12
国内	404,256,137.79	696,688,362.09
	374,759,230.95	300,751,769,.33
国外	465,451,017.91	318,128,915.08
	3,209,537.35	
合计	1,247,675,924.00	1,315,569,046.50

(2)公司主要控股公司及参股公司的经营情况及业绩　　单位:人民币元

名称	主营业务收入	主营业务利润	控股比例
云铝上海经营部	8,510,630.30	81,014.12	100%
云铝装饰分公司	3,484,995.72	607,258.05	100%

(3)公司未来源于单个参股公司的投资收益对公司净利润影响达到 10%以上的情况。

(4)主要供应商、客户情况:

本公司向前 5 名供应商合计的采购金额占年度采购总额的 54.1%;向前 5 名客户销售额合计占公司销售总额的 83.35%。

(5)在经营中出现的问题与困难及解决方案

2002 年铝产品销售价格整体低于 2001 年,公司通过开发人力资源、整合管理体系、调整营销策略,在很大程度上消化了不利因素,降低了经营成本,全年仍取得了较好的效益;另外,电价仍然是限制企业发展的主要因素,公司将继续向国家有关部门及地方政府广泛进行呼吁和反映,争取电价方面的优惠政策。

2、报告期内的投资情况

(1)报告期内,公司根据中国证券监督管理委员会 3 月 20 日下发的证监发行字[2001]106 号《关于核准云南铝业股份有限公司增发股票的通知》,增发不超过 6000 万股新股(A 股),该项工作于 4 月 2 日结束,最终增发 5400 万股,扣除发行费用后,实际募集资金 524,970,387.73 元。

(2)募集资金全部用于"第二电解分厂环境治理、节能技术改造工程"项目,截止 2002 年 12 月 31 日,增发新股募集资金已使用 228,436,094.00 元,项目施工进度与增发募集说明书中的承诺一致。

"第二电解分厂环境治理、节能技术改造工程"项目原计划采用 250KA 预焙槽技术,改造第二电解分厂原 60KA 的自焙槽,相应改造烟气净化系统。项目投资 7.8 亿元,该投资规模未含与之相配套的预焙阳极生产线等配套设施的建设资金,为单一的电解铝项目。

在"第二电解分厂环境治理、节能技术改造工程"项目的前期组织、实施的同时,本公司密切关注国际、国内铝工业发展的动态,并根据国家计委、国家经贸委下发的《当前国家重点鼓励发展的产业、产品和技术目录》中有色金属行业鼓励发展的是"280KA 以上预焙槽电解铝技术"的指导思想,在国内 300KA 电解槽技术已相对发展成熟的前提下,为更进一步提升公司电解设备的技术水平、提高电解设备的节能降耗性能及人员的劳动生产率,更充分地利用公司已有的场地、技术及设备,

本公司提出了采用300KA 预焙阳极电解槽、对现有阳极炭块生产线进行填平补、配套的供电设施、烟气净化系统等，把"第二电解分厂环境治理节能技术改造"工程从一个单一的电解铝项目提升为具有完整配套设施的系统的"十五"技改项目。"第二电解分厂环境治理、节能技术改造工程"总投资金额的变化主要为项目审批口径及技术参数变化增加了部分配套设施所致，项目的施工进度不变，建设期仍为三年(有关事项本公司已在 2001 年 12 月 5 日的《中国证券报》、《证券时报》本公司的董事会决议公告中予以披露)。

(3)报告期内承诺投资项目、进度与实际投资项目进度比较：

承诺投资项目	第二电解分厂环境治理节能改造工程
实际投资项目	第二电解分厂环境治理节能改造工程
募集资金使用计划进度	40%
募集资金使用实际进度	43.53%

说明：截止 2002 年底，公司募集资金投入项目进展顺利，其中：炭素部分焙烧车间及炭块转运站土建部份已完工，正式进入筑炉阶段，煅烧及成型配套工程开工建设；电解部分新建段 100 台槽主厂房已完工 80%，样槽制作已通过正式验收，并投入批量制作，氧化铝储运及烟气净化系统同步展开施工，变电整流部分已进入最终设计阶段；铁路运输增容改造已正式委托昆明铁路局作施工图设计；完成了全部进口设备及主要国产大型设备的定货，工程所需材料已陆续进厂。至 2002 年底已投入募集资金 228,436,094.00 元，占募集资金总量的 43.53%。

(3)报告期内，公司没有非募集资金投资的重大项目

3、公司财务状况、经营成果的分析

项目	2002 年 12 月 31 日(元)	2001 年 12 月 31 日(元)	增减(%)
总资产	2,761,535,381.93	2,321,605,879.98	19.95
股东权益	1,324,572,601.96	756,959,658.72	74.99
	2002 年(元)	2001 年(元)	
主营业务利润	313,831,265.15	286,648,127.44	9.48
净利润	152,342,555.51	150,111,809,.03	1.49
现金及现金等价物	261,343,356.75	65,601,480.00	302.94

变动原因：

总资产增加，主要是增发新股所致；股东权益增加，主要是增发新股所致；主营业务利润增加，主要是公司调整营销策略、扩大盈利空间及四季度产品市场价格上涨所致；净利润增加，是因为主营业务利润增加；现金及现金等价物增加，主要是增发新股所致。

4、生产经营环境、宏观政策、法规的变化对公司产生的影响

2003 年公司面临的主要问题，一是随着"第二电解分厂环境治理节能改造"工程的进度，原60KA 自焙阳极电解槽将于 6 月底拆除，全年将减少部份产量；二是主要原材料氧化铝价格上涨，将给公司生产经营带来一定压力；三是按云计价格[2002]1472 号文件《云南省计委关于实施城乡用电同价相应调整省电网销售电价的通知》，本公司 2003 年起用电价格调整为约 0.2556 元/kWh(不含税)，比 2002 年上涨约 0.0206 元/kWh(不含税)，根据生产经营计划，预计 2003 年因电价上涨因素将导致公司生产总成本增加约 3000 万元左右。对于电价问题，公司充分讨论了电价上调导致生产总成本上升的问题后，认为通过加强管理，采取切实可行的措施，把 2003 年因电价上涨因素将导致公司生产总成本上升的额度控制在 2000 万元以内。

5、新年度经营计划

(1)公司在稳定现有产能的基础上，将最大限度地发挥电解生产能力，增加加工产品的产销量；

(2)进一步挖掘内部潜力，提高产品的科技含量，降低生产成本；

(3)继续实行务实的营销策略，在国内与国外、期货与现货市场上灵活调配，扩大盈利空间；

(4)将加快"第二电解分厂环境治理节能技术改造工程"建设进度，在抓好工期、质量和成本管理的基础上，力争早日投产，以较好的效益回报广大股东。

6、会计师事务所对本公司出具了无保留意见的审计报告；

7、董事会日常工作情况

(1)报告期内董事会共召开五次会议。

① 二届五次董事会于 2002 年 3 月4 日召开，应到会董事9 人，实到9 人，会议讨论并一致通过了如下决议：

A、《关于提取 2001 年度奖金的议案》；

B、《关于兑现 2001 年公司领导班子年薪的议案》；

C、《关于 2002 年对领导班子实行年薪制及奖励办法的议案》；

D、《2001 年度利润分配预案》；

E、《2001 年度报告及摘要》；

F、《2002 年利润分配政策的议案》；

G、《关于进行套期保值业务的预案》；

H、《关于续聘会计师事务所的预案》；

I、《关于续聘法律顾问的议案》；

J、《刘宗全先生辞去董事职务的预案》；

K、《武佩雄先生辞去董事职务的预案》；

L、《关于补选周昌武先生为公司董事的预案》；

M、《关于补选丁吉林先生为公司董事的预案》；

N、《关于 2002 年奖金计提办法的议案》；

O、《关于召开股东大会的议案》。

以上决议公告刊登在 2002 年 3 月 6 日的《中国证券报》和《证券时报》上。

② 二届六次董事会于 2002 年 4 月 11 日召开，应到会董事9 人，实到9 人，会议讨论并一致通过了如下决议：

A《关于修改〈2001 年度利润分配预案〉的预案》；

经天一会计师事务所有限责任公司审计，本公司 2001 年度实现净利润 150,111,809.03 元，加期初未分配利润 5,432,927.46 元，可供分配的利润为 155,544,736.49 元，提取 10%的法定盈余公积金 15,011,180.90 元、提取 5%的法定公益金 7,505,509.45 元、提取 15%的任意盈余公积金 22,516,771.35 元后，2001 年底可供股东分配的利润为 133,027,965.14 元。

公司二届五次董事会通过的《2001 年度利润分配预案》是"以公司总股本 31000 万股为基数，每 10 股派发现金红利 3.5 元(含税)，剩余 2,011,193.79 元留待以后年度分配。2001 年度本公司不再进行资本公积金转增股本。"

目前公司已增发新股 5400 万股，总股本由原来 31000 万股增加至 36400 万股，现决定将《2001 年度利润分配预案》修改为"以公司总股本 36400 万股为基数，每 10 股派发现金红利 3 元(含税)，剩余 1,311,193.79 元留待以后年度分配。2001 年度本公司不再进行资本公积金转增股本。"

本预案须经下一次股东大会审议通过。

B、《2002 年第一季度季度报告》；

C、《关于提名孙振武先生为公司独立董事候选人的议案》；

D、《关于提名金恩淑女士为公司独立董事候选人的议案》；

E、《关于参与证券市场短期投资的预案》；

根据十五届四中全会关于允许"三类企业"介入证券市场的精神及中国证监会证监发字[1999]121 号《关于法人配售股票有关问题的通知》的规定，为进一步发挥资金效率，同时积累在证券市场上运作的经验，决定利用间歇性资金，参与证券市场运作。授权公司经理班子就以下方面进行运作：买卖股票；买卖国债；国库券买卖；单次单只(股票、国债、国库券)运作资金总额不超过 20000 万元人民币(含本数)。

本议案须经公司下一次股东大会讨论通过。

F、《关于修改公司章程部分条款的预案》；

G、《增加注册资本的预案》；

由于公司已增发新股 5400 万股，决定将注册资本由 31000 万元增加至 36400 万元。此预案须提交下一次股东大会审议通过。

H、《聘请的独立董事津贴的预案》；

I、《关于召开 2001 年度股东大会的议案》；

以上决议公告刊登在 2002 年 4 月 13 日的《中国证券报》和《证券时报》上。

③ 二届七次董事会于 2002 年 6 月 24 日召开，应到会董事 11 人，实到 11 人，会议讨论并一致通过了《上市公司建立现代企业制度自查报告》，此决议内容未公告。

④ 二届八次董事会于 2002 年 7 月 17 日召开，应到会董事 11 人，实到 11 人，会议讨论并一致通过了如下决议：

A、《关于 2002 年半年度利润分配议案》

公司 2002 年上半年实现主营业务收入 760,017,717.85 元，实现利润总额 85,616,709.04 元，实现净利润 72,297,378.34 元，扣除非经常性损益后的净利润为 76,513,549.70 元，考虑到公司发展需要，上半年不进行利润分配，也不实施资本公积金转增股本。

B、《2002 年半年度报告及摘要》。

以上决议公告刊登在 2002 年 7 月 19 日的《中国证券报》和《证券时报》上。

⑤ 二届九次董事会于 2002 年 10 月 16 日召开，应到会董事 11 人，实到 11 人，会议讨论并一致通过了如下决议：

1、《2002 年三季度季度报告》；

2、《关于与云南冶金集团总公司签订〈补充协议书之二〉》。

本公司与云南冶金集团总公司于 2000 年 12 月 10 日签订了《补充协议书》(该关联交易公告刊登在 2000 年 12 月 14 日的《中国证券报》和《证券时报》上)，因该《补充协议书》执行期已满，经双方协商决定在保持协议内容不变的情况下续签《补充协议书之二》。因该议案涉及的事项为关联交易，因此，3 名关联方董事在表决时已按规定进行了回避，参加表决的 8 名董事全票通过了该项议题，本公司独立董事孙振武、金恩淑就该关联交易事项发表了独立意见。

以上决议公告刊登在 2002 年 10 月 18 日的《中国证券报》和《证券时报》上。

(2)、董事会对股东大会决议的执行情况

A、2001 年临时股东大会审议通过了增发不超过 6000 万股新股(A 股)的有关议案，经中国证券监督管理委员会 3 月 20 日下发的证监发行字[2001]106 号《关于核准云南铝业股份有限公司增发股票的通知》批准，已于 2002 年 4 月实施完毕。

B、2001 年度股东大会决议通过了以本公司总股本 36400 万股计算，10 股派发现金红利 3.0 元(含税)，剩余利润留待以后年度分配，本年度不再进行资本公积金转增股本的方案。此方案公司董事会已于 2002 年 7 月 16 日实施。

8、本次利润分配预案或资本公积金转增股本预案。

经天一会计师事务所有限责任公司审计，本公司 2002 年实现净利润 152,342,555.51 元，提取 10%的法定盈余公积金 15,234,255.55 元，提取 5%的法定公益金 7,617,127.78 元，提取 10%的任意盈余公积金 15,234,255.55 元后，2002 年底可供投资者分配的利润为 114,256,916.63 元。加年初未分配利润 1,311,193.79 元，2002 年度末可供投资者分配的利润为 115,568,110.42 元。

以公司总股本 36400 万股为基数，每 10 股派发现金红利 3 元(含税)，剩余 6,368,110.42 元留待以后年度分配。2002 年度本公司不再进行资本公积金转增股本。此议案须经股东大会审议通过。

9、报告期内，公司选定的信息披露媒体没有变更。

八、监事会报告

1、监事会日常工作：

(1)二届三次监事会于 2002 年 3 月4 日召开，审议并通过了如下决议：

A、《2001 年年度报告及摘要》；

B、《2001 年度监事会工作报告》。

以上决议公告刊登在 2002 年 3 月 6 日的《中国证券报》和《证券时报》上。

(2)二届四次监事会于 2002 年 4 月 11 日召开，审议并通过了《2002 年第一季度报告》，决议公告刊登在 2002 年 4 月 13 日的《中国证券报》和《证券时报》上。

(3)二届五次监事会于 2002 年 7 月 17 日召开，审议并通过了《2002 年半年度报告及摘要》，决议公告刊登在 2002 年 7 月 19 日的《中国证券报》和《证券时报》上。

(4)二届六次监事会于 2002 年 10 月 16 日召开，审议并通过了如下决议：

A、《2002 年三季度季度报告》；

B、《关于与云南冶金集团总公司签订〈补充协议书之二〉》

以上决议公告刊登在 2002 年 10 月 18 日的《中国证券报》和《证券时报》上。

2、法运作情况：2002 年度，公司董事会按照股东大会的决议要求，履行了各项决议，其决策程序符合《公司法》和《公司章程》的有关规定；公司也已建立了内部控制制度；未发现公司董事及经理层等高级管理人员在执行公司职务时，有违反法律、法规、公司章程或损害公司利益的行为。

3、报告期内，天一会计师事务所有限责任公司出具的无保留意见审计报告真实反映了公司的财务状况和经营成果。

4、公司最近一次募集资金实际投入项目与承诺的投入项目一致。

5、报告期内公司无收购、出售资产的情况，无内幕交易，也没有损害部分股东权益或造成公司资产流失的行为。

6、报告期内，公司的关联交易公平，没有损害本公司的利益。

7、报告期内，会计师事务所没有出具有解释性说明、保留意见、拒绝表示意见或否定意见的审计报告。

九、重要事项

1、报告期内公司无重大诉讼、仲裁事项。

2、报告期内，公司无收购及出售资产、吸收合并的事项。

3、重大关联交易事项

(1) 本公司进出口业务主要由云南冶金集团进出口有限公司代理，比照市场价格收取代理费。本公司与该公司签署委托代理协议，根据协议，本公司 2002 年 1—12 月共付给该公司进出口业务代理费为 2,080,272.24 元。

(2)2002 年 10 月 16 日本公司与云南冶金集团总公司签定《补充协议》，该协议规定，本公司每年需支付云南冶金集团总公司综合服务费 566 万元/年，房屋、土地使用权租赁费 314 万元，以上费用共计 880 万元/年，协议有效期 10 年。该协议已在 2002 年 10 月 18 日的《中国证券报》和《证券时报》上进行了公告。2002 年 1—12 月已支付 880 万元。

(3)本公司长期贷款中 24,350 万元一期技改贷款，均由云南冶金集团总公司提供担保。

4、重大合同及履行情况

(1)报告期内，无托管、承包、租赁其他公司资产或其他公司托管、承包、租赁上市公司资产的事项。

(2)报告期内公司无履行及尚未履行完毕的担保合同；

(3)报告期内公司无委托他人进行现金资产管理事项，未来也没有委托理财计划；

5、报告期内或持续到报告期内，公司或持股 5%以上的股东没有任何承诺事项。

6、报告期内，公司续聘天一会计师事务所有限责任公司担任本公司的审计工作。公司最近两年内支付给会计师事务所的报酬如下：

2002 年	2001 年
年报审计费(万元)	中报及年报审计费(万元)
30	38

注:该公司没有在本公司收取除财务审计费用外的其它任何费用。

7、报告期内,公司、公司董事会及董事、高级管理人员没有受监管部门处罚的情况。

8、其他重大事项:

(1)本公司套期保值业务的期货交易种类主要系铝锭。截止 2002 年 12 月 31 日尚未到期合约的持仓量为 2841 手,共计占用期货保证金 9,676,547.50 元;

(2)据中国工商银行(2003)1 号同意函,本公司国债项目电解铝技术改造技改帖息贷款已获总金额 8.88 亿元贷款承诺;

(3)根据云计价格[2002]1472 号文,按照省政府和国家计委批准的云南省城乡用电价工作实施方案,省电网将按用电分类,对工业用电价作适当调整。调整后的销售电价从 2002 年 12 月 15 日抄电量量执行。本公司具体执行电价,目前公司正在与云南电力集团有限公司协商。本年度仍按原电价执行。

(4)根据公司董事会决议,拟撤销云铝上海经营部、云铝装饰分公司。相关的工商注销手续将在 2003 年内完成。

十、财务报告

(一)审计意见

审计报告

云南铝业股份有限公司全体股东:

我们接受委托,审计了云南铝业股份有限公司(以下简称贵公司)二 OO 二年十二月三十一日的合并资产负债表、二 OO 二年度的合并利润表和合并现金流量表;以及二 OO 二年十二月三十一日的母公司资产负债表、二 OO 二年度的母公司利润表和现金流量表。这些会计报表由贵公司负责,我们的责任是对这些会计报表发表审计意见。我们的审计是依据《中国注册会计师独立审计准则》进行的。在审计过程中,我们结合贵公司的实际情况,实施了包括抽查会计记录等我们认为必要的审计程序。

我们认为,上述会计报表符合《企业会计准则》和《企业会计制度》的规定,在所有重大方面公允地反映了贵公司二 OO 二年十二月三十一日的财务状况及二 OO 二年度的经营成果和现金流量情况,会计处理方法的选用遵循了一贯性原则。

天一会计师事务所有限责任公司　　中国注册会计师:黄俊

2003 年 1 月 22 日　　中国注册会计师:魏勇

(二)会计报表

资产负债表(一)

编制单位:云南铝业股份有限公司　　单位:人民币元

资产	2002 年 12 月 31 日	
项目	合并数	母公司
流动资产:		
货币资金	533,746,120.78	532,959,696.20
短期投资	-	-
应收票据	-	-
应收股利	-	-
应收利息	-	-
应收帐款	7,095,163.02	7,209,666.22
其它应收款	16,404,308.70	16,362,388.92
预付帐款	3,313,056.09	3,313,056.09
应收补贴款	-	-
存货	306,050,286.08	305,797,485.64
待摊费用	78,868.80	60,448.80
一年内到期的长期债权投资	-	-
其他流动资产	-	-
流动资产合计	866,687,803.47	865,702,741.87
长期投资:		
长期股权投资	8,392,344.46	10,352,830.62
长期债权投资	-	-
长期投资合计	8,392,344.46	10,352,830.62
固定资产:		
固定资产原价	2,015,039,420.24	2,014,337,119.85
减:累计折旧	437,815,557.71	437,360,068.57
固定资产净值	1,577,223,862.53	1,576,977,051.28
减:固定资产减值准备	3,362,337.11	3,362,337.11
固定资产净额	1,573,861,525.42	1,573,614,714.17
工程物资	107,533,049.51	107,533,049.51
在建工程	194,009,873.60	194,009,873.60
固定资产清理	6,988,057.65	6,988,057.65
固定资产合计	1,882,392,506.18	1,882,145,694.93
无形资产及递延资产:		
无形资产	3,340,595.00	3,340,595.00
长期待摊费用	722,132.82	722,132.82
其他长期资产	-	-
无形资产及其他资产合计	4,062,727.82	4,062,727.82
递延税项:		
递延税款借项		-
资产总计	2,761,535,381.93	2,762,263,995.24
负债及股东权益	2002 年 12 月 31	
项目	合并数	母公司
流动负债:		
短期借款	294,400,000.00	294,400,000.00
应付票据	-	-
应付帐款	162,552,527.11	163,429,766.56
预收帐款	20,083,744.30	20,083,744.30
应付工资	32,028,927.28	32,028,927.28
应付福利费	15,260,533.09	15,260,533.09
应付股利	109,200,000.00	109,200,000.00
应交税金	13,919,633.08	13,772,261.61
其他应交款	540,364.46	539,109.79
其他应付款	30,270,546.65	30,270,546.65
预提费用	33,443,104.00	33,443,104.00
预计负债	-	-
一年内到期的长期负债	68,500,000.00	68,500,000.00
其他流动负债	-	-
流动负债合计	780,199,379.97	780,927,993.28
长期负债:		
长期借款	575,000,000.00	575,000,000.00
应付债券	-	-
长期应付款	-	-
专项应付款	81,763,400.00	81,763,400.00
其他长期负债	-	-
长期负债合计	656,763,400.00	656,763,400.00
递延税项:	-	
递延税款贷项	-	-
负债合计	1,436,962,779.97	1,437,691,393.28
股东权益:		
股本	364,000,000.00	364,000,000.00
减:已归还投资		-
股本净额	364,000,000.00	364,000,000.00
资本公积	856,450,087.46	856,450,087.46
盈余公积	97,754,404.08	97,754,404.08
其中:法定公益金	20,001,125.73	20,001,125.73
未分配利润	6,368,110.42	6,368,110.42
股东权益合计	1,324,572,601.96	1,324,572,601.96
负债及股东权益总计	2,761,535,381.93	2,762,263,995.24

利润及利润分配表

2002 年度

编制单位:云南铝业股份有限公司　　单位:人民币元

项目	2002 年度
一、主营业务收入	1,562,796,827.50
减:主营业务成本	1,247,675,924.00
主营业务税金及附加	1,289,638.35
二、主营业务利润(亏损以"-"号填列)	313,831,265.15
加:其他业务利润(亏损以"-"号填列)	1,363,276.49
减:营业费用	33,432,688.81
管理费用	63,324,058.27
财务费用	30,513,618.44
三、营业利润(亏损以"-"号填列)	187,924,176.12
加:投资收益(损失以"-"号填列)	720,147.76
补贴收入	-
营业外收入	306,418.97
减:营业外支出	8,546,120.98
四、利润总额(亏损总额以"-"号填列)	180,404,621.87
减:所得税(15%)	28,062,066.36
五、净利润(净亏损以"-"号填列)	152,342,555.51
加:年初未分配利润	1311193.79
六、可供分配的利润	153,653,749.30
减:提取法定盈余公积	15,234,255.55
提取法定公益金	7,617,127.78
提取职工奖励及福利基金	
提取储备基金	
提取企业发展基金	
利润归还投资	
七、可供投资者分配的利润	130,802,365.97
减:应付优先股股利	
提取任意盈余公积	15,234,255.55
应付普通股股利	109,200,000.00
转作资本(股本)的普通股股利	
八、未分配利润	6,368,110.42

现金流量表

2002 年度

编制单位:云南铝业股份有限公司　　单位:人民币元

项目	合并金额
一、经营活动产生的现金流量:	
销售商品、提供劳务收到的现金	1,713,380,936.07
收到的税费返还	269,826.00
收到的其他与经营活动有关的现金	728,190.99
现金流入小计	1,714,378,953.06
购买商品、接受劳务支付的现金	1,224,844,025.09
支付给职工以及为职工支付的现金	97,141,881.21
支付的各种税费	66,630,693.64
支付的其他与经营活动有关的现金	15,445,358.29
现金流出小计	1,404,061,958.23
经营活动产生的现金流量净额	310,316,994.83
二、投资活动产生的现金流量:	
收回投资所收到的现金	
取得投资收益所收到的现金	2,137,869.34
处置固定资产、无形资产和其他长期资产而收回的现金净额	-113,980.00
收到的其他与投资活动有关的现金	
现金流入小计	2,023,889.34
购建固定资产、无形资产和其他长期资产所支付的现金	265,790,792.14
投资所支付的现金	
支付的其他与投资活动有关的现金	
现金流出小计	265,790,792.14
投资活动产生的现金流量净额	-263,766,902.80
三、筹资活动产生的现金流量:	
吸收投资所收到的现金	530,423,238.09
借款所收到的现金	434,000,000.00
收到的其他与筹资活动有关现金	6,477,813.57
现金流入小计	970,901,051.66
偿还债务所支付的现金	597,700,000.00
分配股利、利润或偿付利息所支付的现金	149,954,936.58
支付的其他与筹资活动有关的现金	5,452,850.36
现金流出小计	753,107,786.94
筹资活动产生的现金流量净额	217,793,264.72
四、汇率变动对现金的影响	-
五、现金及现金等价物净增加额	264,343,356.75

江汉石油钻头股份有限公司

江汉石油钻头股份有限公司2002年年度报告

第一章 公司基本情况简介

一、公司的法定中、英文名称及缩写
公司法定中文名称:江汉石油钻头股份有限公司
公司法定英文名称:Kingdream Public Limited Company
英文缩写:KPLC
二、公司法定代表人:常子恒
三、公司董事会秘书:赵进斌
证券事务代表:陈任明
联系地址:湖北省潜江市广华前进路江钻股份投资证券部邮编:433124
电话:0728-6518598
传真:0728-6518598
电子信箱:security@kingdream.com
四、公司注册地址:湖北省武汉市洪山区珞瑜路456号邮编:430070
公司办公地址:湖北省武汉东湖新技术开发区庙山小区邮编:430223
公司电子信箱:info@kingdream.com
公司网址:www.kingdream.com.cn
五、公司选定的信息披露报纸:《证券时报》、《上海证券报》
登载公司年度报告的中国证监会指定国际互联网网址:www.cninfo.com.cn
公司年度报告备置地点:公司投资证券部
六、公司股票上市交易所:深圳证券交易所
股票简称:江钻股份
股票代码:000852
七、其他有关资料
公司首次注册登记日期:1998年9月28日
注册地点:湖北省武汉市洪山区珞瑜路456号
公司变更登记日期:2001年6月22日
注册地点:湖北省武汉市洪山区珞瑜路456号
企业法人营业执照注册号:4201001170220
公司税务登记号码:鄂字420101711956260
公司聘请的会计师事务所名称:湖北大信会计师事务有限公司
办公地址:湖北省武汉市中山大道1056号金源世界中心A-B座八楼

第二章 会计数据和业务数据摘要

一、本年度主要利润指标情况

单位:人民币元

利润总额	80,184,744.49
净利润	69,061,746.79
扣除非经常性损益后的净利润	68,470,005.23
主营业务利润	176,940,855.31
其他业务利润	3,634,928.54
营业利润	70,668,597.38
投资收益	3,412,890.72
补贴收入	4,639,745.22
营业外收支净额	1,463,511.17
经营活动产生的现金流量净额	31,053,078.12
现金及现金等价物净增加额	-149,254,758.81

注:扣除的非经常性损益项目和涉及金额

营业外收支	1,104,841.72
短期投资净收益	242,269.26
股权投资差额	193,123.25
股权处置损失	-948,492.67
以上项目涉及金额	591,741.56

二、截至报告期末公司前三年主要会计数据和财务指标

单位:人民币元

项目	2002年	2001年
主营业务收入	411,178,558.31	446,835,153.40
净利润	69,061,746.79	81,552,184.04
总资产	930,706,968.09	1,009,155,741.80
股东权益	648,958,994.20	607,459,593.06
每股收益	0.247	0.291
每股收益(加权)	0.247	0.291
扣除非经常性损益后的每股收益	0.245	0.265
每股净资产	2.32	2.17
调整后的每股净资产	2.22	2.04
每股经营活动产生的现金流量净额	0.11	0.40
净资产收益率	10.64%	13.43%
扣除非经常性损益后的加权净资产收益率	10.67%	11.98%

第三章 股本变动及股东情况

一、股东情况介绍
(一)报告期末股东总数26,909户。
(二)报告期末公司前10名股东持股情况

排名	股东名称	持股数(股)	占总股本比例(%)
1	中国石化集团江汉石油管理局	210,000,000	75.000
2	国信证券有限责任公司	13,473,079	4.812
3	北京通航技贸易有限公司	1,540,000	0.550
4	富国动态平衡证券投资基金	749,603	0.268
5	同盛证券投资基金	733,000	0.262
6	银力	310,000	0.111
7	易方达平稳增长证券投资基金	249,447	0.089
8	沈静静	242,850	0.087
9	普丰证券投资基金	235,577	0.084
10	刘晓晶	186,480	0.067

说明:1、持股5%以上的公司股东中国石化集团江汉石油管理局,其所持有的股份在本报告期内未发生变动及质押或冻结等情况,股份类别为国有法人股。

2、公司前10名股东中第2-10名为流通股股东。经查询,第2名股东为第9名股东发起人,两者之间存在关联关系。

三、控股股东情况

中国石化集团江汉石油管理局共持有本公司21,000万股,占总股本的75%,为本公司控股股东。

法定代表人:常子恒
成立日期:1972年
经营范围:石油、天然气的勘探、开发;原油、天然气及油气副产品的加工、销售;机械设备、配件、仪器仪表、钻头、钢管、压力容器、建材的设计、制造、销售等。
注册资本:236,417万元
企业性质:全民所有制
四、控股股东实际控制人情况
中国石化集团江汉石油管理局的实际控制人为中国石油化工集团。
法定代表人:李毅中
成立日期:1998年7月
经营范围:石油、天然气勘探开发业务,从事石油加工、石油化工综合利用、石油产品为原料的化工产品、合成纤维和合成纤维单体的生产、销售业务等。
注册资本:1074亿元
五、公司无其他持股在10%以上的法人股东。

第四章 董事、监事、高级管理人员和员工情况

一、公司董事、监事和高级管理人员情况
(一)基本情况

姓名	职务	性别	年龄	任期起止日期
常子恒	董事长	男	56	2001.9-2004.9
钟国强	副董事长	男	61	2001.9-2004.9
梅敬民	董事、总经理	男	46	2001.9-2004.9
李曦	董事	女	57	2001.9-2004.9
范承林	董事	男	40	2001.9-2004.9
叶绪龙	董事	男	59	2001.9-2004.9
高大洪	董事、副总经理	男	53	2001.9-2004.9
龙邦诚	董事、总会计师	男	57	2001.9-2004.9
余杭	独立董事	男	71	2001.9-2004.9
陈荣秋	独立董事	男	61	2001.9-2004.9
赵丙贤	独立董事	男	40	2001.9-2004.9
杨凤根	监事会主席	男	59	2001.9-2004.9
关斌	监事	男	44	2001.9-2004.9
余天京	监事	男	47	2001.9-2004.9
张茂顺	监事	男	41	2001.9-2004.9
周玉平	监事	男	39	2001.9-2004.9
王裕满	副总经理	男	58	2001.9-2004.9
洪春玲	副总经理	女	40	2001.9-2004.9
吴何洪	副总经理	男	37	2001.9-2004.9
李建基	副总经理	男	47	2001.9-2004.9
赵进斌	董事会秘书	男	40	2002.5-2004.9

姓名	年初持股数(股)	年末持股数(股)	股份变动数量(股)
常子恒	0	0	0
钟国强	7000	7000	0
梅敬民	12800	17900	5100
李曦	7000	7000	0
范承林	0	0	0
叶绪龙	7000	7000	0
高大洪	12600	15300	2700
龙邦诚	12300	15000	2700
余杭	0	0	0
陈荣秋	0	0	0
赵丙贤	0	0	0
杨凤根	7000	7000	0
关斌	1500	1500	0
余天京	7000	7000	0
张茂顺	0	0	0
周玉平	0	0	0
王裕满	12000	14500	2500
洪春玲	11240	13840	2600
吴何洪	11340	13840	2500
李建基	9900	12400	2500
赵进斌	0	0	0

(二)年度报酬情况

2002年度在公司领取报酬的董事、监事及高级管理人员的年度报酬由公司董事会、股东大会根据公司经营状况并参照社会及行业的平均水平自主确定。

现任公司董事、监事、高级管理人员2002年年度报酬总额为1,346,918.00元。金额最高的前三名董事、高级管理人员的报酬合计总额分别为502,352元、502,352元。

独立董事的报酬分为固定津贴和会务费两部分,其中固定津贴按每月600元标准执行,会务费则根据独立董事参会及履行职务的情况支付。

2002年年度报酬总额100,000元以上7人,50,000元以上100,000元以下0人,50,000元以下14人。

常子恒、钟国强、李曦、叶绪龙、范承林、杨凤根、余天京、张茂顺等8名董、监事每月仅在公司领取固定津贴及相应会务费,其报酬在控股股东中国石化集团江汉石油管理局领取。

二、公司员工情况

截止2002年12月31日,公司共有在册员工1547人。其中:生产人员751人,销售人员61人,技术人员523人,财务人员36人,行政人员176人。公司具有大专及以上学历的员工867人,占公司员工总数的53.07%。公司无离退休人员。

第五章 公司治理结构

一、公司上市以来,严格按照《公司法》、《证券法》等法律法规及中国证监会发布的相关规则,不断完善公司治理结构,规范公司运作,制定了《公司章程》、《股东大会议事规则》、《董事会议事规则》、《监事会议事规则》、《总经理工作细则》、《董事会秘书工作细则》及董事会下属四个专业委员会工作细则,同时建立并不断完善公司独立董事制度。公司治理的实际状况符合中国证监会和国家经贸委发布的《上市公司治理准则》等规范性文件的要求。

二、独立董事履行职责情况

公司董事会根据中国证券监督管理委员会发布的《关于在上市公司建立独立董事制度的指导意见》的规定要求,建立了独立董事制度,在董事会中设置了独立董事。报告期内,独立董事能认真履行诚信、勤勉义务,认真审议并谨慎表决了报告期内历次董事会和股东大会的决议,在公司规范运作、科学决策、维护中小股东合法权益等方面发挥了积极作用。

三、公司与控股股东在业务、人员、资产、机构、财务等方面的分开情况

公司在业务、人员、资产、机构、财务等方面做到了与控股股东完全分开。

(一)在业务方面,公司具有完整的业务体系及独立自主经营能力。

(二)在人员方面,公司已与员工签订了劳动合同,做到了劳动、人事关系独立。公司总经理、副总经理等高级管理人员均在公司领取薪酬,并均不在控股股东单位任职。

(三)在资产方面,公司拥有独立的生产系统、辅助生产系统和配套设施。公司的采购和销售系统由本公司独立拥有。公司拥有25项国外专利和5项国外专有技术的使用权;拥有55项中国专利和5项国外专利的所有权以及5个商标在中国的所有权。

(四)在机构方面,公司按照《公司章程》及其相关工作细则建立了良好的法人治理结构,引入了独立董事制度,设立了董事会下属的四个专业委员会;公司根据自身生产经营、行政管理需要,设立了独立于公司控股股东的职能部门。

(五)在财务方面,公司设立了独立于控股股东的财会部门,建立了独立的会计核算体系和财务管理制度,并在银行开设有独立的帐户。

四、公司高级管理人员的考评及激励机制的建立、实施情况

公司董事会根据公司经营状况并参照社会及行业的平均水平建立了较为完善的高级管理人员的考评及激励制度。

公司高级管理人员年度报酬实行年薪制,由公司董事会在每年年初确定。年度报酬包括基薪和业绩奖励两部分,基薪部分参照社会及行业平均水平确定;业绩奖励部分根据公司年度经营状况及年终工作绩效评定。

第六章 股东大会情况简介

一、报告期内,公司召开了一次年度股东大会。

公司于2002年3月5日在《证券时报》、《上海证券报》上刊登了公司二届四次董事会会议关于召开2001年年度股东大会的决议公告。会议于2002年4月19日在公司会议室召开,出席会议的股东及股东代表共12人,代表股份210,096,680股,占公司总股份的75.035%。会议通过如下决议:《公司2001年度董事会工作报告》、《公司2001年度监事会工作报告》、《公司2001年度财务预算执行情况的报告》、《公司2001年年度报告》、《公司2001年度利润分配方案》、《公司2002年度财务预算报告》、《关于修改<公司章程>的议案》、《修改<股东大会议事规则>的议案》、《关于续聘湖北大信会计师事务有限公司的议案》、《关于公司董事、监事薪酬政策的议案》、《关于成立公司董事会下属专业委员会及其工作细则的议案》。此股东大会决议刊登于2002年4月20日的《证券时报》、《上海证券报》。

二、报告期内,公司董事、监事成员未发生变化。

第七章 董事会报告

一、讨论与分析

2002年公司实现主营销售收入41,118万元,净利润6,906万元,分别较上年减少7.98%、15.32%。造成公司经营成果变化的主要原因包括以下几个方面:

1、主导产品受到来自国内国际竞争的冲击导致公司主营产品收入减少;

2、上海分公司2002年为调整产品结构,提高技术装备水平,对生产线进行技术改造,影响了正常生产,是导致公司主营业务收入减少的又一重要原因;

3、根据湖北省国家税务局(鄂国税函[2002]115号)文件精神,公司将协议解除劳动合同人员补偿补助金的摊销年限由五年调整为三年,造成本年净利润减少253万元。

2003年,公司将通过推行SME管理模式,实施技术改造,调整产品结构,加大市场拓展力度,不断增强市场竞争力,推动公司发展壮大。

二、公司经营情况

(一)公司主营业务范围及经营状况

1、公司主营业务为石油天然气及矿用钻头、石油机械配件等。

2、本公司所处的行业是石油机械制造行业。公司主导产品——牙轮钻头是国内石油行业各油田钻井作业的重要工具。石油钻头是石油开采、勘探打井的钻井作业中必备的、不可重复使用的钻井工具之一。石油钻头制造行业是为石油勘探、开发所需的钻井作业提供切削地下岩层专用钻头的一个行业。

3、公司经营状况

(1)报告期内,按行业和产品划分公司的主营业务收入及主营业务利润构成见下表:

行业	项目	主营业务收入		主营业务成本	
		本年数	比例	本年数	比例
		(元)	%	(元)	%
石油机械	钻头系列	374,062,580.42	90.97%	203,187,792.63	88.36%
石油机械	石油机械配件	34,509,153.39	8.39%	25,112,449.56	10.92%
环保	环保工程	2,606,824.50	0.64%	1,647,081.91	0.72%

行业	项目	主营业务利润		毛利率
		本年数	比例	
		(元)	%	%
石油机械	钻头系列	166,829,582.31	94.29%	45.68%
石油机械	石油机械配件	9,174,250.90	5.18%	27.23%
环保	环保工程	937,022.11	0.53%	36.82%

(2)报告期内,公司主营业务按国内、国际两大区域划分,其主营业务收入的构成比例约为5.8:1。

(3)报告期内,主营业务、结构及其盈利能力较前一报告期未发生较大变化。

(二)各控股公司及参股公司的经营情况及业绩

1、承德江钻石油机械有限责任公司

承德江钻石油机械有限责任公司(简称承德江钻)组建于2000年4月,注册资本4015万元,总资产7008.14万元,是一家主要从事石油机械及钻采配件,井下工具研制生产的企业。截止2002年底,公司实现销售收入2665万元,实现净利润-248万元。

2002年12月31日,根据承德江钻股东大会决议,江汉石油管理局以机加工车间、电工车间等实物资产1,319,673.88元增资。增资后各方持股情况为:本公司持股比例由78.08%减至75.60%,江汉石油管理局持股比例由21.92%增至24.40%。

2、武汉江钻工程钻具有限责任公司

武汉江钻工程钻具有限责任公司组建于2001年9月,注册资本400万元,总资产为555.27万元,是一家从事冲击器、潜孔钻制造与销售的企业。2002年,公司实现销售收入201万元,实现净利润-126万元。

3、武汉天喻江钻油气设备有限责任公司

武汉天喻江钻油气设备有限责任公司组建于2001年6月,注册资本3000万元,总资产为2813.10万元,是一家主要从事机械制造、成品油市场软硬件产品的开发、研制、技术服务;加油机、加气机的制造与销售的企业。2002年,公司在规范管理、产品质量、成本控制、产品开发等方面有了较大的提高,公司实现销售收入627万元,净利润-444万元。

4、武汉江钻工具有限责任公司

武汉江钻工具有限责任公司组建于2001年8月,注册资本1250万元,总资产为1254.99万元,是一家专门从事出口加工贸易的企业,主要产品包括各类油用、矿用、工程用出口钻头。报告期内,根据武汉江钻工具有限责任公司2002年第一次股东大会决议,公司以债权受让其它股东股权148万元,持股比例由原86.40%增至98.24%。由于该公司新建厂房仍在施工中,公司尚未正式生产经营。

5、北京中视都市传媒投资管理有限公司

北京中视都市传媒投资管理有限公司组建于2002年8月,注册资本11428.58万元,总资产为15776.07万元,是一家主要从事影视节目投资;电视节目咨询、设计、策划;电视广告业务的设计、制作、代理、设计、制作代理、发布国外及外商来华广告等业务的企业。2002年,公司实现销售收入51万元,实现净利润-863.36万元。

6、上海科特高分子材料有限公司

上海科特高分子材料有限公司组建于2002年8月,注册资本为2300万元人民币,总资产为3104.25万元,是一家主要从事功能材料及其相关器件的研究、开发、生产和销售等业务的企业。截止2002年底,实现销售收入660.1万元,实现净利润78.8万元。

7、北京特奥生物信息技术有限公司

北京特奥生物信息技术有限公司组建于2002年7月,注册资本400万元人民币,总资产为372.99万元,是一家主要从事生产、开发、销售以指纹识别技术为基础的安全系统产品的企业。2002年,公司致力于指纹考勤系统和门禁系统的开发和研制,全年未实现销售收入,累计净利润-33.65万元。

8、武汉江钻声屏障技术有限责任公司

武汉江钻声屏障技术有限责任公司组建于2002年3月,注册资本为800万元人民币,总资产为826.17万元,是一家主要从事吸声泡沫陶瓷材料的研究、生产和销售;环保、市政工程的设计、施工及服务;室内外装饰、装修工程的设计、施工及服务的企业。截止2002年底,实现销售收入261万元,实现净利润0.84万元。

(三)主要供应商、客户情况

公司前五名供应商采购金额占公司年度采购总额的48.35%,前五名客户销售金额占本期销售总额的40.39%。

(四)在经营中出现的问题与困难及解决方案

存在的问题:

1、资本运营尚未取得根本性突破,结构性矛盾仍十分突出;

2、公司内部机制转换还未到位,还需不断的探索和改革;

3、文化的统一,知识与信息的共享是集团化发展过程中急需解决的问题;

4、管理工作仍需加强,SME管理模式的推进需要进一步的引导和深化;

5、企业内外部环境的建设和维护还要进一步加强。

解决办法:

1、抓住国内外相关产业调整的机会,运用收购、兼并等多种方式,推进公司产业结构的调整;

2、进一步转换内部机制,对产权关系和劳动关系问题进行深入的渐进式的改革,通过进一步激活机制,提高工作效率,调动员工积极性;

3、系统整合、精心提炼公司文化理念,充分体现"分享卓越"、"员工与企业共同发展"等价值观,采取多种形式和有效手段进行宣贯执行;

4、进一步完善"人、权、信、绩"集团化管理。选好经营者,管好管理者,明确责权利,开发出一套以科学管理为核心的、从职责到计划到考评考核全过程进行控制管理的网络系统工具,做到调控及时,考评有力,协调发展;

5、建立良好的外部环境和公共关系。

三、公司投资情况

2002年度,公司总投资额为2,631.35万元,较2001年减少2,551.65万元,减幅49.23%。

(一)报告期内公司无募集资金使用或报告期之前募集资金的使用延续到报告期内使用的情况。

(二)报告期内非募集资金投资项目

报告期内,公司运用自有资金投资2631.35万元,具体投资项目如下:

1、投资组建北京特奥生物信息技术有限公司220万元人民币

根据董事会授权,2002年7月,公司总经理办公会决定投资现金220万元人民币与北京华油博联信息技术有限公司共同出资组建北京特奥生物信息技术有限公司。该公司注册资本400万元人民币,各方出资比例情况为:本公司以现金220万元人民币出资,占其注册资本的55%;北京华油博联信息技术有限公司以现金50万元人民币和非专利技术130万元出资,占其注册资本的45%。

该公司经营范围为:从事生产、开发、销售以指纹识别技术为基础的安全系统产品。

该公司已于2002年7月23日在北京市工商行政管理局注册登记,注册地址为北京市海淀区学院路30号4区方兴大厦1006室。

2、参股北京中视都市传媒投资管理有限公司822.85万元人民币

根据董事会授权,2002年8月,公司总经理办公会决定投资现金822.85万元人民币与中国国际电视总公司、中融国际信托投资有限公司、上海爱建信托投资有限责任公司、新奥集团股份有限公司、哈尔滨广电广告有限公司、保定市金厅实业有限公司、长春视线文化传播有限责任公司等七家公司共同投资组建北京中视都市传媒投资管理有限公司。该公司注册资本为11428.58万元人民币,其中本公司投资认缴注册资本457.14万元,占其注册资本的4%。

该公司经营范围为:影视节目投资;电视节目咨询、设计、策划;电视广告业务的设计、制作、代理、设计、制作代理、发布国外及外商来华广告等。

该公司已于2002年8月16日在北京市工商行政管理局登记注册,注册地址为北京市海淀区羊坊店路9号京门大厦10层1005室。

3、增资扩股上海科特高分子材料有限公司投资931.5万元人民币

根据董事会授权,2002年8月,公司总经理办公会决定投资931.5万元人民币与华东理工大学、上海浦东庆汇实业发展有限公司、上海高校科技产业(集团)有限公司及方斌等九位自然人共同签署上海科特高分子材料有限公司增资扩股协议书。该公司注册资本为2300万元人民币,其中本公司认缴注册资本690万元,占其注册资本的30%。

该公司经营范围为:功能材料及其相关器件的研究、开发、生产和销售。

该公司已于2002年8月16日在上海市工商行政管理局浦东新区分局登记注册,注册地址为:上海张江高科技园区春晓路149号一号楼4楼。

4、投资组建武汉江钻声屏障技术有限责任公司 600 万元人民币

根据董事会授权，2002 年 1 月，公司总经理办公会决定投资现金 390 万元人民币与湖北省机电设计研究院、深圳楚粤环保工程服务有限公司共同组建武汉江钻声屏障技术有限责任公司。该公司注册资本为 800 万元人民币，各方投资情况为：本公司以现金 390 万元人民币出资，占注册资本的 48.75%；湖北省机电研究设计院以现金 210 万元人民币和无形资产 102 万元人民币出资，占其注册资本的 39%；深圳市楚粤环保工程服务有限公司以无形资产 98 万元出资，占起注册资本的 12.25%。

2002 年 5 月，根据该公司 2002 年度第二次临时股东会决议，湖北省机电研究设计院将其持有的 26.25%股权转让给本公司，转让金额为 210 万元人民币。转让后，各方持股情况为：本公司持股比例由 48.75%增至 75%，湖北省机电研究设计院持股比例由 39%减至 12.75%，深圳市楚粤环保工程服务有限公司持股比例仍为 12.25%。

该公司经营范围为：吸声泡沫陶瓷材料的研究、生产和销售；环保、市政工程的设计、施工及服务；室内外装饰、装修工程的设计、施工及服务。

该公司于 2002 年 3 月 28 日完成注册登记，注册地址为湖北省武汉市武昌区石牌岭 14 号。

5、参股武汉锐特金刚石有限公司 57 万元人民币

根据董事会授权，2002 年 11 月，公司总经理办公会决定投资 57 万元人民币与董敬文、胡思楚等 9 名自然人共同组建武汉锐特金刚石有限公司。该公司注册资本为 300 万元人民币，其中本公司以实物资产 57 万元人民币出资，占注册资本的 19%。

该公司经营范围为：超硬材料、新材料、矿山及石油设备等产品的开发、研制、技术服务、生产和销售。

该公司已于 2002 年 11 月 28 日在武汉市工商行政管理局登记注册，注册地址为湖北省武汉市洪山区珞瑜路 247 号。

四、公司财务状况及经营成果

项目	增减幅度%
总资产	-7.77
股东权益	11.44
主营业务利润	-6.53
净利润	-15.32
现金及现金等价物净增加额	-215.47
货币资金	-63.33
应收票据	32.43
预付帐款	148.41
待摊费用	-32.16
长期股权投资	74.58
在建工程	85.45
长期待摊费用	-29.96
短期借款	-73.63
应付票据	-49.61
专项应付款	94.79

项目	原因
总资产	主要由于公司支付 2001 年度股利 5600 万元及偿还银行借款致使货币资金减少所致
股东权益	主要由于公司根据净利润提取盈余公积和支付 2002 年年度股利所致
主营业务利润	主要由于公司主营产品销售受国内外市场竞争的影响导致收入减少所致
净利润	主要由于主营产品收入减少所致
现金及现金等价物净增加额	主要由于销售收入减少 4827 万元、应收帐款增加 3046 万元、偿还贷款 6900 万元及分配 2001 年度股利 5600 万元等因素所致
货币资金	由于本期支付 2001 年度股利 5600 万元及偿还银行借款所致
应收票据	由于银行承兑汇票尚未到期所致
预付帐款	由于公司加大技术改造投入，增加进口设备预付款所致
待摊费用	由于低值易耗品摊销减少所致
长期股权投资	由于公司新增子公司的投资所致
在建工程	由于技术改造工程项目增加所致
长期待摊费用	由于职工协议解除劳动合同补偿补助金摊销年限变更所致
短期借款	由于本期公司偿还到期借款所致
应付票据	由于商业承兑汇票到期所致
专项应付款	由于政府给予专项补偿金所致

五、报告期内，与公司财务状况和经营成果相关的生产经营环境、宏观政策、法规未发生重大变化。

六、董事会日常工作情况

(一)报告期内董事会的会议情况及决议内容

报告期内本公司董事会共召开了 8 次会议，通过决议 24 项。具体内容如下：

1、公司二届四次董事会于 2002 年 3 月 3 日召开，会议审议并通过了《公司总经理 2001 年度工作报告》、《公司 2001 年度财务预算执行情况的报告》、《公司 2001 年度利润分配和资本公积金转增股本预案》、《公司 2002 年利润分配政策》、《公司 2001 年度董事会工作报告》、《公司 2001 年年度报告》、《公司 2002 年度财务预算报告》、《关于续聘湖北大信会计师事务有限公司的议案》、《关于修改〈公司章程〉的议案》、《关于公司董事、监事、高级管理人员薪酬政策的议案》、《关于修改董事会下属专业委员会工作细则及调整董事会下属专业委员会部分委员的议案》、《关于召开公司 2001 年度股东大会的议案》、《关于叶哲学辞去公司副总经理、董事会秘书职务的议案》等 13 个决议。此次会议决议有关内容的公告刊登于 2002 年 3 月 5 日的《证券时报》、《上海证券报》。

2、公司二届五次董事会于 2002 年 4 月 16 日以传真方式召开，会议审议通过了《公司 2002 年第一季度报告》。此次会议决议有关内容的公告刊登于 2002 年 4 月 17 日的《证券时报》、《上海证券报》。

3、公司二届六次董事会于 2002 年 4 月 19 日召开，会议审议并通过了《公司董事、监事薪酬政策》的决议。

4、公司二届七次董事会于 2002 年 5 月 30 日以传真方式召开，会议审议并通过了聘任赵进斌先生为公司董事会秘书、《关于向银行申请 1 亿元人民币授信额度的议案》等 2 个决议。此次会议决议有关内容的公告刊登于 2002 年 6 月 1 日的《证券时报》、《上海证券报》。

5、公司二届八次董事会于 2002 年 6 月 27 日召开，会议审议并通过了关于向中国证监会和国家经贸委提交《上市公司建立现代企业制度自查报告》的决议。

6、公司二届九次董事会于 2002 年 7 月 9 日召开，会议审议通过了《关于公司董事会秘书 2002 年度薪酬的议案》的决议。

7、公司二届十次董事会于 2002 年 7 月 28 日召开，会议审议并通过了《总经理 2002 年度中期工作报告》、《公司 2002 年半年度报告》、《公司 2002 年度中期利润分配及公积金转增股本方案》等 3 项决议。此次会议决议有关内容的公告刊登于 2002 年 7 月 30 日的《证券时报》、《上海证券报》。

8、公司二届十一次董事会于 2002 年 10 月 28 日召开，会议审议并通过了《关于调整协议解除劳动合同人员补偿补助金摊销年限的议案》、《公司 2002 年第三季度报告》等 2 项决议。此次会议决议有关内容的公告刊登于 2002 年 10 月 30 日的《证券时报》、《上海证券报》。

(二)董事会对股东大会决议的执行情况

2002 年 4 月 19 日，公司 2001 年年度股东大会审议通过了《公司 2001 年度利润分配方案》，决定以 2001 年 12 月 31 日的股份总数 28,000 万股计算，按每 10 股派 2 元(含税)，共派发红利 56,000,000.00 元。此股东大会决议刊登于 2002 年 4 月 20 日的《证券时报》、《上海证券报》，该次派息股权登记日为 2002 年 6 月 12 日，除息日为 2002 年 6 月 13 日，并于 2002 年 6 月 13 日完成了分红派息的工作。

七、2002 年度利润分配、资本公积金转增股本预案

1、公司 2002 年度利润分配预案

根据湖北大信会计师事务有限公司鄂信审字[2003]第 0088 号审计报告确认，公司 2002 年度共实现主营业务收入 411,178,558.31 元，净利润 69,061,746.79 元。按《公司章程》规定，提取 10%的法定公积金 6,908,384.21 元和 5%的法定公益金 3,454,192.11 元，加上 2001 年度未分配利润 104,664,135.09 元，当年可供股东分配利润为 163,363,305.56 元。

以 2002 年 12 月 31 日的总股本 28000 万股为基数，向公司全体投资者实施每 10 股送 1 股派 1 元(含税)的利润分配方案。分配预案实施后的未分配利润 107,363,305.56 元转入下一年度。

2、公司 2002 年度不利用资本公积金转增股本。

八、报告期内，公司选定信息披露报纸无变更，为《证券时报》、《上海证券报》。

第八章　监事会报告

一、监事会工作情况

1、2002 年 1 月 9 日，在公司总部召开了二届二次监事会会议，会议审议通过了《关于委托局审计处对公司进行财务审计的决议》、《关于对公司进行财务检查的决议》等议案。

2、2002 年 3 月 3 日，在公司总部召开了二届三次监事会会议，会议审议通过了《公 2001 年度财务审计报告》、《2001 年度监事会工作报告》、《公司 2001 年度报告》等议案。本次会议决议公告刊登于 2002 年 3 月 5 日的《证券时报》和《上海证券报》上。

3、2002 年 7 月 28 日，在公司总部召开了二届四次监事会会议，会议审议通过了《公司 2002 年半年度报告》的议案。本次会议决议公告刊登于 2002 年 7 月 30 日的《证券时报》和《上海证券报》上。

二、报告期内监事会工作情况

在本报告期内，公司监事会忠实履行了职责，本监事会除参加了 2001 年度的股东大会和列席 2002 年度公司各次董事会外，还对公司财务、董事会执行股东大会决议的情况、管理层的经营决策、公司的依法运作、公司董事、经理及高级管理人员的经营行为与控股股东的关联交易进行了认真的监督和检查，公司监事会认为：

1、2002 年，公司董事会认真执行股东大会决议，严格遵守国家法律法规和公司章程规定，在股东大会授权和公司章程规定范围内行使职权，决策程序合法，公司内控制度健全，运作规范，公司及控股子公司在 2002 年度的经营活动中，未发现违反《公司法》、《公司章程》、财务会计制度及国家法律法规或损害公司利益的行为。

2、公司董事、经理及高级管理人员在 2002 年度行使职责时，能忠于职守，诚信勤勉，守法经营，规范管理，开拓创新，尊重和维护了全体股东的利益，报告期内未发现违反《公司法》、《公司章程》及国家法律、法规的行为。

3、公司本年度无重大收购、出售资产的行为。

4、公司监事会认为公司销售货物、采购货物、接受劳务均按协议价格或市场价格交易，与非关联方交易并无差别。

5、公司 2002 年度积极开展项目研究，审慎投资，所募集资金实际投入项目与原承诺投入项目一致。

6、监事会认真审核了经湖北大信有限责任会计师事务所审计并出具无保留意见无解释性说明的 2002 年度财务审计报告等有关资料，认为报告公允地反映了本公司 2002 年度的财务状况和经营成果及 2002 年度的现金流量情况。

第九章　重要事项

一、本年度公司无重大诉讼、仲裁事项。

二、报告期内公司董事、监事和高级管理人员没有受到刑事起诉、市场禁入或被司法机关处以刑事处罚的情况。

三、关联交易事项情况

(一)公司销售货物、采购货物、接受劳务均按协议价格或市场价格交易，与非关联方交易并无差别。

(二)关联方应收应付款项余额

项目	2002 年 12 月 31 日(元)	2001 年 12 月 31 日(元)
应收账款：		
武汉江钻工具有限责任公司	1,164,644.55	
其他应付款：		
江汉石油管理局	41,925,721.51	59,724,397.89
武汉江钻工具有限责任公司	3,304,139.61	
长期应付款：		
江汉石油管理局	3,710,000.00	3,710,000.00

(三)资金占用费

本期公司计算应支付江汉石油管理局资金占用费 1,297,769.17 元，该资金占用费按中国人民银行规定的 6 个月短期贷款利率 5.04%计算。

(四)购置资产

本期公司利用法定公益金向江汉石油管理局购置职工阅览室，支付现金 1,203,000 元。

(五)其他应披露的事项

1、由江汉石油管理局向本公司提供水、电，公司本年数共用水 25,22,129 吨，用电 21,047,100 千瓦时。交易价格根据国家计委计价格[1999]1094 号《关于调整湖北省电网电价有关问题的通知》的精神，公司于 2000 年 1 月 1 日与江汉石油管理局签订《供用水电合同》，供水单价为 0.61 元/吨，用电单价为 0.54 元/千瓦时。据此，公司在报告期内向江汉石油管理局支付水费 1,538,498.69 元，电费 11,365,434.00 元。

2、由江汉石油管理局向本公司提供物业管理、土地租赁，公司全年向其支付物业管理费 650,000.00 元，土地租赁费 125,000.00 元。按双方签订的《综合服务合同》和《国有土地使用权租赁合同》执行。

四、重大合同及履行情况

(一)报告期内，公司无托管、承包、租赁其他公司资产及其他公司托管、承包、租赁公司资产的事项。

(二)报告期内，公司无重大担保的事项。

(三)报告期内，公司无委托理财、委托贷款等现金资产管理事项。公司 2003 年度有委托投资计划。

(四)报告期内，公司无其他重大合同事项。

五、承诺事项及履行情况

公司二届四次董事会审议通过了《公司 2002 年利润分配政策》，拟在 2002 年度分配利润一次。公司 2002 年度的利润分配预案见本年报利润分配相关部分。

六、聘任、解聘会计师事务所情况

公司 2001 年度股东大会决定续聘湖北大信会计师事务有限公司为公司 2002 年度财务审计机构。公告刊登于 2002 年 4 月 20 日的《证券时报》和《上海证券报》。

2000 年 2 月 26 日，湖北大信会计师事务有限公司与本公司首次签定审计业务约定书，截止本

报告期,连续为公司提供了4年审计服务。报告期内,公司支付其财务审计费53万元。

七、其他重大事项

(一)报告期内,公司对《章程》进行了一次修改。相关公告刊登于2002年3月5日的《证券时报》和《上海证券报》。

(二)2002 年 10 月 14 日,湖北省国家税务局以鄂国税函[2002]257 号认定,"江汉石油钻头股份有限公司及其所属钻头事业部,符合企业所得税纳税人条件,均应为企业所得税纳税人,应分别在武汉市、潜江市就地缴纳企业所得税。"

第十章 财务报告

一、审计报告

审计报告

鄂信审字(2003)第0088号

江汉石油钻头股份有限公司全体股东:

我们接受委托,审计了贵公司2002年12月31日的资产负债表和合并资产负债表、2002年度的利润及利润分配表和合并利润及利润分配表、2002年度的现金流量表和合并现金流量表。这些会计报表由贵公司负责,我们的责任是对这些会计报表发表审计意见。我们的审计是依据《中国注册会计师独立审计准则》进行的。在审计过程中,我们结合贵公司实际情况,实施了包括抽查会计记录等我们认为必要的审计程序。

我们认为,上述会计报表符合《企业会计制度》的有关规定,在所有重大方面公允地反映了贵公司2002年12月31日的财务状况和2002年度的经营成果及2002年度的现金流量情况,会计处理方法的选用遵循了一贯性原则。

湖北大信会计师事务有限公司　　中国注册会计师 冯 琳

中国·武汉　　中国注册会计师 索保国

2003年3月21日

二、会计报表

资产负债表

编制单位:江汉石油钻头股份有限公司　　2002年12月31日　单位:人民币元

资产	附注号	期末数 合并	期末数 母公司
流动资产:			
货币资金	1	86,415,623.61	70,607,847.17
短期投资			
应收票据	2	40,717,702.78	39,717,702.78
应收股利			
应收利息			
应收帐款	3	135,113,851.03	119,294,582.21
其他应收款	4	14,719,641.09	18,140,206.42
预付帐款	5	25,449,955.08	24,231,859.67
应收补贴款			
存货	6	220,533,661.44	195,170,500.69
待摊费用	7	622,158.98	617,980.98
一年内到期的长期债权投资			
其他流动资产			
流动资产合计		523,572,594.01	467,780,679.92
长期投资:			
长期股权投资	8	54,114,981.17	87,691,537.34
其中:股权投资差额		2,213,750.00	2,213,750.00
长期债权投资			
长期投资合计		54,114,981.17	87,691,537.34
固定资产:			
固定资产原价	9	748,317,032.83	692,993,368.06
减:累计折旧	9	433,017,363.62	414,477,728.56
固定资产净值		315,299,669.21	278,515,639.50
减:固定资产减值准备	9	7,514,666.61	6,192,535.23
固定资产净额		307,785,002.60	272,323,104.27
工程物资			
在建工程	10	5,451,885.76	4,891,429.22
固定资产清理			
固定资产合计		313,236,888.36	277,214,533.49
无形资产及其他资产:			
无形资产	11	15,081,503.41	6,856,503.40
长期待摊费用	12	24,701,001.14	16,995,958.34
其他长期资产			
无形资产及其他资产合计		39,782,504.55	23,852,461.74
递延税项:			
递延税款借项			
资产总计		930,706,968.09	856,539,212.49

负债及股东权益	附注号	期末数 合并	期末数 母公司
流动负债:			
短期借款	13	21,850,000.00	21,850,000.00
应付票据	14	4,461,264.11	3,400,000.00
应付帐款	15	75,029,541.03	62,545,316.19
预收帐款	16	3,716,188.01	3,511,232.65
应付工资		5,495,401.29	5,342,105.26
应付福利费		10,081,283.80	7,719,944.06
应付股利	17	28,000,000.00	28,000,000.00
应交税金	18	27,199,155.63	25,154,037.48
其他应交款	19	3,966,905.89	3,934,413.04
其他应付款	20	77,637,851.83	42,714,770.93
预提费用			
预计负债			
一年内到期的长期负债			
其他流动负债			
流动负债合计		257,437,591.59	204,171,819.61
长期负债:			
长期借款			
应付债券			
长期应付款	21	3,710,000.00	3,710,000.00
专项应付款		2,500,891.31	
其他长期负债			
长期负债合计		6,210,891.31	3,710,000.00
递延税项:			
递延税款贷项			
负债合计		263,648,482.90	207,881,819.61
少数股东权益		18,099,490.99	
股东权益:			
股本	22	280,000,000.00	280,000,000.00
减:已归还投资			
股本净额		280,000,000.00	280,000,000.00
资本公积	23	179,962,892.68	179,962,892.68
盈余公积	24	53,632,795.96	53,632,795.96
其中:法定公益金		15,784,822.96	14,899,047.26
未分配利润	25	135,363,305.56	135,061,704.24
股东权益合计		648,958,994.20	648,657,392.88
负债及股东权益总计		930,706,968.09	856,539,212.49

利润及利润分配表

编制单位:江汉石油钻头股份有限公司　　2002年度单位:人民币元

项目	附注号	本年数 合并
一、主营业务收入	26	411,178,558.31
减:主营业务成本	26	229,947,324.10
主营业务税金及附加	27	4,290,378.90
二、主营业务利润(亏损以"-"号填列)		176,940,855.31
加:其他业务利润(亏损以"-"号填列)	28	3,634,928.54
减:营业费用		18,675,833.33
管理费用		88,880,527.76
财务费用	29	2,350,825.38
三、营业利润(亏损以"-"填列)		70,668,597.38
加:投资收益(损失以"-"填列)	30	3,412,890.72
补贴收入	31	4,639,745.22
营业外收入		1,990,793.42
减:营业外支出		527,282.25
四、利润总额(亏损总额以"-"填列)		80,184,744.49
减:所得税		13,973,237.19
少数股东损益		-2,850,239.49
五、净利润(净亏损以"-"填列)		69,061,746.79
加:年初未分配利润		104,664,135.09
其他转入		
六、可供分配的利润		173,725,881.88
减:提取法定盈余公积		6,908,384.21
提取法定公益金		3,454,192.11
提取职工奖励及福利基金		
提取储备基金		
提取企业发展基金		
以利润归还投资		
七、可供股东分配的利润		163,363,305.56
减:应付优先股股利		
提取任意盈余公积		
应付普通股股利		28,000,000.00
转作股本的普通股股利		
八、未分配利润		135,363,305.56

现金流量表

企业名称:江汉石油钻头股份有限公司　　2002年度单位:人民币元

项目	行次	合并
一、经营活动产生的现金流量:	1	
销售商品、提供劳务收到的现金	2	426,100,113.99
收到的税费返还	3	4,639,745.22
收到的其他与经营活动有关的现金	4	13,083,308.78
现金流入小计	5	443,823,167.99
购买商品、接受劳务支付的现金	6	192,727,275.60
支付给职工以及为职工支付的现金	7	83,372,400.32
支付的各种税费	8	61,796,586.68
支付的其他与经营活动有关的现金	9	74,873,827.27
现金流出小计	10	412,770,089.87
经营活动产生的现金流量净额	11	31,053,078.12
二、投资活动产生的现金流量:	12	
收回投资所收到的现金	13	53,730,830.00
取得投资收益所收到的现金	14	1,636,611.66
处置固定资产、无形资产和其他长期资产而收回的现金净额	15	4,204,457.00
收到的其他与投资活动有关的现金	16	783,665.57
现金流入小计	17	60,355,564.23
购建固定资产、无形资产和其他长期资产所支付的现金	18	46,604,593.80
投资所支付的现金	19	76,256,379.50
支付的其他与投资活动有关的现金	20	49,770.00
现金流出小计	21	122,910,743.30
投资活动产生的现金流量净额	22	-62,555,179.07
三、筹资活动产生的现金流量	23	
吸收投资所收到的现金	24	
借款所收到的现金	25	34,700,000.00
收到的其他与筹资活动有关的现金	26	10,129.78
现金流入小计	27	34,710,129.78
偿还债务所支付的现金	28	94,700,000.00
分配股利、利润或偿还利息所支付的现金	29	57,506,970.78
支付的其他与筹资活动有关的现金	30	265,004.36
现金流出小计	31	152,471,975.14
筹资活动产生的现金流量净额	32	-117,761,845.36
四、汇率变动对现金的影响	33	9,187.50
五、现金及现金等价物净增加额	34	-149,254,758.81

江苏法尔胜股份有限公司

江苏法尔胜股份有限公司2002年年度报告

第一节 公司基本情况简介

一.公司法定中文名称:江苏法尔胜股份有限公司
公司法定英文名称:Jiangsu Fasten Company Limited
英文缩写:FASTEN
二.公司法定代表人:周建松
三.董事会秘书:张越
证券事务代表:张文栋
联系地址:江苏省江阴市通江北路203号
联系电话:0510-6119890 6112883 转531
传真:0510-6106634 6102007
电子信箱:zhang_yue@chinafasten.com
四.公司注册地址:江苏省江阴市通江北路203号
公司办公地址:江苏省江阴市通江北路203号
邮政编码:214433
公司国际互联网网址:http://www.chinafasten.com
公司电子信箱:info@chinafasten.com
五.公司选定的信息披露报刊:《证券时报》、《上海证券报》
刊登公司年度报告的中国证监会指定国际互联网网址:http://www.cninfo.com.cn
公司年度报告备置地点:江苏法尔胜股份有限公司董事会办公室
六.公司股票上市交易所:深圳证券交易所
股票简称:法尔胜
股票代码:000890
七.公司首次注册登记日期:1993年6月30日
登记地点:江苏省工商行政管理局
企业法人营业执照注册号:3200001103376
税务登记号码:320281250377396
公司聘请的会计师事务所:江苏公证会计师事务所
办公地址:江苏省无锡市梁溪路28号

第二节 会计数据和业务数据摘要

一.年度主要财务指标情况

单位:元

利润总额	41,719,149.97
净利润	34,197,452.11
扣除非经常性损益后的净利润	28,883,651.00
主营业务利润	109,624,155.25
其他业务利润	4,258,884.20
营业利润	33,144,677.19
投资收益	8,470,760.50
补贴收入	---
营业外收支净额	103,712.28
经营活动产生的现金流量净额	-36,546,447.21
现金及现金等价物净增加额	21,929,879.46

附:非经常性损益项目是:单位:元

项目	金额
临时性获得的补贴收入(政策有效期少于3年)	---
处理下属部门、被投资单位股权收益	7,715,274.15
比较财务报表中会计政策变更对以前期间净利润的追溯调整	---
支付或收取资金占用费	113,060.00
营业外收入	178,746.01
营业外支出有关项目	-76,033.73
税前合计	7,931,046.43
所得税	2,617,245.32
税后合计	5,313,801.11

二.至本报告期末前三年主要会计数据和财务指标 单位:元、元/股

项目	2002年度	2001年度 调整前	2001年度 调整后
主营业务收入	665,225,913.69	1,054,502,734.87	353,135,088.62
净利润	34,197,452.11	64,659,944.74	64,659,944.74
总资产	1,976,580,246.06	2,022,902,001.26	1,592,910,518.17
股东权益(不含少数股东权益)	929,542,550.23	927,403,707.45	924,724,075.32
每股收益(摊薄)	0.12	0.22	0.22
每股收益(加权)	0.12	0.25	0.25
每股净资产	3.18	3.18	3.17
调整后的每股净资产	3.09	3.12	3.11
每股经营活动产生的现金流量净额	-0.12	0.10	0.10
净资产收益率	3.68%	6.97%	6.99%

项目	2000年度 调整后	2000年度 调整前
主营业务收入	653,795,072.53	653,795,072.53
净利润	63,512,290.79	69,767,200.29
总资产	1,340,862,229.62	1,346,507,775.86
股东权益(不含少数股东权益)	579,445,019.31	595,622,255.08
每股收益(摊薄)	0.32	0.35
每股收益(加权)	0.40	0.44
每股净资产	2.87	2.95
调整后的每股净资产	2.81	2.88
每股经营活动产生的现金流量净额	0.90	0.90
净资产收益率	10.96%	11.71%

按照《公开发行证券的公司信息披露编报规则第9号》计算的每股收益和净资产收益率

单位:元

报告期利润	净资产收益率 全面摊薄	净资产收益率 加权平均
主营业务利润	11.79%	11.82%
营业利润	3.57%	3.57%
净利润	3.68%	3.69%
扣除非经常性损益后的净利润	3.11%	3.12%

报告期利润	每股收益 全面摊薄	每股收益 加权平均
主营业务利润	0.38	0.38
营业利润	0.11	0.11
净利润	0.12	0.12
扣除非经常性损益后的净利润	0.10	0.10

三.报告期内股东权益变动情况及原因

项目	股本	资本公积	盈余公积	法定公益金
合计	292,032,000.00	557,767,224.52	38,640,833.89	13,885,313.51
期初数	292,032,000.00	557,767,224.52	32,134,177.83	12,184,229.76
本期增加	---		6,506,656.06	1,701,083.75
本期减少	---	---	---	---
期末数	292,032,000.00	557,767,224.52	38,640,833.89	13,885,313.51
变动原因			利润计提	利润计提

项目	未分配利润	股东权益
合计	27,217,178.31	929,542,550.23
期初数	30,606,443.21	924,724,075.32
本期增加	25,813,935.10	34,021,674.91
本期减少	29,203,200.00	29,203,200.00
期末数	27,217,178.31	929,542,550.23
变动原因	利润分配及两金计提	本年度利润实现及分配

第三节 股本变动及股东情况

一.报告期末股东总数

1. 截至本报告期末,公司股东总数为36318户。

2. 持有5%(以上)的股东是法尔胜集团公司,所持股份性质是法人股,报告期内持有股份未发生变化,期末持有本公司股票114150400股,该股东所持有的本公司股份未有质押和冻结情况。

3. 前十大股东中江阴金属制品研究所是法尔胜集团的全资子公司。其他股东之间未知其关联关系。

二.前十大股东持股情况

截至日期:2002年12月31日

股东名称	持股数量(股)	占股本比例(%)	股份性质
法尔胜集团公司	114150400	39.088	国有法人股
鸿飞证券投资基金	3300000	1.13	A股
江阴金属制品研究所	3057600	1.047	法人股
中国信达信托投资公司	1312944	0.449	A股
中国冶金进出口江苏公司	1274000	0.436	国有法人股
辽宁省五金矿产进出口公司	1274000	0.436	国有法人股
青岛第六橡胶厂	1274000	0.436	国有法人股
天华证券投资基金	1153300	0.395	A股
山东省国际信托投资公司	1114615	0.382	国有法人股
江雪贞	945406	0.324	A股

三.控股股东介绍

本公司的控股股东是法尔胜集团公司。

第四节 董事、监事、高级管理人员和员工情况

一.高级管理人员基本情况

姓名	性别	职务	年龄	任期	年末持股
周建松	男	董事长	56	2002.5—2005.5	30940
刘礼华	男	董事总经理	38	2002.5—2005.5	23205
蒋纬球	男	董事副总经理	47	2002.5—2005.5	32487
吴玉君	女	副总经理	49	2002.5—2005.5	20420
梁乐天	男	副总经理	48	2002.5—2005.5	23514
韩之俊	男	独立董事	60	2002.5—2005.5	0
陈良华	男	独立董事	40	2002.5—2005.5	0
张卫明	男	董事财务总监	38	2002.5—2005.5	9282
张国春	男	董事总经理助理	38	2002.5—2005.5	31868
周江益	男	董事	47	2002.5—2005.5	7735
刘印	男	董事	33	2002.5—2005.5	3248
陈秀网	男	监事会主席	56	2002.5—2005.5	26608
王平	女	监事	48	2002.5—2005.5	20111
陈炎	男	监事	44	2002.5—2005.5	18873
唐福如	男	监事	41	2002.5—2005.5	11138
吉方宇	男	监事	39	2002.5—2005.5	3094
张越	男	董事会秘书	30	2002.5—2005.5	3216

本公司高管人员的兼职情况如下:

董事长周建松先生现任法尔胜集团公司董事长、总裁;

董事周江益现任法尔胜集团公司总裁助理;

董事刘印现任法尔胜集团公司法律服务所主任；
监事会主席陈秀网现任法尔胜集团公司党委副书记；
监事王平现任法尔胜集团公司总裁助理；
二、高级管理人员年度报酬情况
本公司高级管理人员的薪酬采用年薪制，由公司的考核部门依据责任制指标考核确定报酬总额，经董事会下属的薪酬委员会讨论批准后执行。支付方式采取平时少量预支，年终考核兑现发放。
在决定高级管理人员的薪酬水平时，主要参照下列因素：1)岗位的工作内容、工作量和所承担的责任；2)本地区和本行业的市场薪酬水平；3)公司的经营状况。
报告期内公司董事、监事和高级管理人员的年度报酬总额为49.5 万元。金额最高的前三位董事报酬总额为28 万元。除董事外金额最高的前三名高级管理人员报酬总额为15.5 万元。报告期内公司董事、监事和高级管理人员的年度报酬总额分布区间如下：

10-15 万元	3人
6-10 万元	2人
4-6 万元	1人

董事周建松先生、周江益先生、刘印先生、监事陈秀网先生、王平女士、吉方宇先生、等在法尔胜集团公司及其其他子公司领取报酬，不在本单位领取报酬。
副总经理梁乐天先生在本公司的控股子公司领取报酬，不在本公司领取报酬。
三、报告期内高管人员离任情况
报告期内公司举行了董事监事的换届选举，吴玉君女士、唐菊芬女士、梁乐天先生、顾银芬女士不再担任董事职务，朱伟先生、陈珍静女士不再担任监事职务。
四、员工情况
截至本报告期末，公司(包括控股子公司)共有在册职工2653 人，其中生产人员2137 人，技术人员302 人，销售人员126 人，财务人员88 人。
按年龄划分，35 岁以下员工共计1859 人，36-50 岁之间员工共计770 人，50 岁以上员工24 人。公司所有员工均参加社会养老保险，因而无需为离退休职工承担费用。按教育程度划分，公司目前有博士以上学历2 人，硕士19 人，本科及大专学历424 人，中专和高中学历966 人，高中以下学历1242 人。

第五节　公司治理结构

一、公司治理情况
公司严格按照《公司法》、《证券法》、中国证监会有关法规规定以及《深圳证券交易所股票上市规则》的要求，建立现代企业制度，规范公司运作，不断完善公司法人治理结构。公司实行股东大会、董事会和监事会构成的"三会"制度，并制定了《董事会议事规则》、《监事会议事规则》、《总经理工作细则》和《信息披露工作细则》，股东大会、董事会和监事会各尽其职，基本符合中国证监会和国家经贸委联合办法的《上市公司治理准则》的要求，主要体现在：
1. 关于股东和股东大会
公司严格按照《上市公司股东大会规范意见》及公司章程的要求召集、召开股东大会，并聘请具有证券从业资格的律师出席见证并出具法律意见书；会议召开地点和时间的选择上尽可能让更多的股东参加并形式表决权，以确保所有的股东，特别是中小股东享有平等的地位，充分行驶自己的权利。公司与股东方之间的关联交易公平合理，对关联交易的定价依据客观并充分披露，关联股东在表决时放弃表决权。
2. 关于控股股东和上市公司的关系
公司控股股东法尔胜集团公司通过股东大会行使出资人权利，不干预公司决策和生产经营活动；公司与控股股东在人员、资产、财务、机构和业务方面做到相互独立，公司董事会、监事会和管理机构独立运作。
3.关于董事和董事会
公司严格按照章程规定选举聘任董事，公司董事会人数和人员构成符合法律法规要求；公司董事会制定了《董事会议事规则》，董事能以勤勉尽职的态度参与董事会和股东大会，能积极参加培训学习，熟悉有关法律法规，了解作为董事的全力、义务和责任。
4.关于监事和监事会
公司监事的选举严格按照章程规定，其人数和人员构成符合相关法律法规。公司监事会制定了监事会议事规则，公司监事能认真履行自己的职责，本着对股东负责的精神，对公司的规范运作、财务信息、高级管理人员的勤勉尽职进行监督并独立发表意见。
5.关于绩效评价和激励约束机制
公司积极建立公正透明的绩效评价和激励约束机制，经理人的聘免公开、透明，符合法律法规和公司章程的规定。
6.关于利益相关者
公司充分尊重和维护银行及其他债权人、供应商、客户、员工及社区等利益相关者的合法权益，共同推动公司持续、健康的发展。
7.关于信息披露和透明度
公司建立并不断健全信息披露管理制度，制定了信息披露工作细则，制定董事会秘书和证券事务代表负责信息披露、接待股东来访和咨询工作；公司能严格按照法律、法规和公司章程的规定，真实、准确、完整、及时披露有关信息，并确保平等对待每位股东。今后公司将按照《上市公司治理准则》，进一步完善公司治理结构，包括推行累积投票制度，并按照规定完善独立董事制度。
二、独立董事情况
公司已经聘请韩之俊先生、陈良华先生担任本公司第四届董事会独立董事，两位独立董事勤勉尽职，对公司的治理和发展贡献了宝贵的经验和建议，并在公司的资产出售等行为中发表了客观的独立董事意见。
三."三分开情况"
公司与控股股东在人员方面已经分开。公司独立于控股股东经营运作，公司设置有专门的劳动、安全、人事和公司投资财务管理机构，并制定了相应的管理制度；公司与控股股东在人员方面已经完全分开；公司的高级管理人员均在公司领取薪酬，未在股东单位担任任何职务及领取薪酬。
公司与控股股东在资产方面已经分开。公司资产完整，拥有独立的采购系统，独立的生产设施、辅助和配套设施以及独立的销售体系。公司的商标"法尔胜"虽然所有权属于控股股东，但根据本公司与控股股东之间的协议，本公司将无偿使用。
公司与控股股东在财务方面已经分开。公司拥有独立的财务部门，完善的会计核算体系和财务管理制度；公司拥有独立的银行帐号和税务登记证号，并依法取得营业收入、独立纳税和享受政府补贴。

第六节　股东大会情况简介

本报告期内，本公司一共召开了两次股东大会。
一.公司2001 年度股东大会。
1. 会议的通知、召集和召开情况
会议召开时间是2002 年5 月31 日上午9:00，地点是江苏省江阴市体育场路8 号法尔胜大酒店4 楼国际会议中心。本次会议的通知刊登在2002 年4 月12 日的证券时报和上海证券报上。
2. 会议决议
大会通过了以下决议：
1)审议通过2001 年度董事会工作报告
2)审议通过2001 年度监事会工作报告
3)审议通过2001 年财务决算报告
4)审议通过公司2001 年利润分配方案
按2001 年12 月31 日总股本29203.2 万股计算，每10 股派现金1 元(含税)。共计分配利润29,203,200 元。
5)补充审议关于聘请江苏公证会计师事务所担任公司2001 年度财务报表审计工作的议案
6)审议通过聘请江苏公证会计师事务所的议案
7)审议通过续聘江苏世纪同仁律师事务所的议案
8)审议通过修改公司章程的议案
9)选举公司第四届董事会董事的议案；
10)选举公司第四届监事会监事的议案；
11)审议关于独立董事津贴的议案。
决定各位每位独立董事每年2 万元人民币(含税)津贴。
12)审议《股东大会议事规则》、《董事会议事规则》和《监事会议事规则》。
3.本次股东大会决议公告刊登在2002 年6 月1 日的证券时报和上海证券报上。
二.2002 年第一次临时股东大会
1. 会议的通知、召集和召开情况
会议召开时间是2002 年9 月10 日上午10:30，地点是江苏省江阴市体育场路8 号法尔胜大酒店4 楼国际会议中心。本次会议的通知刊登在2002 年8 月8 日的证券时报和上海证券报上。
2. 会议决议
大会通过了以下决议：
1)关于修改公司章程的议案；
2)关于出售四川汇源光通信有限公司51%股权的议案；
3.本次股东大会决议公告刊登在2002 年9 月11 日的证券时报和上海证券报上。

第七节　董事会报告

一、报告期内的经营情况
(一)、主营业务的范围及其经营情况
公司主营范围为：钢丝、钢丝绳及其产品、普通机械、电线电缆、电子产品、光纤预制棒、光纤、光缆及光传感元器件、机电产品(压力容器除外)的制造和销售。
报告期内公司共实现主营业务收入665,225,913.69 元，主营业务利润109,624,155.25 元，报告期内公司主营业务收入、主营业务利润按产品分类的构成情况如下：

产品	主营业务收入 金额(元)	%	主营业务利润 金额(元)	%
钢丝、钢丝绳类产品	489,730,548.73	73.62	89,703,933.74	81.83
光通信类产品	126,566,607.14	19.03	4,916,531.52	4.49
新型材料及其他产品	48,928,757.82	7.35	15,003,689.99	13.68
合计	665,225,913.69	100	109,624,155.25	100

(二)、主要控股公司及参股公司的经营情况和业绩

公司名称	拥有权益%	经营范围	主营收入
江苏法尔胜光子有限公司	70%	生产销售光导纤维、光纤预制棒	78,732,347.85
江阴法尔胜智能设备有限公司	95%	生产销售金属制品机电一体化设备、微特电机、智能驱动器	6,112,305.17
江阴法尔胜特钢制品有限公司	60%	生产销售特种胶带用钢丝绳、航空钢丝绳	109,791,293.95
江阴法尔胜贝卡尔特光缆钢制品有限公司	70%	生产销售光缆用磷化钢丝，磷化钢绞线	40,397,664.26
江苏法尔胜新型管业有限公司	75%	生产销售钢板孔网架增强复合塑料管、聚丙烯管、聚烯硅芯管	42,816,452.65
深圳法尔胜漳沅金属制品有限公司	51%	金属制品的生产、开发和销售	43,380,559.56
江阴法尔胜长兴光器件有限公司	75%	生产光器件，销售本公司产品	7,436,595.03
江苏法尔胜新日制铁缆索有限公司	75%	生产预制平行钢丝束股、预制被覆斜拉索、吹干空气系统设备、锚具、吊杆、预应力结构拉索；销售本公司产品。	33,132,701.22

公司名称	主营利润会计报表	是否合并
江苏法尔胜光子有限公司	-4,232,364.07	是
江阴法尔胜智能设备有限公司	810,464.75	是
江阴法尔胜特钢制品有限公司	33,552,422.11	是
江阴法尔胜贝卡尔特光缆钢制品有限公司	8,828,526.51	是
江苏法尔胜新型管业有限公司	14,193,225.24	是
深圳法尔胜漳沅金属制品有限公司	9,740,325.24	是
江阴法尔胜长兴光器件有限公司	320,369.08	是
江苏法尔胜新日制铁缆索有限公司	10,940,751.55	是

(三)、主要供应商和客户情况
本年度公司向前五名供应商的合计采购金额24852 万元，占总采购金额的37.21%；
本年度公司向前五名客户的合计销售金额为13996 万元，占总销售金额的21.04%；
(四)、经营中出现的问题与困难及解决方案
2002 年公司经营中面临的一个主要问题是光通信行业出现了全球性的衰退，以及国内厂家之间的恶性竞争和国外产品的倾销，导致公司在光通信行业未能获得预期的收益。面对这种情况，公司认为产业衰退的过程同样也是这个产业整合的过程，公司将充分利用这个机会，提高自身的规模和质量，进一步降低成本，提高核心竞争能力，为下一个产业高峰的到来做好准备。同时敦请有关主管部门和行业协会采取必要的措施，完善相关的法律法规，营造和维护正常的商业竞争环境，为中国的光通信产业的发展创造一个良好的氛围。
2002 年度公司经营的面临的另一个重大困难就是原材料价格的持续上涨，公司一方面通过内部降本增效，消化成本上升所带来的部分压力，另一方面努力争取提高销售价格，以保持公司正常的经营业绩。
同时随着公司经营规模的迅速扩大，以及下属控股子公司数量的增多，公司的管理模式、营销

架构等方面均需根据形势的变化作出相应的调整，以保证公司各项业务的健康有序的快速发展。

二、报告期内的投资情况

1. 截至到报告期末募集资金的使用情况单位：万元

募集资金方式	承诺投资项目	承诺运用日期	项目总投资
A 股配股	年产 15000 套光器件项目	2000-07-01	4100.00
A 股配股	JS-CIMS 系统及电子商务工程项目	2000-07-01	4250.00
A 股配股	ADSS 及带状光缆项目	2000-07-01	4050.00
A 股配股	钢塑复合管材管件项目	2000-07-01	4910.00
A 股配股	钢丝生产流水线自动化技术改造项目	2000-07-01	4700.00
A 股配股	镍钛合金形状记忆新材料项目	2001-07-01	4800.00
A 股配股	补充流动资金	2000-07-07	4555.00

募集资金方式	实际投资金额	实际投资日期
A 股配股	2071.00	2001-03-01
A 股配股	1015.00	2001-02-01
A 股配股	4050.00	2001-07-01
A 股配股	4910.00	2000-07-01
A 股配股	4700.00	2001-02-01
A 股配股	1065.00	2001-02-01
A 股配股	4555.00	2001-02-01

(1)尚未使用的配股募集资金存放在银行；

(2)"年产 15000 套光器件项目"和"JS-CIMS 系统及电子商务工程项目"由于市场环境的原因，本公司拟中止投资，将剩余的募集资金转投江阴法尔胜漳沅有限公司项目。详见本公司第四届第八次董事会决议公告以及关于变更募集资金用途的公告；

(3)"ADSS 及带状光缆项目"已经投资完毕，现正在进行设备调试和试生产；

(4)"钢塑复合管材管件项目"和"钢丝生产流水线自动化技术改造项目"已经投资完毕，并已正式投入生产，并纳入本公司的报表合并范围；其中"钢塑复合管材管件项目"项目 2002 年实现销售收入 4282 万元，实现净利润 497 万元；"钢丝生产流水线自动化技术改造项目" 实现销售收入 10979 万元，实现净利润 2653 万元。

(5)"镍钛形状记忆合金新材料项目"目前正处在工程建设过程中。

2.自有资金的投资情况

A. 深圳法尔胜漳沅金属制品有限公司投资 4221.32 万元人民币；

B. 昆山通铭法尔胜金属制品有限公司投资 3694.52 万元人民币；

三、公司财务状况

1. 主要财务指标

主要财务指标	2002 年	2001 年	变动幅度
货币资金	423,021,584.09	402,942,064.02	4.98%
应收帐款	296,360,318.78	198,251,047.87	49.49%
存货	221,265,311.99	156,112,485.50	41.73%
固定资产	788,472,558.60	485,745,718.20	62.32%
负债	877,335,792.61	585,686,701.37	49.79%
所有者权益	929,542,550.23	924,724,075.32	0.52%
主营业务收入	665,225,913.69	353,135,088.62	88.37%
主营业务利润	109,624,155.25	83,341,187.38	31.53%
净利润	34,197,452.11	64,659,944.74	-47.11%

第八节 监事会报告

一、监事会工作情况

1.报告期内监事会召开情况

报告期内公司共召开三次监事会会议：

(1) 2002 年 4 月 9 日召开公司第三届第七次监事会，会议审议并通过公司 2001 年度报告、2001 年度监事会工作报告，《监事会议事规则》，审议通过关于选举第四届监事会监事的议案，并推举陈秀网、王平、陈炎、唐福如、吉方宇为公司第四届监事会监事候选人。

(2) 2002 年 6 月 5 日召开公司第四届第一次监事会，会议审议通过选举陈秀网先生担任第四届监事会主席职务的议案。

(3) 2002 年 8 月 21 日召开公司第四届第二次监事会，会议审议通过了 2002 年公司半年度报告。

2.公司依法运作情况

公司能够依照相关的法律法规运作，决策程序合法并建立了完善的内部控制制度。现任董事、总经理以及其他高级管理人员勤勉尽职地履行各自的义务。在执行公司职务时，能严格按照法律、法规和公司章程的规定，未有损害公司利益和股东权益的行为。

3.检查公司财务状况

监事会仔细审核了公司的财务状况，认为公司财务状况良好，江苏公证会计师事务所出具了无保留意见的审计报告，真实、客观和公允地反映了公司的财务状况和经营成果。

4.募集资金的使用

公司募集资金的使用严格按照配股说明书的披露的项目来实施，没有发生募集资金变更。

5.报告期内公司出售资产的价格合理，没有损害股东的权益和公司资产流失的现象。

6.关联交易

报告期内公司的关联交易严格遵循了公平交易原则，定价合理，保障了股东的权益。

第九节 重要事项

一、重大诉讼、仲裁事项

本年度内公司没有发生重大诉讼、仲裁事项。

二、重大资产转让事项

四川汇源光通信有限公司是我公司和成都汇源企业有限公司合资设立的生产和销售通信光缆的企业，成立日期为 1999 年 9 月 18 日，注册地点成都市金牛区土桥工业区，注册资本 6000 万元人民币，我公司拥有其 51%的股权。

2002 年 4 月 16 日，本公司召开第三届第十六次董事会，会议审议并通过了关于转让四川汇源光通信有限公司 51%股权的议案。2002 年 4 月 18 日，本公司与四川汇源科技产业(集团)有限公司签订了《关于转让四川汇源光通信有限公司 51%股权的协议》，协议规定本公司以汇源光通信 2001 年末经审计的净资产为基础，按 1:1.25 的溢价向汇源集团转让本公司持有的 51%的股权。由于汇源光通信在 2001 年度所产生的主营业务收入为 70,682.49 万元，占本公司 2001 年度合并会计报表收入的比例超过 50%，根据中国证监会证监公司字[2001]105 号《关于上市公司重大购买、出售、置换资产若干问题的通知》中的有关规定，本次转让行为构成重大资产转让事项。

为此本公司按照中国证监会证监公司字[2001]105 号《关于上市公司重大购买、出售、置换资产若干问题的通知》中的有关规定，履行了必要的审核程序，并经本公司于 2002 年 9 月 10 日召开的 2002 年度第一次临时股东大会批准，转让合同正式生效。

报告期内本公司已经收到全部转让款项，办理完毕相关的产权变更手续，并按照有关要求及时履行了相关的信息披露义务。

三、关联交易

1.购货及接受劳务

2002 年

企业名称	金额	占购货总额%
青岛橡胶六厂	2,986,710.48	0.50
江阴贝卡尔特钢丝制品有限公司	--	--
	2,986,710.48	0.50

2001 年

企业名称	金额	占购货总额%	定价政策
青岛橡胶六厂	--	--	市场价格
江阴贝卡尔特钢丝制品有限公司	3,730,200.90	1.01	市场价格
	3,730,200.90	1.01	

2.销货及提供劳务

2002 年

企业名称	金额	占销货总额%
法尔胜集团进出口有限公司	78,003,419.73	11.73
江苏法尔胜技术开发中心	--	--
江阴法尔胜钢铁制品有限公司	7,097,043.10	1.07
青岛橡胶六厂	12,191,799.74	1.83
山东安泰橡胶有限公司	6,647,112.93	1.00
法尔胜集团江阴新事业开发公司	4,711,828.54	0.71
法尔胜集团宁波销售公司	3,287,912.53	0.49
常熟中常光缆工业有限公司	4,108,137.69	0.62
	117,432,850.84	17.66

2001 年

企业名称	金额	占销货总额%
法尔胜集团进出口有限公司	80,388,359.38	22.76
江苏法尔胜技术开发中心	532,090.38	0.15
江阴法尔胜钢铁制品有限公司	8,202,694.01	2.32
青岛橡胶六厂	7,601,124.86	2.15
山东安泰橡胶有限公司	2,076,212.73	0.59
法尔胜集团江阴新事业开发公司	--	--
法尔胜集团宁波销售公司	--	--
常熟中常光缆工业有限公司	--	--
	98,800,481.36	27.97

企业名称	定价政策
法尔胜集团进出口有限公司	协议作价＊2
江苏法尔胜技术开发中心	市场价格＊1
江阴法尔胜钢铁制品有限公司	市场价格＊1
青岛橡胶六厂	市场价格＊1
山东安泰橡胶有限公司	市场价格＊1
法尔胜集团江阴新事业开发公司	市场价格＊1
法尔胜集团宁波销售公司	市场价格＊1
常熟中常光缆工业有限公司	市场价格＊1

＊1 该市场价格是指同类货物(材料或产品)的购销价格，参照同期与其他非关联方的交易价格制定，完全随行就市。

＊2 本公司生产的出口产品通过法尔胜集团进出口有限公司销售，本公司视同内销。该产品销售价格，参照同类内销产品售价并考虑特殊的生产工艺技术和产品包装要求，双方均通过签定购销合同加以约定。

3. 其他关联交易

(1)收取资金占用利息

关联方	2002 年	2001 年
深圳市迈克惠电子有限公司	57,840.00	--
常熟中常光缆工业有限公司	55,220.00	--
江苏法尔胜技术开发中心	--	426,402.27
	113,060.00	426,402.27

系根据关联双方协议计收的资金占用利息。

(2)支付资金占用利息

关联方	2002 年	2001 年
法尔胜集团公司	—	137,043.38

系根据关联双方协议支付的资金占用利息。

(3)支付租赁费

关联方	2002 年	2001 年
法尔胜集团公司	1,535,673.00	838,686.60

系根据关联双方协议支付的生产、办公用房租赁费。

四、承诺事项

报告期内本公司无承诺事项。

五、会计师事务所

公司 2002 年度聘请的会计师事务所是江苏公证会计师事务所。

报告期内，本公司支付给江苏公证会计师事务所的审计费 35 万元，为会计师进行审计工作而承担的差旅费 2 万元。

第十节 财务报告

审计报告

苏公 W【2003】A289 号

江苏法尔胜股份有限公司全体股东：

我们接受委托，审计了贵公司 2002 年 12 月 31 日母公司资产负债表及合并资产负债表，2002 年度母公司利润及利润分配表、合并利润及利润分配表，2002 年度母公司现金流量表及合并现金流量表。这些会计报表由贵公司负责，我们的责任是对这些会计报表发表审计意见，我们的审计是依据《中国注册会计师独立审计准则》进行的。在审计过程中，我们结合贵公司的实际情况，实施了包括抽查会计记录等我们认为必要的审计程序。

我们认为，上述会计报表符合《企业会计准则》和《企业会计制度》的有关规定，在所有重大方面公允地反映了贵公司 2002 年 12 月 31 日财务状况及 2002 年度经营成果和现金流量情况，会计处理方法的选用遵循了一贯性原则。

江苏公证会计师事务所有限公司　　中国注册会计师　沈　岩

2003 年 4 月 8 日　　中国注册会计师　郭建康

资产负债表(一)

2002 年 12 月 31 日

编辑单位：江苏法尔胜股份有限公司　　货币单位：人民币元

资产	附注	2002-12-31 合并报表	母公司
流动资产：			
货币资金	5-1	423,021,584.09	183,324,860.47
短期投资		-	-
应收票据	5-2	18,697,304.92	9,371,198.52
应收股利		-	4,968,000.00
应收利息		-	-
应收帐款	5-3	296,360,318.78	136,764,752.00
其他应收款	5-4	32,405,008.31	341,245,459.71
预付帐款	5-5	78,419,558.31	40,231,364.43
应收补贴款		-	-
存货	5-6	221,265,311.99	100,660,348.05
待摊费用	5-7	2,233,679.83	-
一年内到期的长期债		-	-
其他流动资产		-	-
流动资产合计		1,072,402,766.23	816,565,983.18
长期投资：			
长期股权投资	5-8	46,075,849.50	356,273,398.92
长期债权投资		-	-
长期投资合计		46,075,849.50	356,273,398.92
其中：股权投资差额	5-8	-	-
固定资产：			
固定资产原价	5-9	665,413,239.40	154,587,479.83
减：累计折旧	5-9	113,642,907.97	77,327,524.48
固定资产净值		551,770,331.43	77,259,955.35
减：固定资产减值准备	5-9	10,045,945.86	10,045,945.86
固定资产净额		541,724,385.57	67,214,009.49
工程物资	5-10	28,943,695.36	-
在建工程	5-11	217,804,477.67	5,640,334.23
固定资产清理		-	-
固定资产合计		788,472,558.60	72,854,343.72
无形资产及其他资产：			
无形资产	5-12	65,169,506.12	14,448,000.01
长期待摊费用	5-13	4,459,565.61	2,673,462.01
其他长期资产		-	-
无形资产及其他资产合		69,629,071.73	17,121,462.02
递延税项：			
递延税款借项		-	-
资产总计		1,976,580,246.06	1,262,815,187.84
流动负债：			
短期借款	5-14	599,000,000.00	220,000,000.00
应付票据	5-15	70,785,800.00	36,450,000.00
应付帐款	5-16	140,318,974.51	30,870,968.82
预收帐款	5-17	11,387,916.72	-
应付工资		-	-
应付福利费		553,089.25	-
应付股利	5-18	32,642,600.00	127,400.00
应交税金	5-19	-10,887,110.89	-846,481.00
其他应交款	5-20	-	-
其他应付款	5-21	17,105,519.61	10,455,165.90
预提费用	5-22	4,429,003.41	12,383.89
预计负债		-	-
一年内到期的长期负债		-	-
其他流动负债		-	-
流动负债合计		865,335,792.61	297,069,437.61
长期负债：		-	-
长期借款		-	-
应付债券		-	-
长期应付款		-	-
专项应付款	5-23	12,000,000.00	7,000,000.00
其他长期负债		-	-
长期负债合计		12,000,000.00	7,000,000.00
递延税项：		-	-
递延税款贷项		-	-
负债合计		877,335,792.61	304,069,437.61
少数股东权益		169,701,903.22	-
所有者权益		-	-
实收资本(或股本)	5-24	292,032,000.00	292,032,000.00
减：已归还投资		-	-
实收资本(或股本)净额		292,032,000.00	292,032,000.00
资本公积	5-25	557,767,224.52	557,767,224.52
盈余公积	5-26	52,526,147.40	49,421,658.83
其中：法定公益金	5-26	13,885,313.51	13,885,313.51
未分配利润	5-27	27,217,178.31	59,524,866.88
所有者权益合计		929,542,550.23	958,745,750.23
负债和所有者权益总计		1,976,580,246.06	1,262,815,187.84

2002年度利润及利润分配表

项目	附注	2002年度 合并报表	母公司
一、主营业务收入	5-28	665,225,913.69	399,640,668.70
减：主营业务成本	5-29	555,047,072.19	365,424,828.04
主营业务税金及附加	5-30	554,686.25	545,405.82
二、主营业务利润		109,624,155.25	33,670,434.84
加：其他业务利润	5-31	4,258,884.20	4,505,637.45
减：营业费用		23,377,133.66	8,407,507.65
管理费用		45,711,914.44	12,802,466.89
财务费用	5-32	11,649,314.16	-8,485,415.36
三、营业利润		33,144,677.19	25,451,513.11
加：投资收益	5-33	8,470,760.50	9,800,953.72
补贴收入		-	-
营业外收入	5-34	179,746.01	500.00
减：营业外支出	5-35	76,033.73	49,876.03
四、利润总额		41,719,149.97	35,203,090.80
减：所得税	5-36	2,017,675.07	1,181,415.89
少数股东收益		5,504,022.79	-
五、净利润		34,197,452.11	34,021,674.91
加：年初未分配利润		30,606,443.21	30,606,443.21
其他转入		-	-
六、可供分配的利润		64,803,895.32	64,628,118.12
减：提取法定盈余公积		3,402,167.49	3,402,167.49
提取法定公益金		1,701,083.75	1,701,083.75
提取职工奖励及福利基金		175,777.20	-
提取储备基金		2,069,659.05	-
提取企业发展基金		1,034,829.52	-
利润归还投资		-	-
七、可供投资者分配的利润		56,420,378.31	59,524,866.88
减：应付优先股股利		-	-
提取任意盈余公积		-	-
应付普通股股利		29,203,200.00	29,203,200.00
转作资本(或股本)的普通		-	-
八、未分配利润		27,217,178.31	30,321,666.88

现金流量表

项目	行次	2002年度 合并报表
一、经营活动产生的现金流量：		
销售商品、提供劳务收到的现金		662,755,378.53
收到的税费返还		2,389,900.00
收到的其他与经营活动有关的现金		5,568,950.11
现金流入小计		670,714,228.64
购买商品、接受劳务支付的现金		581,948,838.76
支付给职工以及为职工支付的现金		38,968,371.48
支付的各项税费		47,429,806.10
支付的其他与经营活动有关的现金	5-37	38,913,659.51
现金流出小计		707,260,675.85
经营活动产生的现金流量净额		-36,546,447.21
二、投资活动产生的现金流量：		-
收回投资所收到的现金		96,062,412.15
取得投资收益所收到的现金		13,788,452.77
处置固定资产、无形资产和其它长期资		-
收到的其他与投资活动有关的现金	5-38	46,600,200.01
现金流入小计		156,251,064.93
购建固定资产、无形资产和其它长期资		291,374,781.39
投资所支付的现金		33,809,884.00
支付其他与投资活动有关的现金		2,235,867.00
现金流出小计		327,420,532.39
投资活动产生的现金流量净额		-171,169,467.46
三、筹资活动产生的现金流量：		-
吸收投资所收到的现金		60,397,299.73
取得借款所收到的现金		944,000,000.00
收到的其他与筹资活动有关的现金	5-39	52,532,380.76
现金流入小计		1,056,929,680.49
偿还债务所支付的现金		749,800,000.00
分配股利、利润和偿付利息所支付的现金		77,483,886.36
支付的其它与筹资活动有关的现金		-
现金流出小计		827,283,886.36
筹资活动产生的现金流量净额		229,645,794.13
四、汇率变动对现金的影响		-
五、现金及现金等价物净增加额		21,929,879.46

现金流量表(续)

2002年度

编制单位：江苏法尔胜股份有限公司　　货币单位：人民币元

补充资料	合并报表
1.将净利润调节为经营活动的现金流量：	
净利润	34,197,452.11
加：少数股东收益	5,504,022.79
加：计提的资产减值准备	4,919,396.84
固定资产折旧	35,966,586.08
无形资产摊销	4,714,326.75
长期待摊费用摊销	3,085,096.95
待摊费用减少(减增加)	-1,239,699.04
预提费用增加(减减少)	1,355,261.61
处置固定资产、无形资产和其它长期资产的损失(减收益)	3,846.70
固定资产报废损失	44,567.15
财务费用	12,808,148.20
投资损失(减收益)	-8,470,760.50
递延税款贷项(减借项)	-
存货的减少(减增加)	-74,675,709.75
经营性应收项目的减少(减增加)	-65,331,233.60
经营性应付项目的增加(减减少)	10,572,250.50
其他	-
经营活动产生的现金流量净额	-36,546,447.21
2.不涉及现金收支的投资和筹资活动：	-
债务转为资本	-
一年内到期的可转换公司债券	-
融资租入固定资产	-
	-
3.现金及现金等价物净增加情况：	-
现金的期末余额	423,021,584.09
减：现金的期初余额	401,091,704.63
加：现金等价物的期末余额	-
减：现金等价物的期初余额	-
现金及现金等价物净增加额	21,929,879.46

南方建材股份有限公司

南方建材股份有限公司2002年年度报告

一、公司基本情况简介

(一)公司法定中文名称:南方建材股份有限公司
公司法定英文名称:Southern Building Materials CO.,LTD.
英文缩写:SBM
(二)公司法定代表人:刘平
(三)公司董事会秘书:谭昌寿
公司董事会证券事务代表:姚水清
联系地址:湖南省长沙市五一中路49号
电话:0731-4452516 2225271
传真:0731-4452516 4453546
电子信箱:sbmc@public.cs.hn.cn
(四)公司注册地址:湖南省长沙市芙蓉中路29号
总部办公地址:湖南省长沙市五一中路49号
邮政编码:410011
电子信箱:sbmc@public.cs.hn.cn
(五)公司选定信息披露报纸:《证券时报》
登载公司年度报告的中国证监会指定国际互联网网址:http://www.cninfo.com.cn
公司年度报告备置地点:湖南省长沙市五一中路49号公司投资证券部
(六)公司股票上市交易所:深圳证券交易所
股票简称:南方建材
股票代码:000906
(七)其它有关资料:
公司首次注册登记日期:1999年4月12日
公司注册地点:湖南省长沙市芙蓉中路29号
公司变更注册登记日期:2002年6月10日
企业法人营业执照注册号:4300001002319(3—3)
税务登记号码:430105712108626
公司聘请的会计师事务所名称:湖南开元有限责任会计师事务所
会计师事务所办公地址:湖南省长沙市芙蓉中路490号

二、会计数据和业务数据摘要

(一)主要会计数据

项目	2002年	2001年
主营业务收入	1,352,554,154.23	845,567,982.87
利润总额	42,998,208.46	24,800,385.42
净利润	24,472,149.46	19,046,983.87
扣除非经常性损益的净利润	25,312,433.54	16,386,627.43
项目	本年比上年增减(%)	2000年
主营业务收入	59.96	812,587,700.15
利润总额	73.38	36,779,992.96
净利润	28.48	31,006,099.74
扣除非经常性损益的净利润	54.47	26,560,047.20
项目	2002年末	2001年末
总资产	1,193,076,277.73	954,292,020.59
股东权益	387,392,416.82	366,205,150.08
经营活动产生的现金流量净额	126,498,532.12	42,117,083.45
项目	本年比上年增减(%)	2000年
总资产	25.02	721,265,152.46
股东权益	5.79	349,658,166.20
经营活动产生的现金流量净额	200.35	52,945,221.64

扣除非经常性损益项目及金额:

其他投资收益:	-112,253.56
股权投资差额摊销:	-701,982.05
营业外收支净额:	-439,919.74
扣除非经常性损益的所得税影响数:	413,871.27
合计	-840,284.08

(二)主要财务指标

项目	2002年	2001年	本年比上年增减(%)	2000年
每股收益(摊薄)	0.103	0.152	-32.24	0.248
每股收益(加权)	0.103	0.152	-32.24	0.248
净资产收益率(摊薄)	6.32	5.20	21.54	8.87
净资产收益率(加权)	6.45	5.30	21.70	9.21
扣除非经营性损益后净利润为基础计算的净资产收益率(摊薄)	6.53	4.47	46.09	7.63
扣除非经营性损益后净利润为基础计算的净资产收益率(加权)	6.68	4.56	46.49	7.92
每股经营活动产生的现金流量净额	0.53	0.34	58.16	0.42

项目	2002年末	2001年末	本年比上年增减(%)	2000年
每股净资产	1.63	2.93	-44.37	2.80
调整后的每股净资产	1.59	2.80	-43.21	2.71

三、股本变动及股东情况

(一)股东情况介绍
1.报告期末股东总数
截止2002年12月31日,公司股东总数为6363户。
2.主要股东的持股情况

序号	股东名称	期末持股数(股)	股份增减变动	占总股本(%)
1	湖南华菱钢铁集团有限责任公司	87,400,000	87,400,000	36.8
2	南方建材集团有限公司	83,600,000	-6,400,000	35.2
3	哈尔滨财信投资咨询有限责任公司	350,000	350,000	0.147
4	北京燕阜经贸总公司	321,000	321,000	0.135
5	王人清	307,000	307,000	0.129
6	陈再贵	243,770	243,770	0.102
7	张培芝	239,159	239,159	0.101
8	周彩红	227,201	227,201	0.096
9	刘林琳	219,386	99,946	0.093
10	何江	215,960	215,960	0.091

序号	股东名称	股份冻结情况	股份性质
1	湖南华菱钢铁集团有限责任公司		国家股
2	南方建材集团有限公司	全部冻结	国有法人股
3	哈尔滨财信投资咨询有限责任公司		流通股
4	北京燕阜经贸总公司		流通股
5	王人清		流通股
6	陈再贵		流通股
7	张培芝		流通股
8	周彩红		流通股
9	刘林琳		流通股
10	何江		流通股

注:(1)湖南华菱钢铁集团有限责任公司(以下简称"华菱集团")、南方建材集团有限公司(以下简称"南方集团")持股比例超过总股本的5%,分别为8740万股和8360万股(两大股东持股总数比期初增加8100万股,是由于报告期内公司实施了每10股转增9股的资本公积金转增股本方案),占总股本的36.8%和35.2%。华菱集团所持的本公司股份未进行任何质押或冻结。因诉讼原因,南方集团所持本公司股份于2000年被法院全部冻结,该事实已分别于2000年2月23日、7月24日、2002年2月7日在《证券时报》上作了披露。

(2)本公司前10名股东中,华菱集团、南方集团之间及与其他股东之间不存在关联关系,也不属于上市公司持股变动信息披露管理办法中规定的一致行动人,流通股股东之间公司未知其关联关系,也未知其他流通股股东是否属于上市公司持股变动信息披露管理办法中规定的一致行动人。

3.公司控股股东及其实际控制人的情况:
(1)公司第一大股东华菱集团情况:
法定代表人:李效伟
成立日期:1997年11月9日
注册资本:20亿元人民币
企业性质:国有独资
主要业务:生产、销售生铁、电炉钢、带钢、铝板带、矿产品、炭素制品及其延伸产品、水泥、焦炭、焦化副产品、耐火材料;供应生产所需的冶炼、机械电器设备和配件以及燃料、原辅材料、经营本企业自产的产品出口业务(国家组织统一联合经营的出口商品除外);进口本企业生产科研所需的原辅材料、机械设备、仪器仪表及零配件(国家实行核定公司经营的进口商品除外);经营本企业的加工贸易的补偿贸易业务。
(2)公司第二大股东南方集团情况:
法定代表人:张龙发
成立日期:1997年11月5日
注册资本:1.2921亿元人民币
企业性质:国有独资
主要业务:经销建筑材料、金属材料、普通机械、电器、机械及器材、铸锻件及通用零部件、汽车(含小轿车)及其配件、橡胶、轮胎、五金、交电、化工、生铁、炉料、煤炭、日用杂品、针纺织品及政策允许的农副产品。
(3)南方集团母公司湖南物资产业集团有限公司情况:
法定代表人:刘平
成立日期:1993年1月5日
注册资本:4亿元人民币
企业性质:国有独资
主要业务:经销金属材料、化工原料、建筑装饰材料、五金、交电、汽车及零部件、机电设备、工业木材、百货、针纺织品、其它食品、饲料、计外石油、煤炭及政策允许的农副产品、矿产品;提供经济、科技信息咨询服务;经营本系统商品的进出口、代理进出口、技术进出口业务;承办中外合资、合作"三来一补"、易货贸易、转口贸易业务。
(4)本公司股东南方集团于2002年6月6日与华菱集团签订了《股权转让协议》,将其持有的本公司国有法人股8740万股(占本公司股份总数的36.8%)转让给华菱集团,转让价格为每股人民币1.58元,转让价款共计人民币1.38亿元。该项股权转让已于2002年10月15日完成,华菱集团成为本公司第一大股东;南方集团仍持有本公司国有法人股8360万股(占本公司股份的35.2%),为第二大股东。该事实已分别于2000年6月6日、6月8日、10月15日在《证券时报》上作了披露。

四、董事、监事、高级管理人员和员工情况

(一)董事、监事、高级管理人员情况
1.基本情况

姓名	性别	年龄	职务	任期起止日期
刘平	男	49	董事长	2002.7--2005.7
汪俊	男	32	董事	2002.7--2005.7
张龙发	男	54	董事	2002.7--2005.7
向德伟	男	41	董事	2002.7--2005.7
熊彦章	男	48	董事	2002.7--2005.7
张中华	男	43	独立董事	2002.7--2005.7
李华强	男	44	独立董事	2002.7--2005.7
龚行健	男	53	董事	2002.7--2005.7
周黎明	男	44	董事	2002.7--2005.7
李孟辉	男	46	董事总经理	2002.7--2005.7
谢石海	男	55	董事	2002.7--2005.7

杨新良	男	39	董事财务总监	2002.7--2005.7
肖文伟	男	34	董事	2002.7--2005.7
李获辉	女	40	监事会召集人	2002.7--2005.7
范霞林	男	55	监事	2002.7--2005.7
李骑岑	男	40	监事	2002.7--2005.7
赵国春	男	33	监事	2002.7--2005.7
匡品	女	36	监事	2002.7--2005.7
李国辉	男	44	副总经理	2002.12--2005.7
冯德毅	男	40	副总经理	2002.12--2005.7
蒋龙平	男	39	副总经理	2002.12--2005.7
谭昌寿	男	44	董事会秘书	2002.12--2005.7
黄源曲	男	53	党委副书记	2001.10 起至今

注:1)本公司董事、监事和高级管理人员均未持有本公司股票;

2)董事、监事在股东单位任职情况:

董事向德伟先生在华菱集团任董事长助理;

董事张龙发先生在南方集团任董事长,董事刘平先生、熊彦章先生、周黎明先生在南方集团任董事。

监事范霞林先生在华菱集团任监察部主任、机关党委副书记、华菱工会工作委员会主任、纪检组副组长,监事赵国春先生在华菱集团任财务部主办。

2、年度报酬情况

1)公司董事、监事及高级管理人员共计28人(含离任董事、监事5人),年度报酬总额为105.8万元(不含独立董事年度报酬),年度报酬包括基本工资、各种奖金、福利补贴及其它津贴等,金额最高的前三名董事的报酬总额为20.8万元,金额最高的前三名高级管理人员的报酬总额为21.6万元,年度报酬在8-10万元1人,5-8万元9人,2-5万元13人,0-2万元5人。

在本公司领取薪酬的12人。未在公司领取薪酬的非授薪董事、监事14人,实行津贴制。汪俊、张龙发、向德伟、熊彦章、龚行健、周黎明、谢石海、肖文伟、范霞林、李骑岑、赵国春、李长保、文仕秋在股东单位或关联单位领取薪酬,李国辉在控股子公司领取薪酬。

2)独立董事的津贴及其他待遇

2002年10月14日,公司2002年第二次临时股东大会审议通过了独立董事津贴的议案,独立董事津贴标准为每人每年5万元,独立董事参加董事会、股东大会或根据公司章程行使职权所发生的必要费用包括但不限于交通费、住宿费等由公司另行支付。除此之外,独立董事在公司无其他待遇。

3、报告期内公司董事、监事、高级管理人员变动情况

1)公司第一届董事会董事司马河宴先生、李长保先生、冯德毅先生、陈月新先生、李获辉女士、李国辉先生因公司董事会换届离任董事职务,离任时间为2002年7月;

2)公司第一届监事会召集人张龙发先生、监事文仕秋先生、马刚林先生因公司监事会换届离任监事职务,离任时间为2002年7月;

3)2002年6月,董事会同意熊彦章先生因工作变动辞去公司总经理职务、李获辉女士因工作变动辞去公司财务总监职务;根据刘平董事长提名,董事会聘任李孟辉先生为公司总经理;根据李孟辉总经理提名,董事会聘任杨新良先生为公司副总经理兼财务总监。2002年12月,根据李孟辉总经理提名,董事会聘任杨新良先生为公司常务副总经理兼财务总监,李国辉先生、冯德毅先生、蒋龙平先生为公司副总经理。报告期内董事会秘书没有变动。

(二)员工情况

截止2002年12月31日,公司在册员工总数2595人,其中:生产人员639人,销售人员612人,技术人员607人,财务人员184人,行政人员199人。

公司员工受教育程度:研究生12人,大学本科273人,大学专科632人,中等专科991人,中等专科以下890人。中专以上文化程度占公司在册员工总数的74%。

离退休人员203人,其中:离休人员2人,退休人员201人;离退休人员主要费用由社保局承担。

(三)高管人员的考评及激励机制

公司董事会设立了薪酬与考核委员会,建立了高级管理人员的考评和激励机制,对高级管理人员实行月度工作考核和年度工作绩效考评,根据考核、考评结果确定其报酬。同时,为了充分调动高级管理人员的工作积极性和创造性,2002年8月14日公司第二届董事会第二次会议审议通过了《南方建材股份有限公司经营管理者年薪制试行办法》,办法规定高级管理人员年薪包括基本年薪、效益年薪和奖励年薪。

五、公司治理结构

(一)公司治理情况

公司严格按照《公司法》、《证券法》、《上市公司治理准则》和中国证监会有关规定的要求,不断完善公司法人治理结构,建立现代企业制度,规范公司运作,制订了《股东大会议事规则》、《董事会议事规则》、《监事会议事规则》、《总经理工作细则》和《公司信息披露工作细则》等,并对《公司章程》进行了相关的修改和完善。公司董事会成立了战略、薪酬与考核、提名、审计等董事会专门委员会,建立了独立董事制度,优化了公司董事会成员构成,保证了公司董事会决策的科学性和专业性。同时,公司按有关要求对公司的治理现状进行了深入的自查并形成了符合公司实际情况的现代企业制度自查报告,以此自查活动为契机,完善了公司的法人治理结构,提高了公司的治理水平。

(二)独立董事履行职责情况

报告期内,公司按照《关于在上市公司建立独立董事制度的指导意见》的要求建立了公司独立董事制度,并经2002年第一次临时股东大会审议,选举张中华先生、李华强先生为本公司独立董事。两名独立董事分别担任了战略委员会、提名委员会、薪酬与考核委员会、审计委员会的成员。独立董事任职以来,认真履行了独立董事的职责,按时参加公司召开的董事会和股东大会,积极了解公司的各项运作情况,对《关于同意公司与湖南华菱管线股份有限公司签订<商品供应合同>的议案》、《公司关于收购股权之关联交易的议案》、《公司关于资产置换之关联交易的议案》等重大关联交易事项进行审核并出具了独立董事意见,为董事会科学客观地决策起到了积极的作用,维护了公司整体利益及中小股东的合法权益。

(三)本公司与控股股东在业务、人员、资产、机构和财务上已做到了"五分开"

1、业务方面:本公司业务独立,设有独立的业务部门,并建立了独立的购销体系和经营管理制度;

2、人员方面:本公司的劳动人事及工资管理独立,公司总经理、副总经理及其他高级管理人员在本公司领取薪酬,未在股东单位担任董事以外的重要职务;控股股东推荐董事、监事通过合法程序进行,没有干预公司董事会和股东大会已经作出的人事任免决定的情况。

3、资产方面:本公司资产独立完整、权属清晰,拥有独立的生产、购销系统和配套设施;控股股东没有违规占用公司的资金、资产及其他资源。

4、机构方面:本公司具有完整、独立的法人治理结构,公司的股东大会、董事会、监事会、经营管理机构等均依法设立,规范运作;控股股东没有干预公司的机构设置,控股股东及其职能部门与公司及其职能部门之间不存在上下级关系;控股股东没有干预公司的生产经营活动;公司的生产经营和办公机构与控股股东分开。

5、财务方面:公司设立了独立的财务部门,并建立了独立的会计核算体系和健全的财务管理制度,运行规范;财务人员均系本公司专职工作人员,与控股股东没有任何人事关系;公司开设独立的银行帐户,并独立核算、独立纳税,不存在与控股股东共用银行帐户的情况。

六、股东大会情况简介

报告期内公司共召开一次股东年会和两次临时股东大会,即2001年年度股东大会和2002年度第一、二次临时股东大会。

(一)2001年年度股东大会情况

1、会议召集情况

本次大会会议通知以公告的形式刊登在2002年3月6日的《证券时报》上,公告了会议召开的时间、地点、审议事项和其他有关事项。

2、会议召开情况

本次大会于2002年4月8日在湖南省长沙市五一中路49号公司总部四楼会议室如期召开,参加会议股东3人(含委托代理人),代表90,036,649股,占公司有表决权股份总数的72.02%,会议审议通过了以下议案:

(1)2001年度董事会工作报告;

(2)2001年度监事会工作报告;

(3)2001年度财务决算报告;

(4)关于2001年度利润分配和资本公积金转增股本的议案;

(5)关于修改公司章程草案的议案;

(6)股东大会议事规则;

(7)董事会议事规则;

(8)监事会议事规则;

(9)关于设立董事会专门委员会的议案;

(10)关于支付湖南开元会计师事务所报酬的议案;

(11)关于续聘湖南开元会计师事务所的议案;

(12)关于2001年度董事、监事报酬的议案;

(13)公司2002年度配股的议案;

(14)关于2002年度配股募集资金投向的议案。

会议经湖南擎宇律师事务所证券从业律师李凤祥先生见证并出具了法律意见书。

3、会议决议披露情况

本次股东大会决议公告,于2002年4月9日刊登在《证券时报》上。

(二)2002年度第一次临时股东大会情况

1、会议召集情况

本次大会会议通知以公告的形式刊登在2002年6月14日的《证券时报》上,公告了会议召开的时间、地点、审议事项和其他有关事项。

2、会议召开情况

本次大会于2002年7月16日在湖南省长沙市五一中路49号公司总部四楼会议室如期召开,参加会议股东3人,委托代理1人,代表171,029,903股,占公司有表决权股份总数的72.01%,会议审议通过了以下议案:

(1)关于选举公司第二届董事会董事的议案;

(2)关于选举公司第二届董事会独立董事的议案;

(3)关于选举公司第二届监事会监事的议案;

(4)关于修改公司章程的议案;

(5)关于出售资产的议案。

湖南擎宇律师事务所证券从业律师刘彦妇女士对大会作了见证并出具了法律意见书。

3、会议决议披露情况

本次临时股东大会决议公告,于2001年7月17日刊登在《证券时报》上。

(三)2002年度第二次临时股东大会情况

1、会议召集情况

本次大会会议通知以公告的形式刊登在2001年9月14日《证券时报》上,公告了会议召开的时间、地点、审议事项和其他有关事项。

2、会议召开情况

本次大会于2002年10月14日在湖南省长沙市五一中路49号公司总部四楼会议室如期召开,参加会议股东3人,代表171,031,803股,占公司有表决权股份总数的72.01%,会议审议通过了以下决议:

(1)公司关于资产置换之关联交易的议案;

(2)公司关于收购股权之关联交易的议案;

(3)关于同意湖南华菱管线股份有限公司与娄底市华菱环保科技有限公司及涟源钢铁集团有限公司与娄底市华菱环保科技有限公司签订《商品供应合同》的议案;

(4)关于同意公司与湖南华菱管线股份有限公司签订《商品供应合同》的议案;

(5)公司董事、监事薪酬方案;

(6)关于同意放弃2002年度配股计划的议案。

湖南擎宇律师事务所证券从业律师刘彦女士对大会作了见证并出具了法律意见书。

3、会议决议披露情况

本次临时股东大会决议公告,于2001年10月16日刊登在《证券时报》上。

(四)选举、更换公司董事、监事情况

报告期内,公司进行了董事会、监事会的换届选举。经公司2002年度第一次临时股东大会审议,选举刘平先生、汪俊先生、张龙发先生、向德伟先生、熊彦章先生、张中华先生、李华强先生、龚行健先生、周黎明先生、李孟辉先生、谢石海先生、杨新良先生、肖文伟先生为公司第二届董事会董事;选举李获辉女士、范霞林先生、赵国春先生为公司第二届监事会监事,职工民主推选李骑岑先生、匡品女士为公司第二届监事会职工监事。

七、董事会报告

(一)公司经营情况的讨论与分析

2002年公司紧紧围绕经营目标,在不断完善法人治理结构的同时,积极应对日趋激烈的市场竞争,积极稳健快速发展。

1、我国加入WTO以后,随着关税的进一步降低和流通贸易领域对外资的进一步开放,公司的各类建筑材料销售、汽车销售面临更加激烈的市场竞争。

2002年,公司继续做大做强主营业务,积极向"大建材、大汽车"经营方向发展。"大建材板块"采取立足于门店批零业务,构筑完整的销售网络,以形成规模效益的策略,并紧紧抓住2002年金属材料的上涨行情,一方面巩固和开拓市场,一方面改革和加强内部管理,使金属材料贸易业绩取得较大幅度的增长;"大汽车板快"积极应对激烈的汽车市场,以品牌经营为核心,提升企业的知名度和美誉度,以灵活多样的促销手段开拓市场,以高质量的产品和完善的售后服务赢得顾客,使销售规模大幅度增长。

报告期内,公司实现主营业务收入135255.42万元,比上年度增长59.96%;实现主营业务利润14904.49万元,比上年度增长79.89%;实现净利润2447.21万元,比上年度增长28.48%。

2、2002年,公司大力加强制度创新、管理创新和理念创新。导入了ISO9001:2000质量管理体系,以加强各级员工的顾客理念、质量理念和程序理念,塑造"服务无极限、诚信到永远"的企业文化内核;针对公司分子公司办公场地分散的情况,积极推进管理信息化的建设工作。通过这些措施全面提升公司管理和服务的平台,"练内功,强体质",全力打造企业核心竞争力,以应对日趋激烈的市场竞争。

3、报告期内,公司在优化资本结构、提高资产质量、进一步突出主营业务上,加大资本运营和项目建设力度,进行了一系列的实质性的资产重组,并通过加快项目建设步伐,增强公司发展后劲。

2002年10月,公司收购涟源钢铁集团有限公司持有的娄底市华菱环保科技有限公司48%的股权,成为其第一大股东。并将其更名为湖南华菱南方环保科技有限公司(以下简称"华菱南方公司"),华菱南方公司主要经营:冶金工业废渣、废料的回收利用;钢渣砖等环保型建筑材料的生产及销售;电、风、热的生产及销售;环保设备的制作安装、冶金行业工程设计测绘。华菱南方公司经营

环保产业，具有高附加值、高科技含量的特点，发展前景好，将成为公司一个新的利润增长点。

2002 年 10 月，公司以部分资产置换湖南物资产业集团有限公司在怀化南华物资储运有限公司(以下简称"怀化南华公司")98.9%的股权。怀化南华公司主要经营仓储、租赁等业务。收购怀化南华公司，有利于公司巩固和发展主营业务。

2002 年 7 月，公司下属南方明珠国际大酒店(以下简称"南方明珠酒店")正式营业，目前营业收入稳步上升，经营良好。

(二)公司经营情况

1、公司经营情况

(1)公司经营业绩稳定增长

报告期内，公司的经营范围为生产、销售建筑材料(不含硅酮胶)、化工产品、机械、电子设备；销售汽车(含小轿车)、玻璃、政策允许的金属材料、化工原料、矿产品(含煤炭)；经营进出口业务；投资租赁服务业、出租汽车业；环保科技及环保产品的开发经营；提供经济信息咨询、住宿、餐饮、娱乐及仓储服务。

公司主营业务业绩 (单位：万元)

按行业或产品分类	主营业务收入	主营业务成本	主营业务利润
金属材料贸易	56901.18	52505.18	4395.98
化工原料及产品贸易	14367.23	13261.61	1094.68
汽车出租、租赁服务	5309.13	2465.57	2761.58
汽车销售及相关服务	50918.86	47901.00	2966.44
环保产业	3927.21	3017.04	854.40
酒店业	2404.93	462.16	1809.53
其它	1426.88	331.13	1021.88
合计	135255.42	119943.68	14904.49

(单位：万元)

按地区分类	主营业务收入	主营业务收入比上年增减(%)
长沙地区	129998.40	55.70
长沙以外地区	5257.02	393.99
合计：	135255.42	59.96

(2)公司生产经营的主要产品或提供服务情况

a 经营金属材料。报告期内实现销售收入 56189.46 万元，占公司销售收入的 41.54%；主营业务利润 4333.48 万元，占公司主营业务利润的 29.07%。

b 经营化工原料及产品。报告期内实现销售收入 14367.23 万元，占公司销售收入的 10.62%；实现主营业务利润 1094.68 万元，占公司主营业务利润的 7.34%。

c 经营汽车出租和租赁服务。报告期内实现销售收入 5309.13 万元，占公司销售收入的 3.93%；实现主营业务利润 2761.58 万元，占公司主营业务利润的 18.53%。

d 经营汽车及相关服务。报告期内实现销售收入 50918.86 万元，占公司销售收入的 37.65%；主营业务利润 2966.44 万元，占公司主营业务利润的 19.90%。

e 经营环保产业。报告期内实现销售收入 3927.21 万元，占公司销售收入的 2.90%，主营业务利润 854.40 万元，占公司主营业务利润的 5.73%。

f 经营酒店业。报告期内实现销售收入 2404.93 万元，占公司销售收入的 1.78%，祝英业务利润 1021.88 万元，占公司主营业务利润的 6.86%。

附：公司主要经营产品及提供服务情况表 (单位：万元)

产品名称	销售收入	销售成本	毛利率
金属材料	56189.46	51855.96	7.71%
化工产品	14367.23	13261.61	7.70%
汽车销售及相关服务	50918.86	47901.00	5.93%
租赁车服务	829.06	244.66	70.49%
出租车服务	4480.07	2220.91	50.43%
环保产业	3927.21	3017.04	23.18%
酒店业	2404.93	462.16	80.78%

(3)公司资本运营和项目建设取得重大进展

2002 年 10 月，公司以现金方式出资 4514.33 万元收购涟源钢铁集团有限公司(以下简称"涟钢")持有的娄底市华菱环保科技有限公司 48%的股权，成为其第一大股东。该公司更名为湖南华菱南方环保科技有限公司(以下简称"华菱南方公司")，华菱南方公司的主要经营范围为冶金工业废渣、废料的回收、开发、加工及销售；钢渣砖等环保建筑材料的生产及销售；电、风、热的生产及销售；环保设备的制作安装、冶金行业工程设计测绘(以资质证为准)。该公司发展前景可观，收益稳定可靠。

2002 年 10 月，公司以部份资产置换湖南物资产业集团有限公司在怀化南华物资储运有限公司(以下简称"怀化南华公司")98.9%的股权。怀化南华公司主要经营仓储、租赁等业务。收购怀化南华公司，有利于巩固和发展主营业务。

2002 年 7 月，公司下属南方明珠国际大酒店(以下简称"南方明珠酒店")正式营业，营业收入稳步上升，经营良好。

(4)公司主要控股公司及参股公司的经营情况及业绩

a 湖南省三维企业有限公司。本公司占 99.87%股权。该公司主要从事城市出租车营运与汽车维修服务，注册资本 5965 万元，拥有资产 15473.30 万元，2002 年实现销售收入 4480.07 万元，实现净利润 836.02 万元。

b 湖南南方建材化工有限公司。本公司占 99.94%股权。该公司主要从事化工原料、化工产品销售，注册资本 1000 万元，拥有资产 5581.86 万元，2002 年实现销售收入 14367.23 万元，实现净利润 87.11 万元。

c 湖南南方天旺汽车租赁服务有限公司。本公司占 99.995%股权。该公司主要从事汽车租赁、汽车信息咨询等服务，注册资本 3089.3 万元，拥有资产 5257.02 万元，2002 年实现销售收入 829.06 万元，实现净利润-2.66 万元。

d 湖南一汽贸易有限责任公司。本公司占 55%股权。该公司主要从事汽车整车和配件销售以及汽车维修服务等，注册资本 800 万元，拥有资产 10523.55 万元，2002 年实现销售收入 20430.19 万元，实现净利润 34.01 万元。

e 湖南安大汽车销售服务有限责任公司。本公司占 55%股权。该公司主要从事汽车(小轿车限广州本田品牌汽车)及配件经销，提供汽车维修服务，注册资本 800 万元，拥有资产 2222.61 万元，2002 年实现销售收入 10779.65 万元，实现净利润 172.72 万元。

f 湖南风神汽车销售有限公司。本公司占 51%股权。该公司主要从事汽车及配件销售，注册资本 500 万元，拥有资产 1536.20 万元，2002 年实现销售收入 16635.53 万元，实现净利润 246.94 万元。

g 湖南华菱南方环保科技有限公司。本公司占 48%股权。该公司主要从事冶金工业废渣、废料的回收、开发、加工及销售；钢渣砖等环保建筑材料的生产及销售；电、风、热的生产及销售；环保设备的制作安装、冶金行业工程设计测绘(以资质证为准)。注册资本 9163.67 万元，拥有资产 13136.33 万元，2002 年实 10-12 月现销售收入 3927.21 万元，实现净利润 486.75 万元。

h 湖南南方明珠国际大酒店有限公司，本公司占 99.99%股权，该公司主要从事酒店及餐饮服务业，注册资本 2000 万元，拥有资产 28615.93 万元，2002 年 7 月正式营业，当年实现销售收入 2404.93 万元，实现净利润-3.54 万元。

(5)主要供应商、客户情况

公司前五家主要供应商为一汽集团、风神有限公司、广州本田汽车有限公司、新余钢铁有限责任公司、萍乡钢铁有限责任公司。五家公司合计采购金额为 68446.93 万元，占公司年度采购总额的 48.77%；前五家主要客户有湖南华菱光远铜管有限公司、宣化钢铁集团有限公司、湖南经阁集团有限公司、株洲特种电磁线厂、怀化中祥物资有限公司，五家公司合计销售金额为 16963.07 万元，占公司年度销售总额的 12.54%。

(6)在经营中出现的问题与困难及解决方案

我国加入 WTO 以后，面对日趋激烈的市场竞争格局，公司的管理模式和经营方式也面临更大的挑战，如何打造企业核心竞争力和提高市场应变能力将是我们的一个重要课题。

针对以上问题，公司采取了以下对策：

积极做大做强主营业务。"大建材板块"采取巩固资源渠道，大力开拓市场，立足于门店批零业务的策略，构筑完整的销售网络，以形成规模效益；"大汽车板块"以品牌经营为核心，以营销助推服务，拓展新的利润空间，提升企业的竞争力。

大力加强制度创新、管理创新和经营创新。2002 年公司组织了 ISO9001:2000 质量管理体系认证工作；积极推进管理信息化的建设工作，全面提升公司管理和服务的水平，以应对日趋激烈的市场竞争。

加大资本运营和项目建设力度。2002 年，公司在优化资本结构，提高资产质量，进一步突出主营业务上，进行了一系列的实质性的资产重组，并通过加快项目建设步伐，增强公司发展后劲。

(三)公司投资情况

1、报告期内公司未募集资金，亦无前次募集资金使用递延到本报告期内的情况。

2、重大非募集资金投资项目的实际进度和收益情况

(1)报告期内，增加对松桂园宾馆改建工程投入 44,698,484.29 元，该项目已基本上完工，并于 2002 年 3 月注册成立为南方明珠国际大酒店，公司拥有 99.99%的股权比例。该酒店的经营范围主要为住宿、餐饮、娱乐。本报告期内实现净利润-3.54 万元。

(2)报告期内建设普尔斯马特超市项目投入 20,097,510.87 元，主体工程大部分完成。

(3)2002 年 10 月 14 日，公司以现金方式出资 4514.33 万元收购涟源钢铁集团有限公司(以下简称"涟钢")持有的娄底市华菱环保科技有限公司 48%的股权，成为其第一大股东。至 2002 年 12 月 31 日止，公司已支付收购款 3300 万元。报告期内为公司贡献净利润 233.64 万元。

(4)2002 年 10 月 14 日，公司以部分资产置换湖南物资产业集团有限公司在怀化南华物资储运有限公司(以下简称"怀化南华公司")98.9%的股权。报告期内为公司贡献净利润-46.34 万元。

(四)公司财务状况、经营成果

项目	本期数	上期数	增减幅(%)
总资产	1,193,076,277.73	954,292,020.59	25.02
股东权益	387,392,416.82	366,205,150.08	5.79
主营业务利润	149,044,862.26	82,854,246.62	79.89
净利润	24,472,149.46	19,046,983.87	28.48
现金及现金等价物净增加额	5,608,604.61	64,469,376.75	-91.30

项目	重大变化的原因
总资产	增加了合并单位
股东权益	本年实现利润
主营业务利润	销售规模扩大及增加了合并单位
净利润	销售规模扩大及金属材料贸易行情较好
现金及现金等价物增加额	上期数的比较期归还了银行贷款使上期数较大

(五)经营环境及宏观政策发生重大变化的影响

自 2002 年 1 月，公司所得税政策已按国家有关部门的规定，执行 33%的所得税率，因税率调整使公司报告期内净利润减少 739.05 万元。

(六)公司 2003 年度的经营计划

公司 2003 年度的经营计划

1、经营目标

公司将以发展战略为指导，以市场需求为导向，以提高经济效益为中心，以改革总揽全局，围绕做大、做特、做精、做强南方建材，整合内外资源，提升管理水平，搞活内部机制，争取 2003 年的经营业绩比 2002 年有一定的增长，以较好的业绩回报股东。

2、实现 2003 年度经营目标拟采取的措施

(1)为适应市场需要，加大营销方式改革的力度，继续重点发展深加工贸易和配送业务，加大营销网点的建设，扩大销售辐射面，延长经营链条，全面推行"统进分销"的营销模式，促使贸易上规模。

(2)进一步调整和优化经营业务，利用华菱集团入主的契机，通过整合内外部资源，通过管理创新和制度创新，发展和壮大主营业务。

(3)抓好南方明珠酒店、怀化南华公司、华菱南方公司等投资项目的管理，提高这些公司的经济效益，以取得较好的投资回报率。

(七)、董事会日常工作情况

1、报告期内董事会会议情况及决议内容

报告期内公司董事会共召开了 8 次会议

(1)公司第一届董事会第十一次会议于 2002 年 3 月 4 日在湖南省长沙市五一中路 49 号公司总部会议室召开，应到董事 9 人，实到董事 9 人，监事会 3 名监事中 2 名监事列席了会议，符合《公司法》和《公司章程》的规定。会议审议并通过了以下决议：

a 公司 2001 年度董事会工作报告；

b 公司 2001 年度总经理工作报告；

c 公司 2001 年度财务决算报告；

d 公司 2001 年年度报告及其摘要；

e 公司 2001 年度利润分配和资本公积金转增股本预案：

f 关于修改《公司章程》的草案；

g 股东大会议事规则；

h 董事会议事规则；

i 关于设立董事会专门委员会的议案；

j 关于设立董事会秘书处的议案；

k 关于支付湖南开元会计师事务所报酬的议案；

l 关于续聘湖南开元会计师事务所的议案；

m 关于撤销湖南奔达在线有限公司的议案；

n 关于收购怀化物资储运公司的议案；

o 关于配股资格的自查报告；

p 关于 2002 年度配股的预案；

q 关于 2002 年度配股募集资金投向的议案；

r 关于召开公司 2001 年度股东大会的提案。

本次会议决议公告，刊登于 2002 年 3 月 6 日《证券时报》。

(2)公司第一届董事会第十二次会议于 2002 年 4 月 19 日在湖南省长沙市五一中路 49 号公司总部会议室召开，应到董事 9 人，实到董事 9 人，监事会 3 名监事中 2 名监事列席了会议，符合《公司法》和《公司章程》的有关规定。会议审议并通过了《公司 2002 年第一季度报告》。

本次会议决议公告，刊登于 2002 年 4 月 20 日《证券时报》。

(3)公司第一届董事会第十三次会议于 2002 年 6 月 12 日在湖南省长沙市五一中路 49 号公司总部会议室召开，应到董事 9 人，实到董事 9 人，监事会 3 名监事中 2 名监事列席了会议，符合《公司法》和《公司章程》的有关规定。会议审议并通过了以下议案：

a 关于提名公司第二届董事会董事候选人的议案；

b 关于提名公司第二届董事会独立董事候选人的议案；

c 关于公司部分高级管理人员人事任免的议案；
d 关于修改公司章程的议案；
e 关于转让深圳市华瀚管道科技有限公司股权的议案；
f 关于召开 2002 年度第一次临时股东大会的提案。
本次会议决议公告，刊登于 2002 年 6 月 14 日《证券时报》。

(4) 公司第二届董事会第一次会议于 2002 年 7 月 17 日在湖南省长沙市五一中路 49 号公司总部会议室召开，应到董事 13 人，实到董事 12 人，委托代理 1 人，监事会 5 名监事列席了会议，符合《公司法》和《公司章程》的有关规定。会议选举刘平先生为公司第二届董事会董事长。

本次会议决议公告，刊登于 2002 年 7 月 18 日《证券时报》。

(5)公司第二届董事会第二次会议于 2002 年 8 月 14 日在长沙市芙蓉中路 27 号南方明珠国际大酒店布政厅召开，应到董事 13 人，实到董事 12 人，委托代理 1 人，监事会 4 名监事列席了会议，符合《公司法》和《公司章程》的有关规定。会议审议通过了以下决议：
a 公司 2002 年半年度报告及半年度报告摘要；
b 公司 2002 年半年度利润分配预案；
c 关于董事会战略、提名、薪酬与考核、审计四个专门委员会组成人员人选的议案；
d 关于同意公司与湖南华菱管线股份有限公司签订《商品供应合同》的议案；
e 关于董事、监事、高级管理人员薪酬的方案；
f 关于同意放弃 2002 年度配股计划的议案。
本次会议决议公告，刊登于 2002 年 8 月 16 日《证券时报》。

(6)公司第二届董事会第一次临时会议于 2002 年 9 月 12 日在长沙市芙蓉中路 27 号南方明珠国际大酒店布政厅召开，应到董事 13 人，实到董事 10 人，委托代理 3 人，监事会 5 名监事列席了会议，符合《公司法》和《公司章程》的有关规定。会议审议通过了以下决议：
a 公司关于收购股权之关联交易的议案；
b 公司关于资产置换之关联交易的议案；
c 关于公司人事变动的议案；
d 关于确定召开 2002 年度第二次临时股东大会时间的议案。
本次会议决议公告，刊登于 2002 年 9 月 14 日《证券时报》。

(7)公司第二届董事会第三次会议于 2002 年 10 月 23 日在长沙市五一中路 49 号公司总部会议室召开，应到董事 13 人，实到董事 11 人，委托代理 2 人，监事会 5 名监事中 3 名监事列席了会议，符合《公司法》和《公司章程》的有关规定。会议审议并通过了公司 2002 年第三季度报告。

本次会议决议公告，刊登于 2002 年 10 月 24 日《证券时报》。

(8)公司第二届董事会 2002 年度第二次临时会议于 2002 年 12 月 22 日在长沙市芙蓉中路 27 号南方明珠国际大酒店布政厅召开，应到董事 13 人，实到董事 10 人，委托代理 3 人，监事会 5 名监事列席了会议，符合《公司法》和《公司章程》的有关规定。会议审议通过了以下决议：
a 公司发展战略的议案；
b 公司 2003 年经营目标计划的议案；
c 公司投资管理办法；
d 关于调整公司组织机构的议案；
e 公司第二届董事会关于聘任高级管理人员的议案。
本次会议决议公告，刊登于 2002 年 12 月 24 日《证券时报》。

2、报告期内，董事会对股东大会决议的执行情况

(1)董事会对公司 2001 年度股东大会通过的利润分配及资本公积金转增股本方案即以 2001 年度末总股本 12500 万股为基数，向公司全体股东每 10 股派发现金红利 0.20 元(含税)，资本公积金每 10 股转增 9 股，于 2002 年 4 月 25 日实施完毕。

(2)公司 2001 年度股东大会通过了配股方案即以 2001 年度末总股本 12500 万股为基数每 10 股配 3 股，但考虑到市场及公司实际情况，经公司 2002 年第二次临时股东大会审议，决定放弃该配股方案。

(八)本次利润分配和资本公积金转增股本预案

经湖南开元有限责任会计师事务所审计，2002 年度公司实现净利润为 24,472,149.46 元。根据公司章程规定，提取 10%的法定盈余公积和 5%的法定公益金后，本年度公司可供股东分配的利润为 17,761,428.49 元，加上年初未分配利润 57,039,839.11 元，实际未分配利润为 74,801,267.60 元。考虑到各方股东的利益和公司的长远发展需要，董事会决定 2002 年度分配预案为：以 2002 年度末总股本 23,750 万股为基数，向公司全体股东每 10 股派发现金红利 0.20 元(含税)，共计 4,750,000.00 元。本次分配后，公司尚结余未分配利润 70,051,267.60 元，结转到以后年度。资本公积金转增股本的预案为：本年度不进行资本公积金转增股本。

(九)其他报告事项

本公司继续选定《证券时报》为指定信息披露刊物。

八、监事会报告

(一)报告期内监事会会议情况

2002 年度，公司监事会召开了 5 次会议，会议具体情况如下：

1、2002 年 3 月 4 日，召开了第一届监事会第九次会议，审议并一致通过了 2001 年度监事会工作报告，2001 年年度报告及其摘要，2001 年度财务决算报告，2001 年度利润分配和资本公积金转增股本的预案，修改公司章程的草案，支付湖南开元会计师事务所报酬的议案，监事会议事规则，设立监事会办公室的议案，公司 2001 年度规范运作的审查议案。

2、2002 年 6 月 12 日，召开了第一届监事会第十次会议，审议并一致通过了公司第二届监事会监事候选人的议案。

3、2002 年 7 月 17 日，召开了第二届监事会第一次会议，选举李荻辉女士为公司第二届监事会召集人。

4、2002 年 8 月 14 日，召开了第二届监事会第二次会议，审议通过了公司 2002 年半年度报告及其摘要，2002 年半年度利润分配方案，放弃 2002 年度配股计划的议案，公司与湖南华菱管线股份有限公司签订《商品供应合同》的议案。

5、2002 年 9 月 12 日，召开了第二届监事会第三次会议，审议通过了公司收购涟源钢铁集团有限公司所持有的娄底市华菱环保科技有限公司 48%的股权之关联交易的议案，公司对湖南物资产业集团有限公司持有的怀化南华物资储运有限公司 98.9%股权进行资产置换之关联交易的议案。

(二)公司依法运作情况

公司董事会决策程序符合《公司法》、《证券法》、《公司章程》等规定，公司已建立了一套较完善的内部控制制度，公司现有董事和高管人员认真履行职责，依法开展经营管理活动，尚未发现违反法律、法规、《公司章程》以及损害股东利益的行为。

(三)公司财务情况

公司财务报告真实反映了公司的财务状况和经营成果，湖南开元有限责任会计师事务所出具了无保留意见的审计报告。

(四)公司收购、资产置换情况

公司自筹资金 4514.33 万元收购了涟源钢铁集团有限公司所持有的娄底市华菱环保科技有限公司 48%的股权，通过资产置换收购了湖南物资产业集团有限公司持有的怀化南华物资储运公司 98.9%股权。公司收购、资产置换的交易价格合理，程序合法，未发现内幕交易情况，没有损害股东利益。

(五)关联交易情况

经审查，公司与关联单位之间的关联交易价格公允、合理，未损害股东利益。

九、重要事项

(一)重大诉讼、仲裁事项

报告期内公司无重大诉讼、仲裁事项。

(二)报告期内公司收购及出售资产、吸收合并事项

1、收购资产

(1)2002 年 10 月 14 日，公司召开 2002 年度第二次临时股东大会，审议通过《公司关于收购股权之关联交易的议案》。公司自筹资金 4514.33 万元人民币受让涟源钢铁集团有限公司持有的娄底市华菱环保科技有限公司(以下简称"华菱环保") 48%的股权(股权转让完成后，涟钢集团仍持有华菱环保 42%的股权)。进入本公司的该部分资产不仅盈利能力较强，还在同行业中具备了一定的技术优势，因此随着环保资产的注入和环保项目的实施，环保产业将成为本公司的核心产业之一。本次股权收购使公司当期产生 233.64 万元净利润。

公司董事会在 2002 年 10 月 16 日的《证券时报》上公开披露了本次股权收购事项。

(2)2002 年 10 月 14 日，公司召开 2002 年度第二次临时股东大会，审议通过《公司关于资产置换之关联交易的议案》。公司以 66,273,972.67 元资产置换了由湖南物资产业集团公司持有的怀化南华物资储运有限公司 98.9%的股权。本次资产置换使公司建材板块的业务得以有效向西部扩展，扩大了公司主业规模，有利于公司长远发展。

公司董事会在 2002 年 10 月 16 日的《证券时报》上公开披露了本次资产置换事项。

2、出售资产

2002 年 7 月 16 日，公司召开 2002 年度第一次临时股东大会，审议通过《关于出售资产的议案》。公司将持有的深圳市华瀚管道科技有限公司 2997.96 万股股权(占该公司总股份的 42%)，以每股 1.068 元，共计人民币叁仟贰佰零壹万捌仟元整(¥32,018,000.00 元)转让给深圳立众投资控股有限公司。该项交易为溢价转让，本公司投入的资金能得到保全，并将有¥2,038,400.00 元的溢价收益。

公司董事会在 2002 年 7 月 17 日的《证券时报》上公开披露了本次股权转让事项。

(三)报告期内发生的重大关联交易事项。

1、购销商品、提供劳务发生的关联交易

(1)从关联方购货

关联交易方	商品名称	交易金额
湖南华菱管线股份有限公司	螺纹钢	32,128,939.53
湖南华菱管线股份有限公司	线材	23,096,355.89
湖南华菱管线股份有限公司	型材	34,201,682.94
涟源钢铁集团有限公司	水、煤、煤气	12,293,798.10
合计		101,720,776.46

关联交易方	占同类交易金额的比例	结算方式
湖南华菱管线股份有限公司	17.23%	现金或转帐
湖南华菱管线股份有限公司	27.66%	现金或转帐
湖南华菱管线股份有限公司	18.34%	现金或转帐
涟源钢铁集团有限公司	100%	现金或转帐
合计		

(2)向关联方销售及服务

关联交易方	商品、服务品名	交易金额
湖南华菱光远铜管有限公司	电解铜、铝锭	52,222,899.47
湖南光远铜管有限公司	电解铜	26,077,147.15
湖南华菱管线股份有限公司	储运费	1,675,000
湖南华菱管线股份有限公司	蒸气、通风	11,936,810.20
	蒸气、通风	2,214,303.72
涟源钢铁集团有限公司	电	9,429,340.80
	钢渣及其付产品	11,780,652.08
	工程设计	3,405,800
涟源钢铁集团有限公司	钢材	1,372,507.31
合计		120,114,460.73

关联交易方	占同类交易金额的比例(%)	结算方式
湖南华菱光远铜管有限公司	36.50	现金或转帐
湖南光远铜管有限公司	18.20	现金或转帐
湖南华菱管线股份有限公司	18.53	现金或转帐
湖南华菱管线股份有限公司	84.35	现金或转帐
15.65	现金或转帐	
涟源钢铁集团有限公司	100	现金或转帐
84.94	现金或转帐	
82.34	现金或转帐	
涟源钢铁集团有限公司	0.70	现金或转帐
合计		

公司与华菱集团及其子公司的交易在 2002 年 6 月开始属于关联交易，以上关联交易为本年 6-12 月累计发生数，交易金额均不含增值税。根据公司与湖南华菱管线股份有限公司签定的《商品供应合同》以及公司控股子公司湖南华菱南方环保科技有限公司与涟源钢铁集团有限公司和湖南华菱管线股份有限公司签订的《商品供应合同》，明确规定了双方供应与采购的定价原则，有国家定价的，执行国家定价，如没有国家定价的，执行商品的当时市场价协商定价。以上关联方交易均属正常商品购销(含提供劳务)，实际交易价格没有超过应确认为收入的部分，关联方交易没有对公司利润产生特殊的影响。

2、资产、股权转让发生的关联交易　　单位：万元

关联交易方	交易内容	定价原则	资产帐面价值
湖南物资产业集团有限公司	以资产置换其持有的南华公司的股权	资产评估价值	6,647.87
涟源钢铁集团有限公司	收购其持有的娄底市华菱环保科技有限公司 48%的股权	资产评估价值	4,209.94

关联交易方	评估价值	转让价格	结算方式	转让收益
湖南物资产业集团有限公司	6,627.39	6,627.39	资产置换	无
涟源钢铁集团有限公司	4,514.33	4,514.33	转帐支付	无

3、关联债权债务往来及担保事项

(1)关联债权债务往来

关联方	向关联方提供资金	
	发生额	余额
湖南光远铜管有限公司	86,389,469.88	43,211.68
涟源钢铁集团有限公司	33,980,975.30	28,262,040.95
湖南华菱管线股份有限公司	106,261,263.98	15,620,564.11
合计	226,631,709.16	43,925,816.74

关联方向上市公司提供资金

关联方	发生额	余额
湖南光远铜管有限公司		
涟源钢铁集团有限公司	12,143,280.00	12,143,280.00
湖南华菱管线股份有限公司		
合计	12,143,280.00	12,143,280.00

上述债权款项余额及本年发生额系与关联方正常购销业务形成的应收预付款项；债务往来余额及本年发生额系应付收购华菱环保科技有限公司的股权收购款余款。

(2)关联担保事项

公司第二大股东南方建材集团有限公司为公司短期借款6900万元提供了担保。

公司第一大股东湖南华菱钢铁集团有限责任公司为本公司办理4000万元银行承兑汇票提供了担保。

以上担保，为公司正常业务经营融资提供了保证。

(四)重大合同及其履行情况

1.根据本公司与深圳市立众投资控股有限公司、哈尔滨工业大学星河实业有限公司签订的《股权转让协议》和《托管协议书》，本公司拟将原出资2997.96万元持有的深圳市华瀚管道科技有限公司的42%股权，以3201.8万元的价款转让给深圳市立众投资控股有限公司，哈尔滨工业大学星河实业有限公司为深圳市立众投资控股有限公司履约提供连带责任担保。同时，本公司将拟转让的该部分股权在转让完成前委托哈尔滨工业大学星河实业公司管理，该合同正在履行之中。

十、财务会计报告

(一)审审计计报报告告

审计报告

南方建材股份有限公司全体股东：

我们接受委托，审计了南方建材股份有限公司(以下简称贵公司)2002年12月31日的资产负债表以及合并资产负债表、2002年度的利润及利润分配表以及合并利润及利润分配表、2002年度的现金流量表以及合并现金流量表。这些会计报表由贵公司负责，我们的责任是对这些会计报表发表审计意见。我们的审计是依据《中国注册会计师独立审计准则》进行的。在审计过程中，我们结合贵公司实际情况，实施了包括抽查会计记录等我们认为必要的审计程序。

我们认为，上述会计报表符合《企业会计准则》和《企业会计制度》的规定，在所有重大方面公允地反映了贵公司2002年12月31日的财务状况以及合并财务状况、2002年度的经营成果以及合并经营成果、2002年度的现金流量情况以及合并现金流量情况，会计处理方法的选用遵循了一贯性原则。

湖南开元有限责任会计师事务所　　　　中国注册会计师：李双桂

2003年3月2日　　　　中国注册会计师：刘绍秋

(二)财务报表

资产负债表　　　　会企01表

编制单位：南方建材股份有限公司(合并)　　2002.12.31　单位：人民币元

资产	附注	期末数	期初数
流动资产：			
货币资金	5-1	143,104,304.24	137,495,699.63
短期投资	5-2	155,730.96	
应收票据	5.3	3,120,000.00	1,836,000.00
应收股利			
应收利息			
应收账款	5-4	25,235,954.57	40,806,328.30
其他应收款	5-5	41,770,438.65	12,681,381.51
预付账款	5-6	149,778,126.52	163,606,776.38
应收补贴款			
期货保证金		2,000,000.00	1,500,000.00
存货	5-7	90,226,830.63	107,378,323.71
待摊费用	5-8	529,298.60	815,861.29
一年内到期的长期债权投资			
其他流动资产			
流动资产合计		455,920,684.17	466,120,370.82
长期投资：			
长期股权投资	5-9	38,312,963.96	45,240,819.78
长期债权投资			
长期投资合计		38,312,963.96	45,240,819.78
其中：股权投资差额		7,202,730.95	4,802,579.78
固定资产：			
固定资产原价	5-10	685,531,173.68	248,283,840.68
减：累计折旧		138,652,860.13	45,641,599.22
固定资产净值		546,878,313.55	202,642,241.46
减：固定资产减值准备		6,982,595.89	3,168,605.48
固定资产净额		539,895,717.66	199,473,635.98
工程物资		1,424,825.50	
在建工程	5-11	22,940,051.25	181,601,506.34
固定资产清理			
固定资产合计		564,260,594.41	381,075,142.32
无形资产及其他资产			
无形资产	5-12	66,004,465.37	969,241.72
长期待摊费用	5-13	7,102,358.99	4,732,837.56
其他长期资产	5-14	61,475,210.83	56,153,608.39
无形资产及其他资产合计		134,582,035.19	61,855,687.67
递延税项：			
递延税项借项			
资产总计		1,193,076,277.73	954,292,020.59
负债和股东权益	附注	期末数	期初数
流动负债：			
短期借款	5-15	385,700,000.00	347,180,000.00
应付票据	5-16	176,769,400.00	104,542,760.00
应付账款	5-17	33,062,175.10	24,509,520.33
预收账款	5-17	15,932,759.18	15,661,061.24
应付工资		1,206,184.82	177,357.00
应付福利费		1,194,675.89	899,274.71
应付股利	5-18	4,750,000.00	2,500,000.00
应交税金	5-19	20,006,365.79	-1,646,710.74
其他应交款		358,193.96	1,010,059.36
其他应付款	5-17	45,701,483.84	22,911,536.47
预提费用	5-20	723,850.67	1,212,803.82
预计负债		45,188.13	
一年内到期的长期负债	5-21	2,596,479.29	
其他流动负债			
流动负债合计		688,046,756.67	518,957,662.19
长期负债：			
长期借款	5-22	14,449,799.99	13,684,055.32
应付债券			
长期应付款	5-23	40,673,232.61	45,353,232.61
专项应付款			
其他长期负债			
长期负债合计		55,123,032.60	59,037,287.93
递延税项：			
递延税项贷项			
负债合计		743,169,789.27	577,994,950.12
少数股东权益		62,514,071.64	10,091,920.39
股东权益：			
股本	5-24	237,500,000.00	125,000,000.00
资本公积	5-25	54,265,547.22	165,300,429.94
盈余公积	5-26	25,575,602.00	18,864,881.03
其中：法定公益金		8,525,200.68	6,288,293.69
未分配利润	5-27	70,051,267.60	57,039,839.11
股东权益合计		387,392,416.82	366,205,150.08
负债与股东权益总计		1,193,076,277.73	954,292,020.59

利润及利润分配表　　　　会企02表

编制单位：南方建材股份有限公司(合并)　　2002.12.31　单位：人民币元

项目	附注	本年发生数	上年发生数
一、主营业务收入	5-28	1,352,554,154.23	845,567,982.87
减：主营业务成本	5-28	1,199,436,831.48	759,887,323.76
主营业务税金及附加	5-29	4,072,460.49	2,826,412.49
二、主营业务利润		149,044,862.26	82,854,246.62
加：其他业务利润	5-30	3,219,300.85	909,117.66
减：营业费用		51,800,858.25	27,246,955.66
管理费用		41,545,498.08	25,594,648.53
财务费用	5-31	14,665,442.97	9,297,205.78
三、营业利润		44,252,363.81	21,624,554.31
加：投资收益	5-32	-814,235.61	-451,943.25
补贴收入			
营业外收入	5-33	81,658.83	3,690,222.16
减：营业外支出	5-34	521,578.57	62,447.80
四、利润总额		42,998,208.46	24,800,385.42
减：所得税		14,080,636.80	3,136,118.83
减：少数股东收益		4,445,422.20	2,617,282.72
五、净利润		24,472,149.46	19,046,983.87
加：年初未分配利润		57,039,839.11	46,005,037.48
其他转入			
六、可供分配的利润		81,511,988.57	65,052,021.35
减：提取法定盈余公积		4,473,813.98	3,674,788.16
提取法定公益金		2,236,906.99	1,837,394.08
提取职工奖励及福利基金			
提取储备基金			
提取企业发展基金			
利润归还投资			
七、可供股东分配利润		74,801,267.60	59,539,839.11
减：已分配优先股股利			
提取任意公积金			
应付普通股股利		4,750,000.00	2,500,000.00
转作股本的普通股股利			
八、未分配利润		70,051,267.60	57,039,839.11

现金流量表　　　　会企03表

项目	附注	金额
一、经营活动产生的现金流量：		
销售商品、提供劳务收到的现金		1,537,822,772.96
收到的税费返还		151,391.33
收到的其他与经营活动有关的现金		9,789,947.37
现金流入小计		1,547,764,111.66
购买商品、接受劳务支付的现金		1,295,536,666.97
支付给职工以及为职工支付的现金		28,367,382.43
支付的各项税费		20,910,122.25
支付的其他与经营活动有关的现金	5-35	76,451,407.89
现金流出小计		1,421,265,579.54
经营活动产生的现金流量净额		126,498,532.12
二、投资活动产生的现金流量：		
收回投资所收到的现金		10,000,000.00
取得投资收益所收到的现金		
处置固定资产、无形资产和其他长期资产而收回现金净额		504,610.04
收到的其他与投资活动有关的现金		
现金流入小计		10,504,610.04
购建固定资产、无形资产和其他长期资产所支付的现金		98,329,448.85
投资所支付的现金		35,323,200.00
支付的其他与投资活动有关的现金		
现金流出小计		133,652,648.85
投资活动产生的现金流量净额		-123,148,038.81
三、筹资活动产生的现金流量：		
吸收投资所收到的现金		
借款所收到的现金		392,116,400.00
收到的其他与筹资活动有关的现金		
现金流入小计		392,116,400.00
偿还债务所支付的现金		372,830,655.33
分配股利、利润或偿付利息所支付的现金		17,027,633.37
支付的其他与筹资活动有关的现金		
现金流出小计		389,858,288.70
筹资活动产生的现金流量净额		2,258,111.30
四、汇率变动对现金的影响		
五、现金及现金等价物净增加额		5,608,604.61

湖北长源电力发展股份有限公司

湖北长源电力发展股份有限公司2002年年度报告

一、公司基本情况简介

一、公司中文名称:湖北长源电力发展股份有限公司
公司英文名称:HUBEI CHANGYUAN ELECTRIC POWER DEVELOPMENT CO.,LTD
二、法定代表人:戚名辉
三、董事会秘书:赵虎
董事会证券事务代表:胡谦
联系地址:武汉市武昌区徐东大街351号
电话:027-86778352、86778357
传真:027-86786970
电子信箱:zhaohu310@163.net dd312@sina.com
四、公司注册地址:武汉市武昌区徐东路
公司办公地址:武汉市武昌区徐东大街351号长源电力商务中心
邮政编码:430077
公司国际互联网网址:www.cyep.com.cn
公司电子信箱:zfhbcydl@public.wh.hb.cn
五、公司选定的信息披露报纸名称:《中国证券报》、《证券时报》
中国证监会指定登载公司年报的国际互联网网址:www.cninfo.com.cn
公司年度报告备置地点:武汉市武昌区徐东大街351号公司证券部
六、股票上市交易所:深圳证券交易所
股票简称:长源电力 股票代码:000966
七、其他有关资料:
(一)公司首次注册登记日期为1995年4月7日,地点为湖北省工商行政管理局;
(二)企业法人营业执照注册号为4200001100124;
(三)税务登记号码为429000177597420;
(四)公司聘请的会计师事务所为湖北大信会计师事务有限公司,其办公地址在武汉市中山大道1056号金源世界中心A-B座8楼。

二、会计数据和业务数据摘要

一、本年度主要会计数据和业务数据

利润总额(元)	74,710,234.16
净利润(元)	36,157,746.54
扣除非经常性损益后的净利润(元)	36,680,562.35
主营业务利润(元)	132,464,483.72
其他业务利润(元)	171,955.12
营业利润(元)	65,225,898.60
投资收益(元)	10,198,720.64
补贴收入(元)	0.00
营业外收支净额(元)	-714,385.08
经营活动产生的现金流量净额(元)	8,985,655.29
现金及现金等价物净增加额(元)	-156,034,279.42
注:非经常性损益的项目(扣除所得税影响额)	
营业外收支净额	-522,815.81

二、前三年主要会计数据和财务指标

项目	2002年1-12月	调整后
主营业务收入(元)	918,992,981.85	881,003,628.68
净利润(元)	36,157,746.54	46,417,951.87
全面摊薄每股收益(元)	0.0977	0.1254
加权平均每股收益(元)	0.0977	0.1254
扣除非经常性损益后的全面摊薄每股收益(元)	0.0991	0.1163
全面摊薄净资产收益率(%)	4.3255	5.5472
加权平均净资产收益率(%)	4.3233	5.5521
扣除非经常性损益后的加权平均净资产收益率(%)	4.4023	5.2635
每股经营活动产生的现金流量净额(元)	0.0243	0.2563

三、股本变动及股东情况

一、股本变动情况
(一)报告期内,公司股本未发生变动。
(二)股票发行与上市情况
1、本公司于2000年2月17日向社会公众增资发行A股9000万股,发行价格为人民币6.10元,并于3月16日获准上市。公司发行新股时,向证券投资基金配售了1800万股,其中900万股于公司股票上市之日起流通,其余900万股自配售之日起六个月后(即2000年8月17日)流通。
2、报告期内无因送股、转增股本、配股、增发新股、吸收合并、可转换公司债券转股、减资等原因引起公司股份总数及结构的变动。
3、本公司无内部职工股或公司职工股。
二、股东情况介绍
(一)报告期末股东总数:56923户
(二)报告期公司前十名股东持股情况

股东名称	持股数量(股)	股份性质
1、湖北省电力公司	133692480	国有法人股
2、湖北省电力开发公司	69481560	国有法人股
3、武汉银厦房地产综合发展公司	20160000	国有法人股
4、上海证大投资管理有限公司	17760000	法人股
5、湖北民源电力实业发展有限责任公司	11136000	法人股
6、华中电力开发公司	5616000	国有法人股
7、国泰金鹰增长证券投资基金	2536214	公众股
8、武汉市建银房地产开发公司	1979999	法人股
9、东风汽车公司	1896000	国有法人股
10、金鼎证券投资基金	1786163	公众股

股东名称	占总股本比例(%)
1、湖北省电力公司	36.12
2、湖北省电力开发公司	18.77
3、武汉银厦房地产综合发展公司	5.45
4、上海证大投资管理有限公司	4.80
5、湖北民源电力实业发展有限责任公司	3.01
6、华中电力开发公司	1.52
7、国泰金鹰增长证券投资基金	0.69
8、武汉市建银房地产开发公司	0.53
9、东风汽车公司	0.51
10、金鼎证券投资基金	0.48

注:前十名股东之间不存在关联关系,也不属于一致行动人。
(三)报告期内公司控股股东为湖北省电力公司,为国有独资企业。其法定代表人为孙玉才,成立于1993年12月4日,经营范围为电力、热力生产销售、承揽国内外电力工程、土建工程及其他工程的设计、安装、调试、运行、检修、生产销售电力机械、设备、产品及配件。注册资本为31500万元。
湖北省电力公司是国家电力公司的全资子公司,国家电力公司成立于1997年,是国务院出资设立的国有独资公司,法定代表人高严,注册资本1600亿元。主要经营范围是国有资产经营,电力项目投资;电力工程设计、施工;电力、热力生产和电网经营。
(四)其他持股10%(含10%)以上的法人股东为湖北省电力开发公司。其法定代表人为肖宏江,成立于1986年7月24日,经营范围为按政策规定筹措资金,投资建设省内电力工程。注册资本为113400万元。

四、董事、监事、高级管理人员和员工情况

一、董事、监事、高级管理人员情况
(一)基本情况

姓名	性别	年龄	职务	任期起止日期
戚名辉	男	52	董事长	2001.12~2004.5
肖宏江	男	47	副董事长	2001.5~2004.5
刘兴华	男	46	副董事长兼总经理	2001.12~2004.5
彭兴宇	男	41	董事	2001.5~2004.5
卢志忠	男	55	董事	同上
刘庭功	男	49	董事	同上
王伯富	男	39	董事	同上
周细春	男	51	董事	同上
段大喜	男	39	董事	同上
王维华	男	51	董事	同上
汪舒鸥	男	47	董事	同上
朱元莉	女	49	监事会主席	同上
莫青	女	34	监事	同上
刘倪	男	41	监事	同上
施辉	男	39	监事	2001.9~2004.5
胡谦	男	33	监事	2001.5~2004.5
罗烈和	男	51	监事	同上
雷元太	男	50	副总经理	同上
赵虎	男	38	副总经理兼董秘	同上
杨元顶	男	44	总会兼财务负责人	同上

注:1、公司2001年年度股东大会决议通过,选举了二名独立董事,分别为张龙平,男,37岁;温世扬,男,39岁,任期均为2002年4月至2004年5月。报告期内,独立董事均未持有"长源电力"股票。
2、在股东单位湖北省电力公司任职的董事有戚名辉(任副总经济师)、彭兴宇(任总会计师)、卢志忠(任财务部主任);监事为朱元莉(任审计部副主任)。在股东单位湖北省电力开发公司任职的董事有肖宏江(任总经理)、刘庭功(任副总经理)。在股东单位武汉银厦房地产综合发展公司任职的董事为周细春(任副总经理);监事为刘倪(任业务部经理)。在股东单位上海证大投资管理有限公司任职的董事为王伯富(任总经理助理);监事为施辉(任战略投资部总经理)。在股东单位华中电力开发公司任职的董事为段大喜(任事务部主任);监事为莫青(任副总会计师)。在股东单位湖北民源电力实业发展有限责任公司任职的董事为王维华(任总经理)。在股东单位东风汽车公司任职的董事为汪舒鸥(任电力处处长)。
二、公司员工情况表

类别	人数(人)
1.按专业结构分	
a.生产人员	723
b.销售人员	3
c.技术人员	65
d.财务人员	20
e.行政人员	97
f.其他人员	76
2.按学历结构分	
a.本科及以上	78
b.大专	229
c.中专	412
d.高中及以下	265
3.按职称结构分	
a.初级	175
b.中级	80
c.高级	19
4.按年龄结构分	
a.50岁以上	75
b.41-50岁	295
c.31-40岁	383
d.30岁以下	231
5.承担费用的离退休人数	47
6.2002年12月31日在册职工(含湖北长源第一发电有限责任公司)	984

五、公司治理结构

一、公司治理现状与《上市公司治理准则》存在的差异及改进措施
公司认真贯彻执行《上市公司治理准则》的各项规定,不断完善公司治理,规范公司运作,目前

公司治理现状已基本符合《上市公司治理准则》的要求。2002年，公司在建立现代企业制度，完善治理结构方面，主要开展了以下工作：

1、根据《关于在上市公司建立独立董事制度的指导意见》，经公司2001年度股东大会选举，聘任了二名独立董事，并建立了独立董事制度；

2、为了规范股东大会的议事程序，提高议事效率，制定了《股东大会议事规则》；

3、在董事的选举中积极推行累积投票制度，并制定了相应的实施细则；

4、根据公司实际情况，经第三届董事会第十一次会议审议决定，设立了二个董事会专门委员会及其工作组，专门委员会分别为：战略委员会、薪酬与考核委员会，

5、对公司章程进行了适应性修改，明确了独立董事在董事会中的职权和义务，规定了董事选举采用累积投票的制度，对公司董事长在董事会休会期间行使对外投资、贷款和担保的权限予以了界定。

6、强化信息披露意识，严格履行信息披露义务。公司制定并实施了信息披露呈递单制度。以达到明确责任、快速反应，确保公司严格按照法律法规，真实、准确、完整、及时地披露信息的目的，保证所有股东获得信息的机会平等。

7、建立了经理人员的薪酬与公司绩效相联系的激励机制，经公司第三届董事会第七次会议批准，开始试行经营管理者年薪制办法。

公司治理现状与《上市公司治理准则》存在着以下差异：

一是公司与员工签订的《劳动合同》不规范；

二是存在少部分房屋、建筑物资产未办理产权登记证的问题。

2002年8月下旬，中国证监会武汉证管办和湖北省经贸委对公司现代企业制度建设工作进行了检查，充分肯定了公司所取得的成绩，尤其对公司为增强信息披露意识、严格履行信息披露义务方面所制定和实行的信息披露呈递单制度给予了较高的评价。同时也指出了公司在劳动合同及部分房屋建筑物产权证等两方面存在的不规范或欠缺问题。公司一贯重视现代企业制度建设工作，对于上述两方面问题，公司将严格按照《上市公司治理准则》的要求，纠正不规范的行为，并决定于2003年上半年在公司律师事务所的指导下，起草并与公司员工签订规范化的劳动合同。在2003年内，对于未办理产权证的部分房屋、建筑物完成所有权证补办手续。

二、公司独立董事履行职责情况

根据中国证监会《关于在上市公司建立独立董事制度的指导意见》，经2001年度股东大会审议，聘任张龙平、温世扬等二位先生为公司独立董事。上述两名独立董事出席了公司第三届董事会第九次至第十二次会议，并对公司2002年半年度报告所涉及的重大关联交易等事项发表了独立意见。

三、公司与控股股东在人员、资产、机构、财务等方面的分开情况

2002年度，公司除电力销售和燃料采购外，在人员、资产、财务、机构等方面与原控股股东做到了分开，公司业务基本独立，做到了自主经营、独立核算、自负盈亏。具体情况如下：

1、公司设有人力资源部，在劳动、人事及工资管理等方面独立运作。除公司高级管理人员由董事会聘任外，公司其余员工每年都与公司签订聘用合同。公司高级管理人员只在本公司领取薪酬，均未在股东单位担任职务。

2、公司资产完整，产权清晰。公司在发起设立、增资扩股及股票公开发行各阶段资本运作中，各出资人均以货币方式认缴出资，并经会计师事务所验证，各出资主体资格明确，公司目前所拥有的全资电厂在收购时都对纳入收购范围的资产进行了产权界定和资产评估，产权清晰。本公司是以发电为主的公司，公司的全资电厂均拥有完整独立的发电系统。由于电力行业的生产特点和集资办电的历史原因，为了避免重复建设和节省投资成本，部分辅助生产系统与其他电厂共同使用，本公司与共同使用该系统的有关电厂订立了公平合理的费用分摊办法，以确保各方利益不受到侵占和损害。公司的无形资产只为本公司所拥有。

3、公司财务独立。公司设有财务部，建立了独立的财务核算体系，独立在银行开户，独立纳税。按照国家的财务会计制度规定，公司建立健全了统一规范的财务管理制度和会计核算办法。

4、公司机构独立。公司生产经营和办公机构与原控股股东分开，具有功能健全、独立于原控股股东的董事会、经理层及相应的管理机构。

5、公司业务基本独立。本公司主营业务为电力生产，发电业务完全独立。由于电力行业的特殊性，公司与原控股股东——湖北省电力公司在业务上有着自然的联系，根据国家颁布的《电力法》，在电力体制改革前，湖北省电力公司既是全省性的电网经营企业，同时又是代表国家电力公司进行电厂投资和管理的电力生产企业。本公司所从事的主营业务是发电厂的生产与管理，所生产的电力全部销售给湖北省电力公司，其销售价格按照物价部门批准的上网电价执行。因此，在销售环节完全依靠省电力公司。同时，与省电力公司管辖的发电厂也有着同业竞争的情况。本公司所管辖的发电厂主要是利用煤炭发电(全年需求量约为200万吨左右)，燃煤成本约占全部发电成本的60%左右。由于湖北是缺煤省份，全省全年电煤需求量(约在1300万吨左右)几乎都要从外省购入，这就涉及到具体煤矿的采购计划分配，铁路运力协调，合同价格的统一确定，煤质的检验与索赔等诸多因素。因此，国家对各省电煤的采购、运输、指导价格等问题要求以省为单位来统一定货和协调铁路运力等问题。湖北省也不例外，成立了以省电力公司控股的湖北电力燃料公司，对全省火电厂的燃料实行集中统一供应和管理，燃料价格按不同的煤质由采购合同价、运费构成。同时，经省物价部门批准，对每吨煤收取管理费2.5元。

综上所述，由于电力行业的特殊性，电力的销售价格由国家物价部门确定，燃料采购价格主要按市场原则依合同价格确定。不会产生控股股东侵害公司利益的行为。2002年底，以"厂网分开，竞价上网"为主要内容的电力体制改革开始实施，2003年，随着电力体制改革目标的逐步实现，"厂网分开"后，上述关联交易都将不复存在，公司与湖北省电力公司也将不属关联公司。

四、公司本部高管人员从2002年正式施行管理者年薪制，分基本年薪和效益年薪两部分，均以净资产收益率为指标进行考核。当净资产收益率达5%时，总经理可领取全部基本年薪12万元，当净资产收益率达5%以上时，按净利润的相应比例提取效益年薪；副职的基本年薪和效益年薪均为总经理的80%。

六、股东大会简介

报告期内召开了一次股东大会，为2001年度股东大会。

一、2001年度股东大会的通知于2002年3月28日以公告方式发出，并于4月28日由董事会召集、董事长主持，在武汉梨园大酒店召开。湖北得伟律师事务所律师出席了会议，并就股东大会的有关事宜出具了法律意见书。会议以投票表决方式，审议通过了2001年度董事会工作报告、2001年度监事会工作报告、2001年度财务决算报告、2001年度利润分配方案及下一年度利润分配政策预计、关于续聘会计师事务所及其报酬事项的议案、关于选举独立董事的议案、关于公司独立董事津贴和在公司领取报酬的内部董事报酬事项的议案、关于修改公司章程的议案。以上决议内容刊登于4月29日的《中国证券报》和《证券时报》上。

二、2001年度股东大会通过逐项表决，决定选举张龙平、温世扬为公司独立董事。

七、董事会报告

一、经营情况的讨论和分析

1、2002年湖北电力市场状况

2002年，湖北省经济稳步发展，全社会用电量达到561.96亿千瓦时，与2001年度相比，增长6.83%。2002年，湖北省电源建设速度相对缓慢，新增发电装机容量很少，发电厂发电量利用小时有所上升。全省1-2月，由于缺水少煤，电力市场供不应求；3-8月，水电厂来水情况较好，水电厂发电量大幅增长，火电机组大量闲置。9-12月，水电厂来水急剧下降，同时煤炭供应再度趋紧，湖北用电再现紧张局面。2002年，国家整顿煤炭市场秩序，发电用煤价格大幅度上涨。

2、2003年电力需求情况预测

2003年有诸多因素对湖北省用电量的增长产生有利影响，如：城市及农村电网改造基本完工，为增加用电打下了坚实的基础，城乡居民用电实行同网同价将会刺激乡村居民用电的增长，武汉、十堰、沙市等城市实行关停小燃煤锅炉政策，为推广使用电锅炉创造了条件。预计2003年湖北省全社会用电量为590亿千瓦时，比2002年增长5%左右。

3、公司经营状况

2002年度，公司认真实施资产经营责任制，强化生产经营管理，确保设备安全健康运行，使得发电量、主营业务收入与上一年度相比分别增长了1.12%、4.31%，固定成本比上一年度下降了1.34%。但由于2002年公司外部市场及经营环境依然严峻，公司发电厂燃料市场价格持续上涨，同时，湖北省政府关于高耗电企业用电实行降价优惠的政策继续执行，上述两项直接导致公司净利润减少3414.38万元，消化了公司大部分的经营成果，致使公司净利润与上一年度相比下降了22.10%。

二、报告期内的经营情况

(一)主营业务的范围及其经营状况

1、报告期内，公司完成发电量397624.79万千瓦时，供热量1088892百万千焦；实现主营业务收入91899.30万元，主营业务成本77477.91万元。其中电力销售收入90175.03万元，占主营业务收入的98.12%；热力销售收入1724.27万元，占主营业务收入的1.88%；电力成本75045.46万元，占主营业务成本的96.86%；热力成本2432.45万元，占主营业务成本的3.14%。

2、公司主营业务为电力及热力生产，电力直接送入湖北主网，热力主要供给当地企事业单位。2002年公司发电量397624.79万千瓦时，占同期湖北省统调电厂发电量的7.60%，与2001年相比增长1.12%。年供热量1088892百万千焦，同比增长-3.73%。

3、报告期内公司主营业务或其结构较前一报告期末发生较大变化。报告期内公司产品仍为电力及热力，并未转向其他新产品的生产。

(二)主要控股公司及参股公司的经营情况及业绩

湖北长源第一发电有限责任公司是以火力发电为主的企业，总装机容量为30万千瓦，该公司注册资本24000万元，本公司出资占其出资总额的51%。2002年该公司资产总值为123846.21万元，完成上网电量123722.26万千瓦时，净利润4612.99万元。

十堰陡岭子水电有限责任公司是以水力发电为主的企业，工程建设规模为3台2.35万千瓦发电机组，注册资本为15990万元，本公司出资10080万元，占其注册资本的63.04%。报告期内，该公司完成上网电量4926.5万千瓦时，净利润23.43万元。

湖北汉新发电有限公司以火力发电为主的企业，总装机容量为两台30万千瓦机组，该公司注册资本63660万元，本公司出资占其出资总额的10%。2002年该公司资产总值为271234.00万元，完成上网电量238700万千瓦时，净利润5122.10万元。

武汉高新热电股份有限公司是以集中供热、热电联产为主的企业，装机容量为5万千瓦，注册资本15000万元，本公司持有其10%的股权。2002年该公司资产总值为33065.29万元，完成上网电量15873.69万千瓦时，售热量44742.53万吨，净利润870.29万元。

武汉华工创业投资有限责任公司是以风险投资为主的企业，该公司注册资本6000万元，本公司出资占其出资总额的16.67%。2002年该公司资产总值为6255万元，净利润-271万元。

(三)公司所属各电厂不直接对外进行燃料采购，燃料采购委托湖北省电力公司控股的湖北电力燃料公司进行。有关具体情况详见本报告第六章第三节第五条。

(四)在经营中出现的问题与困难及解决方案

2002年，公司在认真实施资产经营责任制、强化生产经营指标控制方面做了大量的工作，使固定成本支出比去年同期降低了1.34%，但在电量与去年同期基本持平情况下，公司净利润却比去年同期下降了22.1%，其主要原因一是由于国家整顿煤炭市场秩序，发电用煤价格大幅度上涨，导致公司经营的火电厂燃料成本刚性上升，2002年公司所属电厂发电标煤单价与去年相比上涨25.18元/吨，增加燃料成本3188.55万元，影响公司净利润2007.52万元。由于燃料成本占公司主营业务成本的55%，目前燃料成本受煤炭价格影响仍有上升趋势，给公司经营带来了较大的压力。为此，公司从年初就加强了所属各火电厂燃料管理的工作力度，要求电厂把好煤质、计量、检验关，力争在保证生产用煤不断粮的情况下把燃料成本控制在计划内。

(五)公司在报告期内未公开披露过本年度盈利预测和经营计划。

三、报告期内的投资情况

(一)募集资金使用情况

经中国证监会证监发行字[1999]138号文批准，公司于2000年2月17日以上网定价的方式向社会公开发行A股股票9000万股，实际募集资金人民币53108万元。其中38798万元已在募集资金到位后即按招股说明书承诺的项目投入，拟用于收购湖北荆门热电厂资产的14310万元募集资金，由于收购未能成功，经公司2001年第一次临时股东大会批准，将3106.31万元用于补充生产流动资金，11204万元用于收购(香港)中联电力财务有限公司(以下简称中联公司)所持湖北汉新发电有限公司(以下简称汉新公司)股权。2002年4月，鉴于中联公司所持汉新公司股权被质押且未解除，同时因汉新公司属中外合资企业性质，而股权转让后将变成内资企业性质。根据其章程的规定，股权转让事项须经该公司全体股东一致同意，由于不涉及股权转让的其他股东方不愿出具同意本公司与中联公司股权转让的函，因此，该项股权转让无法履行。双方同意终止股权转让协议。报告期内，尚未使用的募集资金为11204万元，占募集资金总额的21%，该部分资金存放于银行。募集资金时，公司承诺的投资项目

以及实际投资金额见下表：

募集资金承诺投资项目	类别	投资金额(万元)	实际投资项目
湖北省荆门热电厂	收购兼并	14310.31	——
湖北汉新发电有限公司汉川电厂二期工程	基建	19239.40	湖北汉新发电有限公司汉川电厂二期工程
归还交行委贷	还贷	19558.29	归还交行委贷
补充生产流动资金		3106.31	
合　　计		53108.00	

募集资金承诺投资项目	实际投资金额	尚未投入资金金额
湖北省荆门热电厂	——	14310.31
湖北汉新发电有限公司汉川电厂二期工程	19239.40	0
归还交行委贷	19558.29	0
补充生产流动资金	3106.31	
合　　计	41904.00	11204.00

(二)非募股资金投资项目

本公司出资10682.78万元绝对控股(比例为63.04%)的十堰陡岭子水电有限责任公司投资兴建的水电工程项目于2002年6月27日投产发电，该公司2002年度上网电量为4926.5万千瓦时。该公司上网电价在2002年12月10日前按湖北省临时上网结算电价0.25元/千瓦时(含税)进行结算，从2002年12月10日起，上网电价按国家计委批复的0.362元/千瓦时(含税)进行结算。报告期内实现利润总额48.72万元，净利润23.43万元。

四、报告期内财务状况及经营成果(单位：元)

项目	2002年12月31日	2001年12月31日	增减额(元)
总资产	2,365,654,041.71	2,337,413,979.34	28,240,062.37
货币资金	148,603,833.63	304,638,113.05	-156,034,279.42
应收票据	125,968,346.00	20,020,000.00	105,948,346.00

应收账款	108,582,450.86	59,892,636.82	48,689,814.04
其他应收款	87,625,197.51	61,098,254.42	26,526,943.09
预付账款	1,368,021.71	15,112,106.90	-13,744,085.19
短期借款	270,000,000.00	10,000,000.00	260,000,000.00
股东权益	835,918,055.67	836,774,513.13	-856,457.46

项目	增减率(%)
总资产	1.21
货币资金	-51.22
应收票据	529.21
应收账款	81.30
其他应收款	43.42
预付账款	-90.95
短期借款	2,600.00
股东权益	-0.10

项目	2002 年 1-12 月	2001 年 1-12 月
主营业务利润	132,464,483.72	123,253,175.78
投资收益	10,198,720.64	20,376,932.72
净利润	36,157,746.54	46,417,951.87
现金及现金等价物净增加额	-156,034,279.42	123,970,089.71

项目	增减额(元)	增减率(%)
主营业务利润	9,211,307.94	7.47
投资收益	-10,178,212.08	-49.95
净利润	-10,260,205.33	-22.10
现金及现金等价物净增加额	-280,004,369.13	-225.86

注:1、货币资金与期初相比减少 15,603.43 万元,减少幅度为 51.22%,主要系本年湖北省电力公司电费欠款增加、票据结算数量增加所致。

2、应收票据与期初相比增加 10,594.83 万元,增加幅度为 529.21%,主要系本年湖北省电力公司以票据结算数量增加所致。

3、应收账款与期初相比增加 4,868.98 万元,增加幅度为 81.30%,主要系本年湖北省电力公司电费欠款增加所致。

4、其他应收款与期初相比增加 2,652.69 万元,增加幅度为 43.42%,主要系本年燃料涨价且供应紧张,子公司长源第一发电公司支付燃料采购的生产周转金增加所致。

5、预付账款与期初相比减少 1,374.41 万元,减少幅度为 90.95%,主要系预付购煤款减少所致。

6、短期借款与期初相比增加 26,000.00 万元,增加幅度为 2600.00%,主要系母公司将长期借款 9,000.00 万元置换为短期借款、子公司长源第一发电公司将股东融资借款 14,000.00 万元置换为短期借款以及合并十堰陡岭子水电公司报表增加短期借款 5,200.00 万元所致。

7、投资收益与上年同期相比减少 1,017.82 万元,减少幅度为 49.95%,主要系汉新公司债权投资利率降低减少利息收入及其他债权投资本金减少相应减少利息收入所致。

8、在利润总额与上年同期基本持平的情况下,净利润与上年同期相比减少 1,026.02 万元,减少幅度为 22.10%,主要系公司各电厂利润结构发生变化,控股 51%的子公司长源第一发电公司提供的利润大幅上升导致少数股东本期收益增加。

9、现金及现金等价物净增加额与上年同期相比减少 28,000.44 万元,减少幅度为 225.86%,主要系本年湖北省电力公司电费欠款增加、票据结算数量增加导致现金流入减少及购建固定资产增加导致现金流出增加所致。

五、公司所面临的生产经营环境和宏观政策已经或即将发生以下变化:

(一)2002 年,湖北省物价局继续实施湖北省政府关于对省内高耗能企业用电实行临时性降价损益由省内各独立发电企业承担的政策。我公司所属各电厂分摊对湖北省部分高电耗产品生产企业用电实行优惠电价导致的降价损益共计 2428.36 万元,致使公司净利润减少 1406.86 万元。预计该政策在 2003 年仍将延续,并对公司经营业绩产生较大的负面影响。

(二)由于受国家整顿煤炭市场秩序的影响,从 2001 年起煤炭供应由卖方市场转变为卖方市场,发电用煤价格大幅上涨,2002 年,全省电煤价格平均涨价为 15 元/吨左右,我公司平均每年所需原煤量约 200 万吨左右。因此,煤炭价格的上涨,将直接导致公司的发电成本的上升,对公司的经营成果造成重大影响。预计这种不利因素仍将严重影响到公司 2003 年的经营。

(三)举世瞩目的三峡水利工程将于 2003 年截流,并有 280(4×70)万千瓦或更多机组投产,根据国家计委文件安排,湖北省将购三峡电量 8.2 亿千瓦时,这在一定程度上会加剧湖北电力市场的竞争。

(四)2002 年 12 月,中国国电集团公司、中国华电集团公司等五家全国性的发电公司的挂牌成立,标志着以"厂网分开、竞价上网、打破垄断、引入竞争"为主要目标的电力体制改革的方案开始实施。公司面临着新的机遇和挑战,公司将以此次改革为契机,积极适应新的市场竞争环境,认真开展政策研究,全面建立现代企业制度,实施新一轮的资产规模扩张战略。

六、会计师事务所审计报告的说明

2002 年度,湖北大信会计师事务有限公司为本公司出具了有解释性说明的审计报告,其解释性说明所涉及的事项如下:2002 年末,省电网对全省独立发电厂超省内销售测价的电量,不同意按国家计委批复的上网电价结算,要求按临时结算电价 250 元/千千瓦时(含税)结算,引起省内独立发电厂的普遍异议。根据国家计委下发的计价格[2003]202 号文,各厂认为应对超测价的电量按国家规定的价格实行结算,并正与电网就电价结算问题进行积极协商,但目前此问题仍未得到解决。如果按 250 元/千千瓦时(含税)估算,预计减少公司收入 1082.25 万元,减少净利润 547.2 万元。上述事项公司于 2003 年 3 月 8 日在《中国证券报》和《证券时报》上进行了披露。另,公司已按照国家规定电价进行了 2002 年度财务决算。

七、新年度的业务发展计划

(一)总体工作思路

积极适应电力体制改革形势,加快公司发展速度,加大改革创新力度,提高经济效益水平,将公司做大做强,使公司真正成为湖北境内具有重大影响力的独立发电公司。

(二)年度工作目标

电力生产:保证完成发电量 39 亿千瓦时,力争完成 40 亿千瓦时及以上。

安全生产:实现全年电力生产无人身死亡事故,无人为责任的重大设备事故。

(三)年度主要工作

1、全面完善公司的管理体系

厂网分开后,为了适应新的市场竞争环境,公司管理职能必须得到加强和拓展,必须按照独立发电公司的管理要求,全面建立和完善管理体系,实现人员资产合理配置,成本费用有效控制,安全、效益两个确保。同时制订和尽快实施定编、定岗和定责的机构改革方案,为厂网分开后有效管理各电厂做好组织准备。

2、抓好重点投资项目的建设管理

2003 年公司继续围绕拓展主营业务规模的目标,一方面加大对十堰陡岭子公司管理力度,使其生产经营尽快走上正轨,发挥投资效益;另一方面抓紧青山油改煤二期工程的前期工作,力争尽快开工建设。

3、继续研究建立公司绩效评价与激励约束机制的问题

2003 年将在公司本部推行岗位年薪制,并拟在以后年度逐步推广到下属各电厂。继续以完善资产经营责任制为重点,探索"厂网分开"后对下属电厂实施有效管理的新思路,在健全激励与约束机制等方面开展管理创新,有效加强电厂控制力度。

4、完成变更募集资金投向工作

公司在坚持积极稳妥的原则下,抓紧募集投向的研究和决策工作,力争早日完成募集资金投向,为公司培育新的利润增长点创造条件。

5、做好新一轮资产规模扩张的准备工作

抓住电力体制改革带来的资产重组机遇,加大政策研究和对拟收购对象评估调研的力度,并按照公司发展规划中力争使发电装机容量达到 150 万千瓦左右的主营业务规模目标,收购兼并资产状况良好的火电厂,适当并购和建设有流域开发能力的大、中型水电站群,进一步发展壮大公司的资产规模。

八、监事会报告

报告期内共召开了三次监事会会议,分别为第三届第四次、第五次和第六次会议。第三届第四次会议审议通过了 2001 年度监事会工作报告、2001 年年度报告正文及摘要、公司整改工作完成情况的报告。第五次会议审议通过了公司 2002 年第一季度报告。第六次会议审议通过了公司 2002 年半年度报告正文及摘要。监事会对下列事项发表独立意见如下:

(一)公司依法运作情况。公司决策程序合法,建立了较为完善的内部控制制度。公司设立了审计部门,配备了专职审计人员,建立了《内部审计工作实施办法》和《内部审计人员工作职责》等内部管理制度。公司董事、经理执行公司职务时无违反法律、法规、公司章程或损害公司利益的行为。

(二)公司财务情况。会计师事务所对公司出具的审计意见及所涉事项均符合《企业会计准则》和《股份有限公司企业会计制度》的要求,财务报告能真实反映公司的财务状况和经营成果。

(三)公司变更募集资金投向的程序合法,有关变更项目及原因详见第八章第二节。

(四)报告期内公司未发现内幕交易,未损害部分股东的权益或造成公司资产流失。

(五)公司与关联方发生的交易体现了公平、公正、公开的原则,维护了公司利益。关联交易事项详见第十章第三节。

(六)监事会对董事会就公司审计报告中所涉及的解释性说明事项所作出的说明进行了审核,监事会认为董事会所作出的说明客观、真实。

九、重要事项

一、本年度公司无重大仲裁、诉讼事项。

二、报告期内,公司无收购及出售资产、吸收合并等事项。

三、报告期内重大关联交易事项

(一)报告期内,公司向控股股东湖北省电力公司出售电力 36.68 亿千瓦时,交易金额 90175.03 万元,占主营业务收入的 98.12%。电费根据湖北省物价局核定的电价进行结算,上月电费一般于下月进行结算并付费。报告期内,公司所属各电厂耗用燃料委托湖北省电力控股的湖北电力燃料公司进行采购。2002 年代为公司采购燃煤 1915647 吨,涉及金额 419545882.95 元,代为公司采购燃油 38.9 吨,涉及金额 6001330.37 元。上述关联交易的必要性和持续性说明详见第六章第三节第五条。

(二)报告期内公司没有资产、股权转让发生的关联交易。

(三)公司与关联方债权、债务往来及担保事项

1、提供资金

本公司向关联方提供资金余额明细如下:

关联方名称	2002 年 12 月 31 日(万元)	2001 年 12 月 31 日(万元)
湖北汉新发电有限公司	19,239.40	19,239.40

2、关联方应收应付款项余额

项　目	2002 年 12 月 31 日余额 (万元)	占全部余额比例(%)	2001 年 12 月 31 日余额(万元)
(1)应收帐款:			
湖北省电力公司	9,850.84	90.72	5,282.26
(2)应收票据			
湖北省电力公司	12,596.83	100	2,002
(3)、其他应收款			
湖北省电力公司	3,000.00	34.24	3,000
湖北长源科技发展有限责任公司	351.13	4.01	196
沙市热电厂			783.13
青山热电厂	4,305.05	49.13	1,450.59
(4)应收利息			
湖北汉新发电有限公司	263.05	99	610.66
(5)其他应付款			
荆门热电厂	3,637.36	30.42	1,559.90
沙市热电厂	1,571.46	13.14	
(6)、长期借款			
湖北省电力公司			15,070.52

	占全部余额比例(%)
(1)应收帐款:	
湖北省电力公司	85.53
(2)应收票据	
湖北省电力公司	100
(3)、其他应收款	
湖北省电力公司	50.23
湖北长源科技发展有限责任公司	3.28
沙市热电厂	13.11
青山热电厂	24.29
(4)应收利息	
湖北汉新发电有限公司	100
(5)其他应付款	
荆门热电厂	16.78
沙市热电厂	
(6)、长期借款	
湖北省电力公司	17.39

3、提供担保

截止报告期,湖北省电力公司为本公司的控股子公司长源第一发电有限责任公司的流动资金借款 14000 万元提供连带责任保证,该借款用于归还湖北省电力公司对长源一发的全部股东融资借款,

截止报告期,湖北省电力公司为本公司的控股子公司十堰陡岭子水电有限责任公司银行借款 18000 万元提供 50%连带责任保证。该担保事项在公司投资十堰陡岭子水电有限责任公司前已经存在。

截止报告期,湖北省电力公司为本公司的银行借款 1000 万元提供连带责任保证。该项连带责任保证现已解除。

四、报告期内,公司各项合同履行正常,无重大合同纠纷发生。

(一)报告期内公司继续租赁经营荆门热电厂资产。租赁合同有效期为三年,自 2000 年 7 月 1 日起至 2003 年 6 月 30 日止。有关租赁经营合同的情况详见 2001 年 4 月 4 日《中国证券报》和《证券时报》刊登的公司 2000 年年度报告。报告期内租赁经营利润总额为 948.73 万元,占公司当期利润总额的 12.70%,对公司利润总额影响较大。

(二)公司以下重大对外担保事项延续到报告期:

1、根据2000年度股东大会决议，为置换本公司在湖北长源第一发电有限责任公司的股东融资，同意为其贷款4亿元提供连带责任担保，该公司取得的贷款全部用于归还本公司的股东融资款。湖北长源第一发电有限责任公司分别于2001年8月和9月与中信实业银行签定了规模为1.3亿元和2.7亿元的贷款合同，贷款期限为五年零一个月，利率为6.2208%，公司对上述贷款事项进行了担保。上述事项公司于2001年5月11日和10月16日在《中国证券报》和《证券时报》上进行了披露。

2、根据公司第三届第六次董事会决议，同意为公司控股子公司——十堰陡岭子水电有限责任公司6000万元贷款提供担保，担保期限从2002年12月23日至2011年10月12日。上述事项公司于2001年12月27日在《中国证券报》和《证券时报》上进行了披露。另根据《公司章程》的授权，经公司董事长批准，同意为十堰陡岭子水电有限责任公司1200万元贷款提供担保，担保期限从2002年12月18日至2003年12月17日。

(三)报告期内，公司未发生委托他人进行现金资产管理或委托贷款的事项。

(四)其它重大合同

报告期内，本公司控股的湖北长源第一发电有限责任公司于2002年8月5日与福建兴业银行武汉分行签订两笔借款合同，其借款金额、期限和利率分别为:8000万元、2002年8月6日至2003年8月6日、5.1507%;6000万元、2002年8月6日至2003年7月26日、5.1507%。上述借款用于归还湖北省电力公司投入的股东融资款，并由湖北省电力公司提供担保。该事项公司于2002年8月9日在《中国证券报》和《证券时报》上进行了披露。

十、财务报告

一、审计报告

湖北长源电力发展股份有限公司全体股东:

我们接受委托，审计了贵公司2002年12月31日的母公司资产负债表和合并资产负债表、2002年度的母公司利润及利润分配表和合并利润及利润分配表、2002年度的母公司现金流量表及合并现金流量表，这些报表由贵公司负责，我们的责任是对这些会计报表发表审计意见。我们的审计是依据《中国注册会计师独立审计准则》进行的。在审计过程中，我们结合贵公司实际情况，实施了包括抽查会计记录等我们认为必要的审计程序。

我们认为，上述会计报表符合《企业会计准则》和《企业会计制度》的有关规定，在所有重大方面公允地反映了贵公司2002年12月31日的财务状况和2002年度的经营成果及现金流量情况，会计处理方法的选用遵循了一贯性原则。

此外，我们注意到公司主营业务收入中，有关超测价电量结算的问题，目前正在协商中。详细情况见会计报表附注五.27及附注十一。

湖北大信会计师事务有限公司　　中国注册会计师:李炜

2003年3月8日　　中国注册会计师:王桥

二、会计报表

资产负债表

编制单位:湖北长源电力发展股份有限公司　　单位:人民币元

资产	注释号	2002年12月31日 合并数	母公司数
流动资产:			
货币资金	五.1	148,603,833.63	132,701,539.90
短期投资	五.2	7,197,101.60	37,197,101.60
应收票据	五.3	125,968,346.00	125,968,346.00
应收股利			
应收利息	五.4	2,656,951.97	5,353,445.11
应收账款	五.5	108,582,450.86	95,132,670.11
其他应收款	五.6	87,625,197.51	43,404,422.96
预付账款	五.7	1,368,021.71	1,368,021.71
应收补贴款			
存　货	五.8	7,518,242.82	2,642,321.39
待摊费用		1,307,319.60	832,319.60
一年内到期的长期债权投资			
其他流动资产			
流动资产合计		490,827,465.70	444,600,188.38
长期投资:			
长期股权投资	五.9	98,513,019.10	363,352,325.66
长期债权投资	五.10	192,394,000.00	231,359,304.06
长期投资合计		290,907,019.10	594,711,629.72
固定资产:			
固定资产原价	五.11	2,226,662,683.57	398,119,328.39
减:累计折旧		693,938,678.47	177,347,719.70
固定资产净值		1,532,724,005.10	220,771,608.69
减:固定资产减值准备			
固定资产净额		1,532,724,005.10	220,771,608.69
工程物资			
在建工程	五.12	38,723,058.77	3,969,556.01
固定资产清理			
固定资产合计		1,571,447,063.87	224,741,164.70
无形资产及其他资产:			
无形资产	五.13	273,283.20	273,283.20
长期待摊费用	五.14	12,199,209.84	9,532,542.84
其他长期资产			
无形资产及其他资产合计		12,472,493.04	9,805,826.04
递延税项:			
递延税款借项			
资产总计		2,365,654,041.71	1,273,858,808.84

负债和股东权益	注释号	2002年12月31日 合并数	母公司数
流动负债:			
短期借款	五.15	270,000,000.00	90,000,000.00
应付票据		8,000,000.00	8,000,000.00
应付账款	五.16	4,968,577.41	4,968,577.41
预收账款			
应付工资		4,173,063.12	4,173,063.12
应付福利费		164,436.61	23,660.22
应付股利	五.17	11,821,781.69	7,684,500.22
应交税金	五.18	40,312,279.55	25,801,959.85
其他应交款	五.19	6,508,340.42	3,343,995.42
其他应付款	五.20	119,586,032.00	283,944,996.93
预提费用	五.21	19,425,987.49	
预计负债			
一年内到期的长期负债			
其它流动负债			
流动负债合计		484,960,498.29	427,940,753.17
长期负债:			
长期借款	五.22	828,126,280.87	10,000,000.00
应付债券			
长期应付款			
专项应付款			
其他长期负债			
长期负债合计		828,126,280.87	10,000,000.00
递延税项:			
递延税款贷项			
负债合计		1,313,086,779.16	437,940,753.17
少数股东权益		216,649,206.88	
股东权益:			
股　　本	五.23	370,142,040.00	370,142,040.00
资本公积	五.24	390,678,841.55	390,678,841.55
盈余公积	五.25	41,595,621.46	41,595,621.46
其中:法定公益金		10,365,767.88	10,365,767.88
未分配利润	五.26	33,501,552.66	33,501,552.66
股东权益合计		835,918,055.67	835,918,055.67
负债和股东权益总计		2,365,654,041.71	1,273,858,808.84

利润及利润分配表

编制单位:湖北长源电力发展股份有限公司　　单位:人民币元

项　　目	注释号	2002年1-12月 合并数	母公司数
一、主营业务收入	五.27	918,992,981.85	518,545,825.02
减:主营业务成本	五.27	774,779,116.07	492,877,763.72
主营业务税金及附加	五.28	11,749,382.06	5,434,802.89
二、主营业务利润		132,464,483.72	20,233,258.41
加:其他业务利润	五.29	171,955.12	167,746.49
减:营业费用			
管理费用	五.30	8,612,801.63	8,232,937.35
财务费用	五.31	58,797,738.61	6,566,423.53
三、营业利润		65,225,898.60	5,601,644.02
加:投资收益	五.32	10,198,720.64	37,752,906.05
补贴收入			
营业外收入		56,264.16	56,264.16
减:营业外支出		770,649.24	760,456.87
四、利润总额		74,710,234.16	42,650,357.36
减:所得税		15,863,211.18	6,492,610.82
少数股东损益		22,689,276.44	
五、净利润		36,157,746.54	36,157,746.54
加:年初未分配利润		39,781,672.10	39,781,672.10
其他转入			
六、可供分配的利润		75,939,418.64	75,939,418.64
减:提取法定盈余公积		3,615,774.65	3,615,774.65
提取法定公益金		1,807,887.33	1,807,887.33
七、可供股东分配的利润		70,515,756.66	70,515,756.66
减:应付优先股股利			
提取任意盈余公积			
应付普通股股利		37,014,204.00	37,014,204.00
转作股本的普通股股利			
八、未分配利润		33,501,552.66	33,501,552.66

现金流量表

编制单位:湖北长源电力发展股份有限公司 2002年度　　单位:人民币元

项目	合并数
一、经营活动产生的现金流量:	
销售商品、提供劳务收到的现金	747,069,780.07
收到的税费返还	
收到的其他与经营活动有关的现金	4,516,825.76
现金流入小计	751,586,605.83
购买商品、接受劳务支付的现金	465,462,027.40
支付给职工以及为职工支付的现金	110,281,719.32
支付的各项税费	120,779,815.42
支付的其他与经营活动有关的现金	46,077,388.40
现金流出小计	742,600,950.54
经营活动产生的现金流量净额	8,985,655.29
二、投资活动产生的现金流量:	
收回投资所收到的现金	21,300,521.21
取得投资收益所收到的现金	19,794,482.48
处置固定资产、无形资产和其他长期资产所收回的现金净额	5,000.00
收到的其他与投资活动有关的现金	2,163.83
现金流入小计	41,102,167.52
购建固定资产、无形资产和其他长期资产所支付的现金	99,953,445.33
投资所支付的现金	23,795,965.25
支付的其他与投资活动有关的现金	
现金流出小计	123,749,410.58
投资活动产生的现金流量净额	-82,647,243.06
三、筹资活动产生的现金流量	
吸收投资所收到的现金	
借款所收到的现金	360,000,000.00
收到的其他与筹资活动有关的现金	2,243,281.42
现金流入小计	362,243,281.42
偿还债务所支付的现金	359,244,088.81
分配股利、利润或偿付利息所支付的现金	85,371,884.26
支付的其他与筹资有关的现金	
现金流出小计	444,615,973.07
筹资活动产生的现金流量净额	-82,372,691.65
四、汇率变动对现金的影响	
五、现金及现金等价物的净增加额	-156,034,279.42

桂林旅游股份有限公司

桂林旅游股份有限公司2002年年度报告

一、公司基本情况简介

1、公司法定中文名称桂林旅游股份有限公司
公司中文名称缩写:桂林旅游
公司法定英文名称: Guilin Tourism Corporation Limited
公司英文名称:缩写 GTCL
2、公司法定代表人:陈青光
3、董事会秘书:周茂权
联系地址:广西桂林市榕湖北路十七号榕湖饭店四号楼4207房
邮编:541001
电话:(0773) 2863839
传真:(0773) 2863880
电子信箱:zhoumaoquan@163.net
董事会证券事务代表:黄锡军
联系地址:广西桂林市榕湖北路十七号榕湖饭店四号楼4101房
邮编:541001
电话:0773 2863857
传真:0773 2863880
电子信箱:ZJB888@163.net
4、公司注册地址:广西桂林市榕湖北路十七号
公司办公地址: 广西桂林市榕湖北路十七号榕湖饭店四号楼
邮政编码:541001
公司国际互联网网址: http://www.guilintravel.com
电子信箱:gtcl@public.glptt.gx.cn
5、公司选定的信息披露报纸:《中国证券报》、《证券时报》
登载公司年度报告的中国证监会指定国际互联网网址:http://www.cninfo.com.cn
公司年度报告备置地点:公司证券部
6、公司股票上市交易所:深圳证券交易所
公司股票简称:桂林旅游
公司股票代码:000978
7、公司首次注册登记日期:1998年4月29日
注册地址:广西桂林市榕湖北路十七号
企业法人营业执照注册号:4500001001100
公司税务登记号码:地税桂字450300708618439
公司聘请的会计师事务所:湖北大信会计师事务有限公司
会计师事务所办公地址:武汉市汉口中山大道1056号金源世界A座八楼

二、会计数据和业务数据摘要

1、公司本年度会计数据
单位:人民币元

利润总额	57,130,400.29
净利润	46,348,035.17
扣除非经常性损益后的净利润	47,245,120.21
主营业务利润	87,656,106.67
其他业务利润	5,964,370.59
营业利润	48,360,975.35
投资收益	10,055,219.11
补贴收入	
营业外收支净额	-1,285,794.17
经营活动产生的现金流量净额	65,170,817.27
现金及现金等价物净增加额	-104,757,602.42

扣除非经常性损益后的净利润计算:

项目	金额(元)
净利润	46,348,035.17
减营业外收入	88,668.48
加营业外支出	1,374,462.65
减投资收益	230,400.00
加所得税影响	-158,309.13
扣除非经常性损益后的净利润	47,245,120.21

2、主要会计数据和财务指标　　单位:人民币元

项目	2002年度	2001年度
主营业务收入	225,402,765.00	199,716,178.17
净利润	46,348,035.17	43,749,950.49
总资产	580,719,601.45	496,294,053.72
股东权益不含少数股东权益	371,004,729.99	361,547,709.22
每股收益	0.262	0.247
每股收益加权平均	0.262	0.247
每股收益扣除非经常性损益	0.267	0.224
每股净资产	2.096	2.043
调整后的每股净资产	2.069	2.022
每股经营活动产生的现金流量净额	0.368	0.370
净资产收益率(%)	12.49	12.10
净资产收益率(%)(加权平均)	12.05	11.66
扣除非经常性损益后的加权平均净资产收益率(%)	12.28	10.57

三、股本变动及股东情况

(一)股东情况
1、截止2002年12月31日,公司股东总户数为8,223户,其中发起人股东5户。
2、截止2002年12月31日,公司前十名股东持股情况

序号	股东名称	年末持股数(股)	本期持股变动增减情况(+-)	持股占总股本比例(%)
1	桂林旅游发展总公司	76,427,689	0	43.18
2	桂林五洲旅游股份有限公司	36,217,440	0	20.46
3	桂林中国国际旅行社	1,451,623	0	0.82
4	桂林三花股份有限公司	1,451,623	0	0.82
5	桂林集琦集团有限公司	1,451,623	0	0.82
6	胡维健	516,317		0.29
7	叶旭明	313,350		0.18
8	马桂英	251,125		0.14
9	戚国良	216,526		0.12
10	张同波	210,500		0.12

注:
(1) 报告期内,本公司持股5%(含5%)以上的股东桂林旅游发展总公司、桂林五洲旅游股份有限公司的持股数量无增减变动情况,其所持股份经函证未有质押、冻结情况。
(2) 本公司前10名股东中,桂林旅游发展总公司是桂林五洲旅游股份有限公司的控股股东,公司未知社会公众股股东之间是否存在关联关系及属于《上市公司股东持股变动信息披露管理办法》规定的一致行动人。
3、公司控股股东情况
桂林旅游发展总公司:桂林市政府直属国有独资公司,成立于1994年,注册资本13,600万元,法定代表人周益平,经营范围:饭店,公园,汽车维修,游船制造等。桂林旅游发展总公司的实际控制人为桂林市政府。
4、其他持股10%(含10%)以上的法人股东情况
桂林五洲旅游股份有限公司:设立于1993年,注册资本9,526万元,法定代表人李志雄,经营范围:船舶修造,汽车维修,房地产,石油经营,物业管理等。
5、报告期内控股股东无变更。

四、董事、监事、高级管理人员和员工情况

(一)基本情况

姓名	性别	年龄	职务	任期
陈青光	男	52	董事长	2001.8-2004.8
聂玉梅	女	56	副董事长	2001.8-2004.8
周益平	男	45	副董事长	2001.8-2004.8
李克强	男	50	董事	2001.8-2004.8
孙其钊	男	40	董事 常务副总经理(代行总经理职权)	2001.8-2004.8
陶武	男	45	董事 副总经理 总经济师	2001.8-2004.8
谢襄郁	男	38	董事 总会计师	2001.8-2004.8
李志雄	男	45	董事	2001.8-2004.8
刘及响	男	51	董事	2001.8-2004.8
鲁施红	女	47	董事	2001.8-2004.8
赵瀛生	男	55	董事	2001.8-2004.8
周茂权	男	39	副总经理 董事会秘书	2001.8-2004.8
陈泽忠	男	59	独立董事	2002.5-2004.8
罗知颂	男	51	独立董事	2002.5-2004.8
苗立胜	男	56	独立董事	2002.5-2004.8
梁志贤	男	53	监事会召集人	2001.8-2004.8
沈江卫	男	44	监事	2001.8-2004.8
刘红	女	42	监事	2001.8-2004.8
宋连宝	男	50	副总经理	2001.8-2004.8
崔寒松	男	50	总工程师	2001.8-2004.8

董事、监事及高级管理人员在股东单位任职情况如下:

姓名	性别	本公司任职	股东单位任职
陈青光	男	董事长	桂林旅游发展总公司副董事长
周益平	男	副董事长	桂林旅游发展总公司董事长总经理
李克强	男	董事	桂林旅游发展总公司董事副总经理
李志雄	男	董事	桂林五洲旅游股份有限公司董事长
刘及响	男	董事	桂林集琦集团有限公司董事长总经理
鲁施红	女	董事	桂林中国国际旅行社总经理
赵瀛生	男	董事	桂林三花股份有限公司董事长总经理
梁志贤	男	监事会召集人	桂林旅游发展总公司党委办公室主任

(二)年度报酬情况
1、董事、监事、高级管理人员的报酬主要依据年度营业收入、税后利润、净资产收益率等计划指标的完成情况,具体按公司2000年年度股东大会批准的《桂林旅游股份有限公司高级管理人员薪酬及奖励实施方案》执行。
2、现任董事、监事、高级管理人员的年度报酬总额为205 万元。
金额最高的前三名董事的年度报酬总额为75 万元。
金额最高的前三名高级管理人员的年度报酬总额为43 万元。
独立董事津贴为每人每年5 万元。独立董事出席公司股东大会、董事会的差旅费据实报销。
董事(不含独立董事)、监事、高级管理人员中年度报酬在23-29 万元的3人,在10-17 万元的7 人,在5-7 万元的3 人。
李志雄、刘及响、鲁施红、赵瀛生四名董事除在本公司领取董事津贴外,不在本公司领取其他报酬。其中李志雄、鲁施红、赵瀛生分别在本公司股东桂林五洲旅游股份有限公司、桂林中国国际旅行

社、桂林三花股份有限公司领取年度报酬，刘及响在本公司股东桂林集琦集团有限公司的控股子公司桂林集琦药业股份有限公司领取年度报酬。

（三）公司董事、监事、高级管理人员离任、聘任、解聘情况

因工作调整，公司总经理周益平先生出任公司第一大股东桂林旅游发展总公司董事长、总经理，经公司第二届董事会 2002 年第五次会议审议通过，同意其辞去总经理职务，由孙其钊常务副总经理代行总经理职权该次董事会还聘任周茂权先生为公司副总经理，聘任公司副总经理陶武先生为总经济师（兼）。

经公司 2002 年第一次临时股东大会审议通过，选举苗立胜、陈泽忠、罗知颂为公司独立董事。

（四）公司员工情况

公司员工共 1,515 人，其中生产人员 1,202 人，销售人员 58 人，技术人员 135 人，财务人员 48 人，行政人员 72 人，员工中本科及本科以上学历 58 人，大专学历 164 人，中专及中专以下学历 1,293 人。

公司现有退休职工 33 人。

五、公司治理结构

（一）公司治理情况

依据中国证监会发布的《上市公司治理准则》等有关上市公司治理的规范性文件，在报告期内，公司采取了如下措施进一步完善了公司治理结构：

（1）公司 2002 年第一次临时股东大会审议通过了修改《桂林旅游股份有限公司章程》的议案根据关于在上市公司建立独立董事制度的指导意见》、《上市公司治理准则》等有关法律、法规的规定，对公司章程进行了相应修改，在《公司章程》中规定了关于董事选举的累积投票制度，公司董事会、独立董事和符合有关条件的股东可向公司股东征集其在股东大会上的投票权等内容。选举苗立胜、陈泽忠、罗知颂为公司独立董事。

（2）公司 2002 年第二次临时股东大会审议通过了《公司独立董事制度》及关于设立董事会专门委员会及其职责、组成人员的议案。

报告期内，根据《中国证监会、国家经贸委关于开展上市公司建立现代企业制度检查的通知》要求，公司进行了自查，完成了《桂林旅游股份有限公司建立现代企业制度自查报告》。至本期末，公司已制定了《股东大会议事规则》、《董事会工作暂行规定》、《公司独立董事制度》、《监事会工作暂行规定》、《总经理工作暂行规定》等有关公司治理的规章制度。本公司认为，公司治理的实际状况已与中国证监会有关文件的要求基本一致。

（二）独立董事履行职责情况

公司独立董事能够认真履行职责，自任职以来出席或授权出席了报告期内的历次董事会会议，对董事会审议的投资项目及重大事项进行认真审核，并对公司重大关联交易事项、重大投资项目、董事会聘任高级管理人员以及总经理辞职等事项发表了独立董事意见。

（三）公司与控股股东在人员、资产、财务、业务、机构等方面的分开情况

公司具有独立完整的业务及自主经营能力，独立核算，独立承担风险，与控股股东实行人员、资产、财务分开，机构、业务独立。

1、在人员方面，公司设有专门的部门负责劳动、人事及工资管理，制定了完善的劳动、人事管理制度。本公司的经理人员、财务负责人、营销负责人和董事会秘书在控股股东单位未担任除董事以外的其他职务，均在本公司领取薪酬。

2、在资产方面，公司资产独立完整，权属清晰，拥有独立的经营资产、辅助系统和配套设施，亦拥有独立的销售和采购系统。

3、在财务方面，公司设有独立的财务部门和专职财务人员，并建立了独立的会计核算体系和财务管理制度，在银行独立开户，独立纳税。

4、在业务方面，公司业务完全独立于控股股东，本公司主要从事游船客运公路旅行客运、汽车出租、旅游观光服务方面的业务，公司的控股股东桂林旅游发展总公司主要从事饭店、公园、汽车维修、游船制造等方面的业务，二者不存在同业竞争。

5、在机构方面，公司设立了独立于控股股东、适应公司营运发展的组织机构，公司的董事会、监事会及其他内部机构功能健全，完全独立运作。公司及下属的职能部门与控股股东及其职能部门不存在上下级关系。

（四）高级管理人员的考评及激励机制

公司对高级管理人员的绩效考评及激励主要依据年度营业收入、税后利润净资产收益率等计划指标的完成情况，具体按公司 2000 年年度股东大会批准的《桂林旅游股份有限公司高级管理人员薪酬及奖励实施方案》执行，公司还将按照《上市公司治理准则》的要求进一步完善董事、监事、高级管理人员的绩效考评及激励约束机制。

六、股东大会情况简介

2002 年公司共召开了四次股东大会，即 2001 年年度股东大会、2002 年第一次临时股东大会、2002 年第二次临时股东大会、2002 年第三次临时股东大会。

（一）2001 年年度股东大会

召开本次股东大会的通知公告于 2002 年 3 月 12 日的《中国证券报》和《证券时报》，通知中列明了召开会议的时间、地点、审议事项以及其他有关事项。2002 年 4 月 11 日，本公司 2001 年年度股东大会在广西桂林榕湖饭店四号楼一楼会议室召开，出席会议的股东（含股东代表）4 名，代表股份 115,548,375 股，占公司股份总数的 65.28%。会议由陈青光董事长主持，会议审议通过了以下决议：

1、公司 2001 年度董事会工作报告；

2、公司 2001 年度监事会工作报告；

3、公司 2001 年年度报告及年度报告摘要；

4、公司 2001 年度利润分配方案；

5、变更部分募集资金投向的议案；

6、续聘湖北大信会计师事务有限公司为本公司 2002 年度审计机构的议案；

7、关于增加董事会经费提取额度的议案；

8、《股东大会议事规则》

9、修改《董事会工作暂行规定》

本次股东大会经桂云天律师事务所岳秋莎、梅耀植律师见证并出具了法律意见书。

本次股东大会决议公告、公司 2001 年度利润分配公告分别刊登于 2002 年 4 月 12 日、5 月 17 日的《中国证券报》和《证券时报》。

（二）2002 年第一次临时股东大会

召开本次股东大会的通知公告于 2002 年 4 月 25 日的《中国证券报》和《证券时报》，通知中列明了召开会议的时间、地点、审议事项以及其他有关事项。2002 年 5 月 28 日，本公司 2002 年第一次临时股东大会在广西桂林榕湖饭店四号楼一楼会议室召开，出席会议的股东（含股东代理人）4 名，代表股份 115,548,375 股，占公司股份总数的 65.28%。会议由陈青光董事长主持，会议审议通过了以下决议：

1、修改《桂林旅游股份有限公司章程》；

2、聘任罗知颂、陈泽忠、苗立胜为公司独立董事。

本次股东大会经桂云天律师事务所王云律师见证并出具了法律意见书。

本次股东大会决议公告刊登于 2002 年 5 月 29 日的《中国证券报》和《证券时报》。

（三）2002 年第二次临时股东大会

召开本次股东大会的通知公告于 2002 年 5 月 30 日的《中国证券报》和《证券时报》，通知中列明了召开会议的时间、地点、审议事项以及其他有关事项。2002 年 6 月 29 日，本公司 2002 年第二次临时股东大会在广西桂林榕湖饭店四号楼一楼会议室召开，出席会议的股东及股东代表 5 名，代表股份 116,999,998 股，占公司股份总数的 66.1%。会议由周益平副董事长主持，会议审议通过了以下决议：

1、关于变更部分募集资金投向的议案；

2、关于象山景区象山景点合作建设项目的议案；

3、关于公司独立董事年度津贴的议案；

4、《公司独立董事制度》；

5、关于设立董事会专门委员会及其职责、组成人员的议案。

本次股东大会经桂云天律师事务所王云律师见证并出具了法律意见书。

本次股东大会决议公告刊登于 2002 年 7 月 1 日的《中国证券报》和《证券时报》。

（四）2002 年第三次临时股东大会

召开本次股东大会的通知公告于 2002 年 8 月 14 日的《中国证券报》和《证券时报》，通知中列明了召开会议的时间、地点、审议事项以及其他有关事项。2002 年 9 月 16 日，本公司 2002 年第三次临时股东大会在广西桂林榕湖饭店四号楼一楼会议室召开，出席会议的股东及股东代表 5 名，代表股份 116,999,998 股，占公司股份总数的 66.1%。会议由陈青光董事长主持，会议审议通过了关于收购桂林龙脊温泉旅游有限责任公司 60%股权的议案。

本次股东大会经桂云天律师事务所王云律师见证并出具了法律意见书。

本次股东大会决议公告刊登于 2002 年 9 月 17 日的《中国证券报》和《证券时报》。

（五）选举、更换公司董事、监事情况

公司 2002 年第一次临时股东大会选举罗知颂、陈泽忠、苗立胜为公司独立董事。

七、董事会报告

（一）经营情况的讨论与分析

本报告期，公司主营业务收入、净利润同比增长 12.86%、5.94%，公司仍处于稳定增长的态势公司本期的游客接待量（含控股子公司）同比增长 50.43%，增幅较大的主要原因是公司财务报表的合并范围发生变化，广西集联旅游运输有限责任公司、桂林荔浦银子岩旅游有限责任公司、桂林龙脊温泉旅游有限责任公司分别于 2001 年 9 月 1 日、2002 年 5 月 1 日、2002 年 10 月 1 日起纳入本公司财务报表合并范围，其接待量亦同时纳入本公司的统计范围。

公司本期经营活动产生的现金流量净额为 6,517 万元，主营业务收入突出，公司内在运营质量较好。为优化公司资产结构，提升资产质量，公司本期加大了资本运作力度，其中投资 7,000 万元用于七星公园部分景区合作建设项目、投资 3,000 万元用于象山景区象山景点合作建设项目、投资 2,626.30 万元收购荔浦银子岩旅游有限责任公司 96.87%的股权、投资 2,100 万元收购桂林龙脊温泉旅游有限责任公司 60%股权、投资 1,695 万元购买桂林竹江码头实物资产及土地使用权投资 820 万元参与发起设立广东国旅国际旅行社股份有限公司已于本期实施，这些项目的实施使公司本期现金及现金等价物净增加额为负数，期末货币资金（8,490 万元）比期初下降 55.23%。

公司资产负债率较低，期初为 17.68%，期末为 25.69%，说明公司财务风险小，经营较稳健公司。将适度利用财务杠杆扩大公司的资产和经营规模，促进公司持续良性发展。

（二）公司经营情况

1 公司主营业务的范围及其经营状况

公司主要从事旅游服务及与旅游服务相关的业务，主营业务包括：游船客运、公路旅行客运、出租车业务、旅游观光服务。

2002 年度公司共接待中外游客 4,056,100 人次（含控股子公司），实现主营业务收入 22,540 万元，实现净利润 4,635 万元，分别比 2001 年度增长 50.43%12.86%，5.94%。

（1）2002 年度公司主营业务收入及主营业务利润的构成情况

本公司的主营业务均在广西壮族自治区，主要集中于桂林地区，报告期内公司主营业务范围未发生变化。

单位：人民币万元

分行业	主营业务收入	主营业务利润
旅游服务业	21,202.94	8,223.07
公路客运	1,337.34	542.54
分产品		
漓江旅游客运	10,727.31	6,197.19
旅游运输客运	2,552.12	827.15
出租汽车客运	1,022.47	311.93
旅行社	5,324.62	195.39
景区	2,747.33	1,378.15
其它	166.43	-144.19

分行业	主营业务收入比上年增减%	主营业务利润比上年增减%
旅游服务业	10.90	2.78
公路客运	56.84	282.64
分产品		
漓江旅游客运	5.55	2.03
旅游运输客运	17.20	354.48
出租汽车客运	15.59	5.38
旅行社	4.89	-5.61
景区	88.34	9.81
其它	-21.08	-211.78

报告期内公司景区收入为公司控股 51%的桂林荔浦丰鱼岩旅游有限责任公司、公司控股 96.87%的桂林荔浦银子岩旅游有限责任公司以及公司控股 60%的桂林龙脊温泉旅游有限责任公司的收入。

报告期内公司旅游运输客运收入为公司控股 62.94%的广西集联旅游运输有限责任公司的收入。公司的公路客运业务为广西集联旅游运输有限责任公司的部分业务。

（2）生产经营的主要产品或服务及其市场占有率情况

公司所处的行业为旅游行业。公司拥有游船 89 艘，约占桂林市漓江游船总数的 46%，公司漓江涉外游客的接待量约占桂林市漓江涉外游客总量的 84%，漓江国内游客的接待量约占桂林市漓江国内游客总量的 40% 公司拥有出租汽车 293 辆，约占桂林市出租汽车总量的 17%；公司的全资附属企业桂林山水国际旅行社，为桂林市业务收入最大的四家旅行社之一公司及其控股子公司共拥有旅游客车 155 辆，约占桂林市旅游客车总量的 13%，在桂林市旅游客车数量和市场份额上排名前三位。

（3）占公司主营业务收入或主营业务利润 10%以上的产品或服务

单位：人民币万元

类别	主营业务收入	主营业务成本	主营业务利润	毛利率%
漓江旅游客运	10,727.31	3,939.55	6,197.19	63.28
旅游运输客运	2,552.12	1,658.99	827.15	35.00
旅行社	5,324.62	5,117.85	195.39	3.88
景区	2,747.33	1,224.84	1,378.15	55.42

类别	主营业务收入比上年增减%	主营业务成本比上年增减%	主营业务利润比上年增减%	毛利率比上年增减%

漓江旅游客运	5.55	11.61	2.03	-2.30
旅游运输客运	17.20	-11.93	354.48	21.50
旅行社	4.89	5.35	-5.61	-0.43
景区	88.34	858.85	9.81	-35.82

漓江游船客运业务为公司收入和利润的重要来源,2002 年度公司漓江游船客运业务共接待游客 821,766 人次,实现的主营业务收入、主营业务利润分别占公司主营业务收入、主营业务利润的 47.60% 70.69%。

(4) 报告期内,公司投资 2,626.30 万元收购桂林荔浦银子岩旅游有限责任公司 96.87%的股权,投资 2,100 万元收购桂林旅游发展总公司持有的桂林龙脊温泉旅游有限责任公司 60%的股权,故公司本期景区业务收入增加,此二公司本期利润总额合计 288 万元,占公司本期利润总额的 5.04%。

2、主要控股公司及参股公司的经营情况及业绩

(1) 桂林山水国际旅行社(全资附属企业)

该公司注册资本 490 万元,经营范围:接待外国人、华侨、港澳台同胞来华旅游,组织接待国内公民旅游业务。报告期末该公司总资产 1,510 万元,2002 年度共接待游客 80,352 人次,主营业务收入 5,325 万元,净利润 34 万元。

(2) 桂林荔浦丰鱼岩旅游有限责任公司(控股公司)

该公司注册资本 2,600 万元,经营范围为旅游、住宿、饮食、旅游商品销售等,主要经营丰鱼岩宾馆和丰鱼岩岩洞游览服务,本公司持有其 51%的股权。报告期末该公司总资产 4,094 万元,2002 年度共接待游客 419,135 人次,主营业务收入 1,562 万元,净利润 465 万元。

(3) 广西集联旅游运输有限责任公司(控股公司)

该公司注册资本 8,017.8 万元,主要经营道路旅客运输、旅游客运服务,本公司持有其 62.94%的股权。报告期末该公司总资产 8,624 万元 2002 年度共接待旅客 1,207,681 人次,主营业务收入 2,552 万元,净利润 181 万元。

(4) 桂林荔浦银子岩旅游有限责任公司(控股公司)

本公司于 2002 年 4 月 11 日召开的 2001 年年度股东大会决定用变更的募集资金 2,626.30 万元协议收购桂林荔浦银子岩旅游有限责任公司 96.87%的股权,收购该股权的工商变更登记手续于 2002 年 6 月 25 日完成。

桂林荔浦银子岩旅游有限责任公司注册资本 719.5 万元,主要经营旅游(含景点门票)餐饮、休闲娱乐、旅馆服务。报告期末该公司总资产 2,419 万元,本期共接待游客 283,129 人次主营业务收入 881 万元,净利润 295 万元。

(5) 桂林龙脊温泉旅游有限责任公司(控股公司)

本公司于 2002 年 9 月 16 日召开的 2002 年第三次临时股东大会决定投资 2,100 万元收购桂林旅游发展总公司持有的桂林龙脊温泉旅游有限责任公司 60%股权,收购该股权的工商变更登记手续于 2002 年 10 月 22 日完成。

桂林龙脊温泉旅游有限责任公司注册资本 3,300 万元,主要经营旅游观光服务、旅游贸易、旅游接待,温泉洗浴及文化娱乐等旅游配套服务。报告期末该公司总资产 3,564 万元,本期共接待游客 61,720 人次,主营业务收入 304 万元,亏损 67 万元。

(6) 桂林旅游航空服务有限责任公司(控股公司)

该公司注册资本 500 万元主要经营航空票务和航空服务业务本公司合计持有其 50%的股权(含公司全资附属企业桂林山水国际旅行社持有的 15%的股权)。报告期末该公司总资产 1,263 万元,2002 年度主营业务收入 166 万元,亏损 229 万元。

(7) 庆泰信托投资有限责任公司(参股公司)

庆泰信托投资有限责任公司注册资本 3.28 亿元,本公司持有其 12.20%的股权,为第五大股东,该公司的经营范围受托经营资金信托业务;受托经营动产、不动产及其他财产的信托业务;受托经营法律、行政法规允许从事的投资基金业务,作为投资基金或者基金管理公司的发起人从事投资基金业务;受托经营公益信托;经营企业资产的重组、购并及项目融资、公司理财、财务顾问等中介业务;中国人民银行批准的其他业务等。

(8) 广东国旅国际旅行社股份有限公司(参股公司)

公司本期投资 820 万元参与发起设立广东国旅国际旅行社股份有限公司,持有该公司 800 万股股份,占其总股本的 10%,为第三大股东。该公司注册资本 8,000 万元,主要经营入境旅游业务,国内旅游业务,出境旅游业务,旅游票务,商务预定,班车客运,旅游客运等。

(9)防城港务股份有限公司(参股公司)

防城港务股份有限公司注册资本 1.65 亿元,主要经营港口装卸、仓储服务、本公司持有其 0.606%的股份。

3、主要客户、供应商情况

公司是为游客提供旅游服务的公司,客户为境内外游客。主要供应商为桂林五洲旅游股份有限公司,为本公司供应油料及车船配件,该公司是本公司第二大股东。公司向前五名供应商合计的采购金额为 776.62 万元,占本期采购总额的 50.72%。

4、在经营中出现的问题与困难及解决方案

经营中出现的问题:

(1) 对外投资的增加,对外管理仍有待提高,内部基础管理工作有待深化;

(2) 旅游新产品有待进一步开发,整体运作机制需要不断完善。

针对以上问题,公司采取了如下对策:

(1) 加强对外投资的管理,完善管理体系和各项规章制度,建立良性的资产管理关系,实现资产管理价值最大化;

(2) 根据桂林旅游市场环境的新变化,不断开发新的旅游线路和旅游产品;

(3) 加强成本控制管理和核算体系的建立,完善财务核算体系,继续开展增收节支,不断提高经营运行质量。

5、报告期实际经营成果与 2001 年年度报告披露的有关计划比较

按照公司 2001 年年度报告披露的新年度经营计划,2002 年度公司旅游接待人数、主营业务收入在确保达到 2001 年度实现数的基础上,力争有一定幅度的增长,成本费用的增幅争取不超过主营业务收入的增长幅度,确保公司的稳定发展。

本报告期,公司处于稳步发展的态势。报告期内,公司共接待中外游客 4,056,100 人次(含控股子公司),比上年度增长 50.43%;实现主营业务收入 22,540 万元,比上年度增长 12.86%;主营业务成本 12,882 万元,比上年度增长 17.24%;费用 4,526 万元,比上年度增长 24.44%。

公司本期的游客接待量(含控股子公司)同比增幅较大的主要原因是公司财务报表的合并范围发生变化广西集联旅游运输有限责任公司,桂林荔浦银子岩旅游有限责任公司、桂林龙脊温泉旅游有限责任公司分别于 2001 年 9 月 1 日、2002 年 5 月 1 日、2002 年 10 月 1 日起纳入本公司财务报表合并范围,其接待量亦同时纳入本公司的统计范围。

本期公司财务报表的合并范围发生变化,也使主营业务成本的增幅大于主营业务收入的增幅。

公司本期费用的增幅大于主营业务收入增幅的主要原因是公司本期管理费用比上年度增长 30.2%,本期管理费用增长的主要原因如下:

(1) 公司本期将桂林荔浦银子岩旅游有限责任公司和桂林龙脊温泉旅游有限责任公司纳入财务报表合并范围,增加管理费用 248 万元;

(2) 公司本期员工增加及工效挂钩增资,工资及福利费比上年度增加 290 万元;

(3) 主营业务收入及董事会经费提取比例增长,公司本期董事会经费比上年度增加 178 万元;

(4) 公司 2001 年度购买的漓江游览航线新增 8 艘游船的经营权于本期全部开始摊销,公司本期无形资产摊销比上年度增加 137 万元。

(三)公司投资情况

报告期内公司共投资 18,579 万元,比上年增加 1,320 万元,增长 7.65%。

1、募集资金使用情况

公司于 2000 年 4 月 21-22 日发行 4,000 万股社会公众股,共募集资金 26,040 万元(已扣除发行费用)。截止 2002 年 12 月 31 日,累计完成募集资金投资 26,303.54 万元,公司 2000 年发行新股募集的资金至本期末已使用完毕

2) 募集资金承诺投资项目情况

(1) 旅游车辆更新

计划总投资 4,935 万元,累计投资 4,500 万元,项目进度 100%,已于 2000 年度按计划完成 67 辆旅游客车的购置,由于车价下降该项目节余资金 435 万元。该项目本期收益 58 万元。

(2) 旅游船更新改造

计划总投资 4,150 万元,本期实际投资 1,137.26 万元,累计投资 3,667.26 万元,项目进度 88.37%, 该项目旅游船改造部分的本期收益体现在公司漓江游船客运业务的整体收益中旅游船更新部分的本期收益 566.19 万元。为满足市场的不同需求,增强公司漓江游船的市场竞争力,公司强化了旅游船更新改造的调研、论证、设计工作,使得该项目比承诺完成时间有所延期。

(3) 出租轿车更新

计划总投资 1,021.5 万元,累计投资 1,363 万元,项目进度 100%,已于 2000 年度完成。该项目原计划购置 62 辆轿车由于公司 2000 年有一批出租车已到营运期限,为了保持公司出租车的市场占有率,增加购置了 30 辆出租车,使得实际投资金额比承诺投资总额多出 341.5 万元,该项目本期收益 62.56 万元。

(4) 旅游业务推广及日常营运资金

计划总投资 5,000 万元,累计投资 5,000 万元,项目进度 100%,已于 2001 年度完成。

(5) 由于桂林市近年来对城市基础设施和市容、旅游环境进行大规模的改造,以下募集资金承诺投资项目的投资环境已发生重大变化,本着对股东负责,谨慎投资的原则这些项目未能按计划实施,其中的①、②、③项已于 2001 年按合法程序变更用途,④、⑤项已于本期按合法程序变更用途。

①漓江娱乐城项目;

②漓江水月食府项目;

③桂林旅游环线"两场"(商场停车场)建设项目;

④环城旅游巴士项目;

⑤水上观光巴士项目。

3) 变更募集资金投资项目情况

(1) 公司原承诺用于"漓江娱乐城"、"漓江水月食府"二项目的募集资金共计 4,671.2 万元,已按合法程序变更用于以下项目投资:

①投资 1,782.95 万元受让桂林旅游发展总公司持有的桂林荔浦丰鱼岩旅游有限责任公司 51%的股权

该项目已于 2001 年完成,桂林荔浦丰鱼岩旅游有限责任公司本期净利润 465 万元。

②投资 1,650 万元受让桂林旅游发展总公司拥有的漓江游览航线新增 8 艘游船的经营权

该项目已于 2001 年完成。

③投资 683.5 万元追加购置出租车

该项目至本期末已投资 683.50 万元,项目进度 100% ,本期收益 36.72 万元。

上述新增三项目共使用资金 4,116.45 万元,余额 554.75 万元于本期按合法程序变更用于七星公园部分景区合作建设项目。

公司 2001 年 3 月 13 日召开的第一届董事会 2001 年第二次会议 (决议公告刊登于 2001 年 3 月 15 日的《中国证券报》和《证券时报》)审议通过了上述关于变更部分募集资金投向的议案。

公司 2001 年 4 月 15 日召开的 2000 年度股东大会审议批准了上述变更部分募集资金投向的议案,决议公告刊登于 2001 年 4 月 17 日的《中国证券报》和《证券时报》。

(2) 公司原承诺用于"桂林旅游环线'两场'商场停车场建设"项目的 1,734.78 万元募集资金,已按合法程序变更用于投资以下项目:

①投资 820 万元参与发起设立广东国旅国际旅行社股份有限公司。

该项目已于本期完成,本期无收益。

本公司 2002 年 3 月与广东省旅游集团公司、广州君翊房地产发展有限公司、广东省出版集团有限公司、广东南油经济发展公司共同签署了《广东国旅国际旅行社股份有限公司发起人协议》(原拟用名称为"广东粤旅股份有限公司")根据该协议,广东国旅国际旅行社股份有限公司注册资本为 8,000 万元,本公司以现金 820 万元认购其 800 万股,股份持股比例 10%,为第三大股东。广东国旅国际旅行社股份有限公司已于 2002 年 6 月 18 日在广东工商行政管理局注册设立,注册资本 8,000 万元,经营范围:入境旅游业务,国内旅游业务,出境旅游业务,旅游票务,商务预定,班车客运,旅游客运等。

②投资 300 万元开发车船 GPS 卫星定位系统

该项目至本报告期末已投资 262.70 万元,项目进度 87.57%,本期亏损 3.38 万元。

上述新增二项目共需资金 1,120 万元,余额 614.78 万元于本期按合法程序变更用于七星公园部分景区合作建设项目。

公司 2001 年 8 月 20 日召开的第二届董事会 2001 年第二次会议(决议公告刊登于 2001 年 8 月 21 日的《中国证券报》和《证券时报》)审议通过了上述关于变更部分募集资金投向的议案。

公司 2001 年 9 月 21 日召开的 2001 年第二次临时股东大会审议通过了上述关于变更部分募集资金投向的议案(决议公告刊登于 2001 年 9 月 22 日的《中国证券报》和《证券时报》)。

(3) 公司原承诺用于"水上观光巴士"项目投资的 2,903.1 万元募集资金,已按合法程序变更用于以下项目:

投资 2,644.40 万元(含相关税费等费用)收购桂林荔浦银子岩旅游有限责任公司 96.87%的股权该项目已于本期完成,该公司本期利润总额 354 万元,占公司本期利润总额的 6.20%。 所剩余额 258.7 万元于本期按合法程序变更用于七星公园部分景区合作建设项目。

2002 年 3 月 25 日,本公司与桂林荔浦银子岩旅游有限责任公司(以下简称"银子岩公司")的 19 位自然人股东签署了《股权(出资额)转让合同》,收购银子岩公司上述 19 位自然人股东所持有的银子岩公司 96.87%的股权(出资额),共 697 万股,收购总金额 2,644.40 万元(含相关税费等费用)。

该项目计划投资 2,644.40 万元,实际投资 2,626.30 万元。

公司收购银子岩公司股权的工商变更登记已于 2002 年 6 月 25 日完成。银子岩公司注册资本 719.5 万元,主要经营银子岩岩洞游览服务。此次收购拓展了公司的景区业务,优化了公司的产品结构,对公司管理层的稳定性无影响。

公司 2002 年 3 月 9 日召开的第二届董事会 2002 年第二次会议审议通过了上述关于变更部分募集资金投向的议案,决议公告刊登于 2002 年 3 月 12 日的《中国证券报》和《证券时报》。

公司 2002 年 4 月 11 日召开的 2001 年年度股东大会审议批准了上述变更部分募集资金投向的议案,决议公告刊登于 2002 年 4 月 12 日的《中国证券报》和《证券时报》。

(4) 公司将原承诺用于"环城旅游观光巴士"项目的 2,519.60 万元募集资金历次变更募集资金累计所剩余额 1,428.23 万元共计 3,947.83 万元变更用于本公司与桂林旅游发展总公司所属的七星公园部分景区合作建设项目。此项合作为本公司与本公司第一大股东桂林旅游发展总公司的关联交易,合作期限 40 年,自 2002 年 7 月 1 日起连续计算。此次七星公园部分景区建设项目本公司投入现金 7,000 万元,其中利用募集资金 3,947.83 万元,不足部分 3,052.17 万元用公司自筹资金补充合作期内桂林旅游发展总公司负责工程的建设工作及公园的日常经营管理,双方共同进行市场促销双方按以下标准对七星公园门票收入部分进行分配:本公司所获公园门票收入分成以购票入园实际游客数量 7 元/人次为标准计算桂林旅游发展总公司享有公园门票收入剩余部分。自 2003 年 1 月 1 日起,如遇七星公园门票提价,按照门票提价的增幅比例,本公司获得相同增幅比例的门票分成收入。

该项目已于本期完成,本期收益 273.25 万元,占公司本期利润总额的 4.78%。

本公司 2002 年 5 月 28 日召开的第二届董事会 2002 年第四次会议审议通过了上述关于变更部分募集资金投向的议案同日桂林旅游发展总公司与本公司签订了《桂林七星公园部分景区合

作建设协议》,该次董事会的相关公告刊登于2002 年5 月30 日的《中国证券报》和《证券时报》。受本公司委托,湖北大信会计师事务有限责任公司为上述关联交易出具了"鄂信咨字(2002) 第019 号"独立财务顾问报告(详见2002 年6 月22 日的《中国证券报》、《证券时报》)

本公司2002 年6 月29 日召开的2002 年第二次临时股东大会审议批准了上述关于变更部分募集资金投向的议案决议公告刊登于2002 年7 月1 日的中国证券报》和《证券时报》。

2、非募集资金投资项目情况

(1) 投资自筹资金3,052.17 万元、募集资金3,947.83 万元共7,000 万元,用于本公司与本公司第一大股东桂林旅游发展总公司所属的七星公园部分景区合作建设项目, 具体情况见本报告"七、董事会报告(三)公司投资情况1、募集资金使用情况3)变更募集资金投资项目情况(4)"。

(2) 投资3,000 万元用于本公司与本公司第一大股东桂林旅游发展总公司所属的象山景区象山景点合作建设项目。

该项目已于本期完成本期收益152.06 万元占公司本期利润总额的2.66%本公司投入现金3,000 万元(资金来源为公司自筹资金)用于与桂林旅游发展总公司所属的象山景区象山景点合作建设项目。项目主要内容包括园区扩容、景区环境景观总体整治和园区内外通道建设等。此项合作为本公司与本公司第一大股东桂林旅游发展总公司的关联交易,合作期限40 年,自2002 年7 月1 日起连续计算。合作期内,桂林旅游发展总公司负责改造工程的建设工作及景点的经营管理,双方按以下标准对象山景点门票收入部分进行分配:本公司所获景点门票收入分成以购票人园实际游客数量3 元/人次为标准计算;桂林旅游发展总公司享有景点门票收入剩余部分。自2003 年1 月1 日起,如遇象山景点门票提价,按照门票提价的增幅比例,本公司获得相同增幅比例的门票分成收入。

本公司2002 年5 月28 日召开的第二届董事会2002 年第四次会议审议通过了上述关于象山景区象山景点合作建设项目的议案。同日桂林旅游发展总公司与本公司签订了《桂林象山景区象山景点合作建设协议》。该次董事会的相关公告刊登于2002 年5 月30 日的《中国证券报》和《证券时报》。受本公司委托,湖北大信会计师事务有限责任公司为上述关联交易出具了"鄂信咨字(2002) 第019 号独立财务顾问报告(详见2002 年6 月22 日的《中国证券报》、《证券时报》)。

本公司2002 年6 月29 日召开的2002 年第二次临时股东大会审议批准了上述关于象山景区象山景点合作建设项目的议案,决议公告刊登于2002 年7 月1 日的《中国证券报》和《证券时报》。

八、监事会报告

公司监事会根据《公司法》、《证券法》及《公司章程》的有关规定,本着对股东、公司负责的宗旨,积极开展工作,认真履行监事会的职能,维护股东和公司的合法权益。

(一)会议召开情况

报告期内公司监事会召开了四次会议,同时列席了本年度各次董事会会议和股东大会。

1、第二届监事会2002 年第一次会议

本次会议于2002 年1 月6 日在桂林榕湖饭店四号楼一楼会议室召开,会议审议通过了关于2001 年巡检整改报告的议案。

2、第二届监事会2002 年第二次会议

本次会议于2002 年3 月9 日在桂林榕湖饭店四号楼一楼会议室召开,会议审议通过了以下议案:

(1) 2001 年度监事会工作报告;

(2) 公司2001 年年度报告及年度报告摘要;

(3) 关于变更部分募集资金投向的议案;

3、第二届监事会2002 年第三次会议

本次会议于2002 年5 月28 日在桂林榕湖饭店四号楼一楼会议室召开,会议审议通过了如下议案:

(1) 关于变更部分募集资金投向的议案;

(2) 关于象山景区象山景点合作建设项目的议案;

(3) 关于收购竹江码头实物资产的议案。

4、第二届监事会2002 年第四次会议

本次会议于2002 年8 月12 日在桂林榕湖饭店四号楼一楼会议室召开, 会议审议通过了以下议案:

(1) 公司2002 年半年度报告及半年度报告摘要;

(2) 关于收购桂林龙脊温泉旅游有限责任公司60%股权的议案。

(二)监事会对下列事项的意见

1、公司依法运作情况

公司董事会按照股东大会的决议要求,切实履行了各项决议,决策程序符合《公司法》和《公司章程》的有关规定。公司已建立一套完善的内部控制制度,依法管理,依法经营。公司董事、经理及其他高级管理人员在履行职责行使职权时,能以公司利益为出发点,没有发现违反法律、法规和公司章程的行为,也没有损害公司利益和股东权益。

2、检查公司财务情况

公司监事会对公司财务结构和财务状况及有关业务进行了认真细致地检查, 认为公司财务结构合理,财务状况良好。湖北大信会计师事务有限公司出具的审计报告真实、客观地反映了公司截止2002 年12 月31 日的财务状况和经营成果。

3、募集资金使用情况

公司2000 年4 月发行4,000 万A 股共募集资金26,040 万元(已扣除发行费用), 其使用情况已经在年度报告有关内容中披露。报告期内,公司先后于2002 年4 月11 日召开的2001 年年度股东大会、2002 年6 月29 日召开的2002 年第二次临时股东大会审议通过了关于变更部分募集资金投向的议案。监事会全体成员认真听取了董事会的决策分析和项目论证意见,认为上述两次募集资金的变更,是根据项目环境的变化作出的科学合理的决策,符合公司的长远利益和股东的利益,变更的程序合法有效。

4、收购、出售资产情况

报告期内,公司的主要收购、出售资产情况如下:

(1) 公司以变更的募集资金2,626.30 万元收购桂林荔浦银子岩旅游有限责任公司96.87%的股权,交易价格以商业原则为基础,资产评估结果为参考,未发生和出现内幕交易、损害股东权益和造成资产流失的情况。

(2) 公司以自筹资金1,150 万元收购桂林五洲旅游股份有限公司所属桂林竹江码头实物资产;以自筹资金544.88 万元购买竹江码头土地使用权,用于向桂林市国土资源局缴纳国有土地出让金及支付相关税费。交易价格分别以资产评估结果和国家有关法规为依据,公平合理,未发生和出现内幕交易、损害股东权益和造成资产流失的情况。

(3) 公司以自筹资金2,100 万元收购桂林旅游发展总公司持有的桂林龙脊温泉旅游有限责任公司60%的股权交易价格以资产评估结果为基础,遵循了"公开、公正、公平"的原则,未发生和出现内幕交易、损害股东权益和造成资产流失的情况。

5、关联交易情况

报告期内,公司的主要关联交易情况如下:

(1) 公司投资7,000 万元用于与公司第一大股东桂林旅游发展总公司所属七星公园部分景区合作建设项目,其中募集资金3,947.83 万元,自筹资金3,052.17 万元,该关联交易事项以商业原则为基础,交易价格公平合理,未发生和出现内幕交易、损害股东权益和造成资产流失的情况;

(2) 公司以自筹资金3,000 万元用于与桂林旅游发展总公司所属象山景区象山景点合作建设项目,该关联交易事项以商业原则为基础,交易价格公平合理,未发生和出现内幕交易、损害股东权益和造成资产流失的情况;

(3) 公司以自筹资金1,150 万元收购公司第二大股东桂林五洲旅游股份有限公司所属桂林竹江码头实物资产,转让结果以资产评估结果为基础,交易价格公平合理,没有损害公司及非关联股东的利益;

(4) 公司以自筹资金2,100 万元收购桂林旅游发展总公司持有的桂林龙脊温泉旅游有限责任公司60%的股权。交易价格以资产评估结果为基础,遵循了"公开、公正、公平"的原则未发生和出现内幕交易、损害股东权益和造成资产流失的情况。

九、重要事项

(一)本年度公司无重大诉讼、仲裁事项。

(二)报告期内公司收购及出售资产、吸收合并事项

1、投资2,626.30 万元(含相关税费等费用)收购桂林荔浦银子岩旅游有限责任公司96.87%股权

具体情况见本报告"七、董事会报告(三)公司投资情况1、募集资金使用情况3)变更募集资金投资项目情况(3)"。

2、投资1,695 万元购买桂林竹江码头实物资产及土地使用权

具体情况见本报告"七、董事会报告(三)公司投资情况2 、非募集资金使用情况(3)"。

3、投资2,100 万元收购桂林龙脊温泉旅游有限责任公司60%的股权

具体情况见本报告"七、董事会报告(三)公司投资情况2、非募集资金使用情况(4)"。

(三)报告期内公司重大关联交易事项

1、购销商品、提供劳务发生的关联交易

桂林五洲旅游股份有限公司向本公司提供船舶修造服务、燃料及车船配件等, 总金额为1,025.84 万元。

关联方	关联事项	关联交易金额(万元)
桂林五洲旅游股份有限公司	船舶修造服务	207.46
	提供燃料及车船配件	776.62
	房屋租赁	37.69
	汽车修理	4.07
合计		1,025.84

说明:

(1) 桂林五洲旅游股份有限公司持有本公司20.46%的股份,为本公司第二大股东。

(2) 关联交易的定价原则:以市场价格为依据,进行公平交易和核算。

(3) 上述关联交易事项主要为本公司正常经营提供所需的船舶修造、燃料、车船配件等,曾于本公司招股说明书披露,该等关联交易还将延续下去,其对公司的利润无直接影响。

2、资产、股权转让发生的关联交易

(1) 投资1,150 万元收购本公司第二大股东桂林五洲旅游股份有限公司所属竹江码头实物资产

具体情况见本报告"七、董事会报告(三)公司投资情况2 、非募集资金使用情况(3)"。

(2) 投资2,100 万元收购本公司第一大股东桂林旅游发展总公司持有的桂林龙脊温泉旅游有限责任公司60%的股权

具体情况见本报告"七、董事会报告(三)公司投资情况2、非募集资金使用情况(4)"。

3、其他重大关联交易

(1)投资7,000 万元用于本公司与本公司第一大股东桂林旅游发展总公司所属七星公园部分景区合作建设项目

具体情况见本报告"七、董事会报告(三)公司投资情况1 、募集资金使用情况3) 变更募集资金投资项目情况(4)"。

(2) 投资3,000 万元用于本公司与本公司第一大股东桂林旅游发展总公司所属象山景区象山景点合作建设项目

具体情况见本报告"七、董事会报告(三)公司投资情况2) 非募集资金使用情况(2)"。

(四)重大合同及其履行情况

1、报告期内,公司没有发生或以前期间发生但延续到报告期的重大托管、承诺、租赁其它公司资产或其它公司托管承诺、租赁、公司资产的事项。

2、报告期内,公司没有发生或以前期间发生但延续到报告期的重大担保合同。

3、报告期内,公司没有发生或以前期间发生但延续到报告期的重大委托他人进行现金资产管理的事项。

(五)公司或持股5%以上股东承诺事项的履行情况

公司曾于2001 年年度报告披露了下述2002 年度预计利润分配政策;

1、公司拟在2002 年结束后分配利润一次;

2、公司下一年度实现净利润用于股利分配的比例不低于60%;

3、公司本年度未分配利润用于下一年度股利分配的比例不低于60%;

4、分配主要采用派发现金的方式;

5、2002 年度利润分配政策为预计方案,公司董事会保留根据公司实际情况对该分配政策进行适当调整的权利。

公司董事会提出的2002 年度利润分配预案为每10 股派发现金2.1 元含税), 未违背上述承诺。

(六)聘任会计师事务所情况

本公司于2002 年4 月11 日召开的2001 年年度股东大会通过了续聘湖北大信会计师事务有限公司为本公司2002 年度会计师事务所的议案。至本报告期,该公司已连续5 年为本公司提供审计服务。2001 、2002 年度公司支付给湖北大信会计师事务有限公司的年度报酬如下:

单位:万元

	2002 年度	2001 年度	备注
财务审计费	40	35	公司承担差旅费
其他费用		11	公司承担差旅费
合计	40	46	

公司支付给会计师事务所财务审计以外的其他费用为验资费、独立财务顾问报告费,不影响注册会计师审计独立性。至报告期末,公司尚未支付2002 年度的财务审计费。

(七)报告期内公司、公司董事及高级管理人员无受中国证监会稽查、中国证监会行政处罚、通报批评、证券交易所公开谴责的情形。

(八)其他重大事项

1、本公司2001 年12 月31 日前执行"先征后返"的企业所得税优惠政策(即按33% 税率缴纳企业所得税, 由桂林市财政返还18%。)。 依据广西壮族自治区人民政府 "桂政发[2001]100 号" 文件《广西壮族自治区人民政府关于印发贯彻实施国务院西部大开发政策措施若干规定的通知》,本公司从2002 年起可以享受15% 的企业所得税优惠税率。

《桂林旅游股份有限公司关于享受企业所得税优惠税率的公告》刊登于2002 年3 月2 日的《中国证券报》和《证券时报》。

2、《 桂林旅游股份有限公司董事会关于桂林荔浦银子岩旅游有限责任公司与桂林市荔浦县人民政府签署银子岩景区风景旅游资源有偿使用协议书的公告》刊登于2002 年6 月27 日的《中国证券报》和《证券时报》。

3、公司章程的变更事项

公司2002 年第一次临时股东大会审议通过了修改桂林旅游股份有限公司章程》的议案,根据《关于在上市公司建立独立董事制度的指导意见》、《上市公司治理准则》等有关法律、法规的规定、对公司章程进行了相应修改。该次股东大会决议公告刊登于2002 年5 月29 日的《中国证券报》和《证券时报》。

(九)报告期内,除本报告已披露之外,公司无其他重大(合同)事项。

十、财务会计报告

(一)审计报告

审计报告

鄂信审字(2003)第 0048 号

桂林旅游股份有限公司全体股东:

我们接受委托,审计了贵公司 2002 年 12 月 31 日的资产负债表及合并资产负债表、2002 年度的利润表及合并利润表、2002 年度利润分配表及合并利润分配表、2002 年度的现金流量表及合并现金流量表。这些会计报表由贵公司负责,我们的责任是对这些会计报表发表审计意见我们的审计是依据《中国注册会计师独立审计准则》进行的。在审计过程中,我们结合贵公司实际情况,实施了包括抽查会计记录等我们认为必要的审计程序。

我们认为,上述会计报表符合《企业会计准则》和《企业会计制度》的有关规定,在所有重大方面公允地反映了贵公司 2002 年 12 月 31 日的财务状况以及 2002 年度的经营成果和现金流量情况,会计处理方法的选用遵循了一贯性原则。

湖北大信会计师事务有限公司　　中国注册会计师:韩志娟

2003 年 1 月 28 日　　中国注册会计师:王　晖

(二)会计报表

资产负债表

编制单位:桂林旅游股份有限公司　　单位:人民币元

资产	注释	2002 年 12 月 31 日 合并数	母公司数
流动资产			
货币资金	1	84,902,357.03	62,085,999.30
短期投资			
应收票据			
应收股利			119,101.98
应收利息			
应收帐款	2	49,086,672.46	26,374,790.18
其他应收款	3	8,012,345.79	14,269,670.92
预付帐款	4	40,000.00	
应收补贴款			
存货	5	2,830,243.22	548,141.64
待摊费用	6	846,581.29	543,944.07
一年内到期的长期债权投资			
其他流动资产			
流动资产合计		145,718,199.79	103,941,648.09
长期投资			
长期股权投资	7	174,885,841.29	276,837,383.87
长期债权投资			
其中合并价差		26,429,039.99	
长期投资合计		174,885,841.29	276,837,383.87
固定资产			
固定资产原价	8	370,062,419.80	218,612,952.04
减累计折旧	8	180,679,512.96	139,901,625.38
固定资产净值		189,382,906.84	78,711,326.66
减固定资产减值准备			
固定资产净额		189,382,906.84	78,711,326.66
工程物资			
在建工程	9	7,996,799.85	722,163.60
固定资产清理	10	592,291.88	592,291.88
固定资产合计		197,971,998.57	80,025,782.14
无形资产及其他资产			
无形资产	11	58,764,794.87	20,281,728.24
长期待摊费用	12	177,766.93	
其他长期资产	13	3,201,000.00	
无形资产及其他资产合计		62,143,561.80	20,281,728.24
递延税项			
递延税款借项			
资产总计		580,719,601.45	481,086,542.34

资产负债表(续)

编制单位:桂林旅游股份有限公司　　单位:人民币元

负债及所有者权益	注释	2002 年 12 月 31 日 合并数	母公司数
流动负债			
短期借款	14	32,000,000.00	30,000,000.00
应付票据			
应付帐款	15	7,630,334.56	2,602,654.25
预收帐款	16	2,247,467.07	1,427,056.61
应付工资	17	4,772,206.64	3,612,800.79
应付福利费		4,620,953.84	3,551,751.18
应付股利	18	37,324,471.99	37,170,000.00
应交税金	19	4,054,698.89	419,815.26
其他应交款		49,944.57	23,844.11
其他应付款	20	20,834,901.78	11,146,387.85
预提费用	21	134,672.30	127,502.30
预计负债			
一年内到期的长期负债	22	7,500,000.00	
其他流动负债			
流动负债合计		121,169,651.64	90,081,812.35
长期负债			
长期借款	23	28,000,000.00	20,000,000.00
应付债券			
长期应付款			
专项应付款			
其他长期负债			
长期负债合计		28,000,000.00	20,000,000.00
递延税项			
递延税款贷项			
负债合计		149,169,651.64	110,081,812.35
少数股东权益		60,545,219.82	
股东权益:			
股本	24	177,000,000.00	177,000,000.00
减已归还股本			
股本净额		177,000,000.00	177,000,000.00
资本公积	25	161,700,468.60	161,700,468.60
盈余公积	26	30,674,326.06	29,299,014.05
其中法定公益金		10,852,853.39	9,766,338.02
未分配利润	27	1,629,935.33	3,005,247.34
股东权益合计		371,004,729.99	371,004,729.99
负债及股东权益总计		580,719,601.45	481,086,542.34

利润表

编制单位:桂林旅游股份有限公司　　单位:人民币元

2002 年度

项目	合并数	母公司数
一、主营业务收入	225,402,765.00	117,497,762.48
减主营业务成本	128,821,289.41	45,789,644.70
主营业务税金及附加	8,925,368.92	6,616,949.77
二、主营业务利润(亏损以"-"号填列)	87,656,106.67	65,091,168.01
加其他业务利润(亏损以"-"号填列)	5,964,370.59	3,834,199.81
减营业费用	3,716,637.71	1,153,921.54
管理费用	40,828,445.84	28,326,052.58
财务费用	714,418.36	-136,798.97
三、营业利润(亏损以"-"号填列)	48,360,975.35	39,582,192.67
加投资收益(损失以"-"号填列)	10,055,219.11	15,339,993.35
补贴收入		
营业外收入	88,668.48	5,880.00
减营业外支出	1,374,462.65	1,172,686.71
四、利润总额(亏损总额以"-"号填列)	57,130,400.29	53,755,379.31
减所得税	9,151,533.68	7,407,344.14
少数股东收益	1,630,831.44	
五、净利润(净亏损以"-"号填列)	46,348,035.17	46,348,035.17

利润分配表

编制单位:桂林旅游股份有限公司　　单位:人民币元

2002 年度

项目	注释	合并数	母公司数
一、净利润		46,348,035.17	46,348,035.17
加年初未分配利润		154,298.65	779,417.45
其他转入			
二、可供分配的利润		46,502,333.82	47,127,452.62
减提取法定盈余公积		5,134,932.32	4,634,803.52
提取法定公益金		2,567,466.17	2,317,401.76
提取职工奖励及福利基金			
提取储备基金			
提取企业发展基金			
利润归还投资			
三、可供投资者分配的利润		38,799,935.33	40,175,247.34
减应付优先股股利			
提取任意盈余公积			
应付普通股股利		37,170,000.00	37,170,000.00
转作股本的普通股股利			
四、未分配利润		1,629,935.33	3,005,247.34

现金流量表

编制单位:桂林旅游股份有限公司　　2002 年度　　单位:人民币元

项目	合并数
一、经营活动产生的现金流量	
销售商品提供劳务收到的现金	315,037,625.54
收到的税费返还	
收到的其他与经营活动有关的现金	6,942,180.42
现金流入小计	321,979,805.96
购买商品接受劳务支付的现金	168,761,882.22
支付给职工以及为职工支付的现金	42,106,290.63
支付的各项税费	22,052,975.64
支付的其他与经营活动有关的现金	23,887,840.20
现金流出小计	256,808,988.69
经营活动产生的现金流量净额	65,170,817.27
二、投资活动产生的现金流量	
收回投资所收到的现金	1,250,000.00
取得投资收益所收到的现金	6,230,400.00
处置固定资产无形资产和其他长期资产所收回的现金净额	11,100.00
收到的其他与投资活动有关的现金	4,013,033.00
现金流入小计	11,504,533.00
购建固定资产无形资产和其他长期资产所支付的现金	39,385,531.29
投资所支付的现金	154,469,907.10
支付的其他与投资活动有关的现金	
现金流出小计	193,855,438.39
投资活动产生的现金流量净额	-182,350,905.39
三、筹资活动产生的现金流量	
吸收投资所收到的现金	
借款所收到的现金	62,500,000.00
收到的其他与筹资活动有关的现金	
现金流入小计	62,500,000.00
偿还债务所支付的现金	11,509,800.00
分配股利利润或偿还利息所支付的现金	38,567,714.30
支付的其他与筹资活动有关的现金	
现金流出小计	50,077,514.30
筹资活动产生的现金流量净额	12,422,485.70
四、汇率变动对现金的影响	
五、现金及现金等价物净增加额	-104,757,602.42

华 工 科 技 产 业 股 份 有 限 公 司

华工科技产业股份有限公司2002年年度报告

第一节 公司基本情况简介

一、公司法定中文名称:华工科技产业股份有限公司(中文缩写:华工科技)
英文名称:HUAGONG TECH COMPANY LIMITED (英文缩写 HGTECH)
二、公司法定代表人:王延觉
三、公司董事会秘书:杨兴国
公司证券事务代表:廖瑞琰
联系地址:华工科技产业股份有限公司董事会办公室
电话:027-87180126
传真:027-87180126
电子信箱:bds@hgtech.com.cn
四、公司注册地址:武汉市洪山区珞瑜路1037 号
办公地址:湖北省武汉市东湖高新技术开发区庙山小区华工科技产业大厦
邮政编码:430223
国际互联网址:Http://www.hgtech.com.cn
电子信箱:0988@hgtech.com.cn
五、公司信息披露指定报纸:中国证券报、证券时报
登载公司年度报告的国际互联网址:Http://www.cninfo.com.cn
公司年度报告备置地点:公司董事会办公室
六、公司股票上市交易所:深圳证券交易所
股票简称:华工科技
股票代码:000988
七、其他有关资料
1. 公司变更注册登记日期: 2000 年 5 月 25 日
注册地点: 武汉市洪山区珞瑜路 1037 号
2. 企业法人营业执照注册号:4200001000780
3. 企业税务登记号码: 420101714584749
4. 公司聘请的会计师事务所:武汉众环会计师事务所有限责任公司
办公地点: 武汉国际大厦 B 座 16 楼

第二节 主要财务数据和指标

一、公司本年度利润总额及其构成 单位:人民币元

利润总额	48,678,941.52
净利润	40,416,133.69
扣除非经常性损益后的净利润	37,005,675.37
主营业务利润	120,941,656.71
其他业务利润	4,212,878.37
营业利润	46,520,598.41
投资收益	834,002.26
补贴收入	1,423,917.78
营业外收支净额	-99,576.93
经营活动产生的现金流量净额	-51,238,491.60
现金及现金等价物净增加额	-38,145,735.59

注:扣除的非经常性损益项目和涉及金额 单位:人民币元

项目	金额
股权转让收益	2,086,117.47
补贴收入	1,423,917.78
营业外收入	288,580.31
营业外支出	388,157.24
合计	3,410,458.32

二、截止报告期末公司前三年的主要会计数据和财务指标 单位:人民币元

指标项目	2002 年	2001 年 调整后
主营业务收入	347,052,098.24	297,017,907.99
净利润	40,416,133.69	44,112,323.18
总资产	1,056,265,556.47	821,258,791.85
股东权益(不含少数股东权益)	616,923,112.45	580,345,392.74
每股收益	0.35	0.384
每股收益加权	0.35	0.384
扣除非经常性损益后的每股收益	0.32	0.155
扣除非经常性损益后的每股收益(加权)	0.32	0.155
每股净资产	5.36	5.05
调整后的每股净资产	5.30	5.01
每股经营活动产生的现金流量净额	-0.45	-0.343
净资产收益率%	6.55	7.60
净资产收益率(加权)%	6.73	7.61

指标项目	2001 调整前	2000 年 调整后	调整前
主营业务收入	297,017,907.99	180,498,217.24	180,498,217.24
净利润	45,485,101.32	42,202,213.80	50,201,443.68
总资产	821,470,395.31	769,717,317.89	792,932,887.14
股东权益(不含少数股东权益)	576,783,253.91	555,022,595.36	563,021,825.24
每股收益			
每股收益加权	0.396	0.367	0.44
扣除非经常性损益后	0.396	0.412	0.49
的每股收益	0.167	0.339	0.39
扣除非经常性损益后的每股收益(加权)	0.167	0.381	0.44
每股净资产	5.016	4.83	4.90
调整后的每股净资产	4.976	4.79	4.79
每股经营活动产生的现金流量净额	-0.343	0.11	0.11
净资产收益率%	7.89	7.60	8.92
净资产收益率(加权)%	7.87	10.57	12.45

第三节 股本变动和主要股东持股情况

一、股东情况介绍
(一)截止 2002 年 12 月 31 日,公司股东总数为 30,554 户。
公司现任董事、监事、高级管理人员无持股情况。
(二)公司前 10 名股东持股情况

名次	股东名称	持股数(股)	占总股本比例(%)
1	武汉华中科技大产业集团有限公司	65,454,900	56.92
2	华中理工大学印刷厂	7,027,400	6.11
3	江汉石油钻头股份有限公司	6,856,600	5.96
4	武汉建设投资公司	3,977,500	3.46
5	武汉鸿象信息技术公司	876,100	0.76
6	华中理工大学机电工程公司	807,500	0.70
7	天一证券有限责任公司	258,710	0.22
8	夏成胜	179,800	0.16
9	蔡同元	170,500	0.15
10	鲍永贵	168,000	0.15

注:以上前 10 名股东中,武汉华中科技大产业集团有限公司、华中理工大学印刷厂、江汉石油钻头股份有限公司、武汉建设投资公司、武汉鸿象信息技术公司、华中理工大学机电工程公司所持股份均为未上市流通的法人股股份,其他股东所持股份均为已上市流通股份。武汉华中科技大产业集团有限公司、华中理工大学印刷厂、武汉鸿象信息技术公司、华中理工大学机电工程公司四家国有法人股股东为华中科技大学的全资公司,彼此存在关联关系流通股股东之间未知是否存在关联关系或是否属于《上市公司持股变化信息披露管理办法》中规定的一致行动人。

法人股股东所持股份在本报告期内未发生质押和冻结情况。

(三)控股股东的情况

武汉华中科技大产业集团有限公司前身为原华中理工大学科技开发总公司,成立于 1992 年。原华中理工大学合并后更名为华中科技大学,华中理工大学科技开发总公司于 2000 年 12 月 5 日进行整体改制,华中科技大学将其资产和权益整体置入与同济科技集团武汉公司联合组建的"武汉华中科技大产业集团有限公司",占新公司注册资本的 98%。新公司注册资本 20410 万元,法人代表王延觉,注册地址为武汉市洪山区珞瑜路 243 号华工科技产业大厦 12 楼,经营范围包括机械、电子信息、计算机、环保、激光、通讯、新材料与新能源、生物工程、精细化工、基因工程、光机电一体化、工业及办公自动化等技术的开发、研制、技术咨询、技术服务,是本公司的主发起人,对本公司的生产经营和财务等方面具有重大影响。

第四节 董事、监事、高级管理人员和员工情况

一、董事、监事、高级管理人员情况
(一)基本情况

姓名	职务	性别	年龄	任期
王延觉	董事长	男	45	2002.6-2005.6
丁烈云	董事	男	47	2002.6-2005.6
向继洲	董事	男	53	2002.6-2005.6
马新强	董事、总经理	男	37	2002.6-2005.6
刘大桥	董事	男	45	2002.6-2005.6
梅敬民	董事	男	45	2002.6-2005.6
魏锋	董事	男	40	2002.6-2005.6
张肇群	董事、副总经理	男	70	2002.6-2005.6
童俊	董事	男	40	2002.6-2005.6
许志超	独立董事	男	42	2002.6-2005.6
王胜利	独立董事	男	38	2002.6-2005.6
余定国	监事会召集人	男	48	2002.6-2005.6
戴宝玉	监事	女	57	2002.6-2005.6
朱光喜	监事	男	57	2002.6-2005.6
刘刚	监事	男	50	2002.6-2005.6
王红玲	监事	女	32	2002.6-2005.6
姚燕明	监事	女	49	2002.6-2005.6
熊文	监事	男	34	2002.6-2005.6
杨兴国	董事会秘书	男	38	2002.6-2005.6
王中	常务副总经理	男	38	2002.6-2005.6
耿标	副总经理	男	36	2002.6-2005.6
刘含树	财务总监	男	35	2002.6-2005.6

说明:

董事长王延觉在武汉华中科技大产业集团有限公司领取薪酬,董事刘大桥在华中理工大学印刷厂领取薪酬,董事梅敬民在江汉石油钻头股份有限公司领取薪酬,监事朱光喜在武汉鸿象信息技术公司领取薪酬,监事刘刚在武汉建设投资公司领取薪酬,董事丁烈云、向继洲、魏锋、童俊与监事余定国、戴宝玉在其他关联单位领取薪酬。

(二)董事、监事、高级管理人员在股东单位任职情况:

职务	姓名	任职单位	职务
董事长	王延觉	武汉华中科技大产业集团有限公司	董事长、总经理
董事	刘大桥	华中理工大学印刷厂	厂长
董事	梅敬民	江汉石油钻头股份有限公司	董事、总经理
监事会召集人	余定国	武汉华中科技大产业集团有限公司	副总经理
监事	朱光喜	武汉鸿象信息技术公司	总经理
监事	刘刚	武汉建设投资公司	副总经理

(三)年度报酬情况

2002 年度,在公司领取薪酬的董事、监事和高级管理人员的年度报酬总额为 142.66 万元,其

中金额最高的前三名董事的报酬总额为41.11 万元，金额最高的前三名高级管理人员的报酬总额为53.51 万元。

公司现任董事（不含独立董事）、监事和高级管理人员共20 人,2002 年度在公司领取薪酬9人。其中,金额在5 万元至10 万元区间的1 人,金额在10 万元至15 万元区间的2 人,金额在15 万元至20 万元区间的6 人。

(四)报告期内,公司进行了第一届董事会、监事会换届选举,选举王延觉、丁烈云、向继洲、马新强、刘大桥、梅敬民、魏锋、张肇群、童俊、许志超、王胜利为公司董事,组成公司第二届董事会,其中许志超、王胜利为独立董事,原董事黄嘉敏、李正佳、陈卓宁、王中、曹玉琳届满离任;选举余定国、戴宝玉、朱光喜、刘刚、王红玲、姚燕明、熊文为公司监事,组成公司第二届监事会,原监事孙健利、李家镕、王树初、赖希伟、黄培届满离任。

公司第二届董事会聘马新强任公司总经理,聘杨兴国任公司董事会秘书,原董事会秘书童俊届满离任,聘王中、耿标、张肇群任公司副总经理,聘刘含树任公司财务总监原财务总监,胡杨福届满离任。

二、员工情况

截至2002 年12 月31 日,公司(含下属公司)共有在册员工1099 人,公司生产人员517 人,销售人员197 人,技术人员311 人,财务人员39 人,行政人员72 人,其中博士14 人,硕士70人,本科443 人,无离退休员工。

第五节　公司治理结构

一、公司治理情况

公司根据《公司法》、《证券法》、《关于在上市公司建立独立董事制度的指导意见》及其它相关法律、法规的有关规定,修订、完善了《公司章程》、《股东大会议事规则》、《董事会议事规则》、《监事会议事规则》、《公司经理工作细则》等公司治理文件,按照《上市公司治理准则》的有关要求,进一步完善了公司的治理结构,主要表现在:

(一)关于股东与股东大会:公司能够确保所有股东,特别是中小股东享有平等地位、充分行使权力;公司的重大决策完全由股东大会依法制定:关联交易遵循商业原则,没有损害公司利益的行为,关联交易的交易内容、定价依据均及时予以充分披露。

(二)关于控股股东与上市公司:控股股东严格依法行使出资人的权力,没有利用其特殊地位谋取额外利益的活动,没有越过股东大会、董事会任免公司高级管理人员的行为:控股股东与公司之间实行人员、资产、财务分开,机构、业务独立,各自独立核算、独立承担责任和风险;控股股东已就业务划分出具承诺书,保证其全资和控股企业不从事与公司相同和相近的业务。

(三)关于董事与董事会:公司董事具有履行职务所必需的知识,技能和素质,忠实、诚信、勤勉地履行有关法律法、规和公司章程所规定的职责;董事会作为公司执行机构,能够依法行使职权,涉及公司重大利益的事项由董事会集体决策;董事会定期召开会议,会议记录完整、真实,董事会秘书对会议所议事项认真记录和整理,出席会议的董事、董事会秘书和记录人均在会议记录上签名,并对会议记录进行了妥善保管。

(四)关于监事和监事会:本着对全体股东负责的精神,监事会对公司财务以及公司董事、经理和其他高级管理人员履行职责的合法合规性进行了监督;监事会会议严格依照有关规定程序进行,会议记录真实、完整,出席会议的监事和记录人均在会议记录上签名,并对会议记录进行了妥善保存。

(五)关于绩效评价与激励约束机制:公司制定了《经营层目标任务考核和激励办法》,明确规定经营者的个人效益和所经营企业的业绩挂钩,并导入了年度净利润、销售总收入等财务指标作为考核依据,具有很强的操作性,对公司经营层能够发挥有效的激励和约束作用。

(六)关于利益相关者:公司尊重银行及其他债权人、职工、消费者、供应商等利益相关者的合法权利,并与他们积极合作、沟通,推动公司持续、健康地发展。

(七)关于信息披露与透明度:公司严格依照法律、法规和公司章程的规定,真实、准确、及时地披露信息,并保证所有股东有平等的机会获得信息。

二、独立董事履行职责情况

公司独立董事许志超先生、王胜利先生自2002 年6 月上任以来,认真履行诚信、勤勉的义务、并对公司重大事项发表独立意见,在维护公司整体利益和中小股东的合法权益方面发挥了积极的作用。

三、公司与控股股东在业务、人员、资产、机构、财务上严格执行"五分开"原则:

在业务方面,本公司独立从事业务经营,对控股股东和其他关联企业不存在依赖关系,公司拥有独立的原材料采购和产品的生产、销售系统,主要的原材料采购和产品的生产、销售不依赖于控股股东和其他关联企业。

在人员关系方面,本公司在劳动、人事及工资管理等方面完全独立,公司总经理在公司领取薪酬,未在股东单位担任重要职务。

在资产方面,本公司拥有独立的生产体系、辅助生产体系和配套设施,独立拥有商标、非专有技术等无形资产。

在机构方面,本公司与控股股东及其关联企业的办公机构和生产经营场所完全分开,不存在混合经营、合署办公的情况。公司的相应部门与控股股东及其关联企业的内设机构之间没有上下级关系。

在财务方面,公司设立了独立财务部作为公司的财务管理机构,建立了独立的会计核算体系和财务管理制度,在银行设立了独立账号,依法独立纳税。

第六节　股东大会情况简介

一、2001 年度股东大会情况

公司于2002 年5 月31 日在《中国证券报》、《证券时报》上刊登关于召开2001 年度股东大会的通知及会议议题,该次股东大会于2002 年6 月30 日上午9 00 在华中科技大学接待中心会议室召开,参加会议的股东或股东代表共8 人,代表股份数85001900 股,占公司股份总数的73.91%,会议审议通过了如下决议:

1.审议并通过2001 年度董事会报告;
2.审议并通过2001 年度监事会报告;
3.审议并通过2001 年度财务决算报告;
4.审议并通过2001 年度利润分配方案预案;
5.审议并通过续聘公司财务审计机构的提案;
6.审议并通过2002 年度财务预算报告;
7.审议并通过2001 年年度报告;
8.审议并通过关于修改《公司章程》的议案;
9.审议并通过关于修改《股东大会议事规则》的议案;
10.审议并通过关于修改《董事会议事规则》的议案;
11.审议并通过关于修改《监事会议事规则》的议案;
12.审议并通过华工科技第一届董事会工作报告;
13.审议并通过华工科技第一届监事会工作报告;
14.审议并通过华工科技第二届董事监事选举办法;
15.审议并通过关于提名独立董事候选人的议案、关于提名华工科技第二届董事会董事成员候选人的议案,选举产生了公司第二届董事会董事;
16.审议并通过关于提名华工科技第二届监事会监事成员候选人的议案,选举产生了公司第二届监事会监事;
17.审议并通过关于独立董事津贴及工作费用的议案;
18.审议并通过关于董事、监事津贴的议案;

上述会议决议于2002 年7 月2 日在《中国证券报》、《证券时报》予以公告。

二、2002 年度第一次临时股东大会情况

公司于2002 年10 月29 日在《中国证券报》、《证券时报》上刊登关于召开2002 年度第一次临时股东大会的通知及会议议题,该次股东大会于2002 年11 月30 日上午9 00 在华中科技大学接待中心会议室召开,参加会议的股东或股东代表7 人,代表股份数85000600 股,占公司股份总数的73.91%。

1.会议审议并否决关于确定董事长薪资标准和董事、监事津贴标准的议案;
2.会议审议并通过关于设立武汉华工正源光子技术有限责任公司的议案。

上述会议决议于2002 年12 月3 日在《中国证券报》、《证券时报》予以公告。

三、选举、更换公司董事、监事情况

2002 年6 月30 日召开的2001 年度股东大会上,公司董事会、监事会进行了换届选举,选举王延觉、丁烈云、向继洲、马新强、刘大桥、梅敬民、魏锋、张肇群、童俊、许志超、王胜利为公司董事,组成公司第二届董事会,其中许志超、王胜利为独立董事;选举余定国、戴宝玉、朱光喜、刘刚、王红玲、姚燕明、熊文为公司监事,组成公司第二届监事会,其中王红玲、姚燕明、熊文为职工代表出任的监事。

第七节　董事会报告

一、公司报告期内主营业务范围及其经营状况

(一)公司主营业务范围及其经营状况

公司主要经营激光器、激光加工设备及成套设备、激光医疗系列设备,激光全息综合防伪商标、激光全息综合防伪烫印箔、激光全息综合防伪包装膜,敏感电子元器件,光通信有源器件、计算机软件与信息系统集成的开发、研制、生产和销售及生物医药制品。

2002 年,受全球经济环境的影响,公司所处高科技行业的发展明显放缓,市场竞争日趋白热化。面对空前的困难和巨大的压力,公司经营班子贯彻"董事会调整产业结构,突出主营业务,发展核心企业"的战略方针,集中优势资源,大力发展主导产业,全年实现主营业务收入3.47 亿元,较上年增长了16.85%;扣除非经常性损益后的净利润达3700.56 万元,较去年增长了92.44%,公司主营业务盈利能力进一步增强。

1. 主营业务收入、主营业务利润的构成情况　　　　(单位:人民币元)

行业	主营业务收入	主营业务成本
激光全息防伪系列产品	50,222,763.55	24,685,043.00
敏感元器件	48,346,366.60	27,224,903.64
激光加工及设备系列产品	120,724,034.44	90,500,323.24
光通信器件系列产品	37,595,421.57	31,134,851.11
计算机软件及信息集成系统	56,651,920.42	31,699,530.22
生物医药	33,511,591.66	17,672,729.65

行业	主营业务利润	毛利率
激光全息防伪系列产品	25,537,720.55	50.85%
敏感元器件	21,121,462.96	43.69%
激光加工及设备系列产品	30,223,711.20	25.04%
光通信器件系列产品	6,460,570.46	17.18%
计算机软件及信息集成系统	24,952,390.20	44.05%
生物医药	15,838,862.01	47.26%

激光全息防伪系列产品

作为国内最早从事研制和生产防伪材料的企业之一,经过多年的积累和募集资金的投入,公司目前已成为全国规模最大、技术水平最高的激光全息防伪包装材料的生产。企业面对日益加剧的行业竞争,公司迅速调整经营策略,积极开发附加值较高的定位烫印、专版烫印材料等新业务,大力开拓和抢占市场,市场占有率稳中有升,在国内同行业中继续居于领先地位。

敏感元器件

公司敏感电子元器件生产基地全面竣工投产,生产规模上了一个新台阶,已经成为国内同行业中产能最大、设备最先进的企业。公司在保持PTC 产品的规模增长的基础上,大力开发新产品,尤其在NTC 温度传感器产品上取得了重大突破,并形成规模化生产,已经成为新的利润增长点:公司不断加大市场开拓力度,产品成功地打入了国际市场。同时,公司通过积极引人人才,不断加强自主研发实力,积极参与项目申报,其中"新型高性能热敏陶瓷元器件"等项目分别获得国家计委和湖北省科技厅科技项目支持。

激光加工及系列成套设备

公司克服厂房搬迁、技术人员分流和新设备试运行所带来的种种不便通过在企业内部进行事业部转制、生产流程管理规范、强化库存管理、加大应收账款催收力度和严格控制费用支出等一系列管理措施,加快激光科技成果产业化进程,增强了应对市场变化的快速反应能力。报告期内,完成了焊接机、打标机和成套设备等多项新产品开发,瞄准国内钢铁企业推出的激光加工大型成套设备获得了同行的高度认可,为下一步大规模进入该领域打下了坚实的基础。

光电器件系列产品

由于全球光通信行业大滑坡,光通信器件高端产品市场极度萎缩,低端市场产品处于价量双跌的局面在严峻的市场形势面前,公司调整了低端市场产品营销策略,积极参与竞争,在较短时间获得国内主要客户的一致认可,低端模块在国内取得了很高的市场占有率。报告期内,公司投资设立"武汉华工正源光子技术有限公司",通过实施关键技术人员持股,极大地激发了他们的创业热情,公司多项研究成果相继转产并获得国家、省、市的立项支持,其中"波长转换与光收发模块"项目获得国家经贸委第八批国债技改贴息立项资助,"半导体光放大器" 项目获得信息产业部电子基金立项资助。随着国内规模最大的超净化厂房的建成投产,光通信器件有望成为公司持续快速发展的支柱产业之一。

计算机软件及信息系统集成

在全球IT 行业进行重大调整的严峻形势下,公司主动放弃了低层次的系统集成业务对业务,结构进行了调整,加大在电子商务方面的投入,积极开发研制CAPP、PDM 的升级产品。在提供企业信息化应用软件产品的同时,拓展业务领域,开展多层次的咨询、开发、培训、实施和信息集成业务。

生物医药

公司把通过GMP 认证作为全年工作的重中之重,通过引进国外先进的生产设备、加强员工培训、制定并完善内部管理制度,目前已经顺利通过湖北省药品监督局GMP 认证和国家药品监督局验收。

(二)主要控股公司及参股公司的经营情况及业绩

单位:人民币万元

公司名称	主要产品或服务
武汉华工激光工程有限责任公司	激光加工成套设备、激光器件、激光加工产品的开发、制造、销售并提供相关的技术服务
武汉同济现代医药有限公司	医药、医疗、医疗器械产品的研制、生产销售
武汉开目信息技术有限责任公司	计算机软件、硬件、系统集成、通讯 产品、机电技术及产品的开发、研制、技术服务
深圳华工赛百信息技术有限公司	计算机软硬件、通讯设备的开发、研制及销售
湖北华中科大信息陶瓷有限公司	信息功能材料及相关产品的设计、生产、销售

公司名称	注册资本	总资产	净利润
武汉华工激光工程有限责任公司	12570	22428	137
武汉同济现代医药有限公司	4500	9169	230
武汉开目信息技术有限责任公司	3000	4773	514

深圳华工赛百信息技术有限公司	1500	3160	36
湖北华中科大信息陶瓷有限公司	1300	1490	14

(三)主要供应商客户情况

公司前五名供应商合计的采购金额占年度采购总额的 23.43%， 前五名客户销售额合计占公司销售总额的 11.41%。

(四)在经营中出现的问题与困难及解决方案

2002 年公司所处行业的市场竞争日趋激烈。同时,公司的四家核心企业要完成生产基地建设和整体搬迁入科技园,工程量大,任务繁重。在种种不利的形势下,公司经营班子统一思想、明确目标,采取了一系列举措：

1.进行产业结构调整,发展主营业务。公司通过股权转让的形式,逐步剥离了与主业关联度不高的产业,有效地整合了优势资源,确立了以光电子、光信息为主业的产业架构。

2.加强管理工作,抓好核心企业经营。公司确定了六家核心企业,将优势资源向核心企业倾斜,加强各项管理工作,促进核心企业的健康发展,做大做强公司主业。

3.加紧科技园基地建设,扩大企业生产规模。公司采用边生产、边搬家、边调试、边培训等一系列措施,使公司顺利完成了科技园生产基地建设和搬迁入驻。产业基地的建成,极大地改善了生产环境,形成了规模化的产业群,为产业发展打下了良好基础。

4.强化自我研发能力,构建技术创新体系。公司建立独立的技术开发体系,加强技术创新,积极承担国家和省市重大科研及产业化项目,不断提高产品的核心竞争力,努力推动企业的自主创新和跨越式发展,通过构建技术创新体系促进产品结构调整和产业升级。

(五)报告期内盈利差异的说明

公司曾在《2001 年年度报告》中提出 2002 年的经营目标为主营业务收入和主营业务利润力争实现 30 的增长。报告期内公司实际实现主营业务收入 3.47 亿元,实现主营业务利润 1.21 亿元,未能达到原定经营目标,造成盈利差异的原因是：

1.公司作为主要零部件产品供应商,下游企业日趋激烈市场竞争和价格战,严重影响公司主导产品的规模扩张和盈利水平。某些进口原材料价格呈刚性,导致公司部分产品成本偏高,同样影响了相关产品的毛利率水平。

2.公司所属四核心企业年内完成向科技园的整体搬迁,新投入大量的房屋和设备,折旧费用相应大幅度,挤占了公司的利润空间。同时,生产基地建设和生产线的安装调试也给公司日常生产经营带来较大的影响。

二、公司的投资情况

(一)报告期内募集资金使用情况

2000 年 5 月 10 日经中国证券监督管理委员会"证券发行字(2000) 56 号"文批准,公司向社会公开发行 3000 万 A 股,每股面值为人民币 1 元,每股发行价为人民币 13.98 元,公司共募集资金 40,570 万元,主要用于产业化和技术改造项目。

报告期内,募集资金投资项目累积完成投资 29,647 万元,占计划总投资额的 77.6%。 除"激光系列产品开发"项目未完成外,其他项目均基本实施完毕并产生良好效益。

1. 募集资金投资项目情况表　　　单位:人民币万元

项目名称	计划投资	实际投资	项目进度	产生收益金额
激光系列产品开发	19900	11340	56.98%	2262
激光全息宽幅防伪包装材料生产设备技术改造	4824	4824	100.00%	2453
基于 INTERNET/INTRANET 的企业级计算机信息集成系统	4944	4944	100.00%	1745
敏感元器件研发生产基地技术改造	4502	4502	100.00%	1935
生物医药项目	4037	4037	100.00%	1543
合计	38207	29647	77.60%	9938

2. 情况说明如下：

激光系列产品开发项目:报告期内。公司已经建成国内一流的激光加工生产基地,形成年产各类激光器及加工机、医疗激光设备 2000 台套。激光焊接金刚石锯片、钻头 20 万件的生产能力。下一步,公司将视具体情况决定后续资金投入的方式和时间。

3.尚未使用的募集资金 8,560 万元暂时存放银行。

二、报告期内非募集资金的投资情况

(一)2002 年 3 月 17 日,公司第一届董事会第 18 次会议通过决议,同意公司投资 2360 万元参股长江证券有限责任公司并持有其 1% 的股权。报告期内,该项投资已完成。

(二)2002 年 8 月 18 日, 公司第二届董事会第 2 次会议通过决议, 同意公司以实物资产 13800 万元出资, 自然人王长虹、李保根、郑云生、杨新民以四人共同拥有的专有技术评估作价 1200 万元出资,共同设立武汉华工正源光子技术有限责任公司,注册资本 15000 万元,其中华工科技占出资总额的 92%,王长虹、李保根、郑云生、杨新民四人占出资总额的 8%, 该议案经 2002 年 11 月 30 日召开的 2002 年度第一次临时股东大会审议通过, 报告期内, 该项投资已完成。

三、公司财务状况

单位:人民币元

项目	2002 年	2001 年	增减幅度
总资产	1,056,265,556.47	821,258,791.85	28.62
长期负债	18,545,578.52	9,933,907.79	86.69
股东权益	616,923,112.45	580,345,392.74	6.30
主营业务利润	120,941,656.71	123,991,179.67	-2.46
净利润	40,416,133.69	44,112,323.18	-8.38

说明:(1) 总资产增加原因主要系生产经营规模扩大需要补充流动资金, 短期借款增加 1.62 亿元所致。

(2) 长期负债增加原因主要系专项应付款增加所致。

四、公司新年度经营计划

2003 年公司核心企业基本上将入驻科技园,公司已经具备产业大发展的各种有利条件。但单靠扩大经营规模实现盈利增长比较困难, 必须开源与节约同步进行, 全面挖掘和激活企业内部潜能,紧紧围绕提高企业经营效益开展各方面的工作。2003 年公司的工作重点主要在以下几方面：

1.加强经营班子建设,构筑核心管理团队；

2.加强经营过程管理,促进企业稳健发展；

3.加强技术开发和市场开拓,提高核心竞争力；

4.构筑统一的人力资源管理平台,优化人力资源配置；

5.加强企业文化建设,实现企业文化融合。

六、董事会日常工作

(一)董事会会议情况及决议内容

1. 公司第一届董事会第 17 次会议于 2002 年 1 月 25 日在武汉中天花园酒店会议室召开, 会议通过了如下决议：

(1)确定了公司下一步的战略发展目标、管理运行模式、下属公司绩效考核办法和进行产业结构调整的原则性意见；

(2)审议并通过关于调整武汉汉网高技术有限公司股权比例的议案；

(3)审议并通过关于华工科技产业结构调整与资产重组的议案。

2.公司第一届董事会第 18 次会议于 2002 年 3 月 17 日在公司会议室召开。会议通过了如下决议：

(1)审议并通过公司 2001 年总裁工作报告；

(2)审议并通过公司 2001 年财务决算报告；

(3)审议并通过公司 2001 年年度利润分配方案预案；

(4)审议并通过公司 2002 年度利润分配政策；

(5)审议并通过公司 2001 年年度报告及年度报告摘要；

(6)审议并通过续聘公司财务审计机构的议案；

(7)审议并通过设立董事会办公室的议案；

(8)审议并通过投资参股长江证券有限责任公司的议案；

以上决议内容刊登于 2002 年 3 月 20 日《中国证券报》和《证券时报》上。

3. 公司第一届董事会第 19 次会议于 2002 年 4 月 22 日在公司会议室召开,会议通过了如下决议：

(1)审议并通过股东大会议事规则(修订草案)；

(2)审议并通过董事会议事规则(修订草案)；

(3)审议并通过公司 2002 年第一季度季度报告；

(4)审议并通过公司 2002 年度财务预算报告；

(5)审议并通过公司 2002 年第一季度财务报告；

(6)审议并通过公司经营层任务考核和激励办法(草案)；

(7)审议并通过华工科技经营层 2002 年薪酬标准及发放办法；

以上决议的内容刊登于 2002 年 4 月 24 日的《中国证券报》和《证券时报》上。

4. 公司第一届董事会第 20 次会议于 2002 年 5 月 28 日在南湖度假村会议室召开,会议通过了如下决议：

(1)审议并通过关于修改《公司章程》的议案；

(2)审议并通过关于提名独立董事候选人及独立董事津贴、费用事项的议案；

(3)审议并通过关于提名华工科技第二届董事会董事成员候选人的议案；

(4)审议并通过关于给公司董事、监事发放津贴的议案；

(5)审议并通过关于调整持有武汉汉网高技术有限公司股权比例的提案；

(6)审议并通过关于召开 2001 年度股东大会的议案。

以上决议的内容刊登在 2002 年 5 月 31 日的《中国证券报》和《证券时报》上。

5.公司第一届董事会第 21 次会议于 2002 年 6 月 18 日以通讯表决的形式召开,会议通过了如下决议：

(1)审议并通过华工科技建立现代企业制度自查报告的议案；

(2) 审议并通过武汉华中科技大产业集团有限公司关于向华工科技产业股份有限公司 2001 年度股东大会提交审议的临时提案。

第八节　监事会报告

一、监事会召开情况

本报告期内,公司监事会除列席 2001 年度股东大会、2002 年度第一次临时股东大会外,还列席了董事会的全部会议,审议和监督历次董事会和股东大会的议案和程序,并召开了六次监事会会议。

(一)第一届监事会第 5 次会议于 2002 年 3 月 17 日在公司会议室召开,会议通过如下决议：

1.审议并通过了公司 2001 年总裁工作报告；

2.审议并通过公司 2001 年度财务工作报告；

3.审议并通过公司 2001 年利润分配方案预案；

4.审议并通过公司 2002 年利润分配政策；

5.审议并通过公司 2001 年年度报告及年度报告摘要；

6.审议并通过续聘公司财务审计机构的议案；

以上决议的内容刊登在 2002 年 3 月 20 日的《中国证券报》和《证券时报》上。

(二)第一届监事会第 6 次会议于 2002 年 4 月 22 日在公司会议室召开,会议通过如下决议：

1.审议并通过公司 2002 年第一季度季度报告；

2.审议并通过公司 2002 年财务预算报告；

3.审议并通过公司 2002 年第一季度财务报告；

4.审议并通过公司监事会议事规则草案；

以上决议的内容刊登在 2002 年 4 月 24 日的《中国证券报》和《证券时报》上。

(三)公司第一届监事会第 7 次会议于 2002 年 5 月 28 日在南湖度假村会议室召开,会议审议通过了关于提名华工科技第二届监事会监事成员候选人的议案。该决议内容刊登在 2002 年 5 月 30 日的《中国证券报》和《证券时报》上。

(四)公司第二届监事会第 1 次会议于 2002 年 6 月 30 日在华中科技大学接待中心会议室召开,会议通过决议,选举余定国先生为公司第二届监事会召集人。该决议的内容刊登在 2002 年 7 月 2 日的《中国证券报》和《证券时报》上。

(五)公司第二届监事会第 2 次会议于 2002 年 8 月 18 日在公司会议室召开,会议通过如下决议：

1.审议并通过公司 2002 年半年度财务报告；

2.审议并通过公司 2002 年半年度报告正文及摘要；

以上决议的内容刊登在 2002 年 8 月 20 日的《中国证券报》和《证券时报》上。

(六)公司第二届监事会第 3 次会议于 2002 年 10 月 26 日在公司会议室召开,会议审议通过了公司 2002 年第三季度季度报告。该决议的内容刊登在 2002 年 10 月 29 日的《中国证券报》和《证券时报》上。

二、公司依法运作情况

公司监事会根据《公司法》和《公司章程》所赋予的职权,认真履行了对公司依法运作情况进行监督的职责。在报告期内,公司的决策程序合法,建立了完善的内部控制制度,没有发现公司董事、经理和其他高级管理人员在执行公司职务时有违反法律、法规、公司章程或损害公司利益的行为。

三、检查公司财务的情况。

本报告期, 内武汉众环会计师事务所有限公司为本公司出具无保留意见的 2002 年度审计报告,监事会对年终审计意见和调整事项进行了审核,认为审计报告真实反映公司的财务状况和经营成果。

四、报告期内公司无收购、出售资产的情况。

五、关联交易的情况。

2002 年 1 月 25 日召开的公司第一届董事会第十七次会议审议, 在关联董事回避的情况下,同意华工科技将所持有的武汉汉网高技术有限公司 64% 的股权、武汉华中科大纳米药业有限责任公司 40% 的股权、武汉华工安鼎信息技术有限公司 29% 的股权、湖北华工生化工程有限公司 50%的股权、武汉华工医药有限公司 25%的股权作价人民币 2698 万元,增资武汉华工大学科技园发展有限公司(以下称"华大发展")。

2002 年 3 月 12 日华大发展的三方股东签署了《关于对武汉华工大学科技园发展有限公司增资的意向性协议》,6 月 25 日,《关于对武汉华工大学科技园发展有限公司增资的协议书》 正式签署。在本次股权重组中,华工科技投入的权益资产价值共计 2698 万元,产业集团投入的权益资产价值共计 1013.7 万元,第三方股东武汉高科国有控股集团有限公司放弃增资。增资工作完成后,华大发展的注册资本为 8636 万元人民币。华工科技所持华大发展的股份比例从 10%增加到 36.39%。 以上关联交易是以湖北众联咨询评估有限公司出具的《资产评估报告书》鄂众联评报字[2002]第 013 号、第 014 号、第 015 号、第 016 号、第 017 号、第 018 号的企业整体资产价值评估结果为作价的参考依据。监事会认为关联交易价格公允合理,不存在损害公司利益和股东权益的情况。

六、对公司报告期未实现利润预测发表的意见。

《董事会报告》中对未能实现利润预测的原因已作说明,公司监事会认为其真实反映了公司经营的实际情况。

第九节　重要事项

一、本年度公司无重大诉讼、仲裁事项。

二、2002 年 6 月 30 日召开的 2001 年度股东大会通过续聘公司财务审计机构的提案，继续聘任武汉众环会计师事务所有限公司为公司的财务审计机构，武汉众环会计师事务所有限公司已连续 4 年为公司提供审计服务，均出具无保留意见的审计报告。公司向武汉众环会计师事务所有限公司支付的报酬总额如下：

	2001 年	2002 年
财务审计费	25 万元	28 万元

注：1.食宿差旅费由公司另行承担；

2.2002 年已支付会计师事务所 2001 年度财务审计费 25 万元；

3.会计师事务所 2002 年度财务审计费 28 万元尚未支付。

第十节　财务报告

一、审计报告

华工科技产业股份有限公司全体股东：

我们接受委托，审计了贵公司 2002 年 12 月 31 日的资产负债表及合并资产负债表，2002 年度的利润表利润分配表及合并利润表、合并利润分配表，2002 年度的现金流量表及合并现金流量表。这些会计报表由贵公司负责，我们的责任是对这些会计报表发表审计意见。我们的审计是依据《中国注册会计师独立审计准则》进行的。在审计过程中，我们结合贵公司实际情况，实施了包括抽查会计记录等我们认为必要的审计程序。

我们认为，上述会计报表符合《企业会计准则》和《企业会计制度》的有关规定，在所有重大方面公允地反映了贵公司 2002 年 12 月 31 日的财务状况及 2002 年度的经营成果和 2002 年度的现金流量情况，会计处理方法的选用遵循了一贯性原则。

武汉众环会计师事务所有限责任公司　　中国注册会计师　王郁

2003 年 2 月 24 日　　中国注册会计师　雷闻

二、会计报表

资产负债表

公司名称：华工科技产业股份有限公司　　单位：人民币元

资产	附注	合并报表 2002 年 12 月 31 日	2001 年 12 月 31 日
流动资产			
货币资金	5.1.(1)	173,791,602.19	211,937,337.78
短期投资			
应收票据	5.1.(2)	7,570,554.40	5,214,895.18
应收股利			
应收利息	5.1.(3)	607,500.00	1,822,500.00
应收账款	5.1.(4)	204,334,850.77	110,371,056.02
其他应收款		42,936,463.00	31,157,046.68
预付账款	5.1.(5)	17,052,782.37	21,170,094.80
应收补贴款			
存货	5.1.(6)	127,757,176.04	113,538,648.45
待摊费用	5.1.(7)	754,764.72	287,856.47
一年内到期的长期债权投资			
其他流动资产			
流动资产合计		574,805,693.49	495,499,435.38
长期投资			
长期股权投资	5.1.(8)	68,894,043.86	51,739,280.14
长期债权投资			
长期投资合计		68,894,043.86	51,739,280.14
其中：合并价差			
固定资产			
固定资产原价	5.1.(9)	280,248,593.41	120,886,130.66
减：累计折旧		37,647,365.79	23,889,345.00
固定资产净值		242,601,227.62	96,996,785.66
减：固定资产减值准备			
固定资产净额		242,601,227.62	96,996,785.66
工程物资	5.1.(10)	2,801,139.11	
在建工程	5.1.(11)	137,214,253.91	147,962,626.69
固定资产清理			
固定资产合计		382,616,620.64	244,959,412.35
无形资产及其他资产			
无形资产	5.1.(12)	26,989,573.72	27,166,129.40
长期待摊费用	5.1.(13)	2,959,624.76	1,894,534.58
其他长期资产			
无形资产及其他资产合计		29,949,198.48	29,060,663.98
递延税项			
递延税款借项			
资产总计		1,056,265,556.47	821,258,791.85

负债及股东权益	附注	2002 年 12 月 31 日	2001 年 12 月 31 日
流动负债			
短期借款	5.1.(14)	222,298,280.00	60,000,000.00
应付票据	5.1.(15)	10,822,663.59	16,487,243.50
应付账款	5.1.(16)	63,479,367.47	31,248,478.62
预收账款	5.1.(17)	4,410,431.36	4,718,227.98
应付工资	5.1.(18)	1,689,572.92	912,620.66
应付福利费		3,502,574.63	4,385,704.41
应付股利	5.1.(19)	6,239,129.83	23,046,798.79
应交税金	5.1.(20)	15,598,263.23	12,674,848.22
其他应交款	5.1.(21)	945,561.33	584,756.20
其他应付款	5.1.(22)	21,201,480.63	17,493,555.15
预提费用	5.1.(23)	1,254,498.42	688,216.10
预计负债			
一年内到期的长期负债			
其他流动负债			
流动负债合计		351,441,823.41	172,240,449.63
长期负债			
长期借款	5.1.(24)	10,101,196.02	9,933,907.79
应付债券			
长期应付款			
专项应付款	5.1.(25)	8,444,382.50	
其他长期负债			
长期负债合计		18,545,578.52	9,933,907.79
递延税项			
递延税款贷项	5.1.(26)	1,620,045.23	
负债合计		371,607,447.16	182,174,357.42
少数股东权益		67,734,996.86	58,739,041.69
股东权益			
股本	5.1.(27)	115,000,000.00	115,000,000.00
资本公积	5.1.(28)	419,818,011.50	419,817,422.14
盈余公积	5.1.(29)	28,468,837.59	21,131,554.31
其中法定公益金		9,733,473.26	7,230,801.11
未分配利润	5.1.(30)	52,468,420.48	25,139,570.07
外币报表折算差额	5.1.(31)	1,167,842.88	-743,153.78
股东权益合计		616,923,112.45	580,345,392.74
负债及股东权益合计		1,056,265,556.47	821,258,791.85

利润表

项目	附注	合并报表 2002 年度	2001 年度
一、主营业务收入	5.1.(32)	347,052,098.24	297,017,907.99
减：主营业务成本	5.1.(33)	222,917,380.86	169,993,045.11
主营业务税金及附加	5.1.(34)	3,193,060.67	3,033,683.21
二、主营业务利润		120,941,656.71	123,991,179.67
加：其他业务利润	5.1.(35)	4,212,878.37	317,225.90
减：营业费用		39,622,408.44	40,622,592.36
管理费用		34,947,274.43	43,350,089.21
财务费用	5.1.(36)	4,064,253.80	4,872,781.25
三、营业利润		46,520,598.41	35,462,942.75
加：投资收益	5.1.(37)	834,002.26	14,345,944.49
补贴收入	5.1.(38)	1,423,917.78	7,505,406.26
营业外收入	5.1.(39)	288,580.31	315,465.05
减营业外支出	5.1.(40)	388,157.24	316,096.10
四、利润总额		48,678,941.52	57,313,662.45
减：所得税	5.1.(41)	5,681,995.05	7,890,053.43
少数股东本期损益		2,580,812.78	5,311,285.84
五、净利润		40,416,133.69	44,112,323.18

利润分配表

项目	附注	合并报表 2002 年度	2001 年度
一、净利润		40,416,133.69	44,112,323.18
加：年初未分配利润		25,139,570.07	12,766,505.61
其他转入			
二、可供分配的利润		65,555,703.76	56,878,828.79
减：提取法定盈余公积		4,834,611.13	5,639,222.80
提取法定公益金		2,502,672.15	3,100,035.92
三、可供股东分配的利润		58,218,420.48	48,139,570.07
减：应付优先股股利			
提取任意盈余公积			
应付普通股股利		14,950,000.00	23,000,000.00
转作股本的普通股股利			
四：未分配利润		43,268,420.48	25,139,570.07

现金流量表

项目	2002 年度 合并数
一、经营活动产生的现金流量	
销售商品、提供劳务收到的现金	295,614,514.97
收到的税费返还	1,996,909.51
收到的其他与经营活动有关的现金	44,096,340.16
现金流入小计	341,707,764.64
购买商品、接受劳务支付的现金	223,396,317.18
支付给职工以及为职工支付的现金	64,610,139.68
支付的各项税费	28,952,729.73
支付的其他与经营活动有关的现金	75,987,069.65
现金流出小计	392,946,256.24
经营活动产生的现金流量净额	-51,238,491.60
二、投资活动产生的现金流量	
收回投资所收到的现金	
取得投资收益所收到的现金	
处置固定资产、无形资产和其他长期资产所收回的现金净额	189,150.00
收到的其他与投资活动有关的现金	1,822,036.62
现金流入小计	2,011,186.62
购建固定资产无形资产和其他长期资产所支付的现金	97,690,206.31
投资所支付的现金	25,335,000.00
支付的其他与投资活动有关的现金	
现金流出小计	123,025,206.31
投资活动产生的现金流量净额	121,014,019.69
三、筹资活动产生的现金流量	
吸收投资所收到的现金	
其中：子公司吸收少数股东权益性投资收到的现金	
借款所收到的现金	255,651,480.00
收到的其他与筹资活动有关的现金	
现金流入小计	255,651,480.00
偿还债务所支付的现金	93,106,275.65
分配股利利润或偿付利息所支付的现金	28,438,428.65
其中：子公司支付少数股东的股利	154,652.22
支付的其他与筹资活动有关的现金	
现金流出小计	121,544,704.30
筹资活动产生的现金流量净额	134,106,775.70
四、汇率变动对现金的影响	
五、现金及现金等价物净增加额	-38,145,735.59

第四编

中国期货市场

734/756

栏目协办

中国银行基金托管部

中国期货市场

中国期货市场

【概况】 回顾2002年中国期货市场的运行情况，总体来看是很喜人的。整个期货行业在2001年恢复发展的基础上，市场规模进一步扩张，各品种交易活跃，都有不俗的表现。据中国期货业协会统计，2002年1至11月份，全国期市总成交额为33644.72亿元，较2001年同期增长了25.40%；全国期市总成交量为120248948手，较2001年增长了12.64%。

2002年，国内期市的重心发生了重大变化，期货市场一改连强、沪弱、郑萎的格局，正走向连沪齐头并进。大连商品交易所交易规模与上年基本持平，其中大豆交易金额较上年下降了4.99%，而豆粕增长了135.84%，市场总体规模较上年下降0.74%；上海期货交易所由于拟定并实施了活跃交易的一系列方案和措施，加强市场推介力度，另外还有市场基本面和市场内在需求的双重作用，各品种交易规模、持仓规模不断扩大。特别值得一提的是天然橡胶和铝，1至11月份的成交量分别较上年增长4626.73%和77.27%；郑麦市场由于进一步规范管理，加强市场宣传，市场规模也有一定的增长，但份额有所下降。连、沪、郑三大交易所成交金额在市场中所占份额由上年的66.21%、27.90%、5.88%转变为现在的52.41%、41.86%、5.73%。

2002年上半年，期货市场千呼万唤的四个管理办法(《期货经纪公司高级管理人员资格管理办法》、《期货从业人员资格管理办法》、《期货交易所管理办法》和《期货经纪公司管理办法》)经修改后全部出台。四个管理办法的出台，标志着从清理整顿为背景的期货监管开始向符合国际化、市场化、法制化为原则的监管方向迈出了实质性的步伐。另外，在金融业内率先进行的期货从业人员网上公示制度，更是让跃跃欲试的投资者吃了定心丸。

从客户数量和结构上看，2002年期货经纪公司的开户数不断增加。与往年不同的是，2002年机构开户的增长率要比个人开户高出一倍。期货业协会副会长常清指出，由于国家政策和期货市场本身发生了巨大的变化，开始吸引一些理性的机构投资者即战略投资者进入市场。

在2002年一年内，国内各期货交易品种特别是农产品期货，都呈现强劲上涨态势。由于干旱等一系列不利天气的影响，全球许多农产品都出现了减产现象。而与之相对应的是不断增长的需求。供需状况的改变有力地推动了2002年农产品期价的上扬。大连大豆S0301合约期价由年初的1715元/吨到目前的2549元/吨，上涨了834点，涨幅达48.6%；郑麦WT0305合约期价从最低点1155元/吨上涨至最高点1354元/吨，涨幅也达17.2%；上海期货交易所的铜、铝、天然橡胶也在全球经济复苏、需求增大及投资者积极入场交易的推动下，期价运行以冲高为主。尤其是天然橡胶，全年一直呈现强势上扬态势，近几年来首次突破1万点大关。

总的来说，2002年中国的期货市场在规范化的管理之下，伴随着牛市行情，市场运行无论从质和量上都上了一个新的台阶。

【交易市场】 2002年虽然期盼已久的新品种并没有推出，但期货市场面临的外部环境却发生了明显的变化。社会对期货市场的需求较快增长，在期货业拓展市场的努力下，期货市场比较活跃，并呈现许多新的发展特点。一是期货交易量稳步增长。2002年全年成交各类期货合约13943.26万手，比上年增长15.75%；成交金额39481.4亿元，比上年增长30.93%。在期货市场流动性增强、交易量稳步增长的同时，持仓量和交割量也同时放大。期货市场在品种不变的情况下，呈现了交易量、持仓量和交割量同时增长的活跃局面。二是主要交易品种同时活跃。2002年仍然只有六个期货品种上市交易，但在期货业积极活跃老品种的努力下，期货市场改变只有大豆一个品种“独大”现象，上海期货交易所的铜、铝和天然胶，大连商品交易所的大豆和豆粕，郑州商品交易所的小麦等品种，纷纷放量上涨，形成多个品种共创繁荣的局面(见表1)。2002年发生明显变化的是上年交易规模较小的品种，今年都呈现了非常活跃的局面。其中，上海期货交易所的天然胶，一改交易萎靡不振的情况，交易渐趋活跃，全年交易量和交易金额分别比上年增长5393.77%和7494.11%，占有的市场份额由上年的最末位，一跃上升到第三位；大连商品交易所的豆粕、郑州商品交易所的小麦合约和上海期货交易所铝合约交易规模也都有较大的增长，现有六个正在交易的品种全面呈现活跃局面。三是交易行情比较火爆，市场平稳运行。2002年，国际经济的回暖和政局动荡，全球所有资源性商品价格都有不同程度的上涨；国内经济的继续走强，需求较旺，国内一些商品市场供求状况发生了变化。受国际、国内市场供求的影响，2002年期货市场的许多商品价格出现激烈波动，较大幅度上涨。其中，大连S0301大豆合约期货价格从4月份的每吨1950元左右上涨到12月份最高价格达到2573元/吨，涨幅达30%多；上海期货交易所2002年的期铜价格较上年每吨上涨2000多元，最高振幅达900多点。天然胶的价格较上年上涨接近一倍；郑州小麦WT301年内涨幅达12%以上。在交易如此活跃的情况下，市场平稳运行，没有大的风险事件发生。尤其是大豆S0205合约的交割量达到76万多吨，没有出现违约现象，这说明期货市场的风险管理水平在提高，规范程度在加强，投资者的行为趋于理性，中国期货市场逐渐走向成熟。四是投资者信心恢复，入市数量增加，结构发生变化。

中国经济的持续发展扩大了对期货市场的需求，中国期货市场的规范运行，增强了投资者进入期货市场的信心。虽然2002年期货品种没有扩大，但利用期货市场的投资者数量增加，流入期货市场的资金不断增长。2002年大商所的客户增加了2.2万户，三家交易所的保证金已经达80亿元，比2001年翻了一番。增加的期货投资者主要来自二个方面，一是套期保值者增加。为了分散和回避相关产品价格波动的风险，更多的生产、加工、经营的企业和个人利用期货市场套期保值。据统计，2002年有色金属行业在上海期货交易所套期保值量达到71.2万吨，其中铜套保量相当于我国铜年产量的50%；大连商品交易所 43%的会员客户是粮食、油脂、饲料生产、加工、销售企业和个人，其主要目的是利用期货市场指导生产经营和回避市场风险。二是投资者增加。2002 年期货市场行情火爆的同时，股市低靡，市值缩水，一部分投资资金撤出股市，进入到期货投资行列。大连商品交易所的会员客户中，进行套利交易的占 30%，交易量占总交易量的 60%。尤其值得注意的是一些投资公司进入期货市场寻找机会，根据商品季节性或周期性特征进行交易的战略投资者已经出现，说明期货市场的资金结构和投资者结构开始发生积极变化。

表 1　2002 年商品期货分品种交易情况

品种名称	总成交量(万手)	交易金额(亿元)	市场份额(%)
大豆	8800.65	19254.67	48.77
铜	1159.26	9187.77	23.27
天然橡胶	804.20	4016.88	10.17
铝	471.16	3192.23	8.09
小麦	1827.16	2252.44	5.71
豆粕	880.83	1577.4	4.0
合计	13943.26	39481.40	100.00

资料来源：中国证券期货市场统计年鉴

期货交易所继续稳步前进　2002 年三家期货交易所继续深化改革和加强内部管理，在探索制度创新、技术创新和研究开发新品种的同时，适时调整期货品种的交易规则和合约设计，为投资者创造更好的交易条件，在推进市场交易、活跃老品种(见表 2)和市场功能的发挥等方面获得了较大的成效，促进了期货市场的持续发展。2002 年大商所适应现货市场变化和需求，不断进行品种创新，调整品种结构，推出非转基因大豆合约，使大连市场发展成为全球最大的非转基因大豆期市，并推动着我国非转基因大豆品牌的形成，提升了国产大豆的国际竞争力。上海期货交易所改进现有期货合约，加强对相关企业的引导和培训，根据品种特性推动市场交易，改变了一个交易所只有一个品种活跃的历史，铜、铝、天然胶全面启动，进一步扩大了期货市场的功能和作用，在全球的影响力明显增强。郑州商品交易所小麦期货价格较好地反映了国内小麦供求状况，并与国际市场小麦联动性增强，对现货价格起到引导和预期作用，市场功能得到初步发挥。各交易所对玉米、棉花、石油、食糖及股指、国债等新品种的研究开发工作正在进行，有些品种已经作好上市的准备。

表 2　2002 年各期货交易所交易情况

交易所	交易金额(亿元)	比上年增长(%)	市场份额(%)
大连商品交易所	20832.07	5.42	52.76
上海期货交易所	16396.88	91.59	41.53
郑州商品交易所	2252.45	22.74	5.71

资料来源：中国证券期货市场统计年鉴

期货经纪公司加快自身发展　2002 年期货市场活跃、交易规模持续放大，使经纪公司客户增加，资金增长。第三季度末全国期货经纪公司客户保证金余额为 66.9 亿元，比二季度末增加 6.87%，同比增长 38%。全年期货经纪业代理总额 3.86 亿元，比上年增长 31.74%。较好的市场形式增强了经纪公司的信心，大多数公司改变以往的收缩政策，采取多种方式，开始加快发展的步伐，迎接期货市场快速发展的到来。一是新一轮增资扩股开始，一些上市公司和金融投资公司，看好期货市场，向期货经纪业投资或增加注册资本，准备向大型综合类经纪公司发展。2002 年 30 多个亿的资金注入到经纪公司的资本金中，增强了经纪公司的实力和抗风险能力。二是经纪公司纷纷增加投入，在各地增设营业部，招聘人才，扩大经营规模，希望在期货市场发展中占有更大的市场份额。据统计，2002 年营业部数量比上年增加近一倍(2001 年营业部数量 257 家)。三是各经纪公司开展网上交易，使用银期转账等新技术，为客户交易提供方便。通过改善服务，开拓市场，吸引客户。四是一些大的期货经纪公司，正在进行重组和调整，包括资本结构的调整，组织结构的调整，业务结构的调整，为发展成为综合类期货公司作准备。

【存在的主要问题及成因】　2002 年中国期货市场虽然继续保持平稳增长，但一些实质性的问题并没有得到根本解决，限制了期货市场更快地发展和市场功能的进一步发挥。

一、当前期货市场面临的主要问题

第一，期货市场不能满足经济发展的需求。期货市场建立的十几年来，我国国民经济得到飞速发展，GDP 增长近两倍。而期货市场虽然在不断治理整顿中基本规范，但市场规模且不断萎缩，期货市场的发展没有与国民经济发展同步，期货市场远远不能满足经济发展的需求。首先，入世后对外开放的扩大和国内外市场的对接，使我国经营主体面临市场风险越来越大。一是承受风险的主体范围扩大，包括生产者、消费者和经营者(国内经营和国际经营)。二是风险的对象扩大，包括农产品、矿产资源及加工品，也包括金融产品。三是风险的强度加大，由于国际恐怖事件的发生、政治局势的动荡等方面的影响，不确定因素增加，市场价格波动的幅度加大，使经营主体回避风险的愿望和需求增加。其次，我国在国际市场的地位不断提高，在许多商品领域已经成为生产大国和消费大国。但由于我国许多商品没有期货市场，不能形成有国际影响的期货价格，不能利用自己的经济实力影响国际市场，我国还不能成为经济强国。第三，我国经济的发展，社会财富快速增长，民间资金丰富，一些机构和个人要求开辟更多的投资渠道，也需要更广阔的期货市场为之服务。而现有的期货市场仅限于商品期货，且上市品种少，进入期货的限制较多，所能提供的交易品种和市场容量不能满足经济发展的需求。

第二，出现非规范的期货交易和替代期货交易的倾向。由于我国期货市场不能满足投资者的要求，一些机构和个人在合法的期货市场以外寻找替代市场，回避市场风险。目前，出现了许多替代套期保值的途径和方式，由于缺乏监督和统一规范，潜伏很大的风险。一是一些企业擅自利用国际期货市场进行套期保值。这种方式，企业缺少参与国际期货的专业知识，没有合法代理途径，投资者合法权益得不到有效保证。二是国内一些批发市场提供短期(一般是一周或 1—3 个月)的合约交易。此种交易具有一些期货交易机制的特征，在某种程度上可以代替期货进行短期的套期保值操作。食糖行业、丝绸行业等行业的一些企业，在没有回避市场风险工具的情况下，选择了这些市场进行套期保值替代。这些交易方式，虽然经国家质检总局认定，通过《大宗商品电子交易规范》，但作为套期保值工具与规范的期货交易方式对比，存在着交易制度不规范、合约期短、市场流动性差、缺少合规的中介机构服务等问题，分散和回避市场风险的效率很难提高。三是有些银行机构在柜台探索性的推出类似外汇期权的交易方式，但缺乏有效的服务和指导，中国居民很难有效使用这种保值工具。

第三，期货经纪业仍然经营困难。2002 年虽然期货交易量有较大幅度的增长，但对于期货经纪公司来讲，则是“增产不增收”。上半年，全国 185 家期货经纪公司，总资产 138 亿元，净资产 67 亿元，客户保证金 63 亿元，均比上年同期有所增长，但期货经纪行业全行业却亏损 5000 万元，期货公司亏损面达 70%。下半年随着市场交易规模的持续增长，虽然经营状况有所好转，但经纪业整体经营状况仍不乐观，第三季度经纪业亏损已达6327万元。分析期货经纪业亏损的原因,一是过分估计了期货市场的增长能力,增设营业网点,扩大经营规模,加大了固定成本的开支,减少了盈利空间。二是同业内恶性竞争带来的手续费水平的大幅下降。公司总量过多,营业部数量增加,业务结构单一且相同,共同争食有限的交易规模,不得不以低价争夺市场份额。三是一些不规范的小公司和一些尚未经正式审批的营业网点,只能靠低收费招揽客户,它们的存在加剧了手续费的恶性竞争。期货经纪业是期货市场的基础,长期亏损,将影响期货经纪业的发展后劲,进而影响期货市场的健康发展。

二、期货市场存在问题的深层次原因

市场的生存和发展,在于适应客观经济发展规律,根据外部经济环境和条件的变化而变化,不断改变和发展市场本身,满足经济发展的客观需要。当前中国期货市场存在问题的主要根源是创新能力不足,市场的发展滞后于经济发展的需求。

首先,期货市场政策的制定过于谨慎。由于期货市场建立初期,盲目过热发展,产生了一定的风险,因此期货市场政策的制定一直坚持谨慎、从严的原则,注重规范与稳定。这对于控制期货市场的风险和治理整顿,很有成效。现在期货市场已经进入规范和成熟阶段,应该适应经济发展的需要发展期货市场。但期货政策制定仍采取谨慎原则,有关期货市场发展的决策程序复杂、时间过长,新品种迟迟不能推出,新的举措难以实施,制约了期货市场的发展。

其次,法律法规的创新滞后于市场的发展需要。美国期货市场之所以能快速发展并在国际居于领先地位,得益于美国国会不断根据经济发展的需要修改有关期货法规,给予期货市场法律制度上的支持。2000年美国国会又一次修改期货法,通过了《2000年商品期货现代化法规》,取消了原有法规中一些对期货合约和期权合约的禁止性规定,以增强国内衍生品市场的竞争能力。可以看出,法律法规要根据市场发展状况适时修改,使之成为促进市场发展的动力和保障,而不是制约发展的障碍。我国主要的期货法律、法规,大部分是制定于1998年期货市场整顿时期,制定的目的是规范期货市场秩序和降低市场风险,出台了一些严格的限制性规定。现在期货市场已经基本规范,需要的是支持期货市场规范发展的法律、法规,应该及时修改。

再次,新生事物不能及时得到法规制度的规范和保障。市场的发展应该不断提高运行效率,降低交易成本。这主要依靠市场的技术创新和组织创新等实现,但新生事物的出现需要相应的法规制度规范和保障。例如,电子化交易的引进,改进了经纪公司传统的服务方式,异地客户可以直接上网交易,替代了营业部,可以降低经营成本和投资者的交易成本。但如果不设营业部,派人对异地客户的管理与原有管理规定出现矛盾(现有规定必须是经过监管部门批准和经过工商注册的合法机构才能开展代理期货交易业务),新业务的开展并没有收到预期的效果。还有,随着社会投资者的增加,对开办代理帐户、委托理财、介绍经纪人的需求增加,其有利于开拓市场、细分经纪业的业务结构,但对此我国都缺乏相应的法规制度进行认定和规范。

(廖英敏)

大连大豆期货市场

【概况】 2002年,是大豆行情发展史上一个具有重要意义的年份。在这一年,无论是国内大豆还是国际大豆,无论是期货大豆还是现货大豆,它们的价格都冲破了近三年来低位束缚,并以整整一年的上涨告别了6年的熊势,完成了熊牛的转换。这一年也是国内大豆期货参与者不断增多.成交继续放大.投资者热情不断高涨的一年。相信在期货市场渐渐回暖.期货行业逐步被更多投资者认知认同的发展前景中大豆期货将会显现越来越重要的作用。

【市场走势】 2002年,无论从交易量还是持仓量上看,大连大豆继续稳坐国内期货主要品种的头把交椅。从转基因政策的实施到巨量交割,从美国干旱到国内现货价格的狂涨,丰富的题材活跃了市场。继2001年的辉煌之后,连豆市场再次谱写了国内期货市场的辉煌篇章。

筑底　2002年1月5日,中国农业部发布了《农业转基因生物安全评价管理办法》.《农业转基因生物进口安全管理办法》.《农业转基因生物标识管理办法》三个文件,作为国务院《转基因生物管理条例》的配套实施办法,这些文件规定我国对转基因作物实行安全评估审批和标识申报制度。也正是这三个文件,造就了2002年大豆期价涨势的开端,拉开了牛势的序曲。

2002年1月7日,在历经4个半月下跌480点背景下连豆以农业部三个文件为导火索强势启动,当天各月合约以封涨停极强势收盘,随后一路快速上冲直至1月14日200点幅度完成第一冲击波后开始休整。随后在历史性的周期弱势压力下,期价于3月1日开始回落直至4月12日逼近前期低点附近,主力0209月跌至1986,与启动前低点1965仅相差21点,成交巨幅放大,仓位不断调整。大的历史性底部开始构建。

而同时期,美盘CBOT黄豆1月2日以425美分(5月)结束下跌后开始反弹。3月初美国国会通过新的农业法案,结束了执行6年之久的大豆扩种政策,将大豆的政策性贷款价格由528美分降为500美分,而对其他农作物的政策性贷款价格作了上调。并且未来10年还将继续这种趋势的调整,从而优化农业种植和作物价格。这一法案成为了大豆价格的长期利好。受此激励期价3月7日突破464美分阻力,涨势开始。

5月中旬,连豆在探底后反弹整理过程中,上破中期下降趋势线,5月29日各月合约放量大涨50余点突破长期下跌趋势线,底部形态成功确立,涨势拉开序幕。

主升　农业部的三个文件3月20日正式实施,在现货市场方面掀起巨大波澜。由于从申请到批复再到获取进口许口证不仅程序复杂而且时间耗长,进口商首先要获得出口国政府或授权机构出具的安全证书,然后向农业部申报,即使批复后也要向国家质检总局申请进口安全检验许口证明,到进口大豆真正出关进库至少要经过3个月。造成了4—5月期间大豆进口的严重断档。而与此同时为了提升国内大豆压榨行业在国际的地位,东北兴建了好几个大型压榨企业,一直平衡的豆类市场矛盾凸现,供应不能应对需求的状况渐渐显现。虽然随后国家与美国代表团经过谈判实施了临时措施,发放了临时进口安全许可证。但6月卫生部又出台了进口食品安全管理办法,一下子大豆进口更显复杂和扑朔迷离。使得现货市场和预期心理越发趋紧,一些压榨厂的原料大豆不能及时供应和断档的现象不同程度的存在,东北地区国产大豆炙手可热,价格从0.9—0.95—1.00—1.05—1.1—1.15元/斤不断上涨,南方销区甚至2500—2600—2700元/吨,各大港口进口豆价格也2200—2250—2300—2350—2400—2450元/吨一路攀升。

同一时期,美国由于新农业法案的影响农场主种植大豆的热情退减,种植面积同比2001年减少了17%。而由于美国经济短期的复苏回暖,压榨需求格外强劲,仅5.6.7月份的压榨量就比2001年同期增长了70%。而且国外的需求也很强劲,出口保持着快速的增长态势,库存从2.75—2.5—2.1亿蒲式耳直降至2亿蒲式耳以下。

大豆期货价格在技术性突破和现货市场的驱动下,国内和国际两个市场大幅上涨,演绎了一波非常壮观的主升行情。

美国CBOT大豆用3个月时间(3月15日—6月24日)对突破进行了强势巩固,6月25日从484美分(5月)开始了主升大涨行情,直至9月12日588美分,11月1日合约冲至593美分。

大连大豆期价6月3日在突破后开始回调修复,积蓄能量。6月28日在完成了技术上对熊势的最后回望之后再度扬起上涨的风帆。也就是这一天确认了熊势到牛势的转换,彻底打破了熊势中技术分析的局限。期价如脱缰野马纵横至今。在这波强悍的主升行情中,市场充分显现了"利多敏感,利空弱化"的涨势规律,各种利多题材.传闻不断涌现,天气.进口.豆粕饲料.豆油等等,就连0205月的巨量交割也迫使抛货空方主动拉动现货从而成为期价上涨的又一推动力。在老合约的退出价位上,我们更可以清晰的发现牛势的足迹:205月协议价2244,终盘2380;207月2095;209月2300;211月现货月价2350—2400,终盘2245。

这波波澜壮阔的主升行情,从它的演变发展轨迹来看,经历了以下几个阶段:

1,5月29日—6月3日　第一波冲击

2,6月6日—6月26日　巩固性回调

3,6月28日—7月16日　第二波冲击,熊牛大周期成功转换。新资金不断涌入,仓量放大

4,7月17日—8月12日　新老合约持仓迁移,成交置换。老合约快速上扬,新合约徐徐推动。

5,8月16日—10月10日　老合约相继爆发,新合约强势整理

6,10月15日—12月16日　上涨.换档.再涨。期价升至2500一线,0305月2486,0309月2493。

在新合约的走势图表中,0309月合约表现得格外规范,它在6月25日以2166价位再次探底成功后,6月28日从2194启动,徐徐上推。8月12日从2230进入主升行情,8月16日至2332,9月12日至2376,11月5日至2408,12月2日至2473,12月16日2493达2500附近,达近三年高位,涨幅327点。而同期0303.0305.0307月合约已达2489.2486.2491,冲破了近三年的高位,涨幅分别达459点.379点.382点。

【分析及评述】 牛市序曲的拉开是由农业部发布的《农业转基因生物安全评价管理办法》、《农业转基因生物进口安全管理办法》、《农业转基因生物标识管理办法》等三个文件引发的,这些文件规定我国对转基因作物实行安全评估审批和标识申报制度。转基因安全临时证书到期后实施新的申请审批程序,又推动了大豆期价继续上涨,因为进口大豆在12月20日之前有一批集中到港后,新的进口大豆最快也只能在1月底之后到达,国内大豆将出现一段时间的供应断档。于是,随着外部资金不断涌入大商所,大连大豆期货价格逐波上扬。综合起来,推动价格上涨的因素主要有以下几点:

首先,从国际市场来看,今年的供求状况发生了根本性变化,同时美国新农业法案的颁布实施对大豆市场产生了一定的利好影响。

02/03年度世界大豆总产量1.864亿吨,远低于总需求量1.914亿吨,库存因此下降为3515万吨,同比下降500万吨,供求平衡局面已经被打破。欧洲疯牛病爆发后,养殖业对肉骨粉饲料的需求日益转向豆粕,也促进了对大豆的需求,由此世界市场近四年来对大豆的需求年增长量均在800万吨以上。美国大豆大幅减产,同时阿根廷由于经济危机、政局不稳造成出口不畅,从而导致4月以来国际市场有效供应不足,大豆上市压力尽失。由于自然灾害,美国、加拿大、澳大利亚、中国油菜籽和花生等油料作物大幅减产,从而加剧了世界油脂油料供应的紧张局面。由于世界油籽作物全面减产,大豆供应形势愈趋紧张,促使国际市场各油料作物价格相互推高。同时,世界大豆生产国因政治、经济、农业政策以及天气等多方面因素发生变化,供给相对趋紧。根据美国农业部8月份预测,2002/2003年,全球大豆产量为18328万吨,比上年减少44万吨,而需求总量达19061万吨,比上年增长3.5%。国际大豆价格从5月中旬以后开始回升,8月份达到高峰。国际大豆价格上升,价格优势减小,导致今年国内加工企业看好国内大豆。5月初,美国颁布了新的农业法案,法案将玉米的贷款补贴利率上调了0.09美元/蒲式耳(2002/2003年度),而大豆的贷款补贴利率下调了0.26美元/蒲式耳,从而刺激了玉米播种面积的扩张,减少了大豆的种植面积,大豆第一生产国种植面积的萎缩对CBOT大豆市场长期利好。

12月10日,美国农业部公布了12月份的世界农产品供需报告。报告指出,美国大豆出口量比11月份报告提高了1000万蒲式耳,达到了9亿蒲式耳,而年终结转库存从原来的1.85亿蒲式耳调低至1.75亿蒲式耳。总体来说,报告依然利多。加上目前正是南美大豆播种期,大豆生长期内各种不确定因素如天气、生长情况、收获进度等将成为我们以后关注的焦点。

作为与大豆有着紧密联系的豆油,其主要生产国美国、巴西、阿根廷2002/2003年度产量预计分别为850万吨、510万吨、450万吨,世界豆油期末库存将降至四年来最低水平290—300万吨。CBOT豆油价格从年初的337—351美元/吨狂升至目前的475—485美元/吨,其中,5月中旬、7月中旬、10月底分别跃上400、440、480美元/吨的台阶,11月底曾升至503美元/吨,这对大豆价格的持续走高起到了支撑作用。

其次,价格上涨除受国际市场影响外,也存在如下内因:

一、九十年代以来,中国经济快速增长,产业结构调整日益深化,大豆压榨能力不断膨胀,目前我国油用大豆日初榨能力已达15万吨、全年设计能力达4500万吨,预计华南、华东、西南及华中一批新建项目将使2003年底的日加工能力超过16万吨,其中进口大豆榨油消费量占国内全部榨油用大豆消费量的60%。由此我国进口大豆需求持续快速增长,今年国产大豆产量1600—1700万吨,仍需进口1100万吨以上,明年有可能达到1400—1500万吨。今年开始实行的豆粕出口退税政策,也刺激了对大豆的需求。作为世界大豆第一进口大国,我国今年3月20日开始执行转基因安全管理措施。由于该政策执行中的不确定性,造成进口量时间分布上的极度不平衡:先是为抢在政策生效前到货,国内买家于去年底到今年初集中采购;继而是6月转基因临时措施出台后为应付国内供应断档而进行的巨量采购,由此造成01年12月、02年3月以及7—12月月到货量均在100万吨以上,而1—2月进口量刚过100万吨,4—6月进口几乎陷于停顿。

二、国产大豆上市后,由于东北产区铁路运力不足,致使外运不畅。目前,黑龙江铁路沿线站点大豆积压量仍超过100万吨。

三、连期货交易有投机过度倾向，大量资金和现货被用于炒作。

四、国内其他油籽如花生、油菜籽大幅减产 10%，加剧了大豆供应的紧张局面。

由此，造成国内大豆供应在时间和空间分布上的极度不平衡，价格上涨亦在情理之中。预计国产大豆接近或高于进口大豆可比价格将导致前者的上涨动力受到明显削弱，短时间内国产大豆现货价格将难以继续上涨，大连大豆期价已经直逼进口大豆到货价。

预计黑龙江运力紧张局面到明年 1 月初才能缓解，届时秦皇岛改造工程也将完工，但春运高峰期的临近和山海关电气化改造工程的延续仍将对铁路运输能力构成影响。另外，我国购买明年 1—2 月船期美国大豆的数量现已达到 20—25 船，总计 110—140 万吨，加上今年底前即将装运的近 90 万吨大豆，2003 年 1—3 月份预计将有 200—230 万吨美国大豆到港，其中 1 月份到港量为 30—50 万吨，2—3 月份到港量预计为 150—200 万吨。同时，国内厂商以 C&F 及 FOB 方式签定的明年 3—6 月船期南美大豆进口合同估计已累计达到 300—350 万吨，其中 3—5 月船期 200—250 万吨，6 月船期合同数量接近 100 万吨。届时，国内供应紧张的局面有望得到缓解。

再次，国内大豆及其副产品的供求关系对大豆价格起到了推波助澜的作用。

进入 11 月后，东北地区铁路运力紧张，收获下来的东北大豆无法从产地及时输出，东北当地油脂企业压榨的豆粕也积压站台，无法发往关内。而同期到港的进口大豆仅够进口油脂企业自用，众多中小榨油厂陷入无米下炊的境地，豆粕、豆油等下游产品的供不应求又循环推动大豆原料价格的上涨。这种上涨势头推动了大豆及豆粕期货市场价格大幅飙升，使期货价格表现出明显的现货驱动型特征。

同时，国内豆油价格也大幅上扬，二级豆油成交价从去年的 4300—4400 元/吨升至目前的 5800—6000 元/吨。国际市场的影响是主要的，但如下因素也不容忽视：豆源紧张影响开工率，导致豆油产量减少，供应不足。2. 菜籽油、棉籽油、花生油由于油料减产而供应不足。3. 国储油补库任务加重等。2002/2003 年度我国豆油产量将达 387 万吨，进口仅是为拾遗补缺，估计规模不会有太大变化，届时还要看其与进口大豆、棕油价格的收益比较。鉴于元旦和春节消费旺季已至，短期内国内豆油价格振荡上行的趋势还难以改变。豆油价格上涨除上述基本面因素外，国内下半年来的大量进口以及基金的炒作也起到了一定的作用。中国为弥补大豆供应断档，从 8 月以来豆油进口月到货量均为 10—14 万吨，11 月达 24 万吨，估计 12 月为 10 万吨，由此推断年度进口量将达 90—100 万吨。但是由于国际豆油价格坚挺，加之明年上半年大豆供应较为充足，我国 2003 年初的豆油进口量可能锐减，豆油进口量下降，则国内大豆的依赖性就会增强。豆粕豆油价格连创新高，拉动了大豆价格的上涨。随着春节的来临，季节性消费趋向旺盛，市场对豆粕豆油需求转旺，价格也随之上涨，促使加工厂家对大豆的需求也增加，对大豆的价格形成了有效的支持。

最后，从我国大豆进出口方面来看。由于国家调整了进出口配额，促进了大豆的出口贸易，1—9 月份，国产大豆出口 23.73 万吨，比去年同期增加 6.8 万吨，增幅为 40%。出口数量虽然不多，但说明我国振兴大豆计划取得了可喜成绩，这对提升国内大豆品质大有好处，对国产大豆是个长期利好。同时，大豆是我国的大宗进口农产品，去年我国进口大豆 1400 多万吨，相当于国内一年大豆总产量，今年国际大豆供需的根本性变化导致国际市场大豆价格上涨也是对国内大豆的最大利好。全球大豆供应趋紧将推动植物油价格的走高，反过来植物油价格的走高将直接导致大豆需求的增加。另外，从压榨能力上来看，由于今年仅黑龙江地区就新增加了 6000 吨的日压榨能力，因此主产区的大豆消耗每年至少增加 20 万吨，从而减少了周边地区及南方地区企业的原料供应，加剧了大豆供小于求的现状，现货市场的供需紧张局面仍将延续。

2002 年初，在国家转基因安全管理实施细则出台后，连豆市场率先于现货市场上涨。虽然当时现货市场对期货价格的的上涨并不认同，但时间最终证明了期货市场的价格上涨是对现货价格的“发现”。到下半年，连豆期货价格已经成为国内大豆压榨行业进行生产的主要参考依据，也成为农民出售大豆的参考价格基准。可以说，大豆期货“价格发现”的功能已经得到充分实现。同时，相关现货企业更加广泛地参与到连豆市场的套保或套利操作中，买入套保者获得了较好的效益，卖出套保者在现货市场上也实现了预期的收益，市场“规避风险”的功能得到初步实现。

2002 年里，大连商品交易所大豆期货交易量始终保持“全球第二、亚洲第一”的地位。同时，市场也成功经受了巨量交割的考验，76 万吨大豆交割履约率达到了 100%——这足以说明市场相关各方的监管和调控手段已经成熟。同时，连豆市场也成功地实现了“黄大豆 1 号”合约的顺利启动。至年底，黄大豆 1 号合约的持仓量已经超过 85 万手，其活跃程度并不逊于老合约。黄大豆 1 号合约的活跃离不开交易所对新合约的推介和宣传，同时，交易所及时调整政策，保证新老合约的衔接也是新合约能够顺利启动的关键。当然，期货市场整体的回暖，周边资金的相对充沛也是原因之一。总之，全球规模最大的非转基因大豆期货交易市场已经在中国成功运作起来，中国大豆的期货品牌也已经成功树立。在四季度，虽然 CBOT 市场进入强势调整，但国内大豆期货价格却展开了凌厉的攻势，这说明中国作为全球最大的大豆消费国，也作为全球最大的非转基因大豆交易市场的地位已经显现出来。

大连豆粕期货市场

【概况】 2002 年的大连豆粕期市从下跌的尾声开始，在上涨的末期结束。元旦后，大连大豆期货市场掀起了暴风骤雨般的涨势，但豆粕期价依然下跌，一直到 5 月份，行情才开始出现转机。现货市场行情也从 6 月份开始启动。7 月份，豆粕期、现货价格大幅上升，现货在高位维持了一段时间后，7 月下旬逐渐趋弱，而期货到 8 月下旬才开始回调。大连当地期、现货价格均跌破 1800 元/吨。随后，受转基因政策的影响，市场预计后几个月我国进口大豆的数量将明显减少，豆粕市场价格出现了政策性底部。10 月下旬开始重拾升势，11 月下旬，受国家将从明年开始恢复征收鱼粉进口环节增值税的传闻，豆粕价格暴涨到 2000 元/吨以上。从 12 月中旬开始，价格再次开始回调。

【市场走势】 2001 年底，是国际、国内豆粕价格最低迷的时期，当时 CBOT 豆粕期价不足 150 美元/短吨，该价位几乎是美国豆粕期价进入 21 世纪以来的最低水平。而国内方面也同样饱受庞大库存的压力，大连商品交易所豆粕期价甚至低过 1400 元/吨。进入 2002 年，情况发生了重大的变化，先是美国针对大豆的农业政策发生重大变化，刺激大豆价格暴涨，然后是我国进出口政策转向全面支持豆粕出口，由此引发豆粕价格全年展开一轮波澜壮阔的大牛市。国内豆粕期价在1600—1700间振荡打底近半年，于2002年7月以大豆强劲上扬为契机突破上行，最高见1900后回调。随后，受转基因政策的影响，市场预计后几个月我国进口大豆的数量将明显减少，豆粕市场价格政策性底部凸现。10月下旬开始重拾升势，其间又再受全球油料作物大幅减产和国家将从明年开始恢复征收鱼粉进口环节增值税的传闻的刺激，豆粕价格一路上行到2000元/吨以上。

回顾2002年豆粕市场走势，主要变化有以下几方面：

一、豆油飙升导致豆粕产量急剧增大。2002年，受油菜籽、花生等油作物减产的影响，国际豆油现货价格一改往日低迷的状况，出现恢复性上涨，并于2002年11月份突破500美分/吨，把最近六年来的跌幅悉数收复。截止到2002年11月，美国、巴西、阿根廷和鹿特丹的豆油现货价格分别比当年的1月份上涨了52.5%、49.7%、48.4%和43.1%。国内豆油价格则从去年初的4200元/吨左右上升到年末的6200元/吨。国际国内豆油价格的上涨刺激了大豆压榨量的增加，并由此打破了豆油和豆粕的供应平衡，对豆油需求的单向发展，使得豆粕出现相对过剩。

二、国内豆粕消费进入淡季。11月到元月的这段时间，养殖业对豆粕的需求较大，导致豆粕价格走高。但春节期间是屠宰的高峰期，也是水产养殖的捕捞期，春节一过，市场对豆粕的需求就会迅速减少，因为牲口和鱼类都处于幼苗阶段。与此同时，春运高峰期过去之后，铁路运力紧张将会缓解，市场上豆粕供应将会变得更加宽裕。春节之后是豆粕的消费淡季，豆粕阶段性供过于求的矛盾将会凸显出来。另外，更换转基因安全证书后的进口大豆也会陆续到达国内，市场担心进口减少的忧虑解除，这将会引发大豆价格的下跌，进而导致豆粕价格回落。

三、国际豆粕价格相对走软。2002年国际豆粕现货的波动比较平稳，并没有出现像大豆和豆油那样的暴涨，而是走了一个马鞍形。美国、巴西、阿根廷和鹿特丹的豆粕现货价格从2001年11月份开始回落，当时的价格分别为183美元/吨、?187美元/吨、156美元/吨和182美元/吨；2002年3、4月份到达最低，分别下探至169美元/吨、162美元/吨、148美元/吨和164美元/吨；然后逐渐回升，至2002年8、9月份到达年度高点，与2001年11月份的价格基本持平。以上四个地区的最高升幅只有15.4%，这与大豆和豆油的现货价格则有所回落。

四、CBOT大豆价格冲高回落。CBOT豆粕期货价格从2002年年初的150美分/磅上涨到当年8月份的200美分/磅，上涨了30%左右，超过现货的涨幅；但在创出年度新高之后，出现的回调也较深，近来豆粕的价格又回落到了160美分/磅附近，几乎回吐了60%的涨幅。豆粕期货的价格与当前大豆和豆油相比是回调幅度最大的，亦即涨势最弱的品种。

【分析和评述】 在影响我国豆粕供求关系的诸因素当中，其上游产品——大豆的价格以及我国对于豆粕的进出口政策是影响我国豆粕价格走势举足轻重的因素，也正是这两种因素的合力，主导了2002年豆粕的行情演变。

第一、大豆原料价格的上涨

由于豆粕是大豆直接加工后榨油后的副产品，因此其价格走势在很大程度上由其上游原料——大豆的价格走势所决定，而今年大豆供求关系的重大变化，导致大豆价格的高涨，大幅度提高了豆粕的原材料成本，豆粕的价格自然也随之水涨船高。进入2002年，国际、国内大豆市场全面上涨，到了5月份，豆粕价格开始受到大豆价格上涨的带动，现货市场行情也从6月份开始启动。7月份，豆粕期、现货价格同步大幅上升，12月上旬，全国大豆批发市场的平均价格达到2450元/吨，比年初的1900元/吨上涨了近29%；而豆粕批发市场平均价格也达到2150元/吨，比年初的1650元/吨上涨了近30%。导致今年国内大豆强劲涨势的主要因素有三：

一、全球油料作物的大幅减产。2002/03年度全球10种主要油籽的产量降低到3.1753亿吨，较上年度降低367万吨，而过去两个年度里，世界10种油籽的总消费量却平均提高了1000万吨。产量降低的原因在于印度和澳大利亚油籽大幅降低，加上欧洲、俄罗斯、乌克兰以及加拿大的油籽产量低于预期。其中油菜籽产量降低幅度最大，2002/03年度世界油菜籽供应从上年的3643万吨降低到3157万吨。这也是全球油菜籽产量第三年降低。这加强了全球对豆油以及豆粕的依赖性，大豆的压榨需求因此而大幅提高。再看国内方面，2002年10月到2003年9月间，中国的菜籽油产量至少减产50万吨，意味着要增加300万吨大豆压榨量才能弥补菜籽油产量的下降，而棉籽油和花生油产量的下降更造成供应形势的进一步恶化，即使我国大幅提高植物油的进口，也无法满足需求。这导致了油脂企业采购大豆用于加工成豆油的热情高涨。

二、世界大豆第一大生产国美国支持大豆种植的农业政策的重大改变。作为全球第一大大豆生产国和出口国的美国，其对大豆种植的农业政策在很大程度上决定着世界大豆市场的供应量。美国在1996年以前就设立贷款价格的保护价政策来保护大豆的生产，1996年美国国会对农产品的保护价政策作出了重大修正。该法案的修正实施直接导致1997年美国大豆产量较96年大幅增长15%，并在随后的几年中一直促进着美国大豆的生产。2002年9月30日，美国国会在1996年修订的“还自由给农业”法案将到期，5月2日，为期6年的美国新农业法案出台。该法案调整了对各农产品品种的支持力度，把大豆的贷款补贴利率从目前的5.26美元/蒲式耳下调到5.00美元/蒲式耳，下调幅度达到了0.26美元/蒲式耳。美国调减对农民种植大豆的补贴，就如过去鼓励种植大豆一样将引导农民减少大豆种植面积。事实上，美国农业部最新预期，2002/2003年度美国大豆产量为7320万吨，比上年度减少7%。由此美国大豆产量将由过去大幅增长逆转为连年缩减的趋势。

三、我国对大豆进口采取的控制性措施。中国在加入WTO之前，就已完全放开大豆的进出口，1995年之前我国一直是大豆净出口国。从1995年开始，我国首次成为大豆净进口国，并一直持续至今。2000年中国大豆进口量达到1042万吨，2001年达到1394万吨。今年以来，国家根据调整农业种植结构的需要，开始大力鼓励大豆的生产，并通过2002年1月5日发布的《转基因生物管理条例》，对进口大豆进行总量和阶段性控制，以此配合国内生产的需要。该控制政策导致我国大豆进口量在2002年大幅度减少，2002年1—11月份间进口量为10,254,763吨，较2001年同期下降19.8%，而国内大豆2002/2003年度的总消费量最新预计将达3028万吨，比上一年度总消费量高出284万吨。此消彼涨的结果造成国内大豆出现严重短缺，致使大豆价格持续高涨。

第二、我国豆粕进出口政策的重大改变

90年代初，我国的豆粕进出口量还相对平稳，在1996年以前，我国一直是豆粕出口大国，随着我国经济的发展，人民生活水平的逐步提高，国内对肉、蛋、奶的消耗量逐步提高，对于饲料原料的需求也逐步增长。从1996年开始我国豆粕的供求情况发生了根本变化，我国大量进口豆粕。1997—1998年豆粕进口量达到400多万吨的高峰。在2001年之前，我国豆粕进口量一直居于世界第二位，因此我国政府对豆粕进口采取何种态度对国内豆粕的供应量具有至关重要的影响。由于无论在我国加入WTO之前还是之后，豆粕的进出口贸易基本上都是放开的，因此国家过去主要依靠税收手段来调节进口量。过去几年中国家为了扶持养殖业和饲料行业的发展，大力支持豆粕的进出口贸易，对进出口权及进出口量完全放开。1995年国家下调了豆粕的进口关税，通过免征进口豆粕增值税，仅征收5%的关税等办法，鼓励豆粕的进口。从我国豆粕进出口发展变化图可以看出，这一政策在扶持养殖业和饲料行业发展的同时，导致1995—1998年期间我国的豆粕进口量猛增，进口豆粕严重地冲击了国内豆粕市场，国内豆粕价格快速下跌，造成豆粕价格萎靡不振的局面。从1999年7月份开始，我国恢复对进口豆粕征收增值税，导致豆粕进口数量锐减，国内豆粕价格在低位企稳后大幅反弹。1999年全年共进口57万吨，比1998年大幅下降，降幅为84.6%。而到了2001年，我国共出口豆粕11万吨，进口豆粕10万吨，已开始转为净出口国。

现阶段，我国将豆粕出口退税率从5%提高到13%，即对出口豆粕实行全额退税优惠，大大提升了我国豆粕在国际市场上的竞争力，促进了豆粕出口的快速增长。自2001年下半年以来，国产豆粕依靠价格低廉的优势打入国际市场，致使我国豆粕出口量大幅增加。据海关总署统计，今年1—11月份我国累计出口豆粕95.56万吨，较去年同比增长377.6%。预计我国今年全年豆粕出口将达到105万吨左右。另外国内有关机构预计明年我国豆粕出口也将达到100万吨。豆粕出口的大量增长，极大的缓解了国产豆粕的销售压力，对于自身生产能力尚不能满足自身需求的我国豆粕而言，价格的促进作用是巨大的。从国家对豆粕进出口政策的变化来看，由鼓励豆粕的进口转变为鼓励豆粕的进口，政策所发挥的效力是国内豆粕价格高涨的重要因素。

综观今年的豆粕期市，有以下几个特点值得投资者注意。

第一，大连豆粕期货的投资价值凸现。全年大连豆粕的成交量和持仓量都不大，但其价格走势却相当稳定和理性，与现货价格基本保持一致，与大连大豆期货走势也相当匹配。这主要是由于豆粕现货市场规模较大，与大豆期货相比较，豆粕期货波动幅度并不小，但每手保证金较少，交易和交割手续费较低。因此，对投资者来说，投资豆粕期货有相当大的获利空间和相当低的交易成本。

第二，豆粕和大豆行情既相互联系又相互独立。豆粕期货走势一方面与大豆期货走势相匹配，另一方面又表现出一定的独立性。豆粕期货的季节性波动是其特性之一，这是由豆粕需求的季节性变化所决定的：气温较低的季节，动物生长较慢，消耗饲料较少，市场行情低迷；到了5月份，随着气温逐渐升高，动物生长加快，消耗饲料渐多，市场行情会逐渐回暖，一般到9月份达到高点；春节期间，家禽、家畜被大量宰杀，因此，春节后的一段时间往往是豆粕和饲料市场的淡季。实际上，在豆粕行情与大豆行情的相互影响方面，前者对后者的影响是主要的，这是由现货市场的情况决定的：豆粕是下游产品，更接近最终消费者，所以其价格能更快地反映市场变化。比如今年大豆行情在8至10月份的回调就是由豆粕带动的。11月下旬，豆粕行情的大涨也带动了大豆上涨。

第三，豆粕期货的发展基础不断完善。作为期货市场的基础，国内豆粕现货市场的发展非常迅速。20世纪90年代初，我国豆粕年产量在500万吨以下，而今年，我国豆粕的产量估计达到1640万吨，明年预计将继续增长，目前国内豆粕的年生产能力已经超过4000万吨。在进出口方面，从1995年开始我国大量进口豆粕，1997—1998年豆粕进口达到高峰为400多万吨。但1999年以后，由于国家对豆粕进口开始征收13%的增值税，豆粕的进口数量急剧下降，同时国内油脂加工能力逐步提高，豆粕出口数量开始缓慢增长。2001年下半年，我国豆粕供给总量出现过剩。从今年开始，国家税务总局调整豆粕的出口退税政策，将豆粕出口退税税率从5%提高到13%，即对豆粕出口给予100%全额退税优惠。所以进入2002年后，我国豆粕出口出现了快速增长的势头，截至10月份累计出口豆粕达到89.43万吨，比去年同期增长716.9%。目前，我国大豆类商品已经形成大进大出，大生产大消费的局面。进的主要是大豆，出的主要是豆粕，豆油则有进有出。由于转基因政策的限制，黄大豆期货合约基本上只反映国产大豆的价格。相比较而言，豆粕期货合约与国际接轨程度更高，将成为大豆经营企业、油脂加工企业和饲料企业合适的风险管理工具。从这个意义上来说，大连豆粕期货市场大有可为。

第四，修改合约将有利于豆粕期货早日活跃。大连商品交易所在成功地活跃了黄大豆合约以后，已经把工作目标转移到豆粕上来，进入12月份以来豆粕的成交量有显著增长。交易所活跃豆粕交易的主要措施是修改合约。按照拟修改的内容，套利交易成本将因此下降10%以上；华东地区油脂行业发展很快，豆粕生产量突飞猛进，已经取代东北成为我国最大的豆粕生产基地，豆粕消费量也稳定增长，现货贸易十分发达，豆粕期货在华东地区集中交割，有利于真实反映现货市场价格走势，形成全国豆粕的基准价格；修改后的合约将使豆粕期货价格与进口大豆价格保持联动，真实反映国际市场间的大豆、豆粕供求状况，豆粕相关行业可以利用豆粕期货来规避风险。允许跨月交割和循环交割，并降低交易费用是促进期货市场活跃的重要因素，使豆粕期货市场交易机制比大豆还要完善与灵活。投资者可以像在大豆期货市场那样，对豆粕期货进行频繁的套利交易。

上海铝期货市场

【概况】 2002年，国际铝市场在经历了持续两年的熊市之后，似乎暂时找到了一个平衡位置。全年LME三个月期货合约价格的波动范围局限于1280～1450美元/吨之间，市场上始终缺乏有份量的利多或利空因素。而全球市场供过于求的状况，使得这种平衡的重心仍比上年有很大程度的下移。2002年LME现货平均价比上年低了近100美元，而SHFE的当月合约平均价也比上年下跌了近800元。

国内铝市场特别是现货市场，价格走势极为动荡。前三个季度，价格反复偏软，现货价格曾跌到了13000元/吨。但从下半年开始，尤其是在4季度，铝锭大量出口的效果开始显现，使得国内原铝供应出现了略微偏紧的局面。加之美国西海岸港口工人罢工，致使中国废铝进口一度减少，增加了国内对原铝的消费。国内现货及期货价格开始飙升，南海现货铝锭曾在12月初上涨到16000元/吨以上。但由于这种上升含有非理性的炒作成分，因此年底铝价又急速回落到14000元/吨左右。

供过于求仍然是2002年市场的主要特征。全球原铝产量增长加快，特别是中国、加拿大和巴西原铝产量快速增长。同时，消费的增长始终慢于生产的增长。据CRU的数据，2002年1～11月全球原铝市场过剩101.7万吨。供应增长过快令市场忧心忡忡。

【市场走势】 国家统计局的数据显示，2002年1～11月原铝累计产量为401.3万吨，同比增长29.5%。在中国电解铝工业的发展史中，产量登上100万吨台阶用了近40年时间(1953～1992)，登上200万吨台阶用了5年时间(1993～1997)，登上300万吨台阶用时仅4年(1998～2001)，而登上400万吨大关仅用了1年时间。这样的发展速度在世界上是绝无仅有的。

值得注意的是，进入2002年后，中国铝及铝合金进口量没有出现明显增长，而出口量却显著增长。特别是原铝，出口量比上年同期已经翻了一番。2002年前11个月共出口原铝54.5万吨，进口22.3万吨，原铝净出口量达到了32.2万吨。虽然2002年铝合金的进口大于出口，但合并计算，前11个月仍净出口铝及铝合金18.9万吨，。显然中国已经由一个原铝的净进口国转为净出口国。由于大量出口的关系，国内市场的供应量要小于同期的产量，也就是说通过出口极大地减轻了国内的供应压力。

全球铝库存继续上升进入2002年后，原铝的社会总库存呈上升趋势。2001年底，全球原铝总库存数量为307.1万吨，到了2002年11月底，库存已上升到325.5万吨。增加了18.4万吨。目前的库存水平相当于8.7周的消费量，远高于5周消费量的正常水平。

在2002年3月底以前，上海期货交易所的铝库存延续了上年的上升趋势，3月底时高达5万吨。从7月份开始，库存以每月1万吨的速率急剧下降，到年底仅有9760吨。这也从一个侧面解释了8月份以后国内现货价格为何会直线上涨。

由于全球经济发展平缓，对拉动铝的消费基本没有帮助，特别是在欧洲和日本，铝消费呈负增长。美国的情况略好，在经历了上年的萎缩之后，2002年铝的消费增长了6.4%。不过由于上年基数较小，因而从总量来讲，还没有达到往年的正常水平。而且一些传统的铝消费行业如航空业在2002年遭受重创。而中国经济增长势头之强劲，出乎大多数人的预料。2002年中国国民经济总值突破10万亿，增速达到8%已成定局。其中房地产投资和汽车生产增速都在30%以上，这样的宏观环境为铝的消费创造了良好的条件。

2002年铝市场呈现如下特点：

一、国内铝市走势独立，对国际铝价的影响加大。2—4月，国际铝价在世界经济有所好转的带动下，上攻至1450—1470美元/吨的强阻力区间，并长时间在1380—1430美元/吨之间波动。而国内铝价未能跟涨，现货铝价在13200—13500元/吨之间波动，远期铝价始终在13500—13800元/吨之间波动，现货价格的低迷抑制了远期价格的上涨。国内外巨大的价差引发国内铝锭的大量出口并促使国际铝价下跌。9—11月，国际铝价始终在1280—1330美元/吨之间波动，国内铝锭现货市场出现供应紧张，国内现货铝锭价格不仅不受国际铝价下跌的影响，反而逆市上涨，拉动了国内远期铝价和国际铝价的上扬。12月，国际铝价始终在1360—1390美元/吨的区间波动，而国内铝价由于供应有所缓和，出现了下跌，并带动远期期价下跌。我国经济的强劲增长是铝消费增长的宏观环境。CRU的研究人士认为，在未来10年内，中国占全球原铝消费的份额将从2001年的15%增长到2011年的23%，而全世界原铝的消费量也将达到3930万吨，这也意味着2011年中国铝锭的消费将达903万吨。届时，我国国内铝市场走势对国际铝价的影响将会更大。

二、价格总体呈中低位窄幅振荡整理态势。今年我国铝价的焦点在现货市场，其价格波动幅度远大于期铝价格，而且铝价总体处于1993年以来的中低价位区间。国内原铝价从7月到12月初由13200元/吨涨到16100元/吨，12月末又回到13800元/吨左右。国内3月期铝今年的最高价为14200元/吨，最低价为12950元/吨，全年的波动幅度为1250元/吨，为1989年以来波动幅度最小的年份。而国际3月铝价全年最高价为1465美元/吨，最低价为1286美元/吨，全年的波动幅度为179美元/吨，为1989年以来波动幅度最小的年份。

今年国内外铝锭价格走势反映了如下力量对比：国际铝市的多空双方在1410—1330美元/吨的区间达到相对平衡，1430—1460美元/吨区间成为空头防守的重要价位，在1280—1310美元/吨的价格区间多头拥有较强的买入意愿，体现的经济因素是国际铝市需求的好转和国际经济形势的不稳定；国内3月期铝市场在13200—12900元/吨的价位区间，用铝企业具有较强的保值意愿，而在13800—14200元/吨价位区间则涌现出电解铝企业大量抛盘。

三、全球铝锭的产能向能源丰富的地区转移。电力价格制约着发达国家发展电解铝工业，近期国际原油价格的上涨使发达国家能源问题更为突出。日本已经将本国电解铝产能全部停掉，德国70万吨的电解铝产能由于能源紧张也面临着关闭的危险，美国国内部分关闭的电解铝企业受制于能源问题推迟恢复生产。随着全球经济的恢复，能源问题将成为制约铝锭产能的重要因素。我国电解铝产量的快速增长体现了全球铝锭产能向能源丰富地区转移的趋势，但我国受制于国产氧化铝供应量不足需要大量进口，进而推动进口和国产氧化铝价格的上涨，国内电解铝企业今后将面临氧化铝成本上升的风险。今年年底，国际氧化铝的价格已经上涨到200美元/吨左右，而10月份的价格则为150美元/吨左右。沪铝市场在今年得到了较大的发展。截至12月25日，铝期货总成交量为4638094手，总成交额为31433961.9万元，分别比去年同期增长了65%和62%。上海期交所在市场化和国际化方面也做了许多工作，特别在交割制度方面进行了调整，在国内电解铝企业和贸易公司的配合下，成功实现了期货和现货仓单的转换，顺利完成了11、12月份的交割，为将来在国外设立交割仓库和与LME仓单调换摸索了经验。上海期交所领导在2002年国际铝业研讨会上表示，将根据中国资本市场对外开放的步骤，积极研究和引进外国机构投资者参与上海期交所的有色金属交易，有条件地吸收部分境外投资机构和铝业公司成为上海期交所会员。

【分析和评述】 今年国内铝价上涨的原因主要有以下几点：一、交易所注册仓库库存减少和现货市场货源紧缺，是铝价恐慌性上涨的基本诱因。今年3月以来，上海期交所铝库存持续下降成为制约铝价下跌的主要因素。但是由于当时市场环境依然萧条，消费不振，铝价依旧低迷。特别是年中，LME铜见高1700美元后迅速回落，再次对疲弱的铝市场造成冲击，导致沪铝期价于7月下旬创出了12900元低点。之后，库存的持续大幅下降终于诱发了这波波澜壮阔的牛市。二、铝消费持续旺盛，国产铝锭大量流向海外，是导致价格暴涨的外部原因。此外，年末铁路运输调度紧张加剧了市场的担忧，也对铝价的上涨构成支持。三、从美国进口废铝的紧缺，加剧了短时间内生产企业对于原铝的依赖。受美国西海岸工人罢工影响，今年下半年国内废铝进口下降，加剧了生产企业对于原铝的依赖。由此引发的一些有关国外实力基金囤积原铝的传闻，也对市场人气产生了一定影响。四、产能扩张所导致的原铝消耗，成为铝市青黄不接的具体原因。生产企业的产能扩张需要一定的建设周期，同时在此过程中，建设用铝又削减了企业的实际供给能力。

总结以上分析，应该说今年国内铝价的爆发式上涨是诸多诱因不断积累和演变的结果。当然，如此简洁快速的上涨的确出乎市场的预料。另外，在价格上涨过程中一直存在的价格倒挂现象，也揭示出市场对于目前价格并不认可。国内铝工业和铝贸易的发展为国内外期铝市场的交易奠定了雄厚的现货基础。由于铝企业面临的影响铝价波动的不确定因素的增多，各种类型的企业更加需要通过国内外期货市场进行保值交易，我国铝市雄厚的现货基础和众多的影响因素将促使上海期铝市场步入辉煌。

上海铜期货市场

【概况】 2002 年的铜价走势可谓是一波三折：首先是今年上半年，自 2001 年年底世界各大铜的厂、矿纷纷减产、限产，为铜价的见底做出了铺垫，安然集团的空头回补拉动铜价急剧上扬后，今年的 1 月 3 日，LME 铜价从＄1432 的低点起，在对美国经济将出现强劲复苏的预期下，借助美国以及欧亚地区今年第一季度经济指标强劲的力度，基金不断的分批建立多头头寸，推动铜价历经 6 个月的震荡上扬，于 6 月 6 日，在美国股市无以为继，道琼斯指数接近 02 年初的低点，纳斯达克指数创出 8 个月来的新低，市场充斥着对经济复苏是否能够持续的疑虑中，世界第三大铜产商 Group Mexico 因公司无法满足工人的薪资需求而关闭旗下年产约 15 万吨的 Cananea 炼铜厂的消息勉强将 LME 铜价推至今年的高点＄1720。然而，在美国经济自第二季度就开始暴露出疲态，减产消息刺激了铜价发出了今年最后跳跃的同时，投机资金借助 6 月份来自其他厂商铜的产量变动的消息开始轧平过于暴露的多头头寸，并于 7 月份，在美国股市不断暴跌并创出 4 年半来的新低，东方卖盘踊跃，以及技术形态的三重压力下，基金多头集中平仓并迅速反手做空，导致了 LME 铜价自＄1630 开始高位跳水，并延续了 2 个月的压抑走势。直到 10 月初，伦铜价格接近了今年年初的起点，达到＄1447，来自中国国储局的逢低买盘的介入才一改铜市第三季度的疲弱状态，轻松突破＄1500 的重要阻力位，稳步走高。而铜进入消费旺季和美联储 11 月 6 日宣布第 12 次减息的效应又促使基金再度对冲空头头寸反手大举建立多头头寸，进而推动铜价向着今年的高点＄1720 逼近。可惜，虽然国内市场的追涨情绪高涨，但随着＄1600 之后中国国储局的悄然淡出和各大铜的生产厂商的高位保值，LME 铜价没能够再见到＄1700 的高位，而美国对伊拉克的强硬态度和中期大选又为本来不太明朗的经济复苏前景蒙上了一层阴影，尤其是在进入 12 月以后，美、欧、日股市再度下挫，美元贬值，黄金、原油价格暴涨，又引发了基金多头的平仓，铜价再度跌破＄1600 大关。

【市场走势】 国际铜价的走势特征　2001 年，美、日、西欧经济衰退导致世界经济整体加速下滑，创造经济空前繁荣的新经济首当其冲，新经济泡沫的破灭直接导致 NASDAQD 的崩盘。同时各行业不同程度的萎缩，使美国经济长达 108 个月的持续景气出现停滞，体现在股市上，道指更是大幅下跌。在整体经济一片衰退声中，LME 期铜也应声而落，并创出了 1335 美元/吨的历史低点。

2001 年末，铜产商群体减产促使铜价触底反弹，2002 年铜市承继了先前的涨势，寄希望于美国经济复苏之上的投资者信心继续拉升了上半年的铜价；年中，由于股市的大幅下滑、对战争的忧虑以及美国经济数据的疲软，铜价开始大幅回落，自高点 1720 美元一路跌至 1440 美元；到 10 月初，由于精铜矿供应紧张、铜自身的生产成本以及中国等地的旺盛消费需求，同时在经济数据好转以及新的一轮减产的带动下，铜价重拾升途。接近年底，由于投资者前期盲目乐观、市场极度超买以及基金获利回吐，铜价上冲 1700 点重要压力区未果，并再次回调。

一、美国经济指标的起伏牵动铜价走势。今年美国经济运行极不平衡，其前三季度的 GDP 成长（终值）分别为 6.1%、1.3%和 4%，其他与铜消费密切相关的经济指标也呈较大的波动性。ISM 制造业指数在上半年强劲上扬后，从 7 月开始走软，并连续 3 月在 50 荣枯线下运行；工业生产也同样在经过几个月回升后，从 8 月份开始进入萎缩状态；其它主要经济指标如房屋数据、零售销售和消费者信心指数等也有较大落差。经济走势的跌宕起伏，导致铜价在上半年一路振荡上行后，却在下半年急剧逆转下跌。在美联储为预防经济二次衰退风险而被迫一次性大幅降息 50 基点后，铜价自 10 月开始也伴随部分指标的止跌回升和美股的大幅反弹而走出波段上涨行情，由此可见铜价的振荡走势与宏观经济的不均衡运行休戚相关。

二、铜价波动与美股走势的联动性加强。年初美股在良好经济复苏预期的激励下，从“9·11”事件所创低点展开强力反弹，但自 5 月份因受一系列会计丑闻及企业获利不佳等因素的沉重打击而持续大跌，走势急转直下，道指创出 7500 点和 7200 点的新低。美股是美国经济的晴雨表，其巨幅波动极大影响了铜市人气和铜价走势，使两者总体走势的联动性得到前所未有的增强。但其中也表现了一定的差异或不同步，一是铜价相对美股的涨跌存在一定的时滞性；二是美股在回落中创下新低，但铜价的跌幅则相对有限。

三、基金造势方向的多次改变，加剧了铜价的大幅波动。在年内行情中，基金的持仓部位共经历了三次大的翻仓过程。其一，基金在摆脱以往的净空部位后，自年初逐步增持多单，至 6 月上旬其净多持仓规模一度创下 1986 年 1 月以来的历史纪录，也推动铜价上摸年内高点 1720；其二，下半年随着美股急跌和美国经济二次探底忧虑升温，基金被迫大举减持其沉重的净多部位，并在相对低位开始翻空，至 10 月初，其净空规模达到 2 万多手，铜价也因此被打压至 1450 的低点；其三，在低位与专业方面的僵持过程中，因陆续公布的一些经济指标转好，美股出现持续八周的大幅反弹，迫使基金在极短时间内大举回补空单，然后反手翻多，至 12 月上旬其净多持仓再度膨胀到 2.8 万余手，并推动铜价一路攀升至 1685 高点。由此可见，作为投机力量代表的基金，其造势立场的摇摆不定，对铜价的宽幅振荡起到推波助澜的作用。

四、铜市由过剩向平衡方向过渡，使铜价的底部逐级抬高。去年底铜产商的大规模限产风潮，加上今年年中的 BHP 等铜产商的减产举措，有效缓解了铜市供给压力，尤其是限产导致铜矿产能下降，全球铜精矿因此出现供应紧张，精铜的产量增速受到抑制，而铜消费滑坡的势头得到扭转，使今年铜市的过剩程度大幅缩减。根据国际铜研究组织（ICSG）公布的数据，从四月份开始，铜市已连续 5 个月出现供应缺口，今年前 8 个月铜供给过剩只有 7.4 万吨，表明市场供需接近平衡。尽管过剩格局尚未完全改观，但供求趋于平衡无疑有助于铜价底部的逐级抬高。

五、受长期下降趋势线的压制，铜价在技术上表现为宽幅振荡的筑底特征。从1995年以来的长期下跌趋势线一直有效阻挡和压制着铜价的回升走势。年内铜价两度对该线发起冲击，但均未能有效穿越，表明迄今为止铜价依然运行在长期下跌趋势之中；技术上，铜价走势具有典型的底部宽幅振荡特征，其低点依次抬高，但高点却下移，形态上呈收敛状楔形构造。尽管上攻遇到明显阻力，但下跌动能也不足，下半年的走势均未突破上半年形成的高低点。

国内铜价的走势特征　国内铜价于2001年11月下探低点之后形成了一个较大规模的上升趋势，然而国际铜价从今年6月初开始的下跌迫使国内铜价再度进入到一个向下运行的过程之中，由此使国内铜价依然处于一个长期意义上的低位区域内，很显然国际铜价是主导国内铜价运行方向的关键因素，但就国内铜市场本身而言则呈现出供求两旺的局面。

一、上半年相对于国际铜价走势偏弱，但下半年明显走强。今年上半年我国铜产量同比增长11.3%，精铜进口则暴增80%，加上去年结转的过剩资源较大，导致交易所库存高企在二十多万吨的历史高位，从而对铜价上涨构成较大压力。上半年沪铜现货合约交割价仅上涨660元，现货价也长时间维持对当月期的贴水状态。但随着消费的转旺，铜精矿的紧缺促使国内铜产量增速放缓，供求关系的失衡状态有所改善，下半年国内铜市进入消耗库存阶段，导致交易所库存从4月中旬峰值的24.8万多吨持续下降到目前的8.3万余吨，降幅达到66%以上。预计今年国内精铜产量将达165万吨左右，比上年的152.3万吨增长8.6%，需求则达到240万吨，继续保持10%左右的高速增长。尽管今年1—10月进口量高达102.6万吨，较上年同期增长75%，但年中的进口增幅主要与并不进入流通和消费领域的国储铜有关。精铜供给压力的减缓使下半年国内铜价相对外盘走势偏弱的局面得到扭转，现货对当月期也出现升水，远期合约波幅介于14800—17000之间，达到2200点，基本与外盘走势同步。

二、套利交易大行其道。股市的持续下跌和低迷，导致不少证券等外围资金流入铜市。由于对期货市场的投机操作没有把握，他们纷纷选择风险较小的套利交易。年初沪铜各合约间差价达到150—200点，许多资金进行跨月套利；后来由于沪铜的严重滞涨抗跌，使内外基差频繁发生大幅波动，从而为跨市套利提供了较多的“正套”和“反套”机会，大量资金介入沪铜与LME之间的跨市套利交易。套利交易规模的扩大引起国内外铜价走势联动性进一步加强，波动区间相对收缩。

三、市场容量和交易活跃程度不断提高，火爆行情不断出现。今年沪铜的交易量和交易额大幅攀升，单日成交量、持仓总量和单个合约持仓量均刷新沪铜历史最高纪录。造成沪铜交易出现火爆局面的因素是多方面的，除了政策宽松为整个期货市场带来发展机遇外，世界宏观经济环境的变幻莫测及铜市本身基本面的不甚明朗，导致铜价走势振荡反复，多空分歧严重；而大量套利盘的介入和外围资金的加盟也进一步激活了沪铜的热络交易。随着沪铜市场规模的扩大，融入国际市场程度的加深，沪铜交易对国际铜市的影响也越来越明显。

【分析与评述】 回顾2002年期铜的走势，今年影响铜价最突出的基本面因素主要有以下几点。首先，经济数据的起伏使投资者对于美国经济的信心在乐观与沮丧之间几度辗转，导致了铜价的起起落落。对美国经济的关注是投资铜市的重中之重。上半年，美国经济一度复苏，逐渐走出了“9·11”时期的低谷。但第二季度后，由于股市的重挫、美元的疲软以及对战争的忧虑、油价的高企，经济复苏难以为继，双底衰退一度甚嚣尘上，随后为了提振经济，FED再次降息50个基点，年底经济数据陆续好转，但喜忧参半。其次，今年铜价的欲涨还休和股市的疲软是分不开的，年初以来，美国经济本已有所起色，但是由于企业盈利下降、上市公司作假帐丑闻等一系列的打击，投资者信心严重受挫，股市下跌，从而抑制了美国经济的复苏。综观一年内铜市和股市的走势图，10月之后的走势完全吻合。第三，美伊战争是今年铜市挥之不去的阴影。不确定的美伊战争一直困扰着投资者，人们始终担心战争的爆发会进一步拖累衰退中的美国经济。铜价始终无法进一步走强。第四，中国对铜消费需求的强劲增长挽救了颓势中的铜价。今年需求地区的状况出现了新的变化，历史上，美国、日本等西方大国一直是铜的主要消费国，但是近年来，由于西方经济的萎缩，去年全球铜消费出现了15年来的首次下降，其中美国下降了15%。而中国等东亚国家由于经济的持续发展，铜消费持续扩张，中国已经跃上铜消费第二大国地位，并且如果继续保持目前的增长速度，未来数年料将赶超美国。在这种趋势下，中国等东亚国家的消费状况将越来越得到投资者的重视。第五，连年低迷的铜价导致铜精矿的供应日趋紧张。经过持续的开采、铜价的连年低迷以及铜矿自身的减产，铜精矿的供应已经趋于紧张。

上海天然橡胶期货市场

【概况】 随着我国汽车工业发展，轮胎生产的大幅提升，以及世界加工厂概念的形成，使我们天然橡胶市场需求的弹性空间被充分打开。因此，在度过了连续2000、2001年连续两年供应迅速增加的过度年份后，需求能否提振，成为左右2003年行情的主要因素。目前全球天然橡胶需求潜力依旧很大，尤其中国消费市场的启动，今后每年天然橡胶的消费量将会持续以5%—7%的幅度增加。

中国做为大的世界加工厂，工业地位日趋显现，汽车工业的快速发展带动轮胎消费，每年用胶量稳步增加。这对国际胶价的企稳也起到了支撑作用。目前全球10大轮胎企业有7家在中国设厂，两个传统消费强国对天然胶的需求已经开始出现下降的趋势，取而代之的是中国市场需求的强劲增长。中国国内的汽车生产今年仍然保持高速增长的态势，这种趋势在未来的几年里将得以延续，预计未来几年中国橡胶工业的每年增长速度约为5%—7%，中国最终将取代美国成为天然橡胶的最大的消费国。

我国经济GDP的增长和“世界加工厂”概念的形成，极大地刺激了中国天然橡胶消费的增长。据统计数字测算，1996年全国天然橡胶的消费量约为85万吨(表观消费量为93万吨)，到2001年增长到145万吨(表观消费148万吨)，增长了70%左右。消费量的快速增长，还可以从进口量的快速增长得到佐证。1996年，我国天然胶进口量为55万吨，到2001年增长到98万吨，增幅为78%，2002年截止目前为止1—10月份进口天然橡胶73万吨，预期最终进口量将在100万吨左右。进口的增加，也充分说明消费趋势增长还将继续保持下去。

【市场走势】 中国期货业协会统计数据显示，上海期货交易所天然橡胶期货品种成为2002年期货市场中成交量水平增长幅度最大的品种，远远领先于其他品种的增长幅度，这一结果早已在市场的预期之中，可以这样认为，在回顾2002年期货市场时，无论是行情发展的趋势还是成交量持仓量水平的变化，上海天胶已经成为今年国内期货市场最耀眼的明星品种。

第一波段　上升：(2001 年 12 月中旬—2002 年 3 月下旬)

这波上涨是橡胶价格见底回升的开篇，东京胶价从 62 日元上涨到了 103 日元，琼胶(205)价格从 6000 元上涨到 8000 余元。国际价格回升远远超过国内的涨幅。其原因如下：

1、世界范围内大宗商品价格止跌回升，工业品包括铜、铝等金属价格在低位呈现反转，橡胶作为重要的工业原料，虽然反映稍微有些滞后，但随着需求的转旺，上涨也在情理之中。

2、国际橡胶市场价格已跌破生产成本，泰国已经有农民抗议事件发生，促使泰政府为稳定国内局势出面干预市场：拨款 40 亿泰铢采购橡胶，以扶植其国内橡胶价格，可能采购的数量在 17—18 万吨左右。

3、我国加入 WTO 以后，天然胶法定关税由 25%降到 20%，取消了以前执行的临时关税 12%，实际上增加了进口的成本，对国内市场形成利好。

4、过低的胶价远低于国营农场生产成本，为保护国内橡胶价格，国家物资储备局计划入市收购 3 万吨国产天然橡胶，此消息在一定程度上刺激了目前国内天然橡胶市场行情。虽然最终国储局收胶的消息并没有得到证实，但对价格上涨起到了一定的刺激作用。

5、在价格上涨的过程中，签订远期合同的供货商因超卖而倒闭。泰国最大的生产商之一的得美行有限公司已经签约的数万吨合同不能履约交货，最终导致财务危机和停产，在橡胶业产生了恐慌，业内人士均感觉失去了方向感，不知道将来会发生什么不可预计的情况。在得美行濒临倒闭的同时，众多的胶商由于按照正常年份预售或超卖到交货时发生了巨额的亏损，有的商家的亏损达到了 400 美元/吨。大部分胶商纷纷请求买家同意延期交货，这无疑加重了市场对胶源紧张的担忧。

第二波段　上扬(2002 年 5 月下旬—6 月底)

第二波上涨东京胶从 90 日元上涨到了 127 日元，琼胶(207)价格从 7300 元附近上涨到 9300 元左右。其原因主要有：1、进口胶源大幅度减少。由于国家今年对来料加工贸易进行了严格管理，同时将今年的一般贸易的配额延期并有保留的发放，造成天然胶进口有所减少。5 月份全国进口天然橡胶 6 万吨，比上月下降 25%，比去年同期下降 14.3%。

2、我国工业出现大幅增长的势头。5 月份全国工业快速增长，当月完成工业增加值 2617 亿元，比上年同月增长 12.9，增速比上月加快 0.8，也是 1998 年以来的增速最高的年份。汽车产量大幅增长，轮胎等橡胶制品的出口也保持较高的速度。据统计，1—5 月份累计生产轮胎 6418 万条，增长 16.8%，消费橡胶约为 136 万吨，增长 17%左右。

3、国际经济出现不同程度的增长，东南亚货币汇率提升。世界经济在第一季度的良好表现有目共睹，东南亚大部分国家和地区的经济也出现了复苏的征兆。泰国、印尼、马来西亚经济经过一年多的调整，工业、建筑业和金融业已步入复苏阶段，印尼盾汇率相对于美元出现大涨，增长 3.5%—4%，东南亚天然胶出口价格也随之上扬。

4、东南亚天然橡胶生产国货源紧张。自从 4 月进入开割期，东南亚气候出现暴雨和数十天的连绵阴雨，影响了该地区正常割橡的进行，每天的生产量仅为正常的三分之一。接着是 5 月底和 6 月初遭受热浪的袭击，二季度东南亚天然橡胶生产减产 30 万吨。导致胶源紧张的局面仍然得以延续。

5、三国政府达成保价协议。三国政府于 4 月底达成协议，从今年 6 月 1 日起开始实施减少 10%出口额及 4%生产额，三国协定的签署，打破了供需平衡，引起国际轮胎厂商的恐慌，纷纷在市场上购货和囤胶。

三国会议可以说给当时的胶市烧了一把火，在基本面本来就非常利好的状况下，三国会议做出的承诺更给于了胶市无限的想象空间，东京交一举创出年内的高点，涨势喜人。

第三波段　上升：(2002 年 7 月底—9 月初)

进入 8 月份以来的这波行情，我们认为实际上是国内市场相对于国际市场的补涨行情，国际市场在今年上半年的涨幅达到 100%，而国内市场价格在 9000 元附近时，涨幅仅在 50%，当时的配额内进口成本已经达到 1 万元左右，大量胶商开始抢购国内现货，导致了现货价格的大幅走高，琼胶(209)从 9000 元附近升至 11095 元，东京胶由 96.8 日元回升到 122.9 日元。主要动因总结为以下几点：1、国际胶价的企稳回升。7 月底，日本公布国内库存仅 15239 吨，为 1966 年以来的最低点。这导致了东京胶的止跌回升。目前，马来西亚天然胶的现货价已经回升到 85 美分左右，国际胶价的反弹使得国内市场价格出现价值性回归。

2、国内进口较去年有所减少。7 月份进口天胶 7 万吨，1—6 月合计进口 45 万吨，较去年同比减少 6.9%。

3、合成胶价格的上涨。由于丁二烯等原料价格的上涨，近期国内的顺丁胶价格已经涨至 7300 元/吨，涨幅达到 800—1000 元左右。

4、美国将反恐目标直指至伊拉克，可能采取的单方面军事行动导致原油价格攀升至年内新高。

8 月份三国正式在巴厘岛举行了成立峰会，虽然会议并没有多少实质性的东西出台，但三国领导人对天胶市场的重视使得市场对于政府干预胶价的力度再次充满的信心，伴随着企业第四季度采购的开始，胶价出现明显回升。

第四波段　上扬：(2002 年 10 中旬—年尾)

此段行情琼胶上扬走势较为超前，呈现领涨的态势，303 从 9900 元升至 11320 元，东京胶则围绕 106—115 日元区间蓄势整理，行情的成因有以下方面的影响：1、进入 11 月，国内主产区临近停割期，供应主要依赖进口资源，而同期国际胶价保持相对稳定及明年初供应仍将趋紧的预期；2、截至 11 月底，日本生胶私人库存总计 14102 吨，再创 1966 年以来得的最低水平；3、据统计，同期国内天胶库存为 5 万吨左右，处于近年来的较低水平；4、泰国南部 11 月初连降暴雨，割胶无法进行，原材料市场上胶乳缺乏。暴雨导致了泰国橡胶主产区发生水灾，胶农无法持续割胶，致使市场上供胶有限。5、泰政府内阁 11 月中旬下拨 8 亿美元帮助农场组织从胶农手中购买天胶。旨在支撑橡胶价格，以保证橡胶价格不致跌到低于 30 泰铢/公斤—即大约 70 美分/公斤。该项资金中有大约 1 亿美元将投向制造烟片胶的工厂，另外内阁已经批准将 200 万美元作为首批资金投入泰国、马来西亚及印尼三国合资的国际橡胶公司。

【分析和评述】　2002 年是沪胶发展过程中重要的一年。在这一年，沪胶实现了由极度低迷到适度活跃的急剧转变：1—11 月，累计成交额占同期国内期市总成交额的 9%，同比增长 6211.96%，一举成为国内期市中交易规模拓展速度较快、拓展幅度较大的交易品种之一。同时，当前沪胶期价也脱离 6000 元—7000 元/吨的中长期历史低位区域，并站稳 10000 元/吨。笔者认为，沪胶量仓规模显著拓展、期货价格转熊为牛，是多方面因素综合作用所致。

一、天胶品质特性、影响因素决定其在国内期市的合理定位。天胶具有较强的期货交易品种特性，而且在国民经济中占有重要地位。我国以进口胶为主、以国产胶为辅的天胶供应结构，导致国内与国际市场的供需关系非常紧密，国内天胶进口政策与国际天胶出口政策也由此成为影响胶价走势的重要因素。另外，国内每年开割即跌、停割即涨的产胶季节性周期规律变化因素，对胶价扬抑也产生重要影响。同时，多空双方投资投机资金、套保套利资金所构成的主力资金间相互作用，对胶价走势也有着重要影响。由此可见，沪胶期价走势受到供需关系、进出口政策等诸多方面因素的综合作用，影响因素和炒作题材较为丰富。2000 年 6 月 6 日，证监会将天胶期货交易保证金由 10%下调至 5%，基本肯定了沪胶作为一个大宗交易品种在国内期市中的地位，为沪胶的稳定乃至发展打下了基础。

二、天胶期市将保持稳定运行、持续发展的态势。为转变天胶期市的低迷态势，上海期交所于今年初将重新启动、恢复、拓展沪胶提上了议程，并制定了短、中、长期发展规划。上海期交所在加强沪胶投资者和市场分析师培训的同时，采取了具体而有效的措施，如继续完善沪胶交易规则、合理调整保证金制度、延长保证金时间至交割月前一个月、加强对市场风险的控制、继续降低交易手续费以降低投资者交易成本等等，稳定而有力的政策扶持，使沪胶市场得到了长足的发展。由此可以预见，沪胶交易规模稳中趋增将是大势所趋。

三、天胶期市由低迷转为活跃得益于国际与国内胶市基本面的好转。进入 2002 年以来，国际、国内胶市供需关系渐趋平衡，为胶价大幅上涨创造了极为有利的市场环境。2002 年，国际上三大产胶国——泰国、印尼、马来西亚落实缩减天胶产量 4%、出口量 10%的计划，同时这三国的天胶产量也缩减 10%，从而导致全球天胶市场供应缩减 14%。虽然全球经济尚未明显复苏，但美、中、日、欧等主要用胶国和用胶地区天胶需求量并未有显著缩减迹象，致使天胶库存量大幅减少。受此影响，国际产销区胶价分别由年初的 50 美分/公斤、60 日元/公斤左右大幅上涨至 90 美分/公斤、120 日元/公斤，并小幅回落至目前的 80 美分/公斤、100 日元/公斤，由此导致国内胶市价格大幅联动走强。与此同时，由于国内对进口胶实行 20%的较高进口关税，致使国产胶现货价、沪胶期价始终维持对进口胶进口成本贴水态势，并由此拓展了国内胶市胶价、沪胶期价的上涨空间。虽然由于国际天胶产销区胶价起涨于今年年初，而沪胶则启动于今年 5 月份，即沪胶几乎错过了上半年的国际胶市上涨行情，但自 5 月份起，沪胶还是在国际胶市上涨的影响下量仓规模得到不断拓展。整体而言，胶价的不断上涨为沪胶吸引投资投机资金、套保套利资金提供了极为有利的市场环境。

四、沪胶与琼胶两个市场的关系由相互竞争逐渐转为相互补充。分析沪胶自 2001 年年初逐渐陷于低迷的诸多原因时，我们不难发现，琼胶市场交易规模不断扩增及其对沪胶资金的分流是一个重要原因。尤其当沪胶在 RU101 合约连续跌停之际，沪胶场内沉淀资金逐渐向琼胶市场流动，致使沪胶量仓规模远远小于琼胶市场。而沪胶的重新启动并趋于活跃，也同样导致琼胶市场部分沉淀资金回流沪胶期市，当然交易相对较为活跃的琼胶对沪胶拓展交易规模也产生了一定的牵制作用。事实上，沪胶与琼胶两个市场分别作为国内产销区现货批发市场和期货市场的代表，胶价自然维持着联动效应，因此当两个市场胶价出现产高销低倒挂之际，就为投资者提供跨市套利机会，同时也促进了两个市场交易规模的协调发展，抑制了由于胶价过高抑或过低而引发的交易风险。

随着上海天胶成交量、持仓量日趋扩大与活跃，但在以持仓结构为主的参与资金的构成中，同时注意到，用胶企业参与份额不足，同时来自产区的现货商也并不是主动与活跃，在上海天胶的资金构成中基本上是以追逐虚盘利润为主的投资资金占有绝对比例。2002 年 11 月份由上海期货交易所与世华信息及一些期货经纪公司代表所组成的天胶调研团，在产区销区历时 20 余天走完之后，发现一个这样的问题，目前产区很大一部分现货商更愿意介入，同样具有期货市场特点又兼备现货市场流通功能的海南橡胶中心批发市场中，而对于上海天胶期货并不太感冒，这样的问题也出现在销区以用胶企业为主体的消费企业中。

大型用胶企业徘徊于上海天胶期货市场之外，有历史的原因，也有宣传普及的原因，最重要的原因就是，这些大型用胶企业并没有真正意识到期货市场的避险功能的重要性。在没有利用期货市场的情况下，企业的产品或原料完全暴露在价格波动的风险之下，今年据笔者在调研中了解到绝大部分用胶企业，尤其是一些大型用胶企业今年面对原材料价格上涨的同时，所承受了巨大的原料成本损失，尤其是目前国内用胶企业普遍都在采取随行就市的采购方式。如果企业通过参与期货交易，则可以对采购价(销售价)进行预先管理，在理想价位上迅速锁定下阶段的采购(销售)价格。

郑州小麦期货市场

【概况】 2002 年郑州小麦期货走势日趋理性、成熟，初步显现了大品种风范，受到了投资者尤其是中小散户的青睐。这与 2001 年小麦期货走势怪异，基本分析法和技术分析法都失去了效用形成了鲜明对比。小麦期货全年价格走势呈现先抑后扬的特征。以 WT209 合约为例，2001 年 12 月 30 日收市于 1159 元，至 2002 年 4 月 30 日见合约纪录低点 1125 元。前 4 个月行情呈弱势盘整格局，其间在新年伊始虽然被动跟涨大豆期货也走出了一波反弹行情，但未能逆转一波低一波的跌势。自 2002 年 4 月 30 日起，期价逐级上涨，WT305 合约自低点 1170 元上涨到了年内纪录高点 1354 元，累计上涨 184 元，最大涨幅为 15.7%。

【市场走势】 现货市场　2002 年年初，随着粮食改革政策在全国范围内全面深入展开，各地粮食部门纷纷开始促销压库，陈化小麦出库量不断增加，仅河南省就下达了销售 135 亿斤库存小麦的任务。同时，为了加速小麦的抛售，该省又相应提高了对小麦销售的补贴。相当数量的小麦流入本已低迷的市场，压制着小麦价格逐级走低。

在 2 月份春节消费相对旺盛的前后，国内小麦库存依然充足和庞大，小麦供应的过剩和消费不旺致使小麦市场处于疲软之中。产区中等小麦价格的回落，也在很大程度上拖累了优质小麦的售价。

5 月份，国内产、销区小麦价格仍处于相对低位徘徊。从当时小麦主产省情况看，自然气候的严重影响以及农民种植兴趣的极大降低等因素，将导致 2002 年全国小麦产量连续第三年减少。但是，接连不断的抛售陈化小麦活动，使得市场并未过多理会干旱以及播种面积减少等利多因素，小麦价格整体继续呈现缓慢下滑态势。另外，据当时国家海关总署提供的数据，我国 2002 年 1—5 月份累计进口小麦 40 万吨，同比增长 119.9%。这也是当时国内小麦市场萎靡不振的又一个重要原因。

6 月份，国内各小麦主产省进入收割期，收获小麦的实际状况不如预期。小麦主产省河南、山东等麦穗壳和不饱满粒的情况增多，单产降低，不完善粒增加，小麦总产量和品质均比上年有所下降。而此时，全国各小麦主产省相继制订了今年夏收小麦的收购保护价，河南、河北、山东、山西四省三等白小麦的保护价为 0.55 元/斤，比上年的 0.57 元/斤下调了 2 分/斤。由于新麦的上市以及即将面临大批新麦的入库，陈化小麦抛售进入了尾声，各地小麦销售速度减缓，小麦价格受到一定的支撑。

进入 7 月份，国储小麦入库进度加快，这对新小麦价格继续起到支持作用，小麦价格基本从低谷中走出来了。

8 月初，各地粮食部门小麦入库力度加大，河南、河北、山东、江苏等地的中等白小麦收购价格均与上月持平或略有上升。另外，中国海关总署提供的数据显示，至 2002 年 8 月份，我国已累计出口小麦 53.6 万吨，比上年同期增长 152%；累计进口小麦 49.8 万吨，比上年同期增长 145.9%。至此，我国已经首次成为小麦净出口国。

9 月份，国内大部分地区秋作物已经成熟，农民忙于秋收秋种，小麦出售数量明显减少，各地的粮食企业仍在集中精力做好小麦入库工作。至 9 月 15 日，国内多数获得今年首批小麦进口配额的企业将没有用完的配额退还给国家计委，只有少数企业会完成配额进口量。9 月下旬，冬小麦开始播种。而因干旱对小麦生长可能造成的不利影响以及小麦消费旺季的到来，小麦主产区华北、黄淮的市场价格较前期出现了明显的上扬。

10 月份，国内农业部门的统计数据显示，我国 2002 年冬小麦产量为 8170 万吨，全年小麦总产量为 8800 万吨，分别比上一年度减少 6.8% 和 6.3%，冬小麦产量和小麦总产量均降至 10 年来的低点。另外，我国小麦出口势头良好，也促使国内小麦价格继续稳步攀升。而进口小麦的明显减少，使得一些进口小麦分销商已停止了报价。

11 月份，我国秋冬播小麦播种基本结束。山东省今年实际播种小麦面积 282.6 万公顷，同比减少 36.9 万公顷，减幅 11.6%；山西省今年实际播种面积 67.7 万公顷，同比减少 10 万公顷，减幅 12.9%；陕西省播种面积 120.3 万公顷，同比减少 14.7 万公顷，减幅 10.9%。国内小麦总体播种面积的再次减少，使得小麦价格继续维持强势。11 月 22 日，5000 吨河南优质冬小麦在江苏连云港装船驶向印度尼西亚，我国食用小麦自 20 世纪 90 年代以来第一次走出国门。

12 月份，全国冬小麦主产区出现大范围雨雪天气，使土壤墒情得到改善，部分地区有积雪覆盖。由于 2003 年的元旦和春节临近，国内小麦价格继续保持稳中趋升的势头。

今年全球小麦主产国大幅减产，国际市场小麦价格大幅上扬，使得我国的优质制粉小麦和低质饲料小麦受到部分国际买家的青睐。据统计，2002 年 1—10 月，我国出口小麦 65.01 万吨，比上年同期增长 102.6%，同期的进口量为 59.10 万吨。在国内小麦库存充足的背景下，全球小麦需求的迅速增长极大地刺激了国内小麦市场的复苏和繁荣，小麦价格出现了稳中有升的态势。同时，国内小麦的品质也在逐年提高，不仅国内面粉企业对优质小麦需求量增大，而且国际买家也将会对我国优质小麦产生浓厚的兴趣。

期货市场 在我国刚刚加入 WTO 的背景下，由于 2002 年的小麦进口配额达 846.8 万吨，2002 年初，市场预期小麦进口量将大幅增加，从而对小麦市场形成冲击，加上国家决定大量抛售陈化粮的政策使得小麦的供应加大，小麦期价（以 WT301 为例）于 1 月 8 日以 1197 元/吨开盘后，一路走低至 3 月 7 日的 1165 元/吨。随后，受主产区发生春旱的影响，期价逐步盘升至 4 月 4 日的 1190 元/吨。由于面临小麦收割，依据以往经验，新麦上市将会对价格产生打压作用，于是期价进行回调，5 月 9 日跌至 1150 元/吨。5 月 10 日之后，小麦收割期间，部分主产区阴雨绵绵，影响到小麦的收割，再加上暖冬及春旱的影响，产量减少及品质下降成为定局。受此鼓舞，小麦期价一改往日颓势，开始一波快速上涨行情，期价从 5 月 10 日的 1150 元/吨上升到 7 月 22 日的 1238 元/吨，最高达 1243 元/吨。由于当时陈化粮的抛售，现货价格并没有同步上涨，致使期价上攻受阻，进行振荡整理。进入 11 月份后，由于进入小麦消费旺季，期价在 1200 元/吨处受到支撑。随着小麦（以豫麦 34 为例）现货价格稳步上涨（至今平均上涨 40—80 元/吨，达 1160 元/吨），特别是 10 月份拍卖粮的成交价格大大高于市场预期，多头信心备受鼓舞，期价从 11 月 15 日的 1150 元/吨开始又展开一轮上攻行情，最高上涨至 12 月 3 日的 1286 元/吨。由于小麦期价短期内涨幅较大，加上期现基差扩大，部分现货商进行卖出套保，WT301 期价回调，2002 年 12 月 31 日以 1230 元/吨价位结束全年交易。

一、1 月至 5 月中旬，小麦现货价缓慢走低，期货价在底部蓄势整理。

1 月至 5 月中旬，国内小麦现货价依然维持低迷状态，并缓慢走低。以中国郑州粮食批发市场三等白小麦为例，2 月价格为 1085 元/吨，3 月价格为 1076 元/吨，4 月价格为 1064 元/吨，5 月上、中旬价格在跌至 1055 元/吨后逐步止跌回稳。

与此同时，小麦期货价也在底部蓄势整理。以 WT305 合约为例，1 月至 3 月中旬期价在 1170—1180 之间窄幅波动，3 月下旬至 4 月上旬期价小幅回升至 1210 附近，4 月中旬至 5 月中旬期价又回落至 1170。

1 月至 5 月中旬，我国小麦期、现货价长时间在低价位运行的主要原因是：

1. 国储小麦轮换出库、主产省压库促销、陈化粮处理压制了小麦价格

首先，2002 年国家储备粮轮换总量为 2872 万吨，其中小麦为 1336 万吨，占总量的 53.5%。同时，国家规定 2002 年 7 月 1 日以后，停止拨付甲字、506 粮费用，因此在新麦收割前夕，各地纷纷加大了对库存小麦的销售力度。

其次，随着粮食市场的逐步放开，在实行了省长负责制以后，由于小麦库存基数高，补贴压力大，所以为了减轻财政负担，小麦各主产省均采取措施压库促销。如全国最大的小麦主产省河南全年计划压库 65 亿公斤，而且还实行销售 1 公斤粮食奖励 0.06 元的举措。

第三，2002 年国家陈化粮处理任务仍比较艰巨，有关部门在 1 月至 5 月多次举行了陈化粮拍卖活动。虽然陈化粮的处理没有对小麦市场行情产生直接的影响，但却给人们心理造成了一定的压力。

2. 预期小麦进口数量将较大

国家权威部门公布，2002 年小麦进口配额为 846.8 万吨，配额内关税为 1%— 3%。市场人士当时普遍认为，2002 年我国小麦进口数量将有较大幅度的增加，国内小麦市场将受到进口优质、低价小麦的冲击，国内小麦价格存在下跌空间。因此，人们看跌心理的增加使小麦价格止跌回升缺乏人气。

3. 冬小麦长势较好，产量预计持平偏多

1 月至 5 月，我国冬小麦长势较好。同时据有关部门统计，我国冬小麦播种面积约为 3.78 亿亩，产量预计为持平偏多。这在当时使人们认为，2002 年国内小麦供应仍将是充裕

的,小麦价格将随新麦上市而下跌。

受以上因素影响,我国小麦期、现货市场价在1至5月中旬,虽然没有出现像2001年那样的大幅下跌,但总体来看上涨乏力。同时这些因素在市场上占据了主导地位,使得一些影响小麦价格上扬的因素被投资者所忽略,而恰恰是这些因素为后市小麦价格的走强形成了良好的支持。另外,当时郑商所在全国各地进行的小麦推介活动已初见成效,部分资金也开始进入小麦期货市场,郑麦期市一波大的行情已在酝酿之中。

二、5月下旬至今,小麦现货价下滑后呈慢牛走势,期货价跌宕起伏,总体也趋涨。

国内新小麦现货价在5月下旬有所下滑;6月以后,由于市场需求强劲价格开始缓慢爬升,市场收购价从0.94元/公斤向1.02元/公斤靠近;7月至今,小麦现货价一直保持慢牛态势,目前已升至1.06—1.20元/公斤。

与此同时,小麦期货价强劲启动,成交量和持仓量也快速增加,小麦期市逐步活跃。以WT305合约为例,小麦期价5月下旬至6月中旬从1170上升至1230,6月下旬至8月下旬在1220—1240区间窄幅整理,9月上旬快速上涨至1277,9月中旬至10月上旬小幅回调至1250,10月中旬至12月上旬大幅上冲至1354,并且还出现了涨停板现象。

【分析与评述】 今年我国小麦市场价格总体是上半年稳中趋跌,从6月份开始走出低谷并跟随国际小麦市场走出一波大幅上扬行情,至年底仍保持在较高的水平,主要原因如下:

1.国库储备轮换,产区压库对上半年小麦价格影响较大。今年是我国实行粮食省长负责制,及粮食风险包干的第一年。由于小麦主产省库存基数高,补贴压力大,为减轻财政压力,主产省纷纷进行压库减员,低质低价的陈粮、陈化粮大量流入市场,对小麦市场价格有一定的抑制作用。从统计资料看,我国大约有865万吨左右的"甲字506粮"将进入市场流通,1—9月份,各地大约销售、拍卖了502.62万吨,其价格在800—1000元/吨之间,这是新麦上市前小麦价格一直低迷的主要原因之一。而国家储备库进口小麦的出库轮换,也使国内市场上进口小麦价格继续下跌,但相应地,国库轮出之后也必将储进等量的新粮。国家今年将适当增加中央储备库的规模,在今明两年内通过新建储备库装粮和在产区直接收购,将使中央储备粮规模逐步达到750亿公斤,保证国家掌握充足的粮食调控资源。地方储备将按照国家"销区保持六个月销量"的有关要求充实省级粮食储备,这些措施对小麦价格的稳定起着积极作用。

2.小麦连续三年减产,总产量相对较低。本年度我国夏粮产量是1989年以来的最低年份。国家粮油信息中心的统计数字显示:1999/2000年度我国小麦总产量为11388万吨,其后的2000/2001、2001/2002、2002/2003三个年度的产量分别为9964、9387、8933万吨,特别是近两年下降幅度很大,下降的原因是去年秋冬播种面积减少,相应地产量比去年降低所致。虽然今年我国小麦总产量下降较大,但优质小麦的播种面积和产量则保持着增长势头。统计资料显示,全国优质小麦播种面积为535万公顷,比上年增143万公顷,增幅达37%;产量在2150万吨左右,同比增618万吨,幅度达到40%。

3.库存持续下降,需求量小幅上升。根据农业部主办的中国农业信息网发布的《小麦供需平衡表》可以看出,自1998年至2002年我国的小麦产量分别为1.0973亿吨、1.1388亿吨、9964万吨、9387万吨、8933万吨,进口量分别为59万吨、101万吨、43万吨、110万吨、100万吨(2001年数字为今年8月估算,2002年为10月预测)。这五年的供应量为5.1058亿吨,需求量(含出口量)分别为1.136亿吨、1.1481亿吨、1.1539亿吨、1.1664亿吨、1.1782亿吨,总计为5.7826亿吨,五年中供应小于需求量6767万吨,2002/2003年度我国正常需求量(含进口量)为1.114亿吨。根据国家公布的1997年我国的小麦库存量为10741万吨的数据计算,2002年小麦库存为3973万吨,以国内月均消费980万吨计算,至2003年5月国内小麦库存仅能使用四个月左右,但目前国内没有小麦库存的正式官方数字。从美国农业部公布的11月份供需报告来看,预测2002/2003年度中国的小麦期末库存为6197万吨,报告还把期初库存调高到7551万吨。但从近期国家粮食局、财政部和中国农业发展银行联合下发的《关于调整2002年度中央储备库轮换计划的批复》中看,就我国储备粮总公司先前的有关请示作出批复"将尚未置换的中央储备粮的轮换计划调减351.85万吨,同时增加2000年划转的储备粮轮换计划93.52万吨,增加新建库第三、四批收购的储备粮轮换计划258.33万吨",可以看出我国存在生产量小于需求的供应缺口,并不像美国农业部预测的有那么大的库存。

4.加入WTO对小麦市场的影响没有预期大。去年我国加入世贸组织后市场人士普遍担心国际市场小麦会给国内市场造成很大的冲击。具体来看,根据联合国粮农组织、美国农业部和我国统计局10月预测显示,我国小麦2002年"关税配额管理"(TRQ)准入量虽为846.8万吨,但预计全年最多可能进口100万吨,而出口预计全年为60—100万吨,基本是进出口平衡。今年粮食市场受冲击较小的原因在于主要粮食出口国的小麦因灾减产,国际市场价格全面上涨,我国小麦价格较低,致使国际市场小麦没有价格优势而难以进入我国市场。同时,我国还发挥了运距短、运费少、外运轮吨位小等优势,积极介入国际市场,加大出口力度。但是,由于国际市场小麦价格上涨较大,将刺激增产,特别是美国新农业法案的实施,其政策效应将在2003年以后充分显现,届时美国小麦产量、出口量会相应增长,估计2003年"关税配额管理"的准入量实现比重将会明显加大,这将对我国小麦的价格产生一定的影响。而国家计委在9月底制定的小麦进口关税配额量为905.2万吨,也比上年有相应的增加。

5.2002年新小麦质量下降,收购价格降低。今年我国冬小麦主产区在气候不利和病虫害的双重影响下,小麦的不完善粒增加,千粒重下降,质量品质不好,以国标三等小麦居多,比去年普遍下降一个等级,同时优质小麦的品质也比去年降低。小麦主产区华北、黄淮地区普遍降低了小麦收购保护价水平,大致每斤比去年低0.02元,其他地区也均有不同程度的降低。6月下旬新产冬小麦收购开秤价同比下降,随着保护价收购的大范围展开,收购价格逐步上扬,到8月中、下旬,由于定购以及应缴农业税小麦的收购结束,小麦收购价开始回落,但由于今年小麦再度减产,农民惜售心理增强,加之国储小麦补库工作的进行,到年度收购价基本保持稳定。

6.小麦现货价呈现稳中有涨的趋势。主产区2001年产普通小麦出库价格(三季度)大致为:河南北部普通小麦出库价为1040—1060元/吨,中部为1020—1030元/吨,南部为1010—1020元/吨;山东北部普通小麦出库价为1050—1060元/吨,中部为1060—1080元/吨,南部为1060—1070元/吨;河北省平均价在1070—1080元/吨;山西省平均价在1080—1100元/吨。而主产区2002年新小麦出库价格已上升至:河南省平均价为1040—1060元/吨;山东省平均价为1070—1090元/吨;河北省平均价为1080—1090元/吨。

国内优质小麦同样呈小幅上涨之势,各地区如济南17、小堰54、豫麦34、高优503等优质品质基本在1170—1190元/吨之间,同比有20元/吨左右的涨幅。从9月份开始,南方地区进口小麦交货价格开始上涨,10月份以来仍保持上涨趋势,主要是南方面粉企业对进口小麦需求增大和国际小麦价格上涨。

7.本年度我国成为阶段性小麦净出口国。今年我国小麦出口形势良好,根据海关总署公布的最新数据显示,2002年前10个月国内小麦出口量为65万吨,同期进口量为59.1万吨。但我国小麦出口主要以饲料用小麦为主,出口国主要为韩国、印尼和菲律宾等,而优质食用小麦仍不能满足国内需求,还需进口作为补充。

8.优质小麦产量和需求量增加,价格上扬。近年来,我国优质小麦需求量呈现明显的上升趋势,而且国内优质麦的产量根本不能满足市场需求。从前几年开始,国家开始进行大幅度的农业结构调整,努力提高优质品种的种植面积,今年优质麦已占到小麦总产量的24%,同比提高8%。由于今年小麦生长期受到不良天气的影响,质量不如去年,但受全球小麦出口国小麦产量大幅下降以及加拿大暂停出口报价等因素的影响,进口小麦成本迅速提高,国内已进口的高质量小麦价格快速升高,且货源偏紧,多数贸易商更加惜售,尽管国产优质麦与进口高品质麦存在相当大的差距,但由于价格性能比的作用,一些厂商开始以国内优质麦代替,从而促使优质国产小麦价格上升及需求缓步增大。

剖析郑州小麦期货2002年走势,笔者认为具有以下几个重要特点:

一、与现货市场趋近。众所周知,年初国内小麦现货市场受制于"促销压库"政策,主产省纷纷加大销售力度,使短期内小麦现货市场供大于求,同时陈化粮的大举抛售更打压了小麦现货价格,两个方面的原因拖累着前期国内小麦现货价格持续低迷。然而进入4、5月份以后,在小麦生长的关键时期,我国北方小麦主产区发生了连阴雨和低温灾害性天气,导致今年全国小麦产量减少,质量下降。出于对小麦后市供求形势可能有所改变的担忧,国内小麦现货价格由此持续小幅攀升。下半年,国际市场小麦价格大幅飙升,进一步提振了国产优质小麦的价格。一年来郑州小麦期货很好地反映了国内小麦基本面的变化情况,期货价格的走势与现货价格的变化趋向一致,较好地体现了小麦期货大品种的特性。

二、与国际市场接轨。比较分析同期国际市场CBOT小麦期货行情,大体上也是先跌后涨的走势,郑州小麦期货行情与之基本吻合。稍微的差别是在前面的下跌阶段,郑州市场的趋势性没有CBOT市场那么强烈,跌幅也没有那么大。或许也因为此,在后面的上涨阶段,郑州市场的幅度远小于CBOT市场。以CBOT5月小麦合约为例,年内从不足260美分大幅上涨到了420美分以上的高位,最大涨幅达到了62.8%,大致是郑州市场的4倍。虽然由于国内市场的特殊原因,CZCE小麦期货的涨幅远不如CBOT,但是两个市场在大趋势上终于联动起来了,这标志着国内小麦市场无论是现货还是期货都开始与国际市场接轨,而且可以肯定今后国内外市场的联系会更加紧密。

三、市场规模不断扩大。小麦期货持仓量由年初17万手左右增至年末30万手上下。更为可喜的是,近几个月来市场的持仓结构发生了质的变化,即由过去的做市商多空对锁持仓为主,转变为现在的基本上是多空双方真实持仓。于是,市场交投活跃了,流动性提高了,价格波幅增大了。之所以能出现这种局面,一方面是近年来交易所竭尽全力夯实了市场基础,使投资者慢慢恢复了对郑州市场的信心;另一方面是期货市场整体回暖;再一方面是小麦现货在历经1997年以来的持续跌势后已隐现转机。总之,此次小麦期货活跃有别于以往,可谓天时、地利、人和俱备,增长后劲足,获利机会多。

四、小麦期市的投资者结构及其投资观念发生了较大的变化。2002年在小麦期货市场上,小麦主产区的国有粮食企业不再是交易的主角,其他投资者如个体粮食经营者、销区的粮食企业、粮食经销商、制粉企业,以及以风险投资为主的投资机构逐渐入市并成为主要交易者。小麦期价也由过去的仅反映小麦收购市场变化的模式向全部反映小麦市场变化的模式转变。同时,粮食企业在小麦市场供求关系出现转化的情况下,也开始进行买入套保。这表明,小麦期市上的投资者机构发生了较大变化,投资者的投资行为和策略日趋成熟。

五、市场功能初步发挥。小麦期货不仅仅是一个投资工具,而且可以发现未来小麦现货价格,引导农民调整种植结构。自1998年以来,小麦期货走势一波低一波,我国小麦播种面积也连年减少。但是,今年5月小麦期货率先上涨,随后现货价格也步入涨势。至今,2004年交割的远期合约走势一浪高过一浪,价格已登高1400元/吨。也许后市还会出现阶段性的落整理行情。不过,市场已明白无误地发出了增加小麦播种面积的信号。

期货交易与经营机构

上海期货交易所

上海是我国期货市场试验起步最早的地区，1995年期货市场整顿，批准上海金属交易所、上海粮油商品交易所及由石油、建材、农资、化工四家合并组建的上海商品交易所为试点期货交易所；根据国务院1998年8月关于进一步整顿规范期货市场的要求，上海三家交易所实行合并，组建上海期货交易所，受中国证监会集中统一监督管理，于1999年12月正式营运。

上海期货交易所是依照有关法规设立的，不以营利为目的，履行有关法规规定的职能，按照其章程实行自律性管理的法人。目前上市交易的有铜、铝、天然橡胶等三个品种的标准合约。根据实体经济发展对虚拟资本运作工具的需求，为顺应金融和投融资体制改革和利率市场化改革趋势，推动上海国际金融中心建设，一方面，以石油、籼米为重点，进行商品期货的开发，另一方面在继续深化股指期货开发的同时，以国债期货为重点，推进金融期货的开发。同时，抓紧对有开发价值品种的跟踪研究。

上海期货交易所坚持"法制、监管、自律、规范"的方针，以稳定为基础，以发展为目标，以创新为动力，严格依照法规政策制度组织交易，履行市场一线监管职责，致力于创造透明、安全、有序、高效的市场机制，营造公开、公平、公正和诚实信用的市场环境。交易所拥有健全的交易规则和组织结构；有先进的交易设施和服务系统；上海期货交易所的期货价格发现功能得到了广泛认可；铜的"上海价格"已经成为中国国内铜市场的权威报价，成为全球三大铜定价中心之一、亚洲的铜价格中心。橡胶价格不仅为国内市场提供了权威价格信号，而且对国际市场行情产生重大影响。规避风险、合理配置资源等积极功能得到显著发挥，市场规模稳步扩大。

上海期货交易所现有会员200多家，其中期货经纪公司会员占80%以上，已在26个省、自治区和直辖市开通远程交易终端200多个。

大连商品交易所

大连商品交易所是经国务院批准设立的，直接隶属中国证券监督管理委员会管理的全国三家期货交易所之一。自成立以来，大商所始终坚持规范管理，稳健运行，现已成为国内最大的农产品期货交易所，世界非转基因大豆期货交易中心和价格发现中心。经中国证监会批准，大商所的交易品种有大豆、豆粕和啤酒大麦，现在上市交易的为大豆和豆粕。其中大豆是交易最为活跃的品种，也是国内比较活跃的大宗粮食期货品种。开业至2002年底，大商所累计成交期货合约3.8亿张，累计成交额8.8万亿元，近年来大商所发展速度较快，2002年，大商所共成交合约9,681万手，交易金额20,836亿元，分别占全国市场的69.4%和52.8%。2002年，大商所大豆期货合约总成交量相当于CBOT大豆期货合约同期总成交量的22.52%，相当于东京谷物商品交易所大豆期货合约同期总成交量的6.85倍。开业以来，大商所累计交割粮食376万吨，其中大豆为289.6万吨，没有出现任何质量纠纷。

截止到2002年底，大商所共有会员191家，覆盖全国27个省、市、自治区，其中经纪公司会员178家，自营会员15家；注册客户总数为68933个，其中法人客户3121，自然人客户65812。法人客户中，40%为粮食相关企业。为我国市场经济的发展和粮食市场体制改革做出了积极的贡献。

大商所地处我国北方重要的交通和贸易枢纽、亚洲最大的粮食集散中心，并以良好的海陆空交通条件连接国内外市场，具有开展期货交易的天然优势，为大商所发展成为世界著名、亚洲最大的农产品期货交易所奠定了良好的基础。随着我国加入WTO和市场经济进程的加快，我国粮食企业将全面进入市场、走向世界，期货市场的套期保值和价格发现等经济功能将发挥更加重要的作用，大商所将进一步发展壮大。

21世纪将为大商所的发展提供更加广阔的舞台和更大的机遇。大商所将凭借得天独厚的地理位置和良好的发展潜质，继续发扬"以公正著称，以管理见长，以服务取胜，以人才为本"的企业发展理念，励精图治、艰苦奋斗、努力创新，不断向国际化农产品期货交易中心的目标迈进。

郑州商品交易所

郑州商品交易所是我国第一家期货市场试点，由远期现货交易起步，于1993年5月28日正式推出标准化期货合约交易，实现了国务院确定的由现货市场起步向期货市场发展的目标。1998年8月被国务院确定为全国三家期货交易所之一。交易所隶属于中国证券监督管理委员会，是为期货合约的集中竞价交易提供场所、设施及相关服务，并履行《期货交易管理暂行条例》和《期货交易所管理办法》规定职能，不以营利为目的，按照《郑州商品交易所章程》实行自律性管理的法人。交易所的总体工作思路是：依法治市，坚持"公开、公平、公正"的市场原则，发挥期货市场功能，促进国民经济发展。

郑州商品交易所实行会员制，按照其章程实行自律管理。现有会员200多家，分布于全国27个省、市、自治区。

郑州商品交易所实行保证金制、每日涨跌停板制、每日无负债结算制，通过指定的结算银行对会员每天的交易进行集中清算。会员负责对客户清算。交易所实行实物交割制度，未平仓合约到期须在规定的期限内履约，交易所指定交割仓库为交割双方提供相关服务。客户交割须通过会员办理。交易所利用交易风险实时监控系统和风险预警系统，对市场的资金、交易、持仓、以及价格趋势进行定量分析预测，及时控制和化解市场风险。交易所的期货即时行情通过集诚卫星信息、路透社、世华卫星信息等10余条报价系统向国内外发布。通过郑州商品交易所因特网主页、因特网会员服务系统、电话拨号服务系统等媒介，可以快捷方便地查询交易行情及交割信息。因特网会员服务系统还可为会员提供申请客户交易编码、查询每日定单、成交、持仓、资金等网上信息服务。

郑州商品交易所采用计算机系统进行期货业务各个环节的处理。高性能的实时撮合系统,分布于全国主要城市的远程交易终端,以及功能完善的结算、交割、风险监测、信息发布和会员服务系统从技术上确保期货交易的安全运行。

《期货交易管理暂行条例》、《期货交易所管理办法》颁布实施后,郑州商品交易所修订了《章程》、《交易规则》和实施细则,规章体系渐趋完善,为确保市场的稳步健康发展奠定了基础。

浙江金迪期货经纪有限公司

浙江金迪期货经纪有限公司是专营国内期货经纪业务的有限责任公司,系经中国证券监督管理委员会批准成立,核发《期货经纪业务许可证》,国家工商行政管理局核准登记注册(注册号 1000001002263),注册资金 3000 万元人民币,是浙江省内规范化、信誉高的大型期货经纪公司之一。公司现拥有上海期货交易所等三大期货交易所的全权会员资格和五个交易席位,可以为客户直接代理铜、铝、大豆、小麦、天然橡胶、绿豆等上市品种的标准期货合约交易,向客户提供交易、结算、交割、信息咨询等服务。公司在 1999 年期货交易总量名列全国第七位,在同行业中位居前茅。

公司现有营业面积 2200 多平方米,环境优雅,设施先进。公司目前采用金仕达期货交易系统和网上交易系统,人工报单方式和自助交易方式并存;备有世华金融家行情系统和网上行情系统,可供客户自由选择;通讯上实行两条 DDN 专线热备份联入交易所联网系统,交易数据安全稳定。公司建有全新改版后的新网站 WWW. JDQH. COM,现在网站将以更快捷、更丰富的信息竭诚为客户的交易提供最优的服务。公司与工商银行银期合作开通有网上银行,实行银期转帐,客户可通过电话进行银行储蓄帐户与公司资金帐户间的资金划拨;公司与银行签订有协议,对客户保证金实行封闭运行管理,客户保证金只能在经中国证监会备案的专户间划转,保证了客户资金的真正安全。公司的信息研究部根据客户需要可以为客户提供及时的专业投资分析报告,使客户的投资更为合理和有效;此外,公司的网上交易部专门组织人员抽时间为广大投资者进行期货知识系列讲座和培训,并开展投资者投资风险教育工作。

公司现有正式员工 50 人,85%以上员工具有本科以上学历,经过多年的努力培养,锻炼了一大批年纪轻、素质高、操作规范的管理和经纪人才。公司下设业务开发部、信息研究部、网上交易部、财务会计部、交易结算部、电脑工程部、综合管理部等部门和上海、金华、乐清等三个营业部,以合理的地域布局竭诚为各地期货投资者服务。

公司视客户为上帝,视信誉为生命,奉行"规范管理,追求效率,卓越服务,诚实守信"的宗旨,按照"依法治司,规范运作,最大限度地满足投资者的需求,努力实现客户资金的保值增值"的经营思路,竭诚为广大客户进行套期保值、规避风险、投资获利提供快捷、高效的渠道和优质的服务,使公司在变幻莫测的现代市场经济中运筹帷幄,乘风破浪,与客户共同发展。

云晨期货经纪有限公司

云晨期货经纪有限公司是经中国证监会批准,由云南铜业(集团)有限公司为主要发起人,联合云南铜业股份有限公司、云南冶炼厂、云南楚雄矿冶股份有限公司、云南金沙矿业股份有限公司五家国有大型企业共同出资成立的期货经纪公司。公司位于云南省昆明市金融密集区人民东路 111 号,注册资本人民币五千万元。期货经纪业务是公司的主营业务,同时兼营期货投资咨询、信息服务和期货业务培训。公司遵循"公开、公平、公正和诚实信用"的原则代理国内商品期货交易,接受客户委托,按照客户的指令为客户进行期货交易并按规定收取交易手续费。公司采用先进的计算机网络及通讯技术建立公司期货交易管理应用系统、网上交易系统、财务内部核算管理应用系统、OA 自动化管理等一系列信息技术应用系统,并通过数据专网与上海期货交易所、大连商品交易所、郑州商品交易所实现远程互联,使交易更为快速、准确、通畅、安全。为更好地向客户提供国内外经济风云变化及交易中的实时行情信息,公司引进了"路透资讯信息"、"桥讯资讯信息"、"世华金融资讯信息"及"新华财经"等知名信息源,建立了一套完整的信息收集整理及发布系统。为客户提供一流的信息和一流的服务。

倡导理性投资和套期保值是公司的经营特色,公司将发挥大股东云南铜业(集团)有限公司特有的优势,深入研究分析国内外有色金属交易品种的供求关系、价格趋势,为客户提供更为丰富的参考资料。另外,公司不仅提供商品期货的宣传普及、市场开发、交割、结算财务等期货经纪服务,而且还将提供策划、制定、实施与企业需求相吻合的期货投资计划,多层面为客户服务。公司将以"规范经营、理性投资、先进管理、客户至上"为指导思想,为每一个客户做好期货投资服务,把公司建设成为高度专业化的期货经纪公司。

安徽安泰期货经纪有限公司

安徽安泰期货经纪有限公司成立于 1998 年 9 月 28 日,由安徽省安通发展有限公司(原安徽省财政厅国债服务中心)和安徽省粮油食品进出口(集团)公司共同投资组建,是经中国证监会批准,国家工商局注册登记的专业期货经纪公司,公司拥有上海期货交易所、大连商品交易所和郑州商品交易所的全权会员席位,主要从事国内商品期货代理、期货信息咨询和培训业务。经过近五年的持续、快速发展,公司已经建设成为一家机制灵活、内控有效、快速发展,在国内期货界拥有良好信誉和较高知名度的专业期货经纪公司。公司目前注册资本 3000 万元人民币,拥有四家营业部和一个办事处,现有员工 102 人。

公司成立以来,按照"夯实基础,建好机制,规范运作,稳健发展"的工作思路,锐意进取,从长远发展出发,从基础工作入手,在规范运作完善软硬件服务等方面做了大量扎扎实实的工作,并取得了显著的经营业绩。四年来,公司紧紧把握宏观经济政策的扶持与期货业恢复性发展的趋势,敏锐捕捉商机,开拓进取,在充分发挥优势资源,利用证券投资形成公司重要的利润来源的同时,主营期货代理业务迅猛发展。显示出公司强劲的发展后劲。据中国期货业协会统计,2001 年,公司代理成交金额 298 亿元,占安徽省期货交易总量的 60%,在全国 193 家期货公司中排名第 33 位;2002 年公司代理成交金额 503 亿元,占全省交易总量的 55%,在全国的排名进至第 21 位,目前已发展成为省内主营期货业务规模最大的期货经纪公司。在交易量迅猛增长的同时,公司的效益也令人瞩目。公司成立时,正值期货市场极度低迷时期,在全国 80%以上期货公司亏损的情况下，却实现了连年赢利，截止2001年底，公司累计实现利润总额738万元。年实际平均资产利润率为4.22%，年平均净资产收益率为16.37% 今年一季度以来，公司主营业务强劲增长，截止3月31日，客户保证金总额达19521万元，比上年底的7718万元增长了153%，代理成交金额469亿元，比上年同期增长近15倍，已完成全年目标的58%，呈现出良好的发展势头。公司是中国期货业协会首批团体会员，郑州商品交易所理事单位，2002年天然橡胶代理交易量居全国第2位。

渤海期货经纪有限公司

渤海期货经纪有限公司经中国证监会许可，在国家工商总局注册。公司在大连商品交易所、郑州商品交易所、上海期货交易所均拥有席位。公司总部位于大连星海会展中心，与大商所同处一楼，位置优越方便。公司拥有目前最先进的电子化交易系统和实时结算控制系统、网上交易系统、世华行情分析及新闻系统、集诚行情分析系统、钱龙股票行情分析系统、渤海期货网上会员信息服务系统等。

渤海期货公司自成立以来始终以“公平、公开、公正、诚实信用、规范原则”为经营宗旨。公司具有灵活、高效的经营机制，产权关系明晰。领导层以全新的经营观念和多变的服务手段开拓市场、稳健经营、效益显著。公司拥有硕士毕业生五位、硕士生在读二位、本科毕业生十五位，年龄结构合理，全部职员均已具备《期货从业人员资格证书》，拥有相当的专业技术技能，渤海期货成为现代新知识型企业发挥人才的典范，并为未来企业的发展做好了人才储备。公司拥有留学归来的期货技术分析大师和多名具有丰富的期货交易实务经验的专家，可提供全面快捷的CBOT外盘分析资料、国内三家交易所上市品种期货交易预测评论等价值含量相当高的信息咨询服务。公司专门设立信息研发部，针对农产品期货其及周边信息进行搜集分析，如在大豆播种、收割等对价格产生重大影响季节，均派人直接深入产地及销区，获取第一手资料。特别是CBOT的专业分析在期货市场上已颇具影响力。

公司期货代理交易采用目前最先进的电子化交易软件系统和实时结算控制系统、网上交易系统、世华行情分析及新闻系统、集诚行情分析系统、钱龙股票行情分析系统、渤海期货网上会员信息服务系统等。公司的电子化交易网络服务器和客户终端使每位客户的下单指令直接进入交易所进行撮合，多种交易方式使客户在期货交易中胜人一筹。

江苏东华期货经纪有限公司

江苏东华期货经纪有限公司是股份制的专业期货经纪公司，公司注册资金为人民币3000万元。公司是全国三家期货交易所(郑州商品交易所、上海期货交易所、大连商品交易所)的合法会员，能代理客户交易各期货交易所的所有上市品种。目前，东华公司已在上海开办了营业部；郑州、大连设立了业务网点；江苏东华公司愿以自身的雄厚实力，竭诚为广大客户服务，其经营宗旨是：一、遵纪守法，维护“三公”原则。东华公司以"规范中求发展"作为自身的立业之本，用严格的风险管理制度维护公司的商誉，凭稳固的资信保证加强客户投资交易的安全性。二、发挥优势，满足客户各种交易需求。东华公司作为全国老牌的专业期货经纪公司，在各期货交易所的自己席位上竞价畅捷，客户通过东华公司，可以凭借一个帐户、一套保证金随时操作上述国内期货交易所的各种商品期货交易。为方便客户做套期保值业务，配备专门人员为客户交割服务，与各期货交易所交割部、指定交割库都有良好的合作关系，自开业以来，代理客户实物交割金额已达10亿元人民币以上。三、以精良的硬、软件设备和优雅舒适的交易环境，为客户交易提供完善的物质保证。同时开通了世华、世纪通宝等卫星报价即时分析系统，信息快捷、全面。探索和设计网上交易及自助下单系统，加大利用互联网为方便客户交易与分析的投资。四、以人为本，树立为振兴中国期货事业而奋斗的坚定信心。东华公司历来深信人才优势最为宝贵，近十年来，已培养了一批优秀的国际国内信息分析专家和国内盘最早开展期货投资服务业务的资深投资理财顾问。他们通过国内外各种信息传输渠道，对国际国内政治经济动态、市场动向进行分析研判，并可向企业和个人提供制作具有针对性的保值计划和理财计划。

江苏期望期货经纪有限公司

江苏期望期货经纪有限公司是在国家工商行政管理局核准登记注册的国家级大型期货公司。本部设在南京市长江路99号(长江贸易大楼20层)。作为大型国家级期货公司，江苏期望期货经纪有限公司本着客户至上的宗旨，遵照国际标准期货交易规则，采取现代商品期货交易专业手段，代理客户在国内期货交易所进行交易，并向客户提供结算、交割、咨询、信息等全方位服务。

江苏期望期货经纪有限公司将致力于推进我国期货事业的发展和成熟，促进我国期货市场建设沿着标准化和规范化轨道发展。

公司租用世华信息网络，以联机实时方式获取世界政治、经济的最新消息，收集世界各大交易所的交易信息。公司拥有装备一流的交易大厅，拥有完善的计算机远程交易系统，使远程交易、即时技术分析、结算、财务管理及信息处理实现自动化、智能化。客户通过公司的远程交易系统可以进行热自助委托交易、电话委托交易以及网上委托交易，使客户的交易指令成效回报能迅捷地完成。

公司的业务方针是专营代理，不做自营，与客户利益协调一致，发挥跨区域的网络系统和规模经营优势，专心致志为客户提供精心的服务，与客户谋求共同发展。

三隆期货经纪有限公司

三隆期货经纪有限公司是经中国证监会核准，在国家工商局审核登记注册，获国家《期货经纪业务许可证》的专业期货经纪公司。公司注册资本3000万元。三隆期货经纪有限公司早在1993年初就参与了国内期货业务，是国内最早参与期货经纪业务的单位之一。公司一直以为广大的生产经营者规避市场风险、发现合理价格、指导生产和流通为目的，把规范与服务作为公司的首要任务。1995年公司注册登记后，被荣誉推选为全国首届期货经纪业联席会十二家执行主席单位之一。1996年已跻身国家大型期货经纪公司行列，1997年代理交易量全国第一，交易额占山东省全省期货交易额的56%，连续第七年被国家工商局评为期货行业A级企业，1999年被中国证监会列为山东省唯一的重点扶持的大型期货公司，目前在国内的各期货交易所均拥有双席位资格。公司于1999年又投资建设了期货交易异地远程五合一交易系统和网上期货交易系统，创办了三隆期货信息网站，可将期货交易代理业务延伸至全国任何地点，使期货代理业务硬件条件达到国内领先水平。

公司拥有一流的交易环境和完备的服务设施，在全国十二个大中城市拥有营业面积5000多平方米；专业人才139人。各营业场所内配备有“世华”“新华财经”等多种期货通讯咨询设施，能迅速快捷地传递期货信息和交易指令，多种期货专用电脑软件能为交易者提供完善的行情分析，公司设有专业信息咨询部门、工程部门及有色金属、农产品等专业研究部门，每日编发的《三隆期货快讯》通过因特网、卫星等方式向全国播发。

公司采用现代化企业管理模式，实行总裁负责制。设有计划财务部、统计结算部、信息咨询部、工程技术部、事业发展部、稽查控制部、研究培训中心和异地交易中心等职能部门和北京、上海、大连、天津、郑州五个期货营业部。公司本着“高起点、严要求”的原则，对从业人员实行严格规范的在职教育和定期培训，实行考核上岗，定期淘汰制，根据不同工作岗位，制定了完善的管理制度。公司现有工作人员95%以上具有大专以上文化程度，全都具备国家从业资格。公司“视信誉为生命，视顾客为上帝”。坚持只做代理不做自营的业务原则；坚持公开公平公正的交易原则；坚持全面高效规范的服务原则；以期使公司成为服务于市场服务于经济服务于社会的现代化企业。

公司先后为山东济宁粮油集团、诸城外贸集团、黑龙江农垦局红兴隆分局、山东橡胶集团、青岛澳柯玛集团等单位进行了培训期货专业人才、策划设计期货方案、代理期货交易等工作，并取得了可观成绩。几年来，公司形成了完整的经营管理制度体系，积累了丰富的专业管理经验，自开业至今，未发生任何违规违纪事件，曾多次受到管理部门的表彰。

山西三立期货经纪有限公司

山西三立期货经纪有限公司是经中国证券监督管理委员会批准，在国家工商行政管理局注册的有限责任公司。公司原是成立于1994年的山西三立国际期货经纪有限公司。1994年12月改名为山西三立期货经纪有限公司。1999年12月，山西三立期货经纪有限公司首批完成增资扩股.注册资金达3000万。在1999年增资扩股后，山西三立期货经纪有限公司的股东结构也发生了一些变化，股东包括金海集团、海南三立工贸有限公司、金海机电设备租赁有限公司等。公司的资金实力和资信状况得到了进一步改善.公司下一步是将现有的注册资金3000万元增资至1亿元以上，以便成为全国性的综合类期货公司，并进一步发展、健全营业网络，为广大的投资者提供高效、优质、全方位的服务。

公司拥有全国三家交易所席位。从事所有上市期货品种的委托代理业务，6年来累计交易额650亿元.公司业务拓展至全国6个省市，省内8各地区。2001年底交易额达170亿元，位居全国期货公司第58位；2002年在全国期货经纪公司代理量排名54位。

山西三立期货经纪有限公司代客买卖期货业务已有六年多的历史，公司拥有配备先进设施的交易室和高素质的交易人员，业务品种全，经验丰富。公司依托其较广泛的分支机构和代理网络，经过多年努力，将公司业务从为客户提供基础的商品期货头寸买卖发展到整个商品及金融产品的保值、增值及衍生产品的组合，不仅为客户规避了各种市场风险，也为客户带来了可观的效益。

山西三立期货经纪有限公司努力为客户创造一个良好的投资环境。公司拥有快捷稳定的行情信息系统。公司客户可通过自助下单系统和网上交易系统下单。公司各职能部门与业务部门分工协作，实行规范化和专业化管理，从客户开户、下单到成交回报和确认，从结算到交割，从资金转入到资金转出，公司都建立了科学流程，并由专业人员负责。

山西三立期货经纪有限公司坚持“专家管理，专业服务”的经营理念，倡导理性投资，致力于市场的长期研究。公司研究发展部一直专职于对市场基本面和技术面的分析和研究。并提供定期和不定期的市场研究分析报告。公司还根据客户的具体情况，为客户(包括个人和公司)制订专业投资方案。公司也与国内的其它研究机构和同行建立了广泛的联系，努力提高公司的研究水平。

上海久恒期货经纪有限公司

上海久恒期货经纪有限公司是经中国证监会批准，在国家工商行政管理局注册登记的专业期货经纪公司，是久联集团和大连保税区石化产品服务公司共同出资组建，注册资金为3000万元人民币。其中久联集团控股90%，久联集团是由原上海三家期货交易所(上海金属交易所、上海商品交易所、上海粮油交易所)分流改制组建的，是集证券、期货、仓储、信息技术、物业管理为一体的大型国有集团公司。久恒期货公司实行董事会领导下的总经理负责制，设有交易部、市场部、财务部、结算部、信息研究部、技术部和综合部。公司拥有先进的硬件设备和一批素质优良、经验丰富的期货专业人才，是大连商品交易所，郑州商品交易所，上海期货交易所的全权会员，公司主要从事国内商品期货代理、期货咨询和培训业务。

久恒期货公司具有四大优势：一、资金安全、进出方便：国有大型期货经纪公司，隶属久联集团，信誉卓著，实力雄厚，公司能够提供全国范围内快捷的资金调拨服务，保证客户的资金可以随时进出，在股市、期市双向交易，自由划转。二、跑道通畅，交易快捷：本公司全部采用国际名牌电脑，采用世华和宏汇等三套高速信息系统，拥有异地同步交易系统，并开通了网上交易，实现了期货交易电子化，客户可通过自助委托下单，速度快捷，操作简便，费用经济。三、与上海期货交易所隔路相望，地处浦东金融中心世纪大道黄金地段，1500平方米的营业场地，环境宽敞舒适。四、精英云集，专家指导：公司聚集和培养了一批精通业务、经验丰富、熟悉期货、证券交易的专业人才和职业操盘手，可随时为客户提供专业投资咨询服务，助客户在期市、股市双向获利。

上海良茂期货经纪有限公司

上海良茂期货经纪有限公司于1993年由中国证监会和国家工商总局审核批准成立，注册资金5000万元人民币，是一家专门从事国内商品期货代理业务的大型期货经纪公司。公司是中国郑州商品交易所、大连商品交易所、上海期货交易所全权会员，是中国期货业协会理事单位。公司总部设在上海市打浦路198号(斜土路口)，地理位置优越，环境优雅，交通便利，并在北京、郑州、大连设有营业部。

公司拥有先进的异地同步交易系统和世华动态行情分析系统，全天候发布期货即时行情和最新经济动态信息。特别是利用Internet资源，在上海地区率先推出网上期货交易的模式，客户在全国各地均可通过电脑和电话通过公司的网上交易系统和电话语音自助委托系统，方便快捷地进行交易，并随时得到即时行情、交易查询等其他服务信息。公司视信誉为生命，注重自律，稳健经营，规范运作；视客户为上帝，强调客户的成功就是我们的成功，客户的需要就是我们努力的方向；视人才为根本，拥有一批锐意进取、敬业务实的从业人员，为客户提供及时、专业、可靠的咨询服务。

深圳鹏鑫期货经纪有限公司

深圳鹏鑫期货经纪有限公司成立于1996年，是经中国证监会批准，由国家工商管理局核准注册的专业期货经纪公司，注册资本金为三千万元人民币。公司是大鹏证券有限责任公司的全资子公司，资金充裕，实力雄厚，经营稳健，是深圳地区乃至全国资产质量和资信条件最好的公司之一。

鹏鑫期货拥有上海期货交易所、大连商品期货交易所和郑州商品期货交易所的全权交易席位，可同时进行国内全部上市期货品种的交易代理业务。公司在符合国家法规和交易所交易规则的前提下，坚持“客户第一”的服务宗旨，遵循“公开、公平、公正和诚实信用”的原则，为广大客户提供交易、结算、交割、信息咨询和客户培训等全方位的期货投资服务。

公司结构精良，部门齐全，功能突出，人员精干，业务熟练。公司员工全部达到专科以上学历，其中硕士占公司员工总数的20%，金融及经济类专业居多，平均年龄在30岁以下。所有从业人员全部获得中国证监会颁发的期货业从业人员资格证书。期货市场研究工作处于全国同行的领先水平。各种高质量的期货研究文章见诸专业报端及相关媒体，其中，有在全国获奖的优秀论文，有准确研判大势的期货行情预测，还有策划周详的投资报告和实用易行的交易计划，为客户制定正确的入市策略，合理运用资金，获取投资利润和回避交易风险提供了可靠的保证。

在中国加入世贸的新形势下，公司加快了发展步伐，已于2001年10月先后完成了对原营业场地的重新装修和推出了有三家期货交易所联网的异地同步交易系统，并将在此基础上进一步推出网上期货交易。行情及资讯系统采用世华金融家卫星版，信息快捷；行情分析采用世华和宏汇系统，以DDN专用通讯线路连接的复旦金仕达5.0版交易结算系统，运行安全稳定，使客户能够享受到与交易所场内一样快捷的交易服务。公司崇尚“深入研究、专家理财、理性交易、良性循环”的经营理念，致力于提高客户盈利，公司的代理业务和盈利水平不断提高。

万杰鼎鑫期货经纪有限公司

万杰鼎鑫期货经纪有限公司是经中国证监会批准，在国家工商总局登记注册的专业期货经纪公司(下称万杰鼎鑫期货公司)。万杰鼎鑫期货公司原名淄博鼎鑫期货经纪有限公司，1993年12月份成立，1999年10月由实力雄厚的万杰集团公司及淄博东升市场发展服务中心受让公司全部股份后更名，注册资本3000万元。公司位于淄博市张店区市中心，在中信证券淄博营业部四楼。交易环境宽畅明亮、舒适优雅，大户室配套齐全，气派非凡。公司拥有目前最先进的电子交易系统和实时结算系统；通过光纤 与淄博市电信和网通连接，网上行情及交易系统速度快捷，稳定可靠 ；世华行情分析系统功能强大，咨询全面；万杰鼎鑫期货与淄博信息港合作的期货在线网站，是省内唯一一家期货频道专业性网站，咨询内容丰富，评论全面深刻，为投资者提供一流的互动性期货专业网站。

万杰鼎鑫期货公司现为上海期货交易所、郑州商品交易所、大连商品交易所全席会员，可代理三家期交所全部期货品种交易。公司配备多套功能强大的信息资讯系统，为客户提供期货与证券即时行情分析以及国内外财经信息，同时公司资深投资顾问还通过各财经网及公司强大的网站向客户准确、及时发布公司的期货评论；网上交易系统可使客户无论身在何处都可通过互联网，快捷方便的进行证券期货即时行情分析，并实现在线自助委托。作为鲁中地区唯一一家专业期货经纪机构，万杰鼎鑫期货公司始终坚持“规范管理、诚实信用、严谨自律、规模发展”的经营宗旨，依靠股东方雄厚的经济实力以及公司优秀的管理模式、成熟的市场交易经验，立足鲁中放眼全国，为客户提供高水准的期货代理、结算、套期保值、投资咨询分析等金融投资服务，并为集团客户及机构投资者提供全面投资解决方案。

新中鞍期货经纪有限公司

新中鞍期货经纪有限公司是经中国证监会批准，国家工商行政管理总局核准登记，注册资金3000万元人民币的期货经纪公司，其股东分别为：鞍山市腾鳌特区正兴实业公司、天津市泰门投资咨询有限公司和盘锦辽河金海集团公司。公司拥有大连商品交易所、郑州商品交易所和上海期货交易所的全权会员资格，装备有异地远程交易系统、实现同步交易和一级同步结算，客户遍及全国25个省市自治区，年代理交易金额约360亿元，其中现货商占70%，70%以上的客户实现年回报率100% 。

公司为客户配备了目前国内最先进的世华、集诚、霸才和MS的行情分析系统，并装备有大型计算机同步录音系统，方便了客户的交易、查询等。为了提高客户对基本面的客观科学判断，公司经常组织客户和专业技术人员到产地和销地进行实地考察，并形成全面、客观的调查报告，为广大客户提供良好的咨询服务。

按照《期货交易管理暂行条例》，新中鞍将注册资本金调整到3000万元人民币，其中货币资金1800万元人民币，分别存放于三个交易所。公司承诺：只做代理，不做自营，客户的出入金在任一个交易日均可受理。为了提高公司的管理水平和服务质量，新中鞍从同行中吸收了大量优秀管理人才，高、中级管理人员大部分都具有从事5年以上期货交易管理的经验，在同行中占据了人才优势。

一德期货经纪有限公司

一德期货经纪有限公司(Yide Futures Brokerage Co. Ltd.)，是中国证券监督管理委员会批准，在国家工商行政管理总局注册的期货公司。公司主要股东为天津一德投资集团有限公司和北京市物资总公司，公司董事长常志武，总经理王化栋。公司注册地为北京市海淀区西直门北大街一号，公司设有行政部、财务部、运作部、研发部、市场部等部门，在上海、天津、大连 、郑州设有营业部。

公司拥有上海、大连、郑州三家期货交易所的席位，可以代理客户从事国内上市品种的期货交易，同时为客户提供期货信息咨询、培训等服务。公司资产优良，信誉卓著，交易技术先进。公司拥有一支德才兼备的专业团队，倡导"以人为本，以德为先"的企业文化，诚信服务，锐意进取，争创一流，愿与广大投资者携手，为中国期货市场的发展和繁荣做出贡献。

公司股东天津一德投资集团有限公司和北京市物资总公司均为国有大型企业集团，资金实力雄厚，对期货市场有着独到的认识和长远的发展战略。公司资产优良、信誉卓著，能为广大客户提供可靠的资信保障。公司以人为本，广纳贤才，拥有一支经验丰富的专家管理团队。公司管理规范，运营稳健，积极进取。公司拥有一批资深投资分析师，以市场研究为导向，向客户提供专业咨询，帮助客户拟定投资计划和策略，把握获利避险的机会。公司拥有先进的电子交易技术，依托计算机局域网和先进的电子交易管理软件，构筑了快捷、安全的电子交易平台。客户除了书面委托和电话委托外，还可以采取自助委托、远程委托、网上委托等多种方式，实现与期货交易所的同步交易。客户只需上网就可以轻松拥有家庭大户室，公司的网上交易系统，集网上看盘、委托、资讯于一体，并可查询成交结果及资金情况。公司坚持"诚信为本、客户至上"的宗旨，努力为客户提供优质高效的服务。公司的资金调度中心为客户提供安全、迅捷的保证金存取服务。公司专业化的客户培训，可帮助客户掌握期货投资技巧，有效控制交易风险。公司严格规范的操作流程，确保客户交易的安全、快捷，并对客户的个人资料和交易细节严格保密。公司强大的研发中心能为客户提供全面、及时、客观、实用的信息。公司健全的客户投诉机制，保证客户的问题可在最短的时间内得以解决。

一德期货经纪有限公司经过几年的努力，稳健经营，持续发展，2002 年跃居全国期货经纪公司二十强。根据中国期货业协会的统计，2002 年一德公司全年代理成交量 188 万手，居全国第十七名；2002 年一德公司全年代理交易额 514 亿元，居全国第二十名；在上海期货交易所的成交量居全国第十九名，其中铜的代理成交量居全国第八名；在大连商品交易所的成交量位居全国第十五名。

银建期货经纪有限责任公司

银建期货经纪有限责任公司成立于 1993 年 4 月，是中国最早从事期货经纪业务的公司之一，是国内三家期货交易所的全席位会员单位，总部设在北京，上海、天津、南宁、郑州设有营业部，在大连设有代表处。

银建期货公司采用国际、国内通行的管理体制，有严格的内部管理制度及操作流程，实行中心结算及双轨制风险监控机制，严控市场风险，保证交易顺利进行；业务操作公开透明，严格遵循公正、公开、公平和诚实信用的原则；倡导"以人为本"的服务理念，公司各地营业场所均拥有一流且舒适的交易环境以及先进的技术设备，能够提供及时迅捷的行情信息，开展同城和异地自助委托网上交易；公司拥有高水平的研发队伍，研发人员全部由博士、硕士组成，定期发表期货、现货市场，国际、国内市场，金融资本市场及相关市场的深度分析报告，并能针对客户需求，提供个性化服务；公司信息部由期货市场资深人士组成，能够为客户提供期货领域的政策、法规、新闻和行情分析；公司投资部能够为客户提供期货及相关市场的多元化投资工具，为客户资金的保值增值提供咨询服务。

银建期货公司本着"银建服务，钻石品质；钻石企业，完美奉献"的宗旨，以高起点、高标准、高追求要求自己，对内强化管理，规范操作；对外强化服务，严守行规。银建期货公司是目前国内管理最规范，人员素质水平最高的期货公司之一。

公司控股股东北京银建集团是以交通运输为主业，集投资、房地产、高科技、基础设施、旅游、贸易、汽修、汽销、服装为一体的大型股份制企业集团，集团总资产逾 50 亿元。银建集团雄厚的实力背景是银建期货公司良好资信的可靠保证，银建集团从无到有、从小到大的发展历程以及在此过程中形成的企业文化，是银建期货公司敢于争创国内一流期货经纪公司的精神底蕴。

浙江天地期货经纪有限公司

浙江天地期货经纪有限公司是 1995 年 12 月经中国证监会审核批准，在国家工商行政管理局登记注册，注册资金 3000 万元人民币，由多家实力雄厚的企业集团投资的专业期货经纪有限公司。天地期货经纪公司是郑州商品交易所、大连商品交易所、上海期货交易所等国内三家期货交易所的会员。分别拥有郑商所席位两个，上期所席位 1 个，大商所席位 1 个。可代理客户从事大豆、绿豆、豆粕、铜、铝等所有品种的期货交易，并向客户提供与期货相关的培训和信息咨询服务。

公司目前拥有世华"金融家"、集诚、钱龙等先进的行情报价、新闻咨询与技术分析系统、天地信息服务系统，能即时查询 CBOT、LME 的报价，并拥有一批素质高、期货交易经验丰富的员工队伍，为客户提供讯捷、高效的服务，指导客户进行各种类型的套期保值、套利交易和规避风险的方法。

公司已开通郑州、大连、上海交易所的异地同步交易系统，客户可进行自助委托交易，实时查询成交，为客户提供最为直接、快捷的交易渠道，便于客户及时把握操作良机。资金进出银期对转，客户可在省内实行即时对转，方便、快捷、安全。同时，公司开发的互联网远程交易系统能够满足事务繁忙，不便远离办公地点的投资者的需求，在互联网上就可以浏览期货证券行情、在线下单、查询自己的交易状况、动态进行风险控制和新闻咨询。

公司创办的"期货天地"信息网（www.tdfuture.com）是中国期货界网站的后起之秀，集财经视点、行情报价、期货网上交易、期货论坛、期市资料之大成，是广大期货投资者获取信息，学习投资技巧，结交朋友，发表高论和投资的新舞台。

浙江新世纪期货经纪有限公司

浙江新世纪期货经纪有限公司是经浙江省人民政府批准成立，国家工商管理局核准登记的全民所有制有限公司，注册登记号为 10002013X。中国证券监督委员会于 1994 年 11 月 22 日授予期货经纪业务许可证，许可证号为 A000811004。注册资本金 3000 万元人民币。

浙江新世纪期货经纪有限公司由浙江省商业集团、上海宏广达实业公司、浙江省石油总公司和浙江省电力总公司共同投资组建。公司股东实力雄厚，多年来取得了较佳的经营业绩。在期货界，享有"公司实力雄厚，资金安全及时，跑道畅，信息广，客户收益率高"等声誉。公司本着"信誉第一、客户至上、服务为本"的宗旨，以"公平、公正、公开"为准则，以"为客户保值增值"为经营理念，以严谨求实的敬业精神和认真负责的工作态度，竭诚为广大投资者提供良好的环境和一流的服务。

公司地处杭州武林广场南侧，面积达 3000 多平方米，地段繁华，交易便利。经重新装修的交易地宽敞明亮，环境舒适。公司拥有上海、郑州、大连三家期货交易所的直接席位，跑道畅通，成交快捷。为客户提供国内各期货交易所及上海、深圳证券交易所、英国伦敦交易所、美国芝加哥商品交易所、纽约交易所等国内外各大交易所的即时行情和分析。为方便客户交易，我公司提供柜员自助、世华嵌套自助、钱龙分析、远程大户终端、网上交易、电话语音自助委托等多种交易方式，实时地自动申报和成交回报，操作方便、简洁，查询功能强大，安全性能突出。结算上公司采用最先进的期货结算软件系统，为客户帐号的资金、交易等提供快捷、准确的实时和盘后结算，及时向客户通知当日交易结算情况。双方共筑风险防范大堤。交割上公司拥有富有实践经验的交割管理员，成功地组织过有关品种大单量的实物交割。对于需要办理实物交割的客户，公司将指定专业人员按交割程序协助其办理一切手续。咨询培训上公司全年为客户提供免费的咨询、培训服务和盘后行情分析，解答客户的疑难，并按客户对期货市场参与程度分级分批予以培训。资金调拨迅速，出入自由方便，资金的安全度有口皆碑。手续费合理，在国内同行业中收费较低。“银期转帐业务”为保证个人投资者的银行帐户资金与期货交易保证金提供实时划转。市场研究和开发上公司拥有 支专业化的员工队伍，深入到生产、加工、销售等领域，与产供销人员直接沟通交流，建立了广泛的产销企业网络，取得第一手现货面信息。公司还通过电子咨讯系统广泛收集、分析、处理国内外财经期货信息，建立起相关数据库，并开展富有特色的期货研究。免费向客户提供期货日报、周报、研究报告及套利、套期保值操作方案等，使广大客户真正实现投资最佳组合与价格的风险管理。

中国国际期货经纪有限公司

中国国际期货经纪有限公司（China International Futures CO.，Ltd.）简称“中期公司”（CIFCO），成立于1992年12月28日，是中国成立最早、规模最大、市场份额最高、运作规范的期货经纪公司。中期公司的创始者们为我国期货市场的早期倡导人；董事长田源是中国期货市场创始人之一，曾任中国证监会顾问，并当选为中国期货业协会首届会长。中期公司总部位于北京，下设北京、上海、深圳、大连、沈阳、武汉、郑州等七个分公司，并在其他中心城市和重要经济城市设立25家营业部。目前拥有管理人员、市场研究人员、市场营销人员及其他人员500多名。中期公司汇聚行业精英，为推动中国期货市场的试点、规范和发展做出了杰出贡献。中期公司以其深厚的专业背景及专业知识致力于向市场传递正确的金融投资理念；为投资者提供参与国内期货交易的有效渠道；帮助机构和个人管理市场风险，从而增加价值。

中期公司以其规范而且严格的风险管理系统，丰富而且稳健的国际、国内期货交易经验，充分发挥自身优势，向客户提供：专业化的期货经纪服务：交易结算、实物交割、资金管理等；可操作的投资方案：期货套利、期现套利、投资组合等；全天候资讯服务：政策及法规、期货及现货市场、国际及国内期货市场、相关行业的深度分析报告；终身培训服务：可定期参加中期公司在北京、上海、深圳等培训基地的活动；期货及证券远程交易：自助委托、网上交易等；国际市场考察机会：参加LME年会，深入国外各大交易所及经纪公司实地学习管理经验；管理咨询：大型企业集团专业化期货交易或风险管理机制的设计、培训、装备、信息管理等“交钥匙”工程。

作为中国大陆唯一一家获得过美国三大交易所席位，拥有良好交易记录的期货经纪公司，中期公司始终把握着国际金融衍生品市场的风云变幻；作为国内成立最早、规模最大、市场份额最高的期货经纪公司，中期公司对国内期货市场的历史及现状有深刻的认识，公司拥有高素质的管理团队、信誉优势、市场网络优势、信息咨询及技术优势。

中航期货经纪有限公司

中航期货经纪有限公司（CHINA AVIATION FUTURE CO.，LTD.）最初是航空工业部物资局即中国航空工业供销总公司组建的全资子公司，成立于一九九三年一月，系航空部下属唯一一家期货经纪公司，一九九七年按照中国证监会的要求改制为股份制企业，注册资金叁仟万元人民币，注册地：深圳市福田区振兴路113号新欣大厦五楼。国家工商总局注册号1000001002131，中国证监会期货经纪业务许可证号：A004835001。2001年8月，中航期货经纪有限公司股东发生变更，由航空证券公司及北京振航投资管理公司控股。大股东航空证券公司由航空信托投资股份有限责任公司剥离证券业务组建。中航期货经纪有限公司现为上海期货交易所031号会员和大连商品交易所037号会员。公司下设股东会和董事会，主要职能部门及经营机构有总经理室、结算部、交易部、财务部、客户服务部、研究发展部、市场开发部、资金运作部、上海营业部、武汉营业部、大连服务处、张家港服务处等。

公司恪守客户至上的宗旨，遵循公开、公平、公正、合法和诚实信用的原则，自成立以来在全国范围的期货代理业务中，以真诚的服务和强大的资金实力赢得了众多投资者的信赖。本公司一九九八年被深圳有色金属期货联合交易所授予“十佳会员”称号；上海代表处曾被上海金属交易所评为“96—97年度期货经纪业文明窗口”。公司九年来完成交易额1500亿元，仅在上海期货交易所的有色铜、铝品种上成交额累计就达到600亿元，在原深圳金属交易所、海南中商所、上海商品交易所、北京商品交易所等都有很大的成交量。

公司现拥有文华财经、澎博网上行情和世华、新华财经、国懋财经、中国财星等卫星行情系统，上海营业部驻航空证券大厦四楼，营业面积900平米，拥有多间大户室及机构室，接有最先进的软硬件交易系统，电话委托、自助委托、网上交易、远程交易等一应俱全，交易安全快捷。本公司还协同股东单位航空证券为客户提供证券、期货“一站式”服务，方便客户在此进行多方位的资本运作。公司有着严密的代客业务章程及合同，严格遵守期货交易所的交易规则，遵守《期货交易管理条例》，在资金管理、业务指导、风险控制等方面积累了足够的经验，客户的权益能得到可靠的保证。

公司有多年从事证券期货研究的分析师每日为客户提供国内各期货品种的走势预测，公司网站为客户提供专家在线服务，指导和帮助客户作出正确的投资决策，在大风大浪的期市中获取最大的收益。同时为保值套利的企业提供便利优厚的服务，帮助企业在采购交割、保值、锁定利润、安排生产等方面做出最适当的抉择，完成企业既定的目标利润。公司还成立有资金运作部，为客户提供代客理财式的服务。

中天期货经纪有限公司

中天期货经纪有限公司成立于2003年，经中国证监会批准，在国家工商局登记注册。公司具有大连商品交易所、上海期货交易所和郑州商品交易所的会员资格，并分别在三家交易所拥有交易席位。公司注册资本5000万元，是目前华南地区注册资本最大的期货公司之一。公司股东具有大型券商和综合性农产品加工贸易集团背景，不仅具有雄厚的资金实力和人才优势，而且可为中天期货开展农产品期货交易和未来的金融期货交易提供了良好基础。公司总部设在广东省广州市解放南路123号金汇大厦6楼，地处城市中心区域，紧靠城市主干道，地理位置优越，交通极为便利；公司以自有资本购置了经营场所，营业面积在广州地区期货公司中居首位；公司所在的金汇大厦，同时有广东证券、交通银行省分行总部及营业部，方便客户进行多元化的金融投资。

公司具有技术先进的硬件设施。公司采用金仕达交易结算系统，文华加世华行情系统组合，拥有当前业内最先进的交易与信息资讯系统；公司采用了在期货行业中最新应用的网络技术，建立了独立的期货网站，开通了网上交易及查询系统、WEB行情和模拟交易系统。公司与工商银行和农业银行签订全面合作协议，对客户保证金实施了封闭式管理，开通了多家银行的网上银行业务以及银期转帐业务，投资者可在全国各地直接通过网上银行或银期转帐方式划转保证金，资金进出安全快捷。公司拥有年富力强、综合素质较高的员工团队。公司80%以上的员工具有本科以上学历、具有研究生以上学历的超过20%，员工平均年龄不超过35岁，普遍具有多项证券、期货从业资格以及相关的从业经验，熟悉金融、贸易、信息和农业等投资领域，能够为客户提供高质量的研究咨询产品，为客户投资决策提供强大支持。

第五编

中国基金市场

758/852

栏 目 协 办

交通银行证券投资基金托管部

中国基金市场

中国基金市场

【概况】 2002年,中国基金的绩效表现难令投资者满意。从基金的绝对表现看,具有全年经营期的48只封闭式基金及3只开放式基金没有一只基金能够幸免于难,基金净值增长率全面告负。但从基金的相对表现看,48只封闭式基金中有26只基金的净值缩水幅度小于复合指数的下跌幅度,超越基准指数表现比例为54.2%,3只开放式基金的表现则全部好于基准指数的表现。从数量上来说,2002年中国基金业取得很大的发展。在数量扩张的同时,基金市场彻底告别过去的繁荣,不仅开放式基金面临巨额赎回压力,封闭式基金也遭到市场持续抛售,折价幅度不断扩大,成为与基金业数量扩张并行的尴尬景象。2002年,从基金会计核算角度看,与"实收基金"会计科目相比,基金出现第一次全行业亏损。通俗地说,基金单位净值若低于面值则视为亏损。截止2002年12月20日,54只封闭式基金中53只出现亏损,亏损额合计82亿元;17只开放式基金,13只出现亏损,亏损额合计18亿元。由此,2002年基金亏损额为100亿元。按照《证券投资基金会计核算办法》的规定,绝大多数基金在2002年会计年度无法分红。2003年分红的前提条件是先弥补上一年度的亏损。因此2003年是基金的"弥补亏损年"。

一般来说,基金价格更多的是受净值的牵制,封闭式基金的价格风险与市场波动要远远小于股票市场。但现在的封闭式基金价格的涨跌摆脱净值牵制而与股票下跌幅度保持一致,已经演变成一个高风险品种。封闭式基金与2001年末市值相比(备注:今年上市基金取面值,今年上市改制基金取上市首日收盘价,已经考虑部分基金的分红除权),持有人的市值损失近155亿元左右。在第四季度损失最大,从9月13日以来的最近3个月,可比口径的54只封闭式基金净值总额从797.04亿元减少至734.90亿元,净值减少62.14亿元,减少幅度为8%。同期基金市值从760.03亿元减少至645.77亿元,减少114.26亿元,减少幅度为15%。封闭式基金价格重心不断下移,净值与市值的差额越来越大,截止12月20日达到89.13亿元,加权平均贴水比例高达12.13%。

【市场表现】 与1999年、2000年平均高达38%、46%的基金净值增长相比,最近两年,随着深沪市场的深幅下挫,中国年轻的证券投资基金业也遭遇到了自发展以来的第一次沉重打击:封闭式基金继2001年平均缩水14.4%后,截至2002年12月20日的净值平均缩水幅度又达到了9%。发展不到两年的开放式基金,更是生不逢时,设立至今的净值增长率仍是负值。

2002年,上证A股指数从2001年末的1712.54,收于12月20日的1492.02,今年以来的跌幅达到12.88%,中信国债指数今年以来的涨幅为3.99%,用作基金绩效比较基准的复合指数的跌幅为-9.50%。考虑到可比性,这里我们只对成立于2002年之前的48只封闭式基金和3只开放式基金的表现加以考察。从基金的绝对表现看,2002年,具有全年经营期的48只封闭式基金及3只开放式基金没有一只基金能够幸免于难,基金净值增长率全面告负。但从基金的相对表现看,封闭式基金净值的平均下跌幅度为9.04%,3只开放式基金的净值平均下跌幅度为3.5%,均要小于上证A股指数及基准指数的跌幅。48只封闭式基金中有26只基金的净值缩水幅度小于复合指数的下跌幅度,超越基准指数表现比例为54.2%,3只开放式基金的表现则全部好于基准指数的表现。由此看来,如果不是求全责备的话,在跌势中,证券投资基金的表现仍不能说太差,中国基金所具有的"混合基金"的"进可攻,退可守"的特色再一次在保全基金资产上发挥了重要作用。在熊市中,少赔就是赢。我们注意到,基金平均仓位与基金表现的相关系数为-0.1,仓位变动的标准差与基金表现的相关系数为-0.3,说明平均仓位较轻的基金今年净值下跌的幅度相对较小,但频繁调仓的基金的表现却并不理想。

封闭式基金中,今年以来净值下跌幅度最小的五只基金依次是兴华(-0.84%)、泰和(-4.34%)、科翔(-4.69%)、景业(-4.99%)、开元(-5.25%)(参见附表1),开放式基金中,缩水幅度最小的则是华夏成长(-0.44%),这些基金无疑是今年基金中的"抗跌"英雄。"抗跌"英雄中,基金兴华连续两年缩水幅度最小,无疑是这两年熊市中表现最为出色的基金,这一方面与该基金出色的操作能力有关,另一方面也与该基金大量持有的"通海高科"因祸得福有关。基金泰和在很长一段时间一直是嘉实公司旗下唯一一只基金,在嘉实公司的精雕细琢下,基金泰和今年表现更上一层楼,排名大幅前提。科翔、景业作为后起之秀,今年表现可喜可贺。基金开元作为老牌基金,从去年的谷底攀升到今年的前五甲,也充分显示了该基金的逐步成熟。华夏成长作为开放式基金中的后来者,从一开始就奠定了类似安信在封闭式基金中的优势地位,其在今年大部分时间内表现领先。

从今年封闭式基金与开放式基金的业绩的比较看,平均而言,开放式基金的业绩要好于封闭式基金。但我们认为,并不能以此得出开放式基金的业绩一定会好于封闭式基金的结论。首先,我们注意到,我国的开放式基金诞生于熊市中,使得开放式基金在投资上一直较为谨慎,开放式基金的股票仓位与封闭式基金相比一直处于相对较低的水平。可以说,正是较低的股票投资比例使开放式基金有效地回避了股票市场下跌的风险。但这种情况具有一定的偶然性,并不能充分说明开放式基金比封闭式基金具有更好的择时能力;其次,与封闭式基金相比,开放式基金的样本较少,这在一定程度上也影响到比较的效力。而且由于比较时间过短,也不足以从根本上说明问题;最后,尽管开放式基金与封闭式基金相比具有更好的激励约束机制,但封闭式基金也具有较少受到资金流进流出干扰的优势。因此,从投资上看,封闭式基金与开放式基金相比并不落于下风。我们认为,开放式基金的优势更多地体现在交易方式与服务上,并不表现在业绩上,对封闭式基金今年表现不如开放式基金表现这一现象,应正确看待。

总体上,剔除处于"建仓期"的基金,基金的仓位基本上都维持在50%以上的水平。如果上证A股指数跌10个百分点，在不考虑基金持有债券及现金所带来收益以及假设基金持有股票能够完全跟踪上证A股指数变化的情况下，则基金资产净值平均至少将下跌(50%×10%=5%)5个百分点。事实上，2002年股指继续处于下跌态势，因此基金净值也表现为同步缩水：从2001年12月31日至2002年12月20日，上证A股指数下跌12.88%，同期封闭式基金净值负增长9%。虽然年中股市爆发了6.24行情，但6.24并没有改变股指运行的态势，相反，由于基金在6.24前仓位普遍较轻，导致基金净值在6.24期间的涨幅大大低于上证A股的涨幅，同时基金因在6.24仓促加仓，不但在随后调整的市道中陷于被动，而且其净值跌幅更是一度超过了大盘。

在2001年以前的牛市格局中，基金重仓股一度成为市场领涨的风向标，不但广大投资者对其青睐有加，基金经理更将其当作提升净值的重要法宝。而目前，逐渐失去其他资金关注的基金重仓股，在2002年更是步入尴尬境地。首先，部分运作时间相对较长的基金，不同程度上存在着重仓股老化问题。其次，各基金之间重仓股策略趋同，机构之间的博弈极易引发巨大的抛盘，其对基金净值的不利影响也显而易见。整个三季度，基金重仓股的走势整体上弱于大盘，10月份，基金重仓股更成了市场领跌的风向标：继中兴通讯持续走低令众基金苦不堪言之后，国电电力和华能国际的重挫又令景系等基金损失惨重，而接踵而至的深能源、东方集团和珠峰摩托的相继跳水亦令华安创新、华夏成长和南方稳健的净值短期内迅速下跌。

2001年下半年开始的股市调整令众多资金寻觅新的获利场所，债市无疑成为众机构的首选。债市上半年的火爆曾为基金扭转业绩困局立下了汗马功劳。统计数据显示，上半年54只基金股票买卖价差收入是－20.48亿元，而债券利息收入与买卖价差收入合计为14.05亿元。“股票亏损债券补”改变了基金对债券的态度，各基金不再像以往那样投资债券仅仅是为了完成“20%国债”比例的规定，而是将债券投资作为其资产配置的重要一环。在下半年股市行情依旧疲弱的市道中，基金投资债券的比例继续悄然上升。三季度末54家基金国债与现金的平均比例为46.87%，较二季度增加了14.34%，虽然该数据并未确切显示基金投资国债的比例，但从三季度基金持股比例变化不大我们可以推测三季度基金应是加大了对国债的投资力度。不过，下半年债券的走势并未再次给基金带来“堤内损失堤外补”的欣喜，而债市下挫也成为基金净值缩水的主要原因。

我国上证指数自去年6月形成历史高位2245点以来一路下跌，不仅跌破了市场在1900点企稳的心理预期位，还跌破了市场在1700点左右因大成交量而形成的强支撑位，更是跌破了5.19后于99年底所形成1341点的低位，至今年1月28日达到1339点。期间，上证指数下跌了近40%，股市的系统性风险得到充分释放。今年，其经营管理业绩不尽人意，除了与大盘的整体表现较差有关外，还与其自身在证券投资操作上存在着明显的失误有着较大的联系。具体来看，主要体现在两个方面，即选择股票能力及选择时机上不够成功。

今年以来，大盘整体继续演绎弱市调整行情，且仅出现两波短期反弹行情。即从1月22日至3月22日上证指数从1348点上涨到1684点，其涨幅为24.93%；另外一个波段行情持续时间更短，受“国务院决定停止国内证券市场减持国有股”等利好消息的影响，上证指数从6月5日的1460点上涨到6月28日的1747点，其涨幅为19.66%。所以，如果基金要取得良好的经营业绩，就必须珍惜今年上半年证券市场所提供的这两次投资机会。而事实上，根据我们从市场热点的分析可知：在第一波行情中，市场主力资金并没有按照常规的投资操作思路选择具备投资价值且抗跌性强的绩优股，而是加大了ST股及深圳本地股等低价重组股的投资力度，使得在较长时间内“绩差股”成为市场的主流热点板块；而基金业作为整体，在上半年的市道中，继续追捧“价值型”股票为主导投资理念的同时，兼顾“成长型”股票的投资选择，从而错失了其在加强基金资产流动性风险管理的情况下追逐市场热点从而以“积小胜为大胜”的机会。而在第二波行情中，由于6.24行情爆发的突然性及短暂性，基金业整体上对行情的盲目乐观，判断市场即将展开行情、且市场热点可能转向次新股及绩优大盘股等，从而大量介入了这些易于建仓、历史套牢盘少的个股。而6月24日以后，基金业整体重仓持有次新股及绩优大盘股并没有成为市场热点，却随着大盘一路盘跌。可见，今年基金业在选择股票上整体水平较差。

基金投资股票，除了需要把握市场热点外，还需要掌握介入该投资品种的时机，也就是“没有绝对好的公司、只有相对好的价格”。今年以来，基金业在选择股票上所体现的能力不够理想，而在投资股票所选择的时机上是否正常呢？我们根据公开的信息，只能了解到基金的季度数据等相关信息，下面仅从基金平均持有股票仓位的变化情况来分析基金业投资股票的时机把握能力。经过统计并计算，不难发现：

在第一季度，上证指数从1646点下降到1603.9点，其跌幅为2.556%；而同期基金业却逆市增加了股票仓位，其幅度为5.777%。基金业逆市增加持有股票仓位；第二季度，上证指数上升到1732.76点，其涨幅为8.034%。同期基金业顺市增加了26.901%的股票仓位。且根据净值波动情况，我们预计基金增仓的时间发生在6月24日后；第三季度，上证指数下降到1581.62点，其跌幅为8.723%；而同期基金业也顺市减少了7.474%的股票仓位。

综合来看，基金业在建仓时机的选择上，如果说第一季度基金业逆市小幅增加股票仓位尚可理解的话，而6.24行情所形成的基金业平均增仓26个百分点则是个错误。可见，今年的基金投资股票所选择的时机存在着重大失误。

【分析和评述】 基金在2002年的投资"全军覆没"的原因除了主观原因基金管理人的投资能力不高和客观原因证券市场持续低迷之外，一些与基金投资相关的规章制度也束缚了基金管理人的手脚，阻碍了一些优秀的基金管理人取得良好的业绩。

《证券投资基金管理暂行办法》(以下简称《暂行办法》)中第三十三条中规定"1个基金投资于股票、债券的比例，不得低于基金资产总值的80%"。管理层制定这一规则的出发点是为了保护基金投资人的利益，防止出现基金管理人不积极投资而持有大比例现金时照样计提管理费的不合理现象。但是，由于国内证券市场结构不完善，缺乏股票指数期货和国债期货等对冲风险的工具，一旦股票市场和债券市场同时走弱时，基金投资只有束手就擒，无奈地面对80%的基金资产逐渐缩水。为了使基金管理人从这种尴尬的境地中解脱出来，一方面要尽快发展完善证券市场，增加市场金融衍生产品；另一方面应当研究是否可以放宽规章制度的限制，例如把基金在股票和债券上投资占基金资产总值的比例高低的决定权交由基金管理人决定。

但是，对于开放式基金的管理人来讲，在证券市场低迷时，是通过持有较多的现金暂时降低基金管理人收入的方式维持基金的业绩，还是不顾基金业绩的下滑继续持有较多的股票和债券仓位达到维持基金管理人收入的目的，实际上是基金管理人短期利益与长期利益的平衡问题。究竟如何平衡这个利益关系，管理层应当放权，让基金管理人在完全市场化的环境中自行决定。

对于封闭式基金的管理人来讲，基金业绩的好坏对于其管理费收入的影响不大，因此必须通过制度的安排促使封闭式基金的管理人努力提升基金的业绩。例如，只允许那些所管理的基金平均业绩在上一个年度排名前三分之一的基金管理公司发行募集新的基金；或者要求那些业绩排名靠后的封闭式基金实施封闭转开放方案等。《暂行办法》中规定1个基金投资于国债的比例不能低于基金净值的20%。管理层制定这一规则的出发点是为了降低基金投资的风险。但是在基金实际投资过程中，当股票市场处于牛市阶段时，20%的国债仓位拖累了基金的业绩表现；当股票市场和债券市场均处于熊市阶段时，特别是国内债券市场机构投资者行为的趋同性增加了债券投资的流动性风险。因而基金20%的国债投资扩大了基金投资的风险。

中国证监会于2002年3月12日发布了“关于证券投资基金参与股票发行申购有关问题的通知”，对基金申购新股进行了规范与限制。通过对1999年、2000年和2001年的基金业绩分析，我们不难发现新股申购收益占了基金总收益的相当比例。在基金发展初期，通过给予基金优先配售新股的优惠政策来扶持基金的发展无可非议。同样随着基金市场的发展，基金享受的各种优惠政策的取消也是顺理成章的事情。但是，在实际操作过程中，基金往往不能充分运用基金的股票市值进行申购，出现了浪费市值损害基金投资人利益的现象。另一方面，由于基金投资人不享有市值配售新股的权利，使得基金投资人在股票一级市场中处于不利的地位，也造成新的不公平。因此，有关基金申购新股和基金投资人申购新股的政策极大地抑制了普通投资者购买基金的热情。

经过四年的发展，基金市场中基金的数量已经增加到71只，设立及筹建的基金管理公司数量为29家。从市场的发展趋势看，基金管理公司和基金的数量还会稳步增加。通过“好人举手”和基金管理公司股权转让，基金管理公司的发起人中会出现许多新面孔。管理层在放松基金管理公司和基金的“入口”时，有必要考虑基金管理公司和基金的“退出”问题。不要重蹈股票市场的覆辙，等到基金管理公司或基金的数量上千时，才考虑“退出”问题，那时可能积重难返。对此，建议增强基金持有人的权利；特别是增强基金持有人通过召开持有人大会选择基金管理人的权利。

开放式基金发行存在非市场化因素，信息披露不健全，至关重要的持有人结构与比例信息未公布，潜在赎回压力巨大。从封闭式基金披露的保险公司投资额和其他渠道的保险公司基金投资额综合分析来看，2002年6月底，保险公司持有41亿元的开放式基金，但到11月底，可能增加到150亿元左右，约占开放式基金份额的25%。部分大型保险公司持有单一一只开放式基金份额可能超过10%的比例。持有人机构化使其结构不稳定，甚至可能迫使基金管理人改变原有的稳定的可预期的基金投资策略。

基金持有人对基金管理公司几乎无法监督。基金管理公司制定并主导基金业的“游戏规则”，其他基金当事人处于弱势地位。即便100%的持有人要求召开持有人大会，但首先要获得基金管理人同意并由基金管理人提议召开，这在法理、逻辑和道义上很难讲得通。一些公司过分强调自身的排他性利益要求，则可能无法获得其他社会成员的广泛支持，基金业发展的路子只会越走越窄。

盘面观察和市场调研表明，相当部分的长线投资者对封闭式基金表示失望，要么撤出基金市场，要么转投开放式基金。这批忠诚的基金投资者基本不做股票，只做基金或国债，投资理念理性稳健，以长期投资为主但又适度投机，是支撑中国封闭式基金的骨干与中坚力量。长线投资者不断离场导致封闭式基金价格不断向下寻求新的平衡点。这既有基础性市场的原因，也有基金业内部原因。基金业内部原因主要是基金业发展重点发生转移，转为以开放式基金为主，“重开放轻封闭”。基金管理公司内部资源向开放式基金倾斜，造成对封闭式基金的严重不公平。愈演愈烈的封闭式基金“边缘化”问题已经对封闭式基金二级市场价格造成直接打击。封闭式基金持有人的新股市值配售权取消，也打击了持有人的投资热情。

“1+1”原则和部分券商思路调整引致基金管理公司大范围股权转让，基金管理公司面临如何妥善处理股权结构调整与经营管理稳定的微妙境地。引进新鲜血液有利于冲击和打破基金管理公司的内部人控制和已经形成的利益网络，给基金业带来新鲜血液，促进基金行业的新陈代谢。但"引狼入室"也可能使得基金投资管理流程受到干扰，从而可能损害持有人的利益。这么多基金管理公司几乎是同时大范围的股权大调整，负面影响不可忽视。如果局面失控，引起连锁反应，基金业难免不陷入大的动荡，犹如打开“潘多拉魔盒”而覆水难收，可能危及整个基金业的长远发展。基金管理公司改革与稳定之间的关系如何协调，特别是在配套措施未出台前，如何稳定局面，避免股权转让无序，是当前的一项重要课题。已经有迹象表明，由于基金管理公司经营管理面临不稳，部分机构资金担心持有人资产在基金管理公司股权调整过程中处于不稳定状态，而提前撤出。

从《基金管理公司委托资产管理暂行办法》(征求意见稿)的初步内容来看，资产管理的委托方对基金管理公司是实行严格的“一对一”监督的。不管是投资管理方案、交易运作和信息披露等各个方面，资产管理的委托方均可以对基金管理公司施加重要影响。资产管理的委托方的利益保护远远超过公募型基金持有人的利益保护。在没有严密防火墙限制的情况下，不排除基金管理公司迫于资产管理委托方的压力(如收益保证要求)而动用公募基金的资源或利益倾斜导致“损公肥私”(公募型基金向资产管理业务输送利益)的可能。因而一些机构投资者受社保基金招标挑选基金管理公司的启发，拟从公募基金撤出资金转向监督更严格、利益更有保障的资产委托管理。

覆巢之下，岂有完卵。基金是依附于股票市场的附属品种。在股票市场价格重心下移和债券市场持续低迷情况下，基金很难独善其身。基础性市场主要是股票市场问题没有彻底的解决之前，基金业的发展将受到严重的制约。

(杜书明　于晓梅　胡立峰　胡志光　钟健)

为社会保障体系提供安全和值得信赖的投资管理服务

几年来，我国社会保障事业发展十分迅速，社会保障体系已基本建立。到2001年底，我国社会保险金规模已超过2400亿元，还将以每年30%的速度增加，世界银行预测，到2030年我国社会保障基金总额将达到1.8万亿美元，成为世界第三。社保基金如同巨大的“蓄水池”，汇集了巨额资金的同时，也面临着保值增值的压力。将资金存入银行，虽然在安全性上有充分保障，但无法实现较高的收益。世界各国的普遍做法是将养老金投入资本市场，一方面在充分分散风险的基础上提高投资收益率，另一方面为资本市场提供长期、稳定的资金，服务于国家经济建设。

由于资本市场风险相对较大，社保资金的性质要求其投资在安全性的前提下保证较好的收益，因此，必须要有一个合适的投资渠道和科学的管理机制，使这些资金可以被有效配置到资本市场体系，保证低风险下的收益最大化。成熟国家经验表明，证券投资基金是社保资金参与资本市场较好的渠道，证券投资基金因其专业管理、组合投资、资产托管等制度优势，使其成为社保资金理想的长期投资工具。

我国社会保障基金建立较晚，但也在积极探索通过资本市场实现保值增值的方式。2000 年 9 月，国务院决定建立"全国社会保障基金"，并设立"全国社会保障基金理事会"。由理事会管理基本社保障资金，并挑选、委托专业性的资产管理公司对基金的资产进行运作，以实现其保值增值。2001 年 12 月 13 日，财政部和劳动保障部公布了《全国社会保障基金投资管理暂行办法》，明确了全国社保基金进入资本市场的原则、方式和管理程序，为全国社保基金的投资管理提供了 制度保障。挑选专业性的管理公司运作社保基金资产的工作已经完成，有 6 家基金管理公司成为第一批社保基金管理人。

我国的基金业自 20 世纪 80 年代末期起步以来走过十多年时间的发展历程。在起步阶段，由于缺少健全的法规和监管，也没有充分经验，发展缓慢。基金组织形式单一，规模小，投资范围宽泛，资产质量不高，运作和管理不够规范。1997 年 10 月《证券投资基金管理暂行办法》的颁布，标志着证券投资基金业进入规范发展阶段，中国证监会作为主要监管机构，积极积累经验，一手抓监管，一手抓发展，取得了较大的成效。1997 年以后的五年，是我国基金业迅速成长的五年，这五年里，基金资产规模迅速提高。至 2002 年底，共有基金管理公司 21 家，封闭式基金 54 只，开放式基金 17 只，总资产 1300 多亿；基金品种不断丰富，从封闭式基金到开放式基金，从股票基金到债券型基金，从主动型投资基金到被动的指数型基金；基金管理水平明显提高，基金管理公司投资理念更加科学，管理技术与投资能力有了明显增强，基金的内部控制、风险管理得到了普遍增强，诚信意识大大增强，交易行为也日趋规范；投资总体效益较好，据统计，已存续三年以上的 23 只封闭式基金，每个基金单位年平均分红 0.138 元，相当于一年期存款利率的 6.97 倍，2000 年和 2001 年，商业保险机构投资证券投资基金的收益率均超过 12%。2002 年以来，我国股市处于调整阶段，截至 2002 年 12 月 31 日，上证 A 股指数下跌 15.60%，深圳综合指数下跌 16.86%，而 2001 年成立的三只开放式基金净值平均仅下跌 4.80%，基金专业理财和分散风险的优势得到充分体现；基金业对外开放有了实质进展，2002 年 6 月 1 日发布《外资参股基金管理公司设立规则》后，批准了国联安、华宝兴业、海富通和招商中外合资四家基金管理公司的筹建，其中招商基金管理公司已经批准开业。

基金业是"受人之托，代人理财"的行业，严格的监管与基金管理人的诚信是投资者利益的重要保证，同时也是基金业健康发展的重要保障。在基金管理公司方面，中国证监会严格了对公司治理结构和内控制度的审核和监管，建立了独立董事制度，防止大股东控制、防止不正当关联交易和利益输送，起草了《基金管理公司内部控制指导意见》，要求公司建立科学完善的内部控制。在基金产品方面，改变了《基金契约》中基金产品特征说明模糊，名不符实的现象，要求各公司必须在基金产品说明书和概要中明确基金产品的投资目标、投资理念、投资策略、选股原则、比较基准、风险收益特征，使各基金有明晰的产品特征。在基金销售方面，颁布《证券投资基金宣传和营销行为管理暂行办法》，就基金的广告宣传和营销行为制定了系统的规范、鼓励公平竞争，提倡优质服务，禁止强制摊派、风险提示不足、恶意压低服务收费等不正当竞争行为。在从业人员管理方面，审查高管人员的管理经历和相关的投资记录，加强了对基金管理公司高层人员的行业诚信和投资理念考察。

可以说，五年以来，中国的证券投资基金业在实力、规模、水平和规范上已在走向成熟，为包括社保资金在内的广大投资者有效参与证券与证券投资提供了重要途径。

根据行业的发展和新形势的要求，中国证监会还将进一步加强投资人利益保护机制、完善基金市场所结构、丰富资产管理业务种类。

第一，完善法律法规体系。推进《投资基金法》的立法进程，以法律的形式规范基金持有人、管理人、托管人等主体的权利和义务。在法律的基础上，完善产品标准体系、服务机构准入体系、行为规范体系和监管机构体系的法规建设。

第二，拓宽基金管理公司的业务范围。受托资产管理是成熟市场基金管理公司一项重要业务内容，我们正在研究建立必要的制度和制约机制，通过单独账户管理、建立严格防火墙、改革公司治理结构等措施加强基金管理公司自身管理和内控制度建设，积极推动基金管理公司从事委托资产管理业务。

第三，在基金信息披露方面，正在总结目前信息披露制度中存在的问题，针对开放式基金和新基金品种不断扩大，修改现行基金信息披露的相关规定。包括以定期更新的招募说明书替换开放式基金公开说明书；以季报形式替换现行的投资组合公告；增加披露说明书摘要和年报摘要，增加债券基金和债券型基金的信息披露规则等内容。努力增加透明度，充分发挥公众监督作用，促进证券投资基金规范运作，守法经营。

第四，推进基金评价体系的建立。社保资金进入股市的主要形式有两种，一是委托专业机构管理，二是通过购买基金的方式自己管理。因此，要推动基金业绩评估体系建设，鼓励设立基金业绩评估机构，引进国外成熟市场的先进经验，建立科学和标准化的评估方法，为社保基金和广大投资者推荐优秀的基金。

第五，树立基金产品设计与销售的适用性监管理念，使基金产品的风险受益特征与销售对象相匹配，并以此加强产品诚信监管。基金管理公司特别要加强研究，专门为商业保险资金、社保资金这些大资金入市量身订做投资工具，包括根据直接购买多种已有基金，构建基金组合；在发行基金时向社保资金定向配售以及专门设立社保型投资基金等等。

第六，强化基金业监管。今年中国证监会将继续加大监管力度，对基金公司治理结构、内部控制和风险管理、基金投资行为、从业人员监管、基金信息披露、基金销售、托管银行的运作等方面健全有关监管规定，并加大实施力度，促进行业规范运作水平的进一步提高。

中国证监会基金监管部副主任　洪磊

基金经营机构

易方达基金管理有限公司

【公司概况】 易方达基金管理有限公司于2001年4月17日正式成立，注册资本1.2亿元人民币，是经中国证监会批准设立的第十一家基金管理公司，主要从事发起设立基金、管理基金以及中国证监会批准的其他业务。

【经营业绩】 易方达秉承"取信于市场，取信于社会"的宗旨，坚持"在合法前提下实现持续、稳健增长"的经营理念，以完善的制度、严格的管理、规范的运作和良好的业绩，赢得了市场的认可，各项业务发展迅速。目前管理着四只封闭式基金和一只开放式基金，分别为基金科汇、基金科讯、基金科翔、基金科瑞和易方达平稳增长基金。截至2003年第一季度末，管理基金份额约90亿份，是国内最大的基金管理公司之一。

在中国加入WTO的大背景下，国内基金业正在经历市场化与国际化导向的深刻蜕变。作为国内第二批首家获准成立的基金管理公司，易方达的筹建与发展思路，体现了更多的观察与思考、放弃与创新，同时也融入了向国际同行学习与借鉴的成果。为做到更加健全、更加规范、更加有活力，公司率先引入独立董事制度、内控制度、投资管理制度。

易方达将一如既往地贯彻其稳健求实的风格，以诚实、勤勉、尽责的态度服务投资者，以切实骄人的业绩回报投资者。

南方基金管理有限公司

【公司概况】 1998年3月，经中国证监会批准，国内首家规范的基金管理公司——南方基金管理有限公司正式成立，成为中国新基金业的起始标志。南方基金管理有限公司为国家特许经营的特大型金融机构，注册资本1亿元，是独立运作从事基金发起设立和管理的专业公司。公司的股东及股权结构是：华泰证券有限责任公司45%、深圳市机场股份有限公司30%、厦门国际信托投资有限公司15%、兴业证券股份有限公司10%。截至目前，南方基金管理有限公司管理四只封闭式基金和三只开放式基金，管理资产规模超过220亿元人民币，为国内管理资产规模最大的基金管理公司。

【经营业绩】 南方基金管理有限公司管理的国内第一只规范的封闭式证券投资基金——基金开元于1998年成功发行上市，开创了中国基金业的新纪元。2001年9月，南方基金管理公司首批推出了开放式基金——南方稳健成长基金，再次引领行业潮流，将中国基金业推向新的发展阶段。以不断创新的精神在国内基金行业中独领风骚的南方基金管理有限公司，于2002年9月又率先推出了国内首只债券型开放式基金——南方宝元债券型基金，并藉此成为首家管理两只开放式基金的基金管理公司。2002年12月，南方基金管理有限公司在全国社会保障基金投资管理人评选中力拔头筹，开启了公司业务发展的新领域。2003年，南方基金管理公司计划推出"南方避险增值基金"，在中国证监会组织的专家评审中，该产品被誉为"中国基金业有史以来最具创新性的基金产品。"2003年6月27日，该基金在发行获得巨大成功后正式成立，创下了发行近52亿元、提前发行结束、单只基金持有人数量最多、个人投资者所占比例最高等多项行业纪录。

南方基金管理公司秉承"规范、稳健"的投资风格，并本着"一流人才、一流管理、一流效益"的经营理念，以专业化经营、规范化管理运作基金资产，使基金业绩不断提高，为投资者创造了丰厚的回报。旗下主力基金的投资业绩均处于行业领先水平。截至2002年12月31日，基金开元累计净值增长率达61.65%，累计向投资者分红每10份基金单位8.49元，共16.98亿元；2003年基金行业的平均收益率超越股市大盘收益率4.4 %，南方稳健成长基金收益率为26.5%，高于行业平均水平10.4%。在所有开放式基金中排名第二。以长线投资而论，南方稳健成长基金的表现也堪称最优。基金成立两年多来，在股市大盘下跌8.34%的大熊市中，基金的累计收益率达17.81%，年均收益率为7.92%，在同期成立的基金中名列第一。成立仅半年的南方避险增值基金，净值增长率已超过4%，充分显示了基金管理人卓越的投资管理能力。

南方基金管理公司在长期的投资实践中，南方基金管理公司建立了一套与成熟、高效的投资决策、风险控制、研究支持、运作保障和市场拓展体系，为公司投资管理运作提供了强大的支持。同时，南方基金管理有限公司吸收、培养了一支高度专业化的人才队伍。公司现有员工130人，其中硕士以上学历占60%，有近70%的员工有5年以上的证券从业经验，20%的员工有在欧美、日本等国家学习和工作的经验。公司还特别招聘了多位拥有多年华尔街工作经验的高级证券从业人员，为公司的发展和规范运作带来了先进的经验和观念。

作为在产品创新和管理资产规模方面步步领先的基金管理公司，南方基金管理公司正以积极创新的精神，加强与国际同行的交流和合作，全力迎接中国基金业的大发展和对外开放。

广发基金管理有限公司

【公司概况】 广发基金管理有限公司成立于2003年7月，总部设在广州。公司注册资本金1亿元人民币，公司股东包括广发证券股份有限公司、广州科技风险投资有限公司持股、深圳市香江投资有限公司持股、烽火通信科技股份有限公司。

广发基金管理有限公司拥有强大的资源优势、严谨科学的管理体系、高素质的人才队伍，坚持"简单、透明、务实、高效"的经营理念，致力成为品牌突出、信誉优良、特色鲜明的基金管理公司，为投资者谋求长期稳定的收益。

【经营与管理】 广发基金管理有限公司贯彻"简单、透明、务实、高效"的经营管理理念，建立了一套科学、规范的公司组织结构。公司实行投资决策委员会领导下的基金经理负责制，以高效尽责的团队精神，贯彻"顺应市场、积极投资"的投资理念。其中，投资决策委员会是基金投资运作的最高决策机构，主要负责决定基金的投资理念、投资准则；审核基金资产配置比例、基金的投资绩效基准；评估并审批基金投资策略等。研究发展部负责宏观经济研究、行业与公司研究、债券研究、基金绩效评估、风险评估等工作，并向投资管理部、投资决策委员会、风险控制委员会提供相关报告。投资管理部负责提出基金投资策略及投资组合方案，并根据投资决策委员会审定的资产配置方案和基金投资组合方案，组织基金投资的具体实施；协助研究发展部进行产品开发。中央交易室负责基金投资交易的具体执行。广发基金贯彻“顺应市场、积极投资”的投资理念；以客户需求为导向，确定基金的投资目标、投资策略、投资基准、投资限制、投资准则；采取“自上而下”与“自下而上”相结合的投资方式；遵循基于基本面研究和数量化分析相结合的组合投资流程。公司以市场为导向、以客户为中心，将客户至上的理念贯穿于客户服务的每一个细节。公司希望将专业理财服务传送到中国千家万户。此外，广发基金客户服务中心热线及广发基金网站 24 小时为您提供理财信息和理财咨询服务，网上交易和电话委托交易等非现场交易方式也即将开通，满足您不断提升的新需求。

广发基金拥有精诚的投资管理队伍。“与中国证券市场共同成长”可以说是广发基金投资管理精英队伍的共同写照。他们早已在中国证券市场中搏战多年，他们亲历中国证券市场的各个发展阶段，他们各自对证券市场的不同领域有着深入的研究，如今他们将共同为所有广发基金的客户创造财富。

金鹰基金管理有限公司

【公司概况】 2002 年 8 月，金鹰基金管理有限公司获准筹建，是自律制度下中国证监会批准设立的首批基金管理公司之一。公司注册资本 1 亿元人民币，股东包括广州证券有限责任公司、四川南方希望有限公司、广州药业股份有限公司、广东美的集团股份有限公司，分别持有 40%、20%、20%和 20%的股份。2002 年 12 月 25 日，金鹰基金管理有限公司获准正式开业。

金鹰公司按照高起点、市场化、科学化、规范化和国际化的要求管理运作。公司主要股东有成长迅速的专业券商、声誉良好的知名上市公司和富有创新活力的著名民营企业，共同给予金鹰长期战略支持，确立了长远发展的坚定信念，并形成了雄厚资本与丰富专业经验能力的有效融合，实现了专业和行业的优势互补。

金鹰致力于建设一个运作高效、完善合理的公司治理结构，为此建立了“三层三纵”的制度体系、严谨的业务执行系统和健全的监督系统。独立董事占董事人数的 45%，包括享誉国际、精通业务的金融、法律和财务管理专家及知名经济学者。聚集海内外金融精英，21%为博士，74%以上具有硕士以上学历，且大部分毕业于海内外著名高校，还有海外留学人士加盟。金鹰坚持团队合作，努力打造一个团结一致，为共同目标不懈努力的精英团队。金鹰提倡不断进取，追求卓越，不断地超越自我，在市场创新中，保持领先地位。金鹰与法国 CDC 资产管理公司、美国 Wellington 资产管理公司和美国国际集团(AIG)等国际知名投资机构建立了良好的国际合作关系。金鹰在合作中积极引入国际先进基金管理经验和技术。

融通基金管理公司

【公司概况】 融通基金管理有限公司是经中国证监会批准，由河北证券有限责任公司、陕西省国际信托投资股份有限公司、联合证券有限责任公司和爱建证券有限责任公司共同发起设立。公司于 2001 年 5 月在深圳注册成立，注册资本 12500 万元人民币，经营范围是发起设立基金、基金管理和中国证监会批准的其他业务。

公司实行董事会领导下的总经理负责制，并引入独立董事制度。董事会设立了合规审核及审计委员会、提名及资格审查委员会及薪酬与考核委员会。公司下设基金管理部、机构理财部、研究策划部、基金交易部、市场拓展部、登记清算部、信息技术部、综合管理部、监察稽核部等九个职能部门，以及北京投资理财中心、上海投资理财中心。同时，公司还设有投资决策委员会和风险控制委员会，负责指导基金资产的运作和风险控制。

公司自成立以来，始终坚持“以人为本、诚实信誉、规范自律、卓越服务”的经营理念，稳健发展，为广大投资者提供长期稳定的回报。截止 2003 年 10 月底，公司共管理基金通宝、基金通乾两只封闭式基金，及融通新蓝筹、融通债券基金、融通深证 100 指数基金和融通蓝筹成长基金等四只开放式基金，总体管理规模达到了 60 亿份基金单位。在精心管理、努力创造收益的基础上，融通旗下的基金坚持持续分红，为持有人提供现实的回报。目前已累计为持有人分红 1.55 亿元。

伴随着资本市场的不断壮大和证券投资基金业的蓬勃发展，融通基金管理公司正以全新的面貌，迎接历史赋予的挑战和机遇。

【基金概况】

基金名称	融通新蓝筹基金		
基金代码	161601	基金类型	契约型开放式
设立日期	2002 年 9 月 13 日	基金托管人	中国建设银行
募集规模	22.19 亿份基金单位	期末单位净值	1.0015 元
累计单位净值	1.0615 元	累计分红	0.06 元/基金单位

投资目标：主要投资于处于成长阶段和成熟阶段早期的“新蓝筹”上市公司。通过组合投资，在充分控制风险的前提下实现基金净值的稳定增长，为基金持有人获取长期稳定的投资收益。

基金经理：詹凌蔚先生，1974 年生，硕士学位。曾任融通基金管理有限公司研究策划部行业研究员、副总监、基金经理助理，上海中野投资管理有限公司资本运作部副总监，中科信厦门证券营业部证券分析师。

基金名称	融通债券基金		
基金代码	161603	基金类型	契约型开放式
设立日期	2003 年 9 月 30 日	基金托管人	中国工商银行
募集规模	8.73 亿份基金单位	期末单位净值	1.002 元
累计单位净值	1.002 元	累计分红	

投资目标：在强调本金安全的前提下，强调通过债券组合优化配置策略，严格控制投资风险，追求长期、稳定的投资收益。

基金经理：徐荔蓉先生，30 岁，硕士学历。6 年证券从业经验，1 年基金管理经验。历任中国技术进出口总公司金融部副总经理、融通基金管理有限公司研究策划部副总监、通乾基金经理助理。

基金名称	融通深证 100 指数基金		
基金代码	161604	基金类型	契约型开放式
设立日期	2003 年 9 月 30 日	基金托管人	中国工商银行
募集规模	4.78 亿份基金单位	期末单位净值	0.994 元
累计单位净值	0.994 元	累计分红	

投资目标：运用指数化投资方式，通过控制股票投资组合与深证100指数的跟踪误差，力求实现对深证100指数的有效跟踪，谋求分享中国经济的持续、稳定增长和中国证券市场的发展，实现基金资产的长期增长，为投资者带来稳定回报。

基金经理张野先生，40岁，工商管理硕士。8年证券从业经验，2年基金管理公司从业经验。历任杭州新希望证券投资顾问有限公司董事长、总经理，融通基金管理有限公司研究员。

基金名称	融通蓝筹成长基金		
基金代码	161605	基金类型	契约型开放式
设立日期	2003年9月30日	基金托管人	中国工商银行
募集规模	7.66亿份基金单位	期末单位净值	1.001元
累计单位净值	1.001元	累计分红	

投资目标：组合投资，资本增值，为持有人获取长期稳定的投资收益。基金经理：易万军先生，32岁，中国科学技术大学少年班经济管理专业本科毕业。10年证券从业经验，4年基金管理公司从业经验。历任中国科技国际信托投资公司武汉代表处股票自营负责人，鹏华基金管理公司基金交易员，上海华源集团恒盛投资管理公司投资总监，融通基金管理有限公司基金交易部总监。

基金名称	通宝基金		
基金代码	184738	基金类型	契约型封闭式
设立日期	2001年5月16日	基金托管人	中国建设银行
基金规模	5亿份基金单位	期末单位净值	0.8445元
累计单位净值	0.8445元	累计分红	

投资目标：积极成长型基金，所追求的投资目标是在尽可能地分散和规避投资风险的前提下，谋求基金资产长期增值和收益的高速稳定增长。

基金经理：郝继伦先生，经济学博士。曾就职于陕西德威投资咨询公司、鹏华基金管理公司，具有多年的证券、基金从业经历。

基金名称	通乾基金		
基金代码	500038	基金类型	契约型封闭式
设立日期	2001年8月29日	基金托管人	中国建设银行
基金规模	20亿份基金单位	期末单位净值	0.955元
累计单位净值	0.985元	累计分红	0.03元/基金单位

投资目标：价值成长型基金，主要投资于具有一定竞争优势、业绩能够持续增长或具有增长潜力的成长型上市公司股票，同时兼顾价值型公司股票。通过组合投资，在有效分散和控制风险的前提下，谋求基金资产的稳定增长。

基金经理：赵枫先生，经济学学士，曾就职于中国技术进出口总公司金融部、上海中技投资顾问有限公司、鹏华基金管理有限公司，具有丰富的证券分析和投资经验。

注：期末单位净值、累计单位净值、累计分红截止日期均为2003年10月30日

华夏基金管理有限公司

【公司概况】 华夏基金管理有限公司成立于1998年4月9日，是经中国证监会批准的首批全国性基金管理公司之一。目前，公司管理的资产规模近200亿元人民币，旗下包括兴华基金、兴和基金、兴科基金、兴安基金、兴业基金等5只封闭式基金，以及华夏成长、华夏债券、华夏回报三只开放式基金，是国内管理基金数目最多的基金管理公司，也是管理资产规模最大的基金管理公司之一。

5年来，华夏基金取得了优异的投资业绩。2001年和2002年，兴华基金的净值增长率连续两年名列第一，自成立以来累计分红已超过18亿元。2002年，华夏成长基金净值增长率在开放式基金中名列第一，在所有基金中名列第二。2002年9月，华夏债券基金问世。截止2003年5月下旬，华夏债券基金取得了净值增长2.7%的好成绩。2002年12月，华夏基金管理公司又取得了全国社保基金首批投资管理人资格。2003年6月，全国社保基金正式开始将资金委托给华夏基金管理公司进行投资管理。

5年来，公司从无到有，从小到大，从十几人创业到今天的100多人，从注册资金7000万元起步到管理资产规模超过170多亿元，历经了基金业的风风雨雨，经受住了各种严峻考验，一步步发展壮大起来。5年来，华夏基金稳健经营、规范运作、大胆创新，取得了良好的经济效益和社会效益。公司始终坚持"诚信、人本、创新、共享"的经营理念，坚持"专业化、规范化、市场化、国际化"的发展策略，力求实现"管理一流、业绩一流、服务一流"的公司战略目标。公司培养了一大批诚信尽责、团结协作、富有创新精神和社会责任感的专业人才。公司已成为国内管理基金规模最大、管理基金数量最多、投资业绩优异的基金管理公司，为股东和投资者提供了丰厚的回报。

公司始终把维护投资者利益作为企业发展的根本原则。公司建立了严格的内控体系，有效地控制了基金投资风险和企业经营风险，保证了投资者资产的安全性。公司已经形成了一套行之有效的投资研究制度和产品创新机制，在实现较好投资业绩的基础上，不断推出新产品满足投资人的需求，把"研究创造价值"的抽象理念落到了实处。公司大力推进客户服务体系的建立，通过直销团队、代销网络、投资者交流活动以及客户服务中心，为投资人提供了便捷的销售网络和有价值的投资资讯，全力打造高质量的华夏客户服务品牌。

2000年4月，经国家人事部批准，公司设立了我国基金业第一家博士后工作站，3年来在国内权威理论刊物和金融媒体上发表了多篇高质量的学术论文。2002年2月，公司荣获"首都文明单位"光荣称号。

【基金概况】 兴华证券投资基金　兴华证券投资基金为契约型封闭式证券投资基金，总规模20亿份基金单位，足额募集后于1998年4月28日宣告成立，于5月8日在上海证券交易所挂牌上市，交易代码为500008。兴华基金的托管人是中国建设银行。存续期为15年(1998年4月28日至2013年4月28日)。该基金的投资目标是为投资者减少和分散投资风险，确保基金资产的安全谋求基金长期稳定的投资收益。

兴和证券投资基金　兴和证券投资基金为契约型封闭式证券投资基金，总规模30亿份基金单位，足额募集后于1999年7月14日宣告成立，于7月30日在上海证券交易所挂牌上市，交易代码为500018。兴和基金的托管人是中国建设银行。存续期为15年(1999年7月14日至2014年7月13日)。该基金的投资目标是通过指数化投资和积极投资的有机结合，力求基金收益率超越我国证券市场的指数增长率(以沪市综合指数为参考)，谋求基金资产长期增值。

兴科证券投资基金　兴科证券投资基金由陕信基金、长安基金、南京基金、通信基金和常信基金等五只基金经清理规范后合并而成的契约型封闭式证券投资基金，基金规模原为226,659,366份基金单位，经扩募后达到5亿份。2000年7月18日在深圳证券交易所上市，基金交易代码为184708。兴科基金的托管人为交通银行。基金存续期为15年(1992年5月31日至2007年5月31日)。该基金的投资目标是以新的理

念去发掘投资机会，通过积极的投资策略，获取长期的资本增值。

兴安证券投资基金　兴安证券投资基金由龙江基金、广源基金、龙银基金等三只基金经清理规范后合并而成的契约型封闭式证券投资基金，基金规模为236，712，708份基金单位，经扩募后达到5亿份。2000年9月20日在深圳证券交易所上市，基金交易代码184718。兴安基金的托管人为中国银行。基金存续期为15年(1992年12月29日至2007年12月29日)。该基金重点投资于具有核心竞争，主营业务具有持续成长性，符合国民经济产业升级和结构调整方向的上市公司。本基金将通过积极进取的投资策略，在尽可能分散和规避投资风险的前提下，谋求基金资产长期稳定的增值。

兴业证券投资基金　兴业证券投资基金由原海鸥基金、珠信基金、赣农受益基金、金星受益基金等四只基金经清理规范后合并而成的契约型封闭式证券投资基金，基金规模为200，755，273份基金单位，经扩募后达到5亿份。2001年7月24日在上海证券交易所上市，基金交易代码500028。兴业基金的托管人为中国农业银行。基金存续期为15年(1991年11月15日至2005年11月14日)。该基金将投资于企业基本面良好、业务具有成长性、符合国民经济产业升级和结构调整方向的上市公司。基金将通过积极的投资策略，为持有人谋取长期稳定的投资收益。

华夏回报证券投资基金　华夏回报证券投资基金成立于2003年9月5日，为契约型开放式基金，基金的投资范围限于具有良好流动性的金融工具，包括国内依法公开发行上市的股票、债券及中国证监会允许基金投资的其他金融工具。其中债券包括国债、金融债、企业(公司)债(包括可转债)等。基金的投资目标是尽量避免基金资产损失，追求每年较高的绝对回报。在符合基金分红条件的前提下，每年至少一次，投资者可以选择现金分红或红利再投资。并且分红收益免所得税。

华夏债券投资基金　华夏债券投资基金成立于2002年10月23日，为契约型开放式基金。基金的投资范围限于固定收益类金融工具，包括国内依法公开发行、上市的国债、金融债、企业(公司)债(包括可转债)等债券，以及中国证监会允许基金投资的其他金融工具收益分配：在符合基金分红条件的前提下，每年至少一次，投资者可以选择现金分红或红利再投资。基金在强调本金安全的前提下，追求较高的当期收入和总回报。

华夏成长证券投资基金　华夏成长证券投资基金为契约型开放式基金，属成长型基金，主要通过投资于具有良好成长性的上市公司的股票，在保持基金资产安全性和流动性的前提下，实现基金的长期资本增值。基金投资范围限于国内依法公开发行上市的股票、债券及中国证监会允许基金投资的其他金融工具。重点是预期利润或收入具有良好增长潜力的成长型上市公司所发行的股票，这部分投资比例将不低于本基金股票资产的80%。该基金追求成长性，即投资于优秀的成长型上市公司，分享中国经济高速增长的成果；深入研究宏观经济和上市公司的基本面，准确把握股票和债券的中长期走势，为投资创造价值。

中信基金管理有限责任公司

【公司概况】　中信基金管理有限责任公司是在中国中信集团建立完整金融产业链的战略规划下，由中信证券股份有限公司联合国家开发投资公司、上海久事公司、中海信托有限责任公司共同发起创立，注册资本为人民币一亿元，持股比例分别为：49%、31%、10%、10%。

中信在1997年开始考虑综合性金融服务模式的体制探索，整合大陆、港台的金融业务，构建统一服务体系。2002年，中信金融产业战略执行机构中信控股公司获准成立。资产管理业务是中国金融市场中发展迅猛、最具潜力的市场之一，也是中信建立完整金融产业链不可或缺的一个组成部分。在这样的背景下，中信基金管理筹备组于2002年3月正式成立；2003年6月，中信基金管理公司正式获得中国证监会的筹备批文；2003年9月中信基金管理有限责任公司获得中国证监会的成立批文，并于2003年10月15日正式成立。

中信基金管理公司充分利用股东的资源优势、人才优势，组建了一支经验丰富、实力雄厚的经营管理团队；公司秉承中信文化，建立了科学、合理和严谨的管理体系、投资体系和营销体系。

中信基金管理公司实行董事会领导下的总经理负责制。董事会由4名独立董事和5名股东董事组成，下辖两个由独立董事任主任的委员会——审计与风险管理委员会、资格审查与薪酬委员会，目的是完善董事会的决策与风险控制功能。公司经营管理层采取扁平、高效的组织模式，总经理下设投资、市场、研发、运营四大业务总监。公司的职能部门为：监察稽核部、投资管理部、市场业务部、研究开发部、基金运营部、信息技术部、综合管理部、北京分公司、上海分公司。另外，公司还设有两个非常设机构——投资管理委员会和策略顾问委员会，其中投管会是公司投资管理业务的最高决策组织。

【经营理念】　中信基金管理有限责任公司以“承载财富责任、创造美好生活”为使命，以中信系统资深理财专业人士为基础，会聚各界精英，组建一流基金经营管理团队。中信基金以“基本面驱动资产定价”为核心投资理念，发展多元化投资策略，积累、优化，全面捕捉中国经济和证券市场发展的大趋势、大机会，以业绩打造具有生命力的基金及其它委托资产管理产品。

“用心倾听，持续优化”，中信基金以客户需要为尊，建造公司员工、Internet、自动语音电话系统，代销机构等共同构成的多维服务体系，全面了解客户需求，提供个性化全面财务规划理财方案和基于中信全面金融服务的深度延伸价值空间。

“至诚致远，中信基金。”中信基金追求的不是短暂的辉煌，而是要精心打造深受市场尊敬和信任的专业理财品牌，使信誉卓著、基业常青，是和代销银行、证券公司等业务伙伴建立战略合作，坚守承诺，见证恒久品质；是和投资客户相知、相伴，全程护送美好人生，实现自我价值。

华安基金管理有限公司

【公司概况】　华安基金管理有限公司成立于1998年6月，成立时注册资本5000万元，股东为上海国际信托投资公司(后更名为上海国际信托投资有限公司)、申银万国证券股份有限公司和天同证券有限责任公司。2000年初，根据中国证监会有关规定，华安股权进一步分散，并新增东方证券、浙江证券两家股东，同时注册资本增至1.5亿元，使华安形成了一个股权结构相对分散的法人治理结构。公司股本结构是分散股本结构，上海国际信托投资有限公司是本公司第一大股东，这种股本结构有效地避免了各股东之间的利益冲突。同时，为了防止大股东可能对本公司造成不利影响，公司在成立之初，所有人员都与原股东脱离关系，重新聘用，档案送人才交流中心保管，人员上的完全独立性保证了本公司经营运作的独立性。

【经营业绩】 2002年公司面临的市场环境较前些年发生了较大变化。国内A股市场长期低迷，全年上证指数下跌17.52%，深综指下跌18.32%。同时，开放式基金发行节奏加快，全年共有14只开放式基金公开募集，基金业竞争格局凸现。面对上述变化，公司确定了加强管理、打好基础、保持低调的发展方针，公司业务继续保持健康发展。

为了顺应市场发展，丰富公司旗下基金品种，满足不同投资者的理财需求，公司于2002年10月发行了公司旗下第二只开放式基金——华安上证180指数增强型证券投资基金，该基金也是国内首只开放式指数型基金。为做好该基金的发行工作，使广大投资者了解该基金产品，在筹备及发行期间，公司上下做了大量的工作，包括设计制作了大量的宣传资料，加大媒体广告宣传力度；向各主要代销城市派出约30位华安专员，加强代销机构力量；向代销机构业务人员举办约80场培训，至少有2万名以上的银行行员接受了面对面的培训；对客户服务热线和公司网站进行了适当的调整，使所有来电或上网的客户都能在第一时间接触到180基金。据统计，在发行期间，共有32056个客户拨通客户服务热线，听到了华安180基金的宣传。在公司全体员工的共同努力下，在中国工商银行的大力支持下，本次基金共发行30.94亿份，有效总认购户数达到近8万户。

为引导投资者进行理性投资，合理安排理财计划，公司积极借鉴成熟市场经验，于2002年6月10日率先向市场推出了开放式基金"定期定额投资计划"。通过该计划，投资者可向销售机构申请，约定每期扣款时间、扣款金额及扣款方式，由销售机构于每期约定扣款日在投资者指定银行帐户内完成扣款及基金申购申请。该计划大大地方便了投资者实施个人理财计划。自该计划推出后，2002年中，共有约8000人次的投资者参与了该"定期定额投资计划"。公司还大胆创新，在同业中较早地尝试电子商务系统建设，2001年末投资者即可通过电话或网上方便地进行基金信息和交易查询。2003年中公司将在电子商务上实现新突破，实现开放式基金电子交易，投资者可通过网上或电话进行基金申购与赎回业务。

公司还赶在基金安久存续期满前完成基金扩募，有效化解基金运作风险。基金安久是由老基金川国信基金清理规范后成立的小基金，规模约2亿，原存续期至2002年8月30日止。公司于2002年5月13日完成了基金扩募工作，基金单位总份额由200,000,020份基金单位扩募至5亿份基金单位。扩募后基金存续期延长5年，至2007年8月30日止。

截止2002年末，公司旗下有安信、安顺、安久、安瑞4只封闭式基金和华安创新、华安180两只开放式基金。虽然受股市影响，各基金净值有所回落，但各基金的表现仍然优于同期沪深两市指数表现。6月下旬华安创新还实施了中期分红，向全体持有人按每10份基金单位派发现金红利0.22元，是当年为数不多的分红基金之一。公司管理资产总规模继续保持增长态势，达到121亿人民币。

嘉实基金管理有限公司

【公司概况】 嘉实基金管理有限公司成立于1999年3月，是经中国证监会批准设立的首批十家投资基金管理公司之一。公司注册资本6000万元人民币，主要股东为中煤信托投资有限责任公司、北京证券有限责任公司、吉林省信托投资有限责任公司。四年来，嘉实凭借规范、稳健、务实的管理风格、科学理性的投资运作以及投资者利益至上的经营理念，逐渐脱颖而出，成为国内最优秀的基金管理公司之一。公司目前设有投资部、研究部、市场发展部、机构理财部、业务拓展部、监察稽核部、运营部和综合管理部八个部门，并设立了投资决策委员会、风险控制委员会、产品设计委员会三个职能机构。嘉实目前管理六只基金：两只契约型封闭式基金——基金泰和与基金丰和，四只契约型开放式基金——嘉实成长收益基金、嘉实稳健基金、嘉实债券基金、嘉实增长基金。嘉实已经成为第一批全国社保基金管理人，并开始管理社保基金资产。目前公司管理资产总规模超过120亿元人民币。

嘉实公司拥有一支经验丰富、理念超前的管理团队，同时公司汇聚了一批素质优良、勤奋敬业并在各自领域具有多年实践经验的员工队伍。公司现有员工99名，其中拥有硕士以上学历的占55%，拥有本科以上学历的占93%，且大部分毕业于清华、北大等著名院校。此外还有留学归国的专业人士加盟。

公司致力于打造以"职业精神、创新精神和团队精神"为核心的企业文化，本着"以人为本"的理念将所有员工凝聚成一个默契团结、紧密协作、富有活力的集体，并努力营造信任、尊重、平等、宽容、开放的工作氛围，使每一位员工的优势都能在团队工作中得到充分发挥。

招商基金管理有限公司

【公司概况】 招商基金管理有限公司是由招商证券股份有限公司、中国电力财务有限公司、华能财务有限责任公司、中远财务有限责任公司与荷兰投资共同发起设立的基金管理公司。早在2000年，招商基金就开始进行有关筹备工作；2001年10月，发起人招商证券与荷兰投资正式签署了合作协议；2002年8月，五家发起人股东正式签署了发起人协议，并于同月向中国证监会递交了筹建申请；2002年12月26日，中国证监会正式批准招商基金开业。招商基金管理有限公司是由中国证监会批准设立的第一家中外合资的基金管理公司，注册资本为1亿元人民币，其中招商证券股份有限公司持股40%，荷兰投资持股30%，中国电力财务有限公司，中国华能财务有限责任公司和中远财务有限责任公司各持10%股权。公司的经营范围包括发起设立基金、基金管理业务和中国证监会批准的其它业务。

在整个筹备过程中，招商基金充分利用中外股东的资源，引进、吸收、消化荷兰国际集团在国际市场上资本运作的成熟经验和技术，并结合国内市场的实际需求，形成了科学、合理并具个性特色的投资体系、营销体系和管理体系。作为中国资本市场的一支新生力量，招商基金成功地实现了中外方的资合与人合，并将不断加强与荷兰投资的各项交流，借鉴其在成熟资本市场中的运作经验，以提高公司的经营管理水平、投资运作能力，持续完善公司治理结构，为公司的长期发展夯实基础。同时，招商基金还将秉承招商系一贯稳健经营的方针政策，坚持规范运作，精心开拓业务，严格控制风险，整合股东资源，努力提高招商基金的综合竞争力。招商基金将以国际化和规范化作为鲜明特色，努力为投资者提供一流的投资理财服务。公司从创建开始就全方位借鉴国际市场的先进经验和技术，形成了高效卓越的团体、标准化的业务流程、开放与学习的文化氛围。招商基金现设有北方总部、华东总部、基金管理部、交易部、营销管理部、业务发展部、客户服务部、信息技术部、基金事务部、基金核算部、监察稽核部、战略规划部、综合管理部,同时设有投资决策委员会、风险控制委员会和独立的督察员。

招商基金将以取信于市场、取信于社会为宗旨,秉承诚信、融合、创新、卓越的经营理念,努力成为客户推崇、股东满意、员工热爱、具有国际竞争力的基金管理公司。

【基金概况】 *招商安泰系列基金* 招商安泰系列基金是根据投资者对风险的不同偏好或承受程度,构建的伞型结构系列基金,以此来体现对投资者不同需求的市场细分。招商安泰系列基金,主要投资于中国上市公司股票、中国境内合法发行的债券、债券回购等高流动性的金融工具,并保留5%左右或以上的必要现金。系列基金对投资者进行市场细分,为投资者提供适合其风险承受能力的基金投资品种,在既定的风险程度下争取获得较好的收益,主要由债券基金、平衡型基金、股票基金组成。其中债券基金适合风险承受程度较低,希望获得长期稳定收益回报的投资者。其投资目标是追求较高水平和稳定的当期收益,保证长期本金安全;投资范围限于固定收益类金融工具,包括国内依法公开发行、上市的国债、金融债、企业债、可转换债等债券,以及中国证监会允许基金投资的其他金融工具。具体范围为债券95%,现金5%。平衡型基金适合风险承受程度中等,对当期收益和长期资本增值同样看重的投资者。其投资目标追求当期收益与长期资本增值相平衡;投资范围包括国债、金融债、公司债与可转换债和流动性好的A股市场发行的股票,以及中国证监会允许基金投资的其他金融工具。具体范围为股票45%,债券50%,现金5%。股票基金适合风险承受程度较高,追求长期资本增值的投资者。投资目标为追求长期资本增值;投资范围包括流动性好的A股市场发行的股票,国债、金融债、公司债与可转换债,以及中国证监会允许基金投资的其他金融工具。具体范围为股票75%,债券20%,现金5%。在衡量业绩时,债券基金的业绩比较标准采用中信债券指数和现金收益率的加权复合指数,平衡型基金和股票基金采用上证180指数、中信债券指数和现金收益率的加权复合指数。

基金进行股票投资时采取宏观与微观相结合(进行投资时考虑宏观因素,加强股票分析)、定性和定量相结合(定量的股票筛选和定性的基本面分析相结合)、成长和价值相结合(投资于具有合理价值和良好成长性的股票)的方式,通过对股票未来盈利和现金流的成长性分析,发现价值暂时被市场低估,具有良好长期成长前景的股票。在债券投资时遵照合理价值的原则进行。公司引进和应用ING的投资管理流程,将资产配置比例相对固定;引进ING的投资管理模型,在中国市场应用;运用ING风险控制模型,加以改造后用于组合调整和投资风险控制。

博时基金管理有限公司

【公司概况】 博时基金管理有限公司是一家为客户提供投资管理服务的资产管理机构。成立于1998年7月13日,注册资本1亿元人民币,经营范围包括发起设立基金、基金管理。公司总部设在深圳,在北京和上海设有分公司。博时是中国基金行业第一家股权均等的公司,股东为中国长城信托投资公司、招商证券有限责任公司、光大证券有限责任公司、金信信托投资股份有限公司,四家股东各占25%股份。

博时董事会设有战略委员会、风险管理委员会、审计与合规委员会、提名、薪酬与考核委员会等四个专业委员会。董事会中有三名独立董事。博时崇尚标准化、流程化、制度化,致力于建立学习型组织,强调矩阵式组织结构、团队合作和知识共享。激励员工成为正直、有责任感的专业人士和职业经理人。在投资管理方面,博时坚信中国经济持续向好并坚守价值投资理念;在市场营销方面,博时相信客户是理智和现实的,只有业务精专、服务精诚,公司才能长久生存。

【经营与管理】 博时目前管理基金裕阳、裕隆、裕元、裕华、裕泽五只封闭式基金和两只开放式基金——博时价值增长证券投资基金、博时裕富证券投资基金;2003年6月起受全国社会保障基金理事会委托管理部分社保基金。基金资产总规模约为180亿份。至2003年8月,博时各基金累计分红金额超过38亿元人民币,管理的资产规模,基金资产累计净值增长率和累计分红金额在同业中均名列前茅。

博时基金管理采取投资决策委员会领导下的基金经理负责制。博时基金管理的基本原则主要包括:以客户需求为导向,制定基金的投资目标、投资策略、基准指标、投资限制;采取"自上而下"与"自下而上"相结合的投资风格;遵循基于基本面研究和数量化分析相结合的投资组合构建流程;运用以业绩归属分析(Attribution Analysis)为核心的业绩评估体系,进行基金业绩分析;运用以流动性风险指标、波动性风险指标和VAR为核心的数量化风险分析评估体系,对风险进行监控。

交易执行是博时公司投资运作流程的核心之一,是公司投资流程的最终环节。交易执行流程实行集中交易管理制度,即以公平、公正为原则,对公司旗下管理的所有基金投资实行统一交易、统一管理。交易执行流程运行的三大基本原则:交易管理原则,交易执行原则和交易监督原则。交易执行流程通过建立外部和内部的防火墙制度,以防范投资过程中人员的道德风险。交易执行流程以交易执行、交易监督、交易分析建议与反馈为基本职能,以注重市场分析判断和交易方法的研究创新为发展方向。通过建立和明确交易执行流程中的岗位职责及相应的绩效考核制度以保证交易的规范运行,防范交易风险。

长城基金管理有限公司

【公司概况】 长城基金管理有限公司是由长城证券有限责任公司、东方证券有限责任公司、西北证券有限责任公司、天津北方国际信托投资股份有限公司、中原信托投资有限公司共同发起设立,经中国证监会批准(证监基金字〔2001〕55号)设立,2001年12月27日在深圳注册成立,注册资本为1亿元人民币。

公司经营范围是发起设立基金、管理基金及中国证监会批准的其他业务。目前,公司管理的基金有契约型封闭式证券投资基金久富证券投资基金和久嘉证券投资基金以及契约型开放式基金长城久恒平衡型证券投资基金。公司按照现代企业制度的规范管理和运作。董事会下设三个专门委员会(风险控制委员会、合规审查委员会、资格审查与薪酬委员会),并引入国际通行的独立董事制度,目的是完善董事会的决策和风险控制功能,建立良性的公司治理结构。公司实行董事会领导下的总经理负责制,内设基金投资部、研究策划部、运作保障部、市场开发部、信息技术部、监察稽核部、综合管理部、北京办事处、北京直销管理中心、上海直销管理中心10个职能部门。作为中国证券市场机构投资者的一员,公司自成立以来,一直秉承取信于市场、取信于社会、诚实信用、勤勉尽责、专业经营、合法合规,谋求基金持有人利益最大化的经营宗旨,树立稳健经营、规范运作的市场形象。中国的证券市场是世界上最具活力的新兴资本市场，中国基金业已经步入加速发展的快车道。面对中国入世后的机遇和挑战，长城基金管理有限公司将进一步提高基金管理水平、完善市场服务体系、加快业务创新、拓展国际合作，一如既往地为广大基金持有人提供一流的服务，为中国基金业的健康发展做出应有贡献。

【经营理念】 长城基金管理公司的经营理念是诚信、规范、协作、创新。诚信：诚信是中国传统文化的重要组成，也是市场经济社会中的核心理念。诚信者，天下之结也。我们将坚持取信于市场、取信于社会、取信于投资者的经营理念，这不仅是对客户的承诺，也是对市场的尊重。规范：坚持合法合规原则，严格各项业务规程，有效控制投资风险，以专业经营方式管理和保管基金资产，谋求基金持有人权益最大化。协作：公司内部各部门、各岗位分工明确，相互协作，是公司高效运转的关键所在。只有协作的团队，才能够高效地完成工作、才能够真正体现团队每个成员的价值。协作是共筑公司协调运作的桥梁。创新：创新是企业永恒的主题，惟创新，才能生存，惟创新，才能发展。创新是充满自信、富有激情的理性演绎。公司崇尚创新、鼓励创新。

【基金概况】 长城久恒平衡型证券投资基金　为契约型开放式基金；基金代码为200001。投资目标是“本着安全性、流动性原则，控制投资风险，谋求基金资产长期稳定增长”。投资理念是锁定投资风险，追求长期增长。基金的投资对象为具有良好流动性的金融工具，主要包括国内依法发行、上市的股票、债券以及经中国证监会批准的允许基金投资的其他金融工具。

基金以资产配置作为控制风险、获得超额收益的核心手段，通过资产的动态配置、股票资产的风格调整以及证券选择三个层次进行投资管理。资产配置策略：根据基金的风险约束条件，运用均值方差理论，得到基金资产的基准配置比例，在此基础上结合当期市场状况采用合适的战术资产调整策略。风格调整策略：按照中信风格指数的构成方式划分风格资产、确定各风格资产的基础投资比例，并根据风格资产收益率的向量自回归模型进行动态调整。证券选择策略：在各个风格资产内的适度分散化策略。选股标准：在各个风格资产内部分别选择同时满足以下条件的上市公司构成风格资产股票库：1、非ST类上市公司；2、经营活动产生的现金流量净额为正的上市公司；3、主营业务利润贡献率排名居前四分之三的上市公司。对于范围以外的股票，基金将根据上市公司基本面结合二级市场走势，有选择地纳入研究范围，但该部分投资不会作为基金投资的重点。

长城久恒平衡型证券投资基金　基金经理由韩浩先生和杨军先生担任。韩浩先生1967年生，1989年毕业于武汉大学化学系，获理学学士学位；1992年毕业于北京大学经济学院，获经济学硕士学位。曾就职于海南汇通国际信托投资公司证券部、长城证券有限责任公司资产管理部并任总经理，具有9年证券投资从业经历。现任久嘉证券投资基金基金经理。杨军先生，1968年生，1989年毕业于北京大学经济管理系，获经济学学士学位；1993年毕业于北京大学经济学院，获经济学硕士学位。曾就职于深圳市安信财务有限公司证券投资部、深圳经济特区证券公司投资部、广发基金管理有限公司投资管理部，曾任投资部副经理、基金经理等职务，有8年证券投资从业经历。

久嘉证券投资基金　该基金为契约型封闭式基金，基金代码为184722，总份额为20亿份，基金经理为韩浩先生。该基金以为投资者减少和分散投资风险，确保基金资产的安全并谋求长期稳定的收益为目标，投资于具有良好流动性和收益性的，国内依法公开发行、上市的股票和债券以及中国证监会允许基金投资的其它金融工具。基金的股票投资部分主要投资于成长型公司与价值型公司股票。该基金遵循的基本选股标准为：公司主营业务利润贡献率大于70%或公司经营活动净现金流量为正。该基金将始终坚持价值投资原则及实事求是的投资理念以选择投资对象及投资的市场时机。

久富证券投资基金　为契约型封闭式基金，基金代码为184720。总份额为5亿份，基金经理为许良胜先生。该基金属于价值型投资基金，主要投资于价值被低估的股票，通过组合投资，在注重流动性和规避投资风险的前提下，谋求基金资产的稳定增长。基金的投资范围仅限于具有良好流动性的金融工具，包括国内依法公开发行上市的股票、债券及中国证监会允许基金投资的其他金融工具。

由于存在不同的市场，且即使在同一市场也存在市场的细分，该基金注重股票相对投资价值的研究，主要投资于股票价格明显低于市场合理预期价值（价格）的公司股票。该投资理念源于对于市场两种基本信念：市场的信息是不对称的，信息不对称会导致某些股票的价格低于合理预期的价值（价格）；在机构投资者占主导地位的市场中，股票存在合理预期的价值（价格）。

该基金认为目前应该结构性地分析中国证券市场，进行市场细分的研究，找出价值相对低估的行业和上市公司。在进行公司研究时注重公司所处发展阶段的研究。此外，该基金重视对于市场机构投资者行为的研究。该基金认为，目前中国证券市场机构投资者行为正在发生巨大转变。这种转变来源于两种要求：一是中国证券市场发展的历史经验总结的要求。市场监管的加强可以认为是这种要求的直接体现；另外，市场投资者自身也在自发和不自发总结历史投资经验，不断总结成功的投资理念；二是随着经济的开放及今后证券市场的开放，国外机构投资者的行为和理念对于中国证券市场机构投资者的影响是巨大的。因此，该基金将注重对国外成熟经验的研究和学习，并逐步指导在国内市场的投资。在分析价值是否低估时该基金主要依据市盈率指标，但是不排除使用其他指标。

富国基金管理有限公司

【公司概况】 富国基金管理有限公司是经中国证监会批准设立的首批十家基金管理公司之一。公司于1999年4月13日获国家工商行政管理局登记注册成立，于2001年3月从北京迁址上海。2003年9月加拿大蒙特利尔银行（BMO）参股富国基金管理有限公司的工商变更登记办理完毕，富国基金管理有限公司成为国内首批成立的十家基金公司中唯一一家外资参股的基金管理公司。

目前，公司管理运作汉盛、汉兴、汉博、汉鼎四只封闭式证券投资基金和富国动态平衡一只开放式证券投资基金，首次发行规模超过100亿元人民币。公司旗下的第二只开放式基金——“富国天利增长证券投资基金”已获准发行设立，并于近日在全国公开发行。公司由海通证券股份有限公司、申银万国证券股份有限公司、华泰证券有限责任公司、山东省国际信托投资有限公司和福建投资企业集团共同出资发起设立。2003年9月BMO蒙特利尔银行参股富国基金管理有限公司2000万股，成为公司6个平均持股股东之一。

【基金概况】 富国天利增长债券投资基金　富国天利增长债

券投资基金为契约型开放式基金。基金的募集最低规模2亿元人民币，不设目标募集规模。该基金的投资风格是在积极运作中追求基金资产的稳定增长。总体为纲、局部为目，纲举目张；稳健为体、积极为用，在积极运作中追求总体资产的稳健增长。这种投资风格不但与本基金对中国债券市场所处的特定历史阶段及其发展规律的认识相统一，而且与本基金采用的投资策略是一致的。

基金汉盛　基金汉盛于1999年5月18日上市，规模为20亿基金单位，基金单位面值1元人民币。遵照基金契约的要求，公司把汉盛基金定位为成长型基金，主要投资于发展前景良好的行业，如通讯、电子、新材料、网络、生物制药、以及环保、传媒业等新兴行业。基金小组在投资过程中，主要研究和发掘这些行业中的具有增长潜力的上市公司，进行组合投资。在保持密切跟踪的条件下，对这些公司一般做长期投资，同时依据"顺势而为"的原则进行一些短线操作，从而形成了"精选品种、组合投资、长线持有、波段操作"的投资风格。

基金汉兴　富国管理的第二支证券投资基金。2000年1月10日在上海证券交易所公开上市交易，基金规模为30亿基金单位，基金单位面值1元人民币。该基金坚持长期投资的同时加强波段操作，注重投资组合的长、中、短线相结合，适度投资、分散风险；根据行业研究的成果，在个股投资上注重挖掘个股价值和成长性，精选个股，强调组合的成长和价值的平衡，体现汉兴基金平衡型的特点。

基金汉鼎　富国管理的第三支证券投资基金。2000年8月17日在上海证券交易所公开上市交易，交易代码500025，为契约型、封闭式、信息产业基金。基金规模为5亿基金单位，基金单位面值1元人民币。该基金的投资风格选择合适买点，积极建仓，组合相对分散，重仓品种谨慎选择，操作频率适度快捷；结合汉鼎基金契约的规定，积极投资信息产业个股，同时适当挖掘一些价值被低估的股票进行投资。

基金汉博　富国管理的第四支证券投资基金，于2000年10月17日在上海证券交易所公开上市交易，交易代码500035，为契约型、封闭式、新兴产业基金。基金规模为5亿基金单位，基金单位面值1元人民币。该基金组合相对分散，重仓品种谨慎选择，操作频率适度快捷；结合汉博基金契约的规定，积极投资新兴产业类个股，同时适当挖掘一些价值被低估或产业转型成为成功的股票进行投资；充分利用剩余资金，周密论证，积极参与新股申购，提高资金的使用效率。

鹏华基金管理有限公司

【公司概况】　鹏华基金管理有限公司成立于1998年12月25日，业务范围包括基金设立、管理基金业务及中国证监会批准的其他业务。公司股东由国信证券有限公司、浙江证券有限公司、鞍山市信托投资股份有限公司、安徽省国际信托投资公司组成。公司原注册资本8,000万元人民币，后于2001年9月完成增资扩股，增至15,000万元人民币。公司目前管理四只封闭式基金和一只开放式基金。封闭式基金分别为基金普惠、普丰、普华、普润，募集规模60亿元。公司于2002年4月22日开始发行鹏华行业成长证券投资基金，成功募集39.77亿份；并于2002年12月16日获得社保基金理事会批准，成为全国社会保障基金首批管理人之一。

伴随着中国证券市场的发展壮大，鹏华基金管理有限公司已经走过四年的发展历程，资产管理规模从当初一只基金20亿发展到目前五只基金近百亿。作为《证券投资基金管理暂行办法》颁布后成立的第六家基金管理公司，作为中国证券市场机构投资者的一员，鹏华公司自成立以来，一直秉承"进取、求实"的企业精神，坚持"信任高于一切"的企业理念，把风险控制放在业务发展首位，成立中国基金业第一个投资者俱乐部——"鹏友会"，为广大投资者"尽心尽力，真诚服务"，其稳健经营、规范运作的鲜明形象已为市场熟知和认可。

面对中国入世后的机遇和挑战，身处中国基金业高速发展的历史时刻，鹏华基金管理有限公司将在进一步提高基金管理水平、完善市场服务体系、新业务开发、国际合作等多方面加快步伐，努力进取，继续诚实信用、勤勉尽责地为广大基金持有人服务，为中国基金业的健康发展做出应有贡献。

银华基金管理有限公司

【公司概况】　银华基金管理有限公司成立于2001年5月28日，是经中国证监会批准设立的全国性基金管理公司。公司由西南证券有限责任公司、北京首都创业集团、南方证券股份有限公司及东北证券有限责任公司联合发起设立，注册资本为1亿元人民币，主要业务是发起设立基金、基金管理及中国证监会批准的其他业务，公司注册地为广东省深圳市。

【经营与管理】　银华基金管理有限公司从设立之初，就一直致力于完善公司的治理结构，保证公司规范运作，维护基金投资人的利益。公司董事会共有九位董事，其中四位为独立董事。董事会下设风险控制委员会，主要针对公司在经营管理和基金运作中的风险进行研究并制定相应的内控政策。随着业务的发展，董事会还将设立合规控制委员会、资格审查委员会及薪酬与考核委员会，充分发挥独立董事的职能，切实加强对公司运作的监督。公司监事会由三位监事组成，主要负责检查公司财务以及对公司董事、高级管理人员的行为进行监督。

公司现有员工48人，平均年龄32岁，69%的员工具有硕士或博士学位，其中大部分毕业于国内著名院校，包括多名留学归国专业人士。公司投资及研究人员拥有深厚的理论功底，具有丰富的证券行业从业经验，对宏观经济、上市公司以及资本运作有着深刻、全面的理解和认识。公司实行投资决策委员会领导下的基金经理负责制。投资决策委员会根据研究策划部提供的宏观经济及市场情况确定资产配置方案，基金经理部在研究策划部的配合下，根据投资决策委员会的资产配置方案制定实施方案并构建投资组合，基金经理具体执行投资方案，并下达投资指令，由集中交易室执行。在流程的执行中始终保持双向的意见反馈和全程的监控。银华了解和满足投资者的需求，追求投资者利益的最大化是公司的经营目标。我们将通过各种形式的服务，及时了解、搜集各方面的意见和建议，不断改进和完善客户服务体系，拉近同投资者的距离，进而实现互动式的客户服务模式。银华基金管理有限公司将本着"诚信、稳健、专业、创新"的经营理念，诚信理财，睿智博弈，不断推出更多更新的基金品种，竭诚为基金投资者服务。

大成基金管理有限公司

【公司概况】　大成基金管理有限公司作为中国首批基金管理公司之一，旗下管理景宏、景博、景阳、景福、景业5只封闭式基金和大成价值增长证券投资基金、大成债券投资基金2只开放式基金，总份额逾100亿。基金品种个性鲜明，业绩骄人。截至目前，大成价值增长证券投资基金在成立半年内已经两次分红，累计分红高达0.09元/单位份额，给投资者带来切实的收益。

【经营与管理】 大成公司积极推行科学的资产管理运作。及时理性的宏观、行业、公司、债券研究以及独特的数量分析系统的支持，使得大成程序化的投资流程更具科学性。除了有效控制常规的投资风险，大成还推行了股票投资限制管理制度、风险控制委员会一票否决制等制度，使得风险控制贯穿于投资的全过程。大成的投资管理遵循了专业化分工的原则，每一项投资均由投资决策委员会、基金经理部、金融工程部、研究部、市场部和交易管理部共同协作完成。这种决策高效、分工明确的专业化运作流程为大成基金管理有限公司未来实现资产管理的规模化经营奠定了坚实的基础。大成的投资决策实行“分层次决策”，三个层次各司其职。资产配置：判断市场状况，确定股票、债券和现金的比例；行业权重：以业绩比较基准的行业权重为基础，进行行业权重配置；个券选择：根据分析师的专业研究、数量分析以及基金经理对市场的综合判断，从备选库中选取个券。根据统计分析，投资业绩主要来自资产配置的贡献，因此，大成对资产配置给予了高度的关注，将其作为“分层次决策”的重中之重，严格遵循自上而下的决策程序，坚持贯彻以资产配置为先导的原则。

“诚实守信、勤勉尽职、客户至上、以人为本、团结协作”的企业文化，使大成同心协力、尽心尽职地为投资者的资产增值提供服务。大成为客户提供投资产品设计、投资理财顾问、广泛的销售渠道、有效的信息披露、互联网以及呼叫中心服务。

中融基金管理有限公司

【公司概况】 中融基金管理有限公司经中国证券监督管理委员会批准，于2002年6月13日正式成立。公司由河北证券有限责任公司、国信证券有限责任公司、长城证券有限责任公司、浙江省国际信托投资公司、华宝信托投资有限责任公司等5家国内一流的证券、信托机构共同发起设立，注册资本为1亿元人民币，注册地深圳。公司宗旨是取信于市场，取信于社会，诚实信用、勤勉尽责，专业经营、合法合规，为基金持有者谋求最大利益，致力于公司健康、持续地发展。

公司在法人治理结构及公司组织架构建设方面，充分借鉴了国内外的先进经验，充分体现了管理规范、机制健全、分工明确、相互制衡的特点。公司建立健全了独立董事制度，在董事会11名成员中引入了5名独立董事，大大超过了公司最大股东派出的董事(2名)。这5名独立董事分别为金融证券、法律、财务会计方面的专家或社会知名人士，在各自领域均有较高建树，对公司治理机制的完善起到了很好的促进作用。公司实行董事会领导下的总经理负责制，下设投资决策委员会和风险控制委员会两个非常设机构和九个职能部门，分别执行投资管理、市场开发、监察稽核、保障支持四大功能。

风险控制是公司发展的生命线。公司目前已建立了较为完善的风险控制体系，力图实现多层次的立体化控制、多方面的全方位控制、多阶段的全过程控制和多手段的综合性控制。人才是公司最宝贵的财富。公司注重以人为本的管理思想，目前已拥有一支具有较高专业素质和丰富实战经验的专业化基金管理团队，主要业务人员均来自国内知名的证券公司和基金管理公司，80%以上的员工具有3年以上证券从业经验或5年以上金融从业经验，80%以上具有硕士和博士学历，其中部分员工具有海外学习和工作的经历。

公司目前管理两只基金：第一只为封闭式基金——基金融鑫(基金代码：184719)，规模为8亿份，第二只为开放式基金——中融融华债券型基金(基金代码：121001)，规模为25.8亿份。

【基金概况】 *融鑫证券投资基金* 融鑫证券投资基金是由原天骥投资基金清理规范后经中国证监会验收确认的契约型封闭式证券投资基金，基金规模为8亿份，单位面值1.00元人民币。该基金为成长型基金，主要投资于高速成长及业务有良好前景的企业，基金管理人采取较为稳健的投资策略，为基金持有人获取中长期稳定的投资收益。其投资理念是“成长投资，积极管理”；资产配置策略是基金管理人在对宏观经济形势、政策变动以及市场走势等因素进行深入分析的基础上，进行基金资产在股票、债券和现金间的一级配置。基金管理人根据市场情况、大盘、中盘、小盘股票的相对价值情况和行业发展情况，在大盘、中盘、小盘股票之间和不同行业(主要为高新技术行业)之间进行二级配置。

中融融华债券型证券投资基金 契约型开放式基金，基金以国债、金融债和AAA信用等级的企业债(含可转换债券)为主要投资对象，以稳健收益型股票为辅助投资对象。债券投资不低于基金净值的40%，变动范围是40－95%；稳健收益型股票最高不超过基金净值的40%，变动范围是0－40%。除了预期有利的趋势市场外，原则上股票投资比例控制在20%以内。追求低风险的稳定收益，即以债券投资为主，稳健收益型股票投资为辅，谋求基金投资收益长期稳定增长。

中国工商银行资产托管部

【概况】 1998年2月24日，经中国人民银行和中国证监会批准，中国工商银行成为国内第一家具备证券投资基金托管资格的商业银行，并成立专门机构从事基金托管业务，即证券投资基金托管部(2003年更名为资产托管部)。中国工商银行基金托管部设有总经理室、综合管理处、证券投资基金处、委托资产处、QFII资产处、托管业务运作中心、研究发展处和内部风险控制处，并在上海、深圳分别设有托管分部。目前资产托管部共有人员50余人，全部业务人员均取得基金从业资格。中层以上管理人员都具有硕士以上学历或者高级职称，员工中有90%具有大学本科以上学历，40%具有硕士研究生以上学历。

适应基金市场的发展变化，中国工商银行托管业务领域不断拓展，2002年成立委托资产处，2003年又成立了QFII资产处，专门管理和运作除证券投资基金外的其他相关托管业务，在大力发展证券投资基金托管业务的同时，业务领域逐步涉及社保基金、委托资产、企业年金、农保基金和合格境外机构投资者等资产托管。原来的证券投资基金部也经历两次更名后变为资产托管部。

中国工商银行经过5年的基金托管业务运作，建立和完善了托管业务运行机制的六大系统。即：对基金投资状况的监督系统、独立的基金托管业务会计核算系统、基金业务稽核监察系统、高效、准确的资金清算系统、基金估值系统和基金信息咨询系统。并在六大系统的基础上，根据社保基金、企业年金以及QFII等业务的清算流程和客户的实际需求，在原有基础上，增设开发了绩效评估等软件的服务功能，成功开发了适应市场需求的委托资产总分行模式，完善和开发了新一代会计估值系统，将原来每只基金分别开立账户的方式逐步向集中开立账户方式转变，具备了实行集中清算的功能。为改进和完善基金业务技术系统，提高业务处理的自动化程度。工行根据基金市场和资本市场发展情况，不断完善和提高，加大技术投入，推进技术系统的更新换代、尽可能地为客户提供个性化服务，不断提高资产托管业务的自动化水平。

【经营业绩】 中国工商银行建立了以基金营销、托管、后台中心为主体的三大基金业务支柱。基金营销部门包括个人金融业务部、机构业务部和公司业务部，资产托管部专司托管职能，后台部门则由总行清算中心、信息科技部、会计结算部等部门负责。三大支柱通过专业化分工并且互相配合，使得工行在发展基金托管业务和基金销售业务方面能够全面整合行内资源，共同发展。在基金托管同业激烈竞争的2002年，基金托管业务遭遇股市持续低迷、基金业绩普遍下滑，投资人对基金认同度不高的“弱市”环境。中国工商银行作为基金托管银行和基金代销银行，在市场形势相当不利的情况下，奋力搏击，当年新增托管证券投资基金4只，累计托管基金总数达到20只，其中封闭式基金16只，开放式基金4只，托管基金单位份额345亿份，托管基金资产突破300亿元，托管基金规模比上年增长22%。其中代销的鹏华行业成长基金、南方宝元债券型基金和华安上证180指数基金的发行中取得了业内所称赞的成绩。2003年1月至9月为止又成功托管销售南方避险增值基金、国联安德盛稳健基金、融通通利系列基金，累计工行托管到23只基金(包括16只封闭式基金和7只开放式基金)，共计415亿份基金单位，托管资产超过400亿元人民币。

目前工行所托管的基金包括股票型基金、债券型基金、指数型基金、保本型基金和系列型基金，丰富了托管基金类型。工行连续五年保持托管份额第一的地位，是最早突破托管400亿元证券投资基金资产的银行。在五年的托管实践中，工行不仅至今仍保持着零差错的记录，而且在人民银行和证监会组织的对托管人综合考评中，始终保持同业领先的地位，在业内有着良好的信誉，在社会上具有良好形象，与政府监管部门保持着良好关系，为工行在基金托管业务保持进一步优势打下了良好基础。

自1998年2月获得托管证券投资基金托管资格后，2001年8月，经中国人民银行和中国证监会批准，中国工商银行获得代理开放式基金销售、代理开放式基金注册登记业务资格。2001年9月，中国工商银行成功托管了我国第一批开放式证券投资基金中的南方稳健成长基金。2001年12月，取得社会保障基金、企业年金和委托资产的托管业务资格。2002年6月，中国工商银行在积极开展基金托管业务的同时，获得代理销售封闭式基金业务的资格。截至2002年底，中国工商银行经中国人民银行和中国证监会批准，取得了信托资产托管、基本养老保险个人账户基金托管、农村社会保障基金托管、投资连接保险产品托管、收支账户托管和QFII境内证券投资六项托管业务资格。形成了社会保障、证券、信托、保险和外资资产五大类托管业务、十种托管产品共同发展的格局，在专业化道路上迈出了坚实的一步。2003年9月，工行又获得产业基金托管资格。

在委托资产托管业务方面，工行总行于2002年授权北京、上海、深圳等多家分行办理委托资产托管业务，并且在上海、深圳等地正式开办社保基金和委托资产的托管业务，这些业务目前运作平稳，同时总行也开办了农保基金的托管业务。在QFII业务托管方面，工行于2002年底在香港成功举办了国内首次QFII业务推介会。在上海、北京等地主动与潜在QFII客户建立联系，工行将利用自身境外机构的强大实力，及与境外托管银行的合作关系，积极拓展潜在的合格境外机构投资者范围，加大营销力度。2003年7月，工行与瑞士信贷第一波士顿(CSFB)建立了QFII托管关系。到2003年9月底，工行托管证券基金资产和其他委托资产总和超过500亿元人民币。

中国工商银行以其一贯的稳健、踏实作风，在托管业界树立了良好的信誉，并拥有了大量的合作群体，托管业务领域和服务范围不断扩大。针对不同种类客户的需要，不断推陈出新、扩大服务范围，旨在为境内外机构投资者提供包括基本托管服务、附加托管服务和其他应客户要求而提出的多层次全方位服务，全面满足客户需求。

放眼未来，中国工商银行非常注重包括基金产品在内的托管产品的研究开发，以适应托管市场的快速发展需要。除了完善股票型基金、债券(型)基金，系列型基金和保本型基金的托管运作之外、还加强了货币市场基金、交易所交易型基金(ETF,LOF)等新产品的托管运作研究，以期更好地为基金投资人和基金管理公司服务。同时加强对社会保障基金业务、信托资产托管业务、创业投资基金业务、中外合作基金业务和委托资产管理业务的研究，做好前期准备工作，保持与有关基金管理公司和宏观监管部门的密切联系，开发出适合我国特点的新的业务运作模式。倡导前瞻性研究和开发，有计划地推出一批产品，储备一批产品。可以预期，中国工商银行的资产托管事业将根深叶茂，为广大投资人和客户提供优质的服务。

中国农业银行证券投资基金托管部

【概况】 中国农业银行是我国最大的商业银行之一，注册资本1338.65亿元人民币；法定代表人，杨明生；注册地址：北京市复兴路甲23号。目前在国内设有37家分行，44418个分支机构和储蓄网点，机构客户资源丰富。截止2002年，我行有46万机构客户，大、中型大客户占很大部分，其中拥有一批集团客户和上市公司客户。这些客户通过长期合作，双方建立了紧密的合作关系。中国农业银行在香港、新加坡设有分行，在纽约、东京、伦敦设有代表处，在香港设有财务公司、证券公司和保险公司等。中国农业银行是我国营业网点最多、机构覆盖面最广的金融机构。开通了全国专用数据通信网，拥有先进的银行清算系统和安全、高效的清算、交割能力。已实现先进的电子联行、资金汇划的实时清算和汇划、对账、清算三位一体，能保证客户资金在同城或异地的安全、高效的清算、交割。2001年底，中国农业银行资产总额23265.33亿元，各项存、贷款余额分别为20935.53亿元和16349.43亿元。

【经营业绩】 1998年6月，中国农业银行证券投资基金托管部经中国证券监督管理委员会和中国人民银行批准成立，主要从事基金托管业务。目前，经中国人民银行和中国证券监督管理委员会批准，我行又获得了受托投资资产托管、企业年金托管、社保基金托管、QFII托管业务资格。基金托管部在农业银行内部管理上属于总行直属营业机构，财务上实行独立核算，部门内设核算管理处、运行处、监督处、市场开发处、客户服务处和综合管理处，并在北京、上海、深圳设有托管分部。基金托管部成立以来，先后制定和完善了一套完整的规章制度和严格的风险防范措施，建立了先进完善的技术体系和基金清算、核算、交易监督快捷处理系统，并形成一套农业银行独特的基金业务市场营销体系，为客户提供一站式综合服务。这些规章制度、业务体系和技术系统的建立，为开展基金托管业务提供了有利保障，中国农业银行的基金托管业务已走上了规范化、制度化、科学化的发展轨道。经过五年多的业务实践，中国农业银行已积累了丰富的基金托管业务经验，积聚了一批从事证券投资托管业务的专业人才能。目前证券投资托管部90%以上的员工都获得了中国证监会颁发的《基金从业人员资格证书》,其中拥有高级会计师、高级经济师、高级工程师、律师等金融、技术和法律专家10多名,为促进农业银行基金托管业务的发展提供了人才保障。

业务特色 1、成为封闭式基金托管业的主力军。农业银行基金托管部自1998年7月17日正式托管裕阳基金以来,经过五年的托管实践,已成为证券投资基金托管业的主力军。到2003年,我行已与博时、大成、富国、长盛、华夏、宝盈、嘉实、银华、长城等基金管理公司建立了托管关系,已托管了裕阳、汉盛、裕隆、景阳、景博、景福、景业、兴业、天华、同德、鸿阳、丰和、久嘉等13只基金,托管基金的总规模达230亿多份基金单位,位居同业首位。其中,景阳、景博证券投资基金是中国证监会批准的首批清理规范的老基金。农业银行作为第一家参与老基金规范的托管银行,与基金管理公司合作,率先将两只老基金规范上市并扩募成功。

2、开放式基金业务稳步开展。中国农业银行独立开发了开放式基金代理销售系统、注册登记系统和托管系统,并成功运行。我行已经取得中国人民银行批准的代理销售开放式基金资格,可为基金管理公司提供开放式基金托管、代销和注册登记等全方位服务。截至2003年年末,我行托管的开放式基金已经包括富国动态平衡、长盛成长价值、宝盈鸿利收益、大成价值增长、大成债券、银河稳健、银河收益、长盛中信8只。

3、QFII托管业务、受托投资托管业务、企业年金托管业务逐步进行。经中国人民银行和中国证券监督委员会等主管部门批准,我行已获得QFII托管业务、受托投资托管业务、企业年金托业务资格,三项业务均在逐步开展中。

4、具备较强的新产品研发能力。我行基金托管部专门设立了新产品研发部门,配备了多名具有丰富证券、基金从业经验的博士和高级研究人员,可随时根据客户需求,共同进行产品和新业务的研究工作。

5、形成一套基金业务市场营销体系。我行在业务实践中,积累了丰富的封闭式基金网下发行、开放式基金代销经验,可利用农行丰富的客户资源和系统优势,协助客户发行基金。6、实现基金托管业务零差错的记录。我行基金托管部建立健全各种规章制度和业务流程,具备严格的内控手段。在高素质的人才队伍和严格的内部管理共同作用下,我行基金托管部自运行以来,一直保持着基金托管业务零差错的良好记录。

7、增值服务。为了给客户提供更加优质的服务,我行可为基金管理公司提供上市公司的分红、配股、增发等揭示服务,并建立了基金绩效评估系统,可定期为客户和投资者提供我行托管基金的绩效评估报告。

风险防范 我行基金托管部建立了十多项风险防范制度,在交易流程、业务监管、系统内外风险预防和各种业务处理系统发生临时故障的危机处理等方面,建立了各项风险防范制度与办法。另外,在双机热备份基础上,又在上海设立了异地备份中心,有效保证了我行托管业务的顺利开展。

境外合作 农业银行2000年12月8日与美国纽约银行签订了基金业务全面合作协议。纽约银行是目前全球主要资产托管银行之一,其托管的全球资产超过7万亿美元,具有丰富的资产业务托管经验,农业银行在人员培训、技术支持和信息交流等方面得到了纽约银行的有力支持与帮助,业务运作逐步与国际标准接轨。

企业精神 中国农业银行证券投资基金托管部全体员工将本着诚实信用、严守秘密、勤勉尽责、开拓进取的精神,脚踏实地的工作,为广大投资者和基金管理公司提供优质高效的服务。

中国建设银行基金托管部

【概况】 1998年3月18日,中国证券监督管理委员会和中国人民银行核准中国建设银行的证券投资基金托管人资格。同年5月23日,经中国人民银行批准,中国建设银行总行正式设立基金托管部。2000年4月,中国建设银行在北京、上海、深圳设立了基金托管分部。基金托管部是主管全行托管业务的经营管理、市场开拓、营销组织、质量成本控制的职能部门,负责统一组织和管理全行的基金托管、委托资产托管、合格境外机构投资者投资托管等托管业务,从事如基金清算、基金核算、基金投资运作监督等托管核心业务。基金托管部下设综合业务处、基金市场处、资产托管处、基金清算处、基金核算处、监督稽核处。

中国建设银行基金托管部拥有一支高素质的员工队伍。中国建设银行基金托管部目前有硕士12名,占员工总人数的36%,专业涉及金融、证券、会计、管理、计算机等各个领域。全体业务人员均具有基金从业资格,且具备良好的职业道德素质和业务素质,在工作中态度认真、热情,能高效地与客户配合完成各项具体业务工作。

【经营业绩与规范管理】 中国建设银行基金托管部,坚持"客户至上,服务第一"的经营原则,以一流的业务运行系统为保障,为客户提供优质的基金清算、基金核算、投资监控和国债回购等一系列服务,广泛赢得了客户的信赖。截止2002年末,中国建设银行共托管11只封闭式证券投资基金,3只开放式证券投资基金,托管基金总规模达到263亿。

中国建设银行基金托管部坚持制度先行,规范运作,先后制定和完善了一整套规章制度,如《中国建设银行托管业务管理办法》、《中国建设银行托管业务内部控制规程》、《中国建设银行基金、委托资产投资运作监督规程》、《中国建设银行托管业务系统运行管理及机房管理规定》等。进一步明确和充实了各岗位职责,细化和完善了工作流程。这些都为开展基金托管业务提供了行为准则,有效防范了基金托管业务风险,大力促进了基金托管业务的健康发展。

中国建设银行基金托管部具备安全、高效的清算、交割能力。成功建立的电子汇划系统,能安全、准确、快速地进行资金汇划的及时清算,实现了汇划、对帐、清算三位一体,是目前国内商业银行中最先进的资金清算系统之一。这是建设银行开展基金托管业务的坚实基础。

中国建设银行所拥有的"证券投资基金托管业务综合系统"已全面投入使用。该系统包括清算、核算估值、监控和绩效评估等四大系统,涵盖了封闭式基金、开放式基金、社保基金等多类证券投资基金的托管业务,功能齐全,自动化程度高,保证了托管业务处理的准确性,增强了整体业务的处理和控制能力,使托管业务技术水平跃上一个新台阶。

基金清算系统使基金的资金清算制表、复核及资金沉淀、周转统计由计算机完成,准确、便捷;基金核算系统实现自动化;基金运作监控系统可按日对所有基金的基本比例控制、基金交易、股票投资组合和交叉持股等方面进行监控;基金绩效评估系统可实现对基金的收益、风险情况及投资运作风格进行量化分析与评价。

中国建设银行基金托管部具有强有力的技术支持系统。为保证及时接收清算数据,该部采用了加密高速单向卫星广播通信接收系统,实时接收深交所、上交所的行情和数据。还采用了加密远程信箱数据接收系统来进行数据核对和备份，可以确保基金交易数据和清算数据的完整和准确。

中国建设银行基金托管部有着严密的内控监督体系。依据法律法规和中国证监会的有关规定，严格进行基金托管业务的内部监控和基金投资运作监督工作，设置多层权限，强化内控管理。此外，在敏感部门还建立了安全保密区，安装了监视、监听系统，以保证基金信息的绝对安全。

中国建设银行积极开展与国外银行基金业务的合作，充分借鉴国外银行在基金托管、基金销售方面的经验。中国建设银行与美国摩根大通银行签署了《基金业务合作协议》，双方在信息交流、技术合作、客户服务、人员培训等方面进行了广泛的交流与合作。邀请美国摩根大通银行、德国德意志银行等对基金托管业务系统进行评审和完善。同时，还通过出国考察、举办研讨会和境外托管业务培训班及到境外银行实地学习等形式，学习国外银行基金托管业务特别是QFII投资托管业务的具体操作流程和规章，增强了基金托管业务的研发能力，保证了托管业务的顺利开展。

中国建设银行致力于产品创新，托管产品已形成系列。目前，中国建设银行已形成了封闭式基金托管、开放式基金托管、委托资产托管、社保基金托管、企业年金基金托管、基本养老个人帐户基金托管、产业投资基金托管、保险资金托管、住房公积金托管以及合格境外机构投资者托管等系列托管产品。

中国建设银行是在业内率先开办委托资产托管业务的托管银行。目前，已建立了一套完整的委托资产托管清算与核算系统，并制定了相应的业务流程和规章制度。同时，抓住重点，积极营销，拥有了较多数量的现实和潜在客户。2002年，累计托管资产规模达74.75亿元。今后，委托资产托管业务将是中国建设银行重点发展的托管产品之一。

中国建设银行基金托管部将继续本着诚实信用、勤勉尽责的态度，坚持信誉第一、客户至上的原则，以严谨、科学、规范、高效的工作作风，严格履行基金托管人的各项职责，切实维护基金持有人的合法权益。

中国银行基金托管部

【概况】 1998年7月，经中国证监会和中国人民银行核准，中国银行成为国内首批五家从事基金托管业务的银行之一。同年10月，中国银行基金托管部正式成立。中国银行基金托管部设总经理室，下设综合管理处、托管业务处、稽查监督处、客户服务处、市场研发处和交易管理中心，并在上海和深圳设有托管业务处。

中国银行基金托管部拥有一支素质高、业务过硬的员工队伍，人员结构合理。其中博士、硕士以及具有高级经济师、高级会计师、高级工程师和律师等职称的专业人员占员工总数的50%以上，大部分员工具有丰富的银行、证券从业经验。基金托管部高级管理人员及主要部门主管均具有海外工作经历，熟悉国际资本市场和国际基金业的运作。目前，中国银行具有委托管理资产托管、全国社保基金托管、企业年金托管、基本养老保险金托管和投资连接保险产品托管以及QFII托管等托管业务资格。是国有商业银行中唯一全国社保基金托管行。

中国银行基金托管部的业务范围包括核心托管服务和相关的增值服务。核心托管服务包括基金资产保管、帐户管理、交易清算、代理基金签订与基金有关的合同或契约、代理基金收取支付有关收益费用款项、基金估值、基金帐务处理、基金管理人监督等；开放式基金代销业务；开放式基金过户登记代理服务等。增值服务包括绩效评估与资产组合的市场风险分析，行业、公司分析与信息咨询顾问等；并为客户量身度造一揽子基金服务体系。

【经营业绩】 2001年12月，经中国人民银行和中国证监会批准，中国银行获得开放式基金代销资格。2002年2月，中国银行开始代销第一只开放式基金——华安创新基金，2002年7月，代销所托管的易方达平稳增长基金金额达40.56亿元，创下了商业银行代销单只开放式基金的记录，树立了中国银行代销基金良好的品牌形象。截止2003年上半年，中国银行共代销开放式基金近80亿元，成为近年代销开放式基金业务规模增长最快的银行之一。

中国银行建立了以市场为导向的经营机制，树立了以客户为中心的经营理念。该银行开放式基金代销系统是一个建立在现有强大网络基础上的全国联网的应用系统，总行集中清算，它兼备实用性、可扩展性和灵活性等特点。为开放式基金提供集中化、自动化和标准化服务，为开放式基金客户提供全面、高效、安全的客户服务。

一、通过对市场细分、客户细分、业务品种细分，找准目标客户群体，适时推介适合不同投资者需求的基金产品。

二、充分发挥全球基金业务网络的独特优势和便利条件，参照国际上商业银行开展基金业务的模式，引进海外先进的营销、代销经验，结合国内的具体情况，形成该银行特有的基金营销体系，并在该体系下，培养出一大批基金业务知识丰富，熟谙营销技巧，营销能力较强、业务操作熟练的基金营销和代销队伍，赢得监管机构和投资者的认可和好评。

三、拥有众多的综合素质高、投资意识较强的优质客户群。

四、将投资理财的理念融入到基金的代销业务中。中国银行可根据客户的需求，为其提供合理化、个性化和人性化的基金投资理财服务。

五、网点众多。全国可在450多个城市、7000多个网点办理开放式基金代销业务。随着业务的发展，营业网点还将不断扩大，增强开放式基金的代销实力，进一步方便全国各地的投资者进行开放式基金交易。

六、坚持以客户为中心，建立起了开放式基金投资客户的服务体系，大大地增强了基金代销业务的核心竞争力。

代销基金产品一览表

序号	基金代码	基金名称	募集规模(亿元)	基金管理人	基金托管人
1	040001	华安创新	50	华安基金管理公司	交通银行
2	110001	易方达平稳增长	46.78	易方达基金管理公司	中国银行
3	070001	嘉实成长收益	20.02	嘉实基金管理公司	中国银行
4	180001	银华优势企业	16.82	银华基金管理公司	中国银行
5		天同180指数	10.38	天同基金管理公司	中国银行
6		金鹰成份股优选	5.56	金鹰基金管理公司	中国银行
7		嘉实稳健	3.69	嘉实基金管理公司	中国银行
8		嘉实增长	4.21	嘉实基金管理公司	中国银行
9		嘉实债券	2.89	嘉实基金管理公司	中国银行
10		景顺长城优选股票		景顺长城基金管理有限公司	中国银行
11		景顺长城恒丰债券		景顺长城基金管理有限公司	中国银行
12		景顺长城动力平衡		景顺长城基金管理有限公司	中国银行

交通银行证券投资基金托管部

【公司概况】 交通银行于1987年重新组建，是我国首家全国性的股份制商业银行，2002年英国《银行家》杂志公布的全世界1000家大银行中，列94位。

1998 年 7 月，经中国证监会和中国人民银行批准，交通银行获得开展基金托管业务资格，并同时成立了专门的业务部门——证券投资基金托管部。证券投资基金托管部现有员工 47 名，其中拥有博士、硕士学位多名，员工的学历层次较高，具有多年基金、证券和银行的从业经验。

2001 年 7 月，经中国人民银行和中国证监会批准，获得开放式基金认购、申购、赎回和注册登记代理业务资格，是我国第一家获得开放式基金代理业务资格的商业银行。

【经营业绩】 2001 年 9 月，交通银行代理发行和托管了我国第一只开放式基金——华安创新基金；2002 年 4 月，交通银行代理发行和托管了本年的第一只开放式基金——国泰金鹰增长基金；2002 年 10 月，交通银行代理发行和托管了国内首只纯债券基金——华夏债券基金，该基金发行规模达 51 亿元，创造了国内基金首次发行规模最大的记录。2002 年交通银行率先在业内推出了"定期定额"投资服务，为广大基金投资者提供更加丰富的理财手段。2002 年底，交通银行在全国社保理事会招标中胜出，成为首批全国社保基金托管人之一。2003 年 4 月，交通银行成功代理发行和托管国内第一只伞型基金，湘财合丰行业系列基金，创国内开放式基金开户数第一的记录。

截至 2003 年 10 月 31 日，交通银行已托管了普惠、安顺、汉兴、兴科、裕华、安久、科讯、科汇、华安创新、久富、科瑞、国泰金鹰增长、华夏债券、湘财合丰成长、湘财合丰稳定、湘财合丰周期、鹏华普天收益、鹏华普天债券、海富通精选等十九只公募基金以及全国社保基金委托资产的十二个组合，市场份额在五大托管银行中名列前茅。

在业务管理上，交通银行十分注重加强制度建设，提高管理水平，把业务发展与规范管理有机地结合在一起，确保了基金托管业务安全、规范、高效、优质地运行。多年来，在基金的资金清算上，保持了零差错。

交通银行坚持以"一流的服务质量、一流的工作效率、一流的银行信誉"为宗旨，坚持人才、科技、制度和管理先行的原则，不断加强人才培养，提高基金托管业务的科技含量，不断进行产品创新和开发。交通银行拥有一支强大的研究开发队伍，研究开发工作以市场化为导向，以国际化为标准，以规范化为要求，多次在基金业率先开展新业务。

交通银行已就基金托管业务制定了一系列管理、控制制度，对业务全程运作进行完善可靠的制度控制。相关制度涵盖了基金托管业务的资金清算、会计核算、投资监管、信息披露、保密制度、系统保障、内部风险控制等各个环节，从制度上对业务风险进行了完整的控制。

交通银行分别与美国 JP 大通银行和北方信托银行签订基金业务全面合作协议，在信息交流、人员培训、技术支持等各方面受到国外银行的全面支持。

招商银行基金托管部

【公司概况】 招商银行于 2002 年 8 月成立基金托管部，同年 11 月，经中国人民银行和中国证监会批准，获得证券投资基金托管人资格，成为国内第一家获得该项业务资格的上市银行。目前招商银行拥有开放式基金代销、证券投资基金托管、QFII 托管、受托投资管理托管等多项托管业务资格。

【经营业绩】 招商银行依托遍布全国的网络和"一卡通"、"一网通"、"银证通"等先进的电子化服务手段，自成立之日起，17 年中为本行广大个人客户、公司客户和同业客户提供了优质、高效、快捷的银行服务，赢得了"技术先进型银行"的美誉。在提升托管业务服务水平方面，本行充分发挥"一网通"业务系统的技术平台优势，开发了"基金托管网银通"系统，使各项托管服务实现实时化、异地化，更好地适应开放式基金及各种受托理财资产的理财需要。

2002 年 8 月，招商银行代理发行南方宝元债券基金约 10 亿份，成为 2002 年非托管银行代销单只开放式基金规模最大的银行。2003 年 3 月，招商银行作为招商安泰系列基金的唯一发行银行，40 天内销售 34 亿份，又一次创造佳绩，在基金业内创立了招商银行基金业务服务的优秀品牌。

招商银行目前开办的托管业务品种有：证券投资基金托管、QFII 资产托管、集合式/单一式委托理财托管、信托投资计划托管等，并拟开办企业年金投资管理托管、社保基金托管等业务。截止 2003 年 12 月，招商银行共托管开放式证券投资基金 3 只，托管委托理财计划 1 项，托管信托投资计划 1 项，托管资产总规模约 45 亿元。另有 2 只基金已签署托管协议，预计 2004 年上半年开始托管。

招商银行基金托管部将秉承"诚实信用、勤勉尽责、服务创新、追求卓越"的一贯宗旨，不断满足客户多样性、差异性的业务需求，向投资者和资产管理人提供安全、优质、高效的托管服务。

地址：深圳市深南大道 7088 号招商银行大厦 4 层
邮编：518040
电话：0755－83195268

中国光大银行基金托管部

【公司概况】 中国光大银行成立于 1992 年 8 月，是国有控股的全国性股份制商业银行，现由中国光大（集团）总公司、中国光大控股有限公司、亚洲开发银行等近 230 家中外股东单位参资入股，为国内第一家有国际金融组织参股的银行，在 2002 年 7 月英国《银行家》杂志最新评出的全球 1000 家大银行中排列第 205 位。经过十年的探索与发展，中国光大银行已拥有雄厚的资金实力、特点鲜明的股权结构、完善的经营管理体制、布局合理的机构网络、先进的电子化支持系统，整体规模已位居股份制商业银行前列。截止到 2001 年底，中国光大银行已在北京、上海、广州等 24 个省、自治区、直辖市的 36 个经济中心城市拥有 354 家营业网点，形成了布局合理、覆盖面广、辐射能力较强的全国性商业银行格局，并在香港和南非设立了代表处，国际化步伐不断加快。

【公司管理】 2002 年 8 月 12 日，中国光大银行基金托管部成立，该部被确定为中国光大银行主要业务部门之一。2002 年 10 月 23 日，经中国证监会和中国人民银行批准同意，中国光大银行获得了基金托管资格，成为继工、农、中、建、交之后第六家获得基金托管资格的银行。

中国光大银行基金托管部拥有一支高素质的员工队伍，绝大部分具有多年商业银行、证券公司、基金管理公司的工作经验，其中 50%以上人员有海外基金公司和托管银行培训经历。部门下设制度监察处、市场开发处、业务管理处和运行管理处，各处主要职责为：制度监察处——主要负责基金托管业务的发展规划与政策研究、制度修订、内部稽核监察、基金绩效评估、业务培训及行政事务处理等；市场开发处一主要负责全行系统内各类基金及资产托管业务的市场拓展、客户服务及新产品开发工作；业务管理处一主要负责基金业务的所有后台处理，包括基金清算、基金核算、会计账册管理、出具基金托管人报告、提供对外信息披露所需的相关业务资料等;运行管理处—主要负责技术系统运行管理与维护、基金交易监督以及基金交易数据的加工与深度挖掘,为客户提供特色的增值服务。

中国光大银行基金托管部按照《中华人民共和国证券投资基金法》、《证券投资基金管理暂行办法》、《开放式证券投资基金试点办法》所赋予的职责和监管部门的要求,以"诚实信用、勤勉尽责"为执业准则,切实维护基金持有人的利益,为基金管理人、投资人以及各类资产委托人提供优质、高效的服务,有效监督基金管理人的投资运作,及时办理投资基金的资金划拨、清算与交割,切实保护基金受益人的资产安全和权益不受侵犯。

光大银行基金托管部托管业务的办理程序为:①洽谈意向:客户与基金托管部市场处洽谈基金托管意向;②谈判订约:在达成初步托管意向的基础上,客户与基金托管部根据有关法律法规,本着平等互利的原则,签订《基金契约》和《基金托管协议》;③上报审批:基金托管部将《基金契约》和《基金托管协议》等有关文件上报政府监管部门,申请批准;④实施托管:经监管部门的批准,在基金发行并募集成功后,基金托管部即可履行托管人职责,提供基金托管服务,并监督基金管理人的投资运作。

光大银行基金托管部,为了防范托管业务风险,使基金托管业务逐步走向规范化、制度化、科学化的道路,该部根据相关法律、法规和光大银行有关规章制度要求,制订了《中国光大银行基金托管业务准则》、《中国光大银行证券投资基金托管业务管理办法》、《中国光大银行证券投资基金托管业务操作流程》、《中国光大银行证券投资基金托管部内部控制暂行规定》、《中国光大银行证券投资基金会计核算办法》、《中国光大银行基金托管部保密规定》、《中国光大银行证券投资基金清算核算操作管理细则》、《中国光大银行基金托管部业务风险防范暂行规定》、《中国光大银行基金托管部信息披露暂行规定》等多项规章制度。

中国光大银行基金托管部已具备了国内较先进的基金托管业务系统。该系统主要包括:安全、及时的资金清算系统;准确、高效的基金会计核算与估值系统;可靠的基金业务监督系统;实时、安全的数据接收系统;远程备份中心的备份系统;以及上交所、深交所卫星接收系统。基金托管部还充分利用中国光大银行自身先进的大集中处理系统,以全国结算一柜通、网上一柜通、网上银行等先进的技术平台和上交所、深交所清算行的有利条件为基金管理人、投资人及基金资产提供全面、安全、快捷的账户管理系统,以零在途的结算速度、账户管理服务、管理人业绩评价等综合服务手段诚挚为客户服务,实现双赢的目标。

【经营业绩】 中国光大银行基金托管部是主管全行基金托管业务、委托资产托管业务的经营管理、市场开拓、营销组织、质量成本控制的职能部门。截止 2003 年底,基金托管部托管资产共计 2 只。

作为托管银行的后起之秀,光大银行基金托管部将大力发展资产托管业务作为银行中间业务发展的中坚,在吸取各家银行在托管业务方面经验的同时,结合自身的优势,不断开拓创新业务品种,目前已开发出证券投资基金托管、QFII 资产托管、全国社会保障基金托管、企业年金基金托管、基本养老保险个人账户基金托管、委托资产托管、创业投资基金托管等一系列颇具特色的资产托管业务。

在托管业务的开展中,光大银行基金托管部本着"安全、诚信、勤责、规范、创新"的理念为客户服务,主要从业务创新、系统建设、客户服务等三个方面着手。

业务创新　为了适应业务创新的需要,光大银行基金托管部对企业年金托管、QFII 托管、基本养老保险基金托管和委托资产托管等业务进行了深入的研究,适时推出了相应托管产品并积极开发新产品,不断完善管理机制,开拓新的市场,充分发挥我行国际金融控股、海内外机构整体联动的独特优势,努力为客户提供全方位的、优质的资产托管服务。

系统建设　为保证托管业务的发展,根据不同业务品种在数据传输、业务监督、清算核算、信息披露等方面的要求,光大银行基金托管部正在着手搭建统一的基金和资产托管业务平台,增加对"全国社会保障基金"、"企业年金基金"、"集合性受托投资托管业务"等新业务的技术支持。该系统及平台包括业务备份子系统、企业年金业务子系统、受托资产业务子系统、通用数据交换平台子系统、通用信息披露平台子系统五个业务子系统。整个系统是网络版产品,所有业务数据都集中存放在服务器上,各业务子系统既相互独立又共享数据,实现了托管业务和计算机数据处理的整合。系统既可满足托管业务的日常处理,又具备管理、监督、分析和评估功能,是集业务处理与管理为一体的多功能系统。该系统上线运行以后,可以适应封闭式基金、开放式基金、社会保障基金、企业年金基金等多品种基金的业务管理要求,在证券投资基金托管业务的品种、数量、基金后台业务操作等方面的综合处理能力都具备相当的潜力,能够满足基金业快速发展的需要。该系统的全面上线,结合光大银行现有的大集中的账务处理系统,可以实现我行系统内人民币资金的实时汇划,减少在途资金,加快资金周转速度、减少资金在途时间、增加集中监管力度、降低资金结算风险的作用。

客户服务方面　为保障业务安全、高效的运作,在提供高品质的、独特的配套服务产品外,我部投入大力开发先进的投资绩效评估和投资监督系统,连接开通信息丰富即时的资讯服务,提供股权处置顾问等配套服务,为客户提供高品质的服务。

金泰证券投资基金

金泰证券投资基金2002年年度报告

重要提示

本基金的托管人中国工商银行已于2003年3月25日复核了本报告。本基金的管理人、托管人愿就本报告书中所载资料的真实性、准确性和完整性负责,本报告书中的内容由本基金管理人负责解释。基金管理人承诺以诚实信用、勤勉尽责的原则管理和运用基金资产,但不保证基金一定盈利,也不保证最低收益。投资有风险,投资人在作出投资决策前应仔细阅读基金的销售文件。

一、基金简介

(一)基金名称:金泰证券投资基金(简称:基金金泰)
交易代码:500001
基金发起人:国泰君安证券股份有限公司　中国电力财务有限公司
浙江省国际信托投资公司　上海爱建信托投资有限责任公司
基金发行日期:1998年3月23日　基金成立日期:1998年3月27日
基金单位总份额:20亿份基金单位　基金类型:契约型封闭式
基金存续期:至2013年3月26日止　基金上市地:上海证券交易所
基金上市日期:1998年4月7日
(二)基金管理人
法定名称:国泰基金管理有限公司
注册地址:上海市浦东新区世纪大道1600号浦项商务广场31楼
办公地址:上海市浦东新区世纪大道1600号浦项商务广场31-32楼
邮政编码:200122
法定代表人:陈勇胜　总经理:李春平　信息披露负责人:丁昌海
电话:021-50819801　传真:021-50816885　电子邮件:dingch@gtfund.com
(三)基金托管人
法定名称:中国工商银行
注册地址:北京市西城区复兴门内大街55号
办公地址:北京市西城区复兴门内大街55号
邮政编码:100032
法定代表人:姜建清　托管部总经理:周月秋　信息披露负责人:刘长江
联系地址:北京市西城区复兴门内大街55号中国工商银行基金托管部
电话:010-66107333　传真:010-66106904　电子邮件:cjliu@icbc.com.cn
(四)会计师事务所
法定名称:普华永道中天会计师事务所有限公司
注册地址:上海市浦东新区沈家弄325号
办公地址:上海市淮海中路333号瑞安广场12楼
法定代表人:Kent Watson　经办注册会计师:李丹、郭杭翔
邮编:200021　电话:021-63863388　传真:021-63863300
(五)律师事务所
法定名称:上海锦天城律师事务所
注册地址:上海市延安东路700号港泰广场12楼
办公地址:上海市延安东路700号港泰广场12楼
法定代表人:史焕章　经办律师:沈国权、聂鸿胜
邮编:200001
电话:021-53850388　传真:021-53850389

二、主要财务指标

(一)各类财务指标

	2002年度	2001年度	2000年度
基金本期净收益	-160,598,651.43元	146,197,600.89元	905,103,607.41元
单位基金本期净收益	-0.0803元	0.0731元	0.4526元
基金可分配净收益	-289,802,045.67元	32,919,481.99元	938,271,145.56元
单位基金可分配净收益	-0.1449元	0.0165元	0.4691元
期末基金资产总值	1,714,693,224.72元	2,086,973,422.77元	3,347,985,128.09元
期末基金资产净值	1,710,197,954.33元	2,032,919,481.99元	3,341,982,314.44元
单位基金资产净值	0.8551元	1.0165元	1.6710元
基金资产净值收益率	-8.03%	5.87%	41.05%
本期基金资产净值增长率	-14.52%	-17.37%	45.69%
基金累计资产净值增长率	37.76%	61.16%	95.03%

三、基金管理人报告

(一)基金产品说明书

投资目标　本基金是平衡性基金,并以价值型和成长型股票为投资重点;投资目标是在尽可能分散和规避投资风险的前提下,谋求长期稳定的投资收益。

投资范围　本基金投资于国内依法公开发行上市的股票、债券及中国证监会允许本基金投资的其他金融工具。本基金的股票投资部分将重点投资于沪、深两市的价值型股票和成长型股票。

投资理念　价格终将反映价值。

投资策略　本基金投资时,根据宏观经济环境及其对证券市场的影响,决定投资策略;根据货币政策的变化、利率的走势,决定国债在投资组合中的比例;根据对行业及地区经济发展状况的深入研究,决定股票投资重点;根据对上市公司的调查研究,确定具体的股票投资组合。本基金的股票投资将以中长期投资为主。在充分研究的前提下,主要投资于价值型和成长型股票中被低估的股票,以实现基金资产的稳定增值。在股票投资组合中,将保留一定比例的短期投资。短期投资主要根据市场变化,相机抉择,灵活投资,在防范风险的前提下,增加基金的收益。为保证基金资产的流动性和收益性,在国债投资组合中,长期国债和短期国债将保持适当的比例。在不违反《暂行办法》及基金契约有关规定的前提下,基金管理人可根据具体情况,对基金投资组合进行调整。

业绩比较基准　业绩基准=80%×[上证A股指数和深圳A股指数的总市值加权平均收益率]+20%×[上证国债指数收益率]

风险收益特征　承担中等风险、获取中等的超额收益。

(二)基金经理人介绍

王雄辉,基金经理,男,34岁,硕士,5年证券从业经历。曾在南开大学任教,1998年进入国泰基金管理有限公司,先后担任公司研究开发部行业研究员、金鑫基金经理助理、金泰基金经理助理等工作。2003年1月起由黄刚先生任本基金基金经理,王雄辉先生因工作需要不再担任本基金基金经理。

黄刚,男,37岁,经济学硕士,8年证券期货从业经历。曾就职于上海金属交易所、上海期货交易所。2000年加盟国泰基金管理有限公司,先后任研究开发部经理、市场部经理、金鹰增长基金基金经理。

(三)2002年证券市场与投资管理回顾

2002年本基金净值增长率为-14.5%,跌幅略超过比较基准。

2002年中国经济仍未走出通货紧缩的阴影,全年居民消费价格同比下降约0.8%,但在固定资产投资和外贸增长的拉动下,全年的GDP增长达到8%的水平,实际增长情况好于年初的预期。在国债投资的推动下,固定资产投资继续快速增长;入世效应及世界经济形势回暖的双重影响,成为我国出口增长的有力的支撑因素;消费需求增长保持平稳,汽车、住房等成为全年消费的亮点。在宏观经济快速增长的同时,企业效益明显改善,金融运行平稳,民间投资渐趋活跃。党的十六大的胜利召开,确立了中国经济发展的新方向,将对我国市场经济和证券市场的发展带来深远的影响。

2002年中国证券市场走势与良好的宏观经济状况出现较大反差。尽管政府先后出台降低印花税、国有股停止减持以及引进QFII等多项政策,但股票市场依然呈现弱势,股票指数振荡下行,全年股指下跌幅度接近18%。2002年市场的弱势特征还表现为投资者对利空因素的敏感,全年的两次大盘股融资对市场的进一步下跌有推动作用。全年的市场走势再次促使广大市场参与者深入思考有关证券市场体制变革、上市公司治理、投资理念的演变以及如何与国际市场接轨等深层次问题。

2002年债券市场跌宕起伏,年初最高收益率接近4.8%,但至年末却只有3.9%;市场品种更加丰富,本息拆离金融债、浮动企业债、30年国债等相继出现。

2002年本基金的操作基本可分成两个阶段。上半年本基金管理小组判断中国加入WTO后证券市场运行机制将发生变化,认为国际化、规范化是市场发展的方向,而这将给市场带来一个下跌过程。因此本基金上半年的整体操作较为谨慎。第二阶段为"6.24"行情以后,由于对股市调控政策的意图和预期效果过于乐观,因此对市场的趋势判断变成了相对乐观,在操作上有所增仓,从而在第四季度市场下挫时形成了较被动的局面。

在行业资产配置上,大部分时间采取自下而上的配置方法。在以组合投资为主的机构投资者日益成为市场主流的背景下,这种行业配置方法未能收到预期的效果。在个股选择方面,基金组合中中小盘股比例较高,在追求成长性的同时,付出了流动性不足的代价,部分个股全年跌幅较深,影响了基金净值的表现。

四、基金托管人报告

本托管人--中国工商银行,依据《金泰证券投资基金基金契约》与《金泰证券投资基金托管协议》,托管金泰证券投资基金。

2002年度,在对金泰证券投资基金的托管过程中,本托管人严格遵守了《证券投资基金管理暂行办法》及其实施准则、基金契约、托管协议和其他有关法规的规定,对金泰证券投资基金的投资运作进行了全面的会计核算和应有的监督,没有发生任何损害基金持有人利益的行为,诚实信用、勤勉尽责地履行了作为托管人所应尽的义务。

本托管人依照《证券投资基金管理暂行办法》及其实施准则、基金契约、托管协议和其他有关法规的规定,对金泰证券投资基金的投资组合进行了监督,认为国泰基金管理有限公司在金泰证券投资基金的投资运作、基金资产净值及单位基金资产净值的计算上,遵守《证券投资基金管理暂行办法》及其实施准则、基金契约、托管协议和其他有关法规的规定,没有发现任何损害基金持有人利益的行为。

本托管人依法对金泰证券投资基金管理人--国泰基金管理有限公司在2002年度内所编制和披露的金泰证券投资基金资产净值公告、基金投资组合公告、基金中期报告、基金年度报告等公告信息进行了复核,认为金泰证券投资基金管理人--国泰基金管理有限公司在2002年度内所编制和披露的基金信息是准确、真实、完整的。

中国工商银行基金托管部
2003年3月11日

五、基金财务报告

(一)审计报告书

金泰证券投资基金全体持有人:

我们接受委托,审计了金泰证券投资基金(以下简称"基金金泰")2002年12月31日的资产负债表及2002年度的经营业绩表和基金净值变动表。这些会计报表由基金金泰管理人国泰基金管理有限公司负责,我们的责任是对这些会计报表发表审计意见。我们的审计是依据中国注册会计师独立审计准则进行的。在审计过程中,我们结合基金金泰的实际情况,实施了包括抽查会计记录等我们认为必要的审计程序。

我们认为,上述基金金泰会计报表符合中华人民共和国企业会计准则、《证券投资基金会计核算办法》、《金泰证券投资基金基金契约》和中国证券监督管理委员会允许的如会计报表附注所列示的基金行业实务操作的有关规定,在所有重大方面公允地反映了基金金泰2002年12月31日的财务状况及2002年度的经营成果和净值变动情况,会计方法的选用遵循了一贯性原则。

普华永道中天会计师事务所有限公司　注册会计师:李丹
2003年1月17日　注册会计师:郭杭翔

六、基金持有人结构及前十名持有人

(一)截止2002年12月31日,本基金持有人结构为:

	期末持有数	比例
发起人持有	30,000,000份	1.50%
其中:国泰君安	16,500,000份	0.83%
中国电力财务有限公司	4,500,000份	0.23%
爱建信托	4,500,000份	0.23%
浙江国投	4,500,000份	0.23%
社会公众持有	1,970,000,000份	98.50%
合　计	2,000,000,000份	100.00%

(二)截止2002年12月31日,本基金共有持有人149,959人,前十名持有人名称、持有份额及比例如下:

序号	持有人姓名	期末持有数	持有比例
1	中国太保	141,675,967	7.08%
2	中国人寿	120,709,330	6.04%
3	平安保险	76,944,584	3.85%
4	中国人保	72,321,827	3.62%
5	久事公司	38,341,039	1.92%
6	中再保险	26,402,193	1.32%
7	李辅弼	18,068,000	0.90%
8	国泰君安	16,500,000	0.83%
9	华宝信托	15,699,659	0.78%
10	大亚公司	14,443,000	0.72%

泰和证券投资基金

泰和证券投资基金2002年年度报告

重要提示

本基金的托管人中国建设银行已于2003年3月20日复核了本报告。

本基金的管理人、托管人愿就本报告书中所载资料的真实性、准确性、完整性负责。本报告书中的内容由基金管理人负责解释。

一、基金简介

(一) 基金名称:泰和证券投资基金
简称:基金泰和　　交易代码:500002
基金发起人:广发证券股份有限公司　　北京证券有限责任公司
吉林省信托投资有限责任公司　　中煤信托投资有限责任公司
嘉实基金管理有限公司
基金发行日期:1999年4月2日
基金成立日期:1999年4月8日
基金单位总份额:20亿份基金单位
基金类型:契约型封闭式
基金存续期:15年
基金上市地点:上海证券交易所
基金上市日期:1999年4月20日
(二) 基金管理人:嘉实基金管理有限公司
注册地址:北京市西城区金融大街35号国际企业大厦1636室
办公地址:北京市建国门北大街8号华润大厦8层(邮编:100005)
国际互联网网址:http://www.harvestasset.com
法定代表人:余利平　　总经理:赵学军　　信息披露人:朱成刚
联系电话:010-65188866-2873　　传真:010-65185678
(三) 基金托管人:中国建设银行
注册地址:北京市金融大街25号
办公地址:北京市金融大街25号(邮编:100032)
法定代表人:张恩照　　托管部总经理:江先周　　信息管理人:黄秀莲
联系电话:010-67597646　　传真:010-66212638
(四) 会计师事务所:普华永道中天会计师事务所有限公司
注册及办公地址:中国上海市浦东新区沈家弄325号
邮政编码:200137
法定代表人:Kent Watson
联系电话:021-63863388　　传真:021-63863300
联系人:陈兆欣
经办注册会计师:王笑 郭杭翔
(五) 律师事务所:德恒律师事务所
办公地址:北京建国门内大街8号中粮广场B座305/306室
负责人:王丽
联系电话:010-65269781
联系人:刘继
经办律师:刘继

二、主要财务指标

财务指标	2002.12.31	2001.12.31
1.基金本期净收益(元):	-70,370,763.81	409,174,153.82
2.单位基金本期净收益(元):	-0.0352	0.2046
3.基金可分配净收益(元)(注1):	-244,514,975.57	346,768,131.41
4.单位基金可分配净收益(元):	-0.1223	0.1734
5.期末基金资产总值(元):	1,759,780,457.55	1,902,514,958.17
6.期末基金资产净值(元):	1,755,485,024.43	1,894,768,131.41
7.单位基金资产净值(元):	0.8777	0.9474
8.基金资产净值收益率:(注2)	-3.71%	16.07%
9.本期基金净值增长率(注3):	-7.36%	-9.49%
10.累计资产净值增长率(注4):	31.33%	41.76%

财务指标	2000.12.31
1.基金本期净收益(元):	613,476,890.50
2.单位基金本期净收益(元):	0.3067
3.基金可分配净收益(元)(注1):	614,446,355.61
4.单位基金可分配净收益(元):	0.3072
5.期末基金资产总值(元):	2,878,814,753.66
6.期末基金资产净值(元):	2,840,244,981.87
7.单位基金资产净值(元):	1.4201
8.基金资产净值收益率:(注2)	28.72%
9.本期基金净值增长率(注3):	44.82%
10.累计资产净值增长率(注4):	56.61%

三、基金管理人报告

(一)本基金业绩表现

截止2002年12月31日,基金泰和的净值为0.8777元每基金单位,比年初增长-7.36%。

(二)基金经理和基金经理助理简介

基金经理,蒋征先生,1997年毕业于清华大学经济管理学院国际金融与财务专业,获学士学位。2002年毕业于香港中文大学,获金融与财务方向MBA学位。曾就职于中国保险信托投资公司。自1999年2月至2003年1月就职于嘉实基金管理有限公司投资部,先后担任基金泰和、基金丰和基金经理助理。

基金经理助理,刘冰先生,硕士学位,5年证券从业经验。先后任职于深圳特区证券公司、华夏基金管理有限公司、嘉实基金管理有限公司,从事行业与上市公司研究、证券交易、基金投资等工作。

(三)基金经理工作报告

2002年我国的宏观经济在全球经济处于低谷的情况下表现出一枝独秀的局面,国内产业结构调整进一步加快,资本市场继续在规范中发展。

2002年证券市场变化较大,全年的市场也表现了较强的政策预期,随着机构投资者的不断壮大,证券市场的赢利特征逐渐演变为多方博弈,旧的赢利模式被打破,新的赢利模式正在探索之中,我国的证券市场正处于由不成熟的新兴市场向成熟市场转变的过程中。我国的市场既具有一些国际成熟证券市场的部分特征,又体现了我国的特有特点。我国的证券市场除了受到宏观经济基本面的影响外,还较多地受到政策面、消息面的制约,因此,我们在对宏观基本面进行研究的基础上,也对相关的政策等多种因素进行分析,对市场作出前瞻性判断。2002年证券市场的走势整体上表现为箱形震荡格局,市场指数的波动幅度较前两年有较大降低。市场获利机会主要集中在上半年,下半年市场指数逐渐走低。我们认为2002年证券市场的走势主要是由于国有股减持政策的变化、资金盈利模式的改变、管理层推动证券市场的国际化和市场化进程、国内外宏观经济状况等因素的影响。

投资于中国股市,首先需要对中国经济的未来充满信心。基于我们对中国经济在未来若干年稳定快速发展的信心,我们坚定看好我国证券市场的中远期前景,在操作中,保持了较高的股票基准仓位。同时,当前证券市场正处于向更理性、更高层次的市场发展的过程当中,变革中的阵痛和由此产生的市场波动,我们认为是难以避免的。但是,作为基金管理人,我们尽我们最大的努力,采取合理的投资方法,使我们的投资人既能分享中国经济的长期增长,又尽可能规避市场变革带来的中短期风险。

如何在变化的市场中获得稳定的投资回报,我们认为对中国证券市场的深刻理解是进行投资的前提,具有一套好的投资方法和制度,是基金资产长期稳定增值的保证,对证券市场内在规律的正确认识和掌握,是投资获得成功的关键。

在投资过程中,本基金小组利用公司开发的数据库分析和决策支持系统,充分发挥公司在基本分析和数量分析方面的优势,通过专业分工与团队合作相结合,严格按照公司的投资流程,执行公司的投资纪律,在合理控制风险的前提下,努力追求组合投资收益的最优化。

四、基金托管人报告

中国建设银行根据《泰和证券投资基金契约》和《泰和证券投资基金托管协议》,托管泰和证券投资基金(以下简称泰和基金)。

2002年,中国建设银行在泰和基金的托管过程中,严格遵守了《证券投资基金管理暂行办法》及各项实施准则、基金契约、托管协议和其它有关规定,依法安全保管了基金的全部资产,按规定如实、独立地向中国证监会提交了本基金运作情况报告,勤勉尽职地履行了基金托管人的义务,不存在损害基金持有人利益的行为。

2002年,按照《证券投资基金管理暂行办法》及各项实施准则、基金契约、托管协议和其它有关规定,本托管人对基金管理人-嘉实基金管理有限公司在泰和基金投资运作方面进行了监督,对基金资产净值、每份基金单位净值和其它财务费用计算上进行了认真的复核,未发现基金管理人有损害基金持有人利益的行为。

2002年,由泰和基金管理人-嘉实基金管理有限公司编制并经中国建设银行基金托管部复核审查的有关泰和基金的信息披露合法、真实、完整。

中国建设银行基金托管部
2003年3月11日

五、基金财务报告

(一) 审计报告

普华永道审字(2003)第139号

泰和证券投资基金全体持有人:

我们接受委托,审计了泰和证券投资基金(以下简称"基金泰和") 2002年12月31日的资产负债表及2002年度的经营业绩表和基金净值变动表。这些会计报表由基金泰和管理人嘉实基金管理有限公司负责,我们的责任是对这些会计报表发表审计意见。我们的审计是依据中国注册会计师独立审计准则进行的。在审计过程中,我们结合基金泰和的实际情况,实施了包括抽查会计记录等我们认为必要的审计程序。

我们认为,基金泰和会计报表符合中华人民共和国企业会计准则、《证券投资基金会计核算办法》、《泰和证券投资基金基金契约》和中国证券监督管理委员会允许的如会计报表附注所列示的基金行业实务操作的有关规定,在所有重大方面公允地反映了基金泰和2002年12月31日的财务状况及2002年度的经营成果和净值变动情况,会计方法的选用遵循了一贯性原则。

普华永道中天会计师事务所有限公司　　注册会计师 王笑
2003年1月21日　　注册会计师 郭杭笑

六、基金持有人结构及前十名持有人

1.基金持有人结构

持有人	期末数(元)	占基金总份额比例
发起人:	41,250,000	2.0625%
其中:广发证券股份有限公司	12,500,000	0.6250%
北京证券有限责任公司	6,250,000	0.3125%
嘉实基金管理有限公司	10,000,000	0.5000%
吉林省信托投资有限责任公司	6,250,000	0.3125%
中煤信托投资有限责任公司	6,250,000	0.3125%
社会公众	1,958,750,000	97.9375%
合计	2,000,000,000	100%

2.前十名持有人

序号	持有人名称	持有数量	占基金总份额比例
1	中国人民保险公司	191,110,590	9.56%
2	中国太平洋保险公司	165,703,837	8.29%
3	中国人寿保险公司	119,349,980	5.97%
4	中国平安保险股份有限公司	55,577,405	2.78%
5	上海久事公司	39,771,600	1.99%
6	大亚湾核电财务有限责任公司	25,000,000	1.25%
7	华宝信托投资有限责任公司	23,729,396	1.19%
8	国通证券股份有限公司	22,250,000	1.11%
9	光大证券有限责任公司	15,587,380	0.78%
10	合肥市国有资产控股有限公司	15,000,000	0.75%

前十名持有人的持有数量是按照中国证券登记结算有限责任公司上海分公司提供的前100名持有人名册计算得出。根据《泰和证券投资基金基金契约》的规定,基金发起人认购基金单位总份额的3%,即6000万份,基金发起人认购的基金单位,自基金成立之日起一年内不得转让。一年以后,在基金存续期间,发起人持有的基金单位不得低于基金单位总份额的1.5%。

安信证券投资基金

安信证券投资基金2002年年度报告

重要提示

本基金的托管人中国工商银行已于2003年3月26日复核了本报告。本基金的管理人、托管人愿就本报告中所载资料的真实性、准确性、完整性负责。本报告书中的内容由基金管理人负责解释。

一、基金简介

(一)基金名称:安信证券投资基金(简称:基金安信)
交易代码:500003
基金发起人:上海国际信托投资公司
天同证券有限责任公司
华安基金管理有限公司
基金发行日期:1998年6月16日
基金成立日期:1998年6月22日
基金单位总份额:20亿份基金单位
基金类型:契约型封闭式
基金存续期:15年
基金上市地点:上海证券交易所
基金上市日期:1998年6月26日
(二)基金管理人:华安基金管理有限公司
注册及办公地址:上海市浦东新区浦东南路360号新上海国际大厦38楼(邮编:200120)
法定代表人:杜建国　　总经理:韩方河　　信息披露负责人:冯颖
电　话:(021)58881111　　传　真:(021)58406138
客户服务热线:(021)68604666
国际互联网网址:http://www.huaan.com.cn
(三)基金托管人:中国工商银行
注册及办公地址:北京市西城区复兴门内大街55号(邮编:100032)
法定代表人:姜建清　　托管部负责人:周月秋　　信息披露负责人:刘长江
电　　话:(010)66107333　　传　　真:(010)66106904
(四)会计师事务所:安永大华会计师事务所有限责任公司
注册及办公地址:上海市昆山路146号
法定代表人:汤云为
经办注册会计师:吕秋萍、曹勤

二、主要财务指标

(单位:人民币元)

项　目	2002年度	2001年度	2000年度
基金本期净收益	24,130,192.19	474,248,526.87	1,156,451,241.41
单位基金本期净收益	0.0121	0.2371	0.5782
基金可分配净收益	-161,675,823.15	483,123,150.63	1,158,874,623.76
单位基金可分配净收益	-0.0808	0.2416	0.5794
期末基金资产总值	1,844,745,025.88	2,766,368,520.67	4,559,416,572.04
期末基金资产净值	1,838,324,176.85	2,502,254,030.88	3,931,847,083.78
期末单位基金资产净值	0.9192	1.2511	1.9659
基金资产净值收益率	1.18%	17.05%	46.50%
本期基金资产净值增长率	-10.28%	-10.00%	48.52%
累计资产净值增长率	94.85%	117.17%	141.30%

三、基金管理人报告

本基金业绩表现

截止2002年12月31日,本基金单位资产净值为0.9192元,基金净值增长率为-10.28%,表现优于两市指数(上证综指下跌17.52%,深综指下跌18.32%)。

年度	年末单位资产净值(元)	本期净值增长率	每基金单位分红(元)	同期上证综指涨跌	同期深综指涨跌
1998.6.22-12.31	1.1072	10.72%	0.042	-18.05%	-19.65%
1999	1.5636	46.74%	0.320	19.18%	16.96%
2000	1.9659	48.52%	0.575	51.73%	58.07%
2001	1.2511	-10.00%	0.230	-20.62%	-25.13%
2002	0.9192	-10.28%	0.000	-17.52%	-18.32%
累计		94.85%	1.167	-2.98%	-9.16%
复合增长率(R)		14.27%		-0.60%	-1.90%

基金经理简介

王国卫先生,基金经理,经济学硕士。9年证券从业经历,曾在上海国际信托投资公司证券投资信托部、投资银行部工作。现任华安基金管理有限公司总经理助理、基金投资部总监,基金安信和基金安久的基金经理。

李玲女士,基金经理,经济学学士。5年证券从业经历,曾在金华信托投资股份有限公司投资管理部、证大投资管理有限公司投资部工作。2000年进入华安基金管理有限公司投资部任交易员。现任基金安信和基金安久的基金经理。

(一)基金经理工作报告

2002年投资总结

2002年本基金净值为负增长,净值增长率为-10.28%,同期上证指数下跌17.52%,深综指下跌18.32%。虽然本基金净值增长实现了对指数的大幅超越,但给投资者造成了绝对的亏损,相比前几年的高额分红,我们和投资者一样不满意。

近几年来,证券管理部门一直致力于证券市场的规范化、市场化和国际化。围绕这一目标,2002年继续出台了一系列规章制度。我们认为,长期看有利于中国证券市场长期稳定健康发展的,但短期必然*承担转轨过程中的阵痛,因为规范化打击了做庄机构和某些上市公司,导致旧的盈利模式瓦解;市场化有可能短期扩大了套利者的队伍,事实上增加国内投资者的成本;国际化使得投资者的视野得以扩大,学会了比较。

2002年在全球经济陷入整体衰退的背景下,中国宏观经济继续保持良好的运行态势,全年GDP突破10万亿元,增长速度高达8%。然而作为经济晴雨表的证券市场却未能与之遥相呼应,其走势与经济发展的大好形势产生了严重背离,指数创下三年以来新低、累计跌幅达40%。指数下跌是综合因素共同作用的结果,既有对过去的矫正,也有对未来可能发生变化的恐惧。但需要指出的是,政策变化对市场的影响是显而易见的,国有股减持阶段性方案披露形成了市场底,而停止国有股减持却形成了市场顶,对同一事物的理解,投资者之间有差异,投资者和监管者之间也有差异。

我们对本基金2002年的投资进行了检讨。我们认为,"精选个股、集中投资"的策略是符合大资金运作要求的策略。但在具体操作上,对流动性的管理和市场时机的判断明显欠缺。正是这两方面的原因直接导致本基金年初形成的优势在6.24行情后出现根本性转变。流动性不足使得投资组合结构调整存在难度,特别是在市场总体交易清淡的情况下,变现的难度更大,冲击成本会更高;而时机把握欠妥更使我们失去了兑现收益和调整的机会,事后看,2002年的机会并不多。同时,我们意识到,随着机构投资者队伍的不断扩大,资产配置的重要性越来越高,本基金需要在这方面着力提高。虽然经过努力,第四季度基金业绩出现明显回升,但被动的局面没有明显改善。

2003年市场展望

我们对2003年的证券市场是相对乐观的。我们认为,经过两年的下跌,市场风险在相当程度上得以有效释放,2003年将是"复苏临近、温和增长"的一年。我们的理由是:第一,尽管一些历史遗留问题短期内还难以解决,但证券市场和宏观经济的背离是不会持久的,背离的出现就意味着机会的出现。如果没有GDP翻两番的大背景,证券市场就没有今天这样的规模;如果宏观经济能持续向好,我们就没有理由对证券市场长期悲观。第二,我们相信管理层的市场管理能力将不断提高,政策变化对市场的冲击力将弱化。证券监管将按照"坚持改革力度、发展速度与市场可承受程度相统一"的政策主基调进行。第三,上市公司经营业绩经过2001年规范整顿和2002年税收影响后,将逐步恢复到正常的增长状态,业绩增长的速度将超过GDP的增速。第四,股票定价结构性失衡问题有望改善和扭转。长期以来,大盘蓝筹股定位相对偏低,而小盘股、业绩不佳个股定位相对偏高,因此单从某些指标上看,中国证券市场不具投资价值。我们相信,随着机构投资者不断增多,特别是QFII资金和理念的输入,结构性失衡问题有望改善,这种影响是深远的。

2003年市场环境逐步趋暖,我们将增加组合的进攻性、流动性,强化资产配置。综合判断,金融、港口、电力、汽车、机械制造和电子元器件将有较好的投资机会。

四、托管人报告

本托管人--中国工商银行,依据《安信证券投资基金基金契约》与《安信证券投资基金托管协议》,托管安信证券投资基金。

2002年度,在对安信证券投资基金的托管过程中,本托管人严格遵守了《证券投资基金管理暂行办法》及其实施准则、基金契约、托管协议和其他有关法规的规定,对安信证券投资基金的投资运作进行了全面的会计核算和应有的监督,没有发生任何损害基金持有人利益的行为,诚实信用、勤勉尽责地履行了作为托管人所应尽的义务。

本托管人依照《证券投资基金管理暂行办法》及其实施准则、基金契约、托管协议和其他有关法规的规定,对安信证券投资基金的投资组合进行了监督,认为华安基金管理有限公司在安信证券投资基金的投资运作、基金资产净值及单位基金资产净值的计算上,遵守《证券投资基金管理暂行办法》及其实施准则、基金契约、托管协议和其他有关法规的规定,没有发现任何损害基金持有人利益的行为。

本托管人依法对安信证券投资基金管理人--华安基金管理有限公司在2002年度内所编制和披露的安信证券投资基金资产净值公告、基金投资组合公告、基金中期报告等公告信息进行了复核,认为安信证券投资基金管理人--华安基金管理有限公司在2002年度内所编制和披露的基金信息是准确、真实、完整的。

中国工商银行基金托管部
2003年3月26日

五、基金年度财务报告

审 计 报 告
安永大华业字(2003)第395号
安信证券投资基金全体基金持有人:

我们接受委托,审计了　贵基金2002年12月31日的资产负债表和2002年度经营业绩表、基金净值变动表以及基金收益分配表。这些会计报表由　贵基金的管理人负责,我们的责任是对这些会计报表发表审计意见。我们的审计是依据中国注册会计师独立审计准则进行的。在审计过程中,我们结合　贵基金的实际情况,实施了包括抽查会计记录等我们认为必要的审计程序。

我们认为,上述会计报表符合《证券投资基金会计核算办法》以及证券投资基金相关法规、制度和《安信证券投资基金基金契约》的有关规定,在所有重大方面公允地反映了　贵基金2002年12月31日的财务状况和2002年度的经营业绩及基金净值变动情况,会计处理方法的选用遵循了一贯性原则。

安永大华会计师事务所有限责任公司　　　中国注册会计师:吕秋萍
2003年2月12日　　　中国注册会计师:曹　勤

六、基金持有人结构及前十名持有人

截止2002年12月31日,本基金发起人持有的基金份额为0.36亿基金单位,占基金发行总份额的1.8%,其中:

发起人	持有份额(单位)	占总份额比例
上海国际信托投资公司	18,000,000	0.90%
其中:未上市流通份额	18,000,000	0.90%
华安基金管理有限公司	12,000,000	0.60%
其中:未上市流通份额	6,000,000	0.30%
天同证券有限责任公司	6,000,000	0.30%
其中:未上市流通份额	6,000,000	0.30%

社会公众持有的基金份额为19.64亿基金单位,占基金发行总份额的98.2%。

本基金前十名持有人的名称、持有份额、占总份额比例如下:

序号	名　称	持有份额(单位)	占总份额比例
1	中海信托	21,094,652	1.05%
2	中国人保	19,732,991	0.99%
3	上海国投	18,000,000	0.90%
4	长江证券	12,959,500	0.65%
5	华安基金	12,000,000	0.60%
6	沈玉芳	9,880,000	0.49%
7	云天股份	6,342,400	0.32%
8	天同证券	6,000,000	0.30%
9	辛岩	5,990,000	0.30%
10	潘振禄	5,591,700	0.28%

注:上述有关持有人数据是根据中国证券登记结算有限责任公司上海分公司传送的截止2002年12月31日基金安信前100名持有人名册统计得出。

汉 盛 证 券 投 资 基 金

汉盛证券投资基金2002年年度报告

重要提示

本基金的托管人中国农业银行已于2003年3月25日复核了本报告。本基金管理人、托管人愿就报告书中所载资料的真实性、准确性和完整性负责。本报告书中的内容由本基金管理人负责解释。

一、基金简介

(一) 基金简称:基金汉盛
交易代码:500005
基金单位总份额:20亿份
基金类型:契约型封闭式
基金存续期:15年
上市日期:1999年5月18日
上市地点:上海证券交易所
(二) 基金管理人:富国基金管理有限公司
注册地址:上海市浦东新区世纪大道88号金茂大厦32层
邮政编码: 200121
法定代表人:虞志皓
总经理:李建国
信息披露负责人:林志松
电话: 021-50478888-301
传真: 021-50470328
(三) 基金托管人:中国农业银行
注册地址:北京市复兴路甲23号
办公地址:北京市西三环北路100号金玉大厦7-8层。
邮政编码:100036
法定代表人: 尚福林
托管部负责人:郭辉
信息管理负责人:李芳菲
电话:010-68424199
传真:010-68424199
(四) 会计师事务所:安永大华会计师事务所有限责任公司
注册地址:上海市昆山路146号
办公地址:上海市昆山路146号
法定代表人:胡定旭
经办注册会计师:陆永炜 徐艳

二、主要财务指标

		2002	2001	2000
1	基金本期净收益	-315,171,336.42	93,624,515.17	701,521,636.97
2	单位基金本期净收益	-0.1576	0.0468	0.3508
3	基金可分配净收益(附注d)	-342,331,143.28	6,940,982.20	718,404,146.92
4	单位基金可分配净收益	-0.1712	0.0035	0.3592
5	期末基金资产总值	1,661,854,722.88	2,010,552,170.00	3,762,535,491.04
6	期末基金资产净值	1,657,668,856.72	2,006,940,982.20	3,175,991,083.50
7	单位基金资产净值	0.8288	1.0035	1.5880
8	基金资产净值收益率	-15.75%	3.72%	32.77%
9	本期基金资产净值增长率	-17.15%	-18.81%	43.86%
10	累计资产净值增长率	17.31%	41.60%	74.40%

三、基金管理人报告

(一)基金管理小组

张晖先生,基金经理,32岁,经济学硕士,6年证券从业经验。曾在申银万国证券股份有限公司研究发展中心任行业分析师,1999年3月份进富国基金管理公司,历任行业分析师、汉兴基金经理助理。

许达先生,基金经理助理,34岁,工商管理硕士,七年金融、证券从业经历。历任卡斯特期货经纪公司分析员、申银万国证券研究所行业分析师。2001年2月进富国基金管理有限公司,历任行业分析师,汉兴基金经理助理。

(二)基金经理工作报告

2002年回顾

2002年,尽管国际经济复苏缓慢,在持续的扩大内需政策和"入世效应"的综合作用下中国经济仍然保持了良好的运行态势,全年经济增长达到8%;住房、汽车等消费热点初步形成。从政策面看,管理层稳定市场的态度非常明显,出台了一系列的政策和措施,诸如停止国有股减持,新股向二级市场配售,允许合格的境外投资者投资国内A股市场(QFII)等等,目的是维护证券市场。但是,股票市场的表现却与有利的宏观经济和政策面相背离,基本上呈现出从横盘整理到单边下跌的态势,沪深股指跌幅逾17%。我们认为市场出现这种现象的原因是多方面的。从大的方面讲,在我国加入WTO的大背景下,证券市场在市场化、规范化和国际化的发展过程中积累的大量问题和矛盾发生碰撞,造成市场稳定性差、波动幅度大。从2001年6月,国有股减持方案的出台,股市持续的下跌对投资者信心的打击非常大,而信心的恢复需要一个过程。在新的市场环境下,原有的资金推动模式难以为继。上市公司的业绩增长较为缓慢。这些原因对股指的上涨构成一定的负面影响。

基金小组年初基于对宏观面、政策面及资金面等因素的分析,认为2002年股指数将维持一个箱形整理的格局,但是由于在股指波动区间和点位的判断上出现了失误,特别是年初在时机抉择上出现了较大的偏差,使得我们在操作中从一开始就陷入了被动,业绩一直较为落后。我们在这一年里,作了深刻的检讨,从投资流程上进行了完善,对投资方法进行了全面的分析探讨和反省,加强了研究力量的配置。在年底,我们更换了基金经理,并对整个持股结构做了较大的调整。对于2002年汉盛业绩落后的表现,我们对基金持有人表示歉意,相信在新的一年里通过我们加倍的努力一定会取得优良的业绩。

三、内部监察报告

本报告期,富国基金管理有限公司作为汉兴证券投资基金的管理人严格按照《证券法》、《证券投资基金管理暂行办法》、《汉盛证券投资基金契约》以及其它有关法律法规的规定,本着诚实信用、勤勉尽责的原则,以减少和分散风险,确保基金资产的安全并谋求基金长期稳定收益为目标,管理和运用基金资产,无损害基金持有人利益的行为。基金投资组合符合有关法规及基金契约的规定。

2002年,本基金管理人在总结去年基金运作的基础上,继续坚持"事先防范"为主的内部控制策略,坚持规范经营、合规运作,重视公司和基金运作的风险管理,在内部监察工作中一切从防范风险,保障基金持有人利益出发,内部风险管理部门和各业务部门紧密配合,通过进一步完善规章制度、加强投资风险评估系统功能、内部法律宣传和内控部门定期和不定期检查的方式,对公司各项工作进行全方位、实时的监察稽核,并对基金投资决策与执行进行专项重点监察稽核。

在本报告期内,管理人对本基金运作实施内部控制措施如下:

1.继续强化对本基金日常投资运作合法化、合规性的监察

通过投资风险评估系统对本基金的日常交易行为、投资组合情况进行实时监控;

监察稽核部每月例行对本基金投资操作是否符合公司内部投资操作规程进行检查;

定期对契约执行情况进行检查;

强化集中交易室事前监督的功能,由交易主管对基金经理的投资权限和投资指令进行事前控制。

2.继续加强风险管理

加强投资风险评估系统的功能,并通过对该系统数据的分析定期提交投资组合风险报告和绩效评估报告,为风险控制委员会评估和控制风险提供了数量化的分析依据。

3.加强法律工作

公司设立了内部法律事务管理岗位,对涉及基金运作的法律文件进行严格的事先法律审核;

制订了纪律处罚管理办法,健全了公司内部对违反投资纪律等行为的处罚体系。

4.进一步完善公司内部规章制度体系

通过对公司和基金运作情况的总结,并结合公司和基金运行环境的变化,公司组织了第三次全面的制度修订,进一步提高了公司规章制度的科学性和有效性,使公司规章制度成为各项业务开展的坚实依据。

我们始终认为,建立并切实运行科学严密的内部控制体系,对揭示和防范风险,保障基金投资的科学、高效,提高公司管理水平至关重要。我们将继续高度重视防范各种风险,根据《证券投资基金管理公司内部控制指导意见》的要求,不断完善和优化操作流程,充实和改进内控技术方法与手段,提高内部监察工作的科学性和效率性,切实保障基金运作的安全。

四、基金托管人报告

本基金托管人-中国农业银行,根据《汉盛证券投资基金基金契约》和《汉盛证券投资基金托管协议》,在对汉盛证券投资基金的托管过程中,严格遵守《证券投资基金管理暂行办法》及各项法规规定,对汉盛证券投资基金管理人-富国基金管理有限公司在2002年会计年度基金的投资运作,进行了认真、独立的会计核算和必要的投资监督,认真履行了托管人的义务。

本托管人认为,富国基金管理有限公司在汉盛基金的投资运作、信息披露等方面符合《证券投资基金管理暂行办法》及其相关法规的规定,基金管理人在2002年度所编制和披露的汉盛证券投资基金财务报告、资产净值公告等各项基金信息真实、完整,未发现有损害基金持有人利益的行为。

中国农业银行证券投资基金托管部

2003年3月25日

五、基金年度财务报告

(一) 审计报告

安永大华业字(2003)第046号

汉盛证券投资基金全体持有人:

我们接受委托,审计了贵基金2002年12月31日的资产负债表和2002年度的经营业绩表、基金净值变动表及基金收益分配表。这些会计报表由贵基金的基金管理人富国基金管理有限公司负责,我们的责任是对这些会计报表发表审计意见。我们的审计是根据中国注册会计师独立审计准则进行的。在审计过程中,我们结合贵基金的实际情况,实施了包括抽查会计记录等我们认为必要的审计程序。

我们认为,上述会计报表符合《企业会计准则》、《金融企业会计制度》、《证券投资基金会计核算办法》和中国证券监督管理委员会颁布的《证券投资基金管理暂行办法》实施准则第五号《证券投资基金信息披露指引》及 贵基金契约的规定,在所有重大方面公允地反映了贵基金2002年12月31日的财务状况和2002年度会计期间的经营成果,会计处理方法的选用遵循了一贯性原则。

安永大华会计师事务所有限责任公司 中国注册会计师 陆永炜 徐艳

中国 上海 昆山路146号 2003年1月17日

六、基金持有人结构及基金前十名持有人

1.基金持有人结构

	基金份额	占总份额比例
基金发起人	4575万份	2.29%
其中:海通证券有限公司	1000万份	0.50%
申银万国证券股份有限公司	1000万份	0.50%
富国基金管理有限公司	1000万份	0.50%
华泰证券有限责任公司	575万份	0.29%
山东省国际信托投资公司	500万份	0.25%
福建企业投资国际集团	500万份	0.25%
社会公众	195425万份	97.71%

2.基金前十名持有人

持有人	基金份额(万份)	占总份额的比例%
中国太保	19,955.60	9.98
中国人保	16,236.57	8.12
中国人寿	12,472.67	6.24
国信证券	3,579.62	1.79
平安保险	2,928.98	1.46
大亚公司	2,878.80	1.44
国泰君安	2,080.92	1.04
众人安居	1,819.40	0.91
泰阳证券	1,400.00	0.70
申银万国	1,000.00	0.50
富国基金	1,000.00	0.50
海通证券	1,000.00	0.50

裕阳证券投资基金

裕阳证券投资基金2002年年度报告

重要提示

本基金的托管人中国农业银行已于2003年3月26日复核了本报告。

本基金管理人、托管人愿就本报告书中所载资料的真实性、准确性和完整性负责，本报告书中的内容由本基金管理人负责解释。

一、基金简介

(一)基金基本资料
基金简称:基金裕阳
基金交易代码:500006
基金单位总份额:20亿份
基金类型:契约型、封闭式
基金存续期:15年
上市地点:上海证券交易所
上市时间: 1998年7月30日
(二)基金管理人
法定名称:博时基金管理有限公司
注册地址:广东省深圳市福田区深南大道7088号招商银行大厦29层
办公地址:广东省深圳市福田区深南大道7088号招商银行大厦29层
邮政编码:518040
法定代表人:吴雄伟　　信息事务管理人:李全
联系地址:广东省深圳市福田区深南大道7088号招商银行大厦29层
联系电话:0755-83169999　　传　　真:0755-83195140
(三)基金托管人
法定名称:中国农业银行
注册地址:北京市复兴路甲23号
邮政编码: 100037
法定代表人:尚福林　　基金托管部负责人:郭辉　　信息事务联系人:李芳菲
联系地址:北京市海淀区西三环北路100号金玉大厦8层
联系电话:010-68424199　　传真: 010-68424181
(四)会计师事务所和经办注册会计师
法定名称:普华永道中天会计师事务所有限公司
注册及办公地址:上海淮海中路333号
法定代表人:Mr. Kent Watson
电话:021-63863388　　传真:021-63863300
联系人:周忠惠
经办注册会计师:牟磊、陈玲
(五)律师事务所和经办律师
法定名称:国浩(北京)律师集团事务所
注册及办公地址:北京市复兴门内大街158号远洋大厦F7
法定代表人:张涌涛
电话:010-66411188　　传真:010-66413800
联系人:黄伟民
经办律师:黄伟民

二、主要财务指标

1、主要财务指标　　单位:人民币元

	主要财务指标	2002年	2001年	2000年
1	基金本期净收益	-153,031,502	88,675,568	1,054,940,947
2	单位基金净收益	-0.0765	0.0443	0.5275
3	基金可分配净收益	-232,965,660	15,093,244	1,067,529,981
4	单位基金可分配净收益	-0.1165	0.0075	0.5338
5	期末基金资产总值	1,776,182,443	2,020,643,483	3,943,828,245
6	期末基金资产净值	1,767,034,340	2,015,093,244	3,558,184,734
7	单位基金资产净值	0.8835	1.0075	1.7791
8	基金资产净值收益率	-7.65%	3.43%	47.73%
9	本期基金净值增长率	-11.70%	-20.40%	48.26%
10	基金累计净值增长率	56.37%	77.08%	122.46%

三、基金管理人报告

本基金业绩表现

截止到2002年12月31日，本基金单位净值0.8835元，本期净值增长率为-11.70%，基金累计净值增长率为56.37%。

基金经理简介

周枫先生，1970年出生，硕士。1994年至1997年就读于南京大学国际商学院，获经济学硕士学位；1997年至1999年就职于国信证券研究中心、基金债券部、投资管理部；1999年入博时基金管理有限公司，曾任研究部研究员、基金裕阳基金经理助理、基金裕华基金经理。2002年1月起任基金裕阳基金经理。

何肖颉先生，1973年出生，硕士。1996年至1998年就读于财政部财政科研所研究生部，获经济学硕士学位。1998年至2000年在华夏证券研究所从事行业与上市公司研究工作。2000年加入博时基金管理有限公司，任研究部研究员，2002年11月起任基金裕阳基金经理助理。

(一) 基金经理工作报告

第一部分:2002年投资总结

2002年12月31日，基金裕阳的单位净值是0.8835元，当年的净值增长率是-11.7%，同期上证指数的涨幅是-17.5%，深证成指的涨幅是-17.0%，复合指数(80%上证指数+20%国债)下跌13.5%。

一、2002年宏观经济和证券市场概述

2002年，在全球经济通货紧缩的背景下，我国国民经济建设通过有效地启动国内投资和消费两方面的需求，获得了GDP增长8%的好成绩，但是通货紧缩的阴影始终影响市场信心。

2002年证券市场进一步促进规范发展，推进市场化改革，在渐进过程中一些计划性运行方式并存，市场整体表现为价值中枢下调回归理性价值的过程中，市场投资主体信心逐步减弱。

二、2002年市场行情演变和投资总结

一季度超跌反弹行情。我们从市场投资理念的变迁过程以及股价的周期循环来判断，认为股价结构的调整模式将逐渐从成长概念循环向价值投资循环转换。投资思路：在反弹过程中大幅降低对电子信息、传媒和白酒行业的投资比重，并在市场底部区域积极增加对汽车、金融和基础设施等行业的投资，后在市场相对高位区域对部分投资进行获利了结，初步进行了投资组合的调整。

二季度高位震荡下调后爆发6.24行情。我们在资产配置中增加了对金融股、大盘股的投资。行情出现天量见天价的走势，我们减持了一些市场价值高估的股票，但是对一些准备中长期投资的股票减持力度较小。

三、四季度大幅调整筑底行情。三季度仓位减持到55%左右，四季度在1500点以下逐步加仓，主要增加对汽车及其上下游产业、大物流相关产业的投资比重。在年底市场最后的恐慌性加速下跌过程中，由于投资组合中的金融业、大盘蓝筹股的投资比重较大，净值损失较大。我们在四季度市场下跌时加仓，是基于对股票内在价值的判断，这在短期内是一个主动买套的过程，造成一些账面损失，但是我们认为在市场价值中枢的底部区域主动套牢是降低持仓成本的一个有效方法，特别是对一些我们经过深度研究考察的价值蓝筹股进行坚决增持，相信将取得资产配置的成本优势，为获取未来的投资业绩建立基础。

三、投资体会

时机选择管理：2002年A股市场系统风险的阶段性释放增加了共同基金投资管理中的时机选择的难度，即波段操作不仅仅是对低价圈、高价圈的认识，而且要在对市场的系统性风险收益合理配比的前提下结合市场信心强弱指数和时间周期特点，在保全资本赢得安全边际的条件下追求盈利。在不同的市场环境里保持正确的投资态度，持有合理的投资预期。我们认为，从价值投资理念出发，减少对市场波动预测的依赖度，更多的从上市公司内在价值与价格的对比来判断买卖时机可能是更好的选择。

投资组合管理：主要是基金的重点持仓管理。品种选择严格遵守价值投资标准，买股票就是买被市场低估的好的上市公司，坚决摒弃对劣质股的投机；在操作中应做到两点：1.严格进行成本控制，这在平衡市中尤为重要，这是价值投资理念中获取安全边际的有效方法；2. 投资收益预期要根据当期的市场环境进行相应的调整，将价值公司的价值收益增长放在市场大背景、同类股票大环境下进行对比投资，以做到及时收获并反复降低持股成本。

资产配置管理：即通过阶段性的资产配置比例调整，处理好仓位控制中的风险和收益配比的关系，处理好组合选择中的集中与分散辨证的关系。经验证明，弱市环境中，过度集中隐含较大风险。本基金二季度在金融股、大盘股上投资比重较大，在6.24行情中获得超额收益，但在整个下半年市场价值中枢大幅下移的过程中损失较大，风险未能有效控制。

我们通过实践认为正确理解和实施价值投资理念是科学性与艺术性相统一的过程，是战胜市场、获取超额收益的有效方法，这将是市场投资理念转变的方向。我们将及时总结经验教训，努力提高投资管理水平。

四、基金托管人报告

本基金托管人--中国农业银行，根据《裕阳证券投资基金基金契约》和《裕阳证券投资基金托管协议》，在对裕阳证券投资基金的托管过程中，严格遵守《证券投资基金管理暂行办法》及各项法规规定，对裕阳证券投资基金管理人--博时基金管理有限公司在2002年会计年度基金的投资运作，进行了认真、独立的会计核算和必要的投资监督，认真履行了托管人的义务。

本托管人认为，博时基金管理有限公司在裕阳基金的投资运作、信息披露等方面符合《证券投资基金管理暂行办法》及其相关法规的规定，基金管理人在2002年度所编制和披露的裕阳证券投资基金财务报告、资产净值公告等各项基金信息真实、完整，未发现有损害基金持有人利益的行为。

中国农业银行证券投资基金托管部
2003年3月26日

五、基金年度财务报告

(一) 审计报告

普华永道审字(2003)第152号

裕阳证券投资基金全体持有人：

我们接受委托，审计了裕阳证券投资基金(以下简称"基金裕阳")2002年12月31日的资产负债表及2002年度的经营业绩表和基金净值变动表。这些会计报表由基金裕阳管理人博时基金管理有限公司负责，我们的责任是对这些会计报表发表审计意见。我们的审计是依据中国注册会计师独立审计准则进行的。在审计过程中，我们结合基金裕阳的实际情况，实施了包括抽查会计记录等我们认为必要的审计程序。

我们认为，上述基金裕阳会计报表符合中华人民共和国企业会计准则、《证券投资基金会计核算办法》、《裕阳证券投资基金基金契约》和中国证券监督管理委员会允许的如会计报表附注所列示的基金行业实务操作的有关规定，在所有重大方面公允地反映了基金裕阳2002年12月31日的财务状况及2002年度的经营成果和净值变动情况，会计方法的选用遵循了一贯性原则。

普华永道中天会计师事务所有限公司　　注册会计师　牟磊
2003年1月10日　　注册会计师　陈玲

六、基金持有人结构及前十名持有人

(一) 基金持有人结构：

基金发起人	持有份额(份)	占总份额的比例(%)
其中:中国长城信托投资公司	6,001,000	0.30%
光大证券有限责任公司	7,777,100	0.39%
金信信托投资股份有限公司	8,020,000	0.40%
招商证券有限责任公司	6,000,000	0.30%
博时基金管理有限公司	12,000,000	0.60%
社会公众	1,960,201,900	98.01%

(二) 裕阳基金前十名持有人(截止2002年12月31日)

	持有人名称	持有份额(份)	占总份额的比例(%)
1	中国人寿保险公司	140,243,271	7.01%
2	中国平安保险股份有限公司	112,115,530	5.61%
3	中国太平洋保险公司	47,924,054	2.40%
4	中国人民保险公司	47,603,727	2.38%
5	新华人寿保险股份有限公司	34,838,517	1.74%
6	大亚湾核电财务有限责任公司	17,001,000	0.85%
7	中国华中电力集团财务有限公司	15,211,600	0.76%
8	中国再保险公司	14,768,350	0.74%
9	上海久事公司	12,904,197	0.65%
10	清华同方股份有限公司	12,800,000	0.64%

景阳证券投资基金

景阳证券投资基金2002年年度报告

重要提示

本基金托管人中国农业银行已于2003年3月27日复核了本公告。本基金的管理人、托管人愿就报告中所载资料的真实性、准确性和完整性负责。本报告中的内容由本基金管理人负责解释。

一、基金简介

(一) 基金名称 :景阳证券投资基金
基金简称:基金景阳
基金交易代码:500007
基金发起人:大成基金管理有限公司
基金发行日期(规范后扩募):1999年11月4日
基金成立日期(规范后扩募):1999年11月12日
基金单位总份额:10亿份基金单位
基金类型:契约型封闭式
基金存续期:15年
基金上市地点:上海证券交易所
基金上市日期(规范后扩募):1999年11月15日
(二)基金管理人:大成基金管理有限公司
注册地址:深圳市福田区新闻路报社大院报业大厦12层C区
邮政编码:518034
办公地址:深圳市福田区深南大道7088号招商银行大厦32层
邮政编码:518040
公司网址:http://www.dcfund.com.cn
法定代表人:胡学光(待批)
总经理:龙小波
信息披露负责人:田宇飚、胡勇钦
电话:(0755)83183388
传真:(0755)83199588
(三)基金托管人:中国农业银行
注册地址:北京市海淀区复兴路甲23号
办公地址:北京市海淀区西三环北路100号金玉大厦8层
邮政编码:100036
法定代表人:尚福林
托管部负责人:郭辉
信息披露负责人:李芳菲
电话:(010)68435588
传真:(010)68424181
(四)会计师事务所:普华永道中天会计师事务所有限公司
注册地址:上海市浦东新区沈家弄325号
办公地址:上海市淮海中路333号瑞安广场12楼
邮政编码:200021
法人代表:Kent Watson
经办注册会计师:钱进 马颖旎
联系人:陈兆欣
电话:(021)63863388
传真:(021)63863300
(五)律师事务所:国浩律师集团(北京)事务所
地址:北京市西城区复兴门内大街158号远洋大厦F7层
法定代表人:张涌涛
经办律师:黄伟民 刘伟宁
电话:(010)66411188 66413826
传真:(010)66413800 66413801
(六)信息披露报纸及网址:
选定的信息披露报纸名称:《中国证券报》、《上海证券报》、《证券时报》
登载年度报告的中国证监会指定国际互联网网址:http://www.sse.com.cn
年度报告备置地点:大成基金管理有限公司

二、主要财务指标

单位:人民币元

序号	指标名称	2002年	2001年	2000年
1	基金本期净收益/损失	-21,251,463	6,361,771	284,619,421
2	单位基金本期净收益/损失	-0.0213	0.0064	0.2846
3	基金可分配净收益/损失	-86,063,808	-6,884,519	292,708,622
4	单位基金可分配净收益/损失	-0.0861	-0.0069	0.2927
5	期末基金资产总值	949,778,391	994,938,634	1,491,459,810
6	期末基金资产净值	913,936,192	993,115,481	1,438,728,518
7	单位基金资产净值	0.9139	0.9931	1.4387
8	基金资产净值收益率(%)	-2.14	0.54	28.39
9	本期基金资产净值增长率(%)	-7.98	-15.09	42.68
10	累计资产净值增长率(%)	-1.96	6.54	25.47

三、基金管理人报告

(一)本基金业绩表现

截至2002年12月31日,本基金单位资产净值为0.9139元,本期基金资产净值增长率-7.98%;同期上证A股指数下跌17.13%,本基金的Benchmark中信400指数下跌21.72%,景阳基金的净值表现优于上证A股指数和本基金的Benchmark中信400指数。

(二)基金特点、投资理念及投资风格

1.基金特点:

按照基金契约,本基金定位于中小企业成长基金,股票主要投资对象为深沪两市股本规模处于市场平均规模及以下或者总市值处于市场平均规模及以下的上市公司。

从国内外成长型企业的发展历程中,我们不难发现,在众多的中小成长型企业中,孕育着巨大的投资机会,当然,同时也伴随着相当的投资风险。

2.投资理念:

本基金的投资理念是在严格控制风险的情况下,保持资产良好流动性的基础上,实现基金资产的长期稳定增值。

3.投资风格:

本基金遵循稳健安全的投资原则,通过对宏观经济、相关资产预期收益率、行业和上市公司全面深入的研究分析,在资产配置、行业和个股三个层面上都采取相对积极的投资策略,构造和调整投资组合。

本基金注重上市公司的中长线投资价值,重点投资于所属行业发展前景良好、竞争优势突出的成长型公司,同时也投资处于上升周期的传统行业公司和其他价值成长的复合型公司。

本基金高度重视风险控制,以组合资产的良好流动性作为风险控制的前提条件,在资产配置层面严格控制组合资产的系统风险,在行业公司层面严格控制组合资产的非系统风险。在尽量系统、全面研究的基础上,在控制组合资产总风险的前提下,不断提高本基金单位风险下的收益率水平,从而实现本基金资产的长期稳定增值。

(四)基金经理简介

杨晓东先生,基金经理,硕士学位,9年证券从业经历,曾任平安证券研究部副总经理,平安保险公司投资经营部副总经理,平安保险公司债券部副总经理以及蔚深证券研究发展中心总经理。

(五)内部监察报告

基金运作合规性声明:

本报告期内,本基金管理人严格遵守《证券法》、《证券投资基金管理暂行办法》及其各项实施准则、《景阳证券投资基金基金契约》和其他有关法律法规的规定,在基金管理运作中,基金景阳的投资范围、投资比例、投资组合、证券交易行为、信息披露等符合有关法律法规、行业监管规则和基金契约等规定,无损害基金持有人利益的行为。本基金管理人以取信于市场、取信于社会投资公众为宗旨,承诺将一如既往地本着诚实信用、勤勉尽责的原则管理和运用基金资产,在规范基金运作和控制投资风险的前提下,努力为基金持有人谋求最大利益。

内部监察工作报告:

本报告期内,本基金管理人依据相关的法律法规、基金契约以及内部监察稽核制度对基金运作、内部管理、制度执行及遵规守法情况进行了内部监察稽核。内部监察稽核的重点是:国家法律法规及行业监管规则的执行情况;基金契约的遵守情况;内部规章制度的执行情况;资讯管制和保密工作落实情况;员工职业操守规范情况,目的是规范基金资产的运作,防范和控制投资风险,维护基金持有人的合法权益。

四、基金托管人报告

本基金托管人--中国农业银行,根据《景阳证券投资基金基金契约》和《景阳证券投资基金托管协议》,在对景阳证券投资基金的托管过程中,严格遵守《证券投资基金管理暂行办法》及各项法规规定,对景阳证券投资基金管理人--大成基金管理有限公司在2002年会计年度基金的投资运作,进行了认真、独立的会计核算和必要的投资监督,认真履行了托管人的义务。

本托管人认为,大成基金管理有限公司在景阳证券投资基金的投资运作、信息披露等方面符合《证券投资基金管理暂行办法》及其相关法规的规定,基金管理人在2002年度所编制和披露的景阳证券投资基金财务报告、资产净值公告等各项基金信息真实、完整,未发现有损害基金持有人利益的行为。

中国农业银行证券投资基金托管部
2003年3月27日

五、基金年度财务报告

审计报告
普华永道审字(2003)第133号
景阳证券投资基金全体持有人:

我们接受委托,审计了景阳证券投资基金(以下简称"基金景阳")2002年12月31日的资产负债表及2002年度的经营业绩表和基金净值变动表。这些会计报表由基金景阳管理人大成基金管理有限公司负责,我们的责任是对这些会计报表发表审计意见。我们的审计是依据中国注册会计师独立审计准则进行的。在审计过程中,我们结合基金景阳的实际情况,实施了包括抽查会计记录等我们认为必要的审计程序。

我们认为,载于第2页至第14页的上述基金景阳会计报表符合中华人民共和国企业会计准则、《证券投资基金会计核算办法》、《景阳证券投资基金基金契约》和中国证券监督管理委员会允许的如会计报表附注所列示的基金行业实务操作的有关规定,在所有重大方面公允地反映了基金景阳2002年12月31日的财务状况及2002年度的经营成果和净值变动情况,会计方法的选用遵循了一贯性原则。

普华永道中天会计师事务所有限公司　　注册会计师　钱　进
2003年2月14日　　注册会计师　马颖旎

六、基金持有人结构及前十名持有人

1.持有人结构

	份额	占总份额比例
基金发起人	30000000	3.0%
其中:工商准分	5000000	0.5%
大成基金管理有限公司	25000000	2.5%
社会公众	970000000	97.00%
合计	1000000000	97.00%

2.前十名持有人

序号	持有人名称	持有份额	占总份额比例
1	中国人寿保险公司	40000000	4.00%
2	中国太平洋保险公司	30600000	3.06%
3	上海豁安投资有限公司	29994858	3.00%
4	大成基金管理有限公司	25000000	2.50%
5	山西省信托投资公司	21660000	2.17%
6	中国平安保险股份有限公司	21049745	2.10%
7	中油财务有限责任公司	19885574	1.99%
8	国信证券有限责任公司	9677075	0.97%
9	广东梅雁轮胎有限公司	7415000	0.74%
10	永安财产保险股份有限公司	7247800	0.72%

兴华证券投资基金

兴华证券投资基金2002年年度报告

重要提示

本基金的管理人、托管人愿就本报告书所载内容的真实性、准确性、完整性负责，本报告书有关内容由管理人负责解释。本基金托管人中国建设银行已于2003年3月26日复核了本报告。

一、基金简介

(一)基金有关资料

基金名称:兴华证券投资基金　　基金简称:基金兴华

交易代码:500008

基金发起人:华夏证券有限公司　　北京证券有限责任公司

中国科技国际信托投资有限责任公司

基金发行日:1998年4月23日　　基金成立日:1998年4月28日

基金单位总份额:20亿份　　基金类型:契约型封闭式

基金存续期:15年

上市交易所:上海证券交易所　　基金上市日:1998年5月8日

(二)基金管理人的有关情况

法定名称:华夏基金管理有限公司

CHINA ASSET MANAGEMENT CO.,LTD.

注册地址:北京市顺义区天竺空港工业区A区

办公地址:北京市西城金融大街33号通泰大厦A座15层

邮政编码:100032

国际互联网址:http://www. ChinaAMC.com

法定代表人:邵淳　　总经理:范勇宏　　信息披露负责人:辛洁

联系电话:010-66069966　　传真:　010-66102133

(三)基金托管人的有关情况

法定名称:中国建设银行

注册地址:北京市金融大街25号

办公地址:北京市金融大街25号

邮政编码:100032

法定代表人:张恩照　　托管部总经理:江先周　　信息披露负责人:黄秀莲

联系电话:010-67597646　　传真:010-66212638

(四)基金聘请的会计师事务所的有关情况

法定名称:普华永道中天会计师事务所有限公司

注册地址:上海浦东新区沈家弄325号

办公地址:上海淮海中路333号瑞安广场12楼

法定代表人:Kent Watson

经办注册会计师:周忠惠　郭杭翔

(五)基金聘请的律师事务所的有关情况

法定名称:金诚律师事务所

注册地址:北京建国门大街8号中粮广场A座6层

办公地址:北京建国门外大街24号东海中心17层

法定代表人:邵国忠　　经办律师:　庞正中　　贺宝银

二、主要财务指标

	2002年	2001年
基金本期净收益	-52,454,650.02元	159,968,188.94元
单位基金本期净收益	-0.0262元	0.0800元
基金可分配净收益	-33,774,022.35元	202,137,819.29元
单位基金可分配收益	-0.0169元	0.1011元
期末基金资产总值	1,977,602,456.36元	2,210,720,276.76元
期末基金资产净值	1,966,225,977.65元	2,202,137,819.29元
单位基金资产净值	0.9831元	1.1011元
基金资产净值收益率	-2.60%	7.01%
本期基金净值增长率	-2.63%	-3.84%
基金累计净值增长率	83.78%	88.75%

	2000年
基金本期净收益	853,273,273.97元
单位基金本期净收益	0.4266元
基金可分配净收益	854,790,016.60元
单位基金可分配收益	0.4274元
期末基金资产总值	3,406,962,445.57元
期末基金资产净值	3,051,541,962.50元
单位基金资产净值	1.5258元
基金资产净值收益率	41.75%
本期基金净值增长率	37.27%
基金累计净值增长率	96.29%

三、基金管理人报告

本基金业绩表现:截至2002年12月31日,本基金单位资产净值为0.9831元,全年净值增长率为-2.63%。

基金经理简介

江晖先生,经济学硕士。曾在中国国际期货经纪有限公司、泰康人寿保险股份有限公司任职。1998年进入华夏基金管理有限公司,从事基金投资工作,历任兴华证券投资基金基金经理助理、投资管理部副总经理、兴和证券投资基金基金经理。证券期货从业经历9年。

(一) 基金经理工作报告

行情回顾与分析

2002年在世界经济复苏乏力的大环境下,中国依靠工业生产和外贸、固定资产投资的有力支持实现了GDP的快速增长,维持了一个较好的宏观发展环境。同时,全球经济不景气等诸多因素促进国际资本重新配置,全球制造业向中国转移的趋势已经越来越明显。

2002年股市总体表现为两起三落的大幅振荡行情。整体市场机会不多且持续时间短,系统风险和个股风险双重集中释放,股市重心整体下移,指数在1400点与1750点之间做宽幅箱体振荡。年初由于投资者信心不足,市场大幅调整。管理层基于维护市场稳定的政策导向,及时出台了新股向二级市场投资者按市值配售和国有股停止通过国内证券市场减持等一系列维护市场稳定的利好政策,在政策面利好不断的作用下,股市出现两大波反弹行情。由于影响投资者信心的诸多主要风险因素仍未根本消除,基于规避风险的影响,股市随即出现两波日渐加深的调整行情,全年股市整体调整了约300点。在两波反弹行情中市场热点频出,第一波主要以低价重组股、沪深本地股为主,第二波主要以大盘绩优股、科技股、次新股为热点。

(二) 内部监察稽核报告

基金运作合规性声明:

本报告期内,本基金管理人严格遵守《证券投资基金管理暂行办法》及其各项实施准则、基金契约和其他有关法律法规、监管部门的相关规定,依照诚实信用、勤勉尽责、安全高效的原则管理和运用基金资产,在认真控制投资风险的基础上,为基金持有人谋取最大利益,没有损害基金持有人利益的行为。

内部监察工作报告:

报告期内,本基金管理人在内部监察工作中本着一切从合规运作、保障基金持有人利益出发的宗旨,由独立于各业务部门的内部监察人员对公司经营、基金运作及员工行为的合规性进行定期和不定期检查,发现问题及时督促有关部门整改,并定期制作监察报告报中国证监会和公司管理层。报告期内,本基金管理人内部监察工作重点集中于以下几个方面:

1、根据中国证监会关于完善公司治理的规定和精神,吸收借鉴国内外先进经验,进一步修改完善公司章程。

2、在原有监察稽核部的基础上,按照国际通行做法,分设法律监察部和稽核部,以使法律监察工作与内部稽核工作进一步专业化与规范化。

3、制定、完善公司内部控制大纲、代销机构管理办法、基金交易席位管理办法等各项制度。

4、除原有基金法律顾问外,另行聘任公司法律顾问,进一步加强各项业务的规范性。

5、根据业务发展,在征询法律意见基础上,修改完善开放式基金非交易过户等各项业务规则。

6、完善公司风险管理体系,针对公司主要业务,建立业务风险管理绩效指标,监控公司各项业务的运作状况及风险程度。

同时,公司监察人员自觉接受公司内部稽核人员的内部稽核,以保证内部监察工作人员自身勤勉尽职地履行职责。

通过上述工作,本报告期内,本基金管理人所管理的基金整体运作合规合法,无内幕交易和不当关联交易,保障了基金持有人利益。我们将继续以风险控制为核心,提高内部监察工作的科学性和有效性,切实保障基金安全、合规运作。

四、基金托管人报告

中国建设银行根据《兴华证券投资基金契约》和《兴华证券投资基金托管协议》,托管兴华证券投资基金(以下简称兴华基金)。

2002年,中国建设银行在兴华基金的托管过程中,严格遵守了《证券投资基金管理暂行办法》及各项实施准则、基金契约、托管协议和其它有关规定,依法安全保管了基金的全部资产,按规定如实、独立地向中国证监会提交了本基金运作情况报告,勤勉尽职地履行了基金托管人的义务,不存在损害基金持有人利益的行为。

2002年,按照《证券投资基金管理暂行办法》及各项实施准则、基金契约、托管协议和其它有关规定,本托管人对基金管理人-华夏基金管理有限公司在兴华基金投资运作方面进行了监督,对基金资产净值、每份基金单位净值和其它财务费用计算上进行了认真的复核,未发现基金管理人有损害基金持有人利益的行为。

2002年,由兴华基金管理人--华夏基金管理有限公司编制并经中国建设银行基金托管部复核审查的有关兴华基金的信息披露合法、真实、完整。

五、基金财务报告

(一)审计报告

普华永道审字(2003)第144号

兴华证券投资基金全体持有人:

我们接受委托,审计了兴华证券投资基金(以下简称"基金兴华")2002年12月31日的资产负债表及2002年度的经营业绩表和基金净值变动表。这些会计报表由基金兴华管理人华夏基金管理有限公司负责,我们的责任是对这些会计报表发表审计意见。我们的审计是依据中国注册会计师独立审计准则进行的。在审计过程中,我们结合基金兴华的实际情况,实施了包括抽查会计记录等我们认为必要的审计程序。

我们认为，载于第2页至第13页的上述基金兴华会计报表符合中华人民共和国企业会计准则、《证券投资基金会计核算办法》、《兴华证券投资基金基金契约》和中国证券监督管理委员会允许的如会计报表附注所列示的基金行业实务操作的有关规定，在所有重大方面公允地反映了基金兴华2002年12月31日的财务状况及2002年度的经营成果和净值变动情况，会计方法的选用遵循了一贯性原则。

普华永道中天会计师事务所有限公司　　注册会计师　周忠惠

2003年2月28日　　注册会计师　郭杭翔

六、基金持有人结构及前十名持有人

截止到2002年12月31日兴华基金持有人情况如下:

(一) 持有人结构

	持有份额	占基金总份额比例
发起人:华夏证券有限公司	30000000	1.50%
北京证券有限责任公司	7500000	0.375%
中国科技信托投资公司	7500000	0.375%
社会公众持有	1955000000	97.75%
合计	2000000000	100.00%

(二) 前十名持有人

序号	持有人名称	持有份额	占基金总份额比例
1	中国人寿	133671024	6.68%
2	平安保险	103213502	5.16%
3	中国太保	64201177	3.21%
4	新华保险	62255222	3.11%
5	久事公司	50658476	2.53%
6	华泰保险	45755477	2.29%
7	泰康人寿	36110000	1.81%
8	华夏证券	30000000	1.50%
9	中国人保	28546511	1.43%
10	华宝信托	22167421	1.11%

安顺证券投资基金

安顺证券投资基金2002年年度报告

重要提示

本基金的托管人交通银行已于2003年3月27日复核了本报告。

本基金的管理人、托管人愿就本报告中所载资料的真实性、准确性、完整性负责。本报告书中的内容由基金管理人负责解释。

一、基金简介

(一)基金名称:安顺证券投资基金　　(简称:基金安顺)
交易代码:500009
基金发起人:上海国际信托投资公司　　天同证券有限责任公司
浙江证券有限责任公司　　华安基金管理有限公司
基金发行日期:1999年6月9日　　基金成立日期:1999年6月15日
基金单位总份额:30亿份基金单位
基金类型:契约型封闭式
基金存续期:15年
基金上市地点:上海证券交易所
基金上市日期:1999年6月22日
(二)基金管理人:华安基金管理有限公司
注册及办公地址:上海市浦东南路360号新上海国际大厦38楼(邮政编码:200120)
法定代表人:杜建国　　总经理:韩方河　　信息披露负责人:冯颖
电话:021-58881111　　传真:021-58406138　　客户服务热线:021-68604666
国际互联网地址:http://www.huaan.com.cn
(三)基金托管人:交通银行
注册地址:上海市仙霞路18号(邮政编码:200336)
办公地址:上海市银城中路188号(邮政编码:200120)
法定代表人:方诚国　　托管部负责人:谢红兵　　信息披露负责人:江永珍
电话:021-58408846　　传真:021-58408836
(四)会计师事务所:安永大华会计师事务所有限责任公司
注册及办公地址:上海市昆山路146号
法定代表人:汤云为　　经办注册会计师:吕秋萍、曹勤

二、主要财务指标

	2002年	2001年
基金本期净收益:	42,034,297.09元	327,782,066.43元
单位基金本期净收益:	0.0140元	0.1093元
基金可分配净收益:	-108,516,998.87元	361,034,236.23元
单位基金可分配净收益:	-0.0362元	0.1203元
期末基金资产总值:	2,897,109,909.87元	3,754,205,454.75元
期末基金资产净值:	2,891,483,001.13元	3,507,482,880.05元
单位基金资产净值:	0.9638元	1.1692元
基金资产净值收益率:	1.32%	8.58%
本期基金净值增长率:	-9.12%	-8.33%
累计资产净值增长率:	36.10%	49.76%

	2000年
基金本期净收益:	987,393,365.44元
单位基金本期净收益:	0.3291元
基金可分配净收益:	993,252,169.80元
单位基金可分配净收益:	0.3311元
期末基金资产总值:	5,277,351,745.97元
期末基金资产净值:	4,778,461,832.53元
单位基金资产净值:	1.5928元
基金资产净值收益率:	32.83%
本期基金净值增长率:	57.48%
累计资产净值增长率:	63.37%

三、基金管理人报告

本基金业绩表现

截止2002年12月31日,基金单位资产净值达到0.9638元,年净值增长率为-9.12%,超过同期上证综指和深证综指-17.52%和-18.32%的市场表现。实现净收益4203万元。遗憾的是,由于基金单位净值低于面值,没有能够进行分红。

本基金自1999年6月15日成立以来,历年的业绩表现总结如下,可以看出,基金业绩在本年度及过去三年中均处于同类基金的前列:

年度	净值增长率	单位分红	上证综指涨幅	深证综指涨幅
1999.6.15--	3.74%	0.035元	-1.52%	-1.02%
2000	57.48%	0.320元	51.73%	58.07%
2001	-8.33%	0.110元	-20.62%	-25.13%
2002	-9.12%	-	-17.52%	-18.32%
累计	36.10%	0.465元	-2.17%	-4.32%
年复合增长率	8.01%	-	-0.55%	-1.10%

基金经理简介

李匆先生,基金经理,管理学博士。10年证券从业经历,曾在海南华银国际信托投资公司上海证券业务部工作。进入华安基金管理有限公司后先后担任研究发展部高级研究员、基金安信基金经理助理等职,现任基金安顺和基金安瑞的基金经理。

林彤彤先生,基金经理,工商管理硕士(MBA)。11年银行、证券从业经历。曾就职于中国银行漳州分行信贷管理处,进入华安基金管理有限公司后先后担任研究发展部高级研究员,基金安信和基金安久的基金经理等职,现任基金安顺和基金安瑞的基金经理。

(一)基金经理工作报告

2002年投资总结

2002年仍是股市的冬季,股市的表现与宏观经济形势背道而驰。全年两市股指平均下跌17.92%,虽跌幅并非历史之最,却将证券业推入几乎全面亏损的境地,封闭式基金净值全面低于面值,分红陷入尴尬境地。市场熊气弥漫,投资人损失惨重。长期处于牛市氛围的境内投资者,在逐步规范的市场环境中,深切领略了系统性风险的承受之痛。

始自2001年中的股市回调,除了市场自身规律的作用外,也源于并伴随于有关中国股市的理论争鸣和政策变革。作为"新兴"加"转轨"的市场,不规范与不成熟是其最基本的现实之一,而政策的频繁出台或变更,更是无法回避。2002年与证券市场有关的政策出台密度之高、力度之强、影响之大是历史上少有的。从实施交易佣金浮动制到恢复向二级市场投资者配售新股,从允许向外商转让上市公司国有股、法人股到QFII制度实施等等;其中,最引人注目的是国有股减持政策在几经周折后,最终由国务院决定停止执行,由此引发"6.24"井喷行情。但行情并没有能够延续下去,7月以后股指一路下跌,屡创新低。

诸多明显具有"利多"性质的"政策"并没有改变市场的疲弱走势,说明"政策"对市场的影响力在逐步减弱,市场自身的力量正日益壮大。虽然政策不会改变市场的长期趋势,但政策的频繁变更或"试错"效应,给市场增加了更多的不确定性,投资者一方面形成严重的"政策依赖"心理,另一方面也提高了对"政策风险"的防范意识。现阶段有关股市重大问题的政策缺位,必然影响市场长期投资的信心。

综观全年,"6.24"是投资业绩的分水岭,能否正确分析并把握"6.24"行情,决定了全年投资的成败。回顾安顺基金的操作,成绩小于不足,教训多于经验,总结几点如下:

第一,市场判断与仓位控制。上半年出于谨慎考虑,仓位控制较严,一季度表现尚可,但却错过"6.24"的普涨行情。"6.24"的"踏空",对我们的触动很大,心态也由此发生变化。虽然在"6.24"行情初期没有盲目增仓,但下半年仓位还是随股指的回落逐步增加,而市场并没有再给一次机会。尽管全年的净值增长率仍保持同类基金的前列,但这主要是得益于组合品种质地较好,抗跌性强的缘故。全年在仓位控制方面不佳,市场判断能力有待进一步提高。

第二,行业配置。行业把握最大的不足是对汽车、金融行业的重视不够。"6.24"后少量参与了银行股,可惜时机已晚。四季度适当增加汽车行业的配置,取得一定效果。电力和房产行业的比例控制较好,没有受到电力股危机的重大冲击;在通讯板块和酿酒行业的投资效果也不理想。比较而言,效果较好的行业主要有交通运输、造纸等。

第三,操作策略。由于我们没有经历熊市的经验和切身感受,对市场走弱的时间、幅度认识不深、准备不足,影响到对组合品种的调整力度;同时,也没有根据市场的变化,尽快摸索出熊市或弱市中的操作策略,在流动性管理和波段运做上存在一定差距。尽管时机选择并不是共同基金的主流策略,但严酷的竞争,已使当期收益成为基金生存的重要基础。面对市场的变化,适者生存仍是最高法则。

四、托管人报告

2002年度,交通银行作为安顺证券投资基金的托管人,严格遵守《证券投资基金管理暂行办法》及其实施准则的规定,依据《安顺证券投资基金基金契约》和《安顺证券投资基金托管协议》中的条款,就以下各事项报告如下:

1.本托管人认真履行了基金托管人的各项职责,安全保管基金安顺的所有资产;

2. 本托管人认真完成了安顺证券投资基金的投资监管和清算核算工作;

3.本托管人妥善保管了基金所有会计帐册和重大合同,切实维护基金持有人的合法权益,未发生任何损害基金持有人利益的事件和行为。

2002年度,交通银行作为安顺证券投资基金的托管人,对基金管理人的各项行为监管报告如下:

1.未发现基金管理人在投资运作中有损害基金持有人利益的行为。

2.由基金管理人编制和披露的2002年度安顺证券投资基金每周资产净值公告、每季度投资组合公告、中期财务报告和年度财务报告是合法、真实和完整的。

五、基金年度财务报告

(一)审计报告

审　计　报　告

安永大华业字(2003)第396号

安顺证券投资基金全体基金持有人:

我们接受委托,审计了贵基金2002年12月31日的资产负债表和2002年度经营业绩表、基金净值变动表以及基金收益分配表。这些会计报表由　贵基金的管理人负责,我们的责任是对这些会计报表发表审计意见。我们的审计是依据中国注册会计师独立审计准则进行的。在审计过程中,我们结合　贵基金的实际情况,实施了包括抽查会计记录等我们认为必要的审计程序。

我们认为,上述会计报表符合《证券投资基金会计核算办法》和证券投资基金相关法规以及《安顺证券投资基金基金契约》的有关规定,在所有重大方面公允地反映了　贵基金2002年12月31日的财务状况和2002年度的经营业绩及基金净值变动情况,会计处理方法的选用遵循了一贯性原则。

安永大华会计师事务所有限责任公司　　中国注册会计师　吕秋萍
2003年2月14日　　中国注册会计师　曹　勤

六、基金持有人结构及前十名持有人

截止2002年12月31日,本基金发起人持有的基金份额为0.2364亿基金单位,占基金发行总份额的0.788%,其中:

发起人	持有份额(单位)	占总份额比例
上海国际信托投资公司	8,644,900	0.288%
天同证券有限责任公司	3,750,000	0.125%
浙江证券有限责任公司	3,750,000	0.125%
华安基金管理有限公司	7,500,000	0.25%

其中:每个发起人持有未上市流通份额都为3,750,000份基金单位,各占总份额比例的0.125%。

社会公众持有的基金份额为29.7636亿基金单位,占基金发行总份额的99.212%。

本基金前十名持有人的名称、持有份额、占总份额比例如下:

序号	名称	持有份额(单位)	占总份额比例
1	中国太保	212,140,310	7.07%
2	中国人寿	159,507,539	5.32%
3	中国人保	115,235,300	3.84%
4	久事公司	83,458,680	2.78%
5	平安保险	74,046,481	2.47%
6	再保险	62,492,100	2.08%
7	联通国脉	40,912,900	1.36%
8	海通证券	20,218,600	0.67%
9	高新咨询	20,000,000	0.67%
10	贵财投资	18,036,000	0.60%

金元证券投资基金

金元证券投资基金2002年度报告

重要事项

本基金的托管人----中国工商银行已于2003年3月27日复核了本报告。本基金的管理人、托管人愿就本报告中所载资料的真实性、准确性和完整性负责。本报告书中的内容由本基金的管理人负责解释。

一、基金简介

一、基金基本资料
基金简称:基金金元　　基金交易代码:500010
基金类型:契约型、封闭式　　基金单位总份额:5亿份
目前可流通份额:4.975亿份
基金存续期:15年(1992年5月28日至2007年5月27日)
上市地点:上海证券交易所　　上市日期:2000年7月11日
二、基金管理人
法定名称:南方基金管理有限公司
注册及办公地址:深圳市深南大道4009号投资大厦7楼
邮政编码:518026
网址:http://www.southernfund.com
法定代表人:刘波
总经理:高良玉
信息披露负责人:郑凯铨
联系电话:0755-82912000转，传真:0755-82912578
三、基金托管人
法定名称:中国工商银行
注册及办公地址:北京市西城区复兴门内大街55号
邮政编码:100032
法定代表人:姜建清
托管部负责人:周月秋
信息披露负责人:刘长江
联系电话:010-66107333　　传真:010-66106913
四、聘请的会计师事务所
法定名称:深圳天健信德会计师事务所
注册地址:深圳市蛇口兴华路海滨花园海滨中心商场A座3楼
办公地址:深圳市滨河大道5020号证券大厦十六层
法定代表人:朱祺珩
经办注册会计师:李渭华　周冰
联系电话:0755-82903666　　传真: 0755-82990487

二、基金主要财务指标

单位:人民币元

	2002	2001	2000.3.28--12.31
基金本期净收益	-63,356,040.91	-7,849,058.53	20,908,303.00
单位基金本期净收益	-0.1267	-0.016	0.042
基金可分配净收益	-122,898,847.93	-66,000,538.51	16,957,103.00
单位基金可分配净收益	-0.2458	-0.132	0.034
期末基金资产总值	379,125,964.70	436,510,079.98	543,673,464.07
期末基金资产净值	377,101,152.07	433,999,461.49	541,251,977.72
单位基金资产净值	0.7542	0.868	1.083
调整后期初基金资产净值	433,999,461.49	525,751,961.35	197,560,000.00
基金资产净值收益率	-14.60%	-1.49%	6.52%
本期基金资产净值增长率	-13.11%	-17.46%	10.39%
累计基金资产净值增长率	-12.60%	-8.88%	10.39%

根据二零零一年七月三十日基金业第十五次联席会议纪要的有关规定，自二零零一年一月一日起，证券投资基金主要财务指标的相关计算公式如下:

单位基金本期净收益=基金本期净收益÷期末基金单位总份额

基金可分配净收益=基金本期净收益+以前年度未分配收益+以前年度损益调整-期末未实现估值减值

调整后期初基金资产净值=期初基金资产净值-本期已分配收益

基金资产净值收益率=本期基金净收益÷调整后期初基金资产净值

老基金资产净值收益率=基金本期净收益/ 期初基金资产净值×本期天数+扩募日资金流入金额×扩募日至本期末天数 /本期天数

本期基金资产净值增长率=(分红或扩募前单位基金资产净值)÷(期初单位基金资产)净值)× (期末单位基金资产净值)÷(分红或扩募后单位基金资产净值) -1

累计基金资产净值增长率=(第1年度基金资产净值增长率+1)　×(第2年度基金资产净值增长率+1)× (第3年度基金资产净值增长率+1) ×……×(上年度基金资产净值增长率+1) × (本年度基金资产净值增长率+1) -1

三、基金管理人报告

(一)基金经理小组简介

陈继武先生,基金经理,36岁,硕士学历,金融经济师. 7年证券从业经历,曾在中国农业银行浙江省信托投资公司从事证券投资工作,97年后在浙江省国际信托投资公司投资银行总部工作,并任部门副经理,曾任基金开元经理助理,2002年5月因工作需要,调离本岗位。

杨江先生,基金经理,29岁,本科学历,8年证券从业经历。曾任长城证券公司深圳第二业务部副总经理,基金天元经理助理,基金金元经理助理,2002年5月起,接任本基金基金经理。

此外,基金金元管理小组还配备了若干名证券投资分析人员,协助上述人员从事金元基金的投资管理工作。

(二)基金经理工作报告

2002年行情回顾及分析

2002 年深沪股市的总体走势可以归结为以箱形震荡为主的弱势平衡市,上半年的反复波动与下半年的持续下跌。上半年年初基本延续了2001 年的弱势特征大幅走低,随后在中央金融工作会议"循序渐进、稳步发展、规范监管"方针的指导下,市场开600始反弹进入了震荡市。4、5月份间市场由于缺乏明确的投资取向,逐步走低直至6月初,受"国务院决定停止通过国内证券市场减持国有股"、"进一步规范上市公司增发新股的通知"等消息的影响下,指数大幅上扬,但是在多种因素共同作用下,指数未能延续6月的升势,下半年基本维持了单边下跌的走势,只在10 月底和11 月出现了力度较弱的反弹。虽然下半年单边下跌是在多种因素共同作用下的结果下，包括后续政策的不明朗、国际经济形势不佳等综合因素,但其主要原因还是:新旧投资价值的更替,导致市场不同参与主体的博奕,及部分市场参与者的退出。

基金运作情况回顾

针对今年的平衡市特征:基金管理组较大幅度调整持仓结构,降低了新材料、药业、以及流动性较弱的重仓股的配置比重,强调了仓位管理,准确的把握了4月下旬的减仓和6月初的大规模建仓,在上半年取得较好的收益,但6月份以后由于管理人过分乐观的估计了下半年的行情,较多的配置了:重组购并概念股、部分低市值绩优次新股、超跌的中低价股上,加大了集中投资的力度。7、8月份指数开始下调后,弱势市场中,流动性的缺乏导致投资调整的愿望削弱和投资调整的难度加大,造成损失。总体而言:2002年基金管理组较大的强调了主动投资,但缺乏对主动投资各个环节的衔接及整体风险控制缺乏把握,出现了较大的失误,我们将在今后的工作中认真反思,汲取教训。

2003年展望和投资策略

经过了2001、2002 年中国股市的大调整之后,2003年将是逐步走向复苏的一年,也必将是充满机会的一年。首先,江总书记十六大提出的发展是执政兴国的第一要务也将成为中国股市的主基调,且涉及所有的证券市场参与主体。其次市场对国有股减持的困挠将逐步淡化,该问题对股指运行产生的影响将弱化。2003年的中国宏观经济形势仍将持续增长,汽车、住房、耐用消费品的更新换代将提供充足需求,因此影响证券市场的主要因素将温和趋好。从股市内部因素看,在经历了2 年的大幅调整后,中国股市的系统风险在一定程度上得到了释放,部分个股已经初步具备了较好的投资价值,市场即使出现短期下跌也将是阶段性的。因此,基金金元对于2003 年的行情持乐观的态度。认为增长性行业的投资价值已经形成,新的投资模式也渐渐得到市场参与者的认同,个股的行情将持续活跃,股指有望向上拓展空间。总而言之:金元基金对2003年市场的基本观点是:"围绕增长的资产重估"。

新的一年里,基金金元将坚持南方基金管理有限公司"价值投资"的经营理念,下大力气加强风险控制,勇于波段操作,勤勉尽责地为基金持有人谋求长期、稳定的回报。

(三)内部监察报告

1、基金运作合规性声明

本报告期内,本基金管理人严格遵守《证券投资基金管理暂行办法》及其各项实施准则、《金元证券投资基金基金契约》和其他有关法律法规的规定,本着诚实信用、勤勉尽责的原则管理和运用基金资产,坚持"一流人才、一流管理、一流效益"的经营理念,在严格控制风险的基础上,为基金持有人谋求最大利益。本报告期内,基金运作整体合法合规,无损害基金持有人利益的行为。基金的投资范围、投资比例及投资组合符合有关法规及基金契约的规定。

2、内部监察工作报告

2002年,本基金管理人坚持一切从合规运作、防范风险、保护基金持有人利益出发,遵循"全面管理、独立稽核、相互制约、同步发展、定量分析"的内部控制理念,致力于内控机制的建立和完善,大力加强监察稽核工作,保证各项法规和管理制度的落实,保证基金契约得到严格履行。公司监察稽核部门按照规定的权限和程序,独立地开展基金运作和公司管理的合规性监察,发现问题及时提出改进建议并督促业务部门进行整改,同时定期向监管部门、董事长和公司管理层出具监察稽核报告。

本报告期内,基金管理人内部监察主要工作如下:

(1)规范员工行为操守,加强职业道德教育和风险教育。制定并严格执行《员工行为操守准则》、《员工纪律处分办法》,明确各岗位员工的行为准则以及违反行为准则的处理程序和办法,更好地防范道德风险;组织员工学习《证券投资基金法律法规汇编》,签订《业绩合同》,明确员工的风险责任,进一步树立全员风险意识。

(2)修订内部监察稽核制度,协助公司各部门制定完善各项管理制度和业务流程。总结近年来基金管理经验并借鉴学习境外合作伙伴的先进做法,完善基金投资决策、交易执行、风险控制、监察稽核、危机处理等方面的制度建设,努力防范投资风险。基金管理人制定完善的制度主要有《风险控制委员会议事规则》、《风险控制办法》、《投资管理系统操作说明》、《机房管理暂行办法》、《系统变更规定》等,根据实际运作的经验和执行过程中存在的问题,重点对《投资决策委员会议事规则》进行了详细的修订,通过这些内控制度的建立和完善,更好地起到了防范和控制风险的作用。

(3)全面开展基金运作监察稽核工作,防范内幕交易,确保基金投资的独立性、公平性。主要措施有:严格执行集中交易制度,各基金相互独立,交易指令由中央交易室统一执行完成;对电脑系统进行事先设置,杜绝出现自买自卖、反向对敲等违规行为;严格检查基金的研究支持、投资决策、交易过程是否符合规定的程序;对基金投资进行全面实时监控;加强对投资、交易资料的管理,投资部按月将基金的投资和交易数据等资料移交稽核部,由稽核部稽核检查后统一保管。

通过以上工作的开展,在本报告期内本基金运作过程中未发生关联交易、内幕交易,也不存在本基金管理人管理的各基金之间的违规交叉交易,基金运作整体合法合规。在今后的工作中,本基金管理人将继续坚持一贯的内部控制理念,进一步完善内控制度,提高监察稽核工作水平,努力防范和控制各种风险,充分保障基金持有人的合法权益。

四、金元基金托管人报告

本托管人--中国工商银行,依据《金元证券投资基金基金契约》与《金元证券投资基金托管协议》,托管金元证券投资基金。

2002年度,在对金元证券投资基金的托管过程中,本托管人严格遵守了《证券投资基金管理暂行办法》及其实施准则、基金契约、托管协议和其他有关法规的规定,对金元证券投资基金的投资运作进行了全面的会计核算和应有的监督,没有发生任何损害基金持有人利益的行为,诚实信用、勤勉尽责地履行了作为托管人所应尽的义务。

本托管人依照《证券投资基金管理暂行办法》及其实施准则、基金契约、托管协议和其他有关法规的规定,对金元证券投资基金的投资组合进行了监督,认为南方基金管理有限公司在金元证券投资基金的投资运作、基金资产净值及单位基金资产净值的计算上,遵守《证券投资基金管理暂行办法》及其实施准则、基金契约、托管协议和其他有关法规的规定,没有发现任何损害基金持有人利益的行为。

本托管人依法对金元证券投资基金管理人--南方基金管理有限公司在2002年度内所编制和披露的金元证券投资基金资产净值公告、基金投资组合公告、基金中期报告、基金年度报告等公告信息进行了复核,认为金元证券投资基金管理人--南方基金管理有限公司在2002年度内所编制和披露的基金信息是准确、真实、完整的。

五、基金财务报告

(一)　审计报告

金元证券投资基金全体持有人:

我们接受委托，审计了金元证券投资基金二零零二年十二月三十一日的资产负债表和二零零二年度的经营业绩表、基金净值变动表及基金收益分配表。该等会计报表由南方基金管理有限公司

(基金管理人)负责,我们的责任是对该等会计报表发表审计意见。我们的审计是依据《中国注册会计师独立审计准则》进行的,在审计过程中,我们结合金元证券投资基金的实际情况,实施了包括抽查会计记录等我们认为必要的审计程序。

我们认为,金元证券投资基金的上述会计报表符合中华人民共和国《金融企业会计制度》、《证券投资基金会计核算办法》和《金元证券投资基金基金契约》及中国证券监督管理委员会的有关规定,在所有重大方面公允地反映了该基金二零零二年十二月三十一日的财务状况与二零零二年度的经营成果和基金净值变动情况,会计处理方法的选用遵循了一贯性原则。

深圳天健信德会计师事务所　　中国注册会计师　李渭华

二零零三年三月二十六日　　中国注册会计师　周　冰

(二) 基金会计报告书

资产负债表

二零零二年十二月三十一日

单位:人民币元

	附注	2002.12.31	2001.12.31
资产:			
银行存款		43,312,386.90	103,407,723.36
清算备付金		1,917,176.81	5,630,094.25
交易保证金		250,000.00	250,000.00
应收证券清算款	5	15,404,588.29	-
应收利息	2(5).6	1,027,815.05	27,969.48
其他应收款	7	25,000.00	25,000.00
股票投资市值	2(4).2(6).8	207,282,952.45	213,157,892.49
其中:股票投资成本	2(6).8	259,238,267.33	273,093,305.59
债券投资市值	2(4).2(6).9	109,906,045.20	114,011,400.40
其中:债券投资成本	2(6).9	111,672,279.65	113,684,553.91
资产总计		379,125,964.70	436,510,079.98
负债:			
应付证券清算款	10	-	1,059,609.04
应付管理人报酬	2(7).4(3)	488,729.43	554,406.53
应付托管费	2(7).4(3)	81,454.90	92,934.74
应付佣金	4(3)	417,399.34	146,111.90
其他应付款	11	927,228.96	607,556.28
预提费用	12	110,000.00	50,000.00
负债合计		2,024,812.63	2,510,618.49
持有人权益:			
实收基金	2(8).13	500,000,000.00	500,000,000.00
未实现利得(亏损)	14	-53,721,549.33	-59,608,566.61
未分配收益(亏损)	15	-69,177,298.60	-6,391,971.90
持有人权益合计		377,101,152.07	433,999,461.49
负债及持有人权益总计		379,125,964.70	436,510,079.98
基金单位净值		0.7542	0.868

经营业绩表

二零零二年度

单位:人民币元

	附注	2002 RMB	2001 RMB
一、收入			
股票差价收入(损失)	2(5)	-64,737,598.24	-4,846,489.93
债券差价收入	2(5)	3,685,192.76	2,042,316.37
债券利息收入	2(5)	3,533,136.61	3,121,007.20
存款利息收入	2(5)	901,396.77	1,101,493.62
股利收入	2(5)	1,724,307.81	1,307,927.48
买入返售证券收入	2(5)	206,271.00	-
其他收入	16	89,702.91	37,569.04
收入(损失)合计		-54,597,590.38	2,763,823.78
二、费用			
基金管理人报酬	2(7).4(2)	6,324,449.69	7,481,201.98
基金托管费	2(7).4(2)	1,055,657.59	1,248,175.53
卖出回购证券支出	2(6)	886,818.00	1,390,704.00
其他费用	17	491,525.25	492,800.80
其中:上市年费		60,000.00	60,000.00
信息披露费		320,000.00	300,000.00
审计费用		50,000.00	50,000.00
费用合计		8,758,450.53	10,612,882.31
三、基金净收益(亏损)		-63,356,040.91	-7,849,058.53
加:未实现利得(亏损)	2(4)	5,887,017.28	-83,903,441.33
四、基金经营业绩		-57,469,023.63	-91,752,499.86

基金净值变动表

二零零二年度

单位:人民币元

	附注	2002	2001
一、年初基金净值		433,999,461.49	541,251,977.72
加:以前年度损益调整	3.16	570,714.21	-
调整后年初基金净值		570,175.70	541,251,977.72
二、本年度经营活动			
基金净收益(亏损)		-63,356,040.91	-7,849,058.53
加:未实现利得(亏损)	2(4)	5,887,017.28	-83,903,441.33
经营活动产生的基金净值变动数		57,469,023.63	91,752,499.86
三、本年度向持有人分配收益			
向基金持有人分配收益产生的			
基金净值变动数	2(10).15	-	-15,500,016.37
四、年末基金净值		377,101,152.07	433,999,461.49

基金收益分配表

二零零二年度

单位:人民币元

	附注	2002	2001
本年度基金净收益(亏损)		-63,356,040.91	-7,849,058.53
加:年初基金净收益(亏损)		-6,391,971.90	16,957,103.00
以前年度损益调整	3.15	570,714.21	-
可供分配基金净收益		-69,177,298.60	9,108,044.47
(应弥补的基金亏损)			
减:本年度已分配净收益	2(10).15	-	15,500,016.37
年末基金净收益(亏损)		-69,177,298.60	-6,391,971.90

五　基金投资组合

1.按行业分类的股票投资组合

行业	分　类	市值(元)	占基金资产净值比例
A	农、林、牧、渔业		
B	采掘业	9,509,150.38	2.52%
C	制造业	107,700,741.47	28.57%
C0	食品、饮料	13,046,010.05	3.46%
C1	纺织、服装、皮毛	1,635,941.23	0.44%
C2	木材、家具		
C3	造纸、印刷	8,381,714.25	2.22%
C4	石油、化学、塑胶、塑料	17,805,479.70	4.72%
C5	电子	11,071,996.00	2.94%
C6	金属、非金属	8,426,043.79	2.23%
C7	机械、设备、仪表	41,060,880.38	10.89%
C8	医药、生物制品	6,104,876.07	1.62%
C99	其他制造业	167,800.00	0.05%
D	电力、煤气及水的生产和供应业	17,890,778.00	4.74%
E	建筑业	7,709,267.00	2.04%
F	交通运输、仓储业	10,921,006.97	2.90%
G	信息技术业	10,864,390.37	2.88%
H	批发和零售贸易	5,350,354.12	1.42%
I	金融、保险业	5,439,510.00	1.44%
J	房地产业	21,954,009.58	5.82%
K	社会服务业	5,103,766.98	1.35%
L	传播与文化产业		
M	综合类	4,839,977.58	1.28%
合	计	207,282,952.45	54.96%

2、可转换债券投资

截止2002年12月31日,基金持有的可转换债券市值为12,715,337.50元,占基金资产净值的3.37%。

3、国债及货币资金合计

截止2002年12月31日,基金持有的国债市值及货币资金　含当日证券清算往来款　合计为157,824,859.70元,占基金资产净值的41.85%。

4、基金投资前十名股票明细

序号	股票名称	市值(元)	占基金资产净值比例
1	佛山照明	15,415,651.30	4.09%
2	江铃汽车	14,885,453.73	3.95%
3	凯迪电力	13,011,912.00	3.45%
4	万科A	10,290,496.59	2.73%
5	西藏矿业	7,388,150.38	1.96%
6	古越龙山	6,984,649.95	1.85%
7	渝钛白	6,495,120.00	1.72%
8	中国联通	4,983,397.32	1.32%
9	银基发展	4,842,000.00	1.28%
10	法拉电子	4,626,396.00	1.23%

六、持有人结构及前十名持有人

1、　基金持有人结构:

	持有份额 基金单位	比例
发起人持有份额	250万	0.5%
南方基金管理有限公司	250万	0.5%
发起人持有份额均未流通		
社会公众持有份额	49750万	99.5%
总　计:	50000万	100%

2、　前十名持有人情况(截止于2002年12月31日):

持有人名称	持有份额(基金单位)	比例
1.中国人保	20239162	4.05%
2.中国人寿	19922921	3.98%
3.信息公司	11224819	2.24%
4.东莞财信	8660160	1.73%
5.光大证券	6960800	1.39%
6.中海信托	6139737	1.23%
7.平安保险	5188800	1.04%
8.朱锡珍	3000000	0.60%
9.冶金物质	2895419	0.58%
10.王振秀	2700000	0.54%

七、重要事项揭示

1、　本基金管理人及托管人在本会计年度没有发生重大诉讼事项。

2、　本基金聘请的会计师事务所没有发生变更。

3、　基金管理人、基金托管人办公地址没有发生变更。

4、　本年度基金的投资组合策略没有重大改变。

5、　本基金的基金管理人、基金托管人涉及托管业务及其高级管理人员没有受到任何处罚。

6、本基金租用专用交易席位事宜的情况

本基金根据中国证券监督管理委员会《关于加强证券投资基金监管有关问题的通知》(证监基字□1998□29号)的有关规定要求及本基金管理人于1998年10月30日公告的选择券商的标准,本基金管理人择定从以下叁家证券经营机构租用基金交易专用席位:大连证券有限公司、南方证券股份有限公司、海通证券股份有限公司。

本报告期内,各席位券商股票、国债及回购交易和佣金情况如下:

(1) 股票交易情况与佣金情况:

券　商	股票成交量	占成交总量比例	应付佣金	占佣金总量比例
大连证券	153,926,963.83	11.74%	118,701.59	11.56%
海通证券	738,149,988.55	56.30%	579,821.35	56.47%
南方证券	418,968,535.18	31.96%	328,297.02	31.97%

(2)国债及回购交易情况:

券　商	债券成交量	占成交总量比例	回购成交量	占成交总量比例
大连证券	91,796,049.20	10.26%	144,000,000.00	8.77%
海通证券	256,990,069.00	28.72%	522,200,000.00	31.82%
南方证券	546,060,581.10	61.02%	975,100,000.00	59.41%

7、因工作调动,免去陈继武先生担任的金元证券投资基金基金经理职务,已于2002年5月13日在《证券时报》上公告。

金鑫证券投资基金

金鑫证券投资基金2002年年度报告

重要提示

本基金的托管人中国建设银行已于2003年3月25日复核了本报告。本基金的管理人、托管人愿就本报告书中所载资料的真实性、准确性和完整性负责,本报告书中的内容由本基金管理人负责解释。基金管理人承诺以诚实信用、勤勉尽责的原则管理和运用基金资产,但不保证基金一定盈利,也不保证最低收益。投资有风险,投资人在作出投资决策前应仔细阅读该基金的销售文件。

一、基金简介

(一)基金名称:金鑫证券投资基金(简称:基金金鑫)
交易代码:500011
基金发起人:国泰君安证券股份有限公司　浙江省国际信托投资公司
上海爱建信托投资有限责任公司　国泰基金管理有限公司
基金发行日期:1999年10月15日　基金成立日期:1999年10月21日
基金单位总份额:三十亿份基金单位
基金类型:契约型封闭式
基金存续期:至2014年10月20日止
基金上市地:上海证券交易所
基金上市日期:1999年11月26日
(二)基金管理人
法定名称:国泰基金管理有限公司
注册地址:上海市浦东新区世纪大道1600号浦项商务广场31楼
办公地址:上海市浦东新区世纪大道1600号浦项商务广场31-32楼
邮政编码:200122
法定代表人:陈勇胜
总经理:李春平
信息披露负责人:丁昌海
电话:021-50819801
传真:021-50816885
电子邮件:dingch@gtfund.com
(三)基金托管人
法定名称:中国建设银行
注册地址:北京市西城区金融大街25号
办公地址:北京市西城区金融大街25号
邮政编码:100032
法定代表人:张恩照
托管部负责人:江先周
信息披露负责人:黄秀莲
联系地址:北京市西城区金融大街25号中国建设银行基金托管部
电话:010-67597646
传真:010-66212638
电子邮件:huangxiulian/zh/ccb@ccb.com.cn
(四)会计师事务所
法定名称:普华永道中天会计师事务所有限公司
注册地址:上海市浦东新区沈家弄325号
办公地址:上海市淮海中路333号瑞安广场12楼
法定代表人:Kent Watson
邮编:200021
电话:021-63863388
传真:021-63863300
经办注册会计师:李丹、郭杭翔
(五)律师事务所
法定名称:上海锦天城律师事务所
注册地址:上海市延安东路700号港泰广场12楼
办公地址:上海市延安东路700号港泰广场12楼
法定代表人:史焕章
邮编:200001
电话:021-53850388
传真:021-53850389
经办律师:沈国权、聂鸿胜

二、主要财务指标

(一)各类财务指标

	2002年度	2001年度	2000年度
基金本期净收益	-90,025,750.65元	330,380,425.83元	658,944,310.42元
单位基金本期净收益	-0.0300元	0.1101元	0.2196元
基金可分配净收益	-293,983,346.65元	221,638,224.67元	676,272,943.79元
单位基金可分配净收益	-0.0980元	0.0739元	0.2254元
期末基金资产总值	2,713,404,872.76元	3,289,468,445.85元	5,265,206,036.75元
期末基金资产净值	2,706,016,653.35元	3,221,638,224.67元	4,436,512,955.25元
单位基金资产净值	0.9020元	1.0739元	1.4788元
基金资产净值收益率	-2.98%	8.64%	22.72%
本期基金资产净值增长率	-10.34%	-15.46%	52.97%
基金累计资产净值增长率	11.24%	24.07%	46.76%

三、基金管理人报告

(一)基金产品说明书

投资目标　本基金是以具有良好成长性的国企股为投资重点的成长型基金;所追求的投资目标是在尽可能分散和规避投资风险的前提下,谋求基金资产长期稳定增值。

投资范围　本基金的投资范围仅限于具有良好流动性的金融工具,包括国内依法公开发行上市的股票、债券以及经中国证监会批准允许基金投资的其他金融工具。基金的股票投资部分将主要投资于沪深两市中具有良好成长性的国企股。这里的具有良好成长性的企业是指具有较强业务扩张能力和较大业绩增长潜力、股票市场价值具有较大上升空间的公司;依据目前国有股权管理的有关规定,这里的国企股是指国有股权(包括国家股和国有法人股)占总股本比例大于30%、国有股股东为第一大股东的上市公司股票。

投资理念　价格终将反映价值。

投资策略　本基金的投资组合由股票投资和债券投资两部分组成。股票投资部分主要包括稳定成长型国企股和快速成长型国企股,两部分占股票投资组合的比例分别为60%和40%。

稳定成长型股票的判断标准为:成长性来自于企业自身主营业务的增长潜力,具体表现为企业主营业务的行业地位和市场地位突出,主营业务的增长是公司利润长期持续增长的主要源泉,有产品、技术、销售渠道、特许权等方面的竞争优势等特点。

快速成长型股票的判断标准为:成长性来自于因企业的重大实质性变化而带来的公司业绩的高速增长潜力。本基金的快速成长国企股部分将侧重于具有资产重组题材股票的投资。

在遵循以上投资组合目标和范围的基础上,基金管理人将根据具体情况变化,适时调整投资组合:

(1)如果基金管理人认为在国企大盘股和资产重组股两类国企股中缺乏足够的投资机会来满足基金的投资目标,基金可将不高于10%的基金资产投资于其它具有成长性特征的国企股票。

(2)如果基金管理人根据对市场条件的判断,认为基金股票组合的两部分其中的一部分所提供的投资机会优于另一部分,基金可适当调整两部分的组合比例。

(3)如果非国企股票在整体市场中的比例达到相当程度、使国企股在稳定成长和快速成长股票方面的选择受到影响,或非国企股所提供的两种概念的成长型股票高于国企股可提供的投资机会,基金可适当投资于成长型的非国企股票,但比例不超过基金资产的20%。

业绩比较基准　业绩基准=80%×(上证A股指数和深证A股指数的总市值加权平均收益率)+20%×(上证国债指数收益率)

风险收益特征　承担中等风险,获取中等的超额收益。

(二)基金经理人介绍

何江旭,基金经理,男,31岁,经济学硕士,9年证券期货从业经历。曾就职于浙江金达期货经纪有限公司、君安证券公司、国信证券公司。2000年加盟国泰基金管理有限公司,任研究开发部总监助理、投资决策委员会秘书,现任基金管理部副总监兼金鼎基金基金经理。

徐学标,基金经理助理,男,33岁,管理工程硕士,5年证券从业经历,曾就职于上海卫星工程研究所、浦东联合信托有限责任公司、华夏证券研究所。2000年加盟国泰基金管理公司,曾任研究开发部副经理、国泰金鹰增长基金基金经理,从2003年1月起任本基金经理助理。

四、基金托管人报告

中国建设银行根据《金鑫证券投资基金契约》和《金鑫证券投资基金托管协议》,托管金鑫证券投资基金(以下简称"金鑫基金")。

2002年,中国建设银行在金鑫基金的托管过程中,严格遵守了《证券投资基金管理暂行办法》及各项实施准则、基金契约、托管协议和其它有关规定,依法安全保管了基金的全部资产,按规定如实、独立地向中国证监会提交了本基金运作情况报告,勤勉尽职地履行了基金托管人的义务,不存在损害基金持有人利益的行为。

2002年,按照《证券投资基金管理暂行办法》及各项实施准则、基金契约、托管协议和其它有关规定,本托管人对基金管理人-国泰基金管理有限公司在金鑫基金投资运作方面进行了监督,对基金资产净值、每份基金单位净值和其它财务费用计算上进行了认真的复核,未发现基金管理人有损害基金持有人利益的行为。

2002年,由金鑫基金管理人-国泰基金管理有限公司编制并经中国建设银行基金托管部复核审查的有关金鑫基金的信息披露合法、真实、完整。

中国建设银行基金托管部
2003年3月11日

五、基金财务报告

(一)审计报告书

金鑫证券投资基金全体基金持有人

我们接受委托,审计了金鑫证券投资基金 以下简称"基金金鑫" 2002年12月31日的资产负债表及2002年度的经营业绩表和基金净值变动表。这些会计报表由基金金鑫管理人国泰基金管理有限公司负责,我们的责任是对这些会计报表发表审计意见。我们的审计是依据中国注册会计师独立审计准则进行的。在审计过程中,我们结合基金金鑫的实际情况,实施了包括抽查会计记录等我们认为必要的审计程序。

我们认为,上述基金金鑫会计报表符合中华人民共和国企业会计准则、《证券投资基金会计核算办法》、《金鑫证券投资基金基金契约》和中国证券监督管理委员会允许的如会计报表附注所列示的基金行业实务操作的有关规定,在所有重大方面公允地反映了基金金鑫2002年12月31日的财务状况及2002年度的经营成果和净值变动情况,会计方法的选用遵循了一贯性原则。

普华永道中天会计师事务所有限公司　注册会计师 李 丹
2003年1月17日　注册会计师 郭杭翔

六、基金持有人结构及前十名持有人

(一)截止2002年12月31日,本基金持有人结构为:

	期末持有数	比例
发起人持有	30,000,000份	1.00%
其中:国泰君安	7,500,000份	0.25%
浙江省国际信托投资公司	7,500,000份	0.25%
上海爱建信托投资有限责任公司	7,500,000份	0.25%
国泰基金管理有限公司	7,500,000份	0.25%
社会公众持有	2,970,000,000份	99.00%
合　计	3,000,000,000份	100.00%

(二)截止2002年12月31日,本基金共有持有人159,328人,前十名持有人名称、持有份额及比例如下:

序号	持有人姓名	期末持有数	持有比例
1	中国太保	299,992,097	10.00%
2	中国人寿	216,395,900	7.21%
3	中国人保	180,498,219	6.02%
4	平安保险	147,967,100	4.93%
5	中国再保	109,992,600	3.67%
6	久事公司	85,666,300	2.86%
7	新华人寿	47,257,104	1.58%
8	中铁三招(中铁建)	31,087,760	1.04%
9	中油上海	21,464,090	0.72%
10	招商证券	20,896,800	0.70%

安 瑞 证 券 投 资 基 金

安瑞证券投资基金2002年年度报告

重要提示

本基金的托管人中国工商银行已于2003年3月26日复核了本报告。本基金的管理人、托管人愿就本报告中所载资料的真实性、准确性、完整性负责。本报告书中的内容由基金管理人负责解释。

一、基金简介

(一)基金名称：安瑞证券投资基金　　(简称:基金安瑞)
交易代码：500013
基金发起人：北方证券有限责任公司　　华安基金管理有限公司
基金单位总份额：5亿份基金单位
基金类型：契约型封闭式
基金存续期：15年(1992年4月29日至2007年4月28日)
基金上市地点：上海证券交易所
基金上市日期：2001年8月30日
(二)基金管理人:华安基金管理有限公司
注册及办公地址：上海市浦东南路360号新上海国际大厦38楼(邮编:200120)
法定代表人：杜建国
总经理：韩方河
信息披露负责人：冯颖
电　话：021-58881111
传　真：021-58406138
客户服务热线：021-68604666
国际互联网网址：http://www.huaan.com.cn
(三)基金托管人:中国工商银行
注册及办公地址：北京市西城区复兴门内大街55号(邮编:100032)
法定代表人：姜建清
托管部负责人：周月秋
信息披露负责人：刘长江
电　话：010-66107333
传　真：010-66106904
(四)会计师事务所:安永大华会计师事务所有限责任公司
注册及办公地址：上海市昆山路146号
法定代表人：汤云为
经办注册会计师：吕秋萍、曹勤

二、主要财务指标

项　目	2002年度	2001年度	2000年度7-12月
基金本期净收益	11,029,415.05	33,791,539.08	3,513,072.23
单位基金本期净收益	0.0221	0.0676	0.0169
基金可分配净收益	-33,592,231.57	37,381,773.19	3,590,234.11
单位基金可分配净收益	-0.0672	0.0748	0.0173
期末基金资产总值	467,651,279.58	556,282,731.98	222,094,707.27
期末基金资产净值	466,407,768.43	547,023,283.34	219,486,676.40
期末单位基金资产净值	0.9328	1.0940	1.0567
基金资产净值收益率	2.15%	12.65%	1.69%
本期基金资产净值增长率	-9.10%	14.39%	5.63%
累计资产净值增长率	9.83%	20.83%	5.63%

三、基金管理人报告

基金简介

安瑞证券投资基金是由原沈阳富民基金、沈阳万利基金、金龙基金清理规范合并而成的契约型封闭式证券投资基金，发起人为华安基金管理有限公司和北方证券有限责任公司。截止2000年7月17日基金资产移交时每基金单位净值1.0004元，基金总份额为207,700,000份基金单位。2000年7月18日，基金安瑞管理人更换为华安基金管理有限公司，基金托管人为中国工商银行。

根据中国证监会证监基金字［2001］19号文《关于同意安瑞证券投资基金上市、扩募和续期的批复》和上海证券交易所上证上字［2001］129号《上市通知书》审核同意，基金安瑞于2001年8月30日在上海证券交易所挂牌交易。

经原基金持有人临时持有人大会决议通过，并经中国证监会证监基金字［2001］19号文批准，基金安瑞于2001年11月2日完成扩募，基金总份额由207,700,000份基金单位扩募至500,000,000份基金单位，扩募后基金存续期延长5年，至2007年4月28日止。

基金经理简介

林彤彤先生，基金经理，工商管理硕士(MBA)。11年银行、证券从业经历，曾就职于中国银行漳州分行信贷管理处，进入华安基金管理有限公司后先后担任研究发展部研究员、基金安信和基金安久的基金经理。现任基金安顺和基金安瑞的基金经理。

李匊先生，基金经理，管理学博士。10年证券从业经历，曾在海南华银国际信托投资公司上海证券业务部工作。进入华安基金管理有限公司后先后担任研究发展部高级研究员、基金安信基金经理助理等职。现任基金安顺和基金安瑞的基金经理。

(一)基金经理工作报告

截止2002年12月31日，基金单位资产净值达到0.9328元，年净值增长率为-9.10%，超过同期上证综指和深证综指-17.52%和-18.32%的市场表现。实现净收益1103万元。由于基金单位净值低于面值，没有能够进行分红。

本基金2000年7月18日成立，2001年10月扩募，成立以来历年的业绩表现总结如下，基金业绩在本年度及过去两年中均处于同类基金的前列：

期间	净值增长率	单位分红	上证综指涨幅	深证综指涨幅
2000.7.18-12.31	5.63%	-	3.98%	3.48%
2001	14.39%	0.07元	-20.62%	-25.13%
2002	-9.10%	-	-17.52%	-18.32%
累计	9.83%	0.07元	-31.92%	-36.72%
年复合增长率	3.18%	-	-12.03%	-14.15%

在世界经济复苏乏力的情况下，2002年中国宏观经济仍然保持快速增长，全年GDP增长率达到8%，超过年初大多数机构的预测，主要原因在于外贸出口的强劲增长以及投资增速的迅猛提升，受益于此，上市公司的业绩也普遍得到提升，尤其是行业整体复苏的石化以及受需求拉动的钢铁、汽车等行业。

然而，股市作为宏观经济"晴雨表"的作用在2002年仍然没有显现，与经济高速增长相反，2002年的中国股市却是震荡下行，尤其是下半年，以上证综指为例，除了8月份略微上涨0.9%以外，其余5个月几乎以每个月5%的幅度下跌，不仅将上半年6.24行情的反弹成果全部吞没，而且使得全年的跌幅达到17.5%，包括个人投资者、券商、基金等在内的所有市场参与者又经历了一个"寒冬"。我们认为，2002年中国证券市场的弱市格局，既和管理层接连不断出台利好政策期望稳定市场的预期不符，也和宏观、微观经济的增长态势不符。当前证券市场已不是简单的政策面、宏观面的问题，而是股市本身的结构性矛盾问题，如部分上市公司市盈率依然偏高，上市公司股权结构不合理和不平等，上市公司管理和财务不透明等，这些都已成为制约中国证券市场发展的巨大障碍。

国有股减持政策的变化给证券市场留下了一个"6.24"，能否判断并把握"6.24"，决定了2002年投资的成败。遗憾的是，我们不是幸运儿。"6.24"的出现某种程度上影响了市场的博弈格局，也打乱了我们的步调。虽然在"6.24"初期没有仓促增仓，避免了陷入更大的被动。但心态的改变影响了我们的市场判断，下半年在股市回调过程中，安瑞的仓位在缓慢增加，但2002年的机会只有一次，最终没有能有效扭转落后局面。

作为小盘股基金，品种选择的重点还是以自下而上的思路为主。2001年以来市场结构出现明显分化，流动性受到普遍关注。低价大盘股较多的传统行业出现景气复苏，增加了大盘股的活跃程度。而小盘股由于前几年对其成长性的推崇，定位普遍较高，且流动性欠佳，客观上也限制了我们选股的范围。

展望2003年，我们预计全年GDP可望继续保持7.5%左右的高速增长，宏观经济仍将继续为证券市场营造良好的外部环境；随着入世条款的逐步实施，中国证券市场将逐步向外资开放，这势必促进证券市场进一步规范化、市场化和国际化，QFII的正式实施将会对市场的选股标准、投资理念、盈利模式产生影响，我们必须重视其可能对市场造成的影响。此外国有股、法人股的流通问题仍然是中国股市无法回避的重大课题，这个问题不解决，中国证券市场的长期发展仍将受其困扰。

我们认为2003年将是市场自身存在问题及股价结构调整的一年，或者说是"熊牛"交织的一年，股指仍将维持箱体震荡格局，但市场环境基础将好于2002年，由此而产生的局部行情，个股机会将会多于2002年。我们会在关注流动性的前提下，兼顾小企业的成长性分析，通过对阶段性机会的把握，增加波段操作力度，提高资产利用效率，以期★持有人带来良好的回报。

四、托管人报告

本托管人——中国工商银行，依据《安瑞证券投资基金基金契约》与《安瑞证券投资基金托管协议》，托管安瑞证券投资基金。

2002年度，在对安瑞证券投资基金的托管过程中，本托管人严格遵守了《证券投资基金管理暂行办法》及其实施准则、基金契约、托管协议和其他有关法规的规定，对安瑞证券投资基金的投资运作进行了全面的会计核算和应有的监督，没有发生任何损害基金持有人利益的行为，诚实信用，勤勉尽责地履行了作为托管人所应尽的义务。

本托管人依照《证券投资基金管理暂行办法》及其实施准则、基金契约、托管协议和其他有关法规的规定，对安瑞证券投资基金的投资组合进行了监督，认为华安基金管理有限公司在安瑞证券投资基金的投资运作、基金资产净值及单位基金资产净值的计算上，遵守《证券投资基金管理暂行办法》及其实施准则、基金契约、托管协议和其他有关法规的规定，没有发现任何损害基金持有人利益的行为。

本托管人依法对安瑞证券投资基金管理人--华安基金管理有限公司在2002年度内所编制和披露的安瑞证券投资基金资产净值公告、基金投资组合公告、基金中期报告等公告信息进行了复核，认为安瑞证券投资基金管理人--华安基金管理有限公司在2002年度内所编制和披露的基金信息是准确、真实、完整的。

中国工商银行基金托管部
2003年3月17日

五、基金年度财务报告

(一) 审计报告

安永大华业字(2003)第394号

安瑞证券投资基金全体基金持有人：

我们接受委托，审计了贵基金2002年12月31日的资产负债表和2002年度经营业绩表、基金净值变动表以及基金收益分配表。这些会计报表由贵基金的管理人负责，我们的责任是对这些会计报表发表审计意见。我们的审计是依据中国注册会计师独立审计准则进行的。在审计过程中，我们结合贵基金的实际情况，实施了包括抽查会计记录等我们认为必要的审计程序。

我们认为，上述会计报表符合《证券投资基金会计核算办法》和证券投资基金相关法规以及《安瑞证券投资基金基金契约》的有关规定，在所有重大方面公允地反映了贵基金2002年12月31日的财务状况和2002年度的经营业绩及基金净值变动情况，会计处理方法的选用遵循了一贯性原则。

安永大华会计师事务所有限责任公司　　中国注册会计师:吕秋萍
2003年2月15日　　中国注册会计师:曹　勤

六、基金持有人结构及前十名持有人

截止2002年12月31日，本基金发起人持有的基金份额为3,250,083份基金单位，占基金发行总份额的0.65%，其中：

发起人	持有份额(单位)	占总份额比例
北方证券有限责任公司	1,250,000	0.25%
其中:未上市流通份额	1,250,000	0.25%
华安基金管理有限公司	2,000,083	0.40%
其中:未上市流通份额	1,250,000	0.25%

社会公众持有的基金份额为496,749,917份基金单位，占基金发行总份额的99.35%。

本基金前十名持有人的名称、持有份额、占总份额比例如下：

序号	名称	持有份额(单位)	占总份额比例
1	中国人保	44,188,188	8.84%
2	中国人寿	30,739,025	6.15%
3	平安保险	11,293,575	2.26%
4	再保险	6,769,293	1.35%
5	光大证券	6,190,000	1.24%
6	苗昌英	5,486,258	1.10%
7	中海信托	4,995,000	1.00%
8	永安保险	4,442,751	0.89%
9	杨玉国	4,208,965	0.84%
10	大安保险	4,000,000	0.80%

汉兴证券投资基金

汉兴证券投资基金2002年年度报告

重要提示

本基金的托管人交通银行已于2003年3月26日复核了本报告。本基金管理人、托管人愿就报告中所载资料的真实性、准确性和完整性负责。本报告书中的内容由本基金管理人负责解释。

一、基金简介

(一)基金简称:基金汉兴　　交易代码:500015
基金单位总份额:30亿份
基金类型:契约型封闭式
基金存续期:15年
上市日期:2000年1月10日
上市地点:上海证券交易所
(二)基金管理人:富国基金管理有限公司
注册及办公地址:上海市浦东新区世纪大道88号金茂大厦32层
邮政编码:200121
法定代表人:虞志皓
总经理:李建国
信息管理负责人:林志松
电话:021-50478888-301　传真:021-50470328
(三)基金托管人:交通银行
注册地址:上海市仙霞路18号
邮政编码:200336
办公地址:上海银城中路188号交银金融大厦
邮政编码:200120
法定代表人:方诚国
托管部负责人:谢红兵
信息管理负责人:江永珍
联系地址:上海银城中路188号交银金融大厦
电话:021-58408846　传真:021-58408836
(四)会计师事务所:安永大华会计师事务所有限公司
注册地址:上海市昆山路146号
办公地址:上海市昆山路146号
法定代表人:胡定旭
经办注册会计师:陆永炜、徐艳

二、主要财务指标

	2002年	2001年	2000年
1 基金本期净收益	-619,031,238.62元	73,460,242.96元	535,933,246.39元
2 单位基金本期净收益	-0.2063元	0.0245元	0.1786元
3 基金可分配净收益	-694,741,560.55元	-191,038,980.76元	557,795,855.95元
4 单位基金可分配净收益	-0.2316元	-0.0637元	0.1859元
5 期末基金资产总值	2,312,014,820.39元	2,813,816,478.16元	4,243,066,754.96元
6 期末基金资产净值	2,305,258,439.45元	2,808,961,019.24元	4,157,079,198.43元
7 单位基金资产净值	0.7684元	0.9363元	1.3857元
8 基金资产净值收益率	-22.04%	2.01%	17.74%
9 本期基金资产净值增长率	-17.93%	-22.28%	37.58%
10 累计资产净值增长率	-12.24%	6.93%	38.57%

三、基金管理人报告

(一)汉兴基金管理小组

于理先生,30岁,大学本科,证券从业经历九年。曾任申银万国证券股份有限公司基金管理总部项目经理、富国基金管理公司汉鼎基金基金经理助理、基金经理。

闫旭,29岁,工学学士,2000年加盟富国基金管理有限公司,从事基金投资工作,证券从业经历四年。

(二)基金经理工作报告

2002年上证综指开盘1643点,收于1357点,全年下跌17%,这是继2001年上证综指下跌20%后第二个调整的年份,也是我国证券市场理念重塑、结构调整以及迈向国际化的一年。

2002年国民经济保持良好发展势头,积极财政政策和稳健货币政策取得明显效果,全年国内生产总值跃上10万亿元的新台阶,达到102398亿元,按可比价格计算,比上年增长8%。价格总水平小幅下降,全国居民消费价格总水平比上年下降0.8%。

2002年 政策面的导向也是积极的。管理层陆续推出了扶持和规范发展证券市场的各项措施,如《上市公司治理准则》的颁布促进了上市公司法人治理结构的完善;对国内上市公司停止执行《减持国有股筹集社会保障资金管理暂行办法》中关于利用证券市场减持国有股的规定,并不再出台具体实施办法,充分显示了管理层维护市场稳定的决心;《外资参股证券公司设立规则》、《外资参股基金管理公司设立规则》、《合格境外机构投资者境内证券投资管理暂行办法》的出台,也进一步显示我国证券市场对外开放步伐的加快。

然而,市场运行的内在规律使股指在2002年仍旧选择了下调,低迷始终是年内的市场主导特征。2002年初,由于受国有股减持政策不明朗等因素影响,股指一路跌至1339点,随后股指在低价股的带领下上攻至3月21日的1693点,完成第一次反弹;之后大盘又进行了深幅的调整,调到了1455点,然后大盘在停止国有股减持的政策引导下产生了第二波反弹行情,即6·24行情,反弹至1749点,从6月下旬到年底,市场跌幅达22%,收盘于1357.65的低点。

总体而言,上证综指始于2001年6月14日的调整,到2002年12月31日下跌幅度已经高达39%,2001年、2002年两年的下跌,是对前期上涨行情的矫正,2002年的获利机会主要在于大盘的两次超跌反弹,这是弱市行情的主要运行规律。

展望2003年,十六大确定的全面建设小康社会目标将推动各项改革事业向前发展,从而为2003年经济保持稳定增长提供重要保证。2003年将继续坚持扩大内需的方针,实施积极的财政政策和稳健的货币政策,加快经济结构的战略性调整,实现速度和结构、质量、效益相统一。2003年的社会消费结构升级带动产业结构升级,住宅、轿车、轨道交通等社会基础设施、通讯及其他新型电子产品、文化娱乐、旅游、社区服务等将成为新的经济增长动力,并相应带动建筑、建材、机械、石化、电子等工业部门的较快增长。 2003年国内经济环境基本稳定,如果不出意外,2003年中国国内生产总值的增速可达7%左右。 较高的经济增长速度有助于提高上市公司经营业绩,夯实证券市场发展的根基。

管理层已提出,在今后的工作中将坚持改革的力度、发展的速度与市场的承受程度的统一,促进证券市场的进一步发展。我国证券市场目前正处于"新兴+转型"的重要时期,历史遗留问题的解决一定会在不断加快的市场发展步伐中得到解决。随着我国证券市场的不断规范,上市公司治理结构的改善,投资者日渐成熟,我国股市将恢复与经济的同步增长,股指也将出现恢复性的上扬。

汉兴基金在2002年下半年进行了较大规模的结构调整,目的主要是在于增强流动性、提高低市盈率和市净率个股持仓比重、调整行业配置,为2003年的运作打下了基础。

在新兴的证券市场中,政策面因素、投资者心理因素、上市公司治理因素、国外观念的冲击等等,构成了影响证券市场的网络,要在这种市场中为基金持有人获得长期稳定的收益,必须发展并坚持科学的投资理念。科学的投资理念可能会超前,最后必将获得市场的认同,从主导市场长期发展的趋势中获利。我们认为,资产配置是仓位控制的有效手段,价值投资是基金投资安全性和收益性的基础,适度分散是组合流动性的保证。资产配置系在宏观经济、政策、对市场历史规律的统计分析等基础上,在不同的市场环境下,采取相应的恒定混合、买入持有、组合保险的策略;价值投资则基于行业景气度、企业上下游产业链、企业在行业中的竞争地位、成长性等分析,结合企业未来的市场价值和当前的价格,挖掘其中的投资机会;适度分散虽然无法抵御大盘的系统性风险,但可以降低个股的非系统性风险,增加组合流动性和灵活性,另一方面,超前发现行业的景气机会、严格精选价值低估的品种,向预期较好的行业和个股集中,这两者并不矛盾,其间的适度把握来自于对收益和风险关系的平衡。

2003年,钢铁、石化、汽车、有色等行业基本面的良好发展态势应在全年得到延续。此外,我国股市整体股价结构分布相比国外而言,存在着大量的低收益股票,而这一部分股票大大提高了我国股市的整体市盈率,这类股票的存在有其深刻的历史背景,由于它们的数目众多,随着上市公司经营机制的逐步完善,它们之间存在的部分实质性资产重组机会也不应忽视。

最后,我们要感谢汉兴基金的持有人。汉兴基金将在2003年恪守"亲力亲为、奉献社会"的宗旨,力争基金持有人收益的最大化。

(三)内部监察报告

本报告期,富国基金管理有限公司作为汉兴证券投资基金的管理人严格按照《证券法》、《证券投资基金管理暂行办法》、《汉兴证券投资基金契约》以及其它有关法律法规的规定,本着诚实信用、勤勉尽责的原则,以减少和分散风险,确保基金资产的安全并谋求基金长期稳定收益为目标,管理和运用基金资产,无损害基金持有人利益的行为。基金投资组合符合有关法规及基金契约的规定。

2003年,本基金管理人在总结去年基金运作的基础上,继续坚持"事先防范"为主的内部控制策略,坚持规范经营、合规运作,重视公司和基金运作的风险管理,在内部监察工作中一切从防范风险,保障基金持有人利益出发,内部风险管理部门和各业务部门紧密配合,通过进一步完善规章制度、加强投资风险评估系统功能、内部法律宣传和内控部门定期和不定期检查的方式,对公司各项工作进行全方位、实时的监察稽核,并对基金投资决策与执行进行专项重点监察稽核。

四、托管人报告

2002年度,交通银行作为汉兴证券投资基金的托管人,严格遵守《证券投资基金管理暂行办法》及其实施准则的规定,依据《汉兴证券投资基金契约》和《汉兴证券投资基金托管协议》中的条款,就以下各事项报告如下:

1、　本托管人认真履行了基金托管人的各项职责,安全保管汉兴基金的所有资产

2、　本托管人认真完成了汉兴证券投资基金的投资监管和清算核算工作

3、　本托管人妥善保管了基金所有会计帐册和重大合同,切实维护基金持有人的合法权益,未发生任何损害基金持有人利益的事件和行为。

2002年度,交通银行作为汉兴证券投资基金的托管人,对基金管理人的各项行为监管报告如下:

1、　未发现基金管理人在投资运作中有损害基金持有人利益的行为。

2、由基金管理人编制和披露的2002年度汉兴证券投资基金每周资产净值公告、每季度投资组合公告、中期财务报告和年度财务报告是合法、真实和完整的。

五、基金年度财务报告

(一)审计报告

汉兴证券投资基金全体持有人:

我们接受委托,审计了贵基金2002年12月31日的资产负债表和2002年度的经营业绩表、基金净值变动表及基金收益分配表。这些会计报表由贵基金的基金管理人富国基金管理有限公司负责,我们的责任是对这些会计报表发表审计意见。我们的审计是根据中国注册会计师独立审计准则进行的。在审计过程中,我们结合贵基金的实际情况,实施了包括抽查会计记录等我们认为必要的审计程序。

我们认为,上述会计报表符合《企业会计准则》、《金融企业会计制度》《证券投资基金会计核算办法》和中国证券监督管理委员会颁布的《证券投资基金管理暂行办法》实施准则第五号《证券投资基金信息披露指引》及贵基金契约的规定,在所有重大方面公允地反映了贵基金2002年12月31日的财务状况和2002年度会计期间的经营成果,会计处理方法的选用遵循了一贯性原则。

安永大华会计师事务所有限责任公司　　中国注册会计师　陆永炜、徐艳
中国　上海　昆山路146号　　2003年1月17日

六、基金持有人结构及基金前十名持有人

1、基金持有人结构

	基金份额	占总份额比例
基金发起人	3000万份	1.00%
其中:海通证券有限公司	1000万份(其中500万份可流通)	0.33%
华泰证券有限责任公司	1000万份(其中500万份可流通)	0.33%
富国基金管理有限公司	1000万份(其中500万份可流通)	0.33%
社会公众	297000万份	99.00%

2、基金前十名持有人

持有人	基金份额	占总份额的比例%
中国太保	262,112,022	8.74%
中国人保	226,270,241	7.54%
中国人寿	183,147,288	6.10%
中国高新	89,990,000	3.00%
平安保险	33,249,200	1.11%
华泰证券	10,490,000	0.35%
富国基金	10,000,000	0.33%
海通证券	10,000,000	0.33%
许灿云	8,990,000	0.30%
中油投资	7,999,200	0.27%

裕元证券投资基金

裕元证券投资基金2002年年度报告

重要提示

本基金的托管人中国工商银行已于2003年3月26日复核了本报告。本基金管理人、托管人愿就本报告书中所载资料的真实性、准确性和完整性负责,本报告书中的内容由本基金管理人负责解释。

一、基金简介

(一)基金基本资料
基金简称:基金裕元
基金交易代码:500016
基金单位总份额:15亿份
基金类型:契约型、封闭式
基金存续期:15年
上市地点:上海证券交易所
上市时间: 1999年10月28日
(二)基金管理人
法定名称:博时基金管理有限公司
注册地址:广东省深圳市福田区深南大道7088号招商银行大厦29层
办公地址:广东省深圳市福田区深南大道7088号招商银行大厦29层
邮政编码: 518040
法定代表人:吴雄伟
信息事务人:李全
联系地址:广东省深圳市福田区深南大道7088号招商银行大厦29层
联系电话:0755-83169999
传 真:0755-83195140
(三)基金托管人
法定名称:中国工商银行
注册及办公地址:北京市西城区复兴门内大街55号
邮政编码: 100032
法定代表人:姜建清
基金托管部负责人:周月秋
信息事务联系人:刘长江
联系地址:北京市西城区复兴门内大街55号
联系电话:010-66107333
传真: 010-66106904
(四)会计师事务所和经办注册会计师
法定名称:普华永道中天会计师事务所有限公司
注册及办公地址:上海淮海中路333号
法定代表人:Mr. Kent Watson
电话:021-63863388
传真:021-63863300
联系人:周忠惠
经办注册会计师:牟磊、陈玲
(五)律师事务所和经办律师
法定名称:国浩律师集团事务所
注册及办公地址:北京市复兴门内大街158号远洋大厦F7
法定代表人:张涌涛
电话:010-66411188
传真:010-66413800
联系人:黄伟民
经办律师:黄伟民

二、主要财务指标

1. 主要财务指标
金额单位:人民币元

	主要财务指标	2002年	2001年	2000年
1	基金本期净收益	-13,500,439	29,589,452	568,216,337
2	单位基金净收益	-0.0090	0.0197	0.3788
3	基金可分配净收益	-118,225,094	59,106,653	579,245,305
4	单位基金可分配净收益	-0.0788	0.0394	0.3862
5	期末基金资产总值	1,385,568,237	1,563,333,513	2,711,549,289
6	期末基金资产净值	1,381,774,906	1,559,106,653	2,338,494,319
7	单位基金资产净值	0.9212	1.0394	1.5590
8	基金资产净值收益率	-0.90%	1.63%	37.87%
9	本期基金净值增长率	-8.25%	-13.23%	55.20%
10	基金累计净值增长率	12.87%	23.56%	42.40%

三、基金管理人报告

基金经理简介

刘红海先生,1971年出生,工商管理硕士。1999年至2002年攻读中南财经政法大学工商管理学院,获工商管理硕士学位。1992年至1999年先后在新兰德证券投资咨询公司、海南港澳国际信托投资公司工作。1999年入博时基金管理有限公司,曾任交易员、研究员、基金裕泽基金经理。2002年1月起任基金裕元基金经理。

陈丰先生,1973年出生,硕士学历。1996年至1998年就读于上海财经大学证券期货学院,获经济学硕士学位。1999年至2000年在申银万国证券公司研究所工作。2000年加入博时基金管理有限公司,任研究员。2002年1月起任基金裕元基金经理助理。

(一) 基金经理工作报告

2002年投资回顾

2002年本基金净值增长率为-8.25%,同期上海及深圳证券交易所综合指数分别下跌17.5%和18.3%,复合指数 80%上证指数+20%国债 下跌13.5%。相对而言,2002年本基金取得了超越复合指数5.3%的成绩。

事实上,在2002年我们的投资环境是比较严峻的,证券市场延续2001年6月以来的下跌态势继续调整,自1999年"5.19行情"以来形成的市场深层次问题并没有得到解决,虽然2002年国家在关系到市场发展的重大政策上做出了一些修正,但市场规律仍然在发挥强有力的作用。2002年市场结构继续发生比较大的变化,经过统计我们发现,最近两年股价持续表现超过市场水平甚至刷新2001年6月股价高点的公司,绝大部分是在中国目前经济结构中占据主导优势、主业清晰、管理优良、公司竞争优势明显并能够持续稳定地保持盈利增长的上市公司。这种股价结构调整的特征给我们确立投资原则、完善投资理念、执行投资纪律提供了一个非常明确的方向。

2002年中国经济继续保持稳步增长,国内生产总值(GDP)同比增长8%,出口、投资拉动和内需扩大成为推动经济增长的主要因素。2002年是中国"入世"之后的第一年,中国逐步确立了在全球经济贸易中的比较优势,出口和外商投资持续大幅增长,积极的财政政策对投资的拉动起到主导作用。

总结2002年的投资管理工作,我们坚持价值投资的基本理念,坚持"自上而下的资产配置和自下而上的股票选择相结合"的基本思路,把握中国经济中高速发展、产业结构调整和企业制度创新过程中表现出来的优势行业和优势公司;重点关注了与外贸、基础设施建设有关的行业、具有长期稳定增长的公用事业类行业以及汽车及其相关制造行业等,这些行业成为本基金2002年及以后年度的投资重点。我们还降低了存在较大不确定性的信息技术、传媒等高科技行业的配置比重。事实证明虽然整体市场不景气,但是有基本面支持、具有长期价值的品种仍然会取得优于市场的表现。

同时,我们在资产配置的稳定性管理方面做出有益的探索,在2002年大部分时间内的股票配置比例都维持在基金净值6成至7成的水平,通过对行业和股票的有效组合、以相对较低的配置变动幅度实现资产的稳定表现,这形成了2002年本基金运作的特点之一。我们还较好地把握住年初和年中的市场低点入市时机,这也对全年基金业绩的取得也起到了重要的作用。

2002年对于重组的概念,我们有了更深刻的认识。随着国有资产管理体制重新建立、国有经济战略重组的步伐加快、国有企业制度创新和体制创新的进一步深入,加上民营经济的不断壮大和外商投资的全面进入,证券市场上原来简单的报表重组被具有战略高度的战略重组和有实质内容的内涵式重组所代替,这样的重组和创新能够加快产业结构的优化调整,有助于产生出行业优势明显、主业清晰、管理优良,并能持续保持盈利增长的优秀公司,这为本基金提供了广阔的投资空间。

2002年,我们对于一些行业的投资中也出现了偏差。由于研究角度的偏差和研究深度的不足,对电子元器件行业和医药行业的投入没有取得令人满意的效果,同时对于汽车行业的投入不足也使得没有很好地分享该类股票在2002年的良好表现。

四、基金托管人报告

本托管人——中国工商银行,依据《裕元证券投资基金基金契约》与《裕元证券投资基金托管协议》,托管裕元证券投资基金。

2002年度,在对裕元证券投资基金的托管过程中,本托管人严格遵守了《证券投资基金管理暂行办法》及其实施准则、基金契约、托管协议和其他有关法规的规定,对裕元证券投资基金的投资运作进行了全面的会计核算和应有的监督,没有发生任何损害基金持有人利益的行为,诚实信用、勤勉尽责地履行了作为托管人所应尽的义务。

本托管人依据《证券投资基金管理暂行办法》及其实施准则、基金契约、托管协议和其他有关法规的规定,对裕元证券投资基金的投资组合进行了监督,认为博时基金管理有限公司在裕元证券投资基金的投资运作、基金资产净值及单位基金资产净值的计算上,遵守《证券投资基金管理暂行办法》及其实施准则、基金契约、托管协议和其他有关法规的规定,没有发现任何损害基金持有人利益的行为。

本托管人依法对裕元证券投资基金管理人--博时基金管理有限公司在2002年度内所编制和披露的裕元证券投资基金资产净值公告、基金投资组合公告、基金中期报告、基金年度报告等公告信息进行了复核,认为裕元证券投资基金管理人--博时基金管理有限公司在2002年度内所编制和披露的基金信息是准确、真实、完整的。

中国工商银行基金托管部
2003年3月26日

五、基金年度财务报告

(一) 审计报告
普华永道审字 2003 第153号
裕元证券投资基金全体持有人:

我们接受委托,审计了裕元证券投资基金 以下简称"基金裕元" 2002年12月31日的资产负债表及2002年度的经营业绩表和基金净值变动表。这些会计报表由基金裕元管理人博时基金管理有限公司负责,我们的责任是对这些会计报表发表审计意见。我们的审计是依据中国注册会计师独立审计准则进行的。在审计过程中,我们结合基金裕元的实际情况,实施了包括抽查会计记录等我们认为必要的审计程序。

我们认为,下述裕元基金会计报表符合中华人民共和国企业会计准则、《证券投资基金会计核算办法》、《裕元证券投资基金基金契约》和中国证券监督管理委员会允许的如会计报表附注所列示的基金行业实务操作的有关规定,在所有重大方面公允地反映了基金裕元2002年12月31日的财务状况及2002年度的经营成果和净值变动情况,会计方法的选用遵循了一贯性原则。

普华永道中天会计师事务所有限公司 注册会计师 牟磊
2003年1月10日 注册会计师 陈玲

六、基金持有人结构及前十名持有人

(一) 基金持有人结构:

	持有份额(份)	占总份额的比例(%)
基金发起人		
其中:泰阳证券股份有限公司	15,000,000	1.00%
博时基金管理有限公司	15,000,000	1.00%
社会公众	1,470,000,000	98.00%
合 计	1,500,000,000	100%

(二) 裕元基金前十名持有人(截止2002年12月31日):

序号	持有人名称	持有份额(份)	占总份额的比例(%)
1	中国平安保险股份有限公司	127,035,613	8.47%
2	中国人民保险公司	113,491,938	7.57%
3	中国太平洋保险公司	105,930,719	7.06%
4	中国人寿保险公司	105,493,598	7.03%
5	泰康人寿保险股份有限公司	37,000,000	2.47%
6	久事公司	35,946,900	2.40%
7	国信证券	21,868,100	1.46%
8	长城证券	20,661,956	1.38%
9	华宝信托	20,658,813	1.38%
10	新华人寿保险股份有限公司	17,064,500	1.14%

景业证券投资基金

景业证券投资基金2002年年度报告

重要提示

本基金托管人中国农业银行已于2003年3月27日复核了本公告。本基金的管理人、托管人愿就报告中所载资料的真实性、准确性和完整性负责。本报告中的内容由本基金管理人负责解释。

一、基金简介

(一)基金名称:景业证券投资基金
基金简称:基金景业
基金交易代码:500017
基金发起人:大成基金管理有限公司　天津信托投资公司
基金成立日期:2000年8月15日
基金单位总份额:500,000,000份基金单位
基金类型:契约型封闭式
基金上市地点:上海证券交易所
基金上市日期:2001年12月19日
(二)基金管理人:大成基金管理有限公司
注册地址:深圳市福田区新闻路报社大院报业大厦12层C区
邮政编码:518034
办公地址:深圳市福田区深南大道7088号招商银行大厦32层
邮政编码:518040
公司网址:http://www.dcfund.com.cn
法定代表人:胡学光(待批)
总经理:龙小波
信息披露负责人:田宇飚、胡勇钦
电话:(0755)83183388
传真:(0755)83199588
(三)基金托管人:中国农业银行
注册地址:北京市海淀区复兴路甲23号
办公地址:北京市海淀区西三环北路100号金玉大厦8层
邮政编码:100036
法定代表人:尚福林
托管部负责人:郭辉
信息披露负责人:李芳菲
电话:(010)68435588
传真:(010)68424181
(四)会计师事务所:普华永道中天会计师事务所有限公司
注册地址:上海市浦东新区沈家弄325号
办公地址:上海市淮海中路333号瑞安广场12楼
邮政编码:200021
法人代表:Kent Watson
经办注册会计师:钱进　马颖旎
联系人:陈兆欣
电话:(021)63863388　传真:(021)63863300
(五)律师事务所:国浩律师集团(北京)事务所
地址:北京市西城区复兴门内大街158号远洋大厦F7层
法定代表人:张涌涛
经办律师:黄伟民　刘伟宁
电话:(010)66411188　66413826
传真:(010)66413800　66413801
(六)信息披露报纸及网址:
选定的信息披露报纸名称:《中国证券报》、《上海证券报》、《证券时报》
登载年度报告的中国证监会指定国际互联网网址:http://www.sse.com.cn
年度报告备置地点:大成基金管理有限公司

二、主要财务指标

单位:人民币元

序号	指标名称	2002年	2001年	2000年
1	基金本期净收益/损失	-26,556,924	-84,593,703	-2,481,368
2	单位基金本期净收益/损失	-0.0531	-0.2269	-0.0067
3	基金可分配净收益/损失	-138332690	-109,398,697	-2,420,049
4	单位基金可分配净收益/损失	-0.2767	-0.2934	-0.0065
5	期末基金资产总值	365,813,736	268,644,864	362,615,375
6	期末基金资产净值	361,667,310	263,475,646	357,377,490
7	单位基金资产净值	0.7233	0.7066	0.9584
8	基金资产净值收益率(%)	-7.23	-23.67	-0.67
9	本期基金资产净值增长率(%)	-6.95	-26.27	-3.49
10	累计资产净值增长率(%)	-33.79	-28.84	-3.49

三、基金管理人报告

(一)基金业绩表现

截止2002年12月31日,本基金单位资产净值为0.7233元,本期基金资产净值增长率为-6.95%,同期上证A股指数下跌17.13%。

(二)2002年证券市场与基金运作回顾

1.宏观经济形势和产业运行回顾

2002年我国宏观经济表现良好,GDP增速高达8%,明显高于上年。主要体现在:投资和出口增长势头强劲,带动GDP逐季走高;消费需求平稳增长成为经济持续增长的最终支撑力量,消费结构升级步伐加快,汽车、住房、通信等消费热点快速增长,并明显带动经济结构调整;入世的积极效应明显,带动了产业结构和经济结构的调整,推进了我国的体制改革和市场化进程。

2.A股市场走势回顾

然而宏观经济的良好走势并没有在证券市场体现。沪深A股市场仍延续2001年下半年开始的调整态势,整体表现弱平衡市的特征:年初上证综指惯性下跌,创出1339点的新低,之后政策面回暖,股指逐波上升,3月和6月成为全年成交最活跃的月份。6月24日停止国有股减持促成井喷行情,上证综指创下年内新高1758点。但此后市场持续阴跌,投资者对市场毫无信心。11月8日QFII制度出台,拉开了连续暴跌的序幕,年终上证以全年最低点1357点报收。

3.基金运作情况回顾

2002年本基金超额收益率为8.38%,收益表现在所有基金排名第三。良好业绩主要源于对以下几点的把握:

(1)重视行业研究,在汽车、石化等类别资产重点投资取得成效,是超额收益的主要来源;

(2)严格投资纪律,较好地执行投资计划,在年初市场大幅下跌中保持较高仓位而获益;

(3)债券投资抓住长债投资市场热点,取得较好收益。

(三)2003年市场展望和投资策略

1.宏观经济形势和产业发展前瞻

2003年宏观经济仍将保持高速增长态势,GDP增速有望达到7.5%。出口增长方面,尽管年世界经济复苏还存在一些不确定因素,但温和复苏的基调不变,出口增长保持在10%以上的增速仍然可期;投资增长方面,即使2003　年国债项目投资力度可能有所减弱,但在其他投资渠道上却有望保持较好增长势头,投资增长不至于大幅回落。消费方面,结构升级明显,2003　年消费增长有望继续保持增长。

有专家预测,中国经济正在进入一个新的较快增长时期,高GDP的持续依赖于一批高增长行业的出现,包括四大高增长产业族群:汽车、房地产、机械制造、日常消费品,并形成持续稳定增长的行业领头羊。

2.A股市场运行分析

2003年将是挑战与机遇并存的一年。一方面,　中国经济高速增长必将使一大批上市公司受益,进而从基本面支持内在价值的提高;一方面,困扰证券市场健康发展的内在体制性矛盾需要在实践中化解。市场化、国际化的趋势不可逆转。以QFII进入为标志,中国证券市场已进入一个新的机构博弈时代,我们必须关注在转轨期中市场发生的本质性变化,这些变化将给2003年以后的证券市场带来深远影响:

(1)投资者结构的变化:证券投资基金、社保基金、券商资金等阳光资金进一步发展扩大,QFII带来新生的投资力量,长期投资资金的提高等等。

(2)投资理念的变化:以上市公司内在价值为基础的投资理念将逐渐深入人心,成为市场主流。注重长期理性投资、摒弃短期过渡投机炒作,研究驱动,价值为本。

(3)市场价格体系的结构性调整:成长性、流动性、安全性将成为估价的标准,由此拉开股价结构的大调整:业绩稳定增长的蓝筹股广受追捧,缺乏业绩支撑的"概念"股将受冷落。

基于以上若干方面的本质变化,我们认为2003年A股市场总体呈现平衡市运行格局,获取超额收益的关键除了较好地把握时机外,更重要的是类别资产的选择。

四、基金托管人报告

本基金托管人--中国农业银行,根据《景业证券投资基金基金契约》和《景业证券投资基金托管协议》,在对景业证券投资基金的托管过程中,严格遵守《证券投资基金管理暂行办法》及各项法规规定,对景业证券投资基金管理人-- 大成基金管理有限公司在2002年会计年度基金的投资运作,进行了认真、独立的会计核算和必要的投资监督,认真履行了托管人的义务。

本托管人认为,大成基金管理有限公司在景业证券投资基金的投资运作、信息披露等方面符合《证券投资基金管理暂行办法》及其相关法规的规定,基金管理人在2002年度所编制和披露的景业证券投资基金财务报告、资产净值公告等各项基金信息真实、完整,未发现有损害基金持有人利益的行为。

中国农业银行证券投资基金托管部
2003年3月27日

五、基金年度财务报告

审计报告

景业证券投资基金全体持有人:

我们接受委托,审计了景业证券投资基金(以下简称"基金景业")　2002年12月31日的资产负债表及2002年度的经营业绩表和基金净值变动表。这些会计报表由基金景业管理人大成基金管理有限公司负责,我们的责任是对这些会计报表发表审计意见。我们的审计是依据中国注册会计师独立审计准则进行的。在审计过程中,我们结合基金景业的实际情况,实施了包括抽查会计记录等我们认为必要的审计程序。

我们认为,载于第2页至第14页的上述基金景业会计报表符合中华人民共和国企业会计准则、《证券投资基金会计核算办法》、《景业证券投资基金基金契约》和中国证券监督管理委员会允许的如会计报表附注所列示的基金行业实务操作的有关规定,在所有重大方面公允地反映了基金景业2002年12月31日的财务状况及2002年度的经营成果和净值变动情况,会计方法的选用遵循了一贯性原则。

普华永道中天会计师事务所有限公司　　注册会计师　钱　进
2003年2月14日　　注册会计师　马颖旎

六、基金持有人结构及前十名持有人

1、持有人结构

	份额	占总份额比例
基金发起人	10428035	2.09%
其中:大成基金管理有限公司	7928035	1.59%
天津信托	2500000	0.50%
社会公众	489571965	97.91%
合计	500000000	100.00%

2、前十名持有人

序号	持有人名称	持有份额	占总份额比例
1	光大证券有限责任公司	9758000	1.95%
2	大成基金管理有限公司	7928035	1.59%
3	深圳市特发信息股份有限公司	7246530	1.45%
4	广州证券有限责任公司	5010264	1.00%
5	郗光献	3942300	0.79%
6	天津信托	2500000	0.50%
7	中国人寿保险公司	2437320	0.49%
8	宁波鑫汇公司	2000000	0.40%
9	山西信托	1800000	0.36%
10	贾建勋	1453826	0.29%

兴 和 证 券 投 资 基 金

兴和证券投资基金2002年年度报告

重要提示

本基金的管理人、托管人愿就本报告书所载内容的真实性、准确性、完整性负责,本报告书有关内容由管理人负责解释,本基金托管人中国建设银行已于2003年3月26日复核了本报告。

一、基金简介

(一)基金基本情况
基金名称:兴和证券投资基金
基金简称:基金兴和
交易代码:500018
基金发起人:华夏基金管理有限公司
北京证券有限责任公司
华夏证券有限公司
基金发行日期:1999年7月8日
基金成立日期:1999年7月14日
基金单位总份额:30亿份基金单位
基金类型:契约型封闭式
基金存续期:15年
基金上市地点:上海证券交易所
基金上市日期:1999年7月30日
(二)基金管理人的有关情况
法定名称:华夏基金管理有限公司
CHINA ASSET MANAGEMENT CO.,LTD.
注册地址:北京市顺义区天竺空港工业区A区
办公地址:北京市西城区金融大街33号通泰大厦A座15层
邮政编码:100032
国际互联网网址:http://www.ChinaAMC.com
法定代表人:邵淳
总经理:范勇宏
信息披露负责人:辛浩
电话:010-66069966
传真:010-66102133
(三)基金托管人的有关情况
法定名称:中国建设银行
注册地址:北京市金融大街25号
办公地址:北京市金融大街25号
邮政编码:100032
法定代表人: 张恩照
托管部总经理:江先周
信息披露负责人:黄秀莲
联系电话:010-67597646
传真:010-66212638
(四)基金聘请的会计师事务所的有关情况
法定名称:普华永道中天会计师事务所有限公司
注册地址:上海市浦东新区沈家弄325号
办公地址:上海市淮海中路333号瑞安广场12楼
法定代表人: Kent Watson
经办注册会计师:周忠惠、郭杭翔
(五)基金聘请的律师事务所的有关情况
法定名称:金诚律师事务所
注册地址:北京建国门大街8号中粮广场A座6层
办公地址:北京建国门外大街24号东海中心17层
法定代表人: 邵国忠
经办律师:庞正中、贺宝银

二、基金主要财务指标

项目	2002年	2001年
基金本期净收益	10,005,965.83元	233,335,486.43元
单位基金本期净收益	0.0033元	0.0778元
基金可分配净收益	-223,086,740.05元	250,536,565.16元
单位基金可分配收益	-0.0744元	0.0835元
期末基金资产总值	2,783,992,269.23元	3,279,152,172.16元
期末基金资产净值	2,776,913,259.95元	3,250,536,565.16元
单位基金资产净值	0.9256元	1.0835元
基金资产净值收益率	0.33%	6.66%
本期基金净值增长率	-8.17%	-7.44%
累计资产净值增长率	19.61%	30.25%

项目	2000年
基金本期净收益	875,397,575.34元
单位基金本期净收益	0.2918元
基金可分配净收益	835,126,048.71元
单位基金可分配收益	0.2784元
期末基金资产总值	4,467,894,218.87元
期末基金资产净值	4,254,530,397.53元
单位基金资产净值	1.4182元
基金资产净值收益率	30.27%
本期基金净值增长率	47.15%
累计资产净值增长率	40.72%

三、基金管理人报告

本基金业绩表现:截止2002年12月31日,本基金的单位净值为0.9256元,全年净值增长率为-8.17%。

基金经理简介

郭树强先生,经济学硕士。1998年进入华夏基金管理有限公司,从事基金投资工作,历任交易员、兴和基金经理助理、交易主管和基金评估小组组长。2002年起担任兴和基金经理。

(一) 基金经理工作报告

2002年运作回顾

2002年我国股市延续了上一年的走势继续在熊市中运行,其中经历了年初和年中两次较大的反弹。综观全年,兴和基金运作的主要特征和内容为:

1.以被动投资为主,仓位变动较少。减少对大盘的频繁预测,尽量降低交易费用。

在年初第一轮下跌至1339点再反弹至1693点的阶段中,兴和基金主要对前期持股进行分散化调整,进行了适量减仓,总体采取了以观望为主,加大国债投资的操作策略。4月初至6.24期间,市场运行环境较为明朗,兴和基金逐渐加大股票投资,同时减少国债投资。6.24以后主要减持吉电股份及一些上涨较多的股票,仓位少量减少。在全年的股票投资中,指数化投资部分一直占主体地位。

兴和基金坚信对大势进行正确的预测是极其艰难的,以减少频繁预测、降低运作成本为主要特征的指数化操作,无论从理论上还是实践中都具有独特的优势,将长期为持有人提供较为合理的风险报酬关系。

2、积极投资遵循关注社会经济新变化、合理匹配风险收益关系的基本原则,在进一步优化组合,减少净值波动方面取得了一定效果。

在关注社会经济新变化方面,2002年兴和基金选择了赛格三星、深发展等外资并购型股票进行了投资;选择了一汽轿车、天津汽车作为消费升级型股票进行了投资。

在合理匹配风险收益关系方面,选择了业绩优良并且具有一定成长性的宝钢股份、深圳机场等股票进行了投资。

四、基金托管人报告

中国建设银行根据《兴和证券投资基金契约》和《兴和证券投资基金托管协议》,托管兴和证券投资基金(以下简称兴和基金)。

2002年,中国建设银行在兴和基金的托管过程中,严格遵守了《证券投资基金管理暂行办法》及各项实施准则、基金契约、托管协议和其它有关规定,依法安全保管了基金的全部资产,按规定如实、独立地向中国证监会提交了本基金运作情况报告,勤勉尽职地履行了基金托管人的义务,不存在损害基金持有人利益的行为。

2002年,按照《证券投资基金管理暂行办法》及各项实施准则、基金契约、托管协议和其它有关规定,本托管人对基金管理人-华夏基金管理有限公司在兴和基金投资运作方面进行了监督,对基金资产净值、每份基金单位净值和其它财务费用计算上进行了认真的复核,未发现基金管理人有损害基金持有人利益的行为。

2002年,由兴和基金管理人--华夏基金管理有限公司编制并经中国建设银行基金托管部复核审查的有关兴和基金的信息披露合法、真实、完整。

五、基金年度财务报告

(一)审计报告

普华永道审字(2003)第143号

兴和证券投资基金全体持有人:

我们接受委托,审计了兴和证券投资基金(以下简称"基金兴和")2002年12月31日的资产负债表及2002年度的经营业绩表和基金净值变动表。这些会计报表由基金兴和管理人华夏基金管理有限公司负责,我们的责任是对这些会计报表发表审计意见。我们的审计是依据中国注册会计师独立审计准则进行的。在审计过程中,我们结合基金兴和的实际情况,实施了包括抽查会计记录等我们认为必要的审计程序。

我们认为,载于第2页至第13页的上述基金兴和会计报表符合中华人民共和国企业会计准则、《证券投资基金会计核算办法》、《兴和证券投资基金基金契约》和中国证券监督管理委员会允许的如会计报表附注所列示的基金行业实务操作的有关规定,在所有重大方面公允地反映了基金兴和2002年12月31日的财务状况及2002年度的经营成果和净值变动情况,会计方法的选用遵循了一贯性原则。

普华永道中天会计师事务所有限公司　　注册会计师　周忠惠
2003年2月28日　　注册会计师　郭杭翔

六、基金持有人结构及前十名持有人

截至2002年12月31日,本基金发起人持有的基金份额为0.25亿基金单位,占基金发行总份额的0.83%,其中:

发起人	持有份额	占基金总份额比例
华夏基金管理有限公司	10,000,000	0.33%
华夏证券有限公司	10,000,000	0.33%
北京证券有限责任公司	5,000,000	0.17%
社会公众	2,975,000,000	99.17%
合计	3,000,000,000	100%

本基金前十名持有人的名称、持有份额、占总份额比例如下:

序号	持有人名称	持有份额	占基金总份额比例
1	中国人寿	218694313	7.29%
2	中国太保	210213260	7.01%
3	中国人保	192187500	6.41%
4	平安保险	178676993	5.96%
5	新华人寿	153731174	5.12%
6	中再保险	106555229	3.55%
7	中国高新	89990000	3.00%
8	久事公司	87015516	2.90%
9	华宝信托	56937100	1.90%
10	华泰财保	34019692	1.13%

注: 以上信息依据中国证券登记结算有限责任公司上海分公司提供的基金前100持有人名册编制。

普润证券投资基金

普润证券投资基金2002年度报告

重要提示

本基金的托管人已于2003年3月27日复核了本报告。本基金管理人、托管人愿就本报告书中所载资料的真实性、准确性和完整性负责,本报告书中的内容由本基金管理人负责解释。

一、基金简介

(一)基金基本资料

基金名称:普润证券投资基金(简称:基金普润)

基金交易代码:500019

基金发起人:鹏华基金管理有限公司

基金成立时间:1992年5月9日

基金扩募日期:2001年10月15日

基金单位总份额:5亿份

基金类型:契约型、封闭式

基金存续期:15年

基金上市时间:2001年9月4日

基金上市地点:上海证券交易所

(二)基金管理人

法定名称:鹏华基金管理有限公司

注册及办公地址:深圳市深南东路5047号发展银行大厦18、27层

邮政编码:518001

法定代表人:陈正蓉

总经理:孙晓刚

信息事务管理人:程国洪

联系地址:深圳市深南东路5047号发展银行大厦18层

联系电话:0755-82353668 82080663 传真:0755-82080742

国际互联网网址:http//www.phfund.com.cn

(三)基金托管人

法定名称:中国工商银行

注册及办公地址:北京市西城区复兴门内大街55号

邮政编码:100032

法定代表人:姜建清

基金托管部负责人:周月秋

信息事务联系人:刘长江

联系地址:北京市西城区复兴门内大街55号

联系电话:010-66107333 传真:010-66106904

(四)会计师事务所和经办注册会计师

法定名称:安永华明会计师事务所

注册及办公地址:北京市东城区东长安街1号东方广场东方经贸城

法定代表人:葛明

电话:86-10-65246688 传真:86-10-85188298

联系人:罗国基

经办注册会计师:葛明、金馨

二、主要财务指标

		2002年度	2001年度
1	基金本期净收益	-60,089,232.63	14,659,769.07
2	单位基金本期净收益	-0.1202	0.0293
3	基金可分配净收益	-76,809,701.34	-2,088,645.12
4	单位基金可分配净收益	-0.1536	-0.0042
5	期末基金资产总值	424,929,854.46	499,824,321.89
6	期末基金资产净值	423,190,298.66	497,911,354.88
7	单位基金资产净值	0.8464	0.9958
8	基金资产净值收益率	-12.07%	5.18%
9	本期基金资产净值增长率	-15.00%	-7.62%
10	累计资产净值增长率	-15.24%	-0.29%

三、基金管理人报告

(一)基金的业绩表现

截止到2002年12月31日,每基金单位净值为0.8464元,净值增长率为-15%,每基金单位实现收益-0.1202元。

二 基金的投资理念和投资风格

本基金为成长型基金,主要投资于创新型中小企业,包括技术创新、产品创新、制度创新和管理创新企业。投资目标是在规避风险的前提下采取积极进取的投资策略,谋求基金资产增值和收益的最大化。

(三)基金经理小组简介

郑毅先生,基金经理,经济学硕士。11年证券从业经历,4年基金管理经验。曾就职于中国银行深圳国际信托咨询公司证券部、深圳特区证券投资银行总部,1999年加入鹏华基金管理有限公司,曾任研究院、普丰基金经理助理。

陈鹏先生,基金经理助理,经济学硕士。5年证券从业经历,曾就职于君安证券研究所、国泰君安证券投资银行部,2000年加入鹏华基金管理有限公司,从事证券分析、证券交易、基金投资等工作。

(四)基金经理工作报告

1、证券市场回顾与展望

2002年中国股市的走势是对2001年深幅下跌行情的延续,全年沪深股市跌幅分别达-17.52%、-18.32%,指数走势呈"M"型,股票指数虽然经历过1月和6月两轮强劲反弹,表现出明显的政策市特征,但至年底股票指数仍然跌落至全年最低点附近。在按照证监会的分类标准确定的22个行业中,所有行业指数均未取得正的绝对收益,而且仅有5个行业指数收益率战胜了上证A股指数,这在以前历年的行情中均是少有的现象。但在2002年疲弱的市场格局中,仍有以上海机场、宝钢股份、青岛啤酒、一汽轿车为代表的一批受益于景气复苏、价值型蓝筹股票显著战胜了大盘,而且还取得了10%以上的绝对收益,这在前几年以齐涨齐跌为特征的市场中并不多见,反映出中国股市的盈利模式已经凸现出新的变化趋势,投资理念开始逐渐趋于理性。

2、基金运作情况回顾

针对2002年的相对疲弱的市场格局,普润基金全年坚持采取稳健的投资策略,严格按照基金契约运作。第一,将仓位控制策略放在首位,通过在市场调整阶段保持较低的股票仓位,来控制市场的系统性风险。第二,在行业配置、板块配置及证券选择方面,2002年普润重点加强了对复苏型行业、公用事业等防御型行业的投资,在股票投资中,侧重对价值型公司的配置。并针对2002上半年市场行情的特点,起用了金融工程数量化方法进行组合投资,取得了一定的投资效果。在全年的操作中,对2002年6月市场政策因素的把握不足是导致全年投资业绩相对并不理想的主要因素,在6月24日市场受到利好刺激迅速反转的情况下,因为缺乏足够的准备导致投资较为被动,吞噬了上半年相对较好的投资成果,从而影响了全年的投资业绩。

3、2003年市场展望和投资策略

始自2001年6月的股市深幅调整,对中国证券市场的中长期发展将产生深远影响。2003年中国证券市场将进入10余年暴涨暴跌后的休养生息阶段,救市政策对市场所产生的主导作用将日趋弱化,市场中长期趋势将更多的取决于自身的运行规律。我们认为2003年主导证券市场趋势的主要因素是:管理层监管思路的转变以及市场的国际化进程将推动中国证券市场的运行环境更趋透明与规范,这对降低市场的系统性风险、引导市场建立正确的投资理念将产生积极的引导作用,从而推动市场加速进行结构性调整,并为投资带来局部机会。在2003年,普润的投资策略是在控制股票仓位的前提下,将投资重点放在结构调整方面,重点加强对各行业潜在成长性较高的龙头企业的投资。并且针对2003年市场处于转轨时期的新特征,普润在投资操作中将重点捕捉市场结构调整带来的局部投资机会,在具体操作中注重灵活性,在控制交易成本的前提下提高基金资产的运作效率,将中长期投资与短期投资进行有效结合。审慎投资,勤勉尽责地为基金持有人谋求长期、稳定的回报。

(五)内部监察稽核工作报告

基金运作合规性声明

本报告期内,本基金管理人严格遵守相关法律法规,本着"诚实信用、勤勉尽责,取信于市场、取信于投资者"的原则管理和运用基金资产,在严格控制内部风险的基础上,坚持自律和他律相结合,忠实履行信托义务。本报告期内没有损害基金持有人利益的行为,基金投资范围、投资比例及投资组合符合有关法规及基金契约的规定。

四、托管人报告

本托管人--中国工商银行,依据《普润证券投资基金基金契约》与《普润证券投资基金托管协议》,托管普润证券投资基金。

2002年度,在对普润证券投资基金的托管过程中,本托管人严格遵守了《证券投资基金管理暂行办法》及其实施准则、基金契约、托管协议和其他有关法规的规定,对普润证券投资基金的投资运作进行了全面的会计核算和应有的监督,没有发生任何损害基金持有人利益的行为,诚实信用、勤勉尽责地履行了作为托管人所应尽的义务。

本托管人依照《证券投资基金管理暂行办法》及其实施准则、基金契约、托管协议和其他有关法规的规定,对普润证券投资基金的投资组合进行了监督,认为鹏华基金管理有限公司在普润证券投资基金的投资运作、基金资产净值及单位基金资产净值的计算上,遵守《证券投资基金管理暂行办法》及其实施准则、基金契约、托管协议和其他有关法规的规定,没有发现任何损害基金持有人利益的行为。

本托管人依法对普润证券投资基金管理人--鹏华基金管理有限公司在2002年度内所编制和披露的普润证券投资基金资产净值公告、基金投资组合公告、基金中期报告、基金年度报告等公告信息进行了复核,认为普润证券投资基金管理人--鹏华基金管理有限公司在2002年度内所编制和披露的基金信息是准确、真实、完整的。

中国工商银行基金托管部

2003.03.27

五、基金年度财务报告

(一)审计报告

审计报告

普润证券投资基金全体持有人:

我们接受委托,审计了普润证券投资基金(简称"普润基金")二零零二年十二月三十一日的资产负债表和二零零二年度的经营业绩表、基金净值变动表及基金收益分配表。上述会计报表由普润基金的基金管理人负责,我们的责任是对这些会计报表发表审计意见。我们的审计是根据《中国注册会计师独立审计准则》进行的。在审计过程中,我们结合普润基金的实际情况,实施了包括抽查会计记录等我们认为必要的审计程序。

我们认为,上述会计报表符合《企业会计准则》、《金融企业会计制度》、《证券投资基金会计核算办法》和中国证券监督管理委员会颁布的《证券投资基金管理暂行办法》实施准则第五号《证券投资基金信息披露指引》及基金契约的规定,在所有重大方面公允地反映了普润基金二零零二年十二月三十一日的财务状况和二零零二年度的经营成果和净值变动及收益分配情况,会计处理方法的选用遵循了一贯性原则。

安永华明会计师事务所　　中国注册会计师　葛明

二零零三年一月十七日　　中国注册会计师　金馨

六、基金持有人结构及前十名持有人

1、基金持有人结构:

	持有份额(份)	占总份额的比例(%)
鹏华基金管理有限公司	5,000,000	1%
社会公众	495,000,000	99%

2、普润基金前十名持有人(截止2002年12月31日):

	持有人名称	持有份额(份)	占总份额的比例(%)
1	中国人民保险公司	46,717,002	9.34%
2	中国人寿保险公司	33,461,143	6.69%
3	光大证券	14,881,800	2.98%
4	信息公司	11,961,181	2.39%
5	中海信托	10,000,000	2.00%
6	中国太平洋保险公司	7,014,649	1.40%
7	大众保险公司	5,874,067	1.17%
8	再保险公司	5,648,800	1.13%
9	陶静	5,194,671	1.04%
10	国信证券	5,129,462	1.03%

金鼎证券投资基金

金鼎证券投资基金2002年年度报告

重要提示

本基金的托管人中国建设银行已于2003年3月25日复核了本报告。

本基金的管理人、托管人愿就本报告书中所载资料的真实性、准确性和完整性负责,本报告书中的内容由本基金管理人负责解释。

基金管理人承诺以诚实信用、勤勉尽责的原则管理和运用基金资产,但不保证基金一定盈利,也不保证最低收益。

投资有风险,投资人在作出投资决策前应仔细阅读基金的销售文件。

一、基金简介

(一)基金名称:金鼎证券投资基金(简称:基金金鼎)
交易代码:500021
基金发起人:国泰君安证券股份有限公司
国泰基金管理有限公司
基金成立日期:2000年5月16日
基金单位总份额:五亿份基金单位
基金类型:契约型封闭式
基金存续期:至2007年5月31日止
基金上市地:上海证券交易所
基金上市日期:2000年8月4日
(二)基金管理人
法定名称:国泰基金管理有限公司
注册地址:上海市浦东新区世纪大道1600号浦项商务广场31楼
办公地址:上海市浦东新区世纪大道1600号浦项商务广场31-32楼
邮政编码:200122
法定代表人:陈勇胜
总经理:李春平
信息披露负责人:丁昌海
电话:021-50819801
传真:021-50816885
电子邮件:dingch@gtfund.com
(三)基金托管人
法定名称:中国建设银行
注册地址:北京市西城区金融大街25号
办公地址:北京市西城区金融大街25号
邮政编码:100032
法定代表人:张恩照
托管部负责人:江先周
信息披露负责人:黄秀莲
联系地址:北京市西城区金融大街25号中国建设银行基金托管部
电话:010-67597646
传真:010-66212638
电子邮件:huangxiulian/zh/ccb@ccb.com.cn
四)会计师事务所
法定名称:普华永道中天会计师事务所有限公司
注册地址:上海市浦东新区沈家弄325号
办公地址:上海市淮海中路333号瑞安广场12楼
法定代表人:Kent Watson
邮编:200021
电话:021-63863388
传真:021-63863300
经办注册会计师:李丹、郭杭翔
(五)律师事务所
法定名称:上海锦天城律师事务所
注册地址:上海市延安东路700号港泰广场12楼
办公地址:上海市延安东路700号港泰广场12楼
法定代表人:史焕章
邮编:200001
电话:021-53850388
传真:021-53850389
经办律师:沈国权、聂鸿胜

二、主要财务指标

(一)各类财务指标

	2002年度	2001年度	2000年度
基金本期净收益	-58,903,576.40元	17,047,139.60元	14,624,683.90元
单位基金本期净收益	-0.1178元	0.0341元	0.0292元
基金可分配净收益	-112,341,673.48元	-40,417,698.66元	18,242,090.80元
单位基金可分配净收益	-0.2247元	-0.0808元	0.0365元
期末基金资产总值	388,897,427.10元	460,669,636.83元	551,678,552.13元
期末基金资产净值	387,658,326.52元	459,582,301.34元	549,453,357.10元
单位基金资产净值	0.7753元	0.9192元	1.0989元
基金资产净值收益率	-12.82%	3.20%	4.55%
本期基金资产净值增长率	-15.65%	-13.69%	11.20%
基金累计资产净值增长率	-19.04%	-4.02%	11.20%

三、基金管理人报告

(一)基金产品说明书

投资目标　本基金是以属于朝阳产业的上市公司为投资重点的成长型基金,所追求的投资目标是在尽可能分散和规避投资风险的前提下,谋求基金资产增值和收益的最大化。

投资范围　本基金的投资范围仅限于具有良好流动性的金融工具,包括国内依法公开发行上市的股票、债券以及经中国证监会批准允许基金投资的其他金融工具。

本基金的股票投资部分将主要投资于沪深两市属于朝阳产业的上市公司,即在产业的生命周期中处于成长期和正进入成熟期的上市公司。

本基金进行投资组合的基本范围是:债券的部分控制在基金资产净值的20%-60%;股票比例控制在40%-80%。

投资理念　价格终将反映价值。

投资策略　根据国家宏观经济环境决定投资的总体策略;根据利率的走势和通货膨胀预期决定本债券投资比例;根据国家的产业政策以及行业发展的状况决定行业投资战略;根据对上市公司的价值分析和其在行业中的竞争优势分析选择所要投资的股票。

对股票一级市场、二级市场、债券市场的收益率之间的关系进行分析,对证券市场总体风险收益状况作出评估;同时根据宏观政策面与资金面等综合因素的实际情况,预测股票市场和债券市场的预期收益率、股票与债券投资风险/收益比,定期确定和调整相应的资产配置比例。

根据行业企业景气指数、上市公司的行业基本面数据筛选朝阳行业。

利用预期主营业务收入复合增长率、主营业务利润复合增长率等指标筛选成长型股票,以相对价值优选基金投资股票。

业绩比较基准　业绩基准=80%×[上证A股指数和深圳A股指数的总市值加权平均收益率]+20%×[上证国债指数收益率]

风险收益特征　承担较高风险,获取较高的超额收益

(二)基金经理人介绍

胡定超先生,基金经理,男,38岁,经济学硕士,11年证券从业经历,历任深圳市南山基金管理公司研究部经理、证券投资总部总经理和公司助理总裁。1999年加盟国泰基金管理有限公司,先后担任金泰基金和金鑫基金经理助理。

2003年1月起由何江旭先生任本基金基金经理,徐学标先生任基金经理助理,胡定超先生因工作需要不再担任本基金基金经理。

何江旭,男,31岁,经济学硕士,9年证券期货从业经历。曾就职于浙江金达期货经纪有限公司、君安证券公司、国信证券公司。2000年加盟国泰基金管理有限公司,任研究开发部总监助理、投资决策委员会秘书,现任基金管理部副总监兼金鑫基金基金经理。

徐学标,男,33岁,管理工程硕士,5年证券从业经历,曾先后在上海卫星工程研究所、浦东联合信托有限责任公司、华夏证券研究所任职。2000年加盟国泰基金管理公司,先后任研究开发部副经理、国泰金鹰增长基金基金经理。

四、基金托管人报告

中国建设银行根据《金鼎证券投资基金契约》和《金鼎证券投资基金托管协议》,托管金鼎证券投资基金(以下简称"金鼎基金")。

2002年,中国建设银行在金鼎基金的托管过程中,严格遵守了《证券投资基金管理暂行办法》及各项实施准则、基金契约、托管协议和其它有关规定,依法安全保管了基金的全部资产,按规定如实、独立地向中国证监会提交了本基金运作情况报告,勤勉尽职地履行了基金托管人的义务,不存在损害基金持有人利益的行为。

2002年,按照《证券投资基金管理暂行办法》及各项实施准则、基金契约、托管协议和其它有关规定,本托管人对基金管理人-国泰基金管理有限公司在金鼎基金投资运作方面进行了监督,对基金资产净值、每份基金单位净值和其它财务费用计算上进行了认真的复核,未发现基金管理人有损害基金持有人利益的行为。

2002年,由金鼎基金管理人-国泰基金管理有限公司编制并经中国建设银行基金托管部复核审查的有关金鼎基金的信息披露合法、真实、完整。

中国建设银行基金托管部
2003年3月11日

五、基金财务报告

一　审计报告书

金鼎证券投资基金全体基金持有人

我们接受委托,审计了金鼎证券投资基金 以下简称"基金金鼎" 2002年12月31日的资产负债表及2002年度的经营业绩表和基金净值变动表。这些会计报表由基金金鼎管理人国泰基金管理有限公司负责,我们的责任是对这些会计报表发表审计意见。我们的审计是依据中国注册会计师独立审计准则进行的。在审计过程中,我们结合基金金鼎的实际情况,实施了包括抽查会计记录等我们认为必要的审计程序。

我们认为,上述基金金鼎会计报表符合中华人民共和国企业会计准则、《证券投资基金会计核算办法》、《金鼎证券投资基金基金契约》和中国证券监督管理委员会允许的如会计报表附注所列示的基金行业实务操作的有关规定,在所有重大方面公允地反映了基金金鼎2002年12月31日的财务状况及2002年度的经营成果和净值变动情况,会计方法的选用遵循了一贯性原则。

普华永道中天会计师事务所有限公司　　注册会计师 李 丹
2003年1月17日　　注册会计师 郭杭翔

六、基金持有人结构及前十名持有人

一　截止2002年12月31日,本基金持有人结构为:

	期末持有数	比例
发起人持有	5,000,000份	1.00%
其中:国泰君安	2,645,800份	0.53%
国泰基金管理有限公司	2,354,200份	0.47%
社会公众持有	495,000,000份	99.00%
合　计	500,000,000份	100.00%

二　截止2002年12月31日,本基金共有持有人43,705人,前十名持有人名称、持有份额及比例如下:

序号	持有人姓名	期末持有数	持有比例
1	中国人寿	15,003,600	3.00%
2	光大证券	10,438,200	2.09%
3	东莞财信	6,866,412	1.37%
4	平安保险	4,663,333	0.93%
5	信息公司	4,201,900	0.84%
6	皖维高新	4,085,655	0.82%
7	吴翔	3,524,200	0.70%
8	国泰君安	2,645,800	0.53%
9	国泰管理	2,354,200	0.47%
10	黄沙坪矿	1,945,500	0.39%

汉鼎证券投资基金

汉鼎证券投资基金2002年年度报告

重要提示

本基金的托管人中国工商银行已于2003年3月25日复核了本报告。本基金管理人、托管人愿就报告中所载资料的真实性、准确性和完整性负责。本报告书中的内容由本基金管理人负责解释。

一、基金简介

(一) 基金简称:基金汉鼎
交易代码:500025
基金单位总份额:5亿份
基金类型:契约型封闭式
基金存续期:15年
上市日期:2000年8月17日
上市地点:上海证券交易所
(二) 基金管理人:富国基金管理有限公司
注册地址:上海市浦东新区世纪大道88号金茂大厦32层
邮政编码:200121
法定代表人:虞志皓
总经理:李建国
信息披露负责人:林志松
电话:021-50478888-301　传真:021-50470328
(三) 基金托管人:中国工商银行基金托管部
注册地址:北京市西城区复兴门内大街55号
办公地址:北京市西城区复兴门内大街55号
邮政编码:100031
法定代表人:姜建清
托管部负责人:周月秋
信息管理负责人:刘长江
电话:010-66107333　传真:010-66106904
(四) 会计师事务所:安永大华会计师事务所有限责任公司
注册地址:上海市昆山路146号
办公地址:上海市昆山路146号
法定代表人:胡定旭
经办注册会计师:陆永炜　徐艳

二、主要财务指标

		2002	2001	2000
1	基金本期净收益	-59,096,632.93元	-21,112,072.86元	10,736,432.49元
2	单位基金本期净收益	-0.1182元	-0.0422元	0.0215元
3	基金可分配净收益	0.00元	0.00元	3,011,740.89元
4	单位基金可分配净收益	0.00元	0.00元	0.0060元
5	期末基金资产总值	365,127,024.26元	445,500,017.16元	522,950,287.78元
6	期末基金资产净值	364,341,883.87元	443,977,816.47元	520,552,319.51元
7	单位基金资产净值	0.7287元	0.8880元	1.0411元
8	基金资产净值收益率	-13.31%	-4.08%	2.14%
9	本期基金资产净值增长率	-17.94%	-14.21%	4.06%
10	累计资产净值增长率	-26.74%	-10.73%	4.06%

三、基金管理人报告

(一)基金管理小组

基金经理:徐大成先生,34岁,经济学硕士,三年证券从业经验,曾任闽发证券上海管理总部项目经理、富国基金管理公司研究策划部分析师。

基金经理助理:王继青,女,32岁,经济学博士,6年证券从业经历。曾在河南省南阳师范大学执教、河南证券有限责任公司从事投资研究与投资策划;2001年加盟富国基金管理有限公司基金管理部。

(二)基金经理工作报告

基金业绩表现

截止2002年12月31日,基金汉鼎的净值为0.7287元每基金单位,比年初增长-17.94%,不尽如人意。

1、2002年回顾

2002年初上证综指延续自2001年6月的2245点高点继续深幅调整，1月29日创1339点新低之后,全年上证综指在1339——1748点之间波动。市场表现为典型的熊市调整中的弱市平衡震荡特征。伴随指数的低位震荡,困扰中国证券市场发展的一些重大问题逐渐暴露,深刻影响着市场运行。其中主要有:

(1) 国有股减持导致的非流通股全流通问题提前暴露,直接影响投资人的交易行为。无论如何,市场的参与各方都无法回避这个问题。

(2) 股票市场国际化的一些似是而非的理论直接影响市场的价值判断。国际化被与市场深幅调整等同起来。

(3) 加入WTO对宏观经济及相关产业的重大影响考验投资人的认识能力,从而直接影响对中国宏观经济与相关产业的价值判断,决定投资行为。

在2002年的基金运作中,基金汉鼎管理人未能全面的、深刻的、准确的理解"新兴+转轨"时期的市场运行特征,对年初的超跌反弹行情、年中的国有股减持暂停井喷行情未能正确应对,投资业绩不尽如人意。但是,基金汉鼎在2002年也初步解决了投资中的一些重大问题,并坚信这些问题的理解将有助于基金业绩在2003年力争上游。主要是:

(1) 重点研究了金融、软件、电子元器件、机械、航空、公共设施等一系列行业与公司,建立相应定价模型并以此为基础进行投资操作。

(2) 重点解决了如何在研究人员建立的股票备选库基础上,构建基础组合。将组合管理的短期、中期、长期目标有机结合,追求组合管理效率。

(3) 通过控制持股集中度、持股数量、个股流通性等指标控制组合的流动性,保证对投资组合的动态优化,追求平衡市中组合管理效率。

2、2003年展望

基金汉鼎管理人认为2003年的中国证券市场将表现为熊市运行末期的低位平衡震荡特征,全年指数的运行区间极有可能进一步收窄，如果政策面出现突发性变化，也不排除市场发生剧烈变化。但是,"平静的海面下有汹涌的海势"。市场的内部股价结构将出现沧海桑田般的变化,不同价值公司的股价将逐渐分化,层次性特征将得到体现。基金业绩的竞争将更大程度上取决与基金经理对行业、企业认识的前瞻性深刻性。基于上述认识,基金汉鼎管理人将在2003年的组合管理中追求一种"流动的整体意识",采取以下策略积极应对市场的变化:

(1) 仓位控制采取恒顶混合策略，变动幅度收窄,一般情况下不作大幅度仓位调整。同时,也做好市场发生突发性变化准备工作,做到处变不惊,处惊不乱。

(2) 充分利用市场结构性调整时期个股定价体系混乱现象,精选相对价值低估的个股进行套利操作,"积小胜为大胜"。

(3) 充分认识到即使在无趋势市中亦有一批优质公司的股价将出现中长期向上的趋势性运行特征。识别此类公司并构建基础组合,长期持有,分享公司价值的增长。

(4) 加强对国债、企业债、可转换债券等低风险投资品种研究,关注新股发行、股票增发等带来的特殊投资机会。

最后,基金汉鼎管理人充分意识到作为一只具有光荣历史的封闭式基金,基金汉鼎应该也必须改变近期净值积弱不振的局面。基金汉鼎管理人在2003年将秉持其开放的、积极的、勤奋的工作作风,规范运作,勤勉尽职,做精做细,力争实现基金业绩的根本好转。基金汉鼎管理人也有信心通过公司研究、投资人员的共同努力,实现业绩的最大化,给基金持有人一个惊喜，给关心爱护基金汉鼎的人一个振奋。

(三)、内部监察报告

本报告期,富国基金管理有限公司作为汉鼎证券投资基金的管理人严格按照《证券法》、《证券投资基金管理暂行办法》、《汉鼎证券投资基金契约》以及其它有关法律法规的规定,本着诚实信用、勤勉尽责的原则,以减少和分散风险,确保基金资产的安全并谋求基金长期稳定收益为目标,管理和运用基金资产,无损害基金持有人利益的行为。基金投资组合符合有关法规及基金契约的规定。

2002年上半年,本基金管理人在总结去年基金运作的基础上,继续坚持"事先防范"为主的内部控制策略,坚持规范经营、合规运作,重视公司和基金运作的风险管理,在内部监察工作中一切从防范风险,保障基金持有人利益出发,内部风险管理部门和各业务部门紧密配合,通过进一步完善规章制度、加强投资风险评估系统功能、内部法律宣传和内控部门定期和不定期检查的方式,对公司各项工作进行全方位、实时的监察稽核,并对基金投资决策与执行进行专项重点监察稽核。

四、汉鼎基金托管人报告

本托管人——中国工商银行,依据《汉鼎证券投资基金基金契约》与《汉鼎证券投资基金托管协议》,托管汉鼎证券投资基金。

2002年度,在对汉鼎证券投资基金的托管过程中,本托管人严格遵守了《证券投资基金管理暂行办法》及其实施准则、基金契约、托管协议和其他有关法规的规定,对汉鼎证券投资基金的投资运作进行了全面的会计核算和应有的监督,没有发生任何损害基金持有人利益的行为,诚实信用、勤勉尽责地履行了作为托管人所应尽的义务。

本托管人依照《证券投资基金管理暂行办法》及其实施准则、基金契约、托管协议和其他有关法规的规定,对汉鼎证券投资基金的投资组合进行了监督,认为富国基金管理有限公司在汉鼎证券投资基金的投资运作、基金资产净值及单位基金资产净值的计算上,遵守《证券投资基金管理暂行办法》及其实施准则、基金契约、托管协议和其他有关法规的规定,没有发现任何损害基金持有人利益的行为。

本托管人依法对汉鼎证券投资基金管理人-富国基金管理有限公司在2002年度内所编制和披露的汉鼎证券投资基金资产净值公告、基金投资组合公告、基金中期报告、年报等公告信息进行了复核，认为汉鼎证券投资基金管理人-富国基金管理有限公司在2002年度内所编制和披露的基金信息是准确、真实、完整的。

中国工商银行基金托管部

五、基金年度财务报告

(一) 审计报告

汉鼎证券投资基金全体持有人:

我们接受委托,审计了贵基金2002年12月31日的资产负债表和2002年度的经营业绩表、基金净值变动表及基金收益分配表。这些会计报表由贵基金的基金管理人富国基金管理有限公司负责,我们的责任是对这些会计报表发表审计意见。我们的审计是根据中国注册会计师独立审计准则进行的。在审计过程中,我们结合贵基金的实际情况,实施了包括抽查会计记录等我们认为必要的审计程序。

我们认为,上述会计报表符合《企业会计准则》、《金融企业会计制度》、《证券投资基金会计核算办法》和中国证券监督管理委员会颁布的《证券投资基金管理暂行办法》实施准则第五号《证券投资基金信息披露指引》及贵基金契约的规定,在所有重大方面公允地反映了 贵基金2002年12月31日的财务状况和2002年度会计期间的经营成果,会计处理方法的选用遵循了一贯性原则。

安永大华会计师事务所有限责任公司　　中国注册会计师　陆永炜　徐艳
2003年1月17日

六、基金持有人结构及基金前十名持有人

1、基金持有人结构

	基金份额	占总份额比例
基金发起人	375万份	0.75%
其中:申银万国证券股份有限公司	250万份	0.50%
富国基金管理有限公司	125万份	0.25%
社会公众	49625万份	99.25%

2、基金前十名持有人

持有人	基金份额(万份)	占总份额的比例%
于叶强	789.91	1.58
中国人寿	626.91	1.25
申银万国	250.00	0.50
孙岱平	248.23	0.50
周定秀	171.94	0.34
陈刚	170.94	0.34
王帮武	162.94	0.33
刘峻	156.50	0.31
禹秋菊	150.00	0.30
万爱珍	148.00	0.30

兴 业 证 券 投 资 基 金

兴业证券投资基金2002年年度报告

重要提示

本基金的管理人、托管人愿就本报告书所载内容的真实性、准确性、完整性负责,本报告书有关内容由管理人负责解释。本基金托管人中国农业银行已于2003年3月26日复核了本报告。

一、基金简介

(一)基金基本情况
基金名称:兴业证券投资基金
基金简称:基金兴业
交易代码:500028
基金发起人:华夏基金管理有限公司
兴业证券股份有限公司
基金成立日期:2000年8月18日
基金单位总份额:5亿份基金单位
基金类型:契约型封闭式
基金存续期:15年
基金上市地点:上海证券交易所
基金上市日期:2001年7月27日
(二)基金管理人的有关情况
法定名称:华夏基金管理有限公司
CHINA ASSET MANAGEMENT CO.,LTD.
注册地址:北京市顺义区天竺空港工业区A区
办公地址:北京市西城区金融大街33号通泰大厦A座15层
邮政编码:100032
国际互联网网址:http://www.ChinaAMC.com
法定代表人:邵淳
总经理:范勇宏
信息披露负责人:辛洁
电话:010-66069966
传真:010-66102133
(三)基金托管人的有关情况
法定名称:中国农业银行
注册地址:北京市海淀区复兴路甲23号
办公地址:北京市海淀区西三环北路100号
邮政编码:100037
法定代表人:尚福林
托管部总经理:郭辉
信息披露负责人:李芳菲
联系电话:010-68424199
传真:010-68424181
(四)基金聘请的会计师事务所的有关情况
法定名称:普华永道中天会计师事务所有限公司
注册地址:上海市浦东新区沈家弄325号
办公地址:上海淮海中路333号瑞安广场12楼
法定代表人:Kent Watson
经办注册会计师:周忠惠　郭杭翔
(五)基金聘请的律师事务所的有关情况
法定名称:金诚律师事务所
注册地址:北京建国门大街8号中粮广场A座6层
办公地址:北京建国门外大街24号东海中心17层
法定代表人:邵国忠
经办律师:庞正中　贺宝银

二、基金主要财务指标

	2002年12月31日	2001年12月31日	2000年12月31日
基金本期净收益	-24,202,639.98元	-38,205,248.85元	-12,963,972.66元
单位基金本期净收益	-0.0484元	-0.0764元	-0.0646元
基金可分配净收益	-111,748,088.16元	77,730,235.58元	-16,075,834.01元
单位基金可分配收益	-0.2235元	-0.1555元	-0.0801元
期末基金资产总值	393,458,548.53元	469,830,458.88元	191,358,236.51元
期末基金资产净值	388,251,911.84元	422,269,764.42元	184,679,438.99元
单位基金资产净值	0.7765元	0.8445元	0.9199元
基金资产净值收益率	-5.73%	-14.05%	-6.74%
本期基金净值增长率	-8.05%	-12.07%	-3.92%
基金累计净值增长率	-22.32%	-15.52%	-3.92%

三、基金管理人报告

本基金业绩表现:截止2002年12月31日兴业证券投资基金单位净值为0.7765元,全年净值增长率为-8.05%。

基金经理简介:

王宁先生,北京大学光华管理学院EMBA。曾就职于中国证券市场研究设计中心,1998年进入华夏基金管理有限公司,曾任兴华证券投资基金基金经理助理。证券从业经历8年。

(一) 基金经理工作报告

行情回顾分析

上半年国务院宣布"停止在国内证券市场减持国家股"政策,市场在六月底爆发成交量巨大的"井喷"行情,下半年市场呈现成交量不断萎缩的逐级下跌态势,股市全年收报阴线。

基金运作回顾

兴业基金全年运作线条比较清晰即加仓-换股-减仓。上半年兴业基金果断执行加仓策略,股票比例由45%增加到70%左右,没有错过停止减持国有股的"井喷"行情和行业、区域重组热点股票。下半年兴业基金经过审慎分析,没有再增加股票仓位,在股票仓位保持70%以下的同时,调整股票结构,将小盘高价股票转换成低价大盘股票,继而在联通发行上市和出现三板股票全流通说法以后,大规模降低股票仓位,股票仓位比例由69%迅速降低到45%左右,部分规避年底市场下跌风险。

投资经验:

股票和指数之间运作周期不同步,为兴业基金设计投资组合提供实际条件,通过对不同类型股票进行调整,达到优化组合,规避系统性风险和战胜指数的目标。

兴业基金在运作中反复实践"组合中的组合"投资方法。即对准备重点投资的某个热点和题材或行业和区域品种,不采取主观判断选择重点股票的策略,而以组合的形式进入基金投资组合,成为组合中的组合,预期获得这个组合的整体收益。

顺应潮流,提前预期,重点投资区域和行业重组以及外资并购等题材和概念股票,没有参与绩优和成长股票操作,其中操作上海和深圳本地股票比较成功。

操作教训:

题材概念性股票成为热点以后没有及时兑现,尤其是深圳本地股票在出现连续涨停的情况下,最后实际收益较少。

在市场两次处于全年相对高位时,没有耐心等待市场调整时机,高位进行换股提高运作成本。上半年将绩优股转换成重组股,选择时机欠佳,但股票选择正确,组合没有遭受实际损失。下半年将高价股票转换成相对低价的股票时,在操作中没有执行兴业基金制定的均衡系统交易策略,忽视投资组合原则,片面强调相对集中,导致亏损。

轻视低风险收益机会,全年基本没有认真分析和参加股票增发。

市场展望:

在"十六大"全面建设小康社会的方针政策指引下,宏观经济持续稳定增长,出现以轿车为代表的新的消费热点。在需求升级的推动下,生产资料价格不断上涨,物价指数水平逐步由负转正,上市公司业绩明显好转。证券市场经过长期大幅调整,平均股价水平已经明显降低,兴业基金对股市继续保持谨慎乐观态度。

新的证券市场管理层提出"坚持证券期货市场的发展要服务和服从国民经济全局。坚持把保护投资者的合法权益作为证监会工作重中之重。坚持证券期货市场规范和发展的统一。坚持改革力度,发展速度与市场的承受程度的统一。坚持监管职能和方式要适应市场发展的要求"等工作思路,有利于稳定市场,恢复投资者信心,解决市场深层次问题。

随着市场的各种参与主体不断规范,以证券投资基金为代表的职业机构投资者队伍在市场比重不断加大,在市场预期QFII、社保基金等新的机构投资者不断进入证券市场的情况下,股市的题材和概念炒作将逐步减少,通过分析宏观经济形势,行业景气水平等因素选择股票进行组合投资的盈利模式正在逐步建立起来。

兴业基金将坚持根据公开基本面和简单常识分析上市公司,利用基本面和市场面相结合的原则设计投资组合,重点选择具有消费升级特征、产销两旺的行业龙头公司进行投资,通过投资组合的整体表现提高基金增长水平。

四、基金托管人报告

本基金托管人--中国农业银行,根据《兴业证券投资基金基金契约》和《兴业证券投资基金托管协议》,在对兴业证券投资基金的托管过程中,严格遵守《证券投资基金管理暂行办法》及各项法规规定,对兴业证券投资基金管理人--华夏基金管理有限公司在2002年会计年度基金的投资运作,进行了认真、独立的会计核算和必要的投资监督,认真履行了托管人的义务。

本托管人认为,华夏基金管理有限公司在兴业证券投资基金的投资运作、信息披露等方面符合《证券投资基金管理暂行办法》及其相关法规的规定,基金管理人在2002年度所编制和披露的兴业证券投资基金财务报告、资产净值公告等各项基金信息真实、完整,未发现有损害基金持有人利益的行为。

五、基金财务报告

(一) 审计报告

兴业证券投资基金全体持有人:

我们接受委托,审计了兴业证券投资基金(以下简称"基金兴业")2002年12月31日的资产负债表及2002年度的经营业绩表和基金净值变动表。这些会计报表由基金兴业管理人华夏基金管理有限公司负责,我们的责任是对这些会计报表发表审计意见。我们的审计是依据中国注册会计师独立审计准则进行的。在审计过程中,我们结合基金兴业的实际情况,实施了包括抽查会计记录等我们认为必要的审计程序。

我们认为,载于第2页至第13页的上述基金兴业会计报表符合中华人民共和国企业会计准则、《证券投资基金会计核算办法》、《兴业证券投资基金基金契约》和中国证券监督管理委员会允许的如会计报表附注所列示的基金行业实务操作的有关规定,在所有重大方面公允地反映了基金兴业2002年12月31日的财务状况及2002年度的经营成果和净值变动情况,会计方法的选用遵循了一贯性原则。

普华永道中天会计师事务所有限公司　　注册会计师 周忠惠
2003年2月28日　　注册会计师 郭杭翔

六、基金持有人结构及前十名持有人

截止到2002年12月31日,本基金发起人持有的基金份额为3,750,000基金单位,占基金发行总份额的0.75%,其中:

发起人	持有份额	占基金总份额比例
华夏基金管理有限公司	2,500,000	0.50%
兴业证券	1,250,000	0.25%
社会公众	496,250,000	99.25%
合　计	500,000,000	100%

本基金前十名持有人的名称、持有份额、占总份额比例如下:

序号	持有人名称	持有份额	占总份额比例
1	中国人民保险公司	20,836,974	4.17%
2	中国人寿保险公司	15,256,964	3.05%
3	光大证券有限责任公司	13,607,189	2.72%
4	上海久事公司	11,100,000	2.22%
5	中国华电电力集团财务有限公司	9,148,763	1.83%
6	华宝信托投资有限责任公司	6,000,000	1.20%
7	王威	5,946,191	1.19%
8	中国再保险公司	5,341,269	1.07%
9	浙江财通物业租赁有限责任公司	4,950,000	0.99%
10	张水和	3,500,000	0.70%
合计		95,687,350	19.14%

科讯证券投资基金

科讯证券投资基金2002年年度报告

重要提示

本基金托管人交通银行已于2003年3月20日复核了本报告书。本基金的管理人、托管人愿就本报告书中所载资料的真实性、完整性、准确性负责。本报告书中的内容由基金管理人负责解释。

一、基金简介

(一)基金简称:基金科讯
交易代码: 500029
基金发起人:广发证券股份有限公司、易方达基金管理有限公司
基金单位总份额:8亿份基金单位
基金类型:契约型封闭式基金
基金存续期:1993年1月12日至2008年1月11日
上市日期:2001年6月20日
上市地点:上海证券交易所
(二)基金管理人:易方达基金管理有限公司
注册地址:广东省珠海市情侣南路428号九洲港大厦
办公地址:广州市体育西路189号28楼
邮政编码:510620
法定代表人:梁棠
总经理:叶俊英
信息披露负责人:刘晓艳
信息披露电话:020-38799008
客户服务与投诉电话:020-83918088
传　真:020-38799488
(三)基金托管人:交通银行
注册地址:上海市仙霞路18号
办公地址:上海市银城中路188号
邮政编码:200120
法定代表人:方诚国
托管部负责人:谢红兵
联系地址:上海市银城中路188号
信息披露负责人:江永珍
联系电话:021-58408846
传　真:021-58408836
(四)审计机构:安永华明会计师事务所
注册及办公地址:北京市东城区东长安街1号东方广场东方经贸城
法定代表人:葛明
电话:010-65246688
传真:010-85188298
经办注册会计师:葛明、金馨

二、基金主要财务指标

单位:人民币元

序号		2002年度	2001年度
1	基金本期净收益	-36,652,133.40	7,468,251.94
2	单位基金本期净收益	-0.0458	0.0093
3	基金可分配净收益	-96,230,069.65	-21,139,222.86
4	单位基金可分配净收益	-0.1203	-0.0264
5	期末基金资产总值	705,730,469.34	780,549,976.19
6	期末基金资产净值	703,769,930.35	778,860,777.14
7	单位基金资产净值	0.8797	0.9736
8	基金资产净值收益率	-4.71%	1.82%
9	本期基金资产净值增长率	-9.64%	-1.46%
10	累计资产净值增长率	-10.96%	-1.46%

上述部分指标计算公式:
1)基金可分配净收益=基金当期实现净收益+以前年度未分配收益-未实现资本利得损失
2)基金资产净值收益率=基金本期净收益/期初资产净值
3)本期基金资产净值增长率=期末单位净值/期初单位净值-1
4)累计资产净值增长率=(上年度净值增长率+1)*(本期净值增长率+1)-1

三、基金管理人报告

(一)基金运作合规性声明

本报告期内,本基金管理人严格遵守有关法律法规及基金契约、基金扩募说明书等有关基金法律文件的规定,以取信于市场、取信于社会投资公众为宗旨,本着诚实信用、勤勉尽责的原则管理和运用基金资产,在控制风险的前提下,为基金持有人谋求最大利益。在本报告期内,基金运作合法合规,无损害基金持有人利益的行为。

(二)基金经理介绍

马骏先生,现年37岁,中国科技大学理学学士,具有8年证券从业经历。历任深圳众大投资有限公司投资主管,广发证券有限责任公司研究发展中心研究员。

(三)基金经理工作报告

2002年,随着中国进一步融入国际社会和QFII机制的引入,中国证券市场新的投资理念逐步形成。在这一年中,证券市场经历了宽幅震荡整理,与此同时,机构投资者的投资理念日趋成熟,其资产配置能力和组合风险控制意识得到进一步提高,能更主动地规避市场风险。同时,机构投资者对于股票组合的选择,更关注企业所处行业的景气状况、企业基本面情况、财务数据的透明度及真实性、企业的持续经营能力等方面。

本基金本着分散性、安全性、收益性的原则,综合宏观经济、证券市场、行业和企业的各种因素,通过调整资产配置、行业配置和股票投资组合,分散和控制了投资风险,确保了基金资产安全,力争达到基金持有人谋求长期稳定的投资收益的目的。

在本报告期内,本基金期初单位净值为0.9736元,期末单位净值为0.8797元,基金净值跌幅为9.64%;同期上证综指的跌幅达17.52%。2002年中国证券市场处于一个振荡整理的格局,上证综指的波动范围近400点,本基金管理人综合国内宏观经济形势和中国证券市场所处状况,认为在上证综指1400点以下区域所对应的投资风险相对较小,因而采取较为积极的资产配置投资策略,增加了基金资产中股票资产的比例。在构造股票投资组合时,本基金根据行业景气状况、企业基本面、核心竞争力等因素,遵照基金契约的规定,本着审慎的原则并兼顾组合的流动性特征,重点选择了电力、汽车制造、化工、机械制造、基础设施、电子通讯、医药等行业中主营业务收入和主营业务利润增长较快的上市公司。在债券投资方面,基于对物价水平及人民币利率趋势的研究,对国债组合的期限结构进行了调整,降低长期国债的比例,同时增加了企业债及可转债的投资比例。

(四)内部监察报告

本基金管理人的内部监察工作主要由监察部负责。监察部采用实时监控法、材料审阅法、调查核实法、人员询问法和综合分析法等多种方法对基金的管理运作进行检查。在本报告期内,监察部对投资、交易业务运用电脑系统进行实时检查,对核算、客户服务等业务通过工作日志报备进行日常跟踪检查,监察部每日将上述检查结果进行记录,形成监察日志。同时,监察部还对各项基金投资管理业务进行了定期或不定期的全面的或重点的检查。通过上述检查,我们认为,在本报告期内,公司对本基金的管理始终都能按照法律法规、基金契约、基金招募说明书的要求和公司制度的规定进行。本基金的投资决策、投资交易程序、投资权限等各方面均符合规定的要求;交易行为合法合规,未出现异常交易、操纵市场的现象;未发现内幕交易的情况;基金持有的证券符合规定的比例要求;基金专用交易席位年度交易量比例也符合证监会的有关规定;相关的信息披露真实、完整、准确、及时。

四、基金托管人报告

2002年度,交通银行作为科讯证券投资基金的托管人,严格遵守《证券投资基金管理暂行办法》及其实施准则的规定,依据《科讯证券投资基金契约》和《科讯证券投资基金托管协议》中的条款,就以下各事项报告如下:

1、本托管人认真履行了基金托管人的各项职责,安全保管科讯基金的所有资产。

2、本托管人认真完成了科讯证券投资基金的投资监管和清算核算工作。

3、本托管人妥善保管了基金所有会计帐册和重大合同,切实维护基金持有人的合法权益,未发生任何损害基金持有人利益的事件和行为。

2002年度,交通银行作为科讯证券投资基金的托管人,对基金管理人的各项行为监管报告如下:

1、未发现基金管理人在投资运作中有损害基金持有人利益的行为。

2、由基金管理人编制和披露的2002年度科讯证券投资基金每周资产净值公告、每季度投资组合公告、中期财务报告和基金年度财务报告是合法、真实和完整的。

交通银行基金托管部
2003年3月20日

五、基金年度财务报告

(一)审计报告

审计报告

科讯证券投资基金全体持有人:

我们接受委托,审计了科讯证券投资基金(简称"科讯基金")二零零二年十二月三十一日的资产负债表和二零零二年度的经营业绩表、基金净值变动表及基金收益分配表。上述会计报表由科讯基金的基金管理人负责,我们的责任是对这些会计报表发表审计意见。我们的审计是根据《中国注册会计师独立审计准则》进行的。在审计过程中,我们结合科讯基金的实际情况,实施了包括抽查会计记录等我们认为必要的审计程序。

我们认为,上述会计报表符合《企业会计准则》、《金融企业会计制度》、《证券投资基金会计核算办法》和中国证券监督管理委员会颁布的《证券投资基金管理暂行办法》实施准则第五号《证券投资基金信息披露指引》及基金契约的规定,在所有重大方面公允地反映了科讯基金二零零二年十二月三十一日的财务状况和二零零二年度的经营成果和净值变动及收益分配情况,会计处理方法的选用遵循了一贯性原则。

安永华明会计师事务所　　中国注册会计师　葛明
二零零三年一月十日　　中国注册会计师　金馨

(二)基金会计报告书(见附表)

(三)会计报表附注

附注1.　基金设立说明

科讯证券投资基金(简称"本基金")是按《证券投资基金管理暂行办法》、国务院关于原有投资基金清理规范的有关要求和中国证券监督管理委员会(简称"中国证监会")证监基金字[2000]19号文批准,由原广发投资基金一期及广信投资基金清理规范后合并而成的契约型封闭式投资基金,根据2000年6月30日原基金持有人大会决议,基金管理人更换为易方达基金管理有限公司,基金托管人更换为交通银行,并于2000年7月18日开始办理资产移交手续。基金规模为207,250,331份基金单位,存续期为1993年1月12日至2003年1月11日。易方达基金管理有限公司于2001年4月20日正式管理本基金。

经上海证券交易所(简称"上交所")上证上字[2001]88号文批准,本基金于2001年6月20日在上交所挂牌交易。经中国证监会证监基金字[2001]11号文件批准,本基金于2001年7月2日基金单位总份额由原有207,250,331份基金单位扩募至8亿份基金单位,存续期限延长5年至2008年1月11日。

附注2.　会计报表编制基础

本基金的会计报表乃按照《企业会计准则》、《金融企业会计制度》、《证券投资基金会计核算办法》、中国证监会颁布的《证券投资基金管理暂行办法》实施准则第五号《证券投资基金信息披露指引》及基金契约的规定而编制。

自2002年1月1日起,本基金采用了《金融企业会计制度》及《证券投资基金会计核算办法》,采用该会计制度及核算办法所产生的影响已于会计报表附注3(8)中予以披露。

附注3.　主要会计政策

(1)　会计年度

自公历1月1日至12月31日止。

(2)　记帐本位币

以人民币为记帐本位币。记帐单位为元。

(3)　基金资产的估值方法

上市股票以估值日证券交易所挂牌的市场平均价估值;该日无交易的,以最近交易日平均价计算;

未上市的股票分两种情况处理:配股和增发新股,按估值日证券交易所挂牌的同一股票的市价估值;首次公开发行的股票,按成本估值;

配股权证,从配股除权日到配股确认日止,按市场平均价高于配股价的差额估值;

上市债券以不含息价格计价，按估值日证券交易所挂牌的市场平均价计算后的净价估值；该日无交易的，以最近交易日净价估值，并按债券面值与票面利率在债券持有期间内逐日计提利息；

未上市债券以不含息价格计价，按成本估值，并按债券面值与票面利率在债券持有期间内计提利息；

如有确凿证据表明按上述方法对基金进行估值不能客观反映其公允价值，基金管理人可根据具体情况与基金托管人商定后，按最能反映公允价值的价格估值；

估值对象为基金所拥有的股票、债券等；

每个工作日都对基金资产进行估值；

如有新增事项，按国家最新规定估值。

(4) 收入的确认

股票差价收入于卖出股票成交日确认，并按卖出股票成交总额与其成本和相关费用的差额入账；

债券差价收入：

a.卖出交易所上市债券--于成交日确认债券差价收入，并按应收取的全部价款与其成本、应收利息和相关费用的差额入账；

b.卖出银行间市场交易债券--于实际收到价款时确认债券差价收入，并按实际收到的全部价款与其成本、应收利息的差额入账；

债券利息收入按实际持有期内逐日计提，并按债券票面价值与票面利率计提的金额入账；

存款利息收入按本金与适用的利率逐日计提的金额入账；

股利收入于除息日确认，并按上市公司宣告的分红派息比例计算的金额入账；

买入返售证券收入按证券持有期内采用直线法逐日计提的金额入账；

其他收入于实际收到时确认收入。

(5) 证券交易的成本计价方法

按加权移动平均法计算库存证券的成本。当日有买入和卖出时，先计算成本后计算买卖证券价差。

股票

a. 上交所买入股票成本：由买入金额、买入印花税、买入过户费、买入经手费、买入证管费和买入佣金组成；

b. 深交所买入股票成本：由买入金额、买入印花税、买入经手费和买入佣金组成；

c. 上海股票的佣金是按买卖股票成交金额的1‰减去经手费和证管费计算。深圳股票的佣金是按买卖股票成交金额的1‰减经手费计算。

债券

a. 买入上市债券按应支付的全部价款入账，如果应支付的价款中包含债券起息日或上次除息日至购买日止的利息，作为应收利息单独核算，不构成债券投资成本。

b. 买入非上市债券按实际支付的全部价款入账，如果实际支付的价款中包含债券起息日或上次除息日至购买日止的利息，作为应收利息单独核算，不构成债券投资成本。

c. 债券买卖不计佣金。

买入返售证券

买入返售证券成本：通过证券交易所进行融券业务，按成交日扣除手续费后的应付金额确认买入返售证券投资；通过银行间市场进行融券业务，按实际支付的价款确认买入返售证券投资。

(6)税项

印花税

基金管理人运用基金买卖股票按照2‰的税率计缴。

营业税

根据财政部、国家税务总局财税字［1998］55号文以及财税字［2001］61号文《关于证券投资基金税收问题的通知》，以发行基金方式募集资金不属于营业税的征税范围，不征收营业税；基金管理人运用基金买卖股票、债券的价差收入，在2003年底以前暂免征收营业税。

企业所得税

根据财政部、国家税务总局财税字［1998］55号文《关于证券投资基金税收问题的通知》，基金从证券市场中取得的收入，包括买卖股票、债券的价差收入，股票的股息、红利收入、债券的利息收入及其他收入，暂不征收企业所得税。

(7) 基金的收益分配政策

基金收益分配的比例不低于基金会计年度可分配净收益的90%，并采取现金方式进行；

基金收益每年分配一次，于基金会计年度结束后的四个月内实施；

基金当年收益应先弥补上一年度亏损后，才可进行当年收益分配；

基金投资当年亏损，则不进行收益分配；

每份基金单位享有同等分配权。

(8) 会计政策变更

根据财政部2001年11月11日颁布的《证券投资基金会计核算办法》，从2002年1月1日起，基金应按债券票面价值与票面利率，逐日计提在债券持有期内的利息收入；对于买入债券支付的价款中包含债券起息日或上次出息日至购买日止的利息，应作为应收利息单独核算，不构成债券成本。根据中华人民共和国财政部2001年11月11日颁布的《证券投资基金会计核算办法》及2002年1月8日召开的投资基金管理公司会计核算办法研修会议的有关精神并经相关部门认可，针对上述会计政策变更，不对以前各期的会计报表进行追溯调整。按新的会计政策对调整基准日持有债券的应收利息及投资成本进行调整，本期确认/收到的属于以前年度的债券利息收入共计3,167,321.44元，在以前年度损益调整科目列示。按前期期间执行的会计政策，此金额已于2001年12月31日计入国债投资估值增值(/减值)科目，并反映在未实现估值增值(/减值)科目中，故上述会计政策变更对本基金的资产净值并无重大影响。

附注4. 应收证券清算款

	2002-12-31
中国证券登记结算有限责任公司	
上海分公司证券清算款	2,961,010.07
合计：	2,961,010.07

附注5. 其他应收款

系替券商垫付的席位年费。

附注6. 应付佣金

	2002-12-31	2001-12-31
广发证券股份有限公司	112,228.05	59,304.21
国泰君安证券股份有限公司	0	99,147.69
申银万国证券股份有限公司	0	114,707.31
华夏证券有限公司	0	68,092.72
东方证券有限公司	81,239.45	0
合计	193,467.50	341,251.93

附注7. 预提费用

系尚未支付的帐户维护费和审计师费。

附注8. 实收基金

2002年12月31日及2001年12月31日

	基金单位份额(每份基金单位面值人民币1元)	出资比例%	基金单位总额
发起人持有			
广发证券股份有限公司	7,802,701	0.98	7,802,701.00
易方达基金管理有限公司	20,000,000	2.50	20,000,000.00
小计	27,802,701	3.48	27,802,701.00
社会公众持有(含机构投资者)	772,197,299	96.52	772,197,299.00
合计	800,000,000	100.00	800,000,000.00

附注9. 未实现利得

系本基金于2002年12月31日对证券投资进行估值时，证券投资估值额与其帐面成本之差额。

附注10. 其他收入

	2002年度	2000年7月18日至2001年12月31日期间
上市及扩募发行费用结余	0	2,657,635.38
申购资金冻结利息	0	53,260.64
手续费返还	181,733.84	106,023.87
其他	1,258.24	90,000.00
合计	182,992.08	2,906,919.89

附注11. 关联方关系及其交易

(1) 关联方关系

企业名称	与本基金的关系
广发证券股份有限公司	基金发起人、基金管理人股东
易方达基金管理有限公司	基金发起人、基金管理人
广东证券股份有限公司	基金管理人股东
交通银行	基金托管人

(2) 通过关联方席位交易情况

券商	股票年度成交量(元)	占股票交易总量比例	国债年度成交量(元)	占国债年度交易量比例
广发证券2002年	312078832.07	27.45%	298817859.70	50.79%
广发证券2001年	192285231.19	28.92%	78463580.10	9.09%

券商	回购年度成交量(元)	占回购交易总量比例	支付佣金(元)	占年度佣金比例
广发证券2002年	112400000.00	29.39%	246810.40	27.11%
广发证券2001年	100000.00	100%	153772.33	29.04%

(3) 与关联方进行的其他交易

本基金于本年度与托管人进行了银行间债券回购交易，交易金额为20,000,000.00元，利息支出为8,821.92元。本基金本年度与广发证券股份有限公司进行了国债承销交易，交易金额为24,000,000.00元。(2001年度会计期间没有发生额。)

(4) 基金管理人及托管人报酬

基金管理人报酬

基金管理费

a.基金管理费按前一日的基金资产净值的1.5%的年费率计提，计算方法如下：

H=E×1.5%/当年天数

H为每日应支付的基金管理费

E为前一日的基金资产净值

b.基金管理费每日计算，逐日累计至每月月底，按月支付；由基金托管人于次月前两个工作日内从基金资产中一次性支付给基金管理人。本基金于本期应付基金管理人基金管理费共人民币11,432,827.52元，其中已支付人民币10,519,167.60元，尚余人民币913,659.92元未支付。(2001年度会计期间共提取管理费6,542,817.59元。)

基金托管人报酬

基金托管费

a. 基金托管费按前一日的基金资产净值的0.25%的年费率计提，计算方法如下：

H=E×0.25%/当年天数

H为每日应支付的基金托管费

E为前一日的基金资产净值

b. 基金托管费每日计算，逐日累计至每月月底，按月支付；由基金托管人于次月前两个工作日内从基金资产中一次性支取。本基金于本期应支付基金托管人基金托管费共人民币1,905,471.19元，其中已支付人民币1,753,194.55元，尚余人民币152,276.64元未支付。(2001年度会计期间共提取托管费1,090,469.59元。)

附注12. 其他重要事项

无需要说明的其他重要事项。

(四)流通转让受到限制的基金资产

2000年5月18日起，根据中国证监会的有关政策，基金可使用以基金名义开设的股票账户，比照个人投资者和一般法人、战略投资者参与新股认购。其中基金作为一般法人或战略投资者认购的新股，根据基金与上市公司签订申购协议的规定，在新股上市后的约定期限内不能自由转让；基金作为个人投资者参与新股网上申购从新股中签日至新股上市日，为流通受限制而不能自由转让的资产。

本基金截至2002年12月31日流通受到限制的股票情况如下：

本基金参与二级市场配售、网上申购中签的股票

股票名称	中签日期	上市流通日	中签数量	发行价格	成本
皖通高速	2002.12.26	2003.01.07	129000	2.20	283,800.00
中信证券	2002.12.24	2002.01.06	118000	4.50	531,000.00
中信证券	2002.12.20	2003.01.06	27000	4.50	121,500.00

本基金参与新股网下一般法人、战略投资者认购获配流通受限制的股票

股票名称	配售日期	可流通日	数量(股)	配售价格	市价
中国联通	2002.09.26	2003.04	1674149	2.30	4,536,943.79

股票名称	成本	市价与成差本差
中国联通	3,850,542.70	686,401.09

(五)基金投资组合

1. 按行业分类的股票投资组合

行业类别	市值(元)	占净值比例%
1、农、林、牧、渔业	1,172,000.00	0.17
2、采掘业	48,120,440.00	6.84
3、制造业	170,444,695.20	24.22
其中：食品、饮料	5,526,846.10	0.79
纺织、服装、皮毛	2,965,500.00	0.42
木材、家具	0	0
造纸、印刷	0	0
石油、化学、塑胶、塑料	4,262,300.00	0.61
电子	9,328,090.50	1.33
金属、非金属	1,438,500.00	0.20
机械、设备、仪表	104,117,975.38	14.79
医药、生物制品	42,805,483.22	6.08

其他制造业	0	0
4.电力、煤气及水的生产	43,472,422.94	6.18
5.建筑业	3,551,000.00	0.50
6.交通运输、仓储业	48,222,710.00	6.85
7.信息技术业	31,443,717.45	4.47
8.批发和零售贸易	2,696,400.00	0.38
9.金融、保险业	9,854,029.30	1.40
10.房地产业	0	0
11.社会服务业	4,902,400.00	0.70
12.传播与文化产业	840,750.00	0.12
13.综合类	26,516,762.62	3.77
合计:	391,237,327.51	55.59

2、国债及货币资金合计

截至2002年12月31日,基金持有的国债及货币资金合计为204,531,859.78元,占基金资产净值的29.06%。

3、债券(不含国债)合计

截止2002年12月31日,基金持有的其他债券市值合计为45,015,957.70元,占基金资产净值的6.40%。

4、占基金资产净值前十名的股票

序号	股票名称	市值(元)	市值占净值的比例%
1	中联重科	51,642,000.00	7.34
2	海油工程	31,152,440.00	4.43
3	上海汽车	23,905,000.00	3.40
4	丽珠集团	19,409,250.00	2.76
5	上海机场	18,060,000.00	2.57
6	中国石化	16,968,000.00	2.41
7	中国联通	16,548,362.97	2.35
8	申能股份	16,308,500.00	2.32
9	东海股份	15,673,614.66	2.23
10	营口港	14,896,692.00	2.12

5.附注

(1)、报告项目的计价方法

本基金持有上市证券采用公告内容截止日的市场均价,已发行未上市股票采用成本计算。

(2)、基金持有每只股票的价值(按成本价计算)均不超过基金资产净值的10%。

(3)、截止2002年12月31日,基金应收利息、股利、应付管理费、托管费、佣金及其他应收应付款项合计为借方余额62,984,785.36元,与基金股票市值391,237,327.51元、国债及货币资金204,531,859.78元和债券(不含国债)市值45,015,957.70元相加后等于基金资产净值。

(六)基金截止2002年12月31日的股票投资情况明细表(见附表)

(七)基金2002年度新增股票明细(见附表)

(八)基金2002年度剔除股票明细(见附表)

六、基金持有人结构及基金前十名持有人

(一)基金持有人结构

截至2002年12月31日

	基金份额(万份)	占总份额比例%
基金发起人	2780.2701	3.48
其中:广发证券股份有限公司	780.2701	0.98
易方达基金管理有限公司	2000.0000	2.50
社会公众(含机构投资者)	77219.7299	96.52

(二)、截止2002年12月31日,前十名持有人名称、持有份额及比例如下:

序号	持有人名称	持有份额	占基金总份额比例
1	中国人寿保险公司	50,324,329	6.29%
2	中国人民保险公司	37,483,249	4.69%
3	光大证券有限责任公司(注)	27,078,500	3.38%
4	易方达基金管理有限公司	20,000,000	2.50%
5	上海国际信托投资有限公司	11,309,374	1.41%
6	华宝信托投资有限责任公司	11,062,980	1.38%
7	大众保险股份有限公司	9,050,302	1.13%
8	广发证券股份有限公司	7,802,701	0.98%
9	苗昌英	7,600,000	0.95%
10	上海久事公司	7,393,912	0.92%

七、重要事项揭示

1、本基金管理人及托管人在本会计年度没有发生重大诉讼、仲裁事项;

2、本基金托管人交通银行办公地址变更为上海市银城中路188号,请投资者注意本年报公布的有关基金托管人的信息变化;

3、基金管理人和托管机构及相关高级管理人员未受到任何处罚;

4、本基金的内部决策程序、投资策略未有重大变化;

5、本基金管理人第一届董事会独立董事蒋火召坪先生因病去世,本基金管理人补选了谢石松为本基金管理人第一届董事会独立董事;罗永刚先生、王文灵先生、邢培强先生因工作原因,已不再担任本基金管理人第一届董事会董事职务,本基金管理人补选了秦力先生、翁振杰先生、李宗唐先生担任本基金管理人第一届董事会董事职务。

6、本基金发起人持有的2000万份基金单位已于2002年2月5日上市流通。

7、本基金租用专用交易席位的情况

本基金根据中国证券监督管理委员会《关于加强证券投资基金监管有关问题的通知》(证监基字[1998]29号)的有关规定要求及本基金管理人的《基金专用交易席位租用制度》,决定租用广发证券股份有限公司、申银万国有限责任公司、国泰君安股份有限公司、华夏证券股份有限公司和东方证券有限责任公司的交易席位。

截止2002年12月31日,本基金通过各机构的交易席位的成交及佣金情况见下表:

券商	股票年度成交	占股票交易	债券年度成交	占债券年度交
量(元)	总量比例	量(元)	易量比例	
国泰君安	329688992.60	29.00%	196056809.70	32.15%
广发证券	312078832.07	27.45%	312200269.70	51.20%
华夏证券	184185121.03	16.20%	218800.00	0.04%
申银万国	140138316.93	12.33%	26250531.00	4.31%
东方证券	170922833.63	15.03%	75024101.00	12.30%
合计:	1137014096.26	100%	609750511.40	100%

券商	回购年度成	占回购交易	支付佣金	占年度佣
交量(元)	总量比例	(元)	金比例	
国泰君安	0.00	0%	266705.01	29.29%
广发证券	112400000.00	29.39%	246810.40	27.11%
华夏证券	0.00	0%	150441.35	16.52%
申银万国	0.00	0%	111951.40	12.30%
东方证券	270000000.00	70.61%	134560.79	14.78%
合计:	382400000.00	100%	910468.95	100%

八、备查文件目录

1、中国证监会批准设立科讯基金的文件

2、科讯证券投资基金基金契约

3、科讯证券投资基金扩募说明书

4、中国证监会批准设立易方达基金管理有限公司的文件

5、科讯证券投资基金财务报表及报表附注

6、报告期内在指定报刊上披露的各项公告

查阅地点:广州市体育西路189号28楼

投资者对本报告书如有疑问,可咨询本基金管理人易方达基金管理有限公司。

客户服务与投诉电话:020-83918088

公司网址:www.efunds.com.cn

易方达基金管理有限公司

2003年3月28日

基金2002-01-01至2002-12-31 剔除股票明细

序号	股票代码	股票名称	期初结存	本期增加	本期卖出
1	000001	深发展	680,000	1,300,058	1,980,058
2	000002	深万科A	330,000	0	330,000
3	000027	深能源A	250,000	7,900	257,900
4	000066	长城电脑	100,076	100,000	200,076
5	000090	深天健	105,000	0	105,000
6	000517	甬成功	0	166,022	166,022
7	000563	陕国投A	350,000	0	350,000
8	000619	海螺型材	0	140,421	140,421
9	000625	长安汽车	0	200,000	200,000
10	000763	锦州石化	0	500,056	500,056
11	000767	漳泽电力	100,000	0	100,000
12	000780	草原兴发	100,000	0	100,000
13	000783	石炼化	0	1,270,022	1,270,022
14	000787	创智科技	0	149,659	149,659
15	000792	盐湖钾肥	20,000	0	20,000
16	000799	湘酒鬼	0	225,640	225,640
17	000802	京西旅游	100,000	0	100,000
18	000807	云铝股份	0	239,330	239,330
19	000811	烟台冰轮	100,000	0	100,000
20	000839	中信国安	310,000	155,517	465,517
21	000888	峨眉山A	80,000	0	80,000
22	000890	法尔胜	130,077	0	130,077
23	000917	电广传媒	0	99,300	99,300
24	000930	丰原生化	80,000	0	80,000
25	000931	中关村	100,000	0	100,000
26	000937	金牛能源	180,000	0	180,000
27	000956	中原油气	0	200000	200,000
28	000962	东方钽业	250,130	0	250,130
29	000987	广州友谊	45,000	0	45,000
30	600000	浦发银行	320,000	300,000	620,000
31	600001	邯郸钢铁	320,000	0	320,000
32	600002	齐鲁石化	0	320,000	320,000
33	600003	东北高速	320,000	0	320,000
34	600016	民生银行	1,190,000	0	1,190,000
35	600026	中海发展	0	45,000	45,000
36	600054	黄山旅游	125,000	0	125,000
37	600059	古越龙山	29,140	0	29,140
38	600063	皖维高新	100,000	0	100,000
39	600098	广州控股	1,200,000	703,254	1,903,254
40	600100	清华同方	33,950	0	33,950
41	600125	铁龙股份	150,133	0	150,133
42	600127	金健米业	100,000	0	100,000
43	600138	青旅控股	125,100	0	125,100
44	600153	厦门建发	220,000	0	220,000
45	600160	巨化股份	160,000	0	160,000
46	600161	天坛生物	0	88,000	88,000
47	600188	兖州煤业	480,000	0	480,000
48	600198	大唐电信	600,000	0	600,000
49	600212	江泉实业	67,000	0	67,000
50	600261	浙江阳光	75,000	0	75,000
51	600270	外运发展	95,000	0	95,000
52	600276	恒瑞医药	120,000	8600	128,600
53	600278	东方创业	90,000	0	90,000
54	600298	安琪酵母	180,201	0	180,201
55	600309	烟台万华	100,000	186,500	286,500
56	600310	桂东电力	189,635	0	189,635
57	600312	平高电气	190,000	0	190,000
58	600316	洪都航空	200,000	130,000	330,000
59	600319	亚星化学	80,000	0	80,000
60	600327	大厦股份	0	31,000	31,000
61	600350	山东基建	0	94,000	94,000
62	600351	亚宝药业	0	22,000	22,000
63	600353	旭光股份	0	10,000	10,000
64	600355	精伦电子	0	12,000	12,000
65	600357	承德钒钛	0	56,000	56,000
66	600362	江西铜业	0	60,000	60,000
67	600367	红星发展	87,000	0	87,000
68	600371	华冠科技	0	28,000	28,000
69	600373	鑫新股份	0	1,000	1,000
70	600376	天鸿宝业	85,000	0	85,000
71	600379	宝光股份	0	23,000	23,000

72	600395	盘江股份	150,000	0	150,000
73	600397	安源股份	0	57,000	57,000
74	600416	湘电股份	0	40,000	40,000
75	600418	江淮汽车	180,000	0	180,000
76	600422	昆明制药	200,000	0	200,000
77	600426	华鲁恒升	0	36,000	36,000
78	600428	中远航运	0	15,000	15,000
79	600458	时代新材	0	19,000	19,000
80	600486	扬农化工	0	5,000	5,000
81	600496	长江股份	0	12,000	12,000
82	600498	烽火通信	73,140	0	73,140
83	600499	科达机电	0	5,000	5,000
84	600503	宏智科技	0	30,000	30,000
85	600508	上海能源	130,000	0	130,000
86	600510	黑牡丹	0	30,000	30,000
87	600511	国药股份	0	23,000	23,000
88	600512	腾达建设	0	42,000	42,000
89	600515	第一投资	0	16,000	16,000
90	600516	海龙科技	0	42,000	42,000
91	600520	三佳模具	0	3,000	3,000
92	600522	中天科技	0	43,000	43,000
93	600525	长园新材	0	12,000	12,000
94	600526	菲达环保	0	27,000	27,000
95	600529	山东药玻	0	8,000	8,000
96	600531	豫光金铅	0	25,000	25,000
97	600532	华阳科技	0	22,000	22,000
98	600536	中软股份	0	11,000	11,000
99	600549	厦门钨业	0	11,000	11,000
100	600550	天威保变	100,000	0	100,000
101	600551	科大创新	0	11,000	11,000
102	600552	方兴科技	0	25,000	25,000
103	600553	太行股份	0	29,000	29,000
104	600557	康缘药业	0	19,000	19,000
105	600559	裕丰股份	0	23,000	23,000
106	600560	金自天正	0	14,000	14,000
107	600561	江西长运	0	11,000	11,000
108	600563	法拉电子	0	28,000	28,000
109	600565	迪马实业	0	2,000	2,000
110	600571	信雅达	0	9,000	9,000
111	600577	精达股份	0	8,000	8,000
112	600578	京能热电	0	16,000	16,000
113	600579	黄海股份	0	45,000	45,000
114	600580	卧龙科技	0	4,000	4,000
115	600581	八一钢铁	0	78,000	78,000
116	600585	海螺水泥	0	550,060	550,060
117	600586	金晶科技	0	12,000	12,000
118	600587	新华医疗	0	5,000	5,000
119	600590	泰豪科技	0	24,000	24,000
120	600591	上海航空	0	109,000	109,000
121	600592	龙溪股份	0	36,000	36,000
122	600593	大连圣亚	0	13,000	13,000
123	600595	中孚实业	0	38,000	38,000
124	600602	广电电子	280,000	380,902	660,902
125	600643	爱建股份	585,000	0	585,000
126	600649	原水股份	920,012	360,000	1,280,012
127	600653	申华控股	0	3,610,010	3,610,010
128	600656	华源制药	30,000	0	30,000
129	600718	东软股份	150,000	0	150,000
130	600719	大连热电	80,000	0	80,000
131	600723	西单商场	310,000	0	310,000
132	600739	辽宁成大	150,000	0	150,000
133	600776	东方通信	190,000	5,000	195,000
134	600816	鞍山信托	460,000	0	460,000
135	600827	友谊股份	0	152,000	152,000
136	600849	上海医药	0	547,000	547,000
137	600859	王府井	540,000	0	540,000
138	600861	北京城乡	270,000	0	270,000
139	600862	ST 纵横	300,000	0	300,000
140	600863	内蒙华电	220,085	555,386	775,471
141	600868	梅雁股份	430,000	0	430,000
142	600897	厦门机场	120,000	0	120,000

科讯证券投资基金

资产负债表

(单位:人民币元)

资产	2002-12-31	2001-12-31
银行存款	777,402.30	256,784.61
清算备付金	37,478,993.91	70,637,264.02
交易保证金	750,000.00	500,000.00
应收证券清算款	2,961,010.07	4,660,737.54
应收利息	1,792,824.35	15,821.06
股票投资市值	391,237,327.51	394,741,077.96
其中:股票投资成本	462,234,370.09	427,785,668.53
债券投资市值	208,330,411.20	309,738,291.00
其中:债券投资成本	207,558,522.35	305,312,819.33
买入返售证券	62,400,000.00	0
其他应收款	2,500.00	0
基金资产总计	705,730,469.34	780,549,976.19
负债		
应付证券清算款	0	116,050.76
应付基金管理费	913,659.92	1,004,482.61
应付基金托管费	152,276.64	167,413.75
应付佣金	193,467.50	341,251.93
其他应付款	635,134.93	60,000.00
预提费用	66,000.00	0
负债总计	1,960,538.99	1,689,199.05
基金净资产	703,769,930.35	778,860,777.14
持有人权益		
实收基金	800,000,000.00	800,000,000.00
未实现利得	-70,225,153.73	-28,619,118.90
未分配收益	-26,004,915.92	7,479,896.04
持有人权益合计	703,769,930.35	778,860,777.14
负债及持有人权益合计	705,730,469.34	780,549,976.19
每份基金单位资产净值	0.8797	0.9736

所附附注为本会计报表的组成部分

科讯证券投资基金经营业绩表

单位:人民币元)

	2002 年度	2000 年 7 月 18 日至 2001 年 12 月 31 日期间
收入:	-22,673,608.33	15,360,313.04
股票差价收入	-49,223,660.46	292,394.88
债券差价收入	11,720,832.39	5,723,532.53
债券利息收入	7,803,897.05	0
存款利息收入	1,580,572.05	6,088,136.74
股利收入	5,140,281.63	349,271.00
买入返售债券收入	121,476.93	58
其他收入	182,992.08	2,906,919.89
费用:	13,978,525.07	7,892,061.10
基金管理人报酬	11,432,827.52	6,542,817.59
基金托管费	1,905,471.19	1,090,469.59
卖出回购证券支出	182,295.92	0
其他费用	457,930.44	258,773.92
其中:上市年费	60,000.00	35,000.00
信息披露费	300,000.00	160,000.00
审计费用	60,000.00	60,000.00
基金净收益	-36,652,133.40	7,468,251.94
未实现利得	-41,606,034.83	-28,619,118.90
基金经营业绩	-78,258,168.23	-21,150,866.96

所附附注为本会计报表的组成部分

基金截止 2002 年 12 月 31 日的股票投资情况

序号	股票代码	科目名称	数量(股)	市值(元)	占净值比例%
1	000157	中联重科	5,700,000.00	51,642,000.00	7.34
2	600583	海油工程	2,222,000.00	31,152,440.00	4.43
3	600104	上海汽车	3,500,000.00	23,905,000.00	3.4
4	000513	丽珠集团	2,218,200.00	19,409,250.00	2.76
5	600009	上海机场	2,000,000.00	18,060,000.00	2.57
6	600028	中国石化	5,600,000.00	16,968,000.00	2.41
7	600050	中国联通	6,106,407.00	16,548,362.97	2.35
8	600642	申能股份	1,690,000.00	16,308,500.00	2.32
9	600708	东海股份	1,627,582.00	15,673,614.66	2.23
10	600317	营口港	1,638,800.00	14,896,692.00	2.12
11	600085	同仁堂	845,000.00	14,669,200.00	2.08
12	000063	中兴通讯	1,043,488.00	13,523,604.48	1.92
13	600011	华能国际	1,180,000.00	13,204,200.00	1.88
14	600386	北京巴士	924,600.00	11,400,318.00	1.62
15	000875	吉电股份	2,390,094.00	10,181,800.44	1.45
16	000541	佛山照明	860,000.00	9,924,400.00	1.41
17	600637	广电信息	858,150.00	9,328,090.50	1.33
18	600036	招商银行	1,129,022.00	9,201,529.30	1.31
19	600832	东方明珠	390,000.00	6,084,000.00	0.86
20	600742	一汽四环	505,442.00	6,075,412.84	0.86
21	600611	大众交通	530,000.00	4,823,000.00	0.69
22	600635	大众科创	660,076.00	4,759,147.96	0.68
23	600320	振华港机	444,720.00	4,700,690.40	0.67
24	000623	吉林敖东	475,000.00	4,569,500.00	0.65
25	600315	上海家化	370,000.00	4,066,300.00	0.58
26	000680	山推股份	510,000.00	4,003,500.00	0.57
27	600780	通宝能源	417,450.00	3,777,922.50	0.54
28	600018	上港集箱	215,000.00	3,581,900.00	0.51
29	600597	光明乳业	260,000.00	2,945,800.00	0.42
30	000999	三九医药	350,000.00	2,901,500.00	0.41
31	600626	申达股份	350,000.00	2,807,000.00	0.4
32	600628	新世界	380,000.00	2,637,200.00	0.37
33	600170	上海建工	300,000.00	2,439,000.00	0.35
34	000581	威孚高科	229,957.00	2,202,988.06	0.31
35	600151	航天机电	210,099.00	1,663,984.08	0.24
36	600019	宝钢股份	350,000.00	1,438,500.00	0.2
37	000858	五粮液	122,795.00	1,426,877.90	0.2
38	600076	青鸟华光	155,000.00	1,371,750.00	0.19
39	600535	天士力	70,013.00	1,256,033.22	0.18
40	600598	北大荒	200,000.00	1,172,000.00	0.17
41	600820	隧道股份	160,000.00	1,112,000.00	0.16
42	600640	联通国脉	75,000.00	840,750.00	0.12
43	600519	贵州茅台	31,330.00	800,168.20	0.11
44	600030	中信证券	145,000.00	652,500.00	0.09
45	600887	伊利股份	20,000.00	354,000.00	0.05
46	600012	皖通高速	129,000.00	283,800.00	0.04
47	600135	乐凯胶片	20,000.00	196,000.00	0.03
48	600201	金宇集团	10,000.00	158,500.00	0.02
49	600662	强生控股	10,000.00	79,400.00	0.01
50	000759	武汉中百	10,000.00	59,200.00	0.01
合计				391,237,327.51	55.59

汉博证券投资基金

汉博证券投资基金2002年年度报告

重要提示

本基金的托管人中国建设银行已于2003年3月25日复核了本报告。本基金管理人、托管人愿就报告中所载资料的真实性、准确性和完整性负责。本报告书中的内容由本基金管理人负责解释。

一、基金简介

(一) 基金简称:基金汉博　　交易代码:500035
基金单位总份额:5亿份
基金类型:契约型封闭式
基金存续期:15年
上市日期:2000年10月17日
上市地点:上海证券交易所
(二) 基金管理人:富国基金管理有限公司
注册地址:上海市浦东新区世纪大道88号金茂大厦32层
邮政编码:200121
法定代表人:虞志皓
总经理:李建国
信息管理负责人:林志松
电话:(021)50478888-301　　传真:021-50470328
(三) 基金托管人:中国建设银行
注册地址:北京市西城区金融大街25号
办公地址:北京市西城区金融大街25号
邮政编码:100032
法定代表人:张恩照
托管部负责人: 江先周
信息管理负责人:黄秀莲
电话:010-67597646　　传真:010-66212638
(四) 会计师事务所:安永大华会计师事务所有限责任公司
注册地址:中国　上海　昆山路146号
办公地址:中国　上海　昆山路146号
法定代表人:胡定旭　　经办注册会计师:陆永炜　徐艳

二、主要财务指标

	2002年	2001年	2000年
基金本期净收益	-66,101,667.51元	2,244,378.41元	2,829,107.41元
单位基金本期净收益	-0.1322元	0.0045元	0.0057元
基金可分配净收益(a)	-99,525,063.09元	-23,829,582.17元	5,589,575.29元
单位基金可分配净收益	-0.1991元	-0.0477元	0.0112元
期末基金资产总值	401,421,287.31元	479,355,805.46元	530,533,052.08元
期末基金资产净值	400,474,936.91元	476,170,417.83元	528,480,638.73元
单位基金资产净值	0.8009元	0.9523元	1.0570元
基金资产净值收益率(b)	-13.88%	0.43%	1.00%
本期基金资产净值增长率(c)	-15.90%	-9.01%	11.57%
累计资产净值增长率(d)	-14.62%	1.52%	11.57%

三、基金管理人报告

(一)基金管理小组

基金经理　蒋畅先生,30岁,经济学硕士,六年证券从业经验,曾任职于海通证券有限公司国际业务部下属交易科、投资咨询科,以及海通证券并购与资本市场部;分别担任负责B股自营的交易员、投资咨询科主管等职。2000年加盟富国基金管理有限公司,任汉盛基金经理助理。

(二)基金经理工作报告

汉博基金2002年初净值为0.9523元,年末净值为0.8009元。净值增长率为-15.9%。造成低于行业平均收益率的原因,主要在于对股票投资时机把握的重大错误。

2002年A股市场体现了新兴加转轨市场的波动特点。政策面的变化,导致股票市场出现较大的短期波动。虽然时间短暂,但是几次仅有的投资机会。在股票仓位的调整上,凡把握好波动节奏,就能有较好的收益。从全年来看,A股股价整体延续了2001年中期以来的调整趋势,市盈率在逐步降低。发行方式改变,使得在一、二级市场的套利机会大幅地减少。国债的收益减少,而企业债的投资机会开始显现,转债的机会在酝酿。

二〇〇三年的展望　经过综合的治理,相比过去,A股公司的规范化取得了较大的进步。随着信息披露更加严格,对违规行为的处罚逐步实施,投资者的赢利预期和赢利模式更加理性。通过国企大盘股的发行,机构投资者的增多,市场的构成有了质的变化。我们认为,这些变化虽然使市场换手率和波动幅度降低,使投资资金大量离场,但长远而言,提高了A股市场的投资价值。在报表真实的基础上,出现了一批市盈率在20倍左右的绩优股。企业的分红派现率也在逐步提高。个别企业的派息率达到了同期银行存款利率的水平。随着企业债和转债发行的增加,这些品种的流动性问题得到逐步的解决,投资价值也在大大增强。我们认为,无论是从"市盈率、分红率"这些价值指标来衡量,还是从市场的流动性来衡量,2003年的获利机会应该超过2002年。我们有信心在2003年取得较好的成绩。

2003年的A股市场是否会出现02年一样,因为政策面变化导致的大幅波动呢?我们认为,导致股权结构调整的因素是存在的,但在管理层的态度转变之后,造成大幅波动的政策出台的可能性较小。从困扰市场2年的国有股减持问题来看,管理层对依靠A股市场大规模解决的决策更加慎重。在国有资产管理机构改革之后,问题的解决会更加多层次、多渠道。从管理层对待这一问题的变化中,不难发现"稳定发展"的基调在起决定作用。因此,我们认为,2003年应该是政策面相对平稳的一年。

市场所反映的,将不会是对股市本身的政策定位,而是宏观经济的趋势,并凸现产业的增长趋势和企业的价值。可能导致市场波动的因素,应该主要在产业基本面和上市公司基本面。

从中国人民银行提出的货币政策目标来看,2003年国民经济中金融资产的膨胀是必然的趋势。在历经多年的积累之后,大量的存款囤积于银行,势必需要分流。不动产行业的快速发展,就是这一分流的表现。结合国企本身的改制、融资需求,可以预期,2003年证券发行必然进入一个高潮。大量的投资机会存在于证券发行和机构投资者的双向扩容过程中。

中国经济正在经历结构的变化,扩大内需的政策有效地刺激了居民的消费升级。房产、汽车等高档消费品的需求快速增长,带动了对相关的原材料、能源的旺盛需求。一批优秀的企业在发展中脱颖而出,在收益表上体现出丰厚的利润。宏观经济为股市提供了良好的基本面。基本面表现优异,在低利率环境下一定会给债市和股市带来好的表现。2002年A股表现平淡,是市场失去效率了吗?我们发现,尽管大部分A股的表现较差,但汽车、钢铁等行业超越综合指数10%以上并取得正收益。从目前的宏观经济来看,国家处于历史少有的良好局面。各产业的结构调整顺利进行,增长点较多。上市公司在加入WTO后表现出的生存能力令投资者刮目相看。我们认为,努力寻找和投资处于行业增长背景和行业代表性较好的上市公司,是我们的工作重点。总体而言,2003年我们将更多采取积极投资策略,加大对股票的投资力度,顺应债市和A股市场逐步开放的时代变化。

(三)内部监察稽核报告

本报告期,富国基金管理有限公司作为汉博证券投资基金的管理人严格按照《证券法》、《证券投资基金管理暂行办法》、《汉博证券投资基金契约》以及其它有关法律法规的规定,本着诚实信用、勤勉尽责的原则,以减少和分散风险,确保基金资产的安全并谋求基金长期稳定收益为目标,管理和运用基金资产,无损害基金持有人利益的行为。基金投资组合符合有关法规及基金契约的规定。

2002年,本基金管理人在总结去年基金运作的基础上,继续坚持"事先防范"为主的内部控制策略,坚持规范经营、合规运作,重视公司和基金运作的风险管理,在内部监察工作中一切从防范风险,保障基金持有人利益出发,内部风险管理部门和各业务部门紧密配合,通过进一步完善规章制度、加强投资风险评估系统功能、内部法律宣传和内控部门定期和不定期检查的方式,对公司各项工作进行全方位、实时的监察稽核,并对基金投资决策与执行进行专项重点监察稽核。

在本报告期内,管理人对本基金运作实施内部控制措施如下:

1.继续强化对本基金日常投资运作合法化、合规性的监察

通过投资风险评估系统对本基金的日常交易行为、投资组合情况进行实时监控;

监察稽核部每月例行对本基金投资操作是否符合公司内部投资操作规程进行检查;

定期对契约执行情况进行检查;

强化集中交易室事前监督的功能,由交易主管对基金经理的投资权限和投资指令进行事前控制。

2.继续加强风险管理

加强投资风险评估系统的功能,并通过对该系统数据的分析定期提交投资组合风险报告和绩效评估报告,为风险控制委员会评估和控制风险提供了数量化的分析依据。

3.加强法律工作

公司设立了内部法律事务管理岗位,对涉及基金运作的法律文件进行严格的事先法律审核;制订了纪律处罚管理办法,健全了公司内部对违反投资纪律等行为的处罚体系。

四、汉博基金托管人报告

中国建设银行根据《汉博证券投资基金契约》和《汉博证券投资基金托管协议》,托管汉博证券投资基金(以下简称汉博基金)。

2002年,中国建设银行在汉博基金的托管过程中,严格遵守了《证券投资基金管理暂行办法》及各项实施准则、基金契约、托管协议和其它有关规定,依法安全保管了基金的全部资产,按规定如实、独立地向中国证监会提交了本基金运作情况报告,勤勉尽职地履行了基金托管人的义务,不存在损害基金持有人利益的行为。

2002年,按照《证券投资基金管理暂行办法》及各项实施准则、基金契约、托管协议和其它有关规定,本托管人对基金管理人-富国基金管理有限公司在汉博基金投资运作方面进行了监督,对基金资产净值、每份基金单位净值和其它财务费用计算上进行了认真的复核,未发现基金管理人有损害基金持有人利益的行为。

2002年,由汉博基金管理人-富国基金管理有限公司编制并经中国建设银行基金托管部复核审查的有关汉博基金的信息披露合法、真实、完整。

中国建设银行基金托管部
2003年3月11日

五、基金年度财务报告

(一)审计报告

汉博证券投资基金全体持有人:

我们接受委托,审计了贵基金2002年12月31日的资产负债表和2002年度的经营业绩表、基金净值变动表及基金收益分配表。这些会计报表由贵基金的基金管理人富国基金管理有限公司负责,我们的责任是对这些会计报表发表审计意见。我们的审计是根据中国注册会计师独立审计准则进行的。在审计过程中,我们结合贵基金的实际情况,实施了包括抽查会计记录等我们认为必要的审计程序。

我们认为,上述会计报表符合《企业会计准则》、《金融企业会计制度》《证券投资基金会计核算办法》和中国证券监督管理委员会颁布的《证券投资基金管理暂行办法》实施准则第五号《证券投资基金信息披露指引》及贵基金契约的规定,在所有重大方面公允地反映了贵基金2002年12月31日的财务状况和2002年度会计期间的经营成果,会计处理方法的选用遵循了一贯性原则。

安永大华会计师事务所有限责任公司　　中国注册会计师　陆永炜　徐艳
中国　上海　昆山路146号　　2003年1月17日

六、基金持有人结构及基金前十名持有人

1.基金持有人结构

		基金份额	占总份额比例%
基金发起人		250万份	0.50
其中:	海通证券有限责任公司	125万份	0.25
	天同证券有限责任公司	125万份	0.25
社会公众		49750万份	99.50
	合计	50000万份	100.00

2.基金前十名持有人

序号	持有人	持有份额	占基金总份额的比例
1	中国人寿	30,788,573	6.16%
2	光大证券	14,162,835	2.83%
3	中信信托	2,200,000	0.44%
4	朱茂奎	2,000,000	0.40%
5	淄博信托	2,000,000	0.40%
6	友邦保险	1,560,500	0.31%
7	龚镇林	1,350,000	0.27%
8	陈月榕	1,300,110	0.26%
9	陶福民	1,300,000	0.26%
10	黄青云	1,300,000	0.26%

通 乾 证 券 投 资 基 金

通乾证券投资基金2002年年度报告

重要提示

本基金的管理人、托管人愿就本报告书中所载资料的真实性、准确性和完整性负责，本报告书中的内容由基金管理人负责解释。本基金托管人中国建设银行已于2003年3月25日复核了本报告。

一、基金简介

(一) 基金基本资料

基金名称:通乾证券投资基金　基金简称:基金通乾

基金交易代码:500038　基金类型:契约型、封闭式

基金发起人:河北证券有限责任公司　陕西省国际信托投资股份有限公司

融通基金管理有限公司

基金成立日:2001年8月29日　基金单位总份额:20亿份基金单位

基金存续期:15年

上市交易所:上海证券交易所

基金上市日:2001年9月21日

(二) 基金管理人

法定名称:融通基金管理有限公司

注册地址:深圳市福田区民田路10号中海大厦6、7、8层

办公地址:深圳市福田区民田路10号中海大厦6、7、8层

邮政编码:518026

国际互联网址:http://www.rtfund.com

法定代表人:孟立坤　总经理:冯立新　信息披露负责人:吴冶平

电话:0755-82950676　传真:0755-82950044　电子邮件:wuyp@mail.rtfund.com

(三) 基金托管人

法定名称:中国建设银行

注册地址:北京市西城区金融大街25号

办公地址:北京市西城区金融大街25号

邮政编码:100032

法定代表人:张恩照　托管部负责人:江先周　信息披露负责人:黄秀莲

联系地址:北京市西城区金融大街25号

电话:010-67597646　传真:010-66212638　电子邮件:huangxiulian/zh/ccb@ccb.com.cn

(四) 会计师事务所

法定名称:安永华明会计师事务所

注册地址:北京市朝阳区北大街6号北海万泰大厦802-807

办公地址:北京市东城区东长安街1号东方广场东方经贸城东三办公楼16层

法定代表人:葛明　联系人:罗国基　经办注册会计师:葛明、金馨

电话: 010-65246688　传真: 010-85188298

(五) 律师事务所

法定名称:康达律师事务所

注册地址:北京市朝阳区建国门外大街19号国际大厦703室

办公地址:北京市朝阳区建国门外大街19号国际大厦703室

法定代表人:傅洋

电话:021-53850388　传真:021-53850389

经办律师:娄爱东、杜玉兰

二、主要财务指标

	2002年	2001年
基金本期净收益	-13,355,507.88元	21,840,210.19元
单位基金本期净收益	-0.0067元	0.0109元
基金可分配净收益	-277,407,988.94元	-1,920,788.25元
单位基金可分配净收益	-0.1387元	-0.0010元
期末基金资产总值	1,726,426,698.43元	2,001,906,421.08元
期末基金资产净值	1,722,592,011.06元	1,998,079,211.75元
期末单位基金资产净值	0.8613元	0.9990元
基金资产净值收益率	-0.67%	1.08%
本期基金资产净值增长率	-11.18%	-0.94%
累计资产净值增长率	-12.01%	-0.94%

三、基金管理人报告

(一) 基金经理

本基金由赵枫同志担任基金经理，负责基金的日常运作。

赵枫，30岁，具有六年证券从业经验，2000年加入融通基金管理有限公司从事基金投资管理工作，并担任本基金经理至今。

(二) 投资理念

本基金的投资理念为价值成长型投资，通过对成长型和价值型股票的组合投资，在能够较好地分散和控制风险的前提下争取较高资本利得和相应投资收益，谋求基金资产的稳健高效增值。

我们认为公司股价上涨的根本动力来自其业绩可靠和稳定的增长。我们的目标是通过研究分析，挖掘成长前景良好、价值被低估的个股进行投资。我们认为低盈率并不必然意味着公司的价值被低估，一个被低估的公司应当具有合理(或偏低)的当期市盈率和高于市场预期的成长潜力，因此公司稳定的成长前景是公司股价增长的基础。

(三)2002年市场和基金管理回顾

2002年是中国加入WTO的第一年，外资和民间资本的投资热情高涨，进出口贸易呈现快速增长，居民消费稳步上升，宏观经济形势体现出良好的增长势头。但证券市场承继了2001年的调整，走势与实体经济出现背离，这反映了中国证券市场在新的政策经济环境下的必然取向。虽然2002年市场整体重心下移，但我们发现随着机构投资者的壮大和监管环境的完善，市场投资理念正在逐步改变，价值成长的投资理念正在为越来越多的投资者所接受，投资者行为趋于理性。

反思通乾基金2002年的运作和表现，留给基金管理人更多的是教训和不足，总结下来有这么几点:

1. 我们对2002年中国证券市场所承受的压力和风险估计不够，在年初对市场的看法偏乐观，导致在全年运作中积极有余而稳健不足。基金在指数低位时加仓较为积极，而在指数高位减仓不及时，尤其在第四季度的市场下跌中，较重的仓位给基金带来了较大的损失。

2. 对市场发生的投资理念的转变认识不足，在组合架构上显得过于积极，成长股和高贝塔值股票上配置过重，给基金净值增长带来了负面的影响。

3. 操作策略严重欠缺，在构建组合和日常的调整的操作中，缺乏全面和科学的策略安排，使基金投资管理脉络不够清晰，投资操作不够流畅。

由于我们的不成熟和失误，基金净值在过去的一年出现了较大幅度的下跌，给基金持有人带来了损失，在此我们深表歉意。在新的一年里，我们会认真总结以往的投资，吸取失败的教训和成功的经验，我们对基金管理的认识将得到进一步的提高。我们感谢持有人对我们以往工作的支持和理解，2003年我们将尽最大的努力为持有人创造良好的收益。

(四)2003年市场展望和基金运作策略

回顾中国证券市场过去两年的历史，我们认为2003年将是中国证券市场休整和调养的一年，今年的市场总体将呈现平衡市的格局。

加入WTO使中国经济以更快的速度融入到世界经济体系中，中国正成为全球产业格局调整最大的受惠者，这将使中国经济持续以较高的速度增长，最终将推动作为微观经济主体的企业的盈利的增长。作为行业优秀代表的上市公司，将受益于经济的增长，业绩的成长将会消除投资者对未来不确定性的疑虑，我们认为市场上已经出现一批有绝对投资价值的个股。

从资本市场角度看，经过一年多的规范和调整，市场投资者的构成有了重大变化，这将推动市场投资理念的变化。我们相信在新的一年里，公司价值将会成为投资的重要基石，价值、成长、透明和足够的流动性将会成为投资者选择投资品种时的重要考虑因素。

同时我们也认识到2003年仍是市场处于休整的一年，市场的活跃将会以结构性调整为主，个股和板块的分化将在今年得到充分的体现，作为基金管理人，我们需要在研究分析的基础上有所为和有所不为，充分贯彻我们的投资理念。

我们在2003年的投资策略，将是"谨慎、大胆、心细"。我们判断2003年是新的投资理念和新的盈利模式逐渐形成的一年，市场在经过大幅下跌的创伤后，仍需一定时间的恢复，活跃资金将以存量资金为主，因此总体呈现平衡市的格局，我们对指数仍抱有谨慎的看法。但是伴随中国经济的成长，市场已经出现一批有投资价值、有成长前景的个股，我们应当积极发掘和把握其中的机会。由于市场已经体现出机构博奕的格局，我们将更加密切的关注市场和个股中出现的变化，细致深入的研究将成为我们投资决策的基础。

在2003年我们将在总结以往的经验教训的基础上，充分贯彻自下而上的投资理念，加强投资操作的策略，为基金持有人谋取良好的回报。

四、基金托管人报告

中国建设银行根据《通乾证券投资基金契约》和《通乾证券投资基金托管协议》，托管通乾证券投资基金(以下简称通乾基金)。

2002年，中国建设银行在通乾基金的托管过程中，严格遵守了《证券投资基金管理暂行办法》及各项实施准则、基金契约、托管协议和其他有关规定，依法安全保管了基金的全部资产，按规定如实、独立地向中国证监会提交了本基金运作情况报告，勤勉尽职地履行了基金托管人的义务，不存在损害基金持有人利益的行为。

2002年，按照《证券投资基金管理暂行办法》及各项实施准则、基金契约、托管协议和其有关规定，本托管人对基金管理人-融通基金管理有限公司在通乾基金投资运作方面进行了监督，对基金资产净值、每份基金单位净值和其他财务费用计算上进行了认真的复核，未发现基金管理人有损害基金持有人利益的行为。

2002年，由通乾基金管理人-融通基金管理有限公司编制并经中国建设银行基金托管部复核审查的有关通乾基金的信息披露合法、真实、完整。

中国建设银行基金托管部

二零零三年三月十一日

五、基金财务报告

(一) 审计报告

通乾证券投资基金全体持有人:

我们接受委托，审计了通乾证券投资基金(简称"通乾基金")二零零二年十二月三十一日的资产负债表和二零零二年度会计期间的经营业绩表、基金净值变动表及基金收益分配表。上述会计报表由通乾基金的基金管理人和基金托管人负责，我们的责任是对这些会计报表发表审计意见。我们的审计是根据《中国注册会计师独立审计准则》的规定进行的。在审计过程中，我们结合通乾基金的实际情况，实施了包括抽查会计记录等我们认为必要的审计程序。

我们认为，上述会计报表符合《企业会计准则》、《金融企业会计制度》、《证券投资基金会计核算办法》和中国证券监督管理委员会颁布的《证券投资基金管理暂行办法》实施准则第五号《证券投资基金信息披露指引》及基金契约的规定，在所有重大方面公允地反映了通乾基金二零零二年十二月三十一日的财务状况和上述会计期间的经营成果。会计处理方法的选用遵循了一贯性原则。

安永华明会计师事务所　　中国注册会计师　葛明

二零零三年一月十日　　中国注册会计师　金馨

六、基金持有人结构及前十名持有人

(一) 基金持有人结构 (截止2002年12月31日):

	持有份额(基金单位)	占总份额比例
发起人持有份额	20,000,000	1.00%
其中:融通基金管理有限公司	10,000,000	0.50%
河北证券有限责任公司	5,000,000	0.25%
陕西省国际信托投资股份有限公司	5,000,000	0.25%
社会公众持有份额	1,980,000,000	99.00%
总　计	2,000,000,000	100.00%

(二) 前十名持有人情况(截止2002年12月31日):

序号	持有人名称	持有份额(基金单位)	占总份额比例
1	中国人民保险公司	189,771,937	9.49%
2	中国人寿保险公司	142,786,759	7.14%
3	中国太平洋保险公司	137,845,228	6.89%
4	上海久事公司	59,972,544	3.00%
5	国通证券股份有限公司	59,799,625	2.99%
6	光大证券有限责任公司	49,387,825	2.47%
7	中国平安保险股份有限公司	37,911,103	1.90%
8	中国再保险公司	27,252,751	1.36%
9	国元证券有限责任公司	19,045,172	0.95%
10	海通证券有限公司	17,869,142	0.89%

同德证券投资基金

同德证券投资基金 2002 年年度报告

重要提示

本基金的托管人中国农业银行已于 2003 年 3 月 25 日复核了本报告。

本基金的管理人、托管人愿就本报告中所载资料的真实性、准确性、完整性负责。本报告书中的内容由基金管理人负责解释。

一、基金简介

(一) 基金简称:基金同德　　交易代码:500039
基金单位总份额:五亿份基金单位
基金类型:契约型封闭式
基金存续期:十五年
基金上市地:上海证券交易所
(二) 基金管理人
法定名称:长盛基金管理有限公司
注册地址:深圳市福田区华富路航都大厦 13C
办公地址:北京市朝阳区北三环东路 8 号静安中心 22 层
邮政编码: 100028
国际互联网网址:http://www.csfunds.com.cn
法定代表人:王其华
总经理: 蒋月勤
负责信息管理事务人员:李燕敏
联系地址:北京市朝阳区北三环东路 8 号静安中心 22 层
电话:010-64689198-651　　传真:010-64689471
(三) 基金托管人
法定名称:中国农业银行
注册地址:北京市复兴路甲 23 号
办公地址:北京市复兴路甲 23 号
邮政编码:100037
国际互联网网址:www.abchina.com
法定代表人:尚福林
基金托管部负责人:郭辉
信息事务联系人:李芳菲
联系地址:北京市海淀区西三环北路 100 号金玉大厦 8 层
电话:010-68424199
传真:010-68424181
(四) 会计师事务所
法定名称:普华永道中天会计师事务所有限公司
注册地址:上海市浦东新区沈家弄 325 号
办公地址:上海市淮海中路 333 号瑞安广场 12 楼
法定代表人: Kent Watson
经办注册会计师:肖峰、陈玲
(五)律师事务所
法定名称:信利律师事务所
注册地址:北京市建国门内大街 18 号恒基中心 1 座 609 室
办公地址:北京市建国门内大街 18 号恒基中心 1 座 609 室
法定代表人:江山
经办律师:谢思敏、丁志钢

二、主要财务指标

	2002 年	2001 年	2000 年
基金本期净收益	-594,056.23 元	11,565,667.43 元	1,206,500.61 元
单位基金本期净收益	-0.0012 元	0.0231 元	0.0060 元
基金可分配净收益	-61,544,427.33 元	-7,227,831.96 元	-18,793,499.39 元
单位基金可分配净收益	-0.1231 元	-0.0145 元	-0.0940 元
期末基金资产总值	443,158,938.97 元	495,307,325.59 元	200,170,012.32 元
期末基金资产净值	438,455,572.67 元	494,392,593.96 元	199,761,313.80 元
单位基金资产净值	0.8769 元	0.9888 元	0.9988 元
基金资产净值收益率	-0.12%	3.87%	0.67%
本期基金资产净值增长率	-11.32%	-3.55%	10.98%
基金累计资产净值增长率	-5.08%	7.04%	10.98%

三、基金管理人报告

(一) 基金经理人报告

一、2002 年证券市场及投资回顾

2002 年中国证券市场整体运行在一个缓慢下降通道中。由于投资者心态仍未从 2001 年的下跌恢复过来,虽然政府不断出台各项利好措施,但市场对此反映淡漠,不断跌破各个心理关口。许多个股、尤其是次新股,不断创出新低。市场的下跌,尤其是在年底的急速下挫,更带有点恐慌性的杀跌意味。令人欣慰的是,虽然市场各种投机气氛依然浓烈,但注重行业发展、公司基本面变化的投资理念逐渐受到认同。一些股价被长期低估,所处行业发展迅猛的上市公司,逐步走出了独立的上升行情。

面对市场变化,2002 年,本基金投资组合的一个明显特点是:

1、选股方面较为注重公司基本面情况。本基金管理人一贯重视投资对象基本面情况,在今年下半年,挑选出了晨鸣纸业等股票。这些股票的共同特征是:基本面逐渐好转,竞争优势不断显现;

2、波段性操作较为频繁。基于对市场的判断,本基金今年加大了波段性操作力度,组合个股变动较为频繁;

3、重仓股集中度大大降低。本基金管理人认为,在中国证券市场现有情况下,防范个股风险比防范系统风险更为迫切。通过降低重仓股比重,提高单只非重仓股投资比重,有利于加速重仓股与非重仓股之间的轮换,提高股票流动性水平。虽然在一定程度上不能充分分享某类行业高速增长带来的收益,但却有可能大大降低本基金净值波动风险。

今年的操作,本基金管理人也意识到一些问题。首先,仓位控制能力有待进一步提高。受市场波动影响,今年以来,本基金仓位变动幅度一度较大,对基金净值造成了一定负面影响;其次,对于今年成长迅速的一些行业,本基金管理人早有察觉,但由于过于谨慎,对相关个股仅进行了少量投资,而且获利了结时间过早。

二、2003 年证券市场及投资展望

正如本基金管理人在中报中所提到的" 年底仍有一次深幅回调的机会,2003 年将是新一轮牛市的开始"。目前本基金管理人依然坚持这一观点。首先,反映宏观经济状况的 PPI、CPI 指数正逐渐摆脱过往下跌走势,预计 2003 年中期有望彻底走出通缩。而以汽车为代表的相关产业的出人预料的高速发展,则预示着中国经济产业升级换代已步入正轨,新的消费热点已经形成,经济增长自我驱动的内生动力开始发挥作用。目前中国已成为吸引外资最多的国家,而这一趋势仍有望保持下去。从某种意义上讲,随着一系列有利于国家发展的政治、经济大事相继发生,2003 年有可能是新一轮经济启动的开始。从证券市场本身来讲,经过长时间的大幅调整,许多股票已经进入投资价值区域。而一些行业开始处于复苏阶段的股票,股价相对其业绩,有可能被大幅低估。因此,本基金管理人认为:2003 年证券市场的机会远远大于风险,证券市场将继续表现出明显的行业特征与个股特征,即与宏观经济的发展与结构性调整结合得更为紧密,个股之间分化更为明显。

当然,应该看到,目前困扰市场发展的一些障碍依然存在,仍没有得到有效解决,而且会在相当长一段时间内,对证券市场的健康发展产生不利影响。另一方面,中国经济与世界更加紧密,国际政治经济形势的恶化有可能会在一定程度上影响中国经济的发展。市场重新步入牛市,仍将经历一段复杂、漫长的过程。

因此,本基金将密切关注行业发展趋势、价格变动、消费增长所带来的投资机会。适当侧重行业配置,并投资于相对竞争优势不断提升的上市公司,以达到优化组合的效果。在具体操作时,坚持成本控制原则,继续保持组合股票的高流动性。

需要提醒投资者注意的是,虽然本基金管理人十分注重行业因素对投资的影响,而且会继续加大行业配比在基金投资中的比重。但就目前而言,由于本基金管理人相对注重单个公司本身基本面的变化,本基金投资组合并未表现出明显的行业特征。另外,本基金投资股票目前存在过于集中于某类规模流通盘股票的特点,与市场现有指数结构存在一定的偏差。因此,在某个阶段,可能会出现本基金净值波动与指数波动不一致的情况。但本基金管理人相信,基于本基金投资理念所投资的股票,从中长期来看,必将获得较好回报。

(二) 内部监察稽核报告

基金运作合规性声明

本基金管理人在本报告期内按照《证券投资基金管理暂行办法》及其各项实施准则、《同德证券投资基金基金契约》和其他有关法律法规的规定,以为基金投资人谋求基金资产的长期稳定增值的原则,管理和运用基金资产。通过进一步完善法人治理结构,加强内部管理、规范基金运作,在控制和防范风险的前提下,为基金持有人创造最大的投资回报。基金同德投资组合符合有关法规及基金契约的约定,无损害基金持有人利益的行为。

四、基金同德托管人报告

本基金托管人--中国农业银行,根据《同德证券投资基金基金契约》和《同德证券投资基金托管协议》,在对同德证券投资基金的托管过程中,严格遵守《证券投资基金管理暂行办法》及各项法规规定,对同德证券投资基金管理人--长盛基金管理有限公司在 2002 年会计年度基金的投资运作,进行了认真、独立的会计核算和必要的投资监督,认真履行了托管人的义务。

本托管人认为,长盛基金管理有限公司在同德基金的投资运作、信息披露等方面符合《证券投资基金管理暂行办法》及其相关法规的规定,基金管理人在 2002 年度所编制和披露的同德证券投资基金财务报告、资产净值公告等各项基金信息真实、完整,未发现有损害基金持有人利益的行为。

中国农业银行证券投资基金托管部
2003 年 3 月 18 日

五、基金年度财务报告

同德证券投资基金全体持有人:

我们接受委托,审计了同德证券投资基金(以下简称"基金同德")2002 年 12 月 31 日的资产负债表及 2002 年度的经营业绩表和基金净值变动表。这些会计报表由基金同德管理人长盛基金管理有限公司负责,我们的责任是对这些会计报表发表审计意见。我们的审计是依据中国注册会计师独立审计准则进行的。在审计过程中,我们结合基金同德的实际情况,实施了包括抽查会计记录等我们认为必要的审计程序。

我们认为, 基金同德会计报表符合中华人民共和国企业会计准则、《证券投资基金会计核算办法》、《同德证券投资基金基金契约》和中国证券监督管理委员会允许的如会计报表附注所列示的基金行业实务操作的有关规定,在所有重大方面公允地反映了基金同德 2002 年 12 月 31 日的财务状况及 2002 年度的经营成果和净值变动情况,会计方法的选用遵循了一贯性原则。

普华永道中天会计师事务所有限公司　　注册会计师　肖峰
2003 年 1 月 10 日　　注册会计师　陈玲

六、基金持有人结构及前十名持有人

(一)、截止 2002 年 12 月 31 日,本基金份额结构为:

	12 月末持有份额	占总份额比例
发起人持有	4,000,000 份	0.80%
其中:长盛基金管理有限公司	1,000,000 份	0.20%
长江证券有限责任公司	500,000 份	0.10%
国元证券有限责任公司	500,000 份	0.10%
中信证券股份有限公司	1,000,000 份	0.20%
天津北方国际信托投资股份有限公司	1,000,000 份	0.20%
其他持有人持有	496,000,000 份	99.20%
合计	500,000,000 份	100.00%

(二)、截止 2002 年 12 月 31 日,前十名持有人名称、持有份额及比例如下:

序号	股东名称	12 月末持有份额	占总份额比例
1	中国人保	40,672,349	8.13%
2	中国人寿	32,288,091	6.46%
3	中海信托	15,000,000	3.00%
4	安徽伊美	7,890,000	1.58%
5	中煤信托	4,960,000	1.00%
6	崔志强	4,188,000	0.84%
7	张德芳	3,960,000	0.79%
8	国投发展	3,147,100	0.63%
9	代桂华	2,970,000	0.59%
10	中油信托	2,889,000	0.58%

科瑞证券投资基金

科瑞证券投资基金2002年年度报告

重要提示

本基金托管人交通银行已于2003年3月20日复核了本报告书。本基金的管理人、托管人愿就本报告书中所载资料的真实性、完整性、准确性负责。本报告书中的内容由基金管理人负责解释。

一、基金简介

(一)基金简称:基金科瑞　　交易代码:500056
基金发起人:易方达基金管理有限公司、广东粤财信托投资公司
基金单位总份额:30亿份基金单位　　基金类型:契约型封闭式基金
基金存续期:2002年3月12日至2017年3月11日
基金上市日期:2002年3月20日　　基金上市地点:上海证券交易所
(二)基金管理人:易方达基金管理有限公司
注册地址:广东省珠海市情侣南路428号九洲港大厦
办公地址:广州市体育西路189号27、28楼
邮政编码:510620
法定代表人:梁棠　　总经理:叶俊英　　信息披露负责人:刘晓艳
信息披露电话:020-38799008
客户服务与投诉电话:020-83918088
传　真:020-38799488
(三)基金托管人:交通银行
注册地址:上海市仙霞路18号
办公地址:上海市银城中路188号
邮政编码:200120
法定代表人:方诚国　　托管部负责人:谢红兵
联系地址:上海市银城中路188号
信息披露负责人:江永珍
联系电话:021-58408846　　传　真:021-58408836
(四)审计机构:安永华明会计师事务所
注册及办公地址:北京市东城区东长安街1号东方广场东方经贸城
法定代表人:葛明
电话:010-65246688　　传真:010-85188298
经办注册会计师:葛明、金馨

二、基金主要财务指标

(单位:人民币元)

	2002年度
1. 基金本期净收益	-28,639,271.33
2. 单位基金本期净收益	-0.0095
3. 期末基金可分配净收益	-246,778,378.30
4. 单位基金可分配净收益	-0.0823
5. 期末基金资产总值	2,766,117,126.19
6. 期末基金资产净值	2,753,221,621.70
7. 单位基金资产净值	0.9177
8. 基金资产净值收益率	-0.95%
9. 本期基金资产净值增长率	-7.24%
10. 累计资产净值增长率	-7.24%

三、基金管理人报告

(一)基金运作合规性声明

本报告期内,本基金管理人严格遵守有关法律法规及基金契约、基金招募说明书等有关基金法律文件的规定,以取信于市场、取信于社会投资公众为宗旨,本着诚实信用、勤勉尽责的原则管理和运用基金资产,在控制风险的前提下,为基金持有人谋求最大利益。在本报告期内,基金运作合法合规,无损害基金持有人利益的行为。

(二)基金经理介绍

陈志民先生,现年31岁,厦门大学法学硕士,具有7年证券从业经历,历任厦门国际信托投资公司信托部经理助理、南方基金管理有限公司投资部副经理、科翔证券投资基金基金经理。

(三)基金经理工作报告

1、2002年证券市场分析

2002年的中国股市延续了2001年的调整态势。在国有股全流通预期与证券市场国际化趋势的双重影响下,股指走势出现了与宏观经济良好增长形势相背离的局面。上证综指在年初创出1339点的新低后,上半年在降息、股票市值配售及停止国有股证券减持等诸多政策利好的作用下,市场走出了两波反弹行情,并在6月底形成年内反弹高点。随后,市场出现单边下跌走势,成交量不断萎缩。在这样的市场环境下,相比精心构建股票组合而言,根据市场不同点位进行灵活的资产配置对于基金投资业绩更显重要。

2、基金运作情况回顾

易方达基金管理有限公司于2002年3月12日开始管理本基金,至去年底,基金单位净值为0.9177元(中期每基金单位派现0.012元),运作期间累计跌幅为7.24%,而同期上证综指跌幅为18.41%。尽管我们战胜了市场,但由于基金净值的下跌导致基金科瑞的持有人在短时间内遭受了损失,在此我们深表歉意。

本基金的操作策略是:在对宏观经济形势、行业发展趋势和上市公司基本情况分析预测的基础上,结合证券市场发展趋势,通过调整资产配置、行业配置和股票投资组合,达到控制投资风险、为基金持有人谋求长期稳定投资收益的目的。在本基金成立初期,尽管有降息等一系列利好出台,但由于国有股减持政策尚有不确定因素,本基金认为股票市场仍有一定系统性风险,因此采取控制股票仓位的策略,基金净值跌幅明显小于同期上证综指的跌幅。在"6.24"行情中,本基金及时抛出部分价格被高估的股票,使本基金实现了较好的净收益,并在中期实施了分红派现。但由于"6.24"期间本基金总体股票仓位的增加,导致下半年基金净值损失加大。在资产配置方面,本基金去年的操作有所欠缺。

基金科瑞自成立以来,遵循组合投资基础上相对集中持股的投资原则。股票选择上以高经营现金流、高派现、低市盈率的"两高一低"的绝对价值低估的价值型股票作为投资重点;行业选择上,以交通运输、电力能源等经营稳健的行业为主,同时兼顾其它行业中价值被相对低估的股票。在投资风格上,选择具有核心竞争力,持续经营能力强的企业进行长期投资,分享其长期资本增值和现金分红收益。正是由于坚持上述原则,在去年的弱势市场中,本基金重点持有的股票,绝大部分股价走势均强于市场。

(四)内部监察报告

本基金管理人的内部监察工作主要由监察部负责。监察部采用实时监控法、材料审阅法、调查核实法、人员询问法和综合分析法等多种方法对基金的管理运作进行检查。在本报告期内,监察部对投资、交易业务运用电脑系统进行实时检查,对核算、客户服务等业务通过工作日志报备进行日常跟踪检查,监察部每日将上述检查结果进行记录,形成监察日志。同时,监察部还对各项基金投资管理业务进行了定期或不定期的全面的或重点的检查。通过上述检查,我们认为,在本报告期内,公司对本基金的管理始终都能按照法律法规、基金契约、基金招募说明书的要求和公司制度的规定进行。本基金的投资决策、投资交易程序、投资权限等各方面均符合规定的要求;交易行为合法合规,未出现异常交易、操纵市场的现象;未发现内幕交易的情况;基金持有的证券符合规定的比例要求;基金专用交易席位年度交易量比例也符合证监会的有关规定;相关的信息披露真实、完整、准确、及时。

四、基金托管人报告

2002年度,交通银行作为科瑞证券投资基金的托管人,严格遵守《证券投资基金管理暂行办法》及其实施准则的规定,依据《科瑞证券投资基金契约》和《科瑞证券投资基金托管协议》中的条款,就以下各事项报告如下:

1、本托管人认真履行了基金托管人的各项职责,安全保管科瑞基金的所有资产。

2、本托管人认真完成了科瑞证券投资基金的投资监督和清算核算工作。

3、本托管人妥善保管了基金所有会计账册和重大合同,切实维护基金持有人的合法权益,未发生任何损害基金持有人利益的事件和行为。

2002年度,交通银行作为科瑞证券投资基金的托管人,对基金管理人的各项行为监管报告如下:

1、未发现基金管理人在投资运作中有损害基金持有人利益的行为。

2、由基金管理人编制和披露的2002年度科瑞证券投资基金每周资产净值公告、每季度投资组合公告、中期财务报告和基金年度财务报告是合法、真实和完整的。

交通银行基金托管部
2003年3月20日

五、基金年度财务报告

(一)审计报告

科瑞证券投资基金全体持有人:

我们接受委托,审计了科瑞证券投资基金(简称"科瑞基金")二零零二年十二月三十一日的资产负债表和自二零零二年三月十二日(基金成立日)至二零零二年十二月三十一日止会计期间的经营业绩表、基金净值变动表及基金收益分配表。上述会计报表由科瑞基金的基金管理人负责,我们的责任是对这些会计报表发表审计意见。我们的审计是根据《中国注册会计师独立审计准则》进行的。在审计过程中,我们结合科瑞基金的实际情况,实施了包括抽查会计记录等我们认为必要的审计程序。

我们认为,上述会计报表符合《企业会计准则》、《金融企业会计制度》、《证券投资基金会计核算办法》和中国证券监督管理委员会颁布的《证券投资基金管理暂行办法》实施准则第五号《证券投资基金信息披露指引》及基金契约的规定,在所有重大方面公允地反映了科瑞基金二零零二年十二月三十一日的财务状况和上述会计期间的经营成果和净值变动及收益分配情况。

安永华明会计师事务所　　中国注册会计师　葛明
二零零三年一月十日　　中国注册会计师　金馨

(二)基金会计报告书

科瑞证券投资基金资产负债表
二零零二年十二月三十一日

(单位:人民币元)

项目	附注	期末数
资产		
银行存款		73,429,014.04
清算备付金		194,406,016.72
交易保证金		1,500,000.00
应收股利		0.00
应收利息		10,037,335.20
股票投资市值		1,346,054,880.16
其中:股票投资成本		1,526,918,922.48
债券投资市值		982,389,880.07
其中:债券投资成本		983,664,944.73
配股权证		0.00
买入返售证券		158,300,000.00
待摊费用		0.00
其他资产		0.00
资产总计		2,766,117,126.19
负债		
应付证券清算款	4	6,641,699.91
应付管理人报酬		3,546,952.83
应付托管费		591,158.77
应付佣金	5	535,754.12
其他应付款		1,489,938.86
预提费用		90,000.00
负债合计		12,895,504.49
持有人权益		
实收基金	6	3,000,000,000.00
未实现利得	7	-182,139,106.98
未分配收益		-64,639,271.32
持有人权益合计		2,753,221,621.70
负债及持有人权益总计		2,766,117,126.19
基金单位净值		0.9177

所附附注为本会计报表的组成部分

科瑞证券投资基金
经营业绩表

自二零零二年三月十二日(基金成立日)
至二零零二年十二月三十一日止期间
(单位:人民币元)

	附注	2002年3月12日(基金成立日)至2002年12月31日
收入:		14,662,569.49
股票差价收入		-39,511,358.00
债券差价收入		4,171,704.32
债券利息收入		18,900,630.46
存款利息收入		10,626,231.13
股利收入		15,735,369.89
买入返售证券收入		419,308.62
其他收入	8	4,320,683.07
费用:		43,301,840.82
基金管理人报酬		35,779,058.69
基金托管费		5,963,176.43
卖出回购证券支出		934,167.34
其他费用		625,438.36
其中:上市年费		50,000.00
信息披露费		290,000.00
审计费用		150,000.00
基金净收益		-28,639,271.33
未实现利得		-182,139,106.98
基金经营业绩		-210,778,378.31

所附附注为本会计报表的组成部分

科瑞证券投资基金基金净值变动表

自2002年3月12日(基金成立日)至2002年12月31日 (单位:人民币元)

	附注	2002年3月12日至2002年12月31日
一、期初基金净值		3,000,000,000.00
二、本期经营活动:		
基金净收益		-28,639,271.33
未实现利得		-182,139,106.98
经营活动产生的基金净值变动数		-210,778,378.31
三、本期向持有人分配收益:		
向基金持有人分配收益产生得基金净值变动数	9	-35,999,999.99
四、期末基金净值		2,753,221,621.70

科瑞证券投资基金基金收益分配表
自二零零二年三月十二日(基金成立日)
至二零零二年十二月三十一日止期间 单位:人民币元

	2002年3月12日(基金成立日)至2002年12月31日
本期基金净收益	-28,639,271.33
加:期初基金净收益	--
可供分配的基金净收益	-28,639,271.33
减:本期已分配基金净收益	35,999,999.99
期末基金净收益	-64,639,271.32

(三)、会计报告书附注

附注1. 基金设立说明

科瑞证券投资基金(简称"本基金")经中国证券监督管理委员会证监基金字[2001]59号文件"关于同意科瑞证券投资基金设立的批复"批准,由广东粤财信托投资公司及易方达基金管理有限公司二家发起人共同发起并向社会募集设立。其中发起人认购3,000万份基金单位,向商业保险公司配售1亿份基金单位,向社会募集28.7亿份基金单位。科瑞基金于二零零二年二月二十八日在上海证券交易所向社会公开上网定价发行15亿份,同时于二零零二年三月十一日完成了网下发行13.7亿份由一般法人的认购,于二零零二年三月十二日(基金成立日),网上及网下所募集基金全部划入本基金的基金专用账户。本基金管理人为易方达基金管理有限公司,基金托管人为交通银行。本基金于二零零二年三月二十日正式在上海证券交易所上市。

附注2. 会计报表编制基础

本基金的会计报表乃按照《企业会计准则》、《金融企业会计制度》、《证券投资基金会计核算办法》、中国证监会颁布的《证券投资基金管理暂行办法》实施准则第五号《证券投资基金信息披露指引》及基金契约的规定而编制。

附注3. 主要会计政策

(1). 会计年度

自公历1月1日至12月31日止。惟本会计期间自2002年3月12日(基金成立日)至2002年12月31日止。

(2). 记账本位币

以人民币为记账本位币。记账单位为元。

(3). 基金资产的估值方法

上市股票以估值日证券交易所挂牌的市场平均价估值;该日无交易的,以最近交易日平均价计算;

未上市的股票分两种情况处理:配股和增发新股,按估值日证券交易所挂牌的同一股票的市价估值;首次公开发行的股票,按成本估值;

配股权证,从配股除权日到配股确认日止,按市场平均价高于配股价的差额估值;

上市债券以不含息价格计价,按估值日证券交易所挂牌的市场平均价计算后的净价估值;该日无交易的,以最近交易日净价估值,并按债券面值与票面利率在债券持有期间内逐日计提利息;

未上市债券以不含息价格计价,按成本估值,并按债券面值与票面利率在债券持有期间内计提利息;

如有确凿证据表明按上述方法对基金进行估值不能客观反映其公允价值,基金管理人可根据具体情况与基金托管人商定后,按最能反映公允价值的价格估值;

估值对象为基金所拥有的股票、债券等;

每个工作日都对基金资产进行估值;

如有新增事项,按国家最新规定估值。

(4). 收入的确认

股票差价收入于卖出股票成交日确认,并按卖出股票成交总额与其成本和相关费用的差额入账;

债券差价收入:

a. 卖出交易所上市债券--于成交日确认债券差价收入,并按应收取的全部价款与其成本、应收利息和相关费用的差额入账;

b. 卖出银行间市场交易债券--于实际收到价款时确认债券差价收入,并按实际收到的全部价款与其成本、应收利息的差额入账;

债券利息收入按实际持有期内逐日计提,并按债券票面价值与票面利率计提的金额入账;

存款利息收入按本金与适用的利率逐日计提的金额入账;

股利收入于除息日确认,并按上市公司宣告的分红派息比例计算的金额入账;

买入返售证券收入按证券持有期内采用直线法逐日计提的金额入账;

其他收入于实际收到时确认收入。

(5). 证券交易的成本计价方法

按加权移动平均法计算库存证券的成本。当日有买入和卖出时,先计算成本后计算买卖证券价差。

股票

a. 上交所买入股票成本:由买入金额、买入印花税、买入过户费、买入经手费、买入证管费和买入佣金组成;

b. 深交所买入股票成本:由买入金额、买入印花税、买入经手费和买入佣金组成;

c. 上海股票的佣金是按买卖股票成交金额的1‰减去经手费和证管费计算。深圳股票的佣金是按买卖股票成交金额的1‰减经手费计算。

债券

a. 买入上市债券按应支付的全部价款入账,如果应支付的价款中包含债券起息日或上次除息日至购买日止的利息,作为应收利息单独核算,不构成债券投资成本。

b. 买入非上市债券按实际支付的全部价款入账,如果实际支付的价款中包含债券起息日或上次除息日至购买日止的利息,作为应收利息单独核算,不构成债券投资成本。

c. 债券买卖不计佣金。

买入返售证券

买入返售证券成本:通过证券交易所进行融券业务,按成交日扣除手续费后的应付金额确认买入返售证券投资;通过银行间市场进行融券业务,按实际支付的价款确认买入返售证券投资。

(6). 税项

印花税

基金管理人运用基金买卖股票按照2‰的税率征收印花税。

营业税

根据财政部、国家税务总局财税字[1998]55号文以及财税字[2001]61号文《关于证券投资基金税收的问题的通知》,以发行基金方式募集资金不属于营业税的征税范围,不征收营业税;基金管理人运用基金买卖股票、债券的价差收入,在2003年底以前暂免征收营业税。

企业所得税

根据财政部、国家税务总局财税字[1998]55号文《关于证券投资基金税收问题的通知》,基金从证券市场中取得的收入,包括买卖股票、债券的价差收入,股票的股息、红利收入、债券的利息收入及其他收入,暂不征收企业所得税。

(7). 基金的收益分配政策

基金收益分配比例不低于基金会计年度净收益的90%,并采取现金形式进行;

基金收益每年至少分配一次;

基金当年收益先弥补上一年度亏损后,才可进行当年收益分配;

基金投资当年亏损,则不进行收益分配;

每份基金单位享有同等分配权。

附注4. 应付证券清算款

	2002-12-31
中国证券登记结算有限责任公司上海分公司证券清算款	3,273,244.24
中国证券登记结算有限责任公司深圳分公司证券清算款	3,368,455.67
合计:	6,641,699.91

附注5. 应付佣金

	2002-12-31
大通证券股份有限公司	248,421.78
广发证券股份有限公司	182,280.40
平安证券有限责任公司	97,934.16
中国科技国际信托投资有限责任公司	7,117.78
合计:	535,754.12

附注6. 实收基金

	基金单位份额	出资比例%	2002-12-31 基金单位总额
发起人持有(每份基金单位面值人民币1元):			
广东粤财信托投资公司	15,000,000	0.50	15,000,000.00
易方达基金管理有限公司	15,000,000	0.50	15,000,000.00
小计	30,000,000	1.00	30,000,000.00
社会公众持有(含机构投资者)(每份基金单位面值人民币1元):	2,970,000,000	99.00	2,970,000,000.00
合计	3,000,000,000	100.00	3,000,000,000.00

附注7. 未实现利得

系本基金于2002年12月31日对证券投资进行估值时,证券投资估值额与其账面成本之差额。

附注8. 其他收入

	2002年3月12日(基金成立日)至2002年12月31日
上市发行费用结余(附注11)	3,222,824.69
设立募集期认购资金冻结利息	464,968.17
新股中签手续费返还	629,425.21
其他	3,465.00
合计:	4,320,683.07

附注9. 本期已分配收益

本基金于2002年8月29日公告向截止2002年9月4日止在中国证券登记结算有限责任公司上海分公司登记在册的全体持有人发放2002年度中期现金收益人民币35,999,999.99元,每10个基金单位可取得分配收益人民币0.12元,于2002年9月12日支付。

附注10.关联方关系及其交易

(1). 关联方关系

企业名称	与本基金的关系
广东粤财信托投资公司	发起人、管理人股东
易方达基金管理有限公司	发起人、管理人
交通银行	托管人
广东证券股份有限公司	管理人股东
广发证券股份有限公司	管理人股东

(2). 通过关联方席位进行的交易

关联方名称	买卖股票本期交易金额	占本期股票交易金额的比例	买卖债券本期交易金额	占本期债券交易金额的比例
广发证券	399,261,756.78	11.89%	352,850,700.80	20.72%
广东证券	346,956,722.63	10.33%	17,219,963.90	1.01%

关联方名称	回购金额	合计佣金	占本期佣金总金额比例
广发证券	0.00	332,501.71	11.76%
广东证券	0.00	294,165.48	10.40%

(3). 与关联方进行的其他交易

本基金于本期间与基金托管人进行了银行间市场债券买卖及回购交易，交易金额为803,000,000.00元；其中回购利息支出为356,843.83元；

本基金于本期间与基金发起人广发证券股份有限公司进行了债券承销交易，交易金额为12,494,000.00元。

(4). 基金管理人及托管人报酬

基金管理人报酬

基金管理费

a. 基金管理费按前一日的基金资产净值的1.5%的年费率计提。计算方法如下：

H=E×1.5%/当年天数

H为每日应支付的基金管理费

E为前一日的基金资产净值

b. 基金管理费每日计算，逐日累计至每月月底，按月支付；由基金托管人于次月前两个工作日内从基金资产中一次性支付给基金管理人。本基金于本期应支付基金管理人管理费共35,779,058.69元，其中已支付基金管理人32,232,105.86元，尚余3,546,952.83元未支付。

基金托管人报酬

基金托管费

a. 基金托管费按前一日的基金资产净值的0.25%的年费率计提。计算方法如下：

H=E×0.25%/当年天数

H为每日应支付的基金托管费

E为前一日的基金资产净值

b. 基金托管费每日计算，逐日累计至每月月底，按月支付；由基金托管人于次月前两个工作日内从基金资产中一次性支取。本基金于本期应支付基金托管人托管费共5,963,176.43元，其中已支付基金托管人5,372,017.66元，尚余591,158.77元未支付。

附注11. 上市发行费用明细及结余情况

	2002年3月12日(基金成立日)至2002年12月31日
发行费用收入	30,000,000.00
减：上网发行手续费	3,799,875.31
承销费用	20,000,000.00
公告宣传费	1,797,300.00
上市推荐费	700,000.00
律师费	400,000.00
会计师费	50,000.00
上市初费	30,000.00
上市发行费用结余	3,222,824.69

附注12. 其他重要事项

无需要说明的其他重要事项。

(四)流通转让受到限制的基金资产

2000年5月18日起，根据中国证监会的有关政策，基金可使用以基金名义开设的股票账户，比照个人投资者和一般法人、战略投资者参与新股认购。其中基金作为一般法人或战略投资者认购的新股，根据基金与上市公司签订申购协议的规定，在新股上市后的约定期限内不能自由转让；基金作为个人投资者参与新股网上申购从新股确认日至新股上市日，为流通受限制而不能自由转让的资产。

本基金参与新股网下一般法人、战略投资者认购获配流通受到限制的股票：

股票名称	确认日期	上市流通日	中签数量	发行价格	市值
中国联通	2002.9.26	2003.4.9	8,390,488	2.30	22,738,222.48

股票名称	成本	市价与成本差
中国联通	19,298,122.40	3,440,100.08

自2002年5月22日起，根据中国证监会的有关政策和中国证券登记结算有限责任公司、交易所公布的新股发行市值配售实施细则，基金可以其持有的上市流通股票市值参与新股配售。基金参与新股配售所获中签股票从新股确认日至新股上市日，为流通受限制而不能自由转让的资产。本基金截至2002年12月31日流通受到限制的股票情况如下：

股票名称	确认日期	上市流通日	中签数量	发行价格	成本
中信证券	2002.12.24	2003.1.6	381,000	4.50	1,714,500.00
皖通高速	2002.12.26	2003.1.7	424,000	2.20	932,800.00

以下为参与新股网上申购中签的股票：

股票名称	确认日期	上市流通日	中签数量	发行价格	成本
中信证券	2002.12.20	2003.1.6	498,000	4.50	2,241,000.00

(五)基金投资组合

1 按行业分类的股票投资组合

行业分类	市值(元)	占净值比例(%)
1、农、林、牧、渔业	5,665,735.68	0.21%
2、采掘业	44,984,727.43	1.63%
3、制造业	636,913,376.44	23.13%
其中：食品、饮料	60,037,108.79	2.18%
纺织、服装、皮毛	105,106,753.77	3.82%
木材、家具	3,947,021.62	0.14%
造纸、印刷	0.00	0.00%
石油、化学、塑胶、塑料	54,544,514.83	1.98%
电子	971,265.00	0.04%
金属、非金属	117,503,874.74	4.27%
机械、设备、仪表	123,674,063.05	4.49%
医药、生物制品	171,128,774.64	6.22%
其他制造业	0.00	0.00%
4、电力、煤气及水的生产和供应业	272,573,541.04	9.90%
5、建筑业	24,279,581.23	0.88%
6、交通运输、仓储业	223,573,134.57	8.12%
7、信息技术业	40,690,321.14	1.48%
8、批发、零售和贸易	5,198,080.80	0.19%
9、金融、保险业	36,627,920.90	1.33%
10、房地产业	721,578.00	0.03%
11、社会服务业	51,037,831.93	1.85%
12、传播与文化业	0.00	0.00%
13、综合类	3,789,051.00	0.14%
合计：	1,346,054,880.16	48.89%

2 国债、货币资金合计

截止2002年12月31日，基金持有的国债市值及货币资金合计为866,687,861.02元，占基金资产净值的31.48%。

3 债券(不含国债)合计

截止2002年12月31日，基金持有的其他债券市值合计为376,895,349.90元，占基金资产净值的13.69%。

4 基金投资前十名股票明细

序号	股票名称	市值(元)	市值占净值的比例%
1	上海机场	144,806,696.37	5.26
2	内蒙华电	111,227,599.70	4.04
3	星湖科技	66,139,650.28	2.40
4	金宇集团	62,650,564.45	2.28
5	华能国际	61,037,992.29	2.22
6	宝钢股份	47,315,302.29	1.72
7	同仁堂	42,492,523.36	1.54
8	申能股份	40,782,376.45	1.48
9	中联重科	39,692,258.64	1.44
10	中国联通	3,851,0422.48	1.40

六、基金持有人结构及基金前十名持有人

(一)基金持有人结构

截至2002年12月31日

基金发起人	基金份额(万份)	占总份额比例%
其中：易方达基金管理有限公司	1,500	0.50
广东粤财信托投资公司	1,500	0.50
社会公众(含机构投资者)	297,000	99.00

(二)、截止2002年12月31日，前十名持有人名称、持有份额及比例如下：

序号	持有人姓名	期末持有数	持有比例(%)
1	广发证券注	200,000,000.00	6.67
2	中国人寿	197,943,664.00	6.60
3	中国太保	156,607,069.00	5.22
4	中国人保	153,134,911.00	5.10
5	平安保险	94,684,000.00	3.16
6	三峡财务	74,600,000.00	2.49
7	国元证券	59,059,900.00	1.97
8	酒泉钢铁	50,000,000.00	1.67
9	厦门国贸	38,525,222.00	1.28
10	东莞财信	30,813,021.00	1.03

注：广发证券所持基金份额全部是基金发行时的包销份额，无二级市场增持行为。

七、重要事项揭示

1、本基金管理人及托管人在本会计年度没有发生重大诉讼、仲裁事项；

2、本基金托管人交通银行办公地址变更为上海市银城中路188号，请投资者注意本年报公布的有关基金托管人的信息变化；

3、基金管理人和托管机构及相关高级管理人员未受到任何处罚；

4、本基金的内部决策程序、投资策略未有重大变化；

5、本基金管理人第一届董事会独立董事蒋炤坪先生因病去世，本基金管理人补选了谢石松为本基金管理人第一届董事会独立董事；罗永刚先生、王文灵先生、邢培强先生因工作原因，已不再担任本基金管理人第一届董事会董事职务，本基金管理人补选了秦力先生、翁振杰先生、李宗唐先生担任本基金管理人第一届董事会董事职务。

6、本基金租用专用交易席位的情况

本基金根据中国证券监督管理委员会《关于加强证券投资基金监管有关问题的通知》(证监基字［1998］29号)的有关规定要求及本基金管理人的《基金专用交易席位租用制度》，决定租用平安证券有限责任公司、申银万国证券股份有限公司、大通证券股份有限公司、广发证券股份有限公司、国泰君安证券股份有限公司、广东证券股份有限公司、广东民安证券经纪有限责任公司、中国科技国际信托投资公司的交易席位。

截止12月31日，本基金通过各机构的交易席位的成交及佣金情况见下表：

券商名称	股票成交金额	比例%	债券交易金额	比例%
平安证券	668,543,964.76	19.90	63,206,600.00	3.51
申银万国	632,528,912.28	18.83	0.00	0.00
大通证券	529,185,720.77	15.75	381,482,222.70	21.15
广发证券	399,261,756.78	11.89	416,306,741.90	23.09
国泰君安	350,761,518.46	10.44	441,163,015.20	24.46
广东证券	346,956,722.63	10.33	17,219,963.90	0.95
民安证券	275,381,809.72	8.20	178,684,297.80	9.91
中科信	156,504,726.07	4.66	305,225,916.30	16.93
合计：	3,359,125,131.47	100.00	1,803,288,757.80	100.00

券商名称	回购金额	比例%	合计年佣金	比例%
平安证券	100,000,000.00	9.04	562,612.73	19.90
申银万国	230,000,000.00	20.78	528,703.46	18.70
大通证券	286,700,000.00	25.91	449,807.36	15.91
广发证券	0.00	0.00	332,501.71	11.76
国泰君安	0.00	0.00	297,121.52	10.51
广东证券	0.00	0.00	294,165.48	10.40
民安证券	150,000,000.00	13.55	229,496.03	8.12
中科信	340,000,000.00	30.72	133,029.35	4.70
合计：	1,106,700,000.00	100.00	2,827,437.64	100.00

八、备查文件目录

1、中国证监会批准设立科瑞基金的文件

2、科瑞证券投资基金基金契约

3、科瑞证券投资基金招募说明书

4、中国证监会批准设立易方达基金管理有限公司的文件

5、科瑞证券投资基金财务报表及报表附注

6、报告期内在指定报刊上披露的各项公告

查阅地点：广州市体育西路189号28楼

投资者对本报告书如有疑问，可咨询本基金管理人易方达基金管理有限公司。

客户服务与投诉电话：020-83918088

公司网址：www.efunds.com.cn

易方达基金管理有限公司

2003年3月28日

银丰证券投资基金

银丰证券投资基金2002年年度报告

重要提示

本基金的管理人、托管人愿就本报告书中所载资料的真实性、准确性和完整性负责，本报告书中的内容由本基金管理人负责解释。本基金的托管人中国建设银行已于2003年3月27日复核了本报告。

一、基金简介

(一) 基金基本情况

基金名称:银丰证券投资基金　　交易代码:500058

基金发起人:中国银河证券有限责任公司　　北京首都机场集团公司
上海市城市建设投资开发总公司　　湖南广播电视产业中心
银河基金管理有限公司

基金发行日期:2002年8月1日

基金成立日期:2002年8月15日

基金单位总份额:30亿份基金单位

基金类型:契约型封闭式

基金存续期:15年

基金上市地:上海证券交易所

基金上市日期:2002年9月10日

(二) 基金管理人

法定名称:银河基金管理有限公司

注册及办公地址:上海市浦东南路500号

邮政编码:200120

法定代表人:刘澎湃

公司负责人:熊科金

信息披露负责人:周长青

联系地址:上海市浦东南路500号国家开发银行大厦26层

电话:021-68886600　　传真:021-58880990

国际互联网网址:http://www.galaxyasset.com

(三) 基金托管人

法定名称:中国建设银行

注册及办公地址:北京市西城区金融大街25号

邮政编码:100032

法定代表人:张恩照

基金托管部负责人:江先周

信息事务联系人:黄秀莲

联系地址:北京市西城区金融大街25号中国建设银行基金托管部

电话: 010-67597646　　传真:010-66212638

(四) 会计师事务所

法定名称: 中瑞华恒信会计师事务所

注册及办公地址: 北京市西城区金融大街33号国际企业大厦A座8层

法定代表人: 尹永利

联系电话:(010) 88091188-150　　传真:(010) 88091199

经办注册会计师:杨力强　朱海武

二、主要财务指标

		2002年
1	基金本期净收益	3,317,394.97
2	单位基金本期净收益	0.0011
3	基金可分配净收益	-125,641,048.97
4	单位基金可分配净收益	-0.0419
5	期末基金资产总值	2,963,418,830.15
6	期末基金资产净值	2,874,358,951.03
7	单位基金资产净值	0.958
8	基金资产净值收益率	0.11%
9	本期基金资产净值增长率	-4.19%
10	累计资产净值增长率	-4.19%

三、基金管理人报告

(一) 基金业绩和投资目标

基金业绩:

银丰基金自2002年8月15日正式成立以来，截至2002年12月31日，基金单位净值为0.958元,累计净值增长率为-4.19%。同期沪深两市综合指数平均跌幅为18.20%,本基金净值下跌幅度仅为同期沪深两市综合指数平均跌幅的23%,优于同期大盘表现。

基金投资目标:

本基金为平衡型基金,力求有机融合稳健型和进取型两种投资风格,在控制风险的前提下追求基金资产的长期稳定增值。

(二) 基金经理简介

李昇,基金经理,男,1960年生,硕士研究生学历,9年证券从业经历。自1993年起进入原君安证券公司(合并后为国泰君安证券股份有限公司)工作,先后担任研究所研究员、公司二级市场风险控制员和证券投资部一级投资经理。

黄毓平,基金经理,男,1964年生,研究生学历,9年证券从业经历,曾先后任职于深圳经济特区证券公司、中国银河证券有限责任公司和国信证券有限责任公司,期间主要从事证券投资、资产管理和研究咨询工作。

(三) 2002年投资管理回顾

2002年是我国证券市场规范发展、对外开放进程加快的一年。 我国股票市场总体维持振荡调整的格局,振幅有所减小,股价的结构性调整仍在继续。债券市场走势跌宕起伏,市场价格先扬后抑再趋平稳。

本基金于2002年8月15日正式运作，当时股票市场正处于国有股减持暂停政策引发的一轮快速上涨之后。本基金管理人根据对当时股票市场运行趋势的分析判断,在建仓期有效地控制了建仓节奏,随着指数的下跌逐步加大建仓力度,较好地把握了入市时机,提高了基金资产配置的效率和安全性。同时,加强行业配比在投资决策中的作用,发掘投资价值凸现的行业和个股。采用组合投资为主、行业相对集中的投资策略,对汽车、港口机场、石油、通讯等行业进行重点投资。 在个股选择上,采取自上而下与自下而上相结合的选股策略,对重点上市公司进行深入研究和长期跟踪,注重上市公司的内在价值。此外,我们对新股发行以及增发机会给予了高度的关注。债券市场在以调整为主的基本判断下,建仓期采取以风险控制为主的策略,建仓速度放慢,组合久期低于基准。回顾报告期内的投资运作,基金管理人一方面针对当时的市场状况,采取了切合实际的投资策略,另一方面基于法规和基金契约的规定和要求,本着规范稳健的原则,在建仓期末增大了投资力度,从整体来看,在控制基金净值大幅下跌风险的基础上,取得了较好的相对业绩,股票和债券方面的投资业绩均大幅好于基准,但是离投资者对我们的要求还有距离,需要我们今后继续努力,提升基金的业绩回报。

(四) 2003年市场展望

2003年宏观经济展望:

2003年是十六大确立全面建设小康社会宏伟蓝图后中国经济建设重要的一年,经济发展面临着更好的制度与政策环境。货币政策和财政政策将保持连续性，也为经济适度快速增长提供了保证。我们预期2003年通货紧缩的压力有可能得到缓解。

2003年证券市场及本基金操作展望:

十六大报告提出了推进资本市场改革开放和稳定发展的总体要求，明确了证券市场规范发展的长期思路,对证券市场的平稳发展非常有利。在宏观经济进一步向好,通货紧缩状况有望改观、上市公司治理结构更加完善的背景下,上市公司的质量有望进一步提高,资本市场最终也必将反映经济发展的良好状况。虽然制约股票市场发展的一些根本性问题仍然存在,但我们相信这些问题将会在发展中妥善解决。结合证券市场自身运行规律来看,经过一年多的调整,股票市场的系统性风险得到比较充分的释放，2003年股票市场投资机会将大于2002年。随着市场化、国际化进程的加快、监管措施的逐步完善、机构投资者的进一步壮大,市场信心会逐步恢复,理性投资将深入人心,证券市场的股价结构将更趋合理。2003年债券市场新品种和市场规模将得到较大发展,市场建设将更加完善,蕴含较大的投资机会。2003年本基金管理人将在资产配置层面采取更加积极的投资策略,继续坚持研究导向型的投资原则,选择能够反映我国经济增长的行业进行重点投资,注重挖掘公司治理结构完善,并且收益稳定或具有高成长性的公司 .同时,我们也将对证券市场金融创新可能带来的投资机会保持高度关注。2003年债券市场的机会主要在于新券发行和可转换债券,在久期配置方面将基本保持稳健,并进行阶段性的调整。

在新的一年里,我们将继续严格遵守基金契约,勤勉尽责、规范运作,为持有人谋求长期稳定的回报。

四、基金托管人报告

中国建设银行根据《银丰证券投资基金契约》和《银丰证券投资基金托管协议》,于2002年8月15日起托管银丰证券投资基金(以下简称银丰基金)。

2002年,中国建设银行在银丰基金的托管过程中,严格遵守了《证券投资基金管理暂行办法》及各项实施准则、基金契约、托管协议和其它有关规定,依法安全保管了基金的全部资产,按规定如实、独立地向中国证监会提交了本基金运作情况报告,勤勉尽职地履行了基金托管人的义务,不存在损害基金持有人利益的行为。

2002年,按照《证券投资基金管理暂行办法》及各项实施准则、基金契约、托管协议和其它有关规定,本托管人对基金管理人-银河基金管理有限公司在银丰基金投资运作方面进行了监督,对基金资产净值、每份基金单位净值和其它财务费用计算上进行了认真的复核,未发现基金管理人有损害基金持有人利益的行为。

2002年，由银丰基金管理人-银河基金管理有限公司编制并经中国建设银行基金托管部复核审查的有关银丰基金的信息披露合法、真实、完整。

中国建设银行基金托管部
2003年3月11日

五、基金财务报告

(一) 审计报告

银丰证券投资基金持有人:

我们接受委托,审计了银丰证券投资基金2002年年度的财务报告。该基金年度财务报告由银河基金管理有限公司(基金管理人)负责,我们的责任是对该基金年度财务报告发表审计意见。我们的审计是依据《中国注册会计师独立审计准则》进行的,在审计过程中,我们结合银丰证券投资基金的实际情况,实施了包括抽查会计记录等我们认为必要的审计程序。

我们认为，上述银丰证券投资基金财务报告符合证券投资基金相关财务会计的法规、制度和《银丰证券投资基金基金契约》的有关规定,在所有重大方面公允地反映了该基金2002年12月31日的财务状况和2002年度的经营成果,会计处理方法的选用遵循了一贯性原则。

中瑞华恒信会计师事务所　　中国注册会计师: 杨力强、朱海武

2003年2月20日

六、基金持有人结构及前十名持有人

1.基金持有人结构

	基金份额(份)	占总份额比例(%)
发起人	30,000,000.00	1.00
包括:银河基金管理有限公司	18,000,000.00	0.60
中国银河证券有限责任公司	3,000,000.00	0.10
北京首都机场集团公司	3,000,000.00	0.10
上海市城市建设投资开发总公司	3,000,000.00	0.10
湖南广播电视产业中心	3,000,000.00	0.10
社会公众	2,970,000,000.00	99.00

2.基金前十名持有人

持有人	基金份额(份)	占总份额的比例(%)
中国人寿	266,934,300	8.90
中国人保	111,608,000	3.72
中国太保	87,391,187	2.91
中油资产	60,000,000	2.00
煤气公司	58,641,898	1.95
中再保险	41,000,000	1.37
奥伊尔	40,000,000	1.33
平安保险	34,934,690	1.16
宁投资	34,923,061	1.16
中国高新	27,915,498	0.93

开元证券投资基金

开元证券投资基金2002年年度报告

重要提示

本基金的托管人——中国工商银行已于2003年3月27日复核了本报告。本基金的管理人、托管人愿就本报告中所载资料的真实性、准确性和完整性负责。本报告书中的内容由本基金的管理人负责解释。

一、基金简介

(一) 基金资料
基金简称:基金开元　　基金交易代码:184688
基金类型:契约型、封闭式　　基金单位总份额:20亿份
目前可流通份额:19.7亿份
基金存续期:15年(1998年3月27日至2013年3月27日)
上市地点:　深圳证券交易所　　上市日期:1998年4月7日
(二) 基金管理人
法定名称:南方基金管理有限公司
注册及办公地址:深圳市深南大道4009号投资大厦7楼
邮政编码:518026
网址:http://www.southernfund.com
法定代表人:骆新都　　总经理:高良玉　　信息披露负责人:郑凯铨
联系电话:0755-82912000转,传真:0755-82912578
(三) 基金托管人
法定名称:中国工商银行
注册及办公地址:北京市西城区复兴门内大街55号
邮政编码:100032
法定代表人:姜建清　　托管部负责人:周月秋
信息披露负责人:刘长江
联系电话:010-66107333　　传真:010-66106913
(四) 聘请的会计师事务所
法定名称:深圳天健信德会计师事务所
注册地址:深圳市蛇口兴华路海滨花园海滨中心商场A座3楼
办公地址:深圳市滨河大道5020号证券大厦十六层
法定代表人:朱祺珩　　经办注册会计师:　李渭华　周冰
联系电话:0755-82903666　　传真:0755-82990787

二、基金主要财务指标

单位:人民币元

	2002	2001
基金本期净收益	(87,958,715.70)	40,382,308.84
单位基金本期净收益	(0.0440)	0.020
基金可分配净收益	(111,931,516.45)	28,882,060.27
单位基金可分配净收益	(0.0560)	0.014
期末基金资产总值	1,881,422,079.22	2,275,336,862.63
期末基金资产净值	1,860,068,483.55	2,028,882,060.27
单位基金资产净值	0.9300	1.014
调整后期初基金资产净值	2,001,138,001.57	2,695,440,259.81
基金资产净值收益率	(4.40%)	1.50%
本期基金资产净值增长率	(7.06%)	(22.84%)
累计基金资产净值增长率	61.65%	73.94%

	2000
基金本期净收益	1,168,259,994.41
单位基金本期净收益	0.584
基金可分配净收益	1,169,571,733.85
单位基金可分配净收益	0.585
期末基金资产总值	3,940,220,046.69
期末基金资产净值	3,755,440,259.81
单位基金资产净值	1.878
调整后期初基金资产净值	2,328,896,321.50
基金资产净值收益率	50.16%
本期基金资产净值增长率	52.25%
累计基金资产净值增长率	125.43%

三、基金管理人报告

基金经理小组简介

朱汉江先生,基金经理助理,37岁,硕士学历。10年证券从业经历,曾任职平安证券有限公司投资银行部项目经理、国泰证券有限公司投资银行部项目经理;

王黎敏先生,基金经理助理,27岁,硕士学历。4年证券从业经历,曾任南方基金研究部研究员。

此外,开元基金管理小组还配备了若干名证券投资分析人员,协助上述人员从事开元基金的投资管理工作。

基金经理工作报告

2002年上半年,在利好政策的刺激下,证券市场出现了两次反弹;下半年则出现持续下跌走势,系统性风险尽显,基金业遭遇寒流,资产缩水,全盘尽墨。

开元基金在坚持自己的投资理念和投资风格的基础上,根据证券市场的变化,适时调整了投资策略,对持股结构进行了较大的调整,在资产配置、仓位控制和时机抉择等方面采取了更为灵活的操作策略。首先,对原有的投资组合进行了深入的分析,将仍处于行业周期的衰退阶段并且没有明显好转迹象、业绩出现滑坡及市盈率偏高的个股,坚决进行减持或清仓,避免或减少个股下跌对基金资产造成损失;其次,在证券市场整体换手率逐步降低的趋势下,为减小流动性风险,本基金降低了持股的集中度,也使灵活的操作策略得以实施;第三,在2002上半年的两次比较大的反弹行情中,开元基金比较好地把握了市场机会,在持股比例和持股结构上均做了比较充分的准备,通过时机抉择为基金资产带来增值收益;下半年则通过降低持股比例、选择低风险证券品种来回避市场风险。截止年底,开元基金实现净值增长率-7.06%,在48只全年运作的封闭式基金中排名第四。

预计今年我国经济发展仍将保持稳定增长的态势,产业结构调整将加快步伐;外商对中国的投资将进一步增加,汽车、住宅、旅游、教育等为代表的新消费热点将持续升温;上市公司的整体业绩已在2002年出现明显回升,今年仍将持续增长;宏观经济政策以及有关证券市场的各项政策将有利于证券市场的稳定发展,由于政策不当导致的市场大幅波动不会再现,关于稳定的市场才能充分发挥其各项功能的观点得到越来越多的认同;机构投资者的实力将继续壮大,新的投资理念和盈利模式已经初步显现;上市公司治理结构日趋完善,信息披露更加透明、充分,小股东的合法利益保障机制得到加强,市场信心在逐步增强。这为我国资本市场今后的稳定发展奠定了良好基础。

新的一年里开元基金管理人将继续坚持以基金持有人利益最大化为宗旨,坚持"研究为本、价值投资"的投资理念,通过不断的学习和深入的研究,提高把握市场运行基本规律的能力,构建符合市场运行特征的投资组合,为基金持有人持续地提供稳定的回报。

内部监察报告

1.基金运作合规性声明

本报告期内,本基金管理人严格遵守《证券投资基金管理暂行办法》及其各项实施准则、《开元证券投资基金基金契约》和其他有关法律法规的规定,本着诚实信用、勤勉尽责的原则管理和运用基金资产,坚持"一流人才、一流管理、一流效益"的经营理念,在严格控制风险的基础上,为基金持有人谋求最大利益。本报告期内,基金运作整体合法合规,无损害基金持有人利益的行为。基金的投资范围、投资比例及投资组合符合有关法规及基金契约的规定。

2.内部监察工作报告

2002年,本基金管理人坚持一切从合规运作、防范风险、保护基金持有人利益出发,遵循"全面管理、独立稽核、相互制约、同步发展、定量分析"的内部控制理念,致力于内控机制的建立和完善,大力加强监察稽核工作,保证各项法规和管理制度的落实,保证基金契约得到严格履行。公司监察稽核部门按照规定的权限和程序,独立地开展基金运作和公司管理的合规性监察,发现问题及时提出改进建议并督促业务部门进行整改,同时定期向监管部门、董事长和公司管理层出具监察稽核报告。

四、基金托管人报告

本托管人--中国工商银行,依据《开元证券投资基金基金契约》与《开元证券投资基金托管协议》,托管开元证券投资基金。

2002年度,在对开元证券投资基金的托管过程中,本托管人严格遵守了《证券投资基金管理暂行办法》及其实施准则、基金契约、托管协议和其他有关法规的规定,对开元证券投资基金的投资运作进行了全面的会计核算和应有的监督,没有发生任何损害基金持有人利益的行为,诚实信用、勤勉尽责地履行了作为托管人所应尽的义务。

本托管人依照《证券投资基金管理暂行办法》及其实施准则、基金契约、托管协议和其他有关法规的规定,对开元证券投资基金的投资组合进行了监督,认为南方基金管理有限公司在开元证券投资基金的投资运作、基金资产净值及单位基金资产净值的计算上,遵守《证券投资基金管理暂行办法》及其实施准则、基金契约、托管协议和其他有关法规的规定,没有发现任何损害基金持有人利益的行为。

本托管人依法对开元证券投资基金管理人--南方基金管理有限公司在2002年度内所编制和披露的开元证券投资基金资产净值公告、基金投资组合公告、基金中期报告、基金年度报告等公告信息进行了复核,认为开元证券投资基金管理人-- 南方基金管理有限公司在2002年度内所编制和披露的基金信息是准确、真实、完整的。

五、基金财务报告

(一) 审计报告

信德深财审报字(2003)第08号

开元证券投资基金全体持有人:

我们接受委托,审计了开元证券投资基金二零零二年十二月三十一日的资产负债表和二零零二年度的经营业绩表、基金净值变动表及基金收益分配表。该等会计报表由南方基金管理有限公司(基金管理人)负责,我们的责任是对该等会计报表发表审计意见。我们的审计是依据《中国注册会计师独立审计准则》进行的,在审计过程中,我们结合开元证券投资基金的实际情况,实施了包括抽查会计记录等我们认为必要的审计程序。

我们认为,开元证券投资基金的上述会计报表符合中华人民共和国《金融企业会计制度》、《证券投资基金会计核算办法》和《开元证券投资基金基金契约》及中国证券监督管理委员会的有关规定,在所有重大方面公允地反映了该基金二零零二年十二月三十一日的财务状况与二零零二年度的经营成果和基金净值变动情况,会计处理方法的选用遵循了一贯性原则。

中国注册会计师　李渭华
中国注册会计师　周冰
二零零三年三月二十六日

六、持有人结构及前十名持有人

1、基金持有人结构:

	持有份额(基金单位)	比例
发起人持有份额	30000000	1.50%
南方证券股份有限公司	18118000	0.91%
其中未流通份额	18000000	0.90%
厦门国际信托投资公司	6000000	0.30%
其中未流通份额	6000000	0.30%
健桥证券股份有限公司	6000000	0.30%
其中未流通份额	6000000	0.30%
社会公众持有份额	197000万	98.50%
总　计:	200000万	100%

2、前十名持有人情况(截止于2001年12月31日):

持有人名称	持有份额(基金单位)	比例
1. 中国人寿保险公司	161384281	8.07%
2. 中国太平洋保险公司	133373204	6.67%
3. 中国平安保险股份有限公司	82675062	4.13%
4. 上海久事公司	53878148	2.69%
5.南方证券股份有限公司	18118000	0.91%
6. 国信证券有限责任公司	12614450	0.63%
7. 浙江巨化股份有限公司兰溪农药厂	12388400	0.62%
8. 朱宏	11887200	0.59%
9. 张抗抗	10610000	0.53%
10. 大亚湾核电财务有限公司	8991000	0.45%

普惠证券投资基金

普惠证券投资基金2002年年度报告

重要提示

本基金的托管人已于2003年3月27日复核了本报告。本基金管理人、托管人愿就本报告书中所载资料的真实性、准确性和完整性负责,本报告书中的内容由本基金管理人负责解释。

一、基金简介

(一)基金基本资料

基金名称:普惠证券投资基金(简称:基金普惠)

基金交易代码:184689

基金发起人:国信证券有限责任公司　浙江证券有限责任公司

鞍山市信托投资股份有限公司　安徽省国际信托投资公司

鹏华基金管理有限公司

基金单位总份额:20亿份　基金类型:契约型、封闭式

基金存续期:15年

上市地点:深圳证券交易所

基金发行日期:1998年12月30日　上市时间:1999年1月27日

(二)基金管理人

法定名称:鹏华基金管理有限公司

注册及办公地址:深圳市深南东路5047号发展银行大厦18、27层

邮政编码:518001

公司国际互联网站:http://www.phfund.com.cn

法定代表人:陈正蓉　总经理:孙晓刚　信息事务管理人:程国洪

联系地址:深圳市深南东路5047号发展银行大厦18层

联系电话:0755-82080663　传真:0755-82080742

(三)基金托管人

法定名称:交通银行

注册地址:上海市仙霞路18号

办公地址:上海市银城中路188号

邮政编码:200120

法定代表人:方诚国

基金托管部负责人:谢红兵

信息披露联系人:江永珍

联系地址:上海市银城中路188号

联系电话:021-58408846　传真:021-58408836

(四)会计师事务所和经办注册会计师

法定名称:安永华明会计师事务所

注册及办公地址:北京市东城区东长安街1号东方广场东方经贸城

法定代表人:葛明

电话:86-10-65246688　传真:86-10-85188298

联系人:罗国基

经办注册会计师:葛明、金馨

二、主要财务指标:

单位:人民币元

序号	项目	2002年度	2001年度
1	基金本期净收益	-120,968,775.99	85,533,611.28
2	单位基金本期净收益	-0.0605	0.0428
3	基金可分配净收益	-230,060,092.92	21,265,261.03
4	单位基金可分配净收益	-0.1150	0.0106
5	期末基金资产总值	1,774,313,265.55	2,025,015,773.28
6	期末基金资产净值	1,769,939,907.08	2,021,265,261.03
7	单位基金资产净值	0.8850	1.0106
8	基金资产净值收益率	-6.04%	3.44%
9	本期基金资产净值增长率	-11.56%	-17.97%
10	累计资产净值增长率	37.27%	55.21%

三、基金管理人报告

(一)基金的业绩表现

截止到2002年12月31日,每基金单位净值为0.8850元,净值增长率为-11.56%,每基金单位实现收益-0.0605元。

(二)基金的投资理念和投资风格

本基金在投资中确立了以成长为核心的稳健进取型投资风格和投资理念。本基金采取自上而下与自下而上相结合的投资思路,以宏观经济、政策研究和行业研究作为投资方向的指导,以市场、技术、管理、机制等为主体内容的核心竞争力作为成长性企业的选择标准,同时兼顾具有稳固基础但被市场低估的质优和绩优个股。本基金在投资组合构建中注意引入投资组合理论思想和辅助工具,根据市场变化灵活调整各类资产的投资比例,注重基金资产的流动性,以优化投资组合的风险和收益特征。

(三)基金经理小组简介

黄中先生,基金经理,34岁,研究生学历。9年证券从业经验,曾在华夏证券有限责任公司和国信证券有限责任公司从事投资银行及投资管理工作。1996年进入鹏华基金管理公司,曾从事研究工作和基金普惠基金经理助理工作,2001年9月接任基金普惠基金经理。

黄钦来先生,基金经理助理,31岁,经济学硕士。5年证券从业经验,曾在国泰君安证券公司研究所工作,2000年6月进入鹏华基金管理公司,负责研究和基金投资工作。

(四)基金经理工作报告

1.上半年基金投资工作回顾

2002年在国民经济加速增长的同时,股票市场总体上仍呈振荡下跌的调整格局。虽然管理层出台了一系列强有力的利好措施,停止国有股减持引发的624行情更将深沪两市推上了全年的高点,但深沪两市全年仍出现了较大的下跌,上证指数和深圳综合指数全年分别下跌289点和86点,跌幅达18%。由于市场心态不稳和政策的多变,2002年的市场从全年来看不仅出现了较深的下跌,而且出现反复多次的上下剧烈振荡,给基金投资工作增加了很大的难度。

基于基金普惠以成长为核心的稳健进取型投资理念和投资风格,结合对市场趋势的分析,我们在年初制定了严格控制仓位、加强波段操作并保持良好流动性的投资策略。在2002年的大多数时间里,本基金股票资产占基金净资产的比例在35-55%之间,在同类型基金中处于中等偏低水平。在行业和个股选择方面,我们根据对各行业经济发展的跟踪研究,加强了对交通运输、房地产、能源、电力等增长速度较快,业绩较稳定的行业及资源性行业的投资力度,同时进一步减少了对电子通讯、家电等行业的投资力度。这些策略的实施使我们在2002年市场的多次下跌中处于主动地位,并使本基金的业绩在上半年的大多数时间里处于同类型基金的前列。但较低的仓位也使本基金在市场上升过程中净值增长较慢,特别是在6月24日的突发性行情中,本基金的净值增长率明显落后于市场指数的增长率。本基金的业绩也因此受到了较大的影响。尽管如此,由于本基金在市场的相对高位及时调整了仓位和持仓结构,本基金全年仍取得了较好的业绩。

2.2003年投资环境及工作展望

根据国家有关部门和经济学家的预测,2003年国民经济将继续保持7%以上的增长速度。国民经济的持续稳定增长将对上市公司整体业绩提升起到良好的促进作用,为股市的稳定发展提供更好的基本面支持。同时,在经过连续两年的大幅下跌之后,深沪股市的系统风险已经得到了较大的释放,市场继续下跌空间有限。基于这一判断,我们将从以下几方面加强2003年的投资工作。

(1)加强行业和个股的基本面研究。在国民经济持续稳定增长和国家投资力度不断加大的宏观经济背景下,钢铁、石化、能源、电力、交通运输等国民经济基础性支柱行业呈现持续快速增长的势头,以低价大盘股为代表的行业领先企业业绩增长明显加速,在经历了市场持续两年下跌后,股价普遍处于较低位置,大部分股票已经具备中长期投资价值。

(2)结构和仓位并重。过去由于国内股市中系统风险占的比例较大,我们在投资工作中对仓位控制较为重视。在最近两年的市场下跌中,市场的这一特征已经有了明显的变化,一些基本面向好、业绩优良的公司表现出了很好的抗跌性,而一些基本面较差的股票和小盘股跌幅远远大于市场平均跌幅。在这种以价值回归为特征的股价结构调整的背景下,持仓结构的重要性突显。

(3)在控制流动性风险的前提下加强适度的集中投资。在目前国内证券市场有效性较弱的情况下,集中投资是战胜市场指数,获取超额收益的主要途径。我们将在深度研究的基础上加大集中投资的比重,同时控制好个股的流动性风险。

四、托管人报告

2002年度,交通银行作为普惠证券投资基金的托管人,严格遵守《证券投资基金管理暂行办法》及其实施准则的规定,依据《普惠证券投资基金契约》和《普惠证券投资基金托管协议》中的条款,就以下各事项报告如下:

1.本托管人认真履行了基金托管人的各项职责,安全保管普惠基金的所有资产。

2.本托管人认真完成了普惠证券投资基金的投资监管和清算核算工作。

3.本托管人妥善保管了基金所有会计帐册和重大合同,切实维护基金持有人的合法权益,未发生任何损害基金持有人利益的事件和行为。

2002年度,交通银行作为普惠证券投资基金的托管人,对基金管理人的各项行为监管报告如下:

1.未发现基金管理人在投资运作中有损害基金持有人利益的行为。

2.由基金管理人编制和披露的2002年度普惠证券投资基金每周资产净值公告、每季度投资组合公告、中期财务报告和基金年度报告是合法、真实和完整的。

五、基金年度财务报告

(一)审计报告

普惠证券投资基金全体持有人:

我们接受委托,审计了普惠证券投资基金(简称"普惠基金")二零零二年十二月三十一日的资产负债表和二零零二年度的经营业绩表、基金净值变动表及基金收益分配表。上述会计报表由普惠基金的基金管理人负责,我们的责任是对这些会计报表发表审计意见。我们的审计是根据《中国注册会计师独立审计准则》的规定进行的。在审计过程中,我们结合普惠基金的实际情况,实施了包括抽查会计记录等我们认为必要的审计程序。

我们认为,上述会计报表符合《企业会计准则》、《金融企业会计制度》、《证券投资基金会计核算办法》和中国证券监督管理委员会颁布的《证券投资基金管理暂行办法》实施准则第五号《证券投资基金信息披露指引》及基金契约的规定,在所有重大方面公允地反映了普惠基金二零零二年十二月三十一日的财务状况和二零零二年度的经营成果和净值变动及收益分配情况,会计处理方法的选用遵循了一贯性原则。

安永华明会计师事务所　中国注册会计师　葛明

二零零三年一月十七日　中国注册会计师　金馨

六、基金持有人结构及前十名持有人

1.基金持有人结构:

	持有份额(份)	占总份额的比例(%)
基金发起人	52,500,000	2.625%
国信证券有限责任公司	30,000,000	1.5%
其中:未上市流通份额	15,000,000	0.75%
浙江证券有限责任公司	3,750,000	0.1875%
其中:未上市流通份额	3,750,000	0.1875%
鞍山市信托投资股份有限公司	3,750,000	0.1875%
其中:未上市流通份额	3,750,000	0.1875%
安徽省国际信托投资公司	7,500,000	0.375%
其中:未上市流通份额	3,750,000	0.1875%
鹏华基金管理有限公司	7,500,000	0.375%
其中:未上市流通份额	3,750,000	0.1875%
社会公众	1,947,500,000	97.375%

2.普惠基金前十名持有人(截止2002年12月31日):

	持有人名称	持有份额(份)	占总份额的比例(%)
1	中国太平洋保险公司	192,405,900	9.62%
2	中国人寿保险公司	159,930,517	8.00%
3	中国人民保险公司	144,703,142	7.24%
4	中国平安保险股份有限公司	109,439,300	5.47%
5	招商证券有限责任公司	37,203,200	1.86%
6	大亚湾核电财务有限责任公司	37,102,067	1.86%
7	中国再保险公司	34,851,399	1.74%
8	上海久事公司	31,899,370	1.59%
9	国信证券有限责任公司	30,000,000	1.50%
10	新华人寿保险股份有限公司	24,463,417	1.22%

同益证券投资基金

同益证券投资基金2002年年度报告

重要提示

本基金的托管人中国工商银行已于2003年3月25日复核了本报告。本基金的管理人、托管人愿就本报告中所载资料的真实性、准确性、完整性负责。本报告书中的内容由基金管理人负责解释。

一、基金简介

一 基金简称:基金同益　　交易代码:184690
基金单位总份额:二十亿份基金单位
基金类型:契约型封闭式
基金存续期:十五年
基金上市地:深圳证券交易所
二 基金管理人
法定名称:长盛基金管理有限公司
注册地址:深圳市福田区华富路航都大厦13C
办公地址:北京市朝阳区北三环东路8号静安中心22层
邮政编码:100028
国际互联网网址:http://www.csfunds.com.cn
法定代表人:王其华
总经理:蒋月勤
负责信息管理事务人员:李燕敏
联系地址:北京市朝阳区北三环东路8号静安中心22层
电话:010-64689198-651　　传真:010-64689471
三 基金托管人
法定名称:中国工商银行
注册地址:北京市西城区复兴门内大街55号
办公地址:北京市西城区复兴门内大街55号
邮政编码:100032
国际互联网网址:http?//www.icbc.com.cn
法定代表人:姜建清
托管部负责人:周月秋
负责信息管理事务人员:刘长江
联系地址:北京市复兴门内大街55号中国工商银行基金托管部
电话:010-66107333　　传真:010-66106904
四 会计师事务所
法定名称:安永华明会计师事务所
注册地址:北京市朝阳门北大街6号北海万泰大厦802-807室
办公地址:北京市东城区东长安街一号东方广场东方经贸城东3办公楼16层
法定代表人:葛明　　经办注册会计师:葛明、金馨
(五)律师事务所
法定名称:信利律师事务所
注册地址:北京市建国门内大街18号恒基中心1座609室
办公地址:北京市建国门内大街18号恒基中心1座609室
法定代表人:江山
经办律师:谢思敏、丁志钢

二、主要财务指标

项目	2002年	2001年	2000年
基金本期净收益	-135,804,133.43	374,103,582.77	963,871,511.14
单位基金本期净收益	-0.0679	0.1871	0.4819
基金可分配净收益	-214,277,623.18	434,224,163.98	1,000,610,528.22
单位基金可分配净收益	-0.1071	0.2171	0.5003
期末基金资产总值	1,809,736,319.72	2,438,292,968.72	3,905,428,825.43
期末基金资产净值	1,785,722,376.82	2,434,224,163.98	3,617,112,028.57
单位基金资产净值	0.8929	1.2171	1.8086
基金资产净值收益率	-6.65%	13.78%	42.05%
本期基金资产净值增长率	-12.76%	-10.42%	52.74%
累计资产净值增长率	55.61%	78.36%	99.11%

三、基金管理人报告

(一)基金经理人报告

1. 本基金业绩表现

基金同益2002年单位净值增长率为-12.76%。自本基金成立之日起,基金同益累计单位净值增长率为55.61%,高于同期存款利率。

2. 本年行情回顾和投资总结

2002年,政府监管部门维护证券市场稳定发展的态度非常鲜明,相继出台了一系列的实质性利好政策。但从证券市场的走势来看,政策的影响作用呈递减的趋势,指数在震荡中缓慢下行。从个股的运行态势来看,小盘、低流通市值股票的价格中枢逐渐下移,大盘股日益受到投资者的重视。

基于对股票市场箱型运行的基本判断,本基金管理人在年初确定了"精研个股、控制成本、波段操作"的投资思路,在投资策略上我们把重点放在以下两个方面:

一是根据对大盘走势的前瞻性判断,及时进行增仓和减仓操作,以获得波段性操作的收益。在整体减仓和加仓的过程中,我们注重把握市场的特性,对大盘、小盘及成长、价值股票进行适当的配比。

二是在市场低迷的时候,积极参与增发新股的认购工作。虽然2002年市场整体处于下跌的状态之中,但增发股票孕育的投资机会却非常多。我们在充分研究的基础上,对部分个股进行了重点投资,获得了较好的收益。

另外,在2002年,我们也对投资模式采取了一定的改革,在投资组合品种中进行了风格资产的划分,并适当地进行了一部分的指数化投资,减少了冲击成本。

从2002年的投资效果看,结果不是很理想。总结起来,最大的教训在于波段操作的力度和准确度还有待加强,此外,在投资时机的把握方面也出现了一些失误。

3. 2003年市场展望和管理重点

展望2003年,我们认为基本形势会好于2002年。具体讲,我们预计2003年我国的宏观经济仍将保持良好发展态势,在内需稳步增长和出口良好的带动下,GDP的增长速度有可能会比2002年略有提高。在政策层面,估计政府仍将以稳定为主基调,财政政策和货币政策继续保持以往的方向和尺度,以确保经济的可持续发展。同时,我们明显地感觉到,政府正在积极、稳妥地施行改变通缩局面的政策,预计上市公司的基本经营形势也将进一步得到改善。我们有理由相信,这些都将为证券市场的良好运行提供支持。

但是,制约股市向上运行的最大因素是非流通股的流通问题。我们认为,短期内这一问题很难会有具体的解决办法出台。另外,中国加入WTO后与国际惯例接轨是大势所趋,市场价值中枢与国际接轨应该是一个必然的过程。还有一点,中国股市要发展就必须要不断地扩容。新发股票的价格越来越低,这将会对目前市场上流通价格较高的老股票产生不利的影响。

基于上述的原因,我们总体判断,2003年股市总体上将会维持箱体运行的格局,大致点位在1350-1700之间。市场将出现较多的上下震荡行情,这使我们的操作始终处于机会和风险之中。

不过,QFII制度即将开始正式实施,这一新政策将在很大程度上改变A股市场作为一个封闭性市场的重要特征,也就是说,市场有可能向与我们以前经验相宇的方向运行。

我们将密切关注、分析行情的发展变化过程,并根据实际情况不断修正我们的操作策略。

2003年,在投资组合的行业配置上,我们将把金融、汽车、环保、受惠于国有投资拉动的机械、建筑、建材等行业、以及复苏性的电子行业作为重点;在个股选择上,我们将继续本着审慎的原则,采取自下而上的策略对主业鲜明、有较好的盈利模式的企业进行重点投资。

在债券投资方面,我们将更多地观注企业债,特别是可回购债和条件较好的可转换债,力争实现较好的收益。

(二)内部监察稽核报告

基金运作合规性声明

本基金管理人在本报告期内按照《证券投资基金管理暂行办法》及其各项实施准则、《同益证券投资基金基金契约》和其他有关法律法规的规定,以为基金投资人谋求基金资产的长期稳定增值的原则,管理和运用基金资产。通过进一步完善法人治理结构,加强内部管理、规范基金运作,在控制和防范风险的前提下,为基金持有人创造最大的投资回报。基金同益投资组合符合有关法规及基金契约的约定,无损害基金持有人利益的行为。

四、基金同益托管人报告

本托管人--中国工商银行,依据《同益证券投资基金基金契约》与《同益证券投资基金托管协议》,托管同益证券投资基金。

2002年度,在对同益证券投资基金的托管过程中,本托管人严格遵守了《证券投资基金管理暂行办法》及其实施准则、基金契约、托管协议和其他有关法规的规定,对同益证券投资基金的投资运作进行了全面的会计核算和应有的监督,没有发生任何损害基金持有人利益的行为,诚实信用、勤勉尽责地履行了作为托管人所应尽的义务。

本托管人依照《证券投资基金管理暂行办法》及其实施准则、基金契约、托管协议和其他有关法规的规定,对同益证券投资基金的投资组合进行了监督,认为长盛基金管理有限公司在同益证券投资基金的投资运作、基金资产净值及单位基金资产净值的计算上,遵守《证券投资基金管理暂行办法》及其实施准则、基金契约、托管协议和其他有关法规的规定,没有发现任何损害基金持有人利益的行为。

本托管人依法对同益证券投资基金管理人--长盛基金管理有限公司在2002年度内所编制和披露的同益证券投资基金资产净值公告、基金投资组合公告、基金中期报告等公告信息进行了复核,认为同益证券投资基金管理人--长盛基金管理有限公司在2002年度内所编制和披露的基金信息是准确、真实、完整的。

中国工商银行基金托管部

五、基金财务报告

同益证券投资基金全体持有人:

我们接受委托,审计了同益证券投资基金 简称"基金同益" 二零零二年十二月三十一日的资产负债表及二零零二年度的经营业绩表、基金净值变动表及基金收益分配表。上述会计报表由基金同益的基金管理人负责,我们的责任是对这些会计报表发表审计意见。我们的审计是根据《中国注册会计师独立审计准则》的规定进行的。在审计过程中,我们结合基金同益的实际情况,实施了包括抽查会计记录等我们认为必要的审计程序。

我们认为,上述会计报表符合《金融企业会计制度》、《企业会计准则》、《证券投资基金会计核算办法》和中国证券监督管理委员会颁布的《证券投资基金管理暂行办法》实施准则第五号《证券投资基金信息披露指引》及基金契约的规定,在所有重大方面公允地反映了基金同益二零零二年十二月三十一日的财务状况及二零零二年度的经营成果,会计处理方法的选用遵循了一贯性原则。

安永华明会计师事务所　　中国注册会计师　葛明
二零零三年二月十四日　　中国注册会计师　金馨

六、基金持有人结构及前十名持有人

一、截止2002年12月31日,本基金份额结构为:

	12月末持有份额	占总份额比例
发起人持有	46,000,000份	2.30%
其中:长盛基金管理有限公司	20,000,000份	1.00%
中信证券股份有限公司	12,000,000份	0.60%
长江证券有限责任公司	6,000,000份	0.30%
天津北方国际信托投资股份有限公司(原天津北方国际信托投资公司)	4,000,000份	0.20%
国元证券有限责任公司	4,000,000份	0.20%
其他持有人持有	1,954,000,000份	97.70%
合计	2,000,000,000份	100.00%

二、截止2002年12月31日,前十名持有人名称、持有份额及比例如下:

序号	股东名称	持有份额	占总份额比例
1	中国平安保险股份有限公司	158,165,625	7.91%
2	中国人民保险公司	147,108,192	7.36%
3	中国人寿保险公司	141,833,378	7.09%
4	中国太平洋保险公司	115,582,474	5.78%
5	中国再保险公司	67,723,250	3.39%
6	上海久事公司	59,557,600	2.98%
7	大亚湾核电财务有限责任公司	41,985,800	2.10%
8	长盛基金管理有限公司	20,000,000	1.00%
9	烽火通信科技股份有限公司	16,450,000	0.82%
10	中海石油投资控股有限公司	14,998,500	0.75%

景宏证券投资基金

景宏证券投资基金2002年年度报告

重要提示

本基金托管人中国银行已于2003年3月27日复核了本公告。本基金的管理人、托管人愿就报告中所载资料的真实性、准确性和完整性负责。本报告中的内容由本基金管理人负责解释。

一、基金简介

(一)基金名称:景宏证券投资基金
基金简称:基金景宏
基金交易代码:184691
基金发起人:光大证券有限责任公司
大鹏证券有限责任公司
中国经济开发信托投资公司
广东证券股份有限公司
大成基金管理有限公司
基金发行日期:1999年4月27日
基金成立日期:1999年5月4日
基金单位总份额:20亿份基金单位
基金类型:契约型封闭式
基金存续期:15年
基金上市地点:深圳证券交易所
基金上市日期:1999年5月18日
(二) 基金管理人:大成基金管理有限公司
注册地址:深圳市福田区新闻路报社大院报业大厦12层C区
邮政编码:518034
办公地址:深圳市福田区深南大道7088号招商银行大厦32层
邮政编码:518040
公司网址:http://www.dcfund.com.cn
法定代表人:胡学光(待批)
总经理:龙小波
信息披露负责人:田宇飚、胡勇钦
电话: 0755 83183388
传真: 0755 83199588
(三)基金托管人:中国银行
注册地址:北京市西城区复兴门内大街1号
办公地址:北京市西城区复兴门内大街1号
邮政编码:100818
国际互联网网址:http: //www.bank-of-china.com
法定代表人:刘明康
托管部总经理:唐棣华
信息披露负责人:忻如国
电话: 010 66594856
传真: 010 66594853
(四)会计师事务所:普华永道中天会计师事务所有限公司
注册地址:上海市浦东新区沈家弄325号
办公地址:上海市淮海中路333号瑞安广场12楼
邮政编码:200021
法人代表:Kent Watson
经办注册会计师:钱进 马颖旎
联系人: 陈兆欣
电话:(021)63863388
传真:(021)63863300
(五)律师事务所:国浩律师集团(北京)事务所
地址:北京市西城区复兴门内大街158号远洋大厦F7层
法定代表人:张涌涛
经办律师:黄伟民 刘伟宁
电话: 010 66411188 66413826
传真: 010 66413800 66413801
(六)信息披露报纸及网址:
选定的信息披露报纸名称:《中国证券报》、《证券时报》、《上海证券报》
登载年度报告的中国证监会指定国际互联网网址:http: //www.cninfo.com.cn
年度报告备置地点:大成基金管理有限公司

二、主要财务指标

单位:人民币元

序号	指标名称	2002年	2001年
1	基金本期净收益/损失	-123,045,098	-211,043,888
2	单位基金本期净收益/损失	-0.0615	-0.1055
3	基金可分配净收益/损失	-548,584,687	-288,255,406
4	单位基金可分配净收益/损失	-0.2743	-0.1441
5	期末基金资产总值	1,456,601,412	1,714,745,492
6	期末基金资产净值	1,451,415,313	1,711,744,594
7	单位基金资产净值	0.7257	0.8559
8	基金资产净值收益率%	-7.19	-0.09
9	本期基金资产净值增长率%	-15.21	-26.01
10	累计资产净值增长率%	3.32	21.85

三、基金管理人报告

(一)业绩表现

截至2002年12月31日,本基金资产净值为0.7257元,本期基金资产净值增长率为-15.21%,同期上证A股指数-17.13%。

(二)本基金投资理念和风格

本基金定位于成长型的证券投资基金,特别关注具有较高成长性的新兴行业和具有结构转型特征的传统行业,重点投资于成长型行业中的优势企业。

中国已经成为全球最具成长性的经济体,巨大的内需和国际分工的比较优势将长期支持中国经济的较快成长,同时经济结构和政策的调整提升了经济效率和活力。在这种背景下,成长性行业和成长性企业在中国涵盖着更加广泛的内容,同时也具有阶段性、结构性的特点。我们将通过"自上而下"为主的研究和投资方法,在保持良好流动性、严格控制风险的前提下,努力把握成长性行业和企业的投资机会。

(三)基金经理工作报告

1、2002年回顾和总结

2002年中国股市价格中枢执着地下移,不仅凸现了新兴市场的系统性风险,反映了转轨市场中制度变迁的难度和利益格局的复杂,而且使我们感受到了市场开放带来的冲击和深远影响。

在上述市场背景下,虽然本基金2002年上半年资产配置相对成功,但下半年未能充分认识和及时顺应市场的变化,在时机选择和类别资产配置方面存在一定不足。较重的股票仓位,加之电子信息类和被动防御型个股为主的投资组合,未能很好地规避系统风险和非系统风险。

(四) 基金经理小组简介

王加英先生,基金经理,经济学硕士。6年证券从业经历,先后任职于平安证券有限责任公司资产管理部、大成基金管理有限公司研究部、基金经理部基金景福基金经理助理。

常永涛先生,基金经理助理,学士。10年证券从业经历,1992年就职四川省信托投资公司从事投资管理业务,2001年进大成基金管理公司从事交易和投资业务。

(五)内部监察报告

基金运作合规性声明:

本报告期内,本基金管理人严格遵守《证券法》、《证券投资基金管理暂行办法》及其各项实施准则、《景宏证券投资基金基金契约》和其他有关法律法规的规定,在基金管理运作中,基金景宏的投资范围、投资比例、投资组合、证券交易行为、信息披露等符合有关法律法规、行业监管规则和基金契约等规定,无损害基金持有人利益的行为。本基金管理人以取信于市场、取信于社会投资公众为宗旨,承诺将一如既往地本着诚实信用、勤勉尽责的原则管理和运用基金资产,在规范基金运作和控制投资风险的前提下,努力为基金持有人谋求最大利益。

内部监察工作报告:

本报告期内,本基金管理人依据相关的法律法规、基金契约以及内部监察稽核制度对基金运作、内部管理、制度执行及遵规守法情况进行了内部监察稽核。内部监察稽核的重点是:国家法律法规及行业监管规则的执行情况;基金契约的遵守情况;内部规章制度的执行情况;资讯管制和保密工作落实情况;员工职业操守规范情况,目的是规范基金资产的运作,防范和控制投资风险,维护基金持有人的合法权益。

四、基金托管人报告

本报告期内,本基金托管人进一步完善了基金托管部门的组织结构和内部制衡机制,提高防范和及时化解业务风险和管理风险的能力,确保托管业务的规范运作,切实保障基金持有人的利益;本基金托管人依据国家相关法律法规、基金契约和管理制度对基金托管业务运作和内控流程的完善和执行情况等进行持续的监察稽核;对监察稽核中发现的问题及时提示、督促改进并追踪改进效果;定期制作监察稽核报告,及时呈报上级监管部门。本基金托管人依法对该等公告信息进行了认真核对, 认为景宏基金管理人在2002年度内所编制和披露的该等基金信息是合法、真实和完整的。

中国银行基金托管部
2003年3月27日

五、基金年度财务报告

(一) 审计报告

景宏证券投资基金全体持有人:

我们接受委托,审计了景宏证券投资基金 以下简称"基金景宏" 2002年12月31日的资产负债表及2002年度的经营业绩表和基金净值变动表。这些会计报表由基金景宏管理人大成基金管理有限公司负责,我们的责任是对这些会计报表发表审计意见。我们的审计是依据中国注册会计师独立审计准则进行的。在审计过程中,我们结合基金景宏的实际情况,实施了包括抽查会计记录等我们认为必要的审计程序。

我们认为,载于第2页至第13页的上述基金景宏会计报表符合中华人民共和国企业会计准则、《证券投资基金会计核算办法》、《景宏证券投资基金基金契约》和中国证券监督管理委员会允许的如会计报表附注所列示的基金行业实务操作的有关规定,在所有重大方面公允地反映了基金景宏2002年12月31日的财务状况及2002年度的经营成果和净值变动情况,会计方法的选用遵循了一贯性原则。

普华永道中天会计师事务所有限公司 注册会计师 钱 进
2003年2月14日 注册会计师 马颖旎

六、基金持有人结构及前十名持有人

1、持有人结构

	份额	占总份额比例
发起人	42,940,000	2.15%
其中:光大证券有限责任公司	12,940,000	0.65%
大成基金管理有限公司	12,000,000	0.60%
中国经济开发信托投资公司	6,000,000	0.30%
大鹏证券有限责任公司	6,000,000	0.30%
广东证券股份有限公司	6,000,000	0.30%
社会公众	1,957,060,000	97.85%

2、本基金前十名持有人

序号	持有人名称	持有份额	占总份额比例
1	中国太平洋保险公司	100,956,959	5.05%
2	中国人民保险公司	96,209,906	4.81%
3	中国人寿保险公司	94,868,211	4.74%
4	招商证券有限责任公司	41,060,100	2.05%
5	中国平安保险股份有限公司	26,692,200	1.33%
6	光大证券有限责任公司	12,940,000	0.65%
7	华宝信托投资有限责任公司	12,743,652	0.64%
8	大成基金管理有限公司	12,000,000	0.60%
9	上海久事公司	10,160,550	0.51%
10	广州科技风险投资有限公司	9,010,000	0.45%

裕 隆 证 券 投 资 基 金

裕隆证券投资基金2002年年度报告

重要提示

本基金的托管人中国农业银行已于2003年3月26日复核了本报告。本基金管理人、托管人愿就本报告书中所载资料的真实性、准确性和完整性负责,本报告书中的内容由本基金管理人负责解释。

一、基金简介

(一)基金基本资料
基金简称:基金裕隆
基金交易代码:184692
基金单位总份额:30亿份
基金类型:契约型、封闭式
基金存续期:15年
上市地点:深圳证券交易所
上市时间: 1999年6月24日
(二)基金管理人
法定名称:博时基金管理有限公司
注册地址:深圳市福田区深南大道7088号招商银行大厦29层
办公地址:深圳市福田区深南大道7088号招商银行大厦29层
邮政编码:518040
法定代表人:吴雄伟　信息事务管理人:李全
联系地址:深圳市福田区深南大道7088号招商银行大厦29层
联系电话:0755-83169999　传　真:0755-83195140
(三)基金托管人
法定名称:中国农业银行
注册地址:北京市复兴路甲23号
邮政编码: 100037
法定代表人:尚福林　基金托管部负责人:郭辉　信息事务联系人:李芳菲
联系地址:北京市海淀区西三环北路100号金玉大厦
联系电话:010-68424199　传　真: 010-68424181
(四)会计师事务所和经办注册会计师
法定名称:普华永道中天会计师事务所有限公司
注册及办公地址:上海淮海中路333号
法定代表人:Mr .Kent Watson
电话:021-63863388　传真:021-63863300
联系人:周忠惠
经办注册会计师:牟磊,陈玲
(五)律师事务所和经办律师
法定名称:国浩律师集团(北京)事务所
注册及办公地址:北京市复兴门内大街158号远洋大厦F7
法定代表人:张涌涛　联系人:黄伟民　经办律师:黄伟民
电话:010-66411188　传真:010-66413800

二、主要财务指标

1、主要财务指标

单位:人民币元

	主要财务指标	2002年	2001年	2000年
1	基金本期净收益	-292,102,808	86,889,968	1,121,450,797
2	单位基金净收益	-0.0974	0.0290	0.3738
3	基金可分配净收益	-386,304,388	-39,112,427	1,131,831,789
4	单位基金可分配净收益	-0.1288	-0.0130	0.3773
5	期末基金资产总值	2,622,696,599	2,967,713,573	5,196,853,766
6	期末基金资产净值	2,613,695,612	2,960,887,573	4,647,107,523
7	单位基金资产净值	0.8712	0.9870	1.5490
8	基金资产净值收益率	-9.87%	2.40%	36.24%
9	本期基金净值增长率	-11.73%	-17.24%	48.50%
10	基金累计净值增长率	16.51%	31.99%	59.49%

三、基金管理人报告

本基金业绩表现:

截止到2002年12月31日,基金单位净值为0.8712元,年净值增长率为-11.73%。

基金经理简介

刘小山先生,1970年出生,硕士。1991年至1994年在华中理工大学工商管理专业学习,获经济学硕士学位。1994年至1999年在君安证券有限责任公司工作,历任资产管理部期货部经理、资产管理部副总经理。1999年入博时基金管理有限公司,曾任基金裕隆基金经理助理、基金裕元基金经理。2002年1月起任基金裕隆基金经理。2003年1月,刘小山先生因公司派遣出国学习,不再担任基金裕隆基金经理职务,由包周荣先生接任。

包周荣先生,1967年出生,双学士学历。1991年毕业于清华大学机械制造和应用数学专业,获工学和理学学士学位。1991年至1999年先后在陕西省证券公司上海业务部、上海证大投资管理有限公司工作。1999-2000年在嘉实基金管理公司任基金经理;2000-2001年在华夏基金管理公司任基金经理助理。2001年3月起任上海证大投资管理有限公司投资管理部经理。2002年12月23日入博时基金管理有限公司,自2003年1月起任基金裕隆基金经理。

王锋先生,1968年出生,硕士。1996年至1998年在财政部科学研究所学习,获经济学硕士学位。1998年入博时基金管理有限公司任研究部研究员。2002年4月任基金裕隆基金经理助理。

(一)基金经理工作报告

本基金年度业绩表现:

截止到2002年12月31日,裕隆基金单位净值为0.8712元,年净值增长率为-11.73%,同期上海及深圳证券交易所综合指数分别下跌17.5%和18.3%,复合指数(80%上证指数+20%国债)下跌13.5%。自1999年6月15日本基金设立以来,累计净值增长16.51%。

2002年宏观经济及证券市场回顾:

总体来看,2002年世界经济处于调整态势,复苏缓慢,但我国经济继续保持高速发展,GDP增长8%。以汽车等为代表的行业高速增长,同时出口幅度高于预期。与实体经济的高速发展明显差别,证券市场全年巨幅波动并且下跌17.51%,投资者的信心不断丧失。我们认为,这是由我国目前证券市场的多项不确定因素及前段时间的部分政策困扰所致。

恢复并保持投资者信心,是我国股票市场能够长远、健康发展的关键所在。值得欣慰的是决策层在2002年做出了一系列恢复投资者信心的措施:如:暂停在证券市场上减持国有股、降低交易印花税,引入QFII,打击上市公司虚假操纵等。

本基金2002年投资回顾:

本基金属于成长价值型基金,主要投资于业绩能够持续增长的上市公司和市场价值被低估的平稳型上市公司,利用成长型和价值型两种投资方法实现基金资产的稳定增值,同时更好地分散和控制风险。

总体而言,2002年对市场的判断基本正确,在大盘持续低迷阶段加大了国债、公司债和公司可转换债券的投资比例,相应降低了股票的持仓比例。对重点投资品种深入调研,在公司内部研究部门的协助下,深入挖掘有潜力的公司。我们把新建仓目标基本锁定在:汽车、金融、零售物流、冶金等领域的主流企业。在行业配置方面增加了零售商业物流类、金融类、医药类公司的投资比例,减低了房地产类、采掘类公司的投资。

(二)内部监察报告

基金运作合规性声明

在本报告期内,本基金管理人严格遵循了《证券投资基金管理暂行办法》及其各项实施细则、《裕隆证券投资基金基金契约》和其他相关法律法规的规定,并本着诚实信用、勤勉尽责、取信于市场、取信于社会的原则管理和运用基金资产,为基金持有人谋求最大利益。本报告期内,基金投资管理符合有关法规和基金契约的规定,没有损害基金持有人利益的行为。

内部监察报告

2002年监察工作以确保管理人按照诚实信用、勤勉尽责的原则管理和运用基金资产为重点,继续完善以风险为基础的监察体系。监察部门根据独立、客观、公正的原则,认真履行职责,通过电脑监控、现场检查、人员询问、重点抽查等方法开展工作,发现违规隐患及时与有关业务人员沟通并向管理层报告,定期制作监察报告报送监管机关和董事长。

本报告期内,管理人进一步强化规范运作和风险控制,主要做了以下工作:

1、为完善公司治理结构,公司董事会将风险管理委员会升格为董事会的专业委员会,并且新设提名、考核与薪酬委员会、战略委员会、审计与合规委员会,讨论制定了相关的工作制度,确定了各专业委员会成员。

2、研究、检讨、明确封闭式基金的市场定位,根据基金契约的要求,进一步明确了基金的投资目标、投资理念、投资范围、投资策略、选股标准以及业绩比较标准。

四、基金托管人报告

本基金托管人——中国农业银行,根据《裕隆证券投资基金基金契约》和《裕隆证券投资基金托管协议》,在对裕隆证券投资基金的托管过程中,严格遵守《证券投资基金管理暂行办法》及各项法规规定,对裕隆证券投资基金管理人--博时基金管理有限公司在2002年会计年度基金的投资运作,进行了认真、独立的会计核算和必要的投资监督,认真履行了托管人的义务。

本托管人认为,博时基金管理有限公司在裕隆基金的投资运作、信息披露等方面符合《证券投资基金管理暂行办法》及其相关法规的规定,基金管理人在2002年度所编制和披露的裕隆证券投资基金财务报告、资产净值公告等各项基金信息真实、完整,未发现有损害基金持有人利益的行为。

中国农业银行证券投资基金托管部

2003年3月26日

五、基金年度财务报告

(一)审计报告

普华永道审字(2003)第151号

裕隆证券投资基金全体持有人:

我们接受委托,审计了裕隆证券投资基金(以下简称"基金裕隆") 2002年12月31日的资产负债表及2002年度的经营业绩表和基金净值变动表。这些会计报表由基金裕隆管理人博时基金管理有限公司负责,我们的责任是对这些会计报表发表审计意见。我们的审计是依据中国注册会计师独立审计准则进行的。在审计过程中,我们结合基金裕隆的实际情况,实施了包括抽查会计记录等我们认为必要的审计程序。

我们认为,下述基金裕隆会计报表符合中华人民共和国企业会计准则、《证券投资基金会计核算办法》、《裕隆证券投资基金基金契约》和中国证券监督管理委员会允许的如会计报表附注所列示的基金行业实务操作的有关规定,在所有重大方面公允地反映了基金裕隆2002年12月31日的财务状况及2002年度的经营成果和净值变动情况,会计方法的选用遵循了一贯性原则。

普华永道中天会计师事务所有限公司　　注册会计师　牟磊

2003年1月10日　　注册会计师　陈玲

六、基金持有人结构及前十名持有人

(一)基金持有人结构:

	持有份额(份)	占总份额的比例(%)
基金发起人	24,976,878	0.83
其中:中国长城信托投资公司	6,000,000	0.20
光大证券有限责任公司	3,976,878	0.13
金信信托投资股份有限公司	6,000,000	0.20
招商证券股份有限公司	3,000,000	0.10
博时基金管理有限公司	6,000,000	0.20
社会公众	2,975,023,122	99.17
合　计	3,000,000,000	100

(二)　裕隆基金前十名持有人(截止2002年12月31日):

	持有人名称	持有份额(份)	占总份额的比例(%)
1	中国太平洋保险公司	295,080,825	9.84
2	中国人寿保险公司	270,447,095	9.01
3	中国平安保险股份有限公司	182,996,800	6.10
4	新华人寿保险股份有限公司	173,130,320	5.77
5	中国人民保险公司	73,322,687	2.44
6	中国再保险公司	38,184,320	1.27
7	华泰财产保险股份有限公司	35,530,996	1.18
8	中技欧亚进出口有限责任公司	32,692,506	1.09
9	安徽省国投经济发展有限责任公司	27,316,700	0.91
10	大亚湾核电财务有限责任公司	24,100,000	0.80

普丰证券投资基金

普丰证券投资基金2002年度报告

重要提示

本基金的托管人已于2003年3月27日复核了本报告。本基金管理人、托管人愿就本报告书中所载资料的真实性、准确性和完整性负责,本报告书中的内容由本基金管理人负责解释。

一、基金简介

(一)基金基本资料

基金名称:普丰证券投资基金(简称:基金普丰)

基金交易代码:184693

基金发起人:国信证券有限责任公司　浙江证券有限责任公司
鞍山市信托投资股份有限公司　安徽省国际信托投资公司
鹏华基金管理有限公司

基金发行日期:1999年7月8日　基金成立日期:1999年7月14日

基金单位总份额:30亿份　基金类型:契约型、封闭式

基金存续期:15年

上市地点:深圳证券交易所

上市时间:1999年7月30日

(二)基金管理人

法定名称:鹏华基金管理有限公司

注册及办公地址:深圳市深南东路5047号发展银行大厦18、27层

邮政编码:518001

国际互联网网址:http://www.phfund.com.cn

法定代表人:陈正蓉

总经理:孙晓刚

信息事务管理人:程国洪

联系地址:深圳市深南东路5047号发展银行大厦18层

联系电话:0755-82080663

传真:0755-82080742

(三)基金托管人

法定名称:中国工商银行

注册及办公地址:北京市西城区复兴门内大街55号

邮政编码:100032

法定代表人:姜建清

基金托管部负责人:周月秋

信息事务联系人:刘长江

联系地址:北京市西城区复兴门内大街55号

联系电话:010-66107333　传真:010-66106904

(四)会计师事务所和经办注册会计师

法定名称:普华永道中天会计师事务所有限公司

注册及办公地址:上海市淮海中路333号

法定代表人:Kent　Watson

电话:021-63863388

传真:021-63863300

联系人:周忠惠

经办注册会计师:王笑　郭杭翔

二、主要财务数据和指标

单位:人民币元

序号	项目	2002年	2001年
1	基金本期净收益	-254,384,013.12	216,971,661.43
2	单位基金本期净收益	-0.0848	0.0723
3	基金可分配净收益	-397,962,032.94	-14,243,511.89
4	单位基金可分配净收益	-0.1327	-0.0047
5	期末基金资产总值	2,608,817,083.57	2,990,384,818.07
6	期末基金资产净值	2,602,037,967.06	2,985,756,488.11
7	单位基金资产净值	0.8673	0.9953
8	基金资产净值收益率	-8.52%	6.08%
9	本期基金资产净值增长率	-12.86%	-16.03%
10	累计资产净值增长率	7.54%	23.41%

三、基金管理人报告

(一)本基金业绩表现

截止到2002年12月31日,基金单位资产净值为0.8673元,净值增长率为-12.86%,每基金单位实现收益-0.0848元。

(二)本基金投资风格

"基金普丰"坚持在立足理性投资的基础之上追求积极进取的投资风格,从而实现基金资产收益最大化。基于这一投资目标,本基金在投资过程中相对注重企业业绩及新经济行业两方面因素,并且比较强调两方面因素的兼顾原则。在指数投资方面,则坚持以深圳A股指数为跟踪目标,缩小跟踪误差,通过对仓位的调节来控制风险,并根据个股信息的变化及时调整样本股范围。

(三)基金经理及基金经理助理简介

张弓先生:基金经理,35岁,经济学硕士,从事金融证券工作9年,曾在北京财贸学院任教,海南省证券公司从事投行业务,建设银行海南省信托投资公司深圳营业部任总经理,2001年2月加入鹏华基金管理有限公司任研究员。

汤卫东先生:基金经理助理,36岁,经济学硕士,5年证券从业经验,1997年开始在深圳阳光基金管理公司先后从事证券研究和投资工作,先后任研究员、证券投资部经理,2000年8月加盟鹏华基金管理公司,先后任研究员、基金经理助理。

(四)基金经理工作报告

1、2002年我国证券市场回顾

2002年是中国证券市场大幅调整的一年,这不仅表现在股市的走势方面,还表现在投资理念与投资思路的转变以及股市运行的政策环境等方面。

从指数表现方面讲,尽管期间虽然经历过1月和6月两轮爆发性的反弹,但至年底股指仍然跌落至全年最低点附近,沪、深股市全年跌幅分别达-17.52%和-18.32%。

从投资理念和投资思路方面讲,以"价值发现"为核心的投资理念,做"价值的发现者"、依靠挖掘和发现上市公司内在价值的理性投资盈利模式得到了更大程度上的认同,以上海机场、宝钢股份等为代表的大盘蓝筹股也表现出了较高的超额回报。

从政策环境方面讲,在这一年内,陆续出台了多项政策,其中包括QFII政策、暂停国有股减持、恢复新股市值配售以及地方政府主导下的国有股股权对外转让等。这些政策将在未来一段时间内继续对证券市场产生深远影响。

2、2002年本基金运作情况

截至2002年12月31日,本基金单位资产净值为0.8673元,与年初相比,净值增长率为-12.86%,本基金跟踪的深证A指同期下跌17.69%。虽然业绩表现超越了基准,但仍然给投资者造成了一定的损失,在此我们深表歉意。

基金普丰是优化指数基金,我们在跟踪深A指数的同时也加强了对宏观经济和行业发展趋势等方面的综合分析,加大了对发展趋势良好的银行、钢铁、交通运输等行业的投资,取得了较好的效果。

在2002年的运作中,我们的工作也存在着一些不足之处,这主要表现在对市场的波段性把握不够准确上,2003年我们将对这方面加以改进。

(五)内部监察稽核工作报告

基金运作合规性声明

本报告期内,本基金管理人严格遵守相关法律法规,本着"诚实信用、勤勉尽责,取信于市场、取信于投资者"的原则管理和运用基金资产,在严格控制内部风险的基础上,坚持自律和他律相结合,忠实履行信托义务。本报告期内没有损害基金持有人利益的行为,基金投资范围、投资比例及投资组合符合有关法规及基金契约的规定。

四、托管人报告

本托管人--中国工商银行,依据《普丰证券投资基金基金契约》与《普丰证券投资基金托管协议》,托管普丰证券投资基金。

2002年度,在对普丰证券投资基金的托管过程中,本托管人严格遵守了《证券投资基金管理暂行办法》及其实施准则、基金契约、托管协议和其他有关法规的规定,对普丰证券投资基金的投资运作进行了全面的会计核算和应有的监督,没有发生任何损害基金持有人利益的行为,诚实信用,勤勉尽责地履行了作为托管人所应尽的义务。

本托管人依照《证券投资基金管理暂行办法》及其实施准则、基金契约、托管协议和其他有关法规的规定,对普丰证券投资基金的投资组合进行了监督,认为鹏华基金管理有限公司在普丰证券投资基金的投资运作、基金资产净值及单位基金资产净值的计算上,遵守《证券投资基金管理暂行办法》及其实施准则、基金契约、托管协议和其他有关法规的规定,没有发现任何损害基金持有人利益的行为。

本托管人依法对普丰证券投资基金管理人--鹏华基金管理有限公司在2002年度内所编制和披露的普丰证券投资基金资产净值公告、基金投资组合公告、基金中期报告、基金年度报告等公告信息进行了复核,认为普丰证券投资基金管理人--鹏华基金管理有限公司在2002年度内所编制和披露的基金信息是准确、真实、完整的。

中国工商银行基金托管部

2003.03.27

五、基金年度财务报告

(一) 审计报告

普丰证券投资基金全体持有人:

我们接受委托,审计了普丰证券投资基金(以下简称"基金普丰") 2002年12月31日的资产负债表及2002年度的经营业绩表和基金净值变动表。这些会计报表由基金普丰管理人鹏华基金管理有限公司负责,我们的责任是对这些会计报表发表审计意见。我们的审计是依据中国注册会计师独立审计准则进行的。在审计过程中,我们结合基金普丰的实际情况,实施了包括抽查会计记录等我们认为必要的审计程序。

我们认为,上述基金普丰会计报表符合中华人民共和国企业会计准则、《证券投资基金会计核算办法》、《普丰证券投资基金基金契约》和中国证券监督管理委员会允许的如会计报表附注所列示的基金行业实务操作的有关规定,在所有重大方面公允地反映了基金普丰2002年12月31日的财务状况及2002年度的经营成果和净值变动情况,会计方法的选用遵循了一贯性原则。

普华永道中天 会计师事务所有限公司　注册会计师　王笑

2003年2月11日　注册会计师　郭杭翔

六、基金持有人结构及前十名持有人

1.基金持有人结构:

	持有份额(份)	占总份额的比例(%)
基金发起人	26250000	0.875%
国信证券有限责任公司	15000000	0.5%
其中:未上市流通份额	7500000	0.25%
浙江证券有限责任公司	1875000	0.0625%
其中:未上市流通份额	1875000	0.0625%
鞍山市信托投资股份有限公司	1875000	0.0625%
其中:未上市流通份额	1875000	0.0625%
安徽省国际信托投资公司	3750000	0.125%
其中:未上市流通份额	1875000	0.0625%
鹏华基金管理有限公司	3750000	0.125%
其中:未上市流通份额	1875000	0.0625%
社会公众	2973750000	99.125%

2.普丰基金前十名持有人(截止2002年12月31日):

	持有人名称	持有份额(份)	占总份额的比例(%)
1	中国太平洋保险公司	280621260	9.35%
2	中国人民保险公司	194696529	6.49%
3	中国人寿保险公司	194514127	6.48%
4	中国平安保险股份有限公司	191769207	6.39%
5	中国再保险公司	55344100	1.84%
6	招商证券股份有限公司	54341295	1.81%
7	海通证券股份有限公司	49346822	1.64%
8	内蒙古自治区信托投资公司	39000000	1.30%
9	新华人寿保险股份有限公司	24063312	0.80%
10	安徽国信投资顾问有限责任公司	22034600	0.73%

景博证券投资基金

景博证券投资基金2002年年度报告

重要提示

本基金托管人中国农业银行已于2003年3月27日复核了本报告。本基金的管理人、托管人愿就本报告书所载内容的真实性、准确性、完整性负责，本报告书有关内容由基金管理人负责解释。

一、基金简介

(一)基金全称:景博证券投资基金
基金简称:基金景博　交易代码:184695
基金发起人:大成基金管理有限公司　湘财证券有限责任公司
基金发行日期(规范后扩募):1999年11月4日
基金成立日期(规范后扩募):1999年11月12日
基金单位总份额:10亿份基金单位　基金类型:契约型封闭式
基金存续期:15年　上市地点:深圳证券交易所
上市日期(规范后扩募):1999年11月15日
(二)基金管理人:大成基金管理有限公司
注册地址:深圳市福田区新闻路报社大院报业大厦12层C区　邮政编码:518034
办公地址:深圳市福田区深南大道7088号招商银行大厦32层　邮政编码:518040
公司网址:http://www.dcfund.com.cn
法定代表人:胡学光(待批)
总经理:龙小波
信息披露负责人:田宇飚　胡勇钦
电　话:(0755)83183388　传　真:(0755)83199588
(三)基金托管人:中国农业银行
法定名称:中国农业银行
注册地址:北京市海淀区复兴路甲23号
邮政编码:100036
法定代表人:尚福林
托管部负责人:郭辉
信息披露负责人:李芳菲
办公地址:北京市海淀区西三环北路100号金玉大厦
电　话:(010)68435588　传　真:(010)68424181
(四)会计师事务所:普华永道中天会计师事务所有限公司
注册地址:上海市浦东新区沈家弄325号
办公地址:上海市淮海中路333号瑞安广场12楼
邮政编码:200021
法人代表:Kent Watson
经办注册会计师:钱进　马颖旎　联系人:陈兆欣
电话:(021)63863388　传真:(021)63863300
(五)律师事务所:国浩律师集团(北京)事务所
注册及办公地址:北京市西城区复兴门内大街158号远洋大厦F7层
法定代表人:张涌涛　经办律师:黄伟民、刘伟宁
电　话:(010)66411188、66413826　传真:(010)66413800、66413801
(六)信息披露报纸及网址
选定的信息披露报纸:《证券时报》、《中国证券报》、《上海证券报》
刊登年度报告的中国证监会指定国际互联网网址:http://www.cninfo.com.cn
年度报告备置地点:大成基金管理有限公司

二、主要财务指标

单位:人民币元

序号	指标名称	2002年	2001年	2000年
1	基金本期净收益/损失	-63,088,797	80,330,154	192,392,494
2	单位基金本期净收益/损失	-0.0631	0.0803	0.1924
3	基金可分配净收益/损失	-126,555,355	20,486,039	205,216,531
4	单位基金可分配净收益/损失	-0.1266	0.0205	0.2052
5	期末基金资产总值	875,153,092	1,027,590,913	1,416,726,379
6	期末基金资产净值	873,444,645	1,020,486,039	1,411,876,770
7	单位基金资产净值	0.8734	1.0205	1.4119
8	基金资产净值收益率(%)	-6.30	6.55	19.13
9	本期基金资产净值增长率(%)	-12.79	-16.75	39.21
10	累计资产净值增长率(%)	-2.56	11.73	34.21

三、基金管理人报告

(一)本基金业绩表现

截止2002年12月31日，基金单位资产净值0.8734元，本期基金资产净值增长率为-12.79%。同期上证A股指数下跌17.13%，本基金的投资基准中信400指数下跌21.72%，本基金净值表现好于同期上证A股指数和投资基准指数。

(二)本基金投资理念和风格

本基金坚持"研究先导、成长为本、组合投资、稳健安全"的投资原则，追求基金资产的长期保值增值。在投资过程中，积极选择各行业中主营业务增长较快、业绩稳步提高的上市公司，以及进行产业转型的传统行业公司，进行跟踪以及把握投资机会。本基金的主要投资对象为深沪市场平均总股本或平均总市值规模及以下的上市公司，由于中小企业一般处于成长初期，增长潜力较大，容易出现高增长，投资该类企业可能获取较高的投资收益；但与此同时，面对激烈的市场竞争，中小企业与成熟的大型企业相比，业绩稳定性相对较差，能否成长为大企业具有较大的不确定性，企业基本面的把握难度相对较大，投资风险相对较高。其股价表现为波动性大、流动性低、收益性高的特点，因此，基金的净值具有较大的波动性。本基金选择中信400指数作为投资基准。

(三)基金经理工作报告

2002年工作回顾：

2002年我国GDP增长率达到8%，宏观经济运行具有两大特点：一是投资和外贸成为拉动经济增长的主要动力，消费增长相对疲软和物价持续走低。二是传统行业经过几年来的结构调整已有明显的复苏迹象，大宗原材料产品价格见底回升。

回顾2002年证券市场，具有明显的"新兴+转轨"的市场特征，管理层不断推进和引导市场化和国际化的监管理念，市场的风险意识和投资理念发生重大转变，投资者结构变化改变了市场的博弈方式，开始由资金推动型向价值投资过渡。具体表现为：市场波动逐步下降，成交量递减，股票市场集中度提高，政策市的特征开始弱化；随着大盘股的不断发行，大市值股票吸引增量资金，市场表现最为强劲。全年深沪市场经历了两次探底反弹的走势，呈现为宽幅振荡、慢跌快升的特征。一方面，我国证券市场存在制度性缺陷，股权结构的不合理导致长线资金入场信心不够；市场化和国际化进程的加快、QFII的推出，机构投资者对投资价值判断取向与国际接轨，导致市场价值中枢逐步下移；同时，扩容的压力迫切，机构投资者找不到适宜的盈利模式，市场各主体遗留问题的解决需要一个过程。另一方面，政府明确指出：证券市场在经济发展中的作用日益重要，规范和发展证券市场的方针不会改变，稳定是发展的基础。先后推出了恢复新股配售发行、停止通过证券市场减持国有股等一系列利好，导致市场产生了两次小级别的反弹行情。

回顾2002年的操作，上半年我们一直持谨慎的态度，大部分时间股票仓位控制在50%左右，由于我们较大比例持有国债和积极参与增发股票的申购，取得了较好的投资效果，上半年国债收益对基金净值贡献较大。但在"6.24"行情中，较大幅度的增加了股票仓位，导致在下半年市场下跌过程中对基金净值有较大的负面影响。在2002年投资过程中，我们深深感受到基金契约对投资范围的明确限制带来的操作难度。在资产配置上，由于市场集中度的提高，小股票的流动性不断降低，很难实现波段操作；在行业配置和个股选择上，往往具有行业代表性的龙头企业不在本基金主要投资范围之内，只能投资行业内的二线企业，对行业的周期性变化或重大变革反映不够灵敏，很难获得行业配置和个股选择带来的超额收益。

2003年展望及我们的投资思路：

展望2003年，我国宏观经济政策的连续性和稳定性将基本保持不变，但是积极的财政政策开始逐步淡出，货币政策的调控力度逐步加大，民营经济的政策环境将进一步改善。我们预期投资和出口的增长速度将出现适度回落，而消费增长将逐步回升，GDP实现7%以上的增速依然可期。我国经济持续稳定的增长为证券市场的长远发展提供了良好的外部环境。

展望2003年证券市场，政府关于"推进资本市场的改革和稳定发展"的指导方针不会改变，坚持改革的力度、发展的速度与市场的承受程度的统一。但是，国有资产管理体制改革、金融创新及税收制度改革将对市场产生重大影响。本基金经理人认为，2003年的证券市场最大的特征是市场结构性转变，"转型"的效果将逐步显现，类别资产或个股走势差异将非常明显。一方面，大市值、低市盈率、有连续稳定经营业绩的行业龙头将持续走强；同时，高市盈率、流动性差、业绩波动幅度较大的小股票将逐步走弱。我们预计全年市场为强平衡市，指数在新的箱体内波动，强势行业和个股具有较大的投资机会。我们认为，银行、汽车、交通运输行业将长期受益并反映宏观经济的高速增长，具有较大的投资机会；钢铁、有色金属和石化等周期性行业将在行业循环中存在阶段性投资机会。基于以上判断，在2003年投资过程中，资产配置对基金业绩的贡献将减小，行业配置和个股选择的贡献将加大。因此，我们将在加强资产配置的同时，重视对行业和个股的选择，并对优势行业和优势企业的投资逐步集中；同时，继续加强对增发股票和可转债的研究和投资。

四、基金托管人报告

本基金托管人--中国农业银行，根据《景博证券投资基金基金契约》和《景博证券投资基金托管协议》，在对景博证券投资基金的托管过程中，严格遵守《证券投资基金管理暂行办法》及各项法规规定，对景博证券投资基金管理人-- 大成基金管理有限公司在2002年会计年度基金的投资运作，进行了认真、独立的会计核算和必要的投资监督，认真履行了托管人的义务。

本托管人认为，大成基金管理有限公司在景博证券投资基金的投资运作、信息披露等方面符合《证券投资基金管理暂行办法》及其相关法规的规定，基金管理人在2002年度所编制和披露的景博证券投资基金财务报告、资产净值公告等各项基金信息真实、完整，未发现有损害基金持有人利益的行为。

中国农业银行证券投资基金托管部
2003年3月27日

五、基金财务报告

(一)审计报告

景博证券投资基金全体持有人：

我们接受委托，审计了景博证券投资基金(以下简称"基金景博")2002年12月31日的资产负债表及2002年度的经营业绩表和基金净值变动表。这些会计报表由基金景博管理人大成基金管理有限公司负责，我们的责任是对这些会计报表发表审计意见。我们的审计是依据中国注册会计师独立审计准则进行的。在审计过程中，我们结合基金景博的实际情况，实施了包括抽查会计记录等我们认为必要的审计程序。

我们认为，载于第2页至第13页的上述基金景博会计报表符合中华人民共和国企业会计准则、《证券投资基金会计核算办法》、《景博证券投资基金基金契约》和中国证券监督管理委员会允许的如会计报表附注所列示的基金行业实务操作的有关规定，在所有重大方面公允地反映了基金景博2002年12月31日的财务状况及2002年度的经营成果和净值变动情况，会计方法的选用遵循了一贯性原则。

普华永道中天会计师事务所有限公司　注册会计师　钱　进
2003年2月14日　注册会计师　马颖旎

六、基金持有人结构及前十名持有人

1.基金持有人结构：

基金持有人	持有份额(基金单位)	持有比例
发起人:大成基金管理有限公司	17600000	1.76%
湘财证券有限责任公司	5000000	0.50%
社会公众	977400000	97.74%
总　计	1000000000	100.00%

2.前十名基金持有人情况：

序号	持有人名称	持有份额	占总份额比例%
1	中国人寿保险公司	91291053	9.13%
2	中国平安保险股份有限公司	47889445	4.79%
3	新华人寿保险股份有限公司	45442304	4.54%
4	上海久事公司	28633946	2.86%
5	大成基金管理有限公司	17600000	1.76%
6	山西隆盛达贸易有限公司	10011600	1.00%
7	中国太平洋保险公司	7000000	0.70%
8	中技欧亚进出口有限责任公司	6924688	0.69%
9	安徽省国投经济发展有限责任公司	6641485	0.66%
10	贵州省贵财投资有限责任公司	6123617	0.61%

裕华证券投资基金

裕华证券投资基金2002年年度报告

重要提示

本基金的托管人交通银行已于2003年3月26日复核了本报告。本基金管理人、托管人愿就本报告书中所载资料的真实性、准确性和完整性负责,本报告书中的内容由本基金管理人负责解释。

一、基金简介

(一) 基金基本资料

基金简称:基金裕华　　基金交易代码:184696

基金单位总份额:5亿份　　基金类型:契约型、封闭式

基金存续期:15年

上市地点:深圳证券交易所　　上市时间: 2000年4月24日

(二) 基金管理人

法定名称:博时基金管理有限公司

注册地址:广东省深圳市福田区深南大道7088号招商银行大厦29层

办公地址:广东省深圳市福田区深南大道7088号招商银行大厦29层

邮政编码: 518040

法定代表人:吴雄伟　　信息事务人:李全

联系地址:广东省深圳市福田区深南大道7088号招商银行大厦29层

联系电话:0755-83169999　　传　　真:0755-83195140

(三) 基金托管人

法定名称:交通银行

注册地址:上海市仙霞路18号

办公地址:上海市银城中路188号

邮政编码:200120

法定代表人:方诚国

基金托管部负责人:谢红兵

信息事务联系人:江永珍

联系地址:上海市银城中路188号

联系电话:021-58408846　　传真:　　021-58408836

(四) 会计师事务所和经办注册会计师

法定名称:普华永道中天会计师事务所有限公司

注册及办公地址:上海淮海中路333号

法定代表人:Mr.　Kent　Watson

电话:021-63863388　　传真:021-63863300

联系人:周忠惠　　经办注册会计师:　　牟磊　　陈玲

(五) 律师事务所和经办律师

法定名称:国浩律师集团(北京)事务所

注册及办公地址:北京市复兴门内大街158号远洋大厦F7

法定代表人:张涌涛

电话:010-66411188　　传真:010-66413800

联系人:黄伟民

经办律师:黄伟民

二、主要财务指标

1. 主要财务指标

金额单位:人民币元

	主要财务指标	2002年	2001年	2000年
1	基金本期净收益	-9,102,849	3,483,570	69,644,754
2	单位基金净收益	-0.0182	0.007	0.1393
3	基金可分配净收益	-44,365,357	2,306,573	46,013,718
4	单位基金可分配净收益	-0.0887	0.0046	0.092
5	期末基金资产总值	457,367,697	506,029,849	603,437,905
6	期末基金资产净值	455,634,643	502,306,574	599,476,472
7	单位基金资产净值	0.9113	1.0046	1.199
8	基金资产净值收益率	-1.82%	0.63%	19.22%
9	本期基金净值增长率	-8.90%	-9.65%	47.70%
10	基金累计净值增长率	19.90%	31.62%	45.67%

三、基金管理人报告

本基金业绩表现

2002年本基金净值增长率为-8.90%, 同期上海以及深圳证券交易所综合指数分别下跌了17.5%和18.3%,复合指数 (80%上证指数+20%国债)下跌13.5%。本基金表现好于市场同期的表现。

基金经理简介

宋炳山,1969年出生,硕士学历。1996年毕业于清华大学工程物理系,获工学硕士学位。1996年至1998年在科技部高技术司工作。1998年入博时基金管理有限公司,曾任研究员、基金裕隆基金经理助理、基金裕阳基金经理。2002年1月起任基金裕华基金经理。

(一) 基金经理工作报告

2002年投资回顾:

2002年的市场延续了自2001年6月份以来的调整态势继续下跌, 由于市场自99年"5.19"以来形成的深层次问题仍然没有解决,虽然国家对关系到市场发展的重大政策进行了调整,但是市场自身的力量依然保持强大的惯性,造成了市场继续调整的态势。同时,市场的内在结构也发生了较大的变化,根据我们的统计发现,近两年中能够持续战胜市场、甚至有绝对收益、创出新高的股票,绝大部分是那些主营业务清晰、行业优势突出、竞争力明显,能够持续为股东带来盈利增长的那些企业,这也为本基金建立明确的投资理念,强化投资原则,严肃投资纪律,指明了方向。

2002年国民经济继续保持稳定增长,GDP增长速度达到了8%,出口的增长、投资的扩大以及内需的稳定增长成为拉动经济增长的三大因素。2002年是中国加入世界贸易组织的第一年,在全球政治、经济动荡不安之中,中国经济出乎大多数人意料,取得了GDP增长率8%的好成绩,外贸出口大幅度增长,消费价格指数逐月回升,值得特别一提的是,中国汽车工业直面国际竞争,非但没有停滞不前反而出现了爆炸式的增长,初步反映出中国经济在国际竞争中　的比较优势。

自2001年6月以来的市场调整,是一轮级别较大的调整,是对最近几年市场所存在问题进行的一次洗牌和调整。2002年的市场处于这轮调整的中期。本基金在操作过程中遵循了坚持价值和成长相结合的投资理念,按照"自上而下"进行资产配置、"自下而上"选择股票的投资方式,重点投资了与出口增长、大型基础设施建设、关系百姓消费的优势行业,取得了较好的投资效果。在个股选择上,坚持以价值分析为基础,精选个股;在行业配置上,以国民经济中表现突出的优势行业为配置的重点;同时,针对市场趋势发展演化的情况,动态地调整资产在股票与债券上的配置比例。从实际操作的情况来看,取得了一定的成效,但是问题也不少,遗憾颇多。

个股选择方面,精选个股的持股集中度太低,力度不足。由于2002年在策略上,制订了波段操作的思想,对股票的流动性重视程度较高,对于仔细研究所发现的个股,由于担心流动性问题,没有进行较大比例的持仓,致使组合的分散程度过大,没有体现出精选个股的优势,影响了净值表现。

行业研究仍需加强。我国的宏观经济调整已经有几年了,我们一直在对各个行业部门的增长恢复情况进行跟踪分析,如,彩电业,经过几年的行业竞争和整合,在2002年初,表现出了较好的恢复性增长的势头;手机行业由于制造优势所呈现的良好发展势头等,我们在资产配置方面都进行一定程度的倾斜,但是,对于汽车行业的爆发性增长,估计明显不足,资产配置也没有跟上节奏。

资产配置管理上,与2001年相比,有了一定程度的进步,但是遗憾较多。A、2002年初,及时减少了股票的持仓比例,较好地规避了市场的下跌,但是由于对突发性事件的估计不足,1400点以下没能够大幅度加仓,而是等到市场反弹到了1500点附近,才加到了较为合适的仓位比例。B、规避5月份市场的下跌较好,而且在"6.24"以前将仓位比例加到了合适的比例,由于加仓比较从容,而且出于流动性以及波动性的考虑,加仓的重点放在了次新股和小盘股上,没有加到市场中涨幅最大的大盘低价股上,大大影响了基金的净值表现。C、"6.24"以后,资产配置比例管理较好,在7月底8月初大幅度降低了股票配置比例,但是后面加仓的始点不理想,在11月初就迅速提高了股票的配置比例,致使11月和12月份的大幅度下跌没有得到有效的规避。

2003年展望:

本基金将在总结过往得失的基础上,继续坚持价值和成长相结合的投资理念,结合中国国情,强化对上市公司的分析,建立、完善一套科学系统的投资分析决策体系,尽快形成我们自己的投资哲学、投资方法、投资纪律,使之能够保障我们长期稳定地为基金持有人获取最大的收益。

中国的宏观经济将会继续保持2002年良好的发展势头, 消费价格指数在年初已经转负为正,经济发展有望走出通缩的阴影, 出口增长、投资拉动和内需扩大将会继续成为经济增长的三大支柱,一些高速增长的行业和保持继续稳定增长的行业将会有持续良好的发展。同时,我们注意到,国有资产管理体制的改革,国有经济的战略重组,国企制度的创新、民营企业的不断壮大,外国资本的不断涌入等因素对中国的产业结构调整将带来深远的影响, 也给我们的投资带来了前所未有的机遇与挑战。

对于2003年股票市场的走势,我们尚不能断言自2001年6月以来的调整已经结束,但是经过过去两年市场大幅度的振荡下跌,投资者的心态已经较为稳定。我们认为,股价结构的调整还会继续进行,由上市公司之间股价进一步分化所带来的投资机会依然存在,使得我们对2003年的市场走势持谨慎乐观的态度。

四、托管人报告

2002年度,交通银行作为裕华证券投资基金的托管人,严格遵守《证券投资基金管理暂行办法》及其实施准则的规定,依据《裕华证券投资基金契约》和《裕华证券投资基金托管协议》中的条款,就以下各事项报告如下:

1. 本托管人认真履行了基金托管人的各项职责,安全保管裕华基金的所有资产。

2. 本托管人认真完成了裕华证券投资基金的投资监管和清算核算工作。

3. 本托管人妥善保管了基金所有会计帐册和重大合同,切实维护基金持有人的合法权益,未发生任何损害基金持有人利益的事件和行为。

2002年度,交通银行作为裕华证券投资基金的托管人,对基金管理人的各项行为监管报告如下:

1. 未发现基金管理人在投资运作中有损害基金持有人利益的行为。

2. 由基金管理人编制和披露的2002年度裕华证券投资基金每周资产净值公告、每季度投资组合公告、中期财务报告和年度财务报告是合法、真实和完整的。

交通银行基金托管部

2003年3月26日

五、基金年度财务报告

(一) 审计报告

裕华证券投资基金全体持有人:

我们接受委托,审计了裕华证券投资基金(以下简称"基金裕华")2002年12月31日的资产负债表及2002年度的经营业绩表和基金净值变动表。这些会计报表由基金裕华管理人博时基金管理有限公司负责,我们的责任是对这些会计报表发表审计意见。我们的审计是依据中国注册会计师独立审计准则进行的。在审计过程中,我们结合基金裕华的实际情况,实施了包括抽查会计记录等我们认为必要的审计程序。

我们认为, 下述裕华基金会计报表符合中华人民共和国企业会计准则、《证券投资基金会计核算办法》、《裕华证券投资基金基金契约》和中国证券监督管理委员会允许的如会计报表附注所列示的基金行业实务操作的有关规定,在所有重大方面公允地反映了基金裕华2002年12月31日的财务状况及2002年度的经营成果和净值变动情况,会计方法的选用遵循了一贯性原则。

普华永道中天会计师事务所有限公司　　注册会计师　　牟　磊

2003年1月10日　　注册会计师　　陈　玲

六、基金持有人结构及前十名持有人

(一) 基金持有人结构:

		持有份额(份)	占总份额的比例
基金发起人:	博时基金管理有限公司	5,000,000	1%
	社会公众	495,000,000	99%
	合计	500,000,000	100%

(二) 裕华基金前十名持有人(截止2002年12月31日):

序号	持有人名称	持有份额(份)	占总份额的比例
1	中国人寿保险公司	40,846,869	8.17%
2	中国平安保险股份有限公司	34,163,046	6.83%
3	中国人民保险公司	11,975,194	2.40%
4	国信证券有限责任公司	8,500,000	1.70%
5	中国太平洋保险公司	5,804,786	1.16%
6	博时基金管理有限公司	5,000,000	1.00%
7	天安保险股份有限公司	4,500,000	0.90%
8	大众保险股份有限公司	3,870,029	0.77%
9	邵晶	3,805,300	0.76%
10	贵州省贵财投资有限责任公司	3,655,400	0.73%

天 元 证 券 投 资 基 金

天元证券投资基金 2002 年年度报告

重要提示

本基金托管人中国工商银行已于2003年3月26日复核了本报告书。本基金的管理人、托管人愿就本报告书中的所载资料的真实性、完整性、准确性负责。本报告书中的内容由基金管理人负责解释。

一、基金简介

(一) 基金基本资料
基金简称:基金天元　　基金交易代码:184698
基金类型:契约型、封闭式
基金单位总份额:30亿份　　目前可流通份额:29.7亿份
基金存续期:15年(1999年8月25日至2014年8月25日)
上市地点:　深圳证券交易所
上市日期:1999年9月20日
(二) 基金管理人:南方基金管理有限公司
注册及办公地址:深圳市深南大道4009号投资大厦7楼
邮政编码:518026
国际互联网网址:http://www.southernfund.com
法定代表人:刘波　　总经理:高良玉　　信息披露负责人:郑凯铨
联系电话:0755-82912000转,传真:0755-82912578
(三) 基金托管人:中国工商银行
注册及办公地址:北京市复兴门内大街55号
邮政编码:100032
法定代表人:姜建清
托管部负责人:周月秋
信息披露负责人:刘长江
联系电话:010-66107333　　传真:010-66106904
电子邮件地址:CJLIU@ICBC.COM.CN
(四) 聘请的会计师事务所
法定名称:深圳天健信德会计师事务所
注册及办公地址:深圳蛇口兴华路海滨花园海滨中心商场A座3楼
办公地址:深圳市滨河大道5020号证券大厦十六层
法定代表人:朱祺珩
经办注册会计师:李渭华　　周冰
联系电话:0755-82903666　　传真:0755-82990487

二、基金主要财务指标

金额单位:人民币元

	2002		2001	
基金本期净收益	RMB	(209,677,783.98)	RMB	230,269,152.17
单位基金本期净收益	RMB	(0.0699)	RMB	0.077
基金可分配净收益	RMB	(262,418,500.39)	RMB	77,546,111.46
单位基金可分配净收益	RMB	(0.0875)	RMB	0.026
期末基金资产总值	RMB	2,815,243,606.98	RMB	3,286,879,862.77
期末基金资产净值	RMB	2,737,581,499.61	RMB	3,077,546,111.46
单位基金资产净值	RMB	0.9125	RMB	1.026
调整后期初基金资产净值	RMB	3,005,140,729.03	RMB	3,849,631,000.45
基金资产净值收益率		(6.98%)		5.98%
本期基金资产净值增长率		(8.84%)		(19.40%)
累计基金资产净值增长率		16.33%		27.61%

三、基金管理人报告

(一)基金经理小组简介

李旭利先生,基金经理,29岁,经济学硕士,6年证券从业经历。1998年进入南方基金管理有限公司工作,先后从事证券分析、证券交易、基金投资等工作及基金天元经理助理。

陈键先生,基金经理助理,27岁,硕士学历,4年证券从业经历。2000年加入南方基金管理有限公司,曾任研究部分析员,现任基金天元经理助理。

此外,基金天元管理小组还配备了若干名证券投资分析人员,协助上述人员从事基金天元的投资管理工作。

(二)基金经理工作报告

1、本基金投资风格与投资理念

本基金坚持投资于行业代表性强、股票流通性好、资本增值潜力大、分红稳定的深沪成分指数样本股及其他具有以上指标特征的成长型指标类上市公司长期持有,力争最大限度地为持有人降低风险、增加收益。

2、2002年宏观经济情况及证券市场回顾

2002年是中国加入WTO的第一年,在全球经济不景气的情况下,中国经济经受住了入关的冲击,宏观经济情况好于预期,继续保持高速增长,GDP增长8%。积极的财政政策继续发挥作用,基本建设投资对经济产生强大拉动作用,加上宽松的货币政策,民间投资逐步加大。虽然国内消费需求仍显不足,但住房和汽车消费开始加速。中国在入关后的比较优势得以发挥,进出口贸易大幅上升,出口需求强劲。虽然由于供给过剩,全年仍然呈现通货紧缩,但CPI跌幅逐步收窄。在全球经济不景气的2002年,中国经济再次成为亮点,吸引全球资本向中国投资。

与中国宏观经济的良好表现相背离的是,2002年中国股票市场呈现出弱平衡盘整格局。受管理层1月底暂停国有股减持和6月停止在证券市场减持国有股的刺激,股票市场分别是2月和6月有两次反弹。但由于证券市场的一些根本问题悬而未决,投资人难以形成合理的长期预期,证券市场全年走势偏弱,特别是整个下半年呈现单边阴跌。2002年上证综指下跌超过17%。

3、本基金2002年运作回顾

天元基金在2002年的运作中,将降低基金资产风险和增强流动性作为主要目标,波段操作,较好地把握了两次反弹机会。在下半年市场下跌过程中我们降低了基金持股比例,但由于系统性风险难以从根本上回避,基金资产损失较大。虽然基金收益率超过指数,但绝对收益为负。

4、2003年宏观经济和证券市场的展望

展望2003年,我们估计中国经济将继续保持高速增长,企业盈利能力可能继续提高。外围经济环境正逐步好转,虽然可能的战争因素影响全球稳定,但对中国影响不大。国内投资和消费需求仍将保持旺盛增长。中国加入WTO后在人力成本上的比较优势正逐步显现,并导致产业结构的变化,这将对中国经济产生长远影响。中国正在经历长期的城市化进程,随着限制人口流动的相关政策的改变,全球最大规模的城市化可能加速,必将导致与此相关的产业高速发展。

中国证券市场经过近两年的调整后,发生了根本性的变化。证券市场投资者结构发生了根本性变化。超常规发展机构投资者的政策产生明显效应,以证券投资基金为代表的机构投资者逐步成为证券市场的主要力量。以前以个人投资者为主的市场已转变为以机构投资者为主,机构投资者以基本面为出发点的投资思路逐步为市场认同,并开始引导整个市场的投资理念。证券市场资金来源发生变化,长期稳定资金增多。这部分资金投资目标相对理性,追求长期合理的回报,而不是短线的投机收益。长期资金增多的结果是减弱了证券市场投机的氛围。上市公司基本面发生较大变化。一方面近两年部分大盘蓝筹股上市,占了市场较大市值比例,对市场的稳定发挥了关键作用;另一方面,原来市场中基本面情况较差的公司因为退市、重组,比例正逐步减小。一增一减,上市公司的基本面普遍好转,整个证券市场的风险也就大幅减小。跟随这种根本性变化的是,中国股票市场的价格结构正在发生改变。在维持整体市场平衡的情况下,部分流动性好、基本面稳定增长的公司越来越多地受到机构投资者的关注。经过证券市场近两年的下跌,风险逐步释放。加上中国经济高速增长,带动上市公司整体业绩好转,盈利能力上升。部分优质上市公司的股价已与国际市场上可比公司价格差距大幅缩小,甚至到了国际同类公司的估值区间,显现出长期的投资价值。

5、2003年本基金的操作思路

在2003年的投资中,天元基金将坚持研究为本,价值发现的投资理念,以上市公司的盈利能力、成长性和发展前景为投资的根本出发点,这种以基本面为基础的投资方法将为我们长期采用。我们将回避市盈率过高,缺乏业绩支持,而基本面又没有明显好转的公司。

(三)内部监察报告

1、基金运作合规性声明

本报告期内,本基金管理人严格遵守《证券投资基金管理暂行办法》及其各项实施准则、《天元证券投资基金基金契约》和其他有关法律法规的规定,本着诚实信用、勤勉尽责的原则管理和运用基金资产,坚持"一流人才、一流管理、一流效益"的经营理念,在严格控制风险的基础上,为基金持有人谋求最大利益。本报告期内,基金运作整体合法合规,无损害基金持有人利益的行为。基金的投资范围、投资比例及投资组合符合有关法规及基金契约的规定。

四、基金托管人报告

本托管人--中国工商银行,依据《天元证券投资基金基金契约》与《天元证券投资基金托管协议》,托管天元证券投资基金。

2002年度,在对天元证券投资基金的托管过程中,本托管人严格遵守了《证券投资基金管理暂行办法》及其实施准则、基金契约、托管协议和其他有关法规的规定,对天元证券投资基金的投资运作进行了全面的会计核算和应有的监督,没有发生任何损害基金持有人利益的行为,诚实信用、勤勉尽责地履行了作为托管人所应尽的义务。

本托管人依照《证券投资基金管理暂行办法》及其实施准则、基金契约、托管协议和其他有关法规的规定,对天元证券投资基金的投资运作进行了监督,认为南方基金管理有限公司在天元证券投资基金的投资运作、基金资产净值及单位基金资产净值的计算上,遵守《证券投资基金管理暂行办法》及其实施准则、基金契约、托管协议和其他有关法规的规定,没有发现任何损害基金持有人利益的行为。

本托管人依法对天元证券投资基金管理人--南方基金管理有限公司在2002年度内所编制和披露的天元证券投资基金资产净值公告、基金投资组合公告、基金中期报告、基金年度报告等公告信息进行了复核,认为天元证券投资基金管理人--南方基金管理有限公司在2002年度内所编制和披露的基金信息是准确、真实、完整的。

五、基金财务报告

(一) 审计报告

天元证券投资基金持有人:

我们接受委托,审计了天元证券投资基金二零零二年十二月三十一日的资产负债表和二零零二年度经营业绩表、基金净值变动表及基金收益分配表。该等会计报表由南方基金管理有限公司(基金管理人)负责,我们的责任是对该等会计报表发表审计意见。我们的审计是依据《中国注册会计师独立审计准则》进行的,在审计过程中,我们结合天元证券投资基金实际情况,实施了包括抽查会计记录等我们认为必要的审计程序。

我们认为,天元证券投资基金的上述会计报表符合中华人民共和国《金融企业会计制度》、《证券投资基金会计核算办法》和《天元证券投资基金基金契约》的有关规定,在所有重大方面公允地反映了该基金二零零二年十二月三十一日的财务状况与二零零二年度的经营成果,会计处理方法的选用遵循了一贯性原则。

深圳天健信德会计师事务所　　中国注册会计师　李渭华
二零零三年三月二十六日　　中国注册会计师　周　冰

六、基金持有人结构及前十名持有人

(一)基金持有人结构:

	持有份额(基金单位)	比例
发起人持有份额	3000万	1.00%
南方证券有限公司	1000万	0.33%
其中未流通份额	1000万	0.33%
南方基金管理有限公司	1000万	0.33%
其中未流通份额	1000万	0.33%
大鹏证券有限责任公司	1000万	0.33%
其中未流通份额	1000万	0.33%
社会公众持有份额	297000万	99.00%
总　计:	300000万	100.00%

(二)前十名持有人情况(截止于2001年12月31日):

持有人名称	持有份额(基金单位)	比例
1.中国太平洋保险公司	292910289	9.76%
2.中国人寿保险公司	234160696	7.81%
3.中国人民保险公司	176212402	5.87%
4.中国平安保险股份有限公司	157641075	5.25%
5.中国再保险公司	56319300	1.88%
6.浙江嘉兴高速公路有限责任公司	22700000	0.76%
7.安徽省国投经济发展有限责任公司	22140600	0.74%
8.上海久事公司	22104987	0.74%
9.安徽国信投资顾问有限责任公司	20800000	0.69%
10.江苏省高新技术风险投资公司	17300000	0.58%

同盛证券投资基金

同盛证券投资基金2002年年度报告

重要提示

本基金的托管人中国银行已于2003年3月25日复核了本报告。

本基金的管理人、托管人愿就本报告书中所载资料的真实性、准确性、完整性负责。本报告书中的内容由基金管理人负责解释。

一、同盛证券投资基金简介

(一) 基金简称:基金同盛
交易代码:184699
基金单位总份额:三十亿份基金单位
基金类型:契约型封闭式
基金存续期:十五年
基金上市地:深圳证券交易所
(二) 基金管理人
法定名称:长盛基金管理有限公司
注册地址:深圳市福田区华富路航都大厦13 C
办公地址:北京市朝阳区北三环东路8号静安中心22层
邮政编码:100028
国际互联网网址:http://www.csfunds.com.cn
法定代表人:王其华
总经理:蒋月勤
负责信息管理事务人员:李燕敏
联系地址:北京市朝阳区北三环东路8号静安中心22层
电话:010-64689198-651
传真:010-64689471
(三) 基金托管人
法定名称:中国银行
注册地址:北京市西城区复兴门内大街1号
办公地址:北京市西城区复兴门内大街1号
邮政编码:100818
国际互联网网址:http://www.bank-of-china.com
法定代表人:刘明康
托管部总经理:唐棣华
负责信息管理事务人员:忻如国
电子邮件:xinruguo@bank-of-china.com
联系地址:北京市西城区复兴门内大街1号
电话:010-66594856
传真:010-66594853
(四) 会计师事务所
法定名称:安永华明会计师事务所
注册地址:北京市朝阳门北大街6号北海万泰大厦802-807室
办公地址:北京市东城区东长安街一号东方广场东方经贸城东3办公楼16层
法定代表人:葛明
经办注册会计师:葛明、金馨
(五)律师事务所
法定名称:信利律师事务所
注册地址:北京市建国门内大街18号恒基中心1座609室
办公地址:北京市建国门内大街18号恒基中心1座609室
法定代表人:江山
经办律师:谢思敏、丁志钢

二、主要财务指标

	2002年	2001年	2000年
基金本期净收益	-45,549,540.18元	241,282,580.79元	683,983,429.00元
单位基金本期净收益	-0.0152元	0.0804元	0.2280元
基金可分配净收益	-364,358,339.47元	253,405,400.92元	721,297,937.84元
单位基金可分配净收益	-0.1215元	0.0845元	0.2404元
期末基金资产总值	2,641,886,803.69元	3,259,778,183.49元	4,650,660,363.27元
期末基金资产净值	2,635,641,660.53元	3,253,405,400.92元	4,258,735,801.86元
单位基金资产净值	0.8785元	1.0845元	1.4196元
基金资产净值收益率	-1.51%	6.68%	22.77%
本期基金资产净值增长率	-13.00%	-9.89%	41.77%
累计资产净值增长率	10.16%	26.62%	40.52%

三、基金管理人报告

(一)基金经理人报告

一、2002年回顾

市场回顾

过去的一年,在宏观经济依然保持良好增长态势的情况下,由于国际化、国有股减持等诸多不利因素的作用,A股市场出现了振荡下跌,继续释放系统性风险,走价值回归之路。纵观2002年的证券市场,主要有如下特征:1、偏暖的政策取向贯穿全年;2、市场人气涣散、成交持续低迷,除年初的超跌反弹和"6、24"的井喷行情以外,市场处于上升的时间不到1/3,全年大部分时间都处于持续阴跌的状态之下;3、行情演绎上,总体因缺乏群众基础而无持续的市场热点,但得益于消费需求飞速增长的汽车股全年逆势上扬,反映周期性复苏的大盘低价股亦表现出良好抗跌性,金融股在外资并购题材的炒作下出现了大幅振荡。

基金投资工作总结

秉承基金一贯稳健的经营作风,根据年初对市场行情的基本判断,本基金年度操作中采取了恒定混合的资产配置策略,同时选择持有业绩优良、具有增长潜力的行业和上市公司股票。上半年,根据对IT行业前景的看淡,重点减持了中兴通讯等科技类股票,而增持了招商银行、深发展、民生银行等金融股,同时重仓持有上港、外运等港口运输类绩优股以及宇通、江汽等汽车类股票,为上半年基金相对较好的表现奠定了基础。

2002年同盛基金净值增长率为-13.00%,同期上证指数跌幅为-15.98%。回顾2002年,概括起来,需引起重视的不足之处如下:1、在资产配置上,下半年,由于对停止国有股上市流通的利好预期较高,因而错过了在1700点以上大规模减仓的良机,而在后来的操作中由于减仓不够果断,以致于一直高比例持仓,没有主动和有效地回避大盘下跌的系统性风险;2、在行业配置和个股选择上,虽然总体来说以价值成长为导向的选股思路是勿容置疑的,但这种雷同的机构选股思路,使同盛许多重仓股包括上港、外运和宇通等机构持有比例过高,在一个非价值投资理念主导的市场中,这些股票的流动性随着市场的持续下跌越来越差,增加了适时减仓的难度;3、年度投资中,对招商银行、深发展等金融股的操作值得反思,虽买入时机把握得很好,但由于对弱势市场特征缺乏深刻的认识,致使一再错过卖出时机,没有兑现利润,使得基金运作亦相对变为被动。

二、2003年市场展望及投资计划

行情展望

当前股票市场的根本问题是上市公司的价值问题,是非流通股的流通问题,说到底主要是国有股的流通问题。从目前各方力量制衡的趋势来看,在国有股问题上,市场的力量正逐渐引导着政策走向,因此,可以肯定,"国有股问题"将逐渐朝着有利于市场的方向演变。但国有股解决方案的出台实施,市场价值的提升和信心的重塑仍是一个漫长的过程,对2003年股市的影响将体现在逐渐转好的预期上,从这个角度,2003年应是承上启下的过渡年。对2003年市场走势构成利好的因素还包括QFII的实施、资本市场与货币市场的有效对接如允许个人股票质押货款等等。

从宏观层面来看,虽然财政政策和出口对经济的拉动效应将减弱,但民营经济和消费的强劲增长将使总体经济更富有弹性和活力,CPI由负转正、基础产业的复苏和上市公司业绩的提升均将使股票市场的投资机会大增。

策略及计划

根据对未来一年的展望,总结反思过去一年的操作得失,2003年本基金的总体投资策略是:战略上,在深刻领会政策导向的基础上,谨慎做多;战术上,考虑到仍然有诸多不确定因素的存在,我们将继续重视和防范市场系统性风险,视市场不同阶段审时度势,波段操作。在资产配置上,将采取更贴近市场的多方位的投资战术,顺势而为;行业配置和个股选择上,将继续发扬价值投资的理念,从以下行业和板块中精选潜力股:金融信托行业、基础原材料行业、汽车行业、国有股流通受益板块以及与QFII和外资购并相关的板块。本基金管理人深信"一分耕耘,一分收获",在新的一年里,我们将勤勉尽责,以100%的努力力争为投资人带来满意的回报。

(二)内部监察稽核报告

基金运作合规性声明

本基金管理人在本报告期内按照《证券投资基金管理暂行办法》及其各项实施准则、《同盛证券投资基金基金契约》和其他有关法律法规的规定,以为基金投资人谋求基金资产的长期稳定增值的原则,管理和运用基金资产。通过进一步完善法人治理结构,加强内部管理、规范基金运作,在控制和防范风险的前提下,为基金持有人创造最大的投资回报。基金同盛投资组合符合有关法规及基金契约的约定,无损害基金持有人利益的行为。

四、基金同盛托管人报告

(一)内部监察稽核报告

本报告期内,本基金托管人进一步完善了基金托管部门的组织结构和内部制衡机制,提高防范和及时化解业务风险和管理风险的能力,确保托管业务的规范运作,切实保障基金持有人的利益;本基金托管人依据国家相关法律法规、基金契约和管理制度对基金托管业务运作和内控流程的完善和执行情况等进行持续的监察稽核;对监察稽核中发现的问题及时提示、督促改进并追踪改进效果;定期制作监察稽核报告,及时呈报上级监管部门。

中国银行基金托管部
2003年3月10日

五、基金年度财务报告

同盛证券投资基金全体持有人:

我们接受委托,审计了同盛证券投资基金(简称"基金同盛")二零零二年十二月三十一日的资产负债表及二零零二年度的经营业绩表、基金净值变动表及基金收益分配表。上述会计报表由基金同盛的基金管理人负责,我们的责任是对这些会计报表发表审计意见。我们的审计是根据《中国注册会计师独立审计准则》的规定进行的。在审计过程中,我们结合基金同盛的实际情况,实施了包括抽查会计记录等我们认为必要的审计程序。

我们认为,上述会计报表符合《金融企业会计制度》、《企业会计准则》、《证券投资基金会计核算办法》和中国证券监督管理委员会颁布的《证券投资基金管理暂行办法》实施准则第五号《证券投资基金信息披露指引》及基金契约的规定,在所有重大方面公允地反映了基金同盛二零零二年十二月三十一日的财务状况及二零零二年度的经营成果,会计处理方法的选用遵循了一贯性原则。

安永华明会计师事务所　　中国注册会计师　　葛明
二零零三年三月二十四日　　中国注册会计师　　金馨

六、基金持有人结构及前十名持有人

(一)、截止2002年12月31日,本基金份额结构为:

	12月末持有份额	占总份额比例
发起人持有	21,000,000份	0.70%
其中:长盛基金管理有限公司	6,000,000份	0.20%
中信证券股份有限公司	6,000,000份	0.20%
长江证券有限责任公司	3,000,000份	0.10%
天津北方国际信托投资股份有限公司	3,000,000份	0.10%
国元证券有限责任公司	3,000,000份	0.10%
其他持有人持有	2,979,000,000份	99.30%
合计	3,000,000,000份	100.00%

(二)、截止2002年12月31日,前十名持有人名称、持有份额及比例如下:

序号	股东名称	持有份额(份)	占总份额比例
1	中国太平洋保险公司	266,839,795	8.89%
2	中国平安保险股份有限公司	266,781,946	8.89%
3	中国人寿保险公司	210,034,996	7.00%
4	中国再保险公司	158,281,856	5.28%
5	中国人民保险公司	152,297,918	5.08%
6	上海久事公司	89,529,211	2.98%
7	联通国脉通信股份有限公司	55,625,700	1.85%
8	烽火通信科技股份有限公司	28,985,200	0.97%
9	新华人寿保险股份有限公司	23,462,700	0.78%
10	安徽省国投经济发展有限责任公司	22,354,990	0.75%

鸿飞证券投资基金

鸿飞证券投资基金2002年年度报告

重要提示

本基金的托管人中国建设银行已于2003年3月20日复核了本报告。本基金的管理人、托管人愿就本报告中所载资料的真实性、准确性、完整性负责。本报告书中的内容由基金管理人负责解释。

一、基金简介

(一)基金名称: 鸿飞证券投资基金
基金简称:基金鸿飞
交易代码:184700
基金发起人:中国对外经济贸易信托投资公司 联合证券有限责任公司
重庆国际信托投资公司 天津信托投资公司
山东省国际信托投资公司 宝盈基金管理有限公司
基金单位总份额:5亿份基金单位
基金类型:契约型封闭式
基金存续期:至2008年4月14日
基金上市地点:深圳证券交易所
基金上市时间:2001年11月28日
(二)基金管理人
法定名称:宝盈基金管理有限公司
注册及办公地址:广东省深圳市福田区深圳特区报业大厦15层
邮政编码:518034
法定代表人:谭向东
总经理:刘京湘
信息披露负责人:陈争鸣
联系电话:0755-83515371 传真:0755-83515622
(三)基金托管人
法定名称:中国建设银行
注册及办公地址:北京市西城区金融大街25号
邮政编码:100032
法定代表人:张恩照
基金托管部负责人:江先周
信息事务联系人:黄秀莲
联系电话:010-67597646 传真:010--66212638
(四)会计师事务所和经办注册会计师
法定名称:普华永道中天会计师事务所有限公司
办公地址:上海淮海中路333号
法定代表人:Mr. Kent Watson
电话:021-63863388 传真:021-63863300
联系人:周忠惠
经办注册会计师:牟磊 陈玲
(五)律师事务所和经办律师
法定名称:君泽君律师事务所
注册及办公地址:北京市东城区西滨河9号中成大厦1009室
法定代表人:金明
电话:(010)64268870
传真:(010)64217708
联系人:陶修明
经办律师:陶修明

二、主要财务指标

主要财务指标(截止2002年12月31日) 单位:人民币元

主要财务指标	2002年	2001年
1 基金本期净收益	-8,751,602	-1,332,495
2 单位基金本期净收益	-0.0175	-0.0027
3 基金可分配净收益	-81,247,834	-1,934,238
4 单位基金可分配净收益	-0.1625	-0.0039
5 期末基金资产总值	421,319,232	499,254,174
6 期末基金资产净值	418,752,166	498,065,762
7 单位基金资产净值	0.8375	0.9961
8 基金资产净值收益率	-1.76%	-0.64%
9 本期基金净值增长率	-15.92%	-1.19%
10 基金累计净值增长率	-16.92%	-1.19%

三、基金管理人报告

基金业绩表现

截止到2002年12月31日,基金单位净值为0.8375元。

基金经理简介

陈茂仁,基金经理,36岁,医学博士,经济学博士生,4年基金从业经验。先后任职于平安证券综合研究所、宝盈基金管理公司,从事行业研究以及证券投资等工作。

(一)基金经理工作报告

鸿飞基金2002年投资管理回顾

借披露年报的机会,在此我们向基金持有人及广大关心和爱护基金鸿飞的朋友们表示感谢,并就基金鸿飞2002年的投资情况汇报如下:

2002年弱市平衡的市场格局下,主要的三波行情都在上半年,即1月底开始的反弹行情、4-5月份的国债行情和突发的"6.24"行情。因此基金在前两个季度的操作是决定全年业绩的重要因素。

一季度:增加仓位把握反弹带来的机会

基金鸿飞在一季度的操作中,通过其成功的资产配置决策,较好地把握住了投资机会,由于在低位建立了足够的股票仓位,在行业配置和个股选择上也侧重于在反弹中表现较好的超跌个股,从而较好地把握了反弹带来的市场机会,从而使其业绩在排行榜的前列。

二季度:积极调整仓位,但未能把握"6.24"行情

3月底以后市场曾三次冲击1700点未果,我们认为,如果仍保持较高比例的股票仓位,实际上是以承担超出市场水平的风险,来谋求超额收益,因而从4月下旬至5月中降低了股票仓位,回避了5月份的下跌行情所带来的损失,直至6月中旬年度净值增长率仍保持在前列。但是对"6.24"行情准备不足,仓位回补力度不够,未能充分把握"6.24行情",同时又大幅增加仓位,导致净值增长率排名大幅下降。

三季度:弱市调整业绩难见起色

由于基金鸿飞在7、8月份保持了较高的仓位水平,在弱市下高位持仓使净值遭到一定损失。大盘在冲击1700点未果,于9月份果断降低仓位。

四季度:积极调整结构,年底增加仓位

基金鸿飞10、11月份保持较低的仓位,由于A股市场由上半年的1740调整到1400左右,我们认为风险已大大释放,于12月份大幅增加仓位,在行业配置和个股选择上也侧重于金融、钢铁、石化等国企大盘低价蓝筹股,使基金鸿飞的持股结构发生了较大的变化。

从全年的业绩表现来看,由于"6.24"以前的成功操作,基金鸿飞业绩较好,但是由于对"6.24"行情准备不足,并且在"6.24"行情中匆忙加仓后未能及时降低仓位使基金鸿飞全年排名靠后,基金持有人遭受损失,在此我们再一次向广大的基金持有人表示抱歉。

从2002年的投资过程我们深刻的反思到:

1.对政策的理解以及时机的把握至少在目前情况下对投资管理非常重要;

2.在弱市情况下如何改善盈利能力是基金鸿飞需要面对的又一个重要问题,必须加强对上市公司的深入研究,优化资产配置结构。

基金鸿飞2003年度投资管理展望

1、2003年证券市场展望

2003年A股市场总体上仍处于一个结构性调整的过渡期,市场整体仍会保持平衡市的格局,有可能产生局部的行情,估计全年振荡幅度在30%左右,绝大部分时间上证指数处于1300-1700点区间。就股票市场的总体运行格局而言,2003年股票市场具有如下特征:上攻时间较短,盘整时间较长,股指震荡区间较小;低价大盘蓝筹股和超跌股是主线,热点转移较快;行情启动在幅度和时间上仍将具有以往的"短、平、快"的特征,但市场政策以及基本面的变化也会引发局部行情。虽然如此,但是相对于2002年的股市低靡,2003年将有较大的改善,相当多的个股已经具备了较高的投资价值,一系列政策面利好效应不断累积,将最终重新树立投资者对股市走强的信心。

2、基金鸿飞投资管理策略

"十六"大制定的全面建设小康社会的宏伟目标将进一步带动房地产、汽车、石化、电子通讯、医药等行业以及与此相关的上游产业如港口、机械制造、建材建筑、金融等行业的长足发展。追求流通性、安全性、资产合理配置与长期投资获利等是基金鸿飞最基本的投资策略,因此,具有持续稳定的市场龙头地位与卓越的核心竞争力的上市公司将是基金鸿飞的基本选择;同时,积极把握反弹行情的波段操作机会,根据市场的节奏实施"组合投资,波段操作"的投资策略;同时,加强对国债、企业债、可转换债券等低风险投资品种研究,关注新股发行、股票增发等带来的特殊投资机会。

四、基金托管人报告

中国建设银行根据《鸿飞证券投资基金契约》和《鸿飞证券投资基金托管协议》,托管鸿飞证券投资基金(以下简称基金鸿飞)。

2002年,中国建设银行在基金鸿飞的托管过程中,严格遵守了《证券投资基金管理暂行办法》及各项实施准则、基金契约、托管协议和其它有关规定,依法安全保管了基金的全部资产,按规定如实、独立地向中国证监会提交了本基金运作情况报告,勤勉尽职地履行了基金托管人的义务,不存在损害基金持有人利益的行为。

2002年,按照《证券投资基金管理暂行办法》及各项实施准则、基金契约、托管协议和其它有关规定,本托管人对基金管理人-宝盈基金管理有限公司在基金鸿飞投资运作方面进行了监督,对基金资产净值、每份基金单位净值和其它财务费用计算上进行了认真的复核,未发现基金管理人有损害基金持有人利益的行为。

2002年,由基金鸿飞管理人-宝盈基金管理有限公司编制并经中国建设银行基金托管部复核审查的有关基金鸿飞的信息披露合法、真实、完整。

中国建设银行基金托管部

五、基金财务报告

(一)审计报告

鸿飞证券投资基金全体持有人:

我们接受委托,审计了鸿飞证券投资基金(以下简称"基金鸿飞")2002年12月31日的资产负债表及2002年度的经营业绩表和基金净值变动表。这些会计报表由基金鸿飞管理人宝盈基金管理有限公司负责,我们的责任是对这些会计报表发表审计意见。我们的审计是依据中国注册会计师独立审计准则进行的。在审计过程中,我们结合基金鸿飞的实际情况,实施了包括抽查会计记录等我们认为必要的审计程序。

我们认为,上述基金鸿飞会计报表符合中华人民共和国企业会计准则、《证券投资基金会计核算办法》、《鸿飞证券投资基金基金契约》和中国证券监督管理委员会允许的如会计报表附注所列示的基金行业实务操作的有关规定,在所有重大方面公允地反映了基金鸿飞2002年12月31日的财务状况及2002年度的经营成果和净值变动情况,会计方法的选用遵循了一贯性原则。

普华永道中天会计师事务所有限公司 注册会计师:牟磊
2003年1月28日 注册会计师:陈玲

六、基金持有人结构及前十名持有人

(一)基金持有人结构:

	持有份额(份)	占总份额的比例
基金发起人:	11,500,000	2.30%
社会公众:	488,500,000	97.70%
合计:	500,000,000	100%

(二)基金鸿飞前十名持有人(截止2002年12月31日):

序号	名称	持有份额	占总份额比例
1	中国人民保险公司	34,139,440	6.83%
2	中国人寿保险公司	15,736,123	3.15%
3	宝盈基金管理有限公司	6,250,000	1.25%
4	中国平安保险股份有限公司	4,964,838	0.99%
5	东方通讯股份有限公司	4,399,445	0.88%
6	谢金水	4,092,336	0.82%
7	袁继	3,800,000	0.76%
8	山东国际信托投资公司	3,750,000	0.75%
9	大众保险股份有限公司	3,213,725	0.64%
10	梅县坝头水电站	2,861,000	0.57%

景福证券投资基金

景福证券投资基金2002年年度报告

重要提示

本基金托管人中国农业银行已于2003年3月27日复核了本报告。本基金的管理人、托管人愿就本报告书所载内容的真实性、准确性、完整性负责，本报告书有关内容由基金管理人负责解释。

一、基金简介

(一)基金全称:景福证券投资基金
基金简称:基金景福
交易代码:184701
基金发起人:光大证券有限责任公司
大鹏证券有限责任公司
广东证券股份有限公司
大成基金管理有限公司
基金发行日期:1999年12月24日
基金成立日期:1999年12月30日
基金单位总份额:30亿份基金单位
基金类型:契约型封闭式
基金存续期:15年
上市地点:深圳证券交易所
上市日期:2000年1月10日
(二) 基金管理人:大成基金管理有限公司
注册地址:深圳市福田区新闻路报社大院报业大厦12层C区
邮政编码:518034
办公地址:深圳市福田区深南大道7088号招商银行大厦32层
邮政编码:518040
公司网址:http://www.dcfund.com.cn
法定代表人:胡学光(待批)
总经理:龙小波
信息披露负责人:田宇飚 胡勇钦
电 话:(0755)83183388
传 真:(0755)83199588
(三)基金托管人:中国农业银行
法定名称:中国农业银行
注册地址:北京市海淀区复兴路甲23号
邮政编码:100036
法定代表人:尚福林
托管部负责人:郭辉
负责信息管理事务人员:李芳菲
办公地址:北京市海淀区西三环北路100号金玉大厦
电 话:(010)68435588
传 真:(010)68424181
(四)会计师事务所:普华永道中天会计师事务所有限公司
注册地址:上海市浦东新区沈家弄325号
办公地址:上海市淮海中路333号瑞安广场12楼
邮政编码:200021
法人代表:Kent Watson
经办注册会计师:钱进 马颖旎
联系人:陈兆欣
电话:(021)63863388
传真:(021)63863300
(五) 律师事务所:国浩律师集团(北京)事务所
注册及办公地址:北京市西城区复兴门内大街158号远洋大厦F7层
法定代表人:张涌涛
经办律师:黄伟民、刘伟宁
电 话:(010)66411188、66413826
传 真:(010)66413800、66413801
(六)信息披露报纸及网址:
选定的信息披露报纸:《证券时报》、《中国证券报》、《上海证券报》
刊登本期报告的中国证监会指定国际互联网网址:http://www.cninfo.com.cn
本期报告备置地点:大成基金管理有限公司

二、主要财务指标

单位:人民币元

序号	指标名称	2002年	2001年	2000年
1	基金本期净收益/损失	-136,828,849	24,043,014	545,946,094
2	单位基金本期净收益/损失	-0.0456	0.0080	0.1820
3	基金可分配净收益/损失	-501,472,577	-154,975,211	545,946,094
4	单位基金可分配净收益/损失	-0.1672	-0.0517	0.1820
5	期末基金资产总值	2,504,005,745	2,849,201,354	4,074,660,700
6	期末基金资产净值	2,498,527,423	2,845,024,789	4,058,937,613
7	单位基金资产净值	0.8328	0.9483	1.3530
8	基金资产净值收益率(%)	-4.81	0.67	18.06
9	本期基金资产净值增长率(%)	-12.18	-19.99	34.35
10	累计资产净值增长率(%)	-5.60	7.49	34.35

三、基金管理人报告

(一)基金业绩表现

截止2002年12月31日,本基金单位资产净值为0.8328元,基金资产净值增长率为-12.18%,同期基准指数(上证A股指数)下跌17.13%。

(二)、本基金特征、投资风格及风险控制

1、基金特征

本基金为增强型指数基金,以上证A股指数作为投资基准(Benchmark)。

本基金股票投资分指数投资和积极投资两部分。指数投资部分采用分层抽样法跟踪基准指数。首先对行业分层,以基准指数中行业权重为基础,结合行业研究结果调整确定行业投资权重;其次在行业中抽样,通过部分数量指标的抽样分析并结合上市公司基本面研究,抽选部分个股作为行业投资代表。积极投资部分包括跨行业的板块投资,以及对个别研究挖掘的投资品种做相对集中的重点投资。整体投资力求超越基准指数表现。

按基金契约要求,本基金指数部分仓位为不低于30%, 国债投资比例不低于基金资产净值20%。其中,债券投资部分(包括国债、金融债、企业债等)均由基金经理部下设的固定收益小组负责操作,由基金经理与债券经理共同确定债券投资仓位,由债券经理全权负责债券投资操作。

2、投资风格

指数部分投资讲求"均衡性"和"代表性"。首先，是行业权重配置上的"均衡"。以基准指数中各行业权重为基础,对看好和看淡的行业适当增减投资权重,但要避免过分偏激,以避免与基准指数形成过大偏差。其次,是行业中个股选择上的"代表性",包括企业基本面的行业代表性(基于基本面研究)和股价表现的代表性(数量指标分析)。

积极部分的投资讲求"个股相对投资价值的挖掘"。对部分与同类企业相比被相对低估的个股做相对集中的重点投资。

3、风险控制

首先,我们认为,股票投资的最大风险仍然来源于上市公司基本面，这包括至少两方面内容:

(1)企业经营及盈利状况的变化;

(2)企业利益与流通股股东利益的不一致;

(三)基金经理工作报告

1、2002年市场回顾

2002年的中国证券市场是一个反差、思考和转变的市场。

2002年,在固定资产投资和强劲出口的拉动下,民间投资和消费逐步启动，宏观经济恢复加速增长;通过系列政策的出台，政府对证券市场不断表达了寻求稳定的态度和决心;加之利率低企,机构投资者不断增加,市场资金异常充裕。

与良好的经济面、政策面和资金面形成明显反差的是证券市场疲弱的表现。以6.24为分水岭,上半年在政策影响下出现两次反弹,市场整体以平衡振荡为主 ,而6.24之后,伴随政策影响力的逐步衰弱,市场在下半年呈现单边下跌的弱市格局,全年上证A股指数跌幅达17.13%。

反差的背后,是人们的思考。上市公司的部分局限使得人们开始质疑其对宏观经济的代表程度;政策不断引发的"意外"影响也让政策的制定者们越来越审慎小心;割裂的股权结构使得上市公司与投资者在根本上缺乏一致的利益纽带关系。

四、基金托管人报告

本基金托管人--中国农业银行，根据《景福证券投资基金基金契约》和《景福证券投资基金托管协议》,在对景福证券投资基金的托管过程中，严格遵守《证券投资基金管理暂行办法》及各项法规规定,对景福证券投资基金管理人-- 大成基金管理有限公司在2002年会计年度基金的投资运作,进行了认真、独立的会计核算和必要的投资监督,认真履行了托管人的义务。

本托管人认为,大成基金管理有限公司在景福证券投资基金的投资运作、信息披露等方面符合《证券投资基金管理暂行办法》及其相关法规的规定，基金管理人在2002年度所编制和披露的景福证券投资基金财务报告、资产净值公告等各项基金信息真实、完整,未发现有损害基金持有人利益的行为。

中国农业银行证券投资基金托管部
2003年3月27日

五、基金财务报告

(一) 审计报告

景福证券投资基金全体持有人:

我们接受委托,审计了景福证券投资基金(以下简称"基金景福") 2002年12月31日的资产负债表及2002年度的经营业绩表和基金净值变动表。这些会计报表由基金景福管理人大成基金管理有限公司负责，我们的责任是对这些会计报表发表审计意见。我们的审计是依据中国注册会计师独立审计准则进行的。在审计过程中，我们结合基金景福的实际情况,实施了包括抽查会计记录等我们认为必要的审计程序。

我们认为，载于第2页至第13页的上述基金景福会计报表符合中华人民共和国企业会计准则、《证券投资基金会计核算办法》、《景福证券投资基金基金契约》和中国证券监督管理委员会允许的如会计报表附注所列示的基金行业实务操作的有关规定，在所有重大方面公允地反映了基金景福2002年12月31日的财务状况及2002 年度的经营成果和净值变动情况,会计方法的选用遵循了一贯性原则。

普华永道中天会计师事务所有限公司 注册会计师 钱 进
2003年2月14日 注册会计师 马颖旎

六、基金持有人结构及前十名持有人

1、基金持有人结构:

基金持有人		持有份额(基金单位)	持有比例
发起人:	光大证券有限责任公司	3750000	0.125%
	大鹏证券有限责任公司	7500000	0.25%
	广东证券股份有限公司	7500000	0.25%
	大成基金管理有限公司	7500000	0.25%
社会公众持有份额		2973750000	99.125%
总 计		3000000000	100.00%

2、前十名持有人情况

序号	持有人名称	持有份额	占总份额比例%
1	中国太平洋保险公司	265141644	8.84%
2	中国人民保险公司	245435094	8.18%
3	中国人寿保险公司	195075848	6.50%
4	中国平安保险股份有限公司	169868750	5.66%
5	中国再保险公司	94394000	3.15%
6	西安通盛科技有限责任公司	46980000	1.57%
7	上海国有资产经营有限公司	27378300	0.91%
8	华宝信托投资有限公司	22432650	0.75%
9	安徽省国投经济发展有限责任公司	20000000	0.67%
10	上海中允投资发展有限公司	18000000	0.60%

同智证券投资基金

同智证券投资基金2002年年度报告

重要提示

本基金的托管人中国银行已于2003年3月25日复核了本报告。本基金的管理人、托管人愿就本报告中所载资料的真实性、准确性、完整性负责。本报告书中的内容由基金管理人负责解释。

一、同智证券投资基金简介

(一)基金简称:基金同智　交易代码:184702
基金单位总份额:五亿份基金单位
基金类型:契约型封闭式　基金存续期:十五年
基金上市地:深圳证券交易所
(二)基金管理人
法定名称:长盛基金管理有限公司
注册地址:深圳市福田区华富路航都大厦13C
办公地址:北京市朝阳区北三环东路8号静安中心22层
邮政编码:100028
国际互联网网址:http://www.csfunds.com.cn
法定代表人:王其华
总经理:蒋月勤
负责信息管理事务人员:李燕敏
联系地址:北京市朝阳区北三环东路8号静安中心22层
电话:010-64689198-651　传真:010-64689471)
(三)基金托管人
法定名称:中国银行
注册地址:北京市西城区复兴门内大街1号
办公地址:北京市西城区复兴门内大街1号
邮政编码:100818
国际互联网网址:http://www.bank-of-china.com
法定代表人:刘明康
托管部总经理:唐棣华
负责信息管理事务人员:忻如国
联系地址:北京市西城区复兴门内大街1号
电话:010-66594856　传真:010-66594853
(四)会计师事务所
法定名称:安永华明会计师事务所
注册地址:北京市朝阳门北大街6号北海万泰大厦802-807室
办公地址:北京市东城区东长安街一号东方广场东方经贸城东3办公楼16层
法定代表人:葛明　经办注册会计师:葛明、金馨
(五)律师事务所
法定名称:信利律师事务所
注册地址:北京市建国门内大街18号恒基中心1座609室
办公地址:北京市建国门内大街18号恒基中心1座609室
法定代表人:江山　经办律师:谢思敏、丁志钢

二、主要财务指标

	2002年	2001年	2000年
基金本期净收益	-31,025,101.91元	62,337,468.47元	16,525,462.23元
单位基金本期净收益	-0.0621元	0.1247元	0.0331元
基金可分配净收益	-55,591,889.50元	31,520,274.80元	25,590,985.24元
单位基金可分配净收益	-0.1112元	0.0630元	0.0512元
期末基金资产总值	446,052,632.40元	532,914,883.30元	586,025,935.70元
期末基金资产净值	444,408,110.50元	531,520,274.80元	584,722,776.76元
单位基金资产净值	0.8888元	1.0630元	1.1694元
基金资产净值收益率	-6.17%	11.10%	4.04%
本期基金资产净值增长率	-11.74%	-5.38%	19.88%
基金累计资产净值增长率	0.11%	13.43%	19.88%

三、基金管理人报告

(一)基金经理人报告

1.2002年基金运作情况回顾

2002年中国证券市场呈现出宽幅震荡、逐渐下跌的行情,其成因是复杂的:既有全球证券市场普遍低迷、管理层政策频出的客观因素,又有投资人经历2001年大跌后对于投资充满谨慎甚至是恐惧的主观因素。

纵观2002年股票市场的运行背景,无疑是在向好的方面发展,首先是作为股票市场运行的宏观经济基础,取得了远超过预期的强劲增长,在普遍低迷的全球经济中一枝独秀;其次是管理层出台的一系列政策,无论是停止在国内证券市场减持国有股、推出QFII制度、加强对上市公司监管等功在长远的政策,还是提高增发门槛、恢复对二级市场配售新股、降低交易佣金等利在当代的措施,都是有利于保护投资人利益,推动市场健康发展的重要举措;再者是上市公司的整体业绩较2001年有了较大幅度的提高,一些大盘国企股在市场回落过程中逐渐显露出投资价值,成为去年行情中的中流砥柱。

尽管一切因素都在向好的方向发展,但去年的行情依然是与管理层和广大投资人的意愿背道而驰,在年初与年底两次出现"千点论"盛行,投资人则表现出了对市场的悲观失望。这种局面的出现,一方面是由于前几年国内资金推动的牛市破灭与全球股票市场大幅回调相互重叠,导致的对上涨行情的矫枉过正;另一方面是人们的主观心理因素,就是对市场的恐惧与迷惘。

2002年债券整体而言是先扬后抑,机会主要出现在上半年。由于央行降息、商业银行借贷和股票市场的相对弱市,债券市场从2001年年底开始的缓慢上涨在热线的推动下于2002年上半年演化为了对长期债券近乎疯狂的投机行情,这一行情演绎到极至便导致了30年期国债利率仅为2.6%。自6月初央行开始正回购后,债券市场出现恐慌性的连绵阴跌,债券一级市场出现新债连续认购不足的现象,二级市场更是跌幅巨大,直至从11月央行减少了正回购的力度和财政部在14到16期国债招标中采取了让利于民的态度,市场才再次趋于稳定。

在2002年,本基金管理小组的对股票市场的走势判断较为乐观,股票仓位较重且股票多为成长股,因此在下跌的市场行情中未能为投资人带来回报。债券市场是为投资人提供较好回报的市场,以中信全债指数衡量的收益率为4%左右,本基金管理小组由于对政策与市场的把握较为准确,在重要时间点的仓位调整及时,取得了超越债券指数的良好收益。尽管如此,本基金全年的净值增长率依然为负。

(二)内部监察稽核报告

基金运作合规性声明

本基金管理人在本报告期内按照《证券投资基金管理暂行办法》及其各项实施准则、《同智证券投资基金基金契约》和其他有关法律法规的规定,以为基金投资人谋求基金资产的长期稳定增值的原则,管理和运用基金资产。通过进一步完善法人治理结构,加强内部管理、规范基金运作,在控制和防范风险的前提下,为基金持有人创造最大的投资回报。基金同智投资组合符合有关法规及基金契约的约定,无损害基金持有人利益的行为。

内部监察稽核工作报告

本基金管理人进一步完善了法人治理结构和内部制衡机制,参照国外同行的管理经验和通常做法,在公司董事会下设合规控制委员会,监督公司严格履行契约承诺,强化内控机制和纪律程序,保护基金持有人的合法权益。

本基金管理人从防范运作风险、保障基金持有人利益出发,确立了"严格控制风险,稳健运营"的经营原则,建立了以"内部风险控制制度"、"监察稽核制度"和"信息披露制度"为主干的全方位的风险控制和监察稽核制度体系,并设立了风险控制委员会、督察员和监察稽核部,从组织上保证内部风险的控制和各项制度的贯彻与实施。

在内部监察稽核工作中,我们的工作重点包括与基金投资运作有关的各个环节。由内部负责监察稽核工作的人员独立对基金投资运作各环节的具体情况进行检查,以定期和临时检查相结合的方式和程序,通过采用各种工作方法和步骤,检查基金投资运作的合法合规情况;定期作出监察稽核报告,发现违规隐患及时向管理层和监管部门报告,并及时督促整改,并将整改情况及时向管理层和监管部门报告。

内部控制的重点是确保本管理人所管理基金运作的独立性,防范内幕交易、操纵市场行为,以及有损于基金投资人利益的关联交易。根据有关法律法规和基金契约,公司进一步加强对投资决策流程的内部控制和风险管理,重新检讨和改进了相关的流程:明确了投资决策委员会对基金经理小组的授权;将风格资产划分引入股票池制度,形成了公司完整的和有特点的基金股票投资备选库制度。最大限度地降低投资运作中的风险性,以确保基金运作的合规性。

在本报告期内,本基金运作中无不当内幕交易和关联交易,保障了基金持有人的利益。

本基金管理人将按照证监会发布的内控指导意见的要求,找出自身差距,完善科学的内部控制制度,继续强化管理规章制度的教育和落实,建立科学合理、控制严密、运行高效的内部控制体系,防范和化解风险。同时,继续通过积极推进电脑预警系统、投资监测系统的建设,使风险控制的全面性、及时性和有效性得到实质性的提高。本基金管理人将提高公司员工的职业素养和守法意识,严格行为规范,增强和促进员工遵守法律和公司规章制度的自觉性和主动性。本基金管理人将取信于市场,取信于社会,诚实信用,勤勉尽责,以专业化的经营方式管理和运用基金资产,为基金持有人谋求最佳利益并使本基金管理公司稳步、健康发展。

四、基金同智托管人报告

本报告期内,本基金托管人进一步完善了基金托管部门的组织结构和内部制衡机制,提高防范和及时化解业务风险和管理风险的能力,确保托管业务的规范运作,切实保障基金持有人的利益;本基金托管人依据国家相关法律法规、基金契约和管理制度对基金托管业务运作和内控流程的完善和执行情况等进行持续的监察稽核;对监察稽核中发现的问题及时提示、督促改进并追踪改进效果;定期制作监察稽核报告,及时呈报上级监管部门。

中国银行基金托管部
2003年3月10日

五、基金年度财务报告

同智证券投资基金全体持有人:

我们接受委托,审计了同智证券投资基金(简称"基金同智")二零零二年十二月三十一日的资产负债表及二零零二年度的经营业绩表、基金净值变动表及基金收益分配表。上述会计报表由基金同智的基金管理人负责,我们的责任是对这些会计报表发表审计意见。我们的审计是根据《中国注册会计师独立审计准则》的规定进行的。在审计过程中,我们结合基金同智的实际情况,实施了包括抽查会计记录等我们认为必要的审计程序。

我们认为,上述会计报表符合《金融企业会计制度》、《企业会计准则》、《证券投资基金会计核算办法》和中国证券监督管理委员会颁布的《证券投资基金管理暂行办法》实施准则第五号《证券投资基金信息披露指引》及基金契约的规定,在所有重大方面公允地反映了基金同智二零零二年十二月三十一日的财务状况及二零零二年度的经营成果,会计处理方法的选用遵循了一贯性原则。

安永华明会计师事务所　　中国注册会计师　葛明
二零零三年二月十四日　　中国注册会计师　金馨

六、基金持有人结构及前十名持有人

(一)、截止2002年12月31日,本基金份额结构为:

	12月末持有份额	占总份额比例
发起人持有	3,839,346份	0.77%
其中:长盛基金管理有限公司	1,339,346份	0.27%
长江证券有限责任公司	500,000份	0.10%
国元证券有限责任公司	500,000份	0.10%
中信证券股份有限公司	1,000,000份	0.20%
天津北方国际信托投资股份有限公司	500,000份	0.10%
其他持有人持有	496,160,654份	99.23%
合　计	500,000,000份	100.00%

(二)、截止2002年12月31日,前十名持有人名称、持有份额及比例如下:

序号	股东名称	持有份额(份)	占总份额比例
1	中国人寿保险公司	29,776,122	5.96%
2	中国平安保险股份有限公司	27,218,624	5.44%
3	国信证券有限责任公司	13,556,200	2.71%
4	中国人民保险公司	12,470,789	2.49%
5	长城证券有限责任公司	7,956,470	1.59%
6	云南云天化股份有限公司	3,000,000	0.60%
7	中油财务有限责任公司	2,997,000	0.60%
8	大众保险股份有限公司	2,516,200	0.50%
9	李金平	1,794,429	0.36%
10	冯静林	1,706,000	0.34%

金盛证券投资基金

金盛证券投资基金2002年年度报告

重要提示

本基金的托管人中国建设银行已于2003年3月25日复核了本报告。本基金的管理人、托管人愿就本报告书中所载资料的真实性、准确性和完整性负责。本报告书中的内容由本基金管理人负责解释。基金管理人承诺以诚实信用、勤勉尽责的原则管理和运用基金资产，但不保证基金一定盈利，也不保证最低收益。投资有风险，投资人在作出投资决策前应仔细阅读基金的销售文件。

一、基金简介

(一)基金名称：金盛证券投资基金(简称：基金金盛)　　交易代码：184703
基金发起人：　国泰君安证券股份有限公司　　国泰基金管理有限公司
基金成立日期：2000年4月26日　　基金单位总份额：五亿份基金单位
基金类型：契约型封闭式　　基金存续期：至2009年11月30日止
基金上市地：深圳证券交易所　　基金上市日期：2000年6月30日
(二)基金管理人
法定名称：国泰基金管理有限公司
注册地址：上海市浦东新区世纪大道1600号浦项商务广场31楼
办公地址：上海市浦东新区世纪大道1600号浦项商务广场31-32楼
邮政编码：200122
法定代表人：陈勇胜　　总经理：李春平　　信息披露负责人：丁昌海
电话：021-50819801　　传真：021-50816885　　电子邮件：dingch@gtfund.com
(三)基金托管人
法定名称：中国建设银行
注册地址：北京市西城区金融大街25号
办公地址：北京市西城区金融大街25号
邮政编码：100032
法定代表人：张恩照
托管部负责人：江先周
信息披露负责人：黄秀莲
联系地址：北京市西城区金融大街25号中国建设银行基金托管部
电话：010-67597646　　传真：010-66212638
电子邮件：huangxiulian/zh/ccb@ccb.com.cn
(四)会计师事务所
法定名称：普华永道中天会计师事务所有限公司
注册地址：上海市浦东新区沈家弄325号
办公地址：上海市淮海中路333号瑞安广场12楼
法定代表人：Kent Watson
邮编：200021
电话：021-63863388　　传真：021-63863300
经办注册会计师：李丹、郭杭翔
(五)律师事务所
法定名称：上海锦天城律师事务所
注册地址：上海市延安东路700号港泰广场12楼
办公地址：上海市延安东路700号港泰广场12楼
法定代表人：史焕章
邮编：200001
电话：021-53850388　　传真：021-53850389
经办律师：沈国权、聂鸿胜

二、主要财务指标

(一) 各类财务指标

	2002年度	2001年度	2000年度
基金本期净收益	-65,457,577.04元	19,216,864.38元	11,477,243.73元
单位基金本期净收益	-0.1309元	0.0384元	0.0230元
基金可分配净收益	-83,680,478.58元	-45,248,611.83元	40,530,062.14元
单位基金可分配净收益	-0.1674元	-0.0905元	0.0811元
期末基金资产总值	417,857,471.25元	456,062,506.96元	582,356,994.40元
期末基金资产净值	416,319,521.42元	454,751,388.17元	579,256,927.64元
单位基金资产净值	0.8326元	0.9095元	1.1585元
基金资产净值收益率	-14.39%	3.54%	2.94%
本期基金资产净值增长率	-8.46%	-16.00%	7.80%
基金累计资产净值增长率	-17.11%	-9.45%	7.80%

三、基金管理人报告

(一)基金产品说明书

投资目标　　本基金是以涉及新兴产业的上市公司为投资重点的成长型基金；所追求的投资目标是在尽可能分散和规避投资风险的前提下，谋求基金资产增值和收益的最大化。

投资范围　　本基金的投资范围仅限于具有良好流动性的金融工具，包括国内依法公开发行上市的股票、债券以及经中国证监会批准允许基金投资的其他金融工具。本基金的股票投资部分将重点投资于沪深两市涉及新兴产业的上市公司。新兴行业主要包含在产业生命周期中处于起步或成长阶段的行业。

投资理念　　价格终将反映价值。

投资策略　　根据国家宏观经济环境决定投资的总体策略；根据利率的走势和通货膨胀预期决定本债券投资比例；根据国家的产业政策以及行业发展的状况决定行业投资战略；根据对上市公司的价值分析和其在行业中的竞争优势分析选择所要投资的股票。本基金在行业资产配置中坚持相对集中的投资策略，挖掘具有良好发展态势的行业，将资产权重的较大部分配置到处于起步或成长阶段的行业。

业绩比较基准　　业绩基准=80%×[上证A股指数和深圳A股指数的总市值加权平均收益率]+20%×[上证国债指数收益率]

风险收益特征　　承担较高风险，获取较高的超额收益。

(二)基金经理人介绍

吕俊，基金经理，男，30岁，工商管理硕士，8年证券从业经历。曾就职于广州珠江基金管理公司、平安证券公司。2000年加盟国泰基金管理有限公司，曾任研究开发部副经理。

2003年1月起由崔海峰先生任本基金基金经理，吕俊先生因工作需要不再担任本基金基金经理。

崔海峰，男，29岁，经济学硕士。4年证券从业经历。1999年加盟国泰基金管理有限公司，先后任研究开发部副经理、金鑫基金经理助理。

(三)2002年证券市场及投资管理回顾

2002年本基金净值增长率为-8.46%，上证指数增长率为-17.52%，尽管在封闭式基金中净值增长率排名居于中上游水平，但对实际净值的下降给基金持有人带来的损失，本基金管理人深表歉意。

2002年中国经济仍未走出通货紧缩的阴影，全年居民消费价格同比下降约0.8%，但在固定资产投资和外贸增长的拉动下，全年的GDP增长达到8%的水平，实际增长情况好于年初的预期。在国债投资的推动下，固定资产投资继续快速增长；入世效应及世界经济形势回暖的双重影响，成为我国出口增长的有力的支撑因素；消费需求增长保持平稳，汽车、住房等成为全年消费的亮点。在宏观经济快速增长的同时，企业效益明显改善，金融运行平稳，民间投资渐趋活跃。党的16大的胜利召开，确立了中国经济发展的新方向，将对我国市场经济和证券市场的发展带来深远的影响。

2002年中国证券市场走势与良好的宏观经济状况出现较大反差。尽管政府先后出台降低印花税、国有股停止减持以及引进QFII等多项政策，但股票市场依然呈现弱势，股票指数振荡下行，全年股指下跌幅度接近18%。2002年市场的弱势特征还表现为投资者对利空因素的敏感，全年的两次大盘股融资对市场的进一步下跌有推动作用。全年的市场走势再次促使广大市场参与者深入思考有关证券市场体制变革、上市公司治理、投资理念的演变以及如何与国际市场接轨等深层次问题。

2002年债券市场跌宕起伏，年初最高收益率接近4.8%，但至年末却只有3.9%；市场品种更加丰富，本息拆离金融债、浮动企业债、30年国债等相继出现。

2002年本基金继续按照契约的规定进行管理运作，注意资产配置和组合投资，特别是强化了对子行业进行投资的策略。经过必要的行业划分，并在公司研究部的大力支持下，本基金将手机、外贸、电力等子行业作为重点投资方向。

在债券方面，本基金在上半年度采取了稳健积极的固定收益投资管理策略，综合考虑债券期限结构的稳健性和投资运作的灵活性，构筑了一个风险水平相对较低的固定收益资产期限结构，结合灵活的投资手段，实现了比较理想的整体收益水平。从投资范围看，拓展了固定收益投资品种，开始投资于可转换债券及金融债券。

四、基金托管人报告

中国建设银行根据《金盛证券投资基金契约》和《金盛证券投资基金托管协议》，托管金盛证券投资基金(以下简称金盛基金)。

2002年，中国建设银行在金盛基金的托管过程中，严格遵守了《证券投资基金管理暂行办法》及各项实施准则、基金契约、托管协议和其它有关规定，依法安全保管了基金的全部资产，按规定如实、独立地向中国证监会提交了本基金运作情况报告，勤勉尽职地履行了基金托管人的义务，不存在损害基金持有人利益的行为。

2002年，按照《证券投资基金管理暂行办法》及各项实施准则、基金契约、托管协议和其它有关规定，本托管人对基金管理人-国泰基金管理有限公司在金盛基金投资运作方面进行了监督，对基金资产净值、每份基金单位净值和其它财务费用计算上进行了认真的复核，未发现基金管理人有损害基金持有人利益的行为。

2002年，由金盛基金管理人-国泰基金管理有限公司编制并经中国建设银行基金托管部复核审查的有关金盛基金的信息披露合法、真实、完整。

中国建设银行基金托管部
2003年3月11日

五、基金财务报告

(一) 审计报告书

金盛证券投资基金全体持有人：

我们接受委托，审计了金盛证券投资基金(以下简称"基金金盛") 2002年12月31日的资产负债表及2002年度的经营业绩表和基金净值变动表。这些会计报表由基金金盛管理人国泰基金管理有限公司负责，我们的责任是对这些会计报表发表审计意见。我们的审计是依据中国注册会计师独立审计准则进行的。在审计过程中，我们结合基金金盛的实际情况，实施了包括抽查会计记录等我们认为必要的审计程序。

我们认为，上述基金金盛会计报表符合中华人民共和国企业会计准则、《证券投资基金会计核算办法》、《金盛证券投资基金基金契约》和中国证券监督管理委员会允许的如会计报表附注所列示的基金行业实务操作的有关规定，在所有重大方面公允地反映了基金金盛2002年12月31日的财务状况及2002年度的经营成果和净值变动情况，会计方法的选用遵循了一贯性原则。

普华永道中天会计师事务所有限公司　　注册会计师：李　丹
2003年1月17日　　注册会计师：郭杭翔

六、基金持有人结构及前十名持有人

(一)　截止2002年12月31日，本基金持有人结构为：

	期末持有数	比例
发起人持有	5,000,000份	1.00%
其中：国泰君安	2,692,308份	0.54%
国泰基金管理有限公司	2,307,692份	0.46%
社会公众持有	495,000,000份	99.00%
合　计	500,000,000份	100.00%

(二)　截止2002年12月31日，本基金共有持有人20,962人，前十名持有人名称、持有份额及比例如下：

序号	持有人姓名	期末持有数	持有比例
1	中国人寿保险公司	33,593,807	6.72%
2	中国平安保险股份有限公司	23,588,887	4.72%
3	中国人民保险公司	18,132,496	3.63%
4	国信证券有限责任公司	13,000,000	2.60%
5	长城证券有限责任公司	8,370,196	1.67%
6	中油财务有限责任公司	6,266,999	1.25%
7	广州证券有限责任公司	4,980,000	1.00%
8	中国太平洋保险公司	3,656,080	0.73%
9	广州市科进步基金会	3,501,000	0.70%
10	张海欣	3,034,200	0.61%

裕 泽 证 券 投 资 基 金

裕泽证券投资基金2002年年度报告

重要提示

本基金的托管人中国工商银行已于2003年3月26日复核了本报告。本基金管理人、托管人愿就本报告书中所载资料的真实性、准确性和完整性负责,本报告书中的内容由本基金管理人负责解释。

一、基金简介

(一)基金基本资料

基金简称:基金裕泽　　基金交易代码:184705

基金单位总份额:5亿份　　基金类型:契约型、封闭式

基金存续期:15年

上市地点:深圳证券交易所　　上市时间:2000年5月17日

(二)基金管理人

法定名称:博时基金管理有限公司

注册地址:广东省深圳市福田区深南大道7088号招商银行大厦29层

办公地址:广东省深圳市福田区深南大道7088号招商银行大厦29层

邮政编码:518040

法定代表人:吴雄伟　　信息事务管理人:李全

联系地址:广东省深圳市福田区深南大道7088号招商银行大厦29层

联系电话:0755-83169999　　传　真:0755-83195140

(三)基金托管人

法定名称:中国工商银行

注册及办公地址:北京市西城区复兴门内大街55号

邮政编码:100032

法定代表人:姜建清　　基金托管部负责人:周月秋　　信息事务联系人:刘长江

联系地址:北京市西城区复兴门内大街55号

联系电话:010-66107333　　传真:　010-66106904

(四)会计师事务所和经办注册会计师

法定名称:普华永道中天会计师事务所有限公司

注册及办公地址:上海淮海中路333号

法定代表人:Mr.　Kent　Watson

电话:021-63863388　　传真:021-63863300

联系人:周忠惠　　经办注册会计师:牟磊　　陈玲

(五)律师事务所和经办律师

法定名称:国浩(北京)律师集团事务所

注册及办公地址:北京市复兴门内大街158号远洋大厦F7

法定代表人:张涌涛

电话:010-66411188　　传真:010-66413800

联系人:黄伟民　　经办律师:黄伟民

二、主要财务指标

1.主要财务指标　　单位:人民币元

	主要财务指标	2002年	2001年	2000年
1	基金本期净收益	-25,466,703	-16,843,536	29,960,842
2	单位基金净收益	-0.0509	-0.0337	0.0599
3	基金可分配净收益	-80,333,467	-35,595,301	60,022,436
4	单位基金可分配净收益	-0.1607	-0.0712	0.1200
5	期末基金资产总值	421,629,926	468,426,833	666,267,511
6	期末基金资产净值	419,666,533	464,404,699	597,816,002
7	单位基金资产净值	0.8393	0.9288	1.1956
8	基金资产净值收益率	-5.48%	-3.10%	6.46%
9	本期基金净值增长率	-9.63%	-14.16%	6.20%
10	基金累计净值增长率	-17.62%	-8.84%	6.20%

三、基金管理人报告

本基金业绩表现

截止到2002年12月31日,本基金单位净值0.8393元,本期净值增长率为-9.63%,基金累计净值增长率为-17.62%。

基金经理简介

邹志新先生,1970年出生,硕士学历,注册会计师。1994年至1997年在江西财经大学统计系统计学专业学习,获经济学硕士学位。1997年至1999年在君安证券研究所从事研究工作,任核心研究员。1999年入博时基金管理有限公司,曾任研究员、交易员、基金裕隆基金经理助理。2002年1月起任基金裕泽基金经理。

(一)基金经理工作报告

第一部分、2002年基金管理回顾

2002年本基金净值增长率为-9.6%,同期上海及深圳证券交易所综合指数分别下跌17.5%和18.3%,复合指数(80%上证指数+20%国债)下跌13.5%。相对而言,2002年本基金取得了超越复合指数3.9%的成绩。

2002年的中国A股市场继续2001年以来的调整,全年上海A股指数下跌17%。在这个调整的过程中,一批主业明晰、产业发展处于增长阶段、盈利持续增长为股东创造价值的企业有良好的市场表现。

在进出口贸易、固定资产投资和内需的拉动下,2002年中国GDP录得8%的增长。刺激内需见成效,CPI由负趋正,汽车、房地产、基建以及由此带动的有关产业高速增长。

本基金坚持价值投资,以国民经济产业发展为导向,按照各行业成长性和效益状况按行业配比资产(Sector　Selection),每个行业内进行投资的公司选择(Stock　Selection)则自下而上,从公司内部股票池选择,并依据公司研究部和外部的证券分析师的研究报告进行动态调整。

回顾2002年,本基金经理不断学习逐步形成和完善价值投资的投资理念和方法,坚持贯彻"研究先行,先人一步"的投资原则,取得了相对良好的业绩。尽管如此,在管理实践中要总结的地方还很多,特别是2002年上半年,第一季度曾经尝试做时机选择导致股票持有量较大波动;"6·24"尝试采用被动性的指数化投资导致成交量和投资的公司数量快速增长等。

我们在基金管理中已经注意到问题,并积极改进,表现在2002年下半年已经有质的改变。在今后管理基金资产过程中,我们会不断总结经验教训,始终坚持价值投资理念,在有纪律的投资原则指导下,实现基金资产的长期稳定增长。

第二部分、2003年基金管理计划

投资策略:本基金经理认为基金资产的长期稳定增长的基础是投资于持续创造价值的企业。投资是一个与投资的企业共同分享成长的过程。基金管理是在控制风险的前提下追求资产长期稳定增长,同时兼顾与(当年)基准指数的相对表现。

本基金经理坚持价值投资的投资理念。在现时的中国,积极的主动性投资在中国具有广阔的天空,原因有二:第一、一部分行业和企业具有较高的持续增长能力,能持续创造价值,而市场对这些企业价值的认识和挖掘并不充分,这些企业并没有被高估甚至是被低估了;第二、目前的中国证券市场,能够以价值投资理念去实践并坚持的并不占多,但我们坚信在可预见的未来,价值投资能引领市场。

本基金经理的投资原则是"研究为先,先人一步"。不断寻找并动态跟踪和评估具有持续创造价值的企业是我们的重点,先人一步是我们的要求,我们以此获得超越基准的收益。其中最重要的是寻找到正确的方向,我们的主要工作是全面分析国民经济发展的脉络,把握经济增长的动力,重点思考结构调整和内需增长给一些行业带来的巨大发展机会(快速发展),以此寻找投资机会。我们坚信,研究创造价值的关键在于预见性和研究的深入程度。

价值投资的基础是研究,本基金经理研究的工作重点放在以下三个方面:

研究着重持续,对于已经一定程度获得我们或者其他机构投资者认同的部分公司进行持续的跟踪研究,进一步分类;2、研究着重深入,寻找高增长行业中目前具有规模效应的企业和具有长远竞争力的企业;3、研究着重前瞻,寻找已经出现增长趋势或者进入景气循环的企业。

资产配置:本基金组合投资的基本范围:股票资产50%-75%,债券资产21%-45%,现金资产5%-10%。股票主要投资于具有较高科技含量的上市公司。较高科技含量上市公司是指运用现代科技成果或者通过研究开发创造价值的上市公司。

加入WTO对中国经济的影响是深远的,在2002年这个入世元年已经表现出来,比较突出的是金融领域的开放和成员国最惠国待遇方面,面对更加开放和全球化的市场及竞争,可以预期中国的产业结构调整和企业的发展是一个国家市场化的环境。2003年政府换届选举,新一届政府的经济政策会保持连续性,同时也会有新的内容,这些都对经济发展、产业结构的变化及上市公司的发展有影响,我们将重点以此为思考指导投资。

四、基金托管人报告

本托管人--中国工商银行,依据《裕泽证券投资基金基金契约》与《裕泽证券投资基金托管协议》,托管裕泽证券投资基金。

2002年度,在对裕泽证券投资基金的托管过程中,本托管人严格遵守了《证券投资基金管理暂行办法》及其实施准则、基金契约、托管协议和其他有关法规的规定,对裕泽证券投资基金的投资运作进行了全面的会计核算和应有的监督,没有发生任何损害基金持有人利益的行为,诚实信用、勤勉尽责地履行了作为托管人所应尽的义务。

本托管人依据《证券投资基金管理暂行办法》及其实施准则、基金契约、托管协议和其他有关法规的规定,对裕泽证券投资基金的投资进行了监督,认为博时基金管理有限公司在裕泽证券投资基金的投资运作、基金资产净值及单位基金资产净值的计算上,遵守《证券投资基金管理暂行办法》及其实施准则、基金契约、托管协议和其他有关法规的规定,没有发现任何损害基金持有人利益的行为。

本托管人依法对裕泽证券投资基金管理人--博时基金管理有限公司在2002年度内所编制和披露的裕泽证券投资基金资产净值公告、基金投资组合公告、基金中期报告、基金年度报告等公告信息进行了复核,认为裕泽证券投资基金管理人--博时基金管理有限公司在2002年度内所编制和披露的基金信息是准确、真实、完整的。

中国工商银行基金托管部

2003年3月26日

五、基金年度财务报告

(一)　审计报告

裕泽证券投资基金全体持有人:

我们接受委托,审计了裕泽证券投资基金(以下简称"基金裕泽")2002年12月31日的资产负债表及2002年度的经营业绩表和基金净值变动表。这些会计报表由基金裕泽管理人博时基金管理有限公司负责,我们的责任是对这些会计报表发表审计意见。我们的审计是依据中国注册会计师独立审计准则进行的。在审计过程中,我们结合基金裕泽的实际情况,实施了包括抽查会计记录等我们认为必要的审计程序。

我们认为,下述基金裕泽会计报表符合中华人民共和国企业会计准则、《证券投资基金会计核算办法》、《裕泽证券投资基金基金契约》和中国证券监督管理委员会允许的如会计报表附注所列示的基金行业实务操作的有关规定,在所有重大方面公允地反映了基金裕泽2002年12月31日的财务状况及2002年度的经营成果和净值变动情况,会计方法的选用遵循了一贯性原则。

普华永道中天会计师事务所有限公司　　注册会计师　牟磊

2003年1月10日　　注册会计师　陈玲

六、基金持有人结构及前十名持有人

(一)基金持有人结构:

	持有份额(份)	占总份额的比例(%)
基金发起人		
其中:招商证券有限责任公司	2,500,000	0.50
博时基金管理有限公司	2,500,000	0.50
社会公众	495,000,000	99.00

(二)裕泽基金前十名持有人(截止2002年12月31日):

	持有人名称	持有份额(份)	占总份额的比例(%)
1	中国人寿保险公司	36,389,492	7.28%
2	中国平安保险股份有限公司	19,269,451	3.85%
3	国信证券有限责任公司	14,000,000	2.80%
4	中国人民保险公司	12,343,655	2.47%
5	泰康人寿保险股份有限公司	10,705,588	2.14%
6	中国太平洋保险公司	4,485,490	0.90%
7	大众保险股份有限公司	4,319,951	0.86%
8	深圳市哲友投资有限公司	3,933,625	0.79%
9	王述金	2,911,662	0.58%
10	博时基金管理有限公司	2,500,000	0.50%
10	招商证券股份有限公司	2,500,000	0.50%

天华证券投资基金

天华证券投资基金2002年年度报告

重要提示

本基金的托管人中国农业银行已于2003年3月25日复核了本报告。本基金的管理人、托管人愿就本报告中所载资料的真实性、准确性、完整性负责。本报告书中的内容由基金管理人负责解释。

一、基金简介

(一)基金名称:天华证券投资基金
基金简称:基金天华
交易代码:184706
基金发起人:湘财证券有限责任公司　西南证券有限责任公司
南方证券股份有限公司　东北证券有限责任公司
银华基金管理有限公司
基金成立日期:1999年7月12日
基金单位总份额:25亿份基金单位
基金类型:契约型封闭式
基金存续期:10年
基金上市地点:深圳证券交易所
基金上市日期:2001年8月8日
(二)基金管理人:银华基金管理有限公司
注册及办公地址:深圳市深南大道6008号报业大厦19层
邮政编码:518034
法定代表人:黑学彦
总经理:于楠
信息披露负责人:凌宇翔
电话:0755-83516888
传真:0755-83516968
(三)基金托管人:中国农业银行
注册及办公地址:北京市海淀区复兴路甲23号
邮政编码:100036
法定代表人:尚福林
托管部负责人:郭辉
信息披露负责人:李芳菲
联系地址:北京市海淀区西三环北路100号金玉大厦
邮政编码:100037
电话:010-68424199
传真:010-68424181
(四)会计师事务所和经办注册会计师
名称:安永华明会计师事务所
办公地址:北京市东城区东长安街东方广场东方经贸城东三办公楼16层
法定代表人:葛　明
经办注册会计师:葛　明、秦同洲
电话:010-65246688
传真:010-85188298

二、基金主要财务指标

(单位:人民币元)

指标	2000年	2001年	2002年
基金本期净收益:	2,286,010.62	-73,506,035.56	-90,092,307.58
单位基金本期净收益:	0.0027	-0.0294	-0.0360
基金可分配净收益:	24,835,999.96	-172,650,592.95	-421,684,026.84
单位基金可分配净收益:	0.0295	-0.0691	-0.1687
期末基金资产总值:	874,661,607.69	2,504,740,387.41	2,082,852,756.35
期末基金资产净值:	874,197,498.41	2,327,349,407.05	2,078,315,973.16
单位基金资产净值:	1.0381	0.9309	0.8313
基金资产净值收益率:	0.27%	-5.21%	-3.87%
本期基金资产净值增长率:	1.64%	-17.84%	-10.70%
累计资产净值增长率:	1.64%	-16.49%	-25.43%

三、基金管理人报告

(一)本基金业绩表现

截止2002年12月31日,本基金单位资产净值为0.8313元。本期基金净值下跌10.70%,同期上证A股指数下跌17.13%,同期深证A股指数下跌17.90%。

(二)基金经理简介

周建新先生:基金经理,37岁,研究生学历,8年证券期货从业经历。曾在武汉融利期货公司、国信证券有限责任公司任职。2002年5月进入银华基金管理有限公司基金经理部,从事基金投资管理工作。于2002年11月28日就任本基金基金经理。

(三)本基金的投资风格和投资理念

本基金为成长型基金。所追求的投资目标是在尽可能地分散和规避投资风险的前提下,谋求基金资产增值的最大化。因此,本基金管理人将以政策为先导,以科学严谨的行业、企业研究和市场分析为基础,选择未来一定时期内持续、高速成长的上市公司为主要投资目标,根据相对稳健的价值评估原则,采取适度集中的投资策略,详细计划,严格执行,追求基金资产长期稳定的增长,力求为基金持有者以超越市场的回报。

(四)基金经理工作报告

2002年市场及基金操作回顾:

2002年我国经济快速健康成长,保持了较高的速度。2002年我国国内生产总值达到10.2万亿元,实现历史性突破,全年经济增长率达到8%。

2002年,我国证券市场运行的特点是:

1、市场运行基本呈平衡市的特征。2002年是个调整年。1月份,在对国有股减持问题大讨论的影响下市场再次暴跌,1月29日,上证指数最低达到1339点。随着政策面趋暖,股指逐渐回升。大盘反弹至3月21日的1693点并在高位震荡整理。但随着市场扩容压力的增大和监管的再度加强,大盘再次跌至6月6日的1455点。6月24日国务院决定,对国内上市公司停止执行利用证券市场减持国有股,指数再次大涨,但在随后的半年中由于投资者信心不足指数又逐级回落。2002年上证指数基本在1300点-1700点的大箱体中震荡,整体上弱市特征较为明显。

2、政策面比较宽松。2002年的政策环境趋于宽松,2002年2月初的全国金融工作会议以及其他重要会议上,管理层认为"证券市场在经济发展中的作用日益重要,规范和发展证券市场的方针不会改变,稳定是发展的基础。"并采取了一系列措施稳定市场,如降息、新股市值配售、降低佣金、提高增发标准以及停止通过国内证券市场减持国有股、大力发展证券投资基金等政策对市场的健康发展起到了一定作用。

3、证券市场的规范化、市场化、国际化取得了新的进展。2002年管理层出台了一系列法规规范证券市场各参与主体的利益关系和经营行为。政府对证券市场的管制进一步放松。我国加大了资本市场的对外开放步伐。允许外资参股证券公司和基金管理公司的设立,出台了QFII制度,允许外资购买境内非上市流通股等。

4、市场的热点是板块轮动明显。深圳本地股、上海本地股、国企大盘股、汽车股、金融股都有过较好的表现。投资者更加关注业绩好、市盈率低的蓝筹股。投资理念趋于理性。

5、债券市场在震荡中逐步发展。无论在市场的规模、制度创新和产品创新上都取得了很大的发展。企业债券市场和可转债市场的壮大增强了债券市场的活力。

本基金的操作:

面对证券市场的诸多不确定性,本基金采取了谨慎投资的态度。去年四季度底持股比例为15.22%,今年一季度底持股比例为40.65%。二季度底持股比例为63.52%。较好规避了从去年下半年到今年初的大跌,并在市场稳定后逐渐增加股票仓位,上半年基本踏准了市场节奏,实现了较好的收益。但在6.24行情中,仓位上升过快,在指数处于高位,走势趋弱时,又没有及时减仓,使得下半年的操作比较被动,影响了基金业绩的提高,对于我们来说,这是深刻的教训。在2002年整体市场重心不断下移、系统性风险增大的情况下,天华基金进行了防御性投资,重点投资有稳定市场需求、业绩稳定的行业如商业、房地产、港口、电力、医药等板块。我们认为上海有良好的投资环境和市场需求,经济发展潜力巨大,因此选择了一些属于行业龙头、现金流稳定的本地上市公司进行投资,上海本地股今年的跌幅要小于大盘的跌幅,表现了很好的抗跌性。根据市场不同阶段的运作特征,进行了集中性的短期投资,比如在年初市场大跌后,我们选择了超跌幅度较大的股票进行投资,取得了较好的业绩。总的来看,在对市场时机的选择上,本基金的管理工作还需要进一步加强。

(五)内部监察报告

1、基金运作合规性声明

本基金管理人在本报告期内严格遵守《证券法》、《证券投资基金管理暂行办法》及其各项实施准则、《天华证券投资基金基金契约》和其他有关法律法规的规定,本着诚实信用、勤勉尽责的原则管理和运用基金资产,在严格控制风险的基础上,为基金持有人谋求最大利益,无损害基金持有人利益的行为。基金投资组合符合有关法规及基金契约的约定。

四、基金托管人报告

本基金托管人--中国农业银行,根据《天华证券投资基金基金契约》和《天华证券投资基金托管协议》,在对天华证券投资基金的托管过程中,严格遵守《证券投资基金管理暂行办法》及各项法规规定,对天华证券投资基金管理人-- 银华基金管理有限公司在2002年会计年度基金的投资运作,进行了认真、独立的会计核算和必要的投资监督,认真履行了托管人的义务。

本托管人认为,银华基金管理有限公司在天华基金的投资运作、信息披露等方面符合《证券投资基金管理暂行办法》及其相关法规的规定,基金管理人在2002年度所编制和披露的天华证券投资基金财务报告、资产净值公告等各项基金信息真实、完整,未发现有损害基金持有人利益的行为。

中国农业银行证券投资基金托管部
2003年3月25日

五、基金年度财务报告

(一)审计报告

天华证券投资基金全体持有人:

我们接受委托,审计了天华证券投资基金(简称"天华基金")二零零二年十二月三十一日的资产负债表和二零零二年度的经营业绩表、基金净值变动表及基金收益分配表。上述会计报表由天华基金的基金管理人负责,我们的责任是对这些会计报表发表审计意见。我们的审计是根据《中国注册会计师独立审计准则》进行的。在审计过程中,我们结合天华基金的实际情况,实施了包括抽查会计记录等我们认为必要的审计程序。

我们认为,上述会计报表符合《企业会计准则》、《金融企业会计制度》、《证券投资基金会计核算办法》和中国证券监督管理委员会颁布的《证券投资基金管理暂行办法》实施准则第五号《证券投资基金信息披露指引》及基金契约的规定,在所有重大方面公允地反映了天华基金二零零二年十二月三十一日的财务状况和二零零二年度的经营成果和净值变动及收益分配情况,会计处理方法的选用遵循了一贯性原则。

安永华明会计师事务所　　中国注册会计师　葛　明
二零零三年二月十四日　　中国注册会计师　秦同洲

六、基金持有人结构及前十名持有人

截止2002年12月31日,本基金发起人持有的基金份额为360,089,541份基金单位,占基金发行总份额的14.40%,其中:

发起人	持有份额	占总份额比例
湘财证券有限责任公司	309,589,541	12.38%
银华基金管理有限公司	25,000,000	1.00%
西南证券有限责任公司	20,000,000	0.80%
东北证券有限责任公司	3,000,000	0.12%
南方证券股份有限公司	2,500,000	0.10%

社会公众持有的基金份额为2,139,910,459份基金单位,占基金发行总份额的85.60%。

本基金前十名持有人的名称、持有份额、占总份额比例如下:

序号	名称	持有份额	占总份额比例
1	湘财证券有限责任公司	309,589,541	12.38%
2	中国人民保险公司	250,000,000	10.00%
3	中国太平洋保险公司	241,579,932	9.66%
4	中国人寿保险公司	167,418,762	6.70%
5	中国平安保险股份有限公司	89,938,729	3.60%
6	青岛国信实业公司(有限)	75,000,000	3.00%
7	中国再保险公司	53,935,469	2.16%
8	宁波波导股份有限公司	50,000,000	2.00%
9	银华基金管理有限公司	25,000,000	1.00%
10	西南证券有限责任公司	20,000,000	0.80%

兴科证券投资基金

兴科证券投资基金2002年年度报告

重要提示

本基金的管理人、托管人愿就本报告书所载内容的真实性、准确性、完整性负责,本报告书有关内容由管理人负责解释。本基金托管人交通银行已于2003年3月26日复核了本报告。

一、基金简介

(一)基金基本情况
基金名称:兴科证券投资基金
基金简称:基金兴科
交易代码:184708
基金发起人:华夏基金管理有限公司
西部证券有限公司
基金成立日期:2000年4月8日
基金单位总份额:5亿份基金单位
基金类型:契约型封闭式
基金存续期:15年
基金上市地点:深圳证券交易所
基金上市日期:2000年7月18日
(二)基金管理人的有关情况
法定名称:华夏基金管理有限公司
CHINA ASSET MANAGEMENT CO., LTD.
注册地址:北京市顺义区天竺空港工业区A区
办公地址:北京市西城区金融大街33号通泰大厦A座15层
邮政编码:100032
国际互联网地址:http://www.ChinaAMC.com
法定代表人:邵淳
总经理:范勇宏
信息披露负责人:辛洁
联系电话:(010)66069966
传真:(010)66102133
(三)基金托管人的有关情况
法定名称:交通银行
注册地址:上海市仙霞路18号
办公地址:上海市银城中路188号
邮政编码:200120
法定代表人:方诚国
托管部总经理:谢红兵
信息披露员:江永珍
联系电话:(021)58408846
传真:(021)58408836
(四)基金聘请的会计师事务所的有关情况
法定名称:普华永道中天会计师事务所有限公司
注册地址:上海市浦东新区沈家弄325号
办公地址:上海市淮海中路333号瑞安广场12楼
法定代表人:Kent Watson
经办注册会计师:周忠惠 郭杭翔
(五)基金聘请的律师事务所的有关情况
法定名称:金诚律师事务所
注册地址:北京建国门大街8号中粮广场A座6层
办公地址:北京建国门外大街24号东海中心17层
法定代表人:邵国忠　　经办律师:庞正中、贺宝银

二、主要财务指标

	2002年12月31日	2001年12月31日	2000年12月31日
基金本期净收益:	-35,460,957.91元	-8,293,049.63元	26,387,803.06元
单位基金本期净收益:	-0.0709元	-0.0166元	0.5278元
基金可分配净收益:	-64,687,698.80元	-5,905,246.57元	26,387,803.06元
单位基金可分配收益:	-0.1294元	-0.0118元	0.5278元
期末基金资产总值:	437,781,891.60元	489,315,463.89元	616,778,703.95元
期末基金资产净值:	435,312,301.20元	486,864,308.85元	555,392,606.55元
单位基金资产净值:	0.8706元	0.9737元	1.1108元
基金资产净值收益率:	-7.28%	-1.56%	6.85%
本期基金净值增长率:	-10.59%	-8.46%	16.69%
基金累计净值增长率:	-4.49%	6.82%	16.69%

三、基金管理人报告

本基金2002年业绩表现:截至2002年12月31日,本基金单位净值为0.8706,与期初净值相比,净值增长率为-10.59%。

基金经理简介:

石波先生,法学硕士。历任君安证券有限公司投资银行部副总经理,上海申华实业股份有限公司副总经理,华夏基金管理有限公司投资管理部副总经理。证券从业经历9年。

(一)基金经理工作报告

行情回顾及分析

2002年我国宏观经济继续保持良好运行态势,全年国内生产总值突破10万亿大关。由于国家实行积极的财政政策和稳健的货币政策,国民经济在投资和出口的拉动下继续保持较快增长,全年国内生产总值增长达到8%,汽车和住房等大宗消费品开始热销,工业企业的经济效益普遍好转。持续稳定快速高效的经济增长为我国证券市场的长期发展奠定了良好的基础。

2002年深沪股市的整体走势是震荡探低的行情。年初上海市场开盘于1643点,年中探底于1339点后反弹,年末收于1450点。其间比较具有戏剧性的是6.24行情,大盘在突发利好支持下几日内大幅爆涨,然后就是长达半年的阴跌,年内行情的运行特点是大幅震荡,急涨缓跌。2002年行情可以分为两个阶段:

上半年的探底反弹行情。年初开盘于1643点,最低1339点,最高1749点。进入2002年一月份,市场延续2001年末的下跌走势,在市场陷于绝望之时,管理层出台了一系列如恢复向二级市场投资者按市值配售新股、降低交易佣金、停止通过国内证券市场减持国有股等政策措施,在这些利好因素推动下,股市出现震荡上行的走势,特别是在停止通过国内证券市场减持国有股的重大利好下,股市出现6.24井喷行情。

下半年的阴跌企稳行情。6.24行情后,股市重现资金推动行情的特点,大量的投机资金在几天内抢入股市,把指数突然推高,然后就是一路阴跌,其间虽有8月和10月的两次时间不超过10天、高度不超过6%的小反弹,但由于大盘积弱已久,很多深层次的问题并没有得到根本解决,再加上1650点以上堆积了大量的套牢筹码,大市难改盘弱走势,由1707点一路阴跌到1553点,后在QFII政策出台后才止跌回稳,年末多空双方在1400点取得平衡。

2002年的整体走势是2001年调整行情的延续,个股从整体上都是下跌行情,市场的热点以外资购并概念股为主,其中以上海本地股和深圳本地股表现突出,6.24行情中国企大盘股也有一定表现。

基金运作情况回顾

由于年初本基金基于对基本面的判断,本基金认为2002年仍然是一个调整市道,所以全年大部份时间仓位控制合理,保持一个中等偏空的仓位策略,问题在于对政策市的特点认识不清,忽视了波段操作和相反投资理论的研究,大部分时间仓位无变化和追求平均化。在个股选择方面,只会根据基本面和业绩选股,忽略了市场热点和低价股,特别是对市场的结构性变化认识不够,忽略了对指数股的投资。

在上半年反弹行情中,本基金在一月份的单边下跌行情中取得了一定的优势,但在下跌的过程中忽视了政策面利好因素,没有在大盘下跌的过程中加仓,以至于在后面的反弹行情中被动。一是加仓不积极,直到3月中旬大盘向上突破时才将仓位加上来;二是加仓后的组合不对,忽视了180指数股,特别是大盘低价股,这一致命错误直接导致本基金在6.24行情中收获不够。

在2002年,兴科基金采取了分散投资、波段操作的投资策略。在仓位控制上,通过保持较低股票仓位在一定程度上规避了调整市道中的下跌风险;在个股选择上,坚持基本面决定价值的投资理念,较少参与重组股的市场热点。不足之处在于在操作上追求平庸,没有学会运用相反投资理论,错过了在高位的卖出机会,从而在急涨缓跌的市道中陷于被动,导致2002年基金业绩平平。

四、托管人报告

2002年度,交通银行作为兴科证券投资基金的托管人,严格遵守《证券投资基金管理暂行办法》及其实施准则的规定,依据《兴科证券投资基金契约》和《兴科证券投资基金托管协议》中的条款,就以下各事项报告如下:

1、本托管人认真履行了基金托管人的各项职责,安全保管兴科基金的所有资产。

2、本托管人认真完成了兴科证券投资基金的投资监管和清算核算工作。

3、本托管人妥善保管了基金所有会计账册和重大合同,切实维护基金持有人的合法权益,未发生任何损害基金持有人利益的事件和行为。

2002年度,交通银行作为兴科证券投资基金的托管人,对基金管理人的各项行为监管报告如下:

1、未发现基金管理人在投资运作中有损害基金持有人利益的行为。

2、由基金管理人编制和披露的2002年度兴科证券投资基金每周资产净值公告、每季度投资组合公告、中期财务报告和基金年度报告是合法、真实和完整的。

五、基金年度财务报告

(一)审计报告

兴科证券投资基金全体持有人:

我们接受委托,审计了兴科证券投资基金(以下简称"基金兴科")2002年12月31日的资产负债表及2002年度的经营业绩表和基金净值变动表。这些会计报表由基金兴科管理人华夏基金管理有限公司负责,我们的责任是对这些会计报表发表审计意见。我们的审计是依据中国注册会计师独立审计准则进行的。在审计过程中,我们结合基金兴科的实际情况,实施了包括抽查会计记录等我们认为必要的审计程序。

我们认为,载于第2页至第13页的上述基金兴科会计报表符合中华人民共和国企业会计准则、《证券投资基金会计核算办法》、《兴科证券投资基金基金契约》和中国证券监督管理委员会允许的如会计报表附注所列示的基金行业实务操作的有关规定,在所有重大方面公允地反映了基金兴科2002年12月31日的财务状况及2002年度的经营成果和净值变动情况,会计方法的选用遵循了一贯性原则。

普华永道中天会计师事务所有限公司　　注册会计师　周忠惠
2003年2月28日　　注册会计师　郭杭翔

六、基金持有人结构及前十名持有人

截止到2002年12月31日,兴科基金持有人情况如下:

(一)持有人结构

	基金单位数	占总份额比例
发起人:	6,887,832	1.38%
华夏基金管理有限公司	2,500,000	0.50%
可流通部分	1,250,000	0.25%
不可流通部分	1,250,000	0.25%
西部证券有限公司	4,387,832	0.88%
可流通部分	3,137,832	0.63%
不可流通部分	1,250,000	0.25%
社会公众持有:	493,112,168	98.62%
合　计:	500,000,000	100%

(二)前十名持有人、发起人情况说明:

序号	持有人名称	持有份额	占总份额比例
1	中国人寿保险公司	35,874,191	7.17%
2	天安保险股份有限公司	28,410,472	5.68%
3	中国平安保险股份有限公司	27,966,448	5.59%
4	中国人民保险公司	14,526,093	2.91%
5	国信证券有限责任公司	12,995,565	2.60%
6	浙江浙报物业经营中心	7,000,000	1.40%
7	上海久事公司	5,000,000	1.00%
8	新华人寿保险股份有限公司	4,620,513	0.92%
9	东方通信股份有限公司	4,481,517	0.90%
10	长城证券有限责任公司	4,400,370	0.88%

安久证券投资基金

安久证券投资基金2002年年度报告

重要提示

本基金的托管人交通银行已于2003年3月25日复核了本报告。本基金的管理人、托管人愿就本报告书中所载资料的真实性、准确性、完整性负责。本报告书中的内容由基金管理人负责解释。

一、基金简介

(一)基金名称:安久证券投资基金 (简称:基金安久)
交易代码:184709
基金发起人:华安基金管理有限公司
基金成立日期:1992年8月31日(原四川国信投资基金成立日期)
2000年7月4日华安基金管理有限公司开始管理基金安久
基金单位总份额:5亿份基金单位
基金类型:契约型封闭式
基金存续期:15年(自1992年8月31日至2007年8月30日)
基金上市地点:深圳证券交易所
基金上市日期:2001年8月31日
(二)基金管理人:安基金管理有限公司
注册及办公地址:上海市浦东南路360号新上海国际大厦38楼(邮编:200120)
法定代表人:杜建国
总经理:韩方河　　信息披露负责人:冯颖
电话:021-58881111　　传真:021-58406138
客户服务热线:021-68604666
国际互联网地址:http://www.huaan.com.cn
(三)基金托管人:交通银行
注册地址:上海市仙霞路18号
办公地址:上海市银城中路188号(邮政编码:200120)
法定代表人:方诚国　　托管部负责人:谢红兵　　信息披露负责人:江永珍
电话: 021-58408846　　传真:021-58408836
(四)会计师事务所:安永大华会计师事务所有限责任公司
注册及办公地址:上海市昆山路146号
法定代表人:汤云为　　经办注册会计师:吕秋萍、曹勤

二、主要财务指标

	2002年	2001年	2000年7月-12月
基金本期净收益:	1,131,478.56元	-39,038,798.45元	-12,564,384.90元
单位基金本期净收益:	0.0023元	-0.1952元	-0.0628元
基金可分配净收益:	-111,828,644.06元	-59,142,415.58元	-20,103,617.13元
单位基金可分配净收益:	-0.2237元	-0.2957元	-0.1005元
期末基金资产总值:	408,574,195.89元	135,583,446.15元	138,524,394.11元
期末基金资产净值:	388,171,355.94元	135,005,563.75元	136,303,648.50元
单位基金资产净值:	0.7763元	0.6750元	0.6815元
基金资产净值收益率:	0.33%	-28.64%	-7.45%
本期基金净值增长率:	-9.85%	-0.95%	-19.16%
累计资产净值增长率:	-27.82%	-19.93%	-19.16%

三、基金管理人报告

(一) 基金管理人报告

基金简介

安久证券投资基金是由原四川国信投资基金清理规范而成的契约型封闭式证券投资基金。根据中国证监会证监基金字[2000]28号文《关于四川国信投资基金清理规范方案的批复》,经2000年6月15日原四川国信投资基金临时持有人大会(通讯表决)决议通过,四川国信投资基金更名为安久证券投资基金,基金管理人变更为华安基金管理有限公司,基金托管人变更为交通银行。截至2000年7月3日止,基金资产过户移交时基金资产净值为人民币168,608,719.99元,基金总份额为200,000,020份基金单位,每基金单位净值为0.8430元。2000年7月4日起华安基金管理有限公司正式开始管理本基金。

基金经理简介

王国卫先生,基金经理,经济学硕士。9年证券从业经历。曾在上海国际信托投资公司证券投资信托部、投资银行部工作。现任华安基金管理有限公司总经理助理、基金投资部总监,基金安信和基金安久的基金经理。

李玲女士,基金经理,经济学学士。5年证券从业经历。曾在金华信托投资股份有限公司投资管理部、证大投资管理有限公司投资部工作。2000年进入华安基金管理有限公司投资部任交易员,现任基金安信和基金安久的基金经理。

基金经理工作报告

我们首先要感谢本基金的全体持有人,在你们的支持下,本基金于年初完成了扩募,从而延长了经营期。基金安久2002年净值增长-9.85%,分别超越上证指数7.67%和深综指8.47%。

2002年基金运作回顾:

在经历了2001年下半年急风暴雨式下跌的大洗礼之后,2002年中国证券市场继续大幅下跌,整个基金业首次面临全行业亏损的严峻考验。与此同时,由于市场走势与宏观经济和政策面完全背离,市场参与各方因而陷入了前所未有的矛盾之中。

年初两会行情的预热以及政策利好频频出台,市场出现温和的反弹行情。基金安久对一季度市场走势把握较好,一季度本基金净值增长排名位居前列,取得了较好的成绩。

基金扩募后使得资产规模扩大了一倍以上,导致股票仓位迅速大幅下降,虽然我们相应制定了逐步提升仓位的策略,但"6.24"井喷行情突然降临,本基金的命运也因此而转瞬改变。虽然国有股正式停止在国内证券市场减持,使原先冲击市场的根本性因素暂时得以解除,市场运行环境因此而明朗,但是指数却在一天的井喷之后一路盘跌,"踏空"后再无机会弥补。我们认识到,扩募时间距井喷行情较近是一个客观存在提升仓位的制约因素,但是我们对政策估计不足、理解能力的欠缺是基金安久失去此前优势的直接原因。踏空并不是致命的,重要的是6.24后我们整个心态发生变化。相对于规模较大的基金而言,小基金操作的难度相对要小一些,因为流动性因素的制约要小得多,而我们错失了调整的机会。虽然最终通过努力,本基金净值表现于四季度开始逐步回升,重新回到同类基金前列,这主要有赖于我们根据市场变化有选择的增加了低市盈率大盘蓝筹股的投资,但回顾2002年投资全过程,我们认为是有失误的。

(二)内部监察报告

1.基金运作合规性声明

本报告期间,本基金管理人严格遵守《证券投资基金管理暂行办法》及其各项实施准则、《安久证券投资基金基金契约》和其他有关法律法规的规定,本着诚实信用、勤勉尽责的原则管理和运作基金资产,遵循"忠诚理财、智慧回报"的公司理念,在严格控制风险的基础上,*持有人谋求最大利益,无损害基金持有人利益的行为存在。基金投资组合符合有关法规及基金契约的规定。

2.内部监察工作报告

本报告期内,我们遵照有关法律法规、基金契约和内部规章进行了持续的内部监察稽核工作,主要开展了以下工作:

1、对基金安久日常投资运作合法性、合规性的检查

为加强对投资交易行为的监控,我们坚持严格按照《证券投资基金管理暂行办法》、《安久证券投资基金基金契约》及其他有关规定,对基金投资比例、新股申购、交易行为、席位交易量分配等进行每日检查及定期检查,并在发现问题的第一时间及时通报基金经理和公司管理层,采取措施加以解决。迄今为止,未发现基金安久的投资运作存在重大违规行为。

2、加强员工职业道德教育和风险防范培训

随着公司人员的增加、基金投资风格的多样化、基金业务的创新,公司的运作风险也随之增大。为此,我们除了在招聘时特别关注员工对风险防范的态度外,对于新进员工,我们都要求其参加入司监察培训,向其介绍相关主要规定并要求书面承诺遵守。对于离职人员,我们除要求其完成业务和资料交接外,还要求其签署《离职承诺书》,承诺不泄露公司投资交易技术运作等各方面的非公开信息。此外,为提高各部门的风险防范技术,我们邀请外部专家为全体员工开设《证券犯罪及其应对策略》等方面的讲座。

3、加强法律事务管理

在公司内部充实了法律人员并聘请了常年法律顾问后,公司法务工作力量得以大大加强。为保护基金持有人等有关各方的合法权益,对于新基金的所有法律文件,律师均进行了详细审查,并在审查后出具法律意见书。此外,我们加强了公司对外签署合同的审查工作,有效降低了法律风险和诉讼风险。

4.继续加强对公司运作规章与业务流程遵循情况的检查工作,提高紧急事件应变能力

通过实地检查与部门自查相结合的方式,监察稽核人员在本年度里对所有业务部门进行了深入的实地检查,及时发现制度流程遵循方面的漏洞,给予被检查部门合理的改进建议,确保公司整体业务的平稳运行。为做好监察工作,更好地了解新产品、新业务方案和实际运作机制,我们还积极参与事前讨论,包括新产品、新业务的开发讨论,新业务、新产品种推出前的风险评估等,了解其中隐含的风险点,以便更好地有针对性地采取预防措施。

此外,公司通过继续完善应急计划、开展系统恢复备份演习,不断提高公司及员工面对紧急事件的应急与快速处理能力。

四、托管人报告

2002年度,交通银行作为安久证券投资基金的托管人,严格遵守《证券投资基金管理暂行办法》及其实施准则的规定,依据《安久证券投资基金基金契约》和《安久证券投资基金托管协议》中的条款,就以下各事项报告如下:

1、本托管人认真履行了基金托管人的各项职责,安全保管基金安久的所有资产;

2、本托管人认真完成了安久证券投资基金的投资监管和清算核算工作;

3、本托管人妥善保管了基金所有会计帐册和重大合同,切实维护基金持有人的合法权益,未发生任何损害基金持有人利益的事件和行为。

2002年度,交通银行作为安久证券投资基金的托管人,对基金管理人的各项行为监管报告如下:

1、未发现基金管理人在投资运作中有损害基金持有人利益的行为。

2、由基金管理人编制和披露的2002年度安久证券投资基金每周资产净值公告、每季度投资组合公告、中期财务报告和年度财务报告是合法、真实和完整的。

五、基金年度财务报告

(一) 审计报告

安永大华业字(2003)第397号

安久证券投资基金全体基金持有人:

我们接受委托,审计了　贵基金2002年12月31日的资产负债表和2002年度经营业绩表、基金净值变动表以及基金收益分配表。这些会计报表由　贵基金的管理人负责,我们的责任是对这些会计报表发表审计意见。我们的审计是依据中国注册会计师独立审计准则进行的。在审计过程中,我们结合　贵基金的实际情况,实施了包括抽查会计记录等我们认为必要的审计程序。

我们认为,上述会计报表符合《证券投资基金会计核算办法》和证券投资基金相关法规以及《安久证券投资基金基金契约》的有关规定,在所有重大方面公允地反映了　贵基金2002年12月31日的财务状况和2002年度的经营业绩及基金净值变动情况,会计处理方法的选用遵循了一贯性原则。

安永大华会计师事务所有限责任公司　　　　中国注册会计师:吕秋萍
2003年2月15日　　　　中国注册会计师:曹　勤

六、基金持有人结构及前十名持有人

截止2002年12月31日,本基金发起人持有的基金份额为0.05亿基金单位,占基金发行总份额的1.00%,其中:

发 起 人	持有份额(单位)	占总份额比例
华安基金管理有限公司	5,000,000	1.00%
其中:未上市流通份额	2,500,000	0.50%

社会公众持有的基金份额为495,000,000基金单位,占基金发行总份额的99.00%。

本基金前十名持有人的名称、持有份额、占总份额比例如下:

序号	名称	持有份额(单位)	占总份额比例
1	海通证券股份有限公司	230,500,000	46.10%
2	广州证券有限责任公司	6,377,382	1.28%
3	华安基金管理有限公司	5,000,000	1.00%
4	陈莹	4,786,490	0.96%
5	唐朝	2,579,551	0.52%
6	徐艳洪	2,231,062	0.45%
7	梅县坝头水电站	1,693,800	0.34%
8	李小芽	1,252,000	0.25%
9	鲁瑶	1,183,573	0.24%
10	刘佳颖	1,179,700	0.24%

隆元证券投资基金

隆元证券投资基金2002年年度报告

重要提示

本基金的托管人----中国工商银行已于2003年3月26日复核了本报告。本基金的管理人、托管人愿就本报告中所载资料的真实性、准确性和完整性负责。本报告书中的内容由本基金的管理人负责解释。

一、基金简介

(一)基金基本资料
基金简称:基金隆元　　基金交易代码:184710
基金类型:契约型、封闭式　　基金单位总份额:5亿份
目前可流通份额:4.975亿份
基金存续期:15年(1992年12月29日至2007年12月29日)
上市地点:深圳证券交易所　　上市日期:2000年10月18日
(二)基金管理人
法定名称:南方基金管理有限公司
注册及办公地址:深圳市深南大道4009号投资大厦7楼
邮政编码:518026　　国际互联网网址:http://www.southernfund.com
法定代表人:刘波　　总经理:高良玉　　信息披露负责人:郑凯铨
联系电话:0755-82912000转,传真:0755-82912578
(三)基金托管人
法定名称:中国工商银行
注册及办公地址:北京市复兴门内大街55号
邮政编码:100032
法定代表人:姜建清　　托管部负责人:周月秋　　信息披露负责人:刘长江
联系电话:010-66107333　　传真:010-66106913
(四)聘请的会计师事务所
法定名称:深圳天健信德会计师事务所
注册地址:深圳市蛇口兴华路海滨花园海滨中心商场A座3楼
办公地址:深圳市滨河大道5020号证券大厦十六层
法定代表人:朱祺珩　　经办注册会计师:李渭华　周冰
联系电话:0755-82903666　　传真:0755-82990487

二、基金主要财务指标

金额单位:人民币元

		2002		2001
基金本期净收益	RMB	(84,252,150.02)	RMB	(10,384,548.76)
单位基金本期净收益	RMB	(0.1685)	RMB	(0.021)
基金可分配净收益	RMB	(130,917,045.26)	RMB	(75,618,114.41)
单位基金可分配净收益	RMB	(0.2618)	RMB	(0.151)
期末基金资产总值	RMB	370,769,037.28	RMB	426,185,319.42
期末基金资产净值	RMB	369,082,954.74	RMB	424,381,885.59
单位基金资产净值	RMB	0.7382	RMB	0.849
基金资产净值收益率		(19.81%)		(2.06%)
本期基金资产净值增长率		(13.03%)		(15.77%)
累计基金资产净值增长率		(25.72%)		(14.59%)

三、基金管理人报告

基金经理小组简介

汪澂女士,隆元基金经理,29岁,硕士学历,5年证券从业经历。1998年进入南方基金管理有限公司工作,先后从事基金新品种开发、市场分析研究、基金投资等工作。

此外,隆元基金管理小组还配备了若干名证券投资分析人员,协助上述人员从事隆元基金的投资管理工作。

基金经理工作报告

2002年中国的宏观经济持续保持平稳高速增长的态势,在中国加入WTO后的第一年中,进出口贸易大幅上升,住房和汽车消费的形势出人意料的好,国债的发行对于拉动内需有着显著的功效,在全球经济不景气的情况下,中国经济一枝独秀,GDP增长达8%。在金融领域,改革和创新的力度加大,QFII的推出和中外合资基金公司的设立等都显示了市场对外开放步伐逐步加快,基金的人量发行和品种创新,在一定程度上使机构投资者队伍不断壮大。同时,上市公司问题的发现解决和基本面的显著改善,是管理层对证券市场加强监管,提高上市公司素质的成果。

但另一方面,股市的走势出现了与经济基本面明显背离的格局。2002年是中国证券市场发展史上结构性调整的一年,政策性的影响起了决定性的作用,受管理层恢复市值配售新股和停止在证券市场减持国有股的利好政策下,市场有过两波不错的涨幅,但在投资者信心还没有恢复过来的弱势市场中,只是反弹行情,其后都形成了盘下的局面,成交量萎缩,全年上证指数下跌达17.5%。

针对市场环境所发生的巨大变化,我们及时调整原有的投资理念,加大组合投资的研究和操作,着重提高投资的流动性,强化公司基本面的研究,并加大了债券投资的比例,力求保证基金资产的稳定收益。但由于系统性风险难以避免,基金资产损失较大,基金的净值增长率为负13.03%。

展望2003年,中国的经济将继续保持稳定的高速增长,企业在更加规范后其盈利能力还会持续提高。从市场本身运行情况看,今年中国的证券市场预计将处在不断巩固筑底反弹的格局中,市场机会将比去年有所增加,但市场信心需要时间和动力来恢复。在上市公司的国有股问题没有完全解决的大前提下,市场发生根本性的反转可能性不大,再加上国际局势的不明朗和全球经济复苏的情况未明朗,这些不确定因素都使得投资的难度加大。目前,新的投资理念更趋于理性化,对业绩和流通性的要求逐步突出。近两年来有不少大盘蓝筹股的上市,对市场的稳定发挥了关键作用。其中,大部份的公司也由于近两年基础行业整体性复苏,业绩也保持良好的增长。同时一部分上市公司是与国民经济密切相关的看得见摸得着的日常行业,是随着国民经济这两年的发展而获利的产业,其业绩的提升也是可以预期的,这些都将是隆元基金密切关注的投资目标。我们将回避基本面不清楚,缺乏业绩支持,流通性差的公司。同时,密切注意企业债市场和国债市场的金融创新,扎扎实实地作好投资研究工作,努力为基金持有人创造稳定的收益。

内部监察报告

1.基金运作合规性声明

本报告期内,本基金管理人严格遵守《证券投资基金管理暂行办法》及其各项实施准则、《隆元证券投资基金基金契约》和其他有关法律法规的规定,本着诚实信用、勤勉尽责的原则管理和运用基金资产,坚持"一流人才、一流管理、一流效益"的经营理念,在严格控制风险的基础上,为基金持有人谋求最大利益。本报告期内,基金运作整体合法合规,无损害基金持有人利益的行为。基金的投资范围、投资比例及投资组合符合有关法规及基金契约的规定。

2.内部监察工作报告

2002年,本基金管理人坚持一切从合规运作、防范风险、保护基金持有人利益出发,遵循"全面管理、独立稽核、相互制约、同步发展、定量分析"的内部控制理念,致力于内控机制的建立和完善,大力加强监察稽核工作,保证各项法规和管理制度的落实,保证基金契约得到严格履行。公司监察稽核部门按照规定的权限和程序,独立地开展基金运作和公司管理的合规性监察,发现问题及时提出改进建议并督促业务部门进行整改,同时定期向监管部门、董事长和公司管理层出具监察稽核报告。

本报告期内,基金管理人内部监察主要工作如下:

(1)规范员工行为操守,加强职业道德教育和风险教育。制定并严格执行《员工行为操守准则》、《员工纪律处分办法》,明确各岗位员工的行为准则以及违反行为准则的处理程序和办法,更好地防范道德风险;组织员工学习《证券投资基金法律法规汇编》,签订《业绩合同》,明确员工的风险责任,进一步树立全员风险意识。

(2)修订内部监察稽核制度,协助公司各部门制定完善各项管理制度和业务流程。总结近年来基金管理经验并借鉴学习境外合作伙伴的先进做法,完善基金投资决策、交易执行、风险控制、监察稽核、危机处理等方面的制度建设,努力防范投资风险。基金管理人制定完善的制度主要有《风险控制委员会议事规则》、《风险控制办法》、《投资管理系统操作说明》、《机房管理暂行办法》、《系统变更规定》等,根据实际运作的经验和执行过程中存在的问题,重点对《投资决策委员会议事规则》进行了详细的修订,通过这些内控制度的建立和完善,更好地起到了防范和控制风险的作用。

(3)全面开展基金运作监察稽核工作,防范内幕交易,确保基金投资的独立性、公平性。主要措施有:严格执行集中交易制度,各基金相互独立,交易指令由中央交易室统一执行完成;对电脑系统进行事先设置,杜绝出现自买自卖、反向对敲等违规行为;严格检查基金的研究支持、投资决策、交易过程是否符合规定的程序;对基金投资进行全面实时监控;加强对投资、交易资料的管理,投资部按月将基金的投资和交易数据等资料移交稽核部,由稽核部稽核检查后统一保管。

通过以上工作的开展,在本报告期内本基金运作过程中未发生关联交易、内幕交易,也不存在本基金管理人管理的各基金之间的违规交叉交易,基金运作整体合法合规。在今后的工作中,本基金管理人将继续坚持一贯的内部控制理念,进一步完善内控制度,提高监察稽核工作水平,努力防范和控制各种风险,充分保障基金持有人的合法权益。

四、基金托管人报告

本托管人--中国工商银行,依据《隆元证券投资基金基金契约》与《隆元证券投资基金托管协议》,托管隆元证券投资基金。

2002年度,在对隆元证券投资基金的托管过程中,本托管人严格遵守了《证券投资基金管理暂行办法》及其实施准则、基金契约、托管协议和其他有关法规的规定,对隆元证券投资基金的投资运作进行了全面的会计核算和应有的监督,没有发生任何损害基金持有人利益的行为,诚实信用、勤勉尽责地履行了作为托管人所应尽的义务。

本托管人依照《证券投资基金管理暂行办法》及其实施准则、基金契约、托管协议和其他有关法规的规定,对隆元证券投资基金的投资组合进行了监督,认为南方基金管理有限公司在隆元证券投资基金的投资运作、基金资产净值及单位基金资产净值的计算上,遵守《证券投资基金管理暂行办法》及其实施准则、基金契约、托管协议和其他有关法规的规定,没有发现任何损害基金持有人利益的行为。

本托管人依法对隆元证券投资基金管理人--南方基金管理有限公司在2002年度内所编制和披露的隆元证券投资基金资产净值公告、基金投资组合公告、基金中期报告、基金年度报告等公告信息进行了复核,认为隆元证券投资基金管理人--南方基金管理有限公司在2002年度内所编制和披露的基金信息是准确、真实、完整的。

五、基金财务报告

(一)审计报告

隆元证券投资基金全体持有人:

我们接受委托,审计了隆元证券投资基金二零零二年十二月三十一日的资产负债表和二零零二年度的经营业绩表、基金净值变动表和基金收益分配表。该等会计报表由南方基金管理有限公司(基金管理人)负责,我们的责任是对该等年度会计报表发表审计意见。我们的审计是依据《中国注册会计师独立审计准则》进行的,在审计过程中,我们结合隆元证券投资基金的实际情况,实施了包括抽查会计记录等我们认为必要的审计程序。

我们认为,隆元证券投资基金上述会计报表符合中华人民共和国《金融企业会计制度》、《证券投资基金会计核算办法》和《隆元证券投资基金基金契约》及中国证券监督管理委员会的有关规定,在所有重大方面公允地反映了该基金二零零二年十二月三十一日的财务状况与二零零二年度的经营成果和基金净值变动情况,会计处理方法的选用遵循了一贯性原则。

深圳天健信德会计师事务所　　中国注册会计师　李渭华
二零零三年三月二十六日　　中国注册会计师　周　冰

六、持有人结构及前十名持有人

1、基金持有人结构:

	持有份额(基金单位)	比例
发起人持有份额	500万	1%
南方基金管理有限公司	500万	1%
(发起人持有份额尚有250万基金单位未流通)		
社会公众持有份额	49500万	99%
总　计:	50000万	100%

2、前十名持有人情况(截止于2002年12月31日):

持有人名称	持有份额	比例
1. 中国人民保险公司	44629814	8.93%
2. 中国人寿保险公司	18857429	3.77%
3. 中国平安保险股份有限公司	16083312	3.22%
4. 国信证券有限责任公司	14692792	2.94%
5. 中国工行黑龙江省分行直属支行	8000714	1.60%
6. 南方基金管理有限公司	5000000	1.00%
7. 刘培轩	4500000	0.90%
8. 深圳市日讯互联网有限公司	1990000	0.40%
9. 柯宝	1827199	0.37%
10.甘肃省中小企业信用担保有限责任公司	1400000	0.28%

普华证券投资基金

普华证券投资基金 2002 年年度报告

重要提示

本基金的托管人已于 2003 年 3 月 27 日复核了本报告。

本基金管理人、托管人愿就本报告书中所载资料的真实性、准确性和完整性负责，本报告书中的内容由本基金管理人负责解释。

一、基金简介

(一)基金基本资料

基金名称：普华证券投资基金(简称：基金普华)　　基金交易代码：184711

基金发起人：鹏华基金管理有限公司

基金成立日期：1992 年 5 月 29 日

基金扩募日期：2001 年 10 月 9 日

基金单位总份额：5 亿份

基金类型：契约型、封闭式

基金存续期：15 年

基金上市日期：2001 年 8 月 28 日

上市地点：深圳证券交易所

(二)基金管理人

法定名称：鹏华基金管理有限公司

注册及办公地址：深圳市深南东路 5047 号发展银行大厦 18、27 层

邮政编码：518001

法定代表人：陈正睿

总经理：孙晓刚

信息事务管理人：程国洪

联系地址：深圳市深南东路 5047 号发展银行大厦 18 层

联系电话：0755-82353668　82080663　　传真：0755-82080742

国际互联网网址：http://www.phfund.com.cn

(三)基金托管人

法定名称：中国工商银行

注册及办公地址：北京市西城区复兴门内大街 55 号

邮政编码：100032

法定代表人：姜建清

基金托管部负责人：周月秋

信息事务联系人：刘长江

联系地址：北京市西城区复兴门内大街 55 号

联系电话：010-66107333　　传真：010-66106904

(四)会计师事务所和经办注册会计师

法定名称：深圳大华天诚会计师事务所

注册及办公地址：深圳福田区滨河大道 5022 号联合广场 B 座 11 楼

法定代表人：徐德

电话：82900952　　传真：82900965

联系人：高德惠　　经办注册会计师：高德惠，胡春元

二、主要财务指标

单位：人民币元

序号	项 目	2002 年度	2001 年度
1	基金本期净收益	-9,807,045.17	- 13,330,495.60
2	单位基金本期净收益	-0.0196	-0.0267
3	基金可分配净收益	-96,064,044.84	-22,960,383.06
4	单位基金可分配净收益	-0.1921	-0.0459
5	期末基金资产总值	404,822,280.53	478,757,536.57
6	期末基金资产净值	403,935,955.16	477,039,616.94
7	单位基金资产净值	0.8079	0.9541
8	基金资产净值收益率	-2.06%	-4.72%
9	本期基金资产净值增长率	-15.32%	-7.39%
10	累计资产净值增长率	-21.65%	-7.47%

三、基金管理人报告

(一)基金的业绩表现

截止到 2002 年 12 月 31 日，每基金单位净值为 0.8079 元，净值增长率为-15.32%，每基金单位实现收益-0.0196 元。

(二) 基金的投资目标和投资风格

本基金为成长型基金，其投资目标是通过投资于符合新经济发展方向的科技主导型上市公司，同时采取积极进取的投资策略，以实现基金资产的长期增值和收益的最大化。

(三) 基金经理及助理简历

曹海先生，基金经理，36 岁，经济学本科学历，在读研究生。曾在华夏证券有限公司、鹏华基金管理有限公司工作，具有 8 年证券从业经历。历任华夏证券分析师、鹏华研究员、普丰基金经理助理。

陈鹏先生，基金经理助理，29 岁，经济学硕士。先后在君安证券研究所、国泰君安证券投资银行部工作，具有 5 年证券从业经验。2000 年进入鹏华基金管理有限公司，从事证券分析、证券交易、基金投资等工作。

(四) 基金经理工作报告

1、2002 年投资回顾

2002 年在世界经济普遍低迷的情况下，中国经济一枝独秀，增长率达到 8%。但是在这样一个背景下，中国股市却欲振乏力，上证综指从年初的 1646 点跌到年底的 1357 点，跌幅达到 17.6%。那么为什么中国股市却和宏观经济南辕北辙呢？我们认为还是股市本身出了问题：一是制度性缺陷严重影响了投资者的预期，经过几年的国有股减持大讨论，大家已经认识到了中国股市独有的流通股和非流通股的二元结构，必须尽早解决。但是全流通的过程又是一个利益再分配的过程，市场参与各方的利益平衡点短时期内很难找到。而投资的难点就是不确定性，所以很多长线资金选择离场观望；二是中国的上市公司群体本身在经济增长中的代表性不够。众所周知，中国经济增长的增量主要来源于民营以及外资企业，而中国股市由于前十年的上市企业大多是国有企业，因此上市公司难以全面反映经济增量中最有活力的部分；三是国际化趋势带来的价值评估体系的变化。中国加入WTO 之后，随着证券市场对外开放的逐步扩大，资金的自由流动是大势所趋。国内投资者必然会以一种更加开放的眼光来审视中国股市，国外潜在投资者的行为也会影响市场。其间投资理念、监管理念、价值评估方法的冲突自然在所难免，而这种种冲突也导致了投资者对股市预期的矛盾。正是由于以上这些因素使中国股市在 2002 年与宏观经济走势背道而驰，当然这也是中国股市作为"新兴加转轨"市场所必须付出的阶段性代价。

正是在这样一种市场背景下，基金行业在 2002 年经受了自 98 年行业诞生以来最严峻的考验，由于股市的持续低迷，绝大部分基金的投资收益都不尽如人意，本基金的净值也出现了下降。回顾 2002 年全年的投资，本基金总结的经验教训主要有：第一、对大势的把握有一定的偏差，尤其是"624"行情前后的操作出现失误；第二、投资组合一度过于分散，投资方法走向另外一个极端；第三、本基金对地域板块的投资本来比较成功，但没有及时获利了结。

2、2003 年投资展望

2003 年是"十六大"提出全面建设小康社会的第一年，也是新一届政府上任的第一年，各行各业都有一个比较宽松的发展环境。因此我们认为 2003 年证券市场的整体投资机会应该好于 2002 年，我们也有信心在新的一年为投资者创造较好的投资收益。本基金 2003 年的投资思路主要从以下几个方面着手：

首先是一级资产配置策略。我们认为 2003 年股市处于熊市的末期，仍然以箱型振荡为主，但从长期来看是构筑一个重要的底部，不排除 2003 下半年或 2004 年上半年市场重新进入新一轮牛市。但是在影响中国股市长期走势最重要的因素即全流通方案没有最后明朗之前，市场很难出现根本性的反转。因此在一级资产配置上我们仍将采取灵活的策略，以波段性操作为主，精耕细作，集腋成裘。当然如果影响市场走势的重大因素一旦明朗，我们将采取更加积极主动的投资策略。

其次是战术性资产配置策略。我们将按照契约的规定，坚持挖掘"符合新经济发展方向的科技主导性上市公司"，同时重点关注以下行业和板块：一是周期性景气复苏行业：如通讯设备制造、网络等部分 IT 行业、石化、钢铁、有色等原材料行业；二是进入高成长期的行业：如汽车及相关行业(重点关注汽车上下游行业)、旅游业、教育业、城市服务业；三是国企大盘股板块：香港国企股和红筹股的走强，是国际资本试水中国资本市场的前奏，其投资思路值得关注。其实国内股市去年"6.24"以及今年"1.14"行情龙头品种"中海发展"及"中国联通"等都出自这些股票就反映了这一点；四是补偿式全流通受益板块：如果我们判断补偿式全流通方案将成为新一轮牛市的起因，则在补偿方案中获利最大的股票必将是下一轮牛市涨幅最大的股票。

最后是个股投资策略。由于基金普华规模较小，在目前市场回暖的背景下流动性问题也不大，因此本基金在个股上将采取适度集中的投资策略。

四、托管人报告

本托管人--中国工商银行，依据《普华证券投资基金基金契约》与《普华证券投资基金托管协议》，托管普华证券投资基金。

2002 年度，在对普华证券投资基金的托管过程中，本托管人严格遵守了《证券投资基金管理暂行办法》及其实施准则、基金契约、托管协议和其他有关法规的规定，对普华证券投资基金的投资运作进行了全面的会计核算和应有的监督，没有发生任何损害基金持有人利益的行为，诚实信用，勤勉尽责地履行了作为托管人所应尽的义务。

本托管人依照《证券投资基金管理暂行办法》及其实施准则、基金契约、托管协议和其他有关法规的规定，对普华证券投资基金的投资组合进行了监督，认为鹏华基金管理有限公司在普华证券投资基金的投资运作、基金资产净值及单位基金资产净值的计算上，遵守《证券投资基金管理暂行办法》及其实施准则、基金契约、托管协议和其他有关法规的规定，没有发现任何损害基金持有人利益的行为。

本托管人依法对普华证券投资基金管理人--鹏华基金管理有限公司在 2002 年度内所编制和披露的普华证券投资基金资产净值公告、基金投资组合公告、基金中期报告、基金年度报告等公告信息进行了复核，认为普华证券投资基金管理人--鹏华基金管理有限公司在 2002 年度内所编制和披露的基金信息是准确、真实、完整的。

中国工商银行基金托管部

2003.03.27

五、基金年度财务报告

(一) 审计报告

普华证券投资基金全体受益人：

我们接受委托，审计了贵投资基金二 OO 二年十二月三十一日的资产负债表、二 OO 二年度的基金经营业绩表、二 OO 二年度的基金收益分配表及二 OO 二年度的基金净值变动表。上述会计报表由贵投资基金的信托人和经理人负责，我们的责任是对这些会计报表发表审计意见。我们的审计是依据《中国注册会计师独立审计准则》进行的。在审计过程中，我们结合贵投资基金实际情况，实施了包括抽查会计记录等我们认为必要的审计程序。

我们认为，上述会计报表符合中华人民共和国《企业会计准则》和《证券投资基金会计核算办法》等有关规定，在所有重大方面公允地反映了贵投资基金二 OO 二年十二月三十一日的财务状况和二 OO 二年度的经营成果，会计处理方法的选用遵循了一贯性原则。

深圳大华天诚会计师事务所　　中国注册会计师　高德惠

二 OO 三年一月九日　　中国注册会计师　胡春元

六、基金持有人结构及前十名持有人

1、基金持有人结构：

	持有份额(份)	占总份额的比例(%)
基金发起人		
鹏华基金管理有限公司	5,000,000	1%
社会公众	495,000,000	99%

1、普华基金前十名持有人(截止 2002 年 12 月 31 日)：

持有人名称	持有份额(份)	占总份额的比例(%)
1 中国人寿保险公司	32,919,770	6.58%
2 中国人民保险公司	29,287,654	5.86%
3 大众保险股份有限公司	8,104,800	1.62%
4 中国太平洋保险公司	7,948,225	1.59%
5 鞍山金钢信托投资公司	7,711,211	1.54%
6 广东梅雁轮胎有限公司	5,000,000	1.00%
7 鹏华基金管理有限公司	5,000,000	1.00%
8 中国再保险公司	4,990,950	1.00%
9 长城证券有限责任公司	3,968,200	0.79%
10 张世宽	3,820,000	0.76%

科汇证券投资基金

科汇证券投资基金2002年年度报告

重要提示

本基金托管人交通银行已于2003年3月20日复核了本报告书。本基金的管理人、托管人愿就本报告书中所载资料的真实性、完整性、准确性负责。本报告书中的内容由基金管理人负责解释。

一、基金简介

(一)基金简称:基金科汇
交易代码:184712
基金发起人:广东证券股份有限公司、易方达基金管理有限公司、广东粤财信托投资公司
基金单位总份额:8亿份基金单位
基金类型:契约型封闭式基金
基金存续期:1993年12月14日至2008年12月13日
基金上市日期:2001年6月20日
基金上市地点:深圳证券交易所
(二)基金管理人:易方达基金管理有限公司
注册地址:广东省珠海市情侣南路428号九洲港大厦
办公地址:广州市体育西路189号28楼
邮政编码:510620
法定代表人:梁棠
总经理:叶俊英
信息披露负责人:刘晓艳
信息电话:020-38799008
客户服务与投诉电话:020-83918088
传　　真:020-38799488
(三)基金托管人:交通银行
注册地址:上海市仙霞路18号
办公地址:上海市银城中路188号
邮政编码:200120
法定代表人:方诚国
托管部负责人:谢红兵
联系地址:上海市银城中路188号
信息披露负责人:江永珍
联系电话:021-58408846
传　　真:021-58408836
(四)审计机构:安永华明会计师事务所
注册及办公地址:北京市东城区东长安街1号东方广场东方经贸城
法定代表人:葛明
电话:010-65246688　　传真:010-85188298
经办注册会计师:葛明、金馨

二、基金主要财务指标

(单位:人民币元)

	2002年	2001年
1.基金本期净收益	-14,560,988.37	11,168,692.03
2.单位基金本期净收益	-0.0182	0.0140
3.基金可分配净收益	-58,429,271.15	1,241,828.50
4.单位基金可分配净收益	-0.0730	0.0016
5.期末基金资产总值	757,267,906.04	802,981,045.57
6.期末基金资产净值	741,570,728.85	801,241,828.50
7.单位基金资产净值	0.9270	1.0016
8.基金资产净值收益率	-1.82%	2.55%
9.本期基金资产净值增长率	-7.75%	1.59%
10.累计资产净值增长率	-6.28%	1.59%

三、基金管理人报告

一 基金运作合规性声明

本报告期内,本基金管理人严格遵守有关法律法规及基金契约、基金扩募说明书等有关基金法律文件的规定,以取信于市场、取信于社会投资公众为宗旨,本着诚实信用、勤勉尽责的原则管理和运用基金资产,在控制风险的前提下,为基金持有人谋求最大利益。在本报告期内,基金运作合法合规,无损害基金持有人利益的行为。

(二)基金经理介绍

朱平先生,现年34岁,上海财经大学经济学硕士,具有7年证券从业经历。历任上海荣臣集团市场部经理、广发证券有限公司投资银行总部广州业务部副总经理。

(三)基金经理工作报告

1、2002年市场回顾

2002年可能是我国市场运行的一个分水岭。总体而言,2002年上市综指在1339-1748点之间运行,走了一个大箱体的形状,农历新年前下跌,然后反弹,到5月份又下跌,6.24井喷运行,下半年则呈单边下跌态势。全年大盘下跌288点,比年初低17.51%。如果与2001年下半年的下跌相比,2002年下跌中的结构调整非常明显。首先是以低价大盘股为代表的一批股票不仅是6.24行情的主流,而且从全年来看,在大盘下跌的情况下很多还有绝对的正收益;其次以汽车、工程机械等为代表的行业,由于其业绩快速增长,使整个行业板块的走势成为全年的亮点。从这两个特点可以看出两个趋势,一是流动性好的股票更易吸引资金;其二是基本面主导资金的流向。

本基金在2002年采取相对稳健的投资策略,主要方法是:在仓位上适中,在股票选择上以基本面为基础,以行业景气为指导。这样做的主要原因是考虑到去年股市一方面受国有股流通预期的影响,市场向下的压力较大;另一方面我国股市受政策的影响很大,很难把握大盘中期的走势。从实际效果看,本基金由于对较为景气的行业投资较多,所以全年跌幅小于大盘,但全年仍有不小的亏损,在此对基金持有人深表歉意。

2、2003年市场展望

展望2003年,影响我国股市主要可能有以下几个方面:一是宏观经济形势继续处于较好的发展阶段,GDP仍将保持较快的增长速度,世界经济尤其是美国经济也很有可能比去年好;二是随着进入WTO,我国作为全球制造中心地位的逐渐形成,我国企业国际化程度加强,改革的深度加大,业绩也有望进一步增长,因此,在这种大环境下,做为我国企业的代表上市公司业绩可望进一步好转,特别是那些具有行业优势地位的上市公司,业绩可能会持续增长,形成强者愈强的局面。三是管理层更强调维护和保持证券市场的稳定与发展,这使人们对国有股流通的预期发生一些变化,从而使股票市场有望扭转持续了两年的下跌趋势。因此,2003年的股市重心应该不会比2002年低,加上2002年收盘在较低点位,总体上看,在没有重大政策变化的前题下,股市向上的可能性较大。

基于上述分析,本基金今年在继续保持稳健的同时,加大股票投资比重,以期获得更好的收益。在选股策略上一是注重行业的景气程度,重点加强石化、电力等景气度较高行业的投资;二是注意股票的流动性,由于流通性对增量资金的吸引,流动性好的股票可能会有相对较高的股价;三是坚持价值投资的理念,注重对上市公司的深度研究,发掘一些有持续发展能力且处于行业龙头地位的上市公司,为QFII可能带来的投资机会做好准备。希望本基金在2003年能给持有人带来更好的回报。

(四)内部监察报告

本基金管理人的内部监察工作主要由监察部负责。监察部采用实时监控法、材料审阅法、调查核实法、人员询问法和综合分析法等多种方法对基金的管理运作进行检查。在本报告期内,监察部对投资、交易业务运用电脑系统进行实时检查,对核算、客户服务等业务通过工作日志报备进行日常跟踪检查,监察部每日将上述检查结果进行记录,形成监察日志。同时,监察部还对各项基金投资管理业务进行了定期或不定期的全面的或重点的检查。通过上述检查,我们认为,在本报告期内,公司对本基金的管理始终都能按照法律法规、基金契约、基金招募说明书的要求和公司制度的规定进行。本基金的投资决策、投资交易程序、投资权限等各方面均符合规定的要求;交易行为合法合规,未出现异常交易、操纵市场的现象;未发现内幕交易的情况;基金持有的证券符合规定的比例要求;基金专用交易席位年度交易量比例也符合证监会的有关规定;相关的信息披露真实、完整、准确、及时。

四、基金托管人报告

2002年度,交通银行作为科汇证券投资基金的托管人,严格遵守《证券投资基金管理暂行办法》及其实施准则的规定,依据《科汇证券投资基金契约》和《科汇证券投资基金托管协议》中的条款,就以下各事项报告如下:

1、本托管人认真履行了基金托管人的各项职责,安全保管科汇基金的所有资产。

2、本托管人认真完成了科汇证券投资基金的投资监管和清算核算工作。

3、本托管人妥善保管了基金所有会计帐册和重大合同,切实维护基金持有人的合法权益,未发生任何损害基金持有人利益的事件和行为。

2002年度,交通银行作为科汇证券投资基金的托管人,对基金管理人的各项行为监管报告如下:

1、未发现基金管理人在投资运作中有损害基金持有人利益的行为。

2、由基金管理人编制和披露的2002年度科汇证券投资基金每周资产净值公告、每季度投资组合公告、中期财务报告和基金年度财务报告是合法、真实和完整的。

交通银行基金托管部
2003年3月20日

五、基金年度财务报告

(一) 审计报告

科汇证券投资基金全体持有人:

我们接受委托,审计了科汇证券投资基金(简称"科汇基金")二零零二年十二月三十一日的资产负债表和二零零二年度的经营业绩表、基金净值变动表及基金收益分配表。上述会计报表由科汇基金的基金管理人负责,我们的责任是对这些会计报表发表审计意见。我们的审计是根据《中国注册会计师独立审计准则》进行的。在审计过程中,我们结合科汇基金的实际情况,实施了包括抽查会计记录等我们认为必要的审计程序。

我们认为,上述会计报表符合《企业会计准则》、《金融企业会计制度》、《证券投资基金会计核算办法》和中国证券监督管理委员会颁布的《证券投资基金管理暂行办法》实施准则第五号《证券投资基金信息披露指引》及基金契约的规定,在所有重大方面公允地反映了科汇基金二零零二年十二月三十一日的财务状况和二零零二年度的经营成果和净值变动及收益分配情况,会计处理方法的选用遵循了一贯性原则。

安永华明会计师事务所　　　　中国注册会计师　　葛明
二零零三年一月十日　　　　　中国注册会计师　　金馨

(二)基金会计报告书 见附表

(三)会计附注说明

附注1.　　基金设立说明

科汇证券投资基金 简称"本基金" 是按《证券投资基金管理暂行办法》,国务院关于原有投资基金清理规范的有关要求和中国证券监督管理委员会(简称"中国证监会")证监基金字□2000□19号文批准,由原广证投资基金及华信投资基金清理规范后合并而成的契约型封闭式投资基金,根据2000年6月30日原基金持有人大会决议,基金管理人更换为易方达基金管理有限公司,基金托管人更换为交通银行,并于2000年7月18日开始办理资产移交手续。基金规模为248,341,369份基金单位,存续期为1993年12月14日至2003年12月13日。易方达基金管理有限公司于2001年4月20日正式管理本基金。

经深圳证券交易所(简称"深交所")深证上□2001□61号文批准,本基金于2001年6月20日在深交所挂牌交易。经中国证监会证监基金字□2001□11号文件批准,本基金于2001年7月2日基金单位总份额由原有248,341,369份基金单位扩募至8亿份基金单位,存续期限延长5年至2008年12月13日。

附注2.　　会计报表编制基础

本基金的会计报表乃按照《企业会计准则》、《金融企业会计制度》、《证券投资基金会计核算办法》、中国证监会颁布的《证券投资基金管理暂行办法》实施准则第五号《证券投资基金信息披露指引》及基金契约的规定而编制。自2002年1月1日起,本基金采用了《金融企业会计制度》及《证券投资基金会计核算办法》,采用该会计制度及核算办法所产生的影响已于会计报表附注3 8 中予以披露。

附注3.　　主要会计政策

1　　会计年度

自公历1月1日至12月31日止。

2　　记帐本位币

以人民币为记帐本位币。记帐单位为元。

3　基金资产的估值方法

上市股票以估值日证券交易所挂牌的市场平均价估值;该日无交易的,以最近交易日市场平均价计算;

未上市的股票分两种情况处理:配股和增发新股,按估值日证券交易所挂牌的同一股票的市场

平均价估值；首次公开发行的股票，按成本估值；

配股权证，从配股除权日到配股确认日止，按市场平均价高于配股价的差额估值；

上市债券以不含息价格计价，按估值日证券交易所挂牌的市场平均价计算后的净价估值；该日无交易的，以最近交易日净价估值，并按债券面值与票面利率在债券持有期间内逐日计提利息；

未上市债券以不含息价格计价，按成本估值，并按债券面值与票面利率在债券持有期间内计提利息；

如有确凿证据表明按上述方法对基金进行估值不能客观反映其公允价值，基金管理人可根据具体情况与基金托管人商定后，按最能反映公允价值的价格估值；

估值对象为基金所拥有的股票、债券等；

每个工作日都对基金资产进行估值；

如有新增事项，按国家最新规定估值。

4　收入的确认

股票差价收入于卖出股票成交日确认，并按卖出股票成交总额与其成本和相关费用的差额入账；

债券差价收入：

卖出交易所上市债券--于成交日确认债券差价收入，并按应收取的全部价款与其成本、应收利息和相关费用的差额入账；

卖出银行间市场交易债券--于实际收到价款时确认债券差价收入，并按实际收到的全部价款与其成本、应收利息的差额入账；

债券利息收入按实际持有期内逐日计提，并按债券票面价值与票面利率计提的金额入账；

存款利息收入按本金与适用的利率逐日计提的金额入账；

股利收入于除息日确认，并按上市公司宣告的分红派息比例计算的金额入账；

买入返售证券收入按证券持有期内采用直线法逐日计提的金额入账；

其他收入于实际收到时确认收入。

5　证券交易的成本计价方法

按加权移动平均法计算库存证券的成本。当日有买入和卖出时，先计算成本后计算买卖证券价差。

股票

a 上交所买入股票成本：由买入金额、买入印花税、买入过户费、买入经手费、买入证管费和买入佣金组成；

b 交所买入股票成本：由买入金额、买入印花税、买入经手费和买入佣金组成；

c 上海股票的佣金是按买卖股票成交金额的0.1%减去经手费、证管费计算。深圳股票的佣金是按买卖股票成交金额的0.1%减经手费计算。

债券

a　买入上市债券按应支付的全部价款入账，如果应支付的价款中包含债券起息日或上次除息日至购买日止的利息，作为应收利息单独核算，不构成债券投资成本。

b　买入非上市债券按实际支付的全部价款入账，如果实际支付的价款中包含债券起息日或上次除息日至购买日止的利息，作为应收利息单独核算，不构成债券投资成本。

c 债券买卖不计佣金。

买入返售证券

买入返售证券成本：通过证券交易所进行融券业务，按成交日扣除手续费后的应付金额确认买入返售证券投资；通过银行间市场进行融券业务，按实际支付的价款确认买入返售证券投资。

6　税项

印花税

基金管理人运用基金买卖股票按照0.2%的税率征收印花税。

营业税

根据财政部、国家税务总局财税字□1998□55号文以及财税字□2001□61号文《关于证券投资基金税收问题的通知》，以发行基金方式募集资金不属于营业税的征税范围，不征收营业税；基金管理人运用基金买卖股票、债券的价差收入，在2003年底以前暂免征收营业税。

企业所得税

根据财政部、国家税务总局财税字□1998□55号文《关于证券投资基金税收问题的通知》，基金从证券市场中取得的收入，包括买卖股票、债券的价差收入，股票的股息、红利收入，债券的利息收入及其他收入，暂不征收企业所得税。

7　基金的收益分配政策

基金收益分配的比例不低于基金会计年度可分配净收益的90%，并采取现金方式进行；

基金收益每年分配一次，于基金会计年度结束后的四个月内实施；

基金当年收益应先弥补上一年度亏损后，才可进行当年收益分配；

基金投资当年亏损，则不进行收益分配；

每份基金单位享有同等分配权。

(8)会计政策变更

根据财政部规定，从2002年1月1日起，本基金开始执行《金融企业会计制度》及《证券投资基金会计核算办法》，其主要影响为证券交易所交易债券的成本计价和估值方法及利息收入确认方法的变更：成本计价和估值方法由含息成本/估值变更为不含息成本/估值，利息由在债券派息日确认变更为在债券持有期内按日计提。

根据中华人民共和国财政部2001年11月11日颁布的《证券投资基金会计核算办法》及2002年1月8日召开的投资基金管理公司会计核算办法研修会议的有关精神并经相关部门认可，针对上述会计政策变更，不对以前各期的会计报表进行追溯调整。按新的会计政策对调整基准日持有债券的应收利息及投资成本进行调整，本期确认/收到的属于以前年度的债券利息收入共计4,634,626.89元，在以前年度损益调整科目列示。按前期间执行的会计政策，此金额已于2001年12月31日计入国债投资估值增值(/减值)科目，并反映在未实现估值增值(/减值)科目中，故上述会计政策变更对本基金的资产净值并无重大影响。

附注4.应收证券清算款

	2002-12-31
中国证券登记结算有限责任公司深圳分公司证券清算款	544,917.79

附注5.应付证券清算款

	2002-12-31
中国证券登记结算有限责任公司上海分公司证券清算款	13,310,459.75

附注6.　应付佣金

	2002-12-31	2001-12-31
广东证券股份有限公司	0.00	57,412.82
广发证券股份有限公司	73,548.39	2,696.91
招商证券有限责任公司	64,325,44	59,140,23
海通证券股份有限公司	6,671.95	111,493.32
合计	144,545.78	230,743.28

附注7.预提费用由以下项目构成

	金额
审计费	60,000.00
帐户维护费	6,000.00
合计	66,000.00

附注8.　实收基金

2002-12-31			
发起人持有	基金单位份额	出资比例%	基金单位总额
广东证券股份有限公司	9,245,218	1.16	9,245,218.00
广东粤财信托投资公司	1,330,000	0.16	1,330,000.00
易方达基金管理有限公司	19,999,000	2.50	19,999,000.00
小计	30,574,218	3.82	30,574,218.00
社会公众持有(含机构投资者)	769,425,782	96.18	769,425,782.00
合计	800,000,000	100	800,000,000.00

2001-12-31			
发起人持有	基金单位份额	出资比例%	基金单位总额
广东证券股份有限公司	9,245,218	1.16	9,245,218.00
广东粤财信托投资公司	2,660,000	0.33	2,660,000.00
易方达基金管理有限公司	20,000,000	2.50	20,000,000.00
小计	31,905,218	3.99	31,905,218.00
社会公众持有(含机构投资者)	768,094,782	96.01	768,094,782.00
合计	800,000,000	100	800,000,000.00

附注9. 其他收入

	2002年度	2000年7月18日 基金资产移交基准日 至2001年12月31日期间
上市及扩募发行费用结余	--	1,272,092.38
申购资金冻结利息	--	110,522.54
手续费返还	169,405.90	99,751.07
其他	515.74	154,088.00
	169,921.64	1,636,453.99

附注10. 本期已分配收益

本基金于2002年3月29日公告向截止2002年4月4日止在中国证券登记结算有限责任公司深圳分公司登记在册的全体持有人发放2001年度现金收益人民币1,199,999.99元，每10个基金单位可取得分配收益人民币0.015元，于2002年4月5日支付。

附注11.　关联方关系及其交易

1 关联方关系

企业名称	与本基金的关系
广东证券股份有限公司	基金发起人、管理人股东
易方达基金管理有限公司	基金发起人、管理人
广发证券股份有限公司	基金管理人股东
交通银行	基金托管人

2　通过关联方席位交易情况

关联方名称	2002年1月1日至2002年12月31日		2000年7月18日(基金资产移交基准日)至2001年12月31日	
股票买卖	占全年交易	股票买卖	占全年交易	
股票买卖	年度成交金额	金额比例	年度成交金额	金额比例
广发证券	262295551.39	27.76%	3,759,249.20	0.77%
广东证券	251107218.50	26.58%	151,280,134.76	30.97%
债券买卖	国债买卖	占全年交易	国债买卖	占全年交易
年度成交金额	金额比例	年度成交金额	金额比例	
广发证券	201423316.10	29.56%	–	–
广东证券	135958553.40	19.95%	313,915,364.9	45.49%
证券回购	回购买卖	占全年交易	回购买卖	占全年交易
年度成交金额	金额比例	年度成交金额	金额比例	
广发证券	113000000.00	15.37%	32000000.00	33.3%
广东证券	–	–	1000000.00	0.10%
佣金	应付佣金	占全年金额比例	应付佣金	占全年金额比例
广发证券	205249.56	27.39%	2,696.91	0.70%
广东证券	204499.86	27.29%	119,847.60	30.92%

3 基金管理人及托管人报酬

基金管理人报酬

基金管理费

a　基金管理费按前一日的基金资产净值的1.5%的年费率计提，计算方法如下：

H=E×1.5%/当年天数

H为每日应支付的基金管理费

E为前一日的基金资产净值

b　基金管理费每日计算，逐日累计至每月月底，按月支付；由基金托管人于次月前两个工作日内从基金资产中一次性支付给基金管理人。本基金于本期应付基金管理人管理费共人民币11,833,162.98元，其中已支付人民币10,882,064.03元，尚余人民币951,098.95元未支付。(2001期间共提取管理费6,736,989.55元)

基金托管人报酬

基金托管费

a　基金托管费按前一日的基金资产净值的0.25%的年费率计提，计算方法如下：

H=E×0.25%/当年天数

H为每日应支付的基金托管费

E为前一日的基金资产净值

b　基金托管费每日计算，逐日累计至每月月底，按月支付；由基金托管人于次月前两个工作日内从基金资产中一次性支取。本基金于本期应付基金托管人基金托管费共人民币1,972,193.85元，其中已支付人民币1,813,677.31元，尚余人民币158,516.54元未支付。(2001期间共提取托管费1,122,831.61元)

(4)与关联方进行的其他交易

本基金于本年度与广发证券股份有限公司进行了国债承销交易，交易金额为27,250,000.00元。

附注12.　其他重要事项

无需要说明的其他重要事项。

(四)流通转让受到限制的基金资产

2000年5月18日起，根据中国证监会的有关政策，基金可使用以基金名义开设的股票账户，比照个人投资者和一般法人、战略投资者参与新股认购。其中基金作为一般法人或战略投资者认购的新股，根据基金与上市公司签订申购协议的规定，在新股上市后的约定期限内不能自由转让。

本基金参与新股网下一般法人、战略投资者认购获配流通受到限制的股票：

股票名称	确认日期	可流通日	中签数量	配售价格	市值
中国联通	2002.9.26	2003.4.9	2144016	2.30	5810283.36

股票名称	成本	市价与成本差
中国联通	4931236.80	879046.56

自2002年5月22日起，根据中国证监会的有关政策和中国证券登记结算有限责任公司、交易所公布的新股发行市值配售实施细则，基金可以其持有的上市流通股票市值参与新股配售。基金参与网上申购、新股配售所获中签股票从新股中签日至新股上市日，为流通受限制而不能自由转让的资产。

本基金截至 2002 年 12 月 31 日因参与网上申购、新股配售持有的流通受到限制的股票情况如下：

股票名称	中签日期	上市流通日	中签数量	发行价格	成本
中信证券	2002.12.24	2003.1.6	122000	4.5	549000
皖通高速	2002.12.26	2003.1.7	129000	2.2	283800

五 基金投资组合

1.按行业分类的股票投资组合

行业分类	市值(元)	占净值比例(%)
1、农、林、牧、渔业	0	0
2、采掘业	17,309,322.58	2.33
3、制造业	258,952,133.61	34.92
其中：食品、饮料	29,757,239.94	4.01
纺织、服装、皮毛	8498970.20	1.15
木材、家具	0	0
造纸、印刷	0	0
石油、化学、塑胶、塑料	36,621,186.68	4.94
电子	668789.10	0.09
金属、非金属	16,934,777.09	2.28
机械、设备、仪表	99,185,541.55	13.38
医药、生物制品	67,285,629.05	9.07
其他制造业	0	0
4、电力、煤气及水的生产和供应业	39,892,108.11	5.38
5、建筑业	0	0
6、交通运输、仓储业	75,869,648.64	10.23
7、信息技术业	6,673,301.83	0.90
8、批发、零售和贸易	3,780,292.26	0.51
9、金融、保险业	12,432,327.55	1.68
10、房地产业	2,679,600.00	0.36
11、社会服务业	0	0
12、传播与文化业	0	0
13、综合类	2,691,156.00	0.36
合计：	420,279,890.58	56.67

2. 国债、货币资金合计

截止 2002 年 12 月 31 日，基金持有的国债市值及货币资金合计为 306,440,776.54 元，占基金资产净值的 41.32%。

3.债券(不含国债)合计

截止 2002 年 12 月 31 日，基金持有的其他债券市值合计为 14,957,170.20 元，占基金资产净值的 2.02%。

4.基金投资前十名股票明细

序号	股票名称	市值 元	市值占净值的比例
1	中联重科	55,214,140.56	7.45%
2	上海机场	39,280,500.00	5.30%
3	同仁堂	30,086,129.92	4.06%
4	星湖科技	29,256,351.20	3.95%
5	通宝能源	20,333,123.70	2.74%
6	烟台万华	17,994,071.52	2.43%
7	山推股份	16,145,377.60	2.18%
8	五 粮 液	15,757,684.46	2.12%
9	一汽四环	13,061,196.44	1.76%
10	招商银行	11,883,327.55	1.60%

5.报告附注

(1)报告项目的计价方法

本基金持有的上市证券采用公告内容截止日的市场平均价计算，已发行未上市股票采用成本价计算。

(2)本基金不存在购入成本超过基金资产净值 10%的股票。

(3)截止 2002 年 12 月 31 日，本基金其他应收付款项为贷方余额 107,108.47 元，与股票市值、国债及货币资金和债券(不含国债)市值相抵为基金资产净值。其他应收应付款项包括：应收股利、应收利息、应收交易保证金、其他应收款、应付管理人报酬、应付托管费、应付佣金、其他应付款等。

(六)基金截止 2002 年 12 月 31 日的股票投资情况明细表(见附表)

(七)基金本年度新增股票明细(见附表)

(八)基金本年度剔除股票明细(见附表)

六、基金持有人结构及基金前十名持有人

一、基金持有人结构

截至 2002 年 12 月 31 日

	基金份额(万份)	占总份额比例%
基金发起人		
其中：广东证券股份有限公司	924.5218	1.16
易方达基金管理有限公司	1999.90	2.50
广东粤财信托投资公司	133.00	0.16
社会公众(含机构投资者)	76942.5782	96.18

二、截止 2002 年 12 月 31 日，前十名持有人名称、持有份额及比例如下：

序号	持有人姓名	期末持有数	持有比例(%)
1	中国人寿保险公司	69,718,011	8.71
2	新华人寿保险股份有限公司	31,421,052	3.93
3	上海久事公司	20,029,613	2.50
4	易方达基金管理有限公司	19,999,000	2.50
5	中国平安保险股份有限公司	16,673,600	2.08
6	中国人民保险公司	14,140,094	1.77
7	华泰财产保险股份有限公司	11,728887	1.47
8	广州科技风险投资有限公司	10,470,618	1.31
9	中煤信托投资有限责任公司	10,335,885	1.29
10	国信证券有限责任公司	9,998,000	1.25

七、重要事项揭示

1.本基金管理人及托管人在本会计年度没有发生重大诉讼、仲裁事项；

2.自 2002 年 10 月 1 日起，本基金托管人交通银行办公地址变更为上海市银城中路 188 号，请投资者注意本年报公布的有关基金托管人的信息变化；

3.基金管理人和托管机构及相关高级管理人员未受到任何处罚；

4.本基金的内部决策程序、投资策略未有重大变化；

5.因公司业务发展需要，自 2002 年 3 月 13 日起本基金管理人聘任朱平先生担任科汇证券投资基金的基金经理职务，同时江作良不再担任科汇证券投资基金的基金经理职务。

6.本基金管理人第一届董事会独立董事蒋火召坪先生因病去世，本基金管理人补选了谢石松为本基金管理人第一届董事会独立董事；罗永刚先生、王文灵先生、邢培强先生因工作原因，已不再担任本基金管理人第一届董事会董事职务，本基金管理人补选了秦力先生、翁振杰先生、李宗唐先生担任本基金管理人第一届董事会董事职务。

7.本基金发起人持有的 2132 万份基金单位已于 2002 年 2 月 25 日上市流通。

8.本基金租用专用交易席位的情况

本基金根据中国证券监督管理委员会《关于加强证券投资基金监管有关问题的通知》(证监基字□1998□29 号)的有关规定要求及本基金管理人的《基金专用交易席位租用制度》，决定租用广东证券股份有限公司、广发证券股份有限公司、招商证券股份有限公司、海通证券有限公司的交易席位。

截止 2002 年 12 月 31 日，本基金通过各机构的交易席位的成交及佣金情况见下表：

券商名称	股票成交量(元)	比例%	债券年成交量	比例%
广发证券	262295551.39	27.76	201423316.10	28.61
广东证券	251107218.50	26.58	135958553.40	19.31
招商证券	238651641.71	25.26	306655144.90	43.56
海通证券	192682823.77	20.40	59942213.40	8.52
合计：	944737235.37	100	703979227.80	100

券商名称	债券回购成交量	比例%	佣金	比例(%)
广发证券	113000000	15.37	205249.56	27.39
广东证券	0	0	204499.86	27.29
招商证券	215000000	29.25	188105.07	25.11
海通证券	407000000	55.38	151410.08	20.21
合计：	735000000	100	749264.57	100

八、备查文件目录

1、中国证监会批准设立科汇基金的文件

2、科汇证券投资基金基金契约

3、科汇证券投资基金扩募说明书

4、中国证监会批准设立易方达基金管理有限公司的文件

5、科汇证券投资基金财务报表及报表附注

6、报告期内在指定报刊上披露的各项公告

查阅地点：广州市体育西路 189 号 28 楼

投资者对本报告书如有疑问，可咨询本基金管理人易方达基金管理有限公司。

客户服务与投诉电话：020-83918088

公司网址：www.efunds.com.cn

易方达基金管理有限公司

2003 年 3 月 28 日

资产负债表

(单位：人民币元)

资产	附注	2002 年 12 月 31 日	2001 年 12 月 31 日
银行存款		2,857,419.11	545,189.21
清算备付金		117,015,821.29	15,097,586.71
交易保证金		500,000.00	250,000.00
应收证券清算款	4	544,917.79	0.00
应收利息		1,779,608.97	14,605.96
股票投资市值		420,279,890.58	390,261,731.09
其中：股票投资成本		477,991,377.92	407,009,936.57
债券投资市值		214,290,248.30	396,811,932.60
其中：债券投资成本		215,058,828.34	389,999,056.32
基金资产总计		757,267,906.04	802,981,045.57
负债			
应付证券清算款	5	13,310,459.75	0.00
应付基金管理人报酬		951,098.95	1,027,263.24
应付托管费		158,516.54	171,210.55
应付佣金	6	144,545.78	230,743.28
其他应付款		1,066,556.17	310,000.00
预提费用	7	66,000.00	0.00
负债总计		15,697,177.19	1,739,217.07
持有人权益			
实收基金	8	800,000,000.00	800,000,000.00
未实现利得		−58,480,067.38	−9,935,329.20
未分配净收益		50,796.23	11,177,157.70
持有人权益总计		741,570,728.85	801,241,828.50
负债及持有人权益合计		757,267,906.04	802,981,045.57
基金单位净值		0.9270	1.0016

所附附注为本会计报表的组成部分

经营业绩表

(单位：人民币元)

	附注	2002 年 1 月 1 日 至 2002 年 12 月 31 日	2000 年 7 月 18 日 (基金资产移交基准日) 至 2001 年 12 月 31 日
收入：		6,736.13	19,369,033.99
股票差价收入		−29,790,055.10	5,896,151.87
债券差价收入		14,345,136.25	4,401,618.01
债券利息收入		8,894,031.63	7,020.16
存款利息收入		1,598,418.13	7,289,673.92
股利收入		4,694,271.58	138,116.04
买入返售证券收入		95,012.00	0.00
其他收入	9	169,921.64	1,636,453.99
费用：		14,567,724.50	8,200,341.96
基金管理人报酬		11,833,162.98	6,736,989.55
基金托管费		1,972,193.85	1,122,831.61
卖出回购证券支出		290,433.00	70,828.00
其他费用		471,934.67	269,692.80
其中：上市年费		60,000.00	35,000.00
信息披露费		310,000.00	170,000.00
审计费用		60,000.00	60,000.00
其他		41,934.67	4,692.80
基金净收益		−14,560,988.37	11,168,692.03
加：未实现利得		−48,544,738.18	−9,935,329.20
基金经营业绩		−63,105,726.55	1,233,362.83

科翔证券投资基金

科翔证券投资基金2002年年度报告

重要提示

本基金托管人中国工商银行已于2003年3月20日复核了本报告。本基金的管理人、托管人愿就本报告中所载资料的真实性、准确性和完整性负责。本报告书中的内容由基金管理人负责解释。

一、基金简介

(一)基金简称:基金科翔
交易代码:184713
基金发起人:广发证券股份有限公司、广东粤财信托投资公司、易方达基金管理有限公司
基金单位总份额:8亿份基金单位
基金类型:契约型封闭式基金
基金存续期:1993年12月14日至2008年12月13日
上市日期:2001年6月20日
上市地点:深圳证券交易所
(二)基金管理人:易方达基金管理有限公司
注册地址:广东省珠海市情侣南路428号九洲港大厦
办公地址:广州市体育西路189号28楼
邮政编码:510620
法定代表人:梁棠
总经理:叶俊英
信息披露负责人:刘晓艳
信息披露电话:020-38799008
客户服务与投诉电话:020-83918088
传　真:020-38799488
(三)基金托管人:中国工商银行
注册地址:北京市西城区复兴门内大街55号
邮政编码:100032
法定代表人:姜建清
信息披露负责人:刘长江
联系电话:010-66106912　传　真:010-66106913
(四)审计机构:安永华明会计师事务所
注册及办公地址:北京市东城区东长安街1号东方广场东方经贸城
法定代表人:葛明
电话:010-65246688
传真:010-85188298
经办注册会计师:葛明、金馨

二、基金主要财务指标

(单位:人民币元)

	2002年度	2001年度
1.基金本期净收益	-10,224,857.99	-1,751,752.77
2.单位基金本期净收益	-0.0128	-0.0022
3.基金可分配净收益	-62,286,278.77	-10,838,037.67
4.单位基金可分配净收益	-0.0779	-0.0135
5.期末基金资产总值	740,431,951.87	791,721,101.87
6.期末基金资产净值	737,713,721.23	789,161,962.33
7.单位基金资产净值	0.9221	0.9865
8.基金资产净值收益率	-1.30%	-0.38%
9.本期基金资产净值增长率	-6.53%	-0.49%
10.累计资产净值增长率	-6.99%	-0.49%

注:1)基金可分配净收益=基金本期净收益+以前年度未分配收益-未实现资本利得损失
2)基金资产净值收益率=基金本期净收益/期初资产净值
3)本期基金资产净值增长率=期末单位净值/期初单位净值-1
4)累计资产净值增长率=(上年度净值增长率+1)*(本期净值增长率+1)-1

三、基金管理人报告

(一)基金运作合规性声明

本报告期内,本基金管理人严格遵守有关法律法规及基金契约、基金扩募说明书等有关基金法律文件的规定,以取信于市场、取信于社会投资公众为宗旨,本着诚实信用、勤勉尽责的原则管理和运用基金资产,在控制风险的前提下,为基金持有人谋求最大利益。在本报告期内,基金运作合法合规,无损害基金持有人利益的行为。

(二)基金经理介绍

肖坚先生,现年34岁,中山大学经济学硕士,具有6年证券从业经历。曾任香港安财投资有限公司财务部经理,粤信(香港)投资有限公司业务部副经理、广东粤财信托投资公司基金部经理。

(三)基金经理工作报告

1、2002年基金运作情况回顾

尽管2002年我国宏观经济形势向好,政策面明显偏多,但股市走势与宏观面、政策面出现了一定背离。2002年市场运行特征基本上是从一种大幅震荡到单边下跌态势,上证综指在1339-1748点之间运行,2月到4月,6月到7月初分别有两次超过200点的反弹,其余8个月时间里大盘均遇下跌走势。

我们在2002年年初减持了相对高价和高市盈率的股票,增持了成长性好的低价、低市盈率和流动性好的股票,这些品种在6.24行情中表现良好,获得较好的投资收益。第三季度市场下跌趋势形成后,能果断减持股票仓位,同时增持了中国联通等部分流动性好的抗跌性品种。另一方面,本基金持股比较集中,重仓持有的股票出现了不少市场风险,但由于我们在投资中注重风险控制,有效规避了这些重仓股票的大跌风险。正是由于本基金采用了上述较为积极的投资策略,并在投资时机的选择上,注重波段操作,使得全年基金的净值损失相对指数的跌幅要小。但由于我们对市场走势把握仍有偏差,股票仓位的调整不够及时,导致本基金2002年净值出现约6.53%的负增长,为此我们对基金持有人深表歉意,2003年我们将努力提高基金管理能力,为基金持有人谋求好的投资回报。

2、2003年证券市场展望与基金操作策略

在宏观经济方面,2003年我国宏观经济仍将延续2002年的发展势头,表现在消费需求对经济的拉动作用将明显增强,外资流入将继续加快,出口仍将保持较高增速,我国也将继续实行适度积极的财政政策和宽松的货币政策。在这种宏观背景下,上市公司的业绩会比2002年有明显的提升,为证券市场的稳定发展提供良好的基础。

在证券市场政策方面,政策总体基调是"稳中求进",市场化、国际化的步伐会进一步加强,机构投资者队伍会进一步壮大和多元化,社保基金和QFII将逐步进入证券市场,股票一级市场的扩容压力有所加大。在2003年,非流通股的流通问题仍将是影响市场信心的焦点问题,我们相信解决这一问题的思路一定是朝着有利于广大投资者利益和市场发展的方向去探索。

总体来看,由于宏观面向好,政策面"稳中求进",以及上市公司业绩的一定提升,我们预测股市经过两年多的调整后,今年市场面临相对较好的投资机会,股市全年总体上能呈现震荡向上的态势,其间会出现不少较好的投资机会。

我们2003年将采用稳健的投资风格、积极进取的投资策略,在行业配置方面,我们将加大今年有较大成长性的电子通讯、石化、钢铁等行业的配置比例,在投资品种选择上,加大对新兴行业成长性企业的价值挖掘,同时注重把握由于政策变动带来的结构性投资机会。在债券投资方面,今年我们将重点把握好可转换债券的投资机会。总之,我们将力求把握市场节奏,抓住今年的投资机会,波段操作,为基金持有人谋求好的投资回报。

(四)内部监察报告

本基金管理人的内部监察工作主要由监察部负责。监察部采用实时监控法、材料审阅法、调查核实法、人员询问法和综合分析法等多种方法对基金的管理运作进行检查。在本报告期内,监察部对投资、交易业务运用电脑系统进行实时检查,对核算、客户服务等业务通过工作日志报备进行日常跟踪检查,监察部每日将上述检查结果进行记录,形成监察日志。同时,监察部还对各项基金投资管理业务进行了定期或不定期的全面的或重点的检查。通过上述检查,我们认为,在本报告期内,公司对本基金的管理始终都能按照法律法规、基金契约、基金招募说明书的要求和公司制度的规定进行。本基金的投资决策、投资交易程序、投资权限等各方面均符合规定的要求;交易行为合法合规,未出现异常交易、操纵市场的现象;未发现内幕交易的情况;基金持有的证券符合规定的比例要求;基金专用交易席位年度交易量比例也符合证监会的有关规定;相关的信息披露真实、完整、准确、及时。

四、基金托管人报告

本托管人--中国工商银行,依据《科翔证券投资基金基金契约》与《科翔证券投资基金托管协议》,托管科翔证券投资基金。

2002年度,在对科翔证券投资基金的托管过程中,本托管人严格遵守了《证券投资基金管理暂行办法》及其实施准则、基金契约、托管协议和其他有关法规的规定,对科翔证券投资基金的投资运作进行了全面的会计核算和应有的监督,没有发生任何损害基金持有人利益的行为,诚实信用、勤勉尽责地履行了作为托管人所应尽的义务。

本托管人依照《证券投资基金管理暂行办法》及其实施准则、基金契约、托管协议和其他有关法规的规定,对科翔证券投资基金的投资组合进行了监督,认为易方达基金管理有限公司在科翔证券投资基金的投资运作、基金资产净值及单位基金资产净值的计算上,遵守《证券投资基金管理暂行办法》及其实施准则、基金契约、托管协议和其他有关法规的规定,没有发现任何损害基金持有人利益的行为。

本托管人依法对科翔证券投资基金管理人--易方达基金管理有限公司在2002年度内所编制和披露的科翔证券投资基金资产净值公告、基金投资组合公告、基金中期报告和基金年度财务等公告信息进行了复核,认为科翔证券投资基金管理人--易方达基金管理有限公司在2002年度内所编制和披露的基金信息是准确、真实、完整的。

中国工商银行基金托管部
二〇〇三年三月二十日

五、基金年度财务报告

(一) 审计报告

科翔证券投资基金全体持有人:

我们接受委托,审计了科翔证券投资基金(简称"科翔基金")二零零二年十二月三十一日的资产负债表和二零零二年度的经营业绩表、基金净值变动表及基金收益分配表。上述会计报表由科翔基金的基金管理人负责,我们的责任是对这些会计报表发表审计意见。我们的审计是根据《中国注册会计师独立审计准则》进行的。在审计过程中,我们结合科翔基金的实际情况,实施了包括抽查会计记录等我们认为必要的审计程序。

我们认为,上述会计报表符合《企业会计准则》、《金融企业会计制度》、《证券投资基金会计核算办法》和中国证券监督管理委员会颁布的《证券投资基金管理暂行办法》实施准则第五号《证券投资基金信息披露指引》及其他有关规定,在所有重大方面公允地反映了科翔基金二零零二年十二月三十一日的财务状况和二零零二年度的经营成果和净值变动及收益分配情况,会计处理方法的选用遵循了一贯性原则。

安永华明会计师事务所　　中国注册会计师　葛明
二〇〇三年一月十日　　中国注册会计师　金馨

(二)基金会计报告书

资产负债表

(单位:人民币元)

资产	附注	2002-12-31	2001-12-31
银行存款		96,805,912.65	45,937,012.04
清算备付金		6,183,418.90	10,673,390.27
交易保证金		250,000.00	250,000.00
应收证券清算款	4	15,582,885.25	202,177.24
应收股利		--	--
应收利息		1,987,222.86	23,279.03
其他应收款		--	--
股票投资市值		367,521,292.43	403,096,784.29
其中:股票投资成本		420,461,502.29	416,348,386.27
债券投资市值		234,101,219.78	331,538,459.00
其中:债券投资成本		234,570,866.80	327,388,682.66
配股权证		--	--
买入返售证券		18,000,000.00	--
待摊费用	5	--	--
其他资产		--	--
资产总计		740,431,951.87	791,721,101.87
负债	附注	2002-12-31	2001-12-31

应付证券清算款	6	--	428,521.16
应付管理人报酬		952,450.08	1,011,641.52
应付托管费		158,741.67	168,606.91
应付佣金	7	293,976.53	390,369.95
应付利息		--	--
应付收益		--	--
其他应付款		1,247,062.36	560,000.00
短期借款		--	--
预提费用	8	66,000.00	--
负债合计:		2,718,230.64	2,559,139.54
持有人权益			
实收基金	9	800,000,000.00	800,000,000.00
未实现利得	10	-53,409,856.88	-9,101,825.64
未分配收益		-8,876,421.89	-1,736,212.03
持有人权益合计		737,713,721.23	789,161,962.33
负债及持有人权益总计		740,431,951.87	791,721,101.87
基金单位净值		0.9221	0.9865

所附附注为本会计报表的组成部分

经营业绩表

科翔证券投资基金

项　目	附注	2002 年度	2000 年 7 月 18 日至 2001 年 12 月 31 日
一、收入		4,334,786.59	6,432,784.07
1、股票差价收入		-21,060,729.30	-9,263,455.08
2、债券差价收入		10,514,807.31	6,076,740.22
3、债券利息收入		7,763,511.25	--
4、存款利息收入		1,753,251.60	7,805,887.65
5、股利收入	11	5,186,685.86	152,661.24
6、买入返售证券收入		70,810.52	--
7、其他收入	12	106,449.35	1,660,950.04
二、费用		14,559,644.58	8,184,536.84
1、基金管理人报酬		11,795,087.41	6,787,660.17
2、基金托管费		1,965,847.84	1,131,276.67
3、卖出回购证券支出		334,202.97	--
4、利息支出		--	--
5、其他费用		464,506.36	265,600.00
其中:上市年费		60,000.00	35,000.00
信息披露费		310,000.00	170,000.00
审计费用		60,000.00	60,000.00
三、基金净收益		-10,224,857.99	-1,751,752.77
加:未实现利得		-44,308,031.24	-9,101,825.64
四、基金经营业绩		-54,532,889.23	-10,853,578.41

所附附注为本会计报表的组成部分

基金净值变动表

(单位:人民币元)

项目	附注	2002 年度	2000 年 7 月 18 日(基金资产移交基准日)至 2001 年 12 月 31 日
一、期初基金净值		789,161,962.33	281,227,149.74
二、基金扩募		--	518,788,391.00
三、本期经营活动			
基金净收益		-10,224,857.99	-1,751,752.77
未实现资本利得		-44,308,031.24	-9,101,825.64
经营活动所产生的基金净值变动数		-54,532,889.23	-10,853,578.41
四、以前年度损益调整	3(8)	3,084,648.13	--
减:本期向持有人分配收益		--	--
五、期末基金净值		737,713,721.23	789,161,962.33

所附附注为本会计报表的组成部分

基金收益分配表

(单位:人民币元)

项目	附注	2002 年度	2000 年 7 月 18 日(基金资产移交基准日)至 2001 年 12 月 31 日
本期基金净收益		-10,224,857.99	-1,751,752.77
加:期初基金净收益		-1,736,212.03	15,540.74
加:以前年度损益调整	3(8)	3,084,648.13	--
期末可供分配基金净收益		-8,876,421.89	-1,736,212.03
减:本期已分配基金净收益		--	--
期末基金净收益		-8,876,421.89	-1,736,212.03

所附附注为本会计报表的组成部分

(三)会计报告书附注

附注 1.　基金设立说明

科翔证券投资基金(简称"本基金")是按《证券投资基金管理暂行办法》、国务院关于原有投资基金清理规范的有关要求和中国证券监督管理委员会(简称"中国证监会")证监基金字[2000]19 号文批准,由原广发投资基金二期及南方投资基金清理规范后合并而成的契约型封闭式投资基金,根据 2000 年 6 月 30 日原基金持有人大会决议,基金管理人更换为易方达基金管理有限公司,基金托管人更换为中国工商银行,并于 2000 年 7 月 18 日开始办理资产移交手续。基金规模为 281,211,609 份基金单位,存续期为 1993 年 12 月 14 日至 2003 年 12 月 13 日。易方达基金管理有限公司于 2001 年 4 月 20 日正式管理本基金。

经深圳证券交易所(简称"深交所")深证上[2001]61 号文批准,本基金于 2001 年 6 月 20 日在深交所挂牌交易。经中国证监会证监基金字[2001]11 号文件批准,本基金于 2001 年 7 月 2 日基金单位总份额由原有 281,211,609 份基金单位扩募至 8 亿份基金单位,存续期限延长 5 年至 2008 年 12 月 13 日。

附注 2.　会计报表编制基础

本基金的会计报表乃按照《企业会计准则》、《金融企业会计制度》、《证券投资基金会计核算办法》、中国证监会颁布的《证券投资基金管理暂行办法》实施准则第五号《证券投资基金信息披露指引》及基金契约的规定而编制。自 2002 年 1 月 1 日起,本基金采用了《金融企业会计制度》及《证券投资基金会计核算办法》,采用该会计制度及核算办法所产生的影响已于会计报表附注 3(8)中予以披露。

附注 3.　主要会计政策

(1)　会计年度

自公历 1 月 1 日至 12 月 31 日止。

(2)　记账本位币

以人民币为记账本位币。记账单位为元。

(3)　基金资产的估值方法

·上市股票以估值日证券交易所挂牌的市场平均价估值;该日无交易的,以最近交易日平均价计算;

·未上市的股票分两种情况处理:配股和增发新股,按估值日证券交易所挂牌的同一股票的市价估值;首次公开发行的股票,按成本估值;

·配股权证,从配股除权日到配股确认日止,按市场平均价高于配股价的差额估值;

·上市债券以不含息价格计价,按估值日证券交易所挂牌的市场平均价计算后的净价估值;该日无交易的,以最近交易日净价估值,并按债券面值与票面利率在债券持有期间内逐日计提利息;

·未上市债券以不含息价格计价,按成本估值,并按债券面值与票面利率在债券持有期间内计提利息;

·如有确凿证据表明按上述方法对基金进行估值不能客观反映其公允价值,基金管理人可根据具体情况与基金托管人商定后,按最能反映公允价值的价格估值;

·估值对象为基金所拥有的股票、债券等;

·每个工作日都对基金资产进行估值;

·如有新增事项,按国家最新规定估值。

(4)　收入的确认

·股票差价收入于卖出股票成交日确认,并按卖出股票成交总额与其成本和相关费用的差额入账;

·债券差价收入:

a.卖出交易所上市债券--于成交日确认债券差价收入,并按应收取的全部价款与其成本、应收利息和相关费用的差额入账;

b.卖出银行间市场交易债券--于实际收到价款时确认债券差价收入,并按实际收到的全部价款与其成本、应收利息的差额入账;

·债券利息收入按实际持有期内逐日计提,并按债券票面价值与票面利率计提的金额入账;

·存款利息收入按本金与适用的利率逐日计提的金额入账;

·股利收入于除息日确认,并按上市公司宣告的分红派息比例计算的金额入账;

·买入返售证券收入按证券持有期内采用直线法逐日计提的金额入账;

·其他收入于实际收到时确认收入。

(5)　证券交易的成本计价方法

按加权移动平均法计算库存证券的成本。当日有买入和卖出时,先计算成本后计算买卖证券价差。

·股票

a.上交所买入股票成本:由买入金额、买入印花税、买入过户费、买入经手费、买入证管费和买入佣金组成;

b.深交所买入股票成本:由买入金额、买入印花税、买入经手费和买入佣金组成;

c.　上海股票的佣金是按买卖股票成交金额的 1‰减去经手费和证管费计算。深圳股票的佣金是按买卖股票成交金额的 1‰减经手费计算。

·债券

a.　买入上市债券按应支付的全部价款入账,如果应支付的价款中包含债券起息日或上次除息日至购买日止的利息,作为应收利息单独核算,不构成债券投资成本。

b.　买入非上市债券按实际支付的全部价款入账,如果实际支付的价款中包含债券起息日或上次除息日至购买日止的利息,作为应收利息单独核算,不构成债券投资成本。

c. 债券买卖不计佣金。

·买入返售证券

买入返售证券成本:通过证券交易所进行融券业务,按成交日扣除手续费后的应付金额确认买入返售证券投资;通过银行间市场进行融券业务,按实际支付的价款确认买入返售证券投资。

(6)　税项

·印花税

基金管理人运用基金买卖股票按照 2‰的税率征收印花税。

·营业税

根据财政部、国家税务总局财税字[1998]55 号文以及财税字[2001]61 号文《关于证券投资基金税收的问题的通知》,以发行基金方式募集资金不属于营业税的征税范围,不征收营业税;基金管理人运用基金买卖股票、债券的价差收入,在 2003 年底以前暂免征收营业税。

·企业所得税

根据财政部、国家税务总局财税字[1998]55 号文《关于证券投资基金税收问题的通知》,基金从证券市场中取得的收入,包括买卖股票、债券的价差收入,股票的股息、红利收入、债券的利息收入及其他收入,暂不征收企业所得税。

(7)　基金的收益分配政策

·基金收益分配比例不低于基金净收益的 90%,并采取现金方式进行;

·基金收益每年至少分配一次;

·基金当年收益先弥补上一年度亏损后,才可进行当年收益分配;

·基金投资当年亏损,则不进行收益分配;

·每一基金单位享有同等分配权。

(8)会计政策变更

根据财政部规定,从 2002 年 1 月 1 日起,本基金开始执行《金融企业会计制度》及《证券投资基金会计核算办法》,其主要影响为证券交易所交易债券的成本计价和估值方法及利息收入确认方法的变更:成本计价和估值方法由含息成本/估值变更为不含息成本/估值,利息由在债券派息日确认变更为在债券持有期内按日计提。

根据中华人民共和国财政部 2001 年 11 月 11 日颁布的《证券投资基金会计核算办法》及 2002 年 1 月 8 日召开的投资基金管理公司会计核算办法研修会议的有关精神并经相关部门认可,针对上述会计政策变更,不对以前各期的会计报表进行追溯调整。按新的会计政策对调整基准日持有债券的应收利息及投资成本进行调整,本期确认/收到的属于以前年度的债券利息收入共计 3,084,648.13 元,在以前年度损益调整科目列示。按前期间执行的会计政策,此金额已于 2001 年 12 月 31 日计入国债投资估值增值(/减值)科目,并反映在未实现估值增值(/减值)科目中,故上述会计政策变更对本基金的资产净值并无重大影响。

附注 4.　应收证券清算款

	2002-12-31	2001-12-31
中国证券登记结算有限责任公司上海分公司证券清算款	2,862,908.80	202,177.24

	2002-12-31	2001-12-31
中国证券登记结算有限责任公司深圳分公司证券清算款	12,719,976.45	-428,521.16

附注 5.待摊费用

截至 2002 年 12 月 31 日待摊费用全部摊销完毕。

附注 6.　应付证券清算款

	2002-12-31	2001-12-31
中国证券登记结算有限责任公司深圳分公司证券清算款	--	428,521,.16

附注 7.　应付佣金

	2002-12-31	2001-12-31
大鹏证券有限责任公司	62,164.35	127,312.39
南方证券有限公司	36,920.25	124,880.28
广东民安证券经纪有限责任公司	73,019.79	71,933.84
平安证券有限责任公司	--	66,243.44
兴业证券有限公司	121,872.14	--
合计	293,976.53	390,369.95

附注8.预提费用

预提费用由以下项目组成	2002-12-31
账户维护费	6000.00
审计费	60,000.00

附注9. 实收基金

2002-12-31

	基金单位份额	出资比例%	基金单位总额
发起人持有			
广发证券股份有限公司	2,666,091	0.33	2,666,091.00
广东粤财信托投资公司	1,330,000	0.17	1,330,000.00
易方达基金管理有限公司	19,999,000	2.50	19,999,000.00
小计	23,995,091	3.00	23,995,091.00
社会公众持有(含机构投资者)	776,004,909	97.00	774,673,909.00
合计	800,000,000	100.00	800,000,000.00

2001-12-31

	基金单位份额	出资比例%	基金单位总额
发起人持有			
广发证券股份有限公司	2,666,091	0.33	2,666,091.00
广东粤财信托投资公司	2,660,000	0.33	2,660,000.00
易方达基金管理有限公司	20,000,000	2.50	20,000,000.00
小计	25,326,091	3.16	25,326,091.00
社会公众持有(含机构投资者)	774,673,909	96.84	774,673,909.00
合计	800,000,000	100.00	800,000,000.00

附注10.未实现利得

系本基金于2002年12月31日对证券投资进行估值时，证券投资估值额与其账面成本之差额。

附注11. 股利收入

系基金投资股票所分得的股息。

附注12. 其他收入

	2002年度	2000年7月18日至2001年12月31日
上市及扩募发行费用结余	--	1,393,204.31
申购资金冻结利息	--	39,131.75
手续费返还	106,449.35	99,481.98
其他	--	129,132.00
	106,449.35	1,660,950.04

附注13. 关联方关系及其交易

(1)关联方关系

企业名称	与本基金的关系
广发证券股份有限公司	发起人
广东粤财信托投资公司	发起人
易方达基金管理有限公司	发起人、管理人
中国工商银行	托管人

(2)本基金于本年度与基金托管人进行了银行间债券交易，交易金额为58,800,000.00元，支出利息26161.97元。本基金于本年度亦与广发证券股份有限公司进行了国债承销交易，交易金额为20,000,000.00元。(2001年期间没有发生额。)

(3)基金管理人及托管人报酬

·基金管理人报酬

基金管理费

a 基金管理费按前一日的基金资产净值的1.5%的年费率计提，计算方法如下：

$H=E\times1.5\%/$当年天数

H为每日应支付的基金管理费

E为前一日的基金资产净值

b. 基金管理费每日计算，逐日累计至每月月底，按月支付；由基金托管人于次月前两个工作日内从基金资产中一次性支付给基金管理人。本基金于本期应付基金管理人基金管理费共人民币11,795,087.41元，其中已支付人民币 10,842,637.33元，尚余人民币952,450.08元未支付。(2001年度共提取基金管理费人民币6,787,660.17元)

·基金托管人报酬

基金托管费

a. 基金托管费按前一日的基金资产净值的0.25%的年费率计提，计算方法如下：

$H=E\times0.25\%/$当年天数

H为每日应支付的基金托管费

E为前一日的基金资产净值

b.基金托管费每日计算，逐日累计至每月月底，按月支付；由基金托管人于次月前两个工作日内从基金资产中一次性支取。本基金于本期应支付基金托管人基金托管费共计人民币1,965,847.84元，其中已支付人民币1,807,106.17元，尚余人民币158,741.67元未支付。(2001年度共提取基金托管费人民币1,131,276.67元)

附注14. 期后事项

无重要期后事项。

附注15. 其他重要事项

无需要说明的其他重要事项。

(四)流通转让受限制的基金资产

2000年5月18日起根据中国证监会的有关政策，基金可使用以基金名义开设的股票账户，比照个人投资者和一般法人、战略投资者参与新股认购。其中基金作为一般法人或战略投资者认购的新股，根据基金与上市公司签订申购协议的规定，在新股上市后的约定期限内不能自由转让；基金作为个人投资者参与新股网上申购从新股中签日至新股上市日，为流通受限制而不能自由转让的资产。

本基金截止2002年12月31日流通转让受限制的股票情况如下：

基金参与新股网下一般法人、战略投资者认购获配的股票

股票名称	确认日期	可流通日	数量(股)	配售价格	市价	成本
中国联通	2002.9.25	2003.4.9	1,974,232	2.30	2.71	4,540,733.60

股票名称	市值	市值与成本差
中国联通	5,350,168.72	809,435.12

自2002年5月22日起，根据中国证监会的有关政策和中国证券登记结算有限责任公司、交易所公布的新股发行市值配售实施细则，基金可以其持有的上市流通股票市值参与新股配售。基金参与新股配售所获中签股票从新股中签日至新股上市日，为流通受限制而不能自由转让的资产。本基金截至2002年12月31日流通受到限制的股票情况如下：

股票名称	确认日期	上市流通日	中签数量	发行价格	市值
皖通高速	2002-12-26	2003-01-07	128000	2.20	281,600
中信证券	2002-12-20	2003-01-06	148000	4.50	666,000

(五)基金投资组合

1、按行业分类的股票投资组合(见附表)

2、国债、货币资金合计

截止2002年12月31日，基金持有的国债及货币资金合计为 296,556,536.58元，占基金资产净值的40.20%。

3、占基金资产净值前十名的股票(见附表)

·报告附注

a.报告项目的计价方法

本基金持有上市证券采用公告内容截止日的市场均价，已发行未上市股票采用成本计算。

b.基金持有每只股票的价值(按成本价计算)均不超过基金资产净值的10%。

c.截止2002年12月31日，本基金其他应收应付款项为借方余额17,518,992.22元与股票市值、国债及货币资金和债券(不含国债)相加为基金资产净值。其他应收应付款项包括：应收利息、应收交易保证金、其他应收款、应付管理人报酬、应付托管费、应付佣金、其他应付款等。

(六)基金截止2002年12月31日新增股票明细(附后)

(七)基金2002年度新增股票明细(附后)

(八)基金2002年度剔除股票明细(附后)

六、基金持有人结构及基金前十名持有人

1、基金持有人结构

2002年12月31日

	基金份额(万份)	占总份额比例%
基金发起人	2399.5091	3.00
其中：广发证券股份有限公司	266.6091	0.33
广东粤财信托投资公司	133.0000	0.17
易方达基金管理有限公司	1999.9000	2.50
社会公众(含机构投资者)	77600.4909	97.00

2、截止2002年12月31日，前十名持有人名称、持有份额及比例如下：

序号 持有人姓名	期末持有份额	持有比例%
(1)中国人寿保险公司	70370168	8.80
(2)中国太平洋保险公司	27457610	3.43
(3)中国平安保险公司	23882035	2.99
(4)易方达基金管理有限公司	19999000	2.50
(5)中国人民保险公司	19332077	2.42
(6)上海久事公司	14552653	1.82
(7)华泰财产保险股份有限公司	13916904	1.74
(8)华宝信托投资有限责任公司	9997556	1.25
(9)国信证券有限责任公司	9643662	1.21
(10)长城证券有限责任公司	9010582	1.13

注：以上信息按中国证券登记结算有限责任公司深圳分公司提供的基金持有人名册编制。

七、重要事项揭示

1、本基金管理人及托管人在本会计年度没有发生重大诉讼、仲裁事项；

2、基金管理人和托管机构及相关高级管理人员未受到任何处罚；

3、本基金的内部决策程序、投资策略未有重大变化；

4、因公司业务发展需要，自2002年3月27日起本基金管理人聘任肖坚先生担任本基金的基金经理职务，同时陈志民先生不再担任本基金基金经理职务。

5、本基金管理人第一届董事会独立董事蒋火召坪先生因病去世，本基金管理人补选了谢石松为本基金管理人第一届董事会独立董事；罗永刚先生、王文灵先生、邢培强先生因工作原因，已不再担任本基金管理人第一届董事会董事职务，本基金管理人补选了秦力先生、翁振杰先生、李宗唐先生担任本基金管理人第一届董事会董事职务。

6、本基金发起人持有的2132万份基金单位已于2002年2月25日上市流通。

5、本基金租用专用交易席位的情况

本基金根据中国证券监督管理委员会《关于加强证券投资基金监管有关问题的通知》(证监基字［1998］29号)的有关规定要求及本基金管理人的《基金专用交易席位租用制度》，决定租用大鹏证券有限责任公司、南方证券有限责任公司、广东民安证券经纪有限责任公司和平安证券有限责任公司的交易席位。

截止12月31日，本基金通过各机构的交易席位的成交及佣金情况见下表：

券商名称	股票成交量	比例%	债券成交量	比例%
大鹏证券	368606909.21	27.02	107271920.10	20.57
民安证券	331059899.97	24.27	89232337.30	17.11
南方证券	309261073.68	22.67	95723159.10	18.36
平安证券	203415090.43	14.91	64683158.60	12.41
兴业证券	151978033.42	11.14	164466148.90	31.54
合计	1364321006.71	100	521376724.00	100

券商名称	回购成交量	比例%	佣金	比例%
大鹏证券	0.00	0.00	293180.80	26.84
民安证券	408000000.00	63.46	261620.75	23.95
南方证券	0.00	0.00	252626.16	23.13
平安证券	126000000.00	19.60	162959.33	14.92
兴业证券	108900000.00	16.94	121872.14	11.16
合计	642900000.00	100	1092259.18	100

八、备查文件目录

1、中国证监会批准设立科翔基金的文件

2、科翔证券投资基金基金契约

3、科翔证券投资基金扩募说明书

4、中国证监会批准设立易方达基金管理有限公司的文件

5、科翔证券投资基金财务报表及报表附注

6、报告期内在指定报刊上披露的各项公告

查阅地点：广州市体育西路189号28楼

投资者对本报告书如有疑问，可咨询本基金管理人易方达基金管理有限公司。

客户服务与投诉电话：020-83918088

公司网址：www.efunds.com.cn

易方达基金管理有限公司

2003月3月28日

兴安证券投资基金

兴安证券投资基金2002年年度报告

重要提示

本基金的管理人、托管人愿就本报告书所载内容的真实性、准确性、完整性负责,本报告书有关内容由管理人负责解释。本基金托管人中国银行已于2003年3月26日复核了本报告。

一、基金简介

(一)基金基本情况

基金名称:兴安证券投资基金　　基金简称:基金兴安
交易代码:184718　　基金发起人:华夏基金管理有限公司
基金成立日期:2000年7月20日　　基金单位总份额:5亿份基金单位
基金类型:契约型封闭式　　基金存续期:15年
基金上市地点:深圳证券交易所　　基金上市日期:2000年9月20日

(二)基金管理人的有关情况

法定名称:华夏基金管理有限公司
注册地址:北京市顺义区天竺空港工业区A区
办公地址:北京市西城区金融大街33号通泰大厦A座15层
邮政编码:100032
国际互联网网址:http://www.ChinaAMC.com
法定代表人:邵淳　　总经理:范勇宏　　信息披露负责人:辛洁
电话:010-66069966　　传真:010-66102133

(三)基金托管人的有关情况

法定名称:中国银行
注册地址:北京市西城区复兴门内大街1号
办公地址:北京市西城区复兴门内大街1号
邮政编码:100818
国际互联网网址: http//www.bank-of-china.com
法定代表人:刘明康　　托管部总经理:唐棣华　　信息披露负责人:忻如国
联系电话:010-66594856　　传真:010-66594853

(四)基金聘请的会计师事务所的有关情况

法定名称:普华永道中天会计师事务所有限公司
注册地址:上海市浦东新区沈家弄325号
办公地址:上海淮海中路333号瑞安广场12楼
法定代表人:Kent Watson
经办注册会计师:周忠惠 郭杭翔

(五)基金聘请的律师事务所的有关情况

法定名称:金诚律师事务所
注册地址:北京建国门大街8号中粮广场A座6层
办公地址:北京建国门外大街24号东海中心17层
法定代表人:邵国忠　　经办律师:庞正中 贺宝银

二、基金主要财务指标

	2002年12月31日	2001年12月31日	2000年12月31日
基金本期净收益	-5,670,289.20元	-25,628,252.65元	3,027,327.82元
单位基金本期净收益	-0.0113元	-0.0513元	0.0060元
基金可分配净收益	-89,881,277.53元	-36,141,101.92元	3,027,327.82元
单位基金可分配收益	-0.1798元	-0.0722元	0.0060元
期末基金资产总值	411,669,609.52元	470,368,702.31元	584,501,505.01元
期末基金资产净值	410,118,722.47元	463,858,898.08元	532,803,487.79元
单位基金资产净值	0.8202元	0.9277元	1.0656元
基金资产净值收益率	-1.22%	-4.84%	0.95%
本期基金净值增长率	-11.59%	-12.46%	9.19%

三、基金管理人报告

本基金业绩表现:截止到2002年12月31日,本基金单位净值为0.8202元,全年净值增长率为-11.59%。

基金经理简介:

王志华先生,1991年毕业于北京大学经济管理系。曾任中国宝安集团中南证券深圳证券业务部调研部经理;君安证券公司证券投资部总经理助理。1999年3月加入华夏基金管理公司,任基金管理部研究员。2001年11月起任兴安基金经理。证券从业经历9年。

(一)基金经理工作报告

2002年中国证券市场的回顾

2002年中国股市在2001年大幅调整的基础上整体继续向下调整,在上半年由于管理层推出重大政策如新股二级市场市值配售、国有股停止国内证券市场减持等导致了两次缺乏持续性的波段行情,尤其是6.24行情突发而又短暂,此后在下半年尽管又有《合格的境外机构投资者暂行管理办法》等多项政策的推出,股市在投资者明显都缺乏信心的条件下只能是继续调整。上证指数全年最低点1339点出现在年初国有股减持问题全社会讨论最热烈的时候,最高点1748点出现在年中关于停止国有股在国内证券市场减持政策公布之后,在年末上证指数收盘1357点又几乎回到了全年的最低点。大部分股票的价格尤其是高价股票的跟随大势都出现了较大幅度的回落,但市场也有少数股票如具备低价、公司重组特征的出现了贯穿全年的连续上升行情。与股市波段特征类似,债市上半年也出现了一定程度的投机性上扬行情,但在下半年大多数券种的价格又都出现了回落。

2002年本基金运作回顾

截止2002年12月31日,本基金单位资产净值为0.8202元,净值增长率为-11.59%,同期上证指数跌幅为17.52%。

在年初惯性下跌和3月政策启动的上升过程中逐步清理了原来集中持有的绝大多数股票,建立了一个以业绩优良、成长显著的公司为主的分散型持股结构,及时把握了年中政策导向的井喷行情,也较好地抓住了部分股票获利了结的机会;但在第三季度中有一次过早的增仓买入,导致在第四季度的大部分时间里净值出现较大幅度的滑落。

债市方面,在年中高位大幅度地减持了浮息券,下半年适当增持了一些可转债。

2003年市场走势的展望和投资策略

2003年在国家全面建设小康社会方针政策的指引下,国内宏观经济形势会进一步向好,越来越多的行业将会出现更明显的繁荣景象,随着有更多具备行业代表性的上市公司数量的增多,证券市场将更能全面、客观、及时地反映宏观国民经济基本面,投资机会自然应该随着多数上市公司业绩的提升而增加。2003年是我国政府换届的一年,随着计划中"国资委"的成立,上市公司股权结构、法人治理结构会朝着更合理的方向转变。2003年投资者结构还会发生更显著的变化,机构投资者的力量会得到进一步地加强,市场主流的投资理念会更趋理性,更趋成熟。当然也由于历史遗留的国有股问题仍然悬而未决,包括社会各界对上市公司股票二级市场价格的高低很难有一个有说服力的标准,也就是说上市公司即使是绩优蓝筹公司的长期投资价值也难以界定,这样投资者的信心也就不容易在短期内很好恢复,市场中没明确预期的这种系统风险时刻在制约着大盘的长期走势。2003年包括美伊局势在内的国际政治形势也充满了种种不确定性因素,也会间接影响到国内经济形势乃至国内资本市场。总之,兴安基金认为2003年同样是机会与风险俱存的一年,在及时把握市场机会的同时务必理性对待市场风险,将继续本着为持有者谋求合理利益最大化的原则,规范稳健运作,在操作上坚持分散持有,在策略上坚持波段进出,力求在规避风险的前提下实现持有者利益的稳定增长。

(二)内部监察工作报告

基金运作合规性声明:

本报告期内,本基金管理人严格遵守《证券投资基金管理暂行办法》及其各项实施准则、基金契约和其他有关法律法规、监管部门的相关规定,依照诚实信用、勤勉尽责、安全高效的原则管理和运用基金资产,在认真控制投资风险的基础上,为基金持有人谋取最大利益,没有损害基金持有人利益的行为。

四、基金托管人报告

本报告期内,本基金托管人进一步完善了基金托管部门的组织结构和内部制衡机制,提高防范和及时化解业务风险和管理风险的能力,确保托管业务的规范运作,切实保障基金持有人的利益;本基金托管人依据国家相关法律法规、基金契约和管理制度对基金托管业务运作和内控流程的完善和执行情况等进行持续的监察稽核;对监察稽核中发现的问题及时提示、督促改进并追踪改进效果;定期制作监察稽核报告,及时呈报上级监管部门。

本基金托管人依据1999年9月14日签署的《兴安证券投资基金基金契约》与《兴安证券投资基金托管协议》,自1999年11月5日起托管兴安证券投资基金的全部资产。现对兴安证券投资基金(以下简称兴安基金)从2002年1月1日至2002年12月31日的2002年年度托管情况报告如下:

1、本托管人在2002年度托管兴安基金期间,严格遵守《证券投资基金管理暂行办法》及其各项实施准则和其他有关法规、基金契约以及托管协议的规定,诚信地履行了基金托管人的职责,不存在损害兴安基金持有人利益的行为。

2、本托管人在2002年度依据《证券投资基金管理暂行办法》及其各项实施准则和其他有关法规的规定,对华夏基金管理有限公司--兴安基金管理人的基金运作进行了必要的监督,其在基金资产净值的计算及每单位基金资产净值的计算以及其他财务费用的计算等方面遵守了《证券投资基金管理暂行办法》及其各项实施准则、《证券投资基金会计核算办法》和其他有关法规、基金契约以及托管协议的规定,没有发现违规及损害基金持有人利益的行为。

本基金于2002年4月8日实现的基金收益分配符合《证券投资基金管理暂行办法》、证监基金字【1999】40号文《关于执行<证券投资基金管理暂行办法>第11条、第38条及第55条第(3)项规定有关问题的通知》以及基金契约的规定。

3、兴安证券投资基金管理人--华夏基金管理有限公司在2002年度编制和披露的公告信息包括:2001年基金年度报告一份、2002年基金中期报告一份、基金资产净值公告四十八份、基金投资组合公告四份,本基金托管人依法对该等公告信息进行了认真核对,认为兴安基金管理人在2002年度内所编制和披露的该等基金信息是合法、真实和完整的。

五、基金财务报告

(一)审计报告

审计报告

普华永道审字 2003 第142号

兴安证券投资基金全体持有人:

我们接受委托,审计了兴安证券投资基金(以下简称"基金兴安")2002年12月31日的资产负债表及2002年度的经营业绩表和基金净值变动表。这些会计报表由基金兴安管理人华夏基金管理有限公司负责,我们的责任是对这些会计报表发表审计意见。我们的审计是依据中国注册会计师独立审计准则进行的。在审计过程中,我们结合基金兴安的实际情况,实施了包括抽查会计记录等我们认为必要的审计程序。

我们认为,载于第2页至第13页的上述基金兴安会计报表符合中华人民共和国企业会计准则、《证券投资基金会计核算办法》、《兴安证券投资基金基金契约》和中国证券监督管理委员会允许的如会计报表附注所列示的基金行业实务操作的有关规定,在所有重大方面公允地反映了基金兴安2002年12月31日的财务状况及2002年度的经营成果和净值变动情况,会计方法的选用遵循了一贯性原则。

普华永道中天会计师事务所有限公司　　注册会计师 周忠惠
2003年2月28日　　注册会计师 郭杭翔

六、基金持有人结构及前十名持有人

截止到2002年12月31日,本基金持有人情况如下:

( )基金持有人结构

	持有份额	占基金总份额比例
发起人:华夏基金管理有限公司	5,117,984	1.02%
社会公众	494,882,016	98.98%
合　计	500,000,000	100%

(二)前十名持有人

序号	持有人名称	持有份额	占总份额比例
1	中国人寿保险公司	39,269,349	7.85%
2	中国平安保险股份有限公司	38,817,774	7.76%
3	中国人民保险公司	16,447,022	3.29%
4	华泰财产保险股份有限公司	9,519,319	1.90%
5	新华人寿保险股份有限公司	7,775,377	1.56%
6	郭法英	6,631,101	1.33%
7	华夏基金管理有限公司	5,117,984	1.02%
8	国信证券有限责任公司	4,724,400	0.94%
9	中国太平洋保险公司	3,567,100	0.71%
10	天安保险股份有限公司	3,500,000	0.70%
合计		135,369,426	27.06%

久 富 证 券 投 资 基 金

久富证券投资基金 2002 年年度报告

重要提示

本基金的托管人已于 2002 年 3 月 19 日复核了本报告。本基金管理人、托管人愿就本报告书中所载资料的真实性、准确性和完整性负责,本报告书中的内容由本基金管理人负责解释。

一、基金简介

(一)基金简称:基金久富
交易代码:184720
基金单位总份额:5 亿份基金单位
基金类型:契约型封闭式
基金存续期:15 年
基金上市地:深圳证券交易所
(二)基金管理人法定名称:长城基金管理有限公司
注册地址:深圳市福田区深南中路 2066 号华能大厦 25 层
邮政编码:518031
法定代表人:杨光裕
总经理:汪滨
负责信息管理事务人员:李建中
联系地址:深圳市福田区深南中路 2066 号华能大厦 25 层
电话:0755-83662688
传真:0755-83662600
(三)基金托管人法定名称:交通银行
注册地址:上海市仙霞路 18 号
办公地址:上海市银城中路 188 号
邮政编码:200120
国际互联网网址:www.bankcomm.com
法定代表人:方诚国
托管部总经理:谢红兵
负责信息管理事务人员:江永珍
联系地址:上海市银城中路 188 号
电话:021-58408846　传真:021-58408836
电子邮件:webmaster@hq.bankcomm.com
(四)会计师事务所:深圳大华天诚会计师事务所
注册及办公地址:深圳市福田区滨河大道 5022 号联合广场 B 座 11 楼
邮政编码:518026
法定代表人:李秉心
联系电话:0755-82900952　传真:0755-82900965
联系人:黄剑敏
经办注册会计师:李秉心、徐海宁

二、主要财务指标

单位:人民币元

2001 年 12 月 18 日-2002 年 12 月 31 日

序号	项目	
1	基金本期净收益	-17,760,242.91
2	单位基金本期净收益	-0.0355
3	基金可分配净收益	-74,043,089.70
4	单位基金可分配净收益	-0.1481
5	期末基金资产总值	428,290,059.46
6	期末基金资产净值	425,956,910.30
7	单位基金资产净值	0.8519
8	基金资产净值收益率	-4.40%
9	本期基金资产净值增长率	-14.36%
10	累计资产净值增长率	-14.36%

三、基金管理人报告

一 基金业绩表现

截止到 2002 年 12 月 31 日,本基金单位资产净值为 0.8519 元,本基金 2002 年 5 月 28 日完成扩募工作,本期基金净值增长率为-14.36%,同期沪深综合指数平均涨幅为-14.605%。

二 基金经理简介

许良胜先生,男,32 岁,经济学硕士。1997 年毕业于北京大学光华管理学院,1997 年 7 月至 2001 年就职于长城证券有限责任公司,先后任投资银行总部项目经理、资产管理部总经理助理等职。有 6 年证券从业经历,5 年证券投资经历。

(三)基金经理工作报告

1、行情回顾及分析

尽管 2002 年我国宏观经济走出了增长率持续下滑的低谷,保持了比较快速的增长,但是,沪深市场总体走势仍然比较软弱。一方面,这是对过去两年市场持续走牛的正常调整,也是上市公司 2001 年业绩普遍出现下滑的正常反应,另一方面,作为新兴加转轨市场的沪深股市仍受政策面的较大影响,政策面和消息面成为左右指数走势的最主要因素。上半年在降息、浮动佣金制的实施、新股市值配售发行、外资参股券商基金规则出台、提高增发门槛、国有股停止减持等一系列政策陆续推出的刺激下,指数多次出现反弹,尤其国有股停止在国内证券市场减持的政策出台后,指数在随后的几日内达到全年的最高点;下半年, QFII 启动,证券投资基金规模迅速扩大,券商增资扩股继续进行,使得机构投资者得到进一步发展。但是,由于沪深股市的结构性调整,以及证券市场的定位问题、发展与规范的辩证关系问题等诸多不确定因素的存在,投资者信心尚未恢复,沪深股市下半年总体上呈现振荡盘跌的走势。全年沪深两市总体上呈现出弱市整理格局。

2、基金运作情况回顾

本基金今年年初正式开始运作,上半年针对证券市场受政策面影响显著、市场热点持续性不明显的特点,本基金采取了相对稳健的投资策略,一方面控制股票投资的比重,在政策面和市场走势不明朗的情况下保持了比较低的股票比重;一方面秉承价值型投资理念,重点选取业绩稳定、市盈率低的价值型品种进行长期投资,同时加强了对机构投资者投资行为的研究。在国有股减持停止实施的政策出台后,本基金认为影响国内证券市场的主要因素中期内已经消除,因而较大幅度的增加了股票投资的比重。下半年,基于对电子、IT 行业的复苏前景的预期,本基金对该类板块进行了较大比重的投资,同时积极关注大盘指标股、金融股、绩优蓝筹股,但是由于 IT 行业复苏速度和力度没有预期的强劲,以及本基金对诸多不确定因素对市场的影响程度估计不足而一直保持比较高的股票投资比重,下半年投资效果不够理想。

3、2003 年市场展望和本基金投资策略

从宏观层面分析:2003 年中国宏观经济将继续保持较快增长趋势,预计 GDP 有望保持超过 7.5%的快速增长。十六大的胜利召开昭示宏观政治环境继续保持稳定;十六大报告提出的推进资本市场的改革开放和稳定发展的总体要求,为我国资本市场的发展创造了机遇,提供了良好的外部环境,资本市场将继续改革开放和稳定发展,更好地服务于国民经济,支持全面建设小康社会;全社会固定资产投资将保持稳定,民间投资将释放出巨大活力,居民消费结构的升级将有效扩大国内消费需求,对外贸易将继续保持快速增长。我国证券市场面临的宏观环境将好于 2002 年。随着与国民经济的关联度越来越密切,我国股市宏观经济晴雨表的功能将更为明显。

从资金层面分析:人民银行将继续执行稳健的货币政策,预计全年广义货币供应量 M2 和狭义货币供应量 M1 将分别增长 16%左右,监管层会继续采取措施大力发展包括中外合资基金在内的证券投资基金、商业保险和社保基金等机构投资者,积极引导储蓄资金转化为证券投资资金,适度开放国内证券市场,预计国内证券市场资金供求关系将相对宽松。

从上市公司基本面分析:宏观经济的向好将推动上市公司经营效益的不断好转,上市公司的法人治理结构将日趋完善,公司信息披露将日趋规范;此外,随着中国加入 WTO 后有关产业政策的对内对外开放,外资并购和国内企业积极参与国际化竞争将推动国内各产业的结构性调整、战略性重组和产业升级,上市公司的基本面将发生积极变化。

但是,影响证券市场长期发展的制度性和结构性的因素还将继续对证券市场产生不确定性的影响,这些因素主要有:国有股流通问题还没有从根本上解决,任何相关政策的出台都将对证券市场的基础产生重大影响;证券市场发展与规范的辩证关系、创业板或者科技板及指数期货的推出、三板市场、B 股市场的政策变化、市场扩容节奏和对外开放的速度等都将对 A 股市场产生不确定的影响,这些因素将对 2003 年证券市场产生不同程度的影响。

综合以上几方面的分析,久富基金认为 2003 年证券市场将继续进行资金结构、产品结构、上市公司结构、投资理念、盈利模式等诸多方面的结构调整,但仍然不乏投资获利机会,机遇与风险并存。久富基金将积极关注消费升级带动的成长性行业及相关行业,包括汽车、旅游、医药、钢铁、石化、能源、工程机械等,以及金融业、交通运输业、经过长期调整后行业逐渐复苏的 IT 业等,积极把握市场节奏,采取适度集中的投资策略。久富基金将继续坚持价值型投资理念,规范运作、勤勉尽责,加强基金投资绩效的适时跟踪分析,有效控制投资风险,为基金持有人谋求长期稳定的投资回报。

四、基金托管人报告

2002 年度,交通银行作为久富证券投资基金的托管人,严格遵守《证券投资基金管理暂行办法》及其实施准则的规定,依据《久富证券投资基金基金契约》和《久富证券投资基金托管协议》中的条款,就以下各事项报告如下:

1、本托管人认真履行了基金托管人的各项职责,安全保管久富基金的所有资产;

2、本托管人认真完成了久富证券投资基金的投资监管和清算核算工作;

3、本托管人妥善保管了基金所有会计帐册和重大合同,切实维护基金持有人的合法权益,未发生任何损害基金持有人利益的事件和行为。

2002 年度,交通银行作为久富证券投资基金的托管人,对基金管理人的各项行为监管报告如下:

1、未发现基金管理人在投资运作中有损害基金持有人利益的行为。

2、由基金管理人编制和披露的 2002 年度久富证券投资基金每周资产净值公告、每季度投资组合公告和中期财务报告是合法、真实和完整的。

五、基金年度财务报告

(一)审计报告

久富证券投资基金全体受益人:

我们接受委托, 审计了贵投资基金 2002 年 12 月 31 日的资产负债表、2001 年 12 月 18 日-2002 年 12 月 31 日的基金经营业绩表、2001 年 12 月 18 日-2002 年 12 月 31 日的基金收益分配表及 2001 年 12 月 18 日-2002 年 12 月 31 日的基金净值变动表。上述会计报表由贵投资基金的托管人和管理人负责, 我们的责任是对这些会计报表发表审计意见。 我们的审计是依据《中国注册会计师独立审计准则》进行的。 在审计过程中, 我们结合贵投资基金实际情况, 实施了包括抽查会计记录等我们认为必要的审计程序。

我们认为,上述会计报表符合中华人民共和国《企业会计准则》、《证券投资基金会计核算办法》和《久富证券投资基金基金契约》等的有关规定, 在所有重大方面公允地反映了贵投资基金 2002 年 12 月 31 日的财务状况和 2001 年 12 月 18 日-2002 年 12 月 31 日的经营成果, 会计处理方法的选用遵循了一贯性原则。

深圳大华天诚会计师事务所　　中国注册会计师　李秉心
二〇〇三年二月二十二日　　中国注册会计师　徐海宁

六、基金持有人结构及基金前十名持有人

(一) 截止 2002 年 12 月 30 日,本基金份额结构为:

	十二月末持有份额	占总份额比例
发起人持有	5,000,000	1.00%
其中:长城基金管理有限公司	2,500,000	0.50%
长城证券有限责任公司	2,500,000	0.50%
社会公众持有	495,000,000	99.00%
合计	500,000,000	100.00%

(二) 截止 2002 年 12 月 31 日,前十名持有人名称、持有份额及比例如下:

序号	持有人名称	期末持有份额	持有比例
1	贵州省贵财投资有限责任公司	14,089,724	2.82%
2	中油财务有限责任公司	7,265,417	1.45%
3	张联营	6,310,000	1.26%
4	上海古象涂料制造中心	4,499,600	0.90%
5	王红磊	4,080,000	0.82%
6	陕西秦龙电力股份有限公司	3,690,000	0.74%
7	王薇	3,631,105	0.73%
8	王保生	3,103,700	0.62%
9	广州证券有限责任公司	3,097,420	0.62%
10	山西省信托投资公司	2,700,000	0.54%

久嘉证券投资基金

久嘉证券投资基金2002年年度报告

重要提示

本基金的托管人中国农业银行根据本基金基金契约的规定，于2003年3月20日复核了本报告。本基金的管理人、托管人保证报告所载资料不存在任何虚假记载、误导性陈述或重大遗漏，愿就本报告中所载资料的真实性、准确性、完整性负责。本报告书中的内容由基金管理人负责解释。

一、基金简介

(一)基金基本资料
基金名称:久嘉证券投资基金
基金简称:基金久嘉
交易代码:184722
基金发起人:西北证券有限责任公司
长城基金管理有限公司
基金发行日期:2002年7月1日
基金成立日期:2002年7月5日
基金单位总份额:20亿份基金单位
基金类型:契约型、封闭式
基金存续期:15年
基金上市地点:深圳证券交易所
基金上市日期:2002年8月27日
(二)基金管理人
法定名称:长城基金管理有限公司
注册及办公地址:深圳市福田区深南中路2066号华能大厦25层
邮政编码:518031
法定代表人:杨光裕
总经理:汪滨
负责信息管理事务人员:李建中
联系地址:深圳市福田区深南中路2066号华能大厦25层
电话:0755-83662688
传真:0755-83662600
(三)基金托管人
法定名称:中国农业银行
注册地址:北京市海淀区复兴路甲23号
办公地址:北京市海淀区西三环北路100号金玉大厦8层
邮政编码:100036
法定代表人:尚福林
托管部总经理:郭辉
信息披露负责人:李芳菲
联系电话:010-68435588
传真:010-68424181
(四)会计师事务所：深圳大华天诚会计师事务所
注册及办公地址:深圳市福田区滨河大道5022号联合广场B座11楼
邮政编码：518026
法定代表人：李秉心
联系电话：0755-2900952　　传真：0755-82900965
联系人:黄剑敏
经办注册会计师:李秉心、徐海宁

二、主要财务指标

2002年7月5日-2002年12月31日

序号	项目	
1	基金本期净收益	-60,767,740.93
2	单位基金本期净收益	-0.0304
3	基金可分配净收益	-173,731,462.57
4	单位基金可分配净收益	-0.0869
5	期末基金资产总值	1,841,696,767.93
6	期末基金资产净值	1,826,268,537.43
7	单位基金资产净值	0.9131
8	基金资产净值收益率	-3.038%
9	本期基金资产净值增长率	-8.6900%
10	累计资产净值增长率	-8.6900%

三、基金管理人报告

(一)基金业绩表现

截止到2002年12月31日，本基金单位资产净值为0.9131元。本基金2002年7月5日开始运作，本报告期内基金净值增长率为-8.69%，同期沪深综合指数平均涨幅为-21.56%。

(二)基金经理简介

韩浩先生，基金经理，1967年生，1989年毕业于武汉大学化学系，获理学学士学位；1992年毕业于北京大学经济学院，获经济学硕士学位。曾就职于海南汇通国际信托投资公司证券部、长城证券有限责任公司资产管理部并任总经理，有9年的证券投资从业经历。

(三)基金经理工作报告

1.2002年度市场行情回顾

2002年中国证券市场仍然处于结构性的大调整。受2002年6月24日国有股停止通过境内证券市场减持的政策影响，A股市场在经历短暂的大幅上涨后，维持了约两个月的横盘整理走势。从9月初开始至12底，市场经历了较大幅度的持续调整。

2.2002年度基金运作总结

久嘉基金成立于2002年7月5日。在近半年的投资运作中，久嘉基金针对当时的市场状况，采取了相对稳健的投资策略。在资产配置方面，我们保持了较低的平均股票仓位。久嘉基金完成原始仓位积累后，累积平均股票仓位控制在37%，较好地把握了市场的运行趋势；在行业及风格配置方面，我们重点投资了银行、钢铁、汽车、信息技术、电子等行业，风格特征方面我们强调证券的流动性，偏好低价、大盘股；在证券选择方面，我们基本把握了个股轮动带来的投资机会，重点投资了大型蓝筹股。值得检讨的是，我们在个别金融股投资时机的把握上出现了失误，有待在今后的投资中加以改善。

3.2003年度基金投资策略

展望2003年，我们认为未来的市场环境具有以下特点：

宏观经济稳定向好，上市公司总体业绩稳中有升。2003年宏观经济仍将保持2002年快速增长的态势。不仅如此，从十六大确定的中国在2020年实现全面小康的奋斗目标来看，中国经济将长期保持高速增长。2003年，受宏观经济形势影响，上市公司总体业绩将平稳增长，尤其是汽车、钢铁、石化、金融、医药、港口、交通运输、工程机械等基础行业的龙头企业将面临更多的发展机遇。

全流通的问题依然是影响2003年市场走向的重要因素。考虑到全流通问题的重要性与复杂性，2003年管理层仍将延续在"股权分割"制度基础上的市场化改革，以维护证券市场的平稳运行。

证券市场国际化、市场化的进程将稳步推进。在此进程中，市场的价值中枢及制度框架将会有较大变动。考虑到利益与成本的均衡，我们预期管理层将根据市场的承受能力，适度把握国际化、市场化的进程。

机构间博弈的特征将更加明显。伴随着机构投资者队伍的壮大以及市场的逐步规范，证券市场的博弈模式将发生较大变化，机构间博弈将成为主流。

针对未来市场环境的特点，我们将努力发挥自身比较优势，扬长避短，采取适当策略，博取超额收益。具体地，我们将做好以下工作：

加强公司基本面的研究。从个股投资的价值来看，2003年市场股价结构的调整将趋向深化，为此，我们将注重选择经营状况稳定、主营业务突出、已显露一定成长趋势的上市公司作为投资组合的构建对象。

加强波段性操作的力度。从政策演变的趋势来看，"股权分割"的复杂性与国际化进程的紧迫性将使得未来市场的基础结构面临重大变革，为此，我们将认真研究政策变化的趋势，加大波段操作力度，把握风险与收益的平衡。

加强投资者行为的研究。从博弈模式的变化来看，机构间博弈较以往的机构-散户博弈有很大区别，为此，我们将运用数量化的分析方法，加强投资者行为的研究，以提高投资绩效。

新的一年，我们将一如既往地坚持价值投资原则及实事求是的投资理念，严格遵守基金契约，勤勉尽责、规范运作，为基金持有人谋求长期稳定的投资回报。

(四)内部监察稽核工作报告

1.基金运作合规性声明

本报告期内，本基金管理人严格按照《证券法》、《证券投资基金管理暂行办法》及其各项实施准则、《久嘉证券投资基金基金契约》和其他有关法律法规的规定，以诚实信用、勤勉尽责的原则管理和运用基金资产。本基金管理人通过不断完善法人治理结构和内部控制制度，加强内部管理，规范基金运作，在控制和防范风险的前提下，为基金持有人谋求基金资产的长期稳定增值。基金久嘉的投资组合符合有关法律法规的规定及基金契约的约定，无损害投资者利益的行为。

四、基金托管人报告

本基金托管人-中国农业银行，根据《久嘉证券投资基金基金契约》和《久嘉证券投资基金托管协议》，在对久嘉证券投资基金的托管过程中，严格遵守《证券投资基金管理暂行办法》及各项法规规定，对久嘉证券投资基金管理人--长城基金管理有限公司在2002年会计年度基金的投资运作，进行了认真、独立的会计核算和必要的投资监督，认真履行了托管人的义务。

本托管人认为，长城基金管理有限公司在久嘉基金的投资运作、信息披露等方面符合《证券投资基金管理暂行办法》及其相关法规的规定，基金管理人在2002年度所编制和披露的久嘉证券投资基金财务报告、资产净值公告等各项基金信息真实、完整，未发现有损害基金持有人利益的行为。

中国农业银行证券投资基金托管部
二〇〇三年三月十八日

五、基金年度财务报告

(一)审计报告
审计报告
深华(2003)审字152号
久嘉证券投资基金全体受益人：

我们接受委托，审计了贵投资基金2002年12月31日的资产负债表、2002年度的基金经营业绩表、2002年度的基金收益分配表及2002年度的基金净值变动表。上述会计报表由贵投资基金的托管人和管理人负责，我们的责任是对这些会计报表发表审计意见。我们的审计是依据《中国注册会计师独立审计准则》进行的。在审计过程中，我们结合贵投资基金实际情况，实施了包括抽查会计记录等我们认为必要的审计程序。

我们认为，上述会计报表符合中华人民共和国《企业会计准则》、《证券投资基金会计核算办法》和《久嘉证券投资基金契约》等的有关规定，在所有重大方面公允地反映了贵投资基金2002年12月31日的财务状况和2002年度的经营成果，会计处理方法的选用遵循了一贯性原则。

深圳大华天诚会计师事务所　　中国注册会计师:李秉心
二〇〇三年二月二十二日　　中国注册会计师:徐海宁

六、基金持有人结构及前十名持有人

(一) 基金持有人结构
截止到2002年12月31日久嘉基金持有人结构：

	十二月末持有份额	占总份额比例
发起人持有	20,000,000	1.00%
其中：长城基金管理有限公司	15,000,000	0.75%
西北证券有限责任公司	5,000,000	0.25%
社会公众持有	1,980,000,000	99.00%
总计	2,000,000,000	100.00%

(二) 截止2002年12月31日，前十名持有人名称、持有份额及比例如下：

序号	持有人姓名	期末持有数	持有比例%
1	中国人寿保险公司	46416132	2.32%
2	广州诚毅科技开发有限公司	38389981	1.92%
3	北京世一通时经贸有限公司	38389981	1.92%
4	浙江省国际信托投资公司	38389981	1.92%
5	申银万国证券股份有限公司	38006081	1.90%
6	杨石林	30000000	1.50%
7	吴桂琴	30000000	1.50%
8	新华人寿保险股份有限公司	23847100	1.19%
9	大华集团有限公司	23033989	1.15%
10	广州从兴电子开发有限公司	23033989	1.15%

鸿阳证券投资基金

鸿阳证券投资基金2002年年度报告

重要提示

本基金的托管人中国农业银行已于2003年3月20日复核了本报告。本基金的管理人、托管人愿就本报告中所载资料的真实性、准确性、完整性负责。本报告书中的内容由基金管理人负责解释。

一、基金简介

(一)基金名称:鸿阳证券投资基金
基金简称:基金鸿阳　　交易代码:184728
基金发起人:中国对外经济贸易信托投资公司　　联合证券有限责任公司
重庆国际信托投资公司　　天津信托投资公司
山东省国际信托投资公司　　宝盈基金管理有限公司
基金单位总份额:20 亿份　　基金类型:契约型封闭式
基金存续期:15 年
上市地点:深圳证券交易所　　上市时间:2001 年 12 月 18 日
(二)基金管理人
法定名称:宝盈基金管理有限公司
注册及办公地址:广东省深圳市福田区深圳特区报业大厦第15层
邮政编码:518034
法定代表人:谭向东
总经理:刘京湘
信息披露负责人:陈争鸣
联系电话:0755-83515371　　传真:0755-83515622
(三)基金托管人
法定名称:中国农业银行
注册地址:北京市海淀区复兴路甲23号
邮政编码:100036
法定代表人:尚福林
基金托管部负责人:郭辉
信息事务联系人:李芳菲
联系地址:北京市海淀区西三环北路100号金玉大厦
联系电话:010--68435588　　传真:010--68424181
(四)会计师事务所和经办注册会计师
法定名称:普华永道中天会计师事务所有限公司
办公地址:上海淮海中路333号
法定代表人:Mr. Kent Watson
电话:021-63863388　　传真:021-63863300
联系人:周忠惠
经办注册会计师:牟磊、陈玲
(五)律师事务所和经办律师
法定名称:君泽君律师事务所
注册及办公地址:北京市东城区西滨河9号中成大厦1009室
法定代表人:金明
电话:(010)64268870　　传真:(010)64217708
联系人:陶修明　　经办律师:陶修明

二、主要财务指标

单位:人民币元

主要财务指标	2002年	2001年
1 基金本期净收益	22,344,613	3,308,284
2 单位基金本期净收益	0.0112	0.00165
3 基金可分配净收益	-319,211,983	3,308,284
4 单位基金可分配净收益	-0.1596	0.00165
5 期末基金资产总值	1,691,350,627	2,010,052,668
6 期末基金资产净值	1,680,788,017	2,006,205,025
7 单位基金资产净值	0.8404	1.0031
8 基金资产净值收益率	1.12%	0.165%
9 本期基金净值增长率	-14.41%	0.16%
10 基金累计净值增长率	-14.27%	0.16%

三、基金管理人报告

本基金业绩表现

基金鸿阳2002年末单位净值0.8404元,自本基金2001年12月10日成立之日起,累计净值0.8619元;2002年净值增长率为-14.41%,单位基金分红0.02元。

基金经理简介

侯建刚先生,基金经理,37岁,经济学硕士,具有8年证券从业经验。先后任职于君安证券有限责任公司、大鹏证券有限责任公司、国通证券有限责任公司及湖南证券有限责任公司。

李庆先生,基金经理助理,29岁,6年证券从业经历。1997年重庆大学技术经济专业硕士毕业。曾先后供职于国泰君安证券研究所、国信证券研究部、宝盈基金管理有限公司,多年来一直从事证券研究和证券投资工作。

(一)基金经理工作报告

本基金的投资目标及理念

本基金为成长价值复合型基金,追求在尽可能分散和规避风险的前提下并在保持基金资产良好流动性的基础上,为基金持有人谋求长期最佳效益。

本基金的投资遵循价值投资,稳健规范,勤勉诚信,开拓创新的投资理念,作为证券市场的一个普通投资人,以求取信于市场,取信于社会公众。本基金的股票投资由两部分构成:成长型的上市公司和价值型上市公司,在对所投资企业深入分析的基础上,通过对这两类股票投资的比例配置更好地分散和控制风险,实现基金长期稳定的投资收益。

2002年投资管理回顾

1、2002年证券市场回顾

2002年的证券市场最终以年内次低点收盘,全年呈现一种从横盘震荡到单边下跌的运行态势,沪、深综合指数分别下跌了17.52%和18.32%。2002年沪深股市多数时间在1400-1700点之间的箱体中运行,全年上证综指运行的最高点为6月25日创下的1748点,最低点为1月29日创下的1339点。2002年仅仅出现过两波反弹行情,并且都是在管理层利好政策的激发下形成的,第一次是3、4月份在降息和推出市值配售等利好政策影响下,引发深、沪两地本地股为主的反弹行情,第二次是由停止国有股减持政策引发的6.24短暂"井喷"行情。

在2002年,尽管管理层出台了众多利好政策,如佣金浮动、新股市值配售、停止国有股减持、启动QFII、合资券商、基金等重大政策举措,但是由于上市公司盈利缺乏持续性、市场监管政策缺乏稳定性、资金的新盈利模式尚未形成、投资者信心尚未恢复,市场又缺乏赚钱效应,导致了沪深股市跌势不止。

2、投资管理工作回顾

根据公司投资决策委员会的战略部署和基金契约的规定,本基金主要做了如下工作:

1)以市场研判为重点,主动进行波段操作。年初,基金股票仓位极轻并重仓持有债券,少量的股票也遵循防守策略而持有价值型股票;1月底市场有见底迹象时开始增持股票,并在5月市场回调时进行减仓;6月下旬判断市场开始转暖,迅速加仓,加仓目标主要是公用事业、制造业、金融等领域的优势企业;8月下旬和11月中旬判断市场将企稳回升,两次加仓,加仓目标主要是钢铁、石化、金融等领域的优势企业。由于市场大幅下跌,下半年的两次加仓导致基金净值有较大的下降。

2)注重资产流动性,坚持分散化的投资策略。考虑到当前股票市场系统风险和非系统风险较大,本基金采取分散化的投资策略,保证投资组合良好的流动性。

3)加强行业公司研究力度,在公司内部研究队伍和外部研究机构的支持下,不断充实股票备选库,为投资做好准备。

一年来,主要的体会是:

1)对政策、信息的把握对投资管理非常重要,稍有迟疑就会影响收益;

2)时机抉择是双刃剑,在带来超额收益的同时也增加了投资的风险。我们上半年的时机抉择效果很好,但下半年的时机抉择造成了一定的损失。

3)分散化投资组合的盈利能力在阶段性行情中可能表现不理想,如"6.24"行情中,热点高度集中于低价大盘股等板块时,分散化的投资组合就很难跑赢指数。必须在集中与分散间寻找阶段性平衡点,从而达到资产配置相对低风险、高收益的效果。

我们将注意总结这些经验和教训,并希望能够对我们日后的投资工作起到积极的指导作用。

下半年投资管理展望

1、下半年证券市场展望

本基金认为2003年沪深股市将主要呈现一个宽幅震荡的平衡市,局部行情反弹高点一般不会太高,出现大行情的可能性不大。主要基于以下理由:

首先,2003年将进行政府换届,政策将更加稳健,推出重大的改革和创新措施都会比较谨慎;其次,宏观经济增长势头良好,各项经济指标处于理想值,GDP增长速度预计在7.5%以上,未来2-3年经济增长保持在7-8%的可能性较大;第三,证券市场的资金来源渠道将逐步得到拓宽,如货币市场与资本市场的连接渠道有可能得到明确的规范;大力发展机构投资者、有条件地开放国内证券市场等政策都将对资金供给产生有利影响。

同时还存在若干风险因素,如上市公司总体盈利水平能否持续增长存在变数;股权结构不规范问题依然困扰市场;证券市场中长期发展政策、监管政策的不明朗、不稳定;2003年证券市场可能会面临较大的扩容压力;世界经济及资本市场不确定的发展前景影响到国内证券市场。

四、基金托管人报告

本基金托管人--中国农业银行,根据《鸿阳证券投资基金基金契约》和《鸿阳证券投资基金托管协议》,在对鸿阳证券投资基金的托管过程中,严格遵守《证券投资基金管理暂行办法》及各项法规规定,对鸿阳证券投资基金管理人--宝盈基金管理有限公司在2002年会计年度基金的投资运作,进行了认真、独立的会计核算和必要的投资监督,认真履行了托管人的义务。

本托管人认为,宝盈基金管理有限公司在鸿阳基金的投资运作、信息披露等方面符合《证券投资基金管理暂行办法》及其相关法规的规定,基金管理人在2002年度所编制和披露的鸿阳证券投资基金财务报告、资产净值公告等各项基金信息真实、完整,未发现有损害基金持有人利益的行为。

五、基金年度财务报告

(一)审计报告

鸿阳证券投资基金全体持有人:

我们接受委托,审计了鸿阳证券投资基金(以下简称"基金鸿阳") 2002年12月31日的资产负债表及2002年度的经营业绩表和基金净值变动表。这些会计报表由基金鸿阳管理人宝盈基金管理有限公司负责,我们的责任是对这些会计报表发表审计意见。我们的审计是依据中国注册会计师独立审计准则进行的。在审计过程中,我们结合基金鸿阳的实际情况,实施了包括抽查会计记录等我们认为必要的审计程序。

我们认为,载于第2页至第13页的上述基金鸿阳会计报表符合中华人民共和国企业会计准则、《证券投资基金会计核算办法》、《鸿阳证券投资基金基金契约》和中国证券监督管理委员会允许的如会计报表附注所列示的基金行业实务操作的有关规定,在所有重大方面公允地反映了基金鸿阳2002年12月31日的财务状况及2002年度的经营成果和净值变动情况,会计方法的选用遵循了一贯性原则。

普华永道中天会计师事务所有限公司　　注册会计师:牟磊
2003年1月29日　　注册会计师:陈玲

六、基金持有人结构及前十名持有人

(一)基金持有人结构:

	持有份额(份)	占总份额的比例
基金发起人:	20,000,000	1%
社会公众:	1,980,000,000	99%
合计:	2,000,000,000	100%

(二)基金鸿阳前十名持有人(截止2002年12月31日):

序号	名称	持有份额	占总份额比例
1	中国太平洋保险公司	198,222,563	9.91%
2	中国人寿保险公司	92,632,701	4.63%
3	泰康人寿保险股份有限公司	65,099,494	3.25%
4	招商证券股份有限公司	59,110,100	2.96%
5	中国平安保险股份有限公司	45,632,582	2.28%
6	京津塘高速公路北京市公司	34,153,000	1.71%
7	上海久事公司	30,060,793	1.50%
8	国信证券有限责任公司	29,622,800	1.48%
9	北京首发实业股份有限公司	24,961,000	1.25%
10	中国人民保险公司	24,536,298	1.23%

通宝证券投资基金

通宝证券投资基金2002年年度报告

重要提示

本基金的管理人、托管人愿就本报告书中所载资料的真实性、准确性和完整性负责,本报告书中的内容由基金管理人负责解释。本基金托管人中国建设银行已于2003年3月25日复核了本报告。

一、基金简介

(一) 基金基本资料
基金名称:通宝证券投资基金　基金简称:基金通宝
交易代码:184738　基金类型:契约型、封闭式
基金发起人:河北证券有限责任公司　上海爱建信托投资有限责任公司
融通基金管理有限公司
基金单位总份额:5亿份基金单位
基金存续期:15年(1992年5月31日至2007年5月30日)
上市交易所:深圳证券交易所
基金上市日:2001年9月6日
(二) 基金管理人
法定名称:融通基金管理有限公司
注册地址:深圳市福田区民田路10号中海大厦6、7、8层
办公地址:深圳市福田区民田路10号中海大厦6、7、8层
邮政编码:518026
国际互联网址:http://www.rtfund.com
法定代表人:孟立坤
总经理:冯立新
信息披露负责人:吴冶平
电话:0755-82950676　传真:0755-82950044
电子邮件:wuyp@mail.rtfund.com
(三) 基金托管人
法定名称:中国建设银行
注册地址:北京市西城区金融大街25号
办公地址:北京市西城区金融大街25号
邮政编码:100032
法定代表人:张恩照
托管部负责人:江先周
信息披露负责人:黄秀莲
联系地址:北京市西城区金融大街25号
电话:010-67597646　传真:010-66212638
电子邮件:huangxiulian/zh/ccb@ccb.com.cn
(四) 会计师事务所
法定名称:安永华明会计师事务所
注册地址:北京市朝阳区北大街6号北海万泰大厦802-807
办公地址:北京市东城区东长安街1号东方广场东方经贸城东三办公楼16层
法定代表人:葛明　联系人:罗国基　经办注册会计师:葛明、金馨
电话:010-65246688　传真:010-85188298
(五) 律师事务所
法定名称:君合律师事务所
注册地址:北京市建国门北大街8号华润大厦20号
办公地址:北京市建国门北大街8号华润大厦20号
法定代表人:刘林飞
电话:010-85191300　传真:010-85191350
经办律师:肖微、赵燕士

二、主要财务指标

	2002年度	2001年度
基金本期净收益	-6,563,493.29元	-6,338,996.32元
单位基金本期净收益	-0.0131元	-0.0127元
基金可分配净收益	-75,289,815.93元	-10,781,235.90元
单位基金可分配净收益	-0.1506元	-0.0216元
期末基金资产总值	425,639,634.20元	490,097,890.20元
期末基金资产净值	424,710,184.07元	489,218,764.10元
期末单位基金资产净值	0.8494元	0.9784元
基金资产净值收益率	-1.34%	-2.20%
本期基金资产净值增长率	-13.18%	-5.59%
累计资产净值增长率	-18.04%	-5.59%

三、基金管理人报告

本报告期内,通宝基金管理人秉承诚实信用、勤勉尽责的原则,为基金持有人谋求利益;本基金的各项运做均按照《证券投资基金管理暂行办法》及其各项实施准则、基金契约和其他有关法规的规定,不存在任何损害基金持有人利益的行为。

(一)基金经理

本基金由郝继伦同志担任基金经理,负责基金的日常运作。

郝继伦,30岁,经济学博士,具有五年证券从业经验。2000年加入融通基金从事基金投资管理工作,并担任本基金的基金经理至今。

(二) 经营业绩

到2002年年末基金单位资产净值为0.8494元,年度净值增长率为-13.18%。

(三)2002年证券市场和基金运作回顾

2002年的证券市场总体走势可以概括为市场牛熊交替周期循环中的熊市下跌途中。我们知道,潮起潮落、牛熊交替周期循环是证券市场的内在规律,并且某种基本的市场趋势一旦形成就会持续相当时间。根据对全球主要证券市场的统计,主要的多头市场、即牛市的平均持续时间期限为2.33年,其中67%的介于1.8~4。1年之间,平均价格涨幅为77.5%;主要的空头市场、即熊市的平均持续时间期限为1.4年,其中75%的介于0.8~2.8年之间,平均的跌幅为30%,其中75%的介于20.4~47.1%之间。该规律对我国证券市场同样发挥作用,10多年的我国证券市场也已经呈现了多次的牛市与熊市的周期循环,始于2001年6月的市场下跌标志着新一轮熊市的开始,并且这一轮的熊市无论是时间还是空间上在2001年都没有结束,2002年的市场总体走势是2001年开始的熊市的延续,其间虽然有反弹出现,但是都只能归纳为熊市下跌过程当中的次级折反走势,市场的总体趋势是依然向下。

导致本次熊市的原因是多种因素的耦合共同作用。有多年牛市股价上升积累的泡沫难以维持的内在必然;有资金面难以支撑日益扩大的市场容量的因素;有管理层对证券市场监管力度加强的因素;有国有股减持问题的几经反复和全流通讨论的升级对投资者信心的影响;有熊市下跌当中熊市效应自我强化影响;也有市场化和国际化趋势下我国证券市场重心总体下移的内在作用等等。

2002年的证券市场的一个重要特点是政策因素对全年的证券市场走势发挥了重要影响,但是其效应也正在趋于弱化。2002年市场的明显波段,如1月的大跌、春节前后的反弹、6.24的反弹等都与政策直接相关,但是政策并没有从根本上改变市场趋势,国有股减持方案停止政策也只是引发持续数日的反弹,其后市场又依然震荡向下,这说明政策因素对市场的影响正在趋于弱化。

2002年通宝基金严格规范运作,努力提高业绩,但由于市场本身的原因和操作当中的偏差,导致的运作效果不甚理想,出现了亏损。其中的原因主要体现在:(1)对市场趋势的把握从而导致对基金总体仓位的控制出现偏差。反思2002年的证券市场,选时重于选股,比较好的获利途径是把握好年内比较明显的大的波段,调整仓位,波段操作。通宝基金在全年运作当中对市场趋势把握以及由此决定的仓位控制予以充分重视,6.24以前也将仓位加得很重,并且在6.24的当周将仓位大幅度降低,但是在其后行情却出现了判断偏差,在指数下跌到1600点附近时将仓位加重,但市场却长驱直下,超出我们的判断,而我们的策略也没有及时改变,导致在下半年的投资中损失较大;(2)在组合品种选择方面有些不尽人意。2002年我们按照企业和行业基本面研究选择的市盈率水平很低的重点价值成长品种表现较好,明显好于大盘,比如华泰股份、TCL通讯等,但是一些没有太多基本面支撑的市盈率水平较高的投机品种却出现了幅度较大的亏损,这提示我们在今后投资品种选择当中要更加坚定坚持价值投资的基本策略,坚定地从市盈率、市净率、现金流状况、企业未来成长能力等多方面选择具有内在价值的投资品种,避免没有基本面支撑的品种进入组合,实现研究创造价值、追求理性的价值回报。(3)对流动性重视不足。有些品种选择的时候没有太多考虑流动性问题,结果在下半年市场交易极度萎缩条件下很难变现,制约了投资。我们始终坚信,从自己和别人的错误中学习是成为合格基金经理的唯一捷径,我们已经并且还在全面总结2002年投资当中的成败得失,针对从仓位控制→行业和风格资产配置→投资组合品种的选择→交易实施等基金投资的各环节进行改进,以便在下一步投资当中做得更好。

四、基金托管人报告

中国建设银行根据《通宝证券投资基金契约》和《通宝证券投资基金托管协议》,托管通宝证券投资基金(以下简称通宝基金)。

2002年,中国建设银行在通宝基金的托管过程中,严格遵守了《证券投资基金管理暂行办法》及各项实施准则、基金契约、托管协议和其他有关规定,依法安全保管了基金的全部资产,按规定如实、独立地向中国证监会提交了本基金运作情况报告,勤勉尽职地履行了基金托管人的义务,不存在损害基金持有人利益的行为。

2002年,按照《证券投资基金管理暂行办法》及各项实施准则、基金契约、托管协议和其他有关规定,本托管人对基金管理人-融通基金管理有限公司在通宝基金投资运作方面进行了监督,对基金资产净值、每份基金单位净值和其他财务费用计算上进行了认真的复核,未发现基金管理人有损害基金持有人利益的行为。

2002年,由通宝基金管理人-融通基金管理有限公司编制并经中国建设银行基金托管部复核审查的有关通宝基金的信息披露合法、真实、完整。

中国建设银行基金托管部
二00三年三月十一日

五、基金财务报告

(一) 审计报告

通宝证券投资基金全体持有人:

我们接受委托,审计了通宝证券投资基金(简称"通宝基金")二零零二年十二月三十一日的资产负债表和二零零二年度经营业绩表、基金净值变动表及基金收益分配表。上述会计报表由通宝基金的基金管理人和基金托管人负责,我们的责任是对这些会计报表发表审计意见。我们的审计是根据《中国注册会计师独立审计准则》的规定进行的。在审计过程中,我们结合通宝基金的实际情况,实施了包括抽查会计记录等我们认为必要的审计程序。

我们认为,上述会计报表符合《企业会计准则》、《金融企业会计制度》、《证券投资基金会计核算办法》和中国证券监督管理委员会颁布的《证券投资基金管理暂行办法》实施准则第五号《证券投资基金信息披露指引》及基金契约的规定,在所有重大方面公允地反映了通宝基金二零零二年十二月三十一日的财务状况和上述会计期间的经营成果。会计处理方法的选用遵循了一贯性原则。

安永华明会计师事务所　中国注册会计师　葛明
二零零三年一月十日　中国注册会计师　金馨

六、基金持有人结构及前十名持有人

(一) 基金持有人结构(截止2002年12月31日):

	持有份额(基金单位)	占总份额比例
发起人持有份额	7,566,898	1.51%
其中:融通基金管理有限公司	6,066,898	1.21%
河北证券有限责任公司	1,000,000	0.20%
上海爱建信托投资有限责任公司	500,000	0.10%
社会公众持有份额	492,433,102	98.49%
总计	500,000,000	100.00%

(二) 前十名持有人情况(截止2002年12月31日):

序号	持有人名称	持有份额(基金单位)	占总份额比例
1	中国人寿保险公司	34,108,621	6.82%
2	中国太平洋保险公司	27,603,998	5.52%
3	中国人民保险公司	23,968,537	4.79%
4	中国平安保险股份有限公司	10,071,362	2.01%
5	新华人寿保险股份有限公司	6,966,999	1.39%
6	上海久事公司	6,884,090	1.38%
7	融通基金管理有限公司	6,066,898	1.21%
8	国信证券有限责任公司	6,000,000	1.20%
9	梅县单竹窝水电站	5,137,403	1.03%
10	江苏科信房地产开发有限公司	4,895,799	0.98%

华夏成长证券投资基金

华夏成长证券投资基金2002年年度报告

重要提示

本基金的管理人、托管人愿就本报告书所载内容的真实性、准确性、完整性负责，本报告书有关内容由管理人负责解释。本基金托管人中国建设银行已于2003年3月26日复核了本报告。

一、基金简介

(一)基金基本情况
基金名称：华夏成长证券投资基金
基金简称：华夏成长
交易代码：000001(前端收费模式)；000002(后端收费模式)
基金发起人：华夏基金管理有限公司
基金募集期：2001年11月28日至2001年12月12日
基金成立日：2001年12月18日
首次募集规模：3,236,830,105.93份
基金类型：契约型开放式　　基金存续期：不定期
(二)基金管理人的有关情况
法定名称：华夏基金管理有限公司
CHINA ASSET MANAGEMENT CO.,LTD.
注册地址：北京市顺义区天竺空港工业区A区
办公地址：北京市西城区金融大街33号通泰大厦A座15层
邮政编码：100032
国际互联网址：http://www.ChinaAMC.com
法定代表人：邵淳
总经理：范勇宏
信息披露负责人：辛浩
联系电话：010—66069966　　传真：010—66102133
(三)基金托管人的有关情况
法定名称：中国建设银行
注册地址：北京市金融大街25号
办公地址：北京市金融大街25号
邮政编码：100032
法定代表人：张恩照　　托管部总经理：江先周　　信息披露负责人：黄秀莲
联系电话：010—67597646　　传真：010—66212638
(四)基金聘请的会计师事务所的有关情况
法定名称：普华永道中天会计师事务所有限公司
注册地址：上海浦东新区沈家弄325号
办公地址：上海淮海中路333号瑞安广场12楼
法定代表人：Kent Watson　　经办注册会计师：周忠惠　郭杭翔
(五)基金聘请的律师事务所的有关情况
法定名称：金诚律师事务所
注册地址：北京建国门大街8号中粮广场A座6层
办公地址：北京建国门外大街24号东海中心17层
法定代表人：邵国忠　　经办律师：庞正中　贺宝银

二、主要财务指标

项目	2002年	2001年
基金本期净收益	132,581,652.03 元	633,185.48 元
单位基金本期净收益	0.0318 元	0.0002 元
基金可分配净收益：	−229,997,305.09 元	633,185.48 元
单位基金可分配收益	−0.0552 元	0.0002 元
期末基金资产总值	3,944,027,163.95 元	3,247,386,251.78 元
期末基金资产净值	3,933,701,475.78 元	3,238,304,303.36 元
单位基金资产净值	0.945 元	1.000 元
基金资产净值收益率	4.09%	0.02%
本期基金净值增长率	−3.09%	0.00%
基金累计净值增长率	−3.09%	0.00%

三、基金管理人报告

本基金业绩表现：截止2002年12月31日，本基金单位净值为0.945元，全年净值增长率为−3.09%。

基金经理简介：

王亚伟先生，经济学硕士。历任中信国际合作公司业务经理，华夏证券有限公司北京东四营业部研究部经理。1998年进入华夏基金管理有限公司，从事基金投资工作，先后任基金兴华基金经理助理、基金经理，2001年12月至今任华夏成长基金经理，证券从业经历8年。

基金经理助理简介：

田擎先生，经济学硕士。2001年进入华夏基金管理有限公司，先后担任交易员、研究员工作。

乔巍先生，工学学士。曾就职于泰康人寿保险股份有限公司等。2001年加入华夏基金管理有限公司，任研究员工作。

(一)　基金经理工作报告

行情回顾及分析

2002年中国经济继续保持较高增长速度，全年GDP增长率达到8%，出口和投资的高速增长成为拉动经济增长的主要动力。政策方面有利于证券市场的利好措施不断出台，包括降息、降低交易佣金、恢复新股向二级市场市值配售、停止通过国内证券市场减持国有股、推出QFII、大力发展以基金为代表的机构投资者等。在这样的背景下，沪深股市仍然出现了较大幅度的下跌，总体呈现上半年震荡冲高，下半年反复探底的走势，全年沪深股市平均跌幅为17.5%。2002年股市与宏观基本面和政策面出现背离的走势，是中国股市深层次矛盾集中体现并产生作用的结果。首先，股权割裂问题成为市场关注的焦点，年初在国有股全流通问题讨论引发的一轮急跌中，创下了全年的低点，而全年的高点则产生于年中停止通过国内证券市场减持国有股政策激发的井喷行情中，这反映出国有股流通问题对投资者心理和行为的巨大影响。其次，中国股市正日益走向国际化，这一进程必然伴随着投机性冲动的减少和泡沫成分的消退，取而代之的是更具理性的价值分析和判断。虽然作为新兴市场的中国股市与国际成熟股市真正接轨需要一个长期的过程，但2002年一系列着眼于国际惯例的政策的变化，改变了投资者的预期，超级大盘低价股的发行上市带动了股市重心的整体下移。第三，投资者结构正发生着显著的变化。在变化的初期阶段，新的建立在价值分析判断基础上的投资理念尚未被广泛认同，而旧有的建立在博弈基础上的投资理念在机构投资者时代已不再适用，市场面临的是寻找盈利模式的困惑，这种情况下部分资金选择退出市场，加剧了市场的弱势特征。上述重大问题成为市场运行的决定性因素，说明中国股市正处于关键的转折阶段。

基金运作情况回顾

股票市场方面，本基金年初对政策面、基本面、市场面等多方面因素进行了综合分析后认为，2002年我国股市将维持上下震荡的走势，应当采取波段操作的投资方法。作为新兴市场的中国股市，政策对于市场走势有比较大的影响，“稳定”是2002年政策取向的主基调。基于上述认识，本基金始终对政策面的动向保持高度的关注，对于各种政策措施出台的相关背景、影响作用以及未来的政策导向等因素均做出了深入、细致的分析与研究，并以此作为指导基金投资的重要参考。上半年管理层出台了一系列政策措施以促进股市的稳定与发展，与此相对应，本基金着力通过整体仓位调整控制系统性风险，采取了比较连贯、一致的操作策略，逐步建仓与波段操作相结合。在年内的两次重要低点，华夏成长基金均适时地加大了股票投资比重，取得了良好的效果。不足之处有两点：一是对科技股和部分高价股的投资不理想，二是对下半年的行情判断偏乐观，风险控制的力度不够。

在债券市场方面，本基金在对我国宏观经济形势、财政及金融政策，特别是利率走向进行全面分析的基础上，将浮动利率债券和长期国债作为上半年债券市场投资的重点品种，同时对企业债券和可转换债券也给予了充分重视，取得了较好的收益。

在投资方法上本基金选择了分散组合投资的模式。华夏成长作为一只开放式基金，对于组合的流动性要求比较高，分散投资可以确保基金资产具有良好的流动性。另一方面，本基金在年初认为，今年的行情将会以上下震荡为特征，由此确定把波段操作作为投资思路之一，与这一思路相适应的分散投资可以保证基金具体投资行为的快速、低成本实施。实践也证明，分散投资的模式在2002年的基金运作中是行之有效的。

市场展望和投资策略

2003年有多项因素支持股市向好。党的“十六大”提出全面建设小康社会的宏伟蓝图，我国经济将保持长期稳定增长。2002年下半年以来生产资料价格持续回升，将最终反映到消费价格指数的回升上，持续多年的通货紧缩有望得到根本缓解。在积极的财政政策逐步淡出的同时，货币政策有放松的迹象。证券市场管理层提出“坚持证券期货市场的发展要服务和服从国民经济全局，坚持把保护投资者的合法权益作为证监会工作重中之重，坚持证券期货市场规范和发展的统一，坚持改革力度、发展速度与市场的承受程度的统一，坚持监管职能和方式要适应市场发展的要求”等工作思路，使投资者对政策的出台有一个稳定的预期，有利于恢复投资者信心。另外，股市在连续两年大幅下跌后，系统性风险已得到阶段性的释放，部分个股的投资价值初步显现。基于以上认识，本基金对2003年的证券市场持乐观态度。当然，中国股市的深层次矛盾并未得到根本解决，虽然这些矛盾在中短期内预计不会主导市场走向，但长期的负面作用仍不容忽视，所以过分乐观也是不足取的。

投资策略方面将针对市场的变化作如下调整：从防守型的重资产配置转向更积极主动的重行业配置；从分散投资转向适度集中；从关注政策面变化转向关注公司基本面变化。

华夏成长基金将继续奉行华夏基金管理有限公司“为信任奉献回报”的经营理念，规范运作，审慎投资，勤勉尽责地为基金持有人谋求长期、稳定的回报。

四、基金托管人报告

中国建设银行根据《华夏成长证券投资基金契约》和《华夏成长证券投资基金托管协议》，托管华夏成长证券投资基金(以下简称华夏成长基金)。

2002年，中国建设银行在华夏成长基金的托管过程中，严格遵守了《证券投资基金管理暂行办法》及各项实施准则、基金契约、托管协议和其它有关规定，依法安全保管了基金的全部资产，按规定如实、独立地向中国证监会提交了本基金运作情况报告，勤勉尽职地履行了基金托管人的义务，不存在损害基金持有人利益的行为。

2002年，按照《证券投资基金管理暂行办法》及各项实施准则、基金契约、托管协议和其它有关规定，本托管人对基金管理人—华夏基金管理有限公司在华夏成长基金投资运作方面进行了监督，对基金资产净值、每份基金单位净值和其它财务费用计算上进行了认真的复核，未发现基金管理人有损害基金持有人利益的行为。

2002年，由华夏成长基金管理人--华夏基金管理有限公司编制并经中国建设银行基金托管部复核审查的有关华夏成长基金的信息披露合法、真实、完整。

五、基金年度财务报告

(一)审计报告

普华永道审字(2003)第147号

华夏成长证券投资基金全体持有人：

我们接受委托，审计了华夏成长证券投资基金(以下简称“华夏成长基金”)2001年12月31日和2002年12月31日的资产负债表、2001年12月18日(基金成立日)至2001年12月31日止期间和2002年度的经营业绩表和基金净值变动表。这些会计报表由华夏成长基金管理人华夏基金管理有限公司负责，我们的责任是对这些会计报表发表审计意见。我们的审计是依据《中国注册会计师独立审计准则》进行的。在审计过程中，我们结合华夏成长基金的实际情况，实施了包括抽查会计记录等我们认为必要的审计程序。

我们认为，载于第2页至第13页的上述华夏成长基金会计报表符合中华人民共和国企业会计准则、《证券投资基金会计核算办法》、《华夏成长证券投资基金基金契约》和中国证券监督管理委员会允许的如会计报表附注所列示的基金行业实务操作的有关规定，在所有重大方面公允地反映了华夏成长基金2001年12月31日和2002年12月31日的财务状况及2001年12月18日(基金成立日)至2001年12月31日止期间和2002年度的经营成果和净值变动情况，会计方法的选用遵循了一贯性原则。

普华永道中天会计师事务所有限公司　　注册会计师 周忠惠
2003年2月28日　　注册会计师 郭杭翔

六、重要事项揭示

(一)管理人和托管人在本期内未发生任何诉讼事项。

(二)华夏成长基金的管理人———华夏基金管理有限公司、华夏成长基金托管人———中国建设银行在本年度内办公地址未发生变更。

(三)基金管理人、基金托管人涉及托管业务的高级管理人员在本年度内未受到任何处分。

(四)邵淳先生辞去公司董事和董事长职务，凌新源先生当选公司董事、董事长。上述事项已经公司董事会、股东会决议通过，并已经中国证监会核准，正在申请办理工商变更登记。我公司将在工商变更登记完成后及时公告。

(五)范勇宏先生由董事会选举为公司副董事长。

(六)金旭女士、李操纲先生由董事会聘任为公司副总经理，并已经中国证监会核准。

(七)公司注册地址迁至北京市顺义区天竺空港工业区A区。

华夏债券投资基金

华夏债券投资基金2002年年度报告

重要提示

本基金的管理人、托管人愿就本报告书所载内容的真实性、准确性、完整性负责，本报告书有关内容由管理人负责解释。本基金托管人交通银行已于2003年3月26日复核了本报告。

一、基金简介

(一) 基金有关资料

基金名称：华夏债券投资基金　　基金简称：华夏债券

交易代码：001001(前端收费模式)；001002(后端收费模式)

基金发起人：华夏基金管理有限公司

基金募集期：2002年9月16日到2002年10月18日

基金成立日：2002年10月23日

首次募集规模：5,132,789,987.20份

基金类型：契约型开放式　　基金存续期：不定期

(二)基金管理人的有关情况

法定名称：华夏基金管理有限公司

注册地址：北京市顺义区天竺空港工业区A区

办公地址：北京市西城金融大街33号通泰大厦A座15层

邮政编码：100032

国际互联网址：http://www.ChinaAMC.com

法定代表人：邵淳　　总经理：范勇宏　　信息披露负责人：辛洁

联系电话：010-66069966　　传真：　010-66102133

(三)基金托管人的有关情况

法定名称：交通银行

注册地址：上海市仙霞路18号

办公地址：上海市银城中路188号

邮政编码：200120

法定代表人：方诚国

托管部总经理：谢红兵　　信息披露负责人：江永珍

联系电话：021-58408846　　传真：021-58408836

(四)基金聘请的会计师事务所的有关情况

法定名称：普华永道中天会计师事务所有限公司

注册地址：上海浦东新区沈家弄325号

办公地址：上海淮海中路333号瑞安广场12楼

法定代表人：Kent Watson　　经办注册会计师：周忠惠　郭杭翔

(五)基金聘请的律师事务所的有关情况

法定名称：金诚律师事务所

注册地址：北京建国门大街8号中粮广场A座6层

办公地址：北京建国门外大街24号东海中心17层

法定代表人：邵国忠　　经办律师：　庞正中　　贺宝银

二、主要财务指标

2002年10月23日至12月31日

基金本期净收益	18,406,661.83元
单位基金本期净收益	0.0050元
基金可分配净收益	15,318,374.49元
单位基金可分配收益	0.0041元
期末基金资产总值	4,105,626,735.12元
期末基金资产净值	3,723,580,540.36元
单位基金资产净值	1.006元
基金资产净值收益率	0.36%
本期基金净值增长率	0.60%
基金累计净值增长率	0.60%

三、基金管理人报告

本基金业绩表现：截至2002年12月31日，本基金单位资产净值为1.006元，成立以来至年末的净值增长率为0.60%。

基金经理简介

朱爱林，经济学博士，美国密苏里大学MBA。证券从业经历8年。历任中国平安保险公司投资委员会委员、投资经营管理部总经理助理、投资管理中心高级投资组合经理。2001年起任华夏基金管理有限公司债券基金经理。

(一) 基金经理工作报告

2002年债券市场行情和本基金运作回顾

2002年是中国债券市场在规模和制度建设等方面都继续保持快速发展的一年，统一而有效的债券市场雏形初步形成，这对于提高中国资本市场资源配置效率，保持金融市场稳定具有积极意义。一级市场国债、金融债、企业债、可转换债券年发行量皆出现较大规模增长，二级市场交投同样呈现活跃盘升的格局。本公司编制的交易所债券综合指数年回报率达到4.69%，同期交易所国债指数上升4.59%，交易所企业债指数上涨5.44%。考虑2002年消费物价指数为-0.8%，债券投资者获得了超过5%的实质回报。

国债、金融债市场行情总体走势表现为"先扬后抑再回稳"。1-5月由于央行年初降息和股市低迷等原因债券交投活跃，上海交易所债券指数屡创新高，上扬幅度超过4.75%。而"6.24"股市行情的出现和央行自年中开始的正回购操作使债市出现下调，其中"6.24"当日交易所国债指数跌幅达0.68%，6-10月指数下跌约1.5%。11月-12月中旬市场在大盘股发行资金面偏紧的情况下两次探底回升，债券市场调整基本到位。

2002年全年企业债一、二级市场表现相当好，即使国债市场大幅回调，企业债也回调有限，企业债一级市场一直相当火爆，发行利率逐步走低。

2002年债券市场出现若干重要变化，市场统一进程比预料的要快。12月16日，首只可跨两市交易并自由转托管的记账式15期国债在银行间和交易所同时上市；银行间市场引入企业投资者；可跨市交易者力量壮大--保险公司、基金、一般企业、证券公司等。债券市场不同参与主体的多元需求偏好及其差异使得债券市场逐步发展为一个真正的市场；首次于4月份出现国债利率低于同期存款利率的情况，定息收入产品收益率关系有望逐步理顺；市场创新不断，附期权金融债、本息分离金融债、企业债回购制度推出，2002年10月债券基金成立。这些变化表明大力发展债券市场已成为投资者和管理层的共识，中国债券市场正处于全面激活期。

本基金在2002年10月下旬成立并开始运作。根据当时投资者普遍希望较高安全性和流动性的需要和市场状况，本基金采取大量回购融出资金、在一级市场认购合适的国债、金融债、企业债、二级市场买入中短期国债、可转换债券，以及跨市套利等策略，在严格控制投资风险的基础上，使得债券基金净值稳步增长。

在本基金操作过程中，管理人严格按照风险与收益关系配比的理性投资原则，积极挖掘债券市场投资机会，通过适当的投资策略，努力达成债券基金净值在较低风险水平下的满意增长。

2003年债券市场展望和本基金投资策略

2002年宏观经济增长有出人意料之处，GDP增长8%。原材料价格指数的大幅上涨可能使通货紧缩有所缓解，2003年物价有望扭转负增长格局。如果这种趋势延续，可能对债市预期产生重要影响。但从稳定经济增长和缓解通货紧缩角度考虑，2003年央行将保持稳健的货币政策，维持低利率十分必要，降息和利率反转的可能性都不大。2003年宏观经济环境对债券市场而言likely中性，可以辨证看待通货膨胀预期的变化，因为物价的温和上涨有助于债市收益率良性提高。

2003年债券市场将继续快速发展，利率逐步市场化、发行规模扩张、品种创新、技术进步、制度变革等将大力推动债市发展；债市融资功能得到加强和优化，流动性增强、交易成本下降；企业债、可转债可望得到快速发展。

2003年商业银行、保险公司、债券基金等机构投资者的力量将继续得到加强，市场效率可望得到改进；市场收益率曲线、不同定息收入产品利率差额结构可望转向有序合理。

鉴于上述分析和本基金投资者的风险收益偏好，在目前市场条件下，我们将选择收益率与期限配比关系较好的中短久期债券构建组合主体；但在市场收益率期限结构发生有利于中长期债券的变化之后，本基金将适度提高组合久期；同时，将根据债券市场效率和风险状况，灵活安排本基金组合分散度；我们将根据各市场国债、金融债、企业债、可转换债券预期收益率差额及其流动性状况，进行类属和市场配置；操作上，只在市场可有为时才有所为，耐心寻求优良品种，在合适时机、合适收益率水平上建仓，坚持理性投资原则。

贯穿于上述各项积极投资策略的核心是与我们的投资理念一致的，即通过有效的投资风险管理，为本基金持有人达成在可接受投资风险水平基础上的可持续满意回报。

四、基金托管人报告

2002年度，交通银行作为华夏债券投资基金的托管人，严格遵守《证券投资基金管理暂行办法》、《开放式证券投资基金试点办法》及其实施准则的规定，依据《华夏债券投资基金基金契约》和《华夏债券投资基金托管协议》中的条款，就以下各事项报告如下：

1、本托管人认真履行了基金托管人的各项职责，安全保管华夏债券投资基金的所有资产；

2、本托管人认真完成了华夏债券投资基金的投资监督和清算核算工作；

3、本托管人妥善保管了基金所有会计账册和重大合同，切实维护基金持有人的合法权益，未发生任何损害基金持有人利益的事件和行为。

2002年度，交通银行作为华夏债券投资基金的托管人，对基金管理人的各项行为监督报告如下：

1、未发现基金管理人在投资运作中有损害基金持有人利益的行为。

2、由基金管理人编制和披露的2002年度华夏债券投资基金每日资产净值公告、每季度投资组合公告和年度财务报告是合法、真实和完整的。

五、基金财务报告

(一)审计报告

华夏债券投资基金全体持有人：

我们接受委托，审计了华夏债券投资基金(以下简称"华夏债券基金")2002年12月31日的资产负债表及2002年10月23日(基金成立日)至2002年12月31日止期间的经营业绩表和基金净值变动表。这些会计报表由华夏债券基金管理人华夏基金管理有限公司负责，我们的责任是对这些会计报表发表审计意见。我们的审计是依据中国注册会计师独立审计准则进行的。在审计过程中，我们结合华夏债券基金的实际情况，实施了包括抽查会计记录等我们认为必要的审计程序。

我们认为，载于第2页至第12页的上述华夏债券基金会计报表符合中华人民共和国企业会计准则、《证券投资基金会计核算办法》、《华夏债券投资基金基金契约》和中国证券监督管理委员会允许的如会计报表附注所列示的基金行业实务操作的有关规定，在所有重大方面公允地反映了华夏债券基金2002年12月31日的财务状况及2002年10月23日(基金成立日)至2002年12月31日止期间的经营成果和净值变动情况。

普华永道中天会计师事务所有限公司　　注册会计师　周忠惠

2003年2月28日　　注册会计师　郭杭翔

六、重要事项揭示

(一)管理人和托管人在本期内未发生任何诉讼事项。

(二) 华夏债券投资基金的管理人——华夏基金管理有限公司在本年度内办公地址未发生变更；华夏债券投资基金的托管人——交通银行办公地址变更为上海市银城中路188号。

(三)基金管理人和基金托管人涉及托管业务的高级管理人员在本期内未受到任何处分。

(四)邵淳先生辞去公司董事和董事长职务，凌新源先生当选公司董事、董事长。上述事项已经公司董事会、股东会决议通过，并已经中国证监会核准，正在申请办理工商变更登记。我公司将在工商变更登记完成后及时公告。

(五)范勇宏先生由董事会选举为公司副董事长。

(六)金旭女士、李操纲先生由董事会聘任为公司副总经理，并已经中国证监会核准。

(七)公司注册地址迁至北京市顺义区天竺空港工业区A区。

(八)公司出资结构发生下列变更事项：

1、兴业证券股份有限公司将其对我公司的全部出资转让给公司其他股东；

2、华泰证券有限责任公司将其对我公司的全部出资转让给公司其他股东；

3、公司股东中国科技国际信托投资有限责任公司将其对我公司的出资作为出资投入中国科技证券有限责任公司；

4、公司股东华夏证券有限公司将其持有的我公司全部出资转让给北京市国有资产经营有限责任公司；

5、北京证券有限责任公司将其持有的我公司部分出资转让给北京市国有资产经营有限责任公司。

转让后我公司出资结构变更为：西南证券有限责任公司出资35.725%、北京市国有资产经营有限责任公司出资35.725%、北京证券有限责任公司出资25%和中国科技证券有限责任公司出资3.55%。

上述出资结构变更事项已经我公司股东会决议通过，并已经中国证监会核准，正在申请办理工商变更登记。我公司将在工商变更登记完成后及时公告。

国泰金鹰增长证券投资基金

国泰金鹰增长证券投资基金2002年年度报告

重要提示

本基金的托管人交通银行已于2003年3月25日复核了本报告。本基金的管理人、托管人愿就本报告书中所载资料的真实性、准确性和完整性负责，本报告书中的内容由本基金管理人负责解释。基金管理人承诺以诚实信用、勤勉尽责的原则管理和运用基金资产，但不保证基金一定盈利，也不保证最低收益。投资有风险，投资人在作出投资决策前应仔细阅读基金的销售文件。

一、基金简介

(一) 基金名称：国泰金鹰增长证券投资基金(简称：金鹰增长)
基金代码：020001
基金发起人：国泰基金管理有限公司
基金发行日期：2002年4月16日
基金成立日期：2002年5月8日
首次募集规模：2,226,366,461.68份
基金类型：契约型开放式　　基金存续期：无限期
(二)基金管理人
法定名称：国泰基金管理有限公司
注册地址：上海市浦东新区世纪大道1600号浦项商务广场31楼
办公地址：上海市浦东新区世纪大道1600号浦项商务广场31-32楼
邮政编码：200122
法定代表人：陈勇胜　　总经理：李春平　　信息披露负责人：丁昌海
电话：021-50819801　　传真：021-50816885
电子邮件：dingch@gtfund.com
(三)基金托管人
法定名称：交通银行
注册地址：上海市仙霞路18号
办公地址：上海市银城中路188号
邮政编码：200120
法定代表人：方诚国
托管部负责人：谢红兵　　信息披露负责人：江永珍
联系地址：上海市银城中路188号
联系电话：021-58408846　　传真：021-58408836
(四)会计师事务所
法定名称：普华永道中天会计师事务所有限公司
注册地址：上海市浦东新区沈家弄325号
办公地址：上海市淮海中路333号瑞安广场12楼
法定代表人：Kent Watson
邮编：200021
电话：021-63863388　　传真：021-63863300
经办注册会计师：李丹、郭杭翔
(五)律师事务所
法定名称：上海锦天城律师事务所
注册地址：上海市延安东路700号港泰广场12楼
办公地址：上海市延安东路700号港泰广场12楼
法定代表人：史焕章
邮编：200001
电话：021-53850388　　传真：021-53850389
经办律师：沈国权、聂鸿胜

二、主要财务指标

(一) 各类财务指标

	2002年度
基金本期净收益	16,827,654.58元
单位基金本期净收益	0.0064元
基金可分配净收益	-318,952,956.93元
单位基金可分配净收益	-0.1220元
期末基金资产总值	2,315,177,492.99元
期末基金资产净值	2,296,328,823.31元
单位基金资产净值	0.878元
基金资产净值收益率	0.76%
本期基金资产净值增长率	-12.20%
基金累计资产净值增长率	-12.20%
期末基金总份额	2,615,281,780.24

三、基金管理人报告

(一) 基金产品说明书

投资目标　在保证基金资产安全前提下，主要通过投资增长型上市公司，分享中国经济增长成果，实现基金资产的中长期增值，同时确保基金资产必要的流动性，将投资风险控制在较低的水平。

投资范围　本基金的投资范围限于具有良好流动性的金融工具，包括国内依法公开发行上市的股票、债券及中国证监会允许基金投资的其他金融工具。其中投资重点是利润或收入具有良好增长潜力的增长型上市公司，这部分投资比例将不低于本基金股票资产的80%。

投资理念　价格终将反映价值。

投资策略　本基金投资策略：资产配置和行业配置采用自上而下的方法；股票选择采用自下而上的方法。基金组合投资的基本范围：股票资产25%-75%；债券资产55% -20%；现金资产20%-5%。其中中长期投资占股票投资比例的80%以上；短期投资占股票投资比例不超过20%。股票投资方面，本基金重点投资于主营业务收入或利润具有良好增长潜力的增长型上市公司，从基本面分析入手选择增长型股票。具有以下全部和部分特点的公司将是本基金积极关注的对象：①公司所处的行业增长前景明朗，公司在该行业内具有一定的行业地位，或者具有明显竞争优势和实力，能充分把握行业发展的机遇；②经营业务中至少有一项突出的产品或服务，依靠商业模式和管理水平取胜；③公司主营业务收入或利润增长较快；④财务状况趋于良性，具有合理的现金流状况；⑤公司管理层敬业负责，经营规范，具有敏锐的商业触觉和创新精神。本基金通过对上市公司所处行业增长性及其在行业中的竞争地位、公司商业模式、核心竞争能力、企业资本扩张能力、战略重组等多方面的因素进行综合评估；以上市公司过去两年的主营业务收入和利润增长以及未来两至三年的预期增长性为核心，综合考察上市公司的增长性及其可靠性和可持续性。在此基础上本基金将进一步考量其股价所对应的市盈率、市净率等与市场(行业)平均水平，以及增长性相比是否合理，结合资本市场的具体情况，适时作出具体的投资决策。债券投资方面，本基金可投资于国债、金融债和企业债(包括可转换债)。按照基金总体资产配置计划，以满足流动性需求为前提，提高基金的收益水平。本基金将在对利率走势和债券发行人基本面进行分析的基础上，综合考虑利率变化对不同债券品种的影响水平、各品种的收益率水平、信用风险的大小、流动性的好坏等因素。通过宏观经济分析、相对价值分析建立由不同类型、不同期限债券品种构成的组合。

业绩比较基准　本基金选取上证A股指数作为衡量基金业绩的比较基准。

风险收益特征　本基金追求中性偏低的风险收益，通过组合投资于增长型股票，力争实现基金单位资产净值在大盘上涨时增幅不低于比较基准上涨幅度的65%，大盘下跌时基金单位资产净值跌幅不高于比较基准跌幅的60%；年度内基金单位资产净值的标准差小于比较基准的标准差。

(二)基金经理介绍

张以杰，基金经理，男，39岁，经济学硕士，11年证券从业经验，历任《上海证券年鉴》编辑部副主任、君安证券研究所首席市场分析师、《君安财经快讯》主编。1999年加盟国泰基金管理有限公司，曾任基金金鼎基金经理。

黄刚，基金经理，男，37岁，经济学硕士，8年证券期货从业经历。曾就职于上海金属交易所、上海期货交易所。2000年加盟国泰基金管理有限公司，先后任研究开发部经理、市场部经理。

徐学标，基金经理，男，33岁，管理工程硕士。5年证券从业经历，曾先后在上海卫星工程研究所、浦东联合信托有限责任公司、华夏证券研究所任职。2000年加盟国泰基金管理公司，任研究开发部副经理。

2003年1月起由吕俊先生任本基金基金经理，张以杰先生、黄刚先生、徐学标先生因工作需要不再担任本基金基金经理。

吕俊，男，30岁，工商管理硕士，8年证券从业经历。曾就职于广州珠江基金管理公司、平安证券公司。2000年加盟国泰基金管理有限公司，曾任研究开发部副经理、基金金盛基金经理。

四、基金托管人报告

2002年度，交通银行作为国泰金鹰证券投资基金的托管人，严格遵守《证券投资基金管理暂行办法》、《开放式证券投资基金试点办法》及其实施准则的规定，依据《国泰金鹰增长证券投资基金契约》和《国泰金鹰增长证券投资基金托管协议》中的条款，就以下各事项报告如下：

1、本托管人认真履行了基金托管人的各项职责，安全保管国泰金鹰增长证券投资基金的所有资产

2、本托管人认真完成了国泰金鹰增长证券投资基金的投资监管和清算核算工作

3、本托管人妥善保管了基金所有会计帐册和重大合同，切实维护基金持有人的合法权益，未发生任何损害基金持有人利益的事件和行为。

2002年度，交通银行作为国泰金鹰增长证券投资基金的托管人，对基金管理人的各项行为监管报告如下：

1、未发现基金管理人在投资运作中有损害基金持有人利益的行为。

2、由基金管理人编制和披露的2002年度国泰金鹰增长证券投资基金每日资产净值公告、每季度投资组合公告和基金年度报告是合法、真实和完整的。

交通银行基金托管部
2003年3月20日

五、基金财务报告

(一) 审计报告书

国泰金鹰增长证券投资基金全体持有人：

我们接受委托，审计了国泰金鹰增长证券投资基金(以下简称"国泰金鹰增长基金")2002年12月31日的资产负债表及2002年5月8日(基金成立日)至2002年12月31日止期间的经营业绩表和基金净值变动表。这些会计报表由国泰金鹰增长基金管理人国泰基金管理有限公司负责，我们的责任是对这些会计报表发表审计意见。我们的审计是依据中国注册会计师独立审计准则进行的。在审计过程中，我们结合国泰金鹰增长基金的实际情况，实施了包括抽查会计记录等我们认为必要的审计程序。

我们认为，上述国泰金鹰增长基金会计报表符合中华人民共和国企业会计准则、《证券投资基金会计核算办法》、《国泰金鹰增长证券投资基金基金契约》和中国证券监督管理委员会允许的如会计报表附注所列示的基金行业实务操作的有关规定，在所有重大方面公允地反映了国泰金鹰增长基金2002年12月31日的财务状况及2002年5月8日(基金成立日)至2002年12月31日止期间的经营成果和净值变动情况。

普华永道中天会计师事务所有限公司　　注册会计师 李丹
2003年1月17日　　注册会计师 郭杭翔

六、重要事项揭示

1、2002年4月12日，本基金管理人刊登了《国泰金鹰增长证券投资基金获准设立公告》。根据中国证券监督管理委员会2002年4月10日证监基金字〖2002〗12号文件，本公司获准发起设立国泰金鹰增长证券投资基金。本基金基金管理人为国泰基金管理有限公司，基金托管人为交通银行，国泰基金管理有限公司办理基金注册登记业务，交通银行和招商银行为本基金的发行代理和销售代理机构。

2、2002年5月9日，本基金管理人刊登了《国泰金鹰增长证券投资基金成立公告》。国泰金鹰增长证券投资基金自2002年4月16日起向社会公开发行，设立募集工作已经顺利结束，经普华永道中天会计师事务所有限公司验资，设立募集期净销售额为2,226,366,461.68元人民币。该资金已于2002年5月8日全额划入在基金托管人交通银行开立的"金鹰增长证券投资基金托管专户"。按照每份基金单位面值人民币1.00元计算，设立募集期共募集2,226,366,461.68份基金单位，有效认购户数为23,567户。

3、2002年6月12日，本基金管理人刊登了《国泰基金管理有限公司迁址公告》。国泰基金管理有限公司办公地址自2002年6月17日起，由上海市延平路121号三和大厦迁至上海市浦东新区世纪大道1600号浦项集团商务广场31-32层。

4、2002年6月14日，本基金管理人刊登了《国泰金鹰增长证券投资基金开放申购、赎回及调低申购数额限制公告》。根据《国泰金鹰增长证券投资基金基金契约》的有关规定，本基金定于从2002年6月19日起开始办理本基金的申购和赎回等业务。同时，为满足投资者需求，本基金管理人决定自2002年6月19日起，投资者(包括个人投资者和机构投资者)在代销机构每次最低申购金额从5000元调整为1000元(含申购费)。

华安创新证券投资基金

华安创新证券投资基金2002年年度报告

重要提示

本基金的托管人交通银行已于2003年3月27日复核了本报告。本基金的管理人、托管人愿就本报告中所载资料的真实性、准确性、完整性负责。本报告书中的内容由基金管理人负责解释。

一、基金简介

(一)基金名称：华安创新证券投资基金(简称:华安创新)
交易代码： 040001 深交所行情代码： 160401
基金发起人： 华安基金管理有限公司
基金发行日期： 2001年9月11日 基金成立日期： 2001年9月21日
首次募集规模： 5,000,001,124份
基金类型： 契约型开放式
基金存续期： 无限期
(二)基金管理人： 华安基金管理有限公司
注册及办公地址： 上海市浦东南路360号新上海国际大厦38楼(邮编:200120)
法定代表人： 杜建国
总经理： 韩方河
信息披露负责人： 冯颖
电话： 021-58881111 传真:021-58406138 客户服务热线:021-68604666
国际互联网网址： http://www.huaan.com.cn
(三)基金托管人：交通银行
注册地址:上海市仙霞路18号
办公地址:上海市银城中路188号(邮编:200120)
法定代表人：方诚国
托管部负责人:谢红兵
信息披露负责人:江永珍
电 话:021-58408846 传 真:021-58408836
(四)会计师事务所:普华永道中天会计师事务所有限公司
注册地址： 上海市浦东新区沈家弄325号 (邮编:200137)
办公地址： 上海市淮海中路333号瑞安广场12楼 (邮编:200021)
法定代表人：Kent Watson
经办注册会计师： 肖峰、陈玲

二、主要财务指标

项 目	2002年	2001年9月21日至2001年12月31日
基金本期净收益	83,628,608.46元	34,446,822.35元
单位基金本期净收益	0.0178元	0.0069元
基金可分配净收益	-392,686,270.79元	34,445,977.47元
单位基金可分配净收益	-0.0838元	0.0069元
期末基金资产总值	4,346,068,589.34元	5,112,632,207.78元
期末基金资产净值	4,292,754,580.21元	5,064,713,018.51元
单位基金资产净值	0.916元	1.012元
基金资产净值收益率	1.69%	0.69%
本期基金资产净值增长率	-7.51%	1.20%
累计资产净值增长率	-6.40%	1.20%

三、基金管理人报告

基金经理简介:

尚志民先生:基金投资部总监助理,工商管理硕士,8年证券从业经验,曾在上海证券报研究所、上海证大投资管理有限公司工作，进入华安基金管理有限公司后曾先后担任公司研究发展部高级研究员,基金安顺、基金安瑞基金经理。

刘耀军先生：美国杜兰大学工商管理硕士，美国投资管理与研究协会会员，特许金融分析师(CFA)。8年证券从业经历。曾在广发证券、美国所罗门兄弟(香港)有限公司研究部,美国环球投资管理公司工作。进入华安基金管理有限公司后曾担任研究发展部高级研究员。

孙正女士:经济学硕士,7年证券从业经历，曾先后任职于中教信证券交易部、投资银行部、研究发展部。1999年进入华安基金管理有限公司，任华安基金管理有限公司北京分公司总经理。

(一)基金经理工作报告

2002年华安创新基金单位净值跌幅为7.51%，同期上证指数下跌17.52%， 深圳综指下跌18.32%。华安创新基金于2002年上半年向全体基金持有人按每10份基金单位派发现金红利 0.22元。尽管华安创新以相当大的优势跑赢大盘,并在基金同行中保持了相对较好的排名,但却没有达到资产增值的目标,出现了绝对损失。

2002年是我国证券市场历史上罕见的大调整年，国内股票市场参与者普遍损失惨重，而国内基金也是呈现全行业亏损。作为基金经理,我们在接受一场严峻考验的同时,也深深体会了中国股票市场的系统性风险。 在一个主要进行相对价值投资和没有风险对冲机制的市场里,相关政策研判、时机抉择、股票仓位控制远远超过了组合投资分散风险对基金绩效的影响。可以并不夸张的认为"6.24"行情是2002年投资成败的一个重要分水岭，而我们在此次行情中的研判失误成为华安创新全年业绩滑坡的重要原因。

1、在 "6.24"行情之前，尽管华安创新采取了稳步建仓的策略，但突如其来的政策变化打乱了原先的计划。由于事先对政策面信息的把握和解读不到位、不深刻，心理上准备明显不足，所以面对重大政策出台,应对不够冷静,结果导致此后失去了在同行中的领先优势。"6.24"以后市场并没象我们期望的那样有一波像样行情，让华安创新陷入被动境地。这种患得患失的状态延续至9月底，错失了纠正失误的良
好时机。

2、在第四季度的操作中，我们认识到市场调整时期会延长，开始采取减仓措施，尤其是对组合中部分基本面出现问题的大品种进行了果断处理，避免了更大损失。经过艰苦、耐心的努力,华安创新逐步缩小了与同行的差距。

我们认为GDP的持续增长是支持中国资本市场长期向好的原动力。 对中国今后经济发展的良好预期使我们相信2003年的证券市场将稳步健康发展。虽然经过超过1年半的股市调整，投资者信心受到了较大影响，需要一个恢复的过程，但在管理层强调"推进证券市场改革开放和稳定发展",坚持改革的力度、发展的速度与市场的承受程度统一的背景下，我们相信一些困扰证券市场长期发展的问题将会得到谨慎、渐进、妥善的解决。

我们认为结构调整是2003年乃至今后一段时期内证券市场的主旋律。这种结构调整不仅体现在宏观经济及其行业层面上，也体现在上市公司自身产业结构、产品结构、治理结构、股权结构方面。与此相对应的是证券市场运行特征和投资者盈利模式的变化,如股票二级市场价格由供求关系决定向价值与供求共同决定转变；股票高成交量、高换手率向平稳成交量、平稳换手率转变；股价由大幅波动向正常波动及围绕上市公司基本面波动转变；股市的齐涨共跌现象难以经常出现，投资者收益由单一的市场差价向同时获取红利和差价转变；二级市场从单一的资金推动型向以相对投资价值为主的价值与资金共同推动型演变。

(二)内部监察报告

1.基金运作合规性声明

本报告期间，本基金管理人严格遵守《证券投资基金管理暂行办法》及其各项实施准则、《开放式证券投资基金试点办法》、《华安创新证券投资基金基金契约》和其他有关法律法规的规定,本着诚实信用、勤勉尽责的原则管理和运作基金资产,遵循"忠诚理财、智慧回报"的公司理念,在严格控制风险的基础上,为持有人谋求最大利益,无损害基金持有人利益的行为存在。 基金投资组合符合有关法规及基金契约的规定。

2.内部监察工作报告

本报告期内,我们遵照有关法律法规、基金契约和内部规章进行了持续的内部监察稽核工作,主要开展了以下工作:

1) 对华安创新日常投资运作合法性、合规性的检查

为加强对投资交易行为的监控，我们坚持严格按照《证券投资基金管理暂行办法》、《开放式证券投资基金试点办法》、《华安创新证券投资基金基金契约》及其他有关规定,对基金投资比例、新股申购、交易行为、席位交易量分配等进行每日检查及定期检查,并在发现问题的第一时间及时通报基金经理和公司管理层,采取措施加以解决。迄今为止,未发现华安创新的投资运作存在重大违规行为。

2) 加强员工职业道德教育和风险防范培训

随着公司人员的增加、基金投资风格的多样化、基金业务的创新，公司的运作风险也随之增大。为此,我们除了在招聘时特别关注员工对风险防范的态度外,对于新进员工,我们都要求其参加入司监察培训,向其介绍相关主要规定并要求书面承诺遵守。对于离职人员,我们除要求其完成业务和资料交接外,还要求其签署《离职承诺书》,承诺不泄露公司投资交易技术运作等各方面的非公开信息。此外,为提高各部门的风险防范技术,我们邀请外部专家为全体员工开设《证券犯罪及其应对策略》等方面的讲座。

四、托管人报告

2002年度,交通银行作为华安创新证券投资基金的托管人,严格遵守《证券投资基金管理暂行办法》、《开放式证券投资基金试点办法》及其实施准则的规定，依据《华安创新证券投资基金基金契约》和《华安创新证券投资基金托管协议》中的有关约定,就以下各事项报告如下:

1.本托管人认真履行了基金托管人的各项职责,安全保管华安创新基金的所有资产；

2.本托管人认真完成了华安创新证券投资基金的投资监管和清算核算工作；

3.本托管人妥善保管了基金所有会计帐册和重大合同,切实维护基金持有人的合法权益,未发生任何损害基金持有人利益的事件和行为。

2002年度,交通银行作为华安创新证券投资基金的托管人,对基金管理人的各项行为监管报告如下:

1、未发现基金管理人在投资运作中有损害基金持有人利益的行为。

2、由基金管理人编制和披露的2002年度华安创新证券投资基金每日资产净值公告、每季度投资组合公告、中期财务报告和年度财务报告是合法、真实和完整的。

五、基金财务报告

(一)审计报告

华安创新证券投资基金全体持有人:

我们接受委托，审计了华安创新证券投资基金 (以下简称"华安创新基金")2002年12月31日的资产负债表及2002年度的经营业绩表和基金净值变动表。 这些会计报表由华安创新基金管理人华安基金管理有限公司负责，我们的责任是对这些会计报表发表审计意见。我们的审计是依据中国注册会计师独立审计准则进行的。在审计过程中,我们结合华安创新基金的实际情况,实施了包括抽查会计记录等我们认为必要的审计程序。

我们认为,载于第2页至第12页的上述华安创新基金会计报表符合中华人民共和国企业会计准则、《证券投资基金会计核算办法》、《华安创新证券投资基金基金契约》和中国证券监督管理委员会允许的如会计报表附注所列示的基金行业实务操作的有关规定，在所有重大方面公允地反映了华安创新基金2002年12月31日的财务状况及2002年度的经营成果和净值变动情况,会计方法的选用遵循了一贯性原则。

普华永道中天会计师事务所有限公司 注册会计师 肖 峰
2003年1月22日 注册会计师 陈 玲

六、重要事项揭示

1.本基金管理人、托管人目前无重大诉讼事项。

2.华安基金管理有限公司第二届董事会以书面表决方式审议通过,同意聘请尚健先生担任公司副总经理职务。 上述事项已按规定报经中国证监会证监基金字[2002]17号文核准任职资格和中共上海市金融工作委员会沪金融工委干[2002]3号文同意。

3.自2002年10月1日起，本基金托管人交通银行办公地址变更为上海市银城中路188号,请投资者注意本年报公布的有关基金托管人的信息变化。

4.本基金于2002年6月17日公告实施分红,截止2002年6月14日本基金已实现的可分配收益为10,785.75万元,以2002年6月14日实收基金单位为基数,每10份基金单位派发现金红利0.22元,除息日为2002年6月24日。

5.本基金申购费率自2002年6月10日起调整如下:

1)单笔申购金额低于100万元(不含100万元)的,申购费率为申购金额的1.50%;

2)单笔申购金额高于100万元(含100万元),且低于1000万元(不含1000万元)的,申购费率为申购金额的1.20%;

3)单笔申购金额高于1000万元(含1000万元)的 ,申购费率不高于申购金额的1.00%。

6.本基金于2002年6月10日起正式推出"定期定额投资计划"业务。

7.中国银行从2002年2月4日开始成为本基金的销售代理人。

8.交通银行从2002年4月开始新增27个城市分行代销本基金。

9.国泰君安证券股份有限公司从2002年8月2日开始成为本基金的销售代理人。

10.华夏证券有限公司从2002年8月5日开始成为本基金的销售代理人。

11.中国工商银行从2003年3月18日开始成为本基金的销售代理人。

博时价值增长证券投资基金

博时价值增长证券投资基金 2002 年年度报告

重要提示

本基金的托管人中国建设银行已于 2003 年 3 月 26 日复核了本报告。

本基金管理人、托管人愿就本报告书中所载资料的真实性、准确性和完整性负责,本报告书中的内容由本基金管理人负责解释。

一、基金简介

(一)基金基本资料

基金名称:博时价值增长证券投资基金

基金简称:博时增长

基金前端收费交易代码:050001　　基金后端收费交易代码:051001

基金单位总份额:2,809,300,564.72 份

基金发起人:博时基金管理有限公司

基金发行日:2002 年 9 月 2 日

基金成立日:2002 年 10 月 9 日

首次募集规模:3,046,983,710.58

基金类型:契约型开放式

基金存续期:无限期

(二)基金管理人

法定名称:博时基金管理有限公司

注册地址:广东省深圳市福田区深南大道 7088 号招商银行大厦 29 层

办公地址:广东省深圳市福田区深南大道 7088 号招商银行大厦 29 层

邮政编码:518040

法定代表人:吴雄伟

信息事务管理人:李全

联系地址:广东省深圳市福田区深南大道 7088 号招商银行大厦 29 层

联系电话:0755-83169999　　传　　真:0755-83195140

(三)基金托管人

法定名称:中国建设银行

注册地址:北京市西城区金融大街 25 号

邮政编码: 100032

法定代表人:张恩照

基金托管部负责人:江先周

信息事务联系人:黄秀莲

联系地址:北京市西城区金融大街 25 号中国建设银行基金托管部

联系电话:010-67597646　　传　　真:010-66212638

(四)会计师事务所和经办注册会计师

法定名称:普华永道中天会计师事务所有限公司

注册及办公地址:上海淮海中路 333 号

法定代表人:Mr .Kent Watson

电话:021-63863388

传真:021-63863300

联系人:周忠惠

经办注册会计师:牟磊,陈玲

(五)律师事务所和经办律师

法定名称:国浩律师集团 北京 事务所

注册及办公地址:北京市复兴门内大街 158 号远洋大厦 F7

法定代表人:张涌涛

电话:010-66411188　　传真:010-66413800

联系人:黄伟民

经办律师:黄伟民

二、主要财务指标

1、主要财务指标

		单位:人民币元
1	基金本期净收益	1,156,539
2	单位基金净收益	0.0004
3	基金可分配净收益	-49,156,794
4	单位基金可分配净收益	-0.0175
5	期末基金资产总值	2,769,840,757
6	期末基金资产净值	2,760,143,771
7	单位基金资产净值	0.983
8	基金资产净值收益率	0.04%
9	本期基金净值增长率	-1.70%
10	基金累计净值增长率	-1.70%

三、基金管理人报告

本基金业绩表现:

截止到 2002 年 12 月 31 日,基金单位净值为 0.983 元,年净值增长率为-1.70%。

基金经理简介

肖华先生,1965 年出生,硕士学历。1993 年获工学硕士学位。1993 至 1994 年在宝安集团从事项目管理。1994 年至 1999 年历任君安资产管理有限公司项目经理、投资部经理、基金部经理、上海申华实业股份有限公司任总经理助理、副总经理(主管投资)。2000 年 5 月至 2002 年 5 月任基金同盛基金经理。2002 年 5 月加入博时基金管理有限公司,任基金管理部部门经理。2002 年 10 月起担任博时价值增长证券投资基金基金经理。

高阳先生,1973 年出生,硕士学历。1998 年 6 月毕业于对外经济贸易大学经贸学院国际贸易专业,获得硕士学位。1998 年 7 月至 2000 年 2 月在中国国际金融有限公司销售交易部从事国债投资工作。2000 年 3 月加入博时基金管理有限公司,任基金管理部债券组合投资经理;2001 年 6 月至 2002 年 4 月在英国 BAILLIE GIFFORD 公司接受投资工作培训,并取得英国投资协会颁发的投资管理资格证书(IMC)。2002 年 10 月起担任博时价值增长证券投资基金基金经理。

杨锐先生,1972 年出生,博士学历 。1999 年 7 月毕业于南开大学国际经济研究所,获经济学博士学位。1999 年 8 月加入博时基金管理有限公司,担任宏观研究员、投资策略分析师。2002 年 10 月起担任博时价值增长证券投资基金基金经理助理。

陈亮先生,1975 年出生,硕士学历。1999 年 7 月毕业于中国人民大学国民经济学系,获得经济学硕士学位。1999 年 7 月至 2000 年 10 月, 任职于中信证券金融产品开发小组。2000 年 10 月至 2001 年 3 月,任职北京玖方量子金融技术有限公司,从事数量化投资组合管理的研究工作。2001 年 3 月加入博时基金管理有限公司,任金融工程师。2002 年 10 月起担任博时价值增长证券投资基金基金经理助理。

(一) 基金经理工作报告

2002 年度基金管理回顾

从 2002 年 10 月 9 日开始,我们严格按照"基金契约"中对持有人的承诺进行投资。截止 12 月 31 日,上证指数下跌 212.34 点,跌幅 13.52%;同期本基金单位资产净值为 0.983 元,跌幅为 1.7%。

本基金募集结束后,"该不该买股票?"是我们碰到的第一个问题。持有人对基金净值在面值以上的股切期望让我们深感责任重大。我们面临的市场环境是,在上证指数从 2001 年 6 月开始的下跌过程中,虽然管理层在 1500 点附近两次发布的有关暂停和停止国有股减持的重大政策利好引发了指数的短期反弹,但市场的力量使指数进一步下滑,市场普遍缺乏信心。我们注意到,虽然市场整体市盈率水平仍然较高,但通过这一轮大幅下跌,中国股票市场的系统风险在一定程度上得到了释放,更重要的是,一批股票已经开始凸显投资价值。博时公司的一项基于投资资金回报率(ROIC)筛选股票的研究表明,这一时期,可以购买的股票数目明显在增加。因此,在本基金的资产配置方面,我们在指数的一路下跌中,没有消极等待,而是稳步按照价值精选原则开始建立股票仓位。截止 12 月 31 日,本基金的股票仓位从零逐步增加到 50.23%;在承担较小损失的基础上,为 2003 年基金管理赢得了宝贵的头寸。

买哪些股票呢? 结合中国经济运行的实际, 我们注意到,2002 年中国经济的快速增长让 2001 年底的大多数专家预测跌破眼镜。重要的原因是,习惯于关注政府投资需求推动经济增长的惯性思维没有关注到悄悄形成的自主经济增长因素-居民更高消费需求的启动。因此,在行业选择和股票选择方面,我们捕捉到了汽车消费在 2002 年的爆发性增长,并通过投资上海汽车等汽车类股票让持有人分享中国老百姓拥有自己汽车的快乐;同时,我们也把握了由于中国在世界经济循环中越来越重要的地位而受益的上港集箱和外运发展。

作为一支平衡型基金,我们充分重视对债券的投资。在综合考虑规避利率波动风险、收益率曲线的水平与结构和各券种流动性的基础上,我们通过采取久期偏离、收益率曲线配置和类属配置的策略,构建了以 5 年期债券为主的组合,在控制风险的同时,初步获得了收益。

四、基金托管人报告

中国建设银行根据《博时价值增长证券投资基金契约》和《博时价值增长证券投资基金托管协议》,于 2002 年 10 月 9 日起托管博时价值增长证券投资基金(以下简称博时价值增长基金)。

2002 年,中国建设银行在博时价值增长基金的托管过程中,严格遵守了《证券投资基金管理暂行办法》及各项实施准则、基金契约、托管协议和其它有关规定,依法安全保管了基金的全部资产,按规定如实、独立地向中国证监会提交了本基金运作情况报告,勤勉尽职地履行了基金托管人的义务,不存在损害基金持有人利益的行为。

2002 年,按照《证券投资基金管理暂行办法》及各项实施准则、基金契约、托管协议和其它有关规定, 本托管人对基金管理人-博时基金管理有限公司在博时价值增长基金投资运作方面进行了监督,对基金资产净值、每份基金单位净值和其它财务费用计算上进行了认真的复核,未发现基金管理人有损害基金持有人利益的行为。

2002 年, 由博时价值增长基金管理人-博时基金管理有限公司编制并经中国建设银行基金托管部复核审查的有关博时价值增长基金的信息披露合法、真实、完整。

中国建设银行基金托管部

2003 年 3 月 26 日

五、基金年度财务报告

一 审计报告

普华永道审字(2003)第 155 号

博时价值增长证券投资基金全体持有人:

我们接受委托,审计了博时价值增长证券投资基金 以下简称"博时价值增长基金" 2002 年 12 月 31 日的资产负债表及 2002 年 10 月 9 日 基金成立日 至 2002 年 12 月 31 日止期间的经营业绩表和基金净值变动表。这些会计报表由博时价值增长基金管理人博时基金管理有限公司负责,我们的责任是对这些会计报表发表审计意见。我们的审计是依据中国注册会计师独立审计准则进行的。在审计过程中,我们结合博时价值增长基金的实际情况,实施了包括抽查会计记录等我们认为必要的审计程序。

我们认为, 下述博时价值增长基金会计报表符合中华人民共和国企业会计准则、《证券投资基金会计核算办法》、《博时价值增长证券投资基金基金契约》和中国证券监督管理委员会允许的如会计报表附注所列示的基金行业实务操作的有关规定, 在所有重大方面公允地反映了博时价值增长基金 2002 年 12 月 31 日的财务状况及 2002 年 10 月 9 日 基金成立日 至 2002 年 12 月 31 日止期间的经营成果和净值变动情况。

普华永道中天会计师事务所有限公司　　　注册会计师　牟磊

2003 年 1 月 10 日　　　注册会计师　陈玲

六、重要事项揭示

(一)本基金管理人、托管人 2002 年无重大诉讼事项。

(二)报告期内,本公司收到中国证监会下达的《责令整改通知书》,对本管理人予以通报批评,并责令整改,具体公告见 2002 年 2 月 9 日《中国证券报》、《上海证券报》、《证券时报》。2002 年 5 月,中国证监会对本公司整改的情况进行了验收。

(三)报告期内,公司第一任董事长任期届满,经全体董事选举,吴雄伟先生担任本公司第二任董事长。该事项已经中国证监会证监基金字 [2002]15 号文批复核准, 具体公告见 2002 年 5 月 25 日《中国证券报》、《上海证券报》、《证券时报》。

(四)本公司于 2002 年 8 月 28 日发布公告:根据中国证监会证监基金字□2002□60 号文件的批准,自 2002 年 9 月 2 日起公开发售博时价值增长证券投资基金。2002 年 10 月 9 日发布公告:博时价值增长基金共募集 30.48 亿元,并于 2002 年 10 月 9 日成立。

(五)2002 年 12 月 20 日,全国社会保障基金理事会公告:本公司获选成为全国社保基金投资管理人。

(六)本公司于 2002 年 10 月 28 日发布公告,博时价值增长基金从 2002 年 10 月 31 日起开放申购。2002 年 11 月 13 日发布公告,博时价值增长基金自 2002 年 11 月 19 日起开放日常赎回业务以及开办"后端收费"业务模式和"定时定额投资计划"。

(七)本公司分别于 2002 年 9 月 18 日、2003 年 3 月 19 日发布公告:增加招商证券股份有限公司、国泰君安证券股份有限公司为本基金的销售代理人。

长盛成长价值证券投资基金

长盛成长价值证券投资基金2002年年度报告

重要提示

本基金的托管人中国农业银行已于2003年3月25日复核了本报告。本基金的管理人、托管人愿就本报告中所载资料的真实性、准确性、完整性负责。本报告书中的内容由基金管理人负责解释。

一、基金简介

(一)基金名称:长盛成长价值证券投资基金
基金代码:080001
基金类型:契约型开放式
基金成立时间:2002年9月18日
首次募集总份额:3,166,886,000.00份
基金存续期限:不定期
(二)基金管理人
法定名称:长盛基金管理有限公司
注册地址:深圳市福田区华富路航都大厦13C
办公地址:北京市朝阳区北三环东路8号静安中心22层
邮政编码:100028
国际互联网网址:http://www.csfunds.com.cn
法定代表人:王其华　　总经理:蒋月勤
负责信息管理事务人员:李燕敏
联系地址:北京市朝阳区北三环东路8号静安中心22层
电话:010-64689198-651　　传真:010-64689471
(三)基金托管人
法定名称:中国农业银行
注册地址:北京市复兴路甲23号
办公地址:北京市复兴路甲23号
邮政编码:100037
国际互联网网址:www.abchina.com
法定代表人:尚福林　　基金托管部负责人:郭辉　　信息事务联系人:李芳菲
联系地址:北京市海淀区西三环北路100号金玉大厦8层
电话:010-68424199　　传真:010-68424181
(四)会计师事务所
法定名称:普华永道中天会计师事务所有限公司
注册地址:上海市浦东新区沈家弄325号
办公地址:上海市淮海中路333号瑞安广场12楼
法定代表人:Kent Watson　　经办注册会计师:肖峰、陈玲
(五)律师事务所
法定名称:信利律师事务所
注册地址:北京市建国门内大街18号恒基中心1座609室
办公地址:北京市建国门内大街18号恒基中心1座609室
法定代表人:江山　　经办律师:谢思敏、丁志钢

二、主要财务指标

	2002年
基金本期净收益	530,192.04元
单位基金本期净收益	0.0003元
基金可分配净收益	-40,862,901.18元
单位基金可分配净收益	-0.0203元
期末基金资产总值	1,985,479,755.29元
期末基金资产净值	1,970,579,961.90元
单位基金资产净值	0.980元
基金资产净值收益率	0.03%
本期基金资产净值增长率	-2.00%
基金累计资产净值增长率	-2.00%

三、基金管理人报告

(一)基金经理人报告

1.2002年中国经济与证券市场回顾

2002年对中国来说无疑是一个重要的年份。经济方面,在国际经济低迷的环境下,中国经济依然保持了高速增长,全年GDP的增长率达到8%,经济增长的主要动力来自投资和出口。98年以来为扩大内需而实行的积极财政政策使投资对经济的拉动作用在2002年得到了充分体现,而在中国加入WTO的第一年,进出口贸易额的迅猛增长更成为中国经济增长的重要力量。政治方面,党的十六大胜利召开,完成了新老领导人的顺利交接,会议所确定的全面建设小康社会的宏伟蓝图为中国经济今后二十年的持续发展指明了方向,在这样一个大背景下,证券市场也加快了自身结构调整的步伐,在规范中不断发展的新兴证券市场正在为中国经济的制度变革发挥越来越重要的作用。

2002年的我国证券市场的走势表现出平衡市的特征。年初上证指数探至3年来的最低点1339点后,在降息、证券交易佣金浮动制等一系列稳定市场的措施出台后,股指反复走高,并于6月24日国务院颁布停止在国内证券市场减持国有股的政策后,创出了年内新高1748点。下半年股指呈单边下跌走势,其间虽有国有股法人股向外资转让条例及QFII条例等重大政策出台,但大盘股的陆续发行使证券市场的价值中枢不断下移,投资者的信心受挫,上证指数在年底时跌至1348点。2002的股市运行显示出以下几个特点:一、随着股价中枢的不断下移,市场的系统性风险得到较大释放,部分上市公司的投资价值凸现。二、投资者结构的变化使市场原有的盈利模式不能满足机构投资者间博弈的需要,投资者在寻找新的赢利模式的过程中不断强化组合管理和流动性管理。三、QFII制度的引进使投资者更理性的看待中国股市的转轨历程,理性投资获取"阳光利润"正成为以基金为代表的机构投资者的共识。四、政策效应的弱化显示市场的投资行为日趋成熟。

2、基金运作回顾:

长盛成长价值证券投资基金成立于9月18日,成立伊始我们就制定了详细的操作计划,基金经理小组从证券市场的供求两方面及股价的决定机制入手,系统分析了中国股市新兴加转轨的市场特征,得到了如下结论:一、在市场供给方面,大盘股的低价发行将引发市场股价重心的下移,组合投资模式在这一阶段并不能有效的回避市场风险,另一方面部分上市公司的法人治理结构通过MBO或外资并购的方式可以得到较大改善。二、市场需求方面,投资者结构和资金供给渠道还有待完善,人们的入市意愿在股权分割问题没有解决之前难以得到有效提高。三、股价结构的形成依然具有资金推动型的特征,市场整体的系统性风险仍然较高。四、从中国经济发展的阶段和上市公司的基本面分析,部分上市公司的股价即使进行国际比较也具备了较高的投资价值。在这些结论的基础上,我们制定了严格控制股票仓位,适度集中投资那些具有行业增长前景,主业清晰,预期法人治理结构有较大改善、业绩优良上市公司的防御型策略,并重点关注新股发行和增发所带来的市场机会,同时加大债券市场的投资力度,重点投资于中短期国债。实践证明,这种操作策略使本基金在第四季度股票市场持续下跌的过程中保持了净值的相对稳定,而本基金在下跌的市况中不断吸纳从而降低持股成本的策略,为市场转暖时为本基金净值的平稳增长奠定了良好的基础。当然,在具体操作过程中,我们也存在着增仓不够坚决、行业配置重点不够突出的不足,希望在新的一年中加以改善。

3、2003年展望

2003年中国经济在以下几个方面的变化值得关注,首先是我国经济增长正在走出主要依靠财政支出拉动增长的时代,逐步过渡到以汽车、住房等消费带动增长的新阶段。其次,央行从2002年2季度开始放松货币供应,CPI的降幅不断收窄也预示着中国经济可能走出通货紧缩的局面。第三、民营经济的活力随着市场经济法制体系的健全将进一步发挥出来。第四,国有资产管理新体制的建立将使国有企业的产权制度改革深化,国退民进的步伐进一步加快。我们认为这几方面的变化将使中国经济的增长质量得到较大提高,反映到证券市场上将使投资者有更多的机会分享中国经济的增长成果。在新的一年中本基金将持续关注那些与国民经济增长相关度高的行业例如金融、汽车、与外贸相关的服务业、钢铁行业,其中法人治理结构趋于完善、业绩优良、财务透明的上市公司会不断的进入我们的组合。另外随着经济结构的变化、利益格局的调整,中国经济还将出现很多新的亮点,我们将在充分研究论证的基础上对其中的一些热点进行波段式的操作。在债券投资方面,除了继续重点投资中短期国债以外,我们预计企业债和可转换债券将在2003年得到快速发展,其中信用度高、收益率有优势的品种将进入我们的组合。

在新的一年中,长盛成长价值证券投资基金将本着"取信于市场,取信于社会"的宗旨,通过不断的学习提高基金的操作水平,力求为基金持有人获取最大的收益。

四、基金托管人报告

本基金托管人--中国农业银行,根据《长盛成长价值证券投资基金基金契约》和《长盛成长价值证券投资基金托管协议》,在对长盛成长价值证券投资基金的托管过程中,严格遵守《证券投资基金管理暂行办法》、《开放式证券投资基金试点办法》及各项法规规定,对长盛成长价值证券投资基金管理人--长盛基金管理有限公司在2002年会计年度基金的投资运作,进行了认真、独立的会计核算和必要的投资监督,认真履行了托管人的义务。

本托管人认为,长盛基金管理有限公司在长盛成长价值证券投资基金的投资运作、信息披露等方面符合《证券投资基金管理暂行办法》、《开放式证券投资基金试点办法》及其相关法规的规定,基金管理人在2002年度所编制和披露的长盛成长价值证券投资基金财务报告、资产净值公告等各项基金信息真实、完整,未发现有损害基金持有人利益的行为。

中国农业银行证券投资基金托管部
2003年3月25日

五、基金年度财务报告

长盛成长价值证券投资基金全体持有人:

我们接受委托,审计了长盛成长价值证券投资基金以下简称("长盛成长价值基金")2002年12月31日的资产负债表及2002年9月18日(基金成立日)至2002年12月31日止期间的经营业绩表和基金净值变动表。这些会计报表由长盛成长价值基金管理人长盛基金管理有限公司负责,我们的责任是对这些会计报表发表审计意见。我们的审计是依据中国注册会计师独立审计准则进行的。在审计过程中,我们结合长盛成长价值基金的实际情况,实施了包括抽查会计记录等我们认为必要的审计程序。

我们认为,长盛成长价值基金会计报表符合中华人民共和国企业会计准则、《证券投资基金会计核算办法》、《长盛成长价值证券投资基金基金契约》和中国证券监督管理委员会允许的如会计报表附注所列示的基金行业实务操作的有关规定,在所有重大方面公允地反映了长盛成长价值基金2002年12月31日的财务状况及2002年9月18日(基金成立日)至2002年12月31日止期间的经营成果和净值变动情况。

普华永道中天会计师事务所有限公司　　注册会计师　肖峰
2003年1月10日　　注册会计师　陈玲

六、重要事项揭示

1、本基金管理人、托管人在本期内未发生任何诉讼事项。

2、根据有关法规的规定,基金管理公司的董事长不得在其他经营性机构兼任董事长及其他高级管理职务。长盛基金管理有限公司已严格遵循上述有关法规规定,执行董事长或其他高级管理人员的任职事宜。

3、根据长盛基金管理有限公司2002年股东会决议,确定潘金友先生、霍津义先生、丁楹先生为第二届公司监事。此项任职已报中国证监会备案。

4、根据长盛基金管理有限公司第一届董事会第七次会议决议,同意张佑君先生辞去公司总经理职务,同意聘请蒋月勤先生担任公司总经理职务。根据长盛基金管理有限公司第一届董事会第六次会议决议,同意杨军鸟女士辞去公司副总经理职务。根据长盛基金管理有限公司第二届董事会第一次会议决议,同意杨光启先生辞去公司副总经理职务,同意聘请邓瑞祥先生、杨文清先生担任公司副总经理职务。上述事项已按规定报中国证监会审核并经证监基金字[2002]16号文批准同意。

5、根据《长盛基金管理有限公司章程》的规定,公司聘请的四位独立董事已审核同意了本基金2002年度的审计报告。

6、长盛基金管理有限公司第二届董事会第三次会议(以通讯方式召开)做出决议,继续聘请丁楹先生担任长盛成长价值证券投资基金基金经理,新聘王新艳女士、常昊先生担任长盛成长价值证券投资基金基金经理。此决议已报中国证券监督管理委员会备案。

7、根据中国人民银行[《2000》199号]《关于天津市信托投资公司整顿方案的复函》和天津市政府《关于天津北方信托投资公司与天津滨海信托投资有限公司重组问题的复函》([2001]16号)文件精神,天津北方国际信托投资有限公司与天津滨海信托投资有限公司合并重组后,依法变更设立为天津北方国际信托投资股份有限公司。该公司已于2002年7月18日完成工商登记工作。

8、根据长盛基金管理有限公司2001年股东会第一次会议决议,公司注册资本由8000万元人民币调增至10000万元人民币。公司股东中信证券股份有限公司、长江证券有限责任公司、天津北方国际信托投资公司、国元证券有限责任公司按原出资比例等额增资。各股东出资额由2000万元人民币增至2500万元人民币,各占25%。增资部分由2000年度分配利润转增形成,并经安永华明会计师事务所验资报告确认。上述增资方案已报中国证监会审核并经证监基金字[2002]14号文批复同意。本调整事项已按规定在国家工商行政管理局办理了注册变更手续。

易方达平稳增长证券投资基金

易方达平稳增长证券投资基金2002年年度报告

重要提示

本基金托管人中国银行已于2003年3月20日复核了本报告书。本基金的管理人、托管人愿就本报告书中所载资料的真实性、完整性、准确性负责。本报告书中的内容由基金管理人负责解释。

一、基金简介

(一)基金名称:易方达平稳增长证券投资基金
交易代码:110001 (简称:易基平稳)
基金成立日期:2002年8月23日
基金报告期末规模:4,173,163,639.41份
基金类型:契约型开放式 基金存续期:无限期
(二)基金管理人:易方达基金管理有限公司
注册地址:广东省珠海市情侣南路428号九洲港大厦
办公地址:广州市体育西路189号27、28楼 邮政编码:510620
法定代表人:梁棠 总经理:叶俊英 信息披露负责人:刘晓艳
信息披露电话:020-38799008 客户服务与投诉电话:020-83918088
传 真:020-38799488
(三)基金托管人:中国银行
注册地址:北京市西城区复兴门内大街1号
办公地址:北京市西城区复兴门内大街1号中国银行大厦
邮政编码:100818 国际互联网网址:http:// www.bank-of-china.com
法定代表人:刘明康 托管部负责人:唐棣华 信息披露负责人:忻如国
电话:010-66594856 传真:010-66594853 电子邮件:xinruguo@bank-of-china.com
(四)审计机构:安永华明会计师事务所
注册及办公地址:北京市东城区东长安街1号东方广场东方经贸城
法定代表人:葛明
电话:010-65246688 传真:010-85188298
经办注册会计师:葛明、秦同洲

二、基金主要财务指标

(单位:人民币元)

	2002年度
1.基金本期净收益	763,917.21
2.单位基金本期净收益	0.0002
3.基金可分配净收益	-113,575,328.00
4.单位基金可分配净收益	-0.0247
5.期末基金资产总值	4,106,483,176.18
6.期末基金资产净值	4,069,345,013.78
7.单位基金资产净值	0.975
8.基金资产净值收益率	0.02%
9.本期基金资产净值增长率	-2.50%
10.累计资产净值增长率	-2.50%

上述部分指标计算公式:

1) 单位基金本期净收益= 基金本期净收益/本期基金平均份额

本期基金平均份额= 期初基金单位总份额+∑i月基金单位净增份额* (n-i+0.5)/n

其中:i从1到n;

n为报告期内所含月数,i为报告期内的第i个月;

月基金单位净增份额=月末基金总份额-月初基金总份额

2) 基金可分配净收益= 基金本期净收益+以前年度未分配收益+申购赎回损益平准金- 未实现资本利得损失

3) 基金资产净值收益率= 基金本期净收益/本期平均基金资产净值

本期基金平均资产净值= 期初基金单位资产净值+∑i月基金单位资产净值净增额* (n-i+0.5)/n

4) 本期基金资产净值增长率= 期末基金单位净值/期初基金单位净值-1

5) 累计资产净值增长率= (第1年度净值增长率+1)* (第2年度净值增长率+1)* (第3年度净值增长率+1)* …(上年度净值增长率+1)* (本期净值增长率+1)-1

三、基金管理人报告

一 基金运作合规性声明

本报告期内,本基金管理人严格遵守有关法律法规及基金契约、基金招募说明书等有关基金法律文件的规定,以取信于市场、取信于社会投资公众为宗旨,本着诚实信用、勤勉尽责的原则管理和运用基金资产,在控制风险的前提下,为基金持有人谋求最大利益。在本报告期内,基金投资运作合法合规,无损害基金持有人利益的行为。

(二)基金经理介绍

江作良先生,现年37岁,上海财经大学经济学硕士,具有十年的证券从业经历。历任广发证券有限责任公司投资理财部副总、研发中心副总、投资自营部总经理等职。2001年4月至今,在易方达基金管理有限公司工作,曾任科汇证券投资基金基金经理。现任易方达基金管理有限公司总经理助理、投资管理部总经理。

(三)基金经理工作报告

1、2002年基金投资情况回顾

本基金于2002年8月23日正式成立,成立之初,市场处于相对平衡状态,本基金少量买入了一些前期调研比较充分的股票,建立了一些基本仓位。进入9月份之后,由于扩容压力增大,尤其是中国联通较低的绝对价位给市场中的大多数股票构成了价格压力,市场由此出现了明显的下跌。本基金在9月份以后一直坚持了谨慎的原则,主要以观望为主,把股票仓位控制在了较低的水平,较大程度上回避了下半年市场大幅下跌的风险,在同期开放式基金中净值下跌幅度最小。进入12月份,市场资金面紧张,指数继续下跌,几乎以全年最低点位收盘。本基金认为年底的市场下跌带有一定非理性的成分,一些大盘蓝筹股已经具有明显的投资价值,因此,在年底本基金逐渐增加了股票投资比例,投资重点是符合本基金契约规定的主营业务突出,具有持续发展能力的公司。虽然在市场下跌过程中在这些股票上的投资也有所损失,但跌幅明显小于本基金的比较基准,显示了本基金所遵循的价值投资的理念可以较好的回避市场风险。

2、2003年证券市场展望与基金投资策略

展望2003年,宏观经济将继续保持较快的增长速度,上市公司业绩可望进一步好转,部分具有行业优势地位的上市公司,业绩有望出现较大增长。在政策导向方面,尽管国有股流通等问题尚未明朗,但新的管理层尊重历史,尊重现实,保护投资者利益,维护市场稳定和发展的方针已定,同时QFII和社保基金投资将进入具体实施阶段,保险资金投资需求巨大,总体上支持股票市场的稳定发展。

在这种背景下,股票市场有望扭转持续了两年的下跌趋势,进入新的上升周期,尽管这一过程可能会比较曲折,但整体向上的可能较大。因此,我们今年将采取比较进取的投资策略,在资产配置上,加大股票投资比重。至于股票的投资方向,我们认为那些在国民经济中占有重要地位的大型国有企业将充分分享我国经济增长的成果,业绩增长明显,并且经过前两年的市场下跌,这些股票市盈率已经处在较低的水平,具有较好的投资价值,所以将增加大盘蓝筹股的持有比例。债券投资方面,我们预期利率水平将基本保持稳定,国债市场会比较平稳,而收益率较高的企业债由于流通性提高,投资价值将逐渐得到认同,应该有较好机会,本基金将适当增加企业债方面的投资比重。在新的一年里,我们将坚持价值投资理念,注重对上市公司深度研究,在此基础上根据基金契约的要求,重点选择具有持续稳健增长潜力的上市公司来构造投资组合,力争抓住机会,在2003年给基金持有人带来实实在在的回报。

(四)内部监察报告

本基金管理人的内部监察工作主要由监察部负责。监察部采用实时监控法、材料审阅法、调查核实法、人员询问法和综合分析法等多种方法对基金的管理运作进行检查。在本报告期内,监察部对投资、交易业务运用电脑系统进行实时检查,对核算、客户服务等业务通过工作日志报备进行日常跟踪检查,监察部每日将上述检查结果进行记录,形成监察日志。同时,监察部还对各项基金投资管理业务进行了定期或不定期的全面的或重点的检查。通过上述检查,我们认为,在本报告期内,公司对本基金的管理始终都能按照法律法规、基金契约、基金招募说明书的要求和公司制度的规定进行。本基金的投资决策、投资交易程序、投资权限等各方面均符合规定的要求;交易行为合法合规,未出现异常交易、操纵市场的现象;未发现内幕交易的情况;基金专用交易席位年度交易量比例也符合证监会的有关规定;本基金持有的证券比例将按照《基金契约》的规定在基金成立之日起六个月内达到规定的比例要求;相关的信息披露真实、完整、准确、及时;基金各种账户类、申购赎回及其他交易类业务、注册登记业务均按规定的程序、规则进行,未出现违法违规行为。

四、基金托管人报告

(一)内部监察稽核报告

本报告期内,本基金托管人进一步完善了基金托管部门的组织结构和内部制衡机制,提高防范和及时化解业务风险和管理风险的能力,确保托管业务的规范运作,切实保障基金持有人的利益;本基金托管人依据国家相关法律法规、基金契约和管理制度对基金托管业务运作和内控流程的完善和执行情况等进行持续的监察稽核;对监察稽核中发现的问题及时提示、督促改进并追踪改进效果;定期制作监察稽核报告,及时呈报上级监管部门。

本基金托管人采取的主要措施包括:

1.加强基金托管业务合法合规性的监控。采取了实时监控、现场查看、专项稽核、报表审核和资料查阅等方式,加大监控力度和监察频率,防范各种违法违规行为的发生,切实保护基金持有人的合法权益。

2.本基金托管人专门设立基金托管部合规监督员,负责抓好规章制度建设,监督本部门业务和工作的遵章守制、合规办事情况,强化内控机制和纪律程序,加强基金托管人职责的履行。

3.结合社会保障基金、受托投资管理资产、投资连接保险、企业年金以及基本养老保险等其他托管业务的筹备工作,完善内部控制制度体系。借鉴国内外先进经验,完善和细化基金托管部业务处室职能及各岗位职责,合理整合业务处理流程,修订和优化了围绕基金托管业务的各环节管理制度和工作规程,为规范基金托管行为提供了制度保障,提高了工作效率。

4.加强对升级的基金财务与估值系统、基金投资监督系统的运行检查和运作业务人员的培训及跟踪检查,保证系统的稳定、有效运行,提高工作质量和效率。

5.根据中国人民银行关于商业银行非现场监管报表及报告报送工作的精神,加强内部的托管业务检查工作。详尽、如实地向本托管人监事会提供有关业务情况,接受、配合了监事会的检查,得到监事会的肯定。

6.加强员工行为准则监察和职业道德教育。通过持续有效的职业道德教育、经常性行为监察和定期考核等,促进员工职业道德素质的提高和遵守法律法规、内部管理制度的自觉性。

7.加强监察稽核人员自身建设。在充实人员、增添设备的基础上,制定了科学详细的工作流程和要求,提高稽核监察人员的业务素质和能力。同时加强稽察监督处和其他业务处室的交流和沟通,促进监察工作效率的提高。

(二)托管情况报告

本基金托管人依据2002年3月25日签署的《易方达平稳增长证券投资基金基金契约》与《易方达平稳增长证券投资基金托管协议》,自2002年8月23日起托管易方达平稳增长证券投资基金(以下称"易方达平稳增长基金"或"本基金")的全部资产。现对易方达平稳增长基金从2002年8月23日至2002年12月31日期间的托管情况报告如下:

1、本托管人在上述托管易方达平稳增长基金期间,严格遵守《证券投资基金管理暂行办法》及其各项实施准则、《开放式证券投资基金试点办法》和其他有关法规、基金契约以及托管协议的规定,诚信地履行了基金托管人的职责,不存在损害易方达平稳增长基金持有人利益的行为。

(1)本托管人履行安全保管基金资产的全部资产的职责,保证基金资产与自有资产等非基金资产严格分开,维护基金的独立账户,与本托管人的其他业务和其他基金的托管业务实行了严格的分账管理。

(2)、本基金的投资运作包括本基金在股票一级市场、股票二级市场、证券交易所债券市场以及银行间国债市场的交易等,本托管人严格执行了基金管理人的投资指令,及时、准确地完成了本基金的各项资金清算交割。本托管人对于本基金的任何资产的运用、处分和分配,均具备正当依据。

(3)、本托管人对与基金资产相关的重大合同原件、因履行托管人职责而生成或收悉的记录基金业务活动的原始凭证、记账凭证、基金账册、交易记录等有妥善的保管。

2、本托管人在2002 年年度依照《证券投资基金管理暂行办法》及其各项实施准则和其他有关法规的规定,对易方达基金管理有限公司--易方达平稳增长基金管理人的基金运作进行了必要的监督,其在基金资产净值的计算及每单位基金资产净值的计算以及其他财务费用的计算等方面遵守了《证券投资基金管理暂行办法》及其各项实施准则、《开放式证券投资基金试点办法》、《证券投资基金会计核算办法》和其他有关法规、基金契约以及托管协议的规定;基金单位的认购、申购、赎回等事项符合基金契约等有关法律文件的规定,没有发现违规及损害基金持有人利益的行为。

本基金2002年度未进行基金收益分配,符合《证券投资基金管理暂行办法》、《开放式证券投资基金试点办法》证监基金字【1999】40号文《关于执行<证券投资基金管理暂行办法>第11条、第38条及第55条第(3)项规定有关问题的通知》以及基金契约的规定。

本托管人如实、及时、独立地向中国证监会提交了关于易方达基金投资运作方面的报告。

3、易方达平稳增长证券投资基金管理人--易方达基金管理有限公司在本报告期内按照有关规定公告基金资产净值,编制和披露了基金投资组合公告一份,本基金托管人依法对该等公告信息

进行了认真核对，结果一致。

中国银行基金托管部
2003 年 3 月 20 日

五、基金年度财务报告

一 审计报告

易方达平稳增长证券投资基金全体持有人：

我们接受委托，审计了易方达平稳增长证券投资基金(简称"易方达平稳增长基金")二零零二年十二月三十一日的资产负债表和自二零零二年八月二十三日(基金成立日)至二零零二年十二月三十一日止会计期间的经营业绩表、基金净值变动表及基金收益分配表。上述会计报表由易方达平稳增长基金的基金管理人负责，我们的责任是对这些会计报表发表审计意见。我们的审计是根据《中国注册会计师独立审计准则》进行的。在审计过程中，我们结合易方达平稳增长基金的实际情况，实施了包括抽查会计记录等我们认为必要的审计程序。

我们认为，上述会计报表符合《企业会计准则》、《金融企业会计制度》、《证券投资基金会计核算办法》、《开放式证券投资基金试点办法》和中国证券监督管理委员会颁布的《证券投资基金管理暂行办法》实施准则第五号《证券投资基金信息披露指引》及基金契约的规定，在所有重大方面公允地反映了易方达平稳增长基金二零零二年十二月三十一日的财务状况和上述会计期间的经营成果和净值变动及收益分配情况。

安永华明会计师事务所　　中国注册会计师　葛明
二零零三年一月十日　　中国注册会计师　秦同洲

(二)基金会计报告书

易方达平稳增长证券投资基金
资产负债表
二零零二年十二月三十一日
(单位:人民币元)

资产	附注	2002-12-31
银行存款		1,354,290,277.58
清算备付金		306,499,109.27
交易保证金		750,000.00
应收利息		6,979,230.39
应收申购款		51,712.50
股票投资市值		1,164,490,607.44
其中:股票投资成本		1,276,246,655.30
债券投资市值		519,722,239.00
其中:债券投资成本		522,274,682.87
买入返售证券		753,700,000.00
资产总计		4,106,483,176.18
负债		
应付证券清算款	4	20,588,202.67
应付赎回款		8,061,662.68
应付赎回费		1,426,768.97
应付管理人报酬		5,407,181.21
应付托管费		901,196.89
应付佣金	5	324,232.24
其他应付款		428,917.74
负债合计		37,138,162.40
持有人权益		
实收基金	6	4,173,163,639.41
未实现利得	7	-104,551,789.36
未分配收益		733,163.73
持有人权益合计		4,069,345,013.78
负债及持有人权益总计		4,106,483,176.18
基金单位净值		0.975

所附附注为本会计报表的组成部分

易方达平稳增长证券投资基金
经营业绩表
自二零零二年八月二十三日(基金成立日)
至二零零二年十二月三十一日止期间
(单位:人民币元)

	附注	2002 年 8 月 23 日(基金成立日)至 2002 年 12 月 31 日
收入:		29,569,825.88
股票差价收入		678,957.20
债券利息收入		2,489,068.47
存款利息收入		21,032,551.88
股利收入		242,836.64
买入返售证券收入		3,771,732.04
其他收入	8	1,354,679.65
费用:		28,805,908.67
基金管理人报酬		24,393,494.85
基金托管费		4,065,582.47
其他费用		346,831.35
其中:信息披露费		210,000.00
审计费用		100,000.00
基金净收益		763,917.21
投资估值增值		-114,308,491.73
基金经营业绩		-113,544,574.52

所附附注为本会计报表的组成部分

易方达平稳增长证券投资基金
基金净值变动表
自二零零二年八月二十三日(基金成立日)
至二零零二年十二月三十一日止期间
(单位:人民币元)

	2002 年 8 月 23 日(基金成立日)至 2002 年 12 月 31 日
一、期初基金净值	4,678,106,974.62
二、本期经营活动:	
基金净收益	763,917.21
投资估值增值	-114,308,491.73
经营活动产生的基金净值变动数	-113,544,574.52
三、本期基金单位交易:	
基金申购款	58,925,126.56
基金赎回款	-554,142,512.88
基金单位交易产生的基金净值变动数	-495,217,386.32
四、期末基金净值	4,069,345,013.78

易方达平稳增长证券投资基金
基金收益分配表
自二零零二年八月二十三日(基金成立日)
至二零零二年十二月三十一日止期间
(单位:人民币元)

	2002 年 8 月 23 日(基金成立日)至 2002 年 12 月 31 日
本期基金净收益	763,917.21
期初基金净收益	
加:本期损益平准金 - 申购	16,150.73
减:本期损益平准金 - 赎回	-46,904.21
期末可供分配基金净收益	733,163.73

三 、易方达平稳增长证券投资基金会计报表附注

附注 1.　基金设立说明

易方达平稳增长证券投资基金（简称"本基金"）经中国证券监督管理委员会（简称"中国证监会"）证监基金字□2002□40 号文件"关于同意易方达平稳增长证券投资基金设立的批复"批准，由易方达基金管理有限公司作为基金发起人，向社会公开发行募集后于 2002 年 8 月 23 日成立。本基金为契约型开放式，存续期限不定，首次设立募集规模为 4,678,106,974.62 份基金单位。本基金的基金管理人为易方达基金管理有限公司，基金托管人为中国银行。

附注 2.　会计报表编制基础

本基金的会计报表乃按照《企业会计准则》、《金融企业会计制度》、《证券投资基金会计核算办法》、中国证监会颁布的《证券投资基金管理暂行办法》实施准则第五号《证券投资基金信息披露指引》及基金契约的规定而编制。

附注 3.　主要会计政策

1　会计年度　自公历 1 月 1 日至 12 月 31 日止。惟本会计期间自 2002 年 8 月 23 日(基金成立日)至 2002 年 12 月 31 日止。

2　记帐本位币　以人民币为记帐本位币。记帐单位为元。

3　基金资产的估值方法　上市股票以估值日证券交易所挂牌的市场收市价估值;该日无交易的,以最近交易日收市价计算;未上市的股票分两种情况处理:配股和增发新股,按估值日证券交易所挂牌的同一股票的市价估值;首次公开发行的股票,按成本估值;配股权证,从配股除权日到配股确认日止,按市场收市价高于配股价的差额估值;上市债券以不含息价格计价,按估值日证券交易所挂牌的市场收市价计算后的净价估值;该日无交易的,以最近交易日净价估值,并按债券面值与票面利率在债券持有期间内逐日计提利息;未上市债券以不含息价格计价,按成本估值,并按债券面值与票面利率在债券持有期间内计提利;如有确凿证据表明按上述方法对基金进行估值不能客观反映其公允价值,基金管理人可根据具体情况与基金托管人商定后,按最能反映公允价值的价格估值;估值对象为基金所拥有的股票、债券等;每个工作日都对基金资产进行估值;如有新增事项,按国家最新规定估值。

4　收入的确认

股票差价收入于卖出股票成交日确认，并按卖出股票成交总额与其成本和相关费用的差额入账;

债券差价收入:

卖出交易所上市债券--于成交日确认债券差价收入,并按应收取的全部价款与其成本、应收利息和相关费用的差额入账;

卖出银行间市场交易债券--于实际收到价款时确认债券差价收入,并按实际收到的全部价款与其成本、应收利息的差额入账;

债券利息收入按实际持有期内逐日计提,并按债券票面价值与票面利率计提的金额入账;

存款利息收入按本金与适用的利率逐日计提的金额入账;

股利收入于除息日确认,并按上市公司宣告的分红派息比例计算的金额入账;

买入返售证券收入按证券持有期内采用直线法逐日计提的金额入账;

其他收入于实际收到时确认收入。

5　证券交易的成本计价方法

按加权移动平均法计算库存证券的成本。当日有买入和卖出时,先计算成本后计算买卖证券价差。

股票

a　上交所买入股票成本:由买入金额、买入印花税、买入过户费、买入经手费、买入证管费和买入佣金组成;

b　深交所买入股票成本:由买入金额、买入印花税、买入经手费和买入佣金组成;

c　上海股票的佣金是按买卖股票成交金额的 1‰减去经手费和证管费计算。深圳股票的佣金是按买卖股票成交金额的 1‰减去经手费计算。

债券

a.　买入交易所上市债券按应支付的全部价款入账,如果应支付的价款中包含债券起息日或上次除息日至购买日止的利息,作为应收利息单独核算,不构成债券投资成本。

b.　买入银行间市场交易债券按实际支付的全部价款入账,如果实际支付的价款中包含债券起息日或上次除息日至购买日止的利息,作为应收利息单独核算,不构成债券投资成本。

c　国债买卖不计佣金。

买入返售证券

买入返售证券成本:通过证券交易所进行融券业务,按成交日扣除手续费后的应付金额确认买入返售证券投资;通过银行间市场进行融券业务,按实际支付的价款确认买入返售证券投资。

6　基金申购、赎回的确认

在收到基金投资人申购或赎回申请之日后,于下一个工作日对该交易的有效性进行确认。于确认日按照实收基金、未实现利得、未分配收益和损益平准金的余额占基金净值的比例,将确认有效的申购或赎回款项分割为三部分,分别确认为实收基金、未实现利得、损益平准金的增加或减少。

7　实收基金

实收基金为对外发行的基金单位总额。由于申购、赎回引起的实收基金的变动分别于基金申购确认日、赎回确认日认列。

8　损益平准金

损益平准金为申购、赎回款中所包含的按基金未分配净收益占基金净值比例计算的一部分金额,于基金申购、赎回确认日认列,并于期末全额转入未分配收益。

9　税项

印花税

基金管理人运用基金买卖股票按照 2‰的税率征收印花税。

营业税

根据财税【2002】128 号《财政部、国家税务总局关于开放式证券投资基金有关问题的通知》,以发行基金方式募集资金不属于营业税的征税范围,不征收营业税;基金管理人运用基金买卖股票、债券的价差收入,在 2003 年底以前暂免征收营业税。

企业所得税

根据财税【2002】128 号《财政部、国家税务总局关于开放式证券投资基金有关问题的通知》,基金从证券市场中取得的收入,包括买卖股票、债券的价差收入,股票的股息、红利收入、债券的利息收入及其他收入,暂不征收企业所得税。

10　基金的收益分配政策

基金收益分配采用现金方式，投资者可选择获取现金红利或者将现金红利按红利发放日前一日的基金单位净值自动转为基金单位进行再投资(下称"再投资方式")；如果投资者没有明示选择，则视为选择再投资方式；

每一基金单位享有同等分配权；

基金当期收益先弥补上期亏损后，方可进行当期收益分配；

基金收益分配后每基金单位净值不能低于面值；

如果基金投资当期出现亏损，则不进行收益分配；

基金收益分配比例按照有关规定执行；

在符合有关基金分红条件的前提下，基金收益分配每年至少一次，成立不满3个月，收益可不分配；年度分配在基金会计年度结束后4个月内完成；

法律、法规或监管机构另有规定的从其规定。

附注4.　应付证券清算款

	2002-12-31
中国证券登记结算有限责任公司上海分公司证券清算款	13,899,764.84
中国证券登记结算有限责任公司深圳分公司证券清算款	6,688,437.83
	20,588,202.67

附注5.　应付佣金

	2002-12-31
广东民安证券经纪有限责任公司	20,415.47
申银万国证券股份有限公司	64,402.08
招商证券股份有限公司	66,034.80
长城证券有限责任公司	155,174.59
中国银河证券有限责任公司	18,205.30
合计	324,232.24

附注6.　实收基金　2002-12-31

	基金单位数	实收基金
本期认购	4,678,106,974.62	4,678,106,974.62
本期申购	59,186,503.47	59,186,503.47
	4,737,293,478.09	4,737,293,478.09
减:本期赎回	-564,129,838.68	-564,129,838.68
期末数	4,173,163,639.41	4,173,163,639.41

附注7.　未实现利得

	2002-12-31
投资估值增值	-114,308,491.73
未实现利得平准金-本期申购	-277,527.64
未实现利得平准金-本期赎回	10,034,230.01
	-104,551,789.36

投资估值增值为本基金于2002年12月31日对证券投资进行估值时，证券投资估值额与其帐面成本之差额。

附注8.　其他收入

	2002年8月23日(基金成立日)至2002年12月31日
认购资金冻结利息	1,083,136.46
手续费返还	268,078.19
其他	3,465.00
	1,354,679.65

附注9.　关联方关系及其交易

1　关联方关系

企业名称	与本基金的关系
易方达基金管理有限公司	基金发起人、管理人、注册与过户登记人、销售机构
中国银行	基金托管人、销售代理人
广发证券股份有限公司	基金管理人股东、销售代理人

2　通过关联方席位进行的交易

关联方名称	买卖股票本期交易量	占本期股票交易总量的比例	买卖国债本期交易量
广发证券股份有限公司	168,954,736.07	14.00%	1,546,167.00

关联方名称	占本期国债交易总量的比例	本期佣金	占本期佣金总量的比例
广发证券股份有限公司	0.54%	138,525.64	14.60%

3　基金管理人及托管人报酬

基金管理人报酬

基金管理费

a.　基金管理费按前一日的基金资产净值的1.5%的年费率计提。计算方法如下：

$H=E\times1.5\%/$当年天数

H为每日应支付的基金管理费

E为前一日的基金资产净值

b. 基金管理费每日计算，逐日累计至每月月底，按月支付；由基金托管人于次月前两个工作日内从基金资产中一次性支付给基金管理人。本基金于本期应支付基金管理人管理费共24,393,494.85元，其中已支付基金管理人18,986,313.64元，尚余5,407,181.21元未支付。

基金托管人报酬

基金托管费

a　基金托管费按前一日的基金资产净值的0.25%的年费率计提。计算方法如下：

$H=E\times0.25\%/$当年天数

H为每日应支付的基金托管费

E为前一日的基金资产净值

b. 基金托管费每日计算，逐日累计至每月月底，按月支付；由基金托管人于次月前两个工作日内从基金资产中一次性支取。本基金于本期应支付基金托管人托管费共4,065,582.47元，其中已支付基金托管人3,164,385.58元，尚余901,196.89元未支付。

附注10.　期后事项　无重要期后事项。

附注11.　其他重要事项　无需要说明的其他重要事项。

(四)流通转让受到限制的基金资产

2000年5月18日起，根据中国证监会的有关政策，基金可使用以基金名义开设的股票账户，比照个人投资者和一般法人、战略投资者参与新股认购。其中基金作为一般法人或战略投资者认购的新股，根据基金与上市公司签订申购协议的规定，在新股上市后的约定期限内不能自由转让；基金作为个人投资者参与新股网上申购从新股确认日至新股上市日，为流通受限制而不能自由转让的资产。

本基金参与新股网下一般法人、战略投资者认购获配流通受到限制的股票：

股票名称	确认日期	上市流通日	中签数量	发行价格	市值
中国联通	2002.9.26	2003.4.9	25749913	2.30	69267265.97

股票名称	成本	市价与成本差
中国联通	59224799.90	10042466.07

自2002年5月22日起，根据中国证监会的有关政策和中国证券登记结算有限责任公司、证券交易所公布的新股发行市值配售实施细则，基金可按其持有的上市流通股票市值参与新股配售。基金参与新股配售所获中签股票从新股确认日至新股上市日，为流通受限制而不能自由转让的资产。本基金截至2002年12月31日流通受到限制的股票情况如下：

股票名称	确认日期	上市流通日	中签数量	发行价	成本
中信证券	2002.12.24	2003.1.6	314000	4.50	1413000.00
皖通高速	2002.12.26	2003.1.7	347000	2.20	763400.00

五 基金投资组合

1、按行业分类的股票投资组合

行业分类	市值(元)	占净值比例(%)
1、农、林、牧、渔业	1,190,340.00	0.03
2、采掘业	52,038,192.20	1.28
3、制造业	501,644,077.85	12.34
其中：食品、饮料	80,281,225.80	1.97
纺织、服装、皮毛	35,691,622.45	0.88
木材、家具	-	-
造纸、印刷	1,161,381.62	0.03
石油、化学、塑胶、塑料	35,895,594.18	0.88
电子	747,560.00	0.02
金属、非金属	76,304,495.33	1.88
机械、设备、仪表	95,684,904.45	2.35
医药、生物制品	175,695,134.02	4.32
其他制造业	182,160.00	0.01
4、电力、煤气及水的生产和供应业	162,848,334.92	4.00
5、建筑业	3,752,740.36	0.09
6、交通运输、仓储业	127,610,803.94	3.14
7、信息技术业	122,817,571.68	3.02
8、批发、零售和贸易	6,879,570.56	0.17
9、金融、保险业	132,828,256.70	3.26
10、房地产业	4,236,350.00	0.10
11、社会服务业	23,342,867.97	0.57
12、传播与文化业	4,933,857.30	0.12
13、综合类	20,367,643.96	0.50
合计：	1,164,490,607.44	28.62

2、国债、货币资金合计

截止2002年12月31日，基金持有的国债市值及货币资金合计为2,023,134,957.40元，占基金资产净值的49.72%。

3、债券(不含国债)合计

截止2002年12月31日，基金持有的其他债券市值合计为140,028,794.00元，占基金资产净值的3.44%。

4、基金投资前十名股票明细

序号	股票名称	市值 元	市值占净值的比例%
1	中国联通	116,296,850.70	2.86
2	招商银行	105,328,506.80	2.59
3	星湖科技	82,086,095.30	2.02
4	上海机场	78,104,439.02	1.92
5	通宝能源	54,970,645.44	1.35
6	宝钢股份	54,416,803.44	1.34
7	申能股份	44,986,929.85	1.11
8	中国石化	39,578,791.00	0.97
9	同 仁 堂	37,131,996.00	0.91
10	华能国际	36,728,539.00	0.90

六、重要事项揭示

1、本基金管理人及托管人在本会计年度没有发生重大诉讼、仲裁事项；

2、基金管理人和托管机构及相关高级管理人员未受到任何处罚；

3、本基金的投资策略、本基金管理人的内部决策程序未有重大变化；

4、本基金管理人的独立董事蒋火召坪先生因病去世，本基金管理人补选了谢石松为本基金管理人第一届董事会独立董事；罗永刚先生、王文灵先生、邢培强先生因工作原因，已不再担任本基金管理人第一届董事会董事职务，本基金管理人补选了秦力先生、翁振杰先生、李宗唐先生担任本基金管理人第一届董事会董事职务。

5、中国证监会证监基金字□2002□40号文《关于同意易方达平稳增长证券投资基金设立的批复》同意本基金管理人设立本基金。本基金管理人于2002年7月26日在《中国证券报》、《上海证券》、《证券时报》上刊登了本基金的招募说明书和发行公告。本基金首次发行期为2002年7月30日到2002年8月20日。本基金经安永会计师事务所验资后，于2002年8月23日宣告成立，首次募集基金单位为4,678,106,974.62份。

6、本基金经过一段时间的封闭期后，本基金管理人于2002年9月10日起开始办理本基金的申购业务，2002年11月21日起开始办理本基金的赎回业务及其他有关业务。

7、本基金通过本基金管理人的直销中心及中国银行、广发证券股份有限公司、国泰君安证券股份有限公司等代销机构的网点进行交易。

8、本基金租用专用交易席位的情况

本基金根据中国证券监督管理委员会《关于加强证券投资基金监管有关问题的通知》(证监基字□1998□29号)的有关规定要求及本基金管理人的《基金专用交易席位租用制度》，决定租用国泰君安证券股份有限公司、长城证券有限责任公司、广发证券股份有限公司、平安证券有限责任公司、民安证券经纪有限责任公司、招商证券股份有限公司、申银万国证券股份有限公司、银河证券有限责任公司的交易席位。

七、备查文件目录

1、中国证监会批准设立易方达平稳增长基金的文件

2、易方达平稳增长证券投资基金基金契约

3、易方达平稳增长证券投资基金招募说明书

4、中国证监会批准设立易方达基金管理有限公司的文件

5、易方达平稳增长证券投资基金财务报表及报表附注

6、报告期内在指定报刊上披露的各项公告

查阅地点：广州市体育西路189号28楼

投资者对本报告书如有疑问，可咨询本基金管理人易方达基金管理有限公司。

客户服务与投诉电话：020-83918088

公司网址：www.efunds.com.cn

易方达基金管理有限公司

2003年3月28日

融通新蓝筹证券投资基金

融通新蓝筹证券投资基金2002年年度报告

重要提示

本基金的托管人中国建设银行已于2003年3月25日复核了本报告。本基金的管理人、托管人愿就本报告书中所载资料的真实性、准确性和完整性负责。本报告书中的内容由基金管理人负责解释。

一、基金简介

（一）基金基本资料
基金名称：融通新蓝筹证券投资基金
交易代码：161601
基金发起人：融通基金管理有限公司
基金成立日期：2002年9月13日
首次募集规模：2,218,864,742.31份
期末基金总份额：1,867,528,877.51份
基金类型：契约型开放式
基金存续期：无限期
（二）基金管理人：融通基金管理有限公司
注册地址：深圳市福田区民田路10号中海大厦6-8层
邮政编码：518026
国际互联网址：http://www.rtfund.com
法定代表人：孟立坤
总经理：冯立新
信息披露负责人：吴冶平
电话：0755-82950676
传真：0755-82950044
电子邮件：wuyp@mail.rtfund.com
（三）基金托管人
法定名称：中国建设银行
注册地址：北京市西城区金融大街25号
办公地址：北京市西城区金融大街25号
法定代表人：张恩照
托管部负责人：江先周
信息披露负责人：黄秀莲
联系地址：北京市西城区金融大街25号中国建设银行基金托管部
电话：010-67597646　　传真：010-66212639
电子邮件：huangxiulian/zh/ccb/@ccb.com.cn
（四）会计师事务所
法定名称：安永华明会计师事务所
注册地址：北京朝阳区北大街6号北海万泰大厦802—807
办公地址：北京市东城区东长安街1号东方广场东方经贸城东三办公楼16层
法定发表人：葛明
联系人：罗国基
经办注册会计师：葛明、秦同洲
电话：010-65246688　　传真：010-85188298
（五）律师事务所
法定名称：康达律师事务所
注册地址：北京市朝阳区建国门外大街19号国际大厦703室
办公地址：北京市朝阳区建国门外大街19号国际大厦703室
法定代表人：傅洋
电话：021-53850388　　传真：021-53850389
经办律师：娄爱东、杜玉兰

二、主要财务指标

基金本期净收益	-4,685,525.95元
单位基金本期净收益	-0.0025元
基金可分配净收益	-58,652,106.68元
单位基金可分配净收益	-0.0314元
期末基金资产总值	1,815,069,800.57元
期末基金资产净值	1,808,876,770.83元
期末单位基金资产净值	0.9686元
基金资产净值收益率	-0.21%
本期基金资产净值增长率	-3.14%
累计资产净值增长率	-3.14%

三、基金管理人报告

（一）基金经理工作报告

融通新蓝筹开放式基金自2002年9月13日正式成立之后，得到了您们———持有人、投资者的关心、支持与爱护，在此，我们代表融通基金管理有限公司对大家所表现出的耐心、智慧以及坚持表示衷心的感谢，我们一定继续秉承诚信、勤勉、专业的原则，在资产管理这一专业领域继续前进，力争为广大投资者分享中国经济的高速成长贡献自己的微薄之力，在2003年为广大投资者带来丰厚的回报。

1、我们的基本看法

结构分化与价值投资将在未来一段时间内成为中国证券市场运动与发展的主旋律，对于投身于市场之中的投资者而言，从中期来看，结构调整蕴涵着较大的投资机会，其中机构投资者一定会凭借其研究的优势、信息获取与分析专业化的优势，获得更大的发展空间。我们的判断基于以下几方面理由：

（1）中国经济将保持较快的持续增长态势，这种增长更多地将体现为行业、区域的周期性非均衡，宏观经济的结构调整与非均衡推进的模式奠定了证券市场结构分化的实体基础。

（2）实现对资源的优化配置作用是所有资本市场的基础功能，也必将是中国证券市场功能定位与发展方向的唯一选择。

（3）中国证券市场回归这一基础功能定位的过程中，系统风险大于非系统风险的格局仍将在相当长一段时间内存在，但其间的差距将逐渐缩小，即系统风险对市场的影响一定会逐渐减少。

（4）长期来看，决定公司资产价格的根本依据在于其经营情况的变化，而不在于其资产价格的短期变动。

（5）股权分割现象终将得到解决，对于那些能够分享中国经济高速增长的上市公司，这一天是他们真正享受公众流通溢价的起点，对于机构投资者而言，重要的不是判断这一天何时来临，而是判断自己是否具备挑选这些上市公司的专业能力。

2、我们的投资理念

本管理团队坚持如下投资理念：见微知著，顺势而为。更具体地可以阐述为：公司倡导以价值为主线、趋势为主导的成长型投资理念，强调研究推动投资。这是因为：1）、我国的资本市场作为新兴市场，尚处于发展初期，市场效率较低，专业化研究能够及时敏锐地发现经济、市场、行业和上市公司所发生的微妙而重要的变化，利用这些机会进行投资从而获取超额收益。2）、在弱有效市场中，供求关系对资产价格波动依旧发挥一定的影响作用，认识趋势，把握趋势，可以更好地分享研究对投资的推动作用。3）、公司一贯高度重视研究，强调研究与投资之间的无缝融合，在投资与研究的交流、沟通方面积累了竞争优势，并培育了一支精干的专业研究团队。研究在投资管理的每一个环节都发挥着非常重要的作用，是投资管理服务提供价值增值的源泉。

3、市场状况回顾与基本认识

2002年的中国证券市场是市场规律与政策意图相互角逐的市场，由于政策意图明显的短期性、功利性，使得市场规律的反映在短期内受到了遏止与压抑，从而反过来又使得市场在宣泄自身规律的过程中表现的更为非理性———即出现了我们经常提到的市场充分失效。另一方面，市场自身规律的形成力量也随着外围环境的变化而出现了变化，最为典型的就是，在中国加入WTO的总体背景下，我国证券市场不可避免地遇到了国际化、市场化的问题，这对于所有的市场参与者来说，毫无疑问都是崭新的课题。因此，一方面是政策变化的不可确定性，另一方面是对国际化、市场化新课题的短期难以认知性，在这样的两难境地下，机构投资者由于其资金规模的特点，投资理念的约束，成为了市场向前发展过程中的牺牲品，也使得专业理财这一名词之后所蕴涵的意义遭到了市场的广泛质疑。

面对这样一种格局的市场，基金管理团队在本基金成立后的初期，制定了相对谨慎的投资策略，在一级资产配置、投资对象选择以及投资交易策略方面严格控制，防范可能发生的系统性风险。同时积极跟踪与分析管理层对中国证券市场现状的认识与态度，积极跟踪宏观经济、行业经济以及上市公司微观个体的变化，为将要出现的投资机会做好充分的准备。2002年年底，在市场经历了中国证券十年历史上最漫长的单边下跌之后，我们认为市场中的系统风险已经得到了充分释放，与此同时，伴随着我国宏观经济在2002年的快速增长，经济结构调整的初见成效，我们注意到市场中已经出现了一批兼具价值与成长特性的投资对象，我国证券市场上具备投资价值的上市公司的群体在逐步扩大，这更加坚定了我们对2003年市场总体相对乐观的判断。因此，本基金管理团队在市场下跌的后半期，充分发挥了机构投资者在研究上的前瞻性，在信息收集上的组织性，采用相对集中的投资策略，加快了对一批价值成长股的买进力度。在很大程度上享受了市场见底反弹以来的上涨。

4、2003年投资策略

本基金管理团队认为，2003年中国证券市场总体将保持平稳的态势，系统风险依旧将对市场产生较大的影响，但其作用方式、冲击力度将远远小于2002年。市场中最大投资机会来源于市场结构调整带来的股价变化之上。我们将继续坚持精选个股、注重基本分析的基本策略，以组合构造为出发点，重点关注资源类行业、终端消费行业、金融行业的发展态势，在风格资产方面，将以价值成长品种作为主要投资对象的选择。

四、基金托管人报告

中国建设银行根据《融通新蓝筹证券投资基金契约》和《融通新蓝筹证券投资基金托管协议》，于2002年9月13日起托管融通新蓝筹证券投资基金（以下简称融通新蓝筹基金）。

2002年，中国建设银行在融通新蓝筹基金的托管过程中，严格遵守了《证券投资基金管理暂行办法》及各项实施准则、基金契约、托管协议和其它有关规定，依法安全保管了基金的全部资产，按规定如实、独立地向中国证监会提交了本基金运作情况报告，勤勉尽职地履行了基金托管人的义务，不存在损害基金持有人利益的行为。

2002年，按照《证券投资基金管理暂行办法》及各项实施准则、基金契约、托管协议和其它有关规定，本托管人对基金管理人-融通基金管理有限公司在融通新蓝筹基金投资运作方面进行了监督，对基金资产净值、每份基金单位净值和其它财务费用计算上进行了认真的复核，未发现基金管理人有损害基金持有人利益的行为。

2002年，由融通新蓝筹基金管理人-融通基金管理有限公司编制并经中国建设银行基金托管部复核审查的有关融通新蓝筹基金的信息披露合法、真实、完整。

中国建设银行基金托管部
二零零三年三月十一日

五、基金财务报告

（一）审计报告

融通新蓝筹证券投资基金全体持有人：

我们接受委托，审计了融通新蓝筹证券投资基金（简称"融通新蓝筹基金"）二零零二年十二月三十一日的资产负债表和自二零零二年九月十三日（基金成立日）至二零零二年十二月三十一日止会计期间的经营业绩表、基金净值变动表及基金收益分配表。上述会计报表由融通新蓝筹基金的基金管理人负责，我们的责任是对这些会计报表发表审计意见。我们的审计是根据《中国注册会计师独立审计准则》进行的。在审计过程中，我们结合融通新蓝筹基金的实际情况，实施了包括抽查会计记录等我们认为必要的审计程序。

我们认为，上述会计报表符合《企业会计准则》、《金融企业会计制度》、《证券投资基金会计核算办法》、《开放式证券投资基金试点办法》和中国证券监督管理委员会颁布的《证券投资基金管理暂行办法》实施准则第五号《证券投资基金信息披露指引》及基金契约的规定，在所有重大方面公允地反映了融通新蓝筹基金二零零二年十二月三十一日的财务状况和上述会计期间的经营成果和净值变动及收益分配情况。

安永华明会计师事务所　　中国注册会计师　葛　明
二零零三年一月十日　　中国注册会计师　秦同洲

六、重要事项揭示

1.本基金管理人、基金托管人在本报告期内没有发生重大诉讼事项；
2.报告期内基金的投资组合策略没有重大改变；
3.基金管理人、基金托管人涉及托管业务及其高级管理人员没有受到任何处罚；
4.本基金租用专用交易席位事宜的情况

本基金根据中国证监会《关于加强证券投资基金监管有关问题的通知》（证监基字[1998]29号）的有关规定要求及本基金管理人基金契约规定的选择券商的标准及程序，本基金管理人选定的专用交易席位券商分别是：河北证券有限责任公司、联合证券有限责任公司、兴业证券股份有限公司、平安证券有限责任公司及东吴证券有限责任公司。

富国动态平衡证券投资基金

富国动态平衡证券投资基金2002年年度报告

重要提示

本基金的托管人中国农业银行已于2003年3月25日复核了本报告。本基金管理人、托管人愿就报告中所载资料的真实性、准确性和完整性负责。本报告书中的内容由本基金管理人负责解释。

一、基金简介

(一) 基金名称:富国动态平衡证券投资基金
基金类型:契约型开放式
(二) 基金管理人:富国基金管理有限公司
注册地址:上海市浦东新区世纪大道88号金茂大厦32层
邮政编码:200121
法定代表人:虞志皓 总经理:李建国 信息披露负责人:林志松
电话:021-50478888-301 传真:021-50470328
(三) 基金托管人:中国农业银行
注册地址:北京市复兴路甲23号
办公地址:北京市西三环北路100号金玉大厦7-8层
邮政编码:100036
法定代表人:尚福林 托管部负责人:郭辉 信息管理负责人:李芳菲
电话:010-68424199 传真:010-68424199
(四) 会计师事务所:安永大华会计师事务所有限责任公司
注册地址:上海市昆山路146号
办公地址:上海市昆山路146号
法定代表人:胡定旭 经办注册会计师:陆永炜、徐艳

二、主要财务指标

		2002
1	基金本期净收益	-45,008,019.24
2	单位基金本期净收益	-0.0115
3	基金可分配净收益	-301,005,485.23
4	单位基金可分配净收益	-0.0772
5	期末基金资产总值	3,661,008,737.05
6	期末基金资产净值	3,599,408,318.65
7	单位基金资产净值	0.9228
8	基金资产净值收益率	-0.97%
9	本期基金资产净值增长率	-7.74%
10	累计资产净值增长率	-7.74%

三、基金管理人报告

(一) 基金管理小组

基金经理:徐卫群先生,经济学硕士,33岁,9年证券从业经历,曾任万国证券公司基金交易部交易员、交易总部海外投资部副经理、交易总部交易二部经理、申银万国证券股份有限公司交易总部交易一部经理,富国基金管理有限公司基金管理部副经理、汉盛基金经理。现任富国基金管理有限公司基金管理部经理。

基金经理助理:赖晶铭先生,31岁,经济学硕士,7年金融、证券从业经历,曾就职于中国租赁有限责任公司第三业务部、大鹏证券北京投资银行部、海通证券北京投资银行部、富国基金管理有限公司研究策划部、汉鼎基金经理助理。

基金经理助理:林作平先生,30岁,经济学硕士,4年金融、证券从业经历,曾就职于中国民生银行上海分行、闽发证券上海管理总部、富国基金管理有限公司研究策划部、基金管理部。

(二) 基金经理工作报告

2002年A股市场呈现为震荡整理的格局。6.24行情形成了年中的最高点,之后即连续走低到年底。总体上看,市场延续了自2001年来的调整态势。国有股停止向二级市场减持并没能扭转这一局势。从另一方面看,2001年的调整也拉开了转变投资理念的序幕。QFII的推出进一步推动了转变的进程。投资者信心受挫加上新价值观的冲击是下半年持续下跌的主要原因。中国联通等大盘股的发行只是导火索而已。同时,6.24行情的失败也对以往主要依靠政策取向来判断市场运行方向的方法提出了挑战。

富国动态平衡基金从2002年8月19日开始运作,到年底为止,净值增长率为-7.74%。同期两市的平均跌幅为18.6%,同期本基金的业绩评价基准收益率为-12.94%。针对A股市场的连续下跌,本基金主要从三个方面来尽力降低投资风险:一是控制股票投资比例。我们在兼顾基金契约要求的最低持股比例基础上,把股票投资比例控制在较低的范围内;二是通过适度分散回避个股的非系统性风险,并在投资过程中紧密跟踪上市公司的基本面情况,及时作出灵活的调整;三是在个股选择上侧重于两类股票:一类是以宝钢及中石化为代表的价值型股票,另一类是行业发展前景较好的机械行业类的上市公司,尤其是汽车行业。正是通过较合理的资产配置和品种选择,使基金资产在A股市场单边下跌的过程中较好地回避了系统性风险。

但反思在2002年的投资运作,我们认为仍存在许多不足之处:一是初期的仓位控制欠周全,建仓动作偏快;二是在中国联通的发行出台后,虽然及时调整了投资策略,终止了原先的建仓计划,并逐步减持了一些股票,但不够坚决果断,力度上也有欠缺;三是在个股配置上只注重了被动地通过分散来回避风险,而忽视了用深入研究基础上的适度集中来更好地回避风险,争取主动。由于这些不足,使我们未能取得更好的投资业绩,未能进一步降低基金持有人在调整市中的损失。这些不足之处也是我们日后工作中努力改进和提高的方向。

展望2003年,我们认为是挑战和机遇并存。挑战是因为尚有一些不确定性因素存在,包括:一、股权割裂和国有股问题。作为一个新兴市场,中国股市中一直是流通股和非流通股并存,从优化上市公司治理结构、保护投资者利益、恢复股票市场本来功能而言,这一问题必须得到解决。不同的解决方法将对A股市场产生完全不同的影响。二、政策的延续与调整。2002年是管理层人员更换的第一年,新的管理层对证券市场的总体思路也将对市场产生重大影响。尤其对于转轨规程中的中国股市而言,如何界定它的地位和功能,如何确定它将来发展的方向,如何解决好发展和规范的关系,如何妥善处理一系列历史遗留问题等等,都是市场参与各方瞩目的焦点所在。可以预见的是,在保持政策连续性基础上,同时会有多方面的调整,这些调整必然会在证券市场中得到反应。三、新的投资理念和赢利模式将如何形成。越来越多的投资者意识到目前正面临着新旧投资理念的转换,但这种转换过程肯定不是一蹴而就,而是会经过漫长时间的反复和波折。具体到实际投资过程中,究竟什么是最适合中国证券市场的投资理念和赢利模式,还有待于我们做更深入的研究和探索。

在面临上述挑战的同时,我们认为2003年也是充满机遇的一年。首先,经过一年多的调整,A股市场的系统性风险已经得到了很大的释放。虽然目前对市场是否价值高估仍有争议,但我们认为,在经过了一年多的大幅调整之后,2003年的市场总体环境要好于前两年。其次,投资理念的转变将更推崇价值投资,在此过程中,有很多在原有投资模式下被低估的上市公司股票将会有表现的机会。第三,国民经济的高速发展为中国证券市场的发展奠定了坚实的基础。尤其是经过大幅下跌后,随着投资理念的转换,股市将越来越多地体现其国民经济晴雨表的功能,我们相信,在不远的将来,投资中国股市与分享国民经济的增长会达到和谐的统一。

总体而言,我们在2003年将采取谨慎乐观的投资策略,在投资方法上适度淡化仓位控制的权重,而相应地增加行业和个股选择的力度,更多地关注那些与国民经济景气度密切相关的行业和上市公司,并从中精选一些股票进行适度的集中投资,尽力做到积极投资和稳健投资的相对平衡,为基金持有人带来更好的业绩回报。

(三)内部监察报告

本报告期,富国基金管理有限公司作为富国动态平衡证券投资基金的管理人严格按照《证券法》、《证券投资基金管理暂行办法》、《富国动态平衡证券投资基金契约》以及其它有关法律法规的规定,本着诚实信用、勤勉尽责的原则,以减少和分散风险,确保基金资产的安全并谋求基金长期稳定收益为目标,管理和运用基金资产,无损害基金持有人利益的行为。基金投资组合符合有关法规及基金契约的规定。

2002年,本基金管理人在总结去年基金运作的基础上,继续坚持"事先防范"为主的内部控制策略,坚持规范经营、合规运作,重视公司和基金运作的风险管理,在内部监察工作中一切从防范风险,保障基金持有人利益出发,内部风险管理部门和各业务部门紧密配合,通过进一步完善规章制度、加强投资风险评估系统功能、内部法律宣传和内控部门定期和不定期检查的方式,对公司各项工作进行全方位、实时的监察稽核,并对基金投资决策与执行进行专项重点监察稽核。

在本报告期内,管理人对本基金运作实施内部控制措施如下:

1、继续强化对本基金日常投资运作合法化、合规性的监察

通过投资风险评估系统对本基金的日常交易行为、投资组合情况进行实时监控;

监察稽核部每月例行对本基金投资操作是否符合公司内部投资操作规程进行检查;

定期对契约执行情况进行检查;

强化集中交易室事前监督的功能,由交易主管对基金经理的投资权限和投资指令进行事前控制。

2、继续加强风险管理

加强投资风险评估系统的功能,并通过对该系统数据的分析定期提交投资组合风险报告和绩效评估报告,为风险控制委员会评估和控制风险提供了数量化的分析依据

3、加强法律工作

公司设立了内部法律事务管理岗位,对涉及基金运作的法律文件进行严格的事先法律审核;

制订了纪律处罚管理办法,健全了公司内部对违反投资纪律等行为的处罚体系。

4、进一步完善公司内部规章制度体系

通过对公司和基金运作情况的总结,并结合公司和基金运行环境的变化,公司组织了第三次全面的制度修订,进一步提高了公司规章制度的科学性和有效性,使公司规章制度成为各项业务开展的坚实依据。

四、基金托管人报告

本基金托管人--中国农业银行,根据《富国动态平衡证券投资基金基金契约》和《富国动态平衡证券投资基金托管协议》,在对富国动态平衡证券投资基金的托管过程中,严格遵守《证券投资基金管理暂行办法》、《开放式证券投资基金试点办法》及各项法规规定,对富国动态平衡证券投资基金管理人--富国基金管理有限公司在2002年会计年度基金的投资运作,进行了认真、独立的会计核算和必要的投资监督,认真履行了托管人的义务。

本托管人认为,富国基金管理有限公司在富国动态平衡基金的投资运作、信息披露等方面符合《证券投资基金管理暂行办法》、《开放式证券投资基金试点办法》及其相关法规的规定,基金管理人在2002年度所编制和披露的富国动态平衡证券投资基金财务报告、资产净值公告等各项基金信息真实、完整,未发现有损害基金持有人利益的行为。

中国农业银行证券投资基金托管部

五、基金年度财务报告

(一)审计报告

富国动态平衡证券投资基金全体持有人:

我们接受委托,审计了贵基金2002年12月31日的资产负债表和2002年度的收益及收益分配表。这些会计报表由贵基金的基金管理人富国基金管理有限公司负责,我们的责任是对这些会计报表发表审计意见。我们的审计是根据中国注册会计师独立审计准则进行的。在审计过程中,我们结合贵基金的实际情况,实施了包括抽查会计记录等我们认为必要的审计程序。

我们认为,上述会计报表符合《企业会计准则》、《证券投资基金会计核算办法》和中国证券监督管理委员会颁布的《证券投资基金管理暂行办法》实施准则第五号《证券投资基金信息披露指引》及贵基金契约的规定,在所有重大方面公允地反映了贵基金2002年12月31日的财务状况和2002年度会计期间的经营成果,会计处理方法的选用遵循了一贯性原则。

安永大华会计师事务所有限责任公司 中国注册会计师 陆永炜 徐艳
中国 上海 昆山路146号 2003年1月17日

六、重要事项公告

1、 本报告期内,基金管理人、基金托管人无重大诉讼、仲裁事项;基金管理人、托管机构及高级管理人员无任何处罚情况。

2、 2001年12月28日,根据中国人民银行的有关规定和福建省整顿信托投资公司的统一部署,经中国人民银行总行批准,决定撤消福建国际信托投资公司。公司撤消后将成立清算组协调有关问题。

3、 2002年11月27日,本公司在有关证券报刊上发布了《富国基金管理有限公司关于开通海通证券有限公司代销网点的公告》。

4、 2002年12月11日,本公司在有关证券报刊上发布了《富国动态平衡证券投资基金关于增加代销网点、开通后端收费模式以及调整申购和赎回费率的公告》。

5、 2003年1月,由于与普华永道(中天)会计师事务所约定的服务期限已到期,本公司决定聘任安永大华会计师事务所有限责任公司为富国基金管理有限责任公司所管理的汉盛基金、汉兴基金、汉鼎基金、汉博基金、富国动态平衡基金的基金资产年度审计事务所。

6、 2003年1月21日,本公司在有关证券报刊上公布了《富国动态平衡证券投资基金2002年第4季度投资组合公告》。

7、 2003年3月14日,本公司在有关证券报刊上发布了《富国动态平衡证券投资基金2003年3月公开说明书》。

南方稳健成长证券投资基金

南方稳健成长证券投资基金2002年年度报告

重要提示

本基金的托管人——中国工商银行已于2003年3月26日复核了本报告书。本基金的管理人、托管人愿就本报告中所载资料的真实性、准确性和完整性负责。本报告书中的内容由本基金的管理人负责解释。

一、基金简介

(一) 基金基本资料
基金名称:南方稳健成长证券投资基金
基金代码:202001
基金类型:契约型开放式
基金成立时间:2001年9月28日
首次募集总份额:3,488,938,200份
基金存续期限:不定期
(二) 基金管理人及注册登记人
法定名称:南方基金管理有限公司
注册及办公地址:深圳市深南大道4009号投资大厦7楼
邮政编码:518026
网址:http: //www.southernfund.com
法定代表人:刘波
总经理:高良玉
信息披露负责人:郑凯铨
注册登记联系人:苏民
联系电话:0755-82912000转,传真:0755-82912948
(三) 基金托管人
法定名称:中国工商银行
注册及办公地址:北京市复兴门内大街55号
邮政编码:100032
法定代表人:姜建清
托管部负责人:周月秋
信息披露负责人:刘长江
联系电话:010-66107333
传真:010-66106904
(四) 会计师事务所和经办注册会计师
法定名称:普华永道中天会计师事务所有限公司
注册地址:上海市浦东新区沈家弄325号(邮政编码:200137)
办公地址:上海市淮海中路333号瑞安广场12楼(邮政编码:200021)
法定代表人:KENT WATSON
经办注册会计师:肖峰、陈玲
联系电话:021-63863388
传真:021-63863300

二、基金主要财务指标

金额单位:人民币元

		2002	2001
1.基金本期净收益	(元)	45,302,211.14	14,220,237
2.单位基金本期净收益	(元)	0.0143	0.0041
3.期末基金资产总值	(元)	2,876,529,403.46	3,539,181,145
4.期末基金资产净值	(元)	2,849,106,828.19	3,499,743,050
5.单位基金资产净值	(元)	0.9003	1.0037
6.本期基金资产净值增长率	(%)	-6.71	0.37
7.累计资产净值增长率	(%)	-6.36	0.37
8.期末基金总份额	(份)	3,164,773,252.93	3,486,988,611

三、基金管理人报告

(一)基金经理小组简介

李华先生,基金经理,1971年5月出生。1992年毕业于复旦大学遗传工程系,1998年毕业于中国人民银行研究生部,硕士学历。1993年起任职于中信实业银行南京分行证券部,1998年起任职于国泰基金管理有限公司,2000年起任职于南方基金管理公司。曾担任基金开元经理助理。

吕一凡先生,基金经理助理,1970年7月出生,硕士学历。5年证券从业经历,曾任职深圳证券交易所综合研究所研究员。

此外,南方稳健成长证券投资基金管理小组还配备了若干名证券投资分析人员,协助上述人员从事南方稳健成长证券投资基金的投资管理工作。

(二)基金经理工作报告

1.市场回顾

回顾2002年的股票市场,整体上依然是一个调整年。上证综合指数在2001年下跌20%的基础上,再度下跌17%,最终在年内最低位置收盘。市场波动性显著增加,箱体震荡格局明显,政策性行情突发特征显露无疑。

在经历了最近两年政策和市场的多次反复之后,中国股市的内在缺陷日渐暴露,过去多年来市场盛行的定价模式和赢利模式遭遇了严峻挑战。作为一个转轨时期的新兴证券市场,体制上的变革势不可挡,市场化已是大势所趋,股票市场不断向基本面回归。在十年大发展之后,我国股票市场需要一个休养生息的阶段。

2.操作总结

南方稳健成长基金年底单位累计净值为0.9403元,比年初下跌6.71%。虽然进行了两次分红,但由于市场整体性原因,最终没有避免亏损,给基金持有人带来了一定的损失。

2002年新年伊始,恰逢深沪股市大盘加速下跌,在不到一个月的时间内最低下探至1,337点。南方稳健成长基金根据对当时市场环境的判断,果断建仓,在随后的反弹中获益较多。在6.24行情后,南方稳健成长基金没有随波逐流提高股票仓位,而是将仓位基本保持在6.24行情前的水平,避免了基金净值的过度下跌。

但我们对6.24后市场调整的深度思想准备不足,虽然进行了减仓,但是力度不够。股票品种的选择上也没有能够很好地规避大势下跌的风险。我们在今年的投资工作中将汲取教训,认真反思。

3.2003年市场展望

2003年,股票市场运行的大背景是两会召开、政府换届,宏观经济持续向好,上市公司业绩继续改善,资金供应充裕。这些因素是决定股市总体向好的基础。今年市场的总体状况应该好于去年。

但我们也应该看到,股价结构的调整仍在继续,绩差股的股价还没有完全调整到位;而且,全流通问题能否解决、如何解决,在很大程度上也将对市场产生重大影响。因此,2003年的股票市场中风险仍然潜伏,阶段性的下跌也不可避免。

2003年,在经济启动的情况下,国家宏观政策会有所调整。预计财政政策力度会降低,银行体系、货币体系方面的改革会加速,新的债券品种不断推出,可转债市场规模不断扩大。在通缩走向尾声的时期,需要投资者更加关注在债券方面的资产配置,化解风险,抓住机遇。

4.投资策略

在股票选择上,今年会更加侧重对流通性较好的大盘、绩优、低市盈率股票的投资。在满足流动性需要的情况下,适当提高组合的集中度。

2003年,我们重点关注汽车制造、通信、金融、能源、环保、交通运输等行业的机会。随着人们生活水平的提高和生活方式的转变,在汽车、通信、交通等领域都蕴藏了较大的市场机会。我们会深入研究,深入挖掘这方面的投资机会。

我们相信2003年的市场中存在较多的投资机会。一个优秀的投资者应该深入思考人们生活方式的变化,寻找满足市场需求的公司,投资真正有价值的股票。

最后,感谢您对南方基金管理公司以及我们基金经理的信任,我们会努力工作,本着"诚实信用、勤勉尽责"的态度,力争以出色的业绩回报大家。

(三)内部监察报告

1.基金运作合规性声明

本报告期内,本基金管理人严格遵守《证券投资基金管理暂行办法》及其各项实施准则、《南方稳健成长证券投资基金基金契约》和其他有关法律法规的规定,本着诚实信用、勤勉尽责的原则管理和运用基金资产,坚持"一流人才、一流管理、一流效益"的经营理念,在严格控制风险的基础上,为基金持有人谋求最大利益。本报告期内,基金运作整体合法合规,无损害基金持有人利益的行为。基金的投资范围、投资比例及投资组合符合有关法规及基金契约的规定。

2.内部监察工作报告

2002年,本基金管理人坚持一切从合规运作、防范风险、保护基金持有人利益出发,遵循"全面管理、独立稽核、相互制约、同步发展、定量分析"的内部控制理念,致力于内控机制的建立和完善,大力加强监察稽核工作,保证各项法规和管理制度的落实,保证基金契约得到严格履行。公司监察稽核部门按照规定的权限和程序,独立地开展基金运作和公司管理的合规性监察,发现问题及时提出改进建议并督促业务部门进行整改,同时定期向监管部门、董事长和公司管理层出具监察稽核报告。

四、基金托管人报告

本托管人--中国工商银行,依据《南方稳健成长证券投资基金基金契约》与《南方稳健成长证券投资基金托管协议》,托管南方稳健成长证券投资基金。

2002年度,在对南方稳健成长证券投资基金的托管过程中,本托管人严格遵守了《开放式证券投资基金试点办法》、《证券投资基金管理暂行办法》及其实施准则、基金契约、托管协议和其他有关法规的规定,对南方稳健成长证券投资基金的投资运作进行了全面的会计核算和应有的监督,没有发生任何损害基金持有人利益的行为,诚实信用,勤勉尽责地履行了作为托管人所应尽的义务。

本托管人依照《证券投资基金管理暂行办法》及其实施准则、基金契约、托管协议和其他有关法规的规定,对南方稳健成长证券投资基金的投资组合进行了监督,认为南方基金管理有限公司在南方稳健成长证券投资基金的投资运作、基金资产净值及单位基金资产净值的计算上,遵守《证券投资基金管理暂行办法》及其实施准则、基金契约、托管协议和其他有关法规的规定,没有发现任何损害基金持有人利益的行为。

本托管人依法对南方稳健成长证券投资基金管理人--南方基金管理有限公司在2002年度内所编制和披露的南方稳健成长证券投资基金资产净值公告、基金投资组合公告、基金中期报告、基金年度报告等公告信息进行了复核,认为南方稳健成长证券投资基金管理人--南方基金管理有限公司在2002年度内所编制和披露的基金信息是准确、真实、完整的。

五、基金财务报告

(一)审计报告

南方稳健成长证券投资基金全体持有人:

我们接受委托,审计了南方稳健成长证券投资基金 以下简称"南方稳健成长基金" 2002年12月31日的资产负债表及2002年度的经营业绩表和基金净值变动表。这些会计报表由南方稳健成长基金管理人南方基金管理有限公司负责,我们的责任是对这些会计报表发表审计意见。我们的审计是依据中国注册会计师独立审计准则进行的。在审计过程中,我们结合南方稳健成长基金的实际情况,实施了包括抽查会计记录等我们认为必要的审计程序。

我们认为,载于第2页至第13页的上述南方稳健成长基金会计报表符合中华人民共和国企业会计准则、《证券投资基金会计核算办法》、《南方稳健成长证券投资基金基金契约》和中国证券监督管理委员会允许的如会计报表附注所列示的基金行业实务操作的有关规定,在所有重大方面公允地反映了南方稳健成长基金2002年12月31日的财务状况及2002年度的经营成果和净值变动情况,会计方法的选用遵循了一贯性原则。

普华永道中天会计师事务所有限公司　　注册会计师　肖峰
2003年2月14日　　注册会计师　陈玲

六、重要事项揭示

1.本基金管理人及托管人在本报告期内没有发生重大诉讼事项。
2.本基金聘请的会计师事务所没有发生变更。
3.基金管理人、基金托管人办公地址没有发生变更。
4.本报告期内基金的投资组合策略没有重大改变。
5.本基金的基金管理人、基金托管人涉及托管业务机构及其高级管理人员没有受到任何处罚。
6.本基金租用专用交易席位事宜的情况。

本基金根据中国证券监督管理委员会《关于加强证券投资基金监管有关问题的通知》(证监基字[1998]29号)的有关规定要求及本基金管理人于1998年10月30日公告的选择券商的标准,本基金管理人择定从以下证券经营机构租用基金交易专用席位:兴业证券股份有限公司、东方证券有限责任公司、海通证券有限公司、东吴证券有限责任公司、国元证券有限责任公司、华安证券有限责任公司、中国银河证券有限责任公司、长城证券股份有限公司、东莞证券有限责任公司、华泰证券有限责任公司。

南方基金管理有限公司
二零零三年三月二十八日

南方宝元债券型基金

南方宝元债券型基金2002年年度报告

重要提示

本基金的托管人----中国工商银行已于2002年3月27日复核了本报告书。本基金的管理人、托管人愿就本报告中所载资料的真实性、准确性和完整性负责。本报告书中的内容由本基金的管理人负责解释。

一、基金简介

(一) 基金基本资料
基金名称:南方宝元债券型基金
基金代码:202101
基金类型:契约型开放式
基金成立时间:2002年9月20日
首次募集总份额:4,902,664,980.80份
基金存续期限:不定期
(二) 基金管理人、注册登记人及直销机构
法定名称:南方基金管理有限公司
注册及办公地址:深圳市深南大道4009号投资大厦7楼
邮政编码:518026
网址:http://www.southernfund.com
法定代表人:刘波　总经理:高良玉
信息披露负责人:郑凯铨　直销机构联系人:苏民
联系电话:0755-82912000转,传真:0755-82912948
(三) 基金托管人及代销机构
法定名称:中国工商银行
注册及办公地址:北京市复兴门内大街55号
邮政编码:100032
法定代表人:姜建清
托管部负责人:周月秋
信息披露负责人:刘长江
联系电话:010-66107333　传真:010-66106904
代销机构联系人:田耕
联系电话:010-66107900　传真:010-66107909
(四) 会计师事务所和经办注册会计师
法定名称:普华永道中天会计师事务所有限公司
注册地址:上海市浦东新区沈家弄325号(邮政编码:200137)
办公地址:上海市淮海中路333号瑞安广场12楼(邮政编码:200021)
法定代表人:KENT WATSON
经办注册会计师:肖峰、陈玲
联系电话:021-63863388　传真:021-63863300

二、基金主要财务指标

金额单位:人民币元

		2002
1.基金本期净收益	(元)	17,362,034.02
2.单位基金本期净收益	(元)	0.0044
3.期末基金资产总值	(元)	4,171,190,782.00
4.期末基金资产净值	(元)	3,983,685,569.70
5.单位基金资产净值	(元)	1.0051
6.本期基金资产净值增长率	(%)	0.51
7.累计资产净值增长率	(%)	0.51
8.期末基金总份额	(份)	3,963,567,951.63

三、基金管理人报告

基金经理小组简介

李怀忠先生,基金经理,1990年获得北京清华大学工程学士学位;1990年至1991年,担任雀巢公司中国分公司工程部总工助理;1991年赴美国留学工作;1993年获得美国Auburn大学化学硕士学位;在美国加利福尼亚圣地亚哥Salk Institute生物科技研究所担任科学家助理3年;1997年获得美国卡内基梅隆大学(Carnegie Mellon University)商学院金融硕士学位;1997年至1999年,任纽约德意志银行全球资本市场固定收益部投资基金经理;1999年至2001年,任纽约通用证券自营部风险套利基金经理;2001年8月,加入南方基金管理有限公司,担任金融工程部总监;2002年1月担任债券基金经理,管理南方旗下四只封闭式基金和南方稳健成长开放式基金中的30多亿的债券资产;持有美国证券业协会颁发的股票、债券、期权、期货以及做市商等职业资格证书。

此外,南方宝元债券型基金管理小组还配备了若干名证券投资分析人员,协助上述人员从事南方宝元债券型基金的投资管理工作。

基金经理工作报告

南方宝元债券型基金自9月20日设立以来,至今已运行了5个多月。截止12月31日,净值为1.0051元. 宝元的净值增长超过了同期银行一年期定存和活期存款的收益,也超过了同期投资业绩基准以及同期中信国债指数的增长.

宝元作为一个债券型基金,可投资于国债、金融债、企业债、可转债以及一定比例的股票。期间债券市场经历了从6月份以来剧烈的调整,而股票市场也展开了新一轮的调整。在此期间,宝元本着稳健投资和组合投资的投资理念,对债券市场及股票市场的风险与投资机会做了比较准确的分析,稳健地建仓,启动了保本机制,较好地规避了风险。在新股及二级市场股票的投资中,宝元逐渐介入了一些具有长期投资价值的绩优股。在债券投资中,宝元着重管理组合的久期,重点投资在中短期债券品种及逆回购中。在二级市场的交易所及银行间的国债中,我们也介入了一些调整幅度较大的中长期老券。对于5年期的新券和老券,在其收益率达到2.95%左右时,我们进行了较为积极地建仓。

期间企业债的发行有中信、广核、中移动、武钢等,我们参与了其中的一些申购。在可转债市场上,由于今年先期发行的转债在利息补偿、转股溢价、回售条款及转股价向下修正等方面不能让投资者在降低固定利息的同时,获得转股期权价值的收益,宝元没有参与. 2003年在随着股市价值中枢的下调,转债条款修改的越来越优惠,我们正逐渐介入。

当然,投资也有一些不足的地方. 第一,银行间金融债及其他创新品种的参与不足. 第二,有时候,可以牺牲一定的流动性获得较高的收益性,毕竟有一部分仓位是长期持有. 第三,加大一定的理性投机,利用债券的短线的非理性行为,实现价值回归带来的收益.

内部监察报告

1.基金运作合规性声明

本报告期内,本基金管理人严格遵守《证券投资基金管理暂行办法》及其各项实施准则、《南方宝元债券型基金基金契约》和其他有关法律法规的规定,本着诚实信用、勤勉尽责的原则管理和运用基金资产,坚持"一流人才、一流管理、一流效益"的经营理念,在严格控制风险的基础上,为基金持有人谋求最大利益。本报告期内,基金运作整体合法合规,无损害基金持有人利益的行为。基金的投资范围、投资比例及投资组合符合有关法规及基金契约的规定。

2.内部监察工作报告

2002年,本基金管理人坚持一切从合规运作、防范风险、保护基金持有人利益出发,遵循"全面管理、独立稽核、相互制约、同步发展、定量分析"的内部控制理念,致力于内控机制的建立和完善,大力加强监察稽核工作,保证各项法规和管理制度的落实,保证基金契约得到严格履行。公司监察稽核部门按照规定的权限和程序,独立地开展基金运作和公司管理的合规性监察,发现问题及时提出改进建议并督促业务部门进行整改,同时定期向监管部门、董事长和公司管理层出具监察稽核报告。

本报告期内,基金管理人内部监察主要工作如下:

(一)规范员工行为操守,加强职业道德教育和风险教育。制定并严格执行《员工行为操守准则》、《员工纪律处分办法》,明确各岗位员工的行为准则以及违反行为准则的处理程序和办法,更好地防范道德风险;组织员工学习《证券投资基金法律法规汇编》,签订《业绩合同》,明确员工的风险责任,进一步树立全员风险意识。

(二)修订内部监察稽核制度,协助公司各部门制定完善各项管理制度和业务流程。总结近年来基金管理经验并借鉴学习境外合作伙伴的先进做法,完善基金投资决策、交易执行、风险控制、监察稽核、危机处理等方面的制度建设,努力防范投资风险。基金管理人制定完善的制度主要有《风险控制委员会议事规则》、《风险控制办法》、《开放式基金投资决策程序》、《投资管理系统操作说明》、《机房管理暂行办法》、《系统变更规定》等,根据实际运作的经验和执行过程中存在的问题,重点对《投资决策委员会议事规则》、《开放式基金操作流程》进行了详细的修订,通过这些内控制度的建立和完善,更好地起到了防范和控制风险的作用。

(三)全面开展基金运作监察稽核工作,防范内幕交易,确保基金投资的独立性、公平性。主要措施有:严格执行集中交易制度,各基金相互独立,交易指令由中央交易室统一执行完成;对电脑系统进行事先设置,杜绝出现自买自卖、反向对敲等违规行为;严格检查基金的研究支持、投资决策、交易过程是否符合规定的程序;对基金投资进行全面实时监控;加强对投资、交易资料的管理,投资部按月将基金的投资和交易数据等资料移交稽核部,由稽核部稽核检查后统一保管。

四、基金托管人报告

本托管人--中国工商银行,依据《南方宝元债券型基金契约》与《南方宝元债券型基金托管协议》,托管南方宝元债券型基金。

2002年度,在对南方宝元债券型基金的托管过程中,本托管人严格遵守了《开放式证券投资基金试点办法》、《证券投资基金管理暂行办法》及其实施准则、基金契约、托管协议和其他有关法规的规定,对南方宝元债券型基金的投资运作进行了全面的会计核算和应有的监督,没有发生任何损害基金持有人利益的行为,诚实信用、勤勉尽责地履行了作为托管人所应尽的义务。

本托管人依照《证券投资基金管理暂行办法》及其实施准则、基金契约、托管协议和其他有关法规的规定,对南方宝元债券型基金的投资组合进行了监督,认为南方基金管理有限公司在南方宝元债券型基金的投资运作、基金资产净值及单位基金资产净值的计算上,遵守《证券投资基金管理暂行办法》及其实施准则、基金契约、托管协议和其他有关法规的规定,没有发现任何损害基金持有人利益的行为。

本托管人依法对南方宝元债券型基金管理人--南方基金管理有限公司在2002年度内所编制和披露的南方宝元债券型基金资产净值公告、基金投资组合公告、基金中期报告等公告信息进行了复核,认为南方宝元债券型基金管理人--南方基金管理有限公司在2002年度内所编制和披露的基金信息是准确、真实、完整的。

五、基金财务报告

(一)审计报告

南方宝元债券型基金全体持有人:

我们接受委托,审计了南方宝元债券型基金2002年12月31日的资产负债表及2002年9月20日(基金成立日)至2002年12月31日止期间的经营业绩表和基金净值变动表。这些会计报表由南方宝元债券型基金管理人南方基金管理有限公司负责,我们的责任是对这些会计报表发表审计意见。我们的审计是依据中国注册会计师独立审计准则进行的。在审计过程中,我们结合南方宝元债券型基金的实际情况,实施了包括抽查会计记录等我们认为必要的审计程序。

我们认为,载于第2页至第13页的上述南方宝元债券型基金会计报表符合中华人民共和国企业会计准则、《证券投资基金会计核算办法》、《南方宝元债券型基金基金契约》和中国证券监督管理委员会允许的如会计报表附注所列示的基金行业实务操作的有关规定,在所有重大方面公允地反映了南方宝元债券型基金2002年12月31日的财务状况及2002年9月20日(基金成立日)至2002年12月31日止期间的经营成果和净值变动情况。

普华永道中天会计师事务所有限公司　注册会计师　肖峰
2003年2月14日　注册会计师　陈玲

六、重要事项揭示

1.本基金管理人及托管人在本报告期内没有发生重大诉讼事项
2.本基金聘请的会计师事务所没有发生变更
3.基金管理人、基金托管人办公地址没有发生变更
4.本报告期内基金的投资组合策略没有重大改变
5.本基金的基金管理人、基金托管人涉及托管业务及其高级管理人员没有受到任何处罚
6.本基金租用专用交易席位事宜的情况

本基金根据中国证券监督管理委员会《关于加强证券投资基金监管有关问题的通知》(证监基字[1998]29号)的有关规定要求及本基金管理人于1998年10月30日公告的选择券商的标准,本基金管理人择定从以下七家证券经营机构租用基金交易专用席位:海通证券股份有限公司、华泰证券有限责任公司、民族证券有限责任公司、华安证券有限责任公司、健桥证券股份有限公司、招商证券股份有限公司、民生证券有限责任公司。

鹏 华 行 业 成 长 证 券 投 资 基 金

鹏华行业成长证券投资基金2002年度报告

重要提示

本基金的托管人已于2003年3月27日复核了本报告。

本基金管理人、托管人愿就本报告书中所载资料的真实性、准确性和完整性负责,本报告书中的内容由本基金管理人负责解释。

一、基金简介

(一)基金基本资料

基金名称:鹏华行业成长证券投资基金

基金代码:206001

基金发起人:鹏华基金管理有限公司

基金成立日期:2002年5月24日

首次募集总份额:3,977,178,040份

基金类型:契约型开放式

基金存续期:不定期

(二)基金管理人

法定名称:鹏华基金管理有限公司

注册及办公地址:深圳市深南东路5047号发展银行大厦18、27层

邮政编码:518001

法定代表人:陈正蓉

总经理:孙晓刚

信息事务管理人:程国洪

联系地址:深圳市深南东路5047号发展银行大厦18层

联系电话:0755-82080663

客户服务热线:0755-82353668

传真:0755-82080742

国际互联网网址:http://www.phfund.com.cn

(三)基金托管人及代销机构

法定名称:中国工商银行

注册及办公地址:北京市西城区复兴门内大街55号

邮政编码:100032

法定代表人:姜建清

基金托管部负责人:周月秋

信息事务联系人:刘长江　　联系电话:010-66107333

代销机构联系人:田耕　　联系电话:010-66107910

传真:010-66106904

联系地址:北京市西城区复兴门内大街55号

(四)会计师事务所和经办注册会计师

法定名称:普华永道中天会计师事务所有限公司

注册及办公地址:上海市淮海中路333号

法定代表人:Kent　Watson

电话:021-63863388　　传真:021-63863300

联系人:周忠惠

经办注册会计师:王笑　郭杭翔

二、主要财务指标:

序号	项目	单位:人民币元 2002年度
1	基金本期净收益	-188,491,440.22
2	单位基金本期净收益	-0.0506
3	基金可分配净收益	-559,877,555.70
4	单位基金可分配净收益	-0.1503
5	期末基金资产总值	3,187,598,015.24
6	期末基金资产净值	3,178,119,658.04
7	单位基金资产净值	0.8533
8	基金资产净值收益率	-4.74%
9	本期基金资产净值增长率	-14.67%
10	累计资产净值增长率	-14.67%
11	期末基金总份额	3,724,395,835.38

三、基金管理人报告

(一)基金的业绩表现

截止到2002年12月31日,每基金单位净值为0.8533元,净值增长率为-14.67%,每基金单位实现收益-0.0506元。

(二)基金的投资目标和投资理念

本基金的投资目标在控制风险的前提下谋求基金资产的长期稳定增值,基金的投资对象为具有良好流动性的金融工具,主要包括国内依法发行、上市的股票、债券以及经中国证监会批准的允许基金投资的其它金融工具。其中,投资的重点是预期营业收入或净利润增长率超过行业平均水平的成长性上市公司所发行的股票,这部分投资比例将不低于本基金股票资产的80%。

本基金的投资理念是"投资在于把握未来价值",本基金认为股票价格变动主要是体现投资者对未来的预期,因此投资应该从基本面分析入手,坚持对股票未来价值的挖掘,包括对行业未来变动趋势的准确判断和对上市公司未来成长性的合理预测。

(三)基金经理及助理简历

本基金基金经理简历

李文忠,男,31岁,硕士学历,7年证券从业经历。曾先后在浙江省国际信托投资公司、国信证券有限公司从事投资银行和证券分析工作。1999年9月加入鹏华基金管理有限公司,参与管理基金普丰,2000年6月至2001年9月任普惠基金经理,2002年5月起担任本基金基金经理。

本基金基金助理简历

赵航,男,32岁,经济学硕士,5年证券从业经历。曾先后就职于大鹏证券资产管理中心、长城证券投资银行部。2000年7月加入鹏华基金管理公司,负责新材料、电子元器件、房地产等行业及公司研究。

(四)基金经理工作报告

1、2002年市场回顾。

2002年是国际化、市场化、规范化进度较快的一年,宏观经济的向好、资金的宽裕、政策的多方面扶持与市场的持续阴跌整理互为市场表象。市场外部环境是较好的一年,但市场重心持续下移,运行轨迹基本呈抛物线型,全年表现为资金的净流出,上证A指数跌幅达17.19%。由于机构持仓成本趋同,波动空间缩小,市场的获利机会主要在于大盘的超跌反弹。

大盘股或相对业绩较好股票的跌幅小于上证综指的跌幅,而绩劣股板块与老成长股板块走势最差。股价结构已经由以前的高价、中价、低价次第排列,逐渐演变为中低价股一统市场的格局。

存量资金进行结构性调整,资金从小市值、业绩差向大市值、业绩好的品种流动,从中高价流向中低价品种。全年虽然经济增长不俗、政策多有扶持,但市场重心仍然下移。

2、2002年投资回顾。

2002年是中国股市备受考验的一年,鹏华行业成长开放基金也遇到了巨大的挑战,业绩表现不尽如人意。我们对去年的投资过程进行了深刻的反思,其中有一定的客观性和偶然性,但我们主要从主观方面去找原因。

其中主要的失误是在仓位控制方面。首先是投资战略的摇摆,基金成立时根据我们对2002年的行情预测,制定了2002年内以保本为主的稳健投资策略,但随着"6.24"行情到来,过高估计突发事件对市场的影响,决定大幅加仓,正值股票市场和债券市场同时处于年度的最高位。其次是市场判断出现了严重失误,高位乐观,低位悲观,致使高位高仓,低位又大幅减仓。"6.24"突发行情前后对大市判断不足,是2002年投资失误的决定性因素,低位的低仓又失去了争取主动的机会。第三是风险控制不力,忽视了与同业的游离风险。

在行业配置和个股选择方面,本基金总的来说还是较为成功的,明显超越了大市和基金同业。本基金坚持以行业为导向进行股票类资产配置和成长性个股的选择,重点投向了以汽车、交通运输、银行、乳业及通讯等成长性行业以及以宝钢股份和中国联通为代表的低价国企大盘股。大部分重点投资个股都取得了成功,如一汽轿车、上海汽车、上海机场、盐田港、中兴通讯、伊利股份、国投电力、天士力、中国联通、宝钢股份等。

四、托管人报告

本托管人--中国工商银行,依据《鹏华行业成长证券投资基金基金契约》与《鹏华行业成长证券投资基金托管协议》,托管鹏华行业成长证券投资基金。

2002年度,在对鹏华行业成长证券投资基金的托管过程中,本托管人严格遵守了《证券投资基金管理暂行办法》、《开放式证券投资基金试点办法》及其实施准则、基金契约、托管协议和其他有关法规的规定,对鹏华行业成长证券投资基金的投资运作进行了全面的会计核算和应有的监督,没有发生任何损害基金持有人利益的行为,诚实信用、勤勉尽责地履行了作为托管人所应尽的义务。

本托管人依照《证券投资基金管理暂行办法》及其实施准则、基金契约、托管协议和其他有关法规的规定,对鹏华行业成长证券投资基金的投资组合进行了监督,认为鹏华基金管理有限公司在鹏华行业成长证券投资基金的投资运作、基金资产净值及单位基金资产净值的计算上,遵守《证券投资基金管理暂行办法》及其实施准则、基金契约、托管协议和其他有关法规的规定,没有发现任何损害基金持有人利益的行为。

本托管人依法对鹏华行业成长证券投资基金管理人--鹏华基金管理有限公司在2002年度内所编制和披露的鹏华行业成长证券投资基金资产净值公告、基金投资组合公告、基金中期报告、基金年度报告等公告信息进行了复核,认为鹏华行业成长证券投资基金管理人--鹏华基金管理有限公司在2002年度内所编制和披露的基金信息是准确、真实、完整的。

中国工商银行基金托管部

2003.03.27

五、基金年度财务报告

(一)审计报告

普华永道审字(2003)第137号

鹏华行业成长证券投资基金全体持有人:

我们接受委托,审计了鹏华行业成长证券投资基金(以下简称"鹏华行业成长基金")2002年12月31日的资产负债表及2002年5月24日(基金成立日)至2002年12月31日止期间的经营业绩表和基金净值变动表。这些会计报表由鹏华行业成长基金管理人鹏华基金管理有限公司负责,我们的责任是对这些会计报表发表审计意见。我们的审计是依据中国注册会计师独立审计准则进行的。在审计过程中,我们结合鹏华行业成长基金的实际情况,实施了包括抽查会计记录等我们认为必要的审计程序。

我们认为,上述鹏华行业成长基金会计报表符合中华人民共和国企业会计准则、《证券投资基金会计核算办法》、《鹏华行业成长证券投资基金基金契约》和中国证券监督管理委员会允许的如会计报表附注所列示的基金行业实务操作的有关规定,在所有重大方面公允地反映了鹏华行业成长基金2002年12月31日的财务状况及2002年5月24日(基金成立日)至2002年12月31日止期间的经营成果和净值变动情况。

普华永道中天会计师事务所有限公司　　注册会计师　王　笑

2003年1月29日　　注册会计师　郭杭翔

六、重要事项揭示

1、本基金管理人、托管人目前无重大诉讼事项;

2、本基金管理人、基金托管人涉及托管业务机构及其高级管理人员在报告期内未受到任何处罚。

3、本基金2002年度不分配。

4、因公司第一届董事会、监事会及经营班子到期换届,经公司股东会2002年第二次、第三次、第四次、第五次会议审议通过,股东会同意由陈正蓉、员瑞恒、李凤梧、李华强、韩安平、过仕刚、朱祺珩、郝珠江、方兆本、柳青、孙晓刚、殷克胜担任公司第二届董事会董事,由李国阳、陈勇、孙文娟、程绍秀、孙泽担任公司第二届监事会监事。经公司第二届董事会第一次、第二次、第三次会议审议通过,并经中国证监会证监基金字[2002]79号文审核批准,董事会同意由陈正蓉担任公司第二届董事会董事长,由员瑞恒担任公司副董事长,同意聘请孙晓刚担任公司总经理,聘请殷克胜、于波担任公司副总经理。上述事项已报中国证监会审核备案并于2002年11月14日在《中国证券报》、《上海证券报》、《证券时报》公告。

5、本基金最近一次公开说明书于2002年12月27日刊登在《中国证券报》、《上海证券报》、《证券时报》。

6、中国证监会《关于加强证券投资基金监管有关问题的通知》(证监基字[1998]29号)中关于"每只基金通过一个证券经营机构买卖证券的年成交量,不得超过该基金买卖证券年成交量的30%"的要求,我公司在比较了多家证券经营机构的财务状况、经营状况、研究水平后,分别向国信证券有限责任公司、国泰君安证券股份有限公司、招商证券股份有限公司、长城证券有限责任公司、海通证券股份有限公司、国联证券有限责任公司、国元证券有限责任公司、北京证券有限责任公司、申银万国证券股份有限公司、兴业证券股份有限公司、华夏证券有限公司租用席位作为基金专用交易席位,并从2002年5月开始使用。

盈鸿利收益证券投资基金

盈鸿利收益证券投资基金2002年年度报告

重要提示

本基金的托管人中国农业银行已于2003年3月21日复核了本报告。本基金的管理人、托管人愿就本报告书中所载资料的真实性、准确性、完整性负责。本报告书中的内容由基金管理人负责解释。

一、基金简介

(一)基金名称：　宝盈鸿利收益证券投资基金
基金代码：　213001
基金类型：　契约型开放式
基金成立时间：　2002年10月8日
首次募集总份额：　1,446,415,713.90份
基金存续期限：　不定期
(二)基金管理人、注册登记人及直销机构
法定名称：　宝盈基金管理有限公司
注册及办公地址：　广东省深圳市福田区深圳特区报业大厦第15层
邮政编码：　518034
网址：　http://www.byfunds.com
法定代表人：　谭向东
总经理：　刘京湘
信息披露负责人：　陈争鸣
直销机构联系人：　许菲菲
联系电话：　0755-83515063
传真：　0755-83515989
(三)基金托管人
法定名称：　中国农业银行
注册地址：　北京市海淀区复兴路甲23号
邮政编码：　100036
法定代表人：　尚福林
基金托管部负责人：　郭辉
信息事务联系人：　李芳菲
联系地址：　北京市海淀区西三环北路100号金玉大厦
联系电话：　010--68435588
传真：　010--68424181
(四)代销机构
1、中国农业银行
电话:010-68297268
联系人:蒋浩
2、国泰君安证券股份有限公司
电话:021-62580818-177
联系人:顾文松
3、联合证券有限责任公司
电话:0755-82493583
联系人:杨军
4、国信证券有限责任公司
电话:0755-82133296
联系人:鞠玮
5、招商证券股份有限公司
电话:0755-82943212
联系人:范源远
(五)会计师事务所和经办注册会计师
法定名称：　普华永道中天会计师事务所有限公司
办公地址：　上海淮海中路333号
法定代表人：　Mr. Kent Watson
电话：　021-63863388
传真：　021-63863300
联系人：　周忠惠
经办注册会计师：　牟磊　陈玲
(六)律师事务所和经办律师
法定名称：　君泽君律师事务所
注册及办公地址：　北京市东城区西滨河9号中成大厦1009室
法定代表人：　金明
电话：　(010)64268870
传真：　(010)64217708
联系人：　陶修明
经办律师：　陶修明

二、主要财务指标

单位:人民币元

主要财务指标	2002年
1　基金本期净收益	1,851,217
2　单位基金本期净收益	0.0016
3　基金可分配净收益	-61,390,871
4　单位基金可分配净收益	-0.0520
5　期末基金资产总值	1,133,019,564
6　期末基金资产净值	1,118,105,050
7　单位基金资产净值	0.9480
8　基金资产净值收益率	0.13%
9　本期基金净值增长率	-5.27%
10　基金累计净值增长率	-5.27%
11　期末基金总份额	1,179,495,921

三、基金管理人报告

基金业绩表现

宝盈鸿利收益证券投资基金成立于2002年10月8日，当日上证指数为1562.99点。截至2002年12月31日，宝盈鸿利单位净值为0.9480元，单位净值增长率为-5.27%，同日上证指数收于1357.65点，跌幅为13.14%。

基金经理简介

方晔女士，基金经理，31岁，管理学硕士，7年证券从业经验。先后任职于中国化工进出口总公司、中国对外经济贸易信托投资公司、宝盈基金管理有限公司，曾任基金鸿飞基金经理，现任宝盈鸿利收益基金经理。

基金经理助理

阳琨先生，基金经理助理，29岁，6年金融从业经历，工商管理硕士。2001年2月毕业于北京大学光华管理学院。1995就职于中国对外经济贸易信托投资公司财务部，自1999年起任财务部经理，2000年6月参与筹建宝盈基金管理有限公司，先后任职于于财务行政部、基金投资部。

沙駸先生，基金经理助理，34岁，5年证券从业经验，工学硕士。1998年毕业于南京通信工程学院信息与信号系统专业。先后任职于熊猫电子集团，国泰君安证券南京营业部交易部，平安保险投资管理中心基金部，宝盈基金管理有限公司研究发展部、基金投资部。

(一)基金经理工作报告

2002年投资管理回顾与探讨

开放式基金在我国尚属新生事物，作为管理人我们仍处于摸索和学习阶段。借此机会，我们希望就一个季度的运作带来的感触同基金持有人进行交流：

1、我们的信念：从自然界的四季循环说起

2002年10月，宝盈鸿利收益基金成立；其后至年底，正是近年来最冷的一个冬天。而在撰写这份年报时，已经是春暖花开的时节。如同自然界的冬天和夏天，证券市场也有熊市和牛市。当调整充分以后，市场的转机也就悄然出现。

彼得·林奇在《战胜华尔街》中告诉我们："股市的下跌如科罗拉多州一月份的暴风雪一样是正常现象，……每次下跌都是大好机会，你可以挑选被风暴吓走的投资者放弃的廉价股票。……股票投资者必须要有一个根本的信念：这一信念就是天不会塌下来，世界末日也不会这么快就降临，经济也许会萧条但不会崩溃，人们还得穿衣吃饭、休息劳作。所以，股票市场长远来看总是一个向上的过程。那么，投资股票还有什么可犹豫的呢？"(p278-279)

我们认同这些朴素的理念，而且努力在投资管理工作中付诸实施，并愿在此与投资者分享。

2、我们对2002年底市场格局的认识和判断：调整可能进入尾声阶段

2002年10月宝盈鸿利收益基金成立后直至年末，A股市场持续下跌，气氛较为低迷。但是根据道氏理论关于调整三阶段的划分标准，我们发现市场已出现调整进入尾声的标志：优质股率先补跌乃至创新低，而在第二阶段中超跌反弹的绩差股也跌回反弹起点。总的来说，从2001年6月2245点以来到2002年底，市场已经调整了18个月、跌幅达到约40%，180指数市盈率、市场整体市净率、平均股价等都处于98年以来的低位，系统性风险已经大大释放，应该更多地看到机会。

3、个股估值：部分个股按国际标准来衡量都已具备绝对投资价值

按照"自下而上"的办法，对个股进行估值，更进一步强化了我们的这一判断：相当一部分个股在价格充分下跌后已进入价值投资区域，部分个股按国际标准来衡量都已具备绝对投资价值。如宝钢股份当时动态市盈率不到10倍，已明显被低估；类似的个股还有不少。

4、对时机抉择的思考：调整尾声阶段应分批建仓

一方面，实证研究表明，国内股市的主要风险是系统性风险，时机抉择能力是决定基金业绩回报的重要因素；另一方面，投资理论和实践也告诉我们，投资管理人难以持续地准确"猜赢"市场，过多的时机抉择往往意味着更多失误的可能和过高的交易成本。

四、基金托管人报告

本基金托管人--中国农业银行，根据《宝盈鸿利收益证券投资基金基金契约》和《宝盈鸿利收益证券投资基金托管协议》，在对宝盈鸿利收益证券投资基金的托管过程中，严格遵守《证券投资基金管理暂行办法》、《开放式证券投资基金试点办法》及各项法规规定，对宝盈鸿利收益证券投资基金管理人--宝盈基金管理有限公司在2002年会计年度基金的投资运作，进行了认真、独立的会计核算和必要的投资监督，认真履行了托管人的义务。

本托管人认为，宝盈基金管理有限公司在宝盈鸿利收益基金的投资运作、信息披露等方面符合《证券投资基金管理暂行办法》、《开放式证券投资基金试点办法》及其相关法规的规定，基金管理人在2002年度所编制和披露的宝盈鸿利收益证券投资基金财务报告、资产净值公告等各项基金信息真实、完整，未发现有损害基金持有人利益的行为。

五、基金年度财务报告

(一)审计报告

宝盈鸿利收益证券投资基金全体持有人：

我们接受委托，审计了宝盈鸿利收益证券投资基金以下简称("宝盈鸿利收益基金")2002年12月31日的资产负债表及2002年10月8日(基金成立日)至2002年12月31日止期间的经营业绩表和基金净值变动表。这些会计报表由宝盈鸿利收益基金管理人宝盈基金管理有限公司负责，我们的责任是对这些会计报表发表审计意见。我们的审计是依据中国注册会计师独立审计准则进行的。在审计过程中，我们结合宝盈鸿利收益基金的实际情况，实施了包括抽查会计记录等我们认为必要的审计程序。

我们认为，载于第2页至第12页的上述宝盈鸿利收益基金会计报表符合中华人民共和国企业会计准则、《证券投资基金会计核算办法》、《宝盈鸿利收益证券投资基金基金契约》和中国证券监督管理委员会允许的如会计报表附注所列示的基金行业实务操作的有关规定，在所有重大方面公允地反映了宝盈鸿利收益基金2002年12月31日的财务状况及2002年10月8日（基金成立日）至2002年12月31日止期间的经营成果和净值变动情况。

普华永道中天会计师事务所有限公司　　注册会计师：牟磊
2003年1月28日　　注册会计师：陈玲

六、重要事项揭示

（一）本基金管理人、托管人本报告期内无重大诉讼事项；
（二）聘请的会计师事务所没有发生变更；
（三）基金管理人、基金托管人办公地址没有发生变更；
（四）本年度基金的投资组合策略没有重大改变；
（五）　基金管理人和基金托管人涉及到托管业务的高级管理人员在本期内未受到任何处分；
（六）根据中国证监会《关于加强证券投资基金监管有关问题的通知》(证监基字［1998］29号)中关于"每只基金通过一个证券经营机构买卖证券的年成交量，不得超过该基金买卖证券年成交量的30%"的要求，我公司在比较了多家证券经营机构的财务状况、经营状况、研究水平后，本基金管理人择定从以下五家证券经营机构租用基金交易专用席位：联合证券有限责任公司、国泰君安证券股份有限公司、国信证券有限责任公司、汉唐证券有限责任公司、招商证券股份有限公司。

江西江中药业股份有限公司（原江西东风药业股份有限公司）是上海证券交易所挂牌的上市公司，系江西省最早的上市公司之一。公司现注册资本14611.2万元，注册地江西省南昌市火炬大道888号。1996年4月公司依据江西省股份制改革联审小组批准以募集方式筹建设立，1996年8月经中国证监会批准在上海证券交易所发行并上市。1996年8月29日，公司在上海证券交易所以上网发行方式向社会公开发行2400万股A股（公司股票代码600750），筹集资金1.5亿元，并于1996年9月23日正式在上海证券交易所上市流通。

1998年6月，经省政府（1998）43号文批准，本公司原控股股东江西东风制药有限责任公司与江中制药厂实施联合，合并组建了江中制药（集团）有限责任公司，江中制药集团成为本公司新的控股股东。

1999年9月，经中国证监会（99）87号文核准，公司进行了二次融资（配股），每股配售价格10元，共配售2131.2万股，其中，国有法人股股东配售691.2万股，社会公众股股东1440万股，再次从证券市场筹集资金1.4亿元。同时，公司通过配股引入了原江中制药厂的优良资产和产品，使公司的经营业绩得到大幅提高。

2002年3月6日，为充分利用“江中”的良好品牌效应，提升上市公司整体形象，公司将名称和证券简称分别变更为“江西江中药业股份有限公司”和“江中药业”。

截止2002年末，公司拥有总资产7.4亿元，净资产5.5亿元，年经营收入6.7亿元，净利润4300多万元。目前公司拥有员工近2000名，经营范围从抗生素原料药、制剂到中成药，品种多达20多种，并形成了草珊瑚含片、健胃消食片等一系列拳头产品，占有相当市场份额，在同行业中居于领先地位。

董事长：廖礼村

江西江中药业股份有限公司

企业荣誉

- 国务院512户重点国有企业
- 中国国家高新技术企业
- 江西省高新技术企业
- 中国国家级企业技术中心
- 国家固体制剂（片剂）工程技术中心
- 江西省连续八年“AAA”信用企业
- 2001年中国上市公司100强 （《新财富》杂志）
- 2002年中国上市公司竞争实力100强（《中国经营报》）

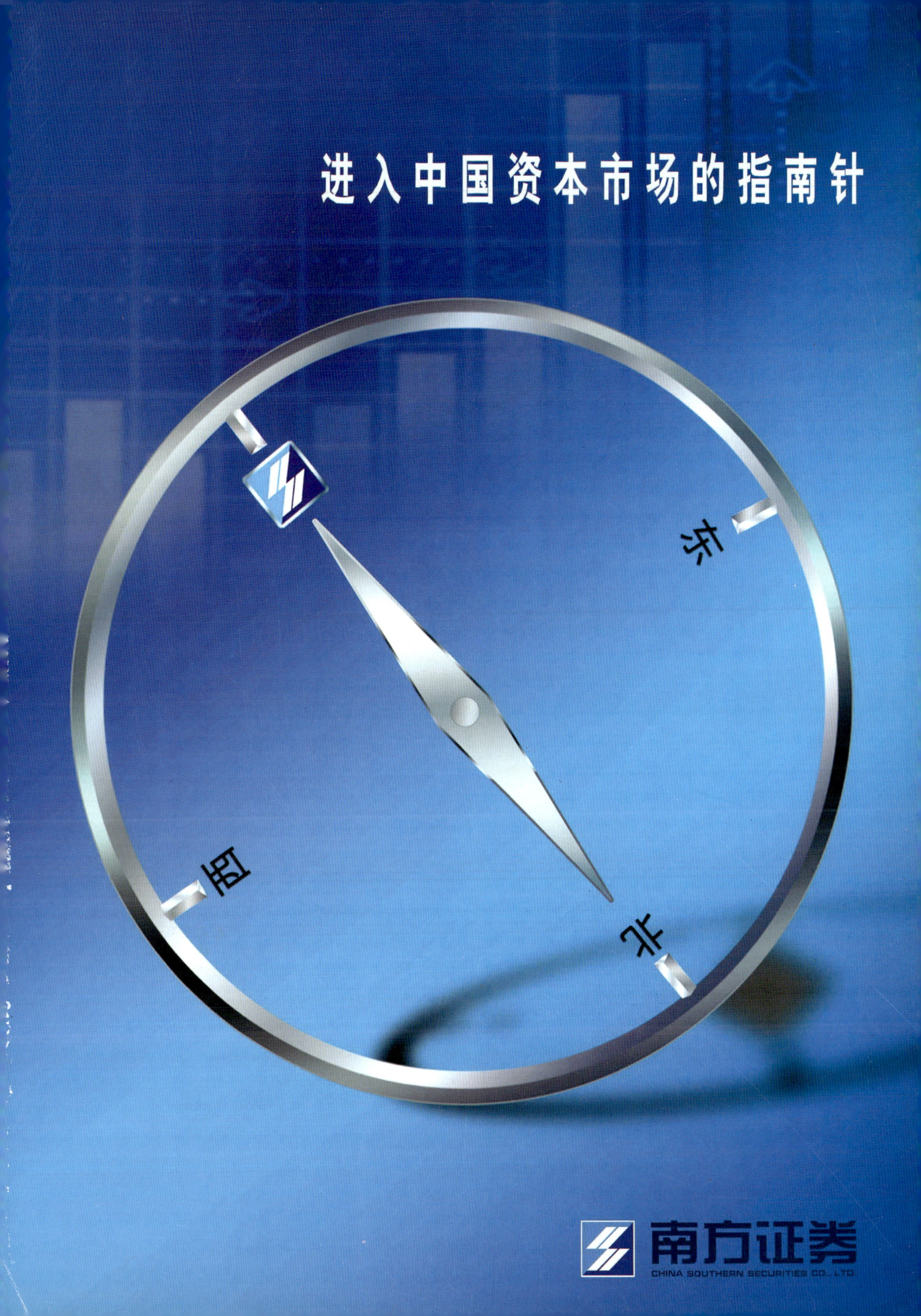
进入中国资本市场的指南针
东
西
北
南方证券
CHINA SOUTHERN SECURITIES CO., LTD.

天津中新药业

TIANJIN ZHONGXIN PHARMA

董事长：詹原竞

高级工程师

中国医药企业管理协会

企业家协会理事

天津市企业管理协会

企业家协会理事

天津市总工会授予“九五”立功优秀经营者称号

荣获“九五”立功奖章

天津市政府授予“劳动模范”称号

份有限公司

董事长：宋春雷　　享受国务院政府特殊津贴专家

郑州—漯河高速公路

河南中原高速公路股份有限公司是经河南省人民政府批准，由河南高速公路发展有限责任公司、华建交通经济开发中心、河南省高速公路实业开发公司、河南省交通规划勘察设计院及河南公路港务局等五家法人单位共同发起设立的股份有限公司。2000年12月，中原高速在河南省工商行政管理局注册成立。

公司股本结构：总股本1,050,000,000股，其中国家股233,897,419股，国有法人股536,102,581股，社会公众股280,000,000股。

2003年8月8日，公司发行的28,000万股人民币普通股A股股票在上海证券交易所上市交易。公司股票简称：中原高速，证券代码：600020。

公司主营业务为高等级公路、大型和特大型独立桥梁等交通基础设施项目投资、经营管理和维护。

2001年公司主营业务收入4.93亿元，利润总额2.56亿元；2002年主营业务收入6.82亿元，利润总额3.75亿元；2003年1－9月，公司已实现主营业务收入5.64亿元，利润总额3.34亿元。截至2003年9月底，公司资产规模已达46.28亿元，其中净资产36.99亿元。

中国长江电力

China Yangtze

三峡工程
世纪梦想
长江电力
源远流长

三一重工

三 一 重 工 股 份 有 限 公 司

SANY HEAVY INDUSTRY LIMTED COMPANY

品 质 改 变 世 界

三一重工股份有限公司（股票简称：三一重工，股票代码：600031），是经湖南省人民政府“湘政函[2000]209号文”批准，由三一重工业集团有限公司整体变更设立的。经有限公司2000年10月28日股东会决议通过，以2000年10月31日为基准日经审计的净资产18000万元，按1：1的比例折为18000万股，由原有限公司股东三一控股有限公司、湖南高科技创业投资有限公司、锡山市亿利大机械有限公司、河南兴华机械制造厂和娄底市新野企业有限公司共同组建，注册资本为18000万元。公司于2003年6月18日向社会公众公开发行普通股股票6000万股，并于2003年7月3日在上海证券交易所挂牌上市，发行后公司总股本为24000万股。

公司主营工程机械产品及配件的开发、生产和销售，主要生产拖式混凝土输送泵、混凝土泵车等混凝土施工机械、全液压振动压路机、摊铺机等高等级路面施工机械、全液压推土机、混凝土搅拌运输车等八大类50种规格的各类工程产品及配套部件。

重庆涪陵电力实业股份有限公司

CHONGQING FULING ELECTRIC POWER INDUSTRIAL CO.,LTD.

重庆涪陵电力实业股份有限公司(以下简称：本公司)是于1999年12月经重庆市人民政府以渝府[1999]214号文批准设立的股份有限公司。本公司主要从事电力供应、销售，电力资源开发及信息咨询服务，商贸信息咨询服务（不含国家有专项管理规定的项目），所属行业为电力供应业。

本公司经营的涪陵电网以110KV输电线路为主网，以35KV和10KV线路为配网，拥有110KV变电站2座、35KV变电站9座、供电所8个，输配电线路6346公里，覆盖涪陵全区，连接垫江、丰都、南川、武隆、石柱等周边县市电网，并与重庆电网以110KV双回线强联运行，直接供电面积2661平方公里，电网覆盖率95%，售电人口约110万人，年供电能力15亿千瓦时，是国内三大地方电力企业之一。

本公司设立时注册总股本为10，800万股，2004年2月9日经中国证监会证监发行字[2004]9号批准，首次向社会公开发行了5，200万股人民币普通股票，发行后本公司总股本为16，000万股，其中：发起人股份10，800万股，占总股本的67.5%；社会公众股5，200万股，占总股本的32.50%。2004年3月3日，本公司5，200万股社会公众股股票在上海证券交易所上市，本公司股票简称为涪陵电力，股票代码为600452。

本公司将以上市为契机，秉承“以人为本、科教兴电”的经营理念，坚持“人民电业为人民”的服务宗旨，夯实主营业务基础，充分发挥行业优势和资源优势，全面提升公司核心竞争力，着力培育新的经济增长点，积极推动公司持续、稳健发展，以良好的形象、优异的业绩回报公司全体股东和广大投资者。

股票简称：涪陵电力
股票代码：600452
注册地址：重庆市涪陵区人民东路17号
联系地址：重庆市涪陵区望州路20号

电话：023-72286349
传真：023-72286349
信箱：bq5678@hotmail.com
邮编：408000

董事长：何福俊

副董事长兼总经理：罗强

2004年3月3日，“涪陵电力”在上海证券交易所隆重上市

SEP 上海电力股份有限公司

董事长：丁中智

上海电力股份有限公司（下称“公司”）成立于 1998年6月4日，于2003年10月14日向社会公开发行24,000万股人民币普通股股票，并于2003年10月29日在上海证券交易所挂牌交易，证券简称“上海电力”，证券代码600021。

公司注册资本 156,350.5万元，公司董事长丁中智，公司股东为中国电力投资集团公司、上海华东电力发展公司以及社会公众股东。公司经营范围是电力、热力的生产、建设、经营。

公司目前拥有南市发电厂、杨树浦发电厂、闵行发电厂、吴泾热电厂4家全资电厂以及具有60万千瓦发电机组检修资质的工程分公司；此外还持有上海外高桥发电有限责任公司51%和上海吴泾第二发电有限责任公司49%的股权。截至2002年底，公司拥有的装机容量为286.5万千瓦，约占上海地区总装机容量的29.5%；发电量173.41亿千瓦时，占上海总发电量的31.03%。

长江三角洲地区，特别是上海地区多年来一直是中国经济活动最具活力、增长速度最为强劲的地区，堪称中国经济的龙头。随着该地区经济总量的不断增长，以及周边地区城市化进程的不断加快，电力能源供应量与地区经济增长之间的矛盾越来越突出。公司作为华东电网的骨干企业、上海地区最大的电力供应商，抓住难得的行业发展机遇，充分发挥地处上海、辐射华东的区域优势，将自己的核心竞争力与地区经济的发展相结合，具备了效益突出的主业和明晰的成长模式。未来几年，公司将继续秉承“以市场为导向，以服务为宗旨，以改革为动力，以创新为灵魂”的经营理念，在投资项目的陆续投产和大股东的持续支持下，通过收购和新建并举的方式，努力实现资产结构的逐步改善和企业规模的不断壮大的目标，立足上海，拓展华东，做强做大，成为全国性的一流独立发电公司。

闵行发电厂全景

2003年10月29日。“上海电力”在上海证券交易所隆重上市

上海电力高层领导

光明无限　动力永恒

TELLHOW
泰豪科技 www.tellhow.com

泰豪科技 创导智能生活

泰豪科技股份有限公司是江西省和清华大学“省校合作”在南昌国家高新技术开发区设立并发展起来的高科技企业。公司经国家科技部认定为“国家火炬计划重点高新技术企业”，并被国家工商总局评定为全国首批公布的520家“重合同、守信用”企业。2002年7月3日，公司股票在上海证券交易所挂牌上市，成为国内智能建筑电气产业领域首家上市公司。2003年8月31日，胡锦涛总书记亲临泰豪视察，对公司发展给予了亲切关怀和热切鼓励.

公司致力信息技术应用，积极发展自主知识产权技术产品，同时重视引进跨国公司先进的工艺技术和发挥军工企业完备的生产能力，建成了具有国际水准的泰豪（南昌）高科技工业园。在智能建筑领域，公司拥有设计、制造和安装智能中央空调、智能发电机组、智能电力设备等楼宇智能化电气产品的综合实力，成功承办了“第三届全国智能建筑技术交流会”，引领国内智能建筑电气产业的发展。在军工电源领域，公司将清华科技融入三波电机数十年的制造技术中，创造了行业内唯一荣获国家发明奖的产品，服务我国国防现代化建设。在光机电一体化产品领域，公司不断进行技术创新，将现代光学技术、医学技术、信息技术综合应用，开发了具有国际先进水平的泰豪光电信息产品。

公司秉承“自强不息、厚德载物”的清华校训精神，“承担、探索、超越”，积极实践“技术+资本”的发展模式。泰豪人信奉“个人的成功在于承担责任的实现，人生的价值在于不断的承担责任”，注重建设以“承担责任实现”为核心价值观的企业文化，以期把泰豪建成智能建筑电气产业领域国际化高科技企业。

泰豪科技股份有限公司
地址：江西 南昌高新技术开发区 泰豪信息大厦
电话：（0791）8105588传真：（0791）8106688 邮编：330029
http://www.tellhow.com E-mail：tsinghua@tellhow.com

QLMCL

庆铃汽车股份有限公司

庆铃汽车股份有限公司是中国汽车行业15家重点骨干企业之一。主要产品是日本五十铃N、T两系列0.6—3吨轻型商用车、8—12吨重型商用车及5人座多功能乘用车。

公司前身是重庆汽车制造厂，85年与日本五十铃公司合资设立重庆市第一家中外合资企业——庆铃汽车有限公司。94年经国家批准，改组为股份有限公司，作为中国汽车工业第一家试点企业赴境外上市发行股票，转制成为国有控股的国际公众企业，97年又一次赴境外发行可转换债券。

公司现有股本金24.8亿元，总资产87.6亿元，员工2400人，平均年龄32岁，大中专以上文化程度的员工占48%，专业技术人员占25%，进厂10年以上员工占70%。

92年至今，公司进入健康、持续、高速发展阶段。

产品技术不断上档升级。94年，与五十铃同步推出新款N系列轻型商用车；97年，与五十铃同步将旧款皮卡车换型为新款；98年，与五十铃联合开发出多功能车；2000年，又推出了具有当今世界最先进技术水平的五十铃新一代重型商用车，平均两年多时间就推出一轮新产品。

装备跨入国际九十年代先进水平，迄今已累计完成技改投资42亿元，引进日本、德国、美国等国家的先进生产线100余条，建成铸、锻、铸铝三大基础毛坯及发动机、驾驶室、变速箱等六大总成的制造能力和主要工艺制造体系，拥有技术开发中心、模具中心、锻模中心、理化中心等技术后方。

2002年产销汽车3.3万台，销售收入32.2亿元，税后利润1.47亿元。在全国汽车企业中，人均劳动生产率、人均销售额、人均利润等指标连续多年名列前茅。

序　言

2003年，中国经济经受住"非典"等诸多突如其来的冲击，保持了快增长、高效益、低通胀的大好局面，跃上新的增长平台。党的十六届三中全会作出《关于完善社会主义市场经济体制若干问题的决定》，确立了全面、协调、可持续的科学发展观，提出要大力发展资本市场和其他要素市场，"有重点、有步骤地推进经济体制改革，进一步消除束缚生产力发展的体制性障碍。"时代的呼唤、经济的强劲增长，对资本市场提出了新的、更高的要求，也为其发展开辟了广阔空间。

在这一年里，证券期货系统认真研究影响市场进一步发展的重大问题，努力加强市场基础建设，深入落实各项监管措施，继续防范和化解市场风险，进一步推进我国资本市场的改革开放和稳定发展，市场信心逐步恢复，市场监管和市场建设各项工作取得新成绩。

2003年，证券期货市场总体运行平稳，市场规模稳步扩大，对支持国民经济发展起到了重要作用。全年境内市场共筹资823.12亿元，同比增长5.56%；上市公司经营效益整体好转，前三季度实现净利润总额达1025亿元，比2002年全年实现的净利润多21.3%，每股收益0.158元，超过2002年全年的每股收益；全年有177家企业通过资本市场实施了收购、兼并和资产重组。随着一些上市公司的集团吸收合并、定向增发等市场创新方案推出，资本市场促进结构调整、优化资源配置的功能更加突出；证券投资基金全年首发规模678亿元；期货市场在规范基础上获得新发展，全年交易额突破10万亿元，总体运行平稳。

截至2003年底，境内上市公司总数达1287家，总市值42457.71亿元，流通市值13178.51亿元；证券公司共133家，总资产约5618亿元，营业网点约3000个；基金管理公司34家，证券投资基金95只，基金规模1650.09亿份，基金总净值1744.31亿元。

2003年，证券期货市场的改革不断深化，法制建设取得新进展。发行制度改革取得实质性进展：提高了首次发行股票的条件，对股票发行审核委员会制度和审核机制进行了重大调整，推出了证券发行上市保荐制度。这些措施进一步强化了企业发行上市的市场约束机制，为从源头上提高上市公司质量，提供了制度保障。

证券公司融资渠道和业务范围进一步拓宽。颁布了《证券公司债券管理暂行办法》

和《证券公司客户资产管理业务试行办法》，为证券公司优化资本结构，在规范基础上创新和发展拓展了空间。进一步完善基金市场准入标准，简化了审批程序，促进基金业创新，基金品种日趋多样化。

积极配合立法部门完善相关法律制度，推动了《证券投资基金法》的出台和《证券法》的修改。还先后两批取消了60项行政审批项目。

这一年，我国资本市场在落实加入WTO有关承诺、推进对外开放方面取得了积极成果。先后有8家外资参股基金管理公司、2家外资参股证券公司获准设立，有3家外资参股基金管理公司获准筹建。试行合格境外机构投资者(QFII)制度进展加快，迄今已有12家外资机构获得QFII资格，累计引入QFII资金约140亿元人民币。

随着我国资本市场规模进一步扩大，市场结构逐步完善，市场规范化程度持续提高，以市场基础建设为中心的监管工作不断推进，市场机制的作用日益显现，市场参与主体的预期逐步趋于稳定，证券市场在发展过程中呈现出一些新的变化：

一是证券市场投资信心明显有所恢复。十六大和十六届三中全会明确了资本市场的发展方向，社会各界特别是广大投资者的认识逐步统一，对资本市场发展预期趋向稳定。在经历了一年半的弱市后，2003年市场主要指标均呈现恢复势头。二是新的投资热点不断涌现。突出表现在业绩稳定增长、以往不被投资者关注的大盘蓝筹股开始受到市场投资者的关注和青睐。三是证券行业经营理念正经历深层次的变革。随着对规范发展资本市场认识的提高和对监管政策的深入理解，证券经营机构原有的经营理念在不断进行调整，更加注重内涵式发展。基金管理公司通过产品创新、服务创新，机构投资者的作用进一步发挥。证券公司在加强自身建设、强化内部管理等方面有了新进展。

对证券市场的这些变化，我们要保持全面客观的认识和判断，既要看到这些变化中包含的市场发展的积极信号，增强做好工作的信心，也要看到我国经济和社会的发展仍处于社会主义初级阶段，资本市场的规范发展是一个长期渐进的过程，还有许多不完善的地方，仍需要我们继续努力。

2004年，证券监管工作要全面贯彻落实党的十六大和十六届三中全会精神，按照《国务院关于推进资本市场改革开放和稳定发展的若干意见》和全国银行、证券、保险工作会议的部署，以创新为动力，以发展为主线，继续加强市场基础建设，不断强化市场监管工作，进一步提高依法行政水平，严格规范市场主体行为，切实防范和化解市场

风险，积极稳妥解决历史遗留问题，保护好投资者合法权益，全面提高市场效率，积极营造富有竞争力的投资和融资环境，为加快资本市场发展奠定扎实基础。要重点做好以下工作：

逐步完善市场结构。规范发展主板市场，推动交易制度和品种创新。分步推进创业板市场建设，在深圳证券交易所设立中小企业板块。改进和规范证券公司代办股份转让系统。促进债券市场发展，大力推动商业银行重新参与交易所债券市场。研究公司债特别是上市公司债券的发行试点等。

继续深化发行体制改革。全面贯彻落实股票发行上市保荐制度和新的发审委制度，健全和发挥市场对企业发行上市的约束机制和作用。研究完善再融资标准和核准程序，整合现行再融资规则，提高市场再融资效率等。

切实提高上市公司规范化运作水平。以提高上市公司透明度和推进上市公司现代企业制度建设为基础，规范上市公司管理层和大股东行为为重点，落实上市公司“辖区监管责任制”为突破口，努力提高上市公司规范运作水平等。

积极促进证券公司和期货公司规范发展。落实已经出台的各项证券公司规范措施，督促证券公司采取积极措施完善法人治理，加强内控机制建设。改革完善证券、期货公司客户交易结算资金存管制度，完善和巩固期货公司保证金封闭管理制度。对证券期货公司实施分类监管，制定扶优限劣的政策措施，支持证券、期货公司通过业务创新，收购兼并等方式优化整合，做优做强。

本世纪头二十年是十六大确定的必须紧紧抓住且可以大有作为的重要战略机遇期，也是我国资本市场改革发展前所未有的大好时机。只要我们工作的方向正确，思路清晰，措施得力，就一定能不断推进我国资本市场的健康稳定发展。

尚福林

（2004 年 3 月 18 日，中国证券监督管理委员会主席尚福林先生亲笔为 2003 版《中国证券业年鉴》作序）

中國證券業年鑒

特别祝贺

三一重工股份有限公司

莱芜钢铁股份有限公司

易方达基金管理有限公司

中国长江电力股份有限公司

新疆冠农果茸股份有限公司

安徽方兴科技股份有限公司

长沙力元新材料股份有限公司

浙江国祥制冷工业股份有限公司

2003

中國證券業年鑒

CHINA SECURITIES YEAR BOOK

总第十一期

总编辑 陈乃进 朱从玖 张育军

上海证券交易所 深圳证券交易所 协办

天津中新药业集团股份有限公司

中国证券业年鉴编辑委员会

新华出版社

图书在版编目(CIP)数据

中国证券业年鉴. 2003/《中国证券业年鉴》编辑委员会编.
—北京:新华出版社, 2004.1
ISBN 7—5011—6407—X

Ⅰ.中… Ⅱ.中… Ⅲ.证券市场—中国—2003—年鉴 Ⅳ.F832.51—54

中国版本图书馆 CIP 数据核字(2003)第 097465 号

责任编辑:吕仙珽　陈洁

中國證券業年鑒

2003

(总第十一期)

中国证券业年鉴编辑委员会编

※

新华出版社出版发行

新华书店经销

上海中证广告有限公司数据植字

上海出版印刷有限公司承印

※

开本:850mm×1168mm　1/16　印张:108　插页:480　字数:4800 千字

2004 年 2 月第一版　　2004 年 2 月第一次印刷

ISBN 7—5011—6407—X/F·925

广告经营许可证:京工商广字西临 0402005

总定价:人民币 780 元　港币 780 元　美元 120 元

编辑说明

中国证券市场创办以来，一大批国有企业发行上市，在国有企业建立现代企业制度的改革实践中起到示范作用，也为经济结构战略调整开辟了直接融资渠道。与中国证券市场同步成长，反映证券市场发展历史的《中国证券业年鉴》是一部综合的史料性年刊，创刊于1993年，每年出版一次，国内外公开发行。《年鉴》主要反映上一年中国证券、期货、基金、产权市场及企业制度建设和发展方面的情况和最新动态，供海内外有关机关、社团、学校、研究部门、企事业单位及社会各界人士进一步了解和研究参考使用，为推动中国证券业的规范化和国际化、建设有中国特色的社会主义市场经济服务。

《中国证券业年鉴》(2003·总第十一期)共分19编，内容设置专论、金融市场、证券市场、期货市场、基金市场、产权市场、证券管理与交易机构、中介机构、上市公司、香港上市公司、拟上市公司、证券经营机构、证券业研究、证券业科技、证券业人物、大事记、市场统计资料、政策与法规、企事业单位选介等部分。另有彩色和黑白插页图片910幅。

《中国证券业年鉴》按部类分编，采用编、章、节、目、段五个层次的结构形式，不同层次的标题在字体、字号和版式设计方面都有明显的区别。其中全书出现最多的“目”一级标题统一用黑体字加【 】表示，内容较多的“目”的文内则用楷体表示“段”一级的标题。在编辑过程中尽可能将内容条目化。

《中国证券业年鉴》(2003)基本上保持了上一期的内容和体例的连续性，充实了金融市场部分内容，并充实了各省、自治区、直辖市、计划单列市的证券期货市场的内容和香港创业板上市公司。在香港上市公司整编内容、香港联合交易所整节内容中除标明货币单位外均以港币为单位。香港上市公司的中文名称并非注册名称。由于会计制度及统计方法差异，可能使在香港上市的大陆企业的数据有所不同。《年鉴》的资料直接来源于公司的公告或报告、国务院有关部门及各省、市提供的材料，保证了《年鉴》的权威性和准确性，但由于中国证券业仍处于发展阶段，加上各地区的发展不平衡以及我们的水平有限，难免出现一些疏漏，敬请读者谅解和指正。

《中国证券业年鉴》由中国证券业年鉴编辑部组织编辑，由新华出版社出版，在编辑出版过程中得到了国务院有关部门、省、自治区、直辖市证券管理机构、上海证券交易所、深圳证券交易所、香港联合交易所、证券界有关领导、专家的指导和支持，在此我们表示最诚挚的感谢。

中国证券业年鉴编辑部

中国证券业年鉴顾问委员会

特别顾问：詹原竞　天津中新药业集团股份有限公司　董事长
王　平　新疆冠农果茸股份有限公司　董事长
章建辉　山东鲁抗医药股份有限公司　董事长
丁中智　上海电力股份有限公司　董事长
王新潮　江苏长电科技股份有限公司　董事长
陈兴汉　南京栖霞建设股份有限公司　董事长
陆益平　中国石化上海石油化工股份有限公司　董事长
王文京　用友软件股份有限公司　董事长
廖礼村　江西江中制药股份有限公司　董事长
邓传明　海口农工贸（罗牛山）股份有限公司　董事长
梁稳根　三一重工股份有限公司　董事长
赵广义　北京城建投资发展股份有限公司　总经理
白礼西　重庆太极实业集团股份有限公司　董事长
陈青光　桂林旅游股份有限公司　董事长

特邀顾问：孙东兴　安徽方兴科技股份有限公司　董事长
张　跃　大同煤业股份有限公司　董事长
陈济民　北京北方天鸟智能科技股份有限公司　董事长
张剑武　北京金自天正智能控制股份有限公司　董事长
张春光　北京中创信测科技股份有限公司　董事长
张世明　长沙力元新材料股份有限公司　董事长
张志忠　创元科技股份有限公司　董事长
栗东生　大连圣亚海洋世界股份有限公司　董事长
曹朝阳　风神轮胎股份有限公司　党委书记兼董事长
程汉川　福建省惠泉啤酒集团股份有限公司　董事长
韩晓进　广东冠豪高新技术股份有限公司　董事长
孙加林　贵研铂业股份有限公司　董事
杨胜利　贵州久联民爆器材股份有限公司　董事长
郑　华　贵州盘江精煤股份有限公司　董事长
丁兆贵　贵州黔源电力股份有限公司　总经理
付明仲　国药集团药业股份有限公司　董事长
郭华强　杭州信雅达系统工程股份有限公司　董事长
郑有全　河南瑞贝卡发制品股份有限公司　董事长
杨安国　河南豫光金铅股份有限公司　董事长
张正龙　华芳纺织股份有限公司　董事长兼总经理
梅敬民　江汉石油钻头股份有限公司　总经理
崔根良　江苏亨通光电股份有限公司　董事长
陶国平　江苏江南高纤股份有限公司　董事长
卞平刚　江苏三房巷实业股份有限公司　董事长
陈文浩　江西洪都航空工业股份有限公司　总经理
何昌明　江西铜业股份有限公司　董事长
李南高　昆明制药集团股份有限公司　董事长
梁英奇　柳州两面针股份有限公司　董事长
刘　平　南方建材股份有限公司　董事长
吴　云　庆玲汽车股份有限公司　董事长
石盛奎　山西国阳新能股份有限公司　董事长

徐锦鑫　上海置信电气股份有限公司　董事长
王春鸣　四川国栋建设股份有限公司　董事长兼集团党委书记
夏朝嘉　四川禾嘉股份有限公司　董事长
冯孝庭　四川天一科技股份有限公司　董事长
杜文广　太原理工天成科技股份有限公司　董事长兼总经理
陈莉茜　武汉三镇实业控股股份有限公司　董事长
陆致成　泰豪科技股份有限公司　董事长
万冠清　无锡华光锅炉股份有限公司　董事长
齐　民　武汉三特索道集团股份有限公司　董事长
刘丹军　武汉三特索道集团股份有限公司　总裁
扎西江措　西藏天路交通股份有限公司　董事长兼总经理
寿德生　浙江东南发电股份有限公司　总经理
阮水龙　浙江龙盛集团股份有限公司　董事长兼党委书记
赵英韬　中海(海南)海盛船务股份有限公司　总经理
邓中华　湖南郴电国际发展股份有限公司　董事长
徐　麟　湖北三峡新型建材股份有限公司　董事长
郑明坦　江西洪城水业股份有限公司　董事长
程德保　江西联创光电科技股份有限公司　董事长
韩盛龙　江西联创光电科技股份有限公司　总裁
符念平　华意压缩机股份有限公司　董事长
黄代放　泰豪科技股份有限公司　总经理
马新强　华工科技产业股份有限公司　总经理
邹韶碌　云南铜业股份有限公司　董事长
陈　智　云南铝业股份有限公司　董事长
李东生　TCL 集团股份有限公司　董事长
张　野　葛洲坝股份有限公司　董事长
曾德新　广东韶钢松山股份有限公司　董事长
尹家绪　重庆长安汽车股份有限公司　董事长
叶效良　云南新概念保税科技股份有限公司　董事长
李建新　湖南长丰汽车制造股份有限公司　董事长
李效伟　湖南华菱管线股份有限公司　董事长
吴成桂　柳州钢铁股份有限公司　董事长
江　津　重庆路桥股份有限公司　董事长
杨　雄　中和正信会计师事务所有限责任公司　董事长
金向东　中山证券有限公司　总裁
唐民伟　重庆钢铁股份有限公司　董事长
田　勇　重庆九龙电力股份有限公司　董事长
李枝芳　湘冶火炬金属股份有限公司　董事长
李铁明　新五丰股份有限公司　总经理
李连琏　兴业聚脂股份有限公司　董事长
王　祥　岳阳纸业股份有限公司　董事长
付文明　云大科技股份有限公司　董事长
李如岗　云天化股份有限公司　董事长
李　旭　张家界旅游开发股份有限公司　董事长
刘　强　中国石化武汉石油(集团)股份有限公司　总经理
廖　斌　株洲时代新材料科技股份有限公司　董事长

中国证券业年鉴编辑委员会

中国证券业年鉴编辑部

本刊地址：上海市浦东大道 1819 号 6 号楼 201 室
电话：021—68670009
传真：021—58206180
邮编：200135

目　录

第四编　中国期货市场

第五编　中国基金市场

第六编　中国产权市场

第七编　上交所上市公司

第八编 深交所上市公司

第九编　香港上市公司

第十编　拟上市公司

第十一编　证券经营机构

第十二编 中介机构

第十三编 证券业研究

第十四编 证券业科技

第十五编 证券业人物

第十六编 证券业大事记

第十七编 市场统计资料

第十八编　政策与法规

第十九编　中国企事业单位选介

插页目录

■ 中国证券业年鉴人物介绍

中国证券市场走势图

上证A股

深证A股

China Securities Year Book 2003

中国证券监督管理委员会

CHINA SECURITIES REGULATORY COMMISSION

CSRC

中国证券监督管理委员会是国务院直属正部级事业单位，是全国证券期货市场的主管部门。下设办公厅、发行监管部、市场监管部、机构监管部、上市公司监管部、基金监管部、期货监管部、稽查一局、稽查二局、法律部、会计部、国际合作部、人事教育部、党委宣传部、监察室、机关党委、规划委、派出机构协调办等18个职能部门和信息中心、行政中心2个直属事业机构。

CSRC

CSRC

CHINA SECURIT

CSRC

中国证券监督管理委员会在全国各省、市、自治区设立的派出机构：

天津证券监管办公室	石家庄特派员办事处
太原特派员办事处	呼和浩特特派员办事处
沈阳证券监管办公室	长春特派员办事处
哈尔滨特派员办事处	大连特派员办事处
上海证券监管办公室	南京特派员办事处、
杭州特派员办事处	宁波特派员办事处
济南证券监管办公室	合肥特派员办事处
郑州特派员办事处	青岛特派员办事处
武汉证券监管办公室	长沙特派员办事处
南昌特派员办事处	广州证券监管办公室
福州特派员办事处	南宁特派员办事处
厦门特派员办事处	深圳证券监管办公室
海口特派员办事处	成都证券监管办公室
贵阳特派员办事处	昆明特派员办事处
拉萨特派员办事处	西安证券监管办公室
兰州特派员办事处	西宁特派员办事处
银川特派员办事处	乌鲁木齐特派员办事处
北京办事处	重庆办事处

CSRC

地　　址：中国北京西城区金融大街16号金阳大厦
主席热线：010－88061700
电子邮件：csrcweb@publicf.bta.net.cn
邮　　编：100032

YEAR BOOK

理事长：耿亮

总经理：朱从玖

海证券交易所

上海证券交易所成立于1990年11月26日，同年12月19日开业，为不以营利为目的的法人，归属中国证监会直接管理。秉承"法制、监管、自律、规范"的八字方针，上海证券交易所致力于创造透明、开放、安全、高效的市场环境，切实保护投资者权益，其主要职能包括：提供证券交易的场所和设施；制定证券交易所的业务规则；接受上市申请，安排证券上市；组织、监督证券交易；对会员、上市公司进行监管；管理和公布市场信息。

上证所下设办公室、人事（组织）部、党办纪检办、交易运行部、上市公司部、监察部、债券基金部、会员部、法律部、技术中心、信息中心、国际发展部、研究中心、财务部、行政服务中心等共十五个部门，一个临时机构——新一代信息系统项目组，以及两个子公司——上海证券通信有限责任公司、上证所信息网络有限公司，通过它们的合理分工和协调运作，有效地担当起证券市场组织者的角色。

上证所市场交易采用电子竞价交易方式，所有上市交易证券的买卖均须通过电脑主机进行公开申报竞价，由主机按照价格优先、时间优先的原则自动撮合成交。目前交易主机日处理能力为委托2900万笔，成交6000万笔，每秒可完成8000笔交易。

经过十一年的持续发展，上海证券市场已成为中国内地首屈一指的市场，上市公司数、上市股票数、市价总值、流通市值、证券成交总额、股票成交金额和国债成交金额等各项指标均居首位。至2002年12月底，上证所拥有3500多万投资者和715家上市公司，上市证券品种828个。上市股票市价总值25364亿元，2002年，上市公司累计筹资达614.30亿元，一大批国民经济支柱企业、重点企业、基础行业企业和高新科技企业通过上市，既筹集了发展资金，又转换了经营机制。

迈入新世纪后，上证所肩负着规范发展市场的艰巨任务，也面临着进一步推进市场各项建设的良好机遇。凭借一流的硬件设施和浦东优越的区位优势与强大辐射力，凭借上海经济良好发展势头和特有的龙头效应，凭借国企改革和金融中心建设对上海资本市场的积极推动，上证所将按照坚定信心、加强监管、保持稳定、规范发展的思路，在技术、监管、人才、服务等方面多管齐下，为建设一个规范透明、高效开放、充满生机活力的世界一流交易所开启新的篇章。

行长　马蔚华

NTS　BANK

网址：www.cmbchina.com
电话：(0755)83198888
传真：(0755)83195555
地址：中国深圳市深南大道7088号
邮编：518040

董事长：张世明

总经理：钟发平 博士

长沙力元新材

力元新材地处湖南省会长沙，是目前国内最大的连续化带状泡沫镍生产企业。2001年，本公司生产能力已达160万平方米，位居全球第二；经过两年快速发展，目前生产能力已达到340万平方米，位居同行业全球第一。按2002年销量318.48万平方米计算，公司在全球泡沫镍市场占有率达到25%以上，位居全球第一。公司科研力量雄厚，拥有多项专利及自主知识产权；产权清晰，法人治理结构完善；在技术、管理和成本等方面形成了独一无二的核心竞争力。

历史沿革

1998年1月成立有限公司，注册资本2200万元（其中专有技术作价出资550万元），1999年10月增资至7000万元（其中专利技术作价出资本850万元），2000年5月增资至7778万元，2000年8月长沙力元新材料有限公司整体变更为股份有限公司，注册资本8,369.753万元，注册地址：长沙市经济技术开发区星沙南路6号。2003年9月3日公开发行4000万股A股股票，注册资本达到12,369.753万元。

经营范围

本公司经营范围：连续化带状泡沫镍产品、电池及相关材料的生产、销售并提供相关技术咨询（不含中介）服务；经营本企业自产产品及技术的出口业务，本企业生产所需的原辅材料、仪器仪表、机械设备、零配件及技术的进口业务（国家限定公司经营和国家禁止进出口的商品及技术除外）；经营进料加工和“三来一补”业务。

公司产品

公司主导产品连续化带状泡沫镍是镍氢、镍镉等二次可充电池的骨架材料，系国家级重点新产品，被列入“九五”重大项目和国家“863”重大攻关项目，产品经电子部化学物理电源产品质量监督检测中心、国家高技术新型储能材料工程开发中心及有关单位检测试用，主要性能指标全面达到或超过国际先进水平。

公司荣誉

1、1998年11月，连续化带状泡沫镍被科技部、国家税务总局、对外贸易经济合作部、国家质量技术监督局、国家环境保护总局联合授予“国家重点新产品”证书。

2、1999年6月，公司产品通过ISO9002国际质量体系认证。

3、1999年8月，公司被湖南省科委认定为高新技术企业。

4、1999年12月，公司获得自营进出口经营权。

5、2000年7月，公司被国家科技部认定为“国家863计划成果产业化基地”。

6、2001年6月，公司自主开发的高强度超强结合力型泡沫镍已被国家经贸委列入“二000年国家重点技术创新项目计划”，被国家计委列入“国家高新技术产业化示范工程”。

7、公司投资近千万元建成全球一流废水处理中心，并于2002年2月通过ISO14001环境管理体系认证。

8、国家副主席曾庆红、全国人大常委会委员长吴邦国等国家领导人、国家计委、国家经贸委、信息产业部、科技部、环保总局等部委领导同志分别来公司视察、指导。

企业文化

经营理念：快速推进，快速完善

企业价值观：智慧创新、高效协作、超越自我、无私奉献

2003年9月18日，“力元新材”在上海证券交易所隆重上市

料股份有限公司

连续化带状泡沫镍

高强度超强结合力型泡沫镍

江苏江南高纤股份有限公司

JIANGSU JIANGNAN HIGH POLYMER FIBER CO., LTD.

江苏江南高纤股份有限公司前身吴县市第二化纤厂创建于1985年，1996年底转制成立江苏江南化纤集团有限公司，2001年进行股份制改造成立江苏江南高纤股份有限公司。

公司为国家火炬计划重点高新技术企业，主要生产销售“牛头牌”涤沦毛条和涤纶短纤维，历经近二十年的发展，公司生产规模和经济效益大幅增长，涤纤毛条和涤纶短纤维年生产能力分别达到12000吨和22500吨，现已成为国内生产规模最大，成条设备最先进的涤纶毛条生产企业。

公司以聚脂切片为原料，专业生产销售“牛头牌”涤纶毛条及涤纶短纤维，2001年涤纶毛条实际产量达同期国内总产量的60%以上，是目前国内产销量最大、成条设备最先进的专业涤纶毛条生产商之一。

公司坚持“科技创新更新，质量第一唯一，服务优质一流，企业锐意超越”的质量方针，制定了“毛条质量保持全国领先，一等品率99%；顾客投诉为零”的质量目标，建立完善的质量监控体系，实施有效的质量管理。在强手如林、全球化竞争的化纤行业中脱颖而出，产品质量达到世界先进水平，并通过了ISO9001质量管理体系的认证。差别化产品的研发优势使公司成为国家纺织产品开发中心涤纶毛条开发基地。

差别化涤纶毛条产品的研发和生产，使公司的产品结构不断优化，产品盈利能力不断提升，业绩逐年增长，在国内同业中占据卓著地位。

面对化纤行业发展的众多不稳定因素和市场的白热化竞争，公司秉承“务实、进取”的创业精神，坚持以市场需求为导向，以科技创新为目标，致力于开发高附加值的差别化涤纶纤维产品，优化产品结构.

加强市场开拓，寻求规模效应；

加强内部管理，降低运营成本；

全方位整合资源，打造企业联盟，增强市场抗风险能力；

经过不懈努力探索，公司已步入良性发展轨道，资产规模不断壮大，企业实力不断增强。

2003年11月27日，”江南高纤”在上海证券交易所隆重上市

领导精英

GUOYANGNEWENERGY

山西国阳新能股份有限公司

山西国阳新能股份有限公司是由阳泉煤业（集团）有限责任公司作为主发起人，经山西省人民政府批准，于1999年12月30日在山西省工商局注册成立。

国阳新能控股股东阳泉煤业（集团）有限责任公司是我国目前最大的无烟煤生产基地，最大的无烟煤出口基地，最大的冶金喷粉煤生产基地，是国家首批和历次确认的特大型工业企业，也是国务院命名的全国520家国有重点企业之一。

国阳新能是我国股票发行方式由额度制变为核准制以后报批的第一批上市公司，于2003年8月6日在上海证券交易所公开发行人民币普通股15000万股，8月21日挂牌交易（股票简称：国阳新能，股票代码：600348）。每股发行价8.20元，发行总市值123000万元，扣除发行费用后，实际募集资金118900万元。注册资本48100万元，主营业务为煤炭生产、洗选加工、销售和电力生产、销售。截止2003年9月末，总资产320449万元，净资产187186万元。

国阳新能具有独特的资源优势，煤炭地质储量21.04亿吨，可采储量10.14亿吨，开采年限百年以上。主要煤种无烟煤，低灰、低硫、低磷、发热量高、固定碳含量高、可磨性好、反应性好的优点使其具备了生产电煤、冶金喷粉煤、烧结煤、块煤得天独厚的优势。“阳优”品牌是我国首家注册的煤炭产品商标，荣获“山西省知名品牌”称号。有块煤、喷粉煤、选末煤、副产品四大系列12个主导品种，多个品种获国家、部、省级优质产品称号。国阳新能采用了当今世界上最先进的采煤设备，采煤机械化程度为100%。一矿、二矿多年来致力技术进步，在全国率先实验成功并推广使用了综采放顶煤技术，实现了采煤工艺的重大变革，连续多年被评为“高产高效矿井”和“特级质量标准化、现代化矿井”；国阳新能瓦斯治理全部实现了自动监控，连续24年杜绝了瓦斯、煤尘事故，被树为全国瓦斯治理的一面旗帜。国阳新能的管理基础扎实、科学严谨。先后获得首届”中国煤炭工业优秀企业奖”、“煤炭工业优秀奖——金石奖”等荣誉，连续多年被评为“重合同守信用企业”、“AAA级信用度企业”。

国阳新能确立了“优化国内市场结构，大力拓展国际市场”的营销策略。国内与宝钢、鞍钢、首钢、山东鲁能等大型企业保持着长期稳定的战略合作关系，在东北、华北、山东等地拥有稳固的市场。国际上与日本新日铁、韩国浦项、巴西制铁等世界大型钢铁企业签订了长期供货合同，煤炭出口呈持续增长的态势。

国阳新能主营业务突出、资产质量优良，经营业绩显著。下属一矿、二矿、第二热电厂持续盈利。2000年每股收益0.317元，2001年为0.34元，2002年为0.52元，2003年1至9月每股收益全面摊薄后为0.318元，且各项经济指标均创历史最好水平。公司募集资金用于收购阳煤集团洗选煤分公司项目和发供电分公司项目；新建4万吨/年煤基活性炭项目和5万吨/年甲醇项目。

“诚信创新”的企业精神，“驰骋大市场，运营大资本，成就大事业”的企业目标，“路在脚下，事在人为”的企业经营理念。国阳新能将以建立现代企业制度为方向，以突出主业为核心，以下游延伸为主体，以多元发展为突破，以最大限度实现公司整体利益为目标。

成功登陆资本市场将推动国阳新能进行一场腾飞跳跃式的发展创新。公司将全面推进现代企业制度建设，形成机制优势明显、产业优势强劲、经营优势持续的现代化企业集团，使国阳新能不仅成为国内知名的大型煤炭企业，更向国际知名的煤炭企业迈进！

董事长：

总经理：

美国通用电气公司董事长兼首席执行官杰克·韦尔奇与
上海置信电气股份有限公司董事长徐锦鑫先生亲切会面

上海置信电气股份有限公司是一家致力于高科技产品的开发、高新技术成果转化、应用和产业化运作的民营上市公司。它由上海置信(集团)有限公司投资控股.并由上海电力实业总公司、上海国有资产经营有限公司、上海石化企业发展有限公司、上海中基进出口有限公司等大型国有企业集团多元投资组成，公司于2003年10月在上海证券交易所上市，股票代码为600517，公司注册资本为7983万，流通股本2500万股。

上海置信电气股份有限公司的经营宗旨是“置业有信，置信于民”，公司引进美国通用电气公司（GE）的设计原理，自主开发生产具有国际先进水平的非晶合金配电变压器和非晶合金组合式变压器，先后被评为上海市“高新技术企业”、“质量标兵企业”、“质量环境双优工业企业”、和“国家火炬计划重点高新技术企业”。

公司的生产基地设在公司下属的上海置信变压器有限公司，它位于上海市天山西路588号，生产建筑面积一万余平方米， 拥有现代化的非晶合金变压器生产流水线等生产、实验设备，并拥有包括美国GE公司技术专家在内的行业精英和高级科研人员组成的科研开发中心，以及一支高层次、高素质的员工队伍。

公司目前已开发了非晶合金干式变压器、非晶合金单相变压器、非晶合金SF6组合式变压器、 非晶合金三相谐波注入器以及非晶合金地埋式（路灯）变压器等20多项新产品，获得了多项市级与国家级高新技术证书，并全部拥有自主知识产权。

公司生产的非晶合金变压器等产品顺利地通过了国家变压器测试中心的突发短路实验，并经国家电力公司、国家机械局联合鉴定确认，多项产品填补了国内空白,达到国际先进水平， 产品被先后列入上海市火炬计划项目和国家级火炬计划项目、上海市首批认定高新技术成果转化、国家火炬计划重点新产品，并且进入了第三批《全国城乡电网改造与建设所需主要设备产品及主要生产企业推荐目录》，以及被评为上海市节能产品。公司目前已通过ISO9001质量认证和ISO14001环境管理体系认证。 目前公司产品已在上海、北京、重庆、江苏、浙江、山东、广东、云南、四川、宁夏 、西藏、辽宁、吉林等20多个省、市、自治区和直辖市投入运行，以其高效节能、美观环保的卓越特性， 赢得了广大用户的一致推崇和广泛好评，被誉为“没有发电机的绿色发电厂”。

2003年10月，作为核准制实施后的上海市民营企业第一家上市公司，上海置信电气股份有限公司在上海证券交易成功发行2500万股人民币普通股（A股），并且上市流通。这成为公司的新的起点。高瞻远瞩的置信人，将在现有经营业绩和高科技产业基础之上， 充分运用高科技产业和金融资本结合的综合优势，发挥自身在新材料、制造工艺、工程技术领域的科研成果和技术开发实力，推动企业产业规模的进一步提升，为实现中国非晶合金变压器产业化、国际化而不懈奋斗。

重点高新技术企业证书

经认定，上海置信电气股份有限公司
为国家火炬计划重点高新技术企业

二〇〇一年二月

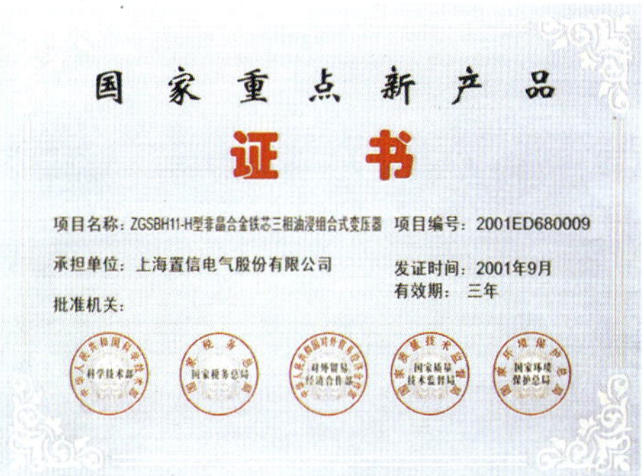

国 家 重 点 新 产 品

证 书

项目名称：ZGSBH11-H型非晶合金铁芯三相油浸组合式变压器 项目编号：2001ED680009

承担单位：上海置信电气股份有限公司 发证时间：2001年9月

有效期： 三年

批准机关：

科学技术部 国家税务总局 对外贸易经济合作部 国家质量技术监督局 国家环境保护总局

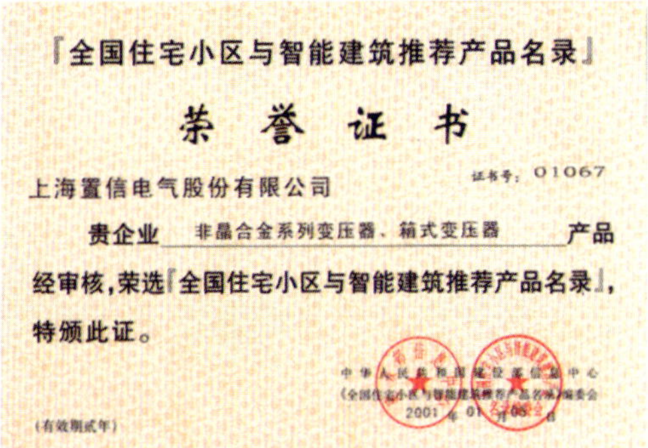

『全国住宅小区与智能建筑推荐产品名录』

荣 誉 证 书

证书号：01067

上海置信电气股份有限公司

贵企业 非晶合金系列变压器、箱式变压器 产品

经审核，荣选『全国住宅小区与智能建筑推荐产品名录』，

特颁此证。

（有效期贰年）

大连圣亚海洋世

DALIAN SUN ASIA OC

大连圣亚 海洋世界落成开业于1995年6月6日，是由中国、新西兰、香港三方共同投资一亿元人民币合资兴建的中国第一座海底通道式水族馆，拥有亚洲最长的118米海底通道，放养海洋动物300余种、10000余只，是目前大连市最具海洋特色的旅游景点之一。

界股份有限公司

EAN WORLD CO., LTD.

DALIAN SUN ASIA OCEAN

亨通光电

江苏亨通光电股份有限公司

JIANGSU HENGTONG PHOTOELECTRIC STOVK CO,. LTD.

董事长：崔根良

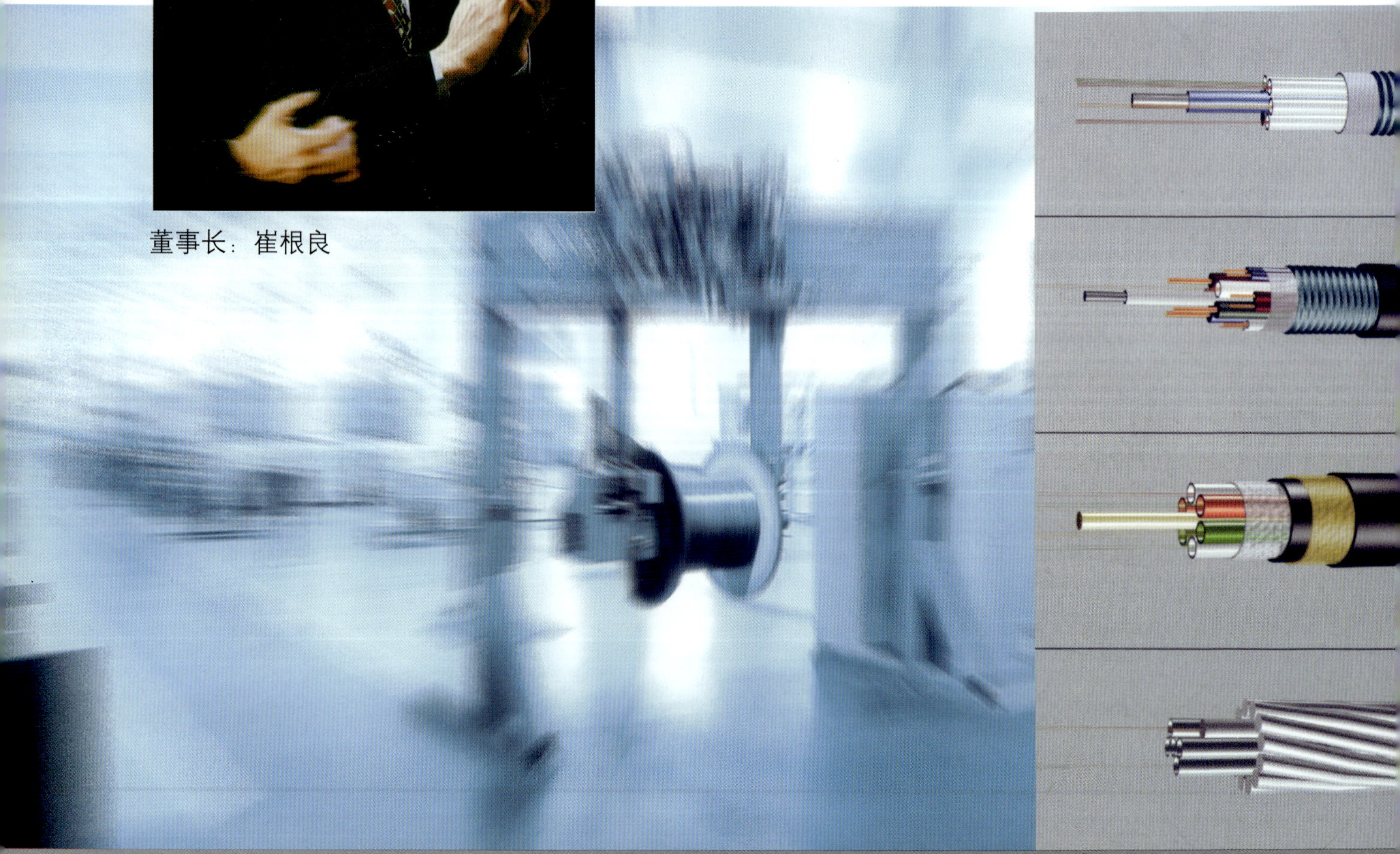

地址：中国江苏省吴江市七都工业区
电话：86-512-63801775 63801719
电子邮件：htgd@htgd.com.cn
销售热线：86-512-63801801

邮编：215234
传真：86-512-63801518
网址：www.htgd.com.cn

科技开创信息未来

江苏亨通光电股份有限公司由吴江妙都光缆有限公司于1999年12月整体变更设立，公司主营光纤光缆。

作为专业的光纤光缆制造商，亨通光电一直站在我国光通信领域的前沿，致力于光纤光缆最新技术的研制与开发。亨通光电基于运营商理想网络设计的传输产品，目前已达20多个系列，规格逾千，是国内同行业中产品最齐全的公司之一。系列化、多功能的产品在国家一级干线以及省市等重点工程领域得到了广泛应用，市场网络覆盖全国并行销海外。

紧密跟踪国际光通信技术潮流，亨通光电是国内研发实力最强、技术最全面的通讯企业。公司是国家科技部认定的重点高新技术企业，并已成为“传送网与接入网标准研究组”的全权成员单位。

秉承专业精神，力求更佳业绩，亨通光电在民族光缆走向世界的进程中，以创新致远，为用户提供完美的解决方案，为股东创造价值，为创造中国信息产业的世界品牌而不懈追求！

中国保监会、用友软件股份有限公司签约仪式

董事长：王文京

公司领导合影

企业使命：发展民族软件产业，推进中国管理现代化

企业宗旨：与用户真诚合作，做用户可靠朋友

核心价值：帮助客户提高经营与管理能力

用友软件

用友产品

企业理念：通过为顾客带来价值，为股东带来价值增值，为员工带来价值实现，把公司发展成为中国最有价值的企业之一

企业文化核心：以人为本、客户为本

产品方针：实用、先进、可靠

服务方针：专业、及时、真诚

质量方针：实用、先进、可靠的产品，专业、及时、真诚的服务

企业口号：软件推动管理进步

用友软件股份有限公司(以下简称"用友公司")自1988年成立以来，一直专注于自有知识产权的企业应用软件产品（ERP、SCM、CRM、HR、EAM、行业管理软件）和电子政务管理软件产品的研发、销售和服务。2001年5月，用友公司股票在上海证券交易所挂牌上市（股票简称：用友软件；股票代码：600588）。

签约仪式

2002年"用友"商标被认定为"中国驰名商标"。2002年被中国权威的IT市场研究机构CCID评为"年度成功企业"。2002年被中国计算机用户协会20周年用户评选为"中国管理软件首选品牌"。

用友公司是中国最大的管理软件/ERP供应商。用友公司依靠领先的技术、丰富的产品线、强大的咨询实施队伍和优秀的本地化服务，使管理软件销售额稳居中国市场首位，在制造业、流通业、服务业、金融业、政府机构，用友软件都得到了广泛的应用，成为推动中国企业管理信息化和政府信息化的主流应用软件。根据中国权威的IT市场研究机构CCID的调查：2002年，用友ERP一举打破国际厂商垄断地位，成为中国ERP市场的龙头老大。此举改写了中国ERP市场版图，使该市场成为一个以本土厂商为主的国际化竞争市场；同时，用友继续年蝉联中国管理软件市场占有率第一、中国财务软件市场占有率第一的桂冠；2002年用友ERP软件的销售已经占销售总额的60%以上，软件服务已占总营业额的15%。2002年底用友大手笔投资重组安易，又为用友领军中国电子政务软件市场奠定了坚实基础。

用友公司是中国最大的财务软件供应商。用友公司在财务软件市场占有率一直稳居中国市场首位，是中国财务软件市场最具实力的龙

股份有限公司

头企业，市场占有率近40%，在各行各业得到了广泛深入的应用，成为推动中国财务管理信息化的主流应用软件和实际应用标准，为中国的会计电算化提供了强有力的信息化工具。用友公司从1988年率先推出商品化的财务软件以来，紧跟技术潮流和中国财务管理信息化的需求，先后以网络版、新会计制度版、全面核算型以及管理型等财务软件，形成了数十万的用户规模并得到用户广泛好评。目前，用友公司正与中国工商银行总行等多家银行共同实现用友软件与电子银行系统的连接，使用友软件与银行电子银行系统能够安全地交换有关数据，通过用友软件向客户提供电子银行服务。

用友产品

用友公司是中国最大的独立软件供应商。根据CCID统计，用友公司从1999年起就已成为中国最大的独立软件供应商。31家分、子公司(其中包括26家分公司、2家全资子公司、3家海外全资子公司),10家控股子公司,30家参股公司,15家办事处,形成了800多人的软件开发队伍、400多人的软件咨询顾问实施队伍和3000多人的企业规模。

董事长：孙东兴

股票简称：方兴科技
股票代码：600552
法定代表人：孙东兴
董事会秘书：李群虎
地址：安徽省蚌埠市涂山路767号
邮编：233054
电话：0552—4077780
传真：0552—4077780
公司网址：http://www.fangxingkj.com
电子信箱：fxkj@fangxingkj.com

安徽方兴科技股份有限公司

忠诚、热爱、拼搏、超越

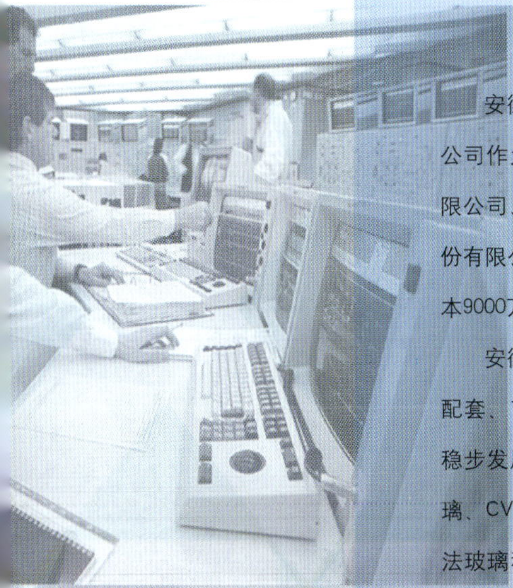

安徽方兴科技股份有限公司是由国家512家重点企业之一的安徽华光玻璃集团有限公司作为主发起人，与浙江大学、国家建材局蚌埠玻璃设计研究院、蚌埠市建设投资有限公司、蚌埠市珠光复合材料有限责任公司联合发起，经安徽省主管部门批准设立的股份有限公司。经中国证监会批准，公司于2002年11月8日在上海证券交易所上市，注册资本9000万元，是国家火炬计划重点高新技术企业和安徽省高新技术企业。

安徽方兴科技股份有限公司以高科技产业为发展方向，重点发展信息、电子、汽车配套、节能环保建材等领域的新材料。企业按照“强头、壮身、活尾”的发展战略，稳步发展信息显示材料和玻璃深加工产品的研发与生产。公司的主导产品ITO导电膜玻璃、CVD在线镀膜玻璃荣获省级高新技术产品称号，产销能力居全国领先地位；优质浮法玻璃和玻璃深加工制品被评为省名牌产品和中国公认名牌产品，“华光”商标荣获安徽省著名商标。企业拥有外贸进出口自营权和对外经济技术合作权，通过ISO9002国际质量体系认证和ISO14000国际环境管理体系认证。方兴科技的“三本管理”法荣获全国建材系统管理现代化创新成果一等奖。方兴科技拓展高新技术玻璃产品战略管理方法荣获国家管理现代创新成果奖。

安徽方兴科技股份有限公司上市后充分发挥上市公司融资优势，稳健开展产品经营和资本运作。充分依托博士后工作站和科研院所的科研开发优势，进入有市场前景的透明导电材料领域，积极开拓国际市场，努力把股份公司建成技术密集型、外向型、市场竞争力强、高速发展的具有国际影响力的大型跨国公司。

董事长：唐俊　　　　　　　　总经理：普乐

贵研铂业股份有限公司，成立于2000年9月，是经国家工商行政管理局核准，云南省人民政府批准，由世界三大知名贵金属研究所之一——昆明贵金属研究所，联合红塔集团、云铜集团、云南烟草兴云公司等省内外大型知名企业共同发起设立的股份有限公司。2003年，贵研铂业4000万股A股在上海证券交易所成功发行和上市，成为云南省第一家核准制下的上市公司。公司总资产近5亿元，净资产超过3.3亿元，公司是致力于贵金属高纯材料及系列功能材料研究、开发和生产经营的高新技术企业。

贵研铂业股份有限公司依托昆明贵金属研究所雄厚的技术实力，携几十年贵金属领域的技术、管理及经营等人才优势和技术优势，在贵金属高纯材料和功能材料的生产销售领域迅速成长。

公司及控股股东承担或主要参加的国家基础研究、科技攻关、技术开发、高新技术产业化项目占国家同类项目的80%以上。

截止2002年12月31日，贵研铂业股份有限公司正在建设、研发及试制的项目83项，其中国家高技术产业化示范工程项目1项、国家新

JIANGXI HONGDU AVIA

董事长：田民

董事、总经理：吴方辉

江西洪都航空工业股份有限公司

www.hongdu-aviation.com

洪都航空主营产品

• K8飞机　是针对世界各国使用的教练飞机正处于更新换代时期而自行研制的新一代基础教练飞机，其综合性能优于当前国际上同类教练机。2002年元月，K8喷气教练飞机又荣获了国家科学技术进步奖最高荣誉——一等奖。

K8喷气教练飞机具有很好的市场前景。该机多次参加过大型国际航展，在国际同类教练飞机中，K8飞机具有很强的竞争力。洪都航空与中国航空技术进出口总公司共同努力，使K8飞机成功地销往亚洲、非洲多个国家。我国与非洲某国签订的合作生产80架K8飞机合同正在顺利地执行。K8飞机作为我国的主要出口机种，在国际上享有很高的知名度。

• N5农林飞机（N5A飞机）　我国第一架从设计开始，就全面按照中国民用航空条例(CCAR-23部适航条例)及型号合格证审定程序,自行研制并通过中国民航有关部门审定的农业飞机。N5A飞机具有极佳的超低空飞行性能，且操纵灵活，作业效率高，维护方便，经济性好。N5A飞机在江西、湖南、湖北、新疆、黑龙江等地进行了大量的农林作业，深受用户欢迎。

N5A 飞机装有喷洒系统，可进行森林、草地和农作物的病虫防治、施肥、除草,装上播撒系统，可飞播造林、植草、播种等；N5A飞机还能进行森林灭火；在进行农林作业时，遇紧急情况可实施有效的应急投放。在我国推进农林作业现代化、开发大西北、退耕还草、退耕还林中,农业飞机有巨大的市场，N5A飞机大有用武之地。在2002年农业部门组织的农业飞机订货洽谈会上，N5A飞机的优良品质和性能倍受用户关注。2003年9月,已完成农业部订购的八架N5A飞机生产交付工作。

该机被列为国家级火炬计划项目。

• 海燕螺旋桨飞机　是荣获国家质量金奖的飞机产品。该机具有极为优良的飞行性能和操纵品质，能进行全特技飞行，性能价格比高，安全可靠，维护方便，是国内外航空飞行器驾驶员学习、训练，国内外航空俱乐部和航空飞行爱好者训练、运动、娱乐最受欢迎的飞机。特别是国外航空俱乐部用户，对这种飞机表现了极大的兴趣。洪都航空与中国航空技术进出口公司共同投资组建了专营海燕螺旋桨飞机出口业务的伊格莱特公司，积极开拓国际市场。

洪都航空成立以来的重大事件：

公司于1999年12月16日成立。

2000年11月16日，公司6000万股A股票在上交所发行。

同年12月15日，公司6000万股A股票在上交所上市。

公司高级管理人员(从左向右)：工会主席魏全全、副总经理涂火旺、副总经理陈文浩、总经理吴方辉

公司高级管理人员(从右向左)：党委副书记熊建新、副总经理朱敏、副总经理黄学军

钣金加工厂

ION INDUSTRY CO.,LTD

洪都航空

展翅鲲鹏

2000年，公司实现净利润41，063，718．28元，超额完成公司招股说明书承诺盈利预测目标。

2001年，公司实现净利润63，430，563．14元，超额完成招股说明书承诺的盈利预测水平；主要经营目标全面完成且均比上年度有较大幅度的增长，其中，净利润较上年度实现50%以上幅度的增长。

2001年6月1日，中央领导同志亲临洪都航空视察。

2001年10月11日，公司实施了每10股转赠5股；公司总股本增至为21000万股。

2002年2月，公司主营产品---K8喷气教练飞机，荣获国家科学技术进步奖最高荣誉一等奖。

2003年8月31日中央主要领导亲临洪都航空视察。

2003年公司继续保持稳定发展。

公司成立三年来，已向全体股东实施了4次现金红利分配，2003年5月实施了每10股派3元(含税)；累计分红利10683万元。

N5A农林飞机

K8喷气教练飞机

海燕螺旋桨飞机

洪都航空发展战略

洪都航空是国内首家以飞机整机制造作为主营业务的上市公司，公司将继续贯彻既定的长期发展战略：“突出航空主营，发展相关产业，实施资本运作，持续稳定发展”，以提高经济效益为中心，以技术改造为重点，以新品开发、技术创新、制度创新为动力，以科学管理为基础，进一步提高公司规范运作水平，在搞好生产经营的基础上,加大资本运营力度，以航空为本发展相关高科技产业，培育新的经济增长点。坚持走“高科技、外向型、高效益”的经营发展道路，用4年的时间,把洪都航空建设成为我国具有较强国际竞争实力的飞机科研、生产、出口基地，为祖国的航空工业立于世界强国之林而贡献力量！

高新环保厂房

公司科技大楼

董事长：郑有全

河南瑞贝卡发制品股份有限公司位于河南省许昌市文峰大道288号，是一家集研制、开发、生产、销售于一体的国内最大的发制品专业公司。其前身为1993年中美合资成立的河南瑞贝卡发制品有限公司，1999年10月24日完成股份制改造，同年11月11日正式成立股份公司。2002年9月26日公司上市申请经中国证监会发审委核准，2003年7月10日瑞贝卡股票在上海证券交易所挂牌上市。公司现拥有资产6.7亿元、占地面积23万平方米、建筑面积13.6万平方米。作为一家外向型民营企业，公司工艺发、化纤发、

河南瑞贝卡发制

公司科技大楼

董事长参加瑞贝卡新区建设奠基仪式

假发生产车间

女装假发、教习头、男装发块等五大系列千余种产品出口北美、西欧、非洲、亚洲的30多个国家和地区，2003年实现出口创汇7200万美元，比2002年增长47%，再创历史新高。

瑞贝卡公司成立以来，尤其改制4年来，公司董事会和领导层紧紧围绕"人才、科技、品牌"三大战略的实施，大力弘扬"精诚、创新、发展"的企业精神，充分利用行业优势，以经济效益为中心，以技术进步和提高全员素质为动力，以现代管理为依托，不断完善法人治理结构，努力实现规范运作；加大科技投入，搞好新产品开发和北美、西欧、非洲三大市场开发，不断提高国际市场占有份额，积极扩大出口创汇；在全国同行业率先通过ISO9002和ISO9001国际质量体系认证的基础上，加快产品结构调整，不断促进产品升级。企业核心竞争力不断增强，成为国际市场上规模最大、技术水平较高、产品品种较多的发制品专业公司，各项经济指标一年一个新台阶，出口创汇居河南省民营企业首位，年年受到省、市、县各级政府的表彰。

品股份有限公司

东大门口

华芳公园

制衣包装

针织大圆机

检测设备

喷气织机

制衣模特样品

针织布

华芳纺织股份有限公司

华芳纺织股份有限公司位于中国"黄金水道"长江下游南岸的新兴港口工业城市——张家港，是经江苏省人民政府苏政复（1998）6号文批准同意，由华芳集团有限公司等五家单位共同发起设立。经中国证券监督管理委员会证监发行字（2003）41号文核准，公司向社会公开发行9000万股人民币普通股，并于2003年6月27日在上海证券交易所上市挂牌交易。公司发行后的总股本为21,500万股，其中流通股9000万股。

公司主要从事针织布的织造、染色、整理以及针织服装加工制造等业务，目前已形成年产各类针织坯布5000多吨，针织面料染整1200吨，针织服装300万件，高档弹力面料和提花装饰面料2500万米的生产加工能力。公司通过对产品和管理的不断开发整合，始终保持了良好的发展势头，经济效益连年增长。经过多年的努力，公司现已具备行业领先的工艺技术水平和装备优势、优异的经营管理措施、具有竞争力的核心业务规模，先后通过ISO9001、9002质量管理体系认证和ISO14001环境管理体系认证，"华芳"牌系列产品以其过硬的质量，较高的市场知名度，被评为"江苏省名牌产品"。各类针织染整布、针织服装、高档面料以其良好的品牌形象畅销海内外。

公司将以上市为新的起点，积极推进以针织布后整理和针织服装为方向，国内外中高档面料和服装市场为重点的新一轮发展，坚持诚信经营，以实业为本，加快项目建设，加强资本运作，以最优质的产品回报社会，以最丰厚的收益回报广大投资者。

我们总在超越

根植于中国传统医学文化的强势品牌
现代朝阳产业的新技术之星

Backed on Traditional Chinese Medicine and Pharmacology, Liangmianzhen isan influent
product and a company of contemporary rising industry with new technology in China

现代化设备

公司风貌

地址：广西柳州市长风路2号
电话：0772-2513750（总机）
传真：0772-2513419
网址：www.tooth-paste.com

两面针

柳州两面针股份有限公司

LIUZHOU LIANGMIANZHEN CO., LTD.

1980年，柳州两面针股份有限公司的前身柳州牙膏厂成立，1994年，柳州牙膏厂改制为柳州两面针股份有限公司。公司主要产品两面针牙膏，采用广西特有的两面针植物研制而成，具有消炎镇痛、去瘀解毒、止血防臭、防龋健齿等多种功效，对牙龈炎、牙周炎、牙本质过敏及各种口腔炎症引起的牙龈出血、牙痛、口臭等均具有明显疗效。公司产品畅销全国31个省市自治区，并远销北美、非洲和香港等国家和地区。自1996年以来，公司牙膏产品的产销量、经济效益一直位居国内同行业前列。目前，公司的主要业务包括口腔卫生用品、洗涤用品及妇女卫生用品三大系列。1999年公司被列入512家国家重点企业之一。1999年，“两面针”被国家工商行政管理局认定为驰名商标；2002年两面针牙膏被国家质量监督检验检疫总局评定为中国名牌产品；同年，公司当选为中国牙膏工业协会理事长单位。

二十年磨一剑，作为我国最早研制、生产中药牙膏的企业，公司在两面针中草药药液的提取和应用方面积累了丰富的经验，形成了全球范围内独特的技术优势。2002年10月，经国家人事部批准，公司设立了行业内首个博士后科研工作流动站。百尺竿头更进一步，公司不断增加产品的技术含量。目前公司正在开展中草药在口腔清新、牙齿美白、防止龋齿等方面应用的行业技术前沿研究，并牵头制定行业技术标准，引领行业未来发展方向，为公司继续保持技术优势积累后劲。

董事长：

董事长：程德保　　　　总裁：韩盛龙

公司生产线

江西联创光电科技股份有限公司是中国证券市场第一家直接以“光电”命名的上市公司，国家高新技术企业。公司创建于1999年6月，并于2001年3月29日在上海证券交易所挂牌上市（股票简称 联创光电，股票代码 600363）。

公司作为江西电子信息产业第一家上市公司，汇集了电子信息制造业较优良的资产，拥有一批具有国内领先地位能参与国际竞争的产品，有一支素质优良的员工队伍。公司分别在江西南昌、江西吉安、福建厦门等地设有产业基地。主要产品为LED光电器件、光电线缆、继电器、电声器件及信息通信。

公司以新型电子元器件为主导，专用通信和信息服务为两翼，全力开拓中国光电子产业之路。公司在电子元器件，尤其是在光电器件方面具有较强的优势，拥有LED光电器件、光电耦合器、继电器、光电线缆、电声器件、光通信系统设备的生产规模及强有力的质量保证能力。2002年公司投资1.6亿元进行建设占地300亩（首期规划）的联创光电科技园，充分利用自主知识产权的技术优势，引进国际先进的技术和设备，重点发展氮化镓LED蓝光外延片、芯片及片式器件，至2005年末，公司LED光电器件将形成从外延片、芯片、器件到应用产品的完整产业链和规模化生产，建成国家863计划成果基地，打造为全国最大的LED产业基地。

公司秉承“联天下英才，创光电伟业”的企业文化理念，弘扬诚信、卓越的企业精神，以卓越的业绩回报社会。

北京中创信测科

中创信测
专业致力网络维护

股票简称：中创信测
股票代码：600485

董事长：张春光

总经理：李铁巍

北京中创信测科技股份有限公司，1995年注册成立于北京新技术产业开发区（即中关村科技园区），2000年8月整体变更为股份有限公司，2003年8月7日公司A股股票在上海证券交易所挂牌上市。现注册资本为6831.6万元。是一家专业致力于研发、生产通信网测试测量、维护管理产品的高科技企业。目前公司员工总数296人。

公司成立7年多来，一直致力于通信网测试与维护产品的研制开发、生产销售和服务，自行研制开发的产品广泛用于交换、传输、接入以及移动通信、数据通信、智能网、七号信令网等国家重点鼓励发展的通信产业领域，已形成通信网测试仪器仪表和通信网监测维护、网管系统等两大类产品，并且全部拥有自主知识产权，在促进我国通信测试技术水平的提高、保障通信网络运行质量方面发挥了重要作用。

公司为国家火炬计划重点高新技术企业、北京市高新技术企业、北京市软件企业和北京市优秀新技术企业和2003年中国软件产业最大规模前100家企业。1999年，公司全面通过了ISO9001质量体系认证，2001年通过ISO9001：2000版升级，成为国内首批通过质量体系版本升级的企业之一；为进一步符合行业发展及市场开拓新要求，公司于2002年取得信息产业部计算机系统集成二级资质证书；并获得国家保密局颁发的涉及国家秘密的计算机信息系统集成资质证书；公司产品先后通过美国FCC认证和欧盟CE认证，为公司产品的海外市场销售奠定了基础。2000年3月，通过科技部和中科院"高新技术企业评审"。

中创信测凭借自身技术优势和开拓意识，不断推陈出新，产品在国内已占据明显的市场优势：国内首创的"QSZ07七号信令测试仪"在全国范围内县、市局广泛使用。"七号信令集中监测系统"在国内的市场占有率高达50%，1998年全面中标全国最大的电信网--广东省本地网和国内最重要的长途枢纽局---北京长途局。2001年中标中国联通八个大省电信支撑网信令网集中监测系统一期工程，夺得中标合同金额第一的好成绩。2002年中标北京通信公司七号信令集中监测系统。自2002年年底到2003年年初，公司持续参加国家骨干网项目招标，相继在中国铁通总部、中国电信北方事业部和中国网通七号信令测试仪表招标中全部中标。

截止目前，公司获得（承担）1项"国家科技进步奖"、6项国家专利、4项国家级"火炬计划"、51项计算机软件著作权、1项"国家科技成果重点推广计划"；2项"北京市重大科技成果推广计划"、2项国家科技型中小企业技术创新基金支持项目、1项国家"863计划"、1项国家重点新产品、3项北京市高新技术成果转化项目、1项北京市名牌产品、2项2001年信息产业部推广计划项目和1项2001年信息产业科研试制项目计划。

公司在加强自身技术创新的同时，还积极参与起草、制订了国家通信行业相关技术规范和标准，包括中国电信在内七号信令网集中监控系统、本地网七号信令集中监测系统技术规范和ADSL线路测量维护管理办法；中国移动七号信令网LSTP网管系统技术规范；中国联通七号信令网络网管技术规范和网络服务质量监测系统技术规范。

目前，公司已在广州、南京、成都、沈阳4个城市设立了办事处，为适应不同发展阶段，不断探索、完善、延伸公司核心竞争力的内容，整合主营业务与组织架构，已逐步建立起公司发展所需的技术、市场、管理、工程生产及企业形象（品牌）五大平台，具备向更高、更强、更大型企业发展的基础。

技股份有限公司

签字仪式

2003年8月7日，“中创信测”在上海证券交易所隆重上市

生产中心

研发中心

AriTime
金 自 天 正

北京金自天正智能控

北京金自天正智能控制股份有限公司（AriTime）是由中央大型科技企业——冶金自动化研究设计院控股的大型工业自动化综合性高科技企业，于1999年成立，2000年经北京市科学技术委员会认定为高新技术企业。2002年经中国证监会核准在A股市场成功上市，股票代码：600560，股票简称：金自天正。

公司主要从事工业自动化领域系列产品的研发、生产、销售和承接自动化工程及技术服务等，可为用户提供系统、先进、定制化、高性价比的工业自动化全面解决方案。金自天正十分重视培植企业的核心竞争力，经过多年的发展形成了独具特色的工业自动化技术和产业结构。

公司承继了冶金自动化研究设计院在工业自动化领域30年的科研成果，拥有雄厚的技术力量和丰硕的业绩，承担了多项国家重点科技攻关和863项目，获得国家发明奖、科技进步奖、省部级奖及软件著作权、专利等科研成果300余项。

制股份有限公司

公司处于国内领先、国际先进水平的高新技术有：智能控制技术、冶金工艺流程自动化成套技术和应用软件、大功率交流变频调速技术、混合流程工业CIMS系统技术、现场总线控制技术、大型自动化工程规范和开发平台、高压大功率晶闸管制造及应用技术、激光检测和节能仪表技术等。公司已通过ISO9001质量标准认证，取得CNACR和UKAS质量认证证书。

公司主要产品有：AriCon(开放式分布控制系统)、AriDrive（电气传动系列产品）、AriSemi（高压大功率晶闸管系列产品）、AriMeter（工业检测仪表系列产品）、AriMes(流程工业制造执行系统软件产品)和冶金流程成套应用软件等，产品应用领域涉及冶金、化工、石油、机械、电力、能源、环保等多个行业，客户遍及全国29个省、市、自治区。

公司按照现代企业制度的要求,大力加强产品技术创新，根据发展的需要还将建设5条生产线及研发中心、实验室等生产基地，即电力半导体功率模件生产线、计算机板卡生产线、柔性机加工生产线、电气总装配生产线、仪表生产线、技术研发中心、工程系统仿真实验室等，并逐步建立完善的客户服务中心和营销网络，形成年产值8.7亿元的生产规模。

公司成立以来营业收入和利润一直稳健增长，通过上市募集资金项目的实施，加快了工业自动化产品与技术的产业化发展进程，成为我国工业自动化领域最具综合实力的企业之一，未来公司将建设成为国际著名的大型工业自动化综合性高科技企业。工程和产品应用涉及冶金、化工、石油、机械、电力、电子、航天、轻工、能源、交通、环保、食品等多个领域。

无锡华光锅炉股份有限公司

董事长：万冠清

总经理：蒋志坚

无锡华光锅炉股份有限公司建于1958年,是于2000年12月28日由无锡锅炉厂改制而成，并于2003年7月21日在上海证券交易所挂牌上市。公司为国家大型一类企业，是我国电站锅炉、工业锅炉、压力容器和锅炉水处理设备专业制造公司，也是全国水处理设备科研中心和最大的制造基地。公司拥有A级锅炉和三类压力容器设计制造许可证、ISO9001质量体系认证证书、ISO14001环境管理体系认证证书、OHSAS18001职业健康安全管理体系认证证书、美国ASME“U”、“S”规范钢印及授权证书。公司还先后获得国家二级企业、全国思想政治工作优秀企业、全国推行用户满意工程先进企业、全国机械工业首批管理进步示范企业、全国 “五一”劳动奖状、中国企业管理杰出贡献奖、全国质量效益型先进企业等荣誉称号。

汽包车间

公司占地面积27万m^2，其中建筑面积16万m^2，总资产82402万元。全公司共有职工近1752人，其中专业技术人员368人，具有中高级职称的有114人。公司拥有主要设备2200T水压机,热卷板能力3500×240mm的卷板机和12M刨边机,引进美国的梁柱焊机和林肯自动焊机、ESAB公司的CNC数控切割机、配有美国和瑞典进口焊机的大型膜式壁生产线、省煤器过热器自动生产线、引进瑞士ESAB公司的TIG/MIG管子对接焊机、日本L型橡胶切片机、4ME直线加速器、钴60射线探伤源、Φ25-Φ76涡流探伤仪、23×4M大型退火炉、先进的计算机辅助设计系统（CAD）等800台套。

公司主导产品有工业锅炉，电站锅炉，一、二、三类压力容器,成套化学水处理设备及各种锅炉辅机，产品种类中还包括余热锅炉、垃圾焚烧锅炉、木柴锅炉、碱回收锅炉、甘蔗渣锅炉、高（焦）炉煤气锅炉在内的特种锅炉系列。

在近十年里，公司先后结合上海、无锡、珠海等城市生活垃圾焚烧处理工程进行了垃圾焚烧锅炉的设计研制工作，对国外垃圾焚烧锅炉的结构和性能并结合深圳引进的焚烧炉实际运行情况进行了仔细的研究和分析。在此基础上，公司先后完成珠海市3×200t/d垃圾焚烧炉、温州东庄160t/d垃圾焚烧炉、浙江椒江160t/d中压垃圾焚烧炉和日处理垃圾量450t/d的浙江绍兴城东75t/h次高压垃圾焚烧与煤混烧循环流化床锅炉的垃圾发电厂工程，经过多年的实践和不断改进完善,公司已掌握了垃圾焚烧炉的关键技术和设计要点。

随着市场经济的不断发展和改革的深入，无锡华光锅炉股份有限公司将努力建成国内一流企业和一流的上市公司，并向国内外市场提供技术先进、质量可靠的产品和优良的服务，最大限度地满足用户的期望和要求。

厂门全景

北京北方天鸟智能

北京北方天鸟智能科技股份有限公司成立于2000年9月11日。是由中国兵器工业集团北京华北光学仪器有限公司、深圳市盈宁科技有限公司、北京光电工贸有限公司、北京励科鸣科技发展中心和温州大田线带有限公司共同发起设立的。2003年6月19日，北方天鸟公开发行A股股票，并从7月4日起在上海证券交易所挂牌交易，成为上市公司。

北方天鸟总部座落于北京中关村科技园区丰台园，下属北京事业总部、天津分公司、深圳分公司、上海分公司、温州分公司、北京北方天鸟科技发展有限责任公司、北京合达美智能数控设备有限责任公司。天津分公司是公司最大的零部件与整机的生产基地；深圳分公司拥有强大的计算机软硬件和网络、自动控制、机电一体化技术的研究中心，并且是高档电脑刺绣机南方市场的销售中心，同时是进军国际市场的桥头堡；温州公司利用江浙地区良好的经济环境，进行经济型电脑刺绣机等产品本地化生产与销售，是公司经济型机市场竞争的前沿阵地。北方天鸟已经在国内外建立起完善的市场营销网络，56个分支机构遍布全球，服务于全世界5000多家用户。

公司致力于高新技术改造传统产业，主营业务为智能化纺织服装成套设备。公司连续多年产量、销量和出口量均居“全国第一”，市场占有率超过25%。在短短几年内，已迅速成长为国内科技开发水平最高、生产制造规模最大、市场营销能力最强的电脑刺绣机生产企业与制造基地。现已累计生产电脑刺绣机15000多台，产值超过30亿。“北方天鸟”已成为电脑刺绣机的国内第一品牌和国际知名品牌。

公司拥有国际、国内先进的各种设备600多台套，建立了集机、电、算于一体的完整体系。在精密机械设计与加工技术、电脑电控技术、控制软件技术以及纺织服装CAD、CAM、CIMS等方面均处于行业领先地位，拥有多项专利技术及软件著作权，是国际电脑刺绣机领域成功实现多元技术组合的佼佼者。模糊技术国家专业实验室在北京天鸟公司设立研究试验中心，率先将模糊技术应用于电脑刺绣机的控制系统；2002年10月，中国兵器工业集团公司纺织服装自动化成套设备开发中心在公司设立；纺织工业绣花CAD咨询推广服务中心也建在这里。

董事长：陈济民

科技股份有限公司

公司2002年完成主营业务收入2.19亿元，实现利润2518万元，净资产收益率20.78%，每股收益0.50元，主要经济指标均为国内同行业前列。2003年6月公开发行股票后，募集资金3.7亿元，资产总计达到6.4亿元，每股净资产5.57元。

公司上市后，继续执行“拓展、提升”的发展战略，全面实施募集资金技术改造项目。2003年，作为公司募集资金投向之一的电脑针织横机项目被列入国家级火炬计划。北方天鸟要把先进的电脑电控技术更广泛地延伸应用到纺织服装设备领域、全面提升产品科技含量。

公司董事长陈济民先生是“全国劳动模范”、“首都楷模”等荣誉称号的获得者，享受国务院颁发的政府特殊津贴。在他的带领下，公司凝炼了“追求卓越、产业报国”的经营宗旨，北方天鸟将紧紧抓住加入WTO后纺织服装行业受惠的难得机遇，充分发挥技术、生产、市场的优势，使公司进入到又一个增长的高峰。

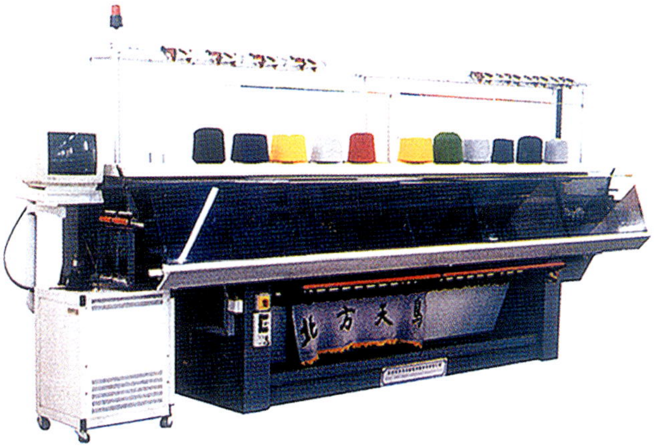

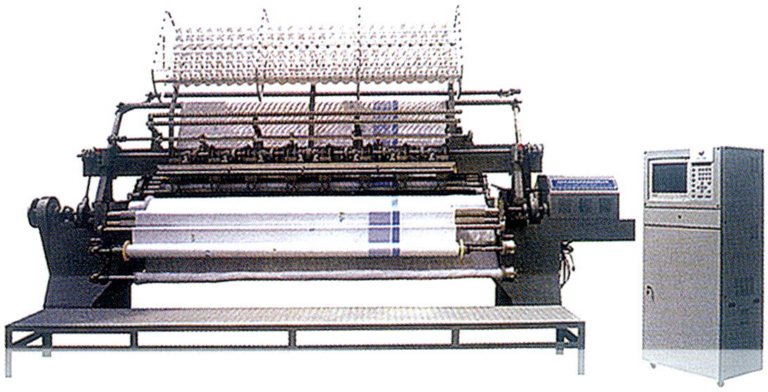

支术股份有限公司

广东冠豪高新技术股份有限公司是国家级重点高新技术企业。于1999年7月，由原湛江冠豪纸业有限公司整体改制设立，是我国首家大规模生产热敏传真纸的专业公司，并是国内目前生产规模较大、设备及工艺最先进的无碳复写纸生产基地。

公司主要生产无碳复写纸、热敏记录纸和彩色喷墨纸等系列产品，属于国家重点发展的高新技术产品，技术含量高，多项技术填补了国内空白，特别是无碳复写纸微胶囊是中国唯一获得世界著名化工集团德国BASF公司的“质量证明书”的产品。公司的产品被广泛应用于制作税务、邮政、银行、海关、商检、港口、铁路、保险、证券等部门与行业的各类单据、票证。

作为国家重点高新技术企业，公司一贯重视对产品开发和创新的投入。公司集中了一批国内造纸、涂布、化工、自动化、印刷业的高级专业人才，投资近3000万元人民币组建特种纸工程技术研究开发中心，研发能力在同行业中领先，1999年12月，被认定为省级技术开发中心。优秀的技术人才和管理人才，为公司的技术进步和生产发展奠定了坚实基础。

公司不断完善现代企业制度，建立了合理有效的法人治理架构和管理制度，产权明晰、权责分明，管理科学、严谨、规范；公司建立了部门、车间、班组三级质量管理系统，并通过全面实行计算机网络管理和生产闭路电视监控调度，提高全员生产水平；公司积极推行ISO9001质量管理体系，通过标准化、规范化的生产运作，与国际惯例接轨，管理水平与效率完全与现代化生产相适应。

浙江龙盛集团股份有限公司
ZHEJIANG LONGSHEN GROUP CO., LTD.

浙江龙盛集团股份有限公司系拥有自营进出口权的国家大型企业，浙江省“五个一批”优秀规模企业。现有总资产15.9亿多元，职工2500余人，厂区占地面积38万平方米。下属8个厂、10个部、1个研究所、1个质监中心、1个省级技术中心和48家驻全国各地经销公司。拥有上海科华染料工业有限公司、上虞新晟化工工业有限公司等七家控股子公司。公司主要生产经营“龙盛牌”染料，助剂、化工中间体等三大门类360多个品种，年生产能力12万吨。其中分散染料占全国产量的40%，占全世界的15%以上，系全球最大的分散染料生产基地，产品远销70多个国家和地区。1999-2002年公司染料产量、销售收入、实现利税、出口创汇等指标均在国内同行业中排名第一，其中分散染料的产量连续四年居世界第一。

公司实行“筑巢引凤”战略，吸引人才。公司拥有高级研究人员12名，博士2名，硕士11名，中级职称研究人员70多名，国外专家多名。科研人员占公司总员工的15%以上。同时，公司一直注重科研开发的硬件投入，先后从欧、美、日等国外引进了具有当今国际最先进的紫外分光光度计、薄层扫描仪、自动测色配色仪、水份测定仪、粒径分布仪等精密检测仪器100多台，检测手段处于国际领先水平，对产品质量、品位的稳定提高提供了可靠的保证。

公司秉承“开拓进取，务实创新”的企业精神，以人为本，以股票上市为契机，积极推进企业从产品经营向资本经营转变，实现企业自80年代初的助剂革命到90年代的染料革命，进而到21世纪初的资本革命的第三次飞跃，为浙江乃至全国的染料事业做出更大的贡献，真正实现一个民族大工业的腾跃。

003年8月1日，“浙江龙盛”在上海证券交易所隆重上市

SINOPHARM CNCM

国药股份

国药集团药业股份有限公司（以下简称国药股份）由中国医药集团总公司发起设立，经国家经贸委批准，于1999年12月21日正式成立。2002年11月27日，公司5300万A股在上海证券交易所成功上市，注册资本13300万元人民币。国药股份秉承其前身中国医药公司半个多世纪的光荣传统，肩负着人民大众防病治病、康复保健、灾情疫情急救及中央储备等神圣使命。

国药股份作为工贸一体的经营实体，经营范围包括：组织药品生产；化学原料药、西药制剂、生化药品、生物制品及中成药的销售；自营和代理各类商品及技术的进出口业务；进料加工和"三来一补"业务；对销贸易和转口贸易；保健食品的销售及与上述业务有关的咨询。

国药股份以代理、经销国内外新药、特药为核心业务，销售网络遍布全国所有大中城市，与国内外众多知名厂商长期保持着良好的合作伙伴关系。公司在资金、信誉、网络和服务等方面都具有一定的优势，公司重视人才的发掘与培养。国药股份潜心构筑知识化、专业化、年轻化的新型人才结构，拥有一支高素质的人才队伍，为增强公司的核心竞争力及后发优势提供了保障。国药股份视质量为生命，将质量工作贯穿于经营管理的全过程，获得国家药品监督管理局GSP认证证书。

跨入新世纪，医药市场竞争日益激烈。国药股份审时度势，紧跟时代潮流，加快重组改制步伐。形成财务中心、业务中心、储运配送中心、质管中心、决策中心、信息中心及管理服务中心。国药股份拥有三个控股子公司：国大药房连锁有限公司（零售企业）及国药集团国瑞药业有限公司（生产企业），公司紧握市场脉搏，洞悉发展趋势，于2002年联合国内外知名企业组织筹建第三方物流公司——国药物流有限责任公司。

国药股份注重建立与各层次、各领域客户间良好的信息沟通，准确了解并满足客户需求，注重售前、售中、售后服务体系的建立，密切追踪市场动态，组织多种形式的培训与交流，致力于为各层次客户群提供全方位超值服务。

国药股份在立足国内市场、努力提升市场份额的同时，积极开拓国际市场，引进国际先进的经营理念，加强交流与合作，精心打造国药品牌，力争以优良的业绩，一流的服务回报股东，回报社会。国药集团药业股份有限公司真诚期望与医药界同仁一起共创中国医药事业的美好未来！

地址：北京市崇文区永定门外三元西巷甲12号
邮编：100077
电话：总机010-67275666转各部门
传真：010-67275525
网址：www.cncm.com.cn

风神轮胎股份有限公司

FENG SHEN TYRY CO., LTD.

风神轮胎股份有限公司成立于1998年12月1日，是由河南轮胎集团有限责任公司联合中国神马集团有限责任公司、豫港（河南）开发有限公司等六家单位共同发起设立的股份有限公司。拥有全钢载重子午线轮胎、工程机械轮胎、斜交载重轮胎、特种轮胎、农用轮胎五大系列产品。主导产品"河南"牌工程机械轮胎、"风神"牌全钢载重子午线轮胎、载重汽车轮胎等强势品牌享誉国内外，已成为"二汽"、"厦工"、"龙工"等国内大型汽车制造企业的轮胎配套首选，并出口到欧洲、美洲、非洲及东南亚等80多个国家和地区。综合排名位列中国轮胎业十强，世界轮胎50强。

"风神股份"作为国家大型重点轮胎制造企业和国内少数几个生产载重子午胎的重点轮胎制造企业之一，具有强大的科研实力。公司建成投产的国内第一条巨型轮胎生产线，改变了我国巨型轮胎一直依赖进口的局面；开发研制的全钢载重子午胎技术居国内领先水平。公司有38项新产品填补了国内行业空白，获32项省级以上科技成果奖，强大的研发能力为公司的发展和效益的提高提供了有力的保障。

2000年以来，公司进一步改进公司治理结构，积极落实"一个提高，两个调整"的工作方针，加强以"创新、信心、激情、回报"为核心内容的企业文化建设，完善"抓两头带中间"的经营管理模式，推行"危机管理"，引进先进的管理理念，把企业管理推上了新的台阶。几年来，公司先后通过了ISO9001质量体系认证、ISO9002产品质量认证、中国商检认证、欧盟ECE认证、美国DOT认证和QS9000认证、德国VDA6.1认证、国家3C认证，是极少数通过上述八个认证的轮胎制造企业之一。2002年被国家质检总局评为全国百家"质量管理先进企业"，是轮胎行业中唯一一个获此殊荣的企业。

公司7500万A股(风神股份 600469)已于2003年9月29日公开发行，并于2003年10月21日在上海证券交易所挂牌上市。

风神轮胎在天津口岸装船待发

80万套全钢载重子午胎厂房内景

80万套全钢载重子午胎厂房外景

80万套子午胎硫化生产线

80万套子午胎四鼓成型机生产线

河南牌工程机械轮胎在长江三峡截流献力

15万套工程胎生产现场

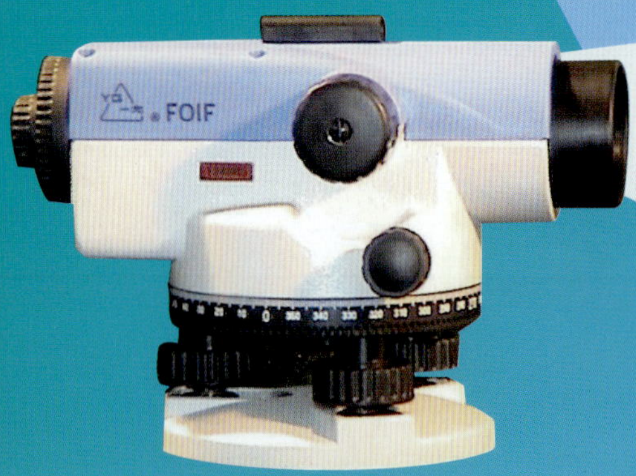

创元科技股份有限公司

创元科技股份有限公司(CREATE TECHNOLOGY & SCIENCE CO., LTD.)前身苏州物资集团股份有限公司原为商贸流通型企业。1994年1月在深圳证券交易所上市(证券代码000551),公司于1999年末实施重大资产重组,成为一家以高科技洁净环保和光电测绘仪器产业为支柱,与进出口交易和汽车销售服务相结合,工贸一体化的江苏省高新技术企业.公司经营的洁净环保类产品、工程光学和电子测绘仪器类等产品,均处于国内行业排头兵地位。公司2002年末总资产为103734.20万元,净资产为50769.80万元。2002年实现利润总额为5910.46万元,每股收益为0.17元。

公司按“科技领先、争创一流,整合资源、增强实力,降本减费,提高效益”的原则制定的公司中长期发展目标为:先通过3-5年时间,努力构造在洁净环保、测绘仪器等领域具有较强竞争优势,其他传统产业和商贸流通业务领域具有比较明显的优势,科工贸一体化协调发展、资产优良、财务稳健、收益稳定的经营平台;在此基础上,依托现有省、市级科研中心、联合国内外高等院校、科研机构与知名公司,开展专项科技合作、产品研发,提升产品科技含量和附加值,凝聚科技、管理、经营人才,培育核心技术,形成系列知名品牌效应,实现竞争能力和盈利能力再上新台阶,达到国内一流、国际先进的水平。

法定代表人:张志忠

总　经　理:曹进

董事会秘书:周成明

电话及传真:0512—68241551

注 册 地 址:江苏苏州新区淮海街6幢

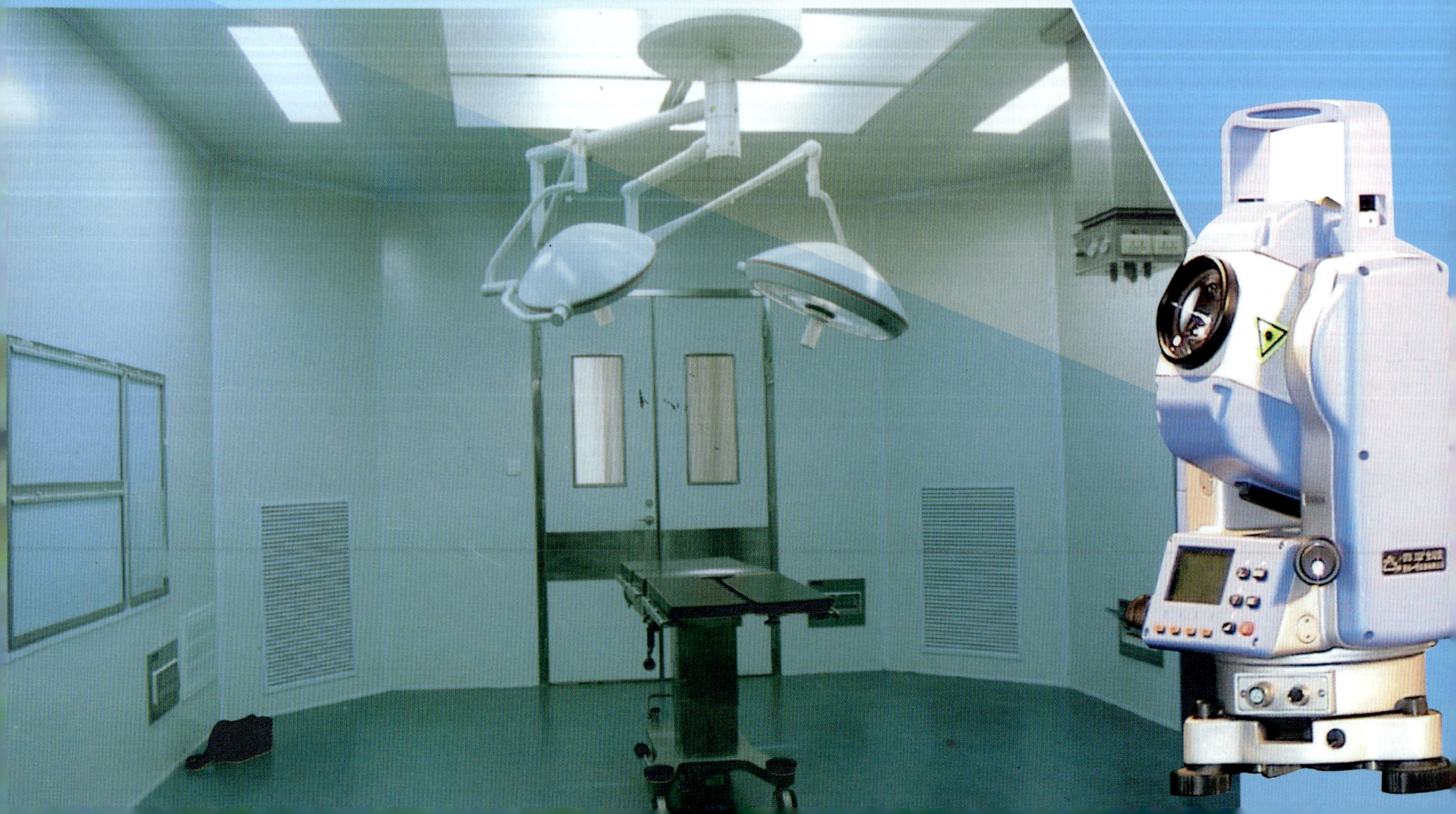

第六编

中国产权市场

970/1012

栏目协办

长沙力元新材料股份有限公司

中国产权市场

上市公司重组概况

【背景资料】 就全球经济而言，2002 年，的确是萎靡不振乏善可陈，自上个世纪 90 年代中期开始以来的第五次并购浪潮，也在 2000 年达到高峰后，规模锐减。但依然是中国市场的繁荣吸引了世界的眼球。发生在 2002 年的石化、汽车、电信等基础行业的大规模重组整合对我国资本市场影响深远，也显示出在经济全球化的背景下，中国企业的参与进取。

虽然受到全球并购活动退潮的影响，2002 年我国上市公司的重组频率有所放缓，但较之欧美市场的萎靡不振，中国证券市场上的并购，依然是全球并购交易市场中的新亮点。

根据摩根大通 2002 年 9 月的一份研究报告，中国的并购市场在过去的两年内逆势上扬。在经历 1999-2000 年的合并热以后，欧美占全球并购交易总额比重下降，亚太比重上升，其中中国市场的活跃令人不可小视。美国波士顿金融公司估计，中国公司的并购额在过去 5 年里，以每年 70%的速度增长，成为亚洲第三大并购市场，在亚太区不断增长的合并交易数量及交易金额中居领先地位。

来自境外金融数据公司的数据我们暂不评判，但 2002 年我国证券市场上并购重组的活跃，无疑是受益于我国宏观经济良好、并购立法管制趋松以及对外资战略并购的良好预期等因素。

表 1：历年上市公司资产重组次数及重组家数表

年份	1997	1998	1999	2000	2001	2002
上市公司数	745	851	949	1086	1154	1223
重组次数	341	647	1100	1051	1457	616
重组家数	246	226	312	531	680	445

以上数据根据巨潮信息网有关数据整理

数量分析　根据我们的数据库统计，2002 年，我国上市公司的重组共发生 616 起，涉及上市公司 445 家，其中，纯 B 股上市公司 7 家；从各月交易情况看，年初和年底，是交易比较活跃的时期，第一、四季度分别发生并购案例 188 起和 240 起，占全年并购数量的 31%和 39%，其中 12 月单月发生的并购就达 108 起，占全年并购总量的 18%。这个集中交易期应该与上市公司多在年底召开的董事会股东会有关。众多的重组决议都在此期间形成，在公司的年度报告中重组信息也可及时得到披露。虽然根据新的会计准则，债务重组和关联交易的资产买卖收益不能计入公司利润，但重组的公告还是能为公司的年报增色不少。

类型分析　我国上市公司 2002 年重组从类型上看也有一些新的特点。股权性重组的比重在加大，从 2001 年的 28%上升到 37%，协议转让依然是股权转让的主要形式；资产性重组的比重相对有所降低，但仍是一切重组活动的真正重心。绝大多数重组的最终实现都会通过对资产的调配来完成，包括公司股权的变更，特别是涉及控制权转移的重组，都会后继出现与大股东资产的置换、收购和出售等重组活动。在我国近几年上市公司重组依然是以解困为主要动因的情况下，这种性质的资产重组还将继续占据主流；值得我们关注的是，2002 年的重组中，间接控股的重组案例突然增加了。间接控股是战略股东通过获得上市公司的第一大股东的股权从而间接地获得上市公司的实际控制权的行为。2002 年全年共发生间接控股 18 起，占全部并购案例的 3%，与上年同比增长了 350%，占所有控制权发生转移的并购案例的 15%。这个数据的突然大幅增长并非偶然，其原因在我们之前的相关报告中也已提及，它既是在频繁的并购大战中，战略投资者不断成熟，并购技巧提高的结果，也是在目前还有一定政策障碍的情况下，外资先期进入我国证券市场的权宜之策。所以，虽然其在全年并购数量中的比重依然不是太大，却反映出了并购市场发展的重要的趋势：投资者的逐渐成熟，并购手段多样化以及外资并购的即将兴起。

表 2：2002 年上市公司重组类型一览表

重组类型	股权重组		资产重组		其他类型重组		
	股权转让	股权托管	资产置换	资产剥离股权出售	收购兼并	间接控股	债务重组
次数	215	10	43	139	165	17	26
比例	35%	2%	7%	23%	26%	3%	4%

行业分析　从重组发生的行业来看，呈现出两个特点：一是从重组金额上看，由于 2002 年国家各基础行业纷纷提出了本行业的整合方案，2002 年的大额并购重组相应也发生在汽车制造业、石油化工、航空业以及电讯行业等相关行业，其中一些并购的规模之大甚至引起了全球并购业的关注。二是从重组频率上看，综合业、制造业、纺织业以及商业仍然是重组发生频率最高的行业。这些传统行业依然面临着转型脱困的压力，在改善公司素质提高公司业绩以外，重组是出奇制胜的法宝。加之国有控股上市公司可趁着“国退民进”的东风择机而动，在壳资源依然稀缺的市场上获取丰厚的回报，重组活动频繁发生。

【资产重组新趋势】 升级化趋势　2002 年，上市公司的资产重组出现了明显的升级化趋势，这里不仅表现为资产重组规模和重组力度升级，更重要的还表现为重组质量和重组结构的升级。

随着国有股减持的叫停，国有股股权战略性退出的实施必将大大加快上市公司股权重组和重整的步伐，据不完全统计 2002 年上半年发生的国有股股权协议转让的个案达到了 24 起，由于国有股减持方案和国有股战略性退出方案在 2002 年 6 月下旬后的进一步明朗，国有股股权转让和在上市公司的股权重组基础上进行的资产重组将有增无减，而新的退市制度在 2002 年运行后，部分业绩不良公司资产重组的步伐和力度也将超乎寻常。在资产重组规模升级和数量升级的同时，上市公司资产重组通过战略性重组、实质性重组和行业性重组，其重组的产业结构和重组后的盈利质量也将出现明显的升级化趋势。

实质化趋势　毋庸讳言，前几年我国上市公司的资产重组确实存在着许多报表重组、数字重组、突击重组、短期重组等虚假重组问题，但是，在新的会计制度、新的退市制度、新的二级市场监控制度、新的增发新股制度以及新的上市公司股权收购制度的约束下，重组方要保住上市公司的上市资格，达到增发新股的条件，就必须对上市公司进行实质性的资产重组。

此外，为了规范重组，加强对上市公司资产重组行为的监管和规范，监管部门还专门设立了上市公司资产重组审核委员会，上市公司重大的资产重组事项必须经过重组委员会的审核，否则不予进行。这些重大制度的建立和运行，在很大程度上将提高上市公司的资产重组质量，使上市公司的资产重组趋于实质化。由于上市公司资产重组的内容趋于实质性，上市公司资产重组的质量必将大幅提高。

据《新财富》2002 年第七期统计，2001 年最具成长性的 100 家上市公司中进行了重大资产重组行为的上市公司达到了 35 家，而 2000 年这一数字为 30 家，其中排名第一、第二、第三和第五的公司均为重组类公司，如在 2001 年最具成长性的 100 家公司中排名第一的金融街 2001 年每股收益达到了 1.2 元，净资产收益率高达 43.59%，经营毛利率达到了 25.21%。2002 年中期，金融街继续出现了良好的增长势头，每股收益达到了 0.47 元，净资产收益率达到了 14.54%，主营业务利润率达到了 24.85%。由于业绩良好，金融街完全达到了增发新股的新条件，因此，监管部门批准了金融街增发新股的申请，这是新的增发新股制度出台后第一家获准增发新股的上市公司。而金融街之所以能成为新的增发新股制度出台后第一家获准增发新股的上市公司，关键还在于公司进行了实质性的资产重组，大幅提高了重组后上市公司的经营业绩。此外，2002 年恢复上市的白猫股份、都市股份以及航天长峰以及戴帽上市的 ST 红光、ST 闽闽东、ST 英特等都是因为进行了实质性的资产重组，改善了上市公司的经营业绩达到了恢复上市的条件。

市场化趋势　近期监管部门发布的《上市公司收购管理办法》(征求意见稿)中，可以看出资产重组的市场化趋势将不可阻挡。《上市公司收购管理办法》用大量的篇幅规定了要约收购的内容、形式以及信息披露要求，从而将使上市公司的股权重组从过去的以协议收购为主向以要约收购为主转变。由于要约收购不需要事先征得目标公司管理层的同意，不仅可以提高收购的效率，而且将大大促进资产重组的市场化进程。大量的要约收购的发生首先将减少上市公司资产重组中的行政干预，收购方和被收购方将按照等价交换的原则决定收购或被收购的价格和股份数量，而且中小投资者在要约收购中将充分按照自己的投资偏好，决定自己掌握股份的去留；其次，收购方为了争取中小股东的支持，必须充分考虑中小投资者的利益，在信息披露方面将给予中小投资者更大的知情权，而且收购后置入上市公司的资产必须是有较强盈利能力；再次，通过要约收购，更多市场化的收购手段如换股收购、杠杆收购也将应运而生；最后，通过要约收购，被收购方为了反收购必须制订详尽的反收购策略，特别是那些业绩不良公司的大股东为了确保其地位和对上市公司的控制权，必须制订上市公司经营业绩改良计划，这样将有利于大幅提升上市公司的经营业绩。

信息透明化趋势　上市公司资产重组的信息不透明以及大量内幕交易行为的存在，是中小投资者最为深恶痛绝的。为了确实保护中小投资者利益，监管部门在资产重组信息披露的规范化、透明化方面进行了大量的制度建设和法规建设。如 2002 年 1 月 1 日起实施的《关于上市公司重大购买、出售、置换资产若干问题的通知》中的有关条款就是强化上市公司重大资产重组行为的信息披露，加大了对此类行为的监管力度。

此外，中国证监会近期颁布的《上市公司收购管理办法》进一步强化了上市公司资产重组信息披露的及时性和真实性。该管理办法规定：通过上市公司收购拥有上市公司实际控制权的收购人，在收购完成后的十二个月内不得以任何形式转让其对该上市公司的控制权；收购人应当聘请具有证券从业资格的律师，对要约收购报告书内容的真实性、准确性、完整性进行查验并出具法律意见书；收购人应当聘请具有证券从业资格的财务顾问，对收购人履行要约收购的能力以及所采用的非现金支付方式的可行性进行分析，出具财务顾问报告，确认收购人有能力实际履行本项收购要约，并对此予以担保。此外，监管部门还严厉打击了诸如亿安科技和中科创业等重组公司的股价操纵违法行为。通过这些法规和制度的建立，我国上市公司资产重组的信息披露将进一步透明化和规范化。

创新化趋势　尽管 1997 年以来我国上市公司的资产重组风声水起，捷报频传，但是不论是重组的手段，重组的工具，重组的路径，还是重组的形式、内容都十分单一，国际上最通行的重组模式并没有在我国的上市公司资产重组中广泛运用。近期新出台的《上市公司收购管理办法》则将大大提高我国上市公司资产重组的创新能力，将使我国上市公司的资产重组出现创新化和国际化趋势。如《管理办法》中用大量篇幅规定的要约收购必将成为 2002 年我国资产重组的主流模式，特别是那些小盘公司很有可能被要约收购；再如《管理办法》支持定向增发、换股作为并购的支付手段，以股权作为支付手段使产业大并购成为可能，此外，2001 年以来开始的 MBO（管理层）收购，2002 年也将继续深化，近期我国家电行业的龙头老大——四川长虹也提出了管理层收购的动议。因此，资产重组的创新化趋势和国际化趋势不可阻挡。　（田晓琪、吴锋）

中国并购市场

【概况】　2002 年被人们称为“中国并购元年”。因为正当全球并购活动将要沉沉睡去的时候，中国的并购活动却在这一年萌芽初绽。在这一年，更多外企通过并购进入了中国，在这一年，中国企业迈出了海外并购的步伐，也正是这一年，多部与并购相关的重要法规出台，预示着中国并购市场将更为规范和迅速的发展。

对于中国经济而言，2002 年是颇有收获的一年。许多经济学家用“独树一帜，出人意料”来形容 2002 年的中国经济。在投资和外贸两个车轮的推动下，中国经济逐步走出了年初的颓势，成为全球经济的亮点。在 2002 年全球外国直接投资下跌 27%的情况下，1 至 9 月，中国实际利用外资金额 395.56 亿美元，同比增长 22.55%。在中国经济取得良好发展的同时，并购活动也日益活跃。波士顿公司称中国已经成为亚洲第三大并购市场。

【并购市场走势分析】　如果我们以上市公司作为分析的重点，以月为时间单位，统计绘制出反映并购交易活跃程度的成交数量图，其中的数值点代表对应月份的并购交易成交数量。

通过走势图我们发现，在 2002 年 1 月至 11 月间，共发生涉及上市公司的并购交易 636 起。并购交易笔数呈现出逐波上升的趋势。从 1 月的全年最低月份开始，经过波动上升，至年内的高点月份11月。上市公司并购交易的成交数量的单月最低值出现在1月,成交23笔,占全年成交数量的3.6%;成交数量单月最高值出现在11月,成交125笔,占全年成交数量的19.7%。最高单月成交活跃程度是最低单月的5.4倍。

是什么原因导致中国并购活动从年初的低迷走向年末的高度活跃呢?主要有以下原因:

加入WTO的影响　中国加入WTO已经一周年。WTO的到来确实在改变着中国的经济环境。首先,外资更多的进入中国。根据联合国贸发会议的统计,近些年来,跨国直接投资中60%—80%是以跨国并购的方式进行的。外资进入中国自然也希望采用这种方式。新桥入主深发展等事件反映出这种趋势的初露端倪。其次,在许多行业,原有的竞争格局被打破。面对诸国列强,国内孱弱的企业不得不开始合纵连横。这种情况在汽车业、航空业、医药业等都有明显的体现。在中国企业联手抵御外强的同时,有些企业更进一步,跨出了国际化的步伐。

国家产业结构调整的影响　党的十五大为国民经济当中各种所有制形式的共同发展铺平了道路。在许多竞争性行业,国退民进的步伐正在加快。与此同时,民营经济异军突起,成为支撑近两年中国经济发展的强大动力。这一巨大的产业结构调整必然造成大量的并购活动的发生。特别是国有股转让的活跃以及MBO的兴盛,可以反映这一点。

国内整体宏观经济形势较好的影响　2002年,在全球经济风声鹤唳的形势下,中国经济却令人眼前一亮,国内的经济指标却持续走高,成为全球经济的亮点。虽然在2002年的高增长背后,我们看到更多的是国家投资的继续增加,内需增长的贡献仍然不大,但仅仅是鹤立鸡群的增长速度也足以给希望进行扩张的企业家们足够的信心,去大展鸿图,实施并购与重组。

容易发现,在全年并购活动趋向升温的整体过程中,其中有两次持续时间跨度约为一个季度的大幅度持续上升,分别为3月—5月,以及9月—11月。在这两个季度期间内,涉及上市公司的并购交易的活跃程度和交易规模都比前一期间有着明显的提升。结果造成了2002年并购交易规模走势图出现波浪形态。这种形态的出现是由偶然因素,还是由其内在的影响因素造成的?我认为导致2002年上市公司的并购交易呈现出这种波浪形态的可能原因如下:

财务性重组所表现的特征　每年6月30日和12月31日是上市公司中期报告和年度报告的统计截止时点。而根据上海证券交易所和深圳证券交易所的有关制度,而中期报告和年度报告中的数据,对上市公司的再融资能力有重要影响。因此,每每接近报表公布的日期,就有一些公司希望通过并购重组来使自己的报表看起来“漂亮一些”,这使得6月和12月前期的上市公司并购交易呈现出异常活跃的态势。这种周期的存在说明,在实质性重组将逐渐成为主流的过程中,我国的并购活动中,财务性重组仍然占一定比重。

法律法规出台的刺激作用　不难发现,波浪形态中第二波,也就是10月份之后的一波增长异常迅猛,而与此同时,我们也发现,进入10月份之后,与并购相关的法律法规出台的速度也迅速加快。显然,相关法规的出台大大刺激了并购的活跃程度。因为《上市公司收购管理办法》事实上放松了许多并购活动中存在的限制。尤其是《关于向外商转让上市公司国有股和法人股有关问题的通知》正式为外资并购国有企业扫清了法律上的障碍。

可见,2002年并购交易呈现出的波浪形态的原因,一部分是因为法规出台的刺激作用,一方面也反映出财务性重组造成的周期性特征。

【并购活动特点】　涉外并购起波澜　在2002年的并购活动中,特别是进入最后一个季度,涉及外资的并购活动显著增加,成为2002年并购活动的一大特点。美国新桥投资斥资15亿元购买深发展15%的股份,成为深发展的控股股东。汇丰保险集团以6亿美元认购中国平安保险股份有限公司股份,持股比例达10%。这一系列外资并购活动说明,外资进入中国市场将越来越多地选择并购方式。而与之相比,中国企业的海外并购更引人瞩目。先是中海油和中石油收购海外油田,接近年底的时候,民营企业林凤集团出资约5000万美元,受让业已破产的美国安然集团旗下的四川嘉陵电力有限公司51%的股权。所有这些使得涉外并购成为2002年中国并购市场的重要部分。

行业整合抵御外强　在国际产业资本与金融资本的觊觎下,目前的国内产业与资本安全面临挑战。因此,优化配置产业资源,加速产业的整合,提高优势产业的国际竞争能力,扩大弱势产业的规模与实力,保证国内的经济产业安全成为近年来国内产业界的焦点。进入2002年,国内的企业仿佛已经听到海外列强走近的脚步声。为了避免被国外巨无霸的跨国公司的车轮碾得粉碎,一种强大的压力迫使国内的企业不得不联合起来。一汽并购天津汽车让人们看到了中国汽车业三足鼎立,抵御外强的格局。而航空业的民航重组加上南航收购川航等事件的发生,使得中国的航空业也在国际竞争的舞台上整装待发。

MBO异军突起　从四通改制到美的、春兰等的实践,在过去的几年里,不少MBO已经在悄悄进行。但在经过了好几年的遮遮掩掩,MBO突然在2002年走到前台,成为最牵动人们神经的事务之一。如此声势浩大以至于人们纷纷预测2003年将是MBO年。MBO突然在2002年爆发可能有以下几个原因:首先,国退民进的进程不可逆转,但国有股减持方案受阻,在国有股难觅出路的时候,MBO作为一种较好的承接方式自然会受到重视。其次,公司治理结构完善的意愿和员工激励的要求使MBO成为许多企业家难以割舍的宝贝。另外,信托业业务拓展的冲动,和大量私募基金寻求好的投资领域的愿望冲撞到一起,自然成为推动MBO的巨大力量。

法律法规有所突破　随着中国并购活动的逐渐活跃,多部相关法规、部门规章也于2002年适时而出。其中《上市公司收购管理办法》、《上市公司股东持股变动信息披露管理办法》及配套的信息披露内容与格式准则无疑成为2002年中国并购立法的最亮点,这是迄今为止对涉及我国上市公司收购制订的最为详尽的规定,这标志着一个比较完整的上市公司收购法律框架已经基本形成。而证监会、财政部、国家经贸委联合发布的《关于向外商转让上市公司国有股和法人股有关问题的通知》,及国家经贸委、财政部、国家工商总局、国家外汇管理局联合发布的《利用外资改组国有企业暂行规定》则一并构成中国利用外资改组国有企业的政策体系。所有这些法规的颁布和实施都使得并购环境更宽松,并购依据更具体,对2002年并购活动的活跃起到了重要作用。

【并购市场特征】　2002年可以说是我国证券市场并购立法体系基本大成的一年。自2002年下半年起,与上市公司重组并购的法律法规不断出台,诸多一直困扰证券业并购市场的问题得到解决,对活跃的并购重组活动起到了积极的引导作用。2002年7月26日,颁布《关于进一步规范上市公司增发新股的通知》;对发生重大资产重组的上市公司在增发新股方面作出较大力度的政策倾斜。对其重组后申请增发的要求降至净资产收益率6%,且对募集资金资金量也较其他公司增发更加宽松。这无疑是在政策上支持通过资产置换对上市公司进行收购的行为。9月28日,颁布了《上市公司收购管理办法》;明确规定境内自然人、法人、境外法人都可以有收购的权利;取消了收购对价只能以现金支付的限制;明确指出"现金、依法可以转让的证券及法律、行政法规规定的其他支付方式"均可以作为对价;对收购流通股与非流通股采取区别定价的原则,初步解决了我国股权二元结构所造成的并购障碍。11月1日,颁布《关于向外商转让上市公司国有股和法人股有关问题的通知》、《利用外资改组国有企业的暂行规定》;允许向外商转让上市公司的国有股和法人股,明确规定相应原则、条件和程序,停滞多年的外资并购上市公司得以重新全面启动。十六大报告提出“推进资本市场的改革开放和稳定发展”,“正确处理虚拟经济和实体经济的关系”,“改革国有资产管理体制”等一系列新观念;民营企业、外资企业及自然人,在受让国有资产时的选择余地大大加宽了;原来对国有资产的“分级管理”发展为“分级行使产权”,这种体制如果落实,重组的上报审批程序必将会逐步简化,缩短整个并购重组的周期、提高上市公司并购重组的效率。12月1日,《合格境外机构投资者境内证券投资管理暂行办法》正式实施。至此,境外合格机构投资者可进入中国股票A股市场。

上述法规的紧密出台,给外资并购松了绑。它们出现在中国加入世界贸易组织后的第一年,也表明中国政府从证券市场着手实现WTO承诺的决心。在这样的背景下,外资并购想不红火也难。除了不断的重组讯息传来,外资并购模式也不断创新。除原来的股权协议转让、定向增发B股、通过收购大股东股权间接控制上市公司等模式外,要约收购、债转股、国内投资机构的替代性收购、支持内地管理层收购或自然人收购、外资上市公司换股收购或融资收购等新模式也将登场。

资产置换一般涉及的资产总量较大,在剥离劣质资产的同时又置换入新的优质资产,所以往往认为,资产置换对上市公司的发展有更大的促进作用,被看作实质性重组的一个标准。在我国,资产置换作为重组最有力的手段,往往涉及关联交易,大股东用优质资产交换上市公司的劣质资产,从根本上提高上市公司的资产质量,使上市公司进入良性发展的轨道。这是大股东有目的的行为,从市场经济的角度无法解释。每当中报年报披露之即,为了操纵业绩而出售一些优质资产以获得投资收益的重组也屡见不鲜。

判断上市公司重组是不是实质性重组,我们认为应看资产变化而非股东变化。股份转让是资产重组的前期准备,换脑后还得换身。没有后续的资产重组配合,控股权转移往往只是庄家二级市场炒作的一个步骤,并不能带来上市公司经营业绩的根本改变。例如,火箭股份始自1997年的重组,先后经过三次控股权转让,前两次重组因没有资产重组动作,其业绩几乎无变化,至1999年9月中国运载火箭技术研究院成功借壳上市,到2000年两次大规模的资产置换和正式更名,再到2002年大规模的资产整合与业务重整,架构了一个完整的前景广阔的崭新主业。新股东在股权转让后通过主业置换使上市公司进入了一个崭新的发展空间,公司经营业绩连续三年实现大幅度增长,在2000年的业绩上升近50%。

火箭股份的重组是股权重组和资产重组相结合从而改善上市公司绩效的经典案例,但是非常遗憾的是,目前它只是证券市场上的一个个案。众多的统计数据表明,只有在资产置换当年,上市公司业绩比重组前一年会有较大的改善,重组后第一年就基本持平,到第二年就大幅度滑坡了。我们在置疑置入资产的持续盈利能力的时候,对上市公司进行重组后资产的整合能力也应该予以关注。资产置换置入的不应仅仅只是当年巨额的利润,其先进的赢利模式和管理手段才是被重组方关注的核心,只有这样,置换的真正效应才会显现。

2002年我国上市公司共发生37起无偿划拨类型的重组事件,占全部重组发生数的6%;我们认为,政府对上市公司的并购重组的作用只要体现在以下两个方面:

一是主导涉及上市公司重组中国有资产、股权的价格。

政府出面牵线搭桥,对有偿和无偿的重组活动进行有效的干预,能够减少不必要的浪费,促进资源有效、合理配置。但是我们也应该看到,政府与一般的市场主体不同,对企业并购的行为动机有着较大差异,两者绩效评估的方法和依据也大不相同。因此,政府参与的上市公司重组不仅仅提供政策倾斜、指派重组方和制定重组方案,还会左右重组中涉及的股权或资产的转让价格。

政府对国有资产的转让价格具有影响能力,是我国现行产权制度的必然。作为国有企业的所有者,政府直接参与交易的定价;作为市场管制者,资产评估报告均需向财政部、集团公司、有关部门报告并由其受理(《国有资产评估项目备案管理办法》第四条)。这种双重身份让我们有充分理由认为,政府机构决定了相当多上市公司重组中的交易价格。这样一来,上市公司的业绩对地方政府的“形象”的影响、三年国企脱困的政策指向以及上市公司对地方财税问题、就业问题,都是促使地方政府有动机去影响重组价格,实现自己的利益最大化的重要因素。但是由于种种非经济因素及地方因素的影响,政府的定价行为却往往是无效率的,影响了上市公司重组的绩效,不利于上市公司资质的改善和业绩的提升。

二是地方政策的制定引导上市公司重组呈现地域特征。

随着国家各项重组规范的陆续出台,各地也加大了地方重组政策的推广力度。深圳市已向中央提出申请,希望将一些尚未对外资开放的行业,比我国加入WTO承诺开放的年份提前一到两年开放。据了解,深圳已于2002年初向国务院及相关部委申请提前开放服务贸易近20个领域,这些领域大多是外商极为关注的物流、商贸服务业、金融、旅游及采购等。深圳市国资办表示,除少数关键领域外,其他领域均应向民营资本和外资开放转让股权。上海市市长陈良宇也表示,上海正研究国有资本如何从国有企业退出的办法,上海将加大推进服务业对外开放先行试点的步伐,允许七大服务领域引进外资。山东省也明确提出,要通过股权转让引入外资和民间资本、实现投资主体多元化。沈阳市政府确定了18家大型国有企业集团中的10家整体对外合资合作的战略,期望以此解决国有资本过宽地分布于各行各业,过于集中地介入到竞争性领域,体制障碍突出的问题。

目前类似上述的地方政策内容多为指导性意见或上报中央有关机构的提案,对地方上市公司并购的实际操作的意义不大。但这种各地方性规范的初步构建了并购的地域性特点,也会对今后并购市场区域的形成和发展造成影响。随着市场的进一步开放和审批权限的下放,地方政府的政策内容将逐步明晰化、区别化。

有人称2002年为上市公司并购元年,从很多方面看,这个称谓是当之无愧的。但我们也清醒的认识到,上市公司重组并购的路还很长，它和着中国证券市场的开放和发展，和着国有股权的顺利退出，和着外资的逐步进入以及国家产业整合的推进密切相关，今后的并购市场，更令人期待。（张大威）

中外创业投资合作的务实探讨

一、中国风险投资的特点

风险投资（创业投资）是一种特殊的技术创新与资本运作相结合的投资形式，其目的在于促使新技术成果商品化、产业化，以获得较高资本收益的一种投资行为。风险投资也是一种愿意承受管理高风险并追求高回报的投资方式。从长期来看，风险资本投资的收益率明显高于其它投资方式。

风险投资和风险资本市场对经济促进的巨大作用得到世界各国政府的普遍认同，因此，各国政府均致力于推动风险投资事业的发展。

（一）中国政府层面越来越重视发挥风险投资的作用。

2001年8月，国家外经贸部、科技部、工商管理总局联合发布了《关于设立外商投资创业投资企业的暂行规定》，鼓励外国公司、企业和其它经济组织在我国设立风险（创业）投资公司。

2002年6月，全国人大常委会颁布的《中华人民共和国中小企业促进法》，规定国家通过税收政策鼓励各类依法设立的风险投资机构增加对中小企业的投资。

2002年11月，中国共产党16大报告中指出："推进国家创新体系建设。发挥风险投资的作用。形成促进科技创新和创业资本运作和人才汇集机制。"充分肯定了风险投资机制对国家走新型工业化道路的巨大作用。

2003年1月，国家对外贸易合作部、科学技术部、工商行政管理总局、国家税务总局和外汇管理局联合颁布了《外商投资创业投资企业管理规定》，鼓励外国公司、企业和其他经济组织或个人来华从事创业投资，建立和完善中国的创业投资机制。同时，降低了外商来华从事创业投资的准入门槛。

（二）近几年来，中国风险投资机构数量和风险投资资本都呈大幅度增加。

近四年包括上市公司、民营企业等在内的民间资本成立的风险投资机构发展很快，势头迅猛，从机构数量和资金规模上已超过国有独资风险投资公司，政府早期对风险投资发展的引导作用起到了明显效果。

我国风险投资的区域分布主要是由沿海经济发达地区往中西部辐射，由中心城市往周边地区辐射，在北京、上海、深圳、广州、武汉、南京、成都、西安等沿海开放或经济发达城市，当地的风险投资发展态势良好。

二、中国发展风险投资的有利条件

（一）我国具备良好的宏观经济环境。中国在改革开放20多年来，国民生产总值平均年增长速度为9%左右，而同期世界经济平均增长率只有3%。2002年中国的GDP达102398亿元人民币。中国进出口贸易连续16年增长，2002年对外贸易顺差304亿美元，2002年全年实际利用外资达到527亿美元，首次超过美国成为全球接受外商直接投资最多的国家。2002年中国的外汇储备达到2864亿美元，比上年末增加742亿美元，人民币稳定，利息较低。

（二）我国可供选择的投资项目来源丰富。风险投资是长期性的股权投资，如果没有足够数量的创新型中小企业，风险投资是难以发展的。经过二十年的改革开放，我国涌现出一大批自筹资金、自负盈亏的科技型企业和民营企业，到2002年12月31日，全国民营科技企业总数已超过10万家。数量众多的科技企业为风险投资机构提供了丰富的项目资源。

（三）已建立利于风险投资发展的若干区域环境。北京、上海、深圳、广州等地区及中、西部中心城市，已颁布了吸引风险投资发展的优惠政策，为风险投资发展营造良好环境。同时，中国已成功建立了53个高新技术产业区，区内创办企业约20000多家。中国风险投资可望在若干投资环境优越的区域，首先取得突破与成功。

（四）风险投资资金来源潜力大。截至2002年12月末，我国居民储蓄余额达94307亿元，比上年增长17.1%。随着社会保障体系的建立和完善，社会保险基金如养老金、医疗保险金的规模越来越大。实现资产增值是社会保险基金的首要目标，它们必须寻找长期性投资机会，因此也会参与风险投资业的发展。

（五）上市公司、企业集团及民营机构积极参与风险投资。为了寻求新的经济增长点，上述机构会积极参与风险投资，获取高新技术，培植支柱产品和新的增长点，增强整体竞争能力。

（六）境外国外风险投资机构看好中国的发展前景。近年来，许多美、欧和亚太地区风险投资公司、产业投资基金相继进入中国。以各种方式在国内设立投资机构，资金投向创新科技型企业与成长扩张期企业，或者从事某些企业和项目的购并业务。同时要求中国有一个更利于风险投资业发展的环境。

三、中外创业投资合作的主要方式探讨

（一）中国与境外、国外在创业投资合作方面主要有三个层次：1.政府机构、国际组织之间的研讨与合作。这些交流与合作主要是推进全球不同国家与地区的风险投资政策研究与合作。交流实施不同风险投资机制对中小企业发展的影响等。如：2001年5月，北京科技博览会期间举办的"中韩风险投资研讨会暨韩国技术说明会"。2001年7月，中国金融政策研究中心等在北京举办的"中国金融国际论坛–风险投资与中国金融体制改革"。2002年10月，美国中小企业投资协会（NASBIC）首次邀请中国风险投资研究机构与公司，出席在美国佛罗里达州召开的44届年度会议。2002年11月，亚洲开发银行、中国经贸委在北京召开的"中小企业融资机制国际研讨会"。参加的专家来自美国小企业管理局、以色列创业投资协会、韩国创业投资协会的相关专家。2.国际与地区间风险投资行业协会之间的合作。其功能有：交流行业动态，借鉴彼此成功经验；培养后进地区的风险投资人才；建议与帮助政府制订风险投资发展的相关政策和规定。3.中外（包括境外）风险投资企业（包括创业投资基金）之间的商业合作。

由于国际风险投资机构在风险资金、投资管理、资本运作与产业发展等方面都有很强的互补性，因此风险投资务实合作方面有广阔的发展空间。

（二）中外创业投资合作的主要方式：

合办创业投资企业　2001年8月，国家外经贸部、科技部、工商管理总局联合发布了《关于设立外商投资创业投资企业的暂行规定》。继而在2003年1月，国家对外贸易合作部、科学技术部、工商行政管理总局、国家税务总局和外汇管理局又联合颁布了《外商投资创业投资企业管理规定》，鼓励外国公司、企业和其它经济组织或个人来华从事创业投资，降低了外商来华从事创业投资的准入门槛。与此同时，允许设立外商投资创业管理企业，最低出资总额为100万元人民币或等值外币。这是目前中国根据创业投资与管理的特点与要求，允许外商在中国境内从事非生产性的投资业务的管理规定。但在实施的过程中，仍存在有局限性。如：对外商投资公司(或基金)的准入资格要求已作了调整，但外部的配套政策环境仍需要改善；以实收资本方式(即有限公司方式)设立创业投资企业，与境外的“投资基金”及承诺制的运作方式相比，缺乏灵活性以及造成资金的沉淀、滞留。投资退出机制不成熟，尚待实践证明可行。若独资设立创投企业，则对中国国情仍不熟悉。

参与创业孵化器的商业运作 风险投资以资本的方式培育企业，而孵化器注重构筑创业的基础与良好的环境。中国为创新型企业发展服务的创业孵化器在西安、北京、沈阳等地均获得成功，主要为创业者提供各类研究场所、公司运作、工商登记以及新生创业型公司诞生所需要的服务。参与创业孵化器的商业运作，还可以从培养创业企业中选择一些特别优秀的新生企业进行投资，并为其进行发展规划、设计运作及盈利模式。在通过一段时期的健康发展后，进行全部或部分股权转让获利退出。

参与创新企业股份制改造及策划上市 中国境内有数以万家在各种行业、各种技术领域的高新技术企业，他们在进一步扩张的过程中，大部分都需要选择新的战略投资者进行融资或增资扩股，然后按照中国上市公司或海外上市公司要求，进行必要的股份制改造，经一段时期的再发展后，整体策划上市。因此，国外、境外的创业投资机构，可以选择在上述的高新技术企业进行股份制改造时，加盟到这些企业当中来，培植发展一段时期后，通过上市增值退出。

创办风险投资咨询及管理公司 可与国内著名的风险投资机构，如北京、上海、广东、深圳、浙江、西安、广州等国内著名的风险投资机构合作，组建若干综合性或专业性的风险投资咨询及管理公司，选择、推荐和管理投资项目，并与大型创业投资基金进行战略合作，在咨询及管理中创造品牌。同时，培养与造就一批职业的、高水平的创业投资管理人。

以中外创业投资管理公司运作。同时协议管理境内、境外风险公司(基金)在中国境内的投资项目。国际上著名的风险投资机构或大型的风险投资基金，在目前中国国内法律法规仍不足以吸引他们将资金大举投进国内的情况下，可将合作模式分为两步进行：第一步：合作双方以等额出资，建立中外创业投资管理公司。第二步：合作双方各自分别在境内和境外设立等额资本的“创业投资公司(或基金)”，并以协议的方式要求上述的“中外创业投资管理公司”向两公司(基金)推荐投资项目。若两公司(基金)同意投资，则将投资项目交给“中外创业投资管理公司”进行管理。

广东粤科风险投资集团与台湾和通创业投资公司已进行了上述合作的尝试，并进入了务实运作。这个运作模式得到了“亚洲开发银行技术援助项目，中国中小企业融资机制研究”的唯一的国际专家 Bob Stillman 先生的重视与欣赏。这个运作模式有如下特点：运作模式不抵触中国现行法规。尤其在未有发生项目投资时，没有大量外汇资金的进出问题；合作双方对等出资建立的“创业投资管理公司”属投资咨询管理企业，注册资金在人民币 300 万元之内。无需外商初期大量投入资本金；合作双方派出资深的风险投资人员任职于“创业投资管理公司”，可实现管理上的优势互补，以便按国际流行的风险投资理念来调研、选择、推荐和管理投资项目。合作双方各自分别在境内和境外设立相当于 5000 万元资本的 “创业投资公司(或基金)”；合作双方设立的 “创业投资公司(或基金)”分别负责对推荐项目进行最终投资审定；合作双方审定的每个投资项目都是中国境内的“外商投资企业”。合作双方通过协议方式将“外商投资企业”交由“创业投资管理公司”进行管理，直至股权全部退出为止；“创业投资管理公司” 投资比例收取项目管理费，项目增值退出时还可收取额外收益分成；若投资项目计划在境内或境外上市时，合作双方可事先进行股权协议转让，有利于合作主导方进行深度资本运作。

作者：何国杰
职务：广东省风险投资集团董事长
广东省风险投资促进会理事长
华南理工大学兼职教授

上市公司股份回购理论与实证研究
—兼论在库存股制度下实施股权激励的问题

1、股份回购的相关理论和模型

1.1 股份回购的理论概述

1.1.1 定义

股份回购(Share Repurchase or Stock Repurchase)，是指上市公司利用盈余所得后的积累资金(即自有资金)或债务融资以一定的价格购回公司本身已发行在外的普通股，并将其作为库存股保留或进行注销，以达到减少实收资本或调整股本结构的目的。从公司资本运营方式来看，主要有资本扩张和资本收缩两类。收购、兼并和增发新股等属于资本扩张范畴；股份回购、资产剥离(Divestiture)、分立(Spin-off)、分拆上市(Equity Carve-out)、自愿清算(Voluntary Liquidations)及定向股(Targeted Stock)等则属资本收缩范畴。在成熟的市场经济国家，扩张与收缩处于同等重要的位置，如同公司决策者的“左右手”。适时、合理的运用股份回购进行资本收缩是上市公司在不同的发展阶段和外部条件下可采取的一种有效的发展战略[38]。作为一种合法的公司行为，它和杠杆收购(Leveraged buy-out)一样是一种公司所有权与控制权结构变更的公司重组形式。

库存股(Treasury Stock)，是指公司在股份回购后并不注销这些股份，而是把这些股份留存于公司的特定账户。库存股需满足三个条件：1.股票已发行；2.被发行公司重新购回；3.没有被重新销售或依法减资。库存股属发行在外的股份，但不具备一般流通股的权利，即它不拥有投票权、收益分配权、优先认股权、清偿权及相关义务[3]。库存股制度解决了股票回购后股东权益减少的问题，并被西方公司灵活应用于调节股本规模和负债与权益股本的比例，并广泛应用于建立公司股权激励制度，如实行员工持股计划(ESOP)和经理股票期权(ESO)，发行可转债等，或在需要资金时将其出售。而我国目前《公司法》规定，股份回购只能是购回并注销公司发行在外的股份，不允许上市公司库存股份。

1.1.2 内涵——股东价值最大化

在西方，最初股份回购的动机在于公司为了规避政府对现金红利的管制，或者是调整公司资本结构以抵抗其它接管者(Takeover)的敌意收购[5]。目前已发展成为国外成熟的证券市场一种常见的资本运作方式和公司理财行为。

股东价值最大化是上市公司资本运营和理财的核心目标。对于上市公司股东而言，其财富的大小体现在所持公司的股票市价上，而股价的高低取决于股票的内在投资价值和资本市场波动等因素。由于市场的不确定性，后者是上市公司的不可控因素，而前者是上市公司的可控因素，它是未来单位股份每年可给股东带来的现金股利按上市公司相对应的资本成本折算的贴现值 P[7]。用公式表示如下：

$$P=\frac{D_1}{(1+r)^1}+\frac{D_2}{(1+r)^2}+\cdots+\frac{D_n}{(1+r)^t}=\sum_{t=1}^{n}\frac{D_t}{(1+r)^t} \quad (1.1)$$

公式(1.1)中，为在时间 t 内与某一特定普通股的每股股利现金流；r 为在一定风险程度下该股股利现金流的适宜贴现率(Discount rate)。可见，在资本市场条件不变的情况下，上市公司股东价值(财富)最大化的途径只能通过影响股票的每股股利现金流和股东要求的投资报酬率(预期收益率)来实现。换言之，上市公司可以通过提升股票的内在投资价值，实现股东财富最大化的目标。

根据会计学原理，普通股股东每股年现金股利 D 为：

D=每股盈余×股利支付率 (1.2)

或，D=每股净资产×净资产收益率×股利支付率 (1.3)

=(净利润/期末股数)×股利支付率

=(净利润/总资产)×(总资产/净资产)×(净资产/期末股数)×股利支付率

或，D=总资产净利率×权益乘数×每股净资产×股利支付率 (1.4)

由式(1.2)得：如果其他条件不变，股票的内在价值与公司每股盈余、股利支付率成正比。在股利支付率(派息率 Payout Ratio)一定时，公司每股盈余越大，公司的股价越高，股东的价值越大；同理，在公司每股盈余一定时，公司的股利支付率越高，股东价值越大。

由式(1.3)得：如果其他条件不变，股票的内在价值与公司的每股净资产、净资产收益率、股利支付率均成正比.

由式(1.4)得：在其他条件一定的情况下，股票的内在价值又与公司的总资产收益率、权益乘数、每股净资产、股利支付率成正比。

我们知道，股票的预期收益率 r(又称必要报酬率 Required Rate of Return)，是指在风险投资中，投资者因需要完全补偿其承担的投资风险，而要求被投资对象必须达到的收益率。根据资本资产定价模型(Capital Asset Pricing Model, CAPM 模型)[19]：

$$r=r_f+\beta(r_m-r_f) \quad (1.5)$$

其中：r_f是股票的无风险收益率

r_m为股票市场的平均风险收益率

β：代表股票市场的综合风险系数

根据现代金融理论，公司股票的 β 系数与公司的杠杆比率(权益乘数)以及影响公司系统风险的一切经营活动的特征有关。β 系数越大，股东要求的预期(必要)收益率就越高，则股票(股东)的内在价值就越低(小)。

式(1.2)、(1.3)、(1.4)及式(1.5)仅反映了影响股东价值最大化的表象因素。为揭示其内在因素，需进一步引入息税前利润(EBIT)概念[28]：

EBIT=主营业务收入-主营业务成本-营业费用-管理费用

=净利润+税项+利息 (1.6)

股东年现金股利 D=(EBIT-税项-利息)×现金股利分配比 (1.7)

从式(1.6)和(1.7)中可看出，净利润实际只是 EBIT 的一部分。具体所占比例取决财务杠杆比率和税率的高低。公司赋税税率主要取决国家税收政策，公司不能自控，而公司 EBIT 和财务杠杆比率为可控因素。前者受公司经营业绩(主要受公司治理结构的影响)而决定，后者受公司资本结构所决定。将前面几个影响股票内在因素结合起来研究，很容易发现，公司的总资产利润率、每股净资产、净资产收益率、每股盈余都建立在公司净利润基础上，亦即建立在 EBIT 的基础上，因此都受公司经营绩效和资本结构的制约；同时，这几个因素和公司的股利支付率又受公司股利政策的影响。因此，影响股东价值最大化的真正因素是公司经营绩效、资本结构和股利政策。

式(1.7)显示，公司经营绩效(资产营运效率，通过优化股本结构和治理结构实现)、资本结构(通过优化财务杠杆比率及抵税效应实现)和股利分配政策(通过税赋节约效应和政策规避效应及提高股利支付率实现)这三个因素从不同角度来影响股东每年可得的现金股利量及其风险度，是上市公司影响股票内在价值的可控因素。其中公司经营绩效决定上市公司息税前收益(EBIT)的大小；公司资本结构决定上市公司股东获得资产带来的息税前收益的数量(即 EBIT-税项-利息)、发行权益资本的普通股数量以及资本加权平均成本率所含的财务风险溢酬量；公司股利分配政策决定现金股利分配比例。股份回购作为一种股本收缩方式涉及到上市公司的治理结构、资本结构和股利分配政策，其中公司资本结构是影响股票内在价值的关键因素，因此是上市公司提升股票内在价值，实现股东财富最大化的重要手段之一。

作为股利分配政策的一种替代，股份回购既可以减少发行在外的股份数量，又可以获得税赋节约效应，政策规避效应，从而提高每股盈余水平，提升股票价值[23]。从理论上来讲，同样数量的现金用于发放现金股利或股份回购，股东得到的收益基本相同。但对于上市公司而言，通过股份回购的方式，不仅可以减少权益资本，提高负债/股东权益比，即财务杠杆比率，充分发挥财务杠杆效应，而且可以调整和优化股本结构，增加每股盈余，从而提升股票内在价值，同时可以降低未来权益资本的融资成本，有利于上市公司配股(Right Issuance)、转增股本和增发等后续融资行为进行股本扩张，增强资本实力和抵御风险的能力[29]。由此可见，股票回购对上市公司理财目标的实现有重大促进作用。上市公司可以通过股票回购提高股票的内在投资价值，实现股东财富最大化目标。

1.1.3 股份回购的类别

(1)常规股票回购(Routine stock repurchase)。所谓常规回购，是指直接派发现金股利的一种替代政策，即为资本收益型现金红利。回购所用资金与直接现金红利一样来自公司的经营现金盈余。常规回购通常被具有以下特征的公司所运用：一是由高速成长阶段进入增长率下降的稳定阶段或成熟阶段，缺乏预期收益超过资本成本的投资机会；二是经营净现金流入及现金储备规模大大超过能够为股东创造价值的投资机会所需资金[7]。如果公司治理有效，从股东价值最大化原则出发，应该把除满足必要的经营与投资活动所需要的资金以外的富余现金分配给股东，由股东自己进行再投资决策，避免公司管理层出于自身利益考虑，从事降低股东价值的过度扩张行为。因此，这些公司在逐步提高股利支付率(现金红利/净收益)的同时，往往伴随着常规股票回购[8]。与直接现金红利相比，股票回购可以缩减发行在外股票的数量，相对提高每股净收益(EPS)水平，提升股票市值并刺激股票价格上涨，纾缓经营压力。

(2)战略股票回购(Strategic stock repurchase)。所谓战略回购，并不是直接现金红利的简单替代，它通常服务于公司的战略目标。战略回购的动机包括：一是重新资本化。即大规模借债用于回购股票或支付特殊红利，从而迅速和显著提高长期负债比率和财务杠杆，优化资本结构。重新资本化往往出现在竞争地位相当强，经营进入稳定成长期，但长期负债比率过低的公司。由于这类公司具有客观的未充分使用的债务融资能力储备，按照资产预期能够产生的现金流入的风险与资本结构匹配的融资决策准则，增加利息具有抵税作用，资本成本低于股权的长期债务规模，提高财务杠杆，改善和优化资本结构，同时也有助于防御敌意购并袭击。因为在有效的金融市场环境中，债务融资能力过剩的公司，往往容易受到敌意并购者的觊觎。反并购策略之一的“负向重组”包括“焦土政策(Scorched earth policy)”和“毒丸计划(Poison Pill)”，采用了大量的战略回购手段[27]。重新资本化以迅速增加长期负债规模的举措是：1、举债回购公司股票或支付特殊红利；2、股转债，即公司使用同等市场价值的债务置换公司股票[20]。二是支撑公司股票市场价格。即针对股票市场低迷或信息严重不对称导致股价被严重低估，公司可以采用股票回购策略，以促使股价回升，增强投资者对公司的信心，同时击退敌意并购者。三是视为一种投资机会。根据信息不对称理论，公司管理层通常比外部投资者掌握更多、更准确的公司信息[19]。当管理层认为公司缺乏实业投资机会，同时公司股价又被市场严重低估时，尽管公司投资于自己的股票不符合逻辑，但单从获利角度来看，当公司股票被市场严重低估且极具投资价值时，投资于自己的股票是一种理性的投资行为。

1.1.4 股份回购的操作方式

1、公开市场收购。公开市场收购是指公司在股票市场以等同于任何潜在投资者的地位，按照公司股票当前市场价格回购。美国公司90%以上的股票回购采用公开市场收购方式，据不完全统计，20世纪80年代，美国公司采用公开回购方式所回购的股票总计额达1870亿美元[7]，公司通常使用该方式在股票市场表现欠佳时，小规模回购特殊用途（如股票期权、雇员福利计划和可转换证券执行转换权）所需的股票。美国证券交易委员会（SEC）对实施公开市场收购的时间、价格、数量等有严格的监管规则[28]（详见2.1.1）。制定这些规则的目的是防止价格操纵和内幕交易，尽可能减少股票回购对股票市场价格的影响。平均而言，在美国市场上公开市场收购对股票价格的影响仅为2%到3%[3]。

2、现金要约回购。现金要约回购可分为固定价格要约回购和荷兰式拍卖（Dutch auction）回购。固定价格要约回购指公司在特定时间发出的以某一高出股票当前市场价格的价格水平，回购既定数量股票的要约。在一般情况下，公司为了在较短时间内回购数量相对较多的股票，公司可以宣布固定价格回购要约。它的优点是赋予所有股东向公司出售其所持股票的均等机会，而且通常情况下公司享有在回购数量不足时取消回购计划或延长要约有效期的权力。与公开市场收购相比，固定价格要约回购通常被市场认为是更积极的信号，其原因可能是要约价格存在高出市场当前价格的溢价。但是，溢价(Premium)的存在也使得固定价格回购要约的执行成本较高。

荷兰式拍卖首次出现于1981年Todd造船公司的股票回购[4]。在荷兰式拍卖的股票回购中，首先由公司指定回购价格的范围（通常较宽）和计划回购的股票数量（可以上下限的形式表现）；而后股东进行投标，说明愿意以某一特定价格水平（股东在公司指定的回购价格范围内任选）出售股票的数量；公司汇总所有股东提交的价格和数量，确定此次股票回购的“价格-数量”曲线，并根据实际回购数量确定最终的回购价格。由于这种方式在确定回购价格时有更大的灵活性，颇受许多大公司的青睐。

3、可转让出售权。可转让出售权是实施股票回购的公司赋予股东在一定期限内，以特定价格向公司出售其持有股票的权利。之所以称为“可转让(Convertible)”，是因为此权利一旦形成，就可以同依附的股票分离，而且分离后可在市场上自由买卖[11]。在股票回购中公司不能强迫投资者出售其手中的股票。通常的做法是公司设定股票回购数量的最高限额，每个股东可根据自己的意愿选择接受或拒绝回购要约[11]。在固定价格回购要约中，公司赋予股东一项卖出期权（Put Option），固定的回购价格即为期权执行价格。当回购价格高于当前市场价格时，期权处于实值状态，具有价值。但是股东只有接受回购要约才能执行其拥有的卖出期权，取得期权价值。如果有些股东出于税收等因素不愿出售自己的股票，则回购要约到期后这些股东不能得到任何收益，实值期权的作废意味着财富由未接受收购要约的股东转移到接受回购要约的股东[11]。为了解决之一问题，人们设计出了可转让出售权方式的股票回购。

在可转让出售权方式下，执行股票回购的公司向其股东发行可转让出售权，那些不愿出售股票的股东可以单独出售该权利，从而满足了各类股东的需求。此外，因为出售权的发行数量限制了股东向公司出售股票的数量，所以这种方式还可以避免股东过度接受回购要约的情况。

4、私下协议批量购买。私下协议批量购买通常作为公开市场收购方式的补充而非替代措施。批量购买的价格经常低于当前市场价格，尤其是在卖方首先提出的情况下。但是有时公司会以超常溢价向喜好生事或存在潜在威胁的非控股股东批量购买股票[6]。因为这种股票回购不是以全体股东财富最大化为出发点，所以该行为存在委托代理问题。

5、交换要约。作为使用现金回购股票的替代方案，公司可以向股东发出债券或优先股的交换要约。交换要约中存在的主要问题是两种证券流动的差异，为了补偿交换证券缺乏流动性的弱点，公司往往需要支付较高的溢价[18]。或许因为此原因，现实中绝大多数股票回购都采用现金形式进行。

1.2 股份回购的基本模型

1.2.1 股份回购模型的假设前提

学者弗麦伦（Vermaelen，1981）[1]给出了股份回购的基本模型及其假设前提。股份回购的基本模型是建立在以下七个假设前提（也即证券均衡定价的基本条件）基础上的：（1）证券市场是有效的(Efficacious)，即在任何时间里，市场价格都反映了所有对证券价格有影响的公开信息。（2）证券市场信息是对称的，即在纯粹竞争(Pure Competition)的市场条件下，所有投资者能够无成本的同时接受信息。（3）证券市场完全竞争，这意味着单个投资者是价格的接收者，并且不能影响股份回购要约的结果。（4）投资者是理性的(Rational)，即在考虑到交易佣金和印花税等交易成本后，力图使其财产价值最大化。（5）在股份回购公告日以后，每个投资者对于股份回购将造成的价值变化、愿意出让的比例和公司将要回购的比例具有相同的预期。（6）股份回购要约是上限要约，也就是说，如果股东愿意出让的股份不足，公司要买入所有愿意出让的股份；但是，如果股东愿意出让的股份超额，公司可以买入所有愿意出让的股份，或者按比例买入，即公司从每个愿意出让股份的股东那里购回相同比例的股份。（7）与股份回购有关的价格变化是对整个市场价格变化调整后的结果。

1.2.2 股份回购的基本模型

模型Ⅰ[1]：

$$P_e \cdot N_e = P_0 \cdot N_0 - P_t(N_0 - N_e) + W \qquad (1.8)$$

上述符号定义为：P_0表示回购公告日前股票价格

P_t表示回购要约价格

P_e表示回购后股票价格

N_0表示回购公告日前股份总额

N_e表示回购后的股份总额

W表示股份回购后产生的股东财富效应

(1.8)式表明：

回购后的股票市值=回购前的股票市值-回购股票的金额+股东财富变化值 (1.9)

如果令：$F_p=(N_0-N_e)/N_0$ 表示回购股份的比例

$1-F_p=N_e/N_o$ 表示未回购股份的比例

并用 N_0 去除方程(1.8)两边，并将回购股份比例与未回购股份比例进行置换，那么：

$P_e \cdot N_e/N_0=P_0-P_t(N_0-N_e)/N_0+WN_0$，即

$P_e(1-F_p)=P_0-P_t \cdot F_p+W/N_0$ (1.10)

再用去除方程(1.10)的两边：

$W/(N_0 \cdot P_0)=[P_e-P_e \cdot F_p+P_t \cdot F_p-P_0-P_0 \cdot F_p+P_0 \cdot F_p]/P_0$ 可得模型 II[1]：

$W\%=W/(N_0 \cdot P_0)=F_p(P_t-P_0)/P_0+(1-F_p)(P_e-P_0)/P_0$ (1.11)

式(1.11)中 w%代表股东财富效应。模型 II 给出了与发出股份回购要约相关的收益率(或股东财富效应)的两个要素。一个是出让股份的股东收益率，以回购股份的比例为权重；另一个是未出让股份的股东权益率，以未回购股份的比例为权重。模型 II 表明：

股东财富效应 (w%)=回购股份比例×出让股份的股东收益率+未回购股份比例×未出让股份的股东收益率 (1.12)

即在股份回购中所产生的股东财富效应在出让股权的股东和未出让股权的股东之间进行分配。根据查阅的有关资料显示，二十世纪八十年代有多位学者运用弗麦伦建立的模型对股份回购引起的股东财富效应进行了实证分析，其中较为著名的有马苏里斯(Masulis，1980)[3]，弗麦伦(Vermaelen，1981)[1]，丹恩 (Dann，1981)[2]，布雷德莱和威克曼 (Bradley & Wakeman，1983)[4]，布累克利(Brickley，1983)[5]等实证研究。他们通过收集美国在 1962-1977 年期间一百余起现金收购要约的股份回购样本观测值实证研究，得出大致相近的数量关系和结论：

收购要约价格相对于初始价格有 22%-23%左右的初始溢价，股份回购到期后的股价 Pe 比股份回购公告日前的价格 Po 高出 13.76-14.76%。回购引起的收益率(股东财富效应 W%)约为 15-16%，一般由 3.3-3.5%的出让股份股东财富和 12-12.5%的未出让股份股东财富组成。

比如：如果某例回购案中，股份回购产生的股东财富效应 W%为 16%，回购股份的比例 FP 为 15%，也即未回购股份的比例 1-FP 即为 85%，股份收购要约反映的初始溢价(Pt-Po)/Po 为 23%，用 X 表示股份回购到期后的股价 Pe 比股份回购公告日前的价格 Po 的溢价$(P_e-P_0)/P_0$，则有：

16%=15%×23%+85%X；可解得 X=14.76%

于是：16%=15%×23%+85%×14.76%

这样：16%=3.45%+12.55% (1.13)

式(1.13)中：3.45%为出让股份股东的收益率，12.55%为未出让股份股东的收益率。显然，出让股份股东得到的溢价(23%)高于未出让股份股东所得到的溢价(14.76%)，但整体而言，后者得到了财富效应中最大比重的一部分。

由于历史遗留问题的原因，我国证券市场具有明显的“市场分割”特征，即 A 股、B 股和 H 股并存，非流通股和流通股并存，因此需要对以上股份回购模型进行改进，以适应于我国证券市场的实际情况。本文将在第三章实证分析中具体讨论对基本模型的改进(详见 3.2)。

1.3 股份回购的理论假说

股份回购的基本模型所得出的研究结果指出：股份回购可以给股东带来财富的增长，无论是否出让股份，股东都将获益，而且未出让股份的股东获得更多的好处。股份回购可以使公司普通股的内在价值提升，市场价格长期上涨，其原因正是西方学者在实证研究基础上建立的股份回购理论假说所要说明和解释的[1][8]。

假说一：财务杠杆假说。如前所述，股份回购可以减少股东权益，调整和优化资本结构，提高负债/股东权益比率，即财务杠杆率，尤其是利用债务筹资回购股票，效果更为显著，同时还会增加税收上可抵减的利息支付额。

假说二：个人税赋节约假说。股份回购使得股东能够以较低的资本利得税取代现金红利所应交纳的较高的个人所得税。

假说三：信息或信号假说。当某家公司宣布将以超出目前市价的巨额溢价来回购公司股份，而公司内部人员又不能参与该交易时，“公司管理层认为该公司股票价值被市场低估”就被视为一种内部信号(信息)。当然，财务杠杆率的提高本身也具有信息或信号作用，即财务杠杆本身的信号效应。

假说四：股东间财富转移假说。如前式(1.11)所描述，财富可能会在回购股份时出让者与未出让者之间转移。然而股东财富效应的最大份额应归于未出让股东。如实证所示，因为 P_e 比 P_0 高出 13%~15%，使未出让者获益更大。

假说五：抵御外来接管假说。公司管理层认为公司股票价值被低估，就会担心较低溢价的接管招标。股份回购表明不仅接管者看到股价偏低，公司管理层也意识到了。同时也向市场表明，如果一项外部接管要约取得成功，则其收购要约出价 P_t 须高出初始价格 P_0 平均为 23%的溢价。

假说六：债券持有人掠夺假说。认为股份回购收益是掠夺(征用)普通债券持有人和优先股持有人的收益。

2 股份回购的制度安排、历史回顾及现实意义

2.1 股份回购与库存的中外法律制度

2.1.1 主要发达国家及香港地区对股份回购及库存的法律制度比较[43]

	美国	日本	英国	德国	香港地区
基本原则	原则允许	原则禁止例外允许	原则禁止例外允许	原则禁止例外允许	原则禁止例外允许
例外情况		1、注销股份。2、收购持反对意见的股东之股份。3、转让赠予员工。4、为达成符合公司权利行使目的所必须采取的回购行为(抵御购并).	1、注销股份 2、收购持反对意见的股东之股份	1、注销股份 2、为避免出现损害公司利益的重大举措 3、转让赠予员工 4、股票继承时	1、注销股份 2、收购持反对意见的股东股份
数量限制	无总量限制，但对日交易量有限制	不得超过流通股的3%	不得超过流通股的15%	不得超过流通股的10%	年回购额不得超过流通股的10%回购最高金额不超过上月成交额之25%

回购方法	市场买入公开收购集中交易	市场买入公开收购	市场买入	市场买入	市场买入场外交易（私人协议）
库存股制	公司可撤消所回购股份的注册及将股份注销，或将股份以库存形式持有。实施数量无任何限制	有条件实施：允许以员工持股的目的等原因库存股份	有条件实施：允许库存不超过已发行股份10%作日后出售之用	有条件实施：（在以下各种情形下：）1、避免重大损失时。2、保护小股东利益 3、向员工供股 4、免费获赠股份。5、合并所得的股份。6、公司需要缩股。7、库存股不超过已发行股本10%	香港证监会 1998年11月发出“库存股份咨询文件”征求社会意见，目前暂未实行库存制度。

现以股票回购频繁的美国为例，说明其对股票回购程序的一些法律限定。为了保护投资者利益和执行美国证券交易法的反操纵条款，美国证券交易委员会 SEC 制定了 Rule 10b-18 条款，对上市公司股票回购的程序、数量、时间、价格进行了较严格规定[28]，值得我国借鉴：

1、数量限制：同一天内，上市公司只能回购最近一个月内之日成交量的 1/4，以防范回购公司通过连续买入以操纵市场价格；

2、时间限制：回购公司不可在开盘后和收盘前半小时内买入股票，由于股市的开收盘往往具有指标作用，这样就可以防止公司拉抬或打压股价；

3、价格限制：上市公司在公开市场买回股票时，不得超过当时市场的最高价格，以防止公司拉抬股份，从中牟利。但在私下让与交易中，则回购价格不受此限制；

4、买入程序限制：公司回购股票，必须预先告知美国 SEC 并通过同一券商或证券经纪进行。

2.1.2我国对股份回购和库存的法律规定[43]

1、《中华人民共和国公司法》有关规定：

第一百四十九条公司不得收购本公司的股票，但为减少公司资本而注销股份或者与持有本公司股票的其他公司合并时除外。

公司依照前款规定收购本公司的股票后，必须在十日内注销该部分股份，依照法律、行政法规办理变更登记，并公告。

公司不得接受本公司的股票作为抵押的标的。

第一百八十六条公司需要减少注册资本时，必须编制资产负债表及财产清单。公司应当自作出减少注册资本决议之日起十日内通知债权人，并于三十日内在报纸上至少公告三次。债权人自接到通知书之日起三十日内，未接到通知书的自第一次公告之日起九十日内，有权要求公司清偿债务或者提供相应的担保。公司减少资本后的注册资本不得低于法定的最低限额。

2、《上市公司章程指引》有关规定：

第二十三条　根据公司章程规定，公司可以减少注册资本。公司减少注册资本，按照《公司法》以及其他有关规定和公司章程规定的程序办理。

第二十四条　公司在下列情况下，经公司章程规定的程序通过，并报国家有关主管机关批准后，可以购回本公司的股票：

（壹）为减少公司资本而注销股份；

（贰）与持有本公司股票的其他公司合并；

除上述情形外，公司不得进行买卖本公司股票的活动。

第二十五条　公司购回股份，可以下列方式之一进行：

（壹）向全体股东按照相同比例发出购回要约；

（贰）通过公开交易方式购回；

（叁）法律、行政法规规定和国务院证券主管部门批准的其它情形。

第二十六条　公司购回本公司股票后，自完成回购之日起十日内注销该部分股份并向工商行政管理部门申请办理注册资本的变更登记。

《到境外上市公司章程必备条款》也有相应规定。

总体来说，我国允许上市公司进行股份回购，但回购后必须注销该部分股份。同时保障债权人的合法权益。以库存股形式持有已回购股份存在法律障碍，《公司法》不允许上市公司库存股份，《证券法》没有就股份回购及回购后的处理方法作出规定。但《章程指引》就股份回购的操作条款传递了几点重要信息：①强调可以采用国外及香港流行的向全体股东发出购回要约方式；②也可以采用国外流行的公开交易方式购回股份，这种方式实际与任何投资者从经纪人处购买股票的情形一样；③“经批准的其他情形”，这为以后修改和制定专门的股份回购法规留出了空间。

2.2 股份回购的历史回顾

2.2.1 西方国家股份回购的发展阶段

（一）不被认同阶段

在传统的西方公司理论中，公司资本一经注册成立即得以确认并表现为一定量的资产。公司资本的变动无论对股东或是债权人的利益均有重要的影响。对股东而言，公司资本的降低即意味着降低了其持有股份的价值及股本回收的可能性；对债权人而言，公司资本是债权设置及债权得以履行的基础，公司资本的减少可能直接使之受损。因此，传统公司理论一直强调资本保持（Capital Maintenance），即公司应保持原有资本，非在特定场合而经一定程序不得随意减少资本[36]。当时大陆法系和英美法系国家均对股份回购严格限制。

（二）基本认同阶段

随着理论和实践的深入，股份回购在资本市场中的作用和影响逐渐得到广泛认同。尤其是“库存股”的出现解决了公司股份回购后股东权益减少的问题，股份回购作为一种金融创新便应运而生。

“库存股”指公司在股份回购后并不注销这些股份，而是把这些股份留存于特定的账户。库存股是公司灵活调整公司股本规模的工具之一。但库存股的产生、销售或再转为普通股都会影响市场的供求平衡，在这种变化过程中有可能产生内幕交易。西方国家对股票回购的程序、数量、价格及库存股的出售都有较严格的规定。股份回购作为一种金融创新，最初产生的动因在于公司规避政府对现金红利的管制。1973-1974年，美国政府对公司支付现金红利施加了限制条款，许多公司转而采用股份回购方式向股东分配现金红利[23]。

（三）广泛应用阶段

20 世纪 80 年代后，特别是 1984 年以来，由于敌意并购盛行，股份回购规模持续增长，逐步成为美国上市公司家常便饭的行为，几乎每天都有公司股票回购事件发生。回购的单项金额和总规模都大大增加。例如，1985 年，菲利浦石油公司动用 81 亿美元回购 8100 万股公司股票。1989 年和 1994 年，埃克森石油公司分别动用150亿美元和170亿美元回购本公司股票[35]。1987年的纽约股票市场出现股灾，在两周内就有650家公司发布股票回购计划，以阻止本公司股价非理性下跌，导致股票回购总规模达到541亿美元的空前水平，同期，现金红利规模为831亿美元。随后，为了有效规避现金红利税收，股票回购继续受到公司的青睐。1994年，美国公司股票回购总金额达到690亿美元。而1996年~1998年，美国公司宣布的股份回购交易总金额更高达5500亿美元，同期的现金红利总额仅有4900亿美元[28]，股份回购已成为美国上市公司给股东回报的主要方式之一。在香港特区，1997年10月，由于恒指骤跌引发了股票回购狂潮，与9月份相比，回购交易金额陡增10倍，使香港恒生指数回稳在万点之上振荡。而在随后的东南亚金融危机及国际对冲基金对港股的进一步狙击中，同处香港股市的国企H股由于不能进行回购操作，恒生国企指数下跌幅度明显大于恒生指数。1997年10月至1998年10月，恒指由14000点跌至7000点，跌幅为50%，而恒生国企指数由1250点跌至250点，跌幅超过80%[38]。股份回购对股指的支撑和稳定作用是不言而喻的。

2.2.2我国公司股份回购的尝试

（一）合并回购

小豫园和大豫园合并。依据《公司法》，在上市公司与其他公司合并前，法律允许上市公司收购由与其合并的其他公司持有的股票。1992年小豫园并入大豫园，可以看作我国股市为了合并而实施股份回购的第一例成功案例。大豫园作为小豫园的大股东，采用协议回购方式把小豫园的所有股票（包括国家股、法人股、社会公众股）悉数回购并注销。程序上经股东大会批准，合并后新公司再发行新股，并承诺小豫园股东享有优先认股权。但其不足之处是限于当时的外部环境，主要是政府行为。

（二）减资回购

1、陆家嘴减资回购案[43]

1994年10月30日，陆家嘴临时股东大会决议通过国家股减资的方案，此陆家嘴成为我国第一家协议回购本公司股票并注销股份的上市公司。陆家嘴决定回购股份的主要原因有：

（1）解决国家股资本虚置问题。在五年前，陆家嘴的总股本是7.33亿股，其中国家股、法人股和社会公众股分别为6.4亿股、3000万股和6300万股，分别占总股本的87.31%，4.09%，8.59%。公司在1992年5月29日公布的招股说明书中注明，“公司注册资本总额7.33亿元，其中6.4亿元是国家以土地折价入股，而地块从批租到开发、转让是逐年渐进的，所以国家股参与溢价和红利分配计算均以投入地运转的资本额为准，现已投入4.5亿元资本额，剩余资本一年后陆续投入运转。”一年后，国家股的部分资本仍在虚置，导致公司股本结构不合理。由此按照当时上海市政府的有关规定，经有关部门同意，公司决定将国家股中尚未实际投入运作的部分资本额从注册资本中退出，即以2元/股的价格回购2亿股国家股，公司注册资本总额从7.33亿元减至5.33亿元。

（2）公司按照《公司法》的有关规定，规范股权结构，并增资扩股。陆家嘴1992年向社会公众公开发行1500万股，占总股本的2.05%。上市后经过国有股东转让和配股，公众股增至6300万股，占比增至8.6%。《公司法》明确规定，上市公司的股本总额超过4亿元的，其向社会公众公开发行股份的比例应为15%以上。陆家嘴国家股减资2亿股之后，公司的公众股比例可达到11.82%。随后在同年11月，公司发行2亿股B股，使社会公众股比例进一步升至35.88%，从而达到“15%以上”的要求。

此回购案的一个重要特点是，通过国家股减资回购再增发一定数量的流通股（B股），既规范了股权结构，又进一步增资扩股以增强发展后劲。从这个意义上来说，股份回购成为一种“策略性”的资本营运工具。

2、厦门国贸减资回购案

1996年4月19日召开的1995年度股东大会通过了公司董事会提出的关于减资及变更股本结构的议案：为了使现有股本结构符合《公司法》的要求，公司以每股2元的价格购回全体股东持有的公司股份的60%并予以注销，减资后，公司总资本由17000万股缩至6800万股。回购完成后对外发行2000万股A股，使社会公众股占总股本的25.64%。可见，厦门国贸也是为了发行新股（A股）进行股本调整而回购注销老股。

3、公司上市前的减资缩股案

在1999年前，我国证券市场上的股票发行主要采用指标管理，在有限的上市额度下，一些拟上市公司进行股份制改组时采取了缩股处理[34]。（见下表）

1996年和1997年部分上市前已经缩股公司一览表

股票代码	股票名称	缩股比例	缩股前的总股本（万股）	缩股后的股本(万股)	发行后的总股本（万股）	缩股时间
000723	天宇电器	2:1	10580	5290	8290	1997.01
000766	通化金马	1:0.6	14380	8628	12628	1996.12
000722	金果实业	2:1	5400	2700	5200	1997.02
000767	漳泽电力	3:1	39000	13000	14500	1996.09
600083	红光实业	2.5:1	40000	16000	23000	1997.04
600087	南京水运	2.5:1	22446.5	8978.6	12478	1997.04
000753	福建双菱	1.55:1	10079	6502	10002	1997.03

4、两例尚未实施的减资回购案：

(1) 青岛啤酒　2001年股东大会授权董事会在12个月内最多可购回10%（3468.4万股）H股，直接减少注册资本。后由于市场原因搁浅。

(2) ST康赛　2001年5月22日董事会批准核减公司注册资本决议，以配股价12.8元/股为回购价，定向回购大股东应配股数537.1056万股。由于大股东配股时，配股款系从ST康赛公司借出，故此次回购的付款方式为用对大股东的其他应收款6874.95万元冲抵回购款。由于定价远高于每股净资产0.8元而被其他股东否决。

1、云天化协议回购国有法人股案[43]

（1）回购内容：1999年4月1日，云天化宣布回购云天化集团（大股东）持有的2亿股国有法人股，占总股本35.2%，经过19个月漫长的市场等待，终于2000年9月获准实施。回购价格为2.83元/股（每股净资产为2.01元/股）。此次回购完成后，云天化股份总数从56818.18万股减至36818.18万股，国有股从82.4%降至72.84%，A股比例从17.61%上升至27.16%。

（2）资金来源：这个回购需支付资金总数5.66亿元，一次性支付。来源有三方面组成：一是截至2000年8月31日的未分配利润4.3亿元；二是2000年九月至十月实现的未分配利润0.268亿元；三是其他自有资金1.1亿元。

（3）回购动因：旨在利用公司货币资金高达5亿多元的优

势，通过回购并注销股份的方式来收缩资本，在现有经营规模基础上，最大限度发挥资金杠杆的作用，提高每股收益，提升股票内在价值，同时降低国有股东的持股比例，改善股份结构。而大股东则成功变现5亿多元，有利于云天化上市公司将来配股融资。

2、申能协议回购国有法人案

1999年12月17日，申能股份以当时的每股净资产2.51元为回购价格，向第一大股东协议回购并注销10亿股国有法人股，占总股本的37.98%，回购金额高达25.1亿元，全部以公司自有资金（现金形式）一次性支付。回购后公司总股份为16.33亿股，第一大股东所持股份由80.25%降至68.16%，流通股比例由6.13%提高至9.88%，公司负债率从38.99%提高到50.49%，杠杆率由64.97%提高到76.38%。据推算，每股收益将由0.328元提高到0.528元。在回购的同时，大股东申能集团承诺将用回购所得资金部分用于收购上市公司不良资产。因此申能回购案的原因为：(1)不是简单意义上的回购，具有战略性结构调整和资产重组性质；(2)改善股权结构；(3)优化上市公司资产质量，调整业务结构，提升上市公司业绩；(4)增强大股东实力，变现国有资产，利于将来上市公司再融资。

3、冰箱压缩回购国家股案

这又是一例以资产重组为目的的回购案例。2000年5月29日该公司获准以9590万元自有资金回购大股东持有的国家股4206.2753股，占总股本的9.95%。回购后总股本降为38052万股。大股东用回购变现的款项反向收购冰箱压缩的一连续亏损的控股子公司上海森林电器有限公司31%的股权，使冰箱压缩对森林电器的股权降为19%，由权益法合并报表变为成本法核算，成功剔除了上市公司一个重大亏损因素，同时也改善了股东结构，减缩了总股本，两方面提升了公司业绩。

4、长春高新回购注销国家股案

该公司2000年7月获准以每股3.44元的(每股净资产为3.40元)协议回购并注销大股东所持的国家股7000万股(占总股东34.77%)，回购资金2.408亿元，来源于大股东的母公司归还长春高新的2.4亿元应收款。回购并注销国家股后，总股本由2.0133亿股变为1.3133亿股，其中国家股比例由57.36%退至34.63%。此次回购既减少了2.4亿元巨额不良资产，又减小了总股本，当年每股收益从0.07元上升为0.23元。更重要的是，此属首例通过回购来以股抵债，并改善公司治理结构、使国有经济退出绝对控股地位的案例。

2.3 实施股份回购与库存的现实意义

2.3.1 积极作用

1、触及到中国股票市场失序的体制性根源，为国有经济提供了一条逐渐从竞争性领域退出的通道。中国证券市场目前存在的最大问题是市场分割和股权分裂的问题。股份被人为分割成国家股、法人股、A股、B股等，或被分裂成流通股和非流通股。这一问题成为中国股票市场失序的体制性根源。一股独大和“内部人控制”破坏了市场经济公平竞争法则，衍生了市场上高投机性和“圈钱陷阱”，为权利部门提供了大量的寻租机会，最终也使国有经济战略重组失去了资本市场的支撑。我始终认为，“股票全流通”是彻底解决这一问题的最终选择。通过证券市场这一资源有效配置的场所，让非流通股的国有资本逐渐从竞争性领域中淡出，是当前或今后一段时期的艰巨任务。股份回购制度为非流通的国有股东和出资人提供了一条退出的通道。从目前来看，国有股减持的方案很多，其中最重要的两种形式是“配售”和“回购”。前者的前提是总股本不变，非流通的国有股通过配售成为流通的非国有股，仅仅是股权的转移，相关业绩指标没有变化，且由于配售定价复杂，实践证明对证券市场冲击极大，国有股退出几乎失效；后者的总股本则要减少，在非流通的国有股减少的同时流通股并未增加，加上回购后公司每股收益能迅速提升，对市场正面影响较大，国有资本退出的有效性也较强。特别具有意义的是，还可以通过定向回购和定向增发相结合，既能解决大股东债务问题，还能实现新旧股东更迭重组，进而渐进式解决股市全流通问题。即对拖欠上市公司巨款又希望战略性退出的老股东所持非流通股按净资产(或一定折扣)的定价回购减资，再向接管者新股东以市价的合理折扣定向增发流通股，这样做既让老股东顺利退出，并可用售股资金清偿对上市公司的债务(以股抵债)，上市公司还能引进新的流通股东，得到一大笔现金。由于老股东已回购减资，股权比例大为缩减(甚至彻底退出)，新股东无需发行太多股份就可获得控制权，进入的代价也不会很高。又由于老股东按净资产退出，新股东按市价进入，一进一出总股本缩小，每股收益提升。随着大股东的“吐故纳新”，由于新大股东的股权到一定时间还可上市流通，即非流通股将逐步更换为流通股，全流通问题也将找到一个全新的解决方案。

2、改善上市公司股权比例，完善法人治理结构。中国资本市场发展面临的挑战——上市公司治理结构的缺陷：国有股控制权不明确，股权虚置，股权结构过于集中，国有股“一股独占、一股独大”且不能流通。根据美国道琼斯公司统计，全球7大发达股市的流通股比重以美国的93.9%为最高，香港的48%为最低，平均值为86.1%。由11个发展中国家股市组成的新兴市场指数的流通股比重也达到77.5%。相形之下，中国股市目前的流通股比重只有33.2%。在过去五年中，美国的政府持股比例按股市市值计算最高只有0.83%。日本更是保持在0.30%以下，但截止2002年1月31日，中国股市1131只A股股票中，国有股的平均持股比例高达45%，最大的更是高达89%，第二大股东平均持股比例仅达8%。而1131只股票中有国有股的达884家，即78%以上。这种国有经济持股的高比例和大面积在全球股市中罕见。现代公司法人治理结构的基本特征是产权结构分散化基础上的权力制衡。在目前，实行部分国有股或法人股的回购并注销是调整这一畸形治理结构，实现这一“权力制衡”的有效手段和途径。

3、调整上市公司资本结构，调节企业经济规模和净资产收益率，实现股东财富最大化。对上市公司管理层而言，股票回购可以迅速改变资产与负债结构，调整财务杠杆比率，从而适应外部资金成本不断下降所产生的对企业有利的融资环境。而且，股票回购也可进一步使上市公司管理层加强对企业经营权的控制。另外，资本市场考量上市公司盈利水平的主要指标就是净资产收益率。当公司主营业务利润率下降或当盈利能力与规模扩张不相适应、而又要继续维持原有的盈利水平或红利水平来满足资本市场的预期时，可以考虑运用股份回购和库存股手段来减少公司股份和股东权益，以提高净资产收益率；而当公司的资本负债比例超过公司合理比例时，公司可以迅速出售库存股，降低资产负债率，从而能承担更多的负债；当预期未来市场利率水平将上升时，在短期内快速增加负债比例可降低融资成本。如果公司能在调控负债和权益资本之间取得适当的平衡，公司便能在整个业务周期中降低其平均资金成本。同时，股份回购作为减资缩股和自觉调整企业规模的手段也对资本市场的完善具有现实意义。

4、增加上市公司资本运作工具和融资工具。目前我国上市公司通行的或热衷的重组方式只有收购兼并、资产置换、托管等几种，而股份回购是国外上市公司为建立最优化股本规模和结构而运用最多的资本运作方式之一。特别需要指出的是股份回购操作在西方成熟市场上是实施反收购(反接管 Anti-takeover)策略的重要和常规利器[5]。其原因在于：如果向外部股东进行股份回购后，其外部股东所持股份的比重就会降低，原大股东的持股比重则会相应上升，控股权得以加强；如果公司的资产负债率较低，通过股份回购可以发挥财务杠杆效应，提高资产负债率，增强公司的未来盈利预期，从而提升股价，抬高收购门槛；如果公司现金储备充裕，容易成为接管者狙击的目标，公司动用现金回购股份就可减少被收购的可能性；公司可以直接以比市价高出许多的价格公开回购本公司股份，促使股价飚升，以击溃其他收购者。目前我国上市公司通行的融资工具一般也只有配股、增发新股及可转换债等。如允许公司库存股份，无疑对公司融资时提供了一种新的选择。相对于前者而言，库存股的回购和出售可能会以较低的成本获得更多的资金。因为配股和增发价格有较大折让并需向中介机构支付大笔费用，而在市场允许下，分批少量以市价出售库存股时，可一举两得。

5、抑制股市大幅波动及过度投机行为。按照西方经典理论，股份回购对确定公司合理股价、抑制过度投机具有积极促进作用。这是因为：(1)通常在宏观经济不景气、股市进入持续低迷情况下，若上市公司进行股份回购，将上市公司的闲置资金返还给股东，可以在一定程度上增强市场的流动性，形成公司合理的股价；(2)上市公司是本公司信息的最知情者，其回购价格的确定在一定程度上是比较接近于公司的实际价值(反收购情形除外)，使虚拟资本价格的变动更接近于实物生产过程，从而使虚拟经济和实物经济更有机地结合，以抑制股市的过度投机；(3)在市场过度投机时，若股价过高，可能在投机泡沫破裂后导致股价持续低迷，此时公司有必要动用先前回购的库存股进行干预，灵活地调控流通股的数量，促使股价向内在价值回归。在我国，假如我们看到由于市场分割导致A、B股市场的巨大价差，也可以理解为一种过度投机行为，对监管当局而言，要逐步消除这种过度投机行为和股票的巨大价差，在最终实现A、B股合并目标下，必要时对B股进行回购，不失为在低利率政策下成本较小的一种解决B股市场的策略性选择。

6、以股票回购形式代替公司股利支付时具有税赋节约效应和政策规避效应。尽管在我国现行法律上是不允许以派现名义进行股份回购的，但按照股息或个人税赋节约原理，若公司派发现金红利，对于股东来讲是没有选择权的，而有的股东并不希望公司派现。股份回购方式可以使需要公司派现的股东获得现金股利，不需要现金红利的股东则可继续持有股票。现金股息要按普通收入所得税率纳税。在国外大多数国家对证券交易所产生的盈亏实行资本利得税优惠，采用回购形式代替股利支付，股东得于以较低的资本利得税取代为所得现金股息缴纳较高的个人所得税，且只有当回购价格超出股东的购买价格时得利部分才须纳税。另一方面，股份回购可以有效地规避政策立法对公司的股息增长和股利支付的管制，从而提升股东价值。

7、股份回购和库存股为建立股权激励制度扫清了最大的障碍。在国外，库存股是公司向员工及管理层发放股份或实行股票期权时最主要的股票来源。当存在库存股制度时，公司可以从股东手中购回本公司股份并将其交给职工持股会管理，或直接作为“股票期权”的奖励公司的管理人员，这有利于增强公司内部的凝聚力和向心力，形成有效的人力资本激励和约束机制。就员工持股或管理层股票期权制度在我国上市公司实施的可行性而言，目前最大的障碍之一就是缺乏可用于这种制度安排的股票合法来源渠道。国外公司实施股份回购的重要功能之一就是回购并库存一部分股票，专门用于员工或管理层持股计划。如果我国在法律上也允许库存股制度存在，将股份回购、库存股制与股权激励薪酬制结合起来，则实施真正意义上的规范的管理层股票期权制度问题也就迎刃而解(本文将在第四章中详细讨论)。

2.3.2 负面影响

1、在证券市场有效性较低的情况下，开放股份回购会衍生内幕交易及市场操纵风险，从而损害中小投资者利益。作为股份发行的逆向操作，股份回购往往是由上市公司与大股东商议后提出的。回购的数量、比例、定价、时机等的选择均成为内幕交易。当公司大股东或内部人士试图利用库存股份再出售机制来操控股价时，或当公司出于正当目的进行重大库存股运作前，公司大股东或内部人士可能通过事先采取行动从中获利。目前我国证券监管部门尚未制订出股票回购的信息披露程序，信息不对称和内幕交易将造成股价操纵、市场秩序紊乱，最终损害中小投资者利益。

2、关联交易将可能侵犯公众股东及社会法人股东的利益。目前我国实施的股票回购方式多采用协议回购方式，都是发生在上市公司与其国有大股东之间，属于定向股份回购，国外称为“绿色邮件(Greenmail)”。布雷德莱和威克曼(1983)认为，溢价大宗定向股份回购将给非出让股份股东产生负效应[4]。虽然有利于解决我国国有股一股独大且不能流通所引致的问题，但这与“同股同权”的宗旨相违背，尤其对同属非流通股的社会法人股股东而言不公平。这种典型的关联交易如何使“定价”这一核心问题做到公平合理，仍有较大难度。

3、减少公司资本的回购可能损害债权人利益。由于股东只以所持股份为限承担有限责任。债权人得以实现其债权的重要保证就是公司的资本。为保护债权人的利益及保证公司正常经营，股份有限公司的资本要坚持“资本确定、资本维持和资本不变”三原则。上市公司进行股票回购并注销后，将减少公司资本，降低公司流动比率，其偿债能力降低，有可能损害债权人利益，特别是在公司现金不允裕或财务状况恶化时仍采取回购行为。在国外公司进行回购股份时，一般都要对债权人利益作周密安排。

4、为发新股而回购旧股，可能导致非流通股东和流通股东之间利益分割。

5、股份回购、库存与再售等人为方式，可能会虚假增加股票价值。这将扰乱市场，对投资者造成误导，或被少数上市公司利用成为利润操纵的手段。

股份回购的负面作用不是不可避免的。如果能借鉴西方发达国家在股份回购与库存方面的成功经验，健全和完善我国相关法律制度，加强监管，并探索出既符合国际惯例又符合我国证券市场和上市公司特点的模式和方案，就有可能抑制其负面影响(或将其影响降至最小)，而有效发挥其积极作用，为中国证券市场健康规范发展服务。

3、实施股份回购与库存的方案设计及实证分析

3.1 股份回购与库存制度的方案设计

3.1.1 实施原则

(1)坚持“公平、公正、公开”的三公原则；

(2)尽力为全体股东特别是中小股东和债权人的合法利益作出周密安排及合理的补偿；

(3)努力避免内幕交易、关联交易、信息泄露及干扰市场的行为；

(4)所有当事人要配合监管部门,合力把股份回购和库存股的负面影响降低到最低。

3.1.2 制度取向

如前所述,证券市场发达国家和地区已广泛采用股票回购和库存机制，其市场操作技巧和相应的法律监管体系已相当完善。其立法原则主要有两类：一类是以美国为代表，实行原则许可回购、宽松对待库存股制度；一种以欧洲、日本及大部分发展中国家和地区为代表，实行原则上禁止、例外许可、严格限定库存股制度。由于中国证券市场尚处起步培育阶段，加之上市公司的股权成份和结构极其复杂，为确保“三公”原则，抑制负面作用，我国股票回购也应该实行原则禁止、例外许可的制度，同时在严格限定条件前提下，允许上市公司库存股份。

3.1.3 股份类别

中国上市公司可以回购的普通股分为两类：非流通的国有股和法人股、流通的A股和B股。两类股票在法律上都具有同等的表决权和股息求偿权等所有普通股股东拥有的权利。前者回购主要运用于健全和完善上市公司法人治理结构，降低国有股比重，逐步提高流通股比重，改善、优化股权结构和资本结构等方面。后者回购在现阶段应根据原则上禁止、例外许可的制度安排，允许两种情形回购流通股票：一是以建立上市公司股权激励制度为目的的股票回购；二是以稳定公司股价为目的股票回购，如缩小A、B股股价差，改善B股融资功能和流动性，股市非理性低迷时的股票价值回归等。对于其它情形的流通股回购，则暂宜严格限定，条件成熟后再逐步放开。

3.1.4 回购方式选择

根据我国现行法律规定及国外普遍采用的回购股份方式，我国股票回购可以采用以下四种方式：(1)向全体股东固定价格要约回购；(2)荷兰式拍卖；(3)在交易所通过公开交易方式回购；(4)场外私下协议回购。国有股回购一般在交易所外以协议方式回购。流通股回购可采用前三种方式。由于不同的方式有不同的特点和回购成本，我国的流通股回购可以根据不同的目的、不同的公司财务状况及当时市场状况来选择股票回购方式：(1)对于以建立上市公司股权激励制度为目的的股票回购和库存，由于回购规模不大，宜采用公开市场在股价下跌过程中分批低位吸纳回购，降低回购成本；(2)以稳定公司股价为目的股票回购，可以采用固定价格要约回购和荷兰式拍卖回购方式，回购价格可确定在市价与股票价值之间，以使股价理性回归。

3.1.5回购价格确定

股份回购定价是回购方案设计的核心内容。非流通股与流通股的回购定价存在很大差异，这是由其性质和成本不同所决定的。

(1)非流通股回购定价。国有股(或法人股)不能按市价回购，一般来说，也不应低于每股净资产，因此，国有股回购价格应以其内在价值V为回购基准价格。理论上国有股内在价值等于每股净资产Na加上每股国有股预期净收益的贴现值P，即国有股现在价值加上对企业未来赢利能力的预期。由公式(1.1)知：

$$P=\sum_{t=1}^{n}\frac{D_t}{(1+r)^t}$$

因此，国有股的内在价值：

$$V=N_a+P$$

$$=N_a+\sum_{t=1}^{n}\frac{D_t}{(1+r)^t} \qquad (3.1)$$

V：国有股内在价值，股份回购基准价

D_t：每股国有股时间t内的预期净收益

r：国有股适宜的贴现率

N_a：国有股每股净资产值。

以上仅是国有股回购定价的一种理论分析，在实际解决股权分裂问题而进行国有股减持操作中，要充分考虑一个基本事实，流通股与非流通股被人为分割之初便已存在的悬殊成本差异，这是一个不容再回避的股权分裂的根源。作为一项关联交易，定价的公平还需考虑公司的净资产收益率、边际回报率或回购资金成本等，应限定回购与筹资的间隔期，限制大股东放弃配股认购后又提出的回购计划，如果国有股回购定价有违“三公”原则，并严重侵害中小流通股股东的利益，则以股份回购方式来减持国有股也可能重蹈以配售方式减持国有股失效的覆辙。

(2)流通股回购价格的确定是在考虑当前股市起伏状况、股票最近一段时间的平均收盘价等基础上，根据回购目的不同而有所区别。

对于用于实施股权激励的股票回购，回购价格应该是市场价格。

假定股票回购前后公司净利润E不变，市场对公司股票市盈率PE的估价相同，则有

$PE=Po/(E/No)=Pe/(E/Ne)$，可得：

$$Pe=Po\cdot(No/Ne) \qquad (3.2)$$

Po：回购前股价

Pe：回购后股价

No：回购前股份数

Ne：回购后股份数

即股票回购会产生价格放大效应，这样公司回购定价可以以股票前三十个交易日平均收盘价为价格下限(Po)，以Pe为回购的价格上限来取定回购价格。

对于股票非理性下跌，回购目的是维护公司信誉和股东权益的情况，其定价基准应该是股票的价值，即在市价与实际价值之间取定。股票价值可以是每股净资产值、股票内在价值等指标。

3.1.6回购数量和比例的限定

(1)国有股回购的数量和比例要根据上市公司所处行业在国民经济中的地位、《公司法》的要求及流通股股东的利益等因素来确定。作为国有股减持的一种方式，要将国有股回购与国有经济的战略重组结合起来，同时，也要兼顾市场承受能力和其他股东利益。对竞争性行业，国有股比重可降至30%以下；如需国有经济相对控股的，可降至30%-50%以内；对战略性产业，需要国有股绝对控股的，也可降至50%左右；对股本结构不符合法律要求的，更应大幅下降国有股比重，提高流通股比例。

(2)对流通股回购来说，回购的目的是为了实现股东财富的最大化。回购要约产生的收益率由两部分组成。按公式(1.11)：

$W\%=Fp(Pt-Po)/Po+(1-Fp)(Pe-Po)Po$ 及根据弗麦伦[1]等对

美国市场的实证分析：在公开市场股票回购中，股票回购的平均比例是20%，股东财富效应是15%，其中4.6%流向了愿意出让的股东，10.4%流向了未出让的股东。在固定价格要约回购中，回购比例为16%左右，股东财富效应是12%，其中3.2%流向了愿意出让的股东，8.8%流向了未出让的股东。在股票回购限制较少的美国证券市场上，股票回购的平均比例大约在15%-20%左右。其它国家和地区对股票回购的数量和比例限制较严，如德国、日本、香港和台湾，相关法律法规规定股票回购的上限为3%-15%。考虑到中国证券市场规模小，上市公司股本结构不合理，有关市场监管的法律法规不完善，流通股回购比例不能太高，一般不能高于流通股总量的10%。

3.1.7股票回购的资金来源及总金额确定

股票回购的资金来源有两种，即自有资金和债务资金。根据对美国股票回购与企业现金流量变动关系的实证研究，充足的现金是企业决定回购股票的主要因素之一，从我国证券市场的情况看，确定股票回购的资金来源必须考虑公司的自有资金、筹资能力及负债率的高低等因素，保持企业财务的稳健性，防止过度负债，维护中小股东和债权人的利益。要严格审查直接或间接使用募股资金进行回购。国有股回购应该以自有资金为主，债务资金为辅。流通股回购应该使用自有资金。股票回购的资金总额的确定，一是不得超过企业未分配利润和资本公积金之和。企业未分配利润和资本公积金是企业长期积累的结果，当企业经营良好而股票价格未能充分反映其价值时，公司股票价格被低估，此时，公司回购自己的股票将增加公司外部流通股的价值，增加股东权益；二是应控制公司资产负债率在40-60%左右，确保权益资本规模适应于近期发展对资金支持的需要及确保未来现金流的顺畅充沛，有利于股东财富最大化的实现。

3.1.8股票回购与库存的财务处理

上市公司回购本公司股票并立即注销的会计处理，在《股份有限公司会计制度》中有规定：公司采用收购本公司股票方式减资的，按注销股票的面值总额减少股本。购回股票支付的价款超过面值总额的部分，依次减少资本公积和留存收益，借记“股本”和“资本公积”、“盈余公积”、“利润分配—未分配利润”科目，贷记“银行存款”、“现金”科目；购回股票支付的价款低于面值总额的，按股票面值，借记“股本”科目，按支付的价款，贷记“银行存款”、“现金”科目，按其差额，贷记“资本公积”科目。

对于公司回购股份并实施库存股制度时，一般有两种会计处理方法[43]：

(1)面值法：适用于正式的资本收缩或意图减少资本，但尚未办理法定减资手续、暂以库存股形式存留的情形。与上分析相似，库存股购入时，视同赎回股本处理。当所得库存股所付出的代价超过面值时，超出部分或者全部借记“利润分配”账户，或者由“股本溢价”和“利润分配”账户分摊；如果所得库存股所付价低于面值或设定价值时，应贷记同类股票的“股本溢价”账户。

(2)成本法：适用于收回的股票日后再予发行的情况。库存股票按成本计价，而不考虑原先发行价格或面值。

需要指出的是：涉及库存股的业务，只能引起股东权益的增减，不能为企业创造收益或带来损失。所以当公司需注销库存股时，不论属何种情况，都不得视收益有所增加，而应根据该类股票发行时的原值，借记“股本”账户予以冲销；在冲销“股本”账户时，若发行时有“股本溢价”，也应一并冲销。当发行股票时的原值无法辨认时可按注销股票与发行股票的比例冲销“股本溢价”账户；当贷方金额大于借方时，可借记“利润分配”账户，借方金额大于贷方时，可贷记“股本溢价-股票注销”账户。

3.1.9实施股票回购与库存制的操作流程模型

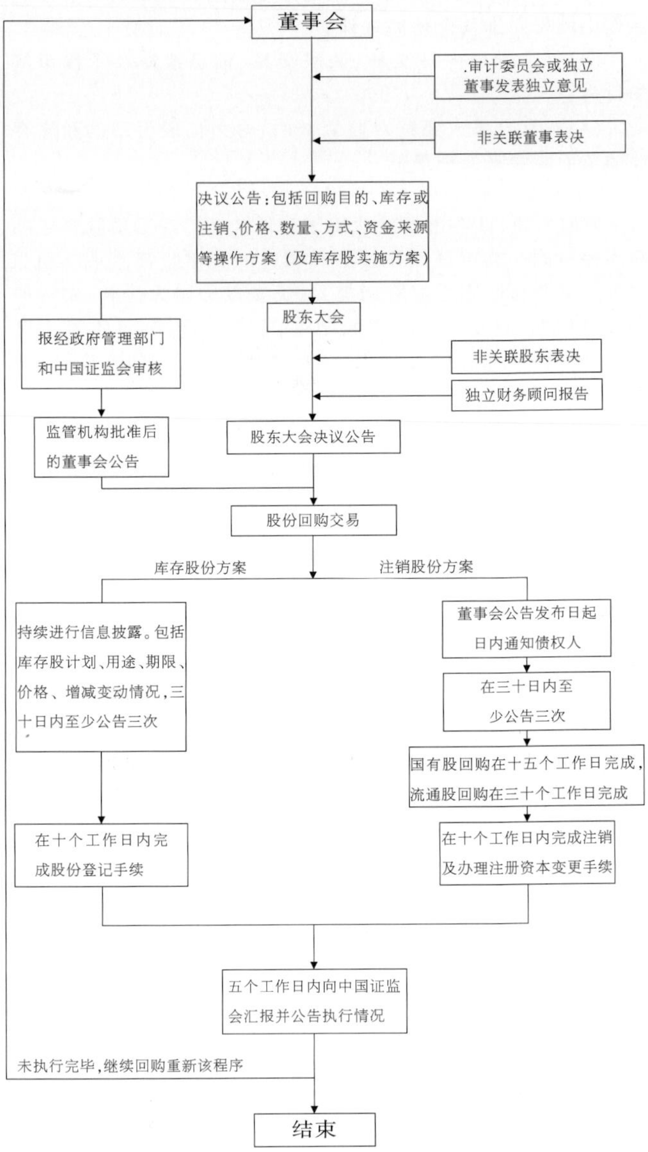

3.2 股份回购理论的实证应用分析

3.2.1 基本模型的改进

已知模型方程(1.8)：$Pe \cdot Ne = Po \cdot No - Pt(No - Ne) + W$

该模型指出了股东财富变化与公司股份回购前后市值及回购股份价值之间的关系。在发达证券市场中股权定价是统一的市场价格，但在我国证券市场股权分割的情况下，由于A股、B股、国有股、法人股及香港联交所上市的H股有不同的定价机制，因此，应用模型方(1.8)时，应结合我国股市实际作如下修正：

$$\sum Pei \cdot Nei = \sum Poi \cdot Noi - \sum Ptj(Noj - Nej) + W \qquad (3.3)$$

式中：i=1，2，3，4……分别代表上市流通的A股、B股、H股及非上市流通的国有股、法人股等；

j=1，2，3，4……分别代表被回购的A股、B股、H股及国有股、法人股等；

Poi、Noi分别表示公告前i种股票的价格和股数；

Pe_i、Ne_i 分别表示回购后 i 种股票的价格和股数；

Pt_j 表示被回购 j 种股票要约标购价格；

No_j、Ne_j 分别表示被回购 j 种股票公告前和回购后的股数。

即如果同时对公司上市流通 A 股、B 股、H 股及非上市流通国有股、法人股等进行股份回购，该公司股权回购前后的市值与股东财富的变化为：

回购后股份市值=回购前股份市值-回购股份的价值+股东财富的变化 (3.4)

为简便起见，下面笔者利用模型(3.3)来讨论在无 B 股或 H 股的上市公司只回购国有股的情况。其股东财富变化与公司股份回购前后市值及回购股份价值之间的关系，可写成方程式为：

$$Pe_1 \cdot Ne_1 + Pe_2 \cdot Ne_2 = Po_1 \cdot No_1 + Po_2 \cdot No_2 - Pt_2(No_2 - Ne_2) + W \quad (3.5)$$

式中：No_1、Ne_1：分别代表流通 A 股回购前后的股数；

No_2、Ne_2：分别代表国有股回购前后的股数；

Po_1、Pe_1：分别代表流通 A 股回购前后的股价；

Po_2、Pe_2：分别代表国有股回购前后的股价；

Pt_2：代表国有股的回购价格。

由于假设只回购国有股，流通 A 股数量在回购前后不变，即 $No_1=Ne_1=a$(假设为常量)；如国有股以公司在回购前经审计的每股净资产定价，故 $Pt_2=Po_2$。由此推导出：

$$W=a(Pe_1-Po_1)+Ne_2(Pe_2-Po_2) \quad (3.6)$$

上式表明：国有股回购所产生的股东财富由流通 A 股股东和国有股股东共同拥有，并取决于各自的股权溢价，A 股的溢价在证券交易所市场中实现，国有股的溢价则取决于每股净资产的增值。但我们注意到，国有股回购变现所实现的价值，即(3.5)式中的 Pt2(No2-Ne2)，已经被国有股股东获得，在实现国有股流通的同时，不承担市场风险。假如 Pe1<Po1，即流通 A 股的价格下跌，市场不接受国有股回购，则该回购无法给流通 A 股股东带来财富(至少短期内是这样)。

以申能回购案为例。该公司在 1999 年 10 月 19 日至 12 月 24 日之间分别对公司回购及注销国有法人股这一重大事件刊登了一系列公告。这期间股价在指数下跌中持续上涨，恰好显示出对公司股份回购的预期及市场反应，股价在股东大会决议公告日达到近期的高峰，显示投资者的投资预期达到最高潮；在随后的大势调整中股份回购并未带给流通股股东直接的财富效应，但股价下跌幅度小于大盘指数下跌幅度。以 1999 年 10 月 19 日董事会公告日作为股价基准日，即 $Po_1=12.3$ 元，以 1999 年 12 月 17 日国有法人股回购注销公告日作为报告日，即 $Pe_1=13.3$ 元，流通股股东有 1 元的市场溢价，约 8.13%；如以股份回购截止日 12 月 31 日为报告日，即 $Pe_1=12.1$ 元，则回购并未直接带给流通股股东财富效应，但基准日的上证指数为 1470.90 点，报告日的上证指数为 1366.58 点，下跌了 7.08%。同期申能股价只下跌了 1.63%，明显小于大盘指数的跌幅，可以视为间接财富效应。

3.2.2用市盈率模型看股份回购对流通股价值的影响

市盈率模型作为一种传统的价值评估模型，被广泛用于评估股票的投资价值。市盈率既可以是根据公司在过去 12 个月中的盈利总额所计算的当前市盈率(Trailing P/E)，也可以是按分析师们对公司未来 12 个月内的盈利展望所计算的预期市盈率(Projected P/E)[40]。现仍以无 B 股或无 H 股的公司为例，通过 PE 模型来看股份回购对流通股价值的影响。根据公式(3.2)可知，在假定股份回购前后公司净利润 E 不变，且上市公司给予相同的市盈率估值前提下：

$$市盈率\ PE=Po_1/[E/(No_1+No_2)]=Pe_1/[E/(Ne_1+Ne_2)] \quad (3.7)$$

令未回购股份 $1-Fp=(Ne_1+Ne_2)/(No_1+No_2)$，可得：

$$Pe1=Po1/(1-Fp) \quad (3.8)$$

即股份回购对公司的流通股价格有一个放大倍数(未回购股份比例的倒数)的作用，它是由于股份回购提高了公司每股税后利润的结果。仍以申能为例，未回购股份比例(1-Fp)为 62.02%，则理论上股份回购后对流通股价格的放大倍数约为 1.6124 倍。上述模型的推导是建立在对同一公司给予相同的市盈率假设的基础上的，毋庸置疑，市盈率是迄今为止投资界中最为传统而又被广泛应用的价位衡量标尺(Benchmark)，但市盈率本身不是一个孤立和绝对的数字，且并非客观价值评估模型，而是投资者的主观判断，它会受到流通股比例、经济周期、利率水平、股市气氛、投资者预期等多重因素的影响。不同时期、不同行业、不同公司的市盈率值是不同的，有时在同一时期的市场对不同行业、同一行业不同公司给予不同的 PE 倍数，甚至在不同时期对同一公司亦给予不同的 PE 倍数。最近的学术报告发现了市盈率与未来收益率之间的定量关系为:未来五年平均收益率=20.67-0.57×TPE(当前市盈率)[40]。即当前市盈率越高，未来收益率越低。

4、在库存股制度下实施股票期权计划的框架设计

4.1 股权激励的理论逻辑

4.1.1 定义

在西方国家经营者薪酬的各个组成部分中，除了工资和奖金之外，长期激励报酬(Long-term Incentive Compensation)是决定薪酬总体水平和结构的重要内容。从现有的理论文献看，现代公司人力资本激励和约束机制的理论基础主要有产权理论、委托代理理论和激励理论。其核心理论为产权理论。而经营者长期激励报酬设计的核心思想，正是运用产权理论和激励理论，希望让经营者通过一定形式的股票持有或是将收入与股票价值变化挂钩，使经营者在经营过程中可以把自身利益尽可能地与股东利益相一致[32]。股权期权激励制度形式多样，且都有较为严格的实施条件和框架。包括：股票期权(Stock Option)、股票增值权 (Stock Appreciation Rights)、影子股票(Phantom Stock)、限制性股票(Restricted Stock)、帐面价值股票(Book-value Shares)、业绩股份(Performance Shares)、长期业绩奖励 (Long-term performancc Bonus)、股票无条件赠予(Stock Grants/Purchases) 等形式，其中最典型和常用的是经理股票期权。

经理股票期权(Executive Stock Options, ESO)，是指公司所有者赋予公司经理人在规定日期后按预先确定的某个价格购买一定数量股票的选择权。被授予人可以行使这种权利，也可以放弃这种权利。在行使前被授予人没有任何现金收益，行使后市场价格和行权价格之间的差价是被授予人获得的期权收益。

假设某公司经理人在时间 t，公司授予他在 N 年后以时间 t 当天公司股票价格 P 购买本公司 M 股普通股股票的权利，即在时间 t+N，该经理人可以每股 P 的价格购买 M 股本公司股票，但当时公司股票价格为 P(t+N)，则：

①如果 P(t+N)<P，该经理人就放弃期权，期权收益为 0，长期补偿收益为负，同时承担声誉损失；

②如果 P(t+N)>P，且该经理人 N 年内没有辞职，则可行使期权，如全部股票(M 股)行权，其期权收益

$$R=M\cdot(P(t+N)-P) \quad (4.1)$$

由于理论上：$P_{(t+N)}=\sum_{N=1}^{\infty} D_t+N/(1+r_{t+N})^N$

所以：$R=M\cdot[\sum_{N=1}^{\infty} D_t+N/(1+r_{t+N})^N-P] \quad (4.2)$

其中：D_{t+N} 为股票在 t+N 年度股息现值，r_{t+N} 为到期日 t+N 时的无风险贴现率。

式(4.2)说明：经理人在获得并行使 ESO 后，其个人收益成为公司长期收益的增函数[37]。

公司实施经理股票期权的目的是建立一种长期激励机制，通过向公司内部有关资格人士提供获得个人利益或增加个人资产的机会，并从公司股价中提取股票市场对公司业绩和增长潜力的评价信息，借此鼓励管理者勤勉尽责地关注公司的长期持续发展，使他们与股东的"目标函数"(Objective Function)达成一致，实现管理者和股东之间的"激励相融"(Incentive Compatibility),从而降低代理成本，同时让公司更具凝聚力，更好地引进和留住所需人才，最终保证公司可持续发展[41]。

4.1.2 股权激励的理论基础

理论基础一：在现代企业制度下，所有者(股东)对企业财产的所有权与企业的经营权两权分离，为使企业实现效益最大化，必须使股东掌握的剩余索取权与经理所掌握的剩余控制权两者尽最大可能对应，否则拥有剩余控制权的经理就有可能滥用权利或消极经营[32]。因此，对经理最有力的激励是让他享有剩余索取权。在适度范围内，经理占有剩余索取权的份额越大，提高企业效益的动机越强。

理论基础二：人力资本同其他物质资本一样，也是重要的生产要素，且这种要素具有与其所有者不可分离的特点。人力资本的所有者完全决定人力资本使用和发挥的状况，其他人要使用这种人力资本，必须对其所有者进行激励，亦即股东必须承认经理人的人力资本价值，并给予相应的剩余索取权[32]。股票期权制让经理获得了企业的剩余索取权，是对其人力资本价值的肯定和认可。作为经理，要想使期权收益最大化，就要使公司股价最大化或股东财富最大化，也就是使经理与股东两者的目标函数达成内在一致，从而减少经理的短期行为及股东对其进行监督的成本。

4.2 股权激励实施现状

4.2.1 西方企业的应用与发展

股票期权制度产生于美国，1952 年由国际著名的制药企业辉瑞(Pfizer)公司首家推行股票期权。最初 ESO 的目的只是降低雇员和高管人员在高税率下的税赋负担[12]。随着 ESO 的推广运用和发展，其本身的激励约束人力资本的功能逐渐显现。二十世纪八十年代特别是九十年代以来，ESO 作为一种激励方式在西方企业中得到广泛应用。

在美国和西方企业，一般由公司薪酬委员会为高级管理人员制订"总薪酬袋"(Total Compensation Package)[26],总薪酬袋由三部分组成：基本工资(Base Salary)+年度激励奖项+长期激励奖项，长期激励奖项即为以 ESO 为主、辅之以三年目标业绩奖(Performance Share)、净资产回报奖(RONA)等专项股票形式奖励。以通用汽车公司(GM)前董事会主席兼 CEO Smith 先生为例，他在 1999 年的总薪酬袋约 2000 多万美元，其中基本工资 200 万美元、年度激励约 500 万美元、长期激励约 1300 万美元(大约 500 万美元股票为目标业绩奖、RONA 奖，约 800 多万美元为授予日现值的 ESO)，即以股权激励形式的薪酬占到总薪酬的 65%，如未来行权期公司股价波动率 (Stock Price Volatility) 大于预期，则 ESO 的比重更大。摩根斯坦利 CEO Purcell 先生 2001 年的"总薪酬袋"价值为 1500 万美元，其构成为：基本工资 77.5 万美元、年度奖金 761.25 万美元、长期激励 661.25 万美元(包括 77304 股 NSO 和 173934 股 ISO)[41]。据统计，全球 500 强企业至少有 90%实施了 ESO，且这些公司的经理人员有 1/3 到 1/2 的收入来源于 ESO。1997 年美国最大 100 家企业高层管理人员的总薪酬中，高达 53%来自 ESO，而前十位薪酬最高的 CEO 中，长期服务补偿(主要是 ESO 收入)占总报酬的比例最高达 97.5%[32]。可以说，ESO 为发展美国经济，提升企业经营业绩，积聚人力资源发挥了重要作用。有一项著名研究表明，股东财富每增加 1 万美元(等于公司市值增加 1 万美元)，CEO 的财富则增加 69.1 美元(其中直接报酬 7.5 美元、持股价值上涨 25 美元、股票期权价值上涨 36.6 美元)，可见管理层的利益与股东的利益息息相关。而在去年发表的一项研究中，沃顿商学院的 Core 和 Larcker 教授则发现，有无实施管理层持股对公司业绩影响很大。结论是与同行业、同规模但无管理层持股或无实施 ESO 的公司相比，有实施 ESO 的公司的股票年回报率平均高出 5.7%，资产收益率平均高出 1.2%[39]。事实上，首家推行 ESO 的 Pfizer 公司之所以能成为今日业界翘楚，并在近十几年中保持主业收入和净利润分别为年均 28% 和 53%的增长，与其成功的人力资本激励战略是密不可分的。连长期崇尚平等报酬的日本企业也开始效法美国企业的经验，包括索尼(SONY)、日本电气(NEC)和富士重工(Fuji Heavy Industries)等著名企业在内的 160 余家上市公司已纷纷引入 ESO 制度。

然而近来，一直被我们视为治理典范的美国资本市场丑闻频出，对 ESO 制度提出了挑战，甚至有舆论认为美国大公司的财务造假"都是期权惹的祸"。把问题主要归罪于期权制度是有失公允的，这么多公司出现了"诚信和道德"问题的根本原因是公司股权过度分散和复杂导致"积极股东"缺位、监督约束机制失衡，在经济泡沫破灭下出现的"后遗症"，问题的出现不是期权制度本身，而是私欲利用了期权制度。不过美国的教训警示我们，在强调期权的激励作用的同时，还要从制度上建立起严格有效的 ESO 约束机制。

4.2.2 国内上市公司现行操作模式

股票期权激励制度在九十年代初引入中国。最早是 1993 年深圳万科集团实行了一种类似 ESO 的制度。1997 年，四通利方公司在从美国引进 6500 万美元风险投资时，也试行了 ESO 制度。目前，ESO 制度已在沪、京、鄂、粤等地由政府组织试点，大约有上百家企业开始试行，其中七十余家上市公司。这些在上市公司层面操作的股权激励模式各具特点，主要有以下八种模式[43]：

(1) 武汉模式：1999 年 5 月发端于武汉的期权"革命"，被新闻界称为"武汉模式"。所谓的"武汉模式"，实际是一种期权的做法。武汉模式的代表企业有武汉中商(000785)、武汉中百(000759)等。

它的特点主要有：

(1)将期股和年薪结合在一起，购股资金来源即来源于年薪中的风险收入；

(2)激励对象仅为法人代表一人；

(3)期权的股票来源是二级市场的流通股；

(4)激励原理是：延迟兑现年薪中的风险收入，强制持股，把风险收入和股票二级市场价格挂钩，在企业业绩和二级市场呈正相关时，如果企业业绩下降，市场会对公司股价作出反应，被激励人的期股股票价值即会下降。

（2）绍兴百大模式：因绍兴百大强制性持股方案而得名。1999 年 6 月 3 日绍兴百大（600840，1999 年 8 月改为“浙江创业”）董事会通过了关于公司高级管理人员强制性持有公司股票的决定，主要内容是：包括公司总经理、副总经理、财务总监和董事会秘书必须强制性购买股票；购买股票由个人出资；股票在职期间不得流通等。

（3）泰达模式：因 1999 年 9 月份天津泰达（600652）正式推出我国 A 股公司第一张股权激励措施的“成文法”——《激励机制实施细则》而得名。泰达模式的主要内容是：公司按照年度利润的 2%，作为董事会成员、高层管理人员以及有重大贡献的业务骨干的激励基金，基金只能用于为激励对象购买公司流通股股票并予以锁定；激励之余，泰达还对达不到考核标准的进行处罚，要求处罚人员以现金在 6 个月内进行清偿。

泰达模式开创了我国资本市场的几项第一：第一家规范透明的公布股权激励做法的上市公司；第一家提取奖励基金的公司；第一家将激励和约束相结合、规定激励基金时又规定了惩罚基金的公司。泰达模式的代表案例还有福建三木集团（000632）、广东福地（000828）。

（4）贝岭模式：因上海贝岭（600171）1999 年推行的模拟持股计划而提名。上海贝岭的模拟持股计划主要针对一般管理人员和技术骨干。具体做法是企业提取激励基金，划分给员工用于持“模拟的股票单位”，在满足规定的计划下，兑现给员工，企业和员工双方以合约的方式约定权利和义务。该模式的特点在于：资金来源有保障；建立了完善的考评体系分配虚拟股票；保持激励计划的开放性和变动性等。

（5）中远增发模式：因中远发展（600641）借助增发流通股完成对公司高级管理人员的股权激励而得名。中远增发模式可以定义为：通过提取奖励基金购买增发流通股并予以锁定，以达到对公司管理层及核心员工的激励。该模式的独特之处在于：将增发与股权激励有机结合；资本运作较为规范；增发价低于二级市场价，因而成本相对低廉。

（6）联通模式：中国联通（600050）模式开创了国内上市公司红筹股、A 股双股激励之先河。特点是：

a）在法律允许范围内通过合理的股权安排，借助红筹股规范化的 ESO 以实现对联通 A 股公司实质管理层（包括其控股的红筹公司、运营公司中高层）的激励；

b）分别通过 A 股公司和红筹公司两个载体实现对联通 A 股公司实质管理层的激励；

c）要求中高层强性购买流通 A 股予以锁定，在解决购股资金方面，中底层通过补贴方式、高层通过按比例扣除月收入方式；

d）复杂的股权安排以及多样化的激励计划，使得联通香港员工与本土员工均能享受股权激励的制度优势。

（7）虚拟股票增值权（SARs）模式：是股票期权模式的一种替代模式。股票增值权的持有人可以不通过实际买卖股票，仅通过模拟股票期权的方式获得由公司支付的公司股票在规定时段内的市价差额。目前本土上市公司采用 SARA 的有：中石化（600028）、深圳高速（600548）。

（8）规范 ESO 模式：一种国际规范化的股权激励模式，其本质是公司给予计划参与人一种权利，权利持有人在权利有效期间按照事先确定的行权价格可以取得一定数目的公司股权，或者直接从证券市场直接取得市价与行权价之间的差价。国内上市公司由于缺乏相应管理办法，特别是缺乏库存股制度，规范的 ESO 模式目前尚处于空白。

此八种模式的比较如表：

表：上市公司股权激励八模式

模式 要素	四　定	股票类型	资金来源	其　他
武汉模式	定人：法人代表 定价：市价	存量流通股	经营者年薪中的风险收入	特点：期股与年薪制相结合
绍兴百大模式	定人：总经理、副总经理、财务总监、董秘 定时：离职 6 个月后方能流通 定价：市价	存量流通股	自有资金	强制高管购股，否则自动离职
天津泰达模式	定人：董事、高管、骨干 定价：市价	存量流通股	按年度净利润 2% 提取激励基金购股	出台第一部股权激励成文法，该种提取奖励基金奖励股份模式被多家上市公司仿效
上海贝岭模式	定人：管理人员和技术骨干 定价：与市价建立一个固定比例，以后不变	高管：存量流通股 非高管：模拟股票	期股：年薪 模拟股票：按税后利润提取激励基金	多层次激励；拥有完善的考核体系；公司财务压力大
中远增发模式	定人：总经理、副总经理、董秘 定价：增发发行价 8.87 元 / 股 定时：离职 6 个月后方能流通 定量：总量 762440 股	增发新股 8000 万股 A 股	按 2001 年度净利润 5% 计提激励基金	首例以增发解决股票来源案例
联通双股激励	定人：董事、高管、特殊人才 定价：行权价依据授予前一日、前五日收盘价、每股面值间较高者确定 定时：10 年有效 定量：每份期权计划均在总股本的 2%¯6%之间 （以上为红筹公司四定，A 股公司四定略有不同）	红筹股：库存流通股 A 股：存量流通股	自筹资金或补贴等多种方式	本土首次尝试红筹、A 股双股激励模式
虚拟 SARs 模式	定人：高管及骨干人员 定价：一般依据授予前一日或前五日收盘价确定 定时：一般 10 年有效 定量：一般不超过发行股份总额 10%	虚拟股票增值权	不需资金	典型案例：中石化、深高速等本土上市公司
规范 ESO 模式	定人：高管及骨干人员 定价：一般依据授予前一日、前五日收盘价、每股面值间较高者确定 定时：一般 10 年有效 定量：一般不超过发行股份总额 10%	存量流通股	自有资金	典型案例：中国移动、中海油、中粮国际等红筹股

股权激励的主要操作内容可以总结为“四定”，即：定人、定量、定价、定时[33]。而如何解决股票来源与购股资金来源则是 ESO 能否取得成功的不可或缺的因素。以上八种形式基本代表了当前国内海内外上市公司关于股权激励的现行做法。除海外上市的红筹公司外，本土上市公司一个共同特点都是以存量（或增量）流通股作为实施 ESO 的主要或唯一的股票来源，且都是以被激励人名义或以职工持股会名义向二级市场以市价回购，并加以锁定。可以说，这是在我国库存股制度法律障碍未解决之前，上市公司绕开障碍实行 ESO 的无奈之举。

如我国能允许库存股存在，则实施真正意义上规范的 ESO 问题便迎刃而解。

4.3 股票期权计划的要素设计

在实施一项股票期权计划(Scheme)的过程中，关键的内容主要是四个基本要素：股票来源、赠予条件、赠予数量、行权价格和时间。

(1)股票来源

国外股票期权的股票来源主要有两种途径：一是公司增发新股(SEO)或首发新股(IPO)时预留一部分，二是公司从二级市场上回购本公司股票。这两种途径最终都以法定的库存股形式预存于公司特定的账户。在我国现行法规条件下，常常用一种变通的办法，由公司成立专门机构(如职工持股会)，从二级市场上择机购买公司存量或增量流通股，并负责资金和股票账户管理等；另一种变通办法是由大股东利用自己的法人账户在二级市场上购买公司流通股，但既不注销，也不作为库存股，而是将其暂时锁定，等期权所有人行权时再重新流通。如能从法律上放开以建立股权激励为目的的股票回购并确立库存股制度的合法地位，就可从根本上扫除实施较规范的 ESO 的障碍。这样，我国实施 ESO 计划的股票来源则可以有多样形式：①公司 IPO 或 SEO 时预留库存股；②公开市场回购并库存股票；③与国有股减持相配合的、以固定价格定向国有股或法人股回购并库存这部分股票；④公司配股时国有股放弃配股部分，以库存股形式预留。

(2)赠予条件和范围

赠予条件应充分体现有效激励原则和有效监控原则，一般由董事会下的薪酬委员会执行。授予范围主要是公司内以 CEO 或总裁为首的高级管理人员和技术骨干，也可包括非独立董事，即那些对公司资源有主要支配权或对公司业绩有主要影响力的员工。近年来发展趋势是 ESO 授予范围扩大到公司大部分雇员，甚至外部董事和母公司员工等。但根据美国税务法则，激励型期权(Incentive Stock Option, ISO)只能授予本公司雇员，而用非法定期权(Nonstatutory Stock Option, NSO)赠与公司独立董事，以使独立董事的利益与股东利益保持一致。

国内公司可借鉴国外的做法，根据自身组织结构、人力资源、内部监督、财务制度等方面的具体特征，设计合理可行的授予条件和范围。其中，对独立董事和监事，亦可视情况参照类似美国的做法，即以每年赠与一定数量的期权来替代其固定津贴，变固定收入为浮动收入。

(3)ESO 的价值和授予数量

ESO 的价值决定了授予数量，而授予数量又直接影响到受益人的未来收益，直接体现 ESO 的激励程度。按照西方的防御假说，适度的 ESO 数量对于管理层有刺激效应，同时也在一定程度上可以防御接管。当管理层股权比例上升到 5%-25%之间时，防御效应就会逐渐淹没刺激效应。而当这一比例超过 25%时，公司管理层就可得到充分保护，内部人控制的问题突出，反而对公司股东利益形成损害。从美国实践来看，其最大 200 家上市公司 ESO 的数量占上市公司股票数量的比例从 1989 年的 6.9%上升为 1997 年的 13.2%；香港联交所规定的比例则为 10%。国外有的公司限定，任何持有公司已发行股份 5%的经理人员，原则上不再享有获得 ESO 的权利。总之，ESO 赠与数量过少或过多对公司都不利。

个人 ESO 数量的计算和决定办法，主要有四种：

①期权价值法：即以股票未来价值 (期权价值 Option Value)折现为当前价值，然后计算每个经理人应得的股票期权数量。股票期权价值的计算，国际上一般采用著名的布莱克-施库尔斯公式(Black-Scholes 期权定价模型)[21][22][31]：

欧式看涨价值：$C=SN(d_1)-Xe-r^{TN}(d_2)$ (4.3)

欧式看跌价值：$P=Xe^{-rT}N(-d_2)-SN(-d_1)$ (4.4)

其中：$d_1=\{\ln(S/X)+(r+\sigma^2/2)T\}\sigma^{\sqrt{T}}$

$d_2=\{\ln(S/X)+(r-\sigma 2/2)T\}\sigma^{\sqrt{T}}=d_1-\sigma^{\sqrt{T}}$

式中：N(x)为均值为 0、标准差为 1 的标准正态分布变量累计概率分布函数，S 为股票现价，X 为期权执行价，T 为距离到期日的时间 (有效期)，r 为无风险利率，σ 为标的股票瞬时波动率。五个变量中，S、r、T、σ 与买权(看涨)价值成正比，而 X 与买权价值成反比。

②经验推算法：利用经验公式通过计算期权价值倒推出期权数量，原理与 B-S 模型一致。期权总份数=期权薪酬的总价值/(期权行权价格×5 年平均利润增长幅度预测)

③到期市价法：即依据经理人员的个人年薪和 ESO 到期时的市价来计算各个经理人员应获得的股票期权数量[32]。具体计算为：

假定 ESO 在 N 年后到期日股票市价为 P，而授予日的股票市价为 S，股东期望某经理人在 ESO 到期日能从该计划中获得相当于年薪 M 万元百分比(国外一般为 60%-80%)，如取 70%，则该经理人应授予的期权数量=M(P-S)×70%(万股)

④直接决定法：即不通过任何计算模型，而由股东会直接规定每个经理人的 ESO 数量。

(4)行权价格及时间(授予期)

行权价格又称执行价格(Exercise Price)、敲定价格(Strike Price)。行权价格的确定有三种类型：①盈价(in the money，简称 IM 型)；②平价(at the money，简称 AM 型)；③亏价(out of the money，简称 OM 型)。一般来说，IM 型由于行权价低于授予日市场价，一般不适用于 ISO，股东权益被稀释，也缺少激励；AM 型为行权价等于授予日市场价，经理人容易通过操纵授予期或消息公布期而轻易获利；OM 型为行权价高于授予日市场价，高管人员只有通过显著提高公司业绩情况下才能获利，有效地激励管理层在未来勤勉工作，故成为 ESO 行权价的趋势[37]。我国实行 ESO 时应充分考虑中国资本市场弱有效性的特征，在股价不能完全真实反映公司真实价值的情况下，行权价格宜采用 AM 型和 OM 型并综合考虑公司某些业绩指标如中长期利益回报、净资产等目标因素，以及根据股票指数的变化情况作出恰当的设定和调整。

ESO 的有效期限一般不超过 10 年。ESO 在授予后需经过一段时间的待权期 (Vesting Period)，期满之后方可在行权期(Exercising Period)行权。行权期亦称窗口期(Window Period)。ESO 行权权是分批授予的，待权时间表(Vesting Schedule)可以是一种匀速行权量安排，也可以是逐年递增的加速行权量安排。董事会有权缩短经理人持有期权的待权期。

当公司发生送红股、转增股、配股和增发新股等影响股东的行为时，需对尚未赠予和尚未行权的 ESO 数量和行权价格进行连续调整，具体调整见表：

	调整后股票期权数量	调整后股票期权行权价格	备 注
送红股和转增股本时调整值	调整前股票期权数量*(1+M)	调整前股票期权行权价格*(1+M)	M为每股送股或转增股比例
配股或向原股东定向配售新股时调整值	调整前股票期权数量*(1+N)	(调整前股票期权行权价格+P*N)/(1+N)	N为每股配股或定向配售新股比例，P为配股价或新股配售价

4.4 我国实施经理股票期权的现实环境[42]

4.4.1 实施 ESO 的基本条件

(1)健全的公司治理机制。现代公司制度是通过一套使所有者与经营者“两权分离、相互制衡”的公司治理机制(Corporate Governance)来保证其有效运作。公司治理基本框架有两个互为表里的关键性安排,一个是公司控制构架,一个是激励制度。前者要保证各个股东之间和各种利害相关者之间权力利益的平衡和所有者对经营者的有效监督;后者通过构建具有竞争力的企业薪酬与激励体系,协调所有者与全体员工的利益,吸引和留住人才。二者通过彼此间的良性互动,谋求股东利益为主导的公司价值最大化。可见,合理的薪酬制度是以健全的公司治理机制的建立为前提的。

(2)有效的资本市场。实施期权制的目的在于将经理人的利益同公司的长远利益紧密地联系起来,从而形成对经理人的长期激励机制。因此经理股票期权计划的有效性的前提是市场有效性:即企业的业绩上升能够推动股价上涨,也即股价能够真实反映企业的经营业绩;而通过能够反映公司基本面状况的股价升降折射出经理人工作的努力程度及其成效;经理人获得了股票期权后确实能够更加努力地工作,并由此而实质地推动了企业经营业绩的提升。

(3)完善的制度背景。(a)《公司法》、《证券法》应对实施 ESO 予以支持,至少对经理人持股的规定、股票来源、股票交易等不能设置障碍。(b)税法应鼓励和支持投资,具体规定资本利得税的缴征。(c)规范的会计制度和严格的信息披露制度,是规范实施 ESO、维护证券市场秩序和保护投资人利益的前提。

4.4.2我国实施ESO的现实市场环境和制度环境

在我国,实施股票期权计划所面临的市场条件欠缺和法律制度障碍,主要有以下几点:

(1)公司不得库存持有本公司股票的问题

从规范的制度设计看,股票额度应来自公司,即期权权利人以事先确定的价格从公司实际购得股票。而依据我国现行的法律制度,公司无法拥有本公司股票。《公司法》规定公司采用实收资本制而非授权资本制,注册资本须于公司设立时全部有股东认缴,《公司法》第 83 条规定除发起人股外,“其余股票应当向社会公开募集”,公司不能库存自己的股票,也不拥有待发行的股票额度。其次,《公司法》第 149 条规定,公司不得回购本公司股票,除非是为了减少注册资本而注销股份或与持有本公司股票的其他公司合并之目的。所以在实践中,国内有的公司采用公司大股东出售或转赠股份包括国有股东减持股份的方式来解决股票来源问题,也有以大股东的名义从二级市场购买。这都不是规范做法,规范的 ESO 计划是由公司以自己名义并为公司整体发展利益而实施的,而非由公司的某一股东实施的,其操作完全取决于大股东的单方愿意,其中的许多弊端和包括如计价、流通等许多法律问题仍存在,因而不宜作制度性推广。

(2)股票流通与利益兑现的法律限制

一方面,股权激励必然要设置一定的流通障碍,否则可能导致短期套现行为,激励机制将蜕化为一种一次性福利;另一方面,完整的 ESO 计划应包括行权后的股票流通,这才能使其激励成分真正体现,否则持股人只能实现纸上富贵。而《公司法》第 147 条对公司高管人员持股作了锁定(Lock-up)和禁售限制,规定公司董事、监事和经理任职期间不得转让其所持本公司股份。如采用国有股转让的股票行使期权,同样无法流通。

(3)内幕交易问题

在证券市场中进行内幕交易是为任何国家的证券法律所禁止的行为。《证券法》第 68 条确认的证券交易内幕信息的知情人包括“发行股票或者公司债券的公司董事、监事、经理、副经理及有关高级管理人员。”《证券法》第 70 条规定“知悉证券交易内幕信息的知情人员或者非法获取内幕信息的其他人员,不得买入或者卖出所持有的该公司的证券”。也即,在允许期权权利人通过择机卖出股票行权以实现最大激励利益和法律禁止的内幕交易之间,构成了一对十分现实的矛盾。

(4)税法的缺陷

在美国国内税收法典,避免了经理人行使期权收入的很大部分作为所得税上缴的可能。它规定,对于法定型股票期权 ISO 计划,个人行权时无须赋税,只需要以售价与行权价的差额缴纳资本利得税。在西方,为了鼓励投资,资本利得税往往较低;对于非法定型股票期权 NSO 计划,也有一定税收优惠;而且实施 ESO 的公司,期权的价值还可以作为费用计入损益表并作为税前扣除项目[25]。而在我国,目前对股票交易行为除了征收证券交易印花税外,还对个人的股息、红利所得征收个人所得税。这些规定不利于 ESO 的实施,在无形中加大了公司的成本,减少了经理人的实际收入,最终激励目的难于达到。

(5)会计准则及信息披露的缺陷

美国 1972 年颁布的会计原则委员会 25 号意见书(APB Opinion25),以及 1995 年颁布的财务会计准则委员会 123 号文(FASB123)等,构成的美国 ESO 主要会计政策,包括 ESO 对每股盈利(EPS)的影响都由 APB Opinion15 和 FASB31 做出会计规定,这使实行 ESO 的公司在会计计量和确认方面有了原则和依据[24]。美国的证券交易委员会(SEC)对 ESO 计划也制定了严格的信息披露制度。但我国在会计制度建设方面还比较滞后,还没有制定股票期权会计制度或相应的准则,公司难以对此类业务进行较为恰当的会计处理,在信息披露方面也缺乏相应制度和监管,必然使上市公司财务信息错位,损害股东利益,也影响到股票期权计划的有效实施。

(6)股票市场的弱有效性

除上述几个主要的法律障碍外,我国股票市场尚处于弱有效性阶段,也是全面推行经理股票期权计划的障碍之一。所谓股票市场的有效性(Market availability),即股票价格作为公司价值的信号的准确性。中国证券市场发展只有十年,到目前为止,仍处于弱有效性阶段,由于市场失灵(Market failure),其股票价格不能或基本不能反映公司的内在投资价值,它与公司经营业绩或发展前景缺乏相关度,包含更多的是投机性因素。在这种市场环境中,由于股票价格不能反映公司价值,也就不能反映管理层的能力和勤勉程度,股票价格的变动也就失去了对经理人的激励和约束作用,也失去了包括资本市场、职业经理人市场、接管市场和产品市场的充分市场竞争所形成的公司外部治理、监督机制。而且,就不同行业和不同规模的企业来说,ESO 的激励作用也差别很大。对规模小、风险大、正处于成长期的企业特别是高新技术企业来说效果显著,但对于规模较大、发展稳定、处于成熟期的传统行业来说,这类公司的股价一般比较稳定,经理人的努力对提升公司业绩乃至公司股价的边际效果不很明显,其激励作用要打折扣。

(7)上市公司治理结构存在缺陷

资本市场发展面临的最大挑战就是上市公司治理结构的

缺陷，与激励制度有关的治理缺陷表现为：经理层薪酬制度大多还是上级机关主导型，而且薪酬组合中缺乏长期激励和约束因素；股权过于集中，一股独占，一股独大，国有股权虚置，所有者缺位，内部人控制现象严重，缺乏诚信和问责制度，出现经营者自己给自己定薪酬的不正常状况。如果这一结构缺陷不消除，股票期权制度就会遭到扭曲。

5、结论与建议

股份回购是发达、成熟的证券市场中常见的、合法的资本运作行为和理财行为，具有严谨的理论依据及广泛的实证案例。与股本扩张一样，适时、合理地运用股份回购进行股本收缩或股份库存，是上市公司在特定的发展阶段和外部环境下可供选择的一种有效的资本经营战略和资本重组手段。

引进股份回购和库存这一证券市场金融创新品种，对正处在高速成长期的中国资本市场具有重大而深远的现实意义。它不仅能为广大投资者提供新的投资亮点及丰厚回报，实现股东财富最大化，更重要的是能解决中国上市公司特有的结构性缺陷，改善和优化公司治理结构和资本结构，并为企业建立股权激励机制扫除了主要障碍，为证券市场及上市公司长远的良性发展奠定基础。

公司治理的核心是对经营者的长期激励和约束。实施库存股制，使实行真正意义上的经理股票期权的股票来源问题迎刃而解。

鉴于中国证券市场初级阶段的特征，股份回购的制度安排宜实行"原则禁止、例外许可、在限制条件下允许库存股份"的制度。在现阶段，应重点支持两类股票回购，一是以减持国有股、完善治理结构为目的的非流通股回购，二是以建立股权激励制度为目的的流通股回购。

股份回购、库存制、股票期权制并非证券市场中的"灵丹妙药"，有效的资本市场和完善的制度环境是它们在中国资本市场生存与发展的基本前提。

在政策上建议对我国相关法律、法规，有关股份回购、库存和股票期权的有关规定进行彻底认真地整理和调整，把它作为一个系统工程来完成，并从原则上统一到《公司法》和《证券法》上来。尤其要尽快推出我国股票库存制度，系统出台相关配套法规、细则或具体操作办法，严格限制回购条件，防止内幕交易、关联交易及市场操纵，避免库存制遭到滥用。扫除股票期权实施的有关股票交易、税法和会计处理等方面的法律障碍。

具体政策建议包括：

1、在《公司法》和《证券法》等重要法律法规中明确股票回购与库存股是上市公司资本运营的一种重要制度。按"原则禁止、例外许可、在限定条件下允许库存股份"的制度取向，允许上市公司回购并库存不超过一定比例（建议流通股总额10%以内）的本公司股票；

2、在《证券法》等有关法律法规中明确上市公司交易公司自身股票的条款及允许高管人员在特定的期限内可以买卖本公司的股票（在加强信息披露及行为监管前提下）；

3、在《会计法》等相关法律法规中增加股票回购与库存股会计处理的具体条款及经理股票期权会计处理和信息披露规定；

4、国内税法要进行改革，要对股票期权等长期激励制度的税收优惠作出特别规定，或实施特别的税收政策。建议对高管人员赠予期权及期权行权时给与免税优惠；

5、为防止公司在财务状况恶化时回购本公司股份，而使债权人及中小股东蒙受损失，必须在《公司法》等相应法律法规中设定股票回购的公司业绩标准及其它限制条件，禁止内幕交易和市场操纵；

6、在《证券法》和《上市公司章程指引》等相关法律法规中，具体给定股票回购的操作方式（如增加荷兰式拍卖回购和场外协议批量购买等）；

7、在有关法律法规中规定在股份回购后须间隔一定的时间方能进行再融资活动（如间隔一个会计年度），以保证投资者利益；

8、中国证监会和沪深交易所也应制定相应的政策并以此为基础，加强对股份回购与库存股、股票期权制度的监督管理。

作者：熊中平
单位：江铃汽车股份有限公司
职务：董事会秘书（副总裁）
职称：高级经济师

风险投资与资产经营机构

上海国有资产经营有限公司

【公司概况】 上海国有资产经营有限公司是经上海市人民政府批准成立的国有独资有限责任公司。成立时间1999年10月15日，注册资本人民币50亿元，目前公司净资产80亿元，总资产近150亿元。公司设指导委员会对公司业务行使指导监督职能。指导委员会由市政府副秘书长担任主任，由市国资办、市财政局、市计委、市经委、市上市公司重组领导小组的领导和公司总裁担任委员。公司还设有专家咨询评审委员会，聘请沪上知名专家学者和国际著名投资银行、咨询机构代表担任咨询评审委员。公司内设资产经营部、公司重组部、战略投资部、资产托管部、国际业务部、研究发展部、行政人事部、风险管理部、总裁办公室等12部1室。公司下设上海国有资产处置有限公司、上海国鑫投资发展有限公司、上海国智置业发展有限公司、上海达盛资产经营有限公司和鼎通投资有限（香港）等五个子公司。

【经营业绩】 作为上海市政府批准成立的一家市管综合性国有资产经营公司，其主要任务是通过市场手段，盘活市政府授权经营的国有资产，为推动国有资产有序流动，实现国有资产保增值服务。公司通过资产经营，参与国有资产的买卖，包括证券化和非证券化的企业资产收购、包装和出让，资产及上市公司重组，产权经纪，房地产中介等，为国有企业强强联合，及国有资产退出一般性竞争领域服务。公司接受资产托管，对银行、企业的质押物进行管理、处置提供服务。公司受政府委托对本市国有企业不实资产核销中相关资产进行处置，最大限度地追索、保全国有资产。公司还根据市政府指示，参与市级大公司改制和重大项目投资，并根据资本运作需要投资高新项目和上市公司。公司已控股国泰君安证券股份有限责任公司、上海阳晨投资股份有限公司，并是上海国际集团有限公司、上海银行、交通银行、申银万国证券有限公司、中银国际证券有限公司等金融企业的主要股东。同时还是上海市申江两岸开发建设投资（集团）有限公司、上海同盛投资（集团）有限公司、上海地产（集团）有限公司、上海申康投资有限公司、上海国际赛车场有限公司、上海申铁投资公司、上海世界展览会议有限公司、上海浦东发展银行、上海杨浦大学城投资有限公司、上海农工商（集团）有限公司、光明乳业股份有限公司、长江联合发展集团公司、上海市新药研究开发中心、上海置信集团有限公司、上海思道科投资有限公司等的股东。

深圳市创新投资集团有限公司

【概况】 深圳市创新投资集团有限公司是以资本为主要联结纽带的母子公司为主体的大型投资企业集团，于2002年10月正式成立。集团核心企业——深圳市创新投资集团有限公司的前身为深圳市政府于1999年8月26日发起设立的深圳市创新科技投资有限公司，注册资本16亿元人民币。集团现下辖全资、控股、合资的投资（基金）公司和投资管理公司13家，可投资能力已超过30亿元人民币。

【经营业绩】 创新投资集团坚持市场化运作原则和专业化、区域化、国际化的发展战略，以支持中小创新科技企业发展为宗旨，立足深圳，面向全国，联合境内外创业资本，共同促进科技成果转化和高新技术产业化，探索具有中国特色的创业投资发展之路。集团的业务范围包括：直接投资、增值服务、创业资本管理、创业投资基金管理、上市策划、收购兼并、财务顾问、企业重组、管理咨询等全方位深层次服务等。雄厚的资本实力、优秀的管理团队、良好的经营业绩、稳健的经营作风、严谨的投资策略、先进的投资理念、全面的增值服务以及基金管理的发展模式，已使创新投资集团成为中国创业投资业的领先者。

广东省粤科风险投资集团

【概况】 广东省粤科风险投资集团是经广东省人民政府批准设立并授权经营的国有投资公司，于2000年9月正式挂牌运营，是中国第一家集团型的风险投资公司。根据国家的有关政策，公司可以运用全额资本金进行投资。集团公司的宗旨是通过风险投资，参与高新技术企业的建立、重组与营运管理等业务；运用本集团的自有风险资本及通过多渠道募集风险资金，促使高新技术实现产业化，推动广东省高新技术及其产业的发展。集团公司的主要业务有：风险投资、组建风险投资基金、投融资咨询、企业购并重组及资本运营、证券投资、国际风险投资业务合作、创办高新技术成果产业化示范基地、科技孵化器等等。

【经营业绩】 集团公司现拥有广东省科技创业投资公司、广东科技风险投资有限公司、广东清华科技创业开发中心等八家风险投资机构和实业公司。公司资产总额11.8亿元人民币，净资产8.8亿元人民币。集团公司拥有一支优秀的风险投资队伍，现有员工60%以上拥有硕士、博士研究生学历，专业涉及电子、生物、材料、自动控制、化学、经济、金融、法律、工商管理等。集团公司成立以后，加强投资管理，积极开拓投资撤出渠道，保证资金良性循环。投资企业当中广东榕泰股份有限公司已于2001年6月在国内主板成功上市，广东天普生物医药股份有限公司也将于2003年在香港上市。

集团公司大力拓展与境内外机构的合作空间，相继组建了广州市冠通创业投资管理有限公司（与台湾和通国际股份有限公司合资）、南海市科海创业投资有限公司等创投机构，既扩大了集团公司的可控资金规模，又推动了广东省风险投资事业和高新技术产业的迅速发展。

广东省科技创业投资公司　广东省科技创业投资公司，是经广东省人民政府于1992年批准成立、具有独立法人资格的国有独资公司。公司的宗旨是通过多种形式的科技创业投资，重点支持广东省高新技术及其产业的发展，促进科技成果的商品化、产业化、国际化。公司投资的技术领域主要包括：信息网络技术、生物工程技术、电子及新能源技术、光机电一体化技术、新材料技术、医学及环保新技术、新型科学仪器与设备、以及各类专利技术的应用等。公司的投资对象主要包括：创办、开发、生产高新技术产品的企业，中间试验基地、科研单位、高等院校，以及专利与科技成果的拥有者。公司的经营范围是：一、科技投资；二、承办技术成果的孵化与转化业务；三、创办、合办高新技术企业；四、技术设备引进，及设备租赁；五、科技新产品的贸易；六、开展国际科技合作与咨询服务等。公司立足广东省，面向港澳地区，愿意与国内、外的合作者，在促进科技与金融的结合，风险投资与企业效益的结合上进行形式多样、方法灵活的有效合作。公司开办以来，已投资约七十个多种技术类型的项目，其中已有为数不少的项目在广东省的技术与经济发展中起到重要的作用。

广东省科技风险投资有限公司　广东省科技风险投资有限公司是经广东省人民政府批准，由广东省风险投资集团控股，广东粤财信托投资有限公司参股的专业风险投资机构，是为实施“科教兴国”战略，根据国际发展高技术产业的成功经验，建立科技风险投资机制，为增创广东新优势、培育新的经济增长点而组建的。其宗旨是按照市场经济原则，采取多形式、多渠道的科技风险投资，通过规范化、专业化的资本运营，促进科技成果的商品化、产业化，为建立符合我国国情的科技风险投资机制而努力探索，积极为促进广东高新技术产业的发展服务。投资对象主要是从事高新技术开发和高新技术产品生产的企业、科研单位和高等院校。投资项目的技术领域主要包括电子信息、光机电一体化、新材料、生物工程、精细化工、新能源及高效节能、环保和核应用等高技术及各类专利技术。投资经营模式以“促大、育小”为思路，以市场为导向，以风险资本为纽带，通过参股、重组、联营、收购、兼并等多种手段，进行以高新技术及其产业化为目标的资本运营，培育高科技企业上市。

法人代表：何国杰

地址：广州市先烈中路100号高中心大楼14－15楼

邮编：510070

电话：0086－20－87620388

传真：0086－20－87612766

网址：http://www.gvcgc.com

E－mail：bgs@gdtvic.com

广州科技风险投资有限公司

【公司概况】　广州科技风险投资有限公司成立于1999年12月23日，注册资本为人民币7亿元。在公司成立三年多的时间里，在上级部门、社会各界、创业投资同行的大力支持下，遵循“专家管理、科学决策”的原则，从近4000个项目资料中选择200个项目重点跟踪，在开展细致的调研及评估工作后，已投资50多个项目，总投资金额超过近4亿元人民币。根据Zero21PO－2002和2003年中国创业投资年度排名，公司均名列中国创业投资前十名。

公司十分注重为企业提供各种增值服务，包括企业诊断、股权结构及资产结构的优化、企业管理的规范化、企业中长期的发展规划以及引入会计师事务所、律师事务所、证券公司等中介机构等，扶持企业发展、帮助企业快速增值。

【经营业绩】　公司积极探索多种形式的风险投资合作方式，目前与多家国内外投资机构达成合作事宜，其中与美国梧桐投资基金、新加坡大华银行集团、韩国京畿道政府（中小企业支援中心）已开展了中外合资的创业基金业务。

公司的目标是：与各方合作，成为以广州科技风险投资基金为主导的、以引进国外风险投资和民间风险投资为主体的、具备相当资产规模的国内一流的风险投资机构。

总经理：王鸿茂

地址：广州市天河北路183号大都会广场11层

电话：020－87556020

传真：020－87556023

网址：www.c－vcc.com

电子邮箱：cvcc@c－vcc.com

江苏省高新技术风险投资公司

【公司概况】　江苏省高新技术风险投资公司（以下简称“高新公司”）于1992年7月由江苏省人民政府批准成立，是江苏省内首家服务于高新技术成果转化的专业投资公司；2000年5月重组后，负责管理运作“江苏省科技发展风险投资基金”（以下简称“省级风险基金”）6.5亿元。高新公司注册资本为1.8亿元，总资产3.4亿元，主要从事省级风险基金管理、证券投资管理、投资咨询、资产托管、房产租赁等业务，受托管理的资产达9亿元。根据2000年6月江苏省政府办公厅转发的《江苏省科技发展风险投资基金管理办法（试行）》（苏政发（2000）75号文）精神，省级风险基金以基金委托的方式交由高新公司管理，并明确对省级风险基金的管理遵循商业决策优于技术决策的原则，省级风险基金由此进入一个遵循市场规律、向国际惯例迈进的全新运作阶段。

《管理办法》规定省级风险基金存续期为10年，主要为股权投资方式，可以直接投资于科技型创业企业，也可以与国内外商业资本及民间资本共同组成多元化投资主体的创业投资公司（基金）。省级风险基金主要投资于未上市的从孵化期至扩张期的科技型创业企业，投资重点为电子信息、新材料、生物技术及新医药和机电一体化等领域的高新技术产业化项目。投资地域主要在江苏省内，重点是沿江高新技术火炬带。

【经营业绩】　至2002年末，与省级风险基金签约成立的创业投资公司（基金）已有10家，分别是苏州高新风险投资公司、无锡新区风险投资公司、常州新区风险投资公司、江苏鑫苏创业投资有限公司、北京鼎晖创业投资中心、南京富鑫通讯投资股份有限公司、中韩无线技术基金公司、IDG专项投资合作、江苏弘瑞科技创业投资有限公司、江苏创锐投资有限公司。负责管理运作以上基金的大部分管理公司都具有国际化创业投资背景。

高新公司通过与境内外商业资本合作建立基金的方式，以省级基金6.5亿元资金，参与创投基金总规模可达22－24亿元，通过投资创业企业可以影响的投资将达70－100亿元。高新公司将不断致力于风险投资事业的探索与开拓，努力成为具有良好运作机制与出色业绩的风险投资公司；同时也将努力成为具有较大规模、业绩优秀的基金管理公司和资产管理公司之一。

北京科技风险投资股份有限公司

【公司概况】　北京科技风险投资股份有限公司是中国最早涉足风险投资领域的公司之一。经北京市人民政府批准，于1998年10月28日正式成立，注册资金5亿元人民币。股东有：北京国际信托投资公司、北京国际电力开发投资公司、中青旅股份有限公司、北京市国有资产经营公司、北京市海淀区国有资产投资经营公司、北京市大地科技实业总公司。从股东的结构可以看出,北京科技风险投资股份有限公司的优势在于以下几点:政府强有力的支持及优惠政策的赋予,正在逐渐完善的制度环境和法律保障,股东多元化组合和各种资源的优化配置,股权结构科学合理,人才济济的专业化管理队伍和研究开发人员,遵循国际惯例和风险投资行业的游戏规则,有较好的资产变现通道。

投资取向与测评标准　公司投资侧重生物医药、高效生态农业、节能、环保和新能源、新材料和电子信息和系统集成软件工程等高成长性的行业和企业。对于申请融资的企业,公司的测评标准如下:三、五年内通过增值可售出的潜能;具有快速增长的市场潜能;可持续的竞争优势;技术具有革命性;企业领导群体远见卓识、具有市场经营理念及创立杰出企业的信心。科技成果鉴定指标体系是评价体系中的重要一环,包括知识价值(科学性、创造性、先进性)、实用价值(技术成熟性、技术实用性)及市场效益、经济效益、社会效益。

投资决策　对已入选项目库的,要通过专家咨询网、项目评估中心、国际计算机联机检索等手段,进行前沿跟踪与综合评价;在大量对比、筛选的基础上提交投资决策委员会议定。决策过程中既科学务实,又要锁定风险,敢于拍板。投资组合为30%投资种子公司;60%投资成长、扩张型公司;10%投资其他业务。对所投资项目进行动态跟踪管理,充分行使每个环节上的管理权力,其中公司派出:财务监事,具体控制资金的流向;技术监事,对其技术开发与应用的不确定性及时跟踪与反馈;市场监事,跟踪市场动态,了解营销活动,开拓市场渠道,为企业提供意见和建议。

【经营业绩】 公司成立以来,遵循风险投资的国际惯例和游戏规则,以规模投资、精品投资和科学投资理念为指导思想,重点投资于信息技术、现代农业与生物医药、新材料等三大领域,并依托对本土风险投资发展方向的把握,以及丰富的“人脉”资源,整合了一批快速成长的项目,累计投资46个项目,实现投资额3亿多元。在公司领导与全体员工的共同努力下,通过为投资企业提供高效优质的管理咨询、资本运作等管理与增值服务,实现了较好的投资收益,四年来公司共实现利润总额2亿多元。公司从2000年起在由《中国风险投资》、《数字财富》等机构组织的“中国风险投资50强”的评选中,连续两年名列风险投资内资机构第二,公司总裁王晓龙博士也多次荣获“最活跃的中国创业投资人”的称号。

上海联创投资管理有限公司

【概况】 上海联创投资管理有限公司于一九九九年七月二十一日在上海注册成立,股东双方为国家计委、国家经贸委、中国科学院科技促进经济基金委员会和上海联和投资有限公司。

公司的核心业务是风险投资管理,投资对象是具有高速成长潜力的中国高新技术企业。投资领域包括信息技术、生物医药、环保与新材料等。公司旨在通过商业化运作、专业化管理、个性化服务,帮助创业企业实现价值最大化,帮助投资者实现收益最大化。

中国风险投资有限公司

【概况】 中国风险投资有限公司是由中国民主建国会中央委员会(简称“民建中央”)在原“中国工商经济咨询公司”的基础上改制并控股的专业从事风险投资的有限责任公司。

中国民主建国会是主要由经济界人士和有关专家学者组成的民主党派。二十世纪八十年代,时任全国人大常委会副委员长、民建中央主席的胡厥文先生和时任全国政协副主席、全国工商联主席的胡子昂先生向中共中央、国务院提出创办“中国工商经济咨询公司”,并于1987年经原国家经委批准成立。其宗旨是充分发挥民建会员及所联系的海内外经济界人士的智力资源、人才优势,开展经济、技术、信息等方面的咨询培训服务,为国家的改革开放和经济建设服务。

风险投资作为一种支持创新者创业的投资工具,近年来在国外日益受到重视,成为推动高技术产业发展的重要力量。在1998年召开的全国政协九届一次会议上,民建中央提出的《关于加快发展我国的风险投资事业》提案,被列为大会“一号提案”,在国内引起巨大的反响,受到有关方面的高度重视和社会的普遍关注。民建中央自身更是大力倡导和积极推动我国的风险投资事业,并决定对“中国工商经济咨询公司”进行改组、改制,组建由民建会员企业家参股、以民间资本为主体的从事风险投资的专业性公司。

【业务发展】 2000年3月,经国家工商局批准“中国风险投资有限公司”正式成立。目前公司七名董事会成员中,一名全国政协常委,四名全国政协委员。公司的主要经营范围有:风险投资、基金管理、资产管理、项目评估、财务顾问、企业资产重组、上市策划、经济信息咨询、专业人员培训等。公司投资方向主要有:电子信息、生物医药、基因工程、农业开发、新能源、新材料、机电一体化等领域的高新技术项目。公司现有人员中,硕士、博士、高级职称人员超过50%,涉及专业领域包括计算机、通讯、生物、医药、自动控制、财务金融、等等,可为创业者提供全方位的专业化服务。

公司采用股东“软承诺”的方式,先期注册资本3000万元,在2002年底,公司进行了一轮内部增资,现到位的资本金为5000万元,工商变更手续正在办理中。在投资项目需要时各股东承诺以1:10的比例追加投资资金,即软承诺资金5亿人民币。

作为全国性的风险投资机构,公司有以下优势:1、民建会员雄厚的商业背景和广大的社会资源。2、与美国NASDAQ,台湾、香港和内地如北大、清华等著名高校,中科院等顶级科研机构建立了紧密的战略伙伴关系。3、公司与包括科技部、国家计委、证监会、中国人民银行在内的政府部门建立了良好的合作关系。4、公司已举办了5届中国风险投资论坛,今后将继续每年举办一次。公司与香港理工大学合资创办了“中国风险投资研究院”,并以该院的名义出版发行专业研究刊物《中国风险投资》和《中国风险投资年鉴》。另外我公司还在筹办中国风险投资行业协会,从理论上和实践上为实现中国风险投资事业的发展作出贡献。

联想投资有限公司

【概况】 联想投资有限公司成立于2001年4月,是联想控股有限公司旗下独立运作的专业风险投资公司。管理资金超过一亿美元,重点投资于运作主体在中国的具有高成长潜力的公司。

【经营业绩】 公司首期基金规模为3500万美元。主要集中在大IT领域内的电信及网络、企业应用软件、IT服务、半导体芯片设计几个细分行业。截至2003年4月,联想投资已拥有上海华虹、科大讯飞、卓越网、中讯、光桥科技在内的14家投资组合,投资额度超过了3000万美金。第二期基金的目标基金规模为一亿美元。以IT领域投资为主,并兼顾非IT领域的机会;投资阶段以后期投资为主,早期投资为辅。

本着讲诚信,对股东、对员工、对社会负责的原则,依托深厚的产业背景,凭借近二十年在企业成长过程中积累的具体运作经验及总结出的具有本土特色的企业管理方法,联想投资愿意也有能力作为一个积极主动的投资者,为被投企业的发展提供直接和务实的帮助。联想投资希望通过创造成功的企业以此获得资本增值,以创新机制走出一条中国成功的风险投资之路。

京华山一企业融资有限公司

【概况】 京华山一企业融资有限公司是一间在大中华区根基深厚的投资银行,自成立之时,已经致力为区内客户提供广泛的投资银行服务,包括企业融资、收购兼并包销、经纪服务及其他专业的投资服务。1993年,台湾五大券商之一的威京集团,在香港成立京华证券国际有限公司。1997年兼并了当时日本四大券商之一的山一证券香港的业务,并正式定名为京华山一国际(香港)有限公司。

【经营业绩】 自香港创业板成立,京华山一是香港最活跃的保荐人,直至2003年7月初,京华山一已保荐超过40间公司在香港、香港及新加坡双重主板上市及国内B股市场上市,其中26间公司在香港创业板上市,融资总额超过60亿港元。京华山已尤为专注于科技及物流通路等产业领域,在传统产业方面亦积累丰富的融资及投资财务顾问、上市保荐、收购合并、研究分析及配售经验,也建立了雄厚的客户群基础。京华山已拥有丰富的资源服务亚太区的客户,其据点更延伸至亚洲全球各地的金融枢纽,如香港、台湾、北京、上海、深圳、日本及美国加州等地,目前已发展成为一家专注于大中华区的领导性国际投资银行。京华山一投资银行部亦获亚洲金融杂志(Finance Asia)评为2002年最佳小型股(集资额在5亿港元以下)新上市集资投资银行(Best Small Cap IPO House)

江苏省高新科技创业服务中心

【概况】 江苏省高新科技创业服务中心是1996年10月经省政府批准、1998年9月正是投入运行,由省科技厅和财政厅联办,旨在促进科技型中小企业发展和科技成果产业化,目前拥有11000　科技企业孵化基地。中心历年被评为省先进创业中心,并于1999年12月被科技部认定为国家级创业中心。2001年4月以来,江苏省技术市场和中心合署办公,目前在职员工30多人。中心不仅是“江苏省创业投资协会”的副会长单位,而且承担“江苏省民营科技企业协会”、“江苏省科技企业孵化器网络”、“江苏省技术经纪人协会”的组织与管理工作。

中心本着“学习、创新、规范、高效”的创新服务理念,充分整合内外部资源,努力构建企业孵化、风险投资和技术产权交易一体化的创新服务平台,为全省科技型中小企业成长、科技成果转化、创新服务体系建设,提供强有力的咨询服务支撑。

【经营业绩】 中心的业务部门和主要业务为:1、项目孵化器。待办、申报工商税务、高新技术产品及高新技术企业、科技型中小企业创新基金计各类科技项目,投融资服务,政策、信息咨询及培训服务,企业改制及并购服务,招商及商务服务等。2、新药资金部。参照风险投资,负责3500万元新药(医药四、农药、兽药)资金的投资与管理。代理新药项目的评估、申报临床批文、申报新药证书、新药项目转让和相关的咨询服务等。3、合同登记部。技术合同的认定登记,代理科技成果司法鉴定,主承办各类科技型展示交易会及技术经纪人培训等。4、技术产权交易部。从事技术产权及科技型企业产权交易和相关的增值服务。

北京高新技术创业投资股份有限公司

【概况】 北京高新技术创业投资股份有限公司(原名:北京高新技术产业投资股份有限公司)成立于一九九八年十月二十七日,注册资本3.1亿元人民币,由北京市综合投资公司、国家开发投资公司、北京市国有资产经营公司、首钢总公司和清华同方股份有限公司共同发起设立。作为北京第一家创业投资公司,“北京创投”在成立之初便与业界同仁一道,肩负着支持我国高新技术产业、探索中国创业投资发展之路的历史使命。

【经营与管理】 公司经营宗旨是充分利用北京地区人才和高新技术成果集中的优势,探索建立科学的风险投资机制,推动北京地区高新技术产业的整体发展,实现高新技术成果的产业化、商品化、国际化并获得可观的经济效益。公司主要投资领域及目前投资重点是信息科学技术、生命科学技术、新能源与可再生能源技术、环保高新技术、新材料技术及空间新技术等。公司的主要投资方式是股权运作,按股份比例共担风险、共享利益。

北京清华科技园技术资产经营有限公司

【概况】 北京清华科技园技术资产经营有限公司成立于2001年3月,是一家专业从事科技成果转化的投资管理公司,其宗旨是实现科技成果的商品化、产业化和国际化。公司依托清华大学,利用清华科技园的基础设施条件、创业服务体系和创新文化氛围,与技术拥有者紧密合作,通过资金和管理的投入,将技术成果以企业化方式来经营,进而推向市场,在实现科技成果转化为生产力的同时,实现良好的经济效益和社会效益。

【经营范围】 公司专注投资于创业期的公司,集中在新材料、光机电一体化、电子信息技术、高科技化工以及生物医药技术等五个领域。公司的项目来源广泛,主要来自于大专院校、研究院所、外国公司以及个人技术拥有者。公司具有强大的项目调查评估及项目后期管理能力,已成功地对若干家拥有世界领先技术的高技术企业进行了投资。

北京中关村宏和投资咨询有限公司

【概况】 北京中关村宏和投资咨询有限公司是由国内知名企业——中关村科技,与台湾宏和管理顾问股份有限公司前主要管理团队所共同合资成立的。公司的主要股东中关村科技发展(控股)股份有限公司,注册资本6.7亿人民币,属中国A股上市公司,其首要目标是营造中关村科技园区的良好的创业环境,使之成为全国的技术创新中心和成果转化中心。台湾宏和管理顾问公司为一知名的国际风险投资管理机构,主要管理宏通创业投资基金。宏通创投股东包括:宏集团、台湾积体电路制造公司、统一国际、和通国际、美国奇异资融(GE

Capital),光华投资和丰泰股份有限公司等国际驰名大企业。

公司的使命是为中国新创企业提供适合他们迅速、健康成长的风险资本。凭借多元文化背景的管理团队和拥有风险投资、技术发展、商业运作等领域的专业经验,为创造更多的中国成功新创企业而努力不懈。

【经营范围】 2002年中关村宏和投资携3.2亿资金正式进军中国风险投资市场。公司希望充分利用所拥有的优势(国内外的资金、技术与集团力量)并汇聚在世界各地所累积的投资及管理经验,为中国新创企业提供风险投资与企业管理的咨询服务。公司除了直接投资外,另外提供的服务包括咨询顾问,市场分析,商业计划书的编制,财务模型,公司价值估算,介绍其他风险资金,公司结构建议,资金筹集及投资继续管理等服务。

北控高科技发展有限公司

【概况】 北控高科技发展有限公司是中华人民共和国对外贸易经济合作部批准成立的中外合资的综合性投资公司。由北京控股有限公司与中关村科技园区管理委员会下属企业共同出资组建,注册资金3000万元美元。北京控股有限公司与中关村科技园区管理委员会合作,充分利用双方资金、人才、信息和管理、技术、优惠政策等方面资源的优势,促进北京市高科技成果尽快转化成生产力,加快高科技术产品商品化、产业化的进程。

北控高科技发展有限公司力求按照国际资本市场的专业规范进行管理,依靠高素质人才、高效灵活的机制,凭借与国内外的广泛联系、雄厚的资金实力,本着振兴民族高科技产业,促进高科技产品产业化、国际化的宗旨,与高科技企业、大专院校、科研院所优势互补,携手合作,利益共享,风险共担,同心协力,共创辉煌。

【经营范围】 对工业、农业、电子信息、光机电一体化、新材料、新能源、节能工程、新医药、环境保护等领域的高新技术产业进行投资;对投资项目管理;代理公司所投资企业从国内外采购各种设备和零配件;在外汇部门的同意和监督下,在所投资企业之间平衡外汇;开拓市场,开展国内外贸易;向国内外销售高新技术产品并提供售后服务;为高新技术企业提供人员技术培训、技术交流、市场开发信息和其它咨询;为投资企业提供贷款及银行担保。

上海汉世纪创业投资管理有限公司

【概况】 上海汉世纪创业投资管理有限公司是由汉世纪开发金融公司牵头与上海浦东新区经贸局属下的浦东科技投资有限公司和上海两大著名的开发区公司——上海金桥(集团)有限公司、上海张江高科技园区开发股份有限公司合资设立,为上海第一家成立的中外合资风险投资管理公司。

【经营与管理】 有效结合地区性资源优势将是公司营运策略的重心,其中包括欧美的核心技术、资金与市场;中国的科技基础研究、生产基地与市场;台湾的投产技术、管理制度与行销。公司的营运初期将积极引进海外高科技投资项目,以公司本身资金参与投资,国内具发展潜质与优势的公司亦为投资对象。主要投资目标将以信息产业(IT)行业为主,以中国最具竞争优势之软体、信息、消费性电子、网路、电脑及周边、及具进口替代之关键零部件产业为投资重点。

上海汉世纪创业投资公司有限公司将凭借汉世纪开发金融公司深厚的国际产业及科技投资背景和经验,并善用其在欧美与台湾等地的科技与金融资源,引进技术含量高的产业并参与投资,以期达成有效运用民间游资以扶持中国科技产业之目标。

上海交大信息投资有限公司

【概况】 上海交大信息投资有限公司是一家专业从事风险投资、投资管理和投资增值服务的投资公司。公司的投资理念为追求投资过程的专业化、实行投资管理的专家化、实现投资效益的最佳化。公司是由五方股东组建:上海创业投资有限公司、上海交大创业投资有限公司、上海交大昂立股份有限公司、上海交大科技园有限公司和上海住宅科技投资股份有限公司。注册资本为人民币壹亿元。公司以追求股东利益最大化为原则,按照市场化方式进行运作,在软件、集成电路等领域选择极具发展潜力和市场前景的高新技术企业或项目进行投资,通过科学管理,并运用收购、兼并、资产重组、培育上市等资本运作手段,实现资本增资,以促进上海市软件和集成电路产业的发展。

上海浦东创业投资有限公司

【概况】 上海浦东创业投资有限公司系由上海市张江高科技园区开发公司和上海浦东新区国有资产经营有限公司共同投资组建的有限责任公司。公司通过创立风险投资机制,直接参与高科技产业化的投资,公司注册资金1000万元人民币。公司的经营宗旨是创立创业投资机制,大力推动高科技成果的商业化、产业化、国际化,培育高新技术产业,吸引国内外优秀人才,促进产业水平的不断提高,繁荣浦东新区经济。

【业务范围】 公司的业务范围是经营高新技术产业及其相关的投资,开展国内外技术开发、转让、技术咨询、技术服务、技术培训、科技合作和交流以及项目的经济技术评估等业务工作,为高科技企业融资提供担保,经营与创业投资有关的第三产业。公司主要投资于生物、医药技术、计算机信息及网络技术、其他高技术领域,以投资入股的方式组建公司或就某个具体的项目以投资参股的方式合作,采用利润分成、股权转让等方式收回投资。公司的投资对象是现在准备扩大生产经营规模的中小型科技企业以及各大高校、科学院、研究所、大中型企业、民营及归国留学生企业的高科技成果。对投资对象,创投公司按照严格的标准和条件进行评审,从中筛选出投资价值高、成功机会大的项目进行投资,以确保投资的安全性和成功率。投资对象的选择主要从经营人员素质、产品的市场前途、产品技术的先进性和可靠性等几个方面考察。

深港产学研创业投资有限公司

【概况】 深港产学研创业投资有限公司是深港产学研基地发起、募集民间资本设立的专业风险投资公司,注册资本15000万元。公司是深圳市创业投资同业公会副会长单位,中国科技金融促进会风险投资专业委员会委员。公司主要投资于信息技术、生物技术领域的具有技术含量,具备高成长潜力的创新企业。投资标准是1、符合公司投资方向。2、有良好的管理团队。3、有较大市场。4、有技术门槛。5、单笔投资不超过公司净值的10%。采取整合资金、市场、技术、人才、管理资源,创造投资机会.进行核心投资，确保长期利益。进行短期非核心投资，确保短期收益和公司运营。为被投资企业提供增值服务，帮助企业实现价值最大化。

深圳北大港科招商创业有限公司

【概况】 深圳北大港科招商创业有限公司(简称北科创业)，成立于2000年8月26日，是由招商局蛇口工业区与北京大学、香港科技大学、深圳市政府联合设立的深港产学研基地合资兴办的，是一家主要针对电子通讯、生物工程等领域的高新技术项目(或企业)进行孵化、培育、扶持，并以孵化项目(或企业)为投资对象，进行种子期创业投资的专业孵化器管理公司。

【经营业绩】 北科创业自成立以来，通过机制创新和成功运作，已经形成了一定规模的创业孵化基地(北科创业大厦、碧涛中心、深港产学研基地大楼、兴兴大厦......)，一套较为完善的增值服务体系，一个较大范围的创业投资网络，树立了良好的品牌形象。

北科创业凭借经营管理者丰富的企业管理、创业投资及资本运作经验，充分发挥股东的资源优势，整合社会各种资源，除了提供办公场所和高速互联网等基础设施，更提供把企业从种子培养成参天大树的全程支持和服务，如企业创建服务、企业管理咨询、股权投资(采取现金投入、租金折股、租金加服务折股、或联合其它机构投资等)、项目推介(向风险投资机构推介)、协助融资、借贷担保、财务顾问、技术服务、法律咨询、教育培训等。目前已累计孵化国内外企业50多家，为多家孵化企业成功地进行了融资安排，并协助一些企业获得了政府各种科技资金的有效支持。

深圳市达晨创业投资有限公司

【概况】 深圳市达晨创业投资有限公司是由湖南省广播电视产业中心发起设立的一家从事创业投资、股权投资的专门机构，于2000年4月19日在深圳市注册成立，注册资本为人民币1亿元，受托管理的资金达3亿元人民币。由于公司业绩优良，2001年深圳市创业投资同业公会选举达晨创投为理事单位。

【经营范围】 达晨创投拥有高素质的行业研究和投资经理队伍，对资本市场有深刻的认识，依托股东的强势资源，力求为所投资企业提供包括财务顾问、管理咨询、人力资源咨询等方面的增值服务，并协助企业境内外上市。

深圳市国成科技投资有限公司

【概况】 深圳市国成科技投资有限公司是国内最早成立的国有科技风险投资公司之一，作为深圳国家科技成果推广示范基地的运作主体，公司在国家科技部有关部门、深圳市政府以及深圳市科技局领导的关心和支持下，一直致力于探索建立符合中国国情的风险投资运行机制以及利用风险投资促进科技成果转化的新途径。

【业务范围】 公司的宗旨是吸引、发现国内外优秀高新技术成果(项目)，利用国内外资本市场促进科技成果转化，通过投资、培育、股权转让实现资本增值，创造良好的经济效益。业务范围是选择国内外优秀科技成果，进行科技成果转化和推广示范；对于发展潜力大但尚处于成长期和扩张期的高新技术企业和高新技术项目，通过股权投资、培育，使其达到一定的经济规模，然后通过产权转让收回投资；对于初步具备(境内外)上市资格的高新技术企业，通过资产整和包装策划，促成其在境内外(主板、二板)上市，实现较高投资收益；为高新技术企业及国内外科技创业投资机构提供咨询服务。

2003年，深圳市国成科技投资有限公司已经进入第六个发展年头，获得ISO9001质量管理体系认证，成为国内首家获得认证的创业投资机构。在国家加速推进创业投资的发展的今天，国成公司坚持“政府引导、市场化运作、按经济规律办事、向国际惯例靠拢”，拓展投资业务，加强人才队伍建设，强化内部各项管理，积极开展具有中国特色创业投资业务的探索和实践，已成为深圳地区乃至全国都具有一定影响力的创业投资机构。

深圳市生产力促进中心

【概况】 深圳市生产力促进中心(小企业服务中心)是深圳市人民政府经济贸易局的下属事业单位，是为企业尤其是广大中小企业提供多元化、综合性服务与技术支持的专业服务机构。先后被国家有关部门确定为“国家级示范生产力促进中心”、“国家级快速原型技术应用推广及服务中心”和“国家级质量认证咨询机构备案资格证书”。

【经营范围】 作为政府和企业之间的“桥梁”和“纽带”，中心具有七大服务职能：

信息服务 以“深圳市中小企业信息服务网”、“深圳市技术创新网”及中小企业电话服务热线为平台，为中小企业提供各种信息咨询、商务指南及相关的网络增值服务，帮助工商业界实现产品创新、市场创新、管理创新和资讯融通，同时为企业提供包括软件开发、IT产品创新设计、解决方案评价等在内的各种最新的信息技术支援服务。

咨询服务 为中小企业提供企业设立、项目评估、投融资顾问、产品设计开发、工艺方案、质量管理、成果转让、技术改造、科技创新、市场拓展等各方面的全过程咨询，并协助有关机构予以支援。

技术创新服务 深圳市产品创新中心凭借专业人士和依托一系列开放式共性技术实验基地，以优惠便利之条件，为广大工商业界提供各种实用先进技术和产品推广示范服务，协助企业改良生产、技术及管理，以提升生产力；充分发挥深圳市中小企业CAD咨询服务中心，开放式工业设计及快速成型实验室、平面设计事业部等服务机构在推动技术创新中的作用。

市场服务 旨在帮助中小企业拓展国外市场，了解掌握国际商贸之规律，组织企业参加国内外产品的展览展示、项目推介、成果转让和专业考察调研活动。

人才服务 依托市生产力促进培训中心，为中小企业提供工商管理、信息技术、质量管理及各类适合中小企业发展需求的中长期培训和短期适应性培训，同时开展各类人才评鉴、推介，人事代理，人才共用和虚拟办公环境建设等服务；接受企业委托代理专业人才档案管理、职称申报，协助办理出国出境考察事物。

法律服务 联合社会上有一定声誉的法律机构，为广大中小企业提供法律咨询和援助，为中小企业的健康成长保驾护航。

金融服务 协调全市信用单位、担保机构和各商业金融

机构为中小企业提供融资信贷，解决中小企业发展的资金需求，协助有条件的企业进入国际融资市场。

深圳市唐融投资咨询有限公司

【概况】 深圳市唐融投资咨询有限公司由中国信息经济学会和国内大型民营企业合作设立，是致力于为大中型企业和创业型企业提供投融资服务、资产管理以及企业发展战略策划的现代金融服务公司。唐融投资咨询公司由归国金融专家及国内著名大学MBA教授统领，建立了一支主要由博士、硕士组成的专业人才队伍，公司业务骨干均有国际大公司或专业投资银行工作背景。公司拥有丰富的海内外资源，和国内外大型投资机构有着良好的合作。

唐融投资咨询公司遵循"以资本促进产业发展，以战略提升企业素质"的理念，联合国内民间资本与国际产业金融资本，贯通风险资本、产业资本、金融资本，协助本土民营企业把握未来二十年中国经济高速成长带来的机遇。

深圳市卓艺创业投资管理公司

【概况】 深圳市卓艺创业投资管理公司(Jove Venture Capital Management Inc)是通过深圳创业投资同业公会资格认定，并经工商行政管理部门核准登记，依法注册成立的创业投资管理公司，公司所在地为创业资本市场发达的深圳市。公司致力于发展中国新兴的创业投资管理事业，秉持"追求卓越，品质一流"的专业精神，为高科技企业、上市公司、企业集团等在投资银行、资产管理和管理咨询等领域提供专业服务。

【业务发展】 卓艺创投以人智为本，汇聚了金融、管理、法律、高科技等专业人士，具有良好的职业修养和社会背景，对企业融资、金融产品创新、并购重组、债务重组、市场资金运作等方面具有深入的研究、独到的理解和丰富的经验。

公司根据国家法律的有关规定受托管理和经营国际国内创业资本，对高科技、高成长的企业投入资本，给予其战略性指导，促进这些公司的快速成长。公司拥有丰富的实务运作经验和在金融、证券、商贸、高新技术领域广泛联络网络，利用风险资本和科学的管理以帮助客户达到成功。组建和管理私募创业投资基金根据投资客户的分类，发起、组建和管理公司型、契约型私募创业投资基金、面向特定投资者的私募创业投资基金；并根据特定项目筹集项目投资资金。

常州高新技术风险投资有限公司

【概况】 常州高新技术风险投资有限公司是一家专业对高新技术企业及技术创新企业进行风险投资的公司。根据有关省级高新技术企业认定的条件和办法，于2002年11月被认定为省级高新技术企业。

【经营业绩】 常州高新技术风险投资有限公司主要投资于常州及周边地区的电子信息及软件、生物工程、绿色农业、环保产品、新材料、绿色食品开发等高新技术产业化项目。投资形式以股权投资为主，原则上对单个项目的投资额不超过公司注册资本的10%，占创业企业的股权比例不超过30%。项目投资期限一般为3～5年，公司在适宜的时机，将选择上市公司收购兼并、境内外上市、其他企业收购兼并、创业企业回购等渠道退出。截止目前，常州高新技术风险投资有限公司累计投资了9个项目，累计投资金额3566万元，累计退出项目1个，累计收回投资600万元。其中，采取股权投资的有3个项目(包括1个与台资合作的项目)，累计投资额为2566万元；采取准股权投资的有6个项目，累计投资额为1000万元。被投企业中，78%的企业为省级高新技术企业，56%的企业位于常州新北区，94%的资金投向省级高新技术产品。

面对风险投资行业新的趋势、新的任务，常州高新技术风险投资有限公司将不断总结前期风险投资运作的实践经验，利用现有资本、人力、信息等资源，充分发挥风险投资在国家创新体系中的导向、示范功能，集聚创新人才，培育创业企业家，为推动我市的科研成果商品化、高新技术产业化，以及中小型科技企业的成长发展做出积极的努力。

湖南高科技创业投资公司

【概况】 湖南高科技创业投资公司是由湖南省经济建设投资公司、湖南金迪化纤有限公司、湖南金果实业股份公司、湖南地方电力资产经营公司共同出资成立的，注册资本3亿元，是湖南省内首家成立的为高新技术成果转化提供直接投资和创业服务的专业性投资机构，也是湖南省内目前最具有实力和竞争力的创业投资商。湖南高科技创业投资公司目前涉及的投资领域包括电子信息、新材料、生物技术、医药、光机电一体化等，已投入的项目有"三一重公"、"湘瓷科艺"、"博云新材料"、"湘云生物"、"尤特尔生物"、"金寰信息"、"家辉基因"、"深圳康泰"、"深圳华晟"、"唐人神"、"天合基金"、"金科担保"等，投资金额过1亿元。

环渤海创业投资管理有限公司

【概况】 环渤海创业投资管理有限公司成立于2000年5月，注册资本2300万元，是环渤海地区第一家专业从事高新技术等快速成长行业策略性投资顾问服务公司。

公司立足环渤海经济区，以创业投资管理为基础，吸收国内外先进的风险资本管理经验，结合中国国情和环渤海地区的优势，以高水平的人才组合，专业技能及职业素质，在资本市场与高新技术成果的产业化进程，为众多高速成长的科技企业向更高层次，更大规模发展提供服务。

【业务范围】 资产委托管理 接受各级政府、国内外风险投资基金、大型企业集团等机构投资者的委托，发挥专家理财的优势，对受托资产行使管理权，为客户赢得最大利益。

投资顾问业务 为境内外机构投资者寻找、筛选、评估和推广具有高速成长前景的项目，设计投资工具，执行投资计划；为创业企业设计投资方案和以企业资本增值为目的的资本运作与扩张活动的战略计划。

企业管理咨询 服务于创业企业的生产经营管理，完善企业组织机构，优化人力资源配置，推介科学管理模式，协助企业以规范的商业行为参与市场竞争。

企业财务咨询 为创业企业提供财务咨询服务，协助企业做好资本运营和资金管理工作，用科学手段有效控制资金风险。

经济信息服务 为客户提供国内外最新经济、金融信息、受托开展各种专项研究。

江苏弘业国际集团投资管理有限公司

【概况】 江苏弘业国际集团投资管理有限公司于一九九九年

五月在国家级高新技术产业开发区成立，由江苏弘业国际集团有限公司、江苏弘业国际集团鹏程储运有限公司共同投资设立，其控股股东江苏弘业国际集团有限公司同时也是上市公司“江苏工艺(600128)”的大第一大股东。公司经营范围：实业投资、管理、资产委托管理、企业改制、资产重组策划、投资咨询，科技信息服务，国内贸易。

【经营与管理】 弘业投资秉持“人才是企业发展的根本”这一理念，立志建立一支富于合作精神和团队的精神的员工队伍，积极引进各类高素质人才，目前公司研究生以上学历员工占总数的67%。正是因为认同公司理念的一大批优秀人才的加盟，弘业投资得以精简、高效地运转、并保持持续不断的创新活力。

弘业投资以江苏弘业国际集团为依托，凭借优秀人力资源的支持，积极开展证券期货投资、高科技项目开发、收购兼并等业务。伴随中国资本市场的成长和投融资体制改革的深化，弘业投资本着“稳健投资，弘大事业”的宗旨，以自身实践不断探索一条有中国特色的投资公司发展之路。

南京市高新技术风险投资股份有限公司

【概况】 南京市高新技术风险投资股份有限公司于2001年成立，注册资本1亿元人民币。公司股东分别为：南京市国资集团、南京高新技术经济开发总公司、南京新港开发总公司、南京江宁经济技术开发总公司、南京医药集团有限责任公司、南京市投资公司、南京红太阳股份有限公司。

【经营与管理】 公司秉承“稳健、创新、高效、发展”的经营理念和方针，以市场为导向，按照市场经济规律及国际惯例进行运作。不断探索风险投资、促进加快科技进步、科技产业化的新途径。有效利用资本经营、金融创新及信息咨询等手段，为高新技术企业及其所投资的项目企业提供资本经营的中介和增值服务。公司把投资项目质量放在中心位置，投资范围包括电子信息、通讯、生物工程、生物医药、新能源、新材料、光机电一体化、环境保护等高新技术领域。

公司具有一批专业人才，经过一年多来的实践，已经形成了一支既具有专业知识和管理经验，又具有创新意识和工作热情的团队。公司坚持以人为本，以科技为中心。为保障投资决策的科学性，公司特别成立了一个涉及管理、技术、金融等领域的专家库。投资程序包括项目开发、商业计划书分析、项目立项、调研及可行性报告、投资方案设计、投资评审委员会论证、董事会审议、实施投资、投资后的项目管理及最后退出。公司一直期望多渠道吸引国内外资金、技术和管理，扩大与风险投资同行的交流与合作，建立战略合作伙伴关系和投资联盟，加速科技成果的转化，共享高新技术产业发展的丰硕成果。

清华科技创业投资有限公司

【概况】 清华科技创业投资有限公司是由清华大学企业集团与首钢总公司联合国内金融机构、创业投资基金、上市公司及大型企业集团等注资20000万元人民币，共同设立的一家主要从事对电子信息、生物工程、医药、新材料、新能源和环境保护等领域的高新技术项目(企业)进行风险投资与管理的有限责任公司。

【经营业绩】 清华创业投资公司依托清华大学的科研实力和人才优势，综合各股东的资源和经验，充分发挥集合投资、风险分散、专家管理的优势，通过对科技含量高、市场潜力巨大的高新技术项目(企业)的投资和管理，促进我国高新技术产业的发展，并实现投资资本的增值。公司的主营范围是创业投资、高新技术项目(企业)投资、创业投资管理、资产管理、企业管理顾问与咨询、技术开发、技术转让、技术咨询、人员培训等。

清华创业投资公司植根于清华大学，立足中关村高科技园区，并辐射全国乃至世界，主要投资于电子信息、生物工程、医药、新材料、新能源和环境保护等国家确定的高新技术领域，投资对象为具有市场潜力的高新技术成果(项目)以及从事高新技术开发和生产的企业。按照安全性、流动性、收益性的投资理念，清华创业投资公司采取组合投资、联合投资、分期投资等投资策略以及分立制衡、畅通的基金投入、撤出安排等现代投资基金管理机制规范运作，为科技创新和科技创业提供全面的支持。

时代创新投资公司

【概况】 时代创新投资公司(以下简称为时代创投)是设于纽约的从事投资及基金管理的专业公司。它投资和服务的主要对象是中国大陆地区和海外华人圈。时代创投在中国上海设立时代创新投资管理(上海)有限公司并在北京设有办事处，用于投资和管理在中国的风险资本。时代创投(上海)管理的基金主要投资在高科技的种子期和早期项目。公司有一批强有力的科技、金融、管理和法律专业人才来帮助海外留学人员创业者及内地科技团队组建并发展为一流的国际企业。时代创投还与纽约、香港、台湾等十几家投资银行及投资公司合作，提供投资银行服务，注重于中、后期的投资项目的融资以及中国企业和国际资本市场之间的兼并和收购。公司的宗旨是成为中国公司成功进入国际资本市场的桥梁和催化剂。时代创投还在上海张江高科技园区运行管理一个一万平方米的企业孵化基地——张江海外科技创新园。这种由海外专业团队全权管理内地科技孵化器的创新模式，得到了各级政府的大力支持。该园已成为海外留学人员回国创业的桥头堡。

世纪方舟投资(集团)有限公司

【概况】 1999年12月，一批有志于科技强国的商界成功人士和投资家于北京发起创立了风险投资公司，取名为世纪方舟，寓意世纪之交知识经济浪潮中的弄潮之舟。世纪方舟投资(集团)有限公司广泛的外部专家咨询和支持网络；较强的整合内外资源的能力和手段；充足的资金渠道和人才资源，可满足已定投资战略的全面需要。公司拥有合肥高科技风险投资公司和浙江大学创业投资公司两个投资平台，管理基金约5亿元人民币。公司连年进入中国风险投资50强，本土创投十强。

无锡高新技术风险投资股份有限公司

【概况】 无锡高新技术风险投资股份有限公司于2000年8月正是成立，是江苏省第三家、无锡地区第一家从事风险投资的专业机构，注册资金8000万元人民币，主要股东为：无锡市新区经济发展集团总公司、江苏省高新技术风险投资公司、无锡市高新技术创业服务中心、无锡水星集团有限公司，中经资产管理有限公司。

【经营业绩】 公司主要投资于创业中后期以及扩张期的科技型企业的投资上，谨慎投资种子期以及创业初期的企业；在投资中注重于大型企业的科技创业项目、二次创业的项目、在传统行业中技术提升的项目和PRE－IPO项目进行合作，主要目的是提高投资成功率、缩短投资的回报时间。

公司的投资以IT、TC、生物医药、新材料、新能源、机电一体化等行业为主，同时优先考虑无锡传统的优势行业中科技含量高的优势项目。投资区域以无锡地区为主，适当投资周边地区的优秀项目。单个项目投资额控制在200万元至1000万元间。受托资金80%用于项目投资（中长期投资），20%用于稳健型资产的投资。

至2002年12月份，公司累计投资项目8个，已投出金额3300万元，涉及生物医药、新能源、环保、化工等行业。投资项目包括：无锡华光锅炉股份有限公司、无锡格莱生物技术有限公司、无锡尚德太阳能电力有限公司、无锡小天鹅中央空调有限公司、无锡市琅珈生物医学工程有限公司、无锡光芒太阳能科技有限公司、江苏五彩精细化工股份有限公司、无锡西姆莱斯石油专用管有限公司。

武汉东湖创新科技投资有限公司

【概况】 武汉东湖创新科技投资有限公司是在湖北省、武汉市两级政府支持下，由多家法人单位出资1.3亿元于一九九九年底成立的专业性风险投资公司，主要从事对高新技术项目和科技型企业的风险投资、投融资咨询及中介服务。公司以“出名牌风险投资人、创典范风险投资企业”为目标，以优化的投资组合、广泛的战略联盟和灵活的退出方式为策略，形成了一套适合我国现阶段风险投资环境要求的运作机制和模式。公司是湖北省创业投资同业公会的副会长单位和秘书处单位，为促进同行间的优势互补、利益互动、资源共享和互惠协作发挥积极作用。

【经营业绩】 公司投资了一批具有较大发展潜力的光电子信息产业项目和生物医药项目，包括天喻信息、弘元股份、喜玛拉雅数字成像技术公司、武汉新兴医药科技园、国测电力、湖北信息安全基地、科地光通信公司等，为高新技术产业化和公司长远发展奠定了基础。

公司积极探索创业投资自身融资及商业运作模式，联合其他合作者发起设立武汉光谷投资管理有限公司，创立光电子信息技术风险投资基金，并正在筹备设立生物医药基金，实现了由直接投资型向基金管理型转变。

武汉高亿信投资咨询有限公司

【概况】 武汉高亿信投资咨询有限公司是一家专业从事金融证券投资及咨询服务、代客理财以及境外留学咨询的服务性机构。

【经营业绩】 公司自九九年成立以来，立足青山，稳步发展，注册资本已扩大到六百万元，成为武汉市首批获准从事代客理财业务的投资理财公司，具有相当的规模和知名度。

公司在两年来的经营实践中，汇聚了一批技术、管理、投资、财务、金融、营销等各个领域的复合型人才，融合了管理、筹资、信息、策划、政策运用诸方面的优势，积累了企业融资、增资、策划及其它为资本服务的实际操作经验，为数以百计的客户提供了优良的投资环境和令人满意的利润回报，树立了良好的品牌形象。

公司聘请了香港金融投资专家担任投资顾问委员会的首席顾问。在专业研究开发国内股票市场的同时，公司还时刻关注国际金融市场，尤其是东南亚金融市场。通过与上市公司的合作伙伴关系，公司吸收了全球知名的投资基金——摩根·史丹尼公司的先进管理经验，具有一定防范、控制金融风险的能力。

作为武汉青山区第一家获准专业从事投资理财的公司，自成立之日起，公司即以"诚信、专业、高效、一流"的服务理念，秉承背景机构强大资本和业务实力，以及一批谙熟资本运作、经验丰富的融资团队，我们确信能为各界客户提供高效、优质的理财服务，并为推动武汉市科技产业投资和风险创业融资的发展作出贡献。

武汉华工科技企业孵化器有限公司

【概况】 为响应国家和武汉市政府的号召，同时为更好地贯彻华中科技大学发展的总体规划，由华中科技大产业集团有限公司和武汉华工创业投资有限公司联合发起设立武汉华工科技企业孵化器。2003年4月，成立武汉华工科技企业孵化器有限公司，专门负责孵化器的运营和具体事务。这是按照国家级孵化器标准组建的武汉市第一家高校科技企业孵化器，填补了武汉市高校企业孵化器的空白，完善了武汉市孵化器体系。从长远来看，对武汉市科技兴市，发挥高校科技人才优势作出了积极探索和有益贡献，也是高校科技成果转化体系的完善和补充。

孵化器充分依托华中科技大学及武汉地区其它众多高校的整体研发优势与东湖新技术开发区国家大学科技园的园区基础设施优势和政策优势，大力探索和创造以集市场化运作、企业化管理、产业化发展为一体的“引航型”孵化模式。成立伊始即融合了风险投资、多元化控股和专业孵化器的多项功能，倍受业内有识之士关注。

【经营业绩】 武汉华工科技企业孵化器有限公司坐落于武汉东湖新技术开发区，地处“武汉·中国光谷”的核心地带，周边聚集众多著名高等院校和科研院所，是中国智力最密集的地区之一，交通便利，环境优雅。“勇于探索、鼓励成功、宽容失败”的创业氛围，吸引着越来越多的有识之士前来创业。目前，已有在孵企业近60余家，拥有标准孵化场地18,000平米。

“引领、创新、竞争、合作”成为孵化器的企业精神，关注有着良好成长性和产业化前景的领域和项目，以成功的创业者为主导孵化新创企业，以“三T”(BT(Biotechnologies，生物技术)、NT(New Material Technologies，新材料)、IT(Information Technologies，电子与信息技术))行业为主要孵化方向。

凭借对高新技术项目及资本运作的敏锐判断力和娴熟运作技巧，充分发挥在科技项目筛选和风险投资方面的优势，将种子期、成长期、成熟期等不同阶段的项目有机嫁接，通过有效运营达到共生共长，实现企业快速发展。随着孵化功能的不断完善，科技成果得到有效转化，优秀企业不断涌现，已先后有10余家企业顺利毕业，部分企业已实现规模发展。华工科技、华中数控、天喻信息等毕业企业都已在各自领域内处于领先地位。

“依托政府、立足高校、面向社会”，以国家级企业孵化器为目标，孵化器与武汉各高校通过优势互补、资源共享，共同打造一支高校科技产业的联合舰队，走出一条全新的高校科技成果转化和产业化发展之路;为促进高校科技成果持续有效转化、探索社会效益经济效益双赢机制的经营宗旨而努力。

武汉经开投资有限公司

【概况】 2000年12月,武汉经开投资有限公司由武汉经济技术开发区国资办出资成立,注册资本6.5亿元。负责管理开发区所有经营性国有资产,确保其保值增值,并通过投资、融资和资本运作等各种手段,促进开发区的经济发展和社会进步。经开投资经过两年的运作,总资产已经超过10亿元,在开发区的经济生活中发挥着不可替代的作用。

【经营宗旨】 公司的经营宗旨是合理利用开发区有效资源,采取各种经营手段,进行资本营运,盘活国有资产存量,优化国有资产配置,引导金融资本和其他资本的投资,使公司具有经营的高成长性和收益的稳定性。同时,促进开发区经济总量和财政收入的增长,确保国有资产的安全与增值。

在注重社会效益的前提下,公司将以实现国有资产最大化为目的,配合开发区的发展战略,以推进开发区社会和经济发展为己任。

武汉开元科技创业投资有限公司

【概况】 武汉开元科技创业投资有限公司(以下简称开元创投)是由武汉国际信托投资公司、武汉经开投资有限公司、武汉国有资产经营公司、武汉锅炉集团有限公司等八家地方金融机构、国有资产运营机构、大型企业集团和民营高科技企业共同出资设立的一家致力于高科技创业投资、金融及实业投资、资产经营、财务顾问、管理咨询为主要业务的大型投资及管理公司。公司注册资本近3亿元人民币。开元创投的股东及合作伙伴包括国有资产运营机构、境内外投资及投资银行机构、非银行金融机构、上市公司、企业集团、民营高科技企业等,公司初步形成了以金融背景为核心的资源优势。

开元创投坚持市场化运作原则,以支持科技含量高的成长型企业发展为重点,通过资源分类整合、联盟式创业投资等形式对数码信息、信息安全、光电通讯、生物医药、精细化工、高速船舶等高科技产业 以及金融证券业、基础设施领域进行了投资。

西安高新技术产业风险投资有限责任公司

【概况】 西安高新技术产业风险投资有限责任公司的前身是西安高新技术产业开发区科技投资服务中心,成立于1996年5月,专门从事中小型高科技企业的贷款担保及相关投融资业务。1999年2月增资改制为西安高新技术产业风险投资有限责任公司,注册资金5000万元。2000年4月,根据业务发展需要,进行了增资扩股,注册资金达15000万元。公司共有股东28家,是一家汇集了政府资本、产业资本、金融资本以及民间资本的股份制专业投资机构。公司于2000年底通过了国家开发银行高科技创业贷款的评审,并于2001年4月与国家开发银行正式签定高科技创业贷款有关合同,获得了1亿元的8年期高科技创业贷款,进一步壮大了资金实力。

经过几年的努力,公司已初步建立起了比较合理的法人治理结构和业务决策体系。公司的投资决策委员会由部分专家董事和高管人员组成,较好地实现了"专家理财、民主决策"的思路;通过培养和锻炼,凝聚了一支具有一定经验的、由投资经理和财务、法律及投行专业人士组成的队伍;通过不断完善和积累,形成了比较科学的风险投资业务流程和规范。

【经营业绩】 公司旨在通过风险投资,架起高科技企业与国内外资本市场、各类投融资机构以及投融资中介机构的桥梁,推动高科技产业多元化的融资方式和手段的发展,逐步健全和完善服务于高科技产业的投融资体系。使西安高新区一批技术成熟但资金、市场、管理等其它资源缺乏的项目迅速成长,促进科技成果产业化的进程,在国内外高新技术产业领域占据一定的地位。同时探索符合中国国情的风险投资经验,为活跃区域风险投资业务起到示范作用。目前,西安高新技术产业风险投资有限责任公司已成为西安高新开发区投融资体系建设的重要组成部分。

西安高新技术产业风险投资有限责任公司早在1997年就率先进行了风险投资的有益尝试,是我国开展风险投资业务较早、运作经验较为丰富的风险投资公司之一。公司以规范的作业程序、灵活的业务创新和以中小型高科技企业为服务对象的恰当定位在同业中脱颖而出,受到国家领导人和有关部委的极大关注,成为科技部和国家开发银行重点支持的投融资机构,在同行业中具有一定的影响。

截止2002年,公司已办理89项总额为2.631亿元的科技贷款业务,累计投资项目28家,累计投资额1.9586亿元,有力地扶持了一批极具成长性的科技企业,同时充分利用熟悉本地区科技成果资源的优势,广泛地与国内外各类投资机构开展合作,取得了显著成果。

公司将不断加强与有实力的境内外机构的合作,吸引更具高科技行业背景和资本运做能力的战略投资者加盟,使公司尽快在资本运做、资源整合和投资实力等方面再上台阶。

信中利投资有限公司

【概况】 信中利投资有限公司是中国领先的从事风险投资、投资管理,以及投资银行业务的投资公司,致力于为大中华区高成长的科技与民营企业提供全方位和国际化的风险投资以及财务顾问服务。公司由留美归国投资银行专家、前摩根士丹利亚洲有限公司副总裁、北京代表处首席代表汪潮涌先生于1999年5月创办。高级合伙人及经理人员分别来自于国内、外知名金融机构和高科技企业,除了具备各种专长外,他们还积累了丰富的财务会计、企业运营管理的经验及多领域的高科技行业的知识。公司的顾问委员会成员均为来自跨国金融机构和著名高科技企业的杰出人士。

公司独特地定位于发展迅猛的中国的高科技、媒体、电信等行业,专注于为资本的供、求方提供整体的专业投、融资解决方案。

公司以自有资金开展风险投资业务,目前的投资组合中有十二家高科技公司,如中国最大的防病毒与网络安全公司瑞星科技以及朗新科技公司、双威通讯、富通电脑等,这些公司的总产值超过二十亿人民币,利润近二亿,其中数家公司已开始海外上市准备工作。

【经营业绩】 信中利的投资银行业务主要为其投资组合中的公司提供增值服务,如并购、私募融资与上市顾问,例如担任北大青鸟环宇股份公司财务顾问,并帮助其在香港创业板市场成功上市。

信中利深入了解大陆的政治、经济和文化环境,富有国际资本市场运作的经验，熟悉国际资本市场发展趋势。公司与中国的政府机构、国际知名的金融机构以及高科技企业保持长期良好的沟通和联系。

明确的发展战略以及创新的商务模式使得公司取得了坚实的经营业绩。国际化资源和网络遍及美国硅谷、华尔街、香港，欧洲和中国大陆，强劲的国际化战略联盟以及合作伙伴使公司的服务涵盖投、融资所有环节。自公司建立至今，信中利已拥有了颇有潜力的投资项目组合，建立了高质量的客户基础。目前信中利在北京、深圳和香港分别设有办事机构。

IDG技术创业投资基金

【概况】 IDG技术创业投资基金(简称IDGVC)，原名美国太平洋技术风险投资基金－中国(PTV－China)，于1992年由全球领先的信息技术服务公司－国际数据集团(IDG)建立，是第一家进入中国市场的美国风险投资公司，总部设在北京，并在上海、广州、天津、深圳以及美国的波士顿和加州硅谷设有分支机构。该公司的投资集中于国际互联网、信息服务、软件、通讯、网络技术以及生物工程等高科技领域。

【经营业绩】 公司不仅向中国高科技领域的创业者们提供风险投资，并且在投资后给他们提供一系列增值服务和强有力的支持。迄今为止，IDGVC已向中国蓬勃发展的创业公司投资超过1亿美元。1998年10月，国际数据集团与中国科学技术部在北京签署合作备忘录。根据这项备忘录，IDGVC将在七年内向中国的高新技术企业投资10亿美元，扶植支持中国发展高新技术产业。

浙江省科技风险投资有限公司

【概况】 浙江省科技风险投资有限公司于1993年经省人民政府批准，由浙江省科委和省财政厅共同出资组建，是我省首家按风险机制运作的创业投资公司。

公司以支持高新技术及其产业的发展，加速科技成果转化，推进科技进步为宗旨，在电子信息、生物工程与医药、新材料、机电一体化、通信设备等高新技术领域，先后为50多项高新技术产业项目注入了风险资本。其中投资"浙大海纳"、"升华拜克"两家公司已先后在深、沪两地上市。

公司经过几年的运行发展，已拥有一支经验丰富的投资人才队伍，形成了一套较为适合公司运作的风险投资机制，公司投资逐渐步入投资——退出——再投资的良性循环。

中关村丰台园中成科技创业投资有限公司

【概况】 中关村丰台园中成科技创业投资有限公司，简称"中成创投"，成立于2002年1月。由中成股份、深圳庆安投资公司等5家公司共同出资组建，注册资金为现金1亿零800万元。

【经营宗旨】 公司经营的根本指导思想为"以科技创新为起点，以资本运作为手段，以科学管理为保障，培养一批优秀的投资专业人才，造就一批优秀的高新技术企业，实现公司与员工及创业企业的共同发展。"

【公司治理】 公司组织结构由股东大会、董事会、监事会、投资决策委员会和总经理经营班子构成。投资决策委员会由公司主要股东及专家组成，是公司风险投资管理业务及短期高风险项目的直接决策机构。以总经理为首的经营班子，在董事会的授权下开展经营活动。总经理对公司董事会负责，经营班子各成员对总经理负责。公司实行标准化、规范化、程序化管理。在建章建制的基础上，公司强调"以人为本"的管理思想。公司强调组织的整体运作绩效，追求以较佳的投入方式获取最大的利润，以期实现公司的经营目标。

【业务发展】 公司设有三大业务部门，分别是风险投资部、投资银行部和资产管理部。

风险投资部是在严格甄选的基础上，对高科技项目提供资金支持，并通过资产经营服务对所投资企业进行培育和辅导，在项目成熟后逐步退出，来获取投资收益的业务部门。主要职责是股权投资管理和风险投资及管理。投资银行部，是以项目中介及资本重组为重点，以券商的专业服务为依托，对各类投资项目提供融资支持的部门。资产管理部是公司负责证券自营、受托资产管理的业务部门。其主要职能是：把握投资风险与投资机会，开展证券自营与受托资产管理业务。其主要职责是证券、债券、期货投资和资产保值和增值。

公司秉承精品投资的经营理念，遵循风险投资的国际惯例和通行规则。重点投资于信息技术、生物医药、新材料等三大领域，投资的项目阶段多以成长期和扩张期为主，积极推动企业的科技产业化进程。

凭借经验丰富的管理团队及资源深厚的股东背景，"中成创投"，不仅从事风险投资运作，同时也提供战略咨询和管理咨询等多种投行业务。置身于国内风险投资业，公司向各个不同需要的客户群提供公司组建与投资运作管理、创业与成长企业管理、战略咨询以及管理层收购(MBO)等服务。

中科融创业投资有限公司

【概况】 中科融创业投资有限公司是于二零零一年初根据深圳市人民政府96号令"深圳市创业投资本投资高新技术产业暂行规定"由其前身中科融投资顾问有限公司通过增资、改制而设立，注册资本为1.5亿人民币。是专业从事高新技术等快速成长行业策略投资，并服务于内地及香港创业板市场的综合性投资公司。中科融创业投资有限责任公司的前身中科融投资顾问有限公司是由市政府常务会议决定、于1994年11月由市科技局负责组建的深圳市第一家风险投资顾问公司。增资改制后的新公司致力于推进高新技术的产业化，并以专业化的服务，为成长中的科技企业提供包括企业改制、融资上市、管理咨询、知识产权管理与交易、科技项目评估与策划等全面解决方案。

【业务发展】 公司宗旨是通过对高成长性企业进行权益投资，协助企业引入先进管理机制及市场化资本运作，推动高新技术的产业化进程。公司投资重点关注电子信息、软件和通讯、医药及生物工程、新材料、新能源及环保产业、高效生态农业、光机电一体化产业等行业。

公司采用策略性投资，主要针对处于初创期、成长期和扩张期的高新技术企业进行股权投资。在风险(创业)投资方面，选择具有创新意识、市场前景好、增长潜力大的企业进行权益投资。公司的投资银行业务主要是为企业进行股份制改造、收购与兼并、资产重组、重大交易及上市融资等以资本增值为目的资本运营和扩张活动提供全方位、全过程的专业服务。协助企业进行股份制改组或资源重组、经营性资产与非经营性资产的拆分与剥离、资产置换等方案的策划、设计与实施。评估客户购并方案的可能性和风险，并提供优化方案。对购并的目标公司进行甄与评估。协助企业进行购并工作的融资方案设计、资产整合方案设计、交易设计及交易成本与交易时机的选择。协助企业进行交易谈判，并惯彻谈判策略。同时，利用公司优异的海外运作能力，为企业寻求海外上市提供全方位，全过程的专业服务。为国际投资者的中国项目提供策略性咨询顾问服务；接受委托承担高科技风险投资市场环境、行业现状等软课题的调研工作。

公司的优势在于：股东包括广州市君华投资有限公司、佛山市理想科技发展有限公司、深圳市科学技术发展基金会和一些境内外的专业机构和个人。主要业务人员均具有多年从事境内外投资银行和相关行业的背景和经验。

目前，公司已在北京、香港、武汉设立了办事处，并已与美国、法国、加拿大和瑞典的相关业务机构建立了战略伙伴关系。

中科融北京分公司负责与国家各部委及驻京外国企业联系，信息收集，为北京及周边地区的高科技企业提供顾问咨询服务。中科时富融资顾问有限公司是公司与香港时富集团及中国科学开发院合作成立，注册资金 1111 万元港元。中科融既是其股东，也是战略合作伙伴。

公司的战略伙伴还包括：China Vest Limited（中国创业投资有限公司）、CASH（香港时富投资集团有限公司）、China Capital Cooperation（美国华夏融资公司）、Information Industry Investment，Ltd（信息产业投资有限公司）、EXCEL（香港志鸿科技）等知名机构。

作为一家诞生于中国经济伟大变革时期的专业投资机构，自新公司成立之日起，即以“服务企业、同企业共同发展”作为企业宗旨，并以此确立“矢志成为中国高科技产业最佳合作伙伴”的目标和“诚信、专业”的经营理念。秉承公司广泛而强大的资本与业务背景，以及一批谙熟境内外资本运作、经验丰富的融资专家队伍。我们确信能够为科技与资本的结合，为科技创新和金融资本的增值探索出可行的成功模式，并为推动中国科技产业创业投资的发展尽一分力。

中祥投资有限公司

【概况】 中祥投资有限公司（以下简称中祥投资）是经国家工商行政管理局正式注册，从事投资业务的专业性公司。公司成立于 1999 年 7 月，注册资金 3000 万人民币。主要从事项目投资与管理、高新技术投资与管理、企业收购兼并与资产重组、上市公司战略调整与发展、融资方案设计与实施、证券投资、项目投资评估、企业改制与上市辅导、基金代理、专项市场调查等业务。公司股东实力雄厚，融资能力强大，拥有广泛的社会资源，与国家各有关部门、业务管理机构、金融机构建立和保持了长期良好的关系，与上市公司、大型企业集团等合作愉快。中祥投资以高素质的专业化队伍为依托，拥有国内一流的专业复合型人才，通过人力资源资本化的管理模式，吸引优秀的业内人士，倡导知识性企业管理，对所运作的项目进行专业化操作，保证经营业务的高效率、高质量的完成。

【经营战略】 中祥对比较成熟的大中型企业采取“金融运作＋投资银行”的模式，利用整合资源推动公司实现战略转型和管理升级，使公司加速发展，做大做强。

公司对创业企业也情有独钟，尤其对具有创造性主张、脚踏实地、目标明确、并且能够提出良好策略且正确执行的企业家合作深感兴趣，此外，出类拔萃的新科技、产品或服务、经营模式，目标市场规模以及展开速度也是公司投资的决定性因素。

公司凭借自身与跨国公司和金融机构的密切联系，帮助所投资的公司改善管理模式，导入国际领先技术，解决融资瓶颈，开拓国际市场，通过投资银行并购与上市公司渠道，实现使企业从原始积累成功发展到二次创业阶段。

珠海市投资顾问有限公司

【概况】 珠海市投资顾问有限公司于 1995 年 1 月由珠海市人民政府〈1995〉1 号文批准设立，为协助珠海市许多重点工程项目的招商引资作出了卓越的贡献，是珠海市乃至全国最早从事投资顾问、投资银行业务的专业机构。从企业改制策划到资产重组，从项目设计到产权运作，均取得了客户的深刻认同，涉足的行业和服务对象的分布较为广泛。公司聚集了一批来自国内各地及香港的高素质专业人才，大专以上文化程度为 100％，多人曾在国外学习和工作过。

公司专家顾问组主要成员有：王健先生（深圳证券交易所创始人，深圳泛亚太投资有限公司总裁，公司原副董事长），刘复山先生（博士生导师，南开大学金融系主任），吴晓求先生（博士生导师，中国人民大学金融证券研究所所长），萧逸民先生（现任证券市场导报总编），王守仁先生（中国人民大学教授、深圳大学教授、澳门东亚大学商学院客座教授，现任深圳创新技术投资有限公司风险控制委员会负责人）。

【业务发展】 公司目前主要从事投资、项目融资、投资顾问、财务顾问、项目管理、项目培育与孵化、协助企业境内外上市、产权交易、国际合作等业务。为企业提供符合国际惯例并融合中国国情的高度专业化、特色化、国际化、系统化的服务。并与海内外众多机构结成联盟，共同发起设立珠海高新技术风险投资创业园。同时，公司抓住证券领域的机遇迅猛发展，现正与国内多家证券公司合作，准备在全国各地成立十多家直属证券工作室，拥有证券分析师 30 余人。

公司近年来开始涉足风险投资领域，是深圳国际高新技术产权交易所首批交易商之一。为珠海及其他地区多家高新技术企业提供融资顾问工作，并获得了客户的好评。经珠海市人民政府批准，二 00 一年七月发起成立了珠海市风险投资促进会，并负责发起设立珠海首家规模达 10 亿元的珠海高新技术创业投资有限公司。

成都技术产权交易所

【概况】 成都技术产权交易所是经成都市人民政府批准设立，以促进科技成果转化，为科技成长型企业提供融（投）资服务，并从事各类技术和产权交易的一个区域性的非公开权益资本市场；是继上海、北京两地后，全国第三家运作规范、交易品种齐全、服务优质高效的专业化技术、产权交易有形市场。

成都技术产权交易所自 2000 年成立以来，依据国家和成都市有关法律、法规，为国内外各类投资人从事技术和产权交易、企业并购、资产重组提供专业化的配套服务。成都技术产权交易所作为成都市金融体系的重要组成部分，立足成都，面向国内、外各类投资者，以创新为手段，以市场为导向，推动成都乃至西部地区科技创新与产业化发展，促进成都市高新技术与传统产业的对接和国有经济的战略性调整。

【经营范围】 经营宗旨　通过制度创新，建立区域性的、以非公开权益资本市场为核心的综合性资源配置市场，推动高新技术成果的转化，促进高新技术企业的跨越式发展。通过理念创新，充分利用有形市场在价值发现、综合信息、增值服务、交易成本等方面的优势，整合市场资源，促进资本的合理流动。通过交易模式的创新，建立以会员为中心的代理交易模式，丰富交易品种，提高交易质量，确保技术和产权交易在“三公”的原则下进行。

交易品种　根据有关法律、法规的规定，依法可在交易所挂牌转让的项目包括国有和非国有产权两大类，具体分为：1、股权类项目：上市公司法人股权、未上市股份公司股权、有限责任 公司股权、股份合作制股权；2、非股权类项目：专利或非专利技术、商标权、土地使用权、特许经营权及各类有形资产和无形资产。

武汉产权交易所

【概况】　武汉产权交易所（下称交易所）是武汉市政府批准成立的非盈利性事业单位，是武汉地区企事业单位产权交易的合法场所，负责组织、调控和监督产权交易行为及过程，具有市场管理和服务的双重职能。交易所严格执行国家的各项法律、法规和政策，按照公开、公平、公正、诚实信用的原则开展跨行业、跨地区、跨所有制的各类产权交易活动。交易所下设江城拍卖公司、国友资产评估公司及与相关单位联办法律、会计、审计等专业服务机构。

交易所设施齐备，场内装备有先进的电脑交易和管理系统，并与国家有关部委、全国各大中城市的产权交易市场及国际互联网实现了联网；拥有一批敢于创新、勇于进取的经济、管理、金融、法律、工程等方面的高中级专业技术人才；以科学、规范、高效的务实作风，为改制企业提供全方位的服务。

【业务范围】　交易所提供的主要服务为：提供信息网络和交易场所，为企业收购、兼并、股权转让寻找目标企业，进行可行性分析，拟订交易方案，选择规范的交易方式，协助企业确定交易价格和财务策略，并提供相应的鉴证服务；为企业资产重组、资本运营、破产清算、投融资提供政策法律咨询、诊断策划服务；提供相关的政策、法律、企划、评估、审计、公证、咨询、培训等配套服务；提供国家政策允许的各类交易方式。

武汉·中国光谷技术产权交易所

【概况】　武汉·中国光谷技术产权交易所位于闻名遐尔的“武汉·中国光谷”区内，由政府主导，省市共建，股份制运作，是集技术产权交易和国际企业孵化器于一体的综合性技术产权交易所。

武汉·中国光谷技术产权交易所作为经济发展过程中的一种体制创新，它是湖北武汉技术经济创新体系中的重要组成部分。其目的是为了加快“武汉·中国光谷”建设，进一步推动高新技术成果的产业化进程，解决科技成果转化为生产力过程中的知识资本、产业资本和金融资本配置时存在的问题和障碍，为种子型企业的萌发提供孵化温床；为成长型企业的壮大提供培育的摇篮；为成熟型企业提升资产质量提供兼并重组的舞台；同时积极探索形成风险资本运作和退出机制。

【经营业绩】　自2000年成立以来，公司秉承"最低成本、最优质量、最快反应、最高价值"的经营理念，以客户需求为中心，凭借在金融、法律、管理等领域的丰富实战经验和专业化的工作团队为中小企业提供项目融资、投资咨询、企业改制与上市、企业并购重组、企业海外上市财务顾问服务及培训等全程一站式、高效快捷服务。

武汉·中国光谷技术产权交易所，已经为国内上百家企业成功实现知识资本、产业资本和金融资本的融通与对接，在同行及业界享有较高的声誉和口碑，受到《中国高新技术产业导报》、《中国证券报》、《经济日报》等媒体的广泛关注。

交易所与上海技术产权交易所、深圳国际高新技术产权交易所、香港生产力促进局、世界产权贸易香港交易所、凯基证券等国内外知名产权市场、证券机构及中介服务机构建立了战略合作伙伴关系。拥有包括湖北省科技企业孵化协会、湖北省工商联合会及湖北省创业投资公会、武汉·中国光谷建设领导小组办公室、武汉东湖新技术开发区专家委员会在内的支撑体系。

在资本市场日益全球化的今天，公司在立足为中小企业服务的同时，已将触角延伸至海外，不断拓展香港、新加坡等国际资本市场的上市及相关培训业务，建立起了通外海外资本场的快捷方便的服务网络，以“业内新锐”的独特品牌形象卓然于世。

目前，武汉·中国光谷技术产权交易所征集各类高科新技术成果近千项，聚集投资机构、创业基金、资产经营公司、上市公司、科技企业孵化器近20余家，资产评估事务所、会计事务所、师事务所、商业银行、招投标公司、拍卖公司等专业服务机构10余家。为知识资本、产业资本与金融资本的集聚、融通及整合架构现代市场机制平台。

北京创业投资协会

【概况】　北京创业投资协会于1999年11月25日发起成立，由北京市科学技术委员会进行业务指导，是经北京市社会团体管理机关核准注册登记的非盈利性社会团体法人，是以创业投资机构和创业投资家为基本会员的行业自律、行业服务组织。北京创业投资协会以“服务创业、引领投资”为宗旨，最大限度地团结相关专业机构、创业投资家、创新成果发明家、金融专家与相关中介服务组织，为北京的经济发展服务，为中国的创业投资事业做贡献。

【职能】　行业调研　研究创业投资在北京及全国相关的各类问题，为政府决策提供支持，最近完成的我国首部创业投资行业年鉴《中国创业投资发展报告2002》已正式出版发行；

承办委托　接受政府委托，行使行业自律职能，已承担和完成了多项国家级和北京市的软科学研究课题；

对外交流　开展国内外交流活动，成为北京地区与国内外交流的有益桥梁和窗口，现已与美国、澳大利亚、韩国、香港、台湾、深圳及上海等多家创业投资行业协会建立了良好的联系和合作交流；

专业培训　培训有利于创业投资发展的各类人才，立足于创业投资的行业发展需要，通过"创业投资家研修班"及研讨座谈等多种形式积极引进和推介美国及台湾等地的成熟理论和操作经验；

信息交流　联系创业投资相关的政府及非政府部门、机构与个人，通过《会员通讯》、《创投简报》、协会专业网站及创业投资家俱乐部等形式宣讲创业投资行业法规及政策、介绍国内外创业投资发展动态、提供业内合作与交流的服务平台，做到上情下达和下情上达。

上海市创业投资行业协会

【概况】　上海市创业投资行业协会是经上海市社会团体管理

局依法批准、登记注册的社会团体法人，成立于 2000 年 12 月 18 日。协会是由从事创业投资、投资管理、咨询服务企业及金融证券机构、学术机构、创业企业和其它相关企业自愿组成的行业性非营利社会组织。其宗旨是依据国家和上海市的法律、法规，促进上海创业投资事业健康发展，促进国内外创业投资界的合作与交流，落实上海创业投资行业自律管理，推进创业投资行为规范化，并努力为全国的创业事业发展作贡献。协会接受上海市发展计划委员会的业务指导，以及上海市社会团体管理局的监督管理。协会根据《章程》在"行业协调、交流合作、咨询服务、学术研究、专业培训、资质认定、自律管理"等业务范围内积极开展各项工作。协会现仅吸收团体会员入会，目前共有会员 90 家，其中理事会由 16 家会员组成，设会长 1 位，上海创业投资有限公司总裁华裕达被推选为首任会长，副会长 4 位，秘书长 1 位，并设秘书处负责协会日常工作。

广东省风险投资促进会

【概况】 广东省风险投资促进会(以下简称促进会)系由广东省风险投资集团、华南理工大学、广东省生产力促进中心、清华科技园(珠海)创业投资有限公司、广东证券股份有限公司联合发起成立，由广东省科技厅进行业务指导，经广东省社会团体管理机关核准注册登记的联合性非营利的社会团体，是以广东地区的创业投资及相关担保、咨询、服务机构，以及创业投资领域的专业人士为基本会员的行业自律管理组织。

【经营宗旨】 促进会将本着真诚服务、加强行业自律管理、促进行业健康发展的宗旨，团结和组织广大会员，积极探索建立适合我国国情的新兴创业投资体系、鼓励创业投资机构的发展、加强从业人员管理和培训、开展与境内外同业之间的交流与合作、开展行业调研和咨询，参与国家及广东省相关法律、法规、政策制定等。

深圳市创业投资同业公会

【概况】 深圳市创业投资同业公会(以下简称公会)系由深圳地区的创业投资及相关担保、咨询、服务机构，以及创业投资领域的专业人士自愿结成的，经深圳市社会团体管理机关核准注册登记的专业性、地方性非营利的创业投资行业自律管理组织。创业投资是金融创新的产物。在大家探讨和广泛交流的同时，作为一个新行业需要一个行业协会。公会按照市场化指向的改革要求，建立起规范的市场经济秩序和行为规范准则，是市场经济的行业自律组织。

深圳市人民政府令(第 96 号)《深圳市创业资本投资高新技术产业暂行规定》中规定了公会的职能：公会开展行业规范和服务标准的制定工作，对其成员的执业情况进行评定，形成自律机制，协助深圳市政府科技行政主管等部门开展创业投资机构年检等活动，并负责创业投资专业人员的认定；开展信息交流，促进业务联系和合作，推动国际民间交流活动，培训高素质的创业投资专业人才。

自 2000 年十月十四日第二届"高交会"期间成立以来，公会本着真诚服务、加强行业自律管理、促进行业健康发展的宗旨，团结和组织广大会员，在探索建立适合我国国情的新兴创业投资体系、鼓励创业投资机构的发展、加强从业人员管理和培训、开展与境内外同业之间的交流与合作、开展行业调研和咨询，以及参与国家及深圳市相关法律、法规、政策制定等方面做了大量工作，在全国同业中产生了积极的影响。自觉肩负起提高行业素质的责任。

中华创业投资协会

【概况】 中华创业投资协会是致力于促进风险投资和私募股权投资在大中华地区发展的会员制同业工会。协会注册地为香港，活动经费来源于会员缴纳的年费。协会现拥有四个地区联络处(北京、上海、西安、香港)以促进当地的联络和沟通。

中华创业投资协会目前有超过八十家会员，他们共同管理着超过一千亿美元的基金。会员在全球拥有非常长久和丰富的投资经验，并成功地投资于大中华地区的诸多领域，其中包括信息领域、技术领域、商业服务、传媒文化、生物科技、消费产品以及制造业。协会会员投资成功的案例包括：亚信、UT斯达康、新浪、搜狐、鹰牌陶瓷等优秀企业。

【经营宗旨】 协会的宗旨是为促进人们理解风险投资和私募股权投资对大中华地区经济乃至全球经济活力的重要性；在政府政策制定和公共关系中，倡导并代表风险投资和私募股权投资团体的利益；并积极推广有利于风险投资和私募股权投资的政策；提升并保持高水平的道德标准和行业职业标准；推动会员之间的网络化联接和知识分享，并为会员提供行业研究数据，行业出版物以及职业发展机会。

湖北省创业投资同业公会

【概况】 湖北省创业投资同业公会系由武汉东湖创新科技投资有限公司、湖北科技风险投资有限公司、武汉开元科技创业投资有限公司、武汉华工创业投资有限责任公司等单位共同发起成立，由湖北地区的创业投资(风险投资)机构及与创业投资有关的管理、咨询、中介等机构、从事创业投资的专业人士自愿组成的全省性、行业性、非营利性社会团体，现已有团体会员及个人会员逾百家/人。公会的业务主管单位为湖北省科技厅，并已经湖北省社会团体管理机关核准注册登记。

【经营宗旨】 公会的宗旨为遵守宪法、法律法规和国家政策，遵守社会道德风尚，本着平等、交流、共享、互惠的原则，为会员单位提供多方位、个性化的服务，促进各会员共同探索湖北地区创业投资的发展模式和策略，鼓励会员间实现双边或多边形式的联合发展，倡导联合投资，实现会员之间的优势互补、利益互动、资源共享和互惠协作，从而促进湖北地区创业投资事业规范、健康发展，为支持湖北地区高新技术产业及社会经济发展作贡献。

【业务范围】 公会的业务范围是开展行业自律管理；开展行业调研活动，为政府决策及会员业务发展提供参考和支持；开展信息交流与咨询服务，为本会会员及与创业投资有关的政府部门、机构及个人提供有关信息和咨询服务；进行行业委托管理；协调会员关系，促进会员间的交流与合作；促进对外交流与协作。

产权及资产重组案例

一汽入主天汽的收购案例

【背景资料】 天津汽车作为我国经济型车的重点生产厂家，一度创造了骄人的辉煌。通过对消费市场的有效分析，公司成功把握了经济型车市场的发展时机。在企业的巅峰时期，其“华利”、“夏利”两大品牌汽车名贯中华，两种车型年销售一度超过12万辆，一年的利税12亿多元，综合效益排名全国第二。经济型车造就了天津汽车过去的辉煌，但是也成为了其后来发展的障碍。由于经济型车虽然存在价格便宜的优势，但在舒适性、环保安全方面却存在着劣势。我国汽车消费市场近年来蓬勃发展，国民消费能力不断提高，价格已不是消费者选择汽车消费的首要因素。加上城市对汽车排气污染的控制加强，同类产品的大量出现，原来以薄利多销为特征的经济型汽车面临着挑战。天津汽车近年的业绩下滑，也反映出市场压力之大。公司2001年出现了首次亏损，

公司公告称，2002年出现7.9亿亏损，原因有三：一是去年为应对国内轿车市场激烈竞争，一汽夏利对夏利系列轿车的市场售价做了较大幅度的调整。二是随着该公司NBC系列轿车技改项目的完成而新投入使用的模具摊销也对主营业务赢利能力造成了不利的影响。三是一汽夏利从公司未来长远、健康发展的战略考虑，提高了计提坏帐准备的比例，计提坏帐1.42亿元，由此对2002年的业绩造成了较大的影响。年报显示，2002年，一汽夏利营业利润亏损达到68816万元；投资收益损失9700万元——投资最主要的支出是，夏利和日本丰田合资成立天津丰田，支出7300万元。这两项相加的损失达78500万元。全年高达68816万元的营业性亏损，无疑是导致夏利亏损的元凶。出现营业性亏损，一是主营业务大幅滑坡，另外是管理成本过高。由于采取了全线降价，2002年一汽夏利主营收入亏损2200万元，比2001年减少了3亿元，比2000年减少7.9亿元。而在销售不力的情况下，管理成本反而大幅上升，管理费用支出达到4.54亿元，占到主营业务收入的10.94%，比2001年增加了近一倍。这样高的管理成本是不正常的，一般正常情况下，管理费用占销售总收入的6%～8%之间。目前，夏利股份共有员工4000人，4.54亿元人均摊销高达11.35万元，而按全年夏利的销量87027辆计算，平均摊销到每辆车上的管理费用高达5900多元。而在2001年，数量、员工大致相同，一汽夏利的管理费用支出22872元，销售收入为34.06亿元，管理支出只占到销售总收入的6.7%。追溯到2000年，当年天津夏利销售收入为45.66亿元，但是该年度天津汽车公布的管理费用只有2.75亿元，比2002年少支出1.8亿元。

由于管理上的问题，夏利的赊销现象一直是令天汽比较头疼的问题。根据有关部门审计，天汽销售公司一直存在大笔资金的潜亏。在一汽重组天汽之前，天津夏利的销售长期由天汽工业销售公司包销，在全国的32个地方销售公司的实际管理权握在天汽集团手里。32家销售公司到2002年前一直沿袭着联营经销的模式，联营经销由多方控股，通过控股方与地方建立专卖店或者寻找二级代理的方式销售夏利品牌的轿车。早在夏利热销之时，有实力的经销商普遍希望厂家尽快全面实行品牌代理制，清理、规范经销商队伍，让有实力的经销商直接与厂家合作，以减少中间环节。但是，夏利股份自己做不了主，天汽高层也一直不愿意放权。直到2002年年初，证监会明令要求，上市公司与母公司之间“人事权、财务权和产供销”实行三分开后，天汽集团才和夏利股份以30%和70%的股比成立了夏利销售公司。夏利长期被天汽工业销售公司包销，为大面积欠帐以及每年不同程度的计提坏帐埋下了祸根。截至2002年3月31日，天津汽车销售公司一家就拖欠货款34.19亿元。到2002年底，一汽夏利共清收各种应收货款74000万元，期末余额仍然高达296000万元。

天津汽车工业有限公司坐拥国有全资子公司19家，集体企业9家，中外合资、合作公司23家，股份公司1家。夏利股份公司是天汽下属控股轿车企业，也是唯一一家上市公司。

一直以来，夏利股份扮演着为整个集团造血的角色。例如，天汽一直实行的是自主配套，出于对零配件企业的保护，夏利在向零配件采购时并没有得到价格方面的优惠。相反一些配套厂却向其他厂家提供低价配件。在天汽上下一盘棋的管理思路下，夏利的发展自然不能脱离天汽的整体利益不考虑。但是，夏利此时面对的市场环境是，随着微型车行业垄断利润时代的一去不返，整车利润越来越薄，只有不断实现产品多元化，不断提高产品性能和市场份额，才能增强盈利水平。依靠夏利，已经拖不动一个庞大的天汽了。

从2001年开始，北京、广州等城市相继宣布“逐步淘汰夏利出租车”；在私家车市场，吉利一系列的降价行为不断冲击着夏利的市场。天津汽车原本一直赖以维系的夏利车，屡屡市场告急。2001年全年，夏利系列轿车仅仅销售了51225辆，市场下滑1996年以来的最低点，库存一度超过了2万辆，而且主要是电喷车。销售不畅，直接导致天津汽车全年亏损8800多万元。为了遏止2001年的滑坡，2002年年初，天津夏利开始谋划价格战——采取降价处理库存，推动资金流动，恢复已经半停滞的生产线——来挽回市场了。从2002年1月12日开始，在丰田的支持下，当天老款夏利携夏利2000双双降价跳水，夏利2000的市场售价从11.998万元下降到9.7万元，降幅约为20%左右。夏利其它产品的价格也作了相应的调整，降幅平均约为12%左右。降价后，夏利的库存压力得到了迅速缓解，也把自己拖入了一场消耗战。夏利降价后的第二天，吉利等厂家立即采取跟进策略。很长一段时间内，在最底价格线上，吉利豪情与两厢夏利始终保持着1000元以内的差价。当时，吉利的一位区域销售经理告诉记者，吉利卖一辆车的利润只有不到2000元，其中返还经销商800～1000多元不等，吉利自己能够揣到兜里的单车利润平均只有200元。精打细算的吉利尚且如此，降价对国企背景的夏利伤害显然更大。2002年，夏利全年销售87027辆，实现销售收入41.5亿元，但是税前利润只有1.45亿元，扣去1.67亿税金和附加费用，销售上实亏2200万元。也就是说，平均每卖一辆车，夏利净赔200多元。与2002年相比，夏利2001年虽然只销售了51225

辆车，实现销售收入 34.06 亿元，但主营业务的税后利润达到 2.89 亿元。

【交易与重组】 2002 年 6 月，天汽集团向一汽集团协议转让所持有的公司 81322.44 万股国有法人股，本次股权转让完成后一汽集团持有公司 81322.44 万股国家股占公司总股本的 50.98%。这次资产转让的结果是，一汽控制了“夏利股份”84.97%股权中的 60%，直接导致夏利股份从天汽剥离出来。夏利有关人士私下评价：“这次股权转让是夏利的一次解脱。”

随着一汽的接收，夏利的扭亏计划随即开始。实际上，作为重组的一部分，早在此前的 2002 年 9 月天汽销售公司、天汽集团和天津夏利三方签署了有关《还款协议》和《保证合同》。天汽有关人士表示，这 34.19 亿元货款将分为 6 年还清。即销售公司应从 2002 年起至 2007 年 12 月 31 日止的 6 年中分别按照每年 2 亿元、5 亿元、6 亿元、8 亿元、8 亿元和 5.19 亿元的额度向公司归还欠款。根据 2002 年还款计划，2003 年内天汽集团将一汽集团支付给天汽集团的转让公司国有法人股权的第四笔股权转让金等款项 1.5 亿元用于向夏利偿还欠款。此外天汽集团将以其所拥有的部分中外合资企业的中方股权和国有独资企业的 100%股权转让后偿还部分债务。截至 2002 年 10 月底，天汽集团持有的上述股权的账面价值约为 3 亿元；七家国有独资企业的账面净资产约为 9 亿元。股权转让将全部在今年内完成。其中，在 2003 年上半年完成七家合资企业中方股权的转让工作，并在 2003 年下半年具体操作七家国有独资企业的转股事宜。2003 年内夏利股份公司清欠办公室计划清收欠款 5 亿元。

【收购评述】 一汽和天汽的这笔交易表面上看是双赢的结局，实际上天汽此次忍痛出让天津汽车可谓无奈之举。天汽集团是我国较早的特大型汽车生产企业，是国家规划的小排量轿车生产基地，但面对急剧增长的经济型轿车市场，天汽却显得有心无力。神龙汽车和上海通用都在这一市场上给天汽造成极大的竞争压力，新近推出的夏利 2000 也未能挽回颓势，市场份额逐渐被蚕食。天津汽车 2001 年每股亏损 0.06 元，2002 年第一季度也报出巨额亏损，再加上外资合作者日本丰田的压力，天汽只能放弃天津汽车，这也意味着其退出了整车制造的竞争。一汽集团公司虽然是我国汽车生产的龙头企业，但一直以来在小型车方面都没有明确的规划，从现有的产品分布来看，一汽的奥迪、宝来、捷达在 3 个市场中都有上佳表现，所缺的只有家用小型车。收购天津汽车可以完善其产品结构，在整个市场战略上将使一汽如虎添翼。而另一个隐秘的原因是通过收购天津汽车促进与日本丰田的合作，既是因为丰田公司在小型车领域有很强的开发实力，也是为了改变过于依赖德国大众的现状。

一汽通过这次重组控股夏利和华利，是战略性的产业布局，这两大微型车的加盟将成为一汽进入经济型轿车的切入点。作为中国核心三大汽车集团之一的一汽，一直在经济型轿车生产上无所作为。现在，中国的家庭轿车市场已成为汽车厂家必争之地，在众厂家高喊要“打造中国家轿第一品牌”的口号下，一汽却因为产业结构的不完善而丧失了低端家庭轿车市场，这对一汽来说不得不说是一个损失。即使是中国的另外两大汽车集团——上汽和东风，也没有在中国低端家轿市场占有一席之地。这个市场长期被核心三大汽车集团之外的长安汽车、天津汽车占据，甚至出身草莽的吉利等民营企业也成为低端家轿市场的后起之秀。中国加入 WTO 之后，这个市场更热闹了，新面孔不断出现。但是，低端市场始终缺乏一个领军者，长安汽车技术相对成熟，但是奥拓车除了在西南地区游刃有余外，其它地区市场很难进入。天津汽车的主打产品夏利车处于上下尴尬的地位，被捷达赶下中国轿车老二位置后，连吉利车也要相欺。因此，一汽此次收购天津汽车的夏利股份和华利股份就有着高瞻远瞩的意义，一汽借助夏利平台将彻底整合低端家轿市场，而夏利凭借一汽实力也将彻底摆脱其它经济型轿车的追赶，夺下真正“中国家庭轿车第一品牌”的龙头位置。

随着一汽和丰田的联手，标志着中日两国最大汽车厂商的强强联合取得突破性进展，也使得姗姗来迟的丰田公司的中国市场发展战略获得重大转机，在与世界汽车巨头的竞争中赢得主动权。该媒体还报道，一汽和丰田在长春的合资公司计划最终形成年产 6 万台皇冠牌轿车的规模，并有意在 2006 年以后投产在中国国内有较高知名度的“陆地巡洋舰 100”高级四轮驱动越野车。与此同时，丰田的子公司——日野和大发也正与一汽加紧进行合资生产卡车和商用车的谈判，未来的长春可能成为丰田集团在中国的一个大型生产基地。今后，为配合整车厂的生产，丰田集团下属零部件配套厂商也将加快在长春近郊投资。这样，一汽的产品结构趋于完善。低端经济型轿车市场有夏利，红旗轿车继续打造中国民族轿车形象，两翼挟大众和丰田将更加平衡，与上汽竞争的砝码加重不少。而天汽集团一直梦寐以求的是生产大排量发动机汽车，以摆脱微型车产品的市场局限，但是终因国家的产业政策限制不可为之。

国内汽车业两大巨头联合是我国汽车工业史上的大事，对于汽车工业格局将产生深远影响，而其中体现的国内国际各方的博奕也耐人寻味。

1. 汽车工业并购重组时代。自中国入世后，关于汽车行业重组并购的消息不断，奇瑞加盟上汽、华晨收购三江雷诺、东风参股悦达起亚，每一次重组无不使几大汽车集团的竞争更趋白热化。而此次原有两大汽车集团的联合更是在业内抛下重磅炸弹。汽车行业风起云涌，正迎来并购重组时代。

2. 国企并购行为市场化。一些国有企业并购采取了无偿划拨的方式，而此次一汽收购天津汽车采取了有偿购买方式，被评论为是充分的企业行为。由于签字仪式后天津汽车发布的公告中虽披露了转让的股数，却没有披露转让价格，我们无从得知具体定价。但从定价的依据来看，依然采用历史成本法，国企并购行为离真正市场化还有一定距离。

3. 国际巨头争夺中国。此次并购的幕后推动者日本丰田公司备受关注。丰田公司的高、中、低端产品在全球的销售都有较大的份额，但在中国市场上丰田公司的业绩却与其行业地位极不相称，与天汽的合作也一直很不顺利。此次与一汽集团的合作标志着丰田吹响了重新夺回中国市场的号角，实现“有路就有丰田车”的豪言壮语。德国大众、美国通用、法国雷诺、日本本田已经在中国鏖战良久，丰田的加入将使得国际巨头的中国争夺战更为激烈。

联想集团入主汉普国际的收购案例

【背景资料】 联想集团成立于 1984 年，由中科院计算所投资 20 万元人民币、11 名科技人员创办，到今天已经发展成为一家在信息产业内多元化发展的大型企业集团。2002 财年营业额达到 202 亿港币，目前拥有员工 12000 余人，于 1994 年在香港上市（股份编号 992），是香港恒生指数成份股。2002 年内，联想电脑的市场份额达 27.3%（数据来源：IDC），从 1996 年以来连续 7 年位居国内市场销量第一，至 2003 年 3 月底，联想集团已连续12个季度获得亚太市场(除日本外)第一(数据来源:IDC);2002年第二季度,联想台式电脑销量首次进入全球前五,其中消费电脑世界排名第三。作为中国本土最大的IT制造企业,联想已经进入了一个高速增长后的衰退期。在世界PC市场普遍不景气的情况下,联想的PC业务增长乏力,裁员的决定在业界沸沸扬扬。联想不得不考虑挖掘新的利润增长点,近期与厦华合作手机业务即是一个动作。但是手机市场如同另一个PC,联想显然不愿满足于制造厂商的角色。向IBM学习,从制造向服务转型,利用上市公司的资金优势收购IT服务厂商,无疑是一条最佳路径。

亚洲物流科技于1998年成立,经营中国最领先的管理及科技顾问企业。集团主力从事三个核心业务,分别是(1)提供业务流程重组(BPR)、企业资源计划(ERP)、供应链管理解决方案(eSCM)及物流管理解决方案的咨询服务、全方位解决方案及实施;(2)提供供应链及物流管理有关软件、实施及解决方案;以及(3)就有助集团业务发展产生协同效益的商业联盟及项目作策略性投资。最近,集团购入新世界数码基地有限公司以加强其研究及发展软件之能力。亚洲物流科技旗下的汉普咨询管理有限公司,成立于1997年,成立5年来,汉普的业务收入以每年200%以上的速度飞速增长,现时汉普已经成为国内最具影响力的管理咨询公司之一。汉普一直致力于中国企业的信息化变革,以促进和提高中国企业管理水平为己任,面向现代管理咨询业,秉承将现代管理理论,信息技术与中国企业的实际情况相结合的理念,为企业客户提供适应电子商务时代的全面化、专业化、高水平的管理咨询服务。此时在国内的IT应用和管理咨询市场,竞争异常激烈,汉普所面临的对手都是国际重量级企业。IT与管理咨询的结合使得这一行业不仅有普华永道、艾森哲、毕马威等脱胎于国际五大会计师事务所的管理咨询公司,还有IBM、惠普等传统IT企业,国内大大小小的管理咨询公司更是难以胜数。虽然汉普目前是国内厂商中的佼佼者,但要面对国际竞争,无论从资金规模还是人力资源来讲,汉普都急需补充新的血液。对亚洲物流科技来讲,资本运作要强于实业,对于汉普其难以再有大规模投资。此时找一家颇具实力的企业,对汉普进行补血,虽然稀释了股权,但汉普今后的增值将会给予与其巨大的收益。何况亚洲物流的主业可以与汉普互相补充,汉普的强大对于亚洲物流的好处决不止一点。

【交易与重组】 2002月3月21日下午4点,香港股市刚刚收市,联想(0992)与亚洲物流(0862)同时宣布,联想入主亚洲物流及其控股公司汉普国际,涉及现金近5500万元。当天,亚洲物流停牌半天,而联想则照常交易。

具体的股权购买协议非常之简单,联想以现金5500万港元,加上旗下的IT咨询业务注入汉普,购入汉普国际51%股权。另外,联想再以现金2387万港元,购入汉普母公司亚洲物流1.59亿股新股,占扩大后股本的4.8%。交易完成后,亚洲物流科技将继续持有汉普30.27%股权。

此次联想入主汉普,比一个月前联想与厦华成立合资公司的价格要低得多。联想出资9000万元、占合资公司60%的股权;厦华出资6000万元,占40%的股份。双方的手机业务则全部注入新公司。因为联想与厦华都是两家上市公司,公司原手机业务估价则规范得多、操作也方便。

而此次联想与汉普交易,对双方业务的估价是含糊的。汉普总裁张后启介绍,汉普在2001年的业务收入是1.5亿元;联想高级副总裁马雪征则以财务估算的条件认定汉普在2001年的营业额为7000—8000万元,加上合同在手的有5000万元。

汉普在五年内的成长速度超过了300%,而在2002年最保守的估算也不会低于100%。汉普在管理咨询业的品牌影响和业务收入已经超过了"五大"咨询公司在中国的发展。这也是外资企业唯一没有得到高速成长的市场。据汉普透露的数字,普华永道和埃森哲在2001年业务收入各8000万元、7000万元;安永、德勤、毕马威则低于2000万元。对汉普这种"智力资本"(Intellectal Capita)型企业的估价没有按传统企业严格的试算营业额多少倍和市盈率的财务方法;也不适应不盈利企业的折让现金流的办法。联想与汉普、亚洲物流"打破常规"确认双方认可的估价。

联想管理咨询业务的估价会远远低于汉普。联想现成的咨询主业收入仅有华凌项目,约500万元左右的合同额。"联想自己是全国第一家全程供应链案例",这是张后启最看重的。另一个重要筹码是联想早就成为SAP在中国的核心合作伙伴;而汉普一直是Oracle的策略性联盟伙伴,直到2001年才加入SAP联盟。新汉普的诞生将创造出在高端ERP市场占统治地位的霸主。这也是"五大"咨询公司最不愿看到的。另一个说法是:联想—汉普联盟,最大的赢家应是SAP。新汉普每年将卖出数千万的SAP的软件。

【收购评述】 此次并购对IT产业界和投资界来说都具有里程碑式的标志意义。

联想树立国内IT厂商转型的榜样 传统的IT厂商向服务转型,从以生产为主到提供服务为主,这已经得到了国际IT界的一致认可,此次控股国内最大管理咨询公司,联想可谓得偿所愿。新汉普依托联想集团的强大资金、广泛的客户渠道,必然导致中国高端IT应用与管理咨询市场格局的重新洗牌。可以预见,今后的联想会将自身硬件设备和汉普的服务进行捆绑销售,无论从计算机设备还是IT服务来说,联想都将遥遥领先于国内对手,进入国际一流IT厂商行列。

知识资产的定价机制 汉普国际自2000年11月成立以来,到2001年底未审计税后利润只有364万港币,有形资产净值2180万港币,而联想为51%股权所付出的代价是5500万港币的现金和价值327万港币的业务资产,知识资产的价值确定再次成为人们的关注焦点。

资本无国界 在此次并购中除了三方不同的行业背景外,其资本来源也很复杂。联想集团虽作为大陆IT企业,但已在香港上市,所用资金大部分为国际资本;汉普国际的前身汉普咨询则是土生土长的中国企业;而亚洲物流则为港资企业。股权的繁复征示着企业的国家属性正在逐步消失,并购正在将全球变为一个统一市场。

宇通客车实施MBO的案例

【背景资料】 宇通客车1997年上市,是由国有企业改制而来。最初的股权结构中排在前两位的是:郑州市国有资产管理局占20.30%,郑州第一钢厂占15.07%。1999年10月,第一大股东变为郑州市宇通集团有限责任公司,100%受控于郑州市国有资产管理局。2001年3月,上海宇通创业投资有限公司成立,法定代表人是宇通客车董事、总经理汤玉祥。公司第一大股东宇通集团出资2000万元,占上海宇通总股本的16.59%;两个月后,宇通集团就把所持上海宇通2000万股份全部转让给汤玉祥。上海宇通的23个发起人中,21名自然人系宇通客车的职工。2001年5月18日,上海宇通与郑州第一钢厂达成协议,后者向前者转让所持有的宇通客车8.7%的股份，后来由于郑州第一钢厂的股份被冻结而无法执行，先转为托管。6月21日，“宇通创业”受让郑州国资局所持有的宇通集团的89.8%的股份，从而间接持有宇通客车2110.3万股，占公司总股本的15.44%，成为公司新的第一大股东。宇通的MBO收购完成。

【交易与重组】 2002年10月23日，宇通客车公告称受到中国证监会行政处罚，起因是公司在1999年年报中披露了虚假的资产和负债。共计虚减资产、负债各13500万元。

宇通客车虚减资产为了什么？市场人士纷纷把宇通客车此后实施的管理层收购与财务造假联系起来。据称，齐建钢对此坚决否认。按他的说法，“如果是因为MBO，我们就不选择配股了，因为一配股，每股净资产就会增加，这样无形当中就增加了收购成本。再说，上海宇通成立是2001年的事，调减资产、负债是2000年的事，时间上相差很多”。宇通客车矢口否认虚减资产与MBO有关，但其很难交代清楚管理层收购的资金来源，这难免使外界怀疑虚减银行存款和短期投资属另有动机。有一种说法提出两种辩解理由：其一，实施管理层收购的上海宇通由23位自然人发起，其中有21名宇通职工，这21位宇通职工，不是真正意义上的21人，而是21人股东代表，它代表的是1000多名宇通客车的职工。其二，2000年职工股上市时，宇通共有内部职工股1200万股。当时，股价最高达到19元多，按18元抛售，1200万股职工股可变现2.16亿元（上市当天共成交467.6万股，开盘18元收盘17.62元、均价18元）。这样的解释太牵强。首先，前一条理由等于把《公司法》当做儿戏，其所谓的变通做法未必受法律保护。其次，职工股上市不可能都在最高价抛售。再次，在收购中扮演主角的管理层个人财富有限。汤玉祥是公司MBO的主要担纲者，其1999年末持有职工股为35767股，而且至今还没有解冻。宇通客车的管理层长期以来并不富有，一直到2000年薪酬才有了大幅提高，董事、监事及高级管理人员年度报酬总额从以往的50至60万元，提高到252.85万元。而MBO的实施及随后收购郑州第一钢厂转让的国有法人股，总计3300.352万股，则转让总价将不少于1.868～2.115亿元（按2000年末宇通客车每股净资产6.35元，或前三年每股净资产的平均值5.66元计算）。现行信息披露的缺陷，使得宇通客车如愿地对MBO实施的资金来源遮遮掩掩。

宇通客车事件留下的疑点，使投资者不得不联想到要对MBO实施过程中的潜在诈术有所防范。其一，MBO实施前做坏财务报表。管理层对财务报表的操纵实在轻而易举，通过利润转移、虚减利润和资产等行为，可使财务报表越变越糟糕，每股净资产缩水，从而达到低成本收购的目的。其二，MBO实施时与政府部门个别人串谋，把会升值的国有资产卖出一个贱价，管理层从中获取资产增值的暴利，国家则只能抱怨所有者缺位，而眼睁睁看着国有资产流失。其三，MBO实施后或“圈钱”谋取资本利得，或高分配瓜分现金。2001年宇通客车分配每股派发税后现金0.48元（2000年也是每股派发税后现金0.48元）。派现将使管理层获得渴求的现金收益1584万元（此数目两年不变，是支付融资利息吗？），同时，降低每股净资产，也能减少管理层的收购成本。

由于宇通客车的高级经理层长期处于相对较低的收入层次，所以他们作为MBO收购主体的实际支付能力都远低于收购标的一般价值，而宇通客车的MBO，却始终回避了对融资过程的披露，公告中仅含糊其辞的说“收购资金自筹”。据历年年报显示，该公司管理层薪酬一直到2000年才有了大幅度提高，董事、监事及高级管理人员年度报酬总额从以往的50—60万元提高到252.85万元，其中汤玉祥本人获奖5万股。这次管理层薪酬改革从时间顺序来看，或许也是为MBO未雨绸缪。假如这几年的年报没有“应披露而未披露的信息”，那么，即使这些管理层成员自公司上市以来连续几年不吃不喝，全部所有的薪酬加起来还不够支付他们作为参股那个特意为收购宇通客车股权而设立上海宇通公司所应付的大约平均为每人437万元的出资额度。其中汤玉祥本人除了正常的出资外，还另外受让大股东宇通集团持有的上海宇通2000万股股份，从而间接持有宇通客车约3.84%股份，即525万股，至少相当于2970万元。钱从何来，也不是没有问题的。朦胧的资金来源往往意味着资本黑洞的存在。从宇通客车的财务报表中得出：主营业务收入增加53.78%，主营利润率下降，经营费用增加300%（净增加7000万元），财务费用大幅下降，管理费用翻番（净增加6000万元）。

在宇通客车实施MBO的过程中，始终若隐若现着某些投资公司的身影。第一大股东宇通集团的所有者于2001年6月15日与上海宇通签订《关于郑州宇通集团有限责任公司股权转让协议》以及《股权委托管理协议》的同时，也同河南建业投资管理有限公司签订了股权转让协议，后者将间接持有公司股份239.7万股，占公司总股本的1.75%。尽管建业投资的名字从未出现在宇通客车委托理财的合作伙伴名单之中，但以宇通客车与证券业的关系之深而言，其与那些投资公司盘根错节的关系显然不是可以仅仅从表面的合同关系上来理解的。宇通客车曾是河南智益投资发展股份有限公司的主要股东，1999年12月27日，宇通客车将持有的智益投资160万股股份以每股净资产值转让给宇通集团，转让总价为176万元。2000年7月宇通客车委托智益投资管理资金5000万元，时间为2000年7月20日至2001年6月25日。此次委托于2001年5月末提前结束，获得收益700万元。2001年6月1日，宇通客车又与智益投资签订了资产委托管理协议，金额仍为5000万元，时间至2002年6月30日止。如果说，宇通客车同益智投资的关系是明的，那么，在中国证监会处罚决定所涉及的虚减资产和负债事件的背后，则可能隐藏着某种秘不示人的委托投资关系。1999年报显示，宇通客车曾委托国泰君安管理9000万元，当年获投资收益1100万元。现在看来，除了委托国泰君安的那9000万元之外，另外还有被年报人为虚减的短期投资9000万元。那么，这9000万元的短期投资收益哪里去了呢？有心人注意到，作为宇通客车MBO收购主体的上海宇通，其注册地就是上海某证券营业部的大户室。假如对汤玉祥等人实施MBO时自筹的资金伸出的援手来自证券业，那么，人们或许有理由怀疑所谓的委托投资同MBO融资之间是否可能存在某种互通款曲的关系。

【收购评述】 中国的MBO方案具有太明显的“中国特色”，相当程度上是对那些发展过程中所有权不清的企业产权结构进行厘清，是对企业创业者贡献的一种补偿，这和国外标准意义上MBO是为了解决企业所有者和经营者过度分离造成的管理低效、代理成本升高不同。

通过我国市场已经进行过管理层收购的上市公司的操作方法，来进一步了解和认识MBO运作中涉及的主要问题。

首先是成立一家持股主体。因我国上市公司目前股权现状，所以管理层收购不会进行二级市场股权收购来获得对上市公司的控制权（成本太高），而要与大股东进行商议，协议获得股权转让。根据目前法律规定，由职工持股会作为主要发起人的有限责任公司是收购主体的首选，但由于我国尚无关于职工持股会的统一法律规范，仅在一些地方法规中有关于职工持股会的法律地位，因此上市公司想根据这些法规来完成MBO，需要得到当地政府的大力支持。这种中国式的MBO融资方式实际上是否定了所有权与经营权的分离，是对现代管理理论方法的践踏（管理上的袁世凯称帝翻版），是少数人侵占大多数人利益的行为。

其次是有关收购的资金问题。在国外，由于可利用的金融工具较多，管理层收购方可从银行获得大量贷款，甚至可以发行垃圾债券来筹措巨额资金。但在我国可以利用的融资工具十分有限，因此国内已经发生的MBO案例，管理层对收购资金的来源都非常隐讳。对于我国上市公司进行MBO收购的资金来源之所以讳莫如深有种种原因。其中之一是我国信托体制欠完善。资金信托是一个融资的过程，由于缺乏足够的信托品种，加上MBO在我国也是一个比较新鲜的事物，对其信托投资存在着一定的风险，若非专门进行此类交易的信托一般是不轻易进行投资的。

再次是有关股权的定价问题。从已有案例看，大部分的收购价格都低于该公司的每股净资产。如特变电工（600089）今年中期每股净资产3.36元，每股收益0.18元，净资产收益率达到5.54%。但该公司转让给不同的股东时，最低以每股1.24元转让给上海宏联，而转让给上海邦联的价格为3.1元。据公司称，之所以将价格定得比较低，是由于该公司1993年上市，为了补偿其内部职工为公司所作出的贡献而如此定价。进行管理层收购的上市公司若在定价上没有一个比较合理的原则，在今后操作上难免有将国有资产低价转让的嫌疑。可以看出，已经进行的管理层收购出现有利于收购方的倾向，这很容易侵害到国家股和中小股东的权益。

我们暂且不管每股净资产这一指标，其本身就有可操纵的空间。仅就所谓“历史贡献”而言，就显得很滑稽。管理层收购如果运作良好，对于倡导合理的法人治理结构、防止管理层的道德风险，提高上市公司的管理效率等有着很好的正面作用。但是从目前上市公司已进行的管理层收购效果来看，这些作用并不是很明显。另外，管理层收购也有一个针对不同企业适用性的问题。

对一个公司真实价值的评估，是国际市场并购中的一个最重要的技术环节，也是投资银行的核心技术之一。但是，在国内大量并购实践中，自认为身怀绝技的投资银行家们却常常有英雄无用武之地之感。因为并购双方都明白，收购价格不会偏离每股净资产左。收购价格均以每股净资产为据的现象，被市场人士叫做“净资产情结”。其中，更多显露出的是并购各方的无奈。

在中国，上市公司的股权被分裂为流通股和非流通股，流通股为通过市场发行的社会公众股，国有股和发起人法人股是非流通股，由于两者发行的价格不同，市场成本自然相异，理论上两者之间存在着巨大的价差。这一方面使发达证券市场经常被采用的要约收购成为不可能，因为流通股与非流通股存在巨大价差，而无法确定一个统一的要约价格；另一方面，尽管大量协议收购的发生会带来大量的内幕交易，但协议收购仍然是非流通股的国有股和法人股转让的惟一通道。而一般MBO交易的股权恰恰是这一部分。

要交易，就要确定一个价格。但常见的情况是，最终确定下来的价格与目标公司的价值毫不相关。实际上，国内上市公司股权转让的价格，并不直接反映公司的实际价值。影响交易价格的因素主要有壳资源本身的特点，如盘子大小，资产规模和质量，是否是国有股（若是国有股，其转让价格不得低于净资产）。另外一个非常重要的原因是，买卖双方最巨大的获利点常常是在二级市场，因此，所谓转让的具体价格已经不成为交易的核心因素，因为有一块更大的增量利益，来弥补双方在价格上的巨大差距，交易往往很容易达成。

目前，MBO主要是没有一个市场，形成不了一个合理的价格。现在一般是按每股净资产定价，实际上，真正的价值也许会高于或低于净资产，关键是要通过市场来完成定价。如果有一个公开的市场，比如，能让外部人也参与进来就好了。其实，企业管理层是最了解这一价格的，而竞价的结果也许最终仍然是管理层夺标，但竞价的结果应该就是合理的了。

观中国MBO并购的案例，会发现一个令人迷惑的现象，那就是收购资金来源讳莫如深。在已经公布MBO的上市公司中，只有佛塑股份在公告中明确提到，收购资金“拟通过股东出资或向金融机构融资解决”。粤美的则在收购完成半年后的一则公告中透露，收购款来源于所收购股份的抵押贷款。而其他公司在公告中对收购资金来源问题均避而不提。

这一现象引起了投资者的极大关注，并对收购者的资金来源是否正当、合法，是否有支付能力提出了质疑。

据了解，由于国有商业银行的体系及其运作模式，使MBO在实施过程中，很难得到来自银行业的金融支持，如收购中过桥贷款等业务就很难操作，使收购方面临巨大的资金压力，从MB0由于管理层既是公司员工又是收购人的双重身份而不同于一般的收购行为，从而可能存在内部人控制、股权安排暗箱操作等问题，因此法律对MBO应给予“特殊待遇”。目前尚无专门的法律约束，《上市公司收购管理办法》对MBO已有了初步要求，如在协议收购中“管理层、员工进行上市公司收购的，被收购公司的独立董事应当就收购可能对公司产生的影响发表意见。独立董事应当要求公司聘请独立财务顾问等专业机构提供咨询意见，咨询意见与独立董事意见一并予以公告，财务顾问费用由被收购公司承担。”对于要约收购也有类似规定，要求独立财务顾问“分析被收购公司的财务状况，就收购要约条件是否公平合理、收购可能对公司产生的影响等事宜提出专业意见”。可以看出，管理层希望借助独立董事和中介机构的力量来规范MBO。

巨龙收购太光电信的案例

【背景资料】 太光电信股份有限公司是专业的通信设备制造商，深圳市高新技术企业。始创于1995年，一直注重研发和科学管理，不断发展壮大。公司长期致力于接入产品的研发，尤其在宽带数据接入领域的研究处于世界先进行列，拥有世界先进水平的开发设备及实验室，并与北京邮电大学等国内多家重点高校和研究机构合作，设立研发实验中心，积累了丰富的经验并且获得了丰硕的成果。2001年5月，公司在国内率先推出了拥有独立知识产权的基于VDSL技术的新一代宽带接入产品——VE－NET100长距离以太网交换机。它融合了以太网接入技术与VDSL接入技术的优点，将普通电话双绞线变成了可对称传输10Mbps的数据，不需重新施工布线的真正意义上的铜光纤，选线率更高出以往ADSL接入技术数倍。是目前国内唯一一款技术成熟且进入商用的VDSL产品，获得了国家信息产业部颁发的《电信设备进网许可证》，并被深圳市评为2001年重点工业建设项目。太光电信的前身是ST黔凯涤。2000年9月，深圳太光科技通过股权转让持有ST黔凯涤24.32%的股份，成为其第一大股东。太光将自己的电信资产置换进去ST黔凯涤，当年竟扭亏为盈。次年3月，黔凯涤摘掉ST的帽子，更名为太光电信。但是深圳太光对黔凯涤的重组并不是很成功，至今上市公司的医药类资产仍没有得到置换。接下来的两年时间里，太光并没有把市场做大。2001 年，该公司主营业务收入为 1 亿多元，净利润只有 379 万。2002 年第一季度，业务收入为 1548 万，净利润－446 万。在巨头林立的电信设备市场，太光电信不过是个小不点。它们以生产接入网设备为主，产品线很单一。重组概念资产不能为上市公司提供业绩支撑，太光电信的故事没有实质内容充实也越来越难以自圆其说。2002 年第一季度季报中太光电信拉起预亏警报。

巨龙信息技术有限责任(集团)公司是 520 户国家重点企业之一，国家教育部首批确定“三高用人单位”，亚太经合组织(APEC)成员企业北京市高新技术企业和国家 863 产业化基地。公司注册资本 5.5 亿元人民币，总资产 30 亿元人民币。集团公司的产品门类遍布交换、接入、传输、移动、网络、数据通信等各个领域，成为现代通信建设信息网络产品及服务的全方位供应商。巨龙信息近些年的困境业内有目共睹，曾经无限风光的巨龙已经奄奄一息。1995 年成立的巨龙信息是被称为“巨大中华”的中国电信设备制造四巨头之一，巨龙信息的数字程控交换机曾经占据中国市场的半壁江山。但是技术进步上的裹足不前，使得巨龙信息产品在日益残酷的电信设备市场竞争中连连失分。据媒体报道，截至 2000 年年底，巨龙信息的原始投资已经消耗过半，巨龙信息正在积极寻求重组。作为巨龙信息的重组方，北京邦盛投资有限公司一度陷入重组僵局，资金困扰、退出渠道的考虑、其他股东的反对，使得巨龙信息的重组不得不借助于一个全新的操作平台。

【交易及重组】 2002 年 7 月 11 日，太光电信(000555)发布提示性公告，称正与巨龙通信公司接洽，有意转让其第一大股东持有的 24.32%股权。这是继重组宁夏恒力和春都 A 失败后，巨龙发起的第三次上市计划。

2001 年 7 月 19 日，宁夏恒力(600165)曾发布公告，其第一大股东将其 70%的股权交给巨龙托管，但后来却不知何因不了了之。今年春季，巨龙花了几个月详细部署了重组春都 A(000885)的计划，本来志在必得，却中途被名不见经传的海拓普截走了。据了解，巨龙失手是因发现春都 A 有大量的隐形债务后迟疑所致。太光电信前身为生产化纤产品的 ST 黔凯涤，太光科技入主后逐步进行了资产置换，今年 3 月份宣布置换完毕。该公司股本很小，8100 万的总股本，只有 2200 万的流通盘。2002 年第一季度，主营业务收入为 1548 万，利润 447 万元，每股净资产为 1.14 元。该公司还拥有 1 个多亿的净资产，比春都强得多。

如果以每股净资产作价，巨龙收购太光电信的资金成本大概只需 2000 多万元。但太光电信当时股价在 23 元左右，与其经营业绩明显不成比例。从股票的走势来看，显然有强庄在操纵。如果万一庄家与上市公司之间很强的关联性，而上市公司又要帮助庄家解套，很有可能要求收购方接盘。若以此计，巨龙的收购成本将增加到 1 亿以上。买壳上市是冲融资而去，但太光电信已失去了配股资格。加上证监会已经抬高了增发的门槛，也就是说，巨龙只剩下配股一条道路可走。而按照现在 2200 万的流通盘，两年之后也能筹集到的资金也很有限。然而，这对急于上市的巨龙来说毕竟机不可失。

在公布和巨龙接触的公告前三天，太光电信发布了一则中期预亏公告，称受市场环境影响，业绩有较大滑坡。

以太光的规模、品牌和售后服务，要在群雄争霸的电信市场争一席之地谈何容易?接入网设备无法给其带来多少利润，去年该公司在一新技术——VDSL 上押下重注。这是一种宽带接入方式，和目前流行的 ADSL 相比，其传输的速度更快，是未来的发展趋势。太光是国内最早研发 VDSL 且推出商用产品的厂家，被深圳市有关政府确认为重点项目。VDSL 虽有前途，但太光显然太超前了。目前，此项技术的国家标准尚未确定，市场离大规模使用尚为时过早。VDSL 的市场尚处在培育期，厂家不停地投钱且没有回报，小公司根本无力承受。据统计，太光电信至今卖出的 VDSL 只有 2 万线。自 2000 年重组以来，太光电信的业绩未能达到配股要求。

据该公司有关人士透露，由于上市并没有发挥融资功能，太光科技早就想退出。曾有好几家公司想重组它，但最后都没谈妥。

准备接手的巨龙虽然今不如昔，但是它拥有全线产品，有庞大销售和服务网络，还有早年打下的品牌知名度。业内人士认为，如果股权转让成功，巨龙和太光在产品上并无可配合之处。留给巨龙最有价值的是，太光和华为、中兴一起参与了 VDSL 国家标准的制定。

巨龙信息原计划是直接收购太光电信第一大股东所持股份，但是深圳市太光科技有限公司已将该股权质押，两年内无法转让。于是巨龙信息随即与太光电信的另两位法人股股东北京新唐建筑装饰工程有限责任公司和北京德惠俱乐部有限公司接洽，终于在 7 月 30 日签订法人股转让协议。

根据这一协议北京新唐将持有的太光电信社会法人股 14,861,412 股(占股份比例为 18.16%)，北京德惠将持有的社会法人股 4,972,258 股(占股份比例为 6.08%)以每股 1.2 元的价格转让给巨龙信息，转让价款合计 2380 万元。转让以后巨龙信息持有太光电信总股本的 24.24%，成为第二大股东。考虑到第一大股东深圳太光科技的控股股东与巨龙信息的密切关系，巨龙信息实际上控制太光电信 48.56%的股权，而第三大股东中天恒投资管理有限公司仅持有 4.99%的股份，巨龙信息拥有了对太光电信的绝对控制权，资产重组的平台已经构建完毕。

【收购评述】 电信行业一向是并购重组的主要战场，金额巨大往往是它们并购的特点。但同以前来势汹汹的大合并和拆分相比，巨龙的收购行为更为谨慎和市场化。

神秘股东重组电信资源 此次收购中北京新富投资有限公司颇为引人注目，作为北京的一家地产投资企业，继重组万里电池并抽身撤出后，再次入主太光电信，每次动作二级市场均有不小的反应，此次派人进入巨龙董事会，到底是巨龙吞珠还是光照巨龙，令人疑惑。

电信业的寒冬，投资者的良机 当全球最大的电信设备制造商——爱立信在其最大的产品市场中国进行大规模的裁员行动时，没有人会怀疑，电信业的寒冬已经来临。但对于那些虎视眈眈资本猎手来说，现在行动无疑是最佳的捕食机遇。

资本运作是不是灵丹妙药？收购太光电信是巨龙继重组宁夏恒力和春都 A 失败后，发起的第三次上市计划。巨龙业绩滑坡后，鲜见其在产品开发、市场营销上有何举动，倒是一轮接一轮的资本运营忙个不停。在企业经营问题没有得到很好解决的时候，资本运作给企业振兴到底能够带来多大作用，我们将拭目以待。

三联集团重组郑百文的案例

【背景资料】 郑州百文股份有限公司的前身是郑州百货文化用品采购供应站，1988 年 12 月股份制试点改制后定名为郑州市百货文化用品股份有限公司，并向社会公开发行股票。经中国证监会批准,"郑州百文"于 1996 年 4 月 18 日在上海证券交易所挂牌交易。公司主营:百货文化用品、五金交电、油墨及印刷器材、家具、食品、针纺织品、日用杂品、烟酒,等等。上市一年后,由于"郑州百文"骄人的业绩,不仅使其股价飚升,也使"郑州百文"成为沪深两市商贸股中的领头羊。1998 年 3 月 11 日,公司公布 1997 年年报。年报显示,公司 1997 年度业务迅速扩张,其销售额在 1996 年度比前一年翻一番的情况下,1997 年以惊人的速度在 1996 年的基础上又翻了一番。与此同时,每股收益和净资产收益率均比 1996 年有所增长。进入 1998 年,局势骤然急转。"郑州百文"在 1998 年度发生巨亏,净利润从 1997 年盈利 7800 余万元变为 1998 年亏损超过 50000 万元。一夜间,一个绩优股沦落为巨亏股。截至 1999 年 8 月 31 日的"郑州百文" 1999 年度中报,反映了该公司没有扭亏的趋势,并且经营情况愈加恶化,已达到严重资不抵债的地步。继 1998 年年报之后,注册会计师再次对"郑州百文"财务报告出具了拒绝表示意见的审计报告。

【交易及重组】 2000 年年末,郑州百文股份有限公司召开第四次董事会第十一次会议,讨论通过了决定郑百文前途命运的资产重组方案。按照这一方案,山东三联集团将作为战略投资人进入郑百文。郑百文的这一资产重组方案此前已经中国证监会和郑百文最大债权人中国信达资产管理公司的批准。郑百文董事会讨论了关于郑百文破产和重组两种可能性。尽管从 公司财务状况看,郑百文已具备申请破产的条件,但考虑到目前资产重组方案已经取得重大进展,为维护有关各方利益,与会董事举手表决,否决了公司破产的方案。此后,由最大股东郑州市人民政府和最大债权人中国信达资产管理公司反复协商确定的郑百文资产重组方案被提交董事会讨论,最后获得通过。郑百文最大股东和最大债权人的授权代表列席了今天的董事会。

郑百文资产重组方案的基本内容是:鉴于郑百文已严重资不抵债,郑百文将其现有全部资产、债务和业务、人员从上市公司退出,转入母公司进行整顿调整;山东省政府重点培植的八大骨干企业集团之一的山东三联集团,以其下属的全资企业三联商社的部分优质资产和主要零售业务注入郑百文,以 3 亿元的价格购买郑百文所欠中国信达公司的部分债务约 15 亿元,实现借壳上市,中国证监会为其资产重组增发一定数量的新股;三联集团公司向中国信达公司购买上述债权后将被全部豁免,在三联集团豁免债权的同时,郑州市人民政府等郑百文全体股东,包括非流通股和流通股股东所持股份的约 50%过户给三联集团,不同意过户的股东所持股份由公司按照股东大会确定的公平价格收回;最大债权人中国信达公司出售给三联集团后的余下部分债务,由郑百文母公司承担,并由郑州市政府提供债权人认可的有效担保。

重组立竿见影的效果是郑百文由一家濒临破产的公司浴火重生。重组给郑百文带来的经营和财务状况的主要变化为:1、股东权益大幅增加。其中,豁免 14.47 亿元债务形成资本公积,加上资产债务重组出售资产产生的关联交易价差和重组后实现的净利润,股东权益由负转正,每股净资产由 2001 年底的-6.3584 元增加到 2002 年底的 1.2693 元,同时,每股收益、净资产收益率等财务指标也得到较大改观。2、现金状况得到改善。由于三联分两次共注入 126792301.42 元现金,公司货币资金由 2002 年 12 月 31 日的 42815218.07 元上升为 2003 年 3 月 31 日的 189310991.46 元。3、由于债务豁免,公司 2002 年度的财务费用同比下降 76.4%。4、主营业务及结构发生较大变化。公司原先的洗涤化妆、日用百货、文化用品等商品批发业务转出,变更为家电类、信息类和通讯产品类的零售业务,主营业务的改变带来毛利率的提高(约 2.3%)。不过,公司的经营和财务状况依然不容过于乐观,主要存在以下几大软肋:1、主营业务严重依赖与大股东三联集团的关联交易,尚未形成自己独立的采购和销售体系。如公司在 2002 年度通过三联购入的商品金额占公司购入总金额的 92.28%。2、三联注入的资产盈利能力不强(毛利率仅为 5.8%左右)。家电零售业目前处于竞争激烈的微利时代,行业整体成本上升,利润率下降,对重组后的郑百文是一个严峻考验。3、盈利质量和现金流状况亟待改进。公司 2002 年实现净利润 20804849.47 元,但同期经营活动净现金流仅为 5272787.72 元(每股经营活动净现金流为 0.0267 元),相差巨大。公司解释为主要是 2002 年提前对季节性商品实施淡季预付款所致。尽管 2003 年第一季度的经营活动现金流状况有所好转(主要得益于存货和预付帐款的减少),但是公司的应收帐款项目增长依然较快,从 2001 年底的 61743.60 元到 2002 年底的 3699686.88 元(当然部分缘于经营的恢复),再到 2003 年一季度的 4774879.27 元。

【收购评述】 从目前的结果看,郑百文重组还算是一场各方"多赢"游戏。重组方案包含了一项特别内容,即为引入重组所需资金,重新调整股权结构,要求郑百文所有股东,包括国有股、法人股和流通股股东将所持股份的 50%零价格划转给出资参与重组的三联集团。应该说,重组方案在实体方面的设计是到位的,通过债权人减让债务、股东削减股权、引入大量资金、改变股权结构等方式,使已经处于"事实上破产状态"的郑百文起死回生。该方案最大的合理性就是平衡了多方利益,避免了破产给公司债权人和普通投资者可能带来的更大损失。重组完成后,公司已经实现扭亏为盈,尽管这主要得益于债务豁免,但这不正是此次重组方案的题中之意吗……通过资产、债务重组,给一个资不抵债的企业生还的机会。

至于该方案中股份零价格转让的合法性问题,也是舆论分歧最大之处。评价此问题必须从两个层面上考虑。首先,作为已经开始重组的资不抵债的企业,这种做法应该说符合西方普遍遵循的重组原则,即债务重组过程中,股东利益让位于债权人利益。在国外一些高强度的重组中,所有债务都被交换为存续公司的普通股,原有普通股被彻底废弃,也就是说,原有普通股(甚至是优先股)的持有人一无所得。第二个考虑层面是做法也就是程序是否公正。由于我国目前没有可遵循的重组程序,郑百文的做法的确存在某种技术操作上的障碍和真空。从国外情况看,重组过程是债权人、投资者,包括独立第三方共同参与,一起合作,接受当事各方包括监管者在内的严密监督,最终达成利益妥协的过程。而且,很多国家的公司法规定,在满足有利于公司整体利益和对全体股东公正合理的两个前提下,允许通过特定程序对股东的股权做出处置。细读郑百文方案,不难发现多少反映了重组应有之意,包括债权人意志的体现,资不抵债公司股东权利的削减,利益各方的积极合作等。正因如此,郑百文重组得到当事各方的支持也就在意料之中了。

郑百文重组的尴尬不在于非法,而在于无法可依。正是郑百文案对重组法律提出的挑战,暴露了我国这方面法律法规的严重缺失和没有建立法定重组程序下的重组可能引发的危害,并引起了包括立法者在内的各方关注,这不能不说是一个积极的效果。这正如我国法律专家江平先生所言,在我国对企业重组无法律规定的情况下,当事人运用各方面法律文件所进行的探索,只要不违背法律禁止性规定,应该说都是可以的。

2002年6月25日，郑百文股份过户完成及重组方三联集团公司得到证监会收购豁免的公告。股份过户完成后，三联集团公司已取得郑百文49.79%的股份，根据中国证监会批复，三联集团公司因持有郑百文股份超过其已发行股份的30%而应履行的要约收购义务获得豁免。郑百文曲折的重组路算是又推进了一大步。

郑百文事件引发的关于上市公司摘牌的讨论，引发了退市规则的出台。2001年2月24日和11月30日，证监会先后颁布《亏损上市公司暂停上市和终止上市实施办法》及修订。2001年11月的司法裁决确认了公司股东大会两项决议的有效性，开创了司法机关介入到上市公司的重组进程的先例。

郑百文重组引发了证券界、法律界人士，对企业破产重整中如何保护投资者权益的大讨论。反对郑百文重组的意见其焦点在于：认为郑百文这样的企业应该破产；重组方案侵犯了股东权益，违背了股权所有者对其所有权益意思自由的原则。如郑百文这样的公司若还能通过重组再次上市也是对证券市场各类规则的蔑视，不利于维护市场规则的权威性和有效性。支持者则认为重组在事实上保护了投资者的权益。作为公众公司的上市公司破产，将造成很多投资者的损失，而重组成功是对投资者的保护，至少是减少损失。有观点认为，郑百文的重组提醒了人们，对投资者的保护不能绝对化，少数股东的权利，不是在任何情况下，只要他自己不同意，就什么都不能做。参照发达市场经济国家的破产重整制度，重组协议被破产法院通过后，对少数不同意的股东也要强制执行(除非其上诉后法院取消了重组协议)。建立保护投资者的完整机制是当务之急。

在重组过程中，郑百文非常注重“信息透明”。及时、充分披露信息，使投资者特别是中小股东可以实现自己选择。在选择是否参加重组的行为时，实现自己作为投资者对自有权益的处分权。

郑百文重组在操作上体现了按照市场规则运作的要求，在对股东权益的保护，债权人利益的保护、损失共担问题上，引入的破产和解、公平价金等概念，以及在重组过程中股权过户所涉及的有关法律问题和司法机构介入企业重组等，这些都将推动我国上市公司重整制度及其相关的法律、市场规则的建立和完善。虽然郑百文重组案例中的一些具体做法不一定都能普遍运用，但从郑百文重组中可以提炼出经验，对完善法律提供依据。据悉，财政部为促进上述问题的普遍解决，已经立项组织研究，以推动企业的资产和债务重组工作，这正是值得我们期待的结果。

综观各国做法，对资不抵债企业的处理无一不是将破产清算作为不得以而为之的最后选择，因为破产清算显然是一种成本极高的解决方法。相对更为经济的债务重组由此应运而生，在西方还发展了一套完善的法律法规对其进行规范，技术上也有一套非常成熟的操作方法。重组是旨在挽救资不抵债，但仍有再生希望公司的积极法律程序，其理论基础在于公司持续经营的价值大于破产清算的价值，其目的是通过债权人、股东及其他利害关系人的通力合作，改变公司资本结构，重新调整利益关系，最终使资不抵债的企业免于破产，避免公司解体可能造成的各方受损甚至社会动荡。

在我国尚没有建立起一套可遵循的重组程序，而资不抵债企业又日渐增加的情况下，不妨对重组多一点宽容，允许当事人在现行法律环境下积极探索，从实践中摸索出适合我国市场情况的重组程序，并反过来促进相关法律法规的建立和完善。

艰苦奋斗　坚韧不拔

"拓荒牛"精神

罗牛山股份有限公司董事长　邓传明

海口农工贸（罗牛山）股份有限公司
HAIKOU AGRICULTURE & INDUSTRY & TRADE LUONIUSHAN CO., LTD

公司地址：海南省海口市珠江广场帝豪大厦9楼

电话(Tel)：0898-68581891

传真(Fax)：0898-68581830

E-mail:lns@luoniushan.com

http://www.luoniushan.com

邮编(P.C)：570125

罗牛山股份有限公司投资控股的高等院校海南职业技术学院

罗牛山放心食品连锁店第一分店
开业典礼

海南罗牛山文昌鸡育种场

洋浦海发面粉加工项目

海南罗牛山六万头仔猪场

中国大西南川、滇、黔接壤的“攀西——六盘水地区”是能源、矿产资源和生物资源富集的一块宝地。其中煤炭储量就居江南第一。该地区在中国地图上呈倒三角形，人们形象地称之为资源富集的“金三角”。贵州盘江精煤股份有限公司位于贵州省红果经济开发区内，是这个资源富集的“金三角”下的一颗明珠。

贵州盘江精煤股份有限公司是集原煤开采，选洗精煤、特殊加工煤、焦炭销售、煤炭副产品深加工为一体的经营实体。公司生产工艺成熟领先，部分设备已达到国际或国内领先水平。公司主要进行煤炭的洗选加工，工艺流程为跳汰、浮选联合流程。该工艺具有分选下限底、适应性强、分选精度高、带煤损失小、易于实现自动控制等优势。其中：选煤工艺系统、三产品重介旋流器及筛分破碎机等已达到国际领先水平；重介系统过程、浮选系统过程自动控制，浮选机、干燥机、脱介筛、离心机、渣浆泵及计量系统等均已达到国内领先水平。尤其是公司所属的老屋基选煤厂具备国内一流的洗选工艺。该厂采用大型、高效全重介选煤简化流程新工艺及设备。其中，大型无压给料产品重介质旋流器（2NWX1200/850）是目前世界上直径最大的旋流器，不脱泥入选、直接磁选、单一低密度悬浮一次分选出精煤、中煤、矸石三个产品，此项新工艺对传统洗选工艺是一个突破性进步。其自动控制系统也位于同行业前列。

盘江矿区煤炭储量丰富，而且易于开发。煤炭远景储量为383亿吨；在勘探深度500米内，地质储量95亿吨。煤田地质界权威人士认为：“六盘水是华南最大的煤仓。”可以说，盘江则是这个大煤仓的主仓，被誉为“江南煤都”。矿区地质条件较好，煤层副层稳定，属缓倾斜煤层，构造比较简单，埋藏浅，易开发，适宜发展机械化，建设高产高效的大型和特大型矿井。矿区还拥有金、银、锌、铅、汞、镁、锑、镍、钴、钼等金属矿藏和大理石、石膏、石灰岩、冰洲石、硅石等非金属矿藏，并有丰富的煤层气资源，综合开发的条件十分优越，是资源丰富的一块宝地。

盘江矿区煤种齐全，有气、肥、焦、瘦、贫煤和无烟煤。煤质优良，低灰、低硫、微磷、发热量高。煤层灰分4.8-3.2%，全硫含量小于0.5%，挥发分为25-37%，发热量25.1百万焦耳/公斤。其中肥煤和1/3焦煤属稀缺煤种。

目前，公司生产的煤炭产品主要供攀钢、黔桂发电、广西建设燃料、柳钢、贵阳煤气气源厂、广钢、水钢、涟钢、昆钢、江西新余钢铁、湘潭钢铁等公司，远销全国10个省、自治区，还出口韩国、日本、印度、台湾等国家和地区。

公司注册地址：贵州省六盘水市红果经济开发区
股票简称：盘江股份
股票代码：600395

GUIZ

河南
HENAN

董事长：杨安国

豫光金铅股份有限公司

YUGUANG GOLD AND LEAD CO., LTD.

总经理：李继红

公司成立于2000年1月，属有色金属冶炼行业，主要从事电解铅、白银、黄金等有色金属及贵金属产品的冶炼与进出口贸易。主要产品有铅、黄金、白银、硫酸、铜、锑、铋、工业硫酸锌、氧化锌等；是全国最大的电解铅和白银生产企业，也是全国首批拥有白银出口自营权的六家生产企业之一。2002年7月，公司4500A股股票（代码：600531）在上海交易所发行上市，2003年5月，经中国证监会和国家经贸委批准，公司可从事境外期货套期保值业务

2003年，公司以提高经济效益为中心，努力推进技术创新，紧紧围绕生产经营目标开展各项工作，不断扩大生产规模、强化内部管理，调整营销策略、加大营销力度，取得了良好的生产经营业绩。2003年1—9月份，共生产电解铅、黄金、白银、硫酸和氧化锌14.59万吨、820.47公斤、198.92吨、8.12万吨和6,640吨，同比增长47.52%，96.13%，7.99%，230.42%和1.96%，主要产品产量的增加带动销售收入和利润的快速增长，实现主营业务收入和净利润9.70亿元、3797.11万元，同比增长37.56%、43.32%。

公司募集资金的主要投资项目“铅冶炼烟气尘综合治理项目”及以自有资金建设的5万吨/年的电解铅生产线投产后，公司生产能力将进一步扩大；继主导产品“豫光”牌电解铅在伦敦金属交易所(LME)注册，2002年11月，“豫光”牌白银已在伦敦贵金属交易所(LBMA)注册，公司产品的市场认同度不断提升，竞争能力也进一步得到提高；2003年3月中国证监会和国家经贸委批准公司从事境外期货套期保值业务，为公司进一步规避原料与产品销售价格波动风险提供了良好的手段。2003年9月8日，副产品氧化锌深加工生产等级（活性）氧化锌项目竣工试生产，为公司增加了新的利润增长点。

现如今，公司员工发扬“团结奋进、创新求实”的企业精神，并秉承着“与时俱进、争创一流、团结务实、报国为民”的企业理念，敬业奉献、开拓创新，为开创公司的美好未来而不断努力。

地址(Address)：河南省济源市济水大街中段525号
邮编（Postcode）：454650
电话（Tel）：（0391）6665835　（0391）6665836
传真（Fax）：（0391）6688986
网址（Website）：http//www.yggf.com.cn
电子信箱（E-mail）：yuguang@yggf.com.cn

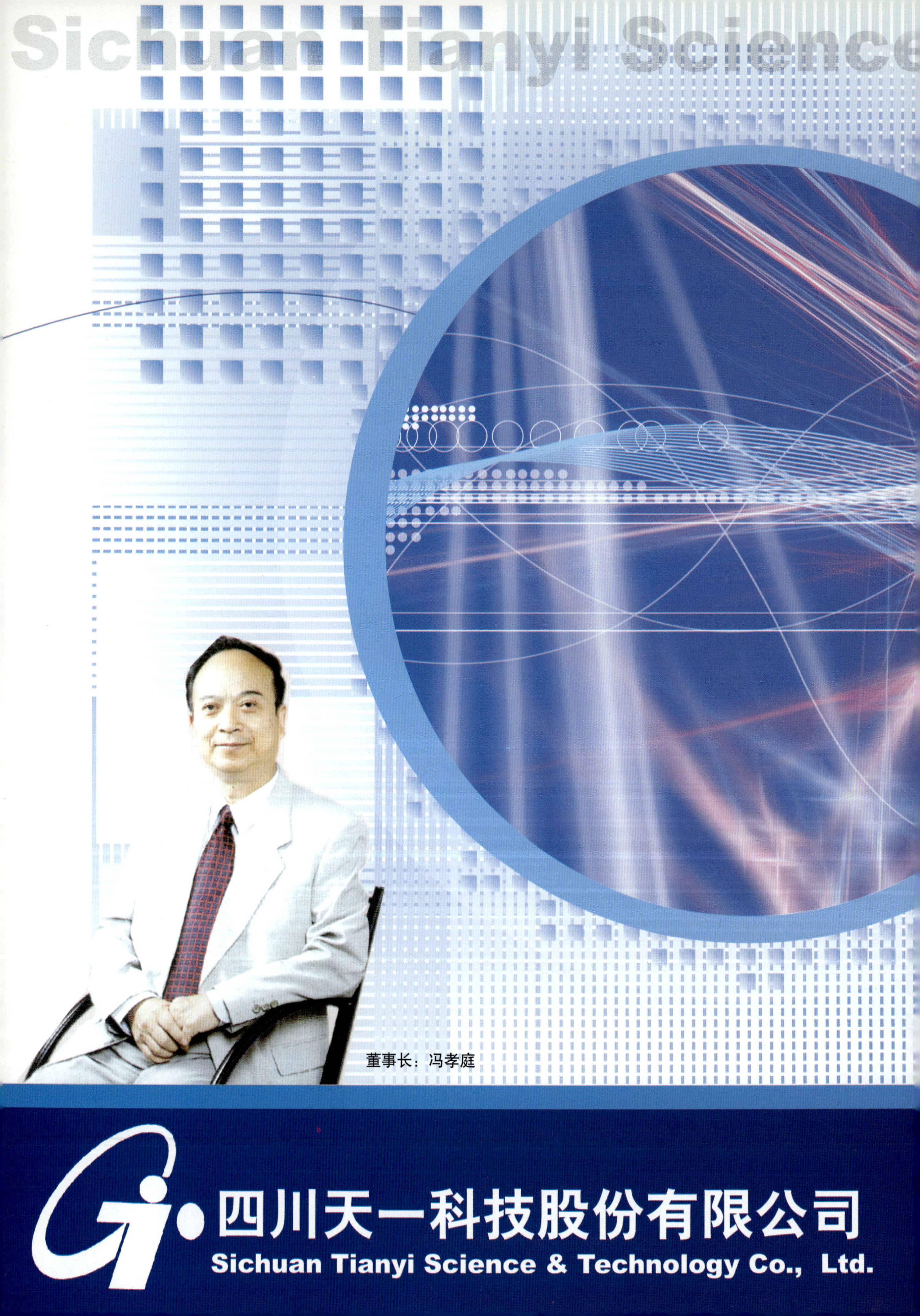
Sichuan Tianyi Science
董事长：冯孝庭
四川天一科技股份有限公司
Sichuan Tianyi Science & Technology Co., Ltd.

& Technology Co., Ltd

四川天一科技股份有限公司（天科股份）是经国家经贸委批准，以西南化工研究设计院为主要发起人，联合浙江芳华日化集团公司，中化化工科学技术研究总院，化学工业部晨光化工研究院（成都），中橡集团炭黑工业研究设计院，共同发起设立的股份有限公司。天科股份于1999年8月初在四川成都国家级高新技术产业开发区进行了工商登记注册，注册资金7072.39万元，法定代表人冯孝庭。

地　　址：四川省成都市外南机场路445信箱

邮　　编：610225

电　　话：028-85961516

传　　真：028-85884329

电子邮件：zjb@tianke.com

昆明制药集团股份有限公司

董事长:李南高

集团主要成员

昆明制药药品销售有限公司

昆明中药厂有限公司

浙江英特药业有限责任公司

中美合资昆明贝克诺顿制药有限公司

云南金泰得三七产业股份有限公司

中瑞合资昆明康普莱特双鹤制药有限公司

昆明颐康大药房有限公司

公 司 简 介

昆明制药集团股份有限公司是国家重点高新技术企业、全国医药科研先导型上公司。经过50多年的发展，已跻身于中国医药工业50强、中国医药100强和中国西成出口20强，位居全国西成药单一制剂出口首位。

昆明制药集团股份有限公司集天然药物研发、生产、销售、商业批发、连锁零网络和外贸为一体，形成了以天然植物药为主体，涵盖中药、化学药和医药流通产的完整医药产业群格局。员工2000余人，各类专业技术人才占员工总数的64%。

昆明制药集团股份有限公司依托云南丰富的天然药物资源优势，以维护人类健为己任，走天然药物高新技术产业化和中药产业现代化的发展道路，以三七系列、

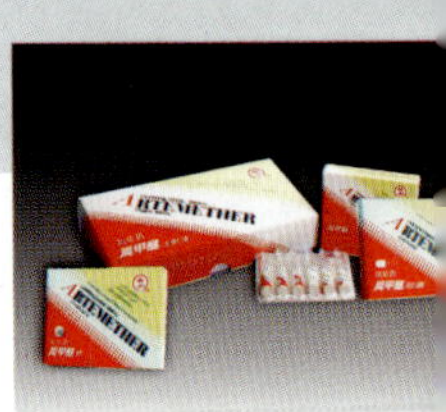

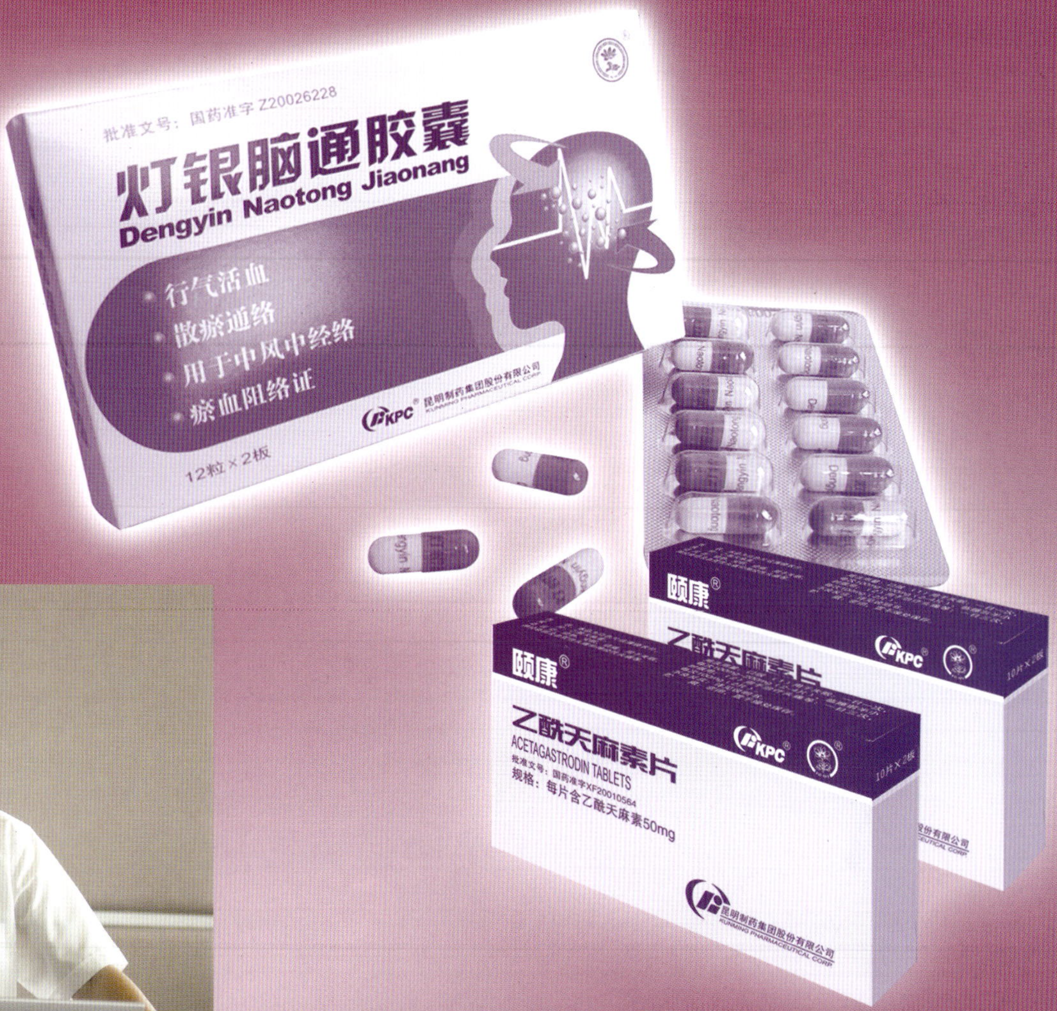

总裁：段继东

系列、天麻系列、中药产业现代化为重点发展领域。

在未来的发展中，昆明制药集团股份有限公司以“绿色昆、福祉人类”为企业经营理念，在全球研发、生产、推广天药物，实现企业规模化、营销国际化、管理现代化、产业专化、资源一体化和行为市场化的战略目标，2010年发展成为球天然药物科技化、现代化的杰出代表和具有国际竞争力的型医药跨国企业。

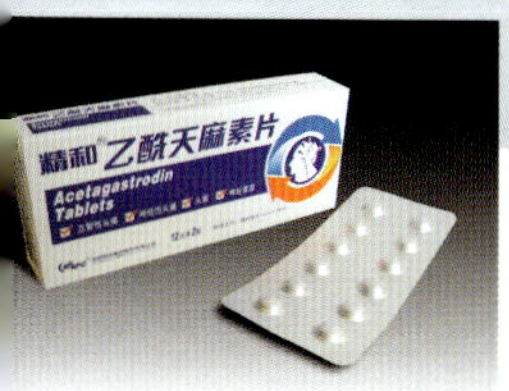

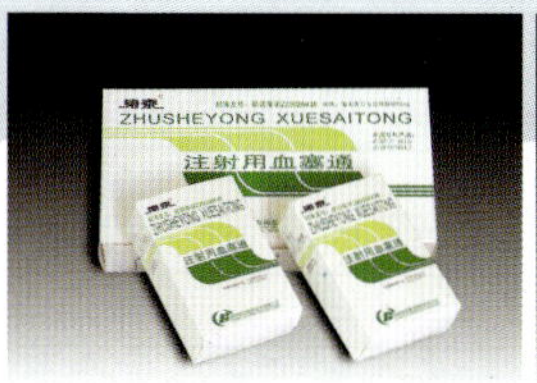

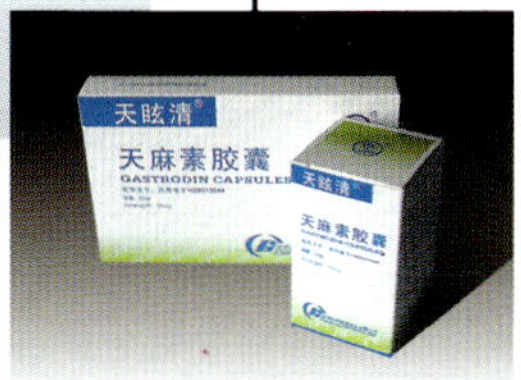

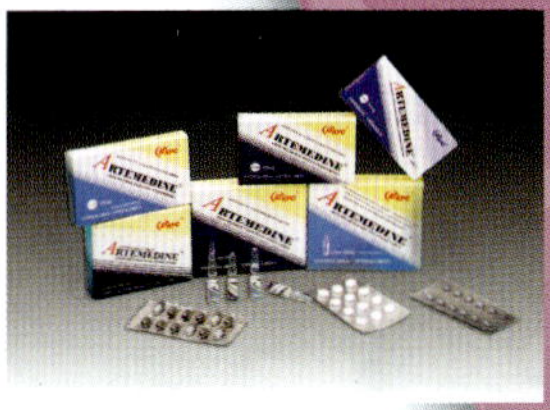

福建省惠泉啤酒集团股

福建省惠泉啤酒集团股份有限公司是中国十强啤酒企业之一，也是福建省唯一的啤酒业上市公司。公司现有三个啤酒生产基地，总生产规模设计年产能力为80万吨，现产能为55万吨，总资产近15亿元，拥有一流的啤酒生产设备和雄厚的科技力量。2002年，公司完成啤酒产量41.85万吨，创利税总额2.98亿元，其中实现净利润7000万元，比上年同期增长10.76%。各项经济技术指标连续多年居福建省啤酒行业前茅，名列全国行业前十位。

惠泉啤酒公司最早起源于1938年惠安一王氏资本家创办的瓜干酒手工小作坊，解放后改造为地方国营惠安酒厂，以生产瓜干白酒为主。1983年，公司在全省首家引进啤酒露天大罐发酵新技术，自此拉开了惠泉啤酒快速发展的帷幕。特别是改革开放二十年来，公司积极实践邓小平同志“发展才是硬道理”思想，以敢为人先求发展的胆略，艰苦奋斗，努力拼搏，取得了令人瞩目的成绩，并以质量、科技、机制、效益等为先，赢得中国啤酒界的瞩目。公司于1989年晋升为国家二级企业，1995年在全国啤酒业第三家通过GB/T19000—ISO9002质量体系认证，同年荣升为国家大型二档企业，并作为福建省首批试点单位，开始积极探索建立现代企业制度之路。1997年2月正式创立福建省第一家国有绝对控股的规范化股份制啤酒集团公司，成为当地国有企业成功改制的一面旗帜，曾受到中央、省部委的高度评价。2000年公司被中国质量技术监督局授予“全国质量管理先进单位”称号，并被中华全国总工会授予“五一劳动奖状”。公司董事长程汉川2000年被授予“全国劳动模范”称号。2003年2月26日，公司在上海证券交易所公开发行A股6300万股，并正式挂牌上市，成为全国行业第六家上市公司。

惠泉啤酒公司主导产品有惠泉生啤酒优质系列及惠泉小麦啤酒等20多个品种，先后获“中国食品工业名牌产品”、“全国啤酒行业优质产品”、“福建省名牌产品”、“福建省著名商标”等称号，产品畅销福建、上海、江西、广东等二十多个省市和香港、台湾、澳门、菲律宾等东南亚地区，市场前景十分广阔。

份有限公司

泉啤酒®

惠泉啤酒隆重上市!

全国纯生啤酒技术暨纯生化管理研讨会

继往开来 再谱新篇
秉承传统 与时俱进
惠泉公司建厂65周年暨啤酒生产20周年庆典

HQB
惠泉®啤酒
快乐有我

四川国栋建

董事长：王春鸣

法定代表人：王春鸣
地址：四川成都市双流板桥
邮编：610206
电话：028-85804343
传真：028-85802555

设股份有限公司

四川国栋建设股份有限公司是经四川省体改委（1993）69号、绵阳市体改委体改股（1994）79号文批准成立的股份公司，是经国务院批准、国家经贸委（1996）966号文件发布的全国520户国家重点企业、四川省重点企业和成都市重点优势企业。2001年3月16日经中国证监会批准，在上海证券交易所公开发行7000万A股股票，并于2001年5月24日正式挂牌交易。发行后公司注册资本为17520万元人民币，其中社会公众股7000万、内部职工股1250万、法人股9270万。

公司经营范围为：溅射镀膜玻璃；中空、钢化、夹胶玻璃。工业与民用建筑总承包、水利、路桥、市政工程施工；幕墙装饰；水电设备安装；房地产开发；秸秆木质人造板、饰面板、地板、凹板印刷纸、浸渍纸装饰的生产、销售。具有国家建设部批准的工业与民用建筑一级施工资质和幕墙工程一级施工资质兼装饰、市政、消防、路桥、水利二级施工资质。

近年来，公司先后承接了北京人民大会堂改扩建工程、成都海关、成都市公安局指挥中心及外事楼、四川师范大学、华西医大口腔医院科技大楼等工程的建设和装饰，并多次获得四川省建筑工程“天府杯”和成都市“芙蓉杯”奖励；“国栋”牌玻璃也被昆明世博会工程、上海国际警察交流中心、天府丽都喜来登大酒店、绵阳长虹等重大工程广泛采用，并获得用户一致好评。

2003年上半年公司完成主营业务收入10797.23万元，主营业务利润2654.64万元，净利润1526.07万元，净资产为107048.08万元。2003年下半年公司募集资金投入项目已陆续投产。

三峡新材

NBM

湖北三峡新型建材股份有限公司位于举世瞩目的三峡工程所在地湖北省宜昌市，坐落于宜昌市当阳经济技术开发区，是湖北省首批建立现代企业制度试点企业和“巨人工程”企业。公司主要从事浮法玻璃、玻璃深加工及新型建材产品的科研、生产与销售，并拥有自营进出口权。

公司现拥有400t/d、500t/d浮法玻璃生产线各一条及TiO_2薄膜自洁净玻璃、强化玻璃盖、钢化玻璃、中空玻璃等玻璃深加工生产线，年可生产2—19mm各色优质浮法玻璃660万重箱，各类深加工玻璃150m^2。

多年来，公司始终不渝地坚持技术创新，靠科技进步求发展，在玻璃及玻璃深加工等领域开发、生产适销对路、高技术含量和高附加值的新型建材产品，并始终以贯彻ISO9001质量标准为主线，全面抓好质量管理，先后多次被评为湖北省质量效益型先进企业；湖北省政府认定为“省级技术中心”、“省级高新技术企业”；主导产品“锦屏”牌浮法玻璃被省政府认定为名牌产品和用户满意产品；“金晶”牌钢化玻璃获国家质量安全认证；TiO_2薄膜自洁净玻璃荣获2002中国（大连）国际专利技术与产品交易会金奖；强化玻璃盖被评为“宜昌市高新技术产品”。

公司正积极探索并大力发展新型建材等高新技术产品，努力实现产品经营高效化、主营业务高科技化、投资方向多元化，促进公司可持续发展，把公司建成国内一流、世界领先的新型建材生产基地。

公司董事长徐麟（右一）总经理张金奎（右二）陪同台玻集团及玻璃界同仁参观公司

湖北三峡新型

法定代表人：徐 麟
地 址：湖北省当阳市经济技术开发区
邮 编：444105
电 话：0717-3282423
传 真：0717-3283566
邮 箱：dysxxz@163.net

创中国名牌，建一流企业

公司500t/d浮法玻璃生产线中心控制室

经营理念：塑一流员工　树一流形象　获一流效益

工作作风：迅速反应　积极行动　创新进取

建材股份有限公司

信雅达内涵

诚信、文雅、速达、团结、创新

信雅达追求

一流的形象、一流的品质、一流的服务

信雅达经营哲学

企业的经营是思想的经营

信雅达经营准则

重视提供完整的方案、重视建立长久的合作

信雅达经营策略

早半步的市场进入

信雅达座右铭

认识自己，实现自己，认识社会，服务社会

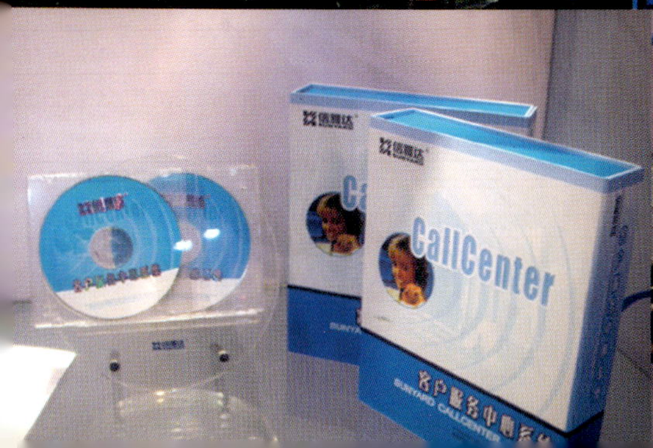

西藏天路交通股份有限公司

TIBET TIANLU COMMUNICATIONS CO.,LTD.

西藏天路交通股份有限公司(以下简称“公司”)是由西藏公路工程总公司、西藏自治区交通工业总公司、西藏拉萨汽车运输总公司、西藏自治区汽车工业贸易总公司、西藏自治区交通厅格尔木运输总公司等五家企业共同发起组建的，于1999年3月29日正式挂牌成立，公司股票于2001年1月16日在上海证券交易所成功上市（股票简称西藏天路，股票代码600326）。通过2002年转增股本使总股本达到18000万股，截止2003年6月30日资产总额为64,146.84万元，净资产总额为38,387.58万元。

公司主要经营公路、桥梁建设、工业与民用建筑施工、水利水电工程施工、装饰、汽车及配件销售、制氧制造、货物运输、长短途客运等。公司的资金和技术力量雄厚，机械化施工程度高，经营管理规范，经济效益显著。

目前，公司年施工能力达到4.5亿元人民币以上，现有固定资产原值30,992.13万元，净值18,829.89万元。公司下设1个分公司、2个控股子公司和4个参股子公司。现有员工1125人，各类专业技术人员132余人，主要机械设备180台（套），运输车辆148辆，动力设备62台，使公司迈入了现代化公路、桥梁施工队伍行列。

历史上公司曾多次获得优质工程奖项，具有良好的企业信誉，丰富的高原施工经验，较高的机械化施工程度。雄厚的竞争实力使公司在不依赖政府投资的情形下巩固并扩大在西藏的市场占有率。同时，通过招投标参与区内外建设项目，使公司逐步走向市场化。

公司自成立以来，在区内承建和扩建公路里程达4000多公里，建设桥梁69座，曾承担过青藏公路、川藏公路、中尼公路等国道和区内主要干线公路的施工任务，修建了曲水、岗嘎、妥峡等大型公路桥梁。公司公路施工建设占西藏自治区20%的市场份额，高等级公路建设占50%以上，在全区建筑行业中具有显著的总承包优势和技术优势。公司视质量为企业的生命，所交验工程合格率达100%，优质工程达85%以上。

公司是以基础产业为主导的企业，质量就是企业的生命。公司在创立之初就提出了“做精品工程，创天路品牌”的质量要求，并配套建立健全了质量保证体系，形成了良好的内部质量管理系统。在历年的施工和生产中坚持质量第一，搞好全面质量管理，牢固树立以质量求生存，以质量求发展，以质量求效益的质量效益型的经营观念。公司在交通部开展的1999—2002年全国公路建设质量年活动中被评为“全国优秀施工企业”。

1997—2001年连续被评为西藏自治区“守合同重信用”单位，2002年被评为国家级“守合同重信用”单位。2001年3月被评为西藏自治区“纳税大户”，2001年5月荣获“全国五一劳动奖状”，2001年被评为全区交通系统先进单位，2002年被评为全区交通系统企业管理先进单位， 2002年8月取得ISO9001:2000国际质量体系标准认证。

2003年5月《中国证券报》和清华大学中国企业研究中心联合对中国上市公司进行了2002年度综合绩效排序。公司2002年度综合绩效排序在全国1146家上市公司中排名第97位,成长性排名第38位。

作为区内唯一一家以基础设施建设为主业的上市公司，公司将在未来的三年内，通过股权单一模式的突破，实现由粗放的经验管理向规范化的制度管理转变；由劳动密集型的施工企业向技术密集型的管理公司转变；达到市场占有率的提升、管理机制的提升、企业文化的提升。逐步将公司发展为集公路、桥梁、房屋建筑、水利水电、铁路建设为一体的大型建设集团。公司将紧紧抓住西部大开发的历史机遇，继续注重人才培养，以市场为导向，以管理为手段，以质量为根本，以效益为中心，充分利用资本市场募集的资金，进行企业技术改造，鼓励技术创新，拓展经营领域，带动其它产业的开拓发展，逐步形成围绕公路工程主营业务发展的产业链。把公司建设成为管理科学，创新求实，高效团结，具有明显现代企业文化的一流企业，实现天路公司的新跨越。

西藏山南泽错　泽桑公路改建工程开工典礼

拉萨至贡嘎机场公路新改建工程开工典礼

董事长：王大雄

中海（海南）海盛船务股份有限公司是中国海运集团旗下的上市公司（简称中海海盛），成立于1989年，1993年以定向募集方式改制为股份有限公司，1996年经中国证监会批准发行股票并在上海证券交易所挂牌交易。

公司主要从事从海南省港口为主的近洋国际航线运输，国际海运，国内沿海及长江中下游各港间货物（含液体危险品）运输。公司成立以来，坚持以回馈股东、服务社会为宗旨，围绕航运主业，深化改革，锐意进取，实现了企业规模不断壮大和经济效益持续、稳定的增长，成为海南规模最大、实力最强的航运企业。截止2002年12月底，公司资产规模已达10.85亿元。管理包括散货、化学品、沥青等多种运输船舶共26艘，62万载重吨。航线已延伸至十几个国家和地区。公司主要承运海南电力工业所需的进岛煤碳、海南出岛矿石等海南省大宗物资运输。近年来，公司在原有业务的基础上，重点发展特种运输业务，组建了沥青运输船队，形成了以运为主的“运、储、销”沥青一条龙业务；遵照“重点培育发展化学品运输”的发展方针，公司发展了近2万吨运力的化学品运输船队，在国际沥青和化学品运输市场上树立了良好的品牌和形象。

2003年7月21日，中海海盛与渤船重工签定了建造两艘57600万吨的散货船合同，加快了船队结构的调整；目前正在研究建造2艘43000吨级的化学品船的可行性方案，准备进军国际化学品运输干线航运市场。

“大鹏一日同风起，扶摇直上九万里”。中海海盛正步入一个新的发展里程。

山东铝业股份有限公司

山东铝业股份有限公司

SHANDONG ALUMINIUM INDUSTRY CO.,LTD

地址：山东省淄博市高新技术产业开发区柳泉路北首

邮编：255086

法定代表人：刘兴亮

董事会秘书：王国忠

电话：0533-2930136

信箱：sdal@sina.com

国际互联网网址：http://www.sd-al.com/

股票简称：山东铝业

股票代码：600205

热电厂全景

山东铝业股份有限公司的前身是我国投资兴建的第一个氧化铝生产基地，作为国家“一五”期间的重点建设项目之一，经过四十多年的建设，已经成为集采矿、冶炼、加工、热电、科研、设计与国内外贸易为一体的特大型铝联合企业，国家首批40家企业技术中心单位，国家重点扶持520家大中型企业之一。先后为全国上百个兄弟单位输送了12000余名技术与管理人才，实施推广了数以百计的科技成果，被称为“中国铝工业的摇篮”。企业获得各级荣誉数百项，曾获国家技术开发实力百强企业称号，是中国铝业股份有限公司化学品氧化铝科研、开发、生产、营销基地。

氧化铝生产循环焙烧炉

公司1999年6月30日在上海证券交易所上市，是国内氧化铝第一家上市公司。2001年9月随着中国铝业股份有限公司的重组，经国家财政部批准，原发起人山东铝业公司所持本公司的40000万股国有法人股，占本公司股本总额的71.43%，转由中国铝业股份有限公司持有。中国铝业股份有限公司成为本公司的第一大股东。

2002年公司生产全部氧化铝84.96万吨，电解铝产品5.64万吨，实现主营业务收入204823万元，实现主营业务利润34107万元，实现净利润14527万元，每股收益0.259元，每股净资产2.43元，净资产收益率10.68%。冶金级氧化铝国内市场占有率13.26%；化学品氧化铝国内市场占有率31.35%；电解铝产品国内市场占有率为1.31%。目前公司生产130余种产品，有14种产品先后被评为国家、部、省优质产品，优质产品产值率86%以上。产品广泛销往国内二十多个省市，远销美国、东南亚等十几个国家和地区。年出口创汇1500万美元。

公司决策层将通过健全和完善内部经营运作体系，实施企业多元化发展战略，不断壮大企业的竞争实力，拓展现有融资渠道，加大产业和产品结构调整力度，大力发展化学品氧化铝，延伸现有的主导产品产业链，提高产品的技术含量和附加值。形成有自我知识产权的、有核心竞争力的产品组群。利用高新技术改造传统产业，进一步提升企业的工艺技术和装备水平，大力降低生产成本，提高产品质量，增强企业可持续发展能力，确保2005年公司实现较快发展，力争2010年公司总体规模和竞争力超常规发展的目标。

氧化着色生产线

江汉石油钻头股份有限公司董事长常子恒

江汉石油钻头股份有限公司董事、总经理梅敬民

KINGDREAM 江汉石油钻头股份有限公司
Kingdream Public Limited Company

以卓越的产品和服务

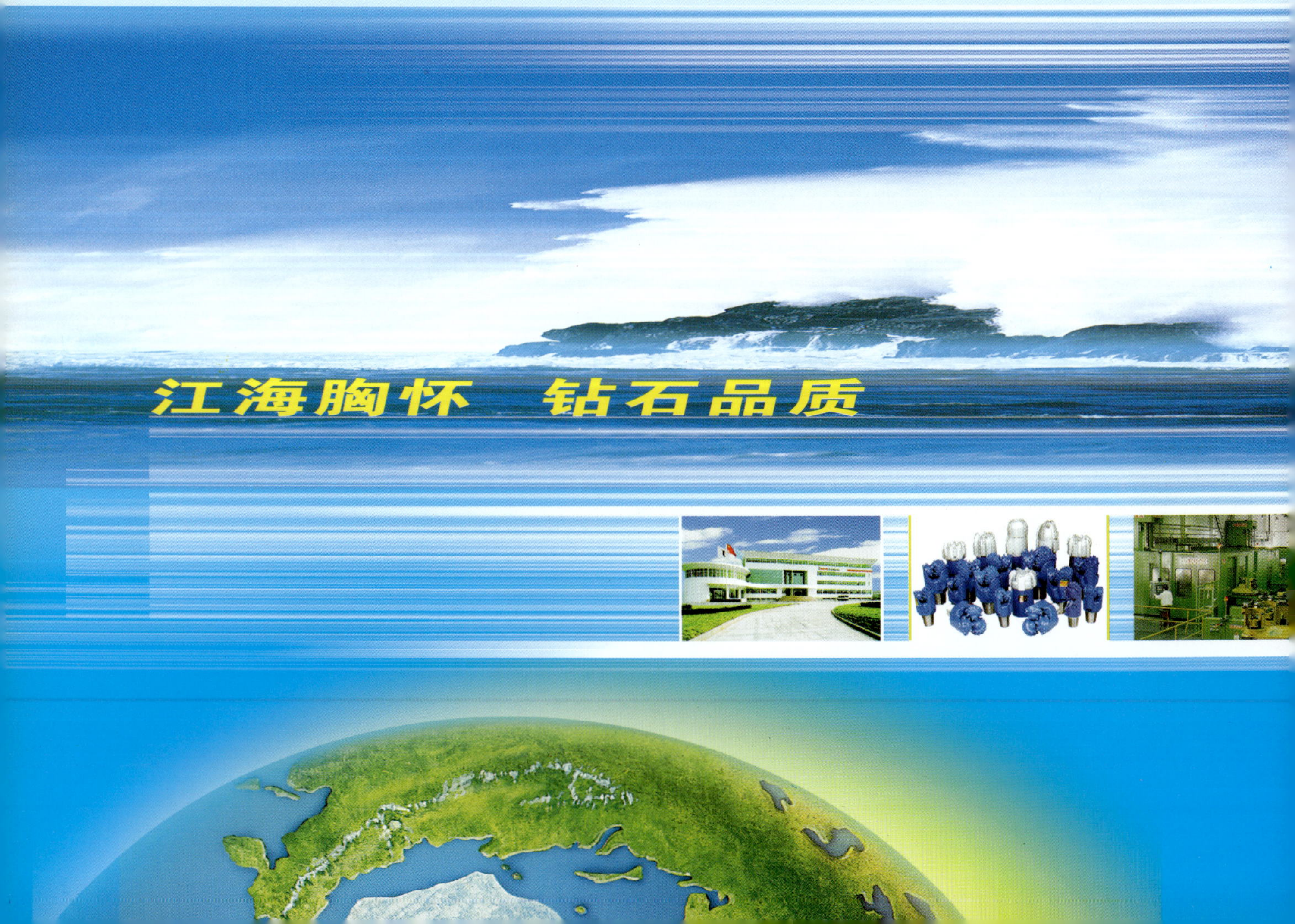

大同煤业股份有限公司

大同煤业股份有限公司是由大同煤矿集团有限责任公司作为主发起人，联合中国中煤能源集团公司、秦皇岛港务集团有限公司、中国华能集团公司、上海宝钢国际经济贸易有限公司、煤炭科学研究总院、大同铁路多元投资管理中心、大同市地方煤炭集团有限责任公司等七家其他发起单位共同发起设立，其八家发起单位均为国内知名大企业，涉及煤电路港科工贸等各领域，其控股母公司——大同煤矿集团有限责任公司（原大同矿务局）是国家512户重点企业和120家大型企业集团试点单位之一，是山西省人民政府授权经营的大型企业，同时也是山西省区域经济发展具有带头作用的龙头企业。

大同煤业股份有限公司于2001年7月25日在山西省工商行政管理局核准登记注册成立，注册资本55685万元人民币，公司主要产品为煤炭，所生产的“大友牌”煤炭是中国境内少有的多用途优质烟煤。

2003年，公司预计实现利润总额2.91亿元，税后净利润1.95亿元，每股税后利润0.35元。公司拥有总资产26.7亿元，净资产12.4亿元。

下属单位

- 武大弘元公司
- 武汉体育中心
- 武汉桥梁建设股份有限公司
- 武汉碧水科技有限责任公司
- 三镇实业房地产开发有限责任公司

公司主营业务

- 道路、桥梁、供气、供电
- 城市排水、污水综合治理
- 基础设施的投资建设和经营管理

武汉三镇实业控股股份有限公司

Wuhan Sanzhan Industry Holding Co., Ltd.

董事长：陈莉茜

武汉三镇实业控股股份有限公司(简称“公司”)是武汉市城建系统进行股份制改造的第一家上市公司，于1998年由武汉三镇基建发展有限责任公司独家发起，以其下属的宗关水厂和后湖泵站之全部经营性资产投入，以募集方式设立的股份有限公司。公司自成立以来通过发行和配股共向社会公众募集8.1亿元资金，股本由34000万股增至44115万股，其中国有法人股31365万股、社会流通股12750万股。

公司主营业务为城市给排水、污水综合治理、道路、桥梁、供气、供电、通讯等基础设施的投资、建设和经营管理。公司始终以做大做强主业，不断优化产业结构，多元化发展为经营目标，在稳定自来水业务收益的前提下，积极走联合发展道路，以合资、合作等形式进行项目投资。经过6年的发展，公司现拥有宗关水厂、白鹤嘴水厂、武汉市水质净化厂三个直属生产单位，并分别持有三镇实业房地产开发有限责任公司98%、武汉桥梁建设股份有限公司22%、武汉体育中心13.3%、武大弘元公司10%、武汉碧水科技有限责任公司20%的股权。

武汉控股公司的成立和发展对于推动城建统投、融资体制改革，逐步使城市公用事业向市场化方向迈进，促进城建事业的发展进行了初步的有效尝试。公司将坚持走“一业为主，多向发展”道路，在夯实主业的基础上，不断开发新的经济增长点，并努力提高管理水平，使公司成为集投资开发和经营管理为一体具有经营规模化、产业多元化、装备现代化、人才科技化特点的资金、技术密集型的现代化公司。

武汉三特索道集团股份有限公司

wuhan Sante Cableway Group Co.,Ltd

地址：武汉市武昌黄鹂路88号1号楼

邮编：430077

电话：027-86776205

传真：027-86776201

Sante

■ 公司简介

武汉三特索道集团股份有限公司成立于1989年，是以客运索道的投资、建设、经营为主的跨区域、专业化的集团公司。

公司以科技为龙头，以旅游产业为依托实现企业发展。十多年来引进了具有国际先进水平的奥地利多贝玛雅索道公司的技术，立足于中国风景名胜区的旅游资源开发，在旅游产业的发展中实现了公司的快速发展。

公司在中国客运索道行业中处于领先地位，先后投资建设了具有“楚天第一索”之称的武汉东湖磨山索道、技术含量居亚洲第一的陕西华山索道、海南陵水猴岛跨海索道、庐山三叠泉有轨缆车等项目。目前公司正在运营的有6条索道、3条滑道、2个极限运动中心、一条有轨缆车、2个风景区，正在建设的有贵州黄果树观光扶梯、福建武夷山和湖北神龙架景区及索道。公司在索（滑）道拥有数量、资产规模、运送游客人数、营业收入等多方面居国内同行业首位。

公司已成为规范化运作的社会公众公司。1989年至1993年，公司经过股份制改造，并三次向社会发行股票，成为总股份5000万的股份有限公司。多年来，公司按《公司法》及其它法规的要求规范运作，维护股东权益，加强股东大会、董事会、监事会的建设，形成了完善的法人治理结构。

公司已逐渐发展成为一个市场定位明确、主业前景光明、管理高效规范、有较强的核心竞争力和良好的经济效益与社会效益的成长型企业。

陕西华山索道

庐山三叠泉有轨缆车

珠海索（滑）道

海南猴岛跨海索道

江西洪城水业股份有限公司

董事长：郑明坦

江西洪城水业股份有限公司是经江西省人民政府赣股(2001)4号文件批准，并在江西省工商行政管理局登记注册，主要从事自来水供应的企业。

本公司由南昌水业集团有限责任公司为主发起人，以其主业突出、效益稳定的青云水厂、朝阳水厂、下正街水厂、长陵水厂全部生产经营性资产作为投入，联合北京市自来水集团有限责任公司、泰豪信息技术股份有限公司、南昌市煤气公司、南昌市公用信息技术有限公司共同发起设立的股份公司。

全公司拥有各类专业技术人员90名，其中：具有高级职称人员7名，中级职称人员32名。公司现有总资产2.58亿，净资产1.45亿，主要经营：自来水、纯净水、水质净化剂、水表、给排水设备、节水设备、仪器仪表、环保设备的生产、销售、城市污水处理。公司拥有国内外先进的制水工艺设施和自动化控制系统，拥有一流的水质监控手段和完善的质量保证体系，其水质稳定，达到和超过国家生活饮用水标准，并顺利通过了ISO9001：2000国际质量体系认证。现公司日供水能力90万立方米，保证了南昌市工业生产和市民正常用水的需求。

公司将在国家产业政策指导下，严格按照《公司法》、《证券法》的规定和现代企业制度的要求，以追求利润最大化为公司目标，规范运作，拓宽经营领域，依托资本市场，强化资本经营，壮大企业实力，逐步成为经济效益显著、具有竞争力的规范的上市公司。

总经理：刘 忠
地　址：南昌市沿江南路292号
邮　编：330001
电　话：0791—5218115
传　真：0791—5227726

华意压缩机股份有限公司
HUAYI COMPRESSOR CO.,LTD.

地址：江西省景德镇市新厂东路28号
邮编：333001

董事长：符念平

华意压缩机股份有限公司是由景德镇华意电器总公司作为独家发起人，通过社会募集方式设立的股份有限公司。公司于1996年5月发行A种股票3500万股，占总股本的25%，同年6月19日在深圳证券交易所挂牌上市。截止2002年12月31日，总资产为165，513万元，净资产为64，153万元。公司总股本为26，085万股，社会流通股9，548万股。

公司地处江西省景德镇市，九十年代初独家引进美国泰康公司最先进的无氟压缩机生产技术，配套引进了丹麦的迪砂铸造线、日本和澳大利亚的机械加工线、德国的电机线和意大利的总装生产线。公司设备精良，自动化程度高，产品质量优异，全部通过ISO9001质量体系认证。

公司目前拥有年产400万台无氟压缩机生产能力，成为我国最大的无氟制冷压缩机生产和出口基地。主导产品为R134a、R600a工质的无氟制冷压缩机，采用世界著名的美国泰康技术，工艺精良。具有保护大气环境、噪音低、振动小、COP值高、低压启动性能好、高效节能等特点，各项技术指标均达国际先进水平。产品全部通过国家安全认证和德国VDE、GS、美国UL、国际CB等认证。经过近十年的发展，已拥有R134a、R600a、R12、R22+R152a四种制冷工质，低、中/高背压的不同规格大小的AE系列压缩机70多种型号，产品品种规格齐全，适用于不同工质的电冰箱、冷柜、饮水机、除湿机等制冷器具，是制冷器具强健的“心脏”。

2002年，公司生产压缩机353万台，销售压缩机356万台，根据中国家用电器协会统计，2002年度公司冰箱压缩机市场占有率约为25%，居同行业首位。

压缩机电机生产线

贵州黔源电力股份有限公司

贵州黔源电力股份有限公司简称“黔源电力”。1993年经批准由贵州省电力投资公司、国投电力公司（原国投中型水电实业公司）、贵州新能实业发展公司、贵州省普定县资源开发公司联合发起，以定向募集方式设立的贵州省电力行业第一家股份制企业。公司成立以来，严格按照《公司法》规范运作。公司“三会”制度健全：股东大会是公司最高权力机构；董事会是公司常设权力机构；监事会代表股东行使监督职能。实行董事会领导下的总经理负责制。使“黔源电力”在经营规模上有了长足发展，在经济效益上得到了较大提高。

“西电东送”、“黔电送粤”给“黔源电力”的发展提供了更广阔的发展空间。贵州省政府已明确由黔源公司控股开发北盘江流域水力资源，目前，北盘江流域装机104万千瓦的光照水电站前期施工正紧张有序地进行，工程预计2008年投产发电；光照水电站上游的善泥坡（24万千瓦）水电站已进入可研阶段，下游的董箐（60万千瓦）、马马崖（60万千瓦）水电站正进行预可研工作，力争与光照水电站同步建成发电；公司还控股开发贵州芙蓉江流域鱼塘、沙阡等中型水电站。鱼塘水电站预计2005年10月投产发电，沙阡水电站争取2006年投产。

本公司奉行“团结、勤奋、实效、自律”的工作方针，按照“大力开发水电，加快发展火电，实现股票上市，以建成水火互济的大型发电公司”为我们的发展目标。坚持科学管理，层层落实经营责任，经济技术指标明确到位，有一套经营管理制度保证公司高效运转。公司目前拥有的两个发电分公司，即普定发电公司、水城发电厂，装机容量19.9万千瓦，年发电量10亿千瓦时。2000年开工建设的“西电东送”的首批启动项目之一引子渡水电站，于2003年12月，三台机组全部投产发电。值此，公司总装机容量达55.9万千瓦，年发电量20亿千瓦时以上。

截止到2003年末，公司总资产17.48亿元，净资产2.25亿元，主营业务收入2.5亿元，利润总额0.52亿元，净利润0.44亿元，每股收益0.48元/股。

面对电力企业改革与发展的新形势，坚持“发展才是硬道理”，公司本着“稳健经营，规范运作”的方针，以经营资本为重点，以优质高效为目标。争取“黔源电力”股票尽早上市，以增加更强的投融资能力，拓展更大的经营空间，为全体股东的利益最大化而努力。

湖南郴电国际发展股份有限公司

董事长：邓中华

2000年12月，由原郴州市电力公司作为主发起人，联合宜章县电力总公司、临武县水利电力有限责任公司、汝城县水电总公司、永兴县水利电力有限责任公司及联合国国际小水电中心等六家单位共同发起设立的股份有限公司，简称“郴电国际”。公司注册资本为14,026.77万元。

“郴电国际”是以地方电网、小水电为其主要电源的电网经营企业。主要业务为：电力供应，中小水电综合开发，并参与国际间小水电的开发、应用、技术培训、交流与合作，是我国首批依照《公司法》，将地方电力企业资产进行重组和股份制改造，率先完成厂网分开、组建股份公司和积极向资本市场融资等各项工作的独立配电公司。公司网内发电装机容量46万千瓦，电网除覆盖郴州市七个县（区）外，与衡阳、永州两地区的地方电网连接，还以三条110千伏通道与广东省电网联网，电网规模、售电量、销售收入和利润等在全国800余个县级地方电网和40余个跨县、市的地方区域电网中名列前茅。现有110千伏变电站6座，35千伏变电站27座，主变总容量46.4万千伏安；拥有110千伏线路438.71公里，35千伏线路664.46公里，10千伏线路2，031.67公里，10千伏以下线路近6，000公里。

近几年来，本公司不仅在电力经营、电网建设管理、国际水电开发合作和企业文化建设等方面取得了突出成绩，而且在技术装备、内部管理和制度创新方面达到了全国地方电力行业的先进水平。2000年，基于公司致力于小水电事业及所取得的突出成绩，经联合国工发组织国际小水电中心批准，以本公司为承办单位在郴州设立了全球第一个国际小水电示范基地，向全世界进行小水电的建设管理示范和开展国际合作、交流。2001年度，本公司被水利部评为“全国水利系统先进集体”、“全国水利系统优秀电网”，2002年5月，全国水利系统地方电力现代化建设与管理现场会在本公司召开，并确立郴电国际在现代化企业管理、现代化技术应用中的全国地方电力“郴州模式”，向全国推广。公司法定代表人、董事长邓中华于2001年被授予“全国五一劳动奖章”，“湖南省劳动模范”，2003年当选为第十届全国人民代表大会代表。

公司的发展思路是：以上市为契机，进一步促进公司严格依照现代企业制度进行规范管理；加强电网建设和改造，提高现有电网的盈利能力；加大收购兼并力度，不断扩大经营规模和市场份额；加快国际小水电业务、合作的步伐，积极推进高附加值的国际化经营。我们的目标是尽快发展成为业务规模化、管理科学化、经营国际化的大型配电公司。

贵州久联民爆器材发展股份有限公司

董事长:杨胜利

贵州久联民爆器材发展股份有限公司是经省人民政府黔府函[2002]258号文和国防科工委委爆字[2002]83号文批准,以贵州久联企业集团有限责任公司为主要发起人,联合贵州思南五峰化工有限责任公司、贵州兴泰实业有限责任公司、南京理工大学、贵州黔鹰五七零八铝箔厂等4家单位共同发起设立的股份有限公司。于2002年7月18日在贵州省工商行政管理局办理注册登记,注册资本为7000万元,净资产9946万元。截至2002年12月31日止,公司资产总额为1.9361亿元,其中净资产为1.137亿元,资产负债率为41.27%。

公司的主营业务范围:民爆器材的生产、销售、研究开发;爆破工程技术服务,化工产品(不含化学危险品)的批零兼营。

主要产品现有生产能力为工业炸药年产3.55万吨,工业雷管、工业索类火工品年产1.147亿米发,爆破工程及土石方挖运施工能力为1亿元/年。

公司下设9844生产分公司、9855生产分公司、思南分公司和营销分公司(兼供销保障部)四个生产经营性分公司;投资控股贵州新联爆破工程有限公司、贵阳久联化工有限责任公司和贵州联合民爆器材经营有限责任公司共3个控股子公司和正在申请组建省级民爆技术中心。公司本部机构目前设置为五部一技术开发中心。公司2002年末职工人数为2643人,其中各类专业及管理人员657人。

股份公司成立后,在未加入新组建的联合经营公司、贵阳久联的情况下,2002年完成主营业务收入1.98亿元,全年实现利润总额2787.54万元,实现净利润2215.38万元,全年实现税金总额为1773.6万元(含实现增值税1476万元)。全年实现利税合计4561.15万元。在全国民爆行业排名中,现价生产总值、实现利税总额均排名第一,实现利润总额(不含爆破公司业绩)排名第二。

2002年股份公司经批准顺利进入贵阳国家高新技术产业开发区,贵州省科技厅批复成为区内高新企业,获得了税收优惠政策。公司着手自行完成管类电子延时器开发、设计、以跟踪国际、国内民爆行业管类产品先进技术,拟在高新区建设中试生产线,形成年产100万件批量生产,实现高精度电子延期雷管产品开发和延时器市场开发,为进一步提升公司业绩增砖添瓦。

2002年8月6日,公司正式进入上市辅导期,按照中国证券会《首次公开发行股票辅导办法》的有关规定,在中介机构的指导和久联集团公司董事会的支持下,按照有关规定初步建立了符合现代企业要求的公司治理基础,并于今年2月6日通过了第二期辅导并报中国证监会贵阳特派办备案。

2002年度贵州久联民爆器材发展股份有限公司:

现价生产总值排名第一

实现利税总额均排名第一

实现利润总额(不含爆破公司业绩)排名第二

生产车间一角

爆破现场

地址:贵阳市宝山北路213号

电话:(0851)6749901

传真:(0851)6749901

网址:www.gzjiulian.com

四川禾嘉股份有限公司

董事长兼总裁：夏朝嘉

四川禾嘉股份有限公司于一九九七年六月在上海挂牌上市。主营优良农作物品种培育、作物种植、蔬果及其它农副产品加工销售，食品机械的设计、制作，提供优良农作物种植技术，食品工程技术设备安装调试,机械制造及其它经批准的项目。公司致力于农业产业化开发、农副产品的深加工以及承担国家级重大攻关项目，取得了良好的经济效益和社会效益，先后获得了农业产业化国家级重点龙头企业、优秀高新技术企业、历年的成都市高新区纳税大户等称号。

公司有控股子公司和分公司：四川禾嘉种业有限公司、四川盐源禾嘉绿色食品有限公司、四川阳公食品有限公司、自贡高压阀门股份有限公司、四川禾嘉君涛数码科技有限公司、盐源农业综合开发分公司、内江分公司。

四川禾嘉种业有限公司，以水稻、玉米、小麦、果蔬等农作物种子的研发、生产和销售为主业，是国家高新技术企业。2001年，公司成为省内首批获得全国种子经营许可证的企业。公司拥有自己的研发、制种基地和科技人才队伍，为公司的科技创新和新产品研发提供技术依托和支撑。公司在稳步扩大国内市场占有率的同时，积极实施向海外延伸的战略。

四川盐源禾嘉绿色食品有限公司以开发和生产有机食品为出发点，瞄准国际市场，开发生产的浓缩苹果汁和浓缩胡萝卜汁畅销国内外市场。公司拥有完善的管理和质量保证体系，已全面通过ISO9001（2000版）认证和HACCP认证。引进国外先进的苹果汁生产线，年生产能力达1.5万吨，公司采取以“公司＋基地＋农户”的现代农业产业化模式，形成企业与果农的利益共同体。

盐源农业综合开发分公司在国定贫困县盐源县建立了以农、林、牧、水产、旅游等为一体的生产体系，充分利用和开发当地丰富的农业资源；分公司下设禾嘉科技农业示范基地、禾嘉果蔬示范园、禾嘉农业综合开发基地等三个高科技农场，形成5万余亩立体生态农业资源开发基地。

公司在10年调研的基础上，突破世界柠檬精深加工的技术壁垒，引进国外最新技术和设备，投资兴建的填补国内空白的柠檬综合加工项目，是大型农业产业化项目，将拓展成为一个柠檬精细化工产业，其产品具有极高的技术附加值。该项目得到了国家、省、市党委和政府的高度重视和关心支持，被国家计委列为国家计划发展项目，国家科技部将柠檬种植基地建设列为国家级星火计划项目、西部大开发重点建设项目和2003年重点建设项目、四川省“十五”期间十八个重点项目之一，内江市政府也将该项目列为农业产业化重点建设项目。生产果胶、皮油、籽油、香精、浓缩果汁等。

四川阳公食品有限公司是一家生产饮料和食品的专业化公司，是国家经贸委全国重点联系的300户民营企业。公司拥有榨汁、浓缩大型设备和从国外引进的多条玻瓶、聚脂瓶、易拉罐和利乐无菌包装生产线。公司充分利用成渝走廊丰富的资源，发展自己的特色产品，其产品畅销全国四百多个大中城市及海外市场。2002年，“阳公”被认定为四川省著名商标，公司已经通过ISO9001（2000版）国际质量体系认证，获国际尤卡斯论证。

公司控股的自贡高压阀门股份有限公司是国家原1000家大型企业之一，是全国阀门行业的骨干企业，素有亚洲“球王”之称，公司分别获得ISO9001和美国API认证，“飞球牌”阀门荣获四川省著名商标称号。公司于2001年6月与美国GE合作，引进其旗下新比隆公司27项球阀制造专利技术，研制出亚洲首台40″－600LB锻钢全焊接球阀，并通过了新比隆公司专家和中国机械工业联合会组织的评审，为西气东输等我国大型管线建设提供了有力的支持。公司的“大口径长输管线球阀技改项目被列为四川省“十五”期间十八项重大投资项目之一，企业也成为四川省重大技术装备的生产企业。在国家特大型建设项目“西气东输”工程的竞标中，公司成为唯一入围该工程大口径球阀竞标的国内企业，促成了国外企业的大幅降价。

四川禾嘉君涛数码科技有限公司是以批发业务为主的高科技电子产品专业销售公司。作为整个四川电脑产品区域分销商的前三强之一，公司不仅雄霸联想电脑在川零售榜首，同时也是TCL电脑的最大出货商。公司正在全国范围进行电脑零售连锁扩张，并逐步向网络工程方向发展。

公司名称：四川禾嘉股份有限公司
英文名称：SICHUAN HEJIA CO.,LTD.
公司地址：四川省成都高新技术产业开发区九兴大道三号
邮　　编：610041
注册资金：28687.5万元公司
法定代表人：夏朝嘉
股票简称：禾嘉股份
股票代码：600093

浙江東南發電股份有限公司

ZHEJIANG SOUTHEAST ELECTRIC POWER COMPANY LIMITED

powering Forward

潜能进展

浙江东南发电股份有限公司自成立以来，本着“购建并举”的发展战略，稳步扩展发电厂经营规模，充分发挥电力资产多元化的优势，力争成为国际一流的发电企业。

公司于1997年5月成立，同年9月发行中国境内上市外资股（B股）及全球存凭证（GDR）共690，000，000股，分别在上海证券交易所和伦敦证券交易所上市交易，并成为当时B股中市值最大的公司。

浙江省能源集团有限公司的全资子公司—浙江省电力开发公司为公司的第一大股东，中国华能集团公司为公司的第二大股东。在两大股东的支持下，公司享有良好的发展前景。

浙江东南发电锐意开拓，通过项目开发和资产收购，经营规模逐年扩大。现时公司的总装机容量已逾2，300兆瓦，与公司成立之初的装机容量750兆瓦相比，公司六年间装机容量增长超过200%。

今后，浙江东南发电将继续采取灵活进取的发展策略，紧抓中国电力市场的发展机遇，把公司建设成为效益显著的优秀电力上市公司，实现股东利益最大化。

江苏三房巷实业股份有限公司

江苏三房巷实业股份有限公司位于江苏省江阴市，成立于1994年，是由江苏三房巷集团有限公司为主发起人，以定向募集方式设立的江苏省第一批股份制试点企业。2003年3月6日公司5500万股A股在上海证券交易所上市，现有总股本15826万元。截止2003年9月底，公司拥有总资产9.4亿元，净资产6.18亿元。2003年1—9月实现主营业务收入5.52亿元，利润总额4359万元，每股收益0.191元。

公司以纺纱、印染后整理为主营业务，生产规模、生产效率、产品成本以及出口创汇等均在国内印染业名列前茅。公司拥有9条染色生产线和6台大型溢流染色机，12台进口气流纺纱机，主要生产各种棉纱、全棉染色纱卡、涤棉纱卡、尼龙棉、弹力、麻棉印染布和帆布等，品种达800多个，具有1亿米的年生产能力。公司拥有自营进出口权，2002年自营出口创汇2312万美元。

公司坚持以用户需求为导向，不断推进技术创新，使产品达到了美国AATCC标准及欧洲环保标准。目前的技术装备除了具有常规染整手段外，还拥有磨毛、涂层、免烫、抗皱、柔软、轧光、预缩、拒油、防水、防羽、抗菌酶洗、硬挺、抗紫外线等特殊整理功能。公司研制的特福隆三防印染布、全棉抗皱免烫印染布同时被鉴定为省级科技成果和省纺织新产品，特福隆全棉三防印染布和特高密多种纤维弹力面料分别在2001年和2002年被列入国家级火炬计划项目。公司2000年被中国印染行业协会评为"十佳企业"、被无锡市人民政府评为无锡市工业明星企业；2001年通过ISO9002质量体系认证，同年被评为全国出口创汇先进乡镇企业、江苏省高新技术企业。

公司在积极运用高新技术改造传统产业，提高产品档次的同时，拓展多元化经营，涉足了发展前景广阔的新材料领域和热电领域。公司控股的江阴济化新材料有限公司总投资1500万美元，主要生产高端工程塑料，产品质量达到国际同类产品的标准；公司控股的江阴新源热电有限公司总投资2980万美元，从事发电、蒸汽业务，上述投资将给公司带来新的利润增长点。

今后，公司将加快技术改造步伐，加大技术引进与技术创新的力度，提高公司集约化生产水平、管理水平，增强公司主导产品在国内外市场上的竞争力，以良好的业绩回报投资者和社会。

太原理工天成科技股份有限公司

- 企业目标：建造国际一流信息技术企业
- 企业精神：诚信　敬业　创新　超越
- 经营理念：技术创新　诚信经营

- 地址Add：　太原市千峰南路鸿峰花园10-11楼5层
- 电话Tel：　（0351）6014791-3　6011050-9
- 传真Fax：　（0351）6014037
- 邮编Zip：　030024
- 网址Http：//www.tichn.com

太原理工天成科技股份有限公司
A股挂牌庆典仪式

董事长兼总经理 杜文广

太原理工天成科技股份有限公司（简称“太工天成”，股票代码：600392）于2003年5月在上海证券交易所挂牌上市。公司以智能化电子产品、应用软件及网络系统为主业，是集研发、生产、销售、服务为一体的高科技企业。

不断创新，是太工天成不断发展的源源动力。自成立以来，公司秉承“技术创新，诚信经营”的理念，不断提高科研水平，增强产品和技术创新能力，强化现代企业管理模式，实现了产品、资金、市场、人力资源的合理配置和科学管理，走出了一条拥有自主知识产权的创新开发的科技道路。2001年，公司通过了ISO9001国际标准质量体系认证。多次被太原高新技术产业开发区（国家级）授予“优秀企业”称号，2002年度被山西省授予 “十佳快速增长科技型企业” 、“经济结构调整先进企业”等，2003年，被国家科技部认定为“十五”国家863计划成果产业化基地。

太工天成以振兴民族产业为己任，把握当今世界的领先科技，不断开拓创新，逐步形成了全方位多领域的产品格局。公司先后开发并推广了感应式数字液位传感器及系列测控仪表；水利水文测报系统；面向现代教育的系列软硬件产品；基于“3S”技术(GIS,GPS,RS)的系列行业应用软件等产品；提供全方位信息化建设基础产品、解决方案及服务。这些具有完全自主知识产权的产品在技术上处于国际或国内领先水平，并已广泛用于水利水文、石油化工、文化教育、市政环保、电力交通及金融通信等众多领域，取得了良好的社会效益和经济效益。

展望未来，我们将以大力发展民族信息产业为己任，以“勇于创新、技术领先、用户至上、产业报国”为宗旨，重视知本与资本的高效结合。面对信息产业广阔的发展空间，太工天成将以不断创新为持续发展的动力，不断开发新产品，开拓新市场，全面提升核心竞争力，在信息产业领域树立起太工天成的著名品牌和良好的企业形象，向着国际一流的信息技术企业迈进！

国家技术发明二等奖证书

太原理工天成科技股份有限公司董事会

即将建成的太原理工天成科技股份有限
公司信息工业园鸟瞰图

广东有线广播电视网络股份有限公司

董事长：张小棣

广东有线广播电视网络股份有限公司是为顺应广播电视体制的改革趋势，经国家广播电影电视总局和广东省人民政府批准，以原广东有线台的网络为主要经营资产，由广东省广电系统113家股东单位共同发起设立，于2000年12月28日正式挂牌成立。

广东有线广播电视网络股份有限公司现有连接覆盖全省所有省辖市和大部分县（市）的省际光缆干线网和广州市区65万用户的HFC分配网，固定资产达8.03亿元。主要经营范围是：有线广播电视网络建设、升级改造、经营、维护和运营管理；广播电视传输业务、扩展业务、增值业务以及其它业务；技术开发、咨询、服务、转让（电子信息网络技术产品）等。

公司将通过运用股份制形式，有效整合全省有线广播电视传输网络资源，发挥全省有线广播电视网络的规模优势和特殊产业优势，在保障全省广播电视节目覆盖的基础上，进一步强化发展模拟广播电视节目传输的基础业务，积极拓展数字电视和数据传输、宽带互联网等扩展业务和增值业务，形成以三大主营业务为主，其他网络经营为辅的有线广播电视宽带网络运营新格局。

第七编

上交所上市公司

1054/1460

栏 目 协 办

杭州士兰微电子股份有限公司

上海浦东发展银行股份有限公司

公司概况

公司名称	上海浦东发展银行股份有限公司			股票代码		600000	
注册地址	中国上海市浦东新区浦东南路 500 号			邮政编码		200002	
法人代表	张广生			董秘		沈思	
电话	021-63611226			传真		021-63230807	
主营业务	贷款、拆借、存放等业务						
总股本	391500.00	流通 A	90000.00	流通 B		流通 H	
审计单位				审计意见		未审计	

主要财务指标

年度	2003.9	2003.6	2002	2001
每股收益 / 扣除后(元)	0.2760	0.1690	0.3542	0.4430
每股经营现金流量(元)	0.7670	0.3910	0.8580	0.7750
每股净资产 / 调整后(元)	2.9420	2.8330	2.1990	2.7390
每股公积金(元)	1.2438	1.2438	0.7427	1.6141
净资产收益率(%)	9.3900	5.2900	16.1500	15.0300
总资产(万元)	36130040.00	34266540.00	27930072.00	17369068.00
股东权益(万元)	1152689.62	1110166.87	796048.00	706667.00
未分配利润(万元)	111972.57	69449.89	3766.00	2945.00
主营收入(万元)	9517214.00	5390782.00	815646.00	609282.00
资本公积金(万元)	486939.56	486939.56	268504.00	389004.00
主营利润(万元)	225087.00	224762.59	350559.00	219934.00
其他业务利润(万元)				
营业利润(万元)	371061.19	226617.55	352970.72	144709.30
投资收益(万元)	101687.10	63585.33	2411.60	109243.60
补贴收入(万元)				
营业外收支(万元)	-0.80	-1.00	753.40	-638.10
利润总额(万元)	328439.59	92259.00	186675.30	144071.20
净利润(万元)	108206.13	65683.46	128530.88	106187.80

十大股东

序号	股东名称	股份性质	持股数(万股)	比例(%)
1	上海国际信托投资有限公司	国有法人股	25200.00	6.44
2	上海上实(集团)有限公司	国有法人股	19050.00	4.87
3	上海国有资产经营有限公司	国家股	19005.00	4.85
4	花旗银行海外投资公司	外资法人股	18075.00	4.62
5	上海久事公司	国有法人股	15720.00	4.02
6	东方国际(集团)有限公司	国有法人股	7500.00	1.92
7	申能股份有限公司	一般法人股	7500.00	1.92
8	上海实业发展股份有限公司	一般法人股	61500.00	1.57
9	上海金桥出口加工区开发股份有限公司	国有法人股	6000.00	1.53
10	上海上海国际贸易(集团)有限公司	国有法人股	6000.00	1.53

股东人数	2003.9	2003.6	2002	2001
	271689	265110	253718	270463

近年分配		近年配股 / 增发	
	2002年 10 股派 1 元　2001 年末 10 股派 2 元		不分配不转增

重大事项

2003年 9 月 18 日公司刊登获准开办证券投资基金托管业务的公告:近日,公司接中国证券监督管理委员会、中国银行业监督管理委员会有关批复,批准公司证券投资基金托管人资格,同意公司开办证券投资基金托管业务。2003 年 3 月 27 公司日召开二届五次董事会,会议审议通过如下决议: 1)公司 2002 年年度报告及摘要.2)公司 2002 年度利润分配预案:每 10 股派 1 元(含税).公司于 2003 年 4 月 29 日上午召开 2002 年度股东大会,会议审议通过以上事项。

二○○二年以来市场表现

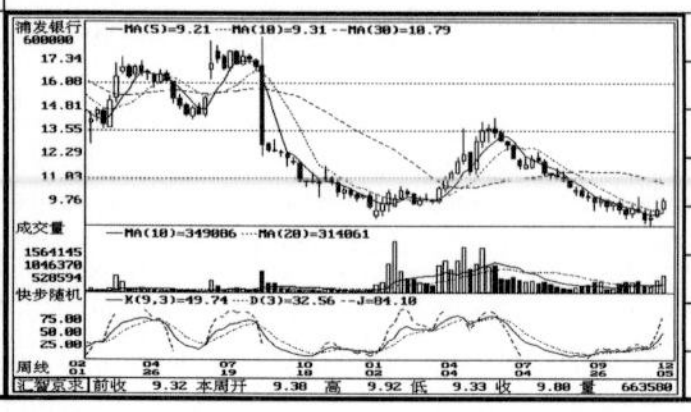

2002年涨跌幅(%)	-4.59
2002年最高(元)	12.92
2002年最低(元)	8.30
2002年换手率(%)	76.77
2003年涨跌幅(%)	-4.51
2003年最高(元)	14.10
2003年最低(元)	8.50
2003年换手率(%)	307.86

邯郸钢铁股份有限公司

公司概况

公司名称	邯郸钢铁股份有限公司			股票代码		600001	
注册地址	河北省邯郸市复兴路 232 号			邮政编码		056015	
法人代表	刘占军			董秘		李卜海	
电话	0310-6071006			传真		0310-6074190	
主营业务	黑色金属冶炼、钢坯、钢材轧制;烧结矿冶炼等						
总股本	148655.61	流通 A	49000.00	流通 B		流通 H	
审计单位				审计意见		未审计	

主要财务指标

年度	2003.9	2003.6	2002	2001
每股收益 / 扣除后(元)	0.3310	0.2170	0.4189	0.3420
每股经营现金流量(元)	0.4075	0.0071	0.4800	0.4200
每股净资产 / 调整后(元)	4.7200	4.6100	4.4200	4.2000
每股公积金(元)	2.0945	2.0945	2.0945	2.0945
净资产收益率(%)	6.9700	4.7000	7.3900	10.7700
总资产(万元)	1357397.50	1113084.37	986135.50	870352.50
股东权益(万元)	705458.31	688593.25	656260.25	622869.19
未分配利润(万元)	164967.41	148102.20	115769.23	97300.33
主营收入(万元)	832055.00	510413.94	787547.81	723715.25
资本公积金(万元)	311351.37	311351.37	311351.37	311351.37
主营利润(万元)	86916.62	58259.94	95860.94	88215.25
其他业务利润(万元)	899.25	724.50	1314.84	786.56
营业利润(万元)	70980.84	48905.41	85161.31	76870.62
投资收益(万元)	1617.74	-465.51	2786.07	41.88
补贴收入(万元)				
营业外收支(万元)	34.74	47.54	-9105.63	417.72
利润总额(万元)	72633.31	48487.44	78841.76	77330.23
净利润(万元)	49198.17	32332.97	52864.91	67070.81

十大股东

序号	股东名称	股份性质	持股数(万股)	比例(%)
1	邯郸钢铁集团有限责任公司	国家股	97212.31	65.39
2	河北省经济贸易投资有限公司	国家股	2443.00	1.64
3	国都证券有限责任公司	流通股	422.24	0.28
4	湘财证券有限责任公司	流通股	310.79	0.21
5	景宏证券投资基金	流通股	208.54	0.14
6	天同 180 指数证券投资基金华安上证 180 指数	流通股	147.06	0.10
7	增强型证券投资基金	流通股	110.53	0.07
8	兴和证券投资基金	流通股	79.08	0.05
9	大连安邦房地产开发有限公司	流通股	55.00	0.04
10	景福证券投资基金	流通股	49.02	0.03

股东人数	2003.9	2003.6	2002	2001
	206532	210328	217484	253746

近年分配		近年配股 / 增发	
	2002年 10 股派 1.1 元　2001 年末 10 股派 1.5 元		不分配不转增

重大事项

2003年 9 月 03 日公司刊登公告:据公司 2002 年度股东大会审议通过的关于注销邯郸市邯钢集团板材有限公司的决议,板材公司债权债务已全部清理完结,经邯郸市工商局批准,板材公司已经正式注销,成为公司的二级生产厂。2003 年 07 月 04 日公司刊登 2002 年度分红派息实施公告: 公司实施 2002 年度利润分配方案,以 2002 年 12 月 31 日的总股本 1486553100 股为基数, 每 10 股派现 1.1 元(含税).股权登记日为 2003 年 7 月 10 日,除息日为 2003 年 7 月 11 日, 红利发放日为 2003 年 7 月 18 日。

二○○二年以来市场表现

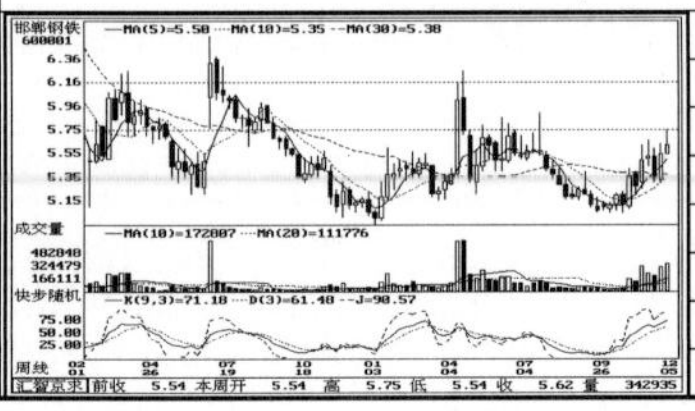

2002年涨跌幅(%)	-16.30
2002年最高(元)	6.45
2002年最低(元)	4.84
2002年换手率(%)	78.81
2003年涨跌幅(%)	13.52
2003年最高(元)	6.14
2003年最低(元)	4.84
2003年换手率(%)	123.49

中国石化齐鲁股份有限公司

公司概况

公司名称	中国石化齐鲁股份有限公司	股票代码	600002
注册地址	山东省淄博市高新技术产业开发区	邮政编码	255086
法人代表	张深	董秘	李风安
电话	0533-3583728	传真	0533-3583718
主营业务	石油化工产品及无机化工产品的生产等		

总股本	195000.00	流通 A	35000.00	流通 B		流通 H	
审计单位				审计意见	未审计		

主要财务指标

年度	2003.9	2003.6	2002	2001
每股收益/扣除后(元)	0.2300	0.1300	0.0228	0.0040
每股经营现金流量(元)	0.2317	0.0835	0.6200	0.4200
每股净资产/调整后(元)	2.4800	2.3700	2.2100	2.4200
每股公积金(元)	1.1409	1.1409	-0.0077	0.1273
净资产收益率(%)	9.7800	5.4300	0.0970	0.4500
总资产(万元)	688152.12	644199.69	666176.12	770277.50
股东权益(万元)	484521.62	464584.09	439139.19	471463.28
未分配利润(万元)	43647.14	23722.80	-1499.10	24821.54
主营收入(万元)	690115.19	448900.69	716948.69	702236.62
资本公积金(万元)	222480.34	222467.20	222244.20	222109.00
主营利润(万元)	103058.72	58673.10	58240.90	57349.95
其他业务利润(万元)	-1985.48	-1574.10	2422.90	-939.94
营业利润(万元)	53436.67	28652.00	6848.80	2702.95
投资收益(万元)				-70.00
补贴收入(万元)				
营业外收支(万元)	-644.51	315.97	-212.60	1480.68
利润总额(万元)	52792.15	29968.00	6636.20	4113.64
净利润(万元)	45146.15	25221.90	4262.80	2114.16

十大股东

序号	股东名称	股份性质	持股数(万股)	比例(%)
1	中国石油化工股份有限公司	国有法人股	160000.00	82.05
2	国泰金鹰增长证券投资基金	流通 A 股	670.00	0.34
3	科翔证券投资基金	流通 A 股	422.24	0.28
4	民生证券有限责任公司	流通 A 股	310.79	0.21
5	山西证券有限责任公司	流通 A 股	298.00	0.15
6	科瑞证券投资基金	流通 A 股	297.00	0.15
7	科汇证券投资基金	流通 A 股	295.00	0.15
8	通乾证券投资基金	流通 A 股	265.00	0.14
9	开元证券投资基金	流通 A 股	257.00	0.13
10	景宏证券投资基金	流通 A 股	255.00	0.13

股东人数	2003.9	2003.6	2002	2001
	127790	134166	1577394	170336

近年分配	2000年10股派0.9元	近年配股/增发	不分配不转增

重大事项

2003年04月23日公司召开二届十二次董事会,会议审议通过如下决议:1)通过了公司2002年度利润分配预案:不分配,不转增.2)通过了公司2002年度报告及摘要.3)通过了公司2003年第一季度报告.公司于2003年6月27日下午召开公司2002年度股东大会, 审议通过以上有关事项。2003年01月28日公司由于主要生产装置停工检修,部分装置长期低负荷运行,致使有效生产时间较往年缩短,总体产出降低、费用增加,以及存货盘亏等因素影响,2002年度中国石化齐鲁股份有限公司将发生上市以来的首次亏损。

二〇〇二年以来市场表现

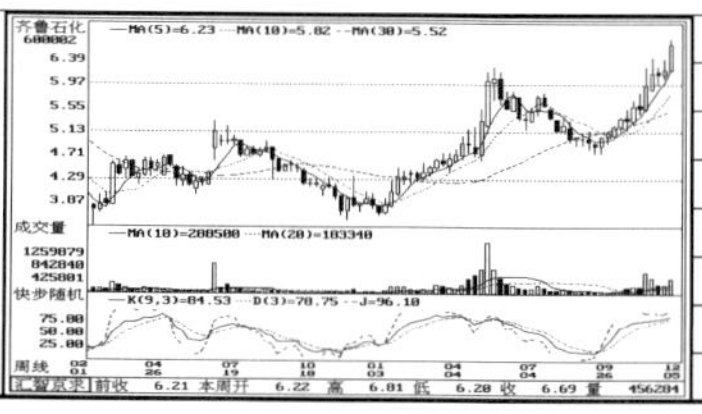

2002年涨跌幅(%)	-13.13
2002年最高(元)	5.30
2002年最低(元)	3.43
2002年换手率(%)	131.88
2003年涨跌幅(%)	64.72
2003年最高(元)	6.44
2003年最低(元)	3.65
2003年换手率(%)	333.50

东北高速公路股份有限公司

公司概况

公司名称	东北高速公路股份有限公司	股票代码	600003
注册地址	吉林省长春市高新技术产业开发区硅谷大街40000号	邮政编码	130031
法人代表	张晓光	董秘	徐鹏
电话	0431-4639168	传真	0431-4653168
主营业务	投资、开发、建设、和管理收费公告		

总股本	131200.00	流通 A	30000.00	流通 B		流通 H	
审计单位				审计意见	未审计		

主要财务指标

年度	2003.9	2003.6	2002	2001
每股收益/扣除后(元)	0.0590	0.0420	0.1434	0.1697
每股经营现金流量(元)	-0.1300	-0.1100	0.2416	0.3233
每股净资产/调整后(元)	2.5740	2.5600	2.5014	2.4197
每股公积金(元)	1.1304	1.1304	1.1304	1.1304
净资产收益率(%)	2.2980	1.7500	3.9890	6.1590
总资产(万元)	530765.44	526618.19	527808.00	500024.06
股东权益(万元)	312329.59	310585.78	305152.09	293559.09
未分配利润(万元)	37362.07	35618.27	30184.58	20330.53
主营收入(万元)	42985.83	21464.66	40325.50	37390.56
资本公积金(万元)	137139.41	137139.41	137139.41	137139.41
主营利润(万元)	24326.49	15096.87	28454.66	27267.26
其他业务利润(万元)	21.89	3.96	77.16	
营业利润(万元)	12792.54	7845.82	16991.09	23818.62
投资收益(万元)	-485.92	222.35	-4680.11	1255.41
补贴收入(万元)	1363.50	1363.50	9360.56	
营业外收支(万元)	5.76	1.68	-50.72	-2.85
利润总额(万元)	13629.49	9409.58	21620.22	25071.18
净利润(万元)	7177.49	5433.68	12172.68	19138.39

十大股东

序号	股东名称	股份性质	持股数(万股)	比例(%)
1	黑龙江省高速公路公司	国有股	36100.00	30.18
2	吉林省高速公路公司	国有股	30327.00	25.00
3	华建交通经济开发中心	国有法人股	24383.00	20.10
4	益民信息经济开发中心	流通股	140.00	0.12
5	裕隆基金	流通股	96.00	0.08
6	天同180	流通股	90.02	0.07
7	中关通信	流通股	84.46	0.07
8	兴和基金	流通股	61.64	0.05
9	华安上指	流通股	59.86	0.05
10	陈斌煌	流通股	58.26	0.05

股东人数	2003.9	2003.6	2002	2001
	155284	157989	15794	158766

近年分配	2001年10股派0.5元 2000年10股派0.7元	近年配股/增发	不分配不转增

重大事项

2003年4月4日-4月5日公司召开二届四次董事会,会议审议通过如下决议:1)公司2002年度报告及摘要;2)公司2002年度利润分配预案:不分配,不转增;3)关于"请股东大会批准董事会2003年度非募集资金投资计划"的议案;4)关于为公司企业债券担保提供反担保的议案. 公司于2003年5月26日上午召开2002年度股东大会,审议通过以上事项。2003年2月28日公司召开二届一次董事会临时会议,会议审议通过为公司参股公司大连东高新型管材股份有限公司继续提供额度为2500万元的贷款担保的议案,担保期限为两年.以上议案须报下次股东大会审议。

二〇〇二年以来市场表现

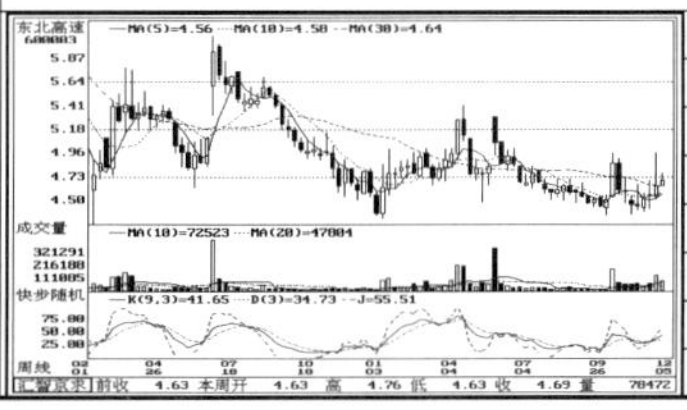

2002年涨跌幅(%)	-14.42
2002年最高(元)	6.05
2002年最低(元)	4.21
2002年换手率(%)	76.56
2003年涨跌幅(%)	2.66
2003年最高(元)	5.41
2003年最低(元)	4.32
2003年换手率(%)	93.56

广州白云国际机场股份有限公司

公司概况

公司名称	广州白云国际机场股份有限公司			股票代码	600004
注册地址	广州市机场路 282 号			邮政编码	510406
法人代表	刘子静			董秘	徐光玉
电话	020-86128577			传真	020-86128086
主营业务	航空地面客货过港服务				
总股本	100000.00	流通 A	40000.00	流通 B	流通 H
审计单位				审计意见	未审计

主要财务指标

年度	2003.9	2003.6	2002	2001
每股收益 / 扣除后(元)	0.2000	0.0900		
每股经营现金流量(元)	0.2800	0.2100		
每股净资产 / 调整后(元)	3.6700	3.5600		
每股公积金(元)	2.1826	2.1826	0.5000	0.5000
净资产收益率(%)	5.4700	2.6100		
总资产(万元)	419061.75	401486.47		
股东权益(万元)	368494.16	357651.59		
未分配利润(万元)	40842.68	30000.12		
主营收入(万元)	69826.54	39532.04		
资本公积金(万元)	218261.44	218261.44		
主营利润(万元)	42267.39	21568.81		
其他业务利润(万元)	928.25	768.14		
营业利润(万元)	31625.52	14276.90		
投资收益(万元)	53.44	-85.15		
补贴收入(万元)				
营业外收支(万元)				
利润总额(万元)	31615.52	14150.23		
净利润(万元)	20169.54	9326.99		

十大股东

序号	股东名称	股份性质	持股数(万股)	比例(%)
1	广州白云国际机场集团公司	国有法人股	57600.00	57.60
2	国元证券有限责任公司	流通股	820.27	0.82
3	国泰证券有限责任公司哈尔滨营业部	流通股	815.22	0.82
4	国泰金鹰增长证券投资基金	流通股	709.14	0.71
5	中国民航机场建设总公司	国有法人股	600.00	0.60
6	广州白云国际机场有限公司	国有法人股	600.00	0.60
7	广州交通投资有限公司	国有法人股	600.00	0.60
8	中国国际航空公司	国有法人股	600.00	0.60
9	上海培明电讯厂	流通股	561.66	0.56
10	上海安阳建筑起重安装工程公司	流通股	553.10	0.55

股东人数	2003.9	2003.6	2002	2001
	99571	125254		

近年分配		近年配股 / 增发	不分配不转增

重大事项

2003年04月14日白云机场向二级市场投资者定价配售发行40000万股人民币普通股，发行价5.88元，全面摊薄发行市盈率为12.25倍。每一个股票帐户申购数量上限为400000股，配售缴款日为2003年4月14日。募股资金运用：新机场航站楼及其相关附属设施的建设。

二〇〇二年以来市场表现

2002年涨跌幅(%)	0.00
2002年最高(元)	0.00
2002年最低(元)	0.00
2002年换手率(%)	0.00
2003年涨跌幅(%)	0.00
2003年最高(元)	9.58
2003年最低(元)	7.69
2003年换手率(%)	378.86

武汉钢铁股份有限公司

公司概况

公司名称	武汉钢铁股份有限公司			股票代码	600005
注册地址	武汉市青山区沿港路 3 号			邮政编码	430080
法人代表	刘本仁			董秘	施军
电话	027-86306023			传真	027-86807873
主营业务	冶金产品及副产品、钢铁延伸产品的制造；冶金产品技术开发				
总股本	250857.59	流通 A	38400.00	流通 B	流通 H
审计单位				审计意见	未审计

主要财务指标

年度	2003.9	2003.6	2002	2001
每股收益 / 扣除后(元)	0.1910	0.1370	0.2899	0.3450
每股经营现金流量(元)	0.1400	0.0720	0.6140	0.4980
每股净资产 / 调整后(元)	2.2480	2.1950	2.4690	2.2340
每股公积金(元)	0.7898	0.7898	0.9477	0.9477
净资产收益率(%)	8.4780	6.2500	11.5400	15.0500
总资产(万元)	681032.50	718603.75	698205.25	664712.62
股东权益(万元)	564025.37	550619.00	516204.72	467066.94
未分配利润(万元)	57659.99	44253.62	51648.91	11449.64
主营收入(万元)	557107.44	381896.78	675814.06	632662.19
资本公积金(万元)	198122.42	198122.42	198122.42	198122.42
主营利润(万元)	77377.17	55105.02	100959.67	91333.08
其他业务利润(万元)	1.65	1.42	30.25	28.76
营业利润(万元)	70641.96	50868.64	89133.95	82521.77
投资收益(万元)	955.26	603.35	1055.46	1039.79
补贴收入(万元)				
营业外收支(万元)			-1185.22	-1329.65
利润总额(万元)	71244.21	51097.25	89004.19	82231.92
净利润(万元)	47820.67	34414.30	59590.20	70314.11

十大股东

序号	股东名称	股份性质	持股数(万股)	比例(%)
1	武汉钢铁(集团)公司	国有股	212457.59	84.69
2	道里投资	流通 A 股	621.93	0.25
3	长江证券	流通 A 股	412.66	0.16
4	华盛公司	流通 A 股	318.61	0.13
5	同益基金	流通 A 股	298.38	0.12
6	闽发证券	流通 A 股	241.25	0.10
7	山西证券	流通 A 股	210.58	0.08
8	华夏成长	流通 A 股	203.62	0.08
9	景福基金	流通 A 股	180.00	0.07
10	成中地产	流通 A 股	157.92	0.06

股东人数	2003.9	2003.6	2002	2001
	138079	139456	133200	148296

近年分配	2002年10股派0.5元 2001年10股派2.8	近年配股 / 增发	不分配不转增

重大事项

2003年6月3日公司刊登2002年度分红派息实施公告：以2002年末股份总数2090480000股为基数，向全体股东每10股送2股并派现金红利0.50元(含税)。股权登记日为2003年6月6日，除权(除息)日为2003年6月9日，红利到帐日为2003年6月13日，新增可流通股份上市流通日为2003年6月10日。2002年10月23日公司召开二届十次董事会及二届七次监事会，会议审议通过如下决议：1.通过第三季度季度报告。2.通过关于投资建设第二冷轧薄板厂的议案；公司于2002年11月27日召开股东大会，会议通过以上议案。

二〇〇二年以来市场表现

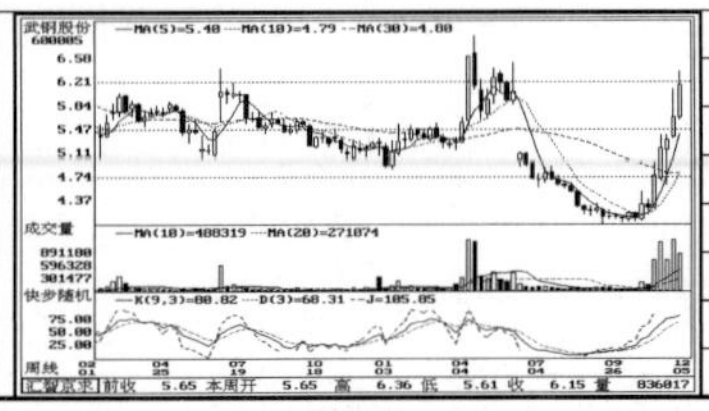

2002年涨跌幅(%)	-5.88
2002年最高(元)	5.31
2002年最低(元)	3.91
2002年换手率(%)	100.81
2003年涨跌幅(%)	35.82
2003年最高(元)	6.09
2003年最低(元)	4.00
2003年换手率(%)	277.90

东风汽车股份有限公司

公司概况

公司名称	东风汽车股份有限公司			股票代码	600006
注册地址	湖北省襄樊市高新技术产业开发区春园西路4号			邮政编码	441004
法人代表	苗圩		董秘	卢锋	
电话	0710-3396805		传真	0710-3396809	
主营业务	汽车、汽车发动机及其零部件、铸件的开发、设计、生产、销售业务				
总股本	100000.00	流通 A	30000.00	流通 B	流通 H
审计单位			审计意见	未审计	

主要财务指标

年度	2003.9	2003.6	2002	2001
每股收益/扣除后(元)	0.5360	0.3788	0.6300	0.5333
每股经营现金流量(元)	0.8900	0.6070	1.9400	0.0477
每股净资产/调整后(元)	3.9297	3.7720	3.3749	2.9597
每股公积金(元)	1.3214	1.3214	1.3063	1.3058
净资产收益率(%)	13.7400	10.1500	18.2700	18.1700
总资产(万元)	767836.87	744562.56	661323.44	494838.25
股东权益(万元)	392980.16	37255.78	337485.06	295787.91
未分配利润(万元)	133562.84	117860.56	79573.83	47177.25
主营收入(万元)	550686.62	350120.91	700058.87	443082.72
资本公积金(万元)	132139.56	132117.48	130633.49	130579.37
主营利润(万元)	105704.44	73107.11	137481.08	92121.92
其他业务利润(万元)	614.83	583.07	1323.44	446.89
营业利润(万元)	73766.88	49607.86	75859.21	62722.27
投资收益(万元)	939.66	969.36	-1137.56	-33.03
补贴收入(万元)				
营业外收支(万元)			-1359.82	-558.95
利润总额(万元)	75148.46	51060.68	76061.83	6213.29
净利润(万元)	53989.02	38286.72	61643.04	53737.02

十大股东

序号	股东名称	股份性质	持股数(万股)	比例(%)
1	东风汽车工业投资有限公司	国有法人股	70000.00	70.00
2	中国银河证券有限责任公司	社会公众股	4909.09	4.23
3	上海市企业年金发展中心银河平衡	社会公众股	746.39	0.71
4	宏源证券股份有限公司	社会公众股	721.00	0.45
5	张涛	社会公众股	449.62	0.44
6	烟台张裕集团有限公司	社会公众股	410.32	0.32
7	孙锁保	社会公众股	363.56	0.30
8	朱瑞鹤	社会公众股	344.43	0.29
9	中国发展研究基金会	社会公众股	306.77	0.29
10	李建国	社会公众股	304.75	0.29

股东人数	2003.9	2003.6	2002	2001

近年分配		近年配股/增发	不分配不转增

重大事项

2003年5月27日公司以2002年底100000万股为基数,向全体股东每10股派发现金红利2.00元(含税).股权登记日为2003年5月30日,除息日为2003年6月2日,现金红利发放日为2003年6月6日。2003年3月20日公司控股股东东风汽车公司将其持有的公司国有法人股70000万股无偿划转给其子公司东风汽车有限公司.此次国有股转让完成后,公司总股本及股权结构不变,总股本仍为100000万股.其中,东风汽车有限公司持有70000万股,占公司总股本的70%,为公司控股股东,股份性质仍为国有法人股.其余30%为社会流通股。

二〇〇二年以来市场表现

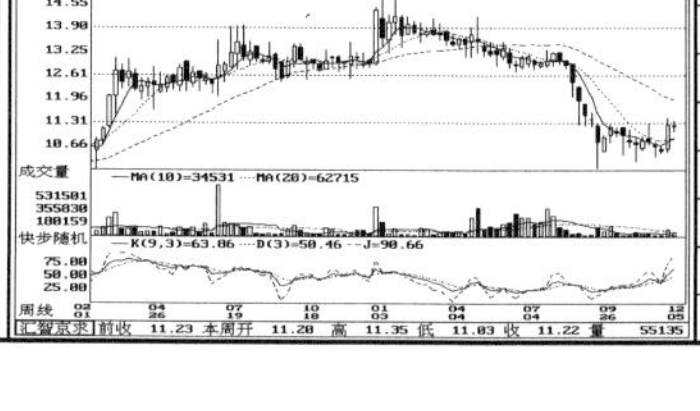

2002年涨跌幅(%)	40.43
2002年最高(元)	15.00
2002年最低(元)	9.33
2002年换手率(%)	168.44
2003年涨跌幅(%)	-24.63
2003年最高(元)	14.80
2003年最低(元)	10.04
2003年换手率(%)	157.53

中国国际贸易中心股份有限公司

公司概况

公司名称	中国国际贸易中心股份有限公司			股票代码	600007
注册地址	北京市建国门外大街1号			邮政编码	100004
法人代表	杨文生		董秘	吴荣柯	
电话	010-65052288		传真	010-6503862	
主营业务	物业出租				
总股本	80000.00	流通 A	16000.00	流通 B	流通 H
审计单位			审计意见	未审计	

主要财务指标

年度	2003.9	2003.6	2002	2001
每股收益/扣除后(元)	0.2000	0.1400	0.2449	0.2300
每股经营现金流量(元)	0.3700	0.2600	0.4700	0.4100
每股净资产/调整后(元)	2.7000	2.6300	2.8000	2.6800
每股公积金(元)	1.1515	1.1529	1.1530	1.1486
净资产收益率(%)	6.6300	4.6900	7.8200	8.3300
总资产(万元)	435214.69	430824.00	380245.81	371501.41
股东权益(万元)	239651.80	234904.70	223889.70	214330.09
未分配利润(万元)	48645.60	43776.10	32752.50	26193.90
主营收入(万元)	47951.70	32276.60	65198.80	59706.70
资本公积金(万元)	92119.50	92228.50	92242.60	31209.60
主营利润(万元)	26933.60	18522.60	35235.10	31209.60
其他业务利润(万元)				
营业利润(万元)	23420.00	16192.60	303746.31	26916.30
投资收益(万元)	54.60	16.50	-529.70	132.10
补贴收入(万元)				
营业外收支(万元)			-3126.20	-377.10
利润总额(万元)	23696.70	16410.30	26720.40	266714.31
净利润(万元)	15893.10	11023.30	17504.10	17851.80

十大股东

序号	股东名称	股份性质	持股数(万股)	比例(%)
1	中国国际贸易中心有限公司	未流通股	6400.00	80.00
2	中国银河证券有限责任公司	流通股	229.07	0.14
3	天同180指数证券投资基金	流通股	74.42	0.08
4	兴和证券投资基金	流通股`	67.82	0.05
5	杜修胜	流通股	50.50	0.05
6	魏果	流通股`	48.54	0.04
7	张国宁	流通股	40.85	0.03
8	中海信托投资有限责任公司	流通股	40.00	0.03
9	田晋瑞	流通股	39.25	0.03
10	陈伟	流通股	36.77	0.03

股东人数	2003.9	2003.6	2002	2001
	89081	91060	89685	89733

近年分配	2002年10股派1.04元 2001年10股派1.04	近年配股/增发	2002年10股配6股

重大事项

2003年10月31日公司公布2003年第三季度报告:季度每股收益:0.20元;每股净资产:3.00元;净资产收益率:6.63%。2003年06月6日公司以2002年总股本800000000股为基数,向全体股东每10股派发现金红利人民币1.04元(含税).股权登记日为2003年6月11日,除息日为2003年6月12日,红利发放日为2003年6月19日。

二〇〇二年以来市场表现

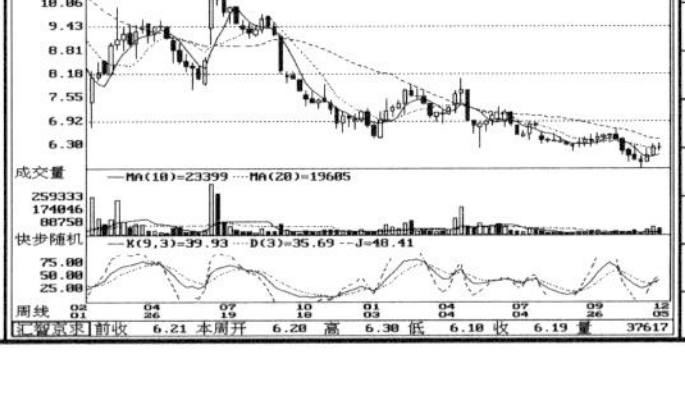

2002年涨跌幅(%)	-28.20
2002年最高(元)	10.59
2002年最低(元)	6.38
2002年换手率(%)	170.49
2003年涨跌幅(%)	-5.48
2003年最高(元)	7.94
2003年最低(元)	5.67
2003年换手率(%)	104.43

北京首创股份有限公司

公司概况

公司名称	北京首创股份有限公司	股票代码	600008
注册地址	北京市海淀区双榆树知春路76号翠宫	邮政编码	100028
法人代表	刘晓光	董秘	郭鹏
电话	010-64689035	传真	010-64689030
主营业务	京通快速路通行费		
总股本	110000.00	流通A	30000.00
流通B		流通H	
审计单位		审计意见	未审计

主要财务指标

年度	2003.9	2003.6	2002	2001
每股收益/扣除后(元)	0.3200	0.1562	0.4061	0.3980
每股经营现金流量(元)	0.2710	0.2310	0.4706	0.4455
每股净资产/调整后(元)	3.9596	3.8290	3.6450	3.5800
每股公积金(元)	2.4344	2.4344	2.4362	2.4397
净资产收益率(%)	7.9600	4.8640	11.4800	12.2300
总资产(万元)	490332.62	511558.97	598194.56	513395.34
股东权益(万元)	435631.78	421448.50	401147.78	393990.37
未分配利润(万元)	35538.73	21355.45	858.44	214.48
主营收入(万元)	16074.17	9340.97	20319.04	17774.80
资本公积金(万元)	267781.78	267781.78	267781.78	268372.37
主营利润(万元)	10438.85	5735.74	14227.98	10004.26
其他业务利润(万元)	72.77	37.80	430.42	
营业利润(万元)	3339.81	1100.93	46513.86	48561.48
投资收益(万元)	1529.36	135.00	2470.68	3087.58
补贴收入(万元)	31023.75	19842.10	40779.60	45000.00
营业外收支(万元)	35.29	23.45	-55.27	-53.99
利润总额(万元)	35876.44	21101.03	46513.86	48561.48
净利润(万元)	34680.30	20497.01	46051.71	48201.58

十大股东

序号	股东名称	股份性质	持股数(万股)	比例(%)
1	北京首都创业集团有限公司	国有法人股	79856.42	72.60
2	中国经济技术投资担保有限公司	流通股	800.00	0.73
3	江苏省弘业股份有限公司	流通股	500.00	0.45
4	中国纺织物资(集团)总公司	流通股	500.00	0.45
5	中国石油天然气管道局	流通股	500.00	0.45
6	北京浩鸿房地产开发有限公司	流通股	484.23	0.44
7	裕阳证券投资基金	流通股	429.01	0.39
8	北京高校房地产开发总公司	流通股	415.14	0.38
9	金鑫证券投资基金	流通股	368.65	0.34
10	丰和价值证券投资基金	流通股	336.82	0.31

股东人数	2003.9	2003.6	2002	2001
	93808	95264	93550	109621

近年分配		近年配股/增发	
	2002年10股派3.5元 2001年末10股派3.6元		不分配不转增

重大事项

2003年5月12日公司于2003年04月26日同海南欣龙无纺股份有限公司签订了《互保协议书》,协议约定双方为对方提供金额单笔5000万元人民币,期限不超过两年的对等担保。2003年10月25日公司公布2003年第三季度报告:季度每股收益:0.0713元;每股净资产:3.76元;净资产收益率:1.90%。

二〇〇二年以来市场表现

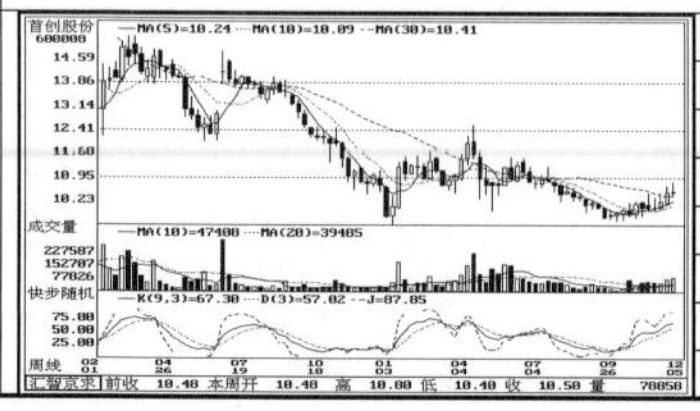

2002年涨跌幅(%)	-20.42
2002年最高(元)	14.61
2002年最低(元)	9.86
2002年换手率(%)	112.14
2003年涨跌幅(%)	3.05
2003年最高(元)	12.20
2003年最低(元)	9.15
2003年换手率(%)	96.87

上海国际机场股份有限公司

公司概况

公司名称	上海国际机场股份有限公司	股票代码	600009
注册地址	上海市浦东新区启航路900号	邮政编码	200335
法人代表	杜春才	董秘	黄 晔
电话	021-6268899-44169	传真	021-62681737
主营业务	航空服务		
总股本	142216.67	流通A	52216.67
流通B		流通H	
审计单位		审计意见	未审计

主要财务指标

年度	2003.9	2003.6	2002	2001
每股收益/扣除后(元)	0.2520	0.1690	0.4230	0.4020
每股经营现金流量(元)	0.4000	0.2090	0.0900	0.7090
每股净资产/调整后(元)	4.0820	3.9670	3.7830	3.5500
每股公积金(元)	1.4368	1.4006	1.3857	1.3840
净资产收益率(%)	6.2580	4.3200	11.3300	11.2900
总资产(万元)	681238.50	690084.19	673700.19	661795.56
股东权益(万元)	580642.25	561863.37	534804.19	502114.94
未分配利润(万元)	580642.25	561863.37	135716.87	115450.36
主营收入(万元)	118696.55	82401.86	137907.22	115653.04
资本公积金(万元)	204337.12	198246.73	195741.59	195463.41
主营利润(万元)	56361.15	40712.12	72590.39	60356.86
其他业务利润(万元)			12077.47	13265.75
营业利润(万元)	43292.63	31015.26	70084.71	60037.69
投资收益(万元)			1925.65	6835.39
补贴收入(万元)				
营业外收支(万元)			-419.72	-160.20
利润总额(万元)	43258.22	29357.35	71518.64	66713.38
净利润(万元)	36335.82	24275.71	60568.10	56676.12

十大股东

序号	股东名称	股份性质	持股数(万股)	比例(%)
1	上海机场(集团)有限公司	国家股	90000.00	63.28
2	科瑞证券投资基金有限公司	流通股	1682.04	1.18
3	易方达平稳增长证券投资基金	流通股	1309.75	0.92
4	上海证券有限责任公司	流通股	1253.15	0.88
5	华安创新证券投资基金	流通股	1000.00	0.70
6	安顺证券投资基金	流通股	950.00	0.67
7	融鑫证券投资基金	流通股	790.58	0.56
8	普惠证券投资基金	流通股	786.99	0.55
9	鸿阳证券投资基金	流通股	752.35	0.53
10	裕元证券投资基金	流通股	731.45	0.51

股东人数	2003.9	2003.6	2002	2001
	106330	142514	200576	258313

近年分配		近年配股/增发	
	2002年10股派1.99元 2001年末10股派1.5元		不发配不转增

重大事项

2003年08月05日公司以2003年8月1日总股本1422143800股为基数,每10股派现金1.99元(扣税后10派1.59元),股权登记日:2003年8月8日,除息日:2003年8月11日,现金红利发放日:2003年8月14日。2003年07月02日公司截至2003年6月30日收盘,已有65399.6万元公司发行的"机场转债"转成公司发行的股票,转股股数为6539.96万股,占本公司发行可转换公司债券前发行在外普通股总数的4.84%;尚有69600.4万元"机场转债"未转换,占"机场转债"发行总量的51.56%。

二〇〇二年以来市场表现

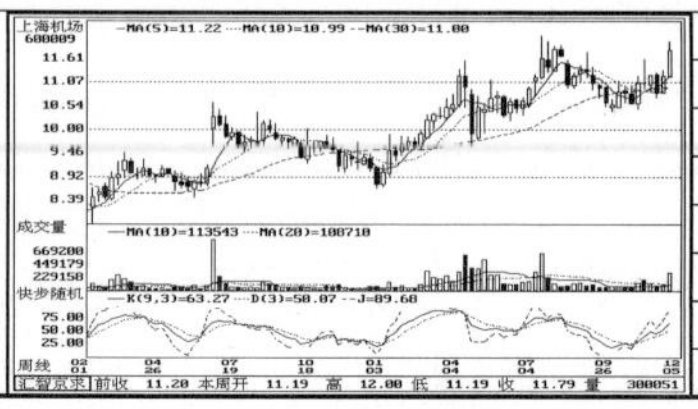

2002年涨跌幅(%)	9.34
2002年最高(元)	10.25
2002年最低(元)	7.35
2002年换手率(%)	88.51
2003年涨跌幅(%)	27.56
2003年最高(元)	11.95
2003年最低(元)	8.45
2003年换手率(%)	153.41

内蒙古包钢钢联股份有限公司

公司概况

公司名称	内蒙古包钢钢联股份有限公司			股票代码	600010		
注册地址	内蒙古包头市昆区河西工业区			邮政编码	014010		
法人代表	林东鲁			董秘	郭景龙		
电话	0427-2105037			传真	0472-2105006		
主营业务	生产销售黑色金属及其延压加工产品、冶金机械等						
总股本	125000.00	流通 A	35000.00	流通 B		流通 H	
审计单位				审计意见	未审计		

主要财务指标

年度	2003.9	2003.6	2002	2001
每股收益/扣除后(元)	0.2800	0.1600	0.2500	0.2100
每股经营现金流量(元)	2.2410	1.3610	1.0900	-0.3000
每股净资产/调整后(元)	3.1300	3.0400	2.8700	2.7800
每股公积金(元)	1.5297	1.5300	1.5300	1.5297
净资产收益率(%)	8.2200	5.3700	5.5000	7.3900
总资产(万元)	938522.37	917548.25	826682.69	727135.56
股东权益(万元)	391318.22	379577.87	359178.62	347353.53
未分配利润(万元)	60754.99	48982.91	28583.62	21371.79
主营收入(万元)	707703.94	414093.87	640478.12	558135.44
资本公积金(万元)	191212.77	191244.52	191244.52	191212.77
主营利润(万元)	82123.03	53533.00	76641.11	60851.27
其他业务利润(万元)	456.50	343.55	1401.78	877.70
营业利润(万元)	49904.51	31163.72	44852.13	41544.69
投资收益(万元)	163.18	297.40	-129.22	-292.00
补贴收入(万元)				
营业外收支(万元)	-164.24	1.78	-714.66	-1152.52
利润总额(万元)	49906.44	31465.90	44008.24	40097.25
净利润(万元)	32171.37	20399.29	30543.33	25665.88

十大股东

序号	股东名称	股份性质	持股数(万股)	比例(%)
1	包头钢铁(集团)有限责任公司	国有法人股	88778.00	71.02
2	哈尔滨哈里实业股份有限公司	流通股	1181.00	0.88
3	山西焦煤(集团)有限责任公司	法人股	977.32	0.52
4	哈尔滨市新阳菜市场	流通股	650.00	0.36
5	云南世博投资有限公司	流通股	519.65	0.36
6	哈尔滨道里投资股份有限公司	流通股	341.23	0.33
7	哈尔滨哈里投资股份有限公司	流通股	269.32	0.23
8	黑龙江省铁力市财政证券交易公司	流通股	259.19	0.22
9	昆明天竟商贸有限公司	流通股	247.38	0.20
10	福州亨达装修工程有限公司	流通股	244.98	0.18

股东人数	2003.9	2003.6	2002	2001
	127133	123855	121262	136460

近年分配	2002年10股派1.5元 2001年末10股派1.0元	近年配股/增发	不分配不转增

重大事项

2003-04-10 钢联股份2002年度分红派息实施公告：以总股本125000万股为基数，每10股派现金1.50元(税后10股派1.2元)，股权登记日为2003年4月15日，除息日为2003年4月16日，红利发放日为2003年4月22日。2002-11-20 经中国证券监督管理委员会有关文核准，公司于2001年2月向社会公众公开发行人民币普通股35000万股，实际募集资金共计177751.22万元，将全部用于经国务院批准的"薄板坯连铸连轧项目"工程。

二〇〇二年以来市场表现

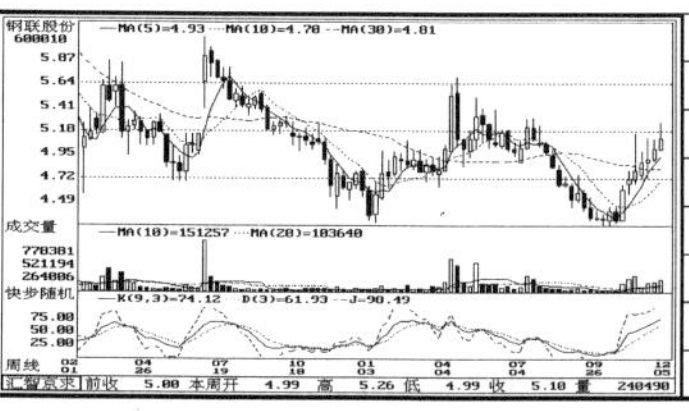

2002年涨跌幅(%)	-19.89
2002年最高(元)	5.95
2002年最低(元)	4.26
2002年换手率(%)	165.68
2003年涨跌幅(%)	14.94
2003年最高(元)	5.58
2003年最低(元)	4.13
2003年换手率(%)	180.22

华能国际电力股份有限公司

公司概况

公司名称	华能国际电力股份有限公司			股票代码	600011		
注册地址	北京西城区复兴门南大街丙2号			邮政编码	100031		
法人代表	李小鹏			董秘	黄龙		
电话	010-66491851			传真	010-66491860		
主营业务	投资、建设管理电厂;开发、投资等						
总股本	602767.12	流通 A	25000.00	流通 B		流通 H	
审计单位				审计意见	未审计		

主要财务指标

年度	2003.9	2003.6	2002	2001
每股收益/扣除后(元)	0.6600	0.3900	0.6900	0.6100
每股经营现金流量(元)	1.3000	0.7600	1.3000	1.1900
每股净资产/调整后(元)	5.5200	5.2400	4.8600	4.5200
每股公积金(元)	1.7258	1.7101	1.7101	1.7209
净资产收益率(%)	11.9200	7.4300	14.0000	13.4000
总资产(万元)	4871186.00	4702880.50	4809875.50	4722971.00
股东权益(万元)	3329997.25	3168498.75	2916947.75	2712556.50
未分配利润(万元)	1345004.62	1183506.12	948870.37	816085.75
主营收入(万元)	1682956.87	1061808.62	1872534.12	1581665.62
资本公积金(万元)	1040258.62	1040258.62	1026083.06	1025944.94
主营利润(万元)	547389.19	338670.31	615860.19	545743.25
其他业务利润(万元)	3247.54	2283.67	1682.19	-52.90
营业利润(万元)	478967.53	291566.16	528551.50	443828.97
投资收益(万元)	12933.21	4211.26	-4613.90	1929.03
补贴收入(万元)				
营业外收支(万元)			-2729.67	-3506.43
利润总额(万元)	492080.31	296309.37	521207.94	44251.58
净利润(万元)	397065.75	235567.20	408235.06	363606.41

十大股东

序号	股东名称	股份性质	持股数(万股)	比例(%)
1	华能国际电力开发公司	国有法人股	255484.00	42.39
2	香港上海汇丰银行有限公司	外资股	52275.33	8.67
3	渣打银行	外资股	45267.49	7.51
4	河北省建设投资公司	国有法人股	45225.00	7.50
5	福建国际信托投资公司公司	国有法人股	33485.00	5.56
6	江苏省国际信托投资公司	国有法人股	31237.50	5.18
7	辽宁能源总公司	国有法人股	22968.50	3.81
8	大连市建设投资公司	国有法人股	22612.50	3.75
9	花旗银行	外资股	9882.89	1.64
10	南通市投资管理中心	国有法人股	6787.50	1.13

股东人数	2003.9	2003.6	2002	2001
	155773	25449	41423	50484

近年分配	2002年10股派3.4元 2001年末10股派3.0元	近年配股/增发	不分配不转增

重大事项

2003年9月20日公司于2003年9月18日宣布,在北京与中国银行签署协议,从而获得该银行提供的270亿元人民币授信额度。2003年6月12日公司公布电价调整公告:公司全资拥有的华能大连电厂上网电价调整为314元/兆瓦时,全资拥有的华能丹东电厂上网电价调整为323元/兆瓦时,以上电价均含税.调整后的上网电价自2003年6月10日起执行。x

二〇〇二年以来市场表现

2002年涨跌幅(%)	-6.45
2002年最高(元)	14.41
2002年最低(元)	10.11
2002年换手率(%)	249.62
2003年涨跌幅(%)	32.62
2003年最高(元)	16.54
2003年最低(元)	10.22
2003年换手率(%)	205.19

安徽皖通高速公路股份有限公司

公司概况

公司名称	安徽皖通高速公路股份有限公司	股票代码	600012
注册地址	安徽省合肥市长江西路 669 号	邮政编码	230051
法人代表	王水	董秘	谢新宇
电话	0551-3433722	传真	0551-3434602
主营业务	高等级公路建设、设计、监理、收费、养护、管理、技术咨询等		
总股本	165861.00	流通 A	25000.00
流通 B		流通 H	
审计单位		审计意见	未审计

主要财务指标

年度	2003.9	2003.6	2002	2001
每股收益 / 扣除后(元)	0.1200	0.0734	0.1800	0.1800
每股经营现金流量(元)	0.2300	0.1370	0.3000	0.3000
每股净资产 / 调整后(元)	2.2500	2.2100	2.1400	2.0400
每股公积金(元)	0.7104	0.7094	0.7094	0.6387
净资产收益率(%)	5.2900	3.3100	7.2700	8.6000
总资产(万元)	615064.81	563348.81	506220.37	435967.50
股东权益(万元)	375253.91	367386.19	355219.97	288703.59
未分配利润(万元)	67483.24	59787.22	47621.01	40432.98
主营收入(万元)	62592.47	41016.22	75162.75	61144.99
资本公积金(万元)	117830.65	117658.95	117658.95	89962.95
主营利润(万元)	32189.19	19817.41	39798.92	30449.76
其他业务利润(万元)	537.23	338.79	493.69	20.83
营业利润(万元)	25638.47	15700.08	32503.66	25741.56
投资收益(万元)	-4.25	-7.80	1.69	
补贴收入(万元)			7.42	
营业外收支(万元)			-71.72	
利润总额(万元)	25586.63	15688.33	32480.59	25798.52
净利润(万元)	19862.23	12166.21	25839.26	24811.93

十大股东

序号	股东名称	股份性质	持股数(万股)	比例(%)
1	安徽省高速公路总公司	国家股	53874.00	32.48
2	HKSCC NOMINEES LTD(代理人)	外资 H 股	48242.60	29.09
3	华建交通经济开发中心	国有法人股	37686.00	22.72
4	普惠证券投资基金	A股	555.20	0.33
5	ARSENTON NOMINEES LTD	外资 H 股	480.20	0.29
6	汉兴证券投资基金	A股	446.80	0.27
7	兴华证券投资基金	A股	364.33	0.22
8	富国动态平衡证券投资基金	A股	346.37	0.21
9	隆元证券投资基金	A股	251.35	0.15
10	河北证券有限责任公司	A股	165.33	0.01

股东人数	2003.9	2003.6	2002	2001
	65456	69861	76760	137499

近年分配	2002年 10 股派 0.3 元	近年配股 / 增发	不分配不转增

重大事项

2002年 12 月 23 日公司向二级市场配售发行 25000 万股人民币普通股，发行价 2.20 元,全面摊薄发行市盈率为 12.22 倍。每一个股票帐户申购数量上限为 250000 股,配售缴款日为 2002 年 12 月 26 日。募股资金运用:一部分用于收购连霍公路安徽段的在建工程,一部分用于连霍公路安徽段的后续建设。

二〇〇二年以来市场表现

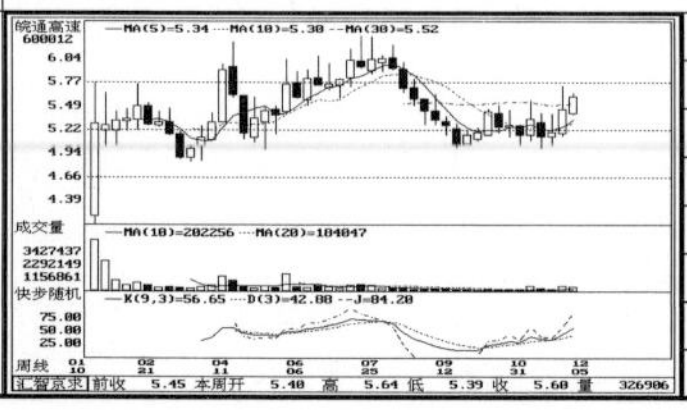

2002年涨跌幅(%)	0.00
2002年最高(元)	0.00
2002年最低(元)	0.00
2002年换手率(%)	0.00
2003年涨跌幅(%)	0.00
2003年最高(元)	6.32
2003年最低(元)	4.08
2003年换手率(%)	897.79

华夏银行股份有限公司

公司概况

公司名称	华夏银行股份有限公司	股票代码	600015
注册地址	北京市西城区西单北大街 111 号	邮政编码	100032
法人代表	刘海燕	董秘	赵京学
电话	010-66151199-2907	传真	010-66122081
主营业务	吸收人民币存款;发放短期、中期和长期贷款;办理结算等		
总股本	350000.00	流通 A	100000.00
流通 B		流通 H	
审计单位		审计意见	未审计

主要财务指标

年度	2003.9	2003.6	2002	2001
每股收益 / 扣除后(元)	0.1970	0.1580	0.2820	0.2560
每股经营现金流量(元)	-7.2700	-6.6330	8.8300	
每股净资产 / 调整后(元)	2.6400	1.5990	1.4410	0.8380
每股公积金(元)	1.2742			
净资产收益率(%)	6.8000	9.8900	19.5900	30.5500
总资产(万元)	21706668.00	20365390.00	17814650.00	13504967.00
股东权益(万元)	972182.75	399655.91	360136.94	209583.56
未分配利润(万元)	159700.23	133135.37	93616.39	-40416.44
主营收入(万元)	601419.06	383572.84	622460.94	532991.62
资本公积金(万元)	445961.97			
主营利润(万元)	455565.53	74280.50	127544.20	121459.90
其他业务利润(万元)				
营业利润(万元)	119433.30	74280.50	127544.20	121459.90
投资收益(万元)	28549.90	58276.10	88884.60	57630.20
补贴收入(万元)				
营业外收支(万元)	-2797.70	-7299.20		
利润总额(万元)	109336.44	66981.34	115124.35	109643.01
净利润(万元)	66083.84	39518.99	70553.37	64025.89

十大股东

序号	股东名称	股份性质	持股数(万股)	比例(%)
1	首钢总公司	国有法人股	50000.00	14.29
2	山东电力集团公司	国有法人股	40000.00	11.43
3	玉溪红塔烟草(集团)有限责任公司	国有法人股	35000.00	10.00
4	联大集团有限公司	国有法人股	30000.00	8.57
5	北京三吉利能源股份有限公司	国有法人股	15000.00	4.29
6	上海健特生物科技有限公司	社会法人股	14000.00	4.00
7	信远产业控股集团有限公司	社会法人股	11500.00	3.29
8	包头华资实业股份有限公司	国有法人股	10000.00	2.86
9	上海建工(集团)总公司	国有法人股	7500.00	2.14
10	中国进口汽车贸易中心	国有法人股	7500.00	2.14

股东人数	2003.9	2003.6	2002	2001
	407152			

近年分配	2003年中 10 股派 2.23 元 2002 末 10 股派 2.23 元	近年配股 / 增发	不分配不转增

重大事项

2003年 10 月 27 日公司与毕博管理咨询公司经协商于 2003 年 10 月 23 日签署长期战略合作协议。协议有效期为五年。2003 年 8 月 26 日公司上网定价发行 45000 万股人民币普通股,发行价 5.60 元,全面摊薄发行市盈率为 19.86 倍。每一个股票帐户申购数量上限为 450000 股。募股资金运用:1)机构网点建设;2)电子化建设;3)人才培训;4)购建固定资产以及资金运营。

二〇〇二年以来市场表现

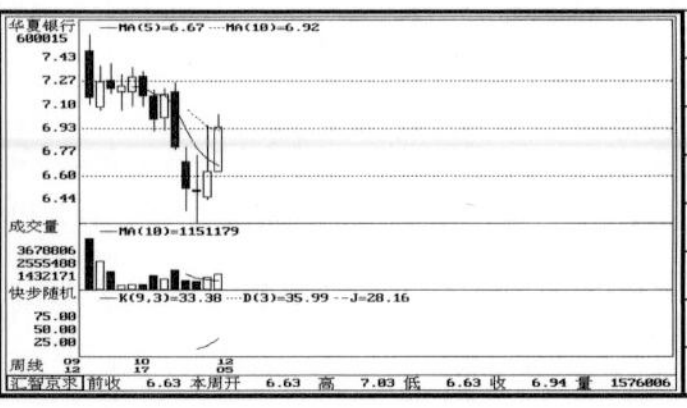

2002年涨跌幅(%)	0.00
2002年最高(元)	0.00
2002年最低(元)	0.00
2002年换手率(%)	0.00
2003年涨跌幅(%)	0.00
2003年最高(元)	7.25
2003年最低(元)	6.27
2003年换手率(%)	192.85

中国民生银行股份有限公司

公司概况

公司名称	中国民生银行股份有限公司	股票代码	600016
注册地址	北京市东城区正义路四号	邮政编码	100006
法人代表	经叔平	董秘	毛晓峰
电话	010-65269592	传真	010-65229104
主营业务	吸收公众存款;发放短期、中期和长期贷款;办理国内外结算等		
审计单位		审计意见	未审计

总股本	流通 A	流通 B	流通 H
339080.62	70829.34		

主要财务指标

年度	2003.9	2003.6	2002	2001
每股收益 / 扣除后(元)	0.3100	0.1900	0.3400	0.2800
每股经营现金流量(元)	9.7200	0.5070	13.6800	7.0200
每股净资产 / 调整后(元)	2.0600	1.9000	2.2200	2.3100
每股公积金(元)	0.7262	0.6761	0.9789	1.1257
净资产收益率(%)	14.4900	9.6100	14.8500	11.9100
总资产(万元)	35901928.00	32978238.00	24628086.00	13889842.00
股东权益(万元)	727502.62	664186.00	600381.00	542490.31
未分配利润(万元)	116175.40	74555.70	62485.10	51709.60
主营收入(万元)	813257.37	491367.81	721367.69	513099.31
资本公积金(万元)	246235.20	227345.09	253212.30	253212.30
主营利润(万元)		89054.20	121539.90	
其他业务利润(万元)				
营业利润(万元)	147409.50	89054.20	121539.90	88078.40
投资收益(万元)			118634.30	72916.20
补贴收入(万元)				
营业外收支(万元)	-152.90		362.90	1956.20
利润总额(万元)	147256.59	88946.40	121902.80	90034.60
净利润(万元)	105424.70	63805.50	89154.00	64637.00

十大股东

序号	股东名称	股份性质	持股数(万股)	比例(%)
1	新希望投资有限公司	法人股	26824.19	7.91
2	中国泛海控股有限公司	法人股	25265.50	7.45
3	东方集团股份有限公司	法人股	25265.50	7.45
4	中国船东互保协会	`法人股	21378.50	6.30
5	中国中小企业投资有限公司	法人股	19450.55	5.74
6	厦门福信集团有限公司	法人股	18521.56	5.46
7	中国煤炭工业进出口集团公司	法人股	17491.50	5.16
8	中国有色金属建设股份有限公司	法人股	14891.50	4.39
9	四川南方希望有限公司	法人股	14393.56	3.72
10	哈尔滨岁宝热电股份有限公司	法人股	12628.86	2.87

股东人数	2003.9	2003.6	2002	2001
	267673	267481	178475	186115

近年分配	近年配股 / 增发
2002年 10 股派 0.60 元 2001 末 10 股派 0.70 元	不分配不转增

重大事项

2003年7月03日中国中小企业投资有限公司目前持有中国民生银行股份有限公司19450.548万法人股,据《最高人民法院协助执行通知书》,因与原披露冻结原由同案,最高人民法院对其所持股权12910.4万股继续实施查封,时间为2003年6月30日至2003年12月30日。2003年3月28日中国泛海控股有限公司将持有公司19435万法人股原质押给交通银行北京分行西单支行的2200万.660万、2535万股权解除质押.该公司于2003年3月28日将其所持5395万法人股权,质押给交通银行北京分行西单支行,质押期自2003年3月28日至2004年3月28日。

二〇〇二年以来市场表现

2002年涨跌幅(%)	-26.95
2002年最高(元)	10.18
2002年最低(元)	7.01
2002年换手率(%)	114.50
2003年涨跌幅(%)	24.07
2003年最高(元)	12.70
2003年最低(元)	6.72
2003年换手率(%)	357.48

上海港集装箱股份有限公司

公司概况

公司名称	上海港集装箱股份有限公司	股票代码	600018
注册地址	上海市浦东新区港华路 1299 号	邮政编码	200432
法人代表	陈戌源	董秘	陆卫国
电话	021-56443578	传真	021-56443574
主营业务	集装箱装卸、储存、拆装箱;水陆运输、中转、多式联运等		
审计单位		审计意见	未审计

总股本	流通 A	流通 B	流通 H
180440.00	42000.00		

主要财务指标

年度	2003.9	2003.6	2002	2001
每股收益 / 扣除后(元)	0.4300	0.2750	0.8724	0.7822
每股经营现金流量(元)	0.6800	0.4170	1.6063	1.3220
每股净资产 / 调整后(元)	3.1480	3.0010	5.4576	5.0426
每股公积金(元)	1.1248	1.1248	2.9496	2.9494
净资产收益率(%)	13.6050	9.3320	15.6300	15.3600
总资产(万元)	962103.94	863758.87	825410.62	51321.47
股东权益(万元)	572873.75	547119.06	498062.03	459436.97
未分配利润(万元)	137721.67	111967.03	89975.96	459436.97
主营收入(万元)	242497.94	155709.12	259006.50	213847.37
资本公积金(万元)	202962.86	202962.86	266116.87	266096.78
主营利润(万元)	136414.69	86981.79	143359.27	128720.48
其他业务利润(万元)	324.65	84.80	811.86	400.15
营业利润(万元)	117506.16	75279.91	122791.27	110848.10
投资收益(万元)	6677.84	5410.70	38852.03	7471.26
补贴收入(万元)				
营业外收支(万元)			-988.06	1988.67
利润总额(万元)	124194.92	80743.57	125685.24	120308.03
净利润(万元)	77939.00	51058.39	77844.84	70570.66

十大股东

序号	股东名称	股份性质	持股数(万股)	比例(%)
1	上海国际港务(集团)有限公司	国家股	135680.00	75.19
2	博时价值增长证券投资基金	流通股	1254.39	0.70
3	东方国际(集团)有限公司	流通股	1194.33	0.66
4	同益证券投资基金	流通股	978.68	0.54
5	上海强生传媒创业投资有限公司	流通股	920.00	0.51
6	汉盛证券投资基金	流通股	878.93	0.49
7	同盛证券投资基金	流通股	780.00	0.43
8	中国外轮理货总公司上海分公司	法人股	692.20	0.38
9	中国上海外轮代理公司	法人股	692.20	0.38
10	上海交通投资(集团)有限公司	法人股	692.20	0.38

股东人数	2003.9	2003.6	2002	2001
	83193	87860	68821	80447

近年分配	近年配股 / 增发
2002年 10 股派 4.0 元 2000 末 10 股派 3.5 元	不分配不转增

重大事项

2003年6月24日公司决定为所属子公司上海外高桥物流中心有限公司获得国家开发银行人民币60000万元贷款中的27000万元贷款提供担保.公司于2003年6月20日与国家开发银行签署了《保证合同》,保证期间为"主合同项下每笔债务履行届满之日起壹年"。《借款合同》借款期限为10年。2003年1月28日根据上海市财政局沪财会(2001)财会第139号《关于印发〈上海市财务会计信用等级管理试行办法〉的通知》精神,经过上海市财政局第二分局的评定,上港集箱公司被认定为"上海市财务会计信用等级A类"单位。

二〇〇二年以来市场表现

2002年涨跌幅(%)	-11.64
2002年最高(元)	9.91
2002年最低(元)	7.00
2002年换手率(%)	69.97
2003年涨跌幅(%)	60.24
2003年最高(元)	14.11
2003年最低(元)	7.50
2003年换手率(%)	304.44

宝山钢铁股份有限公司

公司概况

公司名称	宝山钢铁股份有限公司	股票代码	600019
注册地址	上海市宝山区富锦路果园	邮政编码	201900
法人代表	谢企华	董秘	陈缨
电话	86-21-26647000	传真	86-21-26646999
主营业务	钢铁冶炼、加工,电力、煤炭、工业气体生产、码头、仓储、运输等		
总股本	1251200.00	流通 A	187700.00
流通 B		流通 H	
审计单位		审计意见	未审计

主要财务指标

年度	2003.9	2003.6	2002	2001
每股收益/扣除后(元)	0.4300	0.3100	0.3480	0.2000
每股经营现金流量(元)	0.9800	0.5820	0.8600	0.7200
每股净资产/调整后(元)	2.7000	2.5800	2.2500	2.1000
每股公积金(元)	0.9542	0.9542	0.9342	0.9242
净资产收益率(%)	15.7700	11.8000	15.1600	9.7400
总资产(万元)	6032667.00	5884439.50	6148919.50	5804206.00
股东权益(万元)	3375849.50	3223827.25	2818506.50	2629002.75
未分配利润(万元)	703793.75	551771.56	171473.45	79958.85
主营收入(万元)	3256123.50	2210004.75	3387660.50	2917079.50
资本公积金(万元)	1193946.25	1193946.25	1168923.37	1156373.12
主营利润(万元)	1029308.37	725815.50	915157.75	580475.69
其他业务利润(万元)	5020.54	3263.18	2015.54	3702.92
营业利润(万元)	784009.37	566065.75	594175.31	370992.66
投资收益(万元)	2880.20	1991.20	100.00	7104.35
补贴收入(万元)				542.40
营业外收支(万元)			-17300.00	-763.49
利润总额(万元)	784009.37	566065.75	594175.31	370955.94
净利润(万元)	532320.31	380298.12	427193.25	256121.17

十大股东

序号	股东名称	股份性质	持股数(万股)	比例(%)
1	上海宝钢集团公司	国家股	1063500.00	85.00
2	华安创新证券投资基金	流通A股	5580.77	0.45
3	兴和证券投资基金	流通A股	3725.03	0.30
4	科瑞证券投资基金	流通A股	3479.21	0.28
5	银丰证券投资基金	流通A股	3261.01	0.26
6	同益证券投资基金	流通A股	3184.74	0.25
7	天元证券投资基金	流通A股	3015.08	0.24
8	富国动态平衡证券投资基金	流通A股	2353.74	0.19
9	丰和价值证券投资基金	流通A股	2186.29	0.17
10	兴华证券投资基金	流通A股	2019.53	0.16

股东人数	2003.9	2003.6	2002	2001
	280321	305404	385326	468091

近年分配	近年配股/增发
2002年10股派2.0元 2001末10股派1.25元	不分配不转增

重大事项

2003年7月21日公司召开二届二次董事会:1)通过关于公司提取2003年上半年度末资产减值准备的议案.2)通过公司2003年半年度报告.2003年中期利润不分配,不转增;3)通过关于1800毫米冷轧工程与日本新日本制铁株式会社合资的议案.4)通过关于投资建设激光拼焊板合资项目的议案。2003年1月18日由于钢铁市场的回暖和宝山钢铁股份有限公司规模的扩大,公司又进一步优化产品结构,大力开展降本增效活动,致使公司2002年度净利润较2001年度预计增长50%以上。

二〇〇二年以来市场表现

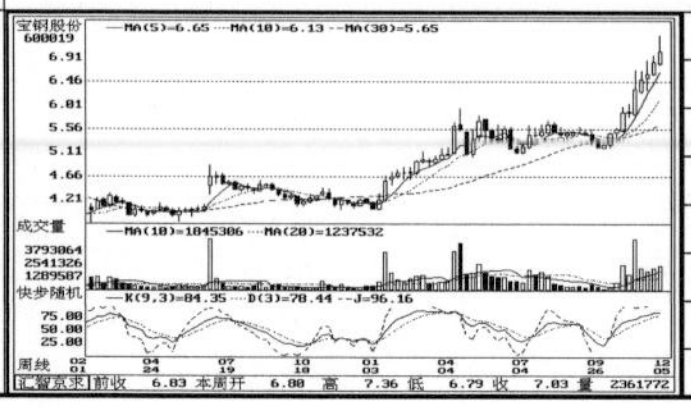

2002年涨跌幅(%)	9.19
2002年最高(元)	4.65
2002年最低(元)	3.43
2002年换手率(%)	149.66
2003年涨跌幅(%)	74.23
2003年最高(元)	6.95
2003年最低(元)	3.81
2003年换手率(%)	332.06

河南中原高速公路股份有限公司

公司概况

公司名称	河南中原高速公路股份有限公司	股票代码	600020
注册地址	郑州市中原中路220号	邮政编码	450007
法人代表	宋春雷	董秘	赵中锋
电话	0371-7717695	传真	0371-7436333
主营业务	高等级公路、大型和特大型独立桥梁等交通基础设施项目投资等		
总股本	105000.00	流通 A	28000.00
流通 B		流通 H	
审计单位		审计意见	未审计

主要财务指标

年度	2003.9	2003.6	2002	2001
每股收益/扣除后(元)	0.2100	0.1818	0.3980	0.3331
每股经营现金流量(元)	0.3500	0.2844	0.6381	0.4408
每股净资产/调整后(元)	3.3520	2.4551	2.2694	1.8708
每股公积金(元)	1.7734	0.5384	0.5384	0.5384
净资产收益率(%)	0.0600	0.0800	0.1800	0.1800
总资产(万元)	462753.16	290035.81	325295.31	271730.06
股东权益(万元)	369858.25	189045.80	174742.09	144050.16
未分配利润(万元)	67392.06	59333.41	45029.71	20476.16
主营收入(万元)	56408.06	36320.43	68165.91	49297.59
资本公积金(万元)	186208.77	41454.96	41454.96	41454.96
主营利润(万元)	37819.29	24319.85	45363.23	32270.07
其他业务利润(万元)	-47.10	-41.61	-6.29	
营业利润(万元)	32877.51	20897.09	37432.40	25652.07
投资收益(万元)				
补贴收入(万元)				
营业外收支(万元)				
利润总额(万元)	33376.64	21348.80	3748.56	25595.20
净利润(万元)	22362.35	14303.70	30691.94	25595.20

十大股东

序号	股东名称	股份性质	持股数(万股)	比例(%)
1	河南高速公路发展有限责任公司	国有法人股	53512.75	50.96
2	华建交通经济开发中心	国家股	23389.74	22.27
3	中信证券股份有限公司	社会公众股	273.74	0.26
4	兴和基金	社会公众股	72.90	0.06
5	华夏成长	社会公众股	70.10	0.07
6	景福基金	社会公众股	69.10	0.07
7	安顺基金	社会公众股	67.80	0.06
8	丰和价值	社会公众股	63.70	0.06
9	银丰基金	社会公众股	63.40	0.06
10	金鑫基金	社会公众股	61.40	0.06

股东人数	2003.9	2003.6	2002	2001
	78269			

近年分配	近年配股/增发
	不分配不转增

重大事项

2003年08月29日公司将从2003年9月1日起,实行对载货汽车超载运输计重收费。2003年07月24日公司向二级市场投资者定价配售发行28000万股人民币普通股,发行价6.36元,全面摊薄发行市盈率为15.96倍.每一个股票帐户申购数量上限为280000股,配售缴款日为2003年7月29日.募股资金运用于收购漯驻高速公路收费权。

二〇〇二年以来市场表现

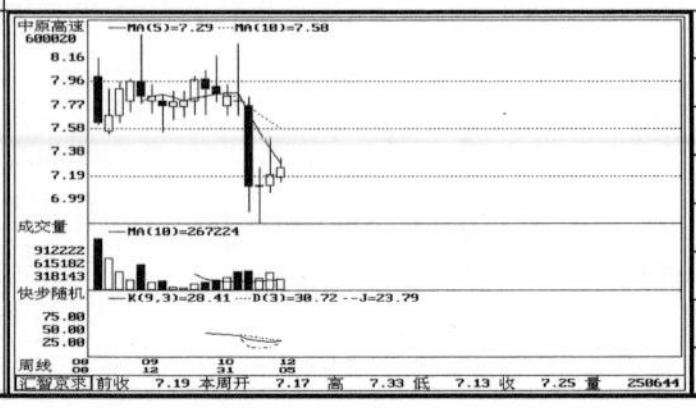

2002年涨跌幅(%)	0.00
2002年最高(元)	0.00
2002年最低(元)	0.00
2002年换手率(%)	0.00
2003年涨跌幅(%)	0.00
2003年最高(元)	8.35
2003年最低(元)	6.80
2003年换手率(%)	216.90

上海电力股份有限公司

公司概况

公司名称	上海电力股份有限公司			股票代码	600021		
注册地址	上海市徐家汇路 430 号 14,15 楼			邮政编码	200122		
法人代表	丁中智			董秘	唐勤华		
电话	021-64720799			传真	021-64723798		
主营业务	电力、热力的生产、建设、经营.						
总股本	156350.50	流通 A	24000.00	流通 B		流通 H	
审计单位				审计意见	未审计		

主要财务指标

年度	2003.9	2003.6	2002	2001
每股收益 / 扣除后(元)	0.3812	0.2234	0.3461	0.1736
每股经营现金流量(元)	1.4700	0.8900	0.8500	0.6400
每股净资产 / 调整后(元)	3.6400	3.4800	3.4200	3.3100
每股公积金(元)	2.4433	2.0542	2.0424	0.5212
净资产收益率(%)	9.8930	9.8900	9.1600	10.0800
总资产(万元)	1069218.75	1045673.69	953354.81	999400.94
股东权益(万元)	481099.94	459826.84	452330.84	437491.47
未分配利润(万元)	21343.21	70.09	69.91	-1351.61
主营收入(万元)	430580.25	272905.62	534800.37	502682.81
资本公积金(万元)	270677.37	270677.37	270309.50	137959.00
主营利润(万元)	90508.04	54309.90	105362.74	100862.28
其他业务利润(万元)	1656.89	895.25	2522.73	2845.14
营业利润(万元)	62579.43	36588.94	69071.11	67582.52
投资收益(万元)	21427.04	13898.08	-1590.70	1546.05
补贴收入(万元)				
营业外收支(万元)	-5019.12	-6513.86	-3438.21	-3836.74
利润总额(万元)	78987.34	60966.55	65690.36	56359.29
净利润(万元)	47595.23	26322.12	41439.36	44116.61

十大股东

序号	股东名称	股份性质	持股数(万股)	比例(%)
1	中国电力投资集团公司	国家股	100945.50	64.56
2	上海华东电力发展公司	国家股	31405.00	20.09
3	国泰君安证券股份有限公司	流通股	277.74	0.18
4	兴和基金	流通股	63.00	0.04
5	华夏成长	流通股	62.30	0.04
6	裕隆基金	流通股	56.50	0.04
7	丰和基金	流通股	54.90	0.04
8	银丰基金	流通股	53.10	0.03
9	科瑞基金	流通股	51.60	0.03
10	华安基金	流通股	50.50	0.03

股东人数	2003.9	2003.6	2002	2001

近年分配		近年配股 / 增发	不分配不转增

重大事项

2003年 10 月 29 日公司 24000 万股人民币普通股在上交所上市交易。2003 年 10 月 24 日公司公布 2003 年第 3 季度报告:季度每股收益:0.3596 元,每股净资产:3.64 元,净资产收益率:9.89%。

二〇〇二年以来市场表现

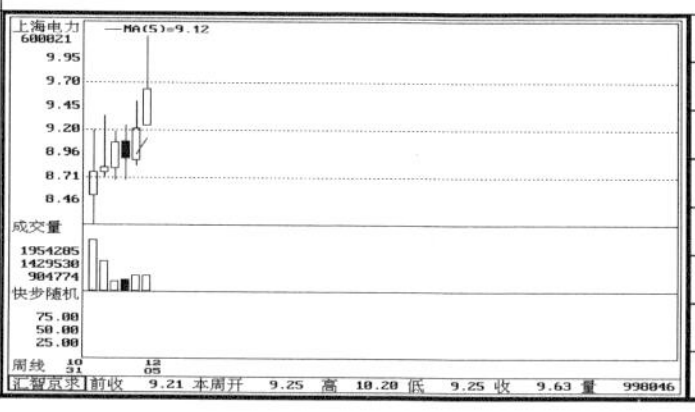

2002年涨跌幅(%)	0.00
2002年最高(元)	0.00
2002年最低(元)	0.00
2002年换手率(%)	0.00
2003年涨跌幅(%)	0.00
2003年最高(元)	9.50
2003年最低(元)	8.21
2003年换手率(%)	276.98

中海发展股份有限公司

公司概况

公司名称	中海发展股份有限公司			股票代码	600026		
注册地址	上海市浦东新区源深路 168 号			邮政编码	200080		
法人代表	李克麟			董秘	姚巧红		
电话	021-65966161			传真	021-65966160		
主营业务	沿海、远洋、长江货物运输、国际旅客运输、船舶租赁、货物代理等						
总股本	332600.00	流通 A	35000.00	流通 B		流通 H	
审计单位				审计意见	未审计		

主要财务指标

年度	2003.9	2003.6	2002	2001
每股收益 / 扣除后(元)	0.2200	0.1350	0.0530	0.1720
每股经营现金流量(元)	0.4300	0.2340	0.0090	0.5200
每股净资产 / 调整后(元)	2.0600	1.9700	1.8400	1.7000
每股公积金(元)	0.6200	0.6170	0.6170	0.6170
净资产收益率(%)	10.7600	6.9300	9.3000	6.9100
总资产(万元)	928653.62	904529.75	900240.12	883643.25
股东权益(万元)	900240.12	660717.81	614909.37	508448.06
未分配利润(万元)	126236.08	97895.61	52086.75	26803.75
主营收入(万元)	381225.84	249177.86	432579.59	327143.16
资本公积金(万元)	205372.06	205372.06	205372.06	157842.48
主营利润(万元)	106787.16	68193.95	111868.42	60392.29
其他业务利润(万元)	2384.73	1406.84	2537.98	4152.84
营业利润(万元)	85329.42	52539.86	79982.30	72107.77
投资收益(万元)		164.14	-11733.20	-27204.23
补贴收入(万元)	248.05		356.10	
营业外收支(万元)	1297.93		-249.03	1508.99
利润总额(万元)	87171.76	53912.58	68356.17	46412.53
净利润(万元)	74149.32	45808.86	57191.86	11282.80

十大股东

序号	股东名称	股份性质	持股数(万股)	比例(%)
1	中国海运(集团)总公司	国有法人	168000.00	50.51
2	HKSCC NOMINEES LIMITED	外资股东	125375.03	37.70
3	景博证券投资基金	社会公众股	252.88	0.08
4	HSBCNOMINEES(HONGKONG)LIMITED	外资股东	205.40	0.06
5	CHIK SAU KAW	外资股东	190.00	0.06
6	CHUK LING PANG	外资股东	155.00	0.05
7	泰和证券投资基金	社会公众股	115.08	0.03
8	中国银行-天同 180 指数证券投资基金	社会公众股	100.42	0.03
9	徐春英	社会公众股	100.00	0.03
10	华安上证 180 指数增强型证券投资基金	社会公众股	99.45	0.03

股东人数	2003.9	2003.6	2002	2001
	10	13	11	

近年分配	2002年 10 股派 1.0 元	近年配股 / 增发	不分配不转增

重大事项

2003年 9 月 29 日公司召开 2003 年第十次董事会,会议审议通过如下决议:1)通过新建两艘 70000 吨级原油船的议案,总投资额约为 5800 万美元. 2)通过续建两艘 42000 吨成品油/原油兼用船的议案,总投资额约为 5200 万美元。2003 年 6 月 12 日公司刊登 2002 年度分红派息实施公告:以 2002 年 12 月 31 日总股本 3326000000 股为基数,向全体股东每 10 股派现金红利人民币 1 元(含税).股权登记日为 2003 年 6 月 17 日,除息日为 2003 年 6 月 18 日,红利发放日为 2003 年 06 月 25 日。

二〇〇二年以来市场表现

2002年涨跌幅(%)	0.00
2002年最高(元)	7.67
2002年最低(元)	4.01
2002年换手率(%)	844.45
2003年涨跌幅(%)	57.05
2003年最高(元)	7.40
2003年最低(元)	4.46
2003年换手率(%)	547.18

中国石油化工股份有限公司

公司概况

公司名称	中国石油化工股份有限公司	股票代码	600028
注册地址	中国北京朝阳区惠新东街甲6号	邮政编码	100029
法人代表	陈同海	董秘	陈革
电话	86-10-64990060	传真	86-10-64990022
主营业务	石油、天然气勘探、开采、销售;石油炼制;石油化工等		
总股本	8670244.00	流通A	280000.00
流通B		流通H	
审计单位		审计意见	未审计

主要财务指标

年度	2003.9	2003.6	2002	2001
每股收益/扣除后(元)	0.1960	0.1180	0.1830	0.1620
每股经营现金流量(元)	0.5300	0.3460	0.6930	0.6885
每股净资产/调整后(元)	1.8310	1.8020	1.6900	1.6040
每股公积金(元)	0.4220	0.4200	0.4220	0.4186
净资产收益率(%)	9.3300	6.2500	9.6380	10.0800
总资产(万元)	37467600.00	38011400.00	36837500.00	36029400.00
股东权益(万元)	15871800.00	15628000.00	14651500.00	13903900.00
未分配利润(万元)	1761600.00	1517800.00	736700.00	1000600.00
主营收入(万元)	30066200.00	19484200.00	32418400.00	30434700.00
资本公积金(万元)	3658800.00	3658800.00	3658800.00	3629700.00
主营利润(万元)	5690100.00	3639800.00	6115000.00	5634900.00
其他业务利润(万元)	82100.00	58300.00	88900.00	153500.00
营业利润(万元)	2604400.00	1562500.00	2281700.00	1230000.00
投资收益(万元)	39700.00		50500.00	54600.00
补贴收入(万元)				
营业外收支(万元)	-324400.00		-131000.00	-273900.00
利润总额(万元)	2319700.00	1528600.00	2201200.00	2201200.00
净利润(万元)	1480400.00	976500.00	1412100.00	1401800.00

十大股东

序号	股东名称	股份性质	持股数(万股)	比例(%)
1	中国石油化工集团公司	国家股	4774256.00	55.06
2	香港(中央结算)代理人有限公司	H股	932159.00	10.75
3	国家开发银行	国家股	877557.00	10.12
4	中国信达资产管理有限公司	国家股	872065.00	10.06
5	埃克森美孚远东控股有限公司	H股	316852.91	3.65
6	壳牌东方石油私人有限公司	H股	196642.20	2.27
7	bp石油Espana公司	H股	182922.91	2.11
8	中国东方资产管理公司	国家股	129641.00	1.50
9	国泰君安证券股份有限公司	国有法人股	58676.00	0.68
10	TOPGOAL公司	H股	20906.50	0.24

股东人数	2003.9	2003.6	2002	2001
	436119	455532	522550	573206

近年分配	2003年10股派0.3元	近年配股/增发	不分配不转增

重大事项

2002年10月10日公司于2002年4月28日与国投公司签订了《股份转让协议》,将公司持有的湖北兴化16223.44万股国有法人股,转让给国投公司。本次转让的价格为每股目标股份人民币3.32元,总价款为人民币53861.82万元《股份转让协议》已于2002年9月30日生效。本次股权转让后,公司持有湖北兴化的股份数为零。2003年10月29日公司公布2003年第三季度报告:季度每股收益:0.171元;每股净资产:1.831元;净资产收益率:9.33%。

二〇〇二年以来市场表现

2002年涨跌幅(%)	-10.43
2002年最高(元)	3.81
2002年最低(元)	2.77
2002年换手率(%)	157.93
2003年涨跌幅(%)	34.25
2003年最高(元)	4.00
2003年最低(元)	2.84
2003年换手率(%)	246.01

中国南方航空股份有限公司

公司概况

公司名称	中国南方航空股份有限公司	股票代码	600029
注册地址	广州市白云国际机场	邮政编码	510405
法人代表	颜志卿	董秘	苏亮
电话	020-86124737	传真	020-86659040
主营业务	国内和经批准的国际、地区航空客、货、邮、行李运输业务等		
总股本	437417.81	流通A	100000.00
流通B		流通H	
审计单位		审计意见	未审计

主要财务指标

年度	2003.9	2003.6	2002	2001
每股收益/扣除后(元)	-0.1700	-0.3400	0.1600	0.1300
每股经营现金流量(元)	0.6900	0.4500	1.4200	
每股净资产/调整后(元)	2.4100	2.2900	2.6400	2.4800
每股公积金(元)	1.3260	1.2330	1.2330	1.2330
净资产收益率(%)	-7.2800	-15.0700	5.7700	4.9800
总资产(万元)	3889556.25	3689559.00	3747011.25	3066305.50
股东权益(万元)	1075242.50	772983.69	889459.37	838124.87
未分配利润(万元)	-847.10	-39029.10	34485.90	34485.90
主营收入(万元)	1196510.25	697308.00	1880551.00	1776176.37
资本公积金(万元)	580134.62	416057.81	416057.81	416057.81
主营利润(万元)	130266.70	672229.19	436377.00	366450.00
其他业务利润(万元)	22050.90	8794.30	32532.70	24886.10
营业利润(万元)	-108290.70	-175884.50	105311.70	91456.00
投资收益(万元)	4034.30	-1648.70	1047.30	518.10
补贴收入(万元)				
营业外收支(万元)	-3185.70		-3190.40	-658.20
利润总额(万元)	-107442.10	-179620.30	103168.60	91315.90
净利润(万元)	-78294.10	-116475.70	51334.50	41704.80

十大股东

序号	股东名称	股份性质	持股数(万股)	比例(%)
1	中国南方航空集团公司	国家股	220000.00	50.29
2	HKSCC NOMINEES LIMITED	H股	114840.40	26.25
3	中国银河证券有限责任公司	流通股	1078.37	0.25
4	ARSENTON NOMINEESL IMITED	H股	400.00	0.09
5	南方证券	流通股	249.50	0.06
6	兴和基金	流通股	215.60	0.05
7	安顺基金	流通股	196.80	0.05
8	同盛基金	流通股	175.90	0.04
9	华安创新	流通股	172.20	0.04
10	丰和价值	流通股	167.10	0.04

股东人数	2003.9	2003.6	2002	2001
	216914	2842		

近年分配		近年配股/增发	不分配不转增

重大事项

2003年8月28日公司召开第三届董事会,通过如下决议:1)通过公司2003年半年度报告全文、摘要及业绩公告.2003年中期利润不分配,不转增.2)同意公司注册地搬迁至广州经济技术开发区,并相应修改公司章程提交股东大会审议确认. 3)同意引进四架空中客车A330-200飞机,授权公司管理层进行有关飞机引进法定程序.2003年8月29日公司公布2003年中期报告:中期每股收益:-0.35元,每股净资产:2.29元,净资产收益率:-15.07%.

二〇〇二年以来市场表现

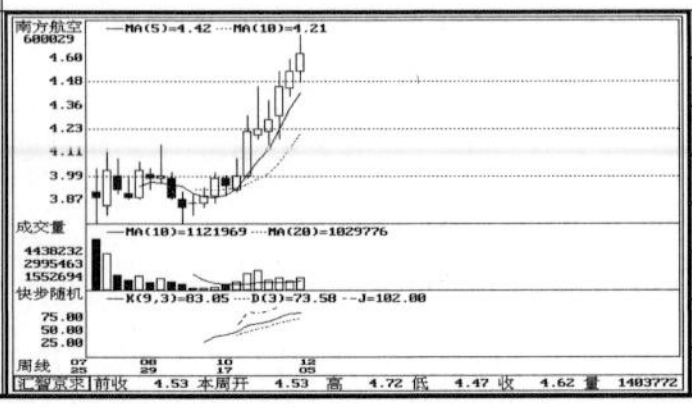

2002年涨跌幅(%)	0.00
2002年最高(元)	0.00
2002年最低(元)	0.00
2002年换手率(%)	0.00
2003年涨跌幅(%)	0.00
2003年最高(元)	4.59
2003年最低(元)	3.75
2003年换手率(%)	282.24

中信证券股份有限公司

公司概况								
公司名称	中信证券股份有限公司				股票代码		600030	
注册地址	深圳市罗湖区湖贝路1030号海龙工大厦				邮政编码		518001	
法人代表	王东明			董秘	程博明			
电话	010-84864818-63682			传真	010-84865567			
主营业务	证券的代理买卖、代理还本代息和分红派息等							
总股本	248150.00	流通A	40000.00	流通B		流通H		
审计单位				审计意见	未审计			

主要财务指标

年度	2003.9	2003.6	2002	2001
每股收益/扣除后(元)	0.0630	0.0640	0.0500	0.3000
每股经营现金流量(元)	-1.2100	-0.8100	-2.6700	-1.7100
每股净资产/调整后(元)	2.0800	2.0800	2.0600	1.6000
每股公积金(元)	0.8100	0.8100	0.8100	0.3085
净资产收益率(%)	2.9752	2.9510	2.1500	18.9800
总资产(万元)	1143200.37	1398202.75	1863985.25	1866697.25
股东权益(万元)	527319.94	527201.31	511572.87	332652.00
未分配利润(万元)	15829.01	15710.36	3475.21	1251.53
主营收入(万元)	44972.82	29468.26	82638.16	1900094.37
资本公积金(万元)	201578.33	201578.33	201582.14	64204.85
主营利润(万元)			11212.77	
其他业务利润(万元)				
营业利润(万元)	10788.02	7175.30	11212.77	71227.17
投资收益(万元)	10735.23		3485.68	13410.28
补贴收入(万元)				
营业外收支(万元)	-269.77		-245.68	-1393.69
利润总额(万元)	10518.25	6938.98	14452.77	83243.76
净利润(万元)	15689.08	15557.71	11007.58	63126.00

十大股东

序号	股东名称	股份性质	持股数(万股)	比例(%)
1	中国中信集团公司	国有法人股	78780.00	31.75
2	雅戈尔集团股份有限公司	法人股	20000.00	8.06
3	中信国安集团公司	国有法人股	20000.00	8.06
4	南京扬子石化炼化有限责任公司	法人股	12500.00	5.04
5	中国粮油食品进出口(集团)有限公司	国有法人股	10000.00	4.03
6	柳州两面针股份有限公司	法人股	9500.00	3.83
7	中国运载火箭技术研究院	国有法人股	6250.00	2.52
8	中国石化集团新星石油有限责任公司	国有法人股	6000.00	2.42
9	中国石化集团北京燕山石油化工有限公司	国有法人股	5000.00	2.01
10	上海工业投资(集团)有限公司	国有法人股	5000.00	2.01

股东人数	2003.9	2003.6	2002	2001
	86130	94166	266390	

近年分配	2002年10股派0.03元	近年配股/增发	不分配不转增

重大事项

2003年10月29日公司公布2003年第三季度报告:季度每股收益:0.063元;每股净资产:2.13元;净资产收益率:2.975%.2003年8月22日以公司2002年末总股本2481500000股为基数,向社会公众股股东每10股派发现金红利0.037元(含税).股权登记日:2003年8月27日,除息日:2003年8月28日,现金红利发放日:2003年9月5日.

二〇〇二年以来市场表现

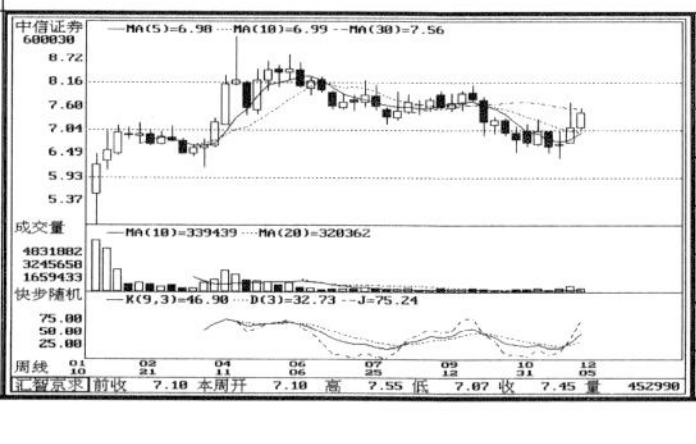

2002年涨跌幅(%)	0.00
2002年最高(元)	0.00
2002年最低(元)	0.00
2002年换手率(%)	0.00
2003年涨跌幅(%)	0.00
2003年最高(元)	9.28
2003年最低(元)	4.81
2003年换手率(%)	1032.22

三一重工股份有限公司

公司概况								
公司名称	三一重工股份有限公司				股票代码		600031	
注册地址	长沙经济技术开发区				邮政编码		410100	
法人代表	梁稳根			董秘	赵想章			
电话	0731-4031555			传真	0731-4031777			
主营业务	建筑工程机械、起重机械、停车库、通用设备、机电设备等							
总股本	24000.00	流通A	6000.00	流通B		流通H		
审计单位				审计意见	未审计			

主要财务指标

年度	2003.9	2003.6	2002	2001
每股收益/扣除后(元)	0.9500	0.6200	1.1600	0.5100
每股经营现金流量(元)	0.2100	0.1180	0.3900	0.5800
每股净资产/调整后(元)	6.6700	9.8700	6.3200	2.6200
每股公积金(元)	1.4500	3.5044	0.0033	0.5100
净资产收益率(%)	14.4200	9.8700	44.5300	34.9800
总资产(万元)	115342.52	251401.06	115342.52	67795.65
股东权益(万元)	160302.11	152198.77	47128.47	26087.15
未分配利润(万元)	47586.80	39489.87	24465.52	6629.18
主营收入(万元)	153579.27	92700.84	98456.24	55034.51
资本公积金(万元)	84111.98	84105.56	59.62	3.83
主营利润(万元)	62452.74	39523.88	49618.92	27811.53
其他业务利润(万元)	742.50	562.43	206.41	512.21
营业利润(万元)	27215.23	17748.67	22737.83	10129.22
投资收益(万元)	18.35	15.15	4.74	-50.96
补贴收入(万元)	364.17	2.00		
营业外收支(万元)	-88.16		147.11	-49.22
利润总额(万元)	27509.60	17978.59	22891.68	10029.05
净利润(万元)	23121.28	15024.35	20985.54	9124.61

十大股东

序号	股东名称	股份性质	持股数(万股)	比例(%)
1	三一控股有限公司	境内法人股	17380.93	72.42
2	湖南高科技创业投资有限公司	国有法人股	334.64	1.39
3	锡山市亿利大机械有限公司	境内法人股	167.33	0.70
4	河南兴华机械制造厂	国有法人股	89.24	0.37
5	湘财质押	社会流通股	62.11	0.26
6	娄底市新野企业有限公司	境内法人股	27.86	0.12
7	湖南娄底市毫	社会流通股	9.70	0.04
8	国信证券	社会流通股	6.00	0.03
9	国泰君安	社会流通股	5.90	0.03
10	基金普丰	社会流通股	5.80	0.02

股东人数	2003.9	2003.6	2002	2001
	11276	56290		

近年分配		近年配股/增发	不分配不转增

重大事项

2003年10月27日公司公布2003年第三季度报告:季度每股收益:0.96元;每股净资产:6.68元;净资产收益率:14.42%2003年10月11日公司召开一届十二次董事会,会议审议通过取消拟向上海新利登机械有限公司转让北京天慧龙兴建筑机械设备有限公司80%股权的议案.

二〇〇二年以来市场表现

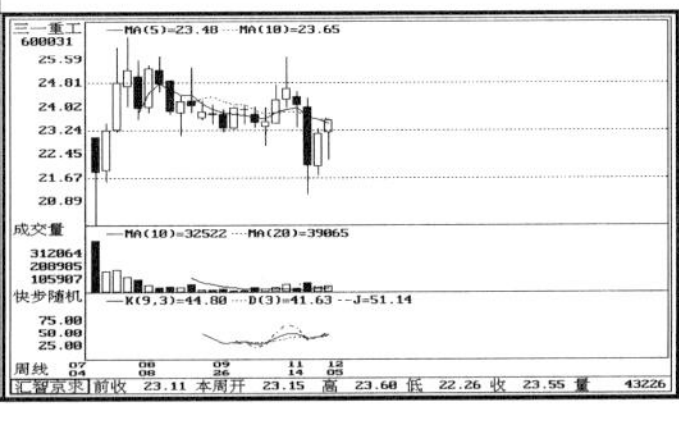

2002年涨跌幅(%)	0.00
2002年最高(元)	0.00
2002年最低(元)	0.00
2002年换手率(%)	0.00
2003年涨跌幅(%)	0.00
2003年最高(元)	26.38
2003年最低(元)	20.10
2003年换手率(%)	247.89

福建发展高速公路股份有限公司

公司概况

公司名称	福建发展高速公路股份有限公司			股票代码	600033	
注册地址	福州市东水路18号交通综合大楼26层			邮政编码	350001	
法人代表	唐建辉			董秘	蒋建新	
电话	0591-7077366			传真	0591-7077266	
主营业务	投资开发、建设、经营公路;机械设备租赁,咨询服务等					
总股本	82200.00	流通A	24000.00	流通B		流通H
审计单位				审计意见	未审计	

主要财务指标

年度	2003.9	2003.6	2002	2001
每股收益/扣除后(元)	0.3000	0.1929	0.3436	0.2688
每股经营现金流量(元)	0.5200	0.3555	0.6320	0.4957
每股净资产/调整后(元)	3.4407	3.3270	3.7565	3.4269
每股公积金(元)	1.6513	1.6513	1.9816	1.9818
净资产收益率(%)	9.0200	5.9100	10.1100	9.3800
总资产(万元)	571344.94	556832.44	556374.19	591487.81
股东权益(万元)	282823.75	273480.87	257320.69	234744.00
未分配利润(万元)	45792.83	36449.95	33989.75	19204.79
主营收入(万元)	63173.84	39894.73	70267.83	30368.26
资本公积金(万元)	135740.41	135740.41	135740.41	135753.48
主营利润(万元)	46736.84	29443.87	47204.37	21280.22
其他业务利润(万元)	7.72	31.32	27.49	-61.24
营业利润(万元)	40568.14	25241.12	37883.38	14637.49
投资收益(万元)	-38.13	13.06	608.65	48.57
补贴收入(万元)	8000.00	6000.00	10000.00	15000.00
营业外收支(万元)	766.95		668.02	213.45
利润总额(万元)	49296.97	31688.51	49160.05	29899.51
净利润(万元)	25503.08	16160.20	26014.22	22027.63

十大股东

序号	股东名称	股份性质	持股数(万股)	比例(%)
1	福建省高速公路有限公司	国有股	39027.62	47.48
2	华建交通经济开发中心	国有股	18976.34	23.08
3	海通证券有限公司	流通股	4083.42	4.97
4	重庆新基现代消防工程有限公司	流通股	531.99	0.65
5	上海英隆贸易有限公司	流通股	526.94	0.64
6	上海家化联合股份有限公司	流通股	421.62	0.51
7	上海康风物资有限公司	流通股	419.58	0.51
8	天元证券投资基金	流通股	268.67	0.33
9	南方宝元债券型基金	流通股	267.14	0.32
10	烟台张裕销售公司	流通股	249.97	0.30

股东人数	2003.9	2003.6	2002	2001
	47555	49070	59006	93263

近年分配		近年配股/增发	不分配不转增

重大事项

2003年10月30日公司公布2003年第三季度报告:季度每股收益:0.3103元;每股净资产:3.4407元;净资产收益率:9.02%.2003年4月24日以公司2002年末总股本685000000股为基数,向全体股东每10股送2股派0.50元(均为含税).股权登记日为2003年4月29日,除权及除息日为2003年4月30日,红股上市日为2003年5月12日,红利发放日为2003年5月15日.

二〇〇二年以来市场表现

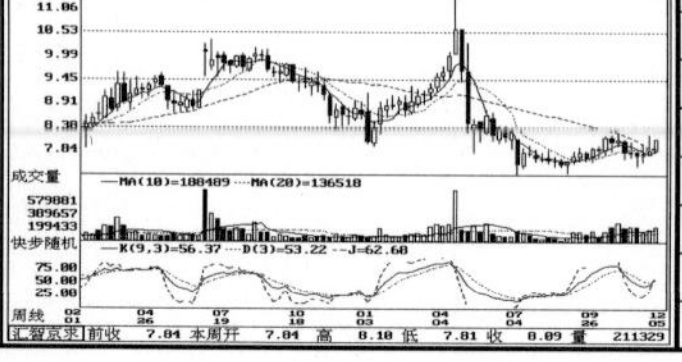

2002年涨跌幅(%)	-0.84
2002年最高(元)	8.58
2002年最低(元)	6.41
2002年换手率(%)	278.92
2003年涨跌幅(%)	10.27
2003年最高(元)	9.62
2003年最低(元)	6.57
2003年换手率(%)	286.29

招商银行股份有限公司

公司概况

公司名称	招商银行股份有限公司			股票代码	600036	
注册地址	深圳市福田区深南大道7088号			邮政编码	518040	
法人代表	秦晓			董秘	邵作生	
电话	0755-83198888			传真	0755-83195200	
主营业务	吸收公众存款;发放短期、中期和长期贷款;办理结算等					
总股本	570681.81	流通A	150000.00	流通B		流通H
审计单位				审计意见	未审计	

主要财务指标

年度	2003.9	2003.6	2002	2001
每股收益/扣除后(元)	0.2870	0.1900	0.3000	0.3400
每股经营现金流量(元)	-1.9000	-0.9900	5.9600	4.3576
每股净资产/调整后(元)	3.0100	2.9000	2.8100	1.2200
每股公积金(元)	1.6243	1.6244	1.6243	
净资产收益率(%)	9.5200	6.4600	10.8200	27.9700
总资产(万元)	44271864.00	43583428.00	337165984.00	26631716.00
股东权益(万元)	1771918.75	1714015.00	1603182.12	511643.59
未分配利润(万元)	222649.59	164715.80	53912.90	87414.80
主营收入(万元)	939840.12	601198.87	956932.12	1046252.12
资本公积金(万元)	926958.81	926988.81	926958.81	
主营利润(万元)	362008.19	223277.09	379618.69	208502.50
其他业务利润(万元)				
营业利润(万元)	473635.50	295535.19	417006.19	208502.50
投资收益(万元)	203006.91	81.31	222681.91	182512.80
补贴收入(万元)				
营业外收支(万元)	-282.70	1884.00	2188.40	2509.50
利润总额(万元)	246498.09	160029.80	365316.41	211012.00
净利润(万元)	168921.81	110802.90	173427.00	143112.00

十大股东

序号	股东名称	股份性质	持股数(万股)	比例(%)
1	招商局轮船股份有限公司	国有法人股	102465.11	17.95
2	中国远洋运输(集团)总公司	国有法人股	49134.42	8.61
3	广州海运(集团)有限公司	国有法人股	32514.09	5.70
4	友联船厂有限公司	外资股	18206.80	3.19
5	上海汽车工业有限公司	国有法人股	14410.11	2.53
6	中国港湾建设(集团)总公司	国有法人股	11214.21	1.97
7	秦皇岛港务集团有限公司	国有法人股	10118.98	1.77
8	山东省交通开发投资公司	国有法人股	10118.98	1.77
9	广东省公路管理局	国家股	10118.98	1.77
10	中国海运(集团)总公司	国有法人股	10118.98	1.77

股东人数	2003.9	2003.6	2002	2001
	163669	153740	135879	

近年分配	2002年10股派1.2元 2001年10股派1.66元	近年配股/增发	不分配不转增

重大事项

2003年10月27日公司公布2003年第三季度报告:季度每股收益:0.296元;每股净资产:3.10元;净资产收益率:9.52%.2003年6月11日公司五届十八次董事会审议通过了《关于上海陆家嘴金融中心区招商银行大厦项目的议案》.因上海陆家嘴金融中心区招商银行大厦项目用地规划调整原因,并根据五届十八次董事会决议精神,上海陆家嘴金融中心区招商银行大厦项目用地总转让价格控制在人民币3.8亿元以内.

二〇〇二年以来市场表现

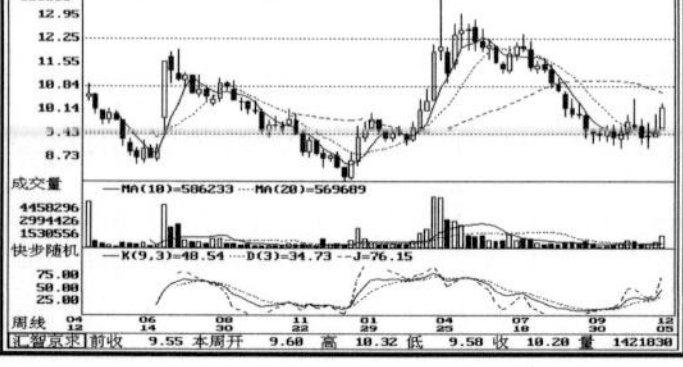

2002年涨跌幅(%)	0.00
2002年最高(元)	11.80
2002年最低(元)	7.96
2002年换手率(%)	202.29
2003年涨跌幅(%)	19.08
2003年最高(元)	13.54
2003年最低(元)	7.90
2003年换手率(%)	344.66

北京歌华有线电视网络股份有限公司

公司概况

公司名称	北京歌华有线电视网络股份有限公司			股票代码	600037
注册地址	北京市海淀区皂君庙甲2号			邮政编码	100083
法人代表	卢东涛	董秘	王奇之		
电话	010-62035573	传真	010-62035573		
主营业务	广播电视网络的建设开发、经营管理和维护等				
总股本	35100.00	流通A	10400.00	流通B	
流通H					
审计单位		审计意见	未审计		

主要财务指标

年度	2003.9	2003.6	2002	2001
每股收益/扣除后(元)	0.3100	0.1500	0.4400	0.3300
每股经营现金流量(元)	0.0220	0.4900	0.8100	4.3576
每股净资产/调整后(元)	4.9400	4.7700	3.3200	6.0400
每股公积金(元)	3.3200	3.3200	3.3200	4.6159
净资产收益率(%)	6.2600	3.0900	8.6700	8.7300
总资产(万元)	217454.34	218994.83	213432.36	192552.73
股东权益(万元)	174275.09	168572.45	172687.02	162988.34
未分配利润(万元)	12251.48	6548.85	8798.83	3620.00
主营收入(万元)	42638.67	24981.30	46927.69	32864.30
资本公积金(万元)	116528.68	116528.68	116528.68	124628.68
主营利润(万元)	16976.57	8948.96	21521.64	16926.14
其他业务利润(万元)	62.06	46.70	68.27	132.20
营业利润(万元)	12688.30	6023.05	16756.68	13950.52
投资收益(万元)	203006.91		222681.91	182512.80
补贴收入(万元)				
营业外收支(万元)	–282.70	–7.56	2188.40	2509.50
利润总额(万元)	12715.44	6096.80	16490.75	211012.00
净利润(万元)	10910.93	5208.30	14963.66	143112.00

十大股东

序号	股东名称	股份性质	持股数(万股)	比例(%)
1	北京歌华文化发展集团	国有法人股	23335.21	66.48
2	中信信托投资有限责任公司	流通股	1000.00	2.85
3	北京青年报业总公司	国有法人股	426.49	1.22
4	博时价值增长证券投资基金	流通股	407.30	1.16
5	北京广播发展总公司	国有法人股	341.20	0.97
6	北京有线全天电视购物有限责任公司	国有法人股	341.20	0.97
7	通乾证券投资基金	流通股	299.68	0.85
8	北京出版社	国有法人股	255.91	0.73
9	丰和价值证券投资基金	流通股	241.46	0.69
10	中国银河证券有限责任公司	流通股	209.18	0.60

股东人数	2003.9	2003.6	2002	2001
	31477	32764	36181	41429

近年分配	近年配股/增发
2002年10股派1.5元 2001年末10股派2.5元	不分配不转增

重大事项

2003年10月29日公司公布2003年第三季度报告:季度每股收益:0.31元;每股净资产:4.97元;净资产收益率:6.26%.2002年10月14日公司召开董事会,会议审议通过了关于利用自有闲置资金不超过最近一期经审计的净资产的10%认购华夏债券基金的议案.

二〇〇二年以来市场表现

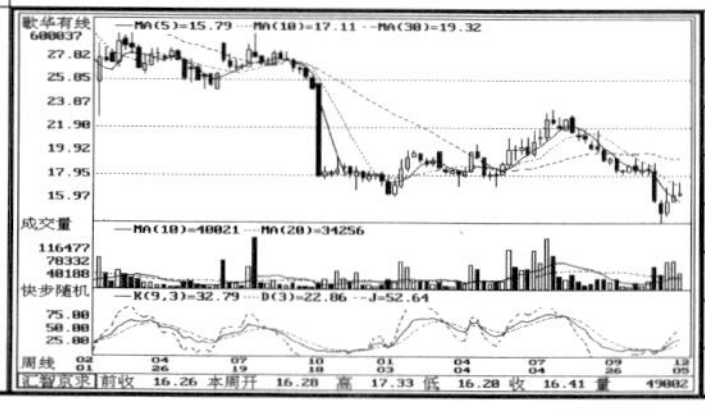

2002年涨跌幅(%)	–23.86
2002年最高(元)	23.17
2002年最低(元)	16.51
2002年换手率(%)	127.30
2003年涨跌幅(%)	–7.35
2003年最高(元)	23.25
2003年最低(元)	14.00
2003年换手率(%)	188.60

哈飞航空工业股份有限公司

公司概况

公司名称	哈飞航空工业股份有限公司			股票代码	600038
注册地址	哈尔滨高新技术开发区集中开发区34号楼			邮政编码	150090
法人代表	王 斌	董秘	赵安立		
电话	0451-86528350	传真	0451-86528350		
主营业务	航空产品及零部件的开发、设计研制、生产和销售等				
总股本	25950.00	流通A	11400.00	流通B	
流通H					
审计单位		审计意见	未审计		

主要财务指标

年度	2003.9	2003.6	2002	2001
每股收益/扣除后(元)	0.1100	0.0670	0.2275	0.3400
每股经营现金流量(元)	–0.0600	0.0200	0.1000	–0.0748
每股净资产/调整后(元)	3.9150	3.0800	3.0100	4.4700
每股公积金(元)	2.4099	1.5927	1.5927	2.9483
净资产收益率(%)	2.9140	2.2000	8.2960	8.1390
总资产(万元)	137011.80	107078.95	107648.08	92347.06
股东权益(万元)	102288.19	74688.59	73045.43	66985.53
未分配利润(万元)	9821.26	8484.16	6841.00	4993.00
主营收入(万元)	34094.20	19002.94	53402.21	31972.76
资本公积金(万元)	62536.61	38224.11	38224.11	44224.00
主营利润(万元)	5761.48	3410.11	8619.77	6945.28
其他业务利润(万元)	190.89	127.92	414.13	367.32
营业利润(万元)	3402.91	1895.55	5843.14	4868.01
投资收益(万元)				205.00
补贴收入(万元)			556.49	1168.53
营业外收支(万元)	103.28		200.73	218.29
利润总额(万元)	3306.19	1933.13	6600.36	6459.83
净利润(万元)	2980.26	1643.16	6059.90	5092.03

十大股东

序号	股东名称	股份性质	持股数(万股)	比例(%)
1	哈尔滨飞机工业集团有限责任公司	国有法人股	14462.00	55.73
2	南方证券股份有限公司	流通股	869.54	3.35
3	深圳益联贸易发展有限公司	流通股	290.26	1.12
4	西南证券有限责任公司	流通股	173.78	0.67
5	赵肖童	流通股	97.42	0.38
6	柳中林	流通股	88.71	0.34
7	贺玉青	流通股	77.18	0.30
8	高志平	流通股	69.78	0.27
9	热电公司	流通股	65.46	0.25
10	宋威	流通股	63.50	0.24

股东人数	2003.9	2003.6	2002	2001
	2482	2498	3981	10675

近年分配	近年配股/增发
2001年末10股派1.0元	不分配不转增

重大事项

2003年8月28日,公司与哈尔滨飞机工业集团有限责任公司、上海北蔡工业有限公司共同设立"上海华安创新科技发展有限公司",本次交易属共同投资关联交易。 2003年5月17日根据国务院批准的重组方案,公司的控股股东哈尔滨飞机工业集团有限责任公司之股东由原中国航空工业第二集团公司、中国华融资产管理公司、中国信达资产管理公司、中国东方资产管理公司等四家公司变更为中国航空科技工业股份有限公司,导致公司间接控股股东发生变动。

二〇〇二年以来市场表现

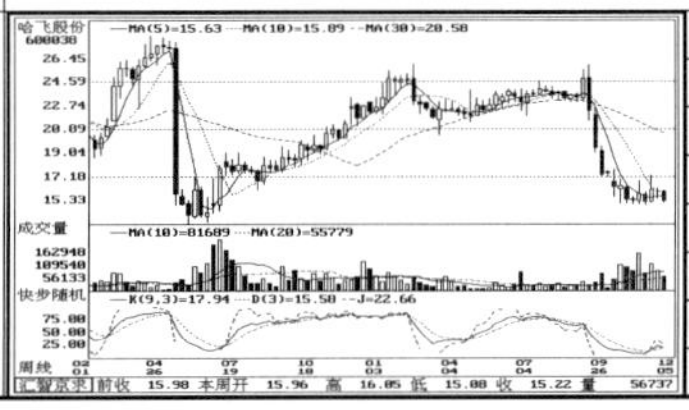

2002年涨跌幅(%)	61.50
2002年最高(元)	21.91
2002年最低(元)	11.96
2002年换手率(%)	257.37
2003年涨跌幅(%)	–26.33
2003年最高(元)	24.23
2003年最低(元)	14.90
2003年换手率(%)	167.82

四川路桥建设股份有限公司

公司概况

公司名称	四川路桥建设股份有限公司			股票代码	600039
注册地址	成都市一环路南四段17号			邮政编码	610041
法人代表	孙云		董秘	曹川	
电话	028-85085853		传真	028-85085853	
主营业务	公路工程施工(壹级)及相关技术咨询服务;交通及附属设施等				
总股本	25000.00	流通 A	10000.00	流通 B	流通 H
审计单位			审计意见	未审计	

主要财务指标

年度	2003.9	2003.6	2002	2001
每股收益/扣除后(元)	0.1000	0.0800	0.4600	4700.0000
每股经营现金流量(元)	-0.7650	-0.0600	0.6100	
每股净资产/调整后(元)	3.8800	3.8600	1.9354	2.5600
每股公积金(元)	2.5374	2.5374	0.5044	0.5044
净资产收益率(%)	2.5700	2.0400	23.5700	18.2100
总资产(万元)	266409.19	240926.70	166294.66	126566.16
股东权益(万元)	97402.77	96876.82	29031.03	38345.60
未分配利润(万元)	2502.96	1977.00	16157.55	
主营收入(万元)	132578.86	88629.01	276503.28	190199.69
资本公积金(万元)	63433.17	63434.17	7565.39	7565.39
主营利润(万元)	11353.94	9221.32	21665.72	15135.20
其他业务利润(万元)	86.00	23.69	148.06	
营业利润(万元)	2716.60	2122.28	7776.72	8420.88
投资收益(万元)	-27.86	-15.27	-1.89	-5.82
补贴收入(万元)				
营业外收支(万元)	14.10	0.24	4.04	-164.39
利润总额(万元)	2702.84	2107.24	7778.87	8250.66
净利润(万元)	2502.96	1977.00	6842.98	6983.09

十大股东

序号	股东名称	股份性质	持股数(万股)	比例(%)
1	四川公路桥梁建设集团有限公司	国有法人股	14734.12	58.94
2	景博证券投资基金	流通股	141.36	0.56
3	四川九寨黄龙机场建设开发有限责任公司	社会法人股	66.47	0.27
4	四川嘉陵资产经营管理有限责任公司	社会法人股	66.47	0.27
5	北京科卓通信科技有限公司	会法人股	66.47	0.27
6	四川贵通建设集团有限公司	会法人股	66.47	0.27
7	光大证券有限责任公司	流通股	40.00	0.16
8	陈敬喜	流通股	35.92	0.14
9	邢慧	流通股	32.00	0.13
10	刘静	流通股	28.46	0.11

股东人数

2003.9	2003.6	2002	2001
49720	51601	56639	

近年分配		近年配股/增发	不分配不转增

重大事项

2003年10月29日公司公布2003年第三季度报告:季度每股收益:0.10元;每股净资产:3.90元;净资产收益率:2.57%。 2003年9月30日公司近日收到中技国际招标公司发来的《中标通知书》,通知公司已中标亚洲开发银行贷款川南道路发展项目西昌至攀枝花土建工程CO2合同段项目,合同金额为人民币210097132元,工期36个月。

二〇〇二年以来市场表现

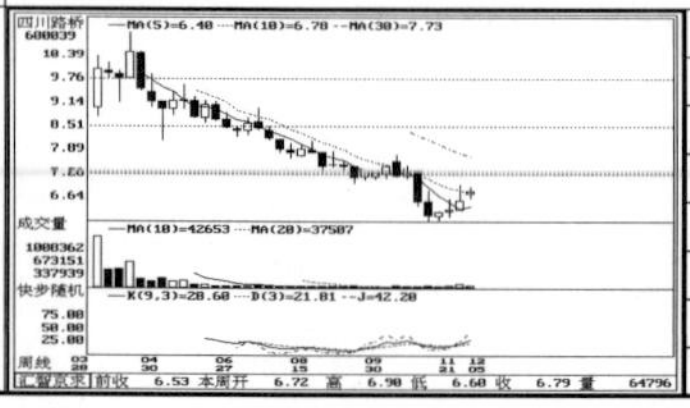

2002年涨跌幅(%)	0.00
2002年最高(元)	0.00
2002年最低(元)	0.00
2002年换手率(%)	0.00
2003年涨跌幅(%)	0.00
2003年最高(元)	11.01
2003年最低(元)	6.01
2003年换手率(%)	494.67

中国联合通信股份有限公司

公司概况

公司名称	中国联合通信股份有限公司			股票代码	600050
注册地址	中国北京市东城区建国门内大街18号办三6层			邮政编码	200121
法人代表	王建宙		董秘	劳建华	
电话	021-50477288		传真	021-50471778	
主营业务	本地电话业务;移动通信、无线寻呼及卫星通信业务等				
总股本	1969659.62	流通 A	474100.00	流通 B	流通 H
审计单位			审计意见	未审计	

主要财务指标

年度	2003.9	2003.6	2002	2001
每股收益/扣除后(元)	0.1200	0.0800	0.1000	0.4700
每股经营现金流量(元)	0.9100	0.6400	0.6600	3.5258
每股净资产/调整后(元)	4.9400	4.7700	4.8900	6.0400
每股公积金(元)	0.7200	0.7210	0.7210	4.6159
净资产收益率(%)	5.3800	3.1400	5.3000	6.9000
总资产(万元)	14320108.00	14151126.00	14994910.00	192552.73
股东权益(万元)	3899225.25	3819690.25	3672116.00	2425954.75
未分配利润(万元)	467817.44	388428.62	243588.83	154986.81
主营收入(万元)	4430216.50	2893373.00	3947760.75	32864.30
资本公积金(万元)	1421081.87	1420935.62	1420774.75	792433.25
主营利润(万元)	2237855.25	1457260.25	1726316.37	16926.14
其他业务利润(万元)	-10315.17	-10970.99	709.52	-10482.94
营业利润(万元)	568319.62	379354.81	623799.87	13950.52
投资收益(万元)	66.22	81.31	214.56	1584.41
补贴收入(万元)				
营业外收支(万元)	-39.07	-60.07	-480.49	-51.87
利润总额(万元)	504830.44	318673.97	619196.37	15483.05
净利润(万元)	209644.84	130256.04	194785.30	14234.72

十大股东

序号	股东名称	股份性质	持股数(万股)	比例(%)
1	中国联合通信有限公司	发起人法人股	1469399.62	74.60
2	鹏华行业成长证券投资基金	社会公众股	8760.02	0.44
3	兴和证券投资基金	社会公众股	8736.18	0.44
4	华夏成长证券投资基金	社会公众股	8437.00	0.43
5	丰和价值证券投资基金	社会公众股	7586.00	0.39
6	兴华证券投资基金	社会公众股	6700.00	0.34
7	汉兴证券投资基金	社会公众股	6353.55	0.32
8	普丰证券投资基金	社会公众股	6160.50	0.31
9	普惠证券投资基金	社会公众股	5090.18	0.26
10	天元证券投资基金	社会公众股	4999.32	0.25

股东人数

2003.9	2003.6	2002	2001
414252	450469	641361	

近年分配	2002年10股派0.357元	近年配股/增发	不分配不转增

重大事项

2003年09月29日公司通过中国联通有限公司控股的中国联通股份有限公司于2003年9月26日与13家金融机构签订了七亿美元银团贷款合同文件。该银团贷款由三个部分组成,即二亿美元3年期、三亿美元5年期和二亿美元7年期贷款,其利率分别为银行同业拆息加0.28%、0.35%及0.44%.该笔银团贷款将用于其一般性资金。 2003年4月5日根据有关规定,并经上海证券交易所的安排,公司向证券投资基金和其他法人投资者获配的173200万股将于2003年4月9日开始上市流通。

二〇〇二年以来市场表现

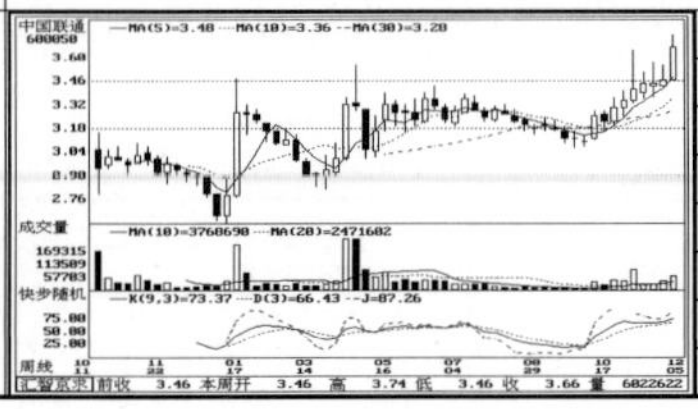

2002年涨跌幅(%)	0.00
2002年最高(元)	3.11
2002年最低(元)	2.64
2002年换手率(%)	112.05
2003年涨跌幅(%)	30.57
2003年最高(元)	3.64
2003年最低(元)	2.58
2003年换手率(%)	435.09

宁波联合集团股份有限公司

公司概况

公司名称	宁波联合集团股份有限公司	股票代码	600051
注册地址	宁波开发区东海路1号联合大厦	邮政编码	315803
法人代表	周孝成	董秘	何筱禄
电话	0574-86221609	传真	0574-86221320
主营业务	高新技术项目及产品投资、开发、生产、能源、交通、通讯项目等		

总股本	30240.00	流通A	8539.79	流通B		流通H	
审计单位				审计意见	未审计		

主要财务指标

年度	2003.9	2003.6	2002	2001
每股收益/扣除后(元)	0.0380	0.0450	0.1400	0.1800
每股经营现金流量(元)	-0.7800	-0.3400	-0.6000	-0.2565
每股净资产/调整后(元)	2.7280	2.7000	2.6500	2.7200
每股公积金(元)	1.3190	1.3190	1.3190	1.3077
净资产收益率(%)	1.2960	1.0100	5.2100	6.6000
总资产(万元)	326849.16	305741.28	272874.87	228421.06
股东权益(万元)	85006.84	84780.84	83925.38	82230.48
未分配利润(万元)	-619.93	-845.93	-1699.01	-341.07
主营收入(万元)	317758.25	205040.59	398782.84	364228.56
资本公积金(万元)	39891.20	39891.20	39888.82	39545.00
主营利润(万元)	21461.25	13621.90	29595.81	25923.96
其他业务利润(万元)	254.88	129.14	262.70	519.72
营业利润(万元)	1522.55	1119.70	7404.07	3056.74
投资收益(万元)	356.27	479.28	363.32	3811.51
补贴收入(万元)	326.47	12.77		95.45
营业外收支(万元)	-116.04	-505.65	854.38	315.89
利润总额(万元)	2089.25	1106.11	8621.77	7279.59
净利润(万元)	1079.08	853.08	4375.07	5430.21

十大股东

序号	股东名称	股份性质	持股数(万股)	比例(%)
1	宁波经济技术开发区控股有限公司	国家股,法人股	11623.15	38.44
2	五矿龙腾科技股份有限公司	法人股	7459.04	24.67
3	中国机械进出口(集团)有限公司	法人股	2618.03	8.66
4	兴和基金	流通股	41.80	0.14
5	南京证券	流通股	38.00	0.13
6	宋自长	流通股	27.14	0.09
7	王维民	流通股	25.08	0.08
8	李叶杏	流通股	24.86	0.08
9	李更文	流通股	17.80	0.06
10	金陵华泰	流通股	17.00	0.06

股东人数	2003.9	2003.6	2002	2001
	45880	45882	44462	47176

近年分配	2002年10股派1.00元 2001年10股派1.00元	近年配股/增发	不分配不转增

重大事项

2003年10月23日公司于召开三届十次董事会,通过如下决议:1)通过公司2003年第三季度报告.2)通过宁波经济技术开发区热电有限公司实施三期改造扩建工程的议案.3)通过解散宁波联合商业物资有限公司的议案. 2003年5月28日以2002年末总股本为基数,每10股派发现金红利1.00元(含税).股权登记日为2003年6月2日,除息日为2003年6月3日,红利发放日为2003年6月6日.

二〇〇二年以来市场表现

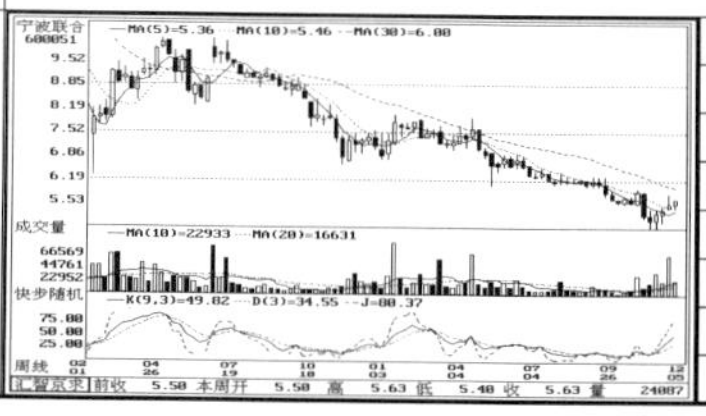

2002年涨跌幅(%)	-22.82
2002年最高(元)	10.07
2002年最低(元)	5.98
2002年换手率(%)	134.85
2003年涨跌幅(%)	-23.29
2003年最高(元)	7.89
2003年最低(元)	4.86
2003年换手率(%)	106.89

浙江广厦股份有限公司

公司概况

公司名称	浙江广厦股份有限公司	股票代码	600052
注册地址	浙江省东阳市吴宁西路21号	邮政编码	322100
法人代表	楼江跃	董秘	许晓琳
电话	0571-87969988-1211	传真	0571-85125355
主营业务	一级工程施工总承包,建筑材料、建筑机械、服装的制造等		

总股本	48363.35	流通A	25552.80	流通B		流通H	
审计单位				审计意见	未审计		

主要财务指标

年度	2003.9	2003.6	2002	2001
每股收益/扣除后(元)	-0.1300	-0.0370	0.2400	0.1500
每股经营现金流量(元)	-0.2600	-0.1270	0.7800	-0.4276
每股净资产/调整后(元)	3.0500	3.1000	3.1300	2.9400
每股公积金(元)	1.6054	1.6054	1.6034	1.6000
净资产收益率(%)	-3.0100	-1.1000	6.6000	4.9800
总资产(万元)	376012.53	365394.62	374699.34	303471.47
股东权益(万元)	148598.94	151399.27	152971.30	142395.06
未分配利润(万元)	11382.53	14182.87	15851.90	7495.15
主营收入(万元)	29777.92	20140.41	91400.90	40924.85
资本公积金(万元)	77643.50	77643.50	77546.50	77379.68
主营利润(万元)	14086.65	9379.94	38883.37	6934.88
其他业务利润(万元)	-23.94	42.76	54.37	323.66
营业利润(万元)	-577.59	379.46	23397.21	-1430.91
投资收益(万元)	-1354.95	-1147.58	3597.35	10265.76
补贴收入(万元)	194.00			
营业外收支(万元)	-162.30	-153.86	-71.94	68.80
利润总额(万元)	-1900.90	-910.93	26922.62	8903.65
净利润(万元)	-4469.37	-1669.03	10101.90	7098.04

十大股东

序号	股东名称	股份性质	持股数(万股)	比例(%)
1	广厦建设集团有限责任公司	法人股	8642.45	17.87
2	东阳市泰恒投资有限公司	法人股	3260.25	6.74
3	浙江万福建材有限公司	法人股	1875.29	3.88
4	杭州市股权管理中心	法人股	1579.02	3.26
5	浙江广厦自应力压力管厂	法人股	437.39	0.90
6	浙江广厦装璜材料公司	法人股	425.25	0.88
7	浙江广厦白云建筑工程公司	法人股	421.20	0.87
8	浙江广厦第一建材厂	法人股	411.08	0.85
9	东阳市房地产开发有限公司	法人股	389.84	0.81
10	金信信托投资股份有限公司	法人股,流通股	378.00	0.78

股东人数	2003.9	2003.6	2002	2001
	104387	106127	107125	101842

近年分配	2001年10股派1.14元	近年配股/增发	2001年10股配3股

重大事项

2003年5月29日公司收到比特科技控股股份有限公司《关于未能及时偿还中国农业银行总行营业部到期短期借款的说明》,比特科技向中国农业银行贷款5000万元和6000万元分别于2003年5月25日和2003年5月21日经展期后到期,比特科技控股股份有限公司现未能及时偿还.公司曾与比特科技控股股份有限公司签订互保协议,共为比特科技控股股份有限公司在中国农业银行总行营业部的1.8亿元贷款提供担保.

二〇〇二年以来市场表现

2002年涨跌幅(%)	-42.35
2002年最高(元)	9.58
2002年最低(元)	5.54
2002年换手率(%)	136.51
2003年涨跌幅(%)	-20.58
2003年最高(元)	6.98
2003年最低(元)	4.07
2003年换手率(%)	89.21

江西纸业股份有限公司

公司概况

公司名称	江西纸业股份有限公司		股票代码	600053	
注册地址	江西省南昌市董家窑 112 号		邮政编码	330006	
法人代表	宗伟民		董秘	钱志峰	
电话	0791-8624842		传真	0791-8624842	
主营业务	纸及纸制品、纸浆、造纸机械、造纸原料、仪器仪表等				
总股本	16107.00	流通 A	7605.00	流通 B	流通 H
审计单位			审计意见	未审计	

主要财务指标

年度	2003.9	2003.6	2002	2001
每股收益 / 扣除后(元)	-0.3200	-0.2100	-1.4800	-1.8600
每股经营现金流量(元)	-0.0200	-0.0400	0.1500	-0.7779
每股净资产 / 调整后(元)	-2.1400	-2.0000	-1.8100	2.1600
每股公积金(元)	2.3969	2.3914	2.3862	2.3860
净资产收益率(%)	-149.7100	-201.4500	-2122.1399	-85.9500
总资产(万元)	114437.97	115134.57	126551.40	145818.84
股东权益(万元)	-3501.00	-1628.17	1566.82	34814.68
未分配利润(万元)	-61033.76	-59072.34	-55792.45	-22542.49
主营收入(万元)	10090.02	6956.88	16789.21	30557.34
资本公积金(万元)	38607.58	38518.98	38434.08	38431.98
主营利润(万元)	104.26	194.43	731.33	5253.31
其他业务利润(万元)	7.34	10.52	23.20	-22542.49
营业利润(万元)	-5389.59	-3345.53	-27528.78	-29849.89
投资收益(万元)	3.10	3.10	18.90	18.90
补贴收入(万元)				
营业外收支(万元)	145.18	62.54	-5740.08	-93.54
利润总额(万元)	-5241.32	-3279.89	-33249.96	-29924.52
净利润(万元)	-5241.32	-3279.89	-33249.96	-29924.52

十大股东

序号	股东名称	股份性质	持股数(万股)	比例(%)
1	江纸集团公司	国有法人股	8502.00	52.78
2	李 素 银	社会公众股	106.84	0.66
3	振泰实业	社会公众股	64.00	0.40
4	张 爱 华	社会公众股	46.54	0.29
5	高 二 小	社会公众股	44.69	0.28
6	王 秀 英	社会公众股	41.87	0.26
7	山西翔驰	社会公众股 q	37.60	0.23
8	东信投资	社会公众股	33.28	0.21
9	马 瑞 忠	社会公众股	31.18	0.19
10	上海东融	社会公众股	30.43	0.19

股东人数	2003.9	2003.6	2002	2001
	19717	19830	33183	38703

近年分配	2001年 10 股派 0.2 元	近年配股 / 增发	不分配不转增

重大事项

2003 年 10 月 29 日公司公布 2003 年第三季度报告:季度每股收益: -0.33 元;每股净资产:-0.22 元. 2003 年 7 月 11 日 公司大股东江西纸业集团有限公司因兼并江西抚州造纸厂承接的债务,与中国信达资产管理公司福州办事处发生债权债务转移合同纠纷一案经福建省高级人民法院裁定, 自 2001 年 8 月 14 日起冻结大股东持有公司国有法人股 5170 万股. 福建省高级人民法院 2003 年 6 月 28 日作出协助执行通知书,继续冻结大股东持有公司国有法人股 5170 万股,冻结期限:2003 年 7 月 7 日至 2004 年 1 月 7 日.

二〇〇二年以来市场表现

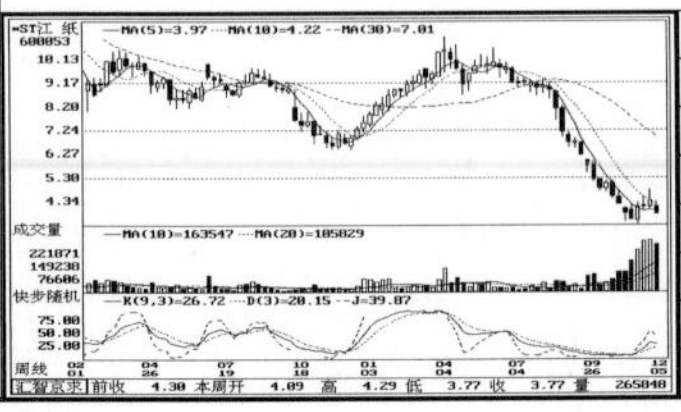

2002年涨跌幅(%)	-32.14
2002年最高(元)	11.20
2002年最低(元)	6.41
2002年换手率(%)	220.63
2003年涨跌幅(%)	-49.21
2003年最高(元)	11.10
2003年最低(元)	3.37
2003年换手率(%)	395.10

黄山旅游发展股份有限公司

公司概况

公司名称	黄山旅游发展股份有限公司		股票代码	600054	
注册地址	安徽省黄山市黄山风景区温泉		邮政编码	242709	
法人代表	江山		董秘	黄慧敏	
电话	0559-5561756		传真	0559-5561110	
主营业务	旅游服务,酒店经营、旅游运输、饮食服务等				
总股本	30290.00	流通 A	5200.00	流通 B	流通 H
审计单位			审计意见	未审计	

主要财务指标

年度	2003.9	2003.6	2002	2001
每股收益 / 扣除后(元)	-0.1200	-0.1780	0.1000	0.1500
每股经营现金流量(元)	-0.1260	-0.1140	0.4100	0.4452
每股净资产 / 调整后(元)	2.2300	2.1700	2.3200	2.4100
每股公积金(元)	0.8400	0.8440	0.8440	0.8440
净资产收益率(%)	-5.1000	-7.9100	3.4000	6.3000
总资产(万元)	94750.06	92700.53	99587.20	105989.07
股东权益(万元)	71401.55	69536.31	75036.69	73091.70
未分配利润(万元)	5438.21	3667.46	9202.97	8242.65
主营收入(万元)	18789.83	7125.16	45680.16	39874.46
资本公积金(万元)	25557.06	25557.06	25557.06	25557.06
主营利润(万元)	4499.22	-189.31	16097.36	17342.01
其他业务利润(万元)	41.32	23.47	406.69	389.23
营业利润(万元)	-2389.25	-4813.49	5604.73	8905.22
投资收益(万元)	24.55	-27.43	466.29	-468.11
补贴收入(万元)				
营业外收支(万元)	-119.23		-422.17	-905.82
利润总额(万元)	-2483.94	-4959.38	5648.86	7531.28
净利润(万元)	-3635.13	-5500.38	2550.79	4581.21

十大股东

序号	股东名称	股份性质	持股数(万股)	比例(%)
1	黄山旅游集团有限公司	国有股东	14690.00	48.50
2	刘 胜	B 股股东	245.73	0.81
3	华聪投资有限公司	B 股股东	172.43	0.57
4	刘如霖	B 股股东	122.37	0.40
5	NAITO SECURITIES CO.,LTD	B 股股东	82.05	0.27
6	HKSBCSB S A ABN AMRO BANK NV	B 股股东	80.00	0.26
7	王春华	B 股股东	67.36	0.22
8	安徽省信托投资公司	B 股股东	63.60	0.21
9	王光惠	B 股股东	53.57	0.18
10	汪胜虹	B 股股东	40.56	0.13

股东人数	2003.9	2003.6	2002	2001
	61565	62197	61800	63476

近年分配		近年配股 / 增发	不分配不转增

重大事项

2002 年 6 月 22 日公司以 2001 年末总股本 302900000 股为基数, A 股除息基准日为 2002 年 6 月 28 日, 股权登记日为 2002 年 6 月 27 日, 红利发放日为 2002 年 7 月 4 日.B 股除息基准日为 2002 年 6 月 28 日,股权登记日为 2002 年 7 月 2 日,红利发放日为 2002 年 7 月 10 日. 2003 年 10 月 30 日公司公布 2003 年第三季度报告: 季度每股收益:-0.12 元;每股净资产:2.36 元;净资产收益率:-5.1%.

二〇〇二年以来市场表现

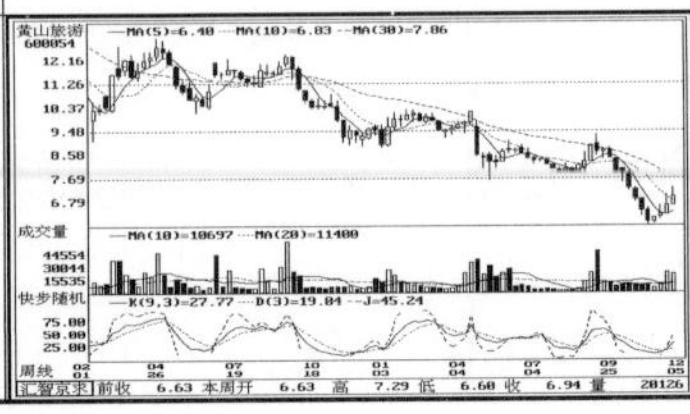

2002年涨跌幅(%)	-20.80
2002年最高(元)	13.00
2002年最低(元)	8.84
2002年换手率(%)	140.17
2003年涨跌幅(%)	-26.37
2003年最高(元)	10.24
2003年最低(元)	5.90
2003年换手率(%)	111.17

北京万东医疗装备股份有限公司

公司概况

公司名称	北京万东医疗装备股份有限公司	股票代码	600055
注册地址	北京市朝阳区酒仙桥路5号	邮政编码	100015
法人代表	许家驹	董秘	张丹石
电话	010-65682598	传真	010-65682598
主营业务	各类医疗器械的生产和销售		
总股本	11100.00	流通A	3900.00
流通B		流通H	
审计单位		审计意见	未审计

主要财务指标

年度	2003.9	2003.6	2002	2001
每股收益/扣除后(元)	0.1300	0.0880	0.3000	0.2900
每股经营现金流量(元)	-0.2600	0.0770	0.4600	0.1066
每股净资产/调整后(元)	3.4200	3.3700	3.2900	3.1000
每股公积金(元)	1.6150	1.6040	1.5980	1.5969
净资产收益率(%)	3.7000	2.5300	9.1700	9.3300
总资产(万元)	64041.27	64285.25	59524.42	50228.42
股东权益(万元)	38271.45	37691.03	36670.67	34407.54
未分配利润(万元)	5904.83	5441.95	4487.58	2965.79
主营收入(万元)	30197.24	21023.06	38786.41	32741.52
资本公积金(万元)	17921.36	17803.82	17737.82	17726.01
主营利润(万元)	9354.90	6241.38	11615.17	10848.36
其他业务利润(万元)	9354.90	6241.38	11615.17	85.31
营业利润(万元)	1978.62	1257.45	3972.41	3620.11
投资收益(万元)	97.52	30.25	136.12	228.63
补贴收入(万元)				
营业外收支(万元)	-29.96		-18.77	-44.13
利润总额(万元)	2046.18	1254.46	4089.76	3804.62
净利润(万元)	1417.24	954.36	3362.97	3209.46

十大股东

序号	股东名称	股份性质	持股数(万股)	比例(%)
1	北京万东医疗装备公司	国有法人股	7200.00	64.86
2	邢玉君	社会公众股	24.00	0.22
3	谢仁国	社会公众股	23.81	0.21
4	马书伶	社会公众股	21.00	0.19
5	李志刚	社会公众股	20.04	0.18
6	钟杰	社会公众股	16.00	0.14
7	立信投资有限责任公司	社会公众股	15.92	0.14
8	张渠	社会公众股	15.00	0.14
9	任玉花	社会公众股	15.00	0.14
10	金淑英	社会公众股	14.50	0.13

股东人数	2003.9	2003.6	2002	2001
	12745	12461	10471	6197

近年分配	近年配股/增发
2002年10股派1.00元 2001年10股派1.00元	不分配不转增

重大事项

公司已于2002年3月1日、11月26日连续披露了北京博奥生物芯片有限责任公司与北京医药集团有限责任公司重组公司的控股股东北京万东医疗装备公司的有关事宜及情况，现公司就重组万东公司的进展情况予以公告。 公司以总股本11100万股为基数，每10股派现金1.00元（扣税后10派0.8元），股权登记日为2003年6月20日，除息日为2003年6月23日，股息到帐日为2003年6月27日。

二〇〇二年以来市场表现

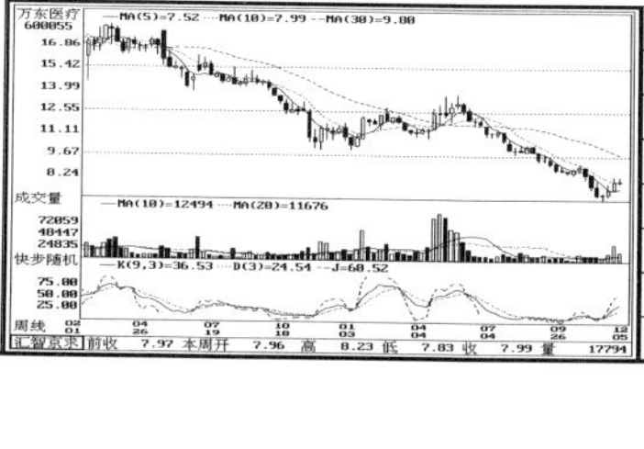

2002年涨跌幅(%)	-44.06
2002年最高(元)	18.10
2002年最低(元)	9.90
2002年换手率(%)	196.51
2003年涨跌幅(%)	-21.32
2003年最高(元)	13.57
2003年最低(元)	6.80
2003年换手率(%)	263.48

中技贸易股份有限公司

公司概况

公司名称	中技贸易股份有限公司	股票代码	600056
注册地址	北京市海淀区西三环北路21号久凌大厦公寓楼	邮政编码	100089
法人代表	吴多誉	董秘	齐建西
电话	010-68404720	传真	010-68476727
主营业务	自营和代理商品和技术的进出口业务等		
总股本	20856.00	流通A	6240.00
流通B		流通H	
审计单位		审计意见	未审计

主要财务指标

年度	2003.9	2003.6	2002	2001
每股收益/扣除后(元)	0.0603	0.0410	0.2449	0.3762
每股经营现金流量(元)	0.1300	-0.1630	-1.0000	2.2865
每股净资产/调整后(元)	2.8774	2.8487	4.4600	4.2203
每股公积金(元)	1.1620	1.1620	2.4590	2.4590
净资产收益率(%)	3.1100	2.1390	7.7520	9.1280
总资产(万元)	101567.03	95187.70	100173.72	120525.04
股东权益(万元)	60089.42	59493.61	58220.95	55011.17
未分配利润(万元)	10152.25	9556.44	8283.78	5976.66
主营收入(万元)	208659.23	162668.41	230710.70	248281.09
资本公积金(万元)	24232.60	24232.60	32053.60	32053.60
主营利润(万元)	2630.87	2262.78	6595.06	6085.66
其他业务利润(万元)	135.57	135.57	117.92	311.26
营业利润(万元)	419.29	1007.73	2719.66	980.01
投资收益(万元)	1463.58	436.79	2390.83	4524.31
补贴收入(万元)	113.33	46.04	4.22	21.82
营业外收支(万元)	0.38	0.30	-0.60	2.90
利润总额(万元)	1996.57	1495.43	5114.11	5529.04
净利润(万元)	1868.47	1272.66	4513.28	4903.39

十大股东

序号	股东名称	股份性质	持股数(万股)	比例(%)
1	中国技术进出口总公司	国有法人股	14616.00	70.08
2	华夏成长证券投资基金	流通股	174.95	0.84
3	何理	流通股	132.09	0.63
4	赵艳红	流通股	33.76	0.16
5	叶逢春	流通股	25.59	0.12
6	王治	流通股	23.40	0.11
7	邓小敏	流通股	21.60	0.10
8	孙基	流通股	18.95	0.09
9	顾作荣	流通股	17.73	0.09
10	徐秀芳	流通股	14.43	0.07

股东人数	2003.9	2003.6	2002	2001
	24989	25244	25400	27756

近年分配	近年配股/增发
2002年10股派1.00元 2001年10股派1.00元	2001年10股转增6股

重大事项

公司控股股东中国技术进出口总公司将其持有的70.08%国有法人股无偿划转至公司实际控制人中国通用技术(集团)控股有限责任公司有关事宜的进展情况如下：本次国有法人股划转已经财政部批准，现通用技术集团已取得中国证监会有关文批准，同意豁免通用技术集团要约收购公司股票义务。2003年08月12日 中技贸易临时股东大会决议：通过公司章程修正案、关于转让光大银行股权的议案、选举公司第三届董、监事会成员的议案。

二〇〇二年以来市场表现

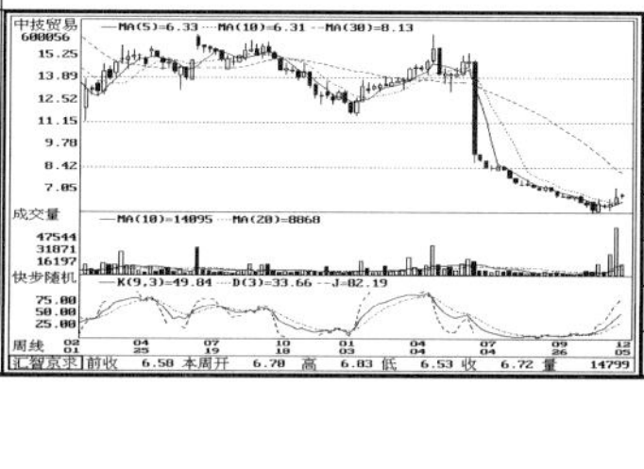

2002年涨跌幅(%)	-18.42
2002年最高(元)	10.33
2002年最低(元)	6.69
2002年换手率(%)	57.28
2003年涨跌幅(%)	-12.62
2003年最高(元)	10.27
2003年最低(元)	5.68
2003年换手率(%)	70.48

夏新电子股份有限公司

公司概况

公司名称	夏新电子股份有限公司		股票代码	600057	
注册地址	厦门市体育路45号		邮政编码	361012	
法人代表	柳学宏		董秘	吕东	
电话	0592-5058123-3500		传真	0592-5127609	
主营业务	声像电子产品及其他机械电子产品的开发与制造等				
总股本	42984.00	流通A	17280.00	流通B	流通H
审计单位			审计意见	未审计	

主要财务指标

年度	2003.9	2003.6	2002	2001
每股收益/扣除后(元)	1.2900	0.8700	1.7100	-0.2180
每股经营现金流量(元)	1.5500	1.0070	2.7100	0.1631
每股净资产/调整后(元)	3.2700	2.8500	2.4400	1.1500
每股公积金(元)	0.7000	0.7000	0.8370	0.8195
净资产收益率(%)	46.8700	29.2900	68.2500	-18.9900
总资产(万元)	386201.94	317697.62	276200.16	158436.45
股东权益(万元)	143367.95	125759.97	88924.89	41207.85
未分配利润(万元)	61849.77	44241.79	14570.71	-27538.19
主营收入(万元)	531571.12	364873.12	448669.59	98826.12
资本公积金(万元)	29990.48	29990.48	29990.48	29355.68
主营利润(万元)	182068.95	126018.20	167636.44	17272.53
其他业务利润(万元)	1089.14	321.01	-1397.61	813.59
营业利润(万元)	69283.48	47341.87	70636.87	-7743.91
投资收益(万元)	-73.00	9.00	49.98	
补贴收入(万元)	11.31			12.00
营业外收支(万元)	-1204.06	-758.38	-2025.18	-93.04
利润总额(万元)	68017.73	46592.50	68661.67	-7824.95
净利润(万元)	54443.05	36835.08	60693.85	-7824.95

十大股东

序号	股东名称	股份性质	持股数(万股)	比例(%)
1	厦新电子有限公司	法人股	24235.20	56.38
2	华西证券有限责任公司	流通股	874.13	2.03
3	中国电子信息产业集团公司	国有法人股	514.08	1.20
4	厦门电子仪器厂	国有法人股	417.51	0.97
5	厦门电子器材厂	国有法人股	380.05	0.88
6	施碧溪	流通股	123.07	0.28
7	海华谊集团国际贸易有限公司	流通股	90.00	0.21
8	厦新电子有限公司工会委员会	法人股	83.72	0.19
9	吴建明	流通股	76.48	0.18
10	中国电子国际经济贸易公司	国有法人股	73.44	0.17

股东人数	2003.9	2003.6	2002	2001
	36753	32824	27240	109142

近年分配	2002年10股派3.8元	近年配股/增发	2002年10股送3股

重大事项

2003年07月26日公司临时股东大会决议通过变更公司名称及股票简称的议案:公司中文名称变更为"夏新电子股份有限公司",股票简称变更为"夏新电子"。 2002年12月26日公司控股股东厦新电子有限公司将其所持公司法人股1150万股质押给福建兴业银行厦门分行,质押期限自2002年11月29日至2003年11月29日;将其所持公司法人股2090万股质押给交通银行厦门分行,质押期限自2002年12月20日至2003年12月20日。

二○○二年以来市场表现

2002年涨跌幅(%)	101.29
2002年最高(元)	15.13
2002年最低(元)	5.41
2002年换手率(%)	309.42
2003年涨跌幅(%)	6.50
2003年最高(元)	14.68
2003年最低(元)	10.45
2003年换手率(%)	221.04

五矿发展股份有限公司

公司概况

公司名称	五矿发展股份有限公司		股票代码	600058	
注册地址	北京市海淀区三里河路5号B座		邮政编码	100044	
法人代表	苗耕书		董秘	高勇	
电话	010-68494208		传真	010-68494207	
主营业务	高新科技产品的技术开发;对高新科技产品进行投资管理等				
总股本	55131.52	流通A	15600.00	流通B	流通H
审计单位			审计意见	未审计	

主要财务指标

年度	2003.9	2003.6	2002	2001
每股收益/扣除后(元)	0.3765	0.2319	0.4274	0.3650
每股经营现金流量(元)	-5.0500	-12.4500	4.5870	0.1021
每股净资产/调整后(元)	3.7166	3.6324	4.4491	4.3533
每股公积金(元)	1.6036	1.6036	2.3850	2.3310
净资产收益率(%)	9.4650	6.0870	9.3680	8.3330
总资产(万元)	2019692.75	1782893.75	950740.87	531057.37
股东权益(万元)	210797.66	203136.00	190323.53	184661.59
未分配利润(万元)	52197.61	44609.21	31248.66	29809.26
主营收入(万元)	3629088.25	2428724.50	2833329.50	1956513.62
资本公积金(万元)	88407.33	88407.33	101129.99	98853.00
主营利润(万元)	82755.48	51142.55	89044.23	81450.58
其他业务利润(万元)	82755.48	51142.55	89044.23	1138.03
营业利润(万元)	29025.61	17954.28	27858.36	21791.07
投资收益(万元)	1128.84	669.62	1660.75	3436.68
补贴收入(万元)	141.89	74.02	185.48	1.91
营业外收支(万元)	-268.17	-5.23	-328.29	129.21
利润总额(万元)	30028.17	18692.69	29376.30	25358.87
净利润(万元)	19952.78	12364.38	17829.92	15479.60

十大股东

序号	股东名称	股份性质	持股数(万股)	比例(%)
1	中国五矿总公司	国有股	39531.53	71.70
2	大鹏证券	流通股	2303.47	4.18
3	化投实业	流通股	248.08	0.45
4	王红丽	流通股	118.58	0.22
5	汪光珠	流通股	112.11	0.20
6	黄木文	流通股	92.56	0.17
7	陈雪梅	流通股	91.71	0.17
8	李志云	流通股	91.64	0.17
9	黄小菊	流通股	89.80	0.16
10	秦定刚	流通股	87.85	0.16

股东人数	2003.9	2003.6	2002	2001
	14158	14619	9572	7137

近年分配	2002年10股派3元	近年配股/增发	2002年10股送3股

重大事项

2003年02月15日公司董事会决议同意为本公司子公司中国五矿石油器材贸易有限公司(持股50%)向上海浦东发展银行北京黄寺支行申请2000万美元的信用证免保开证额度提供信用担保延期6个月,期限为2003年2月至2003年8月。 2003年08月02日公司临时股东大会决议:通过关于设立本公司董事会四个专业委员会的有关议案;通过关于修改公司名称和公司股票简称的有关议案:公司注册名称变更为五矿发展股份有限公司(暂定名);股票简称变更为"五矿发展"。

二○○二年以来市场表现

2002年涨跌幅(%)	-26.94
2002年最高(元)	14.66
2002年最低(元)	9.22
2002年换手率(%)	52.29
2003年涨跌幅(%)	12.75
2003年最高(元)	12.46
2003年最低(元)	9.05
2003年换手率(%)	234.31

浙江古越龙山绍兴酒股份有限公司

公司概况

公司名称	浙江古越龙山绍兴酒股份有限公司	股票代码	600059
注册地址	浙江省绍兴市北海桥	邮政编码	312000
法人代表	傅建伟	董秘	周娟英
电话	0575-5158435	传真	0575-5166884
主营业务	黄酒、白酒、饮料、副食品及食品原辅料的开发等		
总股本	23280.00	流通A	10647.00
流通B		流通H	
审计单位		审计意见	未审计

主要财务指标

年度	2003.9	2003.6	2002	2001
每股收益/扣除后(元)	0.1350	0.0990	0.2750	0.3070
每股经营现金流量(元)	0.1790	0.0850	0.4980	-0.3374
每股净资产/调整后(元)	5.0100	4.9600	4.8700	4.8200
每股公积金(元)	3.0300	3.0300	3.0320	3.0296
净资产收益率(%)	2.8900	1.9900	5.6800	6.3700
总资产(万元)	196002.39	189694.05	188990.23	171364.09
股东权益(万元)	117251.53	116181.84	113868.21	112131.06
未分配利润(万元)	15153.49	14083.80	11770.17	11432.14
主营收入(万元)	34140.51	22699.51	48314.30	43551.33
资本公积金(万元)	70583.98	70583.98	70583.98	70528.74
主营利润(万元)	10845.13	7457.82	17130.23	16376.01
其他业务利润(万元)	233.58	157.39	356.95	216.01
营业利润(万元)	4335.03	3267.80	8933.48	8072.54
投资收益(万元)	127.07	84.13	349.49	188.73
补贴收入(万元)	15.60	12.17	15.68	24.05
营业外收支(万元)	337.42	1.42	51.20	-17.43
利润总额(万元)	4815.13	3365.51	9349.85	8267.90
净利润(万元)	3383.32	2313.63	6462.92	7143.26

十大股东

序号	股东名称	股份性质	持股数(万股)	比例(%)
1	中国绍兴黄酒集团有限公司	国有法人股	12633.00	54.27
2	金元基金	流通股	55.00	0.24
3	苏志强	流通股	36.90	0.16
4	田龙桂	流通股	35.13	0.15
5	刘奎兰	`流通股	34.96	0.15
6	黄姑云	流通股	34.53	0.15
7	何愚春	流通股	34.19	0.15
8	刘江红	流通股	32.39	0.14
9	邓坚	流通股 q	31.78	0.14
10	刘永坤	流通股	31.30	0.13

股东人数	2003.9	2003.6	2002	2001
	30536	24447	26105	43120

近年分配	2002年10股派2元 2001年10股派2元	近年配股/增发	2002年10股送3股

重大事项

2003年01月22日公司子公司绍兴永盛酒业有限公司已召开董事会,全体董事一致同意解散永盛酒业。永盛酒业是由本公司和日本兴南贸易株式会社于1993年3月合资组建,鉴于合营已满10年,永盛酒业董事会决定终止合同、解散公司。 2003年09月02日公司召开三届三次董事会,会议审议通过为公司参股子公司浙江古越龙山电子科技发展有限公司向银行借款伍佰万元提供担保的决议。

二〇〇二年以来市场表现

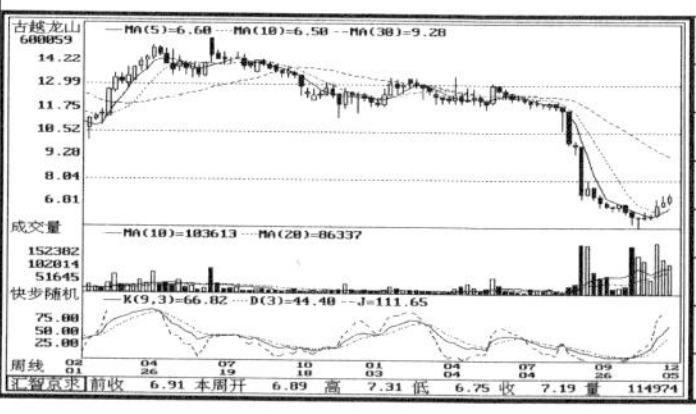

2002年涨跌幅(%)	2.52
2002年最高(元)	15.06
2002年最低(元)	9.40
2002年换手率(%)	97.33
2003年涨跌幅(%)	-41.39
2003年最高(元)	13.20
2003年最低(元)	5.57
2003年换手率(%)	190.94

青岛海信电器股份有限公司

公司概况

公司名称	青岛海信电器股份有限公司	股票代码	600060
注册地址	青岛经济技术开发区团结路18号	邮政编码	266510
法人代表	于淑珉	董秘	盛强
电话	0532-6761318	传真	0532-6761317
主营业务	电视机、广播电视设备、通讯产品制造,信息技术产品等		
总股本	49376.78	流通A	20384.00
流通B		流通H	
审计单位		审计意见	未审计

主要财务指标

年度	2003.9	2003.6	2002	2001
每股收益/扣除后(元)	0.0409	0.0260	0.0600	-0.0364
每股经营现金流量(元)	-0.3100	-0.7000	0.1700	1.0344
每股净资产/调整后(元)	4.6320	4.6200	4.6500	4.4900
每股公积金(元)	2.9860	2.9860	2.9900	2.8602
净资产收益率(%)	0.8510	0.5400	1.5200	-0.8130
总资产(万元)	376776.09	367264.16	397091.06	400816.19
股东权益(万元)	232702.31	231982.95	230721.94	221462.91
未分配利润(万元)	22697.47	21978.12	20717.11	19145.01
主营收入(万元)	380280.81	254124.31	562355.00	387256.06
资本公积金(万元)	147445.48	147445.48	147445.48	141227.02
主营利润(万元)	57506.36	37682.79	76552.00	43243.09
其他业务利润(万元)	644.28	992.73	1265.59	1763.03
营业利润(万元)	3127.24	1820.34	4473.34	-1147.69
投资收益(万元)	-3.54	286.77	-649.73	-549.27
补贴收入(万元)	33.44	33.44	51.96	158.76
营业外收支(万元)	-19.72	-111.00	1100.16	1.75
利润总额(万元)	3137.42	2129.46	4975.74	-1536.45
净利润(万元)	1980.37	1261.01	3505.95	-1799.56

十大股东

序号	股东名称	股份性质	持股数(万股)	比例(%)
1	海信集团有限公司	国有法人股	28992.78	58.72
2	大成价值增长证券投资基金	流通股	96.06	0.19
3	上海国际信托投资有限公司	流通股	838.02	0.17
4	华鑫证券有限责任公司	流通股	74.77	0.15
5	中国银行—天同180指数证券投资基金	流通股	61.15	0.12
6	华安上证180指数增强型证券投资基金	流通股	60.07	0.12
7	上海市企业年金发展中心东新平衡	流通股	50.00	0.10
8	周文笔	流通股	36.60	0.07
9	湘财证券有限责任公司	流通股	29.78	0.06
10	深圳市瑞业达投资有限公司	流通股	28.54	0.06

股东人数	2003.9	2003.6	2002	2001
	123351	122997	124466	141344

近年分配		近年配股/增发	不分配不转增

重大事项

公司公布2003年三季报:净利润1980.37万元,股东权益232702.31万元,每股收益0.0401元,每股净资产4.713元,净资产收益率0.85%。 公司2002年11月12日临时股东大会决议:通过收购海信(北京)电器有限公司55%股权的关联交易提案;变更2001年部分募集资金的提案。

二〇〇二年以来市场表现

2002年涨跌幅(%)	-28.85
2002年最高(元)	10.18
2002年最低(元)	6.30
2002年换手率(%)	156.55
2003年涨跌幅(%)	3.56
2003年最高(元)	8.75
2003年最低(元)	5.60
2003年换手率(%)	184.93

中纺投资发展股份有限公司

公司概况

公司名称	中纺投资发展股份有限公司	股票代码	600061
注册地址	浦东商城路 738 号胜康廖氏大厦 1804 室	邮政编码	200120
法人代表	常俊传	董秘	鲍勤飞
电话	021-646958201	传真	021-62958201
主营业务	纺织品,纺织原材料,化轻材料,新产品的开发等		
总股本	37311.56	流通 A	12168.00
流通 B		流通 H	
审计单位		审计意见	未审计

主要财务指标

年度	2003.9	2003.6	2002	2001
每股收益 / 扣除后(元)	0.0080	–0.0080	–0.0001	0.0940
每股经营现金流量(元)	0.0700	–0.0360	–0.0150	–0.0670
每股净资产 / 调整后(元)	1.2900	1.2800	1.2900	1.6700
每股公积金(元)	0.1660	0.1660	0.1650	0.5146
净资产收益率(%)	0.0030	–0.6400	0.2800	5.6600
总资产(万元)	77639.18	83546.84	89887.09	73747.78
股东权益(万元)	48220.97	47764.56	48047.80	47913.90
未分配利润(万元)	615.77	174.36	480.10	648.23
主营收入(万元)	54578.95	33074.64	75000.70	67158.48
资本公积金(万元)	6195.70	6180.70	6158.20	14768.56
主营利润(万元)	4008.01	2260.90	4944.09	7248.08
其他业务利润(万元)	60.55	1.84	–8.75	632.87
营业利润(万元)	266.18	–362.16	217.56	3223.85
投资收益(万元)	111.64	138.27	–185.10	–128.45
补贴收入(万元)	14.70	6.00	40.90	300.26
营业外收支(万元)	–179.54	–8.69	128.73	–74.87
利润总额(万元)	212.98	–226.58	202.09	3320.79
净利润(万元)	135.66	–305.74	136.61	2712.13

十大股东

序号	股东名称	股份性质	持股数(万股)	比例(%)
1	中国纺织物资(集团)总公司	国有法人股	16449.37	44.08
2	中国丝绸物资进出口公司	国有法人股	4029.48	10.79
3	澳大利亚 CTRC 股份有限公司	外资股	4029.48	10.79
4	陕西省纺织工业供销公司	国有法人股	635.23	1.70
5	付军	流通股	33.16	0.09
6	钟芳菊	流通股	33.00	0.09
7	倪壮	流通股	31.94	0.09
8	章建成	流通股	27.98	0.08
9	青岛国信实业公司	流通股	27.89	0.08
10	李宇生	流通股	26.37	0.07

股东人数	2003.9	2003.6	2002	2001
	30593	30777	32930	191041

近年分配	2002年 10 股派 0.2 元	近年配股 / 增发	不分配不转增

重大事项

公司公布 2003 年三季报:净利润 135.66 万元,股东权益 48220.97 万元,每股收益 0.004 元,每股净资产 1.29 元,净资产收益率 0.28%。 公司 2003 年中期业绩预亏公告:今年二季度因受"非典"的影响,加之公司正处在结构调整之中,对公司的业务产生较大冲击,导致公司二季度业绩大幅下滑。经公司财务部初步测算,尽管一季度公司业绩较去年同期有所增长,但预计今年上半年将出现亏损,

二○○二年以来市场表现

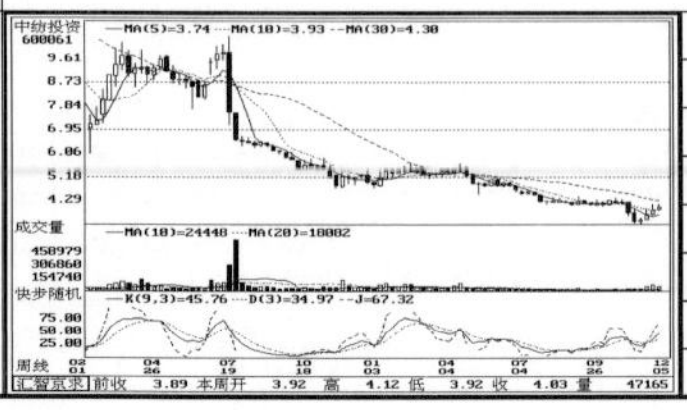

2002年涨跌幅(%)	-30.43
2002年最高(元)	8.06
2002年最低(元)	4.45
2002年换手率(%)	254.39
2003年涨跌幅(%)	-18.96
2003年最高(元)	5.68
2003年最低(元)	3.40
2003年换手率(%)	105.61

北京双鹤药业股份有限公司

公司概况

公司名称	北京双鹤药业股份有限公司	股票代码	600062
注册地址	北京朝阳区望京利泽东二路 1 号	邮政编码	100020
法人代表	乔俊峰	董秘	倪军
电话	010-65853578	传真	010-65853578
主营业务	加工、制造原料药、注射剂(水针、粉针、输液)、片剂等		
总股本	44107.57	流通 A	18586.62
流通 B		流通 H	
审计单位		审计意见	未审计

主要财务指标

年度	2003.9	2003.6	2002	2001
每股收益 / 扣除后(元)	0.2800	0.1767	0.3739	0.4648
每股经营现金流量(元)	0.2200	0.2710	0.3188	0.4156
每股净资产 / 调整后(元)	3.3218	3.3042	2.9792	3.7807
每股公积金(元)	1.3400	1.3420	1.3010	1.9784
净资产收益率(%)	8.4100	5.5900	12.0000	12.2900
总资产(万元)	438303.06	383038.53	361646.47	274628.72
股东权益(万元)	155258.62	150612.61	140419.62	128275.85
未分配利润(万元)	37487.73	32841.73	24428.97	17144.55
主营收入(万元)	310552.53	194451.64	368632.12	238265.69
资本公积金(万元)	59175.93	59175.93	57395.69	67125.68
主营利润(万元)	82252.40	53996.22	111725.71	86430.71
其他业务利润(万元)	1891.84	1285.08	2376.62	1545.69
营业利润(万元)	16410.28	10847.52	20414.26	18869.79
投资收益(万元)	–785.11	–518.22	410.56	27.89
补贴收入(万元)	1552.75	1407.40	1268.40	1268.40
营业外收支(万元)	–477.83	–340.42	–1400.20	–829.88
利润总额(万元)	16700.10	11396.28	20559.35	19336.20
净利润(万元)	13058.76	8412.76	16844.21	15771.04

十大股东

序号	股东名称	股份性质	持股数(万股)	比例(%)
1	北京万辉药业集团	国有法人股	22859.20	51.83
2	北京永好科技发展有限责任公司	社会法人股	1267.50	2.87
3	北京医药集团有限责任公司	国有法人股	760.50	1.72
4	福建省闽发证券有限公司	流通股	423.08	0.96
5	北京市国有资产经营有限责任公司	国有法人股	304.20	0.69
6	北京科梦嘉生物技术开发有限责任公司	社会法人股	177.45	0.40
7	南方证券股份有限公司	社会法人股q	152.10	0.34
8	张建新	流通股	82.53	0.19
9	南通琼宇工贸有限公司	流通股	77.20	0.18
10	李发辉	流通股	67.40	0.15

股东人数	2003.9	2003.6	2002	2001
	6676	8333	10063	12017

近年分配	2002年 10 股派 1 元 2001 年 10 股派 1 元	近年配股 / 增发	2003年 10 股配 3 股

重大事项

公司 2002 年 12 月 17 日接公司控股股东–安徽皖维集团有限责任公司通知,经安徽省财政厅同意,将其持有的公司 15390 万股国有法人股中的 4500 万股质押给中国工商银行巢湖分行营业部,用于贷款质押,贷款总额共计 11000 万元,质押期限自 2002 年 12 月 16 日至 2005 年 12 月 16 日。公司公布 2003 年三季报:净利润 2943.68 万元,股东权益 65723.65 万元,每股收益 0.116 元,每股净资产 2.599 元,净资产收益率 4.48%。

二○○二年以来市场表现

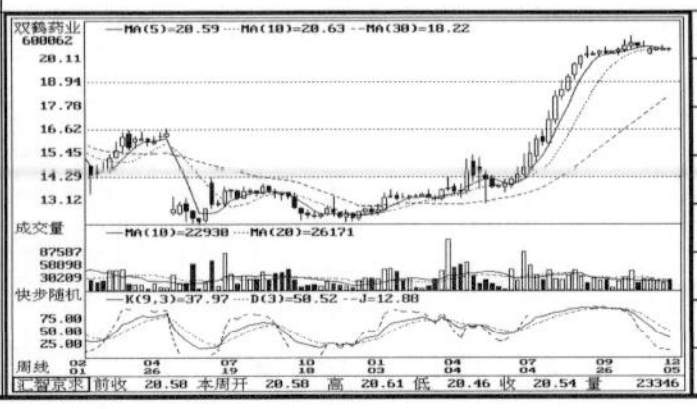

2002年涨跌幅(%)	2.74
2002年最高(元)	14.09
2002年最低(元)	10.14
2002年换手率(%)	68.21
2003年涨跌幅(%)	61.16
2003年最高(元)	21.27
2003年最低(元)	12.41
2003年换手率(%)	77.38

安徽皖维高新材料股份有限公司

公司概况

公司名称	安徽皖维高新材料股份有限公司				股票代码	600063	
注册地址	安徽省巢湖市巢维路 56 号				邮政编码	238002	
法人代表	陈信生			董秘	汤华章		
电话	0565-2317280			传真	0565-2317447		
主营业务	括聚乙烯醇、高强高膜聚乙烯纤维、聚乙烯醇强力纱等						
总股本	25290.00	流通 A	9900.00	流通 B		流通 H	
审计单位				审计意见	未审计		

主要财务指标

年度	2003.9	2003.6	2002	2001
每股收益 / 扣除后(元)	0.1190	0.0940	0.1700	0.3050
每股经营现金流量(元)	0.3100	0.2300	0.4840	0.5339
每股净资产 / 调整后(元)	2.5910	2.5680	2.3390	2.4320
每股公积金(元)	1.1900	1.1900	1.1900	1.1900
净资产收益率(%)	4.4800	3.6200	7.0700	12.5500
总资产(万元)	162429.44	151452.98	146542.27	111418.72
股东权益(万元)	65723.65	65142.99	61499.01	61499.01
未分配利润(万元)	5871.72	5291.06	2929.84	2320.92
主营收入(万元)	85904.12	56537.65	74269.36	50744.47
资本公积金(万元)	30150.10	30150.10	30150.10	30147.55
主营利润(万元)	9934.69	6969.10	12359.40	13972.65
其他业务利润(万元)	146.98	118.13	144.25	103.96
营业利润(万元)	4480.79	3615.23	7023.92	7669.57
投资收益(万元)			278.69	854.44
补贴收入(万元)	130.84	130.84	76.88	
营业外收支(万元)	-58.92	-16.42	-35.02	-26.37
利润总额(万元)	4552.71	3729.65	7344.47	8497.64
净利润(万元)	2943.68	2361.22	4441.46	7715.40

十大股东

序号	股东名称	股份性质	持股数(万股)	比例(%)
1	安徽皖维集团有限责任公司	国有法人股	15390.00	60.85
2	上海证券有限公司	社会公众股	20.50	0.08
3	刘承泰	社会公众股	19.47	0.08
4	邱永华	社会公众股	16.40	0.06
5	吕金铎	社会公众股	13.04	0.05
6	王献臣	社会公众股	13.00	0.05
7	兴和基金	社会公众股	12.26	0.05
8	罗勤岸	社会公众股	11.99	0.05
9	王谦	社会公众股	11.37	0.04
10	万东山	社会公众股	11.30	0.04

股东人数	2003.9	2003.6	2002	2001
	57904	59141	58307	60972

近年分配	2002年 10 股派 1.25 元	近年配股 / 增发	2003年 10 股配 3 股

重大事项

公司公布 2003 年三季报:净利润 2943.68 万元, 股东权益 65723.65 万元,每股收益 0.116 元,每股净资产 2.599 元,净资产收益率 4.48%。公司年度股东大会决议:通过了公司 2002 年度利润分配方案:以 2002 年 12 月 31 日公司总股本 25290 万股为基数,向全体股东每 10 股派现金 1.25 元(含税),无公积金转增股本。

二〇〇二年以来市场表现

2002年涨跌幅(%)	-18.12
2002年最高(元)	10.10
2002年最低(元)	6.98
2002年换手率(%)	98.37
2003年涨跌幅(%)	-13.87
2003年最高(元)	8.86
2003年最低(元)	5.00
2003年换手率(%)	127.48

南京新港高科技股份有限公司

公司概况

公司名称	南京新港高科技股份有限公司				股票代码	600064	
注册地址	南京经济技术开发区内				邮政编码	210038	
法人代表	徐益民			董秘	何金耿		
电话	025-5800946			传真	025		
主营业务	高新技术产业投资、开发及市政基础设施建设等						
总股本	12500.00	流通 A	25000.00	流通 B		流通 H	
审计单位				审计意见	未审计		

主要财务指标

年度	2003.9	2003.6	2002	2001
每股收益 / 扣除后(元)	0.1460	0.1060	0.2260	0.2100
每股经营现金流量(元)	0.8130	0.4580	-0.0340	-0.1869
每股净资产 / 调整后(元)	3.6600	3.6200	3.5200	2.7800
每股公积金(元)	1.6380	1.6380	1.6400	1.5297
净资产收益率(%)	8.2200	5.3700	8.5000	7.3900
总资产(万元)	297598.03	304540.84	289353.53	246223.27
股东权益(万元)	126497.86	125329.05	122211.12	116399.88
未分配利润(万元)	19350.40	17809.89	14167.64	21371.79
主营收入(万元)	78885.66	52310.91	84023.88	51291.24
资本公积金(万元)	56361.23	56361.23	56361.23	191212.77
主营利润(万元)	14493.27	9755.13	21106.10	15616.89
其他业务利润(万元)	1452.37	1040.61	1402.79	877.70
营业利润(万元)	637.52	266.91	3221.43	3682.71
投资收益(万元)	2971.06	2619.42	4900.55	5072.29
补贴收入(万元)			48.00	
营业外收支(万元)	201.18	4.63	-232.43	-375.11
利润总额(万元)	3809.76	2891.77	7937.56	8379.89
净利润(万元)	5182.76	3642.25	8214.24	8379.89

十大股东

序号	股东名称	股份性质	持股数(万股)	比例(%)
1	南京新港开发总公司	国有法人股	16067.05	46.69
2	南京港口经济发展总公司	法人股	2695.12	7.83
3	金陵石化华隆工业公司	法人股	103.66	0.30
4	胡良玉	法人股	89.24	0.26
5	南方证券有限公司	法人股	47.43	0.14
6	相一桂	法人股	26.61	0.08
7	李虹雪	法人股	24.00	0.08
8	刘晓峰	法人股	23.00	0.07
9	中富证券有限责任公司	法人股	22.50	0.07
10	南京锦能投资发展有限公司	法人股	21.98	0.06

股东人数	2003.9	2003.6	2002	2001
	98623	99714	101890	107462

近年分配	2002年 10 股派 2.00 元	近年配股 / 增发	不分配不转增

重大事项

公司 2002 年度股东大会通过了对《公司章程》的修改,公司已于 2003 年 7 月 1 日办理完毕工商登记变更手续, 公司新增经营范围如下: 污水处理、环保项目建设、投资及管理。 公司将所持有的 51% 的股权以 1284 万元转让给南京天地房地产开发有限公司;将所持 15.67% 的股权以 394.5 万元转让给南京天工房地产开发有限公司。合计转让价格为 1678.5 万元。同意核销应收款项、固定资产及存货共计为 147045.96 元。

二〇〇二年以来市场表现

2002年涨跌幅(%)	-28.19
2002年最高(元)	11.64
2002年最低(元)	7.78
2002年换手率(%)	87.77
2003年涨跌幅(%)	-16.37
2003年最高(元)	9.06
2003年最低(元)	5.59
2003年换手率(%)	72.95

大庆联谊石化股份有限公司

公司概况

公司名称	大庆联谊石化股份有限公司			股票代码	600065		
注册地址	黑龙江省大庆市大同区林源南街5号			邮政编码	163852		
法人代表	李秀军			董秘	柴铭		
电话	0459-6717944			传真	0459-6717944		
主营业务	石油开采、石油炼制、石化产品的生产、加工等						
总股本	19200.00	流通A	6000.00	流通B		流通H	
审计单位				审计意见	未审计		

主要财务指标

年度	2003.9	2003.6	2002	2001
每股收益/扣除后(元)	-0.1300	-0.0781	0.0086	-0.2986
每股经营现金流量(元)	0.2100	0.0790	0.0167	-0.1863
每股净资产/调整后(元)	3.3110	3.4117	3.7243	3.7707
每股公积金(元)	2.4000	2.4000	2.4040	2.4040
净资产收益率(%)	-4.2000	-1.7500	0.6740	-7.9190
总资产(万元)	116931.18	115997.63	118341.62	121683.58
股东权益(万元)	69958.54	71643.31	72894.69	72396.52
未分配利润(万元)	-5205.32	-3520.55	-2269.17	-2760.76
主营收入(万元)	44251.28	29938.91	69324.28	54995.52
资本公积金(万元)	46163.91	46163.91	46163.91	46157.33
主营利润(万元)	933.38	1057.22	4322.29	1860.59
其他业务利润(万元)	140.14	36.78	253.30	1366.75
营业利润(万元)	-2961.77	-1272.56	566.31	-5940.82
投资收益(万元)	-0.98	-0.04	-0.64	73.67
补贴收入(万元)				
营业外收支(万元)	-9.07		-102.30	-287.61
利润总额(万元)	-2971.81	-1274.32	463.36	-6154.75
净利润(万元)	-2936.15	-1251.38	491.59	-5733.03

十大股东

序号	股东名称	股份性质	持股数(万股)	比例(%)
1	黑龙江省大庆联谊石油化工总厂	法人股	9679.20	50.41
2	大庆市油脂化工厂	法人股	2200.80	11.46
3	大庆市大同区林源建材公司	法人股	480.00	2.50
4	大庆高新区联谊润滑油调合厂	法人股	420.00	2.19
5	大庆市联谊劳动服务站	法人股	240.00	1.25
6	大庆市联谊石化宾馆	法人股	180.00	0.94
7	薛枫	流通股	35.98	0.19
8	谢均华	流通股	21.80	0.11
9	朱潮云	流通股 q	21.07	0.11
10	李园	流通股	17.31	0.09

股东人数	2003.9	2003.6	2002	2001
	37672	389290	39832	40686

近年分配		近年配股/增发	不分配不转增

重大事项

公司于**2003**年**06**月**26**日向大庆市中级人民法院申请对公司第一大股东-黑龙江省大庆联谊石油化工总厂及其下属企业所持有的公司法人股**3036**万股股权继续进行诉前保全。该部分股权已向中国证券登记结算有限责任公司上海分公司办理了股权冻结登记手续，冻结期限自**2003**年**6**月**26**日至**2003**年**12**月**25**日。

二〇〇二年以来市场表现

2002年涨跌幅(%)	-34.26
2002年最高(元)	10.13
2002年最低(元)	5.54
2002年换手率(%)	265.57
2003年涨跌幅(%)	-0.30
2003年最高(元)	8.68
2003年最低(元)	4.50
2003年换手率(%)	190.91

郑州宇通客车股份有限公司

公司概况

公司名称	郑州宇通客车股份有限公司			股票代码	600066		
注册地址	郑州市凤凰路七号			邮政编码	450016		
法人代表	汤玉祥			董秘	徐建生		
电话	0371-6806316			传真	0371-6316894		
主营业务	客车及其配件、附件制造,机械加工,汽车及其配件等						
总股本	13672.36	流通A	9372.31	流通B		流通H	
审计单位				审计意见	未审计		

主要财务指标

年度	2003.9	2003.6	2002	2001
每股收益/扣除后(元)	0.5300	0.2020	0.8820	0.7199
每股经营现金流量(元)	0.6100	-0.2300	2.0000	0.7153
每股净资产/调整后(元)	7.6490	7.2610	7.0070	6.2430
每股公积金(元)	4.8040	4.7400	4.6850	4.6793
净资产收益率(%)	6.8500	2.7100	10.8600	11.5300
总资产(万元)	185947.80	169119.94	173327.94	140397.17
股东权益(万元)	104636.22	99356.27	95844.76	85360.86
未分配利润(万元)	18382.78	13909.29	11212.06	2367.13
主营收入(万元)	194640.45	120198.36	268504.94	157951.53
资本公积金(万元)	65676.28	64869.81	64055.53	63977.43
主营利润(万元)	39653.18	24740.40	49142.33	32040.68
其他业务利润(万元)	844.09	59.72	1175.57	693.24
营业利润(万元)	10901.23	4816.87	18795.01	13084.91
投资收益(万元)	15.68	15.68	84.02	547.76
补贴收入(万元)	14.50			
营业外收支(万元)	-82.22	-77.28	-1723.13	-1397.21
利润总额(万元)	10849.20	4755.27	17155.91	12235.47
净利润(万元)	7170.72	2697.23	10405.80	9842.51

十大股东

序号	股东名称	股份性质	持股数(万股)	比例(%)
1	郑州宇通集团有限责任公司	国家股	2350.00	17.19
2	中原信托投资有限公司	社会法人股	1193.83	8.73
3	华夏成长证券投资基金	流通股	546.32	4.00
4	中国公路车辆机械总公司	社会法人股	520.00	3.80
5	裕元证券投资基金	流通股	318.81	2.33
6	兴业证券股份有限公司	流通股	303.85	2.22
7	河南世海实业有限公司	社会法人股	236.22	1.73
8	金泰证券投资基金	流通股	232.07	1.70
9	同盛证券投资基金	流通股	193.00	1.41
10	裕阳证券投资基金	流通股	163.99	1.20

股东人数	2003.9	2003.6	2002	2001
	26682	27105	28651	32790

近年分配	2002年10股派6.00元	近年配股/增发	不分配不转增

重大事项

郑州第一钢厂将持有公司**1193.8320**万股社会法人股(占公司总股本的**8.73%**)以每股**6.73**元的价格转让给中原信托,转让总价款共计**8034.48936**万元。股份转让款由中原信托支付给郑州第一钢厂的债权银行,用于解除郑州第一钢厂为他人担保的连带责任。由郑州第一钢厂的债权银行申请法院解除对协议股权的冻结。根据**2003**年**02**月**26**日下达的河南省高级人民法院民事裁定书,河南省高级人民法院已于**2003**年**2**月**27**日解除了郑州第一钢厂持有公司**1193.8320**万社会法人股的冻结。

二〇〇二年以来市场表现

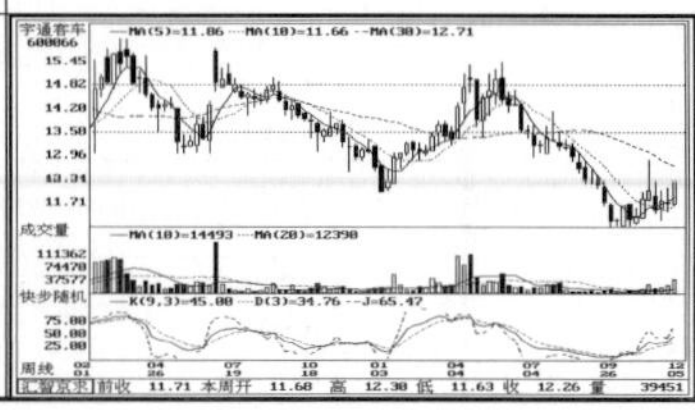

2002年涨跌幅(%)	-6.29
2002年最高(元)	15.81
2002年最低(元)	11.80
2002年换手率(%)	156.27
2003年涨跌幅(%)	-5.34
2003年最高(元)	15.43
2003年最低(元)	11.09
2003年换手率(%)	114.42

冠城大通股份有限公司

公司概况

公司名称	冠城大通股份有限公司	股票代码	600067
注册地址	福建省福州市开发区快安延伸区创新楼	邮政编码	350005
法人代表	韩国龙	董秘	林思雨
电话	0591-3353338	传真	0591-3350026
主营业务	漆包线、房地产开发等		
审计单位		审计意见	未审计

总股本	流通 A	流通 B	流通 H
16801.87	10867.88		

主要财务指标

年度	2003.9	2003.6	2002	2001
每股收益 / 扣除后(元)	0.0540	0.0460	0.1150	0.2800
每股经营现金流量(元)	-1.9300	-1.2230	0.0800	0.0100
每股净资产 / 调整后(元)	1.8100	1.8500	1.8000	2.8900
每股公积金(元)	0.5466	0.5466	0.5466	1.2746
净资产收益率(%)	4.1900	3.8000	8.0200	10.6800
总资产(万元)	188135.42	131231.91	94586.29	55649.15
股东权益(万元)	31987.75	31835.83	30647.63	30305.46
未分配利润(万元)	2947.99	2796.07	1607.87	3539.38
主营收入(万元)	41098.85	25853.58	37401.99	40349.33
资本公积金(万元)	9184.40	9184.40	9184.40	13384.87
主营利润(万元)	5253.11	3331.06	6561.71	7263.36
其他业务利润(万元)	329.90	255.95	159.71	47.73
营业利润(万元)	1305.35	983.68	2966.71	3050.91
投资收益(万元)	669.63	651.05	1513.11	573.62
补贴收入(万元)	9.13		0.15	34.18
营业外收支(万元)	-0.81	-0.81	-1000.12	-760.06
利润总额(万元)	1983.30	1633.93	3479.84	2898.65
净利润(万元)	1340.11	1188.20	2459.46	3235.85

十大股东

序号	股东名称	股份性质	持股数(万股)	比例(%)
1	福州盈榕投资有限公司	法人股	4415.39	26.28
2	福州景科投资有限公司	法人股	337.92	2.01
3	福州市信托投资公司	法人股	286.72	1.71
4	福州建银贸易公司	法人股	256.00	1.52
5	中国建设银行福建省分行直属支行	法人股	250.00	1.49
6	国泰君安证券有限公司	公众股	185.67	1.11
7	福州市福保贸易公司	法人股	168.96	1.01
8	福州第一化工厂	法人股	117.76	0.70
9	杭州冠海贸易有限公司	公众股	65.47	0.36
10	尹叁海	公众股	36.63	0.22

股东人数	2003.9	2003.6	2002	2001
	14057	15687	16247	18588

近年分配	2002年10股派0.5元　2001年10股派1.5元	近年配股/增发	2002年10股送2股

重大事项

公司下属控股子公司——北京太阳宫房地产开发有限公司拟向中煤信托投资有限责任公司申请总额不超过人民币**5**亿元、期限**2**年，利率为年**5.8%**的贷款。本次贷款将由北京冠海房地产有限公司提供连带责任担保。　公司第一大股东福州盈榕投资有限公司将其持有的公司**44153904**股社会法人股全部质押给中国工商银行福州市闽都支行，向银行申请借款，质押期限为**2003**年**6**月**20**日至**2003**年**12**月**5**日。

二〇〇二年以来市场表现

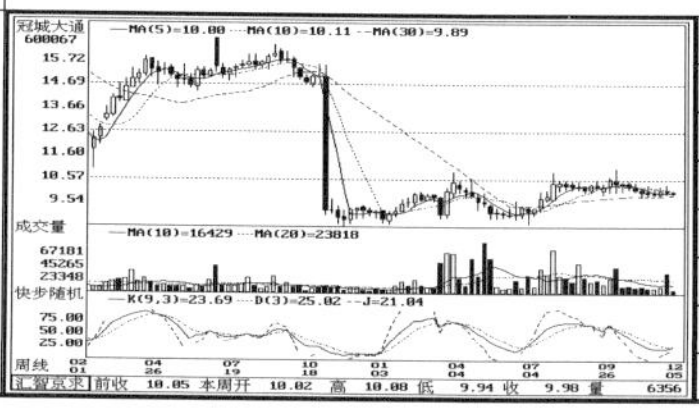

2002年涨跌幅(%)	9.81
2002年最高(元)	10.44
2002年最低(元)	6.44
2002年换手率(%)	59.67
2003年涨跌幅(%)	8.71
2003年最高(元)	11.01
2003年最低(元)	8.60
2003年换手率(%)	112.44

葛洲坝股份有限公司

公司概况

公司名称	葛洲坝股份有限公司	股票代码	600068
注册地址	湖北省宜昌市石子岭路3号	邮政编码	443002
法人代表	张野	董秘	张之平
电话	0717-6746439	传真	0717-6746470
主营业务	建筑工程承包施工和水泥生产销售等		
审计单位		审计意见	未审计

总股本	流通 A	流通 B	流通 H
70580.00	34580.00		

主要财务指标

年度	2003.9	2003.6	2002	2001
每股收益 / 扣除后(元)	0.0480	0.0250	0.1560	0.2500
每股经营现金流量(元)	0.0200	0.0020	0.1530	0.0500
每股净资产 / 调整后(元)	4.7600	4.7200	4.7100	4.6200
每股公积金(元)	2.8585	2.8585	2.8585	2.8585
净资产收益率(%)	1.1000	0.8200	2.4800	4.5400
总资产(万元)	496358.00	488457.37	484425.12	490407.62
股东权益(万元)	336842.12	335905.22	333149.34	325846.44
未分配利润(万元)	51005.28	50068.37	47312.49	41107.06
主营收入(万元)	92606.95	59110.21	189700.98	220848.28
资本公积金(万元)	201751.44	201751.44	201751.44	201751.09
主营利润(万元)	16007.23	10530.74	32155.99	36517.49
其他业务利润(万元)	650.00	399.47	646.02	0.20
营业利润(万元)	1478.60	1255.78	9661.94	19253.66
投资收益(万元)	760.93	560.37	1072.86	2066.12
补贴收入(万元)	1649.97	988.62	2340.95	
营业外收支(万元)	455.10		-4196.45	-5438.12
利润总额(万元)	4344.60	3228.33	8879.29	15881.66
净利润(万元)	3692.79	2755.87	8271.93	14785.48

十大股东

序号	股东名称	股份性质	持股数(万股)	比例(%)
1	中国葛洲坝水利水电工程集团有限公司	国有法人股	27276.42	38.65
2	交通银行海南分行	法人股	6000.00	8.50
3	中国高科集团股份有限公司	法人股	1552.14	2.20
4	海南宝生经济贸易公司	法人股	427.00	0.61
5	西安高科(集团)公司	法人股	389.96	0.55
6	武汉市商业银行	法人股	120.49	0.17
7	交通银行武汉分行	法人股	107.00	0.15
8	中国工商银行湖北分行	法人股	79.21	0.11
9	中国银行-天同180指数证券投资基金	流通股	68.79	0.10
10	于宁军	流通股	56.00	0.08

股东人数	2003.9	2003.6	2002	2001
	224120	227735	227968	244735

近年分配	2002年10股派0.30元	近年配股/增发	不分配不转增

重大事项

交通银行海南分行为了追回本公司控股股东中国葛洲坝水利水电工程集团有限公司所欠的**24624**万元款项，于**2002**年**9**月**3**日向法院申请支付令。经法院裁定，冻结葛洲坝集团有限公司所持的本公司国有法人股**6000**万股(占**8.5%**)，冻结期限为**2002**年**10**月**11**日至**2003**年**4**月**10**日。过后，经法院主持调解，葛洲坝集团有限公司所持有的本公司股票国有法人股**6000**万股按每股**4.104**元的价格过户给交行海南分行。至此，中国葛洲坝水利水电工程集团有限公司所欠交通银行海南分行的债务**24624**万元全部清偿完毕.

二〇〇二年以来市场表现

2002年涨跌幅(%)	-23.21
2002年最高(元)	7.90
2002年最低(元)	5.45
2002年换手率(%)	58.25
2003年涨跌幅(%)	7.33
2003年最高(元)	7.19
2003年最低(元)	5.28
2003年换手率(%)	84.96

河南银鸽实业投资股份有限公司

公司概况

公司名称	河南银鸽实业投资股份有限公司			股票代码		600069	
注册地址	河南省漯河市人民东路 95 号			邮政编码		46200	
法人代表	杨松贺			董秘		张军力	
电话	0395-2355681			传真		0395-2355302	
主营业务	纸张、纸浆及其深加工、百货销售；技术服务等						
总股本	37160.00	流通 A	14560.00	流通 B		流通 H	
审计单位				审计意见		未审计	

主要财务指标

年度	2003.9	2003.6	2002	2001
每股收益/扣除后(元)	0.0530	0.0450	0.0300	–0.2540
每股经营现金流量(元)	0.0540	0.0490	0.3100	–0.3400
每股净资产/调整后(元)	1.1000	1.1100	1.0600	1.0200
每股公积金(元)	0.3690	0.3690	0.3688	0.3666
净资产收益率(%)	5.8800	4.1800	0.0400	–60.2600
总资产(万元)	100118.41	100488.09	87001.30	96070.18
股东权益(万元)	41987.07	41242.56	39508.26	37803.16
未分配利润(万元)	–12259.90	–13004.42	–14728.44	–16352.94
主营收入(万元)	33410.82	20189.44	37985.86	18309.99
资本公积金(万元)	13713.46	13713.46	13703.19	13622.59
主营利润(万元)	5114.88	2905.27	5467.07	118.54
其他业务利润(万元)	62.87	38.54	81.93	273.96
营业利润(万元)	2426.33	1683.47	988.00	–8734.78
投资收益(万元)	31.17	28.52	560.32	–11602.93
补贴收入(万元)				
营业外收支(万元)	11.03		76.19	–2516.30
利润总额(万元)	2468.54	1724.02	1624.50	–22854.01
净利润(万元)	2468.54	1724.02	1624.50	–22781.00

十大股东

序号	股东名称	股份性质	持股数(万股)	比例(%)
1	漯河市财政局	国家股	14588.80	39.26
2	河南开祥电力实业投资股份有限公司	法人股	8011.20	21.56
3	杨宁	流通股	40.42	0.11
4	王丽君	流通股	30.96	0.08
5	张永庄	流通股	29.29	0.08
6	刘世庆	流通股	26.15	0.07
7	于连军	流通股	22.42	0.06
8	鸿鑫贸易	流通股	20.00	0.05
9	杨怀昆	流通股	18.50	0.05
10	贾锡国	流通股	17.80	0.05

股东人数	2003.9	2003.6	2002	2001
	64885	63883	67811	71583

近年分配		近年配股/增发	不分配不转增

重大事项

公司于 **2003** 年 **7** 月 **8** 日接到公司第二大股东河南开祥电力实业投资股份有限公司和许继集团有限公司通知，开祥投资转让公司股权和许继集团受让公司股权的转让过户手续已由转让方和受让方于 **2003** 年 **8** 月 **1** 日在中国证券登记结算有限责任公司上海分公司办理完成。　公司于 **2003** 年 **1** 月 **22** 日与河南开祥电力实业投资股份有限公司签署了股权转让合同，将公司持有的焦作丹河 **42%** 的股权全部转让给开祥电力，本次股权转让价款为公司对焦作丹河的实际出资额，即 **5344** 万元。

二〇〇二年以来市场表现

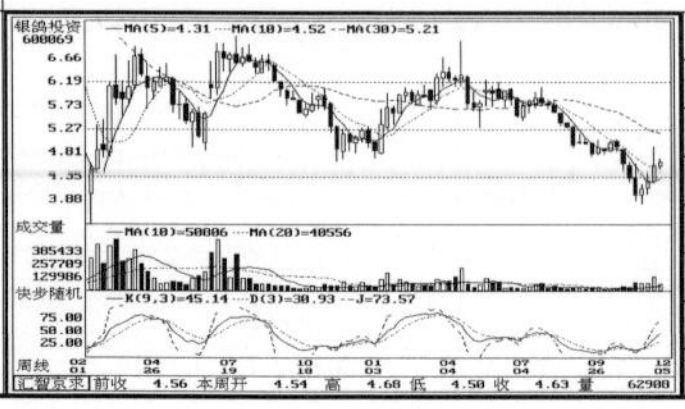

2002年涨跌幅(%)	–13.78
2002年最高(元)	7.12
2002年最低(元)	3.10
2002年换手率(%)	524.59
2003年涨跌幅(%)	–6.56
2003年最高(元)	7.00
2003年最低(元)	3.81
2003年换手率(%)	190.91

浙江富润股份有限公司

公司概况

公司名称	浙江富润股份有限公司			股票代码		600070	
注册地址	浙江省诸暨市安平路 42 号			邮政编码		311880	
法人代表	赵林中			董秘		陈黎伟	
电话	0575-7222043			传真		0575-7223018	
主营业务	交通基础设施及热电工程的投资开发，旅游服务等						
总股本	8559.30	流通 A	4056.00	流通 B		流通 H	
审计单位				审计意见		未审计	

主要财务指标

年度	2003.9	2003.6	2002	2001
每股收益/扣除后(元)	0.2400	0.1210	0.2870	0.2350
每股经营现金流量(元)	0.1900	–0.0600	0.6600	–0.1400
每股净资产/调整后(元)	4.4900	4.3700	4.2400	3.0200
每股公积金(元)	2.6255	2.6255	2.6255	1.5179
净资产收益率(%)	5.4500	2.8500	6.9200	7.7700
总资产(万元)	62150.33	61732.36	55320.27	42884.74
股东权益(万元)	38509.01	37479.82	36411.94	22895.32
未分配利润(万元)	5061.96	4033.01	2965.13	2105.71
主营收入(万元)	24960.66	14793.16	23483.58	20264.13
资本公积金(万元)	22789.37	22789.13	22789.13	11495.57
主营利润(万元)	4203.89	2717.32	4598.92	3151.19
其他业务利润(万元)	742.32	466.76	938.29	1020.79
营业利润(万元)	2862.14	1565.82	3486.28	1806.48
投资收益(万元)	60.00		63.00	93.51
补贴收入(万元)	40.00	37.00		25.30
营业外收支(万元)	–8.63	12.87	–6.91	–60.73
利润总额(万元)	2953.51	1596.82	3542.37	1864.56
净利润(万元)	2096.83	1067.88	2520.95	1778.91

十大股东

序号	股东名称	股份性质	持股数(万股)	比例(%)
1	富润集团有限公司	国有法人股	3006.18	35.12
2	浙江省诸暨市绢纺研究所	社会法人股	267.36	3.12
3	诸暨市电力实业总公司	社会法人股	240.00	2.80
4	诸暨市地毯工贸公司	社会法人股	215.76	2.52
5	诸暨鹰龙制衣有限公司	社会法人股	170.00	1.99
6	浙江鑫盛黄金有限公司	社会法人股	126.00	1.47
7	杭州青春工贸有限公司	社会法人股	70.00	0.82
8	张九二	社会法人股	60.40	0.71
9	上海佳隆科技投资管理公司	社会法人股	50.00	0.58
10	余亚平	社会法人股	37.60	0.44

股东人数	2003.9	2003.6	2002	2001
	11534	11880	13378	12926

近年分配	2002年 10 股派 1.50 元	近年配股/增发	2001年 10 股配 3 股

重大事项

公司接第一大股东富润集团有限公司通知，该公司于 **2003** 年 **10** 月 **28** 日将所持公司 **1503** 万股国有法人股(占总股本的 **17.56%**)质押给中国工商银行诸暨市支行，质押期限至 **2004** 年 **10** 月 **27** 日。公司第一大股东富润集团有限公司于 **2001** 年 **12** 月 **27** 日质押给中国工商银行浙江省诸暨市支行的所持本公司 **1478** 万股法人股已于 **2002** 年 **10** 月 **21** 日解除质押登记。

二〇〇二年以来市场表现

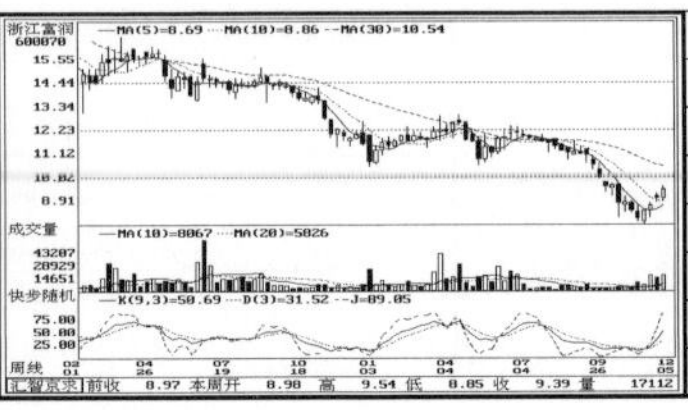

2002年涨跌幅(%)	–27.82
2002年最高(元)	15.54
2002年最低(元)	10.88
2002年换手率(%)	138.67
2003年涨跌幅(%)	–18.45
2003年最高(元)	12.76
2003年最低(元)	7.80
2003年换手率(%)	105.16

凤凰光学股份有限公司

公司概况

公司名称	凤凰光学股份有限公司		股票代码	600071	
注册地址	江西省上饶市光学路 1 号		邮政编码	334000	
法人代表	王熙晏		董秘	邹建伟	
电话	0793-8259547		传真	0793-8259547	
主营业务	光学镜头、照相器材、望远镜、钢片快门、水晶饰品等				
总股本	23747.25	流通 A	10745.02	流通 B	流通 H
审计单位			审计意见	未审计	

主要财务指标

年度	2003.9	2003.6	2002	2001
每股收益 / 扣除后(元)	0.0900	0.0444	0.0818	0.1347
每股经营现金流量(元)	0.0400	-0.0470	0.1200	0.2300
每股净资产 / 调整后(元)	1.9100	1.8800	1.8400	1.6900
每股公积金(元)	0.4600	0.4640	0.4640	0.3706
净资产收益率(%)	4.4800	2.4700	4.4400	9.0100
总资产(万元)	81082.10	74657.82	67339.54	66099.96
股东权益(万元)	46403.76	45463.22	44343.78	40484.42
未分配利润(万元)		6156.54	5037.11	3831.59
主营收入(万元)	36475.01	19768.25	34043.79	31359.99
资本公积金(万元)	11017.57	11017.57	11017.57	8800.23
主营利润(万元)	6888.67	3922.52	7097.13	7425.04
其他业务利润(万元)	109.79	76.46	166.95	207.87
营业利润(万元)	2085.80	935.08	1934.90	3011.01
投资收益(万元)	524.42	344.89	648.26	1164.57
补贴收入(万元)	80.12	80.12	29.59	37.86
营业外收支(万元)	-83.58	-1.98	-5.06	-44.75
利润总额(万元)	2606.76	1358.12	2607.69	4168.69
净利润(万元)	2078.97	1119.44	1968.25	3647.64

十大股东

序号	股东名称	股份性质	持股数(万股)	比例(%)
1	凤凰光学控股有限公司	国有法人股	13002.23	54.75
2	华顺达	社会流通股	119.48	0.51
3	湘财质押	社会流通股	50.78	0.22
4	天同 180 指数基金	社会流通股	29.70	0.13
5	李风超	社会流通股	28.63	0.12
6	魏燕	社会流通股	26.90	0.12
7	梁庆云	社会流通股	26.87	0.12
8	战松棠	社会流通股	24.20	0.11
9	新联通业	社会流通股	20.60	0.09
10	李传忠	社会流通股	18.09	0.08

股东人数	2003.9	2003.6	2002	2001
	43435	43334	41690	32310

近年分配	2002年 10 股派 0.25 元	近年配股 / 增发	2001年 10 股送 1 股

重大事项

公司与江西三清山旅游集团有限公司、江西龙盛置业有限公司签署了《合资经营江西三清之旅有限公司合同》。根据合同,合资公司总投资额为 **15000** 万元,注册资本为 **15000** 万元,其中本公司以现金方式出资 **3000** 万元人民币,占注册资本的 **20%**,资金来源由公司自筹解决。合资公司合营期限为 **20** 年。　公司于 **2002** 年 **9** 月 **24** 日与中国建设银行南昌市高新支行签订了《保证合同》,为控股子公司数码科技向建行南昌市高新支行借款 **2800** 万元提供连带责任保证担保,担保期限为半年,即 **2002** 年 **9** 月 **25** 日至 **2003** 年 **3** 月 **25** 日。

二〇〇二年以来市场表现

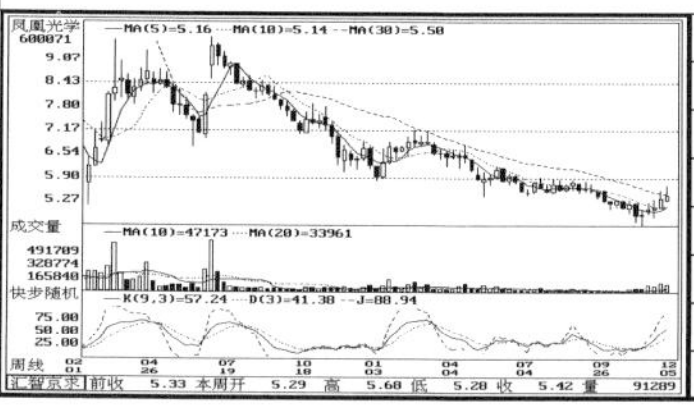

项目	数值
2002年涨跌幅(%)	-18.42
2002年最高(元)	9.70
2002年最低(元)	4.95
2002年换手率(%)	539.37
2003年涨跌幅(%)	-10.87
2003年最高(元)	7.17
2003年最低(元)	4.64
2003年换手率(%)	184.86

江南重工股份有限公司

公司概况

公司名称	江南重工股份有限公司		股票代码	600072	
注册地址	上海市上川路 361 号		邮政编码	201209	
法人代表	陈金海		董秘	施卫东	
电话	021-53023456-672		传真	021-63141103	
主营业务	建筑、桥梁等大型钢结构;石化、冶金、海洋工程等				
总股本	36244.66	流通 A	16473.60	流通 B	流通 H
审计单位			审计意见	未审计	

主要财务指标

年度	2003.9	2003.6	2002	2001
每股收益 / 扣除后(元)	0.0360	0.0280	0.0350	0.1000
每股经营现金流量(元)	-0.0960	-0.0500	0.1410	0.3130
每股净资产 / 调整后(元)	2.7310	3.0150	2.9500	3.4400
每股公积金(元)	1.3400	1.5740	1.5740	1.9884
净资产收益率(%)	1.4630	1.1530	3.0630	2.8680
总资产(万元)	134113.23	135954.27	112010.90	110187.24
股东权益(万元)	100400.97	100085.50	98931.70	95901.72
未分配利润(万元)	9421.29	9105.81	7952.01	8433.16
主营收入(万元)	98041.51	53751.26	47681.36	41325.33
资本公积金(万元)	48556.63	51851.60	51851.60	54597.40
主营利润(万元)	3295.39	2330.90	4271.06	4629.56
其他业务利润(万元)	70.34	47.84	123.84	48.15
营业利润(万元)	1642.76	1324.81	1512.03	2187.86
投资收益(万元)	199.78	146.88	2186.58	1083.65
补贴收入(万元)				
营业外收支(万元)	1.41		18.92	-0.99
利润总额(万元)	1843.95	1469.54	3717.54	2434.36
净利润(万元)	1469.28	1153.80	3029.97	2750.69

十大股东

序号	股东名称	股份性质	持股数(万股)	比例(%)
1	江南造船(集团)有限责任公司	国有法人股	1797.70	54.55
2	姚莉	流通股	47.22	0.14
3	田万良	流通股	43.50	0.13
4	天同 180	流通股	39.08	0.12
5	夏银娣	流通股	38.07	0.12
6	梁志文	流通股	28.11	0.09
7	朱月娟	流通股	27.30	0.08
8	朱丽群	流通股	27.11	0.08
9	彭燕芹	流通股	26.20	0.08
10	王晓菲	流通股	25.00	0.08

股东人数	2003.9	2003.6	2002	2001
	69715	69717	67863	53591

近年分配		近年配股 / 增发	2002年 10 股配 1 股　2001 年 10 股配 1 股

重大事项

公司于近日签订和中标了多项钢结构制作合同,合同金额逾 **4.6** 亿元,具体如下:**2002** 年 **10** 月 **18** 日公司与上海同盛大桥建设有限公司签订了东海大桥材料采购 **D1** 标(钢管)工程合同,合同金额 **29760** 万元,交货期 **2004** 年 **6** 月 **30** 日。 **2002** 年 **10** 月 **17** 日公司与吉林市体育产业经营公司签订了吉林市体育会展中心吉林市万人体育馆钢结构工程主承建合同,中标金额为 **6400** 万元,将于 **2003** 年 **6** 月 **1** 日完工。公司参与投标的东海大桥钢结构制作合同也已中标,该项目合同金额约为 **1** 亿元,交货期为 **2004** 年 **7** 月。

二〇〇二年以来市场表现

项目	数值
2002年涨跌幅(%)	-3.56
2002年最高(元)	9.55
2002年最低(元)	4.38
2002年换手率(%)	530.40
2003年涨跌幅(%)	-13.59
2003年最高(元)	8.16
2003年最低(元)	5.00
2003年换手率(%)	257.07

上海梅林正广和股份有限公司

公司概况

公司名称	上海梅林正广和股份有限公司	股票代码	600073
注册地址	上海市浦东新区川桥路 1501 号	邮政编码	201206
法人代表	吕永杰	董秘	钟 耀
电话	021-65419725	传真	021-65123609
主营业务	资产经营,电子商务,信息采集,信息加工,信息发布、食品等		
总股本	32400.00	流通 A	12000.00
流通 B		流通 H	
审计单位		审计意见	未审计

主要财务指标

年度	2003.9	2003.6	2002	2001
每股收益 / 扣除后(元)	-0.0050	0.0010	-0.0300	0.0100
每股经营现金流量(元)	-0.3400	-0.1850	0.1300	-0.0569
每股净资产 / 调整后(元)	2.3700	2.3400	2.4300	2.4400
每股公积金(元)	1.3494	1.3494	1.3494	1.3481
净资产收益率(%)	0.2800	0.2800	1.3200	4.3600
总资产(万元)	158812.70	156637.86	145521.23	127909.40
股东权益(万元)	80055.24	80061.32	79834.21	79037.15
未分配利润(万元)	-37.28	-182.27	-719.35	1055.37
主营收入(万元)	60461.06	34707.14	63187.77	49634.95
资本公积金(万元)	43719.73	43719.73	43719.73	43676.98
主营利润(万元)	16185.41	10096.19	18426.86	17139.46
其他业务利润(万元)	455.96	332.63	694.82	805.82
营业利润(万元)	854.84	698.20	-320.29	898.31
投资收益(万元)	417.75	141.21	2911.81	4755.89
补贴收入(万元)			8.07	45.19
营业外收支(万元)	135.50	62.42	-31.67	-276.21
利润总额(万元)	1408.09	901.83	2567.91	5423.26
净利润(万元)	221.02	227.11	1055.37	3442.79

十大股东

序号	股东名称	股份性质	持股数(万股)	比例(%)
1	上海梅林正广和(集团)有限公司	国有法人股	20400.00	62.96
2	华泰证券有限责任公司	流通股	46.57	0.14
3	王志伟	流通股	32.66	0.10
4	中国银行-天同 180 指数证券投资基金	流通股	32.06	0.10
5	陈永斌	流通股	30.86	0.09
6	周加生	流通股	29.80	0.09
7	张志雄	流通股	29.09	0.09
8	黄茂新	流通股	28.50	0.09
9	谢玉琴	流通股	27.40	0.08
10	曾广交	流通股	25.80	0.08

股东人数

2003.9	2003.6	2002	2001
86512	87435	90539	99013

近年分配		近年配股 / 增发	不分配不转增

重大事项

公司将持有的上海益民食品一厂有限公司 **55%**股权以及相关权益全部转让给上海市食品开发有限公司,股权转让价格为人民币 **2620** 万元。公司与上海盛源发展有限公司和上海盛源房地产有限公司于 **2002** 年 **12** 月 **3** 日签订了《股权转让协议》,公司受让上海盛源发展有限公司所持有的上海锦源房地产有限公司 **47.7%**股权,股权转让价格为 **2418.39** 万元;公司受让上海盛源房地产有限公司所持有的上海锦源房地产有限公司 **3.3%**股权,股权转让价格为 **167.31** 万元。

二〇〇二年以来市场表现

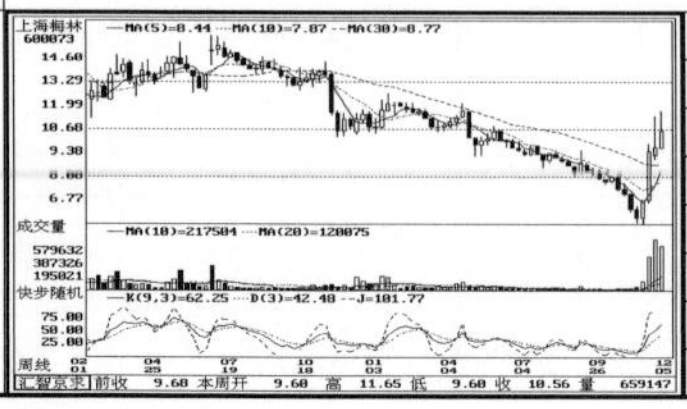

2002年涨跌幅(%)	-19.25
2002年最高(元)	15.90
2002年最低(元)	10.26
2002年换手率(%)	364.21
2003年涨跌幅(%)	-8.07
2003年最高(元)	12.65
2003年最低(元)	5.47
2003年换手率(%)	268.67

江苏中达新材料集团股份有限公司

公司概况

公司名称	江苏中达新材料集团股份有限公司	股票代码	600074
注册地址	南京经济技术开发区高新技术工业园	邮政编码	210029
法人代表	石纪闵	董秘	万文山
电话	0510-6684039	传真	0510-6684039
主营业务	软塑料材料生产、销售、加工		
总股本	34128.00	流通 A	17496.00
流通 B		流通 H	
审计单位		审计意见	未审计

主要财务指标

年度	2003.9	2003.6	2002	2001
每股收益 / 扣除后(元)	0.2300	0.1440	0.2460	0.5000
每股经营现金流量(元)	0.3000	0.3970	0.5700	0.8644
每股净资产 / 调整后(元)	3.2300	3.1300	2.9970	4.0960
每股公积金(元)	1.5438	1.5438	1.5438	2.0223
净资产收益率(%)	7.4680	4.5750	8.0700	12.8000
总资产(万元)	284835.91	265528.00	251043.41	147588.59
股东权益(万元)	111744.44	108355.89	103388.14	59235.38
未分配利润(万元)	20284.77	16896.22	11928.48	12133.34
主营收入(万元)	104066.28	70059.02	76233.01	51689.58
资本公积金(万元)	52687.58	52687.58	52687.58	29242.72
主营利润(万元)	24693.91	15797.20	24273.34	16447.61
其他业务利润(万元)	134.06	91.55	193.03	948.95
营业利润(万元)	14978.23	9480.69	12680.32	9164.57
投资收益(万元)	-13.05	-6.26	1.53	-16.23
补贴收入(万元)	162.80	150.98	45.02	6.50
营业外收支(万元)	-182.31	-92.22	105.23	-289.92
利润总额(万元)	14945.68	9533.20	12621.64	8864.93
净利润(万元)	8345.59	4957.04	8348.51	7580.69

十大股东

序号	股东名称	股份性质	持股数(万股)	比例(%)
1	申达集团公司	社会法人股	9995.11	29.29
2	江阴瀛寰资产投资有限公司	社会法人股	5892.55	17.27
3	国联证券有限责任公司	社会公众股	1000.63	2.93
4	无锡市国联发展(集团)有限公司	社会公众股	684.07	2.00
5	鹏华行业成长证券投资基金	社会公众股	300.00	0.88
6	景业证券投资基金	社会公众股	136.69	0.40
7	普丰证券投资基金	社会公众股	89.62	0.26
8	普惠证券投资基金	社会公众股	79.94	0.23
9	严晓平	社会公众股	53.28	0.16
10	景福证券投资基金	社会公众股	50.00	0.15

股东人数

2003.9	2003.6	2002	2001
25346	26053	28332	26018

近年分配	2002年中 10 股派 0.8 元 2002 年中 10 股派 1 元	近年配股 / 增发	2002年 10 股送 1 股

重大事项

2003 年 **4** 月 **30** 日,公司接到宁波市鄞州区人民法院发出的三份《应诉通知书》,该法院已经受理了中国工商银行宁波市鄞州支行对公司借款案的起诉。同时收到法院送达的三份起诉状,该三份起诉状均以中国工商银行宁波市鄞州支行为原告,以浙江中包实业公司为第一被告,以公司为第二被告。另外,该法院根据原告方的请求于 **2003** 年 **4** 月 **25** 日分别发出三份《民事裁定书》,冻结公司银行存款合计 **1450** 万元。本案刚刚由法院受理,公司正在积极准备应诉,尚未开庭审理或判决。

二〇〇二年以来市场表现

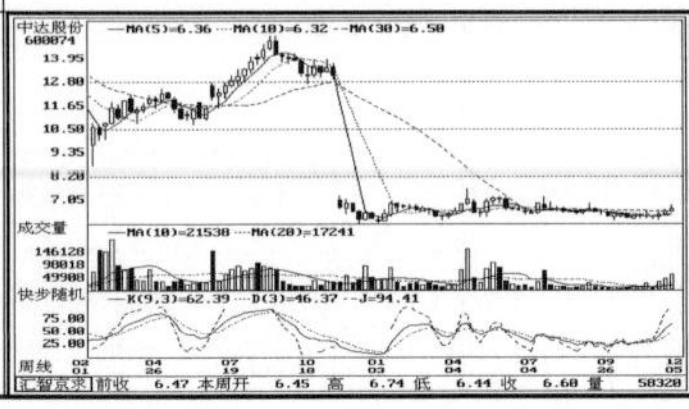

2002年涨跌幅(%)	-10.66
2002年最高(元)	8.34
2002年最低(元)	4.73
2002年换手率(%)	157.04
2003年涨跌幅(%)	4.35
2003年最高(元)	7.55
2003年最低(元)	5.92
2003年换手率(%)	80.00

新疆天业股份有限公司

公司概况

公司名称	新疆天业股份有限公司	股票代码	600075
注册地址	新疆石河子市经济开发区北三东路36号	邮政编码	832000
法人代表	郭庆人	董秘	沈明
电话	0993-2623118	传真	0993-2623163
主营业务	农用节水滴灌器材和农用膜		

总股本	22680.00	流通 A	9720.00	流通 B		流通 H	
审计单位				审计意见	未审计		

主要财务指标

年度	2003.9	2003.6	2002	2001
每股收益/扣除后(元)	0.0520	0.0370	0.1900	0.2100
每股经营现金流量(元)	0.5000	0.6300	1.5000	0.4687
每股净资产/调整后(元)	4.8700	4.8700	4.8600	4.8500
每股公积金(元)	2.9415	2.9415	2.8614	2.8579
净资产收益率(%)	1.0600	0.9200	4.0900	4.2600
总资产(万元)	326051.22	331172.37	281204.34	258582.73
股东权益(万元)	113952.23	113790.81	110889.90	108848.56
未分配利润(万元)	17794.26	17632.84	16591.45	15616.89
主营收入(万元)	100831.35	60167.29	144193.91	129214.62
资本公积金(万元)	6891.02	6891.02	6891.02	64816.89
主营利润(万元)	15185.20	11185.27	27395.93	19092.17
其他业务利润(万元)	1037.41	737.01	2312.89	2007.87
营业利润(万元)	2083.08	1629.44	5682.96	4444.79
投资收益(万元)	-1.72	20.56	108.37	1074.95
补贴收入(万元)	338.40	236.99	215.39	1216.20
营业外收支(万元)	-149.59	65.81	-567.63	-34.36
利润总额(万元)	2270.17	1952.80	5439.09	6701.57
净利润(万元)	1202.81	1041.39	4457.85	4685.85

十大股东

序号	股东名称	股份性质	持股数(万股)	比例(%)
1	新疆天业(集团)有限公司	国家股	12960.00	57.14
2	鹏华行业成长证券投资基金	公众股	140.68	0.62
3	广东肇庆星湖股份有限公司	公众股	60.00	0.26
4	上海龙港投资咨询有限公司	公众股	40.54	0.18
5	中国民族证券有限公司	公众股	27.00	0.12
6	陈良富	公众股	26.95	0.12
7	周勇洋	公众股	22.57	0.10
8	胡青	公众股	20.00	0.09
9	田树棣	公众股	20.00	0.09
10	张凤	公众股	18.17	0.08

股东人数	2003.9	2003.6	2002	2001
	48289	48558	48892	51267

近年分配	2002年中10股派0.5元	近年配股/增发	不分配不转增

重大事项

2002年5月,公司与天业集团签订《资产转让协议》,将公司所属的北泉农场(分公司)转让给天业集团,转让价格为2001年12月31日经审计的净资产值计4869506.20元,双方约定,天业集团在2002年12月31日前全部付清受让北泉农场资产的款项。截止2002年12月31日,天业集团尚未支付受让北泉农场的款项。经双方充分协商,签订《资产转让补充协议》,终止公司与天业集团于2002年5月所签订的《资产转让协议》。

二〇〇二年以来市场表现

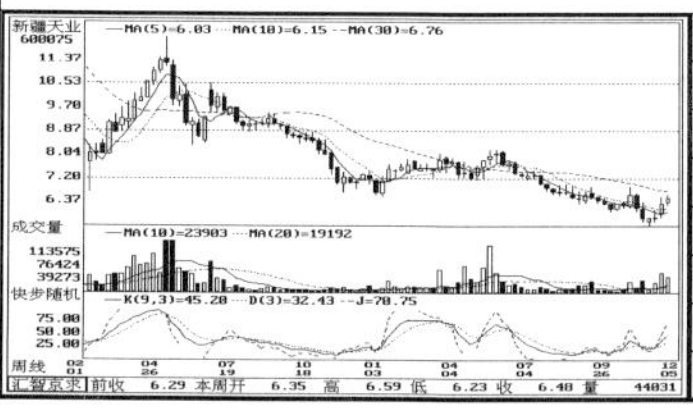

2002年涨跌幅(%)	-28.84
2002年最高(元)	12.15
2002年最低(元)	6.33
2002年换手率(%)	179.51
2003年涨跌幅(%)	-8.31
2003年最高(元)	8.18
2003年最低(元)	5.54
2003年换手率(%)	120.98

潍坊北大青鸟华光科技股份有限公司

公司概况

公司名称	潍坊北大青鸟华光科技股份有限公司	股票代码	600076
注册地址	山东省潍坊市奎文区东风东街272号	邮政编码	261041
法人代表	刘永进	董秘	刘世祯
电话	0536-2991601	传真	0536-8865200
主营业务	计算机软硬件、广电产品、电子出版系统等		

总股本	25321.60	流通 A	12480.00	流通 B		流通 H	
审计单位				审计意见	未审计		

主要财务指标

年度	2003.9	2003.6	2002	2001
每股收益/扣除后(元)	0.0900	0.0920	-0.0300	0.2447
每股经营现金流量(元)	2.2400	1.7000	-0.8366	0.1558
每股净资产/调整后(元)	3.7300	3.6700	3.8200	2.9300
每股公积金(元)	2.1630	2.1630	2.1578	1.0812
净资产收益率(%)	2.2500	2.2100	0.2800	7.3600
总资产(万元)	212886.91	206831.52	187568.22	156903.19
股东权益(万元)	103401.35	101864.55	99408.79	65876.24
未分配利润(万元)	15140.30	13896.53	11586.47	11408.06
主营收入(万元)	24204.07	13169.55	33691.52	35857.56
资本公积金(万元)	54771.85	54771.85	54639.62	24264.72
主营利润(万元)	14590.53	8154.23	21325.37	16669.06
其他业务利润(万元)	52.83	24.22	499.57	145.94
营业利润(万元)	1934.76	1767.92	-345.31	3789.53
投资收益(万元)	-661.65	-384.52	-763.84	-234.62
补贴收入(万元)	2389.11	1344.62	2512.21	1888.96
营业外收支(万元)	-380.44	-380.34	-618.09	12.50
利润总额(万元)	3281.78	2347.67	784.96	3789.53
净利润(万元)	2327.84	2256.18	277.65	4846.82

十大股东

序号	股东名称	股份性质	持股数(万股)	比例(%)
1	北京天桥北大青鸟科技股份有限公司	法人股	4488.32	17.70
2	北京北大青鸟有限责任公司	法人股	1953.28	7.70
3	海南省海口市万志贸易有限公司	法人股	781.30	3.09
4	中国信息信托投资公司	法人股	456.13	1.80
5	北京环太平洋经贸公司	法人股	321.60	1.27
6	潍坊广发工贸公司	法人股	296.00	1.17
7	潍坊鸢都电子商场	法人股	280.00	1.11
8	潍坊协和贸易公司	法人股	272.00	1.07
9	山东省计算机系统工程公司	法人股	268.80	1.06
10	潍坊市信托投资公司	法人股	254.08	1.00

股东人数	2003.9	2003.6	2002	2001
	42808	43341	37531	28666

近年分配	2001年中10股派0.53元	近年配股/增发	不分配不转增

重大事项

公司第二大股东北京北大青鸟有限责任公司将其持有的公司1953.28万股法人股(占公司总股本的7.7%),拟全部转让给公司第一大股东北京天桥北大青鸟科技股份有限公司。本次受让完成后,北大青鸟不再持有公司股份,青鸟天桥共持有公司6441.6万股,占公司总股本的25.44%,仍为公司第一大股东。 关于中国工商银行长沙市东塘支行诉湖南广播电视网络有限责任公司、北京北大青鸟有限责任公司借款担保合同纠纷一案,因中国工商银行长沙市东塘支行申请解除对两被告的财产保全措施,根据《中华人民共和国民事诉讼法》,湖南省高级人民法院于2003年02月24日解除对北京北大青鸟有限责任公司持有的公司法人股13000000股的冻结。

二〇〇二年以来市场表现

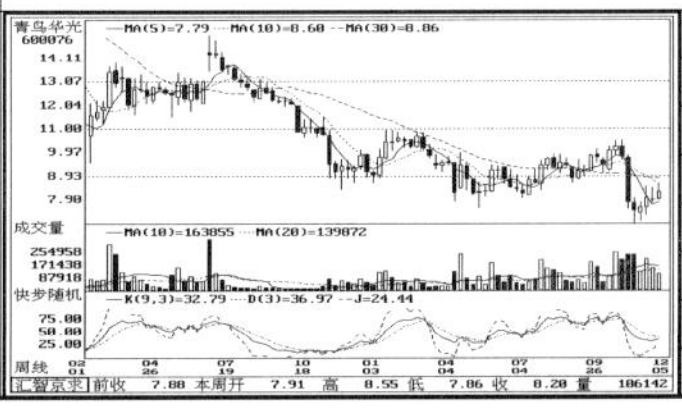

2002年涨跌幅(%)	-28.57
2002年最高(元)	15.09
2002年最低(元)	8.32
2002年换手率(%)	241.80
2003年涨跌幅(%)	-10.45
2003年最高(元)	10.91
2003年最低(元)	6.86
2003年换手率(%)	372.18

辽宁国能集团(控股)股份有限公司

公司概况

公司名称	辽宁国能集团(控股)股份有限公司			股票代码	600077		
注册地址	沈阳和平区三好街55号信息产业大厦1707			邮政编码	110003		
法人代表	郑朝晖			董秘	卢勇敏		
电话	010-89496310			传真	010-89493697		
主营业务	电子、通讯、半导体材料类技术及产品等						
总股本	12681.91	流通A	4654.07	流通B		流通H	
审计单位				审计意见	未审计		

主要财务指标

年度	2003.9	2003.6	2002	2001
每股收益/扣除后(元)	-0.1050	-0.0940	-0.3613	0.0170
每股经营现金流量(元)	-0.1800	-0.1100	-0.1323	0.0700
每股净资产/调整后(元)	2.1800	2.2100	2.2900	2.8100
每股公积金(元)	1.6790	1.6790	1.6788	1.6769
净资产收益率(%)	-4.5900	-4.0500	-15.0500	0.6000
总资产(万元)	48614.50	46238.32	50379.32	74889.37
股东权益(万元)	29115.86	29266.18	30450.28	35573.25
未分配利润(万元)	-6587.34	-6437.02	-5221.80	-69.09
主营收入(万元)	8241.58	4948.43	18581.65	27680.21
资本公积金(万元)	21293.20	21293.20	21290.87	21266.07
主营利润(万元)	2394.74	1643.23	4994.47	9800.59
其他业务利润(万元)	290.77	102.32	350.19	547.76
营业利润(万元)	-850.96	-882.85	-4408.83	880.66
投资收益(万元)	-501.83	-334.55	-888.61	-609.60
补贴收入(万元)	39.75	19.89	173.34	229.29
营业外收支(万元)	0.48		7.26	-36.81
利润总额(万元)	-1312.56		-5116.85	463.53
净利润(万元)	-1336.74	-1186.42	-4581.67	214.91

十大股东

序号	股东名称	股份性质	持股数(万股)	比例(%)
1	辽宁节能投资控股有限公司	国有、社会法人股	6790.04	53.54
2	铁岭市国有资产管理局	国家股	659.20	5.20
3	沈阳中成新技术开发有限公司	社会法人股	318.24	2.51
4	铁岭市资金管理局	法人股	208.00	1.64
5	福州唯达贸易有限公司	流通股	14.79	0.12
6	缪萍亚	流通股	12.89	0.11
7	李妹儿	流通股	12.00	0.09
8	蔡惜莲	流通股	11.98	0.09
9	安泰集团	流通股	11.91	0.09
10	陈玉娥	流通股	11.84	0.09

股东人数	2003.9	2003.6	2002	2001
	3	3	27279	30259

近年分配		近年配股/增发	不分配不转增

重大事项

公司的第一大股东辽宁节能投资控股有限公司2003年2月14日将其持有的公司社会法人股1200万股质押给招商银行沈阳分行,已于2003年7月18日到期解除质押。2003年7月18日将其持有的公司社会法人股800万股,占公司总股份的6.3%,质押给交通银行沈阳分行,质押期限为2003年7月18日至2006年7月21日。　公司2003年度上半年主营业务收入大幅下降,由此将导致经营业绩出现较大亏损,预计与上年同期相比,公司净利润将下降100%以上,

二〇〇二年以来市场表现

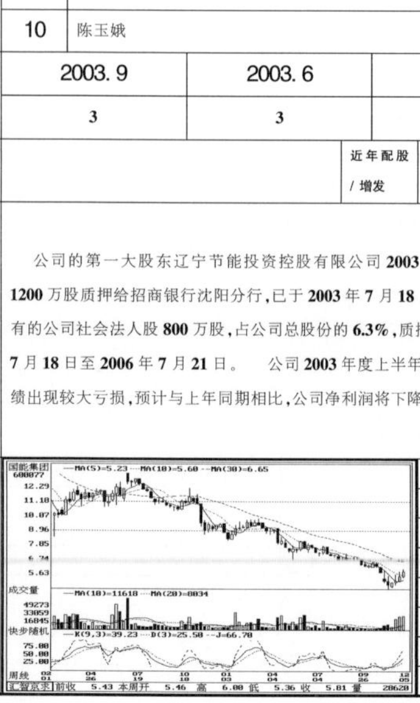

2002年涨跌幅(%)	-35.25
2002年最高(元)	13.40
2002年最低(元)	8.30
2002年换手率(%)	151.25
2003年涨跌幅(%)	-34.89
2003年最高(元)	9.87
2003年最低(元)	4.52
2003年换手率(%)	106.41

江苏澄星磷化工股份有限公司

公司概况

公司名称	江苏澄星磷化工股份有限公司			股票代码	600078		
注册地址	江苏省江阴市花山路208号			邮政编码	214432		
法人代表	周忠明			董秘	陈永勤		
电话	0510-6281216-431			传真	0510-6281884		
主营业务	磷酸、磷酸盐系列产品产销						
总股本	39988.99	流通A	17231.95	流通B		流通H	
审计单位				审计意见	未审计		

主要财务指标

年度	2003.9	2003.6	2002	2001
每股收益/扣除后(元)	0.2726	0.1560	0.2740	0.3360
每股经营现金流量(元)	0.4300	0.8800	-0.1900	0.3400
每股净资产/调整后(元)	4.3900	4.4300	3.8000	3.5200
每股公积金(元)	0.6566	2.3132	1.7376	1.7376
净资产收益率(%)	7.1130	3.4800	7.9800	9.3600
总资产(万元)	146208.84	135021.69	124045.49	110391.62
股东权益(万元)	88138.61	88967.13	68921.61	63418.46
未分配利润(万元)	12082.48	13339.18	10603.38	5229.06
主营收入(万元)	72877.78	48433.98	77101.46	58609.62
资本公积金(万元)	46251.00	46251.00	31288.18	31288.18
主营利润(万元)	11322.48	7683.09	14099.80	10921.96
其他业务利润(万元)	777.56	437.12	1356.08	166.30
营业利润(万元)	7701.15	4616.18	8088.54	7131.49
投资收益(万元)	-105.27	-70.14	-139.38	-138.13
补贴收入(万元)	1550.52	93.81	888.60	
营业外收支(万元)	-12.04		213.25	-354.01
利润总额(万元)	9134.35	4593.10	9051.02	6639.36
净利润(万元)	6269.29	3094.40	5503.14	5940.79

十大股东

序号	股东名称	股份性质	持股数(万股)	比例(%)
1	江阴澄星实业集团有限公司	社会法人股	5775.00	28.88
2	江苏红柳床单集团公司	社会法人股	3587.52	17.94
3	江阴市澄江镇投资有限公司	社会法人股	1728.00	8.64
4	上海国际信托投资有限公司	流通股	813.09	4.07
5	上海华明汽车销售有限公司	流通股	284.97	1.43
6	江阴市建设投资发展有限公司	流通股	216.87	1.08
7	华宝信托投资有限责任公司	流通股	187.26	0.94
8	上海市上投房地产公司	流通股	183.34	0.92
9	上海盛龙投资管理有限公司	流通股	171.45	0.86
10	上海科技投资股份	社会法人股	165.00	0.83

股东人数	2003.9	2003.6	2002	2001
	21464	19836	22237	24720

近年分配	2003年中10股派2.0元	近年配股/增发	2002年10股配3股

重大事项

由于近阶段国际、国内磷化工市场出现恢复性上升,公司各主要产品产销两旺,经公司初步估算,预计2003年前三季度实现净利润比去年同期增长50%以上。　江阴市澄江镇投资有限公司以每股3.6567元人民币的价格受让苏豪国际持有的公司国有法人股1728万股,转让金额为6318.78万元人民币。本次股份协议转让完成后,澄江投资将持有公司股份1728万股,股份性质为社会法人股,占公司总股本的9.6%,为公司的第三大股东;苏豪国际不再持有公司股份。

二〇〇二年以来市场表现

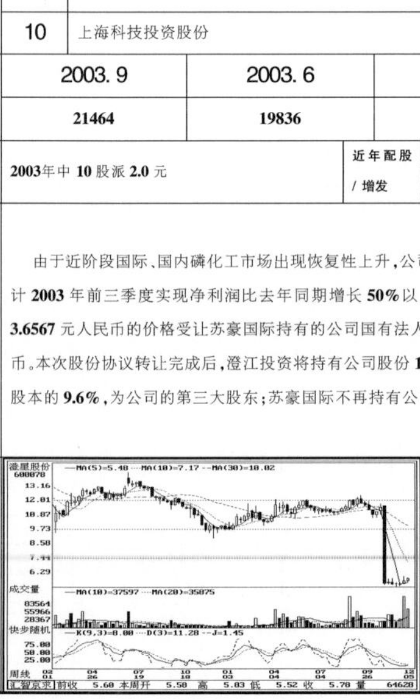

2002年涨跌幅(%)	-17.97
2002年最高(元)	6.42
2002年最低(元)	4.39
2002年换手率(%)	44.23
2003年涨跌幅(%)	15.70
2003年最高(元)	6.09
2003年最低(元)	4.64
2003年换手率(%)	66.62

武汉人福高科技产业股份有限公司

公司概况

公司名称	武汉人福高科技产业股份有限公司	股票代码	600079
注册地址	武汉市洪山区关山街鲁磨路 369 号	邮政编码	430074
法人代表	艾路明	董秘	余磊
电话	027-87597232	传真	027-87597532
主营业务	化工、生物工程、电子、通信、新材料、光机电一体化等		

总股本	20333.04	流通 A	11688.00	流通 B		流通 H	
审计单位				审计意见	未审计		

主要财务指标

年度	2003.9	2003.6	2002	2001
每股收益 / 扣除后(元)	0.0800	0.0600	0.1400	0.1800
每股经营现金流量(元)	0.2000	-0.2700	-0.4800	0.1340
每股净资产 / 调整后(元)	2.4100	2.3900	3.2600	2.3500
每股公积金(元)	1.0277	1.0277	1.7382	0.8295
净资产收益率(%)	3.3200	2.3700	5.0900	9.7500
总资产(万元)	174784.56	156574.16	142698.05	99126.61
股东权益(万元)	49430.49	48952.19	47782.32	29651.50
未分配利润(万元)	3389.18	2910.87	3202.34	2147.93
主营收入(万元)	41532.14	27932.41	55880.17	24192.69
资本公积金(万元)	20896.55	20896.55	25244.65	10449.21
主营利润(万元)	13649.88	8998.79	20765.29	10949.37
其他业务利润(万元)	84.76	72.12	187.48	212.07
营业利润(万元)	3814.39	2718.32	5548.61	3608.01
投资收益(万元)	-143.18	-133.80	-345.24	260.93
补贴收入(万元)	9.45	9.45		1200.00
营业外收支(万元)	1.11	8.44	285.64	-73.59
利润总额(万元)	3681.77	2602.41	5489.01	4995.65
净利润(万元)	1639.19	1160.89	1926.19	2891.12

十大股东

序号	股东名称	股份性质	持股数(万股)	比例(%)
1	武汉当代科技投资股份有限公司	法人股	5248.18	25.81
2	武汉市仁军投资咨询有限责任公司	法人股	1436.82	7.07
3	武汉奥兴高科技开发有限公司	法人股	700.00	3.44
4	武汉高科国有控股集团有限公司	法人股	674.80	3.32
5	北京中能源房地产开发公司	法人股	585.20	2.88
6	泰安鲁新物资有限责任公司	流通股	104.86	0.52
7	刘冰	流通股	49.36	0.24
8	中创房产	流通股	47.02	0.23
9	李秀英	流通股	45.22	0.22
10	陈国花	流通股	41.93	0.21

股东人数	2003.9	2003.6	2002	2001
	33963	31748	25347	16613

近年分配		近年配股 / 增发	不分配不转增

重大事项

武汉当代科技投资集团股份有限公司于 **2003** 年 **11** 月 **21** 日将其持有的公司法人股 **3085** 万股向中国工商银行武汉市东湖开发区支行办理质押贷款。质押期限自 **2003** 年 **11** 月 **21** 日至 **2004** 年 **7** 月 **20** 日止。　公司股东武汉市仁军投资咨询有限责任公司和武汉奥兴高科技开发有限公司为公司第一大股东武汉当代科技投资股份有限公司于近日向中国工商银行武汉市东湖开发区支行申请办理的金额为 **2000** 万元、期限为一年的流动资金贷款提供质押担保；以其持有的公司法人股 **1763** 万股分别向中国证券登记结算有限责任公司上海分公司办理了股权质押手续股权质押期限均为自 **2003** 年 **11** 月 **13** 日至 **2004** 年 **11** 月 **10** 日止。

二〇〇二年以来市场表现

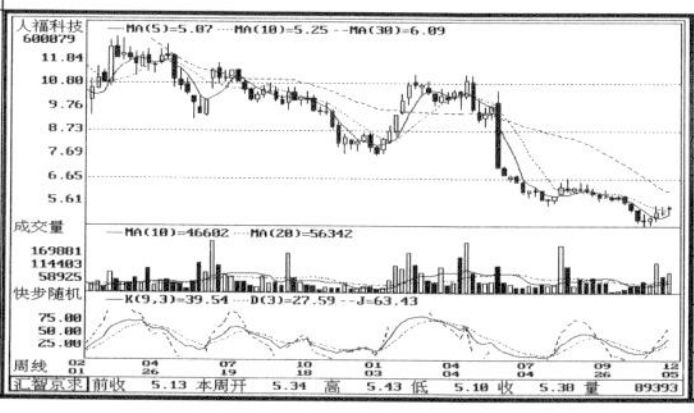

2002年涨跌幅(%)	-26.08
2002年最高(元)	8.50
2002年最低(元)	5.48
2002年换手率(%)	204.66
2003年涨跌幅(%)	-9.52
2003年最高(元)	7.97
2003年最低(元)	4.57
2003年换手率(%)	250.50

金花企业(集团)股份有限公司

公司概况

公司名称	金花企业(集团)股份有限公司	股票代码	600080
注册地址	西安高新技术产业开发西区高新 3 路	邮政编码	710075
法人代表	吴一坚	董秘	刘　博
电话	029-8404118	传真	029-8404468
主营业务	开发信息处理、辅助决策、人工智能等软件产品等		

总股本	23083.52	流通 A	9984.00	流通 B		流通 H	
审计单位				审计意见	未审计		

主要财务指标

年度	2003.9	2003.6	2002	2001
每股收益 / 扣除后(元)	0.0719	0.0530	0.0860	0.1200
每股经营现金流量(元)	0.2900	0.3200	0.2500	0.3500
每股净资产 / 调整后(元)	3.6300	3.7400	3.5600	3.5700
每股公积金(元)	1.2050	1.2020	1.2010	1.1979
净资产收益率(%)	1.9000	1.5700	3.0000	5.5600
总资产(万元)	145335.03	148071.20	133316.22	130085.92
股东权益(万元)	86745.43	86389.65	85023.66	82398.97
未分配利润(万元)	29995.79	29705.00	28350.73	26184.01
主营收入(万元)	30091.55	14642.57	18202.83	15665.46
资本公积金(万元)	27805.15	27740.15	27728.43	27652.83
主营利润(万元)	7230.38	5393.66	10668.93	10239.35
其他业务利润(万元)	-4.25	-4.99	0.84	758.48
营业利润(万元)	1941.98	1605.46	3086.09	3933.32
投资收益(万元)	-22.56	-22.56	-10.35	23.47
补贴收入(万元)	1468.16			
营业外收支(万元)	-42.38	-40.10	14.77	-14.94
利润总额(万元)	1877.04	1554.70	3124.33	3933.92
净利润(万元)	1645.06	1354.27	2549.08	4659.44

十大股东

序号	股东名称	股份性质	持股数(万股)	比例(%)
1	陕西金花实业发展有限责任公司	未披露	10283.52	44.55
2	北京市粮油食品进出口公司	国有股	1060.00	4.59
3	陕西建银实业总公司	法人股	640.00	2.77
4	陕西金润物业发展公司	法人股	384.00	1.66
5	上海龙圣科技发展有限公司	法人股	237.00	1.03
6	上海创立投资管理有限公司	法人股	200.00	0.87
7	北京市金正资产投资经营公司	国有股	164.22	0.71
8	杭州汽轮动力集团有限公司	流通股	86.37	0.37
9	杭州迅达规划咨询服务有限公司	法人股	60.00	0.26
10	中华巾帼实业开发总公司	国有股	55.78	0.24

股东人数	2003.9	2003.6	2002	2001
	72665	73593	75617	80758

近年分配	2001年 10 股派 0.2 元	近年配股 / 增发	不分配不转增

重大事项

公司决定出资不超过 **1600** 万元收购陕西新世界医药有限公司 **90%** 股权，此次股权收购业已完成：每股转让价格为 **5.6** 元，公司以总价 **1512** 万元分别受让了西安市医药经销公司持有的新世界公司 **33.50%** 股权、陕西日晶石油设备有限责任公司持有的新世界公司 **32.50%** 股权及陕西省药材医药采供站持有的新世界公司 **24%** 股权，合计持有新世界公司 **90%** 股权。　公司法人股股东金花投资有限公司质押于中国光大银行西安友谊路支行的其持有的公司法人股 **1300** 万股已到期，并于 **2003** 年 **02** 月 **24** 日在中国证券登记结算有限责任公司上海分公司办理了解除质押手续。

二〇〇二年以来市场表现

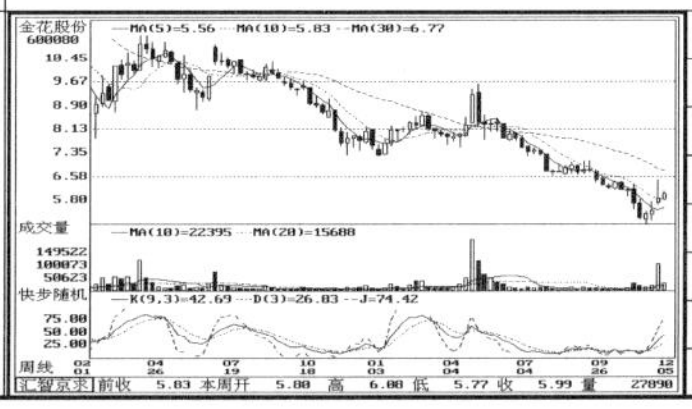

2002年涨跌幅(%)	-30.59
2002年最高(元)	11.20
2002年最低(元)	7.26
2002年换手率(%)	95.42
2003年涨跌幅(%)	-20.68
2003年最高(元)	9.58
2003年最低(元)	5.03
2003年换手率(%)	110.56

东风电子科技股份有限公司

公司概况

公司名称	东风电子科技股份有限公司	股票代码	600081
注册地址	上海市浦东新区新金桥路 828 号	邮政编码	200063
法人代表	欧阳洁	董秘	天涯
电话	021-62033003-52	传真	021-62032133
主营业务	研究、开发、采购、制造、销售汽车仪表系统、饰件系统等		
总股本	24120.00	流通 A	6030.00
流通 B		流通 H	
审计单位		审计意见	未审计

主要财务指标

年度	2003.9	2003.6	2002	2001
每股收益/扣除后(元)	0.1615	0.1274	0.2422	0.2100
每股经营现金流量(元)	0.1070	0.3470	0.5900	0.1300
每股净资产/调整后(元)	2.0573	1.9360	1.8704	1.9227
每股公积金(元)	0.3560	0.3560	0.3555	0.6263
净资产收益率(%)	7.9000	6.1400	15.4500	13.0500
总资产(万元)	96281.83	98363.24	100640.36	87739.91
股东权益(万元)	49650.76	48720.85	45715.56	38647.72
未分配利润(万元)	11502.36	10572.45	8177.90	2528.73
主营收入(万元)	54810.11	35175.58	73490.46	60003.20
资本公积金(万元)	8586.53	8586.53	8574.44	12588.06
主营利润(万元)	12550.24	10371.61	15647.14	9867.24
其他业务利润(万元)	11502.36	10572.45	8177.90	2528.73
营业利润(万元)	4664.50	4687.55	7339.44	3935.47
投资收益(万元)	1024.04	295.01	1277.39	2061.61
补贴收入(万元)		3.53	2.10	0.68
营业外收支(万元)	42.04	35.33	-125.64	-13.20
利润总额(万元)	5730.58	5021.42	8493.29	5984.56
净利润(万元)	3923.10	2993.19	7061.46	5044.82

十大股东

序号	股东名称	股份性质	持股数(万股)	比例(%)
1	东风汽车工业投资有限公司	国有股	18090.00	75.00
2	浙江中汇(集团)股份有限公司	流通股	110.02	0.46
3	周天秀	流通股	51.20	0.21
4	吴羲兴	流通股	47.20	0.20
5	许忠见	流通股	33.61	0.14
6	朱彩霞	流通股	33.18	0.14
7	产风伢	流通股	24.96	0.10
8	杜翠华	流通股	18.18	0.08
9	张寰曦	流通股	17.45	0.07
10	李杰	流通股	16.06	0.07

股东人数	2003.9	2003.6	2002	2001
	2345	2456	2427	1694

近年分配	2001年 10 股派 2.5 元	近年配股/增发	2002 10 股转增 2 股

重大事项

公司拟将持有的东风友联汽车饰件有限公司 **55%** 的股权出让给东风伟世通(十堰)汽车饰件系统有限公司。　根据中国证券登记结算有限责任公司上海分公司 **2003** 年 **4** 月 **17** 日出具的投资人记名证券历史持有纪录,公司第一大股东由东风汽车公司变更为东风汽车有限公司,相关过户手续已全部办理完毕。原东风汽车公司持有的公司 **75%** 股权(**18090** 万股)现由东风汽车有限公司持有。

二〇〇二年以来市场表现

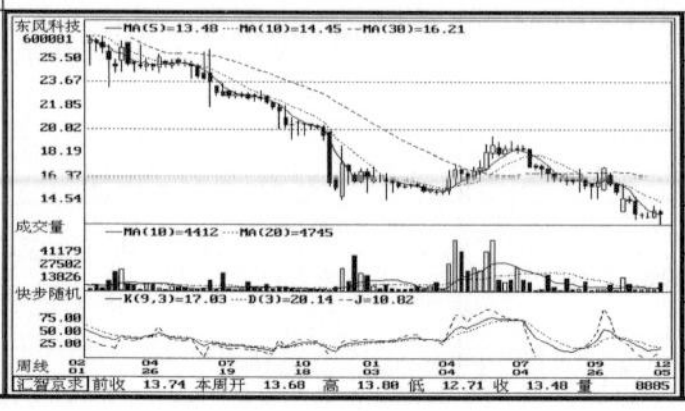

2002年涨跌幅(%)	-30.34
2002年最高(元)	24.19
2002年最低(元)	14.52
2002年换手率(%)	51.50
2003年涨跌幅(%)	-12.54
2003年最高(元)	19.49
2003年最低(元)	13.05
2003年换手率(%)	81.48

天津海泰科技发展股份有限公司

公司概况

公司名称	天津海泰科技发展股份有限公司	股票代码	600082
注册地址	天津新技术产业园区华苑产业区	邮政编码	300384
法人代表	任学锋	董秘	温健
电话	022-23078880-205	传真	022-23078889
主营业务	高新技术企业孵化器建设和经营、创业孵化服务等		
总股本	14898.08	流通 A	7918.82
流通 B		流通 H	
审计单位		审计意见	未审计

主要财务指标

年度	2003.9	2003.6	2002	2001
每股收益/扣除后(元)	0.2300	0.1280	0.1820	-0.5590
每股经营现金流量(元)	0.3230	0.3790	-0.0930	0.1100
每股净资产/调整后(元)	2.5440	2.4460	2.3290	2.1730
每股公积金(元)	1.1007	1.1008	1.1001	1.1001
净资产收益率(%)	9.2900	5.2800	7.9900	-25.7210
总资产(万元)	64698.64	60316.23	52229.31	35093.09
股东权益(万元)	38307.02	36686.41	34740.11	32367.10
未分配利润(万元)	5357.64	3737.03	1799.74	21.00
主营收入(万元)	16438.29	6742.52	12187.24	53617.02
资本公积金(万元)	16399.13	16399.13	16390.11	16390.11
主营利润(万元)	6381.66	3720.39	5474.96	2281.81
其他业务利润(万元)	0.75			968.66
营业利润(万元)	5171.68	2844.66	4136.21	-7750.86
投资收益(万元)	-9.28	-9.12	-0.02	-196.02
补贴收入(万元)	48.16	27.95	60.00	
营业外收支(万元)	3.88	0.84	0.06	-367.49
利润总额(万元)	5214.44	2871.79	4196.25	-8314.37
净利润(万元)	3557.90	1937.29	2775.26	-8324.99

十大股东

序号	股东名称	股份性质	持股数(万股)	比例(%)
1	天津海泰控股集团有限公司	国家股	3328.08	22.34
2	上海申银万国证券股份有限公司	法人股	130.65	0.88
3	山东永兴集团有限公司	流通股	99.00	0.66
4	渤海证券有限责任公司	流通股	82.98	0.56
5	上海浦东新区银益劳动服务部	法人股	65.00	0.44
6	云南金旅信托投资有限责任公司	法人股	65.00	0.44
7	湖州市供销贸易有限公司	法人股	65.00	0.44
8	济南英大国际信托投资有限责任公司	法人股	65.00	0.44
9	韩成敏	流通股	39.16	0.26
10	刘玉	流通股	33.32	0.22

股东人数	2003.9	2003.6	2002	2001
	23193	24006	28332	30134

近年分配	2002年 10 股派 0.27 元	近年配股/增发	不分配不转增

重大事项

公司今年前三季度主营业务经营状况良好,主营业务收入和净利润实现持续增长,经初步估算,预计公司 **2003** 年 **1-9** 月累计净利润与上年同期相比增长 **50%** 以上。　公司于 **2002** 年 **11** 月 **20** 日与中国光大银行天津港保税区支行签署了《借款合同》和《抵押合同》,借款金额为 **10000** 万元,期限三年,借款期限自 **2002** 年 **11** 月 **26** 日至 **2005** 年 **11** 月 **25** 日,借款年利率为 **6.039%**,公司以自有的海泰绿色产业基地 **54** 号地块和 **53** 号地块部分土地使用权抵押担保;公司拟向招商银行申请 **1.5** 亿元授信额度的议案。

二〇〇二年以来市场表现

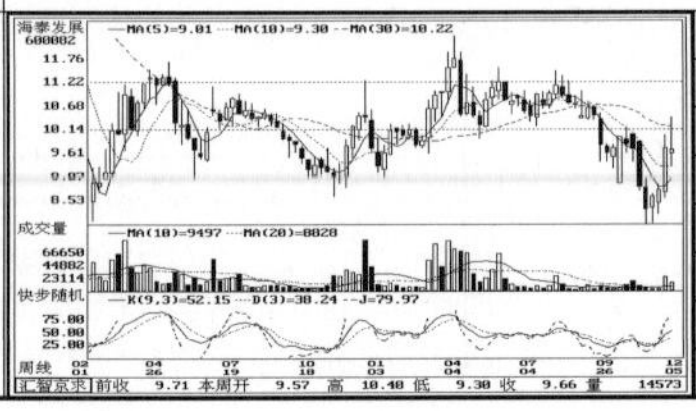

2002年涨跌幅(%)	-12.57
2002年最高(元)	11.65
2002年最低(元)	6.72
2002年换手率(%)	160.30
2003年涨跌幅(%)	-1.02
2003年最高(元)	12.27
2003年最低(元)	7.99
2003年换手率(%)	116.07

成都博讯数码技术股份有限公司

公司概况

公司名称	成都博讯数码技术股份有限公司		股票代码	600083	
注册地址	四川成都市科华北路 58 号亚太广场 5F		邮政编码	523077	
法人代表	刘国真		董秘	宋静远	
电话	0769-2906116		传真	0769-2906119	
主营业务	偏转线圈、金属漆包线、会聚磁组件等电子元器件的研究等				
总股本	23000.00	流通 A	13573.06	流通 B	流通 H
审计单位			审计意见	未审计	

主要财务指标

年度	2003.9	2003.6	2002	2001
每股收益 / 扣除后(元)	0.1000	0.0260	0.0970	0.0080
每股经营现金流量(元)	0.0600	-0.0300	-0.0350	0.2120
每股净资产 / 调整后(元)	0.0690	0.0640	0.0480	0.0060
每股公积金(元)	0.1052	0.1052	0.1052	0.1054
净资产收益率(%)	19.4500	15.6700	60.4100	621.1500
总资产(万元)	22281.91	23182.62	21727.82	20968.68
股东权益(万元)	1683.78	1591.38	1341.82	131.01
未分配利润(万元)	-23736.15	-23828.84	-24078.10	-25292.26
主营收入(万元)	15926.04	10477.89	17931.06	17931.06
资本公积金(万元)	2419.92	2419.92	2419.92	2423.28
主营利润(万元)	5740.52	3804.86	5749.73	8605.78
其他业务利润(万元)	12.49	2.32	-22.82	31.97
营业利润(万元)	2269.82	587.58	2232.64	594.48
投资收益(万元)			-9.37	
补贴收入(万元)	140.53	140.00		
营业外收支(万元)	-2082.86		-1412.63	622.10
利润总额(万元)	327.49	249.26	810.64	1216.59
净利润(万元)	327.49	249.26	810.64	813.79

十大股东

序号	股东名称	股份性质	持股数(万股)	比例(%)
1	广东福地科技总公司	国有股	7961.82	34.62
2	福建省闵发证券有限公司	流通股	277.32	1.21
3	东莞证券有限公司	流通股	187.31	0.85
4	田德荣	流通股	95.47	0.42
5	海通证券大连分公司	法人股	80.00	0.35
6	刘永生	流通股	61.94	0.27
7	黄建国	流通股	61.62	0.27
8	朱国军	流通股	57.90	0.25
9	李淑君	流通股	56.94	0.25
10	达川地区通达实业公司	法人股	52.00	0.23

股东人数	2003.9	2003.6	2002	2001
	42995	41875	43977	56009

近年分配		近年配股/增发	不分配不转增

重大事项

公司于 **2002** 年 **11** 月 **25** 日收到成都市中级人民法院关于原告张玲培等十一人与被告国泰君安证券股份有限公司、公司虚假证券信息纠纷案的民事调解书。按照调解书，公司将于十五日内向原告张玲培等十一人支付共计 **199164.03** 元，并承担部分诉讼费。　公司于 **2002** 年 **6** 月 **7** 日收到法院传票、应诉通知书及举证通知书等相关资料，通知公司该院已受理四川广汉锑盐化工厂与公司买卖纠纷一案。原告四川广汉锑盐化工厂诉请法院判令公司偿还原告货款及利息共计六十万元整，并承担诉讼费用。

二〇〇二年以来市场表现

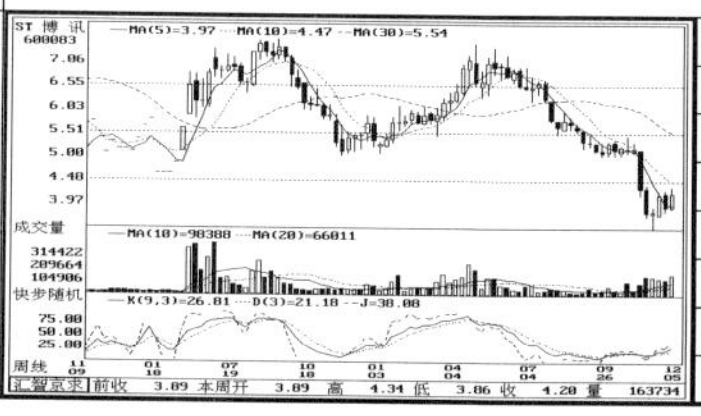

2002年涨跌幅(%)	-2.05
2002年最高(元)	7.58
2002年最低(元)	4.62
2002年换手率(%)	276.71
2003年涨跌幅(%)	-25.90
2003年最高(元)	7.46
2003年最低(元)	3.45
2003年换手率(%)	254.42

新天国际经贸股份有限公司

公司概况

公司名称	新天国际经贸股份有限公司		股票代码	600084	
注册地址	新疆乌鲁木齐红山路 40 号		邮政编码	830002	
法人代表	贾伯炜		董秘	陈军	
电话	0991-8882439		传真	0991-8882439	
主营业务	商贸、农副产品				
总股本	23518.04	流通 A	8923.20	流通 B	流通 H
审计单位			审计意见	未审计	

主要财务指标

年度	2003.9	2003.6	2002	2001
每股收益 / 扣除后(元)	0.1400	0.1000	0.3270	0.3100
每股经营现金流量(元)	-1.2180	-0.2960	-0.3400	0.1800
每股净资产 / 调整后(元)	3.1800	3.1300	3.0400	2.8800
每股公积金(元)	0.9299	0.9299	0.9298	0.9297
净资产收益率(%)	4.3000	2.9900	10.5000	10.8600
总资产(万元)	336155.00	281048.53	248112.80	192377.62
股东权益(万元)	76331.06	75285.42	73032.47	67714.89
未分配利润(万元)	25174.52	24128.88	21876.38	17769.86
主营收入(万元)	147301.37	84466.61	126321.11	85371.95
资本公积金(万元)	21868.51	21868.51	21868.07	21863.55
主营利润(万元)	18237.20	11468.13	22254.77	22254.77
其他业务利润(万元)	1082.02	1006.02	1934.18	1934.18
营业利润(万元)	4317.86	3021.81	8377.78	5973.23
投资收益(万元)		73.61	970.64	2205.34
补贴收入(万元)	58.34	39.20	32.00	44.74
营业外收支(万元)	1.07		-67.74	117.45
利润总额(万元)	4377.27	3060.77	9312.68	8340.76
净利润(万元)	3298.14	2252.50	7664.87	7356.57

十大股东

序号	股东名称	股份性质	持股数(万股)	比例(%)
1	新天国际经济技术合作(集团)有限公司	国有股	11830.00	20.30
2	中国成套设备进出口(集团)总公司	法人股	1110.33	4.72
3	新疆北中房地产开发有限公司	法人股	1110.33	4.72
4	新疆生产建设兵团投资中心	法人股	544.18	2.31
5	黄亚平	流通股	29.10	0.12
6	孙贵才	流通股	25.39	0.11
7	简历	流通股	23.17	0.10
8	徐炎	流通股	22.68	0.10
9	栾步开	流通股	21.77	0.09
10	谢义高	流通股	20.25	0.09

股东人数	2003.9	2003.6	2002	2001
	19184	19869	21947	25816

近年分配	**2002**年 **10** 股派 **1.0** 元　**2001** 年 **10** 股派 **0.6** 元	近年配股/增发	不分配不转增

重大事项

2003 年 **10** 月 **31** 日，新疆维吾尔自治区工商行政管理局为新天房产核发了新的企业法人营业执照，新天房产的注册资本由原来的 **2000** 万元增加为 **6667** 万元。截止 **2003** 年 **10** 月 **31** 日，新天房产已正式成为公司的控股子公司。　公司截至 **2003** 年 **3** 月 **4** 日下午交易结束后，公司前三大法人股股东持股不存在质押、冻结情况，第四大法人股股东新疆生产建设兵团投资中心持有公司股票 **5441800** 股，其中 **4186000** 股被司法冻结。

二〇〇二年以来市场表现

2002年涨跌幅(%)	-18.58
2002年最高(元)	12.70
2002年最低(元)	8.07
2002年换手率(%)	141.47
2003年涨跌幅(%)	2.79
2003年最高(元)	10.81
2003年最低(元)	8.20
2003年换手率(%)	74.49

北京同仁堂股份有限公司

公司概况

公司名称	北京同仁堂股份有限公司			股票代码	600085		
注册地址	北京市经济开发区宏达北路10号商务大楼			邮政编码	100062		
法人代表	殷顺海			董秘	张生瑜		
电话	010-67020018			传真	010-67020018		
主营业务	制造、加工中成药						
总股本	33179.99	流通A	9961.66	流通B		流通H	
审计单位				审计意见	未审计		

主要财务指标

年度	2003.9	2003.6	2002	2001
每股收益/扣除后(元)	0.6300	0.4470	0.7610	0.6050
每股经营现金流量(元)	0.5500	0.7400	0.7550	0.6940
每股净资产/调整后(元)	4.7250	4.4620	4.0750	3.7510
每股公积金(元)	1.7827	1.7827	1.7818	1.7807
净资产收益率(%)	13.1700	9.5100	17.9200	16.0300
总资产(万元)	261717.94	268429.25	245914.91	215905.12
股东权益(万元)	160597.52	154102.09	139423.23	124461.60
未分配利润(万元)	48626.08	42310.63	28070.32	19708.33
主营收入(万元)	169379.94	124561.49	199184.58	161167.05
资本公积金(万元)	59149.21	59149.21	59120.45	59083.81
主营利润(万元)	79437.75	56428.43	85755.00	85755.00
其他业务利润(万元)	-101.11	-263.75	111.72	83.34
营业利润(万元)	31333.39	21663.22	33151.66	26090.71
投资收益(万元)	-16.60	19.48	129.98	68.65
补贴收入(万元)				
营业外收支(万元)	-237.00		-259.46	-274.83
利润总额(万元)	31079.79	21455.82	33022.18	25884.53
净利润(万元)	21145.54	14650.10	24987.74	19950.65

十大股东

序号	股东名称	股份性质	持股数(万股)	比例(%)
1	中国北京同仁堂(集团)有限责任公司	国有法人股	23218.33	69.98
2	安顺证券投资基金	社会公众股	6980.01	2.10
3	通乾证券投资基金	社会公众股	439.93	1.33
4	同盛证券投资基金	社会公众股	344.15	1.04
5	裕隆证券投资基金	社会公众股	328.13	0.99
6	安信证券投资基金	社会公众股	299.19	0.90
7	华夏成长证券投资基金	社会公众股	274.34	0.83
8	丰和价值证券投资基金	社会公众股	260.97	0.79
9	易方达平稳增长证券投资基金	社会公众股	260.11	0.78
10	长盛成长价值证券投资基金	社会公众股	232.91	0.70

股东人数	2003.9	2003.6	2002	2001
	18524	21522	30998	34413

近年分配	近年配股/增发
2002年10股派3.0元 2001年10股派2.5元	不分配不转增

重大事项

公司于2002年4月27日与控股股东中国北京同仁堂(集团)有限责任公司签订了《原材料供应框架性协议》、《销售框架性协议》、《关于同仁堂商标使用许可期限的补充协议》,与北京同仁堂广告公司签订了《广告代理协议》。 2002年06月25日董事会决定投资约2000万元在亦庄北京经济技术开发区购置土地约五十亩。投资参股中投信用担保有限公司的议案:决定投资1000万元平价受让世纪兴业投资有限公司所持有中投信用担保有限公司1%的股权,资金来源为自有资金。

二〇〇二年以来市场表现

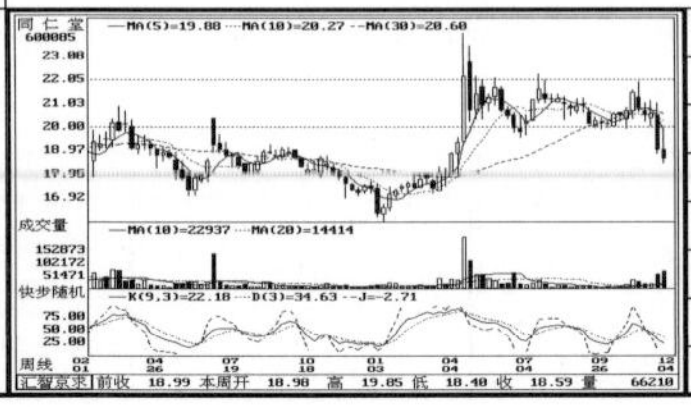

2002年涨跌幅(%)	-11.47
2002年最高(元)	20.31
2002年最低(元)	16.43
2002年换手率(%)	105.02
2003年涨跌幅(%)	12.90
2003年最高(元)	23.80
2003年最低(元)	15.60
2003年换手率(%)	110.11

南京水运实业股份有限公司

公司概况

公司名称	南京水运实业股份有限公司			股票代码	600087		
注册地址	南京经济技术开发区			邮政编码	210009		
法人代表	刘锡汉			董秘	曾善柱		
电话	025-3720378			传真	025-3709524		
主营业务	长江流域石油、化学制品储运						
总股本	47960.30	流通A	14722.01	流通B		流通H	
审计单位				审计意见	未审计		

主要财务指标

年度	2003.9	2003.6	2002	2001
每股收益/扣除后(元)	0.4700	0.3100	0.4900	0.4370
每股经营现金流量(元)	0.6300	0.4000	0.5200	0.8900
每股净资产/调整后(元)	4.0000	3.8100	3.4900	3.3900
每股公积金(元)	0.3523	1.6993	1.6618	1.6618
净资产收益率(%)	11.8000	8.2600	14.9900	14.2500
总资产(万元)	140025.87	145680.55	128018.25	95970.44
股东权益(万元)	96116.58	91187.14	83620.45	81063.21
未分配利润(万元)	18418.62	14606.04	7076.95	7027.07
主营收入(万元)	46999.21	29535.39	52120.42	48598.58
资本公积金(万元)	40830.18	39808.05	39771.25	39771.25
主营利润(万元)	15581.04	10303.39	16051.67	14398.60
其他业务利润(万元)	162.64	117.79	97.50	120.32
营业利润(万元)	13218.19	8681.36	14813.14	12101.54
投资收益(万元)	212.70	215.42	1290.37	1521.80
补贴收入(万元)				
营业外收支(万元)	-42.97		-127.81	-51.46
利润总额(万元)	13387.92	8893.81	14813.14	13571.89
净利润(万元)	11341.67	7529.09	12536.81	11553.99

十大股东

序号	股东名称	股份性质	持股数(万股)	比例(%)
1	南京长江油运公司	国有法人股	9908.37	41.40
2	中国工商银行重庆市分行	国有法人股	576.00	2.41
3	中国石化集团长岭炼油化工有限责任公司	国有法人股	512.00	2.14
4	中国石化集团九江石油化工总厂	国有法人股	512.00	2.14
5	中国石化集团安庆石油化工总厂	国有法人股	512.00	2.14
6	中国石化集团武汉石油化工厂	国有法人股	416.00	1.74
7	中国石化集团荆门石油化工总厂	国有法人股	320.00	1.34
8	中国石化集团金陵石化有限责任公司	国有法人股	320.00	1.34
9	中国石化销售有限公司中南分公司	国有法人股	320.00	1.34
10	中国石化销售有限公司华东分公司	国有法人股	320.00	1.34

股东人数	2003.9	2003.6	2002	2001
	30241	31837	32285	33984

近年分配	近年配股/增发
2002年10股派4.00元	2003年中10股转增9.96股

重大事项

2003年08月19日公司拟继续投资购置3艘4万吨级原油和成品油两用船,投资金额约69000万元,所需资金拟由公司自有资金、银行借款及证券市场融资解决。2003年04月01日公司对已到期的与控股股东关联交易的有关协议进行了重新拟订,协议有效期为一年。除因新增海上运力委托控股股东管理,代管费用增加250万元外,其它协议主体和主要内容未变。修改公司章程有关条款的议案。

二〇〇二年以来市场表现

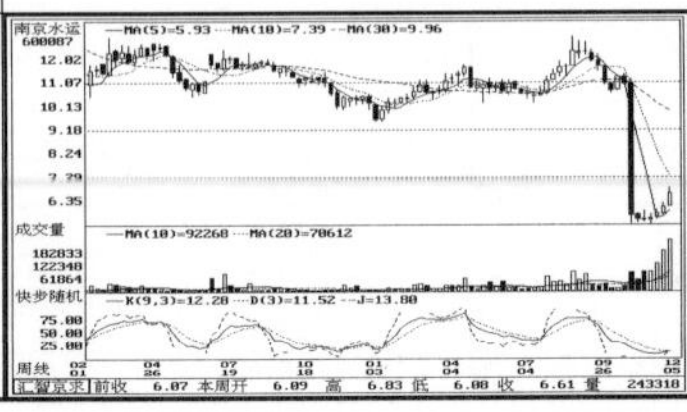

2002年涨跌幅(%)	-13.95
2002年最高(元)	6.10
2002年最低(元)	4.58
2002年换手率(%)	52.76
2003年涨跌幅(%)	26.20
2003年最高(元)	6.49
2003年最低(元)	4.56
2003年换手率(%)	116.01

中视传媒股份有限公司

公司概况

公司名称	中视传媒股份有限公司			股票代码	600088	
注册地址	上海市浦东新区福山路450号新天国际大厦17层A座			邮政编码	200122	
法人代表	吴达审			董秘	卢芳	
电话	021-68765168			传真	021-68763868	
主营业务	影视、广告、旅游门票、投资咨询					
总股本	23673.00	流通 A	7800.00	流通 B		流通 H
审计单位				审计意见	未审计	

主要财务指标

年度	2003.9	2003.6	2002	2001
每股收益/扣除后(元)	–0.0500	–0.0680	0.1000	0.1270
每股经营现金流量(元)	–0.0900	–0.0700	0.3100	0.2600
每股净资产/调整后(元)	2.9900	2.9800	3.0300	3.0500
每股公积金(元)	1.7541	1.7541	1.7541	1.7426
净资产收益率(%)	–1.6700	–1.7900	0.3100	3.7200
总资产(万元)	87899.68	85056.46	91014.96	96907.07
股东权益(万元)	71334.19	71255.17	72527.98	72136.49
未分配利润(万元)	507.05	428.03	1700.84	1610.77
主营收入(万元)	17484.61	9654.25	31237.72	36004.31
资本公积金(万元)	41525.02	41525.02	41525.02	41253.62
主营利润(万元)	2183.23	1036.28	9927.76	100037.14
其他业务利润(万元)	18.17	–11.31	440.71	–42.40
营业利润(万元)	–2437.45	–2134.70	972.86	4148.86
投资收益(万元)	463.00	403.22	–641.15	–856.34
补贴收入(万元)	1151.52	681.23	453.26	546.80
营业外收支(万元)	–16.02		–103.32	–93.56
利润总额(万元)	–838.95	–1061.99	681.65	3745.76
净利润(万元)	–1193.79	–1272.81	225.38	2682.21

十大股东

序号	股东名称	股份性质	持股数(万股)	比例(%)
1	无锡太湖影视城	国有法人股	15093.00	63.76
2	中国国际电视总公司	国有法人股	234.00	0.99
3	北京中电高科技电视发展公司	国有法人股	234.00	0.99
4	北京未来广告公司	国有法人股	234.00	0.99
5	北京荧屏汽车租赁公司	国有法人股	78.00	0.33
6	苏州信托	社会公众股	72.57	0.30
7	景福基金	社会公众股	69.39	0.29
8	出租结算	社会公众股	50.43	0.21
9	严波	社会公众股	47.90	0.20
10	齐秋菊	社会公众股	47.30	0.19

股东人数	2003.9	2003.6	2002	2001
	28526	26233	23603	20160

近年分配	2001年10股派0.7元	近年配股/增发	不分配不转增

重大事项

中央电视台向公司控股子公司上海中视国际广告有限公司签署了委托书，委托上海中视国际广告有限公司全权代理中央电视台一套黄金时段电视剧片尾鸣谢标版广告(约 **20:53**)的征订事宜,委托期自 **2003** 年 **1** 月 **29** 日至 **2004** 年 **1** 月 **28** 日止。 由于公司影视业务下滑，经公司临时股东大会审议通过,调整后的 **2002** 年度预算预计公司 **2002** 年主营业务收入比去年同期下降 **20%**,主营业务成本比去年同期下降 **10%**,公司 **2002** 年度可能出现亏损。经过对公司 **2002** 年度经营状况的初步统计,同时根据公司财务部门的初步测算,预计公司 **2002** 年度将不出现亏损。

二〇〇二年以来市场表现

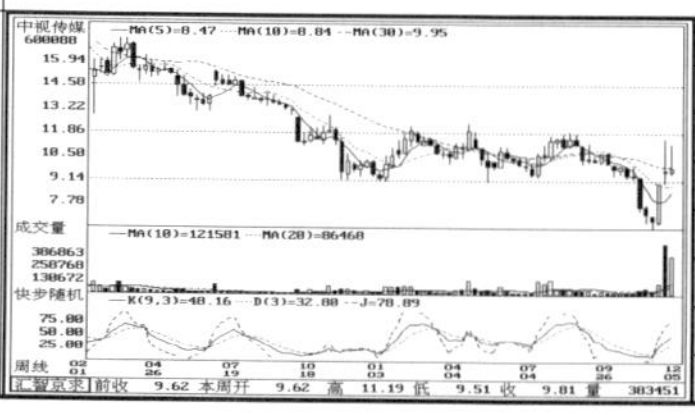

2002年涨跌幅(%)	–40.64
2002年最高(元)	17.52
2002年最低(元)	9.10
2002年换手率(%)	208.63
2003年涨跌幅(%)	5.02
2003年最高(元)	12.38
2003年最低(元)	6.42
2003年换手率(%)	339.81

新疆特变电工股份有限公司

公司概况

公司名称	新疆特变电工股份有限公司			股票代码	600089	
注册地址	新疆昌吉市延安南路52号			邮政编码	831100	
法人代表	张 新			董秘	郭俊香	
电话	0994-2724766			传真	0994-2724766	
主营业务	变压器及辅助设备、电线电缆、矿用非标准设备等					
总股本	25949.02	流通 A	13041.60	流通 B		流通 H
审计单位				审计意见	未审计	

主要财务指标

年度	2003.9	2003.6	2002	2001
每股收益/扣除后(元)	0.3300	0.2110	0.3100	
每股经营现金流量(元)	0.0600	0.0400	1.0200	–0.1279
每股净资产/调整后(元)	3.7300	3.6000	3.3800	3.1900
每股公积金(元)	1.5904	1.4383	1.4147	1.3866
净资产收益率(%)	8.5700	5.8600	9.8100	9.9500
总资产(万元)	393004.94	306159.53	270832.56	222415.75
股东权益(万元)	98352.43	95502.36	89340.98	82650.12
未分配利润(万元)	23848.34	24354.84	20000.23	15948.90
主营收入(万元)	153780.73	92434.91	176174.56	131046.01
资本公积金(万元)	41268.88	37323.65	36710.93	35980.54
主营利润(万元)	30787.14	19372.02	37051.26	26841.75
其他业务利润(万元)	412.03	301.70	642.31	557.15
营业利润(万元)	9452.10	6461.13	12721.31	7043.09
投资收益(万元)	2373.30	1396.58	1300.45	3185.54
补贴收入(万元)	8.01	5.37	29.10	31.37
营业外收支(万元)	159.14	109.53	–68.35	523.60
利润总额(万元)	12243.63	8170.51	13952.48	10743.42
净利润(万元)	8428.04	5598.82	8763.04	8222.43

十大股东

序号	股东名称	股份性质	持股数(万股)	比例(%)
1	天山投资有限责任公司	法人股	4198.40	16.18
2	上海宏联创业投资有限公司	法人股	3512.67	13.54
3	昌吉电力实业总公司	法人股	1694.72	6.53
4	上海鼎丰科技发展有限公司	法人股	1476.12	5.69
5	自治区投资公司	法人股	1213.82	4.68
6	湘财证券有限责任公司	流通股	588.29	2.27
7	巴州自力工贸有限公司	法人股	256.00	0.99
8	独山子天利高新技术股份公司	法人股	128.00	0.49
9	新疆天山石化物资集团有限公司	法人股	128.00	0.49
10	裕阳证券投资基金	流通股	116.65	0.45

股东人数	2003.9	2003.6	2002	2001
	80580	82769	84638	91943

近年分配	2002年10股派1.0元 2001年10股派1.0元	近年配股/增发	不分配不转增

重大事项

公司接到公司股东上海鼎丰科技发展有限公司通知，该公司因信托事宜将其持有的公司社会法人股 **15761216** 股(占公司总股本的 **6.07%**),质押给上海爱建信托投资有限责任公司，质押期限自 **2003** 年 **8** 月 **27** 日至 **2005** 年 **8** 月 **31** 日。 **2003** 年 **7** 月 **3** 日公司股东新疆维吾尔自治区技术改造投资公司拟将其所持有的公司法人股 **1476.1216** 万股转让给上海鼎丰科技发展有限公司,每股转让价为 **3.44** 元/股,转让完成后,技术改造投资公司不再持有公司股份,鼎丰公司将持有公司法人股 **1476.1216** 万股,占公司总股本的 **5.69%**。

二〇〇二年以来市场表现

2002年涨跌幅(%)	–25.05
2002年最高(元)	11.18
2002年最低(元)	7.41
2002年换手率(%)	53.88
2003年涨跌幅(%)	15.21
2003年最高(元)	9.42
2003年最低(元)	7.50
2003年换手率(%)	86.66

新疆啤酒花股份有限公司

公司概况

公司名称	新疆啤酒花股份有限公司				股票代码	600090	
注册地址	乌鲁木齐市解放北路17号酒花大厦				邮政编码	830002	
法人代表	姚荣江			董秘	舒群		
电话	0991-2825373			传真	0991-2833517		
主营业务	啤酒行业、钢材						
总股本	36791.67	流通A	17412.10	流通B		流通H	
审计单位				审计意见	未审计		

主要财务指标

年度	2003.9	2003.6	2002	2001
每股收益/扣除后(元)	–0.0070	0.0160	0.0710	0.1700
每股经营现金流量(元)	–0.2860	–0.3030	–0.0940	–0.0800
每股净资产/调整后(元)	1.5600	1.6000	1.5340	1.4900
每股公积金(元)	0.0594	0.0535	0.0535	0.0445
净资产收益率(%)	0.5400	1.9970	8.0860	13.8900
总资产(万元)	220959.67	222466.23	212224.05	165186.45
股东权益(万元)	60122.62	60763.34	59532.81	54373.65
未分配利润(万元)	2581.95	3443.22	2215.26	941.00
主营收入(万元)	56792.34	41406.75	72579.87	68424.84
资本公积金(万元)	2185.36	1970.14	1970.14	1637.53
主营利润(万元)	12314.20	8189.08	18135.99	16908.68
其他业务利润(万元)	534.68	468.50	1135.27	492.36
营业利润(万元)	888.77	1318.08	2730.55	8154.22
投资收益(万元)	418.26	417.56	16.88	78.21
补贴收入(万元)	3.66	3.66	156.20	139.05
营业外收支(万元)	172.93	212.85	1726.03	1196.76
利润总额(万元)	1483.63	1952.14	4938.87	8154.22
净利润(万元)	321.92	1213.41	4813.98	7596.13

十大股东

序号	股东名称	股份性质	持股数(万股)	比例(%)
1	新疆恒源投资有限责任公司	法人股	9789.44	26.61
2	新疆维吾尔自治区轻工业供销总公司	法人股	7168.00	19.48
3	深圳市卢堡工贸有限公司	法人股	819.81	2.23
4	中科企投资有限公司	法人股	378.89	1.03
5	太原市海霸王大厦有限公司	流通股	280.21	0.76
6	新疆证券登记公司	法人股	265.05	0.72
7	深圳祥源印刷包装有限公司	法人股	242.88	0.66
8	上海财政证券公司	流通股	190.11	0.52
9	新疆和硕县清水河农场供销公司	法人股	93.39	0.25
10	云南省轻工业供销总公司经济协作分公司	法人股	56.12	0.15

股东人数	2003.9	2003.6	2002	2001
	9210	9500	9813	11008

近年分配	2001年10股派0.5元	近年配股/增发	不分配不转增

重大事项

关于建行乌鲁木齐人民路支行诉公司第一大股东新疆恒源投资有限责任公司借款合同纠纷一案，新疆维吾尔自治区高级人民法院做出裁定，将恒源公司持有的公司社会法人股3584万股予以冻结，冻结期限自2003年11月7日—2004年11月6日。恒源公司持有公司社会法人股9789.44万股，其持有的公司社会法人股9789.44万股已全部进行了质押，并有6205.44万股已于2003年11月3日被司法冻结。截止2003年11月11日，恒源公司持有的公司9789.44万股社会法人股已全部进行了质押并被司法冻结。

二〇〇二年以来市场表现

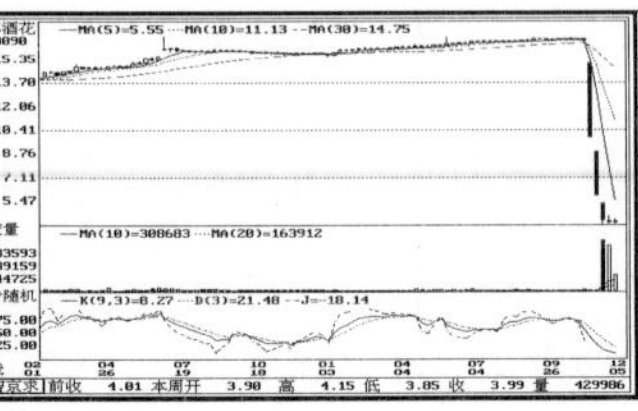

2002年涨跌幅(%)	13.05
2002年最高(元)	16.95
2002年最低(元)	13.84
2002年换手率(%)	105.25
2003年涨跌幅(%)	–74.43
2003年最高(元)	16.88
2003年最低(元)	3.82
2003年换手率(%)	194.64

包头明天科技股份有限公司

公司概况

公司名称	包头明天科技股份有限公司				股票代码	600091	
注册地址	包头稀土高新技术产业开发区曙光路22号				邮政编码	014013	
法人代表	程东胜			董秘	关明		
电话	0427-2207068			传真	0427-2207059		
主营业务	化工、科技产品						
总股本	33652.60	流通A	20620.00	流通B		流通H	
审计单位				审计意见	未审计		

主要财务指标

年度	2003.9	2003.6	2002	2001
每股收益/扣除后(元)	0.1800	0.1200	0.2200	0.2800
每股经营现金流量(元)	0.0700	0.1000	0.4200	0.8000
每股净资产/调整后(元)	5.4100	5.3500	5.2300	3.4500
每股公积金(元)	3.6297	3.6297	3.6297	1.7272
净资产收益率(%)	3.5300	2.3400	4.3400	8.0500
总资产(万元)	268270.66	241200.80	249905.30	165566.11
股东权益(万元)	184257.19	182015.55	177750.05	78032.24
未分配利润(万元)	20698.65	18457.01	14849.14	11233.96
主营收入(万元)	62505.48	39959.60	71889.47	63149.74
资本公积金(万元)	122150.18	122150.18	122150.18	39126.58
主营利润(万元)	9136.48	5948.83	12870.76	13263.18
其他业务利润(万元)	148.82	157.52	1109.24	898.61
营业利润(万元)	4172.07	2878.08	7174.89	8066.39
投资收益(万元)	2228.20	1269.83	163.17	–261.02
补贴收入(万元)	345.39	285.19		
营业外收支(万元)	–117.75		–48.77	–61.56
利润总额(万元)	6627.90	4336.89	7574.47	7743.81
净利润(万元)	6507.14	4265.50	7713.36	6281.85

十大股东

序号	股东名称	股份性质	持股数(万股)	比例(%)
1	包头北大明天资源科技有限公司	国有法人股	7432.60	22.09
2	包头市北普实业有限公司	社会法人股	5600.00	16.64
3	中国银行—天同180指数证券投资基金	社会法人股	55.88	0.17
4	汪称意	社会法人股	37.00	0.11
5	绍兴柯岩旅游有限公司	社会法人股	31.00	0.09
6	高启民	社会法人股	30.01	0.09
7	有限公司	社会法人股	29.40	0.09
8	张文钦	社会法人股	29.30	0.09
9	满恒才	社会法人股	27.60	0.08
10	朱泽棠	社会法人股	25.47	0.08

股东人数	2003.9	2003.6	2002	2001
	88582	88875	93702	65153

近年分配	2002年中10股派0.60元	近年配股/增发	不分配不转增

重大事项

包头北大明天资源科技有限公司拟将持有本公司3384万股国有法人股（占公司股份总额的10.06%）转让给浙江恒际实业发展有限公司，参照公司2002年年经审计的每股净资产值5.28元，经溢价，确定本次转让价格为5.72元/股，转让金额共计356.48万元。本次股权转让完成后，明天资源为公司第二大股东，浙江恒际将持有公司10.06%的股权，成为公司第三大股东。 包头北大明天资源科技有限公司所持公司国有法人股5600万股于2002年10月14日被乌海市中级人民法院冻结，并依法进行拍卖。2002年10月29日包头市北普实业有限公司在股权拍卖会上以每股5.18元的价格全部竞拍成功。该部分股权现已解冻。

二〇〇二年以来市场表现

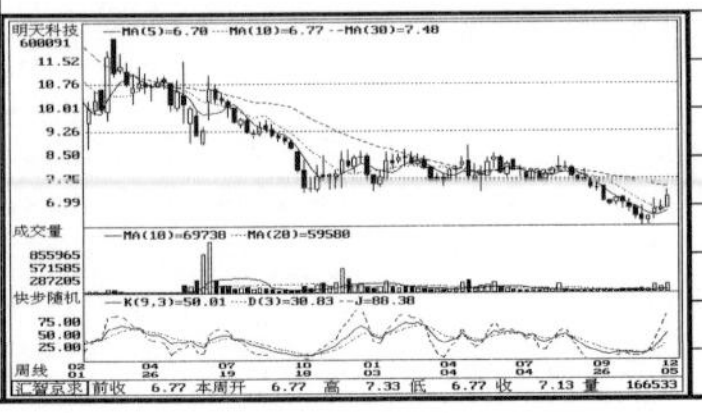

2002年涨跌幅(%)	–28.38
2002年最高(元)	11.06
2002年最低(元)	7.21
2002年换手率(%)	319.02
2003年涨跌幅(%)	–8.76
2003年最高(元)	8.78
2003年最低(元)	6.24
2003年换手率(%)	179.25

陕西省精密合金股份有限公司

公司概况

公司名称	陕西省精密合金股份有限公司		股票代码	600092	
注册地址	西安高新技术产业开发区高新一路19号		邮政编码	710077	
法人代表	赵岗		董秘	葛熙富	
电话	029-4610536		传真	029-4620414	
主营业务	金属材料、环保水处理				
总股本	26119.62	流通A	13309.92	流通B	流通H
审计单位			审计意见	未审计	

主要财务指标

年度	2003.9	2003.6	2002	2001
每股收益/扣除后(元)	0.0013	0.0001	0.0105	0.1371
每股经营现金流量(元)	-0.0600	-0.0700	-0.3200	0.0456
每股净资产/调整后(元)	2.5900	2.5800	2.5900	2.5800
每股公积金(元)	0.9643	0.9643	0.9643	0.9643
净资产收益率(%)	0.0500	0.0100	0.4700	5.8800
总资产(万元)	113989.37	112241.16	109338.53	107740.57
股东权益(万元)	67655.17	67632.00	67621.97	67303.46
未分配利润(万元)	12696.98	12673.81	12663.78	12345.27
主营收入(万元)	5748.97	3864.74	13417.76	15367.31
资本公积金(万元)	25186.13	25186.13	25186.13	25186.13
主营利润(万元)	1859.04	1201.99	4813.70	7487.86
其他业务利润(万元)	9.04	-9.04	82.53	176.42
营业利润(万元)	-6.26	-22.57	590.46	4703.41
投资收益(万元)	2.88	2.88	5.76	5.76
补贴收入(万元)				
营业外收支(万元)	5.43	5.28	-46.32	0.03
利润总额(万元)	2.05	-14.41	549.91	4709.20
净利润(万元)	33.20	10.03	318.51	3955.56

十大股东

序号	股东名称	股份性质	持股数(万股)	比例(%)
1	深圳市天华电力投资有限公司	国有法人股	7665.30	29.34
2	上海涌金实业有限公司	法人股	535.00	2.05
3	新疆乌鲁木齐将军制锁厂	法人股	396.34	1.52
4	中国华星企业发展公司	法人股	306.00	1.17
5	深业集团(深圳)物业管理公司	法人股	270.00	1.03
6	陕西省西北信托投资公司	法人股	180.00	0.69
7	南通市通银经贸公司	法人股	180.00	0.69
8	河北中兴科技开发总公司	法人股	180.00	0.69
9	深圳市市政工程公司	法人股	180.00	0.69
10	新疆宏远信托投资有限公司	法人股	162.00	0.62

股东人数	2003.9	2003.6	2002	2001
	77935	79074	81523	73315

近年分配	2001年10股派0.5元	近年配股/增发	不分配不转增

重大事项

2002年12月25日根据湖南省高级人民法院《解除冻结决定书》,该院决定对所冻结的深圳市天华电力投资有限公司持有的公司7415万股国有法人股解除冻结(其中4910万股已质押)。2002年12月23日,湖南省公安厅直属公安局决定对深圳市天华电力投资有限公司持有的公司7415万股国有法人股(其中4910万股已质押)予以冻结。中登公司上海分公司分别对2505万股和4910万股办理了冻结手续.冻结期限为:2002年12月23日起至2003年6月23日止。

二○○二年以来市场表现

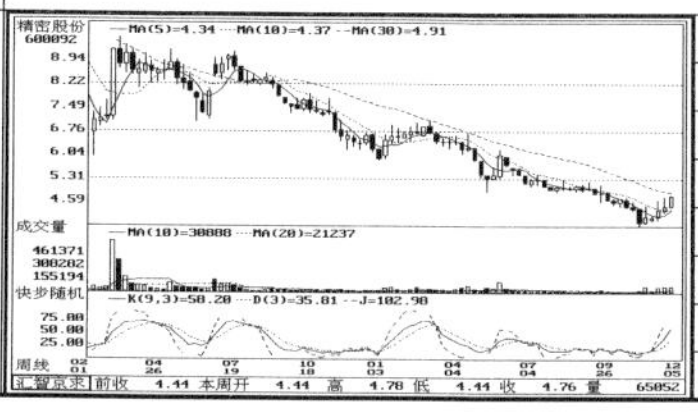

2002年涨跌幅(%)	-32.96
2002年最高(元)	9.62
2002年最低(元)	5.88
2002年换手率(%)	207.45
2003年涨跌幅(%)	-25.25
2003年最高(元)	7.07
2003年最低(元)	3.86
2003年换手率(%)	94.80

四川禾嘉股份有限公司

公司概况

公司名称	四川禾嘉股份有限公司		股票代码	600093	
注册地址	四川省成都市高新技术产业开发区九兴大道3号		邮政编码	610041	
法人代表	夏朝嘉		董秘	樊平	
电话	028-85155498		传真	028-85155498	
主营业务	阀门制造、食品加工				
总股本	28687.50	流通A	11475.00	流通B	流通H
审计单位			审计意见	未审计	

主要财务指标

年度	2003.9	2003.6	2002	2001
每股收益/扣除后(元)	0.0410	0.0320	0.0900	0.0510
每股经营现金流量(元)	0.1420	0.1130	-0.3600	0.2500
每股净资产/调整后(元)	1.4500	1.4300	2.1000	2.0200
每股公积金(元)	0.1138	0.1041	0.4562	0.4559
净资产收益率(%)	2.7800	2.1200	4.0700	4.1800
总资产(万元)	103618.82	101826.22	98166.78	81642.53
股东权益(万元)	42254.11	41686.02	40802.88	38602.65
未分配利润(万元)	6958.53	6667.48	9608.88	8004.18
主营收入(万元)	13338.54	8585.35	24334.41	12008.41
资本公积金(万元)	3264.05	2987.00	8724.96	8718.15
主营利润(万元)	5179.99	3774.07	8450.95	5098.97
其他业务利润(万元)	82.99	86.85	-15.68	267.93
营业利润(万元)	1807.27	1480.89	2828.01	1332.73
投资收益(万元)	-33.56	-33.56	-29.18	754.81
补贴收入(万元)	10.00			504.11
营业外收支(万元)	-19.44		-53.32	-22.76
利润总额(万元)	1764.28	1432.79	2745.51	2568.90
净利润(万元)	1174.64	883.60	1658.81	1612.09

十大股东

序号	股东名称	股份性质	持股数(万股)	比例(%)
1	四川禾嘉实业集团有限公司	国有法人股	14940.45	52.08
2	成都市武侯区百花洲娱乐世界	法人股	757.35	2.64
3	四川禾嘉房地产开发公司	法人股	757.35	2.64
4	北海海利实业公司	法人股	378.67	1.32
5	四川星火食品研究院	法人股	378.67	1.32
6	云铜供销	流通股	83.68	0.29
7	王玉贵	流通股	47.54	0.17
8		流通股	37.22	0.13
9	鲍光福	流通股	33.31	0.12
10	尹华林	流通股	30.71	0.11

股东人数	2003.9	2003.6	2002	2001
	10770	6797	6628	10453

近年分配		近年配股/增发	2002年10送2股 2001年10股转增5股

重大事项

公司的控股股东四川禾嘉实业集团有限公司,持有公司法人股14940.45万股,占总股本(28687.5万股)的52.08%。该公司于2002年11月21日将其中的1080万股,占总股本(2002年总股本19125万股)的5.64%,质押给交通银行成都分行,作为1500万元贷款的质押物,该项质押已于2003年11月4日办理解押。同时,该公司将持有公司法人股中的1500万股(占总股本的5.22%)质押给交通银行成都分行,作为1500万元贷款的质押物。质押期为2003年11月4日-2004年11月30日止。

二○○二年以来市场表现

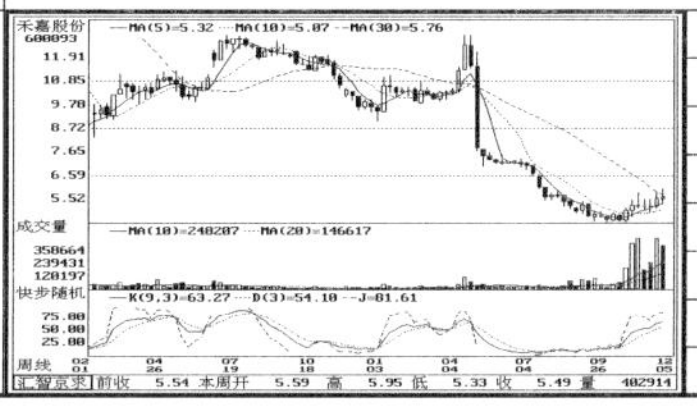

2002年涨跌幅(%)	3.78
2002年最高(元)	8.62
2002年最低(元)	5.40
2002年换手率(%)	103.53
2003年涨跌幅(%)	-12.20
2003年最高(元)	8.65
2003年最低(元)	4.46
2003年换手率(%)	281.55

上海华源股份有限公司

公司概况

公司名称	上海华源股份有限公司	股票代码	600094
注册地址	上海浦东陆家嘴东路161号招商局大厦31楼	邮政编码	200120
法人代表	吴云生	董秘	张乐生
电话	021-58799888	传真	021-58825887
主营业务	制造、加工化学纤维		
审计单位		审计意见	未审计

总股本	流通A	流通B	流通H
49175.40	11040.00	20700.00	

主要财务指标

年度	2003.9	2003.6	2002	2001
每股收益/扣除后(元)	0.0720	0.0400	0.0600	0.1400
每股经营现金流量(元)	0.0300	-0.1900	0.4100	0.6900
每股净资产/调整后(元)	3.0200	2.9800	2.9600	2.9200
每股公积金(元)	1.5029	1.5029	1.5029	1.5029
净资产收益率(%)	2.6500	1.5000	2.9700	5.5600
总资产(万元)	583570.00	563919.50	447991.34	382940.94
股东权益(万元)	151564.78	149795.23	147457.70	143538.56
未分配利润(万元)	10848.84	9079.29	6836.49	4935.33
主营收入(万元)	280919.44	181892.02	230450.42	185816.92
资本公积金(万元)	73906.41	73906.41	73906.41	73906.41
主营利润(万元)	26656.98	15758.83	26546.09	37066.16
其他业务利润(万元)	1821.87	1148.06	2142.41	1159.28
营业利润(万元)	4284.75	1674.58	6391.54	13409.80
投资收益(万元)	1685.63	1309.57	1395.39	458.47
补贴收入(万元)	62.48	38.37	211.42	215.59
营业外收支(万元)	280.27	60.62	619.85	202.99
利润总额(万元)	6313.13	3309.61	8618.19	14286.86
净利润(万元)	4012.35	2242.80	4380.30	8108.07

十大股东

序号	股东名称	股份性质	持股数(万股)	比例(%)
1	中国华源集团有限公司	国有法人股	15493.20	31.51
2	锡山市长苑丝织厂	法人股	1015.20	2.06
3	江苏秋艳(集团)公司	法人股	927.00	1.89
4	CBNY S/A PNC/SKANDIA㊀	B股	225.95	0.46
5	SELECT FUND/CHINA EQUITY AC	社会公众股	102.80	0.21
6	SELECT FUND/CHINA EQUITY AC	B股	100.00	0.20
7	SCBHK A NOMURA TB NAITO SECURITIES CO.,LTD.	B股	77.01	0.16
8	安徽省信托投资公司	B股	74.24	0.15
9	DEBORAH WANG LIN	B股	70.95	0.14
10	陈晓东	B股	58.38	0.12

股东人数	2003.9	2003.6	2002	2001
	94544	94736	90999	93810

近年分配	2001年10股派0.5元	近年配股/增发	不分配不转增

重大事项

中国华源集团有限公司将其持有的公司国有法人股7746万股(占其持有的公司全部股权的50%)质押给中国建设银行上海市分行用于其发行企业债券,质押期限自2003年10月22日起至2012年3月19日止。 经财政部批复,同意将现由常州华源化学纤维有限公司(已于2000年12月27日注销)所持公司7986.6万股国有法人股(占总股本的16.24%),划转给中国华源集团有限公司持有,股份性质为国有法人股。本次股权划转后,中国华源集团有限公司将持有公司15493.2万股,占公司总股本的31.50%,本次股权划转已获证监会批准。

二〇〇二年以来市场表现

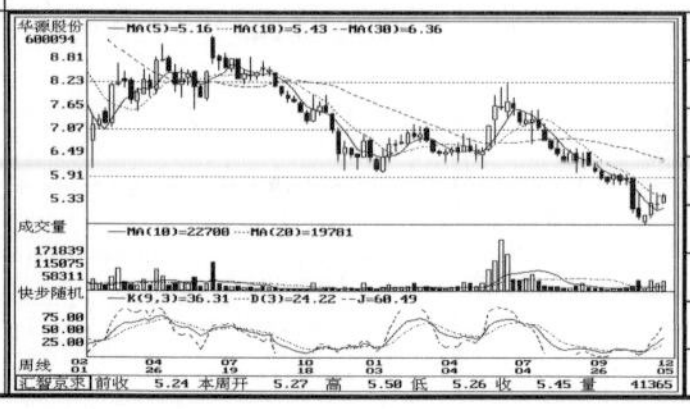

2002年涨跌幅(%)	-28.49
2002年最高(元)	9.34
2002年最低(元)	5.93
2002年换手率(%)	115.02
2003年涨跌幅(%)	-15.48
2003年最高(元)	8.19
2003年最低(元)	4.75
2003年换手率(%)	140.17

哈尔滨高科技(集团)股份有限公司

公司概况

公司名称	哈尔滨高科技(集团)股份有限公司	股票代码	600095
注册地址	哈尔滨开发区迎宾路5号街区	邮政编码	150078
法人代表	杨登瑞	董秘	刘海涛
电话	0451-4348333-8065	传真	0451-4348057
主营业务	大豆深加工、制造		
审计单位		审计意见	未审计

总股本	流通A	流通B	流通H
26156.00	15106.60		

主要财务指标

年度	2003.9	2003.6	2002	2001
每股收益/扣除后(元)	0.0002	0.0003	-0.2240	-0.4800
每股经营现金流量(元)	-0.1000	-0.0300	0.1440	0.1440
每股净资产/调整后(元)	2.2560	2.2570	2.1180	2.2820
每股公积金(元)	1.3834	1.3834	1.3834	1.3759
净资产收益率(%)	0.0520	0.0300	1.0800	-18.9870
总资产(万元)	134343.80	139469.23	145271.98	157854.52
股东权益(万元)	60089.54	60177.94	60188.87	59543.65
未分配利润(万元)	-6372.63	-6284.23	-6273.30	6817.00
主营收入(万元)	21715.86	13962.47	22732.84	24013.06
资本公积金(万元)	36185.27	36185.27	36185.27	35988.00
主营利润(万元)	4718.39	3141.76	6496.88	7875.71
其他业务利润(万元)	388.89	375.19	253.84	55.17
营业利润(万元)	404.06	284.69	533.22	-11789.46
投资收益(万元)	-22.74	-15.16	-42.71	-30.32
补贴收入(万元)			30.00	
营业外收支(万元)	7.88		254.90	114.39
利润总额(万元)	389.20	264.19	775.40	-11705.38
净利润(万元)	31.45	19.47	650.25	-12495.36

十大股东

序号	股东名称	股份性质	持股数(万股)	比例(%)
1	哈尔滨高新技术产业开发区房屋建设开发总公司	国有法人股	7056.94	26.98
2	哈尔滨火炬高新技术开发总公司	国有法人股	2750.73	10.52
3	尔滨高新技术产业开发区对外贸易公司	国有法人股	1241.73	4.75
4	谢丽英	流通股	24.60	0.09
5	张巍	流通股	20.00	0.08
6	黄海	流通股	20.00	0.08
7	马建平	流通股	19.00	0.07
8	张文建	流通股	18.00	0.07
9	周建中	流通股	14.11	0.05
10	刘平	流通股	13.40	0.05

股东人数	2003.9	2003.6	2002	2001
	108685	109904	110791	65515

近年分配		近年配股/增发	不分配不转增

重大事项

2003年10月9日,中国证券登记结算有限责任公司上海分公司根据有关协助执行通知书,依法继续对哈尔滨高新技术产业开发区房屋建设开发总公司持有的本公司3000万股法人股进行冻结,冻结期限为2003年10月9日至2004年4月8日。上述股权在冻结期间不得办理股权转移及质押、转让手续。 2002年度,公司主导产业得到了较快发展,经营业绩稳步上升,同时又进一步加强了对应收款项的清收,进而使公司财务状况得到了改善。经初步测算,公司2002年度将扭亏为盈。

二〇〇二年以来市场表现

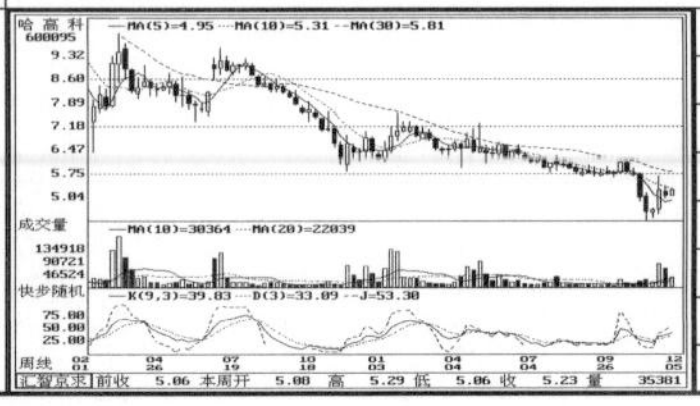

2002年涨跌幅(%)	-33.66
2002年最高(元)	10.03
2002年最低(元)	5.80
2002年换手率(%)	105.73
2003年涨跌幅(%)	-17.72
2003年最高(元)	7.56
2003年最低(元)	4.33
2003年换手率(%)	92.45

云南云天化股份有限公司

公司概况

公司名称	云南云天化股份有限公司	股票代码	600096
注册地址	云南省水富县	邮政编码	657800
法人代表	李如岗	董秘	刘和兴
电话	0870-8664318	传真	0870-8664319
主营业务	化工、建材		

总股本	36818.18	流通 A	10000.00	流通 B		流通 H	
审计单位				审计意见	未审计		

主要财务指标

年度	2003.9	2003.6	2002	2001
每股收益/扣除后(元)	0.4122	0.2866	0.3763	0.3200
每股经营现金流量(元)	0.7000	0.4250	0.8193	0.8641
每股净资产/调整后(元)	3.6385	3.5058	3.2170	3.2340
每股公积金(元)	1.4605	1.4603	1.4485	1.4250
净资产收益率(%)	11.1500	7.9800	12.7100	12.9800
总资产(万元)	316149.91	273351.56	242046.55	191564.66
股东权益(万元)	136054.61	131356.81	120436.36	119070.13
未分配利润(万元)	15907.33	11218.80	2304.42	11873.84
主营收入(万元)	90917.93	57542.66	97861.38	88555.01
资本公积金(万元)	53774.26	53765.02	53332.06	52464.54
主营利润(万元)	31047.07	19500.50	30773.88	24457.96
其他业务利润(万元)	539.48	302.78	416.41	597.69
营业利润(万元)	18140.24	12520.46	17772.58	14494.49
投资收益(万元)	186.44	189.57	-598.53	652.10
补贴收入(万元)	28.08	28.08	1549.06	3142.54
营业外收支(万元)	-33.27	-92.52	12.77	5.78
利润总额(万元)	18321.48	12629.26	18735.87	18294.91
净利润(万元)	15176.04	10487.50	15304.82	15454.79

十大股东

序号	股东名称	股份性质	持股数(万股)	比例(%)
1	云天化集团有限责任公司	国有股	26818.18	72.84
2	华安创新证券投资基金	流通股	260.00	0.71
3	丰和价值证券投资基金	流通股	112.48	0.31
4	富国动态平衡证券投资基金	流通股	87.78	0.24
5	水富县万方有限公司	流通股	79.00	0.21
6	渤海证券有限责任公司	流通股	72.42	0.20
7	银丰证券投资基金	流通股	68.20	0.19
8	云南省国际信托投资公司	流通股	67.93	0.18
9	裕阳证券投资基金	流通股	62.28	0.17
10	开元证券投资基金	流通股	58.04	0.16

股东人数	2003.9	2003.6	2002	2001
	47937	48761	51181	57203

近年分配	2002年中10股派4.0元 2001年10股派2.0元	近年配股/增发	不分配不转增

重大事项

公司将与云南省昭通市农资公司合资组建昭通天禾(暂定)有限责任公司,该企业注册资本为1800万元,公司占其75%的股份,需投入资金1350万元。日前,公司与云南省昭通市农资公司签订了《合资经营昭通天禾(暂定)有限责任公司合同》。

二○○二年以来市场表现

2002年涨跌幅(%)	-15.45
2002年最高(元)	11.05
2002年最低(元)	7.50
2002年换手率(%)	98.27
2003年涨跌幅(%)	6.45
2003年最高(元)	10.49
2003年最低(元)	7.56
2003年换手率(%)	93.05

浙江省华立科技股份有限公司

公司概况

公司名称	浙江省华立科技股份有限公司	股票代码	600097
注册地址	杭州市高新技术产业开发区西斗门工业区	邮政编码	310012
法人代表	汪力成	董秘	马三光
电话	0571-88471777	传真	0571-88471666
主营业务	电力自动化		

总股本	11544.99	流通 A	3500.00	流通 B		流通 H	
审计单位				审计意见	未审计		

主要财务指标

年度	2003.9	2003.6	2002	2001
每股收益/扣除后(元)	0.0550	0.0364	0.0800	
每股经营现金流量(元)	0.3560	-0.1670	0.3200	0.5210
每股净资产/调整后(元)	1.2500	1.2355	1.2000	1.0980
每股公积金(元)	2.1067	2.1068	2.1068	2.0842
净资产收益率(%)	4.4400	3.0800	7.2900	9.6400
总资产(万元)	44368.92	45718.96	40961.94	39402.61
股东权益(万元)	14591.66	14387.61	13944.32	12681.36
未分配利润(万元)	-22357.26	-22561.32	-23004.61	-24007.48
主营收入(万元)	16668.57	10435.11	20848.29	11465.39
资本公积金(万元)	24322.44	24322.44	24322.44	24062.35
主营利润(万元)	4533.85	3051.34	5617.73	3430.38
其他业务利润(万元)	152.06	63.08	114.27	34.04
营业利润(万元)	685.01	552.35	1101.79	1230.29
投资收益(万元)	2.06	13.18	-44.48	1230.29
补贴收入(万元)	7.77	7.77	10.00	16.62
营业外收支(万元)	-21.61	-11.63	-14.54	-26.41
利润总额(万元)	673.23	561.67	1052.77	1192.86
净利润(万元)	647.34	443.29	1016.79	1222.52

十大股东

序号	股东名称	股份性质	持股数(万股)	比例(%)
1	华立产业集团有限公司	法人股	3300.00	28.58
2	海南恒泰集团有限公司	法人股	2251.04	19.50
3	浙江省国际信托投资有限责任公司	法人股	1740.94	15.08
4	海南银泰建设投资开发公司	法人股	341.11	2.95
5	海南富华房地产开发公司长沙公司	法人股	241.35	2.09
6	海南国信实业发展有限公司	法人股	170.55	1.48
7	长江证券	社会公众股	31.13	0.27
8	李桂军	社会公众股	18.22	0.16
9	钟壬娣	社会公众股	13.80	0.12
10	李文辉	社会公众股	13.43	0.12

股东人数	2003.9	2003.6	2002	2001
	14294	14022	13451	11884

近年分配		近年配股/增发	不分配不转增

重大事项

2002年12月30日公司第三大股东海南昌银投资开发有限公司以每股1.10元的价格将所持有的1740.9356万股公司法人股转让给浙江省国际信托投资有限责任公司,股份收购款1915.03万元由浙江国信以现金形式支付给海南昌银。本次股份转让手续完成后,浙江国信将持有本公司法人股1740.9356万股,成为公司第三大股东。

二○○二年以来市场表现

2002年涨跌幅(%)	-21.79
2002年最高(元)	15.05
2002年最低(元)	8.79
2002年换手率(%)	199.52
2003年涨跌幅(%)	-36.78
2003年最高(元)	11.55
2003年最低(元)	5.80
2003年换手率(%)	115.35

广州发展实业控股集团股份有限公司

公司概况

公司名称	广州发展实业控股集团股份有限公司			股票代码	600098		
注册地址	广州市东山区东风中路509号27、29楼			邮政编码	510045		
法人代表	杨丹地		董秘	吴旭			
电话	020-83606539		传真	020-83606693			
主营业务	电力产业、物流业						
总股本	125280.00	流通 A	23400.00	流通 B		流通 H	
审计单位			审计意见	未审计			

主要财务指标

年度	2003.9	2003.6	2002	2001
每股收益/扣除后(元)	0.5300	0.3010	0.5760	0.7710
每股经营现金流量(元)	0.9130	0.3330	1.3200	1.3400
每股净资产/调整后(元)	4.6880	4.4670	4.1870	1.0980
每股公积金(元)	1.0182	1.5068	1.2285	1.1047
净资产收益率(%)	10.6000	6.2280	15.6900	1.4285
总资产(万元)	860066.75	890525.44	1074651.12	912646.69
股东权益(万元)	587454.25	559821.50	524953.94	480214.69
未分配利润(万元)	216159.14	188770.08	153902.55	148958.55
主营收入(万元)	256095.20	159080.37	407076.31	390755.62
资本公积金(万元)	127565.05	127321.35	127321.35	127346.93
主营利润(万元)	102010.97	61828.22	164026.77	164026.77
其他业务利润(万元)	1072.09	761.19	975.33	3158.40
营业利润(万元)	87185.86	50566.30	144527.16	136639.66
投资收益(万元)	6977.22	4119.10	–5297.07	–3158.05
补贴收入(万元)				
营业外收支(万元)	–145.42		4396.78	–36.47
利润总额(万元)	94017.66	54564.82	143626.86	133445.14
净利润(万元)	62256.59	34867.53	82348.84	94283.11

十大股东

序号	股东名称	股份性质	持股数(万股)	比例(%)
1	广州发展集团有限公司	国有法人股	101880.00	81.32
2	华宝信托投资有限责任公司	社会公众股	821.19	0.65
3	银丰证券投资基金	社会公众股	267.35	0.21
4	开元证券投资基金	社会公众股	200.00	0.16
5	景博证券投资基金	社会公众股	146.34	0.12
6	中国人民建设银行信托投资公司	社会公众股	132.40	0.11
7	华鑫证券有限责任公司	社会公众股	126.46	0.10
8	裕阳证券投资基金	社会公众股	120.27	0.10
9	国元证券有限责任公司	社会公众股	118.53	0.09
10	上海家化商销有限公司	社会公众股	99.80	0.08

股东人数	2003.9	2003.6	2002	2001
	83249	83871	82011	75624

近年分配	近年配股/增发
2002年中10股派3.0元　2001年10股派3.0元	不分配不转增

重大事项

公司属下全资子公司广州发展资产管理有限公司将其持有的港发码头公司**50%**股权转让给广州港务局属下广州港能源发展有限公司，转让价格按**50%**股权对应的注册资本金加实际发生的银行同期贷款利息确定。此次股权转让完成后，广控资产公司不再持有港发码头公司股权，港发码头公司股东将由广州发展油品经营有限公司和广州港能源公司组成，分别持有港发码头公司**50%**股权。

二〇〇二年以来市场表现

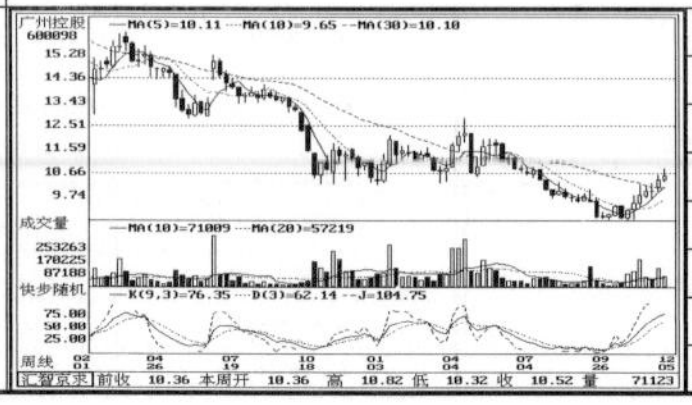

2002年涨跌幅(%)	–28.01
2002年最高(元)	15.60
2002年最低(元)	9.90
2002年换手率(%)	149.74
2003年涨跌幅(%)	–2.17
2003年最高(元)	12.48
2003年最低(元)	8.82
2003年换手率(%)	160.38

林海股份有限公司

公司概况

公司名称	林海股份有限公司			股票代码	600099		
注册地址	江苏省泰州市泰九路14号			邮政编码	225300		
法人代表	陆海民		董秘	栾月明			
电话	0523-6551403		传真	0523-6551403			
主营业务	内燃机、摩托车、林业机械						
总股本	21912.00	流通 A	9120.00	流通 B		流通 H	
审计单位			审计意见	未审计			

主要财务指标

年度	2003.9	2003.6	2002	2001
每股收益/扣除后(元)	0.0130	0.0113	0.0145	0.0200
每股经营现金流量(元)	0.0430	–0.0170	0.0400	0.2500
每股净资产/调整后(元)	2.0700	2.0700	2.0600	2.1000
每股公积金(元)	0.9214	0.9214	0.9214	0.9214
净资产收益率(%)	0.6500	0.5000	0.6800	1.4400
总资产(万元)	52078.11	51840.17	51332.32	53409.56
股东权益(万元)	45421.64	45355.58	45126.66	46035.31
未分配利润(万元)	1855.60	1789.54	1560.62	2242.11
主营收入(万元)	19764.87	13348.34	15853.25	19062.90
资本公积金(万元)	20190.76	20190.76	20190.76	20190.76
主营利润(万元)	1435.96	847.61	802.44	1189.88
其他业务利润(万元)	126.48	80.36	137.70	55.44
营业利润(万元)	361.76	252.35	275.95	575.29
投资收益(万元)	61.11	61.11	41.31	303.36
补贴收入(万元)				
营业外收支(万元)	–29.76		–11.97	–9.76
利润总额(万元)	393.10	294.11	305.29	868.89
净利润(万元)	294.98	228.92	305.29	664.97

十大股东

序号	股东名称	股份性质	持股数(万股)	比例(%)
1	中国福马林业机械集团有限公司	国有股	12792.00	58.38
2	刘渠	流通股	111.03	0.51
3	张昕根	流通股	75.00	0.34
4	周秋芳	流通股	70.73	0.32
5	吕英兰	流通股	67.44	0.31
6	魏乾秀	流通股	63.89	0.29
7	廖爱红	流通股	55.41	0.25
8	张玲	流通股	52.48	0.24
9	李作富	流通股	50.76	0.23
10	廖爱英	流通股	50.31	0.23

股东人数	2003.9	2003.6	2002	2001
	18775	19678	21936	24833

近年分配	近年配股/增发
	不分配不转增

重大事项

2003年**07**月**24**日在中华网"谈股论金栏目"中有一署名**HONEYHAO**的作者，发布了"奇瑞将入主**600099**林海股份"的报导。现公司已向第一大股东中国福马林业机械集团有限公司征询，公司第一大股东并未与任何公司进行出让壳资源的谈判，也没有任何转让该公司股权的意向。公司除按有关规定在选定的信息披露报纸《上海证券报》披露相关信息外，到目前为止，公司一切经营活动正常。

二〇〇二年以来市场表现

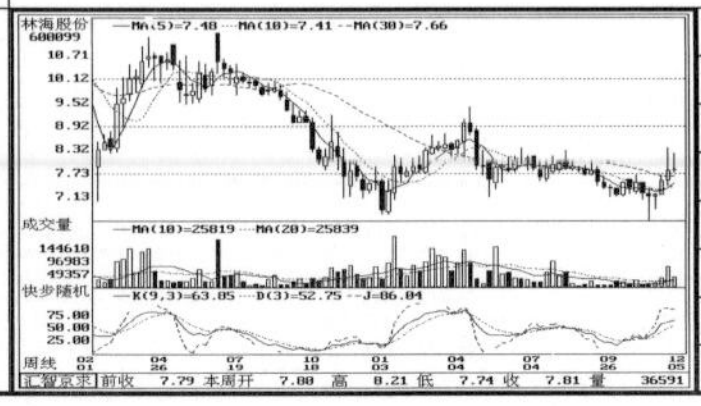

2002年涨跌幅(%)	–32.65
2002年最高(元)	11.31
2002年最低(元)	7.00
2002年换手率(%)	245.92
2003年涨跌幅(%)	8.19
2003年最高(元)	9.38
2003年最低(元)	6.53
2003年换手率(%)	261.88

清华同方股份有限公司

公司概况

公司名称	清华同方股份有限公司	股票代码	600100
注册地址	北京海淀区清华园清华同方大厦	邮政编码	100083
法人代表	荣泳霖	董秘	孙岷
电话	010-82399888	传真	010-82399765
主营业务	计算机产品、网络、软件等		

总股本	57461.23	流通 A	27303.05	流通 B		流通 H	
审计单位				审计意见	未审计		

主要财务指标

年度	2003.9	2003.6	2002	2001
每股收益/扣除后(元)	0.1860	0.1230	0.3160	0.5070
每股经营现金流量(元)	-0.3060	-0.1360	0.2130	0.3450
每股净资产/调整后(元)	4.9090	4.8570	4.7080	4.6350
每股公积金(元)	2.6997	2.6997	2.6888	2.6355
净资产收益率(%)	3.7200	2.6900	6.6500	10.9200
总资产(万元)	714702.75	629750.56	627632.06	606517.25
股东权益(万元)	287603.37	284559.50	276263.72	266334.41
未分配利润(万元)	48902.70	45858.83	38190.81	34995.45
主营收入(万元)	437422.78	273020.41	543966.81	501253.22
资本公积金(万元)	155126.69	155126.69	154498.94	151436.89
主营利润(万元)	52629.23	35656.93	79544.23	85503.60
其他业务利润(万元)	2100.63	1745.39	2094.84	2141.28
营业利润(万元)	10648.60	8989.81	22278.02	41699.26
投资收益(万元)	3540.42	1618.86	1138.77	22.14
补贴收入(万元)	822.92	481.00	2198.61	1802.60
营业外收支(万元)	-154.76		-200.46	-226.86
利润总额(万元)	14857.17	10976.85	25414.94	41699.26
净利润(万元)	10711.89	7668.01	18359.51	29075.81

十大股东

序号	股东名称	股份性质	持股数(万股)	比例(%)
1	北京清华大学企业集团	国有股	28962.52	50.40
2	江西清华科技集团公司	流通股	597.83	1.04
3	北京实创高科技发展总公司	流通股	199.28	0.35
4	北京沃斯泰酒店设备安装公司	流通股	199.28	0.35
5	北京首都创业集团	流通股	199.28	0.35
6	易方达平稳增长证券投资基金	流通股	160.89	0.28
7	华鑫证券有限责任公司	流通股	108.91	0.19
8	兴安证券有限责任公司	流通股	92.22	0.16
9	杭州汽轮动力集团有限公司	流通股	83.00	0.14
10	天同 180 指数证券投资基金	流通股	72.51	0.13

股东人数	2003.9	2003.6	2002	2001
	180298	188363	190489	185903

近年分配	2002年 每10股派2.00元 2001年 每10股派2.00元	近年配股/增发	不分配不转增

重大事项

公司于 **2003** 年 **06** 月 **29** 日与北京清华大学企业集团就受让企业集团持有的清华同方光盘股份有限公司 **37%** 股份达成协议，交易价格按照 **2002** 年 **12** 月 **31** 日帐面净资产值，确定交易单价为 **1.5** 元/股，即公司以现金方式出资 **5550** 万元受让企业集团持有同方光盘 **3700** 万股，受让完成后，公司持有同方光盘股份比例由 **53%** 增加到 **90%**，共计 **9000** 万股，企业集团持股 **7%**。

二〇〇二年以来市场表现

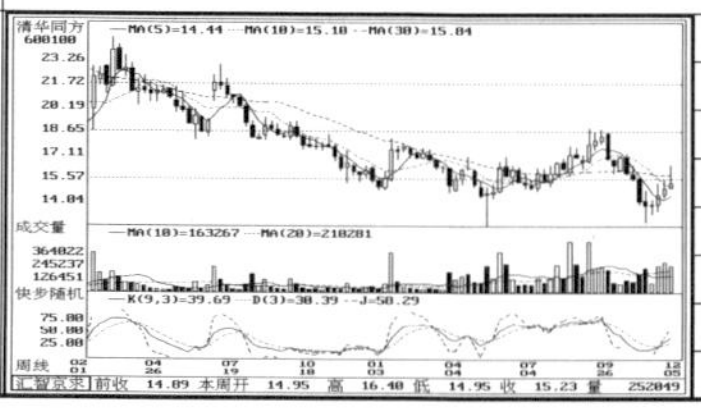

2002年涨跌幅(%)	-24.33
2002年最高(元)	24.40
2002年最低(元)	14.81
2002年换手率(%)	138.16
2003年涨跌幅(%)	-0.47
2003年最高(元)	18.83
2003年最低(元)	12.30
2003年换手率(%)	262.53

四川明星电力股份有限公司

公司概况

公司名称	四川明星电力股份有限公司	股票代码	600101
注册地址	四川省遂宁市明月路 88 号	邮政编码	629000
法人代表	周益明	董秘	蒋青
电话	0825-2210076	传真	0825-2210017
主营业务	电力、天燃气		

总股本	16980.54	流通 A	9500.40	流通 B		流通 H	
审计单位				审计意见	未审计		

主要财务指标

年度	2003.9	2003.6	2002	2001
每股收益/扣除后(元)	0.3950	0.1880	0.4760	0.4260
每股经营现金流量(元)	0.4900	0.2700	0.7750	0.5800
每股净资产/调整后(元)	6.4600	6.2500	6.0700	5.8400
每股公积金(元)	3.1726	3.1726	3.1726	3.1578
净资产收益率(%)	6.0190	2.9360	7.6400	7.9000
总资产(万元)	17467.20	145817.30	142535.94	136225.61
股东权益(万元)	109643.40	106160.77	103043.98	99166.09
未分配利润(万元)	21983.58	18500.96	15384.16	14905.68
主营收入(万元)	31157.06	18131.36	32541.34	24824.18
资本公积金(万元)	53871.87	53871.87	53871.87	53621.53
主营利润(万元)	13593.77	7635.40	16671.10	13041.62
其他业务利润(万元)	460.14	430.79	308.69	60.79
营业利润(万元)	7788.73	3735.08	9405.89	8258.64
投资收益(万元)	-45.25	-32.43	-76.44	279.29
补贴收入(万元)				
营业外收支(万元)	-55.17	-42.57	-214.50	7.01
利润总额(万元)	7688.31	3660.08	9114.94	8544.94
净利润(万元)	6599.42	3116.80	7872.68	7832.19

十大股东

序号	股东名称	股份性质	持股数(万股)	比例(%)
1	深圳市明伦集团有限公司持有公司	社会法人股	4778.00	28.14
2	遂宁金源科技发展公司	法人股	1344.70	7.92
3	遂宁市电力物资公司	法人股	1200.00	7.07
4	西南证券有限责任公司	流通股	437.70	2.58
5	第一创业	流通股	144.88	0.85
6	景宏基金	流通股	100.26	0.59
7	地文科技	流通股	75.18	0.44
8	红塔证券	流通股	48.47	0.28
9	景阳基金	流通股	30.39	0.18
10	余颖	流通股	27.87	0.16

股东人数	2003.9	2003.6	2002	2001
	35287	39122	45039	45699

近年分配	2002年 每10股派2.50元 2001年 每10股派2.00元	近年配股/增发	不分配不转增

重大事项

遂宁兴业资产经营公司转让给深圳市明伦集团有限公司的 **3578** 万股，股份性质为社会法人股。转让后，遂宁兴业资产经营公司继续持有公司股票 **1357.4407** 万股，其股份性质仍为国家股；遂宁市电力物资公司转让给深圳市明伦集团有限公司的 **1200** 万股仍为社会法人股。转让后，遂宁市电力物资公司不再持有公司股票。深圳市明伦集团有限公司持有公司股票 **4778** 万股，占总股本的 **28.14%**，为公司第一大股东，股权性质为社会法人股。

二〇〇二年以来市场表现

2002年涨跌幅(%)	-22.37
2002年最高(元)	13.53
2002年最低(元)	9.81
2002年换手率(%)	97.27
2003年涨跌幅(%)	18.43
2003年最高(元)	13.00
2003年最低(元)	9.53
2003年换手率(%)	132.24

莱芜钢铁股份有限公司

公司概况

公司名称	莱芜钢铁股份有限公司			股票代码		600102	
注册地址	山东省莱芜市钢城区			邮政编码		271104	
法人代表	李名岷		董秘	丁志刚			
电话	0634-6820601		传真	0634-6821094			
主营业务	钢铁产品的生产、销售						
总股本	92227.31	流通 A	20280.00	流通 B		流通 H	
审计单位			审计意见	未审计			

主要财务指标

年度	2003.9	2003.6	2002	2001
每股收益 / 扣除后(元)	0.3900	0.2900	0.4390	0.5200
每股经营现金流量(元)	0.3500	0.2800	0.7800	0.5600
每股净资产 / 调整后(元)	4.4700	4.3600	4.1200	3.7100
每股公积金(元)	1.4538	1.4536	1.4530	1.1194
净资产收益率(%)	9.3400	6.0700	10.1300	14.1000
总资产(万元)	770698.94	740078.12	705637.00	559298.50
股东权益(万元)	419499.28	404878.16	380230.94	323181.66
未分配利润(万元)	145053.98	130448.02	105856.96	98110.15
主营收入(万元)	753703.81	466118.00	601464.37	498820.12
资本公积金(万元)	134080.52	134065.36	134009.22	97515.95
主营利润(万元)	123570.82	78600.44	98264.57	82944.38
其他业务利润(万元)	976.43	1286.35	850.63	-683.01
营业利润(万元)	61091.57	39768.68	60889.87	53972.15
投资收益(万元)	76.85	76.85	7.79	715.66
补贴收入(万元)				
营业外收支(万元)	-4130.26		-2960.13	-753.92
利润总额(万元)	57038.16	36060.37	57937.53	53933.38
净利润(万元)	39197.03	24591.06	38503.74	45578.94

十大股东

序号	股东名称	股份性质	持股数(万股)	比例(%)
1	莱芜钢铁集团有限公司	法人股	71947.31	78.01
2	海通证券有限公司	社会公众股	1487.53	1.61
3	东莞证券有限责任公司	社会公众股	200.07	0.22
4	天津开发区大地商贸公司	社会公众股	195.75	0.21
5	中国银行—天同 180 指数证券基金	社会公众股	68.42	0.07
6	华安上证 180 指数增强型证券投资基金	社会公众股	60.59	0.07
7	李明舒	社会公众股	58.76	0.06
8	兴安证券投资基金	社会公众股	58.36	0.06
9	兴和证券投资基金	社会公众股	42.49	0.05
10	李卫伟	社会公众股	40.60	0.04

股东人数	2003.9	2003.6	2002	2001
	84901	86152	89307	88366

近年分配		近年配股 / 增发	2002年 每10股派2.50股 2001年 每10股派3股

重大事项

公司拟受让莱芜钢铁集团有限公司原超硬材料厂部分闲置厂房、设备等资产，组建以研究新炼钢工艺、铸轧一体化为主要目标的技术中心中试车间。交易金额为 **411.07** 万元人民币。　公司与莱芜钢铁集团有限公司签署了《股权转让协议》，拟将拥有的山东天泰新材料股份有限公司 **51.33%** 的股权转让给莱芜钢铁集团有限公司，交易价格为 **10911508.21** 元。

二〇〇二年以来市场表现

2002年涨跌幅(%)	-24.39
2002年最高(元)	8.68
2002年最低(元)	5.88
2002年换手率(%)	143.86
2003年涨跌幅(%)	16.47
2003年最高(元)	7.79
2003年最低(元)	5.61
2003年换手率(%)	150.98

福建省青山纸业股份有限公司

公司概况

公司名称	福建省青山纸业股份有限公司			股票代码		600103	
注册地址	福州市马尾经济技术开发区君竹路			邮政编码		365506	
法人代表	刘天金		董秘	黄金镖			
电话	0591-3367773		传真	0591-7110973			
主营业务	纸、卡系列、医药等						
总股本	125000.00	流通 A	35000.00	流通 B		流通 H	
审计单位			审计意见	未审计			

主要财务指标

年度	2003.9	2003.6	2002	2001
每股收益 / 扣除后(元)	0.0300	0.0150	0.0200	0.1495
每股经营现金流量(元)	0.1300	0.0400	0.3200	0.1830
每股净资产 / 调整后(元)	2.2050	2.1920	2.1860	2.7800
每股公积金(元)	1.5297	1.5300	1.5300	1.5297
净资产收益率(%)	8.2200	5.3700	8.5000	7.3900
总资产(万元)	222407.62	217857.14	226640.05	727135.56
股东权益(万元)	157915.80	157092.02	155891.14	347353.53
未分配利润(万元)	30763.43	29942.66	28735.92	21371.79
主营收入(万元)	76867.17	49942.49	85761.22	558135.44
资本公积金(万元)	36672.45	36672.45	36675.31	1961212.75
主营利润(万元)	13911.42	8787.25	15291.24	60851.27
其他业务利润(万元)	521.70	333.52	454.77	877.70
营业利润(万元)	4148.18	2428.37	5154.49	41544.69
投资收益(万元)	-37.77	158.49	-353.86	2478.18
补贴收入(万元)	16.57	-5.72	66.02	0.43
营业外收支(万元)	-30.64	-24.09	-825.47	-37.34
利润总额(万元)	4096.33	2565.44	4041.18	40097.25
净利润(万元)	2027.51	1206.74	1369.28	25665.88

十大股东

序号	股东名称	股份性质	持股数(万股)	比例(%)
1	福建省青州造纸厂	国有法人股	7140.00	10.11
2	福建省南纸股份有限公司	国有法人股	7000.00	9.91
3	国投机轻有限公司	国有法人股	5844.00	8.28
4	福建省金皇贸易公司	国有法人股	2400.00	3.40
5	福建星光造纸集团公司	国有法人股	1860.00	2.64
6	福建华兴信托投资公司	国有法人股	1338.00	1.90
7	永安林业(集团)股份有限公司	法人股	400.00	0.57
8	刘文武	流通股	170.53	0.25
9	中国银行天同 180 数证券投资基金	流通股	122.29	0.18
10	华安上证 180 指数增强型证券投资基金	流通股	49.39	0.07

股东人数	2003.9	2003.6	2002	2001
	231854	235146	244484	258937

近年分配		近年配股 / 增发	2001年 每10股配2.5股

重大事项

公司与福建省南纸股份有限公司于 **2003** 年 **10** 月 **20** 日签订了共同出资组建森龙公司的《经营企业合同》。森龙公司注册资本为人民币 **3000** 万元，公司以现金方式出资人民币 **1500** 万元，占注册资本的 **50%**，享有森龙公司 **50%** 的权益。森龙公司经营期限为 **50** 年，以法人营业执照签发日期为该公司成立日期。　公司拟受让深圳市恒宝鼎投资有限公司持有的福建省惠泉啤酒集团股份有限公司社会法人股 **350** 万股，占该公司股本总额的 **1.4%**，受让价格为每股 **3.58** 元，股份受让总价款为 **1253** 万元。

二〇〇二年以来市场表现

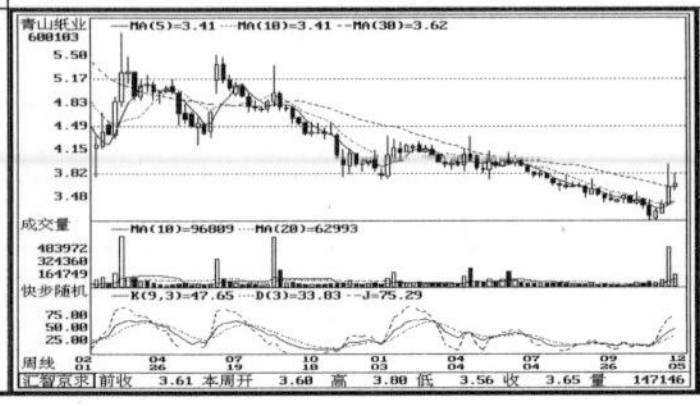

2002年涨跌幅(%)	-23.43
2002年最高(元)	5.84
2002年最低(元)	3.71
2002年换手率(%)	92.42
2003年涨跌幅(%)	-4.75
2003年最高(元)	4.34
2003年最低(元)	3.14
2003年换手率(%)	67.52

上海汽车股份有限公司

公司概况

公司名称	上海汽车股份有限公司				股票代码	600104	
注册地址	上海张江高科技园区碧波路 25 号				邮政编码	201203	
法人代表	陈祥麟			董秘	张锦根		
电话	021-50803808			传真	021-50803780		
主营业务	汽车底盘总成、变速器总成						
总股本	251999.94	流通 A	75599.98	流通 B		流通 H	
审计单位				审计意见	未审计		

主要财务指标

年度	2003.9	2003.6	2002	2001
每股收益 / 扣除后(元)	0.5800	0.3820	0.4650	0.3330
每股经营现金流量(元)	0.1370	0.1360	0.3090	0.2880
每股净资产 / 调整后(元)	3.8530	3.6510	3.2650	3.2260
每股公积金(元)	1.9613	1.9557	1.9543	1.9507
净资产收益率(%)	14.8400	10.4000	12.9400	9.6800
总资产(万元)	1244292.50	1176527.00	1070045.87	1005432.56
股东权益(万元)	973430.31	923926.94	827529.12	812994.75
未分配利润(万元)	146534.89	98453.98	2410.21	8950.86
主营收入(万元)	534976.56	354849.59	476923.97	370523.41
资本公积金(万元)	494260.19	492837.69	492483.69	491581.31
主营利润(万元)	130348.28	93910.42	114131.06	114131.06
其他业务利润(万元)	4791.44	2970.14	4195.46	4195.46
营业利润(万元)	30929.93	28590.95	43596.61	35941.85
投资收益(万元)	119289.75	70049.85	71504.06	48943.30
补贴收入(万元)			0.97	
营业外收支(万元)	2962.19	3777.72	-339.49	645.05
利润总额(万元)	153181.87	102418.52	114763.16	85530.19
净利润(万元)	144500.34	96043.77	107044.04	78722.24

十大股东

序号	股东名称	股份性质	持股数(万股)	比例(%)
1	上海汽车工业(集团总公司)	国有股	176399.95	70.00
2	华安创新证券投资基金	流通股	1459.63	0.58
3	博时价值增长证券投资基金	流通股	1431.96	0.57
4	天元证券投资基金	流通股	1316.19	0.52
5	天津中集北洋集装箱有限公司工会委员会	流通股	1244.66	0.49
6	久嘉证券投资基金	流通股	1100.00	0.44
7	裕隆证券投资基金	流通股	1099.83	0.44
8	南方稳健成长证券投资基金	流通股	1054.67	0.42
9	同盛证券投资基金	流通股	940.68	0.37
10	青岛海信计算机有限公司	流通股	911.20	0.36

股东人数	2003.9	2003.6	2002	2001
	64720	85131	189214	199288

近年分配	2002年 每 10 股派 3.6 元 2001 年 每 10 股派 1.5 元	近年配股 / 增发	不分配不转增

重大事项

2003 年 10 月 28 日二届十五次董事会决议公司拟收购上海汽车工业销售总公司所持的 26% 的股权以及上海安吉汽车租赁有限公司持有的 14% 的股份，股权收购完成后，公司占 40% 股权。截至到 2003 年 6 月 30 日，上海安吉汽车销售有限公司的帐面净资产为 3000 万元人民币。 2003 年前三季度公司继续贯彻年度经营计划，降低成本，扩大生产，使公司主营收益保持稳定增长。现经对公司 2003 年前三季度财务数据初步估算，前三季度净利润较上年同期有大幅度增长，预计增长幅度在 50% 以上。

二〇〇二年以来市场表现

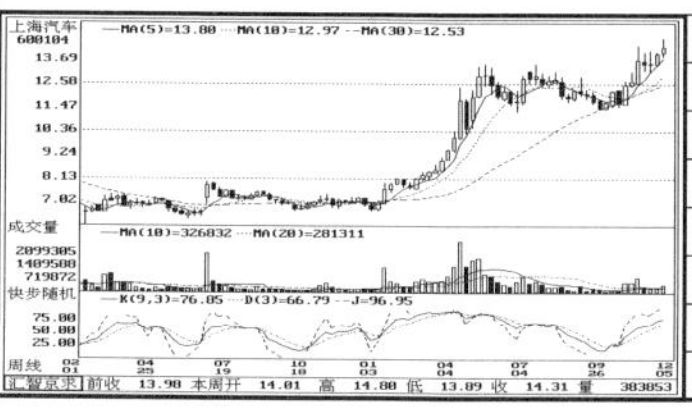

2002年涨跌幅(%)	-4.98
2002年最高(元)	7.56
2002年最低(元)	5.40
2002年换手率(%)	190.63
2003年涨跌幅(%)	115.41
2003年最高(元)	14.40
2003年最低(元)	6.23
2003年换手率(%)	356.39

江苏永鼎股份有限公司

公司概况

公司名称	江苏永鼎股份有限公司				股票代码	600105	
注册地址	苏州国家高新技术产业开发区				邮政编码	215211	
法人代表	莫林弟			董秘	彭美娥		
电话	0512-63272395			传真	0512-63271975		
主营业务	光缆、电缆						
总股本	27211.05	流通 A	9750.00	流通 B		流通 H	
审计单位				审计意见	未审计		

主要财务指标

年度	2003.9	2003.6	2002	2001
每股收益 / 扣除后(元)	0.1650	0.1070	0.2300	0.3060
每股经营现金流量(元)	-0.2360	-0.5820	0.7400	0.0200
每股净资产 / 调整后(元)	3.5800	3.5100	3.4600	2.7500
每股公积金(元)	1.9053	1.9035	1.9035	1.2470
净资产收益率(%)	4.5400	2.9300	6.6600	10.5700
总资产(万元)	212574.73	212552.80	151837.75	131948.19
股东权益(万元)	99030.71	97351.53	94534.37	68567.12
未分配利润(万元)	8915.67	7278.45	4422.06	4910.07
主营收入(万元)	95859.48	57936.92	106099.36	126863.90
资本公积金(万元)	51844.83	51796.64	4422.06	31127.52
主营利润(万元)	1224.67	8953.82	16939.59	26779.69
其他业务利润(万元)	496.31	99.69	-95.93	562.19
营业利润(万元)	2881.07	2630.93	6926.52	9906.92
投资收益(万元)	1753.98	804.13	1514.39	294.97
补贴收入(万元)	394.05	190.19	234.62	
营业外收支(万元)	-64.11	-62.29	166.93	-675.92
利润总额(万元)	4964.98	3563.00	8842.47	9525.97
净利润(万元)	4493.61	2856.39	6297.20	7641.85

十大股东

序号	股东名称	股份性质	持股数(万股)	比例(%)
1	永鼎集团有限公司	法人股	12446.05	45.74
2	吴江市芦墟镇集体资产经营公司	法人股	743.21	2.76
3	国泰君安证券股份有限公司	流通股	678.57	2.49
4	苏州鼎欣房地产有限责任公司	法人股	560.00	2.06
5	天津市电话器材公司	法人股	464.95	1.71
6	北京市电话器材公司	法人股	442.00	1.62
7	北京畅捷通讯有限公司	法人股	400.00	1.47
8	北京红帆通信总公司	法人股	400.00	1.47
9	上海市电话发展总公司	法人股	340.00	1.25
10	上海富欣通信技术发展有限公司	法人股	340.00	1.25

股东人数	2003.9	2003.6	2002	2001
	54258	54595	54653	55157

近年分配	2002年 每 10 股派 1.2 元	近年配股 / 增发	2001年 每 10 股配 3 股

重大事项

公司以 13657 万元向湖北红旗电工集团有限公司收购其持有的宜昌明源科技有限责任公司 75.14% 的股权。通过公司变更配股项目计划投向，用于收购宜昌明源科技有限责任公司部分股权的议案。

二〇〇二年以来市场表现

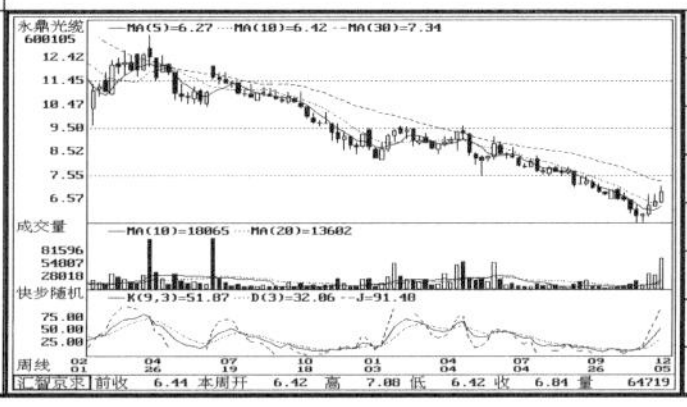

2002年涨跌幅(%)	-29.65
2002年最高(元)	12.47
2002年最低(元)	8.30
2002年换手率(%)	87.44
2003年涨跌幅(%)	-22.87
2003年最高(元)	9.43
2003年最低(元)	5.60
2003年换手率(%)	80.08

重庆路桥股份有限公司

公司概况

公司名称	重庆路桥股份有限公司	股票代码	600106
注册地址	重庆市南坪经济技术开发区丹龙路1号	邮政编码	400060
法人代表	江津	董秘	张漫
电话	023-62803632	传真	023-62909387
主营业务	桥梁、道路经营管理、基建承包		
总股本	31000.00	流通A	9000.00
流通B		流通H	
审计单位		审计意见	未审计

主要财务指标

年度	2003.9	2003.6	2002	2001
每股收益/扣除后(元)	0.1600	0.1109	0.1655	0.1737
每股经营现金流量(元)	-2.0800	0.1200	0.2800	0.2600
每股净资产/调整后(元)	3.2100	3.1800	3.0400	2.8700
每股公积金(元)	1.3485	1.3485	1.3485	1.3506
净资产收益率(%)	505600.0000	4.2300	7.4400	7.8600
总资产(万元)	218877.41	144123.84	148328.56	132671.80
股东权益(万元)	101715.47	100466.04	96215.27	89122.55
未分配利润(万元)	20627.13	19377.70	15126.94	9399.77
主营收入(万元)	13690.05	9308.02	23847.21	13688.80
资本公积金(万元)	41803.67	41803.67	41803.67	41869.90
主营利润(万元)	7567.36	5033.05	8090.15	8090.15
其他业务利润(万元)	58.93	52.63	1822.25	32.62
营业利润(万元)	5156.56	3489.80	4956.71	5552.88
投资收益(万元)	1248.12	1482.80	3263.02	2396.53
补贴收入(万元)			5.03	6.25
营业外收支(万元)	14.43	-88.92	-4.56	174.96
利润总额(万元)	6419.11	4886.69	8215.16	8124.37
净利润(万元)	5500.19	4250.76	7158.95	7007.69

十大股东

序号	股东名称	股份性质	持股数(万股)	比例(%)
1	重庆国际信托投资有限公司	国家股	22000.00	70.97
2	左汝洪	社会公众股	73.86	0.24
3	袁辉	社会公众股	38.03	0.12
4	叶长斌	社会公众股	28.53	0.09
5	李秀兰	社会公众股	24.61	0.08
6	珠海经济特区国利工贸发展总公司	社会公众股	23.38	0.08
7	赵薇	社会公众股	21.91	0.07
8	缪春敏	社会公众股	19.08	0.06
9	吕震青	社会公众股	17.75	0.06
10	宓小雄	社会公众股	17.09	0.06

股东人数	2003.9	2003.6	2002	2001
	46740	47400	48189	19322

近年分配	近年配股/增发
2001年 每10股派1.0元	不分配不转增

重大事项

公司接到公司控股股东重庆国际信托投资有限公司通知，重庆市高级人民法院解除了重庆国信持有的本公司2000万股国家股的冻结。另重庆国信于2003年10月22日将所持有的本公司国家股9200万股质押给重庆市农村信用合作社城郊联合营业部,用于为本公司3亿元人民币贷款提供担保。公司决定参股重庆商业银行,以每股1元人民币的价格认购其2亿股,增资扩股成功后,公司占其总股本的13.33%。若公司投资2亿元人民币参股重庆市商业银行成功后,公司拟将所持重庆市商业银行的部分股权5000万股以信托方式委托给重庆国际信托投资有限公司进行管理。

二〇〇二年以来市场表现

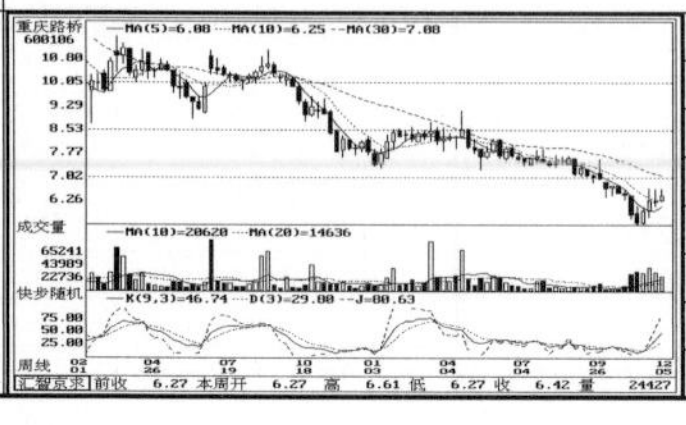

2002年涨跌幅(%)	-29.10
2002年最高(元)	11.46
2002年最低(元)	7.62
2002年换手率(%)	104.47
2003年涨跌幅(%)	-18.04
2003年最高(元)	9.13
2003年最低(元)	5.50
2003年换手率(%)	91.67

湖北美尔雅股份有限公司

公司概况

公司名称	湖北美尔雅股份有限公司	股票代码	600107
注册地址	湖北省黄石市消防路29号	邮政编码	435003
法人代表	杨闻孙	董秘	许雷华
电话	0714-6360299	传真	0714-6360298
主营业务	精毛纺织制品、服装及辅料制造		
总股本	36000.00	流通A	13320.00
流通B		流通H	
审计单位		审计意见	未审计

主要财务指标

年度	2003.9	2003.6	2002	2001
每股收益/扣除后(元)	0.0091	0.0097	-0.1700	0.0200
每股经营现金流量(元)	0.0750	0.0400	0.0180	0.1850
每股净资产/调整后(元)	0.8900	0.8100	0.7400	2.3830
每股公积金(元)	0.6711	0.6711	0.6711	0.6709
净资产收益率(%)	0.6890	0.6390	-72.2600	4.2100
总资产(万元)	82338.83	83760.17	89717.94	110991.64
股东权益(万元)	46775.39	46768.50	46469.24	85779.61
未分配利润(万元)	-22621.88	22628.78	-22928.03	14837.99
主营收入(万元)	10755.81	3899.65	15051.39	14110.75
资本公积金(万元)	24159.52	24159.52	24159.52	24152.58
主营利润(万元)	3427.75	2208.60	3184.12	4579.62
其他业务利润(万元)	278.22	62.83	827.43	559.31
营业利润(万元)	707.43	486.97	-14517.08	1434.58
投资收益(万元)	24.45	13.12	-379.68	2991.82
补贴收入(万元)			5.03	6.25
营业外收支(万元)	-53.64		-18184.24	-38.63
利润总额(万元)	678.24	451.56	-33075.98	4394.03
净利润(万元)	322.25	299.26	-33576.43	3614.51

十大股东

序号	股东名称	股份性质	持股数(万股)	比例(%)
1	湖北美尔雅集团有限公司	国家股、社会法人股	14172.87	39.37
2	中国东方资产管理公司	社会法人	2362.50	6.56
3	黄石南天经贸有限公司	社会法人	2025.00	5.62
4	武汉聚鑫科技发展有限公司	社会法人股	1923.50	5.34
5	黄石电力集团有限公司	社会法人股	720.00	2.00
6	湖北中兴实业有限公司	社会法人股	684.00	1.90
7	武汉诚诚文化投资集团股份有限公司	社会法人股	506.25	1.40
8	黄石玉成商贸有限公司	社会法人股	160.00	0.44
9	黄石美崎电子技术有限公司	社会法人股	92.81	0.25
10	刘合泗	流通股	41.54	0.12

股东人数	2003.9	2003.6	2002	2001
	76320	76740	79941	83207

近年分配	近年配股/增发
79	不分配不转增

重大事项

原告武汉聚鑫科技发展有限公司与被告湖北省黄石市美好广告装饰艺术公司7.91万元欠款纠纷案、被告湖北省黄石美崎电子技术有限公司121.15万元欠款纠纷案,湖北省黄石市美好广告装饰艺术公司所持有的公司法人股60637股、湖北省黄石美崎电子技术有限公司所持有的公司法人股928125股均被司法冻结,冻结期限为自2003年9月8日至2004年9月7日止。武汉聚鑫科技发展有限公司为公司第四大股东,持有公司社会法人股19235000股,占公司总股本的5.34%。

二〇〇二年以来市场表现

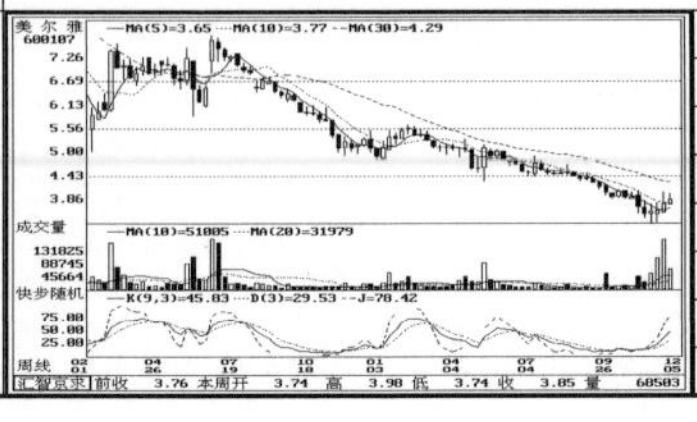

2002年涨跌幅(%)	-31.02
2002年最高(元)	7.82
2002年最低(元)	4.91
2002年换手率(%)	121.18
2003年涨跌幅(%)	-24.19
2003年最高(元)	5.64
2003年最低(元)	3.30
2003年换手率(%)	91.38

甘肃亚盛实业(集团)股份有限公司

公司概况

公司名称	甘肃亚盛实业(集团)股份有限公司	股票代码	600108
注册地址	甘肃省兰州市张掖路219号基隆大厦20层	邮政编码	730030
法人代表	周长生	董秘	周文萍
电话	0931-8471961	传真	0931-8471961
主营业务	高科技农业技术、农产品种植		
总股本	62504.52	流通A	27682.20
流通B		流通H	
审计单位		审计意见	未审计

主要财务指标

年度	2003.9	2003.6	2002	2001
每股收益/扣除后(元)	0.1156	0.0800	0.1300	0.1200
每股经营现金流量(元)	0.1000	0.0870	0.0700	0.0190
每股净资产/调整后(元)	2.4000	2.3600	2.7100	2.1900
每股公积金(元)	0.7696	0.7696	0.7696	0.7691
净资产收益率(%)	4.7700	3.4260	5.6000	6.5300
总资产(万元)	253267.48	255701.87	249690.87	184272.77
股东权益(万元)	150193.67	148102.34	143028.95	137015.69
未分配利润(万元)	27867.91	25986.54	21801.06	17287.26
主营收入(万元)	67181.22	42601.63	83222.95	64276.78
资本公积金(万元)	48101.06	48101.06	481041.06	48072.29
主营利润(万元)	12743.37	8744.85	15489.52	10340.76
其他业务利润(万元)	179.13	30.76	156.65	2185.44
营业利润(万元)	7829.64	5589.77	8794.10	7345.99
投资收益(万元)	7.15	7.15	89.44	837.55
补贴收入(万元)	37.28	31.95	46.88	1857.61
营业外收支(万元)	21.87		-65.03	-371.28
利润总额(万元)	7895.94	5652.52	8865.39	9669.87
净利润(万元)	7164.20	5073.40	8006.16	8944.44

十大股东

序号	股东名称	股份性质	持股数(万股)	比例(%)
1	甘肃亚盛盐化工业集团有限责任公司	国有法人股	14072.29	22.51
2	山东龙喜集团	企业法人股	5252.00	8.40
3	甘肃金塔恒盛农业发展有限责任公司	发起法人股	5189.65	8.30
4	甘肃金盛实业有限公司	发起法人股	2683.04	4.29
5	甘肃鹏盛农业发展有限责任公司	发起法人股	1374.98	2.20
6	甘肃省国营生地湾双丰化工厂	发起法人股	1016.03	1.63
7	中国银行-天同180指数证券投资基金	流通股	74.53	0.01
8	兴和证券投资基金	流通股	30.69	0.00
9	广州科技风险投资有限公司	流通股	15.50	0.00
10	贾玉斌	流通股	10.35	0.00

股东人数	2003.9	2003.6	2002	2001
	131639	130475	137915	144178

近年分配	2002年 每10股配0.5元 2001年 每10股配0.5元	近年配股/增发	不分配不转增

重大事项

公司的发起人股东甘肃金盛实业有限公司和甘肃省国营生地湾双丰化工厂,分别将其持有的2683万股和1016万股发起人法人股质押给中国工商银行甘肃省分行营业部,为公司担保贷款6000万元,质押期限为:2003年7月7日至2004年7月7日,共1年。 2002年12月9日公司以兰州西维维尼纶实业有限责任公司主要经营性资产(含相关负债)经评估置入的净资产18710万元为出资额,兰州维尼纶(集团)有限责任公司工会以现金出资2078万元,共同出资设立兰州新西部维尼纶有限公司,新公司注册资本为20788万元,公司出资额占注册资本的90%。

二○○二年以来市场表现

2002年涨跌幅(%)	-24.55
2002年最高(元)	6.65
2002年最低(元)	3.92
2002年换手率(%)	91.51
2003年涨跌幅(%)	-2.40
2003年最高(元)	5.36
2003年最低(元)	4.05
2003年换手率(%)	63.22

成都百货(集团)股份有限公司

公司概况

公司名称	成都百货(集团)股份有限公司	股票代码	600109
注册地址	四川省成都市大慈寺路83号	邮政编码	610016
法人代表	张思冰	董秘	610016
电话	028-8613910	传真	028-86139018
主营业务	百货批发、拆迁房地产开发等		
总股本	7098.27	流通A	2750.00
流通B		流通H	
审计单位		审计意见	未审计

主要财务指标

年度	2003.9	2003.6	2002	2001
每股收益/扣除后(元)	0.1680	0.1140	0.0850	-0.2230
每股经营现金流量(元)	-0.2000	-0.3090	0.1930	0.1630
每股净资产/调整后(元)	2.6860	2.6350	2.5350	0.2040
每股公积金(元)	1.6555	2.2978	2.2978	0.0735
净资产收益率(%)	5.9800	4.0650	4.6900	9.0200
总资产(万元)	26199.27	28405.77	31997.40	27531.66
股东权益(万元)	19233.86	18849.42	18083.10	1445.40
未分配利润(万元)	384.26	-4559.60	-5325.92	-6174.41
主营收入(万元)	23061.40	21027.96	59109.65	64171.88
资本公积金(万元)	11751.32	16310.75	16310.75	521.54
主营利润(万元)	2602.98	2112.69	4031.60	2275.10
其他业务利润(万元)	3.30	3.30	698.17	563.78
营业利润(万元)	1207.68	826.05	567.19	-1694.60
投资收益(万元)			89.88	415.46
补贴收入(万元)				600.00
营业外收支(万元)	-62.64	-42.62	191.95	810.05
利润总额(万元)	1145.04	764.37	849.03	130.91
净利润(万元)	1150.58	766.32	848.49	130.40

十大股东

序号	股东名称	股份性质	持股数(万股)	比例(%)
1	成都市国资局	国家股	3348.27	47.17
2	烟台市和信投资有限公司	法人股	240.00	3.38
3	兴安证券有限责任公司	流通股	186.22	2.62
4	中国光大国际信托投资公司	法人股	160.00	2.25
5	成都博瑞传播股份有限公司	法人股	70.00	0.99
6	上海金诚船务有限公司	法人股	60.00	0.85
7	上海延成贸易有限公司	法人股	50.00	0.70
8	哈尔滨百富工贸有限公司	流通股	43.71	0.62
9	吉林轻工集团股份有限公司	法人股	40.00	0.56
10	成都彩虹电器(集团)股份有限公司	法人股	40.00	0.56

股东人数	2003.9	2003.6	2002	2001
	8472	8183	7160	10221

近年分配		近年配股/增发	不分配不转增

重大事项

公司与成都市岷江房地产开发总公司实施资产购买、出售暨债务重组的资产重组方案。2002年第二次临时股东大会审议批准了《关于公司重大资产重组的议案》及《资产转让协议》、《房产转让协议》、《债务重组协议》,并授权公司董事会实施重组事宜。至目前为止,公司实施了资产重组,并办理了转让资产的交接、产权变更及相关股权投资工商变更登记手续,本次资产重组实施完毕。

二○○二年以来市场表现

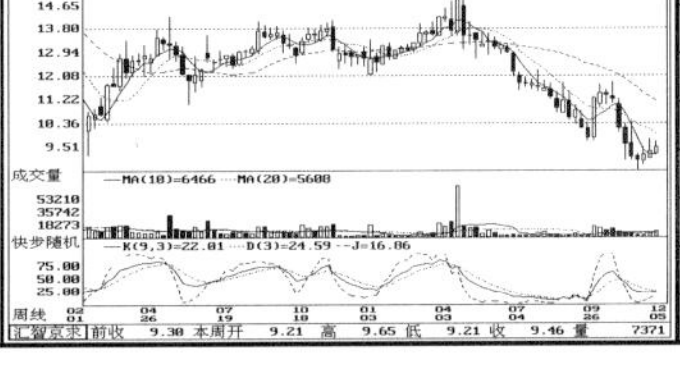

2002年涨跌幅(%)	8.98
2002年最高(元)	14.20
2002年最低(元)	8.96
2002年换手率(%)	176.34
2003年涨跌幅(%)	-25.84
2003年最高(元)	15.51
2003年最低(元)	8.65
2003年换手率(%)	127.32

中科英华高技术股份有限公司

公司概况

公司名称	中科英华高技术股份有限公司			股票代码	600110		
注册地址	长春高新技术开发区火炬路 286 号			邮政编码	130012		
法人代表	张国兴			董秘	谢利克		
电话	0431-5161088			传真	0431-5161071		
主营业务	热缩材料						
总股本	33412.38	流通 A	13767.64	流通 B		流通 H	
审计单位				审计意见	未审计		

主要财务指标

年度	2003.9	2003.6	2002	2001
每股收益/扣除后(元)	0.0855	0.0520	0.1493	0.2240
每股经营现金流量(元)	-0.1300	-0.1900	0.1646	0.0764
每股净资产/调整后(元)	1.8600	1.8300	1.7200	2.9800
每股公积金(元)	0.5435	0.5435	0.5435	1.5784
净资产收益率(%)	4.5950	2.8590	8.6000	9.2200
总资产(万元)	92728.67	93606.77	85820.22	75398.32
股东权益(万元)	62153.81	61043.31	59297.96	55296.06
未分配利润(万元)	6091.63	4981.14	3235.79	4206.02
主营收入(万元)	19662.77	13096.06	21708.28	11541.43
资本公积金(万元)	18160.85	18160.85	18160.85	29298.31
主营利润(万元)	6890.72	4238.84	9718.12	6555.73
其他业务利润(万元)	-9.68	-9.75	308.49	284.66
营业利润(万元)	3868.76	2413.44	5630.54	4712.90
投资收益(万元)	-182.03	-128.72	-179.92	652.66
补贴收入(万元)				
营业外收支(万元)	-54.44		22.88	207.69
利润总额(万元)	3632.29	2250.93	5473.50	5573.25
净利润(万元)	2855.85	1745.35	5100.00	5098.34

十大股东

序号	股东名称	股份性质	持股数(万股)	比例(%)
1	中国科学院长春应用化学科技总公司	国有法人股	11147.88	33.36
2	杉杉集团有限公司	法人股	8496.86	25.43
3	上海财政	流通股	544.93	1.63
4	国泰君安	流通股	390.65	1.14
5	陈新伟	流通股	91.46	0.27
6	王家玉	流通股	77.68	0.23
7	王文红	流通股	76.78	0.23
8	刘美兰	流通股	73.92	0.22
9	马燕	流通股	73.52	0.22
10	杨明	流通股	67.54	0.20

股东人数	2003.9	2003.6	2002	2001
	20645	19806	21562	13309

近年分配	2002年每10股派0.3元 2001年每10股派0.5元	近年配股/增发	2003年10股配3股 2001年10股送2股

重大事项

2003年11月17日,公司与中国建设银行惠州市分行签订了贷款担保合同,为控股子公司联合铜箔(惠州)有限公司向中国建设银行惠州市分行申请的一年期流动资金借款1500万元(续贷)提供担保,期限为一年。 2003年9月5日董事会决议通过公司控股子公司长春热缩材料有限公司(公司持有其51%的股权)向中信实业银行沈阳分行铁西支行申请的一年期流动资金借款3000万元提供担保。

二○○二年以来市场表现

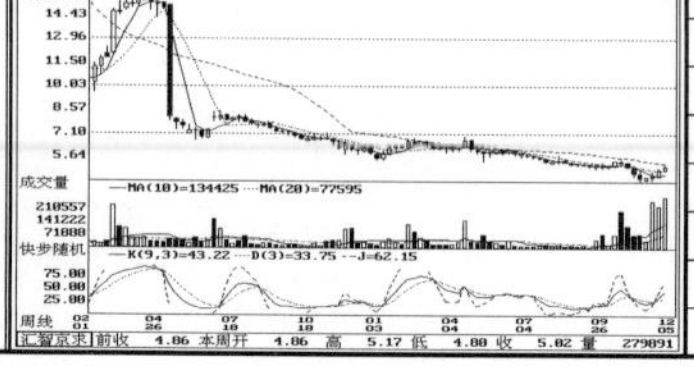

2002年涨跌幅(%)	-8.78
2002年最高(元)	8.77
2002年最低(元)	5.23
2002年换手率(%)	147.79
2003年涨跌幅(%)	-13.37
2003年最高(元)	6.85
2003年最低(元)	4.17
2003年换手率(%)	164.12

内蒙古包钢稀土高科技股份有限公司

公司概况

公司名称	内蒙古包钢稀土高科技股份有限公司			股票代码	600111		
注册地址	内蒙古包头稀土高新技术产业开发区			邮政编码	014030		
法人代表	崔臣			董秘	赵占斌		
电话	0472-2207799			传真	0472-2207788		
主营业务	矿产品加工、新材料应用						
总股本	40367.40	流通 A	14560.00	流通 B		流通 H	
审计单位				审计意见	未审计		

主要财务指标

年度	2003.9	2003.6	2002	2001
每股收益/扣除后(元)	0.0650	0.0480	0.1600	0.1900
每股经营现金流量(元)	0.0590	0.0300	0.1250	0.0080
每股净资产/调整后(元)	2.5130	2.5420	2.4888	2.5270
每股公积金(元)	1.1527	1.1525	1.1522	1.1522
净资产收益率(%)	2.4800	1.9050	6.1200	7.9000
总资产(万元)	191695.16	187233.33	140172.94	129371.85
股东权益(万元)	109245.75	108591.52	106513.27	102012.66
未分配利润(万元)	14449.12	13803.69	11734.73	8537.91
主营收入(万元)	32987.62	21500.14	30302.49	31542.74
资本公积金(万元)	46530.79	46521.99	46512.70	46512.70
主营利润(万元)	7532.08	4897.88	9127.49	10885.97
其他业务利润(万元)	444.11	302.94	92.74	593.88
营业利润(万元)	2640.19	2053.54	6540.51	7367.66
投资收益(万元)	-52.61	-22.84	-16.22	
补贴收入(万元)	555.71	412.19	316.98	879.13
营业外收支(万元)	-6.10		-35.80	-72.64
利润总额(万元)	3137.18	2440.59	6805.47	8174.15
净利润(万元)	2714.40	2068.96	11734.73	8056.87

十大股东

序号	股东名称	股份性质	持股数(万股)	比例(%)
1	包头钢铁(集团)有限责任公司	国有法人股	19170.57	47.49
2	嘉鑫有限公司(香港)	境外法人股	4900.00	12.14
3	包钢综合企业(集团)公司	法人股	1736.83	4.30
4	鹏华行业成长证券投资基金	公众股	255.70	0.54
5	中国银行-天同180指数证券投资基金	公众股	39.95	0.10
6	李战武	公众股	34.06	0.08
7	华安上证180指数增强型证券投资基金	公众股	26.56	0.07
8	苏树芬	公众股	19.20	0.05
9	兴和证券投资基金	公众股	17.94	0.04
10	马晨皓	公众股	17.36	0.04

股东人数	2003.9	2003.6	2002	2001
	102284	103371	105283	109319

近年分配	2002年每10股派0.5元 2001年每10股派1.0元	近年配股/增发	不分配不转增

重大事项

公司以湿法生产线固定资产净值3.98亿元、递延资产净值0.34亿元和存货净值1.10亿元,共计5.42亿元的资产对中国北方稀土集团股份有限公司出资,预计公司要控股,将成为北方稀土集团的第一大股东。 公司用自有资金1370.36万元收购马永茂持有的包头华美稀土制品有限公司33.3%的股权,并成为该公司第一大股东。将包头华美稀土制品有限公司变更为包头华美稀土高科有限公司。

二○○二年以来市场表现

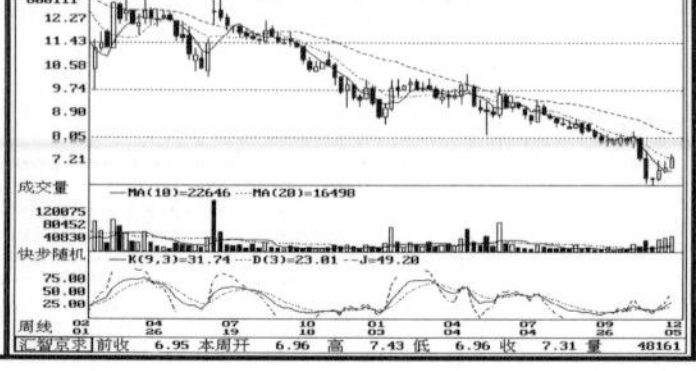

2002年涨跌幅(%)	-26.45
2002年最高(元)	12.97
2002年最低(元)	8.71
2002年换手率(%)	100.77
2003年涨跌幅(%)	-21.91
2003年最高(元)	10.25
2003年最低(元)	6.36
2003年换手率(%)	69.91

贵州长征电器股份有限公司

公司概况

公司名称	贵州长征电器股份有限公司			股票代码	600112		
注册地址	贵州省遵义市上海路100号			邮政编码	563002		
法人代表	唐勇			董秘	江毅		
电话	0852-8622952			传真	0852-8626701		
主营业务	产销高、中、低压电器元件						
总股本	17200.00	流通A	5200.00	流通B		流通H	
审计单位				审计意见	未审计		

主要财务指标

年度	2003.9	2003.6	2002	2001
每股收益/扣除后(元)	-0.0807	-0.0903	-1.0432	0.0541
每股经营现金流量(元)	0.0250	0.0490	-0.0826	-0.0049
每股净资产/调整后(元)	1.3500	1.3400	1.4800	2.7900
每股公积金(元)	1.4486	1.4486	1.4486	1.4371
净资产收益率(%)	-5.1790	-5.8370	-70.2700	1.9100
总资产(万元)	44550.62	46816.99	47621.25	68618.27
股东权益(万元)	26611.96	26446.50	27990.22	47951.42
未分配利润(万元)	-16992.92	-17158.38	-15614.66	4470.39
主营收入(万元)	10358.23	6592.08	13660.64	13360.64
资本公积金(万元)	24915.97	24915.97	24915.97	24718.24
主营利润(万元)	3374.67	2076.34	4147.29	5509.27
其他业务利润(万元)	140.59	78.52	72.70	241.94
营业利润(万元)	-1388.26	-1553.57	-12076.66	721.96
投资收益(万元)			-5866.43	186.69
补贴收入(万元)				184.55
营业外收支(万元)	9.76	10.62	-1725.28	1079.30
利润总额(万元)	-1378.26	-1543.72	-19668.37	1079.30
净利润(万元)	-1378.26	-1543.72	-19668.37	917.41

十大股东

序号	股东名称	股份性质	持股数(万股)	比例(%)
1	遵义市国有资产投资经营有限公司	国家股	8460.30	49.19
2	贵州长征电器集团有限责任公司	国家股	3539.70	20.58
3	张剑洲	流通股	13.25	0.08
4	刘德林	流通股	11.25	0.06
5	西达公司	流通股	11.00	0.06
6	梅红蕾	流通股	10.11	0.06
7	贾磊	流通股	9.67	0.06
8	覃钦杰	流通股	9.57	0.06
9	董坤	流通股	8.50	0.05
10	兴和基金	流通股	8.13	0.05

股东人数	2003.9	2003.6	2002	2001
	22084	23027	28669	27584

近年分配		近年配股/增发	不分配不转增

重大事项

公司接第一大股东遵义市国有资产投资经营有限公司通知，遵义市国有资产投资经营有限公司与广西银河集团有限公司和北海银河科技电气有限责任公司已于**2003**年**9**月**28**日签署《股权转让补充合同》，补充合同对**2003**年**3**月**10**日签订的《股份转让合同》中的价格部分进行了调整，转让价格由原**1.63**元/股增加调整为**1.70**元/股，转让价款总计**143825032.00**元。　公司经过对**2003**年半年度经营状况及财务状况的初步测算，贵州长征电器股份有限公司预计**2003**年半年度亏损将比上年同期增亏**50%**以上。

二〇〇二年以来市场表现

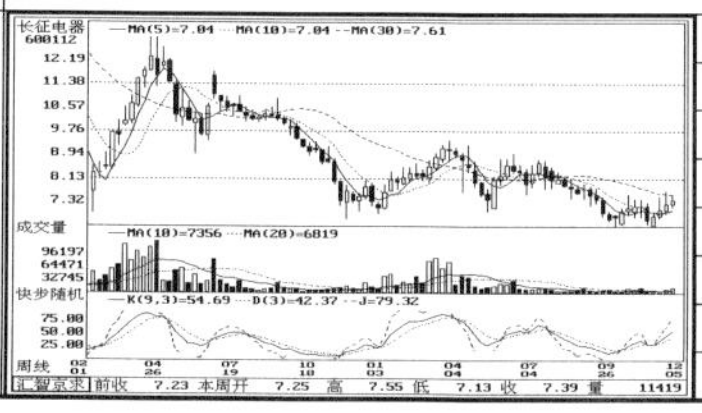

2002年涨跌幅(%)	-35.85
2002年最高(元)	13.00
2002年最低(元)	6.72
2002年换手率(%)	306.84
2003年涨跌幅(%)	-26.67
2003年最高(元)	9.41
2003年最低(元)	6.51
2003年换手率(%)	177.05

浙江东日股份有限公司

公司概况

公司名称	浙江东日股份有限公司			股票代码	600113		
注册地址	浙江省温州市矮凳桥92号			邮政编码	325003		
法人代表	滕增寿			董秘	张乘东		
电话	0577-88812155			传真	0577-88822336		
主营业务	市场租赁业务、管道及配件销售业务						
总股本	11800.00	流通A	4000.00	流通B		流通H	
审计单位				审计意见	未审计		

主要财务指标

年度	2003.9	2003.6	2002	2001
每股收益/扣除后(元)	0.0360	0.0340	0.0300	0.0200
每股经营现金流量(元)	0.3800	0.1720	0.3100	0.0200
每股净资产/调整后(元)	3.0800	3.0600	3.0200	3.0000
每股公积金(元)		1.8310	1.8310	1.8308
净资产收益率(%)	1.4950	0.8280	1.2500	0.6900
总资产(万元)	50316.52	50740.57	40994.19	44281.94
股东权益(万元)	36404.62	36159.79	35860.30	36425.71
未分配利润(万元)		995.09	695.60	1278.69
主营收入(万元)	6093.67	4030.39	4152.97	6666.40
资本公积金(万元)		21605.68	21605.68	21603.84
主营利润(万元)	1466.63	929.56	1878.42	2192.30
其他业务利润(万元)	0.24	0.17	332.69	506.19
营业利润(万元)	798.88	464.23	830.61	583.21
投资收益(万元)	0.68	0.46	-27.27	-199.98
补贴收入(万元)			24.00	18.00
营业外收支(万元)	-133.76	-101.98	-155.80	-59.97
利润总额(万元)	665.80	362.70	687.54	421.26
净利润(万元)	544.31	299.49	447.98	243.05

十大股东

序号	股东名称	股份性质	持股数(万股)	比例(%)
1	浙江东方集团公司	法人股	7800.00	66.10
2	李强	社会公众股	19.60	0.17
3	张莉萍	社会公众股	15.18	0.13
4	王心贵	社会公众股	14.16	0.12
5	庞捷	社会公众股	12.10	0.10
6	吕梅芳	社会公众股	12.00	0.10
7	杜建呀	社会公众股	12.00	0.10
8	潘爱琼	社会公众股	12.00	0.10
9	罗建红	社会公众股q	12.00	0.10
10	师晓华	社会公众股	10.54	0.09

股东人数	2003.9	2003.6	2002	2001
	22642	22919	23147	24857

近年分配		近年配股/增发	不分配不转增

重大事项

2003年前三季度公司主营业务稳定增长，预计公司前三季度的净利润比去年同期增长**50%**以上，去年同期净利润**294.5**万元。　**2002**年**07**月**19**日浙江东日董事会决议根据浙江东日科技教育发展有限公司与东方学院签订的《房屋租赁协议书》，东日科教将置入资产的教学楼出租给东方学院计建筑面积**42653**平方米，年租金为**150**元/平方米，年租金总额为**639.8**万元。

二〇〇二年以来市场表现

2002年涨跌幅(%)	-28.10
2002年最高(元)	14.20
2002年最低(元)	9.66
2002年换手率(%)	139.46
2003年涨跌幅(%)	-31.13
2003年最高(元)	11.02
2003年最低(元)	6.08
2003年换手率(%)	70.59

中国东方航空股份有限公司

公司概况

公司名称	中国东方航空股份有限公司		股票代码	600115	
注册地址	上海市浦东国际机场机场大道66号		邮政编码	201202	
法人代表	叶毅干	董秘	罗祝平		
电话	021-62686268	传真	021-62686116		
主营业务	国际、国内航空客、货运输				
总股本	486695.00	流通A 30000.00	流通B	流通H	156695.00
审计单位		审计意见	未审计		

主要财务指标

年度	2003.9	2003.6	2002	2001
每股收益/扣除后(元)	-0.2560	-0.2960	0.0138	0.0302
每股经营现金流量(元)	0.4400	0.1400	0.7300	0.6600
每股净资产/调整后(元)	1.0038	1.0157	1.2103	1.2800
每股公积金(元)	0.2583	0.2583	0.2583	0.2595
净资产收益率(%)	-22.9900	-28.6500	1.9800	2.1300
总资产(万元)	3610509.75	3384339.50	3142619.75	2735522.50
股东权益(万元)	518875.09	496039.31	628406.56	624137.37
未分配利润(万元)	-99466.97	-122300.70	10081.90	7381.47
主营收入(万元)	927750.56	547299.19	1339064.62	1283933.87
资本公积金(万元)	125728.35	125726.31	125710.98	126281.24
主营利润(万元)	60711.83	-29692.32	243432.27	221903.80
其他业务利润(万元)	31609.38	22985.91	54430.75	54107.99
营业利润(万元)	-104722.34	-133977.66	18363.64	11991.72
投资收益(万元)	2182.66	-970.54	2125.86	5729.65
补贴收入(万元)	6714.36	2919.97	5481.00	75.00
营业外收支(万元)	-1492.24		260.10	-1494.74
利润总额(万元)	-97317.56	-133217.73	26230.60	16301.63
净利润(万元)	-119282.77	-142116.50	12425.95	13291.94

十大股东

序号	股东名称	股份性质	持股数(万股)	比例(%)
1	中国东方航空集团公司	国有法人股	30000.00	61.64
2	HKSCC NOMINEES LIMITED	H股	145969.41	29.99
3	HSBC NOMINEES (HONG KONG) LIMI TED A BR-9	H股	300.00	0.06
4	HSBC NOMINEES (HONG KONG) LIMI TED	H股	251.80	0.05
5	HSBC NOMINEES (HONG KONG) LIMI TED A BR-43	H股	225.60	0.05
6	HSBC NOMINEES (HONG KONG) LIMI TED A BR-41	H股	212.20	0.04
7	HSBC NOMINEES (HONG KONG) LIMI TED A BR-42	H股	200.00	0.04
8	HSBC NOMINEES (HONG KONG) LIMI TED A BR-1	H股	166.80	0.03
9	兴和证券投资基金	A股	154.38	0.32
10	ΘARSENTON NOMINEES LIMITED	H股	150.00	0.03

股东人数	2003.9	2003.6	2002	2001
	135251	136103	121616	162993

近年分配	2001年 每10股派0.2元	近年配股/增发	不分配不转增

重大事项

公司于2003年04月24日与中国东方航空集团公司签订《股权转让合同》,购买其全资子公司东方航空进出口公司45%的股权,交易金额4381.31万元。 以中国东方航空股份有限公司原控股股东东方航空集团公司为主体,兼并中国西北航空公司,联合云南航空公司组建的国有大型航空运输企业-中国东方航空集团公司于2002年10月11日组建。

二〇〇二年以来市场表现

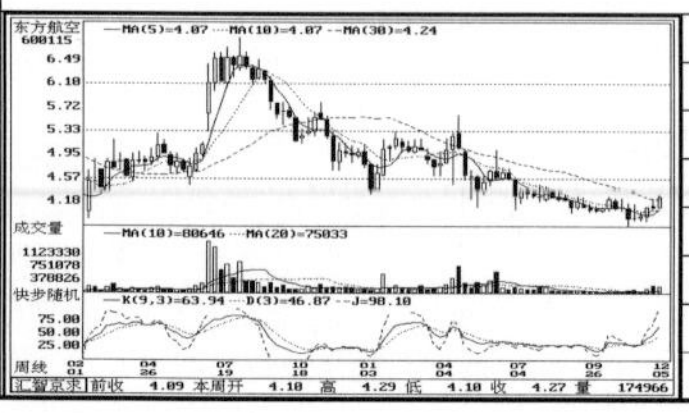

2002年涨跌幅(%)	-0.44
2002年最高(元)	6.87
2002年最低(元)	3.69
2002年换手率(%)	373.75
2003年涨跌幅(%)	-9.51
2003年最高(元)	5.58
2003年最低(元)	3.80
2003年换手率(%)	237.19

重庆市三峡水利电力(集团)股份有限公司

公司概况

公司名称	重庆市三峡水利电力(集团)股份有限公司		股票代码	600116	
注册地址	重庆市万州区鸽子沟72号		邮政编码	404000	
法人代表	王陶浪	董秘	陈丽娟		
电话	023-63801161	传真	023-63801165		
主营业务	发电、供电、设计安装、广告				
总股本	17476.80	流通A 5799.20	流通B	流通H	
审计单位		审计意见	未审计		

主要财务指标

年度	2003.9	2003.6	2002	2001
每股收益/扣除后(元)	0.1530	0.0190	0.0500	0.1200
每股经营现金流量(元)	0.4390	0.2100	0.6000	0.3800
每股净资产/调整后(元)	2.4900	2.3600	2.4200	2.9300
每股公积金(元)	1.5476	1.5474	1.5466	1.5362
净资产收益率(%)	5.1600	0.8500	1.5900	3.9800
总资产(万元)	117136.89	115974.23	118049.40	113603.40
股东权益(万元)	54106.59	51754.49	51487.38	51171.86
未分配利润(万元)	6367.79	4018.90	3766.16	3746.00
主营收入(万元)	25650.78	16144.43	33328.19	29182.90
资本公积金(万元)	27046.37	27043.17	27028.80	26847.47
主营利润(万元)	9504.06	4652.01	11404.77	11166.57
其他业务利润(万元)	99.39	64.98	178.12	309.17
营业利润(万元)	3656.67	677.96	2069.82	3112.34
投资收益(万元)	-137.72	-128.88	-570.14	-292.30
补贴收入(万元)	6.90	6.91		
营业外收支(万元)	141.16		-112.54	4.10
利润总额(万元)	3667.02	676.58	1387.14	2824.14
净利润(万元)	2790.50	441.60	820.91	2036.59

十大股东

序号	股东名称	股份性质	持股数(万股)	比例(%)
1	重庆市水利电力产业(集团)有限责任公司	国家股	3698.20	21.16
2	水利部经济管理局	国家股	3273.60	18.73
3	长江水利水电开发总公司	法人股	1100.00	6.29
4	重庆三峡水利电力(集团)股份有限公司职工持股会	法人股	996.16	5.70
5	北京恒丰兆业投资有限公司	法人股	770.00	4.41
6	中国灌排技术开发公司	法人股	369.60	2.11
7	长春永顺经贸有限公司	法人股	354.09	2.03
8	四川长平机械厂	法人股	110.00	0.63
9	重庆市万渝水电发展有限公司	法人股	110.00	0.63
10	德阳市狮龙旅游出租汽车有限公司	法人股	68.20	0.39

股东人数	2003.9	2003.6	2002	2001
	36940	37414	29005	30970

近年分配	2001年 每10股派0.3元	近年配股/增发	不分配不转增

重大事项

三峡水利2003年半年度业绩预警公告:预计公司今年上半年度业绩与2002年同期相比将下降50%以上,主要原因系公司2002年上半年度净利润中含有短期投资收益600余万元。 2003年5月6日公司与万州商业银行重新签定了《增资扩股协议》,原《增资扩股协议》作废。万州商业银行原有股东同意吸收公司为万州商业银行新的股东,并同意公司对万州商业银行以现金追加投资共计人民币2100万元,作为向万州商业银行的注册资本增资。万州商业银行增资扩股后,注册资本增加至人民币14008万元;公司持有该行14.89%的股权。

二〇〇二年以来市场表现

2002年涨跌幅(%)	-29.67
2002年最高(元)	13.57
2002年最低(元)	8.95
2002年换手率(%)	178.31
2003年涨跌幅(%)	-14.56
2003年最高(元)	11.55
2003年最低(元)	6.40
2003年换手率(%)	340.86

西宁特殊钢股份有限公司

公司概况

公司名称	西宁特殊钢股份有限公司	股票代码	600117
注册地址	青海省西宁市	邮政编码	810005
法人代表	刘克林	董秘	杨凯
电话	0971-5218389	传真	0971-5218389
主营业务	轴承、阀门、冶金、矿山		
总股本	58222.00	流通 A	16000.00
流通 B		流通 H	
审计单位		审计意见	未审计

主要财务指标

年度	2003.9	2003.6	2002	2001
每股收益 / 扣除后(元)	0.1252	0.0782	0.1881	0.1344
每股经营现金流量(元)	0.1580	0.2020	0.2089	0.3000
每股净资产 / 调整后(元)	2.1275	2.0969	1.9816	2.4100
每股公积金(元)	0.9463	0.9463	0.9463	0.9463
净资产收益率(%)	5.8010	3.6810	9.3900	6.4300
总资产(万元)	324799.06	276405.31	295228.31	272526.66
股东权益(万元)	128539.31	125710.11	121082.23	140059.69
未分配利润(万元)	8030.12	5200.93	573.05	21245.21
主营收入(万元)	118230.11	77768.95	135404.41	123887.49
资本公积金(万元)	55097.45	55097.45	55097.45	55097.45
主营利润(万元)	20888.79	13357.88	25238.23	20659.02
其他业务利润(万元)	341.13	284.49	705.49	92.75
营业利润(万元)	8659.77	5409.93	12806.33	10226.73
投资收益(万元)				
补贴收入(万元)				
营业外收支(万元)	168.02	91.40	7.02	-49.06
利润总额(万元)	8827.79	5501.33	12813.35	10177.67
净利润(万元)	7457.08	4627.89	11369.04	9004.27

十大股东

序号	股东名称	股份性质	持股数(万股)	比例(%)
1	西宁特殊钢集团有限责任公司	国有股	40832.00	70.13
2	青海省创业集团有限公司	法人股	510.00	0.88
3	吉林铁合金公司	法人股	200.00	0.34
4	青海铝业有限责任公司	法人股	170.00	0.29
5	兰州炭素有限公司	法人股	170.00	0.29
6	吉林炭素股份有限公司	法人股	170.00	0.29
7	包头钢铁设计研究院	法人股	170.00	0.29
8	兴和证券投资基金	流通股	28.15	0.05
9	李梅英	流通股	26.00	0.04
10	陈国弟	流通股	24.70	0.04

股东人数	2003.9	2003.6	2002	2001
	91624	93318	93805	99566

近年分配	2002年 每10股派5.2元	近年配股/增发	不分配不转增

重大事项

2003年01月公司与青海西钢机械动力有限责任公司交易主要是相互提供材料备件、动力热力能源及劳务等，其中西钢机动公司向公司销售材料备件金额合计2628155.90元，公司向西钢机动公司销售材料备件、动力、热力能源及提供劳务金额合计1578741.72元；关联交易往来合计4206897.62元。

二〇〇二年以来市场表现

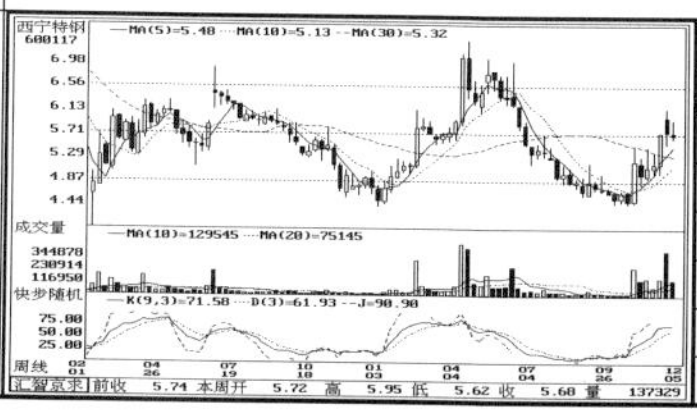

2002年涨跌幅(%)	-27.61
2002年最高(元)	6.37
2002年最低(元)	3.46
2002年换手率(%)	120.89
2003年涨跌幅(%)	40.34
2003年最高(元)	6.88
2003年最低(元)	3.88
2003年换手率(%)	253.38

中国天地卫星股份有限公司

公司概况

公司名称	中国天地卫星股份有限公司	股票代码	600118
注册地址	北京市海淀区阜成路16号	邮政编码	100037
法人代表	芮晓武	董秘	李世峰
电话	010-68768890	传真	010-68738891
主营业务	卫星制造及应用		
总股本	22740.00	流通 A	8640.00
流通 B		流通 H	
审计单位		审计意见	未审计

主要财务指标

年度	2003.9	2003.6	2002	2001
每股收益 / 扣除后(元)	0.0400	0.0100	0.1300	0.0520
每股经营现金流量(元)	0.3000	0.1000	0.0010	0.0700
每股净资产 / 调整后(元)	1.3200	1.5400	1.5700	1.4660
每股公积金(元)	0.0823	0.0988	0.0988	0.0981
净资产收益率(%)	3.5800	1.0770	8.2800	3.7100
总资产(万元)		68018.97	62275.01	35118.09
股东权益(万元)	30446.40	29676.00	30303.91	27782.84
未分配利润(万元)	2164.22	5169.19	5797.10	3621.97
主营收入(万元)	24814.41	12379.95	34619.07	28073.83
资本公积金(万元)	1871.75	1871.75	1871.75	1858.69
主营利润(万元)	5103.22	2746.26	7399.01	2611.08
其他业务利润(万元)	15.74	0.69	155.56	960.11
营业利润(万元)	2262.56	884.38	4545.94	889.33
投资收益(万元)	-336.86	-202.19	168.20	920.76
补贴收入(万元)		138.02		
营业外收支(万元)	-19.43		-447.48	-134.89
利润总额(万元)	1906.26	662.27	4266.66	1675.20
净利润(万元)	1090.01	319.61	2508.01	1031.25

十大股东

序号	股东名称	股份性质	持股数(万股)	比例(%)
1	北京航天卫星应用总公司	国有法人股	9664.70	51.00
2	中国旅游商贸服务总公司	国有法人股	789.70	4.17
3	北京波菲特旅游礼品有限责任公司	法人股	576.00	3.04
4	港旅建筑装饰工程有限公司	法人股	432.00	2.28
5	北京万通达储运公司	国有法人股	288.00	1.52
6	普维特	流通股	85.07	0.45
7	曲桂芝	流通股	65.43	0.37
8	李刚	流通股	45.35	0.24
9	曹淑芬	流通股	38.79	0.20
10	贾微	流通股	33.35	0.18

股东人数	2003.9	2003.6	2002	2001
	12079	9500	10456	9863

近年分配	2002年 每10股派0.5元	近年配股/增发	2002年 每10股送2股

重大事项

经初步估算，预计公司2003年前三季度实现净利润较上年同期(净利润422万元，每股收益0.02元)增长50%以上。 公司控股股东北京航天卫星应用总公司于2003年8月15日与中国空间技术研究院签订了股权转让协议，航卫总出让其持有的公司21207483股国有法人股给空间研究院，转让的股份占公司股份总数9.326%，转让总金额为3625万元人民币。此次股权转让后，航卫总持有公司41.674%的股份，仍为公司第一大股东，空间研究院持有公司9.326%的股份，成为公司第二大股东。

二〇〇二年以来市场表现

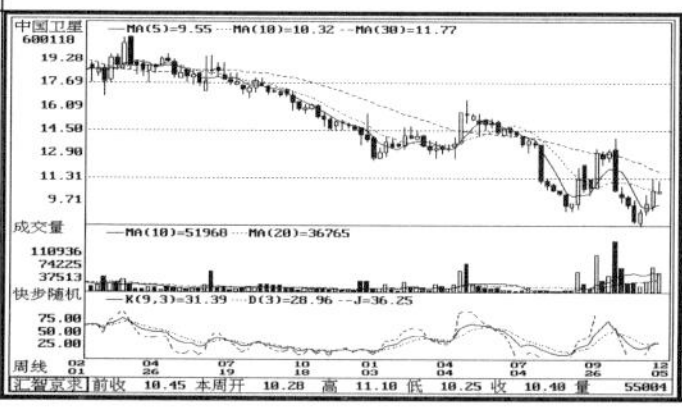

2002年涨跌幅(%)	-29.31
2002年最高(元)	17.36
2002年最低(元)	10.97
2002年换手率(%)	76.97
2003年涨跌幅(%)	-5.00
2003年最高(元)	13.94
2003年最低(元)	8.12
2003年换手率(%)	125.87

长发集团长江投资实业股份有限公司

公司概况

公司名称	长发集团长江投资实业股份有限公司			股票代码	600119		
注册地址	上海市浦东新区世纪大道1500号9楼			邮政编码	200122		
法人代表	居亮			董秘	朱联		
电话	021-68407009			传真	021-68407010		
主营业务	商贸、药品、丝织品						
总股本	25740.00	流通A	8236.80	流通B		流通H	
审计单位				审计意见	未审计		

主要财务指标

年度	2003.9	2003.6	2002	2001
每股收益/扣除后(元)	0.0413	0.0392	0.0893	0.1014
每股经营现金流量(元)	-0.0500	0.1000	0.1276	-0.1291
每股净资产/调整后(元)	1.4203	1.4338	1.4260	2.2784
每股公积金(元)	0.3652	0.3652	0.3652	1.0297
净资产收益率(%)	0.0280	2.6090	6.0270	6.0550
总资产(万元)	81621.13	84282.98	85384.04	80692.03
股东权益(万元)	41135.02	41075.59	40004.02	37593.11
未分配利润(万元)	4232.36	4165.49	3093.93	2769.96
主营收入(万元)	49137.70	34365.41	57063.14	47199.85
资本公积金(万元)	9399.64	9399.64	9399.64	16989.64
主营利润(万元)	6921.76	4709.64	9576.84	9029.69
其他业务利润(万元)	397.15	238.10	2730.12	1274.41
营业利润(万元)	323.02	172.20	2865.96	2136.23
投资收益(万元)	1319.26	1287.52	438.10	349.38
补贴收入(万元)	80.67	46.83	212.04	4.10
营业外收支(万元)	11.96	14.65	-5.33	716.88
利润总额(万元)	1734.91	1550.33	3510.77	3206.58
净利润(万元)	1131.00	1071.57	2410.91	2276.22

十大股东

序号	股东名称	股份性质	持股数(万股)	比例(%)
1	长江经济联合发展(集团)股份有限公司	国有法人股	14210.25	55.21
2	宁波长江发展商城有限公司	国有法人股	1722.81	6.69
3	长发集团南京公司	国有法人股	1438.62	5.59
4	吴小妹	流通股	97.65	0.38
5	滕玉兰	流通股	92.05	0.36
6	武汉长发物业发展有限公司	国有法人股	87.68	0.34
7	胡会来	流通股	64.50	0.25
8	秦奋	流通股	52.88	0.21
9	朱志刚	流通股	46.88	0.18
10	魏红	流通股	46.74	0.18

股东人数	2003.9	2003.6	2002	2001
	10639	12434	12680	16110

近年分配		近年配股/增发	2002年 每10股转增2股 2001年 每10股送1股

重大事项

公司于2003年06月20日与上海医药(集团)有限公司签定《股权转让协议》,公司将持有的上海杏灵科技药业股份有限公司37.50%的股权转让给上药集团,转让价格为4400万元。 公司因与中国光大银行上海分行、上海国嘉实业股份有限公司2000万元借款合同纠纷一案,不服上海市第二中级人民法院民事判决书,向上海市高级人民法院提出上诉。该院受理后,依法组成合议庭,并于2003年3月7日公开开庭进行了审理。现判决如下:驳回上诉,维持原判;本案二审案件受理费人民币82354.50元由上诉人公司负担;本判决为终审判决。

二〇〇二年以来市场表现

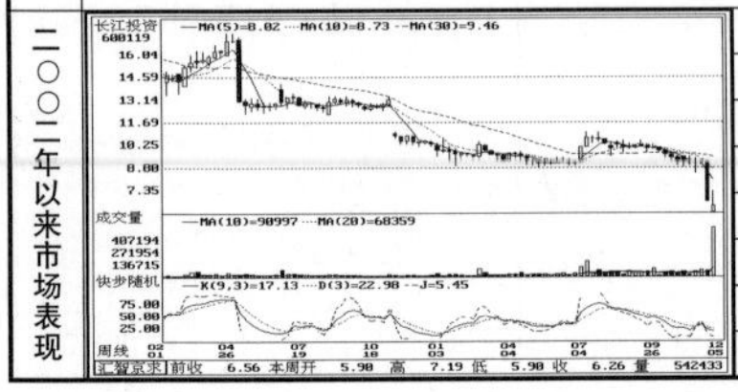

2002年涨跌幅(%)	6.04
2002年最高(元)	11.81
2002年最低(元)	8.33
2002年换手率(%)	109.89
2003年涨跌幅(%)	-35.62
2003年最高(元)	11.02
2003年最低(元)	6.56
2003年换手率(%)	198.32

浙江东方集团股份有限公司

公司概况

公司名称	浙江东方集团股份有限公司			股票代码	600120		
注册地址	浙江省杭州市庆春路199号			邮政编码	310006		
法人代表	刘宁生			董秘	汪涛		
电话	0571-87215678-86133			传真	0571-87215011		
主营业务	商品流通、服装加工						
总股本	50547.35	流通A	20988.11	流通B		流通H	
审计单位				审计意见	未审计		

主要财务指标

年度	2003.9	2003.6	2002	2001
每股收益/扣除后(元)	0.1500	0.0980	0.3600	0.3600
每股经营现金流量(元)	-0.2200	-0.2170	-0.8300	0.1400
每股净资产/调整后(元)	1.8000	1.7400	2.5600	3.0800
每股公积金(元)	0.1514	0.1512	0.6816	1.0973
净资产收益率(%)	8.5900	5.9900	13.4800	14.8300
总资产(万元)	249824.84	280170.28	244486.00	156888.81
股东权益(万元)	92061.14	89497.57	82235.89	69551.64
未分配利润(万元)	20207.95	17655.07	15457.61	11016.33
主营收入(万元)	357203.69	218668.23	364176.87	310336.97
资本公积金(万元)	7653.63	7642.94	21533.97	24762.08
主营利润(万元)	32192.62	20211.50	38123.63	29515.53
其他业务利润(万元)	116.57	97.65	79.35	127.90
营业利润(万元)	10605.66	8156.97	17054.84	12696.38
投资收益(万元)	3223.85	1216.73	2341.53	1647.93
补贴收入(万元)	856.43	168.00	2456.66	1995.21
营业外收支(万元)	-74.16	-163.24	-933.89	-213.87
利润总额(万元)	14611.78	9693.64	20919.13	16126.64
净利润(万元)	7909.55	5356.67	11084.51	10317.26

十大股东

序号	股东名称	股份性质	持股数(万股)	比例(%)
1	浙江东方集团控股有限公司	国有股	21901.60	46.33
2	浙江天业投资有限公司	社会法人股	5160.96	10.21
3	浙江中大集团控股有限公司	社会法人股	2304.73	4.56
4	浙江省国际信托投资公司	流通股	1963.66	3.88
5	中海信托投资有限责任公司	流通股	387.44	0.77
6	东大科技园股份有限公司	流通股	358.40	0.71
7	杭州万泰认证有限公司	社会法人股	191.95	0.38
8	梁丽	流通股	126.46	0.25
9	吴嘉华	流通股	98.62	0.20
10	晏金鹏	流通股	93.79	0.19

股东人数	2003.9	2003.6	2002	2001
	6298	5440	5300	5604

近年分配	2002年 每10股派0.5元 2001年 每10股派1.0元	近年配股/增发	2002年 每10股送1股 2001年 每10股送2股

重大事项

2003年6月25日,公司与中国农业银行浙江省分行营业部(甲方)签定《银企合作协议书》,甲方将为公司及公司直属和控股企业的发展提供人民币8亿元的综合授信额度,其中免担保的人民币流动资金2亿元,国际贸易融资项下6亿元。合同的有效期限自签定日起两年内有效。 2003年05月30日董事会决议公司为控股子公司宁波东方宏业制衣有限公司提供2000万元担保,担保期限为2003年6月至2004年6月。

二〇〇二年以来市场表现

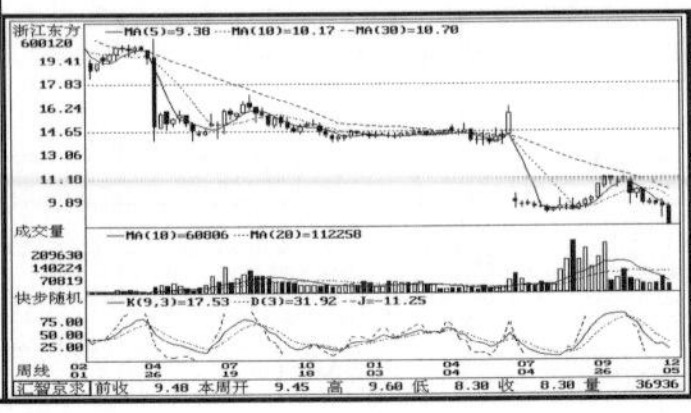

2002年涨跌幅(%)	-3.64
2002年最高(元)	10.64
2002年最低(元)	7.77
2002年换手率(%)	97.71
2003年涨跌幅(%)	5.22
2003年最高(元)	11.50
2003年最低(元)	8.50
2003年换手率(%)	155.73

郑州煤电股份有限公司

公司概况

公司名称	郑州煤电股份有限公司			股票代码	600121		
注册地址	河南省郑州市二七区大学路 30 号			邮政编码	450052		
法人代表	李国安			董秘	付胜龙		
电话	0371-6591333			传真	0371-6950227		
主营业务	煤碳、电力						
总股本	81000.00	流通 A	21600.00	流通 B		流通 H	
审计单位				审计意见	未审计		

主要财务指标

年度	2003.9	2003.6	2002	2001
每股收益 / 扣除后(元)	0.0580	0.0377	0.1000	0.0900
每股经营现金流量(元)	0.1600	0.2207	0.3130	0.1870
每股净资产 / 调整后(元)	1.6700	1.6430	1.6040	1.5100
每股公积金(元)	0.2762	0.2762	0.2762	0.2762
净资产收益率(%)	3.5300	2.3000	6.1600	6.2200
总资产(万元)	246263.34	237826.45	218382.87	204130.22
股东权益(万元)	135076.55	133380.94	130307.50	122278.15
未分配利润(万元)	17696.25	16000.65	12927.21	6503.73
主营收入(万元)	66239.61	43276.55	83115.54	62795.68
资本公积金(万元)	22371.87	22371.87	22371.87	22371.87
主营利润(万元)	17842.55	10895.30	25576.80	20273.05
其他业务利润(万元)	160.52	104.81	145.53	121.48
营业利润(万元)	7060.45	4564.74	12812.97	9345.30
投资收益(万元)	-4.46	-2.96	-404.23	-334.08
补贴收入(万元)	12.98			
营业外收支(万元)	61.98	-19.29	-376.93	-57.16
利润总额(万元)	7117.96	4587.21	12031.81	8954.07
净利润(万元)	4769.03	3073.43	8029.35	7610.96

十大股东

序号	股东名称	股份性质	持股数(万股)	比例(%)
1	郑州煤炭工业(集团)有限责任公司	国有法人股	59400.00	73.33
2	王爱	社会公众股	355.40	0.44
3	熊大文	社会公众股	352.69	0.46
4	童明先	社会公众股	236.07	0.29
5	韦振力	社会公众股	193.69	0.24
6	程振海	社会公众股	174.79	0.22
7	龚建友	社会公众股	171.14	0.21
8	陈珍	社会公众股	161.16	0.20
9	宾克勤	社会公众股	122.19	0.15
10	田云	社会公众股	115.49	0.14

股东人数	2003.9	2003.6	2002	2001
	36071	37732	24608	21062

近年分配		近年配股 / 增发	2001年 每 10 股配 3 股

重大事项

公司第一大股东郑州煤炭工业(集团)有限责任公司,以其持有的公司国有法人股 16452 万股(占其持有公司股份总数 59400 万股的 27.7%,占公司总股本 81000 万股的 20.31%)作质押,向中国建设银行新密支行申请流动资金贷款。质押期为 2002 年 6 月 19 日至 2004 年 6 月 18 日。

二〇〇二年以来市场表现

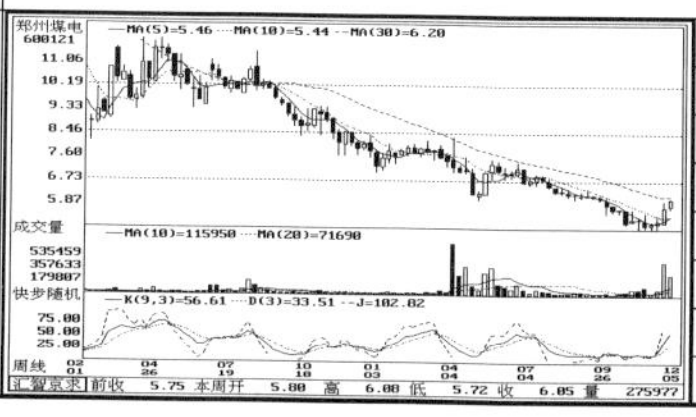

2002年涨跌幅(%)	-29.78
2002年最高(元)	11.92
2002年最低(元)	7.23
2002年换手率(%)	60.93
2003年涨跌幅(%)	-22.09
2003年最高(元)	8.29
2003年最低(元)	5.00
2003年换手率(%)	200.26

江苏宏图高科技股份有限公司

公司概况

公司名称	江苏宏图高科技股份有限公司			股票代码	600122		
注册地址	南京浦口高新区 03 栋 2 楼			邮政编码	210009		
法人代表	刘小峰			董秘	张伟		
电话	025-3300922			传真	025-3300230		
主营业务	视听、电缆产品等						
总股本	31920.00	流通 A	14400.00	流通 B		流通 H	
审计单位				审计意见	未审计		

主要财务指标

年度	2003.9	2003.6	2002	2001
每股收益 / 扣除后(元)	0.0500	0.0280	0.1040	0.1880
每股经营现金流量(元)	-0.2700	-0.2600	0.3230	-0.2240
每股净资产 / 调整后(元)	2.8610	2.8630	2.9100	2.9480
每股公积金(元)	1.3507	1.3507	1.3507	1.3384
净资产收益率(%)	1.6000	0.7280	3.5400	6.1800
总资产(万元)	332826.62	299879.31	292735.53	241671.84
股东权益(万元)	98590.20	98849.00	97960.62	94101.12
未分配利润(万元)	17465.43	17724.23	16835.85	14292.04
主营收入(万元)	192908.94	115055.53	221015.20	200481.48
资本公积金(万元)	43114.61	43114.61	43114.61	42721.89
主营利润(万元)	21241.23	12811.69	25300.89	23587.51
其他业务利润(万元)	1579.50	1221.10	2571.33	481.92
营业利润(万元)	2108.84	911.16	3626.44	5344.52
投资收益(万元)	501.85	416.64	1607.79	1723.17
补贴收入(万元)	12.99	3.40	365.57	58.43
营业外收支(万元)	-27.16		-184.58	-193.63
利润总额(万元)	2596.52	1340.87	5415.23	6932.49
净利润(万元)	1579.70	888.38	3466.78	5815.39

十大股东

序号	股东名称	股份性质	持股数(万股)	比例(%)
1	江苏宏图电子信息集团有限公司	国有法人股	7587.07	23.77
2	南京有线电厂	国有法人股	5965.43	18.69
3	镇江江奎集团公司	国有法人股	3864.89	12.11
4	江苏省电子工业技术经济开发公司	国有法人股	51.31	0.16
5	南京三胞泰富科技投资有限公司	社会法人股	51.31	0.16
6	四川新华投资有限责任公司	流通股	47.90	0.15
7	孙忠善	流通股	33.35	0.10
8	叶远璋	流通股	32.00	0.10
9	黄美玉	流通股	31.62	0.10
10	四川蜀新经贸有限责任公司	流通股	22.38	0.07

股东人数	2003.9	2003.6	2002	2001
	82273	83187	81724	85884

近年分配	2001年 每 10 股派 0.4 元	近年配股 / 增发	不分配不转增

重大事项

公司已于 2002 年 12 月 31 日向南京市中级人民法院起诉索尼香港有限公司、日本索尼株式会社,要求两被告承担产品质量侵权责任,赔偿因质量侵权造成公司的财产损失 600.65 万美元,并承担本案诉讼费用。两被告曾对本案件提出管辖权异议,南京中院于 2003 年 6 月 30 日作出裁定,驳回两被告对本案管辖权提出的异议。日前经咨询南京中院,两被告在法定时间内放弃了关于对管辖权异议的上诉。　公司第二大股东南京有线电厂将其持有公司 2982 万股份质押给中国工商银行江苏省分行,为江苏紫金电子集团有限公司的借款提供出质。质押期自 2003 年 6 月 6 日至 2004 年 3 月 6 日。

二〇〇二年以来市场表现

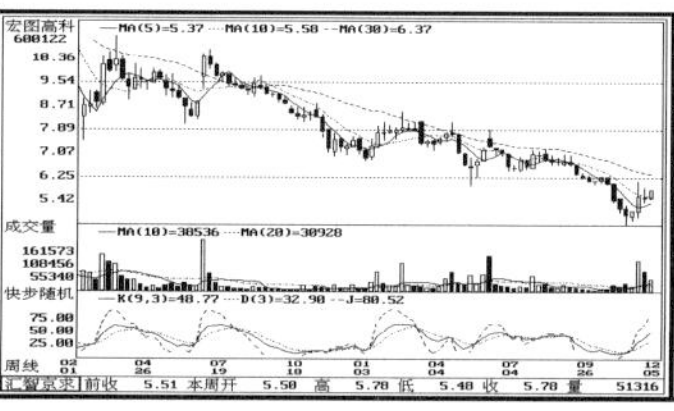

2002年涨跌幅(%)	-30.53
2002年最高(元)	11.14
2002年最低(元)	6.95
2002年换手率(%)	125.30
2003年涨跌幅(%)	-21.62
2003年最高(元)	8.50
2003年最低(元)	4.60
2003年换手率(%)	114.60

山西兰花科技创业股份有限公司

公司概况

公司名称	山西兰花科技创业股份有限公司	股票代码	600123
注册地址	山西省晋城市泽州路 181 号	邮政编码	048000
法人代表	贺贵元	董秘	王立印Θ
电话	0356-2040123	传真	0356-2033799
主营业务	煤碳、化肥、制药		
审计单位		审计意见	未审计

总股本	37125.00	流通 A	14400.00	流通 B		流通 H	

主要财务指标

年度	2003.9	2003.6	2002	2001
每股收益/扣除后(元)	0.2760	0.1850	0.2280	0.1000
每股经营现金流量(元)	0.3790	0.1890	0.4800	0.7890
每股净资产/调整后(元)	2.6070	2.5110	2.2700	2.1970
每股公积金(元)	1.1600	1.1500	1.1490	1.1282
净资产收益率(%)	10.6400	7.3800	9.6800	4.8400
总资产(万元)	172374.84	171868.91	166239.67	151589.37
股东权益(万元)	97946.69	94083.86	87046.39	81568.06
未分配利润(万元)	14591.52	11105.29	4165.66	1130.22
主营收入(万元)	64884.04	43526.77	64622.60	45062.01
资本公积金(万元)	43127.90	42751.31	42653.48	41885.48
主营利润(万元)	29942.38	20430.94	26939.52	12433.76
其他业务利润(万元)	377.29	153.83	1398.44	1529.97
营业利润(万元)	15982.61	10337.29	12590.16	5351.55
投资收益(万元)	-594.05	-376.59	-1043.34	444.35
补贴收入(万元)	790.08	-529.35	236.19	
营业外收支(万元)	-194.23		-233.46	-100.46
利润总额(万元)	15984.41	10623.21	11549.56	5695.44
净利润(万元)	10425.87	6939.64	8422.83	3960.58

十大股东

序号	股东名称	股份性质	持股数(万股)	比例(%)
1	山西兰花煤炭实业集团公司	国有法人股	22725.00	61.21
2	裕隆基金	流通股	303.20	0.82
3	泰和基金	流通股	216.06	0.58
4	南方宝元	流通股	110.32	0.30
5	景博基金	流通股	90.92	0.25
6	国海证券	流通股	81.86	0.22
7	安顺基金	流通股	70.00	0.19
8	安瑞基金	流通股	70.00	0.19
9	中海信托	流通股	61.88	0.17
10	安信基金	流通股	55.39	0.15

股东人数	2003.9	2003.6	2002	2001
	81903	82168	93057	99299

近年分配	2002年 每 10 股派 1.00 元	近年配股/增发	不分配不转增

重大事项

兰花集团于 **2003** 年 **10** 月 **31** 日将质押到期的质押给光大银行太原分行的 **5219** 万股办理了解除质押手续。同日，兰花集团又将其持有的 **3046** 万股和 **1828** 万股（共计 **4874** 万股，占公司股本总数的 **13.13%**）分别质押给光大银行太原分行和晋城市城市信用社，为其流动资金贷款提供出质。期限自 **2003** 年 **10** 月 **31** 日至 **2004** 年 **10** 月 **30** 日。截止目前，兰花集团已累计质押 **10968** 万股，占公司股本总数的 **29.54%**。

二〇〇二年以来市场表现

2002年涨跌幅(%)	-18.15
2002年最高(元)	9.89
2002年最低(元)	6.70
2002年换手率(%)	103.86
2003年涨跌幅(%)	30.06
2003年最高(元)	9.40
2003年最低(元)	6.50
2003年换手率(%)	136.88

大连铁龙实业股份有限公司

公司概况

公司名称	大连铁龙实业股份有限公司	股票代码	600125
注册地址	大连高新技术产业园区七贤岭产业化基地高新街 3	邮政编码	116001
法人代表	王占柱	董秘	畅晓东
电话	0411-2810881	传真	0411-2816639
主营业务	铁路客运、货运、房地产等		
审计单位		审计意见	未审计

总股本	22100.88	流通 A	11800.88	流通 B		流通 H	

主要财务指标

年度	2003.9	2003.6	2002	2001
每股收益/扣除后(元)	0.2820	0.1630	0.3450	0.3400
每股经营现金流量(元)	0.0900	-0.0900	0.4790	0.8090
每股净资产/调整后(元)	3.7460	3.1740	3.0040	2.8840
每股公积金(元)	0.9933	0.2970	0.2970	0.2960
净资产收益率(%)	7.3470	4.9900	11.0000	11.2300
总资产(万元)	108981.45	94206.23	87205.49	84108.99
股东权益(万元)	85069.38	62632.80	59509.14	55010.77
未分配利润(万元)	28317.56	25191.13	22067.47	18734.50
主营收入(万元)	26843.43	14722.70	32067.85	34924.19
资本公积金(万元)	21952.55	5665.68	5665.68	5647.73
主营利润(万元)	12302.54	6615.12	15703.14	19128.92
其他业务利润(万元)				
营业利润(万元)	7565.68	3693.45	8237.98	8332.70
投资收益(万元)	200.27	199.83	135.60	254.24
补贴收入(万元)				
营业外收支(万元)	-12.72	-12.61	-35.45	-294.50
利润总额(万元)	7753.24	3880.67	8338.14	8292.44
净利润(万元)	6250.09	3123.66	6543.26	6175.58

十大股东

序号	股东名称	股份性质	持股数(万股)	比例(%)
1	沈阳铁路局经济发展总公司	国有法人股	5665.00	25.63
2	大连铁道有限责任公司	国有法人股	3232.24	14.63
3	大连铁路经济技术开发总公司	国有法人股	1279.16	5.79
4	山西证券有限责任公司	流通 A 股	561.74	2.54
5	海通证券有限公司	流通 A 股	324.87	1.47
6	易方达平稳增长证券投资基金	流通 A 股	265.09	1.20
7	中关村证券股份有限公司	流通 A 股	187.25	0.85
8	科瑞基金	流通 A 股	171.46	0.78
9	社保基金	流通 A 股	67.07	0.30
10	景福基金	流通 A 股	50.00	0.23

股东人数	2003.9	2003.6	2002	2001
	45185	43733	43150	48273

近年分配	2002年 每 10 股派 1.00 元	近年配股/增发	不分配不转增

重大事项

本公司与沈阳铁路局就合作经营沈阳—大连、沈阳—长春 **200KM/H** 交流传动电动旅客列车组项目于 **2002** 年 **8** 月 **5** 日签定了《合作经营沈阳—大连、沈阳—长春 **200KM/H** 交流传动电动旅客列车组协议》。《合作协议》约定，双方的合作方式为由公司出资购置动车组，由沈阳铁路局负责该动车组在其管辖的铁路线上生产运营。动车组的票价由双方根据市场需求情况确定，报国家价格主管部门批准；协议项下动车组的合作经营期限为 **16** 年。

二〇〇二年以来市场表现

2002年涨跌幅(%)	-18.85
2002年最高(元)	11.58
2002年最低(元)	7.92
2002年换手率(%)	92.21
2003年涨跌幅(%)	-6.02
2003年最高(元)	9.40
2003年最低(元)	6.71
2003年换手率(%)	109.39

杭州钢铁股份有限公司

公司概况

公司名称	杭州钢铁股份有限公司	股票代码	600126
注册地址	浙江省杭州市拱墅区半山镇	邮政编码	310022
法人代表	童云芳	董秘	韩晓通
电话	0571-88132917	传真	0571-88132919
主营业务	钢材、钢坯、生铁、煤气、水电汽等		

总股本	64533.75	流通 A	16575.00	流通 B		流通 H	
审计单位				审计意见	未审计		

主要财务指标

年度	2003.9	2003.6	2002	2001
每股收益/扣除后(元)	0.6050	0.3650	0.4400	0.5460
每股经营现金流量(元)	0.6970	0.6900	1.1600	0.5430
每股净资产/调整后(元)	3.9600	3.7400	3.3700	3.1700
每股公积金(元)	1.1315	1.1315	1.1315	1.1300
净资产收益率(%)	14.9000	9.7500	12.4000	16.7600
总资产(万元)	487952.69	431094.50	387688.81	314776.41
股东权益(万元)	256993.34	242344.45	218703.78	204397.08
未分配利润(万元)	-16824.02	82822.05	59181.33	49048.90
主营收入(万元)	546849.06	353988.84	516574.91	431521.94
资本公积金(万元)		73020.50	73020.50	72920.47
主营利润(万元)	81683.84	50289.86	58866.97	57664.36
其他业务利润(万元)	1647.17	908.52	711.94	524.83
营业利润(万元)	59738.72	36752.77	43372.09	42071.43
投资收益(万元)	22.69	-11.84	266.59	209.77
补贴收入(万元)				
营业外收支(万元)	-1159.91		-1751.31	-1187.15
利润总额(万元)	58601.50	36896.57	41887.37	41094.05
净利润(万元)	38289.57	23640.68	27113.42	34248.13

十大股东

序号	股东名称	股份性质	持股数(万股)	比例(%)
1	杭钢集团公司	国有法人股	47958.75	74.32
2	华夏成长证券投资基金	上市流通股	601.95	0.93
3	汉盛证券投资基金	上市流通股	249.35	0.39
4	全国社保基金103组合	上市流通股	171.07	0.27
5	同益证券投资基金	上市流通股	149.77	0.23
6	兴科证券投资基金	上市流通股	112.26	0.17
7	久嘉证券投资基金	上市流通股	105.88	0.16
8	嘉实成长收益型证券投资基金	上市流通股	98.20	0.15
9	国盛证券有限责任公司	上市流通股	96.30	0.15
10	兴安证券投资基金	上市流通股	84.87	0.13

股东人数	2003.9	2003.6	2002	2001
	74752	73819	82902	88283

近年分配	2002年每10股派2.00元 2001年每10股派1.50元	近年配股/增发	不分配不转增

重大事项

公司拟以所属无缝钢管厂资产与杭州钢铁集团公司所持杭州紫元教育投资有限公司 **9000** 万股(占总股本的 **90%**)的股权中的 **3460** 万股(占总股本的 **34.60%**)股权进行等值置换；根据公司《变更部分配股募集资金投向方案》，拟用公司 **2000** 年配股募集的部分资金收购杭钢集团所持杭州紫元 **9000** 万股(占总股本的 **90%**)的股权中的 **1800** 万股(占总股本的 **18%**)股权。公司将于 **2003** 年 **04** 月 **25** 日前与杭钢集团签署《资产置换协议》和《股权收购协议》。

二○○二年以来市场表现

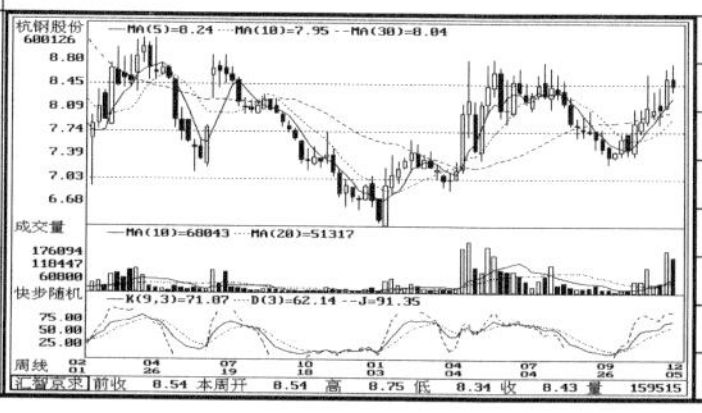

2002年涨跌幅(%)	-20.05
2002年最高(元)	8.81
2002年最低(元)	6.35
2002年换手率(%)	83.46
2003年涨跌幅(%)	33.86
2003年最高(元)	8.77
2003年最低(元)	6.12
2003年换手率(%)	169.08

湖南金健米业股份有限公司

公司概况

公司名称	湖南金健米业股份有限公司	股票代码	600127
注册地址	湖南省常德市德山开发区崇德路	邮政编码	415001
法人代表	梁宋模	董秘	喻宇汉
电话	0736-7308643	传真	0736-7308666
主营业务	粮油及制品、饲料及饲料原料		

总股本		流通 A		流通 B		流通 H	
审计单位				审计意见	未审计		

主要财务指标

年度	2003.9	2003.6	2002	2001
每股收益/扣除后(元)	0.0252	0.0126	-0.2910	0.0390
每股经营现金流量(元)	0.0590	-0.0540	-0.1300	0.0710
每股净资产/调整后(元)	2.6250	2.6097	2.5980	2.9070
每股公积金(元)	1.8851	1.8851	1.8851	1.8851
净资产收益率(%)	1.0220	0.4840	-11.8960	1.3550
总资产(万元)	187012.34	242681.84	237092.62	203969.08
股东权益(万元)	113512.20	112869.10	112352.40	125717.33
未分配利润(万元)	-13263.18	-13906.27	-14422.98	-1012.97
主营收入(万元)	27255.32	18730.70	54505.59	40942.30
资本公积金(万元)	81530.81	81530.81	81530.81	81530.81
主营利润(万元)	4054.26	3123.48	6969.01	7307.97
其他业务利润(万元)	1468.99	961.64	920.78	1266.63
营业利润(万元)	-3606.53	-1976.52	-12553.49	458.40
投资收益(万元)	4837.22	2805.65	-207.61	183.29
补贴收入(万元)				
营业外收支(万元)	-70.78	-29.63	-763.45	-108.75
利润总额(万元)	1159.90	799.49	-13524.55	-13524.55
净利润(万元)	1159.80	516.71	-13364.94	-13364.94

十大股东

序号	股东名称	股份性质	持股数(万股)	比例(%)
1	常德市粮油总公司	国有法人股	4106.56	55.74
2	湘财证券有限责任公司	流通股	868.31	2.01
3	蔡远松	流通股	54.71	0.13
4	天同180指数证券投资基金	流通股	52.49	0.12
5	袁隆平农业高科技股份有限公司	流通股	40.00	0.09
6	吴宏彦	流通股	38.45	0.09
7	孙峰	流通股	28.43	0.07
8	邓闯	流通股	25.76	0.06
9	李盛	流通股	24.67	0.06
10	钱根生	流通股	24.24	0.07

股东人数	2003.9	2003.6	2002	2001
	93083	95033	105442	85690

近年分配		近年配股/增发	不分配不转增

重大事项

2003 年 **9** 月 **29** 日会议通过公司转让公司持有的湘财证券有限责任公司 **5521** 万元出资额的议案：同意将公司持有的湘财证券有限责任公司 **2.2%** 的出资及相应的权益转让给山西和信电力发展有限公司，转让价格为 **6183.52** 万元。 公司同意以 **13165.66** 万元的转让价格将公司持有的湖南三江电力有限责任公司 **60%** 的出资额转让给深圳兆恒实业有限公司。 此次股权转让后，公司持有三江电力 **3979.5** 万股，占三江电力总股本 **27.07%**。同意以 **12000** 万元的价格转让公司持有的湖南金健置业投资有限责任公司 **80%** 的出资额。

二○○二年以来市场表现

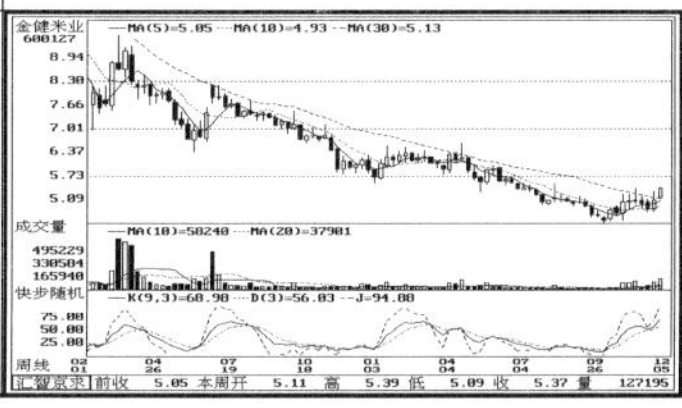

2002年涨跌幅(%)	-39.30
2002年最高(元)	9.58
2002年最低(元)	5.63
2002年换手率(%)	272.63
2003年涨跌幅(%)	-11.87
2003年最高(元)	6.59
2003年最低(元)	4.45
2003年换手率(%)	89.25

江苏弘业股份有限公司

公司概况

公司名称	江苏弘业股份有限公司	股票代码	600128
注册地址	江苏省南京市中华路50号弘业大厦	邮政编码	210001
法人代表	刘绥芝	董秘	姜琳
电话	025-2308738	传真	025-2307117
主营业务	轻工、玩具		
总股本	19944.75	流通A	7412.31
流通B		流通H	
审计单位		审计意见	未审计

主要财务指标

年度	2003.9	2003.6	2002	2001
每股收益/扣除后(元)	0.0360	0.0300	0.0900	0.0100
每股经营现金流量(元)	0.4700	0.0400	0.1100	0.1000
每股净资产/调整后(元)	2.8000	2.7800	2.7300	2.7600
每股公积金(元)	1.1297	1.1278	1.1217	1.1189
净资产收益率(%)	1.9520	1.7300	2.8800	1.8600
总资产(万元)	106947.95	101591.93	92338.43	84218.61
股东权益(万元)	57079.38	56910.52	55806.52	55140.04
未分配利润(万元)	7682.54	7546.75	6564.28	6414.06
主营收入(万元)	115967.53	74832.05	165257.55	144925.27
资本公积金(万元)	22531.64	22494.52	22372.99	22315.98
主营利润(万元)	8749.62	5306.77	11892.56	11318.07
其他业务利润(万元)	103.54	57.57	577.65	882.90
营业利润(万元)	2027.39	889.68	3171.65	2784.18
投资收益(万元)	95.81	770.82	191.54	557.37
补贴收入(万元)	663.27	410.50	547.49	710.95
营业外收支(万元)	-81.16	-4.54	-294.87	-1869.69
利润总额(万元)	2705.31	1990.46	3615.82	2182.80
净利润(万元)	1114.21	982.47	1606.71	1024.31

十大股东

序号	股东名称	股份性质	持股数(万股)	比例(%)
1	江苏弘业国际集团有限公司	国家股	10340.53	51.85
2	中国烟草总公司江苏省公司	法人股	338.69	1.70
3	江苏苏豪国际集团股份有限公司	法人股	307.90	1.54
4	国通证券股份有限公司	法人股	175.19	0.88
5	江苏省东晟燃料有限公司	法人股	153.95	0.77
6	江苏汇鸿国际集团针棉织品进出口股份有限公司	法人股	153.95	0.77
7	江苏舜天股份有限公司	法人股	153.95	0.77
8	江苏开元国际集团轻工业品进出口股份有限公司	法人股	153.95	0.77
9	南京纺织品进出口股份有限公司	法人股	153.95	0.77
10	江苏省陶瓷进出口(集团)有限公司	法人股	123.16	0.62

股东人数	2003.9	2003.6	2002	2001
	50162	51119	53305	29210

近年分配	近年配股/增发
2002年 每10股派0.5元 2001年 每10股派0.5元	不分配不转增

重大事项

江苏弘业永盛进出口有限公司为公司的控股子公司,该公司拟向中国银行无锡分行申请贷款。公司董事会同意为其不超过1650万元的银行贷款提供为期一年的担保。 2003年06月20日公司将持有的江苏金茂储运有限公司18.75%的股权转让给弘业集 团。经协商,以截止2002年12月31日公司经审计的帐面价值8075000.00元为依据,转让价格为8075000.00元,弘业集团以现金支付。

二〇〇二年以来市场表现

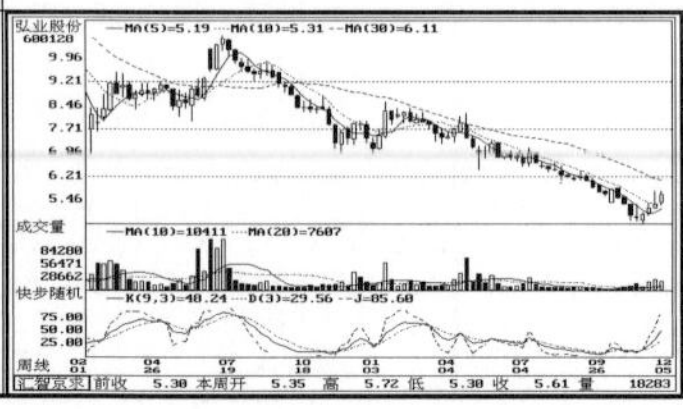

2002年涨跌幅(%)	-28.51
2002年最高(元)	10.61
2002年最低(元)	6.50
2002年换手率(%)	180.48
2003年涨跌幅(%)	-25.04
2003年最高(元)	8.49
2003年最低(元)	4.71
2003年换手率(%)	88.67

重庆太极实业(集团)股份有限公司

公司概况

公司名称	重庆太极实业(集团)股份有限公司	股票代码	600129
注册地址	重庆市涪陵区建设路68号	邮政编码	400080
法人代表	白礼西	董秘	夏 雪
电话	023-72800072	传真	023-72800072
主营业务	中成药、西药、保建用品、医疗包装等		
总股本	25260.00	流通A	7500.00
流通B		流通H	
审计单位		审计意见	未审计

主要财务指标

年度	2003.9	2003.6	2002	2001
每股收益/扣除后(元)	0.1700	0.1500	0.2080	0.3410
每股经营现金流量(元)	0.6400	0.2100	1.0300	0.8900
每股净资产/调整后(元)	3.3900	2.9300	3.1500	3.9400
每股公积金(元)	1.9816	1.9816	1.9658	1.9654
净资产收益率(%)	4.9870	4.1330	6.4500	10.2000
总资产(万元)	368367.19	355194.22	319560.16	273221.72
股东权益(万元)	89270.20	88651.49	84819.22	99408.26
未分配利润(万元)	6628.04	5890.35	2226.17	13572.95
主营收入(万元)	234214.80	152249.28	233912.27	174897.06
资本公积金(万元)	50056.52	50055.35	49657.04	49647.09
主营利润(万元)	62526.25	44469.62	78663.87	73122.95
其他业务利润(万元)	851.31	679.42	1080.04	900.32
营业利润(万元)	7100.39	5782.55	7651.91	11796.43
投资收益(万元)	-1309.12	-724.08	-770.99	229.84
补贴收入(万元)	144.40	69.07	52.24	600.00
营业外收支(万元)	-23.98	-119.24	183.74	215.26
利润总额(万元)	5911.68	5008.40	7116.90	12841.53
净利润(万元)	4451.87	3664.18	5470.16	10143.31

十大股东

序号	股东名称	股份性质	持股数(万股)	比例(%)
1	太极集团有限公司	国有法人股	14778.96	58.51
2	重庆市涪陵区希兰生物科技有限公司	法人股	1655.51	6.55
3	重庆市涪陵药用植物开发研究所	法人股	1284.73	5.08
4	华夏证券有限公司	流通股	1196.83	4.74
5	上海同盛投资(集团)有限公司	流通股	408.81	1.62
6	北京当代伟业投资管理有限公司	流通股	305.60	1.21
7	深圳市兰光经济发展公司	流通股	302.41	1.20
8	深圳市明正投资有限公司	流通股	263.16	1.04
9	陕西龙创科技有限责任公司	流通股	228.33	0.90
10	海南华辰实业投资公司	流通股	224.69	0.89

股东人数	2003.9	2003.6	2002	2001
	2780	2409	3062	4185

近年分配	近年配股/增发
2001年 每10股派2.0元	不分配不转增

重大事项

2003年4月3日公司与朝华科技(集团)股份有限公司签订了《互保协议》,公司与朝华集团双方同意互相为对方在银行签署的所有短期借款合同项下各笔贷款本息提供最高额保证,双方互保总额为9500万元整,互保期限为壹年。 公司与重庆市财政局、重庆化医控股(集团)公司三方重新签订了《关于西南药业股份有限公司国家股股权转让补充协议》, 公司拟收购重庆市财政局持有授权化医集团管理的西南药业的部分国家股股权6400万股,占西南药业总股本14879.2973万股的43.01%,转让价格为4.00元/股,收购总价款为25,600万元。

二〇〇二年以来市场表现

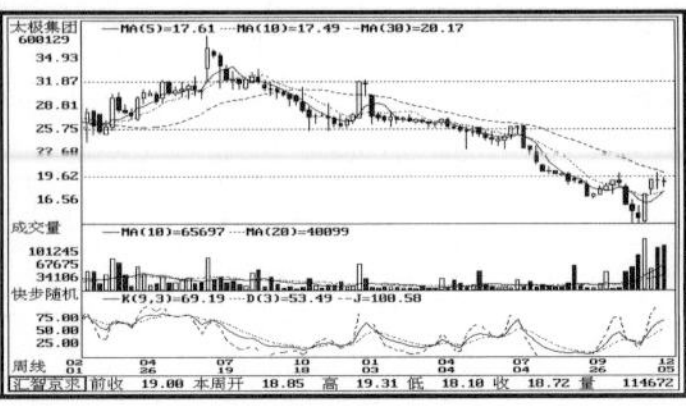

2002年涨跌幅(%)	13.82
2002年最高(元)	37.79
2002年最低(元)	23.71
2002年换手率(%)	166.87
2003年涨跌幅(%)	-39.61
2003年最高(元)	30.00
2003年最低(元)	13.50
2003年换手率(%)	130.24

宁波波导股份有限公司

公司概况

公司名称	宁波波导股份有限公司	股票代码	600130
注册地址	浙江省奉化市城山路99号	邮政编码	315500
法人代表	徐立华	董秘	马思甜
电话	0574-88918855	传真	0574-88929054
主营业务	手机		

总股本	16000.00	流通A	4000.00	流通B		流通H	
审计单位				审计意见	未审计		

主要财务指标

年度	2003.9	2003.6	2002	2001
每股收益/扣除后(元)	0.9800	0.6200	1.4100	0.4400
每股经营现金流量(元)	3.2870	0.0150	3.7100	2.2300
每股净资产/调整后(元)	7.2800	6.9100	6.1600	5.2030
每股公积金(元)	3.8340	3.8341	3.7058	3.7058
净资产收益率(%)	14.1800	9.5500	21.7600	8.1800
总资产(万元)	430056.87	384861.09	380741.47	174343.16
股东权益(万元)	118030.78	111992.99	99246.71	83254.48
未分配利润(万元)	35026.18	28987.37	18293.06	6078.10
主营收入(万元)	801951.00	575253.94	636761.62	262229.34
资本公积金(万元)	61343.99	61345.01	59293.03	29293.03
主营利润(万元)	131987.12	92610.65	149674.73	72583.65
其他业务利润(万元)	4892.40	3931.34	2741.72	-54.40
营业利润(万元)	23865.34	17277.28	28220.68	14493.96
投资收益(万元)	143.73	476.17	-773.20	-219.46
补贴收入(万元)	1811.39	986.61	340.79	79.54
营业外收支(万元)	-119.51		-605.98	-1688.63
利润总额(万元)	25700.95	18997.58	27182.28	27182.28
净利润(万元)	16733.11	10694.31	21592.22	21592.22

十大股东

序号	股东名称	股份性质	持股数(万股)	比例(%)
1	宁波电子信息集团有限公司	发起人法人股	5400.00	33.75
2	波导科技集团股份有限公司	发起人法人股	5280.00	33.00
3	奉化市大桥镇资产经营总公司	发起人法人股	607.20	3.80
4	宁波市工业投资有限责任公司	发起人法人股	603.60	3.77
5	兴华证券投资基金	流通股	198.33	1.24
6	中国电子进出口宁波公司	发起人法人股	109.20	0.68
7	华夏成长证券投资基金	流通股	106.67	0.67
8	华安创新证券投资基金	流通股	54.00	0.34
9	银丰证券投资基金	流通股	48.46	0.30
10	社保基金	流通股	43.05	0.27

股东人数	2003.9	2003.6	2002	2001
	29222	27367	32868	32868

近年分配	2002年 每10股派3.5元 2001年 每10股派2.0元	近年配股/增发	不分配不转增

重大事项

公司第一大股东宁波电子信息集团有限公司于2001年03月22日质押给交通银行宁波分行药行街支行的所持有本公司3000万股法人股已解除质押登记。 公司将拥有的宁波太阳能电源有限公司80%的股权及其相关权益转让给宁波电子信息集团有限公司,转让价格为11333669.02元。

二〇〇二年以来市场表现

2002年涨跌幅(%)	-2.11
2002年最高(元)	22.65
2002年最低(元)	16.80
2002年换手率(%)	206.85
2003年涨跌幅(%)	-22.39
2003年最高(元)	24.95
2003年最低(元)	14.33
2003年换手率(%)	222.75

四川岷江水利电力股份有限公司

公司概况

公司名称	四川岷江水利电力股份有限公司	股票代码	600131
注册地址	成都市温哥华广场15楼H座	邮政编码	623007
法人代表	何源森	董秘	蒲和翔
电话	028-87731485	传真	028-87764010
主营业务	发电、输电、供电		

总股本	50412.52	流通A	16991.50	流通B		流通H	
审计单位				审计意见	未审计		

主要财务指标

年度	2003.9	2003.6	2002	2001
每股收益/扣除后(元)	0.0460	0.0140	0.1700	0.0900
每股经营现金流量(元)		-0.0300	0.1100	0.0900
每股净资产/调整后(元)	1.2200	1.1900	2.0500	2.0100
每股公积金(元)	0.0421	0.0421	0.5716	0.5716
净资产收益率(%)	3.7400	1.1900	8.2000	4.5900
总资产(万元)	160589.56	155737.53	168086.02	145768.84
股东权益(万元)	63737.63	62095.24	61887.14	59535.29
未分配利润(万元)	5823.14	4180.75	9823.96	8269.71
主营收入(万元)	20866.07	13921.39	34373.21	14286.77
资本公积金(万元)	2122.54	2122.54	16949.76	16949.76
主营利润(万元)	7351.16	3436.43	13358.25	7294.16
其他业务利润(万元)	21.70	-9.79	-15.44	241.78
营业利润(万元)	3131.04	983.24	6759.13	6759.13
投资收益(万元)	-8.51	-8.51	-7.56	10.94
补贴收入(万元)				
营业外收支(万元)	39.68		197.78	67.76
利润总额(万元)	3162.21	1015.21	6949.36	6949.36
净利润(万元)	2380.95	738.56	5317.29	5317.29

十大股东

序号	股东名称	股份性质	持股数(万股)	比例(%)
1	阿坝州水利电网资产经营公司	国有股	14423.31	28.61
2	水利部经济局	国有股	10098.00	20.03
3	阿坝州下庄电厂	法人股	4231.06	8.39
4	阿坝州信托投资公司	法人股	1683.00	3.34
5	鹏信经贸	法人股	374.00	0.74
6	阿坝州甘堡水电厂	法人股	336.60	0.67
7	四川省电力开发公司	法人股	336.60	0.67
8	茂新贸易	法人股	181.90	0.36
9	四川省岷山机械厂	法人股	168.30	0.33
10	阿坝州马尔康水电厂	法人股	168.30	0.33

股东人数	2003.9	2003.6	2002	2001
	34706	31817	26399	45917

近年分配	2002年 每10股派1.0元	近年配股/增发	2002年 每10股送2股 2001年 每10股配3股

重大事项

公司2002年度经营及财务状况初步测算,公司预计2002年度净利润可比2001年度增长比例超过50% 公司股东阿坝州国有资产经营公司于2002年5月8日签定了将其所属的全资子公司——阿坝州水利资产经营公司的全部股权(100%的股权)转让给四川省电力公司的《股权转让协议书》。

二〇〇二年以来市场表现

2002年涨跌幅(%)	-9.54
2002年最高(元)	7.69
2002年最低(元)	4.24
2002年换手率(%)	92.21
2003年涨跌幅(%)	6.90
2003年最高(元)	7.01
2003年最低(元)	4.48
2003年换手率(%)	81.32

重庆啤酒股份有限公司

公司概况

公司名称	重庆啤酒股份有限公司			股票代码	600132		
注册地址	重庆九龙坡区石桥铺石杨路16号			邮政编码	400039		
法人代表	华正兴			董秘	苏甫玉		
电话	023-68882299			传真	023-68882266		
主营业务	啤酒						
总股本	25630.00	流通 A	7800.00	流通 B		流通 H	
审计单位				审计意见	未审计		

主要财务指标

年度	2003.9	2003.6	2002	2001
每股收益/扣除后(元)	0.1800	0.1000	0.2608	0.2170
每股经营现金流量(元)	0.8600	0.3930	0.7300	0.5800
每股净资产/调整后(元)	2.4900	2.3900	3.4200	3.3700
每股公积金(元)	0.9837	0.9829	1.9744	1.9744
净资产收益率(%)	7.1500	4.0500	0.0675	0.0089
总资产(万元)	118440.14	162216.66	141555.48	117814.19
股东权益(万元)	64164.65	62072.97	59555.98	57663.63
未分配利润(万元)	5741.52	3670.84	1153.85	152.59
主营收入(万元)	46377.86	39512.92	77874.63	46671.03
资本公积金(万元)	25213.85	25192.85	33736.45	33736.45
主营利润(万元)	17558.35	15208.40	28540.88	16206.60
其他业务利润(万元)	239.35	155.84	417.88	545.05
营业利润(万元)	5054.18	3294.65	5796.19	4623.82
投资收益(万元)	-93.24	-73.91	-274.45	-1022.23
补贴收入(万元)	65.27		41.95	90.11
营业外收支(万元)	-90.15	-64.33	-27.40	318.49
利润总额(万元)	5353.04	3156.41	5536.29	4010.19
净利润(万元)	4587.67	2516.99	4455.43	3428.72

十大股东

序号	股东名称	股份性质	持股数(万股)	比例(%)
1	重庆啤酒(集团)有限责任公司	国家股	4618.00	54.06
2	合川市银源商贸有限公司	社会法人股	4018.75	4.70
3	东方证券有限责任公司	社会法人股	213.23	3.70
4	国泰君安证券股份有限公司	社会法人股	166.97	3.60
5	重庆钰鑫实业(集团)有限公司	社会法人股	144.13	1.70
6	申银万国证券股份有限公司	社会法人股	125.21	0.80
7	通乾证券投资基金	社会法人股	50.17	0.70
8	重庆远望科技实业有限公司	社会法人股	48.77	0.60
9	重庆市九龙坡区渝宏副食经营部	社会法人股	30.88	0.40
10	西南证券有限责任公司	社会法人股	2.55	0.30

股东人数	2003.9	2003.6	2002	2001
	6155	6284	5229	11172

近年分配	2002年 每10股派1.5元	近年配股/增发	不分配不转增

重大事项

公司以自有资金受让攀枝花市国有资产投资经营有限责任公司持有的重庆啤酒攀枝花有限责任公司39%的股权,计21666645股,受让价格以出具的截止2002年12月31日的净资产值为计算依据,按每股0.985元作为受让价格,受让支付价款总额为21341645.33元。本次受让股权事宜完结后,公司将持有重庆啤酒攀枝花有限责任公司90%的股权。　公司控股子公司重庆佳辰生物工程有限公司与中国人民解放军第三军医大学联合开发研制的国家一类新药–"治疗用(合成肽)乙型肝炎疫苗",日前已获得国家食品药品监督管理局正式行文批准进入一期临床试验,这标志该药的研发已转入人体试验阶段。

二○○二年以来市场表现

2002年涨跌幅(%)	6.82
2002年最高(元)	17.99
2002年最低(元)	9.71
2002年换手率(%)	99.93
2003年涨跌幅(%)	-3.55
2003年最高(元)	15.90
2003年最低(元)	9.86
2003年换手率(%)	85.01

武汉东湖高新集团股份有限公司

公司概况

公司名称	武汉东湖高新集团股份有限公司			股票代码	600133		
注册地址	武汉关东科技工业园东湖高新大楼			邮政编码	430074		
法人代表	黄立平			董秘	舒春萍		
电话	027-87561686			传真	027-87561866		
主营业务	房地产、生物产业						
总股本	27559.22	流通 A	8320.00	流通 B		流通 H	
审计单位				审计意见	未审计		

主要财务指标

年度	2003.9	2003.6	2002	2001
每股收益/扣除后(元)	0.0613	0.0829	0.1480	0.1401
每股经营现金流量(元)	-0.1300	-0.1860	-0.1137	0.0337
每股净资产/调整后(元)	2.3806	2.4023	2.3231	2.3055
每股公积金(元)	1.0002	1.0002	1.0002	1.0002
净资产收益率(%)	2.5000	3.3400	6.1000	7.7400
总资产(万元)	150316.25	136525.23	135207.70	116412.75
股东权益(万元)	69400.69	70001.42	67665.71	63537.23
未分配利润(万元)	7887.80	8488.53	6152.82	2649.70
主营收入(万元)	21651.24	16007.99	39090.59	47541.70
资本公积金(万元)	27564.93	27564.93	27564.93	27564.93
主营利润(万元)	6898.35	5071.10	10764.83	10794.83
其他业务利润(万元)	-4.23	-0.54	20.24	20.24
营业利润(万元)	2157.73	2790.51	5419.52	5419.52
投资收益(万元)	29.23	57.88	-305.47	1305.99
补贴收入(万元)				
营业外收支(万元)	-96.21		-52.87	-227.17
利润总额(万元)	2090.75	2768.65	2028.17	5228.17
净利润(万元)	1734.98	2335.71	4129.12	4129.12

十大股东

序号	股东名称	股份性质	持股数(万股)	比例(%)
1	红桃开集团股份有限公司	法人股	8152.00	29.58
2	武汉长江通信产业集团股份有限公司	法人股	5241.46	18.29
3	武汉城市综合开发集团有限公司	法人股	2391.16	8.69
4	武汉金丹科技有限责任公司	法人股	1867.84	6.78
5	武汉庙山实业发展总公司	法人股	1781.76	6.47
6	蒋兴球	社会公众股	42.25	0.15
7	兴和证券投资基金	社会公众股	34.72	0.12
8	张杰	社会公众股	21.00	0.07
9	裘兴祥	社会公众股	13.94	0.05
10	朱艺华	社会公众股	13.80	0.05

股东人数	2003.9	2003.6	2002	2001
	53458	54627	54902	57032

近年分配	2001年 每10股派0.8元	近年配股/增发	2002年 每10股配3股

重大事项

2003年9月18日,曙光集团将持有武汉华中曙光软件园有限公司3000万股转让给公司,转让价格为人民币3000万元。该项转让事宜已经公司四届九次董事会授权。　2003年9月19日武汉建工股份有限公司将持有武汉华中曙光软件园有限公司3000万股转让给公司控股子公司武汉学府房地产有限公司,转让价格为人民币3000万元。公司已持有被收购公司注册资本的60%的股权,此次转让完成后将直接持有被收购公司80%股权,间接持有被收购公司19%股权。

二○○二年以来市场表现

2002年涨跌幅(%)	-32.44
2002年最高(元)	12.12
2002年最低(元)	7.60
2002年换手率(%)	114.82
2003年涨跌幅(%)	-21.64
2003年最高(元)	10.39
2003年最低(元)	5.16
2003年换手率(%)	161.80

乐凯胶片股份有限公司

公司概况

公司名称	乐凯胶片股份有限公司	股票代码	600135
注册地址	河北省保定国家高新技术产业开发区	邮政编码	071054
法人代表	杜昌焘	董秘	李建新
电话	0312-7922899	传真	0312-3217937
主营业务	彩色胶卷、相纸、电影胶片等		
审计单位		审计意见	未审计

总股本	流通 A	流通 B	流通 H
34200.00	12600.00		

主要财务指标

年度	2003.9	2003.6	2002	2001
每股收益/扣除后(元)	0.1940	0.1420	0.3770	0.4060
每股经营现金流量(元)	0.2800	0.1120	0.4690	0.5810
每股净资产/调整后(元)	3.0310	2.9710	2.8330	2.8370
每股公积金(元)	0.9721	0.9721	0.9721	0.9721
净资产收益率(%)	6.4010	4.7500	12.7850	14.4160
总资产(万元)	112672.13	108102.38	117302.73	115697.71
股东权益(万元)	103773.55	101976.11	97130.56	97024.19
未分配利润(万元)	25777.93	23980.48	19134.94	20853.28
主营收入(万元)	41670.97	27510.86	59295.89	63814.83
资本公积金(万元)	33245.62	33245.62	33245.62	33245.62
主营利润(万元)	41670.97	27510.86	59295.89	27613.46
其他业务利润(万元)	22.29	23.19	-81.35	-17.36
营业利润(万元)	7774.52	5563.91	14351.27	15797.19
投资收益(万元)	46.83	46.83	562.29	981.54
补贴收入(万元)				
营业外收支(万元)	-28.17		-65.43	107.78
利润总额(万元)	779.00	5579.09	14848.13	16886.52
净利润(万元)	6643.00	4845.55	12418.37	13986.63

十大股东

序号	股东名称	股份性质	持股数(万股)	比例(%)
1	中国乐凯胶片集团公司	国有法人股	21600.00	63.16
2	银丰证券投资基金	流通股	160.01	0.47
3	许继电控设备公司	流通股	109.04	0.32
4	王英	流通股	82.14	0.24
5	中富投资管理有限公司	流通股	75.82	0.22
6	爱建证券有限责任公司	流通股	75.01	0.22
7	黄丁光	流通股	60.26	0.18
8	崔中合	流通股	47.69	0.14
9	王正民	流通股	45.50	0.13
10	浙江贝尔生物科技开发有限公司	流通股	38.97	0.11

股东人数

2003.9	2003.6	2002	2001
31294	34921	49568	47346

近年分配	近年配股/增发
2002年 每10股派3.6元 2001年 每10股派4.0元	不分配不转增

重大事项

基金金鑫2003年第3季度投资组合:截止2003年9月30日,资产净值为2,784,990,286.17元,每份基金单位资产净值为0.9283元;持有债券(不含应计利息)合计为185,252,293.70元,占基金资产净值的6.65%;基金持有国债(不含应计利息)及货币资金合计为791,098,959.20元(货币资金中含当日证券清算款-6,837,276.00元),占基金资产净值的28.41%;持有每只股票的价值(按成本价计算)均不超过基金资产净值的10%。

二〇〇二年以来市场表现

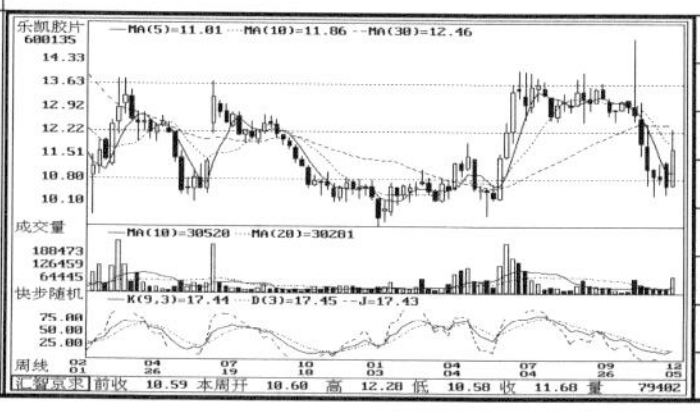

2002年涨跌幅(%)	-19.93
2002年最高(元)	13.32
2002年最低(元)	8.94
2002年换手率(%)	163.89
2003年涨跌幅(%)	11.71
2003年最高(元)	15.04
2003年最低(元)	9.03
2003年换手率(%)	183.42

武汉道博股份有限公司

公司概况

公司名称	武汉道博股份有限公司	股票代码	600136
注册地址	湖北省武汉经济技术开发区Ⅲ--5号地块	邮政编码	430020
法人代表	周起宏	董秘	吴小林
电话	027-82702748	传真	027-82702818
主营业务	螺旋藻系列产品、羊绒系列产品		
审计单位		审计意见	未审计

总股本	流通 A	流通 B	流通 H
10444.40	4092.40		

主要财务指标

年度	2003.9	2003.6	2002	2001
每股收益/扣除后(元)	0.0030	-0.1400	-1.3800	0.1000
每股经营现金流量(元)	-0.2500	-0.3500	-0.5500	0.0500
每股净资产/调整后(元)	2.4700	2.3000	2.4600	4.0300
每股公积金(元)	2.3729	2.3729	2.3729	2.3729
净资产收益率(%)	0.0800	-0.0600	-44.5300	5.9100
总资产(万元)	77198.78	80723.29	76791.75	86260.50
股东权益(万元)	26612.75	25151.41	26592.04	42067.91
未分配利润(万元)	-10739.90	-12201.24	-10760.61	4680.00
主营收入(万元)	8209.04	2188.08	11044.38	17566.75
资本公积金(万元)	24783.65	24783.65	24783.65	24782.33
主营利润(万元)	8209.04	2188.08	11044.38	14566.75
其他业务利润(万元)	3101.73	472.02	580.05	9558.72
营业利润(万元)	-113.44	-1539.47	-17124.10	2555.12
投资收益(万元)	-12.39	-6.68	1447.59	-2.23
补贴收入(万元)	35.54	35.54	397.41	1522.17
营业外收支(万元)	-44.95	-39.88	-220.78	-174.32
利润总额(万元)	-135.25	-1550.50	-15517.87	3900.73
净利润(万元)	20.71	-1440.62	-15233.36	2486.07

十大股东

序号	股东名称	股份性质	持股数(万股)	比例(%)
1	赛尔网络	法人股	2200.00	21.06
2	武汉汇华科技投资有限公司	法人股	1861.20	17.82
3	武汉合信实业有限公司	法人股	880.00	8.43
4	武汉远洲生物工程有限公司	法人股	730.80	7.00
5	武汉银峰综合开发公司	法人股	180.00	1.72
6	招商安达	法人股	120.00	1.15
7	新恒基	法人股	110.00	1.05
8	周荣华	流通股	32.63	0.31
9	金梦公司	法人股	30.00	0.29
10	任广英	流通股	28.38	0.27

股东人数

2003.9	2003.6	2002	2001
13140	14787	17777	16014

近年分配	近年配股/增发
2001年 每10股派0.5元	不分配不转增

重大事项

公司2003年上半年处于重大资产重组后的产业结构调整期,经营业绩尚未有较大改观,经公司计划财务部对各子公司上半年的经营情况初步分析,公司预计2003年上半年度的净利润将出现亏损。公司决定向中国民生银行深圳分行龙岗支行申请一年期流动资金贷款5000万元。公司与该行于2003年01月13日签订了1600万元的一年期流动资金借款合同,贷款期限为2003年1月13日至2004年1月13日;于2003年1月22日签订了3400万元的一年期流动资金借款合同,贷款期限为2003年1月22日至2004年1月22日。

二〇〇二年以来市场表现

2002年涨跌幅(%)	-41.42
2002年最高(元)	16.23
2002年最低(元)	9.45
2002年换手率(%)	135.70
2003年涨跌幅(%)	20.02
2003年最高(元)	12.40
2003年最低(元)	8.00
2003年换手率(%)	169.10

四川长江包装控股股份有限公司

公司概况

公司名称	四川长江包装控股股份有限公司	股票代码	600137
注册地址	四川省宜宾市马鞍石	邮政编码	644004
法人代表	杨盛奎	董秘	傅相林
电话	0831-7115019	传真	0831-7115019
主营业务	机制纸、水泥袋纸		
总股本	6071.13	流通 A	1740.00
流通 B		流通 H	
审计单位		审计意见	未审计

主要财务指标

年度	2003.9	2003.6	2002	2001
每股收益 / 扣除后(元)	-0.3890	-0.2500	-1.1920	-1.0750
每股经营现金流量(元)	-0.0390	-0.0870	-0.3550	-0.2960
每股净资产 / 调整后(元)	-9.1530	-9.0300	-8.6010	2.4100
每股公积金(元)	2.1220	2.1220	2.1220	2.1220
净资产收益率(%)		-2.8330	-128.0400	-13.1890
总资产(万元)	12034.39	10784.24	10534.52	72608.30
股东权益(万元)	-54463.27	-53658.98	-52138.74	14630.56
未分配利润(万元)	-74403.27	-73598.98	-72078.73	-5320.13
主营收入(万元)	4039.22	1767.60	3056.21	5082.54
资本公积金(万元)	12882.88	12882.88	12882.88	12882.88
主营利润(万元)	385.63	-37.93	-871.79	-368.11
其他业务利润(万元)	-124.48	-9.73	74.11	164.54
营业利润(万元)	-2382.36	-1537.33	-7401.65	-5441.02
投资收益(万元)	50.68	10.58	-43363.28	3324.33
补贴收入(万元)				
营业外收支(万元)	6.78		-15999.19	18.99
利润总额(万元)	-2324.90	-1521.48	-66764.12	-66764.12
净利润(万元)	-2324.54	-1520.25	-66758.60	-66758.60

十大股东

序号	股东名称	股份性质	持股数(万股)	比例(%)
1	四川省国有资产投资管理有限公司	国家股	3467.13	57.11
2	深圳中投信息咨询中心	法人股	120.00	1.98
3	深圳有色金属财务有限公司	法人股	120.00	1.98
4	旭能投资	法人股	120.00	1.98
5	成都嘉泰	法人股	120.00	1.98
6	深圳能源投资股份有限公司	法人股	120.00	1.98
7	嘉年华	法人股	25.00	0.41
8	四川省长江木业总公司	法人股	24.00	0.40
9	高盈投资	法人股	24.00	0.40
10	渝华公司	法人股	20.00	0.33

股东人数	2003.9	2003.6	2002	2001
	9167	9309	10502	9969

近年分配		近年配股/增发	不分配不转增

重大事项

公司于 **2003** 年 **03** 月 **19** 日收到四川省成都市中级人民法院民事裁定书。裁定如下:解除对四川省国有资产投资管理有限责任公司持有的公司国有股权 **1300** 万股的冻结。中国证券登记结算有限责任公司上海分公司已解除对公司 **1300** 万股国家股股权的冻结。

二〇〇二年以来市场表现

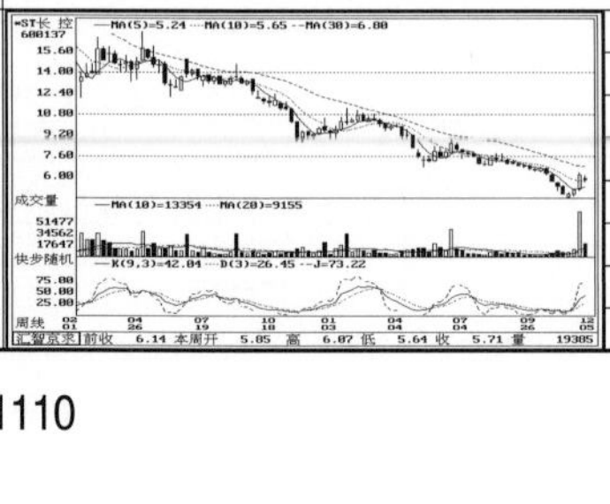

2002年涨跌幅(%)	-43.40
2002年最高(元)	17.20
2002年最低(元)	8.60
2002年换手率(%)	355.96
2003年涨跌幅(%)	-33.41
2003年最高(元)	11.22
2003年最低(元)	4.40
2003年换手率(%)	265.51

中青旅控股股份有限公司

公司概况

公司名称	中青旅控股股份有限公司	股票代码	600138
注册地址	北京市海淀区知春路 128 号泛亚大厦八层	邮政编码	100022
法人代表	张骏	董秘	张立军
电话	010-65679900-7721	传真	010-65686317
主营业务	旅游服务、科技产品销售及技术服务		
总股本	26700.00	流通 A	11700.00
流通 B		流通 H	
审计单位		审计意见	未审计

主要财务指标

年度	2003.9	2003.6	2002	2001
每股收益 / 扣除后(元)	-0.0690	-0.0520	0.2330	0.3230
每股经营现金流量(元)	0.1100	0.0100	0.3000	0.2500
每股净资产 / 调整后(元)	4.2000	4.2200	4.1700	4.0600
每股公积金(元)	2.2711	2.2711	2.2711	2.2711
净资产收益率(%)	0.4100	0.4030	7.3200	9.4900
总资产(万元)	194928.34	188114.52	182796.20	174078.59
股东权益(万元)	114035.24	114025.31	113565.55	108321.86
未分配利润(万元)	20290.68	20280.75	19820.99	16010.79
主营收入(万元)	73190.85	42911.77	169937.77	130856.88
资本公积金(万元)	60637.87	60637.89	60637.89	60637.89
主营利润(万元)	9088.86	5858.85	24630.89	21627.44
其他业务利润(万元)	1039.56	678.77	442.94	19820.00
营业利润(万元)	-896.37	-805.52	8513.28	8513.28
投资收益(万元)	1026.14	1105.69	-243.47	4807.50
补贴收入(万元)	23.00	13.00		
营业外收支(万元)	137.61		1453.57	717.54
利润总额(万元)	226.04	174.56	1312.30	9723.38
净利润(万元)	469.69	459.76	8318.59	8318.59

十大股东

序号	股东名称	股份性质	持股数(万股)	比例(%)
1	中国青年旅行社总社	未流通	6907.89	25.87
2	嘉事堂药业有限责任公司	未流通	2171.05	8.13
3	北京创格科技集团	未流通	1973.68	7.39
4	深圳明思克航母世界实业有限公司	未流通	1506.41	5.64
5	中国东方资产管理公司	未流通	731.00	2.74
6	广西壮族自治区青年联合会	未流通	493.42	1.85
7	吴县市农村信用合作社联合社	未流通	465.54	1.74
8	中国农业银行	未流通	436.00	1.63
9	中国信达资产管理公司	未流通	160.64	0.60
10	苏州太湖国家旅游度假区发展集团公司	未流通	133.58	0.50

股东人数	2003.9	2003.6	2002	2001
	60890	57289	46939	52532

近年分配	2002年 每 10 股派 1.2 元 2001 年 每 10 股派 1.5 元	近年配股/增发	不分配不转增

重大事项

公司股东深圳明思克航母世界实业有限公司所持公司 **15064103** 股法人股质押解除后继续质押,该公司所持股权占公司总股本的 **5.64%**,本次质押期为 **2003** 年 **10** 月 **27** 日至 **2004** 年 **10** 月 **27** 日。由于 **SARS** 对公司旅游业务的滞后影响,根据公司三季度财务数据初步估算,预计公司 **2003** 年前三季度累计净利润与上年同期相比将下降 **50%** 以上,扣除非经常性损益后的净利润将出现亏损。

二〇〇二年以来市场表现

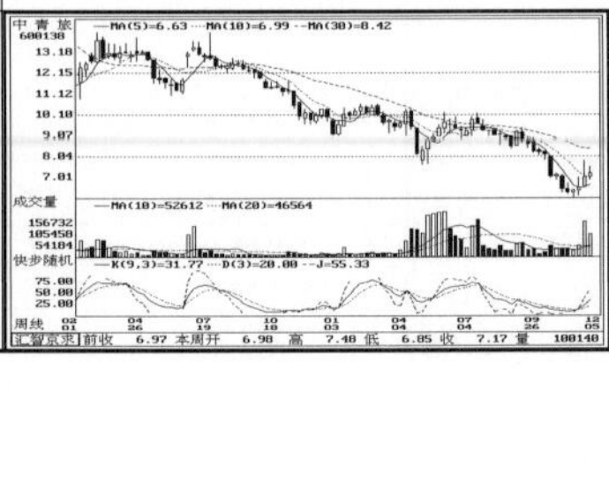

2002年涨跌幅(%)	-20.09
2002年最高(元)	14.09
2002年最低(元)	9.18
2002年换手率(%)	110.82
2003年涨跌幅(%)	-25.77
2003年最高(元)	10.46
2003年最低(元)	5.98
2003年换手率(%)	249.78

鼎天科技股份有限公司

公司概况

公司名称	鼎天科技股份有限公司			股票代码	600139		
注册地址	四川省德阳市华山北路 114 号			邮政编码	618000		
法人代表	陈亚平			董秘	王 祺		
电话	0838-2826498			传真	0838-2821217		
主营业务	电工机械、手工贸易						
总股本	7601.02	流通 A	2940.00	流通 B		流通 H	
审计单位				审计意见	未审计		

主要财务指标

年度	2003.9	2003.6	2002	2001
每股收益 / 扣除后(元)	-0.4100	-0.3140	-0.6000	-0.6900
每股经营现金流量(元)	-0.0170	-0.0100	-0.9300	0.2600
每股净资产 / 调整后(元)	0.6900	0.7600	1.0200	1.3700
每股公积金(元)	0.9905	0.9706	0.9319	0.6274
净资产收益率(%)	-55.9200	-38.8200	-60.9100	-61.1000
总资产(万元)	40231.18	40049.86	40074.29	40997.35
股东权益(万元)	5239.14	5775.80	7723.71	10387.53
未分配利润(万元)	-12060.11	-11372.48	-9130.51	-4151.74
主营收入(万元)	10463.80	5726.88	40451.11	19393.06
资本公积金(万元)	7528.74	7377.78	7083.72	4768.77
主营利润(万元)	249.86	168.21	1191.07	2135.21
其他业务利润(万元)	35.47	20.67	-22.76	65.36
营业利润(万元)	-2635.77	-1932.04	-3558.44	-4530.25
投资收益(万元)	-553.83	-380.87	-1006.08	-1029.44
补贴收入(万元)			24.50	42.30
营业外收支(万元)	25.40		-130.38	-829.25
利润总额(万元)	-3164.20	-2300.59	-4670.40	-6346.65
净利润(万元)	-2929.60	-2241.98	-4704.40	-6346.65

十大股东

序号	股东名称	股份性质	持股数(万股)	比例(%)
1	四川鼎天(集团)有限公司	法人股	2461.02	32.38
2	**四川奇峰集团投资有限公司	法人股	2200.00	28.94
3	郑伙金	流通股	17.32	0.23
4	朱素凤	流通股	13.86	0.18
5	梁永康	流通股	13.51	0.18
6	储传利	流通股	12.75	0.17
7	赵剑宇	流通股	8.50	0.11
8	蔡素云	流通股	8.48	0.11
9	石文才	流通股	8.41	0.11
10	区健芬	流通股	8.31	0.11

股东人数	2003.9	2003.6	2002	2001
	7949	8561	7174	4577

近年分配		近年配股 / 增发	不分配不转增

重大事项

公司第二大股东—四川奇峰集团投资有限公司将持有公司社会法人股共计 **2200** 万股，占公司总股本的 **28.94%** 转让给绵阳高新区投资控股(集团)有限责任公司公司绳。本次股权转让已于 **2003** 年 **08** 月 **19** 日在中国证券登记结算有限责任公司上海分公司办理完过户登记手续，绵阳高新成为公司第二大股东，奇峰集团不再持有公司股份。

二〇〇二年以来市场表现

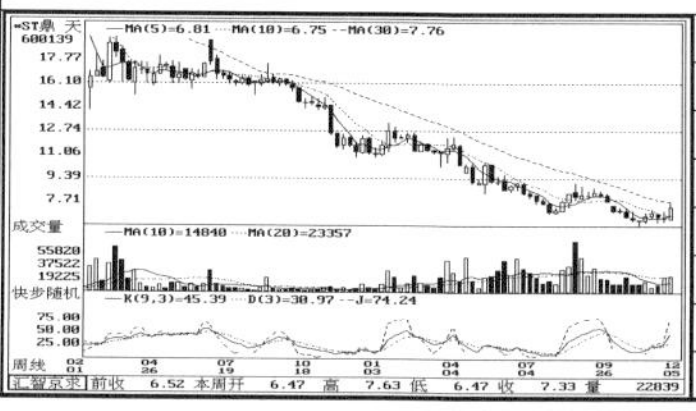

2002年涨跌幅(%)	-52.39
2002年最高(元)	23.74
2002年最低(元)	10.78
2002年换手率(%)	194.18
2003年涨跌幅(%)	-42.45
2003年最高(元)	13.28
2003年最低(元)	6.03
2003年换手率(%)	355.91

湖北省兴发化工集团股份有限公司

公司概况

公司名称	湖北省兴发化工集团股份有限公司			股票代码	600141		
注册地址	湖北省兴山县古夫镇昭君路昭君山庄			邮政编码	443711		
法人代表	牛涛			董秘	孙卫东		
电话	0717-258269			传真	0717-2582619		
主营业务	化工						
总股本	16000.00	流通 A	4000.00	流通 B		流通 H	
审计单位				审计意见	未审计		

主要财务指标

年度	2003.9	2003.6	2002	2001
每股收益 / 扣除后(元)	0.0143	0.0340	0.1100	0.2200
每股经营现金流量(元)	0.7600	0.4600	0.0530	0.5000
每股净资产 / 调整后(元)	2.5700	2.5600	2.5300	2.5200
每股公积金(元)	1.0842	1.0842	1.0842	1.0842
净资产收益率(%)	1.9400	1.3400	4.3900	8.3200
总资产(万元)	115616.90	101409.08	95419.79	71477.80
股东权益(万元)	41168.29	40918.61	40496.67	40317.31
未分配利润(万元)	4764.63	4514.95	4093.01	4180.56
主营收入(万元)	47618.02	31420.32	46207.78	35716.47
资本公积金(万元)	17347.90	17347.90	17347.90	17347.90
主营利润(万元)	9859.11	6178.98	9921.21	9639.25
其他业务利润(万元)	72.45	133.27	325.55	286.71
营业利润(万元)	1314.27	985.22	2793.36	4082.88
投资收益(万元)	19.80		71.53	5.44
补贴收入(万元)				
营业外收支(万元)	5.48		-88.49	-176.74
利润总额(万元)	1339.55	993.54	2776.39	3911.58
净利润(万元)	796.83	547.15	1779.36	3354.36

十大股东

序号	股东名称	股份性质	持股数(万股)	比例(%)
1	宜昌兴发集团有限责任公司	国家股	4878.00	30.49
2	兴山县水电专业公司	法人股	3386.00	21.16
3	宜昌市夷陵国有资产经营公司	国家股	1500.00	9.38
4	宜昌汇友电子科技有限公司	法人股	1000.00	6.25
5	兴山县高岚河电业有限责任公司	法人股	1000.00	6.25
6	湖北双环化工集团有限责任公司	法人股	100.00	0.63
7	华资资产管理有限公司	法人股	66.00	0.41
8	宜昌县亚兴商贸有限公司	法人股	20.00	0.13
9	宜昌全望实业有限公司	法人股	20.00	0.13
10	左子悠	流通股	18.22	0.11

股东人数	2003.9	2003.6	2002	2001
	22030	21963	22317	20480

近年分配	2002年 每 10 股派 1.0 元 2001 年 每 10 股派 1.0 元	近年配股 / 增发	2001年 每 10 股配 3 股

重大事项

兴山县高岚河电业有限责任公司所持公司 **1000** 万股法人股被武汉市中级人民法院冻结，冻结期限从 **2003** 年 **9** 月 **3** 日起至 **2004** 年 **9** 月 **3** 日止。　宜昌汇友电子科技有限公司持有公司 **1000** 万股法人股，占公司总股本的 **6.25%**。因宜昌汇友电子科技有限公司与中国民生银行武汉分行青山支行债务纠纷一事，宜昌汇友电子科技有限公司所持公司 **1000** 万股法人股被武汉市中级人民法院冻结，冻结期限一年。

二〇〇二年以来市场表现

2002年涨跌幅(%)	-32.02
2002年最高(元)	12.73
2002年最低(元)	8.48
2002年换手率(%)	183.23
2003年涨跌幅(%)	-29.53
2003年最高(元)	10.35
2003年最低(元)	5.40
2003年换手率(%)	113.05

重庆四维瓷业(集团)股份有限公司

公司概况

公司名称	重庆四维瓷业(集团)股份有限公司	股票代码	600145
注册地址	重庆市江津市油溪镇	邮政编码	402285
法人代表	陈宗云	董秘	乔昌志
电话	023-6108888	传真	023-6108999
主营业务	卫生洁具、瓷砖		
总股本	34650.00	流通 A	12474.00
流通 B		流通 H	
审计单位		审计意见	未审计

主要财务指标

年度	2003.9	2003.6	2002	2001
每股收益 / 扣除后(元)	0.0530	0.0470	0.1100	0.3300
每股经营现金流量(元)	0.0200	0.0500	0.1000	0.2600
每股净资产 / 调整后(元)	1.3600	1.3600	1.3000	1.6700
每股公积金(元)	0.0897	0.0894	0.0836	0.3170
净资产收益率(%)	3.8500	3.3800	8.7000	18.9700
总资产(万元)	80031.82	78796.68	74223.30	71942.74
股东权益(万元)	47428.73	47185.87	45384.41	41430.98
未分配利润(万元)	6707.97	6473.72	4875.05	6489.41
主营收入(万元)	24746.22	16719.75	29391.14	30987.56
资本公积金(万元)	3107.86	3099.25	2896.45	7846.45
主营利润(万元)	7931.82	5510.32	11104.33	14523.18
其他业务利润(万元)	86.49	56.02	127.59	10.01
营业利润(万元)	2237.46	1980.88	4702.62	9009.88
投资收益(万元)	-39.98	-39.98	-7.60	6.56
补贴收入(万元)	11.89	-11.89	23.14	
营业外收支(万元)	-40.02	38.49	-43.77	-106.24
利润总额(万元)	2169.35	1914.29	4674.38	8910.19
净利润(万元)	1827.17	1592.92	3949.74	7860.41

十大股东

序号	股东名称	股份性质	持股数(万股)	比例(%)
1	伟星集团有限公司	社会法人股	9940.00	28.69
2	重庆轻纺控股(集团)公司	国家股	9645.73	27.83
3	重庆万吉实业发展有限公司	社会法人股	1863.50	5.38
4	四川广汉石油输气广汉实业开发公司	社会法人股	372.70	1.08
5	广州科技风险投资有限公司	流通股	290.32	0.84
6	重庆天和洁具有限公司	社会法人股	260.89	0.75
7	成都干道建设综合开发总公司	国有法人股	93.18	0.27
8	长江证券有限责任公司	流通股	55.02	0.16
9	郑改梅	流通股	53.77	0.16
10	刘宝章	流通股	52.69	0.15

股东人数	2003.9	2003.6	2002	2001
	36610	36610	336115	11573

近年分配		近年配股 / 增发	2003年 每10股配3股 2001年 每10股送2股

重大事项

公司接大股东伟星集团有限公司通知,近日重庆轻纺控股(集团)公司已将所持有的 **19585.7285** 万股国家股中的 **9940** 万股过户给伟星集团有限公司。此次股权过户后,伟星集团有限公司持有公司股份 **9940** 万股,占公司总股本的 **28.69%**,股份性质为社会法人股,为公司第一大股东。重庆轻纺控股(集团)公司持有公司股份 **9645.7285** 万股,占公司总股本的 **27.83%**,为公司第二大股东。 重庆万吉实业发展有限公司已将持有的公司发起人法人股 **18635047** 股质押给兵器财务有限责任公司,并办理了股份质押登记手续,质押期限为:**2002** 年 **5** 月 **17** 日至 **2004** 年 **5** 月 **25** 日。

二○○二年以来市场表现

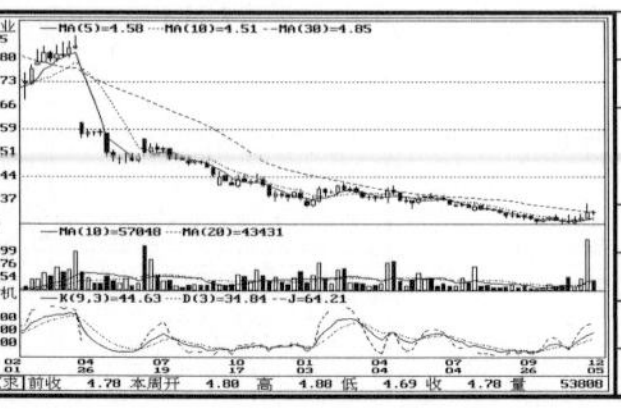

2002年涨跌幅(%)	-31.65
2002年最高(元)	9.16
2002年最低(元)	5.13
2002年换手率(%)	238.11
2003年涨跌幅(%)	-7.00
2003年最高(元)	6.09
2003年最低(元)	4.30
2003年换手率(%)	193.93

宁夏大元化工股份有限公司

公司概况

公司名称	宁夏大元化工股份有限公司	股票代码	600146
注册地址	银川经济技术开发区经天东路南侧8号	邮政编码	750004
法人代表	王朝刚	董秘	
电话	0951-6042066	传真	0951-6032396
主营业务	塑料制造、生物化学制品		
总股本	20000.00	流通 A	6000.00
流通 B		流通 H	
审计单位		审计意见	未审计

主要财务指标

年度	2003.9	2003.6	2002	2001
每股收益 / 扣除后(元)	-0.0071	0.0003	0.0120	-0.5600
每股经营现金流量(元)	-0.0770	-0.0240	0.0310	0.1290
每股净资产 / 调整后(元)	1.7900	1.8000	1.7970	1.7500
每股公积金(元)	1.2514	1.2514	1.2514	1.2514
净资产收益率(%)	-0.3000	0.0700	0.5800	-34.8100
总资产(万元)	40974.85	40980.95	41757.48	40538.21
股东权益(万元)	35830.54	35964.43	35938.05	34984.16
未分配利润(万元)	-10038.86	-9904.98	-9931.36	-10883.42
主营收入(万元)	2276.65	1417.05	4074.02	153112.52
资本公积金(万元)	25028.43	25028.43	25028.43	25028.43
主营利润(万元)	414.72	313.50	848.09	-199.27
其他业务利润(万元)	311.82	237.99	71.66	99.76
营业利润(万元)	-94.97	38.01	38.38	-10489.10
投资收益(万元)	-3.39	-2.26	289.48	-466.66
补贴收入(万元)	13.19	13.19		
营业外收支(万元)	20.40	20.62	-39.13	-1181.94
利润总额(万元)	-64.77	69.56	288.73	-12137.70
净利润(万元)	-107.50	26.38	209.39	-12176.42

十大股东

序号	股东名称	股份性质	持股数(万股)	比例(%)
1	宁夏大元炼油化工有限责任公司	国家股	14000.00	70.00
2	北京日新经贸发展有限责任公司	流通股	46.07	0.23
3	郑州鑫成家电有限公司	流通股	36.50	0.18
4	孟禅金	流通股	30.42	0.15
5	陈昌珍	流通股	29.99	0.15
6	王泽志	流通股	22.85	0.11
7	关淑彦	流通股	18.95	0.09
8	李松清	流通股	16.55	0.08
9	王冬青	流通股	16.20	0.08
10	张发秀	流通股	14.46	0.07

股东人数	2003.9	2003.6	2002	2001
	12643	12758	10588	5729

近年分配		近年配股 / 增发	不分配不转增

重大事项

宁夏大元炼油化工有限责任公司所持本公司 **14000** 万股国家股划转给宁夏回族自治区综合投资公司持有。本次划转完成后,公司总股本仍为 **20000** 万股。 宁夏大元炼油化工有限责任公司将不再持有公司股份,宁夏回族自治区综合投资公司将成为公司第一大股东,持有公司国家股 **14000** 万股,占总股本的 **70%**。

二○○二年以来市场表现

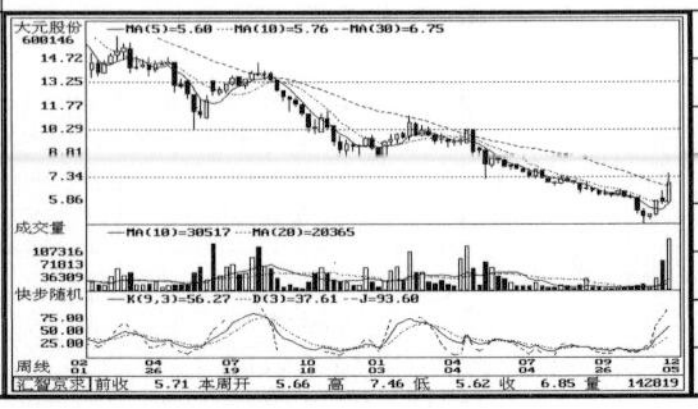

2002年涨跌幅(%)	-47.91
2002年最高(元)	16.95
2002年最低(元)	8.61
2002年换手率(%)	290.28
2003年涨跌幅(%)	-35.41
2003年最高(元)	11.10
2003年最低(元)	4.38
2003年换手率(%)	215.90

长春一东离合器股份有限公司

公司概况

公司名称	长春一东离合器股份有限公司			股票代码	600148
注册地址	长春市朝阳区繁荣路17-1号			邮政编码	130012
法人代表	姜成颜	董秘		王有年	
电话	0431-5173591-6224	传真		0431-5174234	
主营业务	生产和销售重、中、客、轻、轿、微等各种型号的汽车离合器等				
总股本	14151.65	流通A	4200.00	流通B	流通H
审计单位		审计意见		未审计	

主要财务指标

年度	2003.9	2003.6	2002	2001
每股收益/扣除后(元)	0.1100	0.0680	0.0950	0.0590
每股经营现金流量(元)	0.0570	0.0630	0.1000	0.2600
每股净资产/调整后(元)	1.9400	1.8900	1.8200	1.7800
每股公积金(元)	0.6362	0.6362	0.6362	0.6361
净资产收益率(%)	6.2100	3.5100	5.3500	3.2900
总资产(万元)	36269.07	34968.59	34999.16	35650.60
股东权益(万元)	27484.30	26714.59	25776.96	25244.32
未分配利润(万元)	3052.77	2283.06	1345.43	1021.62
主营收入(万元)	17488.24	11328.20	21396.82	16013.31
资本公积金(万元)	9003.89	9003.89	9003.89	9001.78
主营利润(万元)	5132.51	3311.87	6451.20	4013.34
其他业务利润(万元)	194.91	95.46	186.92	89.76
营业利润(万元)	2137.47	1170.31	1824.81	937.93
投资收益(万元)			66.67	
补贴收入(万元)				
营业外收支(万元)	-45.57		-44.49	-14.02
利润总额(万元)	2091.89	1148.40	1846.99	923.91
净利润(万元)	1707.33	937.62	1379.64	830.24

十大股东

序号	股东名称	股份性质	持股数(万股)	比例(%)
1	吉林东光集团有限公司	国有法人股	6085.43	43.00
2	中国第一汽车集团公司	国有法人股	3866.21	27.32
3	北京大亚伟业科技发展有限公司	社会公众股	39.84	0.28
4	谢月异	社会公众股	16.20	0.11
5	余长清	社会公众股	15.05	0.11
6	颜惠敏	社会公众股	14.32	0.10
7	晋方连	社会公众股	12.50	0.09
8	林广升	社会公众股	12.00	0.08
9	唐荣长	社会公众股	11.03	0.08
10	苏建民	社会公众股	10.52	0.07

股东人数	2003.9	2003.6	2002	2001
	28555	28787	29924	31114

近年分配	2002年 每10股派0.60元 2001年 每10股派0.37元	近年配股/增发	不分配不转增

重大事项

国内整车及汽车配件市场第三季度将进入规律性淡季，公司经营将受到一定影响，公司准备强化销售，加大产品开发力度，努力克服淡季影响，预计第三季度利润水平将低于第二季度，但与去年同期相比将有较大增长。

二〇〇二年以来市场表现

2002年涨跌幅(%)	-20.36
2002年最高(元)	11.53
2002年最低(元)	6.55
2002年换手率(%)	179.10
2003年涨跌幅(%)	-19.47
2003年最高(元)	10.91
2003年最低(元)	6.03
2003年换手率(%)	134.95

邢台轧辊股份有限公司

公司概况

公司名称	邢台轧辊股份有限公司			股票代码	600149
注册地址	河北省邢台市新兴西路1号			邮政编码	054025
法人代表	何强	董秘		靳电人	
电话	0319-2116168	传真		0319-2022061	
主营业务	轧辊				
总股本	30564.00	流通A	12420.00	流通B	流通H
审计单位		审计意见		未审计	

主要财务指标

年度	2003.9	2003.6	2002	2001
每股收益/扣除后(元)	0.0661	0.0520	0.0930	0.1300
每股经营现金流量(元)	-0.0400	-0.0066	0.0630	0.1200
每股净资产/调整后(元)	1.8300	1.8100	1.7600	2.0300
每股公积金(元)	0.3955	0.3955	0.3955	0.3955
净资产收益率(%)	3.4000	2.6300	5.3800	6.4800
总资产(万元)	85092.28	76924.82	89287.19	93409.06
股东权益(万元)	56145.39	55701.54	54235.71	51808.75
未分配利润(万元)	9603.40	9159.55	7693.72	5630.81
主营收入(万元)	22279.25	14839.30	41053.75	37403.89
资本公积金(万元)	12089.52	12089.52	12089.52	17183.52
主营利润(万元)	5015.21	3156.87	11000.72	8637.95
其他业务利润(万元)	133.98	120.29	-278.59	-97.63
营业利润(万元)	1867.90	1055.63	4284.97	4085.03
投资收益(万元)	882.14	869.35	80.38	284.16
补贴收入(万元)				
营业外收支(万元)	-178.85	-165.57	-54.09	-518.13
利润总额(万元)	2571.19	1759.40	4311.27	3851.06
净利润(万元)	1909.68	1465.83	2918.81	3359.40

十大股东

序号	股东名称	股份性质	持股数(万股)	比例(%)
1	北京华夏建设科技开发有限责任公司	国有法人股	8863.56	29.00
2	邢台机械轧辊(集团)有限公司	国家股	4974.02	16.27
3	江西洪都航空工业股份有限公司	国有法人股	3545.42	11.60
4	邢台顺达实业公司	社会法人股	576.00	1.89
5	唐山钢铁集团轧辊有限责任公司	社会公众股	234.52	0.77
6	河北省经济贸易投资有限公司	国家股	185.00	0.61
7	刘建国	社会公众股	145.50	0.48
8	赵德才	社会公众股	142.51	0.47
9	王青秀	社会公众股	58.51	0.19
10	乐春节	社会公众股	56.60	0.19

股东人数	2003.9	2003.6	2002	2001
	23282	23285	21648	24392

近年分配	2001年 每10股派0.5元	近年配股/增发	2001年 每10股转增2股 2001年中 每10股送2股

重大事项

公司原控股股东邢台机械轧辊(集团)有限公司向北京华夏建设科技开发有限责任公司协议转让公司国家股8863.56万股、向江西洪都航空工业股份有限公司协议转让国家股3545.42万股，股权转让事宜现已经在中国证券登记结算公司上海分公司办理完毕股份过户手续。本次股权转让完成后，华夏建设将成为公司第一大股东。

二〇〇二年以来市场表现

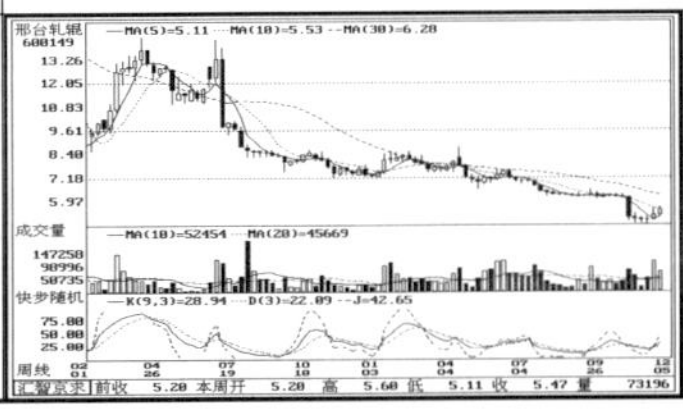

2002年涨跌幅(%)	-3.08
2002年最高(元)	12.07
2002年最低(元)	6.67
2002年换手率(%)	167.14
2003年涨跌幅(%)	-28.08
2003年最高(元)	8.70
2003年最低(元)	4.75
2003年换手率(%)	198.34

沪东重机股份有限公司

公司概况				
公司名称	沪东重机股份有限公司		股票代码	600150
注册地址	上海市浦东大道 2851 号		邮政编码	200129
法人代表	周建能	董秘	王惠梁	
电话	021-58461891	传真	021-38710103	
主营业务	船用柴油机的生产			
总股本	24149.31	流通 A 7700.00	流通 B	流通 H
审计单位		审计意见	未审计	

主要财务指标 年度	2003.9	2003.6	2002	2001
每股收益 / 扣除后(元)	0.0280	0.0110	0.0470	0.0330
每股经营现金流量(元)	0.3840	0.2170	0.2560	0.6800
每股净资产 / 调整后(元)	2.0170	1.9900	1.9720	1.9500
每股公积金(元)	1.2173	1.2160	1.2130	1.2056
净资产收益率(%)	1.5850	0.7900	1.8900	2.5800
总资产(万元)	119448.88	114585.73	113135.40	125342.47
股东权益(万元)	48977.76	48553.24	48098.00	47009.60
未分配利润(万元)	-4978.17	-5370.43	-5754.40	-6663.66
主营收入(万元)	58564.20	38071.73	86628.72	80031.74
资本公积金(万元)	29397.84	29365.59	29294.32	29115.16
主营利润(万元)	5015.21	3156.87	11000.72	8421.60
其他业务利润(万元)	342.40	173.19	191.49	8421.60
营业利润(万元)	852.38	378.68	2047.74	977.79
投资收益(万元)	167.19	181.85	90.67	307.85
补贴收入(万元)			11.41	386.26
营业外收支(万元)	-35.17	33.86	-214.25	-55.30
利润总额(万元)	984.39	523.68	1935.58	1616.60
净利润(万元)	776.23	383.97	909.25	1213.44

十大股东 序号	股东名称	股份性质	持股数(万股)	比例(%)
1	沪东中华造船(集团)有限公司	国有法人股	12284.12	17.25
2	上海船厂	国有法人股	4165.19	0.12
3	陆建新	流通股	30.14	0.09
4	杨雄	流通股	22.38	0.07
5	桂育润	流通股	17.45	0.07
6	陶祖兴	流通股	16.50	0.07
7	茹振刚	流通股	16.37	0.07
8	周顺德	流通股	16.23	0.07
9	郑茂彬	流通股	15.00	0.07
10	弘泰公司	流通股	50.87	0.06

股东人数	2003.9	2003.6	2002	2001
	36928	36981	38037	40777

近年分配		近年配股 / 增发	流通股

重大事项

公司于 2002 年 10 月 25 日和沪东中华造船(集团)有限公司签订了《资产置换协议》,公司 2002 年第一次临时股东大会审议通过了《关于置换芜湖造船厂债权的议案》,2002 年 11 月 29 日《资产置换协议》正式生效;2002 年 12 月 4 日,公司和沪东中华造船(集团)有限公司签订了《资产交接证书》,同日,公司向芜湖造船厂发出了《债权转让通知书》;2002 年 12 月 20 日,公司收到了沪东中华造船(集团)有限公司通过银行支付的资产置换价差共 6117785.81 元。至此,公司本次资产置换实施工作已全部完成。

二〇〇二年以来市场表现

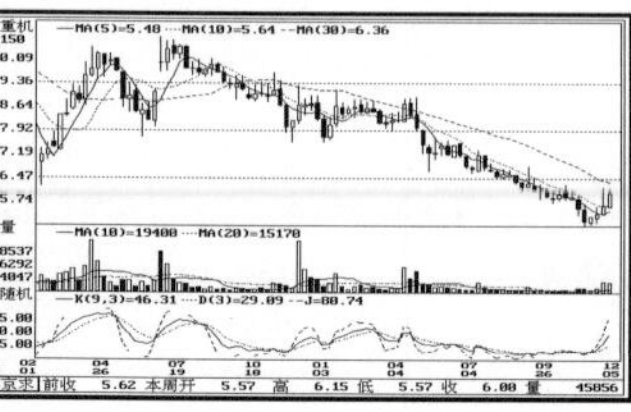

2002年涨跌幅(%)	-11.78
2002年最高(元)	10.81
2002年最低(元)	5.88
2002年换手率(%)	374.51
2003年涨跌幅(%)	-29.22
2003年最高(元)	9.15
2003年最低(元)	5.02
2003年换手率(%)	151.52

上海航天汽车机电股份有限公司

公司概况				
公司名称	上海航天汽车机电股份有限公司		股票代码	600151
注册地址	上海市浦东新区榕桥路 661 号		邮政编码	200235
法人代表	曲雁	董秘	陈平平	
电话	021-64827176	传真	021-64827177	
主营业务	卫星及卫星应用、运载火箭应用			
总股本	46784.00	流通 A 14144.00	流通 B	流通 H
审计单位		审计意见	未审计	

主要财务指标 年度	2003.9	2003.6	2002	2001
每股收益 / 扣除后(元)	0.1650	0.1080	0.1550	0.1120
每股经营现金流量(元)	0.2240	0.1000	0.4410	0.3960
每股净资产 / 调整后(元)	2.7160	2.6460	2.4310	2.5270
每股公积金(元)	1.1907	1.1908	1.1889	1.1850
净资产收益率(%)	6.9570	4.5340	6.5100	8.4160
总资产(万元)	239716.84	243614.50	220896.70	218230.48
股东权益(万元)	127956.41	124712.85	118967.04	118967.04
未分配利润(万元)	12316.49	9069.21	3471.53	6987.34
主营收入(万元)	132722.20	88216.97	129317.54	105730.12
资本公积金(万元)	55707.69	55711.41	55620.21	55437.26
主营利润(万元)	32039.20	20956.83	31417.02	25768.21
其他业务利润(万元)	827.43	565.67	42.28	289.08
营业利润(万元)	14924.59	9487.27	12916.13	9163.04
投资收益(万元)	2575.04	1594.53	1463.51	6115.06
补贴收入(万元)	213.29		573.00	1072.16
营业外收支(万元)	-101.24	-109.90	-55.60	-821.12
利润总额(万元)	17611.67	11055.68	14897.04	15529.14
净利润(万元)	8901.89	5654.62	7740.51	9949.50

十大股东 序号	股东名称	股份性质	持股数(万股)	比例(%)
1	上海航天工业总公司	国有股	27387.06	58.54
2	上海新光电讯厂	国有股	2546.20	5.44
3	上海舒乐电器总厂	国有股	2514.80	5.38
4	国泰君安证券股份有限公司	流通股	1648.81	3.52
5	深圳市新中泰投资有限公司	流通股	317.60	0.68
6	上海仪表厂有限责任公司	国有股	191.94	0.41
7	上海振泰实业公司	流通股	170.96	0.37
8	裕隆证券投资基金	流通股	52.58	0.11
9	中国银行—天同 180 指数证券投资基金	流通股	47.23	0.10
10	中国标准缝纫机公司上海经理部	流通股	45.62	0.10

股东人数	2003.9	2003.6	2002	2001
	46485	42456	39285	32054

近年分配	2002年 每 10 股派 1.3 元 2001 年 每 10 股派 1.3 元	近年配股 / 增发	不分配不转增

重大事项

公司把握汽车工业快速发展的机遇,确保产品质量,降低生产成本,主营收益继续保持增长。经初步估算,公司 2003 年前三季度净利润与上年同期相比预计增长 50%以上。 公司与成都燎原无线电厂、自然人签署了转让航天模塑 30%股权的《股权转让协议书》。根据协议价格,公司以现金 2185.38 万元收购航天模塑 30%股权,向燎原厂支付转让价总款为 776.43 万元,向自然人支付转让价总款为 1408.95 万元。

二〇〇二年以来市场表现

2002年涨跌幅(%)	-21.21
2002年最高(元)	10.49
2002年最低(元)	7.03
2002年换手率(%)	151.43
2003年涨跌幅(%)	-17.35
2003年最高(元)	8.83
2003年最低(元)	5.65
2003年换手率(%)	147.39

宁波维科精华集团股份有限公司

公司概况							
公司名称	宁波维科精华集团股份有限公司				股票代码	600152	
注册地址	浙江省宁波市和义路99号				邮政编码	315016	
法人代表	周正一		董秘	张伯根			
电话	0574-8734180		传真	0574-87279527			
主营业务	家纺、线带、坯布、床上用品						
总股本	29349.42	流通A	11097.50	流通B		流通H	
审计单位			审计意见	未审计			

主要财务指标 年度	2003.9	2003.6	2002	2001
每股收益/扣除后(元)	0.0918	0.0788	0.1465	0.1691
每股经营现金流量(元)	0.7340	0.3740	0.5151	0.3652
每股净资产/调整后(元)	2.2062	2.1435	2.0632	2.0143
每股公积金(元)	0.7191	0.7187	0.7187	0.7182
净资产收益率(%)	6.6700	3.7900	7.4000	8.0600
总资产(万元)	116609.11	158864.98	128609.23	98055.67
股东权益(万元)	65506.94	63475.51	61004.23	59117.30
未分配利润(万元)	10528.19	8563.14	6159.27	5321.11
主营收入(万元)	100798.57	63076.62	134640.91	109868.91
资本公积金(万元)	21106.64	21091.99	21091.99	21077.76
主营利润(万元)	15239.40	10159.19	18999.55	15338.41
其他业务利润(万元)	615.87	470.09	551.72	1174.26
营业利润(万元)	6261.22	4791.55	8672.42	6706.58
投资收益(万元)	-94.64	-94.22	-186.35	-70.31
补贴收入(万元)	276.38		368.26	256.90
营业外收支(万元)	15.12		14.17	14.31
利润总额(万元)	8546.49	4712.48	8115.90	6323.28
净利润(万元)	4368.92	2403.87	4511.78	4764.36

十大股东 序号	股东名称	股份性质	持股数(万股)	比例(%)
1	宁波维科集团股份有限公司	国有法人股	8716.92	29.70
2	宁波工业投资有限责任公司	社会法人股	5135.00	17.50
3	宁波纺织(控股)集团有限公司	国家股国有法人股	1800.00	6.13
4	宁波华泰投资有限公司	社会法人股	780.00	2.66
5	上海南方房地产有限公司	社会法人股	428.00	1.46
6	杭州一生工贸有限公司	社会法人股	272.00	0.93
7	杭州天目山药业股份有限公司	社会法人股	260.00	0.89
8	宁波银盛投资有限公司	社会法人股	255.00	0.87
9	海南普林投资股份有限公司	社会法人股	200.00	0.68
10	上海佳事达贸易有限责任公司	社会法人股	108.00	0.37

股东人数	2003.9	2003.6	2002	2001
	72234	72946	75304	85108

近年分配	近年配股/增发
2002年每10股派1.0元 2001年每10股派1.0元	不分配不转增

重大事项

宁波纺织(控股)集团有限公司将持有的本公司1410万股国家股和390万股社会法人股(合计1800万股,占总股本的6.13%)以2002年年末每股净资产2.08元的价格转让给日本国伊藤忠商事株式会社,转让的价款合计3744万元,折合美元4530164.80元。本次股权转让后,宁波纺织(控股)集团有限公司将不再持有本公司股份,日本国伊藤忠商事株式会社成为本公司的第三大股东,持有本公司1800万股股份。

二〇〇二年以来市场表现

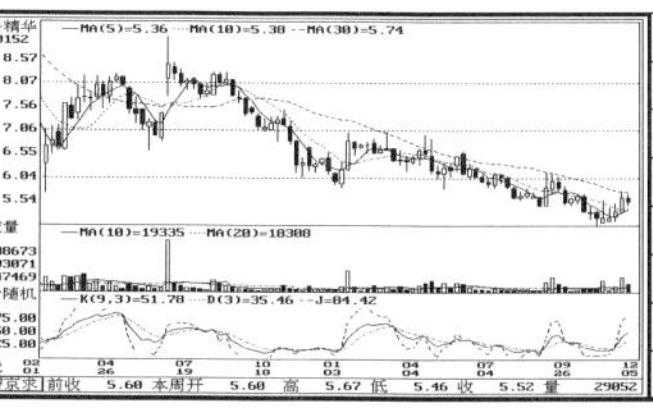

2002年涨跌幅(%)	-23.17
2002年最高(元)	8.98
2002年最低(元)	5.19
2002年换手率(%)	103.44
2003年涨跌幅(%)	-6.20
2003年最高(元)	6.90
2003年最低(元)	5.03
2003年换手率(%)	77.50

厦门建发股份有限公司

公司概况							
公司名称	厦门建发股份有限公司				股票代码	600153	
注册地址	厦门市鹭江道52号海滨大厦六楼				邮政编码	361001	
法人代表	王宪榕		董秘	林茂			
电话	0592-2132319		传真	0592-2132319			
主营业务	港口贸易、临港工业等						
总股本	38600.00	流通A	17000.00	流通B		流通H	
审计单位			审计意见	未审计			

主要财务指标 年度	2003.9	2003.6	2002	2001
每股收益/扣除后(元)	0.3010	0.2840	0.5400	0.4800
每股经营现金流量(元)	0.6400	-0.2700	0.1400	0.9800
每股净资产/调整后(元)	6.1900	5.2100	4.8800	5.0900
每股公积金(元)	4.0803	2.9934	2.9934	2.9934
净资产收益率(%)	4.8800	5.3000	10.8400	9.6200
总资产(万元)	565271.00	448612.22	412495.00	367923.50
股东权益(万元)	241765.69	160600.19	152086.34	150628.66
未分配利润(万元)	36380.94	33104.86	24586.08	25581.25
主营收入(万元)	596002.00	376212.16	746432.19	598345.56
资本公积金(万元)	147498.52	88603.49	88603.49	88603.49
主营利润(万元)	29224.87	18838.37	41089.97	25931.98
其他业务利润(万元)	2993.50	2838.03	1169.92	4393.80
营业利润(万元)	13753.69	10088.83	17366.59	11378.40
投资收益(万元)	1305.53	629.91	3611.50	1265.51
补贴收入(万元)				
营业外收支(万元)	102.58	43.33	96.81	152.39
利润总额(万元)	15161.81	10762.07	21074.91	16353.77
净利润(万元)	11794.85	8518.78	16493.73	14496.96

十大股东 序号	股东名称	股份性质	持股数(万股)	比例(%)
1	Θ厦门建发集团有限公司	国有法人股	21600.00	55.96
2	上海中技投资顾问有限公司	社会公众股	762.98	1.98
3	兵器财务有限责任公司	社会公众股	7623.98	1.98
4	五矿集团财务有限责任公司	社会公众股	611.91	1.59
5	兴业证券股份有限公司	社会公众股	575.29	1.49
6	华夏回报证券投资基金	社会公众股	274.67	0.71
7	景宏证券投资基金	社会公众股	274.67	0.71
8	融通新蓝筹证券投资基金	社会公众股	250.26	0.65
9	银丰证券投资基金	社会公众股	244.15	0.63
10	华宝信托投资有限责任公司	社会公众股	175.49	0.45

股东人数	2003.9	2003.6	2002	2001
	41497	42675	37655	38380

近年分配	近年配股/增发
2002年每10股派5.0元 2001年每10股派0.5元	不分配不转增

重大事项

公司2003年04月30日接到公司的控股股东厦门建发集团有限公司的通知,该公司已于近日将其质押给中国农业银行厦门市分行的2480万股公司国有法人股股权解除了质押,并已办理了解除质押登记手续。

二〇〇二年以来市场表现

2002年涨跌幅(%)	-21.71
2002年最高(元)	13.58
2002年最低(元)	9.23
2002年换手率(%)	70.74
2003年涨跌幅(%)	-13.55
2003年最高(元)	11.70
2003年最低(元)	7.70
2003年换手率(%)	102.75

河北宝硕股份有限公司

公司概况

公司名称	河北宝硕股份有限公司			股票代码	600155		
注册地址	河北省保定国家高新技术产业开发区朝阳北路175号			邮政编码	071051		
法人代表	周山			董秘	何胜利		
电话	0312-2109607			传真	0312-3109605		
主营业务	塑料制品、化工产品						
总股本	41250.00	流通A	12000.00	流通B		流通H	
审计单位				审计意见	未审计		

主要财务指标

年度	2003.9	2003.6	2002	2001
每股收益/扣除后(元)	0.1000	0.0655	0.1480	0.1740
每股经营现金流量(元)	0.1400	0.1380	0.3680	0.3580
每股净资产/调整后(元)	2.0780	2.0050	1.9360	1.9100
每股公积金(元)	0.5617	0.5242	0.5234	0.5192
净资产收益率(%)	4.8290	3.2990	7.6740	9.1450
总资产(万元)	258419.75	257179.66	228395.52	205456.44
股东权益(万元)	86658.03	83690.34	80895.22	78804.94
未分配利润(万元)	16490.33	15066.64	12305.96	11560.42
主营收入(万元)	109194.45	75656.66	120113.42	111340.80
资本公积金(万元)	23168.68	21624.67	21590.23	21416.79
主营利润(万元)	17187.76	11754.33	20869.86	189967.64
其他业务利润(万元)	297.52	197.18	804.02	734.47
营业利润(万元)	5287.17	3571.56	8458.00	10251.04
投资收益(万元)	22.51	35.09	36.84	38.73
补贴收入(万元)	8.44		30.00	20.48
营业外收支(万元)	41.43		22.15	-345.01
利润总额(万元)	5359.55	3632.07	9547.00	9965.24
净利润(万元)	4184.36	2760.68	6207.97	7206.97

十大股东

序号	股东名称	股份性质	持股数(万股)	比例(%)
1	河北宝硕集团有限公司	国家股	26030.00	63.10
2	浙江传化集团有限公司	社会法人股	3220.00	7.81
3	基金兴和	社会法人股	138.05	0.33
4	顾丽娅	社会法人股	36.61	0.09
5	高峰	社会法人股	16.34	0.04
6	韩彩琴	社会法人股	15.32	0.04
7	黄驭卿	社会法人股	15.00	0.04
8	管惠明	社会法人股	14.84	0.04
9	杨春莲	社会法人股	12.50	0.03
10	靖钰	社会法人股	12.00	0.03

股东人数

2003.9	2003.6	2002	2001
62575	63577	66733	69375

近年分配	近年配股/增发
2002年 每10股派1.0元 2001年 每10股派1.0元	不分配不转增

重大事项

公司控股股东河北宝硕集团有限公司因与中国经济开发信托投资公司债务纠纷一案于2002年11月28日被司法冻结的2500万股公司国家股股权已被续冻，冻结期限自2003年11月4日至2004年5月4日。截至目前，宝硕集团持有的公司国家股股权共11100万股被司法冻结，占公司总股本的26.91%，占宝硕集团持有公司国家股股权26030万股的42.64%。　公司控股股东河北宝硕集团有限公司因与中信实业银行借款纠纷一案于2001年3月30日被司法冻结的4000万股公司国家股股权已被续冻，冻结期限自2003年9月2日至2004年3月1日。

二〇〇二年以来市场表现

2002年涨跌幅(%)	-20.36
2002年最高(元)	7.89
2002年最低(元)	4.90
2002年换手率(%)	138.33
2003年涨跌幅(%)	-15.04
2003年最高(元)	6.15
2003年最低(元)	4.15
2003年换手率(%)	68.95

湖南华升益鑫泰股份有限公司

公司概况

公司名称	湖南华升益鑫泰股份有限公司			股票代码	600156		
注册地址	湖南省长沙市天心区芙蓉南路257号			邮政编码	410015		
法人代表	刘郁文			董秘	郝利民		
电话	0731-5237867			传真	0731-5237861		
主营业务	纺织化工						
总股本	43890.00	流通A	13600.00	流通B		流通H	
审计单位				审计意见	未审计		

主要财务指标

年度	2003.9	2003.6	2002	2001
每股收益/扣除后(元)	-0.0760	-0.0170	-0.2800	0.1163
每股经营现金流量(元)	-0.2100	-0.1100	-0.2700	0.1200
每股净资产/调整后(元)	2.3100	2.3700	2.3800	2.7500
每股公积金(元)	1.3730	1.3730	1.3730	1.3730
净资产收益率(%)	-2.5400	0.0800	-14.0000	5.5300
总资产(万元)	156259.08	159856.12	153747.62	150052.47
股东权益(万元)	103003.01	105680.77	105599.07	120653.33
未分配利润(万元)	-5408.71	-2730.95	-2812.65	12185.45
主营收入(万元)	55734.14	38409.08	70722.75	74425.65
资本公积金(万元)	60259.38	60259.38	60259.38	60259.38
主营利润(万元)	2680.21	2784.43	4021.87	10849.51
其他业务利润(万元)	173.56	105.20	291.55	252.54
营业利润(万元)	-3552.78	-799.94	-12723.66	4635.87
投资收益(万元)	1140.29	1181.08	1024.00	3352.32
补贴收入(万元)			27.46	30.00
营业外收支(万元)	1.98	-2.08	-3354.50	-353.72
利润总额(万元)	-2410.51	379.06	-15025.73	7664.46
净利润(万元)	-2547.17	81.70	-14779.15	6676.26

十大股东

序号	股东名称	股份性质	持股数(万股)	比例(%)
1	湖南华升工贸进出口(集团)公司	国有股	29120.00	66.35
2	益阳市财源建设投资有限公司	法人股	715.00	1.63
3	中国服装集团公司	法人股	455.00	1.04
4	郭才顺	流通股	66.09	0.15
5	兴和证券投资基金	流通股	64.35	0.15
6	田永成	流通股	37.00	0.08
7	顾亚娟	流通股	32.01	0.07
8	程国光	流通股	31.50	0.07
9	王治峰	流通股	25.70	0.06
10	王素芳	流通股	25.01	0.06

股东人数

2003.9	2003.6	2002	2001
76259	77652	81591	87403

近年分配	近年配股/增发
2001年 每10股派0.30元	不分配不转增

重大事项

公司2003年08月23日获悉，因原告中国工商银行岳阳市北环路支行诉被告湖南华升工贸进出口(集团)公司、湖南洞庭苎麻纺织印染厂借款合同纠纷一案，湖南省高级人民法院已冻结湖南华升工贸进出口(集团)公司(公司第一大股东，持有公司国有法人股29120万股，占公司总股本66.35%)所持有的公司国有法人股1350万股，以每股净资产2.41元折算，冻结限额3258万元，冻结期限自2003年8月21日起至2004年8月20日止。　2003年上半年由于公司主导产品的市场竞争依然剧烈，产品价格下降趋势虽有缓解，但未见明显回升迹象预计2003年中期净利润比去年同期下降50%以上。

二〇〇二年以来市场表现

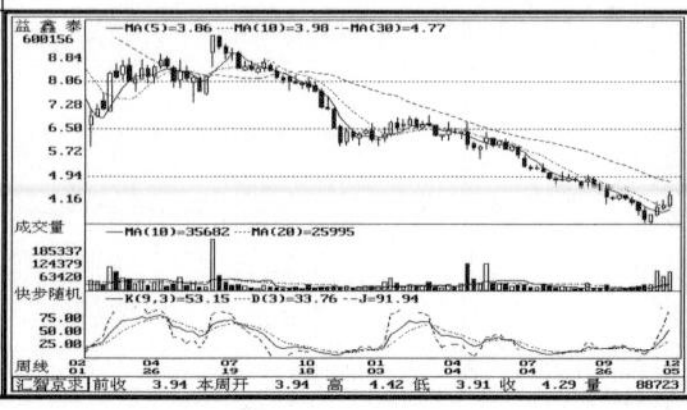

2002年涨跌幅(%)	-30.15
2002年最高(元)	9.59
2002年最低(元)	5.62
2002年换手率(%)	122.28
2003年涨跌幅(%)	-33.56
2003年最高(元)	6.93
2003年最低(元)	3.38
2003年换手率(%)	100.91

泰安鲁润股份有限公司

公司概况

公司名称	泰安鲁润股份有限公司	股票代码	600157
注册地址	山东省泰安市青年路111号	邮政编码	271000
法人代表	王振宣	董秘	尚福平
电话	0538-8201817	传真	0538-8226885
主营业务	油品、装饰工程、房地产等		
总股本	17044.62	流通A	6355.84
流通B		流通H	
审计单位		审计意见	未审计

主要财务指标

年度	2003.9	2003.6	2002	2001
每股收益/扣除后(元)	0.0620	0.0330	0.0654	0.1080
每股经营现金流量(元)	0.1800	0.1290	0.9800	0.6600
每股净资产/调整后(元)	1.7670	1.7360	1.6650	1.6960
每股公积金(元)	0.0354	0.0354	0.0354	0.0354
净资产收益率(%)	3.3900	1.8300	3.8100	6.4500
总资产(万元)	103256.79	108047.59	91905.56	78904.30
股东权益(万元)	30549.67	30061.37	29511.65	28919.55
未分配利润(万元)	8460.11	7971.81	7422.09	6967.71
主营收入(万元)	68909.90	44997.18	64900.42	49363.33
资本公积金(万元)	602.86	602.86	602.86	602.86
主营利润(万元)	6204.99	3893.05	7619.50	8648.68
其他业务利润(万元)	31.87	26.66	120.59	78.20
营业利润(万元)	1526.24	809.27	1367.82	2204.25
投资收益(万元)	18.59	1.07	52.05	47.70
补贴收入(万元)	388.63	198.17	418.36	
营业外收支(万元)	-14.75	-11.55	-10.08	-24.39
利润总额(万元)	1918.71	996.96	1828.15	2227.57
净利润(万元)	1038.02	549.72	1125.28	1865.14

十大股东

序号	股东名称	股份性质	持股数(万股)	比例(%)
1	中国石化泰山石油股份有限公司	法人股	5028.00	29.50
2	泰安鲁浩贸易公司	法人股	2651.17	15.55
3	山东童海集团公司	法人股	1725.00	10.12
4	泰安市国有资产管理局	国家股	1101.60	6.46
5	日照市岚山黄海紫菜厂	法人股	183.00	1.07
6	刘锦峰	社会公众股	24.05	0.14
7	兴和证券投资基金	社会公众股	21.80	0.13
8	程长云	社会公众股	17.70	0.10
9	郝杰	社会公众股	14.83	0.09
10	四川成民高新技术开发有限公司	社会公众股	13.87	0.08

股东人数	2003.9	2003.6	2002	2001
	48988	49347	57747	57590

近年分配		近年配股/增发	2001年 每10股配3股

重大事项

公司第一大股东中国石化山东泰山石油股份有限公司因借款合同纠纷，其持有的公司3563万股(占公司总股份的20.90%)法人股被中国证券登记结算有限责任公司上海分公司冻结，冻结起止日为2003年7月3日-2004年7月2日。 公司第二大股东泰山鲁浩贸易公司持有的公司1200万股法人股被中国证券登记结算有限责任公司上海分公司冻结，冻结起止日为2003年1月16日-2004年1月16日。

二〇〇二年以来市场表现

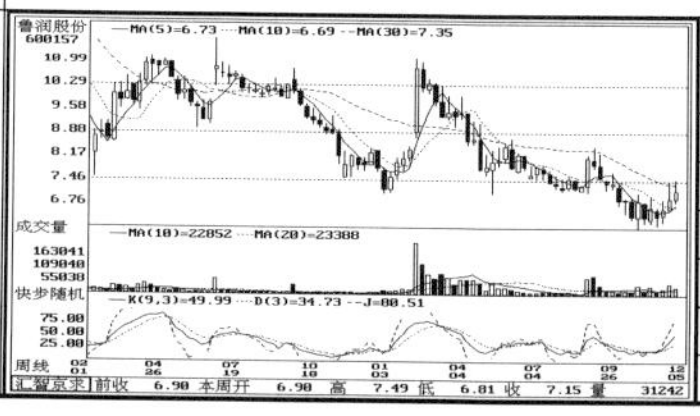

2002年涨跌幅(%)	-28.50
2002年最高(元)	11.70
2002年最低(元)	7.29
2002年换手率(%)	82.61
2003年涨跌幅(%)	-6.12
2003年最高(元)	11.09
2003年最低(元)	6.05
2003年换手率(%)	250.72

中体产业集团股份有限公司

公司概况

公司名称	中体产业集团股份有限公司	股票代码	600158
注册地址	天津新技术产业园区武清开发区三号路	邮政编码	100020
法人代表	魏纪中	董秘	王戊一
电话	010-65536158	传真	010-65515338
主营业务	体育赛事、服务、信息咨询等		
总股本	25364.82	流通A	7605.00
流通B		流通H	
审计单位		审计意见	未审计

主要财务指标

年度	2003.9	2003.6	2002	2001
每股收益/扣除后(元)	0.0050	-0.0750	0.0450	0.0500
每股经营现金流量(元)	-0.5600	-0.3100	0.2898	0.2901
每股净资产/调整后(元)	3.0000	2.9100	2.9902	3.0629
每股公积金(元)	1.9279	1.9279	1.9279	1.9211
净资产收益率(%)	0.5000	-0.0222	1.7900	1.8300
总资产(万元)	200515.50	194576.33	160883.08	105935.55
股东权益(万元)	78714.13	76719.39	78483.54	77689.70
未分配利润(万元)	478.66	-1589.95	87.88	17.07
主营收入(万元)	30661.26	6259.54	22884.45	20690.55
资本公积金(万元)	48900.19	48900.19	48878.81	48728.28
主营利润(万元)	10390.90	3244.45	11806.01	12572.38
其他业务利润(万元)	111.07	104.43	23.28	42.29
营业利润(万元)	520.63	-2709.06	-860.15	3992.32
投资收益(万元)	-811.36	-266.50	1870.92	-1894.23
补贴收入(万元)	307.60	246.08		
营业外收支(万元)	-26.61	-10.10	28.59	-46.10
利润总额(万元)	-9.74	-2686.66	1039.36	1039.36
净利润(万元)	390.77	-1677.83	1408.45	1408.45

十大股东

序号	股东名称	股份性质	持股数(万股)	比例(%)
1	国家体育总局体育基金管理中心	国有法人股	10181.60	40.14
2	沈阳房产实业有限公司	国有法人股	5634.72	22.21
3	国家体育总局体育彩票管理中心	国有法人股	929.50	3.66
4	中华全国体育基金会	国有法人股	929.50	3.66
5	华夏成长证券投资基金	社会公众股	200.00	0.79
6	上海安联投资发展公司	社会公众股	154.49	0.61
7	长盛成长价值证券投资基金	社会公众股	127.19	0.50
8	国家体育总局体育器材装备中心	国有法人股	84.50	0.33
9	上海明天广场建设有限公司	社会公众股	57.05	0.22
10	全国社保基金一零七组合	社会公众股	45.57	0.17

股东人数	2003.9	2003.6	2002	2001
	40530	40898	40698	45233

近年分配	2002年 每10股派0.2元 2001年 每10股派0.1元	近年配股/增发	不分配不转增 Θ

重大事项

公司将中体传播网有限公司60%的股权按净资产值1200万元转让给环球通卡网络通信有限公司,转让后本公司仍持有中体传播网有限公司的20%的股权。 中体产业监事会决议:同意公司将原定投资2500万元与TOM.COM公司合资成立体育传媒公司变更为收购控股公司中体奥林匹克花园管理有限公司在上海中体奥林匹克置业有限公司50.55%的股权。

二〇〇二年以来市场表现

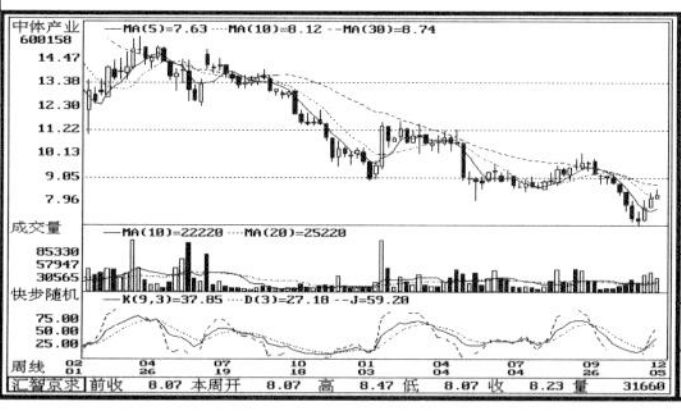

2002年涨跌幅(%)	-35.73
2002年最高(元)	15.52
2002年最低(元)	9.24
2002年换手率(%)	175.39
2003年涨跌幅(%)	-13.04
2003年最高(元)	11.58
2003年最低(元)	6.88
2003年换手率(%)	162.13

内蒙古宁城老窖生物科技股份有限公司

公司概况

公司名称	内蒙古宁城老窖生物科技股份有限公司		股票代码	600159	
注册地址	内蒙古自治区宁城县八里罕镇		邮政编码	024231	
法人代表	张志铭		董秘	卢涛	
电话	0476-4800807		传真	0476-4800807	
主营业务	酒类、饮料、食品				
总股本	30500.16	流通 A 8800.77	流通 B	流通 H	
审计单位			审计意见	未审计	

主要财务指标

年度	2003.9	2003.6	2002	2001
每股收益/扣除后(元)	-0.1000	-0.0640	-2.0700	-0.2510
每股经营现金流量(元)	-0.0050	-0.0040	-0.0750	-0.4400
每股净资产/调整后(元)	-0.1470	-0.1880	-0.1400	2.3000
每股公积金(元)	1.2392	1.2392	1.2392	1.2392
净资产收益率(%)		107.8100	-8169.7500	-5.4700
总资产(万元)	37393.67	38069.29	40394.08	113287.46
股东权益(万元)	-4495.62	-2754.07	-833.81	70285.63
未分配利润(万元)	-77116.54	-76005.01	-73269.37	-2845.43
主营收入(万元)	3333.57	3033.34	2831.64	8115.18
资本公积金(万元)	37794.49	37794.49	37794.49	37794.49
主营利润(万元)	608.09	698.74	131.39	-1487.73
其他业务利润(万元)	-33.67	-26.12	109.89	-90.30
营业利润(万元)	-3507.15	-1833.81	-68540.66	-4968.30
投资收益(万元)			-288.82	-7.02
补贴收入(万元)				2100.00
营业外收支(万元)	-154.66		-211.91	-15.99
利润总额(万元)	-1950.26	-998.49	-69041.38	-2891.32
净利润(万元)	-3061.79	-1950.26	-68120.37	-3844.06

十大股东

序号	股东名称	股份性质	持股数(万股)	比例(%)
1	宁城县国有资产管理局	国家股	21699.39	71.10
2	矫庆滨	流通股	49.73	0.16
3	海南洋浦京信投资管理有限公司	流通股	46.70	0.15
4	郑素贞	流通股	40.00	0.13
5	王延青	流通股	28.89	0.07
6	沈克强	流通股	22.73	0.06
7	张汉光	流通股	21.25	0.06
8	夏明松	流通股	21.04	0.05
9	曹军	流通股	20.95	0.05
10	洋浦天佑财务顾问有限公司	流通股	20.00	0.04

股东人数	2003.9	2003.6	2002	2001
	18698	19443	15130	17795

近年分配		近年配股/增发	不分配不转增	Θ

重大事项

由于内蒙古宁城粮油集团公司申请执行(2003)宁民督字第55号令,宁城县人民法院作出有关民事裁决书,冻结宁城县国资局持有的公司国家股,现根据中国证券登记结算有限责任公司上海分公司《股权司法冻结及司法划转通知》,公司第一大股东宁城县国资局持有的国有股份,从2003年11月10日起被冻结,冻结股数216993936股,冻结起始日:2003年11月10日;冻结终止日:2004年11月9日。根据对公司三季度财务会计情况的初步计算,公司预计2003年第三季度经营业绩仍将出现亏损。

二○○二年以来市场表现

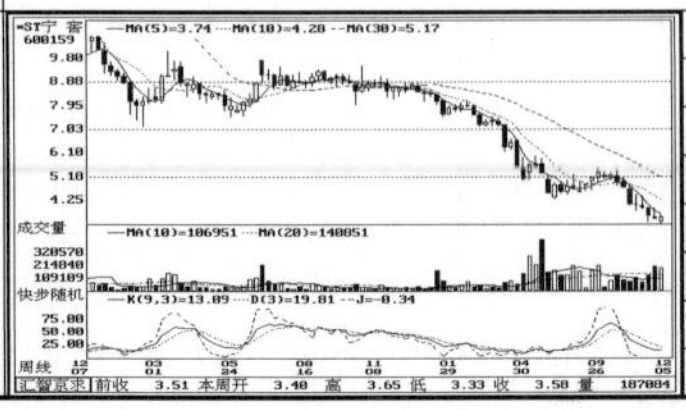

2002年涨跌幅(%)	-9.33
2002年最高(元)	10.10
2002年最低(元)	7.13
2002年换手率(%)	252.49
2003年涨跌幅(%)	-58.01
2003年最高(元)	8.56
2003年最低(元)	3.39
2003年换手率(%)	459.48

浙江巨化股份有限公司

公司概况

公司名称	浙江巨化股份有限公司		股票代码	600160	
注册地址	浙江省衢州市柯城区		邮政编码	324004	
法人代表	叶志翔		董秘	余浩敏	
电话	0570-3091704		传真	0570-3091777	
主营业务	氟、氨、氯碱、酸、农药、生化制品				
总股本	37120.00	流通 A 11440.00	流通 B	流通 H	
审计单位			审计意见	未审计	

主要财务指标

年度	2003.9	2003.6	2002	2001
每股收益/扣除后(元)	0.2230	0.1500	0.2280	0.2670
每股经营现金流量(元)	0.8300	0.4400	0.9800	0.6000
每股净资产/调整后(元)	3.7100	3.6400	3.4800	3.5600
每股公积金(元)	1.9637	1.9836	1.9538	1.9537
净资产收益率(%)	6.1500	4.2000	6.6200	7.9700
总资产(万元)	281303.06	275593.16	253275.27	237037.77
股东权益(万元)	139527.11	137454.77	131109.12	132041.31
未分配利润(万元)	26152.71	23340.75	17572.63	19472.01
主营收入(万元)	142400.02	91759.30	152001.81	126768.02
资本公积金(万元)	72892.97	73630.97	72523.97	72520.37
主营利润(万元)	33725.22	20952.81	31863.26	29922.60
其他业务利润(万元)	608.78	215.74	926.16	906.07
营业利润(万元)	11213.64	6250.73	10632.32	7848.16
投资收益(万元)	157.06	448.72	776.08	2607.09
补贴收入(万元)	68.91	59.21	431.80	2.66
营业外收支(万元)	-202.41		-272.40	-744.95
利润总额(万元)	11234.18	6856.54	11567.80	10072.68
净利润(万元)	8580.07	5768.12	8673.85	10520.94

十大股东

序号	股东名称	股份性质	持股数(万股)	比例(%)
1	巨化集团公司	国有法人股	21530.00	67.70
2	浙江省经济建设投资公司	国有法人股	550.00	1.48
3	上海叠加物业管理有限公司	流通股	192.16	0.52
4	富国动态平衡证券投资基金	流通股	178.62	0.48
5	兴和证券投资基金	流通股	138.21	0.37
6	丰和价值证券投资基金	流通股	85.28	0.23
7	国元证券有限责任公司	流通股	65.93	0.17
8	华安创新证券投资基金	流通股	50.05	0.14
9	易方达平稳增长证券投资基金	流通股	35.50	0.10
10	华宝信托投资有限责任公司	流通股	31.93	0.09

股东人数	2003.9	2003.6	2002	2001
	57573	58511	60429	65493

近年分配	2002年 每10股派2.50元	近年配股/增发	2001年 每10股配3股

重大事项

公司在2002年12月4日至2003年1月27日期间分期向巨化集团公司支付了全部资产转让款,巨化集团公司已在2002年12月31日将本次转让资产全部移交公司。公司与浙江衢化氟化学有限公司(公司控股子公司)于2002年12月1日签订《资产租赁协议》,从2003年1月1日起公司将上述资产租赁给浙江衢化氟化学有限公司使用。

二○○二年以来市场表现

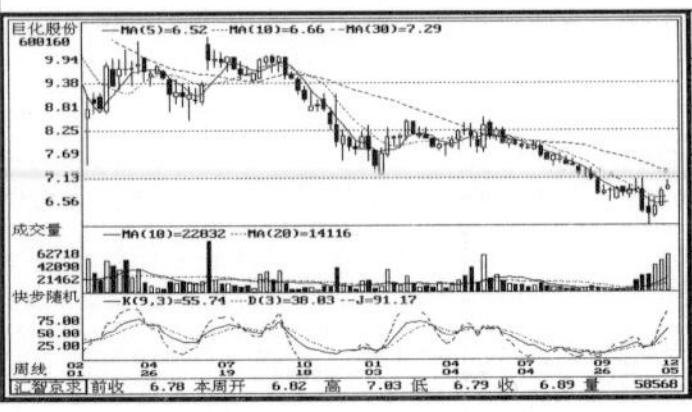

2002年涨跌幅(%)	-28.35
2002年最高(元)	10.25
2002年最低(元)	6.95
2002年换手率(%)	86.27
2003年涨跌幅(%)	-6.87
2003年最高(元)	8.29
2003年最低(元)	6.00
2003年换手率(%)	58.00

北京天坛生物制品股份有限公司

公司概况

公司名称	北京天坛生物制品股份有限公司	股票代码	600161
注册地址	北京市海淀区紫竹院南路十七号	邮政编码	100024
法人代表	倪道明	董秘	张翼
电话	010-65762911	传真	010-65772354
主营业务	生物制品		

总股本	21700.00	流通 A	7300.00	流通 B		流通 H	
审计单位				审计意见	未审计		

主要财务指标

年度	2003.9	2003.6	2002	2001
每股收益/扣除后(元)	0.1781	0.1546	0.1770	0.1730
每股经营现金流量(元)	0.1160	0.0990	0.4400	0.2400
每股净资产/调整后(元)	2.7400	1.6500	1.1500	1.5100
每股公积金(元)	1.3563	0.2708	0.2708	0.2702
净资产收益率(%)	6.6000	9.1500	12.5800	11.8800
总资产(万元)	75322.02	47074.58	50477.02	16332.08
股东权益(万元)	59511.48	31756.88	28852.22	28914.30
未分配利润(万元)	4620.30	3597.52	692.86	1444.31
主营收入(万元)	18216.94	13130.89	19965.77	1550.14
资本公积金(万元)	29431.99	5200.17	5200.17	5186.93
主营利润(万元)	9196.05	6501.08	10520.04	10520.01
其他业务利润(万元)	-1.10	-1.11	-4.99	0.16
营业利润(万元)	-157.02	3591.04	4525.96	4336.23
投资收益(万元)	-157.02	-105.66	-295.10	-341.21
补贴收入(万元)				
营业外收支(万元)	-66.41		258.48	81.94
利润总额(万元)	4629.96	3419.32	4489.33	4076.97
净利润(万元)	3927.44	2904.66	3630.08	3434.57

十大股东

序号	股东名称	股份性质	持股数(万股)	比例(%)
1	卫生部北京生物制品研究所	国有股	14400.00	75.00
2	富国动态平衡证券投资基金	流通股	127.27	0.66
3	汉博证券投资基金	流通股	119.31	0.32
4	林春	流通股	11.00	0.06
5	刘玲	流通股	10.00	0.05
6	合正创业投资有限公司	流通股	10.00	0.05
7	孙守文	流通股	9.12	0.05
8	张暄东	流通股	7.74	0.04
9	黄莲贞	流通股	7.70	0.04
10	北京网银神州科技有限公司	流通股	7.46	0.04

股东人数	2003.9	2003.6	2002	2001
	40263	35918	38430	42928

近年分配	2002年每10股派1.0元 2002年中每10股派0.8元	近年配股/增发	不分配不转增	Θ

重大事项

公司大股东--北京生物制品研究所由于为成都生物制品研究所贷款担保案而涉诉，所持本公司股份中的**1400**万股(占其持股数额**14400**万股的**9.72%**)被法院冻结。冻结日期为**2002**年**3**月**21**日至**2003**年**3**月**20**日。今接中国证券登记结算有限责任公司上海分公司通知，此股权将被续冻，冻结日期为**2002**年**3**月**21**日至**2003**年**9**月**19**日。上述担保涉诉的债务数额为**2036**万元。截至**2003**年**2**月，成都生物制品研究所已归还债务**1000**万元，计划年内还清其余款项，届时上述被冻结股权将解冻。

二〇〇二年以来市场表现

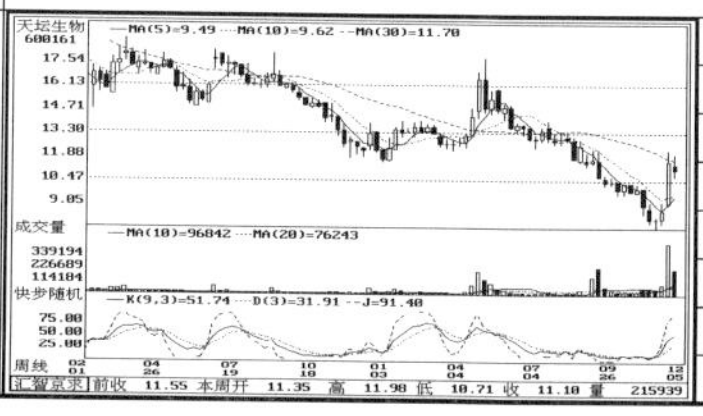

2002年涨跌幅(%)	-34.71
2002年最高(元)	18.68
2002年最低(元)	11.62
2002年换手率(%)	85.89
2003年涨跌幅(%)	-1.28
2003年最高(元)	17.79
2003年最低(元)	7.64
2003年换手率(%)	295.27

山东临沂工程机械股份有限公司

公司概况

公司名称	山东临沂工程机械股份有限公司	股票代码	600162
注册地址	山东省临沂市金雀山路17号	邮政编码	276004
法人代表	王志中	董秘	高树建
电话	0539-8308809	传真	0539-8316202
主营业务	机械、轻工		

总股本	17589.00	流通 A	10752.00	流通 B		流通 H	
审计单位				审计意见	未审计		

主要财务指标

年度	2003.9	2003.6	2002	2001
每股收益/扣除后(元)	0.1800	0.1560	0.1200	0.0500
每股经营现金流量(元)	-0.1500	-0.2980	0.6700	0.1800
每股净资产/调整后(元)	3.6100	3.5850	3.4400	3.3600
每股公积金(元)	1.6363	1.6363	1.6363	1.6363
净资产收益率(%)	4.8200	4.1960	4.1500	3.2900
总资产(万元)	143202.02	146826.75	134008.41	119995.97
股东权益(万元)	64642.53	64220.44	61525.58	59015.31
未分配利润(万元)	13108.07	12685.97	9991.11	7988.68
主营收入(万元)	131062.05	90233.34	102652.03	13368.78
资本公积金(万元)	28781.76	28781.76	28781.76	28781.07
主营利润(万元)	20591.19	1445.90	15300.73	10424.19
其他业务利润(万元)	312.34	122.10	28.13	46.40
营业利润(万元)	4990.74	4132.73	3417.10	776.45
投资收益(万元)	6.32	-1.31	573.05	1483.82
补贴收入(万元)		0.43		
营业外收支(万元)	-139.70	-45.11	-118.71	-2.83
利润总额(万元)	4857.36	4086.74	3871.44	2257.44
净利润(万元)	3116.96	2694.87	2551.02	1940.66

十大股东

序号	股东名称	股份性质	持股数(万股)	比例(%)
1	深圳市南方香江实业有限公司	国家股	5095.00	28.97
2	山东工程机械集团有限公司	国家股	1500.00	8.53
3	临沂工程机械厂配件中心	法人股	121.00	0.69
4	临沂友谊宾馆	法人股	121.00	0.69
5	杨少华	流通股	48.00	0.27
6	袁超	流通股	48.00	0.27
7	徐忠源	流通股	45.00	0.26
8	汲波	流通股	43.48	0.25
9	张爱云	流通股	42.00	0.24
10	于宝中	流通股	41.30	0.23

股东人数	2003.9	2003.6	2002	2001
	46922	49456	49292	53686

近年分配		近年配股/增发	不分配不转增	Θ

重大事项

公司控股股东山东工程机械集团有限公司向深圳市南方香江实业有限公司转让公司**28.97%**国家股事宜。上述股权转让事宜于**2003**年**7**月**14**日获得国务院国有资产监督管理委员会有关文批准后，山工集团和南方香江于**2003**年**07**月**31**日在中国证券登记结算有限责任公司上海分公司办理了股权过户手续。至此，公司总股本仍为**17589**万股，其中，南方香江持有**5095**万股，占公司总股本的**28.97%**，成为第一大股东；山工集团持有**1500**万股，占公司总股本的**8.53%**，成为第二大股东。

二〇〇二年以来市场表现

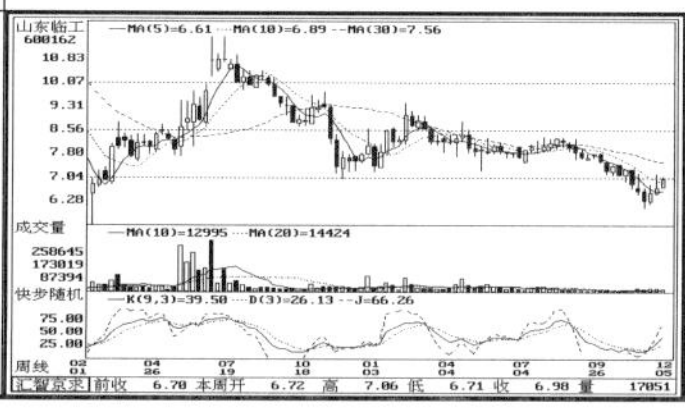

2002年涨跌幅(%)	-14.63
2002年最高(元)	11.59
2002年最低(元)	5.25
2002年换手率(%)	275.50
2003年涨跌幅(%)	-10.31
2003年最高(元)	9.41
2003年最低(元)	6.06
2003年换手率(%)	106.30

福建省南纸股份有限公司

公司概况

公司名称	福建省南纸股份有限公司	股票代码	600163
注册地址	福建省南平市滨江北路177号	邮政编码	353000
法人代表	黄国英	董秘	李公然
电话	0599-8808806	传真	0599-8801260
主营业务	新闻纸		
总股本	30594.66	流通A	9100.00
流通B		流通H	
审计单位		审计意见	未审计

主要财务指标

年度	2003.9	2003.6	2002	2001
每股收益/扣除后(元)	0.0370	0.0210	0.2300	0.3500
每股经营现金流量(元)	0.1070	0.0140	0.8900	0.9400
每股净资产/调整后(元)	3.6600	3.6400	3.6200	3.6900
每股公积金(元)	2.0147	2.0147	2.0147	2.0147
净资产收益率(%)	0.9900	0.5700	6.1900	7.3400
总资产(万元)	276849.44	270339.28	258923.28	260532.78
股东权益(万元)	112689.25	112203.40	111569.26	112745.19
未分配利润(万元)	13366.02	12880.18	12359.52	12359.52
主营收入(万元)	98326.25	66543.59	124289.89	106633.45
资本公积金(万元)	61639.37	61639.37	61639.37	61638.55
主营利润(万元)	16425.23	10956.25	26834.87	28834.87
其他业务利润(万元)	104.44	68.33	13.38	13.38
营业利润(万元)	1509.30	869.98	7411.78	7611.78
投资收益(万元)	81.16	28.16	665.23	1229.30
补贴收入(万元)				
营业外收支(万元)	18.69	-10.23	1.11	-3309.72
利润总额(万元)	1609.15	919.61	8278.12	8278.12
净利润(万元)	1119.99	634.14	6906.86	6906.86

十大股东

序号	股东名称	股份性质	持股数(万股)	比例(%)
1	福建省轻纺(控股)有限责任公司	国家股	21494.66	70.26
2	中国银河证券有限责任公司	流通股	480.65	1.57
3	兴和证券投资基金	流通股	49.40	0.16
4	上海市上投房地产公司	流通股	20.00	0.06
5	王忠仁	流通股	17.93	0.06
6	齐齐哈尔第二制药厂	流通股	17.50	0.06
7	陈跃前	流通股	16.84	0.05
8	齐齐哈尔经编织物制造厂	流通股	14.00	0.05
9	健桥证券股份有限公司	流通股	14.00	0.05
10	卜少安	流通股	13.55	0.04

股东人数	2003.9	2003.6	2002	2001
	46364	47197	50277	51043

近年分配	2002年每10股派2.0元 2001年中每10股派1.5元	近年配股/增发	不分配不转增 Θ

重大事项

2003年国内新闻纸市场的供给量大于需求量,新闻纸价格将持续低迷。同时,进口废纸和原辅材料价格还仍在持续走高,对公司新闻纸生产成本构成较大影响,因此,公司基于对新闻纸市场和进口废纸及原辅材料价格走势的判断,预计2003年半年度,公司利润总额将低于2002年半年度利润总额的50%以上。

二〇〇二年以来市场表现

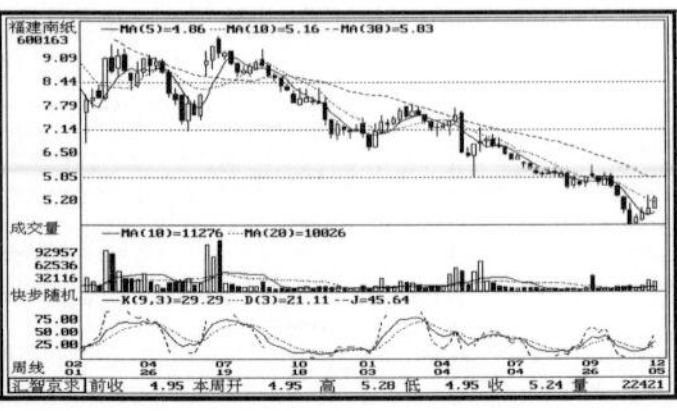

2002年涨跌幅(%)	-26.32
2002年最高(元)	9.54
2002年最低(元)	6.58
2002年换手率(%)	138.07
2003年涨跌幅(%)	-24.77
2003年最高(元)	7.63
2003年最低(元)	4.55
2003年换手率(%)	82.31

宁夏恒力钢丝绳股份有限公司

公司概况

公司名称	宁夏恒力钢丝绳股份有限公司	股票代码	600165
注册地址	宁夏石嘴山市石嘴山区河滨街	邮政编码	753202
法人代表	李礼善	董秘	张文彬
电话	0952-3671394	传真	0952-3671799
主营业务	金属制品、土木工程、机械、服装		
总股本	25120.00	流通A	10144.00
流通B		流通H	
审计单位		审计意见	未审计

主要财务指标

年度	2003.9	2003.6	2002	2001
每股收益/扣除后(元)	-0.0880	-0.0360	0.0750	0.1600
每股经营现金流量(元)	0.2200	0.2200	0.2100	0.1600
每股净资产/调整后(元)	2.6700	2.7000	2.7300	2.6900
每股公积金(元)	1.4024	1.4024	1.4024	1.4024
净资产收益率(%)	-2.5300	-1.3700	3.6500	7.4500
总资产(万元)	135052.59	134806.69	123894.62	111789.21
股东权益(万元)	68302.53	69084.98	70028.90	67470.22
未分配利润(万元)	3484.43	4266.87	5210.80	3259.57
主营收入(万元)	32115.22	19829.69	36690.09	37315.41
资本公积金(万元)	35228.91	35228.91	35228.91	35221.23
主营利润(万元)	4514.43	2736.97	8239.29	9094.14
其他业务利润(万元)	27.69	17.52	46.50	67.57
营业利润(万元)	-1484.33	-1110.63	2410.09	4532.74
投资收益(万元)	-22.93	-14.01	55.40	1079.31
补贴收入(万元)	319.25	284.20	397.62	367.22
营业外收支(万元)	-479.45	-40.90	95.17	34.18
利润总额(万元)	-1667.46	-881.34	2958.28	6013.45
净利润(万元)	-1726.37	-943.92	2556.49	5023.72

十大股东

序号	股东名称	股份性质	持股数(万股)	比例(%)
1	宁夏恒力集团有限公司	国有股	13200.00	52.55
2	成市邱家镇资产经营中心	法人股	816.00	3.25
3	宁夏大元炼油化工有限责任公司	法人股	480.00	1.91
4	酒泉钢铁公司	法人股	160.00	0.64
5	宁夏有色金属冶炼厂	法人股	160.00	0.64
6	太西集团有限公司	法人股	160.00	0.64
7	李棣	流通股	44.12	0.18
8	李林	流通股	39.00	0.16
9	天同180指数证券投资基金	流通股	25.36	0.10
10	廖灿碧	流通股	21.70	0.09

股东人数	2003.9	2003.6	2002	2001
	33415	33596	33350	4499

近年分配		近年配股/增发	不分配不转增 Θ

重大事项

公司拟以13650万元的价格,向天津市政投资有限公司转让公司持有的西北证券有限责任公司13000万元股权。转让完成后,公司将不再持有西北证券有限责任公司的股权。 公司向山东恒力虎山机械科技有限公司定向发行1600万股普通股用于换取山东恒力虎山机械科技有限公司股东持有的全部股份,其中向原场外非经批准股票交易场所挂牌交易的个人股股东定向发行784万股。

二〇〇二年以来市场表现

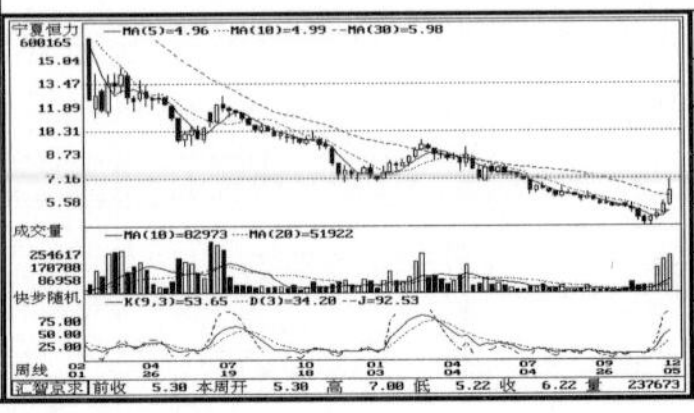

2002年涨跌幅(%)	-60.70
2002年最高(元)	17.98
2002年最低(元)	6.85
2002年换手率(%)	487.06
2003年涨跌幅(%)	-24.61
2003年最高(元)	9.64
2003年最低(元)	4.00
2003年换手率(%)	287.70

北汽福田汽车股份有限公司

公司概况

公司名称	北汽福田汽车股份有限公司	股票代码	600166
注册地址	北京市昌平区沙河镇沙阳路	邮政编码	102206
法人代表	安庆衡	董秘	龚敏
电话	010-80717180	传真	010-80717180
主营业务	汽车、农用装备、农用车辆		
总股本	45669.90	流通 A	15600.00
流通 B		流通 H	
审计单位		审计意见	未审计

主要财务指标

年度	2003.9	2003.6	2002	2001
每股收益／扣除后(元)	0.5200	0.3180	0.4070	0.2093
每股经营现金流量(元)	2.3600	1.4400	1.7300	0.3000
每股净资产／调整后(元)	4.6500	4.4400	3.7500	3.5800
每股公积金(元)	1.4912	2.3565	1.8643	1.8029
净资产收益率(%)	10.7210	6.5300	10.9900	10.2300
总资产(万元)	442966.69	445564.75	332187.09	307943.53
股东权益(万元)	152510.83	146316.94	114899.68	100545.86
未分配利润(万元)	36093.94	36093.94	19743.60	10920.22
主营收入(万元)	1055002.75	695633.44	757981.00	411224.03
资本公积金(万元)	71147.74	71746.69	52286.93	50566.05
主营利润(万元)	90060.38	61248.47	72391.89	37034.15
其他业务利润(万元)	–53.37	–305.67	390.21	4023.86
营业利润(万元)	25019.28	16290.99	20264.46	10625.12
投资收益(万元)	279.24	179.55	102.90	954.91
补贴收入(万元)	79.57		82.19	642.27
营业外收支(万元)	–257.23	–127.76	–1251.57	–314.85
利润总额(万元)	25120.86	16342.77	19154.24	11907.44
净利润(万元)	16350.35	9557.49	12632.93	10284.04

十大股东

序号	股东名称	股份性质	持股数(万股)	比例(%)
1	北京汽车摩托车联合制造公司	国有股	13046.10	42.85
2	常柴股份有限公司	法人股	2050.00	6.73
3	江苏武进柴油机	国有股	975.00	3.20
4	山东莱动内燃机有限公司	国有股	710.00	2.33
5	开元证券投资基金	流通股	611.20	2.01
6	西南证券有限责任公司	流通股	604.74	1.99
7	富国动态平衡证券投资基金	流通股	435.14	1.43
8	久嘉证券投资基金	流通股	400.00	1.31
9	景福证券投资基金	流通股	327.39	1.08
10	上海拖拉机内燃机公司	国有股	320.00	1.05

股东人数	2003.9	2003.6	2002	2001
	18056	19624	37048	39039

近年分配	2003年中 10 股派 1.1 元 2001 年 10 股派 1.0 元	近年配股／增发	2003年 10 股配 3 股 2003 年中 10 股送 4 股

重大事项

公司的第一大股东–北京汽车摩托车联合制造公司,因债务纠纷被北京市朝阳区人民法院冻结了其所持有的 **1000** 万股公司国有法人股,冻结期限为 **1** 年,自 **2003** 年 **3** 月 **13** 日至 **2004** 年 **3** 月 **14** 日止。公司以 **732** 万元出让公司所持有的长沙福田风景客车有限公司 **500** 万股股权。股权出让后,公司不再是长沙福田风景客车有限公司的股东。

二〇〇二年以来市场表现

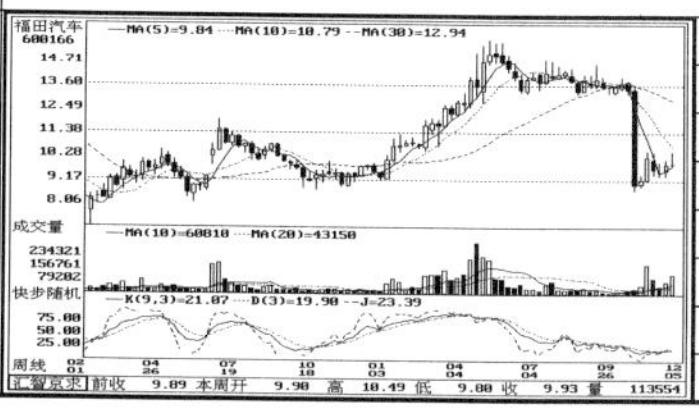

2002年涨跌幅(%)	1.32
2002年最高(元)	7.49
2002年最低(元)	4.88
2002年换手率(%)	98.38
2003年涨跌幅(%)	60.81
2003年最高(元)	10.50
2003年最低(元)	6.06
2003年换手率(%)	204.43

沈阳新区开发建设股份有限公司

公司概况

公司名称	沈阳新区开发建设股份有限公司	股票代码	600167
注册地址	沈阳市浑南新区世纪路 1 号	邮政编码	110004
法人代表	赵家祯	董秘	刘思生
电话	024-23904434	传真	024-23993579
主营业务	城市基础设施建设、公用事业设施建设、土地开发建设等		
总股本	19000.00	流通 A	7000.00
流通 B		流通 H	
审计单位		审计意见	未审计

主要财务指标

年度	2003.9	2003.6	2002	2001
每股收益／扣除后(元)	0.0206	0.0204	0.1065	0.0110
每股经营现金流量(元)	0.0437	–0.0850	0.3714	–0.4153
每股净资产／调整后(元)	2.0500	2.0500	2.0300	1.9100
每股公积金(元)	1.7500	1.7500	1.7500	1.7500
净资产收益率(%)	1.0200	0.7800	5.8600	0.6100
总资产(万元)	74648.22	71784.91	66832.77	59002.87
股东权益(万元)	38982.82	38893.60	38590.93	36328.91
未分配利润(万元)	–13270.13	–13359.35	–13662.04	–15921.51
主营收入(万元)	3809.62	3060.52	12188.36	11137.66
资本公积金(万元)	33250.42	33250.42	33250.42	33250.42
主营利润(万元)	1938.50	1562.17	3795.54	1933.66
其他业务利润(万元)	–2.08	–1.59	3.55	22.94
营业利润(万元)	60.28	423.31	2072.27	213.22
投资收益(万元)	224.57	–195.33	–32.55	–19.76
补贴收入(万元)			85.00	
营业外收支(万元)	108.08		152.85	26.18
利润总额(万元)	393.23	306.79	2277.57	219.63
净利润(万元)	391.91	302.68	2262.01	219.63

十大股东

序号	股东名称	股份性质	持股数(万股)	比例(%)
1	沈阳南湖科技开发集团公司	国有股	12000.00	63.16
2	大庆油田水泥有限责任公司	流通股	132.04	0.69
3	刘忠环	流通股	76.51	0.40
4	邹群	流通股	32.59	0.17
5	沈阳仟树实业发展集团有限公司	流通股	26.21	0.14
6	康云生	流通股	20.36	0.11
7	白明义	流通股	18.00	0.09
8	吴彦	流通股	17.06	0.09
9	徐惠兰	流通股	16.37	0.09
10	李长华	流通股	15.86	0.08

股东人数	2003.9	2003.6	2002	2001
	30398	29624	29375	29161

近年分配		近年配股／增发	不分配不转增

重大事项

公司与沈阳南湖科技开发集团公司于 **2003** 年 **05** 月 **16** 日签署股权转让协议书,公司将所持有的沈阳黎富服装有限公司 **49%** 的股权转让给南科集团,转让价款为 **1767** 万元,转让完成后公司不再持有黎富公司的股权。 **2003** 年 **4** 月 **4** 日,公司与中信实业银行沈阳分行签署了贷款 **3000** 万元的合同,贷款期限 **1** 年,年利率为 **5.31%**,以公司拥有的浑南新区世纪路 **16** 号 **A** 座、**B** 座厂房作为抵押;与中国银行沈阳市铁西区支行签署了贷款 **7000** 万元的合同,贷款期限 **2** 年,年利率为 **5.7645%**,以公司拥有的浑南新区 **21** 世纪大厦作为抵押。

二〇〇二年以来市场表现

2002年涨跌幅(%)	–15.75
2002年最高(元)	10.00
2002年最低(元)	6.38
2002年换手率(%)	230.80
2003年涨跌幅(%)	–22.02
2003年最高(元)	9.38
2003年最低(元)	4.82
2003年换手率(%)	211.23

武汉三镇实业控股股份有限公司

公司概况							
公司名称	武汉三镇实业控股股份有限公司			股票代码	600168		
注册地址	武汉经济技术开发区联发大厦			邮政编码	430023		
法人代表	陈莉茜			董秘	曾牧		
电话	027-85600546			传真	027-85877108		
主营业务	供水、排水						
总股本	44115.00	流通 A	12750.00	流通 B		流通 H	
审计单位				审计意见	未审计		

主要财务指标

年度	2003.9	2003.6	2002	2001
每股收益/扣除后(元)	0.0600	0.0400	0.1715	0.2731
每股经营现金流量(元)	0.1900	0.0350	0.1707	0.3807
每股净资产/调整后(元)	3.0700	3.0500	3.0060	2.9724
每股公积金(元)	1.7595	1.7595	1.7595	1.7534
净资产收益率(%)	1.9800	1.3300	5.9100	10.1200
总资产(万元)	151206.80	144217.61	146079.28	15365.43
股东权益(万元)	135301.50	134413.56	132621.67	131129.17
未分配利润(万元)	3938.40	3050.48	1258.58	1211.19
主营收入(万元)	12291.19	7971.43	21485.86	23147.45
资本公积金(万元)	77619.49	77619.49	77619.49	77350.49
主营利润(万元)	4925.37	3122.34	10302.52	12410.74
其他业务利润(万元)	9.64	6.88	7.62	
营业利润(万元)	4280.27	2825.82	9271.80	12155.38
投资收益(万元)	-101.49	-60.16	1575.19	2259.67
补贴收入(万元)			400.00	1300.00
营业外收支(万元)	-106.26	-47.53	-75.92	-72.64
利润总额(万元)	4072.51	2718.13	2718.13	15642.40
净利润(万元)	2679.82	1791.90	7840.75	13274.69

十大股东

序号	股东名称	股份性质	持股数(万股)	比例(%)
1	武汉三镇基建发展有限责任公司	国有法人股	31365.00	71.10
2	中海信托投资有限责任公司	流通股	279.56	0.63
3	华夏成长证券投资基金	流通股	252.07	0.57
4	国元证券有限责任公司	流通股	85.27	0.19
5	上海沪工汽车电器有限公司	流通股	85.00	0.19
6	裕阳证券投资基金	流通股	56.13	0.13
7	江苏省国际信托投资有限责任公司	流通股	47.27	0.11
8	孙军	流通股	40.77	0.09
9	上海飞乐股份有限公司	流通股	37.19	0.08
10	张家荣	流通股	29.25	0.07

股东人数	2003.9	2003.6	2002	2001
	61108	63039	61867	65688

近年分配	近年配股/增发
2002年每10股派1.5元 2001年每10股派2.5元	不分配不转增 Θ

重大事项

公司与武汉三镇基建发展有限责任公司联合发起设立武汉三镇实业房地产开发有限责任公司，其中公司以现金方式出资12250万元，资金来源为自有资金；武汉三镇基建发展有限责任公司以现金方式出资250万元。 武汉市城市排水发展有限公司与公司于2002年11月15日签订的《收购合同》，公司将所属后湖泵站净资产以8758万元的价格出售给武汉市城市排水发展有限公司。

二○○二年以来市场表现

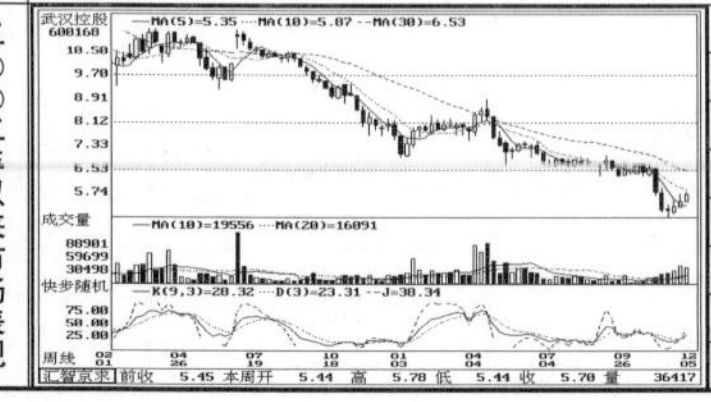

2002年涨跌幅(%)	-31.40
2002年最高(元)	11.06
2002年最低(元)	7.10
2002年换手率(%)	86.61
2003年涨跌幅(%)	-23.24
2003年最高(元)	8.73
2003年最低(元)	4.95
2003年换手率(%)	92.05

太原重工股份有限公司

公司概况							
公司名称	太原重工股份有限公司			股票代码	600169		
注册地址	太原高新技术产业开发区			邮政编码	030024		
法人代表	岳普煜			董秘	李迎魁		
电话	0351-6361155			传真	0351-6362554		
主营业务	起重机、汽车变速箱						
总股本	37217.24	流通 A	14400.00	流通 B		流通 H	
审计单位				审计意见	未审计		

主要财务指标

年度	2003.9	2003.6	2002	2001
每股收益/扣除后(元)	-0.1400	-0.0900	0.0370	0.0550
每股经营现金流量(元)	0.2200	0.0800	-0.0699	-0.0770
每股净资产/调整后(元)	2.0800	2.1200	2.2500	2.3400
每股公积金(元)	0.9892	0.9892	0.9892	0.9892
净资产收益率(%)	-6.2800	-4.4300	1.2200	2.3600
总资产(万元)	220384.20	210122.02	209844.23	168126.02
股东权益(万元)	82805.94	84270.83	88006.18	86936.68
未分配利润(万元)	11080.30	7344.95	11080.30	10171.23
主营收入(万元)	63718.25	43163.88	81642.00	66511.04
资本公积金(万元)	36815.23	36815.23	36815.23	36815.23
主营利润(万元)	4952.58	3348.86	14197.36	11082.99
其他业务利润(万元)	206.63	159.21	486.62	1261.25
营业利润(万元)	-4982.40	-3485.54	1750.22	3143.05
投资收益(万元)	0.55	0.55	0.05	7.69
补贴收入(万元)			130.00	100.00
营业外收支(万元)	-186.57		-36.58	-434.38
利润总额(万元)	-5168.42	-3690.82	1843.69	2816.36
净利润(万元)	-5200.24	-3735.35	1069.50	2052.57

十大股东

序号	股东名称	股份性质	持股数(万股)	比例(%)
1	太原重型机械(集团)制造有限公司	国有法人股	16931.42	45.50
2	山西大同齿轮集团有限责任公司	国有法人股	4715.82	12.67
3	山西省经贸资产经营有限责任公司	国家股	1170.00	3.14
4	北京寰岛中安安全系统工程技术有限公司	流通股	96.11	0.26
5	兴和证券投资基金	流通股	73.88	0.20
6	珠海经济特区国利工贸发展总公司	流通股	61.98	0.17
7	张静	流通股	27.00	0.07
8	杜世明	流通股	24.08	0.06
9	高丽娜	流通股 q	23.70	0.06
10	戴联平	流通股	20.92	0.06

股东人数	2003.9	2003.6	2002	2001
	80142	82319	81874	85815

近年分配	近年配股/增发
	不分配不转增 Θ

重大事项

公司第一大股东太原重型机械(集团)制造有限公司将其持有的公司16931.421万股中的5770万股为公司向中国工商银行山西省分行营业部借款7500万元、向中国工商银行太原市万柏林支行借款4600万元提供质押担保。 公司第一大股东-太原重型机械(集团)有限公司根据国家对国有大中型骨干企业实施债转股的政策，将其持有的全部公司股份做为出资，与中国华融资产管理公司合资组建太原重型机械(集团)制造有限公司，其持有的占公司总股本45.50%的股份169314210股将由太原重型机械(集团)制造有限公司持有。

二○○二年以来市场表现

2002年涨跌幅(%)	-23.48
2002年最高(元)	7.74
2002年最低(元)	4.51
2002年换手率(%)	138.06
2003年涨跌幅(%)	-15.34
2003年最高(元)	6.84
2003年最低(元)	3.80
2003年换手率(%)	108.53

上海建工股份有限公司

公司概况

公司名称	上海建工股份有限公司	股票代码	600170
注册地址	上海市浦东新区福山路33号	邮政编码	200120
法人代表	徐征	董秘	尤卫平
电话	021-68872178	传真	021-58795500
主营业务	民用、工业建筑等		

总股本	71929.80	流通A	23400.00	流通B		流通H	
审计单位				审计意见	未审计		

主要财务指标

年度	2003.9	2003.6	2002	2001
每股收益/扣除后(元)	0.1800	0.1100	0.2700	0.3100
每股经营现金流量(元)	0.2030	0.0030	0.7300	1.5100
每股净资产/调整后(元)	4.0900	4.0400	3.9100	4.5300
每股公积金(元)	2.0802	2.0802	2.0802	2.0802
净资产收益率(%)	4.9900	3.1500	6.8500	6.8200
总资产(万元)	928570.00	923537.19	913092.00	656227.44
股东权益(万元)	293270.94	291017.12	281835.78	271531.25
未分配利润(万元)	53770.81	48517.01	39335.65	44878.58
主营收入(万元)	725429.69	425273.94	904313.12	800374.75
资本公积金(万元)	149629.87	149629.87	149629.87	149629.87
主营利润(万元)	29896.73	19518.71	43494.84	43072.33
其他业务利润(万元)	997.71	820.39	1334.82	1472.44
营业利润(万元)	10171.74	6430.49	17851.71	17851.71
投资收益(万元)	4080.32	2751.81	5093.93	5563.40
补贴收入(万元)	2172.08	1447.20		
营业外收支(万元)	-98.37		-77.12	-55.74
利润总额(万元)	16325.76	10517.00	22868.51	22868.51
净利润(万元)	14435.16	9181.36	19295.75	19295.74

十大股东

序号	股东名称	股份性质	持股数(万股)	比例(%)
1	上海国有资产管理办公室(授权上海建工(集团)总公司经营)Θ	国有股	48529.80	67.47
2	上海安联投资发展公司	流通股	150.83	0.21
3	民生证券有限公司	流通股	86.50	0.12
4	廖建玲	流通股	80.00	0.11
5	上海明天广场建设有限公司	流通股	77.20	0.11
6	天同180指数证券投资基金	流通股	71.16	0.10
7	陕西天然气有限公司	流通股	60.00	0.08
8	华安创新证券投资基金	流通股	60.00	0.08
9	上海东方礼仪公司	流通股	47.50	0.07
10	全国社保基金105组合	流通股	46.14	0.06

股东人数	2003.9	2003.6	2002	2001
	99829	101436	91512	93163

近年分配	2002年 每10股派1.25元	近年配股/增发	2001年 10股配3股

重大事项

公司下属的上海市第一建筑有限公司与上海嘉汇达房地产开发经营有限公司签订了淮海中路六街坊26号地块之上海嘉华中心商、办综合发展项目之总承包工程合同,合同金额为62410万元,合同工期总日历天数为480天。 2003年5月23日,公司下属的上海市第四建筑有限公司与上海金外滩(集团)发展有限公司签订了中山南路西、复兴东路以北地块住宅(一期)项目施工总承包工程合同,合同金额为28811.7495万元,开工日期2003年6月18日,竣工日期2005年5月16日,合同工期总日历天数为698天。

二〇〇二年以来市场表现

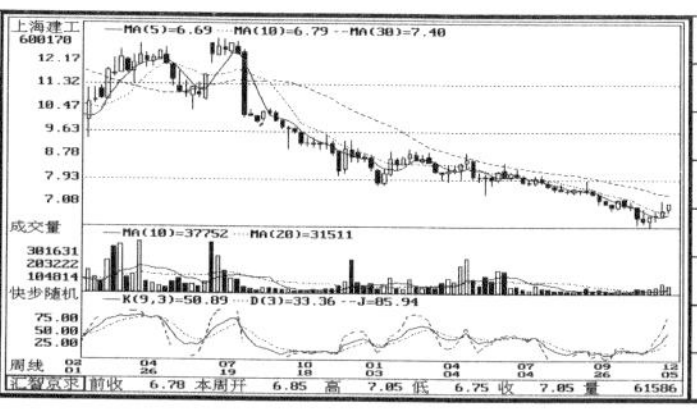

2002年涨跌幅(%)	-10.08
2002年最高(元)	10.64
2002年最低(元)	7.29
2002年换手率(%)	217.65
2003年涨跌幅(%)	-14.61
2003年最高(元)	8.88
2003年最低(元)	6.23
2003年换手率(%)	123.20

上海贝岭股份有限公司

公司概况

公司名称	上海贝岭股份有限公司	股票代码	600171
注册地址	上海市漕河泾开发区宜山路810号	邮政编码	200233
法人代表	方培琦	董秘	严海容
电话	021-64850700-157	传真	021-64854424
主营业务	微电子产品、硅片加工		

总股本	61255.25	流通A	24958.60	流通B		流通H	
审计单位				审计意见	未审计		

主要财务指标

年度	2003.9	2003.6	2002	2001
每股收益/扣除后(元)	0.0930	0.0840	0.1700	0.3300
每股经营现金流量(元)	0.0670	0.1290	0.4500	0.3000
每股净资产/调整后(元)	2.8200	2.4500	2.3600	2.9400
每股公积金(元)	1.1525	0.7395	0.7395	1.2613
净资产收益率(%)	3.3000	3.4150	7.8200	11.6800
总资产(万元)	197969.94	174245.06	159971.75	152111.12
股东权益(万元)	1737873.62	139184.94	134465.27	129631.34
未分配利润(万元)	29997.50	29007.05	24319.85	129631.34
主营收入(万元)	57750.58	42662.71	76299.29	78360.76
资本公积金(万元)	70595.80	41762.43	41762.43	54795.45
主营利润(万元)	10210.56	8595.20	18322.41	21955.39
其他业务利润(万元)	62.45	39.55	101.94	99.60
营业利润(万元)	4786.74	4211.35	8206.31	12851.60
投资收益(万元)	524.76	412.36	548.95	510.02
补贴收入(万元)	918.30		1413.73	2776.85
营业外收支(万元)	3.37		655.49	472.62
利润总额(万元)	6233.18	5138.85	10824.50	16611.10
净利润(万元)	5743.21	4752.75	10509.16	14904.37

十大股东

序号	股东名称	股份性质	持股数(万股)	比例(%)
1	上海华虹(集团)有限公司	国家股	21818.09	35.61
2	上海贝尔阿尔卡特股份有限公司	法人股	14478.57	23.64
3	广州证券有限责任公司	流通股	238.28	0.38
4	南方证券股份有限公司	流通股	158.86	0.26
5	上海证券有限责任公司	流通股	158.86	0.26
6	国都证券有限责任公司	流通股	135.03	0.22
7	基金金鑫	流通股	124.22	0.20
8	华泰基金	流通股	119.54	0.19
9	国联证券有限责任公司	流通股	103.26	0.17
10	李征	流通股	87.99	0.14

股东人数	2003.9	2003.6	2002	2001
	121847	111171	105112	108803

近年分配	2002年 每10股派0.60元 2001年 每10股派1.50元	近年配股/增发	不分配不转增 Θ

重大事项

公司2003年第一次临时股东大会审议并通过了转让公司所持有的25.22%先进股权的议案。目前,该股权转让事宜已取得上海市外国投资工作委员会有关批复,并完成了外商投资企业批准证书的变更登记。上海先进半导体制造有限公司已于2003年9月底完成了本次转让的工商变更。本次股权转让完成后,公司仍持有上海先进半导体制造有限公司7.76%的股权。

二〇〇二年以来市场表现

2002年涨跌幅(%)	-9.95
2002年最高(元)	15.09
2002年最低(元)	10.58
2002年换手率(%)	126.23
2003年涨跌幅(%)	-20.09
2003年最高(元)	12.69
2003年最低(元)	7.76
2003年换手率(%)	242.76

河南黄河旋风股份有限公司

公司概况

公司名称	河南黄河旋风股份有限公司			股票代码	600172	
注册地址	河南省长葛市人民路200号			邮政编码	461500	
法人代表	乔秋生		董秘	李建中		
电话	0374-6158688		传真	0374-6158688		
主营业务	人造金钢石、建筑机械					
总股本	26800.00	流通A	10400.00	流通B		流通H
审计单位			审计意见	未审计		

主要财务指标

年度	2003.9	2003.6	2002	2001
每股收益/扣除后(元)	0.0920	0.0460	0.1000	0.1100
每股经营现金流量(元)	0.0300	-0.0160	0.0570	-0.0360
每股净资产/调整后(元)	2.9300	2.8900	2.8600	2.8100
每股公积金(元)	1.4657	1.4657	1.4657	1.4657
净资产收益率(%)	3.0900	1.5200	3.9200	3.9200
总资产(万元)	105853.92	103389.27	104389.59	95181.93
股东权益(万元)	78910.07	77655.77	76471.84	75270.33
未分配利润(万元)	8725.46	7471.16	6287.23	5594.02
主营收入(万元)	25350.07	15307.99	30037.52	28339.45
资本公积金(万元)	39280.17	39280.17	39280.17	39280.17
主营利润(万元)	7288.62	3979.71	7499.60	8298.01
其他业务利润(万元)	550.34	408.28	449.88	593.04
营业利润(万元)	3685.25	1929.96	3869.63	3441.45
投资收益(万元)	35.83	-8.48	9.61	
补贴收入(万元)				
营业外收支(万元)	-34.23		364.87	40.86
利润总额(万元)	3686.84	1867.65	424.12	3482.31
净利润(万元)	2438.23	1183.93	3002.30	2953.94

十大股东

序号	股东名称	股份性质	持股数(万股)	比例(%)
1	河南黄河实业集团股份有限公司	发起人法人股	11152.00	41.61
2	日本联合材料公司	外资股	4100.00	15.30
3	郑州磨料磨具磨削研究所	发起人法人股	820.00	6.06
4	长葛市树脂磨具厂	发起人法人股	164.00	0.61
5	长葛市星星电子制品厂	发起人法人股	164.00	0.61
6	万恒珍	流通股	98.69	0.37
7	冼光茂	流通股	74.24	0.28
8	曲遵民	流通股	63.47	0.24
9	邹明忠	流通股	40.89	0.15
10	耿永才	流通股	35.00	0.15

股东人数	2003.9	2003.6	2002	2001
	51820	51667	43801	48524

近年分配	2002年 每10股派0.50元	近年配股/增发	不分配不转增 Θ

重大事项

公司2002年9月12日与日本A.L.M.T.CORP.签订合资经营合同书。双方决定在河南省长葛市成立合资公司,合资公司名称:河南联合旋风金刚石有限公司,合资公司注册资本为320万美元,本交易为关联交易。新成立的合资公司投资总额为640万美元。第一期双方的出资额为320万美元,其中公司投资为144万美元,占注册资本的45%,公司所涉及资金为募集资金。

二〇〇二年以来市场表现

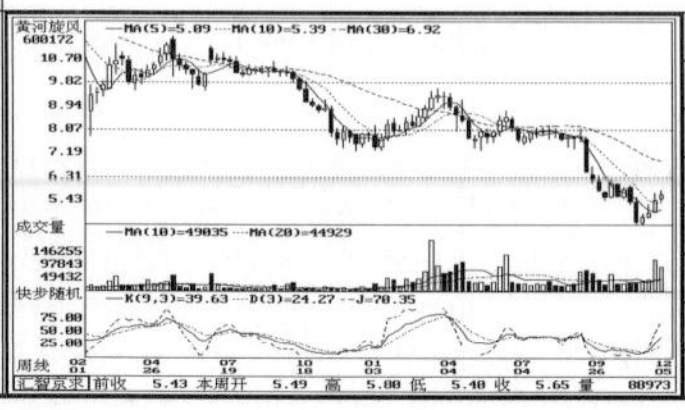

2002年涨跌幅(%)	-33.42
2002年最高(元)	11.93
2002年最低(元)	7.20
2002年换手率(%)	79.47
2003年涨跌幅(%)	-31.35
2003年最高(元)	9.53
2003年最低(元)	4.55
2003年换手率(%)	218.91

黑龙江省牡丹江新材料科技股份有限公司

公司概况

公司名称	黑龙江省牡丹江新材料科技股份有限公司			股票代码	600173	
注册地址	黑龙江省牡丹江市温春镇			邮政编码	157041	
法人代表	王奎廷		董秘	马錩臣		
电话	0453-6497558		传真	0453-6499002		
主营业务	Θ水泥生产、销售及机械修配,窑尾余热发电					
总股本	23000.00	流通A	10151.55	流通B		流通H
审计单位			审计意见	未审计		

主要财务指标

年度	2003.9	2003.6	2002	2001
每股收益/扣除后(元)	0.0160	0.0040	0.0400	0.1520
每股经营现金流量(元)	-0.0040	-0.0960	-0.2660	0.2100
每股净资产/调整后(元)	2.6800	2.6000	2.6400	2.6600
每股公积金(元)	1.1902	1.1881	1.1860	1.1832
净资产收益率(%)	0.6600	0.0780	0.5400	6.1800
总资产(万元)	120417.42	120417.42	115756.16	116412.73
股东权益(万元)	62075.41	61664.93	61569.02	61255.58
未分配利润(万元)	6813.68	6451.21	6403.29	6191.27
主营收入(万元)	31885.49	17840.83	41130.45	38881.97
资本公积金(万元)	27374.40	27326.40	27278.40	27214.40
主营利润(万元)	6943.24	3398.50	9927.43	10298.74
其他业务利润(万元)	21.80	27.04	208.04	255.84
营业利润(万元)	568.24	115.22	1372.90	4546.29
投资收益(万元)			-697.10	-125.90
补贴收入(万元)	3.38		72.18	
营业外收支(万元)	40.90		-46.40	-0.76
利润总额(万元)	612.53	71.52	704.58	4419.63
净利润(万元)	410.39	47.92	333.13	633.19

十大股东

序号	股东名称	股份性质	持股数(万股)	比例(%)
1	牡丹江水泥集团有限责任公司	国有法人股	12210.95	53.09
2	牡丹江水泥集团社会福利编织厂	法人股	200.00	0.87
3	黑龙江省达华经济贸易公司	法人股	100.00	0.43
4	黑龙江省交通物资公司	法人股	100.00	0.43
5	黑龙江省友联经济贸易公司	法人股	50.00	0.22
6	哈尔滨市物资建筑材料总公司	法人股	50.00	0.22
7	李淑英	流通股	3.51	0.15
8	张小雪	流通股	30.20	0.13
9	哈尔滨市恒森建材有限责任公司	法人股	30.00	0.13
10	齐齐哈尔市鹤城建筑装饰材料公司	法人股	20.00	0.09

股东人数	2003.9	2003.6	2002	2001
	50085	51268	51880	51031

近年分配		近年配股/增发	2001年10股配3股

重大事项

2003年06月13日公司收到中国证券登记结算有限公司上海分公司《股权司法冻结及司法划转通知》,告知公司控股股东牡丹江水泥集团有限责任公司持有公司国有法人股122109500股中的52452831股股权继续予以冻结,续冻期限自2003年6月13日至2003年12月12日止。

二〇〇二年以来市场表现

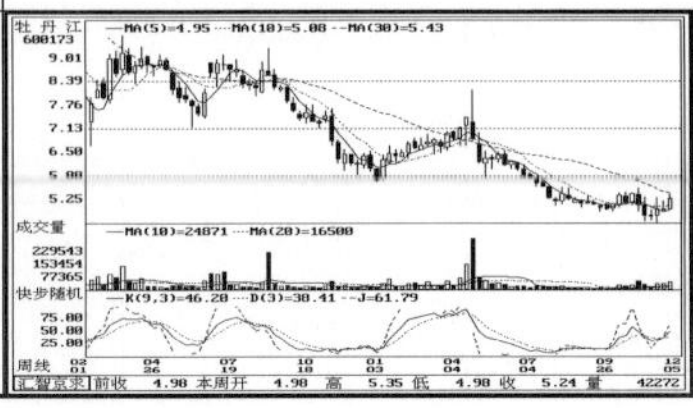

2002年涨跌幅(%)	-32.61
2002年最高(元)	9.54
2002年最低(元)	5.86
2002年换手率(%)	183.85
2003年涨跌幅(%)	-15.16
2003年最高(元)	8.13
2003年最低(元)	4.62
2003年换手率(%)	145.10

美都控股股份有限公司

公司概况

公司名称	美都控股股份有限公司		股票代码	600175	
注册地址	杭州市湖墅南路古河巷 56 号		邮政编码	310003	
法人代表	闻掌华		董秘	周冀	
电话	0571-85777910		传真	0571-85777917	
主营业务	旅游业开发;海洋资源开发;现代农业开发等				
总股本	10668.00	流通 A	4068.00	流通 B	流通 H
审计单位			审计意见	未审计	

主要财务指标

年度	2003.9	2003.6	2002	2001
每股收益/扣除后(元)	0.0200	0.0200	0.0300	-0.1700
每股经营现金流量(元)	-1.4870	-1.3300	-0.2100	1.2800
每股净资产/调整后(元)	4.2200	4.2300	4.2200	3.9700
每股公积金(元)	2.6760	2.6760	2.6760	2.2530
净资产收益率(%)	0.8300	0.8100	0.8800	-3.3100
总资产(万元)	89809.69	88510.30	72318.58	81261.67
股东权益(万元)	45886.95	45879.61	45917.80	41454.41
未分配利润(万元)	-1031.97	-1039.31	-1070.91	-21.99
主营收入(万元)	6275.40	4978.73	4979.34	7121.33
资本公积金(万元)	28547.27	28547.27	28547.27	24034.97
主营利润(万元)	3194.29	2510.98	3193.76	3496.23
其他业务利润(万元)	-9.73	0.31	-29.94	150.62
营业利润(万元)	228.11	222.89	-1771.68	-2178.34
投资收益(万元)	138.51	139.88	1780.78	297.70
补贴收入(万元)				
营业外收支(万元)	4.47		-1.54	32.65
利润总额(万元)	371.09	365.23	7.56	-1847.98
净利润(万元)	376.67	372.33	404.04	-1403.78

十大股东

序号	股东名称	股份性质	持股数(万股)	比例(%)
1	浙江美都控股集团股份有限公司	社会法人股	3012.00	28.23
2	北京天鸿集团公司	国有法人股	2264.00	21.22
3	浙江天成投资管理有限公司	社会法人股	830.00	4.78
4	京华房产有限公司	社会法人股	386.00	3.62
5	北京房屋建筑设计院	社会法人股	54.00	0.51
6	北京宝华饭店	社会法人股Θ	54.00	0.51
7	王少年	流通股	21.36	0.20
8	周京长	流通股	16.07	0.15
9	秦友香	流通股	15.31	0.14
10	上海友邦	流通股	13.99	0.13

股东人数	2003.9	2003.6	2002	2001
	20023	20081	21205	20960

近年分配		近年配股/增发	不分配不转增 Θ

重大事项

宝石支行向公司发放 **7700** 万元借款,借款期限自 **2003** 年 **5** 月 **29** 日至 **2004** 年 **5** 月 **28** 日,贷款利率为 **4.8675‰**。公司以持有的北京天鸿宝业房地产股份有限公司 **2800** 万股法人股股权作为该笔贷款的质押担保。质押期间自 **2003** 年 **5** 月 **28** 日至 **2004** 年 **6** 月 **15** 日。　公司决定以 **4000** 万元受让上海凯业集团有限公司持有的海南宝凯房地产开发有限公司 **40%** 的股权,本次受让股权后,公司将持有海南宝凯房地产开发有限公司 **90%** 的股权。

二〇〇二年以来市场表现

2002年涨跌幅(%)	-31.30
2002年最高(元)	14.00
2002年最低(元)	9.40
2002年换手率(%)	201.55
2003年涨跌幅(%)	-28.33
2003年最高(元)	11.00
2003年最低(元)	5.83
2003年换手率(%)	127.08

中国化学建材股份有限公司

公司概况

公司名称	中国化学建材股份有限公司		股票代码	600176	
注册地址	北京市海淀区紫竹院南路 2 号		邮政编码	100044	
法人代表	曹江林		董秘	贾建军	
电话	010-68434863		传真	010-88418866	
主营业务	新材料的科研开发和生产经营;住宅产品连锁经营等				
总股本	35616.00	流通 A	11872.00	流通 B	流通 H
审计单位			审计意见	未审计	

主要财务指标

年度	2003.9	2003.6	2002	2001
每股收益/扣除后(元)	0.2000	0.1400	0.0600	0.1300
每股经营现金流量(元)	0.3940	0.1270	0.3980	-0.2220
每股净资产/调整后(元)	2.3000	2.2500	2.1000	2.1570
每股公积金(元)	0.2012	0.9220	0.9201	0.9171
净资产收益率(%)	8.6690	8.6700	2.0400	3.0900
总资产(万元)	164460.95	172682.87	150497.00	151341.20
股东权益(万元)	53061.15	51800.37	48461.14	48015.74
未分配利润(万元)	7826.55	6565.77	3603.41	3827.82
主营收入(万元)	56284.45	36862.27	63439.42	53132.35
资本公积金(万元)	20522.76	20522.76	20480.70	20413.99
主营利润(万元)	17018.06	11990.07	20574.82	17348.30
其他业务利润(万元)	1135.77	219.96	373.11	446.36
营业利润(万元)	7394.14	5330.57	3588.06	4408.25
投资收益(万元)	579.58	226.35	94.75	-1189.74
补贴收入(万元)	110.01	110.01	107.24	42.65
营业外收支(万元)	22.83		-466.98	-1202.14
利润总额(万元)	8106.57	5680.84	3323.08	2059.02
净利润(万元)	4600.01	3339.23	1506.49	147.12

十大股东

序号	股东名称	股份性质	持股数(万股)	比例(%)
1	北新建材(集团)有限公司	国有法人股	8411.10	37.79
2	浙江桐乡振石股份有限公司	社会法人股	4955.50	22.26
3	江阴市长江钢管有限公司	国有法人股	943.40	4.24
4	中国建筑材料及设备进出口公司	国有法人股	530.00	2.38
5	长城证券有限责任公司	社会公众股	321.35	1.44
6	中国华能财务有限责任公司	社会公众股	199.12	0.89
7	北京鼎浩融禹投资咨询公司	社会公众股	104.81	0.47
8	魏莲菊	社会公众股	71.80	0.32
9	张满荣	社会公众股	64.37	0.29
10	银丰证券投资基金	社会公众股	63.00	0.28

股东人数	2003.9	2003.6	2002	2001
	21077	23003	36705	42746

近年分配	2002年 每 10 股派 0.50 元	近年配股/增发	2003年 10 股配 3 股

重大事项

公司将继续为控股子公子巨石集团有限公司在中国银行桐乡市支行的短期授信额度提供担保,担保额在原短期贷款担保 **15,400** 万元的基础上,增加信用证使用额度担保 **1200** 万元,合计 **16600** 万元,并与中国银行桐乡市支行重新签订担保合同。　公司于 **2002** 年 **12** 月 **07** 日向中国新型建筑材料(集团)公司发出《债权转让通知》,告知公司将对其的 **9706472.13** 元债权转让给北新集团,中新集团已经以回执方式确认。双方一致确认,涉及本次资产置换的资产交接已经完成。

二〇〇二年以来市场表现

2002年涨跌幅(%)	-25.03
2002年最高(元)	9.80
2002年最低(元)	6.58
2002年换手率(%)	91.14
2003年涨跌幅(%)	-1.55
2003年最高(元)	12.17
2003年最低(元)	6.66
2003年换手率(%)	116.83

雅戈尔集团股份有限公司

公司概况

公司名称	雅戈尔集团股份有限公司	股票代码	600177
注册地址	浙江宁波雅戈尔大道1号	邮政编码	315153
法人代表	李如成	董秘	缪非
电话	0574-87425136	传真	0574-87425390
主营业务	服装制造、技术咨询、房地产开发、项目投资等		
总股本	56809.51	流通A	22508.66
流通B		流通H	
审计单位		审计意见	未审计

主要财务指标

年度	2003.9	2003.6	2002	2001
每股收益/扣除后(元)	0.3556	0.2910	0.6325	0.5462
每股经营现金流量(元)	-0.0600	-0.6500	1.3065	0.5821
每股净资产/调整后(元)	4.1821	4.1158	3.7798	3.2938
每股公积金(元)	1.0850	1.0850	1.0833	1.0833
净资产收益率(%)	10.7100	9.2200	18.5400	18.5500
总资产(万元)	687921.75	661067.69	532467.44	329826.44
股东权益(万元)	2410320.75	237060.64	215113.31	187119.41
未分配利润(万元)	78214.76	74243.30	52390.94	35547.65
主营收入(万元)	142153.27	103211.97	247120.23	175146.84
资本公积金(万元)	61638.43	61637.76	61542.78	61372.90
主营利润(万元)	56568.57	40928.68	100971.71	73076.86
其他业务利润(万元)	730.35	484.01	625.96	106.26
营业利润(万元)	16166.60	13648.32	33122.40	33122.40
投资收益(万元)	3851.29	2897.61	7816.28	10216.56
补贴收入(万元)	588.98	1716.90	8259.43	6490.09
营业外收支(万元)	3972.05		545.56	887.65
利润总额(万元)	30578.92	26389.18	45743.68	49743.68
净利润(万元)	25823.81	21852.35	39887.45	39887.45

十大股东

序号	股东名称	股份性质	持股数(万股)	比例(%)
1	宁波盛达发展公司	法人股	16849.97	59.66
2	宁波青春服装厂	法人股	11817.87	20.80
3	宁波市鄞州区石矸镇资产经营投资公司	法人股	4333.09	7.63
4	鄞县青春职工持股会	法人股	1299.93	2.29
5	华夏成长证券投资基金	流通股	636.89	1.12
6	景福证券投资基金	流通股	422.89	0.74
7	安顺证券投资基金	流通股	268.87	0.47
8	中信证券股份有限公司	流通股	247.81	0.44
9	嘉峪关龙泰矿山建设有限责任公司	流通股	196.75	0.35
10	华盛物业管理有限责任公司	流通股	174.39	0.31

股东人数	2003.9	2003.6	2002	2001
	101540	103858	115561	125908

近年分配	近年配股/增发
2002年 每10股派2.00元 2001年 每10股派2.00元	不分配不转增 Θ

重大事项

2003年05月13日董事会决定出让所持有的杭州湾大桥公司出资10935万元的股权,转让价款为11985.58万元。本次股权转让完成后,公司持有的杭州湾大桥公司股权比例由45%降低到4.50%。2003年01月29日公司直接持有宁波雅戈尔置业有限公司92.78%的股权,间接持有雅戈尔置业7.22%的股权。近日,雅戈尔置业通过招标,竞得鄞州区中心区钟公庙镇联心村1号地块的国有土地使用权,面积为83362平方米,并已签订《国有土地使用权出让合同》。

二○○二年以来市场表现

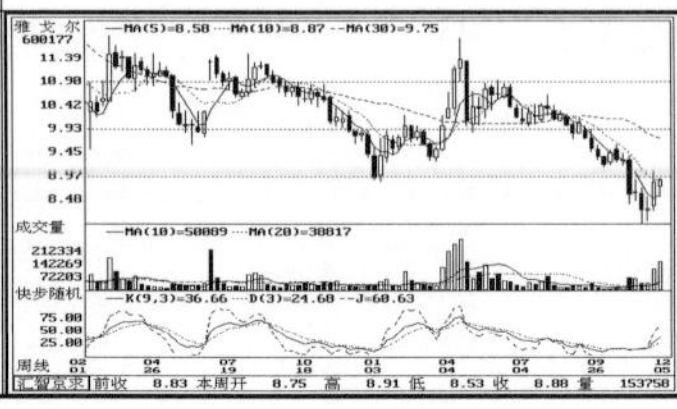

2002年涨跌幅(%)	-15.18
2002年最高(元)	11.47
2002年最低(元)	9.00
2002年换手率(%)	94.71
2003年涨跌幅(%)	-3.07
2003年最高(元)	11.60
2003年最低(元)	8.00
2003年换手率(%)	120.44

哈尔滨东安汽车动力股份有限公司

公司概况

公司名称	哈尔滨东安汽车动力股份有限公司	股票代码	600178
注册地址	哈尔滨市南岗区高新技术开发区13栋	邮政编码	150066
法人代表	须桐兴	董秘	姜俊奇
电话	0451-86528172	传真	0451-86505502
主营业务	汽车发动机、变速器及其零部件的开发、生产、销售等		
总股本	46208.00	流通A	13858.00
流通B		流通H	
审计单位		审计意见	未审计

主要财务指标

年度	2003.9	2003.6	2002	2001
每股收益/扣除后(元)	0.1183	0.1050	0.2547	0.1936
每股经营现金流量(元)	0.4910	0.3740	0.3210	0.2585
每股净资产/调整后(元)	3.1816	3.1783	3.1152	3.0928
每股公积金(元)	1.8477	1.8477	1.8477	1.8477
净资产收益率(%)	3.5340	3.0100	8.0400	6.3700
总资产(万元)	241164.73	231763.02	226830.11	211821.91
股东权益(万元)	150676.27	149865.69	145352.14	142912.97
未分配利润(万元)	7748.13	6937.54	2423.99	2320.98
主营收入(万元)	193374.44	127622.13	219099.28	185143.45
资本公积金(万元)	85379.24	85379.24	85379.24	85379.24
主营利润(万元)	27231.32	18980.00	39728.47	39634.55
其他业务利润(万元)	169.35	86.89	448.91	-666.04
营业利润(万元)	5094.86	3999.81	13181.90	11949.69
投资收益(万元)	1413.17	1413.17	-95.36	-1074.23
补贴收入(万元)				
营业外收支(万元)	-481.93		-104.72	-589.59
利润总额(万元)	6026.10	5072.47	12981.90	10285.87
净利润(万元)	5324.13	4513.55	11680.77	9098.06

十大股东

序号	股东名称	股份性质	持股数(万股)	比例(%)
1	中国航空科技工业股份有限公司	国有法人股	32350.00	70.01
2	汉兴证券投资基金	社会公众股	996.60	2.16
3	兴业证券投资基金	社会公众股	142.50	0.31
4	裕隆证券投资基金	社会公众股	119.83	0.26
5	天同证券有限责任公司	社会公众股	117.17	0.25
6	汉博证券投资基金	社会公众股	79.94	0.17
7	爱建证券有限责任公司	社会公众股	48.50	0.10
8	刘维四	社会公众股	39.63	0.09
9	上海东创实业投资有限公司	社会公众股	32.00	0.07
10	全国社保基金一零三组合	社会公众股	31.59	0.07

股东人数	2003.9	2003.6	2002	2001
	38757	39084	37166	73304

近年分配	近年配股/增发
2002年 每10股派2.00元 2002年 每10股派2.00元	不分配不转增 Θ

重大事项

原哈尔滨东安发动机(集团)有限公司持有的公司32350万股国有法人股划转给中国航空科技工业股份有限公司的过户手续已于2003年7月4日在中国证券登记结算有限公司上海分公司办理完毕,中国航空科技工业股份有限公司已正式成为公司的第一大股东,持有公司70.01%的股权。公司相对控股子公司—哈尔滨东安汽车发动机制造有限公司向中国建设银行哈尔滨市平房支行申请续借5000万元,借款期限2002年10月28日至2007年10月28日,由公司为其提供担保,担保协议签署日期为2002年10月28日。

二○○二年以来市场表现

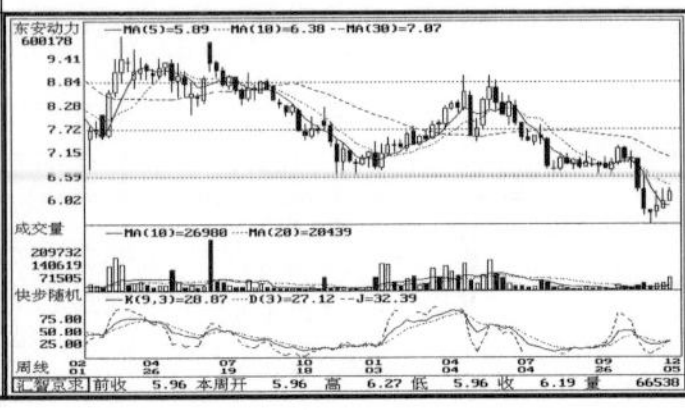

2002年涨跌幅(%)	-15.11
2002年最高(元)	9.79
2002年最低(元)	6.36
2002年换手率(%)	136.49
2003年涨跌幅(%)	-7.61
2003年最高(元)	8.99
2003年最低(元)	5.46
2003年换手率(%)	157.59

黑龙江黑化股份有限公司

公司概况

公司名称	黑龙江黑化股份有限公司	股票代码	600179
注册地址	黑龙江黑化股份有限公司	邮政编码	161041
法人代表	阎树忠	董秘	王宏伟
电话	0452-8927290	传真	0452-6884895
主营业务	生产销售焦炭、合成氨、尿素等		

总股本	33000.00	流通 A	10000.00	流通 B		流通 H	
审计单位				审计意见	未审计		

主要财务指标

年度	2003.9	2003.6	2002	2001
每股收益／扣除后(元)	0.0600	0.0310	0.0109	0.0144
每股经营现金流量(元)	-0.3270	-0.3750	0.2100	-0.3700
每股净资产／调整后(元)	2.4200	2.3800	2.3600	2.3700
每股公积金(元)	1.1743	1.1743	1.1745	1.1733
净资产收益率(％)	2.4900	1.2200	0.9800	2.7800
总资产(万元)	182005.94	175858.42	170794.55	157296.81
股东权益(万元)	80939.04	79901.03	78898.23	78149.21
未分配利润(万元)	7964.08	6926.10	5948.75	5317.97
主营收入(万元)	46941.14	31518.37	54924.30	123034.71
资本公积金(万元)	38750.44	38750.44	38725.00	38718.07
主营利润(万元)	13391.32	6921.17	9873.25	5390.66
其他业务利润(万元)	-1674.94	-1041.83	-819.03	-194.59
营业利润(万元)	3083.34	1519.43	1442.51	1708.04
投资收益(万元)				
补贴收入(万元)				
营业外收支(万元)	-75.28		94.47	-265.55
利润总额(万元)	3008.07	1458.73	1536.98	2175.79
净利润(万元)	2015.33	977.35	775.02	2175.79

十大股东

序号	股东名称	股份性质	持股数(万股)	比例(％)
1	黑龙江黑化集团有限公司	国有法人股	22270.00	67.48
2	金轮橡胶轮胎有限公司	社会法人股	530.00	1.60
3	隆泰资产	社会法人股	200.00	0.61
4	深圳市华仁达电子有限公司	流通股	35.68	0.11
5	基金兴和	流通股	16.47	0.05
6	黄隆华	流通股	16.00	0.05
7	邬智慧	流通股	12.88	0.05
8	王香莲	流通股	11.10	0.04
9	宋琼	流通股	11.05	0.03
10	王翠明	流通股	10.40	0.03

股东人数	2003.9	2003.6	2002	2001
	59723	60293	61580	65573

近年分配		近年配股／增发	不分配不转增

重大事项

公司第一大股东黑龙江黑化集团有限公司因办理 **4000** 万元贷款担保需要，将其持有的公司国有法人股 **4220** 万股质押给中信实业银行沈阳分行，质押期限为 **2002** 年 **11** 月 **26** 日至 **2003** 年 **12** 月 **26** 日。 **2002** 年 **08** 月 **22** 日董事会决议：同意为中国第一重型机械(集团)有限责任公司向中国建设银行富拉尔基支行申请 **5000** 万元流动资金贷款提供意向性担保。

二〇〇二年以来市场表现

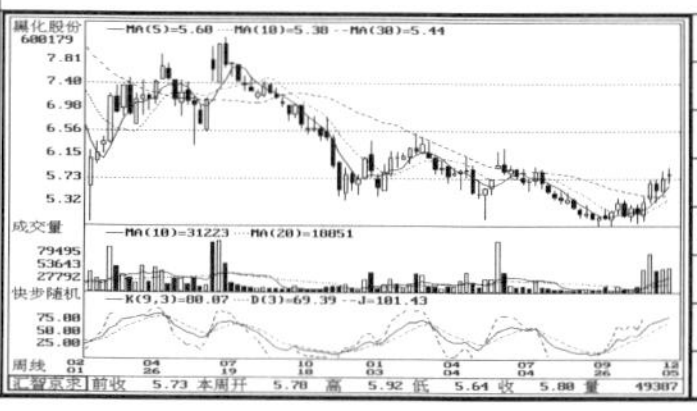

2002年涨跌幅(%)	-25.66
2002年最高(元)	8.23
2002年最低(元)	4.52
2002年换手率(%)	121.37
2003年涨跌幅(%)	2.50
2003年最高(元)	6.51
2003年最低(元)	4.90
2003年换手率(%)	92.29

山东九发食用菌股份有限公司

公司概况

公司名称	山东九发食用菌股份有限公司	股票代码	600180
注册地址	山东省烟台市胜利路 201-209 号十楼	邮政编码	264001
法人代表	蒋绍庆	董秘	许爱民
电话	0535-6623880	传真	0535-6623798
主营业务	食用菌菌种的培育,食用菌产品的养殖、加工、销售等		

总股本	25099.01	流通 A	7987.20	流通 B		流通 H	
审计单位				审计意见	未审计		

主要财务指标

年度	2003.9	2003.6	2002	2001
每股收益／扣除后(元)	0.2000	0.1370	0.3100	0.2932
每股经营现金流量(元)	-0.1400	-0.2700	0.0600	0.3071
每股净资产／调整后(元)	3.4000	3.3500	3.2300	3.1950
每股公积金(元)	1.4631	1.4631	1.4631	1.4631
净资产收益率(％)	5.8000	4.0000	10.0400	9.4300
总资产(万元)	156295.30	153794.55	136102.37	101771.38
股东权益(万元)	87683.54	86104.78	82679.85	80197.39
未分配利润(万元)	21256.53	19700.38	16252.83	14954.03
主营收入(万元)	54151.29	31108.70	69554.51	53824.44
资本公积金(万元)	36721.48	36721.48	36721.48	36721.48
主营利润(万元)	8866.08	5975.53	12502.02	11407.70
其他业务利润(万元)	332.52	219.28	86.77	203.25
营业利润(万元)	5190.25	3581.10	8518.73	8139.20
投资收益(万元)	18.27	7.80	24.36	81.93
补贴收入(万元)			450.00	200.00
营业外收支(万元)	-9.90		3.36	-18.81
利润总额(万元)	5198.62	3593.16	8996.44	8402.32
净利润(万元)	5083.83	3447.54	8384.19	7560.42

十大股东

序号	股东名称	股份性质	持股数(万股)	比例(％)
1	山东九发集团公司	国有法人股	14001.40	55.78
2	中泰信托投资有限责任公司	法人股	3110.40	12.39
3	聚信投资	流通股	244.61	0.98
4	苏长荣	流通股	46.82	0.31
5	李前松	流通股	45.25	0.30
6	童玲玲	流通股	57.11	0.23
7	胡八昌	流通股	53.16	0.21
8	贺伏先	流通股	46.96	0.19
9	李君珍	流通股	39.20	0.17
10	周秀华	流通股	38.07	0.15

股东人数	2003.9	2003.6	2002	2001
	15023	15089	16440	9472

近年分配	2002年 每 10 股派 2.00 元	近年配股／增发	2001年 每 10 股转增 2 股

重大事项

公司第二大股东中国乡镇企业总公司将持有的公司 **3110.40** 万股国有法人股拟转让给中泰信托，转让价格按照 **2002** 年中期报告调整前每股净资产为依据，故转让价格调整为 **3.325** 元/股，转让总价款调整为人民币 **10342.08** 万元。

二〇〇二年以来市场表现

2002年涨跌幅(%)	-44.35
2002年最高(元)	18.04
2002年最低(元)	9.39
2002年换手率(%)	400.83
2003年涨跌幅(%)	-0.31
2003年最高(元)	11.90
2003年最低(元)	9.45
2003年换手率(%)	207.99

云大科技股份有限公司

公司概况							
公司名称	云大科技股份有限公司			股票代码	600181		
注册地址	广发证券有限责任公司			邮政编码	650106		
法人代表	戴晓畅			董秘	邓志民		
电话	0871-8315883			传真	0871-8311251		
主营业务	农化、医药、及功能食品						
总股本	34813.62	流通 A	16800.00	流通 B		流通 H	
审计单位				审计意见	未审计		

主要财务指标

年度	2003.9	2003.6	2002	2001
每股收益/扣除后(元)	0.0080	0.0400	0.0600	0.2100
每股经营现金流量(元)	0.0900	0.4100	-0.3600	-0.8700
每股净资产/调整后(元)	2.5400	2.5900	2.5300	2.6200
每股公积金(元)	1.2433	1.2398	1.2396	2.6200
净资产收益率(%)	0.2800	1.7700	3.3300	7.3100
总资产(万元)	228905.89	236810.12	237957.95	192156.64
股东权益(万元)	93254.49	94675.81	93146.42	91364.93
未分配利润(万元)	10708.19	12131.20	10402.74	9456.70
主营收入(万元)	42983.43	34384.52	60432.13	38804.58
资本公积金(万元)	43285.26	43160.91	53154.28	43117.82
主营利润(万元)	12700.89	10819.02	19452.41	21832.23
其他业务利润(万元)	85.73	30.25	3182.85	618.34
营业利润(万元)	-9.70	2218.40	3087.66	6957.36
投资收益(万元)	-1173.74	-1047.73	-815.50	991.71
补贴收入(万元)	1190.76	349.65	1125.11	892.63
营业外收支(万元)	-100.62		881.41	52.74
利润总额(万元)	-93.29	2063.41	4278.68	8894.44
净利润(万元)	257.13	1680.14	3103.30	7426.08

十大股东

序号	股东名称	股份性质	持股数(万股)	比例(%)
1	云南云大投资控股有限公司	社会法人股	7293.11	20.95
2	云南龙泰农业资源开发有限公司	社会法人股	3107.81	8.93
3	云南省农垦供销公司	国有法人股	3040.09	8.73
4	深圳蛇口大赢工贸有限公司	社会法人股	2334.42	6.71
5	深圳市捷发信息咨询服务有限公司	社会法人股	1655.48	4.76
6	云南正通经贸有限责任公司	社会法人股	582.71	1.67
7	江汉彩印	社会法人股	178.11	0.51
8	北方国投	社会法人股	159.68	0.46
9	基金同盛	社会法人股	119.09	0.34
10	周汉民	社会法人股	94.67	0.27

股东人数	2003.9	2003.6	2002	2001
	35969	38219	40853	16674

近年分配	近年配股/增发
2002年 每 10 股派 0.20 元 2001 年 每 10 股派 0.53 元	不分配不转增 Θ

重大事项

公司第一大股东云南云大投资控股有限公司的控股股东云南大学于 **2003** 年 **10** 月 **15** 日与天津经济技术开发区投资有限公司签订了《股权转让协议》，云南大学将其所持云大投资控股 **51%** 的股权以 **8870** 万元的价格转让给开发区投资公司。 公司于 **2003** 年 **06** 月 **16** 日为控股子公司昆明云大科技产业销售有限公司三个月期 **1357.48** 万元银行承兑汇票提供担保,担保方式均为连带责任保证。截止目前为止,公司累计对外担保数额为 **40369.0784** 万元,无逾期担保。

二〇〇二年以来市场表现

2002年涨跌幅(%)	-37.42
2002年最高(元)	12.13
2002年最低(元)	7.48
2002年换手率(%)	125.89
2003年涨跌幅(%)	-5.54
2003年最高(元)	8.61
2003年最低(元)	6.83
2003年换手率(%)	78.39

桦林轮胎股份有限公司

公司概况							
公司名称	桦林轮胎股份有限公司			股票代码	600182		
注册地址	黑龙江省牡丹江市桦林镇			邮政编码	157032		
法人代表	吴庆荣			董秘	陈亮		
电话	0453-6306948			传真	0453-6304100		
主营业务	产销轮胎及原辅材料						
总股本	34000.00	流通 A	17000.00	流通 B		流通 H	
审计单位				审计意见	未审计		

主要财务指标

年度	2003.9	2003.6	2002	2001
每股收益/扣除后(元)	-2.1500	-0.5300	-0.6940	-0.4900
每股经营现金流量(元)	0.0200	-0.0050	-0.0380	-0.3270
每股净资产/调整后(元)	0.9800	0.2570	0.7790	1.7830
每股公积金(元)	2.4328	1.1075	1.0390	1.7830
净资产收益率(%)	-136.4000	-104.1700	-68.6900	-27.1500
总资产(万元)	108291.53	156162.77	172307.23	194847.19
股东权益(万元)	34012.08	17310.75	35336.40	60631.78
未分配利润(万元)	-86110.63	-57749.51	-39717.27	-14420.74
主营收入(万元)	7586.63	7469.23	56829.55	80118.32
资本公积金(万元)	82716.51	37654.06	37647.47	37646.33
主营利润(万元)	-2956.20	-2855.99	6190.84	13586.26
其他业务利润(万元)	482.47	-100.33	9.18	34.60
营业利润(万元)	-20667.94	-18023.39	-23598.15	-16656.47
投资收益(万元)	-0.48	-0.48	-506.58	-26.28
补贴收入(万元)				
营业外收支(万元)	-23733.20		-168.71	220.19
利润总额(万元)	-47401.63	-18052.61	-24273.44	-16462.56
净利润(万元)	-46393.36	-18032.24	-24273.44	-16462.56

十大股东

序号	股东名称	股份性质	持股数(万股)	比例(%)
1	桦林集团有限责任公司	国有法人股	15107.00	44.43
2	联合证券有限责任公司	流通股	687.56	2.03
3	黑龙江省国际投资公司	法人股	520.00	1.52
4	黑龙江省火电一工程公司	法人股	300.00	0.88
5	牡丹江市财政资产投资经营公司	法人股	250.00	0.74
6	牡江建设房地产投资开发公司	法人股	200.00	0.59
7	华西证券有限责任公司	流通股	183.00	0.54
8	中关村证券股份有限公司	流通股	154.85	0.46
9	新上海国际大厦有限公司	流通股	148.27	0.44
10	上海宝钢化工有限公司	流通股	139.78	0.42

股东人数	2003.9	2003.6	2002	2001
	41702	46234	70882	72336

近年分配	近年配股/增发
	不分配不转增 Θ

重大事项

根据有关规定,桦林集团将所持的公司 **15107** 万股的股权,于 **2003** 年 **7** 月 **13** 日经北京瑞平拍卖行有限公司拍卖,佳通投资以每股 **0.648** 元的单价买受到其全部股权,占公司总股本的 **4.43%**,并于 **2003** 年 **9** 月 **1** 日将买受款项 **9789.336** 万元全部交清。 公司与桦林集团有限责任公司于 **2003** 年 **8** 月 **8** 日签署了股份质押协议。质押桦林集团持有的牡丹江桦林乘用子午胎有限责任公司 **26.67%** 的股份,以担保桦林集团欠公司的 **2950** 万元债务。

二〇〇二年以来市场表现

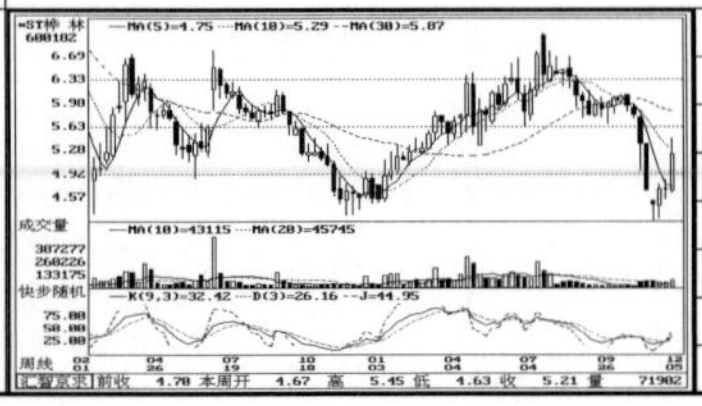

2002年涨跌幅(%)	-26.16
2002年最高(元)	6.77
2002年最低(元)	3.71
2002年换手率(%)	214.85
2003年涨跌幅(%)	2.17
2003年最高(元)	7.04
2003年最低(元)	4.22
2003年换手率(%)	237.80

广东生益科技股份有限公司

公司概况

公司名称	广东生益科技股份有限公司	股票代码	600183
注册地址	广东省东莞市万江区莞穗大道 411 号	邮政编码	523039
法人代表	李锦	董秘	温世龙
电话	0769-2271828-8225	传真	0769-2780280
主营业务	敷铜板、半固化片		
总股本	63801.56	流通 A 19368.98	流通 B　流通 H
审计单位		审计意见	未审计

主要财务指标

年度	2003.9	2003.6	2002	2001
每股收益 / 扣除后(元)	0.1500	0.0980	0.1400	0.1257
每股经营现金流量(元)	0.0280	0.0210	0.1606	0.5923
每股净资产 / 调整后(元)	1.7100	1.6570	1.5610	1.9756
每股公积金(元)	0.3425	0.3425	0.3425	0.4452
净资产收益率(%)	9.0600	6.3230	9.1100	6.5300
总资产(万元)	201427.02	184429.52	162508.98	136852.11
股东权益(万元)	109584.85	106385.45	99654.30	96957.09
未分配利润(万元)	12486.76	9287.35	2560.45	15948.29
主营收入(万元)	88856.41	55591.48	88608.23	72000.94
资本公积金(万元)	21854.92	21854.92	21850.68	21850.68
主营利润(万元)	17299.02	11544.11	16516.43	10786.55
其他业务利润(万元)	516.14	352.89	615.50	511.29
营业利润(万元)	10324.85	7060.60	8571.66	3733.45
投资收益(万元)	1178.97	630.73	1699.87	2827.13
补贴收入(万元)	42.45	39.47		
营业外收支(万元)	18.83	19.33	106.30	167.34
利润总额(万元)	11565.10	7750.12	10377.83	6727.91
净利润(万元)	9926.30	6726.90	9077.37	6334.13

十大股东

序号	股东名称	股份性质	持股数(万股)	比例(%)
1	东莞市电子工业总公司	国有股	16621.13	26.50
2	香港伟华电子有限公司	外资股	16530.51	25.91
3	广东省外贸开发公司	国有股	6826.34	10.70
4	广东省外贸开发公司开发工会委员会	国有股	1909.66	2.99
5	普惠证券投资基金	流通股	630.38	0.99
6	华安创新证券投资基金	流通股	590.00	0.92
7	东莞市生益电子有限公司工会委员会	国有股	575.07	0.90
8	融通新蓝筹证券投资基金	流通股	465.64	0.73
9	开元证券投资基金	流通股	423.11	0.66
10	安顺证券投资基金	流通股	417.32	0.65

股东人数	2003.9	2003.6	2002	2001
	37575	38964	46927	5333

近年分配	2002年 每 10 股派 1.00 元　2001 年 每 10 股派 0.75 元	近年配股 / 增发	不分配不转增 Θ

重大事项

公司发起人股东广东省外贸开发公司所持公司法人股 **52510312** 股原全部用于质押贷款，现已将该等股份解除质押。同时，重新将公司法人股 **34131703** 股，用于向中国银行广东省分行质押贷款，质押期限为 **2003** 年 **1** 月 **10** 日至 **2005** 年 **12** 月 **31** 日。　**2002** 年 **11** 月 **06** 日公司第一大股东东莞市电子工业总公司所持公司股份中的 **2000** 万股法人股，用于向中国银行东莞分行质押贷款，已在中国证券登记结算公司上海分公司办理质押冻结手续。

二〇〇二年以来市场表现

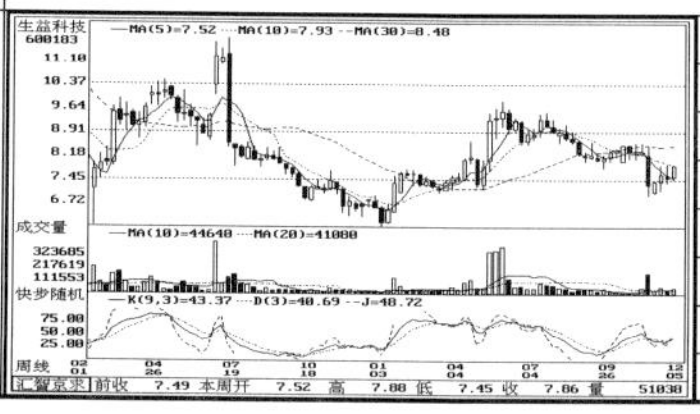

2002年涨跌幅(%)	-7.86
2002年最高(元)	8.94
2002年最低(元)	4.40
2002年换手率(%)	162.86
2003年涨跌幅(%)	18.33
2003年最高(元)	9.75
2003年最低(元)	5.89
2003年换手率(%)	163.90

湖北新华光信息材料股份有限公司

公司概况

公司名称	湖北新华光信息材料股份有限公司	股票代码	600184
注册地址	湖北省襄樊市长虹北路 129 号	邮政编码	441003
法人代表	詹祖盛	董秘	樊后檐
电话	0710-3349712	传真	0710-3349308
主营业务	磁盘微晶玻璃基板、光学加工磁盘微晶玻璃基板等		
总股本	7000.00	流通 A 3000.00	流通 B　流通 H
审计单位		审计意见	未审计

主要财务指标

年度	2003.9	2003.6	2002	2001
每股收益 / 扣除后(元)	0.1123	0.2000	0.3200	0.3600
每股经营现金流量(元)		0.1000	0.4400	
每股净资产 / 调整后(元)	3.7683	2.2300	2.0323	1.9147
每股公积金(元)	2.3266	0.4559	0.4559	0.4552
净资产收益率(%)	8.8170	8.8200	14.2000	20.8200
总资产(万元)		23401.18	21878.72	19464.74
股东权益(万元)		8915.37	8129.08	7658.67
未分配利润(万元)		2470.63	1684.43	1470.36
主营收入(万元)		4507.00	9028.78	8575.27
资本公积金(万元)		1823.64	1823.54	1820.72
主营利润(万元)		1633.41	3077.28	3413.43
其他业务利润(万元)		20.81	75.21	45.91
营业利润(万元)		624.85	1414.26	1418.35
投资收益(万元)		20.24	27.24	63.28
补贴收入(万元)		187.25	92.70	
营业外收支(万元)		-17.36	-12.56	-39.10
利润总额(万元)		812.20	1522.64	1442.53
净利润(万元)		786.20	1267.58	1442.53

十大股东

序号	股东名称	股份性质	持股数(万股)	比例(%)
1	湖北华光新材料有限公司	发起人股	3170.00	45.28
2	襄樊华天元件有限公司	发起人股	530.00	7.57
3	深圳市同仁和实业有限公司	发起人股	100.00	1.43
4	南阳市卧龙光学有限公司	发起人股	100.00	1.43
5	北方光电工贸有限公司	发起人股	100.00	1.43
6	西部证券股份有限公司	社会公众股	31.63	0.45
7	天同 180 指数证券投资基金	社会公众股	5.40	0.08
8	招商股票投资基金	社会公众股	3.40	0.05
9	融鑫证券投资基金	社会公众股	3.20	0.05
10	金鹰成份股优选证券投资基金	社会公众股	3.00	0.04

股东人数	2003.9	2003.6	2002	2001

近年分配	2002年 每 10 股派 2.00 元	近年配股 / 增发	不分配不转增 Θ

重大事项

公司拟与凤凰光学股份有限公司、江裕映美信息科技有限公司、江西三清山旅游集团有限公司、上海凤凰投资有限公司利用各方的优势，在上海市嘉定工业区北区共同投资 **8000** 万元组建中外合资经营企业凤凰光学(上海)有限公司。其中公司拟投资 **400** 万元，占总投资额的 **5%**。

二〇〇二年以来市场表现

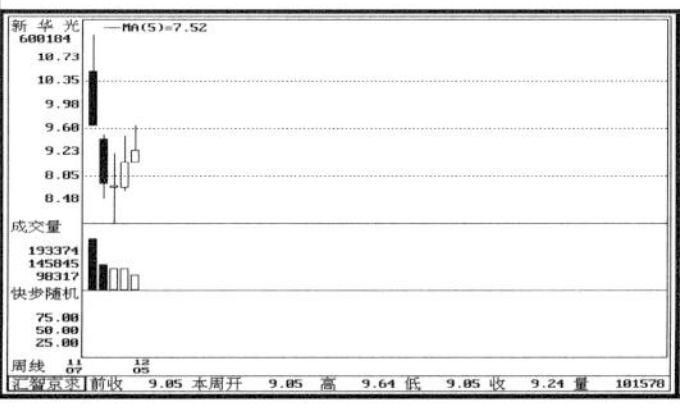

2002年涨跌幅(%)	0.00
2002年最高(元)	0.00
2002年最低(元)	0.00
2002年换手率(%)	0.00
2003年涨跌幅(%)	0.00
2003年最高(元)	11.10
2003年最低(元)	8.10
2003年换手率(%)	211.88

西安海星现代科技股份有限公司

公司概况

公司名称	西安海星现代科技股份有限公司		股票代码	600185	
注册地址	西安高新技术产业开发区		邮政编码	710075	
法人代表	荣海		董秘	于晓东	
电话	029-2307606		传真	029-2307607	
主营业务	信息技术产业、批发零售				
总股本 21780.00	流通 A 7480.00		流通 B		流通 H
审计单位			审计意见	未审计	

主要财务指标

年度	2003.9	2003.6	2002	2001
每股收益/扣除后(元)	0.0230	0.0285	0.0446	0.0714
每股经营现金流量(元)	0.3200	0.1000	0.1224	0.5923
每股净资产/调整后(元)	2.3182	2.3108	2.2930	2.5423
每股公积金(元)	1.0978	1.0978	1.0978	1.2075
净资产收益率(%)	1.5700	1.1900	1.6700	2.2000
总资产(万元)	112682.17	105320.75	98255.99	80021.51
股东权益(万元)	52009.57	51510.97	51193.41	50337.20
未分配利润(万元)	3937.39	3738.79	3121.24	4377.28
主营收入(万元)	40775.20	25715.28	29188.82	30728.89
资本公积金(万元)	23909.20	23909.20	23909.20	23909.20
主营利润(万元)	7356.38	5018.30	5497.78	4949.60
其他业务利润(万元)	164.98	129.10	200.85	351.85
营业利润(万元)	1371.98	1107.60	953.31	1523.97
投资收益(万元)	177.08	-98.88	308.99	-251.70
补贴收入(万元)	13.50	13.50	25.70	22.23
营业外收支(万元)	-24.79	-2.74	-5.73	-34.41
利润总额(万元)	1437.78	1019.48	1282.27	1260.09
净利润(万元)	816.16	617.56	856.21	1106.43

十大股东

序号	股东名称	股份性质	持股数(万股)	比例(%)
1	西安海星科技投资控股(集团)有限公司	法人股	6916.25	31.79
2	西安飞机工业(集团)有限责任公司	法人股	1100.00	5.05
3	陕西省技术进步投资有限责任公司	法人股	1100.00	5.05
4	上海发光经贸发展有限公司	法人股	979.00	4.49
5	石家庄神威药业股份有限公司	法人股	465.00	2.12
6	海南博妮达贸易有限公司	法人股	389.80	1.79
7	上海葆鑫企业发展有限公司	法人股	337.70	1.55
8	上海东方国信投资管理有限公司	法人股	220.00	1.01
9	无锡市华信投资管理有限公司	法人股	220.00	1.01
10	西安协同软件股份有限公司	法人股	220.00	1.01

股东人数	2003.9	2003.6	2002	2001
	48284	49074	50148	53821

近年分配		近年配股/增发	2001年 每10股送1股

重大事项

海星集团原将其持有的公司法人股3200万股质押给中国光大银行西安分行营业部，该项质押于2003年9月29日办理了解除质押手续，同日海星集团因借款将其持有的公司法人股3500万股质押给中国光大银行西安分行营业部，质押期自2003年9月29日至2004年9月30日；海星集团原将其持有的公司法人股2000万股质押给西安市商业银行城西支行，该项质押于2003年10月13日办理了解除质押手续，同日海星集团因借款将其持有的公司法人股2000万股继续质押给西安市商业银行城西支行，质押期自2003年10月13日至2004年9月28日。

二〇〇二年以来市场表现

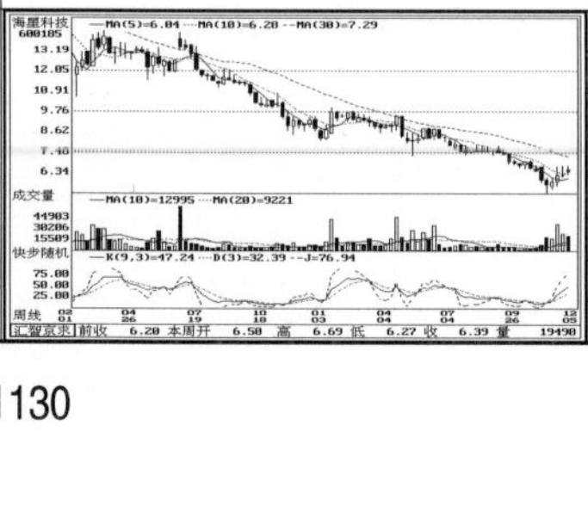

2002年涨跌幅(%)	-35.34
2002年最高(元)	13.29
2002年最低(元)	8.46
2002年换手率(%)	73.43
2003年涨跌幅(%)	-26.80
2003年最高(元)	9.96
2003年最低(元)	5.20
2003年换手率(%)	73.93

河南莲花味精股份有限公司

公司概况

公司名称	河南莲花味精股份有限公司		股票代码	600186	
注册地址	河南省项城市莲花大道18号		邮政编码	466200	
法人代表	李怀清		董秘	李国俭	
电话	0394-4298666		传真	0394-4298899	
主营业务	味精				
总股本 88400.00	流通 A 36400.00		流通 B		流通 H
审计单位			审计意见	未审计	

主要财务指标

年度	2003.9	2003.6	2002	2001
每股收益/扣除后(元)	0.0092	0.0380	0.0199	0.2106
每股经营现金流量(元)	-0.5700	-0.0320	0.0963	0.0546
每股净资产/调整后(元)	2.3595	2.4089	2.3315	3.0368
每股公积金(元)	1.0072	1.0072	1.0072	1.6094
净资产收益率(%)	0.3790	1.5500	0.9270	7.0400
总资产(万元)	485653.00	470582.94	460838.47	460838.47
股东权益(万元)	209230.55	213790.23	208438.19	206505.77
未分配利润(万元)	23291.84	25813.70	22499.49	20896.58
主营收入(万元)	83182.42	52735.00	121965.01	138750.14
资本公积金(万元)	89037.19	89037.19	89037.19	109437.19
主营利润(万元)	16837.07	11499.48	23338.95	32196.67
其他业务利润(万元)	609.19	390.24	1180.49	1284.21
营业利润(万元)	3001.46	5157.87	6451.43	16981.54
投资收益(万元)	-1541.84	-712.11	-3612.23	-1880.15
补贴收入(万元)				
营业外收支(万元)	-18.04	-12.84	252.26	-336.00
利润总额(万元)	1441.58	4426.60	3091.43	14765.39
净利润(万元)	792.35	3314.21	1932.42	14540.91

十大股东

序号	股东名称	股份性质	持股数(万股)	比例(%)
1	河南省莲花味精集团有限公司	国家股	52000.00	58.82
2	渤海证券有限责任公司	流通股	4075.08	4.61
3	天津经济技术开发区鑫谊开发公司	流通股	996.97	1.13
4	韩玉深	流通股	182.86	0.21
5	李玲	流通股	174.00	0.20
6	王凯	流通股	157.57	0.18
7	马英贤	流通股	155.73	0.17
8	胡士松	流通股	154.75	0.17
9	天津荣信服饰有限公司	流通股	152.79	0.17
10	胡志良	流通股	150.17	0.17

股东人数	2003.9	2003.6	2002	2001
	38036	38447	42706	42245

近年分配	2001年 每10股派3.00元	近年配股/增发	不分配不转增

重大事项

公司将所持有的河南莲花生物工程有限公司95%股权和全资子公司河南项城佳能热电有限公司的5%股权，转让给公司的控股股东河南省莲花味精集团有限公司，两项股权转让金额合计为15648811.85元。本次股权转让后,公司不再持有河南莲花生物工程有限公司的股权，但仍持有河南项城佳能热电有限公司95%的股权。

二〇〇二年以来市场表现

2002年涨跌幅(%)	-28.10
2002年最高(元)	10.29
2002年最低(元)	5.91
2002年换手率(%)	100.45
2003年涨跌幅(%)	-23.18
2003年最高(元)	7.57
2003年最低(元)	4.55
2003年换手率(%)	73.04

黑龙江黑龙股份有限公司

公司概况

公司名称	黑龙江黑龙股份有限公司			股票代码	600187		
注册地址	齐齐哈尔市龙沙区长青路 27 号			邮政编码	161005		
法人代表	张伟东			董秘	李国民		
电话	0452-2816277			传真	0452-2816277		
主营业务	新闻纸、冰雪器材						
总股本	32722.50	流通 A	9750.00	流通 B		流通 H	
审计单位				审计意见	未审计		

主要财务指标

年度	2003.9	2003.6	2002	2001
每股收益 / 扣除后(元)	0.0020	0.0200	0.0036	0.1063
每股经营现金流量(元)	-0.2170	-0.2170	0.2800	0.4600
每股净资产 / 调整后(元)	2.2800	2.3000	2.3100	2.3200
每股公积金(元)	1.0538	1.0538	1.0538	1.0538
净资产收益率(%)	0.0800	0.9600	0.5000	8.5800
总资产(万元)	218385.84	225991.36	217336.06	196658.73
股东权益(万元)	77215.86	77867.73	77154.38	75859.89
未分配利润(万元)	7438.44	8090.31	7376.96	6278.24
主营收入(万元)	43035.52	31364.17	72879.54	60591.05
资本公积金(万元)	34483.00	34483.00	34483.00	34483.00
主营利润(万元)	8522.06	6558.72	10886.86	13591.65
其他业务利润(万元)	5.21	5.13	7.30	23.48
营业利润(万元)	101.74	1093.19	457.09	5753.85
投资收益(万元)				
补贴收入(万元)			7.02	1.03
营业外收支(万元)	36.75	38.98	261.19	296.78
利润总额(万元)	138.49	1132.17	725.30	6051.66
净利润(万元)	61.48	744.01	385.22	6512.41

十大股东

序号	股东名称	股份性质	持股数(万股)	比例(%)
1	黑龙集团公司	国有法人股	22972.50	70.21
2	中国银河证券有限责任公司	流通股	1289.39	3.94
3	郑州鑫成家电有限公司	流通股	318.70	0.97
4	上海天好电子商务有限公司	流通股	308.24	0.94
5	赵晓云	流通股	217.42	0.76
6	湖北中天荆门化工有限公司	流通股	240.07	0.73
7	川化股份有限公司	流通股	233.48	0.71
8	第一拖拉机股份有限公司	流通股	217.30	0.66
9	中山集团财务有限责任公司	流通股	160.58	0.49
10	刘林	流通股	147.31	0.45

股东人数	2003.9	2003.6	2002	2001
	14377	13143	20442	24675

近年分配	2001年 每10股派1.00元	近年配股/增发	不分配不转增 Θ

重大事项

公司向哈尔滨市商业银行南岗支行贷款 5000 万元作为流动资金，期限为一年，黑龙江省宇华担保投资股份有限公司提供质押担保。公司控股股东黑龙集团公司作为出质人，将其持有的公司国有法人股 5000 万股质押给黑龙江省宇华担保投资股份有限公司。 公司拟以拥有的冰雪运动器材制造厂的资产和齐齐哈尔冰刀工业有限公司 65% 的股权与齐齐哈尔造纸有限公司拥有的化机浆生产线和相应的原材料采购部门的资产进行置换。2003 年 6 月 28 日，公司与齐纸公司签订了《资产置换协议》。

二〇〇二年以来市场表现

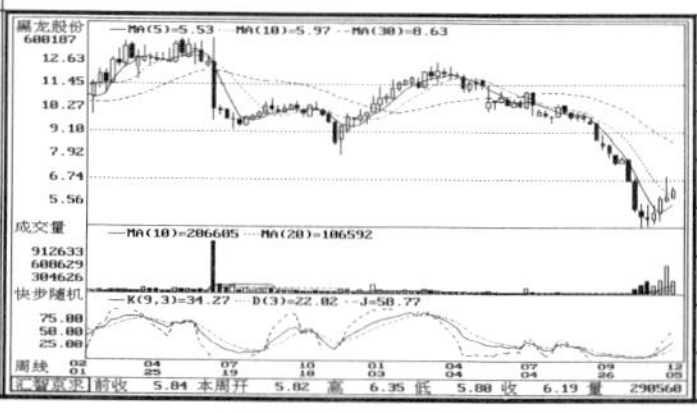

2002年涨跌幅(%)	-7.76
2002年最高(元)	13.81
2002年最低(元)	7.95
2002年换手率(%)	402.36
2003年涨跌幅(%)	-47.76
2003年最高(元)	12.57
2003年最低(元)	4.38
2003年换手率(%)	275.70

兖州煤业股份有限公司

公司概况

公司名称	兖州煤业股份有限公司			股票代码	600188		
注册地址	山东省邹城市凫山路 40 号			邮政编码	273500		
法人代表	莫立崎			董秘	陈广水		
电话	0537-5382319			传真	0537-5383311		
主营业务	煤炭采选、销售及运输服务.						
总股本	287000.00	流通 A	18000.00	流通 B		流通 H	102000.00
审计单位				审计意见	未审计		

主要财务指标

年度	2003.9	2003.6	2002	2001
每股收益 / 扣除后(元)	0.2930	0.2030	0.3500	0.3500
每股经营现金流量(元)	0.0500	0.3000	0.8300	0.5750
每股净资产 / 调整后(元)	3.6950	3.5700	3.3300	3.0390
每股公积金(元)	1.6196	1.5978	1.5521	1.2930
净资产收益率(%)	8.0200	5.5600	10.3900	11.4700
总资产(万元)	1299394.62	1282320.25	1298354.87	1135022.37
股东权益(万元)	1071093.75	1036637.94	965857.31	872332.75
未分配利润(万元)	261022.55	232847.87	175170.83	163365.08
主营收入(万元)	658485.56	442787.97	805525.87	646935.31
资本公积金(万元)	464836.87	458555.72	445452.12	371103.28
主营利润(万元)	344153.03	237428.08	432127.47	355706.53
其他业务利润(万元)	4162.31	3328.03	3015.32	2648.33
营业利润(万元)	130825.62	87634.23	152013.95	140080.70
投资收益(万元)	747.64	147.83	368.80	
补贴收入(万元)	449.52		2015.70	
营业外收支(万元)	-1737.42		-1327.04	-893.19
利润总额(万元)	130318.36	87722.91	153071.45	139187.52
净利润(万元)	85851.72	57677.05	100311.55	100038.74

十大股东

序号	股东名称	股份性质	持股数(万股)	比例(%)
1	兖矿集团有限公司	国有法人股	167000.00	58.19
2	香港中央结算(代理人)有限公	H股	101743.20	35.45
3	丰和价值证券投资基金	A股	579.94	0.20
4	裕隆证券投资基金	A股	517.92	0.18
5	银丰证券投资基金	A股	368.61	0.13
6	富国动态平衡证券投资基金	A股	273.52	0.10
7	景博证券投资基	A股	193.50	0.07
8	同盛证券投资基	A股	190.65	0.07
9	泰和证券投资基金	A股	182.54	0.06
10	东风汽车股份有限公司	A股	177.97	0.06

股东人数	2003.9	2003.6	2002	2001
	66628	66978	68027	76826

近年分配	2002年 每10股派1.04元 2001年 每10股派1.00元	近年配股/增发	不分配不转增 Θ

重大事项

公司与南屯煤矿职工劳动服务公司于 2003 年 08 月 15 日签署《股权转让协议》，收购劳动服务公司持有的邹城南煤轮船航运有限责任公司总股权的 80%，收购价款 1016.4 万元。

二〇〇二年以来市场表现

2002年涨跌幅(%)	-21.05
2002年最高(元)	11.00
2002年最低(元)	7.90
2002年换手率(%)	163.70
2003年涨跌幅(%)	11.06
2003年最高(元)	10.10
2003年最低(元)	7.53
2003年换手率(%)	170.06

吉林森林工业股份有限公司

公司概况

公司名称	吉林森林工业股份有限公司	股票代码	600189
注册地址	长春高新技术产业开发区	邮政编码	130021
法人代表	田树华	董秘	王海
电话	0431-8912969	传真	0431-8930595
主营业务	木材产品、人造板		
总股本	31050.00	流通 A	11050.00
流通 B		流通 H	
审计单位		审计意见	未审计

主要财务指标

年度	2003.9	2003.6	2002	2001
每股收益/扣除后(元)	0.2360	0.1600	0.3400	0.3300
每股经营现金流量(元)	0.1290	-0.0050	0.8600	-0.0500
每股净资产/调整后(元)	4.0800	4.0100	3.8800	3.8800
每股公积金(元)	2.0943	2.0944	2.0944	2.0944
净资产收益率(%)	5.6300	3.8900	8.5200	9.1500
总资产(万元)	175465.70	182826.31	150898.44	171201.41
股东权益(万元)	129835.29	127500.76	122543.29	120530.60
未分配利润(万元)	23535.33	21196.64	16239.18	16492.03
主营收入(万元)	62627.98	41428.81	72242.19	61294.98
资本公积金(万元)	65029.70	65029.70	65029.70	65029.70
主营利润(万元)	16635.83	11852.60	20171.90	17271.12
其他业务利润(万元)	216.34	130.10	493.78	160.61
营业利润(万元)	5258.32	4309.51	7711.85	8282.33
投资收益(万元)	811.32	-33.36	1668.20	2966.99
补贴收入(万元)	1261.21	698.94	1896.31	1690.73
营业外收支(万元)	-26.38	-19.40	-362.45	-49.64
利润总额(万元)	7304.46	4955.69	10913.91	12890.42
净利润(万元)	7312.80	4957.46	10437.27	11032.77

十大股东

序号	股东名称	股份性质	持股数(万股)	比例(%)
1	中国吉林森林工业(集团)总公司	国有法人股	20000.00	64.41
2	中企资产托管经营有限公司	流通股	84.02	0.27
3	王萌霞	流通股	71.56	0.23
4	华安创新证券投资基金	流通股	60.00	0.19
5	科瑞证券投资基金	流通股	48.26	0.16
6	嘉实成长收益型证券投资基金	流通股	48.24	0.16
7	董明福	流通股	44.76	0.14
8	张东海	流通股	41.37	0.13
9	任瑞景	流通股	40.50	0.13
10	宋浩琴	流通股	40.30	0.13

股东人数	2003.9	2003.6	2002	2001
	35931	36605	33933	40953

近年分配	近年配股/增发
2002年 每10股派3.00元 2001年 每10股派2.00元	不分配不转增

重大事项

公司第一大股东中国吉林森林工业(集团)总公司因为吉林省绿叶食品工业有限责任公司提供600万元借款担保,而吉林省绿叶食品工业有限责任公司未偿还到期贷款,吉林省长春市中级人民法院司法冻结了担保单位中国吉林森林工业(集团)总公司持有公司国有法人股20000万股中的1000万股,冻结期限为2003年2月26日至2004年2月26日。

二〇〇二年以来市场表现

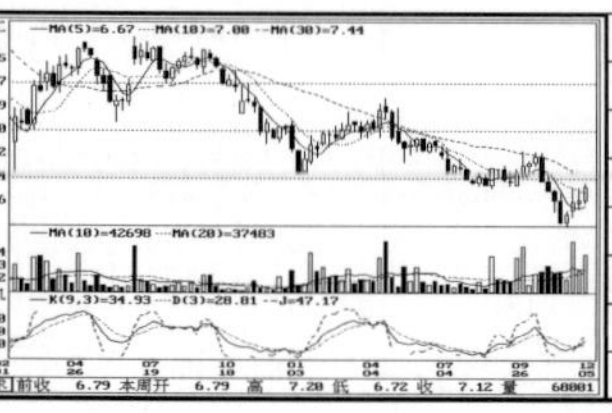

2002年涨跌幅(%)	-19.93
2002年最高(元)	10.53
2002年最低(元)	6.98
2002年换手率(%)	94.06
2003年涨跌幅(%)	-7.62
2003年最高(元)	8.99
2003年最低(元)	6.18
2003年换手率(%)	133.69

锦州港股份有限公司

公司概况

公司名称	锦州港股份有限公司	股票代码	600190
注册地址	锦州经济技术开发区锦港大街1段1号	邮政编码	121007
法人代表	赵告	董秘	王健
电话	0416-3586462	传真	0416-3582431
主营业务	港务管理、港口装饰、水运辅助业		
总股本	94650.00	流通 A	22800.00
流通 B	16650.00	流通 H	
审计单位		审计意见	未审计

主要财务指标

年度	2003.9	2003.6	2002	2001
每股收益/扣除后(元)	0.0740	0.0480	0.0090	0.0500
每股经营现金流量(元)	0.1560	0.1100	0.1590	0.1300
每股净资产/调整后(元)	1.0020	0.9910	0.9310	1.4900
每股公积金(元)	0.2070	0.2070	0.2070	0.2016
净资产收益率(%)	7.1700	4.7400	-0.1920	3.4000
总资产(万元)	205348.87	203543.34	202570.62	285635.44
股东权益(万元)	98176.50	95671.97	91137.45	140602.83
未分配利润(万元)	-19847.12	-22351.65	-27252.80	8444.84
主营收入(万元)	32051.14	21571.47	38436.76	28653.23
资本公积金(万元)	19591.72	19591.72	19591.72	19080.28
主营利润(万元)	17074.01	11386.56	14746.55	12668.81
其他业务利润(万元)	281.34	138.81	204.65	217.53
营业利润(万元)	10372.99	6798.56	2421.23	5798.38
投资收益(万元)	42.23	42.23	28.58	4.06
补贴收入(万元)				
营业外收支(万元)	-62.04	-53.14	-1118.51	78.58
利润总额(万元)	10353.18	6787.65	1331.30	5876.95
净利润(万元)	7039.05	4534.52	-174.26	4847.32

十大股东

序号	股东名称	股份性质	持股数(万股)	比例(%)
1	东方集团股份有限公司	法人股	25681.50	57.13
2	锦州港务局	国家股	15000.00	15.85
3	锦州石油化工公司	法人股	6000.00	6.34
4	辽宁省投资集团有限公司	法人股	4050.00	4.28
5	锦西炼油化工总厂	法人股	1500.00	1.58
6	锦州石化工程公司	法人股	1470.00	1.55
7	中国石油国际事业锦州公司	法人股	877.50	0.93
8	辽宁省建设投资公司	法人股	456.00	0.48
9	CBNYS/APNC/SKANDIASELECTFUND/C HINAEQUITYAC	B股	172.58	0.24
10	锦州碧海石油化工有限公司	法人股	168.00	0.18

股东人数	2003.9	2003.6	2002	2001
	127648	129653	136512	125195

近年分配	近年配股/增发
	不分配不转增

重大事项

公司决定在前次初步整改的基础上深化整改,对以前年度会计核算情况进行彻底清理并彻底纠正所有不规范事项。因此,公司成立了会计核算清理整改特别工作组,对公司历年会计核算情况进行彻底清查,于2003年01月26日在董事会上提出清理工作报告。报告中提出了除《财政部关于公司的行政处罚决定》中认定的问题外,还存在一些虚增资产和虚增收入的情况,并提出纠正意见。

二〇〇二年以来市场表现

2002年涨跌幅(%)	-38.60
2002年最高(元)	9.17
2002年最低(元)	5.14
2002年换手率(%)	180.16
2003年涨跌幅(%)	8.38
2003年最高(元)	6.53
2003年最低(元)	4.78
2003年换手率(%)	273.45

包头华资实业股份有限公司

公司概况							
公司名称	包头华资实业股份有限公司			股票代码	600191		
注册地址	内蒙古自治区包头市国家稀土高新技术产业开发区			邮政编码	014030		
法人代表	张洪新			董秘	李志文		
电话	0472–4190473			传真	0472–4190473		
主营业务	制糖、电子信息业产品						
总股本	30308.25	流通 A	10465.00	流通 B		流通 H	
审计单位				审计意见	未审计		

主要财务指标

年度	2003.9	2003.6	2002	2001
每股收益 / 扣除后(元)	0.2000	0.1200	0.2380	
每股经营现金流量(元)	0.2720	0.1760	0.2700	–0.0354
每股净资产 / 调整后(元)	3.8700	3.8000	3.6900	3.4600
每股公积金(元)	1.9909	1.9909	1.9824	1.9816
净资产收益率(%)	5.0000	3.1700	6.8400	6.7800
总资产(万元)	188140.81	184219.14	153993.31	137353.69
股东权益(万元)	118604.80	116362.46	112412.61	104959.52
未分配利润(万元)	23132.16	20889.82	17199.13	10882.98
主营收入(万元)	68879.93	46096.57	80214.73	60820.01
资本公积金(万元)	60341.34	60341.34	60082.18	60056.86
主营利润(万元)	13928.23	9449.65	15334.15	14378.40
其他业务利润(万元)	15.83	30.94	143.62	172.52
营业利润(万元)	7555.73	4991.21	8455.26	7847.12
投资收益(万元)	2.16	2.16		
补贴收入(万元)	35.77	35.77	22.42	93.37
营业外收支(万元)	–28.56	–19.24	218.53	215.82
利润总额(万元)	7565.09	5009.89	8696.21	8156.30
净利润(万元)	5933.03	3690.69	7430.76	7115.39

十大股东

序号	股东名称	股份性质	持股数(万股)	比例(%)
1	包头草原糖业集团有限责任公司	国有法人股	11482.73	37.89
2	包头市创业经济技术开发公司	法人股	6421.52	21.19
3	包头市北普实业有限公司	法人股	1939.00	6.39
4	能投物资	社会公众股	31.00	0.10
5	山东国信	社会公众股	29.15	0.10
6	怀远公司	社会公众股	19.54	0.06
7	李敏	社会公众股	18.24	0.06
8	黄学诚	社会公众股	16.52	0.05
9	基金兴和	社会公众股	15.29	0.05
10	费道兰	社会公众股	14.65	0.05

股东人数	2003.9	2003.6	2002	2001
	52398	53014	53589	56828

近年分配	近年配股 / 增发
2001年 每 10 股派 0.38 元	2002年 10 股配 3 股 2001 年 10 股送 1.5 股

重大事项

2003 年 10 月 10 日董事会议通过公司与包头铝业(集团)有限责任公司互相担保事项:同意与包头集团实施互为对方的银行贷款提供担保,互保限额为人民币 3000 万元,期限为一年一签。 2003 年 10 月 9 日,公司与黑龙江天地源远网络科技有限公司签署《股权转让协议书》,以 1.10 元/股的价格,将公司持有的恒泰证券有限责任公司 8800 万股的股权转让给黑龙江天地源远网络科技有限公司,转让总价款为 9680 万元。

二○○二年以来市场表现

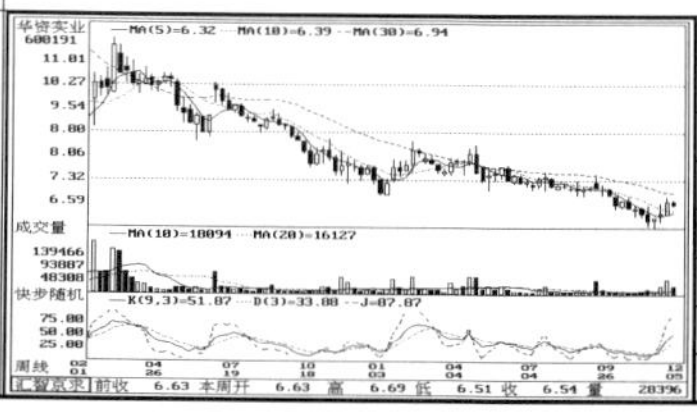

2002年涨跌幅(%)	–25.58
2002年最高(元)	11.75
2002年最低(元)	7.00
2002年换手率(%)	166.97
2003年涨跌幅(%)	–5.82
2003年最高(元)	8.53
2003年最低(元)	5.85
2003年换手率(%)	91.84

兰州长城电工股份有限公司

公司概况							
公司名称	兰州长城电工股份有限公司			股票代码	600192		
注册地址	甘肃省兰州市农民巷 125 号			邮政编码	730000		
法人代表	张晓喜			董秘	何世民		
电话	0931–8415912			传真	0931–8414606		
主营业务	开关、电机及发电设备						
总股本	32050.00	流通 A	11050.00	流通 B		流通 H	
审计单位				审计意见	未审计		

主要财务指标

年度	2003.9	2003.6	2002	2001
每股收益 / 扣除后(元)	0.0414	0.0331	0.0560	
每股经营现金流量(元)	0.0120	–0.0410	0.0074	–0.0354
每股净资产 / 调整后(元)	3.2865	3.2641	3.2405	1.5000
每股公积金(元)	1.9374	1.9374	1.9374	1.9125
净资产收益率(%)	1.2600	0.9000	1.6000	1.5000
总资产(万元)	208695.98	202342.44	188773.64	191029.94
股东权益(万元)	105894.75	105506.11	104494.80	102103.58
未分配利润(万元)	8521.93	8133.29	7134.88	5859.66
主营收入(万元)	64000.33	41463.48	75905.59	69237.26
资本公积金(万元)	62094.33	62094.33	62094.33	61296.62
主营利润(万元)	14793.18	9861.67	19359.10	18284.91
其他业务利润(万元)	528.70	334.03	447.82	519.88
营业利润(万元)	2066.00	1575.08	2302.13	1979.81
投资收益(万元)	21.13	0.77	–15.74	6.71
补贴收入(万元)				
营业外收支(万元)	–102.94		–123.47	98.05
利润总额(万元)	1984.20	1462.88	2162.92	2084.57
净利润(万元)	1335.45	946.81	1671.89	1532.80

十大股东

序号	股东名称	股份性质	持股数(万股)	比例(%)
1	甘肃长城电工集团有限责任公司	国有法人股	21000.00	65.52
2	张立伟	流通股	20.00	0.06
3	莫海	流通股	18.58	0.06
4	夏秀秀	流通股	17.06	0.05
5	兴和基金	流通股	16.67	0.05
6	田永光	流通股	16.57	0.05
7	张成元	流通股	16.00	0.05
8	刘建林	流通股	15.34	0.05
9	彭常春	流通股	15.00	0.05
10	华新平	流通股	15.00	0.05

股东人数	2003.9	2003.6	2002	2001
	72162	73097	74129	79861

近年分配	近年配股 / 增发
	不分配不转增

重大事项

公司 2003 年 5 月 16 日在《上海证券报》和《证券时报》公告了甘肃省人民政府将公司控股股东持有的公司 21000 万股国有法人股无偿划转给甘肃机械集团公司。本次股权转让后,公司股本结构不变。甘肃机械集团公司将持股 21000 万股持股性质为国家股。

二○○二年以来市场表现

2002年涨跌幅(%)	–27.47
2002年最高(元)	8.86
2002年最低(元)	5.70
2002年换手率(%)	105.02
2003年涨跌幅(%)	–15.28
2003年最高(元)	7.18
2003年最低(元)	4.55
2003年换手率(%)	63.52

厦门创兴科技股份有限公司

公司概况

公司名称	厦门创兴科技股份有限公司			股票代码	600193
注册地址	厦门市建业路18号阳明楼九层			邮政编码	361012
法人代表	陈榕生		董秘	李晓玲	
电话	0592-5311832		传真	0592-5311821	
主营业务	食品加工、房地产				
总股本	16780.00	流通A	4600.00	流通B	流通H
审计单位			审计意见	未审计	

主要财务指标

年度	2003.9	2003.6	2002	2001
每股收益/扣除后(元)	0.0430	0.0300	0.1200	0.1180
每股经营现金流量(元)	-0.4000	-0.2600	0.1450	0.5190
每股净资产/调整后(元)	1.6660	1.6620	1.6390	1.5850
每股公积金(元)	0.2890	0.2890	0.2890	0.2890
净资产收益率(%)	1.6200	1.1800	6.0200	0.2299
总资产(万元)	80304.64	76779.60	72629.47	50553.31
股东权益(万元)	28022.35	27897.40	27567.17	26593.53
未分配利润(万元)	5036.99	4912.04	4581.81	3857.17
主营收入(万元)	4900.08	4415.91	18333.89	11531.96
资本公积金(万元)	4850.09	4850.09	4850.09	4850.09
主营利润(万元)	1802.01	1642.05	5250.27	2792.49
其他业务利润(万元)	8.23	-3.77	247.63	304.59
营业利润(万元)	-51.25	444.27	2932.99	2299.80
投资收益(万元)	444.69	-170.20	-457.25	192.18
补贴收入(万元)			10.22	44.68
营业外收支(万元)	-14.65		-0.32	-75.90
利润总额(万元)	378.79	263.24	2485.64	2460.75
净利润(万元)	455.18	330.23	1659.95	1935.20

十大股东

序号	股东名称	股份性质	持股数(万股)	比例(%)
1	厦门市迈克化学实业有限公司	法人股	3248.41	19.36
2	厦门大洋集团股份有限公司	法人股	2833.07	16.88
3	厦门百汇兴投资有限公司	法人股	2753.90	16.41
4	厦门博纳科技有限公司	法人股	2735.63	16.30
5	厦门海洋三所科技开发公司	国有法人股	609.00	3.63
6	康桥半岛	流通股	22.97	0.20
7	宋爱凤	流通股	17.65	0.14
8	实久公司	流通股	13.55	0.14
9	岳麦成	流通股	13.34	0.12
10	康桥实业	流通股	11.85	0.09

股东人数	2003.9	2003.6	2002	2001
	27920	28569	28142	27304

近年分配		近年配股/增发	不分配不转增	Θ

重大事项

公司股东厦门百汇兴投资有限公司质押给厦门市商业银行的本公司法人股18538980股由于质押期限已到，经质权人申请已经解冻。现厦门百汇兴投资有限公司将其所持有的上述本公司法人股质押予厦门市商业银行，质押期限自2003年8月29日至2004年9月1日。　公司股东厦门市迈克化学实业有限公司将其所持有的公司法人股1600万股质押予中国进出口银行，质押期限自2003年7月9日至2004年7月9日止。

二〇〇二年以来市场表现

2002年涨跌幅(%)	-22.91
2002年最高(元)	11.25
2002年最低(元)	7.46
2002年换手率(%)	229.00
2003年涨跌幅(%)	-29.61
2003年最高(元)	10.70
2003年最低(元)	4.96
2003年换手率(%)	179.83

中牧实业股份有限公司

公司概况

公司名称	中牧实业股份有限公司			股票代码	600195
注册地址	北京市丰台区星火路1号			邮政编码	100070
法人代表	区仲生		董秘	高奇志	
电话	010-83607777		传真	010-83607998	
主营业务	物生制品、兽药、饲料				
总股本	39000.00	流通A	12000.00	流通B	流通H
审计单位			审计意见	未审计	

主要财务指标

年度	2003.9	2003.6	2002	2001
每股收益/扣除后(元)	0.0100	0.0002	0.0500	0.2200
每股经营现金流量(元)	0.1530	-0.0700	0.1800	0.5800
每股净资产/调整后(元)	1.9500	1.9300	2.0100	2.1300
每股公积金(元)	0.8527	0.8527	0.8527	0.8483
净资产收益率(%)	0.6900	0.0700	2.5400	10.7500
总资产(万元)	147228.59	139540.52	130742.34	150945.53
股东权益(万元)	80610.06	80114.96	80056.61	82884.28
未分配利润(万元)	2189.00	1693.91	1635.56	4995.64
主营收入(万元)	76550.39	44787.54	146384.41	152495.52
资本公积金(万元)	33256.38	33256.38	33256.38	33083.19
主营利润(万元)	13608.26	8841.99	30819.04	30552.72
其他业务利润(万元)	84.06	59.80	105.79	157.33
营业利润(万元)	819.61	133.74	5809.43	10113.96
投资收益(万元)	-191.11	-73.58	-3217.95	-1648.40
补贴收入(万元)	8.55	6.51	152.83	184.89
营业外收支(万元)	43.73		16.04	46.69
利润总额(万元)	5982.51	680.78	111.93	2728.26
净利润(万元)	8914.16	553.44	58.35	2031.07

十大股东

序号	股东名称	股份性质	持股数(万股)	比例(%)
1	中国牧工商(集团)总公司	国有法人股	27000.00	69.23
2	上海安联投资发展公司	流通股	132.82	0.34
3	基金景阳	流通股	127.45	0.33
4	北京华盛物业管理有限公司	流通股	90.56	0.23
5	基金景福	流通股	71.45	0.18
6	鹏华成长	流通股	57.44	0.15
7	渤海证券有限责任公司	流通股	43.17	0.11
8	周妍	流通股	42.18	0.11
9	李惠玲	流通股	40.64	0.10
10	上海明天广场建设有限公司	流通股	39.27	0.10

股东人数	2003.9	2003.6	2002	2001
	62713	63603	59323	70994

近年分配	2002年每10股派1.23元 2001年每10股派0.92元	近年配股/增发	不分配不转增

重大事项

公司控股股东中国牧工商(集团)总公司将其所持股份中的9320万股质押给中国农业银行北京市分行宣武区支行，为其贷款提供担保，质押期限为2003年7月24日-2008年12月31日。该公司所持公司股份中已有43.22%被质押。　公司控股股东中国牧工商（集团）总公司将其所持公司股份中的2348.485万股，占公司总股本的6.02%，质押给中国农业银行北京市分行宣武区支行，为中国牧工商(集团)总公司贷款提供担保，质押期限为2002年12月27日-2007年12月31日。

二〇〇二年以来市场表现

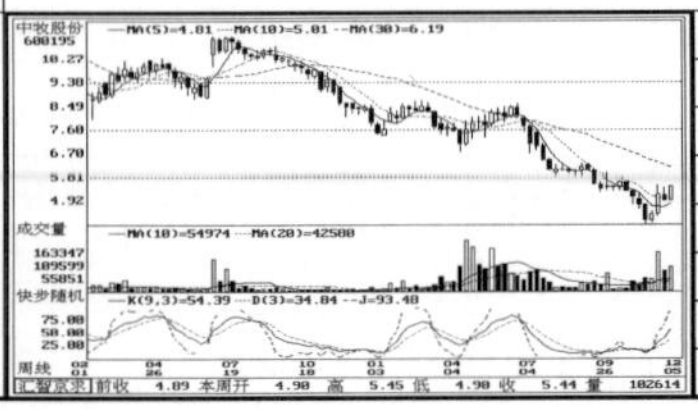

2002年涨跌幅(%)	-15.92
2002年最高(元)	11.04
2002年最低(元)	7.54
2002年换手率(%)	79.56
2003年涨跌幅(%)	-36.58
2003年最高(元)	8.58
2003年最低(元)	4.03
2003年换手率(%)	216.52

上海复星实业股份有限公司

公司概况

公司名称	上海复星实业股份有限公司	股票代码	600196
注册地址	上海市曹杨路 510 号九楼	邮政编码	200063
法人代表	郭广昌	董秘	秦学棠
电话	021-63325070	传真	021-63325079
主营业务	药品、医疗机械		
总股本	38188.80	流通 A	14625.00
流通 B		流通 H	
审计单位		审计意见	未审计

主要财务指标

年度	2003.9	2003.6	2002	2001
每股收益 / 扣除后(元)	0.2600	0.1680	0.3250	0.3970
每股经营现金流量(元)	0.2400	0.1760	0.2680	0.2320
每股净资产 / 调整后(元)	4.2500	4.1580	3.7410	4.3030
每股公积金(元)	1.8133	1.8133	1.8133	2.4778
净资产收益率(%)	14.9400	13.2600	10.4440	10.7210
总资产(万元)	345126.25	352877.53	313957.00	220732.05
股东权益(万元)	165703.62	162495.16	140951.09	236398.44
未分配利润(万元)	42963.18	39754.78	18210.64	14339.45
主营收入(万元)	163491.70	111361.56	103166.13	72784.45
资本公积金(万元)	69247.02	69247.02	69247.02	72787.80
主营利润(万元)	41767.65	28244.21	35549.75	27136.83
其他业务利润(万元)	2050.27	756.99	1153.15	374.16
营业利润(万元)	4605.82	4436.33	3774.78	6563.27
投资收益(万元)	26307.32	21878.59	13074.90	7843.61
补贴收入(万元)	646.44	152.23	578.15	552.75
营业外收支(万元)	-256.07	36.51	79.70	173.81
利润总额(万元)	31303.51	26521.64	17507.53	15267.70
净利润(万元)	24752.54	21544.14	14721.02	13551.76

十大股东

序号	股东名称	股份性质	持股数(万股)	比例(%)
1	上海复星高科技(集团)有限公司	发起人法人股	22279.56	58.34
2	上海广信科技发展有限公司	发起人法人股	801.17	2.09
3	上海申新(集团)有限公司	发起人法人股	221.50	0.58
4	上海西大堂科技投资发展有限公司	发起人法人股	221.50	0.58
5	华夏成长证券投资基金	社会公众股	196.28	0.51
6	北京财政	社会公众股	151.58	0.40
7	第一创业证券有限责任公司	社会公众股	99.49	0.26
8	金泰证券投资基金	社会公众股	94.73	0.25
9	上海安联投资发展公司	社会公众股	88.82	0.23
10	上海兴亿科技发展有限公司	社会公众股	87.90	0.23

股东人数	2003.9	2003.6	2002	2001
	65064	59220	65878	67282

近年分配	2002年 每 10 股派 1.60 元 2001 年 每 10 股派 1.50 元	近年配股 / 增发	不分配不转增

重大事项

公司将所持有的上海复星长征医学科学有限公司 **75%** 的股权全部转让给公司控股子公司上海复星医学科技发展有限公司,股权转让价款为 **57211054.82** 元。决定将公司所持有的上海新亚药业金山有限公司 **25%** 的股权全部转让给海市佳田制造有限公司，股权转让价款为 **2040** 万元。 上海复星产业投资有限公司与公司于 **2003** 年 **03** 月 **27** 日签署股权托管合同，复星产业将其所持有的国药集团医药控股有限公司 **49%** 股权委托给公司管理。托管期限为自本合同生效之日起三年。

二〇〇二年以来市场表现

2002年涨跌幅(%)	-19.75
2002年最高(元)	13.13
2002年最低(元)	8.42
2002年换手率(%)	101.88
2003年涨跌幅(%)	11.80
2003年最高(元)	13.21
2003年最低(元)	8.40
2003年换手率(%)	191.10

新疆伊力特实业股份有限公司

公司概况

公司名称	新疆伊力特实业股份有限公司	股票代码	600197
注册地址	新疆新源县肖尔布拉克	邮政编码	835811
法人代表	徐勇辉	董秘	侯宇洲
电话	0991-3843248	传真	0991-3842489
主营业务	白酒酿造与销售		
总股本	22050.00	流通 A	7500.00
流通 B		流通 H	
审计单位		审计意见	未审计

主要财务指标

年度	2003.9	2003.6	2002	2001
每股收益 / 扣除后(元)	0.2010	0.1100	0.3400	
每股经营现金流量(元)	0.1560	0.1200	0.3060	0.0900
每股净资产 / 调整后(元)	3.6410	3.5490	3.4280	3.3500
每股公积金(元)	1.9276	1.9276	1.9276	1.9265
净资产收益率(%)	5.8380	3.4100	10.4300	10.3900
总资产(万元)	109145.03	105985.38	101838.14	94967.82
股东权益(万元)	80282.71	78263.55	75595.49	73857.38
未分配利润(万元)	7333.85	5721.75	3660.94	3525.79
主营收入(万元)	20286.76	12514.31	36693.23	35164.01
资本公积金(万元)	42504.17	42504.17	42504.17	42478.49
主营利润(万元)	7842.79	4604.33	13311.15	10185.75
其他业务利润(万元)	-17.88	-19.71	4.28	-8.15
营业利润(万元)	5064.81	3325.97	8572.80	4658.56
投资收益(万元)	422.62	-28.96	1007.51	4260.11
补贴收入(万元)	5.34			
营业外收支(万元)	-13.02		-22.23	-41.07
利润总额(万元)	5479.75	3293.69	9558.08	8877.60
净利润(万元)	4687.22	2668.07	7886.43	7676.97

十大股东

序号	股东名称	股份性质	持股数(万股)	比例(%)
1	新疆伊犁酿酒总厂	国有法人股	13250.00	60.09
2	大鹏证券有限责任公司	流通股	588.09	2.67
3	四川省德阳市黄许印刷厂	法人股	500.00	2.27
4	新疆副食(集团)有限责任公司	法人股	350.00	1.59
5	新疆生产建设兵团投资中心	国家股	200.00	0.91
6	伊犁糖烟酒有限责任公司	法人股	150.00	0.68
7	南方证券有限公司	法人股	100.00	0.45
8	陈光萍	流通股	80.68	0.36
9	陈攀	流通股	79.36	0.36
10	李兰琼	流通股	77.39	0.35

股东人数	2003.9	2003.6	2002	2001
	28724	29630	32031	35936

近年分配	2002年 每 10 股派 2.80 元 2001 年 每 10 股派 1.00 元	近年配股 / 增发	不分配不转增

重大事项

2003 年 **4** 月 **13** 口，公司与伊力特资产管理有限公司签署了《合资设立新疆伊力特酒店有限责任公司协议书》，约定双方共同出资 **1000** 万元设立新疆伊力特酒店有限责任公司，其中，公司以货币方式出资 **900** 万元，占新疆伊力特酒店有限责任公司注册资本的 **90%**。通过了关于变更募集资金投资项目的议案。 **2002** 年 **6** 月 **18** 日，公司经理层通过了公司投资 **3000** 万元与北京柏宏房地产开发有限公司共同合作开发建设北京机电光华大厦项目的决议。该项目的合作期限为自双方签订合作协议之日起，至该项目合作开发完毕后双方最终结算清帐之日止。

二〇〇二年以来市场表现

2002年涨跌幅(%)	-22.63
2002年最高(元)	13.02
2002年最低(元)	9.30
2002年换手率(%)	99.89
2003年涨跌幅(%)	-14.73
2003年最高(元)	11.10
2003年最低(元)	7.38
2003年换手率(%)	71.26

大唐电信科技股份有限公司

公司概况

公司名称	大唐电信科技股份有限公司			股票代码	600198		
注册地址	北京海淀区学院路40号研一楼			邮政编码	100083		
法人代表	周寰			董秘	李大伟		
电话	010-62303607			传真	010-62303607		
主营业务	通信网络系统、各类通信终端						
总股本	43898.64	流通A	16537.38	流通B		流通H	
审计单位				审计意见	未审计		

主要财务指标

年度	2003.9	2003.6	2002	2001
每股收益/扣除后(元)	-0.2050	-0.0491	0.0142	0.0233
每股经营现金流量(元)	-1.0350	-1.0870	-1.9300	-0.0600
每股净资产/调整后(元)	3.9342	4.1903	4.2539	4.3350
每股公积金(元)	2.9811	2.9811	2.9811	2.9637
净资产收益率(%)	-4.8100	-1.0300	1.1700	1.9000
总资产(万元)	591802.56	589747.06	559203.06	504160.09
股东权益(万元)	185375.27	192304.22	194290.53	190317.98
未分配利润(万元)	934.23	7863.19	9849.50	8024.95
主营收入(万元)	124787.58	82919.19	209140.31	205145.53
资本公积金(万元)	130864.10	130864.10	130864.10	130104.10
主营利润(万元)	39770.50	27448.72	56526.09	57687.61
其他业务利润(万元)	-12.73	-28.86	114.64	36.93
营业利润(万元)	-7613.40	-457.76	2847.83	2142.36
投资收益(万元)	57.70	39.86	1396.65	2443.87
补贴收入(万元)	2084.26	102.60	815.35	676.09
营业外收支(万元)	45.70		1.23	386.83
利润总额(万元)	-5425.74	825.99	5061.06	5649.15
净利润(万元)	-8915.26	-1986.31	2280.69	3610.00

十大股东

序号	股东名称	股份性质	持股数(万股)	比例(%)
1	电信科学技术研究院	国有法人股	16973.00	38.67
2	电信科学技术第十研究所	国有法人股	3461.00	7.88
3	国际电话数据传输公司(ITTI)	境外法人股	3365.00	7.67
4	西安高科(集团)公司	国有法人股	1010.00	2.30
5	北京凯腾飞信息技术有限公司	社会法人股	662.00	1.51
6	陕西国际信托投资公司	社会法人股	646.00	1.47
7	湖南南天集团公司	社会法人股	414.00	0.94
8	山西鸿飞通信实业公司	社会法人股	165.00	0.38
9	广东益源通信技术有限公司	社会法人股	165.00	0.38
10	山东邮电实业总公司	社会法人股	165.00	0.38

股东人数	2003.9	2003.6	2002	2001
	97358	102393	105755	105384

近年分配	2001年 每10股派2.00元	近年配股/增发	不分配不转增

重大事项

公司将所持有的湖南广联广播电视信息网络有限公司**80%**股权以**3500**万元的价格转让给上海紫金投资管理有限公司。有关转让事宜已经湖南广联广播电视信息网络有限公司另一方股东湖南广播电视网络传输中心同意。 公司之控股子公司西安大唐电信有限公司与电信科学技术研究院签订技术转让合同,将"实现**WCDMA MSC**和**RNC**子系统的专有技术"作价**3596.53**万元转让给电信科学技术研究院。

二〇〇二年以来市场表现

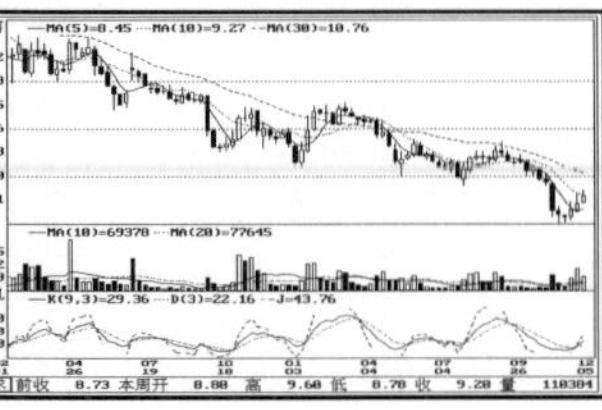

2002年涨跌幅(%)	-37.37
2002年最高(元)	19.55
2002年最低(元)	12.00
2002年换手率(%)	281.42
2003年涨跌幅(%)	-27.85
2003年最高(元)	15.10
2003年最低(元)	7.53
2003年换手率(%)	223.12

安徽金牛实业股份有限公司

公司概况

公司名称	安徽金牛实业股份有限公司			股票代码	600199		
注册地址	安徽省阜阳市河滨路302号			邮政编码	236023		
法人代表	锁炳勋			董秘	朱火生		
电话	0558-2210568			传真	0558-2212666		
主营业务	酒类、包装材料、黄牛产业等						
总股本	34640.00	流通A	13000.00	流通B		流通H	
审计单位				审计意见	未审计		

主要财务指标

年度	2003.9	2003.6	2002	2001
每股收益/扣除后(元)	0.0140	0.0090	0.0400	0.0800
每股经营现金流量(元)	-0.1620	-0.0680	-0.0600	0.4100
每股净资产/调整后(元)	2.8040	2.8300	2.8000	2.7800
每股公积金(元)	1.5037	1.5037	1.5037	2.7800
净资产收益率(%)	1.0840	0.8700	1.8400	3.6500
总资产(万元)	156744.34	162810.34	161227.64	149133.87
股东权益(万元)	98539.42	99204.38	98338.26	96319.56
未分配利润(万元)	8756.45	9421.41	8555.29	7016.11
主营收入(万元)	29475.61	19137.42	41181.22	50982.75
资本公积金(万元)	52087.54	52087.54	52087.54	51879.64
主营利润(万元)	5253.62	3664.34	8260.83	8876.22
其他业务利润(万元)	98.80	128.64	206.91	257.04
营业利润(万元)	1304.84	947.57	1661.50	4188.86
投资收益(万元)	-6.18	-0.21	-55.63	-1185.08
补贴收入(万元)	402.99	297.99	216.33	724.10
营业外收支(万元)	40.00	46.05	314.39	343.69
利润总额(万元)	1741.65	1291.40	2136.59	4071.57
净利润(万元)	1067.28	866.12	1810.80	3516.29

十大股东

序号	股东名称	股份性质	持股数(万股)	比例(%)
1	安徽金种子集团有限公司	法人股	21640.00	62.47
2	申银万国	流通股	388.66	1.12
3	牛世峡	流通股	34.97	0.10
4	刘征	流通股	23.27	0.07
5	吴江商业	流通股	19.00	0.05
6	季正元	流通股	18.01	0.05
7	基金兴和	流通股	16.37	0.05
8	钱金华	流通股	15.14	0.04
9	袁勇	流通股	14.40	0.04
10	孙兰花	流通股	14.40	0.04

股东人数	2003.9	2003.6	2002	2001
	73734	74985	74945	71688

近年分配	2001年 每10股派0.25元	近年配股/增发	不分配不转增

重大事项

公司第一大股东安徽金种子集团有限公司因中国东方资产管理公司合肥办事处诉安徽金种子集团阜阳塑料制品有限公司借款担保合同纠纷一案,被安徽省高级人民法院于**2003**年**9**月**30**日冻结其持有公司**2200**万股国有法人股,期限一年,自**2003**年**9**月**30**日至**2004**年**9**月**29**日止。 公司与控股股东-安徽金种子集团有限公司于**2002**年**11**月**20**日签订了国有土地使用权转让合同:金种子集团拟以经评估后的**12**宗土地的使用权转让给公司抵偿对公司的欠款,转让总价款为**14213.61**万元。

二〇〇二年以来市场表现

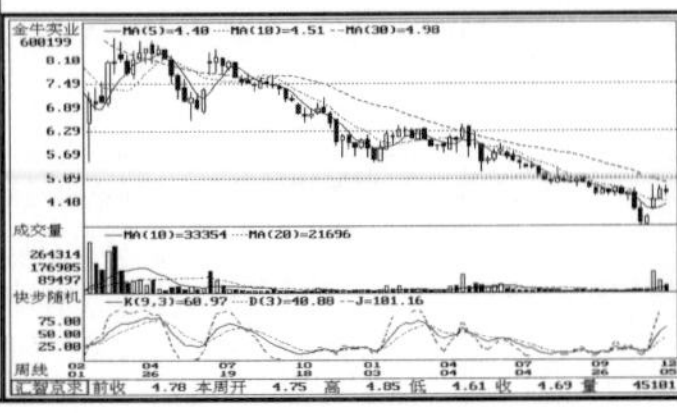

2002年涨跌幅(%)	-30.60
2002年最高(元)	8.67
2002年最低(元)	5.48
2002年换手率(%)	212.23
2003年涨跌幅(%)	-15.70
2003年最高(元)	6.44
2003年最低(元)	3.88
2003年换手率(%)	91.34

江苏吴中实业股份有限公司

公司概况

公司名称	江苏吴中实业股份有限公司			股票代码	600200		
注册地址	江苏省苏州市吴中区宝带东路 388 号			邮政编码	215128		
法人代表	赵唯一			董秘	金建平		
电话	0512-65272131			传真	0512-65270086		
主营业务	服装、药品						
总股本	41580.00	流通 A	18765.00	流通 B		流通 H	
审计单位				审计意见	未审计		

主要财务指标

年度	2003.9	2003.6	2002	2001
每股收益 / 扣除后(元)	0.1360	0.0900	0.1970	0.2910
每股经营现金流量(元)	-0.4530	-0.2240	0.0830	-0.1250
每股净资产 / 调整后(元)	2.9510	2.9070	2.8110	2.7060
每股公积金(元)	0.5079	1.2619	1.2609	1.2598
净资产收益率(%)	4.7030	4.7000	1.6240	7.6000
总资产(万元)	172450.69	156486.98	122851.58	110558.79
股东权益(万元)	83143.77	81802.13	79163.30	75019.07
未分配利润(万元)	9829.17	8487.53	6566.71	3579.15
主营收入(万元)	75050.22	45562.00	66623.45	66855.41
资本公积金(万元)	34978.54	34978.54	34952.24	34922.41
主营利润(万元)	15113.85	9789.16	17036.90	17690.26
其他业务利润(万元)	417.56	372.50	917.36	685.88
营业利润(万元)	5056.24	3214.53	7604.40	9110.74
投资收益(万元)	755.32	379.80	223.41	546.65
补贴收入(万元)	151.07		609.92	145.02
营业外收支(万元)	-19.27		-31.59	446.27
利润总额(万元)	5943.35	3648.26	8406.14	9663.90
净利润(万元)	3910.21	2568.57	6017.71	8319.56

十大股东

序号	股东名称	股份性质	持股数(万股)	比例(%)
1	江苏吴中集团公司	法人股	10024.56	36.16
2	苏州市吴中区协力商社	法人股	2184.00	7.88
3	海南颐科科技开发有限公司	法人股	2143.44	7.73
4	苏州市大有物贸公司	法人股	546.00	1.97
5	江苏吴中集团万利发展公司	法人股	312.00	1.13
6	常熟市制冷设备二厂	流通股	40.66	0.15
7	李春玲	流通股	26.58	0.10
8	邹延菊	流通股	24.92	0.09
9	谢冬	流通股	24.70	0.09
10	曹海	流通股	24.47	0.09

股东人数	2003.9	2003.6	2002	2001
	5806	3734	3779	4797

近年分配	2002年 每10股派0.70元 2001年 每10股派0.60元	近年配股 / 增发	2003年 每10股转增5股 2001年 每10股配1.5股

重大事项

公司2002年03月15日与公司另一股东海南颐科科技开发有限公司签定了法人股转让协议书，根据法人股转让协议书，北京宜和翰银投资管理有限公司将其持有的公司法人股8694400股转让给海南颐科科技开发有限公司，转让价格为每股1.3元。海南颐科科技开发有限公司在本次股权转让前，已持有公司法人股9800000股，经公司送转股后海南颐科科技开发有限公司实际持有公司股份数量为12740000股，占公司总股本的4.59%。本次股权转让后，海南颐科科技开发有限公司共持有公司法人股21434400股，占公司总股本的7.73%。

二〇〇二年以来市场表现

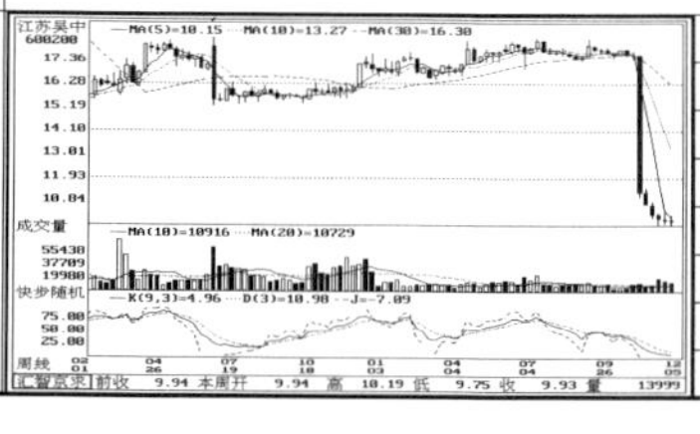

2002年涨跌幅(%)	5.29
2002年最高(元)	12.25
2002年最低(元)	9.95
2002年换手率(%)	66.49
2003年涨跌幅(%)	-10.85
2003年最高(元)	12.25
2003年最低(元)	9.75
2003年换手率(%)	28.86

内蒙古金宇集团股份有限公司

公司概况

公司名称	内蒙古金宇集团股份有限公司			股票代码	600201		
注册地址	内蒙古呼和浩特市鄂尔多斯大街 26 号			邮政编码	010020		
法人代表	张宇			董秘	李树剑		
电话	0471-5972266-8259			传真	0471-5972931		
主营业务	生物药品制造、羊绒纺织等						
总股本	10921.33	流通 A	5031.33	流通 B		流通 H	
审计单位				审计意见	未审计		

主要财务指标

年度	2003.9	2003.6	2002	2001
每股收益 / 扣除后(元)	0.2540	0.1780	0.3190	0.1050
每股经营现金流量(元)	-1.5790	-1.0660	0.8730	-0.3160
每股净资产 / 调整后(元)	5.0530	4.9800	4.7910	4.7250
每股公积金(元)	0.2825	0.2067	0.0199	0.0132
净资产收益率(%)	5.2000	3.7540	7.6770	2.7580
总资产(万元)	92767.41	87887.29	81321.50	76172.64
股东权益(万元)	55189.42	54361.99	52321.20	51605.59
未分配利润(万元)	3085.02	2257.59	216.79	144.21
主营收入(万元)	21286.39	16161.23	29323.63	20826.41
资本公积金(万元)	38838.54	38838.54	38838.54	38838.54
主营利润(万元)	7207.93	5521.50	11329.56	7310.33
其他业务利润(万元)	75.19	75.59	255.31	91.15
营业利润(万元)	2802.42	1989.08	4011.91	1482.44
投资收益(万元)	-77.60	-77.60	543.20	-306.94
补贴收入(万元)	32.63	25.55		
营业外收支(万元)	98.56	97.14	-59.41	278.89
利润总额(万元)	2556.00	2034.17	4495.70	1454.40
净利润(万元)	2868.22	2040.80	4016.53	1423.20

十大股东

序号	股东名称	股份性质	持股数(万股)	比例(%)
1	大象创业投资有限公司	法人股	2060.00	18.86
2	内蒙古农牧药业有限责任公司	法人股	1680.00	15.38
3	呼和浩特市立鑫投资有限责任公司	法人股	600.00	5.49
4	深圳市艾韬投资有限公司	法人股	400.00	3.66
5	深圳市置信实业有限公司	法人股	300.00	2.75
6	科瑞证券投资基金	流通股		2.30
7	呼市信托投资公司	法人股	250.00	2.29
8	上海申能实业有限公司	流通股	229.65	2.10
9	北京维志伟业商贸有限公司	法人股	200.00	1.83
10	恒泰证券有限责任公司	法人股	100.00	0.92

股东人数	2003.9	2003.6	2002	2001
	13897	14170	13569	20240

近年分配	2002年 每10股派3.00元 2001年 每10股派1.30元	近年配股 / 增发	不分配不转增

重大事项

公司第二大股东内蒙古农牧药业有限责任公司将其持有公司的1680万股社会法人股质押给中国工商银行呼和浩特市石羊桥东路支行用于贷款，质押期自2003年10月17日到2004年10月10日。公司国家股转让双方呼和浩特市国有资产管理局与大象创业投资有限公司已于2003年3月18日在中国证券登记结算有限公司上海分公司完成过户登记与股权变更手续，大象投资持有公司2060万股社会法人股，成为公司第一大股东。

二〇〇二年以来市场表现

2002年涨跌幅(%)	-15.65
2002年最高(元)	20.20
2002年最低(元)	13.57
2002年换手率(%)	127.92
2003年涨跌幅(%)	-27.60
2003年最高(元)	16.68
2003年最低(元)	9.82
2003年换手率(%)	59.56

哈尔滨空调股份有限公司

公司概况

公司名称	哈尔滨空调股份有限公司			股票代码	600202
注册地址	哈尔滨市南岗区高新技术产业开发区嵩山路26号楼			邮政编码	150036
法人代表	高延生		董秘	王作海	
电话	0451-4644521		传真	0451-4676205	
主营业务	空调、电站空冷、石化空冷				
总股本	24573.12	流通A	10077.76	流通B	流通H
审计单位			审计意见	未审计	

主要财务指标

年度	2003.9	2003.6	2002	2001
每股收益/扣除后(元)	0.0280	0.0152	0.0136	0.2603
每股经营现金流量(元)	0.4100	–0.3800	–0.0535	0.2791
每股净资产/调整后(元)	1.5861	1.4665	1.4367	1.5769
每股公积金(元)	0.2697	0.2697	0.2697	0.3001
净资产收益率(%)	9.4500	2.2200	1.0400	18.1900
总资产(万元)	60787.24	70333.32	62948.94	61106.54
股东权益(万元)	39062.11	36175.88	35372.27	35227.04
未分配利润(万元)	4634.54	1748.31	944.71	3028.28
主营收入(万元)	13307.10	9358.78	17336.83	27345.80
资本公积金(万元)	6628.54	6628.51	6628.51	6703.51
主营利润(万元)	3730.91	2861.75	3645.21	9440.97
其他业务利润(万元)	14.46	1.65	62.31	0.52
营业利润(万元)	747.05	403.86	9.92	6231.05
投资收益(万元)				141.23
补贴收入(万元)	464.00	4200.00		439.81
营业外收支(万元)	2547.26	106.01	35.71	12.02
利润总额(万元)	3758.31	834.49	45.63	6824.11
净利润(万元)	3689.83	803.60	369.36	6408.01

十大股东

序号	股东名称	股份性质	持股数(万股)	比例(%)
1	哈尔滨金工资产经营有限责任公司	国家股	14495.36	58.99
2	大连王府国际商贸大厦有限公司	流通股	140.05	0.57
3	李尚春	流通股	34.24	0.14
4	升通公司	流通股	28.00	0.11
5	许磊	流通股	21.20	0.09
6	芦晓杰	流通股	20.00	0.08
7	黄怀东	流通股	20.00	0.08
8	吕德峰	流通股	17.14	0.07
9	彭汉阳	流通股	16.60	0.07
10	刘思肖	流通股	16.50	0.07

股东人数	2003.9	2003.6	2002	2001
	25628	28179	27768	11836

近年分配	近年配股/增发
2002年 每10股派0.10元 2001年 每10股派1.00元	2001年 每10股送1股

重大事项

公司位于哈尔滨市道里区友谊路193号厂区所在地段已经市政府批准列入2003年度城市建设改造规划，公司2002年度股东大会授权董事会就公司友谊路厂区搬迁补偿事项同市政府有关部门洽谈并签署协议.2003年07月11日公司与哈尔滨市土地收购储备中心、哈尔滨市建设局就搬迁补偿事项签署了协议书：公司同意按照哈尔滨市政府的要求进行搬迁并在本协议签订之日起,10日内完成搬迁;由市政府补偿公司搬迁损失13000万元。

二〇〇二年以来市场表现

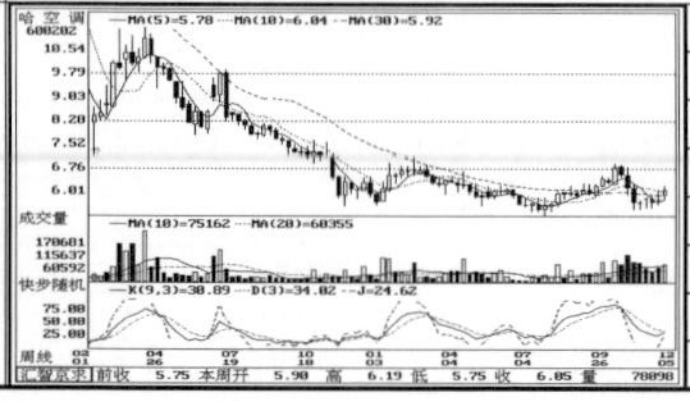

2002年涨跌幅(%)	-39.29
2002年最高(元)	10.17
2002年最低(元)	5.54
2002年换手率(%)	244.65
2003年涨跌幅(%)	1.41
2003年最高(元)	7.07
2003年最低(元)	5.25
2003年换手率(%)	226.33

福建福日电子股份有限公司

公司概况

公司名称	福建福日电子股份有限公司			股票代码	600203
注册地址	福建省福州市马尾区快安大道M9511厂房			邮政编码	350005
法人代表	刘捷明		董秘	江骞龙	
电话	0591-3315984		传真	0591-3319978	
主营业务	电脑及电子整机产品				
总股本	25640.00	流通A	7000.00	流通B	流通H
审计单位			审计意见	未审计	

主要财务指标

年度	2003.9	2003.6	2002	2001
每股收益/扣除后(元)	–0.1100	–0.0676	–0.1400	0.0580
每股经营现金流量(元)	–0.6700	–0.2780	0.0220	0.2670
每股净资产/调整后(元)	2.0900	2.1400	2.1800	2.3100
每股公积金(元)	1.1398	1.1370	1.1309	1.1205
净资产收益率(%)	–4.6900	–2.3800	–4.6900	0.1154
总资产(万元)	171057.12	176728.08	180468.36	154109.53
股东权益(万元)	54486.39	55714.67	56813.60	59209.12
未分配利润(万元)	–2366.38	–1138.10	188.60	2958.15
主营收入(万元)	66969.04	46074.52	137635.23	79876.39
资本公积金(万元)	29224.74	29224.74	28996.97	28730.56
主营利润(万元)	2537.05	1848.42	6501.47	7410.78
其他业务利润(万元)	401.00	457.75	802.76	1133.78
营业利润(万元)	–4574.96	–2768.17	–5034.19	129.57
投资收益(万元)	1492.03	1221.15	1375.49	2832.09
补贴收入(万元)	114.28	95.68	368.86	228.86
营业外收支(万元)	135.99	99.66	183.22	150.81
利润总额(万元)	–2832.66	–1350.67	–2661.92	3341.32
净利润(万元)	–2554.98	–1326.70	–2661.92	454.62

十大股东

序号	股东名称	股份性质	持股数(万股)	比例(%)
1	福建福日集团公司	国家股	18640.00	72.70
2	蔡利国	流通股	34.08	0.13
3	商力	流通股	33.20	13.00
4	许光大	流通股	28.21	0.11
5	中国神马集团有限责任公司	流通股	26.07	0.10
6	王红	流通股	24.37	0.10
7	李王军	流通股	21.37	0.08
8	曹佳	流通股	20.33	0.08
9	李盛	流通股	19.64	0.08
10	赵爱玲	流通股	19.40	0.08

股东人数	2003.9	2003.6	2002	2001
	30542	32876	32295	33966

近年分配	近年配股/增发
2001年 每10股派0.05元	不分配不转增

重大事项

2003年08月29日董事会通过公司拟为利嘉实业(福建)集团有限公司向中国工商银行福州市台江支行申请5000万元人民币的流动资金借款继续提供担保。 公司控股股东福建福日集团公司已将其持有的原质押给中国进出口银行的本公司国家股9,320万股解除了质押,并将其持有的本公司国家股18,640万股中的50%股份9,320万股质押给中国进出口银行,为福建省电子信息有限责任公司向该行申请2亿元人民币出口卖方信贷额度贷款提供出质,质押期限为2003年08月27日至2004年9月30日。

二〇〇二年以来市场表现

2002年涨跌幅(%)	-24.32
2002年最高(元)	10.64
2002年最低(元)	7.20
2002年换手率(%)	207.03
2003年涨跌幅(%)	-34.76
2003年最高(元)	8.98
2003年最低(元)	4.05
2003年换手率(%)	228.12

山东铝业股份有限公司

公司概况

公司名称	山东铝业股份有限公司	股票代码	600205
注册地址	淄博高新技术产业开发区柳泉路北首	邮政编码	255086
法人代表	刘兴亮	董秘	王国忠
电话	0533-2930136	传真	0233-2985999
主营业务	氧化铝		

总股本	56000.00	流通 A	16000.00	流通 B		流通 H	
审计单位				审计意见	未审计		

主要财务指标

年度	2003.9	2003.6	2002	2001
每股收益/扣除后(元)	0.6944	0.4424	0.2580	0.4050
每股经营现金流量(元)	1.1010	0.7500	0.4500	-0.0700
每股净资产/调整后(元)	3.1600	2.8900	2.4100	2.3100
每股公积金(元)	0.8657	0.8657	0.8650	0.8648
净资产收益率(%)	21.7800	14.4700	10.6800	17.3500
总资产(万元)	296704.12	275475.84	259215.31	250271.56
股东权益(万元)	177406.22	162256.66	136034.91	128510.90
未分配利润(万元)	59044.82	43895.26	18118.92	13783.63
主营收入(万元)	194984.66	124749.28	204822.64	225342.91
资本公积金(万元)	48480.52	48480.52	48440.13	48430.40
主营利润(万元)	61369.82	37038.25	34107.16	41727.66
其他业务利润(万元)	5984.63	3774.37	7913.80	8130.44
营业利润(万元)	46767.35	28775.25	15870.79	25619.70
投资收益(万元)	-26.77	-8.61	-75.30	243.48
补贴收入(万元)	0.35	0.35		
营业外收支(万元)	1694.45		100.86	-193.89
利润总额(万元)	45046.48	27243.18	14526.54	25669.30
净利润(万元)	38630.76	23481.20	14526.54	22480.13

十大股东

序号	股东名称	股份性质	持股数(万股)	比例(%)
1	中国铝业股份有限公司	国有法人股	40000.00	71.43
2	国泰金鹰	流通股	688.04	1.23
3	基金景宏	流通股	321.22	0.57
4	富国平衡	流通股	250.18	0.45
5	国泰君安	流通股	235.33	0.42
6	基金景福 q	流通股	233026.00	0.42
7	基金金鼎	流通股	198.17	0.35
8	基金久嘉	流通股	172.08	0.31
9	国信证券	流通股	169.43	0.30
10	基金安顺	流通股	167.88	0.30

股东人数	2003.9	2003.6	2002	2001
	69000	72347	109103	120233

近年分配	2002年 每10股派1.50元 2001年 每10股派2.47元	近年配股/增发	不分配不转增

重大事项

公司与山东铝业公司于2003年10月27日签订了资产收购协议，公司拟收购山铝公司拥有的φ4.5×100米、φ5×125米回转窑。根据评估报告，以2003年8月31日为评估基准日，该两项资产的总评估值为11509.82万元。交易双方在资产收购协议中约定，拟以该等评估值为定价依据，最终交易价格尚需公司2003年第二次临时股东大会审议通过。

二○○二年以来市场表现

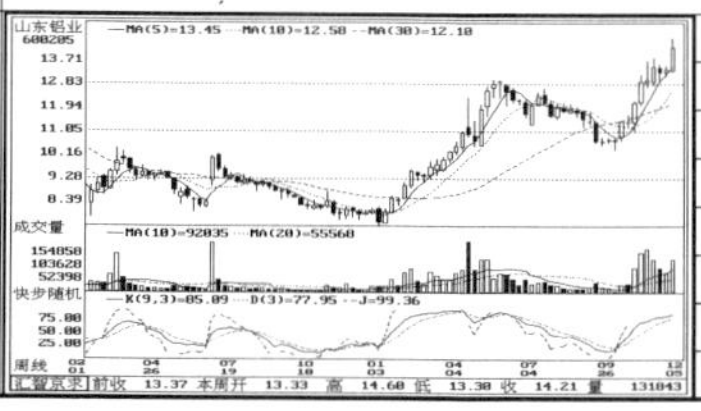

2002年涨跌幅(%)	-17.03
2002年最高(元)	10.05
2002年最低(元)	7.33
2002年换手率(%)	75.75
2003年涨跌幅(%)	73.64
2003年最高(元)	13.83
2003年最低(元)	7.38
2003年换手率(%)	169.90

有研半导体材料股份有限公司

公司概况

公司名称	有研半导体材料股份有限公司	股票代码	600206
注册地址	北京市新街口外大街2号	邮政编码	100088
法人代表	敖宏	董秘	陶森
电话	010-62355380	传真	010-62355381
主营业务	单晶硅、锗、化合物半导体		

总股本	14500.00	流通 A	6500.00	流通 B		流通 H	
审计单位				审计意见	未审计		

主要财务指标

年度	2003.9	2003.6	2002	2001
每股收益/扣除后(元)	-0.0610	-0.0570	-0.2410	0.0090
每股经营现金流量(元)	-0.2510	-0.0090	0.1330	-0.1250
每股净资产/调整后(元)	4.3620	4.3100	4.3740	4.7680
每股公积金(元)	3.5738	3.5774	3.5849	3.6045
净资产收益率(%)	0.1200	-0.0110	-5.1800	0.5400
总资产(万元)	106457.29	104543.46	97420.20	88888.09
股东权益(万元)	65072.60	64356.88	65219.92	69139.66
未分配利润(万元)	-2950.25	-3717.76	-2963.23	619.89
主营收入(万元)	13129.49	7957.74	12083.12	10835.54
资本公积金(万元)	51820.10	51871.88	51980.39	52265.20
主营利润(万元)	1776.33	731.23	-419.16	2971.81
其他业务利润(万元)	161.15	30.22	93.15	127.98
营业利润(万元)	-610.89	-706.47	-3305.62	604.74
投资收益(万元)	169.94	161.99	176.69	142.58
补贴收入(万元)	4.00			3.10
营业外收支(万元)	905.76		30.98	-9.72
利润总额(万元)	468.81	-515.57	-3097.95	740.71
净利润(万元)	75.84	-691.37	-3375.86	373.40

十大股东

序号	股东名称	股份性质	持股数(万股)	比例(%)
1	北京有色金属研究总院	国有法人股	8000.00	55.17
2	哈尔滨哈里投资股份有限公司	流通股	404.07	2.79
3	哈尔滨哈里投资股份有限公司	流通股	270.43	1.87
4	哈尔滨哈里实业股份有限公司	流通股	151.78	1.05
5	哈尔滨哈里慈善基金会	流通股	125.23	0.86
6	哈尔滨道里区国债服务部	流通股	93.92	0.65
7	哈尔滨道里投资股份有限公司	流通股	85.64	0.59
8	民办福建华南女子职业学院	流通股	77.63	0.54
9	昆明天竟商贸有限公司	流通股	59.06	0.41
10	哈尔滨市新阳菜市场	流通股	47.50	0.33

股东人数	2003.9	2003.6	2002	2001
	38482	39619	44977	49566

近年分配		近年配股/增发	不分配不转增

重大事项

2003年8月12日，公司在华夏拍卖公司举办的拍卖会上，以公开竞买方式竞得上述资产，竞买价格为4345万元人民币。上述资产委托人为北京市第一中级人民法院，并经国家发展计划委员会价格认证中心于2003年7月15日鉴定，现实价格为4344.4万元人民币。 公司到第一大股东北京有色金属研究总院因与上海君海五金制品有限公司买卖合同纠纷，依据上海市第二中级人民法院民事裁定书，继续冻结北京有色金属研究总院持有本公司的国有法人股800万股及相应的股息或红利，冻结期限从2002年12月17日至2003年12月16日

二○○二年以来市场表现

2002年涨跌幅(%)	-30.31
2002年最高(元)	18.48
2002年最低(元)	11.20
2002年换手率(%)	138.28
2003年涨跌幅(%)	-10.24
2003年最高(元)	14.58
2003年最低(元)	9.00
2003年换手率(%)	66.00

河南安彩高科股份有限公司

公司概况

公司名称	河南安彩高科股份有限公司	股票代码	600207
注册地址	河南省安阳市中州路南段	邮政编码	455000
法人代表	李留恩	董秘	许应中
电话	0372-3932916-2533	传真	0372-3938035
主营业务	彩电玻壳		

总股本	44000.00	流通 A	18000.00	流通 B		流通 H	
审计单位				审计意见	未审计		

主要财务指标

年度	2003.9	2003.6	2002	2001
每股收益/扣除后(元)	0.3339	0.2065	0.2220	0.2142
每股经营现金流量(元)	1.1120	0.8110	0.8740	1.4180
每股净资产/调整后(元)	5.2100	5.0900	4.9080	4.8900
每股公积金(元)	2.8018	2.8048	2.8002	2.8002
净资产收益率(%)	6.2300	3.9300	4.4950	6.8300
总资产(万元)	375567.84	363557.25	321740.31	303725.16
股东权益(万元)	230496.87	224988.44	216070.23	215158.95
未分配利润(万元)	31349.07	25840.64	16992.46	17556.68
主营收入(万元)	154424.50	102322.46	177661.19	138960.05
资本公积金(万元)	123279.55	123279.55	123209.55	123209.55
主营利润(万元)	49738.57	32653.76	43751.54	40109.36
其他业务利润(万元)	752.07	88.32	3.02	635.07
营业利润(万元)	25664.13	16128.87	17325.20	19962.19
投资收益(万元)	-232.42	-290.65	362.26	-57.00
补贴收入(万元)	158.38	158.38	184.46	83.07
营业外收支(万元)	-334.96	-356.85	-83.50	-252.53
利润总额(万元)	25255.13	15639.75	17788.42	19735.74
净利润(万元)	14356.63	8848.20	9711.28	14696.95

十大股东

序号	股东名称	股份性质	持股数(万股)	比例(%)
1	河南安阳彩色显像管玻壳有限公司	国有法人股	25916.00	58.90
2	南方证券	流通股	1055.93	24.41
3	基金安信	流通股	467.85	1.06
4	基金安顺	流通股	406.28	0.92
5	金信证券	流通股	259.25	0.59
6	基金汉鼎	流通股	160.34	0.36
7	基金安瑞	流通股	154.06	0.35
8	陈庆红	流通股	77.00	0.18
9	王永华	流通股	74.00	0.17
10	华夏成长	流通股	61.94	0.14

股东人数	2003.9	2003.6	2002	2001
	64497	66865	73304	26360

近年分配	2002年 每10股派2.00元 2001年 每10股派2.00元	近年配股/增发	不分配不转增

重大事项

公司与河南省中原天然气开发有限公司、安阳信益科技投资有限公司、郑州东方企业(集团)股份有限公司、河南东方燃气股份有限公司作为发起人,于**2003**年**4**月**18**日正式注册设立"河南安彩能源股份有限公司",该公司注册资本**8000**万元人民币,公司出资**5200**万元人民币,占总股本的**65%**。

二〇〇二年以来市场表现

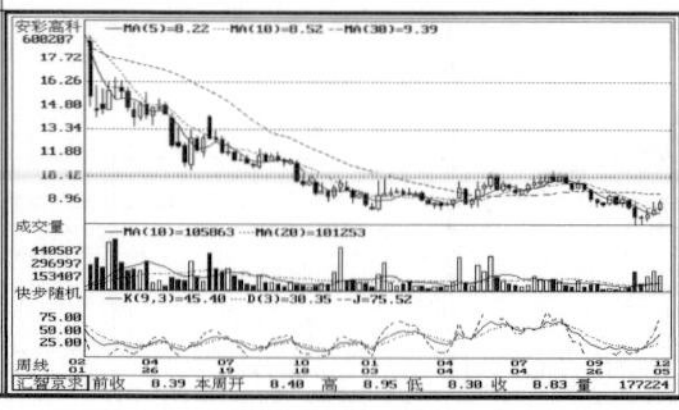

2002年涨跌幅(%)	-58.19
2002年最高(元)	20.60
2002年最低(元)	8.23
2002年换手率(%)	464.33
2003年涨跌幅(%)	-1.64
2003年最高(元)	10.77
2003年最低(元)	7.50
2003年换手率(%)	294.72

中宝科控投资股份有限公司

公司概况

公司名称	中宝科控投资股份有限公司	股票代码	600208
注册地址	上海南京东路328号中宝银楼8层	邮政编码	200001
法人代表	沈建伟	董秘	钱春
电话	021-63603572	传真	021-63603562
主营业务	珠宝、码头运输、商业、酒店		

总股本	25084.03	流通 A	10320.00	流通 B		流通 H	
审计单位				审计意见	未审计		

主要财务指标

年度	2003.9	2003.6	2002	2001
每股收益/扣除后(元)	-0.0900	-0.1100	-0.0200	0.1600
每股经营现金流量(元)	0.1620	0.0190	0.1900	-0.3400
每股净资产/调整后(元)	2.2700	2.2500	2.3300	2.8800
每股公积金(元)	0.9222	0.9150	0.9150	1.2975
净资产收益率(%)	-3.2600	-4.6100	2.4600	6.7400
总资产(万元)	270327.72	256157.59	266655.41	219022.48
股东权益(万元)	60406.52	59454.78	62192.86	60293.58
未分配利润(万元)	6010.23	6048.78	8786.86	6871.21
主营收入(万元)	38846.11	26009.25	40341.63	85220.35
资本公积金(万元)	23131.58	22951.27	22951.27	27121.53
主营利润(万元)	7240.44	3625.50	10286.59	12554.40
其他业务利润(万元)	485.56	341.07	500.48	1113.46
营业利润(万元)	-3122.94	3252.88	-6119.62	-620.17
投资收益(万元)	395.97	193.16	5646.49	2666.14
补贴收入(万元)	436.97		6143.01	5194.44
营业外收支(万元)	23.92		156.80	-157.54
利润总额(万元)	-2266.08	-2871.09	5826.69	7082.88
净利润(万元)	-1966.66	-2738.08	1532.20	4063.26

十大股东

序号	股东名称	股份性质	持股数(万股)	比例(%)
1	中国圣出瑞资源投资控股有限公司	法人股	2760.00	11.00
2	合升实业发展有限公司	法人股	1920.00	7.65
3	浙江新湖集团股份有限公司	法人股	1800.00	7.18
4	嘉兴商业控股(集团)有限公司	国家股	1720.77	6.86
5	上海子江投资发展有限公司	法人股	1204.51	4.80
6	涌金实业(集团)有限公司	法人股	812.43	3.24
7	浙江泰丰控股集团有限公司	法人股	770.70	3.07
8	深圳东海潮投资发展有限公司	法人股	630.00	2.51
9	浙江钱江生物化学股份有限公司	法人股	378.00	1.51
10	杭州五环实业有限公司	法人股	246.00	0.98

股东人数	2003.9	2003.6	2002	2001
	37570	38265	40524	39893

近年分配	2001年 每10股派0.50元	近年配股/增发	不分配不转增

重大事项

中国圣出瑞资源投资控股有限公司于**2003**年**10**月**8**日将所持有的本公司社会法人股**2760**万股转让给浙江恒兴力控股集团有限公司,占公司总股本的**11%**。本次股份转让完成后,恒兴力将持有公司**11%**股权,圣出瑞将不再持有公司股权。 中宝科控燃气投资有限公司以每股**1.423**元的价格分别受让西域投资(香港)有限公司和北京杰英特科技发展有限公司所持有的浙江允升投资集团有限公司**3778432**元股权和**17417967**元股权,转让价款分别为**5376709**元人民币和**24785767**元;合计占其注册资本的**5%**。

二〇〇二年以来市场表现

2002年涨跌幅(%)	-36.43
2002年最高(元)	10.92
2002年最低(元)	6.28
2002年换手率(%)	96.36
2003年涨跌幅(%)	-26.87
2003年最高(元)	8.15
2003年最低(元)	4.20
2003年换手率(%)	119.05

罗顿发展股份有限公司

公司概况

公司名称	罗顿发展股份有限公司	股票代码	600209
注册地址	海南省海口市人民大道68号	邮政编码	570208
法人代表	李维	董秘	韦胜杭
电话	0898-66258868	传真	0898-66254868
主营业务	酒店经营及管理		
总股本	43901.12	流通A	16575.00
流通B		流通H	
审计单位		审计意见	未审计

主要财务指标

年度	2003.9	2003.6	2002	2001
每股收益/扣除后(元)	0.0190	0.0180	0.0900	0.2300
每股经营现金流量(元)	-0.1930	-0.0400	0.8055	0.1441
每股净资产/调整后(元)	1.6200	2.7580	2.2789	2.1858
每股公积金(元)	0.2706	1.1601	0.7670	0.7487
净资产收益率(%)	1.0900	1.0100	7.1300	10.8300
总资产(万元)	125640.81	123758.80	110299.65	100806.41
股东权益(万元)	75648.46	75590.40	60701.20	51528.58
未分配利润(万元)	15211.30	15153.24	14389.29	6304.97
主营收入(万元)	24647.00	18161.42	37959.64	53275.22
资本公积金(万元)	11880.60	29957.53	18082.27	17649.87
主营利润(万元)	5614.12	4113.97	9182.81	11753.33
其他业务利润(万元)			77.00	33.33
营业利润(万元)	698.68	976.07	2646.48	7185.66
投资收益(万元)	-10.37	-6.61	2384.20	-19.89
补贴收入(万元)	4.22	4.22	317.12	129.38
营业外收支(万元)	-25.42	-22.42	-1.86	-13.96
利润总额(万元)	667.11	951.26	5345.94	7281.20
净利润(万元)	822.00	763.84	4328.62	5581.74

十大股东

序号	股东名称	股份性质	持股数(万股)	比例(%)
1	海南黄金海岸集团有限公司	法人股	10512.52	40.71
2	Θ海口金海岸罗顿国际旅业发展有限公司	法人股	3214.84	12.45
3	海口黄金海岸技术产业投资有限公司	法人股	1221.64	4.73
4	海口国能物业发展有限公司	法人股	803.71	3.11
5	海南大宇实业有限公司	法人股	321.48	1.24
6	刘海兵	流通股	39.12	0.00
7	蒋玉莲	流通股	32.00	0.00
8	吴松林	流通股	31.34	0.00
9	陈裕红	流通股	26059.00	0.00
10	杨运杰	流通股	25.25	0.00

股东人数	2003.9	2003.6	2002	2001
	37969	34011	24378	9548

近年分配	2002年 每10股派0.30元 2001年 每10股派0.08元	近年配股/增发	不分配不转增

重大事项

2003年8月18日,公司第二大股东海口金海岸罗顿国际旅业发展有限公司于2003年8月18日将质押给中国光大银行海口支行的公司27648374股社会法人股股票予以解冻;同时,旅业公司又将54652236股社会法人股股票质押给中国光大银行海口支行,质押期限为2003年8月18日至2005年8月18日。 2003年6月26日,公司与中国光大银行海口支行签署《借款合同》,向中国光大银行海口支行借款流动资金人民币2亿元,年利率为5.04%,期限为2003年6月26日至2004年6月25日。

二〇〇二年以来市场表现

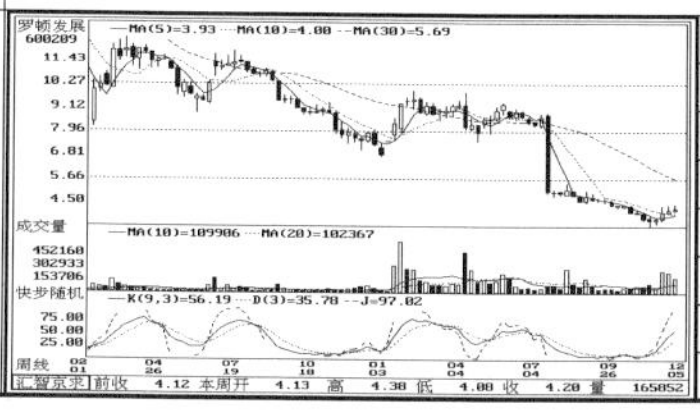

2002年涨跌幅(%)	-42.60
2002年最高(元)	7.35
2002年最低(元)	4.11
2002年换手率(%)	114.71
2003年涨跌幅(%)	-0.72
2003年最高(元)	5.82
2003年最低(元)	3.35
2003年换手率(%)	362.36

上海紫江企业集团股份有限公司

公司概况

公司名称	上海紫江企业集团股份有限公司	股票代码	600210
注册地址	上海市莘庄工业区申富路618号	邮政编码	201108
法人代表	李域	董秘	高军
电话	021-54421100-167	传真	021-54422693
主营业务	容器包装		
总股本	54640.01	流通A	17135.10
流通B		流通H	
审计单位		审计意见	未审计

主要财务指标

年度	2003.9	2003.6	2002	2001
每股收益/扣除后(元)	0.3880	0.2540	0.4630	0.3570
每股经营现金流量(元)	0.5400	0.4000	0.9700	0.4800
每股净资产/调整后(元)	3.1900	3.0600	2.8100	2.6900
每股公积金(元)	1.4897	1.4897	1.4897	1.4896
净资产收益率(%)	11.9400	3.3800	16.2100	13.4600
总资产(万元)	497657.12	495583.87	454194.16	373753.37
股东权益(万元)	177113.30	169512.56	155727.00	147046.02
未分配利润(万元)	25038.19	17683.49	3940.25	8767.07
主营收入(万元)	186423.48	117115.41	182134.70	113859.78
资本公积金(万元)	81395.21	81395.21	81395.21	81393.06
主营利润(万元)	48839.99	31669.89	55779.30	35055.55
其他业务利润(万元)	1418.58	860.25	407.78	35055.55
营业利润(万元)	27221.44	17071.92	29355.70	22108.41
投资收益(万元)	2586.78	1665.90	2601.79	3386.11
补贴收入(万元)	3.07		19.14	162.09
营业外收支(万元)	-161.76		-15.30	-32.48
利润总额(万元)	29649.53	18571.55	31961.33	25624.13
净利润(万元)	21140.96	13785.57	25249.00	19785.60

十大股东

序号	股东名称	股份性质	持股数(万股)	比例(%)
1	上海紫江(集团)有限公司	法人股	23622.79	4.23
2	珅氏达投资(香港)有限公司	外资法人股	13660.31	25.00
3	薛冬会	流通股	107.23	0.20
4	上海润安实业有限公司	流通股	93.65	0.17
5	上海华都企业发展有限公司	法人股	73.94	0.14
6	上海伊思丽贸易有限公司	法人股	73.94	0.14
7	上海紫都置业发展有限公司	法人股	73.94	0.14
8	许刚	流通股	66.98	0.12
9	天同180指数证券投资基金	流通股	54.06	0.10
10	李阿巧	流通股	54.00	0.10

股东人数	2003.9	2003.6	2002	2001
	11447	12276	15868	22136

近年分配	2002年 每10股派3.00元 2001年 每10股派3.00元	近年配股/增发	不分配不转增

重大事项

2003年8月6日,公司与中国银行莘庄支行签署最高额保证合同,为控股子公司上海紫江特种瓶业有限公司向该行申请5000万元综合授信额度提供连带责任保证方式担保,担保期限不超过四年。截止公告日,公司累计对外担保额为49100万元,其担保对象全部为公司所属控股子公司,公司无逾期担保。

二〇〇二年以来市场表现

2002年涨跌幅(%)	2.43
2002年最高(元)	14.08
2002年最低(元)	9.23
2002年换手率(%)	143.17
2003年涨跌幅(%)	4.94
2003年最高(元)	14.30
2003年最低(元)	10.70
2003年换手率(%)	122.60

西藏诺迪康药业股份有限公司

公司概况

公司名称	西藏诺迪康药业股份有限公司				股票代码	600211	
注册地址	拉萨市北京中路93号				邮政编码	850000	
法人代表	陈达彬			董秘	高自力		
电话	028-86653915			传真	028-86660740		
主营业务	诺迪康胶襄						
总股本	12260.00	流通A	4500.00	流通B		流通H	
审计单位				审计意见	未审计		

主要财务指标

年度	2003.9	2003.6	2002	2001
每股收益/扣除后(元)	0.0380	0.0240	0.0800	0.1300
每股经营现金流量(元)	0.1320	0.0740	0.2680	0.1420
每股净资产/调整后(元)	3.3900	3.3790	3.3000	3.3000
每股公积金(元)	1.9454	1.9454	1.9454	1.9454
净资产收益率(%)	1.1140	0.7200	2.4610	4.5300
总资产(万元)	74675.60	74054.91	73307.86	60832.53
股东权益(万元)	41903.78	41737.35	41437.05	40417.30
未分配利润(万元)	4465.23	4298.81	3998.51	3151.49
主营收入(万元)	4806.55	2838.48	7449.05	7465.93
资本公积金(万元)	23851.22	23851.22	23851.22	23851.22
主营利润(万元)	3554.81	2310.59	6040.57	6500.19
其他业务利润(万元)	169.38	113.85	252.88	285.09
营业利润(万元)	389.59	200.41	739.03	1744.19
投资收益(万元)	-45.93	-25.68	72.27	118.92
补贴收入(万元)	121.80	121.80	213.87	17.78
营业外收支(万元)	-1.01		-10.71	-57.24
利润总额(万元)	464.45	298.11	1014.46	1823.65
净利润(万元)	466.72	300.30	1019.75	1829.88

十大股东

序号	股东名称	股份性质	持股数(万股)	比例(%)
1	西藏华西药业集团有限公司	国有股	6992.00	57.03
2	西藏自治区藏药厂	国有股	384.00	3.13
3	西藏自治区科技开发中心	国有股	192.00	1.57
4	西藏科龙建材有限责任公司	国有股	128.00	1.04
5	西藏科光太阳能工程技术有限责任公司	国有股	64.00	0.52
6	大庆油田水泥有限责任公司	社会公众股	12.14	0.10
7	华泰证券有限责任公司	社会公众股	10.11	0.08
8	张建平	社会公众股	9.98	0.08
9	张裕群	社会公众股	9.59	0.08
10	江伟	社会公众股	9.54	0.08

股东人数	2003.9	2003.6	2002	2001
	27177	27591	28120	28852

近年分配	近年配股/增发
2001年 每10股派0.50元	不分配不转增

重大事项

西藏华西药业集团有限公司原控股股东成都达义物业有限责任公司已于2002年10月11日与成都达义实业(集团)有限责任公司达成出资额(股权)转让协议,将其在西藏华西药业集团有限公司持有的85%的股权全部转让给后者。 公司于2002年9月2日收到中国农业银行拉萨市康昂东路支行签发的《最高额综合授信合同》约定为:中国农业银行拉萨市康昂东路支行给予公司的最高综合授信额度为:折合人民币金额贰亿元整,授信期限:从2002年7月18日起至2003年7月18日止。

二〇〇二年以来市场表现

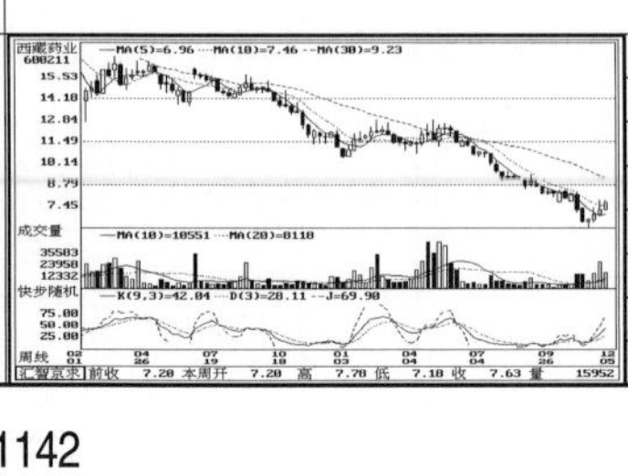

2002年涨跌幅(%)	-39.40
2002年最高(元)	17.65
2002年最低(元)	10.61
2002年换手率(%)	119.28
2003年涨跌幅(%)	-24.98
2003年最高(元)	12.81
2003年最低(元)	6.10
2003年换手率(%)	132.90

山东江泉实业股份有限公司

公司概况

公司名称	山东江泉实业股份有限公司				股票代码	600212	
注册地址	山东省临沂市罗庄区工业街东段				邮政编码	276017	
法人代表	王廷江			董秘	田英智		
电话	0539-8246243			传真	0539-8271388		
主营业务	陶瓷、木材						
总股本	31990.01	流通A	19179.64	流通B		流通H	
审计单位				审计意见	未审计		

主要财务指标

年度	2003.9	2003.6	2002	2001
每股收益/扣除后(元)	0.0910	0.0700	0.1350	0.3650
每股经营现金流量(元)	-0.5550	-0.2920	0.6100	0.2600
每股净资产/调整后(元)	4.1500	4.0800	4.0100	4.1200
每股公积金(元)	1.7809	1.7809	1.7809	1.2959
净资产收益率(%)	2.2500	1.7500	3.1000	8.4100
总资产(万元)	172116.27	172306.80	169217.81	117391.45
股东权益(万元)	133704.30	133014.62	130685.65	90140.80
未分配利润(万元)	34896.26	34206.59	31877.61	30618.25
主营收入(万元)	49248.95	33394.61	60979.31	83537.30
资本公积金(万元)	56969.75	56969.75	56969.75	28383.26
主营利润(万元)	8161.89	5673.46	9443.59	13033.99
其他业务利润(万元)	489.57	330.51	453.34	658.23
营业利润(万元)	4469.70	3149.45	6901.02	10227.75
投资收益(万元)			-160.68	-241.02
补贴收入(万元)				
营业外收支(万元)	95.29	98.23	-256.05	-409.09
利润总额(万元)	4564.99	3517.68	6484.29	9577.64
净利润(万元)	3018.65	2328.98	4056.73	7579.06

十大股东

序号	股东名称	股份性质	持股数(万股)	比例(%)
1	华盛江泉集团有限公司	社会法人股	9413.53	29.43
2	山东省沂滨水泥厂	社会法人股	1744.28	5.45
3	山东罗庄集团总公司	社会法人股	795.37	2.49
4	临沂宝泉实业有限公司	社会法人股	692.17	2.16
5	.陈修军	社会法人股	134.16	0.41
6	湘财质押	流通股	122.88	0.38
7	王秀英	流通股	114.99	0.36
8	沈庆云	流通股	97.56	0.30
9	韩红	流通股	93.68	0.29
10	岳西美	流通股	68.06	0.21

股东人数	2003.9	2003.6	2002	2001
	63935	65496	65195	48828

近年分配	近年配股/增发
2002年 每10股派0.80元 2001年 每10股派0.86元	不分配不转增

重大事项

2002年6月5日,山东省沂滨水泥厂与山东华盛江泉集团有限公司签订了《股权转让协议》,沂滨水泥将公司法人股2550万股,占公司总股本的10.03%,以每股人民币3元转让给华盛江泉。本次股权转让后华盛江泉将持有公司法人股7480万股,占公司总股本的29.42%,仍为公司第一大控股股东,山东沂滨水泥厂将持有公司法人股1517.2万股,占5.97%,仍为公司第二大股东。

二〇〇二年以来市场表现

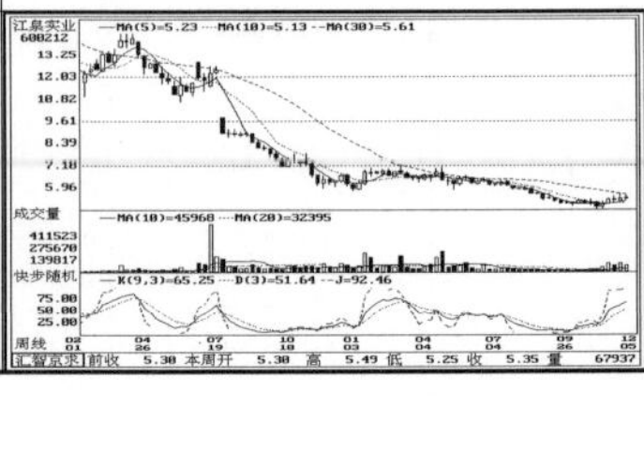

2002年涨跌幅(%)	-40.76
2002年最高(元)	10.71
2002年最低(元)	5.80
2002年换手率(%)	143.66
2003年涨跌幅(%)	-10.17
2003年最高(元)	7.07
2003年最低(元)	4.75
2003年换手率(%)	138.85

扬州亚星客车股份有限公司

公司概况

公司名称	扬州亚星客车股份有限公司			股票代码	600213		
注册地址	扬州经济开发区扬子江中路 188#			邮政编码	225009		
法人代表	赵振东			董秘	张榕森		
电话	0514-7850400			传真	0514-7852329		
主营业务	大、中、轻型客车						
总股本	19000.00	流通 A	6000.00	流通 B		流通 H	
审计单位				审计意见	未审计		

主要财务指标

年度	2003.9	2003.6	2002	2001
每股收益/扣除后(元)	-0.0400	-0.0700	0.1200	0.2900
每股经营现金流量(元)	-0.7200	-0.5400	-0.5800	0.6900
每股净资产/调整后(元)	3.3000	3.1800	3.3600	3.3200
每股公积金(元)	1.9341	1.9341	1.9341	1.9267
净资产收益率(%)	-1.8800	-2.7000	3.4700	8.4400
总资产(万元)	119694.31	115633.34	115699.44	128660.86
股东权益(万元)	63120.36	62615.83	64308.75	63077.83
未分配利润(万元)	2778.99	2274.46	3967.68	3314.22
主营收入(万元)	52554.79	28224.98	87654.36	101984.22
资本公积金(万元)	36748.74	36748.74	36748.74	36607.48
主营利润(万元)	4140.28	2072.70	9394.38	14215.84
其他业务利润(万元)	63.22	69.76	882.16	346.70
营业利润(万元)	-1686.80	-2170.80	2565.70	5861.12
投资收益(万元)	610.43	508.75	682.79	471.93
补贴收入(万元)				
营业外收支(万元)	-130.49		-386.14	-623.91
利润总额(万元)	-1206.86	-1713.73	2862.35	5709.14
净利润(万元)	-1188.38	-1692.91	2229.65	5326.49

十大股东

序号	股东名称	股份性质	持股数(万股)	比例(%)
1	江苏亚星客车集团有限公司	国家股	12857.25	67.67
2	南京绿洲机器厂	国有法人股	42.82	0.23
3	扬州经济技术开发区开发总公司	国有法人股	35.69	0.19
4	扬农化工集团有限公司	国有法人股	35.69	0.19
5	扬州冶金机械有限公司	国有法人股	28.55	0.15
6	胡海麟	流通股	19.07	0.10
7	洪玉华	流通股	17.00	0.09
8	张晓玲	流通股	10.76	0.06
9	张能忠	流通股	10.68	0.06
10	谷兵	流通股	10.15	0.05

股东人数	2003.9	2003.6	2002	2001
	37886	39130	39833	41221

近年分配	2002年 每10股派0.60元 2001年 每10股派1.20元	近年配股/增发	不分配不转增

重大事项

截止2003年6月20日,本公司为其他单位提供担保融资借款1500万元,均属为扬州市农业发展总公司借款提供担保,借款到期日为2000年10月8日。根据担保合同公司承担连带责任,因该项担保为公司设立前控股股东江苏亚星客车有限公司的行为,若发生连带责任损失,集团公司承诺承担该项损失。

二○○二年以来市场表现

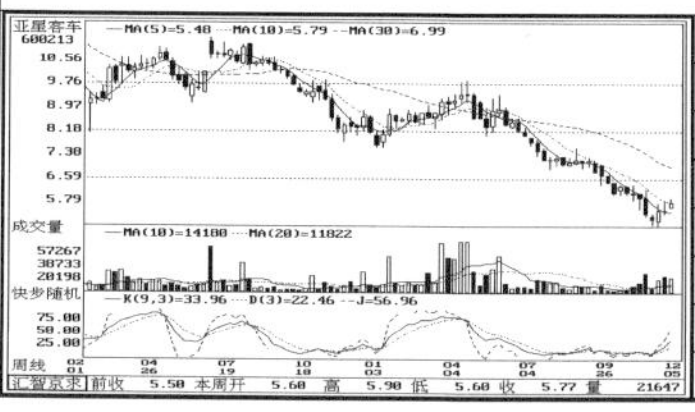

2002年涨跌幅(%)	-23.21
2002年最高(元)	11.17
2002年最低(元)	7.74
2002年换手率(%)	112.94
2003年涨跌幅(%)	-29.85
2003年最高(元)	9.82
2003年最低(元)	5.00
2003年换手率(%)	158.56

长春经济技术开发区开发建设(集团)股份有限公司

公司概况

公司名称	长春经济技术开发区开发建设(集团)股份有限公司			股票代码	600215		
注册地址	吉林省长春市自由大路118号			邮政编码	130031		
法人代表	江　才			董秘	杨永学		
电话	0431-4644225			传真	0431-4630035		
主营业务	土地开发转让						
总股本	35771.76	流通 A	21496.80	流通 B		流通 H	
审计单位				审计意见	未审计		

主要财务指标

年度	2003.9	2003.6	2002	2001
每股收益/扣除后(元)	0.1052	0.1106	0.4579	0.4000
每股经营现金流量(元)	-2.0800	-0.9700	0.2305	0.3548
每股净资产/调整后(元)	5.8900	5.9000	5.5200	5.1800
每股公积金(元)	2.9920	2.9920	2.3639	2.3531
净资产收益率(%)	1.7900	1.8300	8.2600	8.7400
总资产(万元)	353730.31	371333.66	343679.50	269373.44
股东权益(万元)	2123258.00	213371.36	169651.55	158568.83
未分配利润(万元)	54734.33	54821.30	50909.07	41800.80
主营收入(万元)	49667.18	36596.97	105947.27	78267.97
资本公积金(万元)	107029.04	107029.04	72334.49	72005.97
主营利润(万元)	14343.85	10874.93	30578.05	23821.25
其他业务利润(万元)	2307.93	1540.75	1782.09	-32.59
营业利润(万元)	4202.50	4485.99	18426.97	17616.39
投资收益(万元)	-5.28	-15.44	289.17	-473.47
补贴收入(万元)	1648.00	1419.00	3658.00	2552.00
营业外收支(万元)	-59.11		-64.64	-179.89
利润总额(万元)	5786.11	5846.71	22309.50	19515.03
净利润(万元)	3825.26	3912.23	14006.39	13863.21

十大股东

序号	股东名称	股份性质	持股数(万股)	比例(%)
1	长春经济技术开发区创业投资控股有限责任公司	国有股	14274.96	39.91
2	西南证券有限责任公司	流通股	551.52	0.10
3	上海建世海嘉投资有限公司	流通股	69.43	0.19
4	张建瑞	流通股	58.25	0.16
5	陈良	流通股	41.00	0.11
6	曾红革	流通股	31.29	0.09
7	罗静妤	流通股	30.38	0.08
8	余建国	流通股	30.00	0.08
9	张雅秋	流通股	27.85	0.08
10	江苏省金信证券公司	流通股	26.39	0.07

股东人数	2003.9	2003.6	2002	2001
	85079	86349	71293	72662

近年分配	2002年 每10股派1.00元 2001年 每10股派1.00元	近年配股/增发	不分配不转增

重大事项

公司向中国光大银行长春分行申请贷款5000万元,期限为一年。此项贷款由公司第一大股东长春经济技术开发区创业投资控股有限责任公司持有的公司1954万股国有股股权作质押,占国有股股权总数30600万股的6.39%。目前,上述国有股权质押事宜已获批准。现由中国证券登记结算有限责任公司上海分公司出具了证券质押登记证明。

二○○二年以来市场表现

2002年涨跌幅(%)	-31.21
2002年最高(元)	12.53
2002年最低(元)	7.99
2002年换手率(%)	102.22
2003年涨跌幅(%)	-20.07
2003年最高(元)	10.61
2003年最低(元)	6.10
2003年换手率(%)	273.11

浙江医药股份有限公司

公司概况

公司名称	浙江医药股份有限公司	股票代码	600216
注册地址	浙江省杭州市中河路司马渡巷60号	邮政编码	310022
法人代表	李春波	董秘	俞祝军
电话	0571-87213883	传真	0571-87213883
主营业务	原料药、制剂药、食品		

总股本	64533.75	流通A	16575.00	流通B		流通H	
审计单位				审计意见	未审计		

主要财务指标

年度	2003.9	2003.6	2002	2001
每股收益/扣除后(元)	0.6050	0.3650	0.4400	0.0280
每股经营现金流量(元)	0.6970	0.6900	1.1600	0.2180
每股净资产/调整后(元)	3.9600	3.7400	3.3700	3.1700
每股公积金(元)	1.1315	1.1315	1.1315	1.1300
净资产收益率(%)	14.9000	9.7500	12.4000	16.7600
总资产(万元)	487952.69	431094.50	387688.81	314779.41
股东权益(万元)	256993.34	242344.45	218703.80	204397.08
未分配利润(万元)	97470.90	82822.00	59181.33	49048.90
主营收入(万元)	546849.06	353988.84	516574.91	431521.94
资本公积金(万元)	73020.50	73020.50	7302.50	72920.47
主营利润(万元)	81683.84	50289.86	58866.97	57664.36
其他业务利润(万元)	1647.17	908.52	711.94	524.83
营业利润(万元)	59738.72	36725.77	43375.09	42071.43
投资收益(万元)	22.69	-11.84	266.59	209.77
补贴收入(万元)				
营业外收支(万元)	-1159.91	-173.09	-1751.31	-1187.15
利润总额(万元)	58601.50	36896.57	41887.37	41094.05
净利润(万元)	38289.57	23640.68	27113.42	34248.13

十大股东

序号	股东名称	股份性质	持股数(万股)	比例(%)
1	杭钢集团公司	国有法人股	47958.75	74.32
2	华夏成长证券投资基金	流通股	601.95	0.93
3	汉盛证券投资基金	流通股	249.35	0.39
4	全国社保基金103组合	流通股	171.07	0.27
5	同益证券投资基金	流通股	149.77	0.23
6	兴科证券投资基金	流通股	112.26	0.17
7	久嘉证券投资基金	流通股	105.88	0.19
8	嘉实成长收益型证券投资基金	流通股	98.20	0.15
9	国盛证券有限责任公司	流通股	96.30	0.15
10	兴安证券投资基金	流通股	84.87	0.13

股东人数	2003.9	2003.6	2002	2001
	74752	73819	82902	88283

近年分配	2002年 每10股派2.00元 2001年 每10股派1.50元	近年配股/增发	不分配不转增

重大事项

公司第二股东国投药业投资有限公司于2003年2月24日拟将其持有的公司国有法人股9730.7591万股,以每股1.244元共计12105.06万元的价格转让给中国远大集团公司。完成此次股权转让后,中国远大集团公司将持有公司法人股9730.7591万股,占公司总股本的21.62%,国投药业将不再持有公司股份。 2002年08月10日公司继续与杭州爱大制药有限公司互相担保的议案:互保金额从5000万元减至2500万元,互保期一年。公司继续与新昌国邦化学工业有限公司互相担保的议案:互保金额从3000万元增至6500万元,互保期三年。

二○○二年以来市场表现

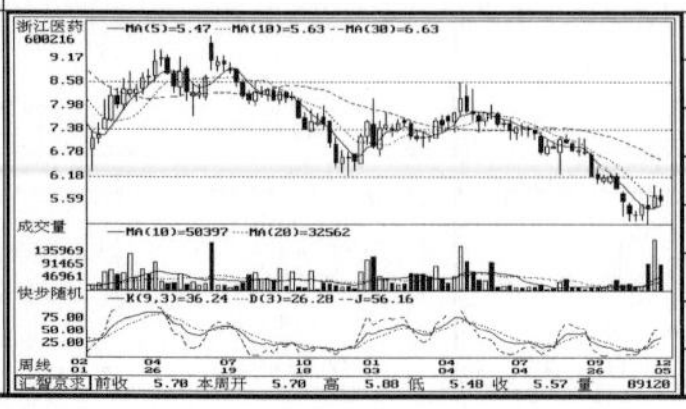

2002年涨跌幅(%)	0.38
2002年最高(元)	9.74
2002年最低(元)	6.08
2002年换手率(%)	156.32
2003年涨跌幅(%)	-28.57
2003年最高(元)	8.56
2003年最低(元)	4.99
2003年换手率(%)	131.07

陕西秦岭水泥(集团)股份有限公司

公司概况

公司名称	陕西秦岭水泥(集团)股份有限公司	股票代码	600217
注册地址	陕西省铜川市耀州区东郊	邮政编码	727100
法人代表	兰建文	董秘	韩保平
电话	0919-6231630	传真	0919-6233344
主营业务	水泥生产与销售		

总股本	41300.00	流通A	14000.00	流通B		流通H	
审计单位				审计意见	未审计		

主要财务指标

年度	2003.9	2003.6	2002	2001
每股收益/扣除后(元)	0.0650	0.0400	0.1100	0.1470
每股经营现金流量(元)	0.0660	0.0240	0.0400	0.0020
每股净资产/调整后(元)	1.8300	1.8126	1.7800	1.6700
每股公积金(元)	0.4958	0.4954	0.4937	0.4850
净资产收益率(%)	3.4500	2.1600	6.1400	8.6600
总资产(万元)	148469.64	138407.95	129558.68	111830.02
股东权益(万元)	76655.39	75630.76	73927.51	68932.33
未分配利润(万元)	9614.57	8607.84	6973.53	3042.82
主营收入(万元)	40313.04	24322.58	50148.82	44054.35
资本公积金(万元)	20478.45	20460.58	20391.64	20028.54
主营利润(万元)	15134.84	8996.51	19842.48	18455.30
其他业务利润(万元)	3.60	-2.99	16.13	-0.33
营业利润(万元)	4014.94	2168.41	7040.41	7401.16
投资收益(万元)	-41.88	4.86	-37.19	-83.93
补贴收入(万元)	101.65	101.65	230.15	
营业外收支(万元)	-39.47	-2.19	-120.78	-86.39
利润总额(万元)	4035.25	2272.73	7112.59	7230.84
净利润(万元)	2641.04	1634.31	4536.43	5968.85

十大股东

序号	股东名称	股份性质	持股数(万股)	比例(%)
1	陕西省耀县水泥厂	国有法人股	16000.00	38.74
2	耀县水泥厂劳动服务公司	法人股	6800.00	16.46
3	礼泉县袁家集团公司	法人股	1800.00	4.36
4	中国建筑材料西北公司	法人股	1200.00	2.91
5	上海荣福室内装潢有限公司	法人股	670.00	1.62
6	上海市政资产经营发展有限公司	法人股	400.00	0.97
7	陕西铜鑫科技开发公司	法人股	200.00	0.48
8	上海宏亿投资咨询有限公司	法人股	125.00	0.31
9	上海上投国际投资咨询有限公司	法人股	100.00	0.24
10	曹桂花	流通股	82.99	0.20

股东人数	2003.9	2003.6	2002	2001
	9233	10031	11308	28159

近年分配	2001年 每10股派0.6元	近年配股/增发	2003年 每10股配售3股

重大事项

2003年05月30日公司收到中国证券登记结算有限公司上海分公司《股权司法冻结及司法划转通知》,告知陕西省耀县水泥厂所持公司国有法人股3510万股继续冻结,续冻期限半年,自2003年5月31日至2003年11月30日止。 公司收到中国证券登记结算有限公司上海分公司《股权质押冻结及司法划转通知书》,告知陕西省耀县水泥厂所持公司国有法人股3510万股被司法冻结,冻结期限一年,自2002年5月31日至2003年5月30日。

二○○二年以来市场表现

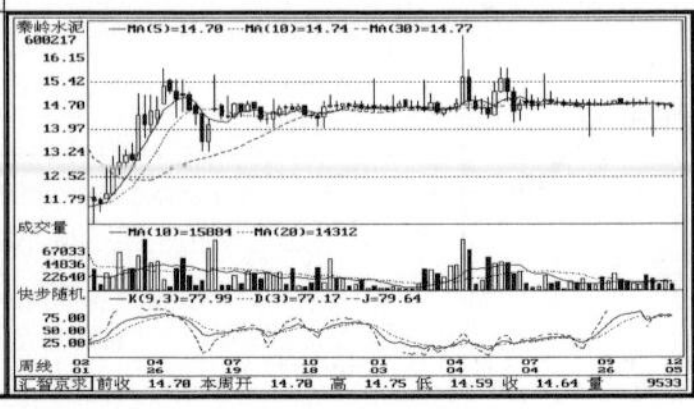

2002年涨跌幅(%)	24.91
2002年最高(元)	15.76
2002年最低(元)	10.99
2002年换手率(%)	98.58
2003年涨跌幅(%)	0.41
2003年最高(元)	16.88
2003年最低(元)	13.71
2003年换手率(%)	70.30

安徽全柴动力股份有限公司

公司概况

公司名称	安徽全柴动力股份有限公司			股票代码	600218		
注册地址	安徽全椒县襄河镇建设东路 70 号			邮政编码	239500		
法人代表	肖正海			董秘	马国友		
电话	0550-5018888			传真	0550-5015888		
主营业务	内燃机、新型化学材料						
总股本	28340.00	流通 A	10140.00	流通 B		流通 H	
审计单位				审计意见	未审计		

主要财务指标

年度	2003.9	2003.6	2002	2001
每股收益/扣除后(元)	0.0330	0.0200	0.0300	0.1400
每股经营现金流量(元)	0.2300	0.1500	0.3100	0.0020
每股净资产/调整后(元)	3.0600	3.0500	3.0300	3.0220
每股公积金(元)	1.6127	1.6127	1.6127	1.6127
净资产收益率(%)	1.1500	0.6300	1.2400	3.6500
总资产(万元)	128787.39	129632.12	124301.16	119331.90
股东权益(万元)	87069.58	86630.39	86103.15	8304.12
未分配利润(万元)	9633.39	9181.70	8633.26	8304.12
主营收入(万元)	58661.82	39790.75	55621.71	44742.17
资本公积金(万元)	45702.85	45702.85	45702.85	45702.85
主营利润(万元)	4908.53	2717.53	5711.86	7959.97
其他业务利润(万元)	400.76	281.71	278.76	301.89
营业利润(万元)	1426.04	766.68	1671.85	3405.09
投资收益(万元)	14.97	79.27	228.14	467.68
补贴收入(万元)				
营业外收支(万元)	75.54		-3.15	52.30
利润总额(万元)	1516.55	864.58	1896.84	3405.09
净利润(万元)	1000.13	548.45	1064.04	696.88

十大股东

序号	股东名称	股份性质	持股数(万股)	比例(%)
1	安徽全柴集团有限公司	国家股	16250.00	57.34
2	北汽福田车辆股份有限公司	国有法人股	1950.00	6.88
3	东北证券有限责任公司	流通股	159.73	0.56
4	通宝证券投资基金	流通股	101.86	0.36
5	苏雯Θ	流通股	45.35	0.16
6	陈威力	流通股	38.40	0.14
7	石家庄天恒商贸有限公司	流通股	33.46	0.12
8	常青林	流通股	33.36	0.12
9	沈宏良	流通股	31.93	0.11
10	常香玉	流通股	31.83	0.11

股东人数	2003.9	2003.6	2002	2001
	41796	42689	56741	61563

近年分配	2002年 每 10 股派 0.20 元 2001 年 每 10 股派 0.50 元	近年配股/增发	不分配不转增

重大事项

公司 2002 年 02 月 27 日接安徽全柴集团有限公司通知，获悉公司国家股转让已于近日获财政部批准，财政部同意安徽全柴集团有限公司将所持公司 1950 万股转让给北汽福田车辆股份有限公司，每股转让价为 3.0769 元。本次转让后，安徽全柴集团有限公司持有公司 16250 万股，占公司总股本的 57.34%，仍为公司第一大股东。

二〇〇二年以来市场表现

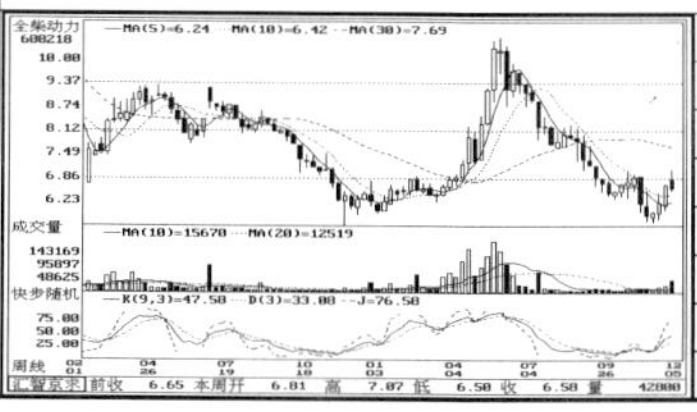

2002年涨跌幅(%)	-37.46
2002年最高(元)	9.42
2002年最低(元)	5.58
2002年换手率(%)	98.41
2003年涨跌幅(%)	8.84
2003年最高(元)	10.61
2003年最低(元)	5.68
2003年换手率(%)	180.17

山东南山实业股份有限公司

公司概况

公司名称	山东南山实业股份有限公司			股票代码	600219		
注册地址	山东省龙口市东江镇前宋村			邮政编码	265718		
法人代表	宋建波			董秘	宋晓		
电话	0535-8616188			传真	0535-8616188		
主营业务	纺织、建材、电力等						
总股本	25700.00	流通 A	13500.00	流通 B		流通 H	
审计单位				审计意见	未审计		

主要财务指标

年度	2003.9	2003.6	2002	2001
每股收益/扣除后(元)	0.4740	0.2590	0.5100	0.4600
每股经营现金流量(元)	0.7760	0.4460	0.8900	0.5000
每股净资产/调整后(元)	5.8500	5.6300	5.3700	4.9800
每股公积金(元)	2.7846	2.7846	2.7846	2.7523
净资产收益率(%)	8.1200	4.6100	9.5000	11.3300
总资产(万元)	207274.05	198191.91	197529.80	180064.02
股东权益(万元)	150339.94	144809.05	138130.42	128037.38
未分配利润(万元)	40590.92	35060.03	28381.40	21086.89
主营收入(万元)	73273.88	42950.03	115694.67	103402.99
资本公积金(万元)	71564.38	71564.38	71564.38	7073.36
主营利润(万元)	21371.69	13037.40	24807.38	24596.59
其他业务利润(万元)	1444.85	649.87	2026.94	980.77
营业利润(万元)	18189.27	9972.64	18343.45	17760.07
投资收益(万元)			5.98	
补贴收入(万元)				
营业外收支(万元)	33.90		23.43	-574.69
利润总额(万元)	18223.17	9987.19	18372.86	17185.39
净利润(万元)	12209.52	6678.63	13117.01	14504.36

十大股东

序号	股东名称	股份性质	持股数(万股)	比例(%)
1	南山集团公司	法人股	12200.00	47.47
2	卞玉环	流通股	122.50	0.48
3	基金银丰	流通股	120.01	0.47
4	林德英	流通股	120.00	0.47
5	王国友	流通股	100.00	0.39
6	王文训	流通股	99.00	0.39
7	基金景阳	流通股	76.45	0.30
8	基金裕隆	流通股	76.43	0.30
9	王淑兰	流通股	67.18	0.26
10	付吉贤	流通股	62.16	0.24

股东人数	2003.9	2003.6	2002	2001
	58199	58496	54073	53539

近年分配	2002年 每 10 股派 1.50 元 2001 年 每 10 股派 1.50 元	近年配股/增发	不分配不转增 Θ

重大事项

公司与广东发展银行杭州分行签订《开立保函合同》，由广东发展银行杭州分行开立保函，为公司发行 8.83 亿元可转换公司债券提供全额连带责任保证；同意以公司的部分房屋产权和设备作为前述担保的反担保。同时集团公司同意以其持有的公司法人股 12200 万股股份作质押为前述担保的反担保。 公司与青岛经济技术开发区进出口公司于 2003 年 05 月 12 日签署了《担保协议》，青岛进出口公司代理公司从澳大利亚进口羊毛和羊毛条并因此在光大银行河南路支行开立 2000 万元的进口开证授信，公司提供连带责任保证，期限一年。截止 2003 年 5 月 13 日，公司累计对外提供开证授信担保数量为 2000 万元，没有逾期担保发生。

二〇〇二年以来市场表现

2002年涨跌幅(%)	-33.73
2002年最高(元)	14.27
2002年最低(元)	8.85
2002年换手率(%)	79.42
2003年涨跌幅(%)	-6.05
2003年最高(元)	10.83
2003年最低(元)	7.60
2003年换手率(%)	133.55

江苏阳光股份有限公司

公司概况

公司名称	江苏阳光股份有限公司				股票代码	600220	
注册地址	江苏省江阴市新桥镇马嘶桥				邮政编码	214426	
法人代表	陈丽芬			董秘	陈浩		
电话	0510-6121688			传真	0510-6121188		
主营业务	毛纺、服装						
总股本	39564.62	流通 A	16358.83	流通 B		流通 H	
审计单位				审计意见	未审计		

主要财务指标

年度	2003.9	2003.6	2002	2001
每股收益/扣除后(元)	0.2400	0.2200	0.4300	0.4000
每股经营现金流量(元)	0.0800	0.0970	0.5200	0.4200
每股净资产/调整后(元)	4.1900	4.9500	4.5000	4.1500
每股公积金(元)	1.8404	2.4121	2.1046	2.1046
净资产收益率(%)	5.8500	4.5400	9.6000	9.8600
总资产(万元)	335832.75	327824.34	269387.87	143936.59
股东权益(万元)	1465334.00	163043.23	140474.55	127982.07
未分配利润(万元)	42497.15	40206.34	34474.35	24684.04
主营收入(万元)	10839.21	66729.55	92547.08	80415.73
资本公积金(万元)	72815.59	79399.11	65745.23	65745.23
主营利润(万元)	22771.67	17055.39	27741.39	23989.44
其他业务利润(万元)	792.67	523.17	731.76	496.81
营业利润(万元)	15088.78	11787.69	17896.36	16060.67
投资收益(万元)	-23.95	-6.24	316.82	361.20
补贴收入(万元)	1.92	1.92		
营业外收支(万元)	11.93	-3.97	-2.24	-7.02
利润总额(万元)	15078.68	11779.40	17896.36	16060.68
净利润(万元)	9669.38	7394.73	13490.16	12623.36

十大股东

序号	股东名称	股份性质	持股数(万股)	比例(%)
1	江苏阳光集团有限公司	法人股	18129.53	45.82
2	江阴市盛银投资有限公司	法人股	2900.72	7.33
3	江阴赛特科技有限公司	法人股	2175.54	5050.00
4	海通证券有限公司	流通股	1822.49	4.61
5	天津开发区大地商贸公司	流通股	218.93	0.55
6	上海定益投资咨询有限责任公司	流通股	159.55	0.40
7	北京佳信天地科技有限责任公司	流通股	120.02	0.30
8	河南省富民实业有限公司	流通股	58.04	0.15
9	河南省新蓝投资有限公司	流通股	57.98	0.15
10	刘书文	流通股	50.40	0.15

股东人数	2003.9	2003.6	2002	2001
	62883	60496	61604	68194

近年分配	2002年 每10股派0.20元 2001年 每10股派0.50元	近年配股/增发	2002年 每10股增2股

重大事项

公司拟收购江苏阳光置业、阳光投资分别持有的无锡阳光置业有限公司62%和28%的股权，进出口公司拟收购阳光投资持有的无锡阳光置业10%股权。本次股权转让价格分别为：收购江苏阳光置业持有无锡阳光置业62%股权，价格为1272.1532万元人民币；收购阳光投资持有无锡阳光置业28%股权，价格为574.5208万元人民币，合计1846.674万元人民币。进出口公司收购阳光投资持有无锡阳光置业10%股权，价格为205.186万元人民币。

二○○二年以来市场表现

2002年涨跌幅(%)	-20.14
2002年最高(元)	9.69
2002年最低(元)	6.82
2002年换手率(%)	61.77
2003年涨跌幅(%)	-7.02
2003年最高(元)	8.77
2003年最低(元)	6.01
2003年换手率(%)	114.29

海南航空股份有限公司

公司概况

公司名称	海南航空股份有限公司				股票代码	600221	
注册地址	海南省海口市机场西路168号				邮政编码	570206	
法人代表	陈峰			董秘	张尚辉		
电话	0898-66739961			传真	0898-66739960		
主营业务	航空运输						
总股本	73025.28	流通 A	37195.78	流通 B	18472.32	流通 H	
审计单位				审计意见	未审计		

主要财务指标

年度	2003.9	2003.6	2002	2001
每股收益/扣除后(元)	-1.3000	-1.3300	0.2400	0.1400
每股经营现金流量(元)	0.1100	-1.3000	1.4500	1.8600
每股净资产/调整后(元)	0.6700	0.8600	2.3100	2.9900
每股公积金(元)	1.4220	1.4220	1.4220	1.3376
净资产收益率(%)	-0.6500	-69.0000	7.6000	4.5900
总资产(万元)	2284042.75	2101281.00	1940095.75	1500432.62
股东权益(万元)	146172.02	143151.81	238294.56	218400.50
未分配利润(万元)	-48001.87	-51022.06	44120.69	33104.38
主营收入(万元)	355820.97	192430.45	502828.16	325475.37
资本公积金(万元)	103840.59	103840.59	103840.59	97680.09
主营利润(万元)	-6832.20	-46788.04	127395.01	93794.40
其他业务利润(万元)	-389.10	-550.79	4191.18	4834.45
营业利润(万元)	-107383.90	-109938.90	21910.32	13769.08
投资收益(万元)	-554.73	-711.64	1219.20	-7.22
补贴收入(万元)	624.14		697.07	211.09
营业外收支(万元)	-1268.58		-150.28	35.53
利润总额(万元)	-108583.11	-111398.59	21910.32	14008.48
净利润(万元)	-95043.57	-98063.77	18115.09	10030.27

十大股东

序号	股东名称	股份性质	持股数(万股)	比例(%)
1	American Aviation LTD	外资股	10804.32	14.80
2	海航集团有限公司	法人股	5341.27	7.31
3	海南琪兴实业投资有限公司	法人股	5313.07	7.28
4	中国光大(集团)总公司	法人股	3320.78	4.55
5	海南金城国有资产经营管理有限责任公司	国有股	1728.94	2.37
6	交通银行海南省分行	法人股	648.00	0.89
7	中国国际旅行总社	法人股	648.00	0.89
8	北京田野商贸总公司	法人股	423.00	0.59
9	中工信托投资公司海南办事处	法人股	324.00	0.44
10	中国教育信托投资有限公司	法人股	297.00	0.41

股东人数	2003.9	2003.6	2002	2001
	120152	121269	109544	118230

近年分配	2002年 每10股派0.20元 2001年 每10股派0.60元	近年配股/增发	2002年 每10股配3股

重大事项

海航集团以所持有的新华航空9%股权，按股权帐面值为16148.69万元转让价格转让给公司；公司以所持有的金鹿公务机有限公司30%股权及若干工程投资的帐面价值16744.34万元为转让价格转让给海航集团。上述资产进行置换时，价格差额为595.65万元，由海航集团以现金方式支付给公司。

二○○二年以来市场表现

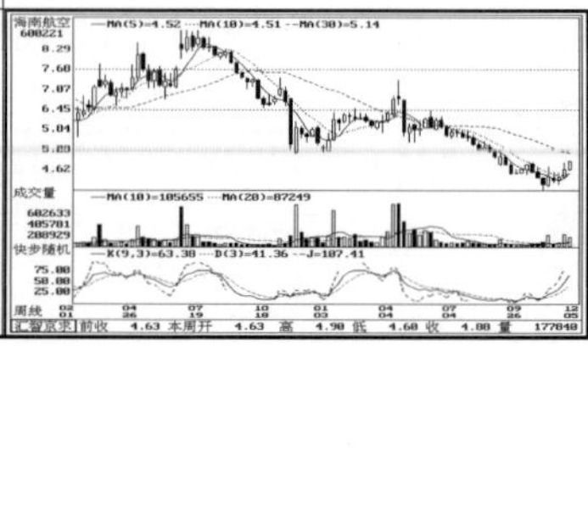

2002年涨跌幅(%)	-18.21
2002年最高(元)	8.88
2002年最低(元)	5.09
2002年换手率(%)	186.46
2003年涨跌幅(%)	-11.13
2003年最高(元)	7.33
2003年最低(元)	4.01
2003年换手率(%)	213.68

河南竹林众生制药股份有限公司

公司概况

公司名称	河南竹林众生制药股份有限公司	股票代码	600222
注册地址	郑州高新技术产业开发区金梭路 8 号	邮政编码	450001
法人代表	李景亮	董秘	孙学智
电话	0371-7982194	传真	0371-7981161
主营业务	医药		

总股本	13614.52	流通 A	3500.00	流通 B		流通 H	
审计单位		审计意见	未审计				

主要财务指标

年度	2003.9	2003.6	2002	2001
每股收益 / 扣除后(元)	0.0523	0.0470	0.0815	0.2073
每股经营现金流量(元)	-0.0640	-0.0600	0.0548	0.4042
每股净资产 / 调整后(元)	3.1822	3.1859	0.1413	3.0594
每股公积金(元)	1.6971	1.6963	1.6951	1.6897
净资产收益率(%)	1.4100	1.3300	2.5500	6.9800
总资产(万元)	69099.41	70722.24	69299.48	62290.93
股东权益(万元)	43363.92	43373.98	42811.98	41652.31
未分配利润(万元)	4429.96	4394.69	3818.75	2943.68
主营收入(万元)	5679.48	11927.20	18181.33	13608.20
资本公积金(万元)	23105.30	23094.64	23078.12	23004.48
主营利润(万元)	5679.48	4318.07	8724.07	7165.08
其他业务利润(万元)	0.83	0.43	0.50	5.36
营业利润(万元)	781.07	770.47	1536.61	3352.52
投资收益(万元)			-18.40	-1.53
补贴收入(万元)	5.00			
营业外收支(万元)	-100.62		-16.08	-35.39
利润总额(万元)	685.45	395.84	1502.14	3315.59
净利润(万元)	611.21	575.94	1091.44	2908.56

十大股东

序号	股东名称	股份性质	持股数(万股)	比例(%)
1	郑州众生实业集团有限公司	国有法人股	9995.52	73.42
2	郑州市仙竹洗涤用品有限公司	发起人股	35.00	0.26
3	河南智益投资发展股份有限公司	发起人股	35.00	0.26
4	郑州市竹林耐火材料公司	发起人股	35.00	0.26
5	郭止路	流通股	16.77	0.12
6	巩义市竹林新华包装材料厂	发起人股	14.00	0.10
7	刘富友	流通股	13.51	0.10
8	张发知	流通股	11.27	0.08
9	梁学华	流通股	10.00	0.07
10	郭德清	流通股	9.64	0.07

股东人数	2003.9	2003.6	2002	2001
	10996	11352	13039	15260

近年分配		近年配股 / 增发	2001年 每 10 股配 3 股

重大事项

公司第一大股东郑州众生实业集团有限公司因其为郑州竹林耐火材料公司向中国工商银行巩义市支行借款提供担保一事发生纠纷，河南省高级人民法院将众生集团所持有的本公司国有法人股 **700** 万股予以冻结，冻结期限为 **2003** 年 **10** 月 **24** 日起至 **2004** 年 **10** 月 **23** 日止。　公司第一大股东郑州众生实业集团有限公司将其持有公司国有法人股 **1176** 万股，质押给上海浦东发展银行郑州东明支行，质押期限自 **2003** 年 **10** 月 **8** 日至 **2005** 年 **10** 月 **7** 日，质押期内由上海浦东发展银行向公司提供贷款。

二〇〇二年以来市场表现

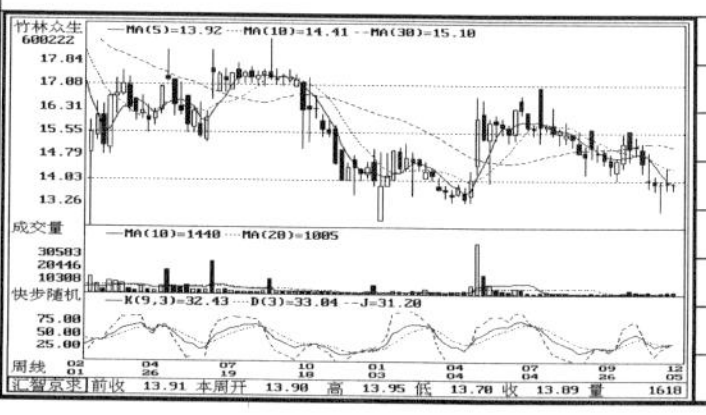

2002年涨跌幅(%)	-21.69
2002年最高(元)	18.60
2002年最低(元)	12.35
2002年换手率(%)	56.90
2003年涨跌幅(%)	6.66
2003年最高(元)	16.98
2003年最低(元)	13.00
2003年换手率(%)	37.42

山东万杰高科技股份有限公司

公司概况

公司名称	山东万杰高科技股份有限公司	股票代码	600223
注册地址	山东省淄博高新技术产业开发区	邮政编码	255086
法人代表	刘东	董秘	孙峰
电话	0533-3585809	传真	0533-3585836
主营业务	化纤新材料、动力销售、医疗服务		

总股本	53625.00	流通 A	21131.50	流通 B		流通 H	
审计单位		审计意见	未审计				

主要财务指标

年度	2003.9	2003.6	2002	2001
每股收益 / 扣除后(元)	0.1590	0.0832	0.1890	
每股经营现金流量(元)	0.5100	0.1840	0.3100	0.6200
每股净资产 / 调整后(元)	3.0600	2.9800	2.9000	3.2200
每股公积金(元)	1.3864	1.3864	1.3864	1.3864
净资产收益率(%)	0.3651	0.2884	0.2055	0.5435
总资产(万元)	383787.78	351769.41	290205.59	253108.30
股东权益(万元)	164631.17	160518.52	156072.87	172662.98
未分配利润(万元)	19580.01	15467.35	11021.71	29145.17
主营收入(万元)	169066.62	107236.49	113252.20	100273.96
资本公积金(万元)	74347.69	74347.69	74347.69	74347.69
主营利润(万元)	17026.56	9291.79	17516.46	17222.05
其他业务利润(万元)	816.77	536.30	1043.08	1434.70
营业利润(万元)	10797.06	5500.60	12242.35	14862.13
投资收益(万元)	-39.76			
补贴收入(万元)				
营业外收支(万元)	45.43	-17.94	78.40	59.13
利润总额(万元)	10802.73	5482.66	12320.75	14921.26
净利润(万元)	8558.30	4445.64	10222.39	13972.71

十大股东

序号	股东名称	股份性质	持股数(万股)	比例(%)
1	万杰集团有限责任公司	法人股	29178.50	54.41
2	博山万通达建筑安装公司	法人股	1950.00	3.64
3	淄博第五棉纺织厂	法人股	559.00	1.04
4	山东淄博万通达工业技术研究所	法人股	234.00	0.44
5	淄博岜山染料化工厂	法人股	234.00	0.44
6	淄博市博山毛巾厂	法人股	234.00	0.44
7	邵福喜	流通股	85.41	0.16
8	山东博山万通达经济开发公司	法人股	65.00	0.12
9	易方达平稳增长证券投资基金	流通股	64.96	0.11
10	银丰证券投资基金	流通股	55.33	0.10

股东人数	2003.9	2003.6	2002	2001
	114114	116781	113829	113638

近年分配	2002年 每 10 股派 5.00 元	近年配股 / 增发	不分配不转增

重大事项

万杰集团有限责任公司将其持有本公司部分股权 **3000** 万股质押给中国光大银行青岛市市北支行，为万杰集团有限责任公司借款提供出质。质押期限自 **2003** 年 **9** 月 **4** 日至 **2005** 年 **9** 月 **4** 日。　**2003** 年 **05** 月 **14** 日董事会通过公司拟用自有资金 **12301** 万元出资收购万杰集团公司所持有的山东淄博通宇新材料有限公司 **75%** 的股权，本次收购完成后，山东淄博通宇新材料有限公司将变更为公司的控股子公司。

二〇〇二年以来市场表现

2002年涨跌幅(%)	-37.80
2002年最高(元)	10.15
2002年最低(元)	6.01
2002年换手率(%)	93.23
2003年涨跌幅(%)	6.79
2003年最高(元)	7.80
2003年最低(元)	5.60
2003年换手率(%)	115.04

华通天香集团股份有限公司

公司概况

公司名称	华通天香集团股份有限公司	股票代码	600225
注册地址	上海市浦东新区张江高科技园区郭守敬路351号	邮政编码	200002
法人代表	薛仕成	董秘	吴云韶
电话	021-63372066	传真	021-63372100
主营业务	食品加工业、饲料		

总股本	22110.00	流通 A	9514.81	流通 B		流通 H	
审计单位				审计意见	未审计		

主要财务指标

年度	2003.9	2003.6	2002	2001
每股收益/扣除后(元)	0.0490	0.0480	0.0900	0.0410
每股经营现金流量(元)	0.4720	0.0630	-0.4400	0.8810
每股净资产/调整后(元)	1.7300	2.0600	2.0400	1.9850
每股公积金(元)	0.6102	0.7713	0.7713	0.7700
净资产收益率(%)	0.0300	2.3700	5.1100	2.0600
总资产(万元)	134802.44	133261.50	127929.90	117831.16
股东权益(万元)	42959.21	42883.38	41866.31	39906.48
未分配利润(万元)	5856.41	5780.58	4763.51	3118.76
主营收入(万元)	32408.40	20509.13	42000.07	37658.16
资本公积金(万元)	13492.79	15502.79	15502.79	15477.97
主营利润(万元)	3281.63	1616.73	7439.41	5053.00
其他业务利润(万元)	11.76	6.95	22.32	6.65
营业利润(万元)	-1612.67	-1751.80	720.34	-980.04
投资收益(万元)	2699.92	2701.70	2982.39	1843.13
补贴收入(万元)	195.29	55.91	31.42	27.53
营业外收支(万元)	20.39	8.25	250.59	64.50
利润总额(万元)	1302.93	987.18	3984.74	955.13
净利润(万元)	1092.91	1017.07	2129.17	823.00

十大股东

序号	股东名称	股份性质	持股数(万股)	比例(%)
1	福建华通置业有限公司	法人股	4020.00	20.00
2	华通国际招商集团股份有限公司	法人股	2637.00	13.12
3	福清市国有资产营运投资有限公司	国有股	1770.00	8.81
4	福清市粮食经济开发总公司	法人股	658.31	3.28
5	华夏银行杭州分行	法人股	516.21	2.56
6	福建华兴信托投资公司	法人股	450.00	2.21
7	杭州未来科技开发有限公司	法人股	384.66	1.91
8	杭州国梁经济信息咨询有限公司	法人股	150.00	0.75
9	海城市第一粮库	法人股	150.00	0.75
10	北京埃特曼香山滑雪场有限公司	流通股	148.97	0.74

股东人数	2003.9	2003.6	2002	2001
	16366	16185	13753	12751

近年分配		近年配股/增发	2002年 每10股转增1股

重大事项

公司第二大股东华通国际招商集团股份有限公司持有公司法人股29007000股，占公司总股本的13.12%。该公司于2003年9月16日解除其持有的14370000股公司法人股质押担保。 2003年9月16日，华通国际招商集团股份有限公司又将其持有的公司法人股15807000股为其控股公司福建华通置业有限公司向交通银行福州分行1300万元借款进行质押担保，质押期自2003年9月16日起至2005年3月16日止。

二〇〇二年以来市场表现

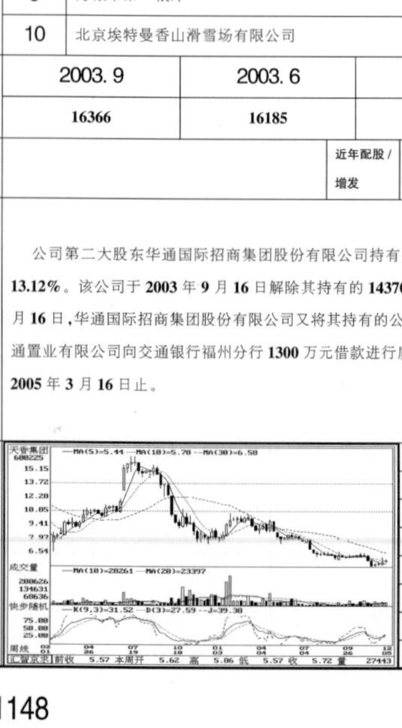

2002年涨跌幅(%)	-17.93
2002年最高(元)	15.08
2002年最低(元)	5.94
2002年换手率(%)	208.19
2003年涨跌幅(%)	-20.99
2003年最高(元)	9.64
2003年最低(元)	5.10
2003年换手率(%)	197.86

浙江升华拜克生物股份有限公司

公司概况

公司名称	浙江升华拜克生物股份有限公司	股票代码	600226
注册地址	浙江省湖州市经济技术开发区	邮政编码	313220
法人代表	吴梦根	董秘	陈俊标
电话	0272-8402738	传真	0572-8402738
主营业务	兽药、农药原料药及制成品		

总股本	27036.62	流通 A	9744.00	流通 B		流通 H	
审计单位				审计意见	未审计		

主要财务指标

年度	2003.9	2003.6	2002	2001
每股收益/扣除后(元)	0.0950	0.0650	0.1640	0.2600
每股经营现金流量(元)	0.0470	0.0540	0.2990	0.2300
每股净资产/调整后(元)	2.9800	2.9500	2.8600	1.8700
每股公积金(元)	1.6456	1.6450	1.6450	0.6780
净资产收益率(%)	4.1300	3.0800	6.5000	14.6700
总资产(万元)	96647.17	93900.97	99034.60	64014.40
股东权益(万元)	80866.67	79975.50	77514.75	47491.28
未分配利润(万元)	5954.58	5079.02	2618.62	2420.64
主营收入(万元)	36449.68	22054.81	38695.89	37473.68
资本公积金(万元)	44490.76	44474.86	44474.81	17187.27
主营利润(万元)	6030.32	4088.91	9726.26	9792.38
其他业务利润(万元)	51.21	36.19	32.82	36.13
营业利润(万元)	3879.57	3026.42	5626.15	6439.00
投资收益(万元)	250.20	168.98	274.22	596.12
补贴收入(万元)	360.37	340.59	465.40	568.21
营业外收支(万元)	-31.47	-5.97	-130.39	19.02
利润总额(万元)	4458.68	3519.73	6235.37	7622.34
净利润(万元)	3335.96	2460.40	5041.34	6967.72

十大股东

序号	股东名称	股份性质	持股数(万股)	比例(%)
1	升华集团控股有限公司	法人股	13020.84	48.16
2	源裕投资有限公司	境外法人股	1875.48	6.84
3	天津开发区鸿基置业有限公司	法人股	1351.97	2.00
4	华泰证券有限责任公司	流通股	1333.23	4.93
5	浙江省科技风险投资有限公司	法人股	698.61	2.58
6	浙江名策投资有限公司	法人股	345.72	1.28
7	徐雁	流通股	38.81	0.14
8	赵汉波	流通股	28.62	0.11
9	天同180指数证券投资基金	流通股	27.29	0.10
10	陈海娟	流通股	24.73	0.09

股东人数	2003.9	2003.6	2002	2001
	31726	32956	32560	2575

近年分配	2002年 每10股派1.50元 2001年 每10股派1.50元	近年配股/增发	不分配不转增 Θ

重大事项

公司股东天津开发区鸿基置业有限公司将其持有的公司发起人法人股13519702股全部质押给中国建设银行天津分行和平支行办理贷款事项，质押期限自2003年5月13日至2004年5月12日。公司股东升华集团控股有限公司以每股3.02元的价格将所持有的887万股公司法人股转让给天津开发区鸿基置业有限公司;公司股东浙江泛美发展有限公司拟以每股3.02元的价格将所持有的4649702股公司法人股全部转让给天津开发区鸿基置业有限公司。股权转让完成后,升华集团控股有限公司仍将持有本公司法人股130208426股,占本公司总股本的48.16%,为公司第一大股东。

二〇〇二年以来市场表现

2002年涨跌幅(%)	-45.81
2002年最高(元)	24.34
2002年最低(元)	9.99
2002年换手率(%)	399.38
2003年涨跌幅(%)	-43.73
2003年最高(元)	12.93
2003年最低(元)	5.38
2003年换手率(%)	375.93

贵州赤天化股份有限公司

公司概况

公司名称	贵州赤天化股份有限公司	股票代码	600227
注册地址	贵州省贵阳新添大道 310 号	邮政编码	550018
法人代表	郑才友	董秘	杨呈祥
电话	0852-2878518	传真	0852-2878874
主营业务	尿素		
总股本	17000.00	流通 A	7000.00
流通 B		流通 H	
审计单位		审计意见	未审计

主要财务指标

年度	2003.9	2003.6	2002	2001
每股收益 / 扣除后(元)	0.2820	0.1100	0.2930	0.0410
每股经营现金流量(元)	0.8010	0.5780	0.3970	0.9040
每股净资产 / 调整后(元)	4.7170	4.6460	4.4020	4.2400
每股公积金(元)	2.7535	2.7535	2.7535	2.7535
净资产收益率(%)	6.7000	5.3500	8.1900	5.2000
总资产(万元)	94434.48	89975.78	86851.57	90154.88
股东权益(万元)	80212.28	79064.64	74838.25	72112.34
未分配利润(万元)	10652.56	9734.45	6353.34	4852.61
主营收入(万元)	42088.94	30364.63	65939.32	63064.45
资本公积金(万元)	46809.08	46809.08	46809.08	46809.08
主营利润(万元)	8586.45	6816.07	10707.29	4040.63
其他业务利润(万元)	36.95	34.76	26.27	4040.63
营业利润(万元)	5199.32	4535.83	6048.90	783.92
投资收益(万元)	998.11	376.45	594.78	3021.90
补贴收入(万元)	65.00		153.86	
营业外收支(万元)	-1.94	-1.65	438.94	406.99
利润总额(万元)	6260.50	4910.35	7236.48	4212.81
净利润(万元)	5374.02	4226.39	6125.92	3751.57

十大股东

序号	股东名称	股份性质	持股数(万股)	比例(%)
1	贵州赤天化集团有限责任公司	国有法人股	9708.12	57.11
2	贵州赤天化集团有限责任公司工会	发起人法人股	221.88	1.31
3	贵州大隆电子有限公司	发起人法人股	40.00	0.24
4	科汇证券投资基金	流通股	34.86	0.21
5	全国社保基金一零三组合	流通股	33.00	0.19
6	上海港集装箱股份有限公司	流通股	20.95	0.12
7	裕隆证券投资基金	流通股	20.82	0.12
8	贵州新锦竹木制品有限公司	发起人法人股	20.00	0.12
9	李钢	流通股	17.25	0.10
10	孙建江	流通股	14.62	0.09

股东人数	2003.9	2003.6	2002	2001
	43645	44562	46323	47872

近年分配	近年配股 / 增发
2002年 每10股派2.00元 2001年 每10股派1.00元	不分配不转增 Θ

重大事项

公司于 **2003** 年 **08** 月 **22** 日分别与贵州赤天化集团有限责任公司续签了《液氨委托加工合同》:合同总价约为 **10800** 万元/年;《水、汽供应合同》:合同总价约为 **9526.60** 万元/年;《综合服务协议》:合同总价约为 **2118** 万元/年;新签订了《设备物资委托采购合同》:合同总价约为 **50** 万元/年;与贵州赤天化集团天阳实业有限公司续签了《双氧水购销合同》:合同总价约为 **81.37** 万元/年;与赤天化天鑫化工有限责任公司续签了《注册商标使用许可合同》:合同总价为 **5000** 元/年。以上合同有效期均为 **2** 年,自 **2003** 年 **10** 月 **1** 日起执行。

二〇〇二年以来市场表现

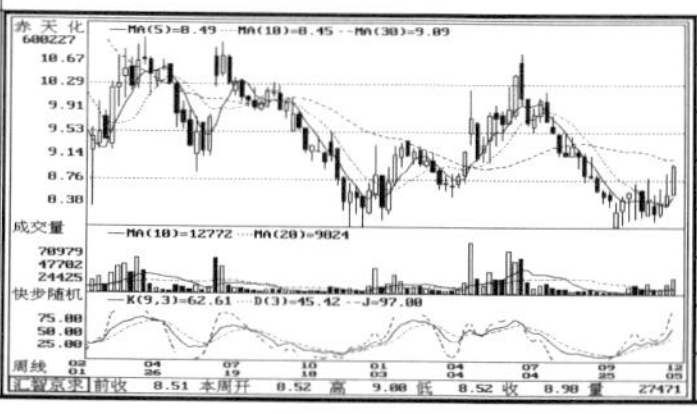

2002年涨跌幅(%)	-16.67
2002年最高(元)	10.76
2002年最低(元)	7.80
2002年换手率(%)	113.12
2003年涨跌幅(%)	2.53
2003年最高(元)	10.80
2003年最低(元)	7.90
2003年换手率(%)	121.57

江西昌九生物化工股份有限公司

公司概况

公司名称	江西昌九生物化工股份有限公司	股票代码	600228
注册地址	南昌市高新区高新一路创业大厦	邮政编码	330077
法人代表	肖建国	董秘	张浩
电话	0791-8504560	传真	0791-8504797
主营业务	尿素、粗甲醇等		
总股本	28800.00	流通 A	9600.00
流通 B		流通 H	
审计单位		审计意见	未审计

主要财务指标

年度	2003.9	2003.6	2002	2001
每股收益 / 扣除后(元)	0.0340	0.0330	0.0080	0.0800
每股经营现金流量(元)	-0.0720	-0.0390	-0.0770	0.0470
每股净资产 / 调整后(元)	1.5370	1.5600	1.5490	2.8300
每股公积金(元)	0.4949	0.4949	0.4949	0.4949
净资产收益率(%)	2.0700	2.0100	0.2320	0.0512
总资产(万元)	90372.10	87628.92	78588.84	81611.37
股东权益(万元)	46939.97	46922.70	45978.15	45884.83
未分配利润(万元)	2493.37	2476.10	1477.49	1475.65
主营收入(万元)	27396.24	19289.70	30201.83	33703.40
资本公积金(万元)	14252.05	14252.05	14252.05	14252.05
主营利润(万元)	3654.74	2861.94	4036.87	5407.23
其他业务利润(万元)	223.16	80.46	137.61	60.46
营业利润(万元)	1064.88	1045.79	-210.46	2525.13
投资收益(万元)	224.43	199.43	500.92	183.87
补贴收入(万元)	118.78	118.78	248.43	277.13
营业外收支(万元)	-47.17	-107.85	-53.43	-15.35
利润总额(万元)	1272.57	1256.16	485.46	2970.79
净利润(万元)	961.82	944.55	106.74	2572.15

十大股东

序号	股东名称	股份性质	持股数(万股)	比例(%)
1	江西昌九化工集团有限公司	国有法人股	19200.00	66.67
2	贺超兵	流通股	72.76	0.25
3	吴秀娥	流通股	53.95	0.19
4	张晶	流通股	51.78	0.18
5	吴梅	流通股	51.18	0.18
6	李发财	流通股	39.07	0.14
7	郭峰	流通股	34.64	0.12
8	郭应兵	流通股	33.81	0.12
9	沈星枝	流通股	33.20	0.12
10	陈国兴	流通股	32.38	0.11

股东人数	2003.9	2003.6	2002	2001
	3765	4431	3402	8325

近年分配	近年配股 / 增发
2001年 每10股派0.30元	不分配不转增 Θ

重大事项

公司以评估值 **6898.14** 万元为转让价,受让位于江西省南昌市罗家镇孺溪村,原向江西昌九化工集团有限公司租赁的 **341492.21** 平方米的土地使用权,转让资金从江西昌九化工集团有限公司的全资子公司江西江氨化学工业有限公司占用公司的资金中进行抵扣。

二〇〇二年以来市场表现

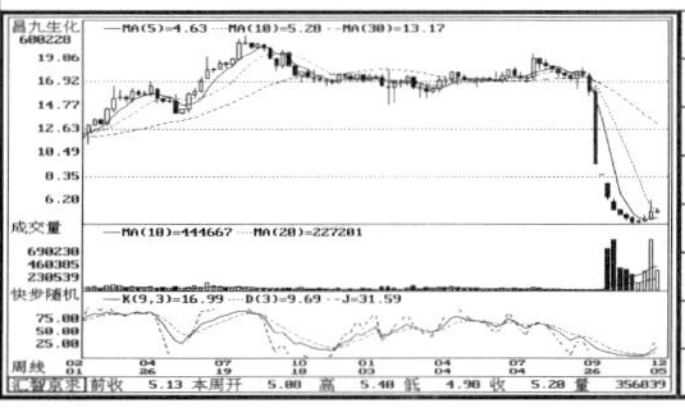

2002年涨跌幅(%)	42.25
2002年最高(元)	21.20
2002年最低(元)	11.18
2002年换手率(%)	214.19
2003年涨跌幅(%)	-70.58
2003年最高(元)	19.50
2003年最低(元)	4.06
2003年换手率(%)	537.17

青岛碱业股份有限公司

公司概况

公司名称	青岛碱业股份有限公司	股票代码	600229
注册地址	山东省青岛市四流北路 78 号	邮政编码	266043
法人代表	罗方辉	董秘	邹怀基
电话	0532-4822574	传真	0532-4815402
主营业务	纯碱、化肥、农药		
总股本	29512.62	流通 A 12444.54	流通 B ／ 流通 H
审计单位		审计意见	未审计

主要财务指标

年度	2003.9	2003.6	2002	2001
每股收益 / 扣除后(元)	0.0970	0.0840	0.1400	0.1800
每股经营现金流量(元)	0.3300	0.2220	0.3500	0.3900
每股净资产 / 调整后(元)	2.9000	2.8770	2.7900	2.8300
每股公积金(元)	1.2595	1.2596	1.2596	1.2592
净资产收益率(%)	3.8900	2.8270	5.8200	8.1300
总资产(万元)	175844.11	167990.28	167010.87	163368.27
股东权益(万元)	86851.51	86030.09	83596.37	83612.09
未分配利润(万元)	13718.69	12897.27	10465.35	11463.86
主营收入(万元)	73481.47	49405.43	95977.22	93612.22
资本公积金(万元)	37172.70	37172.70	37172.70	37162.70
主营利润(万元)	15024.21	10298.63	20769.67	21161.47
其他业务利润(万元)	1161.17	790.21	2165.52	354.76
营业利润(万元)	4315.64	3133.40	6543.22	7889.87
投资收益(万元)	29.56		86.24	265.59
补贴收入(万元)	33.96		282.09	
营业外收支(万元)	-79.02	-58.50	-90.63	144.09
利润总额(万元)	4300.14	3074.90	6820.92	8299.55
净利润(万元)	3253.34	2431.92	4863.93	6794.98

十大股东

序号	股东名称	股份性质	持股数(万股)	比例(%)
1	青岛海湾集团有限公司	国家股	13234.58	44.84
2	青岛天柱化工(集团)有限公司	法人股	2730.43	9.25
3	青岛凯联(集团)有限责任公司	国家股	940.00	3.19
4	青岛天柱化工机械厂	法人股	65.22	0.22
5	青岛天柱橡胶厂	法人股	43.48	0.15
6	青岛财信资产经营有限责任公司	流通股	32.02	0.11
7	青岛天柱煤气公司	法人股	30.43	0.10
8	杨水清	流通股	29.69	0.10
9	王西荣	流通股	27.44	0.09
10	朱明	流通股	22.41	0.08

股东人数	2003.9	2003.6	2002	2001
	69654	71343	70876	74912

近年分配	2002年 每 10 股派 1.50 元 2001 年 每 10 股派 1.80 元	近年配股 / 增发	不分配不转增 Θ

重大事项

公司第一大股东青岛凯联(集团)有限责任公司拟将凯联集团所持公司国家股中的 **13784.5756** 万股无偿划转由海湾集团持有。由于该项股权划转审批过程中,凯联集团因担保事宜,所持公司国家股中另有 **550** 万股被司法冻结。凯联集团同海湾集团依此签署《股权划转过户协议》,双方同意本次股权划转实际过户股数为 **13234.5756** 万股;此次股权划转过户完成后,已冻结的 **550** 万股一旦解冻,再根据国家财政部等有关文件,再行办理过户手续。本次股权划转过户后,凯联集团持有国家股 **940** 万股,占公司总股本 **3.19%** 为公司第三大股东,海湾集团持有公司国家股 **13234.5756** 万股,占公司总股本的 **44.84%**,为公司第一大股东。

二〇〇二年以来市场表现

2002年涨跌幅(%)	-25.94
2002年最高(元)	9.74
2002年最低(元)	6.07
2002年换手率(%)	77.16
2003年涨跌幅(%)	-20.12
2003年最高(元)	7.60
2003年最低(元)	4.63
2003年换手率(%)	95.23

河北沧州大化股份有限公司

公司概况

公司名称	河北沧州大化股份有限公司	股票代码	600230
注册地址	河北省沧州市北环中路 66 号	邮政编码	061000
法人代表	杨立	董秘	王路
电话	0317-3556143	传真	0317-3025065
主营业务	尿素		
总股本	25933.16	流通 A 8000.00	流通 B ／ 流通 H
审计单位		审计意见	未审计

主要财务指标

年度	2003.9	2003.6	2002	2001
每股收益 / 扣除后(元)	0.0680	0.0610	0.1044	0.0226
每股经营现金流量(元)	0.2170	0.3300	0.4180	0.2503
每股净资产 / 调整后(元)	2.5100	2.5000	2.4460	2.4883
每股公积金(元)	1.3743	1.3741	1.3728	1.3727
净资产收益率(%)	3.3100	2.3800	3.1520	2.7610
总资产(万元)	176399.98	1787156.50	85008.14	87836.97
股东权益(万元)	66287.64	65654.25	64057.53	64527.68
未分配利润(万元)	2300.08	1670.68	108.26	746.60
主营收入(万元)	75532.42	50589.56	65631.19	51642.53
资本公积金(万元)	35639.45	35635.47	35601.18	35597.56
主营利润(万元)	9730.45	6835.63	11165.31	4864.71
其他业务利润(万元)	230.52	168.99	22.01	60.17
营业利润(万元)	2045.42	1844.95	7005.04	2417.69
投资收益(万元)	-4.53	-4.53	-2521.89	-814.80
补贴收入(万元)	689.67			1108.44
营业外收支(万元)	-26.06		-47.15	-17.09
利润总额(万元)	2674.50	1819.44	4436.00	2694.24
净利润(万元)	2191.83	1562.43	2019.33	1781.78

十大股东

序号	股东名称	股份性质	持股数(万股)	比例(%)
1	河北沧州大化集团有限责任公司	国家股	17724.16	68.35
2	北京证券有限责任公司	社会公众股	751.28	2.90
3	河北省经济贸易投资有限责任公司	国家股	79.00	0.30
4	河北沧州塑料集团股份有限公司	法人股	32.50	0.13
5	河北三威贸易有限责任公司	法人股	32.50	0.13
6	中国农业生产资料天津公司	法人股	32.50	0.13
7	中国化学工程第十三建设公司	法人股	32.50	0.13
8	王万青	社会公众股	2.60	0.10
9	陈德芬	社会公众股	21.41	0.08
10	路芳萍	社会公众股	15.69	0.06

股东人数	2003.9	2003.6	2002	2001
	38094	38990	39630	44018

近年分配	2002年 每 10 股派 0.50 元 2001 年 每 10 股派 0.50 元	近年配股 / 增发	不分配不转增 Θ

重大事项

因中国工商银行沧州市河西支行诉河北沧州塑料集团股份有限公司借款,公司大股东河北沧州大化集团有限责任公司担保未续一案,河北省高级人民法院冻结集团公司持有公司 **1603** 万股国家股和沧塑集团持有公司 **325000** 股的法人股,冻结期限一年,至 **2003** 年 **9** 月 **23** 日已经到期。因该合同纠纷仍未调解完毕,根据 **2003** 年 **9** 月 **23** 日河北省高级人民法院发给中国证券登记结算有限责任公司协助执行通知书,继续冻结集团公司国家股 **1603** 万股,沧塑集团法人股 **325000** 股,续冻期限为半年,即从 **2003** 年 **9** 月 **23** 日至 **2004** 年 **3** 月 **22** 日。

二〇〇二年以来市场表现

2002年涨跌幅(%)	-26.24
2002年最高(元)	11.10
2002年最低(元)	5.41
2002年换手率(%)	201.95
2003年涨跌幅(%)	-9.38
2003年最高(元)	8.45
2003年最低(元)	5.58
2003年换手率(%)	86.91

凌源钢铁股份有限公司

公司概况

公司名称	凌源钢铁股份有限公司			股票代码	600231	
注册地址	辽宁省凌源市钢铁路 3 号			邮政编码	122500	
法人代表	高益荣		董秘	何东生		
电话	0421-6834429		传真	0421-6830436		
主营业务	黑色金属冶炼及压延加工					
总股本	52390.00	流通 A	21378.50	流通 B		流通 H
审计单位			审计意见	未审计		

主要财务指标

年度	2003.9	2003.6	2002	2001
每股收益 / 扣除后(元)	0.6200	0.3880	0.4660	0.4120
每股经营现金流量(元)	0.4500	0.3100	0.4900	0.5470
每股净资产 / 调整后(元)	3.2890	3.0480	3.4890	4.0970
每股公积金(元)	0.8336	0.8336	1.0000	2.0988
净资产收益率(%)	18.0040	11.5100	14.4100	12.8800
总资产(万元)	251422.81	225454.84	225705.80	178487.69
股东权益(万元)	172368.52	159720.81	141334.94	127014.21
未分配利润(万元)	59151.65	46503.95	28118.08	16849.69
主营收入(万元)	262378.16	171713.91	247509.42	185868.12
资本公积金(万元)	43669.85	43669.85	55759.85	65062.81
主营利润(万元)	54950.82	35980.72	39569.91	24358.75
其他业务利润(万元)	864.67	782.49	438.09	294.25
营业利润(万元)	46207.51	30741.27	26156.75	16612.50
投资收益(万元)	50.56		130.85	
补贴收入(万元)				
营业外收支(万元)	-4930.87	2188.17	-656.63	-117.99
利润总额(万元)	41327.20	27475.35	25630.96	16494.51
净利润(万元)	31033.57	18385.87	20368.69	16363.03

十大股东

序号	股东名称	股份性质	持股数(万股)	比例(%)
1	凌源钢铁集团有限责任公司	国家股	30166.50	57.58
2	久嘉证券投资基金	流通股	245.20	0.47
3	景阳证券投资基金	流通股	162.49	0.31
4	广东省梅县蛋鸡场	流通股	152.80	0.29
5	昆明云内动力股份有限公司	流通股	105.00	0.20
6	阿克苏地区民用爆破器材专卖有限公司	流通股	84.50	0.16
7	朝阳市第一建筑工程公司	流通股	84.50	0.16
8	凌源市万元店铁矿	流通股	84.50	0.16
9	凌钢集团汽车运输有限责任公司	流通股	67.60	0.13
10	凌钢集团生活服务有限责任公司	流通股	67.60	0.13

股东人数	2003.9	2003.6	2002	2001
	75914	73963	69947	68613

近年分配	2002年 每 10 股派 1.50 元 2001 年 每 10 股派 1.50 元	近年配股 / 增发	不分配不转增

重大事项

公司 2003 年 02 月 27 日与凌源钢铁集团公司签订了 2003 年度《综合服务协议附件》。交易标的：双方持续生产经营所必需的某些产品、原燃材料、能源动力、备品备件、火车运输等服务。预计 2003 年度凌钢集团公司向公司提供产品和服务的交易金额为 14.65 亿元；预计 2003 年度公司向凌钢集团公司提供产品和服务的交易金额为 1.73 亿元。协议的有效期限一年，即自 2003 年 1 月 1 日起至 2003 年 12 月 31 日止。

二〇〇二年以来市场表现

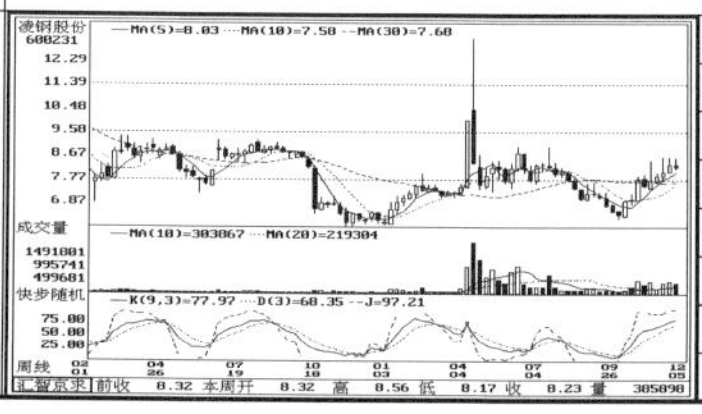

2002年涨跌幅(%)	-7.27
2002年最高(元)	5.36
2002年最低(元)	3.81
2002年换手率(%)	78.53
2003年涨跌幅(%)	76.27
2003年最高(元)	10.25
2003年最低(元)	4.50
2003年换手率(%)	722.35

浙江金鹰股份有限公司

公司概况

公司名称	浙江金鹰股份有限公司			股票代码	600232	
注册地址	浙江省舟山市定海区小沙镇			邮政编码	316051	
法人代表	傅国定		董秘	焦康涛		
电话	0580-8021228		传真	0280-8020228		
主营业务	机械、纺织					
总股本	21885.19	流通 A	5850.00	流通 B		流通 H
审计单位			审计意见	未审计		

主要财务指标

年度	2003.9	2003.6	2002	2001
每股收益 / 扣除后(元)	0.3100	0.1600	0.2880	0.2200
每股经营现金流量(元)	0.4800	0.1210	0.2210	0.5740
每股净资产 / 调整后(元)	2.4580	2.3100	2.1460	2.0100
每股公积金(元)	0.6517	0.6517	0.6517	0.6517
净资产收益率(%)	12.5310	6.8600	13.5800	12.5000
总资产(万元)	101067.45	91835.40	84992.18	82758.98
股东权益(万元)	54529.52	51209.82	47696.53	44004.50
未分配利润(万元)	13993.10	10673.41	7160.11	4397.12
主营收入(万元)	71439.82	40976.73	71405.08	62981.69
资本公积金(万元)	14263.09	14263.09	14263.09	14263.09
主营利润(万元)	13903.10	7799.27	14206.51	8947.80
其他业务利润(万元)	261.65	173.00	198.50	185.73
营业利润(万元)	10083.63	5386.74	9216.69	5892.61
投资收益(万元)	0.92	0.61	82.63	-1.05
补贴收入(万元)	5.00		556.49	1067.63
营业外收支(万元)	-103.34		528.59	-145.23
利润总额(万元)	9986.20	5342.44	9327.21	6813.97
净利润(万元)	6832.99	3513.29	6475.62	5501.40

十大股东

序号	股东名称	股份性质	持股数(万股)	比例(%)
1	浙江金鹰集团有限公司	法人股	14840.49	67.81
2	定海小沙实业总公司	法人股	910.00	4.16
3	舟山制衣有限公司	法人股	198.25	0.91
4	贵州长征电器股份有限公司	法人股	114.88	0.52
5	浙江定海绢纺练绸厂	法人股	86.45	0.40
6	李霞云	流通股	84.00	0.38
7	杭淑美	流通股	80.00	0.37
8	毛莉琴	流通股	75.00	0.34
9	王桂杰	流通股	36.00	0.16
10	蔡勇全	流通股	33.00	0.15

股东人数	2003.9	2003.6	2002	2001
	10148	9946	11792	12002

近年分配	2002年 每 10 股派 1.00 元 2001 年 每 10 股派 1.00 元	近年配股 / 增发	不分配不转增

重大事项

公司与浙江金鹰集团公司拟投资组建浙江金鹰伊犁亚麻纺织有限公司，该公司注册资金为 1500 万元，其中公司用现金出资 780 万元，占 52%。以上共同投资行为构成关联交易。

二〇〇二年以来市场表现

2002年涨跌幅(%)	-28.17
2002年最高(元)	13.38
2002年最低(元)	8.01
2002年换手率(%)	153.41
2003年涨跌幅(%)	-13.33
2003年最高(元)	11.65
2003年最低(元)	7.59
2003年换手率(%)	102.53

大连大杨创世股份有限公司

公司概况

公司名称	大连大杨创世股份有限公司		股票代码	600233		
注册地址	大连市杨树房经济开发小区		邮政编码	116215		
法人代表	石祥麟		董秘	胡东梅		
电话	0411-7610778		传真	0411-7651768		
主营业务	服装加工					
总股本	16500.00	流通 A	7500.00	流通 B		流通 H
审计单位			审计意见	未审计		

主要财务指标

年度	2003.9	2003.6	2002	2001
每股收益/扣除后(元)	0.0800	0.0500	0.1500	0.1930
每股经营现金流量(元)	0.1530	0.0650	0.3300	-0.1100
每股净资产/调整后(元)	2.6800	2.6200	2.5700	3.8000
每股公积金(元)	1.1276	1.1276	1.1276	2.1875
净资产收益率(%)	3.3700	1.8800	6.3500	7.3100
总资产(万元)	55757.41	55828.26	5662.49	55091.86
股东权益(万元)	44413.69	43790.36	42965.83	41846.52
未分配利润(万元)	3116.34	2756.48	1931.95	1430.16
主营收入(万元)	23988.73	13542.32	35496.02	29748.16
资本公积金(万元)	18605.40	18605.40	18605.40	24062.37
主营利润(万元)	3883.62	2097.07	6979.81	4939.14
其他业务利润(万元)	79.77	53.17	258.38	215.41
营业利润(万元)	2008.56	899.43	3933.68	3095.23
投资收益(万元)	-218.29	-173.56	-511.82	983.62
补贴收入(万元)	608.93	8.93	930.94	630.31
营业外收支(万元)	3.68	-1.05	23.73	4.31
利润总额(万元)	2402.88	1333.75	4376.53	4713.46
净利润(万元)	1447.86	824.53	2726.28	3059.89

十大股东

序号	股东名称	股份性质	持股数(万股)	比例(%)
1	大杨集团有限责任公司	法人股	9000.00	54.54
2	基金金鑫	流通股	31.37	0.19
3	王翠玉	流通股	25.43	0.15
4	董仲喜	流通股	21.40	0.13
5	陈长盛	流通股	19.94	0.12
6	白云冬	流通股	19.65	0.12
7	卢其美	流通股	18.16	0.11
8	何文秀	流通股	17.97	0.11
9	于艳	流通股	17.88	0.11
10	孙化中	流通股	17.66	0.11

股东人数	2003.9	2003.6	2002	2001
	28618	28873	28239	29711

近年分配	2002年 每10股派1.00元 2001年 每10股派1.00元	近年配股/增发	不分配不转增

重大事项

公司决定出资**200**万元，受让大杨集团有限责任公司持有的大连大杨创世进出口有限公司**20%**的股份。股份转让后，大连大杨创世进出口有限公司注册资本**1000**万元，其中大杨集团有限责任公司出资**400**万元，占注册资本**40%**，公司**600**万元，占注册资本**60%**。　大连华孚进出口公司将所持有的大连经济技术开发区兴华服装有限公司**10.55%**的股权全部转让给本公司，本公司持有该公司的股权由原来的**64.45%**增加到**75%**。

二〇〇二年以来市场表现

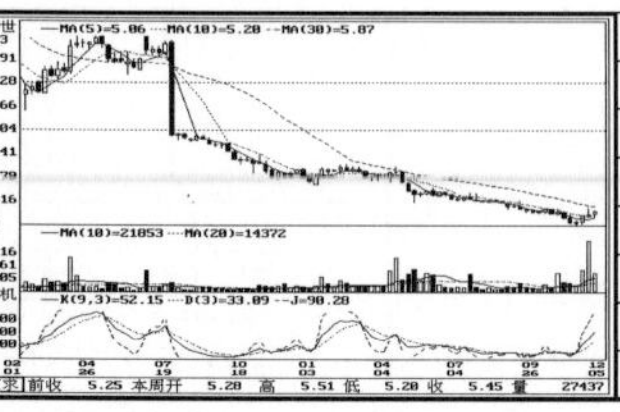

2002年涨跌幅(%)	-29.24
2002年最高(元)	11.52
2002年最低(元)	7.50
2002年换手率(%)	59.78
2003年涨跌幅(%)	-30.46
2003年最高(元)	8.54
2003年最低(元)	4.54
2003年换手率(%)	91.39

太原天龙集团股份有限公司

公司概况

公司名称	太原天龙集团股份有限公司		股票代码	600234		
注册地址	太原市迎泽大街291号		邮政编码	030001		
法人代表	田家俊		董秘	白耀宏		
电话	0351-4040922		传真	0351-4810073		
主营业务	商品批发零售、酒店					
总股本	9386.00	流通 A	4300.00	流通 B		流通 H
审计单位			审计意见	未审计		

主要财务指标

年度	2003.9	2003.6	2002	2001
每股收益/扣除后(元)	-0.2300	-0.1700	-0.7100	-0.7600
每股经营现金流量(元)	-0.1500	0.1300	-0.3300	-0.0600
每股净资产/调整后(元)	1.0200	1.0800	0.7200	2.3500
每股公积金(元)	1.4746	2.4746	1.9310	1.9310
净资产收益率(%)	-20.3900	-14.7800	-177.2900	-31.0500
总资产(万元)	55348.21	47645.66	58372.56	67935.92
股东权益(万元)	10867.40	11364.85	7941.73	22021.87
未分配利润(万元)	-230838.94	-22509.70	-20830.05	-6749.90
主营收入(万元)	26430.56	11110.88	13985.41	13963.88
资本公积金(万元)	23226.77	23226.77	18123.99	18123.99
主营利润(万元)	4261.44	2376.07	-2142.07	4193.00
其他业务利润(万元)	226.91	135.56	146.69	276.20
营业利润(万元)	-2160.04	-1610.99	-12508.12	-7165.58
投资收益(万元)	-46.66	-46.66	-1468.24	217.84
补贴收入(万元)				
营业外收支(万元)	7.26		-103.78	109.43
利润总额(万元)	-2199.45	-1660.45	-14080.14	-6838.31
净利润(万元)	-2208.89	-1679.65	-14080.14	-6838.31

十大股东

序号	股东名称	股份性质	持股数(万股)	比例(%)
1	东莞市金正数码科技有限公司	国有股	2721.94	29.00
2	山西天龙山古文化发展有限公司	法人股	1627.43	17.34
3	太原市财政局	国有股	664.06	7.08
4	中国五矿贵稀矿产品进出口公司	法人股	30.00	0.32
5	林加旺	法人股	19.91	0.21
6	王宏涛	法人股	18.07	0.19
7	张铁军	法人股	16.00	0.17
8	赵玉梅	法人股	11.00	0.12
9	张建瑞	法人股	10.72	0.11
10	贾玉卿	法人股	9.78	0.10

股东人数	2003.9	2003.6	2002	2001
	25827	26868	28526	29446

近年分配		近年配股/增发	不分配不转增

重大事项

公司的第一大股东东莞市金正数码科技有限公司与太原市财政局于**2003**年**11**月**11**日在中国证券登记结算有限责任公司上海分公司办理完成了**27219400**股股权过户登记手续。过户完成后，东莞市金正数码科技有限公司持有公司**27219400**股，占总股本的**29%**，成为公司第一大股东；太原市财政局持有**6640600**股，占总股本的**7.08%**，股份性质为国家股。

二〇〇二年以来市场表现

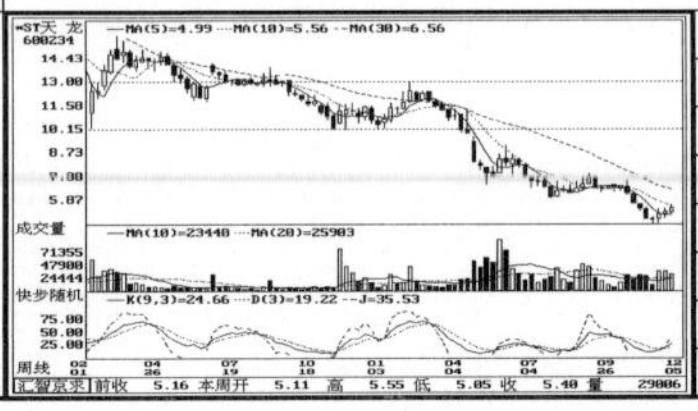

2002年涨跌幅(%)	-34.74
2002年最高(元)	16.01
2002年最低(元)	9.88
2002年换手率(%)	179.05
2003年涨跌幅(%)	-50.14
2003年最高(元)	12.98
2003年最低(元)	4.45
2003年换手率(%)	291.90

民丰特种纸股份有限公司

公司概况

公司名称	民丰特种纸股份有限公司			股票代码	600235		
注册地址	浙江省嘉兴市用里街 70 号			邮政编码	314000		
法人代表	吕士林			董秘	郑健		
电话	0573-2812992			传真	0573-2812992		
主营业务	卷烟纸、工业配套纸等						
总股本	26340.00	流通 A	8840.00	流通 B		流通 H	
审计单位				审计意见	未审计		

主要财务指标

年度	2003.9	2003.6	2002	2001
每股收益 / 扣除后(元)	0.1400	0.1040	0.2570	0.2396
每股经营现金流量(元)	0.2000	0.1320	0.4119	0.4942
每股净资产 / 调整后(元)	3.1418	2.3354	3.1077	3.0889
每股公积金(元)	1.8581	1.0822	1.9151	1.9151
净资产收益率(%)	4.7300	4.7600	8.4700	8.2160
总资产(万元)	182867.23	164410.08	148422.09	114503.19
股东权益(万元)	83199.70	58354.06	55576.25	54675.64
未分配利润(万元)	5205.05	4045.16	1267.35	1059.46
主营收入(万元)	33830.14	22077.45	38801.42	31626.43
资本公积金(万元)	48943.36	26817.60	33897.60	33897.60
主营利润(万元)	10973.86	7323.71	12868.06	8519.80
其他业务利润(万元)	444.37	310.38	498.27	373.03
营业利润(万元)	4932.75	3510.76	5224.42	3606.38
投资收益(万元)	752.17	520.46	1319.02	1481.85
补贴收入(万元)				
营业外收支(万元)	-175.28	6.62	-106.29	-172.34
利润总额(万元)	5509.64	3918.37	6437.15	4915.99
净利润(万元)	3937.69	2777.80	4707.49	4492.43

十大股东

序号	股东名称	股份性质	持股数(万股)	比例(%)
1	民丰集团公司	国有法人股	17346.00	65.85
2	金通证券股份有限公司	流通股	601.87	2.29
3	宁波凯建投资管理有限公司	流通股	184.42	0.70
4	中信信托投资有限责任公司	流通股	125.93	0.48
5	五矿集团财务有限责任公司	流通股	118.22	0.45
6	国航集团财务有限责任公司	流通股	94.57	0.36
7	浙江中百股份有限公司	发起人法人股	91.00	0.35
8	中国家用电器进出口公司	流通股	88.66	0.34
9	张玉田	流通股	55.70	0.21
10	湖南株洲开元房地产开发有限责任公司	流通股	52.96	0.20

股东人数	2003.9	2003.6	2002	2001
	5969	5265	3856	14882

近年分配	近年配股 / 增发
2002年 每 10 股派 2.10 元 2001 年 每 10 股派 2.00 元	不分配不转增

重大事项

公司为中宝科控投资股份有限公司近期发生的人民币贷款两笔共 **2000** 万元提供担保,中宝科控投资股份有限公司分别向中国农业银行嘉兴市秀城支行和上海浦东发展银行嘉兴支行借款人民币 **1500** 万元和人民币 **500** 万元,借款期限分别为 **2003** 年 **8** 月 **20** 日至 **2004** 年 **2** 月 **19** 日和 **2003** 年 **8** 月 **19** 日至 **2004** 年 **1** 月 **20** 日。至此,公司为中宝科控投资股份有限公司提供贷款担保的金额为 **10140** 万元。

二〇〇二年以来市场表现

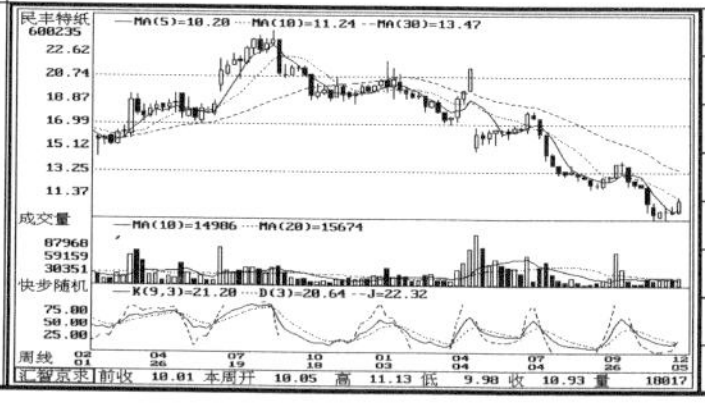

2002年涨跌幅(%)	29.73
2002年最高(元)	17.34
2002年最低(元)	9.92
2002年换手率(%)	138.13
2003年涨跌幅(%)	-35.38
2003年最高(元)	18.04
2003年最低(元)	9.50
2003年换手率(%)	146.77

广西桂冠电力股份有限公司

公司概况

公司名称	广西桂冠电力股份有限公司			股票代码	600236		
注册地址	广西南宁市民主路北四里 6 号			邮政编码	530023		
法人代表	杨庆			董秘	张云		
电话	0771-5636271			传真	0771-5620664		
主营业务	水电站、火电厂及各种类型的电厂						
总股本	67536.30	流通 A	14333.33	流通 B		流通 H	
审计单位				审计意见	未审计		

主要财务指标

年度	2003.9	2003.6	2002	2001
每股收益 / 扣除后(元)	0.3450	0.1900	0.3730	0.3720
每股经营现金流量(元)	0.4100	0.1770	0.5900	0.6800
每股净资产 / 调整后(元)	4.2000	4.0400	3.8600	3.7000
每股公积金(元)	2.2894	2.2894	2.2876	2.2807
净资产收益率(%)	8.1500	4.6400	9.8800	10.0400
总资产(万元)	597644.94	464432.00	385930.62	308980.37
股东权益(万元)	284708.78	274269.62	261874.69	250147.78
未分配利润(万元)	41327.96	30866.28	18127.60	10370.72
主营收入(万元)	51814.18	30323.09	63476.18	63964.84
资本公积金(万元)	154616.39	154616.39	154493.37	154030.77
主营利润(万元)	30375.09	17488.78	35427.71	34461.66
其他业务利润(万元)	0.60	0.60	2.00	4.02
营业利润(万元)	26508.47	14741.12	30833.68	29792.09
投资收益(万元)	727.40	216.87	45.27	331.42
补贴收入(万元)				
营业外收支(万元)	-87.73		-258.17	-258.17
利润总额(万元)	27148.14	14863.89	30620.78	29765.20
净利润(万元)	23200.36	12738.68	25871.66	25113.99

十大股东

序号	股东名称	股份性质	持股数(万股)	比例(%)
1	广西电力有限公司	国有法人股	36253.73	53.68
2	广西投资(集团)有限公司	国家股	13126.57	19.44
3	黑龙江省华富电力投资有限公司	流通股	580.00	0.86
4	江苏省江海粮油贸易有限公司	流通股	443.00	0.66
5	安顺证券投资基金	流通股	400.00	0.59
6	广西壮族自治区水电工程局	募集法人股	384.66	0.57
7	黑龙江省华富发电有限公司	流通股	328.00	0.49
8	广西送变电建设公司	募集法人股	280.10	0.41
9	广西力元建设监理有限责任公司	募集法人股	276.67	0.41
10	景宏证券投资基金	流通股	243.60	0.36

股东人数	2003.9	2003.6	2002	2001
	72654	72433	78710	85204

近年分配	近年配股 / 增发
2002年 每 10 股派 2.10 元 2001 年 每 10 股派 1.70 元	不分配不转增

重大事项

因中国信达资产管理公司诉公司第二大股东广西投资(集团)有限公司借款合同一案,北京市高级人民法院做出裁定,将广西投资(集团)有限公司持有的公司国家股 **65761969** 股予以冻结,期限自 **2003** 年 **8** 月 **5** 日至 **2004** 年 **8** 月 **5** 日。 公司的控股子公司广西平班水电开发有限公司于 **2003** 年 **4** 月 **19** 日召开股东会,同意贵州省基本建设投资公司将其所持 **27%** 的出资额转让给贵州黔西南州工业投资有限责任公司,广东能发集团有限公司将其所持 **28%** 的出资额转让给深圳市南能投资发展有限公司。公司所持 **35%** 股份及广西隆林县电业公司所持 **10%** 股份不变。

二〇〇二年以来市场表现

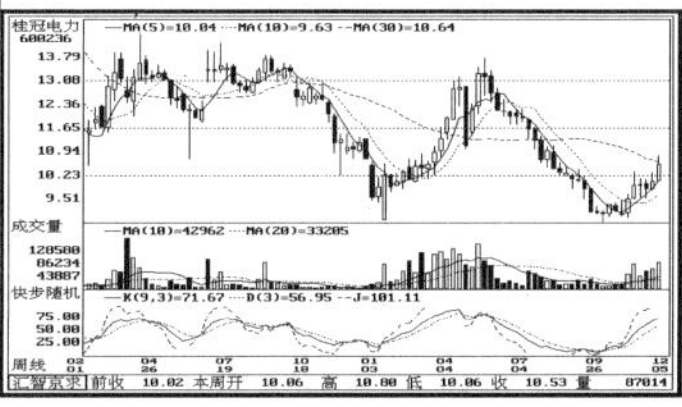

2002年涨跌幅(%)	-16.02
2002年最高(元)	14.16
2002年最低(元)	9.83
2002年换手率(%)	88.20
2003年涨跌幅(%)	-1.47
2003年最高(元)	13.57
2003年最低(元)	8.70
2003年换手率(%)	166.23

安徽铜峰电子股份有限公司

公司概况

公司名称	安徽铜峰电子股份有限公司	股票代码	600237
注册地址	安徽省铜陵市石城路168号	邮政编码	244000
法人代表	陈升斌	董秘	周小平
电话	0562-2819178	传真	0562-2809105
主营业务	光膜、金属化膜		
总股本	20000.00	流通A	8000.00
流通B		流通H	
审计单位		审计意见	未审计

主要财务指标

年度	2003.9	2003.6	2002	2001
每股收益/扣除后(元)	0.1500	0.1000	0.2600	0.2700
每股经营现金流量(元)	0.2700	0.1200	0.7400	0.5700
每股净资产/调整后(元)	2.4800	2.4400	4.6200	4.5400
每股公积金(元)	0.8565	0.8565	2.5131	2.5131
净资产收益率(%)	7.8700	6.0100	6.4800	8.8700
总资产(万元)	78117.96	82710.64	70243.45	65956.23
股东权益(万元)	51502.17	50482.54	47448.72	45375.01
未分配利润(万元)	9451.49	8431.86	7871.88	6110.51
主营收入(万元)	22154.54	15312.01	23644.46	21492.70
资本公积金(万元)	17130.60	17130.60	25130.60	25130.60
主营利润(万元)	7455.85	5155.03	7307.29	6691.87
其他业务利润(万元)	180.43	45.15	102.61	132.73
营业利润(万元)	4444.98	2970.02	3597.45	3354.83
投资收益(万元)	30.35	30.35	159.93	1491.19
补贴收入(万元)	1142.00	1142.00	439.00	139.80
营业外收支(万元)	18.67		88.77	-63.75
利润总额(万元)	5636.00	4138.00	4285.16	4922.07
净利润(万元)	4053.45	3033.82	3073.71	4025.72

十大股东

序号	股东名称	股份性质	持股数(万股)	比例(%)
1	安徽铜峰电子(集团)公司	国有法人股	6219.60	31.10
2	上海泓源聚实业有限公司	社会法人股	3000.00	15.00
3	铜陵市国有资产运营中心	国家股	1440.00	7.20
4	中国新时代控股(集团)公司	国有法人股	1200.00	6.00
5	汉唐证券有限责任公司	流通股	318.77	1.60
6	铜陵市天时投资有限责任公司	国有法人股	99.60	0.50
7	安徽省铜陵市电子物资器材公	国有法人股	40.80	0.20
8	卢春祥	流通股	34.80	0.17
9	李润发	流通股	30.07	0.15
10	罗玉光	流通股	29.99	0.15

股东人数	2003.9	2003.6	2002	2001
	23953	25011	23152	30060

近年分配	2002年 每10股派1.00元 2001年 每10股派1.00元	近年配股/增发	2002年 10股送2股

重大事项

2003年9月10日，铜陵市国有资产运营中心因借款合同纠纷，其持有的公司1440万国家股股份被予以冻结。2003年9月27日，铜陵市鑫桥拍卖有限责任公司受铜陵市中级人民法院委托，对该冻结股份进行了拍卖，铜陵市天时投资有限责任公司以总额3420万元价格拍卖成交。天时公司及铜陵国资在拍卖成交后，于2003年10月8日共同到上海证券交易所、中国证券登记结算有限责任公司上海分公司办理了拍卖标的的转让过户登记手续。本次竞买过户完成后，天时公司将持有公司7.7%的股份，为公司第三大股东。

二〇〇二年以来市场表现

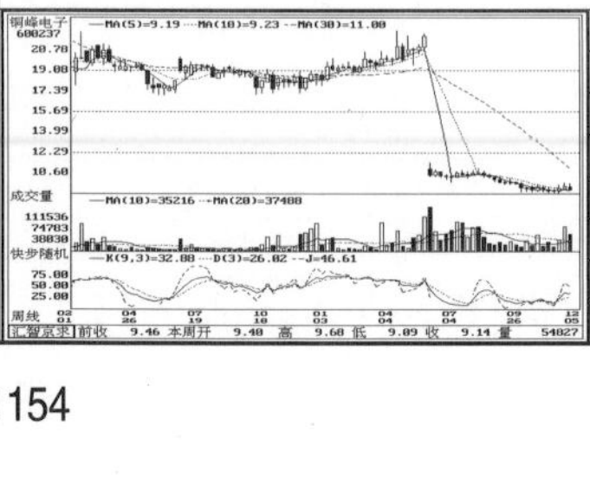

2002年涨跌幅(%)	-11.56
2002年最高(元)	11.05
2002年最低(元)	7.92
2002年换手率(%)	128.51
2003年涨跌幅(%)	3.05
2003年最高(元)	11.42
2003年最低(元)	8.85
2003年换手率(%)	232.55

海南椰岛股份有限公司

公司概况

公司名称	海南椰岛股份有限公司	股票代码	600238
注册地址	海南省海口市龙华路43号	邮政编码	570125
法人代表	张春昌	董秘	王光新
电话	0898-68520135	传真	0898-68520851
主营业务	酒类、饮料、保健品、贸易		
总股本	16600.00	流通A	7400.00
流通B		流通H	
审计单位		审计意见	未审计

主要财务指标

年度	2003.9	2003.6	2002	2001
每股收益/扣除后(元)	0.1900	0.1110	0.2850	0.2900
每股经营现金流量(元)	-1.0200	-0.6600	0.3640	0.3500
每股净资产/调整后(元)	2.8430	2.7800	2.6880	2.5500
每股公积金(元)	0.9658	0.9658	0.9658	0.9601
净资产收益率(%)	6.4600	3.9200	9.9200	10.4500
总资产(万元)	124034.54	105067.56	98997.07	70760.76
股东权益(万元)	47637.32	46465.00	44660.61	41307.23
未分配利润(万元)	10854.52	9598.60	7814.45	5261.98
主营收入(万元)	64734.52	31901.15	56281.48	41863.28
资本公积金(万元)	16031.96	16031.96	16031.96	15937.43
主营利润(万元)	14726.58	9235.96	24554.02	25344.10
其他业务利润(万元)	52.02	25.13	8.73	2.02
营业利润(万元)	3803.55	2077.79	5340.96	2217.64
投资收益(万元)	17.34	17.34	-272.83	-22.37
补贴收入(万元)	356.21	349.74	1162.23	2949.87
营业外收支(万元)	-43.57		-919.08	-295.64
利润总额(万元)	4133.53	2431.37	5311.28	4849.49
净利润(万元)	3077.68	1821.76	4428.15	4419.11

十大股东

序号	股东名称	股份性质	持股数(万股)	比例(%)
1	海口市国有资产经营有限公司	国有股	4639.00	27.95
2	贵阳神采广告有限公司	法人股	760.00	4.58
3	上海新理益投资管理有限公司	法人股	674.46	4.06
4	海南琪琳包装有限公司	法人股	587.99	3.54
5	海南金椰城工艺陶瓷有限公司	法人股	300.00	1.81
6	海口市社会保障局	法人股	180.00	1.08
7	上海新音计算机科技有限公司	流通股	155.34	0.94
8	上海丰德发展企业有限公司	法人股	154.38	0.93
9	深圳市慧能(集团)有限公司	法人股	150.00	0.90
10	中国科技国际信托投资有限责任公司	法人股	145.00	0.87

股东人数	2003.9	2003.6	2002	2001
	29214	29883	29831	31161

近年分配	2002年 每10股派0.60元 2001年 每10股派0.60元	近年配股/增发	不分配不转增

重大事项

在国泰君安证券股份有限公司上海浦东南路证券营业部(丙方)监管下由上海椰岛贸易有限公司分公司(甲方)委托上海中安投资管理顾问有限公司(乙方)进行资产管理。委托有效期为2001年5月1日至2002年4月30日。乙方约定固定回报为按甲方所委托资金的实际运作时间和以年回报20%计算的结果数。截止2002年3月8日，所购股票市值2458万元，资金余额801万元。按合同规定，合同期满后，乙方应将甲方本金及收益如数划给甲方，对此丙方负有连带赔偿责任。公司对中安投资管理公司委托理财3000万元的事项已提交董事会审议通过。

二〇〇二年以来市场表现

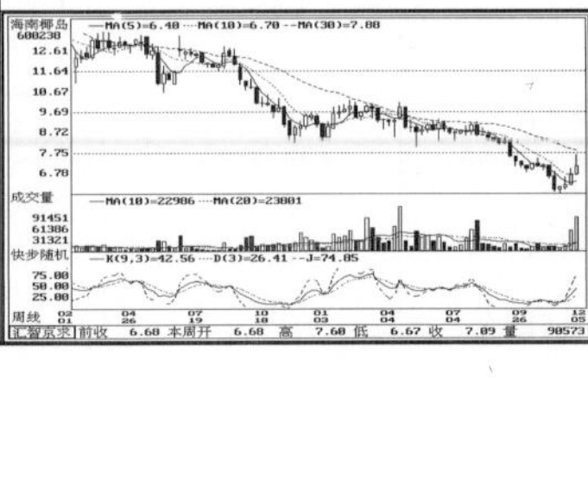

2002年涨跌幅(%)	-37.68
2002年最高(元)	13.86
2002年最低(元)	8.15
2002年换手率(%)	101.57
2003年涨跌幅(%)	-22.77
2003年最高(元)	10.16
2003年最低(元)	5.81
2003年换手率(%)	186.38

云南红河光明股份有限公司

公司概况

公司名称	云南红河光明股份有限公司			股票代码	600239		
注册地址	云南省开远市市西南路 120 号			邮政编码	661600		
法人代表	赵超			董秘	徐晖		
电话	0873-7123420			传真	0873-7122528		
主营业务	啤酒制造						
总股本	17733.82	流通 A	9453.02	流通 B		流通 H	
审计单位				审计意见	未审计		

主要财务指标

年度	2003.9	2003.6	2002	2001
每股收益/扣除后(元)	0.0044	0.0080	0.0500	0.2100
每股经营现金流量(元)	-0.0300	-0.0350	0.1000	0.1300
每股净资产/调整后(元)	1.9400	1.9400	1.9300	3.3700
每股公积金(元)	0.7169	0.0614	0.0515	0.0054
净资产收益率(%)	0.3480	0.5100	3.1400	6.1000
总资产(万元)	36333.86	36164.65	35422.17	37127.21
股东权益(万元)	34361.58	34416.56	34242.00	33166.50
未分配利润(万元)	1033.18	1088.16	913.61	53.21
主营收入(万元)	4178.05	2783.23	6304.66	6941.19
资本公积金(万元)	12714.07	12714.07	12714.07	20595.76
主营利润(万元)	1229.80	839.80	2562.22	3232.79
其他业务利润(万元)	16.49	29.00	13.55	42.46
营业利润(万元)	126.39	217.58	1631.48	2180.15
投资收益(万元)				
补贴收入(万元)				
营业外收支(万元)	59.84		80.82	76.27
利润总额(万元)	186.22	258.09	1712.30	2453.50
净利润(万元)	119.57	174.55	1075.50	2020.26

十大股东

序号	股东名称	股份性质	持股数(万股)	比例(%)
1	开远市国有资产管理局	国家股	3211.49	18.10
2	驻昆解放军化肥厂	社会法人股	2462.40	13.80
3	北京步长创业投资有限公司	社会法人股	1696.14	9.56
4	华鑫证券有限公司	流通股	735.58	4.14
5	云南省小龙潭矿务局	社会法人股	583.20	3.28
6	开远市市乡企业开发公司	国有法人股	194.40	1.09
7	广东证券有限公司	社会法人股	134.49	0.75
8	云南恒虹经贸有限公司	社会法人股	107.25	0.60
9	杜才信	流通股	18.13	0.27
10	徐天文	流通股	11.63	0.25

股东人数

2003.9	2003.6	2002	2001
16958	18415	21240	3412

近年分配	近年配股/增发
2001年 每10股派0.25元	2001年 每10股配售1.66667股

重大事项

2003 年 5 月 27 日,公司第一大股东开远市国有资产管理局和第五大股东开远市市乡企业开发公司将于 2003 年 5 月 28 日分别将其持有的公司国家股股份 3211.488 万股、国有法人股股份 194.4 万股转让给步长公司。股权转让后,步长公司持有公司 3405.888 万股法人股,占公司总股本的 19.2%,将成为公司第一大股东,国资局和市乡公司不再持有公司的股份。 2003 年 05 月 16 日,公司第三大股东开远市建筑安装经营公司将其持有的公司非国有法人股 1696.1368 万股转让给北京步长创业投资有限公司,转让价格为每股人民币 2.1 元。股权转让后,北京步长创业投资有限公司持有公司 1696.1368 万股法人股,占公司总股本的 9.56%,建安公司不再持有公司的股份。

二〇〇二年以来市场表现

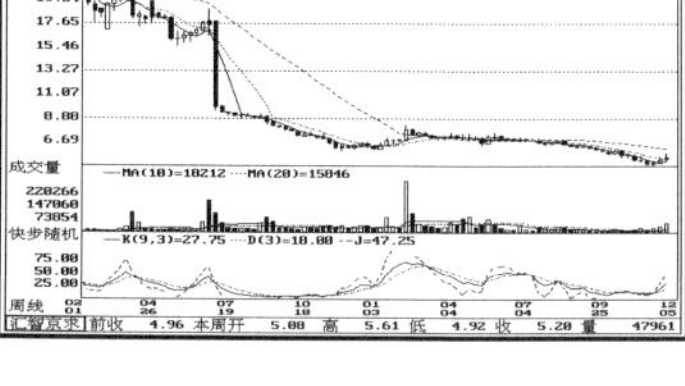

2002年涨跌幅(%)	-51.03
2002年最高(元)	12.71
2002年最低(元)	5.81
2002年换手率(%)	142.99
2003年涨跌幅(%)	-19.48
2003年最高(元)	8.22
2003年最低(元)	4.50
2003年换手率(%)	165.54

内蒙古仕奇实业股份有限公司

公司概况

公司名称	内蒙古仕奇实业股份有限公司			股票代码	600240		
注册地址	呼和浩特市诺和木勒大街 54 号			邮政编码	010020		
法人代表	于志辉			董秘	隋学军		
电话	0471-5920636			传真	0471-5920304		
主营业务	西服、面料						
总股本	17500.00	流通 A	7500.00	流通 B		流通 H	
审计单位				审计意见	未审计		

主要财务指标

年度	2003.9	2003.6	2002	2001
每股收益/扣除后(元)	-0.1000	-0.0600	-0.3000	-0.0100
每股经营现金流量(元)	-0.7830	-0.0080	0.5800	-1.0000
每股净资产/调整后(元)	3.7500	3.7800	3.8400	4.1500
每股公积金(元)	3.0740	3.0740	3.0740	3.0740
净资产收益率(%)	-2.3700	-1.3900	-8.0100	0.7600
总资产(万元)	74475.97	75015.28	75510.22	84423.79
股东权益(万元)	65540.00	66192.70	67163.72	72567.59
未分配利润(万元)	-6922.99	-6274.19	-5351.40	55.51
主营收入(万元)	2138.32	1680.57	5652.67	8835.56
资本公积金(万元)	53794.57	53794.57	53794.57	53784.06
主营利润(万元)	-256.22	0.77	712.00	3337.67
其他业务利润(万元)	14.96	14.96	23.07	50.35
营业利润(万元)	-1787.51	-1083.16	-5292.73	762.17
投资收益(万元)				-405.92
补贴收入(万元)				500.00
营业外收支(万元)	157.66		-78.48	238.67
利润总额(万元)	-1629.86	-977.16	-5371.21	1094.91
净利润(万元)	-1571.60	-922.79	-5377.02	548.44

十大股东

序号	股东名称	股份性质	持股数(万股)	比例(%)
1	深圳市华业发展有限公司	法人股	5075.00	29.00
2	内蒙古仕奇集团有限责任公司	法人股	4771.21	27.26
3	华宝信托	流通股	60.00	0.34
4	燕飞	流通股	48.66	0.28
5	王闽红	流通股	47.83	0.27
6	第一针织	法人股	38.45	0.22
7	包头信托	法人股	38.45	0.22
8	纺建公司	法人股	38.45	0.22
9	塞北星	法人股	38.45	0.22
10	天津国际	流通股	37.79	0.22

股东人数

2003.9	2003.6	2002	2001
45524	46028	51156	56287

近年分配	近年配股/增发
	不分配不转增

重大事项

公司第一大股东内蒙古仕奇集团有限责任公司与深圳市华业发展有限公司于 2003 年 10 月 31 日在中国证券登记结算有限责任公司上海分公司办理完成了 5075 万股股权过户登记手续。过户完成后,华业发展持有公司 5075 万股,成为公司第一大股东;仕奇集团持有公司 4771.2116 万股,成为公司第二大股东。 公司股东内蒙古仕奇集团有限责任公司、内蒙古塞北星啤酒有限责任公司分别与深圳市华保宏实业有限公司于 2003 年 9 月 27 日签署了《股权转让协议》。分别将其持有的公司 47712116 股和 384471 股转让给华保宏。转让价格为 4.40 元/股,合计转让金额为 211624982 元。完成本次转让后,仕奇集团、塞北星将不再持有公司股份。

二〇〇二年以来市场表现

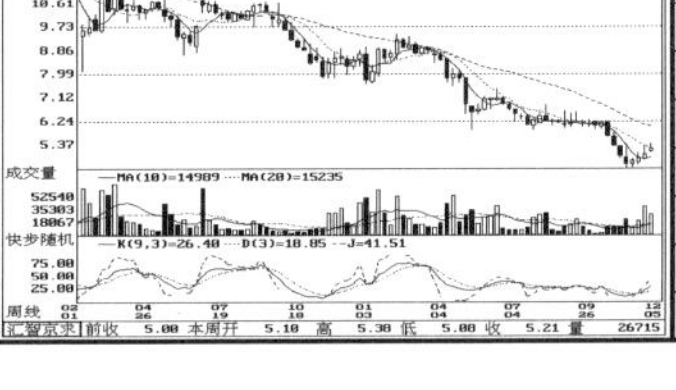

2002年涨跌幅(%)	-31.21
2002年最高(元)	11.95
2002年最低(元)	7.81
2002年换手率(%)	141.44
2003年涨跌幅(%)	-39.17
2003年最高(元)	9.45
2003年最低(元)	4.50
2003年换手率(%)	121.22

辽宁时代服装进出口股份有限公司

公司概况

公司名称	辽宁时代服装进出口股份有限公司			股票代码	600241
注册地址	大连市中山区港湾街 7 号			邮政编码	116001
法人代表	范晓远		董秘	马雨	
电话	0411-278051		传真	0411-2798191	
主营业务	制造、贸易、服务业				
总股本	10600.00	流通 A	3000.00	流通 B	流通 H
审计单位			审计意见	未审计	

主要财务指标

年度	2003.9	2003.6	2002	2001
每股收益 / 扣除后(元)	0.1730	0.0900	0.2900	0.2985
每股经营现金流量(元)	0.3620	0.0350	0.1700	–0.2503
每股净资产 / 调整后(元)	3.9800	3.9000	3.8000	3.6024
每股公积金(元)	2.1254	2.1206	2.1197	2.1091
净资产收益率(%)	4.2200	2.4000	8.2500	8.3300
总资产(万元)	68732.30	71517.72	66938.72	61948.30
股东权益(万元)	41295.55	41356.74	40354.86	38185.54
未分配利润(万元)	7173.07	6384.91	5392.53	3834.86
主营收入(万元)	98652.69	57970.86	161901.25	136303.69
资本公积金(万元)	22528.85	22478.21	22468.71	22356.40
主营利润(万元)	6811.32	4426.12	10454.86	10373.64
其他业务利润(万元)	517.37	270.96	881.08	584.04
营业利润(万元)	2581.88	1430.02	4160.35	4779.10
投资收益(万元)	–87.01	–38.09	–76.18	–76.18
补贴收入(万元)				
营业外收支(万元)	1.25	3.99	90.27	–11.54
利润总额(万元)	2496.12	1395.93	4174.45	4891.37
净利润(万元)	1780.54	992.38	3329.02	3182.16

十大股东

序号	股东名称	股份性质	持股数(万股)	比例(%)
1	辽宁时代集团有限责任公司	国有法人股	7000.00	66.04
2	辽宁万恒集团有限公司	其他法人股	300.00	2.83
3	辽宁省机械进出口公司	其他法人股	100.00	0.94
4	辽宁省纺织品进出口公司	其他法人股	100.00	0.94
5	中粮辽宁粮油进出口公司	其他法人股	100.00	0.94
6	王辉	流通股	15.74	0.14
7	吴绍武	流通股	11.26	0.10
8	朱寿和	流通股	11.10	0.10
9	潘惠芬	流通股	10.06	0.09
10	赵才	流通股	9.35	0.08

股东人数	2003.9	2003.6	2002	2001
	18487	18659	19563	21314

近年分配	2002年 每 10 股派 1.20 元 2001 年 每 10 股派 0.90 元	近年配股 / 增发	不分配不转增

重大事项

关于原告中国东方资产管理公司大连办事处诉被告辽宁华曦集团公司、公司第一大股东辽宁时代集团有限责任公司借款合同欠款纠纷一案，经辽宁省高级人民法院民事判决书及中华人民共和国最高级人民法院民事判决书判决，辽宁时代集团有限责任公司胜诉，其被冻结的所持有的公司股权 600 万股，现已解冻。

二〇〇二年以来市场表现

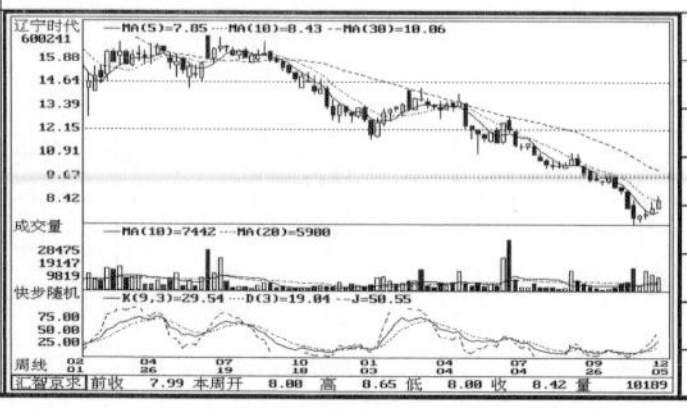

2002年涨跌幅(%)	–24.75
2002年最高(元)	16.91
2002年最低(元)	12.14
2002年换手率(%)	111.52
2003年涨跌幅(%)	–34.29
2003年最高(元)	14.17
2003年最低(元)	7.18
2003年换手率(%)	106.63

广东华龙集团股份有限公司

公司概况

公司名称	广东华龙集团股份有限公司			股票代码	600242
注册地址	广东省阳江市上坑路七号之一			邮政编码	529500
法人代表	岑长篇		董秘	王晓	
电话	020-87377000		传真	020-87377000	
主营业务	海洋养殖业、捕捞业				
总股本	17402.98	流通 A	6000.00	流通 B	流通 H
审计单位			审计意见	未审计	

主要财务指标

年度	2003.9	2003.6	2002	2001
每股收益 / 扣除后(元)	–0.0060	0.0100	0.0500	0.0700
每股经营现金流量(元)	–0.0900	–0.0600	–0.0200	–0.2300
每股净资产 / 调整后(元)	2.8300	2.8000	2.7900	2.8000
每股公积金(元)	1.5655	1.5655	1.5655	1.5655
净资产收益率(%)	0.0700	0.4300	1.7800	4.1700
总资产(万元)	79157.98	81874.10	75248.08	76072.35
股东权益(万元)	49305.20	49487.02	49264.31	48723.53
未分配利润(万元)	2832.12	3013.77	2798.82	2372.72
主营收入(万元)	9061.19	7127.56	11047.13	6619.15
资本公积金(万元)	27244.53	27244.53	2724.53	27244.53
主营利润(万元)	2356.77	2002.27	4374.93	2801.29
其他业务利润(万元)	59.22	47.16	100.76	1019.70
营业利润(万元)	–179.57	154.18	573.34	1476.32
投资收益(万元)	28.90	–0.82	217.19	98.93
补贴收入(万元)	149.00	40.00	30.00	50.00
营业外收支(万元)	–2.63		–3.10	8.73
利润总额(万元)	–4.31	161.80	817.42	1633.98
净利润(万元)	33.30	214.92	876.00	2032.40

十大股东

序号	股东名称	股份性质	持股数(万股)	比例(%)
1	阳江市长发实业公司	国有法人股	3014.60	17.32
2	北京国力神州投资有限公司	社会法人股	1005.25	5.78
3	四川省永成电子系统有限公司	社会法人股	402.00	2.31
4	茂名市茂南区南方开发公司	社会法人股	150.00	0.86
5	镇江市环宇投资咨询有限责任公司	社会法人股	150.00	0.86
6	上海宏亿投资咨询有限公司	社会法人股	140.00	0.80
7	阳东县合山城建开发公司	社会法人股	132.00	0.76
8	阳江市东田科技开发有限公司	社会法人股	126.00	0.72
9	珠海市珠澳旅游出租汽车有限公司	社会法人股	125.00	0.72
10	阳东县合山化工助剂厂	社会法人股	121.20	0.70

股东人数	2003.9	2003.6	2002	2001
	31912	32384	32560	35210

近年分配	2001年 每 10 股派 0.20 元	近年配股 / 增发	不分配不转增

重大事项

公司第二大股东北京国力神州投资有限公司所持有的公司社会法人股 10052481 股，已在 2003 年 03 月 18 日被阳江市中级法院民事裁定书解除冻结，阳江市中级法院已在近日在中国证券登记结算有限公司上海分公司办理了解除冻结的相关手续。 公司接中国证券登记结算有限责任公司上海分公司通知，广东省阳江市中级人民法院作出的《协助执行通知书》中，阳江市长发实业公司持有的公司国有法人股 30145956 股被阳江市中级人民法院冻结，冻结期限从 2002 年 12 月 31 日至 2003 年 12 月 31 日。

二〇〇二年以来市场表现

2002年涨跌幅(%)	–35.30
2002年最高(元)	12.04
2002年最低(元)	6.71
2002年换手率(%)	173.84
2003年涨跌幅(%)	–30.42
2003年最高(元)	9.44
2003年最低(元)	4.48
2003年换手率(%)	134.33

青海华鼎实业股份有限公司

公司概况

公司名称	青海华鼎实业股份有限公司	股票代码	600243
注册地址	青海省西宁市柴达木西路 101 号	邮政编码	810018
法人代表	于世光	董秘	刘文忠
电话	0971-8224981	传真	0971-8224982
主营业务	高科技机械产品开发、制造		
总股本	15660.00	流通 A	5500.00
流通 B		流通 H	
审计单位		审计意见	未审计

主要财务指标

年度	2003.9	2003.6	2002	2001
每股收益 / 扣除后(元)	0.0470	0.0290	0.0699	0.1212
每股经营现金流量(元)	-8.3000	-0.0200	0.0040	-0.2000
每股净资产 / 调整后(元)	2.5700	2.4100	2.4600	2.5400
每股公积金(元)	1.4593	1.4593	1.4593	1.4584
净资产收益率(%)	1.9600	1.2350	3.3000	5.3200
总资产(万元)	73959.61	73160.42	72633.28	72628.45
股东权益(万元)	41057.32	40757.87	40254.62	39845.61
未分配利润(万元)	1645.46	1346.01	842.76	577.00
主营收入(万元)	26724.92	16716.22	34615.12	27837.43
资本公积金(万元)	22852.64	22852.64	22852.64	22839.20
主营利润(万元)	4971.87	3119.20	7349.52	6601.30
其他业务利润(万元)	86.95	86.88	213.60	248.22
营业利润(万元)	905.31	545.17	1586.92	2229.02
投资收益(万元)	1.81	1.81	0.05	4.13
补贴收入(万元)				
营业外收支(万元)	77.48		147.91	249.04
利润总额(万元)	984.60	592.01	1734.87	2482.20
净利润(万元)	806.46	503.25	1327.64	2120.92

十大股东

序号	股东名称	股份性质	持股数(万股)	比例(%)
1	青海重型机床有限责任公司	国有股	5000.00	31.93
2	广东万鼎企业集团有限公司	法人股	4972.00	31.75
3	番禺万鸣实业有限公司	法人股	120.00	0.77
4	唐山重型机床厂	国有法人股	34.00	0.22
5	青海第一机床厂	国有法人股	34.00	0.22
6	胡敏杰	流通股	25.38	0.16
7	贾明	流通股	23.50	0.15
8	沈安	流通股	16.23	0.10
9	上海证券有限公司	流通股	16.00	0.10
10	黄亮	流通股	10.08	0.06

股东人数	2003.9	2003.6	2002	2001
	28707	29006	29769	27155

近年分配	2002年 每 10 股派 0.30 元 2001 年 每 10 股派 0.50 元	近年配股 / 增发	不分配不转增

重大事项

广东万鼎企业集团有限公司于 2003 年 9 月 17 日将其持有公司的 4972 万股法人股在中国证券登记结算有限责任公司上海分公司分两笔全部办理了股权质押登记手续，将 2486 万股质押给中国工商银行广州市番禺支行，质押期 2003 年 9 月 17 日至 2004 年 9 月 15 日。将 2486 万股质押给中国工商银行广州市番禺支行，质押期 2003 年 9 月 17 日至 2004 年 10 月 9 日。

二〇〇二年以来市场表现

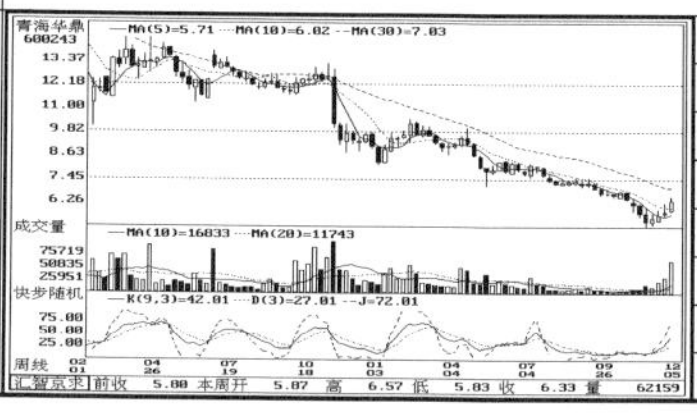

2002年涨跌幅(%)	-39.99
2002年最高(元)	14.47
2002年最低(元)	8.58
2002年换手率(%)	298.59
2003年涨跌幅(%)	-32.56
2003年最高(元)	10.37
2003年最低(元)	5.08
2003年换手率(%)	147.20

北京先锋置业股份有限公司

公司概况

公司名称	北京先锋置业股份有限公司	股票代码	600246
注册地址	北京市海淀区苏州街 29 号	邮政编码	100012
法人代表	张研	董秘	程晓
电话	010-51737536	传真	010-51737535
主营业务	农副产品、粮油制品、房地产开发		
总股本	9200.00	流通 A	3000.00
流通 B		流通 H	
审计单位		审计意见	未审计

主要财务指标

年度	2003.9	2003.6	2002	2001
每股收益 / 扣除后(元)	-0.3678	-0.1867	-0.3577	0.0135
每股经营现金流量(元)	0.2450	-0.8240	-1.6141	-1.3972
每股净资产 / 调整后(元)	3.0818	3.2901	3.4623	3.2330
每股公积金(元)	2.0653	2.0653	2.0653	2.0653
净资产收益率(%)	-12.3600	-5.2500	9.5300	5.3500
总资产(万元)	192718.11	181488.92	162943.72	69331.37
股东权益(万元)	28354.82	30270.61	31858.45	29743.61
未分配利润(万元)	-995.70	920.10	2507.94	933.72
主营收入(万元)	29108.77	22857.47	49315.68	14197.04
资本公积金(万元)	19000.73	19000.73	19000.73	19000.73
主营利润(万元)	1189.53	1133.34	10989.05	1169.99
其他业务利润(万元)				196.01
营业利润(万元)	-3930.15	-1943.97	3565.43	-93.43
投资收益(万元)	-630.88	-2234.21	-795.94	1674.99
补贴收入(万元)				
营业外收支(万元)	-12.19		-1.31	373.64
利润总额(万元)	-4573.22	-2163.52	2768.18	1955.20
净利润(万元)	-3503.63	-1587.84	3034.84	1590.42

十大股东

序号	股东名称	股份性质	持股数(万股)	比例(%)
1	北京顺通实业公司	国有法人股	1943.00	21.12
2	山东邹平西王实业有限公司	社会法人股	1566.00	17.02
3	延吉吉辰经济发展有限公司	社会法人股	1281.00	13.92
4	北京万通星河实业有限公司	社会法人股	1092.00	11.87
5	中建一局五公司	国有法人股	318.00	3.46
6	中国华能财务公司	流通股	84.87	0.92
7	李新兰	流通股	28.71	0.31
8	江苏虎豹集团公司	流通股	27.64	0.30
9	刘丹	流通股	26.51	0.29
10	程瑞兰	流通股	26.50	0.29

股东人数	2003.9	2003.6	2002	2001
	7421	8337	8496	14964

近年分配	2002年 每 10 股派 1.00 元 2001 年 每 10 股派 0.80 元	近年配股 / 增发	不分配不转增

重大事项

公司第四大股东山东邹平粮油实业公司将持有公司 1092 万股国有法人股转让给北京万通星河实业有限公司的事宜获得财政部有关文件批准，2003 年 1 月 13 日，双方办理完毕股权过户手续。 2002 年 2 月 8 日，公司第四大股东山东邹平粮油实业公司将持有的公司 1092 万股国有法人股转让给万通星河，转让价格为公司 2001 年经审计的每股净资产 3.233 元，总价款为 35304360 元。本次股权转让已获得财政部有关文件批准，双方办理完毕股份过户手续后，邹平粮油不再持有公司股份。

二〇〇二年以来市场表现

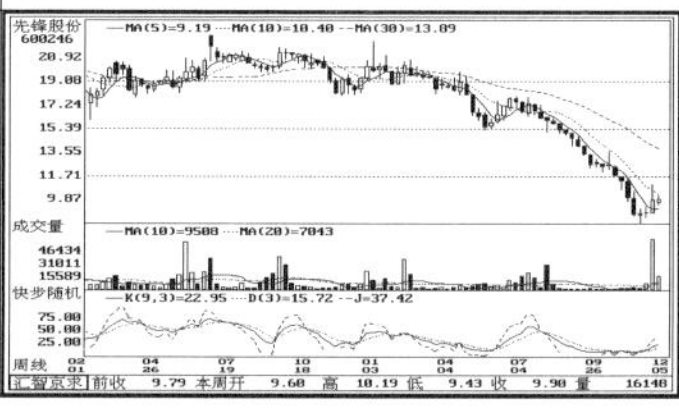

2002年涨跌幅(%)	9.60
2002年最高(元)	22.58
2002年最低(元)	15.71
2002年换手率(%)	163.41
2003年涨跌幅(%)	-54.88
2003年最高(元)	20.98
2003年最低(元)	8.03
2003年换手率(%)	106.57

吉林物华(集团)股份有限公司

公司概况

公司名称	吉林物华(集团)股份有限公司			股票代码	600247		
注册地址	吉林省吉林市怀德街 29 号			邮政编码	132001		
法人代表	成卫文			董秘	周桂华		
电话	0432-2491247			传真	0432-2452677		
主营业务	市场开发、路桥收费、市场租赁						
总股本	13200.00	流通 A	5638.50	流通 B		流通 H	
审计单位				审计意见	未审计		

主要财务指标

年度	2003.9	2003.6	2002	2001
每股收益 / 扣除后(元)	0.1100	0.1100	0.2000	0.2100
每股经营现金流量(元)	0.2400	0.3200	0.3200	-0.1200
每股净资产 / 调整后(元)	3.4300	3.4106	3.3700	3.1500
每股公积金(元)	1.1727	1.4073	1.4073	1.4304
净资产收益率(%)	3.8800	3.2000	6.0700	6.5400
总资产(万元)	65556.49	61866.15	58611.02	50268.22
股东权益(万元)	37400.40	37136.72	35947.49	34680.68
未分配利润(万元)	5963.38	7899.70	6710.46	5806.05
主营收入(万元)	13153.81	11193.09	10366.42	8293.65
资本公积金(万元)	15480.30	15480.30	15480.30	15734.42
主营利润(万元)	5226.03	3973.49	5640.20	4277.21
其他业务利润(万元)				123.02
营业利润(万元)	2663.91	2205.00	3373.24	2708.63
投资收益(万元)	286.17	175.22	-237.20	491.66
补贴收入(万元)				4.47
营业外收支(万元)	-42.10		-121.22	-11.77
利润总额(万元)	2587.47	2155.50	3350.30	2726.05
净利润(万元)	1452.92	1189.24	2180.92	2268.27

十大股东

序号	股东名称	股份性质	持股数(万股)	比例(%)
1	深圳市中技实业发展有限公司	法人股	2373.00	21.57
2	深圳红旗渠实业发展有限公司	法人股	1250.00	11.36
3	中国再生资源开发公司	法人股	1225.00	11.14
4	哈尔滨供销物资集团公司	法人股	792.00	7.20
5	吉林市物资回收利用总公司	法人股	500.00	4.55
6	深圳市晋鑫源计算机技术有限公司	法人股	150.00	1.36
7	孙玉兰	流通股	43.80	0.40
8	吴墀衍	职工股/流通股	37.30	0.34
9	吴祖坤	职工股	37.00	0.34
10	苗华仁	职工股	31.00	0.28

股东人数	2003.9	2003.6	2002	2001
	19940	20068	18620	20868

近年分配	2002年 每 10 股派 0.60 元 2001 年 每 10 股派 0.50 元	近年配股 / 增发	2003年 每 10 股配 3 股 2002 年 每 10 股送 2 股

重大事项

公司于 **2003** 年 **9** 月 **29** 日决定以 **4600** 万元人民币的交易价格转让给上海创翊伟业经济发展有限公司位于吉林市四川路 **108** 号的房产及地面附着物和位于吉林市河南街 **125** 号的五层营业用房。因中华全国供销合作总社诉公司控股股东深圳市红旗渠实业发展有限公司侵权一案，根据法院协助执行通知书的协助执行要求，红旗渠所持有的公司该部分法人股被冻结，冻结期限自 **2003** 年 **2** 月 **26** 日至 **2004** 年 **2** 月 **25** 日期限为一年。

二〇〇二年以来市场表现

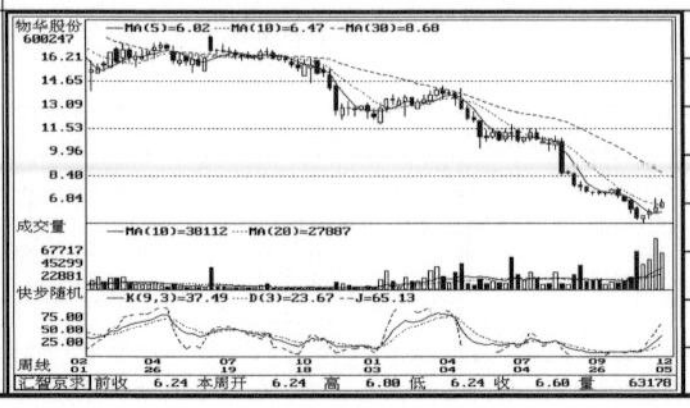

2002年涨跌幅(%)	-29.81
2002年最高(元)	14.76
2002年最低(元)	10.04
2002年换手率(%)	84.25
2003年涨跌幅(%)	-40.17
2003年最高(元)	11.87
2003年最低(元)	5.28
2003年换手率(%)	244.84

杨凌秦丰农业科技股份有限公司

公司概况

公司名称	杨凌秦丰农业科技股份有限公司			股票代码	600248		
注册地址	杨凌农业高新技术产业示范区新桥北路			邮政编码	710016		
法人代表	庄 峰			董秘	刘晓亮		
电话	029-6522223			传真	029-6522826		
主营业务	种子						
总股本	12882.00	流通 A	4800.00	流通 B		流通 H	
审计单位				审计意见	未审计		

主要财务指标

年度	2003.9	2003.6	2002	2001
每股收益 / 扣除后(元)	0.0730	0.0390	0.1518	0.2500
每股经营现金流量(元)	0.1300	-0.3500	0.1840	0.0765
每股净资产 / 调整后(元)	4.0700	4.0800	4.0400	3.9500
每股公积金(元)	2.6436	2.6436	2.6436	2.6433
净资产收益率(%)	1.8400	0.9500	3.6600	5.3500
总资产(万元)	106416.48	101580.03	95062.79	70337.07
股东权益(万元)	53253.31	52686.35	52216.11	50922.69
未分配利润(万元)	3840.42	3364.00	2862.33	2193.60
主营收入(万元)	7067.26	3958.07	9033.17	8006.61
资本公积金(万元)	34054.98	34054.98	34054.98	34051.58
主营利润(万元)	7067.26	3958.07	9033.17	8006.61
其他业务利润(万元)	465.57	169.15	108.72	374.69
营业利润(万元)	1221.57	486.24	2297.68	3619.07
投资收益(万元)	128.25	119.91	118.23	161.57
补贴收入(万元)	37.73	-35.00	41.84	
营业外收支(万元)	-20.59		-87.41	-609.04
利润总额(万元)	1363.96	618.62	2370.34	3171.60
净利润(万元)	978.08	501.67	1937.52	2722.20

十大股东

序号	股东名称	股份性质	持股数(万股)	比例(%)
1	陕西省种业集团有限责任公司	国有法人股	4708.00	36.55
2	陕西省高新技术产业投资公司	国有法人股	100.00	7.76
3	陕西嘉业科工贸有限公司	法人股	825.00	6.39
4	杨凌现代农业开发有限公司	国有法人股	799.00	6.20
5	陕西省投资公司	国有法人股	450.00	3.49
6	西北农林科技大学科技发展公司	国有法人股	225.00	1.75
7	上海金辉工业房地产发展公司	流通股	105.45	0.82
8	中科院西北植物研究所科飞农业科技开发中心	国有法人股	75.00	0.58
9	天津泰达科技风险投资股份有限公司	流通股	31.80	0.25
10	王代菊	流通股	20.59	0.16

股东人数	2003.9	2003.6	2002	2001
	23440	22199	24553	26016

近年分配	2002年 每 10 股派 0.50 元 2001 年 每 10 股派 1.00 元	近年配股 / 增发	不分配不转增

重大事项

公司第二大股东杨凌现代农业开发有限公司以协议方式将其持有的公司国有法人股 **1000** 万股以每股 **4.00** 元的价格转让给陕西省高新技术产业投资有限公司，该转让已获财政部批准。此次转让后，陕西省高新技术产业投资有限公司持有公司国有法人股 **1000** 万股，占公司总股本 **7.765%**，成为公司第二大股东，杨凌现代农业开发有限公司仍持有公司国有法人股 **799** 万股，占公司总股本的 **6.205%**，为公司第四大股东。

二〇〇二年以来市场表现

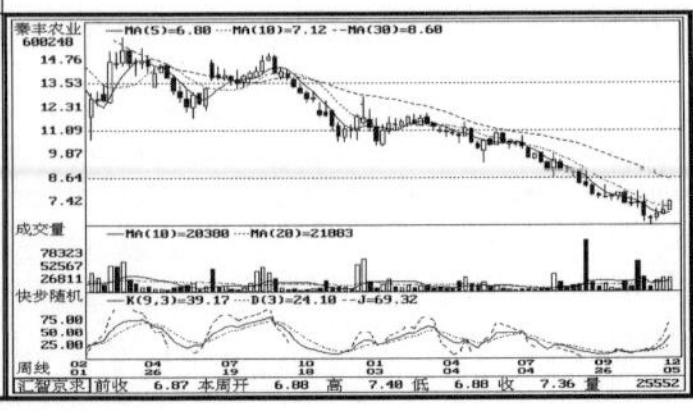

2002年涨跌幅(%)	-26.99
2002年最高(元)	15.83
2002年最低(元)	10.15
2002年换手率(%)	188.94
2003年涨跌幅(%)	-36.51
2003年最高(元)	11.87
2003年最低(元)	6.20
2003年换手率(%)	138.63

南京纺织品进出口股份有限公司

公司概况

公司名称	南京纺织品进出口股份有限公司	股票代码	600250
注册地址	江苏省南京市鼓楼区云南北路77号	邮政编码	210009
法人代表	单晓钟	董秘	丁杰
电话	025-3306789	传真	025-3300518
主营业务	纺织品、针织品、服装		
审计单位		审计意见	未审计

总股本	流通A	流通B	流通H
19899.42	8250.00		

主要财务指标

年度	2003.9	2003.6	2002	2001
每股收益/扣除后(元)	0.2431	0.2022	0.3200	0.3100
每股经营现金流量(元)	-0.3300	-0.3200	-2.0000	-2.4600
每股净资产/调整后(元)	3.4800	3.4500	4.9600	4.7900
每股公积金(元)	1.7240	1.7240	2.8859	2.8859
净资产收益率(%)	6.7700	5.7600	7.0400	6.5100
总资产(万元)	396648.16	328883.28	232488.67	166266.11
股东权益(万元)	71801.67	71116.67	67102.00	64211.69
未分配利润(万元)	10490.92	9728.18	8286.77	6222.27
主营收入(万元)	439310.00	274430.75	390635.53	289840.72
资本公积金(万元)	34305.80	34305.80	38285.69	13266.28
主营利润(万元)	25935.57	17581.18	27714.45	22850.53
其他业务利润(万元)	472.37	278.99	436.30	240.85
营业利润(万元)	6192.79	5630.08	6859.39	5302.19
投资收益(万元)	372.28	122.91	482.31	1.97
补贴收入(万元)	7.55			
营业外收支(万元)	19.80		-0.70	69.39
利润总额(万元)	6192.79	5630.08	6859.39	5373.55
净利润(万元)	4857.41	4094.67	4726.27	4137.25

十大股东

序号	股东名称	股份性质	持股数(万股)	比例(%)
1	南京市国有资产经营(控股)有限公司	国有股	9354.42	47.01
2	南京商厦股份有限公司	法人股	1103.76	5.55
3	南京斯亚实业有限公司	法人股	450.00	2.26
4	中国外运江苏公司	法人股	300.00	1.51
5	上海财政	流通股	155.42	0.78
6	江苏弘业股份有限公司	法人股	150.00	0.75
7	汉唐证券	流通股	115.61	0.58
8	徐八根	流通股	36.26	0.18
9	童宪均	流通股	34.66	0.17
10	张伟群	流通股	31.68	0.16

股东人数	2003.9	2003.6	2002	2001
	21498	22636	27237	35519

近年分配	近年配股/增发
2002年 每10股派1.30元 2001年 每10股派1.50元	2002年 每10股送2股

重大事项

公司拟投资1480万元与南京南泰显示有限公司共同出资成立南京南泰电子有限公司(拟),该公司注册资本1500万元,公司所占份额98.67%;增资南京利凯汽车贸易有限公司的议案:公司拟以自有资金对利凯汽贸公司增资255万元,增资后,利凯汽贸公司注册资本将变更为1000万元,其中公司出资510万元,所占出资比例为51%;拟将部分长期无法收回的款项确认为坏帐损失的议案。

二〇〇二年以来市场表现

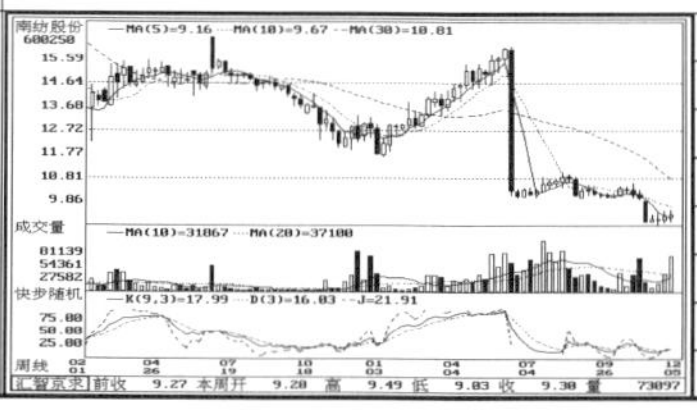

2002年涨跌幅(%)	-15.14
2002年最高(元)	10.95
2002年最低(元)	7.57
2002年换手率(%)	94.95
2003年涨跌幅(%)	14.87
2003年最高(元)	11.02
2003年最低(元)	7.68
2003年换手率(%)	189.98

新疆冠农果茸股份有限公司

公司概况

公司名称	新疆冠农果茸股份有限公司	股票代码	600251
注册地址	新疆库尔勒市人民西路86号	邮政编码	841000
法人代表	王平	董秘	孟琳
电话	0996-2038156	传真	0996-2038156
主营业务	果业种植、仓储、加工及销售等		
审计单位		审计意见	未审计

总股本	流通A	流通B	流通H
12000.00	4000.00		

主要财务指标

年度	2003.9	2003.6	2002	2001
每股收益/扣除后(元)	0.0433	0.0370	0.2876	0.2570
每股经营现金流量(元)	0.1200	0.2600	0.1900	-0.0340
每股净资产/调整后(元)	3.0040	3.0050	1.8590	1.5714
每股公积金(元)	1.7576	1.7576	0.4351	0.4351
净资产收益率(%)	0.0130	1.0700	15.4700	16.3900
总资产(万元)	43012.16	43118.59	24596.02	20688.71
股东权益(万元)	36945.56	36875.90	14871.78	12571.17
未分配利润(万元)	2625.50	2569.78	2254.20	413.70
主营收入(万元)	3611.53	2927.51	6259.16	6147.39
资本公积金(万元)	21090.78	21090.78	3481.14	3481.14
主营利润(万元)	1278.54	1027.92	2287.56	3320.42
其他业务利润(万元)	628.46	497.59	1712.42	159.65
营业利润(万元)	610.63	528.41	2116.91	1696.58
投资收益(万元)				
补贴收入(万元)			212.35	393.70
营业外收支(万元)	-65.56	-55.42	-28.64	-34.43
利润总额(万元)	545.08	463.27	2300.61	2055.85
净利润(万元)	464.13	394.48	2300.61	413.70

十大股东

序号	股东名称	股份性质	持股数(万股)	比例(%)
1	新疆生产建设兵团农业建设第二师二十九团	国有法人股	3238.01	26.98
2	新疆生产建设兵团农业建设第二师二十八团	国有法人股	2870.90	23.92
3	新疆生产建设兵团农业建设第二师三十团	国有法人股	1863.21	15.53
4	海南韦奇投资咨询有限公司	流通股	28.10	0.23
5	黄文和	流通股	23.08	0.19
6	阿苦参日	流通股	14.00	0.12
7	新疆库尔勒农垦供销合作总公司	国有法人股	13.94	0.12
8	新疆农垦库尔勒物资总公司	国有法人股	13.94	0.12
9	黄贵寿	流通股	11.00	0.09
10	刘俊平	流通股	10.00	0.08

股东人数	2003.9	2003.6	2002	2001
	24469	27339		

近年分配	近年配股/增发
	不分配不转增

重大事项

公司拟与库尔勒盛裕泰果品有限责任公司、赵秋荣和刘志毅共同投资设立库尔勒冠农盛裕泰果品有限责任公司。注册资本500万元,其中公司出资255万元,占注册资本总额的51%。通过关于投资设立阿克苏冠农贸易有限责任公司的议案:公司拟与张蔚亮、丁文保和胡常建共同投资设立阿克苏冠农贸易有限责任公司。注册资本为50万元,其中公司出资30万元,占60%的股份。

二〇〇二年以来市场表现

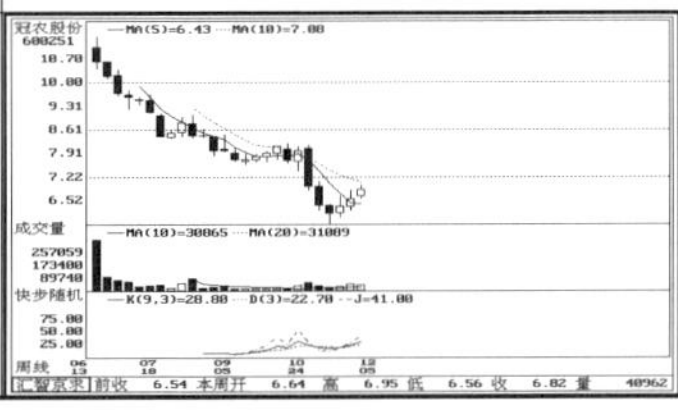

2002年涨跌幅(%)	0.00
2002年最高(元)	0.00
2002年最低(元)	0.00
2002年换手率(%)	0.00
2003年涨跌幅(%)	0.00
2003年最高(元)	11.40
2003年最低(元)	5.82
2003年换手率(%)	303.58

广西梧州中恒集团股份有限公司

公司概况

公司名称	广西梧州中恒集团股份有限公司	股票代码	600252
注册地址	广西梧州市蝶山一路 3 号	邮政编码	543002
法人代表	黄葆源	董秘	彭伟民
电话	0774-5830828	传真	0774-5830900
主营业务	房地产、食品加工		
总股本 16726.72	流通 A 7511.29	流通 B	流通 H
审计单位		审计意见	未审计

主要财务指标

年度	2003.9	2003.6	2002	2001
每股收益 / 扣除后(元)	0.0630	0.0030	0.2000	0.2300
每股经营现金流量(元)	-0.6160	-0.8470	-0.4800	-0.0900
每股净资产 / 调整后(元)	2.5100	2.9500	2.9300	3.0800
每股公积金(元)	1.1254	1.3505	1.3505	1.4856
净资产收益率(%)	2.5300	0.0300	6.6100	7.4400
总资产(万元)	87634.16	85098.16	78405.79	68624.22
股东权益(万元)	42157.03	41125.66	41089.33	39069.56
未分配利润(万元)	2719.26	4689.72	4752.45	4274.52
主营收入(万元)	14909.48	10578.41	28487.07	18987.36
资本公积金(万元)	18824.74	18824.74	18824.74	18824.98
主营利润(万元)	4711.99	3394.09	8645.77	4685.99
其他业务利润(万元)	219.71	153.94	146.06	247.84
营业利润(万元)	1155.62	640.36	4742.03	2537.20
投资收益(万元)	531.24	-78.75	372.42	566.16
补贴收入(万元)	1.83	1.16	8.57	3.50
营业外收支(万元)	-9.78		-74.25	-7.62
利润总额(万元)	1678.91	552.66	5048.77	3099.24
净利润(万元)	1067.69	36.33	2716.96	2907.16

十大股东

序号	股东名称	股份性质	持股数(万股)	比例(%)
1	梧州市国有资产管理局	国家股	5486.80	39.36
2	梧州市地产发展公司	法人股	798.60	5.73
3	广西梧州恒宝贸易有限责任公司	法人股	550.00	3.95
4	梧州市住宅配套服务公司	法人股	496.99	3.57
5	东北证券有限责任公司	流通股	261.49	1.88
6	广西梧州融兴贸易有限公司	法人股	220.00	1.58
7	华泰证券有限责任公司	流通股	97.95	0.70
8	中房集团柳州房地产开发公司	法人股	85.25	0.61
9	钟哲光	内部职工股	41.25	0.30
10	彭敏	内部职工股	38.50	0.28

股东人数	2003.9	2003.6	2002	2001
	32973	33766	31017	35335

近年分配	近年配股 / 增发
2002年 每 10 股派 0.50 元 2001 年 每 10 股派 0.50 元	2002年 每 10 股送 2 股 2001 年 每 10 股送 1 股

重大事项

2003 年 11 月 20 日公司就以人民币 198771875.62 元的交易价格受让梧州市东晖国有资产经营有限公司持有的桂江电力 98.67%股权的事宜与东晖公司签订了《股权转让协议》,全部股权转让价款以现金支付。本次交易完成后,东晖公司将不再持有桂江电力股权,公司将持有桂江电力 98.67%的股权,成为其控股股东。 2003 年 6 月 18 日,公司就其在国海证券占有的 6000 万元股份权益以人民币 6680 万元的转让价格全部转让给广西索芙特股份有限公司的事宜与索芙特公司签订了《股份转让协议》。

二〇〇二年以来市场表现

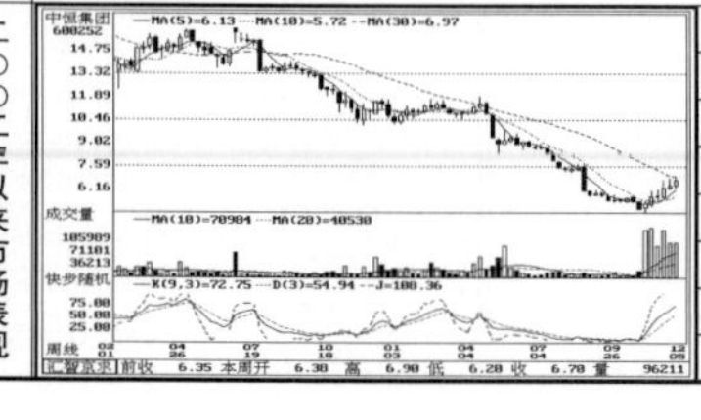

2002年涨跌幅(%)	-24.96
2002年最高(元)	12.18
2002年最低(元)	8.37
2002年换手率(%)	137.93
2003年涨跌幅(%)	-28.65
2003年最高(元)	9.84
2003年最低(元)	4.73
2003年换手率(%)	226.69

河南天方药业股份有限公司

公司概况

公司名称	河南天方药业股份有限公司	股票代码	600253
注册地址	河南省驻马店市光明路 2 号	邮政编码	463003
法人代表	崔晓峰	董秘	梁耀武
电话	0396-3823517	传真	0396-38157961
主营业务	医药		
总股本 42000.00	流通 A 12000.00	流通 B	流通 H
审计单位		审计意见	未审计

主要财务指标

年度	2003.9	2003.6	2002	2001
每股收益 / 扣除后(元)	0.1000	0.0700	0.1300	0.2223
每股经营现金流量(元)	-0.0500	-0.0600	0.2300	0.1910
每股净资产 / 调整后(元)	1.8700	1.8400	1.7700	3.4862
每股公积金(元)	0.6126	0.6126	0.6126	2.2252
净资产收益率(%)	5.3300	3.8100	7.2700	7.5500
总资产(万元)	111010.34	113484.35	114197.12	102614.52
股东权益(万元)	79099.15	77849.80	74886.09	71538.45
未分配利润(万元)	8920.03	7670.68	4706.97	2187.10
主营收入(万元)	53412.37	35766.14	47987.04	38334.39
资本公积金(万元)	25730.10	25730.10	25730.10	46730.10
主营利润(万元)	16638.45	11866.20	16175.36	14923.46
其他业务利润(万元)	37.80	17.08	35.36	68.45
营业利润(万元)	6305.32	4530.59	8018.01	7491.96
投资收益(万元)	-47.84	-47.09	-1.99	
补贴收入(万元)	9.03	9.03	2.19	
营业外收支(万元)	-27.30		-22.39	-12.83
利润总额(万元)	6239.22	4457.63	7995.83	7491.96
净利润(万元)	4213.06	2963.71	5447.64	5406.98

十大股东

序号	股东名称	股份性质	持股数(万股)	比例(%)
1	河南省天方药业集团公司	国有法人股	29872.16	71.12
2	杭州汽轮动力集团有限公司	流通股	76.00	0.18
3	郑春雷	流通股	54.20	0.13
4	徐道明	流通股	39.00	0.09
5	驻马店市第一造纸厂	国有法人股	37.42	0.09
6	中国银行-天同 180 指数证券投资基金	流通股	37.35	0.09
7	张立志	流通股	32.66	0.08
8	刘元红	流通股	30.73	0.07
9	驻马店市飞龙房地产综合开发有限公司	社会法人股	30.14	0.07
10	驻马店市佳梦燃气具有限公司	国有法人股	30.14	0.07

股东人数	2003.9	2003.6	2002	2001
	44557	45442	33725	22184

近年分配	近年配股 / 增发
2002年 每 10 股派 0.50 元 2001 年 每 10 股派 1.20 元	2003年 每 10 股配 3 股 2002 年 每 10 股转增 10 股

重大事项

公司董事会及临时股东大会审议通过的公司投资 3000 万元募集资金与其他四家公司共同合资设立河南国信医药股份有限公司。现由于河南省医药商业经营环境发生较大变化,流通领域利润空间缩小,不能实现预定的目标,并且股东各方对公司的发展方向和经营思路存在一定的差异,因此为了实现资源效益最大化,经国信医药各股东协商一致,同意解散该公司,目前正在办理国信医药的有关清算手续,公司已收回投资款 29544 千元。

二〇〇二年以来市场表现

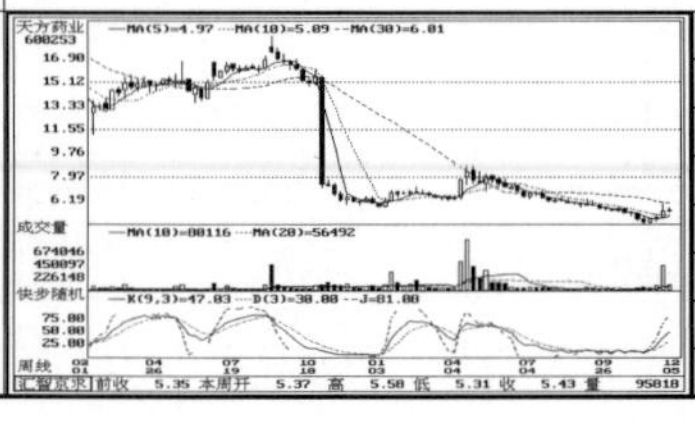

2002年涨跌幅(%)	-24.10
2002年最高(元)	9.30
2002年最低(元)	5.44
2002年换手率(%)	221.72
2003年涨跌幅(%)	-5.64
2003年最高(元)	8.70
2003年最低(元)	4.40
2003年换手率(%)	437.17

安徽鑫科新材料股份有限公司

公司概况

公司名称	安徽鑫科新材料股份有限公司				股票代码	600255	
注册地址	芜湖市经济技术开发区珠江路 23 号				邮政编码	214009	
法人代表	周瑞庭			董秘	江斌		
电话	0553-5847423			传真	0553-5847223		
主营业务	铜加工、电线电缆						
总股本	9500.00	流通 A	3000.00	流通 B		流通 H	
审计单位				审计意见	未审计		

主要财务指标

年度	2003.9	2003.6	2002	2001
每股收益 / 扣除后(元)	0.0620	0.0398	0.0500	0.3200
每股经营现金流量(元)	0.1000	0.0770	0.0300	0.1100
每股净资产 / 调整后(元)	5.0800	5.0600	5.0200	5.0300
每股公积金(元)	3.6542	3.6542	3.6542	3.6542
净资产收益率(%)	1.3100	0.8600	0.8700	6.2800
总资产(万元)	97017.05	88542.81	76516.29	67995.77
股东权益(万元)	48821.40	48602.65	48184.26	47764.49
未分配利润(万元)	3063.45	2844.69	2426.31	2069.50
主营收入(万元)	67509.65	42068.61	86678.78	69825.92
资本公积金(万元)	34715.05	34715.05	34715.05	34715.05
主营利润(万元)	4779.40	3196.38	6488.45	7219.10
其他业务利润(万元)	406.61	259.41	280.73	268.55
营业利润(万元)	666.12	420.72	854.11	3225.30
投资收益(万元)	30.74	30.74	182.13	137.58
补贴收入(万元)				
营业外收支(万元)	364.87		153.35	283.47
利润总额(万元)	1061.73	695.21	1189.58	3646.36
净利润(万元)	637.14	418.39	419.77	3001.38

十大股东

序号	股东名称	股份性质	持股数(万股)	比例(%)
1	芜湖恒鑫铜业集团有限公司	法人股	4917.63	54.76
2	合肥工大复合材料高新技术开发有限公司	法人股	756.05	7.96
3	芜湖市鸠江工业投资有限责任公司	国有股	355.40	3.74
4	安徽省冶金科学研究所	国有股	241.85	2.55
5	芜湖市建设投资有限公司	国有股	229.07	2.41
6	金鑫证券投资基金	流通股	11.49	0.12
7	贾连娣	流通股	9.46	0.10
8	于文洪	流通股	7.50	0.08
9	黎桂英	流通股	7.21	0.08
10	赵代永	流通股	6.50	0.07

股东人数	2003.9	2003.6	2002	2001
	25651	25997	28098	30004

近年分配	2001年 每 10 股派 1.00 元	近年配股 / 增发	不分配不转增

重大事项

由于公司股东芜湖恒鑫铜业集团有限公司所欠芜湖市飞尚实业发展有限公司人民币壹亿伍仟万元款项到期未能清偿，该公司于 **2002** 年 **6** 月 **5** 日与飞尚实业签署了《还款协议书》和《股权质押合同》，约定自 **2002** 年 **6** 月 **5** 日至 **2004** 年 **6** 月 **5** 日分四期偿还所欠款项，并以恒鑫集团持有的公司 **49176305** 股法人股股权作为质押，质押期限自 **2002** 年 **6** 月 **6** 日至 **2005** 年 **6** 月 **5** 日止。

二〇〇二年以来市场表现

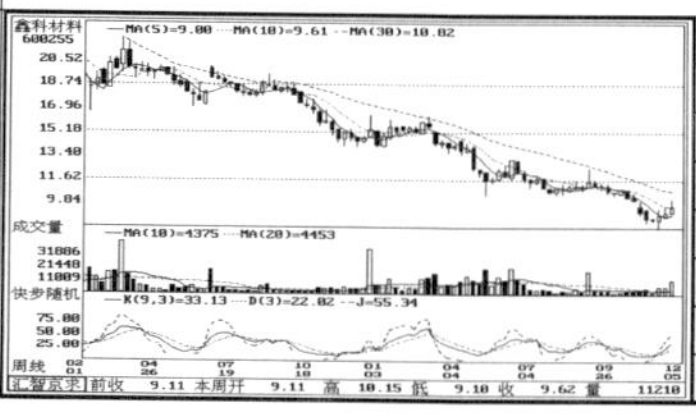

2002年涨跌幅(%)	-31.97
2002年最高(元)	22.20
2002年最低(元)	14.01
2002年换手率(%)	119.82
2003年涨跌幅(%)	-37.69
2003年最高(元)	16.36
2003年最低(元)	8.06
2003年换手率(%)	110.83

新疆广汇实业股份有限公司

公司概况

公司名称	新疆广汇实业股份有限公司				股票代码	600256	
注册地址	乌鲁木齐经济技术开发区上海路 6 号				邮政编码	830026	
法人代表	杨铁军			董秘	闫金生		
电话	0991-3719668			传真	0991-8637008		
主营业务	采掘、制造、房地产						
总股本	72171.77	流通 A	20400.00	流通 B		流通 H	
审计单位				审计意见	未审计		

主要财务指标

年度	2003.9	2003.6	2002	2001
每股收益 / 扣除后(元)	0.3400	0.1960	0.4500	0.5060
每股经营现金流量(元)	0.6090	0.4960	0.5640	0.3370
每股净资产 / 调整后(元)	1.8380	1.7080	1.5200	1.4180
每股公积金(元)	0.0807	0.0796	0.0796	0.0902
净资产收益率(%)	17.8460	11.0600	28.4190	35.6660
总资产(万元)	459866.41	398956.81	242749.39	166433.77
股东权益(万元)	135203.61	124801.63	104909.16	78166.26
未分配利润(万元)	36204.54	25884.82	15124.10	29389.88
主营收入(万元)	176692.70	108389.05	239787.31	207183.02
资本公积金(万元)	5826.59	5744.33	5810.19	8963.93
主营利润(万元)	36080.08	20830.68	48855.30	43843.32
其他业务利润(万元)	69.28	4.94	195.95	410.93
营业利润(万元)	27172.13	14958.24	37520.89	35403.98
投资收益(万元)	176.17	148.73	32.57	205.04
补贴收入(万元)				
营业外收支(万元)	-391.62		-916.34	3.08
利润总额(万元)	26956.68	14747.27	36637.12	35612.09
净利润(万元)	24128.92	13809.20	31542.63	30412.16

十大股东

序号	股东名称	股份性质	持股数(万股)	比例(%)
1	新疆广汇实业投资(集团)有限责任公司	社会法人股	32533.38	45.08
2	上海汇能投资管理有限公司	社会法人股	13926.61	19.30
3	新疆维吾尔自治区技术改造投资公司	国有法人股	2070.87	2.87
4	新疆维吾尔自治区哈密地区国有资产投资经营有限公司	国有法人股	1035.44	1.43
5	新疆银星科技发展有限责任公司	社会法人股	1035.44	1.43
6	托里县花岗岩资源开发总公司	国有法人股	776.58	1.08
7	嘉峪关龙泰矿山建设有限责任公司	流通股	638.55	0.88
8	青岛港务局前港公司	流通股	506.00	0.70
9	上海华谊集团国际贸易有限公司	流通股	481.40	0.67
10	昆明天豪舞台声光工程有限公司	流通股	466.06	0.65

股东人数	2003.9	2003.6	2002	2001
	5500	5830	5876	7283

近年分配	2002年 每 10 股派 0.50 元 2001 年 每 10 股派 1.50 元	近年配股 / 增发	2002年 每 10 股配 3 股 2002 年中 每 10 股送 2 股

重大事项

公司控股子公司"新疆亚中物流商务网络有限责任公司"按照广汇美居物流园建设项目]建设资金筹措计划，向银行申请 **1.1** 亿元人民币借款，并由公司对该项借款提供信用担保：公司控股子公司新疆亚中物流商务网络有限责任公司向中国工商银行乌鲁木齐市经二路支行的 **5000** 万元和 **6000** 万元人民币一年期流动资金借款将分别于 **2003** 年 **10** 月 **30** 日和 **2003** 年 **11** 月 **14** 日到期，该公司拟在上述二项借款到期后向银行申请借款期限延长一年，公司拟为其提供信用担保。本次担保无反担保。

二〇〇二年以来市场表现

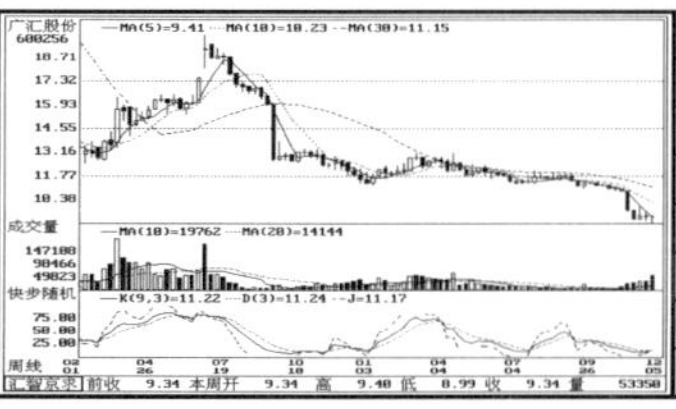

2002年涨跌幅(%)	-1.59
2002年最高(元)	16.71
2002年最低(元)	10.36
2002年换手率(%)	113.22
2003年涨跌幅(%)	-7.66
2003年最高(元)	13.10
2003年最低(元)	9.13
2003年换手率(%)	49.85

湖南洞庭水殖股份有限公司

公司概况

公司名称	湖南洞庭水殖股份有限公司		股票代码	600257	
注册地址	湖南常德市人民中路358号		邮政编码	415000	
法人代表	罗祖亮		董秘	黄新元	
电话	0736-7252796		传真	0736-7266736	
主营业务	水产品、水禽养殖、加工、销售及深度综合开发等				
总股本	7300.00	流通A	4000.00	流通B	流通H
审计单位			审计意见	未审计	

主要财务指标

年度	2003.9	2003.6	2002	2001
每股收益/扣除后(元)	0.1500	0.1190	0.4000	0.2600
每股经营现金流量(元)	0.1500	0.1660	0.3940	-0.0200
每股净资产/调整后(元)	3.3900	2.9300	3.1500	5.7400
每股公积金(元)	1.9817	1.9816	1.9658	1.9639
净资产收益率(%)	4.9870	4.1330	6.4490	4.5200
总资产(万元)	103858.79	93149.06	89774.52	59001.54
股东权益(万元)	45159.12	44975.91	44118.28	41942.04
未分配利润(万元)	4922.95	4739.74	3882.11	2214.57
主营收入(万元)	21798.89	15107.12	28665.72	16181.28
资本公积金(万元)	31407.17	31407.17	31407.17	31382.74
主营利润(万元)	5709.47	4032.13	8952.13	5794.40
其他业务利润(万元)	-28.18	-28.83	10.36	3.14
营业利润(万元)	1444.57	1217.35	3446.22	1848.04
投资收益(万元)	-1309.12	-724.08	-770.99	228.84
补贴收入(万元)	144.40		52.24	609.00
营业外收支(万元)	-23.98		183.74	215.26
利润总额(万元)	1408.10	1207.76	3411.87	2147.41
净利润(万元)	1040.84	857.63	2881.81	1895.96

十大股东

序号	股东名称	股份性质	持股数(万股)	比例(%)
1	湖南泓鑫控股有限公司	法人股	2183.00	29.91
2	安乡水产养殖有限公司	法人股	660.00	9.04
3	常德市财政局	国家股	344.80	4.72
4	中国高新投资集团公司	流通股	158.12	2.16
5	中国水产科学研究院	法人股	46.20	0.63
6	上海信隆房地产开发公司	流通股	40.00	0.55
7	常德市武陵镇信用合作社	法人股	36.00	0.49
8	常德明珠物业管理有限公司Θ	法人股	30.00	0.41
9	上海国际信托投资有限公司	流通股	26.99	0.37
10	陈玉珍	流通股	15.65	0.21

股东人数	2003.9	2003.6	2002	2001
	24096	23933	25318	29222

近年分配	近年配股/增发
2002年 每10股派1.00元 2001年 每10股派0.50元	2003年 每10股配3股

重大事项

公司与湖南亚华种业股份有限公司签订的《交叉担保框架协议书》的议案：交叉担保期限暂定2年，起始日为2003年3月10日，本协议仅适应于双方在银行贷款的担保，累计最高担保金额为6000万元。公司与亚华种业签订的交叉担保6000万元的协议为新增加数。到2003年2月28日止,公司对外担保总额累计为2.4亿元。　常德市国有资产管理局于2002年01月29日与湖南泓鑫控股有限公司签订了股份转让协议，将持有的本公司国家股1245.8万股转让给泓鑫控股，合计转让价款71633500元,鉴于机构改革后常德市国资局已并入常德市财政局,本次转让后其余的344.8万股国家股划转给常德市财政局持有。

二〇〇二年以来市场表现

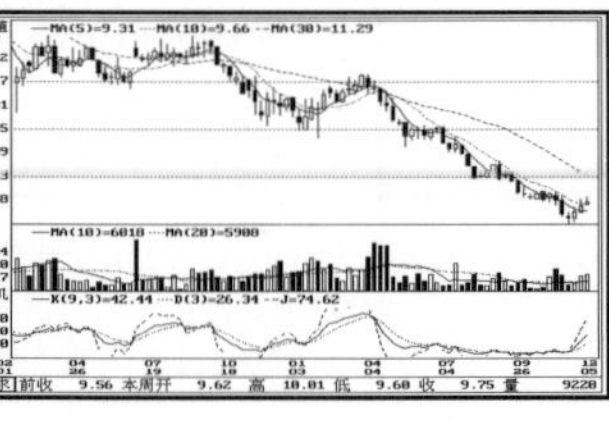

2002年涨跌幅(%)	-25.81
2002年最高(元)	20.02
2002年最低(元)	13.72
2002年换手率(%)	120.76
2003年涨跌幅(%)	-32.82
2003年最高(元)	16.48
2003年最低(元)	8.62
2003年换手率(%)	103.96

北京首都旅游股份有限公司

公司概况

公司名称	北京首都旅游股份有限公司		股票代码	600258	
注册地址	北京市西城区复兴门内大街51号		邮政编码	100031	
法人代表	刘毅		董秘	王志强	
电话	010-66014466-446		传真	010-66019471	
主营业务	酒店业、展览广告、旅游服务				
总股本	23140.00	流通A	7000.00	流通B	流通H
审计单位			审计意见	未审计	

主要财务指标

年度	2003.9	2003.6	2002	2001
每股收益/扣除后(元)	0.1010	0.0250	0.2140	0.2000
每股经营现金流量(元)	0.2730	0.1180	0.5200	0.3700
每股净资产/调整后(元)	3.2000	3.1400	3.1100	3.0200
每股公积金(元)	1.8224	1.8223	1.8222	1.7884
净资产收益率(%)	3.0800	0.8860	9.1400	11.0700
总资产(万元)	153943.19	151745.69	161535.09	110832.16
股东权益(万元)	4347.59	2667.63	2031.28	69833.04
未分配利润(万元)	4347.59	2667.63	2031.28	1378.47
主营收入(万元)	64816.54	44698.00	105997.38	120906.37
资本公积金(万元)	42169.90	42168.47	42165.77	41383.92
主营利润(万元)	64816.54	44698.00	105997.38	120906.37
其他业务利润(万元)	29.82	24.59	9.12	
营业利润(万元)	3166.42	1072.94	6824.93	5875.46
投资收益(万元)	77.15	-32.53	1171.72	4150.33
补贴收入(万元)				
营业外收支(万元)	-57.71	-11.19	-179.62	24.62
利润总额(万元)	3185.86	995.51	7817.03	10050.41
净利润(万元)	2316.31	636.35	6661.39	7732.85

十大股东

序号	股东名称	股份性质	持股数(万股)	比例(%)
1	北京首都旅游集团有限责任公司	国有法人股	16000.00	69.14
2	桂林旅游发展总公司	流通股	185.00	0.80
3	景福证券投资基金	流通股	170.28	0.74
4	上海汽车股份有限公司	流通股	94.86	0.41
5	中国经济技术投资担保有限公司	流通股	61.89	0.27
6	王福美	流通股	37.54	0.16
7	清华同方股份有限公司	法人股	35.00	0.15
8	北京市十三陵特区旅游服务开发总公司	法人股	35.00	0.15
9	中国北京全聚德集团有限责任公司	法人股	35.00	0.15
10	北京城乡贸易中心股份有限公司	法人股	35.00	0.15

股东人数	2003.9	2003.6	2002	2001
	24319	24097	26439	34808

近年分配	近年配股/增发
2002年 每10股派1.90元 2001年 每10股派2.00元	2003年 每10股配3股

重大事项

公司与北京首都旅游集团有限责任公司于2003年06月30日签订了《北京神舟国际旅行社集团有限责任公司股权转让协议》。协议约定,公司将其合法拥有的北京神舟国际旅行社集团有限责任公司32.60%的股权转让给首旅集团，交易价格为26816167.97元。　公司受让海南南山文化旅游开发有限公司74%的股权,2002年9月21日,公司与海南南山旅游发展有限公司签订了《海南南山文化旅游开发有限公司股权转让协议》,经双方协商确定,公司以1:0.976的比例受让南山公司持有的南山文化公司的74%股权,股权转让价款为33000万元。

二〇〇二年以来市场表现

2002年涨跌幅(%)	-5.91
2002年最高(元)	16.71
2002年最低(元)	12.61
2002年换手率(%)	246.92
2003年涨跌幅(%)	-42.98
2003年最高(元)	15.34
2003年最低(元)	6.72
2003年换手率(%)	140.58

海南兴业聚酯股份有限公司

公司概况

公司名称	海南兴业聚酯股份有限公司	股票代码	600259
注册地址	海南海口市港澳工业区兴业路19号	邮政编码	570314
法人代表	刘连琏	董秘	欧大潭
电话	0898-68669470	传真	0898-68664045
主营业务	聚酯产品、FDY长丝		

总股本	21340.00	流通A	9460.00	流通B		流通H	
审计单位				审计意见	未审计		

主要财务指标

年度	2003.9	2003.6	2002	2001
每股收益/扣除后(元)	0.0086	0.0060	0.0100	-0.1770
每股经营现金流量(元)	0.0560	0.1500	-0.1100	0.4300
每股净资产/调整后(元)	2.0400	2.0130	2.0480	2.0300
每股公积金(元)	1.2120	1.2120	1.2120	1.1977
净资产收益率(%)	0.4200	0.3000	0.5200	-8.5700
总资产(万元)	123834.55	118414.18	123138.14	124790.99
股东权益(万元)	44007.65	43958.35	43824.53	43411.27
未分配利润(万元)	-5719.77	-5769.08	-5902.89	-5620.51
主营收入(万元)	39120.09	25348.73	40862.95	40476.67
资本公积金(万元)	25864.21	25864.21	25864.21	25558.81
主营利润(万元)	4006.46	2212.48	4758.86	1496.38
其他业务利润(万元)	0.99			-47.78
营业利润(万元)	308.64	164.24	-1609.36	-4672.78
投资收益(万元)	-36.94			
补贴收入(万元)			1841.75	901.71
营业外收支(万元)				59.78
利润总额(万元)	271.71	164.24	232.39	-3711.29
净利润(万元)	183.12	133.81	227.86	-3721.36

十大股东

序号	股东名称	股份性质	持股数(万股)	比例(%)
1	海南华顺实业公司	国家股、国有法人股	6736.00	31.57
2	中国东方资产管理公司海口办事处	国家股	3600.00	16.87
3	海南省纺织工业总公司	国有法人股	1400.00	6.56
4	南方石油勘探开发有限责任公司	流通股	195.88	0.92
5	金元证券有限责任公司	流通股	157.12	0.74
6	中国技术进出口总公司	法人股	144.00	0.67
7	上海金陵股份有限公司	流通股	44.05	0.21
8	赵静	流通股Θ	34.09	0.16
9	孙群	流通股	32.00	0.15
10	陶炜	流通股	30.00	0.14

股东人数	2003.9	2003.6	2002	2001
	39296	38777	41463	37904

近年分配		近年配股/增发	不分配不转增

重大事项

2003年**11**月**12**日董事会决议:公司与海南华顺实业公司决定依托**16**万吨瓶级聚酯切片国债技改(贴息)项目拟设立新公司。双方于同日签订了《合资协议》。新公司名称暂定为海南隆业高新技术有限责任公司,隆业公司总投资**3.5**亿元人民币,拟注册资本为**10300**万元,其中公司投入现金**5300**万元,占注册资本的**51.46%**。隆业公司经营期限为**20**年。 公司控股子公司海南振业新合纤有限公司(乙方)、海南翔业科技开发有限公司(丙方)与海南华顺实业公司(甲方)经过友好协商,决定联营出资成立海南椰海建业贸易有限公司。三方于**2003**年**6**月**30**日签订了《联营合同》。椰海建业公司注册资本为人民币**1500**万元,甲方投入现金**675**万元,占注册资本的**45%**;乙方投入现金**750**万元,占注册资本的**50%**;丙方投入现金**75**万元,占注册资本的**5%**。椰海建业公司经营期限为**20**年。

二〇〇二年以来市场表现

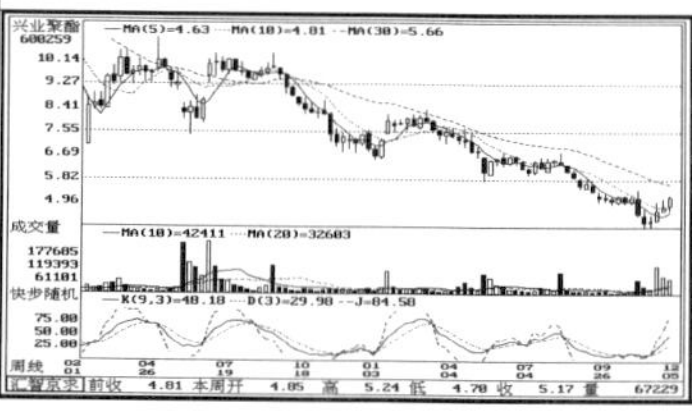

2002年涨跌幅(%)	-35.42
2002年最高(元)	11.00
2002年最低(元)	6.65
2002年换手率(%)	205.08
2003年涨跌幅(%)	-29.26
2003年最高(元)	8.34
2003年最低(元)	4.10
2003年换手率(%)	145.40

湖北凯乐新材料科技股份有限公司

公司概况

公司名称	湖北凯乐新材料科技股份有限公司	股票代码	600260
注册地址	湖北省公安县斗湖堤镇城关	邮政编码	434300
法人代表	朱弟雄	董秘	陈杰
电话	0716-5209433	传真	0716-5209433
主营业务	邮电通讯、化工建筑		

总股本	17588.00	流通A	5500.00	流通B		流通H	
审计单位				审计意见	未审计		

主要财务指标

年度	2003.9	2003.6	2002	2001
每股收益/扣除后(元)	0.1820	0.2000	0.2500	0.4900
每股经营现金流量(元)	-0.0050	0.0900	-0.3700	0.2400
每股净资产/调整后(元)	5.2200	5.1600	5.0000	4.6600
每股公积金(元)	2.7224	2.7224	2.7224	2.6600
净资产收益率(%)	4.1200	3.0000	6.0500	11.0400
总资产(万元)	115581.53	111357.29	102001.46	104860.45
股东权益(万元)	91994.13	90925.57	88199.12	82001.02
未分配利润(万元)	19889.00	18820.44	16093.99	12268.21
主营收入(万元)	32147.12	20846.60	36301.37	43084.09
资本公积金(万元)	47881.07	47881.07	47881.07	46784.00
主营利润(万元)	7677.47	5129.34	8662.28	13316.09
其他业务利润(万元)	0.11	0.11	-0.65	
营业利润(万元)	4824.40	3184.77	6166.74	9631.77
投资收益(万元)	97.61	111.67	420.53	361.68
补贴收入(万元)	500.00		880.00	
营业外收支(万元)	-23.79		47.75	533.40
利润总额(万元)	5398.23	3768.06	7515.02	10526.85
净利润(万元)	3795.01	2726.45	5334.16	9050.64

十大股东

序号	股东名称	股份性质	持股数(万股)	比例(%)
1	荆州市科达商贸投资有限公司	法人股	6770.40	38.49
2	公安县国有资产管理局	国有股	1500.00	8.53
3	湖北长信投资有限责任公司	法人股	600.00	3.41
4	北海银河高科技产业股份有限公司	法人股	300.00	1.71
5	广西银河集团有限公司	法人股	200.00	1.14
6	武汉华工创业投资有限责任公司	法人股	100.00	0.57
7	深圳市天成投资有限责任公司	法人股	100.00	0.57
8	沈阳裕鹏实业投资有限责任公司	法人股	100.00	0.57
9	东风汽车股份有限公司	流通股	68.65	0.39
10	吴潮平	流通股	48.19	0.27

股东人数	2003.9	2003.6	2002	2001
	23287	23970	19690	15012

近年分配	2001年 每10股派2.00元	近年配股/增发	不分配不转增

重大事项

公司第一大股东荆州市科达商贸投资有限公司将其持有公司的**1200**万法人股质押给中国建设银行公安县支行,用于向该行贷款,补充公司流动资金。质押期自**2003**年**4**月**7**日至**2004**年**4**月**7**日止。 **2003**年**02**月**27**日凯乐科技董事会决议:通过了将**4000**万元暂闲资金购买国债的议案:一致同意公司将**4000**万元暂闲资金购买国债,期限为**2003**年**2**月**25**日至**2003**年**12**月**27**日止。

二〇〇二年以来市场表现

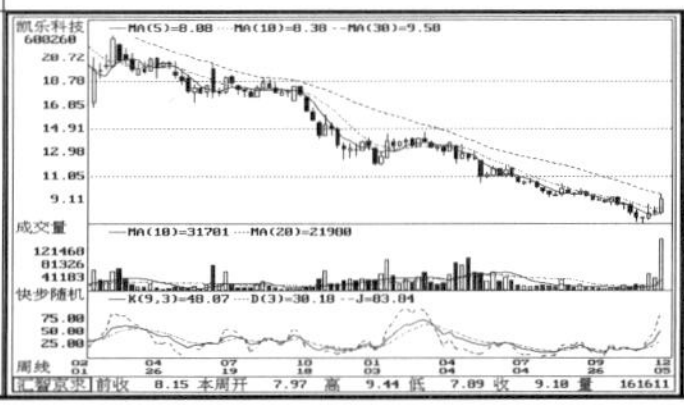

2002年涨跌幅(%)	-43.29
2002年最高(元)	22.45
2002年最低(元)	12.35
2002年换手率(%)	204.86
2003年涨跌幅(%)	-35.73
2003年最高(元)	14.58
2003年最低(元)	7.18
2003年换手率(%)	247.85

浙江阳光集团股份有限公司

公司概况

公司名称	浙江阳光集团股份有限公司		股票代码	600261	
注册地址	浙江省上虞市凤山路129号		邮政编码	312300	
法人代表	陈森洁		董秘	吴青谊	
电话	0575-2027721		传真	0575-2027720	
主营业务	照明电器、一体化电子节能灯等				
总股本	12316.00	流通A	4000.00	流通B	流通H
审计单位			审计意见	未审计	

主要财务指标

年度	2003.9	2003.6	2002	2001
每股收益/扣除后(元)	0.2900	0.1420	0.3200	0.3800
每股经营现金流量(元)	0.3300	0.2660	0.9300	0.6400
每股净资产/调整后(元)	4.8400	4.5700	4.5082	4.4000
每股公积金(元)	2.7114	2.7089	2.7087	2.7087
净资产收益率(%)	6.7400	3.3200	8.2600	11.8300
总资产(万元)	97283.40	97222.86	86806.98	76323.03
股东权益(万元)	59570.72	57434.47	55523.53	54214.52
未分配利润(万元)	9303.94	7197.89	5290.08	5148.60
主营收入(万元)	37530.67	21055.98	40449.65	58330.05
资本公积金(万元)	33393.12	33362.93	33359.80	33359.80
主营利润(万元)	10156.15	5618.89	9686.23	14371.74
其他业务利润(万元)	54.59	18.28	42.05	368.74
营业利润(万元)	5793.65	2873.64	5539.63	7497.80
投资收益(万元)	88.52	88.67	347.35	325.62
补贴收入(万元)	119.51			219.66
营业外收支(万元)	-93.63		10.41	-281.97
利润总额(万元)	5908.05	2876.99	5897.40	7761.11
净利润(万元)	4013.87	1907.82	4584.52	6415.33

十大股东

序号	股东名称	股份性质	持股数(万股)	比例(%)
1	世纪阳光控股有限公司	法人股	5312.60	43.13
2	陈森洁	发起人股	989.61	8.04
3	杭州易安投资有限公司	法人股	600.00	4.87
4	浙江桢利信息科技有限公司	法人股	350.00	2.84
5	陈吉庭	发起人股	246.15	2.00
6	叶建庆	发起人股	246.15	2.00
7	浙江省上虞市沥东镇集体资产经营公司	法人股	212.58	1.73
8	李汉军	发起人股	206.24	1.67
9	吴峰	发起人股	98.96	0.80
10	裕阳证券投资基金	流通股	76.43	0.62

股东人数	2003.9	2003.6	2002	2001
	17833	18511	18662	16660

近年分配	近年配股/增发
2002年 每10股派2.50元 2001年 每10股派1.25元	2003年 每10股配3股

重大事项

公司和浙江阳光城市照明有限公司拟按注册资本1:1的价格分别受让重庆塑皇建设(集团)有限公司持有的重庆凯光置业有限公司2873.15万元(占注册资本的47.9%)中的2273.15万元和600万元股权。经本次股权转让后,公司持有重庆凯光置业有限公司5400万元股权,占注册资本的90%。 公司于2002年12月10日与重庆塑皇建设(集团)有限公司签订联合开发项目协议。双方决定在重庆市共同出资设立重庆市阳光置业有限公司,注册资本拟为6000万元,其中公司以现金出资3126.85万元,占注册资本52.1%。

二○○二年以来市场表现

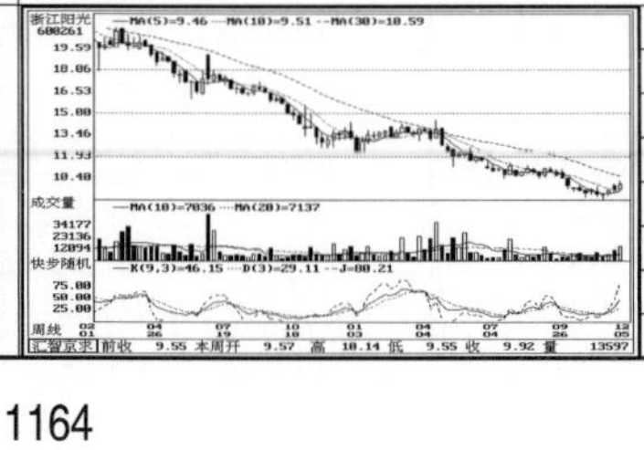

2002年涨跌幅(%)	-41.97
2002年最高(元)	21.52
2002年最低(元)	12.28
2002年换手率(%)	139.46
2003年涨跌幅(%)	-24.74
2003年最高(元)	14.20
2003年最低(元)	8.87
2003年换手率(%)	109.82

内蒙古北方重型汽车股份有限公司

公司概况

公司名称	内蒙古北方重型汽车股份有限公司		股票代码	600262	
注册地址	内蒙古包头稀土高新技术产业开发区		邮政编码	014030	
法人代表	周宝亮		董秘	张勇	
电话	0472-2207888		传真	0472-2207558	
主营业务	普通机械制造				
总股本	17000.00	流通A	5500.00	流通B	流通H
审计单位			审计意见	未审计	

主要财务指标

年度	2003.9	2003.6	2002	2001
每股收益/扣除后(元)	0.0760	0.0440	0.1770	0.0792
每股经营现金流量(元)	0.1040	0.0500	0.2345	-0.1100
每股净资产/调整后(元)	3.4400	3.4060	3.3570	3.3600
每股公积金(元)	2.1802	2.1802	2.1802	2.1802
净资产收益率(%)	0.0270	1.4890	5.0550	3.3160
总资产(万元)	100386.18	87198.77	86923.72	84434.75
股东权益(万元)	59017.32	58358.00	57488.92	57124.30
未分配利润(万元)	2062.32	1403.01	533.92	967.86
主营收入(万元)	19228.02	11407.45	26961.75	22794.60
资本公积金(万元)	37063.00	37063.00	37063.00	37063.00
主营利润(万元)	5530.74	3458.06	6450.07	4978.08
其他业务利润(万元)	-93.40	-75.24	105.09	-41.47
营业利润(万元)	1544.45	895.15	2001.31	1709.85
投资收益(万元)	57.36	51.24	1303.00	508.04
补贴收入(万元)	362.70			
营业外收支(万元)	-135.35		-91.42	39.48
利润总额(万元)	1829.17	1033.57	3212.88	2257.38
净利润(万元)	1528.40	869.09	2906.00	1894.49

十大股东

序号	股东名称	股份性质	持股数(万股)	比例(%)
1	内蒙古北方重工业集团有限公司	国有法人股	7107.00	41.80
2	特雷克斯设备有限公司	境外法人股	4278.00	25.10
3	民族证券	流通股	82.05	0.48
4	王立成	流通股	71.23	0.42
5	杭州动力	流通股	50.45	0.30
6	包头华中实业总公司	境内法人股	46.00	0.27
7	王景路	流通股	36.13	0.21
8	包头市华隆综合企业有限责任公司	境内法人股	34.50	0.20
9	包头市盛华工贸有限责任公司	境内法人股	34.50	0.20
10	于洪仁	流通股	25.04	0.15

股东人数	2003.9	2003.6	2002	2001
	27444	28036	28147	29312

近年分配	近年配股/增发
2002年 每10股派1.10元 2001年 每10股派0.40元	不分配不转增

重大事项

公司第一大股东内蒙古北方重工业集团有限公司共持有公司7107万股国有法人股,于2002年12月26日将其中的1000万股,占公司总股本的5.89%质押给兵器财务有限责任公司,为内蒙古北方重工业集团有限公司借款3000万元,质押期限为两年,从2002年12月26日至2004年12月26日止。

二○○二年以来市场表现

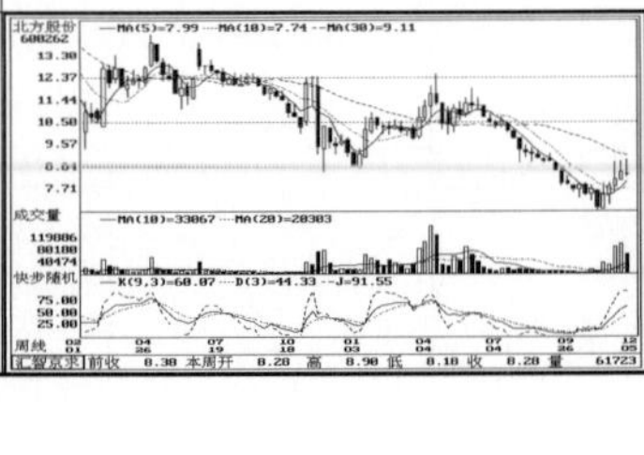

2002年涨跌幅(%)	-32.71
2002年最高(元)	14.08
2002年最低(元)	8.30
2002年换手率(%)	134.16
2003年涨跌幅(%)	-3.01
2003年最高(元)	12.39
2003年最低(元)	6.78
2003年换手率(%)	283.25

路桥集团国际建设股份有限公司

公司概况

公司名称	路桥集团国际建设股份有限公司			股票代码	600263		
注册地址	北京海淀区中关村南大街甲56#方圆大厦			邮政编码	100027		
法人代表	马国栋			董秘	蔺成新		
电话	010-64181166			传真	010-64182080		
主营业务	公种桥梁等工程总承包						
总股本	40813.30	流通A	11500.00	流通B		流通H	
审计单位				审计意见	未审计		

主要财务指标

年度	2003.9	2003.6	2002	2001
每股收益/扣除后(元)	0.0900	0.0760	0.0670	0.1100
每股经营现金流量(元)	0.1100	0.1400	0.3520	-0.5900
每股净资产/调整后(元)	3.2860	3.2600	3.3090	3.3040
每股公积金(元)	2.1068	2.1059	2.1059	2.1058
净资产收益率(%)	2.5910	2.1100	2.0150	3.2100
总资产(万元)	314487.56	317146.62	301093.25	266476.06
股东权益(万元)	141203.44	140479.27	137877.17	134863.34
未分配利润(万元)	9059.33	8370.82	5695.41	4444.50
主营收入(万元)	154213.87	90876.63	211222.36	163611.25
资本公积金(万元)	85984.98	85949.33	85947.73	85943.16
主营利润(万元)	13642.23	9292.77	13560.97	14009.98
其他业务利润(万元)	229.74	185.70	416.54	271.59
营业利润(万元)	2620.54	1906.95	-220.43	3121.06
投资收益(万元)	1456.75	1404.14	3359.38	1972.84
补贴收入(万元)	0.75			
营业外收支(万元)	-173.69		21.32	-309.01
利润总额(万元)	3904.35	3191.82	3160.26	4784.89
净利润(万元)	3659.12	2970.61	2778.07	4332.97

十大股东

序号	股东名称	股份性质	持股数(万股)	比例(%)
1	中国路桥(集团)总公司	国有股	29150.80	71.42
2	中国港湾建设(集团)总公司	流通股	793.95	1.95
3	中交第一公路勘察设计研究院	国有股	65.00	0.16
4	中交第二公路勘察设计研究院	国有股	58.50	0.14
5	京津塘高速公路北京公司	流通股	50.00	0.12
6	桑庆	流通股	45.00	0.11
7	健桥证券股份有限公司	流通股	38.93	0.10
8	中国银行—天同180指数证券投资基金	流通股	30.90	0.08
9	北京浩鸿房地产开发有限公司	流通股	27.00	0.07
10	王丽	流通股	22.64	0.06

股东人数	2003.9	2003.6	2002	2001
	65130	64577	62662	55668

近年分配	2001年 每10股派0.30元	近年配股/增发	不分配不转增

重大事项

2003年7月16日,公司控股子公司路桥华南工程有限公司(持股97.08%)收到浙江省沪杭甬高速公路拓宽工程建设指挥部发来的"浙江省重点建设工程中标通知书",通知该公司已中标沪杭甬高速公路拓宽工程概泾至大井段项目2002-116-1-4标段工程,中标价为24529.44万元。 2003年3月28日,公司收到河北省交通厅国际金融组织贷款项目办公室发来的"中标通知书",通知公司已中标青岛-银川公路冀鲁界至石家庄段高速公路土建项目施工11合同,中标价19997.43万元。

二〇〇二年以来市场表现

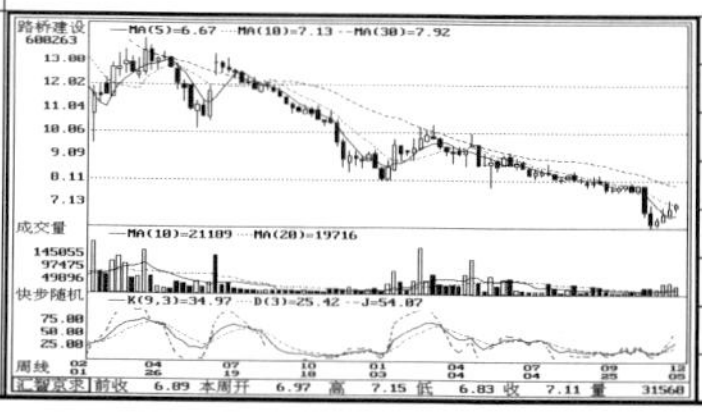

2002年涨跌幅(%)	-37.17
2002年最高(元)	13.95
2002年最低(元)	8.40
2002年换手率(%)	184.34
2003年涨跌幅(%)	-17.98
2003年最高(元)	10.38
2003年最低(元)	6.15
2003年换手率(%)	137.74

云南景谷林业股份有限公司

公司概况

公司名称	云南景谷林业股份有限公司			股票代码	600265		
注册地址	云南景谷傣族彝族自治县振兴路83号			邮政编码	666400		
法人代表	马春华			董秘	吴宁		
电话	0879-5226908			传真	0879-5228008		
主营业务	林化产品、林板、林木产品						
总股本	10500.00	流通A	4000.00	流通B		流通H	
审计单位				审计意见	未审计		

主要财务指标

年度	2003.9	2003.6	2002	2001
每股收益/扣除后(元)	0.0430	0.0400	0.2200	0.2000
每股经营现金流量(元)	-0.3000	-0.3720	0.6000	-0.5900
每股净资产/调整后(元)	2.9500	2.9600	2.8900	2.9400
每股公积金(元)	1.7266	1.7266	1.7266	1.7266
净资产收益率(%)	1.4200	1.2000	6.7300	7.3300
总资产(万元)	77455.69	68869.76	71134.71	56481.06
股东权益(万元)	33287.50	33212.42	32901.29	30892.54
未分配利润(万元)	3792.87	3717.79	3393.41	1943.14
主营收入(万元)	13258.48	8284.35	41723.61	18581.78
资本公积金(万元)	18129.44	18129.44	18129.44	18129.44
主营利润(万元)	3682.39	2429.04	7530.72	5573.01
其他业务利润(万元)	23.16	15.07	21.16	14.15
营业利润(万元)	293.65	146.38	3613.57	1901.67
投资收益(万元)	-61.71	-54.95	-60.14	82.34
补贴收入(万元)	530.09		479.85	586.23
营业外收支(万元)	-20.02		-84.21	196.24
利润总额(万元)	730.37	612.45	3949.07	2766.47
净利润(万元)	474.52	399.44	2213.65	2263.10

十大股东

序号	股东名称	股份性质	持股数(万股)	比例(%)
1	景谷林总	国家股	6132.00	58.40
2	景谷泰裕	社会法人股	133.82	1.27
3	景谷电力	国有法人股	133.82	1.27
4	景谷投资	国有法人股	66.91	0.64
5	景谷糖业	国有法人股	33.45	0.32
6	龙港咨询	流通股	24.63	0.23
7	深水咨询	流通股	20.28	0.19
8	郭道国	流通股	12.82	0.12
9	冯成刚	流通股	10.00	0.09
10	徐永祥	流通股	10.00	0.09

股东人数	2003.9	2003.6	2002	2001
	27965	28404	29358	31292

近年分配		近年配股/增发	2003年 每10股配3股

重大事项

公司以自有资金受让玉溪市新产业发展公司持有的云南玉加宝人造板有限公司75%的股权:公司于2003年8月22日与玉溪市新产业发展公司签署了《股权转让协议》,受让玉溪市新产业发展公司持有的云南玉加宝人造板有限公司75%的股权,转让总价款为4875万元人民币。本次转让成功后,公司将持有云南玉加宝人造板有限公司75%的股权。 2003年06月14日景谷林业董事会决议:同意为公司控股子公司云南云松林产工业有限公司向华夏银行昆明分行东风支行一年期4500万元人民币流动资金贷款提供担保,担保期限一年。截止公司公告刊登日,本公司除对上述云南云松林产工业有限公司贷款担保外,无对外担保金额,无逾期担保。

二〇〇二年以来市场表现

2002年涨跌幅(%)	-30.76
2002年最高(元)	15.50
2002年最低(元)	10.00
2002年换手率(%)	114.29
2003年涨跌幅(%)	-28.03
2003年最高(元)	11.46
2003年最低(元)	6.50
2003年换手率(%)	100.74

北京城建投资发展股份有限公司

公司概况

公司名称	北京城建投资发展股份有限公司			股票代码	600266	
注册地址	北京市海淀区学院南路62号			邮政编码	100029	
法人代表	刘龙华		董秘	杨运成		
电话	010-82275566-608		传真	010-82275533		
主营业务	房地产、商品房					
总股本	60000.00	流通A	15000.00	流通B		流通H
审计单位			审计意见	未审计		

主要财务指标

年度	2003.9	2003.6	2002	2001
每股收益/扣除后(元)	0.1217	0.0242	0.2352	0.2283
每股经营现金流量(元)	0.2200	-0.2910	1.5800	0.3822
每股净资产/调整后(元)	2.5671	2.6110	2.6034	2.5264
每股公积金(元)	1.1313	1.1313	1.1394	1.1289
净资产收益率(%)	5.1200	0.7700	10.0400	9.4300
总资产(万元)	875812.25	837465.12	841587.75	474409.84
股东权益(万元)	167269.45	159941.61	159200.66	151583.87
未分配利润(万元)	26721.25	19393.41	18163.92	14964.60
主营收入(万元)	172645.45	75149.24	168100.08	106411.74
资本公积金(万元)	67878.06	67878.06	68366.61	67734.87
主营利润(万元)	32282.76	11237.11	26060.67	15471.31
其他业务利润(万元)	736.06	504.52	1578.86	2369.80
营业利润(万元)	20537.76	3756.50	5349.94	9786.24
投资收益(万元)	-314.10	94.56	4753.56	8066.08
补贴收入(万元)				
营业外收支(万元)	1387.36		870.57	-12.93
利润总额(万元)	21611.03	3740.62	10974.07	17839.38
净利润(万元)	8557.33	1229.50	15985.04	14297.66

十大股东

序号	股东名称	股份性质	持股数(万股)	比例(%)
1	北京城建集团有限责任公司	国有法人股	45000.00	75.00
2	安联投资	流通股	164.24	0.28
3	中财担保	流通股	75.85	0.13
4	天同180	流通股	45.43	0.08
5	安顺证券投资基金	流通股	41.50	0.07
6	社保基金	流通股	40.02	0.07
7	华安上指	流通股	39.74	0.07
8	李增	流通股	29.60	0.05
9	柴燕	流通股	28.02	0.05
10	华鑫证券	流通股	28.01	0.05

股东人数	2003.9	2003.6	2002	2001
	92896	95563	91978	105421

近年分配	近年配股/增发
2002年 每10股派1.50元 2001年 每10股派1.30元	不分配不转增

重大事项

2003年4月30日,公司与中国农业银行亚运村支行签署了《保证合同》,为北京城建城和房地产开发有限责任公司银行借款12000万元提供担保,借款期限为一年,自2003年4月30日至2004年4月29日。2003年5月30日,公司与中国建设银行北京城市建设开发专业支行签署《保证合同》,为北京城建房地产开发有限公司银行借款6000万元提供担保,借款期限为一年,自2003年5月30日起至2004年5月29日止。2003年6月17日,公司与中国农业银行亚运村支行签署了《保证合同》,为北京城建兴华地产有限公司续贷4000万元提供担保,借款期限为一年,自2003年6月17日起至2004年6月16日止。

二〇〇二年以来市场表现

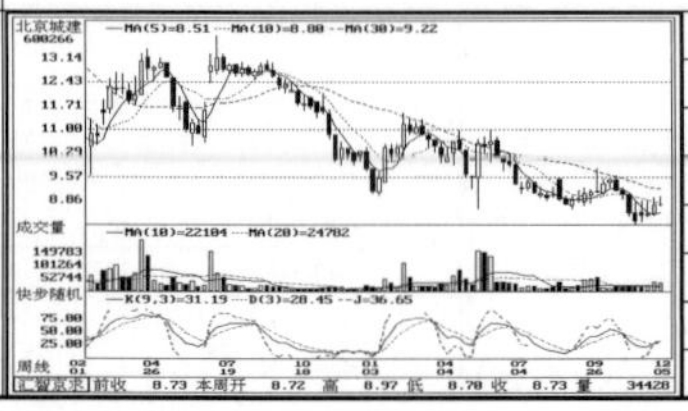

2002年涨跌幅(%)	-16.68
2002年最高(元)	13.57
2002年最低(元)	9.12
2002年换手率(%)	128.50
2003年涨跌幅(%)	-6.53
2003年最高(元)	11.33
2003年最低(元)	8.15
2003年换手率(%)	115.03

浙江海正药业股份有限公司

公司概况

公司名称	浙江海正药业股份有限公司			股票代码	600267	
注册地址	浙江省台州市椒江区外沙路46号			邮政编码	318000	
法人代表	白骅		董秘	张薇		
电话	0571-85278141		传真	0571-85270053		
主营业务	抗寄生虫药、抗肿瘤药、心血管药等					
总股本	24960.00	流通A	6400.00	流通B		流通H
审计单位			审计意见	未审计		

主要财务指标

年度	2003.9	2003.6	2002	2001
每股收益/扣除后(元)	0.4490	0.2520	0.2110	0.1920
每股经营现金流量(元)	0.8700	0.5200	0.4840	0.2770
每股净资产/调整后(元)	3.6470	3.4520	3.2020	3.0640
每股公积金(元)	1.7651	1.7651	1.7651	1.7647
净资产收益率(%)	12.1500	7.1700	6.2400	6.3500
总资产(万元)	182536.81	170808.33	157552.17	129892.20
股东权益(万元)	91353.54	86446.85	80253.06	76480.13
未分配利润(万元)	91353.54	86446.85	80253.06	3809.27
主营收入(万元)	101526.15	60990.79	76231.73	57583.23
资本公积金(万元)	44058.09	44058.09	44058.09	44047.52
主营利润(万元)	47323.82	27110.49	25943.98	19544.83
其他业务利润(万元)	46.56	24.68	76.58	237.94
营业利润(万元)	17363.33	9296.23	7118.52	5465.10
投资收益(万元)	-3.93	-4.98	198.00	198.86
补贴收入(万元)	5.25	5.25	42.50	70.00
营业外收支(万元)	-641.78		-245.77	73.22
利润总额(万元)	16722.86	9296.23	7118.52	5807.18
净利润(万元)	11100.48	6193.80	5010.36	4854.26

十大股东

序号	股东名称	股份性质	持股数(万股)	比例(%)
1	浙江海正集团有限公司	国家股	13867.46	55.56
2	国投创业投资有限公司	国有法人股	4052.54	16.24
3	三龙投资(中国)有限公司	外资法人股	240.00	0.96
4	富国动态平衡证券投资基金	流通股	121.41	0.49
5	第一创业证券有限责任公司	流通股	95.79	0.38
6	通乾证券投资基金	流通股	89.41	0.36
7	浙江英特药业有限责任公司	国有法人股	80.00	0.32
8	中国药科大学	国有法人股	80.00	0.32
9	四川抗菌素工业研究所	国有法人股	80.00	0.32
10	上海复星朝晖药业有限公司	国有法人股	8.00	0.32

股东人数	2003.9	2003.6	2002	2001
	21966	25943	27499	20824

近年分配	近年配股/增发
2002年 每10股派0.50元 2001年 每10股派1.00元	不分配不转增

重大事项

2003年06月17日公司被美国礼莱大药厂和世界卫生组织选择,并指定为全球抗多重耐药性结核病药物主要生产企业之一。公司是唯一被指定参与该联合项目的中国制药企业。公司将于明年与礼莱公司携手通过世界卫生组织向世界范围内提供抗多重耐药性结核病药物。

二〇〇二年以来市场表现

2002年涨跌幅(%)	-40.83
2002年最高(元)	15.25
2002年最低(元)	8.86
2002年换手率(%)	216.54
2003年涨跌幅(%)	43.37
2003年最高(元)	14.12
2003年最低(元)	8.62
2003年换手率(%)	293.31

国电南京自动化股份有限公司

公司概况

公司名称	国电南京自动化股份有限公司			股票代码	600268		
注册地址	南京市江宁高新技术开发区中新路			邮政编码	210003		
法人代表	江自生			董秘	邹峰		
电话	025-3710173			传真	025-3410871		
主营业务	线路保护、电力主设备保护						
总股本	11800.00	流通 A	4000.00	流通 B		流通 H	
审计单位				审计意见	未审计		

主要财务指标

年度	2003.9	2003.6	2002	2001
每股收益 / 扣除后(元)	0.1260	0.0290	0.2440	0.1210
每股经营现金流量(元)	–0.1050	–0.2930	0.9200	–0.1900
每股净资产 / 调整后(元)	3.7940	3.8050	3.7630	3.8900
每股公积金(元)	2.5725	2.5725	2.5725	2.5725
净资产收益率(%)	3.0320	0.7420	6.4200	6.2000
总资产(万元)	111507.81	107130.02	97582.04	89667.49
股东权益(万元)	48244.76	47131.53	46781.76	45902.98
未分配利润(万元)	2300.15	1186.92	837.15	1379.01
主营收入(万元)	40726.80	25368.20	52971.89	54579.17
资本公积金(万元)	30355.51	30355.51	30355.51	30355.51
主营利润(万元)	12016.70	7490.64	13874.43	470.98
其他业务利润(万元)	–8.99	–49.11	141.78	470.98
营业利润(万元)	995.81	64.83	1957.60	3142.52
投资收益(万元)	81.99	52.83	241.91	20.87
补贴收入(万元)	1309.51		1598.72	102.22
营业外收支(万元)	–20.09		–29.35	–66.50
利润总额(万元)	2367.22	830.01	3768.88	3199.11
净利润(万元)	1463.00	349.77	3003.87	3199.11

十大股东

序号	股东名称	股份性质	持股数(万股)	比例(%)
1	国家电力公司南京电力自动化设备总厂	国有法人股	7800.00	66.10
2	梁建生	流通股	17.00	0.14
3	范新棠	流通股	16.56	0.14
4	叶军	流通股	16.47	0.14
5	许再苏	流通股	14.31	0.12
6	浙江博联营养与工程科学研究所	流通股	13.97	0.12
7	王军若	流通股	11.19	0.10
8	覃斌	流通股	10.44	0.09
9	王卉洲	流通股	10.00	0.09
10	张元松	流通股	9.13	0.08

股东人数	2003.9	2003.6	2002	2001
	29072	29844	29604	30797

近年分配	近年配股/增发
2002年 每10股派1.50元 2001年 每10股派1.20元	不分配不转增

重大事项

公司决定将所持该公司**30.1%**的股份转让**15.1%**给宁波送变电建设有限公司，转让价格为**15.1%**的出资额，即**75.5**万元人民币。 根据国家电力体制改革对电力产品市场的重新规划，公司对营销体系进行了相应的调整，当期营业费用与上年同期相比有较大幅度的增长；以及公司全年生产、销售具有不均衡性方面的特点。因此，尽管公司一季度产品订货额与上年同期相比有所增长，但经初步测算，公司一季度净利润将出现较大数额的亏损。

二〇〇二年以来市场表现

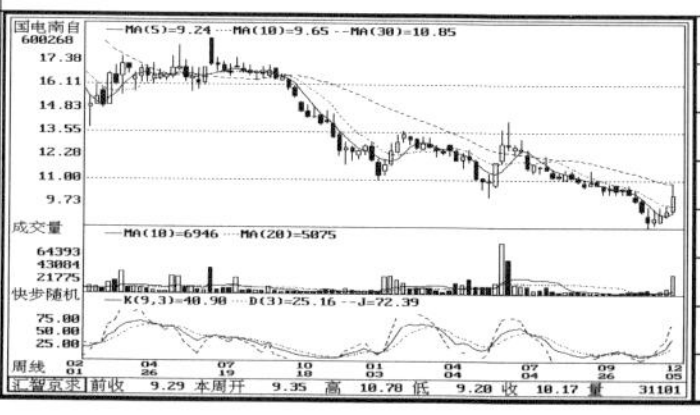

项目	数值
2002年涨跌幅(%)	–33.22
2002年最高(元)	18.51
2002年最低(元)	11.38
2002年换手率(%)	106.37
2003年涨跌幅(%)	–18.51
2003年最高(元)	14.10
2003年最低(元)	8.45
2003年换手率(%)	132.51

江西赣粤高速公路股份有限公司

公司概况

公司名称	江西赣粤高速公路股份有限公司			股票代码	600269		
注册地址	南昌市北京西路69#省府大院西二路12#			邮政编码	330046		
法人代表	吴绍明			董秘	熊长永		
电话	0791-6532505			传真	0791-3507178		
主营业务	项目融资、建设、经营						
总股本	38922.25	流通 A	15600.00	流通 B		流通 H	
审计单位				审计意见	未审计		

主要财务指标

年度	2003.9	2003.6	2002	2001
每股收益 / 扣除后(元)	0.2680	0.1900	0.4700	0.5000
每股经营现金流量(元)	0.6100	0.2600	0.6000	0.8500
每股净资产 / 调整后(元)	8.1100	8.1000	7.8700	7.4600
每股公积金(元)	6.2193	6.2193	6.2193	5.9504
净资产收益率(%)	3.4000	2.3700	6.0000	6.8100
总资产(万元)	635961.44	450620.50	451334.12	408496.84
股东权益(万元)	320457.59	317286.91	309741.81	263307.84
未分配利润(万元)	26421.15	23250.47	15705.35	8039.44
主营收入(万元)	40818.16	22474.40	46405.49	38720.14
资本公积金(万元)	212069.56	242069.56	242069.56	210050.45
主营利润(万元)	23521.52	12878.38	25965.29	23992.67
其他业务利润(万元)	22.09	9.31	11.11	35.67
营业利润(万元)	20161.08	11492.29	22927.03	22115.58
投资收益(万元)	–1743.69	232.89	620.81	667.36
补贴收入(万元)			5831.25	5708.94
营业外收支(万元)	279.53		100.49	16.58
利润总额(万元)	18696.92	11984.59	29479.58	28508.46
净利润(万元)	10715.79	7545.12	18577.07	17922.34

十大股东

序号	股东名称	股份性质	持股数(万股)	比例(%)
1	江西高速公路投资发展(控股)有限公司	国家股	23176.40	59.54
2	富国动态平衡证券投资基金	流通股	785.30	2.02
3	江西赣能股份有限公司	流通股	500.00	1.28
4	易方达平稳增长证券投资基金	流通股	283.32	0.73
5	汉博证券投资基金	流通股	245.41	0.63
6	泰阳证券有限责任公司	流通股	204.06	0.52
7	汉兴证券投资基金	流通股	159.60	0.41
8	裕阳证券投资基金	流通股	136.86	0.35
9	浙江省粮食集团有限公司	流通股	100.00	0.26
10	科汇证券投资基金	流通股	97.00	0.25

股东人数	2003.9	2003.6	2002	2001
	57784	57196	61229	63246

近年分配	近年配股/增发
2001年 每10股派2.00元	2002年 每10股配3股

重大事项

由江西高速公路投资发展(控股)有限公司、本公司和江西赣能股份有限公司三方共同投资建设的赣粤高速公路昌傅至泰和段于日前基本建成，并定于**2003**年**6**月**28**日举行通车典礼。 **2003**年**6**月**21**日，公司与江西高速公路投资发展(控股)有限公司和江西赣能股份有限公司，三方经友好协商，就共同出资建设经营赣粤高速公路昌傅至泰和段有关事项签订补充协议。三方在昌傅至泰和段高速公路项目公司中的注册资本及各方投资比例作如下调整：项目公司注册资本调减为人民币**15**亿元，其中公司投资人民币**6**亿元，占注册资本的**40%**。

二〇〇二年以来市场表现

项目	数值
2002年涨跌幅(%)	–20.49
2002年最高(元)	13.00
2002年最低(元)	9.45
2002年换手率(%)	92.98
2003年涨跌幅(%)	4.54
2003年最高(元)	12.30
2003年最低(元)	9.15
2003年换手率(%)	145.00

中外运空运发展股份有限公司

公司概况

公司名称	中外运空运发展股份有限公司	股票代码	600270
注册地址	北京市西三环北路21号久凌大厦	邮政编码	100089
法人代表	张斌	董秘	张葵
电话	010-68405635	传真	010-68405628
主营业务	物流运输		
审计单位		审计意见	未审计

总股本	流通A	流通B	流通H
54877.68	13860.00		

主要财务指标

年度	2003.9	2003.6	2002	2001
每股收益/扣除后(元)	0.5000	0.5051	0.7400	0.7541
每股经营现金流量(元)	1.0600	0.8700	1.1500	1.1170
每股净资产/调整后(元)	3.5200	5.0300	4.5500	5.0822
每股公积金(元)	1.6062	2.7094	2.7094	3.3317
净资产收益率(%)	13.6700	9.6600	15.6100	14.9000
总资产(万元)	290786.97	280952.16	255839.41	224460.52
股东权益(万元)	200931.47	192026.91	173473.77	154944.87
未分配利润(万元)	47230.80	45643.25	27090.37	162267.37
主营收入(万元)	216580.87	139891.27	226666.23	147192.48
资本公积金(万元)	88146.62	99122.16	99121.91	101576.92
主营利润(万元)	125481.50	81202.37	138045.61	91797.85
其他业务利润(万元)	972.19	663.72	951.60	1123.16
营业利润(万元)	58853.52	40157.37	55816.21	44409.25
投资收益(万元)	3245.77	1739.96	2986.18	2071.79
补贴收入(万元)				
营业外收支(万元)	114.29		-370.98	97.44
利润总额(万元)	62213.59	41983.25	58431.40	46578.48
净利润(万元)	27457.45	18552.88	27079.92	23087.86

十大股东

序号	股东名称	股份性质	持股数(万股)	比例(%)
1	中国外运股份有限公司	国有法人股	25740.00	70.36
2	中国机械进出口(集团)有限公司	国有法人股	1188.00	3.25
3	博时价值增长证券投资基金	流通股	802.42	2.52
4	同盛证券投资基金	流通股	569.10	1.53
5	裕隆证券投资基金	流通股	437.52	1.51
6	裕阳证券投资基金	流通股	357.72	1.11
7	鸿阳证券投资基金	流通股	304.47	0.76
8	北京首都旅游股份有限公司	国有法人股	264.00	0.72
9	景阳证券投资基金	流通股	247.94	0.54
10	丰和价值证券投资基金	流通股	246.09	0.51

股东人数	2003.9	2003.6	2002	2001
	22254	21228	25468	25787

近年分配	近年配股/增发
2002年 每10股派2.50元 2001年 每10股派2.00元	2002年 每10股送2股

重大事项

上海中外运国际旅行社有限公司与中国和平国际旅游有限责任公司进行股权转让的议案:同意公司将其拥有的上海中外运国际旅行社有限公司50%的股权,以人民币壹佰万元的价格,转让给中国和平国际旅游有限责任公司。 2002年12月31日董事会议通过了关于为华南分公司出具银行经济担保证明的议案:同意华南区分公司的申请,公司向中国银行广东省分行提供经济担保,以取得中国银行广东省分行,额度为人民币2000万元,期限为一年的非融资性保函服务。

二○○二年以来市场表现

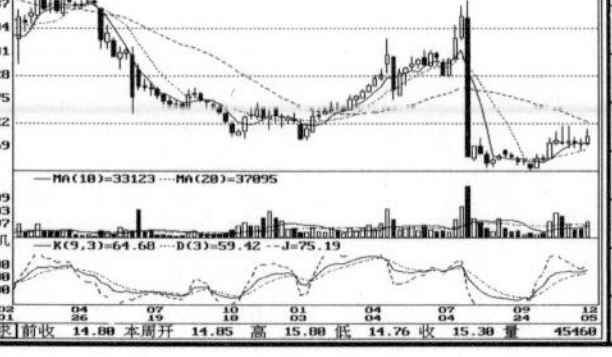

2002年涨跌幅(%)	-15.78
2002年最高(元)	13.83
2002年最低(元)	9.97
2002年换手率(%)	76.84
2003年涨跌幅(%)	42.59
2003年最高(元)	16.01
2003年最低(元)	9.90
2003年换手率(%)	106.32

航天信息股份有限公司

公司概况

公司名称	航天信息股份有限公司	股票代码	600271
注册地址	北京市海淀区中关村南三街十八号	邮政编码	100080
法人代表	夏国洪	董秘	赵炜
电话	010-82513232	传真	010-82511986
主营业务	电子及通信设备、计算机及外部设备、智能化机电产品等		
审计单位		审计意见	未审计

总股本	流通A	流通B	流通H
16200.00	4200.00		

主要财务指标

年度	2003.9	2003.6	2002	2001
每股收益/扣除后(元)	2.1600	2.7100	0.6800	0.6600
每股经营现金流量(元)	2.8900	4.1500	-0.1500	
每股净资产/调整后(元)	10.3800	5.9900	2.8600	2.3300
每股公积金(元)	6.0195	0.7070	1.1487	0.8482
净资产收益率(%)	21.1400	45.3400	28.5500	76.4600
总资产(万元)	231151.31	141887.61	83294.99	58997.88
股东权益(万元)	168085.28	71931.67	34348.04	27934.84
未分配利润(万元)	49320.48	46399.60	13783.97	10178.59
主营收入(万元)	168063.31	139981.73	102674.35	53085.55
资本公积金(万元)	97516.19	8483.46	3515.46	3496.29
主营利润(万元)	58845.27	47643.94	33158.03	16762.26
其他业务利润(万元)	2583.10	1959.94	714.67	1202.20
营业利润(万元)	38288.21	34835.37	17948.93	8770.59
投资收益(万元)	1066.52	890.34	521.91	172.84
补贴收入(万元)	669.28	55.61		
营业外收支(万元)	-71.07	-12.86	-478.46	-210.95
利润总额(万元)	39952.95	35768.46	17948.93	8770.59
净利润(万元)	35536.51	32615.62	16354.02	7976.19

十大股东

序号	股东名称	股份性质	持股数(万股)	比例(%)
1	中国航天科工集团公司	国家股	6360.00	39.26
2	航天新概念科技有限公司	国有法人股	1017.00	6.28
3	中国运载火箭技术研究院	国有法人股	995.00	6.14
4	中国长城工业总公司	国有法人股	760.00	4.69
5	中国航天科技集团公司第五研究院	国有法人股	714.00	4.41
6	中国航天海鹰机电技术研究院	国有法人股	714.00	4.41
7	北京市爱威电子技术公司	国有法人股	523.00	3.23
8	北京遥测技术研究所	国有法人股	430.00	2.65
9	北京机电工程总体设计部	国有法人股	160.00	0.99
10	哈尔滨工业大	国有法人股	160.00	0.99

股东人数	2003.9	2003.6	2002	2001
	22751	12		

近年分配	近年配股/增发
2002年 每10股派8.30元	不分配不转增

重大事项

航天信息于2003年6月26日向二级市场投资者定价配售发行4200万股人民币普通股,发行价23.04元,全面摊薄发行市盈率为16.94倍。每一个股票帐户申购数量上限为42000股,配售缴款日为2003年7月1日.募股资金运用:1)防伪税控系统升级及产业;2)IC卡应用技术研究及产业化;3)数字技术开发中心建设;4)移动卫星通讯系统产业化;5)防伪税控新弄专用票据打印机。

二○○二年以来市场表现

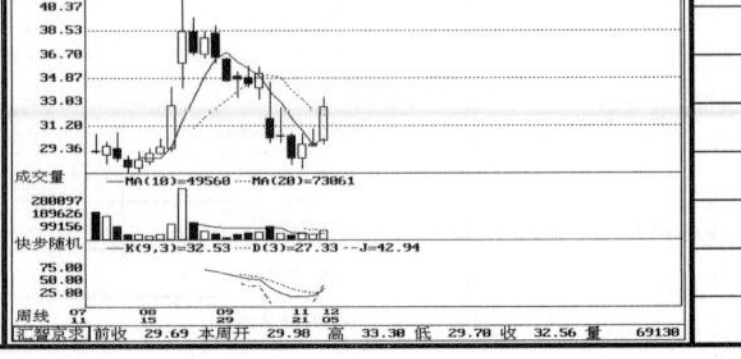

2002年涨跌幅(%)	0.00
2002年最高(元)	0.00
2002年最低(元)	0.00
2002年换手率(%)	0.00
2003年涨跌幅(%)	0.00
2003年最高(元)	42.20
2003年最低(元)	27.53
2003年换手率(%)	418.76

上海开开实业股份有限公司

公司概况

公司名称	上海开开实业股份有限公司	股票代码	600272
注册地址	上海市万航渡路888号	邮政编码	200042
法人代表	江玉森	董秘	徐笑白
电话	86-21-62127558	传真	86-21-62127558
主营业务	服装、百货、医药		

总股本	24300.00	流通A	4500.00	流通B	8000.00	流通H	
审计单位				审计意见	未审计		

主要财务指标

年度	2003.9	2003.6	2002	2001
每股收益/扣除后(元)	0.1500	0.0800	0.1950	0.1230
每股经营现金流量(元)	0.2400	0.1300	-0.0250	0.2920
每股净资产/调整后(元)	3.5730	3.5000	3.4460	3.3280
每股公积金(元)	1.8739	1.8739	1.8713	1.8709
净资产收益率(%)	4.4470	2.5350	6.0550	6.0910
总资产(万元)	207380.95	205639.52	200774.59	193717.70
股东权益(万元)	87689.26	86107.89	83959.32	80869.69
未分配利润(万元)	6180.63	4463.49	2281.02	367.90
主营收入(万元)	162304.59	97596.93	168887.59	111492.82
资本公积金(万元)	45535.79	45535.79	45472.14	45463.47
主营利润(万元)	18605.33	11664.52	18701.29	16528.42
其他业务利润(万元)	913.98	688.82	1705.47	2232.24
营业利润(万元)	5365.23	3153.96	4655.54	4161.71
投资收益(万元)	242.77	299.97	1767.96	2303.08
补贴收入(万元)	21.01	9.99	319.81	196.26
营业外收支(万元)	19.41	10.33	29.59	47.85
利润总额(万元)	5648.41	3474.24	6772.91	6708.90
净利润(万元)	3899.61	2182.47	5083.89	4925.89

十大股东

序号	股东名称	股份性质	持股数(万股)	比例(%)
1	上海开开(集团)有限公司	国家股	3509.02	14.44
2	上海九豫服饰有限公司	社会法人股	1900.00	7.82
3	上海怡邦针织品有限公司	社会法人股	1500.00	6.14
4	上海和康旅游用品有限公司	社会法人股	1100.00	4.53
5	中国石油化工股份有限公司上海石油零售分公司	社会法人股	450.00	1.85
6	上海华凯贸易发展有限公司	社会法人股	450.00	1.85
7	上海东方明珠股份有限公司	社会法人股	300.00	1.23
8	上海金兴贸易发展中心	社会法人股	300.00	1.23
9	上海建中房地产开发经营有限公司	流通A股	152.30	0.63
10	上海现代建筑设计(集团)有限公司	社会法人股	90.00	0.37

股东人数	2003.9	2003.6	2002	2001
	32561	33414	35116	55401

近年分配	2002年每10股派0.80元 2001年每10股派1.00元	近年配股/增发	不分配不转增

重大事项

公司股东上海九豫服饰有限公司和上海怡邦针织品有限公司已于2003年9月22日分别将其所持有的公司1900万股和1500万股社会法人股的股权质押给中国农业银行深圳市分行上步支行，为各自的公司取得信贷额度提供出质，质押期限自2003年9月22日至2006年9月22日。　公司与上海九百(集团)有限公司签订人民币壹亿元的互为担保协议(担保期限为二年)，协议签订日为2003年8月1日。截止到2003年8月1日公司累计对外担保额：人民币37000万元、美元2019万元，没有逾期担保。

二〇〇二年以来市场表现

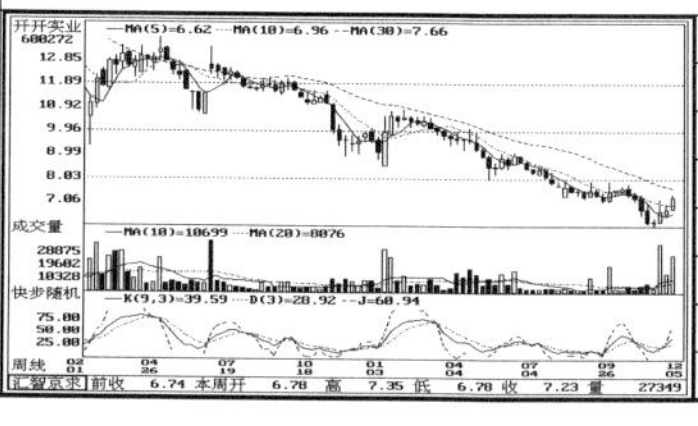

2002年涨跌幅(%)	-26.89
2002年最高(元)	13.64
2002年最低(元)	8.82
2002年换手率(%)	112.76
2003年涨跌幅(%)	-27.53
2003年最高(元)	10.74
2003年最低(元)	6.10
2003年换手率(%)	86.78

华芳纺织股份有限公司

公司概况

公司名称	华芳纺织股份有限公司	股票代码	600273
注册地址	张家港市塘桥镇人民南路1号	邮政编码	215611
法人代表	张正龙	董秘	宋满元
电话	0512-58438202	传真	0512-58441898
主营业务	针纺织品、服装制造、纺织原料销售等		

总股本	21500.00	流通A	9000.00	流通B		流通H	
审计单位				审计意见	未审计		

主要财务指标

年度	2003.9	2003.6	2002	2001
每股收益/扣除后(元)	0.0930	0.2500	0.2000	0.2100
每股经营现金流量(元)	-0.0460	0.1700		
每股净资产/调整后(元)	2.8100	2.7800		
每股公积金(元)	1.5231	1.5231		
净资产收益率(%)	3.3070	2.5200	18.5900	19.1800
总资产(万元)	74581.73	70940.72	27645.98	21418.53
股东权益(万元)	60330.10	59845.05	16587.67	13503.20
未分配利润(万元)	4696.37	4208.32	2698.52	76.72
主营收入(万元)	33875.03	21157.71	23382.02	21646.77
资本公积金(万元)	32747.58	32747.58		
主营利润(万元)	4557.14	3283.09	5667.45	4447.02
其他业务利润(万元)	139.95	82.84	17.39	57.62
营业利润(万元)	3025.33	2279.47	4641.35	3884.27
投资收益(万元)				
补贴收入(万元)			0.20	
营业外收支(万元)	-0.65		-20.59	7.09
利润总额(万元)	3024.68	2278.49	4620.96	3891.35
净利润(万元)	1994.84	1509.80	3084.47	2589.87

十大股东

序号	股东名称	股份性质	持股数(万股)	比例(%)
1	华芳集团有限公司	法人股	10000.00	46.51
2	张家港市塘桥福利毛织厂	法人股	2000.00	9.30
3	张家港市青龙铜材厂	法人股	150.00	2.09
4	长江证券有限责任公司	流通股	103.60	0.48
5	何雪萍	流通股	65.00	0.30
6	庄襄	流通股	35.94	0.17
7	王解平	流通股	35.00	0.16
8	李永强	流通股	31.79	0.15
9	张家港市塘桥开花厂	法人股	30.00	0.14
10	吕维军	流通股	20.74	0.10

股东人数	2003.9	2003.6	2002	2001
	48449	61802		

近年分配	2001年每10股派0.232元	近年配股/增发	不分配不转增

重大事项

公司拟用募集资金收购色织公司3.2万锭纺纱车间搬迁后的闲置房屋、建筑物等，用于公司募集资金投资项目——液氨整理高档面料工程技术改造项目的建设。转让房产评估的基准日为2003年7月31日。双方确认本次转让房产的价格为2139万元。同日，公司与华芳集团纺织品销售有限公司签订了《棉纱购、销合同书》：公司向纺织品销售公司购销部分半成品。双方同意，由供方每月向非关联方供货价格(不含运费)的平均值核定双方的关联交易价格。

二〇〇二年以来市场表现

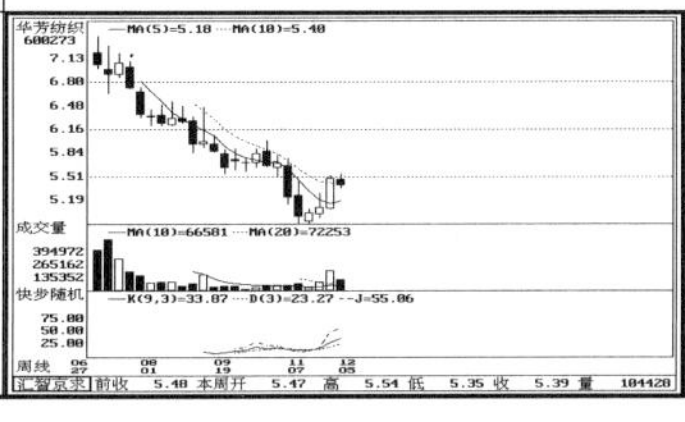

2002年涨跌幅(%)	0.00
2002年最高(元)	0.00
2002年最低(元)	0.00
2002年换手率(%)	0.00
2003年涨跌幅(%)	0.00
2003年最高(元)	7.45
2003年最低(元)	4.87
2003年换手率(%)	308.58

湖北武昌鱼股份有限公司

公司概况

公司名称	湖北武昌鱼股份有限公司	股票代码	600275
注册地址	湖北鄂州市鄂城区南浦南路特1号	邮政编码	436000
法人代表	傅小安	董秘	李 强
电话	0711-3200331	传真	0711-3200330
主营业务	化学原料药及片剂等		

总股本	44513.72	流通A	12740.00	流通B		流通H	
审计单位				审计意见	未审计		

主要财务指标

年度	2003.9	2003.6	2002	2001
每股收益/扣除后(元)	-0.0400	-0.0220	0.1521	0.2960
每股经营现金流量(元)	-0.2300	-0.2600	-0.4996	0.0540
每股净资产/调整后(元)	1.7602	2.4884	2.4802	3.0225
每股公积金(元)	0.6740	1.2936	1.3044	1.7297
净资产收益率(%)	0.2620	0.9400	4.9200	6.5600
总资产(万元)	265489.19	271812.87	264995.41	88748.81
股东权益(万元)	78571.02	79120.28	78859.24	73925.72
未分配利润(万元)	1537.71	3673.74	3069.60	5229.24
主营收入(万元)	5363.46	4120.24	57218.15	8977.78
资本公积金(万元)	30003.63	41132.06	41475.16	42304.82
主营利润(万元)	1468.11	1237.49	12779.00	3586.73
其他业务利润(万元)	1110.02	1107.90	3082.90	3586.73
营业利润(万元)	-16.25	699.78	12384.73	5762.12
投资收益(万元)	-1558.33	-1038.92	-292.97	-186.49
补贴收入(万元)	3200.00			300.00
营业外收支(万元)	-231.21		-3096.36	92.35
利润总额(万元)	1394.21	1812.38	8995.40	5967.98
净利润(万元)	206.13	739.89	3881.65	4848.94

十大股东

序号	股东名称	股份性质	持股数(万股)	比例(%)
1	北京华普产业集团有限公司	社会法人股	9220.70	29.00
2	湖北鄂州武昌鱼集团有限责任公司	国有股	8962.82	28.19
3	北京中联普拓技术开发有限公司	社会法人股	3656.48	11.50
4	海通证券有限公司	社会法人股	1537.38	4.84
5	华能国际电力股份有限公司山东分公司	社会法人股	512.45	1.61
6	鄂州市建设投资公司	国有法人股	354.00	1.10
7	上海家化联合股份有限公司	社会公众股	310.91	0.98
8	上海三标物资经营部	社会公众股	269.98	0.85
9	深圳市喜玛实业发展有限公司	社会公众股	236.00	0.74
10	上海浦东新区标三紧固件销售部	社会公众股	184.75	0.58

股东人数	2003.9	2003.6	2002	2001
	30538	28929	29852	39396

近年分配	2002年 每10股派0.50元 2001年 每10股派0.60元	近年配股/增发	不分配不转增

重大事项

北京中联普拓技术开发有限公司向华夏银行北京朝阳门支行贷款**4000**万元人民币，公司第一大股东北京华普产业集团有限公司以其持有的公司社会法人股中的**5000**万股为此贷款作质押担保。此股份在中国证券登记结算有限责任公司上海分公司办理了股份质押手续，质押期限自**2003**年**9**月**25**日至**2006**年**9**月**25**日。 湖北省鄂州市中级人民法院于**2003**年**1**月**24**日作出的民事裁定，冻结的公司第二大股东湖北鄂州武昌鱼集团有限责任公司持有公司的**500**万股股权，因双方当事人在执行中达成执行和解意见，且申请执行人中国长城资产管理公司武汉办事处申请，湖北省鄂州市中级人民法院民事裁定解冻该部分股权。

二○○二年以来市场表现

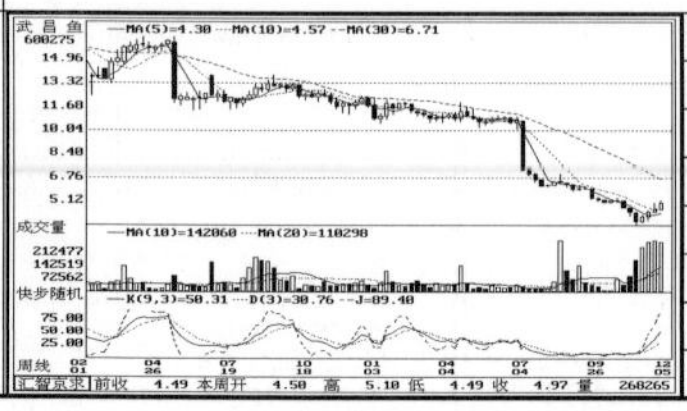

2002年涨跌幅(%)	-13.74
2002年最高(元)	9.88
2002年最低(元)	6.75
2002年换手率(%)	208.51
2003年涨跌幅(%)	-44.98
2003年最高(元)	8.63
2003年最低(元)	3.48
2003年换手率(%)	230.50

江苏恒瑞医药股份有限公司

公司概况

公司名称	江苏恒瑞医药股份有限公司	股票代码	600276
注册地址	连云港市经济技术开发区黄河路38号	邮政编码	222007
法人代表	孙飘扬	董秘	戴洪斌
电话	0518-5465745	传真	0518-5453845
主营业务	化学原料药及片剂等		

总股本	25507.20	流通A	7680.00	流通B		流通H	
审计单位				审计意见	未审计		

主要财务指标

年度	2003.9	2003.6	2002	2001
每股收益/扣除后(元)	0.2410	0.1390	0.2430	0.3820
每股经营现金流量(元)	1.8300	0.0660	0.1950	-0.1120
每股净资产/调整后(元)	3.2950	3.1870	3.0430	3.4960
每股公积金(元)	1.5478	1.5478	1.5478	1.8574
净资产收益率(%)	7.2020	4.2900	9.9700	10.9200
总资产(万元)	142129.75	140418.37	120457.58	11902.41
股东权益(万元)	85362.26	82760.19	79210.00	74306.18
未分配利润(万元)	13605.94	11003.87	7453.69	8501.05
主营收入(万元)	76088.00	49602.16	75602.55	63426.89
资本公积金(万元)	39480.66	39480.66	39480.66	39480.66
主营利润(万元)	48788.02	30669.30	46814.58	37106.97
其他业务利润(万元)	397.13	298.16	221.16	325.33
营业利润(万元)	9810.78	5913.30	10631.07	8797.54
投资收益(万元)	4.22	4.22	428.28	325.44
补贴收入(万元)	31.10		409.00	106.46
营业外收支(万元)	-127.95		-417.45	537.10
利润总额(万元)	9718.15	5804.75	11050.90	9766.55
净利润(万元)	6148.21	3550.18	7895.40	8115.51

十大股东

序号	股东名称	股份性质	持股数(万股)	比例(%)
1	连云港恒瑞集团有限公司	国有股	15852.48	62.15
2	中国医药工业公司	法人股	1782.72	6.99
3	安信证券投资基金	流通股	501.84	1.97
4	景福证券投资基金	流通股	341.83	1.34
5	华安创新证券投资基金	流通股	250.36	1.00
6	银丰证券投资基金	流通股	121.27	0.48
7	连云港市医药采购供应站	法人股	86.40	0.34
8	金泰证券投资基金	流通股	71.78	0.28
9	段宝珠	流通股	62.83	0.25
10	江苏康缘药业股份有限公司	法人股	57.60	0.23

股东人数	2003.9	2003.6	2002	2001
	21253	24357	21557	23046

近年分配	2002年 每10股派1.00元 2001年 每10股派0.50元	近年配股/增发	2001年 每10股送2股

重大事项

公司的国家股股东连云港恒瑞集团有限公司于**2003**年**03**月**22**日与连云港天宇医药有限公司签订了股权转让协议：恒瑞集团将所持本公司**69252048**股国家股协议转让给天宇医药。股权转让价格暂定为**3.1**元/股，转让价款合计为**214681340**元。本次转让完成后，天宇医药将持有公司**69252048**股社会法人股，占本公司总股本的**27.15%**，成为本公司第一大股东。

二○○二年以来市场表现

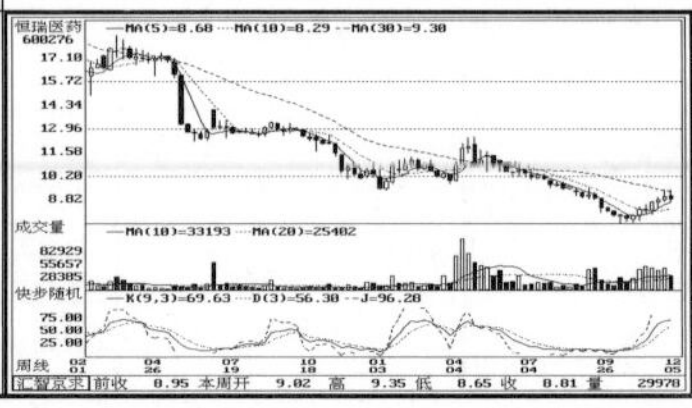

2002年涨跌幅(%)	-28.90
2002年最高(元)	15.26
2002年最低(元)	9.88
2002年换手率(%)	65.09
2003年涨跌幅(%)	-9.96
2003年最高(元)	12.35
2003年最低(元)	7.44
2003年换手率(%)	161.64

内蒙古亿利科技实业股份有限公司

公司概况

公司名称	内蒙古亿利科技实业股份有限公司			股票代码	600277		
注册地址	内蒙古鄂尔多斯市东胜区鄂尔多斯西街亿利科技大厦			邮政编码	017000		
法人代表	王瑞丰			董秘	屈增龙		
电话	0477-8372708			传真	0477-8371744		
主营业务	医药、化工、生态生物						
总股本	15800.00	流通 A	5800.00	流通 B		流通 H	
审计单位				审计意见	未审计		

主要财务指标

年度	2003.9	2003.6	2002	2001
每股收益/扣除后(元)	0.1580	0.1100	0.2300	0.1998
每股经营现金流量(元)	0.0100	0.0300	0.1900	-0.1120
每股净资产/调整后(元)	4.6500	436100.0000	4.4800	4.4120
每股公积金(元)	3.1132	3.1132	3.1132	3.1088
净资产收益率(%)	3.3460	2.3200	5.0900	4.6700
总资产(万元)	156706.06	148641.95	137344.44	97261.52
股东权益(万元)	74872.18	74087.88	72367.05	69713.08
未分配利润(万元)	7764.15	6979.85	5259.03	3354.85
主营收入(万元)	75074.28	50811.44	55942.83	22683.64
资本公积金(万元)	49188.07	49188.07	49188.07	49118.70
主营利润(万元)	11469.06	8201.78	12895.54	8163.60
其他业务利润(万元)	615.79	416.55	109.45	201.68
营业利润(万元)	3213.04	2241.34	4586.79	3652.93
投资收益(万元)	-76.82	-74.57	-8.34	
补贴收入(万元)			9.08	11.19
营业外收支(万元)	-7.50		-41.94	75.61
利润总额(万元)	3128.72	2161.40	4545.59	3739.73
净利润(万元)	2505.13	1720.73	3681.86	3256.13

十大股东

序号	股东名称	股份性质	持股数(万股)	比例(%)
1	亿利资源集团公司	国有法人股	9737.10	61.63
2	杭锦旗金田农业开发有限公司	法人股	98.60	0.62
3	伊克昭盟富强建筑安装有限公司	法人股	65.70	0.42
4	伊克昭盟崇金泓塑料制品有限公司	法人股	65.70	0.42
5	伊克昭盟亿通煤化有限责任公司	法人股	32.90	0.21
6	陈洪云	公众股	10.48	0.07
7	樊玉英	公众股	8.13	0.05
8	兴和基金	公众股	7.73	0.05
9	樊玉龙	公众股	7.50	0.05
10	史戎	公众股	7.47	0.05

股东人数	2003.9	2003.6	2002	2001
	42708	43747	44760	48548

近年分配	2001年 每10股派1.00元	近年配股/增发	2002年 每10股配3股

重大事项

公司于2002年12月5日同中信医药签订了《股权转让协议》，受让中信医药持有的信海丰园1700万元出资额，交易金额为2975万元。 2003年03月25日公司已经与亿利资源集团公司签署《资产转让协议书》，本次收购集团公司的资产是11145205.00平方米甘草基地，交易价格以评估基准日的评估价格作为本次交易的交易价格，即14685.21万元。

二〇〇二年以来市场表现

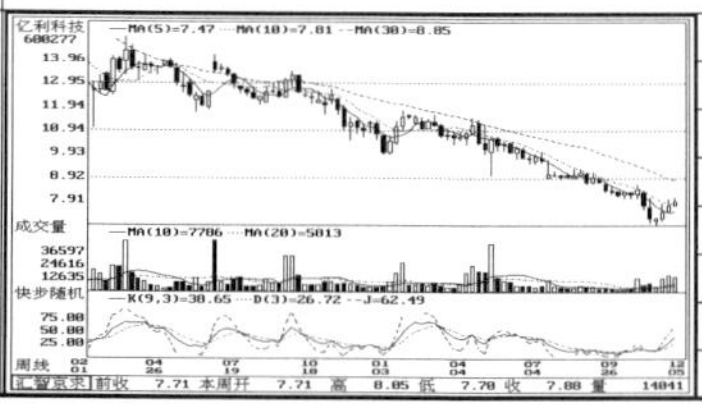

2002年涨跌幅(%)	-27.31
2002年最高(元)	14.87
2002年最低(元)	10.30
2002年换手率(%)	97.98
2003年涨跌幅(%)	-25.15
2003年最高(元)	11.75
2003年最低(元)	6.90
2003年换手率(%)	69.69

东方国际创业股份有限公司

公司概况

公司名称	东方国际创业股份有限公司			股票代码	600278		
注册地址	上海市浦东新区陆家嘴路166号			邮政编码	200336		
法人代表	汪阳			董秘	黄大瑜		
电话	021-32785521			传真	021-62784020		
主营业务	自营出口、加工补偿贸易、内销货运等						
总股本	32000.00	流通 A	8000.00	流通 B		流通 H	
审计单位				审计意见	未审计		

主要财务指标

年度	2003.9	2003.6	2002	2001
每股收益/扣除后(元)	0.1400	0.0620	0.2000	0.2000
每股经营现金流量(元)	-0.1200	-0.2530	0.0400	0.4400
每股净资产/调整后(元)	3.1100	3.0200	2.9300	2.9700
每股公积金(元)	1.7014	1.7012	1.7012	1.7011
净资产收益率(%)	4.3800	2.0000	6.5400	10.0300
总资产(万元)	218345.34	205644.70	215617.45	208102.20
股东权益(万元)	102653.37	100145.56	98146.67	94926.56
未分配利润(万元)	8401.65	5902.08	3903.20	2305.86
主营收入(万元)	230043.84	144674.00	318658.75	269856.31
资本公积金(万元)	54445.08	54436.83	54436.83	54436.39
主营利润(万元)	25662.84	15328.61	33542.46	34126.25
其他业务利润(万元)	832.95	485.31	1135.96	1204.27
营业利润(万元)	4258.36	1110.87	5667.50	5134.02
投资收益(万元)	1289.95	1475.66	2626.94	6195.81
补贴收入(万元)	325.83	314.49	607.03	1090.94
营业外收支(万元)	18.15	-3.38	70.96	-21.40
利润总额(万元)	5992.29	2923.54	8972.43	12399.36
净利润(万元)	4498.45	1998.89	6419.68	9524.50

十大股东

序号	股东名称	股份性质	持股数(万股)	比例(%)
1	东方国际(集团)有限公司	国家股	23689.05	74.03
2	上海港务局	社会公众股	619.00	1.93
3	中国银河证券有限责任公司	社会公众股	531.25	1.66
4	江苏舜天国际集团服装进出口股份有限公司	社会公众股	450.00	1.41
5	上海杨浦工贸集团有限公司	社会公众股	390.03	1.22
6	上海龙头股份有限公司	社会公众股	150.04	0.47
7	襄樊市新联融电子有限公司	社会公众股	91.87	0.29
8	李神彪	社会公众股	78.28	0.24
9	东方国际集团上海市针织品进出口有限公司	国有法人股	65.00	0.20
10	东方国际集团上海市丝绸进出口有限公司	国有法人股	65.00	0.20

股东人数	2003.9	2003.6	2002	2001
	31033	31457	35857	39103

近年分配	2002年 每10股派1.00元 2001年 每10股派1.50元	近年配股/增发	不分配不转增

重大事项

公司以自有资金追加投资东方创业澳洲贸易公司15万澳元，全资拥有东方创业澳洲贸易公司，注册资本30万澳元；以公司应收新立基国际集团有限公司账款550万元人民币，受让香港君怡酒店在上海东方君怡酒楼有限公司享有的55%的股权，公司已与香港君怡酒店签订了股权转让协议。 公司第一大股东东方国际(集团)有限公司持有公司236890500股发起人国家股，2002年2月28日东方国际将其中6634万股质押给中国银行上海分行，占公司总股本的20.73%，质押期自2002年2月28日至2003年3月4日。

二〇〇二年以来市场表现

2002年涨跌幅(%)	-27.22
2002年最高(元)	13.50
2002年最低(元)	9.40
2002年换手率(%)	99.49
2003年涨跌幅(%)	-22.46
2003年最高(元)	11.05
2003年最低(元)	5.85
2003年换手率(%)	121.80

重庆港九股份有限公司

公司概况

公司名称	重庆港九股份有限公司			股票代码	600279		
注册地址	重庆市九龙坡区盘龙镇盘龙五村113-13号			邮政编码	400051		
法人代表	张延礼			董秘	周小雄		
电话	023-63100830			传真	023-63801564		
主营业务	装卸、客货运输、商品销售						
总股本	22839.10	流通 A	8600.00	流通 B		流通 H	
审计单位				审计意见	未审计		

主要财务指标

年度	2003.9	2003.6	2002	2001
每股收益/扣除后(元)	0.0600	0.0190	0.0500	0.0930
每股经营现金流量(元)	0.1200	0.0660	0.1820	0.0830
每股净资产/调整后(元)	3.1890	3.1390	3.1020	3.1000
每股公积金(元)	1.9530	1.9530	1.9530	1.9369
净资产收益率(%)	2.6880	1.1700	3.7200	6.1600
总资产(万元)	89701.25	91087.26	80060.46	85401.98
股东权益(万元)	73829.56	72698.25	71845.61	70791.69
未分配利润(万元)	2979.84	1848.53	995.88	597.73
主营收入(万元)	8554.85	4920.42	9728.50	10296.62
资本公积金(万元)	44604.53	44604.53	44604.53	44237.12
主营利润(万元)	3206.73	1479.88	3122.49	3544.74
其他业务利润(万元)	325.81	315.77	473.23	1464.16
营业利润(万元)	1712.73	646.25	1435.78	2499.28
投资收益(万元)	363.55	211.71	1326.66	2219.86
补贴收入(万元)	225.00	150.00	300.00	300.00
营业外收支(万元)	14.51		87.36	124.04
利润总额(万元)	2315.79	1002.49	3149.80	5143.18
净利润(万元)	1983.96	852.65	2673.39	4358.24

十大股东

序号	股东名称	股份性质	持股数(万股)	比例(%)
1	重庆港务(集团)有限责任公司	国有法人股	12000.00	52.54
2	重庆市城市建设投资公司	国有法人股	2000.00	8.76
3	上海闵联投资管理有限公司	社会公众股	131.71	0.58
4	海玉公司	社会公众股	113.90	0.50
5	胜利加工	社会公众股	100.38	0.44
6	重庆铁路分局	国有法人股	91.96	0.40
7	慧强科技	社会公众股	91.73	0.40
8	成都铁路局	国有法人股	73.57	0.32
9	上海宽讯时代科技有限公司	社会公众股	61.36	0.27
10	重庆未来投资有限公司	社会公众股	49.00	0.22

股东人数	2003.9	2003.6	2002	2001
	48101	47730	46409	52567

近年分配	近年配股/增发
2002年 每10股派0.70元 2001年 每10股派1.00元	不分配不转增

重大事项

重庆港务(集团)有限责任公司转让给重庆城市建设投资公司的2000万股本公司国有法人股，已按法定程序于2003年9月26日在中国证券登记结算有限责任公司上海分公司办理完过户手续。本次股权转让后，重庆港务(集团)有限责任公司持有公司的国有法人股变更为12000万股，占公司股份总额的52.541%，仍为公司的第一大股东。重庆城市建设投资公司受让公司2000万股国有法人股后，其持有公司的国有法人股的数量占公司股份总额的8.757%，成为公司第二大股东。

二〇〇二年以来市场表现

2002年涨跌幅(%)	-13.62
2002年最高(元)	12.71
2002年最低(元)	8.50
2002年换手率(%)	129.61
2003年涨跌幅(%)	-22.31
2003年最高(元)	12.06
2003年最低(元)	7.20
2003年换手率(%)	247.46

南京中央商场股份有限公司

公司概况

公司名称	南京中央商场股份有限公司			股票代码	600280		
注册地址	南京中央商场股份有限公司			邮政编码	210005		
法人代表	胡晓军			董秘	杨学萍		
电话	025-4717725			传真	025-4707466		
主营业务	商业、房地产、科技、环保						
总股本	12126.09	流通 A	7263.66	流通 B		流通 H	
审计单位				审计意见	未审计		

主要财务指标

年度	2003.9	2003.6	2002	2001
每股收益/扣除后(元)	0.2000	0.1600	0.2500	0.2500
每股经营现金流量(元)	1.0400	0.9300	1.2600	0.4300
每股净资产/调整后(元)	3.8500	3.8100	3.7200	3.5500
每股公积金(元)	1.6622	1.6622	1.6622	1.6622
净资产收益率(%)	5.2500	4.1400	6.7100	7.9800
总资产(万元)	129804.62	124262.26	104773.04	78898.39
股东权益(万元)	47528.98	47153.01	45424.33	43102.83
未分配利润(万元)	7908.86	7532.89	5804.21	4257.61
主营收入(万元)	139789.45	96145.43	127036.83	96585.65
资本公积金(万元)	20155.60	20155.60	20155.60	20155.60
主营利润(万元)	20887.81	14326.10	20664.80	16246.83
其他业务利润(万元)	1548.05	949.22	639.46	496.85
营业利润(万元)	4096.75	2891.49	4529.23	3658.42
投资收益(万元)	98.87	60.78	83.02	403.31
补贴收入(万元)			100.00	
营业外收支(万元)	-90.27		-120.22	-66.11
利润总额(万元)	4105.34	2908.22	4592.04	3995.62
净利润(万元)	2495.63	1950.81	3049.07	3438.67

十大股东

序号	股东名称	股份性质	持股数(万股)	比例(%)
1	南京市国有资产经营(控股)有限公司	国家股	3262.43	26.90
2	南京中天投资发展有限公司	社会法人股	1393.22	11.49
3	金华市金威产权管理服务有限公司	募集法人股	362.90	2.99
4	河北省证券有限责任公司	募集法人股	242.40	2.00
5	南京斯威特新技术创业有限公司	社会法人股	206.78	1.71
6	王岩	募集法人股	114.32	0.94
7	交通银行南京分行证券营业部	募集法人股	106.48	0.88
8	中国农村发展信托投资公司北京证券业务部	募集法人股	79.88	0.66
9	南京华立康贸易有限公司	募集法人股	51.83	0.43
10	北京杰诺仕有限责任公司	募集法人股	42.49	0.35

股东人数	2003.9	2003.6	2002	2001
	28178	25465	27158	31040

近年分配	近年配股/增发
2002年 每10股派0.80元 2001年 每10股派1.00元	不分配不转增

重大事项

公司受让廖建生等23名自然人所持有的南京中商房产开发有限公司16.29%的股权、南京中央百货连锁有限公司8.95%的股权。本次股权转让按原出资额转让，分别为912万元和358万元。股权转让后，公司持有南京中商房产开发有限公司、南京中央百货连锁有限公司的股权比例分别由转让前的41.25%、61.05%上升为57.54%、70%。公司的控股子公司南京中央百货连锁有限公司于2003年1月27日与淮安市供销总社等签订了股权转让协议，以每股1元的价格受让淮安市供销总社等所持有的江苏新锦亚的股份1041.70万股，合计1041.70万元。股权转让后，子公司持有江苏新锦亚商贸股份有限公司48.04%的股权；

二〇〇二年以来市场表现

2002年涨跌幅(%)	-27.32
2002年最高(元)	14.99
2002年最低(元)	10.39
2002年换手率(%)	126.40
2003年涨跌幅(%)	-32.86
2003年最高(元)	12.47
2003年最低(元)	6.03
2003年换手率(%)	354.17

太原化工股份有限公司

公司概况

公司名称	太原化工股份有限公司	股票代码	600281
注册地址	太原市长治路工西三条2号	邮政编码	030001
法人代表	邢亚东	董秘	吴洪山
电话	0351-4181612	传真	0351-4180791
主营业务	化工产品及原料、化肥、焦炭等		

总股本	35890.60	流通A	10500.00	流通B		流通H	
审计单位				审计意见	未审计		

主要财务指标

年度	2003.9	2003.6	2002	2001
每股收益/扣除后(元)	0.0480	0.0268	0.0500	0.0830
每股经营现金流量(元)	-0.0400	-0.0600	-0.1240	0.2600
每股净资产/调整后(元)	2.8960	2.8873	2.8560	2.8610
每股公积金(元)	1.6461	1.6461	1.6461	1.6461
净资产收益率(%)	1.9500	1.1110	2.1500	3.9900
总资产(万元)	211228.41	206906.30	199656.59	198197.89
股东权益(万元)	106215.19	105346.04	104175.41	102665.48
未分配利润(万元)	8691.01	7821.86	6651.22	5504.48
主营收入(万元)	58252.94	36525.45	65245.91	71178.86
资本公积金(万元)	59078.33	59078.33	59078.33	59054.91
主营利润(万元)	10830.42	6903.61	10101.33	11932.58
其他业务利润(万元)	-520.96	-218.79	19.47	-205.87
营业利润(万元)	2113.74	1177.47	2221.48	3589.36
投资收益(万元)	23.45	16.53	-40.81	587.98
补贴收入(万元)				53.49
营业外收支(万元)	379.89		543.10	652.42
利润总额(万元)	2514.07	1441.06	2723.77	4883.25
净利润(万元)	2039.78	1170.64	2236.35	4091.06

十大股东

序号	股东名称	股份性质	持股数(万股)	比例(%)
1	太原化学工业集团有限公司	国有法人股	24552.60	67.41
2	山西永兴化工有限公司	法人股	325.29	0.91
3	上海东点房地产有限公司	法人股	220.00	0.61
4	太原双凯化工有限公司	法人股	97.59	0.27
5	太原市中都物资贸易有限公司	法人股	97.59	0.27
6	彭安伟	流通股	59.85	0.17
7	杨光英	流通股	55.82	0.16
8	刘延德	流通股	46.56	0.13
9	魏正君	流通股	41.55	0.12
10	米娜瓦尔	流通股	40.57	0.11

股东人数	2003.9	2003.6	2002	2001
	53043	54224	55927	61741

近年分配	2002年每10股派0.15元 2001年每10股派0.28元	近年配股/增发	不分配不转增

重大事项

因大股东太原化学工业集团有限公司在中国银行山西分行和太原市商业银行的担保及贷款纠纷事宜，被冻结其持有本公司的国家股分别为2090万股和1200股，期限均从2003年3月17日至2004年3月17日。 2002年12月16日，公司接到大股东太原化学工业集团有限公司转来的山西省高级人民法院协助执行通知，大股东因与光大银行欠款纠纷，被续冻其在公司股权7000万股，期限自2002年12月12日至2003年6月11日。大股东累计冻结8290万股。

二〇〇二年以来市场表现

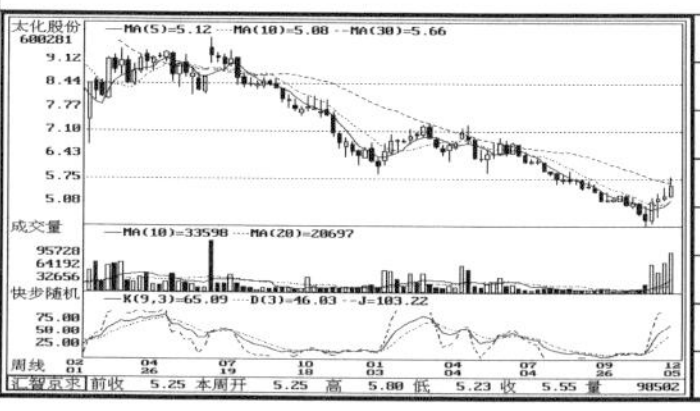

2002年涨跌幅(%)	-34.20
2002年最高(元)	9.77
2002年最低(元)	6.10
2002年换手率(%)	114.70
2003年涨跌幅(%)	-13.93
2003年最高(元)	7.27
2003年最低(元)	4.41
2003年换手率(%)	90.81

南京钢铁股份有限公司

公司概况

公司名称	南京钢铁股份有限公司	股票代码	600282
注册地址	江苏省南京市大厂区卸甲甸	邮政编码	210035
法人代表	肖同友	董秘	徐 林
电话	025-7056780	传真	025-7052184
主营业务	钢铁产品		

总股本	23020.82	流通A	15288.00	流通B		流通H	
审计单位				审计意见	未审计		

主要财务指标

年度	2003.9	2003.6	2002	2001
每股收益/扣除后(元)	0.6800	0.4000	0.4700	0.4100
每股经营现金流量(元)	0.9960	0.5890	0.4800	0.4600
每股净资产/调整后(元)	4.0500	3.7800	3.4100	3.5800
每股公积金(元)	2.2846	2.2846	2.2776	2.2771
净资产收益率(%)	3.6000	2.8300	6.8500	7.5500
总资产(万元)	221281.55	208336.55	187793.95	165226.91
股东权益(万元)	87266.13	86575.32	84361.59	82460.60
未分配利润(万元)	3777.84	3087.03	482.91	122.79
主营收入(万元)	206111.69	137923.62	205480.87	144868.94
资本公积金(万元)	52593.15	52593.15	52431.89	52420.65
主营利润(万元)	21100.47	14823.62	29629.83	25893.55
其他业务利润(万元)	708.28	444.67	1279.41	1231.49
营业利润(万元)	4605.74	3735.19	11035.97	7538.27
投资收益(万元)				
补贴收入(万元)				
营业外收支(万元)	-4167.84		-994.86	-473.47
利润总额(万元)	5329.67	4221.07	9326.76	7849.63
净利润(万元)	3138.11	2447.30	5777.37	6224.05

十大股东

序号	股东名称	股份性质	持股数(万股)	比例(%)
1	南京钢铁联合有限公司	社会法人股	35760.00	70.95
2	久嘉证券投资基金	社会法人股	167.33	0.33
3	鸿飞证券投资基金	社会法人股	100.00	0.20
4	王团峰	社会法人股	76.00	0.15
5	练军	社会法人股	66.39	0.13
6	交通银行-湘财合丰价值优化型周期类行业基金	社会法人股	64.44	0.13
7	陈小燕	社会法人股	60.34	0.12
8	中国第二十冶金建设公司	国有法人股	60.00	0.12
9	江苏冶金物资供销有限公司	国有法人股	60.00	0.12
10	中冶集团北京钢铁设计研究总院	国有法人股	60.00	0.12

股东人数	2003.9	2003.6	2002	2001
	53242	55086	64854	75286

近年分配	2002年每10股派2.00元 2001年每10股派2.00元	近年配股/增发	不分配不转增

重大事项

公司原控股股东南京钢铁集团有限公司将其所持有的公司35,760万股国家股股权作为出资投入南京钢铁联合有限公司的事宜已于2003年3月14日经江苏省人民政府有关批复批准;2003年3月27日，国家财政部批复同意南钢集团公司将其所持有的公司35,760万股国有股作为出资投入南钢联合公司后，该等股份由南钢联合公司持有，股份性质变更为社会法人股。

二〇〇二年以来市场表现

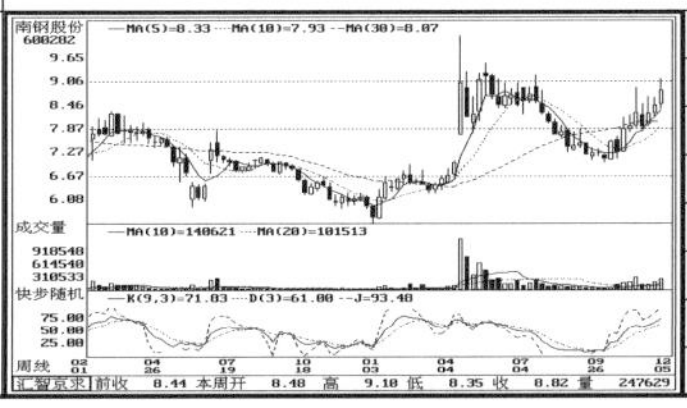

2002年涨跌幅(%)	-18.55
2002年最高(元)	7.89
2002年最低(元)	5.48
2002年换手率(%)	193.58
2003年涨跌幅(%)	53.73
2003年最高(元)	10.05
2003年最低(元)	5.28
2003年换手率(%)	510.65

钱江水利开发股份有限公司

公司概况

公司名称	钱江水利开发股份有限公司	股票代码	600283
注册地址	杭州市天目山路166号投资大厦	邮政编码	310007
法人代表	何中辉	董秘	吉清
电话	0571-87974387	传真	0571-87974400
主营业务	电力及水的生产和供应		
总股本	28533.00	流通A	8500.00
流通B		流通H	
审计单位		审计意见	未审计

主要财务指标

年度	2003.9	2003.6	2002	2001
每股收益/扣除后(元)	0.0600	0.0490	0.1800	0.1873
每股经营现金流量(元)	-0.0430	0.0001	0.3300	0.1200
每股净资产/调整后(元)	2.5800	2.5700	2.5100	2.9981
每股公积金(元)	1.8016	1.8016	1.8016	1.8013
净资产收益率(%)	2.2800	1.9160	5.6500	6.1480
总资产(万元)	114688.22	145382.45	156855.75	119161.27
股东权益(万元)	87991.49	87662.07	85982.30	85543.60
未分配利润(万元)	5127.82	4798.40	3118.63	3412.96
主营收入(万元)	17262.17	12886.33	25092.22	16488.30
资本公积金(万元)	51404.33	51404.33	51404.33	51395.68
主营利润(万元)	9944.78	7550.64	12870.58	9828.70
其他业务利润(万元)	126.66	45.03	6966.46	41.71
营业利润(万元)	2905.88	2777.21	10182.36	5509.14
投资收益(万元)	900.30	331.98	109.39	1347.44
补贴收入(万元)				50.00
营业外收支(万元)	-72.57		-508.39	-127.16
利润总额(万元)	3733.61	3047.59	9783.35	6779.41
净利润(万元)	2009.19	1679.77	4856.86	5259.27

十大股东

序号	股东名称	股份性质	持股数(万股)	比例(%)
1	水利部综合开发管理中心	国家股	6033.00	21.14
2	浙江省水利水电建设投资总公司	国有法人股	5767.00	20.21
3	浙江省水电实业公司	国有法人股	4399.00	15.42
4	嵊州市水电开发有限公司	国有法人股	3801.00	13.32
5	长江证券有限责任公司	社会公众股	55.50	0.19
6	福建省闽发证券有限公司	社会公众股	41.26	0.14
7	李国祥	社会公众股	33.00	0.12
8	合力其汗	社会公众股	25.60	0.09
9	河南北鑫实业有限公司	社会公众股	25.53	0.09
10	何达强	社会公众股	16.89	0.06

股东人数	2003.9	2003.6	2002	2001
	53630	54981	54782	61794

近年分配	近年配股/增发
2002年 每10股派1.50元 2001年 每10股派1.50元	不分配不转增

重大事项

公司控股子公司钱江硅谷控股有限责任公司并于2003年10月28日与北京新松置地投资有限公司的股东北京安赛通业科技有限公司签订股权转让合同，以人民币2250万元受让北京安赛通业科技有限公司占北京新松置地投资有限公司75%的股权资金来源为公司自有资金。北京安赛通业科技有限公司剩余的5%股份以及刘岩的15%股份、牛晓荣的15%股份一并转让给中置(北京)企业管理有限公司。

二〇〇二年以来市场表现

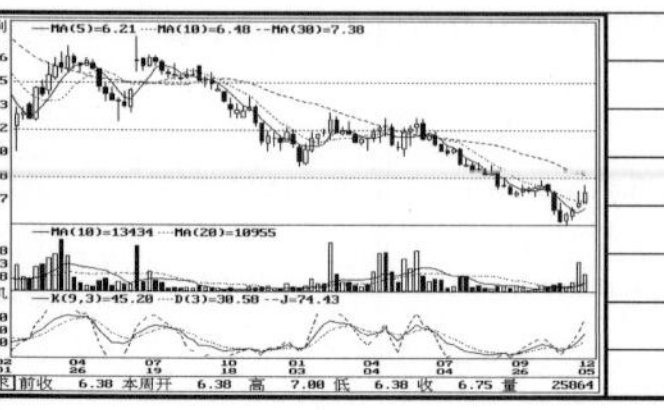

2002年涨跌幅(%)	-26.03
2002年最高(元)	12.03
2002年最低(元)	7.71
2002年换手率(%)	98.75
2003年涨跌幅(%)	-19.55
2003年最高(元)	9.36
2003年最低(元)	5.65
2003年换手率(%)	99.94

河南羚锐制药股份有限公司

公司概况

公司名称	河南羚锐制药股份有限公司	股票代码	600285
注册地址	河南省新县向阳路232号	邮政编码	465550
法人代表	熊维政	董秘	郡强
电话	0397-2973569	传真	0397-2987888
主营业务	产销膏剂、冲剂、胶囊剂		
总股本	10036.00	流通A	4000.00
流通B		流通H	
审计单位		审计意见	未审计

主要财务指标

年度	2003.9	2003.6	2002	2001
每股收益/扣除后(元)	0.0900	0.0510	0.1200	0.2100
每股经营现金流量(元)	-0.0600	-0.0800	0.6900	0.0340
每股净资产/调整后(元)	4.1700	4.1300	4.0800	4.0000
每股公积金(元)	2.7945	2.7945	2.7945	2.7943
净资产收益率(%)	2.5800	1.5600	3.1500	6.2500
总资产(万元)	73494.49	74643.27	69774.51	56037.66
股东权益(万元)	42584.30	42143.64	41487.28	40178.95
未分配利润(万元)	3545.29	3104.63	2448.28	1346.11
主营收入(万元)	14817.86	9337.28	18954.61	17217.64
资本公积金(万元)	28045.24	28045.24	28045.24	28033.57
主营利润(万元)	9994.83	6448.62	13293.79	12328.24
其他业务利润(万元)	23.88	18.17	17.55	9.10
营业利润(万元)	833.92	419.03	983.93	2321.36
投资收益(万元)	287.71	227.81	214.39	175.42
补贴收入(万元)				200.00
营业外收支(万元)	266.40		301.76	244.16
利润总额(万元)	1388.03	861.09	1500.07	2940.95
净利润(万元)	1097.01	656.36	1308.63	2510.72

十大股东

序号	股东名称	股份性质	持股数(万股)	比例(%)
1	信阳羚羊山制药厂	国有法人股	1901.34	18.95
2	上海复星医药产业发展有限公司	法人股	1509.00	15.04
3	信阳市建设投资总公司	国有法人股	663.96	6.61
4	新县鑫源贸易有限公司	法人股	603.60	6.01
5	武汉虹惠投资有限公司	外资法人股	600.00	5.98
6	香港锐星企业公司	外资法人股	524.45	5.22
7	熊维政	外资法人股	135.00	1.25
8	张军兵	个人股	108.65	1.08
9	上海国投信托投资公司	流通股	92.38	0.92
10	中国银河证券有限责任公司	流通股	76.05	0.76

股东人数	2003.9	2003.6	2002	2001
	26984	27999	27367	30552

近年分配	近年配股/增发
2001年 每10股派1.00元	不分配不转增

重大事项

公司于2003年11月10日接到第三大股东香港锐星企业公司的通知，知悉该公司与武汉虹惠投资有限公司已于2003年11月9日签署《股份转让协议》，向武汉虹惠投资有限公司转让所持有的公司外资法人股股份1124.452万股中的600万股，每股转让价格为人民币3.60元，本次股份转让的转让价款总额为人民币2160万元。转让后，武汉虹惠投资有限公司将持有公司股份600万股；转让后香港锐星企业公司仍持有公司股份524.452万股。

二〇〇二年以来市场表现

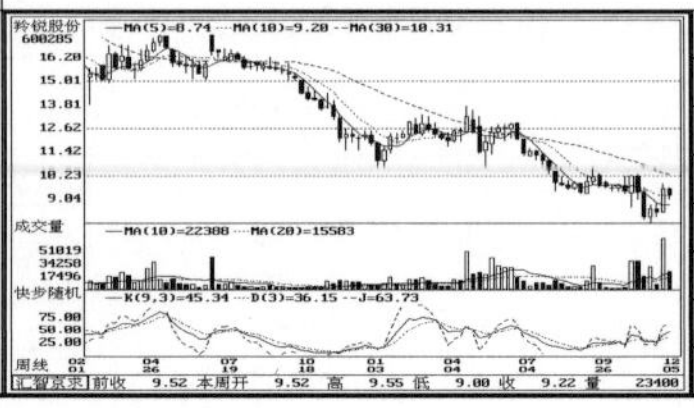

2002年涨跌幅(%)	-30.92
2002年最高(元)	17.30
2002年最低(元)	11.50
2002年换手率(%)	115.05
2003年涨跌幅(%)	-17.43
2003年最高(元)	13.70
2003年最低(元)	7.84
2003年换手率(%)	176.06

湖南国光瓷业集团股份有限公司

公司概况

公司名称	湖南国光瓷业集团股份有限公司			股票代码	600286		
注册地址	株洲市高新技术产业开发区创业服务中心A1栋3层			邮政编码	412200		
法人代表	张晓游			董秘	唐治		
电话	0731-4330333			传真	0731-4313467		
主营业务	中药、日用瓷、工艺瓷、建筑瓷						
总股本	11400.00	流通A	7512.00	流通B		流通H	
审计单位				审计意见	未审计		

主要财务指标

年度	2003.9	2003.6	2002	2001
每股收益/扣除后(元)	0.1270	0.0940	0.2020	0.2960
每股经营现金流量(元)	0.0900	0.0640	0.2520	0.4530
每股净资产/调整后(元)	3.2900	3.1400	3.0900	3.4900
每股公积金(元)	1.7878	1.7075	1.7075	2.0047
净资产收益率(%)	3.8600	2.8700	6.7400	8.4200
总资产(万元)	127173.37	124307.41	111351.43	91821.27
股东权益(万元)	37794.55	36469.12	35423.77	33150.69
未分配利润(万元)	3842.63	3432.29	2378.31	2824.61
主营收入(万元)	37446.41	23755.36	49826.45	35925.97
资本公积金(万元)	20381.40	19465.67	19465.67	19044.68
主营利润(万元)	9351.06	6480.98	13115.12	11178.27
其他业务利润(万元)	268.59	245.45	102.44	3187.63
营业利润(万元)	2312.93	1833.12	3609.78	3187.63
投资收益(万元)	3.74	-53.12	536.10	278.67
补贴收入(万元)	26.45	0.21		
营业外收支(万元)	46.38	6.86	-96.14	-34.53
利润总额(万元)	2389.50	1824.56	4049.74	3431.77
净利润(万元)	1459.34	1045.34	2377.10	2792.88

十大股东

序号	股东名称	股份性质	持股数(万股)	比例(%)
1	上海鸿仪投资发展有限公司	社会法人股	3240.00	28.42
2	株洲市财政局	国家股	360.00	3.16
3	上海群仪投资有限公司	社会法人股	64.80	0.57
4	湖南省醴陵兴业总公司	社会法人股	29.60	0.26
5	湖南省轻工业品进出口公司	社会法人股	24.00	0.21
6	醴陵市东岸橡胶防水卷材厂	社会法人股	21.89	0.19
7	方平	社会法人股	19.45	0.17
8	醴陵市人民政府仙园宾馆	社会法人股	18.00	0.16
9	醴陵市保安服务公司	社会法人股	17.40	0.15
10	安徽省信托投资公司铜陵市办事处	社会法人股	17.18	0.15

股东人数	2003.9	2003.6	2002	2001
	27401	28188	28172	24944

近年分配		近年配股/增发	2001年 每10股配3股

重大事项

上海鸿仪投资发展有限公司持有湖南国光瓷业集团股份有限公司社会法人股3240万股,占公司总股本的28.42%.2003年11月15日该公司质押在华夏银行上海分行的社会法人股492万股的股权因到期而被解除质押.2003年11月19日,该公司为了向银行借款事宜,将上述股权进行了重新质押,质押期限自2003年11月19日至2004年3月1日。 上海鸿仪投资发展有限公司持有公司社会法人股3240万股,该公司将所持公司社会法人股1148万股质押给华夏银行上海分行,质押期限自2003年5月30日至2003年11月30日。

二○○二年以来市场表现

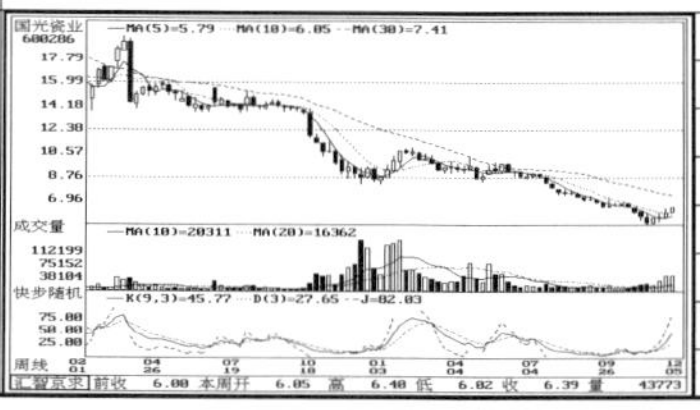

2002年涨跌幅(%)	-42.57
2002年最高(元)	16.29
2002年最低(元)	8.18
2002年换手率(%)	149.03
2003年涨跌幅(%)	-28.14
2003年最高(元)	10.95
2003年最低(元)	5.15
2003年换手率(%)	207.03

江苏舜天股份有限公司

公司概况

公司名称	江苏舜天股份有限公司			股票代码	600287		
注册地址	南京市建邺路98号			邮政编码	210004		
法人代表	董启彬			董秘	杨青峰		
电话	025-4208688-81424			传真	025-4201927		
主营业务	进出品业务						
总股本	21839.80	流通A	6123.00	流通B		流通H	
审计单位				审计意见	未审计		

主要财务指标

年度	2003.9	2003.6	2002	2001
每股收益/扣除后(元)	0.3000	0.2000	0.4100	0.6172
每股经营现金流量(元)	0.3500	0.1110	-0.1485	-0.2631
每股净资产/调整后(元)	3.6082	3.5200	3.3362	4.1243
每股公积金(元)	1.9773	1.9773	1.9773	2.5671
净资产收益率(%)	8.3600	5.7900	12.3200	17.7200
总资产(万元)	242468.09	214193.69	180730.37	148693.20
股东权益(万元)	79795.33	77663.43	73234.93	692.87
未分配利润(万元)	9771.42	7600.45	3103.97	5751.51
主营收入(万元)	284289.69	180226.59	322576.03	296089.91
资本公积金(万元)	42184.56	43184.56	43184.56	43126.34
主营利润(万元)	30458.37	20354.11	34541.26	32822.64
其他业务利润(万元)	70.59	38.61	250.45	135.30
营业利润(万元)	9340.66	6140.39	10913.64	12612.95
投资收益(万元)	265.91	260.51	1205.22	809.07
补贴收入(万元)	1363.06	935.04	953.34	809.07
营业外收支(万元)	-82.22		-421.85	272.18
利润总额(万元)	10887.42	7254.11	982.32	14946.03
净利润(万元)	6667.45	4496.48	9020.22	12274.50

十大股东

序号	股东名称	股份性质	持股数(万股)	比例(%)
1	江苏舜天国际集团有限公司	国家股	13188.30	60.39
2	江苏省纺织品进出口集团股份有限公司	法人股	512.20	2.65
3	江苏航空产业集团有限责任公司	法人股	286.00	1.31
4	中国外运江苏公司	法人股	271.70	1.24
5	江苏开元国际集团轻工业品进出口集团股份有限公司	法人股	214.50	0.98
6	中国银河证券有限责任公司	流通股	197.69	0.91
7	江苏弘业股份有限公司	法人股	143.00	0.65
8	广东省纺织品进出口集团公司	法人股	143.00	0.65
9	江苏东恒国际集团有限公司	法人股	143.00	0.65
10	江苏汇鸿国际集团有限公司	法人股	143.00	0.65

股东人数	2003.9	2003.6	2002	2001
	24894	25801	26721	27007

近年分配	2002年 每10股派2.20元 2001年 每10股派2.50元	近年配股/增发	2001年 每10股送3股

重大事项

2002年04月27日公司拟与江苏舜天国际集团有限公司、江苏舜天国际集团机械进出口股份有限公司、江苏舜天国际集团轻纺进出口有限公司、南京市雨花农工商总公司共同投资设立江苏舜天国际集团置业有限公司.该公司注册资本5000万元,公司以自有资金出资2500万元,持股50%。

二○○二年以来市场表现

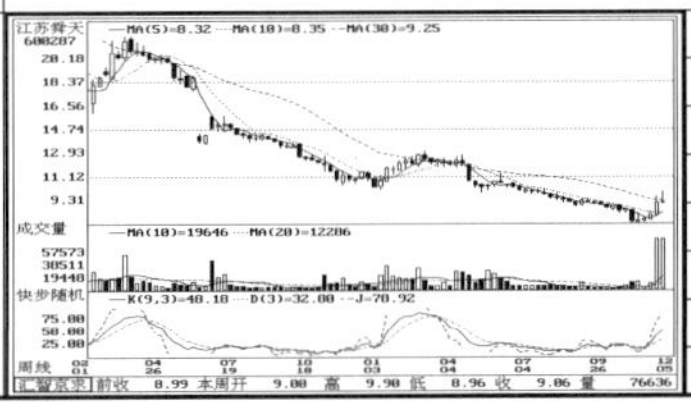

2002年涨跌幅(%)	-25.23
2002年最高(元)	16.50
2002年最低(元)	10.23
2002年换手率(%)	102.24
2003年涨跌幅(%)	-14.05
2003年最高(元)	12.77
2003年最低(元)	7.50
2003年换手率(%)	101.46

大恒新纪元科技股份有限公司

公司概况

公司名称	大恒新纪元科技股份有限公司			股票代码	600288		
注册地址	北京中关村大街 22 号中科大厦 11 层			邮政编码	100080		
法人代表	张家林			董秘	严宏深		
电话	010-62628443			传真	010-62628384		
主营业务	信息技术及办公自动化、光机电一体化						
总股本	21000.00	流通 A	7500.00	流通 B		流通 H	
审计单位				审计意见	未审计		

主要财务指标

年度	2003.9	2003.6	2002	2001
每股收益/扣除后(元)	0.1220	0.0870	0.2196	0.3005
每股经营现金流量(元)	0.1300	–0.1600	0.4100	–0.0900
每股净资产/调整后(元)	3.5200	3.4700	3.3800	4.8100
每股公积金(元)	1.7993	1.7993	1.7942	3.0650
净资产收益率(%)	3.5800	2.6300	6.4700	6.9400
总资产(万元)	150076.12	144767.12	135207.94	125198.41
股东权益(万元)	73977.17	73258.53	71222.47	67302.84
未分配利润(万元)	10539.86	9821.23	7893.37	6764.23
主营收入(万元)	156378.14	87605.18	169574.64	134730.98
资本公积金(万元)	37785.46	37785.46	37678.37	42910.57
主营利润(万元)	13833.10	9115.92	18431.53	16668.52
其他业务利润(万元)	907.88	716.10	1422.56	803.76
营业利润(万元)	3298.47	2263.90	5609.30	5025.27
投资收益(万元)	350.90	311.75	467.99	1281.91
补贴收入(万元)	143.67	55.41	139.28	108.08
营业外收支(万元)	–28.07		–3.00	429.96
利润总额(万元)	3764.97	2631.12	6213.58	6845.22
净利润(万元)	2646.50	1927.86	4610.36	4673.63

十大股东

序号	股东名称	股份性质	持股数(万股)	比例(%)
1	中国新纪元有限公司	国有法人股	9000.00	42.86
2	中国华星汽车贸易(集团)公司	国有法人股	4500.00	21.43
3	中国银河证券有限责任公司	流通股	73.24	0.35
4	上海财政证券公司	流通股	42.40	0.20
5	北京翔智医药科技开发有限公司	流通股	23.94	0.11
6	陈荣春	流通股	22.16	0.11
7	王晋中	流通股	16.95	0.08
8	王恒林	流通股	16.16	0.08
9	杨夏兵	流通股	16.13	0.08
10	张贤妹	流通股	13.95	0.70

股东人数

2003.9	2003.6	2002	2001
43650	43373	44383	48573

近年分配	近年配股/增发
2002年 每 10 股派 1.00 元 2001 年 每 10 股派 1.00 元	不分配不转增

重大事项

公司与宁波明昕微电子股份有限公司于 2003 年 9 月 7 日签署了《增资合同书》，公司同意以自有资金人民币 6601.96 万元认购宁波明昕微电子股份有限公司新增股本 4920.59 万股，占该公司总股本的 33.69%，增资完成后公司成为该公司第一大股东。 公司第二大股东中国华星汽车贸易(集团)公司已将持有公司的国有法人股 2250 万股，占总股本的 10.7%，办理了质押的有关手续，向交通银行北京分行海淀新技术产业开发区实验区支行取得伍仟万元人民币贷款，质押期 2003 年 1 月 23 日至 2004 年 4 月 23 日。

二〇〇二年以来市场表现

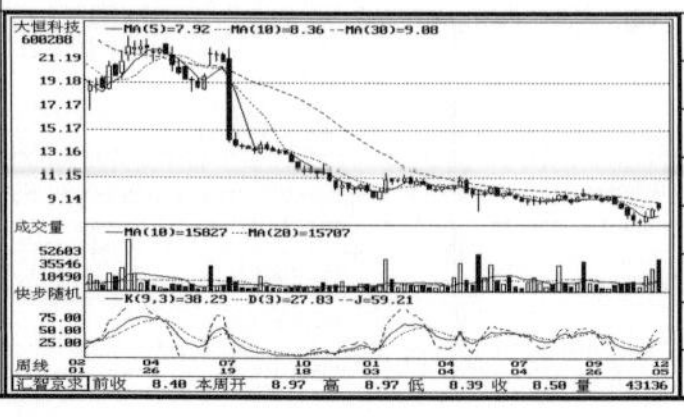

2002年涨跌幅(%)	-32.46
2002年最高(元)	15.30
2002年最低(元)	9.43
2002年换手率(%)	77.30
2003年涨跌幅(%)	-11.86
2003年最高(元)	11.35
2003年最低(元)	7.13
2003年换手率(%)	92.27

亿阳信通股份有限公司

公司概况

公司名称	亿阳信通股份有限公司			股票代码	600289		
注册地址	哈尔滨高新技术产业开发区 1 号楼			邮政编码	150090		
法人代表	邓伟			董秘	郭士斌		
电话	010-82666789			传真	010-88140589		
主营业务	软硬件销售、技术服务、商品销售						
总股本	10589.00	流通 A	4000.00	流通 B		流通 H	
审计单位				审计意见	未审计		

主要财务指标

年度	2003.9	2003.6	2002	2001
每股收益/扣除后(元)	0.5700	0.5300	0.7660	0.8810
每股经营现金流量(元)	0.4700	0.2500	1.3360	2.2100
每股净资产/调整后(元)	9.5000	9.2700	8.7960	8.3900
每股公积金(元)	6.4436	6.4431	6.3956	6.3933
净资产收益率(%)	6.9500	5.0500	7.2500	8.2700
总资产(万元)	149444.53	144172.84	138738.91	136521.12
股东权益(万元)	100879.23	98849.81	93357.43	88870.68
未分配利润(万元)	16918.53	14895.14	9904.79	6509.21
主营收入(万元)	41034.32	26974.06	48337.50	62037.71
资本公积金(万元)	65231.52	38225.48	67723.45	67698.44
主营利润(万元)	16110.14	9925.88	21808.82	21753.69
其他业务利润(万元)			190.78	289.57
营业利润(万元)	7001.85	4338.17	11248.42	10403.45
投资收益(万元)	–276.92	–186.90	–863.54	5.00
补贴收入(万元)	1827.26	1827.26	89.38	57.46
营业外收支(万元)	–999.56		–1436.19	–755.27
利润总额(万元)	7552.63	5327.50	9038.08	9710.64
净利润(万元)	7013.74	4990.35	6767.44	7345.32

十大股东

序号	股东名称	股份性质	持股数(万股)	比例(%)
1	亿阳集团有限公司	法人股	5144.04	48.58
2	哈尔滨市光大电脑有限公司	法人股	7252.48	3.82
3	哈尔滨现代设备安装有限公司	法人股	375.69	3.55
4	北京市北邮通信技术公司	法人股	202.29	1.91
5	北京北邮新大科技开发公司	法人股	144.50	1.36
6	丰和价值证券投资基金	流通股 q	59.04	0.56
7	薛镇基	流通股	50.31	0.48
8	维维乳业	流通股	45.03	0.43
9	嘉实成长收益型证券投资基金	流通股	33.49	0.32
10	孔晓红	流通股	28.60	0.27

股东人数

2003.9	2003.6	2002	2001
26401	27851	31883	35532

近年分配	近年配股/增发
2002年 每 10 股派 2.00 元 2001 年 每 10 股派 2.00 元	不分配不转增

重大事项

公司将为铁通华夏电信有限责任公司在银行贷款提供不可撤销的担保，担保额度为 4600 万元，担保期限为 2003 年 3 月 28 日至 2004 年 3 月 27 日，担保协议于 2003 年 3 月 28 日签订。完成本次担保后，公司累计对外担保金额为 4600 万元人民币。公司没有逾期担保。 公司控股股东亿阳集团有限公司将其持有的公司 5144 万股法人股中的 1440 万股质押给交通银行哈尔滨分行开发区支行，为亿阳集团贷款提供质押担保。质押期限为 2002 年 12 月 16 日至 2003 年 12 月 23 日。

二〇〇二年以来市场表现

2002年涨跌幅(%)	-28.27
2002年最高(元)	31.70
2002年最低(元)	19.12
2002年换手率(%)	113.90
2003年涨跌幅(%)	24.07
2003年最高(元)	27.70
2003年最低(元)	19.88
2003年换手率(%)	102.51

苏福马股份有限公司

公司概况

公司名称	苏福马股份有限公司	股票代码	600290
注册地址	江苏苏州市新区何山花园 8 幢 103 室	邮政编码	215003
法人代表	蒋祖辉	董秘	胡其新
电话	0512-37513621	传真	0512-67513633
主营业务	人造板机械、叉车、刀片		
总股本	17430.00	流通 A 6300.00	流通 B / 流通 H
审计单位		审计意见	未审计

主要财务指标

年度	2003.9	2003.6	2002	2001
每股收益 / 扣除后(元)	0.0640	0.0400	0.0600	0.1300
每股经营现金流量(元)	0.1900	0.3290	0.0500	-0.1900
每股净资产 / 调整后(元)	1.2300	1.2000	1.6600	2.6100
每股公积金(元)	0.1859	0.1859	0.6603	1.4872
净资产收益率(%)	4.6200	3.1500	4.5800	5.8000
总资产(万元)	58481.44	55755.12	48494.53	41810.74
股东权益(万元)	23244.20	22904.48	22183.92	21688.76
未分配利润(万元)	1902.00	1562.28	841.72	525.71
主营收入(万元)	20718.61	13094.01	21860.98	15053.97
资本公积金(万元)	3240.36	3240.36	8220.36	12343.77
主营利润(万元)	5953.45	3690.79	6021.80	331.74
其他业务利润(万元)	321.46	292.66	402.83	331.74
营业利润(万元)	1243.70	840.61	963.35	1430.53
投资收益(万元)	8.02	10.29	424.02	224.14
补贴收入(万元)				
营业外收支(万元)	-31.73	-25.68	-40.65	-26.72
利润总额(万元)	1219.99	825.22	1346.73	1627.95
净利润(万元)	1073.27	720.56	1017.11	1258.01

十大股东

序号	股东名称	股份性质	持股数(万股)	比例(%)
1	中国福马林业机械集团有限公司	国有法人股	10402.29	59.68
2	东北证券有限责任公司	流通股	809.55	4364.00
3	泸天化天兴复合肥厂	流通股	398.39	2.29
4	长春顺源经济发展有限公司	流通股	321.86	1.85
5	吴江电子仪器厂	社会法人股	257.80	1.48
6	南通华晶物资有限公司	流通股	244.99	1.41
7	上海康维科技发展有限公司	流通股	192.54	1.10
8	吉林省高新技术产业发展投资担保有限公司	流通股	192.02	1.10
9	吴县市黄桥林机配套厂	社会法人股	163.17	0.94
10	吴县市冷作二厂	社会法人股	143.58	0.82

股东人数	2003.9	2003.6	2002	2001
	7433	7528	7319	9647

近年分配	2002年 每 10 股派 0.30 元 2001 年 每 10 股派 0.80 元	近年配股 / 增发	不分配不转增

重大事项

公司 **2003** 年 **11** 月 **26** 日董事会通过增持(收购)江苏福鑫木业有限公司 **39%** 股权的议案：同意以自有资金 **1170** 万元受让江苏长江润发集团有限公司持有的江苏福鑫木业有限公司 **39%** 的股权，使公司持有江苏福鑫木业有限公司的股权比例增持到 **80%**，并追加投资额 **390** 万元，两项出资额合计 **1560** 万元。

二〇〇二年以来市场表现

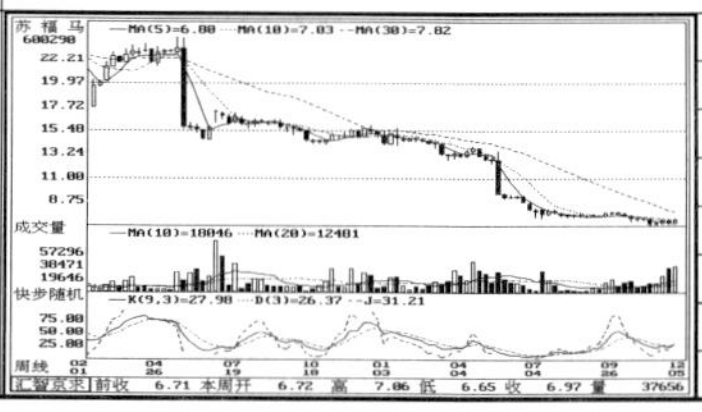

2002年涨跌幅(%)	-3.40
2002年最高(元)	12.36
2002年最低(元)	8.32
2002年换手率(%)	117.68
2003年涨跌幅(%)	-37.87
2003年最高(元)	11.19
2003年最低(元)	6.51
2003年换手率(%)	107.22

内蒙古西水创业股份有限公司

公司概况

公司名称	内蒙古西水创业股份有限公司	股票代码	600291
注册地址	内蒙古乌海市	邮政编码	016032
法人代表	胡佃平	董秘	白雪峰
电话	0473-4663855	传真	0473-4663855
主营业务	建材		
总股本	16000.00	流通 A 6000.00	流通 B / 流通 H
审计单位		审计意见	未审计

主要财务指标

年度	2003.9	2003.6	2002	2001
每股收益 / 扣除后(元)	0.2830	0.1340	0.2210	0.1800
每股经营现金流量(元)	-0.0700	-0.3800	0.6000	0.2300
每股净资产 / 调整后(元)	3.6200	3.5700	3.4900	3.4100
每股公积金(元)	2.1590	2.1590	2.1590	2.1588
净资产收益率(%)	7.3800	3.4400	6.0300	4.6800
总资产(万元)	124071.72	120596.83	114087.18	94794.16
股东权益(万元)	62737.15	60177.05	58107.30	54597.10
未分配利润(万元)	9439.63	6906.28	4836.48	2459.10
主营收入(万元)	49722.28	28558.33	47927.88	22726.04
资本公积金(万元)	34543.99	34543.94	34543.99	34540.14
主营利润(万元)	10369.30	5951.85	10356.06	11084.02
其他业务利润(万元)	217.42	163.64	75.70	108.00
营业利润(万元)	4472.82	2512.32	3996.31	4036.03
投资收益(万元)	770.00			-8.93
补贴收入(万元)	245.22	19.61		
营业外收支(万元)	-90.72	71.76	-34.93	-240.08
利润总额(万元)	5397.32	2460.17	3961.38	3787.02
净利润(万元)	4629.85	2069.81	3506.34	2557.83

十大股东

序号	股东名称	股份性质	持股数(万股)	比例(%)
1	乌海市国有资产管理局	国家股	2653.20	16.58
2	内蒙古乌海西卓子山第三产业开发公司	法人股	2253.00	14.08
3	上海德莱科技有限公司	法人股	2192.80	13.70
4	内蒙古乌海西卓子山建筑安装公司	法人股	1447.00	9.04
5	北京新天地互动多媒体技术有限公司	法人股	1421.00	8.88
6	乌海市工业设计研究所	法人股	33.00	0.21
7	上海证券有限责任公司	法人股	24.47	0.15
8	吴昌玲	法人股	17.84	0.11
9	浙江金绫股份有限公司	法人股	12.50	0.08
10	戴小莹	法人股	10.74	0.07

股东人数	2003.9	2003.6	2002	2001
	37837	38333	38974	40771

近年分配	2001年 每 10 股派 0.35 元	近年配股 / 增发	2003年 每 10 股配 3 股

重大事项

公司第一大股东乌海市国有资产管理局持有的国有股权 **4846** 万股中的 **21928032** 股已于 **2002** 年 **9** 月 **16** 日的股权专场拍卖会上以每股 **3.44** 元的价格全部拍卖成交。股权过户手续正在办理之中。受买方为上海德莱科技有限公司，此次拍卖成交，上海德莱科技有限公司所购股份占公司总股份的 **13.71%**，成为公司的第三股东。

二〇〇二年以来市场表现

2002年涨跌幅(%)	-30.09
2002年最高(元)	13.31
2002年最低(元)	9.10
2002年换手率(%)	119.31
2003年涨跌幅(%)	-11.06
2003年最高(元)	10.43
2003年最低(元)	6.45
2003年换手率(%)	130.26

重庆九龙电力股份有限公司

公司概况							
公司名称	重庆九龙电力股份有限公司			股票代码	600292		
注册地址	重庆市高新技术产业开发区九龙园区盘龙村113号			邮政编码	400051		
法人代表	田勇			董秘	黄青华		
电话	023-68637303			传真	023-68635244		
主营业务	电力生产、销售;环保设备的开发与应用等						
总股本	16725.00	流通A	6000.00	流通B		流通H	
审计单位				审计意见	未审计		

主要财务指标

年度	2003.9	2003.6	2002	2001
每股收益/扣除后(元)	0.2500	0.2230	0.3780	0.3430
每股经营现金流量(元)	0.0400	-0.0400	0.5670	0.8400
每股净资产/调整后(元)	4.9920	4.9320	4.6970	4.7000
每股公积金(元)	2.7606	2.7606	2.7606	2.7605
净资产收益率(%)	5.9100	4.7800	8.9150	9.6300
总资产(万元)	195285.11	161487.91	152959.86	107064.02
股东权益(万元)	83823.51	82828.21	78867.89	78525.56
未分配利润(万元)	14736.34	13741.04	9780.73	10958.22
主营收入(万元)	28864.82	19539.17	40519.62	31381.71
资本公积金(万元)	46170.66	46170.66	46170.66	46169.20
主营利润(万元)	8153.09	5993.80	12190.68	9086.69
其他业务利润(万元)	42.90	27.30	23.64	135.87
营业利润(万元)	5956.08	4689.79	8268.27	6836.87
投资收益(万元)	-150.88	-86.76	52.80	2523.57
补贴收入(万元)	109.50			
营业外收支(万元)	150.51	108.07	92.25	-297.44
利润总额(万元)	6065.22	4711.10	8413.33	9062.99
净利润(万元)	4955.61	3960.31	7030.88	7561.21

十大股东

序号	股东名称	股份性质	持股数(万股)	比例(%)
1	重庆市电力公司	国有法人股	4429.10	26.48
2	重庆市建设投资公司	国有法人股	3000.00	17394.00
3	中国电力投资集团公司	法人股	1808.10	10.81
4	松藻矿务局	法人股	300.00	1.79
5	重庆珞电实业有限责任公司	法人股	200.00	1.20
6	重庆铁路投资开发有限责任公司	法人股	200.00	1.20
7	天府矿务局	国有法人股	200.00	1.20
8	南桐矿务局	法人股	200.00	1.20
9	重庆煤炭工业公司	国有法人股	200.00	1.20
10	海通证券有限公司	流通股	163.71	0.98

股东人数	2003.9	2003.6	2002	2001
	34431	34780	36354	42544

近年分配	近年配股/增发
2002年 每10股派4.00元 2001年 每10股派2.00元	不分配不转增

重大事项

公司于2003年10月10日刊登公告:公司持有的重庆远达环保(集团)有限公司股份1967万股转让给中国电力投资集团公司。2003年10月8日公司收到最终与中国电力投资集团公司签订的《股权转让协议》,协议约定中国电力投资集团公司应当于2003年12月31日前以现金方式将全部转让价款共计人民币24154760元整支付给公司。 2003年08月26日重庆九龙电力股份有限公司第一大股东重庆市电力公司持有的公司股份44291000股将无偿转让给公司第三大股东中国电力投资集团公司.转让后,重庆市电力公将不再持有公司股份,而中国电力投资集团公司将成为公司第一大股东。

二〇〇二年以来市场表现

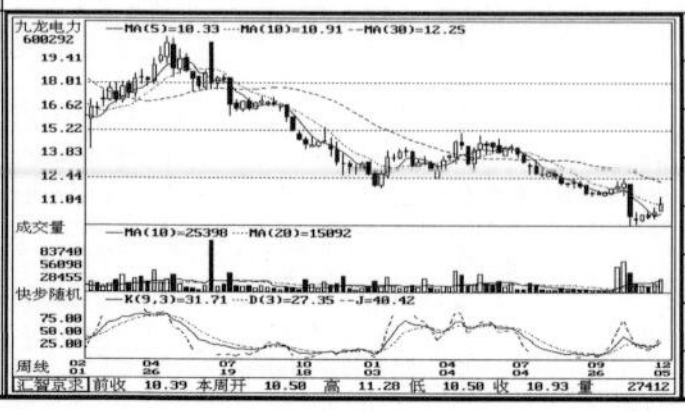

2002年涨跌幅(%)	-26.94
2002年最高(元)	20.20
2002年最低(元)	11.76
2002年换手率(%)	146.42
2003年涨跌幅(%)	-13.13
2003年最高(元)	14.65
2003年最低(元)	9.65
2003年换手率(%)	118.30

湖北三峡新型建材股份有限公司

公司概况							
公司名称	湖北三峡新型建材股份有限公司			股票代码	600293		
注册地址	湖北省当阳市经济技术开发区			邮政编码	444105		
法人代表	徐麟			董秘	张光春		
电话	0717-3280108			传真	0717-3282258		
主营业务	石膏及制品、玻璃及玻璃深加工制品等						
总股本	27430.00	流通A	10796.85	流通B		流通H	
审计单位				审计意见	未审计		

主要财务指标

年度	2003.9	2003.6	2002	2001
每股收益/扣除后(元)	0.0230	0.0027	0.0155	0.0803
每股经营现金流量(元)	-0.1500	-0.0860	0.0540	0.2100
每股净资产/调整后(元)	2.6660	2.7040	2.7100	3.4110
每股公积金(元)	1.4352	1.5138	1.4352	2.0648
净资产收益率(%)	1.0380	0.0930	0.6600	4.4800
总资产(万元)	137798.62	140309.16	114144.94	109442.58
股东权益(万元)	73363.72	74475.71	72618.90	71969.13
未分配利润(万元)	2167.31	1175.54	1422.48	3022.54
主营收入(万元)	27332.08	16832.34	35735.86	26017.42
资本公积金(万元)	39366.85	41524.82	39366.85	46568.06
主营利润(万元)	4512.34	2291.78	5510.27	18.88
其他业务利润(万元)	-85.49	24.31	32.24	18.88
营业利润(万元)	625.69	-104.09	590.54	3068.07
投资收益(万元)	248.69	207.96	188.21	459.96
补贴收入(万元)				
营业外收支(万元)	185.96		-22.03	299.88
利润总额(万元)	1060.34	96.87	1296.21	3827.91
净利润(万元)	753.88	69.35	855.56	3220.81

十大股东

序号	股东名称	股份性质	持股数(万股)	比例(%)
1	当阳市国资局	国有股	9000.94	32.81
2	当阳市国中安投资有限公司	法人股	2889.90	10.56
3	海南宗宣达投资有限公司	法人股	2600.00	9.47
4	湖北荆玻(集团)玻璃总厂	法人股		1.33
5	湖北应城石膏矿	法人股	267.93	0.98
6	上海邦联创业投资有限公司	法人股	260.00	0.95
7	国家建材局蚌埠玻璃工业设计研究院	法人股	253.50	0.92
8	万维实业	流通股	229.27	0.84
9	当阳电力联营公司	法人股	219.70	0.80
10	福建土木开发总公司	法人股	169.00	0.62

股东人数	2003.9	2003.6	2002	2001
	30288	28924	27059	30220

近年分配	近年配股/增发
2001年 每10股派0.25元	2001年 每10股送1股

重大事项

根据湖北三峡新型建材股份有限公司四届六次董事会 通过的关于公司2003年度拟向银行申请一亿元融资额度的决议,公司于2003年3月17日与宜昌市商业银行签定了额度为4000万元的借款合同.根据合同商定,担保方为宜昌当玻集团有限责任公司,借款用途为周转流动资金, 还款方式为2003年3月17日至2004年3月16日2000万元、2003年3月17日至2005年3月15日2000万元, 年利率分别为5.31%、z.49%.

二〇〇二年以来市场表现

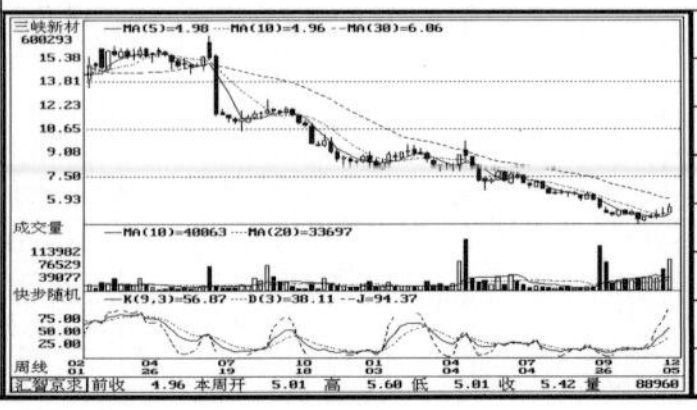

2002年涨跌幅(%)	-27.15
2002年最高(元)	13.03
2002年最低(元)	8.16
2002年换手率(%)	83.34
2003年涨跌幅(%)	-40.95
2003年最高(元)	9.80
2003年最低(元)	4.35
2003年换手率(%)	118.94

内蒙古鄂尔多斯羊绒制品股份有限公司

公司概况

公司名称	内蒙古鄂尔多斯羊绒制品股份有限公司		股票代码	600295	
注册地址	鄂尔多斯市东胜区达拉特南路102号		邮政编码	017000	
法人代表	王林祥		董秘	李成君	
电话	0477-8546509		传真	0477-8523812	
主营业务	羊绒、羊毛、驼绒、驼毛等				
总股本	103200.00	流通A	16000.00	流通B	42000.00
流通H					
审计单位			审计意见	未审计	

主要财务指标

年度	2003.9	2003.6	2002	2001
每股收益/扣除后(元)	0.0800	0.0800	0.3100	0.4400
每股经营现金流量(元)	-0.5190	-0.4400	-0.0900	0.0900
每股净资产/调整后(元)	2.8600	2.9000	5.6700	5.6700
每股公积金(元)	1.6269	1.6269	4.2538	4.2530
净资产收益率(%)	2.6200	2.6100	5.5300	7.8900
总资产(万元)	545149.12	503258.28	475041.37	391130.75
股东权益(万元)	301666.91	301650.72	293763.87	292446.06
未分配利润(万元)	11737.55	11721.34	3834.50	4992.95
主营收入(万元)	147694.41	82308.17	221502.05	242794.78
资本公积金(万元)	167895.28	167895.28	219495.28	219455.28
主营利润(万元)	37700.80	23027.72	59331.97	61609.06
其他业务利润(万元)	1257.45	711.27	2686.30	945.52
营业利润(万元)	11222.90	9070.28	21482.80	32080.80
投资收益(万元)	767.84	12.99	205.73	-487.83
补贴收入(万元)	232.79		1.01	5.06
营业外收支(万元)	-333.06	-191.68	71.52	283.95
利润总额(万元)	11890.48	8891.59	21761.06	31881.98
净利润(万元)	7903.05	7886.84	16241.82	23068.39

十大股东

序号	股东名称	股份性质	持股数(万股)	比例(%)
1	内蒙古鄂尔多斯羊绒集团有限责任公司	国家股	45200.00	43.80
2	银河证券	流通股	400.18	0.39
3	夏建琴	流通股	120.99	0.12
4	曾启明	流通股	100.00	0.10
5	张文仙	流通股	98.00	0.09
6	国都证券	流通股	92.56	0.09
7	梁★	流通股	78.34	0.07
8	王桂兰	流通股	63.46	0.06
9	汤雨田	流通股	61.75	0.05
10	孙金康	流通股	54.20	0.05

股东人数	2003.9	2003.6	2002	2001
	95034	74668	94354	106935

近年分配	近年配股/增发
2002年 每10股派2.90元 2001年 每10股派2.40元	不分配不转增

重大事项

公司于**2002**年**10**月**16**日刊登公告：公司第一大股东内蒙古鄂尔多斯羊绒集团公司代表国家持有公司国有法人股**22600**万股，鄂尔多斯市国有资产管理局根据有关文件精神与东胜东民羊绒实业发展有限责任公司签定了股权转让协议，将国有股全部转给东民公司。

二〇〇二年以来市场表现

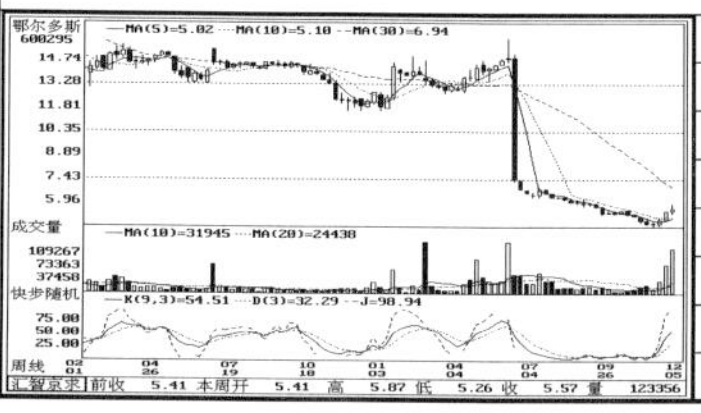

2002年涨跌幅(%)	-16.19
2002年最高(元)	7.60
2002年最低(元)	5.68
2002年换手率(%)	45.28
2003年涨跌幅(%)	-12.18
2003年最高(元)	7.98
2003年最低(元)	4.50
2003年换手率(%)	86.47

兰州铝业股份有限公司

公司概况

公司名称	兰州铝业股份有限公司		股票代码	600296	
注册地址	兰州市城关区东岗西路316号		邮政编码	730060	
法人代表	冯诗伟		董秘	钦义发	
电话	0931-7549414		传真	0931-7558888	
主营业务	铝冶炼、铝材加工、批发零售、技术培训等				
总股本	29500.00	流通A	11000.00	流通B	
流通H					
审计单位			审计意见	未审计	

主要财务指标

年度	2003.9	2003.6	2002	2001
每股收益/扣除后(元)	0.4520	0.3050	0.5720	0.2570
每股经营现金流量(元)	0.0460	0.3250	0.0370	0.3510
每股净资产/调整后(元)	4.9240	4.7920	4.4872	4.0660
每股公积金(元)	2.6081	2.6081	2.6081	2.6022
净资产收益率(%)	9.1900	6.3600	12.6000	7.4400
总资产(万元)	324249.56	326154.25	322428.09	250352.95
股东权益(万元)	145773.87	141369.16	132374.45	119948.74
未分配利润(万元)	28898.13	24493.42	15498.73	8250.28
主营收入(万元)	201937.62	120515.60	182931.27	128976.41
资本公积金(万元)	76940.06	76940.06	76940.06	76765.73
主营利润(万元)	35016.07	23839.97	33773.33	17789.08
其他业务利润(万元)	768.05	361.75	773.67	395.74
营业利润(万元)	15771.55	11062.18	18430.19	8317.65
投资收益(万元)				1615.89
补贴收入(万元)	2.54	2.54	3.80	
营业外收支(万元)	-233.64		-556.62	-318.78
利润总额(万元)	15460.87	10785.33	18079.97	9832.30
净利润(万元)	13399.41	8994.70	16676.45	8925.85

十大股东

序号	股东名称	股份性质	持股数(万股)	比例(%)
1	兰州铝厂	国有股	17688.20	59.96
2	山西铝厂	流通股	800.00	2.71
3	兰州经济信息咨询公司	国有股	706.30	2.39
4	甘肃省电力公司	流通股	381.00	1.29
5	青岛国信实业公司	流通股	163.50	0.55
6	河南财政证券公司	流通股	80.81	0.27
7	廖建玲	流通股	75.51	0.26
8	高艳敏	流通股	41.47	0.14
9	兰州兴铝商贸部	国有股	35.32	0.12
10	兰州铝加工厂	法人股	35.32	0.12

股东人数	2003.9	2003.6	2002	2001
	62087	63178	62713	67588

近年分配	近年配股/增发
2002年 每10股派1.50元 2001年 每10股派1.00元	不分配不转增

重大事项

公司于**2003**年**01**月**14**日刊登关于关联交易协议的公告：公司与兰州铝厂签订关于土地租赁、综合服务、房屋租赁及专利技术转让共六个协议：**1)**《综合服务协议》;**2)**《土地使用权租赁协议》;**3)**《房屋租赁协议》;**4)**《综合服务协议》;**5)**《土地使用权租赁协议》;**6)**《专利技术转让合同》;本次签定的以上协议尚须经股东大会审议通过后签署实施。

二〇〇二年以来市场表现

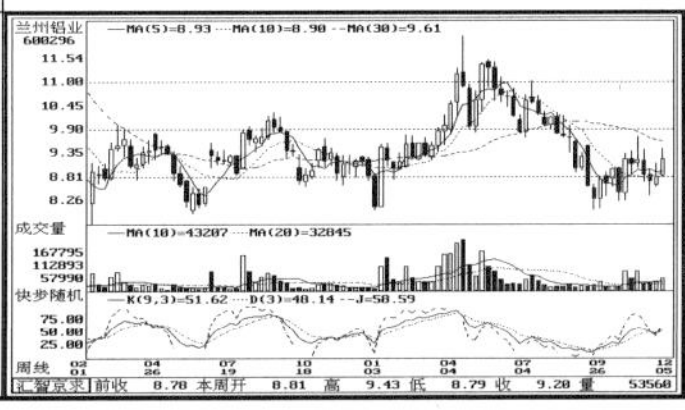

2002年涨跌幅(%)	-11.44
2002年最高(元)	10.13
2002年最低(元)	7.17
2002年换手率(%)	142.10
2003年涨跌幅(%)	6.04
2003年最高(元)	12.09
2003年最低(元)	7.87
2003年换手率(%)	263.18

大连美罗药业股份有限公司

公司概况

公司名称	大连美罗药业股份有限公司			股票代码	600297
注册地址	大连高新技术产业园区七贤岭敬贤街29号			邮政编码	116001
法人代表	张成海			董秘	孙安民
电话	0411-3631991-905			传真	0411-3606363
主营业务	医药、医药器材				
总股本	11500.00	流通A	4000.00	流通B	流通H
审计单位				审计意见	未审计

主要财务指标

年度	2003.9	2003.6	2002	2001
每股收益/扣除后(元)	0.1130	0.0720	0.1800	0.2900
每股经营现金流量(元)	-0.0280	-0.3250	0.0900	0.0770
每股净资产/调整后(元)	4.6200	4.5800	4.5700	4.6000
每股公积金(元)	3.1696	3.1696	2.1696	3.1696
净资产收益率(%)	2.3200	1.4900	4.4300	7.9900
总资产(万元)	102533.29	97128.68	92562.36	89093.74
股东权益(万元)	55371.31	54904.29	54085.39	52851.46
未分配利润(万元)	6136.61	5668.99	4849.99	3963.64
主营收入(万元)	51555.53	35587.02	67861.26	61275.75
资本公积金(万元)	36450.53	36450.53	36450.53	36450.53
主营利润(万元)	10386.30	7300.71	13299.65	11612.34
其他业务利润(万元)	18.82	11.67	16.66	17.78
营业利润(万元)	1631.05	1096.76	2168.74	3718.49
投资收益(万元)	-82.43	-91.57	-58.03	-46.80
补贴收入(万元)				
营业外收支(万元)	-17.41		445.79	501.34
利润总额(万元)	1531.20	995.26	2556.50	4173.03
净利润(万元)	1286.62	819.00	2395.71	4221.54

十大股东

序号	股东名称	股份性质	持股数(万股)	比例(%)
1	大连美罗集团有限公司	法人股	7290.00	63.39
2	丰和价值证券投资基金	流通股	110.00	0.96
3	大连凯飞化学股份有限公司	法人股	102.00	0.89
4	大连金斯曼医药科技开发有限公司	法人股	60.00	0.52
5	中仪恒力进出口公司	流通股	48.52	0.42
6	大连德生医疗器械有限公司	法人股	36.00	0.31
7	中机房地产开发公司	流通股	16.71	0.15
8	张立新	流通股	13.62	0.12
9	大连唐兴汽车维修有限公司	法人股	12.00	0.10
10	中融国际信托投资有限公司	流通股	10.43	0.09

股东人数	2003.9	2003.6	2002	2001
	32011	32529	33188	33228

近年分配	近年配股/增发
2002年每10股派1.00元 2001年每10股派1.50元	不分配不转增

重大事项

公司于2003年02月25日召开二届五次董事会,会议审议通过如下决议:1)公司2002年度报告及摘要;2)公司2002年度利润分配预案:拟以总股本11500万股,每10股派1元(含税);3)关于拟将公司控股子公司大连美罗大药房连锁有限公司变更为公司分公司的议案;4)关于签订公司与大连美罗大酒店房屋租赁协议的议案;5)关于成立大连美罗发展有限公司的议案;6)关于拟转让韩原市美罗药业有限责任公司股权的议案;7)关于拟转让大连美罗生物有限公司股权的议案;8)关于取消董事会筹备新股发行的议案。

二〇〇二年以来市场表现

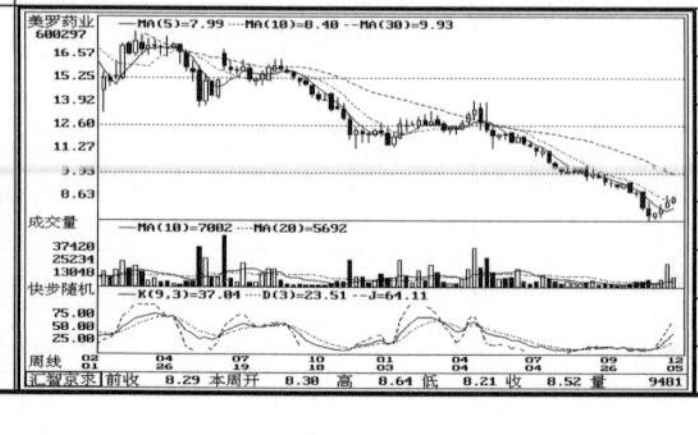

2002年涨跌幅(%)	-29.76
2002年最高(元)	17.65
2002年最低(元)	11.20
2002年换手率(%)	134.96
2003年涨跌幅(%)	-31.94
2003年最高(元)	13.84
2003年最低(元)	7.30
2003年换手率(%)	107.03

湖北安琪酵母股份有限公司

公司概况

公司名称	湖北安琪酵母股份有限公司			股票代码	600298
注册地址	湖北省宜昌市中南路24号			邮政编码	443003
法人代表	俞学锋			董秘	周帮俊
电话	0717-6352865			传真	0717-6352865
主营业务	醇用系列、奶制品系列				
总股本	13570.00	流通A	3500.00	流通B	流通H
审计单位				审计意见	未审计

主要财务指标

年度	2003.9	2003.6	2002	2001
每股收益/扣除后(元)	0.2100	0.1300	0.1670	0.3242
每股经营现金流量(元)	0.4400	0.1250	0.4066	0.3058
每股净资产/调整后(元)	4.4608	4.3700	4.2407	4.0676
每股公积金(元)	2.7722	2.7722	2.7722	2.7006
净资产收益率(%)	5.1000	3.2300	5.1100	8.9500
总资产(万元)	79761.56	76713.40	72588.16	66477.15
股东权益(万元)	60869.53	59692.23	57762.29	55197.47
未分配利润(万元)	7332.20	6154.90	4224.96	3079.97
主营收入(万元)	26630.09	17326.55	29369.43	23757.91
资本公积金(万元)	37618.92	37618.92	37618.92	36647.34
主营利润(万元)	10059.87	6580.24	10829.07	9635.89
其他业务利润(万元)	19.84	14.14	28.87	9635.89
营业利润(万元)	4335.70	2669.05	3201.96	5285.07
投资收益(万元)	47.99	36.93	440.39	729.43
补贴收入(万元)	2.01	2.01	10.56	
营业外收支(万元)	321.23		326.54	-152.96
利润总额(万元)	4706.93	2919.61	3979.45	5861.53
净利润(万元)	3107.24	1929.94	2950.24	4941.36

十大股东

序号	股东名称	股份性质	持股数(万股)	比例(%)
1	湖北安琪生物集团有限公司	国有股	6920.00	50.99
2	上海新理益投资管理有限公司	法人股	150.00	14.37
3	宜昌西陵酒业有限公司	国有股	1000.00	7.37
4	银河证券	流通股	128.34	0.95
5	贵州润丰(集团)实业有限公司	法人股	100.00	0.74
6	宜昌溢美堂调味品有限公司	国有股	50.00	0.37
7	泛罡网络	法人股	45.00	0.33
8	解强	流通股	11.80	0.08
9	杨健雄	流通股	8.19	0.06
10	林泽波	流通股	7.80	0.06

股东人数	2003.9	2003.6	2002	2001
	22719	23025	23395	25203

近年分配	近年配股/增发
2002年每10股派1.00元 2001年每10股派1.50元	不分配不转增

重大事项

公司接第二大股东上海新理益投资管理有限公司通知,该公司于2003年6月23日已将其持有的公司法人股股权1950万股质押给中国光大银行海口支行。质押期限为一年。公司于2002年4月19日与上海友源资产管理有限公司签定《委托资产管理合同》,公司用闲置自有资金7000万元委托上海友源资产管理有限公司进行资产管理,合同起止日为2002年4月19日至2002年12月20日。

二〇〇二年以来市场表现

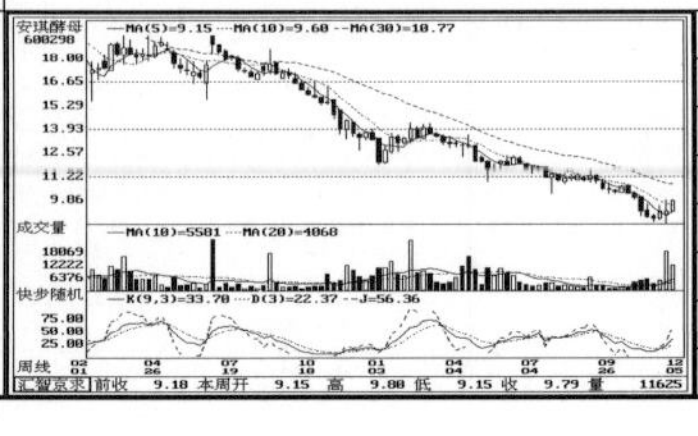

2002年涨跌幅(%)	-35.42
2002年最高(元)	19.31
2002年最低(元)	12.30
2002年换手率(%)	80.88
2003年涨跌幅(%)	-26.38
2003年最高(元)	14.15
2003年最低(元)	8.50
2003年换手率(%)	79.27

蓝星化工新材料股份有限公司

公司概况

公司名称	蓝星化工新材料股份有限公司			股票代码	600299		
注册地址	北京市海淀区花园东路30号北京市海淀区花园饭店6201室			邮政编码	100083		
法人代表	文亚非			董秘	陈凤林		
电话	010-82070614			传真	010-82070735		
主营业务	有机硅单体及相关产品						
总股本	24000.00	流通A	8000.00	流通B		流通H	
审计单位				审计意见	未审计		

主要财务指标

年度	2003.9	2003.6	2002	2001
每股收益/扣除后(元)	0.1500	0.0400	0.1950	0.1960
每股经营现金流量(元)	0.5700	0.4000	0.7450	0.3000
每股净资产/调整后(元)	3.5100	3.3700	3.2800	3.1600
每股公积金(元)	1.9394	1.9394	1.9394	1.9394
净资产收益率(%)	4.2400	2.4300	6.4000	6.1800
总资产(万元)	274042.41	260261.19	227834.62	171715.69
股东权益(万元)	85025.28	80535.94	78578.84	77147.68
未分配利润(万元)	11039.87	6657.96	4700.86	4024.38
主营收入(万元)	79167.22	51071.61	75064.04	55824.51
资本公积金(万元)	46546.71	46546.71	46546.71	46546.71
主营利润(万元)	10015.10	5869.06	11224.77	9124.53
其他业务利润(万元)	1524.73	1072.70	1325.66	926.98
营业利润(万元)	4226.38	2449.21	6124.18	6021.64
投资收益(万元)				
补贴收入(万元)	114.44		7.19	
营业外收支(万元)	-46.93	-32.50	-102.10	-67.67
利润总额(万元)	4293.89	2416.70	6029.26	5953.97
净利润(万元)	3601.42	1957.09	5031.16	4870.59

十大股东

序号	股东名称	股份性质	持股数(万股)	比例(%)
1	中国蓝星(集团)总公司	国有法人股	15098.10	62.91
2	国营长风机器厂	国有法人股	225.48	0.94
3	广州合成材料研究院	国有法人股	225.48	0.94
4	化学工业部连云港设计研究	国有法人股	225.48	0.94
5	北京橡胶工业研究设计院	国有法人股	225.48	0.94
6	金鑫证券投资基金	社会公众股	188.16	0.78
7	同益证券投资基金	社会公众股	138.22	0.58
8	同盛证券投资基金	社会公众股	26.23	0.11
9	南新兴物业管理公司	社会公众股	25.77	0.11
10	天同180指数证券投资基金	社会公众股	23.73	0.10

股东人数	2003.9	2003.6	2002	2001
	46120	45471	46042	39610

近年分配	近年配股/增发
2002年 每10股派1.00元 2001年 每10股派1.50元	2003年 每10股配3股

重大事项

公司于2003年6月28日刊登公告：公司决定将有机硅深加工装置的资产从公司江西星火有机硅厂分离出来，另行成立分公司蓝星化工新材料股份有限公司江西星火化工厂，该分公司已于2003年6月26日取得工商营业执照。　公司控股子公司南通星辰合成材料有限公司于2003年1月23日与香港中刚实业有限公司合资注册成立了"南通中蓝 工程塑胶有限公司"，合资公司的投资总额为3788万元人民币，注册资本为372.5万美元，合资期限为自公司营业执照签发之日起二十年。

二〇〇二年以来市场表现

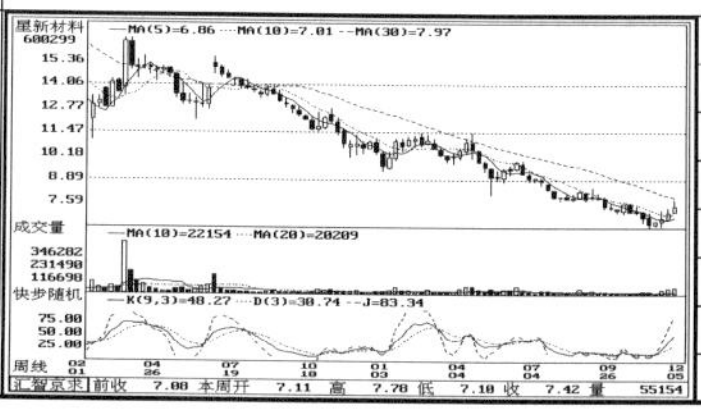

2002年涨跌幅(%)	-31.33
2002年最高(元)	16.47
2002年最低(元)	9.70
2002年换手率(%)	272.32
2003年涨跌幅(%)	-27.09
2003年最高(元)	11.28
2003年最低(元)	6.30
2003年换手率(%)	142.31

徐州维维食品饮料股份有限公司

公司概况

公司名称	徐州维维食品饮料股份有限公司			股票代码	600300		
注册地址	江苏省徐州市建国东路205号			邮政编码	221111		
法人代表	崔桂亮			董秘	丁金礼		
电话	0516-3290169			传真	0516-2704888		
主营业务	食品饮料、畜牧业						
总股本	33000.00	流通A	10000.00	流通B		流通H	
审计单位				审计意见	未审计		

主要财务指标

年度	2003.9	2003.6	2002	2001
每股收益/扣除后(元)	0.2400	0.1510	0.3500	0.2958
每股经营现金流量(元)	0.4060	-0.3900	1.0600	0.3000
每股净资产/调整后(元)	4.0700	4.1100	3.9200	3.8700
每股公积金(元)	2.7215	2.7183	2.7182	2.7167
净资产收益率(%)	6.0200	4.6200	7.2800	9.0800
总资产(万元)	214128.92	200804.83	200834.47	173065.66
股东权益(万元)	137614.02	135471.05	129241.37	127858.82
未分配利润(万元)	8292.38	6257.56	2.39	232.46
主营收入(万元)	124928.49	77481.95	137025.72	108253.86
资本公积金(万元)	89808.21	89703.00	89701.47	89651.44
主营利润(万元)	29946.57	19595.22	34776.18	19694.81
其他业务利润(万元)	5159.52	3309.05	7443.08	7241.12
营业利润(万元)	11081.58	8328.97	17979.07	12932.68
投资收益(万元)	1959.15	1480.29	-3662.48	1512.98
补贴收入(万元)	85.30	21.30	30.46	
营业外收支(万元)	283.91	390.04	581.57	249.59
利润总额(万元)	13409.94	10220.60	14928.61	14695.25
净利润(万元)	8289.99	6255.17	9402.90	11609.70

十大股东

序号	股东名称	股份性质	持股数(万股)	比例(%)
1	维维集团股份有限公司	法人股	14664.48	44.44
2	五丰食品(中国)有限公司	外资股	8280.00	25.09
3	徐州鑫宇经贸有限公司	流通股	30.00	0.91
4	基金泰和	流通股	165.35	0.50
5	嘉实成长	流通股	162.09	0.49
6	丰和价值	流通股	141.86	0.43
7	合丰稳定	流通股	83.05	0.25
8	海通证券	流通股	60.99	0.18
9	基金同德	流通股	57.96	0.18
10	何伟	流通股	54.12	0.16

股东人数	2003.9	2003.6	2002	2001
	33384	33617	35862	45306

近年分配	近年配股/增发
2002年 每10股派2.30元 2001年 每10股派2.60元	不分配不转增

重大事项

公司的控股子公司维维农牧科技有限公司一届六次董事会审议通过，用募集资金与西安市东方乳品厂共同出资成立西安维维东方乳业有限公司，公司注册资本为10500万元，其中维维农牧科技有限公司出资6000万元，占注册资本的57.14%。　公司于2002年1月24日公布公告：公司的控股子公司维维农牧科技有限公司董事会一届二次会议审议通过，用募集资金与珠海经济特区牛奶公司共同出资成立珠海维维大亨乳业有限公司。

二〇〇二年以来市场表现

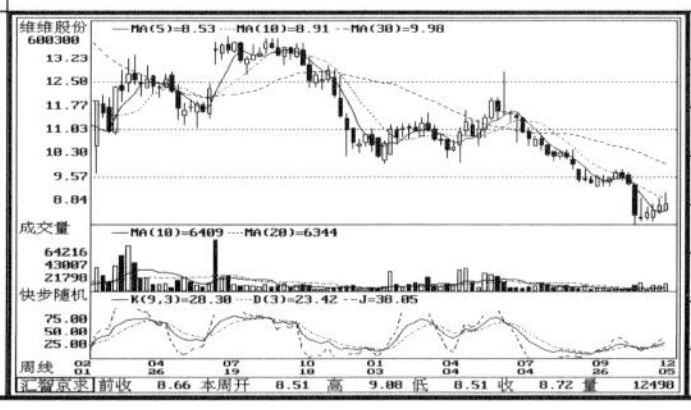

2002年涨跌幅(%)	-10.39
2002年最高(元)	13.73
2002年最低(元)	8.93
2002年换手率(%)	80.25
2003年涨跌幅(%)	-15.59
2003年最高(元)	12.80
2003年最低(元)	8.11
2003年换手率(%)	49.06

南宁化工股份有限公司

公司概况

公司名称	南宁化工股份有限公司	股票代码	600301
注册地址	广西南宁市亭洪路80号	邮政编码	530031
法人代表	陈载华	董秘	高友志
电话	0771-4835135	传真	0771-4835643
主营业务	液碱、聚氯乙烯		

总股本	18514.81	流通A	7289.03	流通B		流通H	
审计单位				审计意见	未审计		

主要财务指标

年度	2003.9	2003.6	2002	2001
每股收益/扣除后(元)	0.2000	0.1345	0.1783	0.1300
每股经营现金流量(元)	0.3400	0.2300	0.4660	0.2580
每股净资产/调整后(元)	2.9500	2.8830	2.8500	2.8300
每股公积金(元)	1.7481	1.7481	1.7481	1.7481
净资产收益率(%)	6.8100	4.6400	6.1900	4.3800
总资产(万元)	80737.25	77878.83	77252.71	72907.85
股东权益(万元)	54612.42	53371.22	52746.65	52416.54
未分配利润(万元)	1716.74	475.54	222.38	458.68
主营收入(万元)	48337.20	31821.20	50216.80	44967.03
资本公积金(万元)	32366.49	32366.49	32366.49	32346.49
主营利润(万元)	10956.44	7392.14	10446.93	8165.76
其他业务利润(万元)	80.01	33.50	26.05	-58.05
营业利润(万元)	4930.68	3284.15	3880.33	2397.64
投资收益(万元)	-405.27	-285.57	2.85	368.18
补贴收入(万元)	20.48			
营业外收支(万元)	-68.27		-34.24	-61.52
利润总额(万元)	4477.62	2984.04	3848.94	2704.30
净利润(万元)	3717.25	2476.05	3266.99	2293.60

十大股东

序号	股东名称	股份性质	持股数(万股)	比例(%)
1	南宁化工集团有限公司	国有法人股	11076.28	59.82
2	南宁统一综合服务有限责任公司	国有法人股	65.00	0.35
3	兴和证券投资基金	流通股	39.84	0.22
4	南宁荷花味精有限公司	法人股	32.50	0.18
5	邕宁县纸业有限公司	法人股	32.50	0.18
6	丰和价值证券投资基金	流通股	28.95	0.16
7	酒钢(集团)宏凯汽车运输有限责任公司	流通股	25.02	0.14
8	王炜	流通股	20.56	0.11
9	广西赖氨酸厂	国有法人股	19.50	0.10
10	周伟彬	流通股	17.60	0.09

股东人数	2003.9	2003.6	2002	2001
	43078	43657	44204	47132

近年分配	近年配股/增发
2003年每10股派1.00元 2001年每10股派1.80元 θ	不分配不转增

重大事项

根据广西壮族自治区南宁市中级人民法院下达的《协助执行通知书》,获知南宁化工股份有限公司的第一大股东—南宁化工集团有限公司因1991年12月为南宁合成纤维厂向中国银行广西区分行借款提供连带责任担保,被广西壮族自治区南宁市中级人民法院冻结其所持有的公司国有法人股900万股,冻结期限为1年,自2003年3月20日至2004年3月20日止.

二〇〇二年以来市场表现

2002年涨跌幅(%)	-33.20
2002年最高(元)	10.04
2002年最低(元)	6.10
2002年换手率(%)	114.48
2003年涨跌幅(%)	-0.15
2003年最高(元)	8.51
2003年最低(元)	5.89
2003年换手率(%)	138.93

西安标准工业股份有限公司

公司概况

公司名称	西安标准工业股份有限公司	股票代码	600302
注册地址	西安市太白南路1号	邮政编码	710075
法人代表	赵新庆	董秘	吴涛
电话	029-8279352	传真	029-8263001
主营业务	缝纫设备		

总股本	31900.00	流通A	9000.00	流通B		流通H	
审计单位				审计意见	未审计		

主要财务指标

年度	2003.9	2003.6	2002	2001
每股收益/扣除后(元)	0.2380	0.1530	0.2300	0.2270
每股经营现金流量(元)	0.2200	0.1750	0.3000	0.2470
每股净资产/调整后(元)	2.3400	2.2500	2.0900	2.0400
每股公积金(元)	0.7441	0.7441	0.7436	0.7436
净资产收益率(%)	0.1020	6.7580	10.5800	10.8100
总资产(万元)	109448.53	116141.47	101719.72	93179.15
股东权益(万元)	75111.15	72351.03	67446.54	65094.86
未分配利润(万元)	12915.26	10155.14		5055.02
主营收入(万元)	70470.72	48214.84	70759.29	51918.81
资本公积金(万元)	23736.74	73736.74	73721.74	23721.74
主营利润(万元)	20388.88	14213.97	21970.45	17181.89
其他业务利润(万元)	224.76	157.58	188.32	149.57
营业利润(万元)	8287.31	5693.01	8966.51	9026.84
投资收益(万元)	1172.84	536.33	109.02	73.44
补贴收入(万元)	2.22			3.02
营业外收支(万元)	-0.70		-66.26	-210.73
利润总额(万元)	9461.68	6225.09	9009.27	8892.57
净利润(万元)	7649.61	4889.49	7136.83	7037.32

十大股东

序号	股东名称	股份性质	持股数(万股)	比例(%)
1	中国标准缝纫机集团有限公司	国家股	19606.27	61.46
2	吴江市菀坪镇工业公司	境内法人股	2734.71	8.57
3	国泰君安证券股份有限公司	社会公众股	1398.78	4.38
4	陕西信托投资有限公司	境内法人股	350.00	1.10
5	北京富而立投资咨询有限公司	社会公众股	236.06	0.74
6	上海振泰实业公司	社会公众股	141.95	0.44
7	西安市临潼区新丰缝纫机零件厂	境内法人股	140.00	0.44
8	上海久事大厦置业有限公司	社会公众股	123.79	0.39
9	上海久事置业公司	社会公众股	111.16	0.35
10	上海中凌经济发展有限公司	社会公众股	95.33	0.30

股东人数	2003.9	2003.6	2002	2001
	17108	17197	14526	20631

近年分配	近年配股/增发
2002年每10股派1.50元 2001年每10股派0.25元	2003年每10股配3股

重大事项

公司第二大股东吴江市菀坪镇工业公司将其持有的公司发起人法人股2734.71万股中的1200万股质押给苏州市商业银行吴江支行,为吴江市菀坪镇集体资产经营公司1400万元贷款提供质押担保。质押期限自2002年7月23日至2004年7月23日。

二〇〇二年以来市场表现

2002年涨跌幅(%)	3.06
2002年最高(元)	11.26
2002年最低(元)	6.38
2002年换手率(%)	250.32
2003年涨跌幅(%)	-28.71
2003年最高(元)	11.98
2003年最低(元)	5.75
2003年换手率(%)	221.16

辽宁曙光汽车集团股份有限公司

公司概况

公司名称	辽宁曙光汽车集团股份有限公司			股票代码	600303		
注册地址	丹东市振安区曙光路50号			邮政编码	118001		
法人代表	李进巅			董秘	那涛		
电话	0415-4146825			传真	0415-4142821		
主营业务	车桥、制动器、汽车零部件						
总股本	16200.00	流通A	7200.00	流通B		流通H	
审计单位				审计意见	未审计		

主要财务指标

年度	2003.9	2003.6	2002	2001
每股收益/扣除后(元)	0.3800	0.2300	0.2500	0.2000
每股经营现金流量(元)	1.2100	0.9100	0.1700	0.1800
每股净资产/调整后(元)	2.9800	2.8200	2.5500	2.6800
每股公积金(元)	1.4505	1.4505	1.4505	1.4407
净资产收益率(%)	12.3300	7.7700	8.1900	8.0000
总资产(万元)	185223.66	182747.28	154264.98	92238.76
股东权益(万元)	50304.12	47744.92	44033.66	43402.54
未分配利润(万元)	7753.41	5194.20	1482.94	1978.43
主营收入(万元)	156645.83	101404.38	67258.02	34883.40
资本公积金(万元)	23498.24	23498.24	23498.24	23338.89
主营利润(万元)	26817.31	18587.42	15105.12	10063.22
其他业务利润(万元)	587.46	288.43	151.54	154.70
营业利润(万元)	9679.82	636313.00	6358.04	4796.73
投资收益(万元)	27.68	38.97	-123.74	539.68
补贴收入(万元)	651.11		228.84	160.59
营业外收支(万元)	-26.27		-156.35	-213.80
利润总额(万元)	10332.35	6456.19	6306.78	5253.20
净利润(万元)	6204.58	3711.26	3711.77	3472.80

十大股东

序号	股东名称	股份性质	持股数(万股)	比例(%)
1	丹东曙光实业集团有限责任公司	法人股	6975.00	43.06
2	安信证券投资基金	流通股	348.88	3.19
3	西南证券有限责任公司	流通股	217.03	0.82
4	安久证券投资基金	流通股	140.94	0.52
5	云南国际信托投资有限公司	流通股	110.08	0.38
6	景博证券投资基金	流通股	109.44	0.34
7	广发证券股份有限公司	流通股	100.66	0.31
8	银华优势企业(平衡型)证券投资基金	流通股	96.00	0.25
9	兴和证券投资基金	流通股	82.04	0.21
10	通宝证券投资基金	流通股	64.91	0.19

股东人数	2003.9	2003.6	2002	2001
	23104	24764	30409	23074

近年分配	2002年 每10股派2.00元 2001年 每10股派2.00元	近年配股/增发	2003年 每10股配3股

Θ

重大事项

公司接第一大股东丹东曙光实业集团有限责任公司通知，该公司2002年4月26日质押给丹东市商业银行新安支行的所持有公司2400万股法人股于2003年2月27日在中国证券登记结算有限责任公司上海分公司解除质押登记。 经丹东市工商行政管理局核准，丹东曙光车桥股份有限公司控股股东–丹东曙光实业投资集团有限责任公司更名为丹东曙光实业集团有限责任公司。曙光实业注册资本为5040万元。曙光实业目前持有公司股份6975万股。

二〇〇二年以来市场表现

2002年涨跌幅(%)	-34.64
2002年最高(元)	11.00
2002年最低(元)	6.38
2002年换手率(%)	285.90
2003年涨跌幅(%)	37.89
2003年最高(元)	12.00
2003年最低(元)	6.70
2003年换手率(%)	356.11

江苏恒顺醋业股份有限公司

公司概况

公司名称	江苏恒顺醋业股份有限公司			股票代码	600305		
注册地址	江苏省镇江市中山西路84号			邮政编码	212004		
法人代表	叶有伟			董秘	王明法		
电话	0511-5230222-3141			传真	0511-5230209		
主营业务	食品、光电制造						
总股本	127115.00	流通A	4000.00	流通B		流通H	
审计单位				审计意见	未审计		

主要财务指标

年度	2003.9	2003.6	2002	2001
每股收益/扣除后(元)	0.1770	0.1420	0.2230	0.1989
每股经营现金流量(元)	-1.6800	-1.6300	0.0600	0.0397
每股净资产/调整后(元)	3.1525	3.1180	2.9616	2.9498
每股公积金(元)	1.8884	1.8884	1.8884	1.8884
净资产收益率(%)	5.6000	4.4900	7.1900	6.5650
总资产(万元)	102085.48	90963.95	61133.50	47334.13
股东权益(万元)	40339.59	39897.06	38104.71	37506.90
未分配利润(万元)	2315.16	1872.63	80.28	10.15
主营收入(万元)	25029.93	1627.37	26690.14	17409.50
资本公积金(万元)	24010.91	24010.91	24010.91	24010.91
主营利润(万元)	7962.37	6001.95	9532.01	5986.04
其他业务利润(万元)	53.97	52.11	10.20	31.00
营业利润(万元)	3148.82	2623.39	4766.78	3828.88
投资收益(万元)	119.76	-11.06	-72.61	-68.39
补贴收入(万元)				
营业外收支(万元)	-153.52		-231.78	-92.14
利润总额(万元)	3115.05	2506.43	4462.38	3668.35
净利润(万元)	2234.88	1792.35	2740.70	2462.23

十大股东

序号	股东名称	股份性质	持股数(万股)	比例(%)
1	江苏恒顺集团有限公司	国有法人股	7843.50	61.69
2	镇江三联房地产实业发展有限公司	法人股	217.88	1.71
3	镇江豆制品厂	法人股	217.88	1.71
4	江苏瑞华投资发展有限公司	法人股	217.88	1.71
5	镇江市牛奶公司	法人股	217.88	1.71
6	华泰证券有限责任公司	流通股	53.61	0.42
7	符忠仁	流通股	19.29	0.15
8	凌在木	流通股	17.96	0.14
9	徐苏芳	流通股	14.02	0.13
10	镇江市广告公司	流通股	16.15	0.13

股东人数	2003.9	2003.6	2002	2001
	25449	25775	24841	25951

近年分配	2002年 每10股派1.40元 2001年 每10股派1.80元	近年配股/增发	不分配不转增

重大事项

公司于2003年08月19日召开董事会,会议审议通过:1)公司2003年半年度报告正文及摘要.2003年中期利润不分配,不转增.2)通过公司关于授权公司经营层据公司目前房地产开发销售的良好形势,办理追加壹亿元银行借款,通过银行授信、委托贷款、担保等融资方式,对公司控股子公司江苏恒顺置业发展有限公司房地产项目融资提供支持,加速开发镇江学府路周边房地产项目的议案。

二〇〇二年以来市场表现

2002年涨跌幅(%)	-25.56
2002年最高(元)	16.26
2002年最低(元)	11.84
2002年换手率(%)	109.31
2003年涨跌幅(%)	-27.10
2003年最高(元)	13.83
2003年最低(元)	7.45
2003年换手率(%)	100.59

沈阳商业城股份有限公司

公司概况

公司名称	沈阳商业城股份有限公司			股票代码	600306		
注册地址	沈阳市沈河区中街路212号			邮政编码	110011		
法人代表	张殿华			董秘	张黎明		
电话	024-24865838			传真	024-24848007		
主营业务	商品零销售						
总股本	17813.89	流通A	5850.00	流通B		流通H	
审计单位				审计意见	未审计		

主要财务指标

年度	2003.9	2003.6	2002	2001
每股收益/扣除后(元)	0.0700	0.0570	0.0900	0.1000
每股经营现金流量(元)	0.6500	0.2900	0.2900	0.2500
每股净资产/调整后(元)	2.4700	2.4500	2.3900	2.3000
每股公积金(元)	1.1587	1.1587	1.1587	1.1587
净资产收益率(%)	3.3700	2.4900	4.1300	7.4100
总资产(万元)	93890.63	81554.90	77588.87	66526.86
股东权益(万元)	44209.36	43807.77	42716.84	40952.76
未分配利润(万元)	4417.73	4016.15	2925.21	1427.57
主营收入(万元)	77584.15	52029.61	79914.68	99727.78
资本公积金(万元)	20641.33	20641.33	20641.33	20640.98
主营利润(万元)	11544.61	7921.62	12319.29	14021.74
其他业务利润(万元)	154.72	85.43	455.03	945.72
营业利润(万元)	1610.74	1204.04	1817.71	2703.77
投资收益(万元)	224.85	178.11	547.55	
补贴收入(万元)				100.00
营业外收支(万元)	256.23		116.63	121.78
利润总额(万元)	2091.92	1505.83	2481.89	2925.55
净利润(万元)	1492.52	1090.94	1763.73	3035.26

十大股东

序号	股东名称	股份性质	持股数(万股)	比例(%)
1	沈阳商业城(集团)	国有法人股	9576.80	53.76
2	沈阳市商业国有资产经营有限责任公司	国有股	1595.75	8.96
3	北京证券有限责任公司	社会公众股	388.93	2.18
4	杭州精工纺织机械有限公司	社会公众股	92.47	0.52
5	沈阳市联营公司	国有股	43.30	0.24
6	沈阳储运集团公司	国有股	43.30	0.24
7	沈阳化工原料总公司	国有股	43.30	0.24
8	沈阳铁西商业大厦	法人股	43.30	0.24
9	王飞	社会公众股	27.27	0.15
10	苏伟	社会公众股	22.07	0.12

股东人数	2003.9	2003.6	2002	2001
	7137	6732	6450	6651

近年分配	2001年 每10股派0.50元	近年配股/增发	不分配不转增

重大事项

公司的第一大股东沈阳商业城(集团)2002年7月31日将其持有的公司国有法人股4650万股质押给华夏银行沈阳分行盛京支行,期限一年。 沈阳商业城(集团)因给沈阳市第一百货商店贷款提供担保,于2001年12月03日沈阳商业城(集团)持有的公司国有法人股270万股被冻结。至2003年6月5日,辽宁省高级人民法院民事裁定书将沈阳商业城(集团)持有的公司国有法人股350万股予以冻结。沈阳市铁西区人民法院于2002年11月1日将沈阳商业城(集团)持有的公司国有法人股335万股予以冻结。沈阳铁西区人民法院于2003年8月7日以民事裁定书将沈阳商业城(集团)持有的公司国有法人股冻结145万股,冻结期限为2003年8月7日至2004年8月6日,沈阳商业城(集团)持有的公司国有法人股被冻结830万股。

二〇〇二年以来市场表现

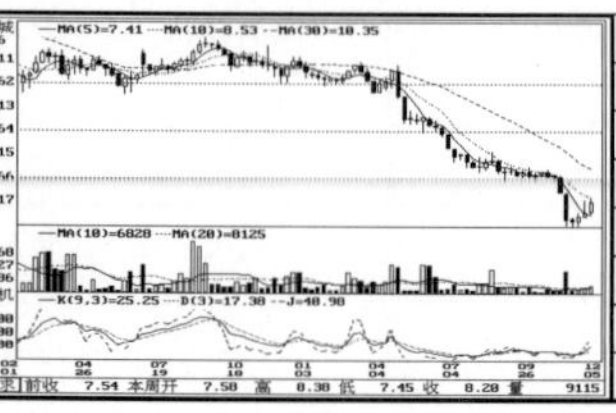

2002年涨跌幅(%)	-4.41
2002年最高(元)	18.60
2002年最低(元)	14.30
2002年换手率(%)	140.15
2003年涨跌幅(%)	-41.19
2003年最高(元)	16.99
2003年最低(元)	6.68
2003年换手率(%)	83.54

甘肃酒钢集团宏兴钢铁股份有限公司

公司概况

公司名称	甘肃酒钢集团宏兴钢铁股份有限公司			股票代码	600307		
注册地址	甘肃省嘉峪关市雄关东路12号			邮政编码	735100		
法人代表	王酒生			董秘	王清慧		
电话	0937-6715370			传真	0937-6715507		
主营业务	钢铁						
总股本	72800.00	流通A	20000.00	流通B		流通H	
审计单位				审计意见	未审计		

主要财务指标

年度	2003.9	2003.6	2002	2001
每股收益/扣除后(元)	0.4600	0.3000	0.3200	0.2300
每股经营现金流量(元)	0.6300	0.5990	0.8100	0.7700
每股净资产/调整后(元)	3.5600	3.3800	2.9800	2.8600
每股公积金(元)	1.5915	1.5909	1.5909	1.5825
净资产收益率(%)	15.8000	11.1100	10.4400	12.8300
总资产(万元)	361928.16	324523.41	337105.22	336412.28
股东权益(万元)	259447.95	245705.19	218418.41	208297.41
未分配利润(万元)	56363.53	42666.50	15379.72	10391.36
主营收入(万元)	412824.94	267500.62	359583.72	241560.62
资本公积金(万元)	115861.50	115815.77	115815.77	115206.22
主营利润(万元)	74789.63	50652.04	56147.74	36788.26
其他业务利润(万元)	169.76	169.45	508.60	669.54
营业利润(万元)	1860.48	1296.31	4173.15	25528.97
投资收益(万元)				
补贴收入(万元)				
营业外收支(万元)	-3152.41		-1335.03	-171.40
利润总额(万元)	48216.24	32102.09	34219.81	25357.56
净利润(万元)	40983.81	27286.78	22801.27	26726.33

十大股东

序号	股东名称	股份性质	持股数(万股)	比例(%)
1	酒泉钢铁(集团)有限责任公司	国有法人股	51500.00	70.74
2	华夏成长证券投资基金	社会公众股	974.62	1.34
3	甘肃省电力公司	国有法人股	500.00	0.69
4	兰州铁路局	国有法人股	500.00	0.69
5	同益证券投资基金	社会公众股	391.23	0.54
6	金川有色金属公司	国有法人股	250.00	0.34
7	兴科证券投资基金	社会公众股	179.47	0.25
8	兴安证券投资基金	社会公众股	169.00	0.23
9	景阳证券投资基金	社会公众股	154.46	0.21
10	裕隆证券投资基金	社会公众股	113.54	0.16

股东人数	2003.9	2003.6	2002	2001
	51552	85442	99192	107996

近年分配	2002年 每10股派1.80元 2001年 每10股派1.70元	近年配股/增发	不分配不转增

重大事项

公司于2002年9月7日刊登提示性公告:公司第一大股东酒泉钢铁(集团)有限责任公司拟将其所持有的公司全部国有法人股51500万股划转给甘肃酒钢集团宏信钢铁有限责任公司持有。 若本次股权划转成功,甘肃酒钢集团宏信钢铁有限责任公司将成为公司第一大股东,股权性质仍为国有法人股。

二〇〇二年以来市场表现

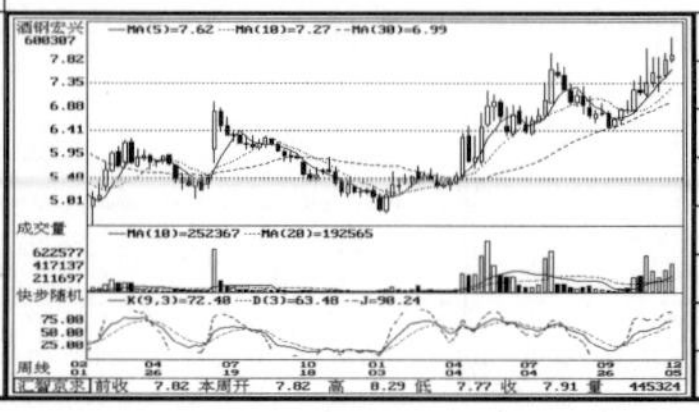

2002年涨跌幅(%)	-6.04
2002年最高(元)	6.79
2002年最低(元)	4.16
2002年换手率(%)	139.10
2003年涨跌幅(%)	62.24
2003年最高(元)	8.05
2003年最低(元)	4.59
2003年换手率(%)	410.48

华泰纸业股份有限公司

公司概况

公司名称	华泰纸业股份有限公司	股票代码	600308
注册地址	山东省东营市广饶县大王镇	邮政编码	257335
法人代表	李建华	董秘	李刚
电话	0546-6871957	传真	0546-6871957
主营业务	纸制品的生产销售		

总股本	30025.84	流通 A	17974.53	流通 B		流通 H	
审计单位				审计意见	未审计		

主要财务指标

年度	2003.9	2003.6	2002	2001
每股收益/扣除后(元)	0.5450	0.3500	0.8100	0.5700
每股经营现金流量(元)	0.3200	0.2800	1.6800	0.2800
每股净资产/调整后(元)	6.1300	5.8200	7.1000	7.5900
每股公积金(元)	3.2942	3.1721	4.2237	5.0511
净资产收益率(%)	8.9110	6.0400	11.5900	7.8200
总资产(万元)	312363.75	291456.50	275248.06	263633.22
股东权益(万元)	184168.02	174629.09	164090.03	146061.97
未分配利润(万元)	41046.86	35174.17	29254.40	19190.41
主营收入(万元)	105727.89	69694.04	132646.08	71458.22
资本公积金(万元)	98911.12	95244.89	97554.63	97219.62
主营利润(万元)	32669.50	21329.24	38420.76	19526.07
其他业务利润(万元)	175.84	126.94	302.51	135.23
营业利润(万元)	23720.71	15127.60	26968.89	13480.96
投资收益(万元)	29.32	20.36	339.06	220.89
补贴收入(万元)	86.72		115.80	85.29
营业外收支(万元)	0.08	8.83	-164.82	178.40
利润总额(万元)	23720.71	15127.60	26968.89	13965.54
净利润(万元)	16411.82	10539.13	19009.97	11424.10

十大股东

序号	股东名称	股份性质	持股数(万股)	比例(%)
1	华泰集团有限公司	法人股	11984.44	39.91
2	基金安顺	流通股	670.52	2.23
3	华安创新	流通股	354.58	1.18
4	富国平衡	流通股	326.72	1.09
5	广发证券	流通股	304.53	1.01
6	国泰金鹰	流通股	261.20	0.87
7	基金通宝	流通股	200.00	0.67
8	基金安信	流通股	187.83	0.63
9	成长价值	流通股	187.80	0.63
10	基金久嘉	流通股	168.25	0.56

股东人数	2003.9	2003.6	2002	2001
	43040	44444	51634	64364

近年分配	2002年 每10股派0.50元 2001年 每10股派0.50元	近年配股/增发	2002年 每10股送2股 2001年 每10股送2股

重大事项

公司于2003年9月6日刊登内部职工股上市公告:根据有关规定,并经上海证券交易所的安排,山东华泰纸业股份有限公司4001.4万股内部职工股将于2003年9月10日上市流通,其中董事及高级管理人员持内部职工股66.8707万股暂时锁定,本次实际上市流通的内部职工股数量为3934.5293万股。

二〇〇二年以来市场表现

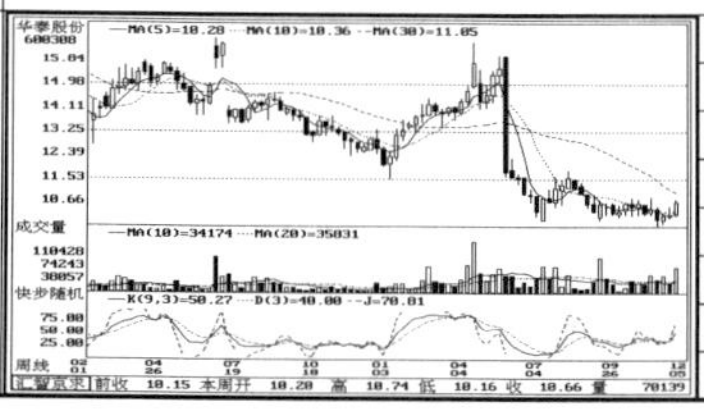

2002年涨跌幅(%)	1.49
2002年最高(元)	11.23
2002年最低(元)	7.94
2002年换手率(%)	55.24
2003年涨跌幅(%)	6.73
2003年最高(元)	12.65
2003年最低(元)	8.82
2003年换手率(%)	97.15

烟台万华聚氨酯股份有限公司

公司概况

公司名称	烟台万华聚氨酯股份有限公司	股票代码	600309
注册地址	山东省烟台市幸福南路7号	邮政编码	264002
法人代表	丁建生	董秘	郭兴田
电话	0535-6837888-8282	传真	0535-3837894
主营业务	聚氯酯、聚氨酯树酯原料		

总股本	37400.00	流通 A	12800.00	流通 B		流通 H	
审计单位				审计意见	未审计		

主要财务指标

年度	2003.9	2003.6	2002	2001
每股收益/扣除后(元)	0.4800	0.3600	0.4000	0.4400
每股经营现金流量(元)	0.8200	0.3300	0.3200	0.3500
每股净资产/调整后(元)	2.3904	2.2650	1.9000	2.7200
每股公积金(元)	0.5797	0.5795	0.5795	1.4250
净资产收益率(%)	20.3200	15.8900	21.0900	15.4100
总资产(万元)	127370.05	106704.50	92813.31	72670.60
股东权益(万元)	91855.66	87014.20	73185.88	65379.83
未分配利润(万元)	23048.31	18212.70	4384.38	2889.89
主营收入(万元)	101072.56	72883.79	88174.40	57128.85
资本公积金(万元)	22260.29	22254.45	22254.45	34201.03
主营利润(万元)	38118.85	27171.59	30043.01	20408.88
其他业务利润(万元)	10.55	9.44	15.16	35.91
营业利润(万元)	27072.54	20267.85	19103.02	12067.08
投资收益(万元)	9.81	60.42	-29.61	32.33
补贴收入(万元)				
营业外收支(万元)	-76.82		-78.46	-660.27
利润总额(万元)	27005.52	20265.98	18994.94	11439.14
净利润(万元)	18663.94	13828.32	15432.64	10072.84

十大股东

序号	股东名称	股份性质	持股数(万股)	比例(%)
1	烟台万华华信合成革有限公司	国有法人股	23872.00	62.17
2	东方证券有限责任公司	流通股	1173.94	3.03
3	安信证券投资基金	流通股	772.75	2.01
4	安顺证券投资基金	流通股	716.19	1.87
5	烟台东方电子信息产业集团有限公司	国有法人股	640.00	1.67
6	烟台冰轮股份有限公司	法人股	640.00	1.67
7	华安创新证券投资基金	流通股	578.02	1.20
8	烟台氨纶集团有限公司	国有法人股	320.00	1.83
9	通乾证券投资基金	流通股	254.31	0.66
10	广发证券股份有限公司	流通股	223.62	0.58

股东人数	2003.9	2003.6	2002	2001
	27101	29902	33082	29434

近年分配	2002年 每10股派2.00元 2001年 每10股派2.00元	近年配股/增发	不分配不转增

重大事项

根据烟台市政府研究的意见,拟将烟台万华聚氨酯股份有限公司第一大股东的控股股东烟台万华合成革集团有限公司部分国有产权向海内外投资者转让。 公司第一大股东烟台万华合成革集团有限公司持有公司62.17%,"万华集团"以经营性资产所对应的净资产和中国华融资产管理公司、中国信达资产管理公司的转股债权作为出资,共同组建债转股公司–烟台万华华信合成革有限公司。因为"万华集团"持有公司的23872万股国有法人股已作为投入债转股公司的资产一同进入"华信公司"。将"万华集团"持有的公司23872万股国有法人股无偿转让给"华信公司"持有。

二〇〇二年以来市场表现

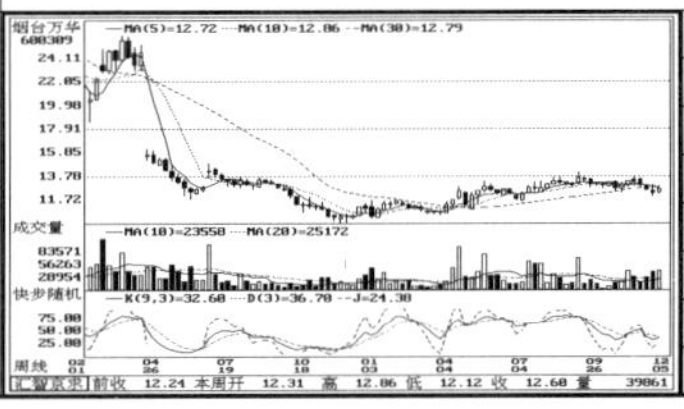

2002年涨跌幅(%)	-25.59
2002年最高(元)	16.04
2002年最低(元)	9.45
2002年换手率(%)	122.00
2003年涨跌幅(%)	10.77
2003年最高(元)	14.05
2003年最低(元)	9.82
2003年换手率(%)	93.75

广西桂东电力股份有限公司

公司概况							
公司名称	广西桂东电力股份有限公司			股票代码	600310		
注册地址	广西贺州市平安西路 12 号			邮政编码	542800		
法人代表	温昌伟			董秘	刘世盛		
电话	0774-5297881			传真	0774-5285255		
主营业务	电力销售						
总股本	15675.00	流通 A	4500.00	流通 B		流通 H	
审计单位				审计意见	未审计		

主要财务指标 年度	2003.9	2003.6	2002	2001
每股收益 / 扣除后(元)	0.3288	0.2522	0.4044	0.3839
每股经营现金流量(元)	0.3400	0.3400	0.7428	0.8186
每股净资产 / 调整后(元)	4.1412	4.0784	3.8357	3.7346
每股公积金(元)	2.5686	2.5686	2.5686	2.5610
净资产收益率(%)	7.8900	6.1300	10.3800	10.1500
总资产(万元)	114408.34	92735.97	78434.11	80906.29
股东权益(万元)	65356.75	64133.42	60203.47	58539.22
未分配利润(万元)	6150.28	4926.95	997.00	388.59
主营收入(万元)	25983.91	16062.83	31275.81	27980.85
资本公积金(万元)	40262.32	40262.32	40262.32	40143.71
主营利润(万元)	10027.69	7820.35	13336.77	10710.11
其他业务利润(万元)	2.53	0.59	1.09	-0.22
营业利润(万元)	6487.42	5058.31	8458.00	7737.20
投资收益(万元)	-109.98	-173.61	-112.26	-157.38
补贴收入(万元)				
营业外收支(万元)	-31.74	-23.28	-95.84	-77.56
利润总额(万元)	6345.70	4861.42	8249.90	7502.25
净利润(万元)	5153.28	3929.95	6248.13	5939.65

十大股东 序号	股东名称	股份性质	持股数(万股)	比例(%)
1	广西贺州市电业公司	国家股	11075.00	70.65
2	金泰证券投资基金	流通 A 股	143.06	0.91
3	广西水利厅那板水库管理处	国有法人股	40.00	0.25
4	倪艳婷	流通 A 股	19.82	0.13
5	李海滨	流通 A 股	19.00	0.12
6	陈银珠	流通 A 股	18.75	1.10
7	苏安华	流通 A 股	15.59	0.10
8	广西昭平县汇能电力有限公司	国有法人股	15.00	0.10
9	广西贺州供电股份有限公司	国有法人股	15.00	0.10
10	钟山县电力公司	国有法人股	15.00	0.10

股东人数	2003.9	2003.6	2002	2001
	29795	28880	26854	30799

近年分配	2002年 每 10 股派 3.00 元 2001 年 每 10 股派 3.00 元	近年配股 / 增发	不分配不转增

重大事项

公司日前与广西电力有限公司签订《购售电合同》,双方约定:公司 2002 年计划向区电力公司购买电量约 2.20 亿千瓦时,合同期内若发生区电力公司销售电价调整,则上述电价将作相应调整;合同有效期自 2002 年 3 月 1 日至 2003 年 2 月 28 日。 公司于 2002 年 05 月 16 日刊登重大事项公告: 公司一届十七次董事会通过决议,决定投资控股成立"广西贺州市桂东电子科技有限责任公司"。 公司与自然人宋洪洲、杨小飞共同签订了《关于成立广西贺州市桂东电子科技有限责任公司协议书》。

二〇〇二年以来市场表现

2002年涨跌幅(%)	-23.23
2002年最高(元)	17.31
2002年最低(元)	12.59
2002年换手率(%)	113.51
2003年涨跌幅(%)	-19.89
2003年最高(元)	14.48
2003年最低(元)	9.20
2003年换手率(%)	129.60

甘肃荣华实业(集团)股份有限公司

公司概况							
公司名称	甘肃荣华实业(集团)股份有限公司			股票代码	600311		
注册地址	甘肃省武威市东关街荣华路 1 号			邮政编码	733000		
法人代表	张严德			董秘	程 浩		
电话	0935-6151222			传真	0935-6151333		
主营业务	粮食及饲料加工、塑料薄膜						
总股本	20000.00	流通 A	8000.00	流通 B		流通 H	
审计单位				审计意见	未审计		

主要财务指标 年度	2003.9	2003.6	2002	2001
每股收益 / 扣除后(元)	0.1800	0.1300	0.1800	0.2300
每股经营现金流量(元)	0.9470	0.3030	-0.4600	0.6400
每股净资产 / 调整后(元)	5.2300	5.1600	4.9700	4.7800
每股公积金(元)	3.3912	3.3913	3.3913	3.3883
净资产收益率(%)	5.0100	3.6000	5.8800	6.7800
总资产(万元)	137831.69	124428.68	122105.57	124465.82
股东权益(万元)	104664.34	103135.15	99422.80	95517.16
未分配利润(万元)	13679.74	12150.55	8438.20	5468.52
主营收入(万元)	33074.55	23339.91	45085.33	47960.60
资本公积金(万元)	67825.15	67825.15	67825.15	67766.10
主营利润(万元)	6756.66	5221.98	9933.10	9502.30
其他业务利润(万元)	-4.16	1041.00		
营业利润(万元)	5472.53	3896.99	6178.34	6866.53
投资收益(万元)	-8.85	-5.90		
补贴收入(万元)				
营业外收支(万元)				-6.13
利润总额(万元)	5463.68	3891.09	6178.34	6860.40
净利润(万元)	5241.54	3712.35	5846.68	6477.71

十大股东 序号	股东名称	股份性质	持股数(万股)	比例(%)
1	甘肃省武威荣华工贸总公司	社会法人股	5905.00	29.52
2	武威塑料包装有限公司	社会法人股	3300.00	16.50
3	武威市华信食品供销有限责任公司	社会法人股	1100.00	5.50
4	武威市融达饲料有限责任公司	社会法人股	1100.00	5.50
5	甘肃省武威饴糖厂	社会法人股	270.00	1.35
6	武威市永鼎商贸有限公司	社会法人股	165.00	0.83
7	武威远通贸易有限公司	社会法人股	160.00	0.80
8	上海宝钢国际货运代理有限公司	流通股	40.00	200.00
9	刘学珍	流通股	30.00	0.15
10	李洪义	流通股	11.30	0.06

股东人数	2003.9	2003.6	2002	2001
	43887	4733	42027	48076

近年分配	2002年 每 10 股派 1.00 元 2001 年 每 10 股派 1.00 元	近年配股 / 增发	不分配不转增

重大事项

公司接第一大股东甘肃省武威荣华工贸总公司通知,该公司将原质押给交通银行兰州分行的 200 万股法人股解除了质押,并将该部分股份质押给中国光大银行广州分行;公司接第二大股东武威塑料包装有限公司通知,该公司将其持有的公司 110 万股法人股,质押给中国光大银行广州分行;公司接第三大股东武威市华信食品供销有限责任公司通知,该公司将原质押给交通银行兰州分行的 1100 万股解除了质押,并将该部分股份质押给中国光大银行广州分行; 公司第一大股东甘肃省武威荣华工贸总公司将其持有的公司社会法人股 200 万股,质押给交通银行兰州分行,质押期限自 2003 年 4 月 30 日至 2004 年 04 月 30 日;公司第三大股东武威市华信食品供销有限责任公司将其持有的公司社会法人股 1100 万股,质押给交通银行兰州分行,质押期限自 2003.4.30.至 2004.4.30

二〇〇二年以来市场表现

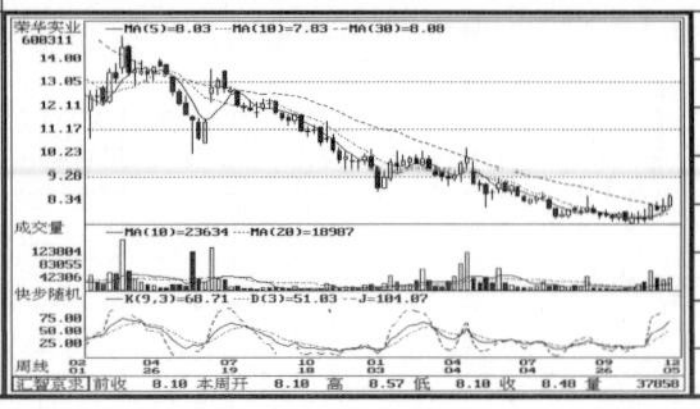

2002年涨跌幅(%)	-30.48
2002年最高(元)	14.74
2002年最低(元)	9.10
2002年换手率(%)	164.23
2003年涨跌幅(%)	-10.99
2003年最高(元)	10.30
2003年最低(元)	7.40
2003年换手率(%)	150.02

河南平高电气股份有限公司

公司概况							
公司名称	河南平高电气股份有限公司			股票代码	600312		
注册地址	河南平顶山市南环东路 22 号			邮政编码	467001		
法人代表	张炳文			董秘	刘伟		
电话	0375-3804061			传真	0375-3804464		
主营业务	断+路器、开关、封闭组合电器						
总股本	31195.00	流通 A	10200.00	流通 B		流通 H	
审计单位				审计意见	未审计		

主要财务指标

年度	2003.9	2003.6	2002	2001
每股收益 / 扣除后(元)	0.0620	0.0004	0.1900	0.1800
每股经营现金流量(元)	–0.0040	–0.0020	0.1800	–0.1900
每股净资产 / 调整后(元)	2.9850	2.9070	4.9400	4.8100
每股公积金(元)	1.7354	1.7388	3.6541	3.6484
净资产收益率(%)	2.8940	0.3860	4.9900	5.0000
总资产(万元)	141095.45	138641.30	135383.11	131809.94
股东权益(万元)	93106.20	90678.38	90602.27	88181.30
未分配利润(万元)	4778.67	2345.70	2302.66	890.95
主营收入(万元)	45910.60	27800.94	55407.84	49318.76
资本公积金(万元)	54135.77	54240.92	67052.84	66947.26
主营利润(万元)	8613.77	4049.38	15199.21	12395.66
其他业务利润(万元)	217.46	112.84	101.98	398.43
营业利润(万元)	2112.19	574.87	7346.33	5449.61
投资收益(万元)	1118.08		–1467.12	
补贴收入(万元)	85.00	26.80	414.50	
营业外收支(万元)	–31.45	–7.52	–212.42	–152.75
利润总额(万元)	3283.82	603.64	6081.29	5296.86
净利润(万元)	2695.09	349.77	4518.37	4410.78

十大股东

序号	股东名称	股份性质	持股数(万股)	比例(%)
1	平顶山天鹰集团有限责任公司	国有法人股	8293.03	26.58
2	南昌科瑞集团有限公司	法人股	7348.25	23.56
3	北京亚太世纪科技发展有限责任公司	法人股	5038.80	16.15
4	北京瑞泽网络销售有限责任公司	法人股	209.95	0.67
5	管文辉	流通股	151.45	0.48
6	振华集团财务有限责任公司	流通股	109.18	0.35
7	平顶山天鹰投资咨询有限责任公司	法人股	104.96	0.24
8	粟文超	流通股	85.48	0.27
9	北海通港贸易有限公司	流通股	83.08	0.27
10	国海证券有限责任公司	流通股	81.41	0.26

股东人数	2003.9	2003.6	2002	2001
	19986	19709	21229	36769

近年分配	2002年 每 10 股派 1.00 元 2001 年 每 10 股派 1.50 元	近年配股 / 增发	不分配不转增

重大事项

公司股东南昌科瑞集团有限公司因为北京瑞泽网络销售有限责任公司提供贷款担保，将其持有的公司法人股 **11975000** 股质押给兴业银行北京分行作为质押保证,并于 **2003** 年 **3** 月 **5** 日在中国证券登记结算有限责任公司上海分公司办理了股份质押手续，质押期限自 **2003** 年 **3** 月 **5** 日至 **2005** 年 **3** 月 **5** 日。　公司 **2002** 年 **10** 月 **24** 日发布公告，公司股东南昌科瑞集团有限公司将其持有的公司法人股 **43225000** 股质押给华夏银行北京平安支行，现该质押已全部解除。南昌科瑞集团有限公司于 **2002** 年 **12** 月 **19** 日将其持有的公司法人股 **43225000** 股中的 **31250000** 股质押给华夏银行北京平安支行,质押期限自 **2002** 年 **12** 月 **19** 日至 **2005** 年 **6** 月 **19** 日。

二〇〇二年以来市场表现

2002年涨跌幅(%)	1.58
2002年最高(元)	10.14
2002年最低(元)	6.65
2002年换手率(%)	110.60
2003年涨跌幅(%)	–28.92
2003年最高(元)	10.61
2003年最低(元)	5.75
2003年换手率(%)	148.87

中垦农业资源开发股份有限公司

公司概况							
公司名称	中垦农业资源开发股份有限公司			股票代码	600313		
注册地址	北京丰台区科学城 10D 地块 2 号楼			邮政编码	100070		
法人代表	李小平			董秘	黄桂河		
电话	010-83607371			传真	010-83607419		
主营业务	农作物种子选育加工、化肥						
总股本	25220.00	流通 A	8000.00	流通 B		流通 H	
审计单位				审计意见	未审计		

主要财务指标

年度	2003.9	2003.6	2002	2001
每股收益 / 扣除后(元)	–0.0715	–0.0656	–0.1425	–0.0190
每股经营现金流量(元)	0.1410	0.0200	0.1325	–0.6952
每股净资产 / 调整后(元)	2.4223	2.3980	2.4901	2.9993
每股公积金(元)	1.9661	1.9351	1.9344	1.9326
净资产收益率(%)	–2.3300	–3.3300	–0.1250	0.0080
总资产(万元)	134961.25	126245.92	121688.39	136416.12
股东权益(万元)	63194.52	62588.35	64481.67	75642.41
未分配利润(万元)	–12418.76	–12010.05	–9930.19	414.40
主营收入(万元)	89612.09	64074.38	169852.56	187123.56
资本公积金(万元)	49585.74	48803.45	48786.55	48741.35
主营利润(万元)	5171.36	3089.58	10914.79	9470.05
其他业务利润(万元)	29.80	21.92	184.41	522.97
营业利润(万元)	–1571.44	–1659.29	–3656.62	395.98
投资收益(万元)	283.31	305.14	–11.80	1497.31
补贴收入(万元)	318.22	19.15	606.52	196.42
营业外收支(万元)	–510.82	–434.72	–5500.25	–504.87
利润总额(万元)	–1480.73	–1831.79	–8562.15	1584.84
净利润(万元)	–2228.67	–2081.10	–8027.50	610.49

十大股东

序号	股东名称	股份性质	持股数(万股)	比例(%)
1	中国农垦(集团)总公司	国有股	10010.00	39.69
2	江苏省农垦集团有限公司	国有股	7105.00	28.17
3	中国水果与蔬菜有限公司	外资股	35.00	0.14
4	江苏大圣集团有限公司	国有股	35.00	0.14
5	天津开发区兴业房地产投资有限公司	法人股	35.00	0.12
6	李庆胜	流通股	29.48	0.10
7	康勇强	流通股	24.74	0.08
8	泓波浴室	流通股	21.00	0.08
9	上国投	流通股	20.00	0.08
10	王瑞揆	流通股	16.30	0.06

股东人数	2003.9	2003.6	2002	2001
	44481	45661	51997	57477

近年分配	2001年 每 10 股派 0.125 元	近年配股 / 增发	不分配不转增

重大事项

因北京裕盛隆科贸有限公司诉中国农垦总公司借款合同纠纷一案，北京市第一中级人民法院已于 **2003** 年 **9** 月 **25** 日依法继续冻结中国农垦总公司拥有的中垦农业资源开发股份有限公司 **10010** 万股国有法人股中的 **5510** 万股，占总股本的 **21.85%**,冻结期限为:**2003** 年 **9** 月 **25** 日至 **2004** 年 **3** 月 **24** 日止。　第一大股东中国农垦(集团)总公司 **10010** 万股国有法人股原定于 **2003** 年 **8** 月 **11** 日公开拍卖,拍卖公告已按照规定披露于 **2003** 年 **8** 月 **1** 日的《上海证券报》。**2003** 年 **08** 月 **8** 日接到北京市第一中级人民法院电话通知,原定于 **2003** 年 **8** 月 **11** 日的公开拍卖,暂时停拍。

二〇〇二年以来市场表现

2002年涨跌幅(%)	–38.79
2002年最高(元)	11.30
2002年最低(元)	6.18
2002年换手率(%)	219.67
2003年涨跌幅(%)	–44.50
2003年最高(元)	7.68
2003年最低(元)	3.36
2003年换手率(%)	214.20

上海家化联合股份有限公司

公司概况						
公司名称	上海家化联合股份有限公司			股票代码	600315	
注册地址	上海市保定路 527 号			邮政编码	200082	
法人代表	葛文耀			董秘	冯(王君)	
电话	021-65456400-3725			传真	021-65129748	
主营业务	工业、商业、技术服务					
总股本	27000.00	流通 A	8000.00	流通 B		流通 H
审计单位				审计意见	未审计	

主要财务指标 年度	2003.9	2003.6	2002	2001
每股收益/扣除后(元)	0.2900	0.2060	0.2640	0.2670
每股经营现金流量(元)	0.4800	0.1770	0.0734	0.2471
每股净资产/调整后(元)	4.3200	4.2400	4.0224	3.9643
每股公积金(元)	2.7827	2.7827	2.7826	2.7826
净资产收益率(%)	6.5500	4.8100	6.8200	6.8200
总资产(万元)	162641.42	159892.02	192194.31	150366.47
股东权益(万元)	118276.19	116104.04	116104.04	110523.34
未分配利润(万元)	107035.04	13602.70	11430.23	5850.90
主营收入(万元)	114183.82	73612.42	136388.45	130585.31
资本公积金(万元)	75132.68	75132.68	75131.30	75129.20
主营利润(万元)	43895.65	28401.87	51563.14	46937.17
其他业务利润(万元)	229.55	170.64	428.85	111.93
营业利润(万元)	9047.61	6090.48	6965.38	8230.59
投资收益(万元)	7.35	256.29	1780.90	-203.92
补贴收入(万元)	6.39		596.67	493.36
营业外收支(万元)	-101.68		77.43	12.99
利润总额(万元)	8959.67	6374.04	9420.38	8533.03
净利润(万元)	7751.48	5579.33	7536.20	7297.58

十大股东 序号	股东名称	股份性质	持股数(万股)	比例(%)
1	上海家化(集团)有限公司	国有股	7600.00	28.15
2	上实日化控股有限公司	外资股	7600.00	28.15
3	上海工业投资(集团)有限公司	国有股	1396.50	5.17
4	福建恒安集团有限公司	社会法人股	1248.30	4.62
5	上海广虹(集团)有限公司	社会法人股	661.20	2.45
6	上海惠盛实业有限公司	社会法人股	494.00	1.83
7	上海宝钢国际货运代理有限公司	流通股	249.19	0.92
8	大成价值增长证券投资基金	流通股	145.43	0.54
9	丰和价值证券投资基金	流通股	133.66	0.50
10	景阳证券投资基金	流通股	123.26	0.46

股东人数	2003.9	2003.6	2002	2001
	40914	40149	41713	47513

近年分配	近年配股/增发
2002年 每10股派1.50元 2001年 每10股派1.00元	不分配不转增

重大事项

公司于 **2003** 年 **3** 月 **18** 日刊登关于委托理财事宜的公告:公司与海通证券股份有限公司签订了《受托投资管理协议》。协议约定公司以自有资金人民币 **1.5** 亿元委托海通证券股份有限公司进行投资管理,委托期限从 **2003** 年 **1** 月 **25** 日至 **2003** 年 **12** 月 **25** 日。

二○○二年以来市场表现

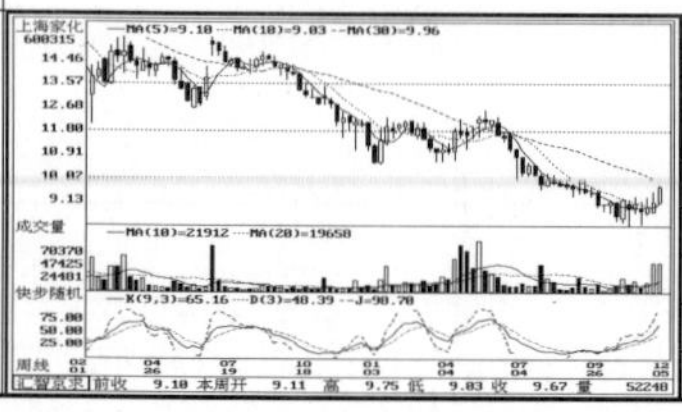

2002年涨跌幅(%)	-29.76
2002年最高(元)	15.28
2002年最低(元)	10.73
2002年换手率(%)	106.54
2003年涨跌幅(%)	-15.27
2003年最高(元)	12.39
2003年最低(元)	8.24
2003年换手率(%)	140.07

江西洪都航空工业股份有限公司

公司概况						
公司名称	江西洪都航空工业股份有限公司			股票代码	600316	
注册地址	南昌市高新技术产业开发区南飞点			邮政编码	330024	
法人代表	田民			董秘	陈文浩	
电话	0791-8467844			传真	0791-8467843	
主营业务	航空产品的开发生产销售					
总股本	21000.00	流通 A	9000.00	流通 B		流通 H
审计单位				审计意见	未审计	

主要财务指标 年度	2003.9	2003.6	2002	2001
每股收益/扣除后(元)	0.1400	0.0600	0.2300	0.2100
每股经营现金流量(元)	-0.2800	-0.3700	0.6600	0.0800
每股净资产/调整后(元)	5.2300	5.1500	5.0500	5.0300
每股公积金(元)	3.7483	3.7483	3.7483	3.7483
净资产收益率(%)	3.4200	1.9700	6.3300	6.0000
总资产(万元)	135663.12	131756.19	137429.34	125283.11
股东权益(万元)	109792.51	108169.38	106042.48	105631.50
未分配利润(万元)	6851.70	5228.27	3101.67	4032.88
主营收入(万元)	31066.51	15611.93	51684.99	44167.61
资本公积金(万元)	78714.05	78714.05	78714.05	78714.05
主营利润(万元)	4764.08	2315.60	7686.33	6341.22
其他业务利润(万元)	-25.81	-0.83	59.91	-37.11
营业利润(万元)	3323.99	1526.12	5776.40	4403.92
投资收益(万元)	881.89	859.98	1575.59	1802.79
补贴收入(万元)				
营业外收支(万元)	200.90		97.72	136.35
利润总额(万元)	4406.78	2500.01	7449.70	6343.06
净利润(万元)	3750.03	2126.90	6710.98	6343.06

十大股东 序号	股东名称	股份性质	持股数(万股)	比例(%)
1	江西洪都飞机工业有限公司	国有法人股	11496.90	54.75
2	南昌市长江机械工业公司	境内法人股	278.85	1.33
3	宜春第一机械厂	国有法人股	126.75	0.60
4	富国平衡基金	流通股	91.48	0.44
5	江西第二机床厂	国有法人股	48.75	0.23
6	江西爱民机械厂	国有法人股	48.75	0.23
7	国元证券	流通股	48.14	0.23
8	顾宝民	流通股	31.04	0.15
9	王剑	流通股	28.03	0.13
10	基金科翔	流通股	27.58	0.13

股东人数	2003.9	2003.6	2002	2001
	31793	31720	31330	34216

近年分配	近年配股/增发
2002年 每10股派3.00元 2001年 每10股派1.00元	不分配不转增

重大事项

公司拟受让邢台机械轧辊有限公司持有的邢台轧辊股份有限公司不超过 **12%** 的国家股。日前,公司与邢台轧辊集团公司签订了《股份转让协议》。协议约定,转让方同意将其持有的邢台轧辊 **11.6%** 股份计 **3545.424** 万股国家股转让给受让方。双方同意,本次股份转让的价格以邢台轧辊 **2002** 年 **8** 月 **31** 日经审计的每股净资产值 **1.75** 元/股计算,总额计为人民币 **6204.492** 万元。协议尚取决于国家有关部门的批准。

二○○二年以来市场表现

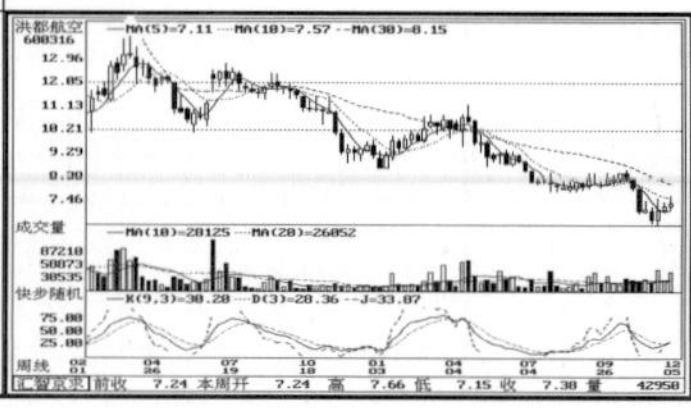

2002年涨跌幅(%)	-19.84
2002年最高(元)	13.48
2002年最低(元)	8.48
2002年换手率(%)	159.87
2003年涨跌幅(%)	-17.82
2003年最高(元)	10.89
2003年最低(元)	6.54
2003年换手率(%)	131.01

营口港务股份有限公司

公司概况

公司名称	营口港务股份有限公司		股票代码	600317	
注册地址	辽宁营口市鲅鱼圈区新港大路1号		邮政编码	115007	
法人代表	高宝玉		董秘	杨会君	
电话	0417-6268507		传真	0417-6268506	
主营业务	港品作业、港物管理				
总股本	25000.00	流通A	10000.00	流通B	流通H
审计单位			审计意见	未审计	

主要财务指标

年度	2003.9	2003.6	2002	2001
每股收益/扣除后(元)	0.2000	0.1600	0.2500	0.2820
每股经营现金流量(元)	0.2180	0.1500	0.1900	0.1360
每股净资产/调整后(元)	3.7900	3.7500	3.5900	1.6730
每股公积金(元)	2.2363	2.2363	2.2363	0.4439
净资产收益率(%)	5.2700	4.1900	6.6900	18.3000
总资产(万元)	134247.02	132377.94	121196.14	38602.24
股东权益(万元)	94749.46	93691.71	89758.23	25102.12
未分配利润(万元)	11273.97	10216.21	6283.44	1958.02
主营收入(万元)	30701.99	21588.48	34623.73	20390.71
资本公积金(万元)	55908.01	55908.01	5598.01	6658.51
主营利润(万元)	10464.48	7941.88	13218.33	10086.82
其他业务利润(万元)	497.08	321.21	755.93	186.05
营业利润(万元)	7358.70	5838.26	9059.19	7059.17
投资收益(万元)				
补贴收入(万元)				
营业外收支(万元)			-92.15	-8.85
利润总额(万元)	7358.70	5838.26	9059.19	7050.32
净利润(万元)	4987.30	3929.54	6006.61	4593.63

十大股东

序号	股东名称	股份性质	持股数(万股)	比例(%)
1	营口港务集团有限公司	国有法人股	14862.00	59.44
2	招商银行股份有限公司-招商股票投资基金	社会公众股	318.49	1.27
3	国元证券有限责任公司	社会公众股	231.02	0.92
4	招商银行股份有限公司-招商平衡型证券投资基金	社会公众股	186.44	0.75
5	国通证券股份有限公司	社会公众股	103.84	0.42
6	广发证券股份有限公司	社会公众股	100.01	0.40
7	国都证券有限责任公司	社会公众股	61.46	0.25
8	交通银行-湘财合丰价值优化型稳定类行业基金	社会公众股	55.26	0.22
9	巫振荣	社会公众股	43.97	0.18
10	钟怀旺	社会公众股	42.50	0.17

股东人数	2003.9	2003.6	2002	2001
	46461	41218	40632	5

近年分配	近年配股/增发
2002年 每10股派0.24元	不分配不转增

重大事项

公司与交通银行营口经济技术开发区支行于**2002**年**7**月**26**日签订了总金额为**2.3**亿元的四笔借款合同.近日,双方经友好协商,交行同意将其中两笔**5000**万元和**8000**万元的借款利率统一下调为月利率**4.575‰**(原月利率为**5.0325‰**),新利率于**2002**年**12**月**20**日开始执行,合同其它内容保持不变.

二〇〇二年以来市场表现

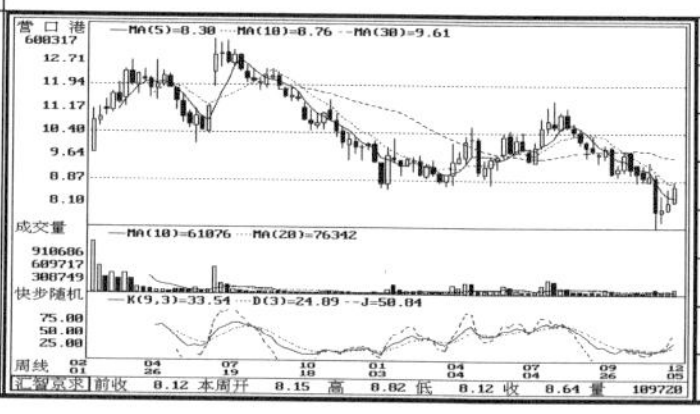

2002年涨跌幅(%)	0.00
2002年最高(元)	13.46
2002年最低(元)	8.96
2002年换手率(%)	633.23
2003年涨跌幅(%)	-9.38
2003年最高(元)	11.43
2003年最低(元)	7.33
2003年换手率(%)	430.54

安徽巢东水泥股份有限公司

公司概况

公司名称	安徽巢东水泥股份有限公司		股票代码	600318	
注册地址	安徽省巢湖市长江西路269号		邮政编码	238001	
法人代表	陈学祥		董秘	谢旻	
电话	0565-2391720		传真	0565-2391918	
主营业务	水泥及相关产品、轻型建材的产销				
总股本	2000.00	流通A	8000.00	流通B	流通H
审计单位			审计意见	未审计	

主要财务指标

年度	2003.9	2003.6	2002	2001
每股收益/扣除后(元)	0.0480	0.0270	0.0900	0.1200
每股经营现金流量(元)	0.4530	0.5370	0.4500	0.2900
每股净资产/调整后(元)	3.1100	3.0900	3.0600	2.9900
每股公积金(元)	1.8375	1.8375	1.8375	1.8375
净资产收益率(%)	1.5400	0.9000	2.6100	5.2300
总资产(万元)	130857.10	128983.25	138885.34	144021.17
股东权益(万元)	62236.79	61823.52	61268.72	59808.29
未分配利润(万元)	3849.08	3435.82	2881.01	1639.65
主营收入(万元)	44276.99	28484.31	58535.58	55515.73
资本公积金(万元)	36750.45	36750.45	36750.45	36750.45
主营利润(万元)	9215.42	5359.05	13902.41	14635.07
其他业务利润(万元)	-23.06	-30.38	53.66	48.91
营业利润(万元)	1326.24	680.35	2594.81	2770.09
投资收益(万元)	-15.38	-10.25	-29.79	891.72
补贴收入(万元)	126.83	71.30	101.68	100.70
营业外收支(万元)	2.55	1440.24	-206.17	100.70
利润总额(万元)	1440.24	747.40	2460.53	3729.13
净利润(万元)	968.07	554.81	1601.92	3125.98

十大股东

序号	股东名称	股份性质	持股数(万股)	比例(%)
1	安徽巢东水泥集团有限责任公司	国有股	11925.11	59.63
2	安信证券投资基金	流通股	93.75	0.46
3	兴和证券投资基金	流通股	73.85	0.39
4	安久证券投资基金	流通股	53.74	0.27
5	黄省花	流通股	38.01	0.19
6	巢湖市安得房地产开发有限公司	法人股	34.04	0.17
7	朱建希	流通股	27.29	0.14
8	安徽省巢湖市燃料总公司	法人股	17.02	0.09
9	李莉	流通股	15.94	0.08
10	巢湖市皖维金泉实业有限公司	法人股	13.46	0.07

股东人数	2003.9	2003.6	2002	2001
	54585	55252	57652	64458

近年分配	近年配股/增发
2001年 每10股派0.80元	不分配不转增

重大事项

公司于**2003**年**2**月**26**日收到公司控股股东安徽巢东水泥集团有限责任公司的书面通知,巢东集团已于**2003**年**2**月**26**日与公司的法人股股东安徽省巢湖市富煌轻型建材有限责任公司签订了《股权转让协议》.根据协议富煌公司将其持有的公司**11516100**股法人股协议转让给巢东集团.本次转让完成后巢东集团直接持有的公司股份占已发行总股本的 比例将上升至**59.63%**,仍为公司第一大股东。

二〇〇二年以来市场表现

2002年涨跌幅(%)	-34.91
2002年最高(元)	11.72
2002年最低(元)	7.00
2002年换手率(%)	107.81
2003年涨跌幅(%)	-17.23
2003年最高(元)	8.70
2003年最低(元)	5.40
2003年换手率(%)	108.95

潍坊亚星化学股份有限公司

公司概况

公司名称	潍坊亚星化学股份有限公司			股票代码	600319		
注册地址	山东省潍坊市奎文区鸢飞路 899 号			邮政编码	261031		
法人代表	董顺兴		董秘	汪　波			
电话	0536-8667941		传真	0536-8663853			
主营业务	氯化聚乙烯、聚氯乙烯、烧碱						
总股本	31559.40	流通 A	8000.00	流通 B		流通 H	
审计单位			审计意见	未审计			

主要财务指标

年度	2003.9	2003.6	2002	2001
每股收益 / 扣除后(元)	0.1010	0.0740	0.1460	0.1690
每股经营现金流量(元)	0.1350	0.1910	0.1860	0.2150
每股净资产 / 调整后(元)	3.2710	3.2420	3.1450	3.1320
每股公积金(元)	2.1017	2.1017	2.1004	2.0789
净资产收益率(%)	3.6000	2.8100	4.7400	6.1800
总资产(万元)	136680.05	139149.77	137699.58	121717.62
股东权益(万元)	104214.16	103390.24	100460.78	98837.46
未分配利润(万元)	3948.53	3121.98	228.76	103.42
主营收入(万元)	48434.05	32508.28	60628.92	59764.25
资本公积金(万元)	66328.81	66327.25	66287.25	65609.59
主营利润(万元)	8676.19	6027.40	10483.40	11214.51
其他业务利润(万元)	10.76	8.91	50.69	66.88
营业利润(万元)	4198.22	3060.04	5271.18	6031.54
投资收益(万元)	600.00	600.00	300.00	
补贴收入(万元)				
营业外收支(万元)	11.71		-65.03	904.02
利润总额(万元)	4809.96	3700.38	5506.14	6935.56
净利润(万元)	3751.57	2908.29	4762.20	6109.07

十大股东

序号	股东名称	股份性质	持股数(万股)	比例(%)
1	潍坊亚星集团有限公司	国有法人股	14159.20	44.87
2	香港嘉耀国际投资有限公司	外资法人股	8175.11	25.90
3	厦门经济特区对外贸易集团公司	国有法人股	1177.97	3.73
4	景福证券投资基金	已上市流通股	104.01	3.29
5	中国银行—天同 180 指数证券投资基金	已上市流通股	23.90	0.08
6	大连实德集团有限公司	社会法人股	23.56	0.07
7	中国化学工程第十六建设公司	国有法人股	23.56	0.07
8	孙洪玲	已上市流通股	20.41	0.06
9	广州南新兴物业管理公司	已上市流通股	20.00	0.06
10	华安上证 180 指数增强型证券投资基金	已上市流通股	19.05	0.06

股东人数	2003.9	2003.6	2002	2001
	48702	50261	50792	54504

近年分配	近年配股 / 增发
2002年 每 10 股派 1.00 元 2001 年 每 10 股派 0.60 元	不分配不转增

重大事项

公司发起人股东厦门经济特区对外贸易集团公司因不能按期偿还银行贷款，其所持有公司国有法人股 11779700 股被厦门市中级人民法院裁定继续冻结，冻结期限为 2003 年 4 月 29 日至 2003 年 10 月 29 日。　　公司于 2002 年 12 月 25 日刊登关于获得银行授信的公告：公司通过的董事会决议，近期与中国农业银行山东省分行签署了 4 亿元人民币授信额度协议，授信期限为一年；与中国光大银行青岛分行签署了 1 亿元人民币授信额度，且可申请追加授信额度的协议，授信期限为一年。

二〇〇二年以来市场表现

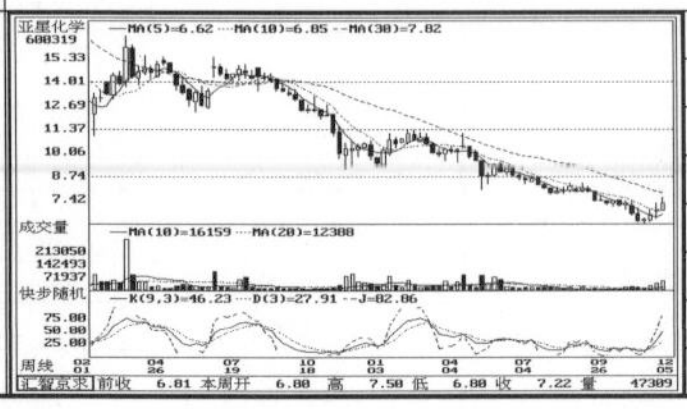

2002年涨跌幅(%)	-34.35
2002年最高(元)	16.49
2002年最低(元)	9.03
2002年换手率(%)	213.40
2003年涨跌幅(%)	-26.38
2003年最高(元)	11.20
2003年最低(元)	6.10
2003年换手率(%)	129.53

上海振华港口机械(集团)股份有限公司

公司概况

公司名称	上海振华港口机械(集团)股份有限公司			股票代码	600320		
注册地址	上海市浦东南路 3470 号			邮政编码	200125		
法人代表	刘怀远		董秘	高莉娟			
电话	021-58396666		传真	021-58399555			
主营业务	集装箱起重机、散货机械						
总股本	45650.00	流通 A	8800.00	流通 B	11000.00	流通 H	
审计单位			审计意见	未审计			

主要财务指标

年度	2003.9	2003.6	2002	2001
每股收益 / 扣除后(元)	0.4200	0.0766	0.3000	0.3900
每股经营现金流量(元)	-0.0200	-0.6800	-0.3300	-0.4400
每股净资产 / 调整后(元)	4.4600	4.3200	4.0500	3.9500
每股公积金(元)	2.4458	2.4458	2.4458	2.4458
净资产收益率(%)	9.1900	6.2800	7.4000	10.6100
总资产(万元)	638258.12	634332.19	520528.87	446763.37
股东权益(万元)	203844.89	197510.73	185103.62	180533.19
未分配利润(万元)	27055.91	20721.74	8314.65	6484.29
主营收入(万元)	330331.56	198713.41	307423.75	288546.00
资本公积金(万元)	111649.30	111649.30	111649.30	111649.30
主营利润(万元)	34259.24	21425.56	27655.20	32107.21
其他业务利润(万元)	502.48	287.51	1542.47	2261.26
营业利润(万元)	20176.66	13131.76	16298.65	20133.70
投资收益(万元)	914.47	849.24	-943.67	156.74
补贴收入(万元)				260.69
营业外收支(万元)	-273.16		181.43	809.22
利润总额(万元)	20817.96	13735.80	15536.41	21360.35
净利润(万元)	18741.26	12407.10	13700.45	19153.22

十大股东

序号	股东名称	股份性质	持股数(万股)	比例(%)
1	中国港湾建设集团总公司	国有法人股	16055.60	35.17
2	香港振华工程有限公司	外资法人股	9611.25	21.05
3	中国对外贸易运输(集团)总公司	流通 A 股	880.00	1.93
4	TOYO SECURITIES ASIA LTD.A/C C LEN	流通 B 股	344.46	0.75
5	B SHARE FUND	流通 B 股	183.50	0.40
6	澳门振华海湾工程有限公司	外资法人股	183.15	0.40
7	安信证券投资基金	流通 A 股	161.24	0.35
8	NAITO SECURITIES CO.,LTD	流通 B 股	160.11	0.35
9	BRITISH AIRWAYS PENSIONS	流通 B 股	122.00	0.27
10	南方稳健成长证券投资基金	流通 A 股	117.82	0.26

股东人数	2003.9	2003.6	2002	2001
	34476	38076	38574	39761

近年分配	近年配股 / 增发
2002年 每 10 股派 2.00 元 2001 年 每 10 股派 2.00 元	不分配不转增

重大事项

公司与国内外港口分别签订了大额集装箱起重机械供货合同，涉及总金额为 8000 万美元，折算人民币约为 65000 万元，其中阿联酋迪拜港项目合同金额为 5500 万美元，深圳赤湾港项目金额为 2500 万美元，合同约定交货时间分别在 2003 年至 2005 年。　　公司与深圳盐田国际集装箱码头有限公司于 2002 年 12 月 1 日签定了涉及总金额为港币 815558278.08 元集装箱起重机械供货合同。合同约定深圳盐田国际集装箱码头有限公司此次向公司采购港币 535700518.08 元的集装箱起重机械，并约定在签约后 12 个月内即 2003 年 12 月之前深圳盐田国际集装箱码头有限公司有权选择再向公司以同样价格购买港币 279857760 元的集装箱起重机械。

二〇〇二年以来市场表现

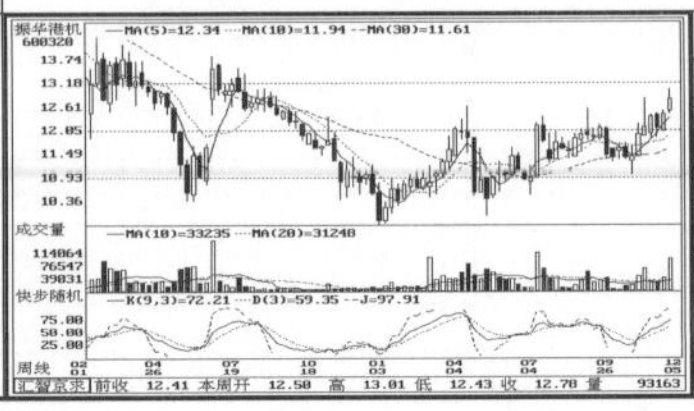

2002年涨跌幅(%)	-26.15
2002年最高(元)	13.90
2002年最低(元)	9.96
2002年换手率(%)	148.81
2003年涨跌幅(%)	22.75
2003年最高(元)	12.80
2003年最低(元)	9.60
2003年换手率(%)	174.77

四川国栋建设股份有限公司

公司概况

公司名称	四川国栋建设股份有限公司	股票代码	600321
注册地址	四川省成都市双流县板桥	邮政编码	610206
法人代表	王春鸣	董秘	王效明
电话	028-85805811	传真	028-85804146
主营业务	玻璃加工、建筑施工、装饰工程		
总股本	17520.00	流通 A	7000.00
流通 B		流通 H	
审计单位		审计意见	未审计

主要财务指标

年度	2003.9	2003.6	2002	2001
每股收益/扣除后(元)	0.1100	0.0850	0.2200	0.3400
每股经营现金流量(元)	-0.1700	0.1920	0.3400	0.0100
每股净资产/调整后(元)	6.2100	6.1100	6.0200	5.9900
每股公积金(元)	4.6214	4.6214	4.6214	4.6214
净资产收益率(%)	3.0900	1.4300	4.5900	5.8900
总资产(万元)	122295.06	124118.86	128524.75	128545.57
股东权益(万元)	108860.31	107024.98	105498.90	105037.40
未分配利润(万元)	5057.81	3222.48	1696.40	1961.13
主营收入(万元)	15087.81	10797.23	22276.49	34104.37
资本公积金(万元)	80966.27	80966.27	80966.27	80966.27
主营利润(万元)	3927.25	2654.64	6051.97	8363.48
其他业务利润(万元)	30.55	17.37	53.01	180.77
营业利润(万元)	2171.80	1751.58	4623.81	7134.15
投资收益(万元)	1775.63	41.09	1104.61	473.89
补贴收入(万元)				
营业外收支(万元)	5.74		-4.76	-248.98
利润总额(万元)	3953.18	1794.08	5723.66	7359.06
净利润(万元)	3361.41	1526.07	4841.50	6190.42

十大股东

序号	股东名称	股份性质	持股数(万股)	比例(%)
1	四川国栋建设集团有限公司	法人股	9270.00	52.91
2	刘玉琼	内部职工股	35.25	0.20
3	汪少渊	内部职工股	35.00	0.20
4	刘丰	内部职工股	30.00	0.17
5	四川长虹	流通股	28.57	0.16
6	蒋杜瑶	内部职工股	24.20	0.14
7	詹美算	内部职工股	22.20	0.13
8	钟真浩	流通股	18.96	0.11
9	詹甘露	内部职工股	18.00	0.10
10	许诗生	内部职工股	17.60	0.10

股东人数	2003.9	2003.6	2002	2001
	48869	50636	45650	51987

近年分配	2002年 每10股派2.50元 2001年 每10股派2.00元	近年配股/增发	不分配不转增

重大事项

公司于2002年10月24日召开董事会,会议审议通过如下决议:1)通过公司2002年第三季度报告.2)同意公司向中国农业银行双流县支行申请公开授信人民币3亿元.3)同意公司向中国光大银行成都市玉双路支行申请公开授信人民币5亿元。 公司于2002年7月11日刊登关于收回委托理财资金的公告:公司于2001年7月4日和6日,分别委托5000万元人民币资金给四川天富投资有限责任公司进行委托理财,期限一年,现已到期,公司已于2002年7月10日收回全部本金及投资收益900万元,共计10900万元。

二〇〇二年以来市场表现

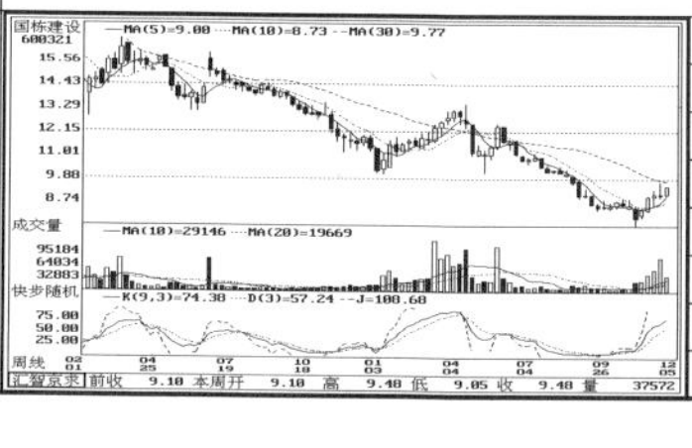

2002年涨跌幅(%)	-31.97
2002年最高(元)	16.25
2002年最低(元)	10.50
2002年换手率(%)	120.50
2003年涨跌幅(%)	-13.42
2003年最高(元)	13.21
2003年最低(元)	7.60
2003年换手率(%)	211.34

天津市房地产发展(集团)股份有限公司

公司概况

公司名称	天津市房地产发展(集团)股份有限公司	股票代码	600322
注册地址	天津市和平区常德道80号	邮政编码	300050
法人代表	张连选	董秘	陈长来
电话	022-23317185	传真	022-23317185
主营业务	房地产开发、出租		
总股本	42370.74	流通 A	12100.00
流通 B		流通 H	
审计单位		审计意见	未审计

主要财务指标

年度	2003.9	2003.6	2002	2001
每股收益/扣除后(元)	0.0120	0.0092	0.0650	0.1612
每股经营现金流量(元)	0.3200	0.6900	-0.3730	-0.4984
每股净资产/调整后(元)	3.7169	3.7106	3.7440	3.3100
每股公积金(元)	2.3168	2.3168	2.3168	2.3168
净资产收益率(%)	0.0730	0.0500	2.0710	4.0500
总资产(万元)	341968.81	329006.94	295959.97	305912.94
股东权益(万元)	165515.62	165474.06	165603.87	163730.33
未分配利润(万元)	7316.36	7274.80	71914.66	6354.58
主营收入(万元)	34371.92	21447.58	51554.47	60867.90
资本公积金(万元)	98165.86	98165.86	98165.86	98098.02
主营利润(万元)	9934.72	6389.40	14776.08	13927.03
其他业务利润(万元)	33.54	32.53	89.45	1864.78
营业利润(万元)	439.97	148.87	3437.84	6146.92
投资收益(万元)	409.53	364.22	993.60	3347.82
补贴收入(万元)	36.63	36.63	860.98	
营业外收支(万元)	-639.97		-616.00	-201.09
利润总额(万元)	246.16	48.51	4676.41	9293.65
净利润(万元)	121.70	80.14	3429.43	6630.19

十大股东

序号	股东名称	股份性质	持股数(万股)	比例(%)
1	天津市房地产开发经营集团有限公司	国家股	17845.74	42.12
2	海南农业租赁股份有限公司	法人股	100.00	0.24
3	中国黑色金属材料华北公司	法人股	100.00	0.24
4	深圳市建鹏达房地产开发有限公司	法人股	100.00	0.24
5	中国农业生产资料集团公司	法人股	100.00	0.24
6	华泰证券股份有限责任公司	法人股	100.00	0.24
7	全国社保基金一零七组合	流通股	95.12	0.22
8	广东控股集团有限公司	法人股	75.00	0.18
9	山西宏丰产品有限公司	法人股	70.00	0.17
10	刘建华	内部职工股	65.25	0.15

股东人数	2003.9	2003.6	2002	2001
	96743	99421	98149	94647

近年分配	2002年 每10股派0.40元 2001年 每10股派0.40元	近年配股/增发	不分配不转增

重大事项

公司对南门西A地块住宅项目投资的议案:该项目用地面积45494.9平方米,拟规划总建筑面积12.76万平方米,经营性建筑面积为10.10万平方米,计划总投资为4.34亿元;公司对王兰庄地块项目投资的议案:该项目占地约400亩,规划总建筑面积29.08万平方米,计划投资总额为8.5亿元;修改公司章程的议案。定于2003年6月30日召开2002年度股东大会,审议公司2002年度利润分配及分红派息预案等及以上事项。

二〇〇二年以来市场表现

2002年涨跌幅(%)	-36.58
2002年最高(元)	12.42
2002年最低(元)	7.55
2002年换手率(%)	339.57
2003年涨跌幅(%)	-27.78
2003年最高(元)	8.85
2003年最低(元)	4.99
2003年换手率(%)	192.32

南海发展股份有限公司

公司概况

公司名称	南海发展股份有限公司			股票代码	600323		
注册地址	广东省南海市桂城南桂东路43号			邮政编码	528200		
法人代表	何向明			董秘	郭展全		
电话	0757-6280996			传真	0757-6328565		
主营业务	自来水生产						
总股本	20851.42	流通A	6500.00	流通B		流通H	
审计单位				审计意见	未审计		

主要财务指标

年度	2003.9	2003.6	2002	2001
每股收益/扣除后(元)	0.2660	0.1530	0.2700	0.3000
每股经营现金流量(元)	0.5200	0.3060	0.6000	0.7000
每股净资产/调整后(元)	3.6000	3.4800	3.3400	3.2500
每股公积金(元)	1.8451	1.8451	1.8451	1.8451
净资产收益率(%)	7.2500	4.2800	10.1700	10.7900
总资产(万元)	92121.68	90791.13	91062.43	89373.80
股东权益(万元)	76437.06	74066.39	70897.14	67857.41
未分配利润(万元)	9385.54	7014.88	3845.62	2608.40
主营收入(万元)	18722.02	11363.10	23391.93	21842.40
资本公积金(万元)	38473.16	38473.16	38473.16	38473.16
主营利润(万元)	10048.74	5840.85	11448.44	10780.32
其他业务利润(万元)	217.12	124.69	212.80	301.73
营业利润(万元)	8877.21	5113.62	9396.99	9095.22
投资收益(万元)			0.02	40.54
补贴收入(万元)				
营业外收支(万元)	-22.57		-294.21	-13.30
利润总额(万元)	8854.64	5090.96	9102.79	9122.47
净利润(万元)	5539.92	3169.26	7210.01	7318.58

十大股东

序号	股东名称	股份性质	持股数(万股)	比例(%)
1	南海市供水集团有限公司	国有法人股	7609.45	36.49
2	福建华兴信托投资公司	募集法人股	969.14	4.65
3	南海讯达实业公司	募集法人股,流通股	371.35	1.78
4	卓娇华	募集法人股	262.21	1.26
5	林燕玉	募集法人股	236.00	1.13
6	林淑珠	募集法人股,流通股	229.37	1.10
7	薛奇峰	募集法人股	206.00	0.99
8	曾国健	募集法人股	189.79	0.91
9	严建国	募集法人股	182.86	0.88
10	缪炯	募集法人股	160.69	0.77

股东人数	2003.9	2003.6	2002	2001
	42544	43333	42873	47920

近年分配	近年配股/增发
2002年每10股派2.00元 2001年每10股派2.00元	不分配不转增

重大事项

公司于2003年10月10日召开四届十一次董事会,会议审议通过如下决议:1)批准公司以15294825元的价格向佛山市南海区国土资源局受让桂城水厂31277.76平方米的土地使用权。2)批准公司以43000000元的价格向佛山市南海区国土资源局受让第二水厂20万平方米的土地使用权。上述两宗用地是公司下属桂城水厂、第二水厂已在使用的划拨用地,现需变更为出让用地,土地使用权出让年限50年。

二〇〇二年以来市场表现

2002年涨跌幅(%)	-24.01
2002年最高(元)	14.83
2002年最低(元)	9.99
2002年换手率(%)	101.59
2003年涨跌幅(%)	-15.11
2003年最高(元)	11.54
2003年最低(元)	7.75
2003年换手率(%)	97.66

西藏天路交通股份有限公司

公司概况

公司名称	西藏天路交通股份有限公司			股票代码	600326		
注册地址	西藏拉萨市夺底路14号			邮政编码	850000		
法人代表	扎西江措			董秘	多吉罗布		
电话	0891-6389878			传真	0891-6383071		
主营业务	公路工程、汽车贸易						
总股本	18000.00	流通A	7200.00	流通B		流通H	
审计单位				审计意见	未审计		

主要财务指标

年度	2003.9	2003.6	2002	2001
每股收益/扣除后(元)	0.0563	0.0360	0.1808	0.3137
每股经营现金流量(元)	-0.7000	-0.7200	0.2886	0.3817
每股净资产/调整后(元)	2.1493	2.1284	2.0864	3.7449
每股公积金(元)	0.9577	0.9577	0.9577	2.5239
净资产收益率(%)	2.5600	1.6400	7.9700	6.3400
总资产(万元)	64969.92	64146.84	70315.51	56429.94
股东权益(万元)	38749.97	38387.58	37758.04	37448.80
未分配利润(万元)	1827.36	1494.98	865.43	37448.80
主营收入(万元)	18150.72	10576.11	50902.22	34256.61
资本公积金(万元)	17239.36	17239.36	17239.36	25239.36
主营利润(万元)	2674.03	1707.98	7366.63	6165.80
其他业务利润(万元)	144.19	41.23	5.40	-14.36
营业利润(万元)	906.82	511.37	3654.84	3532.48
投资收益(万元)	512.97	414.01	447.82	-187.78
补贴收入(万元)				
营业外收支(万元)	-18.34		-572.66	-640.80
利润总额(万元)	1401.45	907.72	3530.00	2703.90
净利润(万元)	991.93	629.55	3009.24	2374.05

十大股东

序号	股东名称	股份性质	持股数(万股)	比例(%)
1	西藏公路工程总公司	国有法人股	6602.18	36.68
2	西藏自治区交通工业总公司	国有法人股	1574.78	8.75
3	西藏拉萨汽车运输总公司	国有法人股	1287.52	7.15
4	西藏自治区汽车工业贸易总公司	国有法人股	1258.04	6.99
5	西藏自治区交通厅格尔木运输	国有法人股	77.47	0.43
6	乔楚明	社会公众股	38.21	0.21
7	何述兰	社会公众股	24.30	0.14
8	刘世秀	社会公众股	24.30	0.14
9	杨纪明	社会公众股	24.30	0.14
10	李艳	社会公众股	24.30	0.14

股东人数	2003.9	2003.6	2002	2001
	23326	24197	21055	13278

近年分配	近年配股/增发
2002年每10股派1.50元 2001年每10股派1.00元	不分配不转增

重大事项

通过出售公司汽车贸易分公司的议案:以不低于2003年6月30日公司汽车贸易分公司财务会计帐面所反映的净资产人民币13727713.03元,由西藏自治区汽车工业贸易总公司回购公司汽车贸易分公司全部资产。双方于2003年08月23日签署了《西藏自治区汽车工业贸易总公司回购公司汽车贸易分公司协议书》,此次出售资产构成了公司的关联交易。通过调整公司固定资产折旧计提范围的议案。

二〇〇二年以来市场表现

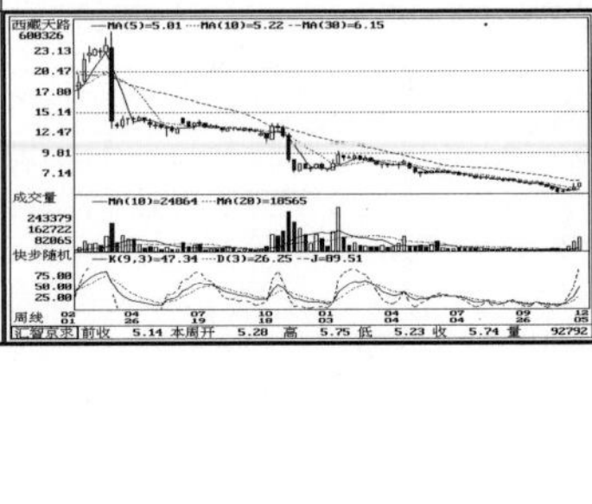

2002年涨跌幅(%)	-27.45
2002年最高(元)	14.48
2002年最低(元)	7.06
2002年换手率(%)	415.76
2003年涨跌幅(%)	-29.78
2003年最高(元)	9.82
2003年最低(元)	4.48
2003年换手率(%)	232.55

无锡商业大厦股份有限公司

公司概况

公司名称	无锡商业大厦股份有限公司	股票代码	600327
注册地址	江苏省无锡市中山路343号	邮政编码	214001
法人代表	潘霄燕	董秘	张斌
电话	0510-2702093	传真	0510-2700159
主营业务	百货、汽车		

总股本	10868.99	流通A	4000.00	流通B		流通H	
审计单位		审计意见	未审计				

主要财务指标

年度	2003.9	2003.6	2002	2001
每股收益/扣除后(元)	0.3250	0.2540	0.3260	
每股经营现金流量(元)	0.8200	0.3600	0.7700	1.1200
每股净资产/调整后(元)	4.7950	4.7600	4.5400	1.6200
每股公积金(元)	2.9864	2.9856	2.9777	0.0004
净资产收益率(%)	6.5900	5.2500	7.3400	29.1400
总资产(万元)	112800.62	104259.73	77807.15	27519.30
股东权益(万元)	53683.21	52913.70	50050.60	8552.68
未分配利润(万元)	7810.55	7050.24	4273.27	594.18
主营收入(万元)	195497.69	126408.59	153223.61	85679.28
资本公积金(万元)	32459.61	32450.41	32364.29	1.34
主营利润(万元)	19110.33	13536.12	14603.81	11345.28
其他业务利润(万元)	328.72	231.28	230.87	250.32
营业利润(万元)	6532.82	5073.79	5667.86	4546.02
投资收益(万元)	81.74	37.02	110.75	96.12
补贴收入(万元)	15.30	64.31		
营业外收支(万元)	-482.82		-337.28	-198.26
利润总额(万元)	6447.04	4832.46	5441.32	4338.78
净利润(万元)	3537.29	2776.97	3674.13	2868.15

十大股东

序号	股东名称	股份性质	持股数(万股)	比例(%)
1	江苏无锡商业大厦集团有限公司	国有法人股	6182.10	56.88
2	无锡市商业实业公司	国有法人股	623.02	5.73
3	海通证券有限公司	流通股	93.69	0.86
4	国家电力公司社保事业管理中心	流通股	44.93	0.41
5	海通证券有限公司	流通股	37.06	0.34
6	黄龙明	流通股	33.40	0.31
7	高旭明	流通股	27.93	0.26
8	王震森	流通股	27.93	0.26
9	宋旭东	流通股	26.16	0.24
10	杨大年	流通股	25.88	0.24

股东人数	2003.9	2003.6	2002	2001
	13963	17591	19639	

近年分配	近年配股/增发
2002年 每10股派1.00元	不分配不转增

重大事项

2003年10月29日董事会同意受让广瑞路22号房产及国有土地使用权的议案：同意公司受让无锡市物资资产经营公司合法拥有的广瑞路22号相关房产和国有土地使用权。受让标的的房产总面积为6287.35平方米和大棚289.2平方米的房产及内部相关设备；锡崇国用(1996)字第三产业183号土地使用权证项下8163.8平方米的国有土地使用权。同意所述房产和土地使用权的交易价格为人民币1838.69万元。

二〇〇二年以来市场表现

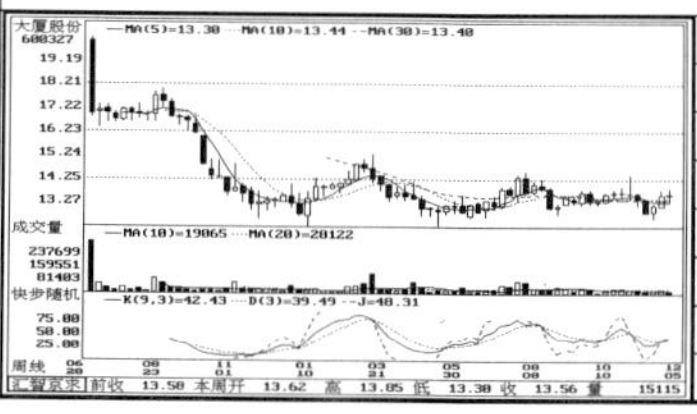

2002年涨跌幅(%)	0.00
2002年最高(元)	20.08
2002年最低(元)	12.46
2002年换手率(%)	261.06
2003年涨跌幅(%)	0.82
2003年最高(元)	15.16
2003年最低(元)	12.18
2003年换手率(%)	332.12

内蒙古兰太实业股份有限公司

公司概况

公司名称	内蒙古兰太实业股份有限公司	股票代码	600328
注册地址	内蒙古自治区阿拉善左旗吉兰泰镇	邮政编码	750333
法人代表	王刚	董秘	李晶
电话	0483-8838636	传真	0483-8838735
主营业务	盐产品、金属钠、液氯		

总股本	22444.88	流通A	7800.00	流通B		流通H	
审计单位		审计意见	未审计				

主要财务指标

年度	2003.9	2003.6	2002	2001
每股收益/扣除后(元)	0.0800	0.0560	0.2400	0.2300
每股经营现金流量(元)	0.0210	-0.0230	0.0600	0.2300
每股净资产/调整后(元)	2.9800	2.9500	3.7500	3.6800
每股公积金(元)	1.7953	1.7953	2.6358	2.6258
净资产收益率(%)	2.6700	1.7500	6.6700	6.2500
总资产(万元)	125800.95	123003.65	121388.54	119365.97
股东权益(万元)	67034.72	66403.68	65103.99	63485.13
未分配利润(万元)	2581.30	1950.27	790.27	45.03
主营收入(万元)	33724.65	22369.18	38843.21	26913.71
资本公积金(万元)	40295.05	40295.05	45334.95	45334.95
主营利润(万元)	13199.58	8494.57	16115.49	13216.78
其他业务利润(万元)	-29.62	8.36	337.08	254.97
营业利润(万元)	2233.52	1357.41	4894.19	4301.93
投资收益(万元)	-99.07	-66.05	-37.18	-34.37
补贴收入(万元)	0.33			3.98
营业外收支(万元)	-21.50	-44.67	323.20	541.97
利润总额(万元)	2113.28	1238.81	5180.22	4809.54
净利润(万元)	1791.03	1160.00	4381.31	3966.87

十大股东

序号	股东名称	股份性质	持股数(万股)	比例(%)
1	内蒙古吉兰泰盐化集团公司	国有法人股	13292.88	59.22
2	内蒙古吉兰泰达康公司	法人股	1098.50	4.89
3	天津市帅普视频数据科技有限公司	流通股	493.54	2.20
4	内蒙古自治区盐业公司	法人股	169.00	0.75
5	吴小琴	流通股	59.83	0.27
6	郎旋	流通股	49.20	0.22
7	宁夏回族自治区盐业公司	法人股	42.25	0.19
8	山西省盐业公司	法人股	42.25	0.19
9	申辉	流通股	37.30	0.17
10	林长凤	流通股	32.00	0.14

股东人数	2003.9	2003.6	2002	2001
	13243	13293	26841	40816

近年分配	近年配股/增发
2002年 每10股派1.60元 2001年 每10股派0.70元	2003年 每10股配3股

重大事项

公司第一大股东内蒙古吉兰泰盐化集团公司以其持有公司的6600万股国有法人股作质押，质押日期从2003年10月22日起至2007年9月26日，期限为4年。 公司与山东省中鲁远洋渔业股份有限公司于2002年09月21日签订了股权转让协议，公司以自有资金4527.11万元购买中鲁公司持有的爱华药业全部共59.88%的股权。

二〇〇二年以来市场表现

2002年涨跌幅(%)	3.15
2002年最高(元)	11.72
2002年最低(元)	7.36
2002年换手率(%)	138.94
2003年涨跌幅(%)	-17.64
2003年最高(元)	15.50
2003年最低(元)	7.75
2003年换手率(%)	105.55

天津中新药业集团股份有限公司

公司概况

公司名称	天津中新药业集团股份有限公司	股票代码	600329
注册地址	天津市南开区白堤路云居里**5**号楼	邮政编码	300193
法人代表	詹原竞	董秘	莫浩
电话	022-27020892	传真	022-27020599
主营业务	制药		

总股本	36965.44	流通 A	4000.00	流通 B		流通 H	
审计单位				审计意见	未审计		

主要财务指标

年度	2003.9	2003.6	2002	2001
每股收益/扣除后(元)	0.1600	0.1500	0.2300	0.1700
每股经营现金流量(元)	0.3700	0.2900	0.5100	0.4300
每股净资产/调整后(元)	4.2000	4.1800	4.0300	3.2200
每股公积金(元)	2.5064	2.5056	2.5050	2.4072
净资产收益率(%)	3.9200	3.5600	5.6500	4.4500
总资产(万元)	349830.16	325430.28	300812.59	271973.50
股东权益(万元)	156863.56	156245.52	150667.09	144956.80
未分配利润(万元)	12237.39	11647.66	6092.70	5523.50
主营收入(万元)	149017.73	107394.91	183925.91	152193.91
资本公积金(万元)	92648.71	92620.37	92597.00	88982.50
主营利润(万元)	61723.09	44234.89	67743.50	57008.50
其他业务利润(万元)	508.52	393.77	846.10	761.60
营业利润(万元)	5815.28	5451.66	4647.90	5505.70
投资收益(万元)	2004.86	1608.72	5539.30	2645.30
补贴收入(万元)	9.00	7.00	28.20	23.30
营业外收支(万元)	170.55		4.10	382.50
利润总额(万元)	7999.70	7106.24	10191.30	8556.80
净利润(万元)	6144.72	5554.99	8511.10	6444.10

十大股东

序号	股东名称	股份性质	持股数(万股)	比例(%)
1	天津市医药集团有限公司	国家股	19465.44	52.66
2	OCBCSecuritiesPrivateLtd	外资股	306.50	0.83
3	UOBKayHianPteLtd	外资股	287.80	0.75
4	TanSweeTeckMichaelorTanTohHeah	外资股	267.00	0.72
5	PhillipSecuritiesPteLtd	外资股	316.50	0.59
6	UnitedOverseasBankNminees	外资股	136.40	0.37
7	ChanWaiMan	外资股	125.00	0.34
8	苏(立美	内部职工股	112.63	0.30
9	SingaporeNomineesPteLtd	外资股	95.50	0.26
10	WangJungHsin	外资股	90.00	0.24

股东人数	2003.9	2003.6	2002	2001
	42107	42826	42873	51740

近年分配	近年配股/增发
2002年 每**10**股派**1.50**元	不分配不转增

重大事项

公司将中药科贸大厦资产**13%**权益与医药集团拥有的天津达仁堂制药二厂的**52%**权益、天津市第五中药厂的**52%**权益、天津市药品包装印刷厂的**35%**权益及其拥有的两宗土地使用权进行资产置换。置出资产定价为**6948.7**万元,置入资产的定价为**3149.88+3893.5**(两宗土地的价值)=**7043.38**万元。根据本次资产置换协议,置出资产与置入资产进行等价置换,差额**94.68**万元由公司以现金补足。置换后天津达仁堂制药二厂、天津市第五中药厂、天津市药品包装印刷厂分别变更为公司和医药集团共同投资的有限责任公司,公司分别持有上述三家有限责任公司**52%**、**52%**、**35%**股权。

二〇〇二年以来市场表现

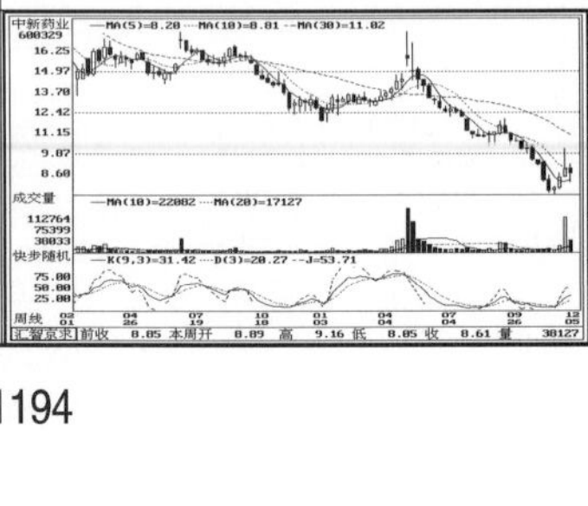

2002年涨跌幅(%)	-26.53
2002年最高(元)	17.31
2002年最低(元)	12.13
2002年换手率(%)	102.53
2003年涨跌幅(%)	-28.34
2003年最高(元)	17.37
2003年最低(元)	7.32
2003年换手率(%)	230.06

浙江天通电子股份有限公司

公司概况

公司名称	浙江天通电子股份有限公司	股票代码	600330
注册地址	浙江省海宁市郭店镇建设路**11**号	邮政编码	314412
法人代表	潘广通	董秘	许丽秀
电话	0573-7230878	传真	0573-7230228
主营业务	磁性材料、电子元件		

总股本	22947.00	流通 A	6000.00	流通 B		流通 H	
审计单位				审计意见	未审计		

主要财务指标

年度	2003.9	2003.6	2002	2001
每股收益/扣除后(元)	0.1690	0.1000	0.2690	0.2760
每股经营现金流量(元)	0.0900	0.0700	0.3250	0.4300
每股净资产/调整后(元)	2.7270	2.6610	2.5470	2.4010
每股公积金(元)	1.0409	1.0409	1.0408	1.0408
净资产收益率(%)	6.6000	4.2800	10.7900	12.5600
总资产(万元)	99483.33	99538.67	79995.57	70563.47
股东权益(万元)	62680.62	61165.61	58544.67	55091.71
未分配利润(万元)		11112.02	8492.38	5989.20
主营收入(万元)	22126.56	14063.68	30918.14	26904.37
资本公积金(万元)	23885.52	23885.51	23884.22	23882.36
主营利润(万元)	6411.38	4003.20	9845.98	10846.00
其他业务利润(万元)	381.33	363.47	92.35	12.01
营业利润(万元)	3617.18	2294.47	5659.08	6207.88
投资收益(万元)	80.54	80.13	377.43	742.55
补贴收入(万元)	924.64		817.94	605.66
营业外收支(万元)	-22.97		-70.21	-185.87
利润总额(万元)	4599.39	3084.39	6784.23	7370.22
净利润(万元)	4134.64	2619.64	6319.48	6922.07

十大股东

序号	股东名称	股份性质	持股数(万股)	比例(%)
1	潘广通	发起人个人股	3132.00	13.65
2	潘建清	发起人个人股	2397.00	10.44
3	海宁市天成投资发展有限公司	法人股	2196.19	9.57
4	宝钢集团企业开发总公司	法人股	1800.00	7.84
5	海宁市经济发展投资公司	法人股	813.75	3.55
6	信息产业部电子**48**研究所	法人股	750.00	3.27
7	潘金兴	发起人个人股	452.58	1.97
8	金建清	发起人个人股	321.44	1.40
9	段金柱	发起人个人股	316.59	1.38
10	潘娟美	发起人个人股	309.26	1.35

股东人数	2003.9	2003.6	2002	2001
	9246	10175	17928	11324

近年分配	近年配股/增发
2002年 每**10**股派**1.25**元 2001年 每**10**股派**1.00**元	不分配不转增

重大事项

公司股东海宁市郭店镇资产经营公司于**2003**年**06**月**30**日与公司发起人个人股股东潘广通签定了《股份转让协议》。郭店镇资产经营公司将持有的公司**600**万发起人法人股以每股**2.41**元的价格转让给潘广通,转让价格合计**1446**万元。以上股权过户登记手续完成后,郭店镇资产经营公司将持有公司发起人法人股**300**万股,潘广通将持有公司**3132**万发起人个人股,占公司总股本的**13.65%**,为公司的第一大股东。

二〇〇二年以来市场表现

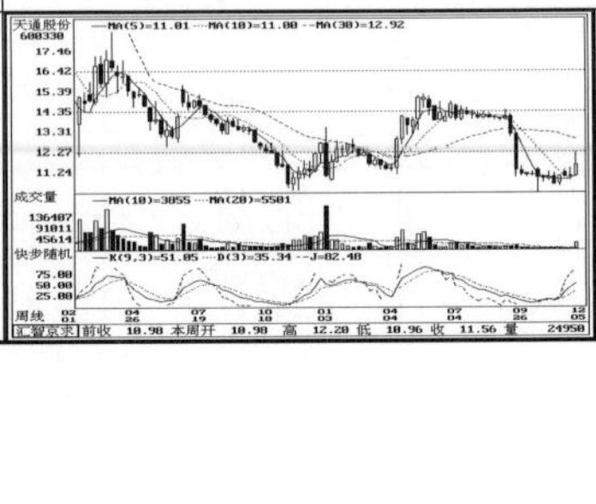

2002年涨跌幅(%)	-20.00
2002年最高(元)	18.28
2002年最低(元)	10.18
2002年换手率(%)	368.74
2003年涨跌幅(%)	-16.28
2003年最高(元)	15.06
2003年最低(元)	10.20
2003年换手率(%)	125.34

四川宏达化工股份有限公司

公司概况

公司名称	四川宏达化工股份有限公司	股票代码	600331
注册地址	四川省什邡市民主镇	邮政编码	618418
法人代表	刘沧龙	董秘	王延俊
电话	028-86141081	传真	028-86140372
主营业务	化工、冶金		
审计单位		审计意见	未审计

总股本	流通A	流通B	流通H
13000.00	5000.00		

主要财务指标

年度	2003.9	2003.6	2002	2001
每股收益/扣除后(元)	0.1910	0.0760	0.2426	0.1627
每股经营现金流量(元)	0.4900	0.0160	-0.3900	0.4020
每股净资产/调整后(元)	5.4200	5.3400	5.1800	5.0900
每股公积金(元)	3.0450	3.0450	3.0450	3.0432
净资产收益率(%)	3.6400	1.9200	5.8100	3.3600
总资产(万元)	222272.58	160805.42	144161.59	114544.77
股东权益(万元)	70993.95	69748.69	68195.55	66157.14
未分配利润(万元)	10634.29	9388.69	7835.53	6931.41
主营收入(万元)	69592.65	41930.91	52168.98	37246.14
资本公积金(万元)	39584.94	39585.28	39585.31	39560.95
主营利润(万元)	11095.38	5313.46	10550.80	8277.40
其他业务利润(万元)	734.76	493.89	648.72	27.69
营业利润(万元)	2890.02	1173.59	3769.10	3204.63
投资收益(万元)	51.17	-15.01	-10.00	
补贴收入(万元)	16.75	7.17		2.22
营业外收支(万元)	653.51	422.97	963.83	84.44
利润总额(万元)	3651.39	1628.67	4722.92	3291.30
净利润(万元)	2587.05	1341.45	3964.06	2223.86

十大股东

序号	股东名称	股份性质	持股数(万股)	比例(%)
1	什邡宏达发展有限公司	法人股	2979.20	22.92
2	广汉市平原实业发展有限公司	法人股	2091.20	16.09
3	绵阳市益多园房地产开发有限责任公司	法人股	1480.00	11.38
4	成都宏昌化工建材商贸公司	法人股	1220.80	9.39
5	上海中国国际旅行社股份有限公司	流通股	53.06	0.41
6	什邡明珠电力有限责任公司	法人股	28.80	0.22
7	李瑞轩	流通股	27.37	0.21
8	上海浦东上南房产有限公司	流通股	23.85	0.18
9	上海浦东燃气工程技术有限责任公司	流通股	23.20	0.17
10	上海信投信息服务有限公司	流通股	19.65	0.15

股东人数	2003.9	2003.6	2002	2001
	20437	21243	22597	30714

近年分配	近年配股/增发
2002年 每10股派1.50元 2001年 每10股派1.50元	不分配不转增

重大事项

公司2003年02月27日与凌源钢铁集团公司签订了2003年度《综合服务协议附件》。交易标的:双方持续生产经营所必需的某些产品、原燃材料、能源动力、备品备件、火车运输等服务。预计2003年度凌钢集团公司向公司提供产品和服务的交易金额为14.65亿元;预计2003年度公司向凌钢集团公司提供产品和服务的交易金额为1.73亿元。协议的有效期限一年,即自2003年1月1日起至2003年12月31日止。

二〇〇二年以来市场表现

2002年涨跌幅(%)	-29.85
2002年最高(元)	15.35
2002年最低(元)	9.73
2002年换手率(%)	396.01
2003年涨跌幅(%)	-16.52
2003年最高(元)	12.08
2003年最低(元)	7.75
2003年换手率(%)	118.44

广州药业股份有限公司

公司概况

公司名称	广州药业股份有限公司	股票代码	600332
注册地址	广东省广州市沙面北街45号	邮政编码	510130
法人代表	蔡志祥	董秘	何舒华
电话	8620-81218117	传真	8620-81216408
主营业务	中成药制造、贸易		
审计单位		审计意见	未审计

总股本	流通A	流通B	流通H
81090.00	7800.00		21990.00

主要财务指标

年度	2003.9	2003.6	2002	2001
每股收益/扣除后(元)	0.1600	0.1224	0.2000	0.1820
每股经营现金流量(元)	0.3700	0.0220	0.2100	0.1700
每股净资产/调整后(元)	2.9100	2.8600	2.7400	2.6800
每股公积金(元)	1.1425	1.3787	1.3742	1.3694
净资产收益率(%)	5.4100	3.9300	6.9300	6.7300
总资产(万元)	463810.91	446061.06	417319.44	369723.84
股东权益(万元)	242155.53	238416.05	228692.87	217290.98
未分配利润(万元)	15694.89	11887.80	2526.46	53.20
主营收入(万元)	535672.12	357743.25	594382.31	533402.87
资本公积金(万元)	111795.26	11795.26	111433.42	111045.71
主营利润(万元)	103181.49	70401.76	128940.93	114802.47
其他业务利润(万元)	2855.80	1944.79	3179.90	3606.07
营业利润(万元)	23326.38	17158.92	33061.30	26242.46
投资收益(万元)	87.45	-12.34	-106.91	-84.06
补贴收入(万元)	27.62	18.09	31.41	351.20
营业外收支(万元)	-770.96		-2652.21	-495.86
利润总额(万元)	22670.49	16279.89	28750.61	26013.74
净利润(万元)	13100.83	9361.34	15847.77	14613.38

十大股东

序号	股东名称	股份性质	持股数(万股)	比例(%)
1	广州医药集团有限公司	国家股	51300.00	63.26
2	香港中央结算(代理人)有限公司	H股	21796.50	26.88
3	渤海证券有限责任公司	A股	92.47	0.11
4	HSBC NOMINEES(HONG KONG)LIMI TED	H股	86.20	0.11
5	招商银行股份有限公司	A股	37.29	0.06
6	WONG CHUNG KING	H股	30.80	0.04
7	邓大凯	A股	30.57	0.04
8	兴和证券投资基金	A股	20.24	0.04
9	天同180指数证券投资基金	A股	15.85	0.02
10	薛桃	A股	14.36	0.02

股东人数	2003.9	2003.6	2002	2001
	54253	54583	53926	62670

近年分配	近年配股/增发
2002年 每10股派0.60元 2001年 每10股派0.60元	不分配不转增

重大事项

公司控股股东广州医药集团有限公司以其持有的部分公司国家股用于广州白云山股份制药有限公司债务重组工作,涉及股份10579万股,占公司总股本的13.05%。广药集团现持有白云山股份29.09%的权益,该事项已于2001年11月27日进行披露。目前,广药集团已就该重组事项与白云山股份有关20家债权人达成协议和意向书。经国家财政部门批准后,已于2002年5月27日在中国证券登记结算有限责任公司上海分公司办理质押手续。

二〇〇二年以来市场表现

2002年涨跌幅(%)	-25.85
2002年最高(元)	13.15
2002年最低(元)	8.54
2002年换手率(%)	120.02
2003年涨跌幅(%)	-19.18
2003年最高(元)	11.54
2003年最低(元)	6.30
2003年换手率(%)	149.85

长春燃气股份有限公司

公司概况

公司名称	长春燃气股份有限公司				股票代码	600333	
注册地址	长春市朝阳区延安大路 3 号				邮政编码	130061	
法人代表	王振			董秘	孙树怀		
电话	0431-5954383			传真	0431-5954267		
主营业务	燃气、燃气管道改造及用户安装等						
总股本	40653.12	流通 A	16172.95	流通 B		流通 H	
审计单位				审计意见	未审计		

主要财务指标

年度	2003.9	2003.6	2002	2001
每股收益/扣除后(元)	0.2900	0.1800	0.2300	0.3400
每股经营现金流量(元)	0.0500	0.1060	0.2600	0.2200
每股净资产/调整后(元)	2.2200	2.1000	1.9100	3.0200
每股公积金(元)	0.5623	0.5603	0.5515	1.6125
净资产收益率(%)	13.1800	8.4800	11.5800	11.5800
总资产(万元)	129706.59	120400.62	115433.77	105190.62
股东权益(万元)	90128.33	85411.99	77811.16	72269.55
未分配利润(万元)	22896.69	18261.60	11021.05	7427.89
主营收入(万元)	53072.68	32655.95	44743.96	40683.29
资本公积金(万元)	22860.03	22778.78	22418.50	38561.06
主营利润(万元)	19880.14	11481.38	14095.95	10796.40
其他业务利润(万元)	27.72	290.69	1400.86	1969.16
营业利润(万元)	14249.87	8862.43	11047.16	10279.20
投资收益(万元)	-149.52	-83.26	-9.75	50.25
补贴收入(万元)	30.00		27.19	
营业外收支(万元)	-64.61		-138.47	-38.35
利润总额(万元)	14065.75	8722.36	10926.13	10291.10
净利润(万元)	11875.64	7240.54	9009.97	8368.94

十大股东

序号	股东名称	股份性质	持股数(万股)	比例(%)
1	长春市建设投资公司	国有法人股	24480.00	60.22
2	方志伟	流通股	79.51	0.20
3	交通银行-湘财合丰价值优化型稳定类行业基金	流通股	77.42	0.19
4	联合证券有限责任公司	流通股	76.44	0.19
5	刘伟贵	流通股	69.43	0.17
6	刘玉春	流通股	61.69	0.15
7	甘霞	流通股	56.59	0.14
8	曹福昌	职工股	46.92	0.12
9	滕梅英	流通股	44.38	0.11
10	王勇	流通股	36.00	0.09

股东人数	2003.9	2003.6	2002	2001
	43800	43540	40282	42513

近年分配	近年配股/增发
2002年 每 10 股派 1.00 元 2001 年 每 10 股派 1.00 元	不分配不转增

重大事项

2003 年上半年，由于受长春燃气股份有限公司主营产品销售数量和销售价格增加的影响，主营业务收入及主营业务利润增长幅度较大，预计上半年净利润将比去年同期增长 50%以上。 公司 2002 年上半年主营业务收入大幅上升，中期公司净利润将比上年同期增长 50%以上。

二〇〇二年以来市场表现

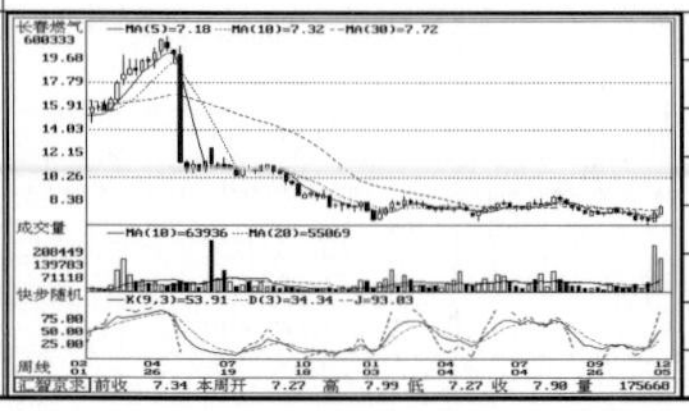

2002年涨跌幅(%)	-22.93
2002年最高(元)	12.52
2002年最低(元)	6.96
2002年换手率(%)	205.55
2003年涨跌幅(%)	5.01
2003年最高(元)	8.80
2003年最低(元)	6.50
2003年换手率(%)	225.45

中外建发展股份有限公司

公司概况

公司名称	中外建发展股份有限公司				股票代码	600335	
注册地址	天津市华苑产业区火炬大厦 410 室				邮政编码	300180	
法人代表	李鹤鹏			董秘	叶志玲		
电话	022-24935580			传真	022-24935580		
主营业务	建筑机械制造业						
总股本	111662.86	流通 A	3500.00	流通 B		流通 H	
审计单位				审计意见	未审计		

主要财务指标

年度	2003.9	2003.6	2002	2001
每股收益/扣除后(元)	-0.0080	-0.0007	-0.3316	-0.1002
每股经营现金流量(元)	0.1290	0.1210	-0.5900	-0.0930
每股净资产/调整后(元)	2.4253	2.4230	2.4211	2.7636
每股公积金(元)	1.7638	1.7638	1.7638	1.7373
净资产收益率(%)	0.1700	0.0800	-13.2000	0.6900
总资产(万元)	61944.16	63145.20	62726.07	69770.22
股东权益(万元)	28286.49	28260.91	28238.00	32231.15
未分配利润(万元)	-4160.00	-4185.57	-4208.48	52.32
主营收入(万元)	24263.81	16048.69	25882.10	18349.50
资本公积金(万元)	20570.80	20570.80	20570.80	20262.37
主营利润(万元)	4811.31	3125.09	3573.56	4096.31
其他业务利润(万元)	-26.67	96.95	121.40	64.85
营业利润(万元)	35.38	24.99	-3710.56	313.75
投资收益(万元)				3.36
补贴收入(万元)				
营业外收支(万元)	21.66		-16.18	-0.59
利润总额(万元)	57.04	26.95	-3726.74	316.41
净利润(万元)	48.49	22.91	-3726.74	223.67

十大股东

序号	股东名称	股份性质	持股数(万股)	比例(%)
1	中国对外建设总公司	国有法人股	7755.11	66.49
2	武汉当代科技发展有限公司	法人股	195.59	1.68
3	渤海证券有限责任公司	流通股	124.73	1.07
4	天津泰鑫实业开发有限公司	法人股	79.56	0.68
5	天津华泽(集团)有限公司	国有法人股	66.30	0.57
6	华泰证券有限责任公司	流通股	60.34	0.52
7	北京豪力海文科技发展有限公司	法人股	33.15	0.28
8	天津机电工业控股集团公司	国有法人股	33.15	0.28
9	邹鹰	流通股	26.57	0.23
10	卢艳	流通股	12.33	0.11

股东人数	2003.9	2003.6	2002	2001
	22866	23496	24922	28216

近年分配	近年配股/增发
	不分配不转增

重大事项

公司控股股东中国对外建设总公司于 2003 年 9 月 19 日将其下老人持有的公司 62637833 股国有法人股转让给天津工程机械研究院，每股转让价格为 2.5385 元，转让价款为 159008016 元。本次转让后，天津工程机械研究院直接持有公司股份 62637833 股， 占总股本 53.71%。将成为公司第一大股东。中国工商银行天津市河东支行与中国对外建设总公司借款纠纷案件，天津市第二中级人民法院作出民事裁定书，冻结了中国对外建设总公司所持有的公司的股票 62637833 股。现因案件尚在执行过程中，天津市第二中级人民法院依照最高人民法院有关规定，继续冻结被执行人中国对外建设总公司所持公司的股票 62637833 股。冻结期限为 2003 年 1 月 14 日至 2003 年 7 月 13 日。

二〇〇二年以来市场表现

2002年涨跌幅(%)	-37.60
2002年最高(元)	16.11
2002年最低(元)	9.75
2002年换手率(%)	160.49
2003年涨跌幅(%)	-34.76
2003年最高(元)	11.39
2003年最低(元)	5.86
2003年换手率(%)	118.91

青岛澳柯玛股份有限公司

公司概况

公司名称	青岛澳柯玛股份有限公司		股票代码	600336		
注册地址	青岛经济技术开发区前湾港路315号		邮政编码	266510		
法人代表	鲁群生		董秘	孙武		
电话	0532-6765129		传真	0532-6765129		
主营业务	冰柜、空调					
总股本	34103.60	流通A	9000.00	流通B		流通H
审计单位			审计意见	未审计		

主要财务指标

年度	2003.9	2003.6	2002	2001
每股收益/扣除后(元)	0.0600	0.0520	0.1050	0.1080
每股经营现金流量(元)	0.2500	0.1580	0.5200	0.3200
每股净资产/调整后(元)	3.4900	3.4800	3.4200	3.4800
每股公积金(元)	2.4750	2.4723	2.4718	2.4209
净资产收益率(%)	1.7700	1.5000	2.8800	3.8000
总资产(万元)	383493.50	370868.97	321954.84	320209.78
股东权益(万元)	122151.20	122095.69	119715.56	118794.74
未分配利润(万元)	2166.01	1875.99	105.06	198.76
主营收入(万元)	141645.41	99272.79	166630.69	106312.77
资本公积金(万元)	84407.72	84313.92	84296.72	82562.84
主营利润(万元)	27715.71	18977.57	32669.04	23069.52
其他业务利润(万元)	102.32	157.33	365.31	97.92
营业利润(万元)	1650.02	1672.05	3433.09	4640.28
投资收益(万元)	1102.81	995.26	348.40	369.31
补贴收入(万元)				
营业外收支(万元)	84.14		-191.89	521.78
利润总额(万元)	2836.97	2722.68	3589.60	5531.38
净利润(万元)	2115.72	1825.70	3425.69	4515.35

十大股东

序号	股东名称	股份性质	持股数(万股)	比例(%)
1	青岛澳柯玛集团总公司	国家股	24933.60	73.11
2	孙雷	社会公众股	41.70	0.12
3	河北省五金交电化工公司	社会公众股	34.00	0.10
4	荆州市泰隆股份合作公司	社会公众股	34.00	0.10
5	山东凌云工贸股份有限公司	社会公众股	34.00	0.10
6	牡丹江市广汇交电有限责任公司	社会公众股	34.00	0.10
7	重庆长风压缩机厂	社会公众股	34.00	0.10
8	南京锦能投资发展有限公司	社会公众股	29.88	0.09
9	南京轻工产业(集团)有限公司	社会公众股	23.58	0.07
10	兴和证券投资基金	社会公众股	16.87	0.05

股东人数	2003.9	2003.6	2002	2001
	58764	59478	61798	700045

近年分配	近年配股/增发
2002年每10股派0.80元 2001年每10股派1.00元	不分配不转增

重大事项

公司全资子企业青岛澳柯玛集团空调器厂于2003年6月27日与新华信托投资股份有限公司签订两笔《关于<资金信托合同>的补充协议》,一笔合同金额1.8亿元,一笔合同金额1.7亿元,合计3.5亿元。《关于<资金信托合同>的补充协议》决定将2002年6月签署的《资金信托合同》规定的信托期限延长一年,时间为2003年6月27日至2004年6月26日。信托管理费用为本次信托期限内受托人收取的手续费按受托资金0.8%的年费率计提。

二○○二年以来市场表现

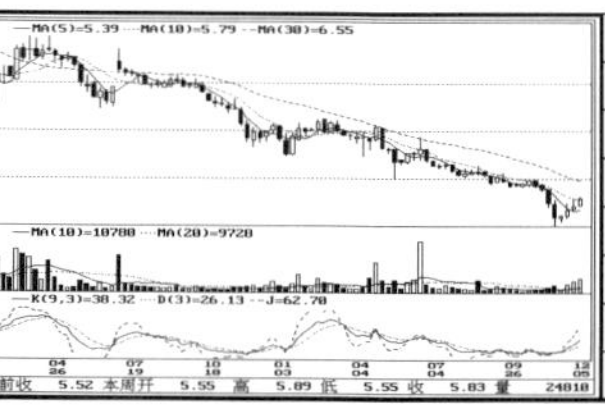

2002年涨跌幅(%)	-28.03
2002年最高(元)	11.82
2002年最低(元)	7.67
2002年换手率(%)	108.51
2003年涨跌幅(%)	-29.05
2003年最高(元)	8.74
2003年最低(元)	4.80
2003年换手率(%)	76.20

美克国际家具股份有限公司

公司概况

公司名称	美克国际家具股份有限公司		股票代码	600337		
注册地址	新疆乌鲁木齐经济技术开发区迎宾南路15号		邮政编码	830014		
法人代表	冯东明		董秘	黄新		
电话	0991-3836028		传真	0991-3838191		
主营业务	家具					
总股本	11049.60	流通A	4800.00	流通B		流通H
审计单位			审计意见	未审计		

主要财务指标

年度	2003.9	2003.6	2002	2001
每股收益/扣除后(元)	0.1800	0.0580	0.2600	0.3400
每股经营现金流量(元)	-0.1700	-0.1210	-0.0600	0.4200
每股净资产/调整后(元)	6.1300	5.9700	5.8600	6.7700
每股公积金(元)	4.0802	4.0802	4.0800	5.0960
净资产收益率(%)	4.6700	2.4600	6.1300	7.0500
总资产(万元)	923388.37	91010.14	90469.60	77950.03
股东权益(万元)	68440.09	66892.28	65241.69	62348.67
未分配利润(万元)	8260.37	7088.92	5889.89	3828.43
主营收入(万元)	40986.50	25561.75	46144.08	27126.84
资本公积金(万元)	45084.94	45084.94	45082.65	46924.25
主营利润(万元)	10503.21	6201.97	10648.05	8604.67
其他业务利润(万元)	66.12	35.77	90.46	2.56
营业利润(万元)	2144.03	1013.42	3772.22	4278.73
投资收益(万元)	669.80	665.38	17.43	284.40
补贴收入(万元)	284.60	95.13	372.74	58.02
营业外收支(万元)	519.20		559.49	609.49
利润总额(万元)	3617.64	2245.59	5021.88	5230.65
净利润(万元)	3196.11	1648.30	3997.98	4397.46

十大股东

序号	股东名称	股份性质	持股数(万股)	比例(%)
1	新疆美克实业有限公司	法人股	3624.77	32.80
2	台湾台升木器厂股份有限公司	外资股	1562.40	14.14
3	湘财证券有限责任公司	流通股	485.97	4.40
4	新疆天山西部林业局	国有股	406.22	3.68
5	富蕴林场	国有股	406.22	3.68
6	新疆技术改造投资公司	国有股	249.98	2.26
7	中国银河证券有限责任公司	流通股	190.91	1.73
8	同盛证券投资基金	流通股	176.16	1.59
9	华夏成长证券投资基金	流通股	108.49	0.98
10	长盛成长价值证券投资基金	流通股	50.41	0.46

股东人数	2003.9	2003.6	2002	2001
	21776	19487	20429	19530

近年分配	近年配股/增发
2002年每10股派1.00元 2001年每10股派1.00元	不分配不转增

重大事项

公司第二大股东台湾台升持有公司股份1562.40万股,根据台湾台升2003年9月4日与博伊西签定的《股权转让协议》,台湾台升以协议方式向博伊西转让其所持有的公司外资股1562.40万股,总价款为9218.16万元人民币.该协议需经国家外经贸主管部门核准后方可生效.2)本次股权转让完成后,上述股权性质未发生变化,仍为外资股.3)本次股权转让完成后,公司总股本未发生变化,台湾台升将不再持有公司股票,博伊西持有公司1562.40万股,为公司第二大股东。

二○○二年以来市场表现

2002年涨跌幅(%)	-24.66
2002年最高(元)	18.78
2002年最低(元)	13.47
2002年换手率(%)	112.86
2003年涨跌幅(%)	-32.38
2003年最高(元)	15.89
2003年最低(元)	8.11
2003年换手率(%)	164.44

西藏珠峰工业股份有限公司

公司概况

公司名称	西藏珠峰工业股份有限公司			股票代码	600338		
注册地址	西藏自治区拉萨市北京中路65号			邮政编码	850000		
法人代表	旦增			董秘	侯映学		
电话	028-85885218			传真	028-85885156		
主营业务	摩托车产品及其零部件						
总股本	15833.33	流通A	5000.00	流通B		流通H	
审计单位				审计意见	未审计		

主要财务指标

年度	2003.9	2003.6	2002	2001
每股收益/扣除后(元)	-0.1500	-0.1100	-1.0100	0.1800
每股经营现金流量(元)	0.1910	0.2500	0.3900	-0.6100
每股净资产/调整后(元)	2.6400	2.6700	2.7400	3.8600
每股公积金(元)	2.5528	2.5521	2.5521	2.5249
净资产收益率(%)	-3.7400	-2.5300	-37.6000	5.0600
总资产(万元)	84704.13	88553.22	99906.72	101585.98
股东权益(万元)	42198.91	42686.39	43765.78	61071.52
未分配利润(万元)	-16824.02	-16325.14	-15245.75	2233.47
主营收入(万元)	25181.48	15855.31	35328.37	56811.29
资本公积金(万元)	40419.16	40407.76	40407.76	39978.18
主营利润(万元)	-1846.95	-3044.71	4620.36	8469.05
其他业务利润(万元)	-69.30	-161.22	244.51	619.30
营业利润(万元)	-2202.08	-1802.38	-17124.81	478.26
投资收益(万元)	544.82	669.16	-301.67	1556.47
补贴收入(万元)			1278.00	1223.30
营业外收支(万元)	-22.94	-19.12	-392.10	-41.03
利润总额(万元)	-1680.20	-1152.34	-16540.58	3217.01
净利润(万元)	-1578327.00	-1079.39	-16454.77	3087.23

十大股东

序号	股东名称	股份性质	持股数(万股)	比例(%)
1	西藏珠峰摩托车工业公司	法人股	6500.00	41.05
2	西藏自治区信托投资公司	国家股	2375.00	15.00
3	西藏自治区国有资产经营公司	国家股	1200.00	7.58
4	西藏自治区土产畜产进出口公司	国家股	541.67	3.42
5	西藏国际经济技术合作公司	国家股	108.33	0.68
6	西藏赛亚经贸服务公司	法人股	108.33	0.68
7	陈达清	公众股	16.46	0.10
8	胡蓉	公众股	15.96	0.10
9	郑毅仁	公众股	15.27	0.10
10	马广智	公众股	15.06	0.10

股东人数

2003.9	2003.6	2002	2001
22268	23242	21609	25320

近年分配	近年配股/增发
2001年 每10股派0.50元	不分配不转增

重大事项

公司在中国银行西藏分行办理的5000万元人民币借款已于2003年9月27日逾期,该项借款由西藏诺迪康药业股份有限公司提供担保.截止目前,公司逾期借款总额为13000万元,公司将于6个月内到期的银行借款合计为6200万元.目前,公司正与中国银行西藏分行、西藏诺迪康药业股份有限公司及中国农业银行拉萨市康昂东路支行协商,寻求妥善的解决办法.

二〇〇二年以来市场表现

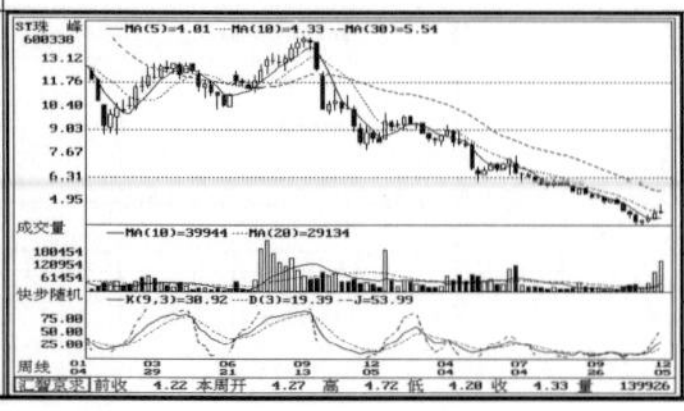

2002年涨跌幅(%)	-32.00
2002年最高(元)	14.48
2002年最低(元)	7.89
2002年换手率(%)	518.36
2003年涨跌幅(%)	-49.22
2003年最高(元)	9.96
2003年最低(元)	3.59
2003年换手率(%)	358.11

新疆独山子天利高新技术股份有限公司

公司概况

公司名称	新疆独山子天利高新技术股份有限公司			股票代码	600339		
注册地址	新疆独山子区大庆东路2号			邮政编码	833600		
法人代表	付德新			董秘	马新海		
电话	0992-3655959			传真	0992-3659999		
主营业务	塑料、沥青、化工产品						
总股本	35700.00	流通A	12600.00	流通B		流通H	
审计单位				审计意见	未审计		

主要财务指标

年度	2003.9	2003.6	2002	2001
每股收益/扣除后(元)	0.1000	0.0460	0.1500	0.2300
每股经营现金流量(元)	0.9600	0.8800	0.3100	
每股净资产/调整后(元)	1.9100	1.8500	1.7600	2.6500
每股公积金(元)	0.7053	0.7053	0.6405	1.4607
净资产收益率(%)	5.0800	2.3800	7.9400	8.2000
总资产(万元)	124526.03	119579.82	108216.66	89994.45
股东权益(万元)	68556.75	66688.77	62789.92	62970.38
未分配利润(万元)	4567.29	2666.73	1082.05	2309.03
主营收入(万元)	89371.18	54225.76	73398.79	33550.10
资本公积金(万元)	25179.81	25179.81	22865.64	34765.64
主营利润(万元)	9214.26	5175.71	11881.55	9805.19
其他业务利润(万元)	15.49	31.35	115.69	334.12
营业利润(万元)	4150.21	1844.45	6022.45	5972.91
投资收益(万元)	109.03	155.08	151.56	266.30
补贴收入(万元)			0.16	50.23
营业外收支(万元)	-81.96		-65.31	-249.18
利润总额(万元)	4177.27	1940.70	6108.87	6040.26
净利润(万元)	3485.24	1584.68	5203.75	5165.32

十大股东

序号	股东名称	股份性质	持股数(万股)	比例(%)
1	新疆独山子天利实业总公司	国有法人股	11771.42	32.97
2	新疆维吾尔自治区石油管理局	国有法人股	9187.50	25.74
3	新疆高新房地产有限责任公司	法人股	1299.02	3.64
4	新疆特变电工股份有限公司	法人股	764.13	2.14
5	新疆国际信托投资有限公司	流通股	237.00	0.66
6	新疆鸿鑫投资有限公司	流通股	154.52	0.43
7	南方证券	流通股	93.29	0.26
8	上海中大高新电子技术有限公司	法人股	77.93	0.22
9	张文英	流通股	40.51	0.11
10	李莎	流通股	34.92	0.10

股东人数

2003.9	2003.6	2002	2001
8645	9038	11950	15192

近年分配	近年配股/增发
2002年 每10股派1.50元 2001年 每10股派1.50元	2002年中 每10股转增5股

重大事项

公司分别于2003年11月10日、2003年11月24日,根据授信与中国工商银行新疆克拉玛依石油分行签订人民币借款合同,借款金额分别为5000万元和3000万元,用于公司流动资金周转.借款期限均为12个月,年利率为5.31%.截止公告日,公司共累计借款17000万元,未有逾期贷款。

二〇〇二年以来市场表现

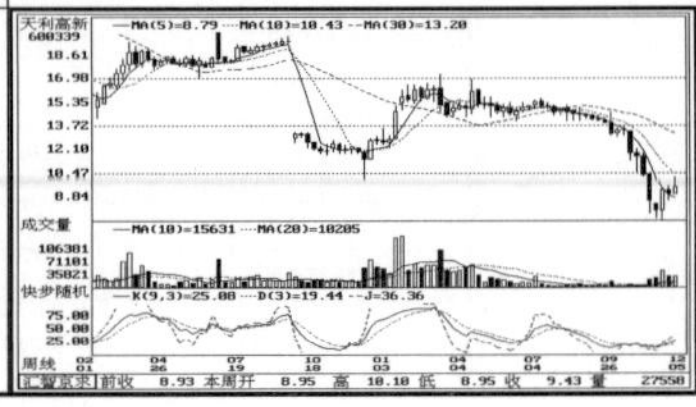

2002年涨跌幅(%)	14.57
2002年最高(元)	13.33
2002年最低(元)	8.88
2002年换手率(%)	101.49
2003年涨跌幅(%)	-31.57
2003年最高(元)	17.05
2003年最低(元)	7.21
2003年换手率(%)	105.31

陕西航天动力高科技有限公司

公司概况

公司名称	陕西航天动力高科技有限公司			股票代码	600343
注册地址	陕西省西安市高新一路 17 号			邮政编码	710075
法人代表	王新敏			董秘	崔积堂
电话	029-5208628			传真	029-5614949
主营业务	航天技术流体机械系列液力变矩器等				
总股本	18500.00	流通 A	6500.00	流通 B	流通 H
审计单位				审计意见	未审计

主要财务指标

年度	2003.9	2003.6	2002	2001
每股收益/扣除后(元)	0.0747	0.0410	0.1800	0.1850
每股经营现金流量(元)	-0.0760	-0.0490	0.1300	
每股净资产/调整后(元)	2.0941	2.0591	1.2200	1.2300
每股公积金(元)	0.8842	0.8842		
净资产收益率(%)	3.5570	1.9880	15.0700	14.9800
总资产(万元)	52506.70	50604.35	29933.64	24839.96
股东权益(万元)	38856.79	38234.66	14616.91	14814.25
未分配利润(万元)	3138.49	2516.36	1756.38	398.20
主营收入(万元)	6910.96	4146.65	10287.29	5578.12
资本公积金(万元)	16357.77	16357.77		
主营利润(万元)	2842.18	1704.54	4304.72	3882.73
其他业务利润(万元)	38.61	28.22	83.41	81.89
营业利润(万元)	1606.49	880.21	2632.08	2156.74
投资收益(万元)	9.53	4.06	8.11	1.35
补贴收入(万元)	0.36	0.36	4.33	9.47
营业外收支(万元)	0.63		-12.70	42.03
利润总额(万元)	1617.01	885.26	2631.82	2209.59
净利润(万元)	1382.11	759.98	2202.66	1315.53

十大股东

序号	股东名称	股份性质	持股数(万股)	比例(%)
1	西安航天科技工业公司	国有法人股	4400.00	23.78
2	陕西苍松机械厂	国有法人股	2740.00	14.81
3	西安航天发动机厂	国有法人股	2200.00	11.89
4	陕西动力机械设计研究所	国有法人股	1230.00	6.65
5	万向创业投资股份有限公司	社会法人股	1000.00	5.41
6	航天时代仪器公司	国有法人股	430.00	2.32
7	罗天贵	流通股	79.49	0.43
8	黄如元	流通股	66.30	0.36
9	黄油和	流通股	47.27	0.26
10	黄永记	流通股	41.85	0.23

股东人数	2003.9	2003.6	2002	2001
	23535	23365		

近年分配		近年配股/增发	不分配不转增

重大事项

航天动力临时股东大会决议：批准公司委托航天科技财务有限责任公司进行 7000 万元国债投资，期限为 12 个月，即 2003 年 6 月 16 日至 2004 年 6 月 15 日；并授权董事会具体实施；本项委托理财构成关联交易。批准公司章程修正案。

二〇〇二年以来市场表现

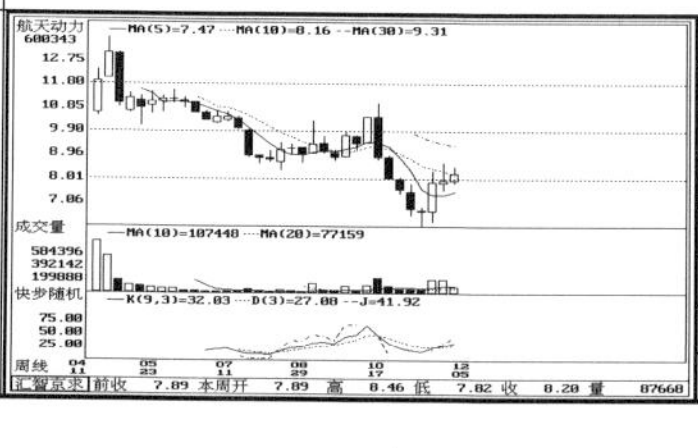

2002年涨跌幅(%)	0.00
2002年最高(元)	0.00
2002年最低(元)	0.00
2002年换手率(%)	0.00
2003年涨跌幅(%)	0.00
2003年最高(元)	13.70
2003年最低(元)	6.11
2003年换手率(%)	537.41

武汉长江通信产业集团股份有限公司

公司概况

公司名称	武汉长江通信产业集团股份有限公司			股票代码	600345
注册地址	武昌珞瑜路 200-1 号管理大楼 11 层			邮政编码	430070
法人代表	熊瑞忠			董秘	胡湘建
电话	027-87411083			传真	027-87411083
主营业务	通信工程勘测设计				
总股本	19800.00	流通 A	5400.00	流通 B	流通 H
审计单位				审计意见	未审计

主要财务指标

年度	2003.9	2003.6	2002	2001
每股收益/扣除后(元)	0.0200	0.0100	0.0800	1.2000
每股经营现金流量(元)	-0.0350	-0.0290	0.2800	-0.5800
每股净资产/调整后(元)	4.3200	4.5200	4.5300	5.4000
每股公积金(元)	1.7216	1.7152	1.7091	1.9625
净资产收益率(%)	0.4100	0.1200	1.3500	22.3700
总资产(万元)	137681.45	136651.56	140953.84	133395.55
股东权益(万元)	90609.02	90447.62	90485.54	89179.41
未分配利润(万元)	21911.78	21840.07	21886.77	25591.28
主营收入(万元)	27605.72	16234.07	37785.12	38955.62
资本公积金(万元)	34088.11	33961.06	33840.29	32380.58
主营利润(万元)	5666.00	3693.33	6936.16	5926.41
其他业务利润(万元)	11.74	3.60	10.73	3.15
营业利润(万元)	975.33	696.64	2033.98	-1232.90
投资收益(万元)	258.77	14.18	982.87	20966.67
补贴收入(万元)				391.51
营业外收支(万元)	-12.81		-605.78	-339.36
利润总额(万元)	1221.29	699.09	2411.06	19785.91
净利润(万元)	373.51	214.63	1220.35	19952.96

十大股东

序号	股东名称	股份性质	持股数(万股)	比例(%)
1	北京华普产业集团有限公司	社会法人股	9220.70	29.00
2	湖北鄂州武昌鱼集团有限责任公司	国有股	8962.82	28.19
3	北京中联普拓技术开发有限公司	社会法人股	3656.48	11.50
4	海通证券有限公司	社会公众股	1537.38	4.84
5	华能国际电力股份有限公司山东分公司	社会公众股	512.45	1.61
6	鄂州市建设投资公司	国有法人股	354.00	1.11
7	上海家化联合股份有限公司	社会公众股	310.91	0.98
8	上海三标物资经营部	社会公众股	269.98	0.85
9	深圳市喜玛实业发展有限公司	社会公众股	236.00	0.74
10	上海浦东新区标三紧固件销售部	社会公众股	184.75	0.58

股东人数	2003.9	2003.6	2002	2001
	33720	34830	34579	29240

近年分配	2002年 每 10 股派 0.50 元 2001 年 每 10 股派 1.50 元	近年配股/增发	不分配不转增

重大事项

2003 年 3 月 21 日，公司第二大股东武汉正信国有资产经营有限公司于 2003 年 02 月 10 日与武汉高科国有控股集团股份有限公司签署了《股权转让协议书》和《股权托管协议书》，正信公司拟将其持有公司 5820 万股(占公司总股本的 29.39%)国家股转让给高科控股，转让价为 4.66 元/股，股权转让总金额为 27121.2 万元

二〇〇二年以来市场表现

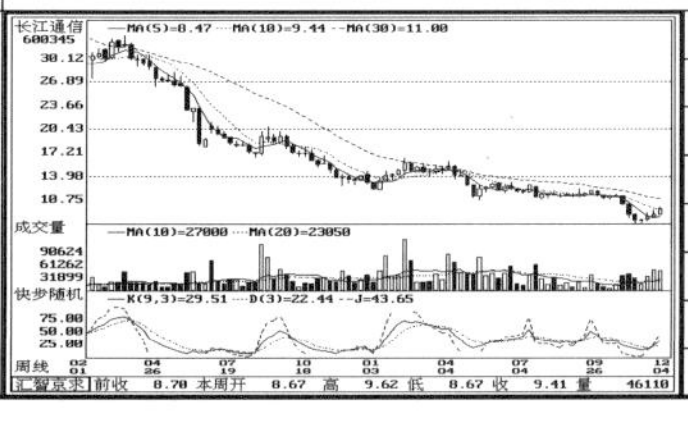

2002年涨跌幅(%)	-52.72
2002年最高(元)	27.62
2002年最低(元)	12.24
2002年换手率(%)	242.68
2003年涨跌幅(%)	-29.44
2003年最高(元)	16.34
2003年最低(元)	7.52
2003年换手率(%)	298.04

大连冰山橡塑股份有限公司

公司概况							
公司名称	大连冰山橡塑股份有限公司			股票代码	600346		
注册地址	大连市甘井子区周水子广场1号			邮政编码	116033		
法人代表	穆传江			董秘	孙培德		
电话	0411-6641861-6106			传真	0411-6641645		
主营业务	橡胶机械、塑料机械						
总股本	10500.00	流通A	3850.00	流通B		流通H	
审计单位				审计意见	未审计		

主要财务指标 年度	2003.9	2003.6	2002	2001
每股收益/扣除后(元)	0.0408	0.0300	0.0800	0.1500
每股经营现金流量(元)	-0.1500	-0.1780	-0.0700	0.0400
每股净资产/调整后(元)	3.0400	3.0300	3.0000	2.9700
每股公积金(元)	1.8122	1.8122	1.8122	1.8122
净资产收益率(%)	1.3500	1.1200	2.7200	5.1200
总资产(万元)	56797.94	56407.81	54554.20	53027.09
股东权益(万元)	31909.72	31836.99	31479.12	31148.79
未分配利润(万元)	1536.47	1463.74	1105.87	946.61
主营收入(万元)	18930.04	11778.07	20917.96	22252.98
资本公积金(万元)	19028.03	19028.03	19028.03	19028.03
主营利润(万元)	4487.24	2856.11	6035.41	7187.45
其他业务利润(万元)	56.97	17.20	59.52	42.09
营业利润(万元)	477.11	354.12	1169.70	1972.77
投资收益(万元)	28.74	32.29	102.96	79.80
补贴收入(万元)	5.86		7.79	6.62
营业外收支(万元)	3.15		12.13	45.05
利润总额(万元)	514.86	399.45	1169.70	2104.24
净利润(万元)	430.67	357.87	855.33	1595.26

十大股东 序号	股东名称	股份性质	持股数(万股)	比例(%)
1	大连冰山集团有限公司	国有股	6383.00	60.79
2	大连冷冻机股份有限公司	法人股	150.00	1.43
3	大连冶金轴承集团公司	法人股	52.00	0.49
4	大连金州锻压件厂	法人股	35.50	0.31
5	烟台未来自动装备有限责任公司	法人股	32.50	0.31
6	关光	流通股	30.57	0.29
7	邬纪清	流通股	17.05	0.16
8	梁富起	流通股	16.30	0.16
9	李旭东	流通股	15.90	0.15
10	王庆滨	流通股	15.34	0.15

股东人数	2003.9	2003.6	2002	2001
	22079	21938	22714	25121

近年分配	2002年 每10股派0.50元 2001年 每10股派1.00元	近年配股/增发	不分配不转增

重大事项

公司拟与大冷股份共同出资兴建大连冰山投资有限公司,该公司注册资本为10000万元,投资双方各以现金出资5000万元,各占50%股权。 公司决定与香港华大机械设备有限公司、营口华兴电器塑胶有限公司合资设立大连华大塑胶有限公司,该公司注册资本为228万美元,投资总额为350万美元,公司出资105万美元,占该公司投资总额的30%。

二〇〇二年以来市场表现

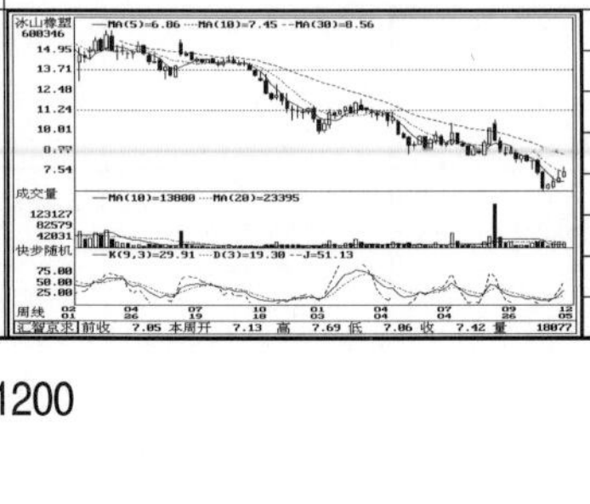

2002年涨跌幅(%)	-35.54
2002年最高(元)	16.67
2002年最低(元)	10.10
2002年换手率(%)	254.05
2003年涨跌幅(%)	-30.34
2003年最高(元)	11.80
2003年最低(元)	6.30
2003年换手率(%)	220.59

山西国阳新能股份有限公司

公司概况							
公司名称	山西国阳新能股份有限公司			股票代码	600348		
注册地址	山西省阳泉市北大街5号			邮政编码	045000		
法人代表	石盛奎			董秘	李国基		
电话	0353-7078728			传真	0353-707818		
主营业务	煤炭生产、选煤加工、销售,电力生产、销售						
总股本	48100.00	流通A	15000.00	流通B		流通H	
审计单位				审计意见	未审计		

主要财务指标 年度	2003.9	2003.6	2002	2001
每股收益/扣除后(元)	0.3220	0.2900	0.5300	0.3400
每股经营现金流量(元)	0.7400	0.4700	1.4900	0.8600
每股净资产/调整后(元)	3.8840	1.8900	1.8200	1.7000
每股公积金(元)	2.5186	0.2382	0.5382	0.5382
净资产收益率(%)	8.1720	14.4600	28.5900	20.2200
总资产(万元)	320448.81	165692.08	149714.87	139781.19
股东权益(万元)	187185.59	62616.88	60180.18	56214.34
未分配利润(万元)	8319.70	2078.97	1453.61	928.93
主营收入(万元)	127995.30	72183.76	136398.37	96938.68
资本公积金(万元)	121143.70	17815.67	17815.67	17815.67
主营利润(万元)	44728.40	28574.59	52388.99	41290.19
其他业务利润(万元)	-26.00	-38.56	211.40	18.42
营业利润(万元)	22105.40	14164.16	24030.37	18662.54
投资收益(万元)				
补贴收入(万元)				
营业外收支(万元)	-227.70		-611.73	-201.33
利润总额(万元)	21876.30	13940.85	23418.64	18461.21
净利润(万元)	15297.40	9056.70	17205.84	11368.75

十大股东 序号	股东名称	股份性质	持股数(万股)	比例(%)
1	阳泉煤业(集团)有限责任公司	国有法人股	32475.92	67.53
2	阳泉市新派新型建材总公司	社会法人股	156.02	0.32
3	山西宏厦建筑工程有限公司	社会法人股	156.02	0.32
4	安庆大酒店有限责任公司	社会法人股	156.02	0.32
5	阳泉煤业集团多种经营总公司	社会法人股	156.02	0.32
6	华夏证券股份有限公司	流通股	145.54	0.30
7	富国动态平衡证券投资基金	流通股	28.80	0.06
8	安顺证券投资基金	流通股	28.40	0.06
9	同盛证券投资基金	流通股	27.60	0.06
10	丰和价值证券投资基金	流通股	26.90	0.06

股东人数	2003.9	2003.6	2002	2001
	78404			

近年分配	2003年 每10股派2.00元	近年配股/增发	不分配不转增

重大事项

公司收购阳煤集团生产的原煤,双方同意原煤收购价格按阳泉市范围内的原煤市场价格确定;公司以物价事务所提供的价格为依据,结合托管矿井原煤生产成本等情况,对下一年度原煤收购价格进行调整和确定;双方同意甲方2003年度收购原煤的市场价格根据山西省物价局价格认证中心按照规定程序作出的调查报告和认证结论确定为118元/吨。本协议经双方签署且自公司股东大会审议批准之日起生效,协议的有效期为10年。

二〇〇二年以来市场表现

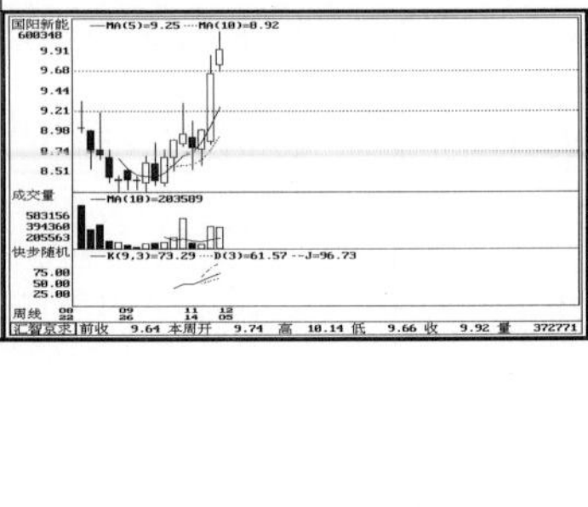

2002年涨跌幅(%)	0.00
2002年最高(元)	0.00
2002年最低(元)	0.00
2002年换手率(%)	0.00
2003年涨跌幅(%)	0.00
2003年最高(元)	9.85
2003年最低(元)	8.28
2003年换手率(%)	235.04

山东基建股份有限公司

公司概况

公司名称	山东基建股份有限公司	股票代码	600350
注册地址	济南经十路71号山东大学科技园创业中心	邮政编码	250061
法人代表	孙 亮	董秘	王大为
电话	0531-2662952	传真	0531-2662950
主营业务	交通基础设施服务、石油制品销售		
总股本	336380.00	流通 A	50500.00
流通 B		流通 H	
审计单位		审计意见	未审计

主要财务指标

年度	2003.9	2003.6	2002	2001
每股收益／扣除后(元)	0.1152	0.0742	0.1400	0.1300
每股经营现金流量(元)	0.1390	0.1050	0.2100	0.2000
每股净资产／调整后(元)	1.8700	1.8300	1.7600	1.5800
每股公积金(元)	0.6899	0.6899	0.6899	0.5373
净资产收益率(％)	6.2300	4.1000	8.0400	8.7000
总资产(万元)	738737.69	729188.31	728297.12	627281.69
股东权益(万元)	630282.94	616272.31	591007.06	451504.62
未分配利润(万元)	42597.34	28586.71	3321.45	
主营收入(万元)	114953.27	74589.79	140135.22	79257.45
资本公积金(万元)	232074.02	232074.02	232074.02	153600.78
主营利润(万元)	62060.89	40317.52	78875.71	51989.77
其他业务利润(万元)	876.42	447.37	1150.32	79257.45
营业利润(万元)	54696.78	34916.05	68264.99	41589.53
投资收益(万元)	-27.05	-17.41	-1224.71	539.56
补贴收入(万元)				1960.00
营业外收支(万元)	785.32		548.75	586.83
利润总额(万元)	55455.05	35337.75	67589.03	44675.92
净利润(万元)	39275.89	25265.26	47530.98	39137.00

十大股东

序号	股东名称	股份性质	持股数(万股)	比例(％)
1	山东省高速公路有限责任公司	国家股	209705.00	62.34
2	华建交通经济开发中心	国家股	76178.00	22.65
3	兴华证券投资基金	流通股	2767.10	0.82
4	国元证券有限责任公司	流通股	893.80	0.27
5	银丰证券投资基金	流通股	889.30	0.26
6	证券投资兴和基金	流通股	697.90	0.21
7	富国动态平衡证券投资基金	流通股	682.80	0.20
8	金泰证券投资基金	流通股	515.90	0.15
9	泰和证券投资基金	流通股	502.70	0.15
10	北京华盛物业管理有限责任公司	流通股	400.00	0.12

股东人数	2003.9	2003.6	2002	2001
	121494	126200	134047	2

近年分配	2002年 每10股派1.10元	近年配股／增发	不分配不转增

重大事项

2003年9月24日，公司拟投资建设济南-莱芜-青岛高速公路项目建设里程全长约290公里，该路段由济南至莱芜公路与青岛至莱芜公路组成。意向书初步预计工程估算投资约90亿元人民币，并明确规定待各方协商一致后，公司将与相关方签订正式授权协议，明确各方权利、义务；如因任何原因双方未能在2003年12月31日之前签署正式协议，则该意向书作废，任何一方无权以任何理由向对方索赔。

二〇〇二年以来市场表现

2002年涨跌幅(%)	0.00
2002年最高(元)	5.81
2002年最低(元)	4.07
2002年换手率(%)	636.98
2003年涨跌幅(%)	11.62
2003年最高(元)	5.21
2003年最低(元)	3.91
2003年换手率(%)	279.26

山西亚宝药业集团股份有限公司

公司概况

公司名称	山西亚宝药业集团股份有限公司	股票代码	600351
注册地址	山西省芮城县富民路43号	邮政编码	044600
法人代表	任武贤	董秘	任蓬勃
电话	0359-3088178	传真	0359-3088347
主营业务	医药化工原料、中西药制剂		
总股本	11500.00	流通 A	4000.00
流通 B		流通 H	
审计单位		审计意见	未审计

主要财务指标

年度	2003.9	2003.6	2002	2001
每股收益／扣除后(元)	0.1640	0.1040	0.1800	
每股经营现金流量(元)	-0.0500	0.0700	0.2100	0.3100
每股净资产／调整后(元)	2.4800	2.4200	2.3400	1.1500
每股公积金(元)	1.2939	1.2861	1.2861	0.0809
净资产收益率(％)	6.5800	4.2300	7.1600	20.7500
总资产(万元)	60431.87	52989.40	44737.60	22106.50
股东权益(万元)	29185.68	28376.70	27177.08	7961.55
未分配利润(万元)	1648.58	964.90	44.05	-426.75
主营收入(万元)	25152.59	14415.70	21262.80	13359.68
资本公积金(万元)	14879.73	14790.50	14790.46	607.11
主营利润(万元)	11947.19	7864.20	11367.96	6965.47
其他业务利润(万元)	18.32	18.60	44.82	29.33
营业利润(万元)	3090.00	1876.00	3134.27	2794.99
投资收益(万元)				
补贴收入(万元)				
营业外收支(万元)	-33.12		-86.92	-49.40
利润总额(万元)	3056.88	1875.80	3047.35	2745.60
净利润(万元)	1919.33	1199.60	1945.95	1796.56

十大股东

序号	股东名称	股份性质	持股数(万股)	比例(％)
1	山西省芮城制药厂	国家股	5241.00	45.57
2	山西省经济建设投资公司	国家股	740.00	6.43
3	山西省科技基金发展总公司	国家股	555.00	4.83
4	大同中药厂	国有法人股	548.00	4.77
5	泰阳证券有限责任公司	流通股	449.46	3.91
6	山西省经贸资产经营有限公司	国家股	416.00	3.62
7	钟家生	流通股	148.97	1.29
8	银丰证券投资基金	流通股	87.73	0.76
9	陈俊生	流通股	48.68	0.42
10	张煌友	流通股	48.52	0.42

股东人数	2003.9	2003.6	2002	2001
	9995	10412	12150	

近年分配	2002年 每10股派1.40元	近年配股／增发	不分配不转增

重大事项

2003年6月26日，公司与福斯特公司签署了担保意向性协议，为其提供向金融机构借款累计不超过6000万元人民币的连带责任担保。截止目前，公司对外提供担保累计金额为4000万元人民币，无逾期担保。 2003年5月26日芮城制药厂同意将其合法持有的公司2500万股国家股转让给众力投资；以2002年12月31日公司经审计的每股净资产为依据，确定股份转让的价格为人民币2.36元/股，转让总价款为人民币5900万元。

二〇〇二年以来市场表现

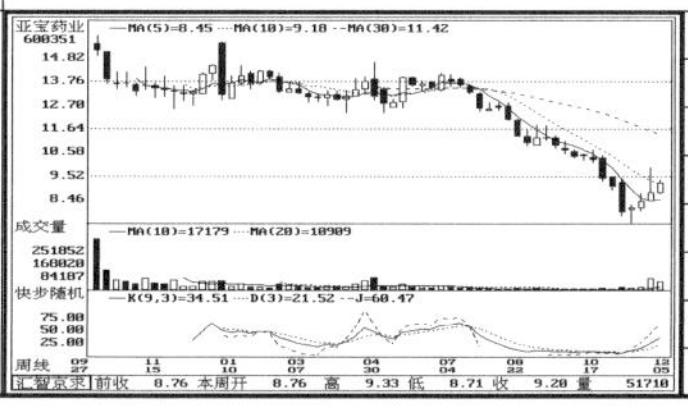

2002年涨跌幅(%)	0.00
2002年最高(元)	15.74
2002年最低(元)	12.38
2002年换手率(%)	248.45
2003年涨跌幅(%)	-34.87
2003年最高(元)	14.46
2003年最低(元)	7.40
2003年换手率(%)	182.81

浙江龙盛集团股份有限公司

公司概况

公司名称	浙江龙盛集团股份有限公司	股票代码	600352
注册地址	浙江省上虞市道墟镇	邮政编码	312368
法人代表	阮水龙	董秘	阮兴祥
电话	0575-2040698	传真	0575-2041589
主营业务	染料及助剂、化工产品技术开发、技术转让等		

总股本	22700.00	流通 A	5700.00	流通 B		流通 H	
审计单位				审计意见	未审计		

主要财务指标

年度	2003.9	2003.6	2002	2001
每股收益 / 扣除后(元)	0.3420	0.2000	0.5000	
每股经营现金流量(元)	0.5300	0.7000	1.3300	
每股净资产 / 调整后(元)	3.4051	1.6057	1.4500	1.7800
每股公积金(元)	1.9460	0.1898	0.1898	0.1898
净资产收益率(%)	10.7300	18.0000	34.0600	22.2900
总资产(万元)	159779.95	99125.80	74317.74	58313.89
股东权益(万元)	77378.86	27349.66	30247.15	252158.08
未分配利润(万元)	6066.43	2684.73	5906.88	2423.14
主营收入(万元)	81196.30	50604.52	91063.36	77235.79
资本公积金(万元)	44173.81	3226.31	3226.31	3226.31
主营利润(万元)	18436.94	10914.08	21462.07	13615.98
其他业务利润(万元)	155.56	37.60	126.60	27.46
营业利润(万元)	12929.80	7564.81	14736.94	9285.64
投资收益(万元)	3.87	6.57	-3.96	
补贴收入(万元)		455.00		
营业外收支(万元)	30.01	36.39	-34.70	-7.76
利润总额(万元)	12963.67	7607.77	14698.27	9184.64
净利润(万元)	8302.16	4923.88	10302.07	5620.77

十大股东

序号	股东名称	股份性质	持股数(万股)	比例(%)
1	阮水龙	自然人	4070.00	17.93
2	阮伟祥	自然人	2339.00	10.30
3	阮伟兴	自然人	2215.06	9.76
4	苏紫薇	自然人	2050.00	9.03
5	章荣夫	自然人	1088.61	4.80
6	项志峰	自然人	1087.45	4.66
7	上虞市道墟镇集体资产经营公司	境内法人股	1028.00	4.53
8	上虞市龙盛投资发展有限公司	境内法人股	866.45	3.82
9	潘小成	自然人	643.40	2.83
10	陈建华	自然人	188.60	0.83

股东人数	2003.9	2003.6	2002	2001
	15251	38		

近年分配	2002年每10股派3.10元 2001年每10股派1.60元	近年配股/增发	不分配不转增

重大事项

公司以上海科华截止 2003 年 10 月 31 日经审计的净资产为作价依据,以"年产 4900 吨红色谱活性染料项目,年产 5000 吨黄橙黑色谱活性染料项目,年产 5100 吨蓝色谱活性染料项目"三个项目的募集资金对上海科华进行增资,上虞市盛邦实业投资有限公司承诺放弃本次增资,增资后上海科华注册资本为 7500 万元,公司占其注册资本的 95%。

二○○二年以来市场表现

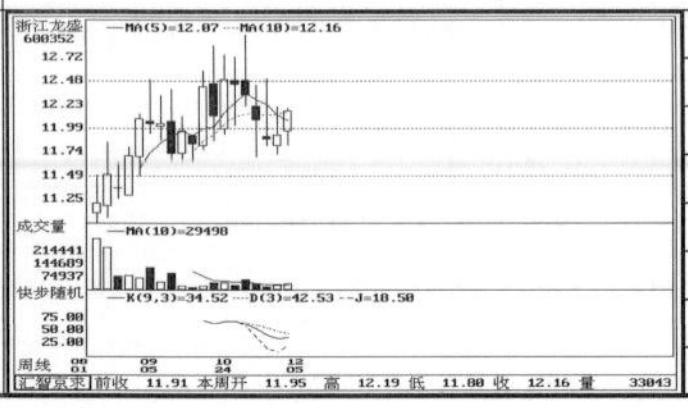

2002年涨跌幅(%)	0.00
2002年最高(元)	0.00
2002年最低(元)	0.00
2002年换手率(%)	0.00
2003年涨跌幅(%)	0.00
2003年最高(元)	12.97
2003年最低(元)	11.00
2003年换手率(%)	222.69

成都旭光电子股份有限公司

公司概况

公司名称	成都旭光电子股份有限公司	股票代码	600353
注册地址	成都市新都区新都镇电子路 172 号	邮政编码	610500
法人代表	何琼	董秘	周敏
电话	028-83967182	传真	028-83967248
主营业务	电真空原件、开关设备等		

总股本	8260.05	流通 A	3000.00	流通 B		流通 H	
审计单位				审计意见	未审计		

主要财务指标

年度	2003.9	2003.6	2002	2001
每股收益 / 扣除后(元)	0.1930	0.1100	0.1475	0.4100
每股经营现金流量(元)	-0.3000	-0.1500	0.0900	0.5600
每股净资产 / 调整后(元)	4.4800	4.3973	4.2400	2.6600
每股公积金(元)	2.6322	2.6322	2.6322	0.4610
净资产收益率(%)	4.3800	2.5200	4.0000	15.4300
总资产(万元)	50987.11	53333.70	57207.90	34226.37
股东权益(万元)	37030.05	36322.08	35406.36	13984.87
未分配利润(万元)	3086.79	2378.82	1463.10	2855.10
主营收入(万元)	13802.34	8385.11	17006.53	12299.80
资本公积金(万元)	21742.40	21742.40	21742.40	2424.74
主营利润(万元)	5979.81	3694.33	7641.90	8785.98
其他业务利润(万元)	357.31	237.76	315.16	336.71
营业利润(万元)	1933.98	1085.40	1468.66	2654.50
投资收益(万元)			5.24	4.57
补贴收入(万元)			19.72	27.35
营业外收支(万元)	30.70	26.01	94.17	-84.77
利润总额(万元)	1964.69	1115.99	1587.79	2601.63
净利润(万元)	1623.69	915.72	1416.63	2157.97

十大股东

序号	股东名称	股份性质	持股数(万股)	比例(%)
1	成都市国有资产管理局	国有股	1784.33	21.60
2	成都市国腾通讯(集团)有限公司	法人股	1690.74	20.47
3	四川新都如意实业有限责任公司	法人股	300.00	3.63
4	四川省聚鹏物业有限责任公司	法人股	200.00	2.42
5	四川道亨计算机软件有限责任公司	法人股	154.90	1.87
6	四川通利投资实业有限公司	法人股	100.00	1.21
7	成都蓝风(集团)股份有限公司	法人股	50.00	0.61
8	四川锅炉厂	法人股	35.00	0.42
9	都江堰市宁江弹簧夹头有限责任公司	法人股	30.00	0.36
10	金鑫证券投资基金	流通股	28.06	0.34

股东人数	2003.9	2003.6	2002	2001
	19748	20950	23564	

近年分配	2002年每10股派2.80元	近年配股/增发	不分配不转增

重大事项

公司于 2003 年 1 月 24 日刊登提示性公告:由于四川地区电力供应异常紧张,公司从 2002 年 11 月起即被频繁拉闸限电,不仅使生产经营受到严重影响,也给公司造成了较大的直接经济损失。预计此次电力紧张状况将持续到 2003 年 4 月,公司主要经营指标在此期间将因此受到较大影响,影响程度现无法预计。

二○○二年以来市场表现

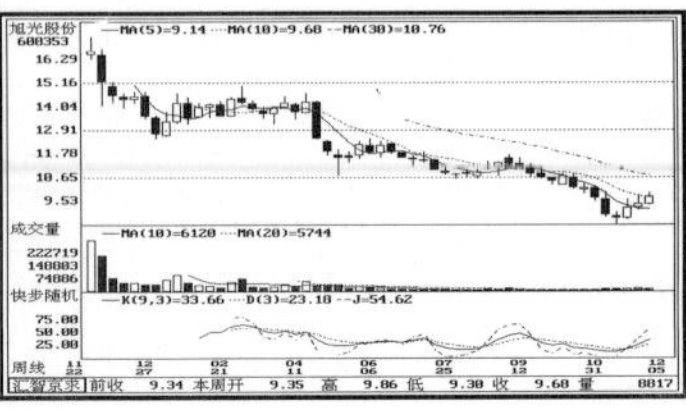

2002年涨跌幅(%)	0.00
2002年最高(元)	17.14
2002年最低(元)	12.37
2002年换手率(%)	241.41
2003年涨跌幅(%)	-24.68
2003年最高(元)	14.69
2003年最低(元)	8.40
2003年换手率(%)	287.88

武汉精伦电子股份有限公司

公司概况

公司名称	武汉精伦电子股份有限公司	股票代码	600355
注册地址	武汉市洪山区双塘小区	邮政编码	430223
法人代表	张学阳	董秘	金家明
电话	027-87921111-3221	传真	027-87921111-3223
主营业务	公用通讯技术		

总股本	24604.46	流通 A	6200.00	流通 B		流通 H	
审计单位		审计意见	未审计				

主要财务指标

年度	2003.9	2003.6	2002	2001
每股收益/扣除后(元)	0.1140	0.0470	0.6800	0.9100
每股经营现金流量(元)	-0.2600	-0.2300	0.0800	1.0300
每股净资产/调整后(元)	2.9300	2.8700	5.6400	1.1000
每股公积金(元)	1.3202	1.3202	3.6403	
净资产收益率(%)	3.8600	1.6300	11.8400	45.1800
总资产(万元)	88401.43	89689.59	85431.36	39332.02
股东权益(万元)	72496.90	70854.51	96998.82	18485.68
未分配利润(万元)	12010.26	10367.88	9212.18	7120.81
主营收入(万元)	25744.12	14818.75	36308.28	29545.41
资本公积金(万元)	32482.08	32482.08	44784.31	
主营利润(万元)	12054.56	6661.92	18949.28	17728.65
其他业务利润(万元)	309.61	201.60	322.38	568.99
营业利润(万元)	3011.32	1134.11	9914.48	10168.92
投资收益(万元)				
补贴收入(万元)				39.33
营业外收支(万元)	-46.45		-106.28	-133.76
利润总额(万元)	2964.87	1107.75	9808.20	1074.49
净利润(万元)	2798.08	1155.69	8249.72	8352.73

十大股东

序号	股东名称	股份性质	持股数(万股)	比例(%)
1	张学阳	发起人股	5585.76	22.70
2	曹若欣	发起人股	3506.04	14.25
3	罗剑峰	发起人股	3506.04	14.25
4	蔡远宏	发起人股	3506.04	14.25
5	刘起滔	发起人股	2300.58	9.35
6	裕隆基金	社会公众股	160.00	0.65
7	马冠华	社会公众股	37.00	0.15
8	胡熠君	社会公众股	27.36	0.11
9	陈振辉	社会公众股	21.84	0.09
10	朱能顺	社会公众股	18.85	0.08

股东人数	2003.9	2003.6	2002	2001
	24537	24335	18009	

近年分配	2002年 每10股派4.00元	近年配股/增发	不分配不转增

重大事项

公司以自有资金出资**5000**万元，与海外资深科学家、工程师徐性怡、甄力等五位自然人合资设立上海鲍麦克斯电子科技有限公司。该公司于**2002**年**10**月**28**日临时登记成立。**2003**年**2**月**14**日，公司出资**5000**万元全部到位后，上海鲍麦克斯电子科技有限公司在上海市工商局浦东新区分局正式登记注册成立，注册资本**7692.3**万元。

二〇〇二年以来市场表现

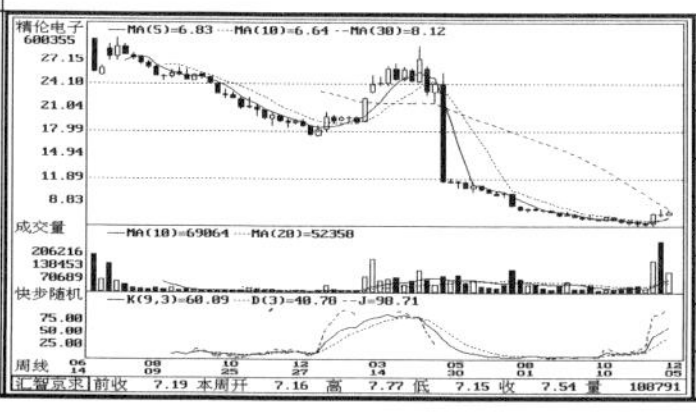

2002年涨跌幅(%)	0.00
2002年最高(元)	14.90
2002年最低(元)	8.75
2002年换手率(%)	127.11
2003年涨跌幅(%)	-18.11
2003年最高(元)	14.28
2003年最低(元)	5.78
2003年换手率(%)	384.91

牡丹江恒丰纸业股份有限公司

公司概况

公司名称	牡丹江恒丰纸业股份有限公司	股票代码	600356
注册地址	牡丹江市阳明区造纸路11号	邮政编码	157013
法人代表	徐祥	董秘	李荣伟
电话	0453-6331111-6451	传真	0453-6330989
主营业务	卷烟纸、滤嘴棒纸		

总股本	14000.00	流通 A	4000.00	流通 B		流通 H	
审计单位		审计意见	未审计				

主要财务指标

年度	2003.9	2003.6	2002	2001
每股收益/扣除后(元)	0.4090	0.5400	0.3651	0.3300
每股经营现金流量(元)	0.1800	0.2900	0.6500	0.0300
每股净资产/调整后(元)	4.1720	4.0200	3.7600	3.5100
每股公积金(元)	1.9624	1.9624	1.9624	1.9845
净资产收益率(%)	9.7400	6.2800	8.9800	9.3100
总资产(万元)	92375.40	91603.87	70085.83	65600.68
股东权益(万元)	58506.08	56351.25	52810.26	49079.35
未分配利润(万元)	12859.02	10704.20	7163.21	3833.68
主营收入(万元)	37921.63	27003.47	42622.46	36879.42
资本公积金(万元)	27472.97	27472.97	27472.97	27782.68
主营利润(万元)	14860.52	10443.91	16376.93	13058.50
其他业务利润(万元)	-6.73	-8.19	-256.89	13058.50
营业利润(万元)	8041.31	5298.63	7773.89	6825.86
投资收益(万元)			-323.43	
补贴收入(万元)				
营业外收支(万元)	-26.28		-126.61	-66.51
利润总额(万元)	8015.03	5285.06	7323.85	6759.35
净利润(万元)	5695.82	3540.99	4740.62	4569.48

十大股东

序号	股东名称	股份性质	持股数(万股)	比例(%)
1	牡丹江恒丰纸业集团有限责任公司	国有法人股	7980.00	57.00
2	中国银河证券有限责任公司	流通股	206.85	1.48
3	裕阳证券投资基金	流通股	55.33	0.40
4	同德证券投资基金	流通股	53.37	0.38
5	华夏成长证券投资基金	流通股	50.50	0.36
6	易方达平稳增长证券投资基金	流通股	38.43	0.27
7	富国动态平衡证券投资基金	流通股	36.50	0.26
8	同智证券投资基金	流通股	30.54	0.22
9	科瑞证券投资基金	流通股	27.00	0.19
10	全国社保基金一零五组合	流通股	26.98	0.19

股东人数	2003.9	2003.6	2002	2001
	27725	28119	29873	34290

近年分配	2002年 每10股派0.50元 2001年 每10股派0.50元	近年配股/增发	不分配不转增

重大事项

牡丹江恒丰纸业集团有限责任公司将其持有本公司股权**3990**万股质押给中国建设银行牡丹江市第二支行，为本公司借款提供出质，质押期限自**2002**年**12**月**17**日至**2007**年**12**月**22**日。　公司于**2002**年**12**月**09**日与中国建设银行牡丹江市第二支行签订**1.2**亿元借款合同，公司将分两次提取；借款期限从合同约定的第一笔借款提款日起至合同约定的最后一笔借款还款日止，即从**2002**年**12**月**30**日起至**2007**年**11**月**22**日止，共计**5**年；借款利率按月息千分之**4.65**计算。

二〇〇二年以来市场表现

2002年涨跌幅(%)	-24.79
2002年最高(元)	17.09
2002年最低(元)	12.20
2002年换手率(%)	138.25
2003年涨跌幅(%)	-17.13
2003年最高(元)	14.15
2003年最低(元)	9.50
2003年换手率(%)	90.30

承德新新钒钛股份有限公司

公司概况

公司名称	承德新新钒钛股份有限公司			股票代码	600357		
注册地址	河北省承德市双滦区			邮政编码	067002		
法人代表	晋心翠			董秘	王世杰		
电话	0314-4073574			传真	0314-4079279		
主营业务	冶金行业、化工行业						
总股本	38033.35	流通 A	10000.00	流通 B		流通 H	
审计单位				审计意见	未审计		

主要财务指标

年度	2003.9	2003.6	2002	2001
每股收益 / 扣除后(元)	0.3900	0.1850	0.2100	0.2700
每股经营现金流量(元)	0.6000	0.3020	0.6500	
每股净资产 / 调整后(元)	3.9600	3.7300	3.6100	3.2600
每股公积金(元)	2.2254	2.2254	2.2254	1.5247
净资产收益率(%)	10.1700	4.4400	5.8900	8.3100
总资产(万元)	417342.84	410704.41	398534.84	238958.56
股东权益(万元)	155055.30	145762.06	139292.62	83522.56
未分配利润(万元)	21883.41	12590.18	6120.74	5318.35
主营收入(万元)	292330.81	185611.06	276739.81	263393.22
资本公积金(万元)	84640.98	84640.98	84640.98	42515.31
主营利润(万元)	54258.02	32768.13	39160.34	31909.18
其他业务利润(万元)	279.80	230.45	658.63	799.16
营业利润(万元)	21431.72	10307.75	12382.73	11429.87
投资收益(万元)				
补贴收入(万元)				
营业外收支(万元)	-981.28	-840.78	-150.07	-208.96
利润总额(万元)	20450.44	9466.97	12232.66	11002.18
净利润(万元)	15762.67	6469.43	8200.72	7339.11

十大股东

序号	股东名称	股份性质	持股数(万股)	比例(%)
1	承德钢铁集团有限公司	国家股	22477.35	59.10
2	国华能源有限公司	法人股	1480.00	3.89
3	华夏证券有限公司	流通股	472.77	1.24
4	承德昌达经营开发有限公司	法人股	465.00	1.22
5	山西焦化集团有限公司	法人股	400.00	1.05
6	华夏成长证券投资基金	流通股	269.69	0.71
7	浙江省饲料公司	法人股	200.00	0.53
8	河北省物产企业(集团)公司	法人股	131.00	0.34
9	景阳证券投资基金	流通股	126.07	0.33
10	石家庄焦化厂	法人股	120.00	0.32

股东人数

2003.9	2003.6	2002	2001
61924	62297	70956	

近年分配	近年配股/增发
2002年 每10股派3.00元	不分配不转增

重大事项

公司拟收购锦铁集团持有的钛业公司15%计3000万股股权，双方约定收购价款按照截止2003年5月31日钛业公司经审计账面净资产值1:0.9为基础计算,最终成交价款不超过2700万元。钛业公司委托会计师事务所对钛业公司进行了审计,并于2003年8月8日出具了审计报告。

二〇〇二年以来市场表现

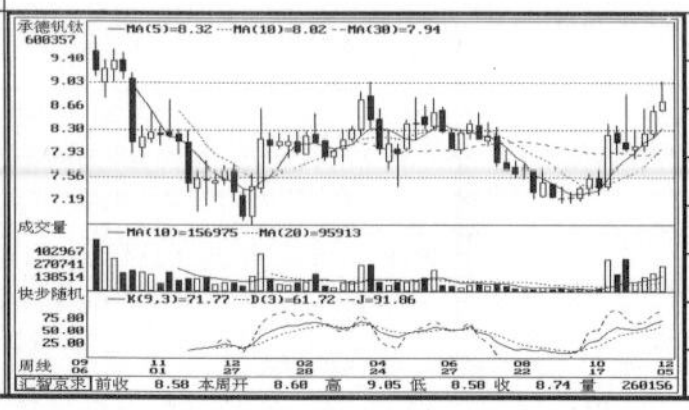

2002年涨跌幅(%)	0.00
2002年最高(元)	9.47
2002年最低(元)	6.72
2002年换手率(%)	308.41
2003年涨跌幅(%)	25.99
2003年最高(元)	8.85
2003年最低(元)	6.52
2003年换手率(%)	470.64

国旅联合股份有限公司

公司概况

公司名称	国旅联合股份有限公司			股票代码	600358		
注册地址	南京汉中路89号金鹰国际商城18层A座			邮政编码	210029		
法人代表	李禄安			董秘	程晓		
电话	025-4700026			传真	025-4702099		
主营业务	运输、旅游、工业产品						
总股本	21000.00	流通 A	7500.00	流通 B		流通 H	
审计单位				审计意见	未审计		

主要财务指标

年度	2003.9	2003.6	2002	2001
每股收益 / 扣除后(元)	0.0300	0.0200	0.0030	0.0060
每股经营现金流量(元)	0.0100	0.0230	-0.1600	0.1260
每股净资产 / 调整后(元)	1.9500	1.9300	1.9400	2.9640
每股公积金(元)	0.9735	0.9735	0.9734	1.9543
净资产收益率(%)	2.1900	1.7800	2.6900	3.1200
总资产(万元)	73686.53	62193.97	57642.60	57286.31
股东权益(万元)	42500.07	42381.29	41827.85	41181.78
未分配利润(万元)	1712.21	1534.65	873.96	118.70
主营收入(万元)	5333.10	3738.91	7530.04	10837.50
资本公积金(万元)	20444.41	20444.41	20441.05	27360.78
主营利润(万元)	2612.05	1998.98	4054.34	5925.53
其他业务利润(万元)	143.23	106.46	128.54	100.50
营业利润(万元)	346.70	447.49	293.45	-365.30
投资收益(万元)	863.47	643.25	1188.98	2179.74
补贴收入(万元)	22.74		170.94	0.13
营业外收支(万元)	-4.20	0.41	-98.12	-439.47
利润总额(万元)	1228.72	1091.14	1555.25	1375.09
净利润(万元)	931.97	754.41	1123.81	1283.35

十大股东

序号	股东名称	股份性质	持股数(万股)	比例(%)
1	中国国际旅行社总社	法人股	4935.14	23.50
2	南京市江宁区国有资产经营(控股)有限公司	法人股	3024.60	14.40
3	浙江富春江旅游股份有限公司	法人股	2568.05	12.23
4	深圳市思强实业发展有限公司	法人股	1200.00	5.71
5	上海大世界(集团)公司	法人股	1013.25	4.83
6	华龙证券有限责任公司	流通股	894.41	4.26
7	杭州之江发展总公司	法人股	758.97	3.62
8	王涛	流通股	40.45	0.19
9	袁文翠	流通股	38.25	0.18
10	金杰民	流通股	32.33	0.15

股东人数

2003.9	2003.6	2002	2001
7973	8303	9347	23046

近年分配	近年配股/增发
	2002年 每10股增5股

重大事项

公司为南京国旅联合汤山温泉开发有限公司贷款提供担保:南京国旅联合汤山温泉开发有限公司向工商银行南京市分行宁海路支行申请的5年期5000万元人民币贷款已获批准。公司将为此项贷款提供信用担保,担保期5年。 公司为北京西都地产发展有限公司贷款提供担保:公司所属公司西都地产拟于2003年贷款6亿元人民币,公司为其中2亿元担保,其余担保事项由该公司其他股东承担。公司提供担保后,西都地产用非配套公建项目作抵押对公司提供反担保。

二〇〇二年以来市场表现

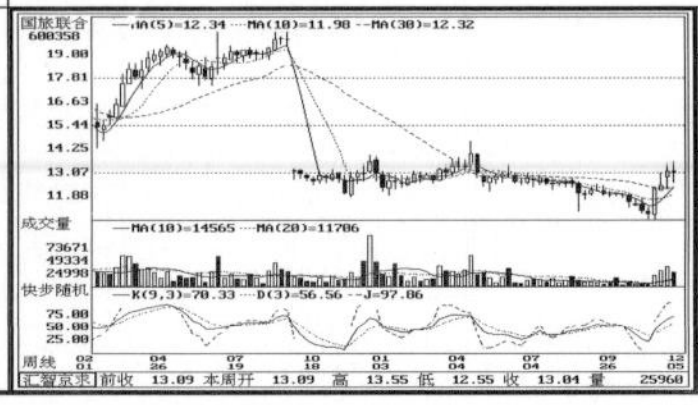

2002年涨跌幅(%)	14.64
2002年最高(元)	13.90
2002年最低(元)	9.20
2002年换手率(%)	165.37
2003年涨跌幅(%)	1.32
2003年最高(元)	14.60
2003年最低(元)	10.70
2003年换手率(%)	97.07

新疆塔里木农业综合开发股份有限公司

公司概况

公司名称	新疆塔里木农业综合开发股份有限公司			股票代码	600359		
注册地址	新疆阿拉尔南口镇迎宾路 1 号			邮政编码	843000		
法人代表	李兵			董秘	李新海		
电话	0997-2134083			传真	0997-2130840		
主营业务	商品棉、农牧渔等						
总股本	32100.00	流通 A	11700.00	流通 B		流通 H	
审计单位				审计意见	未审计		

主要财务指标

年度	2003.9	2003.6	2002	2001
每股收益 / 扣除后(元)	0.0560	0.0640	0.0850	-0.0070
每股经营现金流量(元)	-0.1870	-0.2330	0.6220	-0.3070
每股净资产 / 调整后(元)	2.0690	2.0410	1.9220	3.0680
每股公积金(元)	1.8629	1.8629	1.8629	1.8629
净资产收益率(%)	1.8020	1.9390	3.1470	0.4000
总资产(万元)	196357.48	178915.14	169204.67	174371.08
股东权益(万元)	100189.32	100329.01	98383.66	98497.27
未分配利润(万元)	4472.23	4611.92	2666.57	3244.63
主营收入(万元)	30523.13	26820.10	66229.73	53767.11
资本公积金(万元)	59797.90	59797.90	59797.90	59797.90
主营利润(万元)	10757.38	8320.90	17094.48	10208.23
其他业务利润(万元)	1138.88	971.17	127.62	518.52
营业利润(万元)	2403.63	2735.25	3380.47	-153.02
投资收益(万元)	-62.32	-38.99	392.32	664.69
补贴收入(万元)				
营业外收支(万元)	0.39		-32.01	8.78
利润总额(万元)	2341.71	2624.82	3740.79	520.44
净利润(万元)	1805.66	1945.35	3096.40	441.09

十大股东

序号	股东名称	股份性质	持股数(万股)	比例(%)
1	新疆阿克苏农垦农工商联合总公司	国有法人股	20400.00	63.55
2	裕隆证券投资基金	社会流通股	165.64	0.52
3	张金泉	社会流通股	73.80	0.23
4	光大证券有限责任公司	社会流通股	53.07	0.17
5	陈秋霞	社会流通股	31.36	0.10
6	刁蓓明	社会流通股	28.00	0.10
7	吕永昌	社会流通股	23.65	0.07
8	陶叶	社会流通股	22.29	0.07
9	刘西明	社会流通股	17.00	0.05
10	刘素枚	社会流通股	16.32	0.05

股东人数	2003.9	2003.6	2002	2001
	64361	65706	69371	64647

近年分配	2002年 每 10 股派 1.00 元	近年配股 / 增发	2001年 每 10 股配 3 股

重大事项

公司决定与新疆塔里木建筑安装工程总公司、新疆阿拉尔南口建筑有限责任公司三家共同出资组建阿拉尔市政建设投资公司(拟定名称),该公司注册资本总金额为 **2000** 万元,其中公司以现金出资 **1300** 万元,占注册资本的 **65%**　公司将下属全资子公司新疆阿克苏天南房地产开发公司的部分资产与自然人:涂绍荣、刘忠、何鲁等二十七人共同出资组建新疆阿克苏新农房地产有限责任公司,并于 **2002** 年 **7** 月 **26** 日共同签订了出资协议书。该公司注册资本为 **1000** 万元,其中公司以下属全资子公司新疆阿克苏天南房地产开发公司的净资产 **684** 万元作为投资,占注册资本的 **68.4%**,剩余净资产为 **116** 万元货币资金留存公司。

二〇〇二年以来市场表现

2002年涨跌幅(%)	-41.23
2002年最高(元)	10.16
2002年最低(元)	5.99
2002年换手率(%)	208.89
2003年涨跌幅(%)	16.64
2003年最高(元)	8.69
2003年最低(元)	6.00
2003年换手率(%)	152.21

吉林华微电子股份有限公司

公司概况

公司名称	吉林华微电子股份有限公司			股票代码	600360		
注册地址	吉林省吉林市高新区深圳街 99 号			邮政编码	132013		
法人代表	夏增文			董秘	丁大月		
电话	0432-4678411			传真	0432-4665812		
主营业务	半导体分立器件的设计和封装测试						
总股本	11800.00	流通 A	5000.00	流通 B		流通 H	
审计单位				审计意见	未审计		

主要财务指标

年度	2003.9	2003.6	2002	2001
每股收益 / 扣除后(元)	0.2000	0.0800	0.2300	0.2200
每股经营现金流量(元)	0.3800	0.1960	0.4100	0.1000
每股净资产 / 调整后(元)	5.0800	4.9600	4.9000	4.8300
每股公积金(元)	3.4950	3.4950	3.4950	3.5294
净资产收益率(%)	4.0000	1.6600	4.5200	4.5500
总资产(万元)	112528.82	109134.95	107230.58	91854.98
股东权益(万元)	61417.57	60007.76	59008.65	56996.68
未分配利润(万元)	7192.69	5782.88	4783.77	2726.93
主营收入(万元)	25870.82	14954.72	28412.37	23259.18
资本公积金(万元)	41240.93	41240.93	41240.93	41646.51
主营利润(万元)	8177.81	4407.38	8761.68	7647.57
其他业务利润(万元)	239.80	180.49	306.21	205.77
营业利润(万元)	2727.46	1068.76	2706.06	3172.86
投资收益(万元)			13.25	-27.10
补贴收入(万元)				
营业外收支(万元)	-1.71		-57.83	-11.04
利润总额(万元)	2725.74	1068.76	2661.48	3134.72
净利润(万元)	2408.92	999.11	2664.42	2593.26

十大股东

序号	股东名称	股份性质	持股数(万股)	比例(%)
1	上海盈瀚科技实业有限公司	法人股	3372.65	28.58
2	吉林华星电子股份有限公司	国有法人股	3227.35	27.35
3	中国银河证券有限责任公司	流通股	116.33	0.99
4	广州乐华电子有限公司	法人股	50.00	0.42
5	吉林龙鼎集团有限公司	法人股	50.00	0.42
6	厦门永红电子有限公司	法人股	50.00	0.42
7	国营长虹机器厂	法人股	50.00	0.42
8	童明先	流通股	31.95	0.27
9	肖绍朋	流通股	28.77	0.24
10	华泰证券	流通股	28.20	0.24

股东人数	2003.9	2003.6	2002	2001
	27664	28821	30103	33769

近年分配	2001年 每 10 股派 8.00 元	近年配股 / 增发	不分配不转增

重大事项

飞利浦电子中国有限公司与公司计划成立一家合资公司,合资公司名称为吉林飞利浦半导体有限公司,总投资额 **2900** 万美元,注册资金 **1500** 万美元。其中公司将以净化厂房的部分附属设施及设备作为出资,占合资公司注册资金的 **40%**。合资公司经营期限为 **25** 年。　公司原第一大股东吉林华星电子集团有限公司所持 **6600** 万国有法人股中的 **3372.6531** 万股,被吉林市丰满区人民法院裁定划转给上海盈瀚科技实业有限公司,该部分股权已于 **2** 月 **11** 日办理了过户手续。

二〇〇二年以来市场表现

2002年涨跌幅(%)	-33.30
2002年最高(元)	18.14
2002年最低(元)	11.31
2002年换手率(%)	127.21
2003年涨跌幅(%)	-17.12
2003年最高(元)	13.47
2003年最低(元)	8.30
2003年换手率(%)	99.19

北京华联综合超市股份有限公司

公司概况

公司名称	北京华联综合超市股份有限公司			股票代码	600361		
注册地址	北京阜外大街1号经贸大厦负2F3#			邮政编码	100037		
法人代表	赵国清			董秘	牛晓华		
电话	010-88363718`			传真	010-68364733		
主营业务	销售百货						
总股本	12557.29	流通A	5000.00	流通B		流通H	
审计单位				审计意见	未审计		

主要财务指标

年度	2003.9	2003.6	2002	2001
每股收益/扣除后(元)	0.2340	0.1000	0.2560	0.3500
每股经营现金流量(元)	1.5220	1.3770	1.0600	0.4400
每股净资产/调整后(元)	3.7000	3.6600	3.7100	4.4200
每股公积金(元)	2.9063	2.8755	2.8708	2.8612
净资产收益率(%)	5.3400	2.4200	6.4400	8.2600
总资产(万元)	256124.17	228844.30	233325.53	154029.92
股东权益(万元)	60391.96	58192.04	56722.15	55458.27
未分配利润(万元)	9565.94	7756.13	6342.10	5854.42
主营收入(万元)	328485.00	224217.37	263641.81	124367.88
资本公积金(万元)	36495.14	36108.02	36049.16	35929.35
主营利润(万元)	37298.45	26074.28	38182.43	19253.38
其他业务利润(万元)	19098.12	11503.44	6834.86	2814.19
营业利润(万元)	5720.33	3337.66	6857.21	7230.85
投资收益(万元)	-14.35	-9.56	-19.13	-30.78
补贴收入(万元)				
营业外收支(万元)	282.61		302.31	133.54
利润总额(万元)	5988.60	3497.85	7140.39	7333.61
净利润(万元)	3223.84	1411.03	3655.52	4581.74

十大股东

序号	股东名称	股份性质	持股数(万股)	比例(%)
1	北京华联集团投资控股有限公司	法人股	3854.22	30.69
2	北京华联商厦股份有限公司	法人股	2267.19	18.05
3	海口金绥实业有限公司	法人股	831.30	6.62
4	海南亿雄商业投资管理有限公司	法人股	604.58	4.81
5	金鑫证券投资基金	流通股	146.99	1.17
6	上海久祥实业有限公司	流通股	114.94	0.92
7	上海久事公司	流通股	104.35	0.83
8	上海久事置业公司	流通股	70.98	0.57
9	北京友谊辉志房地产开发有限公司	流通股	45.00	0.36
10	北京香海会展房地产开发有限公司	流通股	40.80	0.32

股东人数	2003.9	2003.6	2002	2001
	5429	5880	5928	18608

近年分配	2002年 每10股派2.00元	近年配股/增发	不分配不转增

重大事项

公司社会法人股股东河南建业投资管理有限公司与公司社会法人股股东海口金绥实业有限公司于**2002**年**09**月**25**日签署了股份托管协议和股份转让协议，根据协议，建业公司将其持有公司的社会法人股**755.73**万股协议转让给金绥公司，转让日期为**2003**年**4**月**20**日，转让总价款为**3674**万元。此次股权转让完成后，建业公司不再持有公司社会法人股，金绥公司持有公司社会法人股**8313000**股，占公司总股本的**6.62%**，成为公司第三大股东。

二〇〇二年以来市场表现

2002年涨跌幅(%)	-5.14
2002年最高(元)	19.79
2002年最低(元)	13.08
2002年换手率(%)	215.22
2003年涨跌幅(%)	-10.63
2003年最高(元)	15.80
2003年最低(元)	12.18
2003年换手率(%)	104.52

江西铜业股份有限公司

公司概况

公司名称	江西铜业股份有限公司			股票代码	600362		
注册地址	江西省贵溪市冶金大道15号			邮政编码	335424		
法人代表	何昌明			董秘	黄东风		
电话	0701-3777735			传真	0701-3777013		
主营业务	有色金属、贵金属等						
总股本	266403.81	流通A	23000.00	流通B		流通H	115648.20
审计单位				审计意见	未审计		

主要财务指标

年度	2003.9	2003.6	2002	2001
每股收益/扣除后(元)	0.1400	0.0760	0.0700	0.1100
每股经营现金流量(元)	0.1900	0.0060	0.2900	0.2400
每股净资产/调整后(元)	1.8900	1.8300	1.7400	1.7200
每股公积金(元)	0.4853	0.4853	0.4853	0.4853
净资产收益率(%)	7.4400	4.1800	3.6400	6.5900
总资产(万元)	954022.44	941515.00	882313.81	846014.87
股东权益(万元)	503734.09	486598.84	466238.25	457279.94
未分配利润(万元)	70989.92	53839.18	33478.61	31302.27
主营收入(万元)	385569.91	238907.33	332707.28	299579.31
资本公积金(万元)	129274.70	129274.70	129274.70	129274.70
主营利润(万元)	73480.01	41835.40	61490.72	65534.88
其他业务利润(万元)	-9.30	2107.35	2602.17	755.67
营业利润(万元)	41645.94	24070.04	21049.44	32298.91
投资收益(万元)	76.50		283.61	182.00
补贴收入(万元)				9.84
营业外收支(万元)	-1273.98		-3999.39	-2324.86
利润总额(万元)	40448.46	23305.08	17333.66	30165.88
净利润(万元)	37495.83	20360.57	16950.43	30143.47

十大股东

序号	股东名称	股份性质	持股数(万股)	比例(%)
1	江西铜业集团公司	国有法人股	127555.62	47.88
2	香港中央结算(代理人)有限公司	外资股	113393.90	42.54
3	汉兴证券投资基金	A股	957.66	0.36
4	全国社保基金102组合	A股	187.70	0.07
5	金泰证券投资基金	A股	180.79	0.07
6	景宏证券投资基金	A股	158.07	0.06
7	金鑫证券投资基金	A股	146.34	0.05
8	SONG ZHEN YUAN	外资股	109.50	0.04
9	HSBC NOMINEES (HONG KONG) LIMI TED	外资股	106.50	0.04
10	兴和证券投资基金	A股	101.98	0.04

股东人数	2003.9	2003.6	2002	2001
	74511	75214	75525	130247

近年分配	2002年 每10股派0.30元 2001年 每10股派0.50元	近年配股/增发	不分配不转增

重大事项

公司第二大股东国际铜业(中国)投资有限公司，其共持有公司股份**4.8**亿股(**H**股)，占公司总股本的**18%**。国际铜业于**2003**年**8**月**20**日与**Citic zapital Invest-ment Holdsings Limited**签订了股权转让协议，国际铜业将其持有公司的**2.5**亿股(占**9.38%**)转让给**CCIH**，转让总价款为**412500000**港元。本次转让结束后，**CCIH**将持有公司**2.5**亿股，占总股本的**9.4%**；国际铜业持有公司股份降至**2.3**亿股，占总股本的**9.4%**。预计股份转让事宜将于**8**月**27**日全面完成。

二〇〇二年以来市场表现

2002年涨跌幅(%)	0.00
2002年最高(元)	6.51
2002年最低(元)	4.07
2002年换手率(%)	914.27
2003年涨跌幅(%)	47.84
2003年最高(元)	6.22
2003年最低(元)	4.10
2003年换手率(%)	461.73

江西联创光电科技股份有限公司

公司概况

公司名称	江西联创光电科技股份有限公司			股票代码	600363		
注册地址	南昌国家高新产业开发区火炬大街125号			邮政编码	330029		
法人代表	程德保			董秘	姚伟彪		
电话	0791-8161878			传真	0791-8162001		
主营业务	电缆、光电器件、继电器						
总股本	24720.45	流通A	9000.00	流通B		流通H	
审计单位				审计意见	未审计		

主要财务指标

年度	2003.9	2003.6	2002	2001
每股收益/扣除后(元)	0.1160	0.0680	0.1933	0.1153
每股经营现金流量(元)	–0.0380	–0.0350	0.3565	0.2118
每股净资产/调整后(元)	2.6400	2.5593	2.5151	3.6473
每股公积金(元)	1.3163	1.3102	1.3062	2.4568
净资产收益率(%)	4.3900	2.6300	7.4300	3.3600
总资产(万元)	143818.27	137076.16	126253.91	110231.84
股东权益(万元)	65746.65	64451.48	62733.58	60110.20
未分配利润(万元)	4131.71	2918.82	1424.52	169.15
主营收入(万元)	61063.80	40498.67	74535.01	63234.82
资本公积金(万元)	32472.06	32389.77	32288.72	40489.34
主营利润(万元)	15787.66	10139.11	20136.49	15479.10
其他业务利润(万元)	336.36	236.45	323.99	190.99
营业利润(万元)	4992.63	2889.92	7184.48	3620.20
投资收益(万元)	–1.60	26.88	–10.28	163.45
补贴收入(万元)	282.63	53.70	422.41	643.50
营业外收支(万元)	–5.69	–10.08	–310.64	–70.87
利润总额(万元)	5267.97	2960.41	7285.97	4356.28
净利润(万元)	2884.23	1671.35	4661.74	2021.01

十大股东

序号	股东名称	股份性质	持股数(万股)	比例(%)
1	江西省电子集团公司	国有法人股	7620.95	30.83
2	江西电线电缆总厂	国有法人股	5151.68	20.84
3	江西华声通信(集团)公司	国有法人股	2548.13	10.31
4	江西清华泰豪科技集团公司	法人股	199.80	0.81
5	中国农业银行江西省井冈山培训中心	国有法人股	100.00	0.40
6	江西红声器材厂	国有法人股	99.90	0.40
7	湘财证券投资有限公司	社会流通股	61.96	0.25
8	张思宇	流通股	60.49	0.24
9	李春辉	流通股	59.39	0.24
10	易哲	流通股	18.07	0.07

股东人数	2003.9	2003.6	2002	2001
	43425	45040	43577	43883

近年分配	近年配股/增发
2002年 每10股派0.80元 2001年 每10股派0.60元	不分配不转增

重大事项

因中国银行吉安市分行诉公司第二大股东江西电线电缆总厂借款合同纠纷一案，江西省吉安市中级人民法院作出裁定，将电线电缆总厂持有的公司法人股1588万股予以冻结，冻结期限自2003年11月12日–2004年11月11日。　公司第一大股东江西省电子集团公司质押给交通银行南昌分行营业部的公司1500万股股权已经解除质押并已在中国证券登记结算有限责任公司上海分公司办理了解除质押登记的手续。

二○○二年以来市场表现

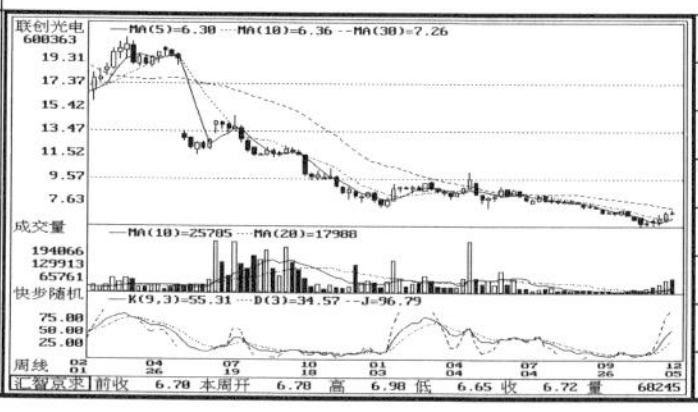

2002年涨跌幅(%)	–33.15
2002年最高(元)	14.57
2002年最低(元)	7.32
2002年换手率(%)	397.47
2003年涨跌幅(%)	–8.47
2003年最高(元)	9.99
2003年最低(元)	5.68
2003年换手率(%)	193.69

通化葡萄酒股份有限公司

公司概况

公司名称	通化葡萄酒股份有限公司			股票代码	600365		
注册地址	吉林省通化市前兴路28号			邮政编码	134002		
法人代表	于永利			董秘	高振才		
电话	0435-3948012-208			传真	0435-3949616		
主营业务	葡萄酒						
总股本	14000.00	流通A	6000.00	流通B		流通H	
审计单位				审计意见	未审计		

主要财务指标

年度	2003.9	2003.6	2002	2001
每股收益/扣除后(元)	0.0230	0.0232	0.0507	0.2428
每股经营现金流量(元)	0.0700	0.0400	–0.1047	0.1777
每股净资产/调整后(元)	3.5768	3.4561	3.6046	3.8580
每股公积金(元)	2.5047	2.5047	2.5047	2.5047
净资产收益率(%)	0.6250	0.6120	1.7470	3.0670
总资产(万元)	66859.49	66204.55	65066.29	63205.58
股东权益(万元)	52901.69	52892.21	52568.48	54012.13
未分配利润(万元)	2974.23	2964.76	2641.02	4078.13
主营收入(万元)	4406.36	3520.58	10246.33	12855.69
资本公积金(万元)	35066.13	35066.13	35066.13	35066.13
主营利润(万元)	1047.42	930.28	3562.40	5149.32
其他业务利润(万元)	0.70	–0.04	–4.99	–0.30
营业利润(万元)	505.61	487.86	1603.12	2809.93
投资收益(万元)	0.85	0.85		
补贴收入(万元)				84.00
营业外收支(万元)	–9.02		59.35	15.82
利润总额(万元)	497.44	486.09	1662.47	2909.76
净利润(万元)	330.89	323.74	918.57	1656.28

十大股东

序号	股东名称	股份性质	持股数(万股)	比例(%)
1	通化长生农业综合经济开发有限公司	法人股	4070.40	29.07
2	通化葡萄酒总公司	法人股	2947.20	21.05
3	通化石油工具股份有限公司	法人股	560.80	1.01
4	通化东宝五药有限公司	法人股	280.80	2.01
5	通化新星生物提取厂	法人股	140.80	1.01
6	基金兴和	流通股	37.86	0.27
7	魏小三	流通股	25.00	0.18
8	上海财政	流通股	20.05	0.14
9	华泰证券	流通股	19.06	0.14
10	张干群	流通股	15.99	0.11

股东人数	2003.9	2003.6	2002	2001
	37912	38525	39132	42745

近年分配	近年配股/增发
2002年 每10股派1.00元	不分配不转增

重大事项

通化葡萄酒总公司、通化新星生物提取厂、通化东宝五药有限公司于2003年8月21日分别持有公司法人股2947.2万股、140.8万股、280.8万股，分别占公司总股本的21.05%、1.01%、2.00%；以每股3.76元的价格，转让金额分别是10558080元、5294080元、110814720元，合计为126666880元转让给通化东宝药业股份有限公司。股权转让后，通化东宝药业股份有限公司将持有公司法人股3368.8万股，占公司总股本的24.06%，成为公司第二大股东。通化葡萄酒总公司、通化新星生物提取厂、通化东宝五药有限公司将不再持有公司法人股份。

二○○二年以来市场表现

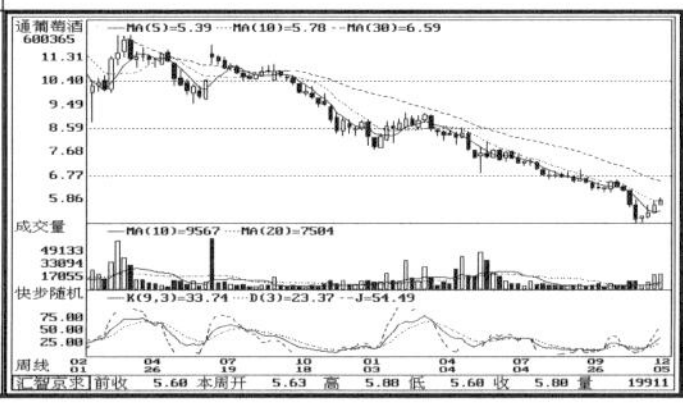

2002年涨跌幅(%)	–31.06
2002年最高(元)	12.12
2002年最低(元)	7.80
2002年换手率(%)	102.73
2003年涨跌幅(%)	–29.11
2003年最高(元)	9.08
2003年最低(元)	4.95
2003年换手率(%)	97.58

宁波韵升(集团)股份有限公司

公司概况

公司名称	宁波韵升(集团)股份有限公司			股票代码	600366		
注册地址	浙江省宁波市江东民安路348号			邮政编码	315040		
法人代表	竺韵德			董秘	应新异		
电话	0574-87776939			传真	0574-87776466		
主营业务	材料、机械、机电						
总股本	28597.50	流通A	8161.88	流通B		流通H	
审计单位				审计意见	未审计		

主要财务指标

年度	2003.9	2003.6	2002	2001
每股收益/扣除后(元)	0.1432	0.0890	0.1700	0.2428
每股经营现金流量(元)	0.0570	-0.0700	0.2596	0.1777
每股净资产/调整后(元)	2.1311	2.0680	1.9733	2.9502
每股公积金(元)	0.6387	0.6387	0.6387	1.4580
净资产收益率(%)	7.7400	5.0100	9.0600	11.5200
总资产(万元)	133338.30	126165.40	110942.57	79852.78
股东权益(万元)	62043.00	60260.94	56833.24	56244.97
未分配利润(万元)	7521.07	5739.01	2367.64	3255.85
主营收入(万元)	78376.77	48110.45	70906.34	41883.77
资本公积金(万元)	18265.12	18265.12	18265.12	27797.62
主营利润(万元)	14482.34	8734.80	14407.72	10107.35
其他业务利润(万元)	352.98	252.07	613.38	357.65
营业利润(万元)	5813.70	3536.26	7202.19	5493.53
投资收益(万元)	111.44	25.71	32.49	-10.91
补贴收入(万元)	1102.59		702.50	2185.33
营业外收支(万元)	-49.31		-104.53	-9.33
利润总额(万元)	6978.42	4271.00	7832.66	7658.62
净利润(万元)	4801.30	3019.25	5149.55	6479.29

十大股东

序号	股东名称	股份性质	持股数(万股)	比例(%)
1	宁波韵声精机公司	法人股	17161.99	60.01
2	宁波中建房地产开发公司	国有控股	2025.00	7.08
3	广州证券	流通股	1259.28	4.40
4	中国机电出口产品投资公司	国有控股	1090.00	3.81
5	基金通宝	流通股	172.49	0.60
6	竺韵德	内部职工股	133.65	0.47
7	上海国际信托投资公司	流通股	102.64	0.36
8	吕松盛	内部职工股	36.92	0.13
9	唐永琼	流通股	27.20	0.10
10	郭安坤	流通股	27.01	0.09

股东人数	2003.9	2003.6	2002	2001
	11273	11358	9356	6858

近年分配	近年配股/增发
2002年 每10股派1.50元 2001年 每10股派1.50元	不分配不转增

重大事项

公司控股95%的子公司宁波韵升强磁材料有限公司于2002年12月27日签署了《股权转让协议》，宁波韵升强磁材料有限公司拟以1242.50万元受让宁波韵声精机公司持有的包头韵升强磁材料有限公司20%的股权。本次交易构成关联交易。 公司决定对控股子公司宁波韵升电机有限公司进行增资，同意公司增加投资192万美元，公司投资额变更为294万美元，所占股份由51%变更为75%。宁波韵理精机有限公司是公司的下属子公司，同意公司受让日本理研变条株式会社的25%股份，受让价格为2529964.76元，公司占有韵理公司的股份增至75%。

二〇〇二年以来市场表现

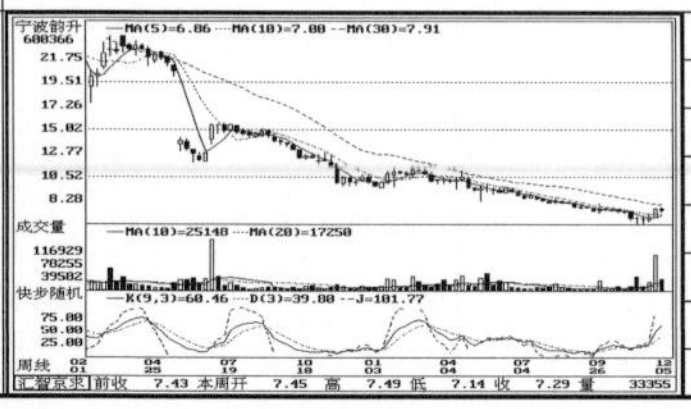

2002年涨跌幅(%)	-39.74
2002年最高(元)	15.92
2002年最低(元)	9.40
2002年换手率(%)	113.33
2003年涨跌幅(%)	-22.60
2003年最高(元)	11.33
2003年最低(元)	6.03
2003年换手率(%)	104.91

贵州红星发展股份有限公司

公司概况

公司名称	贵州红星发展股份有限公司			股票代码	600367		
注册地址	安顺市镇宁县丁旗镇			邮政编码	561206		
法人代表	姜志光			董秘	温霞		
电话	0853-6780066			传真	0853-6780074		
主营业务	无机化工产品、精细化工产品						
总股本	18200.00	流通A	5460.00	流通B		流通H	
审计单位				审计意见	未审计		

主要财务指标

年度	2003.9	2003.6	2002	2001
每股收益/扣除后(元)	0.4900	0.3200	0.7400	0.8100
每股经营现金流量(元)	0.1900	0.1900	0.7700	0.4400
每股净资产/调整后(元)	3.9500	3.7400	5.0700	5.6500
每股公积金(元)	1.8639	1.8579	2.8011	3.8414
净资产收益率(%)	12.1600	8.3400	15.9100	14.2000
总资产(万元)	103518.83	98896.86	97005.02	72434.03
股东权益(万元)	72279.27	68600.09	63384.40	56519.22
未分配利润(万元)	15663.30	12092.91	9477.21	5513.43
主营收入(万元)	46176.68	31772.65	50370.18	35738.66
资本公积金(万元)	33922.53	33813.75	36413.75	38413.75
主营利润(万元)	23774.54	15734.04	25147.69	17842.40
其他业务利润(万元)	57.07	19.62	122.79	54.32
营业利润(万元)	13015.03	8257.27	13734.88	10195.48
投资收益(万元)	-146.86	-77.82	-87.82	-22.89
补贴收入(万元)	11.23			
营业外收支(万元)	-27.62		-60.90	-14.51
利润总额(万元)	12851.78	8160.12	13586.16	10158.07
净利润(万元)	8786.09	5724.60	9522.89	8023.85

十大股东

序号	股东名称	股份性质	持股数(万股)	比例(%)
1	青岛红星化工集团有限责任公司	国有法人股	12485.20	68.60
2	安顺证券投资基金	流通股	330.00	1.81
3	安瑞证券投资基金	流通股	200.31	1.10
4	汉盛证券投资基金	流通股	149.32	0.82
5	广发证券股份有限公司	流通股	110.03	0.60
6	安顺地区国有资产投资营运有限公司	法人股	91.00	0.50
7	招商安泰系列开放式证券投资基金-招商股票	流通股	89.55	0.49
8	华安创新证券投资基金	流通股	85.55	0.47
9	开元证券投资基金	流通股	63.85	0.35
10	青岛红星化工集团进出口有限责任公司	法人股	54.60	0.30

股东人数	2003.9	2003.6	2002	2001
	18118	18800	17625	21196

近年分配	近年配股/增发
2002年 每10股派2.00元 2001年 每10股派2.00元	2002年中 每10股送2股 2001年中 每10股送1股

重大事项

公司与公司关联方青岛红星化工集团有限责任公司、青岛红星化工集团进出口有限公司、镇宁红蝶实业有限责任公司继续执行《矿石供应协议》、《工矿产品购销协议》和《综合服务协议》。 公司受让重庆大足红蝶锶业有限公司51%股权；投资3500万元在原有5000吨/年电解二氧化锰的基础上再扩建5000吨/年的电解二氧化锰技改项目。

二〇〇二年以来市场表现

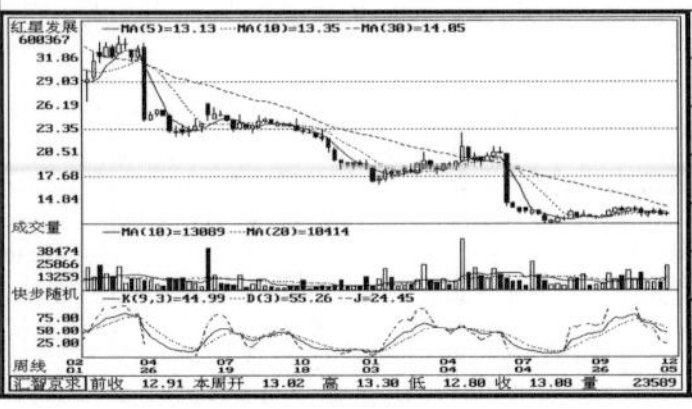

2002年涨跌幅(%)	-25.32
2002年最高(元)	18.81
2002年最低(元)	12.82
2002年换手率(%)	82.06
2003年涨跌幅(%)	0.39
2003年最高(元)	16.14
2003年最低(元)	11.68
2003年换手率(%)	99.46

广西五洲交通股份有限公司

公司概况

公司名称	广西五洲交通股份有限公司		股票代码	600368	
注册地址	广西壮族自治区南宁市新民路 48 号		邮政编码	530012	
法人代表	王维平		董秘	陈仕岳	
电话	0771-2838485		传真	0771-2115590	
主营业务	通行费				
总股本	44200.00	流通 A	8000.00	流通 B	流通 H
审计单位			审计意见	未审计	

主要财务指标

年度	2003.9	2003.6	2002	2001
每股收益／扣除后(元)	0.1800	0.1300	0.2700	0.2300
每股经营现金流量(元)	0.2380	0.1800	0.4100	0.3100
每股净资产／调整后(元)	2.6900	2.6500	2.5200	2.3500
每股公积金(元)	0.8327	0.8327	0.8327	0.8327
净资产收益率(%)	6.4300	4.8200	10.4500	12.6500
总资产(万元)	151207.77	150520.20	144618.16	134797.58
股东权益(万元)	118943.89	116926.23	111294.17	103756.90
未分配利润(万元)	22376.17	20358.51	14726.45	8916.47
主营收入(万元)	13329.79	9252.79	18839.96	13718.45
资本公积金(万元)	36806.65	36806.65	36806.65	36806.65
主营利润(万元)	13329.79	9282.79	18839.96	13718.45
其他业务利润(万元)	2106.70	1400.74	2802.87	2717.75
营业利润(万元)	9326.61	6573.78	13705.58	12168.75
投资收益(万元)	-12.30	53.22	158.10	25.54
补贴收入(万元)				
营业外收支(万元)	-315.31	-0.89	-69.10	-1.64
利润总额(万元)	8999.00	6626.11	13794.58	12192.66
净利润(万元)	7644.21	5632.06	11629.62	12123.83

十大股东

序号	股东名称	股份性质	持股数(万股)	比例(%)
1	广西壮族自治区高速公路管理局	国家股/国有法人股	13480.00	30.49
2	华建交通经济开发中心	国有法人股	8520.00	19.28
3	广西壮族自治区公路管理局	国有法人股	6400.00	14.48
4	广西民族经济发展资金管理局	国有法人股	4600.00	10.41
5	广西壮族自治区公路运输管理局	国有法人股	100.00	2.26
6	兴和证券投资基金	流通股	75.46	0.17
7	张二欢	流通股	50.90	0.12
8	高新池	流通股	30.99	0.07
9	汤北和	流通股	14.02	0.03
10	苏玉章	流通股	10.51	0.02

股东人数	2003.9	2003.6	2002	2001
	66761	67873	70217	77704

近年分配	2002年 每 10 股派 0.90 元 2001 年 每 10 股派 0.90 元	近年配股/增发	不分配不转增

重大事项

公司从 2003 年 7 月 1 日起停止静兰大桥的收费经营权。通过关于投资开发建设公司"通发园"小区的议案:决定投资开发建设"通发园"小区,资金开支额度在股东大会授权董事会决策范围内。

二〇〇二年以来市场表现

2002年涨跌幅(%)	-20.88
2002年最高(元)	11.56
2002年最低(元)	7.62
2002年换手率(%)	95.39
2003年涨跌幅(%)	-21.31
2003年最高(元)	9.16
2003年最低(元)	5.60
2003年换手率(%)	63.26

重庆长江水运股份有限公司

公司概况

公司名称	重庆长江水运股份有限公司		股票代码	600369	
注册地址	重庆市涪陵区中山东路 2 号		邮政编码	408000	
法人代表	陈建威		董秘	饶正力	
电话	023-63819926		传真	023-63819708	
主营业务	客运、旅游服务及运输配套服务				
总股本	17230.00	流通 A	7000.00	流通 B	流通 H
审计单位			审计意见	未审计	

主要财务指标

年度	2003.9	2003.6	2002	2001
每股收益／扣除后(元)	-0.1950	-0.1080	0.0140	0.0470
每股经营现金流量(元)	-0.2100	-0.1800	0.0670	-0.6400
每股净资产／调整后(元)	3.1570	3.2320	3.2730	3.2480
每股公积金(元)	2.0383	2.0383	2.0383	2.0361
净资产收益率(%)	-5.6990	-3.1600	3.2730	2.9100
总资产(万元)	156861.80	140043.62	131752.84	106150.93
股东权益(万元)	54737.00	56091.38	57150.23	55956.96
未分配利润(万元)	-1599.22	-252.38	830.78	75.76
主营收入(万元)	5313.05	3069.23	15568.73	11097.49
资本公积金(万元)	35119.14	35119.14	35094.84	35082.77
主营利润(万元)	-125.81	-328.35	4552.55	2078.84
其他业务利润(万元)	544.45	559.93	874.55	990.05
营业利润(万元)	-3549.34	-2167.08	650.53	1231.27
投资收益(万元)	357.93	254.18	1681.28	785.23
补贴收入(万元)	47.94			
营业外收支(万元)	-6.09	-90.92	-304.73	-60.23
利润总额(万元)	-3149.57	-1774.04	2027.08	2001.47
净利润(万元)	-3119.20	-1772.35	1870.39	1626.64

十大股东

序号	股东名称	股份性质	持股数(万股)	比例(%)
1	重庆市涪陵国有资产经营公司	国家股	2888.80	
2	华融投资有限公司	法人股	2325.00	
3	温州新城投资管理有限公司	法人股	1860.00	
4	北海现代投资股份有限公司	法人股	1640.30	
5	四川省港航开发有限责任公司	法人股	775.00	
6			16.76	
7			13.49	
8			10.79	
9			9.52	
10			4.49	

股东人数	2003.9	2003.6	2002	2001
	33265	34133	33051	25594

近年分配	2002年 每 10 股派 0.50 元 2001 年 每 10 股派 0.50 元	近年配股/增发	不分配不转增

重大事项

公司法人股转让双方资产新闻实业有限公司与温州新城已于 2003 年 10 月 13 日在中国证券登记结算有限责任公司上海分公司完成股权变更与过户登记手续。转让过户手续完成后,温州新城持有公司股份 1860 万股,占公司总股本的 10.79%,成为公司第三大股东,股份性质仍为社会法人股。资产新闻实业有限公司不再持有公司股份。 公司第二大股东华融投资有限公司持有公司 2325 万股份中的 1400 万法人股和第四大股东北海现代投资股份有限公司持有公司 1640.2954 万股份中的 1640 万法人股共同提供质押保证,期限为 2003 年 9 月 22 日至 2004 年 9 月 22 日。

二〇〇二年以来市场表现

2002年涨跌幅(%)	-36.34
2002年最高(元)	13.71
2002年最低(元)	8.13
2002年换手率(%)	432.07
2003年涨跌幅(%)	-35.70
2003年最高(元)	9.39
2003年最低(元)	4.36
2003年换手率(%)	213.35

江苏三房巷实业股份有限公司

公司概况

公司名称	江苏三房巷实业股份有限公司			股票代码	600370
注册地址	江苏省江阴市周庄镇三房巷村			邮政编码	214423
法人代表	卞平刚			董秘	张民
电话	0510-6229867			传真	0510-6229823
主营业务	染整、纺纱、化工				
总股本	15826.00	流通 A	5500.00	流通 B	流通 H
审计单位				审计意见	未审计

主要财务指标

年度	2003.9	2003.6	2002	2001
每股收益 / 扣除后(元)	0.1830	0.0970	0.3800	0.3700
每股经营现金流量(元)	0.2300	–0.0710	0.2800	1.0500
每股净资产 / 调整后(元)	3.9000	3.8100	1.8500	1.8600
每股公积金(元)	2.3521	2.3521	0.2954	0.2954
净资产收益率(%)	4.9100	2.7500	20.6600	19.9100
总资产(万元)	93969.48	91947.92	49164.74	43232.26
股东权益(万元)	61764.51	60392.77	19060.72	19161.88
未分配利润(万元)	3029.80	1658.05		691.97
主营收入(万元)	55213.59	34813.22	60803.31	62391.83
资本公积金(万元)	37224.31	37224.31	3050.31	3050.31
主营利润(万元)	5711.58	3222.93	7857.79	7556.82
其他业务利润(万元)	273.35		1.76	10.90
营业利润(万元)	4363.56	2288.11	5900.11	5823.92
投资收益(万元)	50.00	50.00	40.00	20.00
补贴收入(万元)	44.24		77.62	
营业外收支(万元)	–98.40	–34.01	–123.51	–117.80
利润总额(万元)	4359.40	2317.96	5894.22	5726.11
净利润(万元)	3029.80	1658.05	3938.67	3815.26

十大股东

序号	股东名称	股份性质	持股数(万股)	比例(%)
1	江苏三房巷集团有限公司	发起人法人股	8067.85	50.98
2	江阴市化学纤维厂	社会法人股	2000.00	12.64
3	金鑫证券投资基金	流通股	55.55	0.35
4	连洲娟	流通股	51.00	0.32
5	罗笑容	流通股	46.17	0.29
6	北京千秋基业投资顾问有限公司	流通股	33.59	0.21
7	何理	流通股	29.53	0.19
8	何庆书	流通股	15.80	0.10
9	周志丹	流通股	13.46	0.09
10	刘光金	流通股	12.75	0.08

股东人数	2003.9	2003.6	2002	2001
	29426	32220		

近年分配	近年配股/增发
2002年 每10股派3.90元 2001年 每10股派3.00元	不分配不转增

重大事项

公司拟与香港科恩有限公司共同投资设立江阴新源热电有限公司，江阴新源热电有限公司总投资**2980**万美元，注册资本**1200**万美元。公司出资**2235**万美元，出资比例为**75%**。

二〇〇二年以来市场表现

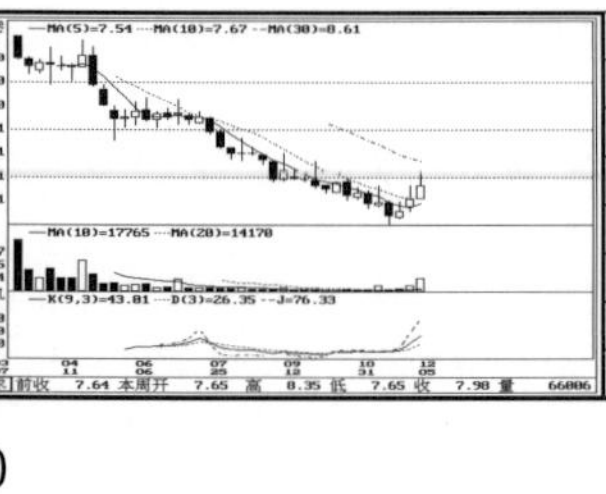

2002年涨跌幅(%)	0.00
2002年最高(元)	0.00
2002年最低(元)	0.00
2002年换手率(%)	0.00
2003年涨跌幅(%)	0.00
2003年最高(元)	11.80
2003年最低(元)	7.01
2003年换手率(%)	274.57

黑龙江华冠科技股份有限公司

公司概况

公司名称	黑龙江华冠科技股份有限公司			股票代码	600371
注册地址	哈尔滨市南岗区玉山路18号			邮政编码	150090
法人代表	付华廷			董秘	霍光
电话	0451-82368418-8807			传真	0451-82368448
主营业务	食品添加剂、淀粉糖、饲料				
总股本	15500.00	流通 A	6200.00	流通 B	流通 H
审计单位				审计意见	未审计

主要财务指标

年度	2003.9	2003.6	2002	2001
每股收益 / 扣除后(元)	0.0800	0.0400	0.1600	0.2604
每股经营现金流量(元)	–0.7100	–0.5900	0.1160	0.3390
每股净资产 / 调整后(元)	1.7200	1.6800	2.5500	1.8700
每股公积金(元)	0.2957	0.2957	0.9082	
净资产收益率(%)	4.5200	2.1900	6.2200	13.9300
总资产(万元)	52647.29	58856.52	31032.79	16853.03
股东权益(万元)	26805.80	261.67	25593.16	11220.43
未分配利润(万元)	5180.62	4542.47	4969.74	3917.35
主营收入(万元)	21654.28	17018.22	15989.63	14218.94
资本公积金(万元)	4583.45	4583.45	9081.68	
主营利润(万元)	7523.05	6135.87	3574.90	3230.69
其他业务利润(万元)	48.74	48.89	55.03	134.78
营业利润(万元)	2259.30	1699.00	2370.32	2414.39
投资收益(万元)	–198.45	–119.87		
补贴收入(万元)	573.99	332.07		
营业外收支(万元)	7.26		0.39	–45.98
利润总额(万元)	2642.11	1900.52	2370.70	2368.40
净利润(万元)	1210.87	572.72	1591.05	1562.48

十大股东

序号	股东名称	股份性质	持股数(万股)	比例(%)
1	黑龙江富华集团总公司	社会法人股	4254.75	27.45
2	万象集团公司	社会法人股	3681.25	23.75
3	哈尔滨曼哈顿多元集团有限公司	社会法人股	1085.00	7.00
4	民生证券有限公司	社会公众股	513.70	3.31
5	上海东信投资管理公司	社会法人股	186.00	1.20
6	哈尔滨澳克斯商贸有限公司	社会法人股	66.65	0.43
7	上海证券有限责任公司	社会公众股	47.59	0.31
8	丰和价值证券投资基金	社会公众股	40.00	0.26
9	金鑫证券投资基金	社会公众股	28.41	0.18
10	哈尔滨安平消防设施安装有限公司	社会法人股	26.35	0.17

股东人数	2003.9	2003.6	2002	2001
	15494	15545	7944	

近年分配	近年配股/增发
2002年 每10股派0.30元	2002年 每10股送1股

重大事项

公司出售大庆华通化工科技有限公司**48.98%**股权的议案：公司于**2003**年**11**月**8**日与黑龙江省金秋企业集团有限责任公司签订了《股权转让协议书》，公司将所持有的华通化工**48.98%**的股权出售给金秋集团。本次股权转让的价格为人民币**4547.18**万元。本项交易完成后，公司不再持有华通化工的股权。 公司收购秦皇岛吉林龙鼎电气有限公司**51%**股权的议案：公司拟出资**2500**万元收购秦皇岛龙鼎电气**2295**万股份。收购完成后，公司拥有秦皇岛龙鼎电气**51%**的股权，成为该公司第一大股东。本次收购未使用上市募集资金，系公司自有资金。

二〇〇二年以来市场表现

2002年涨跌幅(%)	0.00
2002年最高(元)	12.21
2002年最低(元)	8.69
2002年换手率(%)	299.32
2003年涨跌幅(%)	–45.08
2003年最高(元)	11.43
2003年最低(元)	4.83
2003年换手率(%)	377.18

江西昌河汽车股份有限公司

公司概况

公司名称	江西昌河汽车股份有限公司	股票代码	600372
注册地址	江西省景德镇市东郊	邮政编码	333002
法人代表	吴全	董秘	杜端甫
电话	0798-844874	传真	0798-8448974
主营业务	微型客车、微型货车系列车型		

总股本	41000.00	流通 A	11000.00	流通 B		流通 H	
审计单位			审计意见	未审计			

主要财务指标

年度	2003.9	2003.6	2002	2001
每股收益/扣除后(元)	0.1200	0.1000	0.2200	0.2100
每股经营现金流量(元)	0.6000	0.7600	0.8000	0.4400
每股净资产/调整后(元)	3.1800	3.1600	3.0400	3.1400
每股公积金(元)	2.0440	2.0440	2.0440	2.0437
净资产收益率(%)	3.5900	3.0300	6.5100	6.7500
总资产(万元)	363788.53	409258.91	386729.06	328880.00
股东权益(万元)	135223.64	134451.34	130393.29	128861.76
未分配利润(万元)	4873.43	4101.13	39.53	282.25
主营收入(万元)	307643.97	220975.80	437298.31	332846.87
资本公积金(万元)	83802.66	83802.66	83802.04	83791.53
主营利润(万元)	40496.98	31983.09	67867.52	52278.16
其他业务利润(万元)	770.63	307.63	852.19	158.25
营业利润(万元)	10248.00	10600.09	13034.76	8701.78
投资收益(万元)	74.63	49.04	190.85	102.35
补贴收入(万元)			7.30	
营业外收支(万元)	-247.23		-110.24	-278.24
利润总额(万元)	10075.40	10469.66	12132.66	8525.89
净利润(万元)	4850.54	4078.24	8483.85	8693.87

十大股东

序号	股东名称	股份性质	持股数(万股)	比例(%)
1	江西昌河航空工业有限公司	国有法人股	26189.34	63.88
2	合肥昌河汽车有限责任公司	法人股	3155.36	7.70
3	中国银河证券有限责任公司	流通股	1793.91	4.38
4	哈尔滨东安汽车动力股份有限公司	法人股	393.18	0.96
5	中国民用飞机开发公司	国有法人股	131.06	0.32
6	中国航空工业供销总公司	国有法人股	65.53	0.16
7	安徽江南机械股份有限公司	法人股	65.53	0.16
8	朱连英	流通股	56.00	0.14
9	李万年	流通股	40.29	0.10
10	中国银行—天同 180 指数证券投资基金	流通股	30.41	0.07

股东人数	2003.9	2003.6	2002	2001
	44015	45769	42809	60457

近年分配	近年配股/增发
2002年 每10股派 1.70 元 2001 年 每10股派 1.60 元	不分配不转增

重大事项

公司间接控股股东——中国航空科技工业股份有限公司向全球发售的H股于2003年10月30日在香港联合交易所有限公司上市及买卖。中航科工持有江西昌河航空工业公司100%股权，昌河航空持有公司63.88%的股权。　昌河飞机工业(集团)有限责任公司将所持公司26189.34万股、占总股本的63.88%的股份转入江西昌河航空工业有限公司持有，目前中国证监会以有关文已批准豁免要约收购，股权划转事宜及过户手续正在办理之中。本次股权变动完成后，公司的总股本不变，昌河集团公司不再持有公司的股份。

二〇〇二年以来市场表现

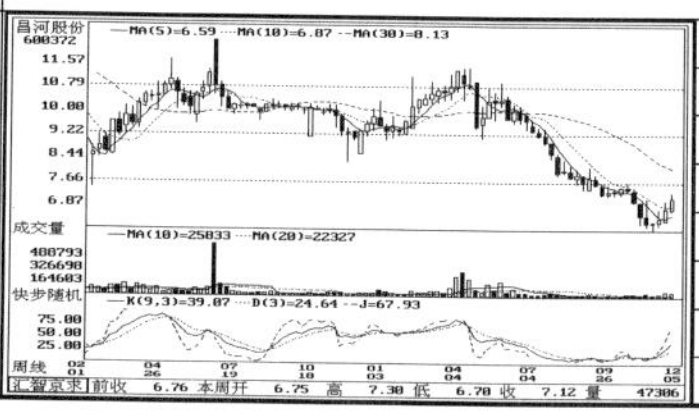

2002年涨跌幅(%)	2.35
2002年最高(元)	12.18
2002年最低(元)	6.97
2002年换手率(%)	278.02
2003年涨跌幅(%)	-32.47
2003年最高(元)	11.27
2003年最低(元)	6.09
2003年换手率(%)	222.02

江西鑫新实业股份有限公司

公司概况

公司名称	江西鑫新实业股份有限公司	股票代码	600373
注册地址	江西省上饶市南环路2号	邮政编码	334000
法人代表	温显来	董秘	彭　震
电话	0793-8222958-6178	传真	0793-8222255
主营业务	漆包线、客车		

总股本	12500.00	流通 A	4500.00	流通 B		流通 H	
审计单位			审计意见	未审计			

主要财务指标

年度	2003.9	2003.6	2002	2001
每股收益/扣除后(元)	0.0082	0.0080	0.0350	0.1300
每股经营现金流量(元)	-0.2900	-0.1210	-0.1300	0.2000
每股净资产/调整后(元)	1.9900	1.9900	1.9868	1.6300
每股公积金(元)	0.8384	0.8379	0.8379	0.3385
净资产收益率(%)	1.2340	1.1900	2.9600	8.2100
总资产(万元)	66787.02	62548.93	56686.00	41297.09
股东权益(万元)	25739.68	25720.65	25508.98	13013.22
未分配利润(万元)	2165.46	2153.03	1927.34	1811.26
主营收入(万元)	25898.48	16009.96	32394.37	33783.48
资本公积金(万元)	10480.10	10473.49	10473.49	2708.14
主营利润(万元)	3405.92	2192.70	4649.03	4661.61
其他业务利润(万元)	66.01	64.18	33.42	42.94
营业利润(万元)	188.32	184.54	807.70	1135.67
投资收益(万元)	-24.48	-17.32	-32.03	-33.99
补贴收入(万元)	500.00	500.00	500.00	500.00
营业外收支(万元)	-178.85		-28.97	
利润总额(万元)	484.99	472.92	1246.70	1593.75
净利润(万元)	317.55	305.13	755.40	1068.36

十大股东

序号	股东名称	股份性质	持股数(万股)	比例(%)
1	江西上饶信江实业集团有限公司Θ	社会法人股	7813.10	62.50
2	江西长运集团有限公司	国有股东	37.38	0.30
3	江西铜业集团公司	国有股东	37.38	0.30
4	江西省投资公司	国有股东	37.38	0.30
5	常州市智通树脂厂	国有股东	37.38	0.30
6	常州绝缘材料总厂有限公司	法人股	37.38	0.30
7	俞正乐	流通	21.22	0.17
8	赵长寿	流通	17.75	0.14
9	海通证券有限公司	流通	16.90	0.14
10	阳泉信实业公司	流通	15.00	0.12

股东人数	2003.9	2003.6	2002	2001
	24412	24084	24590	23712

近年分配	近年配股/增发
2002年 每10股派 0.22 元 2001 年 每10股派 0.20 元	不分配不转增

重大事项

2003年9月30日公司从公司控股股东江西上饶信江实业集团有限公司的控股子公司江西博远实业有限公司购入原材料累计交易额为265.40万元。公司控股子公司上饶鸿裕客车有限公司从博远实业购入原材料累计交易额为105.67万元。公司及控股子公司鸿裕客车与博远实业累计发生的交易额为371.07万元。　江西华能集团有限公司、江西理想投资有限公司收购信江集团股权。收购股权完成后，信江集团的股权结构为：上饶市经贸委占12.5%，江西华能集团有限公司占47.5%，江西理想投资有限公司占40%。

二〇〇二年以来市场表现

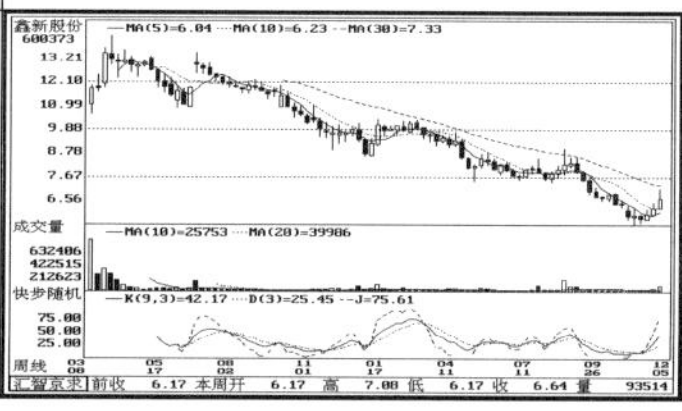

2002年涨跌幅(%)	0.00
2002年最高(元)	14.28
2002年最低(元)	8.90
2002年换手率(%)	648.96
2003年涨跌幅(%)	-31.14
2003年最高(元)	10.33
2003年最低(元)	5.45
2003年换手率(%)	309.14

安徽星马汽车股份有限公司

公司概况				
公司名称	安徽星马汽车股份有限公司	股票代码	600375	
注册地址	安徽省马鞍山经济技术开发区	邮政编码	243041	
法人代表	刘汉如	董秘	金方放	
电话	0555-8323038	传真	0555-8323038	
主营业务	专用汽车、汽车配件、建材、建筑机械等			
总股本 8332.50	流通 A 3000.00	流通 B	流通 H	
审计单位		审计意见	未审计	

主要财务指标 年度	2003.9	2003.6	2002	2001
每股收益/扣除后(元)	0.6700	0.3840	1.4100	0.9730
每股经营现金流量(元)	1.0600	1.6100	2.4200	
每股净资产/调整后(元)	5.8100	5.5400	2.7100	2.0300
每股公积金(元)	3.1072	3.1072	0.0715	0.0792
净资产收益率(%)	11.3100	6.9300	53.8400	47.9620
总资产(万元)	107629.71	92573.37	46600.06	19474.21
股东权益(万元)	48443.09	46166.68	14456.99	7212.57
未分配利润(万元)	12338.62	10062.20	6861.51	2662.24
主营收入(万元)	131617.69	86669.10	118445.71	51703.59
资本公积金(万元)	25890.50	25890.50	381.50	3555.00
主营利润(万元)	11892.54	7597.59	17740.86	8843.30
其他业务利润(万元)	151.69	165.10	235.93	114.76
营业利润(万元)	7456.20	4775.13	12200.28	5730.37
投资收益(万元)				
补贴收入(万元)				
营业外收支(万元)	-93.37		-382.73	-338.75
利润总额(万元)	7362.84	4777.14	11817.55	5391.61
净利润(万元)	5477.10	3200.69	7784.33	3459.26

十大股东 序号	股东名称	股份性质	持股数(万股)	比例(%)
1	安徽省马鞍山三维建材工业(集团)公司	国有法人股	256066.00	30.73
2	马鞍山金星化工(集团)有限公司	国有法人股	964.13	11.57
3	马鞍山经济技术开发区经济技术发展总公司	国有法人股	692.69	8.31
4	安徽省经贸投资集团有限责任公司	国有法人股	602.57	7.23
5	安徽省信托投资公司	国有法人股	512.46	6.15
6	裕阳证券投资基金	社会流通股	231.33	2.78
7	鹏华行业成长证券投资基金	社会流通股	164.07	1.97
8	国通证券股份有限公司	社会流通股	152.09	1.83
9	嘉实成长收益型证券投资基金	社会流通股	83.83	1.01
10	科瑞证券投资基金	社会流通股	77.91	0.93

股东人数	2003.9	2003.6	2002	2001
	8830	8362		

近年分配	2002年每10股派1.20元 2001年每10股派0.50元	近年配股/增发	不分配不转增

重大事项

公司出资设立天津星马汽车有限公司,新设公司注册资本为2000万元,其中公司投入现金1900万元,占总股本的95%。 公司2002年度利润分配方案:以2002年末总股本5332.50万股为基数,每10股派1.20元(含税)。

二〇〇二年以来市场表现

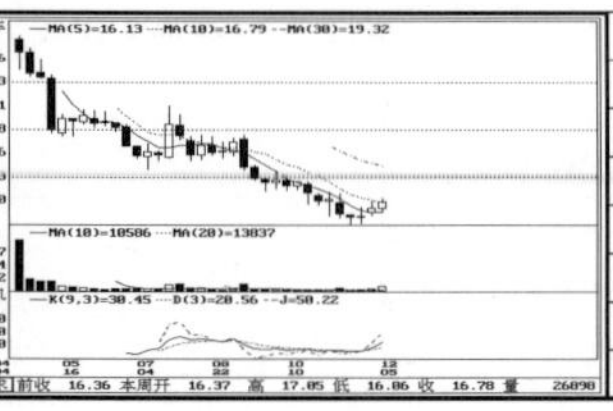

2002年涨跌幅(%)	0.00
2002年最高(元)	0.00
2002年最低(元)	0.00
2002年换手率(%)	0.00
2003年涨跌幅(%)	0.00
2003年最高(元)	28.28
2003年最低(元)	15.28
2003年换手率(%)	316.76

北京天鸿宝业房地产股份有限公司

公司概况				
公司名称	北京天鸿宝业房地产股份有限公司	股票代码	600376	
注册地址	北京东城区安定门外大街183号京宝花园二层	邮政编码	100011	
法人代表	潘刚升	董秘	龚谦炜	
电话	010-64256268	传真	010-64256258	
主营业务	房地产			
总股本 17320.00	流通 A 6400.00	流通 B	流通 H	
审计单位		审计意见	未审计	

主要财务指标 年度	2003.9	2003.6	2002	2001
每股收益/扣除后(元)	0.0080	0.0320	0.3600	0.3000
每股经营现金流量(元)	-1.5700	-1.0900	1.7000	-1.0200
每股净资产/调整后(元)	3.9500	3.9700	3.9300	6.0000
每股公积金(元)	2.1265	2.1265	2.1265	3.4025
净资产收益率(%)	0.2800	0.8100	9.7600	7.3400
总资产(万元)	120890.03	121621.30	135420.81	103359.41
股东权益(万元)	68343.69	68710.42	68152.42	64967.79
未分配利润(万元)	7905.16	8271.89	7713.89	12021.56
主营收入(万元)	18390.12	15533.19	123722.26	27366.29
资本公积金(万元)	36831.62	36831.62	36831.62	36831.62
主营利润(万元)	3133.14	2694.99	16393.08	5545.10
其他业务利润(万元)	1.36			1046.40
营业利润(万元)	501.66	1096.66	10927.40	4651.18
投资收益(万元)	127.70	47.09	211.00	204.87
补贴收入(万元)				
营业外收支(万元)	-64.27		-54.66	-85.07
利润总额(万元)	56510.00	112.46	11083.74	4770.98
净利润(万元)	191.26	558.00	6648.63	4770.98

十大股东 序号	股东名称	股份性质	持股数(万股)	比例(%)
1	北京天鸿集团公司	国有法人股	5760.00	33.26
2	美都控股股份有限公司	社会法人股	2800.00	16.17
3	深圳金阳投资有限责任公司	国有法人股	1572.80	9.08
4	京华房产有限公司	社会法人股	416.00	2.40
5	北京宝信实业发展公司	社会法人股	211.20	1.22
6	银河证券	流通股	123.30	0.71
7	北京市房屋建筑设计院	国有法人股	80.00	0.46
8	北京宝华饭店	社会法人股	80.00	0.46
9	雷吕平	流通股	29.73	0.17
10	宁桂早	流通股	21.00	0.12

股东人数	2003.9	2003.6	2002	2001
	15766	16411	18582	21559

近年分配	2002年每10股派2.00元 2001年每10股派2.00元	近年配股/增发	2001年每10股送6股

重大事项

公司与北京天鸿宝威土地开发有限责任公司、北京嘉麟投资有限公司合资成立北京天源嘉诚房地产开发有限公司,天源嘉诚注册资金为1000万元人民币,公司拟出资510万元,占天源嘉诚51%的股份。 公司第二大股东美都控股股份有限公司共持有公司社会法人股2800万股,该公司将上述股份质押给中国建设银行杭州市宝石支行,质押期限自2003年5月28日至2004年6月15日。

二〇〇二年以来市场表现

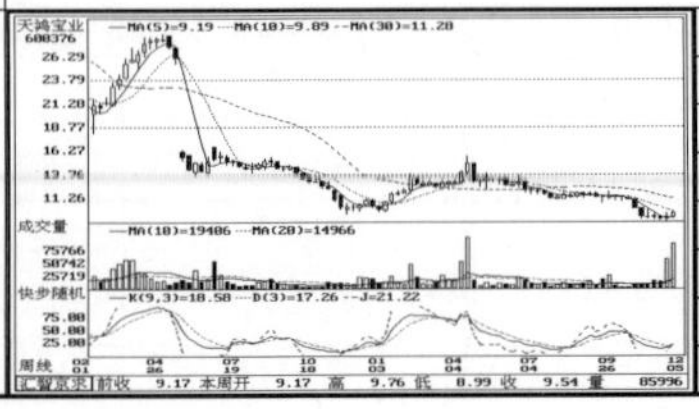

2002年涨跌幅(%)	-31.41
2002年最高(元)	17.67
2002年最低(元)	9.30
2002年换手率(%)	136.67
2003年涨跌幅(%)	-7.09
2003年最高(元)	15.45
2003年最低(元)	8.75
2003年换手率(%)	108.89

江苏宁沪高速公路股份有限公司

公司概况

公司名称	江苏宁沪高速公路股份有限公司			股票代码		600377	
注册地址	南京石鼓路 69 号江苏交通大厦			邮政编码		210004	
法人代表	沈长全		董秘	姚永嘉			
电话	8625-4469332		传真	8622-4466643			
主营业务	高速路建设、维护、收费等						
总股本	503774.75	流通 A	15000.00	流通 B		流通 H	
审计单位			审计意见	未审计			

主要财务指标

年度	2003.9	2003.6	2002	2001
每股收益/扣除后(元)	0.1440	0.0920	0.1630	0.1200
每股经营现金流量(元)	0.2020	0.1270	0.2600	0.2200
每股净资产/调整后(元)	2.8500	2.7780	2.7000	2.6700
每股公积金(元)	1.4857	1.4857	1.4857	1.4857
净资产收益率(%)	5.0300	3.2900	6.0000	5.8000
总资产(万元)	1566420.50	1496804.25	1508179.37	1491440.00
股东权益(万元)	1433325.62	1407567.62	1361320.25	1347055.87
未分配利润(万元)	120255.51	95437.25	49091.27	48565.14
主营收入(万元)	166465.75	103501.03	202623.84	162599.19
资本公积金(万元)	748453.87	748453.87	748453.87	748453.87
主营利润(万元)	112397.13	71470.86	127225.56	101756.84
其他业务利润(万元)	2578.19	1358.86	5210.86	2291.54
营业利润(万元)	103714.04	65957.25	118570.02	90954.87
投资收益(万元)	4650.55	3403.92	4263.90	3719.25
补贴收入(万元)				
营业外收支(万元)	-445.62		693.29	-615.12
利润总额(万元)	107918.98	69296.27	123527.21	94059.01
净利润(万元)	72130.05	46345.98	81683.33	78086.40

十大股东

序号	股东名称	股份性质	持股数(万股)	比例(%)
1	江苏交通控股有限公司	国家股	278174.37	55.22
2	华建交通经济开发中心	国有法人股	59747.10	11.86
3	The Capital Group Companies Inc	H股	15469.60	3.07
4	Capital Research and Management Company	H股	8825.00	1.75
5	银河证券有限责任公司	A股	2981.54	0.59
6	华夏证券有限责任公司	社会法人股	1666.00	0.33
7	申银万国证券股份有限公司	社会法人股	1445.00	0.29
8	Winner Glory Development Ltd	H股	1200.00	0.24
9	江苏鑫苏投资管理公司	社会法人股	8484.00	0.17
10	江苏汇远房地产发展实业公司	社会法人股	620.00	0.12

	2003.9	2003.6	2002	2001
股东人数	14724	14682	18352	55129

近年分配	2002年 每10股派1.30元 2001年 每10股派1.25元	近年配股/增发	不分配不转增

重大事项

公司拟向江苏宁沪投资发展有限责任公司转让公司于沪宁高速公路沿线广告牌及其相关权利价值,作价人民币 27290000 元。双方于 2003 年 3 月 20 日签订了一份转让协议。 公司与苏州信托投资公司签订资产委托管理协议,委托金额为一亿元,期限为一年。批准江苏广靖锡澄高速公路公司(公司控股 85%)参股江苏省租赁有限公司(此项交易为关联交易).公司关联交易公告将于 5 月 30 日刊登。

二〇〇二年以来市场表现

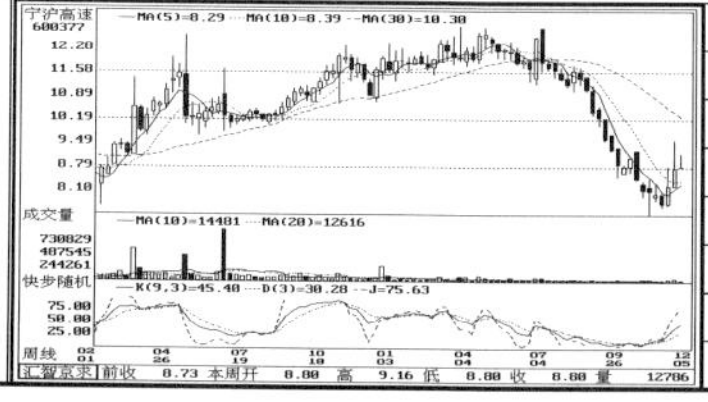

2002年涨跌幅(%)	38.30
2002年最高(元)	12.41
2002年最低(元)	7.34
2002年换手率(%)	376.68
2003年涨跌幅(%)	-28.27
2003年最高(元)	12.90
2003年最低(元)	7.40
2003年换手率(%)	73.28

四川天一科技股份有限公司

公司概况

公司名称	四川天一科技股份有限公司			股票代码		600378	
注册地址	成都高新区高朋大道 5 号			邮政编码		610225	
法人代表	冯孝庭		董秘	杨重谊			
电话	028-85881997		传真	028-85963659			
主营业务	变压吸附气体分离技术及装置等						
总股本	19557.34	流通 A	7605.00	流通 B		流通 H	
审计单位			审计意见	未审计			

主要财务指标

年度	2003.9	2003.6	2002	2001
每股收益/扣除后(元)	0.1180	0.0520	0.0700	0.1470
每股经营现金流量(元)	-0.0400	-0.0400	0.0100	0.0900
每股净资产/调整后(元)	2.2500	2.2100	2.1300	2.7400
每股公积金(元)	1.0458	1.0458	1.0458	1.6093
净资产收益率(%)	4.9600	3.3200	3.1700	5.7200
总资产(万元)	53075.99	53690.84	52211.23	52418.56
股东权益(万元)	43930.73	43185.84	41752.00	41209.84
未分配利润(万元)	2775.45	2030.56	596.72	1005.96
主营收入(万元)	12582.03	6820.37	15217.73	14280.81
资本公积金(万元)	20452.75	20452.75	20452.75	24210.85
主营利润(万元)	3352.58	1723.22	3537.87	3856.74
其他业务利润(万元)	-0.14	-2.59	79.97	70.76
营业利润(万元)	1886.36	1020.94	1428.10	2198.44
投资收益(万元)	444.77	405.53	-109.95	182.30
补贴收入(万元)				
营业外收支(万元)	-152.24		4.29	-17.47
利润总额(万元)	2178.89	1434.00	1322.43	2363.27
净利润(万元)	2178.73	1433.84	1321.53	2359.26

十大股东

序号	股东名称	股份性质	持股数(万股)	比例(%)
1	西南化工研究设计院	国家股	5682.13	29.05
2	深圳市华润丰实业发展有限公司	法人股	4107.04	21.00
3	成都美辰科技有限责任公司	法人股	1075.65	5.50
4	浙江芳华日化集团公司	法人股	836.55	4.28
5	南方证券有限公司	流通股	224.31	1.15
6	中化化工科学技术研究总院	国有法人股	83.66	0.43
7	中橡集团碳黑工业研究设计院	国有法人股	83.66	0.43
8	中蓝晨光化工研究院	国有法人股	83.66	0.43
9	湘财证券有限责任公司	流通股	78.07	0.40
10	刘力强	流通股	30.00	0.15

	2003.9	2003.6	2002	2001
股东人数	27704	28328	26418	24983

近年分配	2002年 每10股派0.40元 2001年 每10股派0.50元	近年配股/增发	不分配不转增

重大事项

公司 2003 年 05 月 20 日分别收到公司股东深圳市华润丰实业发展有限公司、成都美辰科技有限责任公司通知,深圳市华润丰实业发展有限公司将所持公司股权 41070412 股质押给上海浦东发展银行成都分行,质押期限一年。成都美辰科技有限责任公司将所持公司股权 10756536 股质押给上海浦东发展银行成都分行,质押期限一年。 公司控股股东西南化工研究设计院将所持有本公司 10864.8241 万股国家股中的 5182.6948 万股国家股分别转让给深圳市华润丰实业发展有限公司 4107.0412 万股、成都美辰科技有限责任公司 1075.6536 万股,股份过户手续已于 2003 年 5 月 12 日办理完毕。

二〇〇二年以来市场表现

2002年涨跌幅(%)	-35.79
2002年最高(元)	13.20
2002年最低(元)	7.76
2002年换手率(%)	213.80
2003年涨跌幅(%)	-25.13
2003年最高(元)	9.10
2003年最低(元)	5.20
2003年换手率(%)	146.72

陕西宝光真空电器股份有限公司

公司概况

公司名称	陕西宝光真空电器股份有限公司			股票代码	600379		
注册地址	宝鸡市高新技术开发区英达路五号			邮政编码	710006		
法人代表	张荣华			董秘	金宝长		
电话	0917-3561512			传真	0917-3561512		
主营业务	真空开关设备及元器件						
总股本	15800.00	流通 A	5000.00	流通 B		流通 H	
审计单位				审计意见	未审计		

主要财务指标

年度	2003.9	2003.6	2002	2001
每股收益／扣除后(元)	0.0590	0.0353	0.0903	0.0854
每股经营现金流量(元)	–0.2600	–0.1900	0.2247	0.0379
每股净资产／调整后(元)	1.6900	1.7000	1.6383	1.5715
每股公积金(元)	0.5447	0.5448	0.5448	0.5127
净资产收益率(%)	3.4600	2.0000	5.2040	5.0290
总资产(万元)	47924.18	45044.38	48839.96	51250.32
股东权益(万元)	27613.43	28254.81	26714.62	24829.38
未分配利润(万元)	2500.89	2142.26	1602.07	429.44
主营收入(万元)	19147.46	12285.62	25052.13	24035.49
资本公积金(万元)	8607.09	8607.09	8607.09	8101.41
主营利润(万元)	6395.94	4040.36	8696.98	9031.35
其他业务利润(万元)	296.58	181.38	354.52	298.61
营业利润(万元)	1194.80	721.15	1694.68	1576.23
投资收益(万元)				
补贴收入(万元)			37.34	9.85
营业外收支(万元)	23.95		–64.56	–23.50
利润总额(万元)	1218.75	707.98	1667.46	1562.58
净利润(万元)	956.58	546.20	1390.27	1248.70

十大股东

序号	股东名称	股份性质	持股数(万股)	比例(%)
1	陕西宝光集团有限公司	国有法人股	6000.00	37.97
2	北京茂恒投资管理有限公司	社会法人股	2300.00	14.56
3	国投电子公司	国有法人股	1000.00	6.33
4	陕西省技术进步投资有限责任公司	国有法人股	1000.00	6.33
5	中国租赁有限公司q	社会法人股	500.00	3.16
6	西部证券股份有限公司	流通股	230.24	1.46
7	上海证券有限责任公司	流通股	25.07	0.16
8	吕树焕	流通股	12.00	0.08
9	王伟	流通股	9.01	0.06
10	缪红	流通股	8.32	0.05

股东人数	2003.9	2003.6	2002	2001
	24132	23564	26112	40969

近年分配		近年配股/增发	不分配不转增

重大事项

公司于**2003**年**9**月**15**日与重庆市泰通实业发展有限公司签署了《股份转让协议》，国投电子将其持有的公司**1000**万股国有法人股协议转让给重庆泰通，转让价格为**1.83**元/股，转让总额为**1830**万元人民币。转让完后，重庆泰通持有公司法人股**1000**万股，占公司总股本的**6.33%**，成为公司第四大股东。　公司于**2003**年**05**月**19**日、**05**月**21**日在《中国证券报》和《上海证券报》公告了公司第二大股东宝鸡宝群动力有限责任公司向北京茂恒投资管理有限公司转让**2300**万社会法人股事宜。公司**8**月**20**日接到北京茂恒的通知，称宝群动力和北京茂恒于**2003**年**8**月**6**日在中国证券登记结算有限责任公司上海分公司办理了股权过户手续。

二〇〇二年以来市场表现

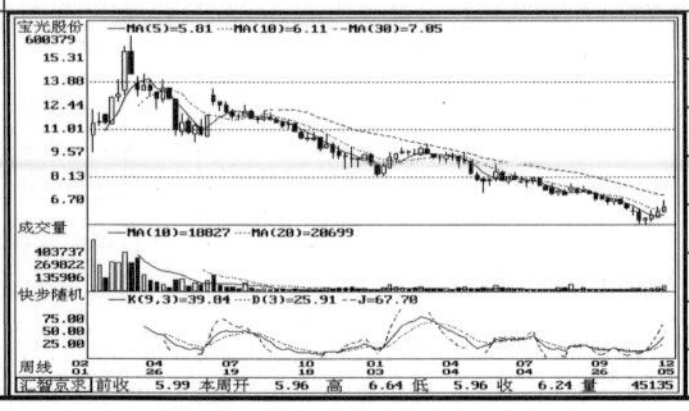

2002年涨跌幅(%)	0.00
2002年最高(元)	16.75
2002年最低(元)	8.41
2002年换手率(%)	1126.08
2003年涨跌幅(%)	–28.94
2003年最高(元)	10.03
2003年最低(元)	5.26
2003年换手率(%)	213.02

深圳健康药业集团股份有限公司

公司概况

公司名称	深圳健康药业集团股份有限公司			股票代码	600380		
注册地址	深圳市罗湖区深南东路5002号地王商业大厦23F			邮政编码	518008		
法人代表	朱保国			董秘	邱庆丰		
电话	0755-82478966			传真	0755-82478967		
主营业务	保建品、药品						
总股本	60993.00	流通 A	15750.00	流通 B		流通 H	
审计单位				审计意见	未审计		

主要财务指标

年度	2003.9	2003.6	2002	2001
每股收益／扣除后(元)	0.2257	0.1695	0.4261	0.7502
每股经营现金流量(元)	0.4010	0.2750	0.5807	0.8255
每股净资产／调整后(元)	5.1264	5.0679	4.9290	7.3084
每股公积金(元)	2.1391	3.7087	3.7082	6.0529
净资产收益率(%)	4.3410	4.5500	3.3300	8.5600
总资产(万元)	422271.81	402519.12	252319.98	232735.05
股东权益(万元)	210331.12	208328.20	200704.98	198115.42
未分配利润(万元)	10656.98	8570.36	1744.95	1599.43
主营收入(万元)	113614.22	55433.07	71164.76	67881.80
资本公积金(万元)	150804.58	150804.58	150782.20	164081.98
主营利润(万元)	70597.31	37168.94	52406.51	49010.36
其他业务利润(万元)	–149.73	–196.67	–60.52	49010.36
营业利润(万元)	12403.62	7905.21	14981.77	15869.59
投资收益(万元)	–792.87	524.69	501.66	170.50
补贴收入(万元)	4.60	4.60		170.50
营业外收支(万元)	–50.12		5141.56	5674.86
利润总额(万元)	11565.22	8443.98	20624.99	21909.84
净利润(万元)	9129.93	7013.31	17188.20	20061.81

十大股东

序号	股东名称	股份性质	持股数(万股)	比例(%)
1	深圳市百业源投资有限公司	发起法人股	19906.92	48.96
2	鸿信行有限公司	外资发起法人股	7540.50	18.54
3	深圳市千广汇计算机技术有限公司	发起法人股	904.86	2.23
4	深圳市国运鸿贸易有限公司	发起法人股	904.86	2.23
5	焦作市成功化学制品有限公司	发起法人股	904.86	2.23
6	北京证券有限责任公司	社会公众股	665.72	1.64
7	景博证券投资基金	社会公众股	123.68	0.30
8	北京财政	社会公众股	84.17	0.21
9	爱建证券有限责任公司	社会公众股	52.59	0.13
10	华安上证180指数增强型证券投资基金	社会公众股	30.94	0.08

股东人数	2003.9	2003.6	2002	2001
	23629	26551	34407	53769

近年分配	2002年每10股派3.50元 2001年每10股派3.00元	近年配股/增发	2003年每10股转增5股

重大事项

公司控股股东深圳市百业源投资有限公司于**2003**年**6**月**17**日与其控股子公司深圳市千广汇计算机技术有限公司、深圳市国运鸿贸易有限公司及控股股东之关联公司焦作市成功化学制品有限公司签订了《股权转让协议》。根据该等股权转让协议，百业源公司分别从千广汇公司、国运鸿公司及焦作成功公司处受让其分别持有的公司**9048600**股发起人法人股，均占公司已发行总股本的**2.23%**，每股转让价格均为**1**元。

二〇〇二年以来市场表现

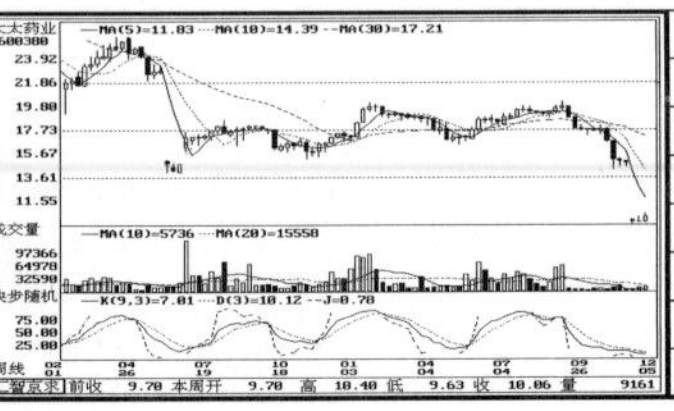

2002年涨跌幅(%)	6.18
2002年最高(元)	12.14
2002年最低(元)	8.08
2002年换手率(%)	80.45
2003年涨跌幅(%)	–13.16
2003年最高(元)	13.42
2003年最低(元)	9.47
2003年换手率(%)	75.73

青海白唇鹿股份有限公司

公司概况

公司名称	青海白唇鹿股份有限公司	股票代码	600381
注册地址	青海省西宁市小桥大街36号	邮政编码	810015
法人代表	黄贤优	董秘	李(吉吉)
电话	0971-8566293	传真	0971-8018897
主营业务	纺织、外贸		
审计单位		审计意见	未审计

总股本	流通A	流通B	流通H
11000.00	3500.00		

主要财务指标

年度	2003.9	2003.6	2002	2001
每股收益/扣除后(元)	0.0970	0.0870	0.2123	0.1775
每股经营现金流量(元)	0.2160	0.3410	0.1400	-0.0900
每股净资产/调整后(元)	3.1200	3.0700	2.9500	2.9800
每股公积金(元)	1.7860	1.7860	1.7860	1.7860
净资产收益率(%)	4.1100	3.8100	6.0900	5.9300
总资产(万元)	99077.72	91202.58	76769.02	59891.97
股东权益(万元)	35353.08	35242.82	33900.36	32822.42
未分配利润(万元)	3375.83	3565.57	1923.11	1262.72
主营收入(万元)	27054.82	20575.60	30316.54	14299.27
资本公积金(万元)	19646.02	19646.02	19646.02	19646.02
主营利润(万元)	4143.08	3145.08	6460.33	4891.57
其他业务利润(万元)	50.86	46.34	140.55	4891.57
营业利润(万元)	1277.92	1161.26	2891.71	2392.19
投资收益(万元)	-13.14	-8.76	-17.52	-17.52
补贴收入(万元)			92.17	2.80
营业外收支(万元)	456.01	450.27	-317.65	-9.43
利润总额(万元)	1720.78	1602.77	2648.71	2368.03
净利润(万元)	1452.72	1342.46	2065.83	1946.85

十大股东

序号	股东名称	股份性质	持股数(万股)	比例(%)
1	西宁市国新投资控股有限公司	国有法人股	6758.00	64.44
2	西宁市大十字百货商店	国有法人股	586.00	5.33
3	海通证券有限公司	流通股	110.91	1.00
4	上海振鲁实业有限公司	法人股	78.00	0.71
5	西宁特殊钢(集团)有限责任公司	国有法人股	55.00	0.50
6	倪艳婷	流通股	29.43	0.27
7	孙锁保	流通股	23.75	0.22
8	青海华荣轻纺物资有限公司	法人股	23.00	0.21
9	薛冬会	流通股	17.06	0.16
10	华泰证券有限责任公司	流通股	14.64	0.13

股东人数	2003.9	2003.6	2002	2001
	22818	22647	26176	29820

近年分配	近年配股/增发
2002年 每10股派0.68元 2001年 每10股派0.65元	2003年 每10股配售3股

重大事项

公司为控股了公司深圳三兴纺织实业有限公司申请在中国建设银行深圳市分行办理**3000**万元流动资金借款提供担保,期限为一年。公司为控股子公司深圳三兴纺织实业有限公司申请在中国建设银行深圳市分行办理**2000**万元出口退税帐户托管授信额度提供担保,期限为一年。同日,公司与中国建设银行深圳市分行签定《保证合同》两份,为公司所属控股子公司深圳三兴纺织实业有限公司从该行获得**3000**万元流动资金贷款和**2000**万元出口退税帐户托管授信额度提供连带责任保证,期限为一年,保证期间均为**2003**年**6**月**11**日至**2004**年**6**月**10**日。

二〇〇二年以来市场表现

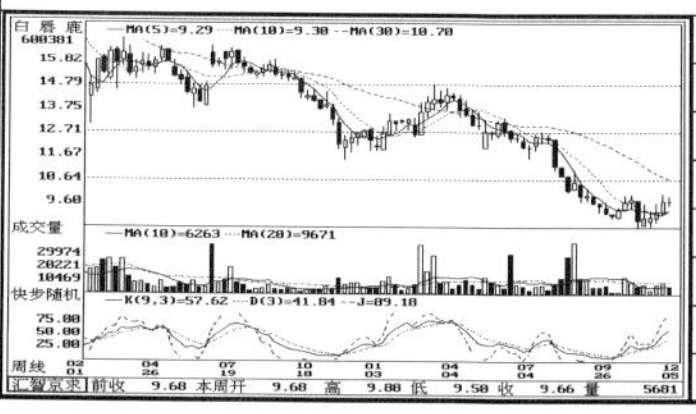

2002年涨跌幅(%)	-29.70
2002年最高(元)	17.32
2002年最低(元)	11.39
2002年换手率(%)	130.23
2003年涨跌幅(%)	-19.67
2003年最高(元)	14.73
2003年最低(元)	8.56
2003年换手率(%)	131.10

广东明珠集团股份有限公司

公司概况

公司名称	广东明珠集团股份有限公司	股票代码	600382
注册地址	广东省兴宁市兴城镇赤巷口	邮政编码	514500
法人代表	张坚力	董秘	欧阳(王景)
电话	0753-3338549	传真	0753-3338549
主营业务	阀门		
审计单位		审计意见	未审计

总股本	流通A	流通B	流通H
17087.33	6000.00		

主要财务指标

年度	2003.9	2003.6	2002	2001
每股收益/扣除后(元)	0.1030	0.0480	0.0800	0.1200
每股经营现金流量(元)	-0.3860	-0.2400	0.0600	0.0660
每股净资产/调整后(元)	3.0500	2.9900	2.9200	2.8600
每股公积金(元)	1.5207	1.5207	1.5202	1.5202
净资产收益率(%)	4.3900	2.5800	7.1500	6.7200
总资产(万元)	112331.03	105144.41	104657.02	104677.06
股东权益(万元)	52259.46	51326.34	49994.72	488820.37
未分配利润(万元)	6574.82	5641.71	4317.62	3715.08
主营收入(万元)	41812.49	27936.83	43886.65	35839.76
资本公积金(万元)	25984.03	25984.03	25976.49	25976.49
主营利润(万元)	6132.67	3838.62	6602.39	6555.42
其他业务利润(万元)	209.62	136.26	279.08	299.02
营业利润(万元)	2623.36	1312.67	3141.44	3233.52
投资收益(万元)	179.24	179.24	893.19	840.09
补贴收入(万元)	338.00			440.00
营业外收支(万元)	-29.07		115.46	34.32
利润总额(万元)	3111.53	1800.34	4150.09	4847.94
净利润(万元)	2294.01	1324.08	3574.71	3282.58

十大股东

序号	股东名称	股份性质	持股数(万股)	比例(%)
1	深圳市金信安投资有限公司	法人股	5267.70	30.83
2	兴宁市国资局	国有股	2405.31	14.08
3	兴宁市友谊投资发展有限公司	法人股	2119.52	12.40
4	兴宁市明珠投资集团有限公司	法人股	119.51	6.99
5	上海财政证券公司	流通股	60.15	0.65
6	上海国际信托投资公司	流通股	46.11	0.57
7	毛宗骠	流通股	40.01	0.23
8	宁波不锈钢标准件厂	法人股	30.00	0.17
9	徐从珍	流通股	28.81	0.17
10	兴宁市投资发展总公司	法人股	24.70	0.14

股东人数	2003.9	2003.6	2002	2001
	38549	39399	41341	45062

近年分配	近年配股/增发
2002年 每10股派1.50元 2001年 每10股派1.50元	不分配不转增

重大事项

公司向深圳市金信安实业开发有限公司和沈阳市新德利经贸有限公司转让其持有的广东明珠集团广州投资有限公司的**90%**股权,转让价以评估报告为依据,总转让价为**35370000.00**元,本次转让不构成关联交易,转让协议已于**2002**年**9**月**9**日签订。

二〇〇二年以来市场表现

2002年涨跌幅(%)	-29.85
2002年最高(元)	11.82
2002年最低(元)	8.10
2002年换手率(%)	96.98
2003年涨跌幅(%)	-16.61
2003年最高(元)	9.60
2003年最低(元)	5.61
2003年换手率(%)	77.63

金地(集团)股份有限公司

公司概况

公司名称	金地(集团)股份有限公司	股票代码	600383
注册地址	深圳市福田区福强路金地商业大楼	邮政编码	518048
法人代表	凌克	董秘	郭国强
电话	0755-83844828	传真	0755-83844555
主营业务	房地产		

总股本	27000.00	流通 A	9000.00	流通 B		流通 H	
审计单位		审计意见	未审计				

主要财务指标

年度	2003.9	2003.6	2002	2001
每股收益/扣除后(元)	0.3880	0.1110	0.5030	0.4470
每股经营现金流量(元)	-4.3100	-3.6700	-0.9790	-1.2930
每股净资产/调整后(元)	5.3060	5.0485	4.9740	4.7220
每股公积金(元)	2.9215	2.9215	2.9215	2.9215
净资产收益率(%)	6.5000	1.6700	10.2700	9.4300
总资产(万元)	433989.62	400276.37	307577.28	226993.44
股东权益(万元)	143920.03	136852.12	134560.00	127495.39
未分配利润(万元)	18423.87	11355.98	9063.84	4762.16
主营收入(万元)	83945.11	37702.79	97003.84	66293.61
资本公积金(万元)	78881.60	78881.60	78881.60	78881.60
主营利润(万元)	24762.75	12080.97	31316.82	22002.28
其他业务利润(万元)	3.72	3.92	78.21	174.42
营业利润(万元)	12765.05	3876.62	17141.99	14142.83
投资收益(万元)	-1161.83	-736.20	3.20	-2.00
补贴收入(万元)	46.54	338.00	13.46	7.81
营业外收支(万元)	14.57	-2.11	167.92	-33.97
利润总额(万元)	11664.33	3179.36	17326.58	14114.67
净利润(万元)	9360.03	2292.13	13814.60	12027.70

十大股东

序号	股东名称	股份性质	持股数(万股)	比例(%)
1	深圳市福田投资发展公司	国家股	6520.00	24.15
2	金信信托投资股份有限公司	社会法人股	3540.00	13.11
3	深圳市中科讯实业有限公司	法人股	2240.00	8.30
4	通和投资控股有限公司	社会法人股	150.00	5.56
5	南方证券有限公司	流通股	1265.23	4.69
6	深圳市深业投资开发有限公司	法人股	1120.00	4.15
7	深圳市投资管理公司	国家股	1100.00	4.07
8	美国 UT 斯达康有限公司	境外法人股	1100.00	4.07
9	深圳市方兴达建筑工程有限公司	法人股	880.00	3.26
10	青岛港务局西港公司	流通股	174.06	0.64

股东人数	2003.9	2003.6	2002	2001
	25556	26092	21828	32976

近年分配	2002年 每10股派2.50元 2001年 每10股派1.80元	近年配股/增发	不分配不转增

重大事项

2003年10月28日公告称公司在武汉投资设立的两家房地产公司的工商注册登记手续已办理完毕。其中,金地集团武汉房地产开发有限公司注册资本人民币陆仟万元整,公司持股90%;武汉市金地宏业房地产开发有限公司注册资本人民币贰仟万元整,公司持股90%。 公司将所持有的下属联营公司—深圳金美时表业有限公司40%的股权转让给香港捷美时有限公司,预计转让价格约人民币163万元。转让后,公司不再拥有深圳金美时表业有限公司的权益。

二〇〇二年以来市场表现

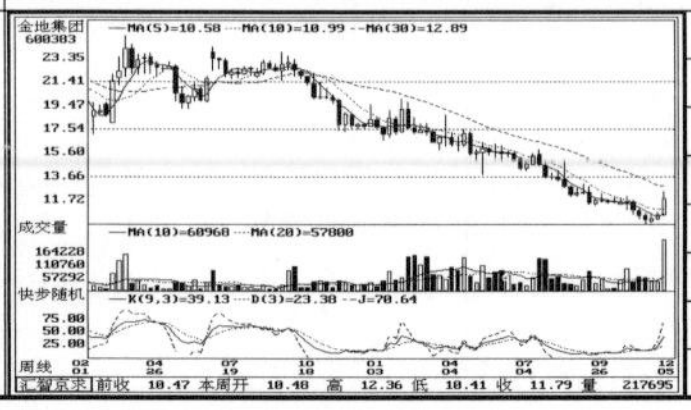

2002年涨跌幅(%)	-19.32
2002年最高(元)	24.86
2002年最低(元)	16.07
2002年换手率(%)	182.68
2003年涨跌幅(%)	-41.01
2003年最高(元)	19.75
2003年最低(元)	9.78
2003年换手率(%)	331.86

山东金泰集团股份有限公司

公司概况

公司名称	山东金泰集团股份有限公司	股票代码	600385
注册地址	山东省济南市山大北路56号	邮政编码	250100
法人代表	黄俊钦	董秘	吕世鹏
电话	0531-8902341	传真	0531-8902341
主营业务	化学原料、制剂、生物药品		

总股本	14132.37	流通 A	6783.50	流通 B		流通 H	
审计单位		审计意见	未审计				

主要财务指标

年度	2003.9	2003.6	2002	2001
每股收益/扣除后(元)	-0.1100	-0.0700	-0.2000	0.0300
每股经营现金流量(元)	-0.0300	-0.0300	0.0100	-0.0200
每股净资产/调整后(元)	0.0800	0.1200	0.3000	1.3200
每股公积金(元)	0.1207	0.1207	0.1207	0.1206
净资产收益率(%)	-0.5100	-26.5900	-301.9800	6.0400
总资产(万元)	28531.47	28800.39	31608.72	42834.99
股东权益(万元)	2977.16	3549.97	4493.86	19525.77
未分配利润(万元)	-14553.36	-13980.56	-13036.67	1770.70
主营收入(万元)	1164.89	783.12	2758.98	17159.69
资本公积金(万元)	1706.48	1706.48	1706.48	1704.58
主营利润(万元)	81.88	13.90	316.55	3723.17
其他业务利润(万元)		-16.80	0.37	-40.15
营业利润(万元)	-1660.44	-1067.23	-10149.61	1036.50
投资收益(万元)	6.60		-1164.88	216.00
补贴收入(万元)		24.50		4.66
营业外收支(万元)	-1.05		-2370.08	-51.86
利润总额(万元)	-1654.89	-1068.22	-13667.46	1205.30
净利润(万元)	-1516.69	-943.89	-13570.40	1179.00

十大股东

序号	股东名称	股份性质	持股数(万股)	比例(%)
1	北京新恒基投资管理集团有限公司	法人股	2860.42	20.24
2	北京盈泽科技投资有限公司	法人股	1448.30	1025.00
3	北京新恒基房地产集团有限公司	法人股	953.47	6.75
4	济南英大国际信托投资有限公司	法人股	800.00	5.66
5	济南金鲁实业总公司	法人股	533.33	3.77
6	济南市经济开发投资公司	法人股	266.67	1.87
7	青岛联星商务公司	法人股	266.67	1.87
8	中国外运北京公司	法人股	80.00	0.57
9	济南市传染病医院	法人股	43.33	0.38
10	山东省肿瘤防治研究院劳动服务公司	法人股	40.00	0.28

股东人数	2003.9	2003.6	2002	2001
	28132	29304	30733	30178

近年分配		近年配股/增发	不分配不转增

重大事项

公司于2002年10月15日在中国工商银行济南市历城支行取得原借新还旧的叁佰叁拾叁万元一年期借款于2003年10月12日到期,截止2003年11月07日,公司尚未能再次办理此笔借款的借新还旧手续。 公司于2002年8月8日在交通银行泰安分行取得的贰仟万元一年期借款于2003年8月8日到期,公司分两笔办理了贰仟万元借款的借新还旧手续,第一笔借款本金为壹仟万元,借款期限二年,月借款息为4.575‰,第二笔借款本金为壹仟万元,借款期限为三年,月借款息为4.575‰,两笔借款均由公司第三大股东北京新恒基房地产集团有限公司提供连带责任担保。

二〇〇二年以来市场表现

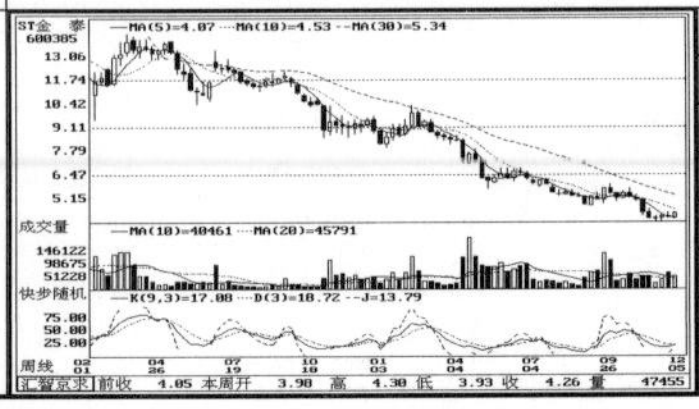

2002年涨跌幅(%)	-35.19
2002年最高(元)	14.38
2002年最低(元)	8.50
2002年换手率(%)	316.94
2003年涨跌幅(%)	-53.02
2003年最高(元)	10.25
2003年最低(元)	3.83
2003年换手率(%)	383.06

北京巴士股份有限公司

公司概况

公司名称	北京巴士股份有限公司	股票代码	600386
注册地址	北京市海淀区紫竹院路 32 号	邮政编码	100044
法人代表	张国光	董秘	傅世学
电话	010-68477383	传真	010-68731430
主营业务	城市客运、长途客运、广告业务		
总股本	25200.00	流通 A	8000.00
流通 B		流通 H	
审计单位		审计意见	未审计

主要财务指标

年度	2003.9	2003.6	2002	2001
每股收益／扣除后(元)	-0.4100	-0.4890	0.4000	0.2900
每股经营现金流量(元)	0.6300	0.2600	1.0900	0.5400
每股净资产／调整后(元)	4.6500	3.9800	4.4800	4.4500
每股公积金(元)	3.1451	3.1451	3.1400	3.1368
净资产收益率(%)	4.1600	-118400.0000	10.3300	6.3100
总资产(万元)	291075.72	263239.84	239254.84	193728.30
股东权益(万元)	121334.24	103308.58	116163.03	112152.76
未分配利润(万元)	5691.35	-12333.31	649.48	2833.92
主营收入(万元)	112342.64	66929.39	141852.52	95212.84
资本公积金(万元)	79256.46	79255.46	79127.13	79047.06
主营利润(万元)	11154.23	-387.08	35235.19	22143.68
其他业务利润(万元)	3765.66	21378.93	4200.71	2891.46
营业利润(万元)	-6819.12	-12805.20	17598.47	11658.15
投资收益(万元)	-9.78	-35.21	-8.57	243.53
补贴收入(万元)	10000.00			
营业外收支(万元)	2965.67	-0.99	-602.98	122.39
利润总额(万元)	6136.77	-12805.20	17598.47	12024.08
净利润(万元)	5041.87	-12982.79	11994.06	7076.20

十大股东

序号	股东名称	股份性质	持股数(万股)	比例(%)
1	北京市公共交通总公司	国有股东	17028.00	67.57
2	丰和价值证券投资基金	社会公众股东	733.39	2.91
3	中信证券股份有限公司	社会公众股东	211.70	0.84
4	华夏成长证券投资基金	社会公众股东	199.49	0.79
5	富国动态平衡证券投资基金	社会公众股东	119.97	0.48
6	银丰证券投资基金	社会公众股东	108.10	0.43
7	博时价值增长证券投资基金	社会公众股东	100.33	0.40
8	全国社保基金一零七组合	社会公众股东	71.49	0.28
9	全国社保基金一零三组合	社会公众股东	52.82	0.21
10	北京城建集团有限责任公司	国有股东	43.00	0.17

股东人数	2003.9	2003.6	2002	2001
	38508	44111	42767	53750

近年分配	2002年 每10股派 3.20 元 2001 年 每 10 股派 1.80 元	近年配股／增发	不分配不转增

重大事项

公司控股子公司北京八方达长途巴士客运有限责任公司(持股比例为 52.42%)和北京市长途汽车公司拟签署《委托经营协议书》，由八方达公司委托经营长途公司所属的 27 条山区政策性亏损线路及 150 辆运营车辆。由长途公司每年向八方达公司支付委托经营费 620 万元。

二○○二年以来市场表现

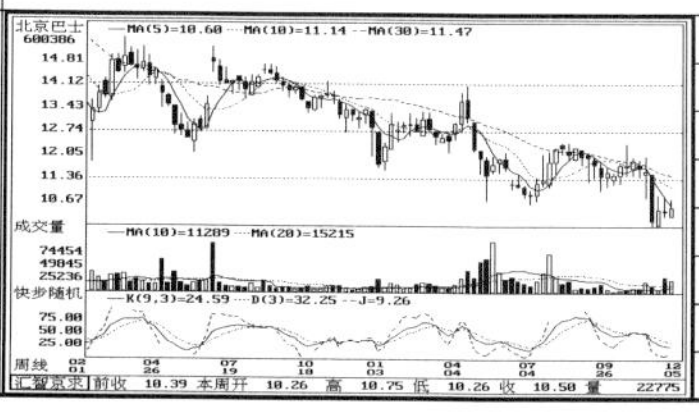

2002年涨跌幅(%)	-13.53
2002年最高(元)	15.00
2002年最低(元)	11.25
2002年换手率(%)	108.46
2003年涨跌幅(%)	-13.56
2003年最高(元)	13.73
2003年最低(元)	9.98
2003年换手率(%)	118.91

福建龙净环保股份有限公司

公司概况

公司名称	福建龙净环保股份有限公司	股票代码	600388
注册地址	福建省龙岩市新罗区陵园路 81 号	邮政编码	364000
法人代表	周苏华	董秘	陈培敏
电话	0597-2210288	传真	0597-2290903
主营业务	环境污染防治设备等		
总股本	16700.00	流通 A	6500.00
流通 B		流通 H	
审计单位		审计意见	未审计

主要财务指标

年度	2003.9	2003.6	2002	2001
每股收益／扣除后(元)	0.1100	0.0560	0.1540	0.2290
每股经营现金流量(元)	-0.1400	-0.2500	-0.4580	-0.0820
每股净资产／调整后(元)	3.8930	3.8260	3.7820	2.4968
每股公积金(元)	2.5001	2.4968	2.4968	2.4968
净资产收益率(%)	2.8600	1.4400	4.0400	5.9900
总资产(万元)	146774.50	127093.89	110999.41	91775.44
股东权益(万元)	65270.75	64277.48	63350.33	61961.05
未分配利润(万元)	5214.05	4276.09	3348.94	2392.67
主营收入(万元)	41146.07	25792.36	38196.15	35177.94
资本公积金(万元)	41751.84	41696.53	41696.53	41696.53
主营利润(万元)	8739.28	5517.48	8765.71	8093.17
其他业务利润(万元)	319.49	290.50	405.06	855.55
营业利润(万元)	2651.71	2015.27	2749.23	3363.18
投资收益(万元)	-61.99	-526.78	-231.93	553.67
补贴收入(万元)	125.00		121.80	341.17
营业外收支(万元)	-19.70	-2.51	-9.89	-130.00
利润总额(万元)	2695.03	1485.98	2629.20	4128.03
净利润(万元)	1865.11	927.14	2558.28	3713.43

十大股东

序号	股东名称	股份性质	持股数(万股)	比例(%)
1	福建东正投资股份有限公司	法人股	4500.00	26.95
2	福建省龙岩市国有资产管理局	国家股	2246.58	13.45
3	龙岩市海润投资有限公司	法人股	1587.56	9.51
4	中国银河证券有限责任公司	流通股	778.84	4.66
5	上海华乾实业有限公司	法人股	700.00	4.19
6	上海胜开经济发展有限公司	法人股	620.14	3.71
7	龙岩市电力建设发展公司	法人股	206.71	1.24
8	中国电能成套设备有限公司	法人股	165.37	0.99
9	江苏金泰贸易实业有限公司	法人股	50.00	0.30
10	裕阳证券投资基金	流通股	50.00	0.30

股东人数	2003.9	2003.6	2002	2001
	32681	34680	39621	43024

近年分配	2002年 每 10 股派 0.70 元 2001 年 每 10 股派 0.70 元	近年配股／增发	不分配不转增

重大事项

公司近日接中国电能成套设备有限公司有关通知：确定公司控股子公司上海龙净环保科技工程有限公司(公司持股 99.06%)中标江苏利港电力有限公司 7#、8#600MW 机组的脱硫岛工程，该合同主要条款正在商洽之中。　公司将其持有的公司社会法人股 1360 万股用于为厦门中润吉粮实业有限公司向中国光大银行厦门分行贷款人民币 4000 万元提供质押担保。质押期自 2003 年 9 月 5 日至 2004 年 9 月 10 日。该公司将其持有的公司社会法人股 680 万股用于为厦门硕华经贸发展有限公司向中国光大银行厦门分行贷款人民币 2000 万元提供质押担保。质押期自 2003 年 9 月 5 日至 2004 年 9 月 10 日。

二○○二年以来市场表现

2002年涨跌幅(%)	-31.01
2002年最高(元)	18.96
2002年最低(元)	10.73
2002年换手率(%)	236.52
2003年涨跌幅(%)	-17.55
2003年最高(元)	13.13
2003年最低(元)	8.52
2003年换手率(%)	106.04

南通江山农药化工股份有限公司

公司概况

公司名称	南通江山农药化工股份有限公司			股票代码	600389		
注册地址	江苏省南通市姚港路35号			邮政编码	226006		
法人代表	蔡建国			董秘	陶坤山		
电话	0513-3517961			传真	0513-3521807		
主营业务	化学农药、化工产品、商品销售						
总股本	18000.00	流通 A	4800.00	流通 B		流通 H	
审计单位				审计意见	未审计		

主要财务指标

年度	2003.9	2003.6	2002	2001
每股收益/扣除后(元)	0.1600	0.1110	0.1610	0.2440
每股经营现金流量(元)	0.4290	0.1610	0.1160	0.4810
每股净资产/调整后(元)	2.7430	2.6330	2.5160	2.8790
每股公积金(元)	1.2060	1.1254	1.1245	1.5491
净资产收益率(%)	5.4200	4.2600	6.9500	8.8300
总资产(万元)	103955.02	100878.42	102960.01	77546.83
股东权益(万元)	49735.84	47613.55	45469.96	43181.92
未分配利润(万元)	7979.57	7310.58	5282.93	3656.13
主营收入(万元)	98293.23	67445.44	70458.75	58881.67
资本公积金(万元)	21708.83	20256.83	20240.73	23236.47
主营利润(万元)	12285.64	8063.19	13372.02	12079.05
其他业务利润(万元)	641.49	527.33	405.16	630.86
营业利润(万元)	4054.26	2594.50	5158.23	5234.63
投资收益(万元)	599.93	560.89	-280.14	-216.71
补贴收入(万元)	157.67	88.60	113.71	44.61
营业外收支(万元)	-588.04	-91.58	-50.73	-177.07
利润总额(万元)	4223.82	3152.41	4941.06	4885.46
净利润(万元)	2696.64	2027.66	3160.93	3747.01

十大股东

序号	股东名称	股份性质	持股数(万股)	比例(%)
1	南通精华集团有限公司	国有法人股	11640.00	64.67
2	南通中南实业有限公司	社会法人股	1200.00	6.67
3	华泰证券有限责任公司	流通股	801.11	4.45
4	沈阳化工研究院	国有法人股	180.00	1.00
5	江苏省农业生产资料集团有限责任公司	国有法人股	120.00	0.67
6	江苏省文化发展基金会	流通股	94.00	0.52
7	惠丰电力	流通股	82.66	0.46
8	天津市绿保农用化学科技开发有限公司	社会法人股	60.00	0.33
9	无锡市金山北蔬菜副食品有限公司	流通股	43.70	0.24
10	陈汉丽	流通股	28.92	0.16

股东人数	2003.9	2003.6	2002	2001
	18240	18417	17346	17815

近年分配	2002年每10股派0.50元 2001年每10股派0.50元	近年配股/增发	不分配不转增

重大事项

公司以**3300**万元现金分别受让精华集团在江源热电持有的**1500**万元出资、天电公司在江源热电持有的**1200**万元出资、开发区总公司在江源热电持有的**600**万元出资,受让完成后,公司将持有江源热电**100%**的股权,并将注销江源热电的法人资格。公司于**2003**年**6**月**6**日与精华集团签订了《南通江天化学品有限公司的股权转让协议》。根据协议约定,公司向精华集团以**1500**万元的价格转让在江天公司持有的**1500**万元出资。同时,天电公司对江天公司增加投资**1200**万元,开发区总公司对江天公司投资**600**万元。经以上变动,江天公司注册资本增至**10840**万元,其中公司出资**5515**万元,占注册资本的**50.88%**。

二〇〇二年以来市场表现

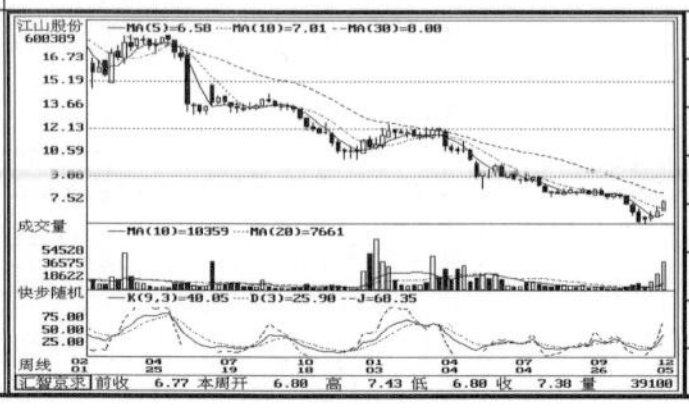

2002年涨跌幅(%)	-27.46
2002年最高(元)	15.49
2002年最低(元)	10.06
2002年换手率(%)	109.22
2003年涨跌幅(%)	-39.98
2003年最高(元)	12.37
2003年最低(元)	5.99
2003年换手率(%)	120.27

金瑞新材料科技股份有限公司

公司概况

公司名称	金瑞新材料科技股份有限公司			股票代码	600390		
注册地址	湖南省长沙市岳麓区麓山南路1号			邮政编码	410012		
法人代表	王晓梅			董秘	刘丹		
电话	0731-8657382			传真	0731-8711158		
主营业务	电子基础材料、触媒合金材料等						
总股本	10670.00	流通 A	4000.00	流通 B		流通 H	
审计单位				审计意见	未审计		

主要财务指标

年度	2003.9	2003.6	2002	2001
每股收益/扣除后(元)	-0.0470	-0.0430	0.1400	0.2300
每股经营现金流量(元)	-0.2400	-0.0700	-0.0100	-0.3100
每股净资产/调整后(元)	6.4600	6.4500	6.3800	6.4400
每股公积金(元)	5.4423	5.4396	5.4390	5.3309
净资产收益率(%)	-0.2700	-0.5700	2.2300	4.5300
总资产(万元)	105579.28	96344.50	92909.75	86357.56
股东权益(万元)	69658.39	69473.74	69863.07	68680.02
未分配利润(万元)	-151.13	-307.02	86.84	238.05
主营收入(万元)	24500.63	15308.03	25537.43	22567.54
资本公积金(万元)	58069.03	58040.26	58034.43	56881.23
主营利润(万元)	3937.36	2685.69	4570.57	4251.05
其他业务利润(万元)	191.76	244.94	162.09	451.63
营业利润(万元)	-443.04	-560.52	1379.77	1611.57
投资收益(万元)	218.03	36.26	327.66	1216.63
补贴收入(万元)	38.53			
营业外收支(万元)	54.19		70.36	615.05
利润总额(万元)	-132.29	-494.77	1777.79	3443.25
净利润(万元)	-188.63	-395.16	1561.01	3109.66

十大股东

序号	股东名称	股份性质	持股数(万股)	比例(%)
1	长沙矿冶研究院	国有法人股	6300.00	59.05
2	湖南华菱钢铁集团有限责任公司	国有法人股	200.00	1.87
3	信息产业部电子第48研究所	国有法人股	100.00	0.94
4	湘财证券有限责任公司	流通股	95.04	0.89
5	长沙高新技术产业开发区银佳科技有限公司	国有法人股	60.00	0.56
6	吴希龙	流通股	23.91	0.22
7	韦严	流通股	20.00	0.19
8	金鑫证券投资基金	流通股	18.33	0.17
9	刘雪娜	流通股	10.51	0.10
10	瞿家辉	流通股	10.20	0.09

股东人数	2003.9	2003.6	2002	2001
	22624	23133	22063	18983

近年分配	2002年每10股派1.40元 2001年每10股派1.50元	近年配股/增发	不分配不转增

重大事项

公司与长沙矿冶研究院、长沙新冶实业有限公司于**2002**年**12**月**20**日共同签署了《长沙金石粉体材料有限责任公司股权转让协议书》,公司以自有资金分别出资**3510058.03**元和**1002873.72**元人民币收购矿冶院和新冶公司分别持有的金石公司**35%**和**10%**的股权。本次交易完成后,公司将拥有金石公司**100%**的股份,金石公司将变更为公司直属单位。

二〇〇二年以来市场表现

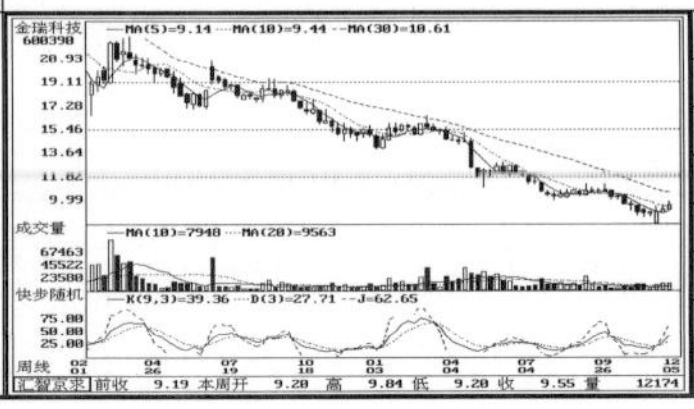

2002年涨跌幅(%)	-35.87
2002年最高(元)	22.46
2002年最低(元)	14.26
2002年换手率(%)	223.71
2003年涨跌幅(%)	-35.73
2003年最高(元)	16.32
2003年最低(元)	8.17
2003年换手率(%)	167.38

四川成发航空科技股份有限公司

公司概况

公司名称	四川成发航空科技股份有限公司			股票代码	600391
注册地址	成都高新区高朋大道11号科技工业园区			邮政编码	610067
法人代表	赵桂斌			董秘	李志伟
电话	028-84509005			传真	028-84465418
主营业务	内外贸航空零部件				
总股本	14000.00	流通 A	5000.00	流通 B	流通 H
审计单位				审计意见	未审计

主要财务指标

年度	2003.9	2003.6	2002	2001
每股收益／扣除后(元)	0.1570	0.0930	0.1600	0.2600
每股经营现金流量(元)	0.2200	0.1750	0.3200	0.2000
每股净资产／调整后(元)	3.1400	3.0800	2.9800	3.0000
每股公积金(元)	1.8875	1.8875	1.8869	1.8842
净资产收益率(%)	4.7300	3.0200	5.1200	8.3500
总资产(万元)	64489.22	66827.27	62133.01	66331.27
股东权益(万元)	43940.96	43169.43	41855.66	42054.73
未分配利润(万元)	2214.88	1443.35	137.85	697.06
主营收入(万元)	15560.19	9916.51	18452.37	20441.94
资本公积金(万元)	26425.26	26425.26	26416.99	26378.15
主营利润(万元)	5463.42	3334.32	6101.48	7197.71
其他业务利润(万元)	31.00	27.19	309.97	69.14
营业利润(万元)	2782.87	1594.39	2964.62	3591.33
投资收益(万元)	-190.23	52.33	-107.63	
补贴收入(万元)				
营业外收支(万元)	49.35	10.17	-52.72	-78.88
利润总额(万元)	2641.99	1656.89	2804.28	3515.45
净利润(万元)	2077.03	1305.50	2142.10	3512.45

十大股东

序号	股东名称	股份性质	持股数(万股)	比例(%)
1	成都发动机(集团)有限公司	国有法人股	8180.00	58.43
2	沈阳黎明航空发动机(集团)有限公司	国有法人股	715.00	5.11
3	国元证券有限责任公司	国有法人股	42.34	0.30
4	中国燃气涡轮研究院	国有法人股	35.00	0.25
5	北京航空航天大学	国有法人股	35.00	0.25
6	成都航空职业技术学院	国有法人股	35.00	0.25
7	林锡标Θ	流通股	24.36	0.17
8	孙小菊	流通股	23.00	0.16
9	樊来堂	流通股	22.80	0.16
10	张会红	流通股	20.96	0.15

股东人数	2003.9	2003.6	2002	2001
	24808	24694	23733	30158

近年分配	2002年每10股派1.70元 2001年每10股派2.10元	近年配股／增发	不分配不转增

重大事项

成都发动机(集团)有限公司持有公司国有法人股**8180**万股，该公司将其持有的公司国有法人股**1400**万股质押给交通银行成都分行，为其人民币贷款出质，质押期限自**2003**年**11**月**21**日至**2004**年**11**月**20**日。上述质押已于**2003**年**11**月**21**日在中国证券登记结算有限责任公司上海分公司办理完毕质押登记手续。

二〇〇二年以来市场表现

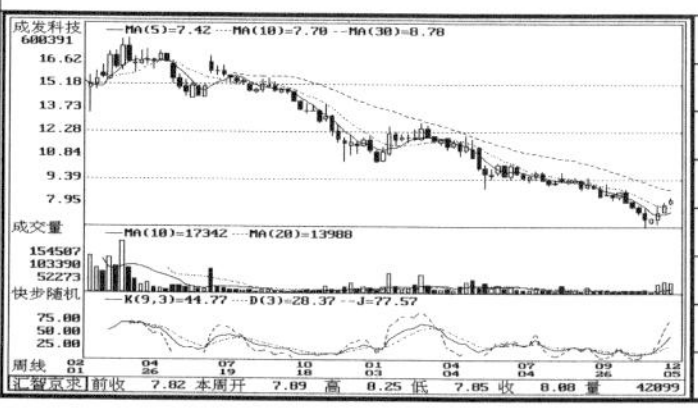

2002年涨跌幅(%)	-35.72
2002年最高(元)	17.69
2002年最低(元)	10.24
2002年换手率(%)	358.92
2003年涨跌幅(%)	-24.30
2003年最高(元)	12.60
2003年最低(元)	6.50
2003年换手率(%)	176.42

太原理工天成科技股份有限公司

公司概况

公司名称	太原理工天成科技股份有限公司			股票代码	600392
注册地址	太原市迎泽西大街79号			邮政编码	030024
法人代表	杜文广			董秘	段吉福
电话	0351-6018786			传真	0351-6018786
主营业务	研制、开发、生产、销售、安装智能电子设备等				
总股本	7200.00	流通 A	2370.00	流通 B	流通 H
审计单位				审计意见	未审计

主要财务指标

年度	2003.9	2003.6	2002	2001
每股收益／扣除后(元)	0.2800	0.1610	0.5500	0.3700
每股经营现金流量(元)	0.0500	-0.0300	0.2500	0.1700
每股净资产／调整后(元)	4.4400	4.3200		
每股公积金(元)	2.7200	2.7270		
净资产收益率(%)	6.3100	3.6700	33.7100	34.8800
总资产(万元)	45869.56	43389.15	16386.32	9526.94
股东权益(万元)	31966.25	31091.16	7945.22	5267.25
未分配利润(万元)	3970.95	3095.86	1954.52	-111.59
主营收入(万元)	25004.00	15128.05	32023.12	22404.29
资本公积金(万元)	19634.59	19634.59		
主营利润(万元)	4959.03	4959.03	5255.75	3091.80
其他业务利润(万元)	0.53	0.53	6.24	9.12
营业利润(万元)	2446.22	1385.72	3058.27	2140.48
投资收益(万元)				
补贴收入(万元)	11.00	11.00	55.00	34.00
营业外收支(万元)	-39.22		-16.49	-15.07
利润总额(万元)	2418.01	1361.44	3096.78	2159.41
净利润(万元)	2017.70	1141.34	2677.97	1837.18

十大股东

序号	股东名称	股份性质	持股数(万股)	比例(%)
1	太原理工大学	国有法人股	2492.28	34.62
2	太原宏展计算机网络工程有限公司	社会法人股	1175.62	16.36
3	山西佳成资讯有限公司	社会法人股	735.61	10216.00
4	深圳市股图科技发展有限公司	社会法人股	220.25	3.06
5	太原德雷科技开发有限公司	社会法人股	206.24	2.86
6	国信证券有限责任公司	流通股	25.15	0.35
7	周鸿富	流通股	13.00	0.18
8	罗永忠	流通股	11.15	0.16
9	张维钦	流通股	6.94	0.10
10	陆凌云	流通股	5.85	0.08

股东人数	2003.9	2003.6	2002	2001
	16998	17885		

近年分配		近年配股／增发	不分配不转增

重大事项

山西天成担保有限公司将由公司与山西天宏房地产开发有限公司、山西嘉隆投资有限公司共同出资成立，注册资本为**3000**万元。公司出资**2400**万元，占注册资本**80%**。　公司与长城国际信息产品(深圳)有限公司(**IIPC**)签署了业务合作伙伴协议，被批准为**IBM PC**类产品国内分销商、解决方案提供商。这将促进公司“计算机及辅助设备销售”业务的增长，从而给公司整体业务的发展带来积极有利的影响。

二〇〇二年以来市场表现

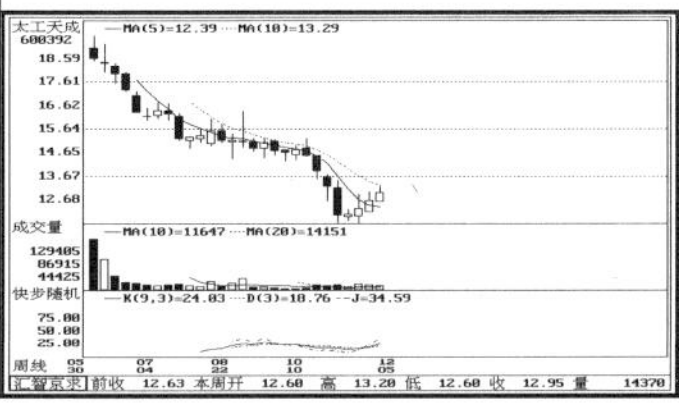

2002年涨跌幅(%)	0.00
2002年最高(元)	0.00
2002年最低(元)	0.00
2002年换手率(%)	0.00
2003年涨跌幅(%)	0.00
2003年最高(元)	19.58
2003年最低(元)	11.70
2003年换手率(%)	286.50

广州东华实业股份有限公司

公司概况

公司名称	广州东华实业股份有限公司	股票代码	600393
注册地址	广州市寺右新马路 111-115 号五羊新城广场三十楼	邮政编码	510600
法人代表	杨树坪	董秘	李宏坤
电话	020-87393888	传真	020-87386297
主营业务	房地产销售、出租、物业管理		
总股本	20000.00	流通 A	5526.38
流通 B		流通 H	
审计单位		审计意见	未审计

主要财务指标

年度	2003.9	2003.6	2002	2001
每股收益 / 扣除后(元)	-0.2400	-0.2010	0.0700	0.0445
每股经营现金流量(元)	-0.0030	0.0860	0.0750	-0.4858
每股净资产 / 调整后(元)	1.9700	2.0800	2.2800	2.1080
每股公积金(元)	0.5055	0.5055	0.5055	0.5055
净资产收益率(%)	-11.6800	-9.6100	7.8100	11.1600
总资产(万元)	81807.36	83812.93	83896.76	78469.04
股东权益(万元)	40874.82	41674.82	45681.02	42155.03
未分配利润(万元)	4432.01	5232.01	9238.22	5957.40
主营收入(万元)	3376.65	2606.94	13728.08	21724.23
资本公积金(万元)	10109.72	10109.72	10109.72	10407.15
主营利润(万元)	1704.32	1409.10	7726.02	12523.80
其他业务利润(万元)	332.20	316.73	30009.23	318.71
营业利润(万元)	-2732.12	-2004.03	5170.32	7020.00
投资收益(万元)	-1998.74	-1998.74	965.49	-241.07
补贴收入(万元)				
营业外收支(万元)	-20.65		-26.45	340.37
利润总额(万元)	-4751.51	-3992.88	6109.36	7119.31
净利润(万元)	-4772.14	-4006.21	3568.92	4703.35

十大股东

序号	股东名称	股份性质	持股数(万股)	比例(%)
1	广州东华实业资产经营公司	国家股	14000.00	70.00
2	中国银河证券有限责任公司	流通股	136.94	0.69
3	广州市第三建筑工程有限公司	法人股	100.00	0.50
4	青海证券有限责任公司	法人股	76.00	0.38
5	广州新利堡消防工程企业有限公司	法人股	60.00	0.30
6	张飞	流通股	47.62	0.24
7	李慧燕	流通股	42.34	0.21
8	广州市人大常委会机关服务中心	法人股	40.00	0.20
9	李淦	流通股	34.31	0.17
10	林维汉	流通股	33.03	0.17

股东人数	2003.9	2003.6	2002	2001
	21929	22979	23921	26653

近年分配	2001年 每10股派1.00元	近年配股 / 增发	不分配不转增

重大事项

公司于2003年11月25日与广州城启集团有限公司签定了《股权转让协议书》，受让广州城启集团持有的广州市住友房地产有限公司90%股权，完成股权转让后，公司将持有住友公司90%的股权。本次股权转让的对价以截止至2003年9月30日住友公司的净资产值615.74万元为基础，不作溢价或折价，交易总金额为人民币554.17万元。　公司控股股东广州东华实业资产经营公司与北京京城华威投资有限公司已于2003年8月31日签署《股份转让协议》，向北京京城华威投资有限公司转让所持有的本公司国有股份14000万股中的3000万股，占公司股份总额的15%，每股转让价格为人民币2.736元，本次股份转让的转让价款总额为人民币8208万元。

二〇〇二年以来市场表现

2002年涨跌幅(%)	-39.36
2002年最高(元)	14.10
2002年最低(元)	8.00
2002年换手率(%)	207.98
2003年涨跌幅(%)	-25.09
2003年最高(元)	9.39
2003年最低(元)	5.60
2003年换手率(%)	106.05

贵州盘江精煤股份有限公司

公司概况

公司名称	贵州盘江精煤股份有限公司	股票代码	600395
注册地址	贵州省六盘水市红果经济开发区	邮政编码	553536
法人代表	郑华	董秘	伍正斌
电话	0858-3703046	传真	0858-3700328
主营业务	原煤开采、加工		
总股本	37130.00	流通 A	12000.00
流通 B		流通 H	
审计单位		审计意见	未审计

主要财务指标

年度	2003.9	2003.6	2002	2001
每股收益 / 扣除后(元)	0.1660	0.0910	0.1840	0.1860
每股经营现金流量(元)	0.4200	0.4100	0.2160	0.0960
每股净资产 / 调整后(元)	3.3330	3.2620	3.2500	3.1930
每股公积金(元)	1.9602	1.9602	1.9602	1.9602
净资产收益率(%)	4.9890	2.7540	5.5700	5.7900
总资产(万元)	148076.09	144860.69	144149.41	139144.62
股东权益(万元)	124093.77	121240.91	121615.54	118550.89
未分配利润(万元)	11492.76	8639.90	9014.52	6966.52
主营收入(万元)	71900.89	48502.26	66809.55	49321.82
资本公积金(万元)	72781.80	72781.80	72781.80	72781.80
主营利润(万元)	16806.72	11140.46	17050.90	14861.57
其他业务利润(万元)	105.46	28.10	123.07	6.47
营业利润(万元)	7321.12	3957.74	8066.11	7960.93
投资收益(万元)				
补贴收入(万元)				
营业外收支(万元)	-37.32		-66.61	-27.41
利润总额(万元)	7283.80	3927.49	7999.50	7928.26
净利润(万元)	6191.23	3338.37	6777.65	6859.43

十大股东

序号	股东名称	股份性质	持股数(万股)	比例(%)
1	盘江煤电(集团)有限公司	法人股	24000.00	64.64
2	华夏成长证券投资基金	流通股	406.59	1010.00
3	中国煤炭工业进出口集团公司	法人股	280.00	0.75
4	四川川投峨眉铁合金(集团)有限责任公司	法人股	270.00	0.72
5	福建省煤炭工业(集团)有限责任公司	法人股	200.00	0.54
6	贵州省煤矿设计研究院	法人股	150.00	0.40
7	中煤工程设计咨询集团重庆设计研究院	法人股	100.00	0.27
8	防城港务局	法人股	80.00	0.22
9	中富证券有限责任公司	流通股	55.42	0.15
10	长江证券有限责任公司	流通股	50.97	0.14

股东人数	2003.9	2003.6	2002	2001
	75163	76325	81098	92579

近年分配	2002年 每10股派1.00元　2001年 每10股派1.00元	近年配股 / 增发	不分配不转增

重大事项

公司控股股东盘江煤电(集团)有限责任公司所持公司的24000万股国有法人股划归贵州盘江煤电有限责任公司持有。此次国有股划转后，公司的总股本仍为37130万股。其中贵州盘江煤电有限责任公司持有24000万股，占总股本的64.64%，股份性质为国有法人股，成为公司控股股东。

二〇〇二年以来市场表现

2002年涨跌幅(%)	-32.98
2002年最高(元)	10.91
2002年最低(元)	6.90
2002年换手率(%)	118.73
2003年涨跌幅(%)	-1.15
2003年最高(元)	8.90
2003年最低(元)	5.80
2003年换手率(%)	128.68

沈阳金山热电股份有限公司

公司概况

公司名称	沈阳金山热电股份有限公司			股票代码	600396
注册地址	沈阳市苏家屯区迎春街2号			邮政编码	110101
法人代表	赵首先			董秘	薛滨
电话	23229022-320			传真	23229139
主营业务	电力、热力				
总股本	13000.00	流通A	4500.00	流通B	流通H
审计单位				审计意见	未审计

主要财务指标

年度	2003.9	2003.6	2002	2001
每股收益/扣除后(元)	0.1300	0.2100	0.2800	0.0700
每股经营现金流量(元)	-0.0880	0.8960	-1.4800	0.0030
每股净资产/调整后(元)	3.3200	3.3500	3.4000	3.1100
每股公积金(元)	1.8620	1.8620	1.8591	1.8083
净资产收益率(%)	5.4290	6.2200	8.0000	2.1600
总资产(万元)	69235.11	124881.05	132925.89	56388.09
股东权益(万元)	43807.15	43515.40	44199.68	40464.83
未分配利润(万元)	5361.47	5269.72	5070.55	2466.30
主营收入(万元)	6644.75	35439.62	36692.18	10474.64
资本公积金(万元)	24205.52	24205.52	24168.49	23507.44
主营利润(万元)	1706.20	12143.85	12147.17	4067.02
其他业务利润(万元)	1060.85	-23.06	-41.08	26.65
营业利润(万元)	3279.92	6946.51	8233.88	1936.47
投资收益(万元)	1214.96	-290.82	122.97	444.25
补贴收入(万元)	466.00	266.00	840.33	57.33
营业外收支(万元)	-5.74		-212.09	-2.69
利润总额(万元)	3279.92	6946.51	8233.88	2378.02
净利润(万元)	2378.26	2705.45	3534.52	2068.03

十大股东

序号	股东名称	股份性质	持股数(万股)	比例(%)
1	沈阳市冶金国有资产经营有限公司	国家股	7283.00	56.02
2	丹东东方新能源开发中心	法人股	1000.00	7.69
3	景福证券投资基金	流通股	404.41	3.11
4	沈阳电通技术开发公司	流通股	322.95	2.49
5	沈阳八达通信科技开发公司	流通股	226.45	1.74
6	国电电力发展股份有限公司	流通股	121.89	0.94
7	沈阳金天实业有限公司	法人股	100.00	0.77
8	丹东市沿江开发区东电鸭绿江经贸总公司	法人股	100.00	0.77
9	李艳周	流通股	29.83	0.23
10	李丙位	流通股	23.28	0.18

股东人数

2003.9	2003.6	2002	2001
16529	16332	17122	24921

近年分配

	近年配股/增发	不分配不转增

重大事项

公司第一大股东沈阳市冶金国有资产经营有限公司分别向深圳市东电投资有限公司、丹东东方新能源开发中心和深圳市联信投资有限公司转让其所持有的公司国家股29%的股份即37700000股，转让总价款为人民币165646000元；转让16.64%的股份即21632000股，转让总价款为人民币95047000元；转让10.38%的股份即13498000股，转让总价款为人民币59307000元，转让价均为4.39元/股)。若转让成功，东电投资为公司第一大股东；东方新能源为公司第二大股东；联信投资为公司第三大股东。沈阳冶金不再持有公司股份。

二〇〇二年以来市场表现

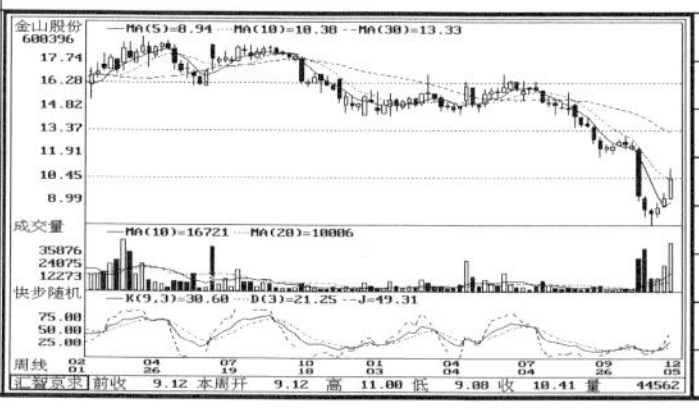

2002年涨跌幅(%)	-11.73
2002年最高(元)	19.20
2002年最低(元)	14.28
2002年换手率(%)	110.91
2003年涨跌幅(%)	-39.12
2003年最高(元)	16.78
2003年最低(元)	7.53
2003年换手率(%)	74.06

安源实业股份有限公司

公司概况

公司名称	安源实业股份有限公司			股票代码	600397
注册地址	江西省萍乡市昭萍东路3号			邮政编码	337003
法人代表	徐绍芳			董秘	陈松柳
电话	0799-6581363			传真	0799-6581363
主营业务	煤矸石发电、煤炭销售				
总股本	22000.00	流通A	8000.00	流通B	流通H
审计单位				审计意见	未审计

主要财务指标

年度	2003.9	2003.6	2002	2001
每股收益/扣除后(元)	0.1600	0.1000	0.2175	0.3599
每股经营现金流量(元)	0.2580	0.1500	0.1627	0.5692
每股净资产/调整后(元)	3.3970	3.3400	3.2400	1.6500
每股公积金(元)	1.9930	1.9927	1.9927	0.4161
净资产收益率(%)	4.7130	2.9500	6.6500	21.6100
总资产(万元)	127461.27	119895.91	107542.07	47377.94
股东权益(万元)	75161.47	73789.85	71685.15	22035.79
未分配利润(万元)	5097.59	3732.84	1628.15	-69.07
主营收入(万元)	34187.22	22312.99	40779.87	33887.63
资本公积金(万元)	43846.92	43840.06	43840.06	5824.77
主营利润(万元)	10703.93	7118.46	13518.78	9809.12
其他业务利润(万元)	687.65	267.62	340.93	478.14
营业利润(万元)	5377.74	3353.57	5525.98	4458.09
投资收益(万元)	-3.50	-6.39	0.01	
补贴收入(万元)	237.64		1304.29	1625.00
营业外收支(万元)	-18.29		-26.01	3.10
利润总额(万元)	5593.59	3474.66	6804.26	5903.11
净利润(万元)	3534.22	2179.65	4767.02	4390.00

十大股东

序号	股东名称	股份性质	持股数(万股)	比例(%)
1	萍乡矿业集团有限责任公司	国有法人股	13505.67	64.39
2	西安交通大学	国有法人股	353.09	1.61
3	金元证券	流通股	102.92	0.47
4	基金科瑞	流通股	36.72	0.17
5	金春奉	流通股	36.00	0.16
6	江西鹰潭东方铜材有限责任公司	国有法人股	35.31	0.16
7	江西煤矿机械厂	国有法人股	35.31	0.16
8	分宜特种电机厂	国有法人股	35.31	0.16
9	萍乡裕华大企业总公司	法人股	35.31	0.16
10	国盛证券	流通股	30.42	0.14

股东人数

2003.9	2003.6	2002	2001
34926	36323	38932	70151

近年分配

2002年 每10股派1.00元	近年配股/增发	不分配不转增

重大事项

2003年9月17日，公司与华能综合产业公司签订了《股权转让合同》，以自有资金收购其所持有的厦门金龙的25%的股权，转让价款总计为11000万元人民币。公司与华能综合产业公司于2003年9月17日签订《不动产转让合同》，作为《股权转让合同》的附属合同，以自有资金受让标的为华能综合产业公司部分不动产(座落在浙江绍兴县柯桥开发区柯西工业区鉴湖路1736号的面积为39804.7平方米生产场地的土地使用权及面积为20733.63平方米的厂房)，转让价款总计为3000万元人民币。同意承接华能综合产业公司为厦门金龙承担的2003年5月31日起至2004年5月31日最高额5000万元保证合同项下的全部担保责任。

二〇〇二年以来市场表现

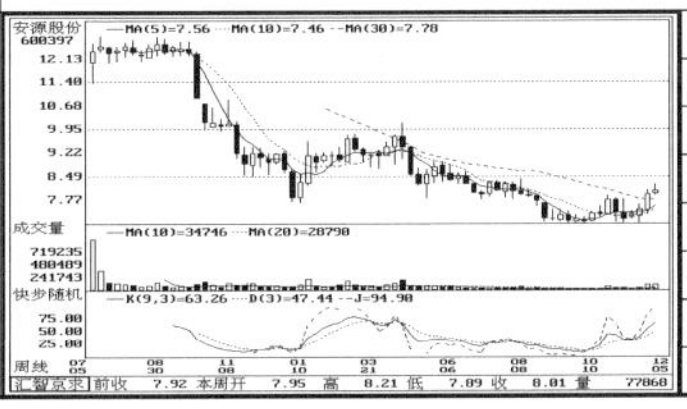

2002年涨跌幅(%)	0.00
2002年最高(元)	12.76
2002年最低(元)	7.91
2002年换手率(%)	402.37
2003年涨跌幅(%)	0.00
2003年最高(元)	10.03
2003年最低(元)	7.04
2003年换手率(%)	278.60

凯诺科技股份有限公司

公司概况

公司名称	凯诺科技股份有限公司			股票代码	600398
注册地址	江苏省江阴市新桥镇			邮政编码	214426
法人代表	叶惠丽			董秘	赵志强
电话	0510-6121388			传真	0510-6126877
主营业务	毛纺行业、服装行业				
总股本	21370.88	流通 A	9945.00	流通 B	流通 H
审计单位				审计意见	未审计

主要财务指标

年度	2003.9	2003.6	2002	2001
每股收益/扣除后(元)	0.3300	0.2300	0.4000	0.4200
每股经营现金流量(元)	0.2400	0.0280	0.0700	0.2300
每股净资产/调整后(元)	3.5300	3.4300	3.2000	3.6400
每股公积金(元)	1.3397	1.3397	1.3397	1.9916
净资产收益率(%)	9.3400	6.7200	12.5600	11.5100
总资产(万元)	122238.73	109889.82	101501.67	97023.36
股东权益(万元)	75388.70	73267.63	68347.69	59764.14
未分配利润(万元)	22160.21	20039.15	15119.21	8669.41
主营收入(万元)	46486.57	31127.84	58347.01	42160.53
资本公积金(万元)	28629.95	28629.95	28629.95	32739.73
主营利润(万元)	16614.88	11434.14	21828.81	15277.18
其他业务利润(万元)	5.44	4.04	7.62	1.59
营业利润(万元)	10175.12	7130.28	12300.45	8388.50
投资收益(万元)	33.20	-23.16	44.76	14.78
补贴收入(万元)	16.20		8.10	
营业外收支(万元)	-110.94		-148.68	-110.75
利润总额(万元)	10113.57	7028.60	12204.63	8292.54
净利润(万元)	7041.01	4919.94	8583.55	6876.39

十大股东

序号	股东名称	股份性质	持股数(万股)	比例(%)
1	海澜集团公司	法人股	6102.63	28.56
2	江阴市第三精毛纺厂	法人股	4991.76	23.36
3	江苏佳威华电子科技有限公司	流通股	233.88	1.09
4	上海中静远东国际贸易有限公司	流通股	147.60	0.69
5	上海中静实业有限公司	流通股	128.33	0.60
6	李宏章	流通股	112.88	0.53
7	江阴市协力毛纺织厂	法人股	110.50	0.52
8	江阴三毛销售有限公司	法人股	110.50	0.52
9	江阴市振华绒织厂	法人股	110.50	0.52
10	周东发	流通股	60.98	0.29

股东人数	2003.9	2003.6	2002	2001
	15996	13547	11782	17842

近年分配	2002年 每10股派0.50元	近年配股/增发	2002年 每10股配3股 2001年 每10股0.5股

重大事项

公司**2002**年配股方案有效期的议案：自公司股东大会通过本次配股方案起一年内有效(截止日期为**2003**年**7**月**20**日).通过公司**2002**年配股的具体方案：以**2001**年末总股本**16439.1411**万股为基数，按**10:3**的比例配股。通过关于公司**2002**年配股募集资金项目及可行性的议案。

二〇〇二年以来市场表现

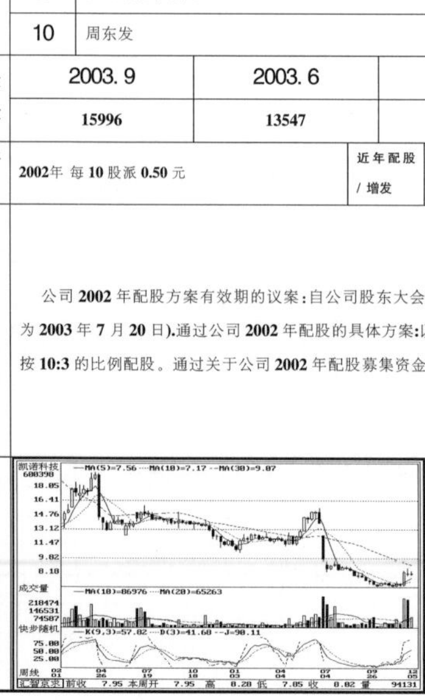

2002年涨跌幅(%)	7.11
2002年最高(元)	15.78
2002年最低(元)	9.13
2002年换手率(%)	291.09
2003年涨跌幅(%)	-28.70
2003年最高(元)	15.55
2003年最低(元)	6.53
2003年换手率(%)	298.07

抚顺特殊钢股份有限公司

公司概况

公司名称	抚顺特殊钢股份有限公司			股票代码	600399
注册地址	辽宁抚顺市望花区鞍山路东段8号			邮政编码	113001
法人代表	赵明远			董秘	王冶农
电话	0413-6676495			传真	0413-6679476
主营业务	冶金				
总股本	52000.00	流通 A	12000.00	流通 B	流通 H
审计单位				审计意见	未审计

主要财务指标

年度	2003.9	2003.6	2002	2001
每股收益/扣除后(元)	0.0250	0.0200	0.0800	0.2000
每股经营现金流量(元)	0.5030	0.2010	0.6900	0.5000
每股净资产/调整后(元)	2.8000	2.7700	2.7700	2.7000
每股公积金(元)	1.4058	1.4058	1.4058	1.4058
净资产收益率(%)	0.9500	0.7600	2.9100	7.1500
总资产(万元)	492906.84	463497.75	422828.66	300625.62
股东权益(万元)	146195.69	145917.56	144805.23	140587.91
未分配利润(万元)	17010.91	16732.81	15620.47	12035.74
主营收入(万元)	185395.64	114347.44	173271.30	146660.77
资本公积金(万元)	73103.04	73103.04	73103.04	73103.04
主营利润(万元)	18674.88	12426.06	18303.47	18420.11
其他业务利润(万元)	426.90	100.89	466.89	238.43
营业利润(万元)	2000.59	1669.57	6630.03	11920.90
投资收益(万元)				
补贴收入(万元)	90.00			
营业外收支(万元)	-15.31		-129.45	-130.12
利润总额(万元)	2075.28	1660.20	6500.58	11790.78
净利润(万元)	1390.44	1112.34	4217.33	10047.91

十大股东

序号	股东名称	股份性质	持股数(万股)	比例(%)
1	抚顺特殊钢(集团)有限责任公司	国有法人股	39672.45	76.29
2	北京钢铁设计研究总院	社会法人股	65.51	0.13
3	抚顺电业局	社会法人股	65.51	0.13
4	吉林铁合金集团有限责任公司	社会法人股	0.65	0.13
5	吉林炭素股份有限公司	社会法人股	65.51	0.13
6	中国第三冶金建设公司	社会法人股	65.51	0.13
7	梁慧玲	社会法人股	43.53	0.08
8	兴和证券投资基金	社会法人股	27.29	0.05
9	古梅玉	社会法人股	20.19	0.04
10	李龙华	社会法人股	20.12	0.04

股东人数	2003.9	2003.6	2002	2001
	61549	62699	62373	70151

近年分配	2001年 每10股派0.30元	近年配股/增发	不分配不转增

重大事项

国务院国有资产监督管理委员会于**2003**年**10**月**20**日对抚钢集团持有的公司国有股权划转的有关问题作了批复：同意将抚钢集团所持公司**29441.45**万股国有法人股划归辽特集团持有。　辽宁省高级人民法院继续冻结集团公司持有公司的股权总计**6460**万股。其中，集团公司在**1996**年为抚顺热电厂贷款提供担保，现债权人中国长城资产管理公司沈阳办事处向辽宁省高级人民法院提出续冻申请，续冻**4000**万股；债权人中国信达资产管理公司沈阳办事处向辽宁省高级人民法院提出续冻申请，续冻**2460**万股。上述两笔股权冻结期限自**2003**年**9**月**5**日至**2004**年**3**月**5**日。

二〇〇二年以来市场表现

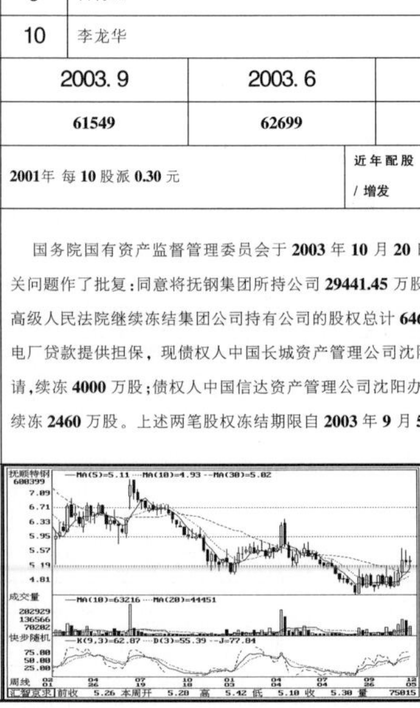

2002年涨跌幅(%)	-23.39
2002年最高(元)	7.47
2002年最低(元)	5.05
2002年换手率(%)	138.37
2003年涨跌幅(%)	2.94
2003年最高(元)	6.40
2003年最低(元)	4.43
2003年换手率(%)	165.34

江苏红豆实业股份有限公司

公司概况

公司名称	江苏红豆实业股份有限公司			股票代码		600400	
注册地址	江苏省无锡市锡山区港下镇			邮政编码		214199	
法人代表	周海江			董秘	蒋雄伟		
电话	0510-8358278			传真	0510-8350139		
主营业务	衬衫、西服、和其他服装产品						
总股本	17952.30	流通 A	5000.00	流通 B		流通 H	
审计单位				审计意见	未审计		

主要财务指标

年度	2003.9	2003.6	2002	2001
每股收益/扣除后(元)	0.3300	0.1900	0.3500	0.2900
每股经营现金流量(元)	-0.4300	-0.2100	-1.2500	0.3800
每股净资产/调整后(元)	3.7600	3.6700	3.5000	3.2300
每股公积金(元)	1.7290	1.7290	1.7290	1.7289
净资产收益率(%)	7.9300	4.6900	10.5900	9.7300
总资产(万元)	134361.95	132904.42	115453.88	76699.41
股东权益(万元)	68357.06	66029.96	62935.03	58064.89
未分配利润(万元)	16092.58	13765.48	10670.55	6606.52
主营收入(万元)	62533.54	68959.61	62534.30	45704.83
资本公积金(万元)	31039.75	31039.75	31039.75	31038.18
主营利润(万元)	13076.62	7829.65	12266.36	9877.14
其他业务利润(万元)	30.49	14.82	66.66	100.38
营业利润(万元)	9498.19	5624.76	9360.19	7527.60
投资收益(万元)	12.04	3.89	10.23	8.24
补贴收入(万元)				
营业外收支(万元)	-480.72		-618.36	-8.35
利润总额(万元)	9029.47	5268.09	8752.06	7527.49
净利润(万元)	5422.03	3094.93	6663.80	5649.14

十大股东

序号	股东名称	股份性质	持股数(万股)	比例(%)
1	红豆集团有限公司	法人股	12615.54	70.28
2	无锡市东方相思服装厂	法人股	129.52	0.72
3	锡山市兴达制衣厂	法人股	64.76	0.36
4	无锡市红仕女装厂	法人股	64.76	0.36
5	无锡市雏鹰服装厂	法人股	64.76	0.36
6	周海江	自然人股流通股	22.94	0.13
7	神马集团	流通股	20.00	0.06
8	王汉伟	流通股	16.59	0.09
9	周仁泽	流通股	12.72	0.07
10	林玉霞	流通股	11.30	0.06

股东人数	2003.9	2003.6	2002	2001
	37215	37733	38666	44581

近年分配	2002年 每10股派1.00元 2001年 每10股派0.80元	近年配股/增发	不分配不转增

重大事项

公司与红豆集团南方橡胶有限公司于2002年11月16日签订了《股权转让协议》,与江苏赤兔马总公司、上海红豆投资有限公司于2002年11月16口分别签订两份《股权转让协议》。根据上述协议,公司将收购南方橡胶持有的红豆集团无锡高强化纤有限公司60%的股权和红豆投资、赤兔马分别持有的无锡红豆置业有限公司45%和15%的股权。收购赤兔马持有红豆置业15%股权,价格为449.33万元;收购红豆投资持有红豆置业45%股权,价格为1347.99万元,合计1797.32万元;收购南方橡胶持有高强化纤60%股权的价格为1274.83万元。公司收购红豆置业60%股权和高强化纤60%股权共计需向各转让方支付3071.15万元。

二〇〇二年以来市场表现

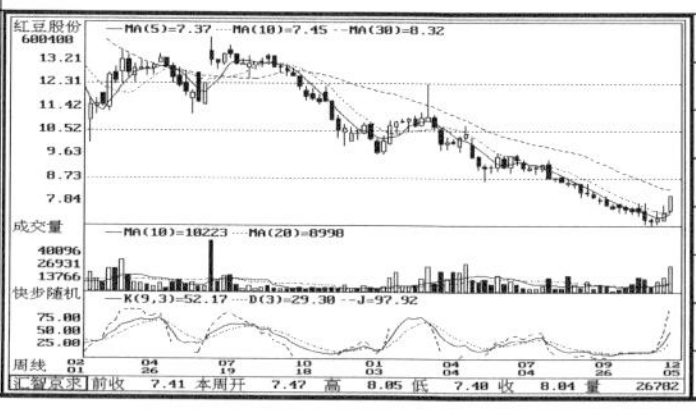

2002年涨跌幅(%)	-25.96
2002年最高(元)	13.92
2002年最低(元)	9.80
2002年换手率(%)	90.88
2003年涨跌幅(%)	-24.92
2003年最高(元)	12.16
2003年最低(元)	6.94
2003年换手率(%)	93.24

江苏申龙高科股份有限公司

公司概况

公司名称	江苏申龙高科股份有限公司			股票代码		600401	
注册地址	江苏省江阴市申港镇申圩路			邮政编码		214443	
法人代表	陆建平			董秘	吴江渝		
电话	0510-6620263			传真	0510-6627755		
主营业务	新型包装材料、塑料制品、精密模具等						
总股本	7631.10	流通 A	3000.00	流通 B		流通 H	
审计单位				审计意见	未审计		

主要财务指标

年度	2003.9	2003.6	2002	2001
每股收益/扣除后(元)	0.2300	0.2200	0.4700	0.3400
每股经营现金流量(元)	0.3500	0.1400	0.7600	0.2500
每股净资产/调整后(元)	4.3700	1.9300	1.4550	1.1140
每股公积金(元)	2.6182			
净资产收益率(%)	5.1400	10.1600	24.7300	23.4300
总资产(万元)	43902.00	20097.29	17101.20	12827.89
股东权益(万元)	33663.60	9965.28	8952.62	6738.73
未分配利润(万元)	5404.84	3673.29	3673.29	1791.49
主营收入(万元)	13168.40	7540.48	17226.87	14117.75
资本公积金(万元)	19979.43			
主营利润(万元)	3621.47	2125.24	4600.49	3350.56
其他业务利润(万元)	15.85	2.99	25.14	52.48
营业利润(万元)	2433.68	1443.48	3253.67	2371.89
投资收益(万元)	134.09	81.57		
补贴收入(万元)				
营业外收支(万元)	-49.40		-55.64	-55.35
利润总额(万元)	2518.36	1485.76	3279.60	2316.54
净利润(万元)	1731.55	1012.67	2213.89	1579.36

十大股东

序号	股东名称	股份性质	持股数(万股)	比例(%)
1	江苏申龙创业集团有限公司	发起人法人股	4116.58	53.94
2	江阴瀛寰资产投资有限公司	发起人法人股	210.72	2.76
3	江阴申达包装材料有限公司	发起人法人股	149.12	1.95
4	无锡新区联合科技网络有限公司	发起人法人股	82.43	1.08
5	江阴申达包装工业园物业管理有限公司	发起人法人股	41.22	0.54
6	江阴市申龙科技研究所有限公司	发起人法人股	31.03	0.41
7	东北证券有限责任公司	流通股	30.26	0.40
8	天同180指数基金	流通股	4.90	0.06
9	招商股票投资基金	流通股	3.50	0.05
10	同益基金	流通股	2.20	0.03

股东人数	2003.9	2003.6	2002	2001
	15926			

近年分配	2002年 每10股派3.00元	近年配股/增发	不分配不转增

重大事项

顾玉新拟将其持有的15%的江阴创源科技新材料有限公司股权转让给公司,陆宜佐拟将其持有的10%的江阴创源科技新材料有限公司股权转让给公司,其余5%的股权转让给徐建建。交易价格以该公司截止2003年9月30日未经审计的会计报表反映的净资产作为本次交易的价格计人民币3270220.19元。受让完成后,公司与徐建建分别再对江阴创源科技新材料有限公司增资1425万元和75万元。至此,江阴创源科技新材料有限公司注册资本增至2500万元,公司和徐建建分别持有该公司95%和5%的股份。

二〇〇二年以来市场表现

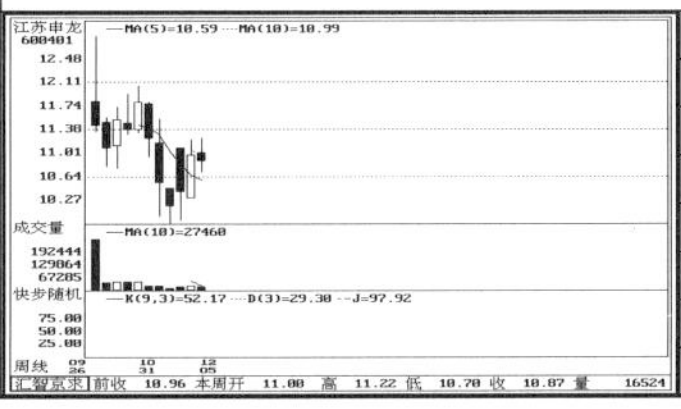

2002年涨跌幅(%)	0.00
2002年最高(元)	0.00
2002年最低(元)	0.00
2002年换手率(%)	0.00
2003年涨跌幅(%)	0.00
2003年最高(元)	12.85
2003年最低(元)	9.90
2003年换手率(%)	171.03

南京欣网视讯科技股份有限公司

公司概况

公司名称	南京欣网视讯科技股份有限公司			股票代码	600403	
注册地址	江苏省南京市南京高新开发区软件园 2 号			邮政编码	210061	
法人代表	周易			董秘	石光捷	
电话	025-4669999			传真	025-4669876	
主营业务	电子计算机软件设计、开发、销售、技术服务等					
总股本	7081.50	流通 A	3000.00	流通 B		流通 H
审计单位				审计意见	未审计	

主要财务指标

年度	2003.9	2003.6	2002	2001
每股收益 / 扣除后(元)	0.1000	0.1100	0.3800	0.5000
每股经营现金流量(元)	-0.0560	0.2000	0.7800	-0.3800
每股净资产 / 调整后(元)	3.4400	1.2500	1.1300	1.6400
每股公积金(元)	4.5408	2.2704		
净资产收益率(%)	3.1960	3.2000	30.1000	30.5600
总资产(万元)	30935.45	10496.98	10228.33	7573.86
股东权益(万元)	24486.65	5118.15	4625.93	4458.01
未分配利润(万元)	811.34	520.85	28.62	1157.96
主营收入(万元)	9414.74	6386.51	10047.92	10005.14
资本公积金(万元)	16078.00			
主营利润(万元)	2354.45	1403.57	3704.21	4125.88
其他业务利润(万元)	0.34	0.44	-0.13	
营业利润(万元)	923.10	571.92	1834.44	1648.39
投资收益(万元)		-0.05		26.33
补贴收入(万元)				
营业外收支(万元)	-2.66		-149.36	-0.10
利润总额(万元)	920.43	569.84	1685.08	1674.62
净利润(万元)	782.72	492.23	1392.36	1362.30

十大股东

序号	股东名称	股份性质	持股数(万股)	比例(%)
1	上海富欣投资发展有限公司	境内法人股	1591.10	22.47
2	南京贝豪科技有限公司	境内法人股	490.45	6.93
3	中广有线信息网络有限公司	国有法人股	450.00	6.35
4	中信信息科技投资有限公司	国有法人股	390.00	5.51
5	南京大学	国有法人股	390.00	5.51
6	周易	自然人	256.65	3.62
7	马运山	自然人	256.65	3.62
8	葛蓬蓬	自然人	256.65	3.62
9	泰阳证券	流通股	29.86	0.42
10	天同 180 指数	流通股	5.40	0.08

股东人数	2003.9	2003.6	2002	2001
	28348			

近年分配		近年配股 / 增发	不分配不转增

重大事项

公司本次向社会公开发行人民币普通股(A 股)3000 万股，采用向二级市场投资者定价配售的方式发行。申购日：2003 年 9 月 17 日，发行价格为 6.67 元/股，发行市盈率为 19.62 倍。配售简称：欣网配售，沪市配售代码：737403，深市配售代码：003403；配售缴款时间：2003 年 9 月 22 日

二〇〇二年以来市场表现

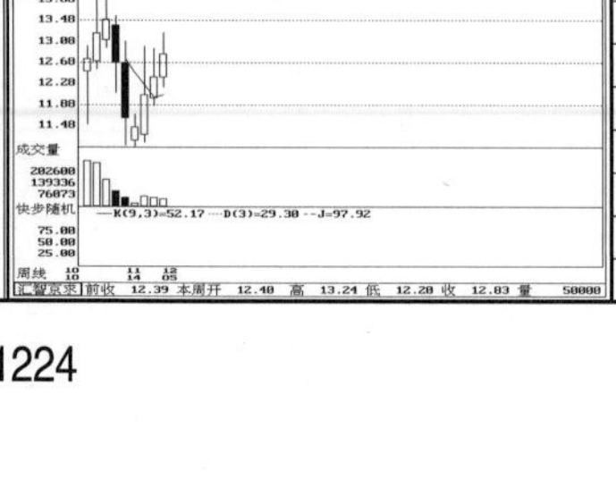

2002年涨跌幅(%)	0.00
2002年最高(元)	0.00
2002年最低(元)	0.00
2002年换手率(%)	0.00
2003年涨跌幅(%)	0.00
2003年最高(元)	14.28
2003年最低(元)	11.08
2003年换手率(%)	325.22

国电南瑞科技股份有限公司

公司概况

公司名称	国电南瑞科技股份有限公司			股票代码	600406	
注册地址	南京市高新技术产业开发区 D10 幢			邮政编码	210061	
法人代表	闵涛			董秘	郑延海	
电话	025-3429900			传真	025-3407064	
主营业务	发电、输电、变电、配电、供电控制系统设备等					
总股本	10900.00	流通 A	4000.00	流通 B		流通 H
审计单位				审计意见	未审计	

主要财务指标

年度	2003.9	2003.6	2002	2001
每股收益 / 扣除后(元)	0.4200	0.4200	0.5195	
每股经营现金流量(元)	0.2900	0.3062	0.4872	
每股净资产 / 调整后(元)	2.4100			
每股公积金(元)	3.4574	0.2965	0.2965	
净资产收益率(%)	15.8340	0.1600	10.3000	23.3800
总资产(万元)	40950.50	40280.94	36287.08	
股东权益(万元)	18217.24	17060.03	15332.15	
未分配利润(万元)	7994.15	6836.94	5109.06	
主营收入(万元)	24869.88	16605.22	34852.64	28483.21
资本公积金(万元)	2045.83	2045.83	2045.83	
主营利润(万元)	7370.14	5014.72	9973.80	7706.95
其他业务利润(万元)	5.80	3.91	13.06	11.65
营业利润(万元)	2796.60	1970.29	3418.22	3081.97
投资收益(万元)				
补贴收入(万元)	339.48		199.72	6.29
营业外收支(万元)			-33.64	-0.13
利润总额(万元)	3136.07	2085.00	3584.30	3088.13
净利润(万元)	2885.09	1727.88	3584.30	3037.20

十大股东

序号	股东名称	股份性质	持股数(万股)	比例(%)
1	南京南瑞集团公司	国有法人股	2898.00	26.59
2	国电电力发展股份有限公司	国有法人股	1980.00	18.17
3	南京京瑞科电力设备有限公司	社会法人股	1380.00	12.66
4	黑龙江省电力有限公司	国有法人股	228.00	2.09
5	江苏省电力公司	国有法人股	138.00	1.27
6	云南电力集团有限公司	国有法人股	138.00	1.27
7	广东华电实业有限公司	社会法人股	69.00	0.63
8	英大国际信托投资有限责任公司	国有法人股	69.00	0.63
9	南方证券股份有限公司	流通股	52.81	0.48
10	天同 180	流通股	5.80	0.05

股东人数	2003.9	2003.6	2002	2001
	37921			

近年分配		近年配股 / 增发	不分配不转增

重大事项

国电南瑞历年股利分配情况：公司 2002 年 3 月 15 日股东大会通过的公司滚存利润分配原则的决议，对公司从 2001 年 2 月 28 日成立以来所获得的利润，在公司股票发行上市之前不作分配，由 A 股发行后的新老股东共同享有；2001 年度、2002 年度对各股东不分配股利。

二〇〇二年以来市场表现

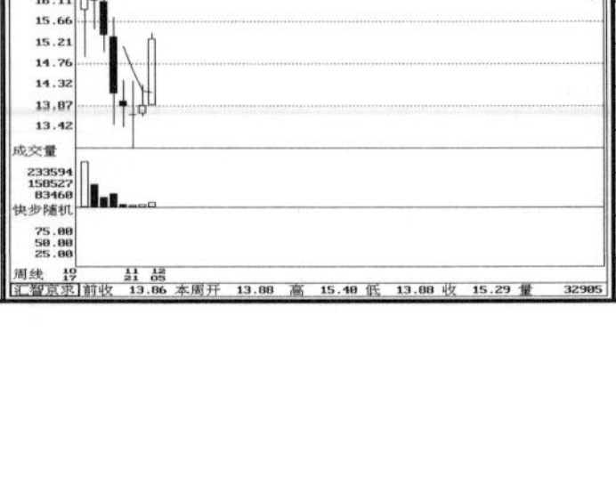

2002年涨跌幅(%)	0.00
2002年最高(元)	0.00
2002年最低(元)	0.00
2002年换手率(%)	0.00
2003年涨跌幅(%)	0.00
2003年最高(元)	16.56
2003年最低(元)	12.97
2003年换手率(%)	62.15

山西安泰集团股份有限公司

公司概况

公司名称	山西安泰集团股份有限公司	股票代码	600408
注册地址	山西省介休市义安镇	邮政编码	032002
法人代表	李安民	董秘	郭全虎
电话	0354-7531034	传真	0354-07536786
主营业务	煤炭洗选、焦炭、生铁、水泥及其制品等		
总股本	23000.00	流通 A	7000.00
流通 B		流通 H	
审计单位		审计意见	未审计

主要财务指标

年度	2003.9	2003.6	2002	2001
每股收益 / 扣除后(元)	0.2200	0.1800	0.3000	0.2546
每股经营现金流量(元)	0.1900	-0.0800	0.4900	0.4300
每股净资产 / 调整后(元)	2.8400	2.7900	1.7200	1.4200
每股公积金(元)	1.2655	1.2655	0.1245	
净资产收益率(%)	7.2100	5.0500	17.2900	17.9600
总资产(万元)	159940.52	145179.23	86861.96	79102.92
股东权益(万元)	66324.16	64819.80	27428.10	14822.03
未分配利润(万元)	9437.59	7933.23	4656.83	
主营收入(万元)	70893.98	46224.41	68444.24	34984.57
资本公积金(万元)	29107.21	29107.21	1991.81	
主营利润(万元)	26509.61	17083.54	21551.36	13615.38
其他业务利润(万元)	345.53	301.90	366.66	
营业利润(万元)	8262.20	5384.66	7315.34	2351.32
投资收益(万元)	89.70	89.70	91.00	200.00
补贴收入(万元)				
营业外收支(万元)	-1766.46	-176.30	-209.04	-152.06
利润总额(万元)	6585.45	4254.46	7197.30	2623.90
净利润(万元)	4780.76	3276.40	4742.06	2821.67

十大股东

序号	股东名称	股份性质	持股数(万股)	比例(%)
1	李安民	自然人	11200.00	48.70
2	任家玺	自然人	900.00	3.91
3	范青玉	自然人	900.00	3.91
4	李光明	自然人	880.00	3.83
5	郭玉明	自然人	760.00	3030.00
6	冀焕文	自然人	760.00	3030.00
7	华夏成长	流通股	336.49	1.46
8	曹振基	自然人	200.00	0.87
9	李炽亨	自然人	200.00	0.87
10	赵军	自然人	200.00	0.87

股东人数	2003.9	2003.6	2002	2001
	32138	32923		

近年分配		近年配股 / 增发	不分配不转增

重大事项

2003 年 5 月 27 日,义安村村民委员会对公司提起民事诉讼,诉称,义安村村民委员会与公司于 1993 年 12 月 15 日签订了一份《租用土地合同》。合同约定,公司租用义安村土地 450 亩,每亩租金 2000 元。租期为 20 年,自 1994 年 1 月 1 日起至 2013 年 12 月 30 日止。合同签订后,到 2003 年 3 月底公司尚欠 2466237.10 元未付。另外,公司在《租用土地合同》签订后,实际还多占 80 亩,但至今未支付租金。

二〇〇二年以来市场表现

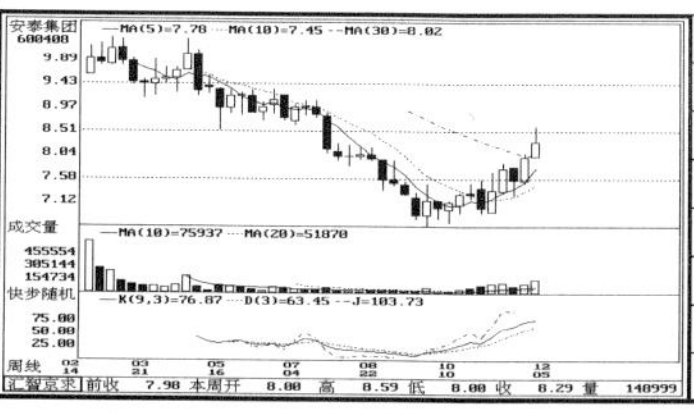

2002年涨跌幅(%)	0.00
2002年最高(元)	0.00
2002年最低(元)	0.00
2002年换手率(%)	0.00
2003年涨跌幅(%)	0.00
2003年最高(元)	10.35
2003年最低(元)	6.66
2003年换手率(%)	469.66

唐山三友化工股份有限公司

公司概况

公司名称	唐山三友化工股份有限公司	股票代码	600409
注册地址	河北省唐山市南堡开发区	邮政编码	063305
法人代表	么志义	董秘	史岭珠
电话	0315-8517040	传真	0315-8519188
主营业务	纯碱、食用添加剂碳酸钠等		
总股本	35000.00	流通 A	10000.00
流通 B		流通 H	
审计单位		审计意见	未审计

主要财务指标

年度	2003.9	2003.6	2002	2001
每股收益 / 扣除后(元)	0.1346	0.1139	0.3200	0.3000
每股经营现金流量(元)	0.0780	0.1400	0.8700	0.4700
每股净资产 / 调整后(元)	2.9191	2.9097	1.6305	1.5141
每股公积金(元)	1.5821	1.5821	0.3074	0.3070
净资产收益率(%)	4.5900	3.8600	18.4500	19.0600
总资产(万元)	159618.31	160194.23	98407.09	101384.28
股东权益(万元)	103197.85	102409.13	40763.56	37852.91
未分配利润(万元)	9737.40	8950.01	4992.71	3601.05
主营收入(万元)	72061.18	49330.26	94437.55	87802.72
资本公积金(万元)	55373.51	55372.17	7683.91	7675.09
主营利润(万元)	18635.57	13809.74	27103.27	21725.76
其他业务利润(万元)	248.70	145.56	159.69	590.60
营业利润(万元)	7197.27	6047.88	12701.87	11127.35
投资收益(万元)	12.92	8.61	17.23	1.44
补贴收入(万元)			40.83	25.91
营业外收支(万元)	-49.30		-681.35	-374.57
利润总额(万元)	7175.50	6012.97	12078.58	10780.13
净利润(万元)	4744.69	3957.30	7518.85	7214.76

十大股东

序号	股东名称	股份性质	持股数(万股)	比例(%)
1	唐山三友碱业(集团)有限公司	国有法人股	22231.00	63.52
2	国投资产管理公司	国有法人股	1400.00	4.00
3	唐山投资有限公司	国有法人股	617.00	1.76
4	河北省建设投资公司	国有法人股	560.00	1.60
5	基金金鑫	流通股	310.20	0.89
6	国富投资公司	国有法人股	192.00	0.55
7	基金久富	流通股	78.04	0.22
8	戴可奕	流通股	55.00	0.16
9	社保基金	流通股	50.00	0.14
10	黄刚	流通股	46.00	0.13

股东人数	2003.9	2003.6	2002	2001
	46544	48359		

近年分配	2002年 每 10 股派 2.00 元 2001 年 每 10 股派 1.50 元	近年配股 / 增发	不分配不转增

重大事项

公司本次公开发行人民币普通股(A 股)10000 万股,采用全部向二级市场投资者定价配售的方式进行,申购时间:2003 年 6 月 4 日,发行价格:6.00 元/股,发行市盈率:20 倍(按 2002 年每股收益计算),配售简称:三友配售,上证所的配售代码:737409,深交所的配售代码:003409,配售缴款时间:2003 年 6 月 9 日。

二〇〇二年以来市场表现

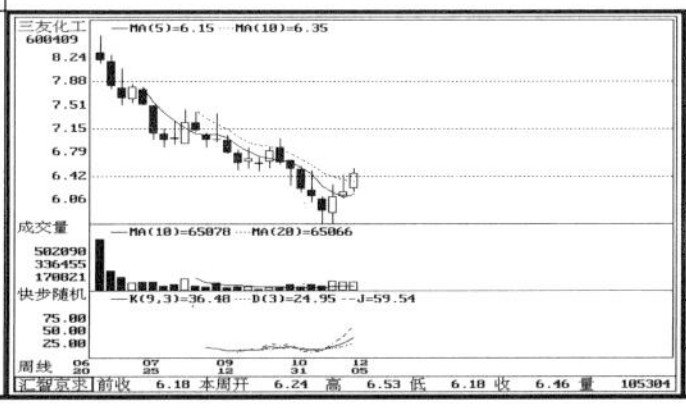

2002年涨跌幅(%)	0.00
2002年最高(元)	0.00
2002年最低(元)	0.00
2002年换手率(%)	0.00
2003年涨跌幅(%)	0.00
2003年最高(元)	8.60
2003年最低(元)	5.70
2003年换手率(%)	247.62

浙江中国小商品城集团股份有限公司

公司概况

公司名称	浙江中国小商品城集团股份有限公司	股票代码	600415
注册地址	浙江省义乌市宾王路158号	邮政编码	322000
法人代表	傅日高	董秘	陈荣根
电话	0579-5544933	传真	0579-556226
主营业务	市场经营、房地产		
总股本	10403.00	流通 A	2915.21
流通 B		流通 H	
审计单位		审计意见	未审计

主要财务指标

年度	2003.9	2003.6	2002	2001
每股收益/扣除后(元)	0.4200	0.3100	0.3700	0.3200
每股经营现金流量(元)	0.0400	0.1550	6.5400	0.4400
每股净资产/调整后(元)	3.3900	3.2200	2.9300	2.7000
每股公积金(元)	0.3874	0.3874	0.3874	0.3874
净资产收益率(%)	14.0000	9.5600	13.8700	11.7500
总资产(万元)	173258.20	164550.72	152245.62	78179.05
股东权益(万元)	36459.39	34669.12	31353.68	24747.91
未分配利润(万元)	13342.41	11552.14	8236.70	2741.71
主营收入(万元)	65499.47	40797.61	75268.60	40807.96
资本公积金(万元)	4030.06	4030.06	4030.06	4030.06
主营利润(万元)	27011.81	17037.96	20001.25	14224.01
其他业务利润(万元)	719.24	443.84	1037.49	991.36
营业利润(万元)	8032.98	5088.78	5798.27	4179.69
投资收益(万元)	-18.52	-215.95	234.55	71172.44
补贴收入(万元)	92.62	80.02	351.75	32.84
营业外收支(万元)	-26.65	-14.67	-57.85	-30.11
利润总额(万元)	7911.43	4957.73	6326.72	4822.90
净利润(万元)	5105.71	3315.44	4349.69	3316.93

十大股东

序号	股东名称	股份性质	持股数(万股)	比例(%)
1	义乌中国小商品城恒大开发总公司	国有法人股	4321.13	41.54
2	浙江省财务开发公司	法人股	770.00	7.40
3	义乌市财务开发公司	国有法人股	660.00	6.34
4	浙江省国际信托投资有限责任公司	法人股	550.00	5.29
5	上海宝鼎投资股份有限公司	法人股	220.00	2.11
6	富国动态平衡证券投资基金	流通股	129.87	1.25
7	浙江物产元通机电(集团)有限公司	法人股	110.00	1.06
8	裕阳证券投资基金	流通股	94.48	0.91
9	金华市信托投资股份有限公司	法人股	88.55	0.85
10	长江经济联合发展(集团)股份有限公司	法人股	88.00	0.85

股东人数	2003.9	2003.6	2002	2001
	10625	11034	12901	

近年分配	近年配股/增发
2002年 每10股派0.10元	不分配不转增

重大事项

通过2003年度担保事项：为义乌中国小商品城房地产开发有限公司提供最高限额2.5亿元的银行贷款担保；为浙江义乌中国小商品城贸易有限责任公司提供最高限额2000万元的银行贷款担保；为义乌中国小商品城餐饮服务有限责任公司提供最高限额200万元的银行贷款担保。以上均为公司控股子公司。

二○○二年以来市场表现

2002年涨跌幅(%)	0.00
2002年最高(元)	26.90
2002年最低(元)	13.48
2002年换手率(%)	141.85
2003年涨跌幅(%)	18.47
2003年最高(元)	19.55
2003年最低(元)	13.52
2003年换手率(%)	119.93

湘潭电机股份有限公司

公司概况

公司名称	湘潭电机股份有限公司	股票代码	600416
注册地址	湖南省湘潭市下摄司街302号	邮政编码	411101
法人代表	周建雄	董秘	汤鸿辉
电话	0732-8595732	传真	0732-8595732
主营业务	交直流电机、城轨车辆		
总股本	19500.00	流通 A	7500.00
流通 B		流通 H	
审计单位		审计意见	未审计

主要财务指标

年度	2003.9	2003.6	2002	2001
每股收益/扣除后(元)	0.1500	0.0940	0.2200	0.3300
每股经营现金流量(元)	0.4400	0.3090	0.0200	0.4000
每股净资产/调整后(元)	3.2800	3.2500	3.1600	1.9100
每股公积金(元)	1.9329	1.9329	1.9329	0.5115
净资产收益率(%)	4.3900	2.8600	6.6100	17.1200
总资产(万元)	113269.30	110657.77	104913.25	58332.92
股东权益(万元)	64628.47	62608.85	61789.95	19013.34
未分配利润(万元)	5153.33	4133.71	2314.80	
主营收入(万元)	55350.55	35409.70	57396.03	48187.98
资本公积金(万元)	37691.77	37691.77	37691.77	6138.28
主营利润(万元)	14382.83	9257.75	17874.99	15052.31
其他业务利润(万元)	204.02	131.90	81.91	158.18
营业利润(万元)	4259.81	2734.38	6342.05	5415.60
投资收益(万元)	-14.89	10.17	-13.14	6.39
补贴收入(万元)				
营业外收支(万元)	-31.58	-22.92	-64.56	-28.82
利润总额(万元)	4213.34	2710.34	6264.35	5840.90
净利润(万元)	2838.52	1818.90	4084.49	3728.51

十大股东

序号	股东名称	股份性质	持股数(万股)	比例(%)
1	湘潭电机集团有限责任公司	国有法人股	11543.51	59.20
2	北京地铁集团有限责任公司	发起人法人股	132.32	0.68
3	中原证券股份有限公司	流通股	124.96	0.64
4	四川东方绝缘材料有限公司	发起人法人股	79.39	0.40
5	上海铜材厂	发起人法人股	66.16	0.34
6	内蒙古霍林河煤业集团有限责任公司	发起人法人股	66.16	0.34
7	湖南株洲特种电磁线厂	流通股	66.16	0.34
8	沈安	流通股	53.37	0.27
9	上海财政证券公司	流通股	49.00	0.25
10	李玉霞	流通股	48.00	0.24

股东人数	2003.9	2003.6	2002	2001
	36886	37134	31322	

近年分配	近年配股/增发
2002年 每10股派2.20元	不分配不转增

重大事项

2003年10月16日，公司与日本东洋电机制造株式会社正式签定协议，决定在湖南省长沙市国家高新技术开发区共同投资设立合资企业，合资企业名称为湖南湘电东洋电气有限公司。湘电东洋公司投资额为500万美元，投资双方以现金投入各占注册资本的50%。湘电东洋公司的成立尚需取得政府有关部门的批准。根据合资双方的安排，湘电东洋公司拟于2004年8月建成投产，年生产城市轨道交通车辆电机电控成套产品100台(套)，产品在中国境内外市场销售。

二○○二年以来市场表现

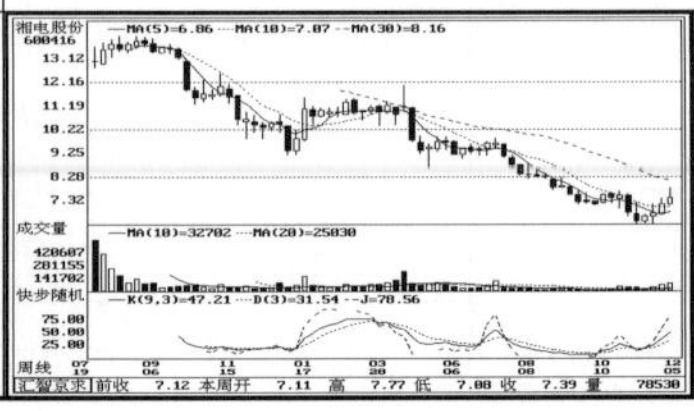

2002年涨跌幅(%)	0.00
2002年最高(元)	13.87
2002年最低(元)	9.60
2002年换手率(%)	321.72
2003年涨跌幅(%)	-25.91
2003年最高(元)	11.78
2003年最低(元)	6.35
2003年换手率(%)	290.32

安徽江淮汽车股份有限公司

公司概况

公司名称	安徽江淮汽车股份有限公司	股票代码	600418
注册地址	安徽省合肥市东流路176号	邮政编码	230022
法人代表	左延安	董秘	王敏
电话	0551-3415133-6835	传真	0551-3425437
主营业务	汽车底盘、瑞风商务车销售		
审计单位		审计意见	未审计

总股本	流通A	流通B	流通H
23000.00	8800.00		

主要财务指标

年度	2003.9	2003.6	2002	2001
每股收益/扣除后(元)	0.6000	0.3300	0.5800	0.3900
每股经营现金流量(元)	1.3500	0.9500	1.5000	-0.0600
每股净资产/调整后(元)	5.3800	5.1600	4.7700	4.4800
每股公积金(元)	3.0155	3.0153	3.0153	3.0166
净资产收益率(%)	11.0000	6.4000	11.9900	8.6400
总资产(万元)	268009.41	255803.72	181774.16	137137.09
股东权益(万元)	124067.24	118944.62	110412.87	102951.45
未分配利润(万元)	25239.43	19202.50	11589.49	6746.36
主营收入(万元)	357337.59	190841.87	344299.59	198938.16
资本公积金(万元)	69356.48	69352.05	69352.05	69382.05
主营利润(万元)	52548.15	25785.91	40715.42	21832.34
其他业务利润(万元)	1318.32	592.72	671.01	339.53
营业利润(万元)	17718.43	9468.40	16334.54	10555.28
投资收益(万元)				
补贴收入(万元)	7.89		79.90	0.32
营业外收支(万元)	-167.37	-108.23	-206.40	-131.46
利润总额(万元)	17558.96	9360.22	16208.03	10424.13
净利润(万元)	13649.94	7613.01	13241.42	8896.24

十大股东

序号	股东名称	股份性质	持股数(万股)	比例(%)
1	安徽江淮汽车集团有限公司	国有法人股	9993.90	43.45
2	马来西亚安卡莎机械有限公司	外资法人股	3675.00	15.98
3	同盛证券投资基金	流通股	635.45	2.76
4	博时价值增长证券投资基金	流通股	534.53	2.32
5	安徽省科技产业投资有限公司	国有法人股	464.60	2.02
6	国信证券有限责任公司	流通股	302.68	1.32
7	景博证券投资基金	流通股	207.46	0.90
8	裕阳证券投资基金	流通股	203.27	0.88
9	华安创新证券投资基金	流通股	180.68	0.79
10	汉盛证券投资基金	流通股	166.84	0.73

股东人数	2003.9	2003.6	2002	2001
	14944	16304	22745	29291

近年分配	近年配股/增发
2002年 每10股派2.50元 2001年 每10股派0.20元	不分配不转增

重大事项

公司原第二大股东马来西亚安卡莎机械有限公司于2003年4月26日与新加坡豪登投资有限公司签订的《法人股转让协议》,安卡莎公司以协议方式向豪登投资公司转让其所持有的本公司法人股3675万股,占本公司总股本的15.98%,经双方协商最终确定转让价格为每股1元,价款总计3675万元。上述股权转让过户后,安卡莎公司不再持有本公司股票,豪登投资公司持有本公司3675万股,为公司第二大股东。

二〇〇二年以来市场表现

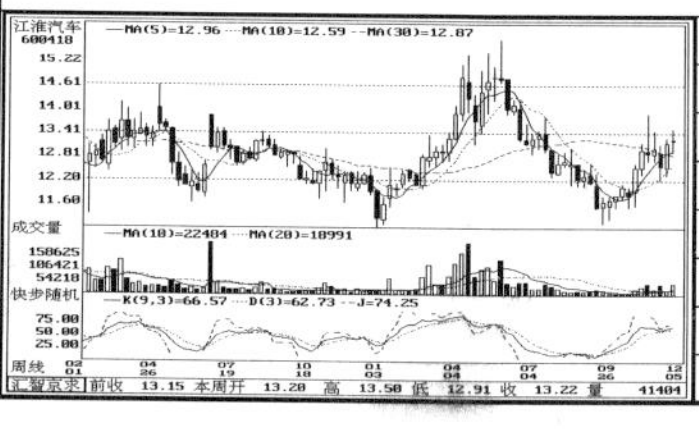

2002年涨跌幅(%)	-10.21
2002年最高(元)	14.13
2002年最低(元)	10.84
2002年换手率(%)	209.23
2003年涨跌幅(%)	14.15
2003年最高(元)	15.57
2003年最低(元)	10.75
2003年换手率(%)	236.41

新疆天宏纸业股份有限公司

公司概况

公司名称	新疆天宏纸业股份有限公司	股票代码	600419
注册地址	新疆石河子市西三路	邮政编码	832009
法人代表	李国民	董秘	王巧玲
电话	0993-7526018	传真	0993-7526118
主营业务	造纸		
审计单位		审计意见	未审计

总股本	流通A	流通B	流通H
8016.00	3000.00		

主要财务指标

年度	2003.9	2003.6	2002	2001
每股收益/扣除后(元)	0.0230	-0.0004	0.1300	0.3400
每股经营现金流量(元)	-0.0500	-0.1600	-0.0800	0.6800
每股净资产/调整后(元)	3.5900	3.6300	3.5400	3.5100
每股公积金(元)	2.1770	2.1770	2.1770	2.1770
净资产收益率(%)	1.9900	1.3600	4.0600	4.8200
总资产(万元)	50566.76	48507.52	46392.48	40339.71
股东权益(万元)	29268.71	29082.97	28686.42	28142.74
未分配利润(万元)	2480.12	2294.38	1897.83	1645.50
主营收入(万元)	11278.34	7178.86	16238.10	16080.60
资本公积金(万元)	17451.16	17451.16	17451.16	17439.72
主营利润(万元)	2678.07	1850.42	3854.50	3871.42
其他业务利润(万元)	44.46	22.53	97.75	49.32
营业利润(万元)	294.32	101.84	1389.25	1635.08
投资收益(万元)	393.42	393.42		
补贴收入(万元)	25.00	25.00		
营业外收支(万元)	-18.47	-18.70	-7.65	-10.32
利润总额(万元)	694.27	501.57	1381.60	1624.76
净利润(万元)	582.29	396.55	1163.42	1356.98

十大股东

序号	股东名称	股份性质	持股数(万股)	比例(%)
1	新疆石河子造纸厂	国有法人股	4752.00	59.28
2	新疆教育出版社	法人股	132.00	1.65
3	华泰证券有限责任公司	流通股	121.88	1.52
4	新疆鸿鑫投资有限责任公司	流通股	104.73	1.31
5	新疆出版印刷集团公司	法人股	66.00	0.82
6	陈本茂	流通股	40.38	0.50
7	新疆生产建设兵团印刷厂	法人股	33.00	0.41
8	新疆石河子白杨酒厂q	法人股	33.00	0.41
9	张东波	流通股	26.03	0.32
10	华夏成长证券投资基金	流通股	24.40	0.30

股东人数	2003.9	2003.6	2002	2001
	18760	19335	21047	21978

近年分配	近年配股/增发
2002年 每10股派0.50元 2001年 每10股派0.50元	不分配不转增

重大事项

公司使用暂时闲置的部分募集资金委托湘财证券有限责任公司投资国债,自2002年6月27日至2003年6月26日止,委托金额5000万元。现该项委托合同已履行完毕,公司已于2003年6月26日如期收回委托本金5000万元,并取得委托投资收益393.42万元。 公司于2002年12月16日与中国农业银行石河子兵团分行营业部签署借款合同,借款金额为1000万元,借款期限为壹年;于2002年12月20日与中国建设银行石河子市分行签署借款合同,借款金额为2000万元,借款期限为半年;于2002年12月20日与中国银行石河子市分行签署借款合同,借款金额为2000万元,借款期限为半年。

二〇〇二年以来市场表现

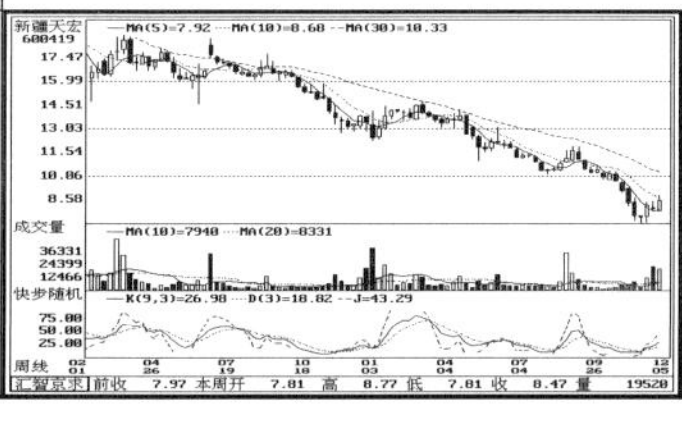

2002年涨跌幅(%)	-31.19
2002年最高(元)	19.70
2002年最低(元)	12.67
2002年换手率(%)	159.33
2003年涨跌幅(%)	-40.39
2003年最高(元)	14.65
2003年最低(元)	7.10
2003年换手率(%)	118.06

昆明制药集团股份有限公司

公司概况								
公司名称	昆明制药集团股份有限公司				股票代码	600422		
注册地址	昆明国家高新技术开发区科医路 166 号				邮政编码	650100		
法人代表	李南高			董秘	徐朝能			
电话	0871-8324311			传真	0871-8324311			
主营业务	天然植物药生产经营							
总股本	9818.00	流通 A	4000.00	流通 B		流通 H		
审计单位				审计意见	未审计			

主要财务指标 年度	2003.9	2003.6	2002	2001
每股收益/扣除后(元)	0.4400	0.3100	0.3800	0.3400
每股经营现金流量(元)	0.1700	0.1800	0.1800	0.6800
每股净资产/调整后(元)	5.7200	5.6400	5.2800	5.2800
每股公积金(元)	3.9477	3.9477	3.9476	3.9476
净资产收益率(%)	7.8600	5.6200	8.4000	7.3900
总资产(万元)	94148.28	85285.88	76328.46	76398.29
股东权益(万元)	57611.35	56245.22	53083.52	51885.64
未分配利润(万元)	4947.72	3581.59	420.39	0.19
主营收入(万元)	42791.58	28025.55	50485.75	48824.00
资本公积金(万元)	38758.50	38758.50	38758.01	38757.19
主营利润(万元)	22820.01	14262.83	22261.47	19997.19
其他业务利润(万元)	185.70	98.70	176.53	-10.18
营业利润(万元)	5874.24	3893.67	5790.76	4362.02
投资收益(万元)	118.75	170.64	354.76	310.63
补贴收入(万元)				12.85
营业外收支(万元)	245.32	149.12	312.64	281.01
利润总额(万元)	6238.31	4239.74	6458.16	4966.51
净利润(万元)	4527.33	3161.20	4458.82	3832.16

十大股东 序号	股东名称	股份性质	持股数(万股)	比例(%)
1	云南医药集团有限公司	国有法人股	1966.21	20.03
2	云南红塔投资有限责任公司	社会法人股	1966.21	20.03
3	华立产业集团有限公司	社会法人股	1014.16	10.33
4	昆明云辰科工贸有限公司	社会法人股	469.98	4.79
5	昆明八达实业总公司	社会法人股	183.84	1.87
6	昆明富亨房地产开发经营公司	国有法人股	183.84	1.87
7	吴潮平	流通股	21.50	0.52
8	国泰君安证券股份有限公司	流通股	36.75	0.37
9	昆明科耀投资有限公司	社会法人股	33.75	0.34
10	陈晓东	流通股	27.58	0.28

股东人数	2003.9	2003.6	2002	2001
	14641	15323	16119	15682

近年分配	近年配股/增发
2002年 每 10 股派 3.20 元 2001 年 每 10 股派 2.70 元	不分配不转增

重大事项

2003 年 8 月 22 日公司与昆明中药厂有限公司的股东云南医药集团有限公司签署《股权转让协议书》和《股权托管协议书》受让其持有的昆明中药 52% 的股权；2003 年 8 月 24 日公司及公司控股公司昆明制药药品销售有限公司分别与昆明中药的股东昆明中药职工持股会签署《股权转让协议书》和《股权托管协议书》，分别受让其持有的昆明中药 13%、35% 的股权，二次协议签署后，公司共持有昆明中药 65% 的股权，公司控股公司昆明制药药品销售有限公司持有昆明中药 35% 的股权，公司成为昆明中药的实际控制人。公司受让昆明中药 65% 股权及公司控股公司受让 35% 的股权转让总价款约 6000 万元公司。

二〇〇二年以来市场表现

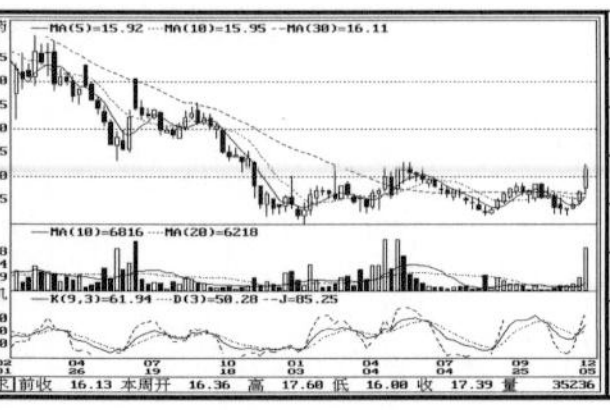

2002年涨跌幅(%)	-40.06
2002年最高(元)	24.59
2002年最低(元)	14.53
2002年换手率(%)	128.68
2003年涨跌幅(%)	9.88
2003年最高(元)	17.40
2003年最低(元)	14.18
2003年换手率(%)	103.47

柳州化工股份有限公司

公司概况								
公司名称	柳州化工股份有限公司				股票代码	600423		
注册地址	广西柳州市北雀路 67 号				邮政编码	545002		
法人代表	吴铭爵			董秘	袁志刚			
电话	0772-2516580			传真	0772-2510401			
主营业务	化工产品							
总股本	14678.60	流通 A	6000.00	流通 B		流通 H		
审计单位				审计意见	未审计			

主要财务指标 年度	2003.9	2003.6	2002	2001
每股收益/扣除后(元)	0.2300	0.2600	0.4000	0.3000
每股经营现金流量(元)	0.3380	0.4800	0.8700	0.4900
每股净资产/调整后(元)	3.9500	2.0400	1.8700	1.6900
每股公积金(元)	2.5850	1.4767	0.4767	0.4683
净资产收益率(%)	5.9900	13.3300	21.7700	20.5200
总资产(万元)	89115.24	50360.74	44249.12	32334.50
股东权益(万元)	59576.99	18693.01	16200.19	14627.80
未分配利润(万元)	6042.90	4965.79	2472.96	1502.57
主营收入(万元)	36995.42	24670.01	44287.15	41171.09
资本公积金(万元)	37944.32	4137.45	4137.45	4064.45
主营利润(万元)	6873.48	4710.79	7468.60	6238.35
其他业务利润(万元)	-137.23	-106.44	11.03	120.01
营业利润(万元)	3971.63	2704.44	4131.92	3122.51
投资收益(万元)				
补贴收入(万元)	232.56	232.56	45.75	431.89
营业外收支(万元)	-4.27	-4.27	-23.41	-11.48
利润总额(万元)	4199.93	2932.73	4154.26	3542.93
净利润(万元)	3569.94	2492.82	3526.60	3002.25

十大股东 序号	股东名称	股份性质	持股数(万股)	比例(%)
1	柳州化学工业集团有限公司	国家股	8378.00	57.08
2	柳州凤山糖业集团有限责任公司	法人股	66.80	0.46
3	广西柳州钢铁(集团)公司	法人股	66.80	0.46
4	广西壮族自治区柳城县农业生产资料公司	法人股	66.80	0.46
5	桂林市农业生产资料有限公司	法人股	66.80	0.46
6	大鹏证券有限责任公司	社会公众股	52.12	0.35
7	中国石化集团兰州设计院	法人股	33.40	0.23
8	天同 180 指数	社会公众股	9.20	0.06
9	国泰君安	社会公众股	6.10	0.04
10	基金天华	社会公众股	5.90	0.04

股东人数	2003.9	2003.6	2002	2001
	36429	6		

近年分配	近年配股/增发
2002年 每 10 股派 0.25 元 2001 年 每 10 股派 0.60 元	不分配不转增

重大事项

公司本次发行人民币普通股(A 股)6000 万股，全部采用向二级市场投资者定价配售的方式发行，申购时间：2003 年 7 月 2 日，发行价格：6.96 元/股，发行市盈率为 16.98 倍(按 2002 年度净利润和 2002 年末总股本计算)；配售简称：柳化配售，沪市配售代码：737423，深市配售代码：003423，配售缴款时间：2003 年 7 月 7 日

二〇〇二年以来市场表现

2002年涨跌幅(%)	0.00
2002年最高(元)	0.00
2002年最低(元)	0.00
2002年换手率(%)	0.00
2003年涨跌幅(%)	0.00
2003年最高(元)	9.00
2003年最低(元)	7.14
2003年换手率(%)	230.68

新疆青松建材化工股份有限公司

公司概况

公司名称	新疆青松建材化工股份有限公司	股票代码	600425
注册地址	新疆维吾尔自治区阿苏市林园	邮政编码	843005
法人代表	甘军	董秘	沈荣法
电话	0997-2811282	传真	0997-2811675
主营业务	建筑材料、工业用氧气、无机酸等		
总股本	18492.75	流通 A	6000.00
流通 B		流通 H	
审计单位		审计意见	未审计

主要财务指标

年度	2003.9	2003.6	2002	2001
每股收益/扣除后(元)	0.1300	0.0830	0.2300	0.2300
每股经营现金流量(元)	-0.1100	-0.2500	0.4000	0.2900
每股净资产/调整后(元)	2.5100	1.6700	1.6100	1.5500
每股公积金(元)	1.3255	0.5000	0.5000	0.5000
净资产收益率(%)	5.0100	4.7700	13.6700	13.7500
总资产(万元)	64224.13	41667.29	35024.60	32593.61
股东权益(万元)	46683.03	21084.01	20078.14	19334.02
未分配利润(万元)	2878.12	1544.04	538.17	205.67
主营收入(万元)	18496.22	10531.65	22131.36	19095.72
资本公积金(万元)	24511.31	6246.37	6246.37	6246.37
主营利润(万元)	5918.39	3189.47	7975.42	8319.52
其他业务利润(万元)	143.66	88.70	150.27	476.88
营业利润(万元)	1982.86	459.62	2872.38	2932.53
投资收益(万元)	-18.31	-7.33	24.23	24.23
补贴收入(万元)	-1398.51	818.70	420.86	407.50
营业外收支(万元)	-31.55	-28.83	-94.32	-241.87
利润总额(万元)	2831.51	1242.17	3222.68	3122.38
净利润(万元)	2339.95	1005.87	2744.12	2658.70

十大股东

序号	股东名称	股份性质	持股数(万股)	比例(%)
1	新疆阿克苏青松建材化工总厂	国有法人股	12186.08	65.90
2	新疆生产建设兵团农一师塔里木热电有限责任公司	国有法人股	133.33	0.72
3	新疆阿拉尔水利水电工程总公司	国有法人股	66.67	0.36
4	刘功大	自然人股	66.67	0.36
5	河北证券有限责任公司	流通股	43.59	0.24
6	新疆塔里木建筑安装工程总公司	国有法人股	40.00	0.21
7	天同 180 基金	流通股	9.80	0.05
8	易方达稳定基金	流通股	5.60	0.03
9	通乾基金	流通股	5.60	0.03
10	国泰金鹰基金	流通股	5.50	0.03

股东人数	2003.9	2003.6	2002	2001
	25823	5		

近年分配	近年配股/增发
2002年 每10股派1.60元 2001年 每10股派1.60元	不分配不转增

重大事项

公司本次发行人民币普通股(A股)6000万股,全部采用向二级市场投资者定价配售的方式发行,申购时间:2003年7月9日,发行价格:4.30元/股,发行市盈率为19.55倍(按发行人2002年度每股税后利润0.22元计算);配售简称:青松配售,沪市配售代码:737425,深市配售代码:003425,配售缴款时间:2003年7月14日

二〇〇二年以来市场表现

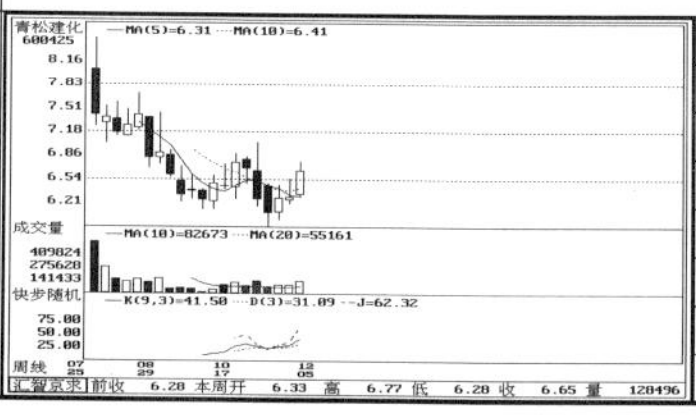

2002年涨跌幅(%)	0.00
2002年最高(元)	0.00
2002年最低(元)	0.00
2002年换手率(%)	0.00
2003年涨跌幅(%)	0.00
2003年最高(元)	8.48
2003年最低(元)	5.89
2003年换手率(%)	390.18

山东华鲁恒升化工股份有限公司

公司概况

公司名称	山东华鲁恒升化工股份有限公司	股票代码	600426
注册地址	山东省德州市天衢西路24号	邮政编码	253024
法人代表	王春涛	董秘	董岩
电话	0534-2465426	传真	0534-2465079
主营业务	尿素、甲醇的产销		
总股本	16700.00	流通 A	6000.00
流通 B		流通 H	
审计单位		审计意见	未审计

主要财务指标

年度	2003.9	2003.6	2002	2001
每股收益/扣除后(元)	0.2800	0.2080	0.2170	0.3100
每股经营现金流量(元)	0.2900	0.2680	0.3000	0.4200
每股净资产/调整后(元)	3.6200	3.5500	3.3400	1.6200
每股公积金(元)	2.1363	2.1363	2.1363	0.5385
净资产收益率(%)	7.7100	5.9900	8.2600	19.4100
总资产(万元)	140139.73	100028.83	89666.98	43135.71
股东权益(万元)	60463.17	59247.95	55815.31	16791.96
未分配利润(万元)	6563.74	5348.52	1913.82	
主营收入(万元)	49481.66	33231.36	45109.93	39236.85
资本公积金(万元)	35676.07	35676.07	35676.07	5761.54
主营利润(万元)	11060.56	7689.09	9008.17	39236.85
其他业务利润(万元)	28.55	27.52	226.26	71.81
营业利润(万元)	6986.95	5192.15	5409.70	5120.25
投资收益(万元)				
补贴收入(万元)	2.30	0.47	802.87	1.98
营业外收支(万元)	-32.04	-33.11	-69.69	6.08
利润总额(万元)	6957.21	5143.44	6142.88	5146.52
净利润(万元)	4661.56	3446.34	4609.20	3438.21

十大股东

序号	股东名称	股份性质	持股数(万股)	比例(%)
1	山东华鲁恒升集团有限公司	国有法人股	10537.50	63.10
2	招商股票投资基金	社会公众股	132.68	0.79
3	华泰证券有限公司	社会公众股	103.53	0.62
4	北京瑞诚创投管理有限公司	社会公众股	84.00	0.50
5	招商平衡型证券投资基金	社会公众股	74.27	0.44
6	山东省化肥工业总公司	国有法人股	32.50	0.19
7	山东华鲁国际商务中心有限公司	法人股	32.50	0.19
8	山东省石油化工经贸集团总公司	国有法人股	32.50	0.19
9	山东德棉集团有限公司	国有法人股	32.50	0.19
10	鲁银实业(集团)股份有限公司	法人股	32.50	0.19

股东人数	2003.9	2003.6	2002	2001
	27167	28201	30401	

近年分配	近年配股/增发
2002年 每10股派1.20元	不分配不转增

重大事项

公司于2003年6月14日与山东华鲁恒升集团有限公司签署了《反渗透资产收购协议》,于2003年7月10日与山东华鲁恒升集团有限公司就协议范围内资产进行了清点和交接;资产收购款公司分两次支付,公司于2003年7月14日和7月18日分两次付清资产收购款,共计24088896.00元。至此本次资产收购全部完成。

二〇〇二年以来市场表现

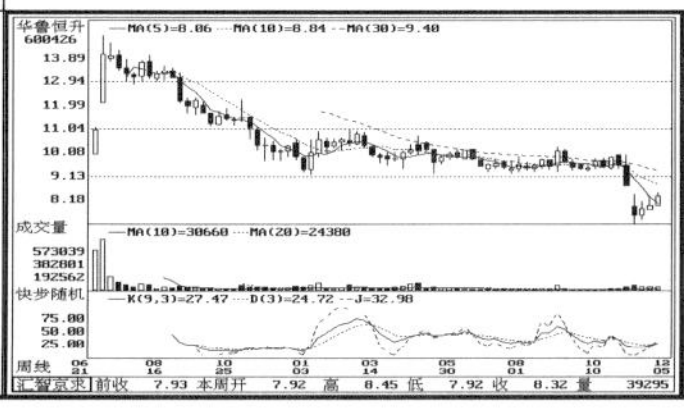

2002年涨跌幅(%)	0.00
2002年最高(元)	14.72
2002年最低(元)	9.38
2002年换手率(%)	438.79
2003年涨跌幅(%)	-15.64
2003年最高(元)	10.85
2003年最低(元)	7.23
2003年换手率(%)	247.01

中远航运股份有限公司

公司概况

公司名称	中远航运股份有限公司	股票代码	600428
注册地址	广州市广州市保税区东江大道282号康胜大厦	邮政编码	510730
法人代表	陈洪生	董秘	林敬伟
电话	020-37585333	传真	020-37585136
主营业务	海上运输		
总股本	36000.00	流通A	13000.00
流通B		流通H	
审计单位		审计意见	未审计

主要财务指标

年度	2003.9	2003.6	2002	2001
每股收益/扣除后(元)	0.1900	0.1100	0.2100	0.3800
每股经营现金流量(元)	0.2000	0.1900	0.2400	0.7100
每股净资产/调整后(元)	3.8800	3.8870	3.7600	1.5700
每股公积金(元)	2.5250	2.5250	2.5250	0.3389
净资产收益率(%)	5.7400	1.0300	6.0800	23.7700
总资产(万元)	172855.06	164812.23	165611.06	52693.82
股东权益(万元)	140168.50	140514.77	135725.89	36041.33
未分配利润(万元)	7308.24	4054.51	3823.41	1896.99
主营收入(万元)	55302.17	35816.36	54888.31	53511.76
资本公积金(万元)	90901.63	909011.62	90901.63	7795.09
主营利润(万元)	11994.69	6779.09	12555.58	12600.54
其他业务利润(万元)	8.37		2.48	6.24
营业利润(万元)	10367.92	6098.54	9958.91	10410.05
投资收益(万元)	190.09	212.16	-73.52	19.60
补贴收入(万元)				
营业外收支(万元)	1713.11		782.19	-12.37
利润总额(万元)	12271.12	7289.15	10667.58	10417.27
净利润(万元)	8042.61	4788.88	8258.02	8567.50

十大股东

序号	股东名称	股份性质	持股数(万股)	比例(%)
1	广州远洋运输公司	国有法人股	21731.00	60.36
2	广远海运服务公司	一般法人股	635.00	1.76
3	国元证券有限责任公司	流通股	449.16	1.25
4	国联证券有限责任公司	流通股	290.98	0.81
5	中国广州外轮代理公司	国有法人股	261.00	0.73
6	深圳远洋运输股份有限公司	一般法人股	224.00	0.62
7	上海安联投资发展公司	流通股	180.02	0.50
8	广州中远国际货运有限公司	一般法人股	149.00	0.41
9	华安创新证券投资基金	流通股	106.53	0.30
10	上海明天广场建设有限公司	流通股	103.29	0.29

股东人数	2003.9	2003.6	2002	2001
	48849	49183	45992	

近年分配	2003年每10股派1.00元 2002年每10股派1.30元	近年配股/增发	不分配不转增

重大事项

公司2002年第三季度报告。公司决定拟用自有资金及船舶共510万美元与日本邮船株式会社(NYK)合资成立"中远日邮汽车船运输有限公司",公司占51%的股份。关于增加新造半潜船投资的议案:需在原计划资额的基础上增加动态定位系统等设备投资,共3002.73万元,增加比例为12.52%。

二〇〇二年以来市场表现

2002年涨跌幅(%)	0.00
2002年最高(元)	13.84
2002年最低(元)	8.67
2002年换手率(%)	332.78
2003年涨跌幅(%)	-2.87
2003年最高(元)	10.03
2003年最低(元)	7.06
2003年换手率(%)	201.30

北京三元食品股份有限公司

公司概况

公司名称	北京三元食品股份有限公司	股票代码	600429
注册地址	北京市西城区鼓楼西大街75号	邮政编码	100009
法人代表	包宗业	董秘	李宁
电话	010-84033634	传真	010-84033634
主营业务	加工乳制品、饮料、食品、原材料等		
总股本	63500.00	流通A	15000.00
流通B		流通H	
审计单位		审计意见	未审计

主要财务指标

年度	2003.9	2003.6	2002	2001
每股收益/扣除后(元)	0.0700	0.0600	0.1300	0.1200
每股经营现金流量(元)	0.1100	0.0200	0.3400	0.2200
每股净资产/调整后(元)	1.4800	1.1500	1.0900	1.0600
每股公积金(元)	0.3500	0.0070	0.0070	0.0070
净资产收益率(%)	4.4400	5.0800	11.4500	11.4900
总资产(万元)	178735.53	154216.19	148671.66	121132.42
股东权益(万元)	94154.40	55875.91	53035.06	51213.65
未分配利润(万元)	5121.08	3777.24	936.38	685.30
主营收入(万元)	93203.71	60330.12	111637.05	100707.47
资本公积金(万元)	22405.61	350.73	350.73	350.73
主营利润(万元)	20612.74	13983.58	28395.50	23295.70
其他业务利润(万元)	698.65	562.40	1059.69	379.24
营业利润(万元)	1803.01	2094.00	5198.99	4110.22
投资收益(万元)	481.56	132.12	2208.44	2208.44
补贴收入(万元)				456.48
营业外收支(万元)	1830.46		154.21	106.16
利润总额(万元)	4115.03	3994.91	7417.42	6881.30
净利润(万元)	4184.70	2840.85	6071.36	5882.46

十大股东

序号	股东名称	股份性质	持股数(万股)	比例(%)
1	北京企业(食品)有限公司	外资法人股	34920.00	54.99
2	北京三元集团有限责任公司	国有法人股	9700.00	15.28
3	北京燕京啤酒股份有限公司	法人股	2425.00	3.82
4	东顺兴业股份有限公司	外资法人股	485.00	0.76
5	北京亦庄新城实业有限公司	法人股	485.00	0.76
6	北京燕京啤酒集团公司	国有法人股	485.00	0.76
7	兴业证券股份有限公司	社会公众股	120.96	0.19
8	博时增长	社会公众股	28.00	0.04
9	天元基金	社会公众股	27.70	0.04
10	丰和价值	社会公众股	27.70	0.04

股东人数	2003.9	2003.6	2002	2001
	58203			

近年分配	2002年每10股派2.00元	近年配股/增发	不分配不转增

重大事项

2003年10月31日董事会议同意向北京嘉铭投资管理有限公司转让公司所持有的三元嘉铭35%的股权,依据资产评估报告中三元嘉铭公司净资产的评估值,确定转让价格为人民币1709.42万元。转股后,三元嘉铭注册资本仍为3000万元,其中公司占40%。 2003年10月31日董事会议通过为呼伦贝尔三元乳业有限责任公司贷款延期继续提供担保的议案:同意为控股子公司呼伦贝尔三元1000万元人民币银行贷款继续提供担保,期限为两年。

二〇〇二年以来市场表现

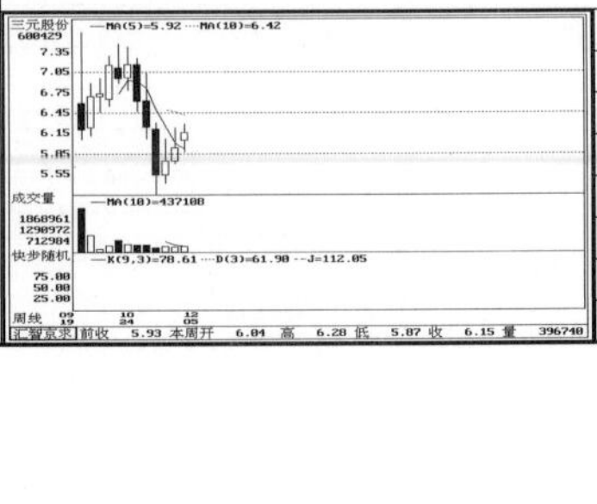

2002年涨跌幅(%)	0.00
2002年最高(元)	0.00
2002年最低(元)	0.00
2002年换手率(%)	0.00
2003年涨跌幅(%)	0.00
2003年最高(元)	7.65
2003年最低(元)	5.25
2003年换手率(%)	494.52

吉林吉恩镍业股份有限公司

公司概况

公司名称	吉林吉恩镍业股份有限公司	股票代码	600432
注册地址	吉林省磐石市红旗岭镇	邮政编码	132311
法人代表	柴连志	董秘	吴术
电话	0432-5610629	传真	0432-5614429
主营业务	镍、铜、钴、硫冶炼及副产品加工等		
总股本	19000.00	流通 A	6000.00
流通 B		流通 H	
审计单位		审计意见	未审计

主要财务指标

年度	2003.9	2003.6	2002	2001
每股收益 / 扣除后(元)	0.1600	0.1300	0.1800	0.1800
每股经营现金流量(元)	0.1630	0.2400	0.2500	-0.3400
每股净资产 / 调整后(元)	2.4600	1.5400	1.4200	1.2100
每股公积金(元)	1.2870	0.2831	0.2831	0.1336
净资产收益率(%)	6.4400	8.0000	18.1900	14.7800
总资产(万元)	86790.89	55862.48	47189.53	39487.30
股东权益(万元)	48342.66	20058.97	18458.49	15758.70
未分配利润(万元)	4037.29	2526.00	925.52	670.24
主营收入(万元)	34656.77	20766.05	35846.04	30167.04
资本公积金(万元)	24452.72	3680.31	3680.31	1737.40
主营利润(万元)	9788.12	5135.72	7772.99	5737.48
其他业务利润(万元)	60.71	20.94	193.79	7.70
营业利润(万元)	4515.06	2534.11	3462.97	2408.12
投资收益(万元)	0.20	0.20	-0.20	13.56
补贴收入(万元)			2.40	18.81
营业外收支(万元)	10.08		-92.69	-118.43
利润总额(万元)	4525.34	2532.31	3372.47	2322.06
净利润(万元)	3111.77	1600.49	3356.88	2329.24

十大股东

序号	股东名称	股份性质	持股数(万股)	比例(%)
1	吉林镍业集团有限责任公司	国有法人股	12118.00	63.78
2	南海市华创化工有限公司	法人股	530.00	2.79
3	营口青花耐火材料股份有限公司	法人股	176.00	0.93
4	长沙矿冶研究院	国有法人股	88.00	0.46
5	吉林省通化赤柏松铜镍矿	国有法人股	88.00	0.46
6	东北证券有限责任公司	流通股	53.52	0.28
7	天同 180 指数	流通股	8.10	0.04
8	博时增长	流通股	6.10	0.03
9	国泰君安	流通股	6.00	0.03
10	基金银丰	流通股	5.90	0.03

股东人数	2003.9	2003.6	2002	2001
	33020			

近年分配		近年配股 / 增发	不分配不转增

重大事项

公司于 **2003** 年 **11** 月 **11** 日与吉林镍业集团有限责任公司签订了《股权转让协议书》,公司收购标的为镍业集团持有的吉林卓创有色金属有限公司 **95%**股权,根据评估报告书评定的卓创公司整体资产价值确定,交易价格为评估值的 **95%**,人民币 **9698255.55** 元。公司将持有卓创公司 **95%**的股权,成为卓创公司的控股股东。

二〇〇二年以来市场表现

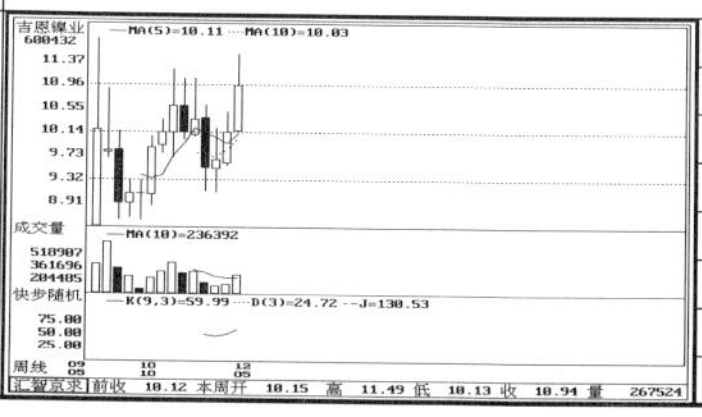

2002年涨跌幅(%)	0.00
2002年最高(元)	0.00
2002年最低(元)	0.00
2002年换手率(%)	0.00
2003年涨跌幅(%)	0.00
2003年最高(元)	11.78
2003年最低(元)	8.50
2003年换手率(%)	629.18

广东冠豪高新技术股份有限公司

公司概况

公司名称	广东冠豪高新技术股份有限公司	股票代码	600433
注册地址	广东省湛江市经济技术开发区高新技术区昌平路	邮政编码	524022
法人代表	韩晓进	董秘	薛亚松
电话	0759-3399898	传真	0759-3382109
主营业务	生产和销售热敏传真纸及其原纸等		
总股本	16000.00	流通 A	6000.00
流通 B		流通 H	
审计单位		审计意见	未审计

主要财务指标

年度	2003.9	2003.6	2002	2001
每股收益 / 扣除后(元)	0.0880	0.0500	0.2300	0.2200
每股经营现金流量(元)	0.0110	0.1330	0.3600	1.7600
每股净资产 / 调整后(元)	2.5100	2.4600	1.3400	1.3400
每股公积金(元)	1.2725	1.2721	0.0050	0.0049
净资产收益率(%)	3.4100	2.0000	17.2000	18.6900
总资产(万元)	54809.28	68126.66	35968.04	31321.55
股东权益(万元)	41091.50	40491.53	13379.81	13378.91
未分配利润(万元)	3490.53	2895.80	2087.92	2432.02
主营收入(万元)	24544.75	15499.34	34084.61	30370.19
资本公积金(万元)	20359.31	20354.07	50.23	49.38
主营利润(万元)	5019.08	3139.72	6417.32	6788.63
其他业务利润(万元)	132.34	90.93	54.80	20.16
营业利润(万元)	1756.49	1034.48	2829.14	2956.80
投资收益(万元)				-6.70
补贴收入(万元)	1.38		6.08	20.00
营业外收支(万元)	-1.40		-2.51	79.46
利润总额(万元)	1756.47	1034.61	2832.70	3049.57
净利润(万元)	1402.61	807.88	2301.05	2500.05

十大股东

序号	股东名称	股份性质	持股数(万股)	比例(%)
1	广东粤财投资有限公司	国有法人股	4100.00	25.62
2	湛江经济技术开发区新亚实业有限公司	法人股	3900.00	24.37
3	浩正集团有限公司	外资法人股	1000.00	6.25
4	广东粤财实业发展公司	国有法人股	500.00	3.13
5	广州润华置业有限公司	国有法人股	500.00	3.13
6	毛霞芳	流通股	138.00	0.86
7	北京盖亚商贸有限公司	流通股	59.00	0.37
8	王燕燕	流通股	35.40	0.22
9	徐建华	流通股	22.42	0.14
10	罗豪	流通股	17.30	0.11

股东人数	2003.9	2003.6	2002	2001
	27657	32507		

近年分配	2002年 每 10 股派 2.30 元 2001 年 每 10 股派 1.50 元	近年配股 / 增发	不分配不转增

重大事项

湛江经济技术开发区新亚实业有限公司持有公司法人股 **3900** 万股,是公司第二大股东。该公司已将持有的公司 **3000** 万股法人股质押给兴业银行广州分行用于贷款,质押期限为 **2003** 年 **8** 月 **22** 日至 **2006** 年 **8** 月 **22** 日,上述质押已于 **2003** 年 **8** 月 **22** 日在中国证券登记结算有限责任公司上海分公司办理质押登记手续。

二〇〇二年以来市场表现

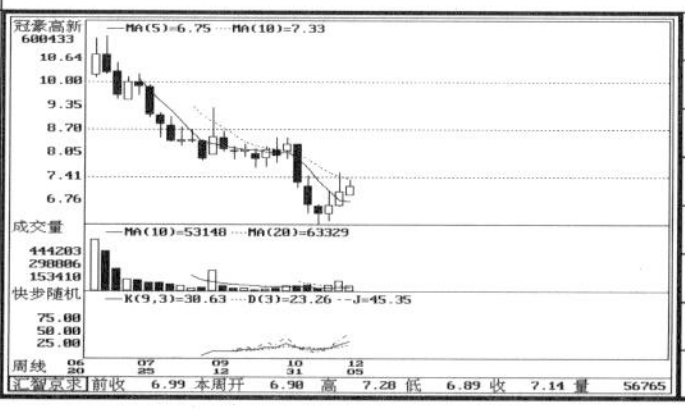

2002年涨跌幅(%)	0.00
2002年最高(元)	0.00
2002年最低(元)	0.00
2002年换手率(%)	0.00
2003年涨跌幅(%)	0.00
2003年最高(元)	11.29
2003年最低(元)	6.11
2003年换手率(%)	458.21

北京北方天鸟智能科技股份有限公司

公司概况

公司名称	北京北方天鸟智能科技股份有限公司	股票代码	600435
注册地址	北京市丰台区科学城星火路7号	邮政编码	100070
法人代表	陈济民	董秘	赵晗
电话	010-83682722	传真	010-63729771
主营业务	纺织服装业自动化成套设备及零配件等		
总股本	9000.00	流通A	4000.00
流通B		流通H	
审计单位		审计意见	未审计

主要财务指标

年度	2003.9	2003.6	2002	2001
每股收益/扣除后(元)	0.2190	0.1400	0.5000	0.4900
每股经营现金流量(元)	-0.3000	-0.2600	0.7500	0.5800
每股净资产/调整后(元)	5.5900	5.5100	2.4100	1.9100
每股公积金(元)	3.8898	3.8898	0.4477	0.4477
净资产收益率(%)	0.0390	2.6000	20.8740	25.6160
总资产(万元)	64615.49	64254.47	26216.41	22660.07
股东权益(万元)	50803.28	50131.11	12061.01	9543.44
未分配利润(万元)	5690.82	5018.65	3718.15	1704.09
主营收入(万元)	18341.52	11952.07	21936.15	19010.68
资本公积金(万元)	35007.92	35007.92	2238.32	2238.32
主营利润(万元)	5636.56	3477.22	6345.54	6316.98
其他业务利润(万元)	61.29	49.70	15.91	22.84
营业利润(万元)	2001.71	1321.39	2505.45	2456.40
投资收益(万元)	-8.31			-7.54
补贴收入(万元)				88.31
营业外收支(万元)	0.49		12.97	-44.64
利润总额(万元)	1993.89	1322.88	2518.43	2492.53
净利润(万元)	1972.67	1300.50	2517.57	2444.61

十大股东

序号	股东名称	股份性质	持股数(万股)	比例(%)
1	北京华北光学仪器有限公司	国有法人股	4153.81	46.15
2	深圳市盈宁科技有限公司	法人股	518.08	5.76
3	北方光电工贸有限公司	国有法人股	207.23	2.30
4	北京励科鸣科技发展中心	法人股	69.08	0.77
5	温州经济技术开发区大田线带有限公司	法人股	51.81	0.58
6	华龙证券有限责任公司	流通股	38.18	0.42
7	中国银行—天同180指数证券投资基金	流通股	7.00	0.08
8	广发证券股份有限公司	流通股	4.50	0.05
9	天元证券投资基金	流通股	3.50	0.04
10	融通新蓝筹证券投资基金	流通股	3.30	0.04

股东人数	2003.9	2003.6	2002	2001
	24835	37996		

近年分配		近年配股/增发	不分配不转增

重大事项

公司拟以募集资金受让控股股东北京华北光学仪器有限公司位于北京市丰台区科学城星火路7号2-A号的土地及建筑物(账面价值人民币2950.39万元)。本次土地使用权和所属建筑物的所有权转让属于关联交易。交易价格以评估值为准，即3718.24万元。

二○○二年以来市场表现

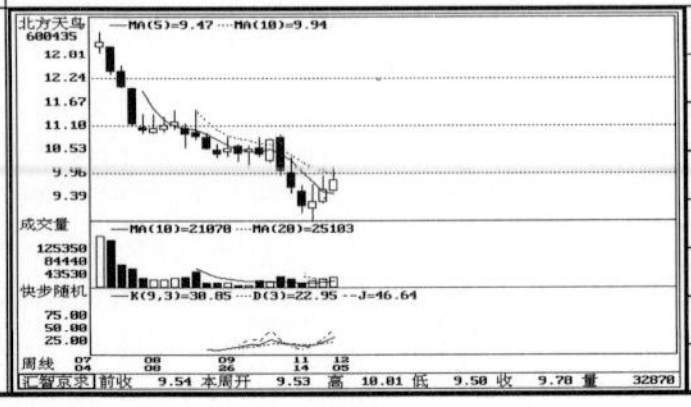

2002年涨跌幅(%)	0.00
2002年最高(元)	0.00
2002年最低(元)	0.00
2002年换手率(%)	0.00
2003年涨跌幅(%)	0.00
2003年最高(元)	13.38
2003年最低(元)	8.82
2003年换手率(%)	214.02

漳州片仔癀药业股份有限公司

公司概况

公司名称	漳州片仔癀药业股份有限公司	股票代码	600436
注册地址	福建省漳州市上街1号	邮政编码	363000
法人代表	何建文	董秘	陈金城
电话	0596-2305239	传真	0596-2300313
主营业务	锭剂、片剂、颗粒剂、胶囊剂、软膏剂等		
总股本	14000.00	流通A	4000.00
流通B		流通H	
审计单位		审计意见	未审计

主要财务指标

年度	2003.9	2003.6	2002	2001
每股收益/扣除后(元)	0.2900	0.1975	0.5900	0.5200
每股经营现金流量(元)	0.1100	-0.0500	1.0500	0.6600
每股净资产/调整后(元)	3.7400	3.6380	1.5481	1.4602
每股公积金(元)	2.1927	2.1928	0.2000	0.2000
净资产收益率(%)	12.4100	5.3900	37.9800	35.7200
总资产(万元)	56037.37	58368.95	32579.50	27036.15
股东权益(万元)	52391.17	50927.56	15480.72	14601.88
未分配利润(万元)	5067.54	3612.92	865.45	868.43
主营收入(万元)	14521.46	10021.37	21203.31	19389.38
资本公积金(万元)	30698.27	30699.37	2000.00	2000.00
主营利润(万元)	9345.75	6535.20	13635.47	11971.91
其他业务利润(万元)	81.84	82.45	82.74	128.84
营业利润(万元)	5892.72	3958.97	8853.37	8096.66
投资收益(万元)	114.06	106.11	34.77	
补贴收入(万元)	239.19		20.11	11.91
营业外收支(万元)	8.63		-30.17	-49.70
利润总额(万元)	6254.61	4064.79	8878.09	8058.87
净利润(万元)	4212.18	2747.47	5878.85	5216.22

十大股东

序号	股东名称	股份性质	持股数(万股)	比例(%)
1	漳州片仔癀集团公司	国家股	8000.00	57.14
2	漳州市国有资产投资经营有限公司	国家股	1000.00	7.14
3	漳龙实业有限公司	外资股	600.00	4.29
4	福建省药材公司	国有法人股	200.00	1.43
5	福建省漳州医药有限公司	国有法人股	200.00	1.43
6	申银万国证券股份有限公司	流通股	102.81	0.73
7	光大证券有限责任公司	流通股	32.42	0.23
8	李红章	流通股	27.94	0.20
9	中富证券有限责任公司	流通股	20.59	0.15
10	陈安琪	流通股	18.50	0.13

股东人数	2003.9	2003.6	2002	2001
	19785	23721		

近年分配	2002年 每10股派0.50元 2001年 每10股派0.36元	近年配股/增发	不分配不转增

重大事项

公司临时股东大会通过的决议中关于利用暂时闲置的部分募集资金进行短期投资的决议，公司决定对暂时闲置募集资金1亿元中的6000万元通过闽发证券有限公司漳州营业部进行自主购买国债，另4000万元通过兴业证券股份有限公司进行自主购买国债。

二○○二年以来市场表现

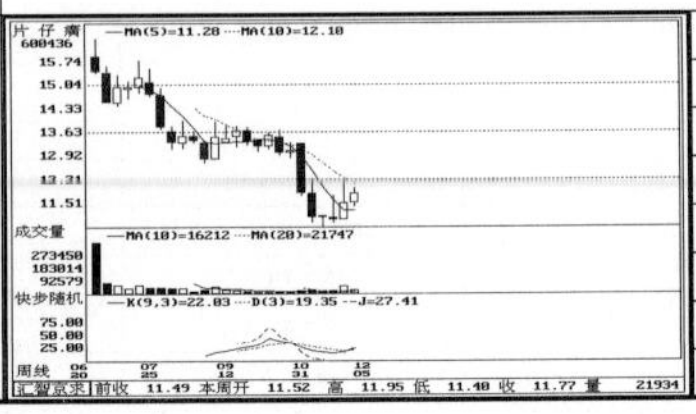

2002年涨跌幅(%)	0.00
2002年最高(元)	0.00
2002年最低(元)	0.00
2002年换手率(%)	0.00
2003年涨跌幅(%)	0.00
2003年最高(元)	16.45
2003年最低(元)	10.80
2003年换手率(%)	248.55

河南瑞贝卡发制品股份有限公司

公司概况

公司名称	河南瑞贝卡发制品股份有限公司				股票代码	600439	
注册地址	河南省许昌市文峰南路 288 号				邮政编码	461100	
法人代表	郑有全			董秘	陆新尧		
电话	0374-5136699			传真	0374-5136567		
主营业务	从事假发饰品系列产品的研制、生产、销售						
总股本	9000.00	流通 A	2400.00	流通 B		流通 H	
审计单位				审计意见	未审计		

主要财务指标

年度	2003.9	2003.6	2002	2001
每股收益 / 扣除后(元)	0.3700	0.3400	0.5100	0.3900
每股经营现金流量(元)	-0.1000	-0.0500	0.0100	-0.1030
每股净资产 / 调整后(元)	4.4560	2.3000	1.9700	1.6000
每股公积金(元)	2.4011	0.0082	0.0082	0.0065
净资产收益率(%)	8.2440	14.5600	26.2800	24.5700
总资产(万元)	66194.66	39064.86	34665.78	26980.86
股东权益(万元)	40271.26	15209.67	12995.52	10559.34
未分配利润(万元)	8331.39	7225.57	5011.43	3098.24
主营收入(万元)	37940.11	24359.10	39310.49	32450.92
资本公积金(万元)	21609.62	53.83	53.83	43.16
主营利润(万元)	8274.23	4965.41	7526.16	5942.28
其他业务利润(万元)	6.53	2.05	5.74	5.28
营业利润(万元)	5145.68	3348.93	5130.66	3979.08
投资收益(万元)				-24.19
补贴收入(万元)				
营业外收支(万元)	-37.44		-49.82	-41.93
利润总额(万元)	5108.24	3304.69	5080.83	3912.96
净利润(万元)	3319.96	2214.15	3415.52	2593.97

十大股东

序号	股东名称	股份性质	持股数(万股)	比例(%)
1	许昌县发制品总厂	发起人法人股	5280.00	58.67
2	许昌市魏都利达发制品厂	发起人法人股	660.00	7.33
3	许昌县新和工艺品有限责任公司	发起人法人股	396.00	4.40
4	许昌县盛隆工艺有限责任公司	发起人法人股	198.00	2.20
5	郑桂花	发起人自然人股	66.00	0.73
6	中信证券	流通股	23.17	0.26
7	天同 180 基金	流通股	4.90	0.05
8	基金融鑫	流通股	2.30	0.03
9	国元证券	流通股	1.90	0.02
10	国泰君安	流通股	1.50	0.02

股东人数	2003.9	2003.6	2002	2001
	12935			

近年分配	2002年 每 10 股派 1.50 元 2001 年 每 10 股派 1.00 元	近年配股 / 增发	不分配不转增

重大事项

2003 年 6 月 19 日,经有关文批准,本公司投资 25 万美元在尼日利亚设立了"瑞贝卡时尚有限公司",2003 年 9 月 30 日经有关文批准,瑞贝卡时尚有限公司在原注册资金 25 万美元的基础上以实物增资 80 万美元。增资后的瑞贝卡时尚有限公司注册资本为 105 万美元,经营期限为十年。

二〇〇二年以来市场表现

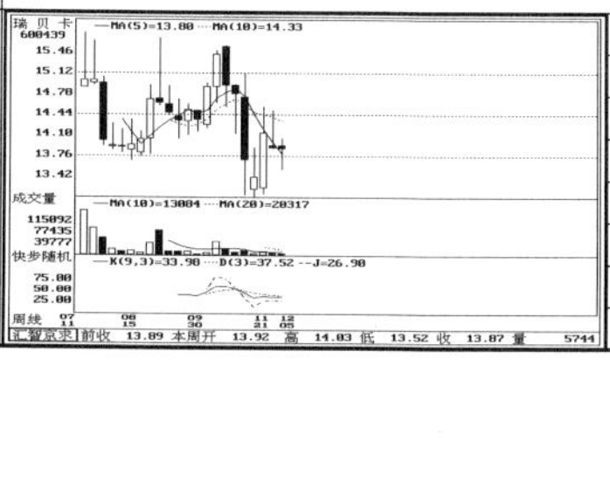

2002年涨跌幅(%)	0.00
2002年最高(元)	0.00
2002年最低(元)	0.00
2002年换手率(%)	0.00
2003年涨跌幅(%)	0.00
2003年最高(元)	15.80
2003年最低(元)	13.08
2003年换手率(%)	267.91

华纺股份有限公司

公司概况

公司名称	华纺股份有限公司				股票代码	600448	
注册地址	山东省滨州市黄河二路 819 号				邮政编码	256617	
法人代表	邹鹏宏			董秘	苏恒湖		
电话	0543-3288255			传真	0543-3288555		
主营业务	印染、棉纺						
总股本	24500.00	流通 A	9350.00	流通 B		流通 H	
审计单位				审计意见	未审计		

主要财务指标

年度	2003.9	2003.6	2002	2001
每股收益 / 扣除后(元)	0.0450	0.0375	-0.1500	0.0900
每股经营现金流量(元)	-0.0080	0.0260	0.0270	
每股净资产 / 调整后(元)	2.8100	2.8100	2.7400	3.1200
每股公积金(元)	1.9746	1.9745	1.9562	1.9595
净资产收益率(%)	0.0180	1.4900	-0.0700	3.7200
总资产(万元)	125846.85	119715.73	122924.87	13077.65
股东权益(万元)	69826.18	69633.54	67762.06	73960.64
未分配利润(万元)	-4289.51	-4481.56	-5903.12	-373.90
主营收入(万元)	-91064.93	60748.02	112612.00	101088.53
资本公积金(万元)	48376.94	48376.35	47926.42	48008.47
主营利润(万元)	6389.39	4276.19	6718.33	9479.67
其他业务利润(万元)	527.44	450.84	336.67	486.82
营业利润(万元)	1031.88	827.63	-3572.42	3459.76
投资收益(万元)	-63.67	-42.45	215.10	-59.13
补贴收入(万元)	9.00		12.27	723.50
营业外收支(万元)	22.63		-1406.29	12.95
利润总额(万元)	999.84	807.72	-4751.35	4137.08
净利润(万元)	1226.40	1034.35	-4718.21	2840.54

十大股东

序号	股东名称	股份性质	持股数(万股)	比例(%)
1	华诚投资管理有限公司	国有法人股	8474.21	34.59
2	滨州印染集团有限责任公司	国有法人股	6468.10	24.40
3	华泰证券有限责任公司	流通股	122.67	0.50
4	山东亚光纺织集团有限公司	国有法人股	69.23	0.28
5	上海雪羚毛纺织有限公司	法人股	69.23	0.28
6	潮州惠丰纺织有限公司	法人股	69.23	0.28
7	李勇平	流通股	31.39	0.13
8	王跃科	流通股	19.08	0.08
9	潘晓光	流通股	15.01	0.06
10	李保山	流通股	12.52	0.05

股东人数	2003.9	2003.6	2002	2001
	45343	46378	48576	56793

近年分配	2001年 每 10 股派 1.00 元	近年配股 / 增发	不分配不转增

重大事项

公司拟受让山东滨州印染集团有限责任公司净值为 7793837.12 元的印染设备及建筑物评估作价后来抵减滨印集团对公司的部分欠款。 公司控股子公司四川华纺银华有限责任公司拟受让四川华诚银华集团有限责任公司 78338 平方米的土地使用权、净值为 9774161.51 元的纺织设备评估作价来抵减华诚银华对华纺银华的部分欠款。该抵偿方案需提报证监会审核同意后再行召集股东大会审议。

二〇〇二年以来市场表现

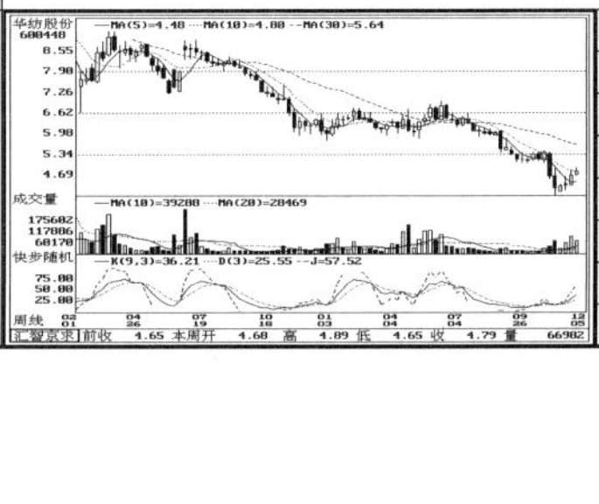

2002年涨跌幅(%)	-34.59
2002年最高(元)	9.09
2002年最低(元)	5.88
2002年换手率(%)	256.04
2003年涨跌幅(%)	-21.19
2003年最高(元)	6.97
2003年最低(元)	4.05
2003年换手率(%)	207.07

宁夏赛马实业股份有限公司

公司概况								
	公司名称	宁夏赛马实业股份有限公司				股票代码	600449	
	注册地址	银川市新市区新小线二公里处				邮政编码	750021	
	法人代表	李永进		董秘	武雄			
	电话	0951-2085256		传真	0951-2085256			
	主营业务	水泥制造销售,水泥制品,水泥熟料等						
	总股本	12300.00	流通 A	4800.00	流通 B		流通 H	
	审计单位			审计意见	未审计			

主要财务指标	年度	2003.9	2003.6	2002	2001
	每股收益/扣除后(元)	0.2690	0.1900	0.3720	0.3300
	每股经营现金流量(元)	0.5600	0.3200	0.5200	
	每股净资产/调整后(元)	4.0980	2.3800	2.1900	1.8500
	每股公积金(元)	2.3170	0.3373	0.3373	0.3373
	净资产收益率(%)	6.5400	8.1000	15.4300	17.9900
	总资产(万元)	57200.93	55229.90	52571.74	43115.94
	股东权益(万元)	50484.11	17851.20	16410.41	13878.19
	未分配利润(万元)	8389.89	6526.64	5085.85	2933.46
	主营收入(万元)	19964.60	13310.16	21907.85	16562.78
	资本公积金(万元)	28499.65	2530.00	2530.00	2530.00
	主营利润(万元)	7290.13	4361.51	8095.20	7060.80
	其他业务利润(万元)	-6.18	34.44	67.27	78.33
	营业利润(万元)	1266.55	720.14	1969.76	2335.37
	投资收益(万元)	0.53	0.53	-0.04	
	补贴收入(万元)	1777.86		1421.14	797.12
	营业外收支(万元)	-44.41		-141.74	-14.41
	利润总额(万元)	3333.59	1523.39	3249.11	3118.08
	净利润(万元)	3304.05	1440.79	2532.22	2497.33

十大股东	序号	股东名称	股份性质	持股数(万股)	比例(%)
	1	宁夏赛马水泥(集团)有限责任公司	国家股	6975.00	57.71
	2	宁夏青龙管道有限公司	国有法人股	225.00	1.83
	3	宁夏新材房地产开发有限公司	国有法人股	150.00	1.22
	4	宁夏英力特化工股份有限公司	国有法人股	75.00	0.61
	5	中国建筑材料西北公司	国有法人股	75.00	0.61
	6	海通证券	流通股	44.05	0.36
	7	天同 180	流通股	7.70	0.06
	8	国泰君安	流通股	4.50	0.04
	9	基金汉兴	流通股	4.50	0.04
	10	基金融鑫	流通股	4.20	0.03

股东人数	2003.9	2003.6	2002	2001
	29895			

近年分配		近年配股/增发	不分配不转增

重大事项

公司发行人民币普通股(A股)4800万股,全部采用向二级市场投资者定价配售。申购日:2003年8月14日,发行价格:6.7元/股,发行市盈率:19.82倍,发行对象:持有已上市流通人民币普通股(A股)股票的收盘市值达10000元及以上的投资者。

二〇〇二年以来市场表现

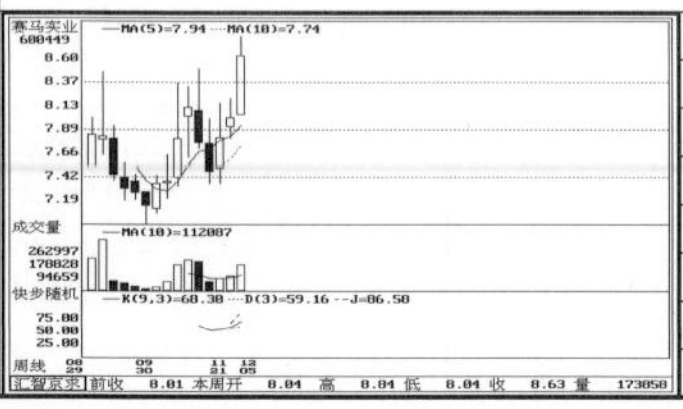

2002年涨跌幅(%)	0.00
2002年最高(元)	0.00
2002年最低(元)	0.00
2002年换手率(%)	0.00
2003年涨跌幅(%)	0.00
2003年最高(元)	8.50
2003年最低(元)	6.95
2003年换手率(%)	348.81

宝鸡钛业股份有限公司

公司概况								
	公司名称	宝鸡钛业股份有限公司				股票代码	600456	
	注册地址	宝鸡市钛城路1号				邮政编码	721014	
	法人代表	胡清熊		董秘	郑海山			
	电话	0917-3382026		传真	09717-3382132			
	主营业务	有色金属压延加工、钛产品						
	总股本	20008.00	流通 A	6000.00	流通 B		流通 H	
	审计单位			审计意见	未审计			

主要财务指标	年度	2003.9	2003.6	2002	2001
	每股收益/扣除后(元)	0.1890	0.1440	0.2100	0.2700
	每股经营现金流量(元)	0.2800	0.2300	0.3191	0.1250
	每股净资产/调整后(元)	3.1860	3.0600	2.8770	1.8622
	每股公积金(元)	1.6347	1.6347	1.6347	0.5376
	净资产收益率(%)	8.4350	4.7000	7.0300	14.4700
	总资产(万元)	96483.82	91558.04	92324.11	59443.50
	股东权益(万元)	63739.05	61242.77	58362.78	26085.98
	未分配利润(万元)	9071.34	6575.05	3695.07	3209.61
	主营收入(万元)	34506.47	22971.42	34641.03	32546.45
	资本公积金(万元)	32707.32	32707.32	31707.32	7531.26
	主营利润(万元)	7621.18	5569.88	9067.44	7893.31
	其他业务利润(万元)	178.70	139.11	53.40	2.52
	营业利润(万元)	4515.56	3452.16	5093.28	4519.51
	投资收益(万元)	1793.68		-163.68	
	补贴收入(万元)				
	营业外收支(万元)	2.38		-79.81	-77.14
	利润总额(万元)	6311.63	3454.55	4849.79	4442.37
	净利润(万元)	5376.27	2879.98	4101.95	3776.01

十大股东	序号	股东名称	股份性质	持股数(万股)	比例(%)
	1	宝鸡有色金属加工厂	国有法人股	13800.00	68.97
	2	景福证券投资基金	流通股	117.66	0.59
	3	普华证券投资基金	流通股	89.61	0.45
	4	西北有色金属研究院	国有法人股	65.00	0.32
	5	深圳国际信托投资公司	流通股	53.05	0.27
	6	中国有色金属进出口陕西公司	国有法人股	45.50	0.23
	7	郑州绿都置业有限公司	流通股	39.40	0.20
	8	南京南瑞继保电气有限公司	流通股	38.30	0.19
	9	华宝信托投资有限责任公司	流通股	36.78	0.18
	10	何真	流通股	35.67	0.18

股东人数	2003.9	2003.6	2002	2001
	25678	27395	30094	

近年分配	2002年 每10股派1.50元	近年配股/增发	不分配不转增

重大事项

公司与宝鸡有色金属加工厂签署的关于建设"钛熔铸系统技术改造项目"和"引进钛及钛合金冷炉床熔炼炉技术改造项目"协议的议案:决定由宝鸡有色金属加工厂进行以上项目建设,宝鸡有色金属加工厂承诺项目建设完成后按成本价转让给公司。项目建设期从该协议生效之日起不超过两年。

二〇〇二年以来市场表现

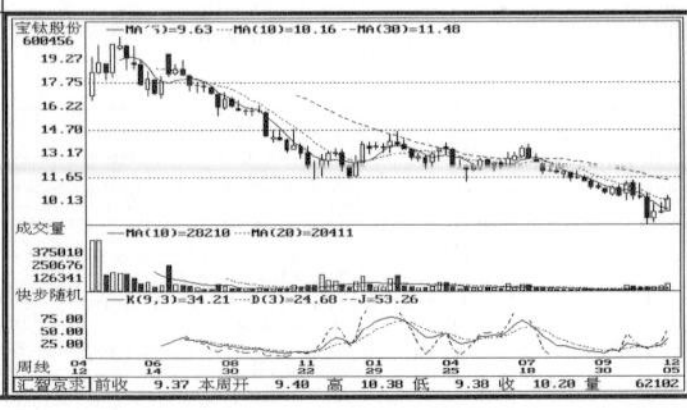

2002年涨跌幅(%)	0.00
2002年最高(元)	20.65
2002年最低(元)	11.32
2002年换手率(%)	566.26
2003年涨跌幅(%)	-19.01
2003年最高(元)	14.40
2003年最低(元)	8.60
2003年换手率(%)	279.92

株洲时代新材料科技股份有限公司

公司概况

公司名称	株洲时代新材料科技股份有限公司	股票代码	600458
注册地址	株洲市高新技术开发区黄河南路	邮政编码	412007
法人代表	廖斌	董秘	杨宗国
电话	0733-2837718	传真	0733-2837786
主营业务	橡塑元件开发,橡胶、塑料模具制造等		

总股本	8514.80	流通 A	3500.00	流通 B		流通 H	
审计单位				审计意见	未审计		

主要财务指标

年度	2003.9	2003.6	2002	2001
每股收益/扣除后(元)	0.1900	0.1200	0.3000	0.3300
每股经营现金流量(元)	0.0520	0.0080	0.1000	0.0900
每股净资产/调整后(元)	3.8400	3.7700	3.6400	1.4400
每股公积金(元)	2.1905	2.1905	2.1905	2.1905
净资产收益率(%)	5.2100	3.2200	8.3300	22.9400
总资产(万元)	41886.57	40905.38	38801.03	9077.79
股东权益(万元)	32735.34	32062.30	31028.74	5379.08
未分配利润(万元)	4428.03	3754.99	2721.43	
主营收入(万元)	13759.11	9308.80	15746.39	6113.43
资本公积金(万元)	18651.58	18651.58	18651.58	
主营利润(万元)	5939.71	3819.16	7269.03	2953.71
其他业务利润(万元)	85.61	57.96	43.85	-31.03
营业利润(万元)	2067.87	1246.26	3014.98	1362.71
投资收益(万元)	6.74	6.30	121.38	77.15
补贴收入(万元)	5.43	4.28	1.59	
营业外收支(万元)	-2.88		-8.89	-37.73
利润总额(万元)	2077.17	1253.52	3129.06	1344.87
净利润(万元)	1706.60	1033.56	2585.26	1191.29

十大股东

序号	股东名称	股份性质	持股数(万股)	比例(%)
1	株洲电力机车研究所	国有股东	1808.74	21.24
2	北京铁工经贸公司	国有股东	1216.72	14.29
3	株洲电力机车厂	国有股东	227.37	2.67
4	大同机车厂	国有股东	193.98	2.28
5	四方机车车辆厂	国有股东	191.52	2.25
6	株洲车辆厂	国有股东	186.29	2.19
7	大连机车车辆厂	国有股东	185.60	2.18
8	齐齐哈尔铁路车辆(集团)有限公司	国有股东	176.40	2.07
9	资阳机车厂	国有股东	132.30	1.55
10	南京浦镇车辆厂	国有股东	130.28	1.53

股东人数	2003.9	2003.6	2002	2001
	7383	8503	15950	

近年分配	2002年 每10股派1.00元	近年配股/增发	不分配不转增

重大事项

公司拟与青岛四方机车车辆厂、北京京铁国际旅行社有限公司、青岛铁路客车铝窗开发公司以及姜炯等五名自然人,共同发起设立青岛四方客车修理股份有限公司。该公司位于青岛市金岭工业园,总股本为**3500**万元,公司现金出资**600**万元,占总股本的**17.14%**,为该公司第二大股东。

二〇〇二年以来市场表现

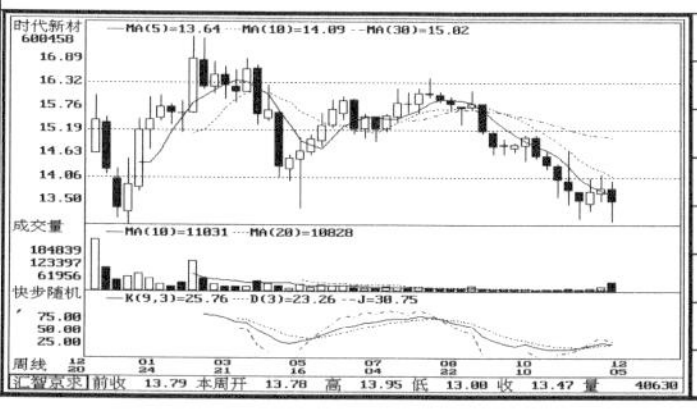

2002年涨跌幅(%)	0.00
2002年最高(元)	15.90
2002年最低(元)	13.40
2002年换手率(%)	110.80
2003年涨跌幅(%)	2.45
2003年最高(元)	17.35
2003年最低(元)	12.83
2003年换手率(%)	300.74

贵研铂业股份有限公司

公司概况

公司名称	贵研铂业股份有限公司	股票代码	600459
注册地址	云南省昆明市二环北路核桃箐	邮政编码	650221
法人代表	唐俊	董秘	朱绍武
电话	0871-5123338	传真	0871-5122422
主营业务	贵金属(含金)信息功能材料、环保材料等		

总股本	8595.00	流通 A	4000.00	流通 B		流通 H	
审计单位				审计意见	未审计		

主要财务指标

年度	2003.9	2003.6	2002	2001
每股收益/扣除后(元)	0.1200	0.0700	0.3500	0.3400
每股经营现金流量(元)	0.0100	0.0200	1.0600	0.3300
每股净资产/调整后(元)	4.2600	4.2000	2.1233	1.7710
每股公积金(元)	2.8389	2.8389	0.5372	0.8372
净资产收益率(%)	2.8600	1.6900	16.5900	19.1800
总资产(万元)	47377.04	50440.92	22561.87	20790.97
股东权益(万元)	36740.85	36302.90	9756.62	8137.71
未分配利润(万元)	2015.79	1577.84	963.72	128.14
主营收入(万元)	17187.90	10392.82	10392.82	15785.85
资本公积金(万元)	24400.64	24400.64	2468.49	2468.49
主营利润(万元)	1588.38	1023.91	2668.56	2439.56
其他业务利润(万元)	383.60	291.00	344.49	152.26
营业利润(万元)	898.65	552.93	1536.26	1404.60
投资收益(万元)	116.49	49.98	99.96	90.80
补贴收入(万元)				
营业外收支(万元)	-2.44		-17.12	-1.45
利润总额(万元)	1012.70	604.47	1619.10	1493.95
净利润(万元)	1052.07	614.12	1618.91	1560.58

十大股东

序号	股东名称	股份性质	持股数(万股)	比例(%)
1	昆明贵金属研究所	国有法人股	3860.00	44.91
2	华夏成长证券投资基金	流通股	424.99	4.95
3	红塔创新投资股份有限公司	国有法人股	230.00	2.68
4	云南铜业(集团)有限公司	国有法人股	230.00	2.68
5	云南烟草兴云投资股份有限公司	国有法人股	140.00	1.63
6	中国有色金属工业技术开发交流中心	国有法人股	50.00	0.58
7	项美云	流通股	48.90	0.57
8	太原高科耐火材料有限公司	法人股	40.00	0.47
9	深圳市加德信投资有限公司	流通股	26.50	0.31
10	昆明冶金研究院	国有法人股	25.00	0.29

股东人数	2003.9	2003.6	2002	2001
	22111	21870		

近年分配		近年配股/增发	不分配不转增

重大事项

公司**4000**万股**A**股向二级市场投资者配售申购已于**2003**年**4**月**21**日结束。沪市、深市二级市场投资者的配号总数为**71807926**个,起始号码为**000100000001**,本次股票发行的中签率为**0.05570416%**。

二〇〇二年以来市场表现

2002年涨跌幅(%)	0.00
2002年最高(元)	0.00
2002年最低(元)	0.00
2002年换手率(%)	0.00
2003年涨跌幅(%)	0.00
2003年最高(元)	16.66
2003年最低(元)	8.65
2003年换手率(%)	405.78

杭州士兰微电子股份有限公司

公司概况

公司名称	杭州士兰微电子股份有限公司			股票代码	600460
注册地址	杭州市黄姑山路4号			邮政编码	310012
法人代表	陈向东		董秘	陈向明	
电话	0571-88212980		传真	0571-88210763	
主营业务	电子元器件、电子零部件及其他电子产品设计等				
总股本	10102.00	流通A	2600.00	流通B	流通H
审计单位			审计意见	未审计	

主要财务指标

年度	2003.9	2003.6	2002	2001
每股收益/扣除后(元)	0.3180	0.1450	0.5600	0.4800
每股经营现金流量(元)	0.4700	0.2970	0.2600	0.4300
每股净资产/调整后(元)	4.8100	4.6200	4.5000	2.2000
每股公积金(元)	2.5829	2.5829	2.5829	
净资产收益率(%)	6.7100	3.1500	26.4400	26.5030
总资产(万元)	68641.71	69239.12	39593.74	22674.32
股东权益(万元)	48861.94	46682.88	16518.31	13651.52
未分配利润(万元)	10700.61	8907.06	7134.90	5222.17
主营收入(万元)	26523.76	15570.43	26494.78	19050.22
资本公积金(万元)	23092.42	26092.42		
主营利润(万元)	5153.55	2718.86	5584.87	3660.96
其他业务利润(万元)	34.29	20.69	41.96	0.50
营业利润(万元)	2786.49	1069.06	3142.74	2267.65
投资收益(万元)	796.45	474.65	1795.93	1641.25
补贴收入(万元)	51.50		23.77	260.79
营业外收支(万元)	3.65		-13.86	-18.88
利润总额(万元)	3638.08	1554.77	4948.58	4150.81
净利润(万元)	3265.71	1472.16	4367.18	3618.14

十大股东

序号	股东名称	股份性质	持股数(万股)	比例(%)
1	陈向东	自然人股	1305.35	12.92
2	范伟宏	自然人股	1267.84	12.55
3	郑少波	自然人股	1267.84	12.55
4	江忠永	自然人股	1267.84	12.55
5	罗华兵	自然人股	1267.84	12.55
6	宋卫权	自然人股	562.65	5.57
7	陈国华	自然人股	562.65	5.57
8	华宝信托投资有限责任公司	流通股	194.54	1.93
9	国泰金鹰增长证券投资基金	流通股	155.28	1.54
10	金鑫证券投资基金	流通股	110.36	1.09

股东人数	2003.9	2003.6	2002	2001
	10425	10943		

近年分配		近年配股/增发	不分配不转增

重大事项

2003年5月12日,公司与华夏银行宝善支行签署了《保证合同》,同意为控股子公司杭州士兰集成电路有限公司在华夏银行宝善支行申请办理的人民币500万元的资金贷款提供担保,担保期限为2003年5月12日至2007年5月12日。 2003年5月27日,公司下属控股子公司杭州士兰集成电路有限公司与中国银行杭州市高新技术开发区支行签定了《外币借款合同》,合同借款总额为550万美元,上述款项自2003年5月28日起48个月内,由士兰集成公司向中行高新支行提清。截止2003年5月28日,士兰集成公司已从中行高新支行提款82.5万美元。

二〇〇二年以来市场表现

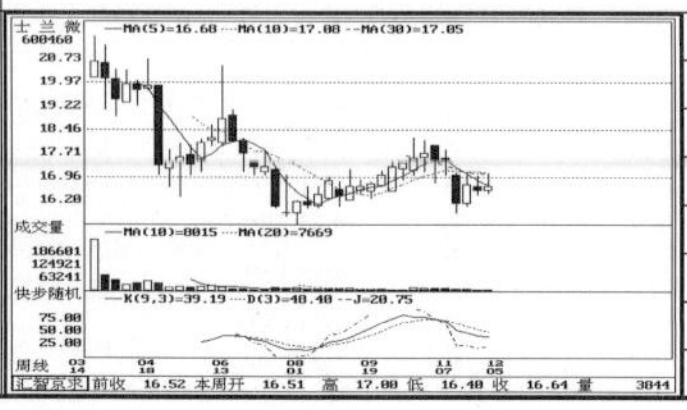

2002年涨跌幅(%)	0.00
2002年最高(元)	0.00
2002年最低(元)	0.00
2002年换手率(%)	0.00
2003年涨跌幅(%)	0.00
2003年最高(元)	21.48
2003年最低(元)	15.45
2003年换手率(%)	309.07

延边石岘白麓纸业股份有限公司

公司概况

公司名称	延边石岘白麓纸业股份有限公司			股票代码	600462
注册地址	吉林省图们市石岘镇			邮政编码	133101
法人代表	王相阁		董秘	李克铎	
电话	0433-3869123		传真	0433-3869126	
主营业务	新闻纸、胶版纸、商品木浆、箱板纸等				
总股本	17030.00	流通A	5000.00	流通B	流通H
审计单位			审计意见	未审计	

主要财务指标

年度	2003.9	2003.6	2002	2001
每股收益/扣除后(元)	0.1130	0.1170	0.1460	0.2170
每股经营现金流量(元)	-0.5040	-0.3347	0.2666	0.0120
每股净资产/调整后(元)	4.4100	4.3779	4.2603	3.4205
每股公积金(元)	2.7317	2.4614	2.4614	1.7964
净资产收益率(%)	2.5700	2.7000	4.1000	7.5000
总资产(万元)	210876.48	196833.98	181434.05	136319.72
股东权益(万元)	75087.78	52665.96	51251.42	41148.83
未分配利润(万元)		9359.84	7945.31	6158.10
主营收入(万元)	56600.97	37725.53	46015.73	52558.33
资本公积金(万元)	46520.87	29610.32	29610.32	21610.32
主营利润(万元)	9080.54	6076.38	6120.13	7725.55
其他业务利润(万元)	171.19	197.71	278.12	15.28
营业利润(万元)	2344.75	731.75	2038.09	3092.95
投资收益(万元)				
补贴收入(万元)			410.00	608.00
营业外收支(万元)	-7.62		-17.43	-40.59
利润总额(万元)	2337.14	1735.64	2430.66	3660.36
净利润(万元)	1925.81	1414.53	2102.60	3096.27

十大股东

序号	股东名称	股份性质	持股数(万股)	比例(%)
1	吉林石岘纸业有限责任公司	国有法人股	6860.00	40.28
2	中国信达资产管理公司	国家股、流通股	2573.09	15.12
3	中国华融资产管理公司	国家股	1374.00	8.06
4	中国东方资产管理公司	国家股	836.00	4.91
5	吉林日报社	国有法人股	100.00	0.59
6	吉林延边林业集团有限公司	国有法人股	100.00	0.59
7	牡丹江市红林化工有限责任公司	社会法人股	100.00	0.59
8	石岘造纸厂三环企业总公司	社会法人股	100.00	0.59
9	延边日报社	国有法人股	20.00	0.12
10	长春日报报业(集团)有限公司	国有法人股	10.00	0.06

股东人数	2003.9	2003.6	2002	2001
	30160			

近年分配		近年配股/增发	不分配不转增

重大事项

公司本次公开发行人民币普通股(A股)股票5000万股,采用全部向二级市场投资者定价配售的方式进行,申购时间:2003年8月20日,发行价格:4.54元/股,发行市盈率:26倍,按发行人2002年度实现净利润和2002年末总股本计算。

二〇〇二年以来市场表现

2002年涨跌幅(%)	0.00
2002年最高(元)	0.00
2002年最低(元)	0.00
2002年换手率(%)	0.00
2003年涨跌幅(%)	0.00
2003年最高(元)	7.58
2003年最低(元)	5.61
2003年换手率(%)	258.12

四川迪康科技药业股份有限公司

公司概况

公司名称	四川迪康科技药业股份有限公司		股票代码	600466	
注册地址	成都市高新区二环路南四段十一号		邮政编码	610041	
法人代表	孙继林		董秘	蒋黎	
电话	028-87845999-1853		传真	028-87846943	
主营业务	化学原药、中成药研制等				
总股本	12740.00	流通 A	5000.00	流通 B	流通 H
审计单位			审计意见	未审计	

主要财务指标

年度	2003.9	2003.6	2002	2001
每股收益/扣除后(元)	0.0890	0.0500	0.1600	0.0229
每股经营现金流量(元)	0.0900	0.1700	0.1400	0.7400
每股净资产/调整后(元)	5.1500	5.1300	5.0900	5.0200
每股公积金(元)	3.5854	3.5854	3.5854	3.5854
净资产收益率(%)	1.8100	1.1200	3.6900	4.5500
总资产(万元)	81135.85	83574.85	77944.52	75154.79
股东权益(万元)	66280.98	65820.10	65083.23	63954.07
未分配利润(万元)	6242.78	5781.00	5045.03	4451.74
主营收入(万元)	10372.54	6805.92	15316.07	9400.01
资本公积金(万元)	45678.01	45678.01	45678.01	45677.01
主营利润(万元)	4712.13	3152.97	7721.57	3361.86
其他业务利润(万元)	141.07	140.26	173.09	1598.28
营业利润(万元)	1307.38	465.06	2397.47	2505.04
投资收益(万元)	13.90	44.45	-138.10	98.52
补贴收入(万元)	63.00	63.00	733.00	297.54
营业外收支(万元)	-3.34	-3.15	-8.24	-16.68
利润总额(万元)	1380.94	869.36	2984.12	2884.42
净利润(万元)	1197.75	936.87	2402.16	2911.48

十大股东

序号	股东名称	股份性质	持股数(万股)	比例(%)
1	四川迪康产业控股集团股份有限公司Θ	法人股	7489.70	58.79
2	通乾证券投资基金	流通股	164.27	1.26
3	中国科学院成都有机化学有限公司	法人股	100.00	0.78
4	迪康持股研究会	流通股	90.60	0.71
5	通宝证券投资基金	流通股	65.95	0.52
6	成都高创科技集团公司	法人股	50.30	0.39
7	成都福瑞机电设备制造公司	法人股	50.00	0.39
8	四川省中药研究所	法人股	50.00	0.39
9	上海财政证券公司	流通股	43.00	0.34
10	国家电力公司华东电力设计院	流通股	33.30	0.26

股东人数	2003.9	2003.6	2002	2001
	23214	22361	24658	25957

近年分配	2002年 每10股派1.00元 2001年 每10股派1.00元	近年配股/增发	不分配不转增

重大事项

四川迪康产业控股集团股份有限公司持有公司 **7489.7** 万股法人股，占公司股本总数的 **58.79%**，为公司控股股东。公司 **2003** 年 **7** 月 **16** 日获悉，为办理相关流动资金借款事宜，迪康集团将其持有的本公司 **7489.7** 万股法人股中的 **4817.3** 万股质押给中国光大银行成都分行，质押期自 **2003** 年 **7** 月 **16** 日至 **2004** 年 **4** 月 **22** 日；**2200** 万股质押给招商银行成都分行红照壁支行，质押期自 **2003** 年 **7** 月 **16** 日至 **2004** 年 **7** 月 **15** 日。以上质押的股份占公司股份总数的 **55.08%**。

二〇〇二年以来市场表现

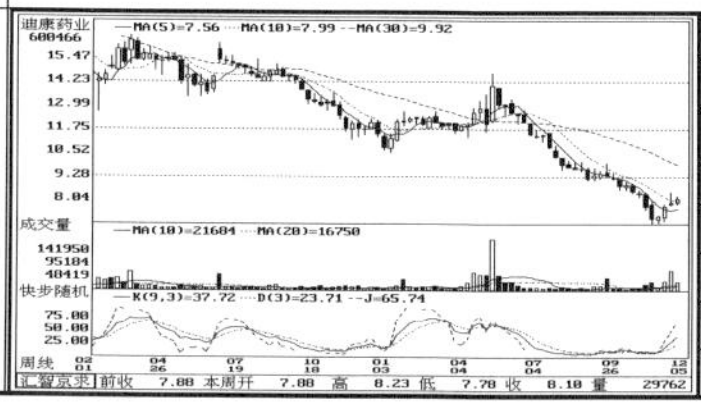

2002年涨跌幅(%)	-30.83
2002年最高(元)	16.51
2002年最低(元)	10.75
2002年换手率(%)	142.76
2003年涨跌幅(%)	-26.97
2003年最高(元)	14.56
2003年最低(元)	6.80
2003年换手率(%)	205.75

天津特精液压股份有限公司

公司概况

公司名称	天津特精液压股份有限公司		股票代码	600468	
注册地址	天津市南开区南泥湾路 8 号		邮政编码	300012	
法人代表	张文利		董秘	梁岩	
电话	022-83963876		传真	022-83963876	
主营业务	液压、气动元件、机床设备、铸件的制造等				
总股本	11000.00	流通 A	3000.00	流通 B	流通 H
审计单位			审计意见	未审计	

主要财务指标

年度	2003.9	2003.6	2002	2001
每股收益/扣除后(元)	0.0630	0.0520	0.0300	0.0400
每股经营现金流量(元)	0.5300	0.6500	-0.4450	-0.3590
每股净资产/调整后(元)	3.0440	3.0590	3.0150	3.0700
每股公积金(元)	1.8992	1.8992	1.8992	1.9028
净资产收益率(%)	2.3670	1.8400	1.2500	1.7600
总资产(万元)	80387.20	79365.11	70867.08	56142.50
股东权益(万元)	34151.42	33969.58	33343.07	33771.59
未分配利润(万元)	1447.13	1265.29	638.78	1123.77
主营收入(万元)	37018.47	25983.27	22674.85	13394.34
资本公积金(万元)	20891.64	20891.64	20891.64	20930.48
主营利润(万元)	7449.29	4864.28	5440.28	3333.05
其他业务利润(万元)	70.46	36.49	246.74	233.57
营业利润(万元)	1291.62	1016.38	936.50	716.51
投资收益(万元)	73.29	2.00	18.69	31.67
补贴收入(万元)	131.91		4.72	1.16
营业外收支(万元)	47.91		-7.28	-1.09
利润总额(万元)	1544.72	1141.89	952.64	748.25
净利润(万元)	808.36	626.51	415.79	595.06

十大股东

序号	股东名称	股份性质	持股数(万股)	比例(%)
1	天津液压机械(集团)有限公司	国有法人股	7761.13	70.56
2	渤海证券有限责任公司	社会公众股	543.35	4.94
3	天津泰鑫实业开发有限公司	法人股	136.50	1.24
4	汉唐证券有限责任公司	社会公众股	96.09	0.87
5	华泰证券有限责任公司	社会公众股	77.99	0.71
6	天津市机械工业物资总公司	国有法人股	34.12	0.31
7	天津经纬集团投资公司	国有法人股	34.12	0.31
8	天津市静海县通达工业公司	法人股	34.12	0.31
9	陈和平	社会公众股	21.25	0.19
10	曾玲霞	社会公众股	16.05	0.15

股东人数	2003.9	2003.6	2002	2001
	13810	14300	15634	22825

近年分配	2002年 每10股派0.50元 2001年 每10股派0.50元	近年配股/增发	不分配不转增

重大事项

公司与液压集团对机器设备等资产进行置换，公司置出资产 **897.51** 万元，置入资产 **400.77** 万元，差额 **496.74** 万元由液压集团以现金支付公司；液压集团以现金 **173.40** 万元受让公司帐面值为 **173.40** 万元的应收帐款债权。公司以现金 **202** 万元受让天津市机电工业控股集团公司持有的天津市百利天开电器有限公司的 **35%** 股权；公司受让该股权的同时，与百利天开的部分股东共同以现金对百利天开增资 **500** 万元人民币，其中公司出资 **200** 万元。此项投资总金额为 **402** 万元，占公司 **2002** 年末经审计的净资产的 **1.2%**。百利天开股东股权转让及增资完成后，其注册资本由目前的 **500** 万元增加至 **1000** 万元。

二〇〇二年以来市场表现

2002年涨跌幅(%)	-16.38
2002年最高(元)	18.20
2002年最低(元)	11.56
2002年换手率(%)	241.58
2003年涨跌幅(%)	-32.15
2003年最高(元)	16.34
2003年最低(元)	9.65
2003年换手率(%)	100.36

风神轮胎股份有限公司

公司概况

公司名称	风神轮胎股份有限公司	股票代码	600469
注册地址	河南省焦作市焦东南路48号	邮政编码	454003
法人代表	曹朝阳	董秘	韩法强
电话	0391-3999006	传真	0391-3933952
主营业务	经营本企业生产的轮胎及相关技术的出口业务等		
总股本	25500.00	流通A	7500.00
流通B		流通H	
审计单位		审计意见	未审计

主要财务指标

年度	2003.9	2003.6	2002	2001
每股收益/扣除后(元)	0.3200	0.1130	0.2170	0.2050
每股经营现金流量(元)	0.4240	0.2610	0.1630	
每股净资产/调整后(元)	2.1495	1.8390	1.6150	1.6200
每股公积金(元)	1.2933	0.5526	0.5522	0.5435
净资产收益率(%)	14.4410	14.4400	11.7100	12.6700
总资产(万元)	126134.48	111784.15	100883.23	95217.53
股东权益(万元)	38690.80	35159.55	33096.76	29064.17
未分配利润(万元)	9177.86	5628.22	3589.94	295.49
主营收入(万元)	152430.81	77572.28	136154.36	106117.85
资本公积金(万元)	9946.29	9964.67	9940.17	9783.40
主营利润(万元)	29279.03	13827.15	24468.89	19611.83
其他业务利润(万元)	457.76	213.86	-53.38	-503.92
营业利润(万元)	8892.50	3272.83	5604.43	5720.39
投资收益(万元)				
补贴收入(万元)	25.00		822.00	500.00
营业外收支(万元)	-351.50		-41.34	-445.18
利润总额(万元)	8566.00	3268.03	6385.09	5775.20
净利润(万元)	5587.92	2038.28	3875.82	3683.29

十大股东

序号	股东名称	股份性质	持股数(万股)	比例(%)
1	河南轮胎集团有限责任公司	国有法人股	16226.28	63.63
2	中国神马集团有限责任公司	国有法人股	985.40	3.87
3	豫港(河南)开发有限公司	国有法人股	328.47	1.29
4	焦作市投资公司	国有法人股	197.08	0.77
5	江阴创新气门嘴有限公司	发起人法人股	98.54	0.39
6	焦作市锌品厂	发起人法人股	98.54	0.39
7	封丘县助剂厂	发起人法人股	65.69	0.25
8	河北证券有限责任公司	社会公众股	62.24	0.24
9	天同180指数	社会公众股	9.80	0.04
10	基金普惠	社会公众股	8.90	0.03

股东人数	2003.9	2003.6	2002	2001

近年分配		近年配股/增发	不分配不转增

重大事项

公司本次公开发行人民币普通股(A股)7500万股,采用全部向二级市场投资者定价配售的方式进行,申购时间:2003年9月29日,发行价格:4.30元/股,发行市盈率:20倍,配售简称:风神配售,上证所的配售代码:737469,深交所的配售代码:003469,配售缴款时间:2003年10月9日

二〇〇二年以来市场表现

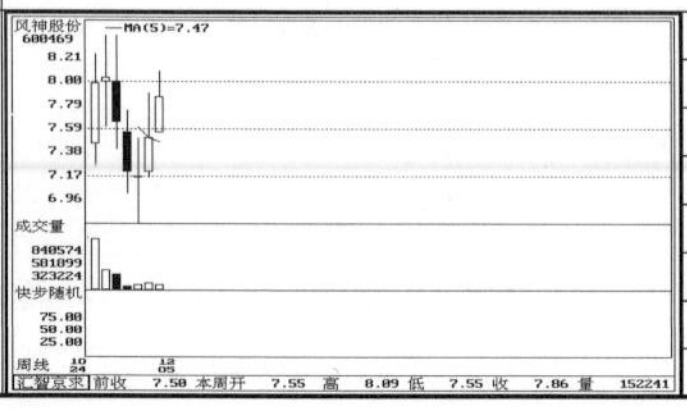

2002年涨跌幅(%)	0.00
2002年最高(元)	0.00
2002年最低(元)	0.00
2002年换手率(%)	0.00
2003年涨跌幅(%)	0.00
2003年最高(元)	8.42
2003年最低(元)	6.75
2003年换手率(%)	313.89

无锡华光锅炉股份有限公司

公司概况

公司名称	无锡华光锅炉股份有限公司	股票代码	600475
注册地址	无锡市开发区26#-G地块7、8幢	邮政编码	214028
法人代表	万冠清	董秘	徐叶丹
电话	0510-5215556	传真	0510-5225852
主营业务	电站锅炉、工业锅炉、锅炉辅机、水处理设备等		
总股本	16000.00	流通A	6000.00
流通B		流通H	
审计单位		审计意见	未审计

主要财务指标

年度	2003.9	2003.6	2002	2001
每股收益/扣除后(元)	0.2160	0.2390	0.2670	0.2380
每股经营现金流量(元)	4.1300	2.0250	-0.0870	0.2280
每股净资产/调整后(元)	3.1400	2.0940	1.8590	1.5670
每股公积金(元)	1.5797	0.3263	0.3263	0.3263
净资产收益率(%)	7.1200	11.3900	15.7100	16.5400
总资产(万元)	179809.70	104028.23	59533.20	49554.12
股东权益(万元)	50180.65	20985.45	18595.31	15674.02
未分配利润(万元)	7802.42	6619.79	4229.65	1892.61
主营收入(万元)	46394.45	27267.86	36006.92	29957.95
资本公积金(万元)	25275.39	3262.83	3262.83	3262.83
主营利润(万元)	10768.10	7577.68	10203.31	9111.90
其他业务利润(万元)	398.08	310.46	308.31	270.29
营业利润(万元)	4121.33	2706.04	3171.43	3160.34
投资收益(万元)	192.15	3.63	424.73	-44.74
补贴收入(万元)				112.63
营业外收支(万元)	-133.53		-148.42	-98.58
利润总额(万元)	4174.66	2614.92	3447.74	3129.66
净利润(万元)	3572.78	2390.14	2921.29	2592.89

十大股东

序号	股东名称	股份性质	持股数(万股)	比例(%)
1	无锡水星集团有限公司	国有法人股	8940.00	55.88
2	亚洲控股有限公司	法人股	500.00	3.13
3	无锡高新技术风险投资股份有限公司	法人股	400.00	2.50
4	无锡金和大厦有限公司	法人股	110.00	0.69
5	东方证券有限责任公司	流通股	98.63	0.62
6	东吴证券有限责任公司	流通股	88.50	0.55
7	云南国际信托投资有限公司	流通股	82.34	0.51
8	银丰证券投资基金	流通股	80.78	0.50
9	江珠高速公路珠海段有限公司	流通股	65.17	0.41
10	无锡市工业锅炉厂	法人股	40.00	0.25

股东人数	2003.9	2003.6	2002	2001
	13083	6		

近年分配		近年配股/增发	不分配不转增

重大事项

无锡市国联发展(集团)有限公司于2003年8月11日收到无锡市国有资产管理委员会的批复,批准将无锡市机械资产经营有限公司所属的无锡水星集团有限公司整体无偿划转无锡市国联发展(集团)有限公司。本次划转尚需本收购报告书报送中国证监会审核无异议,并在获得中国证监会豁免无锡市国联发展(集团)有限公司的全面要约收购义务后方可履行。本次划转完成后,无锡市国联发展(集团)有限公司将通过无锡市水星集团有限公司间接持有本公司股份8940万股,占总股本55.88%。

二〇〇二年以来市场表现

2002年涨跌幅(%)	0.00
2002年最高(元)	0.00
2002年最低(元)	0.00
2002年换手率(%)	0.00
2003年涨跌幅(%)	0.00
2003年最高(元)	12.10
2003年最低(元)	8.22
2003年换手率(%)	368.87

浙江杭萧钢构股份有限公司

公司概况

公司名称	浙江杭萧钢构股份有限公司	股票代码	600477
注册地址	浙江省杭州市萧山区新街镇盛东村	邮政编码	311217
法人代表	单银木	董秘	来巧红
电话	0571-87246788	传真	0571-87240484
主营业务	钢结构工程的制作、安装;专项工程设计等		

总股本	7736.68	流通 A	2500.00	流通 B		流通 H	
审计单位				审计意见	未审计		

主要财务指标

年度	2003.9	2003.6	2002	2001
每股收益/扣除后(元)	0.5100	0.8500	0.3600	0.1200
每股经营现金流量(元)	1.1600	0.8700	0.7600	
每股净资产/调整后(元)	2.6600	2.0300	1.2300	0.9400
每股公积金(元)	3.1018	0.0053	0.0002	0.0002
净资产收益率(%)	23.6600	23.6700	41.2700	25.8700
总资产(万元)		82865.68	61234.50	29021.13
股东权益(万元)		13923.03	10652.91	6456.20
未分配利润(万元)		7004.41	3709.52	731.24
主营收入(万元)		60710.57	63638.09	30959.17
资本公积金(万元)		27.86	1.13	1.13
主营利润(万元)		8031.48	11542.85	6653.44
其他业务利润(万元)		-6.74	120.22	36.08
营业利润(万元)		3864.29	5368.71	2725.79
投资收益(万元)		21.41	42.54	42.54
补贴收入(万元)				
营业外收支(万元)		-55.10	-151.84	-388.47
利润总额(万元)		3830.60	5259.41	2379.86
净利润(万元)		3294.90	4396.71	1670.51

十大股东

序号	股东名称	股份性质	持股数(万股)	比例(%)
1	单银木	发起人股	2794.29	36.12
2	潘金水	发起人股	865.62	11.19
3	戴瑞芳	发起人股	622.64	8.05
4	浙江国泰建设集团有限公司	发起人法人股	523.67	6.47
5	许荣根	发起人股	136.68	1.77
6	陈辉	发起人股	136.68	1.77
7	靖江地方金属材料有限公司	发起人法人股	104.73	1.35
8	浙江省工业设计研究院	发起人法人股	52.37	0.68
9	大鹏证券有限责任公司	流通股	33.38	0.44
10	天同180指数证券投资基金	流通股	5.60	0.07

股东人数	2003.9	2003.6	2002	2001

近年分配		近年配股/增发	不分配不转增

重大事项

公司本次公开发行人民币普通股(A股)2500万股,采用全部向二级市场投资者定价配售的方式进行,申购时间:2003年10月24日,发行价格:11.24元/股,发行市盈率:13.38倍,配售简称:杭萧配售,沪市配售代码:737477,深市配售代码:003477,配售缴款时间:2003年10月29日

二〇〇二年以来市场表现

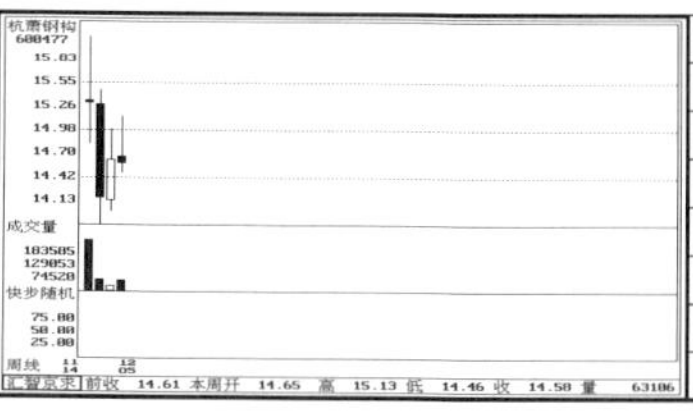

2002年涨跌幅(%)	0.00
2002年最高(元)	0.00
2002年最低(元)	0.00
2002年换手率(%)	0.00
2003年涨跌幅(%)	0.00
2003年最高(元)	16.11
2003年最低(元)	13.85
2003年换手率(%)	137.38

长沙力元新材料股份有限公司

公司概况

公司名称	长沙力元新材料股份有限公司	股票代码	600478
注册地址	长沙市经济技术开发区星沙南路6号	邮政编码	410100
法人代表	张世明	董秘	陈志军
电话	0731-4019421	传真	0731-4016101
主营业务	连续化带状泡沫镍产品、电池及相关材料的生产等		

总股本	12369.75	流通 A	4000.00	流通 B		流通 H	
审计单位				审计意见	未审计		

主要财务指标

年度	2003.9	2003.6	2002	2001
每股收益/扣除后(元)	0.1630	0.1600	0.2800	0.0970
每股经营现金流量(元)	0.1000	0.2100	0.9400	0.2200
每股净资产/调整后(元)	2.5500	1.4400	1.2800	1.1030
每股公积金(元)	1.1975			
净资产收益率(%)	6.4000	11.1700	21.7900	8.8200
总资产(万元)	59803.69	36550.14	33457.47	29521.85
股东权益(万元)	31564.74	12079.75	10730.82	9229.81
未分配利润(万元)	3535.04	2863.03	1514.10	597.59
主营收入(万元)	21892.63	14534.02	24288.86	13057.00
资本公积金(万元)	14812.98			
主营利润(万元)	5521.42	3639.03	6766.61	3594.24
其他业务利润(万元)	374.74	248.94	294.38	91.68
营业利润(万元)	2384.45	1588.55	2785.61	972.95
投资收益(万元)	-0.24	-0.24	-0.09	
补贴收入(万元)				
营业外收支(万元)	-6.63		10.72	-14.91
利润总额(万元)	2377.57	1587.31	2796.24	958.04
净利润(万元)	2020.94	1348.93	2337.99	814.34

十大股东

序号	股东名称	股份性质	持股数(万股)	比例(%)
1	成都银河创新科技股份公司	法人股	2510.93	20.30
2	湖南新兴公司	国有法人股	2510.93	20.30
3	钟发平	自然人	1506.56	12.18
4	上海三湘(集团)有限公司	法人股	836.98	6.76
5	湖南天联复合材料有限公司	法人股	502.19	4.06
6	广东新锐投资有限公司	法人股	502.19	4.06
7	泰阳证券	流通A股	37.34	0.30
8	天同180指数	流通A股	6.40	0.05
9	招商股票	流通A股	4.30	0.04
10	广发证券	流通A股	3.80	0.03

股东人数	2003.9	2003.6	2002	2001
	22792			

近年分配	2002年 每10股派1.00元	近年配股/增发	不分配不转增

重大事项

公司于2003年9月30日与中国进出口银行签订了4000万元人民币的出口卖方信贷借款合同,公司将一次性向中国进出口银行提取金额4000万元,借款期限为12个月。本合同的借款年利率为3.51%。

二〇〇二年以来市场表现

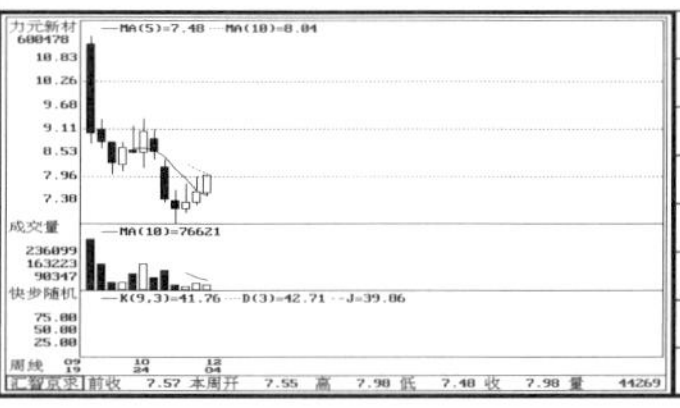

2002年涨跌幅(%)	0.00
2002年最高(元)	0.00
2002年最低(元)	0.00
2002年换手率(%)	0.00
2003年涨跌幅(%)	0.00
2003年最高(元)	11.41
2003年最低(元)	6.81
2003年换手率(%)	297.66

凌云工业股份有限公司

公司概况

公司名称	凌云工业股份有限公司	股票代码	600480
注册地址	河北省涿州市松林店镇	邮政编码	072761
法人代表	李喜增	董秘	张建华
电话	0312-3951002	传真	0312-3951234
主营业务	生产和销售塑料燃气管道系统、给水管道系统等		
总股本	24000.00	流通 A	6800.00
流通 B		流通 H	
审计单位		审计意见	未审计

主要财务指标

年度	2003.9	2003.6	2002	2001
每股收益/扣除后(元)	0.0800	0.0990	0.2500	0.1800
每股经营现金流量(元)	-0.0100	-0.1270	0.5790	
每股净资产/调整后(元)	1.6700	1.1000	1.0800	1.0500
每股公积金(元)	0.6548			
净资产收益率(%)	4.6300	8.4500	22.6270	16.5270
总资产(万元)	111523.53	80073.02	70449.70	59504.32
股东权益(万元)	43026.56	20229.00	18575.48	18065.22
未分配利润(万元)	2021.37	1739.06	85.55	154.31
主营收入(万元)	43659.96	27240.76	49914.90	38711.67
资本公积金(万元)	15715.26			
主营利润(万元)	14622.01	9234.87	19375.09	14604.04
其他业务利润(万元)	174.82	173.37	89.53	140.78
营业利润(万元)	6899.88	4733.60	11286.55	8496.51
投资收益(万元)	-219.19	-146.13	-292.25	-292.25
补贴收入(万元)	20.10		8.00	
营业外收支(万元)	-0.44		-53.26	-121.87
利润总额(万元)	6700.36	4596.72	10949.03	8082.38
净利润(万元)	1991.38	1709.07	4203.00	2985.64

十大股东

序号	股东名称	股份性质	持股数(万股)	比例(%)
1	河北凌云工业集团有限公司	国有法人股	10474.80	43.64
2	英属维尔京群岛第五汽车有限	外资股	6536.00	27.23
3	北京市燃气集团有限责任公司	国有法人股	86.00	0.36
4	华安证券	社会公众股	53.81	0.22
5	中国市政工程华北设计研究院	国有法人股	51.60	0.22
6	中国市政工程西南设计研究院	国有法人股	51.60	0.22
7	天同 180	社会公众股	9.90	0.04
8	基金同益	社会公众股	7.70	0.03
9	基金汉盛	社会公众股	7.10	0.03
10	基金同盛	社会公众股	6.90	0.03

股东人数	2003.9	2003.6	2002	2001
	30880	5		

近年分配		近年配股/增发	不分配不转增

重大事项

凌云股份于 **2003** 年 **7** 月 **31** 日向二级市场投资者定价配售发行 **6800** 万股人民币普通股,发行价 **3.8** 元,全面摊薄发行市盈率为 **14.26** 倍.每一个股票帐户申购数量上限为 **68000** 股,配售缴款日为 **2003** 年 **8** 月 **05** 日.募股资金运用:1)PE 管道系统项目;2)PE 管道系统关联项目;3)汽车零部件项目。

二〇〇二年以来市场表现

2002年涨跌幅(%)	0.00
2002年最高(元)	0.00
2002年最低(元)	0.00
2002年换手率(%)	0.00
2003年涨跌幅(%)	0.00
2003年最高(元)	7.71
2003年最低(元)	5.18
2003年换手率(%)	397.31

江苏双良空调设备股份有限公司

公司概况

公司名称	江苏双良空调设备股份有限公司	股票代码	600481
注册地址	江苏省江阴市利港镇	邮政编码	214444
法人代表	缪志强	董秘	王晓松
电话	0510-6632358	传真	0510-6632307
主营业务	产销售空调产品及其零配件.		
总股本	30600.00	流通 A	8000.00
流通 B		流通 H	
审计单位		审计意见	未审计

主要财务指标

年度	2003.9	2003.6	2002	2001
每股收益/扣除后(元)	0.3170	0.1680	0.0752	0.3620
每股经营现金流量(元)	0.4180	0.3020	-0.0220	0.4080
每股净资产/调整后(元)	2.9600	2.8200	1.2160	1.1574
每股公积金(元)	1.5484	1.5484		
净资产收益率(%)	10.6600	5.9400	31.2900	28.8200
总资产(万元)	118712.36	113759.05	57319.85	45644.64
股东权益(万元)	91266.37	86688.69	26156.73	24969.78
未分配利润(万元)	10806.82	6229.13	1077.73	1146.30
主营收入(万元)	47296.91	29137.39	46830.64	40546.93
资本公积金(万元)	47380.56	47380.56		
主营利润(万元)	21740.84	13235.83	22205.19	18138.84
其他业务利润(万元)	892.04	335.72	631.99	153.91
营业利润(万元)	10952.99	5821.93	9579.56	8158.63
投资收益(万元)				
补贴收入(万元)				
营业外收支(万元)	-75.83		-220.36	-44.42
利润总额(万元)	10877.16	5774.95	9359.20	8114.22
净利润(万元)	9729.09	5151.40	8186.95	7198.62

十大股东

序号	股东名称	股份性质	持股数(万股)	比例(%)
1	江苏双良集团有限公司	社会法人股	13560.00	44.31
2	香港 STARBOARDLIMITED	外资股	7910.00	25.85
3	江苏双良停车设备有限公司	社会法人股	452.00	1.48
4	江苏双良科技有限公司	社会法人股	452.00	1.48
5	开元证券投资基金	流通股	238.37	0.78
6	江苏澄利投资咨询有限公司	社会法人股	226.00	0.74
7	宝盈鸿利收益证券投资基金	流通股	137.28	0.45
8	南方稳健成长证券投资基金	流通股	126.92	0.41
9	国泰君安证券股份有限公司	流通股	74.12	0.24
10	上海经泰投资咨询有限公司	流通股	40.13	0.13

股东人数	2003.9	2003.6	2002	2001
	31966	37407		

近年分配		近年配股/增发	不分配不转增

重大事项

2003 年 **6** 月 **30** 日,公司与江苏双良停车设备有限公司签订了《合资合同》和《合资公司章程》,公司以现金出资 **900** 万元,合资设立江苏双良空调设备安装公司。合资公司注册资本为 **1000** 万元,公司持有合资公司 **90%** 的权益。

二〇〇二年以来市场表现

2002年涨跌幅(%)	0.00
2002年最高(元)	0.00
2002年最低(元)	0.00
2002年换手率(%)	0.00
2003年涨跌幅(%)	0.00
2003年最高(元)	11.24
2003年最低(元)	7.70
2003年换手率(%)	259.64

北京中创信测科技股份有限公司

公司概况

公司名称	北京中创信测科技股份有限公司	股票代码	600485
注册地址	北京市海淀区学院南路四道口一号	邮政编码	100081
法人代表	张春光	董秘	王志刚
电话	010-62125566	传真	010-62116339
主营业务	技术开发、技术咨询、技术服务;销售开发后的产品等		
总股本	6831.60	流通 A	1800.00
流通 B		流通 H	
审计单位		审计意见	未审计

主要财务指标

年度	2003.9	2003.6	2002	2001
每股收益/扣除后(元)	0.2900	0.3000	0.5600	1.7694
每股经营现金流量(元)	-0.1500	0.0200	0.1800	
每股净资产/调整后(元)	4.1760	2.1100	1.8206	1.7694
每股公积金(元)	2.3224	0.0346	0.0346	0.0484
净资产收益率(%)	7.0000	14.1600	30.6000	36.3000
总资产(万元)	33702.73	14812.92	14175.18	9968.40
股东权益(万元)	28601.70	10672.00	9161.01	6359.54
未分配利润(万元)	5114.84	4677.10	3166.10	242.87
主营收入(万元)	9535.36	6508.16	14429.14	10178.06
资本公积金(万元)	15865.81	173.85	173.85	173.85
主营利润(万元)	5979.27	4008.54	8005.29	6225.99
其他业务利润(万元)	25.25	25.64	185.17	147.69
营业利润(万元)	1213.93	1199.59	2196.56	1884.99
投资收益(万元)				
补贴收入(万元)	915.81		922.28	581.12
营业外收支(万元)	1.29			
利润总额(万元)	2131.02	1690.70	3118.84	2424.24
净利润(万元)	1948.74	1510.99	2801.47	2307.47

十大股东

序号	股东名称	股份性质	持股数(万股)	比例(%)
1	北京英诺维电子技术有限公司	境内法人股	2884.62	1.00
2	北京协力得企业管理顾问有限公司	境内法人股	1006.32	14.73
3	北京智多维网络技术有限责任公司	境内法人股	1006.32	14.73
4	北京正方兴通信技术研究所	境内法人股	50.32	0.74
5	北京兴华动力科贸有限公司	境内法人股	50.32	0.74
6	深圳世纪之舟实业发展有限公司	境内法人股	33.71	0.74
7	广发证券股份有限公司	社会公众股	21.41	0.74
8	基金融鑫	社会公众股	2.60	0.74
9	国信证券	社会公众股	1.30	0.02
10	基金裕泽	社会公众股	1.00	0.01

股东人数	2003.9	2003.6	2002	2001
	10944	6		

近年分配		近年配股/增发	不分配不转增

重大事项

2003 年 11 月 17 日,公司与中国民生银行股份有限公司北京西直门支行签订了《综合授信合同》。依据该合同,公司获得为期一年的、最高额度为 3000 万元人民币的银行授信,专用于汇票贴现,贴现率另在具体的业务合同中进行约定。

二〇〇二年以来市场表现

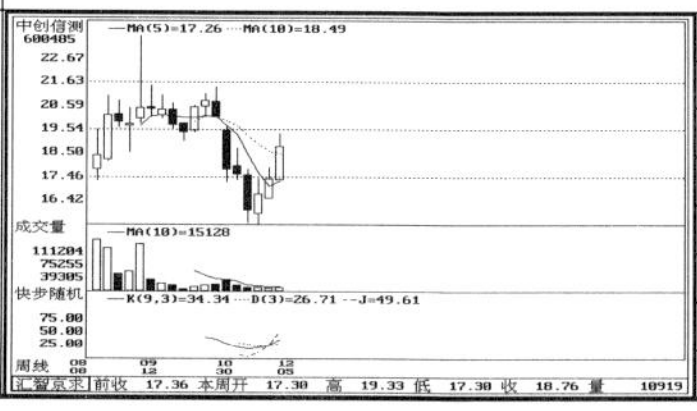

2002年涨跌幅(%)	0.00
2002年最高(元)	0.00
2002年最低(元)	0.00
2002年换手率(%)	0.00
2003年涨跌幅(%)	0.00
2003年最高(元)	23.71
2003年最低(元)	15.38
2003年换手率(%)	401.39

江苏扬农化工股份有限公司

公司概况

公司名称	江苏扬农化工股份有限公司	股票代码	600486
注册地址	江苏省扬州市文峰路 39 号	邮政编码	225009
法人代表	周其钧	董秘	陆曦明
电话	0514-7813243-7486	传真	0514-7815486
主营业务	卫生用、农用拟除虫菊酯产品、精细化工产品制造等		
总股本	10000.00	流通 A	3000.00
流通 B		流通 H	
审计单位		审计意见	未审计

主要财务指标

年度	2003.9	2003.6	2002	2001
每股收益/扣除后(元)	0.2770	0.2380	0.2630	0.3400
每股经营现金流量(元)	0.5700	0.3400	0.3320	0.7400
每股净资产/调整后(元)	3.5450	3.5020	3.2910	1.8400
每股公积金(元)	2.1778	2.1778	2.1778	0.4426
净资产收益率(%)	7.6200	2.8700	7.3700	18.4100
总资产(万元)	58970.78	61570.08	49325.99	24027.96
股东权益(万元)	35636.28	34987.60	32919.65	12861.12
未分配利润(万元)	2778.59	2129.91	61.96	2012.48
主营收入(万元)	33097.41	24974.95	30097.56	26441.63
资本公积金(万元)	21778.48	21778.48	21778.48	3133.19
主营利润(万元)	7862.14	5972.73	8101.81	7152.21
其他业务利润(万元)	0.28		154.57	
营业利润(万元)	4337.11	3333.30	4141.18	3771.41
投资收益(万元)	20.24		6.14	130.87
补贴收入(万元)	20.84		922.28	581.12
营业外收支(万元)	-273.56		-478.29	-323.01
利润总额(万元)	4104.64	3151.02	3669.03	3534.47
净利润(万元)	2716.63	2067.95	2425.04	2367.62

十大股东

序号	股东名称	股份性质	持股数(万股)	比例(%)
1	江苏扬农化工集团有限公司	国有法人股	5578.98	55.79
2	扬州福源化工科技有限公司	国有法人股	1039.77	10.40
3	海通证券股份有限公司	流通股	498.40	4.98
4	扬州市电力中心	国有法人股	138.64	1.39
5	同盛证券投资基金	流通股	105.32	1.05
6	扬州产业投资经营公司	国有法人股	103.98	1.04
7	上海凯特科技发展公司	流通股	99.71	1.00
8	贵州省遵义东方实业有限责任公司	流通股	88.29	0.88
9	南京南大表面和界面化学工程技术研究中心有限责任公司	国有法人股	69.32	0.69
10	深圳市天致润投资顾问有限责任公司	流通股	64.34	0.64

股东人数	2003.9	2003.6	2002	2001
	8604	8645	9344	

近年分配	2002年 每 10 股派 2.00 元	近年配股/增发	不分配不转增

重大事项

公司第一大股东江苏扬农化工集团有限公司的控股股东扬州市化工资产经营管理有限责任公司,将其对扬农集团公司出资 8787.51 万元中的 1928.36 万元,转让给扬农集团经营层及骨干。本次转让后,扬州市化工资产经营管理有限责任公司出资 6859.15 万元,占注册资本的 52.81%;扬农集团公司工会代表职工出资 2937.83 万元,占注册资本的 22.62%;周其钧、刘应山等 46 名自然人股东合计出资 3190.77 万元,占注册资本的 24.57%。扬农集团公司现持有公司国有法人股 55789757 股,占公司总股本的 55.79%,持股数和持股比例未有变动。

二〇〇二年以来市场表现

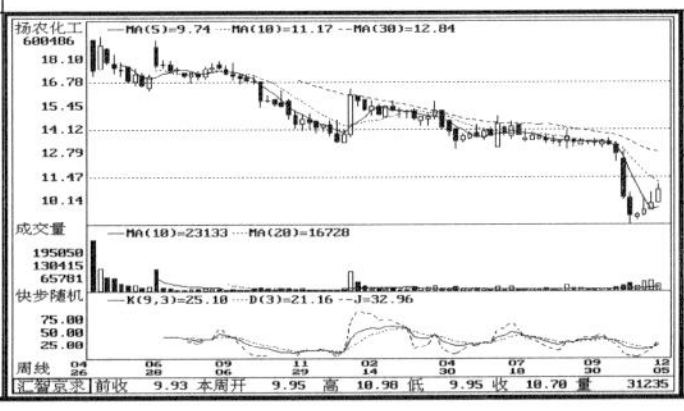

2002年涨跌幅(%)	0.00
2002年最高(元)	19.23
2002年最低(元)	13.30
2002年换手率(%)	307.98
2003年涨跌幅(%)	-26.44
2003年最高(元)	16.19
2003年最低(元)	8.81
2003年换手率(%)	236.56

江苏亨通光电股份有限公司

公司概况

公司名称	江苏亨通光电股份有限公司	股票代码	600487
注册地址	江苏省吴江市七都镇	邮政编码	215234
法人代表	崔根良	董秘	姚央毛
电话	0512-63802858	传真	0512-63801518
主营业务	光纤光缆、电力电缆、特种通信线缆等		

总股本	12612.00	流通 A	3500.00	流通 B		流通 H	
审计单位				审计意见	未审计		

主要财务指标

年度	2003.9	2003.6	2002	2001
每股收益/扣除后(元)	0.1600	0.0400	0.5600	0.7800
每股经营现金流量(元)	0.0080	–0.2100	1.1000	
每股净资产/调整后(元)	4.6200	2.2200	2.1000	2.0600
每股公积金(元)	2.6735			
净资产收益率(%)	4.0400	7.3700	27.0300	42.8500
总资产(万元)	59548.90	57893.68	58104.18	46252.71
股东权益(万元)	20237.11	19149.30	18744.75	16412.27
未分配利润(万元)	6300.55	5212.74	4808.19	3236.36
主营收入(万元)	21815.73	10448.41	63215.51	80275.93
资本公积金(万元)	0.26	0.26	0.26	0.26
主营利润(万元)	4699.41	1636.80	14387.32	25109.12
其他业务利润(万元)	130.47	18.53	131.82	209.91
营业利润(万元)	2352.84	559.44	7555.20	1126.74
投资收益(万元)			–3.82	
补贴收入(万元)	71.58			
营业外收支(万元)	6.64		1.45	–82.65
利润总额(万元)	2408.43	610.92	7553.06	11184.76
净利润(万元)	1492.36	404.55	5066.08	7032.69

十大股东

序号	股东名称	股份性质	持股数(万股)	比例(%)
1	亨通集团有限公司	境内法人股	6601.74	52.34
2	毛慧苏	自然人股	1265.57	10.03
3	吴江市苏源电力实业总公司	境内法人股	287.21	2.28
4	苏州苏源电力实业总公司	境内法人股	287.21	2.28
5	昆明市电信局职工技协服务部	境内法人股	287.21	2.28
6	天津市电话器材公司	境内法人股	191.53	1.52
7	吴江亨利光电材料有限责任公司	境内法人股	191.53	1.52
8	平安证券有限责任公司	流通股	40.96	0.32
9	鸿阳基金	流通股	5.90	0.05
10	天同 180	流通股	5.80	0.05

股东人数

2003.9	2003.6	2002	2001
25720			

近年分配

近年分配		近年配股/增发	不分配不转增

重大事项

公司本次公开发行人民币普通股(A 股)股票 **3500** 万股,采用全部向二级市场投资者定价配售的方式进行,申购时间:**2003** 年 **8** 月 **7** 日,发行价格:**11.20** 元/股,发行市盈率:**20** 倍;发行对象:于《招股说明书摘要》刊登日即 **2003** 年 **8** 月 **4** 日收盘时持有沪市或深市的已上市流通人民币普通股(A 股)股票市值达 **10000** 元及以上的投资者均可参加本次新股配售发行的申购。

二〇〇二年以来市场表现

2002年涨跌幅(%)	0.00
2002年最高(元)	0.00
2002年最低(元)	0.00
2002年换手率(%)	0.00
2003年涨跌幅(%)	0.00
2003年最高(元)	13.60
2003年最低(元)	9.05
2003年换手率(%)	192.76

天津天药药业股份有限公司

公司概况

公司名称	天津天药药业股份有限公司	股票代码	600488
注册地址	天津市新技术产业园区华苑产业区中济科园B座	邮政编码	300171
法人代表	郝于田	董秘	贾凤娜
电话	022-24160861	传真	022-24160910
主营业务	原料药和小针剂的生产和销售、出口等		

总股本	25182.50	流通 A	7605.00	流通 B		流通 H	
审计单位				审计意见	未审计		

主要财务指标

年度	2003.9	2003.6	2002	2001
每股收益/扣除后(元)	0.2450	0.1500	0.4630	0.5260
每股经营现金流量(元)	0.2600	0.1500	0.2340	0.4820
每股净资产/调整后(元)	3.3880	3.2900	3.9050	4.7600
每股公积金(元)	1.6457	1.6457	2.4394	3.3848
净资产收益率(%)	7.1800	4.6500	11.9700	10.6300
总资产(万元)	147966.37	150737.12	141900.55	113402.14
股东权益(万元)	85937.05	83636.58	75936.42	70923.06
未分配利润(万元)	13947.91	11989.10	4855.15	3425.61
主营收入(万元)	48155.96	32370.45	60720.70	50933.87
资本公积金(万元)	41442.12	41442.12	47253.47	50437.23
主营利润(万元)	12711.37	8183.62	14568.02	12931.70
其他业务利润(万元)	31.24	68.00	269.68	235.79
营业利润(万元)	6413.84	3925.80	8483.95	8149.88
投资收益(万元)	978.17	650.47	2356.91	1012.45
补贴收入(万元)	76.41		164.74	
营业外收支(万元)	–55.07		–189.21	–301.95
利润总额(万元)	7413.34	4590.24	10816.39	8860.38
净利润(万元)	6170.62	3870.15	9091.17	7536.22

十大股东

序号	股东名称	股份性质	持股数(万股)	比例(%)
1	药业集团	发起人股	16901.50	67.12
2	渤海证券	流通股	285.33	1.13
3	华盛公司	流通股	172.19	0.68
4	中央药业	发起人股	169.00	0.67
5	中新药业	发起人股	169.00	0.67
6	海泰投资	发起人股	169.00	0.67
7	天津药印	发起人股	169.00	0.67
8	华鑫证券	流通股	104.00	0.41
9	国航财务	流通股	75.29	0.30
10	基金裕阳	流通股	63.02	0.25

股东人数

2003.9	2003.6	2002	2001
22439	22753	13794	16465

近年分配

近年分配	2001年 每 10 股派 2.00 元	近年配股/增发	2002年 每 10 股转增 3 股 2001 年 每 10 股送 1 股

重大事项

2003 年 **6** 月 **18** 日,公司与天津金耀集团有限公司签署了转让天津每日新传媒发展有限公司股权的协议书。经双方协商,转让价格为人民币 **1815** 万元,占该公司总股本的 **33%**。该投资构成关联交易。向天津金耀集团有限公司转让天津金耀投资担保有限公司股权:**2003** 年 **6** 月 **18** 日,公司与天津金耀集团有限公司签署了转让天津金耀投资担保有限公司股权的意向书。经双方协商,转让价格为人民币 **4200** 万元,占该公司总股本的 **38.2%**。

二〇〇二年以来市场表现

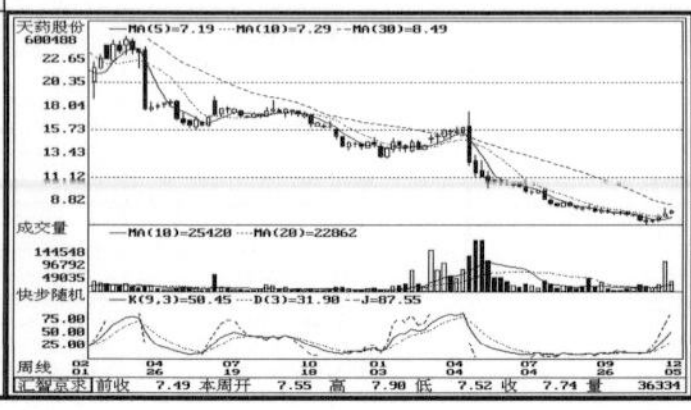

2002年涨跌幅(%)	–23.10
2002年最高(元)	14.65
2002年最低(元)	10.52
2002年换手率(%)	89.64
2003年涨跌幅(%)	–30.33
2003年最高(元)	13.45
2003年最低(元)	6.51
2003年换手率(%)	267.06

中金黄金股份有限公司

公司概况

公司名称	中金黄金股份有限公司			股票代码	600489
注册地址	天津港保税区海滨路28号			邮政编码	300457
法人代表	宋鑫			董秘	李跃清
电话	022-66201747			传真	022-66201747
主营业务	黄金等有色金属地质勘查、采选、冶炼等				
总股本	28000.00	流通A	10000.00	流通B	流通H
审计单位				审计意见	未审计

主要财务指标

年度	2003.9	2003.6	2002	2001
每股收益/扣除后(元)	0.0940	0.1100	0.0549	0.2023
每股经营现金流量(元)	0.0270	-0.0050	-0.1100	0.6500
每股净资产/调整后(元)	2.6784	1.9742	1.9193	1.8644
每股公积金(元)	1.3687	0.5274	0.5274	0.5273
净资产收益率(%)	4.0000	5.3900	10.8500	11.6700
总资产(万元)	110078.59	74461.69	72391.61	65320.29
股东权益(万元)	75401.37	35472.14	33559.32	29915.96
未分配利润(万元)	7246.04	6146.05	4233.23	1320.09
主营收入(万元)	152037.87	90965.29	87810.10	58449.91
资本公积金(万元)	38322.87	9493.62	9493.62	9491.68
主营利润(万元)	10613.38	7375.74	12194.66	9328.27
其他业务利润(万元)	-0.67	-15.05	4.94	-6.13
营业利润(万元)	3797.38	2872.54	3441.77	1455.52
投资收益(万元)	59.56	43.87	2.43	109.80
补贴收入(万元)	473.00	473.00	2416.30	3938.09
营业外收支(万元)	-57.15	-12.43	-234.12	-169.38
利润总额(万元)	4272.79	958.88	1984.95	5334.04
净利润(万元)	3012.81	1915.82	3641.42	3491.62

十大股东

序号	股东名称	股份性质	持股数(万股)	比例(%)
1	中国黄金总公司	国家股	15935.39	56.91
2	中信国安黄金有限责任公司	国有法人股	1310.87	4.69
3	河南豫光金铅集团有限责任公司	国有法人股	327.72	1.18
4	西藏自治区矿业开发总公司	国有法人股	229.40	0.82
5	中国银河证券有限责任公司	社会公众股	74.09	0.26
6	山东莱州黄金(集团)有限责任公司	国有法人股	65.54	0.23
7	天津天保控股有限公司	国有法人股	65.54	0.23
8	天津市宝银号贵金属有限公司	法人股	65.54	0.23
9	天同180基金	社会公众股	14.40	0.05
10	汉盛基金	社会公众股	13.50	0.05

股东人数	2003.9	2003.6	2002	2001
	46854	7		

近年分配		近年配股/增发	不分配不转增

重大事项

公司本次公开发行人民币普通股(A股)股票10000万股,全部采用向二级市场投资者定价配售的方式进行,申购时间:2003年7月30日,发行价格:4.05元/股,发行市盈率:20倍;发行对象:于2003年7月25日收盘时持有沪市或深市的已上市流通人民币普通股(A)股票市值达10000元及以上的投资者均可参加本次新股配售发行的申购。投资者同时持有的沪、深两市上市流通A股股票市值不合并计算。

二〇〇二年以来市场表现

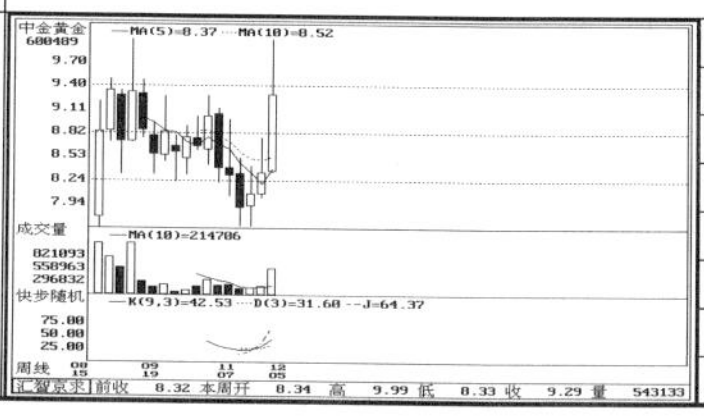

2002年涨跌幅(%)	0.00
2002年最高(元)	0.00
2002年最低(元)	0.00
2002年换手率(%)	0.00
2003年涨跌幅(%)	0.00
2003年最高(元)	9.98
2003年最低(元)	7.65
2003年换手率(%)	577.19

上海中科合臣股份有限公司

公司概况

公司名称	上海中科合臣股份有限公司			股票代码	600490
注册地址	上海市普陀区真北路552号			邮政编码	200062
法人代表	姜标			董秘	伍爱群
电话	021-68419588			传真	021-68419909
主营业务	GMP条件下的医用原料的制造和销售等				
总股本	7600.00	流通A	3000.00	流通B	流通H
审计单位				审计意见	未审计

主要财务指标

年度	2003.9	2003.6	2002	2001
每股收益/扣除后(元)	0.0590	0.0500	0.3500	0.3300
每股经营现金流量(元)	-0.3000	-0.0100	0.5700	-0.4900
每股净资产/调整后(元)	3.8980	3.9100	2.1600	1.8100
每股公积金(元)	2.5161	2.5161	0.5154	0.5154
净资产收益率(%)	1.4400	1.1300	16.2100	18.3800
总资产(万元)	42993.18	42500.43	19225.66	20104.15
股东权益(万元)	29919.21	30016.86	9926.12	8317.14
未分配利润(万元)	2376.34	2473.99	2135.21	827.79
主营收入(万元)	8247.91	5865.52	9571.26	9463.20
资本公积金(万元)	19122.63	19122.63	2370.67	2370.67
主营利润(万元)	2891.85	1948.25	4721.66	3897.39
其他业务利润(万元)	9.32	-9.90	27.25	1.69
营业利润(万元)	593.45	581.39	1874.04	1875.85
投资收益(万元)	-67.80	-134.48	30.91	95.05
补贴收入(万元)	11.70		19.70	
营业外收支(万元)	-22.47		-18.99	-132.37
利润总额(万元)	514.89	438.67	1905.66	1838.53
净利润(万元)	429.69	338.78	1608.98	1528.51

十大股东

序号	股东名称	股份性质	持股数(万股)	比例(%)
1	上海中科合臣化学公司	国有法人股	3013.00	39.64
2	上海联和投资有限公司	国有法人股	328.00	10.89
3	上海科技投资公司	国有法人股	322.00	4.24
4	郑崇直	自然人股	161.00	2.12
5	姜标	自然人股	161.00	2.12
6	章建平	流通股	50.00	0.65
7	上海市普陀区国有资产经营有限公司	国家股	46.00	0.61
8	王霖	自然人股	36.80	0.48
9	湘财证券有限责任公司	流通股	23.73	0.31
10	基金金鑫	流通股	20.77	0.27

股东人数	2003.9	2003.6	2002	2001
	19215	21196		

近年分配		近年配股/增发	不分配不转增

重大事项

2003年9月30日董事会议同意公司与江苏泰州德山氟材料有限责任公司共同出资组建江苏泰州德山合臣化学有限责任公司,共建年产2000吨的调聚醇,合资企业注册资本800万元,公司出资408万元,占合资企业注册资本的51%。

二〇〇二年以来市场表现

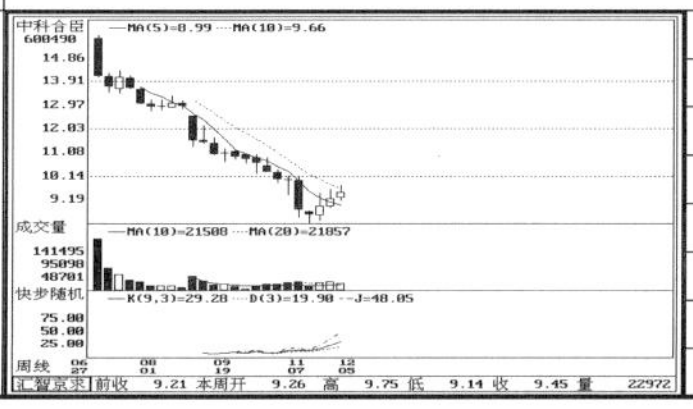

2002年涨跌幅(%)	0.00
2002年最高(元)	0.00
2002年最低(元)	0.00
2002年换手率(%)	0.00
2003年涨跌幅(%)	0.00
2003年最高(元)	15.80
2003年最低(元)	8.25
2003年换手率(%)	257.90

安徽长江农业装备股份有限公司

公司概况

公司名称	安徽长江农业装备股份有限公司		股票代码	600496	
注册地址	安徽省六安市江淮路28号		邮政编码	237009	
法人代表	严宏		董秘	喻小平	
电话	0564-336648		传真	0564-3364237	
主营业务	拖拉机、联合收割机、配套农机具等				
总股本 11000.00	流通A 4000.00		流通B	流通H	
审计单位			审计意见	未审计	

主要财务指标

年度	2003.9	2003.6	2002	2001
每股收益/扣除后(元)	0.0090	0.0100	0.0600	1.4200
每股经营现金流量(元)	-0.2800	-0.0700	0.2000	
每股净资产/调整后(元)	2.2400	2.2400	2.2300	1.4200
每股公积金(元)	1.1582	1.1582	1.1582	0.3326
净资产收益率(%)		0.7200	2.7500	12.7000
总资产(万元)	35247.31	34216.16	34544.91	19989.30
股东权益(万元)	24689.31	24676.36	24499.22	9748.60
未分配利润(万元)	26.09	256.14	79.00	31.03
主营收入(万元)	8210.43	6006.78	13880.56	19710.15
资本公积金(万元)	12739.98	12739.98	12739.98	2328.15
主营利润(万元)	1547.26	1146.52	2688.21	3660.70
其他业务利润(万元)	4.03			
营业利润(万元)	-87.75	-67.06	-130.05	1885.85
投资收益(万元)	146.31	108.00	81.60	
补贴收入(万元)				
营业外收支(万元)	-14.32	-3.99	-20.34	2.65
利润总额(万元)	283.91	264.39	1004.66	1892.00
净利润(万元)	190.09	177.14	673.16	1267.64

十大股东

序号	股东名称	股份性质	持股数(万股)	比例(%)
1	六安手扶拖拉机厂	国家股	6788.83	61.72
2	安徽强力新型模具总厂	法人股	65.99	0.60
3	六安市精工齿轮总厂	法人股	65.99	0.60
4	北京日新经贸发展有限责任公司	社会公众股	59.15	0.54
5	六安市龙兴工业公司	法人股	46.19	0.42
6	河南省商城县通用机械制造有限公司	法人股	32.99	0.30
7	韩步康	社会公众股	28.28	0.26
8	池州市金鑫建筑安装工程有限公司	社会公众股	24.65	0.22
9	北京浩鸿房地产开发有限公司	社会公众股	20.97	0.19
10	宋和立	社会公众股	18.80	0.17

股东人数	2003.9	2003.6	2002	2001
	11715	13321	16611	

近年分配	2002年 每10股派0.50元 2002年 每10股派1.50元	近年配股/增发	不分配不转增

重大事项

公司拟在吸收外资的基础上,用募股项目改投资金1895万元对控股子公司安徽六安长江精工钢结构有限公司进行增资扩股。本次增资扩股完成后该公司注册资本金拟增至500万美元,其中公司出资350万美元,占注册资本金的70% 公司于2003年9月26日与浙江精工钢结构建设集团有限公司签订《浙江精工钢结构有限公司之出资额转让协议》,公司出资人民币8969.03万元受让钢构集团持有的浙江精工钢结构有限公司49%的股权,此次交易价格依据以精工钢构截止2003年8月31日的经评估后的净资产为依据,同时采取适当溢价来确定股权转让价。

二〇〇二年以来市场表现

2002年涨跌幅(%)	0.00
2002年最高(元)	15.20
2002年最低(元)	9.75
2002年换手率(%)	688.25
2003年涨跌幅(%)	-7.66
2003年最高(元)	11.92
2003年最低(元)	7.75
2003年换手率(%)	286.15

烽火通信科技股份有限公司

公司概况

公司名称	烽火通信科技股份有限公司		股票代码	600498	
注册地址	武汉市洪山区邮科院路88号		邮政编码	430074	
法人代表	江廷林		董秘	熊向峰	
电话	027-87693885		传真	027-87691704	
主营业务	光纤通信和相关通信技术、信息技术领域科技开发等				
总股本 41000.00	流通A 8800.00		流通B	流通H	
审计单位			审计意见	未审计	

主要财务指标

年度	2003.9	2003.6	2002	2001
每股收益/扣除后(元)	0.0300	0.0040	0.1600	0.3700
每股经营现金流量(元)	-0.3300	-0.2400	-0.0003	-0.3300
每股净资产/调整后(元)	5.4700	5.5100	5.4400	5.5100
每股公积金(元)	4.1777	4.1777	4.1777	4.1777
净资产收益率(%)	0.3100	0.4900	2.8700	7.4200
总资产(万元)	324069.53	319996.81	306746.37	302642.75
股东权益(万元)	228075.14	228479.02	227340.05	225775.02
未分配利润(万元)	9471.14	9875.01	8766.34	8474.82
主营收入(万元)	88662.81	50268.60	154012.05	180058.48
资本公积金(万元)	171285.48	171285.48	171285.48	171285.42
主营利润(万元)	17828.74	10041.77	35518.59	57962.39
其他业务利润(万元)	952.29	628.90	641.21	728.79
营业利润(万元)	1682.59	248.06	6199.84	17524.27
投资收益(万元)	-244.50	1039.55	206.69	45.99
补贴收入(万元)	5.00		251.17	120.75
营业外收支(万元)	-68.89		-373.98	-947.48
利润总额(万元)	1374.20	1252.63	6283.71	16743.53
净利润(万元)	705.66	1109.53	6514.40	16743.53

十大股东

序号	股东名称	股份性质	持股数(万股)	比例(%)
1	武汉邮电科学研究院	国有法人股	28900.00	70.49
2	武汉现代通信电器厂	法人股	860.00	2.10
3	湖南三力通信经贸公司	国有法人股	650.00	1.59
4	湖北东南实业开发有限责任公司	国有法人股	410.00	1.00
5	华夏国际邮电工程有限公司	法人股	330.00	0.80
6	华泰证券有限责任公司	流通股	216.37	0.53
7	中国电信集团江苏省电信公司	国有法人股	175.00	0.43
8	北京中京信通信息咨询有限公司	国有法人股	175.00	0.43
9	北京科希盟科技产业中心	国有法人股	175.00	0.43
10	湖北省化学研究院	国有法人股	175.00	0.43

股东人数	2003.9	2003.6	2002	2001
	44910	44842	46108	48896

近年分配	2002年 每10股派1.20元 2002年 每10股派1.20元	近年配股/增发	不分配不转增

重大事项

2003年9月30日,公司与武汉邮电科学研究院就公司受让武汉烽火网络有限责任公司出资事宜,签署了《出资转让协议》。经交易双方平等协商,确定本次交易金额以评估基准日2003年7月31日烽火网络的资产评估值3133.72万元为基础,公司以自有资金现金4845万元受让武汉院持有的烽火网络95%的出资。

二〇〇二年以来市场表现

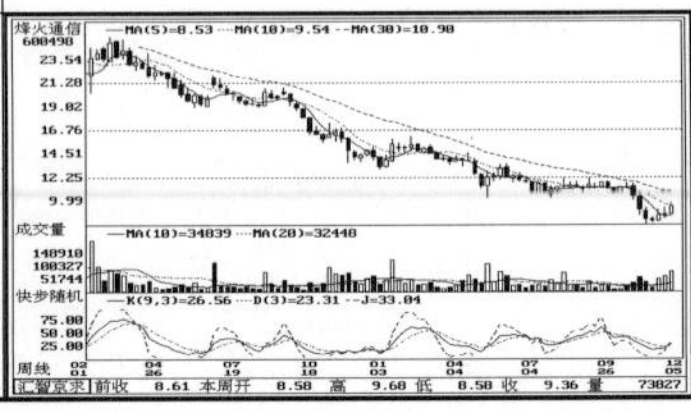

2002年涨跌幅(%)	-41.92
2002年最高(元)	25.58
2002年最低(元)	13.48
2002年换手率(%)	250.16
2003年涨跌幅(%)	-36.97
2003年最高(元)	15.96
2003年最低(元)	7.73
2003年换手率(%)	183.21

广东科达机电股份有限公司

公司概况

公司名称	广东科达机电股份有限公司	股票代码	600499
注册地址	广东省顺德市容桂区高新技术产业园桥东路8号	邮政编码	528313
法人代表	卢勤	董秘	周和华
电话	0765-3833869	传真	0765-3312955
主营业务	陶瓷机械		
总股本	9954.00	流通 A	3600.00
流通 B		流通 H	
审计单位		审计意见	未审计

主要财务指标

年度	2003.9	2003.6	2002	2001
每股收益/扣除后(元)	0.3300	0.1860	0.6020	0.7070
每股经营现金流量(元)	0.0230	–0.2100	0.6020	0.4620
每股净资产/调整后(元)	4.0800	3.9400	6.8490	2.0900
每股公积金(元)	2.2178	2.2177	4.5878	0.0644
净资产收益率(%)	8.0700	4.7400	8.8400	33.8200
总资产(万元)	62057.29	53353.72	49203.06	12426.20
股东权益(万元)	40630.52	39202.18	37876.77	4660.12
未分配利润(万元)	7557.63	6130.12	5932.89	963.69
主营收入(万元)	29170.73	16107.25	21683.07	10738.42
资本公积金(万元)	22075.76	22074.93	25370.75	0.22
主营利润(万元)	6641.62	3579.22	5562.83	2936.43
其他业务利润(万元)	14.64	7.92	157.30	38.18
营业利润(万元)	3798.24	2154.21	3684.61	1924.11
投资收益(万元)	55.12	22.62	9.07	–0.12
补贴收入(万元)				
营业外收支(万元)	0.38		–41.52	–4.89
利润总额(万元)	3853.74	2179.80	3652.17	2061.50
净利润(万元)	3278.64	1856.22	3348.89	1758.23

十大股东

序号	股东名称	股份性质	持股数(万股)	比例(%)
1	佛山市特地陶瓷有限公司	社会法人股	4447.80	44.68
2	佛山市盈瑞建材科技有限公司	社会法人股	635.40	6.38
3	卢勤	发起人股	508.32	5.11
4	鲍杰军	发起人股	381.24	3.83
5	吴跃飞	发起人股	127.08	1.28
6	吴桂周	发起人股	127.08	1.28
7	冯红健	发起人股	127.08	1.28
8	李向东	社会流通股	41.17	0.41
9	李琴芳	社会流通股	26.92	0.27
10	张林峰	社会流通股	26.25	0.26

股东人数	2003.9	2003.6	2002	2001
	3730	5459	8721	

近年分配	近年配股/增发
2002年 每10股派1.00元	2002年 每10股送2股

重大事项

2003年9月5日,公司一届十九次董事会审议通过关于受让广东一方制药有限公司28%股权的议案,同意公司继续受让广东一方制药有限公司28%股权。2003年9月15日,公司与广东省中医研究所签订了《股权转让合同》。转让价格为1800万元。截至本公告公布日止,公司已累计受让了广东省中医研究所持有的广东一方制药有限公司63%股权。资金来源于公司自筹资金。 公司拟为广东一方制药有限公司提供质押担保,向银行申请800万元流动资金贷款,担保期限为半年。

二〇〇二年以来市场表现

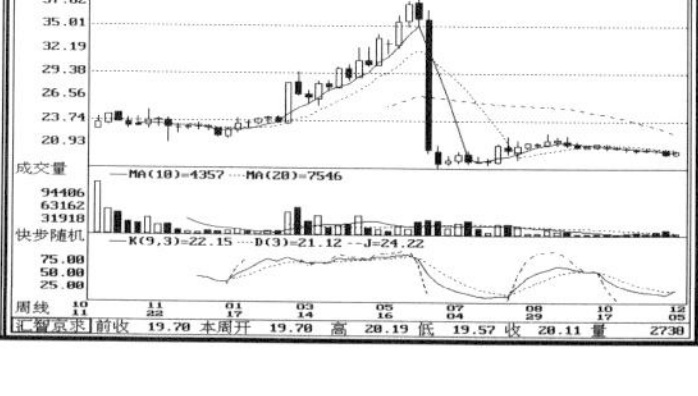

2002年涨跌幅(%)	0.00
2002年最高(元)	13.81
2002年最低(元)	11.65
2002年换手率(%)	110.88
2003年涨跌幅(%)	63.08
2003年最高(元)	22.56
2003年最低(元)	11.96
2003年换手率(%)	208.23

中化国际贸易股份有限公司

公司概况

公司名称	中化国际贸易股份有限公司	股票代码	600500
注册地址	上海市浦东新区世纪大道88号金茂大厦三区18层	邮政编码	200121
法人代表	施国梁	董秘	王克明
电话	021-50498899-674	传真	021-50470206
主营业务	自营和代理除国家组织统一联合经营的出口商品等		
总股本	55897.50	流通 A	18000.00
流通 B		流通 H	
审计单位		审计意见	未审计

主要财务指标

年度	2003.9	2003.6	2002	2001
每股收益/扣除后(元)	0.3000	0.1800	0.4730	0.2500
每股经营现金流量(元)	0.4585	0.1200	0.5169	1.7285
每股净资产/调整后(元)	3.0300	2.8700	2.7200	3.7900
每股公积金(元)	1.3572	1.3572	1.3571	2.5353
净资产收益率(%)	10.2700	6.2400	16.6500	6.2800
总资产(万元)	300204.44	279941.91	308433.72	252823.53
股东权益(万元)	174211.25	166732.73	156318.02	144251.56
未分配利润(万元)	29610.00	22131.48	11719.44	4977.96
主营收入(万元)	846199.81	579067.31	800313.62	656715.69
资本公积金(万元)	75862.12	75862.12	75859.45	94477.56
主营利润(万元)	53048.96	38537.02	60143.93	36357.90
其他业务利润(万元)	21241.60	797.88	1307.68	2554.75
营业利润(万元)	21878.26	15091.22	30382.67	9494.72
投资收益(万元)	1322.59	41.10	2326.06	2037.94
补贴收入(万元)	808.99	221.79	756.60	90.00
营业外收支(万元)	–105.89		–406.11	–251.82
利润总额(万元)	21878.26	15091.22	30382.69	11370.83
净利润(万元)	17890.56	10412.04	26026.45	9052.08

十大股东

序号	股东名称	股份性质	持股数(万股)	比例(%)
1	中国化工进出口总公司	国有法人股	36000.01	64.40
2	基金安顺	流通股	894.86	1.60
3	基金金鑫	流通股	798.15	1.43
4	基金安信	流通股	566.72	1.01
5	中国粮油食品进出口(集团)有限公司	国有法人股	379.50	0.68
6	浙江中大集团股份有限公司	法人股	379.50	0.68
7	上海石油化工股份有限公司	法人股	379.50	0.68
8	中国石化集团北京燕山石油化工有限公司	国有法人股	379.50	0.68
9	中国石油销售有限责任公司	国有法人股	379.50	0.68
10	基金裕隆	流通股	223.68	0.40

股东人数	2003.9	2003.6	2002	2001
	25418	26730	21752	23492

近年分配	近年配股/增发
2002、2001年10派2.5元	2002年 10增5股

重大事项

2003年11月1日公司决定与公司海外全资子公司SINOCHEMINTERNATIONAL(OVERSEAS)PTE.,Ltd投资成立中化国际太仓兴诺实业有限公司。该项目总投资2980万美元,注册资本金为1200万美元,SINOCHEMINTERNATIONAL(OVERSEAS)PTE.,Ltd.按25%股比出资300万美元现金。该项目合资期限为50年。 2003年10月30日会议通过公司提出的焦炭战略及实施方案:同意公司在2003年–2005年的三年内累计投资不超过2.5亿元人民币用于焦炭项目投资,其中单个项目参股出资2000~6000万元。

二〇〇二年以来市场表现

2002年涨跌幅(%)	–5.33
2002年最高(元)	10.22
2002年最低(元)	6.76
2002年换手率(%)	81.94
2003年涨跌幅(%)	–8.26
2003年最高(元)	10.44
2003年最低(元)	6.92
2003年换手率(%)	106.26

南京航天晨光股份有限公司

公司概况

公司名称	南京航天晨光股份有限公司	股票代码	600501
注册地址	江苏南京江宁经济技术开发区天元路139号	邮政编码	210006
法人代表	孙俊	董秘	吴道琴
电话	025-2413078-2038	传真	025-2407656
主营业务	交通运输设备、管类产品及配件、压力容器等		
总股本	18731.44	流通A	7200.00
流通B		流通H	
审计单位		审计意见	未审计

主要财务指标

年度	2003.9	2003.6	2002	2001
每股收益/扣除后(元)	0.0750	0.0580	0.1700	2900.0000
每股经营现金流量(元)	-0.2754	-0.2880	0.2750	0.1498
每股净资产/调整后(元)	2.4020	2.4130	2.3800	3.5850
每股公积金(元)	1.2426	1.2426	1.2426	2.3152
净资产收益率(%)	2.1200	1.2980	7.2400	7.3400
总资产(万元)	102347.95	99872.50	93049.98	79274.64
股东权益(万元)	46416.29	46031.13	45433.46	44981.22
未分配利润(万元)	2340.11	1954.96	1357.29	2855.79
主营收入(万元)	47248.59	28631.66	56820.64	44126.55
资本公积金(万元)	23276.06	23276.05	23276.05	28477.49
主营利润(万元)	8747.09	5548.77	14434.18	12825.32
其他业务利润(万元)	253.16	138.78	130.36	50.62
营业利润(万元)	1051.38	1267.13	4069.93	4057.24
投资收益(万元)	-3.92	-2.61	225.58	-5.23
补贴收入(万元)				
营业外收支(万元)	547.97		-71.69	-34.20
利润总额(万元)	1595.43	870.37	4223.83	4017.82
净利润(万元)	982.82	597.67	3291.42	3300.91

十大股东

序号	股东名称	股份性质	持股数(万股)	比例(%)
1	南京晨光集团有限责任公司	国有法人股	11293.84	60.29
2	上海航天汽车机电股份有限公司	国有法人股	128.42	0.69
3	南京南瑞集团	国有法人股	59.34	0.32
4	万来源	发起人自然人股	23.73	0.13
5	杜尧	发起人自然人股	23.73	0.13
6	刘浩涛	流通股	19.66	0.10
7	宏源证券股份有限公司	流通股	19.28	0.10
8	杨波	流通股	11.23	0.06
9	胡丽君	流通股	10.37	0.05
10	伍国君	流通股	9.63	0.05

股东人数	2003.9	2003.6	2002	2001
	9743	9990	9179	18387

近年分配	2002年10派1.5元 2001年10派0.3元、1元	近年配股/增发	2001年10送1增7股

重大事项

公司于**2003**年**5**月**20**日采取购买法收购南京晨光集团有限责任公司掘进机分公司经营性有效资产，本次收购以**2003**年**4**月**30**日为评估基准日收购价格**2135**万元为依据，本次交易事项属关联交易。　**2003**年**4**月**1**日公司铁路以北**50**米范围内**3**幢工房、**1**幢办公楼需要预先做好拆迁准备。公司预见拆迁将给公司正常生产经营造成不便，预计可能会使公司业务收入减少约**6000**万元。由于南京市建委同意给予的补偿只能是成本补偿，可能给公司造成**1370**万元左右的损失。

二〇〇二年以来市场表现

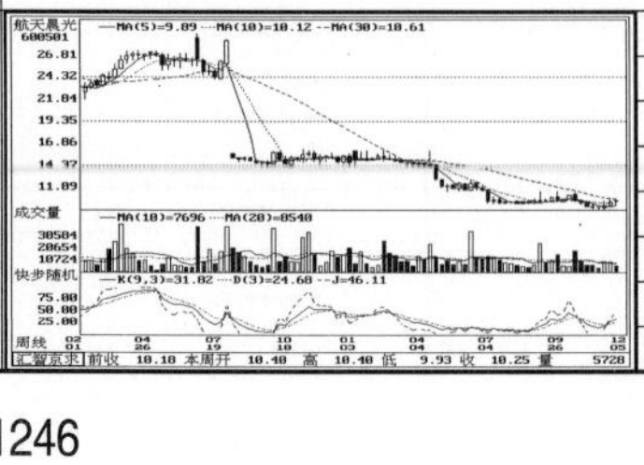

2002年涨跌幅(%)	16.67
2002年最高(元)	16.11
2002年最低(元)	11.78
2002年换手率(%)	95.63
2003年涨跌幅(%)	-33.59
2003年最高(元)	15.85
2003年最低(元)	9.40
2003年换手率(%)	67.52

安徽水利开发股份有限公司

公司概况

公司名称	安徽水利开发股份有限公司	股票代码	600502
注册地址	安徽省蚌埠市黑虎山路21号	邮政编码	233010
法人代表	王世才	董秘	牛晓峰
电话	0552-4911141	传真	0552-4911141
主营业务	水利水电工程施工(一级)、水资源综合开发等		
总股本	12000.00	流通A	5800.00
流通B		流通H	
审计单位		审计意见	未审计

主要财务指标

年度	2003.9	2003.6	2002	2001
每股收益/扣除后(元)	0.1170	0.0800	0.2900	0.2600
每股经营现金流量(元)	0.0154	-0.1600	0.7004	
每股净资产/调整后(元)	3.6400	3.6000		
每股公积金(元)	2.2529	2.2529	2.2206	0.2206
净资产收益率(%)	6.8500	4.5300	16.2400	16.9500
总资产(万元)	82266.76	76695.14	30236.41	26095.56
股东权益(万元)	43806.55	43300.70	10847.53	9095.60
未分配利润(万元)	4073.76	3567.91	2582.12	4084.48
主营收入(万元)	49044.76	33355.66	47043.03	37440.06
资本公积金(万元)	27035.36	27035.36	1367.98	1367.98
主营利润(万元)	4604.11	3422.60	4744.97	4416.28
其他业务利润(万元)	22.55	2.69	3.38	
营业利润(万元)	2553.96	1810.84	2599.35	2451.32
投资收益(万元)	5.67	2.50	28.42	0.24
补贴收入(万元)				
营业外收支(万元)	-95.33		-57.75	-68.90
利润总额(万元)	2464.29	1790.20	2570.03	2382.66
净利润(万元)	1491.64	985.79	1761.93	1540.39

十大股东

序号	股东名称	股份性质	持股数(万股)	比例(%)
1	安徽省水利建筑工程总公司	国有法人股	3256.92	27.14
2	金寨水电开发有限责任公司	国有法人股	1746.11	14.55
3	凤台县永幸河灌区管理总站	国有法人股	996.97	8.31
4	安徽省水利水电勘测设计院	国有法人股	100.00	0.83
5	蚌埠市建设投资有限公司	国有法人股	100.00	0.83
6	范春普	社会流通股	20.50	0.17
7	彭丽娜	社会流通股	20.00	0.17
8	赖霞	社会流通股	20.00	0.17
9	阮宜玲	社会流通股	19.00	0.16
10	刘富庶	社会流通股	18.41	0.15

股东人数	2003.9	2003.6	2002	2001
	32437	35527		

近年分配	2001年10派1.5元	近年配股/增发	不分配不转增

重大事项

公司**2003**年**11**月**21**日会议审议通过与蚌埠锦江大酒店有限公司签订工程总承包合同的议案：同意公司与蚌埠锦江大酒店有限公司签订的蚌埠锦江大酒店工程总承包(**BT**)合同。工程概算为**1**亿元人民币，建设期为**24**个月，回购期**48**个月。　**2003**年**09**月**30**日公司投资**1400**万元投资商品混凝土项目一期工程。公司现决定扩大生产规模，增加投资**500**万元，联合安徽省水利建筑工程总公司出资**100**万元，共同组建安徽瑞特新型材料有限公司。

二〇〇二年以来市场表现

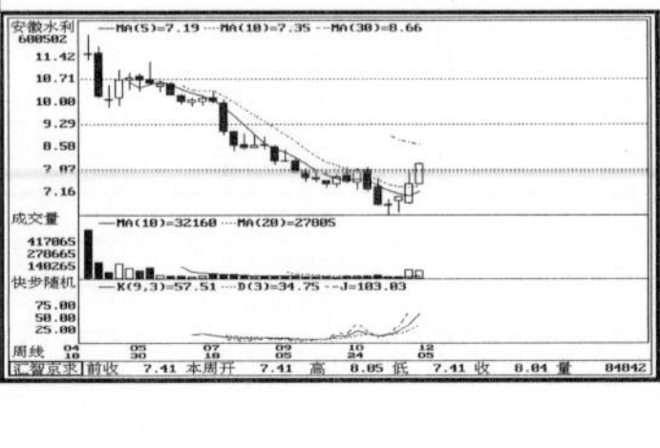

2002年涨跌幅(%)	0.00
2002年最高(元)	0.00
2002年最低(元)	0.00
2002年换手率(%)	0.00
2003年涨跌幅(%)	0.00
2003年最高(元)	12.13
2003年最低(元)	6.45
2003年换手率(%)	325.69

宏智科技股份有限公司

公司概况

公司名称	宏智科技股份有限公司		股票代码	600503	
注册地址	福州市五一中路57号闽东大厦2层		邮政编码	350005	
法人代表	黄曼民		董秘	杨云	
电话	0591-3368240		传真	0591-3321996-572	
主营业务	电子计算机技术服务及网络安装,通讯技术服务等				
总股本	11000.00	流通A 4000.00	流通B	流通H	
审计单位			审计意见	未审计	

主要财务指标

年度	2003.9	2003.6	2002	2001
每股收益/扣除后(元)	-0.2700	0.0200	0.3100	0.4000
每股经营现金流量(元)	-1.3192	-0.5100	0.1988	0.2324
每股净资产/调整后(元)	4.1200	4.4100	4.4000	
每股公积金(元)	2.6556	2.6556	2.6556	
净资产收益率(%)	-6.5400	0.2300	7.1600	25.2900
总资产(万元)	59842.64	58402.66	59924.75	19150.06
股东权益(万元)	45728.56	48830.86	48718.22	8979.32
未分配利润(万元)	3990.80	7094.32	6980.46	1439.42
主营收入(万元)	15013.70	10286.63	23385.14	13116.87
资本公积金(万元)	29211.88	29211.88	29211.88	
主营利润(万元)	1243.23	2027.76	9412.55	5538.23
其他业务利润(万元)	19.55	16.00	23.16	
营业利润(万元)	-3514.28	-159.31	2802.19	2262.86
投资收益(万元)	-20.88	-20.88	-203.14	-250.09
补贴收入(万元)	628.57	372.68	1265.62	1206.92
营业外收支(万元)	-82.32	-79.16	-51.79	-45.82
利润总额(万元)	-2988.91	113.33	3812.88	2680.78
净利润(万元)	-2989.66	113.87	3487.00	2486.36

十大股东

序号	股东名称	股份性质	持股数(万股)	比例(%)
1	王栋	自然人股	1983.80	18.03
2	李少林	自然人股	1736.70	15.79
3	福建大乾数字信息有限公司	社会法人股	1446.20	13.15
4	泉州市闽发物业发展有限公司	社会法人股	573.30	5.21
5	陈大勇	自然人股	490.00	4.45
6	朱芳	自然人股	455.00	4.14
7	石狮融盛企业集团公司	社会法人股	315.00	2.87
8	丰和价值证券投资基金	流通股	198.44	1.80
9	金信证券有限责任公司	流通股	116.20	1.60
10	基金汉鼎	流通股	75.37	0.69

股东人数	2003.9	2003.6	2002	2001
	187966	18453	16705	

近年分配		近年配股/增发	不分配不转增

重大事项

2003年11月18日广东省深圳市中级人民法院对高蕾诉公司股东福建大乾数字信息有限公司债务纠纷一案,裁定将福建大乾数字信息有限公司持有公司的1446.2万股的股份予以冻结。冻结期限为2003年11月14日至2004年11月13日。 2002年12月23日公司原董事长林起泰以公司名义同中国光大银行福州分行签订质押合同,将公司募集资金帐户上九千万元人民币的定期存单作为质押物,为其胞弟林起伦所控股的公司福建昆仑科技有限公司向中国光大银行福州分行申请的七千万元人民币借款提供担保。

二〇〇二年以来市场表现

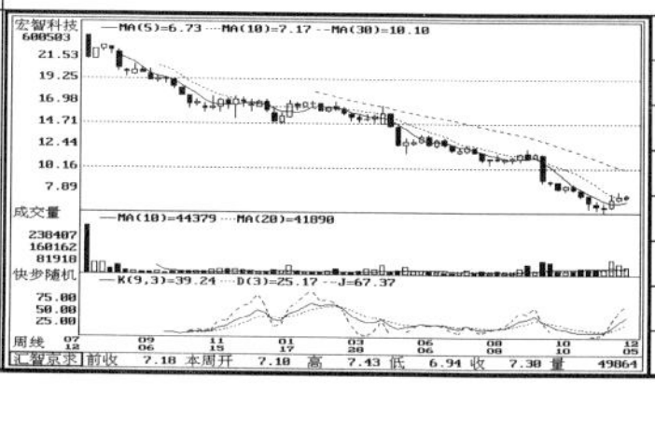

2002年涨跌幅(%)	0.00
2002年最高(元)	23.80
2002年最低(元)	15.20
2002年换手率(%)	228.68
2003年涨跌幅(%)	-55.49
2003年最高(元)	17.05
2003年最低(元)	5.62
2003年换手率(%)	355.54

四川西昌电力股份有限公司

公司概况

公司名称	四川西昌电力股份有限公司		股票代码	600505	
注册地址	四川省西昌市老西门街13号		邮政编码	615000	
法人代表	张斌		董秘	张光华	
电话	0834-3830505		传真	0834-3830169	
主营业务	生产、开发、销售电力产品及发、供、用等				
总股本	29700.00	流通A 9900.00	流通B	流通H	
审计单位			审计意见	未审计	

主要财务指标

年度	2003.9	2003.6	2002	2001
每股收益/扣除后(元)	0.0868	0.0590	0.1371	0.1970
每股经营现金流量(元)	0.1292	0.1340	0.5476	0.6660
每股净资产/调整后(元)	1.8400	3.2200	3.1200	
每股公积金(元)	0.4880	1.6785	1.6669	0.8714
净资产收益率(%)	4.8600	1.8100	4.2700	7.8400
总资产(万元)	147930.95	146480.05	115567.85	70843.30
股东权益(万元)	55742.79	54152.71	52982.80	24424.89
未分配利润(万元)	7432.18	5842.10	4863.45	4224.70
主营收入(万元)	13059.51	7613.87	16392.41	13839.01
资本公积金(万元)	14495.02	27695.02	27503.76	5811.00
主营利润(万元)	7927.16	4458.69	8526.04	6765.11
其他业务利润(万元)	39.99	-8.44	277.38	163.59
营业利润(万元)	3177.56	1318.34	2628.63	2782.47
投资收益(万元)	1.84	3.22	3.12	174.23
补贴收入(万元)	24.30	20.66		
营业外收支(万元)	-33.99	-19.22	-4.50	65.36
利润总额(万元)	3169.32	1320.03	2628.58	3154.21
净利润(万元)	2568.73	978.65	2264.74	2560.18

十大股东

序号	股东名称	股份性质	持股数(万股)	比例(%)
1	朝华科技(集团)股份有限公司	社会法人股	4477.19	27.13
2	凉山州国有资产经营管理有限责任公司	国家股	3030.54	18.37
3	四川西昌泸山铁合金有限责任公司	国有法人股	1009.30	6.12
4	西昌东方航天城旅游(集团)有限公司	国有法人股	800.00	4.85
5	凉山州信托投资公司	国有法人股	400.00	2.42
6	宁南县电力公司	国有法人股	307.97	1.87
7	普格县电力公司	国有法人股	200.00	1.21
8	四川会理大铜有限责任公司	国有法人股	200.00	1.21
9	凉山州石广矿产公司	国有法人股	100.00	0.61
10	西昌市开源财务公司	国有法人股	100.00	0.61

股东人数	2003.9	2003.6	2002	2001
	28784	25916	25681	

近年分配	2002年10派2元	近年配股/增发	2002年10增8股

重大事项

2003年11月14日公司出资510万元与中国华电共同投资组建四川华电西溪河开发有限公司。公司与中国华电共同开发四川省凉山州西溪河流域水电资源,工程投资总额为25亿元人民币,项目资本金为工程投资总额的20%,暂定为人民币5亿元,其中公司出资1.7亿元,所占比例为34%。 公司第一大股东朝华科技股份有限公司于2003年9月29日将其持有的公司社会法人股4346.10万股质押给上海浦东发展银行重庆分行涪陵支行,质押期限一年。上述质押已在中国证券登记结算有限责任公司上海分公司办理质押登记手续。

二〇〇二年以来市场表现

2002年涨跌幅(%)	0.00
2002年最高(元)	8.69
2002年最低(元)	5.61
2002年换手率(%)	324.94
2003年涨跌幅(%)	9.53
2003年最高(元)	7.66
2003年最低(元)	5.05
2003年换手率(%)	250.04

新疆库尔勒香梨股份有限公司

公司概况

公司名称	新疆库尔勒香梨股份有限公司		股票代码	600506	
注册地址	新疆库尔勒市团结北路兰干路口		邮政编码	841000	
法人代表	冯国胜		董秘	邓晓天	
电话	0996-2204656		传真	0996-2204878	
主营业务	农业,林业,果业的种植,农副产品的收购等				
总股本	16050.00	流通 A	5000.00	流通 B	流通 H
审计单位			审计意见	未审计	

主要财务指标

年度	2003.9	2003.6	2002	2001
每股收益/扣除后(元)	0.0400	0.0160	0.1100	0.1600
每股经营现金流量(元)	-0.7012	-0.2300	-0.0353	0.2673
每股净资产/调整后(元)		2.9500	2.9100	2.7900
每股公积金(元)	1.5005	1.5005	1.5005	1.5005
净资产收益率(%)	2.1100	1.1820	0.6100	6.8000
总资产(万元)	64988.10	64787.19	62001.69	61192.61
股东权益(万元)	47786.95	47338.81	46779.31	43686.36
未分配利润(万元)	4620.93	4172.79	3613.29	1585.36
主营收入(万元)	4076.04	1812.36	8006.71	9901.17
资本公积金(万元)	24083.80	24083.80	24083.80	61192.61
主营利润(万元)	1549.28	757.36	3084.47	4648.69
其他业务利润(万元)	208.52	175.11	139.66	9.45
营业利润(万元)	703.78	256.12	1713.32	2605.70
投资收益(万元)	300.00	300.00	233.33	129.77
补贴收入(万元)				
营业外收支(万元)	2.89	2.77	1145.17	236.13
利润总额(万元)	1006.66	558.90	3091.83	2971.60
净利润(万元)	1007.64	559.50	3092.95	2971.60

十大股东

序号	股东名称	股份性质	持股数(万股)	比例(%)
1	新疆巴州沙依东园艺场	国有法人股	5227.78	32.57
2	库尔勒市库尔楚园艺场	国有法人股	2262.79	14.10
3	哈密中农科发展有限公司	法人股	1645.60	10.25
4	人和农场农工贸有限责任公司	法人股	1237.91	7.71
5	和硕新农种业科技有限责任公司	法人股	675.92	4.21
6	上海国智置业发展有限公司	社会公众股	73.00	0.45
7	上海国有资产经营有限公司	社会公众股	48.89	0.30
8	胡运动	社会公众股	29.81	0.19
9	徐勇良	社会公众股	19.57	0.12
10	王明华	社会公众股	17.25	0.11

股东人数	2003.9	2003.6	2002	2001
	22967	23237		27057

近年分配	2001年10派0.6元	近年配股/增发	不分配不转增

重大事项

公司于2003年11月21日将所持有的巴州香梨置业有限责任公司49.715%的股权以22372500元转让给蔺青,将所持有的巴州香梨置业有限责任公司30%的股权以13500000元转让给姚来国,将所持有的巴州香梨置业有限责任公司19.715%的股权以8872500元转让给朱忠臣。 2003年10月25日公司经与自治区计委投资公司协商,两家合作成立有限责任公司,该公司名称暂定为"新疆阿尔金果业有限责任公司",注册资金为3150万元,其中,公司投入自有资金2106万元,占投资总额的66.86%。

二〇〇二年以来市场表现

2002年涨跌幅(%)	-31.69
2002年最高(元)	15.24
2002年最低(元)	9.08
2002年换手率(%)	504.34
2003年涨跌幅(%)	-28.18
2003年最高(元)	10.81
2003年最低(元)	5.93
2003年换手率(%)	248.08

江西长力汽车弹簧股份有限公司

公司概况

公司名称	江西长力汽车弹簧股份有限公司		股票代码	600507	
注册地址	南昌市高新技术产业开发区火炬大道31号		邮政编码	330012	
法人代表	李其祥		董秘	田小龙	
电话	0791-8394025		传真	0791-8394023	
主营业务	汽车钢板弹簧,扭杆弹簧,圆簧,弹簧扁钢等				
总股本	12500.00	流通 A	5000.00	流通 B	流通 H
审计单位			审计意见	未审计	

主要财务指标

年度	2003.9	2003.6	2002	2001
每股收益/扣除后(元)	0.2630	0.3200	0.5300	0.3800
每股经营现金流量(元)	0.2548	0.2000	0.7319	0.6286
每股净资产/调整后(元)	3.9600			
每股公积金(元)	2.4139	0.5154	0.5154	0.5154
净资产收益率(%)	6.6300	13.6900	23.9100	20.8300
总资产(万元)	76565.07	40463.96	35847.70	33194.91
股东权益(万元)	49735.89	17528.25	15129.37	12127.53
未分配利润(万元)	3298.77	2398.87		
主营收入(万元)	51993.23	34335.88	52717.10	34894.54
资本公积金(万元)	30173.27	3865.52	3865.52	3865.52
主营利润(万元)	8823.62	5081.84	8088.94	5876.14
其他业务利润(万元)	1.39	1.18	-4.05	3.33
营业利润(万元)	3876.61	2817.91	4122.59	2955.24
投资收益(万元)	17.55	17.55	552.19	23.30
补贴收入(万元)				208.70
营业外收支(万元)	-3.34		-304.14	-64.12
利润总额(万元)	3890.82	2832.12	4370.64	3123.12
净利润(万元)	3298.77	2398.87	3616.68	2971.70

十大股东

序号	股东名称	股份性质	持股数(万股)	比例(%)
1	江西汽车板簧有限公司	国有法人股	7091.00	56.73
2	广州天高有限公司	境内法人股	198.00	1.58
3	江铃汽车集团公司	国有法人股	165.00	1.32
4	中国华融资产管理公司	流通股	43.75	0.35
5	江西上饶信江实业集团公司	国有法人股	33.00	0.26
6	江西进口汽车配件有限公司	境内法人股	13.00	0.10
7	天同180	流通股	6.70	0.06
8	广发证券	流通股	5.90	0.05
9	招商股票	流通股	5.20	0.04
10	基金金鑫	流通股	5.10	0.04

股东人数	2003.9	2003.6	2002	2001
	31009			

近年分配		近年配股/增发	不分配不转增

重大事项

2003年10月8日公司以自有资金不超过人民币3200万元出资,向南昌市高新技术产业开发区管委会购置土地建设长力工业园区。该项国有土地使用权转让涉及土地面积约486656平方米,使用期限为50年。

二〇〇二年以来市场表现

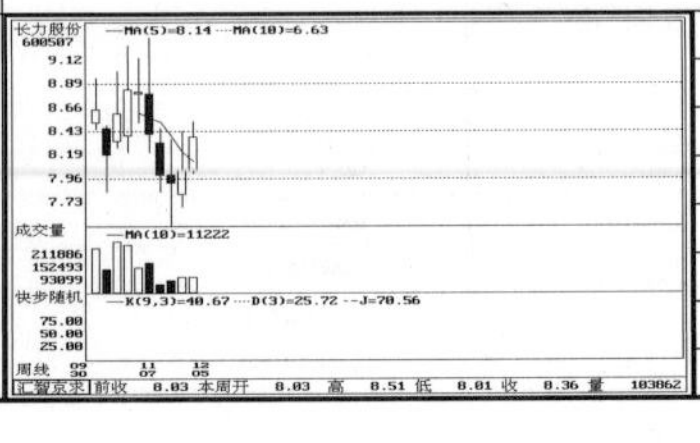

2002年涨跌幅(%)	0.00
2002年最高(元)	0.00
2002年最低(元)	0.00
2002年换手率(%)	0.00
2003年涨跌幅(%)	0.00
2003年最高(元)	9.35
2003年最低(元)	7.50
2003年换手率(%)	294.51

上海大屯能源股份有限公司

公司概况

公司名称	上海大屯能源股份有限公司			股票代码	600508		
注册地址	上海市浦东新区桃林路18号			邮政编码	200135		
法人代表	曹祖民			董秘	秦杰		
电话	021-58218560			传真	021-58215101		
主营业务	煤炭开采、洗选加工、煤炭销售,铁路运输等						
总股本	40151.00	流通A	11000.00	流通B		流通H	
审计单位				审计意见	未审计		

主要财务指标

年度	2003.9	2003.6	2002	2001
每股收益/扣除后(元)	0.3700	0.2600	0.4200	0.4100
每股经营现金流量(元)	0.5290	0.2900	1.0143	1.0584
每股净资产/调整后(元)	3.9300	3.8700	3.6000	3.5800
每股公积金(元)	2.3945	2.3945	2.3945	2.3945
净资产收益率(%)	9.4500	6.6700	11.5400	11.5000
总资产(万元)	214250.66	219493.44	218194.98	190258.87
股东权益(万元)	162104.31	157278.12	146788.80	143899.09
未分配利润(万元)	17689.84	12863.65	2374.33	2026.00
主营收入(万元)	135919.94	91399.70	158303.73	146566.28
资本公积金(万元)	96141.48	96141.48	96141.48	96141.48
主营利润(万元)	36835.97	26886.44	46202.31	43382.45
其他业务利润(万元)	709.92	473.61	981.85	773.84
营业利润(万元)	19459.07	14002.72	21974.78	19678.14
投资收益(万元)	16.66	16.66	-16.66	
补贴收入(万元)	509.26	69.70	437.40	307.10
营业外收支(万元)	-73.95	46.18	-138.49	-120.58
利润总额(万元)	19911.04	14077.27	22257.03	19864.65
净利润(万元)	15315.51	10489.32	16942.56	16545.45

十大股东

序号	股东名称	股份性质	持股数(万股)	比例(%)
1	大屯煤电(集团)有限责任公司	国有股	27323.00	68.05
2	中国煤炭进出口公司	国有股	943.00	2.35
3	上海宝钢国际经济贸易有限公司	国有股	692.00	1.72
4	泰和证券投资基金	流通股	236.70	0.59
5	泰阳证券有限责任公司	流通股	196.99	0.49
6	海通证券有限公司	流通股	153.49	0.38
7	上海煤气制气物资贸易有限公司	社会法人股	130.00	0.32
8	安顺证券投资基金	流通股	126.36	0.31
9	南方稳健成长证券投资基金	流通股	120.00	0.30
10	南方证券有限公司	流通股	111.99	0.28

股东人数	2003.9	2003.6	2002	2001
	47123	46860	49637	62125

近年分配	2002年10派3.5元 2001年10派3元	近年配股/增发	不分配不转增

重大事项

2003年10月23日公司与环能贸易有限公司双方分别以现金方式按现有持股比例75%和25%对江苏大屯铝业有限公司增资24000万元进行出资。扩股完成后,公司对大屯铝业的出资总额将为人民币36689万元,占75%的股权,为大屯铝业的第一大股东。以上投资行为构成关联交易。 2003年2月14日公司第一大股东大屯煤电(集团)有限责任公司由中国煤炭工业进出口集团公司一家变为中国煤炭工业进出口集团公司、国家开发银行、中国信达资产管理公司三家股东。大屯煤电公司总股本为186125万元,注册资本为186125万元。

二〇〇二年以来市场表现

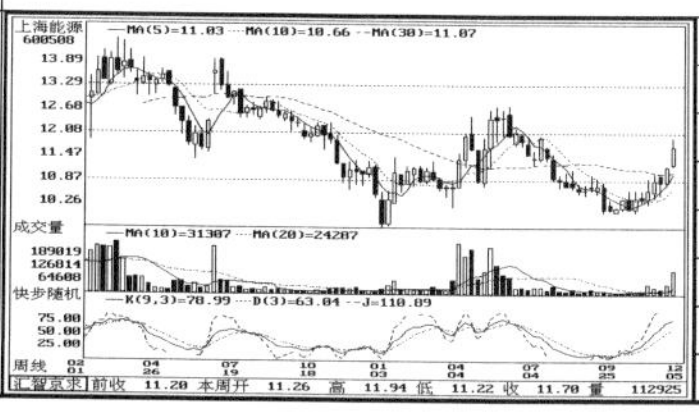

2002年涨跌幅(%)	-22.21
2002年最高(元)	13.85
2002年最低(元)	9.87
2002年换手率(%)	277.90
2003年涨跌幅(%)	12.22
2003年最高(元)	12.41
2003年最低(元)	9.31
2003年换手率(%)	206.88

新疆天富热电股份有限公司

公司概况

公司名称	新疆天富热电股份有限公司			股票代码	600509		
注册地址	新疆维吾尔自治区石河子市红星路54号			邮政编码	832000		
法人代表	成锋			董秘	许锐敏		
电话	0993-2901128			传真	0993-2901728		
主营业务	火电、水电、供电、供热、发、送变电设备安装等						
总股本	25362.75	流通A	9000.00	流通B		流通H	
审计单位				审计意见	未审计		

主要财务指标

年度	2003.9	2003.6	2002	2001
每股收益/扣除后(元)	0.1650	0.1100	0.2500	0.4100
每股经营现金流量(元)	0.2905	0.2500		0.7511
每股净资产/调整后(元)	2.6600	2.5900	3.6700	1.7900
每股公积金(元)	1.2618	1.2618	2.3914	0.5112
净资产收益率(%)	7.5800	5.1200	7.5200	21.2900
总资产(万元)	209368.23	188779.58	153139.56	66393.59
股东权益(万元)	67475.35	65726.12	62060.41	20602.35
未分配利润(万元)	6555.70	4806.47	1219.36	1625.68
主营收入(万元)	34638.64	23082.04	45211.05	35234.14
资本公积金(万元)	32003.73	32003.73	40434.98	5575.90
主营利润(万元)	11654.57	7961.14	13923.84	11486.01
其他业务利润(万元)	249.26	222.46	92.43	90.73
营业利润(万元)	5054.24	3301.85	5222.26	4926.92
投资收益(万元)	200.00	200.00	31.18	313.03
补贴收入(万元)	27.93	27.93		
营业外收支(万元)	-34.04	-54.07	-118.11	-75.86
利润总额(万元)	5248.13	3475.71	5135.34	5164.09
净利润(万元)	5113.95	3364.72	4666.71	4386.62

十大股东

序号	股东名称	股份性质	持股数(万股)	比例(%)
1	新疆天富电力集团有限责任公司	国有法人股	16008.75	63.12
2	农七师电力工业公司	法人股	201.00	0.79
3	南方证券有限公司	流通股	89.32	0.35
4	新疆石河子造纸厂	法人股	51.00	0.20
5	新疆石河子一四八团场	法人股	51.00	0.20
6	石河子市水泥制品厂	法人股	51.00	0.20
7	泰阳证券有限责任公司	流通股	38.18	0.15
8	福立成	流通股	35.49	0.13
9	郑轶男	流通股	33.74	0.13
10	李志丹	流通股	29.21	0.11

股东人数	2003.9	2003.6	2002	2001
	22383	22486	26851	

近年分配	2002年10派2.5元 2001年10派1元	近年配股/增发	2002年10转增5股

重大事项

2003年10月28日公司同意以债权置入新疆石河子八棉纺织有限公司所持新疆新润气流纺有限公司60%的股权、相应债权以及新疆新润气流纺有限公司因生产经营需要所使用的八棉纺织有限公司部分房产和土地,经评估后以44,194,903.45元抵偿所欠我公司的电、热费款。 2003年10月22日公司与上海升耀生物技术有限责任公司,自然人冒华签订了《石河子开发区天富生化技术有限责任公司出资协议书》。新设公司注册资本1000万元,公司以自有资金750万元持有石河子开发区天富生化技术有限责任公司75%的股权。

二〇〇二年以来市场表现

2002年涨跌幅(%)	0.00
2002年最高(元)	10.53
2002年最低(元)	6.55
2002年换手率(%)	271.31
2003年涨跌幅(%)	-1.07
2003年最高(元)	9.03
2003年最低(元)	5.50
2003年换手率(%)	114.77

黑牡丹(集团)股份有限公司

公司概况

公司名称	黑牡丹(集团)股份有限公司	股票代码	600510
注册地址	江苏省常州市和平南路47号	邮政编码	213001
法人代表	曹德法	董秘	戈亚芳
电话	0519-8166510	传真	0519-8109996
主营业务	针纺织品、服装的制造、加工,棉花收购、加工等		
审计单位		审计意见	未审计

总股本	14612.36	流通A	3800.00	流通B		流通H	

主要财务指标

年度	2003.9	2003.6	2002	2001
每股收益/扣除后(元)	0.5100	0.3000	0.8700	0.7700
每股经营现金流量(元)	0.4277	0.1200	0.7942	0.7423
每股净资产/调整后(元)	6.0600	5.8400	5.5500	
每股公积金(元)	3.6482	3.6482	3.6460	0.3239
净资产收益率(%)	8.5100	5.1200	15.5300	38.9600
总资产(万元)	118631.11	116441.09	116580.82	73066.68
股东权益(万元)	88667.49	85501.40	81089.19	24359.12
未分配利润(万元)	9715.44	7024.12	3300.67	3366.43
主营收入(万元)	59758.54	39100.03	100701.27	87857.94
资本公积金(万元)	53308.29	53308.45	53276.77	3446.55
主营利润(万元)	13545.77	8157.85	25813.87	14453.35
其他业务利润(万元)	288.31	194.89	349.24	126.35
营业利润(万元)	9784.01	5985.55	17722.57	8339.32
投资收益(万元)	77.44	81.14	832.81	258.98
补贴收入(万元)	242.68	242.68	609.15	235.52
营业外收支(万元)	-38.52		-518.22	-285.48
利润总额(万元)	10065.61	6273.48	18646.32	8327.32
净利润(万元)	7546.79	4380.53	12589.21	6268.15

十大股东

序号	股东名称	股份性质	持股数(万股)	比例(%)
1	常州国有资产投资经营总公司	国家股	3784.58	25.90
2	常州市新发展实业公司	社会法人股	3409.31	23.33
3	曹德法	自然人股份内部职工股	362.40	2.48
4	王盘大	自然人股份内部职工股	361.20	2.47
5	金梅英	自然人股份内部职工股	296.97	2.03
6	张国兴	自然人股份内部职工股	295.77	2.03
7	周顺生	自然人股份内部职工股	294.57	2.02
8	戴伯春	自然人股份内部职工股	294.33	2.01
9	袁国民	自然人股份内部职工股	175.40	1.20
10	戈亚芳	自然人股份内部职工股	174.48	1.19

股东人数	2003.9	2003.6	2002	2001
	12519	13569	15640	

近年分配	2002年10派5元	近年配股/增发	不分配不转增

重大事项

世界权威机构认定的25项纺织新技术,可用于牛仔布的18项中,2003年3月14日公司已成功引进运用了13项。"黑牡丹"牌牛仔布85%的产品远销欧、亚、美等50多个国家和地区,被外商誉为中国牛仔布第一品牌,成为美国畅销的三大牛仔服装名牌面料之一。

二〇〇二年以来市场表现

2002年涨跌幅(%)	0.00
2002年最高(元)	21.80
2002年最低(元)	17.38
2002年换手率(%)	244.46
2003年涨跌幅(%)	0.00
2003年最高(元)	21.17
2003年最低(元)	14.68
2003年换手率(%)	200.39

国药集团药业股份有限公司

公司概况

公司名称	国药集团药业股份有限公司	股票代码	600511
注册地址	北京市崇文区永外三元西巷甲12号	邮政编码	100077
法人代表	付明仲	董秘	龚家申
电话	010-67262920	传真	010-67262920
主营业务	组织药品生产;化学原料药、西药制剂等		
审计单位		审计意见	未审计

总股本	13300.00	流通A	5300.00	流通B		流通H	

主要财务指标

年度	2003.9	2003.6	2002	2001
每股收益/扣除后(元)	0.2300	0.1620	0.2103	
每股经营现金流量(元)	-0.3043	-0.2450	0.1142	-0.1475
每股净资产/调整后(元)	3.1600	3.0700	2.9760	
每股公积金(元)	1.8212	1.8212	1.8202	0.5279
净资产收益率(%)	6.9800	4.9300	6.5700	15.0000
总资产(万元)	99317.69	97071.95	80837.06	57085.12
股东权益(万元)	42834.31	41910.73	39829.77	12205.16
未分配利润(万元)	4411.78	3488.20	1421.23	-18.34
主营收入(万元)	106716.34	67054.32	122382.07	79441.48
资本公积金(万元)	24222.11	24222.11	24208.13	4223.50
主营利润(万元)	11531.71	7522.27	13134.14	9315.69
其他业务利润(万元)	188.55	145.25	493.27	65.79
营业利润(万元)	4543.51	3152.65	4607.20	1773.86
投资收益(万元)	20.00	20.00	15.40	
补贴收入(万元)				
营业外收支(万元)	-98.62		-185.96	-8.13
利润总额(万元)	4464.89	3078.95	4436.64	1786.05
净利润(万元)	2990.56	2066.97	2618.25	1015.87

十大股东

序号	股东名称	股份性质	持股数(万股)	比例(%)
1	中国医药集团总公司	国有法人股	7803.66	58.67
2	上海对外服务有限公司	社会公众股	99.99	0.75
3	广州南方医疗器材公司	国有法人股	65.45	0.49
4	国药集团上海医疗器械有限公司	国有法人股	65.45	0.49
5	天津开发区大地商贸公司	社会公众股	63.47	0.48
6	北京仁康医疗器材经营部	国有法人股	32.72	0.25
7	天津启宇医疗器械有限责任公司	国有法人股	32.72	0.25
8	刘霞	社会公众股	28.13	0.21
9	戴大庆	社会公众股	24.39	0.18
10	北京华盛物业管理有限责任公司	社会公众股	23.30	0.17

股东人数	2003.9	2003.6	2002	2001
	25458	25916	24865	

近年分配	2002年10派1元 2001年10派0.125元	近年配股/增发	不分配不转增

重大事项

2003年7月17日公司通过公司按照招股说明书使用募集资金5040万元增资国药集团国瑞药业有限公司的议案。本次增资后,国瑞药业净资产为76092222.62元,其中公司占98.31%;国瑞药业拟登记注册资本为6000万元,其余16092222.62元纳入资本公积。 2003年2月11日公司向福建兴业银行北京分行申请授信额度2亿元,中国医药对外贸易公司为公司担保1亿元。通过公司向农业银行北京分行申请授信额度1.5亿元,由中国医药集团总公司担保.通过公司利用自有资金向国大药房连锁有限公司增资700万元,增资后国大连锁注册资本1000万元,公司持股92.2%。

二〇〇二年以来市场表现

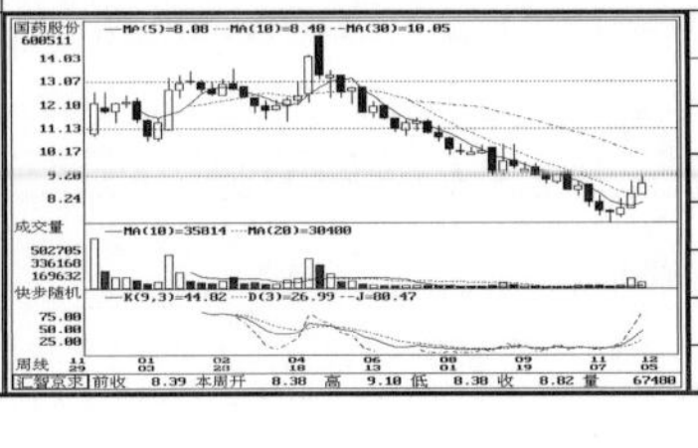

2002年涨跌幅(%)	0.00
2002年最高(元)	12.50
2002年最低(元)	10.70
2002年换手率(%)	249.47
2003年涨跌幅(%)	-22.67
2003年最高(元)	14.90
2003年最低(元)	7.27
2003年换手率(%)	651.97

腾达建设集团股份有限公司

公司概况

公司名称	腾达建设集团股份有限公司				股票代码	600512
注册地址	浙江省台州市路桥区路桥大道东 1 号				邮政编码	318050
法人代表	叶洋友			董秘	陆沪生	
电话	021-56983912			传真	021-56983912	
主营业务	市政工程、公路工程、桥梁工程、房屋建筑工程等					
总股本	15973.52	流通 A	6000.00	流通 B		流通 H
审计单位				审计意见	未审计	

主要财务指标

年度	2003.9	2003.6	2002	2001
每股收益 / 扣除后(元)	0.1810	0.1100	0.1600	0.2500
每股经营现金流量(元)	0.0340	0.0700	0.1931	0.0867
每股净资产 / 调整后(元)	2.7700	2.7000	2.6400	
每股公积金(元)	1.4244	1.4244	1.4244	0.0212
净资产收益率(%)	6.3100	3.9800	5.7600	17.1000
总资产(万元)	86217.73	76616.13	78131.11	39425.48
股东权益(万元)	45976.20	44862.52	43075.02	11708.47
未分配利润(万元)	4652.88	3539.20	1751.70	
主营收入(万元)	67998.36	37224.89	55945.67	42888.93
资本公积金(万元)	22752.25	22752.25	22752.25	211.20
主营利润(万元)	7629.36	4212.36	6879.32	4589.68
其他业务利润(万元)	63.12	62.87	4.72	179.67
营业利润(万元)	4660.63	2722.50	3823.64	3250.39
投资收益(万元)	3.66	2.77	87.09	30.14
补贴收入(万元)				
营业外收支(万元)	7.43		-184.25	-24.42
利润总额(万元)	4671.71	2730.12	3726.49	3285.38
净利润(万元)	2901.18	1787.50	2481.54	2255.19

十大股东

序号	股东名称	股份性质	持股数(万股)	比例(%)
1	叶洋友(董事长)	自然人	980.32	6.14
2	叶立春(副董事长)	自然人	819.15	5.13
3	叶小根(副董事长)	自然人	723.77	4.53
4	叶林富(董事兼总经理)	自然人	690.86	4.33
5	叶春方(董事)	自然人	661.27	4.14
6	叶洋增(监事长)	自然人	460.62	2.88
7	阮建军	自然人	422.85	2.66
8	杨仙彩	自然人	394.80	2.47
9	徐君明	自然人	394.80	2.47
10	蔡晓彬	自然人	329.01	2.06

股东人数	2003.9	2003.6	2002	2001
	26482	26514	30402	

近年分配	2002年10派1.5元	近年配股 / 增发	不分配不转增

重大事项

2003 年 1 月 9 日公司原注册资本为 9973.5164 万元，公开发行 6000 万股股票后已增加至 15973.5164 万元；公司的股本总额也增加至 159735164 股；公司拟以公司原上海业务部、杭州业务部为基础，分别设立上海分公司、杭州分公司，营运资金拟各为人民币 500 万元。

二〇〇二年以来市场表现

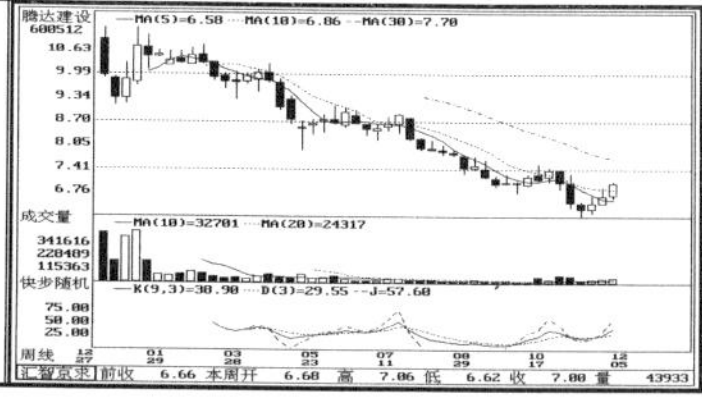

2002年涨跌幅(%)	0.00
2002年最高(元)	11.10
2002年最低(元)	9.22
2002年换手率(%)	90.47
2003年涨跌幅(%)	-28.00
2003年最高(元)	11.13
2003年最低(元)	6.12
2003年换手率(%)	428.90

江苏联环药业股份有限公司

公司概况

公司名称	江苏联环药业股份有限公司				股票代码	600513
注册地址	江苏省扬州市文峰路 21 号				邮政编码	255009
法人代表	姚兴田			董秘	陈福康	
电话	0514-7813082			传真	0541-7815079	
主营业务	制造和销售化学原料药、化学药制剂、有机中间体等					
总股本	6000.00	流通 A	2000.00	流通 B		流通 H
审计单位				审计意见	未审计	

主要财务指标

年度	2003.9	2003.6	2002	2001
每股收益 / 扣除后(元)	0.1700	0.1170	0.4000	0.3300
每股经营现金流量(元)	-0.2923	-0.2300	0.4803	0.3665
每股净资产 / 调整后(元)	4.0300	4.0160	3.9790	
每股公积金(元)		2.3613	0.3170	0.3170
净资产收益率(%)	4.0200	2.9000	18.5000	19.6400
总资产(万元)	27003.24	27085.90	12628.02	11566.42
股东权益(万元)	24406.57	24126.28	8525.96	6948.38
未分配利润(万元)	3716.74	3437.00	2736.27	1395.32
主营收入(万元)	7227.57	3952.88	7850.79	6924.46
资本公积金(万元)		14167.59	1268.00	1268.00
主营利润(万元)	3182.07	2125.65	4641.17	3951.23
其他业务利润(万元)	41.23	26.30	41.03	89.64
营业利润(万元)	1550.54	1091.12	2414.99	2027.08
投资收益(万元)			1.53	26.16
补贴收入(万元)				
营业外收支(万元)	-41.65		-35.02	-18.11
利润总额(万元)	1508.82	1091.12	2381.51	2035.13
净利润(万元)	980.48	700.73	1577.58	1364.47

十大股东

序号	股东名称	股份性质	持股数(万股)	比例(%)
1	扬州制药厂	国有法人股	2880.00	48.00
2	上海联创投资有限公司	社会法人股	280.00	4.67
3	苏州工业园区药科大新药开发中心有限公司	社会法人股	280.00	4.67
4	国药集团药业股份有限公司	社会法人股	280.00	4.67
5	江苏新时空投资有限公司	社会法人股	194.00	3.23
6	江苏省高科技产业投资有限公司	社会法人股	86.00	1.43
7	华夏成长证券投资基金	社会法人股	75.35	1.26
8	华宝信托投资有限责任公司	社会法人股	59.07	0.98
9	江苏省国际信托投资有限责任公司	社会法人股	57.28	0.95
10	关天祥	自然人股	24.33	0.40

股东人数	2003.9	2003.6	2002	2001
	8893	9591		

近年分配		近年配股 / 增发	不分配不转增

重大事项

2003 年 10 月 22 日江苏联环药业集团有限公司将继承公司第一大股东扬州制药厂所持有的公司 48% 的股权，江苏联环药业集团有限公司将成为公司的第一大股东。本次股权变动须经中国证监会审核同意后方可生效。

二〇〇二年以来市场表现

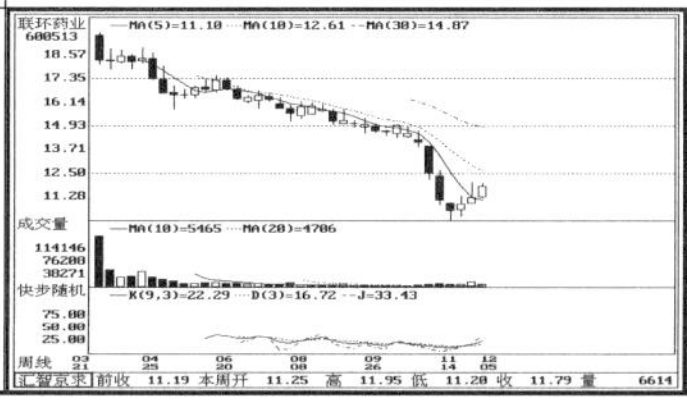

2002年涨跌幅(%)	0.00
2002年最高(元)	0.00
2002年最低(元)	0.00
2002年换手率(%)	0.00
2003年涨跌幅(%)	0.00
2003年最高(元)	19.78
2003年最低(元)	10.07
2003年换手率(%)	264.07

海南第一投资招商股份有限公司

公司概况

公司名称	海南第一投资招商股份有限公司				股票代码	600515	
注册地址	海南省海口市滨海大道南洋大厦15层				邮政编码	570105	
法人代表	蒋会成			董秘	张丰山		
电话	0898-68530096			传真	0898-68513887		
主营业务	高科技及信息产业、工业、农牧渔业、商业等						
总股本	24357.28	流通A	7900.00	流通B		流通H	
审计单位				审计意见	未审计		

主要财务指标

年度	2003.9	2003.6	2002	2001
每股收益/扣除后(元)	0.0490	0.0460	0.1360	0.1700
每股经营现金流量(元)	-0.3452	-0.2100	0.1889	0.3161
每股净资产/调整后(元)	1.7700	1.7600	2.7400	
每股公积金(元)	0.5590	0.5590	1.3791	0.4502
净资产收益率(%)	2.7900	2.6200	5.5500	12.3700
总资产(万元)	88810.20	81884.60	78533.43	49156.92
股东权益(万元)	44114.32	44039.46	43129.42	23307.56
未分配利润(万元)	1420.28	1345.42	1732.25	4914.32
主营收入(万元)	15972.36	11605.67	24957.45	22586.49
资本公积金(万元)	13615.71	13615.71	21260.12	4603.78
主营利润(万元)	5231.60	3841.13	8247.88	8110.68
其他业务利润(万元)	0.46	0.15		
营业利润(万元)	1222.81	1190.34	2572.24	2526.15
投资收益(万元)	238.08	125.66	-70.33	-108.64
补贴收入(万元)				
营业外收支(万元)	32.00	32.00	347.00	579.38
利润总额(万元)	1492.89	1348.22	2849.30	2615.91
净利润(万元)	1229.63	1154.77	2391.56	2214.28

十大股东

序号	股东名称	股份性质	持股数(万股)	比例(%)
1	海南第一投资集团有限公司	法人股	6972.25	28.63
2	海南康泰投资顾问有限公司	法人股	775.39	3.18
3	三亚亚龙湾开发股份有限公司	法人股	265.44	1.09
4	海南拓江科技投资有限公司	法人股	258.80	1.06
5	中国教学仪器设备总公司	法人股	233.92	0.96
6	中国信达资产管理公司	法人股	225.62	0.93
7	西安慧海科技投资有限公司	法人股	225.62	0.93
8	海南宝生经济贸易公司	法人股	199.08	0.82
9	上海财政证券公司	流通股	167.83	0.69
10	海南广和贸易有限公司	置换后形成的股份	157.95	0.65

股东人数	2003.9	2003.6	2002	2001
	31814	31560	30365	

近年分配	2002年10派0.2元 2001年10派2元	近年配股/增发	2002年10送0.8转增5股

重大事项

2002年11月8日公司股东海南第一投资集团有限公司原将其持有的公司33518119股发起人法人股、10610075股社会法人股质押给中国民生银行股份有限公司广州分行已于2003年11月6日解除质押。同日,海南第一投资集团有限公司因贷款将其持有的公司52958628股发起人法人股、16763918股社会法人股质押给中国民生银行股份有限公司广州分行，质押期限为2003年11月6日至2006年11月6日。　海南第一百货商场有限公司拟购买海南望海商城有限公司拥有的海南望海商城的第1层4262.24平方米、第5层5203.45平方米,共计9465.69平方米房产的财产所有权。转让总价确定为121,626,821.90元。

二〇〇二年以来市场表现

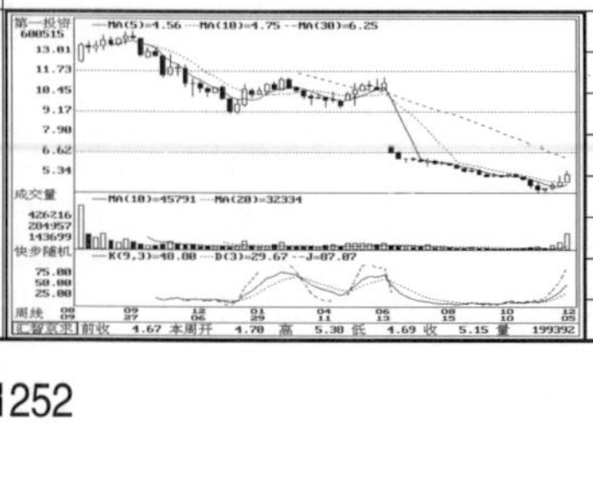

2002年涨跌幅(%)	0.00
2002年最高(元)	9.03
2002年最低(元)	5.91
2002年换手率(%)	262.06
2003年涨跌幅(%)	-21.38
2003年最高(元)	7.15
2003年最低(元)	4.06
2003年换手率(%)	228.53

兰州海龙新材料科技股份有限公司

公司概况

公司名称	兰州海龙新材料科技股份有限公司				股票代码	600516	
注册地址	甘肃省兰州市红古区海石湾镇2号街坊354号				邮政编码	730084	
法人代表	谢信跃			董秘	邓广星		
电话	0931-6239218			传真	0931-6239221		
主营业务	石墨及炭素制品的生产加工、批发零售						
总股本	20000.00	流通A	8000.00	流通B		流通H	
审计单位				审计意见	未审计		

主要财务指标

年度	2003.9	2003.6	2002	2001
每股收益/扣除后(元)	0.0940	0.0580	0.1700	0.4200
每股经营现金流量(元)	-0.3392	-0.1100	-0.2839	-0.7238
每股净资产/调整后(元)	3.8600	3.8300	3.7500	
每股公积金(元)	2.2486	2.2486	2.2442	0.5302
净资产收益率(%)	2.5300	1.5000	4.4300	18.2000
总资产(万元)	145985.69	142565.44	139266.59	63754.50
股东权益(万元)	77325.48	76578.28	75142.37	22452.17
未分配利润(万元)	10332.28	9585.08	8400.18	3476.64
主营收入(万元)	35818.77	23201.39	43145.64	36382.62
资本公积金(万元)	44971.41	44971.41	44883.41	6362.00
主营利润(万元)	6422.15	4288.33	8830.01	7271.67
其他业务利润(万元)	33.13	-6.87	-79.14	52.94
营业利润(万元)	2126.14	1305.41	4065.22	3972.58
投资收益(万元)	21.45			
补贴收入(万元)	51.02	39.36	31.51	
营业外收支(万元)	23.79	2.79	-49.50	-289.03
利润总额(万元)	2214.12	1344.66	4047.23	3707.39
净利润(万元)	1899.27	1152.07	3331.27	2460.63

十大股东

序号	股东名称	股份性质	持股数(万股)	比例(%)
1	兰州炭素集团有限责任公司	国有法人股	11600.00	58.00
2	上海中勇投资有限公司	流通股	201.55	1.01
3	叶云	流通股	196.78	0.98
4	湘财证券有限责任公司	流通股	172.71	0.86
5	窑街煤电有限责任公司	国有法人股	150.00	0.75
6	太西集团有限责任公司	法人股	100.00	0.50
7	甘肃祁连山水泥股份有限公司	国有法人股	100.00	0.50
8	兰州科近技术公司	国有法人股	50.00	0.25
9	上海财政证券公司	流通股	40.09	0.20
10	宋琪	流通股	15.44	0.08

股东人数	2003.9	2003.6	2002	2001
	41860	44427	50507	

近年分配		近年配股/增发	不分配不转增

重大事项

2003年10月29日 公司本次变更募集资金,投资方向不变,投资额不变,仅变更项目实施方式和投资地点。将新型石墨化炉技术改造项目实施方式变更为收购河南陕县电业局持有的河南陕县新鑫石墨电极有限公司51%的股权,收购后该公司为公司的控股子公司。按评估后资产净值和拟收购股权比例确定收购价格。预计投资额3000万元人民币。公司控股河南陕县新鑫石墨电极有限公司后,对公司现石墨化生产线进行改造。该项改造预计投资额为1465万元。

二〇〇二年以来市场表现

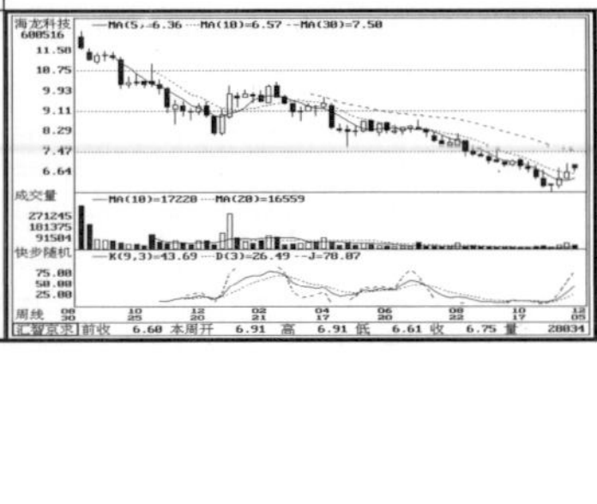

2002年涨跌幅(%)	0.00
2002年最高(元)	12.30
2002年最低(元)	8.35
2002年换手率(%)	180.97
2003年涨跌幅(%)	-20.96
2003年最高(元)	10.17
2003年最低(元)	5.82
2003年换手率(%)	233.35

上海置信电气股份有限公司

公司概况

公司名称	上海置信电气股份有限公司	股票代码	600517
注册地址	中国上海虹桥路2239号	邮政编码	200336
法人代表	徐锦鑫	董秘	彭永锋
电话	021-62623388	传真	021-62610088
主营业务	电气领域内的科技咨询等		
总股本	7983.00	流通A	2500.00
流通B		流通H	
审计单位		审计意见	未审计

主要财务指标

年度	2003.9	2003.6	2002	2001
每股收益/扣除后(元)	0.1300	0.1100	0.3100	0.2800
每股经营现金流量(元)	0.2944	0.1990	0.2228	0.4577
每股净资产/调整后(元)	2.9300			
每股公积金(元)	3.0774	1.5435		
净资产收益率(%)	4.7100	4.7100	23.0300	21.6300
总资产(万元)	37791.60	25696.94	2395.58	23249.31
股东权益(万元)	23421.42	8173.31	7496.20	7963.01
未分配利润(万元)	2316.22	1854.45	1212.96	1967.77
主营收入(万元)	10289.22	6157.60	13616.98	12864.69
资本公积金(万元)	12321.98	35.65	0.03	0.03
主营利润(万元)	4490.90	2658.84	5980.36	4870.26
其他业务利润(万元)				
营业利润(万元)	1640.99	926.97	2855.36	1888.63
投资收益(万元)				
补贴收入(万元)	63.81			66.49
营业外收支(万元)	-6.59		1.00	4.98
利润总额(万元)	1698.22	991.20	2856.36	1960.10
净利润(万元)	1103.26	641.49	1726.39	1722.76

十大股东

序号	股东名称	股份性质	持股数(万股)	比例(%)
1	上海置信(集团)有限公司	社会法人股	2193.20	27.47
2	上海置信电气工程安装有限公司	社会法人股	903.60	11.32
3	上海电力实业总公司	社会法人股	822.45	10.30
4	费维武	自然人股	274.15	3.43
5	上海国有资产经营有限公司	国有法人股	274.15	3.43
6	杜筱燕	自然人股	193.00	2.42
7	上海鑫达实业总公司	社会法人股	178.20	2.23
8	上海中基进出口有限公司	国有法人股	137.08	1.72
9	上海石化企业发展有限公司	国有法人股	137.08	1.72
10	上海兴程实业合作公司	社会法人股	54.83	0.69

股东人数	2003.9	2003.6	2002	2001
	23814			

近年分配	2002年10派4元	近年配股/增发	不分配不转增

重大事项

2003年9月19日公司2500万股A股通过上海证券交易所交易系统上网配售发行工作顺利完成。经上海证券交易所电脑主机统计,配号总数为60269337(沪深总数),中签率为0.04148046%,9月19日将由主承销商主持摇号抽签,并公布摇号结果。

二〇〇二年以来市场表现

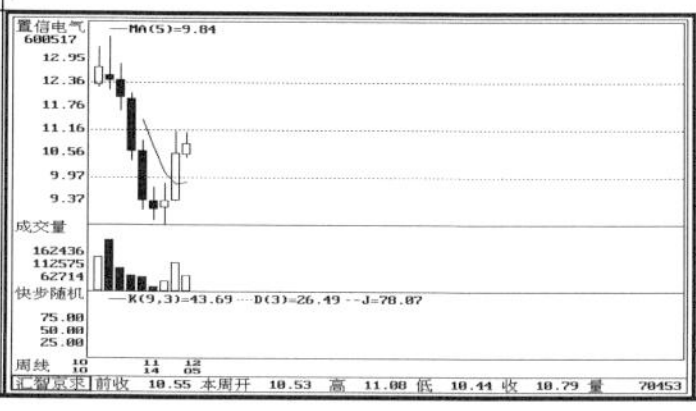

2002年涨跌幅(%)	0.00
2002年最高(元)	0.00
2002年最低(元)	0.00
2002年换手率(%)	0.00
2003年涨跌幅(%)	0.00
2003年最高(元)	13.55
2003年最低(元)	8.77
2003年换手率(%)	312.64

广东康美药业股份有限公司

公司概况

公司名称	广东康美药业股份有限公司	股票代码	600518
注册地址	广东省普宁市流沙镇长春路中段	邮政编码	515300
法人代表	马兴田	董秘	邱锡伟
电话	0663-2917777-8009	传真	0663-2916111
主营业务	生产片剂,硬胶囊剂,青霉素类硬胶囊剂等		
总股本	7080.00	流通A	1800.00
流通B		流通H	
审计单位		审计意见	未审计

主要财务指标

年度	2003.9	2003.6	2002	2001
每股收益/扣除后(元)	0.4990	0.3650	0.5910	0.4130
每股经营现金流量(元)	0.9015	0.6500	0.7552	0.2216
每股净资产/调整后(元)	5.8870	5.7340	5.3710	5.0000
每股公积金(元)	3.2223	3.2223	3.2223	3.2223
净资产收益率(%)	8.2850	6.1290	11.2000	7.9900
总资产(万元)	68001.80	66996.23	62957.88	51760.88
股东权益(万元)	42657.17	41677.50	39123.23	36509.97
未分配利润(万元)	10688.52	9708.84	7154.58	5198.80
主营收入(万元)	33841.62	22894.44	41098.03	38080.04
资本公积金(万元)	22813.97	22813.97	22813.97	22813.97
主营利润(万元)	9059.83	6094.13	10206.70	7621.42
其他业务利润(万元)				
营业利润(万元)	5331.48	3845.81	6307.60	4385.58
投资收益(万元)				
补贴收入(万元)				
营业外收支(万元)	-30.37	-28.16	-592.10	-13.93
利润总额(万元)	5301.10	3817.64	5715.51	4371.64
净利润(万元)	3533.94	2554.27	4383.27	2915.69

十大股东

序号	股东名称	股份性质	持股数(万股)	比例(%)
1	普宁市康美实业有限公司	发起人股	4120.00	58.19
2	中国银河证券有限责任公司	流通股	307.60	3.34
3	许冬瑾	发起人股	290.00	4.10
4	许燕君	发起人股	290.00	4.10
5	普宁市金信典当行有限公司	发起人股	290.00	4.10
6	普宁市国际信息咨询服务有限公司	发起人股	290.00	4.10
7	许锦	流通股	28.64	0.40
8	宁顺有	流通股	26.07	0.37
9	上海国际信托投资有限公司	流通股	22.40	0.32
10	杜明英	流通股	17.40	0.24

股东人数	2003.9	2003.6	2002	2001
	10061	10074	12219	17750

近年分配	2002年10派2.5元 2001年10派2元	近年配股/增发	不分配不转增

重大事项

2003年11月6日经国家食品药品监督管理局组织现场检查,公司取得了《中华人民共和国药品GMP认证证书》,认证范围:中药饮片(含毒性饮片),证书有效期至2008年10月22日。 2003年6月17日康美药业董、监事会决议:选举马兴田为董事长,许冬瑾为副董事长,苏若梅为监事会召集人(监事长);聘任马兴田为总经理,邱锡伟为董事会秘书,庄义清为财务总监。通过向中信实业银行广州分行申请15000万元以内,期限一年的综合授信额度的议案。

二〇〇二年以来市场表现

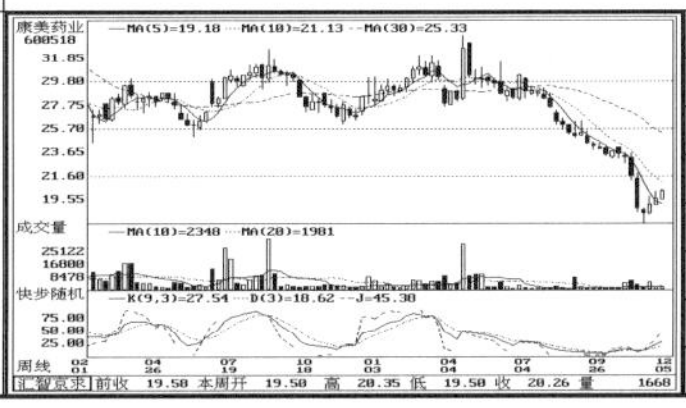

2002年涨跌幅(%)	-2.51
2002年最高(元)	32.39
2002年最低(元)	23.56
2002年换手率(%)	184.04
2003年涨跌幅(%)	-33.72
2003年最高(元)	33.65
2003年最低(元)	17.50
2003年换手率(%)	89.72

贵州茅台酒股份有限公司

公司概况

公司名称	贵州茅台酒股份有限公司				股票代码	600519	
注册地址	贵州省仁怀市茅台镇				邮政编码	564501	
法人代表	袁仁国			董秘	袁仁国		
电话	0852-2386002			传真	0852-2386005		
主营业务	茅台酒系列产品的生产与销售;饮料、食品等						
总股本	30250.00	流通 A	8651.50	流通 B		流通 H	
审计单位				审计意见	未审计		

主要财务指标

年度	2003.9	2003.6	2002	2001
每股收益/扣除后(元)	1.1700	0.9200	1.3800	0.1330
每股经营现金流量(元)	1.4525	-0.1200	1.5802	0.1691
每股净资产/调整后(元)	10.4900	11.1700	10.2900	9.9600
每股公积金(元)	6.6592	7.3250	7.3248	8.1568
净资产收益率(%)	11.0500	8.1300	13.2100	12.9700
总资产(万元)	446669.47	394051.03	393090.50	346338.87
股东权益(万元)	320682.87	310543.19	285284.56	253091.56
未分配利润(万元)	57594.10	47460.45	28824.46	7811.36
主营收入(万元)	155274.44	100904.76	183489.83	161804.67
资本公积金(万元)	201441.94	201438.66	201432.08	20398.95
主营利润(万元)	98180.47	65026.26	117431.52	101262.33
其他业务利润(万元)	178.83	173.48	323.17	115.57
营业利润(万元)	59475.52	41066.40	64912.52	61014.17
投资收益(万元)				
补贴收入(万元)	60.14		11.79	6.87
营业外收支(万元)	93.26	57.24	12.72	-293.21
利润总额(万元)	59628.92	41123.64	64937.04	60727.82
净利润(万元)	35449.97	25252.08	37679.85	32829.07

十大股东

序号	股东名称	股份性质	持股数(万股)	比例(%)
1	中国贵州茅台酒厂有限责任公司	国有法人股	17787.67	64.68
2	贵州茅台酒厂技术开发公司	国有法人股	1100.00	4.00
3	贵州省轻纺集体工业联社	法人股	165.00	60.00
4	深圳清华大学研究院	国有法人股	158.82	0.58
5	汉盛证券投资基金	流通股	124.63	0.45
6	任广芬	流通股	108.17	0.39
7	江苏省糖烟酒总公司	国有法人股	105.88	0.38
8	上海捷强烟草糖酒(集团)有限公司	国有法人股	105.88	0.38
9	中国食品发酵工业研究院	国有法人股	105.88	0.38
10	北京市糖业烟酒公司	国有法人股	105.88	0.38

股东人数	2003.9	2003.6	2002	2001
	37305	38846	36998	46194

近年分配	近年配股/增发
2002年10派2元 2001年10派6元	2002年10送1股 2001年10增1股

重大事项

2003年7月30日公司与集团公司双方确定,2003年、2004年的商标许可使用费为公司使用许可商标的酒类产品年销售额的2%,但每一年度的使用费最高均不得超过2001年和2002年所收取商标使用费的平均值,即3699.63万元。 2003年4月25日关于投资建设中低度茅台酒A.B区酒库的议案:A区酒库投资为2996万元,B区酒库投资为2980万元,所需资金由公司以自有资金或银行贷款解决。定于2003年06月12日召开2002年度股东大会,审议2002年度利润分配预案等及以上有关事项。

二○○二年以来市场表现

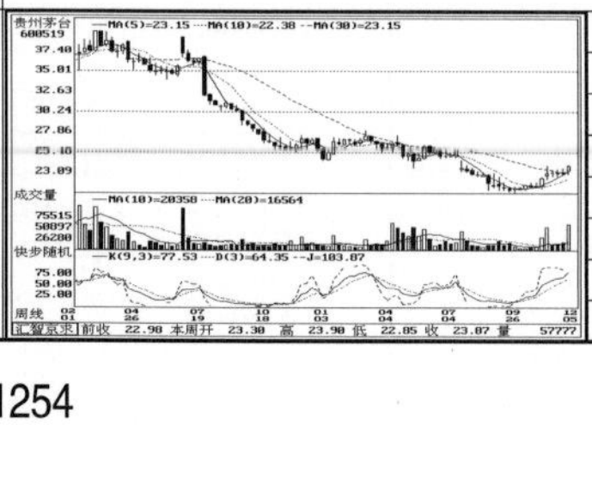

2002年涨跌幅(%)	-26.36
2002年最高(元)	32.20
2002年最低(元)	22.93
2002年换手率(%)	162.02
2003年涨跌幅(%)	0.09
2003年最高(元)	25.25
2003年最低(元)	20.71
2003年换手率(%)	105.09

铜陵三佳模具股份有限公司

公司概况

公司名称	铜陵三佳模具股份有限公司				股票代码	600520	
注册地址	安徽省铜陵经济技术开发区				邮政编码	244000	
法人代表	黄明玖			董秘	谢乐平		
电话	0562-2627520			传真	0562-2627555		
主营业务	精密工装模具、化学建材模具、化学建材等						
总股本	11304.00	流通 A	4500.00	流通 B		流通 H	
审计单位				审计意见	未审计		

主要财务指标

年度	2003.9	2003.6	2002	2001
每股收益/扣除后(元)	0.1400	0.1100	0.3300	0.3400
每股经营现金流量(元)	0.1051	0.0790	0.1224	0.0980
每股净资产/调整后(元)	2.3500	2.3100	3.9900	3.5300
每股公积金(元)	0.9079	0.9079	2.4182	2.1617
净资产收益率(%)	5.7500	4.8000	8.1300	9.5900
总资产(万元)	39935.57	41458.17	34923.40	29962.43
股东权益(万元)	26855.65	26586.50	25210.49	22177.55
未分配利润(万元)	4468.64	4199.48	2923.70	1809.10
主营收入(万元)	7676.63	4503.24	9363.99	8286.00
资本公积金(万元)	10262.80	10262.80	15186.57	13575.75
主营利润(万元)	3200.40	1964.26	4125.17	4043.57
其他业务利润(万元)	21.16	15.61	14.74	60.41
营业利润(万元)	1122.14	762.61	2474.56	2708.56
投资收益(万元)	45.66	45.66		
补贴收入(万元)	745.37	626.57	626.57	486.05
营业外收支(万元)	-33.39	-11.03	-5.16	3.99
利润总额(万元)	1879.78	1537.18	3095.97	3198.60
净利润(万元)	1544.94	1275.78	2050.12	2127.04

十大股东

序号	股东名称	股份性质	持股数(万股)	比例(%)
1	铜陵市三佳电子(集团)有限责任公司	国有法人股	6138.00	54.30
2	基金通乾	流通股	469.21	4.15
3	安徽省信托投资公司	国有法人股	360.00	3.18
4	基金安瑞	流通股	141.63	1.25
5	基金裕元	流通股	111.98	0.99
6	合肥创源智能网络有限责任公司	社会法人股	90.00	0.80
7	深圳市世纪之舟实业发展有限公司	社会法人股	72.00	0.64
8	北京久凌	流通股	64.72	0.57
9	安徽金岸工贸有限责任公司	社会法人股	54.00	0.48
10	合肥新创经贸有限责任公司	社会法人股	54.00	0.48

股东人数	2003.9	2003.6	2002	2001
	11812	11393	8868	2087181

近年分配	近年配股/增发
2002年10派1元	2002年10转增8股

重大事项

2003年10月25日公司收购指北京华商投资有限公司作为控股方对本公司的控股股东铜陵市三佳电子(集团)有限责任公司进行增资扩股的行为。本次收购完成后,华商投资直接持有三佳集团52.38%股权,三佳集团直接持有本公司6318万股,占已发行股本的54.30%股权,华商投资间接持有本公司28.44%股权,间接控制本公司54.30%股权。铜陵市工业国有资产经营有限公司本次增加投资3000万元,增资后铜陵国资对三佳集团总投资10000万元。华商投资本次以现金方式对三佳集团投资11000万元,三佳集团增资扩股后注册资本21000万元。

二○○二年以来市场表现

2002年涨跌幅(%)	0.00
2002年最高(元)	16.42
2002年最低(元)	9.24
2002年换手率(%)	249.98
2003年涨跌幅(%)	-19.48
2003年最高(元)	11.72
2003年最低(元)	6.41
2003年换手率(%)	177.21

浙江华海药业股份有限公司

公司概况

公司名称	浙江华海药业股份有限公司			股票代码	600521
注册地址	浙江省临海市汛桥镇经济开发区			邮政编码	317024
法人代表	陈保华		董秘	祝永华	
电话	0576-5016009		传真	0576-5016010	
主营业务	片剂、硬胶囊剂、原料药制造、医药中间体制造等				
总股本	10000.00	流通 A	3500.00	流通 B	流通 H
审计单位			审计意见	未审计	

主要财务指标

年度	2003.9	2003.6	2002	2001
每股收益/扣除后(元)	0.5400	0.3560	0.7180	0.6020
每股经营现金流量(元)	0.2971	0.1310	1.1590	
每股净资产/调整后(元)	6.5900	6.3900		
每股公积金(元)	4.8941	4.8898	0.0081	
净资产收益率(%)	8.2900	5.5500	62.9000	59.1700
总资产(万元)	75590.15	72569.93	24818.22	22387.51
股东权益(万元)	65897.33	63940.72	8044.01	7200.95
未分配利润(万元)	5464.91	3551.42		
主营收入(万元)	19673.78	12268.02	18737.75	17780.58
资本公积金(万元)	48940.74	48897.61	52.33	
主营利润(万元)	10144.56	6590.96	10016.33	6991.14
其他业务利润(万元)	0.70	-0.01	1.56	17.09
营业利润(万元)	7935.89	4991.20	7275.01	5238.64
投资收益(万元)				449.56
补贴收入(万元)				
营业外收支(万元)	-37.15	-11.70	-63.78	-162.41
利润总额(万元)	7898.73	4979.16	7211.23	5372.09
净利润(万元)	5464.91	3551.42	5059.31	4261.01

十大股东

序号	股东名称	股份性质	持股数(万股)	比例(%)
1	陈保华	自然人股	2915.25	29.15
2	周明华	自然人股	2915.25	29.15
3	清华紫光科技创新投资有限公司	法人股	325.00	3.25
4	北京东方经典商务顾问有限公司	法人股	149.50	1.50
5	金鑫证券投资基金	社会公众股	97.52	0.98
6	红塔证券股份有限公司	社会公众股	81.95	0.82
7	景阳证券投资基金	社会公众股	78.74	0.79
8	时惠麟	自然人股	65.00	0.65
9	宁波泰达进出口有限公司	法人股	65.00	0.65
10	浙江美阳国际石化医药工程设计有限公司	法人股	65.00	0.65

股东人数	2003.9	2003.6	2002	2001
	17881	20121		

近年分配	2002年10派8.9614元	近年配股/增发	不分配不转增

重大事项

2003年10月22日公司与中国科学院上海有机化学研究所、马大为共同投资设立上海华浦生物医药研究开发中心有限公司(公司名称以工商登记注册为准),注册资本为1000万元,其中:公司以现金出资900万元,占注册资本的90%。 2003年10月9日 公司研制开发的抗艾滋病新药硫酸茚地那韦原料药及其制剂"艾克立宁"(硫酸茚地那韦片)顺利通过国家食品药品监督管理局的审查,获得了新药证书、药品注册批件及药品批准文号。

二〇〇二年以来市场表现

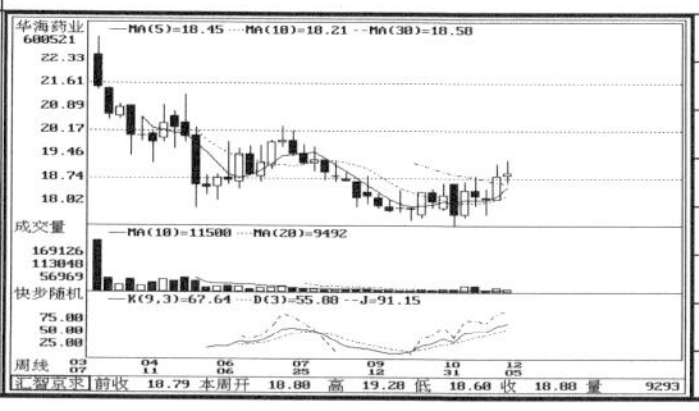

2002年涨跌幅(%)	0.00
2002年最高(元)	0.00
2002年最低(元)	0.00
2002年换手率(%)	0.00
2003年涨跌幅(%)	0.00
2003年最高(元)	23.05
2003年最低(元)	17.30
2003年换手率(%)	275.14

江苏中天科技股份有限公司

公司概况

公司名称	江苏中天科技股份有限公司			股票代码	600522
注册地址	江苏省如东县河口镇赵港村			邮政编码	226463
法人代表	薛济萍		董秘	刘宁	
电话	0513-3599505		传真	0513-3599504	
主营业务	光纤、光缆、电缆材料及附件、有源器件等				
总股本	20831.00	流通 A	7000.00	流通 B	流通 H
审计单位			审计意见	未审计	

主要财务指标

年度	2003.9	2003.6	2002	2001
每股收益/扣除后(元)	0.0040	0.0275	0.2000	0.2900
每股经营现金流量(元)	-0.5863	-0.3200	0.2579	0.5454
每股净资产/调整后(元)	2.7200	2.7200	2.6900	
每股公积金(元)	1.3918	1.3918	1.3918	
净资产收益率(%)	0.1925	0.1907	0.1630	0.2350
总资产(万元)	98278.12	86519.53	83374.18	44127.35
股东权益(万元)	56698.29	56661.63	56083.93	18852.71
未分配利润(万元)	4009.86	3973.20	3395.50	3250.96
主营收入(万元)	19329.86	11860.66	41353.69	53882.68
资本公积金(万元)	28992.65	28992.65	28992.65	0.61
主营利润(万元)	3780.45	3009.41	10429.90	15162.53
其他业务利润(万元)	155.18	34.96	329.58	56.36
营业利润(万元)	644.49	881.92	5524.35	6664.18
投资收益(万元)	65.95	139.34		-327.25
补贴收入(万元)	541.41	0.20		
营业外收支(万元)	-4.77		-236.97	-261.98
利润总额(万元)	1247.08	1064.04	5287.37	6074.94
净利润(万元)	614.36	577.70	3975.39	3772.31

十大股东

序号	股东名称	股份性质	持股数(万股)	比例(%)
1	如东县河口镇集体资产投资中心	社会法人股	11958.00	57.40
2	中国铁路通信信号上海工程公司	国有法人股	543.00	2.61
3	河北北方电力开发股份有限公司	社会法人股	543.00	2.61
4	南京邮电学院	国有法人股	543.00	2.61
5	南通邮电器材公司	社会法人股	217.00	1.04
6	华泰证券有限责任公司	流通股	91.34	0.44
7	刘书春	流通股	35.26	0.17
8	北京聚能通科技有限公司	社会法人股	27.00	0.13
9	上海联众网络信息有限公司	流通股	21.50	0.10
10	朱协峰	流通股	18.05	0.09

股东人数	2003.9	2003.6	2002	2001
	39140	39707	40547	

近年分配	2002年10派1.2元	近年配股/增发	不分配不转增

重大事项

2003年7月1日,中华人民共和国商务部发布公告,对原产于美国、日本和韩国的进口非色散位移单模光纤进行反倾销立案调查。如果商务部作出肯定性最终裁定,将改善国产光纤生产厂商的竞争环境。由于公司投资15770万元的主要募集资金项目"光纤拉丝生产线技术改造项目"已经正式投产,预计2003年年产光纤80万公里,因此,商务部的裁定结果将对该项目的运营情况产生一定影响。 公司与南通中天光缆厂于2003年5月26日共同出资组建南通中天江东置业有限公司。中天置业注册资本3000万元,公司拟以现金出资2700万元,占中天置业注册资本的90%。

二〇〇二年以来市场表现

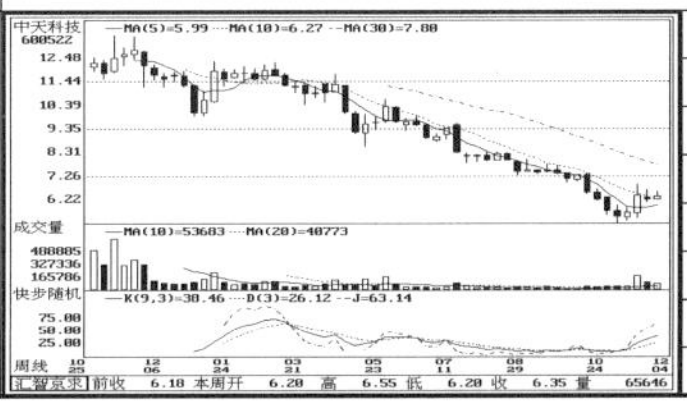

2002年涨跌幅(%)	0.00
2002年最高(元)	13.40
2002年最低(元)	9.98
2002年换手率(%)	402.92
2003年涨跌幅(%)	-38.63
2003年最高(元)	12.16
2003年最低(元)	5.18
2003年换手率(%)	382.99

贵州贵航汽车零部件股份有限公司

公司概况

公司名称	贵州贵航汽车零部件股份有限公司			股票代码	600523		
注册地址	贵州省贵阳市小河区锦江路110号			邮政编码	550009		
法人代表	张军			董秘	朱华斌		
电话	0851-8317550			传真	0851-8317558		
主营业务	汽车、摩托车零部件制造及销售，出口生产的汽车等						
总股本	22000.00	流通A	7000.00	流通B		流通H	
审计单位				审计意见	未审计		

主要财务指标

年度	2003.9	2003.6	2002	2001
每股收益/扣除后(元)	0.0150	0.0070	0.0200	0.0900
每股经营现金流量(元)	0.1724	0.1170	0.0275	0.1353
每股净资产/调整后(元)	2.6080	2.6000	2.5700	2.4900
每股公积金(元)	1.5219	1.5219	1.5214	1.5194
净资产收益率(%)	0.5900	0.2500	0.5100	3.3400
总资产(万元)	96298.76	98182.18	106191.70	110882.70
股东权益(万元)	57378.88	57188.21	56481.61	57098.21
未分配利润(万元)	1138.89	948.22	283.20	1039.17
主营收入(万元)	34866.26	21691.10	37902.18	35450.91
资本公积金(万元)	33482.31	33482.31	33470.96	33426.66
主营利润(万元)	8705.04	6093.60	10676.16	10874.28
其他业务利润(万元)	198.79	-21.93	549.97	533.58
营业利润(万元)	558.55	247.45	786.67	2779.30
投资收益(万元)	25.56	57.20	-78.52	-98.85
补贴收入(万元)	19.71		3.65	
营业外收支(万元)	-15.73	-19.22	-148.92	-179.53
利润总额(万元)	588.09	285.44	562.89	2500.93
净利润(万元)	335.93	145.26	285.25	1910.32

十大股东

序号	股东名称	股份性质	持股数(万股)	比例(%)
1	中国贵州航空工业(集团)有限责任公司	国有法人股	12641.54	57.46
2	贵阳市国有资产管理局	国家股	2157.31	9.81
3	国元证券	流通股	102.12	0.46
4	贵阳新达机械厂	法人股	67.05	0.31
5	贵州海洋经济发展有限公司	法人股	67.05	0.31
6	中国航空工业供销贵州公司	国有法人股	67.05	0.31
7	冯广斌	流通股	32.36	0.15
8	李向英	流通股	30.60	0.14
9	郑元伟	流通股	19.16	0.09
10	郭来生	流通股	18.37	0.08

股东人数	2003.9	2003.6	2002	2001
	32478	32927	32352	42690

近年分配	2002年10派0.15元 2001年10派0.2元	近年配股/增发	不分配不转增

重大事项

2003年10月29日公司通过与韩国株式会社新昌电机、韩国又昌精机株式会社、日本株式会社东海理化合资成立苏州华昌机电有限公司的议案：苏州华昌机电有限公司注册资本为300万美元，其中公司出资105万美元，占注册资本的35%。 2003年10月29日由公司、无锡线桥带钢有限公司和自然人陈琪洪、唐晓萍、钱浩峰五方共同投资设立无锡贵航红阳密封件有限公司。无锡贵航红阳密封件有限公司注册资本为318万元人民币，其中公司分别以技术、品牌等无形资产方式(计47.7万元)和以现金方式出资31.8万元，共计出资79.5万元，占出资比率25%。

二〇〇二年以来市场表现

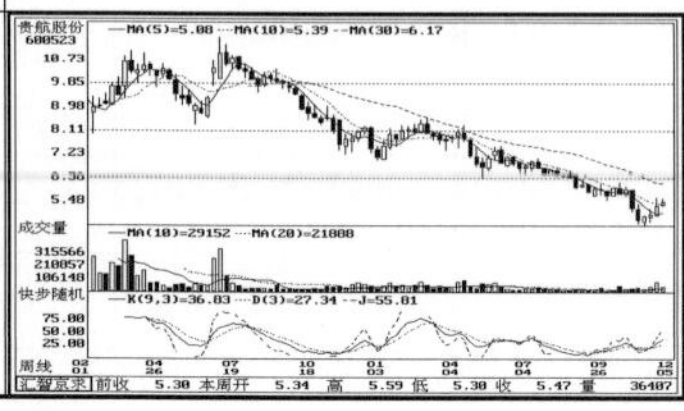

2002年涨跌幅(%)	-26.57
2002年最高(元)	11.59
2002年最低(元)	7.20
2002年换手率(%)	687.07
2003年涨跌幅(%)	-27.10
2003年最高(元)	8.55
2003年最低(元)	4.61
2003年换手率(%)	217.35

深圳市长园新材料股份有限公司

公司概况

公司名称	深圳市长园新材料股份有限公司			股票代码	600525		
注册地址	深圳市南山区科技工业园科技路30-4栋			邮政编码	518057		
法人代表	许晓文			董秘	倪昭华		
电话	0755-26717828			传真	0755-26630603		
主营业务	高分子热缩材料、功能材料、生物材料、辐照加工等						
总股本	9954.00	流通A	2500.00	流通B		流通H	
审计单位				审计意见	未审计		

主要财务指标

年度	2003.9	2003.6	2002	2001
每股收益/扣除后(元)	0.3200	0.2000	0.2330	
每股经营现金流量(元)	0.2178	0.0900	0.4036	0.5252
每股净资产/调整后(元)	3.0300	2.9900	2.7900	
每股公积金(元)	1.5656	1.5656	1.5656	0.0011
净资产收益率(%)	10.5900	6.8700	11.4600	23.1600
总资产(万元)	43599.11	46218.93	48768.87	10959.43
股东权益(万元)	30143.22	29788.77	27741.90	5048.47
未分配利润(万元)	2067.79	1713.34	-333.53	-248.97
主营收入(万元)	18542.49	11262.52	19572.56	6343.73
资本公积金(万元)	15583.91	15583.91	15583.91	
主营利润(万元)	9128.55	5629.54	10259.19	3681.40
其他业务利润(万元)	275.05	185.14	265.23	44.85
营业利润(万元)	4004.84	2632.17	3572.85	1141.37
投资收益(万元)	507.22	211.32	35.47	-170.38
补贴收入(万元)	6.00	6.80	335.80	173.76
营业外收支(万元)	6.70		369.40	501.53
利润总额(万元)	4524.76	2861.35	4242.59	1451.78
净利润(万元)	3192.23	2046.87	3096.38	1329.22

十大股东

序号	股东名称	股份性质	持股数(万股)	比例(%)
1	长和投资有限公司	发起人境内法人股	4671.53	46.93
2	深圳国际信托投资有限责任公司	国有股	2541.49	25.53
3	许晓文(董事长兼总经理)	发起人境内自然人股	162.40	1.63
4	海通证券有限公司	流通股	74.43	0.75
5	陈红(董事)	发起人境内自然人股	31.43	0.32
6	鲁尔兵(副总经理)	发起人境内自然人股	31.43	0.32
7	倪昭华(董事会秘书)	发起人境内自然人股	15.72	0.16
8	蒋继武	流通股	13.22	0.13
9	狄梅芬	流通股	12.37	0.12
10	董贵民	流通股	10.42	0.10

股东人数	2003.9	2003.6	2002	2001
	12857	13828	17023	

近年分配		近年配股/增发	不分配不转增

重大事项

2003年7月30日经公司董事会研究决定，并经深圳市工商行政管理局审核批准，公司控股子公司深圳长葆特种塑胶制品有限公司名称变更为深圳长园电子材料有限公司，注册资金与经济性质、经营范围及公司的原持股比例均不变。 2003年6月19日本公司下属全资公司罗宝投资有限公司受让朱海冰、黄克勤持有的信通发展(香港)有限公司合计100%的股权，交易金额为23173832万元人民币，股权转让协议日为2003年5月30日。本次受让完成后，公司下属全资公司罗宝公司持有信通公司100%股权(其中委托倪昭华持有信通公司1%股权)。

二〇〇二年以来市场表现

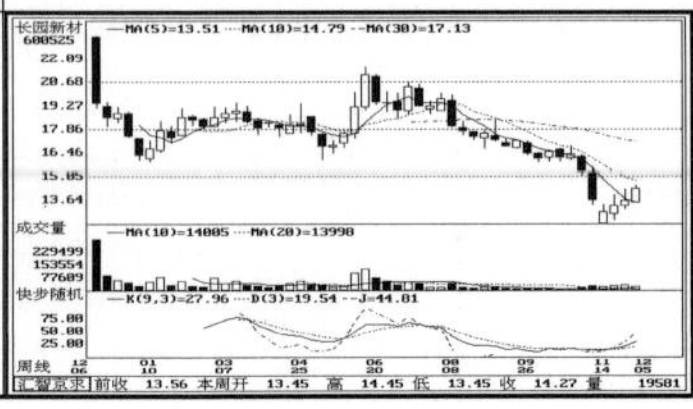

2002年涨跌幅(%)	0.00
2002年最高(元)	23.50
2002年最低(元)	16.53
2002年换手率(%)	199.11
2003年涨跌幅(%)	-18.12
2003年最高(元)	21.58
2003年最低(元)	12.23
2003年换手率(%)	553.73

浙江菲达环保科技股份有限公司

公司概况

公司名称	浙江菲达环保科技股份有限公司			股票代码	600526		
注册地址	浙江省诸暨市望云路 88 号			邮政编码	311800		
法人代表	舒英钢			董秘	周明良		
电话	0575-7385602			传真	0575-7214695		
主营业务	除尘器、气力输送设备、烟气脱硫设备等						
总股本	10000.00	流通 A	4000.00	流通 B		流通 H	
审计单位				审计意见	未审计		

主要财务指标

年度	2003.9	2003.6	2002	2001
每股收益 / 扣除后(元)	0.1500	0.1000	0.2400	0.3484
每股经营现金流量(元)	-0.9410	-0.6700	0.3241	0.1841
每股净资产 / 调整后(元)	3.8700	3.8200	3.7200	
每股公积金(元)	2.3233	2.3233	2.3233	
净资产收益率(%)	3.8700	2.7000	6.3600	22.2800
总资产(万元)	81427.72	72916.56	66541.55	22188.04
股东权益(万元)	38708.05	38246.72	37211.35	7470.83
未分配利润(万元)	4578.20	4116.87	3081.50	1250.21
主营收入(万元)	34394.67	21675.37	32758.02	20360.73
资本公积金(万元)	23233.11	23233.11	23233.11	
主营利润(万元)	5302.48	3544.34	6765.94	4238.31
其他业务利润(万元)	178.40	79.27	145.67	138.12
营业利润(万元)	2571.53	1638.80	3900.26	2420.13
投资收益(万元)	19.30	18.46		
补贴收入(万元)	15.17	15.17		
营业外收支(万元)	-40.39		-37.82	-71.28
利润总额(万元)	2565.61	1641.34	3862.44	2393.76
净利润(万元)	1496.70	1035.37	2365.95	1470.83

十大股东

序号	股东名称	股份性质	持股数(万股)	比例(%)
1	浙江菲达机电集团有限公司	国有法人股	4800.00	48.00
2	中国国际热能工程公司	国有法人股	300.00	3.00
3	河北北方电力开发股份有限公司	法人股	200.00	2.00
4	诸暨机床厂	法人股	200.00	2.00
5	浙江菲达机电集团诸暨环达机械有限公司	国有法人股	150.00	1.50
6	浙江菲达机电集团诸暨康达机械有限公司	国有法人股	150.00	1.50
7	南方证券有限公司	流通股	118.59	1.19
8	浙江大学	法人股	100.00	1.00
9	裕泽证券投资基金	流通股	99.11	0.99
10	东方证券有限责任公司	流通股	77.88	0.78

股东人数	2003.9	2003.6	2002	2001
	10409	13290	13198	

近年分配	2002年 10 派 2 元	近年配股 / 增发	不分配不转增

重大事项

公司曾于 **2003** 年 **7** 月 **9** 日公告，公司为河北大唐唐山热电有限公司 **300MW** 燃煤供热机组一期/二期湿法烟气脱硫(**FGD**)装置脱硫岛工程招标的预中标单位。近日，已与业主方正式签订合同。一期、二期合同总价值为 **11900** 万元。根据交货进度和技术服务时间安排，工程计划于 **2005** 年 **1** 月 **1** 日正式投产。　**2003** 年 **4** 月 **25** 日公司拟以自有资金出资 **760** 万元与浙江菲达机电集团有限公司共同设立诸暨菲达环保钢结构设备安装有限公司,新公司注册资本为 **800** 万元，公司占 **95%**股份。本次交易构成了关联交易。

二〇〇二年以来市场表现

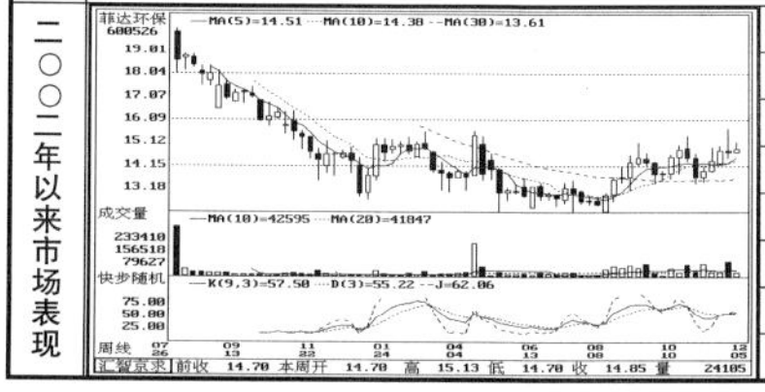

2002年涨跌幅(%)	0.00
2002年最高(元)	19.78
2002年最低(元)	13.29
2002年换手率(%)	164.37
2003年涨跌幅(%)	8.81
2003年最高(元)	15.70
2003年最低(元)	12.01
2003年换手率(%)	366.70

江苏江南高纤股份有限公司

公司概况

公司名称	江苏江南高纤股份有限公司			股票代码	600527		
注册地址	江苏省苏州市相城区黄埭镇			邮政编码	215143		
法人代表	陶国平			董秘	石胜岷		
电话	0512-65481181			传真	0512-65481181		
主营业务	涤纶毛条、短纤维、粒子、聚酯切片、塑料编织套等						
总股本	8000.00	流通 A	3000.00	流通 B		流通 H	
审计单位				审计意见	未审计		

主要财务指标

年度	2003.9	2003.6	2002	2001
每股收益 / 扣除后(元)		0.2100	0.3780	0.3100
每股经营现金流量(元)		0.6114	0.4460	-0.2900
每股净资产 / 调整后(元)				
每股公积金(元)	1.5953			
净资产收益率(%)	11.4350	11.4400	23.2100	24.3000
总资产(万元)		17340.16	17387.50	16733.78
股东权益(万元)		9151.46	8146.24	6357.87
未分配利润(万元)		3230.90	2441.26	1076.39
主营收入(万元)		11328.15	20158.07	15533.84
资本公积金(万元)				
主营利润(万元)		1996.00	4139.76	3123.79
其他业务利润(万元)				7.02
营业利润(万元)		1564.82	2688.59	2290.32
投资收益(万元)		0.83	0.03	
补贴收入(万元)				
营业外收支(万元)			0.03	-7.02
利润总额(万元)		1565.65	2688.64	2283.30
净利润(万元)		1046.61	1890.69	1544.73

十大股东

序号	股东名称	股份性质	持股数(万股)	比例(%)
1	陶国平	发起人股	1873.55	23.42
2	夏志良	发起人股	663.69	8.30
3	盛冬生	发起人股	559.42	6.99
4	苏州市相城区黄埭镇集体资产经营公司	法人股	496.52	6.21
5	周永康	发起人股	331.02	4.14
6	顾兴男	发起人股	215.16	2.69
7	上海石化鑫获良实业发展有限公司	法人股	190.33	2.38
8	尤小弟	发起人股	187.02	2.34
9	沈永林	发起人股	178.75	2.23
10	邹水林	发起人股	82.75	1.03

股东人数	2003.9	2003.6	2002	2001

近年分配	2001年 10 派 0.3 元	近年配股 / 增发	不分配不转增

重大事项

2003 年 **11** 月 **07** 日本公司第一大股东陶国平先生目前持有本公司股份 **1873.55** 万股，占公司股本总额的 **37.47%**。鉴于陶国平先生在 **2001** 年 **7** 月 **26** 日之前担任苏州市吴申化纤厂(即原吴县市吴申化纤厂)法定代表人，从 **1994** 年 **3** 月起至 **2001** 年 **2** 月止担任吴县市教育合纤厂(现已注销)法定代表人，根据从严控制和披露的原则,**2001** 年 **7** 月之前吴申化纤被视为发行人的关联方，教育合纤亦被视为发行人的关联方.

二〇〇二年以来市场表现

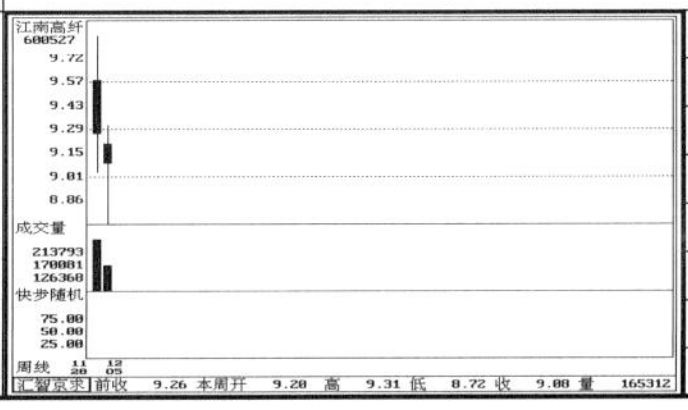

2002年涨跌幅(%)	0.00
2002年最高(元)	0.00
2002年最低(元)	0.00
2002年换手率(%)	0.00
2003年涨跌幅(%)	0.00
2003年最高(元)	9.86
2003年最低(元)	9.03
2003年换手率(%)	85.84

中铁二局股份有限公司

公司概况							
公司名称	中铁二局股份有限公司			股票代码	600528		
注册地址	成都高新区创业东路18号高新大厦10楼			邮政编码	610032		
法人代表	翁景庆			董秘	邓爱民		
电话	028-87684612			传真	028-87683980		
主营业务	承担各类型工业、能源、交通等						
总股本	41000.00	流通 A	11000.00	流通 B		流通 H	
审计单位				审计意见	未审计		

主要财务指标

年度	2003.9	2003.6	2002	2001
每股收益/扣除后(元)	0.1400	0.1100	0.2800	0.4300
每股经营现金流量(元)	-0.2195	-0.0150	-0.7885	0.1208
每股净资产/调整后(元)	4.2400	4.2100	4.1200	4.1500
每股公积金(元)	2.6500	2.6501	2.6636	2.6044
净资产收益率(%)	2.9300	2.0600	6.4300	9.6200
总资产(万元)	413290.09	416208.12	422272.03	347110.94
股东权益(万元)	176144.47	174580.91	171531.73	170688.11
未分配利润(万元)	12151.46	11497.55	8703.44	12435.23
主营收入(万元)	336100.41	213928.84	442435.62	403897.72
资本公积金(万元)	108652.38	108652.38	109208.14	106778.54
主营利润(万元)	33162.24	22512.87	53777.01	44706.39
其他业务利润(万元)	350.31	342.95	-295.54	211.36
营业利润(万元)	6196.60	4051.75	13670.13	18147.74
投资收益(万元)	451.23	504.28	1065.33	
补贴收入(万元)				
营业外收支(万元)	-611.65		-295.92	-1690.66
利润总额(万元)	6036.17	4448.33	14439.54	16457.08
净利润(万元)	5168.50	3604.92	11026.29	16415.19

十大股东

序号	股东名称	股份性质	持股数(万股)	比例(%)
1	中铁二局集团有限公司	国有法人股	28500.00	69.51
2	中铁宝桥股份有限公司	国有法人股	1363.00	3.32
3	裕阳证券投资基金	流通股	72.47	0.18
4	成都铁路局	国有法人股	65.00	0.16
5	高志学	流通股	46.11	0.11
6	铁道部第二勘测设计院	国有法人股	39.00	0.10
7	西南交通大学	国有法人股	33.00	0.08
8	吴训忠	流通股	22.00	0.05
9	基金兴和	流通股	20.73	0.05
10	栾玮	流通股	17.98	0.04

股东人数	2003.9	2003.6	2002	2001
	74600	75940	75064	88173

近年分配	近年配股/增发
2002年10派3元 2001年10派3.8元	不分配不转增

重大事项

2003年7月18日,中铁二局股份有限公司收到上海轨道交通申松线发展有限公司"上海市建设工程施工中标(交易成交)通知书",通知公司已中标上海轨道交通9号线一期工程R413标,中标金额36024.8892万元。该工程位于上海市闵行区和松江区交界的沪松公路沿线(九亭站至七宝站),线路呈西东走向,合同工期为27个月。

二〇〇二年以来市场表现

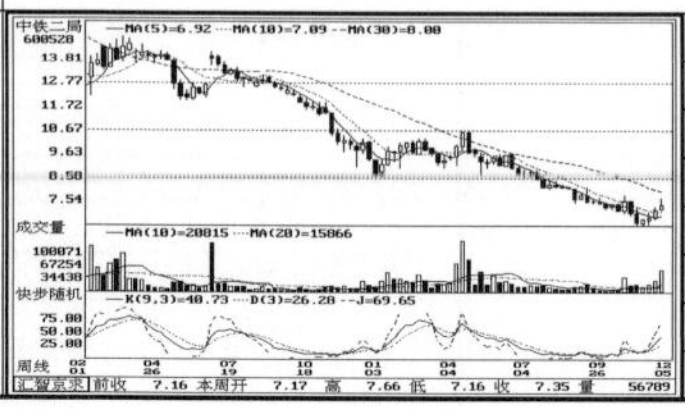

2002年涨跌幅(%)	-29.58
2002年最高(元)	14.18
2002年最低(元)	8.73
2002年换手率(%)	115.62
2003年涨跌幅(%)	-18.73
2003年最高(元)	10.35
2003年最低(元)	6.49
2003年换手率(%)	105.80

山东省药用玻璃股份有限公司

公司概况							
公司名称	山东省药用玻璃股份有限公司			股票代码	600529		
注册地址	山东省淄博市沂源县二郎山路8号			邮政编码	256100		
法人代表	柴文			董秘	周仕勇		
电话	0533-3242312-2028			传真	0533-3249700		
主营业务	模制抗生素瓶、玻璃管、曲颈易折安瓿等						
总股本	12361.12	流通 A	4800.00	流通 B		流通 H	
审计单位				审计意见	未审计		

主要财务指标

年度	2003.9	2003.6	2002	2001
每股收益/扣除后(元)	0.4100	0.2700	0.6700	0.8000
每股经营现金流量(元)	0.2516	0.0600	1.3259	0.5675
每股净资产/调整后(元)	5.6000	5.4500	7.7900	
每股公积金(元)	3.0545	3.0545	4.7817	0.4322
净资产收益率(%)	7.4000	4.9000	8.5300	18.0100
总资产(万元)	99826.22	94883.69	94359.38	39461.00
股东权益(万元)	69279.88	67465.14	64155.47	18183.75
未分配利润(万元)	14559.54	12744.80	11908.32	18183.75
主营收入(万元)	34919.96	23641.97	42231.83	29311.47
资本公积金(万元)	37757.36	37757.36	39404.54	2178.38
主营利润(万元)	12937.89	8764.22	15441.37	9823.28
其他业务利润(万元)	27.20	38.28	-85.67	35.92
营业利润(万元)	7591.98	4907.14	8265.24	4541.79
投资收益(万元)			26.77	-7.53
补贴收入(万元)	21.20			
营业外收支(万元)	49.27	22.09	-58.44	-140.80
利润总额(万元)	7662.46	4940.12	8233.56	4482.84
净利润(万元)	5123.45	3308.70	5475.30	3045.26

十大股东

序号	股东名称	股份性质	持股数(万股)	比例(%)
1	沂源县公有资产管理委员会	国家股	4517.95	36.55
2	裕阳证券投资基金	流通股	197.89	1.60
3	华夏成长证券投资基金	流通股	166.11	1.34
4	红塔证券股份有限公司	流通股	160.60	1.30
5	淄博工业陶瓷厂	法人股	132.60	1.07
6	沂源县电业局实业总公司	法人股	119.34	0.97
7	裕隆证券投资基金	流通股	105.18	0.85
8	科瑞证券投资基金	流通股	67.00	0.54
9	山东鲁阳股份有限公司	法人股	66.30	0.54
10	山东博山大桥实业总公司耐火材料厂	法人股	66.30	0.54

股东人数	2003.9	2003.6	2002	2001
	14209	15990	12954	

近年分配	近年配股/增发
2002年10派1元 2001年10派2元	2001年10送3转增2股

重大事项

2002年5月30日山东药玻董、监事会决议通过了关于变更公司注册资本的议案:公司注册资本由50407448股增加到82407448股。定于2002年6月30日召开2001年度股东大会,审议2001年度利润分配预案等及以上事项。

二〇〇二年以来市场表现

2002年涨跌幅(%)	0.00
2002年最高(元)	15.83
2002年最低(元)	11.27
2002年换手率(%)	211.47
2003年涨跌幅(%)	4.16
2003年最高(元)	14.27
2003年最低(元)	10.89
2003年换手率(%)	183.31

上海交大昂立股份有限公司

公司概况

公司名称	上海交大昂立股份有限公司			股票代码	600530
注册地址	上海市松江县松江镇环城路 117 号			邮政编码	201613
法人代表	许晓鸣			董秘	张潘宏
电话	021-62810808-111			传真	021-62816699
主营业务	生物制品，保健食品，保健用品，参制品等				
总股本	20000.00	流通 A	5000.00	流通 B	流通 H
审计单位				审计意见	未审计

主要财务指标

年度	2003.9	2003.6	2002	2001
每股收益／扣除后(元)	0.1300	0.0600	0.2400	0.1800
每股经营现金流量(元)	1.4395	0.1390	0.2539	-0.0651
每股净资产／调整后(元)	4.5300	4.5200	4.4200	4.4100
每股公积金(元)	3.2238	3.2238	3.2238	3.2238
净资产收益率(％)	3.4700	2.2100	5.6900	6.1400
总资产(万元)	172437.37	133948.59	133931.69	117474.83
股东权益(万元)	93109.39	91905.53	89874.63	88956.48
未分配利润(万元)	3387.44	2183.59	152.68	565.44
主营收入(万元)	32097.17	21516.98	47686.75	45332.35
资本公积金(万元)	64476.13	64476.13	64476.13	64476.13
主营利润(万元)	18300.41	11713.72	31277.17	30438.47
其他业务利润(万元)	26.77	12.08	143.55	7.70
营业利润(万元)	2775.37	1125.67	4659.95	4114.50
投资收益(万元)	813.87	892.32	106.78	1359.13
补贴收入(万元)	420.35	236.07	978.52	520.46
营业外收支(万元)	1.73	-9.37	-64.64	-3373.00
利润总额(万元)	4011.31	2424.35	5680.60	5960.36
净利润(万元)	3234.76	2030.90	5118.15	5464.09

十大股东

序号	股东名称	股份性质	持股数(万股)	比例(％)
1	上海交大南洋股份有限公司	法人股	4000.00	20.00
2	大众交通(集团)股份有限公司	法人股	3000.00	15.00
3	上海茸北工贸实业总公司	法人股	3000.00	15.00
4	上海新路达商业(集团)有限公司	国有股	1650.00	8.25
5	上海国际株式会社	外资股	1650.00	8.25
6	上海蓝鑫投资有限公司	法人股	1050.00	5.25
7	上海市教育发展有限公司	国有股	300.00	1.50
8	上海交通大学	国有股	200.00	1.00
9	华泰证券有限责任公司	流通股	188.96	0.94
10	上海市第一医药商店有限公司	国有股	150.00	0.75

股东人数	2003.9	2003.6	2002	2001
	33079	33847	34258	39099

近年分配	2002年 10 派 2.1 元 2001 年 10 派 2 元	近年配股／增发	不分配不转增

重大事项

2003 年 5 月 27 日公司拟与上海交大科技园(上饶)有限公司合资组建上海物创植提有限公司(名称暂定,以工商核准登记为准),拟注册资本为 20000 万元,公司现金出资 14000 万元,其中拟以募集资金 13700 万元和公司自有资金 300 万元,占注册资本的 70%。本次交易属关联交易。 2002 年 4 月 22 日公司以受让价格约 1.46 元/股,收购湖南金农 25969542 股,占总股份的 63%,转让金额总计为 3800 万元。受让后,公司为湖南金农的第一大股东。

二〇〇二年以来市场表现

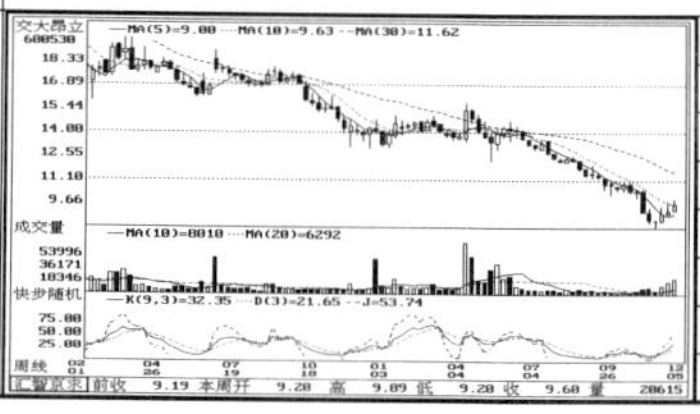

2002年涨跌幅(%)	-30.59
2002年最高(元)	19.37
2002年最低(元)	12.74
2002年换手率(%)	108.55
2003年涨跌幅(%)	-31.37
2003年最高(元)	15.54
2003年最低(元)	8.21
2003年换手率(%)	106.57

河南豫光金铅股份有限公司

公司概况

公司名称	河南豫光金铅股份有限公司			股票代码	600531
注册地址	河南省济源市济水大街中段 525 号			邮政编码	454650
法人代表	杨安国			董秘	任文艺
电话	0391-6665836			传真	0391-6688986
主营业务	有色金属、化工原料的生产；销售；贵金属冶炼等				
总股本	22826.92	流通 A	8100.00	流通 B	流通 H
审计单位				审计意见	未审计

主要财务指标

年度	2003.9	2003.6	2002	2001
每股收益／扣除后(元)		0.1600	0.2600	0.3800
每股经营现金流量(元)	0.2295	0.3670	-0.6234	0.0956
每股净资产／调整后(元)	4.3700	4.2300	4.0700	
每股公积金(元)	0.9314	2.4766	2.4766	0.5385
净资产收益率(％)	6.8370	6.8400	6.4900	17.1800
总资产(万元)	106777.62	103495.02	96735.05	49754.24
股东权益(万元)	55540.63	53858.92	51786.03	18190.57
未分配利润(万元)	9667.29	7985.58	5904.19	4482.77
主营收入(万元)	96962.53	58456.33	100599.05	74805.52
资本公积金(万元)	31407.13	31407.13	31407.13	4405.49
主营利润(万元)	10406.82	6066.75	10129.96	9058.18
其他业务利润(万元)	164.22	47.51	37.79	461.89
营业利润(万元)	5691.93	3090.23	4958.64	4762.36
投资收益(万元)	38.57	104.57	7.43	
补贴收入(万元)			74.26	21.34
营业外收支(万元)	-63.18		-50.94	-165.64
利润总额(万元)	5667.32	3185.71	4989.39	4618.06
净利润(万元)	3797.11	2115.40	3361.97	3012.89

十大股东

序号	股东名称	股份性质	持股数(万股)	比例(％)
1	河南豫光金铅集团有限责任公司	国有法人股	7219.62	56.93
2	中国黄金总公司	国有法人股	676.00	5.33
3	济源市财务开发公司	国有法人股	234.00	1.85
4	河南省济源市金翔铅盐有限公司	社会法人股	32.50	0.26
5	李加朋	流通股	23.00	0.18
6	国家电力公司社会保险事业管理中心	流通股	21.68	0.17
7	上海君仕物业管理有限公司	流通股	20.00	0.16
8	天水荣昌工贸有限责任公司	社会法人股	19.50	0.15
9	王爱国	流通股	16.08	0.13
10	吴名甫	流通股	13.56	0.11

股东人数	2003.9	2003.6	2002	2001
	18985	22618	26725	

近年分配	2002年 10 派 1 元	近年配股／增发	2003年 10 转增 8 股

重大事项

经中勤万信会计师事务所有限公司审计,截止 2003 年 6 月 30 日,公司资本公积金为 314,071,348.47 元. 公司以 2003 年 6 月 30 日的总股本 126,816,200.00 股为基数,向全体股东每 10 股转增 8 股,转增实施后, 公司总股本增加为 228,269,160.00 股,资本公积金结余 212,618,388.47 元. 经中国证监会和国家经贸委批准,公司可从事境外期货套期保值业务, 2003 年 5 月 22 日,公司在河南省工商行政管理局对公司的营业范围进行变更, 增加"从事境外期货套期保值业务".

二〇〇二年以来市场表现

2002年涨跌幅(%)	0.00
2002年最高(元)	8.72
2002年最低(元)	5.89
2002年换手率(%)	109.55
2003年涨跌幅(%)	22.76
2003年最高(元)	8.27
2003年最低(元)	5.73
2003年换手率(%)	161.81

山东华阳科技股份有限公司

公司概况

公司名称	山东华阳科技股份有限公司	股票代码	600532
注册地址	山东省宁阳县磁窑镇	邮政编码	271411
法人代表	封照波	董秘	周忠
电话	0538-5826208	传真	0538-5826269
主营业务	许可范围内的农药及农药中间体的研究、开发等		
总股本	9000.00	流通 A	4000.00
流通 B		流通 H	
审计单位		审计意见	未审计

主要财务指标

年度	2003.9	2003.6	2002	2001
每股收益/扣除后(元)	0.1750	0.0870	0.1910	0.3100
每股经营现金流量(元)	-0.4138	-0.4400	0.5598	0.1154
每股净资产/调整后(元)	3.8300	3.7540	3.6740	
每股公积金(元)	2.2918	2.2918	2.2918	0.2308
净资产收益率(%)	4.5400	2.2800	5.1600	17.3100
总资产(万元)	58133.62	53559.86	49048.35	17142.79
股东权益(万元)	34660.74	33990.30	33086.17	7463.13
未分配利润(万元)	4346.73	3676.29	2772.16	1116.16
主营收入(万元)	26144.91	16628.89	27724.48	21616.00
资本公积金(万元)	20626.27	20626.27	20626.27	1150.01
主营利润(万元)	4635.27	2884.61	5619.03	4709.81
其他业务利润(万元)	45.72	37.62	42.11	24.25
营业利润(万元)	2362.31	1159.60	2594.02	2025.65
投资收益(万元)				
补贴收入(万元)				
营业外收支(万元)	-2.90	-7.83	-11.52	-2.91
利润总额(万元)	2359.40	1151.77	2582.50	2024.29
净利润(万元)	1574.57	771.69	1708.25	1313.12

十大股东

序号	股东名称	股份性质	持股数(万股)	比例(%)
1	山东华阳农药化工集团有限公司	国有股	4788.98	53.21
2	泰安飞达助剂有限公司	法人股	79.27	0.88
3	泰安市泰山农业生产资料站	法人股	50.00	0.56
4	山东省农药研究所	国有股	41.09	0.46
5	山东农业大学	国有股	40.66	0.45
6	高玉彬	流通股	13.82	0.15
7	潘雪林	流通股	10.36	0.12
8	赵清轩	流通股	8.00	0.09
9	江泰保险经纪有限公司	流通股	8.00	0.09
10	刘香芝	流通股	7.00	0.08

股东人数	2003.9	2003.6	2002	2001
	23908	24547	26254	

近年分配	2002年10派1.25元	近年配股/增发	不分配不转增

重大事项

2003年中期本公司向山东华阳农药化工集团有限公司采购100%液碱、99.8%氯气及供水、供汽等综合服务;向山东省宁阳县太阳包装印刷有限公司采购包装箱、包装袋等包装物品;向宁阳县华阳化工机械有限公司采购化工设备、配件及维修服务;向山东省宁阳县华阳运输有限公司采购货物运输服务;向山东省宁阳县华阳化工有限公司采购二氧化硫等原材料。

二〇〇二年以来市场表现

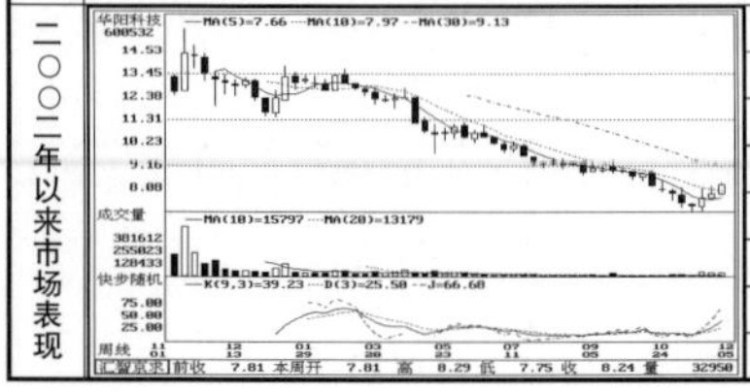

2002年涨跌幅(%)	0.00
2002年最高(元)	15.48
2002年最低(元)	11.56
2002年换手率(%)	369.00
2003年涨跌幅(%)	-32.50
2003年最高(元)	13.68
2003年最低(元)	7.01
2003年换手率(%)	287.34

南京栖霞建设股份有限公司

公司概况

公司名称	南京栖霞建设股份有限公司	股票代码	600533
注册地址	江苏省南京市栖霞区和燕路251号	邮政编码	210037
法人代表	陈兴汉	董秘	王建优
电话	025-5600533	传真	025-5502482
主营业务	住宅小区综合开发建设;商品房销售、租赁等		
总股本	14000.00	流通 A	4000.00
流通 B		流通 H	
审计单位		审计意见	未审计

主要财务指标

年度	2003.9	2003.6	2002	2001
每股收益/扣除后(元)	0.2300	0.1500	0.3100	0.4200
每股经营现金流量(元)	-1.0282	-1.7520	-0.7899	-1.1181
每股净资产/调整后(元)	3.7200	3.6300	3.4800	
每股公积金(元)	2.3734	2.3728	2.3728	0.4362
净资产收益率(%)	6.1800	4.0600	8.6300	26.9400
总资产(万元)	129534.50	130679.81	85250.17	55896.84
股东权益(万元)	52240.24	51074.54	49001.60	15414.05
未分配利润(万元)	3326.07	2168.86	95.92	
主营收入(万元)	24267.11	16278.53	36608.66	32407.35
资本公积金(万元)	33227.43	33218.94	33218.94	4361.88
主营利润(万元)	6727.31	4350.16	9366.93	8995.25
其他业务利润(万元)	114.09	89.90	44.41	16.17
营业利润(万元)	4984.06	3213.63	7299.16	7848.96
投资收益(万元)	-36.45	-24.30	-48.60	-44.57
补贴收入(万元)			21.36	27.22
营业外收支(万元)	-48.88		-36.52	-22.18
利润总额(万元)	4898.72	3165.51	7235.40	7809.43
净利润(万元)	3230.15	2072.94	4230.49	4152.55

十大股东

序号	股东名称	股份性质	持股数(万股)	比例(%)
1	南京栖霞建设(集团)公司	国有法人股	6800.00	48.57
2	南京新港高科技股份有限公司	社会法人股	2924.00	20.89
3	同盛基金	流通股	469.24	3.35
4	南京市栖霞区国有资产投资中心	国有法人股	100.00	0.71
5	南京市园林实业总公司	国有法人股	100.00	0.71
6	社保基金	流通股	58.03	0.41
7	苏州证券	流通股	52.94	0.99
8	上海国投	流通股	42.55	0.38
9	东南大学建筑设计研究院	国有法人股	38.00	0.27
10	南京栖霞建设集团物资供销有限公司	国有法人股	38.00	0.27

股东人数	2003.9	2003.6	2002	2001
	13908	14497	14277	

近年分配	2002年10派2.5元	近年配股/增发	不分配不转增

重大事项

2003年11月13日公司根据二届十次董事会决议，于2003年11月11日参加了南京市NO.2003G45、NO.2003G46、NO.2003G47三宗挂牌出让地块的竞买,并以人民币2亿元竞得NO.2003G45号地块、人民币1.51亿元竞得NO.2003G46号地块。 2003年1月18日公司股票发行上市共募集资金3.17亿元,全力打造太阳城居住区天泓山庄一期、二期(国家企业集团型1—1—6康居示范工程)和云锦美地一期、二期四个项目。

二〇〇二年以来市场表现

2002年涨跌幅(%)	0.00
2002年最高(元)	23.05
2002年最低(元)	12.45
2002年换手率(%)	320.35
2003年涨跌幅(%)	-22.07
2003年最高(元)	15.23
2003年最低(元)	8.80
2003年换手率(%)	192.31

天津天士力制药股份有限公司

公司概况

公司名称	天津天士力制药股份有限公司			股票代码	600535		
注册地址	天津天士力制药股份有限公司			邮政编码	300402		
法人代表	闫希军			董秘	宋利元		
电话	022-26736999			传真	022-26736721		
主营业务	中药材、中成药加工,化学药品原药等						
总股本	28500.00	流通 A	7500.00	流通 B		流通 H	
审计单位				审计意见	未审计		

主要财务指标

年度	2003.9	2003.6	2002	2001
每股收益 / 扣除后(元)	0.2760		0.6300	0.7500
每股经营现金流量(元)	0.1924	0.1000	1.0853	0.5983
每股净资产 / 调整后(元)	3.6800	3.5900	5.1100	
每股公积金(元)	1.9869	1.9869	3.4803	
净资产收益率(%)	7.5900	5.1700	12.1100	43.0800
总资产(万元)	166022.42	155110.80	125069.86	42047.03
股东权益(万元)	105281.99	102593.60	97290.18	15005.33
未分配利润(万元)	15889.57	13201.18	7897.77	10.00
主营收入(万元)	62960.35	40779.86	92978.62	39161.79
资本公积金(万元)	56625.68	56625.68	66125.68	
主营利润(万元)	42393.02	25320.70	71388.33	30728.20
其他业务利润(万元)	48.17	18.52	0.54	-3.51
营业利润(万元)	9209.04	5771.73	14684.09	9350.17
投资收益(万元)	-126.93	-2.25	6.41	10.35
补贴收入(万元)	0.78		15.00	
营业外收支(万元)	-116.12		-217.36	-150.27
利润总额(万元)	8966.77	5637.70	14488.14	10115.09
净利润(万元)	7991.80	5303.41	11784.86	7953.04

十大股东

序号	股东名称	股份性质	持股数(万股)	比例(%)
1	天津天士力集团有限公司	社会法人股	14700.00	51.58
2	广州市天河振凯贸易有限公司	社会法人股	2100.00	7.37
3	天津市金士力药物研究开发有限公司	社会法人股	1119.30	3.93
4	天津新技术产业园区永生建筑有限公司	社会法人股	1050.00	3.68
5	金华市金磐开发区万顺贸易有限公司	社会法人股	1050.00	3.68
6	浙江尖峰集团股份有限公司	国有法人股	680.40	2.39
7	天津市中央药业有限公司	社会法人股	300.30	1.05
8	开元证券投资基金	流通股	180.00	0.63
9	融通新蓝筹证券投资基金	流通股	174.08	0.31
10	渤海证券有限责任公司	流通股	148.18	0.52

股东人数	2003.9	2003.6	2002	2001
	16396	17388	16291	

近年分配		近年配股/增发	
	2002年 10 派 5 元		2002年 10 转增 5 股

重大事项

2003 年 7 月 17 日,公司向陕西天士力植物药业有限公司增资 5000 万元.增资后陕西天士力植物药业有限公司的资本金由原来的 866.6 万元,增至 5866.6 万元.其中,天士力制药股份有限公司出资 5476.63 万元,占公司注册资本的 93.35%.该项目为募集资金项目. 2003 年 6 月 2 日,公司控股子公司天津天士力现代中药资源有限公司以现金方式出资向天津天士力集团有限公司、天津天时利置业发展有限公司、金华峰联投资有限公司收购天津天士力新资源药业有限公司全部股权.

二〇〇二年以来市场表现

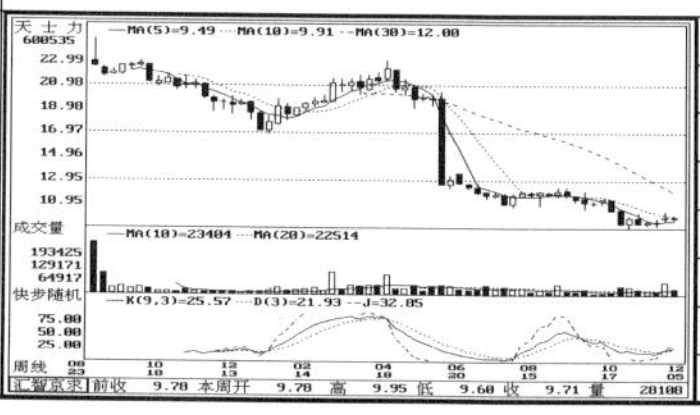

2002年涨跌幅(%)	0.00
2002年最高(元)	16.33
2002年最低(元)	11.53
2002年换手率(%)	81.22
2003年涨跌幅(%)	-15.76
2003年最高(元)	15.07
2003年最低(元)	8.94
2003年换手率(%)	176.71

中软网络技术股份有限公司

公司概况

公司名称	中软网络技术股份有限公司			股票代码	600536		
注册地址	北京市海淀区学院南路55号中软大厦1号楼6层			邮政编码	100081		
法人代表	唐敏			董秘	程曙光		
电话	010-62186577			传真	010-62169523		
主营业务	本公司主要从事操作系统软件、嵌入式软件等						
总股本	10100.74	流通 A	3600.00	流通 B		流通 H	
审计单位				审计意见	未审计		

主要财务指标

年度	2003.9	2003.6	2002	2001
每股收益 / 扣除后(元)	0.2800	0.1900	0.4600	0.5600
每股经营现金流量(元)	-0.8726	-0.8630	0.2003	0.2875
每股净资产 / 调整后(元)	4.4500	4.3600	5.0100	
每股公积金(元)	2.8471	2.8471	3.6165	0.0066
净资产收益率(%)	6.2100	4.3400	9.3400	40.2000
总资产(万元)	58624.58	55374.75	55809.12	12264.38
股东权益(万元)	45157.82	44274.46	42354.30	6074.29
未分配利润(万元)	5069.16	4185.79	2265.63	495.30
主营收入(万元)	35874.51	23299.75	46482.18	17025.73
资本公积金(万元)	28757.63	28757.63	30441.09	35.12
主营利润(万元)	10127.42	6621.79	13940.11	5144.38
其他业务利润(万元)	4.50		4.44	
营业利润(万元)	2648.40	1862.01	4534.56	2371.52
投资收益(万元)	120.92	26.22	-65.92	137.90
补贴收入(万元)	427.75	296.90	397.53	154.37
营业外收支(万元)	2.85		-1.33	-19.95
利润总额(万元)	3199.92	2190.63	4864.84	2389.64
净利润(万元)	2803.53	1920.16	3957.85	2022.28

十大股东

序号	股东名称	股份性质	持股数(万股)	比例(%)
1	中国计算机软件与技术服务总公司	国有股	4225.48	41.83
2	郭先臣	自然人	603.92	5.98
3	程春平	自然人	509.01	5.04
4	尚铭	自然人	167.72	1.66
5	陈世林	自然人	145.62	1.44
6	史殿林	自然人	145.62	1.44
7	周进军	自然人	145.62	1.44
8	崔辉	自然人	135.22	1.34
9	解华	自然人	98.81	0.98
10	徐洁	自然人	98.81	0.98

股东人数	2003.9	2003.6	2002	2001
	9105	11399	13043	

近年分配		近年配股/增发	
	2002年 10 派 3 元		2002年 10 转增 2 股

重大事项

公司 2002 年 8 月 29 日与湘财证券有限责任公司签署了委托购买国债合同,将 5,000 万元自有资金委托湘财证券有限责任公司购买国债.合同期限为 1 年.湘财证券有限责任公司以委托人的名义开设国债账户和资金账户,报告期内从证券市场上购进了 000896 和 010010 国债,面值 100 元.

二〇〇二年以来市场表现

2002年涨跌幅(%)	0.00
2002年最高(元)	27.04
2002年最低(元)	17.41
2002年换手率(%)	327.69
2003年涨跌幅(%)	21.86
2003年最高(元)	22.89
2003年最低(元)	16.50
2003年换手率(%)	318.88

海通食品集团股份有限公司

公司概况

公司名称	海通食品集团股份有限公司		股票代码	600537	
注册地址	浙江省慈溪市海通路528号		邮政编码	315300	
法人代表	陈龙海	董秘	李强		
电话	0574-63039966	传真	0574-63039898		
主营业务	果蔬速冻、脱水、保鲜、冷藏、加工；食品等				
总股本	16431.00	流通A	5000.00	流通B	流通H
审计单位		审计意见	未审计		

主要财务指标

年度	2003.9	2003.6	2002	2001
每股收益/扣除后(元)	0.1600	0.1200	0.3000	0.2400
每股经营现金流量(元)	0.0989	0.0400	0.2830	0.2417
每股净资产/调整后(元)	2.8100	2.7900	1.7000	
每股公积金(元)	1.5035	1.5035	0.0977	0.0977
净资产收益率(%)	6.1900	5.0000	18.0000	21.4300
总资产(万元)	60012.56	59233.87	49427.44	18921.79
股东权益(万元)	46918.59	46147.96	15440.08	6282.79
未分配利润(万元)	4571.77	3801.14	1706.83	662.97
主营收入(万元)	21544.40	14945.45	24795.31	16969.54
资本公积金(万元)	24704.63	24704.63	1116.99	37.19
主营利润(万元)	6230.94	4422.29	7062.74	4926.47
其他业务利润(万元)	69.70	31.32	72.04	9.08
营业利润(万元)	2416.50	1960.56	3135.95	1668.34
投资收益(万元)	-49.43	-27.71	4.58	168.10
补贴收入(万元)	552.39	353.54	1272.94	606.57
营业外收支(万元)	41.66		-43.93	35.15
利润总额(万元)	2961.12	2282.64	4369.54	1842.95
净利润(万元)	2903.23	2132.60	3611.86	1145.89

十大股东

序号	股东名称	股份性质	持股数(万股)	比例(%)
1	慈溪恒通物产有限公司	法人股	4354.98	26.51
2	陈龙海(董事长)	自然人	4282.62	26.06
3	周乐群(副董事长兼总经理)	自然人	1215.57	7.40
4	毛培成(董事兼副总经理)	自然人	1215.57	7.40
5	罗镇江(董事兼副总经理)	自然人	233.42	1.42
6	张建昌	自然人	128.83	0.78
7	景阳基金	流通股	87.03	0.53
8	爱建证券	流通股	29.07	0.18
9	金鑫证券投资基金	流通股	22.91	0.14
10	冶金资产	流通股	17.70	0.11

股东人数	2003.9	2003.6	2002	2001
	17724	18977		

近年分配	2002年10派2.5元	近年配股/增发	不分配不转增

重大事项

为了更好地实施市场营销网络建设技改项目规划,促进国际国内两个市场的开拓,公司拟在上海设立市场营销总部,并于2003年6月30日从长江国际拍卖有限公司竞拍买得位于上海市仙霞路318号鑫达大厦第12楼作为市场营销总部办公场所。 公司于2003年01月10日通过了农业部、国家计委、国家经贸委、财政部、外经贸部、中国人民银行、国家税务总局、中国证监会、全国供销总社等九部委的监测分析,再次被认定为"农业产业化国家重点龙头企业",继续享有从事种植业、养殖业和农林产品初加工暂免征收企业所得税等政策优惠.

二〇〇二年以来市场表现

2002年涨跌幅(%)	0.00
2002年最高(元)	0.00
2002年最低(元)	0.00
2002年换手率(%)	0.00
2003年涨跌幅(%)	0.00
2003年最高(元)	13.50
2003年最低(元)	8.91
2003年换手率(%)	493.64

北海国发海洋生物产业股份有限公司

公司概况

公司名称	北海国发海洋生物产业股份有限公司		股票代码	600538	
注册地址	广西壮族自治区北海市北京路西侧9号		邮政编码	536000	
法人代表	王世全	董秘	李勇		
电话	0779-3200619	传真	0779-3200618		
主营业务	藻类、贝类、甲壳类等海洋生物系列产品的研究等				
总股本	11080.00	流通A	4500.00	流通B	流通H
审计单位		审计意见	未审计		

主要财务指标

年度	2003.9	2003.6	2002	2001
每股收益/扣除后(元)	0.1800	0.1400	0.3000	0.3800
每股经营现金流量(元)	-0.0815	-0.0980	0.2585	0.3548
每股净资产/调整后(元)	4.0000	3.9700	2.1300	
每股公积金(元)	2.1842	2.1842		
净资产收益率(%)	4.5400	3.3900	16.6800	19.0000
总资产(万元)	72994.22	69731.42	23521.95	16694.97
股东权益(万元)	44947.32	44412.06	14203.74	9909.12
未分配利润(万元)	6688.24	6152.97	4645.57	2250.96
主营收入(万元)	17513.37	11565.69	9901.00	6418.21
资本公积金(万元)	24200.91	24200.91		
主营利润(万元)	7678.34	5199.20	5842.02	4057.63
其他业务利润(万元)	10.53	-0.89	0.52	-0.08
营业利润(万元)	2361.70	1700.51	2403.55	1996.29
投资收益(万元)	-2.77	-0.06	-7.85	
补贴收入(万元)				
营业外收支(万元)	41.55		12.55	-23.58
利润总额(万元)	2400.48	1743.44	2408.25	1973.02
净利润(万元)	2042.66	1507.40	2369.40	1621.80

十大股东

序号	股东名称	股份性质	持股数(万股)	比例(%)
1	北海净海实业发展有限公司	法人股	2678.10	24.17
2		国家股	1000.00	9.03
3	北京白云玛拉沁饭店	法人股	356.90	3.22
4	北海国际信托投资公司	法人股	300.00	2.71
5	西藏明珠股份有限公司	法人股	286.00	2.58
6	清华大学	法人股	268.00	2.42
7	海口鑫台实业公司	法人股	200.00	1.81
8	农业部规划设计研究院	法人股	70.00	0.63
9	北京良华投资管理有限公司	法人股	55.00	0.49
10	广西北海海运总公司	法人股	50.00	0.45

股东人数	2003.9	2003.6	2002	2001
	25380	26847	608	

近年分配	2002年10派1元	近年配股/增发	不分配不转增

重大事项

2003年1月20日公司控股99%的北海国发清华海洋生物技术开发有限公司同意出资人民币220万元购买北海市制药厂拥有的全部资产.截至报告期末,产权变更过户完成. 该厂主要生产中西成药、药酒和保健品. 2003年4月24日,公司第四届董事会第三次会议审议通过收购北海市医药总公司的议案,同意以人民币552万元收购北海市医药总公司全部资产,组建北海国发控股的医药销售有限责任公司.截至报告期末,增资组建的北海国发医药有限责任公司注册资本1,680万元.

二〇〇二年以来市场表现

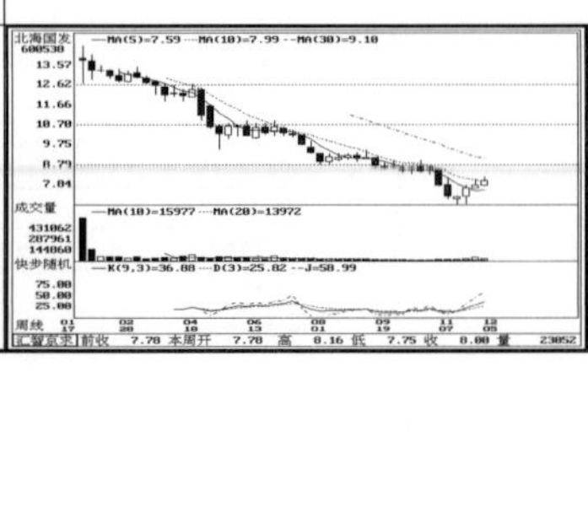

2002年涨跌幅(%)	0.00
2002年最高(元)	0.00
2002年最低(元)	0.00
2002年换手率(%)	0.00
2003年涨跌幅(%)	0.00
2003年最高(元)	14.43
2003年最低(元)	6.88
2003年换手率(%)	430.49

太原狮头水泥股份有限公司

公司概况

公司名称	太原狮头水泥股份有限公司	股票代码	600539
注册地址	山西省太原市万柏林区开城街1号	邮政编码	030056
法人代表	邓守信	董秘	郝瑛
电话	0351-6532621	传真	0351-6966242
主营业务	水泥、熟料、商品混凝土、新型墙体材料的生产等		

总股本	23000.00	流通A	8800.00	流通B		流通H	
审计单位				审计意见	未审计		

主要财务指标

年度	2003.9	2003.6	2002	2001
每股收益/扣除后(元)	0.1040	0.0660	0.1000	0.1500
每股经营现金流量(元)	-0.0252	-0.0300	0.1660	0.1539
每股净资产/调整后(元)	3.5800	3.5400	3.4900	3.3900
每股公积金(元)	2.2045	2.2046	2.2046	2.2046
净资产收益率(%)	2.8600	1.8400	2.8400	4.7200
总资产(万元)	107169.52	110303.86	109234.71	105027.06
股东权益(万元)	83594.98	82729.85	81205.36	78901.86
未分配利润(万元)	7589.43	6721.31	5199.81	3353.63
主营收入(万元)	22163.78	14338.05	28921.23	29476.69
资本公积金(万元)	50704.72	50704.72	50704.72	50704.72
主营利润(万元)	6275.51	4034.81	8908.09	10168.21
其他业务利润(万元)	14.71	10.12	20.87	68.46
营业利润(万元)	3636.52	2322.45	3711.29	4897.84
投资收益(万元)	-26.57	-26.57	-45.31	-44.60
补贴收入(万元)	38.00	38.00		400.00
营业外收支(万元)	-60.90		-141.34	-170.82
利润总额(万元)	3587.05	2288.53	3524.65	5082.42
净利润(万元)	2389.62	1524.50	2303.50	3722.78

十大股东

序号	股东名称	股份性质	持股数(万股)	比例(%)
1	太原狮头集团有限公司	国有法人股	10461.00	45.48
2	山西省经贸资产经营有限责任公司	国家股	1900.00	8.26
3	山西省经济建设投资公司	国家股	1330.00	5.78
4	中国新型建筑材料(集团)公司	国家股	477.00	2.07
5	华泰证券有限责任公司	流通股	137.58	0.60
6	渤海证券有限责任公司	流通股	65.07	0.28
7	安瑞证券投资基金	流通股	63.94	0.28
8	陈多英	流通股	51.14	0.22
9	山西固邦运输有限公司	社会法人股	32.00	0.14
10	朱建希	流通股	28.17	0.12

股东人数	2003.9	2003.6	2002	2001
	46717	47082	50213	59828

近年分配	2001年10派0.2元	近年配股/增发	不分配不转增

重大事项

报告期或持续到报告期内公司或持股5%以上股东承诺事项的情况公司在《招股说明书》中承诺上市后将用募集资金对子公司阳泉狮头特种水泥有限公司进行单方增资2800万元，按照2000年12月31日注册资本与净资产比例，同时增加注册资本1896.56万元,差额部分计入资本公积金.根据增资协议,本公司于2002年12月31日投入阳泉狮头特种水泥有限公司货币资金人民币2800万元，注册资本变更为3066.86万元，因此本公司将2002年12月31日确定为新增股权的购买日,现有关注册资本的变更验资事项正在办理之中.

二〇〇二年以来市场表现

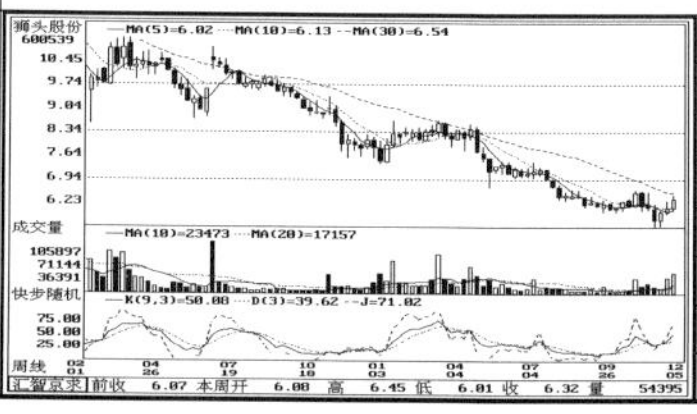

2002年涨跌幅(%)	-31.10
2002年最高(元)	11.13
2002年最低(元)	7.55
2002年换手率(%)	175.74
2003年涨跌幅(%)	-20.34
2003年最高(元)	8.66
2003年最低(元)	5.53
2003年换手率(%)	130.34

中油吉林化建工程股份有限公司

公司概况

公司名称	中油吉林化建工程股份有限公司	股票代码	600546
注册地址	吉林市江南高新区深圳街9号	邮政编码	132021
法人代表	杜钟灵	董秘	赵铭
电话	0432-3993300	传真	0432-3991716
主营业务	化工石油工程、市政公用工程、机电安装工程等		

总股本	11000.00	流通A	4000.00	流通B		流通H	
审计单位				审计意见	未审计		

主要财务指标

年度	2003.9	2003.6	2002	2001
每股收益/扣除后(元)	0.2620	0.2657	0.5318	0.3927
每股经营现金流量(元)	0.0061	0.3120	0.1208	0.0723
每股净资产/调整后(元)	4.8600	1.8900		
每股公积金(元)	3.3047	0.1447	0.1447	0.1447
净资产收益率(%)	5.3800	13.1900	30.2200	25.8200
总资产(万元)	105668.47	48420.60	44778.90	36313.38
股东权益(万元)	54452.07	14033.61	12181.93	10601.12
未分配利润(万元)	6148.53	569.09	3217.42	2188.73
主营收入(万元)	107747.96	66654.13	120065.63	77202.10
资本公积金(万元)	36352.21	1013.18	1013.18	1013.18
主营利润(万元)	9647.54	5807.53	11131.83	8598.71
其他业务利润(万元)	51.39	38.35	111.62	9.76
营业利润(万元)	4537.22	3039.14	6385.19	4598.59
投资收益(万元)				
补贴收入(万元)				
营业外收支(万元)	49.55	-8.05	-41.59	-11.49
利润总额(万元)	4586.77	3031.09	6343.60	4587.10
净利润(万元)	2931.11	1851.68	3680.81	2737.33

十大股东

序号	股东名称	股份性质	持股数(万股)	比例(%)
1	吉化集团公司	国有法人股	5427.59	49.34
2	吉林高新区华林实业有限责任公司	法人股	1118.16	10.17
3	吉林市城信房地产开发公司	国有法人股	218.39	1.99
4	宁波市富盾制式服装有限公司	法人股	192.18	1.75
5	上海华理远大技术有限公司	国有法人股	43.68	0.39
6	广州证券有限责任公司	流通股	43.46	0.39
7	天同180指数	流通股	7.00	0.06
8	国泰君安证券股份有限公司	流通股	3.80	0.03
9	基金久嘉	流通股	3.30	0.03
10	基金汉盛	流通股	3.10	0.03

股东人数	2003.9	2003.6	2002	2001
	27869	5		

近年分配	2002年10派3元	近年配股/增发	不分配不转增

重大事项

2003年三季度报告期内公司经中国证券监督管理委员会证监发行字[2003]77号文批准,于2003年7月16日向社会公开发行4000万股人民币普通股,发行价格为10.51元/股,发行市盈率19.99倍,并经上海证券交易所上证字 [2003]88号文批准于2003年7月31日在上海证券交易所上市. 2003年9月17日:公司作为阿尔及利亚ADRAR炼油厂建设工程总承包项目(EPC)的中标方，于近期与中国石油天然气勘探开发公司签订了阿尔及利亚《ADRAR炼油厂建设承包委托书》,合同金额为1.35亿美元,工期24个月.

二〇〇二年以来市场表现

2002年涨跌幅(%)	0.00
2002年最高(元)	0.00
2002年最低(元)	0.00
2002年换手率(%)	0.00
2003年涨跌幅(%)	0.00
2003年最高(元)	13.20
2003年最低(元)	9.11
2003年换手率(%)	183.01

山东黄金矿业股份有限公司

公司概况

公司名称	山东黄金矿业股份有限公司			股票代码	600547		
注册地址	山东省济南市解放路16号			邮政编码	250014		
法人代表	张万青			董秘	林朴芳		
电话	0531-8562816			传真	0531-8562801		
主营业务	批准许可范围内的黄金开采、选冶等						
总股本	16000.00	流通A	6000.00	流通B		流通H	
审计单位				审计意见	未审计		

主要财务指标

年度	2003.9	2003.6	2002	2001
每股收益/扣除后(元)	0.2100	0.2400	0.2700	0.2700
每股经营现金流量(元)	0.3927	0.3500	0.4507	
每股净资产/调整后(元)	3.1900	2.2900		
每股公积金(元)	1.6314	0.4966	0.4956	0.4943
净资产收益率(%)	6.4400	40.3200	12.8900	14.4800
总资产(万元)	76021.09	51234.10	48883.68	46163.72
股东权益(万元)	51190.03	23147.30	20749.49	18060.76
未分配利润(万元)	7527.36	6621.46	4233.17	
主营收入(万元)	24886.48	16837.39	28317.79	24977.83
资本公积金(万元)	26102.58	4965.74	4956.24	4889.00
主营利润(万元)	11607.41	7661.78	12533.04	11081.34
其他业务利润(万元)	12.53	8.85	286.83	3.77
营业利润(万元)	4939.58	3618.25	4390.24	4151.09
投资收益(万元)	19.84	31.60	-28.73	-58.17
补贴收入(万元)				
营业外收支(万元)	-54.36		-107.67	-101.91
利润总额(万元)	4905.06	3618.33	4253.84	3991.17
净利润(万元)	3294.20	2388.30	2675.50	2663.20

十大股东

序号	股东名称	股份性质	持股数(万股)	比例(%)
1	山东黄金集团有限公司	国家股	9700.00	60.63
2	山东招金集团公司	国有法人股	100.00	0.63
3	山东莱州黄金(集团)有限公司	国有法人股	100.00	0.63
4	济南玉泉发展中心	法人股	60.00	0.38
5	天同证券	流通股	46.24	0.29
6	山东金洲矿业集团有限公司	国有法人股	40.00	0.25
7	天同180指数	流通股	9.30	0.06
8	国泰君安	流通股	6.10	0.04
9	基金景福	流通股	5.70	0.04
10	华安上指	流通股	5.50	0.03

股东人数	2003.9	2003.6	2002	2001
	21981	5		

近年分配		近年配股/增发	不分配不转增

重大事项

山东黄金集团有限公司与股份公司于2002年8月31日签定协议，将其拥有的玲珑金矿、三山岛金矿和平度黄金有限公司委托股份公司进行经营管理，委托管理期限为2002年9月1日起至委托资产进入股份公司止,委托收益为经营委托资产的各项收入减成本费用及各项税费后的余额的10%,托管收益每年结算一次,时间为次年一月份,2002年度托管收益为494,170.79元.

二〇〇二年以来市场表现

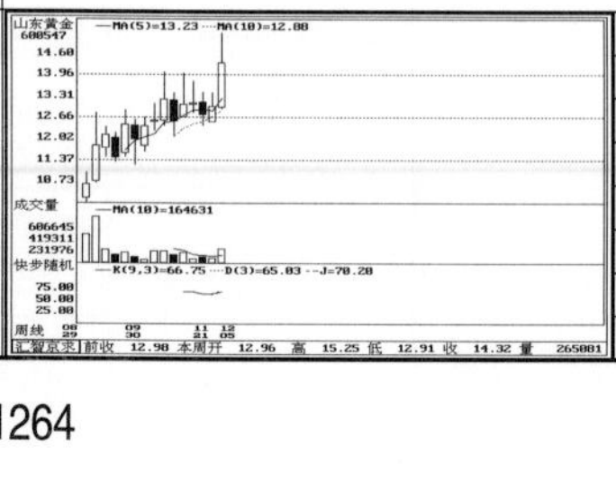

2002年涨跌幅(%)	0.00
2002年最高(元)	0.00
2002年最低(元)	0.00
2002年换手率(%)	0.00
2003年涨跌幅(%)	0.00
2003年最高(元)	14.00
2003年最低(元)	10.08
2003年换手率(%)	548.35

深圳高速公路股份有限公司

公司概况

公司名称	深圳高速公路股份有限公司			股票代码	600548		
注册地址	深圳市滨河路北5022号联合广场A座19楼			邮政编码	518026		
法人代表	陈潮			董秘	张荣兴		
电话	0755-82945608			传真	0755-82910696		
主营业务	收费公路的经营及管理						
总股本	218070.00	流通A	16500.00	流通B		流通H	74750.00
审计单位				审计意见	未审计		

主要财务指标

年度	2003.9	2003.6	2002	2001
每股收益/扣除后(元)	0.1150	0.0800	0.1600	0.2000
每股经营现金流量(元)	0.1427	0.0870	0.2023	0.2638
每股净资产/调整后(元)	2.7260	2.6830	2.3500	2.3100
每股公积金(元)	0.9448	0.9448	0.9453	0.9452
净资产收益率(%)	13.4400	12.0600	6.8100	7.9300
总资产(万元)	749878.56	744371.44	692250.25	699599.94
股东权益(万元)	596078.06	586686.62	516031.28	507054.62
未分配利润(万元)	82943.57	73552.12	2806.80	6208.77
主营收入(万元)	44169.32	28890.12	64612.80	60451.86
资本公积金(万元)	206041.59	206041.59	206131.59	206121.94
主营利润(万元)	31754.62	20700.12	44837.80	41871.85
其他业务利润(万元)	266.49	81.01	765.47	6502.01
营业利润(万元)	26729.64	17287.87	36859.13	39530.26
投资收益(万元)	360.37	431.45	416.78	-1451.42
补贴收入(万元)	3227.09	1550.11	3298.26	2670.55
营业外收支(万元)	-64585.50		-18.36	-233.39
利润总额(万元)	94902.60	83861.46	40555.81	40516.00
净利润(万元)	80136.77	70745.33	35135.39	40193.69

十大股东

序号	股东名称	股份性质	持股数(万股)	比例(%)
1	HKSCC NOMINEES LTD(代理人)	外资H股	72357.55	33.18
2	新通产实业开发(深圳)有限公司	国家股	65478.00	30.03
3	深圳市深广惠公路开发总公司	国有法人股	45778.00	20.99
4	华建交通经济开发中心	国有法人股	9100.00	4.17
5	广东省路桥建设发展有限公司	国有法人股	6464.00	2.96
6	中国银河证券有限责任公司	A股	1352.25	0.62
7	薛冬会	A股	388.55	0.18
8	ARSENTON NOMINEES LIMITED	外资H股	300.00	0.14
9	高新池	A股	288.32	0.13
10	刘石娃	A股	255.41	0.12

股东人数	2003.9	2003.6	2002	2001
	24227	25349	33072	41661

近年分配	2002年10派1.2元	近年配股/增发	不分配不转增

重大事项

2003年9月15日,深圳仲裁委员会对本公司就华融经贸(集团)有限公司委托理财给本公司造成损失一事裁决如下:华融经贸(集团)有限公司返还本公司委托资金人民币34,803,884元,并赔偿相应利息损失1,647,635元.鞍山证券公司清算组就华融经贸(集团)有限公司应返还委托资金和应赔偿利息损失的不能清偿部分的三分之一,承担补充清偿责任.截至本报告披露日,该项损失赔偿尚未收到. 2003年9月3日,深圳市地方税务局批准本公司之合营公司–深圳清龙高速公路有限公司从获利年度起第一、二年免征企业所得税,第三至第五年减半征收企业所得税.

二〇〇二年以来市场表现

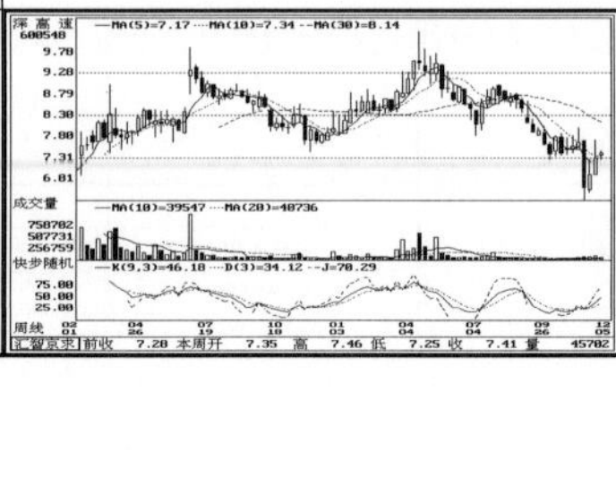

2002年涨跌幅(%)	17.13
2002年最高(元)	9.75
2002年最低(元)	6.25
2002年换手率(%)	625.82
2003年涨跌幅(%)	-9.00
2003年最高(元)	10.15
2003年最低(元)	6.32
2003年换手率(%)	269.93

厦门钨业股份有限公司

公司概况

公司名称	厦门钨业股份有限公司	股票代码	600549
注册地址	厦门市开元区湖滨南路滕王阁619号16层	邮政编码	361002
法人代表	陈维铉	董秘	郭文清
电话	0592-5363856	传真	0592-5363857
主营业务	主营钨及有色金属冶炼、加工等		
总股本	12000.00	流通 A	3000.00
流通 B		流通 H	
审计单位		审计意见	未审计

主要财务指标

年度	2003.9	2003.6	2002	2001
每股收益/扣除后(元)	0.3100	0.1600	0.3800	0.6900
每股经营现金流量(元)	0.1563	0.2430	0.3464	2.3791
每股净资产/调整后(元)	4.9400	4.7800	4.6000	
每股公积金(元)	3.1117	3.1117	3.0979	0.7578
净资产收益率(%)	6.5100	3.3700	9.0600	29.9500
总资产(万元)	117709.54	113885.68	110364.93	69977.38
股东权益(万元)	59264.49	57338.67	55239.15	17671.65
未分配利润(万元)	3935.84	2010.02	75.53	380.44
主营收入(万元)	50097.77	29971.87	57839.81	52515.86
资本公积金(万元)	37340.27	37340.27	37175.24	6775.90
主营利润(万元)	12404.38	7030.08	13914.13	10889.18
其他业务利润(万元)	28.04	21.81	139.16	15.60
营业利润(万元)	6628.21	3494.71	7361.65	15.60
投资收益(万元)	-2.53	-9.55	-4.88	-150.63
补贴收入(万元)	164.90		385.80	
营业外收支(万元)	-16.81		42.55	-499.28
利润总额(万元)	6773.77	3483.21	7785.12	4819.11
净利润(万元)	3860.32	1934.50	5005.60	2878.67

十大股东

序号	股东名称	股份性质	持股数(万股)	比例(%)
1	福建省冶金(控股)有限责任公司	国家股	4633.20	38.61
2	五矿有色金属股份有限公司	社会法人股	2731.50	22.76
3	日本联合材料株式会社	外资股	1365.30	11.38
4	普惠证券投资基金	流通股	103.88	0.86
5	厦门宝利铭贸易有限公司	社会法人股	90.00	0.75
6	福建省五金矿产进出口公司	国有法人股	90.00	0.75
7	日本三菱商事株式会社	外资股	90.00	0.75
8	普华证券投资基金	流通股	55.32	0.46
9	融通新蓝筹证券投资基金	流通股	47.30	0.39
10	富国动态平衡证券投资基金	流通股	39.99	0.33

股东人数	2003.9	2003.6	2002	2001
	15149	17608	20566	

近年分配	2002年10派3元	近年配股/增发	不分配不转增

重大事项

公司2003年度第一次临时股东大会表决通过了《关于收购三虹公司持有的虹鹭公司、虹波公司、虹飞公司股权的议案》,目前该收购议案正在执行中,虹鹭公司、虹波公司、虹飞公司正在申请办理股东变更;自第四季度起,上述三家公司将纳入公司合并报表范围,预计将对公司的财务状况和经营业绩产生一定的影响. 本公司与股东单位五矿有色金属股份有限公司于2002年5月21日签订了《长期供货协议》.

二〇〇二年以来市场表现

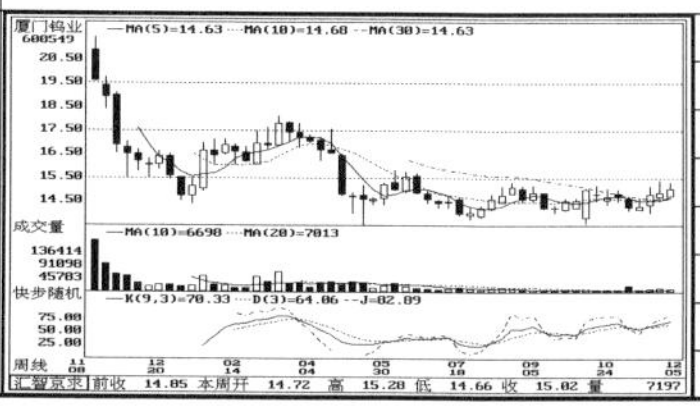

2002年涨跌幅(%)	0.00
2002年最高(元)	21.20
2002年最低(元)	14.87
2002年换手率(%)	161.56
2003年涨跌幅(%)	-0.27
2003年最高(元)	17.77
2003年最低(元)	13.20
2003年换手率(%)	252.80

保定天威保变电气股份有限公司

公司概况

公司名称	保定天威保变电气股份有限公司	股票代码	600550
注册地址	保定国家高新技术产业开发区竞秀街28号	邮政编码	071056
法人代表	丁强	董秘	张继承
电话	0312-3252455	传真	0312-3230382
主营业务	变压器、互感器、电抗器等输变电设备等		
总股本	33000.00	流通 A	9000.00
流通 B		流通 H	
审计单位		审计意见	未审计

主要财务指标

年度	2003.9	2003.6	2002	2001
每股收益/扣除后(元)	0.0400	0.0300	0.1000	0.1900
每股经营现金流量(元)	-0.0678	-0.0990	0.1690	0.2845
每股净资产/调整后(元)	2.6500	2.6400	2.6100	3.8000
每股公积金(元)	1.4693	1.4693	1.4687	2.5006
净资产收益率(%)	1.8600	1.2400	3.8100	5.2600
总资产(万元)	186121.16	177561.41	163949.94	147254.66
股东权益(万元)	88736.83	88176.89	87090.64	83715.41
未分配利润(万元)	5146.10	4586.17	3511.45	5141.75
主营收入(万元)	55235.76	37030.48	65281.45	61193.47
资本公积金(万元)	48487.35	48487.35	48467.49	55012.66
主营利润(万元)	9937.43	6721.27	13313.34	12514.23
其他业务利润(万元)	415.84	278.89	336.48	330.33
营业利润(万元)	2585.27	2020.79	5423.49	4788.12
投资收益(万元)	541.70	44.69	-53.14	123.87
补贴收入(万元)				
营业外收支(万元)	13.45	3.31	-16.51	271.51
利润总额(万元)	3140.42	2068.79	5353.84	5183.50
净利润(万元)	1654.07	1094.14	3320.39	4406.14

十大股东

序号	股东名称	股份性质	持股数(万股)	比例(%)
1	保定天威集团有限公司	国家股	20790.00	63.00
2	保定惠源咨询服务有限公司	法人股	2917.50	8.84
3	联合证券有限责任公司	流通股	217.13	0.66
4	乐凯胶片股份有限公司	法人股	97.50	0.30
5	河北宝硕集团有限公司	国有法人股	97.50	0.30
6	保定天鹅股份有限公司	法人股	97.50	0.30
7	同盛证券投资基金	法人股	39.47	0.12
8	胡春俭	流通股	31.20	0.09
9	桂林	流通股	21.38	0.06
10	冯建勇	流通股	19.15	0.06

股东人数	2003.9	2003.6	2002	2001
	35885	37104	36041	26850

近年分配	2001年10派0.5元	近年配股/增发	2001年10送2增3股

重大事项

2003年6月13日公司拟向保定天威电气设备结构有限公司转让该公司租赁我公司的房产和公司将回购保菱变压器有限责任公司的房产的相关公告.目前公司聘请的北京京都资产评估公司正在对以上资产进行评估,资产评估工作完成后公司将按评估值对按该部分资产进行相应的转让或收购. 2003年中期报告期内保定天威集团有限公司为本公司代理进口原材料共计87,880,789.20元,代理出口变压器12,540,436.36元,公司向其销售材料3904.87元.保定天威集团有限公司是本公司的第一大股东,双方已签订《进出口代理合同》.

二〇〇二年以来市场表现

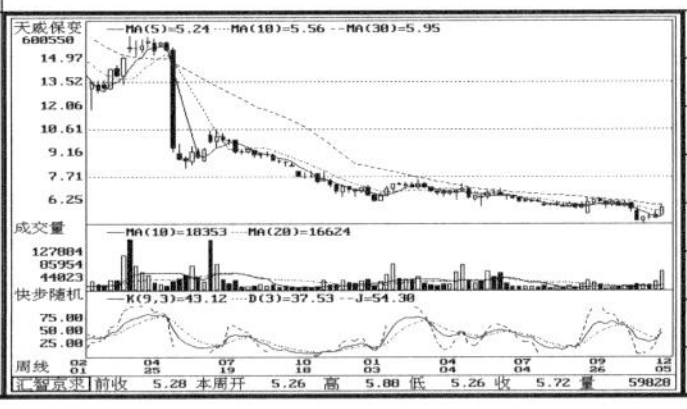

2002年涨跌幅(%)	-40.40
2002年最高(元)	10.91
2002年最低(元)	6.33
2002年换手率(%)	187.95
2003年涨跌幅(%)	-16.59
2003年最高(元)	7.46
2003年最低(元)	4.80
2003年换手率(%)	126.08

科大创新股份有限公司

公司概况

公司名称	科大创新股份有限公司	股票代码	600551
注册地址	合肥市长江西路 669 号	邮政编码	230088
法人代表	陈宗海	董秘	冯士芬
电话	0551-5321668	传真	0551-5321568
主营业务	电子和信息、光机电一体化、化工等		
总股本	7500.00	流通 A	2500.00
流通 B		流通 H	
审计单位		审计意见	未审计

主要财务指标

年度	2003.9	2003.6	2002	2001
每股收益 / 扣除后(元)	0.0400	0.0300	0.1000	0.2000
每股经营现金流量(元)	-0.1240	-0.1500	0.1340	-0.1482
每股净资产 / 调整后(元)	2.4900	2.4700	2.3400	
每股公积金(元)	1.1225	1.1225	1.1225	0.3182
净资产收益率(%)	5.4500	5.0400	4.1300	12.1300
总资产(万元)	37264.94	34335.14	30513.15	11945.07
股东权益(万元)	18876.74	18795.72	17847.86	7377.97
未分配利润(万元)	2418.26	2349.55	1543.72	663.11
主营收入(万元)	5805.02	3995.31	6681.47	5869.96
资本公积金(万元)	8418.93	8418.93	8418.93	1590.93
主营利润(万元)	2424.62	1734.80	3117.77	2488.03
其他业务利润(万元)	1376.27	1334.23	122.19	17.72
营业利润(万元)	1365.48	1350.28	507.78	802.57
投资收益(万元)	175.90	166.43	177.00	57.04
补贴收入(万元)	173.86	95.54	197.50	165.70
营业外收支(万元)	-20.97		1.75	-0.75
利润总额(万元)	1694.28	1591.02	884.04	1021.36
净利润(万元)	1028.88	947.86	736.91	826.25

十大股东

序号	股东名称	股份性质	持股数(万股)	比例(%)
1	中国科学技术大学科技实业总公司	国有法人股	2754.59	36.73
2	合肥科聚高技术有限责任公司	国有法人股	945.41	12.61
3	中国科学院合肥智能机械研究所	国有法人股	464.81	6.20
4	安徽省信息技术开发公司	国有法人股	424.71	5.66
5	日本恒星股份有限公司	外资股	410.48	5.47
6	爱建证券有限责任公司	流通股	39.70	0.53
7	张原珲	流通股	6.73	0.09
8	夏少从	流通股	4.73	0.06
9	刘文超	流通股	4.50	0.06
10	胡洪光	流通股	4.38	0.06

股东人数	2003.9	2003.6	2002	2001
	6977	8475	12699	

近年分配	2002年10派0.8元	近年配股 / 增发	不分配不转增

重大事项

上海信达资产评估有限公司对拟进行转让的房地产进行了评定和估算，出具了《上海市浦东新区张江高科技园区碧波路 456 号房地产估价报告》(沪信评咨字[2003]第 0602 号)。指出："本公司按照国家建设部、国家质量技术监督局于 1999 年 2 月发布的《房地产估价规范》的要求对上海市碧波路 456 号房地产进行了评估。评估中设定的估价目地为：评估估价对象于估价期日的公开房屋市场价格，以供委托方资产转让时参考。

二〇〇二年以来市场表现

2002年涨跌幅(%)	0.00
2002年最高(元)	22.03
2002年最低(元)	16.02
2002年换手率(%)	340.68
2003年涨跌幅(%)	-35.35
2003年最高(元)	26.40
2003年最低(元)	9.21
2003年换手率(%)	447.47

安徽方兴科技股份有限公司

公司概况

公司名称	安徽方兴科技股份有限公司	股票代码	600552
注册地址	安徽省蚌埠市涂山路 767 号	邮政编码	233054
法人代表	孙东兴	董秘	李群虎
电话	0552-4077780	传真	0552-4077780
主营业务	浮法玻璃、在线镀膜玻璃、ITO 导电膜玻璃等		
总股本	9000.00	流通 A	4000.00
流通 B		流通 H	
审计单位		审计意见	未审计

主要财务指标

年度	2003.9	2003.6	2002	2001
每股收益 / 扣除后(元)	0.0900	0.0450	0.1600	0.2800
每股经营现金流量(元)	0.3644	0.2800	0.3250	0.3506
每股净资产 / 调整后(元)	3.4600	3.4200	3.3600	
每股公积金(元)	2.1373	2.1373	2.1373	0.4286
净资产收益率(%)	2.5300	1.3300	4.5100	15.8800
总资产(万元)	69757.13	65641.40	46674.02	22159.81
股东权益(万元)	31116.96	30740.06	30331.23	8731.23
未分配利润(万元)	2196.00	1819.11	1410.27	139.08
主营收入(万元)	22784.70	11227.43	18913.79	17796.07
资本公积金(万元)	19235.46	19235.46	19235.46	2142.85
主营利润(万元)	3337.72	1965.53	4484.62	4209.76
其他业务利润(万元)	30.66	17.54	26.87	55.11
营业利润(万元)	1236.44	636.23	2030.77	2119.49
投资收益(万元)				
补贴收入(万元)				
营业外收支(万元)	1.97		27.06	-9.92
利润总额(万元)	1238.41	638.23	2057.83	1147.91
净利润(万元)	785.73	408.83	1407.39	1386.79

十大股东

序号	股东名称	股份性质	持股数(万股)	比例(%)
1	华光集团	国有股	4485.00	49.84
2	蚌埠玻璃设计院	国有股	200.00	2.22
3	浙江大学	国有股	200.00	2.22
4	蚌埠建设投资有限公司	国有股	100.00	1.11
5	金鑫证券投资基金	社会公众股	19.10	0.21
6	山东金阳企业管理公司	社会公众股	17.79	0.20
7	蚌埠珠光复合材料公司	国有股	15.00	0.17
8	蒋国民	社会公众股	9.60	0.11
9	余云昌	社会公众股	9.46	0.10
10	周中星	社会公众股	9.44	0.10

股东人数	2003.9	2003.6	2002	2001
	23713	24696	25566	

近年分配	2002年10派1元	近年配股 / 增发	不分配不转增

重大事项

2003 年 10 月 8 日公司拟收购安徽华光玻璃集团有限公司 35KV 变配电设施、成品库、气保车间、铁路专用线等(不含土地使用权)。本次交易价格以上述资产的评估值为依据，确定为 4066.55 万元。2003 年 11 月 12 日，公司与华光集团正式签署《资产转让协议书》。本次资产转让构成了公司的关联交易。公司与蚌埠城投于 2003 年 2 月 24 日签订《资产收购合同》，同意按评估价 4947.39 万元人民币收购蚌埠城投 500T/D 信息显示基片生产线项目全部在建工程资产。

二〇〇二年以来市场表现

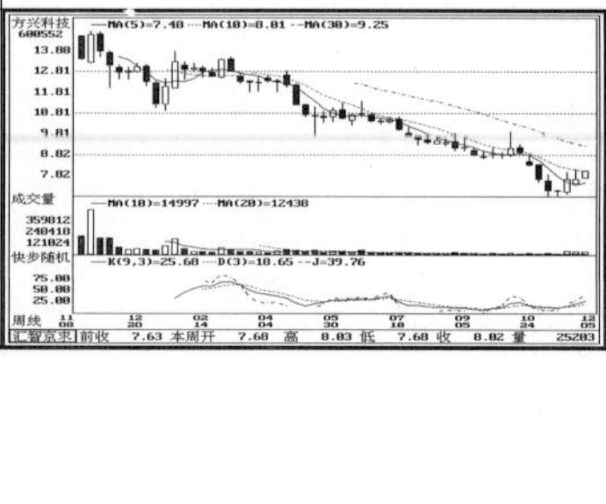

2002年涨跌幅(%)	0.00
2002年最高(元)	14.70
2002年最低(元)	11.45
2002年换手率(%)	317.16
2003年涨跌幅(%)	-33.36
2003年最高(元)	13.65
2003年最低(元)	6.82
2003年换手率(%)	293.72

河北太行水泥股份有限公司

公司概况

公司名称	河北太行水泥股份有限公司	股票代码	600553
注册地址	河北省邯郸市峰峰矿区建国路 2 号	邮政编码	056200
法人代表	王里顺	董秘	郑宝金
电话	0310-5062986	传真	0310-5015753
主营业务	水泥及水泥制品的生产、销售;技术咨询服务等		

总股本	19000.00	流通 A	5000.00	流通 B		流通 H	
审计单位				审计意见	未审计		

主要财务指标

年度	2003.9	2003.6	2002	2001
每股收益/扣除后(元)	0.0550	0.0710	0.2200	0.2900
每股经营现金流量(元)	0.0141	-0.0800	0.3134	0.3635
每股净资产/调整后(元)	3.5400	3.4700	3.4400	
每股公积金(元)	1.7388	1.7311	1.7311	0.7476
净资产收益率(%)	3.4900	1.9500	6.0800	11.1700
总资产(万元)	155746.97	139966.22	122090.46	64447.43
股东权益(万元)	68899.97	67763.31	66443.91	35929.66
未分配利润(万元)	9391.38	8306.02	6986.62	4704.77
主营收入(万元)	34262.88	20522.93	37932.46	35416.16
资本公积金(万元)	32942.78	32891.48	32891.48	10467.04
主营利润(万元)	10733.79	6248.61	12792.74	14112.25
其他业务利润(万元)	878.55	887.90	250.35	202.49
营业利润(万元)	3721.81	2225.22	4211.79	4758.85
投资收益(万元)	0.57		-126.18	5.59
补贴收入(万元)	658.71	252.54	1051.70	460.00
营业外收支(万元)	96.41		-91.24	-92.54
利润总额(万元)	4477.50	2486.56	5046.08	5131.89
净利润(万元)	2404.76	1319.40	4039.81	4014.52

十大股东

序号	股东名称	股份性质	持股数(万股)	比例(%)
1	河北太行华信建材有限责任公司	国有股	9686.00	50.98
2	邯郸太行实业股份有限公司	法人股	472.50	2.49
3	山海关开发区金蹄房地产投资公司	法人股	410.00	2.16
4	湘财证券有限责任公司	流通股	284.15	1.50
5	河北太行集团青年综合利用厂	法人股	235.00	1.24
6	河北冀铁集团公司	法人股	150.00	0.79
7	中国银河证券有限责任公司上海东方路证券营业部	法人股	115.00	0.61
8	中国金谷国际信托投资有限公司	法人股	100.00	0.53
9	中国宝安集团股份有限公司	法人股	90.00	0.47
10	北京市大地科技实业总公司	法人股	82.50	0.43

股东人数	2003.9	2003.6	2002	2001
	21040	22664	29338	

近年分配	2002年 10 派 0.5 元	近年配股/增发	不分配不转增

重大事项

2003 年 10 月 26 日 通过公司为保定太行和益水泥有限公司贷款进行最高额担保:本次担保的最高额为人民币 4000 万元,其中包括流动资金贷款 2000 万元,银行承兑汇票 2000 万元,担保期限为一年,担保责任为连带保证责任,债权人为中国工商银行保定市易县支行,保定太行和益水泥有限公司为公司提供相应的反担保;通过公司控股子公司北京太行前景水泥有限公司贷款事宜:北京太行前景水泥有限公司决定向中国建设银行北京市房山区支行进行流动资金贷款。本次贷款数额为 4000 万元人民币,期限为 12 个月,利率为 4.6461‰。本笔贷款由北京建谊建筑有限公司提供担保。

二○○二年以来市场表现

2002年涨跌幅(%)	0.00
2002年最高(元)	12.94
2002年最低(元)	8.78
2002年换手率(%)	213.25
2003年涨跌幅(%)	6.70
2003年最高(元)	11.59
2003年最低(元)	7.30
2003年换手率(%)	281.72

上海茉织华股份有限公司

公司概况

公司名称	上海茉织华股份有限公司	股票代码	600555
注册地址	上海市南京西路 1266 号 63 楼	邮政编码	200040
法人代表	李勤夫	董秘	汪为民
电话	021-62883080	传真	020-62883886
主营业务	印刷、生产服装、服饰及相关产品、纺织等		

总股本	43450.00	流通 A	8100.00	流通 B	11000.00	流通 H	
审计单位				审计意见	未审计		

主要财务指标

年度	2003.9	2003.6	2002	2001
每股收益/扣除后(元)	0.2800	0.2100	0.2800	0.4800
每股经营现金流量(元)	0.3849	0.1000	0.3746	0.5086
每股净资产/调整后(元)	5.1500	4.9500	4.8700	4.7400
每股公积金(元)	3.2765	3.2765	3.2765	3.2765
净资产收益率(%)	5.5000	3.7000	5.7600	10.1000
总资产(万元)	383159.84	438522.50	342050.00	255184.17
股东权益(万元)	224222.73	219961.48	211833.30	206152.09
未分配利润(万元)	12025.52	12025.52	12025.52	8174.13
主营收入(万元)	183949.16	110201.76	168834.34	189475.95
资本公积金(万元)	142364.41	142364.41	142364.41	142364.41
主营利润(万元)	24787.96	15163.62	33264.25	40330.68
其他业务利润(万元)	999.09	816.96	-346.05	576.88
营业利润(万元)	8716.95	4876.43	15327.96	25268.47
投资收益(万元)	6558.75	5284.01	1668.47	191.43
补贴收入(万元)	345.22	21.62	420.01	225.82
营业外收支(万元)	-189.85		-247.73	-37.80
利润总额(万元)	15431.08	10131.42	17168.71	25647.93
净利润(万元)	12389.44	8128.20	12198.70	20835.38

十大股东

序号	股东名称	股份性质	持股数(万股)	比例(%)
1	日本松冈株式会	境外法人股/B股	18101.05	41.66
2	平湖茉织华实业发展有限公司	法人股	13391.72	30.82
3	平湖中宇投资有限公司	法人股	608.19	1.40
4	平湖市黄姑服装总厂	法人股	461.01	1.06
5	平湖市永华制衣有限公司	法人股	456.21	1.05
6	THE NOMURA SECURITIES	B股	284.61	0.66
7	韩国罗马株式会社	B股	169.83	0.39
8	安信基金	A股	155.00	0.36
9	地文科技	A股	86.22	0.19
10	藺莲池	A股	62.30	0.14

股东人数	2003.9	2003.6	2002	2001
	40895	41146	28339	27288

近年分配	2002年 10 派 1.5 元 2001 年 0.2 元	近年配股/增发	不分配不转增

重大事项

2003 年 7 月 1 日通过关于转让嘉兴德永纺织品有限公司 45.71%股权的议案:公司拟以人民币 2650 万元的价格将持有的该公司 45.71%股权转让给日本松冈株式会社,双方于 2003 年 6 月 27 日签署协议。转让完成后,公司尚持有该公司 19.29%股权。本次交易事项构成关联交易。同意徐保龙辞去董事职务,提名郭和生担任公司独立董事;修改公司章程部分条款。关于公司董事会在 2003 年度进行总额不超过人民币叁亿元的短期投资的议案。定于 2003 年 07 月 31 日召开 2002 年度股东大会,审议公司 2002 年度利润分配预案及以上有关事项。

二○○二年以来市场表现

2002年涨跌幅(%)	-37.20
2002年最高(元)	17.85
2002年最低(元)	10.25
2002年换手率(%)	159.07
2003年涨跌幅(%)	-21.26
2003年最高(元)	12.32
2003年最低(元)	7.39
2003年换手率(%)	284.97

广西北生药业股份有限公司

公司概况

公司名称	广西北生药业股份有限公司	股票代码	600556
注册地址	广西北海市北海大道168号	邮政编码	536000
法人代表	何玉良	董秘	颜丹
电话	0779-3226316	传真	0779-3226388
主营业务	化学药品、抗生素、中药材、中药饮片、中成药等		
总股本	12600.00	流通A	6344.80
流通B		流通H	
审计单位		审计意见	未审计

主要财务指标

年度	2003.9	2003.6	2002	2001
每股收益/扣除后(元)	0.2900	0.1700	0.3826	0.2782
每股经营现金流量(元)	0.9439	0.6730	1.0081	0.0390
每股净资产/调整后(元)	4.2500	4.1280	5.5092	5.2895
每股公积金(元)	2.6857	2.6857	4.0600	4.0600
净资产收益率(%)	6.9400	4.0800	6.4800	3.1700
总资产(万元)	141576.95	133045.14	127558.82	78887.75
股东权益(万元)	53922.62	52317.99	50181.80	47877.57
未分配利润(万元)	6269.78	4665.15	3428.96	1671.19
主营收入(万元)	23767.46	15806.61	21737.20	12379.32
资本公积金(万元)	33840.17	33840.17	36540.17	36540.17
主营利润(万元)	14455.96	9014.76	3527.38	12048.45
其他业务利润(万元)	5999.23	30.92	32.67	10.52
营业利润(万元)	0.06	5194.97	3187.32	4640.59
投资收益(万元)	2227.71	-54.77	-36.51	-73.02
补贴收入(万元)				
营业外收支(万元)	0.05	-0.70	-207.86	-28.53
利润总额(万元)	5140.26	3151.51	4359.72	2199.18
净利润(万元)	3740.81	2136.19	3204.24	1518.08

十大股东

序号	股东名称	股份性质	持股数(万股)	比例(%)
1	广西北生集团有限责任公司	社会法人股	2801.12	22.23
2	北海腾辉商贸有限公司	社会法人股	2223.40	17.65
3	广西壮族自治区血液中心	国有法人股	684.12	5.43
4	广西北生集团东珠实业有限责任公司	社会法人股	191.38	1.52
5	北海市安峰贸易有限公司	社会法人股	136.64	1.80
6	北海京顺贸易有限公司	社会法人股	136.64	1.08
7	渤海证券有限责任公司	流通股	109.91	0.87
8	华泰证券有限责任公司	流通股	90.52	0.72
9	沈阳药科大学	国有法人股	70.00	0.56
10	彭天清	流通股	56.36	0.45

股东人数	2003.9	2003.6	2002	2001
	25624	25588	26007	30732

近年分配	近年配股/增发
2002年10派1元 2001年10派1元	2002年10送1转增3股

重大事项

2003年7月15日公司与公司第一大股东广西北生集团有限公司(持有本公司22.23%的股权)于2003年7月12日签订了《浙江北生药业汉生制药有限公司增资协议》,双方同意由公司单方出资9631万元(其中配股募集资金9281万元,自筹资金350万元)对浙江汉生进行增资。本次交易构成关联交易。 2003年04月22日公司第一大股东广西北生集团有限责任公司将其持有的公司社会法人股全部质押给中国农业银行北海市分行办理贷款事项,质押期限自2003年4月18日至2004年4月18日。

二○○二年以来市场表现

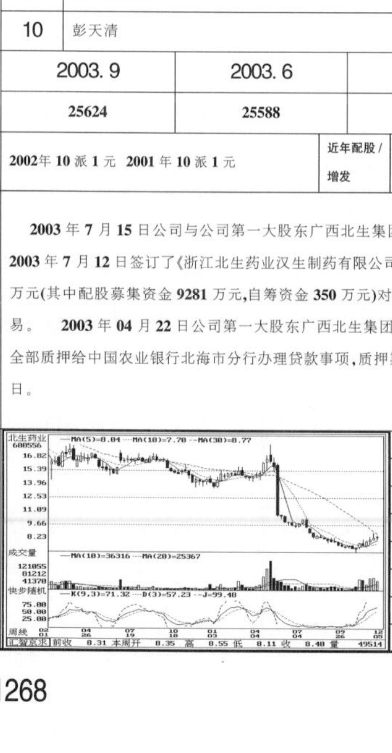

2002年涨跌幅(%)	-25.17
2002年最高(元)	13.14
2002年最低(元)	9.65
2002年换手率(%)	116.87
2003年涨跌幅(%)	-15.29
2003年最高(元)	12.96
2003年最低(元)	6.80
2003年换手率(%)	213.40

江苏康缘药业股份有限公司

公司概况

公司名称	江苏康缘药业股份有限公司	股票代码	600557
注册地址	连云港经济技术开发区泰山北路58号	邮政编码	222001
法人代表	肖伟	董秘	程凡
电话	0518-5521983	传真	0518-5521983
主营业务	中成药制剂、保健品制造、销售等		
总股本	9180.00	流通A	4000.00
流通B		流通H	
审计单位		审计意见	未审计

主要财务指标

年度	2003.9	2003.6	2002	2001
每股收益/扣除后(元)	0.2600	0.1400	0.2100	0.4180
每股经营现金流量(元)	0.0572	-0.0590	0.1214	0.4059
每股净资产/调整后(元)	3.8300	3.7100	3.5800	
每股公积金(元)	2.4797	2.4796	2.4738	0.0196
净资产收益率(%)	6.6400	3.5700	6.2900	25.3400
总资产(万元)	64060.17	50920.75	42607.23	17592.96
股东权益(万元)	35586.70	34455.08	33171.53	5553.26
未分配利润(万元)	2835.88	1705.46	474.65	93.20
主营收入(万元)	29350.28	15099.93	26205.66	15655.87
资本公积金(万元)	22763.66	22762.46	22709.72	256.76
主营利润(万元)	18317.28	11419.93	19504.12	10858.84
其他业务利润(万元)	131.67	73.09	76.62	39.29
营业利润(万元)	3541.84	1844.99	2685.04	1972.98
投资收益(万元)	6.22	0.46	6.82	3.60
补贴收入(万元)				
营业外收支(万元)	-12.04		-114.95	-137.77
利润总额(万元)	3536.02	1853.99	2576.90	1619.74
净利润(万元)	2361.24	1230.82	2087.49	1142.12

十大股东

序号	股东名称	股份性质	持股数(万股)	比例(%)
1	连云港恒瑞集团有限公司	国有法人股	2538.20	27.65
2	上海联创投资有限公司	法人股	777.00	8.46
3	江苏苏云医疗器材有限公司	法人股	636.62	6.93
4	肖伟	个人股	341.36	3.72
5	江苏省高科技产业投资有限公司	法人股	310.80	3.39
6	连云港市天使大药房有限公司	法人股	235.69	2.57
7	上海市慈善基金会	流通股	112.20	1.22
8	戴翔翎	个人股	96.35	1.05
9	杨寅	个人股	92.20	1.00
10	夏月	个人股	83.92	0.91

股东人数	2003.9	2003.6	2002	2001
	10737	10900	20074	

近年分配	近年配股/增发
2002年10派3元	不分配不转增

重大事项

2003年报期内公司控股子公司连云港康缘医药商业有限公司出资450万元收购了宿迁医药有限公司51.1%股权,并重组成立了宿迁康缘医药商业有限公司.新公司于2003年9月25日办理了工商登记手续.该项收购重组行为对于连云港康缘医药商业有限公司进一步拓展市场空间、完善市场网络将会产生积极影响. 2003年4月5日公司与连云港恒瑞集团有限公司签署协议,共同出资组建了连云港康缘医药商业有限公司.

二○○二年以来市场表现

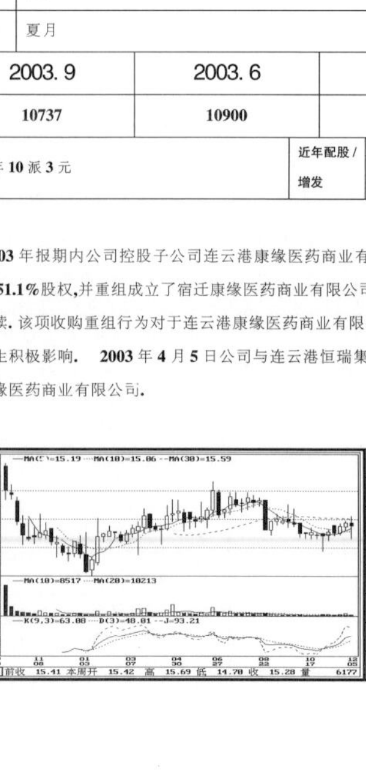

2002年涨跌幅(%)	0.00
2002年最高(元)	17.70
2002年最低(元)	13.35
2002年换手率(%)	162.40
2003年涨跌幅(%)	14.06
2003年最高(元)	16.86
2003年最低(元)	12.85
2003年换手率(%)	250.23

四川大西洋焊接材料股份有限公司

公司概况

公司名称	四川大西洋焊接材料股份有限公司			股票代码	600558		
注册地址	四川省自贡市大安区马冲口街 2 号			邮政编码	643010		
法人代表	余大全			董秘	郭万程		
电话	0813-5100549			传真	0813-5101216		
主营业务	资产投资;焊接材料的开发、生产、销售等						
总股本	12000.00	流通 A	4500.00	流通 B		流通 H	
审计单位				审计意见	未审计		

主要财务指标

年度	2003.9	2003.6	2002	2001
每股收益/扣除后(元)	0.1900	0.1160	0.3040	0.2480
每股经营现金流量(元)	0.1933	-0.0650	0.4981	0.0181
每股净资产/调整后(元)	4.1440	4.0520	3.9230	3.7970
每股公积金(元)	2.7116	2.6917	2.6886	2.6864
净资产收益率(%)	4.8000	0.0310	6.0100	5.5890
总资产(万元)	72039.33	74566.59	70321.15	66166.94
股东权益(万元)	49955.49	48833.02	47283.13	45855.76
未分配利润(万元)	3174.04	2465.94	1257.87	523.22
主营收入(万元)	43714.01	27230.28	50646.10	45043.60
资本公积金(万元)	32538.89	32300.33	32262.83	32237.31
主营利润(万元)	9772.70	6431.96	11927.44	10331.70
其他业务利润(万元)	16.61	1.54	41.02	31.57
营业利润(万元)	3343.69	2103.64	5190.94	4287.04
投资收益(万元)	166.47	90.32	-805.51	-217.50
补贴收入(万元)	1.02	1.02		
营业外收支(万元)	-55.28		-51.60	-101.36
利润总额(万元)	3455.90	2154.71	4333.82	3968.18
净利润(万元)	2396.30	1512.39	2841.85	2563.07

十大股东

序号	股东名称	股份性质	持股数(万股)	比例(%)
1	四川大西洋集团有限责任公司	国有法人股	7118.39	59.32
2	任定学	流通股	112.88	0.94
3	四川自贡汇东发展股份有限公司	法人股	109.03	0.91
4	罗永淑	流通股	83.23	0.69
5	四川国际信托投资公司	法人股	68.14	0.57
6	四川省川威集团有限公司	法人股	68.14	0.57
7	云南省机电设备总公司	法人股	68.14	0.57
8	四川西南航空美盛投资顾问有限公司	法人股	68.14	0.57
9	罗淑清	流通股	25.67	0.21
10	段淑文	流通股	25.29	0.21

股东人数	2003.9	2003.6	2002	2001
	28408	28786	28513	30693

近年分配	2002年10派1.2元 2001年10派1.5元	近年配股/增发	不分配不转增

重大事项

2003年11月13日 北京市第二中级人民法院受理的北京市汽车摩托车联合制造公司申请执行公司发起人股东之一的云南省机电设备总公司一案,因被执行人云南省机电设备总公司未按期履行法律文书确定的义务,故该院依法在中国证券登记结算有限责任公司上海分公司冻结了云南省机电设备总公司持有的本公司法人股股票共计 **681449** 股,本次冻结的股份占公司股份总额的 **0.568%**。 **2003** 年 **10** 月 **23** 日公司以人民币 **863.46** 万元收购深圳市特力(集团)股份有限公司所持有的深圳公司全部股权。收购完成后,公司将持有深圳公司 **61.90%** 的股权,成为深圳公司的控股股东。

二〇〇二年以来市场表现

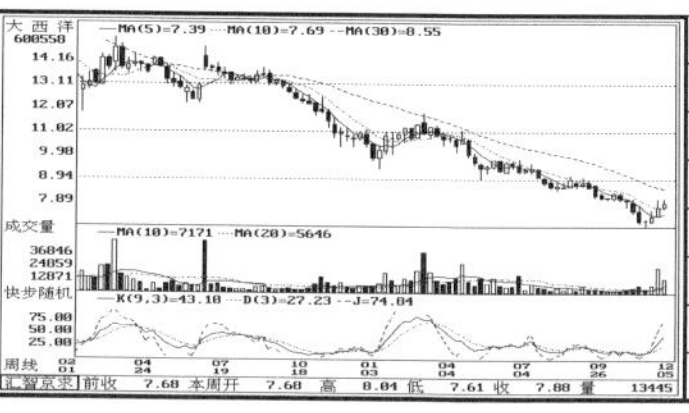

2002年涨跌幅(%)	-30.59
2002年最高(元)	14.93
2002年最低(元)	9.82
2002年换手率(%)	105.76
2003年涨跌幅(%)	-22.19
2003年最高(元)	11.68
2003年最低(元)	6.85
2003年换手率(%)	95.87

河北裕丰实业股份有限公司

公司概况

公司名称	河北裕丰实业股份有限公司			股票代码	600559		
注册地址	河北省衡水市人民东路 39 号			邮政编码	053000		
法人代表	张新广			董秘	刘勇		
电话	0318-2122755			传真	0318-2669976		
主营业务	畜禽养殖、动物饲养及销售,饲料等						
总股本	14000.00	流通 A	4000.00	流通 B		流通 H	
审计单位				审计意见	未审计		

主要财务指标

年度	2003.9	2003.6	2002	2001
每股收益/扣除后(元)	0.0930	0.0500	0.1700	0.2200
每股经营现金流量(元)	0.0654	-0.1870	0.4404	0.6046
每股净资产/调整后(元)	2.4400	2.3900	2.3400	
每股公积金(元)	1.1971	1.1971	1.1943	0.4149
净资产收益率(%)	3.8100	2.0700	6.6200	14.7400
总资产(万元)	59977.43	58372.09	59391.63	34129.63
股东权益(万元)	34188.76	33581.93	32847.65	14149.29
未分配利润(万元)	2449.66	1842.84	1148.55	
主营收入(万元)	16472.88	10550.80	26257.04	22767.29
资本公积金(万元)	16760.05	16760.05	16720.05	4149.29
主营利润(万元)	4798.66	2670.28	6826.97	6431.11
其他业务利润(万元)	-6.30	-3.15	170.31	136.28
营业利润(万元)	1505.15	713.80	2790.12	2708.49
投资收益(万元)	-2.75	-2.75	2.18	-62.64
补贴收入(万元)	80.22	64.01	150.00	148.33
营业外收支(万元)	-29.75	-25.62	-212.56	-59.68
利润总额(万元)	1552.87	749.45	2729.74	2734.49
净利润(万元)	1301.11	694.28	2174.77	2182.54

十大股东

序号	股东名称	股份性质	持股数(万股)	比例(%)
1	河北衡水老白干酿酒(集团)有限公司	国家股	6577.44	46.99
2	衡水京安集团有限公司	国家股	3302.41	23.59
3	河北农大高新技术开发总公司	社会法人股	35.34	0.25
4	衡水市陶瓷厂	国有法人股	35.34	0.25
5	天津市天轻食品发酵开发公司	社会法人股	14.13	0.10
6	昆明南天变流技术公司	社会公众股	12.80	0.09
7	任庆瑜	社会公众股	8.67	0.06
8	张春多	社会公众股	8.13	0.06
9	李丽	社会公众股	8.00	0.06
10	陈肖娟	社会公众股	8.00	0.06

股东人数	2003.9	2003.6	2002	2001
	20092	20799	22836	

近年分配	2002年10派0.5元 2001年10派0.1855元	近年配股/增发	不分配不转增

重大事项

2003 年三季度报告期内公司部分变更募集资金投资方式,将原京安斯格猪繁育推广中心项目中的新建斯格祖代种猪场项目 变更为收购安平县两洼种猪养殖基地有限公司猪场实物资产并扩建至原项目建设规模. **2002** 年期末公司与老白干集团和京安集团分别签订了《土地租赁协议》及《土地租赁协议补充协议》,由本公司分别向两集团租赁生产用地 **11** 宗, 共计 **516,974.41** 平方米,租赁期限为 **20** 年,租赁费用按年结算,公司每年向老白干集团和京安集团分别支付土地租赁费 **50** 万元和 **25** 万元.

二〇〇二年以来市场表现

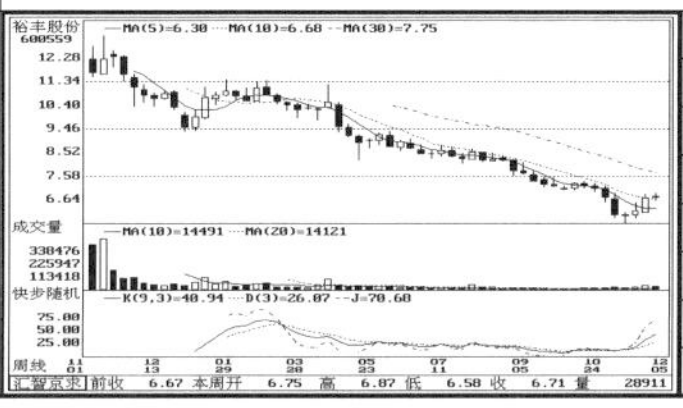

2002年涨跌幅(%)	0.00
2002年最高(元)	13.17
2002年最低(元)	9.61
2002年换手率(%)	347.19
2003年涨跌幅(%)	-30.74
2003年最高(元)	11.32
2003年最低(元)	5.70
2003年换手率(%)	278.53

北京金自天正智能控制股份有限公司

公司概况

公司名称	北京金自天正智能控制股份有限公司	股票代码	600560
注册地址	北京市丰台区丰台路84号	邮政编码	100071
法人代表	张剑武	董秘	胡邦周
电话	010-63848915	传真	010-63812131
主营业务	自动化系统的技术开发、技术转让、技术咨询等		

总股本	7646.00	流通A	3000.00	流通B		流通H	
审计单位				审计意见	未审计		

主要财务指标

年度	2003.9	2003.6	2002	2001
每股收益/扣除后(元)	0.5600	0.1800	0.3100	0.4800
每股经营现金流量(元)	0.0076	0.9550	0.0635	0.1392
每股净资产/调整后(元)	5.0100	4.9300	4.7700	
每股公积金(元)	3.2913	3.2907	3.2879	0.5384
净资产收益率(%)	5.2700	3.5800	6.3700	20.7900
总资产(万元)	58194.01	53581.01	50924.46	22612.20
股东权益(万元)	38611.96	37988.71	36605.63	10166.35
未分配利润(万元)	4264.76	3645.51	2283.83	1948.63
主营收入(万元)	21210.38	13588.61	17490.65	15099.29
资本公积金(万元)	25165.02	25161.02	25139.62	2501.63
主营利润(万元)	2980.55	2142.95	3727.73	3713.29
其他业务利润(万元)	52.80	1.29	47.43	69.00
营业利润(万元)	2165.01	1463.20	2275.17	2185.55
投资收益(万元)				
补贴收入(万元)	7.18	7.18	61.38	
营业外收支(万元)	-6.53	-6.53	-6.06	-72.22
利润总额(万元)	2165.66	1463.85	2330.50	2113.33
净利润(万元)	1980.93	1361.68	2330.50	2113.33

十大股东

序号	股东名称	股份性质	持股数(万股)	比例(%)
1	冶金自动化研究设计院	国有法人股	4353.50	56.94
2	北京富丰高科技发展总公司	国有法人股	143.00	1.87
3	华夏证券有限公司	社会公众股	109.62	1.43
4	北京市机电研究院	国有法人股	65.00	0.85
5	北京国冶星自动化工程有限责任公司	法人股	52.00	0.68
6	深圳市禾滨实业有限公司	法人股	32.50	0.43
7	汉唐证券有限责任公司	社会公众股	31.99	0.42
8	徐秀英	社会公众股	16.40	0.21
9	杜冬桂	社会公众股	13.53	0.18
10	赵启胜	社会公众股	11.80	0.15

股东人数	2003.9	2003.6	2002	2001
	16914	17143	19393	

近年分配	2002年10派2元	近年配股/增发	不分配不转增

重大事项

2003年三季度报告期内公司决定出资300万元受让上海金自天正信息技术有限公司15个自然人股东共计30%的股权.本次收购完成后,上海金自天正信息有限公司注册资本不变,仍为1000万元,股东变更为本公司持有90%的股权,本公司控股股东冶金自动化研究设计院持有10%的股权,目前股权转让手续正在办理过程中. 2003年4月23日公司与北京中冶科技发展公司签订不超过1200万元人民币的德国西门子设备配套零部件采购框架协议.按照公司实际采购数量和市场价格结算,截止2003年6月30日共签定采购合同258.07万元,实际结算额为89.13万元.

二〇〇二年以来市场表现

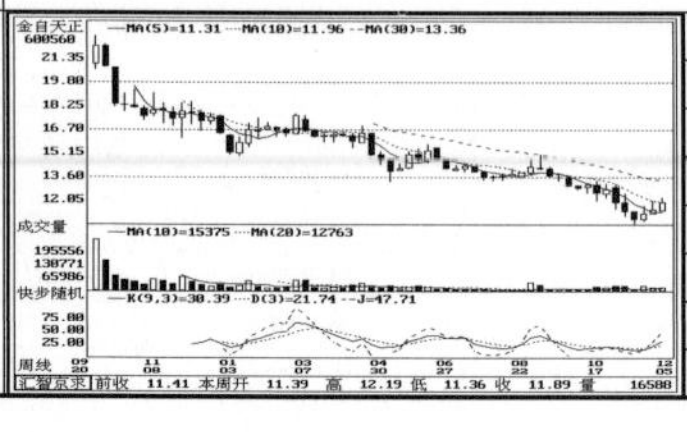

2002年涨跌幅(%)	0.00
2002年最高(元)	22.70
2002年最低(元)	15.52
2002年换手率(%)	309.70
2003年涨跌幅(%)	-26.58
2003年最高(元)	17.49
2003年最低(元)	10.50
2003年换手率(%)	248.16

江西长运股份有限公司

公司概况

公司名称	江西长运股份有限公司	股票代码	600561
注册地址	南昌市广场南路118号	邮政编码	330003
法人代表	张平	董秘	黄鸿源
电话	0791-6298107	传真	0791-6217722
主营业务	公路客货运输、仓储、集装箱货运等		

总股本	9286.20	流通A	3000.00	流通B		流通H	
审计单位				审计意见	未审计		

主要财务指标

年度	2003.9	2003.6	2002	2001
每股收益/扣除后(元)	0.0800	0.1300	0.2700	0.3450
每股经营现金流量(元)	0.5368	0.3260	0.6429	0.8947
每股净资产/调整后(元)	3.0300	2.9200	2.7600	
每股公积金(元)	1.2318	1.2318	1.2318	0.1359
净资产收益率(%)	8.5300	5.2300	11.0400	20.1500
总资产(万元)	47982.96	45815.22	47025.19	24175.59
股东权益(万元)	28377.33	27389.91	25966.89	10908.63
未分配利润(万元)	5158.67	4171.25	2748.23	1845.80
主营收入(万元)	14506.36	9237.60	15297.95	12144.64
资本公积金(万元)	11438.59	11438.59	11438.59	853.98
主营利润(万元)	4290.40	2554.62	4002.11	3048.33
其他业务利润(万元)	685.00	414.07	1213.05	1125.51
营业利润(万元)	3060.52	1648.39	3002.22	2871.30
投资收益(万元)	238.91	235.73	54.41	-22.95
补贴收入(万元)	350.60	264.10	892.26	451.32
营业外收支(万元)	74.92	68.54	390.09	56.34
利润总额(万元)	3724.95	2216.76	4338.98	3356.01
净利润(万元)	2420.96	1433.54	2866.58	2197.89

十大股东

序号	股东名称	股份性质	持股数(万股)	比例(%)
1	江西长运集团有限公司	国有法人股	3940.20	42.43
2	中国东方资产管理公司	国有法人股	828.00	8.92
3	江西省投资公司	国有法人股	276.00	2.97
4	杨芸	社会公众股	50.20	0.54
5	张涛	社会公众股	29.05	0.31
6	陈玉华	社会公众股	18.01	0.19
7	冯伟标	社会公众股	18.01	0.19
8	朱艳	社会公众股	18.01	0.19
9	蔡金凤	社会公众股	17.80	0.19
10	王菊芳	社会公众股	17.77	0.19

股东人数	2003.9	2003.6	2002	2001
	13998	13928	14533	

近年分配	2002年10派1.5元 2001年10派1.5元	近年配股/增发	不分配不转增

重大事项

2003年10月24日公司同意自2003年1月1日起,依照位于西湖区广场南路118号的中心站长运停车场等八宗土地调整后的土地使用税税额,调整该八宗土地的土地使用权租赁价格,年总租金由原来的144319.53元调整为591830.68元。 公司分别于2002年12月30日和2003年3月30日与中国银行景德镇市分行签订担保协议,为公司控股子公司江西景德镇长运有限公司向中国银行景德镇市分行申请共计3000万元流动资金贷款提供担保,担保期限为从借款合同生效之日开始到借款合同债务履行期届满之日起经过两年,担保方式为连带责任担保.

二〇〇二年以来市场表现

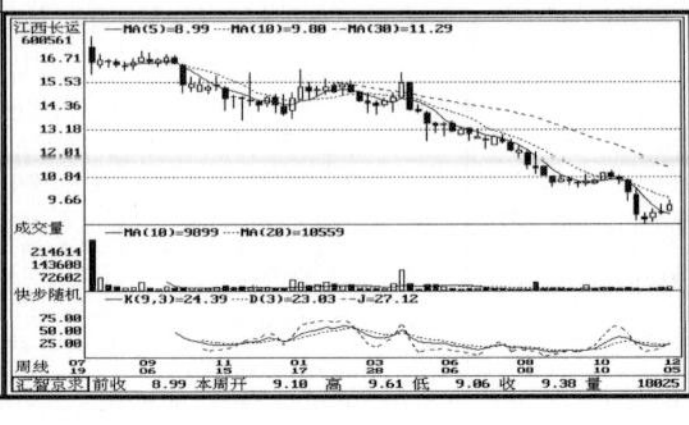

2002年涨跌幅(%)	0.00
2002年最高(元)	17.73
2002年最低(元)	13.47
2002年换手率(%)	240.31
2003年涨跌幅(%)	-35.97
2003年最高(元)	16.01
2003年最低(元)	8.49
2003年换手率(%)	278.08

江苏高淳陶瓷股份有限公司

公司概况

公司名称	江苏高淳陶瓷股份有限公司	股票代码	600562
注册地址	江苏省高淳县固城镇	邮政编码	211304
法人代表	张铭金	董秘	王贵夫
电话	025-7377228	传真	025-7377688
主营业务	日用陶瓷、窑具制造；包装材料及制品等		

总股本	8408.93	流通 A	3000.00	流通 B		流通 H	
审计单位		审计意见	未审计				

主要财务指标

年度	2003.9	2003.6	2002	2001
每股收益/扣除后(元)	0.2000	0.1300	0.3700	0.3200
每股经营现金流量(元)	-0.2607	-0.2040	0.5666	0.3263
每股净资产/调整后(元)	3.8100	3.7300	1.8100	
每股公积金(元)	2.2014	2.2014	0.1722	0.1722
净资产收益率(%)	5.2600	3.3700	20.9300	22.8300
总资产(万元)	39888.94	36116.09	16572.84	16454.65
股东权益(万元)	32033.00	31406.43	9768.58	8564.79
未分配利润(万元)	2581.51	1954.94	897.08	
主营收入(万元)	14516.52	6262.40	10917.94	10248.78
资本公积金(万元)	18511.28	18511.28	931.28	931.28
主营利润(万元)	4161.82	2536.91	5197.60	4789.81
其他业务利润(万元)	40.37	31.04	21.34	15.79
营业利润(万元)	2530.61	1558.70	3038.84	2752.96
投资收益(万元)	2.07	1.73	7.19	161.52
补贴收入(万元)				
营业外收支(万元)	13.57		11.74	-16.87
利润总额(万元)		1567.44	3057.77	2897.61
净利润(万元)		1057.86	2044.68	1955.60

十大股东

序号	股东名称	股份性质	持股数(万股)	比例(%)
1	高淳县国有资产经营(控股)有限公司	国有股	3327.14	39.57
2	南京市投资公司	国有股	1000.00	11.89
3	江苏舜天股份有限公司	法人股	600.00	7.14
4	海通证券有限公司	社会公众股	340.09	4.04
5	张铭金	自然人股及内部职工股	102.40	1.22
6	江苏省陶瓷进出口(集团)公司	法人股	100.00	1.19
7	中国外运江苏公司	法人股	100.00	1.19
8	南京健友光学工业研究所	法人股	50.00	0.59
9	上海中普企业投资有限公司	社会公众股	31.88	0.38
10	张凯芹	社会公众股	14.55	0.17

股东人数	2003.9	2003.6	2002	2001
	16951	18067		

近年分配	2002年10派1元	近年配股/增发	不分配不转增

重大事项

本公司于2002年12月4日与美国LOOMIS公司在江苏省南京市签订关于进口年产一百万立升堇青石蜂窝陶瓷载体生产线的合同.合同引进主要设备:自动挤压机、自动切割系统、干燥器、预挤机、混料机.用于公司募集资金项目《堇青石蜂窝陶瓷载体技术改造项目》.合同总价:164万美元.合同履行期限:2003年10月.目前合同正在履行之中.

二〇〇二年以来市场表现

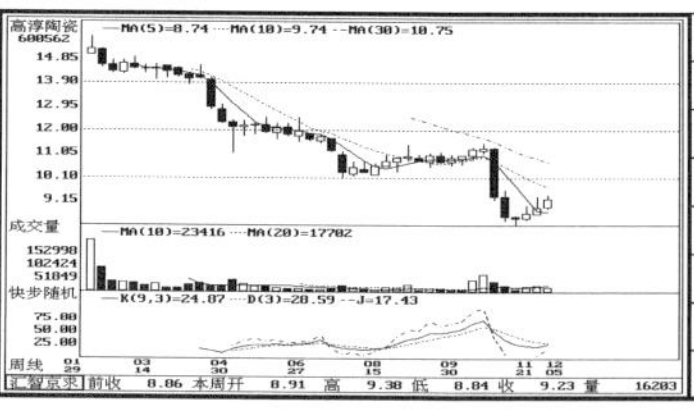

2002年涨跌幅(%)	0.00
2002年最高(元)	0.00
2002年最低(元)	0.00
2002年换手率(%)	0.00
2003年涨跌幅(%)	0.00
2003年最高(元)	15.70
2003年最低(元)	8.20
2003年换手率(%)	359.59

厦门法拉电子股份有限公司

公司概况

公司名称	厦门法拉电子股份有限公司	股票代码	600563
注册地址	厦门市金桥路101号	邮政编码	361012
法人代表	曾福生	董秘	许琼玖
电话	0592-5114116	传真	0592-5042553
主营业务	薄膜电容器及其金属化镀膜材料的制造等		

总股本	15000.00	流通 A	5000.00	流通 B		流通 H	
审计单位		审计意见	未审计				

主要财务指标

年度	2003.9	2003.6	2002	2001
每股收益/扣除后(元)	0.3100	0.1900	0.3000	
每股经营现金流量(元)	0.4430	0.2700	0.7218	0.6080
每股净资产/调整后(元)	4.3700	4.2300	4.3500	
每股公积金(元)	2.2428	2.2428	2.2428	0.0420
净资产收益率(%)	7.8100	4.4100	6.8000	17.7300
总资产(万元)	71810.46	69711.89	71945.79	39221.72
股东权益(万元)	65857.68	63530.45	65236.37	22687.22
未分配利润(万元)	14725.89	12398.67	14104.58	10427.14
主营收入(万元)	20740.29	13200.93	24648.64	22334.26
资本公积金(万元)	33642.74	33642.74	33642.74	420.00
主营利润(万元)	8852.04	5390.36	9700.96	9456.75
其他业务利润(万元)	122.28	70.91	97.17	109.11
营业利润(万元)	5490.86	3274.05	5466.13	4425.77
投资收益(万元)				
补贴收入(万元)	9.01	3.93	17.65	29.46
营业外收支(万元)	36.64	14.64	-27.28	89.97
利润总额(万元)	5536.52	3295.20	5456.51	4542.19
净利润(万元)	5141.13	2800.92	4434.30	4023.12

十大股东

序号	股东名称	股份性质	持股数(万股)	比例(%)
1	厦门市法拉发展总公司	境内法人股	6400.00	42.67
2	厦门建发集团有限公司	国有股	3000.00	20.00
3	金信证券有限责任公司	流通股	406.07	2.71
4	厦门竹正发展有限公司	境内法人股	400.00	2.67
5	金鑫证券投资基金	流通股	309.21	2.06
6	丰和价值证券投资基金	流通股	280.07	1.87
7	安顺证券投资基金	流通股	150.00	1.00
8	厦门广德电子有限公司	境内法人股	100.00	0.67
9	厦门象屿泰晋电子有限公司	境内法人股	100.00	0.67
10	华安创新证券投资基金	流通股	80.07	0.53

股东人数	2003.9	2003.6	2002	2001
	15946	16999	23326	

近年分配	2002年10派3元	近年配股/增发	不分配不转增

重大事项

2003年5月27日公司通过了关于将部分暂时闲置募股资金购买国债的议案:公司拟利用暂时闲置的募集资金最多不超过1.5亿元进行风险较小的国债投资，投资期限自股东大会批准之日起一年内；关于将最多不超过5000万元自有闲置资金购买基金债券的议案：投资期限自股东大会批准之日起一年内。 厦门市法拉发展总公司将其所拥有的厦门市思明区思明南路497号厂房出租给公司使用,租赁期限为自2001年1月1日起至2003年12月31日止，租赁面积为4,372平方米,每平方米月租金为9.00元.公司2003年上半年度的租金共计236,088.00元已列支应付款.

二〇〇二年以来市场表现

2002年涨跌幅(%)	0.00
2002年最高(元)	13.80
2002年最低(元)	12.50
2002年换手率(%)	147.01
2003年涨跌幅(%)	1.46
2003年最高(元)	15.50
2003年最低(元)	11.53
2003年换手率(%)	337.74

重庆市迪马实业股份有限公司

公司概况

公司名称	重庆市迪马实业股份有限公司			股票代码	600565
注册地址	重庆市南岸区白鹤路 108 号			邮政编码	400060
法人代表	陈鸿增			董秘	黄力进
电话	023-89021876			传真	023-89021878
主营业务	制造、销售运钞车、特种车及零部件等				
总股本	8000.00	流通 A	2000.00	流通 B	流通 H
审计单位				审计意见	未审计

主要财务指标

年度	2003.9	2003.6	2002	2001
每股收益／扣除后(元)	0.2900	0.1100	0.4400	0.8000
每股经营现金流量(元)	-0.0410	0.1970	0.3122	0.1386
每股净资产／调整后(元)	5.0300	4.8500	4.7400	
每股公积金(元)	3.5166	3.5166	3.5166	0.0016
净资产收益率(%)	5.7200	2.2900	9.2400	65.2900
总资产(万元)	69510.85	54159.76	51008.08	22426.34
股东权益(万元)	40294.79	38880.37	37990.38	7236.98
未分配利润(万元)	2427.21	1012.79	122.80	19.07
主营收入(万元)	27983.83	14423.04	48479.62	47322.76
资本公积金(万元)	28132.90	28132.90	28132.90	9.77
主营利润(万元)	5951.98	3032.09	10261.55	12525.88
其他业务利润(万元)	-157.29	-94.13	-273.80	-122.89
营业利润(万元)	2712.93	1048.91	4242.59	5624.31
投资收益(万元)				
补贴收入(万元)				
营业外收支(万元)	-1.84	-1.56	-4.71	-30.04
利润总额(万元)	2711.10	1047.08	4237.88	5594.27
净利润(万元)	2304.41	889.99	3510.27	4725.01

十大股东

序号	股东名称	股份性质	持股数(万股)	比例(%)
1	重庆东银实业(集团)有限公司	社会法人股	3840.00	48.00
2	盐城市江动科技发展有限公司	国有法人股	1200.00	15.00
3	重庆东原房地产开发有限公司	社会法人股	600.00	7.50
4	重庆市凌羿汽车配件贸易有限公司	社会法人股	300.00	3.75
5	华夏成长	流通股	94.89	1.19
6	华夏成长证券投资基金	流通股	94.89	1.19
7	广州和腾实业发展有限公司	社会法人股	60.00	0.75
8	华鑫证券有限责任公司	流通股	24.24	0.30
9	徐书庆	流通股	12.26	0.15
10	北京大亚伟业科技发展有限公司	流通股	10.71	0.13

股东人数	2003.9	2003.6	2002	2001
	15944	15606	15766	

近年分配	近年配股／增发
2002年 10 派 3.6 元	不分配不转增

重大事项

2003 年 6 月 18 日公司同意向招商银行重庆分行营业部申请人民币 12000 万元融资额度，并向该行申请 700 万美元国际贸易融资额度。分别向兴业银行重庆分行、深圳发展银行重庆分行南岸支行申请人民币 10000 万元综合授信额度。 经公司董事会一届十五次会议和公司 2003 年第一次临时股东大会审议通过，公司分别收购青鸟天桥、东银集团分别持有的四川广电 25%、12%股权，交易金额分别是 10240 万元、4916 万元。东银集团为公司控股股东，收购东银集团所持有四川广电股权为关联交易.

二〇〇二年以来市场表现

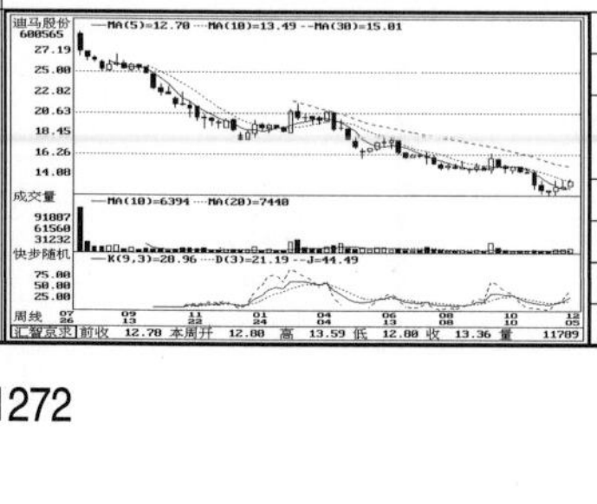

2002年涨跌幅(%)	0.00
2002年最高(元)	29.01
2002年最低(元)	17.64
2002年换手率(%)	166.44
2003年涨跌幅(%)	-27.67
2003年最高(元)	21.23
2003年最低(元)	11.89
2003年换手率(%)	225.99

湖北洪城通用机械股份有限公司

公司概况

公司名称	湖北洪城通用机械股份有限公司			股票代码	600566
注册地址	湖北省荆州市红门路 3 号			邮政编码	434000
法人代表	王洪运			董秘	王速建
电话	0716-8221198			传真	0716-8221198
主营业务	各类阀门、水工机械、金属结构件、波纹管等				
总股本	10630.80	流通 A	4400.00	流通 B	流通 H
审计单位				审计意见	未审计

主要财务指标

年度	2003.9	2003.6	2002	2001
每股收益／扣除后(元)	0.0970	0.0740	0.1200	0.1680
每股经营现金流量(元)	-0.1171	-0.2120	0.2070	0.0698
每股净资产／调整后(元)	4.4000	4.3800	4.3000	4.2200
每股公积金(元)	2.8017	2.8017	2.8017	2.8017
净资产收益率(%)	2.2800	1.7500	3.0300	3.9400
总资产(万元)	64830.29	63755.09	60631.74	58265.07
股东权益(万元)	46884.89	46633.31	45814.95	44957.29
未分配利润(万元)	5300.87	5049.28	4230.93	3581.64
主营收入(万元)	8716.23	5474.78	10729.18	11396.12
资本公积金(万元)	29784.77	29784.77	29784.77	58265.07
主营利润(万元)	2666.85	1804.66	3043.81	3152.96
其他业务利润(万元)	426.02	286.95	550.24	579.53
营业利润(万元)	1545.30	1174.81	1817.72	2088.21
投资收益(万元)	0.52		93.51	
补贴收入(万元)	15.00	15.00	180.00	
营业外收支(万元)	42.67	32.97	-16357.00	-9.58
利润总额(万元)	1603.49	1222.78	2074.67	2078.63
净利润(万元)	1069.94	818.36	1389.20	1770.19

十大股东

序号	股东名称	股份性质	持股数(万股)	比例(%)
1	荆州市国有资产管理局	国有股东	3272.00	30.78
2	沙隆达集团公司	法人股	1897.00	17.84
3	荆州市洪发商贸有限公司	法人股	1060.00	9.97
4	泰阳证券有限责任公司	已流通	71.34	0.67
5	刘海英	已流通	18.44	0.17
6	孙英斌	已流通	17.40	0.16
7	谢大敏	已流通	15.60	0.15
8	杨复英	已流通	14.67	0.14
9	万惠涛	已流通	14.37	0.14
10	张久芳	已流通	14.00	0.13

股东人数	2003.9	2003.6	2002	2001
	15861	16824	20876	

近年分配	近年配股／增发
2002年 10 派 0.5 元 2001 年 10 派 1 元	不分配不转增

重大事项

公司第一大股东荆州市国有资产管理局已将其所持有的公司国有股共计 16300000 股(占公司总股本的 15.33%)质押给中国民生银行武汉水果湖支行。质押期自 2003 年 9 月 1 日至 2004 年 8 月 31 日止。 2002 年 5 月 16 日 公司同意取消募集资金承诺项目中"发展烟气脱硫除尘成套设备"项目，同意公司用募集资金 4350.20 万元收购湖北沙市阀门总厂部分房地产。

二〇〇二年以来市场表现

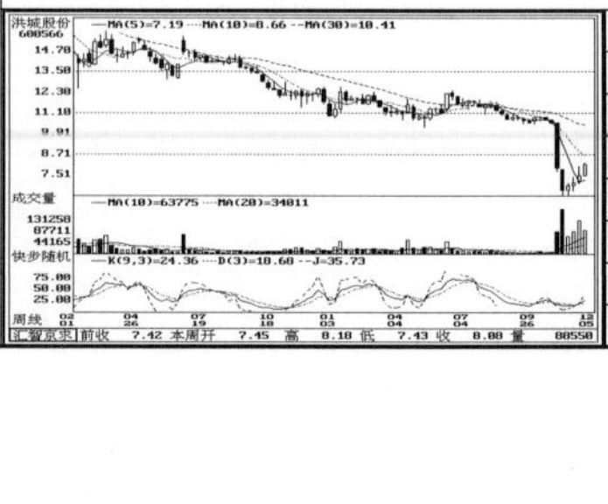

2002年涨跌幅(%)	-30.13
2002年最高(元)	16.03
2002年最低(元)	11.14
2002年换手率(%)	201.96
2003年涨跌幅(%)	-33.75
2003年最高(元)	12.51
2003年最低(元)	6.31
2003年换手率(%)	245.60

安徽山鹰纸业股份有限公司

公司概况

公司名称	安徽山鹰纸业股份有限公司			股票代码	600567		
注册地址	安徽省马鞍山市勤俭路3号			邮政编码	243021		
法人代表	王德贤			董秘	钱军		
电话	0555-2826275			传真	0555-2826369		
主营业务	纸、纸板、纸箱制造，本公司生产产品出口等						
总股本	16050.00	流通A	6000.00	流通B		流通H	
审计单位				审计意见	未审计		

主要财务指标

年度	2003.9	2003.6	2002	2001
每股收益/扣除后(元)	0.1900	0.1200	0.1580	0.1440
每股经营现金流量(元)	0.0961	0.0560	0.3809	-0.0325
每股净资产/调整后(元)	2.3700	2.2850	2.1570	2.0490
每股公积金(元)	0.8682	0.8682	0.8393	0.8277
净资产收益率(%)	7.8200	5.1500	7.3400	6.7900
总资产(万元)	115911.83	107278.39	83089.91	66627.67
股东权益(万元)	38339.61	37259.29	34875.82	32979.49
未分配利润(万元)	6287.58	5423.33	3888.11	2681.15
主营收入(万元)	62642.78	67545.29	48822.48	28094.60
资本公积金(万元)	13935.30	13935.30	13470.84	13283.84
主营利润(万元)	7510.35	4832.45	7039.75	4996.02
其他业务利润(万元)	59.51	1.49	-2.14	53.35
营业利润(万元)	2397.24	1553.30	2957.62	2338.88
投资收益(万元)	38.26	37.81	25.14	21.80
补贴收入(万元)	860.01		233.47	389.31
营业外收支(万元)	-53.25		-16.02	-13.50
利润总额(万元)	3242.26	2088.82	3200.21	2736.48
净利润(万元)	2999.34	1919.02	2511.83	2303.51

十大股东

序号	股东名称	股份性质	持股数(万股)	比例(%)
1	马鞍山山鹰纸业集团有限公司	国家股	9346.50	58.23
2	马鞍山市轻工国有资产经营有限公司	国有法人股	502.50	3.13
3	马鞍山港务管理局	国有法人股	100.50	0.63
4	马鞍山隆达实业总公司	法人股	80.40	0.50
5	王玉琴	流通股	33.04	0.21
6	冯玉英	流通股	26.40	0.16
7	马鞍山市科技服务公司	法人股	20.10	0.13
8	广州证券	流通股	17.00	0.11
9	林顺龙	流通股	14.90	0.09
10	宋基投资	流通股	13.08	0.08

股东人数	2003.9	2003.6	2002	2001
	30940	30337	31047	

近年分配	近年配股/增发
2002年10派0.5元 2001年10派0.6元	不分配不转增

重大事项

2003年10月31日公司为控股子公司杭州山鹰纸业纸品有限公司向交通银行余杭支行申请1000万元人民币流动资金贷款提供连带责任保证，担保期限两年。截止目前，公司累计为控股子公司提供担保4500万元。　2003年09月20日公司通过为扬州邗江现代彩印包装有限公司贷款1000万元人民币提供担保的议案：本次向扬州市中行提供信用担保1000万元，即同意扬州市中行对扬州市邗江现代彩印包装有限公司授信1000万元。截止目前，公司对外担保累计数量为人民币叁仟万元，无对外逾期担保。

二〇〇二年以来市场表现

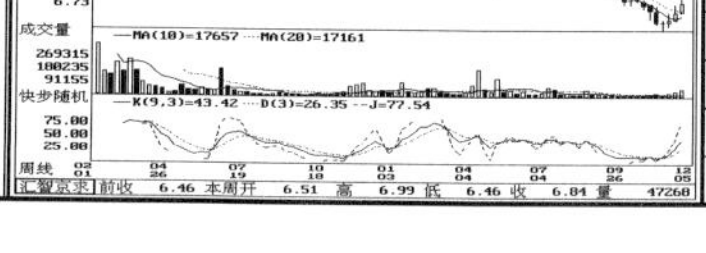

2002年涨跌幅(%)	-23.47
2002年最高(元)	12.73
2002年最低(元)	7.95
2002年换手率(%)	631.81
2003年涨跌幅(%)	-19.15
2003年最高(元)	9.58
2003年最低(元)	5.86
2003年换手率(%)	248.96

湖北潜江制药股份有限公司

公司概况

公司名称	湖北潜江制药股份有限公司			股票代码	600568		
注册地址	湖北省潜江市横堤路特18号			邮政编码	433100		
法人代表	叶继革			董秘	王凯		
电话	027-87300388			传真	027-87309098		
主营业务	滴眼液、针剂、片剂、胶囊、冻干针、颗粒剂等						
总股本	7286.00	流通A	3500.00	流通B		流通H	
审计单位				审计意见	未审计		

主要财务指标

年度	2003.9	2003.6	2002	2001
每股收益/扣除后(元)	0.0900	0.1203	0.0700	0.1700
每股经营现金流量(元)	-0.1556	0.0600	0.0077	0.0629
每股净资产/调整后(元)	6.0600	6.1600	6.0800	5.9300
每股公积金(元)	4.3269	4.3269	4.3269	4.3269
净资产收益率(%)	1.3500	1.8890	2.5200	3.2000
总资产(万元)	54788.50	49265.45	47819.66	46031.48
股东权益(万元)	45124.37	45322.51	44466.03	43347.10
未分配利润(万元)	5268.04	5466.19	4610.92	3671.02
主营收入(万元)	8036.52	5366.81	9076.91	8168.68
资本公积金(万元)	31526.08	31526.08	31525.50	31525.50
主营利润(万元)	3480.55	2989.52	5616.04	4906.51
其他业务利润(万元)	72.60	52.87	-26.92	4.71
营业利润(万元)	721.45	1066.07	1109.94	1830.48
投资收益(万元)	205.01	205.01	759.49	284.27
补贴收入(万元)				
营业外收支(万元)	-19.44		-42.59	-0.27
利润总额(万元)	907.01	1250.38	1826.85	2114.48
净利润(万元)	610.63	855.90	1118.93	1386.71

十大股东

序号	股东名称	股份性质	持股数(万股)	比例(%)
1	湖北省潜江市制药厂	国有法人股	3033.75	41.64
2	湖北省潜江市医用塑料包装厂	国有法人股	523.77	7.19
3	潜江市医药经营开发公司	国有法人股	133.68	1.83
4	陈军	流通股	20.00	0.27
5	戴翼源	流通股	15.32	0.21
6	苏福马股份有限公司	流通股	13.83	0.19
7	薛英侠	流通股	12.72	0.17
8	卢捷	流通股	9.56	0.13
9	鲁军	流通股	9.21	0.13
10	张建平	流通股	8.82	0.12

股东人数	2003.9	2003.6	2002	2001
	21397	21899	22463	22513

近年分配	近年配股/增发
	不分配不转增

重大事项

2003年6月19日，西安东盛集团以现金方式收购湖北省潜江市制药厂所持有的本公司2150万股国有法人股，资金来源于自有资金，转让价格:6.44元/股，转让总价款为13846万元。收购完成后，股份性质将变为社会法人股，东盛集团将持有本公司股份2150万股，占公司总股本的29.51%，成为本公司第一大股东。　截止2003年报告期末公司对控股股东湖北省潜江市制药厂的应收款项为13,093,850.27元，其中包括期初向公司期借款为9,581,000.00元，向公司子公司湖北园林青食品有限公司借款2,000,000.00元，余额1,512,850.27元为购货及销货形成的往来欠款.

二〇〇二年以来市场表现

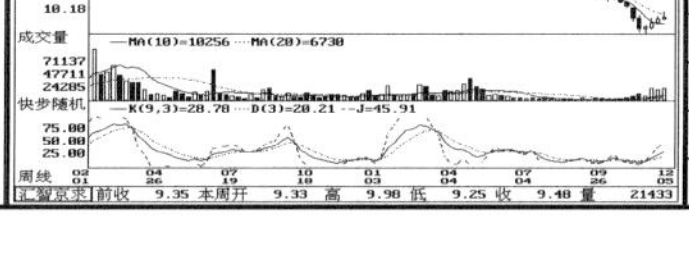

2002年涨跌幅(%)	-32.97
2002年最高(元)	24.71
2002年最低(元)	13.48
2002年换手率(%)	309.34
2003年涨跌幅(%)	-31.45
2003年最高(元)	16.05
2003年最低(元)	8.11
2003年换手率(%)	138.12

安阳钢铁股份有限公司

公司概况

公司名称	安阳钢铁股份有限公司				股票代码	600569	
注册地址	河南省安阳市铁西区梅元庄				邮政编码	455004	
法人代表	王子亮			董秘	阎长宽		
电话	0372-3120175			传真	0372-3120181		
主营业务	生产和经营冶金产品和副产品、钢铁延伸产品等						
总股本	134549.03	流通 A	27500.00	流通 B		流通 H	
审计单位				审计意见	未审计		

主要财务指标

年度	2003.9	2003.6	2002	2001
每股收益/扣除后(元)	0.4660	0.3200	0.3600	0.3520
每股经营现金流量(元)	0.8683	0.5800	0.7588	0.4326
每股净资产/调整后(元)	3.8400	3.7000	3.3900	3.1800
每股公积金(元)	1.0746	1.0744	1.0739	1.0721
净资产收益率(%)	11.8300	8.3600	11.7600	10.9500
总资产(万元)	712271.06	684844.31	625125.81	606853.37
股东权益(万元)	518421.56	498802.19	457007.59	429942.44
未分配利润(万元)	128725.38	109137.14	67415.27	41340.82
主营收入(万元)	715581.69	469739.97	671738.87	594748.12
资本公积金(万元)	144592.59	144561.45	144488.73	144244.08
主营利润(万元)	153863.59	92512.97	109114.79	103172.79
其他业务利润(万元)	1664.77	1151.12	1664.41	2539.02
营业利润(万元)	94529.95	64529.35	71857.45	70333.40
投资收益(万元)	-220.51	-220.51	716.54	448.74
补贴收入(万元)				
营业外收支(万元)	-1409.32		-14.26	-429.75
利润总额(万元)	92900.12	62803.74	72559.73	70352.39
净利润(万元)	61310.11	41721.87	53730.32	47073.03

十大股东

序号	股东名称	股份性质	持股数(万股)	比例(%)
1	安阳钢铁集团有限责任公司	国家股	87049.03	64.70
2	华夏成长证券投资基金	流通股	600.16	0.45
3	全国社保基金	流通股	509.90	0.38
4	长江证券有限责任公司	流通股	276.13	0.21
5	长城证券有限责任公司	流通股	216.94	0.16
6	开元证券投资基金	流通股	215.98	0.16
7	同益证券投资基金	流通股	200.00	0.15
8	久嘉证券投资基金	流通股	188.45	0.14
9	金泰证券投资基金	流通股	187.74	0.14
10	福建省闽发证券有限公司	流通股	171.10	0.13

股东人数	2003.9	2003.6	2002	2001
	118051	126190	132599	145186

近年分配	2002年10派2元 2001年10派1.875元	近年配股/增发	不分配不转增

重大事项

2002年集团公司不会在中国境内或境外，以任何方式直接或间接参与任何与股份公司构成竞争的任何业务或活动;集团公司不利用其控股地位从事有损于股份公司利益的行为。集团公司于2002年4月29日与洛阳市国有资产管理公司签订协议,共同出资组建安龙钢铁有限公司.洛阳市国有资产管理公司以洛阳钢厂主要设备、厂房等有效实物资产出资占30%股权，安阳钢铁集团有限责任公司以现金形式出资占70%股权.目前洛阳钢厂主要有3座30吨电炉,两台小方坯连铸机,年产近20万吨普碳钢坯.

二〇〇二年以来市场表现

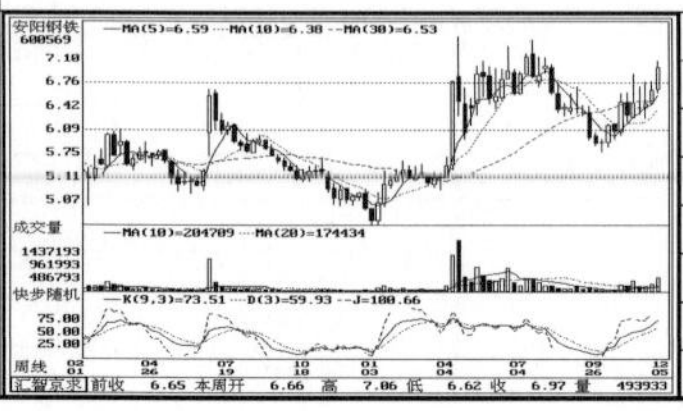

2002年涨跌幅(%)	-12.48
2002年最高(元)	6.31
2002年最低(元)	4.64
2002年换手率(%)	192.65
2003年涨跌幅(%)	41.49
2003年最高(元)	7.38
2003年最低(元)	4.57
2003年换手率(%)	488.43

杭州信雅达系统工程股份有限公司

公司概况

公司名称	杭州信雅达系统工程股份有限公司				股票代码	600571	
注册地址	杭州市文三路252号伟星大厦6楼				邮政编码	310053	
法人代表	郭华强			董秘	费禹铭		
电话	0571-56686501			传真	0571-56686502		
主营业务	软件技术开发及其咨询服务;成果转让;票据等						
总股本	5846.00	流通 A	1800.00	流通 B		流通 H	
审计单位				审计意见	未审计		

主要财务指标

年度	2003.9	2003.6	2002	2001
每股收益/扣除后(元)	0.1900	0.0820	0.5100	0.5500
每股经营现金流量(元)	-2.4543	-2.2500	0.9419	0.9920
每股净资产/调整后(元)	5.5700	5.4600	5.3500	
每股公积金(元)	3.7302	3.7302	3.7302	0.0068
净资产收益率(%)	3.7700	1.9000	10.2100	44.0700
总资产(万元)	39446.28	37714.65	44771.46	14256.16
股东权益(万元)	32546.94	31935.90	31324.69	3668.43
未分配利润(万元)	4008.77	3397.72	4540.31	1869.45
主营收入(万元)	10754.67	5660.43	19040.01	15915.33
资本公积金(万元)	21806.86	21806.86	21806.86	27.71
主营利润(万元)	4836.55	2703.05	7025.14	6258.44
其他业务利润(万元)	255.97	93.40	180.55	180.55
营业利润(万元)	1064.96	376.51	3032.24	2781.69
投资收益(万元)	-2.63	-1.75	-3.50	
补贴收入(万元)	457.61	354.83	986.72	921.30
营业外收支(万元)	-10.14		-81.86	-31.73
利润总额(万元)	1509.80	728.02	3933.60	3671.26
净利润(万元)	1225.61	608.07	3201.31	2806.40

十大股东

序号	股东名称	股份性质	持股数(万股)	比例(%)
1	杭州信雅达电子有限公司	发起人股	1903.64	32.56
2	郭华强	发起人股	727.48	12.44
3	宁波经济技术开发区春秋科技开发有限公司	发起人股	523.96	8.96
4	西北证券有限责任公司	流通股	238.67	4.08
5	许建国	发起人股	161.03	2.75
6	朱宝文	发起人股	141.21	2.42
7	张健	发起人股	91.04	1.56
8	潘庆中	发起人股	84.97	1.45
9	杨文山	发起人股	64.74	1.11
10	傅宁	发起人股	64.74	1.11

股东人数	2003.9	2003.6	2002	2001
	7318	7854	9036	

近年分配	2002年10派3元 2001年10派1.5元	近年配股/增发	不分配不转增

重大事项

2002年11月8日,本公司与杭州先创科技有限公司签订《银行中间业务平台软件V2.0著作权转让合同》.根据该协议，本公司以320万元购买其拥有的"银行中间业务平台软件V2.0"软件著作权.截止报告期末，公司已支付转让价款300万元,该计算机软件著作权的变更手续正在办理之中.

二〇〇二年以来市场表现

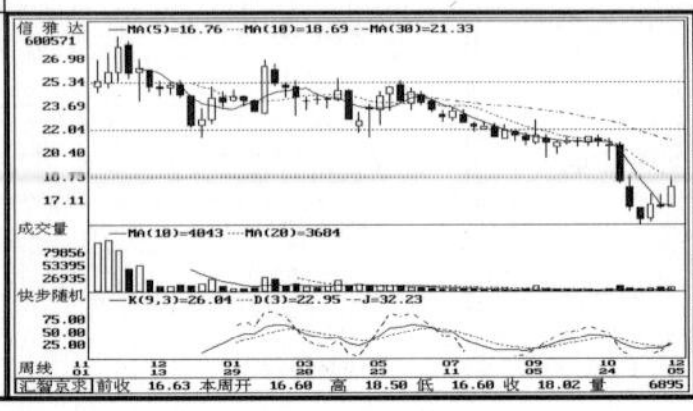

2002年涨跌幅(%)	0.00
2002年最高(元)	28.33
2002年最低(元)	22.60
2002年换手率(%)	249.99
2003年涨跌幅(%)	-28.04
2003年最高(元)	26.64
2003年最低(元)	15.46
2003年换手率(%)	190.48

福建省惠泉啤酒集团股份有限公司

公司概况

公司名称	福建省惠泉啤酒集团股份有限公司			股票代码	600573	
注册地址	福建省惠安县螺城镇建设大街157号			邮政编码	362100	
法人代表	程汉川			董秘	何泽平	
电话	0595-7396105			传真	0595-7378169	
主营业务	啤酒、饮料制造;自营和代理各类商品等					
总股本	25000.00	流通A	6300.00	流通B		流通H
审计单位				审计意见	未审计	

主要财务指标

年度	2003.9	2003.6	2002	2001
每股收益/扣除后(元)	0.1160	0.0360	0.3500	0.3500
每股经营现金流量(元)	0.3367	-0.0400	1.1594	0.7100
每股净资产/调整后(元)	3.6800	3.5800	2.3600	1.9900
每股公积金(元)	2.0327	2.0327	0.6342	0.6335
净资产收益率(%)	3.2900	0.8400	15.7600	17.0400
总资产(万元)	137286.16	140114.98	119632.73	109222.57
股东权益(万元)	92428.19	90143.83	44126.75	37158.34
未分配利润(万元)	8519.89	6235.53	5475.91	32.57
主营收入(万元)	70693.46	40250.08	90569.53	94391.59
资本公积金(万元)	50817.81	50817.81	11860.35	11846.75
主营利润(万元)	15333.13	8124.85	23132.07	26216.27
其他业务利润(万元)	159.46	156.42	60.91	137.52
营业利润(万元)	5000.58	1441.73	10660.31	11094.82
投资收益(万元)	44.67	21.11	70.27	55.86
补贴收入(万元)				
营业外收支(万元)	-197.00		-115.76	-206.64
利润总额(万元)	4848.24	1284.78	10614.82	10944.05
净利润(万元)	3043.98	759.62	6954.81	6330.29

十大股东

序号	股东名称	股份性质	持股数(万股)	比例(%)
1	惠安县国有资产投资经营有限公司	国有股	9537.00	38.15
2	中国武夷实业股份有限公司	社会法人股	2895.00	11.58
3	龚金柱	外资股	1700.00	6.80
4	晋达国际有限公司	外资股	999.60	4.00
5	香港圣歌德奇有限公司	外资股	841.50	3.37
6	福建省惠安县华源实业有限公司	社会法人股	612.00	2.45
7	福建省青山纸业股份有限公司	社会法人股	600.00	2.40
8	江西清华泰豪科技集团有限公司	社会法人股	500.00	2.00
9	深圳市恒宝鼎投资有限公司	社会法人股	350.00	1.40
10	柯文良	自然人股	139.20	0.56

股东人数	2003.9	2003.6	2002	2001
	27505	34515		

近年分配		近年配股/增发	不分配不转增

重大事项

2003年7月26日公司第一大股东惠安县国有资产投资经营有限公司将其所持有的本公司9537万股国家股转让予北京燕京啤酒股份有限公司。如本次收购获得国务院国资委批准且中国证监会豁免燕京啤酒履行全面要约收购义务,则收购完成后,燕京啤酒直接持有本公司股份9537万股,持股比例为38.148%,成为本公司第一大股东;如本次收购获得国务院国资委批准但中国证监会未豁免燕京啤酒全面要约收购义务,则收购完成后燕京啤酒将直接持有本公司股份7250万股,持股比例为29%,为本公司第一大股东。如本次转让获准生效,标的股份的过户手续将于2004年2月26日后依法办理。

二〇〇二年以来市场表现

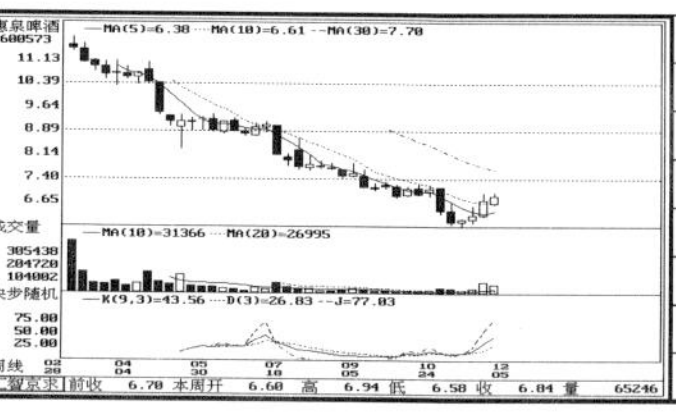

2002年涨跌幅(%)	0.00
2002年最高(元)	0.00
2002年最低(元)	0.00
2002年换手率(%)	0.00
2003年涨跌幅(%)	0.00
2003年最高(元)	11.88
2003年最低(元)	5.90
2003年换手率(%)	343.12

芜湖港储运股份有限公司

公司概况

公司名称	芜湖港储运股份有限公司			股票代码	600575	
注册地址	芜湖市经济技术开发区内			邮政编码	241001	
法人代表	孙新华			董秘	欧业群	
电话	0553-5840528			传真	0553-5840510	
主营业务	货物装卸、仓储、中转服务,国际集装箱装卸等					
总股本	11860.00	流通A	4500.00	流通B		流通H
审计单位				审计意见	未审计	

主要财务指标

年度	2003.9	2003.6	2002	2001
每股收益/扣除后(元)	0.1900	0.1200	0.3000	0.2300
每股经营现金流量(元)	0.1130	0.0740	0.7362	0.4500
每股净资产/调整后(元)	3.8700	3.8000	1.8400	1.6300
每股公积金(元)	2.4307	2.4307	0.4305	0.4304
净资产收益率(%)	4.9800	3.2500	19.3000	21.3800
总资产(万元)	47742.42	47076.89	23272.24	21240.45
股东权益(万元)	45960.02	45138.61	13512.31	12007.50
未分配利润(万元)	4492.66	3671.25	2204.88	1092.42
主营收入(万元)	8970.29	5823.49	10439.12	8059.40
资本公积金(万元)	28828.62	28828.62	3168.68	3167.47
主营利润(万元)	4685.29	3069.99	5411.43	3821.99
其他业务利润(万元)	18.13	14.59	12.95	18.65
营业利润(万元)	3268.53	2041.02	3596.09	2567.19
投资收益(万元)				
补贴收入(万元)				
营业外收支(万元)	-7.06		-283.70	0.50
利润总额(万元)	3261.46	2035.47	3312.39	2567.69
净利润(万元)	2287.78	1466.36	2607.60	2567.69

十大股东

序号	股东名称	股份性质	持股数(万股)	比例(%)
1	芜湖港口有限责任公司	国有法人股	7212.00	60.81
2	芜湖长江大桥公路桥有限公司	国有法人股	53.00	0.45
3	芜湖经济技术开发区建设总公司	国有法人股	42.00	0.35
4	王萱	流通股	38.04	0.32
5	芜湖高新技术创业服务中心	国有法人股	37.00	0.31
6	张学梁	流通股	23.56	0.20
7	金鑫证券投资基金	流通股	20.63	0.17
8	黑龙江电力开发建设集团公司	流通股	17.00	0.01
9	中国芜湖外轮代理公司	国有法人股	16.00	0.13
10	林定发	流通股	13.48	0.11

股东人数	2003.9	2003.6	2002	2001
	27443	27396		

近年分配	2002年10派1.5元	近年配股/增发	不分配不转增

重大事项

2003年9月10日公司控股股东芜湖港口有限责任公司出资人芜湖市经济贸易委员会,拟将其持有的100%国有股权出让给芜湖市飞尚实业发展有限责任公司和自然人。芜湖市飞尚实业发展有限责任公司和自然人具体持股比例待定。现有关转让的国有资产评估、股权转让协议、材料申报等事宜正在进行之中。芜湖港口有限责任公司现拥有公司国有法人股7212万股,占公司总股本的60.81%。

二〇〇二年以来市场表现

2002年涨跌幅(%)	0.00
2002年最高(元)	0.00
2002年最低(元)	0.00
2002年换手率(%)	0.00
2003年涨跌幅(%)	0.00
2003年最高(元)	12.95
2003年最低(元)	7.53
2003年换手率(%)	442.21

无锡庆丰股份有限公司

公司概况						
公司名称	无锡庆丰股份有限公司			股票代码	600576	
注册地址	江苏省无锡市新区长江路34号地块科技创业园四区			邮政编码	214008	
法人代表	许鲁平		董秘	周斯秀		
电话	0510-2352612-209		传真	0510-2357620		
主营业务	针纺织品、服装及其他缝纫制品、纱、线等					
总股本	19409.31	流通A	6000.00	流通B		流通H
审计单位			审计意见	未审计		

主要财务指标

年度	2003.9	2003.6	2002	2001
每股收益/扣除后(元)	0.1220	0.0970		0.3100
每股经营现金流量(元)	0.3762	0.1380	-0.3396	0.8031
每股净资产/调整后(元)	3.1700	3.1400		1.4700
每股公积金(元)	1.5290	1.5390	0.0192	0.0286
净资产收益率(%)	3.6400	2.7200	18.6700	21.3900
总资产(万元)	124750.91	112966.70	71790.75	59308.87
股东权益(万元)	61722.27	61140.95	24058.00	19693.82
未分配利润(万元)	10545.28	9963.96	8301.00	4549.36
主营收入(万元)	66975.57	44853.60	84946.64	81186.77
资本公积金(万元)	29677.11	29677.11	257.11	383.75
主营利润(万元)	8177.25	5789.76	11866.47	12246.93
其他业务利润(万元)	789.03	489.03	497.05	309.81
营业利润(万元)	2799.93	2151.14	5189.60	6646.32
投资收益(万元)	6.97	6.97	105.98	79.57
补贴收入(万元)	100.79		184.96	61.73
营业外收支(万元)	-144.96	86.40	-179.87	-253.30
利润总额(万元)	2762.72	2021.84	5300.67	6534.32
净利润(万元)	2244.28	1662.96	4491.08	4212.11

十大股东

序号	股东名称	股份性质	持股数(万股)	比例(%)
1	无锡庆丰集团有限公司	国有股	11447.12	58.97
2	无锡市创业投资有限责任公司	法人股	1000.33	5.15
3	无锡国联发展(集团)有限公司	国有股	809.99	4.17
4	无锡中瑞集团有限公司	国有股	50.62	0.26
5	江苏宏源纺机股份有限公司	法人股	50.62	0.26
6	无锡四棉纺织有限公司	法人股	50.62	0.26
7	上海深水港商务咨询有限公司	流通股	29.29	0.15
8	金鑫证券投资基金	流通股	27.50	0.14
9	郭来生	流通股	21.03	0.11
10	北京千秋基业投资顾问有限公司	流通股	20.00	0.10

股东人数	2003.9	2003.6	2002	2001
	32117	34540		

近年分配		近年配股/增发	不分配不转增

重大事项

2003年三季度报告期内,公司决定实施"引进关键设备,开发取代进口、扩大出口高档化纤仿真面料"技改项目,该项目总投资为15870.3万元,其中向银行借款10200万元,公司已于近日与中国银行无锡分行签订了该项借款协议,为该项目的顺利实施提供了资金保证。 2003年中期报告期内,公司合计为无锡市太极实业股份有限公司担保400万元,为无锡市秋赋纺织有限公司担保200万元,均为正常担保.以前期间发生但延续到报告期的担保金额为4200万元,其中3500万元已提前解除担保责任,700万元已履行完毕,公司不需承担连带清偿责任.

二〇〇二年以来市场表现

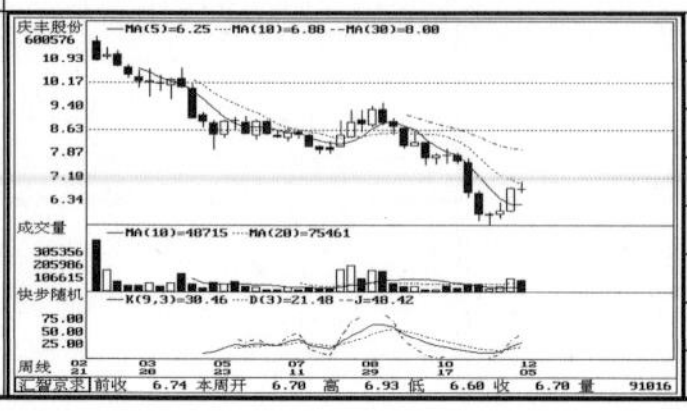

2002年涨跌幅(%)	0.00
2002年最高(元)	0.00
2002年最低(元)	0.00
2002年换手率(%)	0.00
2003年涨跌幅(%)	0.00
2003年最高(元)	11.70
2003年最低(元)	5.57
2003年换手率(%)	494.71

铜陵精达特种电磁线股份有限公司

公司概况						
公司名称	铜陵精达特种电磁线股份有限公司			股票代码	600577	
注册地址	安徽省铜陵市芜铜路(经济技术开发区内)			邮政编码	244000	
法人代表	王世根		董秘	张天赢		
电话	0562-2809086		传真	0562-2809086		
主营业务	漆包电磁线、裸铜线、电线电缆制造和销售					
总股本	10800.00	流通A	3600.00	流通B		流通H
审计单位			审计意见	未审计		

主要财务指标

年度	2003.9	2003.6	2002	2001
每股收益/扣除后(元)	0.3000	0.2600	0.3500	0.4900
每股经营现金流量(元)	1.3731	1.6700	0.3578	0.8494
每股净资产/调整后(元)	4.7700	4.6800	4.4400	1.7000
每股公积金(元)	1.0777	2.7399	2.7383	0.0024
净资产收益率(%)	6.6990	6.7000	7.9900	29.1200
总资产(万元)	64521.44	62423.92	47049.91	23947.56
股东权益(万元)	28702.93	28189.73	26711.43	6815.66
未分配利润(万元)	5198.84	4685.64	3217.04	2172.14
主营收入(万元)	49869.86	32057.31	42968.15	31627.94
资本公积金(万元)	16439.60	16439.60	16429.91	9.46
主营利润(万元)	6852.91	4685.05	7674.11	7313.86
其他业务利润(万元)	-74.88	-1.48	-249.60	-331.44
营业利润(万元)	3215.18	2421.98	3442.07	3009.40
投资收益(万元)	-24.79	-25.54	-63.82	4.64
补贴收入(万元)				
营业外收支(万元)	-13.62		18.69	4.78
利润总额(万元)	3176.77	2376.53	3396.93	3018.81
净利润(万元)	1922.69	1468.60	2133.03	1984.43

十大股东

序号	股东名称	股份性质	持股数(万股)	比例(%)
1	铜陵精达铜材(集团)有限责任公司	国有法人股	3500.00	58.33
2	安徽省科技产业投资有限公司	境内法人股	210.00	3.50
3	合肥高科技风险投资有限公司	境内法人股	150.00	2.50
4	北京中关村青年科技创业投资有限公司	境内法人股	100.00	1.67
5	裕隆证券投资基金	社会公众股	50.85	0.85
6	铜陵皖中物资有限责任公司	境内法人股	40.00	0.67
7	崔建军	社会公众股	16.26	0.27
8	朱红梅	社会公众股	14.50	0.24
9	徐秋娜	社会公众股	11.61	0.19
10	陈继新	社会公众股	10.72	0.18

股东人数	2003.9	2003.6	2002	2001
	13040	13699	14039	

近年分配	2002年10派1元	近年配股/增发	2003年10转增8股

重大事项

2003年报告期内,持股5%以上股东仅为本公司控股股东铜陵精达铜材(集团)有限责任公司,精达集团在报告期内或持续到报告期内承诺:对股份公司已进行建设和拟投资建设的项目,将在项目选择和投资方向上,避免与股份公司相同或相似,不与股份公司发生同业竞争,以维护股份公司的权益;另外,精达集团还承诺:自本公司首次公开发行的股票在上海证券交易所挂牌上市之日起12个月内,不转让其持有的本股份,也不由本公司回购其持有的股份.精达集团在报告期内履行了其承诺事项.

二〇〇二年以来市场表现

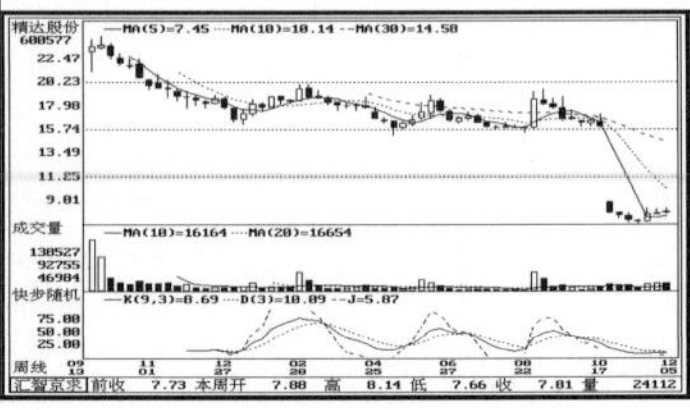

2002年涨跌幅(%)	0.00
2002年最高(元)	13.68
2002年最低(元)	9.28
2002年换手率(%)	165.86
2003年涨跌幅(%)	-17.06
2003年最高(元)	11.04
2003年最低(元)	6.76
2003年换手率(%)	204.08

北京京能热电股份有限公司

公司概况

公司名称	北京京能热电股份有限公司	股票代码	600578
注册地址	北京市石景山区广宁路10号	邮政编码	100041
法人代表	刘海峡	董秘	王彬
电话	010-88991155-3017	传真	010-88990762
主营业务	生产、销售电力、热力产品;电力设备运行等		

总股本	57336.00	流通 A	10000.00	流通 B		流通 H	
审计单位		审计意见	未审计				

主要财务指标

年度	2003.9	2003.6	2002	2001
每股收益/扣除后(元)	0.1300	0.0900	0.1500	0.2300
每股经营现金流量(元)	0.3663	0.2200	0.5600	0.9865
每股净资产/调整后(元)	2.4400	2.4000	2.3100	1.7700
每股公积金(元)	1.2015	1.2010	1.2015	0.4710
净资产收益率(%)	5.3500	3.7600	6.4700	14.1200
总资产(万元)	198700.00	198504.87	209411.45	167963.45
股东权益(万元)	140123.81	137822.89	132633.95	83568.44
未分配利润(万元)	7773.66	5472.72	283.80	9532.17
主营收入(万元)	85963.41	59593.61	111011.53	110667.92
资本公积金(万元)	68891.64	68891.64	68891.64	22293.51
主营利润(万元)	16510.46	11787.62	21442.68	25592.26
其他业务利润(万元)	426.88	421.00	621.57	631.50
营业利润(万元)	10885.97	7734.44	13068.94	18189.02
投资收益(万元)				
补贴收入(万元)				
营业外收支(万元)	292.92		-162.68	-288.82
利润总额(万元)	11178.89	7744.66	12906.25	17900.20
净利润(万元)	7489.86	5188.92	8578.81	11802.74

十大股东

序号	股东名称	股份性质	持股数(万股)	比例(%)
1	北京国际电力开发投资公司	国有法人股	24544.00	42.81
2	中国华北电力集团公司	国有法人股	22656.00	39.51
3	南方证券有限公司	社会流通股	275.90	0.48
4	长江证券有限责任公司	社会流通股	109.28	0.19
5	隆元证券投资基金	社会流通股	100.66	0.18
6	北京市综合投资公司	国有法人股	68.00	0.12
7	陈智明	社会流通股	61.23	0.11
8	王平	社会流通股	58.14	0.10
9	张玉琼	社会流通股	46.29	0.08
10	臧鸿芹	社会流通股	44.41	0.08

股东人数	2003.9	2003.6	2002	2001
	45887	43765	42864	

近年分配	2002年10派1.15元 2001年10派1.66元	近年配股/增发	不分配不转增

重大事项

2003年11月25日公司以现金方式出资人民币2918.3万元,按照每股3.85元人民币通过变更部分募集资金投向投资北京中视联数字系统有限公司,增资扩股后,中视联的注册资本金从人民币4268万元增至5026万元。中视联现股东北京诺力通科技有限公司承诺,如公司按上述方案对中视联进行增资扩股,诺力通将以445万元转让价向公司转让其持有的中视联300万元股权。公司本次向中视联增资扩股并按照诺力通的承诺收购其所持有的中视联300万元股权,共出资人民币3363.3万元,将共计取得中视联1058万股的股权,占中视联增资扩股后总股份的21.05%,为中视联增资扩股后的第一大股东。

二〇〇二年以来市场表现

2002年涨跌幅(%)	0.00
2002年最高(元)	13.16
2002年最低(元)	7.94
2002年换手率(%)	489.12
2003年涨跌幅(%)	0.00
2003年最高(元)	11.49
2003年最低(元)	6.52
2003年换手率(%)	431.85

青岛黄海橡胶股份有限公司

公司概况

公司名称	青岛黄海橡胶股份有限公司	股票代码	600579
注册地址	山东省青岛市李沧区沧安路1号	邮政编码	266041
法人代表	高巨谦	董秘	宋志勇
电话	0532-4678085	传真	0532-4678086
主营业务	橡胶轮胎的制造、销售;橡胶化工产品的开发等		

总股本	21600.00	流通 A	7200.00	流通 B		流通 H	
审计单位		审计意见	未审计				

主要财务指标

年度	2003.9	2003.6	2002	2001
每股收益/扣除后(元)	0.1300	0.0900	0.2150	0.2500
每股经营现金流量(元)	-0.1296	-0.1580	0.5443	0.6588
每股净资产/调整后(元)	2.6400	2.6060	2.4700	1.7800
每股公积金(元)	1.2422	1.2418	1.2404	0.4952
净资产收益率(%)	4.8300	3.5200	8.5500	13.7600
总资产(万元)	175646.86	146965.36	113766.63	63475.30
股东权益(万元)	57073.41	56288.44	54258.00	21507.28
未分配利润(万元)	6895.29	6119.50	4120.20	2515.19
主营收入(万元)	46141.30	29835.67	59930.31	40901.05
资本公积金(万元)	26832.23	26823.06	26791.91	5942.38
主营利润(万元)	10963.82	7405.76	15082.81	8988.07
其他业务利润(万元)	73.37	51.71	44.52	19.69
营业利润(万元)	4377.47	3084.58	7153.84	4408.59
投资收益(万元)	1.33			
补贴收入(万元)				
营业外收支(万元)	-139.06		-74.03	-0.19
利润总额(万元)	4239.74	2983.84	7079.81	4408.40
净利润(万元)	2755.28	1983.83	4641.19	2959.05

十大股东

序号	股东名称	股份性质	持股数(万股)	比例(%)
1	青岛黄海橡胶集团有限责任公司	国有法人股	12192.94	56.45
2	青岛市企业发展投资公司	国有法人股	2086.68	9.66
3	鸿阳证券投资基金	社会公众股	729.48	3.38
4	博时价值增长证券投资基金	社会公众股	385.57	1.79
5	鹏华行业成长证券投资基金	社会公众股	237.83	1.10
6	全国社保基金一零三组合	社会公众股	43.00	0.20
7	裕阳证券投资基金	社会公众股	40.70	0.19
8	青岛前卫炭黑化工厂	国有法人股	40.13	0.18
9	江苏兴达钢帘线股份有限公司	发起法人股	40.13	0.18
10	宁波锦纶股份有限公司	发起法人股	40.13	0.18

股东人数	2003.9	2003.6	2002	2001
	28298	26066	27615	

近年分配	2001年10派0.3元	近年配股/增发	2001年10送1转增1股

重大事项

2003年8月27日公司拟与青岛黄海橡胶集团有限责任公司签订供货协议和综合服务协议、拟与青岛橡胶(集团)进出口有限公司签订的进口代理协议、及拟与青岛密炼胶有限责任公司签订的胶料加工承揽合同;上述合同或协议规定的交易内容均属于关联交易。 截止2002年12月31日,公司没有对关联方青岛黄海橡胶集团有限责任公司及其所属公司的其它应收款,亦没有预付关联方的其它应收款、往来款;公司应付关联方青岛黄海橡胶集团有限责任公司4,430,144.09元.

二〇〇二年以来市场表现

2002年涨跌幅(%)	0.00
2002年最高(元)	11.85
2002年最低(元)	8.00
2002年换手率(%)	340.03
2003年涨跌幅(%)	-21.64
2003年最高(元)	11.60
2003年最低(元)	5.57
2003年换手率(%)	399.04

浙江卧龙科技股份有限公司

公司概况

公司名称	浙江卧龙科技股份有限公司			股票代码	600580		
注册地址	浙江省上虞市经济开发区			邮政编码	312300		
法人代表	陈建成			董秘	龚宏武		
电话	0575-2129895			传真	0575-2176717		
主营业务	各类电机,发电机及机组,电器,电动车等						
总股本	17456.68	流通 A	5600.00	流通 B		流通 H	
审计单位				审计意见	未审计		

主要财务指标

年度	2003.9	2003.6	2002	2001
每股收益/扣除后(元)	0.1100	0.0700	0.2000	0.3900
每股经营现金流量(元)	0.0931	0.0280	0.2732	0.5407
每股净资产/调整后(元)	2.5200	2.4800	3.8200	1.5500
每股公积金(元)	1.1106	1.1106	2.3769	0.0043
净资产收益率(%)	5.4000	3.6100	7.0900	25.9600
总资产(万元)	65117.15	61989.23	63731.78	25252.14
股东权益(万元)	44408.27	43584.39	42011.12	11813.81
未分配利润(万元)	5704.32	4412.02	2665.06	2391.45
主营收入(万元)	24164.23	16486.44	20802.65	20308.45
资本公积金(万元)	19386.92	19386.92	25933.17	31.76
主营利润(万元)	5423.51	3547.06	5149.95	6403.79
其他业务利润(万元)	58.66	49.55	331.00	272.85
营业利润(万元)	3204.66	2082.00	3717.13	4475.79
投资收益(万元)	132.71	89.31	-35.93	
补贴收入(万元)	331.80	299.71	495.67	178.97
营业外收支(万元)	5.97	1.45	-4.95	23.24
利润总额(万元)	3675.14	2472.47	4171.93	4678.01
净利润(万元)	2397.15	1573.28	2977.98	3066.50

十大股东

序号	股东名称	股份性质	持股数(万股)	比例(%)
1	浙江卧龙控股集团有限公司	社会发起人法人股	7751.26	44.40
2	上虞市国有资产经营总公司	国有股	800.00	4.58
3	陈建成	自然人持有的非流通股	785.73	4.50
4	浙江农村经济投资股份有限公司	国有股	560.00	3.21
5	陈永苗	自然人持有的非流通股	348.77	2.00
6	邱跃	自然人持有的非流通股	286.66	1.64
7	夏钢峰	自然人持有的非流通股	208.96	1.20
8	王建乔	自然人持有的非流通股	190.40	1.09
9	陈体引	自然人持有的非流通股	163.42	0.94
10	陈玉荣	自然人持有的非流通股	137.95	0.79

股东人数	2003.9	2003.6	2002	2001
	21992	22410	12414	

近年分配	2002年10派2元	近年配股/增发	2002年10转增6股

重大事项

公司与控股股东浙江卧龙控股集团有限公司共同投资上虞曹娥江景区开发有限公司,公司出资598万美元,占该公司注册资本的19.94%.公司已于2003年7月24日出资人民币19,800,000元,折合2,392,171.08美元.参股投资设立该中外合资公司是公司在坚持电机及其控制制造主业的基础上,积极寻求多元化发展的一次有效尝试,也存在一定的不确定性.新公司将开发的曹娥景区建设和老区改造项目符合上虞市政府提出的实现"滨江生态型"城市发展定位的总体规划,将为上虞未来发展建立一个商住游主题区域模式.公司涉足此行业,有利于拓宽公司的利润增长点,降低行业单一给公司经营带来的风险.

二○○二年以来市场表现

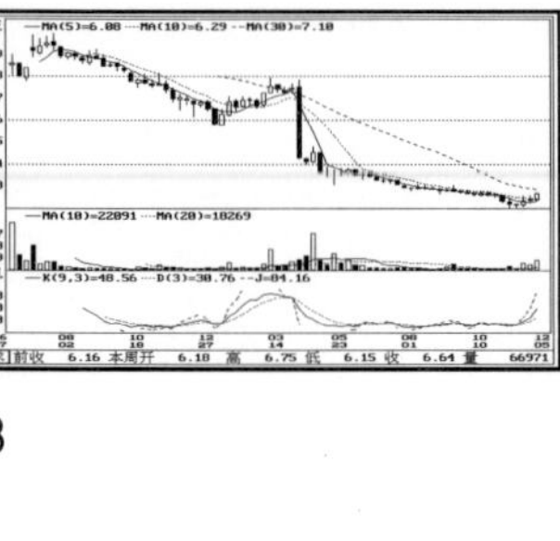

2002年涨跌幅(%)	0.00
2002年最高(元)	12.37
2002年最低(元)	7.81
2002年换手率(%)	199.96
2003年涨跌幅(%)	-21.43
2003年最高(元)	10.55
2003年最低(元)	5.52
2003年换手率(%)	289.30

新疆八一钢铁股份有限公司

公司概况

公司名称	新疆八一钢铁股份有限公司			股票代码	600581		
注册地址	新疆维吾尔自治区乌鲁木齐市头屯河区新钢路			邮政编码	830022		
法人代表	沈东新			董秘	陈海涛		
电话	0991-3890166			传真	0991-3890266		
主营业务	钢铁冶炼、轧制、加工;黑色金属材料、冶金炉料等						
总股本	49131.34	流通 A	15600.00	流通 B		流通 H	
审计单位				审计意见	未审计		

主要财务指标

年度	2003.9	2003.6	2002	2001
每股收益/扣除后(元)	0.4200	0.2600	0.3900	
每股经营现金流量(元)	1.7228	1.5600	0.4457	0.4552
每股净资产/调整后(元)	3.7800	3.5900	4.0300	2.3500
每股公积金(元)	1.9180	1.9180	2.3011	0.5385
净资产收益率(%)	11.2000	0.4792	0.4898	0.5621
总资产(万元)	272765.37	314530.16	302763.41	1566339.50
股东权益(万元)	186491.94	177411.87	165714.81	65063.49
未分配利润(万元)	32624.92	23544.85	20055.48	15706.88
主营收入(万元)	359081.06	215680.31	318293.47	170884.80
资本公积金(万元)	94231.49	94231.49	94212.37	15046.12
主营利润(万元)	52143.69	28514.95	37699.85	25770.65
其他业务利润(万元)	953.50	725.81	982.59	176.05
营业利润(万元)	25973.07	14943.01	18675.37	19378.71
投资收益(万元)	241.92	241.92		
补贴收入(万元)				
营业外收支(万元)	-1061.90		-86.54	-739.21
利润总额(万元)	25153.08	14139.24	18588.83	19365.26
净利润(万元)	20885.73	11805.66	16022.22	16460.47

十大股东

序号	股东名称	股份性质	持股数(万股)	比例(%)
1	新疆八一钢铁集团有限责任公司	国有法人股	30801.34	62.69
2	邯郸钢铁集团有限责任公司	国家股	780.00	1.59
3	南京联强冶金集团有限公司	法人股	780.00	1.59
4	新疆华顺工贸有限公司	法人股	780.00	1.59
5	新疆技术改造投资公司	国有法人股	390.00	0.79
6	杨安	流通股	73.20	0.15
7	四川长虹电器股份有限公司	流通股	60.00	0.12
8	中国民族证券有限责任公司	流通股	59.36	0.12
9	何建忠	流通股	55.24	0.11
10	章月娟	流通股	48.11	0.10

股东人数	2003.9	2003.6	2002	2001
	56449	57123	57073	

近年分配	2002年10派2元	近年配股/增发	2002年10送2股

重大事项

2003年05月20日,公司将向新疆八一钢铁集团有限责任公司支付新增厂区卫生、绿化及治安服务费;新增厂区卫生、绿化费100万元/年;新增治安服务费65万元/年;货物运输配置费、加工承揽服务中的废钢加工费及钢材委托加工费,货物运输配送费200万元/年。同日,集团公司将其下属煤焦化分公司划归炼铁分公司进行统一管理,截至2003年4月30日,划归炼铁分公司管理的煤焦化分公司的资产总额账面值为233772778.06元,公司将以此账面值为准进行经营管理;集团公司每年向公司支付新增煤焦化分公司资产托管费:即新增资产总额的千分之五:117万元,此交易价格为双方协议定价。

二○○二年以来市场表现

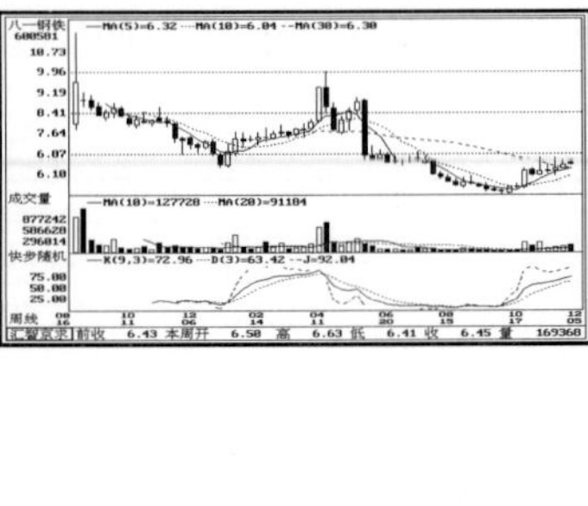

2002年涨跌幅(%)	0.00
2002年最高(元)	9.42
2002年最低(元)	5.37
2002年换手率(%)	310.32
2003年涨跌幅(%)	19.52
2003年最高(元)	8.14
2003年最低(元)	5.12
2003年换手率(%)	453.12

天地科技股份有限公司

公司概况

公司名称	天地科技股份有限公司	股票代码	600582
注册地址	北京市朝阳区将台路2号北京爱都大厦	邮政编码	100016
法人代表	李延江	董秘	岳秀平
电话	010-84262803	传真	010-84262838
主营业务	电子产品、环保设备、矿山机电产品的生产、销售等		

总股本	9750.00	流通A	3250.00	流通B		流通H	
审计单位				审计意见	未审计		

主要财务指标

年度	2003.9	2003.6	2002	2001
每股收益/扣除后(元)	0.2540	0.1610	0.4699	0.6400
每股经营现金流量(元)	-0.1563	-0.0020	-0.1422	0.5461
每股净资产/调整后(元)	4.7080	4.6100	5.8050	2.0890
每股公积金(元)	2.7397	2.7397	3.8616	
净资产收益率(%)	5.4000	3.4100	7.7900	29.5100
总资产(万元)	59629.14	56910.30	52692.97	17495.54
股东权益(万元)	46121.47	45171.67	43631.40	10573.99
未分配利润(万元)	8219.31	7269.52	5729.25	3588.62
主营收入(万元)	20672.49	13233.39	25754.46	17883.78
资本公积金(万元)	26711.98	26711.98	28961.98	1055.31
主营利润(万元)	7220.85	4667.47	8594.27	6629.18
其他业务利润(万元)	7.49	0.39	15.43	19.01
营业利润(万元)	2677.89	1686.44	3856.73	3304.24
投资收益(万元)	76.07	44.23	-30.54	26.06
补贴收入(万元)	3.12	3.12	5.00	
营业外收支(万元)	-51.57	-41.37	-128.41	-90.72
利润总额(万元)	2705.51	1692.43	3702.77	3239.58
净利润(万元)	2490.07	1540.27	3400.74	2120.06

十大股东

序号	股东名称	股份性质	持股数(万股)	比例(%)
1	煤炭科学研究总院	国有法人股	5937.44	60.90
2	兖矿集团有限公司	国有法人股	216.37	2.22
3	安瑞证券投资基金	社会公众股	145.13	1.49
4	清华紫光股份有限公司	法人股	129.82	1.33
5	大屯煤电(集团)有限责任公司	国有法人股	108.19	1.11
6	中科院广州能源研究所	国有法人股	108.19	1.11
7	华夏成长证券投资基金	社会公众股	65.23	0.67
8	华安创新证券投资基金	社会公众股	48.29	0.50
9	红塔证券股份有限公司	社会公众股	40.70	0.42
10	孙颢旎	社会公众股	26.13	0.27

股东人数	2003.9	2003.6	2002	2001
	15050	14843	13978	

近年分配	2001年10派1元	近年配股/增发	2002年10转增3股

重大事项

2003年中期,根据《国家税务总局关于北京市新技术产业开发实验区区域调整后有关企业所得税问题的复函》(税函[2002]182号)及《北京市国家税务局转发国家税务总局关于北京市新技术产业开发实验区区域调整后有关企业所得税问题的复函的通知》规定:公司北京部分自2003年1月1日起至2005年12月31日止,税率按7.5%征收企业所得税. 2002年期末公司购买了煤炭科学研究总院唐山分院的部分资产用于公司唐山分公司的日常生产经营.交易价格为5,601,828元人民币,全部款项由公司分两次以现金支付.

二〇〇二年以来市场表现

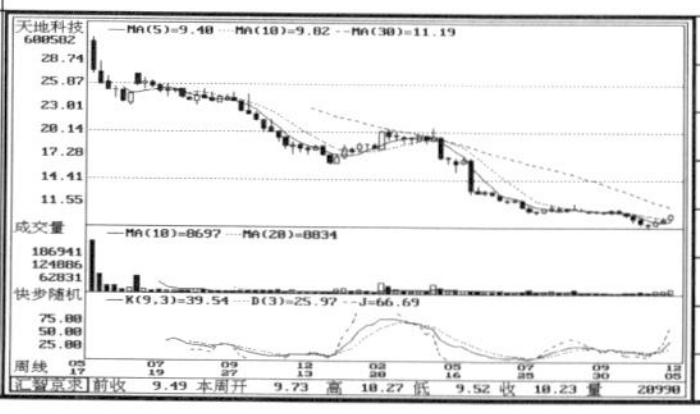

2002年涨跌幅(%)	0.00
2002年最高(元)	24.23
2002年最低(元)	12.62
2002年换手率(%)	218.87
2003年涨跌幅(%)	-25.39
2003年最高(元)	15.85
2003年最低(元)	8.68
2003年换手率(%)	173.63

海洋石油工程股份有限公司

公司概况

公司名称	海洋石油工程股份有限公司	股票代码	600583
注册地址	天津新技术产业园区华苑产业区中济科园A座248号	邮政编码	300452
法人代表	何德祥	董秘	刘连举
电话	022-25801800	传真	022-25801810
主营业务	工程总承包;石油天然气及建筑工程的设计等		

总股本	27500.00	流通A	8800.00	流通B		流通H	
审计单位				审计意见	未审计		

主要财务指标

年度	2003.9	2003.6	2002	2001
每股收益/扣除后(元)		0.2700	0.5300	0.6100
每股经营现金流量(元)	1.2012	0.3000	0.7931	1.0923
每股净资产/调整后(元)	5.4800	5.3100	5.1400	2.5700
每股公积金(元)	2.7149	3.0864	3.0850	0.5088
净资产收益率(%)	8.0050	8.0000	10.3300	23.7300
总资产(万元)	200498.56	194412.84	196144.53	144764.70
股东权益(万元)	136939.69	132993.66	128445.04	43702.34
未分配利润(万元)	28220.95	24274.93	19759.56	14171.54
主营收入(万元)	125940.99	84939.85	173388.53	120713.49
资本公积金(万元)	77158.84	77158.84	77125.59	8649.76
主营利润(万元)	15182.90	9369.16	23353.39	18826.51
其他业务利润(万元)	24.44	25.77	-2.76	-1.19
营业利润(万元)	12488.10	7794.85	15426.29	12764.93
投资收益(万元)	58.15	58.55	-1.61	-1.61
补贴收入(万元)				
营业外收支(万元)	-9.84		-119.04	-40.38
利润总额(万元)	12536.40	7863.81	15305.65	12722.94
净利润(万元)	10963.39	7015.37	13266.87	10370.16

十大股东

序号	股东名称	股份性质	持股数(万股)	比例(%)
1	中海石油平台制造公司	国有法人股	6195.32	24.78
2	中海石油海上工程公司	国有法人股	5503.56	22.01
3	中海石油工程设计公司	国有法人股	2776.92	11.11
4	中国海洋石油南海西部公司	国有法人股	2423.51	9.69
5	鹏华行业成长证券投资基金	上市流通股	401.88	1.61
6	丰和价值证券投资基金	上市流通股	291.01	1.16
7	华安创新证券投资基金	上市流通股	230.10	0.92
8	安顺证券投资基金	上市流通股	229.17	0.92
9	招商股票投资基金	上市流通股	199.72	0.80
10	同盛证券投资基金	上市流通股	195.76	0.78

股东人数	2003.9	2003.6	2002	2001
	14649	15527	15988	

近年分配	2002年10派1元 2002年中10派2元	近年配股/增发	2002年10转增1股

重大事项

2003年10月11日公司法人股股东中海石油平台制造公司、中海石油海上工程公司、中海石油工程设计公司分别拟将其所分别持有的公司国有法人股61953200股(占公司股份比例24.78%)、55035600股(占公司股份比例22.01%)、27769200股(占公司股份比例11.11%)无偿转让给公司实际控制人中国海洋石油总公司。股权转让完成后,海油总公司直接、间接持有本公司发行在外股份总数的68%。

二〇〇二年以来市场表现

2002年涨跌幅(%)	0.00
2002年最高(元)	16.11
2002年最低(元)	12.17
2002年换手率(%)	334.76
2003年涨跌幅(%)	6.98
2003年最高(元)	14.31
2003年最低(元)	11.69
2003年换手率(%)	117.83

江苏长电科技股份有限公司

公司概况

公司名称	江苏长电科技股份有限公司	股票代码	600584
注册地址	江苏省江阴市滨江中路 275 号	邮政编码	214431
法人代表	王新潮	董秘	朱正义
电话	0510-6851811	传真	0510-6854550
主营业务	生产销售半导体、电子元件、专用电子电气装置等		

总股本	18287.00	流通 A	5500.00	流通 B		流通 H	
审计单位				审计意见	未审计		

主要财务指标

年度	2003.9	2003.6	2002	2001
每股收益 / 扣除后(元)	0.1600	0.0780	0.3700	0.3700
每股经营现金流量(元)	0.9398	0.3400	0.6041	
每股净资产 / 调整后(元)	3.1300	3.0900		
每股公积金(元)	1.7657	1.7657		
净资产收益率(%)		6.9700	2.3370	25.7200
总资产(万元)	146856.20	126007.30	72492.21	59747.37
股东权益(万元)	63452.65	62044.10	22804.52	17972.15
未分配利润(万元)	11166.69	9758.13	8308.41	4222.73
主营收入(万元)	63621.38	40268.72	67872.11	57548.21
资本公积金(万元)	32289.86	32289.86		
主营利润(万元)	12748.58	7946.64	16692.28	12485.80
其他业务利润(万元)	73.14	35.74	115.71	136.16
营业利润(万元)	4236.23	2067.55	7442.03	7131.37
投资收益(万元)	5.58	5.58	-0.45	0.83
补贴收入(万元)	36.41	36.41	19.22	9.05
营业外收支(万元)	-67.81		-73.44	-137.09
利润总额(万元)	4210.42	2099.43	7387.36	7004.16
净利润(万元)	2858.28	1449.73	4832.36	4623.18

十大股东

序号	股东名称	股份性质	持股数(万股)	比例(%)
1	江阴新潮科技集团有限公司	法人股	4377.75	23.94
2	上海华易投资有限公司	法人股	2997.73	16.39
3	上海恒通资讯网络有限公司	法人股	2176.75	11.90
4	江阴长江电子有限公司	法人股	974.56	5.33
5	厦门永红电子有限公司	法人股	685.38	3.75
6	杭州士兰微电子股份有限公司	法人股	673.00	3.68
7	宁波康强电子有限公司	法人股	468.95	2.56
8	连云港华威电子集团有限公司	法人股	432.87	2.37
9	安顺证券投资基金	流通股	208.41	1.14
10	安瑞证券投资基金	流通股	201.30	1.10

股东人数	2003.9	2003.6	2002	2001
	26121	27274		

近年分配		近年配股/增发	不分配不转增

重大事项

2003 年 11 月 18 日会议审议通过共同组建北京长电智源光电子有限公司的议案:公司与北京工大智源科技发展有限公司共同组建北京长电智源光电子有限公司,该公司注册资本人民币 8200 万元,其中公司以现金出资 4510 万元,占注册资本的 55%。 2002 年 6 月 7 日,本公司与江阴市澄常漂染厂、江苏茶梅灯芯绒集团有限公司签订了《反担保协议》,将其所拥有的房产共计 22230.67 平方米抵押给本公司,2002 年 6 月 10 日本公司办理了他项权利证书.

二○○二年以来市场表现

2002年涨跌幅(%)	0.00
2002年最高(元)	0.00
2002年最低(元)	0.00
2002年换手率(%)	0.00
2003年涨跌幅(%)	0.00
2003年最高(元)	14.30
2003年最低(元)	8.10
2003年换手率(%)	357.08

安徽海螺水泥股份有限公司

公司概况

公司名称	安徽海螺水泥股份有限公司	股票代码	600585
注册地址	安徽省芜湖市人民路 209 号	邮政编码	241000
法人代表	郭文叁	董秘	章明静
电话	0553-3114546	传真	0553-3114550
主营业务	水泥及辅料、水泥制品生产、销售、出口等		

总股本	118348.00	流通 A	20000.00	流通 B		流通 H	36100.00
审计单位				审计意见	未审计		

主要财务指标

年度	2003.9	2003.6	2002	2001
每股收益 / 扣除后(元)	0.3530	0.1900	0.2300	0.2100
每股经营现金流量(元)	1.3269	0.7600	0.7673	0.7483
每股净资产 / 调整后(元)	3.0730	2.9100	2.7200	2.1700
每股公积金(元)	0.5869	0.4372	0.2069	0.1643
净资产收益率(%)	11.3800	6.4400	8.1900	9.1700
总资产(万元)	1126676.12	1041998.69	889962.37	606802.12
股东权益(万元)	363695.37	344478.47	322066.59	221052.41
未分配利润(万元)	69461.03	51743.41	24492.07	
主营收入(万元)	355692.53	213128.44	299977.56	205834.87
资本公积金(万元)	144247.08	144247.08	144016.00	
主营利润(万元)	130581.24	77343.48	101926.05	73707.50
其他业务利润(万元)	-158.30	-56.87	-161.58	
营业利润(万元)	80373.97	44802.21	51425.71	28990.30
投资收益(万元)	18.25	-13.07	-133.70	46.66
补贴收入(万元)	4499.29	311.72	4308.41	2419.15
营业外收支(万元)	-565.19	-362.40	-1227.49	31.26
利润总额(万元)	84326.33	47365.47	54372.93	31487.37
净利润(万元)	41397.71	22180.80	26375.84	20272.60

十大股东

序号	股东名称	股份性质	持股数(万股)	比例(%)
1	安徽海螺集团有限责任公司	法人股	62248.00	52.60
2	香港结算代理人有限公司	H股	35847.79	30.29
3	汉兴证券投资基金	A股	1029.05	0.87
4	鹏华行业成长证券投资基金	A股	907.78	0.77
5	丰和价值证券投资基金	A股	841.50	0.71
6	河南财政证券公司	A股	688.97	0.58
7	安信证券投资基金	A股	628.15	0.53
8	景福证券投资基金	A股	601.10	0.54
9	通乾证券投资基金	A股	583.97	0.49
10	国元证券有限责任公司	A股	471.14	0.40

股东人数	2003.9	2003.6	2002	2001
	14622	21806	34289	

近年分配	2002年 10 派 0.5 元 2001 年 0.05 元	近年配股/增发	不分配不转增

重大事项

2003 年三季度报告期内,本公司与附属公司安徽海螺机电设备有限公司与二○○三年一月十五日共同出资设立了"阜阳海螺水泥有限责任公司",该公司注册资本为 2,000 万元人民币,其中本公司出资 1,800 万元,占注册资本的 90%。 2003 年 5 月 30 日海螺水泥公告:经公司董事会研究,决定根据有关要求,注销安徽省白马山水泥厂(公司拥有 100%权益)的企业法人资格,同时成立"安徽海螺水泥股份有限公司白马山水泥厂"分公司,并由分公司承接原白马厂的水泥、熟料生产及销售等经营业务。

二○○二年以来市场表现

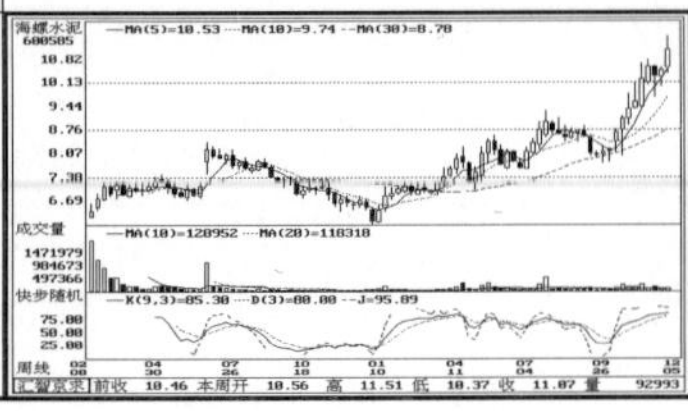

2002年涨跌幅(%)	0.00
2002年最高(元)	8.34
2002年最低(元)	6.14
2002年换手率(%)	478.46
2003年涨跌幅(%)	64.72
2003年最高(元)	10.80
2003年最低(元)	5.95
2003年换手率(%)	249.49

山东金晶科技股份有限公司

公司概况

公司名称	山东金晶科技股份有限公司		股票代码	600586	
注册地址	山东淄博市高新技术开发区宝石镇王庄		邮政编码	255086	
法人代表	朱永强		董秘	董保森	
电话	0533-3586666		传真	0533-3585586	
主营业务	浮法玻璃、在线镀膜玻璃和超白玻璃的生产、销售等				
总股本	12590.50	流通 A	4550.00	流通 B	流通 H
审计单位			审计意见	未审计	

主要财务指标

年度	2003.9	2003.6	2002	2001
每股收益/扣除后(元)	0.1800	0.0810	0.2600	0.7000
每股经营现金流量(元)	0.3866	0.1700	0.8863	0.1116
每股净资产/调整后(元)	4.0000	3.9000	4.9300	
每股公积金(元)	2.4533	2.4534	3.1884	0.3513
净资产收益率(%)	5.0700	2.7300	7.9100	31.1400
总资产(万元)	125002.15	115682.46	95393.74	43195.80
股东权益(万元)	50384.29	49175.66	47821.79	14737.88
未分配利润(万元)		3766.23	5327.42	5014.83
主营收入(万元)	20365.87	11540.58	32262.95	38547.74
资本公积金(万元)	30889.01	30889.01	30879.45	43195.80
主营利润(万元)	5440.61	2582.58	7646.03	11726.17
其他业务利润(万元)	114.49	103.65	108.89	133.30
营业利润(万元)	3530.24	1654.13	3978.83	8328.43
投资收益(万元)	8.41	5.61	11.22	216.79
补贴收入(万元)	597.91	597.91	1634.40	676.03
营业外收支(万元)	6.19		481.33	-416.84
利润总额(万元)	4142.75	2267.40	6105.77	8804.40
净利润(万元)	2552.93	1344.31	3782.97	4589.54

十大股东

序号	股东名称	股份性质	持股数(万股)	比例(%)
1	山东玻璃总公司	国有法人股	7800.00	61.95
2	海通证券有限公司	流通股	589.60	4.68
3	文登市森鹿制革有限公司	流通股	233.76	4.86
4	石家庄市吉吉贸易公司	流通股	186.12	1.49
5	上海第二皮鞋厂	流通股	123.64	0.98
6	上海立华贸易有限公司	流通股	110.07	0.87
7	文登市制革厂	流通股	87.07	0.69
8	爱建证券有限责任公司	流通股	87.02	0.69
9	上海市商业投资公司	流通股	78.40	0.62
10	傅敏	流通股	70.68	0.56

股东人数	2003.9	2003.6	2002	2001
	8405	9139	11588	

近年分配	2002年10派3元	近年配股/增发	2002年10送3股

重大事项

2003年11月22日公司以400T/D浮法玻璃生产线冷修技改后,原生产线部分尚能使用、性能较住的帐面净值约为人民币2400万元的被符合冷修技改要求的新设备所替代的设备对外投资,与公司控股股东山东玻璃总公司合资设立淄博微晶玻璃有限公司。2003年11月20日,公司与山东玻璃总公司签订《出资协议书》,双方各自以其合法所有之财产,以货币资金、实物资产出资设立淄博微晶玻璃有限公司,该公司注册资本5000万元人民币,其中公司出资2400万元,占注册资本48%。公司出资以设备为主,经评估作价后,如不足以上出资额公司将以现金补齐。

二〇〇二年以来市场表现

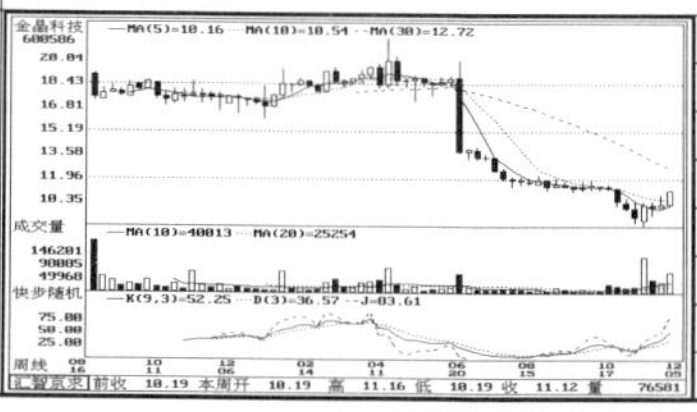

2002年涨跌幅(%)	0.00
2002年最高(元)	14.46
2002年最低(元)	12.35
2002年换手率(%)	148.58
2003年涨跌幅(%)	-21.49
2003年最高(元)	16.43
2003年最低(元)	8.73
2003年换手率(%)	247.50

山东新华医疗器械股份有限公司

公司概况

公司名称	山东新华医疗器械股份有限公司		股票代码	600587	
注册地址	淄博高新技术产业开发区新华医疗科技园		邮政编码	255027	
法人代表	赵毅新		董秘	季跃相	
电话	0533-3587735		传真	0533-3587768	
主营业务	许可证规定范围内的消毒灭菌设备、放射诊断等				
总股本	8582.00	流通 A	2940.00	流通 B	流通 H
审计单位			审计意见	未审计	

主要财务指标

年度	2003.9	2003.6	2002	2001
每股收益/扣除后(元)	0.2300	0.1700	0.3500	0.4600
每股经营现金流量(元)	-0.2478	-0.1900	0.4183	0.4031
每股净资产/调整后(元)	3.6400	3.5900	4.7800	
每股公积金(元)	1.7604	1.7604	2.8645	0.2807
净资产收益率(%)	6.2600	4.7900	7.2600	20.4300
总资产(万元)	56021.47	55969.02	52881.61	28273.03
股东权益(万元)	31386.97	30901.80	29422.57	9064.72
未分配利润(万元)	6568.83	6084.01	4604.81	3095.59
主营收入(万元)	20281.86	13970.54	24964.83	13179.00
资本公积金(万元)	15107.85	15107.50	17559.47	1131.25
主营利润(万元)	5566.07	3735.35	7303.47	4529.08
其他业务利润(万元)	357.23	252.51	234.55	134.27
营业利润(万元)	2326.18	1760.42	2697.95	1953.28
投资收益(万元)	28.44	-8.10	-96.10	-40.00
补贴收入(万元)				
营业外收支(万元)	-6.04	-4.80	-19.43	-7.15
利润总额(万元)	2348.57	1746.68	2582.42	2390.03
净利润(万元)	1964.02	1479.20	2136.13	1175.26

十大股东

序号	股东名称	股份性质	持股数(万股)	比例(%)
1	淄博市国有资产管理局	国有股	4550.00	53.02
2	乔路军	社会公众股	10.98	0.13
3	苏晓刚	社会公众股	10.36	0.12
4	崔顺三	社会公众股	10.12	0.12
5	鞠文灿	社会公众股	9.01	0.10
6	刘仍子	社会公众股	8.48	0.10
7	张秀琴	社会公众股	8.46	0.10
8	陈菊平	社会公众股	8.32	0.10
9	朱岩飞	社会公众股	7.67	0.09
10	屈海燕	社会公众股	7.00	0.08

股东人数	2003.9	2003.6	2002	2001
	14383	15646	14448	

近年分配	2002年10派0.5元 2001年10派0.5元	近年配股/增发	2002年10转增4股

重大事项

公司于2003年6月24日以现金方式投资1,500万元和中国机电出口产品投资公司、淄博市齐鲁创业投资有限公司及自然人阮希安共同设立淄博安得医疗科技有限公司.该公司的经营范围为:机电产品(不含国家专控)、健身器材的开发、销售;医疗器械的技术开发.该公司的注册资本为人民币3,687万元,公司的持股比例为40.68%;中国机电出口产品投资公司持股35.26%;淄博市齐鲁创业投资有限公司持股8.06%;阮希安持股16%.该公司董事会由3人组成,公司推荐1名董事选入董事会.目前该公司正在建设中.

二〇〇二年以来市场表现

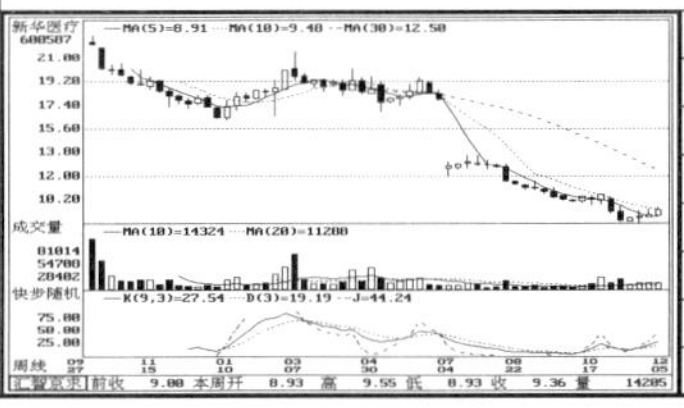

2002年涨跌幅(%)	0.00
2002年最高(元)	16.25
2002年最低(元)	11.88
2002年换手率(%)	116.90
2003年涨跌幅(%)	-15.90
2003年最高(元)	15.32
2003年最低(元)	8.40
2003年换手率(%)	268.38

北京市用友软件股份有限公司

公司概况

公司名称	北京市用友软件股份有限公司	股票代码	600588
注册地址	北京市海淀区上地信息产业基地开拓路15号	邮政编码	100085
法人代表	王文京	董秘	欧阳青
电话	010-62986688	传真	010-62987991
主营业务	电子计算机软件、硬件及外部设备的技术开发等		
总股本	12000.00	流通A	3000.00
流通B		流通H	
审计单位		审计意见	未审计

主要财务指标

年度	2003.9	2003.6	2002	2001
每股收益/扣除后(元)	0.5300	0.4150	0.9200	
每股经营现金流量(元)	0.3946	0.3050	0.8379	1.3290
每股净资产/调整后(元)	9.0900	10.7000	10.3000	9.9600
每股公积金(元)	7.1936	8.8323	8.8323	8.8323
净资产收益率(%)	5.8100	3.8500	8.9000	7.0000
总资产(万元)	121946.68	127105.45	121811.79	116786.52
股东权益(万元)	109772.03	107531.21	103392.36	100231.76
未分配利润(万元)	8178.87	5938.05	1799.20	12.69
主营收入(万元)	39584.25	25460.61	48821.51	33348.32
资本公积金(万元)	86323.26	88323.26	88323.26	88323.26
主营利润(万元)	36438.09	23663.43	43884.21	30443.66
其他业务利润(万元)	40.96	48.56	13.55	1.25
营业利润(万元)	3928.52	3262.45	5829.25	5010.51
投资收益(万元)	-621.08	-511.04	646.76	
补贴收入(万元)	3741.28	2100.54	3896.64	3132.90
营业外收支(万元)	-10.55		-28.14	-110.94
利润总额(万元)	3928.52	3262.45	5829.25	7923.94
净利润(万元)	6379.67	4138.85	9160.60	7040.06

十大股东

序号	股东名称	股份性质	持股数(万股)	比例(%)
1	北京用友科技有限公司	法人股	3750.00	37.50
2	上海用友科技咨询有限公司	法人股	1875.00	18.75
3	北京用友企业管理研究所有限公司	法人股	750.00	7.50
4	上海益倍管理咨询有限公司	法人股	750.00	7.50
5	上海优富信息咨询有限公司	法人股	375.00	3.75
6	华泰证券有限责任公司	流通股	48.80	0.49
7	江苏红羚羊设计制作工作群有限公司	流通股	9.50	0.09
8	钱林平	流通股	8.82	0.09
9	王好珍	流通股	7.44	0.07
10	天同180指数证券投资基金	流通股	7.42	0.07

股东人数	2003.9	2003.6	2002	2001
	18912	19053	27629	28266

近年分配	近年配股/增发
2002年10派6元 2001年10派6元	2002年10增2股

重大事项

公司于2003年7月7日与公司董事邵凯先生共同投资设立"北京用友软件工程有限公司".北京用友软件工程有限公司的注册资本拟定为人民币2,500万元,公司以货币方式出资人民币2,343.75万元,出资比例为93.75%;邵凯先生以货币方式出资人民币156.25万元,出资比例为6.25%. 截至本报告期末,北京用友软件工程有限公司工商注册手续办理完毕. 公司于2003年7月9日将出售部分国债投资后存于证券公司的资金余额中的人民币50,000,000元转回本公司银行账户.截至本报告期末, 公司未再将该资金用于国债投资.

二○○二年以来市场表现

2002年涨跌幅(%)	-14.17
2002年最高(元)	51.17
2002年最低(元)	34.67
2002年换手率(%)	344.27
2003年涨跌幅(%)	0.48
2003年最高(元)	46.84
2003年最低(元)	34.51
2003年换手率(%)	169.04

广东榕泰实业股份有限公司

公司概况

公司名称	广东榕泰实业股份有限公司	股票代码	600589
注册地址	广东省揭阳市榕城区新兴东二路1号	邮政编码	522000
法人代表	杨启昭	董秘	林岳金
电话	0663-8676616	传真	0663-8676899
主营业务	生产、销售氨基塑料及制品;氨基复合材料等		
总股本	16000.00	流通A	4000.00
流通B		流通H	
审计单位		审计意见	未审计

主要财务指标

年度	2003.9	2003.6	2002	2001
每股收益/扣除后(元)	0.2500	0.1400	0.3100	0.2030
每股经营现金流量(元)	0.2815	0.2130	0.1930	0.2025
每股净资产/调整后(元)	3.7900	3.7000	3.5400	
每股公积金(元)	2.1516	2.1516	2.1516	2.1516
净资产收益率(%)	6.6400	4.3300	9.2800	6.4600
总资产(万元)	76835.25	74562.67	72014.24	68837.52
股东权益(万元)	60625.34	59161.41	56602.10	54550.50
未分配利润(万元)	7442.80	5978.87	3419.56	2155.69
主营收入(万元)	26857.39	17065.18	34850.83	27461.29
资本公积金(万元)	34426.15	34426.15	34426.15	34426.15
主营利润(万元)	5714.78	3534.05	7737.07	
其他业务利润(万元)	18.90	18.90	103.29	
营业利润(万元)	4294.94	2633.23	5807.83	4378.41
投资收益(万元)	-6.07	-3.89	-4.81	
补贴收入(万元)	30.00	30.00		
营业外收支(万元)	188.22		250.96	141.40
利润总额(万元)	4507.09	2784.82	6053.98	4648.81
净利润(万元)	4023.24	2559.31	5251.60	3522.75

十大股东

序号	股东名称	股份性质	持股数(万股)	比例(%)
1	广东榕泰高级瓷具有限公司	发起人法人股	6000.00	37.50
2	揭阳市兴盛化工原料有限公司	发起人法人股	4130.00	25.81
3	广东榕泰制药有限公司	发起人法人股	1000.00	6.25
4	广东省科技创业投资	国有法人股	320.00	2.00
5	揭阳市鸿凯贸易发展公司	发起人法人股	300.00	1.88
6	揭阳市益科电子器材公司	发起人法人股	250.00	1.56
7	华泰证券有限责任公司	社会公众股	85.99	0.54
8	嘉实成长收益型证券投资基金	社会公众股	23.38	0.15
9	唐荣运	社会公众股	13.52	0.08
10	陈晓璇	社会公众股	9.54	0.06

股东人数	2003.9	2003.6	2002	2001
	27148	28554	30917	34206

近年分配	近年配股/增发
2002年10派2元 2001年10派1.5元	不分配不转增

重大事项

2003年5月15日公司与香港东捷得有限公司合资设立公司的议案：公司将与香港东捷得有限公司共同出资设立中外合资企业。该合资公司暂定名为揭阳市新三泰化工有限公司,投资总额与注册资本均为3000万元。公司将出资2250万元,占该公司注册资本75%。 2003年2月24日公司董事会同意公司投资4900万元建设年产2万吨苯酐项目，资金来源由公司向银行申请技改贷款及部分自有资金构成。该项目已获广东省经济贸易委员会列入2003年第一批广东省重点技术改造初选项目,公司拟向广东省经贸委、广东省财政厅申请技改贷款贴息。

二○○二年以来市场表现

2002年涨跌幅(%)	-30.73
2002年最高(元)	20.48
2002年最低(元)	13.66
2002年换手率(%)	158.82
2003年涨跌幅(%)	-29.09
2003年最高(元)	15.28
2003年最低(元)	9.21
2003年换手率(%)	85.49

泰豪科技股份有限公司

公司概况							
公司名称	泰豪科技股份有限公司			股票代码	600590		
注册地址	江西省南昌市高新开发区清华泰豪大楼			邮政编码	330029		
法人代表	陆致成			董秘	杨骏		
电话	0791-8110590			传真	0791-8107788		
主营业务	计算机及软件产品、空调机组、发电机组等						
总股本	13305.68	流通 A	4000.00	流通 B		流通 H	
审计单位				审计意见	未审计		

主要财务指标

年度	2003.9	2003.6	2002	2001
每股收益/扣除后(元)	0.1400	0.0600	0.1600	0.2320
每股经营现金流量(元)	0.1511	-0.0150	0.0370	0.1477
每股净资产/调整后(元)	2.6300	2.5600	2.4800	
每股公积金(元)	1.0785	1.0786	1.0786	0.0152
净资产收益率(%)	5.7100	3.1200	7.4800	17.6000
总资产(万元)	72294.28	68967.24	64639.40	25387.76
股东权益(万元)	35059.62	34122.33	33056.83	11489.50
未分配利润(万元)	6453.61	5516.32	4450.82	1786.17
主营收入(万元)	31498.59	17503.35	38192.56	23662.87
资本公积金(万元)	14350.86	14350.86	14350.86	141.70
主营利润(万元)	6060.40	3598.30	7061.57	3648.52
其他业务利润(万元)	108.32	73.23	165.24	364.22
营业利润(万元)	1912.03	816.87	2603.43	1585.96
投资收益(万元)	158.47	158.36	140.95	56.87
补贴收入(万元)	188.08	188.08	179.17	63.06
营业外收支(万元)	188.08	-7.90	179.17	63.06
利润总额(万元)	2244.01	1155.41	2863.72	1619.40
净利润(万元)	2002.79	1065.50	2471.00	1348.15

十大股东

序号	股东名称	股份性质	持股数(万股)	比例(%)
1	清华同方股份有限公司	法人股	3256.99	24.48
2	江西清华泰豪科技集团有限公司	法人股	2559.06	19.23
3	凤凰光学股份有限公司	法人股	2326.42	17.48
4	江西大华置业有限责任公司	法人股	581.61	4.37
5	江西三和电力股份有限公司	法人股	465.28	3.50
6	南昌高新技术产业开发区发展有限责任公司	法人股	116.32	0.87
7	林千金	流通股	17.27	0.13
8	郭小艳	流通股	16.88	0.13
9	北京天健亿达投资咨询有限公司	流通股	15.33	0.12
10	汪细算	流通股	12.20	0.09

股东人数	2003.9	2003.6	2002	2001
	21733	21335	22655	

近年分配	2002年10派1元	近年配股/增发	不分配不转增

重大事项

2003年08月18日公司与中国银行南昌市西湖支行签订授信额度协议，授信额度为人民币6000万元,授信额度为短期贷款3000万元，承兑汇票、保函保理等贸易融资3000万元,授信额度使用期限为一年,自2003年8月至2004年8月，采用信用保证。 因江西昌九置业有限公司于2003年6月10日与南昌红江实业发展有限公司签署《红岭花园合作开发建设合同》，红江公司委托昌九置业建设红岭花园的前期工程、建安工程和基础设施工程。该项目建筑总面积20.4万平方米,住宅约70栋(砖混结构)。该项目的总体运作资金为2亿元，公司投入5千万元人民币。

二〇〇二年以来市场表现

2002年涨跌幅(%)	0.00
2002年最高(元)	22.35
2002年最低(元)	12.79
2002年换手率(%)	424.91
2003年涨跌幅(%)	-25.04
2003年最高(元)	15.90
2003年最低(元)	8.68
2003年换手率(%)	277.97

上海航空股份有限公司

公司概况							
公司名称	上海航空股份有限公司			股票代码	600591		
注册地址	上海市浦东国际机场内机场大道100号			邮政编码	200041		
法人代表	周赤			董秘	徐骏民		
电话	021-62552072			传真	021-62728870		
主营业务	国内、国际和地区航空客、货、邮运输等						
总股本	72100.00	流通 A	20000.00	流通 B		流通 H	
审计单位				审计意见	未审计		

主要财务指标

年度	2003.9	2003.6	2002	2001
每股收益/扣除后(元)	-0.0250	-0.2900	0.1950	0.2600
每股经营现金流量(元)	0.6071	0.0390	0.5468	1.2925
每股净资产/调整后(元)	2.3500	2.0600	2.3100	
每股公积金(元)	1.1564	1.1564	1.1564	0.0022
净资产收益率(%)	-0.1300	-13.1400	8.2830	23.8300
总资产(万元)	711407.87	633425.56	710797.12	554057.00
股东权益(万元)	169684.16	150168.92	169906.78	53616.46
未分配利润(万元)	6955.67	-12559.56	7178.30	
主营收入(万元)	305017.56	174574.69	405674.47	293354.87
资本公积金(万元)	83377.00	83377.00	83377.00	31.92
主营利润(万元)	47594.82	10362.12	92569.18	67510.60
其他业务利润(万元)	598.53	412.89	142.65	488.21
营业利润(万元)	-5771.83	-24522.81	15028.70	5575.84
投资收益(万元)	4145.34	3814.97	1752.80	-939.36
补贴收入(万元)	1841.36			
营业外收支(万元)	-2.39	1208.44	-9.72	243.82
利润总额(万元)	212.48	-19472.20	16771.79	7501.20
净利润(万元)	-222.63	-19737.86	14072.59	6082.58

十大股东

序号	股东名称	股份性质	持股数(万股)	比例(%)
1	上海联和投资有限公司	国有法人股	29311.46	40.66
2	中银集团投资有限公司	外资法人股	10565.88	14.65
3	锦江国际(集团)有限公司	国家股	6502.08	9.02
4	上海对外经济贸易实业有限公司	国有法人股	3553.22	4.93
5	上海轻工业对外经济技术合作有限公司	国有法人股	1083.68	1.50
6	上海汉森进出口有限公司	国有法人股	1083.68	1.50
7	上海虹桥国际机场候机楼餐饮有限公司	流通股	941.29	1.31
8	上海浦东发展(集团)有限公司	流通股	838.39	1.16
9	北京当代伟业房地产开发有限公司	流通股	593.18	0.82
10	上海市企业年金发展中心华夏成长	流通股	481.44	0.67

股东人数	2003.9	2003.6	2002	2001
	40881	47130	81580	

近年分配	2002年10派0.5元	近年配股/增发	不分配不转增

重大事项

2003年9月9日公司出售两架全新B737-700飞机，合同金额为720507230.00元，该合同金额为公司引进此两架飞机所发生的全部费用支出，其中使用募集资金365535000.00元。公司未有因该出售事项而发生盈亏。 2003年2月28日，公司向上海国鑫投资发展有限公司转让浦东发展银行1,500万股法人股(其中500万股为股利分配增加部分)，交易价格2.58元/股，获得转让收益2,870万元(有关事宜已在公司一季度季报中予以披露)。

二〇〇二年以来市场表现

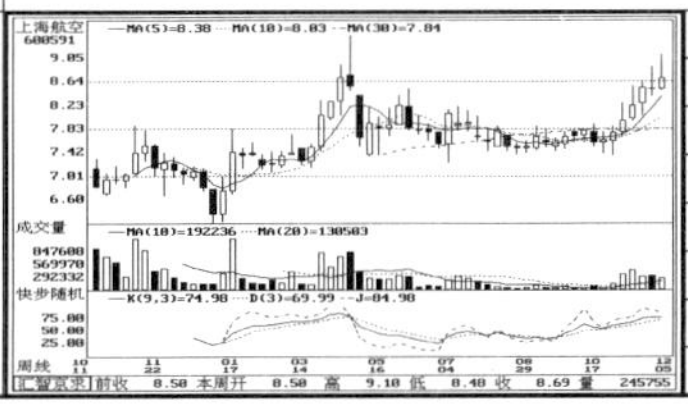

2002年涨跌幅(%)	0.00
2002年最高(元)	7.82
2002年最低(元)	6.38
2002年换手率(%)	303.39
2003年涨跌幅(%)	33.02
2003年最高(元)	9.41
2003年最低(元)	6.14
2003年换手率(%)	542.71

福建龙溪轴承股份有限公司

公司概况

公司名称	福建龙溪轴承股份有限公司				股票代码	600592	
注册地址	福建省漳州市延安北路				邮政编码	363000	
法人代表	陈福胜			董秘	曾凡沛		
电话	0596-2072091			传真	0596-2051934		
主营业务	轴承,汽车零部件,普通机械,电器机械等						
总股本	15000.00	流通 A	5000.00	流通 B		流通 H	
审计单位				审计意见	未审计		

主要财务指标

年度	2003.9	2003.6	2002	2001
每股收益/扣除后(元)	0.1770	0.1100	0.1800	0.2900
每股经营现金流量(元)	0.1585	0.0500	0.1432	0.2644
每股净资产/调整后(元)	3.4000	3.2900	3.1800	
每股公积金(元)	1.9470	1.9279	1.9279	0.5243
净资产收益率(%)	4.9800	3.1800	5.5700	14.7100
总资产(万元)	64806.14	65151.75	61412.29	35148.80
股东权益(万元)	51387.49	50133.50	48540.23	20179.82
未分配利润(万元)	4149.18	3181.65	1588.38	2413.53
主营收入(万元)	21556.17	14134.46	18944.29	16838.48
资本公积金(万元)	29204.91	28918.45	28918.45	5243.04
主营利润(万元)	7767.47	5082.41	8091.13	7192.60
其他业务利润(万元)	92.64	57.49	212.09	222.78
营业利润(万元)	4178.50	2644.53	4318.17	3294.14
投资收益(万元)	-238.12	0.30	-40.70	559.92
补贴收入(万元)			17.96	33.50
营业外收支(万元)	95.49	-18.11	-153.83	-256.29
利润总额(万元)	4035.87	2626.72	4141.61	3631.28
净利润(万元)	2560.80	1593.27	2702.15	2979.66

十大股东

序号	股东名称	股份性质	持股数(万股)	比例(%)
1	漳州市国有资产投资经营有限公司	国有股	5539.20	36.93
2	漳州片仔癀集团公司	国有法人股	1592.20	10.61
3	万利达集团有限公司	法人股	1485.70	9.90
4	中国工程与农业机械进出口总公司	国有法人股	1132.90	7.55
5	上海财政证券公司	流通股	360.00	2.40
6	龙海市多棱钢砂有限公司	法人股	250.00	1.67
7	华夏证券有限公司	社会公众股	129.32	0.86
8	国家电力公司社会保险事业管理中心	社会公众股	45.26	0.30
9	国元证券有限责任公司	社会公众股	45.20	0.30
10	王爱国	社会公众股	24.77	0.17

股东人数	2003.9	2003.6	2002	2001
	23156	23580	23302	

近年分配	2002年10派2元	近年配股/增发	不分配不转增

重大事项

公司第一大股东漳州市国有资产投资经营有限公司于**2003**年**9**月**29**日接到漳州市人民政府有关批复,根据文件精神,漳州市政府同意将漳州市国有资产投资经营有限公司持有的公司**5539.2**万股国家股划拨给漳州市机电投资有限公司持有,由漳州市机电投资有限公司依法行使国家股股东权力。**2003**年**8**月**21**日公司同意受让蓝田工业开发区开放大道东边、北一号路南边、纵四路西边地块土地使用权,面积共计**86749.33**平方米,土地转让价格为**165**元/平方米,总地价**14313639.45**元。

二〇〇二年以来市场表现

2002年涨跌幅(%)	0.00
2002年最高(元)	13.45
2002年最低(元)	9.52
2002年换手率(%)	239.01
2003年涨跌幅(%)	-27.30
2003年最高(元)	10.85
2003年最低(元)	6.30
2003年换手率(%)	199.33

大连圣亚海洋世界股份有限公司

公司概况

公司名称	大连圣亚海洋世界股份有限公司				股票代码	600593	
注册地址	大连市沙河口区中山路608-6号				邮政编码	116023	
法人代表	栗东生			董秘	肖峰		
电话	0411-4685225			传真	0411-4685217		
主营业务	建设、经营水族馆、海洋探险人造景观等						
总股本	9200.00	流通 A	3200.00	流通 B		流通 H	
审计单位				审计意见	未审计		

主要财务指标

年度	2003.9	2003.6	2002	2001
每股收益/扣除后(元)	-0.1400	-0.1900	0.2400	0.3880
每股经营现金流量(元)	-0.0673	-0.1500	0.3646	0.5065
每股净资产/调整后(元)	3.4000	3.3500	3.5300	
每股公积金(元)	2.2406	2.2406	2.2406	
净资产收益率(%)	-4.0900	-5.7200	6.7800	33.0400
总资产(万元)	38511.51	39767.72	38262.53	12237.26
股东权益(万元)	31282.32	30800.73	32561.53	7001.97
未分配利润(万元)	136.16	-345.43	1415.37	
主营收入(万元)	2850.71	559.37	6901.21	6802.43
资本公积金(万元)	20613.25	20613.25	20613.25	
主营利润(万元)	716.52	-564.42	4934.38	4770.32
其他业务利润(万元)	-0.90			
营业利润(万元)	-1334.44	-1784.06	3149.34	3494.83
投资收益(万元)				
补贴收入(万元)				
营业外收支(万元)	-15.00		0.95	-118.79
利润总额(万元)	-1349.44	-1799.06	3150.28	3376.04
净利润(万元)	-1279.21	-1760.80	2206.31	2313.29

十大股东

序号	股东名称	股份性质	持股数(万股)	比例(%)
1	中国石油辽阳石油化纤公司	国有法人股	2700.00	29.35
2	辽宁迈克集团股份有限公司	境内法人股	1500.00	16.30
3	新西兰海底世界工程开发有限公司	境内法人股	900.00	9.78
4	香港世隆国际有限公司	境内法人股	600.00	6.52
5	大连神洲游艺公司	境内法人股	300.00	3.26
6	孙玉玲	流通股	75.88	0.82
7	许金仁	流通股	32.16	0.35
8	栗广新	流通股	28.86	0.31
9	华泰证券	流通股	22.89	0.25
10	王宇	流通股	22.51	0.24

股东人数	2003.9	2003.6	2002	2001
	18133	18451	18837	

近年分配	2002年10派0.5元	近年配股/增发	不分配不转增

重大事项

2003年**5**月**23**日公司拟与股东大连神州游艺公司签订《房屋租赁协议》,承租其位于大连市中山路**608-7**号的房产,该房产建筑面积**5875**平方米。出租期限为**20**年,租金为每年**350**万元。 **2003**年报告期内,公司第一大股东中国石油辽阳石油化纤公司代表国家持有**2700**万股国有法人股.本公司第三大股东新西兰海底世界工程开发有限公司、第四大股东香港世隆国际有限公司为公司外资股东,分别持有**900**万股和**600**万股境外法人股.

二〇〇二年以来市场表现

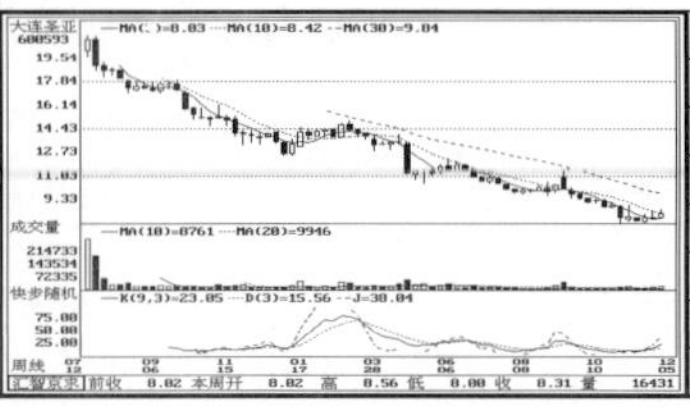

2002年涨跌幅(%)	0.00
2002年最高(元)	21.19
2002年最低(元)	12.75
2002年换手率(%)	287.83
2003年涨跌幅(%)	-37.49
2003年最高(元)	14.93
2003年最低(元)	7.63
2003年换手率(%)	224.12

河南中孚实业股份有限公司

公司概况

公司名称	河南中孚实业股份有限公司			股票代码	600595		
注册地址	河南省巩义市新华路31号			邮政编码	451200		
法人代表	张洪恩			董秘	姚国良		
电话	0371-4381551			传真	0371-4399595		
主营业务	电解铝及型材系列的生产、销售;发电等						
总股本	8000.00	流通A	2000.00	流通B		流通H	
审计单位				审计意见	未审计		

主要财务指标

年度	2003.9	2003.6	2002	2001
每股收益/扣除后(元)	0.2900	0.1992	0.3500	0.5000
每股经营现金流量(元)	0.2240	0.2500	0.8492	0.9246
每股净资产/调整后(元)	3.9800	3.8800	4.7900	
每股公积金(元)	3.5166	3.5166	3.5166	0.0016
净资产收益率(%)	5.7200	2.2900	9.2400	65.2900
总资产(万元)	69510.85	54159.76	51008.08	22426.34
股东权益(万元)	40294.79	38880.37	37990.38	7236.98
未分配利润(万元)	2427.21	1012.79	122.80	19.07
主营收入(万元)	27983.83	14423.04	48479.62	37113.42
资本公积金(万元)	28132.90	28132.90	28132.90	9.77
主营利润(万元)	595198.00	3032.09	10261.55	9124.38
其他业务利润(万元)	-157.29	-94.13	-273.80	117.41
营业利润(万元)	2712.93	1048.91	4242.59	4025.91
投资收益(万元)				
补贴收入(万元)				
营业外收支(万元)	21.27		-125.65	-78.38
利润总额(万元)	2711.10	1047.08	4237.88	5594.27
净利润(万元)	2304.41	889.99	3510.27	4725.01

十大股东

序号	股东名称	股份性质	持股数(万股)	比例(%)
1	河南豫联能源集团有限责任公司	国有法人股	7769.67	44.18
2	巩义市供电公司	国有法人股	1185.60	6.74
3	巩义市怡丰实业有限责任公司	社会法人股	135.20	0.77
4	河南第一火电建设公司	国有法人股	106.21	0.60
5	张继宪	内部职工股	29.12	0.17
6	梁立	流通股	27.17	0.15
7	张全忠	内部职工股	27.08	0.15
8	张忠尧	内部职工股	22.75	0.13
9	李淑爱	内部职工股	22.75	0.13
10	张兆谦	内部职工股	19.57	0.11

股东人数	2003.9	2003.6	2002	2001
	30640	32109	28837	

近年分配		近年配股/增发	2002年10送3股

重大事项

2003年8月26日Everwide Industrial Limited(东英工业投资有限公司)受让巩义市财政局持有豫联集团14866万国有法人股股权(占豫联集团总股本的78.8%),由于豫联集团持有公司44.18%的股份,为公司第一大股东,此次股权转让协议若最终生效,将导致公司的实际控制人由巩义市财政局变更为东英,巩义市财政局将不再持有豫联集团股权;根据《资产评估报告》,截止2003年2月28日,豫联集团净资产39169万元,其78.8%股权所对应的净资产值人民币30865万元作为本次协议转让的定价依据。本次股权转让协议已获河南省人民政府有关文批准,尚需报国务院国资委、国家商务部、中国证监会等有关部门批准。

二〇〇二年以来市场表现

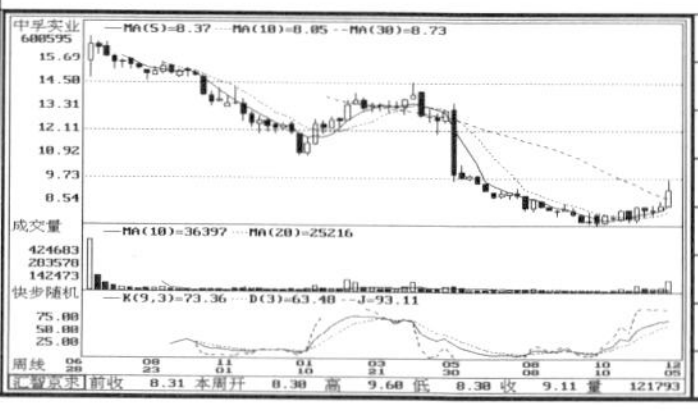

2002年涨跌幅(%)	0.00
2002年最高(元)	12.83
2002年最低(元)	8.54
2002年换手率(%)	192.48
2003年涨跌幅(%)	-2.81
2003年最高(元)	11.00
2003年最低(元)	7.35
2003年换手率(%)	213.00

浙江新安化工集团股份有限公司

公司概况

公司名称	浙江新安化工集团股份有限公司			股票代码	600596		
注册地址	浙江省建德市新安江镇大桥路93号			邮政编码	311600		
法人代表	王伟			董秘	姜永平		
电话	0571-64715693			传真	0571-64726063		
主营业务	化工原料及产品、化工机械、农药、化肥等						
总股本	13411.04	流通A	4400.00	流通B		流通H	
审计单位				审计意见	未审计		

主要财务指标

年度	2003.9	2003.6	2002	2001
每股收益/扣除后(元)	0.1500	0.0940	0.2360	0.1370
每股经营现金流量(元)	0.3415	0.1080	0.8633	0.0077
每股净资产/调整后(元)	3.8700	3.7900	3.7000	3.6300
每股公积金(元)	2.2256	2.2256	2.2256	2.2155
净资产收益率(%)	4.1600	2.3400	6.3800	4.1500
总资产(万元)	112867.26	106391.06	92480.73	93099.39
股东权益(万元)	52543.10	51549.88	50307.17	49374.57
未分配利润(万元)	3083.97	2090.75	884.88	49374.57
主营收入(万元)	77368.39	50328.89	78292.45	64911.79
资本公积金(万元)	29847.97	29847.97	29847.97	29711.97
主营利润(万元)	13246.83	8092.57	13464.94	12903.70
其他业务利润(万元)	118.26	78.87	139.63	195.05
营业利润(万元)	3796.27	2046.05	4025.13	3504.05
投资收益(万元)			152.58	-96.83
补贴收入(万元)			66.63	17.37
营业外收支(万元)	-304.00		-351.77	-193.44
利润总额(万元)	3492.27	1911.01	3892.57	3231.15
净利润(万元)	2199.09	1205.87	3210.59	2048.28

十大股东

序号	股东名称	股份性质	持股数(万股)	比例(%)
1	建德市国有资产管理局	国家股	3993.00	29.77
2	开化县工业国有资产经营公司	国有法人股	1303.64	9.72
3	浙江信鸿实业有限公司	社会法人股	300.00	2.24
4	中化国际贸易股份有限公司	社会法人股	280.00	2.09
5	中化上海进出口公司	社会法人股	200.00	1.49
6	浙江省科技风险投资有限公司	社会法人股	167.40	1.25
7	上海宏广达有限公司	社会法人股	90.73	0.68
8	上海东方储罐有限公司	社会法人股	80.00	0.60
9	华鑫证券有限责任公司	流通股	79.57	0.59
10	上海国际信托投资公司	流通股	79.07	0.59

股东人数	2003.9	2003.6	2002	2001
	23756	24592	23397	23511

近年分配	2002年10派1.8元 2001年10派0.923元	近年配股/增发	不分配不转增

重大事项

2003年三季度报告期内,为解决外贸企业和自营出口企业日益严重的出口退税问题,财政部、国家税务总局颁发了《关于调整出口货物退税率的通知》,将自2004年1月1日开始实行新的货物出口退税率,同时加快解决历史遗留的出口退税款的工作进度. 出口退税率的调低将直接增加主营业务成本,压缩利润空间, 可能会对公司下年度的利润水平及现金流有所影响.而加快解决历史遗留的出口退税问题的工作进度, 则有利于公司流动资金的周转,降低公司资金使用成本和财务费用.

二〇〇二年以来市场表现

2002年涨跌幅(%)	-34.28
2002年最高(元)	15.42
2002年最低(元)	9.50
2002年换手率(%)	277.30
2003年涨跌幅(%)	-20.50
2003年最高(元)	11.32
2003年最低(元)	6.48
2003年换手率(%)	162.04

光明乳业股份有限公司

公司概况

公司名称	光明乳业股份有限公司			股票代码	600597		
注册地址	上海市吴中路578号			邮政编码	201103		
法人代表	王佳芬			董秘	朱建毅		
电话	021-64654632			传真	021-64013337		
主营业务	开发、加工和生产乳和乳制品、冰淇淋等						
总股本	65118.29	流通 A	15000.00	流通 B		流通 H	
审计单位				审计意见	未审计		

主要财务指标

年度	2003.9	2003.6	2002	2001
每股收益/扣除后(元)	0.3110	0.1800	0.3800	0.3600
每股经营现金流量(元)	0.3051	0.1500	0.7372	0.7582
每股净资产/调整后(元)	2.5800	2.4700	2.3000	
每股公积金(元)	1.2359	1.2321	1.2244	
净资产收益率(%)	11.3300	7.3500	14.0000	30.0000
总资产(万元)	80482.57	80233.21	79730.44	182917.02
股东权益(万元)	178896.98	170926.37	157867.98	54366.33
未分配利润(万元)	23796.19	16074.93	3519.33	4.07
主营收入(万元)	447414.53	285314.12	502150.34	352021.06
资本公积金(万元)	80482.57	80233.21	79730.44	
主营利润(万元)	152838.44	97067.49	171508.11	118302.10
其他业务利润(万元)	830.86	507.33	1286.71	1526.21
营业利润(万元)	31009.42	19045.65	38370.87	22395.84
投资收益(万元)	-30.22	168.88	218.24	718.15
补贴收入(万元)	952.90	695.99	1471.79	1702.68
营业外收支(万元)	-922.02		-2872.19	-2716.18
利润总额(万元)	31010.08	19573.20	37188.70	22100.49
净利润(万元)	20276.86	12555.61	22631.38	16290.66

十大股东

序号	股东名称	股份性质	持股数(万股)	比例(%)
1	上海牛奶(集团)有限公司	国有法人股	20047.31	30.78
2	S.I.Food Products Holdings Limited	外资股	20047.31	30.78
3	上海国有资产经营有限公司	国家股	2505.91	3.85
4	大众交通(集团)股份有限公司	社会法人股	2505.91	3.85
5	东方希望集团有限公司	社会法人股	2505.91	3.85
6	Danone Asia Pte. Ltd.	外资股	2505.91	3.85
7	同盛证券投资基金	流通股	809.60	1.24
8	丰和价值证券投资基金	流通股	500.00	0.77
9	兴华证券投资基金	流通股	371.79	0.57
10	通乾证券投资基金	流通股	283.97	0.44

股东人数	2003.9	2003.6	2002	2001
	30538	30187	42956	

近年分配	2002年10派1元	近年配股/增发	不分配不转增

重大事项

2003年11月21日达能亚洲有限公司和上海国有资产经营有限公司同为公司登记股东分别各持有公司25059142股股份，该等股份分别各占公司已发行总股本的3.85%，合计占公司已发行总股本的7.7%。上海国有资产经营有限公司所持股份性质为国家股，达能亚洲有限公司所持股份性质为外资股。上海国有资产经营有限公司拟将持有的25059142股股份以人民币121035655.90元的价格转让给达能亚洲有限公司。股权转让后，达能亚洲有限公司将持有公司50118284股股份，占公司总股本的7.7%，上海国有资产经营有限公司将不再持有公司股份。

二〇〇二年以来市场表现

2002年涨跌幅(%)	0.00
2002年最高(元)	13.88
2002年最低(元)	11.08
2002年换手率(%)	272.97
2003年涨跌幅(%)	-0.45
2003年最高(元)	14.76
2003年最低(元)	9.95
2003年换手率(%)	296.36

黑龙江省北大荒农业股份有限公司

公司概况

公司名称	黑龙江省北大荒农业股份有限公司			股票代码	600598		
注册地址	哈尔滨市香坊区红旗大街175号			邮政编码	150090		
法人代表	孙勇才			董秘	史晓丹		
电话	0451-55195980			传真	0451-55195993		
主营业务	水稻、大豆、小麦、玉米等粮食作物的生产等						
总股本	146996.00	流通 A	30000.00	流通 B		流通 H	
审计单位				审计意见	未审计		

主要财务指标

年度	2003.9	2003.6	2002	2001
每股收益/扣除后(元)	0.2000	0.1300	0.2600	0.2900
每股经营现金流量(元)	0.0794	0.0780	0.1582	0.1836
每股净资产/调整后(元)	2.4900	2.4300	2.3000	1.4700
每股公积金(元)	1.0857	1.0857	1.0857	0.2681
净资产收益率(%)	7.7000	5.2600	10.8900	21.1200
总资产(万元)	593990.25	625461.94	619919.00	433930.56
股东权益(万元)	378810.91	369051.44	349641.16	172448.84
未分配利润(万元)	50001.14	40241.67	20831.39	7586.71
主营收入(万元)	105450.16	77639.51	147143.02	140632.27
资本公积金(万元)	159600.56	159600.56	159600.56	31362.50
主营利润(万元)	64905.90	42480.54	89845.41	85177.50
其他业务利润(万元)	352.39	401.70	2781.22	1994.62
营业利润(万元)	29153.61	19464.51	38019.30	34464.05
投资收益(万元)				
补贴收入(万元)				
营业外收支(万元)	16.13	-54.24	44.42	-35.75
利润总额(万元)	29169.75	19410.27	38063.72	36428.30
净利润(万元)	29169.75	19410.27	38063.72	36428.30

十大股东

序号	股东名称	股份性质	持股数(万股)	比例(%)
1	黑龙江北大荒农垦集团总公司	国有股	116996.00	79.59
2	鹏华成长	流通股	1205.43	0.82
3	基金裕隆	流通股	907.15	0.62
4	南方稳健	流通股	650.81	0.44
5	基金泰和	流通股	577.71	0.39
6	基金银丰	流通股	444.20	0.30
7	国元证券	流通股	444.01	0.30
8	基金汉盛	流通股	237.22	0.16
9	富国平衡	流通股	202.03	0.14
10	基金金元	流通股	200.00	0.14

股东人数	2003.9	2003.6	2002	2001
	81777	82161	89940	

近年分配	2002年10派1.3元	近年配股/增发	不分配不转增

重大事项

2003年10月10日公司与黑龙江北大荒农垦集团总公司关于黑龙江北大荒米业有限责任公司的股权转让协议的议案；公司与集团公司关于黑龙江北大荒纸业有限责任公司的股权转让协议的议案；与集团公司共同出资兴建"哈尔滨龙垦麦芽有限责任公司"的投资协议的议案；大股东及关联方偿还占用公司资金的方案的议案。以上有关事项需经2003年度第一次临时股东大会审议通过。

二〇〇二年以来市场表现

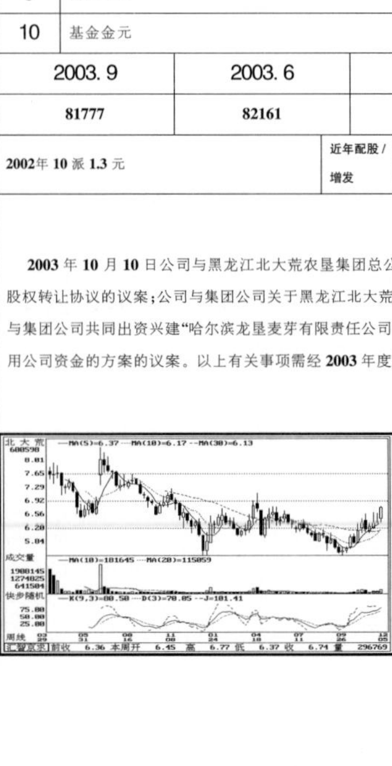

2002年涨跌幅(%)	0.00
2002年最高(元)	8.24
2002年最低(元)	5.62
2002年换手率(%)	428.94
2003年涨跌幅(%)	12.97
2003年最高(元)	6.99
2003年最低(元)	5.35
2003年换手率(%)	207.38

湖南浏阳花炮股份有限公司

公司概况

公司名称	湖南浏阳花炮股份有限公司	股票代码	600599
注册地址	湖南省浏阳市金沙北路 369 号	邮政编码	410300
法人代表	易怀泉	董秘	唐和平
电话	0731-3620966	传真	0731-3611670
主营业务	开发、生产销售烟花鞭炮及其原材料等		

总股本	12600.00	流通 A	3960.00	流通 B		流通 H	
审计单位		审计意见	未审计				

主要财务指标

年度	2003.9	2003.6	2002	2001
每股收益/扣除后(元)	0.0038	0.0026	0.1620	0.2180
每股经营现金流量(元)	-0.3050	-0.5000	-0.6625	-0.0277
每股净资产/调整后(元)	2.2200	2.2200	2.2100	3.8600
每股公积金(元)	1.1089	1.1089	1.1089	2.7460
净资产收益率(%)	0.0030	0.1200	7.2400	6.5600
总资产(万元)	52141.57	54734.52	51220.23	35024.71
股东权益(万元)	27991.42	28191.19	27896.34	27136.40
未分配利润(万元)	614.50	814.27	519.41	469.81
主营收入(万元)	21289.14	13431.43	27612.04	19717.00
资本公积金(万元)	13971.92	13971.92	13971.92	19221.92
主营利润(万元)	3864.54	1628.48	6128.67	4261.89
其他业务利润(万元)	213.41	103.92	966.33	344.79
营业利润(万元)	88.60	445.78	3356.21	2298.06
投资收益(万元)			13.85	32.53
补贴收入(万元)	69.75	5.31	114.04	253.69
营业外收支(万元)	-0.07		-22.73	2.78
利润总额(万元)	158.28	451.43	3461.38	803.01
净利润(万元)	95.09	294.86	2019.93	1779.01

十大股东

序号	股东名称	股份性质	持股数(万股)	比例(%)
1	浏阳市财政局	国有股	5567.83	44.19
2	湖南聚源科技发展有限公司	境内法人股	1350.00	10.71
3	凯达(湖南)房地产开发有限公司	境内法人股	1350.00	10.71
4	魏祥鲁	个人股	346.93	2.75
5	熊孝勇	个人股	25.24	0.20
6	王军若	流通股	22.46	0.18
7	乐兰	流通股	9.24	0.07
8	任建璇	流通股	9.21	0.07
9	周学如	流通股	7.70	0.06
10	李双华	流通股	7.44	0.06

股东人数	2003.9	2003.6	2002	2001
	5158	5722	6192	9880

近年分配	2002年10派1元 2001年10派1.5元	近年配股/增发	2001年10送0.5元

重大事项

2003 年 7 月 8 日经与控股股东求证后，根据浏阳市财政局提供的情况，公司控股股东浏阳市财政局目前根本没有转让持有的国家股，也没有开展任何拟将所持股权转让的活动，有关媒体的报道严重失实。 2003 年 6 月 4 日公司发起人法人股股权转让过户手续已于 2003 年 05 月 30 日办理完毕。湖南聚源科技发展有限公司现为公司并列第二大股东，其持有公司发起人法人股 1350 万股，持股比例为 10.71%。湖南省安泰房地产有限责任公司已不再持有公司股份。

二〇〇二年以来市场表现

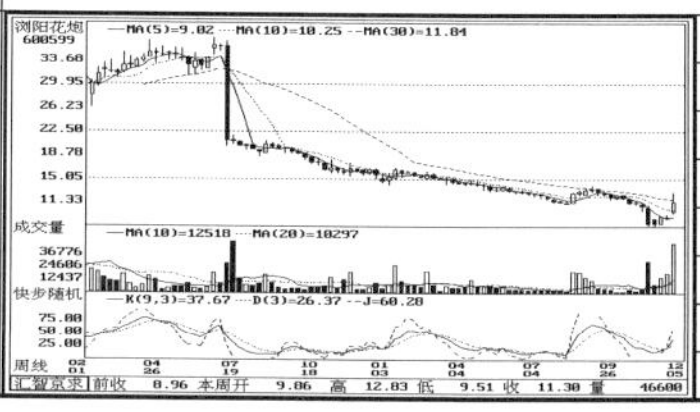

2002年涨跌幅(%)	-20.35
2002年最高(元)	21.70
2002年最低(元)	14.19
2002年换手率(%)	139.32
2003年涨跌幅(%)	-41.74
2003年最高(元)	16.60
2003年最低(元)	7.60
2003年换手率(%)	83.75

青岛啤酒股份有限公司

公司概况

公司名称	青岛啤酒股份有限公司	股票代码	600600
注册地址	青岛市登州路 56 号	邮政编码	266071
法人代表	李桂荣	董秘	袁璐
电话	0532-5713831	传真	0532-5713240
主营业务	生产及销售啤酒		

总股本	106000.00	流通 A	20000.00	流通 B		流通 H	40685.00
审计单位		审计意见	未审计				

主要财务指标

年度	2003.9	2003.6	2002	2001
每股收益/扣除后(元)	0.2449	0.1249	0.2002	0.0231
每股经营现金流量(元)	1.1452	0.7400	1.1060	0.5299
每股净资产/调整后(元)	3.2400	3.0100	2.8900	2.9500
每股公积金(元)	1.6961	1.5762	1.5760	1.5745
净资产收益率(%)	7.3900	3.7600	7.7500	3.4700
总资产(万元)	921590.44	939863.62	893861.56	824383.81
股东权益(万元)	351934.44	309412.81	297735.37	296491.47
未分配利润(万元)	36881.52	22523.18	10882.85	17996.44
主营收入(万元)	623649.50	383546.19	693673.44	527672.44
资本公积金(万元)	179784.20	157620.92	157597.17	157450.72
主营利润(万元)	195011.23	114550.10	216327.45	156105.37
其他业务利润(万元)	1065.52	724.54	1525.23	707.13
营业利润(万元)	40045.31	18379.93	32517.19	7131.95
投资收益(万元)	1312.13	942.36	2178.83	3144.26
补贴收入(万元)	3471.55	1142.99	2328.56	8585.98
营业外收支(万元)	-4191.01	-3173.64	-6632.30	-605.70
利润总额(万元)	40637.97	18477.21	37744.93	18256.49
净利润(万元)	25998.68	11640.33	23065.74	10288.77

十大股东

序号	股东名称	股份性质	持股数(万股)	比例(%)
1	青岛市国有资产管理办公室	国家股	39982.00	37.70
2	香港中央结算(代理人)有限公司	流通股	29268.84	27.60
3	安海斯-布希国际控股有限公司	流通股	10500.00	9.90
4	中国银行山东省分行	法人股	2925.00	2.80
5	中国建设银行青岛市分行	法人股	1908.00	1.80
6	易方达基金	法人股	539.52	0.50
7	青岛华青财务服务有限公司	流通股	500.00	0.50
8	融通蓝筹	流通股	478.27	0.50
9	通乾基金	流通股	459.91	0.40
10	鸿阳基金	流通股	419.24	0.40

股东人数	2003.9	2003.6	2002	2001
	98132	106058	120168	142272

近年分配	2002年10派2.2元 2001年10派0.11元	近年配股/增发	不分配不转增

重大事项

2003 年 10 月 29 日公司通过美国安海斯布希公司向公司全资子公司青岛啤酒香港贸易有限公司提供 1500 万美元贷款及公司为该贷款提供保证的议案。截至 2003 年 9 月 30 日，青岛啤酒香港贸易有限公司的资产负债率 65%，公司担保余额 8.9 亿元。 2003 年本报告期内，公司诉青岛宏隆商贸有限公司("宏隆公司") 购销纠纷一案已由山东省高级人民法院作出二审判决，由宏隆公司负责以其资产向公司给付购销啤酒欠款 11,385,836.80 元.

二〇〇二年以来市场表现

2002年涨跌幅(%)	2.60
2002年最高(元)	8.91
2002年最低(元)	6.11
2002年换手率(%)	145.84
2003年涨跌幅(%)	19.84
2003年最高(元)	9.85
2003年最低(元)	7.19
2003年换手率(%)	151.61

方正科技集团股份有限公司

公司概况

公司名称	方正科技集团股份有限公司	股票代码	600601
注册地址	上海南京西路 1515 号嘉里中心九楼	邮政编码	200120
法人代表	魏新	董秘	侯郁波
电话	021-58407668-654	传真	021-58408970
主营业务	电子计算机及配件、软件,非危险品化工产品等		
总股本	48522.35	流通 A	48522.35
流通 B		流通 H	
审计单位		审计意见	未审计

主要财务指标

年度	2003.9	2003.6	2002	2001
每股收益/扣除后(元)	0.1800	0.1530	0.2990	0.1320
每股经营现金流量(元)	0.0151	0.6278	0.6278	1.5012
每股净资产/调整后(元)	2.7200	2.0360	1.8600	1.5200
每股公积金(元)	1.3858	0.4641	0.4641	0.4641
净资产收益率(%)	7.0400	8.6900	18.0100	17.0900
总资产(万元)	307901.87	217280.47	202199.12	239096.83
股东权益(万元)	143287.37	78943.14	71660.01	58705.83
未分配利润(万元)	19421.20	16195.04	8911.92	-214.09
主营收入(万元)	386125.19	226710.69	451253.56	369287.00
资本公积金(万元)	67244.39	17323.75	17323.75	17323.75
主营利润(万元)	30678.17	20478.40	44505.09	35941.36
其他业务利润(万元)	373.51	223.57	250.80	220.56
营业利润(万元)	9862.65	6201.44	13175.27	6355.92
投资收益(万元)	62.87	7.13	-75.75	3070.57
补贴收入(万元)	1946.65	1789.62	2492.00	2862.00
营业外收支(万元)	-460.34	-459.38	-290.20	-286.94
利润总额(万元)	11411.83	7538.81	15301.33	12001.55
净利润(万元)	10084.17	6858.02	12903.86	10030.50

十大股东

序号	股东名称	股份性质	持股数(万股)	比例(%)
1	北京北大方正集团公司	流通股	3406.72	7.02
2	深圳市方正科技有限公司	流通股	884.20	1.82
3	北京方正蓝康信息技术有限公司	流通股	748.15	1.51
4	河南方正信息技术有限公司	流通股	733.10	1.51
5	中国银河证券有限责任公司	流通股	534.75	1.10
6	景阳证券投资基金	流通股	144.70	0.30
7	华安上证 180 指数增强型证券投资基金	流通股	141.45	0.29
8	万通证券有限责任公司	流通股	123.27	0.25
9	天同 180 指数证券投资基金	流通股	116.69	0.24
10	珠海市新华众发展有限公司	流通股	115.57	0.24

股东人数	2003.9	2003.6	2002	2001
	73657	77988	110590	87427

近年分配		近年配股/增发	2002年10配3股

重大事项

公司全资子公司上海北大方正科技电脑系统有限公司、深圳方正信息系统有限公司于 2003 年 06 月将其持有的河南省方正延中信息系统有限公司 15% 的股权转让给了网通科技有限公司；将武汉方正信息系统有限公司、长春市方正信息系统有限公司 15% 的股权转让给了成都帝景企业发展有限公司；将成都方正信息系统有限公司、沈阳方正信息系统有限公司 15% 的股权转让给了上海灏越企业发展有限公司；将重庆方正信息系统有限公司 15% 的股权转让给了瑞森科技有限公司；将江苏省方正信息系统有限公司 15% 的股权转让给了青岛国电蓝德环境工程有限公司；将长沙方正信息系统有限公司 15% 的股权转让给了融泰创业投资有限公司。

二〇〇二年以来市场表现

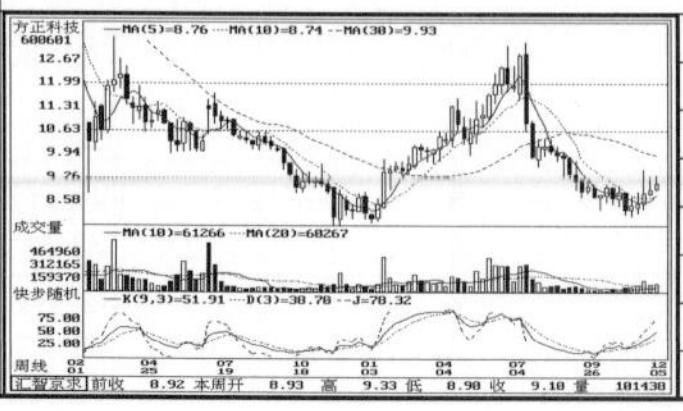

2002年涨跌幅(%)	-32.77
2002年最高(元)	11.56
2002年最低(元)	7.36
2002年换手率(%)	181.95
2003年涨跌幅(%)	18.77
2003年最高(元)	11.43
2003年最低(元)	7.40
2003年换手率(%)	161.17

上海广电电子股份有限公司

公司概况

公司名称	上海广电电子股份有限公司	股票代码	600602
注册地址	上海市浦东新区张江高科技园区张衡路 200 号 1 号楼 2 楼	邮政编码	200060
法人代表	顾培柱	董秘	胡之奎
电话	021-62980202	传真	021-62982121
主营业务	生产和经营黑白显像管及玻壳,电子枪,彩色显像管等		
总股本	92722.77	流通 A	34997.20
流通 B	23191.34	流通 H	
审计单位		审计意见	未审计

主要财务指标

年度	2003.9	2003.6	2002	2001
每股收益/扣除后(元)	0.0400	0.0610	0.1200	0.0800
每股经营现金流量(元)	0.5471	0.3300	0.6128	0.5116
每股净资产/调整后(元)	2.9600	2.9400	2.8900	3.1300
每股公积金(元)	1.4036	1.4036	1.4036	1.6440
净资产收益率(%)	3.5190	2.6700	3.7900	6.3300
总资产(万元)	835799.81	788406.75	747859.81	767958.44
股东权益(万元)	284178.12	281683.59	274176.47	269292.44
未分配利润(万元)	20604.29	18109.76	10602.65	8871.23
主营收入(万元)	365426.44	252239.98	465629.94	405871.16
资本公积金(万元)	130147.92	130147.92	130147.92	138574.28
主营利润(万元)	48493.30	36161.40	59128.48	36588.45
其他业务利润(万元)	8302.84	2956.19	5237.88	14934.92
营业利润(万元)	14508.84	10485.97	11956.37	7209.27
投资收益(万元)	6789.57	6053.67	10808.87	13350.08
补贴收入(万元)	35.37	35.37	62.47	248.22
营业外收支(万元)	-292.92		-1153.50	-547.98
利润总额(万元)	21040.87	16369.89	21674.20	20259.59
净利润(万元)	10001.64	7507.12	10392.02	17044.40

十大股东

序号	股东名称	股份性质	持股数(万股)	比例(%)
1	上海广电(集团)有限公司	国有股	34534.23	37.24
2	上实置业集团(上海)有限公司	流通 A 股	577.50	0.62
3	WATTSBURG CO.LTD.	流通 B 股	347.87	0.38
4	上海市上投实业公司	流通 A 股	242.00	0.26
5	上海贝岭股份有限公司	流通 A 股	159.00	0.17
6	久富证券投资基金	流通 A 股	151.49	0.16
7	华聪投资有限公司	流通 B 股	148.52	0.16
8	段晓光	流通 B 股	137.83	0.15
9	SCBHK A/C NOMURA TB/NOMURA ITM	流通 B 股	137.50	0.15
10	李华利	流通 A 股	128.50	0.14

股东人数	2003.9	2003.6	2002	2001
	228981	241369	244625	249830

近年分配	2002年10派0.5元 2001年10派0.1元	近年配股/增发	不分配不转增

重大事项

2003 年 10 月 30 日通过公司以自有资金与上海广电(集团)有限公司及上海广电信息产业股份有限公司按各自投资比例对上海广电投资管理有限公司增资的预案：2003 年 10 月 28 日公司与上海广电(集团)有限公司、上海广电信息产业股份有限公司签订了共同以现金方式增资上海广电投资管理有限公司的协议。本次同比例增资上海广电投资管理有限公司增资总额为 18 亿元，增资后的上海广电投资管理有限公司的注册资本为 26 亿元，其中，公司出资 3.375 亿元，占 18.75%。投资期限为五十年。此项共同投资为关联交易。

二〇〇二年以来市场表现

2002年涨跌幅(%)	-14.92
2002年最高(元)	10.69
2002年最低(元)	6.02
2002年换手率(%)	195.60
2003年涨跌幅(%)	15.88
2003年最高(元)	11.63
2003年最低(元)	7.04
2003年换手率(%)	355.29

上海兴业房产股份有限公司

公司概况

公司名称	上海兴业房产股份有限公司			股票代码	600603		
注册地址	上海市四川南路38号			邮政编码	200002		
法人代表	唐相道			董秘	祁 勇		
电话	021-54042455			传真	021-54045488		
主营业务	房地产开发、经营、系统房、私房代理经租等						
总股本	19464.19	流通A	19464.19	流通B		流通H	
审计单位				审计意见	未审计		

主要财务指标

年度	2003.9	2003.6	2002	2001
每股收益/扣除后(元)	-0.0980	-0.0700	-3.3621	-1.8400
每股经营现金流量(元)	0.0090	-0.1600	-0.0074	0.2255
每股净资产/调整后(元)	-3.3000	-3.2700	-3.2209	0.0900
每股公积金(元)	0.5719	0.5719	0.5522	0.4981
净资产收益率(%)		-2.1150	-104.3840	-2124.2629
总资产(万元)	17082.70	17083.43	17379.91	70607.13
股东权益(万元)	-63955.93	-63655.20	-62691.54	1695.92
未分配利润(万元)	-100770.45	-100468.99	-99122.47	-33682.26
主营收入(万元)	313.18	129.67	3336.75	7257.11
资本公积金(万元)	11131.95	11131.23	10748.36	9695.61
主营利润(万元)	-12.49	-28.66	284.13	1443.38
其他业务利润(万元)	76.54	60.15	91.46	305.30
营业利润(万元)	-1908.17	-1348.12	-37253.71	-35869.82
投资收益(万元)	259.07	2.21	0.36	-157.52
补贴收入(万元)				
营业外收支(万元)	0.70		-28189.42	11.40
利润总额(万元)	-1648.40	-1346.67	-65442.77	-36015.94
净利润(万元)	-1647.98	-1346.53	-65440.21	-36025.71

十大股东

序号	股东名称	股份性质	持股数(万股)	比例(%)
1	上海国润投资发展有限公司	流通股	166.98	0.86
2	上海诚培信企业发展有限公司	流通股	164.40	0.84
3	上海城际房地产开发有限公司	流通股	102.79	0.53
4	沈锡宝	流通股	64.45	0.33
5	林建新	流通股	57.07	0.29
6	上海林奇投资咨询有限公司	流通股	56.92	0.29
7	天津中天国际投资合作公司	流通股	47.70	0.25
8	曹琦	流通股	40.54	0.21
9	苏佩玉	流通股	38.00	0.19
10	上海老区文化传播有限公司	流通股	37.71	0.19

股东人数

2003.9	2003.6	2002	2001
73767	74987	97820	99314

近年分配

近年配股/增发	不分配不转增

重大事项

2003年三季度报告期内,本公司按会计政策计提了坏帐准备金,公司已连续两年业绩亏损.目前,公司财务状况恶化,诉讼案件不断,若二〇〇三年度不能扭亏为盈,公司股票将被暂停上市. 2003年中期,中华企业股份有限公司代本公司偿还中国民生银行上海分行五角场支行贷款本金、利息及罚息合计人民币10,475,848.77元.为此,中华企业股份有限公司向上海市第一中级人民法院起诉本公司.该诉讼已审理结束,上海市第一中级人民法院以2003沪一中民三(商)初字第58号判令本公司偿还上述欠款及利息.目前,该案正在执行之中.

二〇〇二年以来市场表现

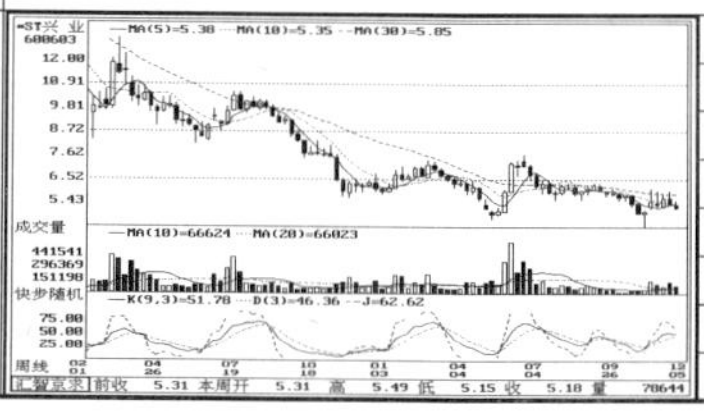

2002年涨跌幅(%)	-45.64
2002年最高(元)	13.10
2002年最低(元)	5.61
2002年换手率(%)	319.81
2003年涨跌幅(%)	-11.35
2003年最高(元)	7.62
2003年最低(元)	4.33
2003年换手率(%)	274.74

上海二纺机股份有限公司

公司概况

公司名称	上海二纺机股份有限公司			股票代码	600604		
注册地址	上海市场中路687号			邮政编码	200434		
法人代表	郑元湖			董秘	李勃		
电话	021-65318888-2300			传真	021-65421963		
主营业务	生产纺织机械及相关的电子电器产品、通用机械等						
总股本	56644.92	流通A	7118.19	流通B	23292.50	流通H	
审计单位				审计意见	未审计		

主要财务指标

年度	2003.9	2003.6	2002	2001
每股收益/扣除后(元)	0.0310	0.0079	0.0115	0.0240
每股经营现金流量(元)	0.0343	-0.0180	0.1114	0.2275
每股净资产/调整后(元)	1.0880	1.0540	1.0360	
每股公积金(元)	0.1196	0.1196	0.5298	0.5249
净资产收益率(%)	2.3200	0.0700	1.4200	2.0500
总资产(万元)	132645.81	123833.09	125176.52	142296.72
股东权益(万元)	64980.90	63924.66	63413.79	67728.32
未分配利润(万元)	1154.99	98.75	-23585.84	-33061.32
主营收入(万元)	75631.00	45020.65	74459.26	81530.24
资本公积金(万元)	6776.62	6776.62	30011.65	29734.37
主营利润(万元)	12581.17	8745.10	15911.64	15112.99
其他业务利润(万元)	540.29	348.85	696.66	478.17
营业利润(万元)	107.36	639.13	928.46	974.18
投资收益(万元)	1998.13	111.01	88.29	807.20
补贴收入(万元)	6.42	2.83	52.29	22.35
营业外收支(万元)	-284.30	-1.65	196.38	21.33
利润总额(万元)	1827.61	751.32	1265.42	1825.06
净利润(万元)	1505.89	449.66	900.21	1389.63

十大股东

序号	股东名称	股份性质	持股数(万股)	比例(%)
1	太平洋机电(集团)有限公司	国家股	26234.23	46.31
2	应维勤	B股	390.19	0.68
3	CBNY S/A PNC/SKANDIA SELECT FUND/CHINA EQUITY AC	B股	249.31	0.43
4	MERRILL LYNCH NOMINEES(HK) LTD	B股	81.43	0.14
5	黄志豪	B股	66.61	0.11
6	张光中	B股	64.38	0.11
7	WISEMAX INTERNATIONAL LIMITED	B股	60.26	0.10
8	王家宜	B股	59.77	0.10
9	郁玉生	B股	55.30	0.09
10	鲍世颖	B股	49.98	0.08

股东人数

2003.9	2003.6	2002	2001
96941	97531	99070	102270

近年分配

近年配股/增发	不分配不转增

重大事项

2003年8月14日,公司自行研制开发的EJK211型粗纱机新产品,经国家纺织工业局纺织机械质量监督检验中心检测、上海市科学技术委员会组织鉴定:该产品具有自主知识专利授权技术,各项性能指标均符合上海市企业标准的规定,主要技术指标达到国际先进水平.EJK211型粗纱机产品市场前景广阔,具有较好的经济效益和社会效益. 公司于2003年7月1日转让公司所持有的上海浦东发展银行股份有限公司750万股法人股权给上海国际集团有限公司,占上海浦东发展银行股份有限公司总股本的0.19%。

二〇〇二年以来市场表现

2002年涨跌幅(%)	-26.99
2002年最高(元)	10.72
2002年最低(元)	5.03
2002年换手率(%)	338.06
2003年涨跌幅(%)	-23.93
2003年最高(元)	8.58
2003年最低(元)	4.86
2003年换手率(%)	134.00

上海轻工机械股份有限公司

公司概况

公司名称	上海轻工机械股份有限公司			股票代码	600605		
注册地址	上海浦东新区川沙镇东河浜路 10 号			邮政编码	200040		
法人代表	郑树昌			董秘	沈　军		
电话	021-62560000-147			传真	021-62566022		
主营业务	生产经营轻工机械、原辅材料、配套容器						
总股本	21019.20	流通 A	2400.00	流通 B		流通 H	
审计单位				审计意见	未审计		

主要财务指标

年度	2003.9	2003.6	2002	2001
每股收益 / 扣除后(元)	0.0630	0.0360	-0.0343	0.0100
每股经营现金流量(元)	0.1961	-0.1490	0.0154	0.0239
每股净资产 / 调整后(元)	1.4330	1.3930	1.3510	1.3750
每股公积金(元)	0.1562	0.1562	0.1562	0.1678
净资产收益率(%)	6.8560	3.9280	1.9560	3.0440
总资产(万元)	76486.37	64459.65	62360.74	59970.10
股东权益(万元)	32985.58	32058.11	30798.99	30961.20
未分配利润(万元)	3170.77	2243.30	984.18	908.86
主营收入(万元)	40757.10	22239.92	18286.81	19502.86
资本公积金(万元)	3282.98	3282.98	3282.98	3527.31
主营利润(万元)	3893.47	2420.49	2472.77	2527.74
其他业务利润(万元)	668.26	283.48	836.99	939.36
营业利润(万元)	1152.91	528.86	-1206.72	-373.23
投资收益(万元)	249.11	231.69	818.31	478.72
补贴收入(万元)	37.50	2.80	34.00	37.70
营业外收支(万元)	1082.77	685.53	1069.30	609.67
利润总额(万元)	2522.30	1448.88	714.89	752.86
净利润(万元)	2186.59	1259.12	602.50	942.33

十大股东

序号	股东名称	股份性质	持股数(万股)	比例(%)
1	上海工业投资集团有限公司	国有股	6284.74	29.90
2	上海尔迪集团有限公司	法人股	6217.48	29.58
3	中泰信托投资有限责任公司	法人股	5045.00	24.00
4	上海国有资产经营有限公司	国有股	1071.98	5.10
5	徐从珍	流通股	31.29	0.16
6	温纯青	流通股	28.58	0.14
7	陈玉瑟	流通股	26.84	0.13
8	刘维倩	流通股	26.53	0.13
9	上海财政证券公司	流通股	22.68	0.11
10	王炳英	流通股	21.10	0.10

股东人数	2003.9	2003.6	2002	2001
	11591	11715	12845	11429

近年分配		近年配股 / 增发	不分配不转增

重大事项

2003 年 8 月 12 日公司通过了《公司与上海工业投资(集团)有限公司签订产品购销合同暨关联交易的议案》:交易标的:总金额为 2024.4 万元,其中双酚 A 为 1010.1 万元,PVC 为 1014.3 万元。 2003 年中期报告期内,公司所属子公司上海赛佛仪器有限公司因美国埃康有限公司拖欠货款向中国国际贸易仲裁委员会上海分会申请仲裁一案, 中国国际贸易仲裁委员会上海分会仲裁庭终裁决被申请人美国埃康有限公司向申请人上海赛佛仪器有限公司支付货款 USD470.4 万元,并自本裁决生效之日起 30 日内付清.

二〇〇二年以来市场表现

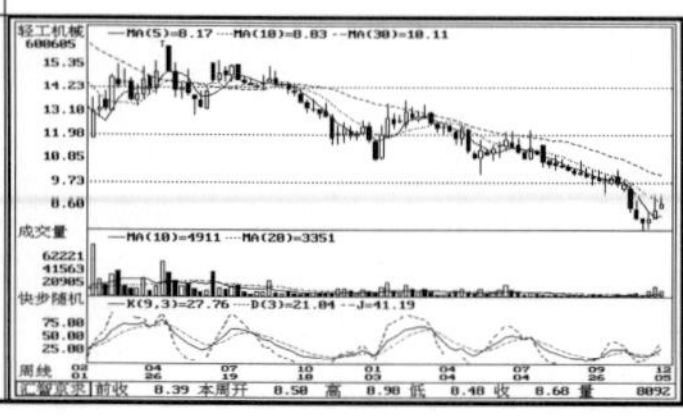

2002年涨跌幅(%)	-23.44
2002年最高(元)	16.48
2002年最低(元)	9.58
2002年换手率(%)	315.90
2003年涨跌幅(%)	-24.89
2003年最高(元)	13.58
2003年最低(元)	7.48
2003年换手率(%)	115.66

上海金丰投资股份有限公司

公司概况

公司名称	上海金丰投资股份有限公司			股票代码	600606		
注册地址	上海市浦东新区松林路 111 号			邮政编码	200040		
法人代表	肖宏振			董秘	包永镭		
电话	021-62496858			传真	021-62496860		
主营业务	新型建材、楼宇设备的研制、开发、生产等						
总股本	25494.26	流通 A	11358.16	流通 B		流通 H	
审计单位				审计意见	未审计		

主要财务指标

年度	2003.9	2003.6	2002	2001
每股收益 / 扣除后(元)	0.1020	0.1130	0.2310	0.2550
每股经营现金流量(元)	-0.2951	-0.0700	1.0825	-0.6971
每股净资产 / 调整后(元)	3.8300	3.7990	3.6880	1.5360
每股公积金(元)	2.2883	2.2883	2.2883	0.0505
净资产收益率(%)	3.1400	2.5110	6.3300	26.4900
总资产(万元)	214578.58	205473.25	219255.97	145090.30
股东权益(万元)	99102.07	98462.62	95990.14	28544.11
未分配利润(万元)	8609.10	7967.65	5495.17	6388.33
主营收入(万元)	50827.94	39815.42	108381.30	64056.69
资本公积金(万元)	58338.84	58338.87	6661.87	833.02
主营利润(万元)	15270.31	12342.13	24289.11	21563.03
其他业务利润(万元)	47.06	28.25	591.61	769.49
营业利润(万元)	4100.07	4287.41	6091.48	4945.54
投资收益(万元)	1252.25	1303.03	1929.12	3167.60
补贴收入(万元)	1067.37	388.79	1516.52	961.62
营业外收支(万元)	-115.73	-154.91	-278.87	410.05
利润总额(万元)	6303.95	5466.58	9258.25	9484.82
净利润(万元)	3111.93	2472.48	6073.00	7561.59

十大股东

序号	股东名称	股份性质	持股数(万股)	比例(%)
1	上海房地(集团)公司	国有股	14136.09	55.45
2	刘继明	社会流通股	55.62	0.22
3	爱建证券有限责任公司	社会流通股	50.34	0.20
4	陈能依	社会流通股	22.30	0.09
5	高俐	社会流通股	22.21	0.09
6	天泰精化	社会流通股	20.40	0.08
7	李建中	社会流通股	20.00	0.08
8	杨海平	社会流通股	18.30	0.07
9	华宝信托投资有限责任公司	社会流通股	18.05	0.07
10	马纶	社会流通股	17.20	0.07

股东人数	2003.9	2003.6	2002	2001
	57131	58106	54854	40814

近年分配	2002年 10 派 1 元	近年配股 / 增发	2001年每 10 股送 1.48475 股

重大事项

2003 年 7 月 4 日, 公司控股股东上海房地公司其所持有的公司国家股 61542892 股为质押向中国农业银行上海市分行营业部借贷之 25000 万元款项已到期归还,相应股权质押已解除。上海房地公司现决定继续向中国农业银行上海市分行营业部借款 25000 万元(期限 1 年),并以其所持有的公司国家股 70680473 股为质押,质押期限自 2003 年 7 月 2 日至 2004 年 6 月 21 日。

二〇〇二年以来市场表现

2002年涨跌幅(%)	-34.36
2002年最高(元)	13.58
2002年最低(元)	7.22
2002年换手率(%)	266.31
2003年涨跌幅(%)	-12.29
2003年最高(元)	9.30
2003年最低(元)	5.35
2003年换手率(%)	236.83

上海实业联合集团股份有限公司

公司概况

公司名称	上海实业联合集团股份有限公司			股票代码	600607		
注册地址	上海市浦东新区郭守敬路351号海泰2号628室			邮政编码	200031		
法人代表	丁忠德			董秘	施祖琪		
电话	021-64331098			传真	021-64337533		
主营业务	与境内外企业合资等						
总股本	30651.24	流通 A	13293.20	流通 B		流通 H	
审计单位				审计意见	未审计		

主要财务指标

年度	2003.9	2003.6	2002	2001
每股收益/扣除后(元)	0.2452	0.1517	0.3055	0.3223
每股经营现金流量(元)	0.1021	0.0230	0.2519	0.3477
每股净资产/调整后(元)	4.9386	4.8147	4.5379	4.3734
每股公积金(元)	2.8303	2.7973	2.6664	2.6661
净资产收益率(%)	4.6300	3.0300	6.4500	7.3600
总资产(万元)	275642.06	285051.53	247543.09	241924.48
股东权益(万元)	155835.84	152226.55	143598.97	138069.09
未分配利润(万元)	20263.73	17652.61	13038.94	10695.66
主营收入(万元)	137733.67	92143.42	161333.87	137541.77
资本公积金(万元)	86752.55	85739.64	81729.08	81718.64
主营利润(万元)	27726.34	18935.91	34355.41	30935.77
其他业务利润(万元)	597.34	381.72	1009.85	1284.77
营业利润(万元)	4642.03	2559.47	4440.45	4094.78
投资收益(万元)	5589.04	4265.82	6944.97	8466.41
补贴收入(万元)	943.01	419.73	3504.06	1972.30
营业外收支(万元)	-203.83		-309.40	710.27
利润总额(万元)	10970.24	7102.99	14580.08	15243.76
净利润(万元)	7215.06	4618.68	9268.78	10155.56

十大股东

序号	股东名称	股份性质	持股数(万股)	比例(%)
1	上海上实(集团)有限公司	国家股	6847.20	22.34
2	CITY NOTE HOLDINGS LTD.	境外法人股	5902.76	19.26
3	上海纺织发展总公司	国有法人股	2768.85	9.03
4	香港联沪毛纺织厂有限公司	境外法人股	984.12	3.21
5	上海爱建股份有限公司	境外法人股	855.10	2.79
6	东方证券	流通股	176.83	0.58
7	基金金鑫	流通股	91.57	0.30
8	华安证券	流通股	73.07	0.24
9	基金金泰	流通股	64.40	0.21
10	何为	流通股	50.50	0.16

股东人数	2003.9	2003.6	2002	2001
	56307	57636	59775	65336

近年分配	近年配股/增发
2002年10派1.2元 2001年10派1.5元	不分配不转增

重大事项

2003年8月25日上海实业联合集团药业有限公司将其持有的浙江佐力药业股份有限公司28%股份转让给浙江省丰登化工股份有限公司,出资转让价格为3397万元;根据联合药业与浙江康恩贝制药股份有限公司于2003年08月25日签署的《联合药业与康恩贝公司关于标的公司股份转让协议》的约定,联合药业将其持有的佐力药业23%股份(计2760万股)转让给康恩贝公司,出资转让价格为2790万元。本次股权转让完成后,联合药业将不再持有佐力药业股权。

二〇〇二年以来市场表现

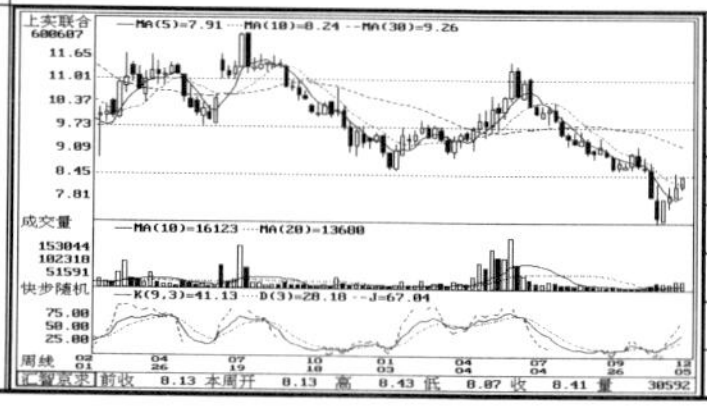

2002年涨跌幅(%)	-16.62
2002年最高(元)	12.17
2002年最低(元)	8.54
2002年换手率(%)	91.56
2003年涨跌幅(%)	-5.24
2003年最高(元)	11.37
2003年最低(元)	7.17
2003年换手率(%)	118.10

上海宽频科技股份有限公司

公司概况

公司名称	上海宽频科技股份有限公司			股票代码	600608		
注册地址	上海市银城东路139号4楼			邮政编码	200120		
法人代表	张杰			董秘	胡兴堂		
电话	021-68865313			传真	021-68866341		
主营业务	对高新技术产业投资,实业投资,投资管理等						
总股本	18037.45	流通 A	12117.00	流通 B		流通 H	
审计单位				审计意见	未审计		

主要财务指标

年度	2003.9	2003.6	2002	2001
每股收益/扣除后(元)	0.1533	0.0977	0.1802	0.2904
每股经营现金流量(元)	-0.1706	0.0440	-0.1898	0.4487
每股净资产/调整后(元)	2.3500	2.2900	2.2200	2.0200
每股公积金(元)	2.0227	0.7034	0.7034	0.7034
净资产收益率(%)	3.4680	6.1500	9.5600	9.5500
总资产(万元)	127144.32	115298.02	89965.52	65817.87
股东权益(万元)	37154.97	36322.86	34868.97	31541.44
未分配利润(万元)	3533.78	2701.67	1247.78	-699.54
主营收入(万元)	141925.64	84464.01	98301.57	31962.93
资本公积金(万元)	10640.41	10640.41	10640.41	10640.41
主营利润(万元)	17550.13	11660.97	15337.61	8414.90
其他业务利润(万元)	313.67	212.81	504.38	157.02
营业利润(万元)	2785.44	1843.63	3997.56	3437.46
投资收益(万元)	-34.61	-106.34	236.35	184.07
补贴收入(万元)	61.98	16.63	959.09	1310.78
营业外收支(万元)	-36.51	-12.08	-99.72	-1949.21
利润总额(万元)	2776.29	1741.84	5093.29	2983.10
净利润(万元)	2286.00	1453.89	3327.53	3011.96

十大股东

序号	股东名称	股份性质	持股数(万股)	比例(%)
1	南京斯威特集团有限公司	法人股	3965.00	21.98
2	南京泽天投资有限责任公司	法人股	1955.45	10.84
3	上海证券有限责任公司	流通股	1451.29	8.05
4	中盛科技投资发展有限公司	流通股	46.58	0.26
5	戴利国	流通股	25.81	0.14
6	上海怡鸿房地产有限公司	流通股	22.62	0.13
7	汤邵红	流通股	19.31	0.11
8	莘庄公司	流通股	19.27	0.11
9	廖二鸣	流通股	16.61	0.09
10	葛剑玮	流通股	16.59	0.09

股东人数	2003.9	2003.6	2002	2001
	55150	52311	48799	46240

近年分配	近年配股/增发
2001年10派0.5元	2003年10配3股

重大事项

公司2003年10月23日通过上海证券交易所交易系统减持公司股票5858000股。上海证券有限责任公司原持有公司股票14512899股,占公司股份总额8.05%,现经减持后,还持有公司股票8654899股,占公司股份总额的4.80%。 2003年8月20日公司同意组建上海科技(香港)有限公司(暂定名):上海科技(香港)有限公司注册资本为美金400万元,公司以自有资金出资360万美元,占注册资本的90%。

二〇〇二年以来市场表现

2002年涨跌幅(%)	-8.26
2002年最高(元)	12.64
2002年最低(元)	8.98
2002年换手率(%)	131.35
2003年涨跌幅(%)	3.00
2003年最高(元)	15.14
2003年最低(元)	8.18
2003年换手率(%)	550.98

金杯汽车股份有限公司

公司概况

公司名称	金杯汽车股份有限公司			股票代码	600609		
注册地址	辽宁省沈阳市沈河区万柳塘路 38 号			邮政编码	110179		
法人代表	何国华			董秘	杜红谱		
电话	024-23745563			传真	024-23745241		
主营业务	生产轻型客车、轻型货车、多功能商用车						
总股本	109266.71	流通 A	36400.00	流通 B		流通 H	
审计单位				审计意见	未审计		

主要财务指标

年度	2003.9	2003.6	2002	2001
每股收益 / 扣除后(元)	0.0820	0.0712	-0.1880	-0.0133
每股经营现金流量(元)	-0.0099	-0.0180	-0.0792	-0.0129
每股净资产 / 调整后(元)	1.5675	1.4763	1.1275	1.4193
每股公积金(元)	0.9592	0.9592	0.7633	0.7443
净资产收益率(%)	5.1100	4.4500	0.7700	-53.2000
总资产(万元)	451412.66	441485.56	417666.81	486674.87
股东权益(万元)	172870.23	171667.00	142626.69	155085.30
未分配利润(万元)	-84950.43	-86153.67	-93789.53	-78877.91
主营收入(万元)	61853.36	38477.63	67152.29	64846.90
资本公积金(万元)	104810.44	104810.44	83405.98	81327.30
主营利润(万元)	11075.93	6822.29	11839.01	10348.57
其他业务利润(万元)	2274.32	1361.57	1664.13	922.99
营业利润(万元)	-2429.95	-1866.82	-15408.61	-98810.20
投资收益(万元)	13617.74	11233.25	20073.74	17772.04
补贴收入(万元)	1.95	1.95	46.39	120.22
营业外收支(万元)	-210.78	-212.86	-1446.30	-194.61
利润总额(万元)	10978.95	9155.52	3265.21	-81112.55
净利润(万元)	8839.10	7635.86	1093.39	-82503.87

十大股东

序号	股东名称	股份性质	持股数(万股)	比例(%)
1	沈阳市汽车工业资产经营有限公司	国家股	32683.36	29.91
2	上海申华控股股份有限公司	法人股	12242.72	11.20
3	沈阳新金杯投资有限公司	国有法人股	12019.96	11.00
4	沈阳市国有资产经营有限公司	国家股	11061.61	10.12
5	中国第一汽车集团公司第一汽车制造厂	国有法人股	4859.06	4.45
6	普丰证券投资基金	流通股	2708.25	2.48
7	上海保钢化工有限公司	流通股	1083.72	1.00
8	银华优势企业证券投资基金	流通股	826.42	0.78
9	天华证券投资基金	流通股	792.17	0.72
10	裕隆证券投资基金	流通股	63.23	0.58

股东人数	2003.9	2003.6	2002	2001
	102606	93935	148669	159807

近年分配		近年配股 / 增发	不分配不转增

重大事项

2003 年 8 月 28 日公司同意公司与沈阳汽车工业股权投资有限公司共同对其进行增资，公司拟出资现金 19000 万元。增资完成后，金晨公司的注册资本由 10000 万元增加到 30000 万元，公司仍然持有其 95%股权。　2003 年 4 月 29 日公司为下属子公司提供 18085 万元人民币和 300 万美元担保额度的议案，公司累计对外担保数量为人民币 42801 万元、美元 300 万元(含本次担保金额)，对外担保逾期的累计数量为人民币 25621 万元

二〇〇二年以来市场表现

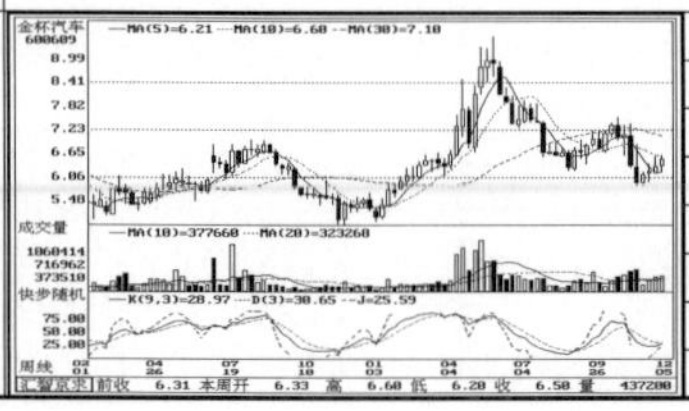

2002年涨跌幅(%)	-12.05
2002年最高(元)	6.98
2002年最低(元)	4.89
2002年换手率(%)	339.32
2003年涨跌幅(%)	23.48
2003年最高(元)	9.58
2003年最低(元)	4.96
2003年换手率(%)	501.45

中国纺织机械股份有限公司

公司概况

公司名称	中国纺织机械股份有限公司			股票代码	600610		
注册地址	上海市长阳路 1687 号			邮政编码	200090		
法人代表	钱建忠			董秘	李文利		
电话	021-65432970-512			传真	021-65455130		
主营业务	纺织机械及与纺织机械有关的器材、通用机械等						
总股本	35709.15	流通 A	2574.00	流通 B	12012.00	流通 H	
审计单位				审计意见	未审计		

主要财务指标

年度	2003.9	2003.6	2002	2001
每股收益 / 扣除后(元)	0.0190	0.0120	0.0400	-0.1100
每股经营现金流量(元)	0.0450	0.0150	0.1597	0.1270
每股净资产 / 调整后(元)	0.9746	0.9700	0.9534	0.0500
每股公积金(元)	0.2894	0.2894	1.0650	0.4510
净资产收益率(%)	2.0260	1.5800	30.0200	15.5800
总资产(万元)	91466.82	75540.39	79110.05	63758.20
股东权益(万元)	36870.34	36703.61	36121.08	4243.33
未分配利润(万元)	-9509.15	-9675.88	-40418.41	-50393.38
主营收入(万元)	40819.15	25207.19	60407.77	44941.93
资本公积金(万元)	10333.12	10333.12	38028.63	16104.43
主营利润(万元)	5824.18	3388.43	8490.71	6302.62
其他业务利润(万元)	951.87	489.15	599.05	422.20
营业利润(万元)	600.23	595.66	1082.28	-4171.09
投资收益(万元)	230.48	61.02	437.80	4710.10
补贴收入(万元)	4.22			664.26
营业外收支(万元)	180.34		9563.94	-341.69
利润总额(万元)	1015.27	784.96	11084.02	861.58
净利润(万元)	746.98	580.26	10842.38	661.20

十大股东

序号	股东名称	股份性质	持股数(万股)	比例(%)
1	江苏南大高科技风险投资有限公司	社会法人股	10355.65	29.00
2	太平洋机电(集团)有限公司	国有股	5322.88	14.91
3	广州市赛清德投资发展有限公司	社会法人股	3213.82	9.00
4	上海南上海商业房地产有限公司	社会法人股	343.20	0.96
5	上海第十七棉纺织总厂	社会法人股	343.20	0.96
6	上海东润投资管理有限公司	社会法人股	343.20	0.96
7	陈益	流通 B 股	336.39	0.94
8	上海中纺机职工技术开发经营服务公司	流通 B 股	314.60	0.88
9	上海水仙电器股份有限公司	社会法人股	171.60	0.48
10	上海申达纺织股份有限公司	社会法人股	171.60	0.48

股东人数	2003.9	2003.6	2002	2001
	29142	29183	28243	27791

近年分配		近年配股 / 增发	不分配不转增

重大事项

2003 年 10 月 18 日公司拟与南京口岸进出口有限公司、南京有有足球俱乐部共同投资组建成立江苏建信信用担保有限公司，建信担保公司注册资本为 5300 万元人民币，其中：公司出资 1800 万元，占注册资本的 33.96%。该投资事项构成公司的关联交易。　2003 年 5 月 27 日董事会同意关于向上海银行浦东分行借款的议案：经与上海银行浦东分行协商，向上海银行浦东分行申请借款 600 万元整，借款期限为一年。

二〇〇二年以来市场表现

2002年涨跌幅(%)	-17.78
2002年最高(元)	13.39
2002年最低(元)	7.56
2002年换手率(%)	245.26
2003年涨跌幅(%)	-32.81
2003年最高(元)	12.20
2003年最低(元)	5.55
2003年换手率(%)	153.21

大众交通(集团)股份有限公司

公司概况

公司名称	大众交通(集团)股份有限公司			股票代码	600611		
注册地址	上海市浦东新区龙阳路 100 号			邮政编码	200235		
法人代表	周秀华			董秘	顾华		
电话	021-64289122			传真	021-64288660		
主营业务	企业经营管理咨询、现代物流、交通运输等						
总股本	59870.16	流通 A	14232.34	流通 B	20280.00	流通 H	
审计单位				审计意见	未审计		

主要财务指标

年度	2003.9	2003.6	2002	2001
每股收益/扣除后(元)	0.1960	0.1060	0.3600	0.2500
每股经营现金流量(元)	1.2921	0.9230	0.6863	1.3340
每股净资产/调整后(元)	3.7600	3.6440	3.5000	3.4000
每股公积金(元)	1.4388	1.4381	1.4381	1.4381
净资产收益率(%)	5.5910	3.2950	10.0900	9.8900
总资产(万元)	530367.06	536636.00	476451.03	454381.87
股东权益(万元)	232375.62	226816.87	219342.12	212741.92
未分配利润(万元)	28894.92	23377.41	15902.66	16039.75
主营收入(万元)	185191.75	110670.29	195553.30	165910.84
资本公积金(万元)	86139.93	86098.70	86098.70	86098.70
主营利润(万元)	42211.51	26365.71	47517.99	45238.94
其他业务利润(万元)	2145.25	1776.55	1835.33	1582.10
营业利润(万元)	7023.92	3717.62	13393.67	18568.01
投资收益(万元)	3045.63	2274.59	10617.85	10985.35
补贴收入(万元)	6920.42	4486.40	3819.60	171.79
营业外收支(万元)	–1121.29		–1798.88	–7142.22
利润总额(万元)	15868.68	9621.03	26032.24	22582.93
净利润(万元)	12992.26	7474.75	22135.91	21033.00

十大股东

序号	股东名称	股份性质	持股数(万股)	比例(%)
1	上海大众公用事业(集团)股份有限公司	法人股	14000.00	23.38
2	国泰君安股份有限公司	国有法人股	11357.82	18.97
3	TOYO SECURITIES ASIALTD.A/C CLIENT	B股	425.98	0.71
4	南京证券有限责任公司	流通股	417.66	0.70
5	SCBHK A/C NOMURA TB/NOMURA ITM	B股	310.00	0.52
6	华聪投资有限公司	B股	270.04	0.45
7	MELLON GLOBAL FUNDS PLC-ASIANEQUITY PORTFOLIO	B股	235.80	0.39
8	SCBHK A/C BROWN BROTHERS HARRIMAN	B股	211.32	0.35
9	上海国际信托投资公司	流通股	200.73	0.34
10	易方达平稳增长证券投资基金	流通股	184.40	0.31

股东人数	2003.9	2003.6	2002	2001
	86460	88534	82346	83134

近年分配	2002年 10 派 1.8 元 2001 年 10 派 2.6 元	近年配股/增发	不分配不转增

重大事项

公司于 **2001** 年 **11** 月 **16** 日下午在大众大厦 **12** 楼会议室与上海大众科技创业(集团)股份有限公司下属子公司上海虹口大众出租汽车有限公司签订了资产转让合同，公司以人民币现金 **2484** 万元购买大众科创下属子公司上海虹口大众出租汽车有限公司 **138** 辆车辆运营权。 公司因首创证券有限责任公司、第一创业证券有限责任公司诉国泰君安证券股份有限公司一案,本公司第二大股东国泰君安证券股份有限公司所持有的公司 **113578180** 股国有法人股被依法冻结。冻结期限从 **2003** 年 **8** 月 **8** 日至 **2004** 年 **8** 月 **8** 日。

二〇〇二年以来市场表现

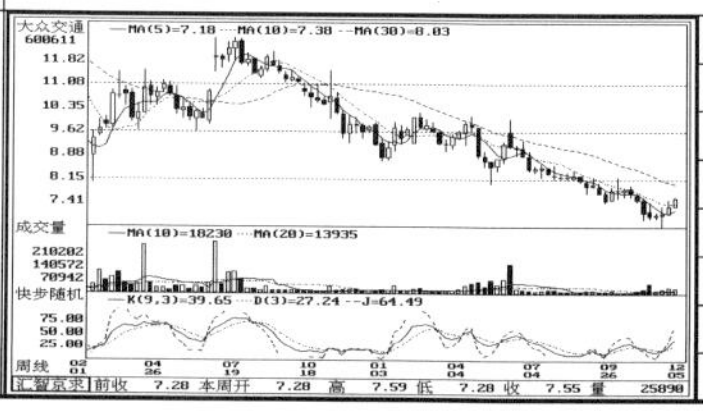

2002年涨跌幅(%)	–5.22
2002年最高(元)	12.35
2002年最低(元)	7.57
2002年换手率(%)	149.15
2003年涨跌幅(%)	–19.74
2003年最高(元)	10.02
2003年最低(元)	6.68
2003年换手率(%)	74.84

中国第一铅笔股份有限公司

公司概况

公司名称	中国第一铅笔股份有限公司			股票代码	600612		
注册地址	上海浦东金桥出口加工区川桥路 1295 号			邮政编码	201206		
法人代表	胡书刚			董秘	周富良		
电话	021-58549624			传真	021-64720802		
主营业务	笔类制品和笔类产品表面材料、包装材料等						
总股本	25177.94	流通 A	2908.79	流通 B	12005.14	流通 H	
审计单位				审计意见	未审计		

主要财务指标

年度	2003.9	2003.6	2002	2001
每股收益/扣除后(元)	0.0500	0.0327	0.0066	–0.0050
每股经营现金流量(元)	0.2305	0.0480	0.0414	0.4809
每股净资产/调整后(元)	1.6530	1.6370	1.6090	1.6120
每股公积金(元)	0.5174	0.5174	0.5170	0.5165
净资产收益率(%)	3.0690	1.4670	0.7130	0.4200
总资产(万元)	146512.48	143978.09	137125.89	137580.45
股东权益(万元)	45705.82	44960.26	44263.60	43960.00
未分配利润(万元)	–736.00	–1479.27	–2107.84	–1937.86
主营收入(万元)	142155.20	89684.12	102613.34	91074.70
资本公积金(万元)	13027.15	13027.15	13017.15	13004.81
主营利润(万元)	14720.26	9530.49	19001.30	16586.19
其他业务利润(万元)	991.02	669.13	269.34	270.06
营业利润(万元)	3092.47	1968.80	1311.17	112.74
投资收益(万元)	258.37	3.57	567.46	534.19
补贴收入(万元)	100.79	62.11	88.22	274.91
营业外收支(万元)	–214.06	–189.85	182.14	135.72
利润总额(万元)	3237.58	1844.63	2148.99	1057.57
净利润(万元)	1402.83	659.56	315.82	186.10

十大股东

序号	股东名称	股份性质	持股数(万股)	比例(%)
1	上海轻工控股(集团)公司	国有股	8332.81	33.09
2	交通银行上海分行	法人股	999.67	3.97
3	中国建行上海分行第二营业部	法人股	279.13	1.11
4	CBNY S/A PNC/SKANDIA SELECT FUND/CHINA EQUITY AC	B股	275.93	1.10
5	上海富利贸易有限公司	法人股	221.98	0.88
6	CAO ZHONG NAN	B股	160.00	0.64
7	上海第一百货商厦股份有限公司	法人股	144.97	0.58
8	香港鸿发集团有限公司	B股	134.01	0.53
9	UNION INVESTMENT LUXEMBOURG S.A.RE:EM FERNOST FONDS(LUX)	B股	100.00	0.39
10	上海国际信托投资公司	B股	96.14	0.38

股东人数	2003.9	2003.6	2002	2001
	37326	37759	38445	29504

近年分配		近年配股/增发	不分配不转增

重大事项

原告中国民生银行上海分行与上海永生数据科技股份有限公司和公司就 **2002** 年 **8** 月 **29** 日公司曾在《上海证券报》上披露过的借款合同纠纷事项达成如下调解协议：永生数据同意 **2002** 年 **12** 月 **20** 日前向民生银行偿付 **80** 万元，剩余的 **1920** 万元借款本金以及逾期利息于 **2003** 年 **3** 月 **31** 日前偿付完毕. 公司作为担保方对永生数据上述付款义务承担连带清偿责任。 **2000** 年度美国对本公司征收的铅笔反倾销单独税率为 **11.39%**。这比上一年度的 **53.65%** 下降了 **42.26%**。

二〇〇二年以来市场表现

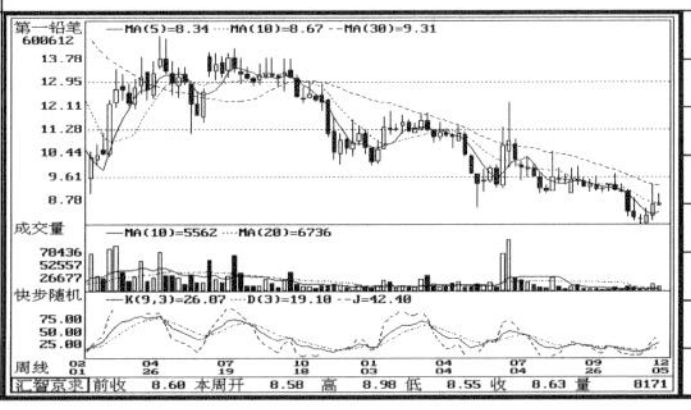

2002年涨跌幅(%)	–14.19
2002年最高(元)	14.62
2002年最低(元)	8.03
2002年换手率(%)	441.05
2003年涨跌幅(%)	–15.85
2003年最高(元)	12.22
2003年最低(元)	7.94
2003年换手率(%)	215.73

上海永生数据科技股份有限公司

公司概况

公司名称	上海永生数据科技股份有限公司			股票代码	600613		
注册地址	上海市浦东新区上川路995号			邮政编码	200030		
法人代表	张芝庭			董秘	李斌		
电话	021-64399900			传真	021-54590737		
主营业务	城市地理数据的采集、处理,开发等						
总股本	14790.50	流通A	912.55	流通B	4562.64	流通H	
审计单位				审计意见	未审计		

主要财务指标

年度	2003.9	2003.6	2002	2001
每股收益/扣除后(元)	-0.0350	-0.0385	-0.6400	-0.2950
每股经营现金流量(元)	0.1014	0.0630	0.1083	-0.1387
每股净资产/调整后(元)		0.8763	0.8946	1.6240
每股公积金(元)	0.9500	0.9500	0.9500	0.9500
净资产收益率(%)	-13.8600	-7.7100	-75.7400	-18.0430
总资产(万元)	29864.80	27679.30	28951.48	40898.76
股东权益(万元)	14777.75	12961.91	13587.05	24204.77
未分配利润(万元)	-18532.09	-20490.55	-19814.19	-9247.69
主营收入(万元)	1743.96	711.37	1265.45	3676.40
资本公积金(万元)	14051.58	14051.58	14051.58	14051.58
主营利润(万元)	780.19	431.03	147.64	1626.13
其他业务利润(万元)	40.85	19.87	22.59	29.02
营业利润(万元)	-524.14	-553.80	-3961.13	-2988.43
投资收益(万元)	-1388.44	-452.24	-5536.99	-1289.44
补贴收入(万元)			0.60	
营业外收支(万元)	-166.29		-918.11	-2.31
利润总额(万元)	2078.87	-1006.49	-10415.64	-4280.18
净利润(万元)	-2048.82	-999.97	-10291.43	-4367.35

十大股东

序号	股东名称	股份性质	持股数(万股)	比例(%)
1	上海飞天投资有限责任公司	法人股	7397.78	50.02
2	浙江工业大学	法人股	310.26	2.10
3	上海爱辉实业发展有限公司	法人股	300.00	2.03
4	上海宏亿投资咨询有限公司	法人股	200.00	1.35
5	第一百货商厦股份有限公司	法人股	89.43	0.60
6	华联商厦股份有限公司	法人股	80.00	0.54
7	南上海商业房地产有限公司	法人股	60.23	0.41
8	上海氯碱总厂	法人股	54.75	0.37
9	中国纺织机械股份有限公司	法人股	54.75	0.37
10	新亚快餐	法人股	5.75	0.37

股东人数	2003.9	2003.6	2002	2001
	16961	17552	18347	17994

近年分配		近年配股/增发	不分配不转增

重大事项

2003年3月28日,公司控股股东上海飞天投资有限责任公司将持有的公司50.02%的股权转让给贵州神奇投资有限公司。同日,拟将公司部分低效资产及负债与上海飞天因转让股权而受让的贵州金桥药业有限公司部分股权进行置换。2003年10月15日,公司董事会决定按中国证监会有关上市公司重大资产重组的要求上报材料,目前公司正对上报的材料进行补充和修改。

二〇〇二年以来市场表现

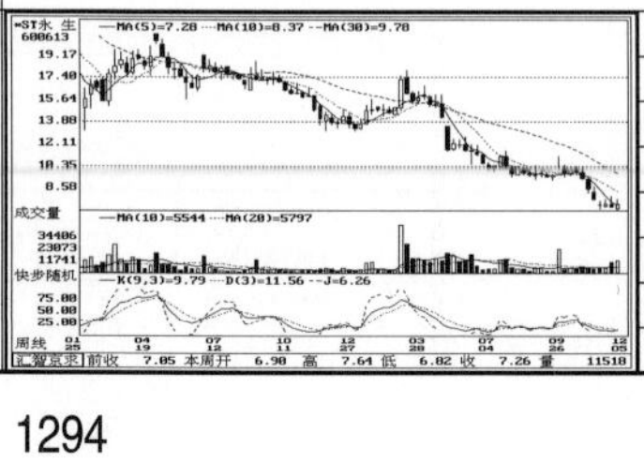

2002年涨跌幅(%)	-29.03
2002年最高(元)	20.93
2002年最低(元)	13.08
2002年换手率(%)	326.14
2003年涨跌幅(%)	-46.79
2003年最高(元)	17.90
2003年最低(元)	6.90
2003年换手率(%)	420.38

上海三九科技发展股份有限公司

公司概况

公司名称	上海三九科技发展股份有限公司			股票代码	600614		
注册地址	上海浦东东昌路600号			邮政编码	200120		
法人代表	赵新先			董秘	钱海啸		
电话	021-50813939-201			传真	021-58313117		
主营业务	在国家鼓励和允许的范围内进行投资等						
总股本	11513.34	流通A	834.90	流通B	4174.50	流通H	
审计单位				审计意见	未审计		

主要财务指标

年度	2003.9	2003.6	2002	2001
每股收益/扣除后(元)	0.1200	0.0500	0.1230	0.1110
每股经营现金流量(元)	0.1476	0.1200	-0.5943	0.1622
每股净资产/调整后(元)	1.8420	1.8500	1.7670	1.6980
每股公积金(元)	0.7385	0.7385	0.7384	0.7319
净资产收益率(%)	5.9000	5.1200	12.3700	13.8100
总资产(万元)	129668.66	123971.16	117782.45	79136.66
股东权益(万元)	22967.34	22778.46	21641.99	20381.22
未分配利润(万元)	2833.51	2644.64	1477.61	851.17
主营收入(万元)	36984.86	22953.74	21933.79	22611.54
资本公积金(万元)	8502.04	8502.04	8501.52	8426.69
主营利润(万元)	8352.80	5363.93	8988.65	6231.49
其他业务利润(万元)	687.29	482.51	773.55	1062.53
营业利润(万元)	1524.24	1051.54	2755.37	1678.88
投资收益(万元)	-108.02	-99.75	-11.31	1039.38
补贴收入(万元)	2.89			176.00
营业外收支(万元)	776.80		1075.29	618.84
利润总额(万元)	2195.91	1736.95	3819.35	3513.10
净利润(万元)	1355.90	1167.03	2678.06	2814.31

十大股东

序号	股东名称	股份性质	持股数(万股)	比例(%)
1	三九企业集团	国有法人股	3396.43	29.50
2	北京世纪尊博投资有限公司	法人股	2272.60	19.74
3	上海宝钢集团公司	法人股	166.98	1.45
4	陈素幸	外资股	163.75	1.42
5	上海纺织机械总厂	法人股	86.83	0.75
6	谌瑞奇	外资股	83.89	0.73
7	章吉	外资股	80.68	0.70
8	上海加顺国际贸易有限公司	法人股	59.28	0.51
9	深圳市千眼投资顾问有限公司	法人股	58.44	0.50
10	庆丰国际投资有限公司	外资股	52.08	0.45

股东人数	2003.9	2003.6	2002	2001
	17738	17935	18237	17893

近年分配	2002年10派1元	近年配股/增发	不分配不转增

重大事项

2002年12月21日上海胶带股份有限公司将持有深圳三九医院的部分投资权益与三九医药股份有限公司持有宁波药材股份有限公司的股权进行等价置换。本次资产置换的金额以评估值为准,交易价格为7636万元。

二〇〇二年以来市场表现

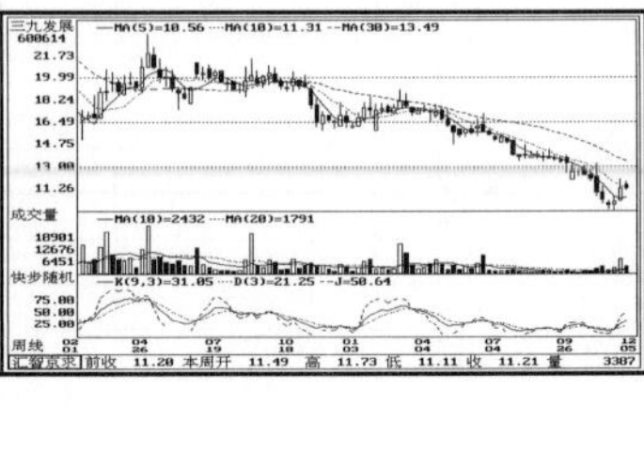

2002年涨跌幅(%)	-15.29
2002年最高(元)	23.38
2002年最低(元)	12.27
2002年换手率(%)	388.93
2003年涨跌幅(%)	-30.04
2003年最高(元)	18.88
2003年最低(元)	9.51
2003年换手率(%)	174.78

上海丰华(集团)股份有限公司

公司概况

公司名称	上海丰华(集团)股份有限公司	股票代码	600615
注册地址	上海市浦东新区东方路 3601 号	邮政编码	200125
法人代表	宋 波	董秘	王结根
电话	021-63745810	传真	021-63552809
主营业务	文教体育用品、食品加工业、食品等		
审计单位		审计意见	未审计

总股本	15041.64	流通 A	4650.05	流通 B		流通 H	

主要财务指标

年度	2003.9	2003.6	2002	2001
每股收益 / 扣除后(元)	-0.2000	-0.1900	-0.6300	-0.3960
每股经营现金流量(元)	-0.0842	-0.1100	-0.7607	0.1324
每股净资产 / 调整后(元)	1.2500	1.2500	1.4200	1.6000
每股公积金(元)	1.8299	1.8299	1.8299	1.8184
净资产收益率(%)	-8.1700	-7.6800	-16.6500	-7.6800
总资产(万元)	93572.39	94039.00	94764.73	108419.02
股东权益(万元)	36869.23	37038.66	40073.23	53863.46
未分配利润(万元)	-11377.64	-11209.72	-8178.08	5567.47
主营收入(万元)	10591.14	6959.59	14618.58	20304.48
资本公积金(万元)	27524.09	275024.09	27524.09	27351.31
主营利润(万元)	2395.36	1681.09	5470.82	5122.57
其他业务利润(万元)	944.88	574.38	1078.00	597.01
营业利润(万元)	-2926.73	-2211.21	-9554.77	-4510.76
投资收益(万元)	303.68	33.95	565.51	463.52
补贴收入(万元)			4.02	
营业外收支(万元)	-599.43		2329.78	-95.25
利润总额(万元)	-3222.47	-3126.71	-6655.46	-4142.49
净利润(万元)	-3011.96	-2844.03	-6673.92	-4138.97

十大股东

序号	股东名称	股份性质	持股数(万股)	比例(%)
1	三河东方科技发展有限公司	国有法人股	3750.00	24.93
2	汉骐集团有限公司	国有法人股	3177.56	21.13
3	唐山海港兴嘉物贸有限公司	国有法人股	612.08	4.07
4	豫园(集团)有限公司	国有法人股	379.00	2.52
5	上海第十七棉纺织总厂	法人股	316.80	2.11
6	上海国际信托投资公司	法人股	207.36	1.38
7	申银万国证券股份有限公司	法人股	194.74	1.29
8	上海市泰康食品有限公司	法人股/流通股	172.67	1.07
9	中国纺织机械股份有限公司	法人股	126.72	0.84
10	上海东方明珠股份有限公司	法人股	103.68	0.69

股东人数	2003.9	2003.6	2002	2001
	21880	22383	22840	21602

近年分配		近年配股 / 增发	不分配不转增

重大事项

唐山海港兴嘉物贸有限公司、上海豫园(集团)有限公司、上海信融投资有限公司、上海第十七棉纺织总厂合计持有公司 13.02% 股份，为了公司的生存和发展以及全体股东利益，提出八项议案(详见当日股东大会)，要求本次股东大会审议表决。

二〇〇二年以来市场表现

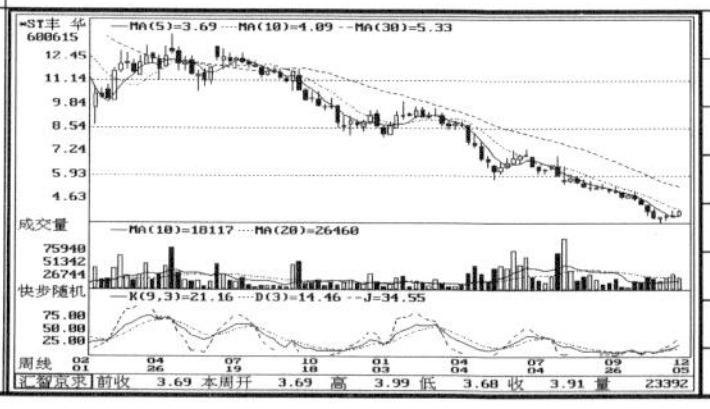

2002年涨跌幅(%)	-36.10
2002年最高(元)	13.75
2002年最低(元)	8.10
2002年换手率(%)	231.57
2003年涨跌幅(%)	-55.54
2003年最高(元)	9.95
2003年最低(元)	3.33
2003年换手率(%)	256.55

上海市第一食品(集团)股份有限公司

公司概况

公司名称	上海市第一食品(集团)股份有限公司	股票代码	600616
注册地址	上海市浦东新区张杨路 579 号	邮政编码	200120
法人代表	吴顺宝	董秘	张黎云
电话	021-58352625	传真	021-58352620
主营业务	食品、副食品、粮油、百货、日用杂货等		
审计单位		审计意见	未审计

总股本	19039.56	流通 A	6848.11	流通 B		流通 H	

主要财务指标

年度	2003.9	2003.6	2002	2001
每股收益 / 扣除后(元)	0.2600	0.2000	0.1600	0.2100
每股经营现金流量(元)	0.2578	0.0410	-0.4598	0.3982
每股净资产 / 调整后(元)	1.7700	1.7200	1.5400	2.1500
每股公积金(元)	0.4359	0.4359	0.4359	1.1537
净资产收益率(%)	13.4300	10.8000	10.1000	8.7800
总资产(万元)	144276.30	134232.12	136259.25	54742.94
股东权益(万元)	36341.65	35268.86	31459.32	30947.47
未分配利润(万元)	5113.44	4040.65	231.12	576.54
主营收入(万元)	217306.80	143978.97	105791.11	58619.38
资本公积金(万元)	8298.80	8298.80	8298.80	14644.25
主营利润(万元)	26410.74	18039.92	15966.19	11250.62
其他业务利润(万元)	11018.68	7299.49	6075.37	946.83
营业利润(万元)	7165.86	5381.22	3447.46	2905.72
投资收益(万元)	347.38	376.53	461.05	593.74
补贴收入(万元)	25.73	25.73		2.12
营业外收支(万元)	-80.89	-58.15	194.61	-13.97
利润总额(万元)	7458.08	5725.32	4103.12	3487.60
净利润(万元)	4882.32	3809.53	3176.32	2715.86

十大股东

序号	股东名称	股份性质	持股数(万股)	比例(%)
1	上海市糖业烟酒(集团)有限公司	国家股	8437.75	44.32
2	上海商投创业投资有限公司	法人股	410.42	2.16
3	上海国际信托投资有限公司	法人股	360.81	1.90
4	上海捷强烟草糖酒(集团)有限公司	法人股	247.74	1.30
5	上海海立(集团)股份有限公司	法人股	144.32	0.76
6	上海华联商厦股份有限公司	法人股	135.00	0.71
7	上海烟草(集团)公司	法人股	117.26	0.62
8	上海南上海商业房地产有限公司	法人股	103.73	0.54
9	上海上食肉类有限公司	法人股	93.81	0.49
10	大众交通(集团)股份有限公司	法人股	90.20	0.47

股东人数	2003.9	2003.6	2002	2001
	10907	11328	12991	26385

近年分配	2002年 10 派 1.4 元 2001 年 10 派 1.8 元	近年配股 / 增发	2002年 10 转增 5 股

重大事项

2003 年 9 月 3 日公司通过了《关于投资组建餐饮连锁投资控股有限公司关联交易的议案》及《关于投资组建食品产业发展投资控股有限公司关联交易的议案》。目前上海顺联通创业投资有限公司与上海顺和通创业投资有限公司分别于 2003 年 8 月 28 日和 2003 年 8 月 22 日完成了工商注册，以上两公司的注册资本均为人民币 5000 万元，营业期限均为 10 年。 2002 年报告期内公司拟将部分资产与第一大股东上海市糖业烟酒(集团)有限公司进行资产置换，本次资产置换涉及金额 3,895.24 万元。

二〇〇二年以来市场表现

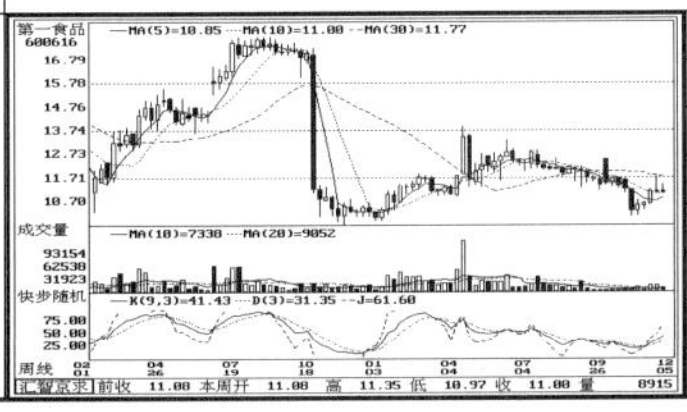

2002年涨跌幅(%)	11.51
2002年最高(元)	11.73
2002年最低(元)	6.27
2002年换手率(%)	144.27
2003年涨跌幅(%)	11.02
2003年最高(元)	13.74
2003年最低(元)	9.69
2003年换手率(%)	139.66

上海联华合纤股份有限公司

公司概况

公司名称	上海联华合纤股份有限公司	股票代码	600617
注册地址	上海市浦东新区恒大路 62 号	邮政编码	201800
法人代表	谈逸	董秘	王凌中
电话	021-64689988	传真	021-64874717
主营业务	生产销售聚酯切片、合成纤维及深加工产品等		

总股本	16719.48	流通 A	900.00	流通 B	6455.84	流通 H	
审计单位				审计意见	未审计		

主要财务指标

年度	2003.9	2003.6	2002	2001
每股收益 / 扣除后(元)	-0.3000	-0.1600	-0.6300	-0.0020
每股经营现金流量(元)	-0.0426	0.6060	-0.0031	-0.1217
每股净资产 / 调整后(元)	0.3900	0.5200	0.6800	1.6000
每股公积金(元)	0.3459	0.3459	0.3459	0.3459
净资产收益率(%)	-75.5700	-30.5900	-145.5500	0.4000
总资产(万元)	38453.30	40337.75	43408.37	56456.16
股东权益(万元)	6606.18	8881.79	11598.49	28480.48
未分配利润(万元)	-18805.00	-16529.39	-13812.70	3069.29
主营收入(万元)	10459.47	7258.10	18401.15	32311.77
资本公积金(万元)	5783.57	5783.57	5783.57	5783.57
主营利润(万元)	-4522.56	-2084.33	-2954.79	1878.57
其他业务利润(万元)	183.24	89.36	78.18	-77.53
营业利润(万元)	-5182.20	-2836.41	-11894.80	-153.09
投资收益(万元)				61.05
补贴收入(万元)			0.50	39.10
营业外收支(万元)	-5.92		-6335.27	80.13
利润总额(万元)	-5188.12	-2823.52	-18229.57	27.19
净利润(万元)	-4992.30	-2716.69	-16881.99	112.82

十大股东

序号	股东名称	股份性质	持股数(万股)	比例(%)
1	上海化纤(集团)有限公司	国有股	2487.10	14.88
2	中信兴业信托投资公司	国有股	1598.92	9.56
3	中国银行上海分行	国有股	1230.95	7.36
4	上海市上投实业投资有限公司	国有股	1194.95	7.15
5	上海新纺织经营开发有限公司	国有股	1132.85	6.78
6	上海爱建股份有限公司	法人股	326.19	1.95
7	上海嘉盛投资咨询有限公司	法人股	301.23	1.80
8	珍德塑胶有限公司	法人股	167.40	1.00
9	江苏省常熟市新区油料供应有限公司	法人股	144.00	0.86
10	申银万国证券股份有限公司	法人股	82.80	0.50

股东人数	2003.9	2003.6	2002	2001
	17962	18962	19416	17314

近年分配		近年配股 / 增发	不分配不转增

重大事项

2003 年 **7** 月 **16** 日浦发银行杨浦支行因上海国嘉实业股份有限公司未能在规定结息日履行付息义务而被上海市第二中级人民法院冻结、划拨被执行人国嘉实业或被执行人公司银行存款人民币 **7512176.50** 元及迟延履行期间的加倍利息与执行中产生的实际支出费用；银行存款不足之数，查封、扣押被执行人国嘉实业或被执行人公司相应价值的财产；公司也从上海联华化纤有限公司获知，新化纤已接到上海市第二中级人民法院《民事裁定书》和《协助执行通知书》，查封了本公司投资于新化纤 **9000** 万元中的 **1000** 万元。这将给公司带来不利的影响。

二〇〇二年以来市场表现

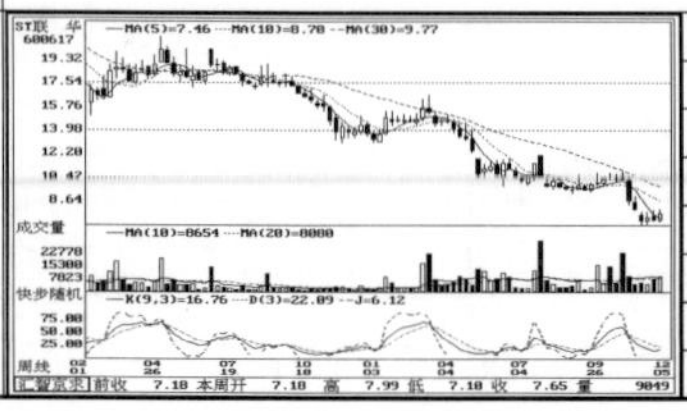

2002年涨跌幅(%)	-31.02
2002年最高(元)	21.10
2002年最低(元)	13.01
2002年换手率(%)	236.56
2003年涨跌幅(%)	-45.73
2003年最高(元)	16.60
2003年最低(元)	6.86
2003年换手率(%)	370.97

上海氯碱化工股份有限公司

公司概况

公司名称	上海氯碱化工股份有限公司	股票代码	600618
注册地址	上海龙吴路 4747 号	邮政编码	200241
法人代表	周波	董秘	许沛文
电话	021-64340000	传真	021-64341341
主营业务	生产烧碱、氯、氟和聚氯乙烯系列化工原料等		

总股本	116448.31	流通 A	2783.24	流通 B	40656.00	流通 H	
审计单位				审计意见	未审计		

主要财务指标

年度	2003.9	2003.6	2002	2001
每股收益 / 扣除后(元)	0.0250	0.0213	-0.0055	-0.0900
每股经营现金流量(元)	0.0669	0.0070	0.4018	0.2043
每股净资产 / 调整后(元)	2.2749	2.2704	2.2827	2.0500
每股公积金(元)	1.3286	1.3275	1.3261	1.3160
净资产收益率(%)	1.0220	0.8700	0.2300	0.1800
总资产(万元)	503948.28	494955.12	444482.53	465045.62
股东权益(万元)	285248.78	284680.53	277466.06	287143.66
未分配利润(万元)	2355.58	1917.06	-3793.37	-8633.76
主营收入(万元)	279656.28	187414.98	316099.25	272832.31
资本公积金(万元)	154717.50	154587.77	153242.41	153240.87
主营利润(万元)	37939.68	26393.55	41645.57	34417.68
其他业务利润(万元)	80.96	126.27	994.63	1667.54
营业利润(万元)	3179.01	2215.29	770.47	-4768.38
投资收益(万元)	614.63	316.04	-1112.86	8026.84
补贴收入(万元)			763.66	310.70
营业外收支(万元)	-378.70		521.81	-924.13
利润总额(万元)	3414.94	2798.69	943.08	2645.03
净利润(万元)	2916.21	2477.70	635.10	513.34

十大股东

序号	股东名称	股份性质	持股数(万股)	比例(%)
1	上海华谊(集团)公司	国家股	61151.06	52.51
2	宁波金港信托投资责任有限公司	法人股	605.00	0.52
3	上海申银万国证券有限公司	法人股	505.78	0.43
4	上海天原(集团)有限公司	法人股	44.19	0.38
5	上海氯碱化工综合公司	法人股	433.04	0.37
6	DEBORAH WANG	B股	352.30	0.30
7	上海公积金管理中心	法人股	304.92	0.26
8	上海氯碱化工房产经营开发公司	法人股	304.92	0.26
9	中国银行无锡分行	法人股	260.60	0.22
10	上海水仙电器股份有限公司	法人股	237.06	0.20

股东人数	2003.9	2003.6	2002	2001
	87190	87075	88000	88421

近年分配		近年配股 / 增发	不分配不转增

重大事项

2003 年 **11** 月 **20** 日公司受让上海欣吴实业有限公司持有的上海华鸿管廊有限公司 **31%** 的股权，上海焦化有限公司、上海化工供销有限公司分别受让其 **10%** 的股权。上述受让股权价格以上海华鸿管廊有限公司注册资本出资价为依据，公司预计转让价格 **1240** 万元。本次股权受让，公司增加投资约 **1240** 万元(共累计投资 **2800** 万元)。同日，经协商，美国 **AIR-SEA TRANSPORT INC** 公司同意以现金受让公司持有的 **21%** 的股份，转让价格将以评估价格确定。

二〇〇二年以来市场表现

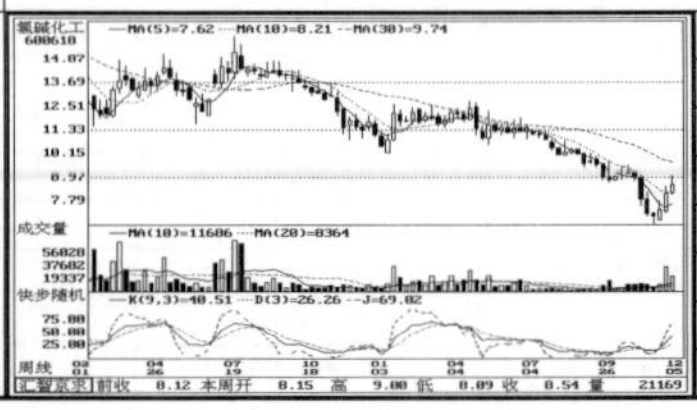

2002年涨跌幅(%)	-22.47
2002年最高(元)	16.05
2002年最低(元)	10.53
2002年换手率(%)	345.57
2003年涨跌幅(%)	-24.81
2003年最高(元)	12.75
2003年最低(元)	6.61
2003年换手率(%)	180.82

上海海立(集团)股份有限公司

公司概况

公司名称	上海海立(集团)股份有限公司			股票代码	600619		
注册地址	上海浦东金桥出口加工区26号地块			邮政编码	200090		
法人代表	顾惠龙			董秘	钟磊		
电话	021-65660000			传真	021-65670941		
主营业务	冰箱压缩机、空调压缩机、制冷设备、燃气用具等						
总股本	38052.00	流通A	2028.00	流通B	17940.00	流通H	
审计单位				审计意见	未审计		

主要财务指标

年度	2003.9	2003.6	2002	2001
每股收益/扣除后(元)	0.0600	0.0760	0.0630	0.3550
每股经营现金流量(元)	1.0443	0.8880	0.7792	1.2342
每股净资产/调整后(元)	2.6600	2.6400	2.5400	2.5400
每股公积金(元)	1.1002	1.0419	0.9687	0.9687
净资产收益率(%)	1.7500	3.1700	1.6900	12.8400
总资产(万元)	326851.62	360362.16	328876.87	328777.84
股东权益(万元)	104756.09	104244.85	98918.78	99713.67
未分配利润(万元)	323.84	1800.82	1566.80	7085.33
主营收入(万元)	203515.05	164943.02	213227.56	255868.37
资本公积金(万元)	41864.24	39647.24	36859.24	36859.24
主营利润(万元)	23738.36	17871.33	47953.30	69969.07
其他业务利润(万元)	1728.67	1171.90	-166.35	304.16
营业利润(万元)	3145.65	5126.59	7316.10	26112.82
投资收益(万元)	105.85	215.89	78.62	-463.25
补贴收入(万元)				
营业外收支(万元)	403.91		-811.99	-1062.86
利润总额(万元)	3655.41	5747.58	6582.73	24586.71
净利润(万元)	1829.11	3306.09	1672.75	12806.51

十大股东

序号	股东名称	股份性质	持股数(万股)	比例(%)
1	上海轻工控股(集团)公司	国家股	12000.00	31.53
2	上海久事公司	社会法人股	1696.32	4.46
3	上海国际信托投资公司	社会法人股	669.24	1.76
4	中国工商银行上海市第二支行	社会法人股	577.27	1.52
5	上海新工联(集团)有限公司	社会法人股	403.57	1.06
6	上海上立实业发展合作公司	社会法人股	330.18	0.87
7	上海电气(集团)总公司	社会法人股	310.28	0.82
8	上海仪阳企业发展有限公司	社会法人股	210.00	0.55
9	交通银行上海分行	社会法人股	202.80	0.53
10	中国工商银行上海市浦东分行	社会法人股	202.80	0.53

股东人数	2003.9	2003.6	2002	2001
	39459	39223	39027	34666

近年分配	2001年10派0.9元	近年配股/增发	不分配不转增

重大事项

公司于2003年11月20日与日立制作所签署合资经营合同,合资设立日立海立汽车部件(上海)有限公司,实施汽车起动机项目。合资公司成立时,总投资为2625万美元,注册资本为1050万美元,公司出资350万美元,占出资比例的33.3%。合资期限为二十年。 2003年10月30日通过上海海立特种制冷设备有限公司增资的议案:本次股东增资额为760万元人民币,各方股东全部以现金方式注入:公司增资555万元,本次增资后,海立特冷注册资本为1000万元,公司股权比例为70%。

二〇〇二年以来市场表现

2002年涨跌幅(%)	-24.92
2002年最高(元)	16.86
2002年最低(元)	11.11
2002年换手率(%)	277.45
2003年涨跌幅(%)	-24.78
2003年最高(元)	12.95
2003年最低(元)	6.80
2003年换手率(%)	278.90

上海市天宸股份有限公司

公司概况

公司名称	上海市天宸股份有限公司			股票代码	600620		
注册地址	上海市徐家汇路550号15楼			邮政编码	200025		
法人代表	叶立润			董秘	陶 琴		
电话	021-64453550-1520			传真	021-64456910		
主营业务	实业投资、国内贸易、房地产经营						
总股本	32012.92	流通A	9655.86	流通B		流通H	
审计单位				审计意见	未审计		

主要财务指标

年度	2003.9	2003.6	2002	2001
每股收益/扣除后(元)	0.0690	0.0440	0.2240	0.0770
每股经营现金流量(元)	-0.0034	-0.1360	0.9572	0.0636
每股净资产/调整后(元)	1.4140	1.3860	1.5470	1.2350
每股公积金(元)	0.2304	0.2270	0.2724	0.2724
净资产收益率(%)	7.1300	5.7100	17.8100	8.9200
总资产(万元)	147013.02	145980.23	160115.16	129369.29
股东权益(万元)	48367.73	47527.83	45276.57	38281.22
未分配利润(万元)	5160.45	4428.41	7048.39	1278.60
主营收入(万元)	42226.31	26173.93	47006.26	19568.94
资本公积金(万元)	7376.04	7268.19	7268.19	7268.19
主营利润(万元)	7009.27	3379.70	17612.35	4888.35
其他业务利润(万元)	139.67	86.32	258.13	83.02
营业利润(万元)	2136.58	694.88	7199.26	143.10
投资收益(万元)	59.71	73.94	724.59	2495.60
补贴收入(万元)	1400.69	1310.24	814.25	1206.41
营业外收支(万元)	-213.18	-23.74	1634.86	0.68
利润总额(万元)	3383.81	2055.32	10372.97	3845.80
净利润(万元)	3447.55	2715.51	8062.45	3413.21

十大股东

序号	股东名称	股份性质	持股数(万股)	比例(%)
1	上海仲盛虹桥房地产开发有限公司	社会法人股	9567.35	29.89
2	上海展览中心	社会法人股	1860.61	5.81
3	上海市牛奶公司	社会法人股	1405.78	4.39
4	上海前峰建筑工程有限公司	社会法人股	799.69	2.50
5	上海农业展览馆	社会法人股	692.98	2.16
6	上海强生集团	社会法人股	538.20	1.60
7	江南重工	社会法人股	480.00	1.50
8	上海嘉定区长征镇工业公司	社会法人股	454.32	1.42
9	徐汇联社	社会法人股	322.92	1.01
10	农行上海支行	社会法人股	279.86	0.87

股东人数	2003.9	2003.6	2002	2001
	23442	20667	15633	17085

近年分配	2002年10派0.4元 2001年10派0.3元	近年配股/增发	2002年10股送2股

重大事项

公司决定为绿地(集团)有限公司获得上海浦东发展银行5000万元流动资金短期借款提供担保。上海绿地(集团)有限公司于2003年8月8日与上海浦东发展银行签订了《短期贷款合同》,期限为2003年8月8日至2004年8月14日,公司目前与上海浦东发展银行签订了《短期贷款保证合同》,由公司承担连带保证责任。 公司决定为所属子公司上海南方综合物流园区管理有限公司在中国农业银行上海市闵行支行5000万元借款展期继续提供担保,公司于2003年7月11日与农行上海闵行支行签订了《借款展期协议》。

二〇〇二年以来市场表现

2002年涨跌幅(%)	-23.38
2002年最高(元)	13.32
2002年最低(元)	9.34
2002年换手率(%)	180.96
2003年涨跌幅(%)	-31.56
2003年最高(元)	10.39
2003年最低(元)	5.58
2003年换手率(%)	210.98

上海金陵股份有限公司

公司概况

公司名称	上海金陵股份有限公司			股票代码	600621		
注册地址	海浦东杨高南路 475~483 号			邮政编码	200127		
法人代表	余宝庆			董秘	陈炳良		
电话	021-63222658			传真	021-63502688		
主营业务	电子配套件、微型电机、印刷线路板等						
总股本	52408.24	流通 A	20995.54	流通 B		流通 H	
审计单位				审计意见	未审计		

主要财务指标

年度	2003.9	2003.6	2002	2001
每股收益 / 扣除后(元)	0.0710	0.0410	0.0829	0.0611
每股经营现金流量(元)	0.2524	0.2360	0.1651	0.3779
每股净资产 / 调整后(元)	1.6200	1.5700	1.5100	1.5000
每股公积金(元)	0.4089	0.4089	0.4089	0.4089
净资产收益率(%)	6.4200	3.9300	8.4000	-15.0500
总资产(万元)	156922.42	164854.06	139166.77	141057.19
股东权益(万元)	91662.43	89288.79	85781.34	83818.46
未分配利润(万元)	7257.15	4883.51	1024.78	-597.82
主营收入(万元)	69647.39	44867.37	83540.70	90443.06
资本公积金(万元)	21429.96	21429.96	21429.96	21429.96
主营利润(万元)	13423.71	8411.38	19330.70	18827.21
其他业务利润(万元)	1044.01	761.49	257.65	712.89
营业利润(万元)	4437.96	2877.38	5782.94	3081.04
投资收益(万元)	1908.98	807.30	1285.02	-15578.19
补贴收入(万元)	238.41	197.83	796.31	433.25
营业外收支(万元)	370.34	471.46	943.67	187.32
利润总额(万元)	6955.69	4353.97	8807.94	-11876.59
净利润(万元)	5881.09	3507.45	7203.71	-12616.51

十大股东

序号	股东名称	股份性质	持股数(万股)	比例(%)
1	上海仪电控股(集团)公司	国家股	13829.82	26.39
2	上海敏特投资有限公司	法人股/流通股	3830.63	7.30
3	上海恒欣投资发展有限公司	法人股/流通股	2603.26	4.97
4	上海同裕创业投资联社	法人股	2581.10	4.92
5	上海由由集团股份有限公司	法人股	1665.73	3.18
6	上海金陵集体基金合作联社	法人股	1350.28	2.58
7	上海第十七棉纺织总厂	法人股	1188.14	2.27
8	上海高舜企业发展有限公司	法人股	1025.20	1.96
9	上海联诚经济发展有限公司	法人股	643.50	1.23
10	上海氯碱化工总厂	法人股	534.66	1.02

股东人数	2003.9	2003.6	2002	2001
	41414	41457	43123	46414

近年分配	2002年10派1元	近年配股/增发	2001年10股送3股

重大事项

公司于 **2003** 年 **10** 月 **17** 日以通讯方式召开第四届董事会临时会议(**2003-2**),会议审议同意公司受让松江经济开发区工业区 **510** 亩土地使用权,受让价格约 **5100** 万元,土地使用权为 **50** 年。 公司为上海金欣联合发展有限公司申请在中国建设银行上海第四支行办理 **1500** 万元的银行贷款提供信用担保,期限为一年。公司累计对外担保金额为人民币 **3400** 万元,其中为上海外开希电路板有限公司担保 **500** 万元,为上海伯乐电路板有限公司担保 **700** 万元,为上海金鑫电子有限公司担保 **700** 万元,为上海金欣联合发展有限公司担保 **1500** 万元。

二〇〇二年以来市场表现

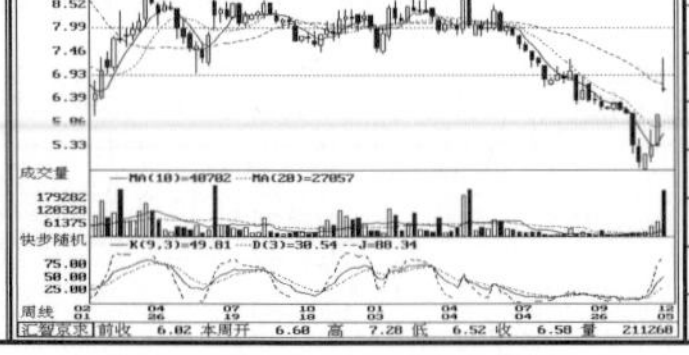

2002年涨跌幅(%)	8.96
2002年最高(元)	8.95
2002年最低(元)	5.90
2002年换手率(%)	141.23
2003年涨跌幅(%)	-22.62
2003年最高(元)	8.68
2003年最低(元)	4.80
2003年换手率(%)	85.83

上海嘉宝实业(集团)股份有限公司

公司概况

公司名称	上海嘉宝实业(集团)股份有限公司			股票代码	600622		
注册地址	上海市嘉定区清河路 55 号			邮政编码	201800		
法人代表	钱明			董秘	孙红良		
电话	021-59529711			传真	021-59536931		
主营业务	生产和制造电机,电器,实业投资等						
总股本	33368.83	流通 A	11519.91	流通 B		流通 H	
审计单位				审计意见	未审计		

主要财务指标

年度	2003.9	2003.6	2002	2001
每股收益 / 扣除后(元)	0.0239	0.0110	0.0005	-0.4200
每股经营现金流量(元)	0.0616	0.0200	0.3354	0.0409
每股净资产 / 调整后(元)	1.3580	1.3400	1.2800	1.2500
每股公积金(元)	1.1338	1.1338	1.1338	1.1422
净资产收益率(%)	5.7500	4.2800	2.8600	-33.6500
总资产(万元)	103999.35	103354.67	87815.62	74474.80
股东权益(万元)	48240.00	47542.07	45602.01	44475.43
未分配利润(万元)	-25425.88	-26165.11	-28078.58	-29193.24
主营收入(万元)	20811.53	14679.72	25708.39	19080.59
资本公积金(万元)	37833.83	37833.83	37833.64	38113.01
主营利润(万元)	2685.57	1982.59	4212.53	3616.88
其他业务利润(万元)	501.42	287.27	391.99	242.04
营业利润(万元)	204.75	-211.06	-758.14	-6997.64
投资收益(万元)	2417.13	2357.66	2243.87	-7423.21
补贴收入(万元)	696.47	288.16	655.45	259.79
营业外收支(万元)	-35.00	-104.01	-92.07	-525.84
利润总额(万元)	3283.35	2363.64	2049.12	-14686.90
净利润(万元)	2774.40	2035.16	1302.03	-14963.79

十大股东

序号	股东名称	股份性质	持股数(万股)	比例(%)
1	嘉定建业投资开发公司	法人股/流通股	4753.61	14.25
2	上海嘉定伟业投资开发有限公司	法人股	4037.23	12.10
3	上海嘉加(集团)有限公司	法人股/流通股	1723.84	5.17
4	上海南翔资产经营有限公司	法人股	1218.58	3.65
5	上海嘉定缘和贸易有限公司	法人股	1144.54	3.43
6	上海南翔经济发展总公司	法人股	1100.00	3.30
7	上海国平房产有限公司	法人股	875.98	2.63
8	农行上海市信托投资公司	法人股	673.92	2.02
9	申银万国证券	法人股	400.05	1.20
10	上海颛伽经贸有限公司	法人股	33.74	1.01

股东人数	2003.9	2003.6	2002	2001
	57993	59542	59724	64691

近年分配		近年配股/增发	不分配不转增

重大事项

公司控股的项目公司上海金鑫房地产开发有限公司负责开发的上海市嘉定区博乐公寓项目已结束。**2003** 年 **10** 月 **30** 日,公司与金鑫公司的股东之一——上海市嘉定区工贸投资有限公司签订协议,将持有的金鑫公司 **65%** 股权以 **431.57** 万元的价格转让给嘉定工贸公司。转让后,嘉定工贸公司持有金鑫公司 **85%** 的股权,公司不再持有金鑫公司的股权。本交交易将产生 **212.54** 万元收益。

二〇〇二年以来市场表现

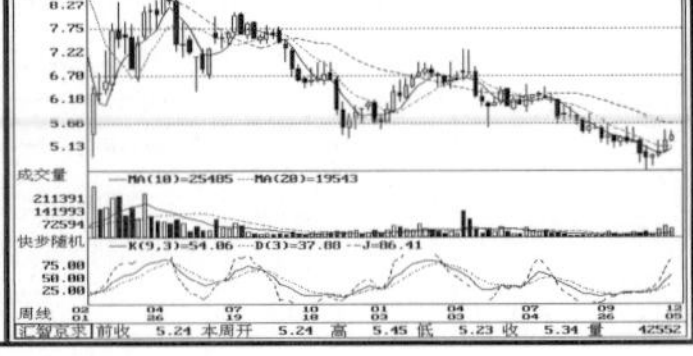

2002年涨跌幅(%)	-37.13
2002年最高(元)	9.07
2002年最低(元)	4.31
2002年换手率(%)	307.59
2003年涨跌幅(%)	-5.92
2003年最高(元)	7.27
2003年最低(元)	4.61
2003年换手率(%)	124.88

上海轮胎橡胶(集团)股份有限公司

公司概况

公司名称	上海轮胎橡胶(集团)股份有限公司			股票代码	600623		
注册地址	上海市四川中路 63 号			邮政编码	200002		
法人代表	范宪			董秘	王玲		
电话	021-33024666			传真	021-63390637		
主营业务	轮胎、力车胎、胶鞋及其他橡胶制品等						
总股本	88946.77	流通 A	2288.00	流通 B	24310.00	流通 H	
审计单位				审计意见	未审计		

主要财务指标

年度	2003.9	2003.6	2002	2001
每股收益 / 扣除后(元)	0.0565	0.0300	0.0640	-0.2540
每股经营现金流量(元)	0.1805	0.2400	0.5114	0.8436
每股净资产 / 调整后(元)	1.2200	0.8480	0.9100	1.1660
每股公积金(元)	1.2628	1.2628	1.2625	1.1886
净资产收益率(%)	6.0450	4.9490	6.3990	1.5434
总资产(万元)	529890.56	558161.87	539360.75	593529.44
股东权益(万元)	115906.63	94948.94	94007.95	108240.67
未分配利润(万元)	-93190.17	-95497.78	-100196.63	-105721.95
主营收入(万元)	295174.91	186545.36	338224.44	246576.50
资本公积金(万元)	112326.06	112325.56	112295.73	105718.15
主营利润(万元)	59728.48	34215.73	57143.83	25970.54
其他业务利润(万元)	6022.93	4292.16	4612.92	1834.28
营业利润(万元)	4805.46	-1147.98	6299.53	-16116.77
投资收益(万元)	-406.64	199.13	-4435.47	-3652.73
补贴收入(万元)	144.55	66.34	189.11	
营业外收支(万元)	1981.78	1978.34	-527.34	21839.34
利润总额(万元)	6525.15	1095.84	-11073.24	2069.84
净利润(万元)	7006.46	4698.84	6015.34	1660.18

十大股东

序号	股东名称	股份性质	持股数(万股)	比例(%)
1	上海华谊(集团)公司	国家股	60835.75	68.40
2	徐州轮胎(集团)公司	国有法人股	941.03	1.06
3	NAMEOF INSUTNTIONAL	B股	371.80	0.42
4	DEBORAH WANG LIN	B股	279.20	0.31
5	刘春富	B股	256.43	0.29
6	杨余波	B股	225.94	0.25
7	NBP S/A FRUCTILUX SICAV	B股	179.99	0.20
8	UNION INVESTMENT LUXEMBOURG S.A. RE.EM FERNOST FOND (LUX)	B股	100.00	0.11
9	杨国雄	B股	93.62	0.10
10	赵培林	B股	88.00	0.10

股东人数	2003.9	2003.6	2002	2001
	52147	52210	52303	53164

近年分配		近年配股 / 增发	不分配不转增

重大事项

2003 年 11 月 13 日通过双钱置业有限公司正式定名为双钱碧源置业有限公司及增加注册资本金的议案:经工商局查名确认该公司正式定名为上海双钱碧源置业有限公司。并将注册资金由 500 万元调整为 5000 万元人民币,公司出资比例仍为 90%。同日,公司将持有的债权 152297829.03 元与上海华谊公司名下的双钱载重轮胎公司(土地面积 268600 平方米)和大中华正泰轮胎公司(土地面积 69685 平方米)的土地使用权(评估价格 151094305.00 元),以 152297829.03 元对价置换,置换中所涉及的有关税费及土地出让金由公司承担。此次交易属关联交易。

二〇〇二年以来市场表现

2002年涨跌幅(%)	-9.44
2002年最高(元)	16.28
2002年最低(元)	9.73
2002年换手率(%)	440.46
2003年涨跌幅(%)	-26.29
2003年最高(元)	12.99
2003年最低(元)	6.80
2003年换手率(%)	206.64

上海复旦复华科技股份有限公司

公司概况

公司名称	上海复旦复华科技股份有限公司			股票代码	600624		
注册地址	上海市浦东金张路 1167 号			邮政编码	200433		
法人代表	王生洪			董秘	任琳芳		
电话	021-63872288			传真	021-63869700		
主营业务	生物医药、软件开发、园区房产、教育产业等						
总股本	26347.71	流通 A	16172.19	流通 B		流通 H	
审计单位				审计意见	未审计		

主要财务指标

年度	2003.9	2003.6	2002	2001
每股收益 / 扣除后(元)	0.0182	0.0025	0.0086	1.6420
每股经营现金流量(元)	-0.0731	-0.1140	0.1374	-0.0407
每股净资产 / 调整后(元)	1.5300	1.5149	1.5300	1.5750
每股公积金(元)	0.6628	0.6628	0.6628	0.6951
净资产收益率(%)	1.2400	0.2500	1.4600	0.7320
总资产(万元)	101460.51	100851.58	100266.22	106849.39
股东权益(万元)	42826.31	42527.94	42675.22	43284.25
未分配利润(万元)	-1662.66	-2090.35	-2195.38	-5575.45
主营收入(万元)	20066.83	9715.88	26074.36	30213.19
资本公积金(万元)	17464.05	17464.05	17464.05	18313.67
主营利润(万元)	5145.87	3217.10	7952.68	6800.86
其他业务利润(万元)	338.89	162.89	509.04	586.22
营业利润(万元)	550.99	117.23	-334.01	201.74
投资收益(万元)	109.99	69.19	65.06	-263.24
补贴收入(万元)	65.10	65.10	6.48	138.07
营业外收支(万元)	-10.68	-27.46	388.69	29.97
利润总额(万元)	715.39	224.07	126.22	106.55
净利润(万元)	532.72	105.03	622.67	316.64

十大股东

序号	股东名称	股份性质	持股数(万股)	比例(%)
1	复旦大学	国有法人股	8625.17	32.74
2	上海市国有资产经营有限公司	国家股	1550.35	5.88
3	杨启明	流通股	57.18	0.22
4	天同 180 指数证券投资基金	流通股	46.55	0.18
5	东莞证券有限责任公司	流通股	30.00	0.11
6	华安上证 180 指数增强型证券投资基金	流通股	28.95	0.11
7	华宝信托投资有限责任公司	流通股	25.82	0.10
8	李保霖	流通股	22.28	0.08
9	徐居善	流通股	19.40	0.07
10	陈智明	流通股	18.00	0.07

股东人数	2003.9	2003.6	2002	2001
	113181	114307	115676	125467

近年分配		近年配股 / 增发	不分配不转增

重大事项

公司于 2003 年 4 月 7 日收到浦东发展银行西藏北路支行批准的公司给中国华源集团有限公司流动资金借款提供担保的合同。借款担保总额度为 5000 万元,期限自 2003 年 3 月 14 日至 2004 年 3 月 13 日,每笔借款担保期限最长为一年。公司与华源集团互相担保,最高限额各为 5000 万元。至今公司对外互保的额度为 1.5 亿元。

二〇〇二年以来市场表现

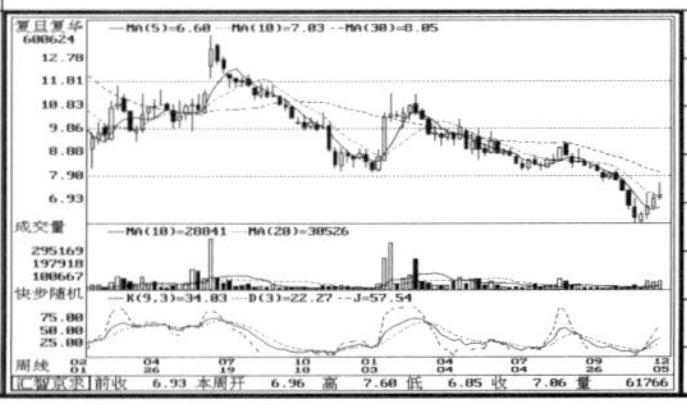

2002年涨跌幅(%)	-23.84
2002年最高(元)	13.76
2002年最低(元)	7.86
2002年换手率(%)	142.65
2003年涨跌幅(%)	-15.90
2003年最高(元)	11.28
2003年最低(元)	5.95
2003年换手率(%)	152.38

上海申达股份有限公司

公司概况

公司名称	上海申达股份有限公司	股票代码	600626
注册地址	上海市浦东南路 3888 号	邮政编码	200042
法人代表	席时平	董秘	玛天羽
电话	021-62319898	传真	021-62317250
主营业务	纺纱织布,两纱两布、各类纺织品服装等		
审计单位		审计意见	未审计

总股本	33821.09	流通 A	14048.16	流通 B		流通 H	

主要财务指标

年度	2003.9	2003.6	2002	2001
每股收益/扣除后(元)	0.3080	0.1900	0.3570	0.4000
每股经营现金流量(元)	0.0786	0.0710	0.6443	0.4274
每股净资产/调整后(元)	4.0480	3.9300	3.7000	3.4800
每股公积金(元)	1.5890	1.5890	1.5605	1.5296
净资产收益率(%)	7.6300	4.8700	10.5800	12.0500
总资产(万元)	303820.47	308595.69	272992.50	227470.23
股东权益(万元)	138495.12	134485.30	126968.19	119255.94
未分配利润(万元)	13089.46	9077.58	2525.68	2965.70
主营收入(万元)	353092.00	214374.34	384239.37	312523.37
资本公积金(万元)	53741.32	53743.36	52778.16	51733.53
主营利润(万元)	30161.09	20719.17	34550.26	31408.82
其他业务利润(万元)	1235.67	764.50	1316.97	766.68
营业利润(万元)	8515.34	6114.10	8908.54	8029.53
投资收益(万元)	5051.31	2684.46	7797.01	9219.59
补贴收入(万元)	171.21	171.21	1174.99	653.60
营业外收支(万元)	-5.32		256.71	176.86
利润总额(万元)	13732.55	8957.94	18137.25	18079.57
净利润(万元)	10563.78	6551.90	13431.84	14378.70

十大股东

序号	股东名称	股份性质	持股数(万股)	比例(%)
1	上海申达(集团)有限公司	国有股	15145.06	44.78
2	中国电力财务有限公司	法人股	371.71	1.10
3	上海城市房产有限公司	法人股	348.48	1.03
4	上海国际信托投资有限公司	法人股	348.48	1.03
5	上海第十七棉纺织总厂	法人股	290.40	0.86
6	上海市纺织原料公司	法人股	232.32	0.69
7	中国纺织品进出口公司	法人股	232.32	0.69
8	上海第一百货股份有限公司	法人股	228.84	0.68
9	金信信托投资股份有限公司	社会公众股	194.74	0.58
10	中国银行上海投资咨询有限公司	法人股	185.86	0.58

股东人数	2003.9	2003.6	2002	2001
	69709	69860	68766	82700

近年分配	2002年 10 股派 2 元 2001 年 10 股派 2 元	近年配股/增发	不分配不转增

重大事项

经与上海合众联城科技有限公司多次协商，公司及下属全资子公司与合众公司于 **2003** 年 **6** 月 **29** 日共同签署新协议,该协议约定:合众公司无形资产重新作价为 **1000** 万元入股。合众公司 **500** 万元现金出资额由申达科宝公司回购或转让给公司。据此,申达科宝公司目前的投资比例调整为公司及下属全资子公司共持股 **87.50%**,合众公司持股 **12.50%**;或者公司及下属全资子公司共持股 **88.24%**,合众公司持股 **11.76%**。上述变更仅是由于合作方合众公司出资额的变更而相应调整申达科宝公司的股权结构。

二○○二年以来市场表现

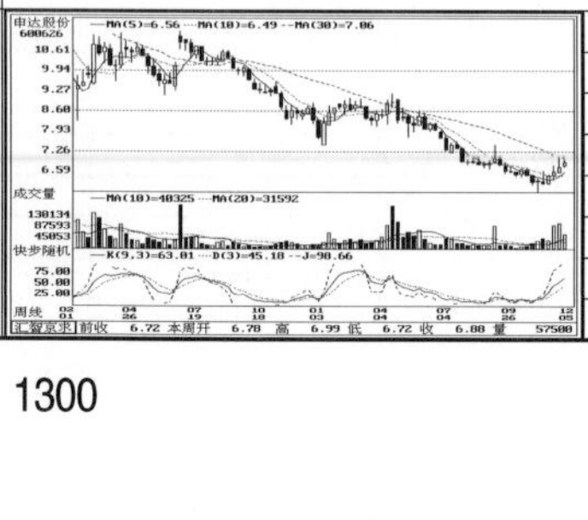

2002年涨跌幅(%)	-24.93
2002年最高(元)	10.88
2002年最低(元)	7.76
2002年换手率(%)	140.32
2003年涨跌幅(%)	-13.51
2003年最高(元)	8.97
2003年最低(元)	5.92
2003年换手率(%)	127.22

上海电器股份有限公司

公司概况

公司名称	上海电器股份有限公司	股票代码	600627
注册地址	上海市东方路 428 号	邮政编码	200050
法人代表	马新生	董秘	程彦敏
电话	021-62102651	传真	021-62267260
主营业务	电站网络成套设备,国家计划内大中型基本建设项目等		
审计单位		审计意见	未审计

总股本	51796.55	流通 A	5100.00	流通 B		流通 H	

主要财务指标

年度	2003.9	2003.6	2002	2001
每股收益/扣除后(元)	0.1500	0.1900	0.3570	0.4000
每股经营现金流量(元)	0.0786	0.0070	0.6443	0.4274
每股净资产/调整后(元)	4.0480	3.9300	3.7000	1.3200
每股公积金(元)	0.6431	0.6431	0.6284	0.6281
净资产收益率(%)	7.9100	5.9000	5.8300	4.7600
总资产(万元)	180332.75	175329.12	168121.80	497166.72
股东权益(万元)	97768.64	95689.77	89195.34	84882.96
未分配利润(万元)	10857.27	8778.40	3056.52	-1203.01
主营收入(万元)	56525.67	36734.64	252511.45	259293.95
资本公积金(万元)	33307.77	33307.77	32547.72	32532.40
主营利润(万元)	13891.43	10087.99	33032.60	42726.21
其他业务利润(万元)	3923.92	3249.55	6752.65	3215.07
营业利润(万元)	23.47	822.71	-447.02	-2549.16
投资收益(万元)	5051.31	2684.46	7797.01	9219.59
补贴收入(万元)	171.21		1174.99	653.60
营业外收支(万元)	-5.32	-15.42	256.71	176.86
利润总额(万元)	8248.91	6115.02	5418.14	4741.91
净利润(万元)	7729.89	5651.02	5199.06	4036.87

十大股东

序号	股东名称	股份性质	持股数(万股)	比例(%)
1	上海申达(集团)有限公司	国有股	43380.72	83.75
2	中国电力财务有限公司	流通股	333.58	0.64
3	上海城市房产有限公司	社会法人股	279.68	0.54
4	上海国际信托投资有限公司	社会法人股	204.00	0.39
5	上海第十七棉纺织总厂	社会法人股	176.28	0.34
6	上海市纺织原料公司	社会法人股	162.24	0.31
7	中国纺织品进出口公司	流通股	143.92	0.27
8	上海第一百货股份有限公司	社会法人股	110.40	0.21
9	金信信托投资股份有限公司	社会法人股	92.09	0.18
10	中国银行上海投资咨询有限公司	社会法人股	88.47	0.17

股东人数	2003.9	2003.6	2002	2001
	29624	30897	30986	37441

近年分配		近年配股/增发	不分配不转增

重大事项

2003 年 **10** 月 **17** 日通过调整公司在上海西门子线路保护系统有限公司(下称:合资公司)投资比例的议案:合资公司系由公司与西门子(中国)有限公司共同投资设立的中外合资经营企业。公司拟将拥有的合资公司 **10%**股权以人民币 **822.3** 万元或等值欧元的价格转让给西门子(中国)有限公司。转股完成后,公司持有合资公司 **30%**股权。投资双方同意将合资公司投资总额增加至 **2060** 万欧元,注册资本增加至 **966.4** 万欧元。增资完成后,公司持有合资公司 **25%**股权。

二○○二年以来市场表现

2002年涨跌幅(%)	-2.05
2002年最高(元)	12.38
2002年最低(元)	7.31
2002年换手率(%)	291.32
2003年涨跌幅(%)	-13.05
2003年最高(元)	13.58
2003年最低(元)	8.61
2003年换手率(%)	201.88

上海新世界股份有限公司

公司概况

公司名称	上海新世界股份有限公司	股票代码	600628
注册地址	上海市南京西路 2-68 号	邮政编码	200003
法人代表	顾振奋	董秘	马炳芳
电话	021-63588888-3322	传真	021-63583331
主营业务	日用百货零售与批发,兼营房地产,酒店等		

总股本	31890.34	流通 A	13937.14	流通 B		流通 H	
审计单位				审计意见	未审计		

主要财务指标

年度	2003.9	2003.6	2002	2001
每股收益/扣除后(元)	0.1650	0.1200	0.2300	0.2700
每股经营现金流量(元)	0.1793	0.1800	0.7575	0.2353
每股净资产/调整后(元)	2.7900	2.7500	2.6300	3.0600
每股公积金(元)	0.9668	0.9668	0.9668	1.1602
净资产收益率(%)	5.5700	4.1000	8.2100	9.6300
总资产(万元)	210422.16	204635.98	184719.06	185235.95
股东权益(万元)	89412.55	88047.43	84434.63	81758.37
未分配利润(万元)	18140.73	16775.62	13162.82	16805.98
主营收入(万元)	105823.96	74610.89	165294.44	188109.48
资本公积金(万元)	30832.90	30832.90	30832.90	30832.90
主营利润(万元)	22927.38	15704.52	33980.76	32903.77
其他业务利润(万元)	250.93	201.05	1936.20	825.04
营业利润(万元)	7460.62	5519.52	10315.61	8696.77
投资收益(万元)	-1.12	-11.34	138.49	708.09
补贴收入(万元)	19.00			50.00
营业外收支(万元)	-79.17	-15.42	384.10	-57.88
利润总额(万元)	7399.34	5468.66	10838.20	9396.97
净利润(万元)	4977.91	3612.80	6929.60	7871.89

十大股东

序号	股东名称	股份性质	持股数(万股)	比例(%)
1	上海市黄浦区国有资产管理办公室	国家股	13941.92	43.72
2	上海新世界(集团)有限公司	募集法人股	584.48	1.83
3	申银万国证券股份有限公司	募集法人股	239.08	0.75
4	上海冠和实业有限公司	募集法人股	195.43	0.61
5	上海黄浦对外经济技术合作公司	募集法人股	139.59	0.44
6	上海第一百货商店股份有限公司	募集法人股	139.59	0.44
7	上海华联商厦股份有限公司	募集法人股	125.19	0.39
8	中国银河证券有限责任公司	社会流通股	111.76	0.35
9	上海汇丰资产经营公司	募集法人股	111.68	0.35
10	景阳证券投资基金	社会流通股	100.38	0.31

股东人数	2003.9	2003.6	2002	2001
	61234	61319	57105	58895

近年分配	2002年10派1.2元 2001年10派0.5元	近年配股/增发	2001年10送2股

重大事项

2003年4月21日,接公司控股股东上海市黄浦区国有资产管理办公室通知,其持有公司国家股中原质押给上海浦东发展银行第一营业部4000万股,已于2003年8月21日解除质押。 2003年4月23日公司与上海华育置业发展有限公司、上海国诚房地产经纪有限公司,于2003年4月21日签订《股权转让协议》,公司以5120万元的价格,收购华育置业持有的上海同高置业有限公司90%股权和国诚房产持有的上海同高置业有限公司10%股权。

二〇〇二年以来市场表现

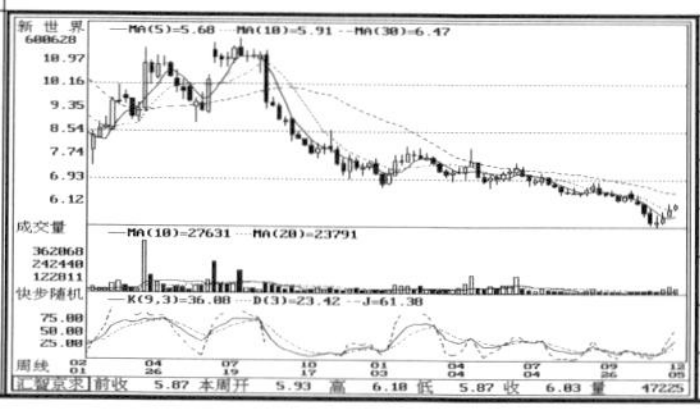

2002年涨跌幅(%)	-9.43
2002年最高(元)	9.65
2002年最低(元)	5.73
2002年换手率(%)	221.96
2003年涨跌幅(%)	-12.65
2003年最高(元)	7.89
2003年最低(元)	5.31
2003年换手率(%)	136.91

上海棱光实业股份有限公司

公司概况

公司名称	上海棱光实业股份有限公司	股票代码	600629
注册地址	上海市龙吴路 4900 号	邮政编码	200241
法人代表	张斌	董秘	李恒广
电话	021-64348289	传真	021-64345664
主营业务	石英玻璃、电子仪表、半导体材料等		

总股本	15137.76	流通 A	5776.06	流通 B		流通 H	
审计单位				审计意见	未审计		

主要财务指标

年度	2003.9	2003.6	2002	2001
每股收益/扣除后(元)	-0.1000	-0.0700	-0.1900	-0.1400
每股经营现金流量(元)	-0.0108	-0.0080	0.2100	0.0781
每股净资产/调整后(元)	-3.2100	-3.1800	-3.1100	-3.2300
每股公积金(元)	0.3268	0.3268	0.3268	0.2598
净资产收益率(%)		-2.6340	-0.7000	-119.9280
总资产(万元)	12614.75	12615.78	13913.21	17426.60
股东权益(万元)	-41040.69	-40591.57	-39522.39	-40814.23
未分配利润(万元)	-62826.63	-62377.51	-61308.33	-61586.49
主营收入(万元)	1722.69	1233.15	2494.65	3245.08
资本公积金(万元)	4946.99	4946.99	4946.99	3933.31
主营利润(万元)	107.59	97.49	358.80	572.26
其他业务利润(万元)	110.85	67.09	190.78	97.90
营业利润(万元)	-1530.66	-1084.16	196.24	-28601.67
投资收益(万元)	-0.91	-3.32	-14.57	-477.21
补贴收入(万元)				
营业外收支(万元)	13.27		96.50	-19868.92
利润总额(万元)	-1518.30	-1069.18	278.16	-48947.80
净利润(万元)	-1518.30	-1069.18	278.16	-48947.80

十大股东

序号	股东名称	股份性质	持股数(万股)	比例(%)
1	四川嘉信贸易有限责任公司	法人股	4400.00	29.06
2	上海建筑材料(集团)总公司	国家股	2514.09	16.61
3	福州飞越集团有限公司	法人股	974.51	6.44
4	无锡新江南股份有限公司	法人股	308.49	2.04
5	上海第十七棉纺织总厂	法人股	122.96	0.81
6	中国纺织机械股份有限公司	法人股	109.30	0.72
7	上海氯碱股份有限公司	法人股	81.97	0.54
8	上海嘉宝股份有限公司	法人股	71.04	0.47
9	申银万国证券公司	法人股	58.47	0.39
10	上海大众交通股份有限公司	法人股	54.65	0.36

股东人数	2003.9	2003.6	2002	2001
	26682	27032	27706	28934

近年分配		近年配股/增发	不分配不转增

重大事项

2003年7月8日由于公司上半年债务重组工作仍在进行中,但未能取得实质性的进展,公司的生产经营又受SARS影响,据公司的初步统计,公司2003年上半年度将出现亏损,具体数据将在半年度报告中披露。

二〇〇二年以来市场表现

2002年涨跌幅(%)	-0.97
2002年最高(元)	7.02
2002年最低(元)	4.21
2002年换手率(%)	268.19
2003年涨跌幅(%)	-46.39
2003年最高(元)	7.53
2003年最低(元)	3.08
2003年换手率(%)	504.91

上海龙头(集团)股份有限公司

公司概况

公司名称	上海龙头(集团)股份有限公司			股票代码	600630		
注册地址	上海市浦东南路360号新上海国际大厦			邮政编码	200030		
法人代表	朱匡宇			董秘	周燕敏		
电话	021-34061116			传真	021-54666630		
主营业务	生产经营纺织品,实业投资,资产经营与管理等						
总股本	42486.16	流通A	19110.00	流通B		流通H	
审计单位				审计意见	未审计		

主要财务指标

年度	2003.9	2003.6	2002	2001
每股收益/扣除后(元)	0.0850	0.0700	0.1180	0.2280
每股经营现金流量(元)	-0.7740	-0.3000	-0.1321	0.0089
每股净资产/调整后(元)	3.7000	3.7300	3.6450	3.4530
每股公积金(元)	2.6125	2.6125	2.6125	2.6101
净资产收益率(%)	2.1000	1.7400	3.0570	5.9540
总资产(万元)	453845.97	439193.53	429910.75	438854.34
股东权益(万元)	168700.98	168084.37	165165.69	162565.94
未分配利润(万元)	3917.94	3301.32	382.64	1958.72
主营收入(万元)	212420.20	134841.95	224096.56	207879.97
资本公积金(万元)	110994.57	110994.57	110994.57	110894.48
主营利润(万元)	31970.57	20460.18	40194.28	40661.01
其他业务利润(万元)	1071.79	634.32	1198.89	1287.52
营业利润(万元)	1579.25	1089.81	1645.44	1149.67
投资收益(万元)	2442.17	2040.57	3759.17	8948.22
补贴收入(万元)	220.06	218.86	640.23	1122.91
营业外收支(万元)	-28.95		378.26	-289.91
利润总额(万元)	4212.54	3396.96	6423.11	10930.89
净利润(万元)	3535.31	2918.69	5048.83	9679.58

十大股东

序号	股东名称	股份性质	持股数(万股)	比例(%)
1	上海纺织(集团)有限公司	国家股	19087.42	44.93
2	上海国际信托投资有限公司	法人股	1515.60	3.57
3	合肥科创投资管理有限公司	法人股	360.00	0.85
4	中国纺织机械股份有限公司	法人股/流通股	240.13	0.57
5	上海天迪科技投资发展有限公司	法人股	240.00	0.56
6	上海申达股份有限公司	法人股	240.00	0.56
7	上海南上海商业房地产有限公司	法人股	216.00	0.51
8	上海高舜企业发展有限公司	法人股	190.00	0.45
9	江南重工股份有限公司	法人股	180.00	0.42
10	宝钢集团上海五钢有限公司	法人股	171.00	0.40

股东人数	2003.9	2003.6	2002	2001
	98143	98969	98091	105463

近年分配	2002年10派0.6元	近年配股/增发	不分配不转增

重大事项

2003年半年度公司决定将持有上海联合纺织印染进出口有限公司**50%**的股权以转让价格为**2060**万元转让给上海华申国际企业有限公司。本议案属关联交易。 **2003**年**6**月**7**日公司同意全资子公司上海菊花纺织有限公司将其对上海中华第一棉纺针织厂的全部投资转让给上海纺织有限公司。经评估,上海中华第一棉纺针织厂评估前资产总额为**21795**万元;评估前负债总额为**19135**万元;评估前净资产总额为**2660**万元;总资产评估值为**27094**万元,负债评估值为**19135**万元,净资产评估值为**7959**万元调整后净资产评估值为**3727**万元。

二〇〇二年以来市场表现

项目	数值
2002年涨跌幅(%)	-33.47
2002年最高(元)	10.04
2002年最低(元)	6.47
2002年换手率(%)	75.66
2003年涨跌幅(%)	-21.60
2003年最高(元)	7.34
2003年最低(元)	4.58
2003年换手率(%)	107.29

上海市第一百货商店股份有限公司

公司概况

公司名称	上海市第一百货商店股份有限公司			股票代码	600631		
注册地址	上海市浦东南路1111号			邮政编码	200001		
法人代表	王迪苏			董秘	于人		
电话	021-63225020			传真	021-63517447		
主营业务	百货、五金交电、针纺织品、音像制品等						
总股本	58284.79	流通A	18831.34	流通B		流通H	
审计单位				审计意见	未审计		

主要财务指标

年度	2003.9	2003.6	2002	2001
每股收益/扣除后(元)	0.0890	0.0700	0.0930	0.0920
每股经营现金流量(元)	0.2452	0.1724	0.3851	0.3069
每股净资产/调整后(元)	2.6400	2.5200	2.4500	2.4000
每股公积金(元)	1.5683	1.5683	1.5679	1.5674
净资产收益率(%)	3.0460	2.0600	2.8700	4.2200
总资产(万元)	368185.28	373639.41	378486.97	390191.87
股东权益(万元)	170558.92	168836.77	165335.87	164062.44
未分配利润(万元)	5977.63	4255.48	782.26	485.98
主营收入(万元)	194339.80	130810.79	276414.66	328927.94
资本公积金(万元)	91410.94	91410.94	91383.26	91354.45
主营利润(万元)	42463.14	28457.29	57315.31	61626.65
其他业务利润(万元)	5827.98	3865.72	8843.32	6957.54
营业利润(万元)	9840.04	6601.78	9404.75	6644.32
投资收益(万元)	542.27	342.53	860.61	2408.06
补贴收入(万元)	8.71	8.71		
营业外收支(万元)	-1393.44		-677.72	-422.65
利润总额(万元)	8997.58	6224.32	9587.65	8629.73
净利润(万元)	5195.37	3473.22	4741.71	6916.13

十大股东

序号	股东名称	股份性质	持股数(万股)	比例(%)
1	上海一百(集团)有限公司	国家股	26334.89	45.18
2	申银万国证券股份有限公司	募集法人股	955.01	1.64
3	松江粮油总公司	募集法人股	740.71	1.27
4	华兴信托	募集法人股	603.97	1.04
5	浙经投资	募集法人股	480.47	0.82
6	上海市妇女用品商店	募集法人股	458.16	0.79
7	上海华联商厦股份有限公司	募集法人股	442.65	0.76
8	上海富士德服饰有限公司	募集法人股	378.76	0.65
9	华闽实业	募集法人股	297.00	0.51
10	上海友谊(集团)有限公司	募集法人股	238.76	0.41

股东人数	2003.9	2003.6	2002	2001
	109806	111130	112179	122422

近年分配	2002年10派0.6元 2001年10派0.2元	近年配股/增发	不分配不转增

重大事项

2003年**4**月**24**日公司拟出资**2.5**亿元人民币投资黄浦区**108**号地块以支持"一百商城"项目的开发。续聘安永大华会计师事务所有限公司,该项需经**2002**年度股东大会审议表决。 **2003**年**2**月**11**日公司近日接上海市地方税务局第四分局的有关通知,从**2002**年**1**月**1**日起,恢复按有关规定的**33%**税率征收企业所得税,原来执行的上市股份制企业减按**15%**的税率征收企业所得税的优惠政策到期日为**2001**年**12**月**31**日。

二〇〇二年以来市场表现

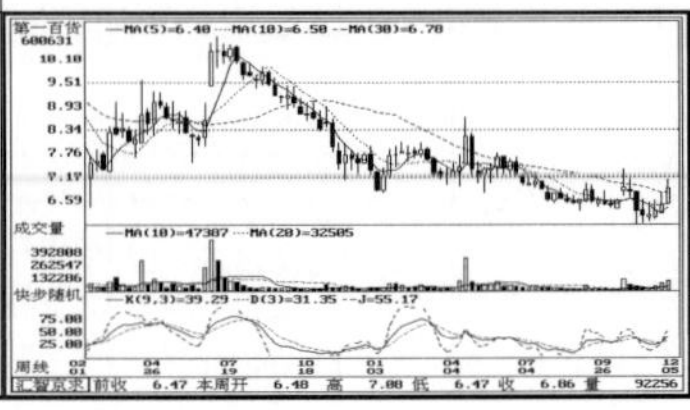

项目	数值
2002年涨跌幅(%)	-17.27
2002年最高(元)	10.60
2002年最低(元)	6.00
2002年换手率(%)	187.05
2003年涨跌幅(%)	-8.10
2003年最高(元)	8.57
2003年最低(元)	6.00
2003年换手率(%)	106.42

上海华联商厦股份有限公司

公司概况

公司名称	上海华联商厦股份有限公司	股票代码	600632
注册地址	上海市浦东新区张杨路 655 号	邮政编码	200120
法人代表	吕勇明	董秘	陈冠军
电话	021-63224466-7666	传真	021-63226105
主营业务	百货，针纺织品，服装鞋帽，五金交电等		
总股本	42259.99	流通 A	12446.71
流通 B		流通 H	
审计单位		审计意见	未审计

主要财务指标

年度	2003.9	2003.6	2002	2001
每股收益 / 扣除后(元)	0.1300	0.0900	0.2400	0.1820
每股经营现金流量(元)	–0.1143	0.1300	0.6254	–0.6320
每股净资产 / 调整后(元)	3.3600	3.3100	3.1800	1.1660
每股公积金(元)	1.6728	1.6728	1.6491	1.6489
净资产收益率(%)	3.6000	2.4900	7.2200	6.6300
总资产(万元)	207152.12	243369.03	243632.45	231393.83
股东权益(万元)	148095.61	146407.83	141767.69	136191.73
未分配利润(万元)	15476.04	14093.73	10148.43	7554.56
主营收入(万元)	111470.57	73906.33	241286.02	254661.17
资本公积金(万元)	70690.89	70690.89	69690.57	69682.73
主营利润(万元)	20541.55	13987.74	30870.36	27849.82
其他业务利润(万元)	2801.05	1572.77	4976.90	2589.57
营业利润(万元)	4005.01	2703.73	5679.66	4275.71
投资收益(万元)	2527.83	1836.53	4945.32	6030.57
补贴收入(万元)			0.61	16.80
营业外收支(万元)	–75.22	–56.85	123.71	58.93
利润总额(万元)	6457.62	4473.39	10749.29	10382.01
净利润(万元)	5327.60	3639.82	10239.73	9027.32

十大股东

序号	股东名称	股份性质	持股数(万股)	比例(%)
1	华联(集团)有限公司	国有股	14810.88	35.05
2	上海一百(集团)有限公司	社会法人股	1199.21	2.84
3	上海国际信托投资公司	社会法人股	572.90	1.36
4	中国糖烟酒类集团公司	社会法人股	522.72	1.24
5	上海友谊集团公司	社会法人股	377.67	0.89
6	交通银行上海分行	社会法人股	288.69	0.68
7	上海申银万国证券公司	社会法人股	259.73	0.61
8	上海南上海房地产有限公司	社会法人股	222.16	0.53
9	上海金陵集体基金合作联社	社会法人股	181.28	0.43
10	上海商投创业投资有限公司	社会法人股	179.69	0.43

股东人数	2003.9	2003.6	2002	2001
	73428	73968	73127	82796

近年分配	2002年 10 派 1.2 元 2001 年 10 派 1.2 元	近年配股 / 增发	2003年 10 配 3 股

重大事项

2003 年 7 月 1 日公司通过关于受让上海又一城购物中心有限公司 10%股权的议案：该公司 2002 年末经审计净资产值为 1069.77 万元,现以 106.98 万元受让上海华联商厦杨浦有限公司持有上海又一城购物中心有限公司的 10%股权。关于转让华联集团家用电器有限公司 19%股权的议案。 公司持有的华联集团家用电器有限公司 19%的股权转让给上海华联投资发展有限公司,交易价格为 3821546 元,合同签署日期为 2003 年 5 月。本次交易属关联交易。

二〇〇二年以来市场表现

2002年涨跌幅(%)	–19.36
2002年最高(元)	10.65
2002年最低(元)	6.74
2002年换手率(%)	158.49
2003年涨跌幅(%)	–8.87
2003年最高(元)	9.03
2003年最低(元)	5.55
2003年换手率(%)	108.33

上海白猫股份有限公司

公司概况

公司名称	上海白猫股份有限公司	股票代码	600633
注册地址	上海市常德路 774 号	邮政编码	200333
法人代表	马立行	董秘	丁一新
电话	021-32023251	传真	021-52701369
主营业务	百洁布、纸制品、文体用品、服装、家用擦洗用具等		
总股本	15205.08	流通 A	1320.00
流通 B		流通 H	
审计单位		审计意见	未审计

主要财务指标

年度	2003.9	2003.6	2002	2001
每股收益 / 扣除后(元)	0.0910	0.0480	0.1547	0.0740
每股经营现金流量(元)	0.0182	0.0600	0.2611	0.0742
每股净资产 / 调整后(元)	1.3507	1.3072	1.2691	1.2011
每股公积金(元)	0.1420	0.1420	0.1420	0.1420
净资产收益率(%)	6.6000	3.6720	12.1520	9.7240
总资产(万元)	33891.23	34079.13	33841.61	37919.70
股东权益(万元)	21309.21	20661.40	19902.81	18262.92
未分配利润(万元)	2882.59	2234.78	1476.19	567.39
主营收入(万元)	22549.50	15054.28	32746.46	20674.24
资本公积金(万元)	2159.88	2159.88	2159.88	2159.88
主营利润(万元)	4582.15	3293.80	7790.68	2764.85
其他业务利润(万元)	2485.07	1635.86	3126.38	2764.85
营业利润(万元)	1662.94	1167.87	2699.53	252.56
投资收益(万元)	–60.17	–35.08	8.10	2982.55
补贴收入(万元)	50.06	47.02	106.09	107.12
营业外收支(万元)	–15.62	–13.86	–28.14	–1113.59
利润总额(万元)	1637.20	1165.95	2785.58	2228.64
净利润(万元)	1406.40	758.59	2418.56	1775.85

十大股东

序号	股东名称	股份性质	持股数(万股)	比例(%)
1	上海双联联社	国有法人股	6763.23	44.48
2	上海轻工集体经济管理中心	法人股	1468.39	9.66
3	上海国际信托投资有限公司	法人股	352.28	2.32
4	上海仪联资产经营公司	法人股	290.40	1.91
5	中国纺织机械股份有限公司	法人股	290.40	1.91
6	上海上菱电器股份有限公司	法人股	219.12	1.44
7	上海第十七棉纺织总厂	法人股	217.80	1.43
8	上海氯碱化工股份有限公司	法人股	145.20	0.95
9	申银万国证券股份有限公司	法人股	137.28	0.90
10	上海旗忠集团	法人股	116.16	0.76

股东人数	2003.9	2003.6	2002	2001
	8016	8004	9117	5266

近年分配	2002年 10 派 0.5 元 2001 年 10 派 0.1 元	近年配股 / 增发	不分配不转增

重大事项

2003 年 9 月 30 日公司第一大股东上海双联联社于 2003 年 9 月 28 日与上海白猫(集团)有限公司签定了《股权划转协议》,上海双联联社将其持有的公司 67632269 股国有法人股股票无偿划转给白猫集团持有。 公司第二大股东上海新工联有限公司于 2003 年 01 月 23 日分别与上海轻工集体经济管理中心和上海紫江有限公司签订了股权转让协议。股权转让过户手续完成后,轻工集管持有公司社会法人股 14683940 股,占公司总股本的 9.66%,成为公司的第二大股东;紫江集团持有公司社会法人股 848764 股,占本公司总股本的 0.56%;新工联不再持有公司股份。

二〇〇二年以来市场表现

2002年涨跌幅(%)	16.98
2002年最高(元)	24.27
2002年最低(元)	9.30
2002年换手率(%)	857.83
2003年涨跌幅(%)	–29.26
2003年最高(元)	15.93
2003年最低(元)	8.21
2003年换手率(%)	219.73

上海海鸟企业发展股份有限公司

公司概况

公司名称	上海海鸟企业发展股份有限公司			股票代码	600634	
注册地址	上海市余姚路 317 号			邮政编码	200042	
法人代表	唐海根		董秘	吴裕芹		
电话	021-62678574		传真	021-32181400		
主营业务	房地产开发、经营及相关的物业管理等					
总股本	8720.73	流通 A	3980.97	流通 B		流通 H
审计单位			审计意见	未审计		

主要财务指标

年度	2003.9	2003.6	2002	2001
每股收益/扣除后(元)	0.0200	0.0100	0.2900	0.3080
每股经营现金流量(元)	-3.0274	-3.1270	-2.4884	-2.2388
每股净资产/调整后(元)	2.6500	2.6700	2.6900	2.4200
每股公积金(元)	0.7933	0.7933	0.7933	0.7933
净资产收益率(%)	0.7500	0.4400	10.8700	13.2600
总资产(万元)	108431.32	113388.49	97511.73	91382.24
股东权益(万元)	23821.43	23747.42	23642.98	21072.47
未分配利润(万元)	4042.35	3968.34	3863.90	2511.10
主营收入(万元)	1635.19	1506.18	39265.71	18258.15
资本公积金(万元)	6917.92	6917.92	6917.92	6917.92
主营利润(万元)	500.16	561.85	6479.25	4759.12
其他业务利润(万元)	0.05	0.09	5.33	135.62
营业利润(万元)	-343.46	72.77	5614.15	4183.54
投资收益(万元)	1103.79	319.30	-426.76	10.20
补贴收入(万元)				
营业外收支(万元)	-2.94		1.57	-173.57
利润总额(万元)	757.39	392.77	5188.97	4020.17
净利润(万元)	178.45	104.43	2570.52	2793.59

十大股东

序号	股东名称	股份性质	持股数(万股)	比例(%)
1	上海东宏实业投资有限公司	法人股	2267.40	26.00
2	香港新科创力有限公司	外资股	1895.90	21.74
3	香港美泰国际有限公司	外资股	331.78	3.80
4	上海华成无线电厂有限公司	法人股	244.67	2.81
5	罗益宪	流通股	24.07	0.28
6	范正豪	流通股	19.50	0.22
7	翟明东	流通股	19.00	0.22
8	潘清	流通股	18.35	0.21
9	梁晓芸	流通股	17.53	0.20
10	朱爱琳	流通股	16.27	0.19

股东人数	2003.9	2003.6	2002	2001
	21737	21896	19912	20032

近年分配	2001年10派0.2元	近年配股/增发	不分配不转增

重大事项

公司与中国农业银行上海金山支行已于 2003 年 10 月 23 日签订了《借款展期协议》，为该行给予控股子公司上海海鸟给排水工程有限公司 4000 万元人民币展期短期贷款提供担保，展期期限自 2003 年 10 月 25 日至 2004 年 7 月 20 日止，担保方式为连带责任保证。上述担保没有反担保措施。

二〇〇二年以来市场表现

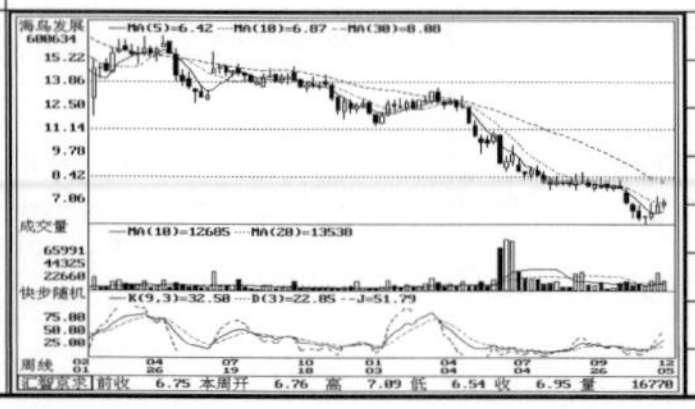

2002年涨跌幅(%)	-25.98
2002年最高(元)	16.56
2002年最低(元)	11.36
2002年换手率(%)	99.17
2003年涨跌幅(%)	-42.21
2003年最高(元)	13.48
2003年最低(元)	5.70
2003年换手率(%)	199.12

上海大众公用事业(集团)股份有限公司

公司概况

公司名称	上海大众公用事业(集团)股份有限公司			股票代码	600635	
注册地址	上海浦东商城路 518 号 24 楼			邮政编码	200235	
法人代表	杨国平		董秘	陈靖丰		
电话	021-64288888-5609		传真	021-64288727		
主营业务	实业投资，国内商业(除专项审批规定)，资产重组等					
总股本	54618.17	流通 A	32929.85	流通 B		流通 H
审计单位			审计意见	未审计		

主要财务指标

年度	2003.9	2003.6	2002	2001
每股收益/扣除后(元)	0.1520	0.1000	0.1900	0.2021
每股经营现金流量(元)	0.7676	0.5740	0.2988	0.6731
每股净资产/调整后(元)	3.0700	3.0100	2.9100	2.4200
每股公积金(元)	1.4352	1.4352	1.4352	0.9236
净资产收益率(%)	5.1000	3.3200	8.2000	11.0500
总资产(万元)	402012.87	370256.28	362376.94	310769.06
股东权益(万元)	168712.94	165600.41	159965.95	116091.32
未分配利润(万元)	16843.20	12351.41	6716.94	6336.22
主营收入(万元)	103430.15	74059.25	128682.85	42533.90
资本公积金(万元)	78385.93	78385.93	78385.93	43979.90
主营利润(万元)	11024.99	9487.67	14980.55	9041.45
其他业务利润(万元)	3022.38	2130.61	2093.33	405.98
营业利润(万元)	5254.62	5331.14	5863.23	2673.09
投资收益(万元)	8620.70	3954.71	11381.90	10490.78
补贴收入(万元)	641.81	387.46	1552.97	1464.94
营业外收支(万元)	-332.33	-233.02	-945.51	894.22
利润总额(万元)	14184.79	9508.67	17852.58	15523.04
净利润(万元)	8610.05	5496.33	13113.66	12832.97

十大股东

序号	股东名称	股份性质	持股数(万股)	比例(%)
1	上海大众企业管理有限公司	法人股/流通股	13949.14	25.54
2	上海市政资产经营发展有限公司	法人股	5786.13	10.59
3	海通证券有限公司	流通股	1200.55	2.20
4	银丰证券投资基金	流通股	920.56	1.69
5	交通银行上海浦东分行	法人股	701.25	1.28
6	上海大众万祥汽车修理公司	法人股	518.48	0.95
7	无锡客运总公司	法人股	480.00	0.88
8	上海双发投资有限公司	法人股	460.00	0.84
9	中保财产保险无锡分公司离退休职工服务部	法人股	240.00	0.44
10	无锡中联实业公司	法人股	180.00	0.33

股东人数	2003.9	2003.6	2002	2001
	136075	138260	144461	149941

近年分配	2002年10派1.8元 2001年10派0.21元	近年配股/增发	不分配不转增

重大事项

2003 年 11 月 11 日公司通过发行可转换公司债券的议案：本次可转债发行规模不超过人民币 11.8 亿元，期限为 5 年，5 年的年利率分别为 1.5%、1.8%、2.1%、2.4%、2.7%。本次发行的可转换债券向现有股东优先配售。本次发行方案的有效期为本方案经股东大会审议通过后十八个月。以上决议尚需经公司股东大会审议通过后，报中国证监会核准。 2003 年 9 月 2 日公司接上海市市工程管理局《关于确认翔殷路越江工程投资主体的通知》，中标投资翔殷路越江工程。该工程建设期二年六个月，经营期二十五年。

二〇〇二年以来市场表现

2002年涨跌幅(%)	-20.16
2002年最高(元)	9.40
2002年最低(元)	6.56
2002年换手率(%)	117.04
2003年涨跌幅(%)	-13.12
2003年最高(元)	8.45
2003年最低(元)	5.50
2003年换手率(%)	113.63

上海三爱富新材料股份有限公司

公司概况

公司名称	上海三爱富新材料股份有限公司	股票代码	600636
注册地址	上海市闵行区龙吴路 4411 号	邮政编码	200241
法人代表	周云鹤	董秘	张经仪
电话	021-64823549	传真	021-64823550
主营业务	主要从事含氟材料的研究、开发、生产和经营等		
审计单位		审计意见	未审计

总股本	流通 A	流通 B	流通 H
18678.20	8237.21		

主要财务指标

年度	2003.9	2003.6	2002	2001
每股收益/扣除后(元)	0.2830	0.2000	0.3300	0.4259
每股经营现金流量(元)	0.5162	0.2600	0.8160	0.2830
每股净资产/调整后(元)	2.5700	2.5000	2.2700	2.3100
每股公积金(元)	0.7089	0.7089	0.7089	0.5143
净资产收益率(%)	11.1600	8.3700	13.4100	18.0100
总资产(万元)	106877.79	98149.49	82123.25	56587.80
股东权益(万元)	48392.98	46919.66	42993.43	27135.65
未分配利润(万元)	9537.63	8064.31	4138.07	3780.39
主营收入(万元)	85103.53	56797.33	82854.23	56412.09
资本公积金(万元)	13241.06	13241.06	13241.06	5968.89
主营利润(万元)	16555.26	11755.57	19619.01	13097.23
其他业务利润(万元)	1057.73	894.87	457.71	1295.02
营业利润(万元)	8765.17	6407.20	10625.99	8208.99
投资收益(万元)	321.43	294.77	-367.29	-42.64
补贴收入(万元)	48.09		20.25	2.28
营业外收支(万元)	73.97		-475.27	-57.68
利润总额(万元)	9208.65	6816.27	9803.69	8110.95
净利润(万元)	5399.56	3926.24	5764.79	4888.00

十大股东

序号	股东名称	股份性质	持股数(万股)	比例(%)
1	上海华谊(集团)公司	国家股	5177.29	27.72
2	上海邦联科技实业有限公司	社会法人股	3018.10	16.16
3	上海三甲港纺织胶带厂	社会法人股	253.47	1.36
4	浙江省经济协作公司	社会法人股	210.75	1.13
5	安信证券投资基金	社会流通股	167.08	0.89
6	上海国际信托投资公司	社会法人股	128.83	0.69
7	安久证券投资基金	社会流通股	84.39	0.45
8	上海艺冠贸易有限公司	社会法人股	70.52	0.38
9	上海化工对外经济技术合作公司	社会法人股	67.68	0.36
10	上海第十二绵纺织厂	社会法人股	60.90	0.33

股东人数	2003.9	2003.6	2002	2001
	14637	14391	13186	14019

近年分配	近年配股/增发
2002年 10 派 1 元 2001 年 10 派 1.7527 元	2002年 10 转增 2 股

重大事项

2003 年 7 月 10 日，千吨级 HFC-134a 工业化试验装置在本公司控股的常熟三爱富中昊化工新材料有限公司开车成功。该工艺及其装置将由国家环保总局等权威机构组织鉴定。 本公司 2003 年 7 月 2 日刊登的《公司股权转让及关联交易的公告》中将公司对上海涂料有限公司的长期股权投资额 29531318.4 元误作转让价格。现将有关转让价格作如下更正：本次交易以评估值 26759.69 万元为定价参考值，按公司持股 11.18% 的比例，协议转让价格为 29917333.42 元。

二〇〇二年以来市场表现

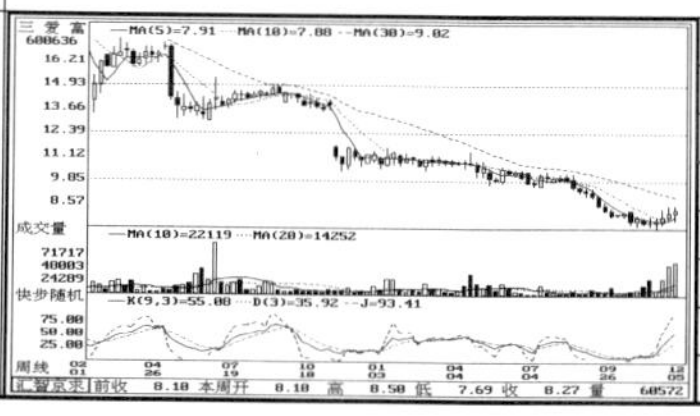

2002年涨跌幅(%)	-3.49
2002年最高(元)	12.63
2002年最低(元)	9.24
2002年换手率(%)	85.55
2003年涨跌幅(%)	-24.79
2003年最高(元)	11.47
2003年最低(元)	7.30
2003年换手率(%)	68.32

上海广电信息产业股份有限公司

公司概况

公司名称	上海广电信息产业股份有限公司	股票代码	600637
注册地址	上海市田林路 140 号	邮政编码	201108
法人代表	王成明	董秘	马祖飞
电话	021-64189198-3521	传真	021-64189828
主营业务	电子电器产品，雷达、通信设备，计算机终端设备等		
审计单位		审计意见	未审计

总股本	流通 A	流通 B	流通 H
81981.25	20380.52		

主要财务指标

年度	2003.9	2003.6	2002	2001
每股收益/扣除后(元)	0.1299	0.0697	0.1336	0.2350
每股经营现金流量(元)	-0.4051	-0.2060	-0.3682	-0.6246
每股净资产/调整后(元)	4.0966	4.0313	3.9394	4.3888
每股公积金(元)	2.9534	2.9534	2.9534	3.2473
净资产收益率(%)	4.2550	2.8800	3.3700	5.8900
总资产(万元)	680822.94	664952.06	631667.31	639249.50
股东权益(万元)	357114.00	352059.34	341920.66	344619.59
未分配利润(万元)	16155.16	11100.50	961.82	13025.16
主营收入(万元)	284074.94	189304.86	290267.47	272859.69
资本公积金(万元)	242127.48	242127.48	242127.48	242019.48
主营利润(万元)	21767.48	14376.18	20847.19	25864.91
其他业务利润(万元)	1722.92	941.75	3372.96	2084.02
营业利润(万元)	1374.85	1352.25	-17672.86	-13303.59
投资收益(万元)	16187.34	11164.63	28252.43	33603.32
补贴收入(万元)	400.60	184.80	905.17	132.10
营业外收支(万元)	-1.09	209.00	261.17	132.10
利润总额(万元)	17961.71	12722.55	11745.91	21048.38
净利润(万元)	15193.34	10138.68	11507.60	20310.52

十大股东

序号	股东名称	股份性质	持股数(万股)	比例(%)
1	上海广电(集团)有限公司	国有股	52420.68	63.94
2	申银万国证券股份有限公司	法人股	962.31	1.17
3	安顺证券投资基金	流通股	309.99	0.38
4	上海市宋庆龄基金会	法人股	287.50	0.35
5	上海爱建股份有限公司	法人股	239.58	0.29
6	金泰证券投资基金	流通股	206.35	0.25
7	上海电气(集团)总公司	法人股	173.70	0.21
8	上海九百(集团)有限公司	法人股	155.73	0.19
9	金鑫证券投资基金	流通股	146.06	0.18
10	上海望春花(集团)有限公司	法人股	143.75	0.18

股东人数	2003.9	2003.6	2002	2001
	87205	88299	81961	85583

近年分配	近年配股/增发
2002年 10 派 1 元 2001 年 10 派 1 元	2001年 10 股送 1 股

重大事项

公司拟对上海广电投资管理有限公司进行同比增资的议案：2003 年 10 月 28 日公司与上海广电(集团)有限公司、上海广电电子股份有限公司签订了共同以现金方式出资设立上海广电投资管理有限公司的协议，本次同比例增资上海广电投资管理有限公司增资总额为人民币 180000 万元，其中，公司出资 33750 万元，占 18.75%。投资期限为五十年。此项共同投资为关联交易。同日公司同意对上海广电股份浦东公司增资 3.4 亿元人民币。

二〇〇二年以来市场表现

2002年涨跌幅(%)	-17.71
2002年最高(元)	14.08
2002年最低(元)	10.60
2002年换手率(%)	149.04
2003年涨跌幅(%)	-6.06
2003年最高(元)	13.78
2003年最低(元)	8.51
2003年换手率(%)	265.94

上海新黄浦置业股份有限公司

公司概况

公司名称	上海新黄浦置业股份有限公司			股票代码	600638	
注册地址	上海市北京东路 668 号西楼 32 层			邮政编码	200001	
法人代表	吴明烈		董秘	李薇洁		
电话	021-63238888		传真	021-63237777		
主营业务	房地产经营、旧危房改造、室内外建筑装潢等					
总股本	56116.40	流通 A	17015.22	流通 B		流通 H
审计单位			审计意见	未审计		

主要财务指标

年度	2003.9	2003.6	2002	2001
每股收益/扣除后(元)	0.0876	0.0741	0.0936	0.0907
每股经营现金流量(元)	0.1370	0.1320	0.4269	-0.4840
每股净资产/调整后(元)	3.8624	3.8298	3.7747	3.7054
每股公积金(元)	2.0120	2.0120	2.0120	2.0120
净资产收益率(%)	2.2020	1.8730	2.5300	2.6400
总资产(万元)	259603.56	259525.94	283736.50	313210.84
股东权益(万元)	218570.75	217837.31	213756.98	208339.77
未分配利润(万元)	32365.50	31632.07	27551.74	23214.97
主营收入(万元)	31611.39	28180.20	65756.92	34700.45
资本公积金(万元)	112907.02	112907.02	112907.02	112907.02
主营利润(万元)	10386.82	8547.93	11539.92	2168.74
其他业务利润(万元)	279.16	147.49	46.04	88.01
营业利润(万元)	7432.90	6244.40	9286.81	5493.40
投资收益(万元)	69.22	54.49	-536.76	1168.08
补贴收入(万元)				500.00
营业外收支(万元)	-152.49		247.36	-8.59
利润总额(万元)	7349.63	6180.96	8997.41	7152.89
净利润(万元)	4813.76	4080.33	5417.23	5510.08

十大股东

序号	股东名称	股份性质	持股数(万股)	比例(%)
1	上海市国有资产管理办公室	国家股	19762.16	35.22
2	上海新黄浦(集团)有限责任公司	法人股	1826.96	3.26
3	上海海浦中心房地产有限公司	法人股	1640.23	2.92
4	上海东亚建筑实业有限公司	法人股	1370.13	2.44
5	上海众鑫实业有限责任公司	法人股	1318.39	2.35
6	申银万国证券股份有限公司	法人股	1109.16	1.98
7	广州美盈鞋业有限公司	法人股	885.60	1.58
8	上海城市建设投资开发总公司	法人股	579.15	1.03
9	上海新黄浦楼宇装备实业有限公司	法人股	401.22	0.71
10	上海永华房地产有限公司	法人股	259.20	0.46

股东人数	2003.9	2003.6	2002	2001
	106351	108546	107850	112128

近年分配	2001年10派0.8元	近年配股/增发	2001年10配3股

重大事项

公司拟投资参股由控股股东上海新黄浦(集团)有限责任公司投资成立的上海申新房产经营管理有限公司(暂定名),该公司注册资金 1000 万元,本公司拟投资 100 万元,持有 10%的股份。

二○○二年以来市场表现

2002年涨跌幅(%)	-17.12
2002年最高(元)	13.22
2002年最低(元)	8.52
2002年换手率(%)	165.27
2003年涨跌幅(%)	-22.22
2003年最高(元)	10.58
2003年最低(元)	5.96
2003年换手率(%)	84.57

上海金桥出口加工区开发股份有限公司

公司概况

公司名称	上海金桥出口加工区开发股份有限公司			股票代码	600639	
注册地址	上海浦东新金桥路 28 号			邮政编码	201206	
法人代表	杨小明		董秘	陈恩华		
电话	021-58991818		传真	021-58991533		
主营业务	房地产开发经营、销售、出租和中介等					
总股本	76762.40	流通 A	12886.50	流通 B	22493.90	流通 H
审计单位			审计意见	未审计		

主要财务指标

年度	2003.9	2003.6	2002	2001
每股收益/扣除后(元)	0.1800	0.1240	0.1400	0.1320
每股经营现金流量(元)	0.1387	0.0450	0.0322	-0.3197
每股净资产/调整后(元)	2.3860	2.3440	2.2550	2.2600
每股公积金(元)	0.9710	0.9710	0.9710	1.1681
净资产收益率(%)	5.7140	3.7400	6.1800	5.9500
总资产(万元)	315523.59	319410.19	322356.53	303433.81
股东权益(万元)	185250.66	181450.12	174665.23	163875.95
未分配利润(万元)	23605.86	19805.33	13020.43	4081.11
主营收入(万元)	39456.40	25837.49	67822.25	39729.00
资本公积金(万元)	74536.33	74536.33	74536.33	81514.73
主营利润(万元)	17397.42	11459.38	21043.27	20273.44
其他业务利润(万元)	3.29	2.41	64.32	2.23
营业利润(万元)	9870.58	5232.53	9536.06	14349.35
投资收益(万元)	2609.09	2613.92	3287.96	-2498.82
补贴收入(万元)				
营业外收支(万元)	-216.85	-64.19	-79.79	131.19
利润总额(万元)	12262.82	7770.94	12744.23	11981.71
净利润(万元)	10585.43	6784.90	10789.27	9743.06

十大股东

序号	股东名称	股份性质	持股数(万股)	比例(%)
1	上海金桥(集团)有限公司	国家股	37752.00	49.18
2	上海国际信托投资有限公司	社会法人股	3630.00	4.73
3	TOYO SECURITIES ASIA LTD. A/C CLIENT	B股	228.15	0.30
4	景福证券投资基金	A股	127.02	0.17
5	彭丰	B股	104.89	0.14
6	上海证券有限责任公司	A股	103.96	0.14
7	京华山一国际(香港)有限公司	B股	102.54	0.13
8	THE NOMURA SECURITIES CO. LTD.	B股	92.25	0.12
9	MERRILL LYNCH FAR EAST LIMITED	B股	91.82	0.12
10	NIKKOCORDIAL SECURITIES INC.	B股	70.65	0.09

股东人数	2003.9	2003.6	2002	2001
	134011	134898	137078	142353

近年分配		近年配股/增发	2001年10股转增1股

重大事项

公司同意对上海金桥出口加工区联合发展有限公司(简称:金联发)股本结构作出如下调整:一将金联发注册资本减至人民币 1 亿元或以下;二用金联发资产回购股权方式,将公司在金联发中的股权比例缩减至 20%至 50%范围。 公司于 2003 年 5 月 21 日接到所持股份占 86%的子公司--上海金桥出口加工区房地产发展有限公司书面报告,该公司资金被挪用案,现经公安部门积极追索,已收回现金人民币 200 万元以及高级轿车两辆,现正在按照法定程序办理有关手续,公安机关仍在抓紧追索其余款项。

二○○二年以来市场表现

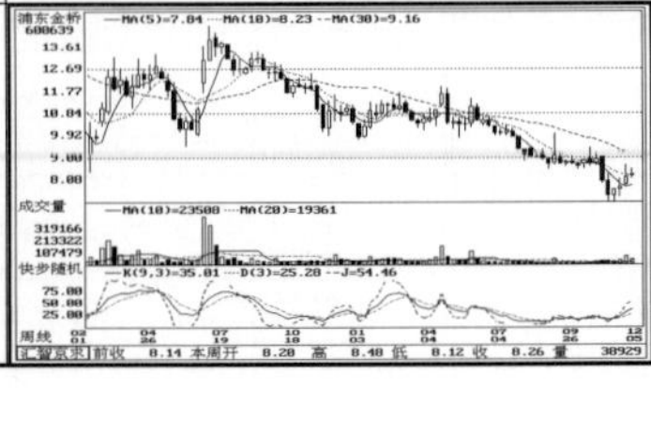

2002年涨跌幅(%)	-1.86
2002年最高(元)	14.53
2002年最低(元)	7.45
2002年换手率(%)	249.56
2003年涨跌幅(%)	-18.92
2003年最高(元)	11.95
2003年最低(元)	7.16
2003年换手率(%)	112.79

联通国脉通信股份有限公司

公司概况

公司名称	联通国脉通信股份有限公司			股票代码	600640		
注册地址	上海市浦东新区川北公路 2626 号			邮政编码	201204		
法人代表	尚冰			董秘	蒋文民		
电话	021-62763321			传真	021-62763321		
主营业务	无线通信、图像,数据及各类通信产品等						
总股本	40137.12	流通 A	6086.94	流通 B		流通 H	
审计单位				审计意见	未审计		

主要财务指标

年度	2003.9	2003.6	2002	2001
每股收益 / 扣除后(元)	0.0540	-0.0059	0.1200	0.1000
每股经营现金流量(元)	0.5039	0.0760	-0.5588	0.0506
每股净资产 / 调整后(元)	2.8500	2.8300	3.0800	3.0500
每股公积金(元)	1.1098	1.1098	1.3207	1.3247
净资产收益率(%)	1.7400	1.3400	1.8500	3.3900
总资产(万元)	164194.53	126530.49	125854.42	127585.49
股东权益(万元)	114943.26	114405.48	112907.65	112134.05
未分配利润(万元)	2655.67	3179.47	1615.32	1002.42
主营收入(万元)	86990.09	32506.49	168091.53	26443.73
资本公积金(万元)	44542.38	44542.38	48191.23	48335.56
主营利润(万元)	7023.24	2826.91	10866.90	7979.36
其他业务利润(万元)	511.51	278.44	609.29	213.17
营业利润(万元)	1620.53	-859.63	3584.95	1122.18
投资收益(万元)	754.45	2651.51	1244.00	2861.97
补贴收入(万元)				
营业外收支(万元)	-42.46	-7.90	-821.69	322.41
利润总额(万元)	2332.52	1793.97	4007.27	4306.56
净利润(万元)	2005.49	1529.29	2093.44	3804.33

十大股东

序号	股东名称	股份性质	持股数(万股)	比例(%)
1	国信寻呼有限责任公司	境内法人股	23633.78	58.88
2	陆家嘴股份有限公司	境内法人股	1384.01	3.44
3	上海市电信有限公司	境内法人股	1147.90	2.86
4	上海长途电信综合开发公司	境内法人股	714.97	1.78
5	上海捷时达邮政专递公司	境内法人股	550.33	1.38
6	中国电信集团工会上海市委员会	境内法人股	316.04	1.24
7	申银万国证券研究所	境内法人股	304.25	0.76
8	上海证券有限公司	境内法人股	187.72	0.47
9	上海电信实业崇明有限公司	境内法人股	136.41	0.34
10	浦东新区邮电局	境内法人股	121.02	0.30

股东人数	2003.9	2003.6	2002	2001
	36760	37241	37073	38737

近年分配	2002年10派0.3元 2001年10派0.7元	近年配股/增发	2002年10股转增1股

重大事项

2003年9月29日公司与上海国际集团有限公司签订了《股权转让协议》。公司将所持有的上海浦东发展银行股份有限公司社会法人股675万股中的475万股股权全部转让给上海国际集团有限公司,转让价格为2.846元/股,股权转让价款合计为1351.85万元。本次股权转让完成后,公司将获得约986万元的股权转让收益。 由于近日公司短期投资市值上升,导致去年底该投资曾计提的减值准备金转回,从而对公司2003年第一季度实现的经营业绩产生较大影响,根据公司比较会计报表初步测算,预计公司第一季度净利润将比去年同期上升300%左右。

二〇〇二年以来市场表现

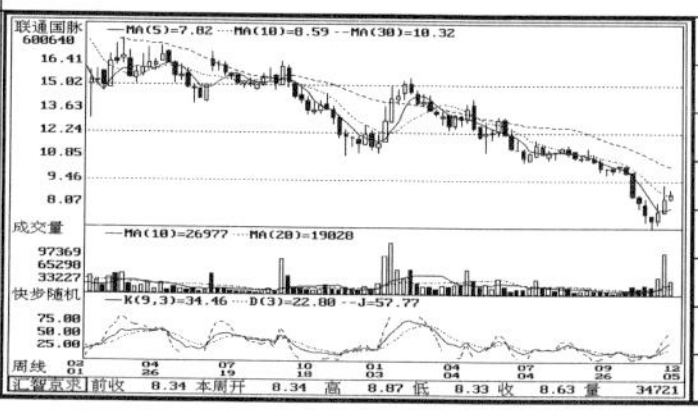

2002年涨跌幅(%)	-38.61
2002年最高(元)	16.64
2002年最低(元)	9.87
2002年换手率(%)	152.33
2003年涨跌幅(%)	-17.01
2003年最高(元)	13.98
2003年最低(元)	6.68
2003年换手率(%)	200.63

中远发展股份有限公司

公司概况

公司名称	中远发展股份有限公司			股票代码	600641		
注册地址	上海浦东南路 2161 号			邮政编码	200120		
法人代表	李建红			董秘	李澜		
电话	021-50367878-6805			传真	021-50366858		
主营业务	实业投资、资产经营、房地产开发经营等						
总股本	44786.60	流通 A	17906.62	流通 B		流通 H	
审计单位				审计意见	未审计		

主要财务指标

年度	2003.9	2003.6	2002	2001
每股收益 / 扣除后(元)	0.0870	0.0740	0.3850	0.6120
每股经营现金流量(元)	-1.1685	-1.2350	-1.4376	-0.4167
每股净资产 / 调整后(元)	4.4400	4.4800	4.4100	3.1420
每股公积金(元)	1.5039	1.5039	1.5039	0.1971
净资产收益率(%)	0.0190	1.6500	9.2600	19.5200
总资产(万元)	440056.78	444483.09	407562.91	273753.94
股东权益(万元)	201412.41	200816.66	197513.02	115603.51
未分配利润(万元)	25371.99	24776.26	21472.61	19173.36
主营收入(万元)	53634.88	38902.57	77171.38	76154.61
资本公积金(万元)	67353.49	67353.49	67353.59	7248.98
主营利润(万元)	8025.23	5736.02	19219.77	1757.88
其他业务利润(万元)	194.21	205.40	3207.07	1757.88
营业利润(万元)	4614.73	3951.43	17583.88	26003.52
投资收益(万元)	74.71	7.90	1784.59	431.88
补贴收入(万元)				
营业外收支(万元)	-13.00	2.18	3.30	55.25
利润总额(万元)	4676.45	3946.33	19371.77	26490.65
净利润(万元)	3899.38	3303.65	18283.66	22564.91

十大股东

序号	股东名称	股份性质	持股数(万股)	比例(%)
1	上海中远三林置业集团有限公司	国有法人股	25150.37	56.16
2	上海国际信托投资有限公司	国有股/流通股	1174.30	3.96
3	上海虹桥空港商贸发展有限公司	流通股	130.00	0.29
4	上海金创投资管理有限公司	流通股	118.80	0.26
5	广东肇庆星湖股份有限公司	流通股	100.00	0.22
6	北京成中大厦房地产有限公司	流通股	95.34	0.21
7	殷平	流通股	70.60	0.16
8	华鑫证券有限责任公司	流通股	56.96	0.13
9	江阴市电力发展中心	流通股	54.40	0.12
10	华安上证180指数增强型证券投资基金	流通股	53.45	0.12

股东人数	2003.9	2003.6	2002	2001
	79482	81815	59606	39285

近年分配	2002年10派1元 2001年10派1.65元	近年配股/增发	不分配不转增

重大事项

2003年08月21日公司为公司控股子公司海南中远发展博鳌开发有限公司向中国银行琼海支行借款4500万元人民币提供担保,累计为其担保77,700万元;保证方式为连带责任担保,保证期限为从借款合同生效之日开始到借款合同债务履行期届满之日起经过两年,借款合同债务履行期为2003年8月至2011年8月。为了确保海南中远发展在海南"博鳌亚洲论坛"所在地—博鳌水城东屿岛上投资的会议中心、酒店、高尔夫球会项目的后期建设和日后的正常运营,董事会同意为其22000万元人民币的贷款提供担保。

二〇〇二年以来市场表现

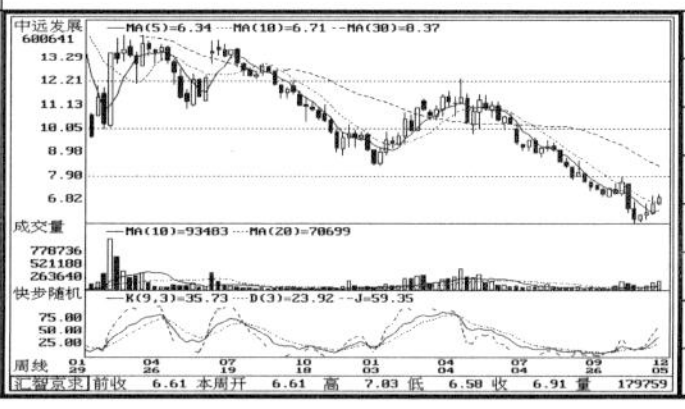

2002年涨跌幅(%)	-42.09
2002年最高(元)	15.11
2002年最低(元)	8.56
2002年换手率(%)	334.37
2003年涨跌幅(%)	-24.46
2003年最高(元)	12.21
2003年最低(元)	5.74
2003年换手率(%)	307.48

申能股份有限公司

公司概况

公司名称	申能股份有限公司			股票代码		600642	
注册地址	上海市浦东银城东路 139 号 1010 室			邮政编码		200021	
法人代表	杨祥海			董秘		陈铭锡	
电话	021-63900145			传真		021-63900119	
主营业务	开发、建设和经营电力、能源、节能等						
总股本	179308.78	流通 A	41099.20	流通 B		流通 H	
审计单位				审计意见		未审计	

主要财务指标

年度	2003.9	2003.6	2002	2001
每股收益/扣除后(元)	0.4840	0.3190	0.5590	0.5300
每股经营现金流量(元)	0.7551	0.4600	0.6929	0.6816
每股净资产/调整后(元)	4.4920	4.3170	3.9920	3.0430
每股公积金(元)	1.4896	1.4896	1.4776	0.6987
净资产收益率(%)	10.8900	7.3100	14.3500	22.9200
总资产(万元)	1547825.50	1572813.50	1349281.37	990785.00
股东权益(万元)	811225.31	779826.44	720693.00	504189.06
未分配利润(万元)	103293.24	71894.40	6806.53	5743.92
主营收入(万元)	296579.28	191229.52	282000.72	200483.19
资本公积金(万元)	267101.97	267101.97	264952.66	114097.23
主营利润(万元)	125310.09	81254.45	91755.28	77279.50
其他业务利润(万元)	41.43	36.66	2799.16	2390.61
营业利润(万元)	94960.57	65415.43	64218.26	44988.42
投资收益(万元)	44311.28	25677.00	58880.05	56316.67
补贴收入(万元)	115.91	115.91		
营业外收支(万元)	-267.73	-143.73	-1093.34	-128.37
利润总额(万元)	139120.02	90991.65	122004.97	101176.72
净利润(万元)	88382.97	56984.12	103441.15	86493.97

十大股东

序号	股东名称	股份性质	持股数(万股)	比例(%)
1	申能(集团)有限公司	国家股	105309.67	58.73
2	国泰君安证券股份有限公司	法人股/流通股	7576.59	4.23
3	上海市电力公司	募集法人股	1798.10	1.00
4	申银万国证券股份有限公司	流通股	1207.28	0.68
5	金鑫证券投资基金	流通股	1186.76	0.67
6	上海久事公司	募集法人股	1160.48	0.65
7	上海国际集团有限公司	募集法人股/流通股	853.25	0.48
8	中国华东电力集团公司	募集法人股	670.00	0.38
9	易方达平稳增长证券投资基金	流通股	639.31	0.36
10	安徽省国际信托投资公司	募集法人股	605.00	0.34

股东人数	2003.9	2003.6	2002	2001
	107478	113765	138190	126560

近年分配	2002年10派3元 2001年每股派0.35元	近年配股/增发	不分配不转增

重大事项

2003年10月16日,由公司控股40%的上海石油天然气有限公司负责建设的东海平湖油气田扩建一期工程正式投产。整个扩建工程总投资约为17亿元人民币,分两期实施。扩建一期工程投产后,东海平湖油气田将增加50%的产能,达到日供应天然气180万立方米的供气规模。 2003年8月20日申能(集团)有限公司与公司协商,将其投资的秦山核电二期、秦山核电三期工程项目的运行和经营管理委托给公司,集团公司同意在委托期间,每年向公司支付秦山核电二期委托运行和经营管理费人民币1000万元;每年支付秦山核电三期委托运行和经营管理费人民币1000万元。

二〇〇二年以来市场表现

2002年涨跌幅(%)	-24.03
2002年最高(元)	13.05
2002年最低(元)	8.70
2002年换手率(%)	184.61
2003年涨跌幅(%)	26.60
2003年最高(元)	13.06
2003年最低(元)	8.60
2003年换手率(%)	168.07

上海爱建股份有限公司

公司概况

公司名称	上海爱建股份有限公司			股票代码		600643	
注册地址	上海市浦东新区云桥路 848 号			邮政编码		200122	
法人代表	顾青			董秘		张禾	
电话	021-64396600			传真		021-64392118	
主营业务	实业投资,房地产开发、经营及咨询等						
总股本	46068.80	流通 A	30835.27	流通 B		流通 H	
审计单位				审计意见		未审计	

主要财务指标

年度	2003.9	2003.6	2002	2001
每股收益/扣除后(元)	-0.0560	-0.0090	-0.1110	0.2860
每股经营现金流量(元)	-0.1567	-0.0500	1.1524	-0.6965
每股净资产/调整后(元)	3.7100	3.7500	3.7900	4.2100
每股公积金(元)	2.0637	2.0637	2.0625	2.0625
净资产收益率(%)	-1.4100	-0.4100	0.6200	6.5100
总资产(万元)	387412.47	407183.84	315784.37	322635.44
股东权益(万元)	178756.56	180553.94	181253.59	200714.69
未分配利润(万元)	-4112.56	-2325.45	1588.40	120.33
主营收入(万元)	41643.49	23380.27	113685.14	80416.66
资本公积金(万元)	95073.28	95073.28	95015.48	95015.48
主营利润(万元)	7245.46	4183.91	16861.45	14487.52
其他业务利润(万元)	200.07	137.13	413.97	1017.61
营业利润(万元)	-1722.64	-1178.50	5265.29	870.33
投资收益(万元)	-115.71	939.98	649.93	13686.69
补贴收入(万元)	14.52	14.52	93.54	177.25
营业外收支(万元)	-321.49		-243.32	-277.23
利润总额(万元)	-2145.32	-582.06	5765.44	14457.04
净利润(万元)	-2524.16	-737.05	1121.98	13063.90

十大股东

序号	股东名称	股份性质	持股数(万股)	比例(%)
1	上海工商界爱国建设特种基金	法人股/流通股	10432.70	22.65
2	上海宝钢集团公司	流通股	1950.30	4.23
3	上海国际信托投资有限公司	社会法人股	625.02	1.36
4	基金同盛	流通股	608.51	1.32
5	基金汉兴	流通股	474.53	1.03
6	上海市工商业联合会	发起人法人股	473.50	1.03
7	云晨期货经纪有限公司	流通股	399.40	0.87
8	刘靖基	流通股	375.71	0.82
9	上海久事公司	社会法人股	312.51	0.68
10	丁鹤寿	流通股	290.00	0.63

股东人数	2003.9	2003.6	2002	2001
	73934	74277	90949	132186

近年分配	2001年10派1.5元	近年配股/增发	不分配不转增

重大事项

2003年6月11日公司接到上海宝钢集团公司的通知,上海宝钢集团公司、上海宝钢化工有限公司通过上海证券交易所的集中竞价交易持有公司流通股,加上宝钢集团上海五钢有限公司持有的非流通股股份合计23045123股,已占公司股权总数的5.002%。上海宝钢化工有限公司系上海宝钢集团公司的全资子公司,宝钢集团上海五钢有限公司系上海宝钢集团公司持有78.45%股份的控股子公司。

二〇〇二年以来市场表现

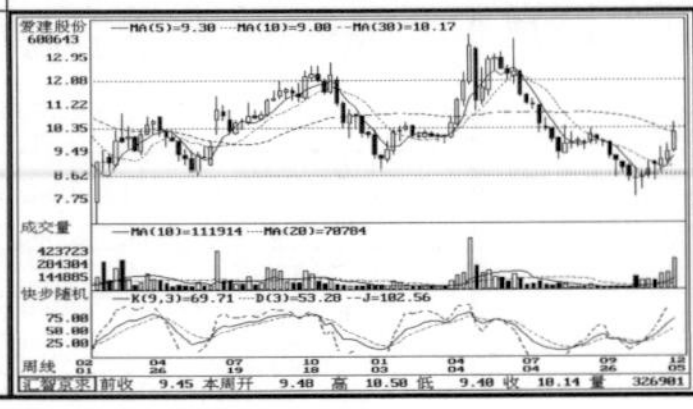

2002年涨跌幅(%)	-10.97
2002年最高(元)	12.70
2002年最低(元)	6.07
2002年换手率(%)	170.41
2003年涨跌幅(%)	4.88
2003年最高(元)	13.81
2003年最低(元)	7.83
2003年换手率(%)	128.49

乐山电力股份有限公司

公司概况

公司名称	乐山电力股份有限公司			股票代码	600644		
注册地址	乐山市市中区嘉定北路 46 号			邮政编码	614000		
法人代表	刘虎廷			董秘	李 江		
电话	0833-2445800			传真	0833-2445900		
主营业务	地方电力开发、经营,本公司电力调度、房地产开发等						
总股本	24933.65	流通 A	12876.16	流通 B		流通 H	
审计单位				审计意见	未审计		

主要财务指标

年度	2003.9	2003.6	2002	2001
每股收益/扣除后(元)	0.0408	–0.0248	–0.0192	0.0900
每股经营现金流量(元)	0.2405	0.1130	0.1394	0.2909
每股净资产/调整后(元)	1.6300	1.5600	1.7000	1.8000
每股公积金(元)	0.4227	0.4227	0.4125	0.4125
净资产收益率(%)	2.3500	–1.5500	0.1200	5.9400
总资产(万元)	122885.08	116612.48	114718.16	111915.38
股东权益(万元)	45746.02	43976.40	44632.73	46471.91
未分配利润(万元)	2671.92	902.30	1702.98	2338.49
主营收入(万元)	24132.43	15122.31	27090.87	25185.19
资本公积金(万元)	10538.65	10538.65	10283.93	10283.93
主营利润(万元)	7164.74	3701.25	7318.13	7266.89
其他业务利润(万元)	67.84	49.89	78.92	186.38
营业利润(万元)	1231.65	–567.60	–177.36	1269.55
投资收益(万元)	110.14	–19.65	–115.13	163.48
补贴收入(万元)	90.13	69.30	276.05	1972.01
营业外收支(万元)	–52.41		637.42	97.27
利润总额(万元)	1379.51	–582.20	620.99	3502.32
净利润(万元)	1075.83	–681.85	54.64	2802.57

十大股东

序号	股东名称	股份性质	持股数(万股)	比例(%)
1	乐山市国有资产经营有限公司	国有股	7315.38	29.34
2	四川信都建设投资开发有限责任公司	法人股	2036.66	8.17
3	四川川投峨眉铁合金(集团)有限责任公司	法人股	1594.05	6.39
4	申银万国证券股份有限公司	法人股	249.43	1.00
5	深圳市东方热电投资有限公司	法人股	145.00	0.58
6	上海九宇新技术发展有限公司	法人股	100.00	0.40
7	上海点津贸易有限公司	法人股	100.00	0.40
8	上海隆得歧工贸有限公司	法人股	95.00	0.38
9	云国福	流通股	90.00	0.36
10	上海置外经济信息咨询服务有限公司	流通股	88.98	0.36

股东人数	2003.9	2003.6	2002	2001
	23186	25612	26705	17470

近年分配	2001年 10 派 0.5 元	近年配股/增发	不分配不转增

重大事项

公司通过关于为乐山大岷水电有限公司到期借款提供续保的议案,大岷公司于 **2003** 年 **10** 月 **15** 日致函公司,请求公司为本次借款 **2870** 万元继续提供担保。定于 **2003** 年 **12** 月 **5** 日召开 **2003** 年度第二次临时股东大会。 **2003** 年 **9** 月 **30** 日乐山市中级人民法院将乐山嘉州宾馆有限公司主要经营性资产嘉州宾馆以及宾馆内的经营性设施共计净值 **9005** 万元拟以 **4500** 万元的价格进行最后一次竞价变卖,公司成为唯一竞买人。变卖后,公司取得该部分资产后,将不再承担债权债务。

二〇〇二年以来市场表现

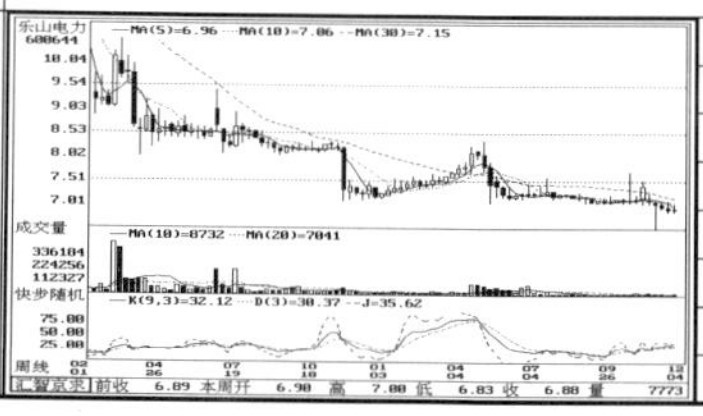

2002年涨跌幅(%)	–36.40
2002年最高(元)	11.40
2002年最低(元)	7.06
2002年换手率(%)	229.65
2003年涨跌幅(%)	–4.31
2003年最高(元)	8.35
2003年最低(元)	6.50
2003年换手率(%)	78.13

上海望春花(集团)股份有限公司

公司概况

公司名称	上海望春花(集团)股份有限公司			股票代码	600645		
注册地址	上海市北翟路 1168 号			邮政编码	200335		
法人代表	高庆海			董秘	佟心		
电话	021-52171679			传真	021-52600580		
主营业务	生命科学技术开发、干细胞基因工程产业化等						
总股本	25002.80	流通 A	9815.54	流通 B		流通 H	
审计单位				审计意见	未审计		

主要财务指标

年度	2003.9	2003.6	2002	2001
每股收益/扣除后(元)	0.0230	–0.0200	–0.2430	0.0180
每股经营现金流量(元)	0.0556	0.0100	–0.0589	–0.2753
每股净资产/调整后(元)	1.1010	1.0990	1.0850	1.3270
每股公积金(元)	0.3776	0.3776	0.3765	0.3573
净资产收益率(%)	0.0190	0.1700	–20.6800	0.7010
总资产(万元)	9440.04	9440.04	9412.89	78136.45
股东权益(万元)	30521.85	30509.87	31889.71	36054.45
未分配利润(万元)	–7165.40	7177.39	–4661.91	–17.90
主营收入(万元)	25756.00	15451.00	31130.58	29605.42
资本公积金(万元)	9440.04	9440.04	9412.89	8932.96
主营利润(万元)	3185.71	1780.08	3843.12	3225.41
其他业务利润(万元)	97.74	66.06	178.31	266.98
营业利润(万元)	–21.83	–319.23	–4356.23	–1057.64
投资收益(万元)	1106.81	1161.01	–871.84	2181.46
补贴收入(万元)				93.93
营业外收支(万元)	–34.19		–463.10	–179.93
利润总额(万元)	1049.80	822.00	–5691.18	1037.82
净利润(万元)	574.36	519.10	–6251.14	252.57

十大股东

序号	股东名称	股份性质	持股数(万股)	比例(%)
1	北京首都国际投资管理有限责任公司	法人股	6819.44	27.27
2	北京中融物产有限责任公司	法人股	3410.00	13.64
3	上海望春花实业有限公司	法人股	2400.00	9.60
4	厦门奇胜股份有限公司	法人股	610.77	2.56
5	华银投资控股有限公司	流通股	242.67	0.97
6	丰和价值证券投资基金	流通股	199.97	0.80
7	泰和证券投资基金	流通股	124.89	0.50
8	江阴市青阳绒布厂	法人股	104.83	0.42
9	上海日清生物环境产业有限公司	社会公众股	75.48	0.30
10	中国保险公司上海市分公司	社会公众股	74.88	0.29

股东人数	2003.9	2003.6	2002	2001
	6384	6614	7441	8941

近年分配		近年配股/增发	不分配不转增

重大事项

2003 年 **7** 月 **29** 日公司通过关于继续为湖北望春花纺织股份有限公司提供担保议案,同意为公司参股子公司湖北望春花纺织股份有限公司提供不多于 **3000** 万元(含暨往已提供担保部分)的信用担保,担保期限至 **2004** 年 **12** 月 **31** 日。截止目前为止,公司已为湖北望春花纺织股份有限公司提供担保金额为人民币 **1000** 万元,担保日期至 **2003** 年 **10** 月 **30** 日;公司累计对外担保为人民币 **5150** 万元。公司于 **2003** 年 **06** 月 **27** 日收到海泰生物科技发展有限公司关于已经签署受让北京首都国际投资管理有限责任公司持有的公司 **68194419** 股社会法人股协议的书面通知。

二〇〇二年以来市场表现

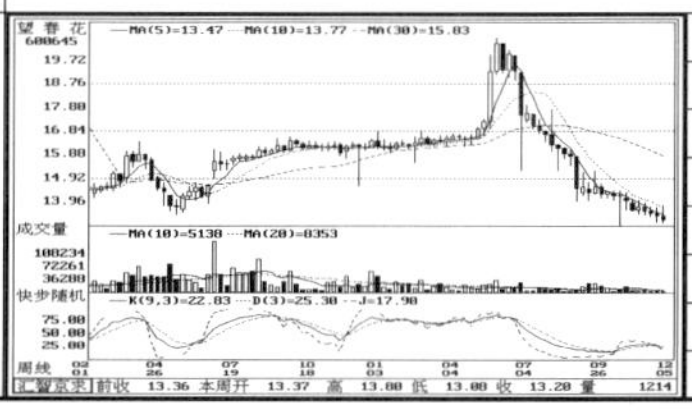

2002年涨跌幅(%)	11.61
2002年最高(元)	16.79
2002年最低(元)	13.40
2002年换手率(%)	181.01
2003年涨跌幅(%)	–18.24
2003年最高(元)	20.68
2003年最低(元)	13.00
2003年换手率(%)	57.88

上海同达创业投资股份有限公司

公司概况

公司名称	上海同达创业投资股份有限公司			股票代码	600647		
注册地址	浦东新区金新路58号银桥大厦25楼			邮政编码	201206		
法人代表	陈玉华			董秘	胡嘉捷		
电话	021-58545898			传真	021-58541001		
主营业务	高新技术产业投资,实业投资及资产管理等						
总股本	5351.68	流通A	2100.00	流通B		流通H	
审计单位				审计意见	未审计		

主要财务指标

年度	2003.9	2003.6	2002	2001
每股收益/扣除后(元)	-0.0796	-0.0566	-0.2495	-0.4016
每股经营现金流量(元)	-0.2138	-0.1790	0.3258	0.0285
每股净资产/调整后(元)	-0.4466	-0.4298	-0.3782	-0.8879
每股公积金(元)	0.5154	0.5154	0.5154	0.3417
净资产收益率(%)		-14.3440	-9.4900	-82.3440
总资产(万元)	8586.29	8665.26	8862.18	7583.03
股东权益(万元)	-2186.55	-2092.76	-1745.60	-2612.59
未分配利润(万元)	-10538.01	-10429.96	-10129.77	-10046.61
主营收入(万元)	2190.78	1325.88	3472.85	2700.21
资本公积金(万元)	2758.28	2758.28	2758.28	1828.59
主营利润(万元)	474.65	281.02	799.10	697.16
其他业务利润(万元)	45.00	30.00	59.66	66.89
营业利润(万元)	-421.02	-332.28	-950.11	-552.00
投资收益(万元)	-39.05	-20.03	1115.40	-1627.10
补贴收入(万元)				
营业外收支(万元)	17.52		14.94	-2.03
利润总额(万元)	-442.55	-349.62	180.23	-2181.13
净利润(万元)	-408.24	-300.19	165.74	-2151.32

十大股东

序号	股东名称	股份性质	持股数(万股)	比例(%)
1	中国信达信托投资公司	受让发起人法人股	2237.00	41.80
2	上海新亚(集团)股份有限公司	发起人法人股	267.00	4.99
3	上海嘉宝实业股份有限公司	社会法人股	94.50	1.77
4	上海强生(集团)有限公司	社会法人股	94.50	1.77
5	上海申银万国股份有限公司	社会法人股	63.00	1.18
6	上海申达纺织股份有限公司	社会法人股	63.00	1.18
7	上海二纺机股份有限公司	社会法人股	53.55	1.00
8	上海天迪投资公司	社会法人股	31.50	0.59
9	上海市房实业公司	社会法人股	28.35	0.53
10	上海新亚(集团)工会	社会法人股	27.30	0.51

股东人数	2003.9	2003.6	2002	2001
	3785	3863	4259	6791

近年分配		近年配股/增发	不分配不转增

重大事项

2003年11月11日董事会通过将公司拥有的海南院士村开发建设有限公司40%股权经评估后以3128万元转让于上海久阳房地产开发有限公司,并于同日签订《股权转让协议书》。本次股权转让后,公司不再持有院士村股份。本次股权转让尚需经公司股东大会审议通过。 中国信达信托投资公司持有的公司41.8%股权,计2237万股,作为实业投资由中国信达资产管理公司承接。2003年9月16日,中国信达资产管理公司将其持有的公司全部股份转让于信达投资有限公司。

二○○二年以来市场表现

2002年涨跌幅(%)	18.81
2002年最高(元)	17.79
2002年最低(元)	9.43
2002年换手率(%)	100.09
2003年涨跌幅(%)	-14.51
2003年最高(元)	17.20
2003年最低(元)	12.45
2003年换手率(%)	27.92

上海外高桥保税区开发股份有限公司

公司概况

公司名称	上海外高桥保税区开发股份有限公司			股票代码	600648		
注册地址	中国上海浦东杨高北路889号			邮政编码	200131		
法人代表	刘新民			董秘	王勋		
电话	021-50580088			传真	021-50581138		
主营业务	受让地块内的房地产经营、工程承包、商业等						
总股本	74505.75	流通A	5445.00	流通B	20055.75	流通H	
审计单位				审计意见	未审计		

主要财务指标

年度	2003.9	2003.6	2002	2001
每股收益/扣除后(元)	0.0210	-0.0300	-0.2420	-0.0424
每股经营现金流量(元)	-0.0093	0.0220	0.0346	0.1042
每股净资产/调整后(元)	1.7171	1.6388	1.5847	1.8054
每股公积金(元)	0.4324	0.4324	0.4324	0.4324
净资产收益率(%)	1.2640	1.1860	-9.6300	0.6600
总资产(万元)	329478.22	298148.78	300487.12	291430.34
股东权益(万元)	130229.40	130112.46	128569.60	139140.91
未分配利润(万元)	4663.47	4561.01	3018.06	18190.78
主营收入(万元)	25330.86	13807.50	18092.71	20312.34
资本公积金(万元)	32218.24	32218.24	32218.24	32218.24
主营利润(万元)	8235.89	4887.84	5523.88	4185.38
其他业务利润(万元)	97.66	90.18	419.13	32.96
营业利润(万元)	-2472.52	-3051.75	-17732.35	-3824.28
投资收益(万元)	4383.60	4826.84	567.96	2481.87
补贴收入(万元)	36.59	68.72	2739.50	90.80
营业外收支(万元)	84.08	10.60	2370.54	90.80
利润总额(万元)	2031.75	1854.41	-12054.34	-932.27
净利润(万元)	1645.42	1542.95	-12384.02	917.02

十大股东

序号	股东名称	股份性质	持股数(万股)	比例(%)
1	上海外高桥(集团)有限公司	国家股	43560.00	58.47
2	上海市上投实业投资有限公司	法人股	5445.00	7.31
3	TOYO SECURITIES ASIA LTD. A/CCLIENT	流通B股	173.68	0.23
4	东吴证券有限责任公司	流通A股	131.37	0.18
5	KAY & CO. LTD.	流通B股	118.32	0.16
6	HSBC BROKING SECURITIES LIMITED CLIENTS ACCOUNT	流通B股	99.65	0.13
7	京华山一国际(香港)有限公司	流通B股	75.08	0.10
8	TAM, KING WAI	流通B股	72.19	0.10
9	NIKKO CORDIAL SECURITIES INC.	流通B股	71.77	0.10
10	彭丰	流通B股	70.37	0.09

股东人数	2003.9	2003.6	2002	2001
	72230	71322	71187	72944

近年分配		近年配股/增发	不分配不转增

重大事项

公司于2003年6月请求法院判令上海中经投资管理有限公司向公司偿还国债投资款及收益共计5368.56万元,并向公司支付逾期偿还的国债投资款及相应收益之银行同期存款利息,同时请求判令西南证券上海定西路证券营业部就上述诉讼请求向公司承担连带赔偿责任。 2003年10月30日公司向上海外高桥保税区联合发展有限公司,转让全资子公司申高贸易有限公司持有的上海昶宏储运物资有限公司15%股权和夏碧路319号底层东侧部分房屋。本次交易构成关联交易。

二○○二年以来市场表现

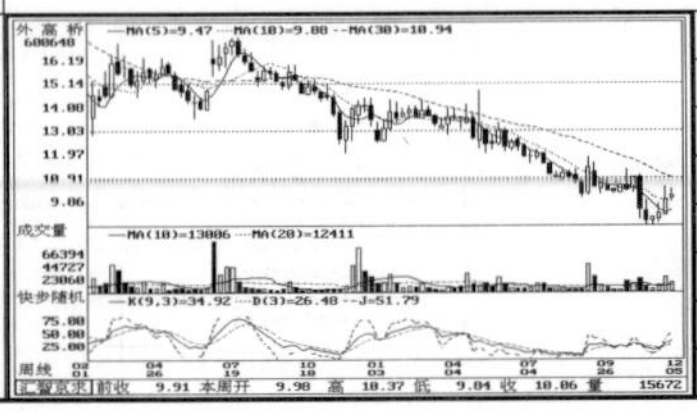

2002年涨跌幅(%)	-17.46
2002年最高(元)	17.25
2002年最低(元)	12.03
2002年换手率(%)	153.91
2003年涨跌幅(%)	-25.38
2003年最高(元)	14.79
2003年最低(元)	8.80
2003年换手率(%)	104.07

上海市原水股份有限公司

公司概况

公司名称	上海市原水股份有限公司	股票代码	600649
注册地址	上海市浦东新区北艾路 1540 号	邮政编码	200085
法人代表	刘强	董秘	王(金享)柔
电话	021-63564899	传真	021-63564880
主营业务	原水供应,自来水开发,给水工程建设等		

总股本	188439.50	流通 A	56085.15	流通 B		流通 H	
审计单位				审计意见	未审计		

主要财务指标

年度	2003.9	2003.6	2002	2001
每股收益 / 扣除后(元)	0.1853	0.1210	0.2200	0.2000
每股经营现金流量(元)	0.1339	0.0700	0.6166	0.3945
每股净资产 / 调整后(元)	2.8500	2.7900	2.6700	2.5200
每股公积金(元)	1.1034	1.1034	1.1034	1.1034
净资产收益率(%)	6.4800	4.3500	8.2700	8.1600
总资产(万元)	696739.31	691538.81	643583.06	588409.06
股东权益(万元)	537389.75	525410.44	502570.28	474987.81
未分配利润(万元)	94474.75	82507.74	59663.84	38673.07
主营收入(万元)	73321.83	48464.02	78473.75	75050.84
资本公积金(万元)	207919.59	207919.59	207919.59	207919.59
主营利润(万元)	36869.85	24314.46	39232.64	41009.18
其他业务利润(万元)	25.66	12.87	327.69	-20.67
营业利润(万元)	32406.69	21448.51	34139.20	32536.00
投资收益(万元)	8579.52	5293.82	13872.83	13574.65
补贴收入(万元)				
营业外收支(万元)	-131.29		-254.28	-363.64
利润总额(万元)	40854.93	26769.42	47757.74	45747.02
净利润(万元)	34810.91	22843.91	41550.02	38775.74

十大股东

序号	股东名称	股份性质	持股数(万股)	比例(%)
1	上海市国有资产管理办公室	国有股	98776.27	52.42
2	申银万国证券股份有限公司	法人股	5538.17	2.94
3	汉兴证券投资基金	流通股	930.93	0.49
4	中国建设银行上海信托投资公司	法人股	809.97	0.43
5	华夏证券有限公司	法人股	771.65	0.41
6	中国国际海运集装箱股份有限公司	法人股	379.50	0.20
7	通和投资控股有限公司	流通股	338.64	0.18
8	苏州电视机组件厂	法人股	327.57	0.17
9	上海市城市建设投资开发总公司	法人股	297.28	0.16
10	裕阳证券投资基金	流通股	253.29	0.13

股东人数	2003.9	2003.6	2002	2001
	252974	256075	248206	301335

近年分配	2002年 10 派 0.8 元 2001 年 10 派 0.5 元	近年配股 / 增发	不分配不转增

重大事项

由公司与东北证券有限责任公司、四川南方希望有限公司、沈阳东宇集团股份有限公司等共同发起设立的东方基金管理有限责任公司,已于 2003 年 5 月 28 日经中国证监会有关文批复,同意筹建。拟筹建的东方基金管理有限责任公司注册资本为 1 亿元人民币,其中公司出资 1800 万元,占注册资本的 18%。

二〇〇二年以来市场表现

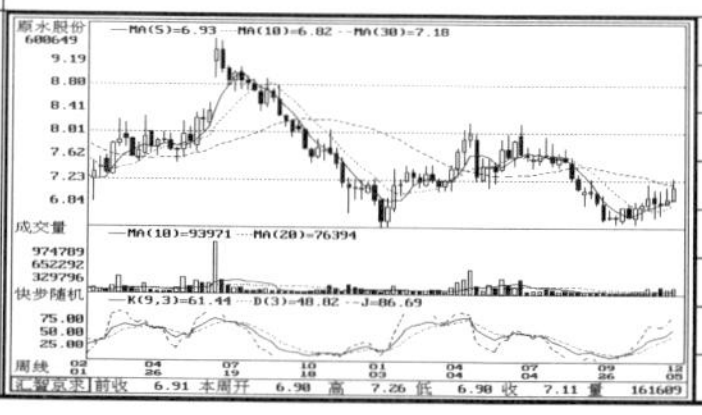

2002年涨跌幅(%)	-11.41
2002年最高(元)	9.45
2002年最低(元)	6.59
2002年换手率(%)	125.96
2003年涨跌幅(%)	4.70
2003年最高(元)	8.08
2003年最低(元)	6.37
2003年换手率(%)	104.25

上海新锦江股份有限公司

公司概况

公司名称	上海新锦江股份有限公司	股票代码	600650
注册地址	上海市浦东大道 1 号	邮政编码	200120
法人代表	沈懋兴	董秘	王均行
电话	021-64151188	传真	021-64726815
主营业务	宾馆、物业管理、俱乐部、商场等		

总股本	55161.01	流通 A	4181.76	流通 B	16105.00	流通 H	
审计单位				审计意见	未审计		

主要财务指标

年度	2003.9	2003.6	2002	2001
每股收益 / 扣除后(元)	0.0010	-0.0100	0.0243	0.0190
每股经营现金流量(元)	0.1611	0.0020	0.1928	0.1637
每股净资产 / 调整后(元)	2.6200	2.7700	2.6200	2.8100
每股公积金(元)	1.6171	1.6171	1.6171	1.8679
净资产收益率(%)	0.0700	-0.3300	1.0000	0.5900
总资产(万元)	184570.41	187227.84	194184.02	190610.23
股东权益(万元)	153515.59	152900.34	153400.77	151256.80
未分配利润(万元)	2839.54	2224.30	2724.72	1529.88
主营收入(万元)	21968.14	12911.15	31342.73	25116.17
资本公积金(万元)	89203.03	89203.03	89203.03	93667.57
主营利润(万元)	17536.46	10169.19	25046.39	19737.46
其他业务利润(万元)				
营业利润(万元)	147.69	-468.97	2610.82	177.26
投资收益(万元)	1050.53	571.70	775.73	1231.09
补贴收入(万元)			86.22	
营业外收支(万元)	75.55		-83.14	-89.73
利润总额(万元)	1273.77	135.83	3389.64	1318.63
净利润(万元)	114.82	-500.41	1532.32	890.48

十大股东

序号	股东名称	股份性质	持股数(万股)	比例(%)
1	锦江国际(集团)有限公司	国有法人股	22696.13	41.15
2	上海国际信托投资公司	法人股	407.72	0.74
3	蔡青峰	B股	388.37	0.70
4	上海锦江饭店	法人股	370.09	0.67
5	友谊汽车	法人股	353.36	0.64
6	中国工商银行上海市第二支行	法人股	313.63	0.57
7	CBNY S/A PNC/SKANDIA SELECT FUND/CHINA EQUITY AC	B股	189.01	0.34
8	上海爱建股份有限公司	法人股	188.18	0.34
9	上海冰箱压缩股份有限公司	法人股	188.18	0.34
10	和平饭店	法人股	184.00	0.33

股东人数	2003.9	2003.6	2002	2001
	55156	55285	56612	56847

近年分配		近年配股 / 增发	2001年 10 增 1 股

重大事项

公司决定将持有的上海新锦江商厦有限公司 50%股权,以 20000 万元的价格转让给上海浦庆投资有限公司、上海九川投资有限公司、钱仁高、陈伟志、程建芳等 5 方受让单位或个人(受让方),股权转让基准日为 2003 年 7 月 31 日。 2003 年 6 月 11 日锦江国际(集团)有限公司揭牌,该集团是在锦江(集团)有限公司和上海新亚(集团)有限公司国有资产重组基础上组建的大型旅游企业集团。经书面征询公司控股股东锦江(集团)有限公司后得以证实,其仍为国有资产授权经营单位,占公司 41.15%的股份.目前公司的实际控制人未发生变化。

二〇〇二年以来市场表现

2002年涨跌幅(%)	-5.65
2002年最高(元)	12.80
2002年最低(元)	6.86
2002年换手率(%)	245.75
2003年涨跌幅(%)	-27.87
2003年最高(元)	12.59
2003年最低(元)	6.46
2003年换手率(%)	262.60

上海飞乐音响股份有限公司

公司概况

公司名称	上海飞乐音响股份有限公司		股票代码	600651	
注册地址	上海市江苏路61号		邮政编码	200060	
法人代表	唐岷		董秘	施正明	
电话	021-62770068-1833		传真	021-62982217	
主营业务	计算机网络技术、智能卡应用、多媒体通信等				
总股本	42416.51	流通A	42416.51	流通B	流通H
审计单位			审计意见	未审计	

主要财务指标

年度	2003.9	2003.6	2002	2001
每股收益/扣除后(元)	0.0710	0.0370	0.0890	0.1400
每股经营现金流量(元)	-0.0030	-0.1100	0.2667	0.0446
每股净资产/调整后(元)	1.6000	1.5300	1.4700	1.4700
每股公积金(元)	0.3300	0.3299	0.3299	0.3289
净资产收益率(%)	4.6300	2.5100	6.0800	16.1500
总资产(万元)	159948.16	156234.45	147908.87	149902.94
股东权益(万元)	70787.87	69238.46	67439.23	63590.01
未分配利润(万元)	8686.91	7144.20	5958.74	3026.63
主营收入(万元)	69377.13	44108.47	85690.48	59964.55
资本公积金(万元)	13999.22	13992.52	13992.52	13952.15
主营利润(万元)	12553.68	8126.91	12693.08	13821.73
其他业务利润(万元)	208.25	133.78	584.83	45.10
营业利润(万元)	2287.57	1155.23	4394.63	7595.93
投资收益(万元)	1532.75	997.71	1024.45	4293.05
补贴收入(万元)	333.18	138.81	123.51	433.66
营业外收支(万元)	31.94		-109.37	9.35
利润总额(万元)	4185.43	2369.04	5433.23	12332.00
净利润(万元)	3279.70	1736.99	4096.95	10272.22

十大股东

序号	股东名称	股份性质	持股数(万股)	比例(%)
1	上海仪电控股(集团)公司	流通股	8134.37	19.18
2	海浦东唐正集镇规划发展有限公司	流通股	1892.65	4.46
3	上海证券有限责任公司	流通股	1817.23	4.80
4	上海飞乐股份有限公司	流通股	1590.00	3.75
5	上海爱建信托投资有限责任公司	流通股	1573.13	3.71
6	上海铭中科贸有限公司	流通股	1077.00	2.54
7	上海物群实业有限公司	流通股	710.62	1.68
8	上海敏特投资有限公司	流通股	622.00	1.47
9	上海宏聚企业发展有限公司	流通股	279.43	0.66
10	上海华铭投资有限公司	流通股	115.00	0.27

股东人数	2003.9	2003.6	2002	2001
	21689	23697	33874	21811

近年分配	2001年10派1.2元	近年配股/增发	2001年10转增7股

重大事项

飞乐音响董、监事会决议:通过董、监事会换届;高级管理人员任免;关于上海亚明灯泡厂有限公司出售上海北宝兴路96号房地产;同意公司为全资子公司上海亚明灯泡厂有限公司增加提供3000万元流动资金贷款担保额度,累计担保额度增加至4000万元;为控股子公司上海浦江智能卡系统有限公司增加提供560万元流动资金贷款担保额度,累计担保额度增加至1960万元。截止2003年6月30日,公司及控股子公司累计担保金额为11418万元,其中:公司对投资企业担保6126万元,公司对外担保2500万元,控股子公司对外担保2792万元。

二○○二年以来市场表现

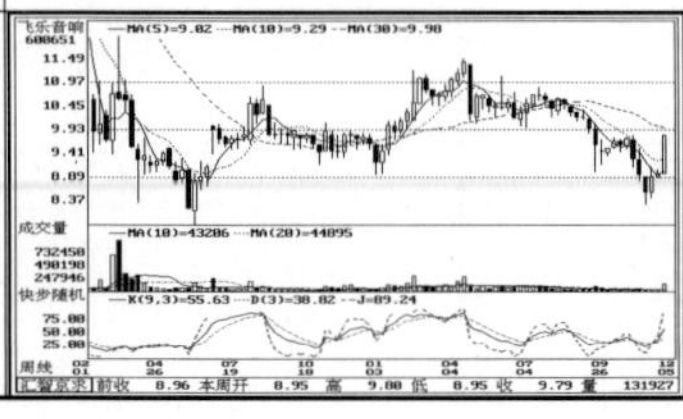

2002年涨跌幅(%)	-33.36
2002年最高(元)	14.17
2002年最低(元)	7.73
2002年换手率(%)	127.69
2003年涨跌幅(%)	-5.78
2003年最高(元)	11.48
2003年最低(元)	8.29
2003年换手率(%)	86.17

上海爱使股份有限公司

公司概况

公司名称	上海爱使股份有限公司		股票代码	600652	
注册地址	上海市石门二路333弄3号		邮政编码	200041	
法人代表	邓景顺		董秘	许汉章	
电话	021-64710022-8105		传真	021-64711120	
主营业务	对石油、液化气行业的投资,机电设备等				
总股本	38951.23	流通A	38951.23	流通B	流通H
审计单位			审计意见	未审计	

主要财务指标

年度	2003.9	2003.6	2002	2001
每股收益/扣除后(元)	0.1300	0.0800	0.1399	0.1000
每股经营现金流量(元)	0.2877	0.1400	0.8230	0.1674
每股净资产/调整后(元)	1.8400	1.7900	2.1100	2.0100
每股公积金(元)	0.4471	0.4466	0.8805	0.8805
净资产收益率(%)	6.8800	4.1900	6.0900	4.2400
总资产(万元)	246149.45	253535.92	159811.16	163367.66
股东权益(万元)	72129.62	70087.60	63393.66	60555.33
未分配利润(万元)	10045.09	8024.08	5084.23	3542.06
主营收入(万元)	114433.63	70753.40	47936.07	28229.10
资本公积金(万元)	17415.58	17394.56	26383.30	26383.30
主营利润(万元)	34299.02	23342.47	14410.09	9501.55
其他业务利润(万元)	683.48	486.98	57.64	-291.87
营业利润(万元)	12498.22	7435.66	4335.72	3068.65
投资收益(万元)	392.06	96.01	304.45	-396.73
补贴收入(万元)	919.49	79.76	94.83	555.00
营业外收支(万元)	-85.71	-90.05	-23.22	10.55
利润总额(万元)	13724.06	7748.35	4711.79	3237.48
净利润(万元)	4960.86	2939.85	3863.68	2566.89

十大股东

序号	股东名称	股份性质	持股数(万股)	比例(%)
1	天天科技有限公司	流通股	3213.08	8.25
2	北京同达志远网络系统工程有限公司	流通股	715.77	1.84
3	北京鑫宝通达信息咨询有限公司	流通股	137.24	0.35
4	上海航嘉科技有限公司	流通股	113.75	0.29
5	党永生	流通股	99.00	0.25
6	中国银行-天同180指数证券投资基金	流通股	96.34	0.25
7	王爱军	流通股	87.60	0.22
8	孙卫霞	流通股	65.20	0.17
9	孙建锋	流通股	64.25	0.17
10	肖元真	流通股	63.78	0.16

股东人数	2003.9	2003.6	2002	2001
	111220	115258	105214	143359

近年分配		近年配股/增发	不分配不转增

重大事项

2003年6月28日公司将持有控股子公司时代博讯高科技有限公司60%的股权转让给北京诚信丰汇科贸有限公司,股权转让价款85346345.83元,2003年6月26日双方签订了股权转让协议。2003年6月23日、24日,天天科技有限公司通过上海证券交易所增持公司股份19519275股,占公司总股本389512282股的5.01%,增持后共持有公司股份32130782股,占公司总股本8.25%。天天科技有限公司和北京同达志远网络系统工程有限公司合并持有公司股份39288479股,占公司总股本的10.09%。

二○○二年以来市场表现

2002年涨跌幅(%)	-11.83
2002年最高(元)	10.20
2002年最低(元)	5.72
2002年换手率(%)	134.51
2003年涨跌幅(%)	-7.87
2003年最高(元)	9.38
2003年最低(元)	5.37
2003年换手率(%)	181.04

上海申华控股股份有限公司

公司概况

公司名称	上海申华控股股份有限公司			股票代码	600653
注册地址	上海市宁波路 1 号			邮政编码	200002
法人代表	吴小安			董秘	翟锋
电话	021-63372010			传真	021-63372000
主营业务	实业投资、兴办各类经济实体、国内商业等				
总股本	145531.69	流通 A	145531.69	流通 B	流通 H
审计单位				审计意见	未审计

主要财务指标

年度	2003.9	2003.6	2002	2001
每股收益 / 扣除后(元)	0.0070	0.0051	-0.0600	-0.0360
每股经营现金流量(元)	-0.0195	-0.0900	0.1441	-0.2332
每股净资产 / 调整后(元)	1.1030	1.0955	1.0945	2.4140
每股公积金(元)	0.2527	0.2527	0.2526	1.2528
净资产收益率(%)	0.7400	0.0200	-25.6200	6.7170
总资产(万元)	533823.00	501103.31	442632.53	484038.34
股东权益(万元)	161751.45	160675.55	160705.09	201748.91
未分配利润(万元)	-50289.83	-51459.36	-51490.38	-6253.24
主营收入(万元)	223539.23	129070.06	301191.41	25432.33
资本公积金(万元)	36780.37	36780.37	36760.80	101291.22
主营利润(万元)	25488.64	15946.11	36828.23	25432.33
其他业务利润(万元)	1011.52	702.89	1769.82	4112.33
营业利润(万元)	8823.55	5407.99	6397.20	4073.50
投资收益(万元)	-863.51	-185.08		17222.44
补贴收入(万元)	452.90		1925.44	2671.92
营业外收支(万元)	-386.91	-695.02	-33349.68	-294.84
利润总额(万元)	8026.03	4438.58	-32737.38	23673.02
净利润(万元)	1200.56	31.02	-41171.86	13551.68

十大股东

序号	股东名称	股份性质	持股数(万股)	比例(%)
1	深圳市正国投资发展有限公司	社会公众股	20012.40	13.75
2	宁波正运实业有限公司	社会公众股	1048.50	0.72
3	东方证券有限责任公司	社会公众股	701.50	0.48
4	广州市富卓创业投资有限公司	社会公众股	600.00	0.41
5	上海宝钢化工有限公司	社会公众股	490.16	0.34
6	苏州证券有限责任公司	社会公众股	455.71	0.31
7	江苏中天科技投资管理有限公司	社会公众股	400.11	0.28
8	夏瑞兰	社会公众股	324.16	0.22
9	通乾证券投资基金	社会公众股	275.00	0.19
10	北京财政	社会公众股	267.43	0.18

股东人数	2003.9	2003.6	2002	2001
	310417	308276	331584	305141

近年分配		近年配股 / 增发	2001年10转增8股

重大事项

2003 年 4 月 12 日珠海华晨、华安投资各将拥有的上海华晨资产管理有限公司 **33.33%** 的股权以人民币 **558** 万元的价格转让给华晨汽车集团。本次股权转让完成后,华晨汽车集团依法拥有华晨资产管理公司 **66.7%** 的股权,本公司仍持有华晨资产管理公司 **33.33%** 的股权,珠海华晨、华安投资不再持有该公司的股权。　山东省中鲁远洋渔业股份有限公司于 **2002** 年 **3** 月 **22** 日与日本日网株式会社。根据该协议,中鲁公司向日网购买一艘大型金枪鱼围网生产船"泰寿"轮,购买价格为 **715** 万美元。

二〇〇二年以来市场表现

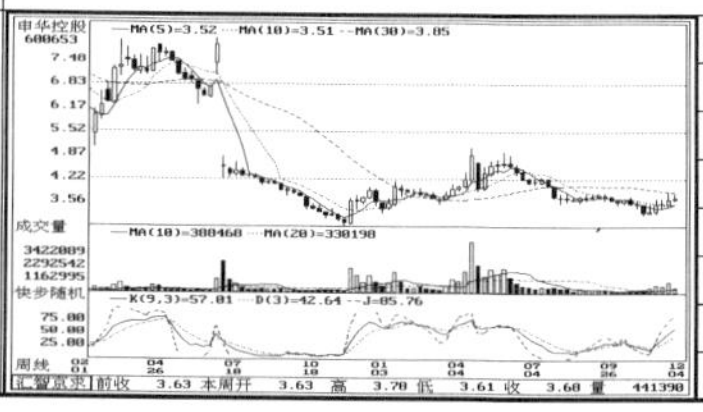

2002年涨跌幅(%)	-8.99
2002年最高(元)	4.82
2002年最低(元)	2.78
2002年换手率(%)	150.22
2003年涨跌幅(%)	8.68
2003年最高(元)	5.05
2003年最低(元)	3.20
2003年换手率(%)	240.18

上海飞乐股份有限公司

公司概况

公司名称	上海飞乐股份有限公司			股票代码	600654
注册地址	上海市浦东新区新金桥路 201 号			邮政编码	200050
法人代表	郁建福			董秘	刘仁仁
电话	021-62512629			传真	021-62517323
主营业务	电子元器件,成套音响系统,工程服务等				
总股本	48400.20	流通 A	36631.91	流通 B	流通 H
审计单位				审计意见	未审计

主要财务指标

年度	2003.9	2003.6	2002	2001
每股收益 / 扣除后(元)	0.0420	0.0610	0.0500	0.1600
每股经营现金流量(元)	0.0171	0.0080	0.0264	-0.0183
每股净资产 / 调整后(元)	2.0900	2.0800	2.1100	2.4500
每股公积金(元)	1.2454	1.2454	1.2454	1.3694
净资产收益率(%)	1.6700	1.2300	1.2800	6.4200
总资产(万元)	223978.62	227118.16	236074.56	219123.02
股东权益(万元)	120994.67	120770.56	119598.61	121580.44
未分配利润(万元)	7224.19	6691.13	5199.96	11260.77
主营收入(万元)	67549.57	41562.38	61663.19	45091.01
资本公积金(万元)	60279.33	60279.33	60279.33	60255.38
主营利润(万元)	8585.36	5619.06	13593.74	7054.81
其他业务利润(万元)	103.99	3.33	872.70	21.55
营业利润(万元)	-4901.32	-3311.32	-3134.72	-4577.30
投资收益(万元)	6864.69	5065.39	4429.20	13226.53
补贴收入(万元)	30.41	6.89	66.05	143.80
营业外收支(万元)	-62.68		643.13	101.21
利润总额(万元)	1931.10	1690.45	2003.66	8894.23
净利润(万元)	2024.22	1491.16	1530.85	7805.02

十大股东

序号	股东名称	股份性质	持股数(万股)	比例(%)
1	上海仪电控股(集团)公司	国有股	11768.29	24.31
2	海通证券有限公司	流通股	238.46	0.49
3	隆元证券投资基金	流通股	141.66	0.29
4	中国银行—天同 180 指数证券投资基金	流通股	95.76	0.20
5	季良	流通股	87.65	0.18
6	内蒙古自治区信托投资公司	流通股	81.40	0.17
7	郭琛	流通股	76.07	0.16
8	四川长虹电器股份有限公司广元分公司	流通股	62.00	0.13
9	内蒙古日信投资(集团)有限责任公司	流通股	56.50	0.12
10	蔡位广	流通股	52.80	0.11

股东人数	2003.9	2003.6	2002	2001
	171842	172620	176296	185383

近年分配		近年配股 / 增发	2001年10送1股

重大事项

上海飞乐股份有限公司于 **2002** 年 **5** 月 **26** 日分别与上海仪电控股(集团)公司、上海无线电专用机械厂在上海签署了《股权转让协议》。上海飞乐股份有限公司拟收购上海仪电控股公司持有的上海汇盛电子机械设备有限公司 **52.09%** 股权、上海无线电专用机械厂持有的上海汇盛电子机械设备有限公司 **47.91%** 股权。　**2002** 年 **5** 月 **6** 日上海飞乐股份有限公司拟收购上海无线电专用机械厂持有的上海汇盛电子机械设备有限公司 **47.91%** 股权,交易价格为 **1042** 万元。

二〇〇二年以来市场表现

2002年涨跌幅(%)	-25.79
2002年最高(元)	8.64
2002年最低(元)	5.50
2002年换手率(%)	78.75
2003年涨跌幅(%)	-9.35
2003年最高(元)	6.85
2003年最低(元)	4.61
2003年换手率(%)	111.84

上海豫园旅游商城股份有限公司

公司概况

公司名称	上海豫园旅游商城股份有限公司	股票代码	600655
注册地址	中国上海市文昌路19号	邮政编码	200010
法人代表	吴平	董秘	曹有源
电话	021-63559999	传真	021-63550558
主营业务	工艺美术品、烟酒饮料、食品点心、百货等		

总股本	46533.35	流通 A	14907.95	流通 B		流通 H	
审计单位				审计意见	未审计		

主要财务指标

年度	2003.9	2003.6	2002	2001
每股收益/扣除后(元)		0.0460	0.2200	0.2000
每股经营现金流量(元)	0.1564	0.3190	1.0731	0.5594
每股净资产/调整后(元)	3.5210	3.4850	3.4550	2.2950
每股公积金(元)	1.9760	1.9760	1.9760	1.9760
净资产收益率(%)	1.8390	1.1840	5.4900	5.9840
总资产(万元)	344347.25	329839.06	306600.56	358567.66
股东权益(万元)	175041.59	173882.20	171823.41	166114.06
未分配利润(万元)	10555.51	9395.37	8024.41	4137.94
主营收入(万元)	179413.44	115800.45	259824.77	321983.37
资本公积金(万元)	91951.28	91951.28	91951.28	91951.28
主营利润(万元)	31960.54	21229.99	49324.52	43888.72
其他业务利润(万元)	4207.75	2902.52	6130.79	5200.68
营业利润(万元)	5894.52	3769.90	12685.38	9382.51
投资收益(万元)	90.97	133.46	545.55	3003.91
补贴收入(万元)	51.59	39.95	75.81	79.64
营业外收支(万元)	-82.96	-72.98	-901.76	-119.75
利润总额(万元)	5954.12	3870.33	12404.98	12346.31
净利润(万元)	3218.67	2059.27	9432.57	9940.31

十大股东

序号	股东名称	股份性质	持股数(万股)	比例(%)
1	上海复星产业投资有限公司	境内法人股	9307.16	20.00
2	国家持股(授权上海豫园(集团)有限公司经营管理)	国家股	2615.67	5.62
3	豫园商场	境内法人股	1524.94	3.28
4	上海嘉港城房地产开发有限公司	境内法人股	1100.00	2.36
5	上海南房(集团)有限公司	境内法人股	1066.82	2.29
6	上海中国国际旅行社股份有限公司	境内法人股	773.23	1.66
7	黄浦区国有资产总公司	境内法人股	405.41	0.87
8	南市果品总公司	境内法人股	366.72	0.79
9	上海国际投资信托公司	境内法人股	363.36	0.78
10	上海中国纺织机械股份有限公司	境内法人股	339.77	0.73

股东人数	2003.9	2003.6	2002	2001
	77981	78387	76320	87848

近年分配	近年配股/增发
2002年10派0.8元 2001年10派0.8元	不分配不转增

重大事项

2003-06-30 上海豫园旅游商城股份有限公司为上海西门(集团)公司600万元借款提供保证担保。

2003-06-27 上海豫园旅游商城股份有限公司为上海西门(集团)公司450万元借款提供保证担保。

2003-04-21 上海豫园旅游商城股份有限公司为上海西门(集团)公司400万元借款提供保证担保。

2003-03-20 上海豫园旅游商城股份有限公司为上海西门(集团)公司500万元借款提供保证担保。

2003-01-23 上海豫园旅游商城股份有限公司为上海西门(集团)公司600万元借款提供保证担保。

二〇〇二年以来市场表现

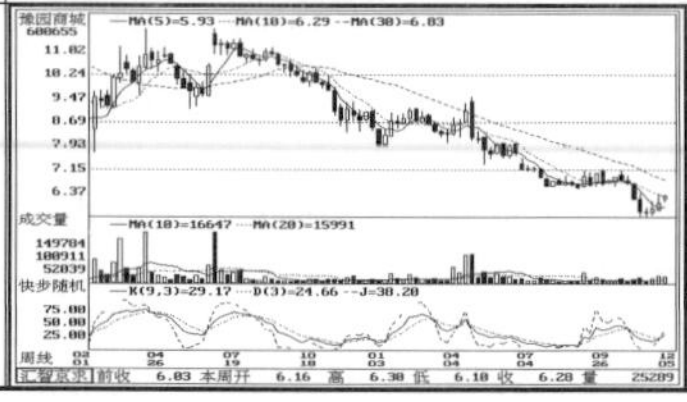

2002年涨跌幅(%)	-15.04
2002年最高(元)	11.70
2002年最低(元)	7.49
2002年换手率(%)	121.37
2003年涨跌幅(%)	-24.81
2003年最高(元)	9.42
2003年最低(元)	5.60
2003年换手率(%)	74.54

上海华源制药股份有限公司

公司概况

公司名称	上海华源制药股份有限公司	股票代码	600656
注册地址	上海浦东新区张江高科技园郭守敬路351号	邮政编码	200063
法人代表	丁公才	董秘	王长虹
电话	021-62030205	传真	021-62030205
主营业务	生产销售化妆品、民用洗涤剂、工业用洗涤剂等		

总股本	13050.58	流通 A	7134.40	流通 B		流通 H	
审计单位				审计意见	未审计		

主要财务指标

年度	2003.9	2003.6	2002	2001
每股收益/扣除后(元)	0.3897	0.3240	0.1700	0.1900
每股经营现金流量(元)	0.9056	0.8780	0.6193	0.4700
每股净资产/调整后(元)	1.5010	1.4910	1.5400	1.2500
每股公积金(元)	0.1245	0.1245	0.5743	0.4531
净资产收益率(%)	21.8800	19.4600	12.1400	12.8000
总资产(万元)	162355.98	163735.83	137464.66	120888.67
股东权益(万元)	21365.33	20723.11	16690.56	14740.47
未分配利润(万元)	5568.05	4925.83	893.27	445.91
主营收入(万元)	93522.05	68669.61	88798.94	61377.74
资本公积金(万元)	1624.55	1624.55	5353.28	4223.85
主营利润(万元)	35711.51	27829.48	22237.64	13929.77
其他业务利润(万元)	643.73	207.42	1925.99	700.03
营业利润(万元)	20071.72	16712.42	4696.25	2461.02
投资收益(万元)	316.25	228.10	735.27	824.07
补贴收入(万元)	268.51	221.39	997.76	47.22
营业外收支(万元)	-622.02	422.60	-966.67	4.71
利润总额(万元)	20034.43	16739.31	5462.61	3337.01
净利润(万元)	4674.78	4032.55	2026.22	1886.85

十大股东

序号	股东名称	股份性质	持股数(万股)	比例(%)
1	中国华源集团有限公司	法人股	5362.56	41.09
2	兰溪市财政局	国家股	553.62	4.24
3	杭粉英	流通股	154.00	1.18
4	单立根	流通股	124.35	0.95
5	刘文海	流通股	60.85	0.47
6	朱开连	流通股	56.82	0.44
7	万文江	流通股	44.94	0.34
8	赵良惠	流通股	44.93	0.34
9	渤海证券	流通股	44.04	0.33
10	莫玉英	流通股	43.30	0.33

股东人数	2003.9	2003.6	2002	2001
	13671	13470	18432	28901

近年分配	近年配股/增发
2002年10派0.4元 2001年10派0.4元	2003年10配3股 2002年10股转4股

重大事项

2003-04-18 公司所属安徽华源生物药业有限公司于2003年4月18日与中国华源集团有限公司、上海医药股份有限公司、上海华源制药股份有限公司、无锡生命科技发展股份有限公司、山东洁晶集团股份有限公司共同拟在上海长征富民药业有限公司的基础上增资扩股,共同组建上海华源长富药业有限公司。华源集团现金增资15000万元;上海华源制药股份有限公司现金增资3500万元;安徽药业现金增资3200万元;山东洁晶股份有限公司现金增资1200万元;无锡生命科技发展股份有限公司以土地使用权增资1210万元。华源长富注册资本为41000万元,安徽药业将持有该公司6.99%股权。

二〇〇二年以来市场表现

2002年涨跌幅(%)	8.08
2002年最高(元)	11.52
2002年最低(元)	6.55
2002年换手率(%)	79.46
2003年涨跌幅(%)	2.24
2003年最高(元)	13.16
2003年最低(元)	8.61
2003年换手率(%)	130.73

北京天桥北大青鸟科技股份有限公司

公司概况

公司名称	北京天桥北大青鸟科技股份有限公司	股票代码	600657
注册地址	中国北京市崇文区永内大街1号	邮政编码	100050
法人代表	徐祗祥	董秘	于明
电话	010-62526688-3357	传真	010-62764411
主营业务	技术开发、技术转让、技术服务、技术咨询等		
总股本	30443.23	流通A	17509.33
流通B		流通H	
审计单位		审计意见	未审计

主要财务指标

年度	2003.9	2003.6	2002	2001
每股收益/扣除后(元)	0.0800	-0.0200	0.1320	0.2758
每股经营现金流量(元)	0.3406	-0.6270	0.7340	1.5937
每股净资产/调整后(元)	2.8203	4.6391	4.5246	3.9133
每股公积金(元)	1.3135	2.7330	2.7068	2.4164
净资产收益率(%)	5.3300	2.1700	3.0580	6.2460
总资产(万元)	274587.87	294151.31	264757.41	353750.84
股东权益(万元)	87211.47	84393.21	82096.21	74386.59
未分配利润(万元)	10223.59	10986.88	9159.69	4227.44
主营收入(万元)	48962.88	27033.52	76062.49	113479.45
资本公积金(万元)	39988.18	48942.07	48472.26	43272.85
主营利润(万元)	15053.00	8857.68	21963.31	36255.83
其他业务利润(万元)	456.36	279.40	421.59	422.22
营业利润(万元)	1498.50	-665.91	3127.31	8006.62
投资收益(万元)	2414.45	2474.92	-45.47	-956.13
补贴收入(万元)	709.36	32.56	291.71	1975.98
营业外收支(万元)	9.69		9.47	70.11
利润总额(万元)	4632.00	1844.32	3383.02	9096.58
净利润(万元)	4645.46	1827.19	2510.21	4646.09

十大股东

序号	股东名称	股份性质	持股数(万股)	比例(%)
1	北京北大青鸟有限责任公司	法人股	3739.93	20.88
2	北京崇远投资经营公司	国家股/国有法人股	2321.99	12.97
3	万向集团公司	流通股	405.71	2.27
4	北京市电影公司	法人股	389.38	2.17
5	深圳市万向投资有限公司	流通股	227.50	1.27
6	河南财政证券公司	流通股	197.80	1.10
7	对外友好合作服务中心	法人股	194.69	1.09
8	交通银行北京分行	法人股	172.87	0.97
9	北京铁建工贸公司	法人股	155.75	0.87
10	北京中关村科技发展有限公司	法人股	154.80	0.86

股东人数	2003.9	2003.6	2002	2001
	33330	33962	34813	35514

近年分配	近年配股/增发
2001年10派0.6元	2002年10送2转5股 2001年10增3股

重大事项

2003-05-21公司第五届董事会第二十九次会议审议通过了转让所持软件工程40%股权的议案。股权转让协议于2003年5月20日在北京签署,转让方为北京天桥北大青鸟科技股份有限公司,受让方为北京北大资产经营有限公司,交易金额1118.39万元。 2003-04-28北京天桥北大青鸟科技股份有限公司向重庆市迪马实业股份有限公司出售所持四川省广播电视网络有限责任公司25%股权(公司共持有其25%股权),出售价格是10240万元。

二〇〇二年以来市场表现

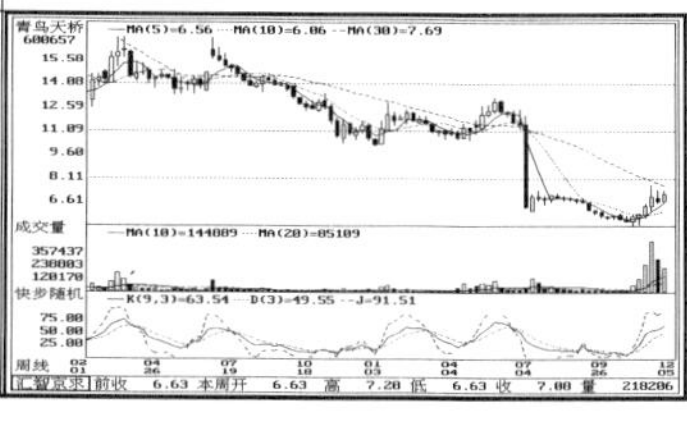

2002年涨跌幅(%)	-26.34
2002年最高(元)	10.01
2002年最低(元)	6.01
2002年换手率(%)	74.98
2003年涨跌幅(%)	9.77
2003年最高(元)	7.76
2003年最低(元)	5.12
2003年换手率(%)	143.30

北京兆维科技股份有限公司

公司概况

公司名称	北京兆维科技股份有限公司	股票代码	600658
注册地址	北京市朝阳区酒仙桥路14号	邮政编码	100016
法人代表	赵炳弟	董秘	姚诚
电话	010-84567920	传真	010-84567917
主营业务	移动通信、光通信、计算机软硬件、网络等		
总股本	16702.31	流通A	9507.00
流通B		流通H	
审计单位		审计意见	未审计

主要财务指标

年度	2003.9	2003.6	2002	2001
每股收益/扣除后(元)	-0.1700	-0.1140	0.1430	0.6208
每股经营现金流量(元)	-0.4015	-0.4400	-0.6713	-0.2173
每股净资产/调整后(元)	1.5989	1.6362	1.7517	1.6302
每股公积金(元)	0.3513	0.3511	0.3501	0.3490
净资产收益率(%)	-9.9100	-6.3400	8.5000	36.9800
总资产(万元)	79146.97	78839.48	74558.51	66652.83
股东权益(万元)	27400.06	28317.65	30101.49	27517.15
未分配利润(万元)	-1460.72	-540.10	1255.35	-1082.84
主营收入(万元)	47186.73	27219.54	62275.31	52859.33
资本公积金(万元)	5867.61	5864.58	5852.97	5828.35
主营利润(万元)	6086.94	3577.25	8861.85	7381.54
其他业务利润(万元)	171.55	107.82	258.73	191.31
营业利润(万元)	-2580.47	-1669.06	-551.48	52.59
投资收益(万元)	-379.65	-273.35	3411.74	10734.63
补贴收入(万元)	69.54	69.54	94.14	250.38
营业外收支(万元)	100.26	43.64	-50.95	-556.45
利润总额(万元)	-2791.32	-1829.23	2903.45	10481.15
净利润(万元)	-2716.07	-1795.45	2559.72	10175.63

十大股东

序号	股东名称	股份性质	持股数(万股)	比例(%)
1	北京兆维电子(集团)有限责任公司	国有股	4858.74	29.09
2	北京市供销合作总社	法人股	1739.09	10.41
3	北京市崇文区商业网点开发公司	国有股	597.48	3.58
4	银丰证券投资基金	流通股	51.94	0.31
5	朱建希	流通股	30.12	0.18
6	大元房产	流通股	26.19	0.16
7	燕山石化	流通股	24.20	0.14
8	马祥忠	流通股	22.90	0.14
9	蒋宏业	流通股	22.40	0.13
10	张学恒	流通股	21.46	0.13

股东人数	2003.9	2003.6	2002	2001
	44677	43120	42178	29410

近年分配	近年配股/增发
	不分配不转增

重大事项

2000年6月6日北京市第二中级人民法院下达(2000)中经初字第173号民事判决书,判决咨询公司偿还招行展览路支行借款本金8,864,195.62元及截止款项付清之日所应计利息。 2003-10-31为了降低公司融资成本,拓宽公司融资渠道,公司拟从北京市商业银行酒仙桥支行获得为期一年的综合授信,授信总额为人民币伍仟万元。此项授信由兆维集团提供担保。

二〇〇二年以来市场表现

2002年涨跌幅(%)	-39.75
2002年最高(元)	16.08
2002年最低(元)	8.30
2002年换手率(%)	266.52
2003年涨跌幅(%)	-40.90
2003年最高(元)	11.29
2003年最低(元)	4.35
2003年换手率(%)	285.61

福建省神龙发展股份有限公司

公司概况

公司名称	福建省神龙发展股份有限公司			股票代码		600659	
注册地址	上海市徐汇区天钥桥路 93 号			邮政编码		350001	
法人代表	任自瑜			董秘	黄平志		
电话	0591-7503366			传真	0591-7512038		
主营业务	针纺织品、百货、五金、交电、化工等						
总股本	17342.18	流通 A	4457.01	流通 B		流通 H	
审计单位				审计意见	未审计		

主要财务指标

年度	2003.9	2003.6	2002	2001
每股收益 / 扣除后(元)	-0.0200	0.0220	0.0391	0.1010
每股经营现金流量(元)	0.0910	0.0240	-0.3355	0.5599
每股净资产 / 调整后(元)	1.3700	1.4100	1.4600	1.4000
每股公积金(元)	0.1807	0.1807	0.1807	0.1807
净资产收益率(%)	-1.3000	1.5600	5.1200	9.6600
总资产(万元)	73592.37	73797.55	82251.20	94255.76
股东权益(万元)	26847.03	27633.44	27203.32	25810.56
未分配利润(万元)	1832.15	2618.55	2188.44	1280.01
主营收入(万元)	11318.54	7615.60	25006.09	39387.08
资本公积金(万元)	3134.19	3134.19	3434.19	3134.19
主营利润(万元)	1132.18	1349.53	2632.65	4454.50
其他业务利润(万元)	243.19	243.19	2815.01	2273.76
营业利润(万元)	161.91	851.90	1754.28	2562.46
投资收益(万元)	-102.32	22.59	433.52	1506.19
补贴收入(万元)	1.87	1.87	6.03	
营业外收支(万元)	-107.07	-3.41	68.65	210.34
利润总额(万元)	-45.60	872.95	2262.49	4278.99
净利润(万元)	-356.29	430.12	1392.75	2492.94

十大股东

序号	股东名称	股份性质	持股数(万股)	比例(%)
1	福建省神龙企业集团有限公司	法人股	2149.20	12.39
2	上海浩然投资有限公司	法人股	1526.11	8.80
3	中国纺织物资(集团)总公司	法人股	1502.44	8.66
4	厦门顺承管理有限公司	法人股	1168.67	6.74
5	建设银行福建省信托投资公司	法人股	718.50	4.14
6	福建华兴实业公司	国有法人股	604.63	3.89
7	建设银行厦门信托投资公司	法人股	415.10	2.39
8	上海乔立电子有限公司	法人股	350.00	2.02
9	福州亦然贸易有限公司	法人股	340.00	1.96
10	上海富跃工贸有限公司	法人股	323.56	1.87

股东人数	2003.9	2003.6	2002	2001
	6673	5625	13783	3981

近年分配		近年配股 / 增发	2002年 10 配 3 股

重大事项

2003 年 4 月 23 日福建省神龙发展股份有限公司大股东福建省神龙企业集团有限公司与上海浩然投资有限公司签署《社会法人股转让合同》,将其所持有的本公司社会法人股 1526.1116 万股转让给上海浩然投资有限公司,转让价为每股人民币 2 元。本次股权转让完成后上海浩然投资有限公司将成为本公司第二大股东,持有本公司股份 1526.1116 万股,占总股本 8.8%。 2001 年 7 月 25 日本公司与上海富通投资有限公司签订了关于转让公司持有的 39.44%优星纺织(福建)有限公司股权的协议,转让总价为 6586.4 万元。

二〇〇二年以来市场表现

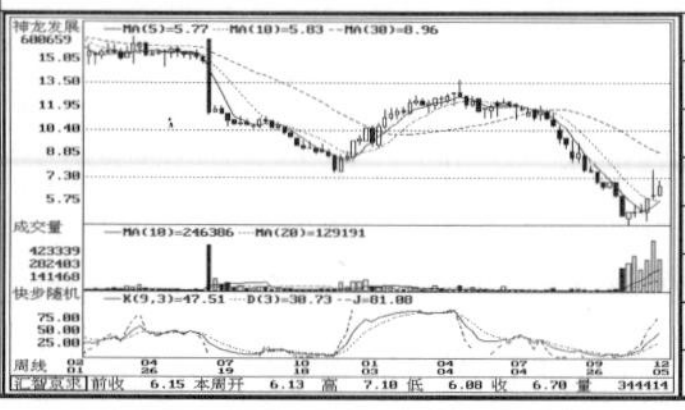

2002年涨跌幅(%)	-36.41
2002年最高(元)	16.70
2002年最低(元)	7.62
2002年换手率(%)	429.00
2003年涨跌幅(%)	-41.60
2003年最高(元)	13.67
2003年最低(元)	4.20
2003年换手率(%)	638.01

福耀玻璃工业集团股份有限公司

公司概况

公司名称	福耀玻璃工业集团股份有限公司			股票代码		600660	
注册地址	福建省福清市融侨经济技术开发区			邮政编码		350301	
法人代表	曹德旺			董秘	陈跃丹		
电话	0591-5383777			传真	0591-5383666		
主营业务	生产汽车玻璃、装饰玻璃等						
总股本	50074.66	流通 A	19284.21	流通 B		流通 H	
审计单位				审计意见	未审计		

主要财务指标

年度	2003.9	2003.6	2002	2001
每股收益 / 扣除后(元)	0.4770	0.3200	0.4500	0.4200
每股经营现金流量(元)	0.5059	0.3700	0.8503	0.5010
每股净资产 / 调整后(元)	2.7900	1.6500	1.3800	1.3700
每股公积金(元)	1.0276	0.0046	0.0044	0.0041
净资产收益率(%)	16.1900	17.3400	27.4000	27.3000
总资产(万元)	287051.28	250248.12	204620.69	168873.19
股东权益(万元)	147270.61	81501.77	67364.90	55706.17
未分配利润(万元)	31975.82	22268.37	8139.60	4755.63
主营收入(万元)	122722.05	74987.43	112438.99	93828.76
资本公积金(万元)	51454.72	206.32	199.61	168.63
主营利润(万元)	47323.03	28975.00	42103.05	35616.10
其他业务利润(万元)	597.25	463.66	462.26	309.02
营业利润(万元)	25993.89	15342.88	21105.65	17301.48
投资收益(万元)	-465.47	-310.31	-624.60	-786.00
补贴收入(万元)				50.00
营业外收支(万元)	-75.22	-27.65	-658.22	-1084.29
利润总额(万元)	25453.20	15004.92	19822.83	15481.19
净利润(万元)	23836.21	14128.77	18428.81	15215.35

十大股东

序号	股东名称	股份性质	持股数(万股)	比例(%)
1	香港三益发展有限公司	外资法人股	11262.24	22.49
2	福建省耀华工业村开发有限公司	一般法人股	9735.07	19.44
3	香港鸿侨海外有限公司	外资法人股	7813.36	15.60
4	福建省外贸汽车维修厂	一般法人股	1065.66	2.13
5	福州福敏科技有限公司	一般法人股	660.67	1.32
6	云南国际信托投资有限公司	流通 A 股	660.64	1.32
7	海南格方网络安全有限公司	流通 A 股	519.40	1.04
8	裕阳证券投资基金	流通 A 股	515.77	1.03
9	上海华谊集团国际贸易有限公司	流通 A 股	427.90	0.85
10	上海璐欣实业有限公司	流通 A 股	392.60	0.78

股东人数	2003.9	2003.6	2002	2001
	8370	9641	14917	10894

近年分配	2002年 10 派 1.5 元 2001 年 10 派 1.35 元	近年配股 / 增发	2001年 19 送 1.1 股

重大事项

为满足福耀集团长春有限公司生产经营对流动资金的需要,福耀玻璃工业集团股份有限公司于 2003 年 5 月 8 日召开的第四届董事局第七次会议审议为福耀集团长春有限公司向交通银行长春分行 4,000 万元人民币授信额度提供担保。 美国商务部定于从 2002 年 2 月 4 日起对公司在美国市场销售的维修用汽车前挡玻璃加征 9.67%的反倾销税。因计算机软件的错误,于 2002 年 3 月 15 日,美国商务部更正了反倾销税率至 11.8%.该税率自 2002 年 3 月 15 日起执行。

二〇〇二年以来市场表现

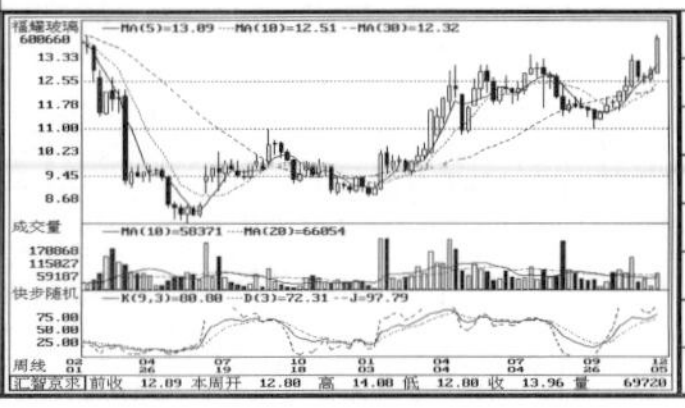

2002年涨跌幅(%)	-29.14
2002年最高(元)	12.42
2002年最低(元)	7.75
2002年换手率(%)	136.68
2003年涨跌幅(%)	43.05
2003年最高(元)	13.40
2003年最低(元)	8.62
2003年换手率(%)	192.68

上海交大南洋股份有限公司

公司概况

公司名称	上海交大南洋股份有限公司	股票代码	600661
注册地址	上海浦东金桥纬七路17号地块衫达大厦	邮政编码	200030
法人代表	许晓鸣	董秘	黄剑雄
电话	021-62814035-67	传真	021-62801900
主营业务	高新技术产品的生产和销售;教育产业等		
总股本	14473.07	流通A	2545.54
流通B		流通H	
审计单位		审计意见	未审计

主要财务指标

年度	2003.9	2003.6	2002	2001
每股收益/扣除后(元)	0.0400	0.0150	0.1000	0.1900
每股经营现金流量(元)	-0.0396	-0.0300	0.2323	0.2646
每股净资产/调整后(元)	2.3700	2.3500	2.0700	2.0000
每股公积金(元)	0.8647	0.8647	0.6642	0.6346
净资产收益率(%)	4.3300	3.2700	6.3100	10.6800
总资产(万元)	93739.42	82472.03	51563.32	66274.33
股东权益(万元)	34580.87	34199.77	30181.71	29305.31
未分配利润(万元)	3099.11	2831.66	1726.03	1642.36
主营收入(万元)	37859.70	23264.27	35141.03	35064.14
资本公积金(万元)	12515.04	12515.04	9613.62	9184.69
主营利润(万元)	37859.70	23264.27	35141.03	35064.14
其他业务利润(万元)	116.57	95.17	513.85	212.75
营业利润(万元)	132.40	-227.21	502.49	1231.11
投资收益(万元)	1811.98	1541.65	1189.29	2472.46
补贴收入(万元)	80.13	210.70	244.13	210.70
营业外收支(万元)	-7.91	3.59	145.71	3.59
利润总额(万元)	2016.61	1343.58	2081.63	3917.85
净利润(万元)	1497.73	1116.63	1903.34	3129.04

十大股东

序号	股东名称	股份性质	持股数(万股)	比例(%)
1	上海交通大学	国有法人股	6325.26	43.70
2	上海市国有资产经营有限公司	国家股	1080.11	7.46
3	上海宏仁投资有限公司	社会法人股	651.29	4.50
4	上海恒欣发展有限公司	社会法人股	296.27	2.05
5	上海交大得尤科贸有限公司	社会法人股	254.43	1.76
6	上海美利投资有限公司	社会法人股	200.00	1.38
7	上海葆鑫企业发展有限公司	社会法人股	153.00	1.06
8	上海新黄浦(集团)有限责任公司	社会法人股	136.13	0.94
9	上海申银万国证券股份有限公司	社会法人股	131.12	0.91
10	宝钢集团上海五钢有限公司	社会法人股	90.75	0.63

股东人数	2003.9	2003.6	2002	2001
	19860	20220	21724	25198

近年分配	2002年10派1元 2001年10派1.5元	近年配股/增发	不分配不转增

重大事项

2003年06月18日公司将持有上海南广电子技术有限公司40%的股权,作价870万元,平价转让给上海高清数字科技产业有限公司;将拟所持有的上海交大南洋海外有限公司40%的股权转让给公司控股的上海交通大学教育有限公司;公司控股的上海交通大学教育有限公司从上海交大产业投资管理有限公司受让其所持有的上海交大南洋海外有限公司10%股权。 2003-05-14公司拟将所持有的上海巴士实业股份有限公司的法人股924万股转让给上海强生集团有限公司,每股价格为人民币2.11元,本次交易总金额为人民币1949.64万元。

二〇〇二年以来市场表现

2002年涨跌幅(%)	-22.65
2002年最高(元)	18.89
2002年最低(元)	13.19
2002年换手率(%)	127.64
2003年涨跌幅(%)	-26.30
2003年最高(元)	16.65
2003年最低(元)	8.47
2003年换手率(%)	61.89

上海强生控股股份有限公司

公司概况

公司名称	上海强生控股股份有限公司	股票代码	600662
注册地址	上海浦东新区浦建路145号	邮政编码	200041
法人代表	张同恩	董秘	吴本初
电话	021-62151181	传真	021-62538782
主营业务	汽车出租,小公共汽车班线营运和汽车修理等业务		
总股本	30903.44	流通A	16536.96
流通B		流通H	
审计单位		审计意见	未审计

主要财务指标

年度	2003.9	2003.6	2002	2001
每股收益/扣除后(元)	0.2430	0.1700	0.2800	0.2500
每股经营现金流量(元)	0.5085	0.4200	0.9234	0.8856
每股净资产/调整后(元)	3.2800	3.3700	3.1800	2.9400
每股公积金(元)	0.8265	0.8265	0.8265	0.8265
净资产收益率(%)	8.3780	5.5200	11.1300	11.0600
总资产(万元)	189447.77	191515.70	180016.83	173469.31
股东权益(万元)	103599.50	106357.90	100482.35	93638.51
未分配利润(万元)	23469.61	26228.02	20352.46	17995.62
主营收入(万元)	84073.66	54243.40	100857.66	84357.24
资本公积金(万元)	25541.08	25541.08	25541.08	25541.08
主营利润(万元)	23738.99	15622.79	29658.71	25277.18
其他业务利润(万元)	343.03	346.19	913.16	757.69
营业利润(万元)	10890.66	7124.62	13431.86	9491.71
投资收益(万元)	956.38	948.78	1399.36	4289.60
补贴收入(万元)	1326.24	912.77	2669.86	228.70
营业外收支(万元)	-302.72	-281.12	-482.06	-1038.57
利润总额(万元)	12870.55	8705.05	17019.02	12971.44
净利润(万元)	8679.84	5875.55	11182.56	10353.36

十大股东

序号	股东名称	股份性质	持股数(万股)	比例(%)
1	上海强生集团有限公司	国有法人	10158.60	32.87
2	上海汇浦科技投资有限公司	社会法人股	2595.78	8.40
3	上海陆家嘴金融贸易区开发股份有限公司	国有法人股	1352.54	4.38
4	金华市信托投资股份有限公司	流通股	324.94	1.05
5	华夏成长证券投资基金	流通股	243.10	0.79
6	裕阳证券投资基金	流通股	187.95	0.61
7	安信证券投资基金	流通股	158.73	0.51
8	金鑫证券投资基金	流通股	141.57	0.46
9	上海市上投实业投资有限公司	国有法人股	136.62	0.44
10	中关村证券股份有限公司	流通股	131.55	0.43

股东人数	2003.9	2003.6	2002	2001
	52751	53149	51663	48485

近年分配	2002年10派3元	近年配股/增发	不分配不转增

重大事项

2003-07-03上海强生控股股份有限公司四届董事会决定受让上海强生传媒创业投资有限公司所持有的上海强生广告有限公司85%的股权,转让价格按该公司2002年末净资产计算为5,144,450元人民币。 2003-07-03海强生控股股份有限公司董事会决定将公司持股94.1176%的上海强生传媒创业投资有限公司其中75.1176%的股权转让给汇浦科技投资有限公司,转让价格按照2002年年末经审计的净资产值(经缩股后)为依据,双方协议为79,372,155元人民币。

二〇〇二年以来市场表现

2002年涨跌幅(%)	-30.10
2002年最高(元)	11.95
2002年最低(元)	7.50
2002年换手率(%)	157.80
2003年涨跌幅(%)	-6.87
2003年最高(元)	8.99
2003年最低(元)	6.68
2003年换手率(%)	118.60

上海陆家嘴金融贸易区开发股份有限公司

公司概况

公司名称	上海陆家嘴金融贸易区开发股份有限公司				股票代码	600663	
注册地址	中国上海市浦东大道 981 号				邮政编码	200135	
法人代表	康慧军			董秘	张日法		
电话	021-58878888			传真	021-58873688		
主营业务	开发区内的房地产经营、市政公用基础设施的开发建设等						
总股本	18676841	流通 A	16052.40	流通 B	50960.00	流通 H	
审计单位				审计意见	未审计		

主要财务指标

年度	2003.9	2003.6	2002	2001
每股收益/扣除后(元)	0.2480	0.1800	0.2600	0.0570
每股经营现金流量(元)	0.5918	0.1700	0.9798	0.2209
每股净资产/调整后(元)	2.7800	2.7000	2.5600	2.2700
每股公积金(元)	0.7060	0.7060	0.7054	0.7029
净资产收益率(%)	8.7200	6.3500	10.5700	2.6600
总资产(万元)	834286.50	791026.75	770759.00	752830.25
股东权益(万元)	530760.69	517334.06	484391.19	442064.62
未分配利润(万元)	106590.51	93163.89	60325.01	33252.31
主营收入(万元)	141980.55	102068.86	215347.66	99901.14
资本公积金(万元)	131852.27	131852.27	131748.27	131277.94
主营利润(万元)	59363.37	44209.76	67402.80	26059.19
其他业务利润(万元)	579.15	355.29	1135.96	4626.47
营业利润(万元)	51926.22	37574.43	55213.04	16382.17
投资收益(万元)	2093.33	997.83	4683.42	189.77
补贴收入(万元)				
营业外收支(万元)	-36.58	-37.38	393.38	283.86
利润总额(万元)	53982.97	38534.87	60289.83	16855.81
净利润(万元)	46265.50	32838.88	51223.61	11751.68

十大股东

序号	股东名称	股份性质	持股数(万股)	比例(%)
1	上海陆家嘴集团有限公司	国有股	112112.00	60.03
2	上海国际信托投资公司	法人股	5880.00	3.15
3	京华山一国际(香港)有限公司	外资股	1013.55	0.54
4	申银万国证券股份有限公司	法人股	882.00	0.47
5	上海陆家嘴(集团)有限公司	法人股	882.00	0.47
6	TOYO SECURITIES ASIA LTD.A/CCLIENT	外资股	876.91	0.46
7	NAITO SECURITIES CO.,LTD.	外资股	822.37	0.44
8	THE NOMURA SECURITIES CO.LTD.	外资股	536.49	0.29
9	WANG SHANG KEE&/OR CHIN WANLAN	外资股	384.56	0.21
10	HSBC JAMES CAPEL ASIA LTD.	外资股	325.81	0.17

股东人数	2003.9	2003.6	2002	2001
	181456	181199	175190	192822

近年分配	2002年10派0.5元	近年配股/增发	不分配不转增

重大事项

2002-08-23 本公司决定收购上海陆家嘴(集团)有限公司持有的上海浦东陆家嘴软件产业发展有限公司投资权益,收购完成后,本公司持有软件公司 **90%** 的股权,集团公司不再持有软件公司的股权,收购价格为 **900** 万元。 **2002** 年 **4** 月 **24** 日公司第三届董事会第二次会议与会董事一致通过《关于平安证券有限责任公司股权转让的议案》。本公司和深圳国际信托投资公司于 **2002** 年 **4** 月 **27** 日在深圳签署关于平安证券有限责任公司的股权转让合同,本公司持有平安证券有限责任公司 **20%** 的法人股权,出售价格为人民币 **236880000** 元,本次交易不构成关联交易。

二〇〇二年以来市场表现

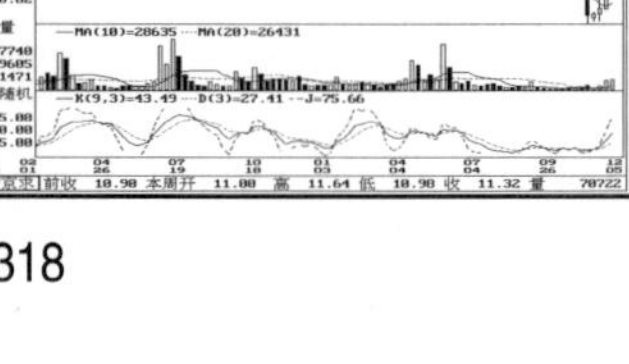

2002年涨跌幅(%)	-8.44
2002年最高(元)	17.33
2002年最低(元)	10.35
2002年换手率(%)	251.40
2003年涨跌幅(%)	-16.98
2003年最高(元)	15.27
2003年最低(元)	9.66
2003年换手率(%)	151.32

哈药集团股份有限公司

公司概况

公司名称	哈药集团股份有限公司				股票代码	600664	
注册地址	哈尔滨市南岗区昆仑商城隆顺街 2 号				邮政编码	150018	
法人代表	刘存周			董秘	林本松		
电话	0451-84604688			传真	0451-84604688		
主营业务	购销化工原料及产品、按外贸部核准的范围从事进出口业务等						
总股本	95538.88	流通 A	62330.74	流通 B		流通 H	
审计单位				审计意见	未审计		

主要财务指标

年度	2003.9	2003.6	2002	2001
每股收益/扣除后(元)	0.3300	0.0400	0.4900	0.5400
每股经营现金流量(元)	0.5925	0.5340	0.6020	1.1382
每股净资产/调整后(元)	3.2400	4.7500	4.3800	4.9000
每股公积金(元)	1.1768	2.2450	2.2427	2.8343
净资产收益率(%)	9.7200	8.0600	10.7300	10.7300
总资产(万元)	690753.75	636686.56	595347.37	576631.00
股东权益(万元)	313273.28	306226.53	281382.12	264541.53
未分配利润(万元)	44299.09	38539.60	13844.34	3678.31
主营收入(万元)	551680.50	370337.59	651494.00	536831.37
资本公积金(万元)	112433.62	142992.69	142843.53	150435.19
主营利润(万元)	216011.36	142442.19	237334.36	222131.05
其他业务利润(万元)	451.61	319.39	256.23	170.49
营业利润(万元)	41658.46	31197.30	41747.51	39958.84
投资收益(万元)	-318.21	-91.03	45.83	13.95
补贴收入(万元)				108.12
营业外收支(万元)	-767.81		-1250.14	-692.62
利润总额(万元)	40572.44	30584.19	40543.20	39388.29
净利润(万元)	30454.75	24695.26	30183.95	28379.99

十大股东

序号	股东名称	股份性质	持股数(万股)	比例(%)
1	哈药集团有限公司	国有股	22138.76	34.76
2	南方证券有限公司	流通股	9088.93	14.27
3	华德资产管理有限公司	流通股	1067.48	1.68
4	青岛港务局西港公司	流通股	575.82	0.90
5	上海申环实业公司	流通股	282.72	0.44
6	上海浦江科技咨询公	流通股	144.61	0.23
7	汪向青	流通股	142.99	0.22
8	合肥市合汽股份有限公司	流通股	140.26	0.22
9	上海诚民实业有限公司	流通股	136.42	0.21
10	赵庆家	流通股	119.52	0.19

股东人数	2003.9	2003.6	2002	2001
	19698	18601	24638	133268

近年分配	2002年派1.2元 2001年10派1元	近年配股/增发	2001年10增2股

重大事项

2002-12-19 哈药集团股份有限公司(简称"本公司")与哈药集团哈尔滨中药三厂(以下简称"中药三厂")于 **2002** 年 **12** 月 **19** 日在哈尔滨签署了《资产转让协议》,本公司出资 **14,003,784** 元收购中药三厂部分土地及资产。

二〇〇二年以来市场表现

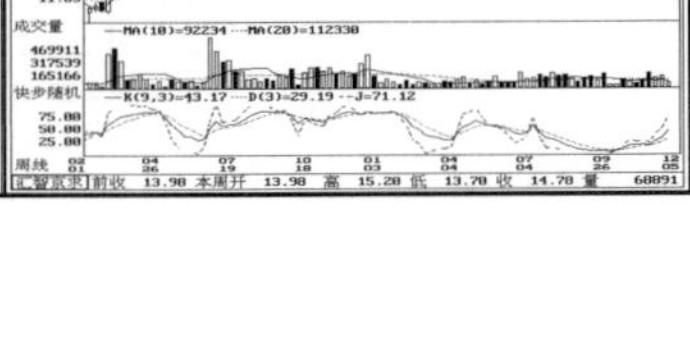

2002年涨跌幅(%)	95.58
2002年最高(元)	13.55
2002年最低(元)	5.18
2002年换手率(%)	140.14
2003年涨跌幅(%)	5.27
2003年最高(元)	18.15
2003年最低(元)	12.14
2003年换手率(%)	72.11

上海沪昌特殊钢股份有限公司

公司概况

公司名称	上海沪昌特殊钢股份有限公司	股票代码	600665
注册地址	上海市同济路 332 号	邮政编码	200940
法人代表	章东凡	董秘	杨斌
电话	021-58771776	传真	021-26032101
主营业务	房地产开发和经营、建筑材料、建筑装潢、物业管理等		
总股本	72010.21	流通 A	14700.00
流通 B		流通 H	
审计单位		审计意见	未审计

主要财务指标

年度	2003.9	2003.6	2002	2001
每股收益 / 扣除后(元)	0.0180	0.0080	0.0120	0.0260
每股经营现金流量(元)	-0.3409	0.4210	0.2861	0.4841
每股净资产 / 调整后(元)	1.7640	1.7350	1.7300	1.6970
每股公积金(元)	0.5148	0.5117	0.5117	0.5104
净资产收益率(%)	1.1800	0.5460	0.6820	1.1030
总资产(万元)	172035.02	128985.65	148257.11	36753.09
股东权益(万元)	127022.25	125877.78	125065.57	124116.94
未分配利润(万元)	3939.44	2834.06	2020.84	1579.52
主营收入(万元)	61218.75	47749.39	78043.85	82620.81
资本公积金(万元)	37070.27	36848.17	36849.18	36753.09
主营利润(万元)	1606.12	1306.39	2012.75	2959.41
其他业务利润(万元)	668.25	567.82	1156.33	907.94
营业利润(万元)	1023.89	-51.35	571.30	1658.12
投资收益(万元)	1045.19	852.98	1020.67	464.20
补贴收入(万元)				
营业外收支(万元)	171.12		-66.45	-480.45
利润总额(万元)	2240.20	957.42	1525.52	1641.87
净利润(万元)	1500.92	686.68	852.54	1368.50

十大股东

序号	股东名称	股份性质	持股数(万股)	比例(%)
1	西安高新技术产业开发区房地产开发公司	国有法人股法人股	49146.63	68.25
2	上海申银万国证券有限公司	法人股	820.20	1.14
3	宝钢集团上海五钢有限公司	流通股	748.61	1.04
4	上海金属材料总公司	法人股	284.76	0.40
5	建设银行上海市分行	法人股	235.80	0.33
6	工商银行上海市分行第二营业部	法人股	235.80	0.33
7	上海汽车工业有限公司	法人股	235.80	0.33
8	交通银行上海市分行	法人股	235.80	0.33
9	上海公积金管理中心	法人股	188.04	0.26
10	上海柴油机股份有限公司	法人股	168.00	0.23

股东人数	2003.9	2003.6	2002	2001
	64935	64063	64343	69974

近年分配	2001年 10 派 0.25 元	近年配股 / 增发	不分配不转增

重大事项

2003 年 7 月 31 日，本公司公告，拟将拥有的除 19680 万元货币资金及对原第一大股东上海五钢 25120 万元应收票据以外的全部资产和全部负债出售给宝钢集团五钢公司，同时向西安高新地产购入近 10.5 亿元的房地产经营性资产，再由高新地产向上海五钢购买其持有的沪昌特钢 68.52%的股权.此次重大重组后，本公司主营业务由钢铁产品生产转变为房地产开发。

二〇〇二年以来市场表现

2002年涨跌幅(%)	-13.59
2002年最高(元)	9.10
2002年最低(元)	5.48
2002年换手率(%)	260.32
2003年涨跌幅(%)	-21.48
2003年最高(元)	8.03
2003年最低(元)	4.38
2003年换手率(%)	105.92

西南药业股份有限公司

公司概况

公司名称	西南药业股份有限公司	股票代码	600666
注册地址	重庆市沙坪坝区天星桥 21 号	邮政编码	400038
法人代表	陈吉庆	董秘	蒋茜
电话	023-89855176	传真	023-89855126
主营业务	生产和销售原料药、中西药制剂,销售化工原料等		
总股本	14879.30	流通 A	6319.38
流通 B		流通 H	
审计单位		审计意见	未审计

主要财务指标

年度	2003.9	2003.6	2002	2001
每股收益 / 扣除后(元)	0.1090	0.0840	0.1200	0.1000
每股经营现金流量(元)	0.0718	0.0100	0.0631	0.1267
每股净资产 / 调整后(元)	1.6900	1.6700	1.5900	1.5200
每股公积金(元)	0.3369	0.3358	0.3291	0.2931
净资产收益率(%)	6.3900	4.9500	7.8100	8.1500
总资产(万元)	47227.42	48824.37	45033.65	35718.99
股东权益(万元)	26533.98	26150.79	24781.58	23860.02
未分配利润(万元)	3249.03	2868.55	1588.54	1820.40
主营收入(万元)	26839.70	16964.60	33055.47	30502.15
资本公积金(万元)	5012.36	4996.89	4897.07	4361.00
主营利润(万元)	8046.94	5165.43	10947.30	10019.69
其他业务利润(万元)	312.71	303.61	41.19	43.51
营业利润(万元)	2035.55	1572.26	2422.53	1828.62
投资收益(万元)	-71.32	-9.80	32.81	529.34
补贴收入(万元)				
营业外收支(万元)	-9.13	-24.83	-65.58	-70.55
利润总额(万元)	1955.10	1533.25	2389.75	2287.41
净利润(万元)	1694.95	1295.66	1936.14	1845.04

十大股东

序号	股东名称	股份性质	持股数(万股)	比例(%)
1	重庆太极实业(集团)股份有限公司	国有法人股	6400.00	43.01
2	太极集团有限公司	国有法人股	1994.92	13.41
3	成都市吉隆实业有限公司	社会法人股	100.00	0.67
4	四川金鸣投资咨询有限公司	社会法人股	65.00	0.44
5	重庆食品饮料工业公司	社会法人股	49.52	0.33
6	东方证券有限责任公司	社会法人股	45.69	0.31
7	上海华贸商务咨询有限公司	社会法人股	40.00	0.27
8	夏正高	社会法人股	34.96	0.23
9	上海煤气第二管线工程有限公司	社会法人股	32.00	0.22
10	李盟	社会法人股	27.50	0.18

股东人数	2003.9	2003.6	2002	2001
	34798	34581	36854	38786

近年分配	2002年 10 派 1 元	近年配股 / 增发	2003年 10 配 3 股

重大事项

为了提高资源的使用效率，充分利用潜在关联企业重庆桐君阁股份有限公司和重庆黄埔医药有限责任公司在重庆地区乃至全国的市场营销资源,公司于 2002 年 8 月 16 日分别与桐君阁和黄埔医药签订了《产品委托代理销售协议》,将本公司生产的产品有部份通过上述两家企业销售网络销售。

二〇〇二年以来市场表现

2002年涨跌幅(%)	-24.26
2002年最高(元)	12.40
2002年最低(元)	7.18
2002年换手率(%)	167.86
2003年涨跌幅(%)	-16.32
2003年最高(元)	11.55
2003年最低(元)	5.76
2003年换手率(%)	159.03

无锡市太极实业股份有限公司

公司概况

公司名称	无锡市太极实业股份有限公司			股票代码	600667		
注册地址	无锡市锡北路 321 号			邮政编码	214011		
法人代表	荆朝晖			董秘	朱巨雄		
电话	0510-2351797			传真	0510-2351368		
主营业务	生产、销售丙纤烟用丝束等						
总股本	36881.74	流通 A	18964.00	流通 B		流通 H	
审计单位				审计意见	未审计		

主要财务指标

年度	2003.9	2003.6	2002	2001
每股收益/扣除后(元)	-0.0470	-0.0280	-0.1400	0.0020
每股经营现金流量(元)	0.2903	0.4800	0.0183	0.3599
每股净资产/调整后(元)	1.1700	1.0600	1.0900	1.2600
每股公积金(元)	1.3663	1.3663	1.3663	1.3658
净资产收益率(%)	-3.2200	-2.1660	-10.6600	0.6900
总资产(万元)	153816.98	157104.25	176449.14	170682.70
股东权益(万元)	48448.99	49030.19	50159.66	55689.59
未分配利润(万元)	-43816.67	-43317.87	-42256.01	-36939.03
主营收入(万元)	45503.41	28876.37	63305.89	64091.46
资本公积金(万元)	50390.96	50390.96	50390.96	50374.10
主营利润(万元)	7513.99	4525.17	12295.97	12221.35
其他业务利润(万元)	171.18	107.52	38.28	-37.46
营业利润(万元)	-1373.57	-1028.52	-4474.49	733.40
投资收益(万元)	115.71	104.22	43.04	214.92
补贴收入(万元)	8.07	6.60	3.04	6.55
营业外收支(万元)	-302.53		-527.01	-362.55
利润总额(万元)	-1552.33	-1059.00	-4955.41	592.32
净利润(万元)	-1560.66	-1061.86	-5315.23	381.73

十大股东

序号	股东名称	股份性质	持股数(万股)	比例(%)
1	无锡纺织产业集团有限公司	国家股	7112.88	19.29
2	无锡市新中亚投资开发公司	法人股	5270.91	14.29
3	中国新技术创业投资公司	法人股	4509.71	12.23
4	中国烟草物资公司Θ	法人股	471.03	1.28
5	河北证券	法人股	261.36	0.71
6	珠海富华投资公司	法人股	145.20	0.39
7	无锡国联	流通股	70.00	0.19
8	朱小奕	流通股	49.45	0.13
9	纺织设计	流通股	49.37	0.13
10	张建华	流通股	44.00	0.12

股东人数	2003.9	2003.6	2002	2001
	71740	73026	75604	71046

近年分配		近年配股/增发	不分配不转增

重大事项

2003-07-01 无锡市太极实业股份有限公司董事会同意公司用部分自有资产及负债与无锡纺织产业集团有限公司拥有的 **69.82%** 的江苏宏源纺机股份有限公司的股权进行置换。 **2003** 年 **4** 月 **11** 日,无锡市太极实业股份有限公司与债权方中国建设银行、控股股东无锡纺织产业集团有限公司(无锡纺织控股集团有限公司)正式签订"减免利息协议"。

二〇〇二年以来市场表现

2002年涨跌幅(%)	-20.03
2002年最高(元)	7.48
2002年最低(元)	4.32
2002年换手率(%)	245.87
2003年涨跌幅(%)	-12.10
2003年最高(元)	6.00
2003年最低(元)	3.60
2003年换手率(%)	150.18

浙江尖峰集团股份有限公司

公司概况

公司名称	浙江尖峰集团股份有限公司			股票代码	600668		
注册地址	浙江省金华市婺江东路 88 号			邮政编码	321000		
法人代表	杜自弘			董秘	朱坚卫		
电话	0579-2326868-3907			传真	0579-2324611		
主营业务	水泥,水泥混凝土,预制构件,普通机械,油漆等						
总股本	34408.38	流通 A	18828.95	流通 B		流通 H	
审计单位				审计意见	未审计		

主要财务指标

年度	2003.9	2003.6	2002	2001
每股收益/扣除后(元)	0.0440	0.0300	0.1300	0.1600
每股经营现金流量(元)	0.1048	0.0700	0.1762	0.3029
每股净资产/调整后(元)	2.5000	2.4400	2.1400	1.6500
每股公积金(元)	1.2022	1.2022	0.8308	0.5003
净资产收益率(%)	3.4600	1.5400	6.4300	8.6300
总资产(万元)	191991.09	188109.67	169247.16	155891.36
股东权益(万元)	88849.45	87090.36	64981.27	50888.29
未分配利润(万元)	7840.98	6108.99	4768.05	1523.05
主营收入(万元)	82274.04	54729.18	111946.64	105453.01
资本公积金(万元)	41367.22	41367.22	24961.54	15032.65
主营利润(万元)	13857.77	9269.64	18702.66	20241.36
其他业务利润(万元)	272.70	54.32	297.30	1927.15
营业利润(万元)	-476.13	39.52	311.12	2537.21
投资收益(万元)	2201.96	191.59	3242.60	3049.68
补贴收入(万元)	1251.90	782.83	1743.58	114.84
营业外收支(万元)	303.42	279.22	-208.13	-230.39
利润总额(万元)	3281.16	1293.17	5089.17	5471.33
净利润(万元)	3072.92	1340.94	4179.69	4390.49

十大股东

序号	股东名称	股份性质	持股数(万股)	比例(%)
1	金华市通济国有资产投资有限公司	国家股	9500.00	27.61
2	金华峰联投资有限公司	法人股	2044.87	5.94
3	深圳昌圳投资有限公司	法人股	1500.00	4.36
4	杭州康和工贸有限公司	法人股	539.52	1.57
5	天津中新药业集团股份有限公司	流通股	520.00	1.51
6	深圳顺鑫达投资有限公司	法人股	300.00	0.87
7	北京华新融信投资有限公司	流通股	273.80	0.80
8	上海英特电子实业公司	流通股	138.89	0.40
9	浙江省电力公司	法人股	131.46	0.38
10	金华市工联建材有限公司	法人股	120.00	0.35

股东人数	2003.9	2003.6	2002	2001
	84448	85515	78912	88355

近年分配	2001年10派1元	近年配股/增发	2001年10配3股

重大事项

2002-02-01 浙江尖峰集团股份有限公司将公司拥有的 "**37** 省道东阳段项目"**51%** 优先收益权转让给浙江顺风交通集团公司,双方已签署了《转让协议》,转让价格为 **14700** 万元。 浙江尖峰集团股份有限公司与金华峰联投资有限公司于 **2003** 年 **8** 月 **22** 日在浙江省金华市签署了《股权转让协议》,拟将本公司持有的浙江尖峰管业有限公司 **90%** 的股权出让给峰联公司。

二〇〇二年以来市场表现

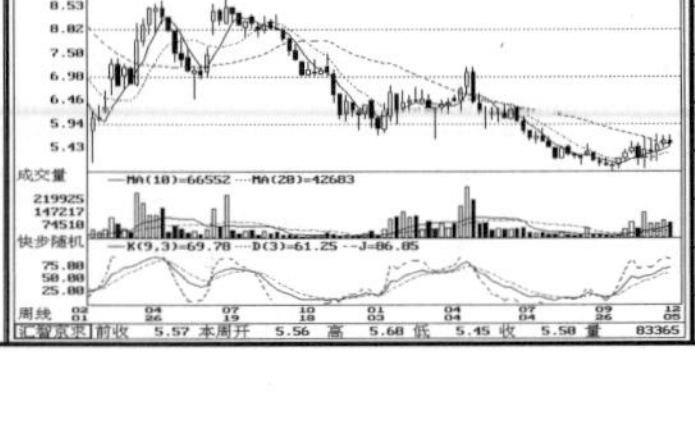

2002年涨跌幅(%)	-10.25
2002年最高(元)	8.12
2002年最低(元)	4.96
2002年换手率(%)	134.28
2003年涨跌幅(%)	-2.11
2003年最高(元)	7.18
2003年最低(元)	4.91
2003年换手率(%)	160.27

鞍山合成(集团)股份有限公司

公司概况

公司名称	鞍山合成(集团)股份有限公司	股票代码	600669
注册地址	辽宁省鞍山市铁西区柳西街 168 号	邮政编码	114011
法人代表	贺殿斌	董秘	王月红
电话	0412-8840881	传真	0412-8813178
主营业务	化纤、医药、中成药、人工合成牛黄、保健品制造等		
总股本	23217.08	流通 A	14864.85
流通 B		流通 H	
审计单位		审计意见	未审计

主要财务指标

年度	2003.9	2003.6	2002	2001
每股收益/扣除后(元)	-0.8800	-0.2400	-0.7970	-0.3900
每股经营现金流量(元)	-0.0054	0.0028	-0.2139	-0.5082
每股净资产/调整后(元)	-1.0500	-0.5400	-0.0300	0.6100
每股公积金(元)	0.0711	0.0711	0.0711	0.0711
净资产收益率(%)	-3.1800	-191.9780	-724.2000	-45.0300
总资产(万元)	65658.21	65620.47	73148.97	87891.17
股东权益(万元)	-17785.53	-2892.40	2660.38	21926.85
未分配利润(万元)	-45137.91	-30244.78	-42692.01	-5425.53
主营收入(万元)	40.78	27.34	2543.04	4844.94
资本公积金(万元)	1651.06	1651.06	1651.06	1651.06
主营利润(万元)	15.26	12.76	-43.93	58.85
其他业务利润(万元)			25.63	58.85
营业利润(万元)	-20408.10	-5542.82	-19001.32	-9530.38
投资收益(万元)	-20.11	-13.41	-87.53	76.39
补贴收入(万元)				
营业外收支(万元)	-38.45	-10.08	-198.38	-809.47
利润总额(万元)	-20466.66	-5567.31	-19287.23	-10263.46
净利润(万元)	-20445.91	-5552.78	-19266.48	-9873.52

十大股东

序号	股东名称	股份性质	持股数(万股)	比例(%)
1	鞍山市国有资产管理局	国家股	3711.14	15.98
2	上海中科生命科学发展有限公司	社会法人股	3480.24	14.99
3	上海中泽国际贸易有限公司	社会法人股	1160.85	5.00
4	沈雪英	流通股	120.54	0.52
5	刘细英	流通股	63.64	0.27
6	宏源证券	流通股	29.30	0.13
7	马育	流通股	22.90	0.10
8	靳大勇	流通股	22.00	0.09
9	城市导报	流通股	21.72	0.09
10	陈鹏	流通股	21.50	0.09

股东人数	2003.9	2003.6	2002	2001
	71254	70934	77891	87123

近年分配	近年配股/增发	不分配不转增

重大事项

2003-11-27 目前鞍山合成(集团)股份有限公司主营业务处于全面停滞状态，公司在 **2003** 年 **3** 季度报告中已预计 **2003** 年将出现亏损。 **2003-05-13*ST** 鞍成年度股东大会决议：关于部分公司全额计提坏账准备的议案。关于核销无法收回坏账的议案。续聘辽宁天健会计师事务所有限公司为公司审计机构。关于调整部分董事的议案。

二〇〇二年以来市场表现

2002年涨跌幅(%)	-45.38
2002年最高(元)	7.30
2002年最低(元)	3.39
2002年换手率(%)	302.26
2003年涨跌幅(%)	-32.81
2003年最高(元)	5.29
2003年最低(元)	2.40
2003年换手率(%)	258.85

长春高斯达生物科技集团股份有限公司

公司概况

公司名称	长春高斯达生物科技集团股份有限公司	股票代码	600670
注册地址	长春市大经路 54 号	邮政编码	130012
法人代表	陈树军	董秘	王巍巍
电话	0431-5179222	传真	0431-5191670
主营业务	百货、工艺美术品、五金、交电、针纺织品等		
总股本	14033.37	流通 A	8605.21
流通 B		流通 H	
审计单位		审计意见	未审计

主要财务指标

年度	2003.9	2003.6	2002	2001
每股收益/扣除后(元)	-0.0590	-0.0380	-0.1930	-0.5900
每股经营现金流量(元)	-0.0016	-0.0020	-0.0277	0.0021
每股净资产/调整后(元)	-0.1240	-0.1030	-0.0660	-0.1400
每股公积金(元)	0.1302	0.1302	0.1302	0.1302
净资产收益率(%)	-27025.0000	-15.9600	-64.9900	-122.6500
总资产(万元)	19906.81	19967.50	19993.87	22272.84
股东权益(万元)	3091.00	3386.08	3926.36	6425.62
未分配利润(万元)	-13170.03	-12874.95	-12334.68	-9835.41
主营收入(万元)	171.26	136.79	413.18	417.97
资本公积金(万元)	1827.15	1827.15	1827.15	1827.15
主营利润(万元)	72.50	56.91	-244.47	-18.03
其他业务利润(万元)	15.80	6.39	92.26	37.63
营业利润(万元)	-822.02	-532.04	-2706.50	-7056.51
投资收益(万元)			69.00	-216.44
补贴收入(万元)				
营业外收支(万元)	-13.33		85.88	-608.29
利润总额(万元)	-835.35	-540.28	-2551.62	-7881.24
净利润(万元)	-835.35	-540.28	-2551.62	-7881.24

十大股东

序号	股东名称	股份性质	持股数(万股)	比例(%)
1	长春高士达生化药业集团股份有限公司	法人股	2319.91	16.53
2	吉林省国际信托投资有限责任公司	法人股	1317.00	9.38
3	辽源市财政局	国有股	603.80	4.30
4	太原兆和投资发展有限公司	法人股	231.00	1.65
5	广州技术开发区广开经贸有限公司	法人股	231.00	1.65
6	深圳鸿基集团股份有限公司	法人股	21.00	1.50
7	上海源德信息咨询有限公司	法人股	115.50	0.82
8	上海颢伽经贸有限公司	法人股	80.00	0.57
9	吉林省柳河县人民医院	流通股	78.71	0.56
10	王磊	流通股	76.21	0.54

股东人数	2003.9	2003.6	2002	2001
	40890	40470	42588	45909

近年分配	近年配股/增发	不分配不转增

重大事项

2003-08-12*ST 斯达解除资产抵债协议公告：原资产抵债协议所涉及的资产，位于广州海珠区新港西路 **144** 号，面积 **5542.807** 平方米的商业用房价值 **7851.7** 万元交由广州市海顺房地产发展有限公司。 长春仲裁委员会 **2003** 年 **7** 月 **25** 日裁决公司大股东长春高士达生化药业(集团)股份有限公司立即一次性偿还借款本金 **15811** 万元给中国农业银行长春市北安行，并偿还借款本金从 **2002** 年 **4** 月 **16** 日至 **2003** 年 **6** 月 **30** 日期间所发生的利息 **16834300.24** 元。

二〇〇二年以来市场表现

2002年涨跌幅(%)	-36.00
2002年最高(元)	7.62
2002年最低(元)	4.31
2002年换手率(%)	245.74
2003年涨跌幅(%)	-36.64
2003年最高(元)	5.71
2003年最低(元)	2.77
2003年换手率(%)	204.51

杭州天目山药业股份有限公司

公司概况

公司名称	杭州天目山药业股份有限公司			股票代码	600671
注册地址	浙江省临安市锦城镇安阁弄3号			邮政编码	311300
法人代表	钱永涛		董秘	周群林	
电话	0571-63722229		传真	0571-63715401	
主营业务	片剂、酒剂、擦剂、丸剂、酊剂、糖浆剂、滴眼剂等				
总股本	12177.86	流通A	6341.54	流通B	流通H
审计单位			审计意见	未审计	

主要财务指标

年度	2003.9	2003.6	2002	2001
每股收益/扣除后(元)	0.0130	0.0190	-0.0010	0.0050
每股经营现金流量(元)	-0.5766	-0.0790	0.1790	0.0864
每股净资产/调整后(元)	1.9000	1.9200	1.6800	1.8800
每股公积金(元)	0.4105	0.4105	0.4105	0.4105
净资产收益率(%)	0.8830	1.1100	0.8800	1.5000
总资产(万元)	35847.29	37537.02	37352.98	40874.56
股东权益(万元)	22554.30	22605.41	22355.14	22437.24
未分配利润(万元)	3224.37	3275.47	3025.21	3122.39
主营收入(万元)	14096.46	9885.12	15823.58	14442.67
资本公积金(万元)	4999.36	4999.36	4999.36	4999.36
主营利润(万元)	5400.60	3816.65	6839.53	6696.54
其他业务利润(万元)	15.34	14.42	0.42	14.06
营业利润(万元)	16.36	512.53	404.62	785.86
投资收益(万元)	29.93		126.81	8.05
补贴收入(万元)	13.21	12.00	54.67	47.50
营业外收支(万元)	-7.07		12.84	-69.72
利润总额(万元)	548.60	528.85	598.94	771.70
净利润(万元)	199.16	250.26	195.86	336.82

十大股东

序号	股东名称	股份性质	持股数(万股)	比例(%)
1	杭州天目永安集团有限公司	法人股	3672.89	30.16
2	浙江临安天目山石材公司	法人股	1517.60	12.46
3	临安天目山医药包装品厂	法人股	293.08	2.41
4	河北力维投资有限公司	法人股	100.00	0.82
5	上海嘉虹商务咨询有限公司	法人股	95.00	0.78
6	杭州临安半唐斋旅游商品有限公司	法人股	74.00	0.61
7	汇垄经贸	法人股	38.00	0.31
8	鲍维刚	流通股	25.58	0.21
9	张刚	流通股	16.61	0.14
10	陈会芳	流通股	15.56	0.12

股东人数	2003.9	2003.6	2002	2001
	39007	39425	39046	42772

近年分配	2001年10派0.1元	近年配股/增发	不分配不转增

重大事项

2002-12-17公司第一大股东哈尔滨工业大学高新技术开发总公司将其持有的公司国有法人股5670万股质押给中国光大银行深圳城东支行，质押期限为2002年12月12日至2005年12月15日。经核实，公司第二大股东上海程达投资发展有限公司(该公司持有公司社会法人股2880万股，占公司总股本8.89%)、公司第三大股东上海福成商贸有限公司(该公司持有公司社会法人股720万股，占公司总股本的2.22%)将他们持有的公司社会法人股全部质押给中国光大银行深圳城东支行，质押期限均为2002年12月12日至2005年12月15日。

二〇〇二年以来市场表现

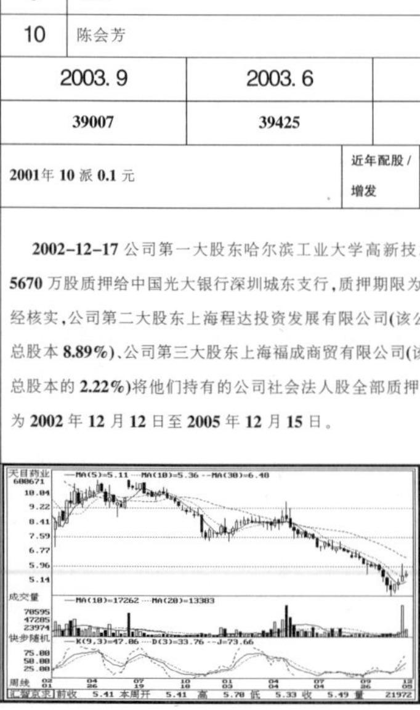

2002年涨跌幅(%)	-22.75
2002年最高(元)	10.85
2002年最低(元)	6.27
2002年换手率(%)	127.78
2003年涨跌幅(%)	-30.10
2003年最高(元)	9.57
2003年最低(元)	4.32
2003年换手率(%)	128.37

广东英豪科技教育投资股份有限公司

公司概况

公司名称	广东英豪科技教育投资股份有限公司			股票代码	600672
注册地址	广州市从化新温泉旅游度假区英豪宾馆三楼			邮政编码	510960
法人代表	陈忠联		董秘	于尹	
电话	028-88004827		传真	0769-8370230	
主营业务	教育产业投资、科技实业投资,电子计算机技术服务等				
总股本	44097.67	流通A	25600.00	流通B	流通H
审计单位			审计意见	未审计	

主要财务指标

年度	2003.9	2003.6	2002	2001
每股收益/扣除后(元)	-0.3700	-0.3300	-0.7500	0.1500
每股经营现金流量(元)	-0.0065	-0.0060	-0.2399	0.2973
每股净资产/调整后(元)	0.1000	0.1300	0.4800	1.3600
每股公积金(元)	0.0654	0.0654	0.0654	0.0654
净资产收益率(%)	-172.2300	-139.8700	-147.8700	4.0600
总资产(万元)	89901.66	90533.73	111202.47	115531.52
股东权益(万元)	9295.56	10549.37	25305.22	62723.16
未分配利润(万元)	-45610.30	-44356.50	-29600.64	7817.29
主营收入(万元)	361.29	278.86	13174.80	54276.57
资本公积金(万元)	2884.13	2884.13	2884.13	2884.13
主营利润(万元)	-421.58	-281.75	2057.01	15907.03
其他业务利润(万元)	5.47	3.70	8.41	-241.85
营业利润(万元)	-13316.52	-11967.49	-34868.87	10433.43
投资收益(万元)	-3411.42	-3411.42	-925.13	303.74
补贴收入(万元)			30.00	1639.10
营业外收支(万元)	-271.74		-4305.83	-5991.49
利润总额(万元)	-16999.68	-15650.65	-40069.82	6384.78
净利润(万元)	-16009.66	-14755.85	-37417.93	2543.54

十大股东

序号	股东名称	股份性质	持股数(万股)	比例(%)
1	从化市英豪博大实业有限公司	社会法人股	13127.96	29.77
2	深圳市天骥控股有限公司	社会法人股	3520.00	7.98
3	广汉市国有资产管理局	国家股	1849.74	4.49
4	王学定	流通股	149.18	0.34
5	林樱	流通股	66.24	0.15
6	唐恒香	流通股	57.60	0.13
7	王刚	流通股	54.40	0.12
8	肖亚萍	流通股	37.65	0.08
9	郭惠芹	流通股	37.42	0.08
10	陈德平	流通股	30.00	0.06

股东人数	2003.9	2003.6	2002	2001
	177442	173408	181866	197266

近年分配		近年配股/增发	2001年10配3股

重大事项

2003-08-22公司大股东从化市英豪博大实业有限公司持有公司的13063万股社会法人股已被冻结。因中国银行广州市天河支行诉公司一案，英豪博大持有公司的社会法人股13063万股已于2003年08月14日被予以冻结，其中6953万股冻结期限为2003年07月22日至2004年07月22日，6110万股冻结期限为2003年8月14日至2004年8月14日。 2003年7月8日，广州市中级人民法院应兴业银行广州分行申请，下达了民事裁定书，裁定查封公司控股子公司从化市英豪教育发展有限公司持有的若干土地使用权。

二〇〇二年以来市场表现

2002年涨跌幅(%)	-31.92
2002年最高(元)	7.78
2002年最低(元)	4.71
2002年换手率(%)	107.43
2003年涨跌幅(%)	-45.09
2003年最高(元)	5.89
2003年最低(元)	2.43
2003年换手率(%)	100.17

成都阳之光实业股份有限公司

公司概况

公司名称	成都阳之光实业股份有限公司	股票代码	600673
注册地址	四川成都市二环路东一段14号	邮政编码	610056
法人代表	郭京平	董秘	李辉
电话	028-83241923-2419	传真	028-83241923-2425
主营业务	制造加工销售量具刃具、量仪及专用机床等		
总股本	11079.44	流通A	4554.00
流通B		流通H	
审计单位		审计意见	未审计

主要财务指标

年度	2003.9	2003.6	2002	2001
每股收益/扣除后(元)	0.0860	0.0460	0.0210	0.0200
每股经营现金流量(元)	0.2406	0.0090	0.2201	0.0287
每股净资产/调整后(元)	1.5300	1.4900	0.9900	0.9400
每股公积金(元)	1.2834	1.2834	0.9704	0.9703
净资产收益率(%)	5.6200	3.0900	1.8700	2.1100
总资产(万元)	24445.95	27388.61	31330.78	33304.19
股东权益(万元)	16993.36	16550.82	12598.03	12361.70
未分配利润(万元)	-9953.20	-10395.74	-10945.57	-11179.37
主营收入(万元)	13512.44	8545.07	15218.35	13150.65
资本公积金(万元)	14219.83	14219.83	10751.66	10750.74
主营利润(万元)	2972.77	2493.24	4843.78	3985.62
其他业务利润(万元)	307.12	199.36	190.65	175.33
营业利润(万元)	1030.45	588.24	678.00	425.98
投资收益(万元)	-48.79	-48.79	-266.89	-72.00
补贴收入(万元)				
营业外收支(万元)	-26.07		-124.28	-73.69
利润总额(万元)	955.59	513.05	286.83	280.29
净利润(万元)	948381.00	506.26	235.41	260.55

十大股东

序号	股东名称	股份性质	持股数(万股)	比例(%)
1	成都成量集团公司	国有股	4710.44	42.52
2	成都市工商行信托公司	法人股	181.50	1.64
3	美利投资	法人股	102.85	0.93
4	重庆机电设备总公司	法人股	96.80	0.87
5	上海机电设备总公司	法人股	96.80	0.87
6	中川国际股份有限公司	法人股	96.80	0.87
7	顾鹤富	流通股	96.73	0.87
8	深圳广顺公司	法人股	48.40	0.44
9	长城实业公司	法人股	44.77	0.40
10	山西融资	流通股	37.60	0.34

股东人数	2003.9	2003.6	2002	2001
	18639	18751	18299	14643

近年分配		近年配股/增发	不分配不转增

重大事项

2003-11-13 公司第一大股东-成都成量集团公司所持公司**47104394**股股权(占公司总股本**42.5%**)已被广东省乳源瑶族自治县人民法院于**11**月**7**日以民事裁定书司法冻结。冻结期限一年,从**2003**年**11**月**10**日起至**2004**年**11**月**9**日止。冻结期间停止办理该股权的转让过户手续。广东乳源阳之光铝业发展有限公司因与成都成量集团公司欠款纠纷,于**2003**年**11**月**3**日向广东省乳源瑶族自治县人民法院提出财产保全申请,要求冻结成都成量集团公司所持公司国有股权**47104394**股,并已提供价值人民币**52357509.28**元的财产担保。

二〇〇二年以来市场表现

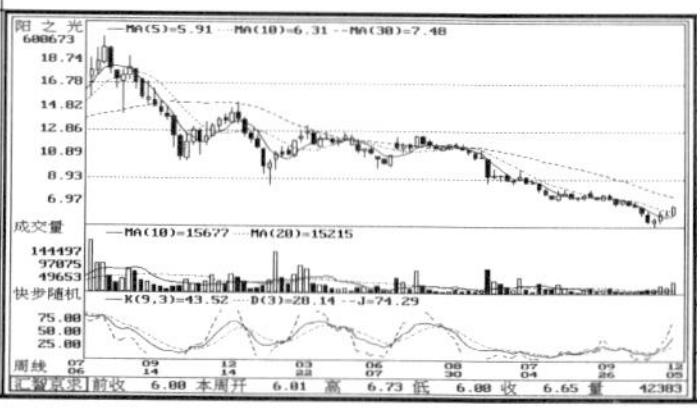

2002年涨跌幅(%)	-10.50
2002年最高(元)	13.23
2002年最低(元)	8.30
2002年换手率(%)	240.60
2003年涨跌幅(%)	-44.13
2003年最高(元)	10.60
2003年最低(元)	5.01
2003年换手率(%)	132.12

四川川投控股股份有限公司

公司概况

公司名称	四川川投控股股份有限公司	股票代码	600674
注册地址	四川省峨眉山市九里镇	邮政编码	614222
法人代表	邹广严	董秘	许克义
电话	0833-5576179	传真	028-82996861
主营业务	开发、制造、销售铁路、交通系统自动化等		
总股本	38620.85	流通A	15474.06
流通B		流通H	
审计单位		审计意见	未审计

主要财务指标

年度	2003.9	2003.6	2002	2001
每股收益/扣除后(元)	0.0590	0.0360	0.0950	0.1780
每股经营现金流量(元)	-0.0947	-0.0500	0.2965	0.5764
每股净资产/调整后(元)	1.6400	1.6100	1.5800	1.4500
每股公积金(元)	0.0660	0.0660	0.0660	0.0431
净资产收益率(%)	4.2200	2.4700	6.4000	11.8300
总资产(万元)	117097.38	116243.03	111396.74	93975.14
股东权益(万元)	64579.85	63378.04	61825.12	57823.80
未分配利润(万元)	9978.05	8776.24	7223.32	5484.29
主营收入(万元)	49596.72	30491.84	64539.56	65386.83
资本公积金(万元)	2550.51	2550.51	2550.51	1666.05
主营利润(万元)	6826.81	4280.77	8961.63	11634.79
其他业务利润(万元)	367.81	224.36	863.35	399.82
营业利润(万元)	3496.53	2182.16	5285.51	9602.75
投资收益(万元)	-123.84	-137.32	-983.93	-857.47
补贴收入(万元)	147.24		552.66	
营业外收支(万元)	11.40		35.57	-57.64
利润总额(万元)	3745.37	2044.42	4889.81	8687.65
净利润(万元)	2723.31	1566.28	3957.86	6841.46

十大股东

序号	股东名称	股份性质	持股数(万股)	比例(%)
1	四川省投资集团有限责任公司	国有法人股	20953.30	54.25
2	华西证券有限责任公司	流通股	1383.82	3.58
3	峨眉铁合金综合服务开发公司	法人股	1096.74	2.84
4	成都海宏信息技术开发有限公司	法人股	997.04	2.58
5	成都铁路分局	法人股	99.70	0.26
6	施盛科	流通股	81.41	0.21
7	四川川大力腾软件有限公司	流通股	75.11	0.19
8	张银兰	流通股	13.89	0.19
9	李如奎	流通股	72.55	0.19
10	四川力腾科技有限公司	流通股	70.43	0.18

股东人数	2003.9	2003.6	2002	2001
	33248	34464	27590	33216

近年分配	**2002**年**10**派**0.25**元 **2001**年**10**派**0.2**元	近年配股/增发	不分配不转增

重大事项

本公司**2003**年**08**月**12**日将公司依法持有的四川省川投化学工业集团有限公司**30%**股份，共计**3000**万股,以现金方式转让给川投集团。公司与川投集团的股份转让构成关联交易。本次股份转让实施后,公司将不再持有川投化工集团的股份。 **2003-04-25**公司董事会决议将所持有的成都信息港有限责任公司**40%**股份给成都聚友网络股份有限公司的提案,经双方协商在参照成都信息港上年经审计的净资产基础上,同意按公司原投入的**4000**万元作价以现金方式转让给聚友网络.

二〇〇二年以来市场表现

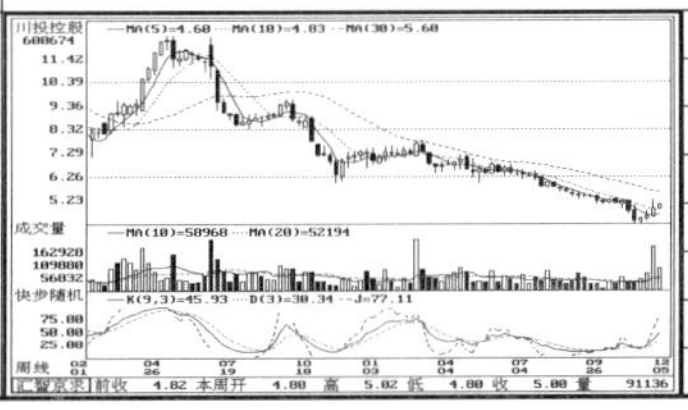

2002年涨跌幅(%)	-19.26
2002年最高(元)	12.40
2002年最低(元)	5.96
2002年换手率(%)	217.53
2003年涨跌幅(%)	-34.69
2003年最高(元)	7.78
2003年最低(元)	4.20
2003年换手率(%)	161.17

中华企业股份有限公司

公司概况

公司名称	中华企业股份有限公司	股票代码	600675
注册地址	上海市浦东大道1700弄17号	邮政编码	200040
法人代表	徐林宝	董秘	印学青
电话	021-62170088	传真	021-62179197
主营业务	经营商品房设计、建造、买卖、租赁等		
总股本	69745.51	流通A	31856.01
流通B		流通H	
审计单位		审计意见	未审计

主要财务指标

年度	2003.9	2003.6	2002	2001
每股收益/扣除后(元)	-0.0590	-0.0300	0.1700	0.2800
每股经营现金流量(元)	0.0430	0.1200	0.1764	1.4694
每股净资产/调整后(元)	1.9500	1.9800	1.9500	1.9900
每股公积金(元)	0.5526	0.5536	0.5521	0.7625
净资产收益率(%)	0.9000	1.6900	11.7300	10.4500
总资产(万元)	570237.75	508347.03	515917.81	519422.81
股东权益(万元)	138072.73	139617.23	137392.67	129401.91
未分配利润(万元)	2519.15	3644.21	1187.56	9549.61
主营收入(万元)	45905.01	29846.52	207206.53	159550.84
资本公积金(万元)	35840.90	38610.49	38508.83	44319.11
主营利润(万元)	20261.27	12667.29	63338.16	66317.10
其他业务利润(万元)	664.74	424.08	623.21	509.25
营业利润(万元)	2569.35	1185.72	31812.19	34556.82
投资收益(万元)	4016.08	3014.95	1547.59	-5115.41
补贴收入(万元)	762.58	762.58	1285.59	3614.48
营业外收支(万元)	233.69	-220.02	504.22	-4420.81
利润总额(万元)	7581.71	4666.89	35149.59	28635.08
净利润(万元)	1243.43	2354.45	16119.75	13522.40

十大股东

序号	股东名称	股份性质	持股数(万股)	比例(%)
1	上海房地(集团)公司	国有股	34782.14	49.87
2	沪通实业	法人股	647.61	0.93
3	上海海证实业发展有限公司	流通股	392.64	0.56
4	上海古北集团工会	法人股	245.03	0.35
5	上海市工商界爱国建设公司	法人股	235.22	0.34
6	金泰证券投资基金	流通股	192.66	0.28
7	上海沪工汽车电器有限公司	流通股	190.00	0.27
8	海通证券有限公司	法人股	171.89	0.25
9	上海飞乐股份有限公司	流通股	150.00	0.22
10	中华企业股份有限公司工会	法人股	147.02	0.21

股东人数	2003.9	2003.6	2002	2001
	120215	128135	124949	128915

近年分配	2002年10派2元	近年配股/增发	2001年10送1股转增1股

重大事项

2003年11月18日公司董事会同意对上海鼎达房地产有限公司按同比例进行增资扩股:此次上海鼎达房地产有限公司注册资本拟增至6000万元,按同比例增资后,公司出资额由原来的2700万元增至5400万元,仍占注册资本的90%。 公司于2003年10月22日以4.81亿元的价格中拍苏州工业园区6号地块,拟成立苏州中华企业房地产发展有限公司(暂定名)。该项目公司注册资本为人民币壹亿元,其中公司出资人民币9000万元,占注册资本的90%。公司控股子公司上海鼎达房地产有限公司出资1000万元,占注册资本的10%。

二○○二年以来市场表现

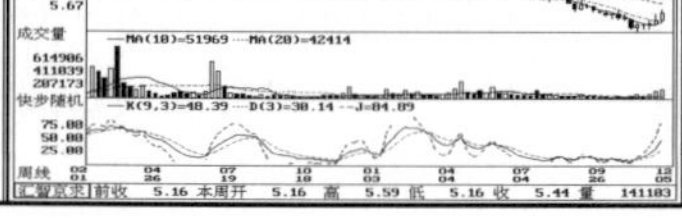

2002年涨跌幅(%)	-22.14
2002年最高(元)	10.12
2002年最低(元)	6.35
2002年换手率(%)	202.93
2003年涨跌幅(%)	-19.38
2003年最高(元)	7.47
2003年最低(元)	4.71
2003年换手率(%)	95.83

上海交运股份有限公司

公司概况

公司名称	上海交运股份有限公司	股票代码	600676
注册地址	上海市浦东新区浦东南路2304号	邮政编码	200127
法人代表	刘世才	董秘	李汝德
电话	021-62520140-8027	传真	021-62116123
主营业务	汽车机械配件制造、销售,工程机械等		
总股本	16896.19	流通A	7340.00
流通B		流通H	
审计单位		审计意见	未审计

主要财务指标

年度	2003.9	2003.6	2002	2001
每股收益/扣除后(元)	0.2500	0.1500	0.2900	0.2800
每股经营现金流量(元)	0.3542	0.1280	0.8721	0.6109
每股净资产/调整后(元)	5.7480	5.6510	5.4920	5.4960
每股公积金(元)	3.8755	3.8755	3.8755	3.8755
净资产收益率(%)	4.2750	2.7000	5.7500	5.4300
总资产(万元)	148494.94	147534.50	136501.30	133115.03
股东权益(万元)	100541.48	98916.18	96339.40	93613.53
未分配利润(万元)	8797.05	7171.75	4665.84	3865.05
主营收入(万元)	52523.08	31863.01	44770.95	34885.57
资本公积金(万元)	65481.60	65481.60	65481.60	65481.60
主营利润(万元)	14066.25	8932.25	15422.48	12458.91
其他业务利润(万元)	508.29	288.65	545.16	505.64
营业利润(万元)	4960.26	2947398.00	5828.52	3902.23
投资收益(万元)	201.63	145.63	625.70	2016.82
补贴收入(万元)	47.31	26.51	3.10	41.63
营业外收支(万元)	24.75	48.72	399.94	56.90
利润总额(万元)	5233.92	3182.12	6857.26	6017.57
净利润(万元)	4298.39	2673.09	5536.51	5079.87

十大股东

序号	股东名称	股份性质	持股数(万股)	比例(%)
1	上海交运(集团)公司	国家股	6436.19	38.09
2	大众交通(集团)股份有限公司	法人股	975.00	5.77
3	上海巴士实业(集团)股份有限公司	法人股	975.00	5.77
4	申银万国证券股份有限公司	法人股	577.57	3.42
5	中华企业股份有限公司	法人股	234.00	1.38
6	安瑞证券投资基金	流通股	154.99	0.92
7	上海物资贸易中心股份有限公司	法人股	119.05	0.70
8	景福证券投资基金	流通股	93.00	0.55
9	上海财政证券公司	流通股	59.80	0.35
10	裕阳证券投资基金	流通股	54.37	0.32

股东人数	2003.9	2003.6	2002	2001
	37406	37012	39686	40401

近年分配	2002年10派1.5元 2001年10派1元	近年配股/增发	不分配不转增

重大事项

2003-08-15董事会决议对1997年投入使用的13辆客车更新,为此,拟通过公司的控股股东上海交运公司控股80%的子公司上海交运物资供销有限公司购买13辆高级大型客车,交易的总标的为9548475元。公司全资子公司上海交运便捷货运有限公司主营业务为城市货运出租汽车运输。根据上海市城市货运市场的发展前景及相关要求,需对1999年起投入使用、车况已明显不适应上海市货运出租车要求的120辆车先行更新。为此,拟通过交运物资公司购买120辆微型厢式货运车,交易的总标的约在500万元左右,最后的成交价以正式合同为准。

二○○二年以来市场表现

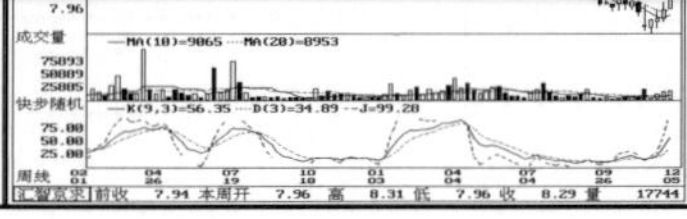

2002年涨跌幅(%)	-22.73
2002年最高(元)	12.33
2002年最低(元)	8.39
2002年换手率(%)	111.36
2003年涨跌幅(%)	-10.18
2003年最高(元)	11.19
2003年最低(元)	7.30
2003年换手率(%)	90.04

航天通信控股集团股份有限公司

公司概况

公司名称	航天通信控股集团股份有限公司	股票代码	600677
注册地址	浙江省杭州市解放路138号纺织服装大楼二号楼	邮政编码	310009
法人代表	陈鹏飞	董秘	从培育
电话	0571-87079526	传真	0571-87077662
主营业务	轻纺产品及原辅材料、轻纺机械、器材设备等		

总股本	32617.24	流通 A	17074.57	流通 B		流通 H	
审计单位				审计意见	未审计		

主要财务指标

年度	2003.9	2003.6	2002	2001
每股收益 / 扣除后(元)	0.0340	0.0275	0.0267	0.0560
每股经营现金流量(元)	0.0566	0.0300	0.4406	0.1567
每股净资产 / 调整后(元)	1.4321	1.4226	1.3998	1.3150
每股公积金(元)	0.2630	0.2630	0.2619	0.2457
净资产收益率(%)	3.0600	2.4300	1.2860	6.0200
总资产(万元)	206463.42	201578.41	199835.52	187427.75
股东权益(万元)	52504.31	52164.68	50853.08	49746.15
未分配利润(万元)	822.65	484.34	-862.79	2567.12
主营收入(万元)	135426.67	83612.60	183527.80	159694.12
资本公积金(万元)	8578.33	8578.33	8543.82	8013.53
主营利润(万元)	17855.98	12340.83	23160.53	20886.74
其他业务利润(万元)	947.45	785.14	1752.73	1899.54
营业利润(万元)	3800.52	3242.78	4428.04	4729.91
投资收益(万元)	659.11	592.47	-1532.26	-310.09
补贴收入(万元)	366.97	6.47	663.15	366.78
营业外收支(万元)	160.63	11.28	-127.31	-224.32
利润总额(万元)	4987.24	4056.08	3421.62	4562.29
净利润(万元)	1608.34	1270.03	654.00	2994.78

十大股东

序号	股东名称	股份性质	持股数(万股)	比例(%)
1	中国航天科工集团公司	国家股	7307.88	22.40
2	浙江国信控股集团有限责任公司	国家股	3262.63	10.00
3	中国纺织物资(集团)总公司	法人股	568.57	1.74
4	中国电力财务有限公司	法人股	407.69	1.25
5	苏州市投资公司	法人股	312.00	0.96
6	厦门曼尼投资管理咨询有限公司	流通股	241.40	0.74
7	中国人民建设银行浙江省信托投资公司	法人股	200.20	0.61
8	海通证券有限公司	流通股	195.00	0.60
9	浙江东方集团股份有限公司	法人股	150.15	0.46
10	中国科学院南京分院	法人股	149.50	0.46

股东人数	2003.9	2003.6	2002	2001
	58270	58542	51244	41905

近年分配	2001年10派1元	近年配股 / 增发	不分配不转增

重大事项

2003-08-23公司为控股子公司深圳市航天科工实业有限公司一年期累计200万美元贸易融资形成的债权提供担保。担保方式:采用连带责任保证。截止目前为止,公司累计对外担保数额为22691.06万元,无逾期担保。 2003年8月6日宁波镇海区城市土地储备中心收购土地为公司控股子公司宁波中汇所属座落于镇海大西门路的国有土地使用权,和上述土地范围内所有建筑物,建筑面积为53925.08平方米,土地收购价格:同意以上土地及地上建筑物收购补偿费计人民币5300万元。

二〇〇二年以来市场表现

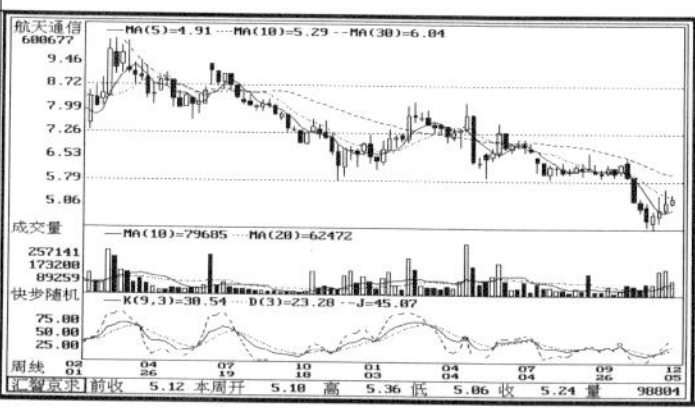

2002年涨跌幅(%)	-24.67
2002年最高(元)	10.09
2002年最低(元)	5.80
2002年换手率(%)	200.27
2003年涨跌幅(%)	-18.99
2003年最高(元)	8.20
2003年最低(元)	4.33
2003年换手率(%)	220.29

四川金顶(集团)股份有限公司

公司概况

公司名称	四川金顶(集团)股份有限公司	股票代码	600678
注册地址	四川峨眉山市名山路东段	邮政编码	614200
法人代表	古松	董秘	周正
电话	0833-5521271	传真	0833-5521205
主营业务	水泥制造、销售、房地产开发经营,汽车修理等		

总股本	23266.00	流通 A	9600.00	流通 B		流通 H	
审计单位				审计意见	未审计		

主要财务指标

年度	2003.9	2003.6	2002	2001
每股收益 / 扣除后(元)	0.0285	0.0237	0.1050	-0.2260
每股经营现金流量(元)	-1009.0000	-0.1400	0.1526	0.2501
每股净资产 / 调整后(元)	0.9900	0.9770	1.0330	0.9400
每股公积金(元)	0.0691	0.0689	0.0678	0.6556
净资产收益率(%)	2.9500	1.8600	8.3200	-31.6500
总资产(万元)	85883.99	80649.24	86532.17	94028.57
股东权益(万元)	27843.38	27564.48	27004.58	25222.00
未分配利润(万元)	2042.53	1769.27	1235.53	-14329.48
主营收入(万元)	23783.74	15192.41	45349.25	42880.93
资本公积金(万元)	1608.50	1602.86	1576.70	15253.19
主营利润(万元)	6771.57	4366.01	15621.60	14225.11
其他业务利润(万元)	140.91	137.84	460.01	-51.28
营业利润(万元)	715.78	600.96	1186.31	-6995.92
投资收益(万元)	-90.16	-40.16	594.98	-624.23
补贴收入(万元)	130.19	28.85	641.75	182.64
营业外收支(万元)	116.09		-351.96	-1273.08
利润总额(万元)	871.89	549.37	2071.08	-8710.59
净利润(万元)	820.49	511.38	2246.68	-7983.68

十大股东

序号	股东名称	股份性质	持股数(万股)	比例(%)
1	乐山市国有资产经营有限公司	国有股	13116.00	56.37
2	上海申银万国证券公司	法人股	200.00	0.86
3	乐山电业局	法人股	150.00	0.64
4	成都铁路局西昌铁路分局	法人股	100.00	0.43
5	乐山资信产权经纪有限公司	法人股	100.00	0.43
6	张彬	流通股	32.60	0.14
7	丁象奎	流通股	29.77	0.13
8	俞达芬	流通股	28.39	0.12
9	朱若田	流通股	25.15	0.11
10	戴国俊	流通股	25.04	0.11

股东人数	2003.9	2003.6	2002	2001
	43950	45004	48526	49452

近年分配		近年配股 / 增发	不分配不转增

重大事项

2003年10月25日董事会公告:华伦集团有限公司受让乐山市国有资产经营有限公司持有的本公司6860万股国家股。 2003年10月22日,中国结算上海分公司于2003年10月21日将乐山市国有资产经营有限公司所持公司国家股5000万股解除冻结。 2003年10月15日公司第一大股东乐山市国有资产经营有限公司将其持有的公司13116万股国家股中的6860万股转让给华伦集团有限公司,转让价格为2.06元/股,价款合计为14131.60万元。

二〇〇二年以来市场表现

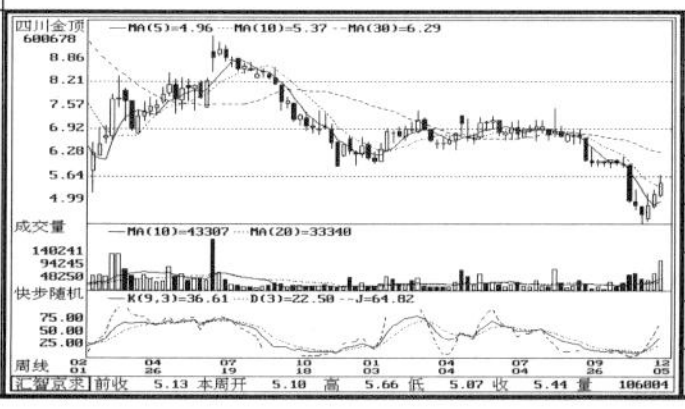

2002年涨跌幅(%)	-11.79
2002年最高(元)	9.50
2002年最低(元)	4.78
2002年换手率(%)	196.31
2003年涨跌幅(%)	-17.39
2003年最高(元)	7.47
2003年最低(元)	4.35
2003年换手率(%)	135.17

凤凰股份有限公司

公司概况

公司名称	凤凰股份有限公司	股票代码	600679
注册地址	中国上海市浦东新区塘南路 20 号	邮政编码	200125
法人代表	陈国强	董秘	李玉龙
电话	021-65954641	传真	021-65956731
主营业务	生产自行车、助动车、两轮摩托车等		
审计单位		审计意见	未审计

总股本	60361.97	流通 A	3432.00	流通 B	17160.00	流通 H	

主要财务指标

年度	2003.9	2003.6	2002	2001
每股收益/扣除后(元)	0.0152	0.0080	0.0134	0.0346
每股经营现金流量(元)	0.1727	0.0940	-0.0406	-0.0101
每股净资产/调整后(元)	1.3726	1.3653	1.4533	1.7922
每股公积金(元)	0.7400	0.7400	0.7400	1.2610
净资产收益率(%)	0.9390	0.4840	0.8930	2.1080
总资产(万元)	207492.28	208883.28	206438.45	192394.12
股东权益(万元)	87960.87	87558.88	87132.59	86656.71
未分配利润(万元)	-23992.05	-24394.03	-24817.80	-24817.07
主营收入(万元)	108239.52	67059.50	133525.12	78156.10
资本公积金(万元)	44670.20	44670.20	44667.68	58551.98
主营利润(万元)	15554.08	9988.03	19831.85	10566.06
其他业务利润(万元)	-369.75	-418.73	73.10	80.70
营业利润(万元)	3133.43	1643.58	4129.47	2274.93
投资收益(万元)	144.14	414.80	-155.67	160.04
补贴收入(万元)	118.94	118.94	84.25	74.41
营业外收支(万元)	-83.55		-17.94	-25.18
利润总额(万元)	3312.95	1847.39	4040.12	2484.20
净利润(万元)	825.75	423.77	778.09	1826.48

十大股东

序号	股东名称	股份性质	持股数(万股)	比例(%)
1	上海轻工控股(集团)公司	国家股	38053.96	63.04
2	上海国际信托投资公司	法人股	171.60	0.28
3	申银万国证券公司	法人股	171.60	0.28
4	许经源	流通股	132.08	0.22
5	陆汉振	流通股	130.53	0.22
6	斯必克发展总公司	法人股	110.34	0.18
7	自行车前叉厂	法人股	104.50	0.17
8	南京日盛投资咨询有限公司	流通股	86.20	0.14
9	SHENYIN WANGUONO MINEES (H.K.)	流通股	54.21	0.09
10	胡科青	流通股	53.00	0.09

股东人数	2003.9	2003.6	2002	2001
	25175	25141	24983	22096

近年分配		近年配股/增发	2001年10增3股

重大事项

2003-05-27 凤凰股份董、监事会决议：公司抵押贷款的议案：公司经与中国银行上海分行协商，根据该行有关规定，公司在办理早期向该行贷款 7000 万元人民币的展期事宜中，依据要求，公司以总建筑面积达 18600 平方米的上海凤凰大酒店房产作为贷款抵押。

二〇〇二年以来市场表现

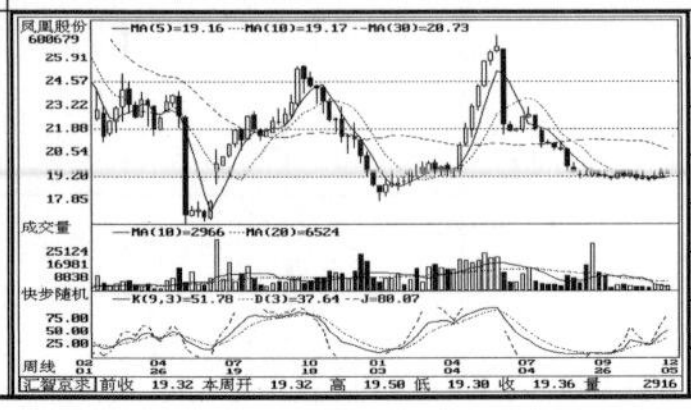

2002年涨跌幅(%)	-8.80
2002年最高(元)	25.45
2002年最低(元)	16.23
2002年换手率(%)	115.52
2003年涨跌幅(%)	5.73
2003年最高(元)	27.25
2003年最低(元)	17.98
2003年换手率(%)	134.73

上海邮电通信设备股份有限公司

公司概况

公司名称	上海邮电通信设备股份有限公司	股票代码	600680
注册地址	上海市宜山路 700 号	邮政编码	200233
法人代表	鲍康荣	董秘	杨家霖
电话	021-64360900-2371	传真	021-64834310
主营业务	通信传输及接入系统、移动通信终端等		
审计单位		审计意见	未审计

总股本	30492.53	流通 A	2704.00	流通 B	12480.00	流通 H	

主要财务指标

年度	2003.9	2003.6	2002	2001
每股收益/扣除后(元)	0.1130	0.1100	0.1000	0.2000
每股经营现金流量(元)	-0.2995	-0.1200	0.1248	0.1621
每股净资产/调整后(元)	1.9080	1.8000	1.8100	1.6800
每股公积金(元)	0.4284	0.4284	0.4284	0.4284
净资产收益率(%)	5.2300	5.2300	5.2840	10.6000
总资产(万元)	221665.75	211983.17	190869.30	170989.52
股东权益(万元)	63170.54	63086.61	59651.03	57953.07
未分配利润(万元)	11475.38	11467.39	5658.21	6834.28
主营收入(万元)	128241.09	91346.56	153582.08	99012.27
资本公积金(万元)	13064.15	13064.15	13064.15	13064.15
主营利润(万元)	17711.77	14367.25	19562.39	14513.17
其他业务利润(万元)	1414.51	957.13	1022.98	3180.88
营业利润(万元)	1882.49	2983.05	-1220.41	1500.75
投资收益(万元)	3635.81	2506.15	5996.13	5575.67
补贴收入(万元)	19.02	0.57	9.52	0.76
营业外收支(万元)	-116.24		31.04	-211.12
利润总额(万元)	5421.09	5361.17	4816.29	6866.07
净利润(万元)	3305.78	3297.78	3152.01	6143.77

十大股东

序号	股东名称	股份性质	持股数(万股)	比例(%)
1	中国普天信息产业集团公司	国有法人股	12874.93	42.22
2	海通证券有限公司	社会法人股	552.97	1.81
3	TOYO SECURITIES ASIA LTD.A/C CLIENT	B股	462.49	1.52
4	深圳万科企业股份有限公司	社会法人股	429.94	1.41
5	巨田证券有限责任公司	社会法人股	418.69	1.37
6	MERRILL LYNCH FAR EAST LIMITED	B股	207.75	0.68
7	NAITO SECURITIES CO.,LTD.	B股	173.43	0.57
8	NIKKO CORDIAL SECURITIES INC.	B股	137.08	0.45
9	深圳市万科财务顾问有限公司	社会法人股	135.20	0.44
10	DAIWA SECURITIES CO.,LTD.TOKYO	B股	113.13	0.37

股东人数	2003.9	2003.6	2002	2001
	45542	45774	45525	42614

近年分配	2002年10派0.4元 2001年10派0.7元	近年配股/增发	不分配不转增

重大事项

2003-10-1 上海市外资委批准本公司参股企业上海朗讯科技通信设备有限公司进行普通清算。LTOS 公司注册资本 4200 万美元，公司占 22.5%股权。2002 年 5 月 22 日 LTOS 公司与捷普电子公司签署资产购买协议。根据该协议，LTOS 公司出售的资产包括新厂房设施、有形资产等几乎所有资产。至 2002 年末 LTOS 公司固定资产房屋建筑物、设备、土地使用权等按帐面净值已全部处置。流动资产通过经营性交易和处置性交易，帐面价值年末比年初下降 55%。

二〇〇二年以来市场表现

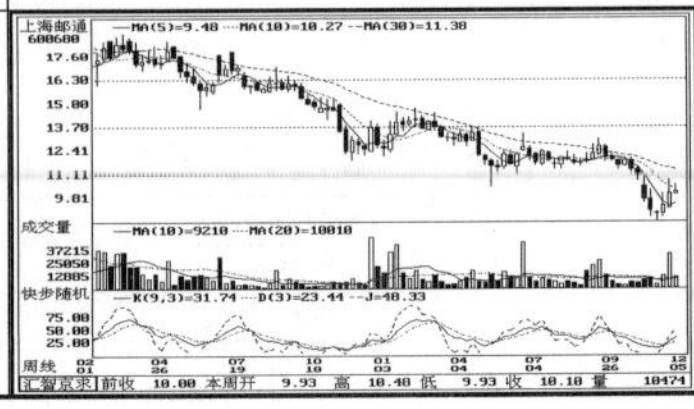

2002年涨跌幅(%)	-29.21
2002年最高(元)	18.79
2002年最低(元)	11.81
2002年换手率(%)	242.30
2003年涨跌幅(%)	-18.30
2003年最高(元)	14.66
2003年最低(元)	8.51
2003年换手率(%)	198.51

武汉奥园城市发展股份有限公司

公司概况

公司名称	武汉奥园城市发展股份有限公司			股票代码	600681		
注册地址	武汉市汉口民意四路 55 号			邮政编码	430022		
法人代表	游文庆		董秘	许伟文			
电话	027-88066666-8638		传真	027-88066666-8888			
主营业务	对书刊出版业、电子出版物、影视光盘等						
总股本	20806.80	流通 A	10852.38	流通 B		流通 H	
审计单位			审计意见	未审计			

主要财务指标

年度	2003.9	2003.6	2002	2001
每股收益/扣除后(元)	-0.2100	-0.1080	-0.1900	0.0500
每股经营现金流量(元)	-0.3306	-0.3350	-0.2019	0.0451
每股净资产/调整后(元)	1.3200	1.3800	1.4900	1.7600
每股公积金(元)	0.5553	0.5553	0.5553	0.5553
净资产收益率(%)	-13.0800	-8.8500	-15.8700	4.4500
总资产(万元)	78758.62	81044.69	83318.31	82480.63
股东权益(万元)	28315.37	29582.11	32199.43	37401.76
未分配利润(万元)	-6593.40	-5326.66	-2709.34	2400.30
主营收入(万元)	16897.18	10489.87	22993.79	23718.17
资本公积金(万元)	11553.47	11553.47	11553.47	11553.47
主营利润(万元)	2877.53	2008.39	4116.32	7531.95
其他业务利润(万元)	65.10	35.43	90.05	175.29
营业利润(万元)	-3753.90	-2753.48	-4598.57	1748.29
投资收益(万元)	-19.89	7.52	-186.69	528.27
补贴收入(万元)				13.37
营业外收支(万元)	-57.88	-14.85	-458.24	-65.75
利润总额(万元)	-3831.68	-2760.82	-5243.51	2224.18
净利润(万元)	-3703.46	-2617.32	-5109.46	1665.27

十大股东

序号	股东名称	股份性质	持股数(万股)	比例(%)
1	广东奥园置业集团有限公司	法人股	2588.87	12.45
2	海南诚成企业集团有限公司	法人股	2000.00	9.61
3	武汉国有资产经营公司	国有股	1467.89	7.05
4	深圳万科企业股份有限公司	法人股	459.36	2.20
5	长城资产管理公司	法人股	309.08	1.48
6	上海新元投资有限公司	法人股	287.49	1.38
7	任辰贸易有限公司	法人股	248.00	1.19
8	工商银行武汉市分行桥口支行	法人股	238.87	1.15
9	湖北保险房地产开发公司	法人股	238.87	1.15
10	仁达信息	法人股	172.26	0.83

股东人数	2003.9	2003.6	2002	2001
	62686	67428	63923	68594

近年分配	2001年 10 派 0.2 元	近年配股/增发	不分配不转增

重大事项

2003 年 2 月 26 日,本公司接到中国证券登记结算有限责任公司上海分公司通知;得知本公司第二大股东海南诚成企业集团有限公司(持有本公司社会法人股 2,000 万股,占本公司股份总额的 9.61%)为海南诚成药业有限公司向中国银行海南省分行的贷款提供担保,将其持有的社会法人股 2,000 万股,全部质押给中国银行海南省分行.质押期限自 2003 年 2 月 25 日至 2004 年 2 月 25 日止.

二〇〇二年以来市场表现

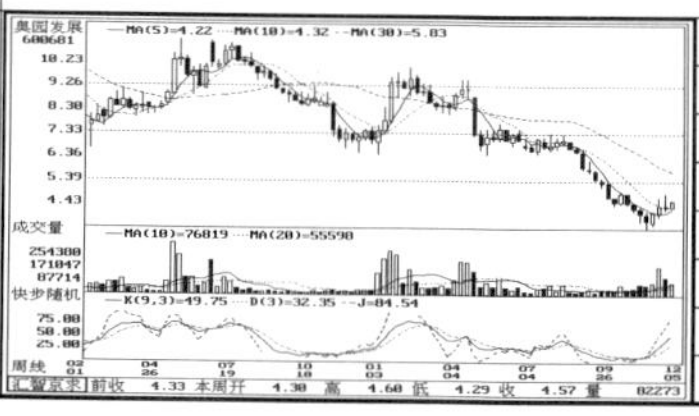

2002年涨跌幅(%)	-24.30
2002年最高(元)	11.18
2002年最低(元)	6.38
2002年换手率(%)	233.34
2003年涨跌幅(%)	-33.49
2003年最高(元)	10.00
2003年最低(元)	3.46
2003年换手率(%)	342.16

南京新街口百货商店股份有限公司

公司概况

公司名称	南京新街口百货商店股份有限公司			股票代码	600682		
注册地址	南京市中山南路 3 号			邮政编码	210008		
法人代表	李三宁		董秘	吴公健			
电话	025-4717494		传真	025-4724722			
主营业务	百货、针纺织品、五金交电、电器机械等						
总股本	23020.82	流通 A	15288.00	流通 B		流通 H	
审计单位			审计意见	未审计			

主要财务指标

年度	2003.9	2003.6	2002	2001
每股收益/扣除后(元)	0.0300	0.0900	0.3100	0.2300
每股经营现金流量(元)	0.4111	0.0727	0.3725	0.1951
每股净资产/调整后(元)	3.7700	3.7400	3.6400	3.5600
每股公积金(元)	2.2846	2.2846	2.2776	2.2771
净资产收益率(%)	3.6000	2.8300	6.8500	7.5500
总资产(万元)	221281.55	208336.55	187792.95	165226.91
股东权益(万元)	87266.13	86575.32	84361.59	82460.60
未分配利润(万元)	3777.84	3087.03	482.91	122.79
主营收入(万元)	206111.69	137923.62	205480.87	144868.94
资本公积金(万元)	52593.15	52593.15	52431.89	52420.65
主营利润(万元)	21100.47	14823.62	29629.83	25893.55
其他业务利润(万元)	708.28	444.67	1279.41	1231.49
营业利润(万元)	4605.74	3735.19	11035.97	7538.27
投资收益(万元)	368.04	143.42	-1413.90	90.32
补贴收入(万元)	74.66	28.22		12.67
营业外收支(万元)	281.22		-295.31	221.04
利润总额(万元)	5329.67	4221.07	9326.76	7849.63
净利润(万元)	3138.11	2447.30	5777.37	6224.05

十大股东

序号	股东名称	股份性质	持股数(万股)	比例(%)
1	南京市国有资产经营控股有限公司	国家股	5638.26	24.49
2	南京工商银行经济信息咨询服务公司	法人股	300.00	1.30
3	肖刚	流通股	260.18	1.13
4	南京商业网点办公室	法人股	195.00	0.85
5	上海世兴发展有限公司	法人股	122.75	0.53
6	信泰证券有限责任公司	法人股	60.00	0.26
7	北京首发实业股份公司	流通股	53.69	0.23
8	南京无线电厂	法人股	50.33	0.22
9	南京安泰实业公司	法人股	43.50	0.19
10	兴和基金	流通股	41.67	0.18

股东人数	2003.9	2003.6	2002	2001
	48818	82832	86097	92979

近年分配	2002年 10 派 1.5 元 2001 年 10 派 1.5 元	近年配股/增发	不分配不转增

重大事项

2003-08-30 公司董事会决议:通过董、监事津贴标准的议案;通过长印房产公司改制并增资的议案:拟与武汉长森经贸有限责任公司(全资子公司)共同组建长印房产开发有限公司。拟将注册资本增资至人民币 6600 万元,其中公司将持有的长印房产开发公司 5530 万元债权转为股权,加上原净资产 740 万元,共计 6270 万元,占 95%。

二〇〇二年以来市场表现

2002年涨跌幅(%)	-26.56
2002年最高(元)	8.59
2002年最低(元)	5.87
2002年换手率(%)	85.36
2003年涨跌幅(%)	40.92
2003年最高(元)	10.77
2003年最低(元)	5.81
2003年换手率(%)	227.93

银泰控股股份有限公司

公司概况

公司名称	银泰控股股份有限公司	股票代码	600683
注册地址	宁波市中山东路238号	邮政编码	315000
法人代表	邱中伟	董秘	钟明海
电话	0574-87092006	传真	0574-87092059
主营业务	经营百货、服装、家电等商品的零售、批发业务等		

总股本	19925.37	流通A	8989.05	流通B		流通H	
审计单位				审计意见	未审计		

主要财务指标

年度	2003.9	2003.6	2002	2001
每股收益/扣除后(元)	0.0500	0.0200	0.1100	-0.0200
每股经营现金流量(元)	0.0807	0.0400	0.2508	0.0241
每股净资产/调整后(元)	1.4200	1.3900	1.3500	1.1600
每股公积金(元)	0.3485	0.3485	1.7354	1.7354
净资产收益率(%)	4.0200	3.3100	10.1200	1.7000
总资产(万元)	100413.25	100639.08	97393.54	88822.09
股东权益(万元)	28731.27	28520.52	27575.48	23659.35
未分配利润(万元)	1048.73	837.98	-29176.63	-33039.86
主营收入(万元)	71407.48	46879.95	80316.76	66011.52
资本公积金(万元)	6944.48	6944.48	34578.76	34578.76
主营利润(万元)	6909.52	4713.62	6600.87	5435.46
其他业务利润(万元)	795.97	539.34	906.08	712.45
营业利润(万元)	140.65	210.10	2512.34	-1015.06
投资收益(万元)	447.98	160.65	-401.42	769.96
补贴收入(万元)	290.69	273.71	490.95	344.01
营业外收支(万元)	293.99	313.63	209.84	431.66
利润总额(万元)	1173.31	961.09	2811.72	530.57
净利润(万元)	1155.79	945.04	2790.09	403.33

十大股东

序号	股东名称	股份性质	持股数(万股)	比例(%)
1	中国银泰投资有限公司	境内法人股	4265.56	21.41
2	宁波市金港信托投资有限公司	境内法人股	401.88	2.02
3	交通银行宁波市分行	境内法人股	33.80	1.70
4	中国糖业酒类集团公司	境内法人股	30.42	1.53
5	宁波市工商银行劳动服务公司	境内法人股	25.35	1.27
6	南京新港开发总公司	境内法人股	21.97	1.10
7	宁波保税区华能联合开发有限公司	境内法人股	11.83	0.59
8	宁波市燃料公司	境内法人股	11.83	0.59
9	北京建宇投资管理有限公司	境内法人股	11.52	0.58
10	浙江物产元通机电(集团)有限公司	境内法人股	10.14	0.52

股东人数	2003.9	2003.6	2002	2001
	24981	24636	24437	33563

近年分配		近年配股/增发	不分配不转增

重大事项

2003-07-11公司董事长批准公司为浙江省商业财务公司下属子公司宁波大榭开发区浙新商贸有限公司向中国银行北仑支行申请开具银行承兑汇票1500万元提供担保。保证合同签署日为2003年7月9日。承兑汇票期限自2003年7月9日至2003年12月19日。同时,公司与商财公司就该担保事项签订了反担保协议,以商财公司目前已借给公司的等额资金作不可撤销连带反担保抵(质)押。包含本次担保,公司累计对外担保金额为2000万元,其中为公司之控股子公司提供担保500万元,并无对外担保逾期。

二〇〇二年以来市场表现

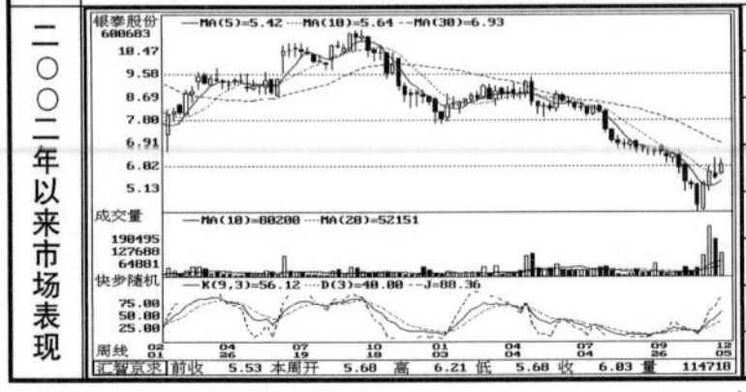

2002年涨跌幅(%)	-5.48
2002年最高(元)	11.36
2002年最低(元)	6.35
2002年换手率(%)	124.14
2003年涨跌幅(%)	-30.26
2003年最高(元)	9.45
2003年最低(元)	4.24
2003年换手率(%)	203.11

广州珠江实业开发股份有限公司

公司概况

公司名称	广州珠江实业开发股份有限公司	股票代码	600684
注册地址	广州市环市东路362-366号好世界广场30楼	邮政编码	510060
法人代表	郑暑平	董秘	黄宇文
电话	020-83752439	传真	020-83752663
主营业务	经营土地开发、承建、销售、租赁商品房等		

总股本	18703.94	流通A	10003.50	流通B		流通H	
审计单位				审计意见	未审计		

主要财务指标

年度	2003.9	2003.6	2002	2001
每股收益/扣除后(元)	0.0270	0.0200	0.0700	-0.0100
每股经营现金流量(元)	0.2068	0.1700	0.1364	0.2392
每股净资产/调整后(元)	3.0200	3.0000	3.1000	2.2000
每股公积金(元)	1.9149	1.9149	1.9149	1.9149
净资产收益率(%)	1.6900	1.0900	2.5000	2.3000
总资产(万元)	80909.61	83064.92	87342.37	105505.69
股东权益(万元)	60178.49	59814.44	60098.19	58686.62
未分配利润(万元)	1280.14	916.09	1199.84	-3826.35
主营收入(万元)	8498.35	5448.68	16159.08	17003.71
资本公积金(万元)	35815.85	35815.85	35815.85	35815.85
主营利润(万元)	3075.95	1943.17	4996.05	2768.15
其他业务利润(万元)	188.86	120.29	69.38	57.74
营业利润(万元)	855.70	375.70	2060.95	804.66
投资收益(万元)	168.07	291.24	-454.62	662.20
补贴收入(万元)				
营业外收支(万元)	-7.60		-68.81	206.64
利润总额(万元)	1016.17	651.78	1537.52	1673.51
净利润(万元)	1015.50	651.45	1504.62	1352.26

十大股东

序号	股东名称	股份性质	持股数(万股)	比例(%)
1	广州珠江实业集团有限公司	国有法人股	7410.09	39.62
2	广州市国有资产管理局	国家股	1290.34	6.90
3	华龙证券有限责任公司	流通股	61.02	0.33
4	陈伟	流通股	45.21	0.24
5	李性良	流通股	22.02	0.12
6	姚观明	流通股	20.00	0.12
7	刘怀存	流通股	19.78	0.11
8	郭银堂	流通股	18.69	0.10
9	李志宏	流通股	18.49	0.10
10	赵国仓	流通股	16.64	0.09

股东人数	2003.9	2003.6	2002	2001
	52558	54115	54598	56398

近年分配	2002年10派0.5元	近年配股/增发	不分配不转增

重大事项

本公司诉合富公司因违约导致属本公司所有的共管帐户资金4,654,000元被银行划走一案,广州仲裁委员会于2002年9月30日作出了终审裁决,即合富公司应在共管帐户内存入4,654,000元. 2002年8月14日,公司控股股东广州珠江实业集团有限公司将持有公司的部份股权3200万股质押给中国工商银行广州市南方支行贷款人民币7000万元,质押期限自2002年8月12日至2004年8月12日.

二〇〇二年以来市场表现

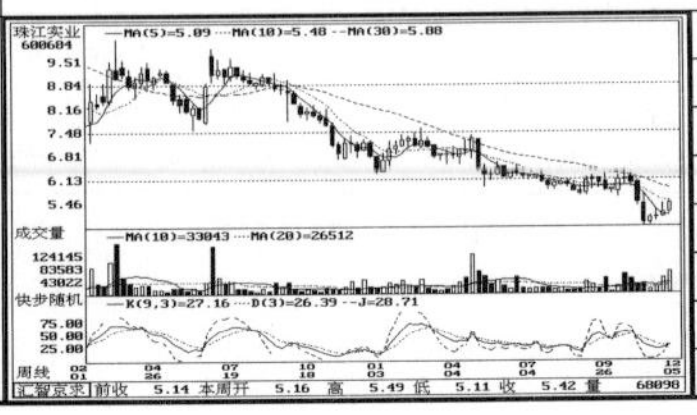

2002年涨跌幅(%)	-20.47
2002年最高(元)	10.14
2002年最低(元)	6.45
2002年换手率(%)	154.04
2003年涨跌幅(%)	-20.31
2003年最高(元)	7.53
2003年最低(元)	4.78
2003年换手率(%)	131.71

广州广船国际股份有限公司

公司概况

公司名称	广州广船国际股份有限公司			股票代码	600685		
注册地址	中国广东省广州市芳村大道南 40 号			邮政编码	510382		
法人代表	胡国良			董秘	李志东		
电话	020-81896411			传真	020-81891575		
主营业务	设计加工安装销售船舶及辅机和相关产品、船舶修理等						
总股本	49467.76	流通 A	12647.95	流通 B		流通 H	15739.80
审计单位				审计意见	未审计		

主要财务指标

年度	2003.9	2003.6	2002	2001
每股收益 / 扣除后(元)	0.0700	0.0200	-0.1100	0.0180
每股经营现金流量(元)	0.3588	0.6300	-0.7797	0.6748
每股净资产 / 调整后(元)	1.1700	1.1200	1.1200	1.2400
每股公积金(元)	1.3180	1.3180	1.3180	1.3180
净资产收益率(%)	5.3300	1.5600	2.5100	1.4500
总资产(万元)	286692.59	277249.84	319262.47	251026.25
股东权益(万元)	66920.36	64356.47	63353.79	61772.98
未分配利润(万元)	-57759.90	-60323.78	-61326.46	-62907.28
主营收入(万元)	215058.81	118067.48	241310.09	207660.31
资本公积金(万元)	65197.75	65197.75	65197.75	65197.75
主营利润(万元)	5697.46	2933.87	421.36	9031.90
其他业务利润(万元)	1340.42	555.90	1311.08	1296.59
营业利润(万元)	-5712.11	-4557.45	-2376.08	-4543.48
投资收益(万元)	120.01	16.93	201.04	873.25
补贴收入(万元)	8491.02	5601.68	12121.69	4808.18
营业外收支(万元)	714.68		13194.28	-5.44
利润总额(万元)	3613.59	1039.04	1756.95	1132.51
净利润(万元)	3566.57	1002.68	1591.69	897.83

十大股东

序号	股东名称	股份性质	持股数(万股)	比例(%)
1	中国船舶工业集团公司	国有股	21080.00	42.61
2	HKSCC NOMINEES IMITED	H股	14441.10	29.19
3	HSBC NOMINEES(HONG KONG)LIMITED	H股	484.60	0.98
4	CHAN CHEUK SANG	H股	240.00	0.49
5	CHEUNG YEE MEI ELIZABETH	H股	36.40	0.07
6	LEUNG CHI YAN	H股	25.00	0.05
7	上海蔬菜(集团)	A股	20.19	0.04
8	WONG CHAM KING	H股	20.00	0.04
9	NGAI YIN KIUNG	H股	20.00	0.04
10	汪涛	A股	20.00	0.04

股东人数

2003.9	2003.6	2002	2001
69278	71358	65536	71929

近年分配		近年配股/增发	不分配不转增

重大事项

2003 年 8 月 22 日本公司收到广东省高级人民法院作出的终审判决书,判令长大公司应向本公司支付违约金 10,892,411 元及其利息 2,339,589 元。本公司通过向广州市中级人民法院申请强制执行,于 2003 年 9 月 24 日共收到执行款 13,232,000 元并计入当期损益。 本公司与广州造船厂于 2001 年 4 月 20 日签订综合服务合同,依据此合同,造船厂同意向本公司及其下属子公司、集团员工及员工家属提供各项服务,该综合服务合同的期限为从 2001 年 1 月 1 日至 2003 年 12 月 31 日止三年,且可延期至 2005 年 12 月 31 日。

二〇〇二年以来市场表现

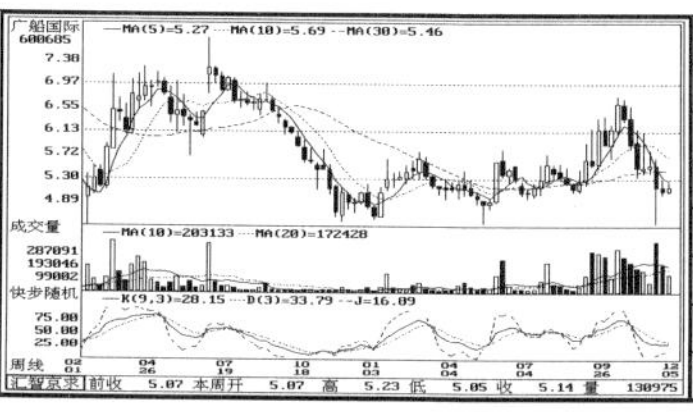

2002年涨跌幅(%)	-19.31
2002年最高(元)	7.80
2002年最低(元)	3.54
2002年换手率(%)	265.30
2003年涨跌幅(%)	8.33
2003年最高(元)	6.74
2003年最低(元)	4.51
2003年换手率(%)	370.52

厦门汽车股份有限公司

公司概况

公司名称	厦门汽车股份有限公司			股票代码	600686		
注册地址	厦门市厦禾路 820 号帝豪大厦 27-28 层			邮政编码	361004		
法人代表	凌玉章			董秘	姚永宁		
电话	0592-2962988			传真	0592-2960686		
主营业务	客车、汽车零部件、摩托车及零部件制造等						
总股本	15151.76	流通 A	5760.00	流通 B		流通 H	
审计单位				审计意见	未审计		

主要财务指标

年度	2003.9	2003.6	2002	2001
每股收益 / 扣除后(元)	0.3950	0.2700	0.5900	0.3500
每股经营现金流量(元)	-0.1198	-0.8500	1.7780	0.7218
每股净资产 / 调整后(元)	2.5700	2.5000	2.2600	2.0080
每股公积金(元)	0.5065	0.5065	0.5062	0.5044
净资产收益率(%)	14.8700	10.6700	24.7500	14.3200
总资产(万元)	133528.08	118111.15	118468.25	98833.49
股东权益(万元)	40440.13	38688.37	35239.72	31006.47
未分配利润(万元)	9129.85	7331.24	3838.24	1803.18
主营收入(万元)	178827.09	111463.34	211133.50	118759.07
资本公积金(万元)	7674.08	7674.08	7669.28	7641.98
主营利润(万元)	32159.51	21328.21	36297.83	19645.75
其他业务利润(万元)	279.81	63.65	1015.37	495.92
营业利润(万元)	10690.08	6863.88	12219.16	3623.24
投资收益(万元)	802.31	400.52	2813.90	2545.11
补贴收入(万元)	2.68	2.68	26.42	25.22
营业外收支(万元)	-26.68		24.51	850.38
利润总额(万元)	11468.38	7278.86	15083.99	7043.95
净利润(万元)	6013.53	4126.15	8723.54	4438.75

十大股东

序号	股东名称	股份性质	持股数(万股)	比例(%)
1	厦门国有资产投资公司	国家股	2671.76	17.63
2	福建省汽车工业集团公司	国家股	2575.80	17.00
3	力又实业(深圳)有限公司	法人股	1636.20	10.80
4	福建漳州闽粤第一城有限公司	法人股	1074.00	1.09
5	厦门永昌投资咨询有限公司	法人股	792.00	5.23
6	厦门民兴工业有限公司	法人股	360.00	2.38
7	基金景博	流通股	213.45	1.41
8	基金裕隆	流通股	158.63	1.05
9	基金景福	流通股	157.23	1.04
10	基金同益	流通股	132.25	0.87

股东人数

2003.9	2003.6	2002	2001
19606	20654	25906	30436

近年分配	2002年10派2元 2001年10派1.5元	近年配股/增发	不分配不转增

重大事项

2003 年 6 月 12 日,公司董事会同意成立厦门金龙旅游客车有限公司,该公司注册资本 1000 万元,公司及公司的控股子公司厦门金龙旅行车有限公司分别出资 375 万元,持股比例各为 37.5%。 2003 年 4 月 16 日,公司受让中国汽车工业总公司所持厦门汽车股份有限公司股份已办理了过户登记手续. 2003 年 3 月 26 日财政部以有关文批复同意中国汽车工业总公司将所持有的公司国有法人股 750 万股,以不低于每股净资产的价格转让给厦门国有资产投资公司.

二〇〇二年以来市场表现

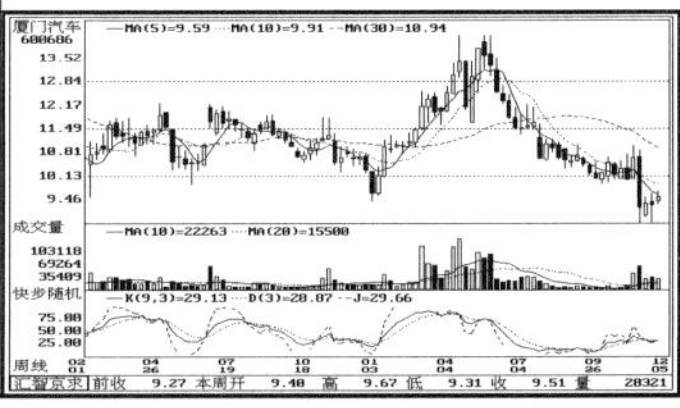

2002年涨跌幅(%)	-16.20
2002年最高(元)	12.00
2002年最低(元)	8.81
2002年换手率(%)	158.23
2003年涨跌幅(%)	10.29
2003年最高(元)	14.00
2003年最低(元)	8.78
2003年换手率(%)	273.75

厦门新宇软件股份有限公司

公司概况						
公司名称	厦门新宇软件股份有限公司			股票代码	600687	
注册地址	福建省厦门市大西洋海景城 **A** 栋 **30** 层			邮政编码	361003	
法人代表	袁建华			董秘	赖新	
电话	0592-2397318			传真	0292-2397338	
主营业务	制造、销售计算机软硬件及外围设备等					
总股本	11000.00	流通 A	4222.15	流通 B		流通 H
审计单位				审计意见	未审计	

主要财务指标 年度	2003.9	2003.6	2002	2001
每股收益/扣除后(元)	-0.0100	-0.0850	0.0997	0.2100
每股经营现金流量(元)	-0.5181	-0.9400	-0.2625	0.5894
每股净资产/调整后(元)	1.8580	1.8110	1.8960	1.8500
每股公积金(元)	0.1639	0.1632	0.1623	0.1623
净资产收益率(%)	-2.1300	-4.7400	3.4000	10.1700
总资产(万元)	38971.28	41780.73	50003.38	39633.21
股东权益(万元)	20437.13	19920.68	20855.53	20307.41
未分配利润(万元)	3216.01	2707.17	3652.09	3368.17
主营收入(万元)	9786.87	6800.84	19724.16	20450.61
资本公积金(万元)	1803.26	1795.65	1785.57	1785.57
主营利润(万元)	2559.99	1169.42	7538.49	5603.29
其他业务利润(万元)	1032.62	332.35		
营业利润(万元)	12.25	-1083.72	2306.97	3062.22
投资收益(万元)	-432.65	-8.70	-626.34	-557.07
补贴收入(万元)	15.60	15.60	76.46	60.77
营业外收支(万元)	-87.19	-1.61	-405.62	-261.19
利润总额(万元)	-491.99	-1078.37	1351.47	2304.73
净利润(万元)	-436.08	-944.93	708.95	2066.00

十大股东 序号	股东名称	股份性质	持股数(万股)	比例(%)
1	浙江华盛达控股集团有限公司	社会法人股	2910.54	26.46
2	汕头市龙湖区创新科技投资有限公司	社会法人股	1387.38	12.61
3	上海美锦科技有限公司	社会法人股	520.27	4.73
4	上海中尚生物科技有限公司	社会法人股	520.27	4.73
5	长春吉大-小天鹅科学仪器有限公司	法人股	450.90	4.10
6	锡山市前洲信成机械制造有限公司	法人股	188.00	1.71
7	王丽	社会公众股	67.76	0.62
8	沈阳国通商贸有限公司	法人股	65.00	0.59
9	上海鑫黎实业有限公司	法人股	50.00	0.45
10	厦门中远恒丰商贸有限公司	法人股	47.70	0.43

股东人数	2003.9	2003.6	2002	2001
	19883	19814	20956	11020

近年分配		近年配股/增发	不分配不转增

重大事项

华盛达集团于 **2003** 年 **11** 月 **21** 日将其持有的公司 **29105414** 股法人股质押给上海浦东发展银行杭州分行西湖支行,向其贷款,质押期限为 **2003** 年 **11** 月 **21** 日至 **2005** 年 **11** 月 **20** 日。 **2003** 年 **11** 月 **5** 日,公司第二大股东汕头市龙湖区创新科技投资有限公司分别与浙江省对外经济贸易财务公司和浙江中策创业投资有限公司签署了《股权转让合同》,创新科技将其持有的公司法人股 **8000000** 股转让给财务公司,将其持有的公司法人股 **5873760** 股转让给中策创业.股权转让完成后,创新科技不再持有公司法人股。

二〇〇二年以来市场表现

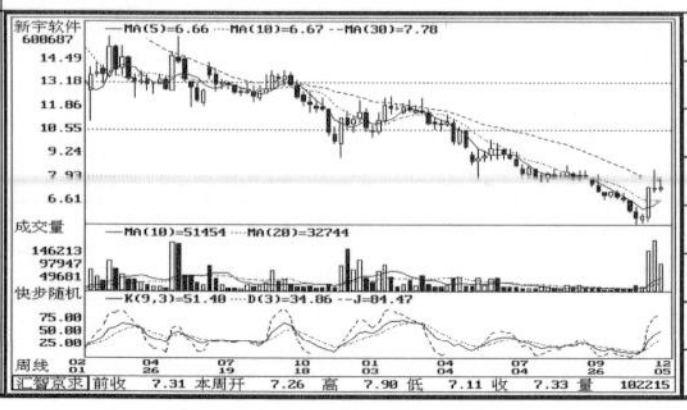

2002年涨跌幅(%)	-32.30
2002年最高(元)	15.80
2002年最低(元)	8.99
2002年换手率(%)	533.91
2003年涨跌幅(%)	-28.96
2003年最高(元)	12.39
2003年最低(元)	5.30
2003年换手率(%)	326.38

中国石化上海石油化工股份有限公司

公司概况							
公司名称	中国石化上海石油化工股份有限公司			股票代码	600688		
注册地址	上海市金山区金一路 **48** 号			邮政编码	200540		
法人代表	陆益平			董秘	张经明		
电话	021-57943143			传真	021-57940050		
主营业务	原油加工 、油品、化工产品、合成纤维及单体等						
总股本	720000.00	流通 A	72000.00	流通 B		流通 H	233000.00
审计单位				审计意见	未审计		

主要财务指标 年度	2003.9	2003.6	2002	2001
每股收益/扣除后(元)	0.1320	0.0700	0.1400	0.0290
每股经营现金流量(元)	0.2092	0.2100	0.3225	0.3943
每股净资产/调整后(元)	2.0820	2.0210	1.9460	1.8670
每股公积金(元)	0.3967	0.3967	0.3967	0.3967
净资产收益率(%)	6.0600	3.2320	6.4370	0.5300
总资产(万元)	2737769.25	2696190.00	2656228.50	2477018.25
股东权益(万元)	1503259.37	1459314.00	1412146.00	1357249.50
未分配利润(万元)	185158.59	141213.20	94045.20	57328.10
主营收入(万元)	2164702.75	1413907.00	2232289.50	2019739.62
资本公积金(万元)	285627.81	285627.81	285627.81	285627.81
主营利润(万元)	250295.80	147060.59	297986.19	177614.59
其他业务利润(万元)	6877.00	4245.80	7408.20	6693.90
营业利润(万元)	114607.20	59890.40	109651.70	23839.70
投资收益(万元)	1278.50	-117.80	5836.80	1395.30
补贴收入(万元)				
营业外收支(万元)	-4550.20		-11864.70	-15884.10
利润总额(万元)	111335.50	58456.70	103623.80	9350.90
净利润(万元)	91113.40	47168.00	90896.50	7160.40

十大股东 序号	股东名称	股份性质	持股数(万股)	比例(%)
1	中国石油化工股份有限公司	发起法人股	400000.00	55.50
2	香港中央结算(代理人)有限公司	H股	186601.64	25.92
3	香港汇丰(代理人)有限公司	H股	35472.80	4.93
4	基金普惠	A股	2024.55	0.28
5	上海康利工贸有限公司	法人股	1673.00	0.23
6	浙江省经济建设投资公司	法人股	1200.00	0.17
7	基金天华	A股	1044.40	0.15
8	香港汇丰(代理人)有限公司	H股	1033.60	0.14
9	基金金鑫	A股	897.51	0.12
10	基金金泰	A股	862.40	0.12

股东人数	2003.9	2003.6	2002	2001
	289122	292035	323419	348192

近年分配	2002年10派0.5元	近年配股/增发	不分配不转增

重大事项

公司与上海赛科石油化工有限责任公司于 **2003** 年 **9** 月 **18** 日订立的《丙烯腈供应合同的签署协议》、《丙烯腈供应合同》,公司将每年从赛科购买至少 **10000** 吨丙烯腈,预计应付的年对价金初始额约为人民币 **6350** 万元。本次交易属于重大关联交易。 公司于 **2001** 年 **8** 月 **31** 日与中国石油化工股份有限公司和 **BP** 化工华东投资有限公司签署了在中国设立合资经营公司的合资经营合同。合资公司的总投资额约为 **224.5** 亿元,注册资本约为 **74.9** 亿元,其中公司应出资 **20%**(大约相等于 **15** 亿元).

二〇〇二年以来市场表现

2002年涨跌幅(%)	-13.89
2002年最高(元)	4.41
2002年最低(元)	2.75
2002年换手率(%)	102.69
2003年涨跌幅(%)	39.68
2003年最高(元)	4.79
2003年最低(元)	3.02
2003年换手率(%)	235.49

上海三毛企业(集团)股份有限公司

公司概况

公司名称	上海三毛企业(集团)股份有限公司	股票代码	600689
注册地址	浦东大道1476号	邮政编码	200023
法人代表	倪志华	董秘	张黎芳
电话	021-63059496	传真	021-53011939
主营业务	生产与销售毛条、毛纱、纺织品及服装等		

总股本	20099.13	流通A	6854.40	流通B	4878.72	流通H	
审计单位				审计意见	未审计		

主要财务指标

年度	2003.9	2003.6	2002	2001
每股收益/扣除后(元)	-0.0639	-0.0097	0.0098	0.0013
每股经营现金流量(元)	-0.2864	-0.1080	-0.2376	0.0942
每股净资产/调整后(元)	2.3716	2.4604	2.4792	2.3549
每股公积金(元)	1.1635	1.1635	1.1635	1.1634
净资产收益率(%)	-3.6800	0.0100	1.0300	0.2700
总资产(万元)	125544.41	126615.80	137126.44	110804.57
股东权益(万元)	48748.90	50592.86	50543.81	48501.10
未分配利润(万元)	894.03	2743.25	2694.20	2465.81
主营收入(万元)	90152.89	60771.52	93921.06	68070.35
资本公积金(万元)	23384.34	23384.34	23384.34	23384.20
主营利润(万元)	8263.09	6719.34	8743.24	7217.50
其他业务利润(万元)	688.49	385.21	913.53	767.06
营业利润(万元)	-990.77	596.17	-250.29	-560.91
投资收益(万元)	-12.19	235.60	221.67	64.62
补贴收入(万元)	36.06	11.90	67.40	79.20
营业外收支(万元)	-826.57		239.45	44.64
利润总额(万元)	-1793.47	839.41	278.22	-372.45
净利润(万元)	-1794.92	49.05	521.69	131.63

十大股东

序号	股东名称	股份性质	持股数(万股)	比例(%)
1	上海纺织控股(集团)公司	国有股/法人股	7592.63	37.78
2	上工股份	法人股	135.88	0.68
3	中国纺织机械股份有限公司	法人股	88.70	0.44
4	珠江纺织贸易公司	流通股	49.87	0.25
5	郑创宏	流通股	46.22	0.21
6	裘阿海	流通股	43.01	0.21
7	浦发静安	法人股	42.87	0.21
8	周伯勤	流通股	41.44	0.21
9	马玉兴	流通股	29.82	0.15
10	永德经济	法人股	27.60	0.14

股东人数	2003.9	2003.6	2002	2001
	58758	59695	58669	57373

近年分配	2001年10派0.6元	近年配股/增发	2001年10送2股

重大事项

上海三毛企业股份有限公司经与上海中福房地产发展公司友好协商,于2003年11月24日签定了关于斜土路1274号地块联建权益转让的补充协议,公司将联合开发建设斜土路1274号地块的权益全部转让给乙方.乙方同意受让公司联建权益.考虑到公司已预付2000万元的实际损失,乙方同意联建权益转让金额为人民币3874万元. 2003年6月5日,公司董事会通过了关于托管上海华宇毛麻(集团)有限公司的提案.现根据托管协议和上海纺织控股(集团)公司有关要求,双方协商,于2003年6月2日签定了解除托管上海华宇毛麻(集团)有限公司的协议.为此自2003年6月2日起公司不再对上海华宇毛麻(集团)有限公司进行托管.

二○○二年以来市场表现

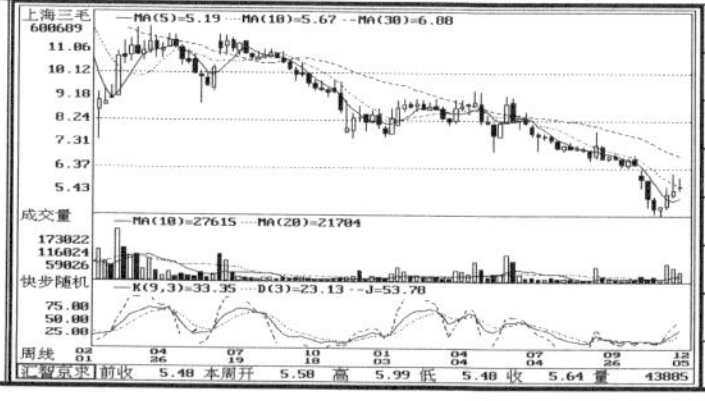

2002年涨跌幅(%)	-36.53
2002年最高(元)	12.36
2002年最低(元)	7.18
2002年换手率(%)	309.46
2003年涨跌幅(%)	-29.29
2003年最高(元)	9.44
2003年最低(元)	4.49
2003年换手率(%)	189.84

青岛海尔股份有限公司

公司概况

公司名称	青岛海尔股份有限公司	股票代码	600690
注册地址	青岛市崂山区海尔工业园内	邮政编码	266032
法人代表	杨绵绵	董秘	崔少华
电话	0532-8938138	传真	0532-8938313
主营业务	电器、电子产品、机械产品、通讯设备等		

总股本	79764.83	流通A	44989.71	流通B		流通H	
审计单位				审计意见	未审计		

主要财务指标

年度	2003.9	2003.6	2002	2001
每股收益/扣除后(元)	0.3600	0.2300	0.4700	0.7600
每股经营现金流量(元)	0.1120	0.0020	0.4897	0.8799
每股净资产/调整后(元)	6.6200	6.5500	6.3300	6.1500
每股公积金(元)	3.9780	3.9780	3.9780	3.9780
净资产收益率(%)	5.5200	3.6000	7.8000	12.5300
总资产(万元)	732960.94	784141.94	739413.69	694240.50
股东权益(万元)	531724.87	527979.31	508994.53	493218.00
未分配利润(万元)	52686.73	42308.19	23323.41	25690.86
主营收入(万元)	921732.62	631076.37	1155352.12	1144182.37
资本公积金(万元)	317301.31	317301.31	317301.31	317301.31
主营利润(万元)	134395.17	93263.38	148851.50	190371.92
其他业务利润(万元)	3571.25	3198.35	5777.53	3248.17
营业利润(万元)	4838.90	32039.67	65217.01	98733.13
投资收益(万元)	-10304.46	-6757.01	-13871.82	-10591.61
补贴收入(万元)				
营业外收支(万元)	522.27		2352.95	1646.49
利润总额(万元)	38566.70	26057.47	53698.14	89788.01
净利润(万元)	29363.32	18984.78	39705.97	61783.86

十大股东

序号	股东名称	股份性质	持股数(万股)	比例(%)
1	海尔电器国际股份有限公司	法人股	23885.82	29.95
2	海尔集团公司	法人股	9572.38	12.00
3	青岛集体企业联社	法人股	1316.91	1.65
4	华宝信托投资有限责任公司	流通股	264.74	0.33
5	博时价值增长证券投资基金	流通股	242.42	0.30
6	中关村证券股份有限公司	流通股	154.66	0.19
7	合肥百货大楼股份有限公司	流通股	130.65	0.16
8	中国银行—天同180指数证券投资基金	流通股	118.37	0.15
9	北京中宏金资讯有限公司	流通股	105.00	0.13
10	隋熙凤	流通股	98.44	0.12

股东人数	2003.9	2003.6	2002	2001
	281951	286319	295516	281626

近年分配	2002年10派3元 2001年10派3元	近年配股/增发	不分配不转增

重大事项

2003年2月24日,收到公司第二大股东及实际控制人海尔集团公司关于向海尔中建集团有限公司注入白色家电资产的函",海尔集团正在考虑向海尔中建注入集团拥有部分或全部白色家电资产,海尔中建将通过一家由其全资拥有的BVI公司持有公司原由海尔集团持有的股份, 而海尔中建将由海尔集团间接控制. 2002年04月27日,公司董事会同意关于公司之控股子公司青岛海尔空调器有限总公司拟出资人民币1.5亿元与其他关联企业共同组建海尔集团财务有限责任公司的报告.

二○○二年以来市场表现

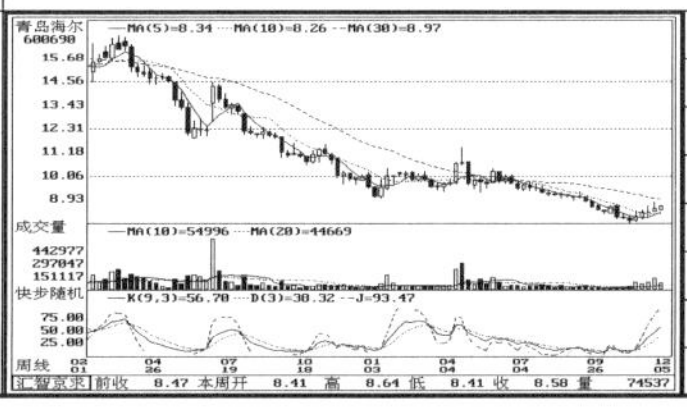

2002年涨跌幅(%)	-41.32
2002年最高(元)	16.21
2002年最低(元)	8.97
2002年换手率(%)	105.26
2003年涨跌幅(%)	-5.78
2003年最高(元)	11.10
2003年最低(元)	7.81
2003年换手率(%)	63.09

四川林凤控股股份有限公司

公司概况

公司名称	四川林凤控股股份有限公司			股票代码	600691		
注册地址	四川省自贡市自流井区东光路桌子山22号			邮政编码	643000		
法人代表	起 明			董秘	邹宪君		
电话	0813-2606903			传真	0813-2606903		
主营业务	制造、销售电碳炭素制品、机械密封等						
总股本	7727.45	流通 A	3321.60	流通 B		流通 H	
审计单位				审计意见	未审计		

主要财务指标

年度	2003.9	2003.6	2002	2001
每股收益/扣除后(元)	-0.0664	-0.0668	-0.1536	-0.1800
每股经营现金流量(元)	0.0224	0.1020	-0.0485	-0.1976
每股净资产/调整后(元)	0.3439	0.3172	0.3870	0.5410
每股公积金(元)	0.8421	0.8238	0.8229	0.7684
净资产收益率(%)	-6.7450	-6.6900	-14.3400	2.3000
总资产(万元)	20401.84	21211.67	22846.60	23176.08
股东权益(万元)	7817.55	7688.93	8196.67	9302.32
未分配利润(万元)	-7731.85	-7718.95	-7204.54	-5677.55
主营收入(万元)	4426.94	2665.04	4819.12	6086.20
资本公积金(万元)	6507.18	6365.66	6358.99	5937.65
主营利润(万元)	1198.16	723.94	1306.73	1242.10
其他业务利润(万元)	27.75	62.40	21.92	21.43
营业利润(万元)	-528.52	-533.07	-1198.28	-1260.25
投资收益(万元)	14.14	16.11	37.66	1497.29
补贴收入(万元)				
营业外收支(万元)	-13.88		-14.60	-22.19
利润总额(万元)	-528.26	-515.20	-1175.22	214.85
净利润(万元)	-527.31	-514.40	-1175.22	214.85

十大股东

序号	股东名称	股份性质	持股数(万股)	比例(%)
1	中兆实业有限责任公司	法人股	2208.23	28.58
2	四川省信托投资公司	法人股	360.00	4.66
3	中国银行四川省分行国际信托投资公司	法人股	240.00	3.11
4	自贡市银河贸易公司	法人股	240.00	3.11
5	中国人民保险公司自贡市分公司	法人股	121.20	1.57
6	东方电器集团财务公司	法人股	120.00	1.55
7	中国工商银行四川省分行信托投资公司	法人股	120.00	1.55
8	自贡市邮电局	法人股	60.00	0.78
9	四川省烟草公司自贡分公司	法人股	60.00	0.78
10	成都华能物资供销公司	法人股	60.00	0.78

股东人数	2003.9	2003.6	2002	2001
	16955	17295	18658	17451

近年分配		近年配股/增发	不分配不转增

重大事项

2000年10月27日，公司、成都东新实业有限责任公司同中国银行自贡市分行签订房产抵押合同(并经公证)，将座落于成都市金牛区金沙路15号的"东碳大厦"抵押给中国银行自贡市分行。 公司于2003年10月18日召开2003年第三次临时股东大会同意公司同成都东碳高科技产业有限责任公司合资组建自贡东新电碳有限责任公司。该公司注册资本26169800.00元，其中公司用所属较独立的从事电碳生产的部分资产及相应债务以2003年7月31日为基准日审计后的净资产作为25647612.01元出资，占注册资本的98%。

二〇〇二年以来市场表现

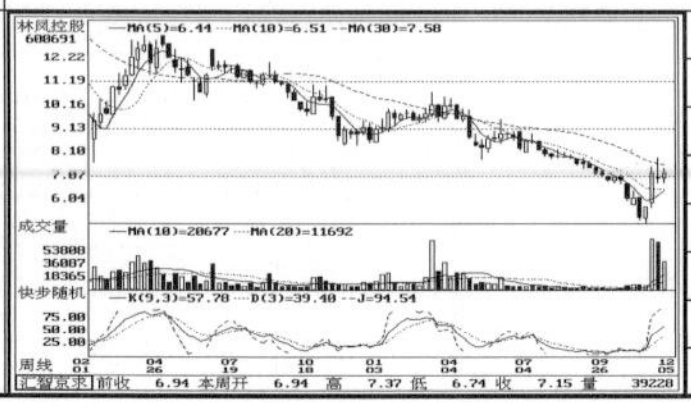

2002年涨跌幅(%)	-23.34
2002年最高(元)	13.25
2002年最低(元)	7.51
2002年换手率(%)	229.31
2003年涨跌幅(%)	-19.68
2003年最高(元)	10.70
2003年最低(元)	5.01
2003年换手率(%)	178.80

上海亚通股份有限公司

公司概况

公司名称	上海亚通股份有限公司			股票代码	600692		
注册地址	上海市崇明县八一路1号			邮政编码	202150		
法人代表	郁 葱			董秘	蔡福生		
电话	021-69692714			传真	021-69695782		
主营业务	内河旅客、客滚运输、沿海客滚、化工品运输等						
总股本	16684.69	流通 A	6985.44	流通 B		流通 H	
审计单位				审计意见	未审计		

主要财务指标

年度	2003.9	2003.6	2002	2001
每股收益/扣除后(元)	0.0600	0.0299	0.1216	0.0665
每股经营现金流量(元)	0.1397	0.0470	0.2645	0.4244
每股净资产/调整后(元)	2.0700	2.0200	2.3800	2.5100
每股公积金(元)	0.6842	0.6842	0.9210	1.0131
净资产收益率(%)	4.0400	2.4300	4.9600	4.9400
总资产(万元)	58341.96	57103.12	54063.52	53817.01
股东权益(万元)	35434.28	34850.53	34004.30	32318.79
未分配利润(万元)	3277.53	2693.79	3237.95	3455.88
主营收入(万元)	17336.67	11041.55	20496.38	18678.94
资本公积金(万元)	11415.66	11415.66	12806.05	12806.05
主营利润(万元)	4290.52	2494.21	5633.51	4776.36
其他业务利润(万元)	16.70	22.06	49.90	46.01
营业利润(万元)	1165.20	372.57	1467.25	132.74
投资收益(万元)	533.36	533.60	496.38	1609.93
补贴收入(万元)	98.43	79.33	119.49	
营业外收支(万元)	2.84		-35.81	250.38
利润总额(万元)	1799.83	982.17	2047.31	1993.05
净利润(万元)	1429.97	846.23	1685.51	1595.80

十大股东

序号	股东名称	股份性质	持股数(万股)	比例(%)
1	崇明县国有资产管理委员会	国有股	7798.45	46.74
2	上海银马实业公司	募集法人股	654.88	3.92
3	上海吴桥旅游用品公司	募集法人股	266.11	1.59
4	社会帮困基金	流通股	196.57	1.18
5	上海申银万国证券公司	募集法人股	195.13	1.17
6	无锡军湖商行	募集法人股	104.54	0.63
7	上海征信经济发展有限公司	募集法人股	104.54	0.63
8	崇明轮综	募集法人股	70.10	0.42
9	物贸中心	募集法人股	62.73	0.38
10	崇明石油	募集法人股	47.52	0.28

股东人数	2003.9	2003.6	2002	2001
	21161	22120	22553	22300

近年分配	2001年10派0.5元	近年配股/增发	2002年10送1股 2001年10送1股

重大事项

公司与上海崇明资产经营有限公司、上海崇明土地发展有限公司、上海城桥镇资产经营有限公司、上海崇明建设投资发展有限公司共同出资组建上海崇明新城发展有限公司，其注册资本为人民币1亿元。其中公司出资2500万元，占25%。 公司董事会通过投资建造2艘车客渡轮和购置2艘高速客轮的议案：分别投资人民币2000万元和人民币3500万元左右。

二〇〇二年以来市场表现

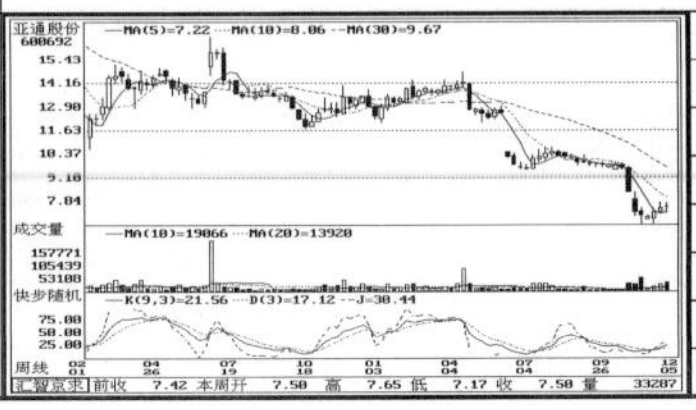

2002年涨跌幅(%)	1.15
2002年最高(元)	12.61
2002年最低(元)	7.48
2002年换手率(%)	145.03
2003年涨跌幅(%)	-29.60
2003年最高(元)	12.29
2003年最低(元)	6.57
2003年换手率(%)	103.98

福建东百集团股份有限公司

公司概况

公司名称	福建东百集团股份有限公司	股票代码	600693
注册地址	福建省福州市八一七北路84号东百大厦18层	邮政编码	350001
法人代表	李非列	董秘	徐海涛
电话	0591-7531724	传真	0591-7531804
主营业务	粮油制品、副食品、其他食品,针、纺织品等		
总股本	13200.87	流通 A	7230.10
流通 B		流通 H	
审计单位		审计意见	未审计

主要财务指标

年度	2003.9	2003.6	2002	2001
每股收益/扣除后(元)	0.1280	0.0900	0.1560	-0.2620
每股经营现金流量(元)	0.1141	0.0620	0.5544	-0.0758
每股净资产/调整后(元)	1.6320	1.4980	1.4210	1.4860
每股公积金(元)	1.3022	1.3022	1.3022	1.3022
净资产收益率(%)	4.7550	3.4010	6.0920	-18.5760
总资产(万元)	70074.31	68502.58	73392.52	67112.43
股东权益(万元)	35785.74	35284.29	34084.16	31996.53
未分配利润(万元)	165.45	-336.01	-1536.13	-3620.44
主营收入(万元)	33328.32	22496.99	35572.34	60350.76
资本公积金(万元)	17190.31	17190.31	17190.31	17190.31
主营利润(万元)	5456.69	3822.27	6788.36	4402.17
其他业务利润(万元)	1332.61	979.17	1490.65	1563.90
营业利润(万元)	2034.66	1421.47	2181.93	-3067.13
投资收益(万元)	-167.85	-115.36	-38.59	-383.26
补贴收入(万元)	12.18	11.35	5.25	21.85
营业外收支(万元)	4.86	6.85	0.89	-2765.72
利润总额(万元)	1883.86	1324.31	2149.49	-6194.27
净利润(万元)	1701.58	1200.12	2076.55	-5943.68

十大股东

序号	股东名称	股份性质	持股数(万股)	比例(%)
1	福州市财政局	国家股	5197.19	39.37
2	深圳市恩情实业有限公司	流通股	123.60	0.94
3	章喜琳	流通股	88.99	0.67
4	北京翔智医药科技有限公司	流通股	57.87	0.44
5	李雪均	流通股	38.62	0.29
6	王雪梅	流通股	37.00	0.28
7	福州华昌制衣有限公司	法人股	36.30	0.27
8	广州恒康置业有限公司	流通股	32.00	0.24
9	福肆投资开发总公司	法人股	31.46	0.24
10	李晋	流通股	29.15	0.22

股东人数	2003.9	2003.6	2002	2001
	23131	23227	22156	22723

近年分配		近年配股/增发	不分配不转增

重大事项

公司**2003**年贷款计划的议案:公司拟向相关银行申请总额为**31500**万元的贷款计划;为公司下属子公司福州东百进出口有限公司向相关银行申请贷款**630**万元的贷款计划提供担保。　公司于**2002**年**12**月**26**日与福州海同贸易有限公司签订了《莆田东百**24**小时超级商场股权转让协议书》,同意依据莆田商场**2001**年**12**月**31**日经审计的会计报表和截至目前的会计报表,将公司所持有的莆田商场**55%**股权以零价格转让给福州海同贸易有限公司。

二〇〇二年以来市场表现

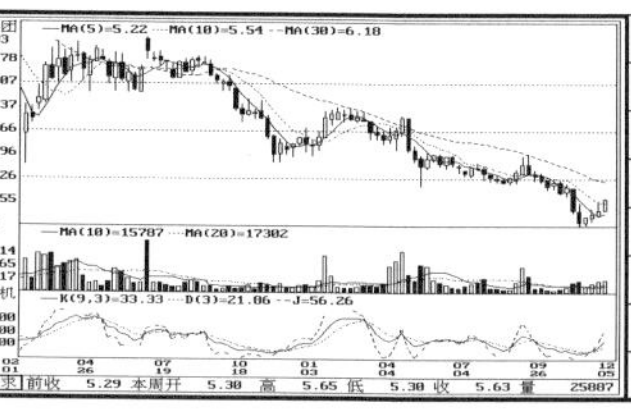

2002年涨跌幅(%)	-33.33
2002年最高(元)	10.48
2002年最低(元)	6.25
2002年换手率(%)	191.59
2003年涨跌幅(%)	-23.99
2003年最高(元)	8.35
2003年最低(元)	4.85
2003年换手率(%)	147.94

大商集团股份有限公司

公司概况

公司名称	大商集团股份有限公司	股票代码	600694
注册地址	大连市中山区青三街1号	邮政编码	116001
法人代表	牛钢	董秘	姜福德
电话	0411-3643215	传真	0411-3630358
主营业务	公司主营商品零售兼批发、加工服务、仓储等		
总股本	26701.69	流通 A	15617.13
流通 B		流通 H	
审计单位		审计意见	未审计

主要财务指标

年度	2003.9	2003.6	2002	2001
每股收益/扣除后(元)	0.2700	0.2100	0.2900	0.3300
每股经营现金流量(元)	0.7845	0.4400	0.5569	0.7696
每股净资产/调整后(元)	4.7600	4.7800	4.5500	4.4700
每股公积金(元)	2.8828	2.8439	2.8439	2.8439
净资产收益率(%)	5.0800	4.3900	6.5300	7.2000
总资产(万元)	415518.75	398207.50	394340.66	250995.17
股东权益(万元)	134672.67	132607.95	126674.02	122763.45
未分配利润(万元)	19836.54	18811.55	12990.65	10665.79
主营收入(万元)	379406.91	255553.08	304898.66	198052.28
资本公积金(万元)	76976.49	75936.76	75936.76	75936.76
主营利润(万元)	50510.21	35162.84	45820.20	31970.58
其他业务利润(万元)	14796.20	9556.55	13503.76	7667.41
营业利润(万元)	13423.69	10496.66	13963.30	11624.26
投资收益(万元)	-401.93	-534.82	-536.74	-516.35
补贴收入(万元)				
营业外收支(万元)	-440.29	158.37	626.84	-110.58
利润总额(万元)	12581.46	10120.21	14053.40	10997.33
净利润(万元)	6845.89	5820.90	8268.41	8842.66

十大股东

序号	股东名称	股份性质	持股数(万股)	比例(%)
1	大连市国有资产管理办公室	国家股	9947.80	37.25
2	兴业证券股份有限公司	流通股	324.25	1.21
3	天华证券投资基金	流通股	315.29	1.18
4	裕隆证券投资基金	流通股	314.83	1.18
5	富国动态平衡证券投资基金	流通股	300.00	1.12
6	博时价值增长证券投资基金	流通股	246.41	0.92
7	裕阳证券投资基金	流通股	239.95	0.90
8	景阳证券投资基金	流通股	232.19	0.87
9	大连国际信托投资公司	法人股	228.74	0.86
10	裕元证券投资基金	流通股	216.28	0.81

股东人数	2003.9	2003.6	2002	2001
	52372	53720	58872	65344

近年分配	2002年10派1元	近年配股/增发	2001年10配3股

重大事项

公司与大连大商集团有限公司合资设立大商集团沈阳新玛特购物休闲广场有限公司,注册资本**26000**万元人民币,其中公司以经评估后的公司沈阳新玛特购物休闲广场净资产作价**25220**万元人民币出资,占注册资本的**97%**。　公司于**2003**年**7**月**21**日分别与北京市自来水集团有限责任公司、北京市基础设施投资开发公司、北京中冶安顺达冶金总公司、北京华超联股份有限公司、北京华迪技术开发公司签署了《股权转让协议》,受让上述公司持有的北京天客隆集团有限责任公司共计**92%**的股权及相关股东享有的对天客隆的债权,转让总价款为**10577.74**万元人民币。本次股权转让完成后,公司持有天客隆**92%**的股权。

二〇〇二年以来市场表现

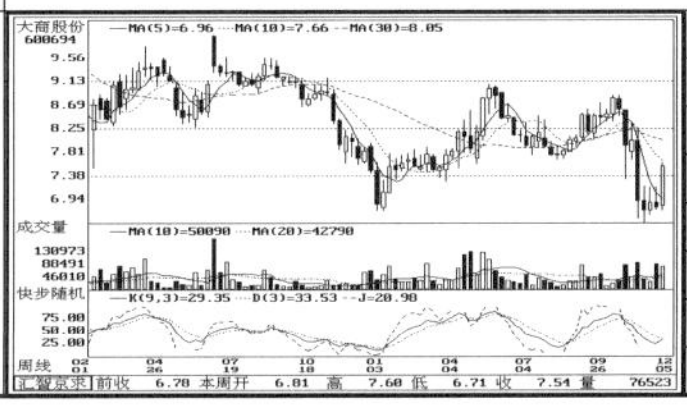

2002年涨跌幅(%)	-19.66
2002年最高(元)	9.70
2002年最低(元)	6.98
2002年换手率(%)	116.07
2003年涨跌幅(%)	-4.64
2003年最高(元)	8.95
2003年最低(元)	6.50
2003年换手率(%)	138.10

上海大江(集团)股份有限公司

公司概况

公司名称	上海大江(集团)股份有限公司			股票代码	600695		
注册地址	上海市松江区谷阳南路26号			邮政编码	201600		
法人代表	雷黎光			董秘	顾伟文		
电话	021-57817571			传真	021-57820072		
主营业务	家禽、家畜、水产的良种、饲料、饲料添加剂等						
总股本	67630.57	流通A	2574.00	流通B	34673.29	流通H	
审计单位				审计意见	未审计		

主要财务指标

年度	2003.9	2003.6	2002	2001
每股收益/扣除后(元)	-0.1200	-0.1010	-0.3400	-0.2500
每股经营现金流量(元)	0.1426	0.0790	0.1867	0.0533
每股净资产/调整后(元)	0.8200	0.8110	0.8040	4.7800
每股公积金(元)	0.3393	0.3393	0.3393	0.3393
净资产收益率(%)	0.0150	0.7990	-42.1800	-17.3300
总资产(万元)	147273.55	150189.20	159314.05	201478.20
股东权益(万元)	56525.76	56333.82	56245.28	81695.33
未分配利润(万元)	-40884.02	-41281.01	-41731.15	-17880.98
主营收入(万元)	82983.32	48339.32	129650.26	175721.84
资本公积金(万元)	22946.94	22946.94	22946.94	22946.94
主营利润(万元)	4292.26	2276.96	3228.00	18957.09
其他业务利润(万元)	389.74	323.28	28.09	354.32
营业利润(万元)	-8782.10	-6269.53	-24199.28	-14965.16
投资收益(万元)	1253.91	-84.45	817.82	23.95
补贴收入(万元)	72.73	72.73	114.73	124.55
营业外收支(万元)	8918.86		-609.61	2688.02
利润总额(万元)	1463.40	928.48	-23876.34	-12128.64
净利润(万元)	847.13	450.13	-23721.61	-14156.28

十大股东

序号	股东名称	股份性质	持股数(万股)	比例(%)
1	上海市松江区饲料公司	国有法人股	17200.37	25.43
2	上海市松江区畜禽公司	国有法人股	11466.91	16.96
3	正大上海有限公司	B股	938.75	1.39
4	上海松林工贸有限公司	募集法人股	318.66	0.47
5	王蔚	B股	242.96	0.36
6	周云飞	B股	205.26	0.30
7	刘岩	B股	187.51	0.28
8	孙恒	B股	175.00	0.26
9	长江经济联合发展(集团)股份有限公司	募集法人股	171.60	0.25
10	正大(汕头)投资有限公司	募集法人股	163.02	0.24

股东人数	2003.9	2003.6	2002	2001
	61638	61734	60485	40898

近年分配		近年配股/增发	不分配不转增

重大事项

公司将持有的上海丰瑞投资发展有限公司**90%**股权以**2720**万元的价格转让予方自建和沈勇，并授权公司总裁组织实施，其中向方自建转让上海丰瑞投资发展有限公司**55%**的股权，向沈勇转让上海丰瑞投资发展有限公司**35%**的股权。　截止**2003**年**3**月**14**日，公司现第三大股东正大上海有限公司已在上交所**B**股市场累计减持公司**B**股**270522278**股，累计减持比例达公司总股本的**40%**；至此，正大上海有限公司尚持有公司**B**股**16150570**股，占公司总股本的**2.39%**，仍为公司第三大股东。

二〇〇二年以来市场表现

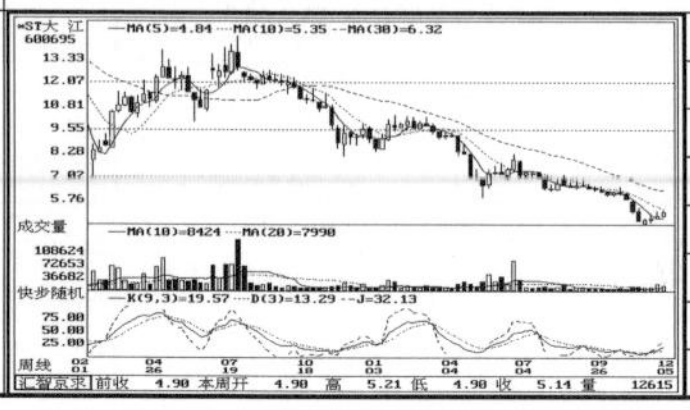

2002年涨跌幅(%)	-30.02
2002年最高(元)	14.59
2002年最低(元)	6.12
2002年换手率(%)	567.18
2003年涨跌幅(%)	-43.02
2003年最高(元)	10.29
2003年最低(元)	4.50
2003年换手率(%)	247.98

利嘉(上海)股份有限公司

公司概况

公司名称	利嘉(上海)股份有限公司			股票代码	600696		
注册地址	上海市海宁路358号国际商厦五楼			邮政编码	200080		
法人代表	陈隆基			董秘	陈勇		
电话	021-55158766			传真	021-55158066		
主营业务	生产与经营高级挂釉石质墙地砖、马赛克等						
总股本	34056.56	流通A	11654.77	流通B		流通H	
审计单位				审计意见	未审计		

主要财务指标

年度	2003.9	2003.6	2002	2001
每股收益/扣除后(元)		0.0800	0.1790	0.1488
每股经营现金流量(元)	0.3286	0.0780	0.0268	0.1244
每股净资产/调整后(元)	1.5800	1.5700	1.4700	1.3400
每股公积金(元)	0.0852	0.4108	0.3986	0.8403
净资产收益率(%)	5.8330	5.8300	8.6900	2.0700
总资产(万元)	128780.47	117626.93	84944.72	80120.07
股东权益(万元)	41370.29	41107.89	38637.28	35278.42
未分配利润(万元)	3437.57	3175.17	1024.55	-15311.73
主营收入(万元)	10844.79	8391.58	18649.74	15519.38
资本公积金(万元)	10761.47	10761.47	10441.47	22013.52
主营利润(万元)	6889.88	5205.69	9244.51	7585.83
其他业务利润(万元)	219.15	149.42	259.95	123.35
营业利润(万元)	3789.24	3280.36	4788.76	3886.98
投资收益(万元)		-44.05	-90.38	-195.65
补贴收入(万元)				
营业外收支(万元)	-84.90		-1339.53	-1141.23
利润总额(万元)	3662.01	3236.31	3358.85	2550.10
净利润(万元)	2413.02	2150.61	3358.85	2550.10

十大股东

序号	股东名称	股份性质	持股数(万股)	比例(%)
1	豪盛(香港)有限公司	外资法人股	11308.51	43.17
2	泉州市区经济发展公司	社会法人股	2849.73	10.88
3	泉州市经济开发公司	社会法人股	1191.82	4.55
4	福建太德投资有限公司	社会法人股	1120.00	4.27
5	福建投资开发总公司	社会法人股	650.00	2.48
6	四川大西洋焊接材料股份有限公司	流通股	129.99	0.50
7	宏源证券股份有限公司	社会法人股	112.08	0.43
8	重庆市万州区恒联实业公司	流通股	85.29	0.33
9	惠志敏	流通股	79.37	0.30
10	隋国良	流通股	65.28	0.25

股东人数	2003.9	2003.6	2002	2001
	21408	21851	24856	30618

近年分配		近年配股/增发	2003年10转增3股

重大事项

公司于**2003**年**11**月**18**日董事会同意，继续为福建三木集团股份有限公司向中国农业银行福州鼓山支行申请原流动资金借款**2400**万元展期，提供连带保证责任担保；为福建三木集团股份有限公司向招商银行福州分行申请的**3000**万元银行承兑汇票授信提供连带保证责任担保。担保期限一年。　公司于**2002**年**4**月**4**日与福建福日电子股份有限公司签订了额度为**5000**万元的《互相担保协议》，担保期限一年，目前已期满。经协商同意在**5000**万元的互保额度内，继续相互为对方向银行借款提供担保。**2003**年**6**月**6**日双方签订了《互保协议》。互保期限为一年。

二〇〇二年以来市场表现

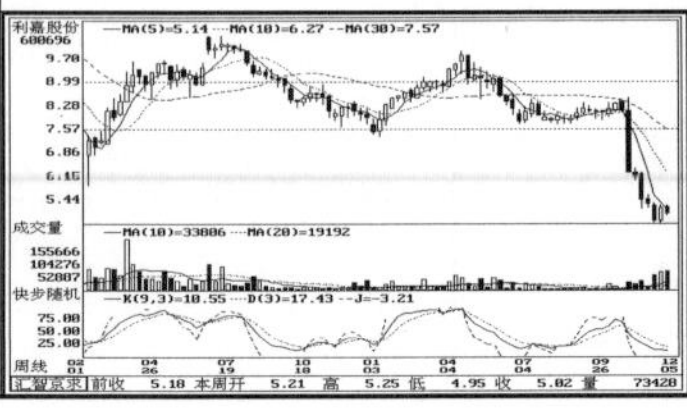

2002年涨跌幅(%)	-7.10
2002年最高(元)	8.01
2002年最低(元)	4.47
2002年换手率(%)	164.23
2003年涨跌幅(%)	-13.95
2003年最高(元)	7.63
2003年最低(元)	4.73
2003年换手率(%)	79.42

长春欧亚集团股份有限公司

公司概况

公司名称	长春欧亚集团股份有限公司	股票代码	600697
注册地址	长春市工农大路 1128 号	邮政编码	130021
法人代表	曹和平	董秘	席汝珍
电话	0431-5620053	传真	0431-5666517
主营业务	百货、五金、交电、食品业、家用电器等		

总股本	14221.09	流通 A	8438.60	流通 B		流通 H	
审计单位				审计意见	未审计		

主要财务指标

年度	2003.9	2003.6	2002	2001
每股收益 / 扣除后(元)	0.1530	0.1050	0.2450	0.3240
每股经营现金流量(元)	0.4317	0.1700	0.6506	0.6323
每股净资产 / 调整后(元)	4.0110	3.9560	3.4600	3.4400
每股公积金(元)	2.2376	2.2382	1.7503	1.7533
净资产收益率(%)	3.9600	2.7300	7.4400	9.3900
总资产(万元)	82559.83	82196.23	72885.66	71953.53
股东权益(万元)	57350.67	56631.39	42792.03	42229.83
未分配利润(万元)	6884.88	6156.45	4611.52	4623.43
主营收入(万元)	50956.36	36329.27	65592.38	61388.96
资本公积金(万元)	31820.51	31829.66	21482.60	21519.20
主营利润(万元)	4193.36	2943.31	5776.74	5330.09
其他业务利润(万元)	4362.06	2791.79	5973.52	5159.10
营业利润(万元)	3457.32	2357.78	4915.18	4785.38
投资收益(万元)	0.25	0.07	1.86	11.04
补贴收入(万元)				
营业外收支(万元)	-1.03		-15.59	-43.53
利润总额(万元)	3456.54	2359.25	4901.46	4752.89
净利润(万元)	2273.36	1544.93	3182.74	3965.95

十大股东

序号	股东名称	股份性质	持股数(万股)	比例(%)
1	长春市汽车城商业总公司	国家股	4307.24	30.29
2	巨田证券有限责任公司	流通股	524.00	3.68
3	长春市朝阳区双欧机械制造有限公司	法人股	330.55	2.32
4	长春市兴业百货贸易公司	法人股	247.47	1.74
5	万科企业股份有限公司	法人股	220.00	1.55
6	沈阳万众企业集团股份有限公司	法人股	165.00	1.16
7	深圳市蛇口安达实业股份有限公司	法人股	110.00	0.77
8	深圳市赛格达声股份有限公司	法人股	110.00	0.77
9	南方证券	法人股	55.00	0.39
10	华厦证券	法人股	55.00	0.39

股东人数	2003.9	2003.6	2002	2001
	37251	37661	35923	34354

近年分配	近年配股 / 增发
2002年 10 派 2 元　2001 年 10 派 2 元	不分配不转增

重大事项

欧亚集团董事会决议:通过增加长春欧亚卖场有限责任公司注册资本的议案:决定对长春欧亚卖场有限责任公司增加注册资本 5900 万元。增资后,长春欧亚卖场有限责任公司注册资本由 7000 万元增加到 12900 万元。其中,公司投资 11500 万元,占注册资本的 89.15%。通过将子公司欧亚科技城转为分公司;修改公司章程中的经营范围议案。

二〇〇二年以来市场表现

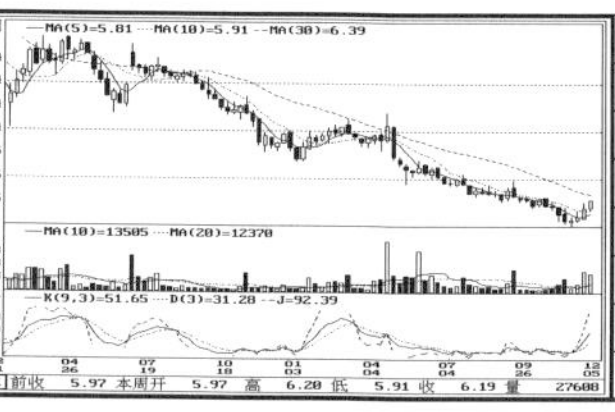

2002年涨跌幅(%)	-24.55
2002年最高(元)	9.71
2002年最低(元)	7.08
2002年换手率(%)	78.49
2003年涨跌幅(%)	-15.92
2003年最高(元)	8.26
2003年最低(元)	5.45
2003年换手率(%)	87.01

辽源得亨股份有限公司

公司概况

公司名称	辽源得亨股份有限公司	股票代码	600699
注册地址	辽源市福兴路 3 号	邮政编码	136200
法人代表	孟祥杰	董秘	由春玲
电话	0437-3512077	传真	0437-3513931-8809
主营业务	化工产品,化纤产品,包装品生产,加工制造等		

总股本	18279.89	流通 A	9297.20	流通 B		流通 H	
审计单位				审计意见	未审计		

主要财务指标

年度	2003.9	2003.6	2002	2001
每股收益 / 扣除后(元)	0.0720	0.0460	0.1120	0.1090
每股经营现金流量(元)	0.0038	0.0007	0.0168	0.0033
每股净资产 / 调整后(元)	2.2600	2.2100	2.2500	2.1900
每股公积金(元)	0.8687	0.8687	0.8832	0.8975
净资产收益率(%)	2.9900	1.9200	4.6200	4.6400
总资产(万元)	131235.59	124448.21	117132.60	85479.94
股东权益(万元)	44135.83	43652.86	42815.33	41123.83
未分配利润(万元)	7553.33	7070.36	6533.09	5161.78
主营收入(万元)	25591.77	15700.50	31049.74	18352.82
资本公积金(万元)	15880.23	15880.23	15880.23	15880.23
主营利润(万元)	5711.29	3858.52	9753.90	4153.55
其他业务利润(万元)	339.47	149.15	240.91	-4.00
营业利润(万元)	942.43	620.53	2546.20	2087.76
投资收益(万元)	258.59	-25.78	-57.08	-6.28
补贴收入(万元)	600.00	600.00	691.00	300.00
营业外收支(万元)	3.43	-2.65	-17.88	-18.74
利润总额(万元)	1804.74	1192.10	3162.25	2362.75
净利润(万元)	1320.50	837.53	1991.76	1910.02

十大股东

序号	股东名称	股份性质	持股数(万股)	比例(%)
1	辽源市财政局	国家股	5115.25	27.98
2	上海二纺机股份有限公司	法人股	1467.98	8.03
3	东莞市君通科技投资有限公司	法人股	778.03	4.26
4	吉林省东丰化纤厂	法人股	763.35	4.18
5	吉林省信托投资公司	法人股	387.54	2.12
6	深圳建艺集团股份有限公司	法人股	195.73	1.07
7	常州喷丝板厂	法人股	69.30	0.38
8	上海申精制冷空调技术有限公司	法人股	42.36	0.23
9	张怀义	流通股	38.97	0.21
10	王新平	流通股	33.58	0.18

股东人数	2003.9	2003.6	2002	2001
	52417	52077	47119	47390

近年分配	近年配股 / 增发
2002年 10 派 0.167 元	2002年 10 送 0.167 股　2001 年 10 送 0.162 股

重大事项

公司于 2003 年 8 月 25 日经研究,同意以尚未到支付期的技改工程款,暂借给辽源市财政局 3000 万元,按年利率 5.76%由其承担该款项的利息。辽源市财政局承诺:此款于 2003 年 12 月 31 日前归还,否则辽源市财政局将承担由此所造成的一切后果。　公司法人股东上海二纺机股份有限公司在上海银行新市支行借款 1000 万元,以本公司法人股份 1420.848 万股质押,期限 2001 年 12 月 4 日-2002 年 12 月 3 日,已在 2002 年 12 月 3 日归还此笔贷款。由于近期公司运行资金情况良好,故在 2003 年 4 月 15 日撤销了本公司法人股权的质押登记。

二〇〇二年以来市场表现

2002年涨跌幅(%)	-25.62
2002年最高(元)	8.62
2002年最低(元)	4.50
2002年换手率(%)	191.73
2003年涨跌幅(%)	4.04
2003年最高(元)	9.67
2003年最低(元)	5.11
2003年换手率(%)	540.86

陕西煤航数码测绘(集团)股份有限公司

公司概况

公司名称	陕西煤航数码测绘(集团)股份有限公司			股票代码	600700
注册地址	西安市南新街28号			邮政编码	710004
法人代表	宋理		董秘	穆耀	
电话	029-7216331-2020		传真	029-7218622	
主营业务	空间技术应用与开发;航空数码摄影、全数字摄影测量等				
总股本	29089.81	流通A	15569.13	流通B	流通H
审计单位			审计意见	未审计	

主要财务指标

年度	2003.9	2003.6	2002	2001
每股收益/扣除后(元)	-0.7420	-0.7090	-0.2100	0.0199
每股经营现金流量(元)	-0.0832	-0.0130	-0.1081	0.0837
每股净资产/调整后(元)	0.1310	0.1600	1.0100	1.1100
每股公积金(元)	0.2515	0.2515	0.2515	0.2431
净资产收益率(%)	-259.3500	-222.0700	-23.4500	1.4400
总资产(万元)	90188.99	93743.13	105119.48	110095.56
股东权益(万元)	8327.69	9291.68	29925.53	37032.97
未分配利润(万元)	-30924.79	-29960.80	-9326.95	-1976.00
主营收入(万元)	34460.75	23499.94	54351.45	51794.02
资本公积金(万元)	7315.83	7315.83	7315.83	7072.32
主营利润(万元)	2354.94	1389.62	4607.47	6029.71
其他业务利润(万元)	363.35	282.25	578.84	519.89
营业利润(万元)	-21534.65	-20527.00	-6369.62	1661.15
投资收益(万元)	-221.33	-221.33	-74.58	-715.97
补贴收入(万元)				
营业外收支(万元)	0.41	1.54	-460.19	-43.92
利润总额(万元)	-21755.57	-20746.79	-6904.38	901.25
净利润(万元)	-21597.84	-20633.85	-7018.79	533.82

十大股东

序号	股东名称	股份性质	持股数(万股)	比例(%)
1	煤航(集团)实业发展有限公司	法人股	6962.05	23.93
2	陕西省投资集团(有限)公司	国家股	6129.01	21.07
3	陕西京润科工贸有限责任公司	法人股	80.00	0.28
4	刘学农	流通股	73.11	0.25
5	陕西省煤航天河工贸公司	法人股	73.00	0.25
6	刘永成	流通股	66.62	0.23
7	海口龙旺达实业有限公司	法人股	61.35	0.21
8	西安力飞光电技术有限责任公司	法人股	60.23	0.21
9	西安中实实业公司	法人股	55.77	0.19
10	赵永峰	流通股	43.21	0.15

股东人数	2003.9	2003.6	2002	2001
	49814	47836	47434	37852

近年分配		近年配股/增发	不分配不转增

重大事项

陕西煤航数码测绘股份有限公司于**2002**年**4**月**20**日与煤航实业发展有限公司签订了《债权转让协议书》、《资产转让协议书》将本公司截止**2001**年**12**月**31**日持有的人民币**7424**万元债权及本公司位于西安市南新街**28**号的南楼A座**2576.75**平方米,B座**1923.25**平方米房转让给煤航实业发展有限公司。 **2002-03-13**陕西煤航数码测绘(集团)股份有限公司董事会决定将本公司控股子公司陕西百隆腾达房地产开发有限公司**97.5%**股权转让给煤航(集团)实业发展有限公司。,转让价格为**910.6**万元。

二〇〇二年以来市场表现

2002年涨跌幅(%)	-23.72
2002年最高(元)	10.32
2002年最低(元)	5.80
2002年换手率(%)	437.60
2003年涨跌幅(%)	-31.43
2003年最高(元)	7.16
2003年最低(元)	3.70
2003年换手率(%)	258.34

哈尔滨工大高新技术产业开发股份有限公司

公司概况

公司名称	哈尔滨工大高新技术产业开发股份有限公司			股票代码	600701
注册地址	哈尔滨市南岗区西大直街118号			邮政编码	150001
法人代表	张大成		董秘	张海英	
电话	0451-6219247		传真	0451-6253555	
主营业务	主要从事高新技术产品的开发、生产、销售等				
总股本	32409.10	流通A	17469.10	流通B	流通H
审计单位			审计意见	未审计	

主要财务指标

年度	2003.9	2003.6	2002	2001
每股收益/扣除后(元)	0.0400	0.0330	0.0610	0.1200
每股经营现金流量(元)	0.4424	0.0920	-0.2395	0.1485
每股净资产/调整后(元)	2.5500	2.5300	2.5200	2.4500
每股公积金(元)	0.9830	0.9828	0.9828	0.9817
净资产收益率(%)	1.6000	1.2600	3.0700	4.7600
总资产(万元)	133013.16	133944.09	136585.52	152997.28
股东权益(万元)	83569.79	83280.51	82228.26	80270.61
未分配利润(万元)	12371.60	12089.18	11037.04	9276.34
主营收入(万元)	25486.16	14252.98	70245.98	63906.16
资本公积金(万元)	31857.75	31850.89	31850.77	31817.07
主营利润(万元)	6536.59	4468.47	9770.68	10417.20
其他业务利润(万元)	343.17	159.83	529.25	752.20
营业利润(万元)	1569.24	1109.49	2203.48	4955.97
投资收益(万元)	-2.13	-3.45	582.60	-110.80
补贴收入(万元)				
营业外收支(万元)	-23.78		-33.31	-13.78
利润总额(万元)	1543.34	1081.41	2752.77	4831.39
净利润(万元)	1334.56	1052.14	2521.88	3822.89

十大股东

序号	股东名称	股份性质	持股数(万股)	比例(%)
1	哈尔滨工业大学高新技术开发总公司	国有股	11340.00	34.99
2	上海程达投资发展有限公司	社会法人股	2880.00	8.89
3	上海福成商贸公司	社会法人股	720.00	2.22
4	沈阳国际信托投资公司	流通股	55.00	0.17
5	沈阳建业股份有限公司	流通股	50.01	0.15
6	吴振姝	流通股	41.48	0.13
7	魏婷	流通股	34.10	0.11
8	王庆珍	流通股	32.00	0.10
9	王世祥	流通股	30.00	0.09
10	何洁	流通股	28.87	0.09

股东人数	2003.9	2003.6	2002	2001
	125359	127084	130547	139409

近年分配		近年配股/增发	不分配不转增

重大事项

2002-11-23哈尔滨工大高新技术产业开发股份有限公司董事会决定以协议出让方式将公司所属的全资子公司哈尔滨哈飞农用车制造厂全部资产及负债整体出售给哈尔滨哈飞实业总公司。 **2002-12-17**公司第一大股东哈尔滨工业大学高新技术开发总公司将其持有的公司国有法人股**5670**万股质押给中国光大银行深圳城东支行,质押期限为**2002**年**12**月**12**日至**2005**年**12**月**15**日。公司第二大股东上海程达投资发展有限公司、公司第三大股东上海福成商贸有限公司将他们持有的公司社会法人股全部质押给中国光大银行深圳城东支行。

二〇〇二年以来市场表现

2002年涨跌幅(%)	-22.33
2002年最高(元)	9.90
2002年最低(元)	6.05
2002年换手率(%)	72.51
2003年涨跌幅(%)	-17.28
2003年最高(元)	7.80
2003年最低(元)	4.66
2003年换手率(%)	57.67

四川沱牌曲酒股份有限公司

公司概况

公司名称	四川沱牌曲酒股份有限公司	股票代码	600702
注册地址	四川省射洪县柳树镇中街149号	邮政编码	629209
法人代表	李家顺	董秘	马力军
电话	0825-6766322	传真	0825-6766322
主营业务	酒类、饮料及其他包装物制造销售等		
总股本	33730.00	流通A	14861.86
流通B		流通H	
审计单位		审计意见	未审计

主要财务指标

年度	2003.9	2003.6	2002	2001
每股收益/扣除后(元)	0.0060	0.0100	0.0300	0.0900
每股经营现金流量(元)	-0.2035	-0.2290	0.1155	0.1485
每股净资产/调整后(元)	4.7600	4.7700	4.7500	4.7200
每股公积金(元)	2.3513	2.3513	2.3513	2.3493
净资产收益率(%)	0.4300	0.3900	0.6400	1.9400
总资产(万元)	201195.33	200867.20	206777.62	200637.45
股东权益(万元)	161156.25	161088.80	160458.30	159368.31
未分配利润(万元)	31624.17	31556.71	30926.21	30106.58
主营收入(万元)	45383.72	31580.92	84777.11	85828.14
资本公积金(万元)	79308.70	79308.70	79308.70	79243.26
主营利润(万元)	9451.41	6576.68	14007.64	15732.80
其他业务利润(万元)	1303.50	1323.55	2074.94	972.58
营业利润(万元)	841.30	927.29	2361.03	3753.27
投资收益(万元)	44.18	6.74	71.05	27.83
补贴收入(万元)				
营业外收支(万元)	451.95	328.37	-34.36	51.92
利润总额(万元)	1337.49	1262.40	2397.72	3833.01
净利润(万元)	697.96	630.50	1024.54	3085.64

十大股东

序号	股东名称	股份性质	持股数(万股)	比例(%)
1	四川沱牌集团有限公司	国有法人股	15508.14	45.98
2	四川射洪广厦房地产开发公司	法人股	1700.00	5.04
3	四川射洪顺发贸易公司	法人股	580.00	1.72
4	四川射洪融达房地产开发公司	法人股	400.00	1.19
5	遂宁市金宁商贸有限公司	法人股	300.00	0.89
6	工商银行四川省分行总府支行	法人股	300.00	0.89
7	第一创业证券有限责任公司	流通股	180.00	0.53
8	中关村证券股份有限公司	流通股	66.22	0.19
9	何泽雄	流通股	49.00	0.41
10	射洪金穗物业管理有限公司	法人股	40.00	0.12

股东人数	2003.9	2003.6	2002	2001
	67352	69369	71844	65360

近年分配		近年配股/增发	不分配不转增

重大事项

2003-10-21 近日市场传闻四川沱牌曲酒股份有限公司大股东四川沱牌集团有限公司拟进行改制，经公司咨询射洪县人民政府有关部门和大股东四川沱牌集团有限公司，现将有关事项公告如下：公司大股东四川沱牌集团有限公司已列入四川省重点改制企业名单，射洪县人民政府正积极推进此项工作。射洪县人民政府于**2003**年**10**月**16**日与江苏兴澄、广州索芙特、德隆国际、北大未名等签署了合作意向书，具体合作事宜尚在洽谈之中。射洪县人民政府承诺及时将有关情况书面通知公司大股东四川沱牌集团有限公司。

二〇〇二年以来市场表现

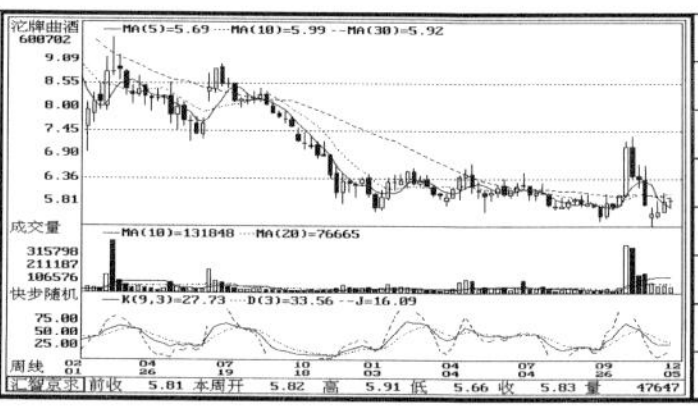

2002年涨跌幅(%)	-37.45
2002年最高(元)	9.64
2002年最低(元)	5.75
2002年换手率(%)	145.61
2003年涨跌幅(%)	-1.19
2003年最高(元)	7.32
2003年最低(元)	5.26
2003年换手率(%)	175.53

湖北天颐科技股份有限公司

公司概况

公司名称	湖北天颐科技股份有限公司	股票代码	600703
注册地址	湖北省荆州市沙市区高新技术开发区三湾路1号	邮政编码	434000
法人代表	杨宏祥	董秘	易声泽
电话	0716-8328443	传真	0716-8328443
主营业务	农副产品加工与销售、油脂化工等		
总股本	11951.65	流通A	5861.55
流通B		流通H	
审计单位		审计意见	未审计

主要财务指标

年度	2003.9	2003.6	2002	2001
每股收益/扣除后(元)	0.0930	0.0400	0.1400	0.1200
每股经营现金流量(元)	-0.1835	-0.1920	-0.3965	-0.2905
每股净资产/调整后(元)	1.6200	1.5700	1.4300	1.3200
每股公积金(元)	0.3787	0.3775	0.2692	2.0705
净资产收益率(%)	5.6500	2.4700	10.3700	8.3200
总资产(万元)	81131.29	80357.86	58103.67	42883.04
股东权益(万元)	19716.16	19076.65	17399.03	15775.58
未分配利润(万元)	2270.49	1645.59	1262.30	-22899.70
主营收入(万元)	41097.05	25172.45	49873.12	42172.94
资本公积金(万元)	4526.58	4511.95	3217.63	24746.44
主营利润(万元)	4020.90	2512.66	5786.78	4278.40
其他业务利润(万元)	34.94	15.08	43.64	792.52
营业利润(万元)	937.78	589.05	1740.11	1477.12
投资收益(万元)	111.76	111.76		-89.38
补贴收入(万元)				
营业外收支(万元)	-1.84		0.19	-69.83
利润总额(万元)	1047.70	698.64	1740.30	1317.91
净利润(万元)	1113.87	471.23	1719.52	1312.44

十大股东

序号	股东名称	股份性质	持股数(万股)	比例(%)
1	湖北天发实业集团有限公司	国有法人股	5429.70	45.43
2	信达投资有限公司	法人股	286.00	2.39
3	工行湖北信托投资公司荆州办事处	法人股	130.00	1.09
4	京山轻机	法人股	67.60	0.57
5	武汉证券公司	法人股	62.40	0.52
6	唐刚羽	流通股	38.60	0.33
7	湖北轻工	流通股	26.00	0.22
8	湖北光轻	流通股	26.00	0.22
9	柳毅	流通股	21.80	0.21
10	基金鸿阳	流通股	21.50	0.20

股东人数	2003.9	2003.6	2002	2001
	25229	25324	25363	19148

近年分配		近年配股/增发	不分配不转增

重大事项

公司与北京天颐陆洋科技有限公司于**2003**年**4**月**16**日签订了投资协议，分别拟在湖北省武汉市合资设立“天颐陆洋(武汉)油脂有限公司”和在上海市合资设立“天颐陆洋(上海)油脂有限公司”。公司对原沙市日用化工总厂贷款诉讼事项与中国光大银行武汉分行于**2003**年**9**月**28**日公司承诺于生效之日一次性支付光大银行武汉分行偿还**1500**万元及以**1500**万元为基数，按一年期贷款计**2003**年**1**月**1**日至付清之日的利息，另在以前执行中被法院扣划的**60**万元从中扣除，且光大银行武汉分行承诺对余额债务予以豁免。

二〇〇二年以来市场表现

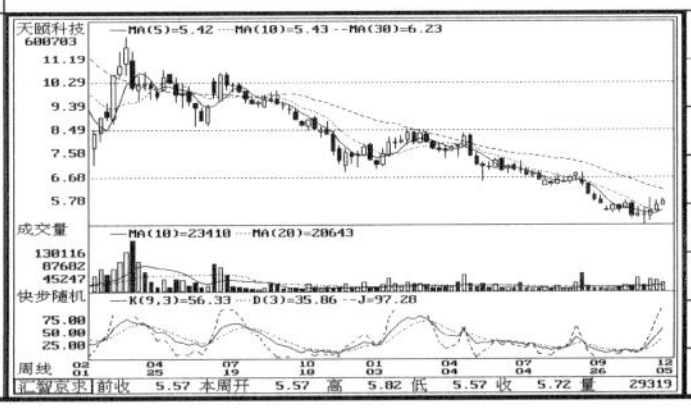

2002年涨跌幅(%)	-30.33
2002年最高(元)	12.09
2002年最低(元)	6.86
2002年换手率(%)	305.30
2003年涨跌幅(%)	-22.53
2003年最高(元)	8.45
2003年最低(元)	4.88
2003年换手率(%)	159.23

浙江中大集团股份有限公司

公司概况

公司名称	浙江中大集团股份有限公司				股票代码	600704	
注册地址	杭州市中大广场A座				邮政编码	310003	
法人代表	陈继达			董秘	祝卸和		
电话	0571-85777029			传真	0571-85778008		
主营业务	经营进出口业务，外派工程等						
总股本	28826.90	流通A	12838.21	流通B		流通H	
审计单位				审计意见	未审计		

主要财务指标

年度	2003.9	2003.6	2002	2001
每股收益/扣除后(元)	0.1250	0.0900	0.1750	0.2800
每股经营现金流量(元)	0.3053	0.0500	–0.1708	0.6664
每股净资产/调整后(元)	3.6900	3.6500	3.5600	3.5100
每股公积金(元)	2.0926	2.0857	2.0857	2.0853
净资产收益率(%)	3.3700	3.2000	4.0500	6.7500
总资产(万元)	342233.19	327761.91	302976.00	270721.97
股东权益(万元)	113826.70	112277.46	109788.56	108318.14
未分配利润(万元)	11996.17	10644.11	8174.17	7405.89
主营收入(万元)	199173.70	139586.66	236579.44	264416.91
资本公积金(万元)	60322.67	60125.48	60125.44	60113.94
主营利润(万元)	15914.32	12784.00	19186.53	22408.21
其他业务利润(万元)	1093.77	695.29	784.69	623.10
营业利润(万元)	3647.29	2979.27	3857.59	3725.21
投资收益(万元)	681.42	728.08	2509.96	3586.37
补贴收入(万元)	1177.89	7.55	1950.75	1793.11
营业外收支(万元)	763.31		–607.28	–284.92
利润总额(万元)	6269.91	3662.48	7711.03	8819.77
净利润(万元)	3822.00	2469.94	4445.65	7309.73

十大股东

序号	股东名称	股份性质	持股数(万股)	比例(%)
1	浙江中大集团控股有限公司	国家股	10073.44	34.94
2	浙江省财务开发公司	法人股	1836.27	6.37
3	中国纺织品进出口总公司	法人股	1507.50	5.23
4	浙江东方集团控股有限公司	法人股	645.66	2.24
5	浙江银海实业有限公司	法人股	360.00	1.25
6	奉化市对外贸易发展有限公司	法人股	270.00	0.94
7	金华华银实业公司	法人股	270.00	0.94
8	浙江省义乌衬衫厂	法人股	180.00	0.62
9	浙江盛力进出口有限公司	法人股	1350.00	0.47
10	浙江中大贸易公司	法人股	90.00	0.31

股东人数	2003.9	2003.6	2002	2001
	63445	64159	64283	68672

近年分配	2002年10派1元 2001年10派1元	近年配股/增发	不分配不转增

重大事项

2003-06-27 公司三届十二次董事会审议通过公司于 **2003** 年 **4** 月 **9** 日与北京杰英特科技发展有限公司签订的浙江省信托投资有限责任公司股权转让合同，同意将本公司持有的浙江省信托投资有限责任公司 **21.27%** 股权，转让给该公司，转让价格为 **23,793,605.44** 元。 **2003** 年 **5** 月 **19** 日公司控股子公司浙江中大集团国际贸易有限公司以所持有的浙江中大兴盛贸易有限公司 **90%** 的股权 **70%** 转让给公司第一大股东浙江中大集团控股有限公司、**20%** 转让给自然人马金龙同志。

二〇〇二年以来市场表现

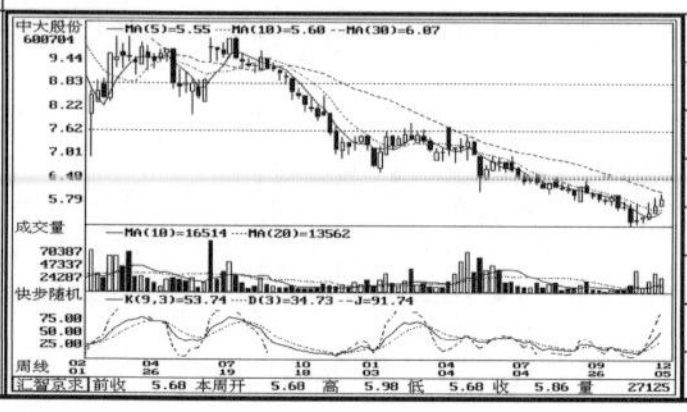

2002年涨跌幅(%)	–30.10
2002年最高(元)	9.94
2002年最低(元)	6.60
2002年换手率(%)	93.26
2003年涨跌幅(%)	–17.08
2003年最高(元)	7.70
2003年最低(元)	5.18
2003年换手率(%)	73.50

北亚实业(集团)股份有限公司

公司概况

公司名称	北亚实业(集团)股份有限公司				股票代码	600705	
注册地址	哈尔滨市南岗区衡山路12号				邮政编码	150001	
法人代表	刘贵亭			董秘	陈东		
电话	0451-53600764			传真	0451-53600770		
主营业务	铁路客运、货运，煤炭经营，机电化工领域技术服务等						
总股本	65313.74	流通A	35891.52	流通B		流通H	
审计单位				审计意见	未审计		

主要财务指标

年度	2003.9	2003.6	2002	2001
每股收益/扣除后(元)	0.0770	0.0680	0.1510	0.1230
每股经营现金流量(元)	–0.2624	–0.1160	0.1497	0.0783
每股净资产/调整后(元)	2.7810	2.7660	2.6990	2.5450
每股公积金(元)	1.1843	1.1843	1.1843	1.1843
净资产收益率(%)	2.7430	2.4460	6.0400	4.4200
总资产(万元)	469690.41	418935.37	369940.19	241418.44
股东权益(万元)	183023.36	182466.64	178003.06	170519.30
未分配利润(万元)	29417.73	28861.01	24397.43	19063.56
主营收入(万元)	183856.98	121798.32	224771.95	52802.30
资本公积金(万元)	77353.97	77353.97	77353.97	77353.97
主营利润(万元)	20856.78	14249.58	28584.98	18011.84
其他业务利润(万元)	177.33	145.90	–93.86	307.39
营业利润(万元)	2252.30	1634.90	3507.79	8194.99
投资收益(万元)	241.08	240.30	1332.99	556.34
补贴收入(万元)	4562.70	4396.90	8637.94	889.28
营业外收支(万元)	–18.76	–32.40	150.90	–667.15
利润总额(万元)	7037.32	6239.69	13629.62	8973.46
净利润(万元)	5020.30	4463.58	10749.45	7539.04

十大股东

序号	股东名称	股份性质	持股数(万股)	比例(%)
1	哈尔滨铁路局	法人股	6242.18	9.56
2	黑龙江虹通运输服务有限责任公司	法人股	3650.40	5.59
3	北京海证投资管理有限公司	法人股/流通股	2000.24	3.06
4	四川长虹电器股份有限公司	法人股/流通股	1993.36	3.05
5	河北省科效信息中心	流通股	1343.94	2.06
6	大庆石油管理局	法人股	1306.84	2.00
7	上海美锦科技有限公司	法人股	1007.33	1.54
8	哈尔滨市商业银行	法人股	994.23	1.52
9	上海见合数码科技有限公司	流通股	859.33	1.32
10	上海资深专家高科技园区有限公司	流通股	843.33	1.29

股东人数	2003.9	2003.6	2002	2001
	45920	46876	48759	38142

近年分配	2002年10派0.5元 2001年10派0.35元	近年配股/增发	不分配不转增

重大事项

2003-06-21 北亚实业(集团)股份有限公司将帐面原值 **22,006.65** 万元的铁路客车与北京中铁长龙机车车辆设备有限公司所持有的长春轨道客车股份有限公司(以下简称"长客公司")**9,839.8372** 万股股权进行置换，交易价格为 **22000** 万元。 **2003-04-24** 北亚实业股份有限公司(以每股 **3.2** 元人民币的价格，分别受让黑龙江龙涤集团有限公司持有的新华人寿保险股份有限公司 **7,209.6** 万股的股权和中国石油大庆石油化工总厂持有的新华人寿 **1,802.4** 万股的股权。

二〇〇二年以来市场表现

2002年涨跌幅(%)	–26.26
2002年最高(元)	9.31
2002年最低(元)	5.72
2002年换手率(%)	211.43
2003年涨跌幅(%)	–6.83
2003年最高(元)	7.75
2003年最低(元)	5.34
2003年换手率(%)	178.70

长安信息产业(集团)股份有限公司

公司概况

公司名称	长安信息产业(集团)股份有限公司			股票代码	600706	
注册地址	陕西省西安市友谊东路 41 号			邮政编码	710054	
法人代表	蔡世杰			董秘	张安平	
电话	029-2214266			传真	029-2233943	
主营业务	计算机硬件、软件、系统、外部设备的开发等					
总股本	8733.34	流通 A	3750.00	流通 B		流通 H
审计单位				审计意见	未审计	

主要财务指标

年度	2003.9	2003.6	2002	2001
每股收益／扣除后(元)	0.2100	0.1100	–0.0300	0.0400
每股经营现金流量(元)	0.9927	1.4520	–0.0549	0.1873
每股净资产／调整后(元)	1.7800	1.6900	1.6700	1.4500
每股公积金(元)	0.4902	0.4902	0.4902	0.9876
净资产收益率(％)	10.3000	5.7500	10.7000	14.3600
总资产(万元)	83951.19	89018.44	88263.06	81909.55
股东权益(万元)	17649.20	16796.36	15830.83	13862.04
未分配利润(万元)	3807.95	2955.11	1989.58	–5012.45
主营收入(万元)	20469.04	16193.52	16467.79	59666.09
资本公积金(万元)	4281.24	4281.24	4281.24	8625.24
主营利润(万元)	10365.93	7693.70	1598.48	7347.42
其他业务利润(万元)	71.56	69.57	3985.04	3986.09
营业利润(万元)	2322.36	1686.60	1634.70	2953.27
投资收益(万元)	104.34	0.48	–66.86	295.62
补贴收入(万元)				
营业外收支(万元)	–46.75		–3.56	–63.10
利润总额(万元)	2379.94	1671.10	1564.28	3186.47
净利润(万元)	1818.37	965.53	1694.69	1990.87

十大股东

序号	股东名称	股份性质	持股数(万股)	比例(％)
1	西安万鼎实业(集团)有限公司	法人股	1430.00	16.37
2	陕西省投资集团(有限)公司	国有股	1404.98	16.09
3	西安华耒杰电子新技术有限责任公司	流通股	864.79	9.90
4	陕西省裕华金属机电有限公司	法人股	401.70	4.60
5	陕西省国际信托投资股份有限公司	法人股	390.00	4.47
6	建行陕西省信托投资公司	法人股	143.00	1.64
7	航天总公司第四研究院	法人股	143.00	1.64
8	广州名盛投资有限公司	法人股	143.00	1.64
9	西安金龙城市信用社	法人股	143.00	1.64
10	上海怡亚印刷实业有限公司	法人股	88.00	1.01

股东人数	2003.9	2003.6	2002	2001
	7484	7688	7164	7981

近年分配		近年配股／增发	不分配不转增

重大事项

2002-02-07 出售的飞机系公司二 OOO 年第一次临时股东大会审议通过的以 15,986 万元购入的两架 A-310 空中客车中的一架。该架飞机原值 7,992.67 万元，计提折旧后现帐面价值 5,195.24 万元，本次拟出售价格约 7667.7 万元，扣除成本及税费，预计收益约为 1,700 万元。

二〇〇二年以来市场表现

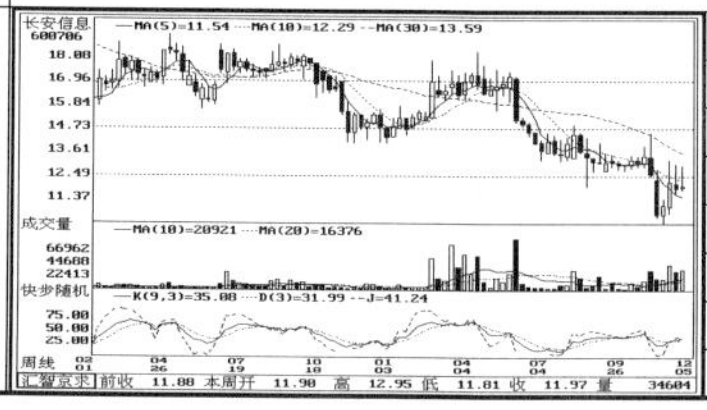

2002年涨跌幅(%)	–14.06
2002年最高(元)	19.20
2002年最低(元)	14.00
2002年换手率(%)	73.56
2003年涨跌幅(%)	–17.27
2003年最高(元)	18.38
2003年最低(元)	10.25
2003年换手率(%)	228.36

彩虹显示器件股份有限公司

公司概况

公司名称	彩虹显示器件股份有限公司			股票代码	600707	
注册地址	西安高新技术开发区西区			邮政编码	710075	
法人代表	马金泉			董秘	刘晓东	
电话	029-8214865			传真	029-8311073	
主营业务	彩色显示器、电子产品及零部件等					
总股本	42114.88	流通 A	14364.48	流通 B		流通 H
审计单位				审计意见	未审计	

主要财务指标

年度	2003.9	2003.6	2002	2001
每股收益／扣除后(元)	0.4080	0.2700	0.4250	0.1300
每股经营现金流量(元)	0.6205	0.5800	1.3192	0.2607
每股净资产／调整后(元)	4.2800	4.1450	3.8250	3.7100
每股公积金(元)	1.5189	1.5189	1.5003	1.5003
净资产收益率(％)	9.3350	6.3800	10.4800	5.4000
总资产(万元)	273186.53	271312.50	250237.58	262695.09
股东权益(万元)	183981.27	178170.58	166020.20	156199.42
未分配利润(万元)	61663.72	55853.04	44489.11	37291.42
主营收入(万元)	225585.37	147477.14	289973.06	242251.16
资本公积金(万元)	63970.19	63970.19	63183.75	63183.75
主营利润(万元)	39049.37	26868.22	45381.43	25611.15
其他业务利润(万元)	242.70	133.22	782.21	1075.87
营业利润(万元)	21758.39	14351.96	23058.17	10324.92
投资收益(万元)	169.04	87.98	–255.43	35.29
补贴收入(万元)				
营业外收支(万元)	1.84	0.50	–520.09	–0.05
利润总额(万元)	21929.27	14439.44	22282.66	10360.16
净利润(万元)	17174.61	11363.93	17401.47	8441.90

十大股东

序号	股东名称	股份性质	持股数(万股)	比例(％)
1	彩虹集团公司	国有法人股	23644.00	56.14
2	浙江兰溪兰申新科电脑开发公司	社会法人股	720.00	1.71
3	西安雅轩商贸有限责任公司	社会法人股	600.00	1.42
4	安顺证券投资基金	流通股	520.55	1.24
5	中国建设银行陕西省分行	国有法人股	372.00	0.88
6	深圳蛇口社会保险公司	社会法人股(流通)	362.80	0.86
7	乌鲁木齐商业银行股份有限公司	社会法人股	240.00	0.57
8	中化国际石油有限公司	社会法人股	240.00	0.57
9	久嘉证券投资基金	流通股	187.63	0.45
10	上海天迪科技投资发展有限公司	社会法人股	180.00	0.43

股东人数	2003.9	2003.6	2002	2001
	74518	74881	82654	88838

近年分配	2002年 10 派 1.8 元　2001 年 10 派 1.69 元	近年配股／增发	不分配不转增

重大事项

2003-07-10 彩虹显示器件股份有限公司董事会决定收购彩虹彩色显像管总厂下属的彩虹玻璃厂两条彩色显像管用玻屏生产线(301、302 生产线)，收购价格为 30872.22 万元。

二〇〇二年以来市场表现

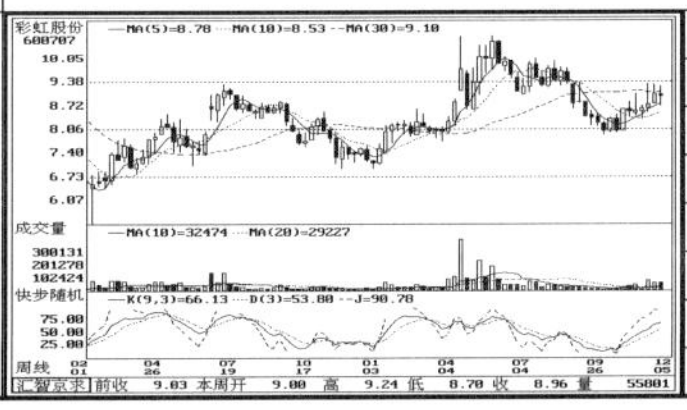

2002年涨跌幅(%)	–2.01
2002年最高(元)	8.95
2002年最低(元)	4.54
2002年换手率(%)	124.68
2003年涨跌幅(%)	32.21
2003年最高(元)	10.53
2003年最低(元)	6.75
2003年换手率(%)	175.27

上海海博股份有限公司

公司概况

公司名称	上海海博股份有限公司			股票代码	600708		
注册地址	上海浦东北艾路 1638 号			邮政编码	200050		
法人代表	叶观年			董秘	熊波		
电话	021-52551620			传真	021-62526024-123		
主营业务	工业品加工、批发、零售、有色金属加工等						
总股本	23793.49	流通 A	8659.20	流通 B		流通 H	
审计单位				审计意见	未审计		

主要财务指标

年度	2003.9	2003.6	2002	2001
每股收益/扣除后(元)	0.1658	0.1009	0.2400	-0.0248
每股经营现金流量(元)	0.7094	0.6600	0.9571	0.2844
每股净资产/调整后(元)	1.9074	1.8051	1.5727	1.3692
每股公积金(元)	0.4187	0.4336	0.4141	0.8753
净资产收益率(%)	11.9100	7.0000	11.3600	8.2500
总资产(万元)	140243.56	140286.20	129627.81	124163.47
股东权益(万元)	46098.96	44041.14	40531.13	36601.25
未分配利润(万元)	6657.30	4246.35	1224.99	-11162.14
主营收入(万元)	41686.14	27591.39	51472.83	19936.79
资本公积金(万元)	9962.80	10315.93	9852.08	20825.48
主营利润(万元)	13999.82	9094.57	17709.08	5627.95
其他业务利润(万元)	296.22	199.82	381.74	4067.88
营业利润(万元)	6027.56	3688.47	7418.19	4080.71
投资收益(万元)	268.63	145.79	-271.56	-373.06
补贴收入(万元)	565.01	12.96	270.81	124.84
营业外收支(万元)	981.96		-1128.28	-47.49
利润总额(万元)	7843.15	4516.11	6289.16	3785.00
净利润(万元)	5492.55	3081.60	4764.65	3018.98

十大股东

序号	股东名称	股份性质	持股数(万股)	比例(%)
1	上海市农工商(集团)总公司	国家股	7026.28	29.53
2	中国长城资产管理公司	国家股/法人股	3420.00	14.37
3	中国华融资产管理公司	国家股	2000.00	8.41
4	上海金鸿实业总公司	法人股	462.72	1.94
5	珠海申光电子股份有限公司	法人股	384.00	1.61
6	福建省闽发证券有限公司	流通股	354.24	1.48
7	闵行联合发展有限公司	法人股	96.00	0.40
8	南汇区信用合作社联社	法人股	96.00	0.40
9	上海贵师电子有限公司	法人股	57.60	0.24
10	上海汽车工业开发发展公司	法人股	57.60	0.24

股东人数	2003.9	2003.6	2002	2001
	27305	25931	23492	28563

近年分配		近年配股/增发	不分配不转增

重大事项

2002-10-30 公司拟将其被大股东的关联企业及子公司所占用的 **4.42** 亿元关联债权与上海市农工商总公司拥有的上海牛奶(集团)有限公司的 **20%**股权、及其子公司上海农工商集团东海总公司拥有上海宾士不锈钢制品有限公司 **70%**股权及上海三和不锈钢制品有限公司 **56.84%**股权(上海农工商集团东海总公司下属企业上海万隆房地产开发有限公司拥有的 **40.6%**股权与上海农工商集团东海总公司东福公司拥有的 **16.24%**股权)、海港新城周边的土地使用权 **2072.66** 亩、集团总公司现金 **2893.71** 万元等资产实行置换交易。

二〇〇二年以来市场表现

2002年涨跌幅(%)	-7.42
2002年最高(元)	13.32
2002年最低(元)	7.50
2002年换手率(%)	189.74
2003年涨跌幅(%)	-11.61
2003年最高(元)	11.99
2003年最低(元)	7.70
2003年换手率(%)	192.97

常林股份有限公司

公司概况

公司名称	常林股份有限公司			股票代码	600710		
注册地址	江苏省常州市新区常澄路 55 号			邮政编码	213002		
法人代表	尚德鑫			董秘	周龙江		
电话	0519-6752853			传真	0519-6750025		
主营业务	工程、林业、矿山、环保,采运机械设备的研制等						
总股本	33000.00	流通 A	14880.00	流通 B		流通 H	
审计单位				审计意见	未审计		

主要财务指标

年度	2003.9	2003.6	2002	2001
每股收益/扣除后(元)	0.4250	0.3200	0.2900	0.0220
每股经营现金流量(元)	0.1776	0.1000	0.2096	0.3045
每股净资产/调整后(元)	1.8500	1.7400	2.8100	2.6900
每股公积金(元)	0.3420	0.3420	1.4841	1.4841
净资产收益率(%)	22.5100	18.0600	10.8400	2.2700
总资产(万元)	120636.20	120364.76	94777.72	86016.38
股东权益(万元)	62008.19	58638.50	48048.78	45429.44
未分配利润(万元)	15537.43	12167.74	4878.02	3065.47
主营收入(万元)	120882.25	80197.44	100449.66	52811.70
资本公积金(万元)	11287.04	11287.04	24487.04	24487.04
主营利润(万元)	17153.82	12380.94	15722.22	6911.57
其他业务利润(万元)	24.50	10.21	94.68	13.58
营业利润(万元)	6834.63	5326.20	2317.60	-583.76
投资收益(万元)	9587.16	7285.37	4451.53	1702.95
补贴收入(万元)				
营业外收支(万元)	-1563.36	-62.63	-57.39	-42.75
利润总额(万元)	14858.43	11219.96	6011.74	1076.44
净利润(万元)	13959.41	10589.72	5209.11	1030.23

十大股东

序号	股东名称	股份性质	持股数(万股)	比例(%)
1	中国福马林业机械集团有限公司	国有法人股	18120.00	54.91
2	国泰金鹰	流通股	378.94	1.10
3	长城证券	流通股	353.78	1.10
4	基金裕阳	流通股	314.46	0.95
5	鹏华成长	流通股	291.31	0.88
6	基金久嘉	流通股	256.00	0.80
7	基金金鼎	流通股	233.00	0.71
8	基金安信	流通股	200.29	0.61
9	基金裕元	流通股	167.33	0.51
10	基金安久	流通股	139.82	0.42

股东人数	2003.9	2003.6	2002	2001
	29204	27247	17639	24248

近年分配	2002年 10 派 0.7 元 2001 年 10 派 0.35 元	近年配股/增发	2002年 10 送 2 股转 8 股

重大事项

2003-08-23 常林股份董事会决议:通过投资建立"常林(马)工程机械有限公司"的议案:公司拟在马来西亚怡保市与马来西亚万发集团合资建立"常林(马)工程机械有限公司"(暂定名,最后名称以当地工商登记机关核准为准)。意向初期投资总额 **300** 万马币(约人民币 **660** 万元),注册资本 **260** 万马币(约人民币 **572** 万元),投资比例各为 **50%**,均以现金出资。通过关于北京、西安分公司改为办事处的议案。

二〇〇二年以来市场表现

2002年涨跌幅(%)	29.36
2002年最高(元)	6.77
2002年最低(元)	3.01
2002年换手率(%)	126.45
2003年涨跌幅(%)	34.38
2003年最高(元)	10.20
2003年最低(元)	5.85
2003年换手率(%)	521.31

厦门雄震集团股份有限公司

公司概况

公司名称	厦门雄震集团股份有限公司	股票代码	600711
注册地址	厦门市厦禾路189号银行中心17楼6-8单元	邮政编码	361003
法人代表	姚雄杰	董秘	丁笑
电话	0592-2394735	传真	0592-2394706
主营业务	网络智能自动设备、金融、通讯行业软件等		
总股本	6036.00	流通A 1512.00	流通B / 流通H
审计单位		审计意见	未审计

主要财务指标

年度	2003.9	2003.6	2002	2001
每股收益/扣除后(元)	0.1410	0.0800	0.3200	0.2700
每股经营现金流量(元)	-0.8400	-0.3490	0.2081	0.3593
每股净资产/调整后(元)	1.7170	1.6840	1.5490	1.2750
每股公积金(元)		0.2128	0.2128	0.1544
净资产收益率(%)	10.9000	7.5300	23.1600	21.4000
总资产(万元)	31250.65	29858.70	23947.83	13564.72
股东权益(万元)		10278.82	8726.91	7142.79
未分配利润(万元)		1543.00	1227.29	-1775.11
主营收入(万元)	8205.40	6517.63	12157.00	6613.24
资本公积金(万元)		1284.76	931.87	2706.98
主营利润(万元)	3514.00	2387.99	5134.31	3330.32
其他业务利润(万元)	135.26	89.85	197.20	177.24
营业利润(万元)	1359.29	892.45	2399.72	2004.21
投资收益(万元)	-485.67	-336.56	-175.99	-82.26
补贴收入(万元)	70.00		50.00	
营业外收支(万元)	315.81	317.63	59.29	11.26
利润总额(万元)	1259.42	873.51	2333.02	1933.21
净利润(万元)	1163.06	733.94	2031.92	1660.05

十大股东

序号	股东名称	股份性质	持股数(万股)	比例(%)
1	深圳市雄震投资有限公司	法人股	2400.00	39.76
2	上海汇衡科技发展有限公司	法人股	1677.60	27.79
3	金尚美投资	法人股	278.40	4.61
4	秦年投资有限公司	法人股	120.00	1.98
5	宏华集团	法人股	24.00	0.40
6	众鑫投资	法人股	19.00	0.31
7	李瑞云	流通股	10.00	0.17
8	洪士华	流通股	9.80	0.16
9	李权	流通股	7.45	0.12
10	厦证登记	流通股	6.31	0.10

股东人数	2003.9	2003.6	2002	2001
	8820	8875	8602	7081

近年分配	2002年10派0.5元 2001年10派0.5元	近年配股/增发	不分配不转增

重大事项

厦门雄震集团股份有限公司于2003年4月28日与深圳市商业银行高新技术支行签订保证合同，同意为本公司的控股子公司—深圳市雄震科技有限公司在深圳市商业银行高新技术支行申请的最高额1500万元人民币授信额度提供连带责任担保。深圳市雄震科技有限公司与深圳市商业银行高新技术支行的贷款合同同时签署。

二〇〇二年以来市场表现

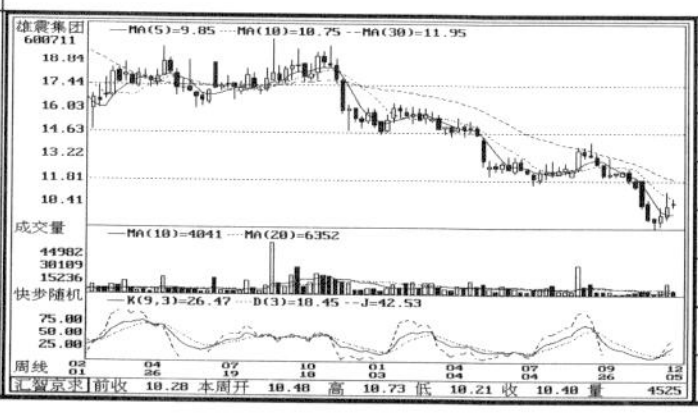

2002年涨跌幅(%)	-17.18
2002年最高(元)	20.20
2002年最低(元)	14.21
2002年换手率(%)	314.86
2003年涨跌幅(%)	-30.31
2003年最高(元)	16.29
2003年最低(元)	9.00
2003年换手率(%)	227.35

南宁百货大楼股份有限公司

公司概况

公司名称	南宁百货大楼股份有限公司	股票代码	600712
注册地址	广西南宁市朝阳路39-41,45号	邮政编码	530012
法人代表	陈民群	董秘	张燕辉
电话	0771-2610906	传真	0711-2810261
主营业务	针纺织品、日用百货、五金交电、金银饰品等		
总股本	6036.00	流通A 1512.00	流通B / 流通H
审计单位		审计意见	未审计

主要财务指标

年度	2003.9	2003.6	2002	2001
每股收益/扣除后(元)	-0.0200	0.0500	0.1000	0.1900
每股经营现金流量(元)	0.0084	-0.0360	0.3116	0.7616
每股净资产/调整后(元)	2.5100	2.4500	2.5800	2.5000
每股公积金(元)		0.2128	0.2128	0.1544
净资产收益率(%)	10.9000	7.5300	23.1600	21.4000
总资产(万元)	31250.65	29858.70	23947.83	13564.72
股东权益(万元)		10278.82	8726.91	7142.79
未分配利润(万元)		1543.40	1227.29	-1775.11
主营收入(万元)	8205.40	6517.63	12157.00	6613.24
资本公积金(万元)		1284.76	931.87	2706.98
主营利润(万元)	3514.00	2387.99	5134.31	3330.32
其他业务利润(万元)	135.26	89.85	197.20	177.24
营业利润(万元)	1359.29	892.45	2399.72	2004.21
投资收益(万元)	-2.59	-2.59	-5.19	-56.36
补贴收入(万元)	4.94	1.94	2.05	2.75
营业外收支(万元)	-612.89		-8.36	14.62
利润总额(万元)	1259.42	873.51	2333.02	1933.21
净利润(万元)	1163.06	773.94	2031.92	1660.05

十大股东

序号	股东名称	股份性质	持股数(万股)	比例(%)
1	南宁沛宁资产经营有限责任公司	国家股	2226.00	24.62
2	深圳市永丰国投资发展有限公司	国有法人股	1671.64	18.49
3	深圳世通贸易有限公司	国有法人股	499.80	5.53
4	深圳市强泰实业有限公司	国有法人股	415.90	4.60
5	国海证券有限责任公司	流通股	200.63	2.22
6	深圳市执新投资顾问有限公司	国有法人股	99.50	1.10
7	邹文华	流通股	35.81	0.40
8	解文欣	流通股	35.04	0.39
9	王文兴	流通股	33.27	0.37
10	林玉才	流通股	32.22	0.36

股东人数	2003.9	2003.6	2002	2001
	4908	5116	5915	7574

近年分配	2001年10派0.6元	近年配股/增发	2003年10转增6股

重大事项

2003年11月15日原则同意公司用部分资产与国家股股东南宁沛宁资产经营有限责任公司持有的南宁银河有限责任公司以及南宁医药有限责任公司的国有股权进行等额置换重组。 2003-05-13公司第四届董事会第四次会议同意以公司北楼三、八层作抵押,向建设银行南宁市朝阳支行申请人民币3500万元的流动资金借款额度,期限一年。

二〇〇二年以来市场表现

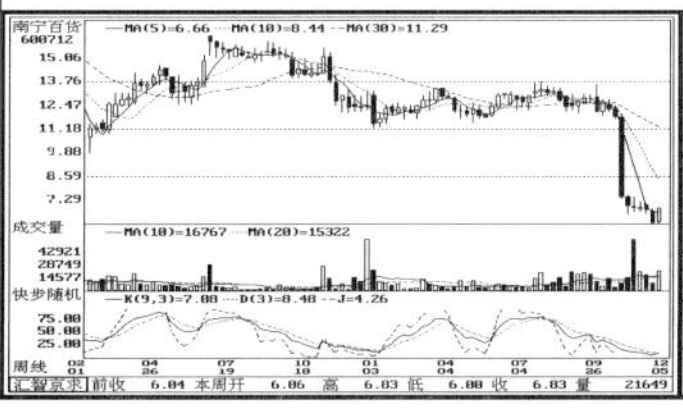

2002年涨跌幅(%)	-9.23
2002年最高(元)	10.19
2002年最低(元)	6.03
2002年换手率(%)	65.80
2003年涨跌幅(%)	-25.06
2003年最高(元)	8.57
2003年最低(元)	6.00
2003年换手率(%)	69.18

南京医药股份有限公司

公司概况

公司名称	南京医药股份有限公司	股票代码	600713
注册地址	南京市经济技术开发区(中山东路486号)	邮政编码	210002
法人代表	李家淼	董秘	王永利
电话	025-4415515-1407	传真	025-4525221
主营业务	化学原料药及制剂、生物制品;中成药等		
审计单位		审计意见	未审计

总股本	19426.07	流通A	8309.74	流通B		流通H	

主要财务指标

年度	2003.9	2003.6	2002	2001
每股收益/扣除后(元)	0.0700	0.0600	0.1130	0.0940
每股经营现金流量(元)	0.0923	0.0800	0.3539	-0.0216
每股净资产/调整后(元)	2.3300	2.3000	2.2200	2.2200
每股公积金(元)	0.9607	0.9607	0.9607	0.9630
净资产收益率(%)	4.5100	3.6400	6.4500	8.4900
总资产(万元)	247776.41	241117.30	181629.72	116996.86
股东权益(万元)	45751.90	45341.16	43690.49	43443.41
未分配利润(万元)	2686.44	2275.70	625.04	1098.72
主营收入(万元)	315658.41	200777.91	206868.95	142864.44
资本公积金(万元)	18661.77	18661.77	18661.77	18707.55
主营利润(万元)	29993.81	19928.20	25791.45	22599.18
其他业务利润(万元)	570.71	261.35	495.84	555.45
营业利润(万元)	2942.02	2185.99	3684.40	2617.94
投资收益(万元)	735.76	638.36	1055.49	2972.71
补贴收入(万元)	381.20	32.36	40.12	111.50
营业外收支(万元)	-8.93		-199.84	-240.75
利润总额(万元)	4050.05	2911.88	4580.17	5461.41
净利润(万元)	2061.41	1650.66	2819.80	3689.78

十大股东

序号	股东名称	股份性质	持股数(万股)	比例(%)
1	南京医药集团有限责任公司	国有法人股	5266.33	27.11
2	江苏兴宏达投资有限公司	法人股	1187.10	6.11
3	上海天发投资有限公司	法人股	958.00	4.93
4	南京市证券公司	流通股	761.02	3.92
5	深圳泰华房地产有限公司	法人股	461.70	2.38
6	南京福康贸易公司	法人股	189.00	0.97
7	南京市房产经营总公司	法人股	153.00	0.79
8	江苏鑫苏投资公司	法人股	126.00	0.65
9	南京新淮科技技贸有限公司	法人股	116.60	0.60
10	南京医药大厦贸易公司	法人股	106.20	0.55

股东人数	2003.9	2003.6	2002	2001
	42589	44007	43050	43588

近年分配	2002年10派1元 2001年10派1元	近年配股/增发	不分配不转增

重大事项

2003-01-06南京医药股份有限公司于2003年1月6日与南京医药集团有限责任公司、南京药业股份有限公司三方在南京市共同签署对南京医药百信药房有限责任公司增资协议书。南京医药股份有限公司以现金增资1820万元,增资后总占总股本46%;南京药业股份有限公司以现金增资1220万元,增资后占总股本34%;南京医药集团有限责任公司以现金增资760万元,增资后占总股本20%。

二〇〇二年以来市场表现

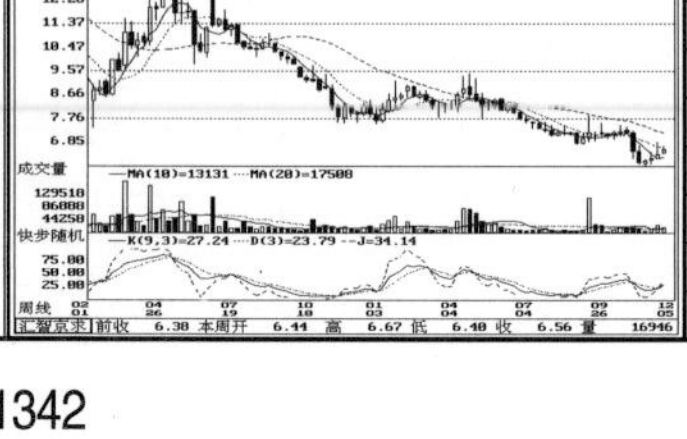

2002年涨跌幅(%)	-24.93
2002年最高(元)	13.08
2002年最低(元)	6.80
2002年换手率(%)	214.68
2003年涨跌幅(%)	-17.25
2003年最高(元)	9.45
2003年最低(元)	5.95
2003年换手率(%)	120.92

青海山川矿业发展股份有限公司

公司概况

公司名称	青海山川矿业发展股份有限公司	股票代码	600714
注册地址	青海省西宁市朝阳西路112号	邮政编码	810028
法人代表	王俊卿	董秘	张光周
电话	0971-5509464	传真	0971-5507586
主营业务	矿业开发、加工、销售;锶业系列产品的研究等		
审计单位		审计意见	未审计

总股本	15093.75	流通A	4025.00	流通B		流通H	

主要财务指标

年度	2003.9	2003.6	2002	2001
每股收益/扣除后(元)	0.0340	0.0330	0.1400	0.2025
每股经营现金流量(元)	0.1028	-0.2600	0.2376	-0.0154
每股净资产/调整后(元)	1.5747	1.5781	2.1228	1.7859
每股公积金(元)	0.1975	0.1975	6744.0000	0.6744
净资产收益率(%)	2.1970	2.1000	6.6700	10.3400
总资产(万元)	41968.87	42531.07	38037.82	34679.54
股东权益(万元)	23844.04	23819.73	23297.09	21742.26
未分配利润(万元)	3673.52	3649.21	3149.63	1905.77
主营收入(万元)	13672.12	11270.60	22196.68	15306.75
资本公积金(万元)	2980.97	2980.97	7270.41	7270.41
主营利润(万元)	2670.93	2119.90	5571.77	4845.87
其他业务利润(万元)	-7.21	-7.47	-23.06	-19.59
营业利润(万元)	354.53	370.33	932.75	1073.43
投资收益(万元)	218.75	218.75	1145.26	1384.47
补贴收入(万元)	54.61	0.24		66.58
营业外收支(万元)	-11.55		22.09	-0.64
利润总额(万元)	616.34	587.70	2100.10	2523.83
净利润(万元)	523.89	499.58	1554.83	2249.08

十大股东

序号	股东名称	股份性质	持股数(万股)	比例(%)
1	青海省投资公司	国家股	5554.50	36.80
2	青海省电力公司	国有股东	4226.25	28.00
3	五矿国际有色金属贸易公司	法人股东	603.75	4.00
4	青海百货股份有限公司	法人股东	442.75	2.93
5	青海三普药业股份有限公司青海省医药分公司	法人股东	80.50	0.53
6	曹元林	法人股东	43.11	0.29
7	中国冶金进出口厦门公司	法人股东	40.25	0.27
8	贵州省机械进出口有限公司	法人股东	40.25	0.27
9	中国磨料磨具进出口联营公司海南分公司	法人股东	40.25	0.27
10	中国冶金进出口青海公司	法人股东	40.25	0.27

股东人数	2003.9	2003.6	2002	2001
	2245	2310	3515	6169

近年分配		近年配股/增发	2002年10转增4股

重大事项

公司于2003年6月5日公司与青海大风山锶业科技有限公司进行重大资产置换后,锶业科技公司流动资产中委托上海诚信进出口有限公司管理的15000000元资金到期后,全部本金和收益均归公司所有。公司将持有的15000000元债权,以15000000元的价格转让由青海省金星矿业有限公司持有。

二〇〇二年以来市场表现

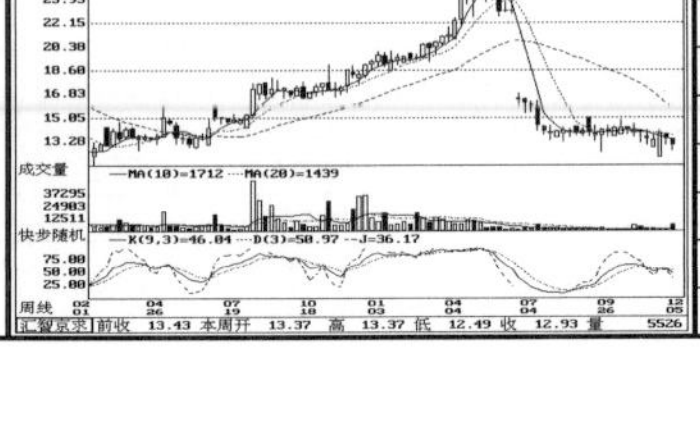

2002年涨跌幅(%)	52.10
2002年最高(元)	14.25
2002年最低(元)	7.86
2002年换手率(%)	120.16
2003年涨跌幅(%)	-4.95
2003年最高(元)	18.36
2003年最低(元)	12.02
2003年换手率(%)	47.91

松辽汽车股份有限公司

公司概况

公司名称	松辽汽车股份有限公司			股票代码	600715		
注册地址	沈阳市苏家屯区白松路 22 号			邮政编码	110101		
法人代表	吴金坤			董秘	孙华东		
电话	024-89811610			传真	024-89811259		
主营业务	轻型越野客车、轻型客车制造、销售等						
总股本	22425.60	流通 A	10137.60	流通 B		流通 H	
审计单位				审计意见	未审计		

主要财务指标

年度	2003.9	2003.6	2002	2001
每股收益 / 扣除后(元)	-0.0800	-0.0600	-0.4580	-0.2600
每股经营现金流量(元)	0.0213	0.0030	-0.0086	0.3746
每股净资产 / 调整后(元)	0.3330	0.3700	0.3300	0.8200
每股公积金(元)	1.1496	1.1496	1.0676	0.8858
净资产收益率(%)	-23.4600	-15.1200	-222.3800	-32.5200
总资产(万元)	49524.67	49966.07	50264.22	59877.49
股东权益(万元)	7685.72	8242.17	7648.94	19280.65
未分配利润(万元)	-41454.63	-40898.18	-39651.72	-23942.61
主营收入(万元)	480.12	29.56		
资本公积金(万元)	25781.00	25781.00	23941.31	19863.91
主营利润(万元)	29.45	3.22		
其他业务利润(万元)	462.80	46.03		1835.51
营业利润(万元)	-1837.31	-1342.42	-10260.60	-5888.88
投资收益(万元)	-57.89			
补贴收入(万元)				
营业外收支(万元)	92.30		-6749.12	-382.14
利润总额(万元)	-1802.90	-1246.46	-17009.71	-6271.02
净利润(万元)	-1802.90	-1246.46	-17009.71	-6271.02

十大股东

序号	股东名称	股份性质	持股数(万股)	比例(%)
1	沈阳松辽企业(集团)有限公司	社会法人股	8104.00	36.14
2	上海中润汽车制动器有限公司	社会法人股	3800.00	16.94
3	沈阳市凯达灯饰制造有限公司	募集法人股	234.00	1.04
4	全亚生	流通股	91.87	0.41
5	李翠兰	流通股	91.26	0.41
6	李发保	流通股	90.58	0.40
7	上海康隆企业发展有限公司	募集法人股	70.00	0.31
8	肖银兰	流通股	63.07	0.28
9	兰瑞生	流通股	61.41	0.27
10	谢团美	流通股	60.57	0.27

股东人数	2003.9	2003.6	2002	2001
	23736	24164	20379	17179

近年分配		近年配股 / 增发	不分配不转增

重大事项

2003 年 11 月 27 日公司以资产参股沈阳中顺汽车有限公司的投资事宜已经公司 2002 年度股东大会审议通过，目前，中顺汽车已投资完成了年产 6 万辆汽车整车的生产线建设和技术改造，其新产品 SLQ6503A 型轻型客车将于 2003 年 11 月 28 日正式下线。 2003 年 10 月 30 日，上海中润汽车制动器有限公司以每股 0.32 元的价格拍得沈阳松辽企业有限公司所持有的本公司国有法人股 3800 万股股权。本次股权强制拍卖后，集团公司仍持有本公司 8104 万股股权，为本公司第一大股东；上海中润持有本公司 3800 万股股权，为本公司的第二大股东。

二〇〇二年以来市场表现

2002年涨跌幅(%)	-47.94
2002年最高(元)	8.30
2002年最低(元)	3.85
2002年换手率(%)	319.13
2003年涨跌幅(%)	7.19
2003年最高(元)	6.69
2003年最低(元)	3.71
2003年换手率(%)	425.90

秦皇岛耀华玻璃股份有限公司

公司概况

公司名称	秦皇岛耀华玻璃股份有限公司			股票代码	600716		
注册地址	河北省秦皇岛市西港路			邮政编码	066013		
法人代表	曹田平			董秘	宋英利		
电话	0335-3028173			传真	0335-3028173		
主营业务	玻璃以及其制品的生产、销售等						
总股本	34830.00	流通 A	10530.00	流通 B		流通 H	
审计单位				审计意见	未审计		

主要财务指标

年度	2003.9	2003.6	2002	2001
每股收益 / 扣除后(元)	0.0103	0.0030	0.0680	0.0990
每股经营现金流量(元)	0.1016	0.0080	-0.0908	0.2453
每股净资产 / 调整后(元)	1.9200	1.9100	1.9100	1.5100
每股公积金(元)	0.8910	0.8910	0.8896	0.5193
净资产收益率(%)	0.3000	0.0890	3.3400	6.2800
总资产(万元)	146899.16	131903.36	116639.39	92381.75
股东权益(万元)	69296.71	69147.32	69037.77	51669.92
未分配利润(万元)	631.52	482.13	420.86	5.66
主营收入(万元)	31682.36	17723.74	47908.84	42534.33
资本公积金(万元)	31031.87	31031.87	30983.59	16825.96
主营利润(万元)	4922.24	2350.56	9075.52	8978.23
其他业务利润(万元)	271.97	293.90	437.07	443.67
营业利润(万元)	482.09	61.29	3539.19	3884.11
投资收益(万元)			-10.46	-23.63
补贴收入(万元)			49.32	24.70
营业外收支(万元)	-147.54	-41.15	-60.65	60.52
利润总额(万元)	334.55	20.14	3517.39	3247.07
净利润(万元)	210.66	61.27	2306.79	3247.07

十大股东

序号	股东名称	股份性质	持股数(万股)	比例(%)
1	中国耀华玻璃集团公司	国有法人股	24156.00	69.35
2	陈有春	流通股	70.17	0.20
3	兴和证券投资基金	流通股	58.99	0.17
4	南京银人新技术项目开发有限公司	流通股	48.30	0.14
5	五矿集团财务有限公司	流通股	44.95	0.13
6	北京东方世纪物业管理有限公司	流通股	36.18	0.10
7	河北省建设投资公司	法人股	36.00	0.10
8	秦皇岛玻璃工业设计研究院	法人股	36.00	0.10
9	秦皇岛福电实业集团有限公司	法人股	36.00	0.10
10	渤海铝业有限公司	法人股	36.00	0.10

股东人数	2003.9	2003.6	2002	2001
	53879	54437	54524	53880

近年分配	2002 年 10 派 0.3 元 2001 年 10 派 0.8 元	近年配股 / 增发	不分配不转增

重大事项

2003-01-07 中国耀华玻璃集团公司拟以其持有的秦皇岛耀华北部工业园有限公司股权 4624.56 万股置换秦皇岛耀华玻璃股份有限公司(本公司)所属浮法玻璃工业性试验基地生产线经评估后净值为 4624.56 万元的固定资产。置换完成后，本公司持有耀华北部 57.81%股权，为该公司第一大股东。

二〇〇二年以来市场表现

2002年涨跌幅(%)	-22.44
2002年最高(元)	8.78
2002年最低(元)	4.90
2002年换手率(%)	127.76
2003年涨跌幅(%)	-22.32
2003年最高(元)	6.67
2003年最低(元)	3.75
2003年换手率(%)	129.98

天津港(集团)股份有限公司

公司概况

公司名称	天津港(集团)股份有限公司	股票代码	600717				
注册地址	天津市塘沽区新港二号路卡子门内	邮政编码	300456				
法人代表	王恩德	董秘	李全勇				
电话	022-25706615	传真	022-25706615				
主营业务	商品储存、中转联运、装卸搬运及相关业务等						
总股本	65985.38	流通 A	21522.14	流通 B		流通 H	
审计单位		审计意见	未审计				

主要财务指标

年度	2003.9	2003.6	2002	2001
每股收益/扣除后(元)	0.3700	0.2500	0.4600	0.4000
每股经营现金流量(元)	0.6222	0.4500	0.8654	0.7244
每股净资产/调整后(元)	3.1000	2.9800	2.7400	2.4000
每股公积金(元)	0.7744	0.7744	0.7744	0.7744
净资产收益率(%)	11.8300	8.3700	16.4800	16.9300
总资产(万元)	384944.84	349388.37	316911.06	281301.12
股东权益(万元)	205203.66	19745.46	181330.70	159364.80
未分配利润(万元)	58220.91	50471.88	35428.96	20227.44
主营收入(万元)	98824.96	65861.94	123513.47	100067.47
资本公积金(万元)	51097.29	51097.29	51097.29	51097.29
主营利润(万元)	49889.89	34225.13	62521.67	51381.09
其他业务利润(万元)	154.30	96.76	268.04	59.91
营业利润(万元)	32578.54	22217.82	40371.91	32281.13
投资收益(万元)	896.91	690.97	1627.30	1711.22
补贴收入(万元)	3041.00	2274.00	3376.81	
营业外收支(万元)	-510.79	-178.63	-815.75	-33.09
利润总额(万元)	36005.66	25004.17	44560.26	33959.27
净利润(万元)	24278.31	16529.28	29884.16	26984.10

十大股东

序号	股东名称	股份性质	持股数(万股)	比例(%)
1	天津港务局	国家股	41455.27	62.82
2	鹏华行业成长证券投资基金	流通股	794.15	1.20
3	融鑫证券投资基金	流通股	543.77	0.82
4	申银万国证券股份有限公司	流通股	464.64	0.70
5	招商银行股份有限公司—招商股票投资基金	流通股	414.65	0.63
6	天津北方国际信托投资公司	法人股	282.24	0.43
7	中国电子系统工程总公司	法人股	246.96	0.37
8	招商银行股份有限公司—招商平衡型证券投资基金	流通股	237.36	0.36
9	广发证券股份有限公司	流通股	188.77	0.29
10	深圳市渔丰实业股份有限公司	法人股	176.40	0.27

股东人数	2003.9	2003.6	2002	2001
	35680	46893	60382	47798

近年分配	近年配股/增发
2002年10派1.2元 2001年10派0.8元	2002年10配3股

重大事项

2003-04-23股权转让:本次交易的转让方为天津港(集团)股份有限公司,受让方为天津天保公用设施有限公司,交易标的为转让方向受让方转让其在天保物流公司中的20%股权;转让价格价格总额为1328万元。 2003-09-30公司拟与外方香港远航集团有限公司投资设立合资公司天津港远航矿石码头有限公司。合资公司投资总额约为1.2168亿美元。合资双方的出资额共为5618万美元,其中公司以天津港南疆通用散货码头部分资产出资,出资比例为51%。

二〇〇二年以来市场表现

2002年涨跌幅(%)	-19.47
2002年最高(元)	11.15
2002年最低(元)	7.75
2002年换手率(%)	141.60
2003年涨跌幅(%)	32.27
2003年最高(元)	13.26
2003年最低(元)	8.14
2003年换手率(%)	195.30

沈阳东软软件股份有限公司

公司概况

公司名称	沈阳东软软件股份有限公司	股票代码	600718				
注册地址	沈阳市和平区文化路3号巷11号	邮政编码	110006				
法人代表	刘积仁	董秘	徐庆荣				
电话	024-23783000-85712	传真	024-23783375				
主营业务	应用软件、以软件为核心的系统集成等						
总股本	28145.17	流通 A	11325.83	流通 B		流通 H	
审计单位		审计意见	未审计				

主要财务指标

年度	2003.9	2003.6	2002	2001
每股收益/扣除后(元)	0.1460	0.1000	0.3000	0.5000
每股经营现金流量(元)	-0.5789	-0.3390	-0.0788	0.2630
每股净资产/调整后(元)	4.5200	4.8000	4.4300	4.1200
每股公积金(元)	2.0714	2.0714	2.0714	2.0565
净资产收益率(%)	3.1900	2.2700	6.2600	11.3400
总资产(万元)	266268.28	263889.41	259067.41	245747.12
股东权益(万元)	129873.93	129103.89	127320.94	119201.67
未分配利润(万元)	26878.94	25675.38	22740.22	18003.28
主营收入(万元)	136594.53	93028.70	190724.75	175864.78
资本公积金(万元)	58299.14	58299.14	58299.14	57879.31
主营利润(万元)	37915.57	25043.92	53166.05	49826.42
其他业务利润(万元)	706.06	468.62	459.38	814.44
营业利润(万元)	4817.78	2776.43	7424.78	14446.18
投资收益(万元)	-1006.86	-17.19	-81.63	740.47
补贴收入(万元)	546.16	478.39	3506.66	1041.37
营业外收支(万元)	-36.59	-17.48	-589.15	-1065.12
利润总额(万元)	4320.50	3220.15	10260.65	15162.90
净利润(万元)	4138.72	2935.16	7971.17	13513.42

十大股东

序号	股东名称	股份性质	持股数(万股)	比例(%)
1	东软集团有限公司	法人股/流通股	9906.54	35.20
2	阿尔派电子(中国)有限公司	外资股	7048.89	25.04
3	同盛证券投资基金	流通股	247.00	0.88
4	天津市地文高科技发展有限公司	流通股	194.13	0.69
5	上海安联投资发展公司	流通股	168.83	0.60
6	刘杰	流通股	116.56	0.41
7	招商股票投资基金	流通股	101.73	0.36
8	山西省信托投资公司	流通股	100.00	0.36
9	汉鼎证券投资基金	流通股	95.04	0.34
10	华宝信托投资有限责任公司	流通股	85.58	0.30

股东人数	2003.9	2003.6	2002	2001
	66264	68889	71428	77627

近年分配	近年配股/增发
2001年10派2元	不分配不转增

重大事项

公司董事会接到第一大股东东软集团有限公司的通知,获悉其与公司第二大股东阿尔派电子(中国)有限公司于2003年9月19日正式签订了《公司非上市流通法人股股份转让协议书》,东软集团拟收购阿尔派中国持有的公司外资法人股7048.8819万股,占公司发行在外股份的25.04%。

二〇〇二年以来市场表现

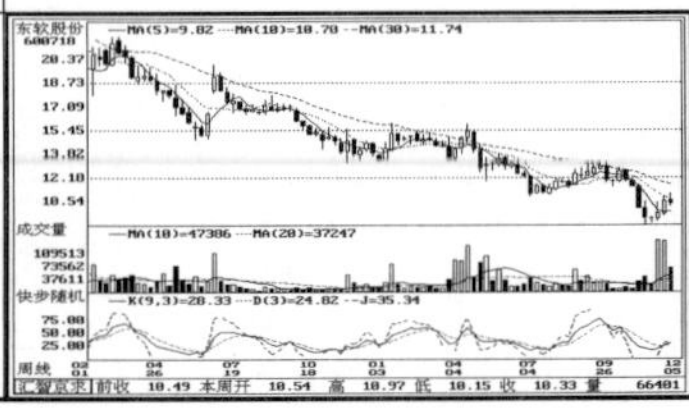

2002年涨跌幅(%)	-36.14
2002年最高(元)	21.81
2002年最低(元)	13.16
2002年换手率(%)	113.65
2003年涨跌幅(%)	-22.30
2003年最高(元)	15.90
2003年最低(元)	8.90
2003年换手率(%)	149.90

大连热电股份有限公司

公司概况

公司名称	大连热电股份有限公司	股票代码	600719
注册地址	大连市沙河口区香周路 210 号	邮政编码	116021
法人代表	秦宏伟	董秘	左广志
电话	0411-4438755	传真	0411-4438670
主营业务	集中供热、热电联产、供热工程设计及安装检修等		
总股本	20229.98	流通 A	7605.00
流通 B		流通 H	
审计单位		审计意见	未审计

主要财务指标

年度	2003.9	2003.6	2002	2001
每股收益/扣除后(元)	0.0190	0.0800	0.1400	0.2600
每股经营现金流量(元)	0.2848	0.2700	0.1086	0.0936
每股净资产/调整后(元)	3.4900	3.5500	3.4700	3.2800
每股公积金(元)	1.6038	1.6038	1.6038	1.6038
净资产收益率(%)	0.5200	2.2700	4.2100	8.2000
总资产(万元)	159605.31	164145.30	170843.33	150249.81
股东权益(万元)	70721.23	71987.30	70349.66	66997.51
未分配利润(万元)	6394.64	7660.71	6023.54	5821.12
主营收入(万元)	29382.35	25355.11	37044.60	37198.02
资本公积金(万元)	32445.23	32445.23	32444.76	30253.30
主营利润(万元)	5529.68	6094.21	9186.57	10135.38
其他业务利润(万元)	32.97	1.98	5.85	1.80
营业利润(万元)	364.87	2298.23	4483.87	6769.88
投资收益(万元)			17.50	-228.19
补贴收入(万元)				
营业外收支(万元)	-10.01		6.33	-38.03
利润总额(万元)	354.86	2296.93	4507.70	6503.66
净利润(万元)	371.11	1637.17	2960.86	5492.38

十大股东

序号	股东名称	股份性质	持股数(万股)	比例(%)
1	大连市国有资产管理局	国有股	8124.98	40.16
2	深圳市深港产学研创业投资有限公司	法人股	2430.00	12.01
3	大连市电力发展公司	法人股	1800.00	8.90
4	大连市经济技术协作总公司	法人股	270.00	1.33
5	宏源证券股份有限公司	流通股	29.27	1.40
6	孙桂君	流通股	25.00	0.12
7	长江证券有限责任公司	流通股	23.36	0.12
8	耿汝明	流通股	20.70	0.10
9	赖在赐	流通股	18.50	0.09
10	李腊梅	流通股	17.41	0.09

股东人数	2003.9	2003.6	2002	2001
	49164	48908	49268	49595

近年分配	2002年 10 派 0.8 元 2001 年 10 派 0.8 元	近年配股/增发	不分配不转增

重大事项

2003 年 12 月 23 日董事会决定审议公司控股子公司体育商城及其两家股东与大连站前电子城有限公司充分协商，达成将体育商城的一部分资产投资入股到电子城拟筹建的新公司中，其余资产转让给电子城的意向。体育商城与电子城就转让部分资产事宜，于 2003 年 11 月 20 日签订了《资产转让意向书》，体育商城拟将部分资产转让给电子城。

二〇〇二年以来市场表现

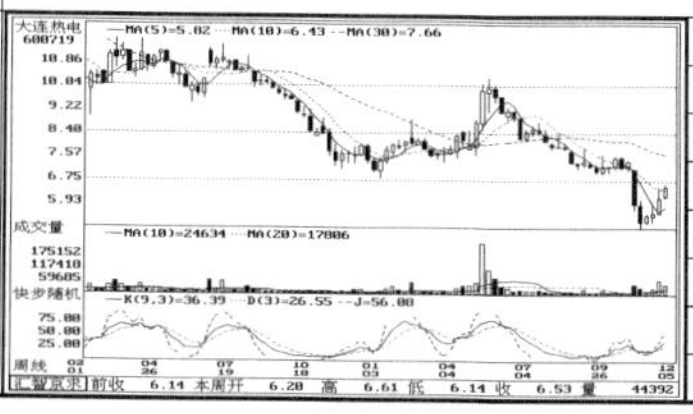

2002年涨跌幅(%)	-34.31
2002年最高(元)	11.54
2002年最低(元)	7.03
2002年换手率(%)	101.56
2003年涨跌幅(%)	-14.25
2003年最高(元)	10.22
2003年最低(元)	5.11
2003年换手率(%)	158.20

甘肃祁连山水泥股份有限公司

公司概况

公司名称	甘肃祁连山水泥股份有限公司	股票代码	600720
注册地址	甘肃省兰州市永登县中堡镇	邮政编码	730301
法人代表	杨皓	董秘	王云鹏
电话	0931-6476538	传真	0931-6476671
主营业务	水泥研究制造、批发零售、水泥装备的研究等		
总股本	34695.43	流通 A	16316.03
流通 B		流通 H	
审计单位		审计意见	未审计

主要财务指标

年度	2003.9	2003.6	2002	2001
每股收益/扣除后(元)	0.0730	0.0350	0.1250	0.1200
每股经营现金流量(元)	0.0822	0.1900	0.3202	0.1778
每股净资产/调整后(元)	1.8200	1.7800	1.7400	1.5100
每股公积金(元)	0.3509	0.3513	0.3484	0.2478
净资产收益率(%)	4.6100	2.1700	6.8900	9.5000
总资产(万元)	164068.06	124833.68	116002.68	97290.61
股东权益(万元)	63690.17	62116.70	60668.54	54795.11
未分配利润(万元)	12667.17	11078.32	9733.25	8009.10
主营收入(万元)	31370.64	17084.45	38281.85	26683.48
资本公积金(万元)	12174.13	12189.52	12086.43	8597.56
主营利润(万元)	10762.47	5690.12	12829.26	8780.06
其他业务利润(万元)	95.10	95.57	626.79	511.59
营业利润(万元)	3347.01	1571.80	5510.34	4827.89
投资收益(万元)	-31.47	-31.47	-30.77	128.20
补贴收入(万元)	723.86	328.71	142.75	1250.00
营业外收支(万元)	-233.26		-342.85	-25.46
利润总额(万元)	3806.14	1694.70	5279.47	6180.62
净利润(万元)	2933.92	1345.60	4177.41	5206.45

十大股东

序号	股东名称	股份性质	持股数(万股)	比例(%)
1	甘肃祁连山建材控股有限公司	国有法人股	14798.50	42.65
2	永登金路投资有限责任公司	法人股	1892.71	5.46
3	甘肃长青置业发展有限公司	法人股	637.29	1.84
4	兰州铁路局兰州铁路分局	法人股	392.60	1.13
5	甘肃省建筑材料总公司	法人股	196.30	0.57
6	甘肃省建筑构件工程有限公司	法人股	196.30	0.57
7	平凉地区峡中水泥厂	法人股	196.30	0.57
8	渤海证券	流通股	127.63	0.37
9	高荣荣	流通股	55.15	0.16
10	严建定	流通股	51.87	0.15

股东人数	2003.9	2003.6	2002	2001
	68766	69559	69976	65557

近年分配	2002年 10 派 0.5 元 2001 年 10 派 0.5 元	近年配股/增发	不分配不转增

重大事项

2003-07-19 本公司依据资产评估报告书，出资 835.83 万元收购武山水泥厂生产经营性净资产，并以该部分净资产及 414.17 万元货币资金(合计 125 0 万元)作为出资同甘肃祁连山工贸发展有限公司、武山宁远水泥粉磨有限公司、汪进德(自然人)、吴伟中(自然人)、刘伦坤(自然人)、吴正利(自然人)共同发起设立甘肃鸳鸯水泥有限公司。该公司注册资本为 5500 万元，公司出资占注册资本的 22.73%。

二〇〇二年以来市场表现

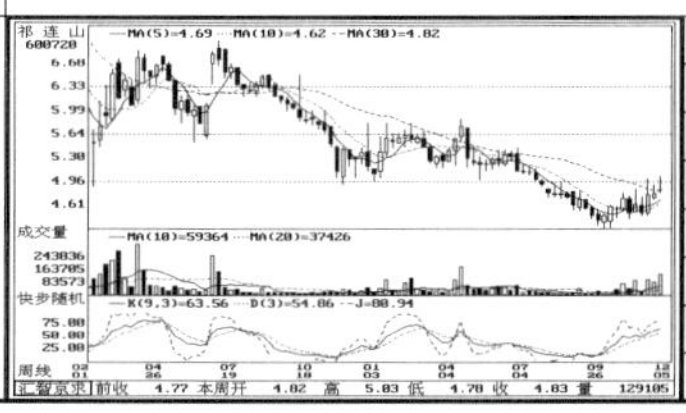

2002年涨跌幅(%)	-18.87
2002年最高(元)	6.97
2002年最低(元)	4.77
2002年换手率(%)	184.74
2003年涨跌幅(%)	-5.17
2003年最高(元)	5.80
2003年最低(元)	4.27
2003年换手率(%)	115.24

新疆百花村股份有限公司

公司概况

公司名称	新疆百花村股份有限公司		股票代码	600721	
注册地址	新疆乌鲁木齐市中山路 141 号		邮政编码	830002	
法人代表	黄建军		董秘	苗军	
电话	0991-7793678		传真	0991-7793700	
主营业务	住宿、餐饮、文化娱乐服务、机电产品等				
总股本	9480.08	流通 A	4650.00	流通 B	流通 H
审计单位			审计意见	未审计	

主要财务指标

年度	2003.9	2003.6	2002	2001
每股收益 / 扣除后(元)	0.1800	0.1300	-0.1100	-0.0600
每股经营现金流量(元)	-0.3833	-0.2800	-0.3546	0.3442
每股净资产 / 调整后(元)	1.4500	1.4100	1.2300	1.1900
每股公积金(元)	1.8361	1.8361	1.8125	1.8121
净资产收益率(%)	13.5100	10.1900	2.7900	3.9400
总资产(万元)	82999.42	84426.12	58630.43	31318.66
股东权益(万元)	14477.70	13942.12	12297.80	11950.52
未分配利润(万元)	-13054.79	-13590.30	-15010.68	-15315.57
主营收入(万元)	32789.07	23113.42	22572.62	3908.02
资本公积金(万元)	17406.76	17406.69	17182.75	17179.28
主营利润(万元)	6628.49	4315.13	4309.03	1353.98
其他业务利润(万元)	1552.90	775.39	720.34	1185.45
营业利润(万元)	4280.22	2892.54	-724.56	-580.87
投资收益(万元)	-10.14	-10.14	-43.77	-41.74
补贴收入(万元)	32.00		97.24	65.42
营业外收支(万元)	205.41		1346.04	943.66
利润总额(万元)	4507.49	3041.26	674.94	386.47
净利润(万元)	1955.89	1420.39	343.79	470.36

十大股东

序号	股东名称	股份性质	持股数(万股)	比例(%)
1	新疆兵团商业贸易发展中心	国有法人股	1655.41	17.46
2	北京北亚工业科技开发集团	社会法人股	1422.01	15.00
3	陕西大合实业集团公司	社会法人股	948.01	10.00
4	西安秦兴房地产开发有限公司	社会法人股	259.75	2.74
5	新疆生产建设兵团石油有限公司	国有法人股	201.50	2.13
6	新疆生产建设兵团商业贸易总公司	国有法人股	110.83	1.17
7	新疆通久经济发展公司	国有法人股	100.75	1.06
8	广州市联拓软件技术开发有限公司	社会流通股	83.53	0.88
9	华夏证券有限公司	国有法人股	73.13	0.77
10	山东鲁能拓展置业有限公司	社会流通股	63.87	0.67

股东人数	2003.9	2003.6	2002	2001
	7157	7561	13632	7160

近年分配		近年配股 / 增发	不分配不转增

重大事项

2003 年 8 月 22 日,陕西大合实业集团公司同意将其持有本公司股份中的 4740038 股,以每股 3.3148 元计 15712277.96 元转让给新疆生产建设兵团国有资产经营公司;将持本公司股份中的 4740037 股,以每股 3.31 元计 15689522.47 元转让给新疆八一钢铁集团有限责任公司。西安市秦兴房地产开发有限公司与新疆生产建设兵团国有资产经营公司就 2003 年 8 月 18 日签订的《股权转让协议书》中第三条股权转让中 3.1 款签订了《补充协议书》。同意将其持有本公司股份 2597540 股,以每股 3.31 元计 8597857.40 元转让给新疆生产建设兵团国有资产经营公司。

二〇〇二年以来市场表现

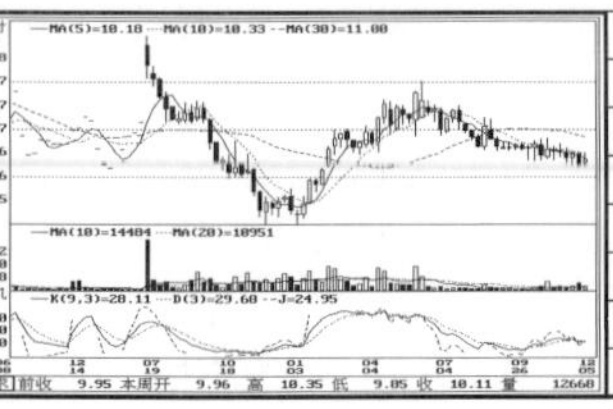

2002年涨跌幅(%)	-33.19
2002年最高(元)	14.88
2002年最低(元)	7.65
2002年换手率(%)	205.55
2003年涨跌幅(%)	27.08
2003年最高(元)	13.07
2003年最低(元)	7.65
2003年换手率(%)	241.90

沧州化学工业股份有限公司

公司概况

公司名称	沧州化学工业股份有限公司		股票代码	600722	
注册地址	河北省沧州市南环中路 18 号		邮政编码	061000	
法人代表	周振德		董秘	邢金生	
电话	0317-3030719		传真	0317-3030719	
主营业务	化工原料、塑料制品、建筑材料等				
总股本	42142.00	流通 A	11500.00	流通 B	流通 H
审计单位			审计意见	未审计	

主要财务指标

年度	2003.9	2003.6	2002	2001
每股收益 / 扣除后(元)	0.0400	0.0310	-0.0070	0.0450
每股经营现金流量(元)	0.5339	0.4800	0.2999	0.1678
每股净资产 / 调整后(元)	2.3300	2.3200	2.2700	2.3100
每股公积金(元)	0.6931	0.6931	0.6930	0.6919
净资产收益率(%)	1.7600	1.3300	0.4700	2.0500
总资产(万元)	346755.97	333406.81	317229.72	290581.31
股东权益(万元)	93494.94	97573.34	96268.66	97234.88
未分配利润(万元)	19545.86	19124.26	17824.54	18935.40
主营收入(万元)	117692.19	80657.10	135253.30	131873.94
资本公积金(万元)	29209.00	29209.00	29204.03	29156.55
主营利润(万元)	14177.30	9185.26	13138.76	13293.40
其他业务利润(万元)	1050.78	896.75	1948.42	1363.86
营业利润(万元)	2093.67	1546.68	479.38	2265.66
投资收益(万元)	52.61	51.35	-308.63	25.80
补贴收入(万元)	196.37	153.77		
营业外收支(万元)	1.25		370.73	19.10
利润总额(万元)	2343.90	1752.52	541.48	2310.55
净利润(万元)	1721.31	1299.72	448.38	1988.38

十大股东

序号	股东名称	股份性质	持股数(万股)	比例(%)
1	河北沧州化工实业集团有限公司	国家股	20642.00	48.98
2	广州利德龙科技有限公司	法人股	5000.00	11.86
3	深圳贵速实业发展有限公司	法人股	5000.00	11.86
4	华夏成长证券投资基金	流通股	151.87	0.36
5	黄国芹	流通股	42.70	0.10
6	游云清	流通股	38.61	0.09
7	孙韬	流通股	32.63	0.08
8	王文发	流通股	31.01	0.07
9	张中振	流通股	29.92	0.07
10	蒋士连	流通股	29.36	0.07

股东人数	2003.9	2003.6	2002	2001
	68884	69632	73723	90886

近年分配		近年配股 / 增发	不分配不转增

重大事项

2003-09-19 公司第二大股东北京恒信涌鑫商贸有限公司拟将其持有的公司法人股 50000000 股转让给深圳贵速实业发展有限公司,本次转让的股份占总股本的 11.86%,转让价格为 2.38 元/股,合计转让金额为 119000000 元。完成本次转让后,河北沧州化工实业集团公司持有公司国家股 20642 万股,占公司总股本的 48.98%,仍为公司第一大股东,广州利德龙科技有限公司和深圳贵速分别持有 5000 万股的法人股,占公司总股本的 11.86%,并列为公司第二大股东。

二〇〇二年以来市场表现

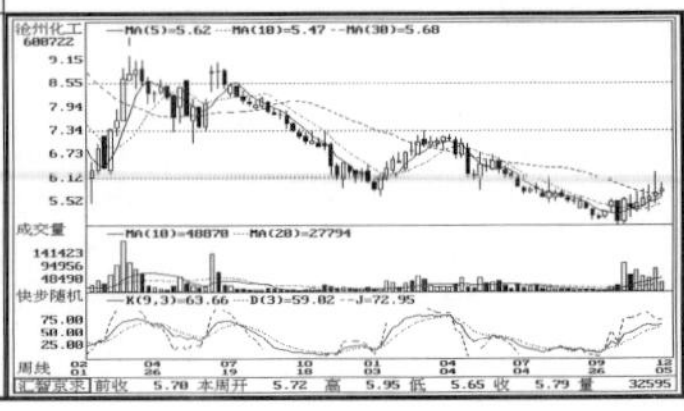

2002年涨跌幅(%)	-21.12
2002年最高(元)	9.76
2002年最低(元)	5.38
2002年换手率(%)	122.61
2003年涨跌幅(%)	-5.79
2003年最高(元)	7.31
2003年最低(元)	4.91
2003年换手率(%)	106.09

北京市西单商场股份有限公司

公司概况

公司名称	北京市西单商场股份有限公司	股票代码	600723
注册地址	京西城区西单北大街 120 号	邮政编码	100031
法人代表	刘秀玲	董秘	王　健
电话	010-66024984	传真	010-66014196
主营业务	零售、批发、代购、代销百货、针织、五金等		

总股本	40971.80	流通 A	18591.94	流通 B		流通 H	
审计单位				审计意见	未审计		

主要财务指标

年度	2003.9	2003.6	2002	2001
每股收益／扣除后(元)	-0.1100	-0.0770	0.0194	0.1100
每股经营现金流量(元)	0.1198	0.1320	-0.2032	0.2464
每股净资产／调整后(元)	2.8600	3.0100	3.0800	3.0500
每股公积金(元)	1.8242	1.8242	1.8242	1.8237
净资产收益率(%)	-3.6900	-2.5100	1.3700	4.4400
总资产(万元)	173076.41	175960.53	186909.41	176567.50
股东权益(万元)	124409.81	125846.23	129000.25	127210.45
未分配利润(万元)	-2215.21	-778.79	2326.95	912.46
主营收入(万元)	93811.29	64526.81	148972.92	157571.12
资本公积金(万元)	74740.11	74740.11	74740.11	74718.43
主营利润(万元)	12553.38	8422.90	23019.26	23354.68
其他业务利润(万元)	2589.39	1657.48	3222.65	2833.00
营业利润(万元)	-4039.84	-2894.12	497.54	4055.63
投资收益(万元)	-19.87	-41.70	1538.91	2309.75
补贴收入(万元)				8.27
营业外收支(万元)	-10.60		-22.05	-154.68
利润总额(万元)	-4340.32	-2934.07	2014.40	6218.97
净利润(万元)	-4590.44	-3154.02	1768.12	5648.30

十大股东

序号	股东名称	股份性质	持股数(万股)	比例(%)
1	北京西单友谊集团	国有法人股	18607.96	45.42
2	华运投资有限公司	法人股	712.41	1.74
3	中国人民建设银行信托投资公司	法人股	676.00	1.65
4	五矿龙腾科技股份有限公司	法人股	676.00	1.65
5	中国工商银行北京信托投资公司	法人股	676.00	1.65
6	北京市国有资产经营有限责任公司	法人股	135.20	0.33
7	袁永胜	流通股	96.00	0.23
8	中国建筑第一工程局第三建筑公司	法人股	84.50	0.20
9	全国华联商厦联合有限责任公司	法人股	84.50	0.20
10	中国海洋置业公司	法人股	84.50	0.20

股东人数	2003.9	2003.6	2002	2001
	97097	97862	100244	105829

近年分配	2001年 10 派 1 元	近年配股／增发	不分配不转增

重大事项

2003-04-26 北京西海润商业有限责任公司注册资本为 12000 万元,公司拟以 6100 万元的价格将持有的西海润的 50.83% 的股权转让给控股股东西友集团,另外 20% 的股权以 2400 万元的价格转让给北京方锦投资顾问有限责任公司,公司不再持有西海润的股权。　2003-06-12 公司第三大股东中国信达信托投资公司持有本公司法人股 6,760,000 股;根据中国信达资产管理公司与信达投资有限公司签订的股权转让协议,中国信达资产管理公司将原中国信达信托投资公司拥有的本公司 6,760,000 股以每股壹元人民币的价格转让给信达投资有限公司。

二〇〇二年以来市场表现

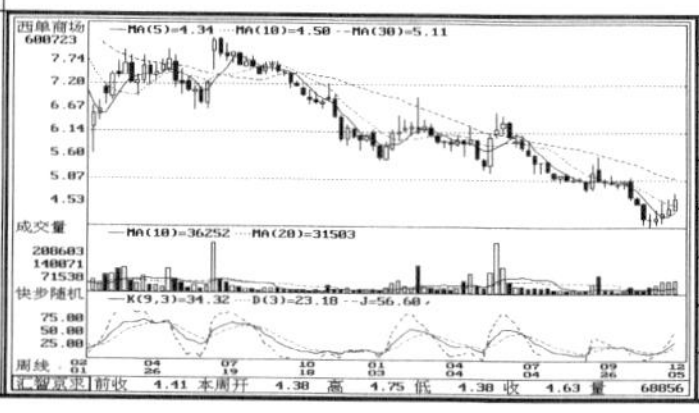

2002年涨跌幅(%)	-27.58
2002年最高(元)	8.17
2002年最低(元)	5.35
2002年换手率(%)	114.39
2003年涨跌幅(%)	-21.53
2003年最高(元)	6.92
2003年最低(元)	4.00
2003年换手率(%)	111.39

宁波富达股份有限公司

公司概况

公司名称	宁波富达股份有限公司	股票代码	600724
注册地址	浙江省余姚市阳明西路 355 号	邮政编码	315400
法人代表	白小易	董秘	陈建新
电话	0574-62814275	传真	0574-62813915
主营业务	家电、电机、缝纫用品、文具、鞋帽、工艺品等		

总股本	36436.89	流通 A	15747.58	流通 B		流通 H	
审计单位				审计意见	未审计		

主要财务指标

年度	2003.9	2003.6	2002	2001
每股收益／扣除后(元)	0.1200	0.0660	0.1600	0.2000
每股经营现金流量(元)	0.0764	0.0670	0.1518	0.0393
每股净资产／调整后(元)	1.6000	1.5200	1.4500	1.4100
每股公积金(元)	0.2549	0.2549	0.2549	0.2548
净资产收益率(%)	8.4300	4.4100	11.2100	13.4000
总资产(万元)	159234.34	139913.98	127377.05	97101.93
股东权益(万元)	59660.32	57153.88	54632.94	53063.69
未分配利润(万元)	8407.83	5901.39	3380.45	3233.20
主营收入(万元)	82726.75	51665.48	75871.89	68432.05
资本公积金(万元)	9286.01	9286.01	9286.01	9284.69
主营利润(万元)	17227.48	10791.65	17856.48	18938.30
其他业务利润(万元)	72.26	36.24	2.75	13.61
营业利润(万元)	8274.31	5027.29	7856.69	7031.00
投资收益(万元)	-91.20	-42.06	231.59	158.47
补贴收入(万元)	2037.78	1277.25	2287.81	2040.20
营业外收支(万元)	706.43		-29.02	-35.04
利润总额(万元)	10927.32	6233.59	10347.06	9194.63
净利润(万元)	5027.38	2520.94	6122.54	7108.09

十大股东

序号	股东名称	股份性质	持股数(万股)	比例(%)
1	宁波城建投资控股有限公司	国有股	12080.67	33.16
2	工商银行浙江省信托投资公司	社会法人股	2176.00	5.97
3	宁波市金茂资产管理有限公司	公众股	1789.61	4.91
4	上海邦联创业投资有限公司	社会法人股	1647.36	4.52
5	宁波大榭开发区天宇贸易有限公司	社会法人股	1318.40	3.62
6	天一证券有限责任公司	公众股	1291.38	3.54
7	宁波龙冠实业有限公司	社会法人股	1020.79	2.80
8	杭州财务开发公司	社会法人股	791.19	2.17
9	宁波韵升精机公司	公众股	578.41	1.59
10	杭州市信托投资公司	社会法人股	402.70	1.11

股东人数	2003.9	2003.6	2002	2001
	9941	12342	18172	2838

近年分配	2002年 10 派 1.25 元　2001 年 10 派 2 元	近年配股／增发	2003年 10 配 3 股

重大事项

2003-06-17 宁波富达股份有限公司为宁波富达电器有限公司 400 万元借款提供担保。2003-06-17 宁波富达股份有限公司为宁波富达电器有限公司 300 万元借款提供担保。2003-04-09 宁波富达股份有限公司为宁波舜江水泥有限公司 1000 万元借款提供担保。　2003-04-10 宁波富达股份有限公司拟将 2003 配股的募集资金用于向宁波城光天然气有限公司单方增资 2.3 亿元,投入宁波市城市天然气利用工程项目。

二〇〇二年以来市场表现

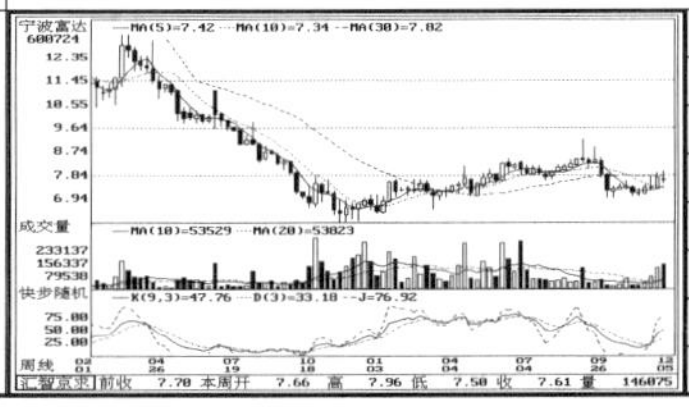

2002年涨跌幅(%)	-40.63
2002年最高(元)	13.13
2002年最低(元)	5.91
2002年换手率(%)	230.33
2003年涨跌幅(%)	12.57
2003年最高(元)	9.20
2003年最低(元)	6.24
2003年换手率(%)	266.09

云南云维股份有限公司

公司概况							
公司名称	云南云维股份有限公司			股票代码	600725		
注册地址	云南省曲靖市沾益县花山镇			邮政编码	655338		
法人代表	李剑秋			董秘	李斌		
电话	0874-3064350			传真	0874-3064195		
主营业务	主营生产销售化工、建材产品,主要产品有聚乙烯醇等						
总股本	11000.00	流通 A	3750.00	流通 B		流通 H	
审计单位				审计意见	未审计		

主要财务指标				
年度	2003.9	2003.6	2002	2001
每股收益/扣除后(元)	0.1500	0.1100	0.2810	0.4090
每股经营现金流量(元)	-0.1835	0.0480	0.2919	0.3900
每股净资产/调整后(元)	3.3560	3.3430	3.2590	3.2740
每股公积金(元)	1.5776	1.5776	1.5776	1.5745
净资产收益率(%)	4.3400	3.2630	8.2310	12.3970
总资产(万元)	53687.91	55471.78	55363.68	49878.89
股东权益(万元)	39348.63	38912.32	37642.77	36840.17
未分配利润(万元)	4764.72	4328.41	3058.85	2884.22
主营收入(万元)	18915.76	12287.49	24672.80	25587.90
资本公积金(万元)	17353.93	17353.93	17353.93	17319.22
主营利润(万元)	4751.00	3360.19	6404.84	10125.22
其他业务利润(万元)	143.18	93.30	223.77	166.37
营业利润(万元)	1811.35	1426.53	2784.14	6468.24
投资收益(万元)				150.00
补贴收入(万元)	115.24		201.28	
营业外收支(万元)	87.11		-102.17	-14.67
利润总额(万元)	2013.71	1497.11	2883.25	6603.55
净利润(万元)	1705.87	1269.55	3147.11	4567.01

十大股东				
序号	股东名称	股份性质	持股数(万股)	比例(%)
1	云南云维集团有限公司	国有股东	7250.00	65.91
2	金信证券有限责任公司	流通股	355.00	3.23
3	张丽爽	流通股	24.81	0.23
4	阮云仙	流通股	24.74	0.23
5	方玉梅	流通股	232.00	0.21
6	邱永梦	流通股	19.67	0.18
7	刘桂华	流通股	19.33	0.18
8	上海润中投资管理有限公司	流通股	19.28	0.18
9	刘秀绪	流通股	17.99	0.16
10	莫加辉	流通股	17.49	0.16

股东人数			
2003.9	2003.6	2002	2001
20416	20658	23429	25820

近年分配	2002年10派2元 2001年10派2元	近年配股/增发	2003年10配3股

重大事项

2003-02-25 公司拟将原"云维股份有限公司 **30** 万吨/年水泥技改扩建项目"变更为在水泥分厂现有湿法生产线的空余场地上新建一条"湿磨干烧"的水泥生产线,即新建 **1000** 吨/日(**30** 万吨/年)水泥熟料生产线项目。 **2003-08-12** 云南石油化工集团有限公司通过行政划拨方式取得公司控股股东云南云维集团有限公司的全部资产的行为。完成本次收购后收购人云南石油化工集团有限公司不直接持有公司的股份,该股份仍由云南云维集团有限公司持有,公司的股权结构不发生变化,云南石油化工集团有限公司间接取得公司的控股权。

二〇〇二年以来市场表现

2002年涨跌幅(%)	-6.08
2002年最高(元)	14.09
2002年最低(元)	8.84
2002年换手率(%)	235.63
2003年涨跌幅(%)	-28.41
2003年最高(元)	12.45
2003年最低(元)	7.62
2003年换手率(%)	148.76

黑龙江电力股份有限公司

公司概况							
公司名称	黑龙江电力股份有限公司			股票代码	600726		
注册地址	中国黑龙江省哈尔滨市南岗区高新技术开发区19号楼B座			邮政编码	150001		
法人代表	陈飞虎			董秘	梅君超		
电话	0451-82525998			传真	0451-82525878		
主营业务	建设、经营、维修电厂,生产销售电力等						
总股本	112126.50	流通 A	16800.00	流通 B	43200.00	流通 H	
审计单位				审计意见	未审计		

主要财务指标				
年度	2003.9	2003.6	2002	2001
每股收益/扣除后(元)	0.1400	0.0960	0.1700	0.2500
每股经营现金流量(元)	0.1420	0.1750	4469.0000	0.5260
每股净资产/调整后(元)	2.8400	2.7900	2.7000	2.5800
每股公积金(元)	0.8348	0.8348	0.8348	0.8348
净资产收益率(%)	5.0300	3.4300	8.2400	9.7500
总资产(万元)	462306.00	440375.31	360528.59	349531.00
股东权益(万元)	318495.66	313218.22	302475.00	288778.62
未分配利润(万元)	86638.43	81361.01	70617.78	60896.24
主营收入(万元)	83080.26	57482.25	112466.08	118804.65
资本公积金(万元)	93603.39	93603.39	93603.39	93603.39
主营利润(万元)	22126.84	15119.45	28727.27	34365.61
其他业务利润(万元)	394.53	306.03	793.79	1292.50
营业利润(万元)	18529.15	12637.40	23677.02	32264.13
投资收益(万元)	516.46	343.72	5238.21	-965.60
补贴收入(万元)				
营业外收支(万元)	240.71		8.75	-6.30
利润总额(万元)	19286.32	12976.12	28923.99	31292.23
净利润(万元)	16020.65	10743.23	24909.02	28164.41

十大股东				
序号	股东名称	股份性质	持股数(万股)	比例(%)
1	黑龙江省电力有限公司	法人股	38396.49	34.24
2	黑龙江华源电力开发公司	法人股	2956.59	2.64
3	黑龙江电力实业集团有限公司	法人股	2376.53	2.12
4	黑龙江省华富电力投资公司	法人股	1939.20	1.73
5	TOYO SECURITIES ASIA LTD.A/C CLIENT	流通B股	1028.77	0.92
6	黑龙江省电力开发公司	法人股	851.40	0.76
7	龙电集团有限公司	法人股	797.44	0.71
8	中国电力投资有限公司	法人股	720.00	0.64
9	五矿发展股份有限公司	流通A股	707.69	0.63
10	中国电力财务公司	法人股	681.12	0.61

股东人数			
2003.9	2003.6	2002	2001
124796	135667	141279	144789

近年分配	2002年10派1元 2001年10派1.2元	近年配股/增发	不分配不转增

重大事项

龙电股份 **2003** 年 **7** 月 **16** 日与黑龙江省电力开发公司就受让其拥有的哈尔滨第三发电有限责任公司 **37.48%** 股权事宜签定了正式的《股权转让协议》,转让价格为人民币 **629695418.20** 元。本次收购所需的资金公司将用部分资产支抵部分价款以及用自有资金和银行贷款解决。此次股权转让完成后,公司将合计拥有哈三电公司 **57.25%** 的股权,占控股地位。 **2003-09-06** 原黑龙江省电力有限公司持有的公司 **383964933** 股法人股以行政划拨方式无偿划转至中国华电集团公司。华电集团成为公司第一大股东,黑龙江省电力有限公司不再持有公司股份。

二〇〇二年以来市场表现

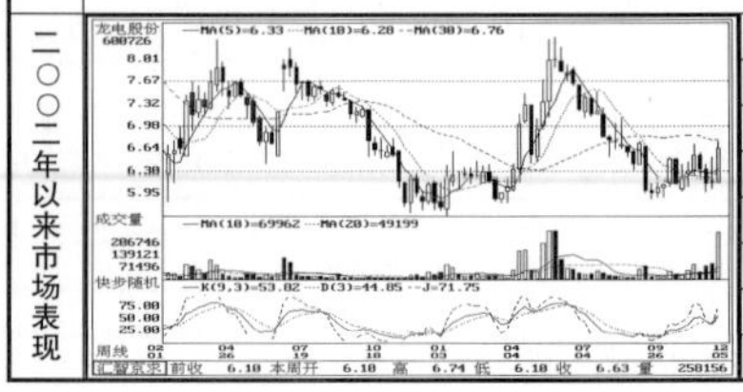

2002年涨跌幅(%)	-14.92
2002年最高(元)	8.08
2002年最低(元)	5.46
2002年换手率(%)	85.28
2003年涨跌幅(%)	2.87
2003年最高(元)	8.25
2003年最低(元)	5.51
2003年换手率(%)	158.56

山东省鲁北化工股份有限公司

公司概况							
公司名称	山东省鲁北化工股份有限公司			股票代码	600727		
注册地址	山东省无棣县马山子镇			邮政编码	251909		
法人代表	冯久田			董秘	田玉新		
电话	0543-6451265			传真	0543-6451265		
主营业务	磷铵、三元素、水泥、溴素、液碱等						
总股本	37930.00	流通 A	15210.00	流通 B		流通 H	
审计单位				审计意见	未审计		

主要财务指标 年度	2003.9	2003.6	2002	2001
每股收益/扣除后(元)	0.1450	0.1030	0.2500	0.3500
每股经营现金流量(元)	0.5979	0.4770	0.4367	0.5232
每股净资产/调整后(元)	6.0100	5.9500	5.8700	5.6800
每股公积金(元)	2.5535	2.5433	2.5433	2.5433
净资产收益率(%)	2.4000	1.7200	3.3800	6.1500
总资产(万元)	327754.66	332823.34	326811.56	321821.25
股东权益(万元)	228878.31	226881.66	222985.70	215453.00
未分配利润(万元)	78523.93	76912.99	73017.05	66614.25
主营收入(万元)	39660.48	25081.11	59671.14	64205.92
资本公积金(万元)	96853.91	96468.18	96468.18	96468.18
主营利润(万元)	7268.88	4559.33	14981.83	12479.72
其他业务利润(万元)	32.19	25.25	60.83	14.82
营业利润(万元)	3302.79	1731.89	5472.00	7020.23
投资收益(万元)				
补贴收入(万元)	4025.80	2483.02	6215.75	8539.97
营业外收支(万元)	3.08		-2239.17	108.63
利润总额(万元)	7331.68	4217.99	9448.58	15668.82
净利润(万元)	5506.87	3895.94	7532.71	13248.12

十大股东 序号	股东名称	股份性质	持股数(万股)	比例(%)
1	山东鲁北企业集团总公司	国有法人股	19418.00	51.19
2	山东建邦投资管理建邦有限公司	社会法人股	1800.00	4.74
3	山东永道投资有限公司	社会法人股	1065.00	2.81
4	广东粤财信托投资公司	上市流通股	195.32	0.51
5	广州科源中小企业投资经营有限公司	国有法人股	100.00	0.26
6	银丰证券投资基金	上市流通股	91.05	0.24
7	冯怡生	上市流通股	79.90	0.21
8	浙江钱江生物化学有限公司	上市流通股	41.85	0.11
9	国泰君安证券股份有限公司	上市流通股	39.72	0.10
10	王开枝	上市流通股	33.63	0.09

股东人数	2003.9	2003.6	2002	2001
	92723	94298	98068	105234

近年分配		近年配股/增发	不分配不转增

重大事项

公司控股股东东鲁北企业集团总公司将持有的公司**2865**万股国有法人股被山东省高级人民法院委托山东齐鲁瑞丰拍卖有限公司公开拍卖，以拍卖所得清偿集团公司欠付山东中泰置业有限公司债务。本次拍卖的公司股权价值为每股**1.99**元，建议拍卖保留价为每股**1.45**元。本次股份拍卖转让后，公司的实际控制人未发生变化，目前，集团公司所持有的公司国有法人股为**19418**万股，占公司总股本**51.19%**。

二〇〇二年以来市场表现

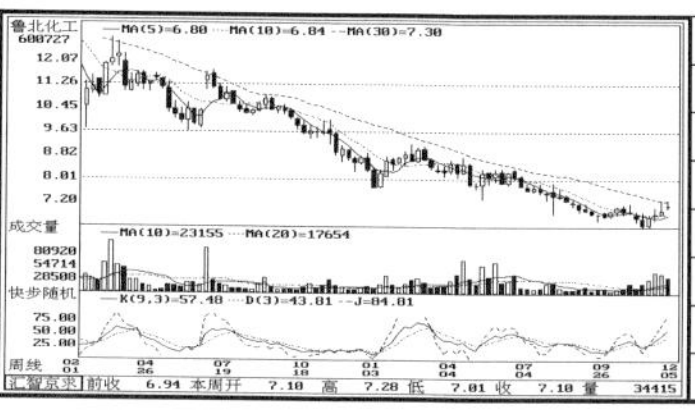

2002年涨跌幅(%)	-39.92
2002年最高(元)	13.20
2002年最低(元)	7.88
2002年换手率(%)	70.36
2003年涨跌幅(%)	-12.15
2003年最高(元)	9.19
2003年最低(元)	6.39
2003年换手率(%)	67.25

新太科技股份有限公司

公司概况							
公司名称	新太科技股份有限公司			股票代码	600728		
注册地址	广东省广州市天河高新技术产业开发区建中路51-53号			邮政编码	510665		
法人代表	邓龙龙			董秘	潘福久		
电话	020-85520635			传真	020-85538988		
主营业务	计算机新产品开发、研制及相关技术的系统集成等						
总股本	20818.02	流通 A	8112.00	流通 B		流通 H	
审计单位				审计意见	未审计		

主要财务指标 年度	2003.9	2003.6	2002	2001
每股收益/扣除后(元)	0.0550	0.0400	0.0890	0.1540
每股经营现金流量(元)	-0.2646	-0.2040	0.2406	0.2343
每股净资产/调整后(元)	3.9460	3.9320	3.9090	3.9110
每股公积金(元)	2.2995	2.2995	2.2995	2.2982
净资产收益率(%)	1.3680	1.0000	2.4460	3.4450
总资产(万元)	121914.30	120878.46	120179.17	106643.77
股东权益(万元)	83097.06	82764.55	82079.26	81479.76
未分配利润(万元)	8528.72	8219.99	7392.13	7049.97
主营收入(万元)	53335.15	32872.56	49612.76	58110.03
资本公积金(万元)	47870.65	47870.65	47870.65	47843.65
主营利润(万元)	12498.92	8550.27	15340.99	15544.98
其他业务利润(万元)	183.21	114.45	136.47	135.25
营业利润(万元)	1179.11	864.41	2265.05	3269.24
投资收益(万元)	-26.37	-23.22	-210.61	302.66
补贴收入(万元)	50.65	42.06	239.04	
营业外收支(万元)	-46.02		-39.99	-47.02
利润总额(万元)	1157.37	835.28	2253.49	3524.88
净利润(万元)	1136.49	827.86	2007.67	2807.10

十大股东 序号	股东名称	股份性质	持股数(万股)	比例(%)
1	广州新太新技术研究设计有限公司	社会法人股	6224.59	29.90
2	辽宁省大连海洋渔业集团公司	国有法人股	5581.43	26.81
3	中国水产总公司	募集法人股	300.00	1.44
4	大连冷冻机股份有限公司	募集法人股	300.00	1.44
5	大连海洋渔业进出口公司	募集法人股	300.00	1.44
6	华夏成长证券投资基金	社会公众股	139.85	0.67
7	景博证券投资基金	社会公众股	113.91	0.55
8	张毅	社会公众股	60.60	0.29
9	刘秀玲	社会公众股	36.60	0.18
10	中海信托投资有限公司	社会公众股	25.90	0.12

股东人数	2003.9	2003.6	2002	2001
	36930	37150	23362	26359

近年分配	2002年10派0.5元 2001年10派0.5元	近年配股/增发	不分配不转增

重大事项

公司于**2001**年**4**月**2**日同辽宁省大连海洋渔业集团公司草签了《资产转让协议》，以**2000**年**12**月**31**日为评估基准日将围网分公司和物资分公司按评估值整体转让给辽宁省大连海洋渔业集团公司，定价金额为**8,542.76**万元。　**2002-06-24**出让由新太科技股份有限公司持有的辽宁远洋渔业有限公司**90%**之股权，出让价格为人民币**2,700**万元，其中：**80%**股权由辽宁省大连海洋渔业集团公司受让，价格为人民币**2,400**万元，**10%**股权由大连海洋渔业进出口公司受让，价格为人民币**300**万元。

二〇〇二年以来市场表现

2002年涨跌幅(%)	-26.25
2002年最高(元)	13.43
2002年最低(元)	8.65
2002年换手率(%)	191.19
2003年涨跌幅(%)	-20.04
2003年最高(元)	12.45
2003年最低(元)	6.25
2003年换手率(%)	298.09

重庆百货大楼股份有限公司

公司概况

公司名称	重庆百货大楼股份有限公司		股票代码	600729	
注册地址	重庆市渝中区民权路 2 号		邮政编码	400010	
法人代表	龚小力		董秘	张 邕	
电话	023-63843197		传真	023-63844212	
主营业务	商品的零售、批发业务				
总股本	20400.00	流通 A	5100.00	流通 B	流通 H
审计单位			审计意见	未审计	

主要财务指标

年度	2003.9	2003.6	2002	2001
每股收益/扣除后(元)	0.2300	0.1740	0.3300	0.2600
每股经营现金流量(元)	0.5682	-0.4190	0.9792	0.3719
每股净资产/调整后(元)	2.1700	2.0900	1.8700	1.8200
每股公积金(元)	0.4566	0.4566	0.4566	0.4755
净资产收益率(%)	9.4500	7.2800	15.0200	13.5200
总资产(万元)	143809.77	136163.16	130050.73	123591.63
股东权益(万元)	50434.24	49255.43	45690.62	42433.97
未分配利润(万元)	9918.74	8739.93	5175.11	2569.94
主营收入(万元)	203777.16	138885.11	308886.28	235829.30
资本公积金(万元)	9313.70	9313.70	9313.70	9699.45
主营利润(万元)	27976.70	19427.48	36489.25	28539.19
其他业务利润(万元)	784.27	502.08	1040.37	873.08
营业利润(万元)	5681.85	4309.67	8226.13	6530.05
投资收益(万元)	46.51	-0.62	96.58	1411.76
补贴收入(万元)	41.88	29.20	25.33	17.50
营业外收支(万元)	-22.27		-22.35	-825.20
利润总额(万元)	5747.96	4343.47	8325.69	7134.11
净利润(万元)	4764.74	3585.79	6861.28	5824.42

十大股东

序号	股东名称	股份性质	持股数(万股)	比例(%)
1	重庆华贸国有资产经营有限公司	国家股	3672.00	18.00
2	重庆路桥股份有限公司	国有法人股	3502.00	17.17
3	重庆农行渝中区支行	法人股	34.00	1.67
4	重庆建行渝中区支行	法人股	34.00	1.67
5	重庆市银桥贸易服务公司	法人股	34.00	1.67
6	重庆银海租赁有限责任公司	法人股	30.60	1.50
7	重庆登康口腔护理用品股份有限公司	法人股	29.75	1.46
8	西南证券有限责任公司	法人股	25.50	1.25
9	重庆市商业银行	法人股	17.00	0.83
10	重庆福瑞门科技发展有限公司	法人股	17.00	0.83

股东人数	2003.9	2003.6	2002	2001
	16335	16696	14549	9702

近年分配	2002 年 10 派 1.5 元 2001 年 10 派 1.3 元	近年配股/增发	不分配不转增

重大事项

2003-08-29 重庆百货董事会决议:通过关于确定 2003 年度增发发行方案中发行对象的议案:本次发行采取网上向股权登记日登记在册的全体股东及其他社会公众投资者、网下向机构投资者同步累计投标询价的方式发行。最终发行价格及发行数量将根据网上网下申购情况,按照一定超额认购倍数结合募集资金需要由发行人与主承销商协商确定,其有效申购价格等于或高于最终发行定价的原股东可按 10:1.5 的比例获得优先认购。定于 2003 年 9 月 29 日召开 2003 年度第二次临时股东大会,审议以上事项。

二〇〇二年以来市场表现

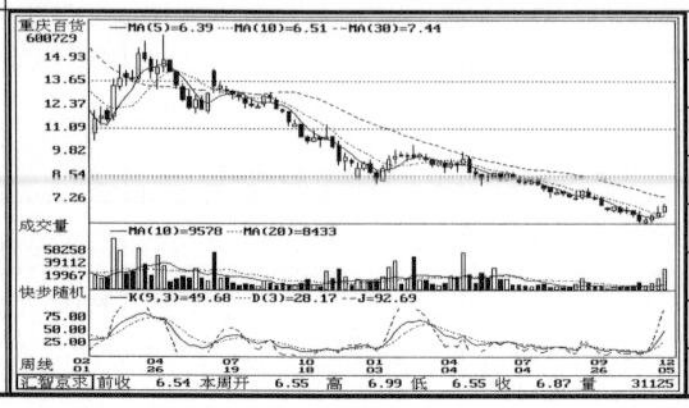

2002年涨跌幅(%)	-37.79
2002年最高(元)	15.93
2002年最低(元)	8.25
2002年换手率(%)	192.73
2003年涨跌幅(%)	-22.42
2003年最高(元)	10.04
2003年最低(元)	5.98
2003年换手率(%)	125.59

中国高科集团股份有限公司

公司概况

公司名称	中国高科集团股份有限公司		股票代码	600730	
注册地址	上海市浦东新区金港路 501 号		邮政编码	201206	
法人代表	方中华		董秘	曹 琦	
电话	021-52980008		传真	021-52980816	
主营业务	实业投资,创业投资,人才交流及培训等				
总股本	17460.00	流通 A	5460.00	流通 B	流通 H
审计单位			审计意见	未审计	

主要财务指标

年度	2003.9	2003.6	2002	2001
每股收益/扣除后(元)	0.1130	0.0530	0.1390	0.1900
每股经营现金流量(元)	0.9163	0.4320	0.4568	0.5844
每股净资产/调整后(元)	2.3500	2.2800	2.2300	2.0800
每股公积金(元)	0.8043	0.8043	0.8043	0.8036
净资产收益率(%)	5.0000	2.5190	7.7800	12.2400
总资产(万元)	132555.77	102055.43	102140.76	135553.95
股东权益(万元)	41266.35	40214.87	39201.76	37014.90
未分配利润(万元)	4446.71	3395.24	2382.13	1100.16
主营收入(万元)	165785.05	89560.32	202438.41	150575.91
资本公积金(万元)	14042.78	14042.78	14042.78	14031.60
主营利润(万元)	7337.62	4447.64	11538.88	13164.20
其他业务利润(万元)	23.04	19.93	34.39	170.42
营业利润(万元)	2579.39	1316.59	3516.61	5970.86
投资收益(万元)	-31.88	49.32	659.74	1295.64
补贴收入(万元)	66.50	61.00	82.92	7.33
营业外收支(万元)	-1.72	-3.37	-6.54	5.34
利润总额(万元)	2612.29	1423.50	4252.73	7279.16
净利润(万元)	2064.58	1013.11	3048.68	4528.95

十大股东

序号	股东名称	股份性质	持股数(万股)	比例(%)
1	东方时代投资有限公司	法人股	2660.00	28.24
2	深圳市康隆科技发展有限公司	法人股	2270.00	13.00
3	复旦大学(上海医科大学并入复旦)	法人股	900.00	5.15
4	成都创先科技开发有限公司	法人股	563.78	3.23
5	上海交大产业投资管理(集团)有限公司	法人股	510.00	2.92
6	同济大学(上海铁道大学,上海建材学院并入同济大学)	法人股	420.00	2.41
7	北京邮电大学	法人股	270.00	1.55
8	北京清华大学企业集团	法人股	240.00	1.37
9	北京大学	法人股	240.00	1.37
10	上海外国语大学	法人股	240.00	1.37

股东人数	2003.9	2003.6	2002	2001
	31914	32766	32558	29889

近年分配	2002 年 10 派 0.5 元	近年配股/增发	不分配不转增

重大事项

公司于 2003 年 9 月 27 日至 9 月 29 日公司董事会同意公司控股子公司深圳市高科实业有限公司以每股人民币 1 元的价格向岳阳市商业银行认购其拟发行股票 4500 万股,并以自有资金预付人民币 4500 万元。 2003 年 9 月 19 日公司第一大股东东方时代投资有限公司将其持有的公司 26600000 股社会法人股转让给深圳市康隆科技发展有限公司,双方确定本次股权转让价格为 2.30 元/股,转让的价款合计为 6118 万元。转让完成后,深圳康隆共持有 4930 万股社会法人股,占公司总股本的 28.24%,将成为公司第一大股东。

二〇〇二年以来市场表现

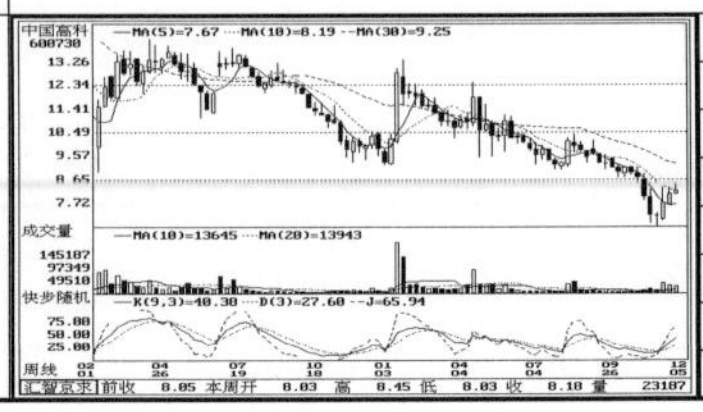

2002年涨跌幅(%)	-25.69
2002年最高(元)	14.13
2002年最低(元)	8.55
2002年换手率(%)	193.36
2003年涨跌幅(%)	-14.36
2003年最高(元)	13.26
2003年最低(元)	6.80
2003年换手率(%)	200.60

湖南海利化工股份有限公司

公司概况

公司名称	湖南海利化工股份有限公司			股票代码	600731		
注册地址	湖南省长沙市芙蓉中路 399 号			邮政编码	410007		
法人代表	王晓光			董秘	丁民		
电话	0731-5552484			传真	0731-5540475		
主营业务	化工产品,农药,种衣剂,精细化工的开发等						
总股本	25631.41	流通 A	9703.60	流通 B		流通 H	
审计单位				审计意见	未审计		

主要财务指标

年度	2003.9	2003.6	2002	2001
每股收益/扣除后(元)	0.0560	0.0370	0.1200	0.0880
每股经营现金流量(元)	0.1967	0.0380	0.1194	0.0093
每股净资产/调整后(元)	2.2300	2.2200	1.9000	1.8100
每股公积金(元)	0.8838	0.8838	0.5768	0.5768
净资产收益率(%)	2.5200	1.7100	6.0400	5.0900
总资产(万元)	117360.38	111579.68	92446.66	91733.23
股东权益(万元)	58363.93	57885.86	45495.87	43308.63
未分配利润(万元)	7293.74	6815.67	5824.85	3979.24
主营收入(万元)	26950.45	18647.69	34521.29	30038.64
资本公积金(万元)	22652.63	22652.63	13492.76	13492.76
主营利润(万元)	6502.19	4579.83	10192.48	7273.53
其他业务利润(万元)	232.22	196.91	349.18	386.26
营业利润(万元)	1963.70	1376.01	3520.55	2615.76
投资收益(万元)	58.80	58.80	-26.44	181.88
补贴收入(万元)				
营业外收支(万元)	-7.05	-8.12	-75.15	-18.87
利润总额(万元)	2015.45	1426.69	3418.96	2778.76
净利润(万元)	1468.89	990.82	2746.22	2204.05

十大股东

序号	股东名称	股份性质	持股数(万股)	比例(%)
1	湖南海利高新技术产业集团有限公司	国有法人股	11705.40	45.67
2	长城证券有限责任公司	社会公众股	578.13	2.26
3	湖南化工研究院工会	社会法人股	556.57	2.17
4	湖南省化学化工学会科技服务部	社会法人股	472.68	1.84
5	长沙市科旺化工仪表成套设备公司	社会法人股	382.79	1.49
6	北京信泰珂科技发展中心	社会法人股	382.79	1.49
7	中信大榭开发公司	社会法人股	382.79	1.49
8	湖南金川阳光商贸有限公司	社会法人股	350.00	1.37
9	中国工商银行贵溪市支行	社会法人股	275.46	1.07
10	湖南省国际经贸发展公司	社会法人股	191.39	0.75

股东人数	2003.9	2003.6	2002	2001
	38998	38716	35940	39209

近年分配	2002年10派0.2元 2001年10派0.2元	近年配股/增发	不分配不转增

重大事项

公司于 **2003** 年 **9** 月 **19** 日与海利高新集团公司签署了《土地使用权转让合同》,合同约定公司受让海利高新集团公司土地面积共计 **75364.8** 平方米的 **1** 宗土地使用权。双方协商以该宗土地的评估价 **2253.41** 万元作为本次土地使用权的转让价格。上述交易构成关联交易。 湖南投资集团股份有限公司与中国建设银行长沙市湘江支行于 **2003** 年 **3** 月 **19** 日签署流动资金借款合同,借款金额 **6000** 万元;湖南投资与中国工商银行长沙市司门口支行于 **2003** 年 **03** 月 **26** 日签署人民币资金借款合同,借款金额 **3000** 万元,公司为湖南投资上述借款与债权人签署了保证合同,提供连带责任保证。

二〇〇二年以来市场表现

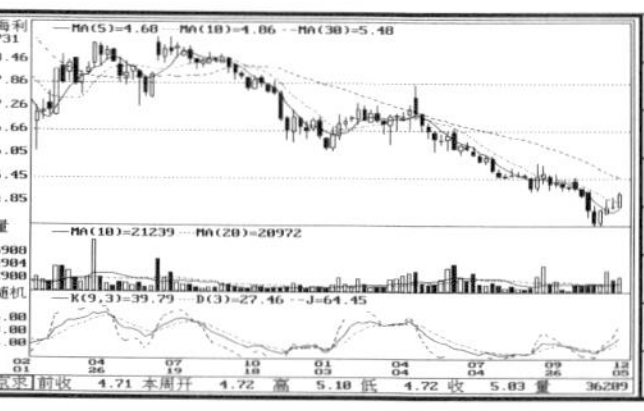

2002年涨跌幅(%)	-20.16
2002年最高(元)	8.21
2002年最低(元)	5.77
2002年换手率(%)	115.41
2003年涨跌幅(%)	-22.28
2003年最高(元)	7.24
2003年最低(元)	4.25
2003年换手率(%)	115.73

上海港机股份有限公司

公司概况

公司名称	上海港机股份有限公司			股票代码	600732		
注册地址	上海市浦东南路 3500 号			邮政编码	200125		
法人代表	张静静			董秘	蔡爱国		
电话	021-58395139-6665			传真	021-58817756		
主营业务	主营各类大型、高效港口装卸机械等						
总股本	24799.06	流通 A	8294.00	流通 B		流通 H	
审计单位				审计意见	未审计		

主要财务指标

年度	2003.9	2003.6	2002	2001
每股收益/扣除后(元)	0.0160	0.0100	0.0220	-0.2654
每股经营现金流量(元)	0.4208	0.1150	0.1550	0.4802
每股净资产/调整后(元)	1.4073	1.4050	1.3275	1.3711
每股公积金(元)	0.4492	0.4492	0.4492	0.4492
净资产收益率(%)	1.0400	1.0200	1.4200	-17.4600
总资产(万元)	148604.61	131687.48	113744.21	112349.39
股东权益(万元)	34965.00	34959.72	34602.19	34110.15
未分配利润(万元)	-3772.91	-3778.19	-4135.72	-4623.78
主营收入(万元)	39341.78	25251.20	67899.25	70940.46
资本公积金(万元)	11139.96	11139.96	11139.96	11139.96
主营利润(万元)	6154.99	4691.92	7704.39	-662.23
其他业务利润(万元)	270.81	-42.17	-34.77	-17.69
营业利润(万元)	427.80	440.83	1224.44	-5923.05
投资收益(万元)	-147.45	-149.19	-650.58	25.77
补贴收入(万元)				
营业外收支(万元)	108.62		-63.74	-8.34
利润总额(万元)	388.97	392.14	510.11	-5905.63
净利润(万元)	362.81	357.53	492.05	-5955.97

十大股东

序号	股东名称	股份性质	持股数(万股)	比例(%)
1	上海港口机械制造厂	国有法人股	16505.06	66.56
2	国泰君安证券股份有限公司	流通股	61.67	0.25
3	陈能依	流通股	31.11	0.13
4	郑建辉	流通股	28.62	0.12
5	沈咏	流通股	23.70	0.10
6	赵妙娟	流通股	23.27	0.10
7	北京捷通投资咨询管理有限公司	流通股	21.65	0.09
8	金玉勤	流通股	19.09	0.08
9	蒋红	流通股	17.95	0.07
10	顾小宝	流通股	16.65	0.07

股东人数	2003.9	2003.6	2002	2001
	32010	32010	29521	25933

近年分配		近年配股/增发	不分配不转增

重大事项

2003 年 **6** 月 **23** 日,公司接到中国证券登记结算公司上海分公司的通知,关于公司国有法人股过户登记手续已于 **2003** 年 **6** 月 **20** 日办理完毕。至此,四川长虹电子集团有限公司持有公司全部国有法人股 **1160682845** 股,占公司总股本的 **53.63%**,成为公司第一大股东。 **2003** 年 **5** 月 **2** 日,美国五河电子发明公司、国际电子业工人兄弟会、国际电子产品、家具和通讯工会对包括公司在内的中国彩电行业企业进行反倾销申诉,公司董事会对此非常重视,正从各方面作相应准备,积极参加应诉。

二〇〇二年以来市场表现

2002年涨跌幅(%)	-25.53
2002年最高(元)	13.69
2002年最低(元)	7.83
2002年换手率(%)	281.26
2003年涨跌幅(%)	-26.65
2003年最高(元)	9.98
2003年最低(元)	5.38
2003年换手率(%)	124.02

成都前锋电子股份有限公司

公司概况

公司名称	成都前锋电子股份有限公司			股票代码		600733	
注册地址	四川省成都市西玉龙街211号交银大厦16层			邮政编码		610015	
法人代表	杨晓斌			董秘		姜久富	
电话	028-86316733-8818			传真		028-86316721	
主营业务	生产和销售各类信号源为主的电子测量仪器等						
总股本	19758.60	流通 A	7560.00	流通 B		流通 H	
审计单位				审计意见		未审计	

主要财务指标

年度	2003.9	2003.6	2002	2001
每股收益 / 扣除后(元)	-0.0023	-0.0025	-0.0390	-0.0082
每股经营现金流量(元)	-0.8683	-0.7480	0.0029	0.0653
每股净资产 / 调整后(元)	1.3642	1.3635	1.3321	1.3225
每股公积金(元)	0.3434	0.3435	0.3163	3163.0000
净资产收益率(%)	0.0110	0.8460	0.5380	1.8120
总资产(万元)	83906.86	80721.76	68876.76	52064.10
股东权益(万元)	27191.55	27110.86	26345.30	26203.60
未分配利润(万元)	44.43	-36.26	265.49	-304.56
主营收入(万元)	23766.54	15897.41	14231.90	7159.63
资本公积金(万元)	6786.27	6786.27	6249.94	6249.94
主营利润(万元)	5316.85	3742.25	4543.81	2258.50
其他业务利润(万元)	28.80	6.67	96.93	536.06
营业利润(万元)	-155.85	-130.59	915.77	-180.28
投资收益(万元)	-228.97	-168.15	-320.25	47.43
补贴收入(万元)				
营业外收支(万元)	-1.27		-3.75	337.38
利润总额(万元)	-386.08	-300.89	591.77	204.54
净利润(万元)	309.92	229.23	141.69	474.90

十大股东

序号	股东名称	股份性质	持股数(万股)	比例(%)
1	四川新泰克数字设备有限责任公司	法人股	4500.00	22.77
2	成都市国有资产投资经营公司	国家股	3627.00	18.36
3	国投电子公司	法人股	837.00	4.24
4	东方电器集团财务公司	法人股	405.00	2.05
5	成都市龙泉驿区龙都租赁服务中心	法人股	338.00	1.71
6	上海亿安科技发展有限公司	法人股	337.00	1.71
7	成都国光电气股份有限公司	法人股	283.50	1.71
8	成都市煤气总公司	法人股	270.00	1.43
9	天华证券投资基金	流通股	218.38	1.11
10	昆明燃气实业公司	法人股	135.00	0.68

股东人数	2003.9	2003.6	2002	2001
	17345	16931	17423	9850

近年分配		近年配股 / 增发	不分配不转增

重大事项

2003-06-25 成都前锋电子股份有限公司为成都佳士实业进出口贸易有限公司 **415** 万元的借款提供担保。**2003-05-25** 成都前锋电子股份有限公司为四川首创诺尔科技有限公司 **500** 万元的借款提供担保。**2003-05-09** 成都前锋电子股份有限公司为四川红阳信息技术有限公司 **800** 万元的借款提供担保。**2003-02-18** 成都前锋电子股份有限公司为成都前锋数字视听设备有限责任公司 **500** 万元的借款提供担保。 **2003** 年 **05** 月 **21** 日公司管理的天华证券投资基金原持有公司股票 **12138320** 股，截止至 **2003** 年 **5** 月 **21** 日已减持至 **2253853** 股，共减持 **9884467** 股，占总股本的 **5.0026%**。

二〇〇二年以来市场表现

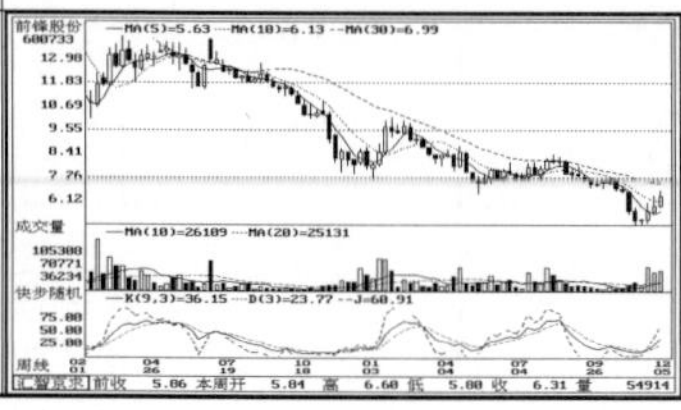

2002年涨跌幅(%)	-39.95
2002年最高(元)	14.12
2002年最低(元)	7.40
2002年换手率(%)	182.41
2003年涨跌幅(%)	-21.24
2003年最高(元)	10.13
2003年最低(元)	4.98
2003年换手率(%)	167.23

福建实达电脑集团股份有限公司

公司概况

公司名称	福建实达电脑集团股份有限公司			股票代码		600734	
注册地址	福州市经济技术开发区科技工业区A小区C号楼			邮政编码		350002	
法人代表	景源			董秘		吴波	
电话	0591-3709680			传真		0591-3708128	
主营业务	电子计算机及其外部设备、通讯接入与网络产品等						
总股本	35155.84	流通 A	13273.21	流通 B		流通 H	
审计单位				审计意见		未审计	

主要财务指标

年度	2003.9	2003.6	2002	2001
每股收益 / 扣除后(元)	-0.1700	-0.1219	0.0221	0.0992
每股经营现金流量(元)	-0.5197	-0.5300	0.2874	-0.0938
每股净资产 / 调整后(元)	1.4468	1.5267	1.6246	1.6171
每股公积金(元)	0.5900	0.5900	0.5899	1.0547
净资产收益率(%)	-8.4500	-5.0370	3.4620	8.8690
总资产(万元)	211499.09	210148.12	207120.47	168212.55
股东权益(万元)	55032.87	57763.76	60656.36	57842.87
未分配利润(万元)	-5699.38	-3180.76	-250.70	-25327.92
主营收入(万元)	163626.02	104167.95	232497.70	289686.34
资本公积金(万元)	20743.54	20743.54	20739.49	37080.52
主营利润(万元)	18025.23	12194.81	37102.79	49086.13
其他业务利润(万元)	1595.03	608.67	1093.55	1289.13
营业利润(万元)	-6143.68	-4194.79	2304.47	5499.12
投资收益(万元)	1581.32	1553.66	910.51	1682.84
补贴收入(万元)			47.18	1100.00
营业外收支(万元)	-53.36	-4.55	-169.72	-238.51
利润总额(万元)	-4615.72	-2645.68	3092.44	8043.46
净利润(万元)	-4649.18	-2909.67	2099.61	5129.89

十大股东

序号	股东名称	股份性质	持股数(万股)	比例(%)
1	福建计算机外部设备厂	法人股	5877.11	16.72
2	中国富莱德实业公司	国有法人股	5151.78	14.65
3	北京盛邦投资有限公司	社会法人股	5000.00	14.22
4	中国华润总公司	国有法人股	1320.00	3.75
5	福州开发区科技园建设发展总公司	社会法人股	1125.00	3.20
6	福建奔达投资有限公司	社会法人股	985.50	2.80
7	福建国际信托投资有限公司	国有法人股	752.19	2.14
8	福建实达电脑集团股份有限公司工会	社会法人股	462.01	1.31
9	福州闽融科技有限公司	国有法人股	415.60	1.18
10	福建兴业证券股份有限公司	社会法人股	180.68	0.51

股东人数	2003.9	2003.6	2002	2001
	84453	84786	83265	85830

近年分配		近年配股 / 增发	不分配不转增

重大事项

2003-04-29 公司下属全资子公司北京实达科技发展有限公司将所持有的福建实达电脑设备有限公司 **40%** 的股权转让给公司下属全资子公司 **Twin Fortune Holdings Limited,** 转让价格按福建实达电脑设备有限公司 **2002** 年 **12** 月 **31** 日净资产适当溢价计为 **10000** 万元人民币。将所持有的实达国际控股有限公司 **100%** 的股权转让给公司下属全资子公司北京实达科技发展有限公司，转让价格按实达国际控股有限公司 **2002** 年 **12** 月 **31** 日净资产计算为 **11,110,385.44** 元人民币。

二〇〇二年以来市场表现

2002年涨跌幅(%)	-33.20
2002年最高(元)	11.45
2002年最低(元)	6.58
2002年换手率(%)	128.56
2003年涨跌幅(%)	-24.85
2003年最高(元)	8.48
2003年最低(元)	4.21
2003年换手率(%)	156.91

山东兰陵陈香酒业股份有限公司

公司概况

公司名称	山东兰陵陈香酒业股份有限公司			股票代码		600735	
注册地址	山东省临沂市沂蒙路426号			邮政编码		276004	
法人代表	张兴华			董秘		陈东辉	
电话	0539-8258002			传真		0539-8258001	
主营业务	酒的生产、销售;饮料、食品、副食品等						
总股本	15481.29	流通 A	8346.15	流通 B		流通 H	
审计单位				审计意见		未审计	

主要财务指标

年度	2003.9	2003.6	2002	2001
每股收益/扣除后(元)	-0.0400	-0.0200	-0.3700	0.0600
每股经营现金流量(元)	-0.0522	0.0040	0.0446	0.1459
每股净资产/调整后(元)	1.4700	1.4800	1.5100	1.9360
每股公积金(元)	0.5433	0.5433	1.0000	0.5433
净资产收益率(%)	-2.6900	-0.7000	-25.2700	4.0000
总资产(万元)	37673.89	38180.72	39684.07	45691.88
股东权益(万元)	23440.87	23904.80	24071.60	30265.17
未分配利润(万元)	-2336.00	-1872.07	-1705.26	4471.58
主营收入(万元)	7556.63	5284.97	8631.34	18407.40
资本公积金(万元)	8411.56	8411.56	8411.56	8411.56
主营利润(万元)	672.79	646.02	2.05	3332.30
其他业务利润(万元)	104.41	103.12	-19.07	121.65
营业利润(万元)	-373.02	-76.91	-4223.38	1147.52
投资收益(万元)	-264.90	-86.10	-1392.22	34.77
补贴收入(万元)	9.58			
营业外收支(万元)	-2.39		-466.50	-128.54
利润总额(万元)	-630.73	-166.80	-6082.10	1053.75
净利润(万元)	-630.73	-166.80	-6082.10	1206.80

十大股东

序号	股东名称	股份性质	持股数(万股)	比例(%)
1	临沂市财政局	国家股	7135.14	49.09
2	何建菊	流通股	152.95	0.99
3	曾镇华	流通股	60.91	0.39
4	吴秀梅	流通股	57.99	0.37
5	黄高明	流通股	52.21	0.34
6	杜建广	流通股	48.46	0.31
7	张芳	流通股	47.24	0.31
8	彭琴	流通股	45.74	0.30
9	成善荣	流通股	41.63	0.27
10	朱勇军	流通股	34.80	0.22

股东人数	2003.9	2003.6	2002	2001
	16780	19456	20043	5932

近年分配		近年配股/增发	不分配不转增

重大事项

2003-09-09 山东省临沂市国有资产管理局持有的公司国家股1156万股、4609万股、1370万股实施司法冻结(合计7135万股),冻结起始日2003年9月4日,冻结终止日2004年9月4日。截止目前,山东省临沂市国有资产管理局持有的公司国家股被冻结7135万股。占其持有公司国家股总数的99.99%,占公司股本总数的46.08%。

二○○二年以来市场表现

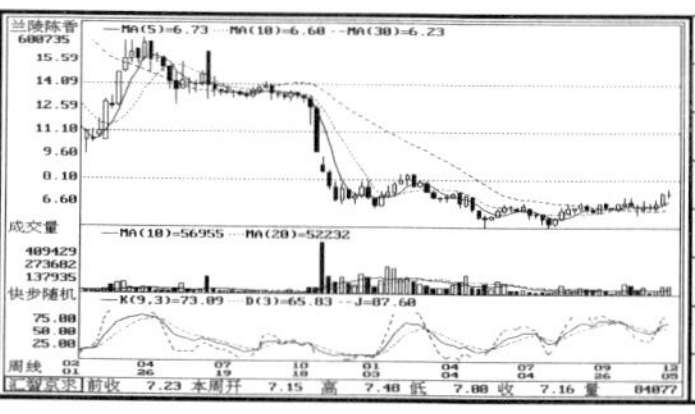

2002年涨跌幅(%)	-50.49
2002年最高(元)	17.09
2002年最低(元)	6.50
2002年换手率(%)	355.23
2003年涨跌幅(%)	11.06
2003年最高(元)	8.46
2003年最低(元)	5.10
2003年换手率(%)	428.22

苏州新区高新技术产业股份有限公司

公司概况

公司名称	苏州新区高新技术产业股份有限公司			股票代码		600736	
注册地址	江苏省苏州市新区运河路8号			邮政编码		215011	
法人代表	纪向群			董秘		缪凯	
电话	0512-68096283			传真		0512-68099281	
主营业务	高新技术产品的投资和开发生产,能源等						
总股本	45747.00	流通 A	15093.00	流通 B		流通 H	
审计单位				审计意见		未审计	

主要财务指标

年度	2003.9	2003.6	2002	2001
每股收益/扣除后(元)	0.1480	0.1070	0.2020	0.1720
每股经营现金流量(元)	-0.7816	-0.4470	1.1295	0.5450
每股净资产/调整后(元)	3.1280	3.0860	2.9230	2.9900
每股公积金(元)	1.2722	1.2722	1.2722	1.2722
净资产收益率(%)	4.8200	3.5300	6.6700	6.1700
总资产(万元)	318556.59	268122.00	254392.94	227024.09
股东权益(万元)	148294.62	146305.52	141147.09	137417.17
未分配利润(万元)	27082.27	25093.17	19934.74	18457.62
主营收入(万元)	53958.65	34708.63	77433.06	57361.13
资本公积金(万元)	58201.29	58201.29	58201.29	58201.29
主营利润(万元)	18826.98	12245.32	23220.51	18203.46
其他业务利润(万元)	225.58	156.86	97.13	137.24
营业利润(万元)	12825.44	8733.49	15493.23	10108.85
投资收益(万元)	-12.29	203.11	350.82	1192.27
补贴收入(万元)	115.35	3.69	201.96	
营业外收支(万元)	62.02		-129.06	481.08
利润总额(万元)	13015.21	9028.02	15916.95	11782.20
净利润(万元)	7147.53	5158.43	9408.08	8485.86

十大股东

序号	股东名称	股份性质	持股数(万股)	比例(%)
1	苏州高新区经济发展集团总公司	国有股	22230.00	48.59
2	中信兴业信托投资公司	法人股	2592.00	5.67
3	苏州新区创新科技投资管理有限公司	法人股	1539.00	3.36
4	苏州乐星工商实业公司	法人股	1017.00	2.22
5	上海天迪科技投资发展有限公司	法人股	700.00	1.53
6	上海证大投资管理有限公司	法人股	473.76	1.04
7	江苏省苏高新风险投资股份有限公司	法人股	450.00	0.98
8	江苏鑫苏投资管理公司	法人股	420.00	0.92
9	苏州创元(集团)有限公司	法人股	292.24	0.64
10	上海普发贸易有限公司	法人股	200.00	0.43

股东人数	2003.9	2003.6	2002	2001
	104218	105879	107894	112924

近年分配	2002年10派1.2元 2001年10派1元	近年配股/增发	不分配不转增

重大事项

中国证监会同意豁免苏州新区创新科技投资管理有限公司本次因增持苏州新区高新技术产业股份有限公司1539万股而应履行的要约收购义务。今后创新科技若增持苏州高新股票,必须按照《证券法》的规定以要约方式进行,除非事先获得中国证监会对要约收购义务的豁免。创新科技的子公司及关联企业若增持苏州高新股票,视同创新科技增持苏州高新股票,对此创新科技也必须按上述要求立即履行要约收购义务。

二○○二年以来市场表现

2002年涨跌幅(%)	-23.31
2002年最高(元)	10.58
2002年最低(元)	6.38
2002年换手率(%)	71.17
2003年涨跌幅(%)	-10.23
2003年最高(元)	8.13
2003年最低(元)	5.55
2003年换手率(%)	46.03

新疆屯河投资股份有限公司

公司概况							
公司名称	新疆屯河投资股份有限公司				股票代码	600737	
注册地址	新疆昌吉市河滩北路 8 号				邮政编码	831100	
法人代表	何贵品			董秘	金涛		
电话	0994-2350079			传真	0994-2337689		
主营业务	番茄、番茄制造、饮料制造、其他农副产品等						
总股本	80560.42	流通 A	40628.50	流通 B		流通 H	
审计单位				审计意见	未审计		

主要财务指标 年度	2003.9	2003.6	2002	2001
每股收益/扣除后(元)	0.0700	0.0400	0.0900	0.0400
每股经营现金流量(元)	-0.0340	0.1400	0.8488	-0.5114
每股净资产/调整后(元)	1.2900	1.7200	1.7200	2.3000
每股公积金(元)	0.0247	0.2279	0.2216	0.7042
净资产收益率(%)	5.7300	1.7600	11.1500	5.7300
总资产(万元)	388936.53	347650.84	632021.87	429768.50
股东权益(万元)	104667.73	100048.51	100999.49	88446.01
未分配利润(万元)	11394.86	18667.59	19941.38	14596.87
主营收入(万元)	60811.17	38090.38	194351.73	76726.15
资本公积金(万元)	1986.76	13112.07	12748.81	27016.08
主营利润(万元)	17647.35	11496.42	72138.22	25872.11
其他业务利润(万元)	1111.28	582.61	3392.77	1733.17
营业利润(万元)	904.75	398.27	7613.65	3824.93
投资收益(万元)	4918.37	1226.13	4991.92	4235.07
补贴收入(万元)	215.32	215.32	4887.24	565.08
营业外收支(万元)	-125.82		-145.42	160.85
利润总额(万元)	5912.62	1733.41	17347.39	8785.92
净利润(万元)	6001.06	1765.15	11262.99	5066.58

十大股东 序号	股东名称	股份性质	持股数(万股)	比例(%)
1	新疆屯河集团有限责任公司	法人股	8718.48	15.15
2	新疆八一钢铁集团有限责任公司	法人股	4367.52	7.59
3	新疆三维投资有限责任公司	法人股	4260.00	7.40
4	新疆德隆(集团)有限责任公司	法人股	4231.44	7.35
5	上海创基投资发展有限公司	法人股	4200.00	7.30
6	新疆石油管理局	法人股	2745.36	4.77
7	武汉中恒新科技产业集团有限公司	流通股	148.03	0.26
8	邢海波	流通股	122.05	0.21
9	何树岑	流通股	61.12	0.11
10	文登威力高档工具有限公司	流通股	60.06	0.10

股东人数	2003.9	2003.6	2002	2001
	6232	5424	4724	5597

近年分配	2002年 10 派 0.5 元 2001 年 10 派 0.25 元	近年配股/增发	2002年 10 送 2 转增 2 股 2001 年 10 送 1 转增 4 股

重大事项

2003 年 10 月 27 日董事会通过为控股子公司新疆屯河新源糖业有限责任公司拟向中国农业银行新源县分行申请贷款，金额为 4000 万元，期限为一年，并请求公司为此笔贷款进行担保。截止目前公司的对外担保累计 23900 万元，没有逾期担保。　公司以所属和阗果业分公司评估后的净资产出资 1980 万元与控股子公司新疆屯河华新番茄制品有限公司于 2003 年 10 月 8 日签署了《关于合资组建和阗果业的协议书》，和阗果业注册资本拟为 2000 万元，公司占注册资本的 99%。公司所属的和阗果业分公司将被注销。

二〇〇二年以来市场表现

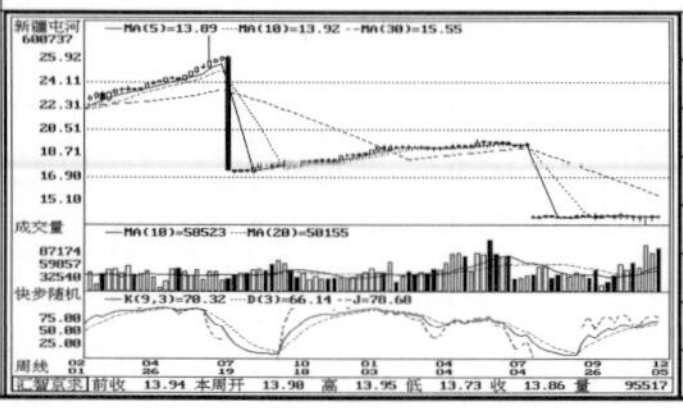

2002年涨跌幅(%)	30.49
2002年最高(元)	13.48
2002年最低(元)	10.25
2002年换手率(%)	48.22
2003年涨跌幅(%)	3.72
2003年最高(元)	14.10
2003年最低(元)	13.30
2003年换手率(%)	59.57

兰州民百(集团)股份有限公司

公司概况							
公司名称	兰州民百(集团)股份有限公司				股票代码	600738	
注册地址	兰州市中山路 368 号				邮政编码	730030	
法人代表	范余祯			董秘	孙志民		
电话	0931-8435839			传真	0931-8473891		
主营业务	制造日用百货、针纺织品、照相器材、钟表眼镜等						
总股本	23439.71	流通 A	13125.60	流通 B		流通 H	
审计单位				审计意见	未审计		

主要财务指标 年度	2003.9	2003.6	2002	2001
每股收益/扣除后(元)	-0.1240	-0.0700	-0.2840	-0.1700
每股经营现金流量(元)	0.1581	0.0820	0.1072	-0.0160
每股净资产/调整后(元)	0.8700	0.9400	1.0000	1.3100
每股公积金(元)	0.4398	0.4398	0.4398	0.4143
净资产收益率(%)	-13.2700	-6.6600	-26.9100	-12.7500
总资产(万元)	86548.37	88936.81	92620.56	108807.77
股东权益(万元)	20923.60	22225.20	23732.23	31137.33
未分配利润(万元)	-14523.68	-13227.55	-11747.40	-3916.16
主营收入(万元)	36489.87	25724.91	50727.93	64968.09
资本公积金(万元)	10308.96	10308.96	10308.96	9710.43
主营利润(万元)	6262.13	4231.25	7235.09	9986.99
其他业务利润(万元)	1807.47	1197.04	1978.34	1368.05
营业利润(万元)	-3027.74	-1710.65	-5646.96	-3136.01
投资收益(万元)	88.56	87.06	-1721.57	-725.32
补贴收入(万元)	44.13	4.89	1000.00	15.91
营业外收支(万元)	107.53		-23.44	-139.31
利润总额(万元)	-2787.52	-1487.73	-6391.97	-3984.74
净利润(万元)	-2776.28	-1480.15	-6384.86	-3969.94

十大股东 序号	股东名称	股份性质	持股数(万股)	比例(%)
1	兰州民百佛慈集团有限公司	国有股	7910.80	33.75
2	榆中县大象土地综合开发有限公司	法人股	637.08	2.72
3	甘肃省世安电子监控有限公司	法人股	299.52	1.28
4	兰州市城市建设综合开发中心	法人股	230.63	0.98
5	荆门市投资公司	法人股	224.68	0.96
6	兰州市商业银行金汇支行	法人股	104.83	0.45
7	上海中学生报社	法人股	100.00	0.43
8	兰州信通公司	法人股	93.60	0.40
9	上海旭嘉投资管理有限公司	流通股	83.29	0.35
10	建行甘肃省信托投资公司兰州办事处	法人股	74.88	0.32

股东人数	2003.9	2003.6	2002	2001
	26151	29108	31963	18090

近年分配		近年配股/增发	不分配不转增

重大事项

2003-04-12 公司董事会审议通过了关于受让北京化工大学所持有的本公司控股子公司兰州德姆化工科技发展有限公司部分股权的议案。德姆化工是公司与北京化工大学共同发起设立的有限责任公司，本次股权受让前，公司持有德姆化工 85% 的股权，北京化工大学持有德姆化工 15% 的股权。经双方协商，北京化工大学同意以应付公司 2445457.87 元设备代购余款向公司转让其持有的部分德姆化工股权。本次股权转让后，公司持有德姆化工 97.23% 的股权，北京化工大学持有德姆化工 2.77% 的股权。

二〇〇二年以来市场表现

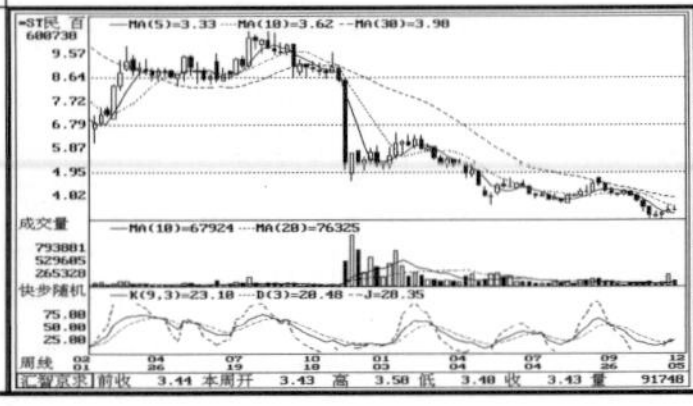

2002年涨跌幅(%)	-34.24
2002年最高(元)	10.49
2002年最低(元)	4.60
2002年换手率(%)	412.68
2003年涨跌幅(%)	-32.42
2003年最高(元)	6.44
2003年最低(元)	3.10
2003年换手率(%)	474.28

辽宁成大股份有限公司

公司概况

公司名称	辽宁成大股份有限公司	股票代码	600739
注册地址	大连市中山区人民路 71 号	邮政编码	116001
法人代表	尚书志	董秘	罗启库
电话	0411-2803736	传真	0411-2656051
主营业务	主营针棉毛织品及服装的进出口及代理业务等		

总股本	24757.20	流通 A	9781.20	流通 B		流通 H	
审计单位				审计意见	未审计		

主要财务指标

年度	2003.9	2003.6	2002	2001
每股收益/扣除后(元)	0.1500	0.1400	0.2039	0.4400
每股经营现金流量(元)	0.1837	0.1840	0.4419	-0.2347
每股净资产/调整后(元)	3.6300	3.6100	3.3400	3.0700
每股公积金(元)	0.4748	0.4749	0.4749	0.4415
净资产收益率(%)	4.1600	3.8900	6.7700	14.2000
总资产(万元)	194573.83	185804.58	183517.27	139413.00
股东权益(万元)	91149.98	90704.98	87192.35	80209.27
未分配利润(万元)	11220.41	10761.76	7236.53	2456.14
主营收入(万元)	189984.25	112805.97	218889.52	148669.77
资本公积金(万元)	11756.20	11756.20	11756.20	10930.26
主营利润(万元)	17970.00	10754.82	22389.86	18834.13
其他业务利润(万元)	985.08	726.42	1314.48	887.42
营业利润(万元)	5295.44	2793.59	5333.68	3674.27
投资收益(万元)	306.53	1540.05	739.36	88820.11
补贴收入(万元)	2.04		917.99	356.49
营业外收支(万元)	-81.17	-83.72	-47.53	-110.70
利润总额(万元)	5522.85	4249.92	6943.50	12740.18
净利润(万元)	3983.00	3525.23	5903.28	11390.36

十大股东

序号	股东名称	股份性质	持股数(万股)	比例(%)
1	辽宁成大集团有限公司	国有股	5137.63	20.75
2	广发证券股份有限公司工会	法人股	4682.88	18.92
3	大连利方投资有限公司	法人股	2549.91	10.30
4	中国平安保险(大连)公司	法人股	748.80	3.02
5	辽宁万恒投资有限公司	法人股	557.57	2.25
6	大连三霖投资管理有限公司	法人股	495.36	2.00
7	沈阳华岳纺织集团锦州纺织有限责任公司	法人股	187.20	0.76
8	普兰店市华联石油设备安装有限公司	法人股	120.96	0.49
9	大连床单厂	法人股	93.60	0.38
10	大连旅顺圣源电脑软件开发	法人股	90.00	0.36

股东人数	2003.9	2003.6	2002	2001
	12735	13391	15141	23284

近年分配	2001年10派0.5元	近年配股/增发	2002年10配3股

重大事项

2003-07-11 辽宁成大董事会决议:根据 2002 年 04 月 26 日公司与荷兰家乐福(中国)控股有限公司签订的《股权转让协议》,公司应于 2002 年 12 月 31 日前支付收购家乐福在辽宁投资的商业企业 35% 权益的款项 10255 万元。目前,公司已支付股权收购款 5200 万元,占股权收购款项总数的 50.70%。因公司配股募集资金未到位,公司决定以自筹资金垫付 5055 万元剩余的股权收购款。

二〇〇二年以来市场表现

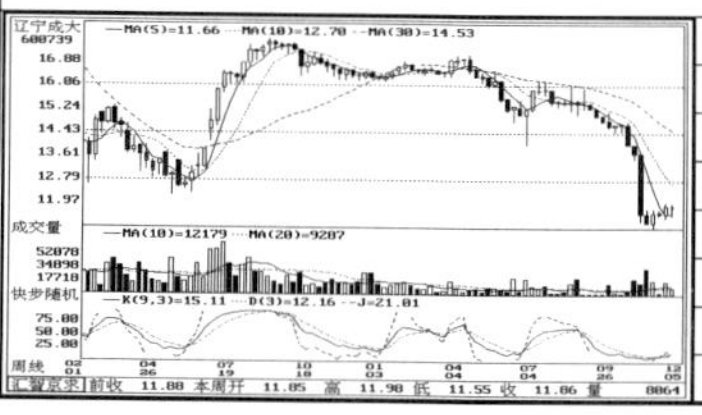

2002年涨跌幅(%)	10.68
2002年最高(元)	15.46
2002年最低(元)	11.20
2002年换手率(%)	104.46
2003年涨跌幅(%)	-17.56
2003年最高(元)	15.02
2003年最低(元)	11.15
2003年换手率(%)	33.15

山西焦化股份有限公司

公司概况

公司名称	山西焦化股份有限公司	股票代码	600740
注册地址	江苏省常州市新区常澄路 55 号	邮政编码	041606
法人代表	潘得国	董秘	李峰
电话	0357-6626012	传真	0357-6625045
主营业务	焦炭及相关化工产品的生产、销售等		

总股本	20285.00	流通 A	8450.00	流通 B		流通 H	
审计单位				审计意见	未审计		

主要财务指标

年度	2003.9	2003.6	2002	2001
每股收益/扣除后(元)	0.5900	0.2680	0.2300	0.3314
每股经营现金流量(元)	0.9764	0.2350	2.1629	0.0122
每股净资产/调整后(元)	3.9200	3.5800	3.4000	1.3160
每股公积金(元)	1.5001	1.5001	1.5001	1.4983
净资产收益率(%)	14.0600	6.9400	6.4100	9.8700
总资产(万元)	218473.80	199665.39	202422.27	174018.00
股东权益(万元)	84813.91	78321.53	72886.66	68044.07
未分配利润(万元)	25663.31	19170.93	13736.06	10276.05
主营收入(万元)	100444.94	61107.14	94902.36	62378.22
资本公积金(万元)	30429.41	30429.41	30429.41	30392.38
主营利润(万元)	33402.76	19211.37	32528.67	22247.47
其他业务利润(万元)	-431.59	72.57	13.31	-599.04
营业利润(万元)	18641.29	9254.58	8534.92	7150.69
投资收益(万元)	-363.52	-609.80	-760.57	-69.31
补贴收入(万元)	58.17			
营业外收支(万元)	-355.03		-252.47	-281.28
利润总额(万元)	17980.91	8412.09	7521.78	6800.09
净利润(万元)	11927.25	5434.87	4670.87	6713.98

十大股东

序号	股东名称	股份性质	持股数(万股)	比例(%)
1	山西焦化集团有限公司	国有股	11835.00	58.34
2	华夏成长	流通股	311.47	1.54
3	基金汉兴	流通股	228.13	1.12
4	国泰金鹰	流通股	214.00	0.05
5	基金裕隆	流通股	178.66	0.88
6	基金景福	流通股	140.96	0.69
7	基金同智	流通股	121.80	0.60
8	基金同德	流通股	120.34	0.59
9	基金泰和	流通股	83.68	0.41
10	渤海证券	流通股	82.05	0.40

股东人数	2003.9	2003.6	2002	2001
	38835	39176	47488	50001

近年分配	2001年10派1元	近年配股/增发	不分配不转增

重大事项

2003 年 8 月 29 日山西焦化股份有限公司收购山西焦化集团有限公司部分经营性资产及其他相关资产。2003-01-09 公司预计向山西焦化集团临汾洗煤有限公司年度采购原料煤金额将超过 3000 万元;公司向山西焦化集团临汾洗煤有限公司采购的原料煤价格按照公开、公平和互惠互利的原则并结合市场情况在公司董事会和股东大会审议通过后执行。公司与山西焦化集团有限公司于 2002 年 11 月 18 日签署了收购、出售资产的《协议书》,山西焦化集团有限公司机动处、供应处备品、备件、材料等国有资产,经中保资产评估有限公司进行评估,评估价值总计 6626.59 万元。

二〇〇二年以来市场表现

2002年涨跌幅(%)	-34.18
2002年最高(元)	11.45
2002年最低(元)	7.20
2002年换手率(%)	113.08
2003年涨跌幅(%)	59.36
2003年最高(元)	12.28
2003年最低(元)	7.30
2003年换手率(%)	169.87

上海巴士实业(集团)股份有限公司

公司概况

公司名称	上海巴士实业(集团)股份有限公司			股票代码	600741		
注册地址	上海市浦东南路 500 号			邮政编码	200120		
法人代表	洪任初			董秘	王国军		
电话	021-63848484			传真	021-63863118		
主营业务	市区、郊县及埠际公共交通客运，出租汽车旅游车客运等						
总股本	72611.56	流通 A	33600.00	流通 B		流通 H	
审计单位				审计意见	未审计		

主要财务指标

年度	2003.9	2003.6	2002	2001
每股收益 / 扣除后(元)	0.0400	0.0130	0.2300	0.3600
每股经营现金流量(元)	0.6936	0.4400	0.9428	1.0156
每股净资产 / 调整后(元)	1.9500	1.9600	1.9600	2.5500
每股公积金(元)	0.5860	0.5853	0.5850	1.1679
净资产收益率(%)	2.0200	0.3700	11.5300	12.0400
总资产(万元)	491109.09	469655.09	448478.56	437434.94
股东权益(万元)	156625.36	153981.91	153395.20	142912.80
未分配利润(万元)	5361.08	2772.63	2204.21	3829.57
主营收入(万元)	220623.80	145585.91	294721.94	235146.56
资本公积金(万元)	42551.16	42496.16	42477.88	60574.91
主营利润(万元)	45044.99	27919.85	80146.42	64525.50
其他业务利润(万元)	6389.96	4258.05	6424.14	8191.83
营业利润(万元)	5114.06	2340.71	21535.57	17592.90
投资收益(万元)	1989.87	1419.51	2965.83	7121.53
补贴收入(万元)	566.34	508.66	483.72	297.33
营业外收支(万元)	-284.59	-915.51	863.10	-2515.51
利润总额(万元)	7385.69	3353.38	25848.22	22496.25
净利润(万元)	3156.87	568.42	17687.70	17200.66

十大股东

序号	股东名称	股份性质	持股数(万股)	比例(%)
1	上海交通投资(集团)有限公司	国有法人股	22481.20	30.96
2	上海市原水股份有限公司	社会法人股	3326.40	4.58
3	大众交通(集团)股份有限公司	社会法人股	3124.80	4.30
4	上海强生集团有限公司	国有法人股	3024.00	4.16
5	上海市政资产经营发展有限公司	国有法人股	2083.20	2.87
6	上海市上投房地产有限公司	国有法人股	1388.80	1.91
7	上海交大南洋股份有限公司	社会法人股	924.00	1.27
8	上海公路房地产联合开发经营公司	国有法人股	672.00	0.93
9	华夏成长证券投资基金	社会公众股	615.00	0.85
10	联通国脉通信股份有限公司	社会公众股	539.00	0.74

股东人数	2003.9	2003.6	2002	2001
	135016	135573	128879	138446

近年分配		近年配股 / 增发	
	2002年 10 派 1 元 2001 年 10 派 1 元		2001年 10 送 0.5 股

重大事项

2003-05-15 巴士股份股权协议转让提示性公告：公司法人股股东上海交大南洋股份有限公司 2003 年 4 月 28 日与上海强生集团有限公司签署协议，将交大南洋持有的公司法人股 924 万股(占公司总股本的 1.27%)，以每股 2.11 元的价格协议转让给强生集团。鉴于办理股权过户手续需要一定过程和时间，交大南洋同意在此期间将上述股权进行质押给强生集团。此次转让行为完成后，强生集团共将持有公司法人股 3948 万股(本次受让前，该公司已持公司股票 3024 万股)，占公司总股本的 5.43%，成为公司第二大股东；交大南洋不再持有公司法人股。

二〇〇二年以来市场表现

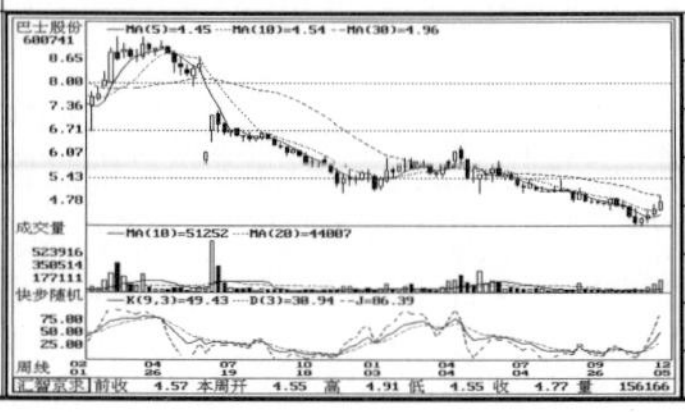

2002年涨跌幅(%)	-5.95
2002年最高(元)	7.22
2002年最低(元)	4.68
2002年换手率(%)	123.09
2003年涨跌幅(%)	-14.90
2003年最高(元)	6.28
2003年最低(元)	4.14
2003年换手率(%)	91.47

长春一汽四环汽车股份有限公司

公司概况

公司名称	长春一汽四环汽车股份有限公司			股票代码	600742		
注册地址	吉林省长春市普阳街 99 号			邮政编码	130011		
法人代表	徐建一			董秘	范希军		
电话	0431-7629115			传真	0431-7629113		
主营业务	汽车改装，制造汽车零部件，汽车修理等						
总股本	21152.34	流通 A	10319.40	流通 B		流通 H	
审计单位				审计意见	未审计		

主要财务指标

年度	2003.9	2003.6	2002	2001
每股收益 / 扣除后(元)	0.2080	0.2100	0.6790	0.7700
每股经营现金流量(元)	0.6725	0.3910	1.2937	0.7987
每股净资产 / 调整后(元)	5.6400	5.5500	5.3500	4.7000
每股公积金(元)	2.5596	2.4504	2.4504	2.4475
净资产收益率(%)	3.5100	3.6300	12.2200	13.6200
总资产(万元)	201112.12	197712.50	191265.17	136134.14
股东权益(万元)	122757.83	120540.37	116491.89	104680.89
未分配利润(万元)	22582.94	22675.49	18627.01	11041.91
主营收入(万元)	236204.80	154961.91	324089.53	213773.84
资本公积金(万元)	54142.37	51832.37	51832.37	51769.95
主营利润(万元)	14678.91	10788.38	35112.88	29749.17
其他业务利润(万元)	973.81	487.99	1140.05	551.84
营业利润(万元)	3574.50	3859.44	18074.71	19503.21
投资收益(万元)	588.38	376.94	1138.68	308.40
补贴收入(万元)				
营业外收支(万元)	-127.87		-161.90	-1835.86
利润总额(万元)	4035.01	4103.08	19051.49	17975.75
净利润(万元)	4304.53	4372.66	14238.54	14256.49

十大股东

序号	股东名称	股份性质	持股数(万股)	比例(%)
1	中国第一汽车集团公司	国有法人股	6677.64	31.57
2	长春一汽四环集团公司	社会法人股	2551.50	12.06
3	泰阳证券	流通股	518.81	2.45
4	国投机轻有限公司	社会法人股	405.00	1.91
5	景福证券投资基金	流通股	283.59	1.34
6	长春汽研中实改装车厂	社会法人股	243.00	1.15
7	一汽四环热电安装公司	社会法人股	162.00	0.77
8	长春汽车研究所科技服务部	社会法人股	135.00	0.64
9	渤海证券有限责任公司	流通股	125.30	0.59
10	一汽四环钢圈厂	社会法人股	121.50	0.57

股东人数	2003.9	2003.6	2002	2001
	38321	36742	33765	35210

近年分配		近年配股 / 增发	
	2002年 10 派 0.8 元 2001 年 10 派 2.5 元		不分配不转增

重大事项

本公司 6 月 18 日司第二大股东长春一汽四环集团有限公司将其持有的本公司的 25,515,000 股社会法人股质押给中国工商银行长春市驻第一汽车集团公司支行，质押期限为 2003 年 6 月 18 日至 2008 年 10 月 5 日，并已于 6 月 18 日在中国证券登记结算有限公司上海分公司办理了质押登记手续。经与长春一汽四环集团有限公司核实，此次股权质押系该公司向中国工商银行长春市驻第一汽车集团公司支行申请贷款提供的担保。

二〇〇二年以来市场表现

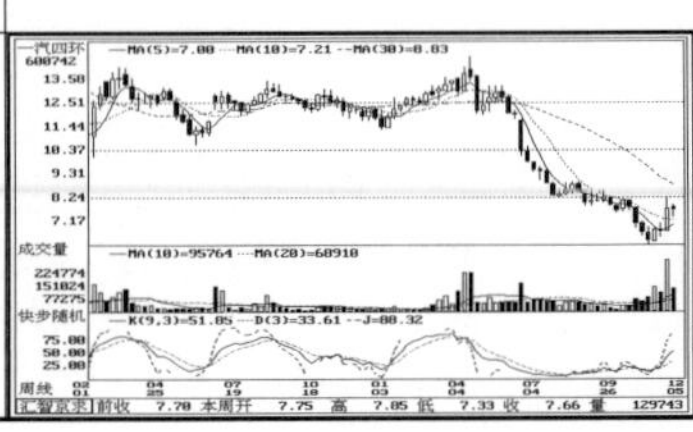

2002年涨跌幅(%)	4.72
2002年最高(元)	13.78
2002年最低(元)	9.65
2002年换手率(%)	196.96
2003年涨跌幅(%)	-35.78
2003年最高(元)	14.57
2003年最低(元)	6.10
2003年换手率(%)	287.86

湖北幸福实业股份有限公司

公司概况

公司名称	湖北幸福实业股份有限公司	股票代码	600743
注册地址	湖北省潜江市张金镇幸福北路 1 号	邮政编码	433140
法人代表	刘道明	董秘	李军
电话	0728-6641566	传真	0728-6641566
主营业务	服装、铝合金制品的生产、销售;电力开发等		
总股本	31280.00	流通 A 7820.00	流通 B / 流通 H
审计单位		审计意见	未审计

主要财务指标

年度	2003.9	2003.6	2002	2001
每股收益 / 扣除后(元)	0.0035	0.0053	0.0016	-0.0270
每股经营现金流量(元)	0.0050	-0.0020	0.0038	0.0751
每股净资产 / 调整后(元)	0.0165	0.0132	-0.0150	0.3268
每股公积金(元)	0.5829	0.5829	0.5829	0.5821
净资产收益率(%)	0.2020	30.7400	-11.6800	-23.5800
总资产(万元)	23013.62	23219.47	23455.10	25286.69
股东权益(万元)	549.53	543.03	-428.62	10240.18
未分配利润(万元)	-49302.49	-49329.18	-50430.94	-42481.17
主营收入(万元)	21363.16	13548.31	27947.35	28740.87
资本公积金(万元)	18233.55	18233.55	18233.55	18208.95
主营利润(万元)	772.00	513.42	1448.87	818.31
其他业务利润(万元)	75.17	25.87	24.04	62.56
营业利润(万元)	101.79	74.98	140.42	-1470.92
投资收益(万元)				11.30
补贴收入(万元)				14.05
营业外收支(万元)	9.27		-5.58	-969.58
利润总额(万元)	111.06	81.98	134.84	-2415.09
净利润(万元)	193.63	166.93	50.07	-2415.09

十大股东

序号	股东名称	股份性质	持股数(万股)	比例(%)
1	名流投资集团有限公司	法人股	6000.00	19.18
2	国泰君安证券股份有限公司	法人股	3528.40	11.28
3	北京宣福房产地开发有限责任公司	法人股	3300.00	10.55
4	潜江市农村信用合作联社	法人股	2826.62	9.04
5	上海华鸣投资管理有限公司	法人股	1376.10	4.40
6	中化国际信息公司	法人股	1280.00	4.09
7	北京新财基业投资顾问有限公司	法人股	800.00	2.56
8	青岛中金信投资发展有限公司	法人股	562.60	1.80
9	上海城市房地产有限公司	法人股	531.40	1.70
10	中国科技国际信托投资有限公司	法人股	500.00	1.60

股东人数	2003.9	2003.6	2002	2001
	26672	26571	33696	36682

近年分配		近年配股/增发	不分配不转增

重大事项

ST 幸福提示性公告:幸福集团铝材厂、幸福集团电力公司已于 **1997** 年、**1998** 年在原第一大股东幸福集团公司转让股权、认购配股后成为公司全资企业,由于历史原因一直未能办理权属变更的工商登记备案,**2003** 年 **8** 月 **22** 日,工商部门已为公司所属幸福集团铝材厂、幸福集团电力公司办理了权属变更的登记备案手续。有关公司与农行潜江市支行抵押担保措款合同纠纷案,最高人民法院已于 **2002** 年 **12** 月作出二审判决。公司不服判决,已依法向最高人民法院提起申诉并申请再审,对于公司的再审申请最高人民法院正在审查之中。

二〇〇二年以来市场表现

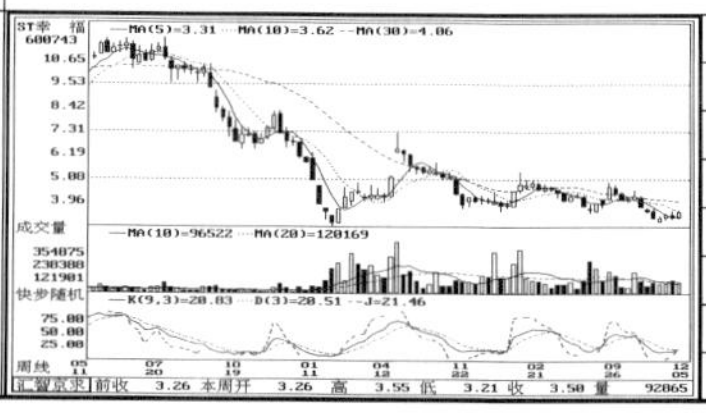

2002年涨跌幅(%)	-37.39
2002年最高(元)	7.20
2002年最低(元)	2.85
2002年换手率(%)	654.74
2003年涨跌幅(%)	-10.68
2003年最高(元)	5.42
2003年最低(元)	3.04
2003年换手率(%)	471.85

湖南华银电力股份有限公司

公司概况

公司名称	湖南华银电力股份有限公司	股票代码	600744
注册地址	湖南省长沙市芙蓉南路 308 号	邮政编码	410007
法人代表	李维建	董秘	舒志坚
电话	0731-5388088	传真	0731-5510188
主营业务	新建、扩建电厂;电力生产、销售等		
总股本	71164.80	流通 A 28828.80	流通 B / 流通 H
审计单位		审计意见	未审计

主要财务指标

年度	2003.9	2003.6	2002	2001
每股收益 / 扣除后(元)	0.0120	-0.0366	0.0060	0.1607
每股经营现金流量(元)	-0.2947	-0.2400	0.4276	0.2563
每股净资产 / 调整后(元)	4.0250	3.9800	4.0070	4.0650
每股公积金(元)	2.5377	2.5377	2.5377	2.5589
净资产收益率(%)	0.1780	-0.9680	-0.1000	3.9100
总资产(万元)	578492.94	567758.12	528501.44	509339.59
股东权益(万元)	288173.94	284902.84	287660.97	290438.75
未分配利润(万元)	24127.64	20856.55	23614.70	24738.34
主营收入(万元)	88771.15	47521.88	100330.46	106998.88
资本公积金(万元)	180597.55	180597.55	180597.55	182103.61
主营利润(万元)	8320.73	1295.77	8095.96	23574.37
其他业务利润(万元)	113.48	85.99	35.03	59.22
营业利润(万元)	880.66	-2514.29	-931.33	12354.21
投资收益(万元)	169.35	112.00	1670.68	506.25
补贴收入(万元)				
营业外收支(万元)	-481.88		-44.85	-78.26
利润总额(万元)	623.67	-2500.91	694.49	12782.21
净利润(万元)	512.95	-2758.14	386.04	11356.36

十大股东

序号	股东名称	股份性质	持股数(万股)	比例(%)
1	湖南省电力公司	国有法人股	30985.50	43.54
2	工行湖南省信托投资公司	社会法人股	3951.27	5.55
3	长沙宏达科技发展有限公司	社会法人股	2634.18	3.70
4	湖南省银宏实业发展总公司	社会法人股	1364.69	1.92
5	中国湖南国际经济技术合作煤炭公司	社会法人股	1317.09	1.85
6	中电信电力开发有限责任公司	社会法人股	1282.18	1.80
7	景福证券投资基金	社会法人股	880.54	1.24
8	上海东方众鑫科工贸有限公司	社会法人股	500.00	0.70
9	天元证券投资基金	社会法人股	288.73	0.41
10	福建新大陆电脑股份有限公司	社会法人股	200.00	0.28

股东人数	2003.9	2003.6	2002	2001
	170910	172199	174536	172573

近年分配	2002年 10 派 0.04 元 2001 年 10 派 1 元	近年配股/增发	2001年 10 配 3 股

重大事项

公司原定于 **2003** 年 **10** 月 **30** 日召开 **2003** 年第一次临时股东大会。由于公司 **2003** 年第三次董事会提交 **2003** 年第一次临时股东大会审议的《关于公司董事会更换董事及补充独立董事的提案》中,拟补充的两名独立董事候选人需要重新调整,公司将召开董事会对拟补充的两名独立董事候选人的调整作出新的决议并将另行公告。公司董事会决定将 **2003** 年第一次临时股东大会延期至 **2003** 年 **12** 月 **4** 日上午召开。

二〇〇二年以来市场表现

2002年涨跌幅(%)	-22.13
2002年最高(元)	8.02
2002年最低(元)	5.40
2002年换手率(%)	91.60
2003年涨跌幅(%)	2.52
2003年最高(元)	6.85
2003年最低(元)	4.25
2003年换手率(%)	96.56

湖北天华股份有限公司

公司概况

公司名称	湖北天华股份有限公司		股票代码	600745	
注册地址	黄石市团城山6号小区		邮政编码	435003	
法人代表	筱璘		董秘	吴年有	
电话	0714-6366993		传真	0714-6366085	
主营业务	生产针织梭织面料、各类服装、鞋帽、领带等				
总股本	12174.49	流通A 4675.94	流通B	流通H	
审计单位			审计意见	未审计	

主要财务指标

年度	2003.9	2003.6	2002	2001
每股收益/扣除后(元)	0.0700	0.0600	0.0200	0.0500
每股经营现金流量(元)	-0.1210	-0.1350	0.1329	-0.0466
每股净资产/调整后(元)	0.4800	0.4800	0.2600	0.7300
每股公积金(元)	2.3139	2.3139	2.3139	2.3139
净资产收益率(%)	5.5100	4.6200	2.1200	5.7100
总资产(万元)	39877.54	38752.13	36487.86	33327.29
股东权益(万元)	13605.44	13692.13	14753.33	12891.45
未分配利润(万元)	-22063.28	-22180.54	-22813.07	-26560.67
主营收入(万元)	10895.95	662.18	5656.07	3182.62
资本公积金(万元)	28170.27	28170.27	28170.27	28169.97
主营利润(万元)	1541.72	1035.79	1771.00	1544.85
其他业务利润(万元)	-35.87	-38.58	48.07	-12.31
营业利润(万元)	-100.37	-937.95	-871.69	166.02
投资收益(万元)				
补贴收入(万元)				
营业外收支(万元)	-133.72		16.33	104.81
利润总额(万元)	-1141.09	-1070.26	-855.36	270.83
净利润(万元)	749.79	632.52	313.37	736.54

十大股东

序号	股东名称	股份性质	持股数(万股)	比例(%)
1	广州恒烨实业发展有限公司	法人股份	3554.95	29.20
2	珠海天华集团控股有限公司	法人股份	2050.00	16.84
3	黄石市磁湖高新科技发展公司	法人股份	540.00	4.44
4	广州市中恒伟业地产顾问有限公司	法人股份	508.40	4.18
5	上海新元投资有限公司	法人股份	355.30	2.92
6	国泰证券有限公司湖北分公司	法人股份	248.40	2.04
7	李明禄	流通股份	104.08	0.85
8	无锡智慧投资有限公司	法人股份	100.00	0.82
9	北京涌金财经顾问有限公司	法人股份	70.00	0.57
10	杨云宝	流通股份	43.08	0.35

股东人数

2003.9	2003.6	2002	2001
9085	9369	10147	12347

近年分配　近年配股/增发：不分配不转增

重大事项

公司**2003**年第二次临时股东大会审议通过了公司与黄石康赛实业发展有限公司签署的《关于以土地抵偿配股款的协议》。目前,黄石康赛实业发展有限公司持有的**191859**平方米的土地使用权已过户至公司名下,公司已取得国有土地使用证。　**2003-05-21**公司决定与澳门中恒投资实业有限公司共同组建设立中外合资黄石天华兴业制衣有限公司,该项目总投资为**2000**万元,注册资本为**2000**万元,公司以**1500**万元现金出资,占注册资本的**75%**。

二〇〇二年以来市场表现

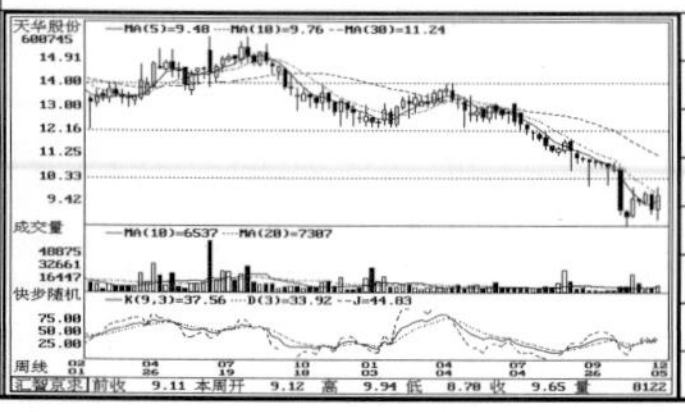

2002年涨跌幅(%)	-12.26
2002年最高(元)	15.83
2002年最低(元)	12.07
2002年换手率(%)	132.43
2003年涨跌幅(%)	-27.70
2003年最高(元)	13.98
2003年最低(元)	8.50
2003年换手率(%)	68.87

江苏索普化工股份有限公司

公司概况

公司名称	江苏索普化工股份有限公司		股票代码	600746	
注册地址	江苏省镇江市谏壁镇越河街50号		邮政编码	212006	
法人代表	宋勤华		董秘	许逸中	
电话	0511-3366244		传真	0511-3362036	
主营业务	化工原料及产品制造、销售,电力生产等				
总股本	30642.15	流通A 8802.68	流通B	流通H	
审计单位			审计意见	未审计	

主要财务指标

年度	2003.9	2003.6	2002	2001
每股收益/扣除后(元)	-0.0080	-0.0113	-0.1077	0.0200
每股经营现金流量(元)	0.1703	0.0030	-0.4625	0.3346
每股净资产/调整后(元)	1.0980	1.0930	1.0860	1.1730
每股公积金(元)	0.0655	0.0650	0.0618	0.0567
净资产收益率(%)	0.9900	0.3000	-9.8300	6.5200
总资产(万元)	54434.83	54601.14	55624.55	57823.15
股东权益(万元)	34062.28	33809.62	33610.61	36839.19
未分配利润(万元)	-1338.89	-1576.55	-1676.80	1692.87
主营收入(万元)	21794.67	14163.95	25851.67	25395.39
资本公积金(万元)	2007.74	1992.74	1893.98	1736.67
主营利润(万元)	3002.36	1838.74	1667.57	3878.44
其他业务利润(万元)	112.80	110.78	0.22	12.56
营业利润(万元)	544.88	193.95	-3634.05	1496.11
投资收益(万元)	-31.21	-25.66	127.39	448.81
补贴收入(万元)				700.00
营业外收支(万元)	-118.15		-394.09	-8.04
利润总额(万元)	395.51	93.53	-3900.75	2636.88
净利润(万元)	337.90	100.25	-3304.78	2401.93

十大股东

序号	股东名称	股份性质	持股数(万股)	比例(%)
1	江苏索普(集团)有限公司	国有法人股	21235.86	69.30
2	上海爱建信托投资有限责任公司	流通股	607.57	1.98
3	上海兴龙投资有限责任公司	流通股	198.24	0.65
4	镇江第二化工厂	社会法人股	176.05	0.57
5	镇江精细化工有限责任公司	社会法人股	176.05	0.57
6	镇江硫酸厂	社会法人股	176.05	0.57
7	上海爱建信托投资有限责任公司	流通股	149.90	0.49
8	武汉鑫茂实业有限公司	流通股	134.04	0.44
9	马孟青	流通股	82.48	0.27
10	上海天润物产有限公司	流通股	81.85	0.27

股东人数

2003.9	2003.6	2002	2001
13232	14035	12392	10104

近年分配　近年配股/增发：不分配不转增

重大事项

截止**2003**年**6**月**30**日,公司的控股股东江苏索普(集团)有限公司(简称:索普集团)因工程建设有偿占用公司资金累计**1.33**亿元人民币,形成对公司的债务。经与之协商,索普集团拟以正在建设的与醋酸二期工程配套的热电工程(即索普供热站,总投资约**1**亿元)资产偿还公司的部分债务。索普集团还承诺,抵偿后剩余的债务索普集团将在其后的两年内全部以现金偿还。该项交易已构成重大关联交易,须报经中国证监会批准后再提交公司股东大会审议通过。

二〇〇二年以来市场表现

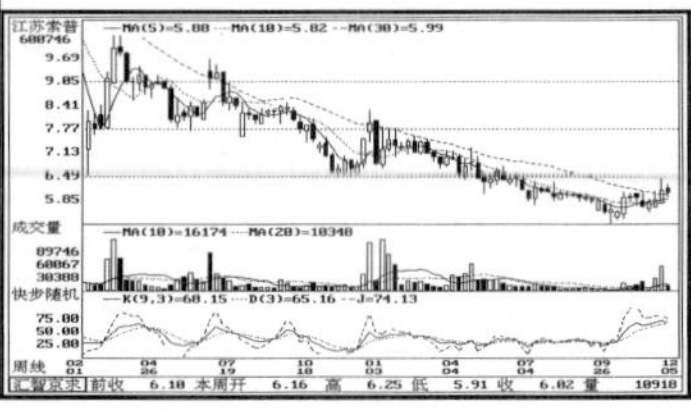

2002年涨跌幅(%)	-29.10
2002年最高(元)	10.80
2002年最低(元)	6.50
2002年换手率(%)	127.78
2003年涨跌幅(%)	-22.98
2003年最高(元)	7.82
2003年最低(元)	5.21
2003年换手率(%)	104.65

大连大显股份有限公司

公司概况

公司名称	大连大显股份有限公司		股票代码	600747	
注册地址	辽宁省大连市甘井子区革镇堡		邮政编码	116035	
法人代表	刘秉强		董秘	王忠全	
电话	0411-6458775-828		传真	0411-6458328	
主营业务	电子产品及元器件的开发、生产、销售等				
总股本	58893.46	流通A	27171.85	流通B	流通H
审计单位			审计意见	未审计	

主要财务指标

年度	2003.9	2003.6	2002	2001
每股收益/扣除后(元)	0.1320	0.1030	0.1950	0.3290
每股经营现金流量(元)	0.0488	0.0020	0.1103	0.7575
每股净资产/调整后(元)	2.8550	2.8250	2.7420	3.8200
每股公积金(元)	0.6258	0.9510	0.9495	1.7165
净资产收益率(%)	4.5810	4.5810	8.9290	7.9400
总资产(万元)	198506.97	210822.94	210469.37	190612.45
股东权益(万元)	142666.73	141232.73	136112.77	126820.74
未分配利润(万元)	33829.68	32395.66	27348.58	27017.55
主营收入(万元)	84803.81	61684.60	90329.07	74510.84
资本公积金(万元)	46672.78	46672.78	46599.89	56162.14
主营利润(万元)	17563.23	12770.55	20855.48	21778.55
其他业务利润(万元)	81.73	0.06	81.22	-67.26
营业利润(万元)	10546.75	8252.01	7906.83	10333.75
投资收益(万元)	-51.54	-178.50	7069.38	2532.98
补贴收入(万元)	45.46	76.63	111.76	54.89
营业外收支(万元)	-137.19		306.47	-318.01
利润总额(万元)	10403.48	8073.25	15394.44	12603.61
净利润(万元)	6536.16	5102.15	12153.44	10069.32

十大股东

序号	股东名称	股份性质	持股数(万股)	比例(%)
1	大连大显集团有限公司	国家股	24823.53	50.58
2	中国工商银行大连信托投资公司	法人股	517.16	1.05
3	华安创新证券投资基金	流通股	471.71	0.96
4	大连经济技术开发区鑫鑫商贸公司	法人股	437.59	0.89
5	沈阳北泰集团有限公司	法人股	337.50	0.69
6	中信证券股份有限公司	流通股	334.02	0.68
7	光大证券有限责任公司	流通股	74.46	0.15
8	于杰	流通股	73.29	0.15
9	高兴斌	流通股	73.09	0.15
10	南京显像管厂	法人股	60.31	0.12

股东人数	2003.9	2003.6	2002	2001
	64595	65528	52415	50554

近年分配	近年配股/增发
2002年10派0.625元 2001年10派0.5元	2003年10转增2股 2001年10送2增3股

重大事项

2003年10月27日公司董事会决议投资组建大连大显光电器件有限公司，项目拟总投资8596万元。通过投资组建模块生产线项目议案。拟用自有资金三亿元人民币投资国债。定于2003年12月8日召开公司2003年度第二次临时股东大会。 2003年5月19日公司计划今年将重点开发三菱、华飞彩件及日立三大件，彩枪零件产品在去年经过东南亚、南亚等国际市场的认证和小批量和中批量供货之后，今年将进一步扩大出口规模。

二〇〇二年以来市场表现

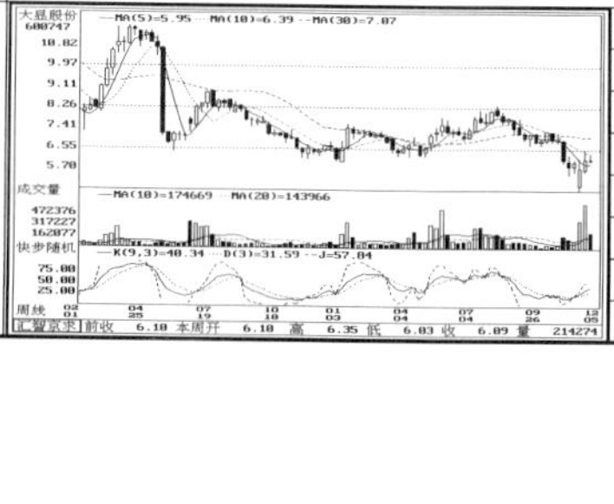

2002年涨跌幅(%)	12.26
2002年最高(元)	7.36
2002年最低(元)	3.86
2002年换手率(%)	146.45
2003年涨跌幅(%)	14.88
2003年最高(元)	6.96
2003年最低(元)	4.57
2003年换手率(%)	246.97

上海实业发展股份有限公司

公司概况

公司名称	上海实业发展股份有限公司		股票代码	600748	
注册地址	上海市浦东新区浦东南路1085号华申大厦6楼		邮政编码	200126	
法人代表	陈伟恕		董秘	阚兆森	
电话	021-54258748		传真	021-54259748	
主营业务	房地产开发和经营、建筑材料、物业管理等				
总股本	58754.16	流通A	15697.00	流通B	流通H
审计单位			审计意见	未审计	

主要财务指标

年度	2003.9	2003.6	2002	2001
每股收益/扣除后(元)	0.0550	0.0300	0.0040	0.0050
每股经营现金流量(元)	-0.0639	0.1210	0.0465	0.1636
每股净资产/调整后(元)	1.8700	1.8400	1.7700	1.7600
每股公积金(元)	0.7326	0.7326	0.7231	0.7224
净资产收益率(%)	3.5100	2.1700	0.2700	0.7500
总资产(万元)	199301.41	144478.62	121040.93	117073.22
股东权益(万元)	110065.25	108574.93	105649.79	105164.14
未分配利润(万元)	5026.13	3520.55	1164.57	-1700.64
主营收入(万元)	17755.02	8294.02	62511.06	31554.72
资本公积金(万元)	43040.67	43055.92	42486.76	42443.56
主营利润(万元)	5583.42	2021.02	1368.94	499.04
其他业务利润(万元)	8.26	8.10	1809.03	1827.23
营业利润(万元)	4572.98	1465.50	22.78	439.29
投资收益(万元)	1514.99	1114.99	211.06	5.18
补贴收入(万元)	908.71	718.71	33.35	13.40
营业外收支(万元)	-3.75	-0.50	18.06	565.06
利润总额(万元)	6992.93	3298.70	285.25	1022.93
净利润(万元)	3861.56	2355.98	283.11	792.90

十大股东

序号	股东名称	股份性质	持股数(万股)	比例(%)
1	上海上实(集团)有限公司	国有法人股	43057.16	73.28
2	上海安联投资发展公司	流通股	119.99	0.20
3	湘财证券有限责任公司	流通股	103.05	0.17
4	孙妙琴	流通股	59.26	0.10
5	上海同浮投资管理有限公司	流通股	52.57	0.09
6	章梨香	流通股	50.22	0.08
7	金鑫证券投资基金	流通股	49.66	0.08
8	中国银行-天同180指数证券投资基金	流通股	43.59	0.07
9	周妍	流通股	36.82	0.06
10	严运纯	流通股	35.00	0.06

股东人数	2003.9	2003.6	2002	2001
	51212	53035	56741	41628

近年分配	近年配股/增发
	不分配不转增

重大事项

公司于2003年11月27日公司的重大资产重组工作已基本完成，目前尚有金钟广场部分房产权证的过户手续及控股子公司上海淀山湖新城发展有限公司的工商登记变更手续等收尾工作正在办理之中。 至2003年11月20日，公司已完成对新加坡维信发展有限公司在国内的房地产独资企业——重庆华新国际实业有限公司的全部增资，和重庆华新国际实业有限公司对重庆华新国际城市发展有限公司与成都华新国际城市发展有限公司的股权受让，本次投资合作的工作已全部完成。

二〇〇二年以来市场表现

2002年涨跌幅(%)	-21.74
2002年最高(元)	13.18
2002年最低(元)	8.11
2002年换手率(%)	493.03
2003年涨跌幅(%)	-25.15
2003年最高(元)	10.04
2003年最低(元)	4.95
2003年换手率(%)	213.54

西藏圣地股份有限公司

公司概况

公司名称	西藏圣地股份有限公司			股票代码	600749		
注册地址	西藏自治区拉萨市林廓东路6号			邮政编码	850000		
法人代表	欧阳旭			董秘	霍全生		
电话	0891-6339150			传真	0891-6339041		
主营业务	旅游景点资源的开发利用,旅游观光、徒步、特种旅游等						
总股本	8000.00	流通A	2400.00	流通B		流通H	
审计单位				审计意见	未审计		

主要财务指标

年度	2003.9	2003.6	2002	2001
每股收益/扣除后(元)	-0.0250	-0.0600	-0.1468	-0.0071
每股经营现金流量(元)	-0.1088	-0.0480	-0.0919	0.1817
每股净资产/调整后(元)	0.9400	0.8500	0.9100	1.0300
每股公积金(元)	0.1011	0.0425	0.0425	0.3089
净资产收益率(%)	-2.5800	-6.7900	-14.7700	-32.1600
总资产(万元)	17779.14	16530.99	16447.16	19378.82
股东权益(万元)	7547.37	6806.90	7269.04	8346.31
未分配利润(万元)	-1372.61	-1644.08	-1181.93	-2458.42
主营收入(万元)	2044.87	352.02	2764.27	3073.37
资本公积金(万元)	808.94	339.94	339.94	2471.60
主营利润(万元)	1283.73	229.60	1111.69	-299.12
其他业务利润(万元)	29.60	22.69	83.28	695.26
营业利润(万元)	-191.34	-461.59	-1204.34	-299.12
投资收益(万元)				-34.88
补贴收入(万元)			2.60	42.30
营业外收支(万元)	-3.06		-10.49	-2416.94
利润总额(万元)	-194.40	-462.22	-1209.23	-2708.64
净利润(万元)	-194.40	-462.14	-1181.93	-2683.77

十大股东

序号	股东名称	股份性质	持股数(万股)	比例(%)
1	国风集团有限公司	社会法人股	2273.95	28.42
2	西藏国际体育旅游公司	国有法人股	1301.76	16.27
3	北京古越房地产开发有限公司	社会法人股	1168.96	14.61
4	西藏农牧业机械集团公司	国有法人股	407.30	5.09
5	西藏信托投资管理公司	国有法人股	407.30	5.09
6	四川省西南边贸经济开发总公司	国有法人股	40.73	0.51
7	李全	流通股	18.30	0.23
8	李国斌	流通股	13.40	0.17
9	温雪	流通股	98.10	0.12
10	苏州市金属材料公司	流通股	91.50	0.11

股东人数	2003.9	2003.6	2002	2001
	9768	9887	10983	11484

近年分配		近年配股/增发	不分配不转增

重大事项

2003年6月15日,本公司与国风集团有限公司(下称国风集团)在成都签署了《资产置换协议》。本公司拟以网络资产、喜玛拉雅饭店旧楼、部分应收帐款,以中元国际资产评估有限责任公司的以2003年3月31日为基准日的评估价值85,414,588.45元,与国风集团持有的西藏国风广告有限公司(简称国风广告)98.08%的权益性资产,以中元国际资产评估有限责任公司以2003年3月31日为基准日的评估价值85,994,239.36元,按照1:1的比例进行置换,差价部分由公司以现金补足。

二〇〇二年以来市场表现

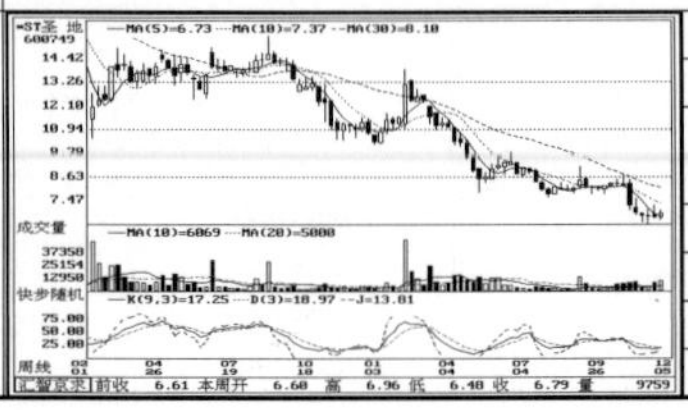

2002年涨跌幅(%)	-35.05
2002年最高(元)	16.10
2002年最低(元)	10.10
2002年换手率(%)	184.42
2003年涨跌幅(%)	-36.75
2003年最高(元)	13.85
2003年最低(元)	6.31
2003年换手率(%)	150.70

江西江中药业股份有限公司

公司概况

公司名称	江西江中药业股份有限公司			股票代码	600750		
注册地址	江西省南昌市火炬大道888号			邮政编码	330000		
法人代表	廖礼村			董秘	吴伯帆		
电话	0791-8515742			传真	0791-8515742		
主营业务	生产和销售抗生素原料药、抗生素制剂、胶囊等						
总股本	14611.20	流通A	6240.00	流通B		流通H	
审计单位				审计意见	未审计		

主要财务指标

年度	2003.9	2003.6	2002	2001
每股收益/扣除后(元)	0.2900	0.2200	0.3100	0.3100
每股经营现金流量(元)	0.5152	0.1510	0.6495	0.2825
每股净资产/调整后(元)	3.8700	3.7900	3.6300	3.5500
每股公积金(元)	1.8872	1.8859	1.8817	1.8800
净资产收益率(%)	7.1800	5.2900	7.8600	7.6800
总资产(万元)	93311.74	94824.88	74078.14	63927.19
股东权益(万元)	59308.41	58103.86	54969.90	52355.99
未分配利润(万元)	13517.77	12333.03	9260.66	6158.43
主营收入(万元)	68536.86	50801.02	66767.21	35496.59
资本公积金(万元)	27574.72	27554.92	27493.32	27469.70
主营利润(万元)	40271.88	29992.84	37646.36	13290.47
其他业务利润(万元)	96.13	59.91	39.55	-27.49
营业利润(万元)	7126.15	6160.30	7328.10	8108.05
投资收益(万元)	-358.84	-288.18	-152.14	-351.20
补贴收入(万元)				215.99
营业外收支(万元)	-120.48	-244.09	-103.33	-951.57
利润总额(万元)	6646.83	5768.79	6931.87	7021.27
净利润(万元)	4257.11	3072.36	4321.34	4024.38

十大股东

序号	股东名称	股份性质	持股数(万股)	比例(%)
1	江中制药(集团)有限公司	国有法人股	8371.20	57.29
2	海通证券有限公司	流通股	727.04	4.98
3	上海华鑫工程咨询监理有限公司	流通股	213.59	1.46
4	英达盛投资管理公司	流通股	203.37	1.39
5	海南洋浦热岛科技有限公司	流通股	174.42	1.19
6	淮安舜天实业有限公司	流通股	160.50	1.10
7	杭州康城拍卖有限公司	流通股	120.73	0.83
8	上海浦东新区标三紧固件销售部	流通股	115.65	0.79
9	上海三标物资经营部	流通股	112.13	0.77
10	上海光通信发展股份有限公司	流通股	109.44	0.75

股东人数	2003.9	2003.6	2002	2001
	17034	17485	16727	20617

近年分配	2002年10派1元 2001年10派1元	近年配股/增发	2003年10配3股

重大事项

公司控股子公司江西东风药业股份有限公司为清理江西东风制药有限责任公司对其的历史欠帐,经董事会及股东会批准,同意受让东风制药拥有的位于江西省乐平市东风路15号的5层框架办公楼,用于抵偿东风制药对东风药业的部分欠帐。截止2002年12月31日,东风制药因历史原因对东风药业所欠款项总额为852.22万元,本次资产转让的办公楼为评估值650.12万元,交易完成后尚欠202.10万元,2003年1月20日,交易双方签订了《资产转让协议书》。

二〇〇二年以来市场表现

2002年涨跌幅(%)	-17.18
2002年最高(元)	15.10
2002年最低(元)	10.96
2002年换手率(%)	126.90
2003年涨跌幅(%)	-18.72
2003年最高(元)	12.88
2003年最低(元)	8.60
2003年换手率(%)	175.27

天津市海运股份有限公司

公司概况

公司名称	天津市海运股份有限公司	股票代码	600751
注册地址	天津市河西区马场道207号	邮政编码	300204
法人代表	宋兴庭	董秘	姜涛
电话	022-23281780	传真	022-23286115
主营业务	近洋货物运输,仓储服务,陆海联运,集装箱租赁买卖等		

总股本	49264.88	流通A	10368.93	流通B	18000.00	流通H	
审计单位				审计意见	未审计		

主要财务指标

年度	2003.9	2003.6	2002	2001
每股收益/扣除后(元)	0.0065	0.0100	-0.1490	0.0500
每股经营现金流量(元)	-0.3620	-0.3200	-0.1991	0.0820
每股净资产/调整后(元)	2.0500	2.0600	2.0200	2.1700
每股公积金(元)	0.5790	0.5790	0.5689	0.5689
净资产收益率(%)	0.2900	0.4800	-6.8010	2.1800
总资产(万元)	215020.06	222762.14	209809.20	200110.16
股东权益(万元)	107619.44	107793.48	106724.35	114117.83
未分配利润(万元)	17947.96	18146.59	17633.06	24940.50
主营收入(万元)	60224.65	40985.55	78214.08	85564.46
资本公积金(万元)	28524.96	28524.96	28026.56	28026.55
主营利润(万元)	6541.88	5177.11	3236.73	10896.67
其他业务利润(万元)	399.35	-25.46	2517.37	3007.55
营业利润(万元)	322.74	564.08	-7386.04	2321.46
投资收益(万元)	140.94	140.94	278.62	803.62
补贴收入(万元)				
营业外收支(万元)	-4.64		71.81	-4.12
利润总额(万元)	459.04	697.08	-7035.61	3120.97
净利润(万元)	314.89	513.53	-7258.32	2477.48

十大股东

序号	股东名称	股份性质	持股数(万股)	比例(%)
1	天津市天海集团有限公司	国有法人股	18408.85	37.37
2	万丰资产	社会法人股	308.00	0.63
3	裘阿海	B股	131.00	0.27
4	张柏青	B股	113.20	0.23
5	卢锦彬	B股	100.00	0.20
6	锦钢贸易	社会法人股	65.00	0.13
7	中国石化天津石油有限责任公司	社会法人股	57.20	0.12
8	宋晓东	B股	50.00	0.10
9	赵华令	A股	46.80	0.09
10	天女化工	社会法人股	44.00	0.09

股东人数	2003.9	2003.6	2002	2001
	97182	99253	99943	105522

近年分配		近年配股/增发	不分配不转增

重大事项

公司控股股东天津市天海集团有限公司持有的公司3055万股国有法人股，于2003年11月10日被天津市高级人民法院续冻结,冻结期限为2003年11月10日至2004年5月10日。　公司控股股东天津市天海集团有限公司持有的公司950万股国有法人股，原于2002年9月质押给交通银行天津分行,质押期限一年;日前此笔质押于2003年10月13日办理续押手续,期限至2004年10月13日。另天海集团公司持有的公司1700万股国有法人股于2003年10月23日被海口海事法院冻结,期限至2004年10月22日。

二〇〇二年以来市场表现

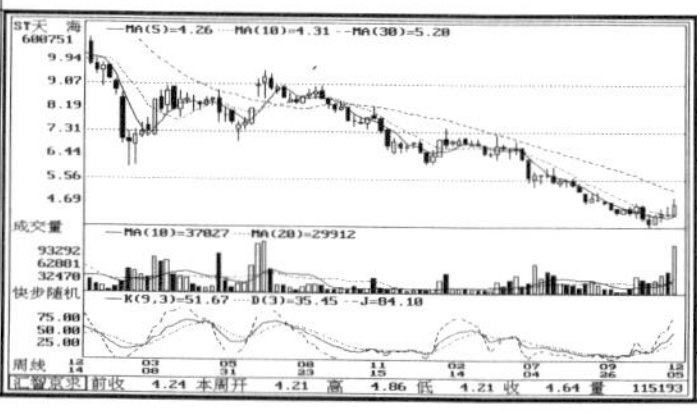

2002年涨跌幅(%)	-34.31
2002年最高(元)	9.58
2002年最低(元)	5.97
2002年换手率(%)	140.06
2003年涨跌幅(%)	-32.70
2003年最高(元)	7.42
2003年最低(元)	3.81
2003年换手率(%)	93.29

哈慈股份有限公司

公司概况

公司名称	哈慈股份有限公司	股票代码	600752
注册地址	哈尔滨市动力区通乡街169号	邮政编码	150046
法人代表	李秀峰	董秘	郝沪东
电话	0451-82688688	传真	0451-55696922
主营业务	从事医疗器械、普通机械、建筑材料等		

总股本	33846.41	流通A	16088.86	流通B		流通H	
审计单位				审计意见	未审计		

主要财务指标

年度	2003.9	2003.6	2002	2001
每股收益/扣除后(元)	-0.1000	-0.0590	-0.4000	0.1100
每股经营现金流量(元)	-0.4991	-0.3700	-0.3668	0.3632
每股净资产/调整后(元)	1.7600	1.8920	2.1300	2.8500
每股公积金(元)	1.2025	1.1891	1.1891	1.1891
净资产收益率(%)	-5.4400	-2.0900	-25.1100	3.5300
总资产(万元)	122994.21	119839.85	122628.01	139452.09
股东权益(万元)	71706.42	73637.59	75203.20	98149.20
未分配利润(万元)	-10798.56	-8442.44	-6900.44	14935.95
主营收入(万元)	4387.89	3368.59	4441.19	25400.58
资本公积金(万元)	40700.63	40246.21	40246.21	40246.21
主营利润(万元)	948.76	987.69	-399.40	15914.62
其他业务利润(万元)	1004.45	996.07	46.69	104.68
营业利润(万元)	-3389.04	-1576.28	-15593.77	5021.88
投资收益(万元)	184.67	149.58	26.33	-385.49
补贴收入(万元)	14.96	12.08	40.86	0.14
营业外收支(万元)	-693.93	21.77	-3066.74	-641.43
利润总额(万元)	-3895.92	-1392.85	-18593.31	3995.10
净利润(万元)	-3898.12	-1542.01	-18881.97	3467.87

十大股东

序号	股东名称	股份性质	持股数(万股)	比例(%)
1	哈慈集团有限公司	法人股	14557.56	43.01
2	黑龙江科融高科技产业投资有限公司	法人股	1700.00	5.02
3	涌金实业(集团)有限公司	法人股	1300.00	3.84
4	长江证券有限责任公司	流通股	653.45	1.93
5	上海港杰实业发展有限公司	法人股	200.00	0.59
6	章伟	流通股	100.10	0.30
7	谢夏莲	流通股	91.55	0.27
8	韩亚坤	流通股	60.20	0.18
9	吴惠强	流通股	50.54	0.15
10	左志江	流通股	40.00	0.12

股东人数	2003.9	2003.6	2002	2001
	85323	85546	88064	93543

近年分配		近年配股/增发	2001年10配3股

重大事项

公司控股子公司哈尔滨天业环保有限公司在哈尔滨市农业银行冰城支行2710万元贷款将于2003年11月5日-15日到期,办理倒贷,公司同意继续为其该笔贷款提供连带责任的担保。　公司控股股东哈慈集团有限公司分别于2002年8月5日和2002年9月27日质押给哈尔滨市商业银行科技支行合计2000万股法人股现质押期满,解除质押。哈慈集团有限公司将其持有的2400万股法人股质押给哈尔滨市商业银行科技支行,为哈尔滨天业高新技术产业有限公司3000万元贷款提供质押担保,质押期限为2003年9月29日至2005年9月28日。

二〇〇二年以来市场表现

2002年涨跌幅(%)	-33.06
2002年最高(元)	8.28
2002年最低(元)	5.33
2002年换手率(%)	92.42
2003年涨跌幅(%)	-29.20
2003年最高(元)	6.55
2003年最低(元)	3.29
2003年换手率(%)	89.63

河南冰熊保鲜设备股份有限公司

公司概况

公司名称	河南冰熊保鲜设备股份有限公司	股票代码	600753
注册地址	河南省民权县府后街 22 号	邮政编码	476800
法人代表	史进兵	董秘	杨平原
电话	0370-8585698	传真	0370-8551431
主营业务	各种系列卧式、立式冷柜和其它制冷保鲜产品的维修等		

总股本	12800.00	流通 A	3200.00	流通 B		流通 H	
审计单位				审计意见	未审计		

主要财务指标

年度	2003.9	2003.6	2002	2001
每股收益 / 扣除后(元)	0.0180	-0.0509	-0.4000	0.1100
每股经营现金流量(元)	-0.4991	-0.0600	-0.3668	0.3632
每股净资产 / 调整后(元)	1.7600	1.8920	2.1300	0.7700
每股公积金(元)	0.6437	0.6433	0.6420	0.6415
净资产收益率(%)	-0.0400	2.1900	3.8000	5.1400
总资产(万元)	37195.88	40356.69	42998.75	42683.01
股东权益(万元)	11155.43	11166.25	10904.57	10484.48
未分配利润(万元)	-9883.46	-9868.31	-10112.60	-10526.55
主营收入(万元)	7992.28	6757.22	6467.15	10015.85
资本公积金(万元)	8238.89	8234.55	8217.18	8211.03
主营利润(万元)	1436.66	1158.77	1332.74	1702.70
其他业务利润(万元)	33.37	27.06	35.02	30.15
营业利润(万元)	125.15	147.08	-244.68	32.25
投资收益(万元)	184.67	149.58	26.33	-385.49
补贴收入(万元)	14.96		40.86	0.14
营业外收支(万元)	-693.93		-3066.74	-641.43
利润总额(万元)	229.14	244.30	413.95	539.08
净利润(万元)	229.14	244.30	413.95	839.08

十大股东

序号	股东名称	股份性质	持股数(万股)	比例(%)
1	哈慈集团有限公司	法人股	14557.56	43.01
2	黑龙江科融高科技产业投资有限公司	法人股	1700.00	5.02
3	涌金实业(集团)有限公司	法人股	1300.00	3.84
4	长江证券有限责任公司	流通股	653.45	1.93
5	上海港杰实业发展有限公司	法人股	200.00	0.59
6	章伟	流通股	100.10	0.30
7	谢夏莲	流通股	91.55	0.27
8	韩亚坤	流通股	0.20	0.18
9	吴惠强	流通股	50.54	0.15
10	左志江	流通股	40.00	0.12

股东人数	2003.9	2003.6	2002	2001
	15359	15441	15931	17070

近年分配		近年配股 / 增发	不分配不转增

重大事项

商丘市天祥商贸有限公司通过公开拍卖取得的原由河南冰熊集团有限公司持有的公司股份 **2500** 万股，过户手续已于 **2003** 年 **11** 月 **19** 日在中国证券登记结算有限责任公司上海分公司办理完毕。股权变更后，持有公司 **5%** 以上股份的股东持股情况为：重庆国际信托投资有限公司持有公司社会法人股 **3584** 万股，占总股本 **28%**，为公司第一大股东；河南冰熊集团有限公司持有公司国有法人股 **3516** 万股，占总股本 **27.47%**，为第二大股东；商丘市天祥商贸有限公司持有公司社会法人股 **2500** 万股，占总股本的 **19.53%**，为第三大股东。

二〇〇二年以来市场表现

2002年涨跌幅(%)	-18.46
2002年最高(元)	11.43
2002年最低(元)	6.75
2002年换手率(%)	272.56
2003年涨跌幅(%)	-23.32
2003年最高(元)	8.74
2003年最低(元)	4.51
2003年换手率(%)	161.50

上海锦江国际酒店发展股份有限公司

公司概况

公司名称	上海锦江国际酒店发展股份有限公司	股票代码	600754
注册地址	上海市浦东新区浦电路 389 号 12 楼	邮政编码	200070
法人代表	俞敏亮	董秘	康鸣
电话	021-63536304	传真	021-63217720
主营业务	宾馆、餐饮、食品生产及连锁经营、旅游等		

总股本	60324.07	流通 A	9836.00	流通 B	15600.00	流通 H	
审计单位				审计意见	未审计		

主要财务指标

年度	2003.9	2003.6	2002	2001
每股收益 / 扣除后(元)	0.0360	0.0046	0.0357	0.0430
每股经营现金流量(元)	0.1892	0.0890	0.2733	0.0758
每股净资产 / 调整后(元)	2.7000	2.6300	2.6100	4.7000
每股公积金(元)	1.2673	1.2672	1.2672	1.2593
净资产收益率(%)	1.1400	0.0800	3.5400	3.1500
总资产(万元)	241059.02	244859.69	257633.80	228740.44
股东权益(万元)	174204.56	172369.31	172226.50	172017.14
未分配利润(万元)	6546.20	4712.10	4617.49	7404.99
主营收入(万元)	57007.09	35432.88	83419.89	68264.88
资本公积金(万元)	76445.69	76444.53	76441.53	75968.98
主营利润(万元)	34826.26	21161.93	47576.59	34560.69
其他业务利润(万元)	186.35	156.55	587.27	180.54
营业利润(万元)	-1698.80	-2804.22	-24.79	1680.41
投资收益(万元)	4293.60	3103.44	2788.54	1534.15
补贴收入(万元)	471.53	365.88	80.08	2627.25
营业外收支(万元)	-475.64	-249.47	4933.29	-123.09
利润总额(万元)	2590.69	371.60	7777.11	5718.72
净利润(万元)	1973.90	139.80	6100.71	5412.07

十大股东

序号	股东名称	股份性质	持股数(万股)	比例(%)
1	上海新亚(集团)有限公司	国有股	25528.07	42.32
2	上海国际信托投资有限公司	法人股	1404.00	2.33
3	上海久事公司	法人股	1248.00	2.07
4	上海轮胎橡胶(集团)股份有限公司	法人股	936.00	1.55
5	上海市城市建设投资开发总公司	法人股	936.00	1.55
6	交通银行上海分行	法人股	780.00	1.29
7	上海市陆家嘴金融贸易区开发股份有限公司	法人股	780.00	1.29
8	上海闵行联合发展有限公司	法人股	780.00	1.29
9	上海证券有限责任公司	法人股	312.00	0.52
10	中国光大国际信托投资公司	法人股	312.00	0.52

股东人数	2003.9	2003.6	2002	2001
	62928	66023	54057	56482

近年分配	2002年 10 派 1 元 2001 年 10 派 1 元	近年配股 / 增发	不分配不转增

重大事项

2003 年 **10** 月 **10** 日，公司拟将公司投资的 **18** 家企业的股权及 **1** 家分公司的资产转让给锦江国际(集团)有限公司，以评估值为基础，协议转让价格为人民币 **20755** 万元。锦江国际(集团)有限公司拟将其持有的锦江国际酒店管理有限公司 **100%** 股权转让给公司，以评估值为基础，协议转让价格为人民币 **13150** 万元。双方资产置换的差额人民币 **7605** 万元由锦江国际(集团)有限公司以现金补足，并于协议生效后 **20** 天内支付给公司。

二〇〇二年以来市场表现

2002年涨跌幅(%)	-12.90
2002年最高(元)	11.30
2002年最低(元)	6.63
2002年换手率(%)	244.84
2003年涨跌幅(%)	-21.98
2003年最高(元)	11.20
2003年最低(元)	5.52
2003年换手率(%)	254.46

厦门国贸集团股份有限公司

公司概况

公司名称	厦门国贸集团股份有限公司	股票代码	600755
注册地址	厦门市湖滨南路国贸大厦 8—18 层	邮政编码	361004
法人代表	何福龙	董秘	陈晓华
电话	0592-5160872	传真	0592-5160280
主营业务	自营和代理各类商品及技术的进出口业务等		

总股本	流通 A	流通 B	流通 H
19812.00	12700.00		

审计单位		审计意见	未审计

主要财务指标

年度	2003.9	2003.6	2002	2001
每股收益/扣除后(元)	0.2200	0.1100	0.1200	0.0500
每股经营现金流量(元)	1.8766	1.6700	1.8158	0.4347
每股净资产/调整后(元)	3.6600	3.5880	3.5000	3.4300
每股公积金(元)	2.1159	2.1159	2.5199	2.1159
净资产收益率(%)	5.4800	3.0100	4.8000	3.7900
总资产(万元)	291089.50	256739.80	226949.16	166362.05
股东权益(万元)	73764.44	71889.02	69856.39	68331.18
未分配利润(万元)	4848.09	3011.22	979.17	
主营收入(万元)	357463.84	222480.56	341968.47	201861.97
资本公积金(万元)	41919.67	41919.67	41919.67	41919.67
主营利润(万元)	22824.18	13128.30	22332.58	12822.59
其他业务利润(万元)	1326.43	1062.16	1720.59	1778.30
营业利润(万元)	4351.27	2116.12	1778.42	-18.11
投资收益(万元)	2340.76	1857.60	1594.64	3869.28
补贴收入(万元)	14.39	2.17	677.16	322.71
营业外收支(万元)	-182.34	-148.74	-223.60	-728.47
利润总额(万元)	6524.08	3827.15	3826.63	3445.41
净利润(万元)	4045.67	2162.58	3352.87	2589.00

十大股东

序号	股东名称	股份性质	持股数(万股)	比例(%)
1	厦门市商贸国有资产投资有限公司	国有法人股	7112.00	35.90
2	赖瑞荣	流通股	26.88	0.14
3	厦门市证券登记有限责任公司	流通股	25.74	0.13
4	吴道标	流通股	23.52	0.12
5	陈泗海	流通股	20.98	0.11
6	青岛海洋大学生物工程技术开发有限公司	流通股	18.90	0.10
7	赵平之	流通股	18.22	0.10
8	徐吉峰	流通股	17.50	0.09
9	秦箴	流通股	16.47	0.08
10	张莉	流通股	15.90	0.08

股东人数	2003.9	2003.6	2002	2001
	68821	69831	62948	69874

近年分配	2002年10派1元	近年配股/增发	不分配不转增

重大事项

公司于 **11** 月 **11** 日与厦门信达股份有限公司签订协议，受让信达公司持有的厦门信达联房地产开发有限公司 **74.9%** 的股权，股权转让总价格为 **101294069.15** 元人民币，并同意代信达联公司向信达公司支付截止合同签订之日止的欠款的 **74.9%** 计 **55787452.85** 元人民币。本次资产受让资金为公司自有资金。 公司第一大股东–厦门市商贸国有资产投资有限公司于 **2002** 年 **9** 月将其持有的公司 **7112** 万国有法人股中的 **1000** 万股质押给中国进出口银行，为公司向该行申请出口卖方信贷额度提供出质，该质押已于 **9** 月到期，日前该司已在中国证券登记结算有限责任公司上海分公司办理了相关解除质押的手续。

二〇〇二年以来市场表现

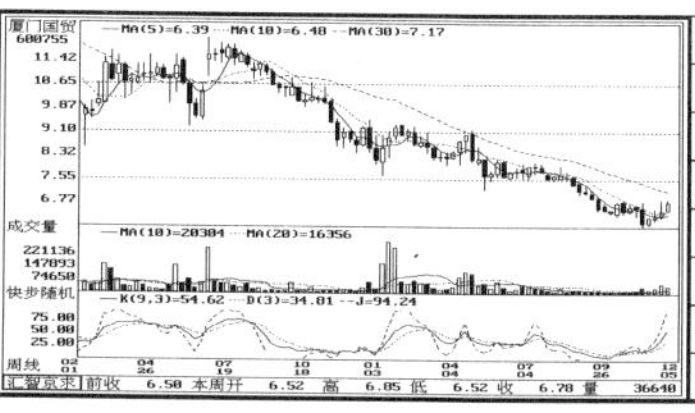

2002年涨跌幅(%)	-25.66
2002年最高(元)	12.10
2002年最低(元)	8.30
2002年换手率(%)	161.23
2003年涨跌幅(%)	-22.62
2003年最高(元)	9.22
2003年最低(元)	6.00
2003年换手率(%)	164.75

山东浪潮齐鲁软件产业股份有限公司

公司概况

公司名称	山东浪潮齐鲁软件产业股份有限公司	股票代码	600756
注册地址	山东省泰安市虎山路中段	邮政编码	250013
法人代表	王柏华	董秘	罗万里
电话	0531-8932888-8461	传真	0531-8522334
主营业务	通信及计算机软硬件技术开发、生产、销售等		

总股本	流通 A	流通 B	流通 H
16522.08	6870.24		

审计单位		审计意见	未审计

主要财务指标

年度	2003.9	2003.6	2002	2001
每股收益/扣除后(元)	0.1600	0.1400	0.3500	0.2800
每股经营现金流量(元)	-0.0243	-0.1100	0.2701	0.6992
每股净资产/调整后(元)	2.2000	2.1930	2.0400	1.6400
每股公积金(元)	0.0346	0.0346	0.0338	0.0338
净资产收益率(%)	7.8800	6.9500	19.7400	19.1300
总资产(万元)	62646.04	62611.23	57375.46	34706.63
股东权益(万元)	36888.00	36639.59	34079.46	27353.51
未分配利润(万元)	15863.40	15615.12	13067.78	7344.71
主营收入(万元)	41838.20	28232.91	55576.86	33215.98
资本公积金(万元)	571.54	571.40	558.61	558.61
主营利润(万元)	10270.38	7352.46	13897.53	8554.39
其他业务利润(万元)			2.61	-25.13
营业利润(万元)	1884.29	1902.49	6182.37	4615.97
投资收益(万元)	-33.21	-25.39	1078.20	
补贴收入(万元)	1163.81	869.60	895.86	340.93
营业外收支(万元)	87.77	94.05	-4.81	702.15
利润总额(万元)	3102.65	2851.19	8151.62	5659.05
净利润(万元)	2795.61	2547.34	6725.95	5659.05

十大股东

序号	股东名称	股份性质	持股数(万股)	比例(%)
1	浪潮齐鲁软件产业有限公司	法人股	4923.00	29.80
2	泰安市国有资产管理局	国家股	2277.00	13.78
3	上海新元投资有限公司	法人股	84.00	0.51
4	叶坚	社会公众股	43.41	0.26
5	罗金汉	社会公众股	39.18	0.24
6	陈和平	社会公众股	36.96	0.22
7	董自强	社会公众股	34.67	0.21
8	蒋木斌	社会公众股	33.07	0.20
9	程滹	社会公众股	31.10	0.18
10	舒丹	社会公众股	28.30	0.17

股东人数	2003.9	2003.6	2002	2001
	9729	9891	15093	9733

近年分配	2001年10派0.5元	近年配股/增发	2002年10配3股

重大事项

公司以现金方式出资 **2000** 万元，以浪潮集团山东通用软件有限公司截止 **2003** 年 **3** 月 **31** 日经审计的净资产值折算为浪潮通软的新增注册资本。根据审计报告，截止到 **2003** 年 **3** 月 **31** 日，浪潮通软净资产为 **3945.43** 万元，注册资本为 **1854.22** 元，每单位注册资本的净资产为 **2.13** 元。此次增资完成后，浪潮通软的注册资本将达到 **2793.20** 万元，公司持有其股权的比例将达到 **46.89%**。

二〇〇二年以来市场表现

2002年涨跌幅(%)	-29.21
2002年最高(元)	18.15
2002年最低(元)	11.76
2002年换手率(%)	396.88
2003年涨跌幅(%)	15.44
2003年最高(元)	17.13
2003年最低(元)	12.10
2003年换手率(%)	324.82

上海华源企业发展股份有限公司

公司概况

公司名称	上海华源企业发展股份有限公司			股票代码		600757	
注册地址	上海市浦东新区商城路 660 号			邮政编码		200120	
法人代表	钱锋			董秘		杨林峰	
电话	021-58793617			传真		021-58792223	
主营业务	生产、加工、销售各类服装和家用纺织装饰品等						
总股本	47214.42	流通 A	14040.00	流通 B		流通 H	
审计单位				审计意见		未审计	

主要财务指标

年度	2003.9	2003.6	2002	2001
每股收益/扣除后(元)	0.0330	0.0250	0.0300	0.0900
每股经营现金流量(元)	0.0609	0.0470	0.0545	-0.3438
每股净资产/调整后(元)	2.5600	2.5400	2.5000	2.4800
每股公积金(元)	1.2398	1.2398	1.2398	1.2395
净资产收益率(%)	2.4600	1.6100	2.6000	4.5900
总资产(万元)	411236.81	407530.09	370063.09	329835.81
股东权益(万元)	127705.35	126602.35	124258.35	121155.40
未分配利润(万元)	4279.99	3176.28	1133.02	1836.41
主营收入(万元)	182271.23	109363.15	186537.72	179321.70
资本公积金(万元)	58538.56	58538.56	58538.56	58522.82
主营利润(万元)	16130.13	10324.56	22297.02	20798.83
其他业务利润(万元)	3113.18	2475.80	5193.62	5524.51
营业利润(万元)	3423.42	2090.60	3549.60	4798.03
投资收益(万元)	156.91	89.87	186.71	-502.46
补贴收入(万元)	400.10	111.03	302.51	926.16
营业外收支(万元)	214.23	139.84	506.64	1307.53
利润总额(万元)	4194.66	2431.34	4545.46	6529.26
净利润(万元)	3146.97	2043.27	3231.18	5557.23

十大股东

序号	股东名称	股份性质	持股数(万股)	比例(%)
1	中国华源集团有限公司	国有法人股	19012.71	40.27
2	江苏新雅鹿集团有限公司	境内法人股	4252.29	9.01
3	江苏双猫纺织装饰集团有限公司	国有法人股	4083.33	8.65
4	香港冠丰国际投资有限公司	境外法人股	1702.35	3.61
5	上海外高桥保税区联合发展有限公司	境内法人股	852.93	1.81
6	嘉丰纺织(香港)有限公司	境外法人股	852.93	1.81
7	上海华宇毛麻进出口有限公司	境内法人股	852.93	1.81
8	上海华源投资发展(集团)有限公司	境内法人股	712.02	1.51
9	汉兴证券投资基金	流通股	414.45	0.88
10	上海嘉丰工贸实业有限责任公司	境内法人股	312.00	0.66

股东人数	2003.9	2003.6	2002	2001
	21818	23530	23767	30882

近年分配	2001年10派0.5元	近年配股/增发	不分配不转增

重大事项

董事会同意公司以原出资额人民币 200 万元向上海华源股份有限公司出让公司持有的上海华源格林威实业有限责任公司 10%股权。本次股权出让后,公司不再持有上海华源格林威实业有限责任公司的股权。 2003 年 3 月 10 日,公司与全资控股子公司上海华源国际贸易发展有限公司双方均出资现金 250 万元,投资设立上海华源企业发展进出口有限公司,新公司注册资本 500 万元,经营期限为五十年。同意与中纺联合进出口股份有限公司互为担保的短期借款限额为 1 亿元。截止 2003 年 2 月 28 日,公司累计对外担保数量为人民币 30887 万元、美元 200 万元,没有逾期担保发生。

二〇〇二年以来市场表现

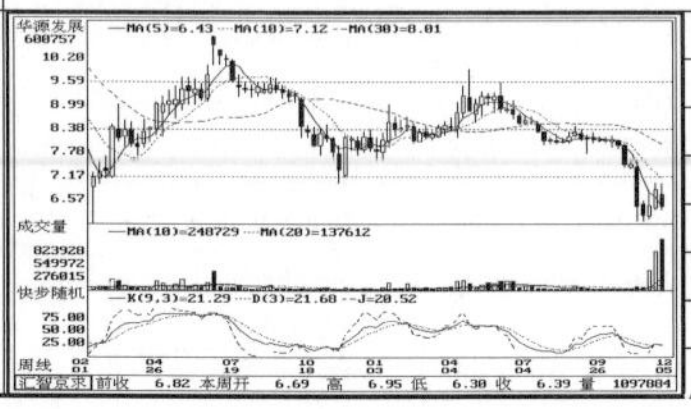

2002年涨跌幅(%)	-11.22
2002年最高(元)	10.75
2002年最低(元)	5.91
2002年换手率(%)	228.31
2003年涨跌幅(%)	-13.78
2003年最高(元)	9.90
2003年最低(元)	6.01
2003年换手率(%)	284.52

辽宁金帝建设集团股份有限公司

公司概况

公司名称	辽宁金帝建设集团股份有限公司			股票代码		600758	
注册地址	辽宁省沈阳市沈河区青年大街 118 号			邮政编码		110014	
法人代表	顾澄皓			董秘		朱丹石	
电话	024-22870330			传真		024-22855430	
主营业务	土木工程建筑、筑路、高级装饰、线路等						
总股本	15975.52	流通 A	6159.52	流通 B		流通 H	
审计单位				审计意见		未审计	

主要财务指标

年度	2003.9	2003.6	2002	2001
每股收益/扣除后(元)	-0.0300	-0.0380	-0.1690	
每股经营现金流量(元)	0.1681	0.1500	0.0067	-0.0788
每股净资产/调整后(元)	-0.9600	-0.9400	-0.8900	1.5400
每股公积金(元)	1.2568	1.2568	1.2568	1.2556
净资产收益率(%)	-3.8900	-7.1900	-169.2900	-10.8900
总资产(万元)	111446.51	107109.36	101133.67	105293.32
股东权益(万元)	8741.19	8472.09	9297.34	25638.42
未分配利润(万元)	-30302.35	-30571.45	-29746.21	-13385.81
主营收入(万元)	65323.91	36712.38	58709.70	63614.37
资本公积金(万元)	20078.20	20078.20	20078.20	20058.87
主营利润(万元)	2416.12	1543.39	3477.59	3292.81
其他业务利润(万元)	25.53	-68.03	15.23	107.99
营业利润(万元)	-543.19	-763.26	-5345.94	-9724.52
投资收益(万元)	198.27	143.40	-367.42	167.55
补贴收入(万元)				
营业外收支(万元)	-2.73		-10074.16	277.46
利润总额(万元)	-347.65	-624.13	-15787.52	-9279.51
净利润(万元)	-340.52	-609.62	-15739.42	-8674.02

十大股东

序号	股东名称	股份性质	持股数(万股)	比例(%)
1	辽宁省建设集团公司	国有法人股	3315.00	26.75
2	上海申信资产经营有限公司	法人股	2230.00	13.96
3	上海解放传媒投资有限公司	法人股Θ	2000.00	12.52
4	辽宁设建集团国际经济技术合作公司	法人股	500.00	3.13
5	辽宁万利商品混土有限公司	法人股	465.00	2.91
6	川南信用	法人股	270.00	1.69
7	北京鑫宏威经济技术开发有限责任公司	法人股	100.00	0.63
8	泛华工程有限公司	法人股	100.00	0.63
9	沈阳中海直物业开发公司	法人股	80.00	0.50
10	余姚市农机器材有限公司	法人股	60.00	0.38

股东人数	2003.9	2003.6	2002	2001
	37452	37951	39789	42562

近年分配		近年配股/增发	不分配不转增

重大事项

第一大股东辽宁省建设集团公司持有的 3315 万公司国有法人股,在冻结期限到期后,因被执行人辽宁省建设集团公司未履行义务,上述股份被武汉市中级人民法院裁定继续冻结,期限为 2003 年 9 月 23 日至 2004 年 3 月 23 日。 2003 年 7 月 28 日,公司第一大股东上海新绿复兴城市开发有限公司持有的 4230 万法人股经上海华星拍卖有限公司与上海青莲阁拍卖责任有限责任公司联拍,上海申信资产经营有限公司和上海解放传媒投资有限公司以每股 0.73 元的价格分别拍得 2230 万股和 2000 万股。

二〇〇二年以来市场表现

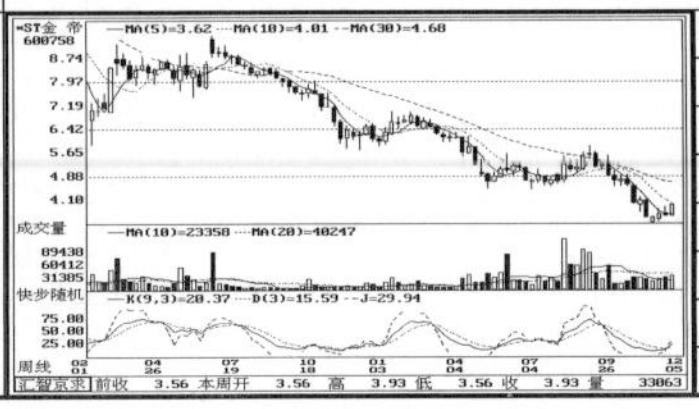

2002年涨跌幅(%)	-35.13
2002年最高(元)	9.51
2002年最低(元)	5.25
2002年换手率(%)	144.64
2003年涨跌幅(%)	-39.76
2003年最高(元)	6.98
2003年最低(元)	3.33
2003年换手率(%)	218.56

海南华侨投资股份有限公司

公司概况

公司名称	海南华侨投资股份有限公司				股票代码	600759	
注册地址	海口市西沙路28号侨企大楼B座第八层				邮政编码	570206	
法人代表	王跃仁			董秘	宋扬		
电话	0898-66787220			传真	0898-66757661		
主营业务	高新技术项目及产品的投资、开发、生产与经营等						
总股本	20855.20	流通 A	6916.00	流通 B		流通 H	
审计单位				审计意见	未审计		

主要财务指标

年度	2003.9	2003.6	2002	2001
每股收益/扣除后(元)	0.0025	0.0035	-0.1750	-0.0610
每股经营现金流量(元)	-0.0623	-0.0496	0.0311	0.0647
每股净资产/调整后(元)	-0.4700	-0.4740	-0.4880	-1.7870
每股公积金(元)	0.1311	0.1312	2.0155	0.9982
净资产收益率(%)		0.7670	-102.9220	0.3180
总资产(万元)	19654.83	19765.86	14424.17	5850.98
股东权益(万元)	-9655.88	-9633.44	-9916.06	-35994.12
未分配利润(万元)	-33246.43	-33223.99	-72805.17	-61056.96
主营收入(万元)	4359.09	2622.74	1359.08	57.26
资本公积金(万元)	2735.36	2735.36	42033.91	20817.12
主营利润(万元)	778.75	540.05	-7024.53	-33.91
其他业务利润(万元)	283.35	283.35		0.31
营业利润(万元)	205.91	216.93	-3507.58	-1333.59
投资收益(万元)			-115.82	1253.76
补贴收入(万元)				
营业外收支(万元)	-12.53		-6582.45	133.23
利润总额(万元)	193.38	214.39	-10205.85	53.40
净利润(万元)	51.46	73.90	-10205.85	114.44

十大股东

序号	股东名称	股份性质	持股数(万股)	比例(%)
1	福建北方股份发展有限公司	境内法人股	6230.40	29.88
2	海南亚太工贸有限公司	境内法人股	1584.00	7.60
3	香港亚太奔德有限公司	境内法人股	1267.20	6.08
4	比欧特国际工程有限公司	境内法人股	739.20	3.54
5	上海财政证券公司	境内法人股	480.00	2.30
6	华夏证券	境内法人股	400.00	1.92
7	海通证券	境内法人股	375.00	1.80
8	海南正兴投资发展有限公司	境内法人股	342.84	1.64
9	厦门国际信托投资公司	境内法人股	340.00	1.63
10	航天信托	境内法人股	300.00	1.44

股东人数	2003.9	2003.6	2002	2001
	24615	26576	17841	20347

近年分配		近年配股/增发	不分配不转增

重大事项

公司将所持福建金山生物制药股份有限公司500万股股权以950万元的总价款转让给福建方舟生物工程实业有限公司。如上述股权转让完成后，公司持有金山制药1610.30万股，占金山制药总股本的53.16%，仍为其控股股东。　公司控股子公司金山制药以不超过4000万元的出资与福州凤凰酒家以其所有的13亩土地及地上附属房产约20000平方米共同投资合作开发福建金山医药大厦项目。合作方式为联营，联营期限暂定为25年。

二〇〇二年以来市场表现

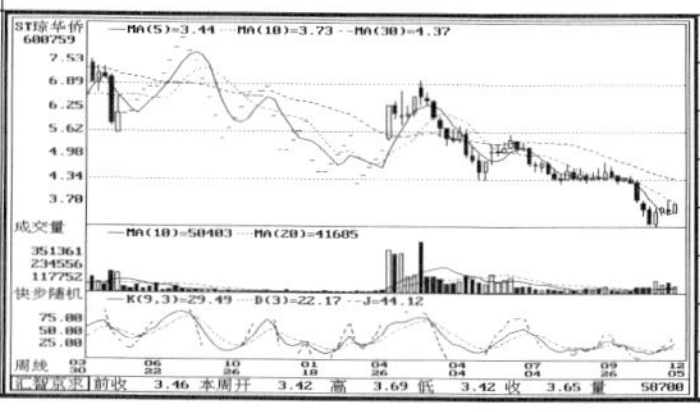

2002年涨跌幅(%)	-4.67
2002年最高(元)	5.88
2002年最低(元)	4.20
2002年换手率(%)	13.30
2003年涨跌幅(%)	-32.16
2003年最高(元)	6.98
2003年最低(元)	3.06
2003年换手率(%)	651.55

山东黑豹股份有限公司

公司概况

公司名称	山东黑豹股份有限公司				股票代码	600760	
注册地址	山东省文登市龙山路107号				邮政编码	264400	
法人代表	孙军亮			董秘	孙军芳		
电话	0631-8352083			传真	0631-8352228		
主营业务	微型汽、柴油载重汽车及其配件制造等						
总股本	27300.00	流通 A	13158.60	流通 B		流通 H	
审计单位				审计意见	未审计		

主要财务指标

年度	2003.9	2003.6	2002	2001
每股收益/扣除后(元)	-0.0526	-0.0410	-0.2600	-0.1900
每股经营现金流量(元)	0.0326	0.0500	-0.0281	0.0392
每股净资产/调整后(元)	2.0600	2.1200	2.1400	2.6400
每股公积金(元)	0.8889	0.8886	0.8886	0.8701
净资产收益率(%)	-2.2700	-1.7700	-11.2400	-6.9600
总资产(万元)	76130.29	77241.93	80246.09	95899.60
股东权益(万元)	63361.84	63664.63	64551.15	74171.13
未分配利润(万元)	4529.66	4841.33	6017.31	15711.09
主营收入(万元)	14811.01	10458.88	21621.54	28270.22
资本公积金(万元)	24267.56	24258.69	24258.69	23754.93
主营利润(万元)	-0.73	-74.39	417.88	768.65
其他业务利润(万元)	73.89	53.93	800.22	538.02
营业利润(万元)	-1677.43	-1365.76	-6549.29	-3177.46
投资收益(万元)	240.31	240.31	-700.99	-2008.93
补贴收入(万元)				
营业外收支(万元)	1.14		-7.08	-12.39
利润总额(万元)	-1435.99	-1124.32	-7257.37	-5198.78
净利润(万元)	-1435.99	-1124.32	-7257.37	-5198.78

十大股东

序号	股东名称	股份性质	持股数(万股)	比例(%)
1	哈尔滨东安实业发展有限公司	法人股	6825.00	25.00
2	山东黑豹集团有限公司	法人股	6146.40	22.51
3	哈尔滨东安建筑工程有限公司	法人股	1092.00	4.00
4	威海烟草	法人股	78.00	0.29
5	盛中碧	社会公众股	57.57	0.21
6	胡不天	社会公众股	42.05	0.15
7	王阳	社会公众股	35.08	0.13
8	上海天汇投资管理公司	社会公众股	31.17	0.11
9	王兰珍	社会公众股	28.62	0.10
10	张青	社会公众股	23.50	0.09

股东人数	2003.9	2003.6	2002	2001
	88478	90110	98398	105999

近年分配		近年配股/增发	不分配不转增

重大事项

2003年9月3日，公司第二大股东山东黑豹集团有限公司以其持有的公司1700万股法人股股权，为公司向中国光大银行青岛市市南支行申请流动资金贷款提供质押担保。目前该项贷款公司已全部还清，经中国光大银行青岛市市南支行同意并向中国证券登记结算有限责任公司上海分公司申请，2003年11月19日解除了该项股权质押登记。

二〇〇二年以来市场表现

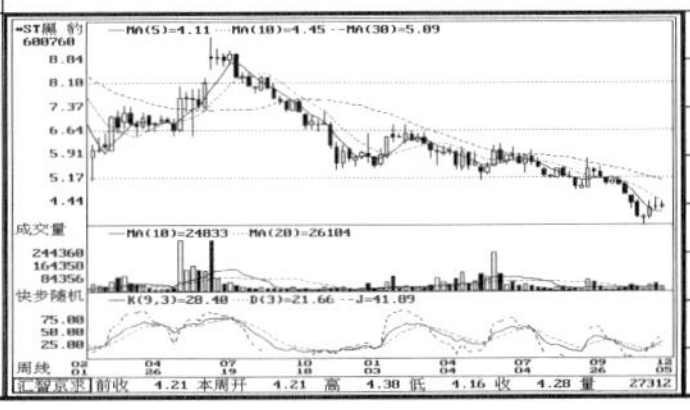

2002年涨跌幅(%)	-28.77
2002年最高(元)	9.57
2002年最低(元)	5.08
2002年换手率(%)	187.20
2003年涨跌幅(%)	-25.09
2003年最高(元)	6.80
2003年最低(元)	3.71
2003年换手率(%)	156.86

安徽合力股份有限公司

公司概况

公司名称	安徽合力股份有限公司	股票代码	600761
注册地址	安徽省合肥市望江西路 15 号	邮政编码	230022
法人代表	张德进	董秘	徐琳
电话	0551-3648005-6498	传真	0551-3633431
主营业务	叉车、工程机械、矿山起重运输机械及配件等		
总股本	30695.45	流通 A	14133.05
流通 B		流通 H	
审计单位		审计意见	未审计

主要财务指标

年度	2003.9	2003.6	2002	2001
每股收益/扣除后(元)	0.2510	0.1450	0.3600	0.2900
每股经营现金流量(元)	0.2559	0.1100	0.5725	0.3046
每股净资产/调整后(元)	2.5300	2.4200	3.4100	3.2500
每股公积金(元)	0.7759	0.7759	1.6635	1.6634
净资产收益率(%)	9.9700	5.9380	10.5100	9.1700
总资产(万元)	101504.07	97167.20	93925.38	100849.95
股东权益(万元)	78092.08	74744.59	70300.28	67003.18
未分配利润(万元)	12349.21	9001.70	4563.42	2377.03
主营收入(万元)	77098.83	46554.76	74686.96	52855.87
资本公积金(万元)	23816.38	23816.38	34042.18	34039.35
主营利润(万元)	19270.83	11533.72	19657.86	12757.35
其他业务利润(万元)	434.29	270.18	306.61	296.60
营业利润(万元)	9309.16	5251.03	8623.63	7496.42
投资收益(万元)	35.69	45.53	5.76	-348.67
补贴收入(万元)			194.87	149.97
营业外收支(万元)	-77.30	-25.19	-144.08	16.91
利润总额(万元)	9267.55	5271.37	8680.19	7314.62
净利润(万元)	7785.79	4438.30	7385.81	6144.57

十大股东

序号	股东名称	股份性质	持股数(万股)	比例(%)
1	安徽叉车集团公司	国有法人股	16562.40	53.96
2	连云港海上明珠酒楼有限公司	流通股	489.61	1.60
3	山东淄川科岛计算机工程公司	流通股	423.49	1.38
4	上海华谊产权经纪有限公司	流通股	343.67	1.12
5	齐齐哈尔北车铁路车辆技术开发有限公司	流通股	325.06	1.06
6	深圳市海融实业有限公司	流通股	317.05	1.03
7	上海新音计算机科技有限公司	流通股	282.88	0.92
8	海玉公司	流通股	265.74	0.87
9	南京汉中门装饰城富国深装饰材料经营部	流通股	237.71	0.77
10	南京旭晖投资咨询有限责任公司	流通股	237.58	0.77

股东人数	2003.9	2003.6	2002	2001
	33081	34386	43041	50488

近年分配	近年配股/增发
2002年 10 派 2 元 2001 年 10 派 2 元	不分配不转增

重大事项

公司与安徽梯西埃姆叉车有限公司(ATF)于 2003 年 4 月 6 日签署关于购买安徽梯西埃姆叉车有限公司(ATF) 原厂址的《土地转让协议》和《房产转让协议》,土地使用权评估值为人民币 502.458 万元,单价为 543 元/平方米,房屋使用权评估值为人民币 479.45 万元.本次交易价格为人民币 981.908 万元。

二〇〇二年以来市场表现

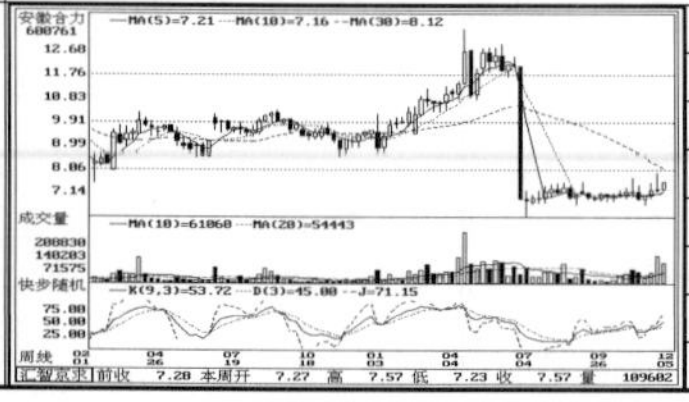

2002年涨跌幅(%)	8.08
2002年最高(元)	6.77
2002年最低(元)	4.60
2002年换手率(%)	147.35
2003年涨跌幅(%)	15.74
2003年最高(元)	8.93
2003年最低(元)	5.70
2003年换手率(%)	314.07

衡阳市金荔科技农业股份有限公司

公司概况

公司名称	衡阳市金荔科技农业股份有限公司	股票代码	600762
注册地址	衡阳市解放路 131 号	邮政编码	421001
法人代表	刘作超	董秘	王剑军
电话	0734-8709868	传真	0734-8709892
主营业务	农业高科技产品开发、培育、销售等		
总股本	10566.40	流通 A	4326.40
流通 B		流通 H	
审计单位		审计意见	未审计

主要财务指标

年度	2003.9	2003.6	2002	2001
每股收益/扣除后(元)	0.1100	0.0970	0.2400	0.1900
每股经营现金流量(元)	0.0969	0.1800	-0.1772	0.0872
每股净资产/调整后(元)	2.9200	2.5200	2.4300	2.1700
每股公积金(元)	2.3891	2.3891	2.3728	2.3685
净资产收益率(%)	4.2600	3.9400	9.7900	14.2100
总资产(万元)	68620.43	68620.43	67028.26	56458.10
股东权益(万元)	26882.11	26882.11	25651.37	23025.01
未分配利润(万元)	-8928.87	-8928.87	-9987.42	-12567.99
主营收入(万元)	9703.40	7276.67	14025.55	11506.22
资本公积金(万元)	25244.59	25244.59	25072.39	25026.60
主营利润(万元)	3623.23	2915.47	5497.77	4577.02
其他业务利润(万元)				
营业利润(万元)	1631.15	1565.64	2570.31	1999.82
投资收益(万元)				
补贴收入(万元)				
营业外收支(万元)	-3.46	-0.46	-2.92	1271.15
利润总额(万元)	1627.69	1565.17	2567.39	3270.97
净利润(万元)	1148.60	1058.54	2510.05	3270.97

十大股东

序号	股东名称	股份性质	持股数(万股)	比例(%)
1	广东金荔投资有限责任公司	法人股	4771.52	45.16
2	深圳市旭能投资有限公司	法人股	208.00	1.97
3	衡阳市金龙大酒店	法人股	82.22	0.78
4	衡阳市铝制品厂技协服务部	法人股	45.45	0.43
5	衡阳市工商局劳动服务公司	法人股	42.78	0.40
6	衡南电机郴州供应站	法人股	39.10	0.37
7	衡阳市商业批发	法人股	37.54	0.36
8	衡阳市制剂设备厂	法人股	37.08	0.35
9	衡阳市城北机电公司	法人股	35.61	0.34
10	衡冶咨询	法人股	34.53	0.33

股东人数	2003.9	2003.6	2002	2001
	12460	11240	8470	17712

近年分配	近年配股/增发
	不分配不转增

重大事项

公司从中国证券登记结算有限责任公司上海分公司处获悉，广州市中级人民法院受理中国农业银行广州市白云支行诉广东金荔集团公司、广东金荔投资有限责任公司等借款合同纠纷的申请，进行诉前保全，法院将该部分股权予以司法质押续冻，将原续冻期限为 2002 年 11 月 28 日至 2003 年 11 月 28 日延长至 2004 年 5 月 23 日。 公司与湖南投资集团股份有限公司签署《交叉担保框架协议书》的议案,交叉担保期暂定一年, 起始日为本协议签定日;协议仅适应于双方在银行贷款担保,最高额度为人民币 5000 万元。

二〇〇二年以来市场表现

2002年涨跌幅(%)	13.62
2002年最高(元)	17.07
2002年最低(元)	9.48
2002年换手率(%)	452.63
2003年涨跌幅(%)	-46.88
2003年最高(元)	18.00
2003年最低(元)	6.10
2003年换手率(%)	443.07

北京中燕探戈羽绒制品股份有限公司

公司概况

公司名称	北京中燕探戈羽绒制品股份有限公司	股票代码	600763
注册地址	新疆乌鲁木齐市高新技术开发区	邮政编码	100101
法人代表	晏子牛	董秘	马德有
电话	0991-2301961	传真	0991-2301961
主营业务	投资管理,棉麻制品的制造和销售,制造销售羽毛等		
审计单位		审计意见	未审计

总股本	流通 A	流通 B	流通 H
16032.00	4032.00		

主要财务指标

年度	2003.9	2003.6	2002	2001
每股收益 / 扣除后(元)	–0.0150		–0.0580	–0.9200
每股经营现金流量(元)	–0.0269	–0.0200	–0.0001	–0.0057
每股净资产 / 调整后(元)	0.1000	0.1100	0.1200	0.2000
每股公积金(元)	0.4271	0.4271	0.4253	0.4253
净资产收益率(%)	–5.6700	–3.5700	6.5200	–365.8100
总资产(万元)	5441.01	5527.16	5886.69	4896.32
股东权益(万元)	4226.73	4312.08	4436.19	4146.82
未分配利润(万元)	–18837.52	–18752.17	–18598.06	4146.82
主营收入(万元)			35.84	
资本公积金(万元)	6847.71	6847.71	6817.71	6817.71
主营利润(万元)			–115.43	
其他业务利润(万元)			–281.48	
营业利润(万元)	–239.46	–154.11	–931.27	–13001.24
投资收益(万元)			448.42	–1757.38
补贴收入(万元)				
营业外收支(万元)			772.21	–411.00
利润总额(万元)	–239.46	–154.11	289.36	–15169.62
净利润(万元)	–239.46	–154.11	289.36	–15169.62

十大股东

序号	股东名称	股份性质	持股数(万股)	比例(%)
1	新疆屯河集团有限责任公司	社会法人股	4760.00	29.69
2	上海创索投资管理有限公司	社会法人股	3040.00	18.96
3	北京中燕实业集团公司	国有法人股	1500.00	9.35
4	北京农工商贸易开发公司	社会法人股	990.00	6.18
5	北京方程兴业投资有限公司	社会法人股	790.00	4.93
6	北京颐和丰业投资有限公司	社会法人股	720.00	4.49
7	北京龙聚兴投资顾问有限公司	社会法人股	200.00	1.25
8	贾亚雄	流通股	46.73	0.29
9	李强	流通股	32.33	0.20
10	刘伟	流通股	23.20	0.14

股东人数	2003.9	2003.6	2002	2001
	13225	10937	10510	8663

近年分配		近年配股 / 增发	不分配不转增

重大事项

2003 年 **11** 月 **15** 日北京市第二中级人民法院有关民事裁定书已裁定北京嘉禾拍卖有限公司拍卖的公司第二大股东北京中燕实业集团持有的公司国有法人股 **1000** 万股过户给上海创索投资管理有限公司,此裁定已发生法律效力。　公司受让新疆德隆(集团)有限责任公司持有的新疆伊犁天一实业有限责任公司 **54.5455%** 的股权的议案。同意本公司与新疆德隆于 **2003** 年 **11** 月 **6** 日签署的《股权转让协议书》:本公司受让新疆德隆持有的天一实业 **54.5455%** 的股权,计 **6000** 万元,转让价款为 **6000** 万元。

二〇〇二年以来市场表现

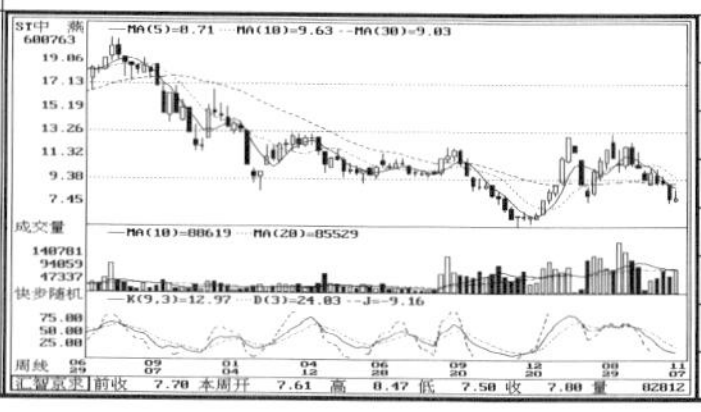

2002年涨跌幅(%)	–41.08
2002年最高(元)	13.98
2002年最低(元)	5.51
2002年换手率(%)	449.40
2003年涨跌幅(%)	–0.38
2003年最高(元)	13.01
2003年最低(元)	7.41
2003年换手率(%)	440.78

甘肃三星石化(集团)股份有限公司

公司概况

公司名称	甘肃三星石化(集团)股份有限公司	股票代码	600764
注册地址	兰州市高新技术开发区科技街 66 号	邮政编码	730060
法人代表	单昶	董秘	杨琼
电话	010-63574758	传真	010-63574757
主营业务	石油化工产品、仪器仪表、电子计算机等		
审计单位		审计意见	未审计

总股本	流通 A	流通 B	流通 H
32972.70	10617.41		

主要财务指标

年度	2003.9	2003.6	2002	2001
每股收益 / 扣除后(元)	0.0700	0.0900	0.2290	0.1750
每股经营现金流量(元)	–0.2299	–1.0880	0.5641	0.2455
每股净资产 / 调整后(元)	1.4000	2.5000	2.2390	2.2760
每股公积金(元)	0.1243	0.7238	0.7238	0.7238
净资产收益率(%)	3.7500	2.7600	10.0600	7.5500
总资产(万元)	75848.00	67603.73	77677.36	49974.70
股东权益(万元)	46604.00	46127.28	41741.86	42122.40
未分配利润(万元)	4458.00	9477.03	5091.61	6166.60
主营收入(万元)	64950.00	43109.95	66927.22	50872.73
资本公积金(万元)	4100.00	13259.11	13259.11	13259.11
主营利润(万元)	6607.00	4804.59	6849.88	6457.36
其他业务利润(万元)	–4.00	–4.10	1843.86	818.85
营业利润(万元)	3973.00	2913.38	5356.98	4794.06
投资收益(万元)			–76.09	–210.91
补贴收入(万元)			26.95	
营业外收支(万元)	–523.00		–2.17	–27.31
利润总额(万元)	3450.00	2389.93	5305.67	4555.83
净利润(万元)	1748.00	1271.33	4199.00	3180.68

十大股东

序号	股东名称	股份性质	持股数(万股)	比例(%)
1	中国电子信息产业集团公司	国有法人股	9451.22	51.60
2	兰州天益特种润滑油脂厂	法人股	2302.37	12.57
3	兰州市商业银行银炼支行	法人股	289.57	1.58
4	中国石油国际事业兰炼公司	国有法人股	289.57	1.58
5	上海东航投资有限公司	流通股	59.18	0.32
6	深圳鑫科创投资发展有限公司	法人股	56.87	0.31
7	上海信投信息服务有限公司	流通股	53.31	0.29
8	上海市职工保障互助中心	流通股	53.08	0.29
9	西安市浪花家政服务有限公司	流通股	49.22	0.27
10	上海豪尔办公用品有限公司	流通股	37.45	0.27

股东人数	2003.9	2003.6	2002	2001
	15523	14700	15183	36662

近年分配	2002年 10 派 0.8 元　2001 年 10 派 0.75 元	近年配股 / 增发	2002年 10 送 3 股

重大事项

公司拟将部分资产，包括应收账款、其他应收账款及公司持有的兰州思达特种石化产品有限公司 **50%**股权出售给中国石油天然气股份有限公司。拟出售资产的账面价值为人民币 **77399814.08** 元,交易价格以审计后双方签署的协议为准。　公司拟与天津宁渠实业发展有限公司共同设立北京西迪恩电信系统科技有限公司,该公司注册资金为 **4000** 万元,公司占 **95%**股权。

二〇〇二年以来市场表现

2002年涨跌幅(%)	–15.05
2002年最高(元)	9.77
2002年最低(元)	5.01
2002年换手率(%)	122.75
2003年涨跌幅(%)	5.55
2003年最高(元)	8.34
2003年最低(元)	4.50
2003年换手率(%)	178.01

贵州力源液压股份有限公司

公司概况							
公司名称	贵州力源液压股份有限公司			股票代码	600765		
注册地址	贵州省贵阳国家高新技术产业开发区			邮政编码	550202		
法人代表	李 利			董秘	舒代游		
电话	0851-6321009			传真	0851-6321001		
主营业务	工程机械配套用高压柱塞泵/马达的生产销售等						
总股本	11103.20	流通 A	3448.44	流通 B		流通 H	
审计单位				审计意见	未审计		

主要财务指标

年度	2003.9	2003.6	2002	2001
每股收益/扣除后(元)	0.0500	0.0400	0.0280	0.0190
每股经营现金流量(元)	0.1445	0.0900	0.1298	0.1248
每股净资产/调整后(元)	1.4110	1.4090	1.3760	1.3600
每股公积金(元)	0.4447	0.4425	0.4414	0.6923
净资产收益率(%)	3.0060	2.2770	0.9800	0.7500
总资产(万元)	22650.83	22840.35	22134.93	21316.88
股东权益(万元)	15905.60	15762.00	15391.53	15286.37
未分配利润(万元)	-135.06	-254.28	-613.16	-3504.06
主营收入(万元)	6818.61	4617.16	6141.57	5164.13
资本公积金(万元)	4937.45	4913.08	4901.49	7687.23
主营利润(万元)	2684.63	1818.35	2239.57	1896.09
其他业务利润(万元)	34.02	13.96		36.54
营业利润(万元)	586.97	431.90	298.64	203.06
投资收益(万元)	-15.96	8.04	9.57	4.01
补贴收入(万元)	4.54	0.68	4.95	1.54
营业外收支(万元)	-84.63	-81.74	-162.26	-94.01
利润总额(万元)	490.92	358.87	150.90	114.60
净利润(万元)	478.10	358.87	150.90	114.60

十大股东

序号	股东名称	股份性质	持股数(万股)	比例(%)
1	金江公司	国有股东	7653.20	68.93
2	天诚创投	公众股东	56.64	0.51
3	锦昌经发	公众股东	21.30	0.19
4	韩志正	公众股东	18.88	0.17
5	陆锦鹿	公众股东	15.00	0.14
6	李明政	公众股东	14.05	0.13
7	李香艳	公众股东	13.38	0.12
8	施玉兰	公众股东	10.20	0.09
9	葛惠清	公众股东	10.19	0.09
10	虞国伟	公众股东	9.74	0.09

股东人数	2003.9	2003.6	2002	2001
	16733	16864	18313	17812

近年分配		近年配股/增发	不分配不转增

重大事项

2003年10月27日股权划转提示性公告:贵州金江航空液压有限责任公司将持有的本公司7653.2万股国有法人股股权划转给中国贵州航空工业(集团)有限责任公司,本次股权划转尚需报中国证监会豁免要约义务。 公司国有法人股东贵州金江航空液压有限责任公司于2002年4月19日将其持有的国有法人股3585万股通过中国证券登记结算公司上海分公司质押登记,质押给中国工商银行贵阳市乌当支行,质押期自2002年4月19日至2009年3月29日。该股权质押用于"农机HST技术改造项目"贷款4420万元。

二○○二年以来市场表现

2002年涨跌幅(%)	-25.17
2002年最高(元)	12.34
2002年最低(元)	6.70
2002年换手率(%)	211.60
2003年涨跌幅(%)	-24.58
2003年最高(元)	10.88
2003年最低(元)	6.10
2003年换手率(%)	156.71

烟台华联发展集团股份有限公司

公司概况							
公司名称	烟台华联发展集团股份有限公司			股票代码	600766		
注册地址	山东省烟台市南大街261号			邮政编码	264001		
法人代表	陈伟东			董秘	杨剑波		
电话	0535-6624347			传真	0535-6628992		
主营业务	日用百货、文体用品、纺织品、服装鞋帽销售等						
总股本	17116.55	流通 A	6021.32	流通 B		流通 H	
审计单位				审计意见	未审计		

主要财务指标

年度	2003.9	2003.6	2002	2001
每股收益/扣除后(元)	-0.1650	-0.1304	-0.7611	-0.1733
每股经营现金流量(元)	0.1430	-0.1140	-0.3527	-0.5257
每股净资产/调整后(元)	0.3112	0.2756	0.4191	1.5221
每股公积金(元)	0.5203	0.5203	0.5203	0.9773
净资产收益率(%)	-19.4000	-29.1240	-155.1400	-28.9380
总资产(万元)	74105.19	64169.96	73496.66	84680.27
股东权益(万元)	8407.81	7778.68	10063.56	26052.25
未分配利润(万元)	-17835.37	-18470.00	-16204.56	-8936.24
主营收入(万元)	9447.18	5950.45	16141.96	21827.22
资本公积金(万元)	8906.31	8906.31	8906.31	16727.83
主营利润(万元)	1264.35	836.47	-801.19	2821.94
其他业务利润(万元)	216.66	160.99	276.30	647.61
营业利润(万元)	-2538.06	-1964.60	-13516.63	-2812.98
投资收益(万元)	842.11	-380.02	-137.42	-707.19
补贴收入(万元)				
营业外收支(万元)	-28.56	-23.15	-2565.00	-4548.21
利润总额(万元)	-1724.52	-2367.77	-16219.06	-8068.39
净利润(万元)	-1630.81	-2265.45	-15612.88	-7539.04

十大股东

序号	股东名称	股份性质	持股数(万股)	比例(%)
1	山东鲁信国际经济股份有限公司	社会法人股	4680.91	27.35
2	烟台市国有资产经营公司	国有股	3235.82	18.90
3	深圳昌信实业有限公司	社会法人股	2400.00	14.02
4	建行烟台市分行	社会法人股	300.00	1.75
5	烟台市张裕葡萄酿酒公司	社会法人股	127.50	0.74
6	烟台市聚氨酯制品工业公司	社会法人股	127.50	0.74
7	烟台市华侨商品供应总公司	社会法人股	60.00	0.35
8	山东龙口发电厂	社会法人股	60.00	0.35
9	于熔	社会法人股	50.50	0.30
10	烟台海港影印社	社会法人股	30.00	0.18

股东人数	2003.9	2003.6	2002	2001
	19199	23171	26795	25752

近年分配		近年配股/增发	不分配不转增

重大事项

公司拟以其他应收款5400万元置换永安药业拥有的部分房屋建筑物、土地使用权及设备。本次拟置入资产的评估价值为50516198.08元,作价50516198元,差额3483802元由永安药业以现金补足。2003年8月2日公司与新牟国际集团公司签署的《资产转让协议书》,公司拟以2200.00万元的价格,将公司所属的固定资产——新牟华联营业楼出售给非关联方—新牟国际集团公司。

二○○二年以来市场表现

2002年涨跌幅(%)	-40.04
2002年最高(元)	10.20
2002年最低(元)	5.70
2002年换手率(%)	231.20
2003年涨跌幅(%)	28.93
2003年最高(元)	8.36
2003年最低(元)	4.92
2003年换手率(%)	313.50

运盛(上海)实业股份有限公司

公司概况

公司名称	运盛(上海)实业股份有限公司	股票代码	600767
注册地址	上海市青浦区朱家角镇(祥凝浜路168号)	邮政编码	200040
法人代表	谭荣德	董秘	许涛
电话	021-62719804	传真	021-62870246
主营业务	城市基础设施开发及其配套服务、城市供水等		
审计单位		审计意见	未审计

总股本	34101.02	流通 A	9674.46	流通 B		流通 H	

主要财务指标

年度	2003.9	2003.6	2002	2001
每股收益/扣除后(元)	-0.0030	0.0183	0.0630	0.0085
每股经营现金流量(元)	-0.0738	-0.0500	0.3609	-0.0667
每股净资产/调整后(元)	1.8140	1.8100	1.8000	1.7800
每股公积金(元)	0.5360	0.5360	0.5360	0.5335
净资产收益率(%)	0.6200	0.5400	1.4000	0.8500
总资产(万元)	114797.55	123821.02	129734.70	151148.34
股东权益(万元)	61867.29	61812.31	61425.14	60564.59
未分配利润(万元)	3554.02	3499.05	3201.26	3095.03
主营收入(万元)	11508.13	3992.61	37333.94	31659.14
资本公积金(万元)	18278.47	18278.47	18278.47	18192.47
主营利润(万元)	2982.64	2305.19	8080.75	8645.67
其他业务利润(万元)	61.69	60.43	1648.51	-34.30
营业利润(万元)	977.95	1052.71	3621.14	2580.92
投资收益(万元)	2.12	2.12	-171.52	-166.30
补贴收入(万元)				
营业外收支(万元)	-437.90	-357.58	-1109.82	142.95
利润总额(万元)	542.17	697.25	2339.80	2557.57
净利润(万元)	388.16	333.18	852.51	513.42

十大股东

序号	股东名称	股份性质	持股数(万股)	比例(%)
1	香港运盛有限公司	外资法人股	15741.56	46.16
2	中国银宏实业发展公司	境内法人股	3225.00	9.45
3	上海静安协和房地产有限公司	境内法人股	1462.50	4.29
4	福建华兴信托投资公司	境内法人股	1096.88	3.22
5	上海恒金高科技投资有限公司	境内法人股	750.00	2.20
6	南京钢铁集团有限公司	境内法人股	511.88	1.50
7	上海景贤投资有限公司	境内法人股	485.00	1.43
8	福建中福实业股份有限公司	境内法人股	438.75	1.29
9	深圳市富旺达投资有限公司	境内法人股	260.00	0.76
10	海南博妮达贸易有限公司	境内法人股	160.00	0.46

股东人数	2003.9	2003.6	2002	2001
	48383	49391	46697	61916

近年分配		近年配股/增发	不分配不转增

重大事项

公司第一大股东香港"运盛有限公司"和第三大股东"上海静安协和房地产有限公司"通知,因其为"太平协和集团(上海)投资有限公司"向"中信实业银行上海分行"申请流动资金贷款提供担保,于2003年10月20日分别向"中国证券登记结算有限责任公司上海分公司"办理了股权质押手续,分别将其持有的公司157415625股社会法人股和14625000股社会法人股全部质押给"中信实业银行上海分行",占公司股本总额的50.45%,质押期限从2003年10月20日至2004年11月30日。

二○○二年以来市场表现

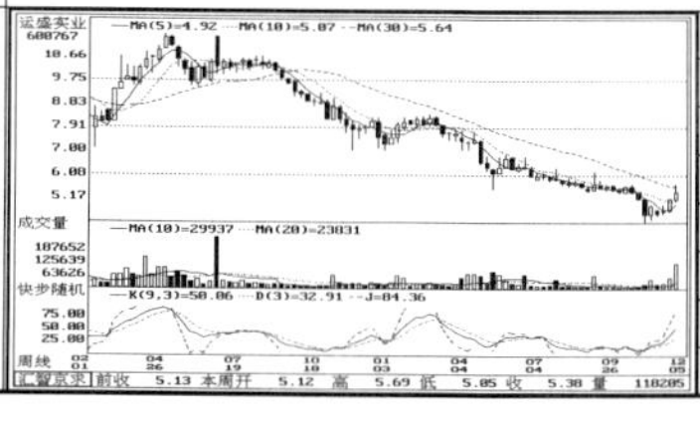

2002年涨跌幅(%)	-15.54
2002年最高(元)	11.58
2002年最低(元)	7.02
2002年换手率(%)	202.27
2003年涨跌幅(%)	-30.58
2003年最高(元)	8.41
2003年最低(元)	4.25
2003年换手率(%)	130.33

宁波富邦精业集团股份有限公司

公司概况

公司名称	宁波富邦精业集团股份有限公司	股票代码	600768
注册地址	宁波市药行街139号中国银行大厦20层	邮政编码	315010
法人代表	郑锦浩	董秘	马晓勇
电话	0574-87300929	传真	0574-87306619
主营业务	铝板材、铝带材、铝箔材、铝卷材的制造等		
审计单位		审计意见	未审计

总股本	11145.60	流通 A	3214.08	流通 B		流通 H	

主要财务指标

年度	2003.9	2003.6	2002	2001
每股收益/扣除后(元)	0.0590	0.0500	0.1600	-0.0110
每股经营现金流量(元)	0.0681	-0.1100	0.2731	0.0924
每股净资产/调整后(元)	1.2200	1.4200	1.1000	0.8200
每股公积金(元)	0.1022	0.3226	0.3226	0.3226
净资产收益率(%)	24.2000	21.7800	23.7600	0.3600
总资产(万元)	39194.86	38935.89	30079.73	26412.51
股东权益(万元)	13622.13	13199.16	10324.90	7871.66
未分配利润(万元)	565.38	142.41	-2731.84	-5185.09
主营收入(万元)	19267.47	13839.49	30458.69	20816.15
资本公积金(万元)	1138.53	2996.13	2996.13	2996.13
主营利润(万元)	2233.76	1546.85	3280.00	2094.87
其他业务利润(万元)	113.06	64.99	200.55	89.24
营业利润(万元)	624.22	447.76	1437.76	-157.67
投资收益(万元)	15.81	2.02	729.04	74.55
补贴收入(万元)			9.50	
营业外收支(万元)	2657.20	2662.76	295.54	134.02
利润总额(万元)	3297.23	3112.54	2471.85	50.90
净利润(万元)	3297.23	2874.26	2453.25	28.24

十大股东

序号	股东名称	股份性质	持股数(万股)	比例(%)
1	宁波富邦控股集团有限公司	社会法人股	2667.60	28.72
2	上海城开(集团)有限公司	社会法人股	1393.20	15.00
3	上海雄龙科技有限公司	社会法人股	1339.20	14.42
4	宁波市工业投资有限责任公司	社会法人股	1029.60	11.09
5	宁波银盛投资发展有限公司	社会法人股	117.00	1.26
6	吴瑞炳	流通股	53.29	0.57
7	陈荣健	流通股	35.05	0.38
8	王萧萧	流通股	28.63	0.31
9	双翊商贸	法人股	25.00	0.27
10	毛亚平	流通股	19.48	0.21

股东人数	2003.9	2003.6	2002	2001
	6706	8471	9627	17448

近年分配		近年配股/增发	2003年10转增2股

重大事项

2003年10月8日,公司获悉北京市第一中级人民法院在执行北京市恒金电器销售中心诉北京雄龙科技集团借款纠纷案过程中,已于2003年9月29日继续冻结上海雄龙科技有限公司持有的公司社会法人股1200万股,并冻结新增社会法人股267.84万股。上述股权的冻结期限自2003年9月29日至2004年3月28日止。 2003年06月19日公司签署了为宁波市科技园区开发有限公司向中国银行宁波市分行借款人民币叁仟万元的保证合同,借款到期日为2004年5月8日,保证方式为连带责任保证,保证期限:从借款合同生效之日开始到借款合同债务履行期届满之日起经过两年。

二○○二年以来市场表现

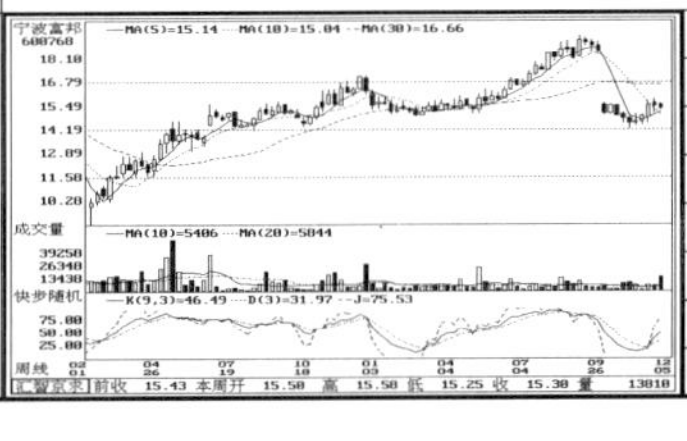

2002年涨跌幅(%)	18.85
2002年最高(元)	14.27
2002年最低(元)	7.18
2002年换手率(%)	172.51
2003年涨跌幅(%)	20.55
2003年最高(元)	16.17
2003年最低(元)	12.41
2003年换手率(%)	80.56

武汉祥龙电业股份有限公司

公司概况				
公司名称	武汉祥龙电业股份有限公司	股票代码	600769	
注册地址	武汉市洪山区葛化街化工路31号	邮政编码	430078	
法人代表	江涤清	董秘	杨思兵	
电话	027-87602482	传真	027-87600367	
主营业务	主营发电、供电、供热的生产和销售等			
总股本	34881.60	流通A 8736.00	流通B	流通H
审计单位		审计意见	未审计	

主要财务指标 年度	2003.9	2003.6	2002	2001
每股收益/扣除后(元)	-0.0030	0.0111	-0.2500	-0.1300
每股经营现金流量(元)	0.0577	0.0100	0.0509	0.0417
每股净资产/调整后(元)	2.1500	2.1600	2.1500	2.4300
每股公积金(元)	1.1335	1.1335	1.1335	1.1335
净资产收益率(%)	0.2400	0.2000	-13.2000	-5.7500
总资产(万元)	105193.37	106478.41	103547.91	112889.24
股东权益(万元)	75827.26	75801.32	75642.31	85630.76
未分配利润(万元)	-2739.05	-2764.99	-2924.00	7064.45
主营收入(万元)	37705.42	23944.74	42535.80	43677.43
资本公积金(万元)	39537.51	39537.51	39537.51	112889.24
主营利润(万元)	4349.51	2627.06	1095.61	2816.36
其他业务利润(万元)	77.28	56.96	52.67	310.41
营业利润(万元)	489.13	385.71	-8862.55	-4518.26
投资收益(万元)				-302.89
补贴收入(万元)				
营业外收支(万元)	-304.19		-1125.90	-101.46
利润总额(万元)	184.95	159.01	-9988.45	-4922.62
净利润(万元)	191.66	159.01	-9988.45	-4922.62

十大股东 序号	股东名称	股份性质	持股数(万股)	比例(%)
1	宏源证券股份有限公司	国有法人股	11183.78	32.06
2	武汉葛化集团有限公司	国有法人股	8644.22	24.78
3	武汉华原能源物资开发公司	国有法人股	2681.60	7.69
4	武汉市电力开发公司	国有法人股	1376.00	3.94
5	武汉建设投资公司	国有法人股	862.92	2.47
6	武汉葛化运输公司	法人股	320.00	0.92
7	武汉市洪山区吕墩农工商总公司	法人股	320.00	0.92
8	武汉机场综合发展总公司	国有法人股	320.00	0.92
9	北京清大电子仪器联合公司	法人股	168.66	0.48
10	中达信实业投资有限公司	法人股	100.00	0.29

股东人数	2003.9	2003.6	2002	2001
	57596	58377	61461	64918

近年分配		近年配股/增发	不分配不转增

重大事项

2003年10月23日,根据武汉市洪山区人民法院协助执行通知书裁定,上海莘闵拍卖行第二次拍卖武汉祥龙电业股份有限公司第二大股东武汉葛化集团有限公司持有的公司国有法人股86442204股。 根据武汉市洪山区人民法院协助执行通知书裁定,将委托上海莘闵拍卖行于2003年10月13日对公司第二大股东武汉葛化集团有限公司持有的公司国有法人股6442204股进行第二次公开拍卖。

二〇〇二年以来市场表现

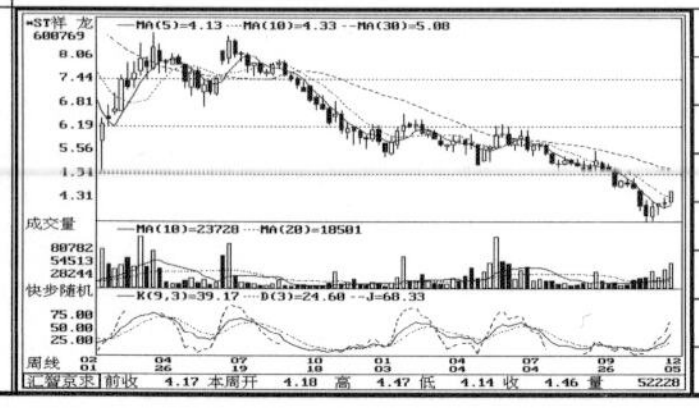

2002年涨跌幅(%)	-29.39
2002年最高(元)	8.69
2002年最低(元)	5.05
2002年换手率(%)	135.05
2003年涨跌幅(%)	-24.86
2003年最高(元)	6.50
2003年最低(元)	3.69
2003年换手率(%)	125.53

江苏综艺股份有限公司

公司概况				
公司名称	江苏综艺股份有限公司	股票代码	600770	
注册地址	江苏省通州市兴东镇黄金村	邮政编码	226376	
法人代表	昝圣达	董秘	季风华	
电话	0513-6639999	传真	0513-6563502	
主营业务	集装箱底板、胶合板、服装制造、加工等			
总股本	27000.00	流通A 9900.00	流通B	流通H
审计单位		审计意见	未审计	

主要财务指标 年度	2003.9	2003.6	2002	2001
每股收益/扣除后(元)	0.0600	0.0390	0.0220	0.0850
每股经营现金流量(元)	-0.9080	-0.6130	0.1717	-0.1980
每股净资产/调整后(元)	2.2100	2.1600	2.1300	2.1220
每股公积金(元)	0.1936	0.1936	0.1936	0.1909
净资产收益率(%)	2.7200	1.8700	3.8400	7.0900
总资产(万元)	134662.56	129758.65	118101.19	102931.54
股东权益(万元)	59698.86	59184.03	58333.88	58844.99
未分配利润(万元)	16618.10	16103.27	15213.31	15898.81
主营收入(万元)	22112.89	14453.80	27278.37	29712.51
资本公积金(万元)	5227.79	5227.79	5227.79	5154.20
主营利润(万元)	6571.93	4028.15	6547.97	8553.97
其他业务利润(万元)	558.67	353.89	1832.28	1914.73
营业利润(万元)	2750.10	1787.09	1890.59	4999.58
投资收益(万元)	343.76	243.49	936.08	862.62
补贴收入(万元)	167.42	110.85	703.01	1129.90
营业外收支(万元)	-31.23	3.66	146.82	174.78
利润总额(万元)	3230.05	2147.31	3676.50	7166.88
净利润(万元)	1621.35	1106.52	2242.63	4172.91

十大股东 序号	股东名称	股份性质	持股数(万股)	比例(%)
1	南通综艺投资有限公司	境内发起人股	12323.66	45.64
2	南通大兴服装绣品有限公司	法人股	3426.35	12.69
3	通州市建设投资中心	募集法人股	1350.00	5.00
4	华泰证券有限责任公司	流通A股	37.00	0.15
5	孙玉霞	流通A股	30.60	0.11
6	中国银行-天同180指数证券投资基金	流通A股	26.72	0.10
7	白运娣	流通A股	18.01	0.07
8	魏礼军	流通A股	16.00	0.06
9	华安上证180指数增强型证券投资基金	流通A股	15.98	0.06
10	王爱英	流通A股	15.00	0.06

股东人数	2003.9	2003.6	2002	2001
	80979	80767	83505	96689

近年分配	2001年10派0.5元	近年配股/增发	2001年10配3股

重大事项

2002年12月21日综艺股份董事会决议:同意将公司持有北京综艺达软件技术有限公司的股权转让部分给金丰21投资控股有限公司,转让部分占综艺达股本总额的13.09%;转让价格为人民币1900万元。转让完成后,综艺达的股权结构为:公司50.91%,郝立华30%;金丰21投资控股有限公司13.09%;艾克国际控股有限公司6%。交易各方已于2002年12月19日签署《股权转让协议》。

二〇〇二年以来市场表现

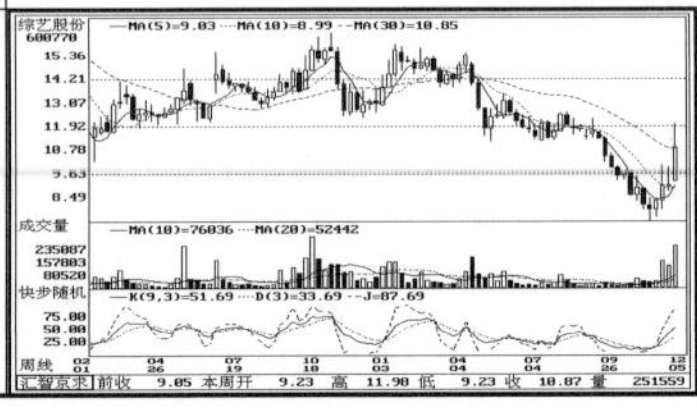

2002年涨跌幅(%)	4.51
2002年最高(元)	16.50
2002年最低(元)	9.78
2002年换手率(%)	339.90
2003年涨跌幅(%)	-31.44
2003年最高(元)	15.90
2003年最低(元)	7.34
2003年换手率(%)	248.81

东盛科技股份有限公司

公司概况

公司名称	东盛科技股份有限公司	股票代码	600771
注册地址	青海省西宁市高新开发区	邮政编码	710068
法人代表	郭家学	董秘	田红
电话	029-8378949	传真	029-8378953
主营业务	中药原料药、西药原料药、片剂、硬胶囊剂的生产等		
总股本	18688.70	流通 A	4950.00
流通 B		流通 H	
审计单位		审计意见	未审计

主要财务指标

年度	2003.9	2003.6	2002	2001
每股收益／扣除后(元)	0.1700	0.1300	0.1800	0.3100
每股经营现金流量(元)	0.0809	0.0600	0.6919	0.1068
每股净资产／调整后(元)	2.1000	2.0600	1.9300	1.7500
每股公积金(元)	0.1297	0.1297	0.1297	0.1246
净资产收益率(％)	8.1900	6.5500	10.2600	12.2400
总资产(万元)	131081.30	127145.02	118480.79	100587.90
股东权益(万元)	39527.19	38833.32	36290.58	33296.89
未分配利润(万元)	14584.63	13890.76	11348.02	9283.63
主营收入(万元)	38027.54	25462.18	50430.03	44567.25
资本公积金(万元)	2424.13	2424.13	2424.13	2328.64
主营利润(万元)	28066.36	18665.86	32376.34	36212.47
其他业务利润(万元)	7.13	10.12	4.02	91.19
营业利润(万元)	3641.05	2822.68	4492.81	5826.50
投资收益(万元)	804.48	587.08	763.38	-1218.72
补贴收入(万元)	24.22	10.36	83.23	13.13
营业外收支(万元)	28.06		307.49	-1610.22
利润总额(万元)	4497.81	3468.29	5646.92	3010.69
净利润(万元)	6236.61	2542.74	3723.01	4076.67

十大股东

序号	股东名称	股份性质	持股数(万股)	比例(％)
1	西安东盛集团有限公司	法人股	5404.83	28.92
2	陕西东盛药业股份有限公司	法人股	4508.00	24.12
3	鞍山钢铁集团公司	国有法人股	1379.68	7.38
4	青海万立水电有限责任公司	法人股	660.00	3.53
5	中色(南海)恒达发展公司	法人股	604.00	3.23
6	南京钢铁集团公司	法人股	540.00	2.89
7	镇江市环宇投资咨询有限责任公司	法人股	302.19	1.62
8	广发证券股份有限公司	法人股	270.00	1.44
9	山西晋能房地产开发有限公司	流通股	80.00	0.43
10	海南品润实业投资有限公司	法人股	70.00	0.37

股东人数	2003.9	2003.6	2002	2001
	27092	27376	28102	18769

近年分配	近年配股／增发
2002年10派0.68元	不分配不转增

重大事项

公司股东陕西东盛药业股份有限公司**2002**年**3**月**21**日所质押给中国建设银行黄南州分行互助滩办事处的公司**2000**万股社会法人股股份的质押期限已经届满，该公司已于**2003**年**9**月**17**日在中国证券登记结算有限责任公司上海分公司办理了解除股权质押登记手续。同日，该公司为了向中国建设银行黄南州分行贷款**3885**万元，将上述股权质押给建行黄南州分行，并在中国证券登记结算有限责任公司上海分公司办理了股权质押登记，质押期限自**2003**年**9**月**17**日至**2004**年**11**月**11**日。

二〇〇二年以来市场表现

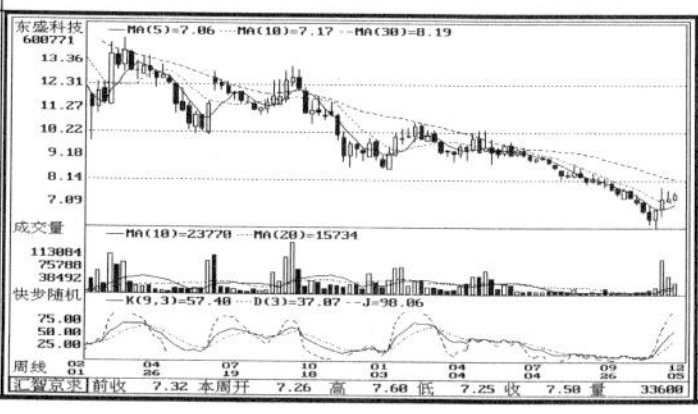

2002年涨跌幅(%)	-35.00
2002年最高(元)	14.33
2002年最低(元)	8.58
2002年换手率(%)	338.42
2003年涨跌幅(%)	-16.15
2003年最高(元)	10.53
2003年最低(元)	6.05
2003年换手率(%)	209.81

中油龙昌(集团)股份有限公司

公司概况

公司名称	中油龙昌(集团)股份有限公司	股票代码	600772
注册地址	上海市中山南路28号20层	邮政编码	200010
法人代表	邱忠国	董秘	赵伟文
电话	021-63300077-111	传真	021-63300386
主营业务	投资兴办石油天然气管道运输、油气管道改造勘察等		
总股本	28753.92	流通 A	9097.92
流通 B		流通 H	
审计单位		审计意见	未审计

主要财务指标

年度	2003.9	2003.6	2002	2001
每股收益／扣除后(元)	0.0130	0.0120	0.0330	0.0410
每股经营现金流量(元)	-0.3754	-0.2800	0.3795	0.4944
每股净资产／调整后(元)	2.3220	2.3270	2.7580	2.6660
每股公积金(元)	0.7247	0.7247	1.0697	1.0456
净资产收益率(％)	1.4400	1.3400	2.3500	1.5200
总资产(万元)	150027.75	125175.92	108536.41	148546.06
股东权益(万元)	68244.20	68166.09	67254.98	65084.91
未分配利润(万元)	14279.43	14201.32	13290.21	9495.78
主营收入(万元)	33579.01	29202.60	21496.12	21051.93
资本公积金(万元)	20838.60	20838.60	25630.92	25053.59
主营利润(万元)	33579.01	29202.60	21496.12	21051.93
其他业务利润(万元)	4679.51	3553.38	8199.49	10022.96
营业利润(万元)	1721.69	1806.75	4486.19	4663.54
投资收益(万元)	-183.24	-114.82	1052.22	-511.82
补贴收入(万元)	19.35	19.35	117.25	18.19
营业外收支(万元)	217.39	232.29	-367.78	-237.16
利润总额(万元)	1776.73	1945.11	5287.87	4932.75
净利润(万元)	981.58	911.11	1582.29	991.83

十大股东

序号	股东名称	股份性质	持股数(万股)	比例(％)
1	西安飞天科工贸集团有限责任公司	社会法人股	7763.56	27.00
2	中国石油天然气管道局	国有法人股	3007.40	10.46
3	武汉绿洲企业(集团)有限公司	社会法人股	2558.70	8.90
4	张家港保税区石油管道国贸公司	社会法人股	1353.46	4.71
5	上海创立投资管理有限公司	社会法人股	950.40	3.31
6	潍坊胜利管道安装工程公司	社会法人股	402.48	1.40
7	贵州崇德实业发展有限公司	社会法人股	360.00	1.25
8	上海中策投资咨询有限公司	社会法人股	211.91	0.74
9	北京中油实业公司	社会法人股	180.00	0.63
10	三生公司	社会法人股	102.96	0.36

股东人数	2003.9	2003.6	2002	2001
	45808	46190	45910	48767

近年分配	近年配股／增发
	2002年10转增2股

重大事项

2003年**09**月**02**日 公司与上海华源企业发展股份有限公司续签关于互相提供银行借款担保之合作协议，互保额度仍为人民币伍仟万元，互保期限为二年。互保类型：连带责任。截止本公告之日，累计对外担保发生额为**13430**万元人民币，无逾期担保情况。 公司于**2003**年**6**月**30**日与北京万通恒润投资有限公司股东林冠群签署了关于受让万通恒润**60%**股权的《股权转让协议》，转让金额总计为**1800**万元。股权转让完成后，万通恒润所拥有的是全部燃气项目资产。

二〇〇二年以来市场表现

2002年涨跌幅(%)	-28.48
2002年最高(元)	9.99
2002年最低(元)	5.22
2002年换手率(%)	147.62
2003年涨跌幅(%)	-17.65
2003年最高(元)	8.23
2003年最低(元)	4.59
2003年换手率(%)	144.40

西藏金珠股份有限公司

公司概况

公司名称	西藏金珠股份有限公司	股票代码	600773
注册地址	西藏拉萨市北京中路182号	邮政编码	850000
法人代表	董金江	董秘	次仁多吉
电话	0891-6832913	传真	0891-6824804
主营业务	进出口贸易、国内贸易、出口商品的制造与加工等		
总股本	18033.01	流通A	6933.33
流通B		流通H	
审计单位		审计意见	未审计

主要财务指标

年度	2003.9	2003.6	2002	2001
每股收益/扣除后(元)	0.0459	0.0090	0.0157	0.1000
每股经营现金流量(元)	-0.7150	-0.0450	0.1706	-0.6196
每股净资产/调整后(元)	1.9700	1.9000	1.7300	2.7300
每股公积金(元)	0.5537	0.5537	0.5537	0.3859
净资产收益率(%)	0.0570	0.0060	1.3200	7.3400
总资产(万元)	88091.69	60193.43	57805.77	52211.65
股东权益(万元)	36014.56	34340.60	34213.91	33832.96
未分配利润(万元)	6455.11	4771.97	4614.03	4435.00
主营收入(万元)	75329.37	34847.19	20773.88	18113.11
资本公积金(万元)	9984.87	9984.87	9984.87	16228.73
主营利润(万元)	3961.03	2232.42	2748.85	5348.89
其他业务利润(万元)	10.32	71.07	39.35	26.69
营业利润(万元)	1631.67	568.47	563.06	1390.66
投资收益(万元)	857.73	81.22	155.25	1537.00
补贴收入(万元)	390.50	1.30	48.64	6.00
营业外收支(万元)	-30.23	-20.18	-3.69	-59.05
利润总额(万元)	2849.66	630.82	763.27	2874.60
净利润(万元)	2046.32	215.08	452.47	2483.65

十大股东

序号	股东名称	股份性质	持股数(万股)	比例(%)
1	西藏金珠(集团)有限公司	国有法人股	4508.25	25.00
2	南京长恒实业有限公司	社会法人股	3606.60	20.00
3	江苏中侨百合通讯产品销售有限责任公司	社会法人股	2700.38	14.97
4	华龙证券有限公司	社会公众股	773.10	4.30
5	北京博众科创投资管理有限公司	社会公众股	413.87	2.30
6	西藏信托投资公司	社会法人股	71.11	0.40
7	西藏国际经济技术合作公司	社会法人股	71.11	0.40
8	西藏包装进出口公司	社会法人股	71.11	0.40
9	中国出口商品基地西藏公司	社会法人股	71.11	0.40
10	成都金龙投资公司	社会公众股	62.81	0.35

股东人数

2003.9	2003.6	2002	2001
6801	7099	8250	16861

近年分配		近年配股/增发	2002年10转增4股 2001年10转增1股

重大事项

公司**2003**年第十六次临时董事会审议通过受让公司第一大股东西藏金珠(集团)有限公司所持四川金珠生态农业科技有限公司**632**万元股份的议案。本次交易完后,公司拥有生态公司**79%**的股权,金珠集团不再拥有上述股权。　公司受让成都金珠生物科技有限公司部分自然人股东转让股份的报告的议题:公司所属该公司的**21**个自然人股东拟将其持有的非专利技术出资额**535**万元无偿转让给公司,本次转让完成后,公司在该公司的持股比例由原来的**58.82%**增至**69.31%**,占注册资本总额的**69.31%**。

二〇〇二年以来市场表现

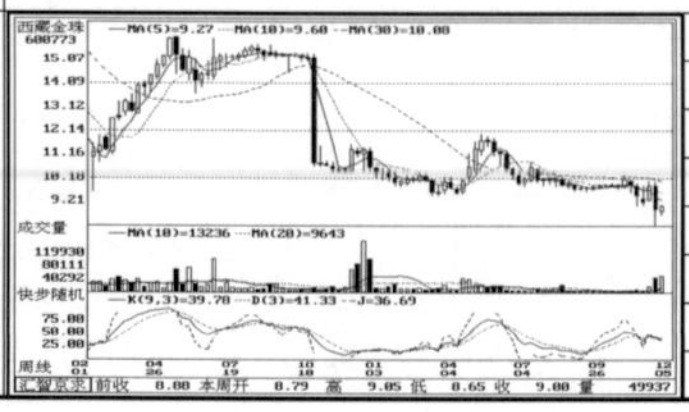

2002年涨跌幅(%)	24.76
2002年最高(元)	11.55
2002年最低(元)	6.05
2002年换手率(%)	203.46
2003年涨跌幅(%)	-15.27
2003年最高(元)	11.99
2003年最低(元)	8.23
2003年换手率(%)	72.82

武汉市汉商集团股份有限公司

公司概况

公司名称	武汉市汉商集团股份有限公司	股票代码	600774
注册地址	湖北省武汉市汉阳大道134号	邮政编码	430050
法人代表	张宪华	董秘	张晴
电话	027-84843197	传真	027-84842384
主营业务	百货、针纺织品、五金交电、其他食品零售批发等		
总股本	10910.96	流通A	3997.59
流通B		流通H	
审计单位		审计意见	未审计

主要财务指标

年度	2003.9	2003.6	2002	2001
每股收益/扣除后(元)	-0.2440	-0.1450	-0.0740	0.0510
每股经营现金流量(元)	0.0071	0.0140	0.1626	-0.2304
每股净资产/调整后(元)	4.0000	4.0800	4.4900	4.7000
每股公积金(元)	1.9340	1.9340	2.0668	2.1702
净资产收益率(%)	-6.0700	-3.5200	0.6900	0.6600
总资产(万元)	144590.83	147483.91	150390.78	156061.78
股东权益(万元)	43784.69	44862.62	44849.16	44640.00
未分配利润(万元)	6832.32	7910.25	9489.72	9801.56
主营收入(万元)	33315.38	23008.74	49331.77	54877.64
资本公积金(万元)	21101.51	21101.51	20500.49	20501.13
主营利润(万元)	5212.90	3613.67	8317.07	7812.36
其他业务利润(万元)	1565.65	1114.20	2105.18	1933.61
营业利润(万元)	-3638.11	-2155.74	-867.05	654.36
投资收益(万元)	-48.21	-37.18	-32.20	-140.14
补贴收入(万元)				
营业外收支(万元)	-50.33		992.32	-139.50
利润总额(万元)	-3736.65	-2222.32	93.07	374.72
净利润(万元)	-2657.40	-1579.46	311.53	292.98

十大股东

序号	股东名称	股份性质	持股数(万股)	比例(%)
1	武汉市汉阳区国有资产管理局	国有股	3696.00	33.87
2	交通银行武汉分行	法人股	554.40	5.08
3	上海证大投资管理有限公司	法人股	425.04	3.90
4	中国长城资产管理公司	法人股	369.60	3.39
5	中国工商银行武汉信托投资公司	法人股	206.63	3.39
6	国海证券有限责任公司	流通股	184.80	1.89
7	工商银行湖北省信托投资公司	法人股	147.84	2.32
8	武汉市阳太阳广告有限公司	法人股	147.84	1.69
9	武汉国际租赁公司	法人股	96.10	0.88
10	海通证券有限公司	法人股	92.40	0.85

股东人数

2003.9	2003.6	2002	2001
12075	12508	11351	15840

近年分配	2001年10派0.125元	近年配股/增发	2002年10转增1股 2001年10送0.5股

重大事项

2002年**11**月**26**日 汉商集团董、监事会决议:公司将所属千步滩度假村工程项目以**2600**万元的价格出售给唐山海港兴嘉物贸有限公司,预计可获得**1000**余万元的收益。定于**2002**年**12**月**26**日召开临时股东大会。

二〇〇二年以来市场表现

2002年涨跌幅(%)	-12.90
2002年最高(元)	15.28
2002年最低(元)	9.42
2002年换手率(%)	176.85
2003年涨跌幅(%)	-47.59
2003年最高(元)	12.07
2003年最低(元)	4.78
2003年换手率(%)	224.39

南京熊猫电子股份有限公司

公司概况

公司名称	南京熊猫电子股份有限公司		股票代码	600775	
注册地址	中国南京市南京高新技术产业开发区05幢北侧1-2层		邮政编码	210002	
法人代表	李安建		董秘	陈平	
电话	025-4801442		传真	025-4820729	
主营业务	开发生产无线电通信设备的销售和技术服务业务等				
总股本	65501.55	流通A	5800.00	流通B	流通H 24200.00
审计单位			审计意见	未审计	

主要财务指标

年度	2003.9	2003.6	2002	2001
每股收益/扣除后(元)	0.0650	0.0500	0.1400	0.2100
每股经营现金流量(元)	-0.4381	-0.7490	-0.2989	-0.0779
每股净资产/调整后(元)	1.5500	1.5500	1.4500	1.3800
每股公积金(元)	0.7307	0.7309	0.7307	0.7306
净资产收益率(%)	4.0000	3.0900	8.8500	19.1100
总资产(万元)	47861.65	47874.17	47861.65	47852.25
股东权益(万元)	107330.68	106333.46	103035.61	93907.71
未分配利润(万元)	-24846.22	-25855.96	-29141.30	93907.71
主营收入(万元)	281980.59	152303.45	129368.61	86156.03
资本公积金(万元)	47861.65	47874.17	47861.65	47852.25
主营利润(万元)	26856.27	14897.41	17821.60	6838.45
其他业务利润(万元)	1743.81	982.41	4217.94	1552.75
营业利润(万元)	554.54	251.88	-2580.57	-13671.44
投资收益(万元)	6110.03	4210.42	14027.95	27756.85
补贴收入(万元)	98.00	78.04	37.00	93.86
营业外收支(万元)	4.63		-97.84	3722.29
利润总额(万元)	6767.20	4547.54	11386.53	17901.55
净利润(万元)	4295.08	3285.34	9118.49	17941.94

十大股东

序号	股东名称	股份性质	持股数(万股)	比例(%)
1	熊猫电子集团有限公司	国有法人股	35501.50	54.20
2	HKSCCNomineesLtd	流通H股	23644.79	36.10
3	CHENGCHANGYUNGTSUNGALICE	流通H股	305.00	0.47
4	TSEWINGPAK	流通H股	55.00	0.09
5	王斌	流通A股	25.39	0.04
6	KAYAndCompanyLtd	流通H股	20.00	0.03
7	CHENCHIENMING	流通H股	20.00	0.03
8	兴和证券投资基金	流通A股	19.71	0.03
9	胡新海	流通A股	19.71	0.03
10	黄玉兰	流通A股	19.11	0.03

股东人数	2003.9	2003.6	2002	2001
	29598	32115	28874	28372

近年分配		近年配股/增发	不分配不转增

重大事项

2002年05月16日南京熊猫为子公司提供担保公告:同意为公司子公司南京熊猫移动通信设备有限公司在交通银行白下支行8000万元综合授信提供担保,担保协议近期将签署。本次为熊猫移动担保期限为自协议签署之日起二年,方式为连带责任保证。鉴于公司已担保13850万元。本次担保后,公司至目前担保金额累计21850万元。

二〇〇二年以来市场表现

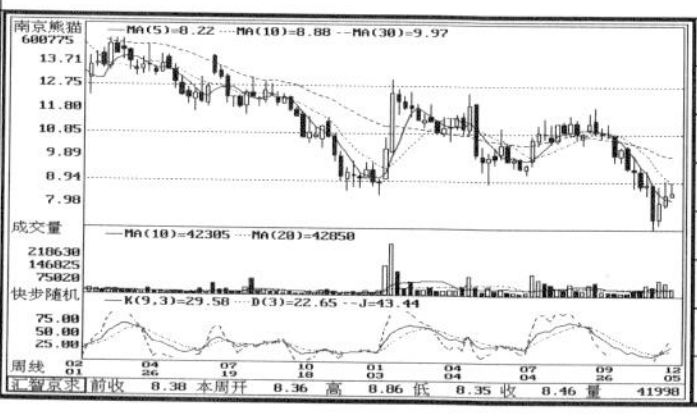

2002年涨跌幅(%)	-40.42
2002年最高(元)	14.66
2002年最低(元)	8.50
2002年换手率(%)	161.81
2003年涨跌幅(%)	-2.33
2003年最高(元)	13.00
2003年最低(元)	7.03
2003年换手率(%)	410.06

东方通信股份有限公司

公司概况

公司名称	东方通信股份有限公司		股票代码	600776		
注册地址	中国浙江省杭州市文三路398号		邮政编码	310013		
法人代表	郑国民		董秘	蔡祝平		
电话	0571-88865242		传真	0571-88865243		
主营业务	移动通信、程控交换、光电传输等的研制、开发等					
总股本	62800.00	流通A	11800.00	流通B	15000.00	流通H
审计单位			审计意见	未审计		

主要财务指标

年度	2003.9	2003.6	2002	2001
每股收益/扣除后(元)	-1.2500	-1.0400	-0.2680	0.2850
每股经营现金流量(元)	-0.7883	-1.5100	-1.2154	1.6981
每股净资产/调整后(元)	4.2500	4.4460	5.4580	5.7770
每股公积金(元)	3.4106	3.4106	3.4042	3.4042
净资产收益率(%)	-28.4200	-22.7400	-5.9800	5.6800
总资产(万元)	597035.62	640507.31	685623.75	772134.56
股东权益(万元)	268680.91	281113.84	344633.97	365228.47
未分配利润(万元)	-43553.48	-31121.02	32799.09	53393.51
主营收入(万元)	322325.25	213214.27	821968.69	839861.25
资本公积金(万元)	214186.62	214186.62	213786.62	213786.62
主营利润(万元)	10627.26	6500.15	108862.20	118505.98
其他业务利润(万元)	-1800.32	87.20	1613.17	980.25
营业利润(万元)	-82976.29	-69922.32	-17509.73	17806.81
投资收益(万元)	4893.82	4255.39	2068.20	7379.35
补贴收入(万元)	156.37	55.44	227.20	172.10
营业外收支(万元)	-516.89	-149.42	-1911.52	618.54
利润总额(万元)	-78442.99	-65760.91	-17125.84	25976.80
净利润(万元)	-76352.57	-63920.12	-20594.42	20734.37

十大股东

序号	股东名称	股份性质	持股数(万股)	比例(%)
1	普天东方通信集团有限公司	国有法人股	32400.00	51.59
2	珠海东信投资有限公司	一般法人股	3600.00	5.73
3	NAITO SECURITIES CO.,LTD.	外资股(B)股	804.25	1.28
4	TOYO SECURITIES ASIALTD.A/C CLIENT	外资股(B)股	532.29	0.85
5	DEUTSCHE BANK LONDON	外资股(B)股	214.00	0.34
6	DAIWA SECURITIES CO.,LTD.TOKYO	外资股(B)股	153.62	0.24
7	HKSBCSB S/A HSBC(NOM)S/A ABN AMRO BANK NV	外资股(B)股	125.00	0.20
8	杨莉珊	外资股(B)股	90.19	0.14
9	汪夫琦	社会公众股(A)股	81.42	0.13
10	王付英	社会公众股(A)股	70.36	0.11

股东人数	2003.9	2003.6	2002	2001
	88774	90606	91796	91056

近年分配	2001年10派2元	近年配股/增发	不分配不转增

重大事项

公司为控股子公司的广州邮电通信设备有限公司向中国民生银行广州分行贷款3000万元提供全额担保,担保期限为半年,自2003年11月起至2004年5月止。对于公司提供的上述担保,由其提供反担保。　公司决定解除与北京爱思开电讯科技有限公司签署的《增资入股合同》,并终止所有向上海飞讯数码科技发展有限公司增资入股的报批手续。

二〇〇二年以来市场表现

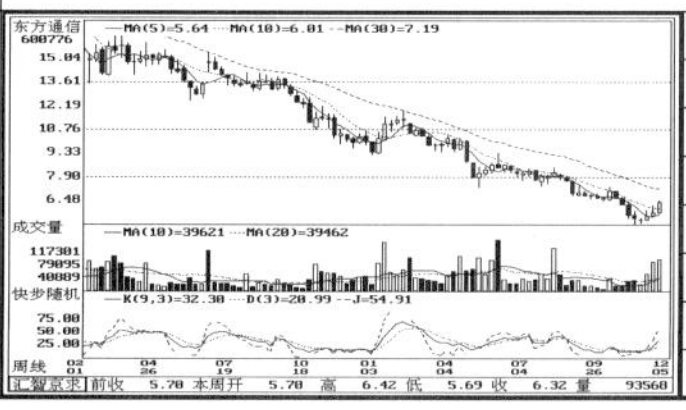

2002年涨跌幅(%)	-44.69
2002年最高(元)	17.00
2002年最低(元)	9.35
2002年换手率(%)	169.67
2003年涨跌幅(%)	-39.23
2003年最高(元)	11.85
2003年最低(元)	5.05
2003年换手率(%)	193.27

烟台新潮实业股份有限公司

公司概况

公司名称	烟台新潮实业股份有限公司	股票代码	600777
注册地址	山东省烟台市牟平区牟山路98号	邮政编码	264100
法人代表	孙树刚	董秘	于德海
电话	0535-4259777	传真	0535-4225688
主营业务	毛、棉、麻产品的生产等		
总股本	26486.95	流通A 15753.93	流通B / 流通H
审计单位		审计意见	未审计

主要财务指标

年度	2003.9	2003.6	2002	2001
每股收益/扣除后(元)	0.2100	0.1300	0.3700	0.3500
每股经营现金流量(元)	0.6322	0.2200	0.6197	0.4350
每股净资产/调整后(元)	4.9800	4.9000	3.7900	3.4400
每股公积金(元)	3.0269	3.0270	1.8287	1.8287
净资产收益率(%)	4.2100	2.5700	9.7600	10.1600
总资产(万元)	175520.92	175683.30	124139.24	111529.61
股东权益(万元)	132262.19	130042.29	77369.13	70797.53
未分配利润(万元)	16841.02	14621.13	10658.43	5981.07
主营收入(万元)	59596.81	38702.23	75345.55	66404.19
资本公积金(万元)	80174.78	80174.78	37464.31	37464.31
主营利润(万元)	13147.49	8415.68	18294.83	14804.12
其他业务利润(万元)	172.87	138.29	139.46	83.19
营业利润(万元)	8564.23	5603.52	11714.56	8664.63
投资收益(万元)	7.62	-8.83	-17.66	-20.15
补贴收入(万元)			5.35	
营业外收支(万元)	19.86	16.25	20.94	59.74
利润总额(万元)	8591.71	5610.94	11723.20	8704.22
净利润(万元)	5567.98	3348.09	7549.01	7192.72

十大股东

序号	股东名称	股份性质	持股数(万股)	比例(%)
1	新牟国际集团公司	法人股	8882.92	33.54
2	烟台全洲海洋运输公司	法人股	1850.09	6.98
3	海通证券有限公司	流通股	119.51	0.45
4	陈世辉	流通股	106.02	0.40
5	中国五金矿产进出口总公司	流通股	102.22	0.39
6	上海国有资产经营有限公司	流通股	102.22	0.39
7	中船重工财务有限责任公司	流通股	102.22	0.39
8	中粮财务有限责任公司	流通股	102.22	0.39
9	深圳市喜之郎食品有限公司	流通股	102.22	0.39
10	上海中技投资顾问公司	流通股	102.22	0.39

股东人数	2003.9	2003.6	2002	2001
	52640	49504	37980	37183

近年分配	近年配股/增发
2001年10派2元	不分配不转增

重大事项

2003年10月15日,公司接到第一大股东新牟国际集团公司通知,该公司因贷款方式变更,将其质押给上海浦东发展银行广州分行的公司境内法人股1580万股,占公司总股份的6%,重新办理解冻和质押手续。质押期限自2003年10月15日至2004年4月30日,上述质押已在中国证券登记结算有限责任公司上海分公司办理了股份质押登记手续。 公司接公司第一大股东新牟国际集团公司通知,新牟国际集团公司原质押给交通银行烟台分行牟平支行的1795.7万股公司社会法人股,于2003年4月16日解除质押。

二〇〇二年以来市场表现

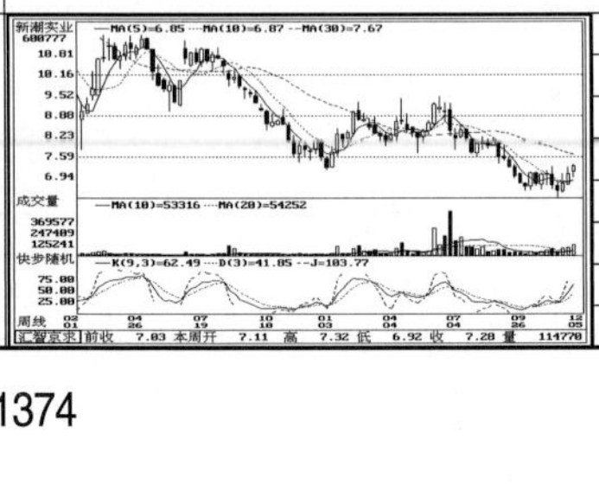

2002年涨跌幅(%)	-27.72
2002年最高(元)	11.25
2002年最低(元)	7.40
2002年换手率(%)	93.38
2003年涨跌幅(%)	-6.39
2003年最高(元)	9.47
2003年最低(元)	6.30
2003年换手率(%)	357.46

新疆友好(集团)股份有限公司

公司概况

公司名称	新疆友好(集团)股份有限公司	股票代码	600778
注册地址	新疆维吾尔自治区乌鲁木齐市友好南路30号	邮政编码	830000
法人代表	马雍全	董秘	王建平
电话	0991-4541008	传真	0991-4815090
主营业务	综合性经营(国家法律规定不允许经营的除外)		
总股本	31149.14	流通A 17131.29	流通B / 流通H
审计单位		审计意见	未审计

主要财务指标

年度	2003.9	2003.6	2002	2001
每股收益/扣除后(元)	0.0540	0.0440	0.1480	0.0820
每股经营现金流量(元)	-0.1976	-0.1300	0.1585	0.1603
每股净资产/调整后(元)	2.4700	2.4000	2.3500	2.2700
每股公积金(元)	1.3072	1.3072	1.3072	1.3072
净资产收益率(%)	2.5960	1.6000	6.3100	4.4000
总资产(万元)	222457.70	221893.75	200068.70	191603.97
股东权益(万元)	78843.03	78042.77	76919.10	75204.04
未分配利润(万元)	3081.08	2280.82	1157.15	459.25
主营收入(万元)	75870.52	45655.54	109469.72	106883.42
资本公积金(万元)	40717.87	40717.87	40717.87	40717.87
主营利润(万元)	12923.76	8813.79	21900.18	20297.69
其他业务利润(万元)	2086.69	1276.84	1579.18	1632.91
营业利润(万元)	999.71	896.51	5901.35	2109.03
投资收益(万元)	983.60	239.10	533.94	1368.12
补贴收入(万元)	647.97	750.00	1523.46	1515.77
营业外收支(万元)	3.14		-217.03	-55.39
利润总额(万元)	2634.42	1643.45	7741.72	4937.54
净利润(万元)	2046.85	1246.58	4855.08	3308.39

十大股东

序号	股东名称	股份性质	持股数(万股)	比例(%)
1	乌鲁木齐国有资产经营公司	国有股	6648.33	21.34
2	新疆建银设备租赁总公司	法人股	2022.93	6.49
3	新疆天正实业总公司	法人股	1051.65	3.38
4	新疆鸿鑫投资有限公司	法人股	1014.75	3.26
5	乌鲁木齐市财政证券	流通股	820.36	2.63
6	乌鲁木齐市国债服务中心	流通股	398.44	1.28
7	乌鲁木齐市商业银行诚信支行	法人股	212.18	0.68
8	乌鲁木齐烟炸公司	法人股	201.11	0.65
9	新疆独山子石化总厂	法人股	184.50	0.59
10	新疆维吾尔自治区茶叶畜产公司	法人股	156.83	0.50

股东人数	2003.9	2003.6	2002	2001
	95701	98790	102092	110502

近年分配	近年配股/增发
2002年10派1元 2001年10派0.8元	不分配不转增

重大事项

2002年7月10日,公司与新疆天山毛纺织股份有限公司签订了贷款互保协议,双方互为提供限额为10000万元的借款担保,期限为二年。2002年7月10日,公司决定为控股子公司上海申友生物技术有限责任公司向建设银行上海市分行申请的1000万元流动资金借款提供担保,期限为二年.目前,公司对外担保累计数量为41000万元,没有逾期担保。

二〇〇二年以来市场表现

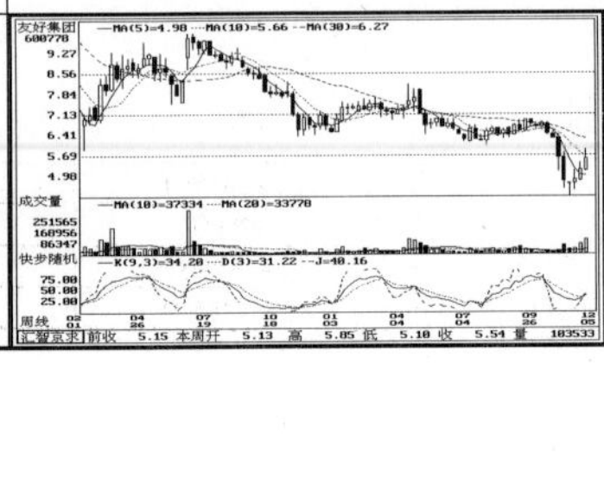

2002年涨跌幅(%)	-21.41
2002年最高(元)	9.81
2002年最低(元)	5.34
2002年换手率(%)	126.47
2003年涨跌幅(%)	-20.28
2003年最高(元)	8.06
2003年最低(元)	4.26
2003年换手率(%)	86.70

四川全兴股份有限公司

公司概况

公司名称	四川全兴股份有限公司			股票代码	600779		
注册地址	四川省成都市金牛区全兴路9号			邮政编码	610031		
法人代表	杨肇基			董秘	张宗俊		
电话	028-86252847			传真	028-86695460		
主营业务	生产销售酒、生物材料及制剂等						
总股本	48854.57	流通 A	19131.29	流通 B		流通 H	
审计单位				审计意见	未审计		

主要财务指标

年度	2003.9	2003.6	2002	2001
每股收益/扣除后(元)	-0.3300	-0.1500	0.0400	0.3300
每股经营现金流量(元)	0.0984	0.2700	0.2681	0.2564
每股净资产/调整后(元)	2.0300	2.2100	2.4000	2.7000
每股公积金(元)	0.7896	0.7900	0.7895	0.8671
净资产收益率(%)	-15.4000	-7.0400	1.3000	14.2300
总资产(万元)	234737.00	237708.52	248486.08	247552.06
股东权益(万元)	102482.34	110502.47	118253.96	121441.08
未分配利润(万元)	1105.41	9108.69	16883.88	25207.76
主营收入(万元)	65585.04	48449.64	105238.52	114435.50
资本公积金(万元)	38576.98	38593.82	38570.13	38511.60
主营利润(万元)	16006.33	12837.78	30306.29	40036.01
其他业务利润(万元)	476.26	152.49	1960.00	5091.37
营业利润(万元)	-13081.94	-5745.10	7656.48	22066.01
投资收益(万元)	-201.21	-160.76	-327.79	16.33
补贴收入(万元)				102.32
营业外收支(万元)	-114.18	-84.96	-444.06	-284.69
利润总额(万元)	-13397.32	-5990.82	6884.63	21899.97
净利润(万元)	-15778.47	-7775.19	1534.13	17278.48

十大股东

序号	股东名称	股份性质	持股数(万股)	比例(%)
1	四川成都全兴集团有限公司	国家股	23664.48	48.44
2	成都金博利贸易有限公司	法人股	1316.70	2.70
3	成都振益科技发展有限公司	法人股	913.00	1.87
4	成都菊乐(集团)股份有限公司	法人股	222.16	0.45
5	广州天心药业股份有限公司	法人股	201.96	0.41
6	成都淀粉厂	法人股	201.96	0.41
7	成都市金堂淀粉厂	法人股	201.96	0.41
8	成都市金禾粮油食品连锁公司	法人股	201.96	0.41
9	山西省大同第二制药厂	法人股	201.96	0.41
10	深圳市汇特丰发展有限公司	法人股	190.78	0.39

股东人数	2003.9	2003.6	2002	2001
	80652	85095	92667	87266

近年分配	2001年10派0.5元	近年配股/增发	2001年10送1股

重大事项

公司2003年9月17日与四川成都全兴集团有限公司签订了《资产转让协议》,将公司拥有的与酒业经营相关的全部权益性资产以现金方式转让给全兴集团。根据转让资产的审计及评估,截止2003年7月31日,公司拟出售的酒业权益性资产审计账面值为56733.87万元,评估值为58972.40万元。转让资产以评估结果作为定价依据,交易价格按评估结果以1:1等值确定,合计为58972.40万元。

二〇〇二年以来市场表现

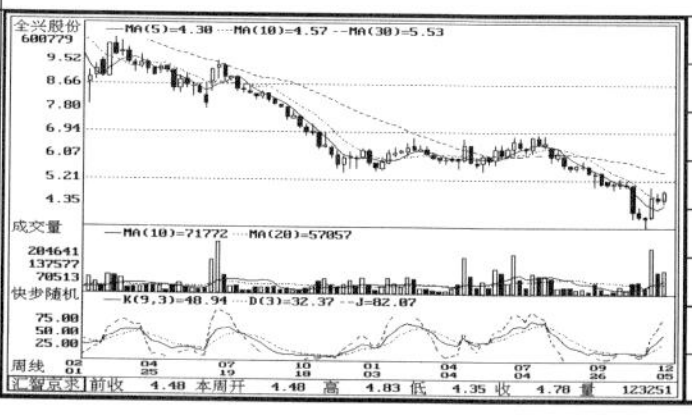

2002年涨跌幅(%)	-41.93
2002年最高(元)	9.66
2002年最低(元)	5.43
2002年换手率(%)	121.29
2003年涨跌幅(%)	-20.14
2003年最高(元)	6.81
2003年最低(元)	3.49
2003年换手率(%)	146.84

山西通宝能源股份有限公司

公司概况

公司名称	山西通宝能源股份有限公司			股票代码	600780		
注册地址	山西省太原市高新技术产业开发区学府工业园区V-6区			邮政编码	030006		
法人代表	常小刚			董秘	叶宁华		
电话	0351-7021857			传真	0351-7021077		
主营业务	煤炭开采、加工、销售,火力发电等						
总股本	58196.07	流通 A	33770.60	流通 B		流通 H	
审计单位				审计意见	未审计		

主要财务指标

年度	2003.9	2003.6	2002	2001
每股收益/扣除后(元)	0.3420	0.2000	0.2550	0.2800
每股经营现金流量(元)	0.8755	0.6300	0.4659	0.6572
每股净资产/调整后(元)	2.2100	2.0600	3.7400	2.4400
每股公积金(元)	0.6142	0.6142	2.0283	0.7540
净资产收益率(%)		9.7200	6.8300	11.1600
总资产(万元)	527155.31	523408.31	125352.02	69094.38
股东权益(万元)	128529.26	120134.58	108913.67	52694.78
未分配利润(万元)	28057.93	19729.63	13826.42	9370.64
主营收入(万元)	142479.08	89767.42	27876.70	26571.87
资本公积金(万元)	35744.43	35744.43	59019.35	16262.48
主营利润(万元)	45142.19	27341.41	11372.41	1015920.00
其他业务利润(万元)	24.92	8.83		6.84
营业利润(万元)	30241.78	16981.21	9629.14	7851.84
投资收益(万元)	-148.10	-13.76	-342.40	-0.82
补贴收入(万元)	178.04	91.12		
营业外收支(万元)	-34.58		8.68	-758.52
利润总额(万元)	30237.14	17047.28	9295.42	7092.50
净利润(万元)	20051.12	11722.82	7437.85	5880.45

十大股东

序号	股东名称	股份性质	持股数(万股)	比例(%)
1	山西国际电力集团有限公司	国有股	21393.63	36.76
2	易方达平稳增长证券投资基金	流通股	1690.89	2.91
3	山西统配煤炭经销公司	国有股	1147.18	1.97
4	科汇证券投资基金	流通股	681.31	1.02
5	科瑞证券投资基金	流通股	591.23	1.01
6	科翔证券投资基金	流通股	590.00	0.90
7	科讯证券投资基金	流通股	522.51	0.85
8	山西潞安矿业(集团)有限责任公司	国有股	491.65	0.85
9	山西晋城无烟煤矿业集团有限责任公司	国有股	491.65	0.85
10	阳泉煤业(集团)有限责任公司	国有股	491.65	0.85

股东人数	2003.9	2003.6	2002	2001
	29070	26599	46056	56108

近年分配	2002年10派0.5元 2001年10派1.25元	近年配股/增发	2002年10送2股

重大事项

2003年1月1日,本公司受让山西国际电力集团有限公司所持阳光发电90%的股权,成为阳光发电控股股东。2003年4-6月,阳光发电向山西融租借款15590万元;通过山西省建行营业部和山西融租取得山西国际电力委托贷款37000万元。截止2003年6月底,阳光发电累计向关联公司借款63590万元,已偿还借款11000万元,借款余额为52590万元。 公司拟以全部已到位的募集资金受让山西国际电力集团有限公司所持山西阳光发电有限责任公司90%股权,并于2003年1月20日与山西国际电力签署了《公司与山西国际电力股权转让协议》,90%股权转让价格为106000万元。

二〇〇二年以来市场表现

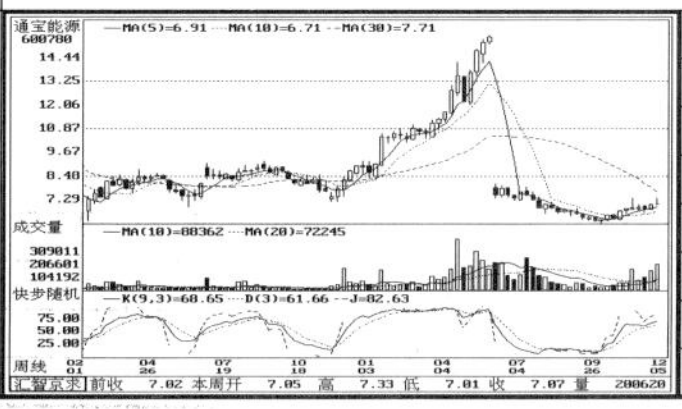

2002年涨跌幅(%)	9.95
2002年最高(元)	4.57
2002年最低(元)	2.76
2002年换手率(%)	46.65
2003年涨跌幅(%)	58.82
2003年最高(元)	8.08
2003年最低(元)	4.17
2003年换手率(%)	143.94

上海市民丰实业(集团)股份有限公司

公司概况

公司名称	上海市民丰实业(集团)股份有限公司	股票代码	600781
注册地址	上海市西康路757号	邮政编码	201601
法人代表	孙凤娟	董秘	闵志坚
电话	021-57617381	传真	021-57617177
主营业务	纺织印染及加工,纺织行业的技术设计服务等		
总股本	17759.29	流通A 5062.50	流通B / 流通H
审计单位		审计意见	未审计

主要财务指标

年度	2003.9	2003.6	2002	2001
每股收益/扣除后(元)	-0.1200	-0.0800	-0.3660	-0.3180
每股经营现金流量(元)	0.0028	0.0040	0.1861	-0.0091
每股净资产/调整后(元)	0.3000	0.3400	0.4700	1.0600
每股公积金(元)	0.5354	0.5291	0.5291	0.5284
净资产收益率(%)	-20.4300	-12.7600	-45.1400	-36.0800
总资产(万元)	30891.38	3597.52	37230.08	54509.62
股东权益(万元)	10683.14	11410.06	12890.52	19507.70
未分配利润(万元)	-18279.01	-17409.87	-15929.40	-9288.36
主营收入(万元)	10001.97	7054.14	21476.39	21070.59
资本公积金(万元)	9508.08	9397.16	9397.16	9383.44
主营利润(万元)	-648.98	-420.15	-670.27	-55.55
其他业务利润(万元)	84.67	53.33	107.26	100.77
营业利润(万元)	-2477.29	-1705.92	-6819.15	-5538.62
投资收益(万元)	87.13	167.97	595.11	-17.64
补贴收入(万元)				314.18
营业外收支(万元)	-0.61	0.01	323.51	-2204.98
利润总额(万元)	-2390.76	-1537.94	-5900.52	-7447.62
净利润(万元)	-2182.22	-1455.91	-5819.05	-7038.65

十大股东

序号	股东名称	股份性质	持股数(万股)	比例(%)
1	上海第十印染厂	发起人法人股	5507.34	31.01
2	香港金礼发展有限公司	发起人法人外资股	4895.41	27.57
3	香港民亿实业有限公司	发起人法人外资股	489.54	2.76
4	创业园	法人股	464.40	2.62
5	严春凤	流通股	192.88	1.09
6	聚劲投资	法人股	180.00	1.01
7	真如实业	法人股	81.00	0.46
8	国通商贸	法人股	75.00	0.42
9	徐咏荣	流通股	55.67	0.31
10	京成公司	法人股	54.00	0.30

股东人数	2003.9	2003.6	2002	2001
	9756	11040	9837	4464

近年分配		近年配股/增发	不分配不转增

重大事项

公司第一大股东上海第十印染厂已同意将其持有的公司部分股份转让于其他方并以转股所得款项的部分清偿其欠付公司的债务,公司同时拟实施相关资产购买方案,如该方案实施完毕,将对公司损益产生一定影响。　公司于2003年11月20日与上海莱织华股份有限公司签署了《关于转让北京银牡丹印务有限公司75%股权之股权转让协议》,公司以货币资金收购由莱织华持有的银牡丹75%的股权。本次收购价款金额定为人民币33546946.33元。

二〇〇二年以来市场表现

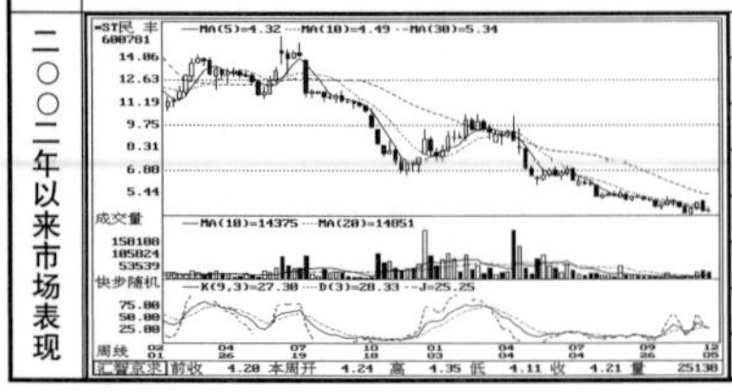

2002年涨跌幅(%)	-39.75
2002年最高(元)	15.50
2002年最低(元)	6.51
2002年换手率(%)	354.92
2003年涨跌幅(%)	-45.24
2003年最高(元)	10.41
2003年最低(元)	4.00
2003年换手率(%)	356.17

新华金属制品股份有限公司

公司概况

公司名称	新华金属制品股份有限公司	股票代码	600782
注册地址	江西省新余市铁焦路	邮政编码	338001
法人代表	熊小星	董秘	游绍诚
电话	0791-6460888	传真	0790-660999
主营业务	生产、经营各类钢丝和钢绞线,铝包钢线等		
总股本	19322.04	流通A 5616.00	流通B / 流通H
审计单位		审计意见	未审计

主要财务指标

年度	2003.9	2003.6	2002	2001
每股收益/扣除后(元)	0.0800	0.0538	0.1200	0.0978
每股经营现金流量(元)	0.0670	0.0900	0.2750	0.1694
每股净资产/调整后(元)	1.4630	1.4370	1.3536	1.3531
每股公积金(元)	0.2788	0.2789	0.2789	0.2789
净资产收益率(%)	5.2600	3.6900	10.2100	9.9200
总资产(万元)	51439.05	50594.81	48912.45	40085.87
股东权益(万元)	28480.72	28016.12	26982.28	26643.59
未分配利润(万元)	1565.11	1100.50	66.67	141.07
主营收入(万元)	38755.12	25174.67	39737.05	29287.34
资本公积金(万元)	5388.02	5388.02	5388.02	5388.02
主营利润(万元)	5937.45	3855.39	7417.85	5664.47
其他业务利润(万元)	96.22	39.39	-136.97	-89.51
营业利润(万元)	1777.94	1236.80	2745.22	2242.67
投资收益(万元)	-15.57	-15.57	144.46	751.83
补贴收入(万元)			36.74	
营业外收支(万元)	16.67		305.62	135.60
利润总额(万元)	1779.04	1232.44	3232.05	3130.09
净利润(万元)	1498.44	1033.83	2753.97	2644.09

十大股东

序号	股东名称	股份性质	持股数(万股)	比例(%)
1	新余钢铁有限责任公司	国有法人股	8352.71	43.23
2	香港巍华金属制品有限公司	外资股	3237.88	16.76
3	江西国际信托投资股份有限公司	国有法人股	1942.73	10.05
4	江西金世纪冶金股份有限公司	国有法人股	86.36	0.45
5	江西省冶金供销公司	国有法人股	86.36	0.45
6	黄小毛	流通股	23.15	0.12
7	倪素发	流通股	21.26	0.11
8	王迄立	流通股	19.50	0.10
9	陈洪	流通股	17.06	0.09
10	吴学琴	流通股	15.80	0.08

股东人数	2003.9	2003.6	2002	2001
	10259	10605	5212	7972

近年分配	2002年10派1.25元 2001年10派1.1元	近年配股/增发	2003年10配3股 2002年10配3股

重大事项

公司拟以3000万元的价格,将持有的气体公司46%的股权全部转让给控股股东新余钢铁有限责任公司。转让完成后,公司不再持有气体公司股权。　公司第三大股东江西省国际信托投资公司将其持有公司12142058股发起人法人股质押给交通银行南昌分行丁公路支行,为其借款提供出质,质押期限自2002年12月23日至2003年12月23日。该公司于2001年2月6日将持有的公司发起人法人股12142058股质押给交通银行南昌分行丁公路支行的质押同时解除。

二〇〇二年以来市场表现

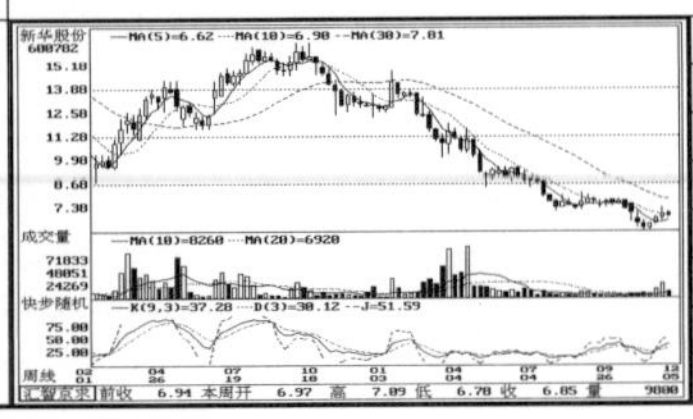

2002年涨跌幅(%)	14.18
2002年最高(元)	16.35
2002年最低(元)	8.52
2002年换手率(%)	174.27
2003年涨跌幅(%)	-45.78
2003年最高(元)	14.73
2003年最低(元)	6.08
2003年换手率(%)	139.83

四砂股份有限公司

公司概况

项目	内容	项目	内容
公司名称	四砂股份有限公司	股票代码	600783
注册地址	山东省淄博市高新技术产业开发区中路	邮政编码	255055
法人代表	李功臣	董秘	赵鹏
电话	0533-2980151	传真	0533-2981033
主营业务	磨料磨具、硅碳棒制品的销售等		
审计单位		审计意见	未审计

总股本	流通 A	流通 B	流通 H
20227.89	6489.60		

主要财务指标

年度	2003.9	2003.6	2002	2001
每股收益/扣除后(元)	-0.0376	-0.0367	-0.1495	-0.0737
每股经营现金流量(元)	-0.0470	-0.0590	-0.0881	0.0386
每股净资产/调整后(元)	1.0806	1.0742	1.1484	1.3600
每股公积金(元)	0.3570	0.3570	0.3569	0.3551
净资产收益率(%)	-2.9500	-3.0200	-11.8600	0.4300
总资产(万元)	63454.47	62711.51	60133.25	54422.67
股东权益(万元)	25184.46	25230.36	25989.54	30471.87
未分配利润(万元)	-4803.23	-4694.77	-3812.84	681.72
主营收入(万元)	17701.80	11962.09	12907.31	13275.84
资本公积金(万元)	7221.67	7221.61	7219.11	7182.06
主营利润(万元)	3886.28	2530.95	2510.89	2561.04
其他业务利润(万元)	614.71	323.35	34906.00	376.36
营业利润(万元)	-574.26	-641.49	-3073.92	-1411.41
投资收益(万元)	162.37	85.06	-191.81	1231.42
补贴收入(万元)				1.95
营业外收支(万元)	17.85	-18.42	-57.72	17.24
利润总额(万元)	-394.04	-574.85	-3323.45	-160.80
净利润(万元)	-742.95	-761.68	-3081.87	131.30

十大股东

序号	股东名称	股份性质	持股数(万股)	比例(%)
1	山东省高新技术投资有限公司	法人股/流通股	6036.60	29.84
2	淄博市国有资产管理局	国家股	5905.29	29.19
3	山东鲁信置业有限公司	法人股	947.09	4.68
4	淄博泰利磨具公司	法人股	604.50	2.99
5	淄博工业发展有限公司	法人股	253.50	1.25
6	陈世禄	流通股	41.72	0.21
7	韩晨琼	流通股	25.36	0.13
8	晋城市益文贸易有限公司	流通股	24.58	0.12
9	麦瑞风	流通股	22.82	0.11
10	陈大路	流通股	22.60	0.11

股东人数	2003.9	2003.6	2002	2001
	18426	23057	21486	19680

近年分配		近年配股/增发	不分配不转增

重大事项

公司已于**2002**年**10**月**22**日将所持有的科左中旗四砂生化有限公司**60%**的股权转让给了洁晶集团，股东变更等过户手续已办理完毕。洁晶集团支付对价为其所持有的日照泰山洁晶生化有限公司**1100**万元的股权(出资额)，经日照市工商部门批准，该部分股权的过户手续已办理完毕。根据《增资扩股协议书》的约定，公司与洁晶集团分别向日照泰山洁晶生化有限公司增资**600**万元和**1750**万元，并已于**2002**年**12**月**31**日办理了工商变更登记手续。至此，日照泰山洁晶生化有限公司的总股本已变更为**8300**万元，其中公司出资总额为**4700**万元，持有**56.6%**的股权。

二〇〇二年以来市场表现

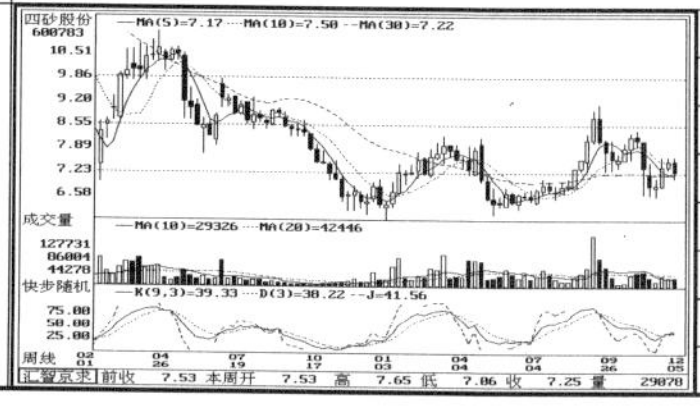

2002年涨跌幅(%)	-38.38
2002年最高(元)	11.17
2002年最低(元)	5.91
2002年换手率(%)	229.84
2003年涨跌幅(%)	24.05
2003年最高(元)	9.10
2003年最低(元)	5.92
2003年换手率(%)	318.58

鲁银投资集团股份有限公司

公司概况

项目	内容	项目	内容
公司名称	鲁银投资集团股份有限公司	股票代码	600784
注册地址	山东省济南市经十路128号	邮政编码	250001
法人代表	李玮	董秘	吕祥友
电话	0531-2024156	传真	0531-2024179
主营业务	股权投资、经营与管理;投资于高新材料等		
审计单位		审计意见	未审计

总股本	流通 A	流通 B	流通 H
24830.69	18901.08		

主要财务指标

年度	2003.9	2003.6	2002	2001
每股收益/扣除后(元)	0.0610	0.0550	-0.8900	-0.0408
每股经营现金流量(元)	0.2374	0.1700	0.2638	0.1202
每股净资产/调整后(元)	0.5200	0.5000	0.4700	2.2753
每股公积金(元)	0.5517	0.5517	0.5480	0.7025
净资产收益率(%)	6.3300	5.6900	-118.7600	0.7300
总资产(万元)	120749.21	124188.03	130652.22	140023.91
股东权益(万元)	24015.99	23851.48	22329.13	51710.66
未分配利润(万元)	-19662.36	-19826.86	-21257.67	8054.29
主营收入(万元)	48332.73	35399.90	11025.30	8922.03
资本公积金(万元)	13698.75	13698.75	13607.21	15858.44
主营利润(万元)	11865.91	8194.98	3462.25	2468.14
其他业务利润(万元)	305.86	295.85	273.13	907.92
营业利润(万元)	4297.48	3177.49	-21098.94	-849.25
投资收益(万元)	-936.39	-739.58	-6036.25	1488.24
补贴收入(万元)		13.21	31.64	23.98
营业外收支(万元)	-25.35		-41.57	22.21
利润总额(万元)	3335.74	2420.89	-27145.11	685.18
净利润(万元)	1520.89	1356.39	-26518.93	378.34

十大股东

序号	股东名称	股份性质	持股数(万股)	比例(%)
1	莱芜钢铁集团有限公司	法人股	2627.89	10.58
2	山东省财政厅	国家股	1831.56	7.38
3	上海银嘉科技投资管理有限公司	法人股	1470.15	5.92
4	安徽证券	流通股	100.00	0.40
5	周闽	流通股	53.63	0.22
6	王玉素	流通股	42.69	0.17
7	赵洪涛	流通股	32.80	0.13
8	贾普团	流通股	32.02	0.13
9	向萍	流通股	31.06	0.13
10	林惠南	流通股	30.00	0.12

股东人数	2003.9	2003.6	2002	2001
	62626	63319	69069	67865

近年分配		近年配股/增发	2001年10配2增1股

重大事项

公司于**2003**年**02**月**19**日为山东省齐鲁资产管理有限公司提供流动资金贷款担保人民币**2000**万元，贷款银行为中国银行济南分行，期限为自**2003**年**2**月**29**日至**2003**年**8**月**28**日，经公司董事会表决通过，同意在山东省齐鲁资产管理有限公司该笔贷款到期后，继续为其提供连带责任保证。担保期限：自**2003**年**8**月**28**日至**2004**年**8**月**27**日。截止公告日，公司累计对外提供担保金额**52385.3**万元，其中逾期担保金额**13112**万元。

二〇〇二年以来市场表现

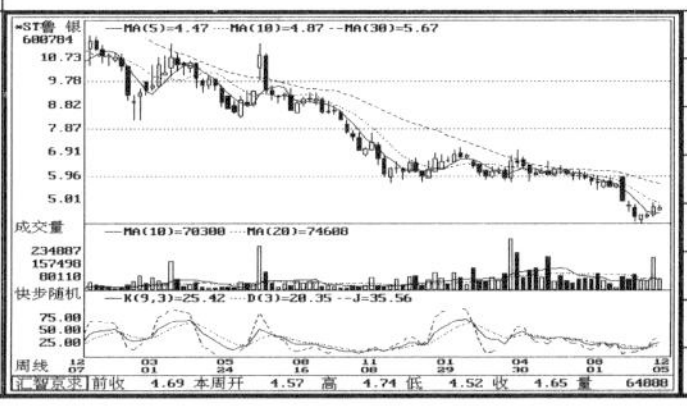

2002年涨跌幅(%)	-38.62
2002年最高(元)	10.29
2002年最低(元)	5.66
2002年换手率(%)	112.21
2003年涨跌幅(%)	-21.31
2003年最高(元)	7.09
2003年最低(元)	4.05
2003年换手率(%)	170.95

银川新华百货商店股份有限公司

公司概况

公司名称	银川新华百货商店股份有限公司			股票代码	600785		
注册地址	宁夏回族自治区银川市新华东街 29 号			邮政编码	750004		
法人代表	徐鸣凤			董秘	陆燕		
电话	0951-6022866			传真	0951-6041983		
主营业务	百货,文化用品,服装鞋帽,针纺织品等						
总股本	10289.25	流通 A	6464.25	流通 B		流通 H	
审计单位				审计意见	未审计		

主要财务指标

年度	2003.9	2003.6	2002	2001
每股收益/扣除后(元)	0.3200	0.2746	0.3600	0.3440
每股经营现金流量(元)	0.6304	0.5730	0.8641	0.5634
每股净资产/调整后(元)	4.9900	4.8400	4.6320	4.4110
每股公积金(元)	2.5660	2.5660	2.5660	2.5589
净资产收益率(%)	6.8500	5.3300	7.5900	7.8500
总资产(万元)	109970.27	100253.22	98646.00	73150.14
股东权益(万元)	51506.34	50679.72	47979.68	45498.20
未分配利润(万元)	11669.98	10843.35	8143.31	6426.80
主营收入(万元)	96039.93	60759.89	90430.38	61823.37
资本公积金(万元)	26401.95	26401.95	26401.95	73150.14
主营利润(万元)	15910.63	10512.98	16162.32	9565.47
其他业务利润(万元)	965.05	510.78	890.30	667.87
营业利润(万元)	4193.91	3539.74	4673.51	3944.68
投资收益(万元)	1080.21	427.99	790.16	351.04
补贴收入(万元)	21.00	1.00	45.50	
营业外收支(万元)	-478.31		-333.87	-102.22
利润总额(万元)	4816.81	3719.52	5175.29	4193.50
净利润(万元)	3526.67	2700.04	3643.48	3571.49

十大股东

序号	股东名称	股份性质	持股数(万股)	比例(%)
1	银川市新华百货商店	国家股	2850.00	27.70
2	宁夏启元药业有限公司	法人股	300.00	2.92
3	西北证券有限责任公司	流通股	298.73	2.90
4	宁夏共享集团有限责任公司	法人股	275.00	2.67
5	宁夏回族自治区糖酒副食品总公司	法人股	225.00	2.19
6	宁夏移动通信顺达开发公司	法人股	150.00	1.46
7	丰和价值证券投资基金	流通股	53.71	0.52
8	裕隆证券投资基金	流通股	50.01	0.49
9	阎同福	流通股	49.34	0.48
10	姚茹妮	流通股	41.53	0.40

股东人数	2003.9	2003.6	2002	2001
	20601	20228	20121	18986

近年分配	2002 年 10 派 1.2 元　2001 年 10 派 1 元	近年配股/增发	不分配不转增

重大事项

公司与河北宝硕集团有限公司签署《股权转让协议》,将公司所持西北证券有限责任公司 **4000** 万股股权转让给河北宝硕,转让价款为 **4200** 万元。转让完成后,公司不再持有西北证券有限责任公司的股权。　宁夏新华百货夏进乳业股份有限公司与大同市世纪星有限公司共同出资组建了"大同夏进乳业有限责任公司"。宁夏新华百货夏进乳业股份有限公司以货币资金 **2400** 万元及无形资产 **240** 万元出资,占 **55%** 股权。新成立的大同夏进公司注册资金 **4800** 万元。

二〇〇二年以来市场表现

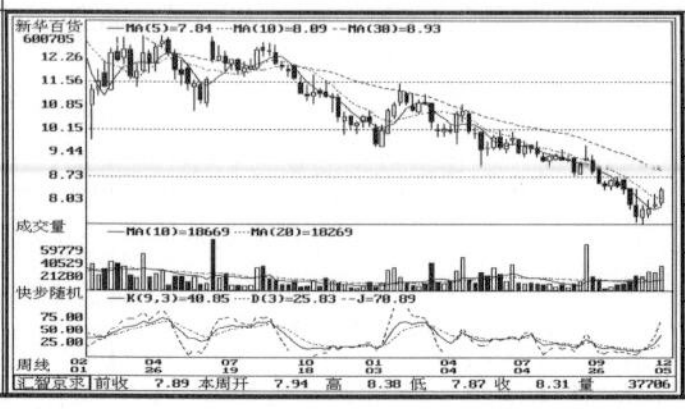

2002年涨跌幅(%)	-28.84
2002年最高(元)	13.77
2002年最低(元)	9.58
2002年换手率(%)	157.83
2003年涨跌幅(%)	-18.44
2003年最高(元)	11.38
2003年最低(元)	7.32
2003年换手率(%)	135.02

东方锅炉(集团)股份有限公司

公司概况

公司名称	东方锅炉(集团)股份有限公司			股票代码	600786		
注册地址	四川省自贡市五星街黄桷坪路 150 号			邮政编码	643001		
法人代表	易兴旺			董秘	贺建强		
电话	0813-4735000			传真	0813-2203200		
主营业务	开发、制造、营销电站锅炉、电站辅机等						
总股本	21127.12	流通 A	5400.00	流通 B		流通 H	
审计单位				审计意见	未审计		

主要财务指标

年度	2003.9	2003.6	2002	2001
每股收益/扣除后(元)	0.6379	0.3388	0.0715	-1.0102
每股经营现金流量(元)	5.3450	1.8020	1.0305	0.5394
每股净资产/调整后(元)	0.6161	0.3227	-0.0392	0.0567
每股公积金(元)	1.0917	1.0917	1.0914	1.0788
净资产收益率(%)	46.1620	31.1900	11.0420	-119.6320
总资产(万元)	352749.53	249159.05	182748.59	130081.67
股东权益(万元)	28841.97	22566.62	15519.93	15096.06
未分配利润(万元)	-20922.47	-27197.82	-34236.43	-34375.52
主营收入(万元)	133270.87	82302.02	110439.11	48953.72
资本公积金(万元)	23065.30	23065.30	23057.21	22791.38
主营利润(万元)	28048.87	17602.56	17652.59	403.54
其他业务利润(万元)	378.38	254.98	3551.82	374.36
营业利润(万元)	13472.82	7094.61	1635.94	-21223.10
投资收益(万元)	-47.85	5.10	27.63	-83.11
补贴收入(万元)	21.15	20.61	0.18	0.89
营业外收支(万元)	-82.93	-77.41	180.06	3283.04
利润总额(万元)	13363.19	7042.91	4843.80	-18022.28
净利润(万元)	13313.96	7038.61	1713.69	-18059.64

十大股东

序号	股东名称	股份性质	持股数(万股)	比例(%)
1	东方锅炉厂	发起人国有法人股	15727.12	74.44
2	华西证券有限责任公司	流通股	908.58	4.30
3	方杰	流通股	21.05	0.10
4	郭克礼	流通股	17.62	0.08
5	曹洪甫	流通股	17.00	0.08
6	何永东	流通股	16.38	0.08
7	刘丽娜	流通股	15.75	0.07
8	廖敏	流通股	15.30	0.07
9	梁金碧	流通股	14.41	0.07
10	李建民	流通股	12.83	0.06

股东人数	2003.9	2003.6	2002	2001
	9117	13543	19540	28590

近年分配		近年配股/增发	不分配不转增

重大事项

公司与四川川润(集团)有限公司于 **2003** 年 **7** 月 **15** 日签署了《股份转让协议书》,公司将在设备公司 **48.6%** 的出资比例降至 **10%**,另一股东川润集团以人民币现金 **716** 万元购买该 **38.6%** 的出资。　公司将持有的东方锅炉(集团)无锡热管有限公司 **48%** 的股权中的 **18%** 转让给该公司其他股东,转让价格为 **180** 万元。转让后公司持有该公司 **30%** 的股份;同意将公司持有东方锅炉设备制造有限公司 **48.6%** 的股权中的 **38.6%** 转让给该公司股东四川川润(集团)有限公司,转让价格待资产评估后确定。转让后公司持有该公司 **10%** 的股份。

二〇〇二年以来市场表现

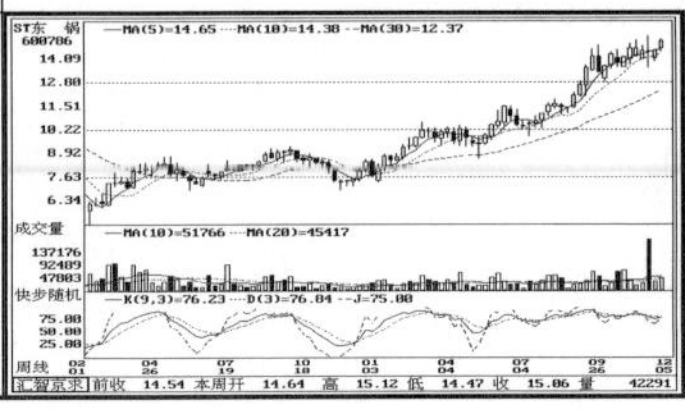

2002年涨跌幅(%)	9.84
2002年最高(元)	9.24
2002年最低(元)	4.91
2002年换手率(%)	315.10
2003年涨跌幅(%)	73.72
2003年最高(元)	15.38
2003年最低(元)	7.31
2003年换手率(%)	306.70

中储发展股份有限公司

公司概况

项目	内容	项目	内容
公司名称	中储发展股份有限公司	股票代码	600787
注册地址	天津市北辰经济开发区开发大厦	邮政编码	300201
法人代表	洪水坤	董秘	薛斌
电话	022-28010734	传真	022-28010722
主营业务	商品储存、加工、维修、包装、运输等		
审计单位		审计意见	未审计

总股本	31033.77	流通 A	12616.38	流通 B		流通 H	

主要财务指标

年度	2003.9	2003.6	2002	2001
每股收益／扣除后(元)	0.0468	0.0306	0.0558	0.0590
每股经营现金流量(元)	0.3490	-0.1500	0.2987	0.0289
每股净资产／调整后(元)	2.4639	2.4499	2.4042	2.3450
每股公积金(元)	1.0283	1.0283	1.0283	1.0283
净资产收益率(%)	1.8800	1.2400	3.7600	4.5200
总资产(万元)	170484.61	151677.05	139512.86	116776.91
股东权益(万元)	77406.78	76902.36	75952.06	74362.99
未分配利润(万元)	4111.31	3606.90	2862.94	2239.94
主营收入(万元)	142338.87	90179.64	103275.68	69963.03
资本公积金(万元)	31910.67	31910.67	31910.67	31910.67
主营利润(万元)	12832.40	8343.67	15184.76	14559.35
其他业务利润(万元)	177.91	110.19	284.86	308.99
营业利润(万元)	2062.85	1384.90	3016.26	4147.67
投资收益(万元)	-11.99	-14.06	-402.31	-111.84
补贴收入(万元)				
营业外收支(万元)	2.93		1166.24	72.83
利润总额(万元)	2053.79	1382.34	3780.19	4108.67
净利润(万元)	1454.72	950.31	2853.80	3363.37

十大股东

序号	股东名称	股份性质	持股数(万股)	比例(%)
1	中国物资储运总公司	国有法人股	18417.39	59.35
2	嘉实成长	流通股	370.71	1.20
3	哈里商贸	流通股	35.54	0.12
4	刘桂芳	流通股	22.38	0.07
5	陈中平	流通股	18.19	0.06
6	宗世萍	流通股	17.13	0.06
7	李景春	流通股	16.82	0.05
8	兴和基金	流通股	16.31	0.05
9	曾秀华	流通股	14.83	0.05
10	王德力	流通股	14.75	0.05

股东人数

2003.9	2003.6	2002	2001
79036	80142	86733	92168

近年分配

近年分配	近年配股／增发
2002年10派0.35元 2001年10派0.65元	不分配不转增

重大事项

公司国有法人股股东中国物资储运总公司已将其持有公司18417.3905万国有法人股中的5000万股质押给广东发展银行北京分行，质押期限自2003年3月26日始至2007年3月25日止。　接公司国有法人股股东–中国物资储运总公司通知，原中国物资储运总公司在2001年06月14日质押给招商银行的3000万股公司国有法人股已被解除质押，但尚在冻结中。

二〇〇二年以来市场表现

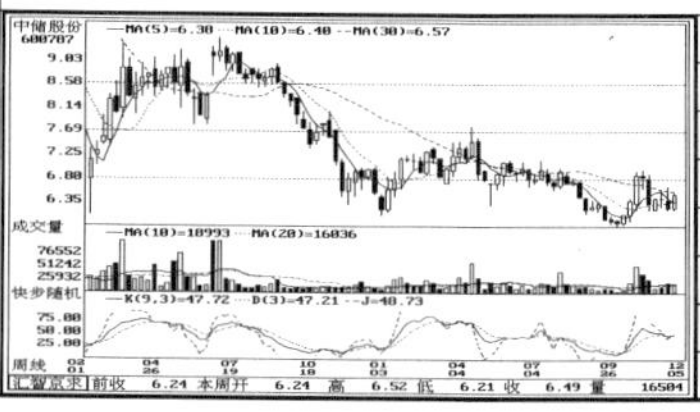

项目	数值
2002年涨跌幅(%)	-25.79
2002年最高(元)	9.44
2002年最低(元)	5.80
2002年换手率(%)	97.38
2003年涨跌幅(%)	-1.42
2003年最高(元)	7.74
2003年最低(元)	5.91
2003年换手率(%)	62.13

西安达尔曼实业股份有限公司

公司概况

项目	内容	项目	内容
公司名称	西安达尔曼实业股份有限公司	股票代码	600788
注册地址	西安市建工路	邮政编码	710043
法人代表	许宗林	董秘	王全胜
电话	029-2238824	传真	029-2244503
主营业务	珠宝、玉器、工艺美术品的加工、销售等		
审计单位		审计意见	未审计

总股本	28663.94	流通 A	10471.50	流通 B		流通 H	

主要财务指标

年度	2003.9	2003.6	2002	2001
每股收益／扣除后(元)	0.0860	0.0630	0.0100	0.1500
每股经营现金流量(元)	0.5561	0.5100	0.2656	-0.3711
每股净资产／调整后(元)	4.7400	4.7600	4.6500	4.4700
每股公积金(元)	2.2680	2.2680	2.2680	2.2583
净资产收益率(%)	1.6700	1.1800	2.1600	4.0500
总资产(万元)	239013.70	227916.87	237508.87	215312.87
股东权益(万元)	137386.73	136701.75	135092.84	133911.05
未分配利润(万元)	33083.83	32398.84	30789.94	29710.64
主营收入(万元)	18918.99	12902.91	31601.05	19124.70
资本公积金(万元)	65009.86	65009.86	65009.86	64732.24
主营利润(万元)	6801.83	4176.31	10260.59	9618.44
其他业务利润(万元)	21.73	16.90	44.29	2209.94
营业利润(万元)	2861.30	2097.89	3820.00	5408.41
投资收益(万元)			-1.80	-17.80
补贴收入(万元)			610.00	
营业外收支(万元)	207.73	-195.52	-587.62	-154.33
利润总额(万元)	2653.57	1902.37	3840.58	5236.28
净利润(万元)	2293.89	1608.90	2917.30	5421.65

十大股东

序号	股东名称	股份性质	持股数(万股)	比例(%)
1	西安翠宝首饰集团公司	社会法人股	8220.00	28.68
2	西安市新城农工商总公司	社会法人股	1980.00	6.91
3	西安市新城区生产资金管理所	社会法人股	1690.00	5.90
4	新疆祥和投资有限公司	社会法人股	1650.00	5.76
5	中国信达资产管理公司	社会法人股	1650.00	5.76
6	西安铁路局宏达科工贸实业公司	社会法人股	1175.30	4.10
7	南方证券有限公司	社会法人股	924.00	3.22
8	陕西电力投资公司	社会法人股	237.60	0.83
9	西安市工商银行开发区支行劳司	社会法人股	165.00	0.58
10	西安石油机械厂	社会法人股	132.00	0.46

股东人数

2003.9	2003.6	2002	2001
64025	65146	66535	70800

近年分配

近年分配	近年配股／增发
	不分配不转增

重大事项

公司接到公司第一大股东西安翠宝首饰集团公司通知，得知西安翠宝首饰集团公司原2870万股的质押担保已提前解除质押，并重新质押，向中国光大银行深圳华丽支行贷款，质押期限自2003年9月4日至2004年9月5日。　公司第五大股东海南秦信实业投资公司于2002年5月31日将其所持有的公司社会法人股1650万股，按每股3.790303元合计6254万元的价格转让给中国信达。转让完成后，海南秦信不再持有公司股份，中国信达因持有公司社会法人股1650万股而成为公司第五大股东。

二〇〇二年以来市场表现

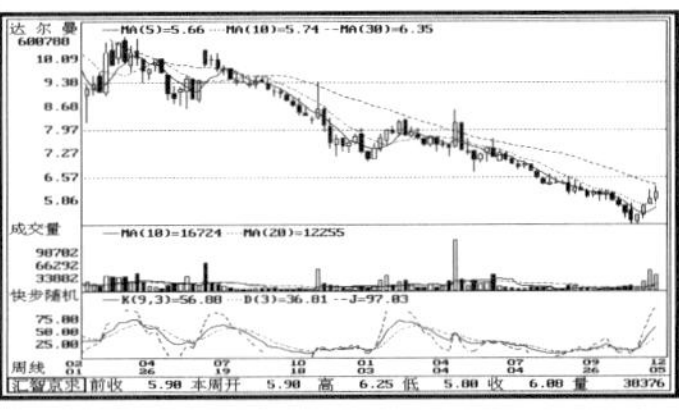

项目	数值
2002年涨跌幅(%)	-34.19
2002年最高(元)	10.85
2002年最低(元)	7.11
2002年换手率(%)	80.61
2003年涨跌幅(%)	-17.37
2003年最高(元)	8.55
2003年最低(元)	5.16
2003年换手率(%)	72.42

山东鲁抗医药股份有限公司

公司概况

公司名称	山东鲁抗医药股份有限公司			股票代码	600789		
注册地址	山东省济宁市太白楼西路 173 号			邮政编码	272021		
法人代表	章建辉		董秘	田立新			
电话	0537-2983174		传真	0537-2983097			
主营业务	抗生素原料药、半合成抗生素及抗生素相关制剂产品						
总股本	41175.42	流通 A	20509.80	流通 B		流通 H	
审计单位			审计意见	未审计			

主要财务指标

年度	2003.9	2003.6	2002	2001
每股收益 / 扣除后(元)	0.1500	0.1100	0.2300	0.1600
每股经营现金流量(元)	0.4090	0.2600	0.8652	0.7414
每股净资产 / 调整后(元)	4.0100	4.0000	3.4400	3.1700
每股公积金(元)	2.0239	2.0239	1.4693	1.4693
净资产收益率(%)	3.6000	2.8300	7.7500	6.0700
总资产(万元)	278476.94	276466.91	236107.69	240501.16
股东权益(万元)	166370.52	165052.70	125935.72	116173.55
未分配利润(万元)	26966.90	25649.08	21676.24	13378.39
主营收入(万元)	76280.08	57114.89	103948.05	77113.74
资本公积金(万元)	83334.86	83334.86	53591.82	53591.82
主营利润(万元)	21044.75	16122.54	26962.70	18126.26
其他业务利润(万元)	131.73	86.99	266.56	306.86
营业利润(万元)	8944.52	5978.85	12369.51	7741.20
投资收益(万元)	4.34		24.02	510.10
补贴收入(万元)				
营业外收支(万元)	54.30		-93.88	-51.88
利润总额(万元)	9003.16	7036.27	12299.65	8199.42
净利润(万元)	5991.75	4673.94	9762.18	7046.02

十大股东

序号	股东名称	股份性质	持股数(万股)	比例(%)
1	山东鲁抗医药集团有限公司	国有股	14299.74	34.73
2	中国资本(控股)有限公司	境外法人股	6365.89	15.46
3	丰和价值证券投资基金	社会公众股	268.26	0.65
4	中关村证券股份有限公司	社会公众股	197.13	0.48
5	上海电气集团财务有限公司	社会公众股	84.89	0.21
6	中国五金矿产进出口总公司	社会公众股	84.89	0.21
7	上海国有资产经营有限公司	社会公众股	84.89	0.21
8	五矿投资发展有限责任公司	社会公众股	84.89	0.21
9	深圳市瑞华丰投资有限公司	社会公众股	84.89	0.21
10	中粮财务有限责任公司	社会公众股	84.89	0.21

股东人数	2003.9	2003.6	2002	2001
	100399	99163	90095	97144

近年分配	2003年 10 派 1 元 2001 年 10 派 0.8 元	近年配股 / 增发	不分配不转增

重大事项

2003 年 6 月 12 日,公司接公司第二大股东单位中国置业(控股)有限公司"关于公司转名"的电传函,得知该公司的中文名称已于 2003 年 6 月 9 日更改为"中国资本(控股)有限公司"。该公司现持有公司境外法人股 6365.887 万股,占公司总股本的 15.46%,为公司第二大股东。

二〇〇二年以来市场表现

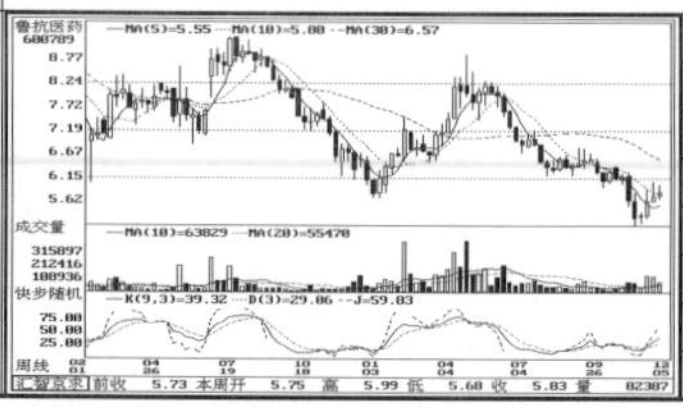

2002年涨跌幅(%)	-27.48
2002年最高(元)	9.29
2002年最低(元)	5.73
2002年换手率(%)	130.68
2003年涨跌幅(%)	-2.22
2003年最高(元)	8.87
2003年最低(元)	5.10
2003年换手率(%)	230.58

浙江中国轻纺城集团股份有限公司

公司概况

公司名称	浙江中国轻纺城集团股份有限公司			股票代码	600790		
注册地址	浙江省绍兴县柯桥镇鉴湖路 1 号中轻大厦			邮政编码	312030		
法人代表	金良顺		董秘	俞吉伟			
电话	0575-4116158		传真	0575-4116045			
主营业务	中国轻纺城东、西、北三大交易区营业用房的开发等						
总股本	37186.07	流通 A	25223.33	流通 B		流通 H	
审计单位			审计意见	未审计			

主要财务指标

年度	2003.9	2003.6	2002	2001
每股收益 / 扣除后(元)	0.0091	0.0120	0.0220	-0.1580
每股经营现金流量(元)	0.9481	-0.1700	0.2848	0.5462
每股净资产 / 调整后(元)	2.3530	2.4300	2.3830	2.4900
每股公积金(元)	1.5431	1.5409	1.5409	1.5060
净资产收益率(%)	0.2200	0.4700	0.8900	-4.8600
总资产(万元)	340235.72	301615.69	279277.56	270856.81
股东权益(万元)	97269.87	97435.39	96973.80	96234.74
未分配利润(万元)	-3334.01	-3086.07	-3547.65	-4278.47
主营收入(万元)	97069.66	65148.81	138476.11	104070.97
资本公积金(万元)	57381.00	57298.58	57298.58	57287.99
主营利润(万元)	13932.39	10068.57	24067.26	19919.70
其他业务利润(万元)	1237.84	824.27	1957.85	1362.55
营业利润(万元)	2528.12	2348.15	5217.79	4010.35
投资收益(万元)	354.61	214.25	346.11	-7281.45
补贴收入(万元)	194.68	190.23	313.84	262.60
营业外收支(万元)	-383.92		-380.60	70.14
利润总额(万元)	2693.50	2564.11	5497.14	-2938.35
净利润(万元)	213.64	461.59	859.01	-4676.41

十大股东

序号	股东名称	股份性质	持股数(万股)	比例(%)
1	绍兴县彩虹实业有限公司	法人股	4773.59	12.84
2	浙江省国际信托投资有限责任公司	法人股	2920.64	7.85
3	绍兴县国有资产投资经营有限公司	法人股	1327.56	3.57
4	浙江省财务开发公司	法人股	913.68	2.46
5	绍兴县柯桥红建村委	法人股	515.41	1.39
6	绍兴市越通房地产公司	法人股	429.51	1.16
7	华夏成长证券投资基金	流通股	402.23	1.08
8	绍兴县银翔经济实业有限公司	法人股	309.24	0.83
9	长江经济联合发展(集团)股份有限公司	法人股	257.70	0.69
10	宁波经济技术开发区太洲贸易公司	法人股	171.80	0.46

股东人数	2003.9	2003.6	2002	2001
	75117	76510	77752	88334

近年分配		近年配股 / 增发	不分配不转增

重大事项

公司拟将越隆纺织分公司部分资产协议出售给越隆贸易,出售价格以出售资产截止 2003 年 10 月 31 日的账面净额及评估值为作价依据,双方协议确定成交价格,总计 16100 万元。 公司拟将越隆纺织分公司部分设备出售给公司下属浙江中国轻纺城纺织印染集团有限公司的控股子公司绍兴中国轻纺城舒美特纺织有限公司,按照所转让资产 2003 年 8 月底的账面值减减值准备后的净额作为转让价,总计 51810886.47 元。

二〇〇二年以来市场表现

2002年涨跌幅(%)	-19.25
2002年最高(元)	7.54
2002年最低(元)	5.20
2002年换手率(%)	106.10
2003年涨跌幅(%)	-16.20
2003年最高(元)	6.03
2003年最低(元)	3.78
2003年换手率(%)	61.22

天创置业股份有限公司

公司概况							
公司名称	天创置业股份有限公司			股票代码	600791		
注册地址	贵州省贵阳市中华中路 137 号			邮政编码	100031		
法人代表	王少武			董秘	江帆		
电话	010-66413762			传真	010-66413715		
主营业务	房地产开发;房地产信息咨询;房屋代理销售等						
总股本	12870.00	流通 A	4290.00	流通 B		流通 H	
审计单位				审计意见	未审计		

主要财务指标

年度	2003.9	2003.6	2002	2001
每股收益 / 扣除后(元)	0.2300	0.2000	0.5000	0.0340
每股经营现金流量(元)	-0.6093	-0.7500	2.0153	0.2376
每股净资产 / 调整后(元)	1.5500	1.5100	1.7000	1.2200
每股公积金(元)	0.0407	0.0407	0.1529	0.1415
净资产收益率(%)	15.1500	13.3200	30.3700	7.1300
总资产(万元)	49929.51	47201.68	41082.21	58281.12
股东权益(万元)	19954.25	19534.18	16945.71	12180.78
未分配利润(万元)	4134.25	3714.17	3068.75	109.78
主营收入(万元)	19358.81	14389.02	34900.48	30540.94
资本公积金(万元)	524.17	524.17	1514.17	1400.66
主营利润(万元)	9339.50	6464.49	12057.47	4408.63
其他业务利润(万元)	10.55	10.55	273.64	81.33
营业利润(万元)	4931.68	4307.95	9416.29	1393.82
投资收益(万元)	123.69	73.49	146.59	-198.37
补贴收入(万元)				
营业外收支(万元)			-110.69	472.05
利润总额(万元)	5055.37	4381.44	9452.20	1667.50
净利润(万元)	3022.82	2602.04	5146.43	868.13

十大股东

序号	股东名称	股份性质	持股数(万股)	比例(%)
1	北京市天创房地产开发公司	国有法人股	3379.74	26.26
2	北京阳光房地产综合开发公司	国有法人股	2084.41	16.20
3	北京力成投资管理有限公司	社会法人股	815.10	6.33
4	贵州赤天化集团有限责任公司	社会法人股	450.45	3.50
5	贵州省技术改造投资公司	社会法人股	429.00	3.33
6	贵州省水城钢铁(集团)公司	社会法人股	429.00	3.33
7	中国贵州航空工业总公司	社会法人股	214.50	1.67
8	贵州神奇制药有限公司	社会法人股	107.25	0.83
9	重庆市科华环保工程有限责任公司	社会法人股	97.50	0.76
10	上海锦玻实业有限公司	社会法人股	77.35	0.60

股东人数	2003.9	2003.6	2002	2001
	7639	8324	7202	5952

近年分配	2002年10派0.5元	近年配股/增发	2002年10送2增1股

重大事项

公司与公司的项目公司—北京天创世缘房地产开发有限公司、华夏银行北京中轴路支行于 **2003** 年 **05** 月 **16** 日签订了《保证合同》,为天创世缘在华夏银行北京中轴路支行为期一年的 **8000** 万元贷款提供担保。公司的保证方式为连带责任保证,至此,公司累计对外担保金额为 **8000** 万元整,无对外担保逾期事项。 公司第二大股东贵州省旅游投资有限公司与北京阳光房地产综合开发公司于 **2001** 年 **9** 月 **28** 日签署了《股份转让协议》,并于 **2003** 年 **1** 月 **16** 日经财政部批准,贵旅投拟将其持有的公司国家股 **1603.39** 万股转让给阳光公司,本次转让的股份占总股本的 **16.2%**,转让价格为 **1.80** 元/股,合计转让金额为 **2886.102** 万元。

二〇〇二年以来市场表现

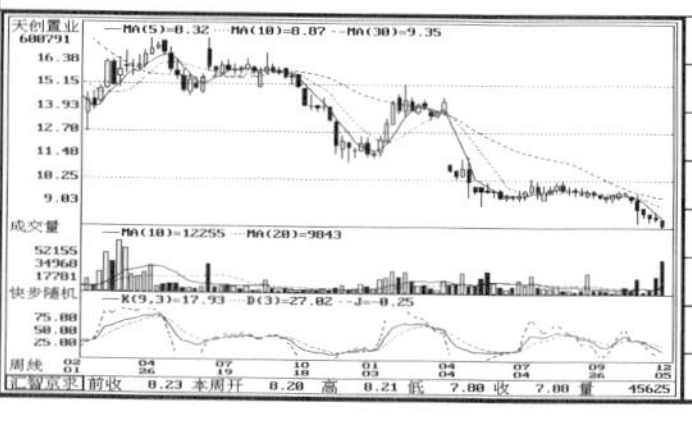

2002年涨跌幅(%)	-26.56
2002年最高(元)	13.50
2002年最低(元)	8.48
2002年换手率(%)	147.88
2003年涨跌幅(%)	-7.01
2003年最高(元)	11.62
2003年最低(元)	7.98
2003年换手率(%)	129.60

云南省马龙产业集团股份有限公司

公司概况							
公司名称	云南省马龙产业集团股份有限公司			股票代码	600792		
注册地址	云南省曲靖市马龙县王家庄镇			邮政编码	650021		
法人代表	夏蜀			董秘	鲜思林		
电话	0871-3018278			传真	0871-3620661		
主营业务	黄磷、磷酸等磷化工产品,水泥等建材产品的生产销售等						
总股本	7650.00	流通 A	2250.00	流通 B		流通 H	
审计单位				审计意见	未审计		

主要财务指标

年度	2003.9	2003.6	2002	2001
每股收益 / 扣除后(元)	0.2319	0.1508	0.2200	-0.3300
每股经营现金流量(元)	-0.1200	-0.0670	-1.4608	0.2388
每股净资产 / 调整后(元)	1.6500	1.3735	1.8400	1.3800
每股公积金(元)	0.5267	0.3186	1.7859	1.4033
净资产收益率(%)	16.1700	10.0000	10.7900	-36.3600
总资产(万元)	35805.00	37345.50	25656.84	15459.49
股东权益(万元)	13702.31	11315.67	10115.92	7073.06
未分配利润(万元)	2022.78	1228.70	-4124.86	-5216.46
主营收入(万元)	35069.44	19104.13	16290.92	8063.83
资本公积金(万元)	4029.53	2436.97	9108.05	7156.79
主营利润(万元)	6248.39	3899.90	3489.06	898.34
其他业务利润(万元)	223.91	109.03	130.18	-3.19
营业利润(万元)	2007.79	1586.14	713.65	898.34
投资收益(万元)			5.63	9.97
补贴收入(万元)	167.06	112.98	277.33	
营业外收支(万元)	-33.86		-13.74	-72.77
利润总额(万元)	2122.70	1658.54	982.86	-2575.28
净利润(万元)	1925.68	1131.60	1091.60	-2575.28

十大股东

序号	股东名称	股份性质	持股数(万股)	比例(%)
1	马龙县国有资产管理局	国有法人股	5400.00	70.85
2	兴业证券	社会流通股	350.70	4.58
3	何涛	社会流通股	26.46	0.34
4	周健	社会流通股	23.94	0.31
5	谢永昌	社会流通股	16.85	0.22
6	倪丽萍	社会流通股	14.57	0.19
7	许长和	社会流通股	11.30	0.14
8	李锡友	社会流通股	10.86	0.14
9	邓子瑶	社会流通股	10.07	0.13
10	程晓东	社会流通股	10.07	0.13

股东人数	2003.9	2003.6	2002	2001
	2159	2275	2231	2916

近年分配		近年配股/增发	2002年10增5股

重大事项

公司第一大股东马龙县国有资产管理局于 **2003** 年 **3** 月 **21** 日将其所持公司国家股 **3600** 万股中的 **1355.58** 万股协议转让给云天化集团有限公司,股权转让价款共计 **4877.04** 万元;将其所持公司国家股中的 **765.42** 万股协议转让给云南马龙万企化工有限公司,股权转让价款共计 **1515.53** 万元。如股份转让完成后,云南滇能(集团)控股公司将持有公司股份 **1479** 万股,占公司总股本的 **29%**,为公司第一大股东;云天化集团将持有公司股份 **1355.58** 万股,占公司总股本的 **26.58%**,为公司第二大股东;云南马龙万企化工有限公司将持有公司股份 **765.42** 万股,占公司总股本的 **15%**,为第三大股东;云南马龙县国有资产管理局将不再持有公司的股份。

二〇〇二年以来市场表现

2002年涨跌幅(%)	-2.52
2002年最高(元)	17.33
2002年最低(元)	11.60
2002年换手率(%)	129.01
2003年涨跌幅(%)	-4.12
2003年最高(元)	16.70
2003年最低(元)	14.30
2003年换手率(%)	44.78

宜宾纸业股份有限公司

公司概况							
公司名称	宜宾纸业股份有限公司			股票代码	600793		
注册地址	四川省宜宾市岷江西路54号			邮政编码	644007		
法人代表	罗云			董秘	鹿彪		
电话	0831-3560668			传真	0831-3561965		
主营业务	机制纸、造纸原料、建筑材料、机电产品等						
总股本	10530.00	流通A	3354.00	流通B		流通H	
审计单位				审计意见	未审计		

主要财务指标

年度	2003.9	2003.6	2002	2001
每股收益/扣除后(元)	-0.0621	-0.1160	-0.6606	0.1420
每股经营现金流量(元)	0.0077	-0.0300	0.3305	-0.1112
每股净资产/调整后(元)	0.8645	0.7710	0.8889	1.6560
每股公积金(元)	0.5518	0.4949	0.4944	0.3052
净资产收益率(%)	-7.6200	-15.6400	-79.1400	7.0800
总资产(万元)	83972.86	84787.82	83498.24	89683.54
股东权益(万元)	10041.10	8810.34	10183.08	17924.58
未分配利润(万元)	-9705.78	-10337.79	-8959.89	439.52
主营收入(万元)	26096.28	17692.16	32486.17	46000.72
资本公积金(万元)	5810.32	5211.57	5206.41	3213.30
主营利润(万元)	3077.95	1580.62	1281.02	9822.67
其他业务利润(万元)	165.56	-1.96	92.57	98.08
营业利润(万元)	-653.92	-1221.99	-6955.68	2246.04
投资收益(万元)				
补贴收入(万元)				
营业外收支(万元)	-39.45		-1102.96	-621.86
利润总额(万元)	-693.37	-1377.90	-8028.64	1624.17
净利润(万元)	-693.37	-1377.90	-8028.64	1269.02

十大股东

序号	股东名称	股份性质	持股数(万股)	比例(%)
1	宜宾市国有资产经营有限公司	国有股	5176.00	49.15
2	宜宾市五粮液集团有限公司	国有法人股	2000.00	19.00
3	梁碧霞	流通股	43.54	0.41
4	高德新	流通股	16.02	0.15
5	田羽	流通股	14.70	0.14
6	张礼发	流通股	13.50	0.13
7	马广丽	流通股	12.09	0.11
8	陈开银	流通股	11.80	0.11
9	陈佳炎	流通股	10.86	0.10
10	刘振凡	流通股	10.83	0.10

股东人数	2003.9	2003.6	2002	2001
	13473	14511	15228	13969

近年分配		近年配股/增发	不分配不转增

重大事项

公司第一大股东宜宾市国有资产经营有限公司及第二大股东宜宾五粮液集团有限公司于2003年4月14日分别同宜宾天原股份有限公司签定了《国家股股权托管协议》和《国有法人股股权托管协议》。宜宾市国有资产经营有限公司将其持有的公司5176万国家股股权(占总股本的49.15%)中除所有权和处置权以外的其他股东权利(含收益权)全部委托宜宾天原股份有限公司行使。托管期限至2006年6月30日止。宜宾五粮液集团有限公司将其持有的公司2000万国有法人股股权中除所有权和处置权以外的其他股东权利(含收益权)全部委托宜宾天原股份有限公司行使。托管期限至2006年6月30日止。

二〇〇二年以来市场表现

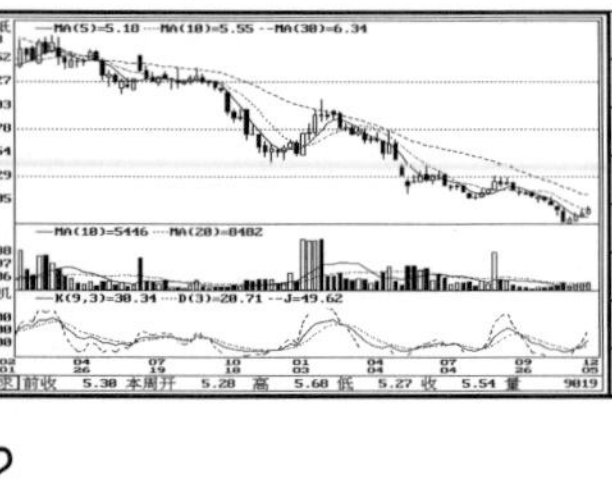

2002年涨跌幅(%)	-35.32
2002年最高(元)	14.76
2002年最低(元)	8.05
2002年换手率(%)	191.91
2003年涨跌幅(%)	-39.08
2003年最高(元)	11.30
2003年最低(元)	4.80
2003年换手率(%)	224.32

云南新概念保税科技股份有限公司

公司概况							
公司名称	云南新概念保税科技股份有限公司			股票代码	600794		
注册地址	云南省昆明市春城路62号证券(基)大厦四楼			邮政编码	650011		
法人代表	叶效良			董秘	肖功伟		
电话	0871-3186316			传真	0871-3186312		
主营业务	房地产开发经营,转口贸易、纸浆生产、销售等						
总股本	11923.97	流通A	5011.97	流通B		流通H	
审计单位				审计意见	未审计		

主要财务指标

年度	2003.9	2003.6	2002	2001
每股收益/扣除后(元)	-0.0140	-0.0130	-0.7550	0.1050
每股经营现金流量(元)	0.1354	-0.1750	-0.5928	0.6107
每股净资产/调整后(元)	1.3120	1.3080	1.3090	2.5800
每股公积金(元)	1.4298	1.4298	1.4298	1.4271
净资产收益率(%)	2.0900	1.7400	-100.8660	4.6700
总资产(万元)	44434.80	48814.37	47281.50	57586.20
股东权益(万元)	16087.40	16029.70	15750.60	31605.87
未分配利润(万元)	-15504.69	-15562.37	-15841.48	112.16
主营收入(万元)	4560.10	3113.22	4674.35	13510.80
资本公积金(万元)	17049.02	17049.00	17049.00	17017.20
主营利润(万元)	2784.72	1889.77	600.84	4848.62
其他业务利润(万元)	94.84	71.42	46.47	15.02
营业利润(万元)	832.66	696.07	-8927.80	3250.32
投资收益(万元)	117.40	78.27	148.54	156.54
补贴收入(万元)				
营业外收支(万元)	-0.51		-6924.10	-14.98
利润总额(万元)	949.56	745.45	-15703.36	1619.56
净利润(万元)	336.79	279.10	-15887.07	1475.35

十大股东

序号	股东名称	股份性质	持股数(万股)	比例(%)
1	张家港保税区保税实业有限公司	国有股	2748.80	23.05
2	云南大理造纸厂	国有股	1642.00	13.77
3	张家港保税区开发总公司	国有股	985.20	8.26
4	云南红塔集团大理卷烟厂	法人股	768.00	6.44
5	昆明水泥股份有限公司	法人股	768.00	6.44
6	唐小清	流通股	18.95	0.16
7	陆文龙	流通股	16.50	0.14
8	张兴红	流通股	16.46	0.14
9	边小庆	流通股	15.41	0.13
10	刘先泽	流通股	15.33	0.13

股东人数	2003.9	2003.6	2002	2001
	13945	15529	20417	31368

近年分配		近年配股/增发	不分配不转增

重大事项

公司第三大股东江苏省张家港保税区开发总公司因和中国第二十冶金建设公司路桥工程公司有建设承包合同工程款纠纷,中国第二十冶金建设公司路桥工程公司于2002年9月24日向法院申请强制执行。法院裁定:冻结、查封被执行人江苏省张家港保税区开发总公司持有的公司国有法人股合计490万股该股份曾经由法院于2001年11月22日民事裁定书裁定查封、冻结并且由法院于2002年7月16日作出民事判决,已发生法律效力。该次为该股票查封期限届满续封。

二〇〇二年以来市场表现

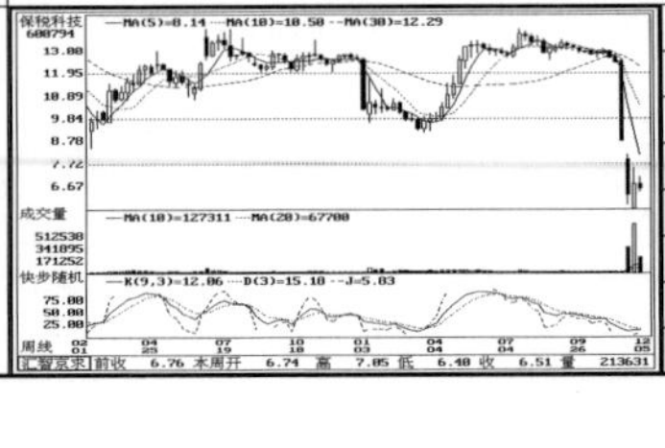

2002年涨跌幅(%)	8.92
2002年最高(元)	14.00
2002年最低(元)	8.42
2002年换手率(%)	120.83
2003年涨跌幅(%)	-45.75
2003年最高(元)	14.06
2003年最低(元)	5.61
2003年换手率(%)	347.80

国电电力发展股份有限公司

公司概况

公司名称	国电电力发展股份有限公司			股票代码	600795		
注册地址	辽宁省大连经济技术开发区黄海西路4号			邮政编码	100045		
法人代表	周大兵			董秘	陈景东		
电话	010-51975999			传真	010-68535280		
主营业务	电力、热力生产、销售,电网经营,新能源项目等						
总股本	140229.27	流通A	35194.80	流通B		流通H	
审计单位				审计意见	未审计		

主要财务指标

年度	2003.9	2003.6	2002	2001
每股收益/扣除后(元)	0.3500	0.2510	0.3860	0.6450
每股经营现金流量(元)	0.6332	0.4330	0.8608	1.2652
每股净资产/调整后(元)	3.7150	3.6120	3.3570	5.1630
每股公积金(元)	1.5356	1.5356	1.5356	3.3101
净资产收益率(%)	9.7000	7.1260	11.4240	12.9080
总资产(万元)	2107880.75	1993385.12	1769220.37	888258.62
股东权益(万元)	524335.44	509813.72	473483.62	427766.12
未分配利润(万元)	134726.83	120205.15	83876.10	49313.13
主营收入(万元)	342537.09	224185.31	356273.50	293400.87
资本公积金(万元)	215341.44	215341.44	215340.39	273039.16
主营利润(万元)	96756.35	65877.75	96012.38	88803.87
其他业务利润(万元)	926.58	731.76	670.99	925.45
营业利润(万元)	57150.87	41915.35	61572.56	71001.94
投资收益(万元)	18083.61	11512.05	13896.44	859.84
补贴收入(万元)			307.59	2063.66
营业外收支(万元)	1560.97		28.46	1711.67
利润总额(万元)	76795.45	54618.00	75805.05	75637.10
净利润(万元)	50850.73	36329.05	54088.56	55234.46

十大股东

序号	股东名称	股份性质	持股数(万股)	比例(%)
1	国家电力公司	国有法人股	47677.96	34.00
2	辽宁省电力有限公司	国有法人股	43473.82	31.00
3	龙源电力集团公司	国有法人股	13882.69	9.90
4	景福证券投资基金	流通股	2080.93	1.48
5	汉兴证券投资基金	流通股	862.93	0.62
6	富国动态平衡证券投资基金	流通股	694.96	0.50
7	大成价值增长证券投资基金	流通股	559.81	0.40
8	景阳证券投资基金	流通股	544.50	0.39
9	景博证券投资基金	流通股	500.00	0.36
10	安信证券投资基金	流通股	471.83	0.34

股东人数	2003.9	2003.6	2002	2001
	39538	46546	37935	34359

近年分配	2002年10派0.6元 2001年10派2.5元	近年配股/增发	2002年10转增7股

重大事项

公司拟受让国电龙源电力工程技术有限责任公司所持有的北京国电智深控制技术有限公司50%的股权,转让价格为北京国电智深控制技术有限公司经审计的净资产价值。同时,北京电研智深控制技术有限公司将向其控股股东-中国电科院转让其所持有的北京国电智深控制技术有限公司的全部股权。上述转让完成后,公司将与中国电科院再分别出资720万元,同比例对该公司增资扩股,使该公司股本规模由1800万增加到3600万元。其中:公司出资1620万元,占45%。

二〇〇二年以来市场表现

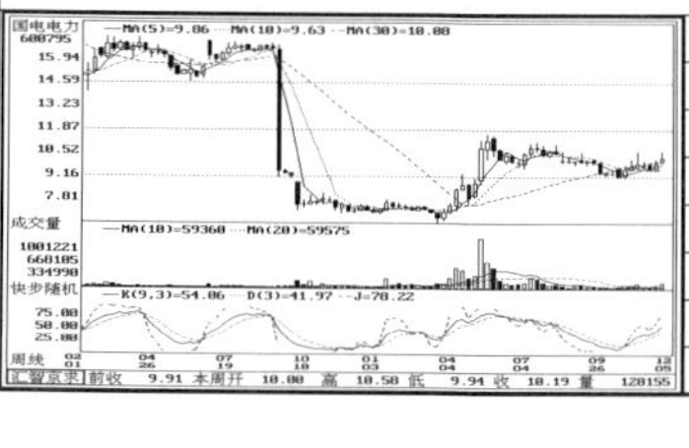

2002年涨跌幅(%)	-20.13
2002年最高(元)	10.12
2002年最低(元)	6.94
2002年换手率(%)	49.21
2003年涨跌幅(%)	38.80
2003年最高(元)	11.54
2003年最低(元)	6.39
2003年换手率(%)	217.78

浙江钱江生物化学股份有限公司

公司概况

公司名称	浙江钱江生物化学股份有限公司			股票代码	600796		
注册地址	浙江省海宁市硖石镇西山路598号			邮政编码	314400		
法人代表	马炎			董秘	胡明		
电话	0573-7042800			传真	0573-7035640		
主营业务	生物农药,酶制剂,赤霉素,柠檬酸的制造等						
总股本	11709.49	流通A	4223.70	流通B		流通H	
审计单位				审计意见	未审计		

主要财务指标

年度	2003.9	2003.6	2002	2001
每股收益/扣除后(元)	0.0960	0.0800	0.1260	0.2150
每股经营现金流量(元)	0.0581	0.0670	0.2929	0.3952
每股净资产/调整后(元)	3.1830	3.1670	3.0870	2.3390
每股公积金(元)	1.6012	1.6012	1.6012	0.7093
净资产收益率(%)	2.9900	2.5300	4.5800	10.5200
总资产(万元)	55285.43	57190.14	53345.37	43994.24
股东权益(万元)	37715.18	37539.85	36588.54	25004.06
未分配利润(万元)	3332.87	3157.54	2206.23	3174.70
主营收入(万元)	16517.69	11423.45	20237.63	20024.45
资本公积金(万元)	18748.84	18748.84	18748.84	7555.46
主营利润(万元)	4034.44	3033.56	4603.92	6294.84
其他业务利润(万元)	-24.15	-24.38	4.26	-25.57
营业利润(万元)	1272.77	1109.68	1461.17	2178.71
投资收益(万元)	86.87	12.95	275.10	646.62
补贴收入(万元)	211.00	36.66	261.14	84.24
营业外收支(万元)	-9.89		-4.38	-27.76
利润总额(万元)	1560.86	1327.58	1993.03	2881.82
净利润(万元)	1126.64	951.31	1674.92	2631.63

十大股东

序号	股东名称	股份性质	持股数(万股)	比例(%)
1	海宁市资产经营公司	国家股	5642.40	48.19
2	海宁市鼎兴投资有限公司	法人股	1585.99	13.54
3	浙江省化工进出口公司	法人股	82.37	0.70
4	海宁市兴达贸易有限责任公司	法人股	77.22	0.66
5	海宁兴达包装用品厂	法人股	51.48	0.44
6	何勇	流通股	34.55	0.30
7	海宁市菱达电梯物资有限公司	法人股	25.74	0.22
8	浙江省化工进出口公司工会委员会	法人股	20.59	0.18
9	李奎	流通股	16.74	0.14
10	芜湖市港务局	流通股	15.99	0.14

股东人数	2003.9	2003.6	2002	2001
	12051	12467	14251	17411

近年分配	2002年10派2元 2001年10派1.819元	近年配股/增发	2001年10配3股

重大事项

公司拟在2003年7月,为扬州市中远房产有限公司向中国银行江苏省江都支行一次性贷款1800万元提供担保,担保期限为二年。同时扬州市中远房产有限公司第一、第三大股东宋光曙、海宁市中远房产有限公司为此项担保提供反担保。 公司于2001年12月17日为桐乡钱江生物化学有限公司签订了自2001年12月17日至2003年12月16日余额不超过1500万元的借款担保合同,并承担连带责任保证。

二〇〇二年以来市场表现

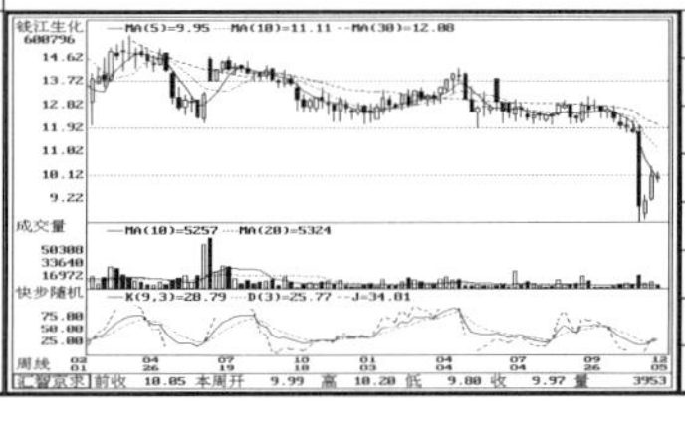

2002年涨跌幅(%)	-8.06
2002年最高(元)	14.53
2002年最低(元)	11.67
2002年换手率(%)	145.97
2003年涨跌幅(%)	-20.68
2003年最高(元)	14.16
2003年最低(元)	8.32
2003年换手率(%)	66.06

浙江省浙大网新科技股份有限公司

公司概况

公司名称	浙江省浙大网新科技股份有限公司				股票代码	600797
注册地址	杭州市文二路 212 号				邮政编码	310007
法人代表	陈纯			董秘	董丹青	
电话	0571-87950500			传真	0571-87950117	
主营业务	计算机及网络系统、电子商务的研究开发等					
总股本	47826.09	流通 A	23263.18	流通 B	流通 H	
审计单位				审计意见	未审计	

主要财务指标

年度	2003.9	2003.6	2002	2001
每股收益 / 扣除后(元)	0.0480	0.0300	0.1600	0.1800
每股经营现金流量(元)	0.0030	-0.2600	0.0545	0.6554
每股净资产 / 调整后(元)	2.1200	2.1200	2.0800	2.7600
每股公积金(元)	0.7866	0.7866	0.7866	1.4992
净资产收益率(%)	3.1900	2.3300	8.3400	8.9000
总资产(万元)	315630.69	276945.28	230004.87	226082.80
股东权益(万元)	103823.07	102911.86	100488.12	94886.93
未分配利润(万元)	12265.67	11354.46	8953.57	4730.67
主营收入(万元)	200605.77	113819.89	199854.92	111430.46
资本公积金(万元)	37621.98	37621.98	37621.98	51214.14
主营利润(万元)	19641.90	12259.07	26338.99	19012.32
其他业务利润(万元)	214.53	142.78	118.03	2614.80
营业利润(万元)	2434.66	1556.56	6874.07	5491.24
投资收益(万元)	1149.97	893.16	3740.96	3482.64
补贴收入(万元)	351.44	241.82	107.26	592.92
营业外收支(万元)	-61.50	-48.44	-493.46	-63.16
利润总额(万元)	3874.57	2643.10	10228.83	9503.65
净利润(万元)	3312.10	2400.88	8385.18	8441.56

十大股东

序号	股东名称	股份性质	持股数(万股)	比例(%)
1	浙江浙大网新信息控股有限公司	法人股	10822.72	22.63
2	浙江天声科技投资有限公司	法人股	6619.70	13.84
3	上海富沃投资管理有限公司	法人股	2659.28	5.56
4	浙江金科创业投资有限公司	法人股	1772.86	3.71
5	浙江金威电子技术工程有限公司	法人股	723.32	1.51
6	浙江中泰投资管理有限公司	法人股	10.58	1.07
7	浙江大学创业投资有限公司	法人股/流通股	492.84	1.03
8	上海财政证券公司	流通股	474.49	0.99
9	绍兴越通房地产开发公司	法人股	241.11	0.50
10	浙江长龙电机有限公司	法人股	241.11	0.50

股东人数	2003.9	2003.6	2002	2001
	7936	7968	8559	5597

近年分配	2002年10派0.6元 2001年10派0.8元	近年配股/增发	2002年10转增4股

重大事项

11 月 26 日，由公司与日本富士电机系统株式会社共同投资组建的浙江网新富士科技有限公司在杭州举行揭牌仪式。网新富士注册资本 1000 万元人民币，其中公司占 65%股份。在此前的 11 月 7 日，由公司和富士电机合资的株式会社 SIF 也在日本东京正式宣布成立。 网新快威 1300 万元银行贷款将于近日到期，公司决定为其继续贷款提供担保，保期限为一年。截止至 2003 年 9 月 30 日，公司对外担保累计余额为 68845.18 万元，无逾期担保。

二〇〇二年以来市场表现

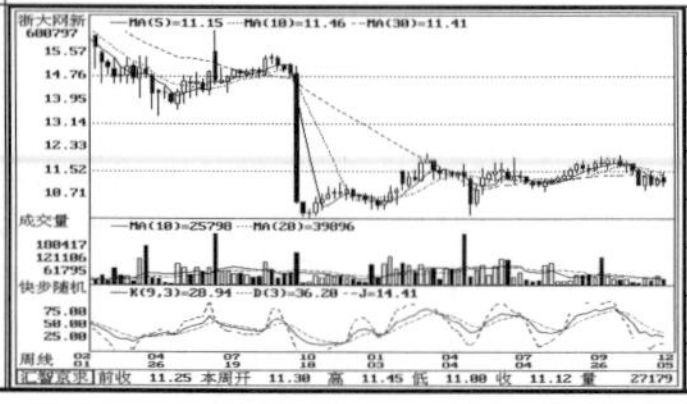

2002年涨跌幅(%)	-9.63
2002年最高(元)	11.91
2002年最低(元)	9.44
2002年换手率(%)	111.80
2003年涨跌幅(%)	7.97
2003年最高(元)	12.04
2003年最低(元)	9.95
2003年换手率(%)	119.04

宁波海运股份有限公司

公司概况

公司名称	宁波海运股份有限公司				股票代码	600798
注册地址	宁波市中马路 202 号				邮政编码	315020
法人代表	夏刚			董秘	黄敏辉	
电话	0574-87356271-3503			传真	0571-87355051	
主营业务	沿海、内河货物运输;国际远洋运输等					
总股本	51187.50	流通 A	14145.00	流通 B	流通 H	
审计单位				审计意见	未审计	

主要财务指标

年度	2003.9	2003.6	2002	2001
每股收益 / 扣除后(元)	0.1100	0.0720	0.1200	0.1670
每股经营现金流量(元)	0.1096	0.1100	0.2856	0.1328
每股净资产 / 调整后(元)	1.5700	1.5500	1.4800	1.4620
每股公积金(元)	0.2696	0.2696	0.2696	0.2696
净资产收益率(%)	6.7600	4.7700	7.9000	11.7400
总资产(万元)	103849.52	92426.41	91091.34	92716.19
股东权益(万元)	81203.90	79504.29	75712.18	74850.89
未分配利润(万元)	7996.02	6296.41	2504.30	2540.02
主营收入(万元)	26082.27	15666.49	27528.83	26545.83
资本公积金(万元)	13800.90	13800.90	13800.90	13800.90
主营利润(万元)	9375.11	5553.21	7878.17	9300.82
其他业务利润(万元)	54.54	23.85	42.85	
营业利润(万元)	7812.32	4551.03	5966.34	7665.99
投资收益(万元)	240.46	700.08	1737.05	2394.55
补贴收入(万元)				
营业外收支(万元)	86.49		-68.69	-169.49
利润总额(万元)	8139.27	5344.74	7634.70	9891.05
净利润(万元)	5491.72	3792.11	5980.04	8785.17

十大股东

序号	股东名称	股份性质	持股数(万股)	比例(%)
1	宁波海运(集团)总公司	国有法人股	26143.92	51.07
2	浙江省电力燃料总公司	国有法人股	9160.32	17.89
3	宁波经济技术开发区顺风贸易公司	社会法人股	854.88	1.67
4	东胜聚力有限责任公司	国有法人股	688.80	1.34
5	宁波市交通投资开发公司	国有法人股	194.58	0.38
6	兴和基金	流通股	24.43	0.05
7	郭东	流通股	21.12	0.04
8	梁肖霞	流通股	16.00	0.04
9	薛敏	流通股	14.00	0.04
10	刘磊	流通股	13.32	0.03

股东人数	2003.9	2003.6	2002	2001
	93563	94479	97856	104689

近年分配	2002年10派1元 2001年10派1.25元	近年配股/增发	不分配不转增

重大事项

2003 年 08 月 12 日董事会决议：通过自筹资金 5300 万元人民币左右购置 1 艘 5.2 万吨级二手散装货轮的议案。通过自筹资金 2990 万元对宁波希铁隆轧钢有限公司进行增资扩股的议案，增资扩股后该公司由当前的 2000 万元资本金增资扩股到 5980 万元，公司将持有该公司 50%的股权。

二〇〇二年以来市场表现

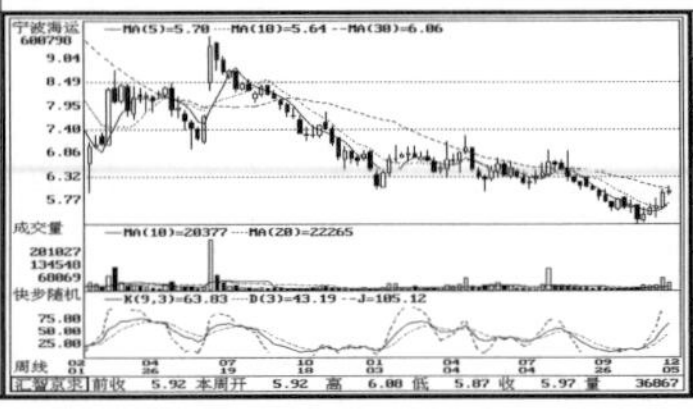

2002年涨跌幅(%)	-22.65
2002年最高(元)	9.48
2002年最低(元)	5.58
2002年换手率(%)	94.02
2003年涨跌幅(%)	-4.21
2003年最高(元)	7.13
2003年最低(元)	5.23
2003年换手率(%)	66.68

黑龙江省科利华网络股份有限公司

公司概况

公司名称	黑龙江省科利华网络股份有限公司	股票代码	600799
注册地址	黑龙江省阿城市北环路2号	邮政编码	100084
法人代表	宋朝弟	董秘	孙斌
电话	010-82899729	传真	010-82899731
主营业务	中型钢材、线材、小园钢加工等		
审计单位		审计意见	未审计

总股本	流通A	流通B	流通H
38984.40	17850.00		

主要财务指标

年度	2003.9	2003.6	2002	2001
每股收益/扣除后(元)	-0.1200	-0.0900	-0.1866	0.0710
每股经营现金流量(元)	-0.0208	-0.0200	-0.1863	-0.2492
每股净资产/调整后(元)	1.0660	1.1310	1.5130	1.5240
每股公积金(元)	0.4630	0.4630	0.4630	0.4630
净资产收益率(%)	-9.3900	-6.9600	-21.0100	3.1300
总资产(万元)	117727.67	118238.68	125194.55	146991.52
股东权益(万元)	50042.74	51183.50	54744.23	66246.24
未分配利润(万元)	-13090.79	-11950.03	-8389.30	3112.71
主营收入(万元)	468.64	234.48	7708.63	18892.47
资本公积金(万元)	18051.67	18051.67	18051.67	18051.67
主营利润(万元)	330.20	143.77	7239.98	12675.48
其他业务利润(万元)	-2.33	-2.34	-2168.36	217.22
营业利润(万元)	-4869.26	-3882.27	-5295.25	2051.58
投资收益(万元)	21.23	21.23	-2098.08	31.98
补贴收入(万元)			935.69	1229.81
营业外收支(万元)	-274.67	-121.00	-4391.00	-529.54
利润总额(万元)	-5122.70	-3982.04	-10848.65	2783.83
净利润(万元)	-4701.39	-3560.73	-11502.01	2240.52

十大股东

序号	股东名称	股份性质	持股数(万股)	比例(%)
1	北京科利华教育软件技术有限责任公司	法人股	10915.63	28.00
2	宏源证券股份有限公司	法人股	5024.00	12.89
3	黑龙江大金钢铁有限责任公司	法人股	1509.45	3.87
4	哈尔滨晟裕实业发展有限公司	法人股	1161.00	2.98
5	黑龙江虹升激光图象技术开发公司	法人股	270.53	0.69
6	温州市奇美美肤品有限公司	法人股	200.00	0.51
7	阿城市金港建筑工程有限责任公司	法人股	166.00	0.43
8	阿城市安兴建筑材料有限公司	法人股	146.49	0.38
9	阿城市大金家政服务有限公司	法人股	145.83	0.37
10	阿城市银通经贸有限公司	法人股	131.24	0.34

股东人数

2003.9	2003.6	2002	2001
77739	78532	87009	84330

近年分配		近年配股/增发	不分配不转增

重大事项

公司第一大股东北京科利华教育软件技术有限责任公司将其质押给华夏银行北京公主坟支行的公司**64209600**股公司法人股质押进行展期，质押期限从**2002**年**8**月**1**日至**2005**年**7**月**31**日展期为**2003**年**9**月**30**日至**2008**年**9**月**30**日。　公司将以北京科利华晓军管理软件有限公司**61%**的股权置换云南省烟草国际旅游总公司和广东省三水市华侨友谊集团公司持有的广东省三水市鸿南大酒店有限公司**100%**股权，交易完成后，烟草公司将持有晓军公司**58.4%**股权，华侨公司将持有晓军公司**2.6%**股权。

二〇〇二年以来市场表现

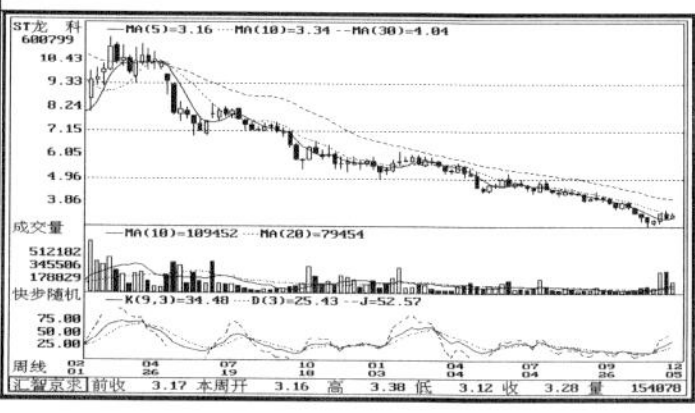

2002年涨跌幅(%)	-36.68
2002年最高(元)	11.52
2002年最低(元)	5.10
2002年换手率(%)	533.58
2003年涨跌幅(%)	-37.96
2003年最高(元)	6.19
2003年最低(元)	2.77
2003年换手率(%)	232.85

天津环球磁卡股份有限公司

公司概况

公司名称	天津环球磁卡股份有限公司	股票代码	600800
注册地址	天津市河西区解放南路325号	邮政编码	300202
法人代表	姜肃敌	董秘	蔚丽霞
电话	022-23264012	传真	022-23269333
主营业务	软件系统设计、网络集成技术及高科技产品的开发等		
审计单位		审计意见	未审计

总股本	流通A	流通B	流通H
55165.92	26173.91		

主要财务指标

年度	2003.9	2003.6	2002	2001
每股收益/扣除后(元)	-0.0200	-0.0129	-0.4860	0.1160
每股经营现金流量(元)	-0.3268	-0.3350	0.1728	0.3871
每股净资产/调整后(元)	1.4110	1.3800	1.0700	1.8700
每股公积金(元)	0.5861	0.5861	0.5763	0.5309
净资产收益率(%)	10.4000	8.7100	-39.3200	8.1300
总资产(万元)	293473.78	282249.22	292638.41	309883.12
股东权益(万元)	77853.29	76464.80	71233.27	103765.71
未分配利润(万元)	-17871.20	-19309.15	-24699.96	8587.83
主营收入(万元)	26452.37	20897.60	24476.06	61587.25
资本公积金(万元)	32331.98	32331.98	31789.64	29289.64
主营利润(万元)	6489.52	5186.48	5405.89	24120.40
其他业务利润(万元)	4901.15	4834.39	517.13	371.05
营业利润(万元)	7626.04	6747.74	-26815.27	8710.99
投资收益(万元)	-509.19	-298.85	384.74	1533.64
补贴收入(万元)	76.82	52.79	3.70	2.30
营业外收支(万元)	-94.45		-2704.96	31.42
利润总额(万元)	7099.22	6471.97	-29131.78	10278.36
净利润(万元)	8095.14	6657.20	-28007.79	8435.83

十大股东

序号	股东名称	股份性质	持股数(万股)	比例(%)
1	天津环球磁卡集团有限公司	国家股	18338.13	33.24
2	天津市一轻集团(控股)有限公司	国家股	3667.63	6.65
3	天津环球化学科技有限公司	法人股	1897.31	3.44
4	天津国际信托投资公司	法人股	1012.50	1.84
5	渤海证券有限责任公司	法人股	810.00	1.47
6	上海裕盛投资管理有限公司	法人股	607.50	1.10
7	天津一德投资集团有限公司	流通股	589.89	1.07
8	天津市劝业场股份有限公司	法人股	506.25	0.92
9	国泰证券有限公司天津分公司	法人股	303.75	0.55
10	天津北方国际信托投资公司	法人股	303.75	0.55

股东人数

2003.9	2003.6	2002	2001
112971	113774	115533	98486

近年分配		近年配股/增发	不分配不转增

重大事项

公司第一大股东天津环球磁卡集团有限公司于**2003**年**9**月**24**日将持有的**9169**万股国家股质押给中国光大银行天津分行和平支行（质押股份占公司总股本的**16.62%**），质押期限为**2003**年**9**月**24**日至**2004**年**9**月**23**日。　公司拟投资现金**16000**万元人民币与亚克林业(重庆)有限公司共同组建环球纸业(重庆)有限公司，该公司注册资本为**4**亿元人民币，公司投资占注册资本的**40%**。

二〇〇二年以来市场表现

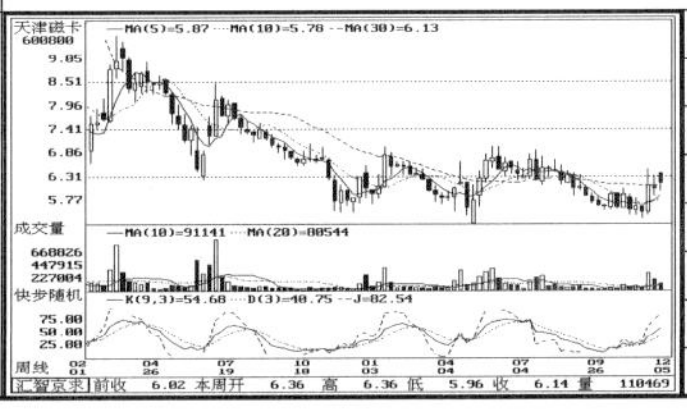

2002年涨跌幅(%)	-26.87
2002年最高(元)	9.60
2002年最低(元)	5.47
2002年换手率(%)	262.26
2003年涨跌幅(%)	4.33
2003年最高(元)	6.99
2003年最低(元)	5.22
2003年换手率(%)	196.78

华新水泥股份有限公司

公司概况

公司名称	华新水泥股份有限公司	股票代码	600801
注册地址	湖北省黄石市黄石大道 897 号	邮政编码	435002
法人代表	陈木森	董秘	王锡明
电话	0714-6328310	传真	0714-6235204
主营业务	水泥及水泥深加工产品、水泥技术服务等		
审计单位		审计意见	未审计

总股本	32840.00	流通 A	4800.00	流通 B	16400.00	流通 H	

主要财务指标

年度	2003.9	2003.6	2002	2001
每股收益 / 扣除后(元)	0.0770	0.0300	0.0700	0.0600
每股经营现金流量(元)	0.4868	0.1300	0.7742	0.3598
每股净资产 / 调整后(元)	2.1880	2.1900	2.1600	2.1200
每股公积金(元)	0.9556	0.9556	0.9541	0.9541
净资产收益率(%)	3.3830	1.2400	3.9700	3.1300
总资产(万元)	307007.91	272050.00	230434.70	206311.52
股东权益(万元)	76490.54	74831.60	73857.20	72239.18
未分配利润(万元)	2587.20	928.26		
主营收入(万元)	77546.05	46232.25	80108.84	69188.36
资本公积金(万元)	31380.27	31380.27	31334.12	31334.12
主营利润(万元)	21178.43	11595.07	24368.07	21710.05
其他业务利润(万元)	216.80	128.19	345.58	174.49
营业利润(万元)	2832.83	823.72	1973.67	2424.22
投资收益(万元)	-30.96	-6.69	-172.75	100.73
补贴收入(万元)	1168.00	597.91	1600.83	429.06
营业外收支(万元)	-45.72	4.62	-93.81	-33.75
利润总额(万元)	3924.15	1421.84	3307.93	2920.27
净利润(万元)	2587.20	928.26	2931.61	2261.92

十大股东

序号	股东名称	股份性质	持股数(万股)	比例(%)
1	国家拥有股份	国家股	9152.69	27.90
2	HOLCHIN B.V.	B股	7700.00	23.40
3	华新集团有限公司	法人股	1199.40	3.70
4	STANDARD CHARTERED BANK HONG KONG A/C CREDIT SUISSE FIRST BOSTON LTD.	B股	876.14	2.70
5	沙隆财咨	法人股	410.00	1.20
6	黄石市铁路联营公司	法人股	252.00	0.80
7	武汉石化鹏鹤物资公司	法人股	120.00	0.40
8	SALOMON SMITH BARNEY INC.2	B股	107.50	0.30
9	杨国雄	B股	106.99	0.30
10	CITIGROUP GLOBAL MARKETS INC	B股	86.69	0.30

股东人数	2003.9	2003.6	2002	2001
	47636	47906	48568	49872

近年分配	2002年 10 派 0.4 元 2001 年 10 派 0.35 元	近年配股 / 增发	不分配不转增

重大事项

公司拟以 **23519.85** 万元收购东方茂邦水泥私人有限公司持有的苏州金猫水泥有限公司 **50%**股权和苏州市吴中区木渎经济发展总公司获得的苏州金猫水泥有限公司 **1%**股权,本次资产收购完成后,本公司将持有苏州金猫 **51%**股权。 **2003** 年 **6** 月 **10** 日,公司与东方茂邦水泥私人有限公司签署《股权购买协议》,拟以美元 **27451360** 元收购东方茂邦所持金猫水泥 **50%**的全部股权。本次收购金猫水泥 **51%**股权的资金来源系银行贷款与自筹资金。

二〇〇二年以来市场表现

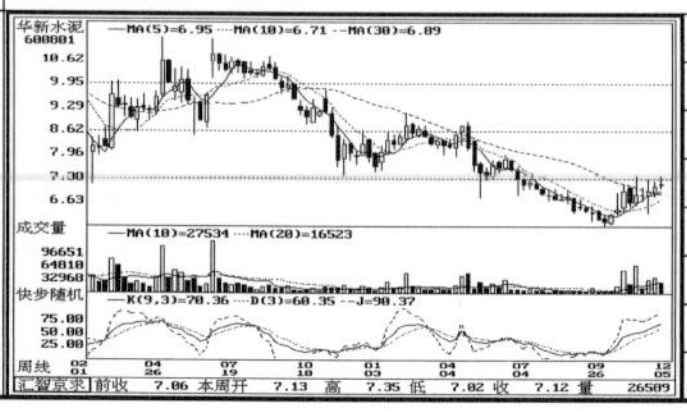

2002年涨跌幅(%)	-18.05
2002年最高(元)	11.20
2002年最低(元)	6.64
2002年换手率(%)	272.87
2003年涨跌幅(%)	-7.47
2003年最高(元)	9.09
2003年最低(元)	5.97
2003年换手率(%)	155.14

福建水泥股份有限公司

公司概况

公司名称	福建水泥股份有限公司	股票代码	600802
注册地址	福建省福州市杨桥路 118 号宏杨新城建福大厦	邮政编码	350001
法人代表	黄建民	董秘	林成潮
电话	0591-7517808-1560	传真	0591-7527300
主营业务	建筑材料制造及技术服务;工业生产资料等		
审计单位		审计意见	未审计

总股本	28281.70	流通 A	13429.94	流通 B		流通 H	

主要财务指标

年度	2003.9	2003.6	2002	2001
每股收益 / 扣除后(元)	0.0540	0.0290	-0.3100	0.0030
每股经营现金流量(元)	0.2710	0.1600	0.2607	0.2965
每股净资产 / 调整后(元)	1.7700	1.7190	1.7020	2.2160
每股公积金(元)	0.8939	0.8923	1.3014	1.2854
净资产收益率(%)	3.7240	1.3780	-31.5500	0.3000
总资产(万元)	141513.50	141665.37	140900.48	159187.06
股东权益(万元)	55649.46	54279.93	53531.78	70156.40
未分配利润(万元)	2072.61	748.15	-17024.42	-10456.54
主营收入(万元)	60153.50	39310.00	71530.70	58264.85
资本公积金(万元)	25280.83	25235.77	36806.32	36354.32
主营利润(万元)	21293.83	13565.81	21369.99	19874.36
其他业务利润(万元)	-108.35	-87.10	90.71	291.30
营业利润(万元)	2259.85	856.37	-14115.51	291.30
投资收益(万元)	-9.73	4.47	-550.26	601.35
补贴收入(万元)				232.00
营业外收支(万元)	-135.29	-85.87	-2223.92	-360.80
利润总额(万元)	2114.83	774.97	-16889.70	-455.63
净利润(万元)	2072.61	748.15	-16888.45	210.42

十大股东

序号	股东名称	股份性质	持股数(万股)	比例(%)
1	福建省国有资产管理委员会	国有股	12152.70	42.97
2	福建投资开发总公司	国有股	1741.30	6.16
3	福建华兴实业公司	国有股	675.50	2.39
4	福建省青山纸业股份有限公司	社会法人股	69.85	0.25
5	福建兴业证券公司	社会法人股	55.00	0.19
6	傅培珍	流通股	50.20	0.18
7	福建省石化经济发展公司	社会法人股	41.91	0.15
8	中国人民保险公司福建分公司运用部	社会法人股	33.00	0.12
9	安徽省证券公司	流通股	27.73	0.10
10	蔡怀义	流通股	24.15	0.09

股东人数	2003.9	2003.6	2002	2001
	75124	75608	78988	82278

近年分配		近年配股 / 增发	不分配不转增

重大事项

公司与福州大通机电股份有限公司相互提供等额银行贷款担保三仟万元整,担保期限自 **2003** 年 **3** 月 **29** 日起至 **2004** 年 **3** 月 **28** 日止。截止本公告之日,本公司对外担保共计 **10343** 万元,其中保证担保 **9443** 万元,银行承兑汇票担保 **900** 万元.除与闽福发互保 **2500** 万元、与福州大通互保 **3000** 万元外,其余均为公司为关联方银行贷款提供担保。 公司与神州学人集团股份有限公司(闽福发)相互提供等额银行贷款担保 **2500** 万元整,担保期限为 **1** 年,即自 **2003** 年 **1** 月 **2** 日起至 **2004** 年 **1** 月 **1** 日止。本次互保方式为连带责任保证担保。

二〇〇二年以来市场表现

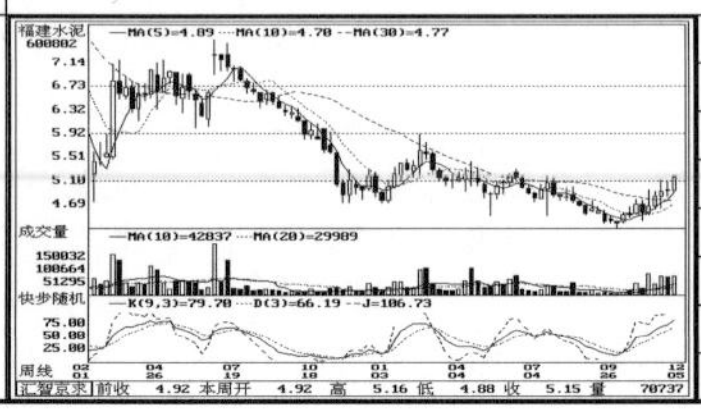

2002年涨跌幅(%)	-29.50
2002年最高(元)	7.55
2002年最低(元)	4.45
2002年换手率(%)	154.31
2003年涨跌幅(%)	2.93
2003年最高(元)	5.89
2003年最低(元)	4.28
2003年换手率(%)	121.56

河北威远生物化工股份有限公司

公司概况

公司名称	河北威远生物化工股份有限公司			股票代码	600803	
注册地址	河北省石家庄市新石北路 166 号			邮政编码	050091	
法人代表	霍丽君			董秘	白岩	
电话	0311-3839696			传真	0311-3862788	
主营业务	生物化工产品、精细化工产品的制造等					
总股本	11822.17	流通 A	6609.60	流通 B		流通 H
审计单位				审计意见	未审计	

主要财务指标

年度	2003.9	2003.6	2002	2001
每股收益 / 扣除后(元)	-0.0040	-0.0100	-0.3600	0.0600
每股经营现金流量(元)	0.0176	0.0620	0.0328	-0.1542
每股净资产 / 调整后(元)	2.3200	2.3200	2.3400	2.6700
每股公积金(元)	1.2711	1.2710	1.2709	1.1945
净资产收益率(%)	-0.2800	-0.5300	-11.2400	4.4700
总资产(万元)	79322.79	76291.04	76252.80	75460.26
股东权益(万元)	27875.19	27843.15	28010.60	30531.74
未分配利润(万元)	-1073.28	-1151.51	-964.06	2411.73
主营收入(万元)	25896.12	16218.33	27579.69	26400.19
资本公积金(万元)	15026.94	15025.80	15024.67	14121.98
主营利润(万元)	4466.98	2506.50	3068.77	4947.66
其他业务利润(万元)	8.15	4.63	603.40	417.40
营业利润(万元)	-452.11	-571.86	-3576.43	1253.10
投资收益(万元)	535.94	513.06	225.13	79.02
补贴收入(万元)	14.85	11.29	139.44	160.00
营业外收支(万元)	-41.42	-32.44	-17.82	-27.00
利润总额(万元)	57.25	-79.96	-3229.68	1465.12
净利润(万元)	-78.41	-147.50	-3149.40	1365.82

十大股东

序号	股东名称	股份性质	持股数(万股)	比例(%)
1	河北威远集团有限公司	国家股股东	5212.57	44.09
2	中国银河证券有限责任公司	流通股	301.38	2.55
3	江迅	流通股	53.44	0.45
4	李健	流通股	45.58	0.39
5	钟春娣	流通股	35.47	0.30
6	吕勤业	流通股	31.60	0.27
7	王建明	流通股	23.32	0.20
8	李森	流通股	22.25	0.19
9	王希岭	流通股	21.88	0.19
10	康连兵	流通股	17.99	0.15

股东人数	2003.9	2003.6	2002	2001
	28183	29147	30711	32520

近年分配	2001年10派1.2元	近年配股/增发	2001年10配3股

重大事项

公司第一大股东河北威远集团有限公司将其所持有的公司 **5212.571** 万股国家股股权中的 **2144.186** 万股,质押于中信实业银行石家庄分行,质押期限为一年。公司为石家庄制药集团有限公司担保金额共计 **11800** 万元,为公司参股子公司河北威远亨迪担保 **600** 万元。上述担保共计 **12400** 万元,占公司 **2002** 年度经审计净资产的比例为 **44%**。

二○○二年以来市场表现

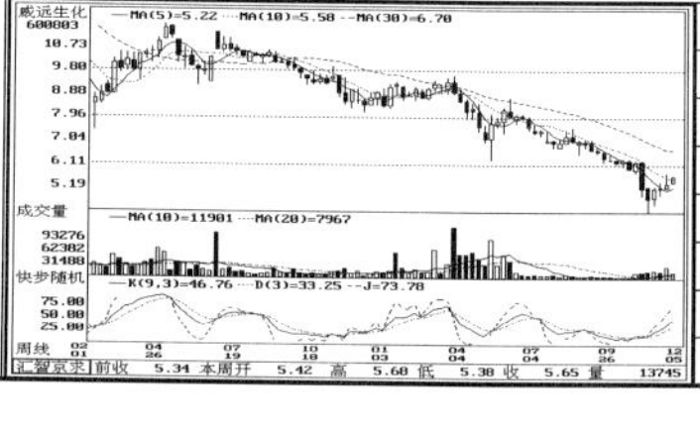

2002年涨跌幅(%)	-13.68
2002年最高(元)	11.53
2002年最低(元)	7.28
2002年换手率(%)	157.81
2003年涨跌幅(%)	-38.69
2003年最高(元)	9.58
2003年最低(元)	4.27
2003年换手率(%)	158.23

成都鹏博士科技股份有限公司

公司概况

公司名称	成都鹏博士科技股份有限公司			股票代码	600804	
注册地址	中国四川成都市高新西区创业中心			邮政编码	610016	
法人代表	杨学平			董秘	任春晓	
电话	028-86742976			传真	028-86622006	
主营业务	黑色金属冶炼、锻造、铸造、轧钢工具硬面制造等					
总股本	11661.12	流通 A	7195.68	流通 B		流通 H
审计单位				审计意见	未审计	

主要财务指标

年度	2003.9	2003.6	2002	2001
每股收益 / 扣除后(元)	0.0071	-0.0070	0.0200	-0.0020
每股经营现金流量(元)	-0.1747	-0.1620	-0.1871	0.1336
每股净资产 / 调整后(元)	1.6063	1.5851	1.5320	1.5140
每股公积金(元)	0.6536	0.6583	0.6677	0.6742
净资产收益率(%)	1.4800	0.6300	1.8800	0.6900
总资产(万元)	41135.62	39922.94	37342.87	34130.86
股东权益(万元)	19479.69	19369.73	19356.24	19067.75
未分配利润(万元)	-3083.12	-3247.74	-3370.41	-3735.04
主营收入(万元)	28041.38	16409.27	29280.53	29419.69
资本公积金(万元)	7622.36	7677.02	7786.20	7862.34
主营利润(万元)	2824.65	1776.91	3316.88	1591.54
其他业务利润(万元)	50.49	-0.62	28.79	84.45
营业利润(万元)	87.70	-81.95	208.94	304.81
投资收益(万元)	-4.47		-15.42	-164.66
补贴收入(万元)	206.75	206.75		
营业外收支(万元)	-2.23	-1.81	170.29	-7.76
利润总额(万元)	287.75	122.99	363.81	132.39
净利润(万元)	287.29	122.67	364.63	132.52

十大股东

序号	股东名称	股份性质	持股数(万股)	比例(%)
1	深圳市多媒体技术有限公司	法人股	2915.28	25.00
2	深圳市联众创业投资有限公司	法人股	1406.16	12.06
3	大庆油田水泥有限责任公司	流通股	43.75	0.37
4	北京鲁能英大房地产开发有限公司	流通股	42.38	0.36
5	蒲世全	流通股	39.00	0.33
6	杨伟	流通股	34.55	0.30
7	曾娴	流通股	29.00	0.25
8	王洪印	流通股	23.00	0.20
9	罗翠霄	流通股	22.50	0.19
10	周翠金	流通股	20.00	0.17

股东人数	2003.9	2003.6	2002	2001
	22517	22551	24226	24266

近年分配		近年配股/增发	不分配不转增

重大事项

公司与中国电子器件工业深圳公司合资设立深圳子公司,名称拟定为深圳鹏博士科技投资有限公司,注册资本为 **2000** 万元,其中公司以现金 **1800** 万元出资,占子公司股权的 **90%**。 公司继续为控股子公司成都三益特钢有限责任公司在彭州市农行于 **2003** 年 **12** 月 **17** 日到期的人民币壹仟万元短期借款、在彭州市信用联社于 **2003** 年 **12** 月 **13** 日到期的人民币贰仟贰佰万元短期借款、在彭州市农行于 **2003** 年 **12** 月 **19** 日到期的人民币玖佰万元短期借款展期至 **2004** 年 **6** 月 **30** 日提供担保保证。

二○○二年以来市场表现

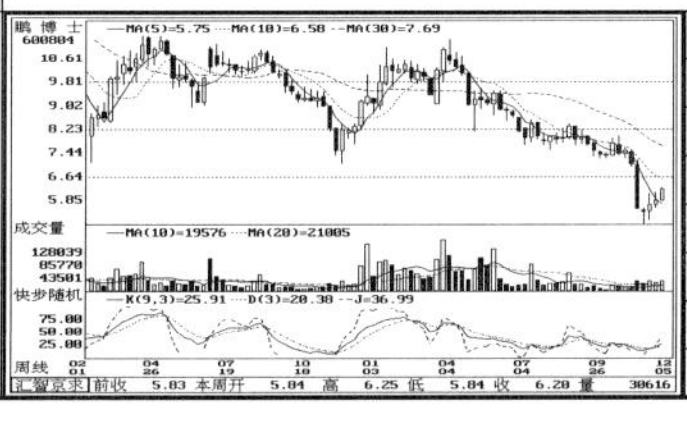

2002年涨跌幅(%)	-13.71
2002年最高(元)	11.40
2002年最低(元)	6.74
2002年换手率(%)	222.86
2003年涨跌幅(%)	-35.65
2003年最高(元)	11.26
2003年最低(元)	5.06
2003年换手率(%)	306.86

江苏悦达投资股份有限公司

公司概况

公司名称	江苏悦达投资股份有限公司		股票代码	600805	
注册地址	江苏省盐城市通榆中路36号		邮政编码	224002	
法人代表	胡友林		董秘	董广勇	
电话	0515-8202863		传真	0515-8334601	
主营业务	基础设施、能源投资开发、机械制造等				
总股本	54544.52	流通 A	30949.05	流通 B	流通 H
审计单位			审计意见	未审计	

主要财务指标

年度	2003.9	2003.6	2002	2001
每股收益/扣除后(元)	0.0630	0.0270	-0.1800	-0.0500
每股经营现金流量(元)	-0.0987	0.2630	0.5355	0.8190
每股净资产/调整后(元)	2.7900	2.7800	2.7200	3.1000
每股公积金(元)	1.5314	1.5314	1.5314	1.5261
净资产收益率(%)	2.2300	1.0900	-12.1300	1.2000
总资产(万元)	584242.31	584521.25	534838.87	537727.06
股东权益(万元)	153927.87	152144.64	150491.80	170157.45
未分配利润(万元)	1611.60	-171.63	-1824.48	18527.45
主营收入(万元)	71943.47	52109.20	151381.56	126719.65
资本公积金(万元)	83527.07	83527.07	83527.07	83239.11
主营利润(万元)	20774.60	14129.35	29125.66	27493.28
其他业务利润(万元)	209.35	160.64	847.44	905.59
营业利润(万元)	-12845.34	-9224.06	-13683.79	-2706.07
投资收益(万元)	16867.56	11344.51	-727.06	1472.85
补贴收入(万元)	391.85		562.32	630.26
营业外收支(万元)	132.21		-2805.10	-115.78
利润总额(万元)	4154.43	2278.19	-16653.64	-718.74
净利润(万元)	3436.08	1652.85	-18248.29	2035.58

十大股东

序号	股东名称	股份性质	持股数(万股)	比例(%)
1	江苏悦达集团有限公司	国有法人股	12823.45	23.51
2	江苏宏图电子信息集团有限公司	国有法人股	7214.40	13.23
3	盐城市国有资产经营公司	国家股	3298.81	6.05
4	季静	流通股	403.41	0.74
5	苏州证券	流通股	354.71	0.65
6	深国投资	流通股	312.31	0.57
7	基金久嘉	流通股	240.86	0.44
8	潘太军	流通股	140.40	0.26
9	基金久富	流通股	122.67	0.22
10	基金裕隆	流通股	111.49	0.20

股东人数

2003.9	2003.6	2002	2001
149588	153710	159491	173372

近年分配		近年配股/增发	不分配不转增

重大事项

公司已于**2003**年**10**月**28**日与江苏悦达集团有限公司签署《股权转让协议》,将公司持有的江苏悦达贸易股份有限公司**90%**的股权转让给悦达集团持有。交易价格为**768.3**万元,采用现金一次性支付。　上海赛达生物药业股份有限公司已于**2003**年**10**月**28**日与悦达集团签署《资产转让协议》,将公司持有的赛达药业奉贤分部的部分资产转让给悦达集团持有。交易价格为**591.58**万元,采用现金一次性支付。

二〇〇二年以来市场表现

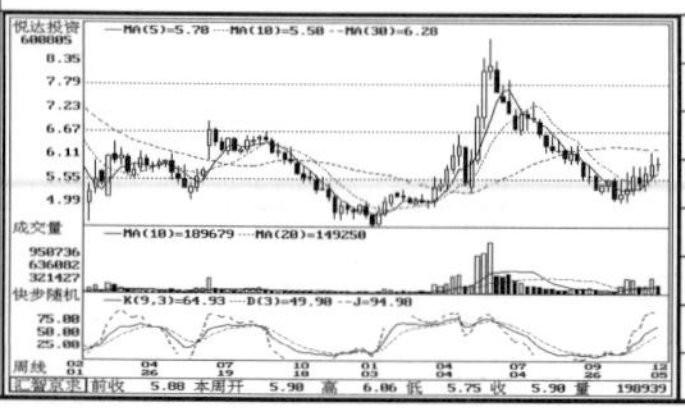

2002年涨跌幅(%)	-30.00
2002年最高(元)	6.90
2002年最低(元)	4.51
2002年换手率(%)	98.84
2003年涨跌幅(%)	29.23
2003年最高(元)	8.91
2003年最低(元)	4.43
2003年换手率(%)	340.71

交大昆机科技股份有限公司

公司概况

公司名称	交大昆机科技股份有限公司		股票代码	600806	
注册地址	云南省昆明市茨坝路23号		邮政编码	650203	
法人代表	岳华峰		董秘	冯思忠	
电话	0871-5212410		传真	0871-5150317	
主营业务	开发、设计、生产和销售机床系列产品及配件等				
总股本	46555.60	流通 A	18252.00	流通 B	流通 H
审计单位			审计意见	未审计	

主要财务指标

年度	2003.9	2003.6	2002	2001
每股收益/扣除后(元)	0.0190	0.0110	0.0150	
每股经营现金流量(元)	0.1985	0.1170	-0.0182	-0.0559
每股净资产/调整后(元)	2.0900	2.0800	2.0600	2.0300
每股公积金(元)	2.5651	2.5651	2.5650	2.5644
净资产收益率(%)	5.5400	3.7800	6.5600	6.1000
总资产(万元)	470495.87	423121.59	347241.47	299784.41
股东权益(万元)	212022.37	208147.66	200275.42	190835.66
未分配利润(万元)	35060.16	31185.44	23316.70	15970.62
主营收入(万元)	240504.58	155298.08	240145.48	189261.28
资本公积金(万元)	119418.89	119418.89	119415.39	119385.98
主营利润(万元)	25191.48	16679.69	28724.67	25337.92
其他业务利润(万元)	420.75	293.85	517.24	616.18
营业利润(万元)	14723.56	9585.53	16082.55	13332.07
投资收益(万元)	-107.62	-73.90	101.40	327.32
补贴收入(万元)	100.00	100.00	132.27	170.00
营业外收支(万元)	50.16		-7.95	-56.10
利润总额(万元)	14756.71	9963.07	16987.56	12382.80
净利润(万元)	11743.47	7868.74	13134.79	11635.45

十大股东

序号	股东名称	股份性质	持股数(万股)	比例(%)
1	西安交大产业(集团)总公司	国有法人股	7105.21	29.00
2	HKSCC Nominees limited	H股	6355.80	25.94
3	云南省人民政府	国有股	3134.56	12.79
4	昆明精华公司	社会法人股	1760.97	7.19
5	田云华	社会法人股	44.10	0.18
6	杨硕	社会法人股	20.00	0.08
7	赵桂芬	社会法人股	17.50	0.07
8	西安经投	社会法人股	16.10	0.07
9	刘帮富	社会法人股	16.03	0.07
10	孙晶晶	社会法人股	15.39	0.06

股东人数

2003.9	2003.6	2002	2001
29442	29909	30009	25111

近年分配		近年配股/增发	不分配不转增

重大事项

交大科技购买和出售资产过户实施情况公告:公司**2001**年第二次临时股东大会,批准了公司收购和出售资产。根据中国证监会有关规定,公司再次公告公司购买和出售资产过户实施情况。目前除公司向云南省人民政府出售房屋的过户手续正在房屋管理部门办理审批过程之外,其余购买和出售资产的过户手续均已办理完毕。

二〇〇二年以来市场表现

2002年涨跌幅(%)	-30.23
2002年最高(元)	13.05
2002年最低(元)	6.28
2002年换手率(%)	412.58
2003年涨跌幅(%)	-22.44
2003年最高(元)	9.50
2003年最低(元)	5.32
2003年换手率(%)	176.03

山东济南百货大楼(集团)股份有限公司

公司概况

公司名称	山东济南百货大楼(集团)股份有限公司	股票代码	600807
注册地址	中国山东省济南市泉城路264号	邮政编码	250011
法人代表	邢乐成	董秘	王胜文
电话	0531-6030094	传真	0531-6030094
主营业务	日用百货、纺织品、五金交电化工的销售等		
总股本	10792.08	流通A	6435.00
流通B		流通H	
审计单位		审计意见	未审计

主要财务指标

年度	2003.9	2003.6	2002	2001
每股收益/扣除后(元)	-0.2200	-0.1600	-0.5300	-0.8532
每股经营现金流量(元)	-0.1303	-0.0660	0.0118	-0.0776
每股净资产/调整后(元)	0.1900	0.2400	0.3900	1.1370
每股公积金(元)	0.4742	0.4730	0.4652	0.4651
净资产收益率(%)	-0.3900	-27.0600	-67.5600	-0.6690
总资产(万元)	37526.26	35930.28	36549.28	40781.53
股东权益(万元)	5977.59	6524.14	8206.10	13764.06
未分配利润(万元)	-11735.11	-11175.56	-9409.89	-3866.12
主营收入(万元)	2722.20	1853.48	2636.07	4182.21
资本公积金(万元)	5117.25	5104.26	5020.55	5019.69
主营利润(万元)	327.84	207.16	104.79	-155.53
其他业务利润(万元)	2.35	2.30	2.85	78.32
营业利润(万元)	-2347.53	-1783.76	-5594.19	-6998.53
投资收益(万元)			-330.00	-418.00
补贴收入(万元)				
营业外收支(万元)	-2.21		216.40	-2110.15
利润总额(万元)	-2349.74	-1784.27	-5707.80	-9526.68
净利润(万元)	-2325.23	-1765.67	-5543.77	-9208.90

十大股东

序号	股东名称	股份性质	持股数(万股)	比例(%)
1	济南市国有资产管理局	国有股	3627.00	33.61
2	建行信托投资公司济南办事处	社会法人股	204.75	1.90
3	济南高新建设开发公司	社会法人股	175.50	1.63
4	山东国际信托投资公司	社会法人股	117.00	1.08
5	华宝信托投资有限责任公司	社会公众股	41.45	0.38
6	泰安兴融服务公司	社会法人股	40.95	0.38
7	罗树勤	社会公众股	32.72	0.34
8	华泰证券有限责任公司	社会公众股	26.50	0.25
9	威海国际信托大厦有限公司	社会公众股	21.06	0.20
10	北京祥如物业管理有限公司	社会公众股	19.86	0.18

股东人数	2003.9	2003.6	2002	2001
	20503	21405	25146	22817

近年分配		近年配股/增发	不分配不转增

重大事项

公司与山东永安企业股份有限公司、山东永大工贸有限公司于2003年8月11日签订《股权转让协议》,受让山东永安房地产开发有限公司90%的股权,转让总价款为873万元人民币,其中,公司以485万元受让永安股份持有的房地产公司50%的股权;以388万元受让永大工贸持有的房地产公司40%的股权。　公司拟投资873万元人民币分别收购山东永安企业股份有限公司和山东永大工贸有限公司持有的山东永安房地产开发有限公司50%和40%的股权。

二〇〇二年以来市场表现

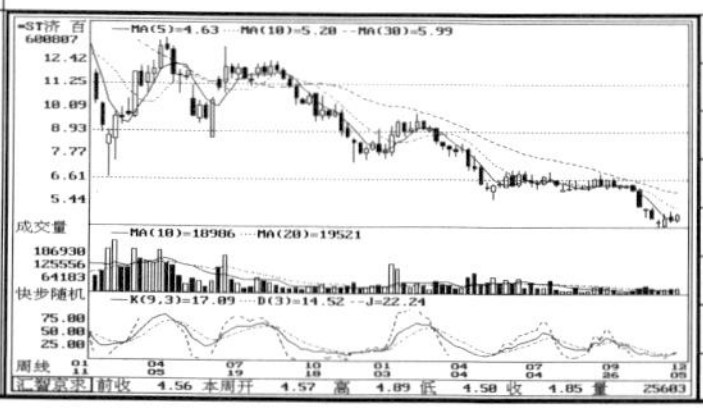

2002年涨跌幅(%)	-33.28
2002年最高(元)	13.58
2002年最低(元)	6.65
2002年换手率(%)	534.63
2003年涨跌幅(%)	-41.54
2003年最高(元)	9.80
2003年最低(元)	4.28
2003年换手率(%)	276.87

马鞍山钢铁股份有限公司

公司概况

公司名称	马鞍山钢铁股份有限公司	股票代码	600808
注册地址	安徽省马鞍山市红旗中路8号	邮政编码	243003
法人代表	顾建国	董秘	苏鉴钢
电话	0555-2888158	传真	0555-2887284
主营业务	黑色金属冶炼及其压延加工、制造等		
总股本	645530.00	流通A	60000.00
流通B		流通H	173293.00
审计单位		审计意见	未审计

主要财务指标

年度	2003.9	2003.6	2002	2001
每股收益/扣除后(元)	0.2610	0.1480	0.1280	0.0320
每股经营现金流量(元)	0.2959	0.2000	0.4011	0.1795
每股净资产/调整后(元)	2.1000	1.9900	1.8400	1.8200
每股公积金(元)	0.7536	0.7536	0.7536	0.5408
净资产收益率(%)	12.4900	7.4430	3.2400	1.7700
总资产(万元)	2290964.25	2201012.00	1713851.00	1672301.25
股东权益(万元)	1355472.62	1281599.25	1186283.25	1040347.62
未分配利润(万元)	173238.81	99365.48	3980.32	3612.18
主营收入(万元)	1114901.50	706170.62	1097391.75	954792.87
资本公积金(万元)	486497.53	486497.53	486497.53	349134.44
主营利润(万元)	265392.78	143479.37	166335.98	128184.71
其他业务利润(万元)	6031.22	2714.08	1343.33	1687.94
营业利润(万元)	198887.94	114319.07	95715.74	58775.95
投资收益(万元)	269.94	-502.58	634.42	66.99
补贴收入(万元)			143.10	494.23
营业外收支(万元)	1145.63	458.60	-48523.01	-29624.05
利润总额(万元)	200303.50	113357.90	47970.25	29713.13
净利润(万元)	169258.50	95385.16	38444.09	20839.65

十大股东

序号	股东名称	股份性质	持股数(万股)	比例(%)
1	马钢(集团)控股有限公司	国家股/法人股	408233.00	63.24
2	香港中央结算(代理人)有限公司	H股	158225.91	24.51
3	香港汇丰银行(代理人)有限公司	H股	3041.40	0.47
4	汉兴证券投资基金	流通A股	1819.65	0.28
5	银丰证券投资基金	流通A股	1066.84	0.17
6	上海全隆实业有限公司	法人股	980.00	0.15
7	隆元证券投资基金	流通A股	949.98	0.05
8	久嘉证券投资基金	流通A股	690.00	0.11
9	华夏成长证券投资基金	流通A股	448.92	0.07
10	中国人民保险公司安徽省分公司	法人股	300.00	0.05

股东人数	2003.9	2003.6	2002	2001
	175118	180317	224583	243174

近年分配	2002年10派0.35元 2001年10派0.02元	近年配股/增发	不分配不转增

重大事项

2003年10月9日,公司与马钢(集团)控股有限公司就集团公司向公司供应矿石及提供服务签署了《矿石购销协议》及《服务协议》。《矿石购销协议》协定集团公司所生产的矿石必须首先提供予公司采购,由2004年1月1日至2006年12月31日止为期三年。《服务协议》的主要内容为集团公司将会于2004年1月1日至2006年12月31日三年期间于公司厂区范围内为公司员工提供若干服务,包括在职培训、膳食及卫生服务、环境及卫生服务及道路维护、厂区绿化服务。

二〇〇二年以来市场表现

2002年涨跌幅(%)	-1.00
2002年最高(元)	4.10
2002年最低(元)	2.79
2002年换手率(%)	193.69
2003年涨跌幅(%)	44.97
2003年最高(元)	4.55
2003年最低(元)	2.92
2003年换手率(%)	427.02

山西杏花村汾酒厂股份有限公司

公司概况

公司名称	山西杏花村汾酒厂股份有限公司			股票代码	600809
注册地址	山西省汾阳市杏花村			邮政编码	032205
法人代表	郭双威			董秘	郭志宏
电话	0358-722255			传真	0358-7220394
主营业务	生产及销售汾酒、竹叶青酒及其系列酒等				
总股本	43292.41	流通 A	7668.41	流通 B	流通 H
审计单位				审计意见	未审计

主要财务指标

年度	2003.9	2003.6	2002	2001
每股收益/扣除后(元)	0.0770	0.0630	0.0420	0.0600
每股经营现金流量(元)	0.2015	0.1300	0.3077	0.2080
每股净资产/调整后(元)	1.7200	1.6815	1.6707	1.8028
每股公积金(元)	0.6929	0.6929	0.6929	0.6912
净资产收益率(%)	4.8500	2.8450	2.0200	3.5600
总资产(万元)	105680.79	102931.75	102768.49	110392.74
股东权益(万元)	82431.89	80730.93	78434.24	78046.99
未分配利润(万元)	4356.14	2655.18	358.49	248.02
主营收入(万元)	43381.16	27289.66	51523.64	43347.23
资本公积金(万元)	29998.12	29998.12	29998.12	29924.20
主营利润(万元)	17143.24	10451.02	18459.41	13885.31
其他业务利润(万元)	109.91	69.49	1079.94	656.27
营业利润(万元)	8214.58	4317.10	4268.40	3594.93
投资收益(万元)	30.26	30.45	11.42	28.51
补贴收入(万元)				
营业外收支(万元)	-663.49		-251.54	6.70
利润总额(万元)	7581.35	3904.47	4028.29	3630.13
净利润(万元)	3997.65	2296.69	1583.72	2870.73

十大股东

序号	股东名称	股份性质	持股数(万股)	比例(%)
1	汾酒集团有限责任公司	国有法人股	32824.00	75.82
2	晋泉涌贸易公司	法人股	1044.97	2.41
3	义泉涌酒业股份有限公司	法人股	173.67	0.40
4	山西省糖酒副食公司	法人股	124.00	0.29
5	汾酒集团公司进出口公司	法人股	110.00	0.25
6	太原汾酒大厦	法人股	100.00	0.23
7	严建定	社会公众股	68.13	0.16
8	北京市糖烟酒公司	法人股	50.00	0.12
9	浙江烟酒公司	法人股	30.00	0.07
10	太原天龙集团公司	法人股	30.00	0.07

股东人数	2003.9	2003.6	2002	2001
	37892	39219	42001	41929

近年分配	2002年10派0.24元 2001年10派0.6元	近年配股/增发	不分配不转增

重大事项

公司与义泉涌酒业股份有限公司于2003年4月4日就"北方"商标的继续使用签订了新的许可使用协议书。公司与义泉涌公司同意终止1999年8月20日签订的《关于"北方"商标使用许可的补充协议》。 2002年6月11日,公司已与汾酒集团有限责任公司正式签署了投资协议。汾酒销售有限责任公司的投资总额为人民币600万元。其中,公司投资360万元,占60%。双方均以货币资金出资。

二〇〇二年以来市场表现

2002年涨跌幅(%)	-18.36
2002年最高(元)	8.78
2002年最低(元)	4.34
2002年换手率(%)	219.16
2003年涨跌幅(%)	5.42
2003年最高(元)	7.20
2003年最低(元)	5.98
2003年换手率(%)	108.85

神马实业股份有限公司

公司概况

公司名称	神马实业股份有限公司			股票代码	600810
注册地址	河南省平顶山市建设中路63号			邮政编码	467000
法人代表	季松青			董秘	刘臻
电话	0375-3921231			传真	0375-3921500
主营业务	帘子布、工业用布、化学纤维及制品的制造等				
总股本	56628.00	流通 A	14157.00	流通 B	流通 H
审计单位				审计意见	未审计

主要财务指标

年度	2003.9	2003.6	2002	2001
每股收益/扣除后(元)	0.0140	0.0093	0.0039	0.0140
每股经营现金流量(元)	0.0700	-0.0400	0.1688	0.0651
每股净资产/调整后(元)	5.9440	5.9320	5.8620	5.9650
每股公积金(元)	4.2624	4.2624	4.2624	2.2624
净资产收益率(%)	0.4700	0.2560	0.2300	1.0060
总资产(万元)	401016.00	404880.47	414677.47	407573.78
股东权益(万元)	339958.97	342076.16	338495.00	341549.87
未分配利润(万元)	26552.33	25838.12	25062.92	28073.10
主营收入(万元)	108251.81	70373.94	135587.86	11574309.00
资本公积金(万元)	241373.92	241373.92	242373.92	241373.92
主营利润(万元)	9788.56	6376.16	12234.74	10922.52
其他业务利润(万元)	1146.37	680.03	1269.29	3976.38
营业利润(万元)	2549.87	1436.28	2101.26	6775.86
投资收益(万元)				
补贴收入(万元)				
营业外收支(万元)	-175.01	-124.44	-283.84	-6.46
利润总额(万元)	2374.87	1311.84	1817.42	3769.40
净利润(万元)	1591.16	876.95	777.99	3437.54

十大股东

序号	股东名称	股份性质	持股数(万股)	比例(%)
1	中国神马集团有限责任公司	国有法人股	42471.00	75.00
2	黄泽金	流通股	59.40	0.10
3	胡晓红	流通股	47.60	0.08
4	刘琼	流通股	43.00	0.08
5	许放	流通股	25.65	0.05
6	兴和证券投资基金	流通股	25.20	0.04
7	钱文君	流通股	14.85	0.03
8	方良伟	流通股	13.20	0.02
9	上海家康装潢工程有限公司	流通股	13.00	0.02
10	卢桂华	流通股	12.00	0.02

股东人数	2003.9	2003.6	2002	2001
	82553	83514	85699	91346

近年分配	2002年10派0.5元 2001年10派0.5元	近年配股/增发	不分配不转增

重大事项

2003-01-22 董事会决议:公司决定实施锦纶66工业丝增产技术改造项目,该项目是7000吨高强力工业丝技术改造项目二阶段工程,项目利用国家技改贴息贷款,总投资4015万元,技改期1年,技改完成后,每年可增产锦纶66工业丝近1万吨,年可新增销售收入约2.3亿元。通过公司2003年度经营预算;公司增设房屋租赁站机构的议案。

二〇〇二年以来市场表现

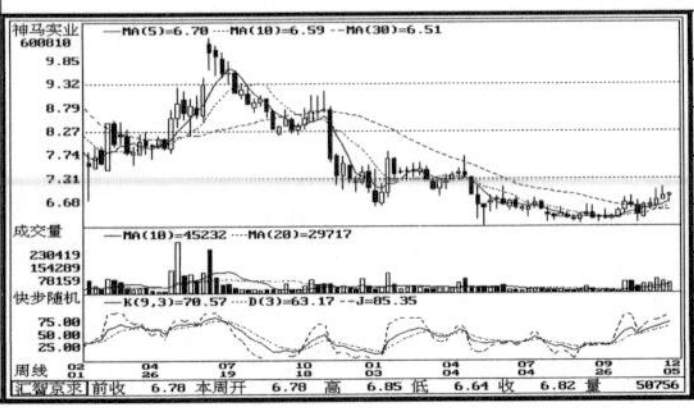

2002年涨跌幅(%)	-16.73
2002年最高(元)	10.28
2002年最低(元)	6.62
2002年换手率(%)	190.99
2003年涨跌幅(%)	0.89
2003年最高(元)	7.74
2003年最低(元)	6.10
2003年换手率(%)	97.15

东方集团股份有限公司

公司概况

公司名称	东方集团股份有限公司			股票代码	600811		
注册地址	哈尔滨市南岗区红旗大街 240 号			邮政编码	150090		
法人代表	张宏伟			董秘	刘繁宏		
电话	0451-53666028			传真	0451-53666028		
主营业务	商业银行、人寿保险业务;建材连锁超市等						
总股本	63149.54	流通 A	44197.66	流通 B		流通 H	
审计单位				审计意见	未审计		

主要财务指标

年度	2003.9	2003.6	2002	2001
每股收益 / 扣除后(元)	0.0910	0.0610	0.1410	0.2500
每股经营现金流量(元)	0.0286	0.5000	0.1942	0.5369
每股净资产 / 调整后(元)	4.1600	4.0500	3.9400	4.3600
每股公积金(元)	2.0740	2.0541	2.0541	2.2523
净资产收益率(%)	2.6000	2.0500	4.5400	6.3400
总资产(万元)	646778.87	611956.12	482038.50	706009.56
股东权益(万元)	271131.31	268341.37	262746.56	257405.80
未分配利润(万元)	29871.76	28308.24	22712.45	23209.09
主营收入(万元)	155965.92	81214.03	152213.62	173482.98
资本公积金(万元)	130969.55	129713.54	129713.54	129303.74
主营利润(万元)	18784.55	11565.08	27560.21	38396.19
其他业务利润(万元)	3938.74	1536.92	3997.39	1429.63
营业利润(万元)	-4029.81	-4005.67	5960.73	11071.84
投资收益(万元)	10338.23	8848.16	8417.53	12027.83
补贴收入(万元)	362.41	360.76	535.50	611.54
营业外收支(万元)	95.34	50.76	114.94	113.64
利润总额(万元)	6766.18	5254.01	15028.69	23824.85
净利润(万元)	7059.84	5496.32	11909.38	16319.40

十大股东

序号	股东名称	股份性质	持股数(万股)	比例(%)
1	东方集团实业股份有限公司	法人股/流通股	20189.42	31.97
2	张宏伟	流通股	309.53	0.49
3	裕阳证券投资基金	流通股	305.11	0.48
4	南京证券有限责任公司	流通股	233.88	0.37
5	刘庆余	流通股	200.39	0.32
6	安英	流通股	187.86	0.30
7	关国亮	流通股	168.83	0.27
8	李树仁	流通股	168.80	0.27
9	同智证券投资基金	流通股	152.53	0.24
10	同益证券投资基金	流通股	121.24	0.19

股东人数	2003.9	2003.6	2002	2001
	135535	160570	168941	169208

近年分配		近年配股 / 增发	2001年 10 送 1 股

重大事项

2003-06-21 1999 年 12 月 28 日,北京市第二中级人民法院委托鼎丰国际拍卖有限公司公开拍卖深圳前进科技开发有限公司所持的民生银行股权 6000 万股,公司作为竞买人参与公开拍卖并中买。公司对该部分股权为合法拥有。　2003-05-17 公司于近日撤销了 2003 年 1 月 8 日以所持有的中国民生银行股份有限公司 19435 万股法人股股份作为质押物,向中信实业银行沈阳分行申请肆亿元人民币流动资金贷款的质押登记手续。另外,公司于 2003 年 5 月 12 日,以所持有的中国民生银行股份有限公司法人股 20844.5 万股股份作为质押物,向中信实业银行沈阳分行申请叁亿叁仟万元人民币流动资金贷款。

二〇〇二年以来市场表现

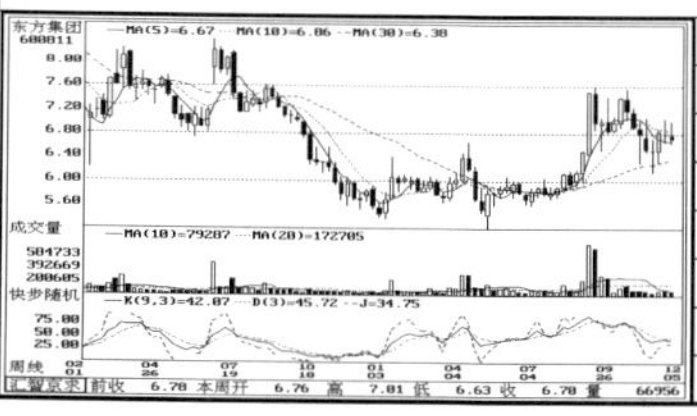

2002年涨跌幅(%)	-20.60
2002年最高(元)	7.61
2002年最低(元)	5.44
2002年换手率(%)	88.31
2003年涨跌幅(%)	21.29
2003年最高(元)	7.59
2003年最低(元)	5.20
2003年换手率(%)	134.89

华北制药股份有限公司

公司概况

公司名称	华北制药股份有限公司			股票代码	600812		
注册地址	河北省石家庄市和平东路 388 号			邮政编码	050015		
法人代表	常幸			董秘	曹正平		
电话	0311-6219063			传真	0311-6060942		
主营业务	医药化工产品的生产、销售;保健品等						
总股本	116939.42	流通 A	46926.86	流通 B		流通 H	
审计单位				审计意见	未审计		

主要财务指标

年度	2003.9	2003.6	2002	2001
每股收益 / 扣除后(元)	0.1500	0.1500	0.1100	0.1100
每股经营现金流量(元)	0.2340	0.2300	0.6315	0.3141
每股净资产 / 调整后(元)	1.8600	1.8700	1.7500	1.9800
每股公积金(元)	0.9320	0.9294	0.9300	0.9220
净资产收益率(%)	6.9800	6.7500	5.3400	5.7300
总资产(万元)	714360.37	724224.12	695898.75	733509.00
股东权益(万元)	253822.31	252887.61	245015.19	243990.66
未分配利润(万元)	-6331.83	-6959.95	-12938.91	-8416.61
主营收入(万元)	240072.28	173528.94	300347.41	283730.56
资本公积金(万元)	108988.88	108682.29	108756.10	107823.14
主营利润(万元)	79153.94	66021.41	82923.62	75255.29
其他业务利润(万元)	1076.71	818.36	306.82	726.97
营业利润(万元)	31511.28	31483.44	25472.92	24756.64
投资收益(万元)	588.91	523.31	-184.79	-973.31
补贴收入(万元)			2.80	36.40
营业外收支(万元)	-469.87		-601.97	-1022.90
利润总额(万元)	31630.32	31668.01	24688.96	22796.83
净利润(万元)	17709.43	17081.31	13091.66	13978.62

十大股东

序号	股东名称	股份性质	持股数(万股)	比例(%)
1	华北制药集团有限责任公司	国有股	69425.56	59.37
2	华安创新证券投资基金	流通股	2014.92	1.72
3	华夏成长证券投资基金	流通股	1443.00	1.23
4	景福证券投资基金	流通股	802.44	0.69
5	金鑫证券投资基金	流通股	755.82	0.65
6	河南财政证券公司	流通股	669.46	0.57
7	河北省经贸投资有限公司	国有股	587.00	0.50
8	科瑞证券投资基金	流通股	583.67	0.50
9	景宏证券投资基金	流通股	575.99	0.49
10	鹏华行业成长证券投资基金	流通股	432.85	0.37

股东人数	2003.9	2003.6	2002	2001
	194904	187961	231829	265636

近年分配	2003年 10 派 0.5 元　2001 年 10 派 0.5 元	近年配股 / 增发	不分配不转增

重大事项

2003 年 4 月 26 日公司对每年与关联方发生的常规关联交易进行了梳理,主要是与华药集团有限责任公司、华药集团销售有限公司、华药集团先泰药业公司、华药集团进出口有限公司、华药集团综合实业有限公司、华药集团新药研究开发中心等单位发生的包括销售货物、采购商品、提供动力、委托开发及综合服务费等关联交易.2003 年公司将与主要关联方发生的关联交易:销售货物、采购商品及提供动力的交易额预测合计为 166609 万元。2003 年与关联方发生的技术开发、商标使用、综合服务等交易额预测合计为 8012 万元。

二〇〇二年以来市场表现

2002年涨跌幅(%)	-8.90
2002年最高(元)	6.30
2002年最低(元)	3.88
2002年换手率(%)	130.78
2003年涨跌幅(%)	-1.04
2003年最高(元)	7.42
2003年最低(元)	4.37
2003年换手率(%)	260.78

杭州解百集团股份有限公司

公司概况

公司名称	杭州解百集团股份有限公司			股票代码	600814		
注册地址	杭州市上城区解放路 251 号			邮政编码	310001		
法人代表	周自力		董秘	诸雪强			
电话	0571-87016888-5015		传真	0571-87012247			
主营业务	百货、针纺织品、日用杂货、家具、工艺美术品等						
总股本	23737.04	流通 A	10139.76	流通 B		流通 H	
审计单位			审计意见	未审计			

主要财务指标

年度	2003.9	2003.6	2002	2001
每股收益/扣除后(元)	0.0200	0.0170	0.0050	-0.0170
每股经营现金流量(元)	0.0460	0.0300	0.2167	0.1782
每股净资产/调整后(元)	1.5200	1.5100	1.4800	1.4700
每股公积金(元)	0.4597	0.4597	0.4597	0.4595
净资产收益率(%)	1.1600	0.8450	0.5500	-1.5500
总资产(万元)	80036.91	80933.99	80440.24	79551.56
股东权益(万元)	39316.55	39192.40	38861.36	38644.49
未分配利润(万元)	402.37	278.22	-40.87	-239.21
主营收入(万元)	70450.67	46774.90	96614.38	99009.53
资本公积金(万元)	10911.81	10911.81	10911.81	10907.23
主营利润(万元)	10291.90	7186.77	15806.37	14110.15
其他业务利润(万元)	700.40	330.11	451.04	814.45
营业利润(万元)	640.45	549.21	1574.41	-180.13
投资收益(万元)	-303.30	-263.92	-533.38	20.25
补贴收入(万元)	18.26	8.26	36.40	20.36
营业外收支(万元)	-34.73		164.58	-198.16
利润总额(万元)	320.67	215.80	1242.01	-337.69
净利润(万元)	455.20	331.04	212.29	-599.49

十大股东

序号	股东名称	股份性质	持股数(万股)	比例(%)
1	杭州商业资产经营(有限)公司	国家股/法人股	8320.64	35.05
2	杭州股权管理中心	法人股	1174.30	4.95
3	杭州企业产权交易所	法人股	926.55	3.90
4	浙江泰丰控股集团有限公司	法人股	448.31	1.89
5	兴和证券投资基金	流通股	129.22	0.54
6	西湖电子集团公司	法人股	113.96	0.48
7	浙江省粮油储运贸易公司	法人股	99.10	0.42
8	浙江省经济协作公司	法人股	94.38	0.40
9	杭州市房屋建设开发总公司	法人股	93.12	0.40
10	杭州价格事务所	法人股	85.82	0.36

股东人数	2003.9	2003.6	2002	2001
	68551	69785	71486	79841

近年分配		近年配股/增发	2001年10配3股

重大事项

2003-08-15 董事会决议同意投资"杭州解百生鲜超市有限公司"(暂定名,最后以工商行政管理部门审核同意的名称为准)。公司以货币方式出资 **300** 万元,占注册资本的 **30%**。通过同意总经理在董事会的授权范围内,投资参股 "浙江蓝马旅游企业管理有限公司" 和"杭州解百广告有限公司":浙江蓝马旅游企业管理有限公司注册资本 **50** 万元,其中,公司投资 **9** 万元,占注册资本的 **18%**;杭州解百广告有限公司注册资本 **50** 万元,其中,公司投资 **45** 万元,占注册资本的 **90%**。

二〇〇二年以来市场表现

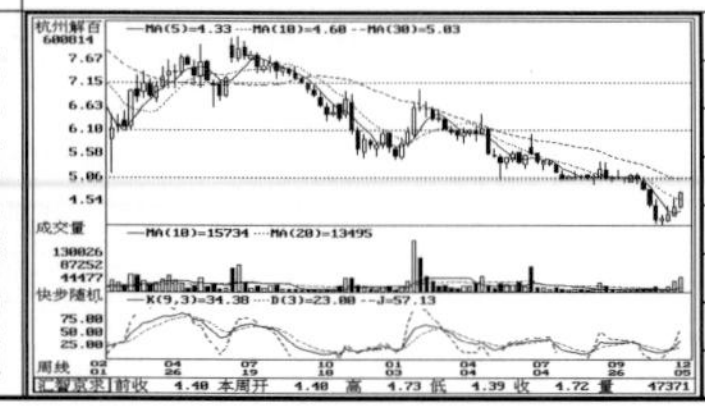

2002年涨跌幅(%)	-24.08
2002年最高(元)	8.19
2002年最低(元)	5.13
2002年换手率(%)	115.01
2003年涨跌幅(%)	-20.72
2003年最高(元)	7.00
2003年最低(元)	4.02
2003年换手率(%)	111.01

厦门工程机械股份有限公司

公司概况

公司名称	厦门工程机械股份有限公司			股票代码	600815		
注册地址	厦门市厦禾路 668 号			邮政编码	361004		
法人代表	王昆东		董秘	洪再春			
电话	0592-2115449		传真	0592-2036720			
主营业务	工程机械产品及其配件制造、加工等						
总股本	44941.38	流通 A	11970.02	流通 B		流通 H	
审计单位			审计意见	未审计			

主要财务指标

年度	2003.9	2003.6	2002	2001
每股收益/扣除后(元)	0.1630	0.1200	0.1200	0.0900
每股经营现金流量(元)	0.3956	0.3700	0.1606	-0.0894
每股净资产/调整后(元)	1.9100	1.8400	1.7200	2.5700
每股公积金(元)	0.6159	0.6159	0.6159	1.4156
净资产收益率(%)	8.4000	6.3400	6.6100	3.6700
总资产(万元)	189748.36	174247.73	143950.95	130764.91
股东权益(万元)	87373.45	85461.37	80043.93	78976.67
未分配利润(万元)	8860.05	6934.50	1517.51	1773.67
主营收入(万元)	183279.06	124061.18	165851.62	106239.43
资本公积金(万元)	27680.74	27680.74	27680.74	42413.28
主营利润(万元)	25365.11	17344.16	25834.81	18183.53
其他业务利润(万元)	357.45	236.60	1339.28	616.35
营业利润(万元)	7855.93	5802.56	6864.43	3247.13
投资收益(万元)	686.90	502.79	381.07	504.70
补贴收入(万元)				99.76
营业外收支(万元)	25.17	24.00	30.72	155.77
利润总额(万元)	8568.00	6329.35	7276.22	4007.37
净利润(万元)	7342.54	5416.99	5292.62	2950.55

十大股东

序号	股东名称	股份性质	持股数(万股)	比例(%)
1	厦门厦工集团有限公司	国有股	32971.37	73.37
2	鹏华行业成长证券投资基金	流通股	357.45	0.80
3	裕阳证券投资基金	流通股	251.71	0.56
4	华安创新证券投资基金	流通股	250.03	0.56
5	科瑞证券投资基金	流通股	245.01	0.54
6	吴芬芳	流通股	48.39	0.11
7	安久证券投资基金	流通股	45.00	0.08
8	久嘉证券投资基金	流通股	35.35	0.08
9	唐麦赛得	流通股	34.50	0.06
10	陈军	流通股	27.80	0.06

股东人数	2003.9	2003.6	2002	2001
	24674	25216	21630	23870

近年分配	2002年10派1元 2001年10派0.5元	近年配股/增发	2001年10增5元

重大事项

2003-02-21 公司董事会决议预计 **2003** 年厦门新宇机械有限公司为公司提供的零部件协作生产业务金额约 **15508** 万元;厦门齿轮厂为公司提供的零部件协作生产业务金额约 **13173** 万元;厦门银华机械有限公司为公司提供的零部件协作生产业务金额约 **7066** 万元。该三家企业均为公司长期以来的零部件协作生产企业,此交易为公司正常的生产经营协作业务。厦工运输有限公司承运公司 **2003** 年度公司采购的经火车站、码头到站的物质以及内部周转的物资等, 预计 **2003** 年度运输业务金额为 **309** 万元。上述交易构成了公司的关联交易。

二〇〇二年以来市场表现

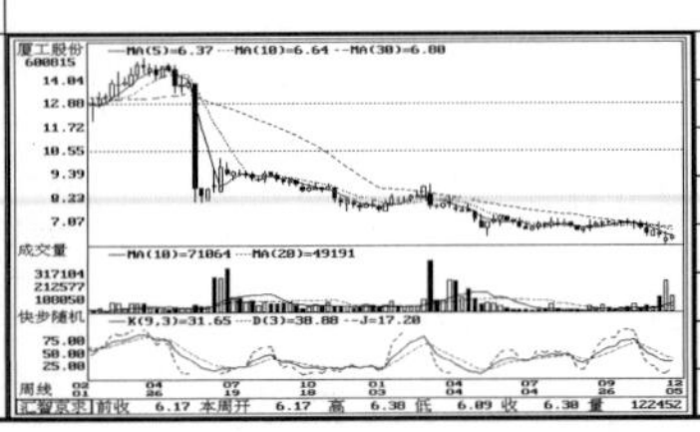

2002年涨跌幅(%)	-15.74
2002年最高(元)	10.05
2002年最低(元)	7.44
2002年换手率(%)	266.77
2003年涨跌幅(%)	-18.82
2003年最高(元)	8.74
2003年最低(元)	5.91
2003年换手率(%)	261.25

鞍山市信托投资股份有限公司

公司概况

公司名称	鞍山市信托投资股份有限公司				股票代码	600816	
注册地址	鞍山市铁东区五道街 55 号				邮政编码	114001	
法人代表	曲玉春			董秘	孙文娟		
电话	0412-2234351			传真	0412-2217080		
主营业务	人民币信托存款、委托存款、委托贷款、投资等						
总股本	45410.98	流通 A	26667.48	流通 B		流通 H	
审计单位				审计意见	未审计		

主要财务指标

年度	2003.9	2003.6	2002	2001
每股收益 / 扣除后(元)	-0.0300	-0.0300	-0.0500	-0.5400
每股经营现金流量(元)	0.3186	-0.0020	-0.8343	0.2994
每股净资产 / 调整后(元)	0.4400	0.5600	0.5300	0.5500
每股公积金(元)	0.0110	0.0110	0.0110	0.5988
净资产收益率(%)	-3.1300	-3.0000	0.9000	-34.8800
总资产(万元)	168559.77	165908.77	167928.03	272229.00
股东权益(万元)	46437.69	46496.48	47891.73	57711.67
未分配利润(万元)	-9897.65	-9838.87	-8443.62	-27133.16
主营收入(万元)	4332.99	4042.25	3978.17	13582.49
资本公积金(万元)	499.25	499.25	499.25	27191.84
主营利润(万元)	3538.03	3535.36	4150.04	4695.39
其他业务利润(万元)	2514.21	2507.52	1300.61	2266.94
营业利润(万元)	-1465.70	-1408.17	-1194.54	-15593.27
投资收益(万元)	776.41	759.18	1207.55	-835.74
补贴收入(万元)				
营业外收支(万元)	-9.40		1534.44	-4180.37
利润总额(万元)	-1475.09	-1409.17	339.90	-19773.64
净利润(万元)	-1454.04	-1395.25	432.03	-20128.99

十大股东

序号	股东名称	股份性质	持股数(万股)	比例(%)
1	上海国之杰投资发展有限公司	法人股	9082.20	20.00
2	鞍山市财政局	国家股	2090.41	4.60
3	上海凌德生物公司	法人股	1360.98	3.00
4	鞍信工会	法人股/流通股	966.69	2.13
5	鞍山炼油厂	法人股	634.23	1.40
6	中国工商银行鞍山市分行	法人股	634.23	1.40
7	中国农业银行鞍山市分行	法人股	412.25	0.91
8	鞍山市信玉资产管理有限公司	法人股	412.25	0.91
9	鞍山钢铁公司矿山公司	法人股	412.25	0.91
10	鞍钢附属企业公司	法人股	412.25	0.91

股东人数	2003.9	2003.6	2002	2001
	127526	128065	125890	128266

近年分配		近年配股 / 增发	2001年10配3股

重大事项

2003-11-26 公司董事会同意公司转让高官岭和解家堡两块土地的使用权及地上物。公司拟分别以 **1240** 万元和 **3960** 万元的价格将解家堡、高官岭的两块土地的使用权及地上物转让给鞍山四隆广场购物有限公司；通过转让鞍山市信托投资公司房地产经营开发有限公司股权的决议，公司拟以每股 **2.80** 元的价格将所持有的鞍信房产公司 **1000** 万股股权转让给鞍山四隆广场购物有限公司，股权转让总价款为 **2800** 万元；通过转让鞍山市信托投资公司海南公司股权的决议，公司以 **1480** 万元的价格将海南公司 **15169247.95** 股股权转让给鞍山四隆广场购物有限公司。

二〇〇二年以来市场表现

2002年涨跌幅(%)	-33.41
2002年最高(元)	9.18
2002年最低(元)	5.17
2002年换手率(%)	351.23
2003年涨跌幅(%)	-14.93
2003年最高(元)	8.12
2003年最低(元)	4.43
2003年换手率(%)	243.23

上海宏盛科技发展股份有限公司

公司概况

公司名称	上海宏盛科技发展股份有限公司				股票代码	600817	
注册地址	上海市浦东新区商城路 618 号				邮政编码	200120	
法人代表	龙长生			董秘	李树郁		
电话	021-58765800			传真	021-58870670		
主营业务	实业投资,国内贸易,电脑及高科技产品的生产和销售等						
总股本	8251.80	流通 A	1124.20	流通 B		流通 H	
审计单位				审计意见	未审计		

主要财务指标

年度	2003.9	2003.6	2002	2001
每股收益 / 扣除后(元)	0.3500	0.2400	0.2900	0.0050
每股经营现金流量(元)	1.4557	0.0700	2.2349	-0.5516
每股净资产 / 调整后(元)	1.7900	1.6700	1.3500	1.2100
每股公积金(元)	0.5162	0.5162	0.5162	0.5162
净资产收益率(%)	19.2200	14.6900	16.3300	1.0600
总资产(万元)	108652.92	75937.84	82111.24	60343.93
股东权益(万元)	15035.71	14236.90	12145.12	10162.23
未分配利润(万元)	968.39	169.59	-1922.19	-4252.07
主营收入(万元)	182123.31	106663.28	213818.06	79530.76
资本公积金(万元)	4259.35	4259.35	4259.35	4259.35
主营利润(万元)	13714.45	7069.34	10428.08	6151.82
其他业务利润(万元)			37.24	514.43
营业利润(万元)	5250.67	3261.29	4175.81	796.54
投资收益(万元)	128.65	86.81	-96.95	22.67
补贴收入(万元)				59.53
营业外收支(万元)	-122.44	35.98	-353.05	-18.21
利润总额(万元)	5256.88	3384.08	3725.82	860.54
净利润(万元)	2890.59	2091.78	1982.89	107.89

十大股东

序号	股东名称	股份性质	持股数(万股)	比例(%)
1	上海宏普实业投资有限公司	法人股	3737.30	45.29
2	上海市油脂公司	国有法人股	338.40	4.10
3	中国粮食贸易公司	国有法人股	308.00	3.73
4	中国植物油公司	国有法人股	242.00	2.93
5	上海亿安科技发展有限公司	法人股	167.20	2.03
6	上海市粮食储运公司	国有法人股	150.00	1.82
7	上海大屯煤电有限公司	法人股	121.00	1.47
8	上海聚劲投资有限公司	法人股	121.00	1.47
9	建设银行浦东分行	国有法人股	121.00	1.47
10	上海氯碱总厂	法人股	121.00	1.47

股东人数	2003.9	2003.6	2002	2001
	10344	10371	10797	11556

近年分配		近年配股 / 增发	不分配不转增

重大事项

公司于 **2003** 年 **11** 月 **21** 日公司董事会通过公司下属控股子公司宏普国际发展（上海）有限公司与 **Haughton Peak Holdings Limited** 共同投资组建安丰电子（上海）有限公司。该公司注册资本为美金 **800** 万元，其中宏普国际以自有资金出资 **600** 万美元，占注册资本的 **75%**。通过公司与长龙国际集团有限公司拟共同投资组建深圳宏盛电子有限公司。该公司注册资本拟为美金 **500** 万元，其中公司以自有资金出资 **350** 万美元，占注册资本的 **70%**。

二〇〇二年以来市场表现

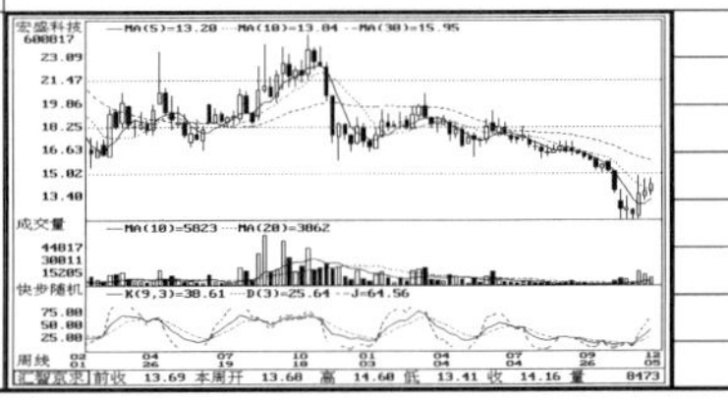

2002年涨跌幅(%)	-11.37
2002年最高(元)	24.70
2002年最低(元)	14.30
2002年换手率(%)	583.96
2003年涨跌幅(%)	-18.71
2003年最高(元)	20.55
2003年最低(元)	11.79
2003年换手率(%)	247.18

上海永久股份有限公司

公司概况							
公司名称	上海永久股份有限公司			股票代码	600818		
注册地址	上海市周家嘴路 1357 号			邮政编码	200092		
法人代表	顾觉新			董秘	袁志坚		
电话	021-65136974			传真	021-65139966		
主营业务	自行车、童车、踏板车、健身车、机动两轮车等						
总股本	26565.94	流通 A	1495.00	流通 B	6900.00	流通 H	
审计单位				审计意见	未审计		

主要财务指标

年度	2003.9	2003.6	2002	2001
每股收益 / 扣除后(元)	0.0540	0.0360	0.0300	-0.1000
每股经营现金流量(元)	-0.2814	-0.2300	0.2668	-0.1806
每股净资产 / 调整后(元)	0.5617	0.5500	0.4500	0.2400
每股公积金(元)	1.7275	1.7275	1.7275	1.6853
净资产收益率(%)	23.4000	20.7600	43.4500	14.0200
总资产(万元)	60829.74	59693.77	52956.22	49664.79
股东权益(万元)	14921.87	14606.36	12097.09	6301.34
未分配利润(万元)	-59984.60	-60443.42	-63475.75	-68632.92
主营收入(万元)	58949.44	33600.79	55060.55	37007.61
资本公积金(万元)	45892.67	45892.67	45892.67	44772.23
主营利润(万元)	8940.69	5041.87	7535.87	4456.30
其他业务利润(万元)	135.49	148.85	5865.36	5383.64
营业利润(万元)	967.13	514.81	4539.64	679.65
投资收益(万元)	2042.52	2035.47	53.91	141.37
补贴收入(万元)	14.65	6.77	290.58	
营业外收支(万元)	-42.43		-83.53	-485.07
利润总额(万元)	2981.87	2542.27	4800.60	335.95
净利润(万元)	3491.15	3032.33	5255.76	883.73

十大股东

序号	股东名称	股份性质	持股数(万股)	比例(%)
1	上海中路(集团)有限公司	社会法人股	14364.00	54.07
2	上海轻工控股(集团)公司(受托管理)	国有股	2656.94	10.00
3	上工股份有限公司	社会募集法人股	445.05	1.69
4	MERRILLLYNCHEASTLIMITED.	境内上市外资股	392.28	1.48
5	BINLIANG	境内上市外资股	238.25	0.90
6	陈益	境内上市外资股	148.89	0.56
7	陈平	境内上市外资股	140.12	0.53
8	陈尔愈	境内上市外资股	133.00	0.50
9	陈杰	境内上市外资股	126.26	0.48
10	唐朱胤	境内上市外资股	67.90	0.26

股东人数	2003.9	2003.6	2002	2001
	14052	13510	12642	10139

近年分配		近年配股 / 增发	不分配不转增

重大事项

2003 年 10 月 29 日公司控股 90%股权的下属子公司上海中路实业有限公司出资 1750 万元，法国迪卡侬股份有限公司出资 3250 万元，分别占 35%和 65%股权，合资组建中外合作企业-上海迪卡侬中路体育用品零售有限公司已于 2003 年 9 月获得中华人民共和国商务部的批准，并已在上海市工商行政管理局取得正式营业执照。 2003-10-25 董事会决议为控股子公司上海中路实业有限公司贷款 1700 万元提供担保。同意与 RALEIGH 国际有限公司(英国兰羚)签订《商标许可协议》，公司在中国内地独家使用 RALEIGH 商标。

二〇〇二年以来市场表现

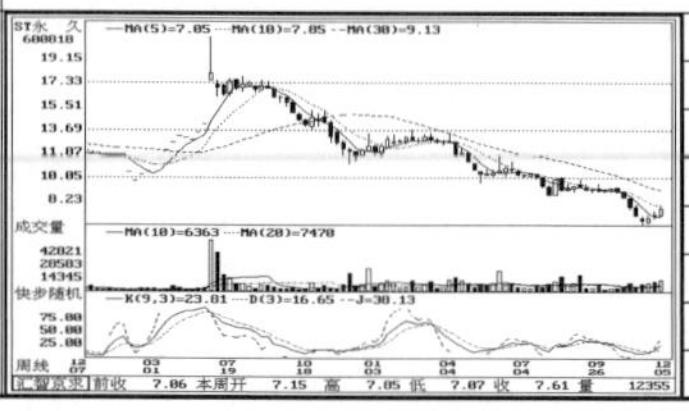

2002年涨跌幅(%)	2.71
2002年最高(元)	20.97
2002年最低(元)	9.75
2002年换手率(%)	198.61
2003年涨跌幅(%)	-41.70
2003年最高(元)	13.68
2003年最低(元)	6.41
2003年换手率(%)	227.91

上海耀华皮尔金顿玻璃股份有限公司

公司概况							
公司名称	上海耀华皮尔金顿玻璃股份有限公司			股票代码	600819		
注册地址	上海市浦东新区济阳路 100 号			邮政编码	200126		
法人代表	朱伯安			董秘	金闽丽		
电话	021-58839305			传真	021-58801554		
主营业务	产销透明浮法玻璃、本体着色玻璃及其深加工系列等						
总股本	48750.00	流通 A	3125.00	流通 B	12500.00	流通 H	
审计单位				审计意见	未审计		

主要财务指标

年度	2003.9	2003.6	2002	2001
每股收益 / 扣除后(元)	0.1990	0.1360	0.2240	0.3310
每股经营现金流量(元)	0.2916	0.1690	0.4613	0.4459
每股净资产 / 调整后(元)	3.4700	3.4000	3.2700	3.2200
每股公积金(元)	1.1846	1.1846	1.1846	1.1846
净资产收益率(%)	5.4800	3.8100	6.5900	9.7600
总资产(万元)	242472.09	235440.02	207064.50	212848.83
股东权益(万元)	177405.56	174329.12	167686.66	166384.86
未分配利润(万元)	33053.17	29976.44	23334.23	23690.67
主营收入(万元)	87919.67	55641.41	108352.16	104491.67
资本公积金(万元)	57749.20	57749.20	57749.20	57749.20
主营利润(万元)	24261.55	15930.19	38459.86	40254.58
其他业务利润(万元)	293.89	182.04	783.35	1026.36
营业利润(万元)	10014.34	6707.92	11215.20	16713.09
投资收益(万元)	1616.99	1227.49	1655.03	1661.15
补贴收入(万元)			27.00	430.11
营业外收支(万元)	15.26		107.15	-0.08
利润总额(万元)	11646.58	7946.04	13004.38	18804.16
净利润(万元)	9718.94	6642.21	11051.24	16238.19

十大股东

序号	股东名称	股份性质	持股数(万股)	比例(%)
1	皮尔金顿国际控股公司 BV	外资股	9250.71	18.98
2	中国复合材料集团公司	国有法人股	8139.91	16.70
3	上海耀华玻璃厂	国有法人股	8139.91	16.70
4	上海建筑材料(集团)总公司	国家股	5139.91	10.54
5	中国东方资产管理公司	国家股	3000.00	6.15
6	上海财政证券公司	内资流通股	620.26	1.27
7	TOYO SECURITIES ASIA LTD A/C CLIENT	外资流通股	560.59	1.15
8	JUMBO BUILDER LTD	外资流通股	476.03	0.98
9	上海万国证券公司发行部	社会法人股	280.89	0.58
10	新上海国际大厦有限公司	内资流通股	178.74	0.37

股东人数	2003.9	2003.6	2002	2001
	31038	31454	33987	43562

近年分配	2002年 10 派 2 元 2001 年 10 派 2.2 元	近年配股 / 增发	不分配不转增

重大事项

2003-11-18 公司以 1000 万美元收购日本板硝子和住友分别持有天津日板浮法玻璃有限公司 40%和 10%的出资额。公司同意承继日本板硝子和住友在为天津日板归还不低于 3500 万美元银行贷款的前提下的贷款担保余额，此担保须在天津日板的资产负债率降到 70%以下后方能实施。受让完成后，公司将持有天津日板 50%的出资额，但按公司章程规定，公司将取得对天津日板的实质控制权。此次收购事宜已经公司四届三次董事会审议通过，本转让协议应于天津日板原审批部门批准，并向天津日板签发新的批准证书后方可生效。

二〇〇二年以来市场表现

2002年涨跌幅(%)	7.67
2002年最高(元)	14.88
2002年最低(元)	8.88
2002年换手率(%)	218.43
2003年涨跌幅(%)	-13.48
2003年最高(元)	16.37
2003年最低(元)	10.11
2003年换手率(%)	50.04

上海隧道工程股份有限公司

公司概况

公司名称	上海隧道工程股份有限公司	股票代码	600820
注册地址	上海市浦东新区海徐路957号	邮政编码	200082
法人代表	姜先赋	董秘	金波
电话	021-65869999-5072	传真	021-65419227
主营业务	土木工程建设项目总承包、隧道、市政建筑公路等		
总股本	59112.87	流通A	26647.34
流通B		流通H	
审计单位		审计意见	未审计

主要财务指标

年度	2003.9	2003.6	2002	2001
每股收益/扣除后(元)	0.1490	0.1417	0.1845	0.2465
每股经营现金流量(元)	-0.2988	-0.0800	1.3676	0.4306
每股净资产/调整后(元)	2.8800	2.8600	2.7366	2.7487
每股公积金(元)	1.4380	1.4376	1.4376	1.6814
净资产收益率(%)	5.2400	4.7700	6.5130	6.1590
总资产(万元)	644942.19	631286.44	613985.25	598537.75
股东权益(万元)	173745.30	172880.41	164649.19	157322.80
未分配利润(万元)	16683.83	15831.37	7905.52	2917.67
主营收入(万元)	367599.75	232893.42	443712.84	397342.59
资本公积金(万元)	85002.96	84980.30	84980.30	90354.20
主营利润(万元)	25336.37	19188.51	37383.37	38443.27
其他业务利润(万元)	1132.64	513.29	447.26	-132.40
营业利润(万元)	6660.53	7211.69	10958.81	10824.14
投资收益(万元)	3426.46	2494.30	4979.26	5338.74
补贴收入(万元)	521.92	331.22	1311.57	734.51
营业外收支(万元)	-180.89		-3418.19	-4961.55
利润总额(万元)	10428.01	9814.29	13831.45	11935.85
净利润(万元)	9100.42	8247.96	10723.68	9689.02

十大股东

序号	股东名称	股份性质	持股数(万股)	比例(%)
1	上海国有资产管理办公室	国家股	29618.35	50.10
2	上海伟盟建筑材料公司	募集法人股	1075.02	1.82
3	鹏华行业成长证券投资基金	流通股	631.55	1.07
4	南方证券有限公司	流通股	361.76	61.00
5	浦东市政建设公司	募集法人股	212.28	0.36
6	上海国际信托投资公司	流通股	199.63	0.34
7	裕阳证券投资基金	流通股	184.74	0.31
8	深圳市深业投资开发有限公司	募集法人股	144.84	0.25
9	徐桂珍	流通股	139.64	0.24
10	严莉莉	流通股	139.40	0.24

股东人数	2003.9	2003.6	2002	2001
	106776	107285	107764	81253

近年分配	2002年10派0.5元 2001年10派0.5元	近年配股/增发	2003年10配3股 2001年10转增1配2.31股

重大事项

2003-09-30 由公司投资控股、设计施工、营运管理的上海大连路越江公路隧道，于**9**月**29**日建成通车，该隧道由公司投资**4.5**亿元控股**90%**的上海大连路隧道建设发展有限公司负责经营管理，经营期为**25**年。上海大连路越江隧道于**2001**年**5**月开工，原计划工期**3**年，计划于**2004**年**5**月竣工，经过公司合理调整施工方案，提前**8**个月竣工通车，这使得公司的补贴收入也将提前至**2004**年**1**月开始实现。根据预算，项目总投资为**165526**万元，补贴率为投资总额的**9.9%**，项目投资人内含报酬率为**8.56%**。

二○○二年以来市场表现

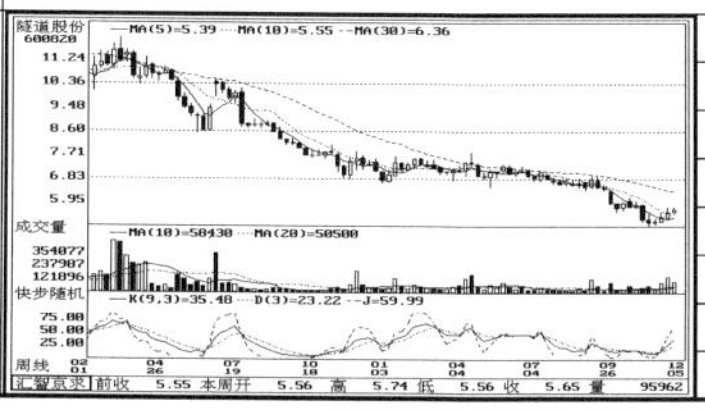

2002年涨跌幅(%)	-29.66
2002年最高(元)	10.92
2002年最低(元)	6.75
2002年换手率(%)	188.67
2003年涨跌幅(%)	-18.74
2003年最高(元)	7.72
2003年最低(元)	5.07
2003年换手率(%)	89.27

天津劝业场(集团)股份有限公司

公司概况

公司名称	天津劝业场(集团)股份有限公司	股票代码	600821
注册地址	天津市和平区和平路290号	邮政编码	300022
法人代表	刘树明	董秘	王茜
电话	022-27307227	传真	022-27304989
主营业务	商业、各类物资的批发及零售;公共饮食等		
总股本	29252.01	流通A	14558.50
流通B		流通H	
审计单位		审计意见	未审计

主要财务指标

年度	2003.9	2003.6	2002	2001
每股收益/扣除后(元)	0.0080	0.0050	-0.1500	0.0200
每股经营现金流量(元)	0.0799	0.0340	-0.0361	0.2553
每股净资产/调整后(元)	1.8100	1.7500	1.7200	1.9700
每股公积金(元)	0.9547	0.9547	0.9547	0.9547
净资产收益率(%)	0.6200	0.3600	-8.1100	0.7800
总资产(万元)	139102.69	122471.81	127156.98	139179.16
股东权益(万元)	62549.62	60642.66	60268.67	66869.74
未分配利润(万元)	-3933.05	-4097.06	-4318.06	971.84
主营收入(万元)	102470.48	68892.91	131617.27	153995.19
资本公积金(万元)	27927.43	27927.43	27927.44	27932.49
主营利润(万元)	9563.52	6407.01	12852.89	16028.73
其他业务利润(万元)	1093.92	758.69	3124.91	3531.28
营业利润(万元)	-421.32	-446.90	-4606.81	-797.95
投资收益(万元)	669.36	669.36	-603.38	1002.54
补贴收入(万元)		35.26	86.05	102.50
营业外收支(万元)	207.99		-576.33	61.84
利润总额(万元)	456.02	302.60	-5700.48	368.93
净利润(万元)	385.01	220.99	-4888.50	521.68

十大股东

序号	股东名称	股份性质	持股数(万股)	比例(%)
1	天津劝业华联集团有限公司	国家股	9702.36	33.17
2	天津环海	社会法人股	692.00	2.37
3	渤海证券	社会法人股	314.79	1.08
4	一商集团	社会法人股	143.47	0.49
5	中国拆船	社会法人股	80.71	0.28
6	嘉年华	社会法人股	55.00	0.19
7	立达国商	社会法人股	47.08	0.16
8	永佳公司	社会流通股	39.94	0.14
9	北方国投	社会法人股	38.49	0.13
10	李虎	社会流通股	35.81	0.12

股东人数	2003.9	2003.6	2002	2001
	77864	77891	79214	81732

近年分配		近年配股/增发	不分配不转增

重大事项

2003-06-14 公司董事会同意公司为全资子公司华运商贸物业公司**5000**万元授信额度提供担保。**2003-03-2** 公司股东大会决公司以超市资产作为出资与荷兰家乐福(中国)控股有限公司组建合资公司并签定《合资经营合同》等相关文件事项。合资公司注册资本为**1000**万美元,公司出资**350**万美元，出资额占合资公司注册资本的**35%**。公司以公司在劝业超市河东店的土地使用权作为出资。合作双方同意该土地使用权及劝业超市其他资产共计总价为**9890**万元人民币，资产总价和公司注册资本之间的差额部分由合资公司向公司购买。

二○○二年以来市场表现

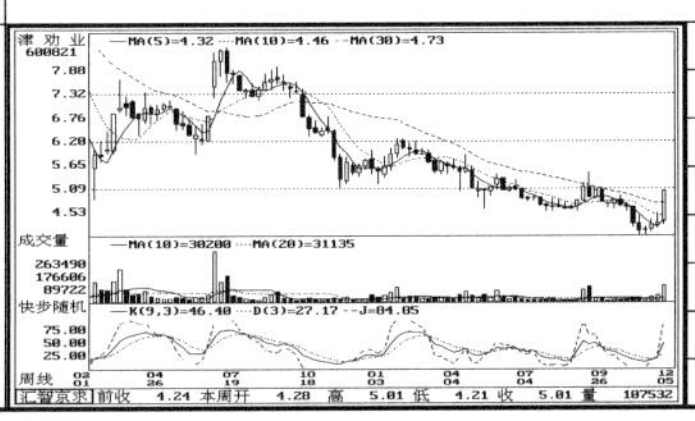

2002年涨跌幅(%)	-27.20
2002年最高(元)	8.44
2002年最低(元)	4.60
2002年换手率(%)	187.10
2003年涨跌幅(%)	-20.00
2003年最高(元)	6.25
2003年最低(元)	3.97
2003年换手率(%)	99.30

上海物资贸易中心股份有限公司

公司概况

公司名称	上海物资贸易中心股份有限公司	股票代码	600822
注册地址	中国上海市浦东新区陆家嘴东昌路东园一村	邮政编码	200063
法人代表	陈伟宝	董秘	蔡嘉德
电话	021-62570000-8520	传真	021-62572959
主营业务	金属材料、化工原料、建材、木材、汽车等		
审计单位		审计意见	未审计

总股本	流通 A	流通 B	流通 H
25272.03	1331.00	6655.00	

主要财务指标

年度	2003.9	2003.6	2002	2001
每股收益/扣除后(元)	-0.0310	-0.0524	0.0116	0.0911
每股经营现金流量(元)	-0.5306	-0.5390	0.3354	0.0958
每股净资产/调整后(元)	1.0905	1.0949	1.1349	1.0850
每股公积金(元)	0.1458	0.1458	0.1458	0.1444
净资产收益率(%)	-3.8111	-3.4120	0.8750	9.1840
总资产(万元)	128317.83	105272.34	91195.61	69562.21
股东权益(万元)	29145.23	29257.76	30256.00	29955.95
未分配利润(万元)	-1149.33	-1036.80	-38.56	28.59
主营收入(万元)	464863.69	304347.06	447705.09	318431.69
资本公积金(万元)	3685.37	3685.37	3685.37	3649.97
主营利润(万元)	9728.31	6512.66	13479.65	13186.79
其他业务利润(万元)	171.58	91.37	363.10	1210.59
营业利润(万元)	-1782.91	-1540.75	-82.24	1585.90
投资收益(万元)	690.95	547.62	661.73	1479.72
补贴收入(万元)	57.66	56.06	28.36	24.00
营业外收支(万元)	3.85	7.06	-47.42	153.75
利润总额(万元)	-1030.44	-931.86	560.44	3243.57
净利润(万元)	-1110.77	-998.24	264.63	2751.14

十大股东

序号	股东名称	股份性质	持股数(万股)	比例(%)
1	上海物资(集团)总公司(国有持股)	国家股	14438.13	57.13
2	江南重工股份有限公司	法人股	700.00	2.77
3	上海华生化工有限公司	法人股	650.00	2.57
4	上海中南投资管理有限公司	法人股	213.00	0.84
5	上海期货交易所	法人股	199.65	0.79
6	广西玉柴机器集团公司	法人股	199.65	0.79
7	CITIGROUP GLOBAL MARKETS INC	B股	150.15	0.59
8	长江经济联合发展(集团)股份有限公司	法人股	133.10	0.53
9	王春华	B股	74.06	0.29
10	上海沪北物流发展有限公司	法人股	73.21	0.29

股东人数	2003.9	2003.6	2002	2001
	23605	23514	24076	23485

近年分配	2001年10派0.2元	近年配股/增发	不分配不转增

重大事项

2003-11-22 通过公司出资700万元人民币向上海利德木业有限公司增资扩股的议案:上海利德木业有限公司注册资本1980万元,公司出资700万元人民币对其增资扩股后,所占股权比例将达到51.30%。 2003-08-18 董事会决议通过公司全资子公司上海燃料浦东有限责任公司出资人民币82.38万元购买上海申燃船务有限公司74.85%股权暨关联交易的议案。

二〇〇二年以来市场表现

2002年涨跌幅(%)	-15.47
2002年最高(元)	19.38
2002年最低(元)	9.66
2002年换手率(%)	499.91
2003年涨跌幅(%)	-38.22
2003年最高(元)	14.70
2003年最低(元)	6.76
2003年换手率(%)	169.45

上海世茂股份有限公司

公司概况

公司名称	上海世茂股份有限公司	股票代码	600823
注册地址	上海广东路500号世界贸易大厦3008室	邮政编码	200001
法人代表	许荣茂	董秘	葛卫东
电话	021-63620099	传真	021-62620999
主营业务	实业投资、房地产综合开发,酒店管理等		
审计单位		审计意见	未审计

总股本	流通 A	流通 B	流通 H
15427.52	3856.90		

主要财务指标

年度	2003.9	2003.6	2002	2001
每股收益/扣除后(元)	-0.0500	-0.0350	0.0197	0.1821
每股经营现金流量(元)	-1.3800	-1.3000	0.5019	0.1405
每股净资产/调整后(元)	2.0000	2.0200	2.0030	1.9800
每股公积金(元)	0.7836	0.7836	0.7836	0.7836
净资产收益率(%)	0.2100	0.9900	0.9800	9.1800
总资产(万元)	113618.48	110818.72	68168.21	82705.52
股东权益(万元)	47456.20	47829.34	47357.63	46896.35
未分配利润(万元)	2188.85	2561.98	2090.28	1718.89
主营收入(万元)	251.89	169.03	285.92	5092.76
资本公积金(万元)	18527.28	18527.28	18527.28	18527.28
主营利润(万元)	128.03	86.40	143.55	940.19
其他业务利润(万元)	56.78		6.78	727.67
营业利润(万元)	-1827.10	-1250.08	-434.34	-959.27
投资收益(万元)	2015.96	1959.44	701.33	5654.41
补贴收入(万元)			2000.00	0.15
营业外收支(万元)	40.62	-5.33	-1.70	-44.94
利润总额(万元)	229.49	704.04	465.28	4650.35
净利润(万元)	98.57	471.71	465.28	4305.12

十大股东

序号	股东名称	股份性质	持股数(万股)	比例(%)
1	邯郸钢铁集团有限责任公司	法人股	6250.00	26.43
2	黄浦区国有资产管理办公室	国家股	3815.83	16.14
3	上海沪通实业有限公司	法人股	592.03	2.50
4	上海国际信托投资有限公司	法人股	519.90	2.16
5	浦东新区国有资产投资管理公司	已流通股	409.50	1.73
6	海通证券股份有限公司	法人股	143.76	0.61
7	南京南强防腐工程有限公司	法人股	97.50	0.41
8	上海钦德商务有限公司	法人股	68.25	0.29
9	袁鑫	已流通股	65.42	0.28
10	徐美英	已流通股	50.40	0.21

股东人数	2003.9	2003.6	2002	2001
	52666	55229	52403	55229

近年分配	2001年10股派0.73元	近年配股/增发	不分配不转增

重大事项

2003年1月24日经公司董事会同意公司以人民币9900万元的价格向首创置业股份有限公司转让所持有的北京首创朝阳房地产发展有限公司的股权。本次股权转让为公司带来了1959.44万元的投资收益。 2003年8月28日世茂股份以所持有的上海世茂国际广场有限责任公司18.375%的股权与参股公司上海世茂建设有限公司持有的上海世茂建设有限公司持有的上海世茂湖滨房地产有限公司50%的股权进行置换.本次置换后世茂股份将持有世茂湖滨50%的股权世茂建设将持有世茂国际广场18.375%的股权.

二〇〇二年以来市场表现

2002年涨跌幅(%)	-13.33
2002年最高(元)	13.71
2002年最低(元)	9.02
2002年换手率(%)	281.57
2003年涨跌幅(%)	-21.13
2003年最高(元)	10.50
2003年最低(元)	6.40
2003年换手率(%)	171.01

上海益民百货股份有限公司

公司概况

公司名称	上海益民百货股份有限公司	股票代码	600824
注册地址	上海市淮海中路645-659号6楼	邮政编码	200020
法人代表	陈圣	董秘	邵振耀
电话	021-53066888	传真	021-53066576
主营业务	百货,针纺织品;皮革制品,五金交电化工,金银饰品等		
总股本	19364.91	流通A	8986.55
流通B		流通H	
审计单位		审计意见	未审计

主要财务指标

年度	2003.9	2003.6	2002	2001
每股收益/扣除后(元)	0.2020	0.1320	0.2300	0.2530
每股经营现金流量(元)	0.3040	0.1840	0.4210	0.0240
每股净资产/调整后(元)	3.6070	3.5400	3.4200	3.4000
每股公积金(元)	1.7912	1.7912	1.7912	1.7907
净资产收益率(%)	5.2400	3.4100	6.5900	7.4200
总资产(万元)	108646.49	103313.57	101560.06	105120.53
股东权益(万元)	71172.16	69828.55	67444.10	65891.77
未分配利润(万元)	5594.63	4251.01	1866.57	438.79
主营收入(万元)	34210.11	22619.56	45977.26	73183.51
资本公积金(万元)	34686.91	34686.91	34676.90	34676.92
主营利润(万元)	14575.88	22619.56	45977.26	73183.51
其他业务利润(万元)	2341.65	1631.54	2403.60	1246.26
营业利润(万元)	6079.64	4141.99	6767.26	6675.43
投资收益(万元)	130.81	118.87	317.85	79.14
补贴收入(万元)	1.09		0.15	
营业外收支(万元)			-285.19	-545.13
利润总额(万元)	6079.64	4002.54	6801.42	6232.44
净利润(万元)	3728.05	2384.44	4447.08	4889.99

十大股东

序号	股东名称	股份性质	持股数(万股)	比例(%)
1	上海市国有资产管理办公室	国有股	10378.36	53.59
2	申银万国证券股份有限公司	流通股	397.78	2.05
3	上海浦东上南房产有限公司	流通股	87.39	0.45
4	上海茂盛半岛经济发展有限公司	流通股	64.04	0.33
5	上海东航投资有限公司	流通股	55.32	0.29
6	上海宝钢国际货运代理有限公司	流通股	47.00	0.24
7	国泰君安证券股份有限公司	流通股	46.96	0.24
8	宗详德	流通股	46.90	0.24
9	华鑫证券有限责任公司	流通股	45.44	0.23
10	上海盛岛娱乐有限公司	流通股	41.31	0.21

股东人数	2003.9	2003.6	2002	2001
	34517	35236	31422	36409

近年分配	近年配股/增发
2002年10股派1.5元 2001年度10股派1.50元	不分配不转增

重大事项

2003年1月3日,经交易双方协商上海益民百货股份有限公司与上海柳林商务中心于2002年12月31日签署了房产《出售合同》上海柳林商务中心将其所有的淮海中路1号柳林大厦15至22层楼面房产绿证总计建筑面积7144.50平方米出售给公司双方协议转让价格总计人民币8573.40万元。 公司对下属的天宝公司追加投资850万元使其注册资本达到1000万元,并改制为天宝金银珠宝有限公司公司对下属的上海龙凤金银珠宝有限公司由公司出资90万元天宝公司出资10万元而组成公司向天宝公司出让投资90%调整为10%天宝公司受让公司80%的股权由原投资10%调整为90%由此天宝公司控股龙凤公司90%的股权。

二〇〇二年以来市场表现

2002年涨跌幅(%)	-8.20
2002年最高(元)	12.56
2002年最低(元)	7.91
2002年换手率(%)	182.43
2003年涨跌幅(%)	-36.04
2003年最高(元)	9.95
2003年最低(元)	5.50
2003年换手率(%)	118.54

华联超市股份有限公司

公司概况

公司名称	华联超市股份有限公司	股票代码	600825
注册地址	上海市张杨路655号	邮政编码	200120
法人代表	华洲	董秘	董小春
电话	021-65201818	传真	021-65432001
主营业务	服装鞋帽,服饰系列配套商品,日用百货等		
总股本	15427.53	流通A	3856.90
流通B		流通H	
审计单位		审计意见	未审计

主要财务指标

年度	2003.9	2003.6	2002	2001
每股收益/扣除后(元)	0.2130	0.1850	0.4410	0.3250
每股经营现金流量(元)	-0.3700	-0.0900	1.6170	-0.4031
每股净资产/调整后(元)	2.2100	1.3800	1.1930	1.0120
每股公积金(元)	0.1862	0.1862	0.1862	0.1852
净资产收益率(%)	10.3300	8.8100	21.4900	20.4900
总资产(万元)	132707.39	123422.87	123971.54	113639.61
股东权益(万元)	34259.83	34149.68	31142.14	24433.95
未分配利润(万元)	11344.63	11132.93	8125.40	2890.01
主营收入(万元)	295493.72	197322.66	366644.31	324788.25
资本公积金(万元)	2872.50	2872.50	2872.50	2856.82
主营利润(万元)	43066.67	31125.47	55579.10	44259.62
其他业务利润(万元)	871.65	640.51	1574.60	-317.82
营业利润(万元)	3910.54	3320.33	8393.61	6083.37
投资收益(万元)	69.07	43.65	60.45	140.75
补贴收入(万元)	60.93	60.93	2.16	
营业外收支(万元)	-158.49	-179.09	-395.53	-171.37
利润总额(万元)	3882.04	3245.81	8060.68	6052.75
净利润(万元)	3538.05	3007.53	6692.51	5007.00

十大股东

序号	股东名称	股份性质	持股数(万股)	比例(%)
1	上海华联商厦股份有限公司	法人股	7713.76	50.00
2	华联(集团)有限公司	法人股	1619.88	10.50
3	友谊集团	法人股	445.21	2.89
4	天华基金	流通股	375.29	2.43
5	九百集团	法人股	308.55	2.00
6	裕隆基金	流通股	230.00	1.49
7	安瑞基金	流通股	140.33	0.91
8	安顺基金	流通股	115.33	0.75
9	通乾基金	流通股	108.12	0.70
10	新江湾城	流通股	104.90	0.68

股东人数	2003.9	2003.6	2002	2001
	5773	5938	5803	10114

近年分配	近年配股/增发
2001年10股派0.3元	不分配不转增

重大事项

2003年报告期内,公司持股5%以上股东上海华联商厦股份有限公司于2000年7月18日在《上海证券报》刊登董事会公告,承诺对受让"时装股份"50%股权后三年内不进行转让.截止2002年末其未对持有本公司50%的股权进行转让. 按照2003年半年度业绩和公司往年业绩分布情况预测公司目前股价的市盈率水平仅为22-25倍沃尔玛和香港上市的联华超市目前市盈率均高于华联超市.而且联华超市H股上市之后的强势表现有一定的示范作用.需要注意的是,该公司资金瓶颈和高负债比率已经开始制约公司的扩张.

二〇〇二年以来市场表现

2002年涨跌幅(%)	-8.28
2002年最高(元)	16.79
2002年最低(元)	10.69
2002年换手率(%)	254.19
2003年涨跌幅(%)	-19.45
2003年最高(元)	14.58
2003年最低(元)	9.20
2003年换手率(%)	119.08

上海兰生股份有限公司

公司概况

公司名称	上海兰生股份有限公司	股票代码	600826
注册地址	上海市浦东新区新金桥路1566号	邮政编码	200437
法人代表	赵效定	董秘	张铸
电话	021-65446501	传真	021-65446061
主营业务	经营轻工业品等经贸咨询等;国内商业仓储业务等		

总股本	28042.82	流通A	9514.00	流通B		流通H	
审计单位		审计意见	未审计				

主要财务指标

年度	2003.9	2003.6	2002	2001
每股收益/扣除后(元)	0.0190	0.0530	0.1200	0.1400
每股经营现金流量(元)	-2.0400	-0.2350	0.1900	0.3205
每股净资产/调整后(元)	2.9000	2.9800	2.6200	2.5800
每股公积金(元)	0.9207	0.9136	0.9112	0.9112
净资产收益率(%)	0.8100	1.9500	4.2700	5.0200
总资产(万元)	198637.73	146891.81	144448.56	134481.59
股东权益(万元)	83313.50	83759.08	82350.33	82252.49
未分配利润(万元)	12627.29	13584.80	11955.35	9152.90
主营收入(万元)	130000.19	83345.86	178430.39	171891.27
资本公积金(万元)	25818.52	25621.30	25552.31	25552.31
主营利润(万元)	8283.57	5884.24	13267.15	15825.58
其他业务利润(万元)	375.25	225.34	214.53	15825.58
营业利润(万元)	867.43	1115.54	1259.53	3337.93
投资收益(万元)	-296.86	158.80	2651.18	1049.65
补贴收入(万元)	169.26	169.26	242.97	952.45
营业外收支(万元)	-84.74	-303.10	-25.32	
利润总额(万元)	716.20	1418.27	3850.58	5255.29
净利润(万元)	671.94	1629.44	3414.45	3960.73

十大股东

序号	股东名称	股份性质	持股数(万股)	比例(%)
1	上海兰生(集团)有限公司	国有股	18528.82	66.07
2	邬君	流通股	21.98	0.08
3	潘福妹	流通股	18.61	0.07
4	徐振平	流通股	14.88	0.05
5	丁剑	流通股	14.71	0.05
6	史悦成	流通股	13.00	0.05
7	兴和证券投资基金	流通股	12.53	0.05
8	冯笑吾	流通股	12.01	0.04
9	隋熙凤	流通股	11.66	0.04
10	汪秋平	流通股	11.62	0.04

股东人数	2003.9	2003.6	2002	2001
	68346	69440	72181	78865

近年分配	2001年10股派1元	近年配股/增发	不分配不转增

重大事项

2003年10月财政部、国家税务总局发布了关于调整出口货物退税率的通知,规定自2004年1月1日起降低部分产品的出口退税率,本公司部分出口商品效益将受到一定影响,公司将通过加强管理,降低产品成本,加快资金周转等措施,逐步消化不利影响。 2002年12月股东大会通过了资产置换方案,资产置换调整了公司资产结构,提高了资产经营效率,降低了经营风险,提高了公司参与国内外市场的竞争力,对公司未来的经营产生积极影响.由于换入的资产上海兰生房产有限公司股权所产生的股权投资差额按会计政策的有关规定须分期摊销,可能对本公司的利润产生一定的影响.

二○○二年以来市场表现

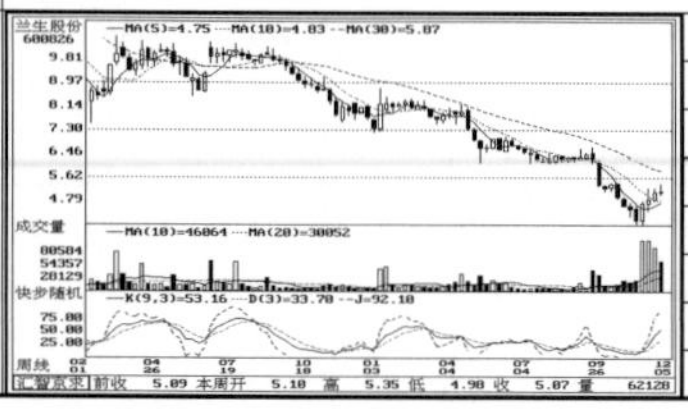

2002年涨跌幅(%)	-22.87
2002年最高(元)	10.55
2002年最低(元)	7.40
2002年换手率(%)	89.15
2003年涨跌幅(%)	-31.40
2003年最高(元)	8.75
2003年最低(元)	3.95
2003年换手率(%)	101.04

上海友谊集团股份有限公司

公司概况

公司名称	上海友谊集团股份有限公司	股票代码	600827
注册地址	上海市浦东新区商城路518号10楼	邮政编码	200120
法人代表	王宗南	董秘	汪龙生
电话	021-58799358	传真	021-58883303
主营业务	综合百货、连锁超市、装潢装饰、仓储运输等		

总股本	33015.14	流通A	8282.05	流通B	12567.71	流通H	
审计单位		审计意见	未审计				

主要财务指标

年度	2003.9	2003.6	2002	2001
每股收益/扣除后(元)	0.2010	0.1600	0.1200	0.0700
每股经营现金流量(元)	0.2000	0.5600	1.1390	0.4000
每股净资产/调整后(元)	5.7970	4.7880	7.4300	12.4040
每股公积金(元)	2.1963	1.9465	1.8121	0.6070
净资产收益率(%)	5.7970	4.7880	7.4300	12.4040
总资产(万元)	593908.56	562233.00	479480.62	345744.28
股东权益(万元)	131363.47	121309.53	111063.19	56477.15
未分配利润(万元)	15027.40	13219.89	7412.02	9401.35
主营收入(万元)	838229.19	547485.19	758463.50	577309.50
资本公积金(万元)	72511.61	64265.17	59826.71	14828.29
主营利润(万元)	838229.19	547485.19	758463.50	577309.50
其他业务利润(万元)	7080.80	4569.44	6715.16	11322.88
营业利润(万元)	15817.84	11361.19	11717.58	4415.46
投资收益(万元)	4289.67	3216.97	6557.31	6557.31
补贴收入(万元)	628.88	413.56	544.59	952.45
营业外收支(万元)	292.25	282.49	304.64	-84.74
利润总额(万元)	21028.63	15274.20	19124.11	12237.82
净利润(万元)	7615.38	5807.88	8251.54	7005.28

十大股东

序号	股东名称	股份性质	持股数(万股)	比例(%)
1	上海友谊复星(控股)有限公司	国有法人股	8596.00	26.04
2	上海友谊(集团)有限公司	国有股	2008.00	6.08
3	天华证券投资基金	流通股	1318.27	3.99
4	裕隆证券投资基金	流通股	400.00	1.21
5	上海国际信托投资公司	未流通股	392.74	1.19
6	NAITO SECURITIES CO. LTD.	外资股	353.23	1.07
7	上海华联(集团)有限公司	未流通股	299.37	0.91
8	CBNY S PNC SELECT FUND EQUITY AC	外资股	294.31	0.89
9	国泰君安证券股份有限公司	流通股	264.95	0.80
10	上海九百(集团)有限公司	未流通股	264.80	0.80

股东人数	2003.9	2003.6	2002	2001
	9145	9367	8886	14197

近年分配	2001年10股派1.5元	近年配股/增发	1送0.086846股

重大事项

2003年三季度报告期内,本公司控股子公司好美家装潢建材有限公司与上海好美家梅陇装潢建材有限公司共同受让上海友谊有限公司和上海友谊集团置业有限公司持有的武汉好美家装潢建材有限公司全部股权. 2003年三季度报告期内,本公司为控股子公司上海友谊南方商城借款2000万元提供担保,借款期限为自2003年9月16日起1年.截止报告期末,本公司为控股子公司提供担保总额为25900万元,无其他对外担保.

二○○二年以来市场表现

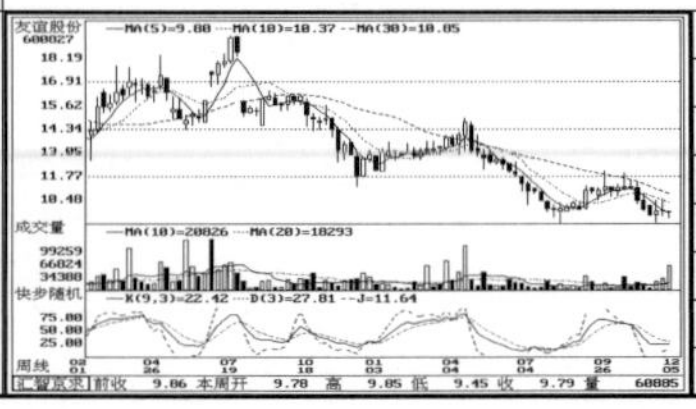

2002年涨跌幅(%)	2.10
2002年最高(元)	16.49
2002年最低(元)	10.58
2002年换手率(%)	210.64
2003年涨跌幅(%)	-21.93
2003年最高(元)	14.88
2003年最低(元)	9.20
2003年换手率(%)	113.55

成都人民商场(集团)股份有限公司

公司概况

公司名称	成都人民商场(集团)股份有限公司			股票代码	600828	
注册地址	四川省成都东御街 19 号			邮政编码	610011	
法人代表	曾永江			董秘	张伟	
电话	028-86665088			传真	028-86651176	
主营业务	百货、针纺织品、五金交电、工艺美术、餐饮娱乐等					
总股本	20314.80	流通 A	5108.40	流通 B		流通 H
审计单位				审计意见	未审计	

主要财务指标

年度	2003.9	2003.6	2002	2001
每股收益 / 扣除后(元)	0.0350	0.0320	0.0590	0.1100
每股经营现金流量(元)	-0.0540	-0.0230	-0.0100	0.2400
每股净资产 / 调整后(元)	2.2000	2.1900	2.1600	2.5800
每股公积金(元)	0.7882	0.7882	0.7872	1.1347
净资产收益率(%)	1.7700	1.2800	2.4200	4.6800
总资产(万元)	109491.00	109412.29	94030.93	94359.03
股东权益(万元)	44637.11	44414.71	44847.45	42715.83
未分配利润(万元)	1795.59	1573.54	2368.34	952.35
主营收入(万元)	106188.67	72828.50	143838.61	141307.34
资本公积金(万元)	16013.07	16012.73	6299.72	18948.13
主营利润(万元)	11141.60	7755.81	14472.94	15275.10
其他业务利润(万元)	2218.01	1482.88	2647.51	2799.71
营业利润(万元)	-639.82	-155.74	580.42	-126.20
投资收益(万元)	1830.22	1159.04	1463.64	2542.20
补贴收入(万元)	200.00			400.00
营业外收支(万元)	-150.10	-107.31	-211.07	-159.50
利润总额(万元)	1240.30	896.00	1832.99	2656.50
净利润(万元)	792.13	570.08	1061.65	2039.92

十大股东

序号	股东名称	股份性质	持股数(万股)	比例(%)
1	成都市国有资产投资经营公司	国有股	13282.89	65.38
2	成都市华盛房地产有限责任公司	法人股	1618.99	7.97
3	上海贝泽贸易有限公司	法人股	36.43	0.18
4	邛江县建设房地产开发公司	法人股	29.70	0.15
5	成都百货大楼	法人股	23.76	0.12
6	李仲秋	流通股	22.06	0.11
7	连黎珠	流通股	200.00	0.10
8	中国建筑北方装饰艺术公司	法人股	19.80	0.10
9	深圳海外装饰工程公司	法人股	19.80	0.10
10	成都国贸实业集团公司	法人股	19.80	0.10

股东人数	2003.9	2003.6	2002	2001
	19086	19695	18352	16844

近年分配	2002年10股派0.5元	近年配股/增发	2001年10股转增2股

重大事项

2003年第三季度报告期内公司以现金方式对成都人民商场人民车业有限责任公司投资3500万元增加其注册资本.人民车业股东四川省物资公司放弃本次增资权利,实际出资200万元,人民车业增资后注册资本为4800万元,公司出资占人民车业注册资本的93.75%。 2003年第三季度报告期内,公司拟与四川迪康产业控股集团股份有限公司共同设立成都人民置业有限责任公司,注册资本2亿元人民币,其中公司拟以经评估后价值9000万元的存量闲置地产作价9000万元作为出资,占注册资本的45%.

二〇〇二年以来市场表现

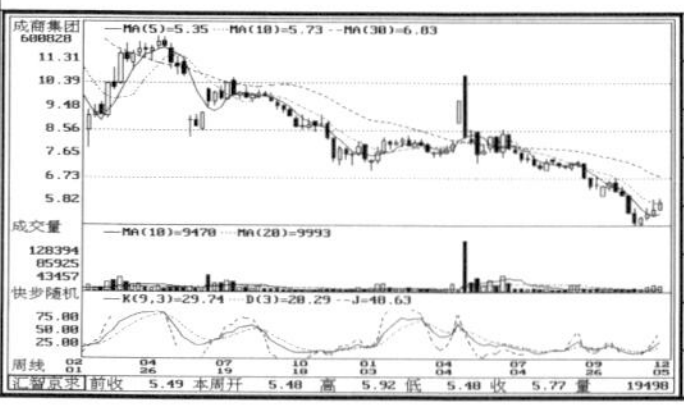

2002年涨跌幅(%)	-21.33
2002年最高(元)	10.53
2002年最低(元)	6.37
2002年换手率(%)	138.81
2003年涨跌幅(%)	-23.64
2003年最高(元)	10.63
2003年最低(元)	4.90
2003年换手率(%)	157.41

哈尔滨天鹅实业股份有限公司

公司概况

公司名称	哈尔滨天鹅实业股份有限公司			股票代码	600829	
注册地址	哈尔滨市道里区共乐街 182 号			邮政编码	150076	
法人代表	丁鸿利			董秘	乔克荣	
电话	0451-84624214			传真	0451-84624142	
主营业务	制造水泥,建材机械制造等					
总股本	25772.83	流通 A	6488.63	流通 B		流通 H
审计单位				审计意见	未审计	

主要财务指标

年度	2003.9	2003.6	2002	2001
每股收益 / 扣除后(元)	0.0530	-0.0050	-0.0124	0.0791
每股经营现金流量(元)	0.0410	-0.0180	0.1900	0.3200
每股净资产 / 调整后(元)	2.1400	2.0800	2.0400	3.7900
每股公积金(元)	0.6287	0.6278	0.6058	2.0182
净资产收益率(%)	3.5100	0.8900	2.0000	8.8200
总资产(万元)	106475.00	101267.68	92989.01	96069.57
股东权益(万元)	55142.11	53653.61	52617.23	50110.87
未分配利润(万元)	7385.87	5919.44	5450.56	4591.03
主营收入(万元)	38982.26	23719.58	50324.03	52111.80
资本公积金(万元)	16203.19	16181.12	15613.61	26674.46
主营利润(万元)	10810.23	6054.29	13605.75	14545.18
其他业务利润(万元)	37.07	69.92	224.26	108.18
营业利润(万元)	2260.19	367.36	1137.46	4553.59
投资收益(万元)				
补贴收入(万元)	164.71	288.49	999.60	1391.64
营业外收支(万元)	-46.10	-21.99	-51.31	-751.04
利润总额(万元)	2378.81	505.40	2085.75	4179.96
净利润(万元)	1935.31	468.88	1011.21	4420.83

十大股东

序号	股东名称	股份性质	持股数(万股)	比例(%)
1	哈尔滨建筑材料工业(集团)公司	国家股	19284.19	74.82
2	兴安证券	流通股	1033.24	4.01
3	代国红	流通股	51.09	0.20
4	马春艳	流通股	41.13	0.16
5	綦宝强	流通股	34.89	0.14
6	李晋宁	流通股	31.94	0.12
7	夏锡章	流通股	29.48	0.11
8	王景华	流通股	28.62	0.11
9	李 勤	流通股	25.68	0.10
10	蒋亚萍	流通股	25.53	0.10

股东人数	2003.9	2003.6	2002	2001
	4724	4865	4452	11614

近年分配	2001年10股派0.2元	近年配股/增发	2002年10股转增5股

重大事项

2003年2月19日公司将所属的分公司哈尔滨水泥厂对大庆石油管理局物资装配公司的应收账款800万元一次性转让给公司控股股东哈尔滨建筑材料工业公司。转让后哈建材集团负责此欠款的清理回收,大庆石油管理局物资装配公司原欠哈尔滨水泥厂800万元的货款不再与本公司存在欠款及清收责任.

二〇〇二年以来市场表现

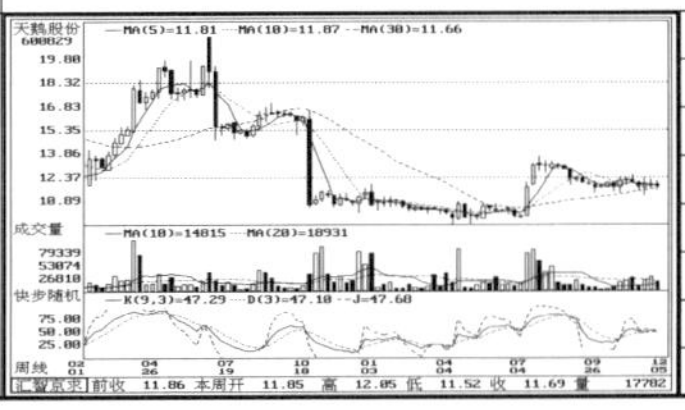

2002年涨跌幅(%)	69.87
2002年最高(元)	11.89
2002年最低(元)	5.64
2002年换手率(%)	196.81
2003年涨跌幅(%)	4.68
2003年最高(元)	13.65
2003年最低(元)	9.40
2003年换手率(%)	142.07

宁波大红鹰实业投资股份有限公司

公司概况

公司名称	宁波大红鹰实业投资股份有限公司	股票代码	600830
注册地址	浙江省宁波市开明街 130 弄 48 号	邮政编码	315000
法人代表	赵万兴	董秘	林蔚晴
电话	0574-87315310	传真	0574-87294676
主营业务	百货,建筑装潢材料,纺织品及原料,五金,交电等		

总股本	26272.02	流通 A	15394.32	流通 B		流通 H	
审计单位				审计意见	未审计		

主要财务指标

年度	2003.9	2003.6	2002	2001
每股收益/扣除后(元)	0.0300	0.0171	0.0350	0.3200
每股经营现金流量(元)	0.0760	0.0170	0.4900	0.1100
每股净资产/调整后(元)	1.9724	2.9590	2.8610	2.7330
每股公积金(元)	0.4912	1.2368	1.2355	1.2349
净资产收益率(%)	3.0500	3.0500	4.5910	4.0310
总资产(万元)	80239.55	85006.46	90462.14	81285.65
股东权益(万元)	51819.36	51771.30	50109.25	47871.93
未分配利润(万元)	7456.99	7398.83	5876.74	4207.13
主营收入(万元)	31962.95	22150.54	76663.68	72304.41
资本公积金(万元)	21662.76	21662.76	21639.18	21628.69
主营利润(万元)	3940.02	2586.50	6673.78	6577.20
其他业务利润(万元)	1122.50	679.19	1390.07	1092.01
营业利润(万元)	28.54	-47.11	710.59	-409.26
投资收益(万元)	711.52	1092.32	917.30	2037.26
补贴收入(万元)	730.00	730.00	2243.06	1750.79
营业外收支(万元)	316.27	309.92	186.62	-49.59
利润总额(万元)	2714.52	2505.28	4057.58	3329.21
净利润(万元)	1580.25	1522.09	2300.51	1929.68

十大股东

序号	股东名称	股份性质	持股数(万股)	比例(%)
1	中国烟草总公司浙江	国有股	3134.45	17.90
2	宁波卷烟厂	国有股	900.00	5.14
3	宁波郡庙企业总公司	未流通股	767.82	4.38
4	宁波大榭开发区大红鹰经贸有限公司	未流通	606.87	3.46
5	宁波大榭开发区恒丰贸易发展有限公司	一般法人股/流通A股	480.99	2.74
6	浙江省烟草公司宁波分公司	国有股	343.50	1.96
7	金通证券股份有限公司	流通股	311.73	1.78
8	天一证券有限责任公司	流通股	296.48	1.69
9	宁波市商业银行股份有限公司	国有股	216.65	1.24
10	绍兴市香叶经贸有限公司	未流通股	169.41	0.97

股东人数	2003.9	2003.6	2002	2001
	21288	20255	20591	2573

近年分配	2001年10股派1元	近年配股/增发	2003年10股转增5股

重大事项

2001 年 9 月,公司将所持宁波香溢大酒店 40%股权委托杭州香溢大酒店股份有限公司管理,期限自 2001 年 1 月 1 日至 2003 年 12 月 31 日,托管期间产生的损溢归杭州香溢大酒店。 2003 年中期报告期内,公司在法人治理结构、"三会"运作、与控股股东的"三分开"与"两独立"及公司内控制度的建设等方面,均遵循中国证监会发布的有关上市公司治理的规范性文件的有关规定和要求.

二〇〇二年以来市场表现

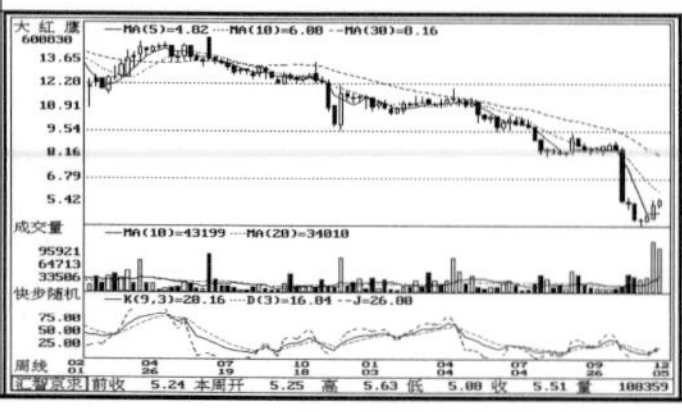

2002年涨跌幅(%)	-21.11
2002年最高(元)	10.01
2002年最低(元)	6.39
2002年换手率(%)	76.61
2003年涨跌幅(%)	-30.60
2003年最高(元)	7.97
2003年最低(元)	4.05
2003年换手率(%)	76.00

陕西广电网络传媒股份有限公司

公司概况

公司名称	陕西广电网络传媒股份有限公司	股票代码	600831
注册地址	西安市太白南路 363 号影视大酒店副楼	邮政编码	710068
法人代表	韩本毅	董秘	李道光
电话	029-8278115	传真	029-8255370
主营业务	广播影视节目策划、制作、发行等		

总股本	1241.72	流通 A	5098.18	流通 B		流通 H	
审计单位				审计意见	未审计		

主要财务指标

年度	2003.9	2003.6	2002	2001
每股收益/扣除后(元)	0.1510	0.1190	0.1460	0.0220
每股经营现金流量(元)	0.0790	0.0490	0.2900	0.0300
每股净资产/调整后(元)	1.3850	1.3530	1.3540	1.0560
每股公积金(元)	0.1023	0.1023	0.2109	3.2984
净资产收益率(%)	10.9200	8.8200	10.7500	8.4600
总资产(万元)	25096.65	25126.88	25068.86	32989.32
股东权益(万元)	16958.59	16568.65	15071.14	11749.25
未分配利润(万元)	2987.54	2597.59	1124.56	-36781.23
主营收入(万元)	15761.07	10837.46	19106.62	819.94
资本公积金(万元)	1252.62	1252.62	2347.49	36706.77
主营利润(万元)	15761.07	10837.46	19106.62	819.94
其他业务利润(万元)	1.93	1.93	18.04	1630.12
营业利润(万元)	2076.05	1624.14	1858.96	248.56
投资收益(万元)			28.68	4711.19
补贴收入(万元)				
营业外收支(万元)	-0.87		-5.08	744.85
利润总额(万元)	2075.18	1624.13	1882.55	993.41
净利润(万元)	1851.32	1461.38	1620.27	993.41

十大股东

序号	股东名称	股份性质	持股数(万股)	比例(%)
1	陕西省广播电视信息网络有限责任公司	国有法人股	5675.62	51.00
2	国营黄河机器制造厂	国有法人股	244.08	2.19
3	四川久远智能监控有限责任公司	流通股	232.40	2.09
4	陈中芳	流通股	128.72	1.16
5	张爱华	流通股	118.54	1.07
6	黄伏元	流通股	112.97	1.02
7	涂小妹	流通股	99.95	0.90
8	向晓红	流通股	97.94	0.88
9	李玉荣	流通股	95.31	0.86
10	郑琴	流通股	70.90	0.64

股东人数	2003.9	2003.6	2002	2001
	7397	7012	4436	4575

近年分配		近年配股/增发	2002年10股转增1股

重大事项

2003 年三季度报告期内,中国建设银行西安市新城支行诉陕西华信实业公司欠款和本公司担保案.该案系黄河机电股份有限公司的历史遗留问题,涉诉金额为 4,233,730.04 元。本公司通过与当事人协商,已与中国建设银行西安市新城支行达成初步和解协议。 2003 年 5 月 13 日,本公司与中国建设银行西安市新城支行签署了《人民币资金借款合同》,约定续借该笔 2500 万元的贷款,用于借新还旧,借款期限为壹年.

二〇〇二年以来市场表现

2002年涨跌幅(%)	-20.83
2002年最高(元)	18.28
2002年最低(元)	12.73
2002年换手率(%)	59.75
2003年涨跌幅(%)	38.03
2003年最高(元)	23.56
2003年最低(元)	13.09
2003年换手率(%)	237.39

上海东方明珠股份有限公司

公司概况

公司名称	上海东方明珠股份有限公司			股票代码	600832		
注册地址	上海浦东世纪大道 1 号			邮政编码	200120		
法人代表	朱咏雷			董秘	杨明秋		
电话	021-58791888			传真	021-58828222		
主营业务	广播电视传播服务,电视设施租赁,五金交电等						
总股本	12241.72	流通 A	5098.18	流通 B		流通 H	
审计单位				审计意见	未审计		

主要财务指标

年度	2003.9	2003.6	2002	2001
每股收益 / 扣除后(元)	0.1820	0.1400	0.3340	0.3332
每股经营现金流量(元)	0.3700	0.2340	0.7000	0.7000
每股净资产 / 调整后(元)	3.1700	4.3200	4.1800	3.9500
每股公积金(元)	1.5413	2.5079	2.5079	2.5070
净资产收益率(%)	5.7900	3.2900	8.0000	8.4000
总资产(万元)	432489.91	441733.50	402094.78	392119.44
股东权益(万元)	305252.44	297389.19	287576.62	271442.94
未分配利润(万元)	24086.30	19663.19	5839.98	49.54
主营收入(万元)	53376.01	33368.89	85324.56	61586.73
资本公积金(万元)	148468.86	172549.87	172549.87	172487.94
主营利润(万元)	53376.01	33368.89	85324.56	61586.73
其他业务利润(万元)	982.97	679.23	1869.41	1132.77
营业利润(万元)	19807.98	12198.13	29550.41	21744.15
投资收益(万元)	1644.20	978.10	1508.73	5710.37
补贴收入(万元)			148.81	1644.20
营业外收支(万元)	27.52		-1677.61	1145.89
利润总额(万元)	21628.65	13330.05	29381.53	26308.63
净利润(万元)	17675.81	9812.56	22952.03	22929.88

十大股东

序号	股东名称	股份性质	持股数(万股)	比例(%)
1	上海广播电影电视发展有限公司	国有股/流通股	36023.87	52.36
2	上海有线电视台	国有股	5400.00	7.85
3	上海精文投资有限公司	国有股	2700.00	3.92
4	上海大型活动办	国有股	1440.00	2.09
5	上海东方电视台	国有股	1368.00	1.99
6	上海电视台	国有股	1350.00	1.96
7	上海东亚集团公司	国有股	1350.00	1.96
8	上海「每周广播电视报」	国有股	675.00	0.98
9	申银万国证券公司	国有股	411.47	0.60
10	上海人民广播电台	国有股	405.00	0.59

股东人数	2003.9	2003.6	2002	2001
	108083	101027	104416	111263

近年分配	近年配股 / 增发
2002年 10 股派 1 元 2001 年 10 股派 2.4 元	2002年 10 股送 0.5 股

重大事项

公司增资控股上海国际会议中心有限公司.公司于 2003 年 5 月 21 日召开的 2002 年度股东大会审议通过了增资控股上海国际会议中心有限公司的议案.公司增资 8200 万元于国际会议中心,成为其第一大股东. 截止 2003 年 6 月 30 日公司为关联方提供银行贷款担保金额 32,438 万元.分别为:上海有线网络有限公司 5,800 万,上海黄浦江行人隧道联合发展有限公司 667 万, 上海永乐股份有限公司 500 万,上海精文置业有限公司 4,671 万, 上海东方明珠投资公司 14,000 万,上海东方明珠教育服务公司 6,800 万.

二〇〇二年以来市场表现

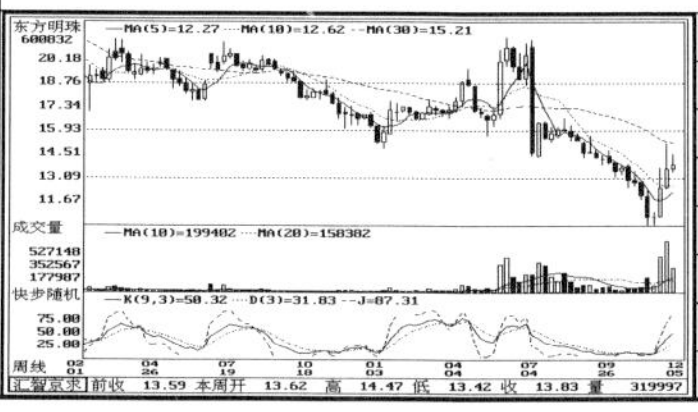

2002年涨跌幅(%)	-23.64
2002年最高(元)	15.01
2002年最低(元)	10.90
2002年换手率(%)	49.39
2003年涨跌幅(%)	24.11
2003年最高(元)	16.66
2003年最低(元)	10.25
2003年换手率(%)	267.09

上海第一医药股份有限公司

公司概况

公司名称	上海第一医药股份有限公司			股票代码	600833		
注册地址	上海市黄浦区南京东路 616 号			邮政编码	200001		
法人代表	赵 刚			董秘	林安康		
电话	021-63519121			传真	021-63519122		
主营业务	中成药,化学药制剂,抗生素,生化药品,生物制品等						
总股本	15934.74	流通 A	4797.93	流通 B		流通 H	
审计单位				审计意见	未审计		

主要财务指标

年度	2003.9	2003.6	2002	2001
每股收益 / 扣除后(元)	0.0560	0.0450	0.0740	0.1500
每股经营现金流量(元)	0.0500	0.0120	0.1670	0.3550
每股净资产 / 调整后(元)	1.1640	1.1510	1.1060	1.0390
每股公积金(元)	4.3261	4.3261	4.3261	4.3261
净资产收益率(%)	4.9200	3.8500	7.2000	14.6400
总资产(万元)	48868.67	46972.60	47838.61	48276.10
股东权益(万元)	18542.18	18336.32	17630.82	16552.42
未分配利润(万元)	-69370.12	-69575.98	-70281.48	-71476.81
主营收入(万元)	35930.72	24912.93	47651.83	26323.31
资本公积金(万元)	68935.60	68935.60	68935.60	68930.68
主营利润(万元)	8340.24	5868.28	10709.44	5586.39
其他业务利润(万元)	585.24	377.50	726.66	507.47
营业利润(万元)	850.21	741.94	1211.03	1571.72
投资收益(万元)	0.92	0.61	82.63	-1.05
补贴收入(万元)	5.00	41.47	556.49	1067.63
营业外收支(万元)	-103.34		-528.59	-145.23
利润总额(万元)	997.05	769.24	1546.40	2830.28
净利润(万元)	911.36	705.50	1268.99	2423.41

十大股东

序号	股东名称	股份性质	持股数(万股)	比例(%)
1	上海新世界(集团)有限公司	法人股	4145.00	26.01
2	上海国鑫投资发展有限公司	法人股	3520.72	22.09
3	华联(集团)有限公司	法人股	549.23	3.45
4	上海汇耋经贸有限公司	法人股	246.90	1.55
5	上海国际经纪公司	法人股	245.39	1.54
6	上海东时实业有限公司	法人股	22.08	1.39
7	上海华成无线电厂有限公司	法人股	151.01	0.95
8	海通证券有限公司	法人股	151.01	0.95
9	上海达安房产投资公司	法人股	122.69	0.77
10	上海商投创业投资有限公司	法人股	122.69	0.77

股东人数	2003.9	2003.6	2002	2001
	23771	24008	24131	16336

近年分配	近年配股 / 增发
	不分配不转增

重大事项

2003 年中期，公司为江苏银信实业发展公司在中国农业银行江苏省分行阳光支行的信用证作出不可撤销的五项担保,担保总额为 940.95 万美元, 因该五笔信用证项下债务已逾期且已转为押汇.上海恒通国际贸易有限公司为本公司上述担保提供不可撤销的反担保. 公司是于 1994 年上市的企业,曾由于经营陷入困境并一度资不抵债, 被"ST"与"PT"特别处理, 经上海证券交易所核准公司股票于今年 4 月 29 日起重新恢复上市交易,周二发布名称变更公告:公司股票名称将于 9 月 19 日由"商业网点"变更为"第一医药".

二〇〇二年以来市场表现

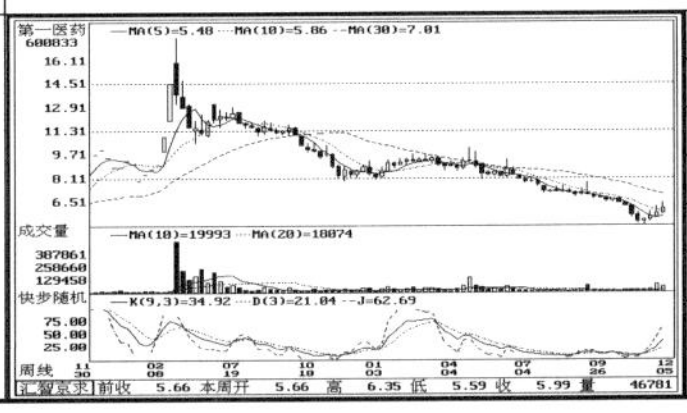

2002年涨跌幅(%)	-7.72
2002年最高(元)	17.71
2002年最低(元)	7.90
2002年换手率(%)	490.85
2003年涨跌幅(%)	-30.26
2003年最高(元)	10.09
2003年最低(元)	4.91
2003年换手率(%)	246.18

上海申通地铁股份有限公司

公司概况							
公司名称	上海申通地铁股份有限公司			股票代码	600834		
注册地址	上海市浦电路389号			邮政编码	200122		
法人代表	宋孝			董秘	孙安		
电话	021-58308595			传真	021-63300065		
主营业务	铁经营及相关综合开发,轨道交通投资,附设分支机构						
总股本	43398.36	流通A	8804.40	流通B		流通H	
审计单位				审计意见	未审计		

主要财务指标 年度	2003.9	2003.6	2002	2001
每股收益/扣除后(元)	0.1080	0.0700	0.2100	0.1800
每股经营现金流量(元)	0.2100	0.1350	0.3400	0.3800
每股净资产/调整后(元)	1.4600	1.5600	1.4800	1.4000
每股公积金(元)	0.1190	1.1824	0.1052	0.0561
净资产收益率(%)	7.7900	4.9200	10.8600	11.8200
总资产(万元)	106387.96	108541.13	90701.06	949763.31
股东权益(万元)	63358.19	61446.04	58421.46	55422.73
未分配利润(万元)	5162.97	7196.13	4151.08	2214.43
主营收入(万元)	36075.35	22737.70	51429.93	27450.76
资本公积金(万元)	7971.12	7971.12	7971.12	7971.12
主营利润(万元)	36075.35	22737.70	51429.93	27450.76
其他业务利润(万元)	12.97	7.41	49.02	100.66
营业利润(万元)	5806.13	3237.31	10655.14	6654.15
投资收益(万元)	142.82	139.79	144.68	973.01
补贴收入(万元)	134.00	113.90		
营业外收支(万元)	43.29		-2595.05	-2595.05
利润总额(万元)	6126.24	3510.02	8204.76	7818.62
净利润(万元)	4936.73	3024.58	6346.93	6551.85

十大股东 序号	股东名称	股份性质	持股数(万股)	比例(%)
1	国家持股	国家股	25112.55	63.65
2	上海市原水股份有限公司	法人股	4168.75	10.57
3	申银万国证券股份有限公司	法人股	703.69	1.78
4	上海市自来水浦东有限公司	法人股	166.75	0.42
5	南洋制衣有限公司	法人股	100.05	0.25
6	中条管道工程公司	法人股	80.04	0.20
7	上海住安建设发展公司	法人股	66.70	0.17
8	大众交通(集团)股份有限公司	法人股(社会公众股)	64.93	0.47
9	裕阳证券投资基金	社会公众股	54.22	0.14
10	交通投资	法人股	50.02	0.13

股东人数	2003.9	2003.6	2002	2001
	40140	41107	38938	41118

近年分配	2002年10股派1元 2001年10股派1元	近年配股/增发	2002年10股送1股

重大事项

2003年中期报告内,根据公司三届十七次董事会和2002年度股东大会决议,公司以应收帐款与上海电气总公司所持有的上海金泰工程机械有限公司94.79%股权进行置换。资产置换的有关手续正在办理之中。2003年中期报告内,公司三届十六次董事会关于同意上海电气集团通用冷冻空调设备有限公司将其所持上海合众开利空调设备有限公司9%股权和上海通惠开利空调设备有限公司9%股权以7575万元的价格转让给开利中国有限公司的决议公告。

二〇〇二年以来市场表现

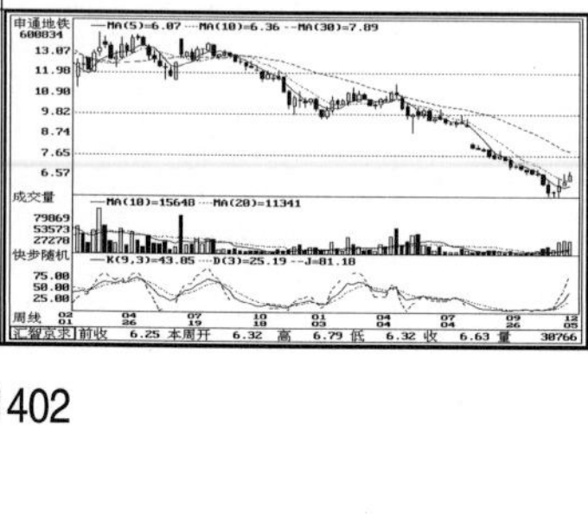

2002年涨跌幅(%)	-27.69
2002年最高(元)	12.68
2002年最低(元)	8.80
2002年换手率(%)	145.67
2003年涨跌幅(%)	-28.98
2003年最高(元)	10.27
2003年最低(元)	5.49
2003年换手率(%)	84.85

上海电气股份有限公司

公司概况							
公司名称	上海电气股份有限公司			股票代码	600835		
注册地址	上海市浦东新区建平路2号			邮政编码	200135		
法人代表	王成明			董秘	司文培		
电话	021-62898699-8685			传真	021-62898601		
主营业务	生产制冰、冷藏设备、空调设备、微波炉等						
总股本	71023.56	流通A	22429.44	流通B	15016.32	流通H	
审计单位				审计意见	未审计		

主要财务指标 年度	2003.9	2003.6	2002	2001
每股收益/扣除后(元)	0.4100	0.2560	0.4750	0.4360
每股经营现金流量(元)	0.6431	0.2200	1.1668	1.6489
每股净资产/调整后(元)	4.4900	4.3700	4.8700	5.0500
每股公积金(元)	2.3868	2.3868	3.0588	3.4478
净资产收益率(%)	9.6400	7.1000	9.4700	9.0800
总资产(万元)	848173.50	859693.56	850460.06	743495.62
股东权益(万元)	318813.66	310241.19	288059.66	271471.50
未分配利润(万元)	36335.83	27808.96	6065.62	3681.84
主营收入(万元)	407333.84	266555.56	446833.69	384476.94
资本公积金(万元)	169520.55	169516.12	181039.86	185513.55
主营利润(万元)	111506.72	70637.25	157329.50	128150.73
其他业务利润(万元)	1715.05	1221.42	732.30	1320.80
营业利润(万元)	57412.76	34879.59	65434.24	56047.14
投资收益(万元)	12623.15	9913.78	8057.92	4711.19
补贴收入(万元)	117.40	144.99	444.34	54.20
营业外收支(万元)	-2462.31		-1130.31	1001.86
利润总额(万元)	67691.01	44758.18	72806.20	61814.38
净利润(万元)	30740.01	22026.84	27277.57	24644.46

十大股东 序号	股东名称	股份性质	持股数(万股)	比例(%)
1	上海电气(集团)总公司	国家股	33577.80	47.28
2	海通证券有限公司	流通A股	3059.06	4.31
3	华安创新	流通A股	1784.62	2.51
4	上海国际信托投资公司	流通A股	1289.45	1.82
5	安顺基金	流通A股	1048.39	4.48
6	申银万国证券股份有限公司	流通A股	485.00	0.68
7	TOYO SECURITIES ASIA LTD. A/CCLIENT	流通A股	433.27	0.61
8	上海同飞商务咨询有限公司	流通A股	346.71	0.49
9	文登泰宇皮件有限公司	流通A股	292.30	0.41
10	上海市上投房地产公司	流通A股	272.70	0.38

股东人数	2003.9	2003.6	2002	2001
	53577	51974	60574	65845

近年分配	2002年10股派1元 2001年10股派1.5元	近年配股/增发	2002年10股送2股

重大事项

2003年三季度报告期内,经公司二〇〇二年度股东大会批准实施,以公司应收帐款与上海电气(集团)总公司所持有的上海金泰工程机械有限公司94.79%股权进行置换。 2003年1月25日公司董事会同意上海电气集团通用冷冻空调设备有限公司按评估价值以总价7575万元的价格,将其所持上海合众开利空调设备有限公司9%股权和上海通惠开利空调设备有限公司9%股权转让给开利中国有限公司.本次股权转让的收益预计为5274万元.

二〇〇二年以来市场表现

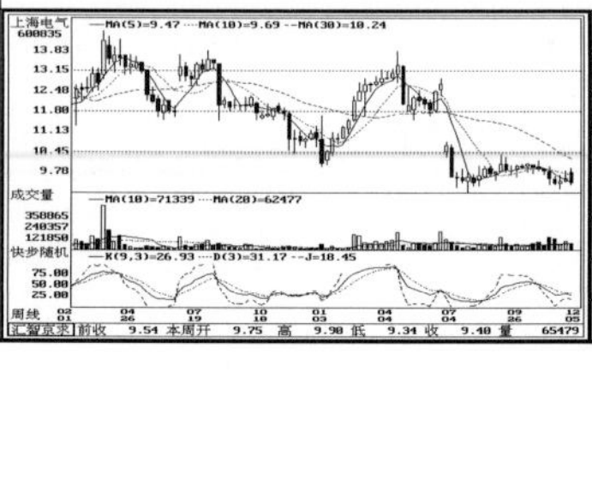

2002年涨跌幅(%)	-4.98
2002年最高(元)	10.79
2002年最低(元)	8.20
2002年换手率(%)	126.04
2003年涨跌幅(%)	6.35
2003年最高(元)	11.42
2003年最低(元)	8.21
2003年换手率(%)	137.53

上海界龙实业股份有限公司

公司概况

公司名称	上海界龙实业股份有限公司	股票代码	600836
注册地址	上海市浦东新区川周公路 7111 号	邮政编码	201205
法人代表	费钧德	董秘	楼福良
电话	021-63746888	传真	021-63732586
主营业务	彩色包装装璜、塑印、彩印制版,兼营金属制品等		
总股本	11169.38	流通 A	4132.81
流通 B		流通 H	
审计单位		审计意见	未审计

主要财务指标

年度	2003.9	2003.6	2002	2001
每股收益 / 扣除后(元)	0.0600	0.0280	0.0570	0.0900
每股经营现金流量(元)	-0.3452	-0.2600	1.2625	0.2247
每股净资产 / 调整后(元)	1.9300	1.9000	1.8600	1.8100
每股公积金(元)	0.7978	0.7978	0.7978	1.0040
净资产收益率(%)	3.3000	2.1700	3.1400	2.7400
总资产(万元)	85128.53	82784.79	73613.94	72322.72
股东权益(万元)	21519.47	21270.88	20809.30	20240.67
未分配利润(万元)	-207.69	-456.28	-917.86	-3861.21
主营收入(万元)	38918.87	24401.27	51073.78	50781.86
资本公积金(万元)	8910.79	8910.79	8910.79	11214.36
主营利润(万元)	9319.22	5790.30	10388.74	9136.65
其他业务利润(万元)	568.60	378.03	528.94	411.81
营业利润(万元)	1282.15	752.25	1181.96	1213.03
投资收益(万元)	32.98	22.48	37.57	-60.62
补贴收入(万元)	135.91	119.11	235.40	220.25
营业外收支(万元)	18.10		-20.80	-507.88
利润总额(万元)	1469.14	926.77	1434.13	864.78
净利润(万元)	710.17	461.58	653.39	553.80

十大股东

序号	股东名称	股份性质	持股数(万股)	比例(%)
1	上海界龙发展有限公司	发起人股	5869.50	52.50
2	海通证券有限公司	社会法人股	476.53	54.27
3	上海浦东联合信托投资有限责任公司	社会法人股	300.18	2.68
4	上海界龙食品有限公司	社会法人股	89.13	0.80
5	上海市农业投资公司	社会法人股	23.00	0.20
6	上海浦东严桥信用社	社会法人股	18.69	0.17
7	上海浦东汽车修理厂	社会法人股	18.69	0.17
8	上海浦东华厦房地产公司	社会法人股	18.69	0.17
9	上海东方明珠股份有限公司	社会法人股	18.69	0.17
10	李勇亮	流通股	17.47	0.16

股东人数	2003.9	2003.6	2002	2001
	9351	9946	12208	29786

近年分配		近年配股 / 增发	不分配不转增

重大事项

2003 年中期报告内,上海市第二中级人民法院关于上海界龙浦东彩印公司为上海天益工贸公司担保人民币为 300 万元的经济案例,目前还在审理之中,待审理结束后,公司会在指定报刊及时进行披露.此案最后审理结果对上海界龙浦东彩印公司经营成果和财务状况不会产生很大影响. 2003 年中期报告内公司向上海市证管办承诺 2003 年度归还界龙实业欠款 3000 万元,目前界龙发展正在做归还 3000 万元欠款的努力. 由于大股东上海界龙发展有限公司截止 2003 年 6 月 30 日,尚欠界龙实业 97,471,473.62 元,对公司生产经营所需资金造成一定的压力.

二〇〇二年以来市场表现

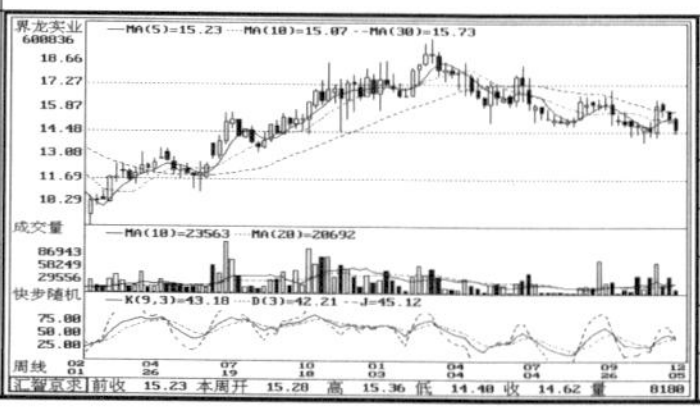

2002年涨跌幅(%)	39.25
2002年最高(元)	18.58
2002年最低(元)	8.38
2002年换手率(%)	381.59
2003年涨跌幅(%)	-9.24
2003年最高(元)	20.06
2003年最低(元)	13.86
2003年换手率(%)	250.72

上海市都市农商社股份有限公司

公司概况

公司名称	上海市都市农商社股份有限公司	股票代码	600837
注册地址	上海市浦东新区张扬路 838 号	邮政编码	200011
法人代表	曹晓风	董秘	汪培毅
电话	021-63787858	传真	021-63788881
主营业务	蔬菜、瓜果、粮油作物、花卉、绿化苗木种植等		
总股本	15658.78	流通 A	3931.20
流通 B		流通 H	
审计单位		审计意见	未审计

主要财务指标

年度	2003.9	2003.6	2002	2001
每股收益 / 扣除后(元)	0.2200	0.1446	0.2573	0.2977
每股经营现金流量(元)	0.0980	0.0980	0.1988	0.1794
每股净资产 / 调整后(元)	1.8729	1.7890	3.2739	3.5047
每股公积金(元)	0.4470	0.4470	1.6941	2.0090
净资产收益率(%)	12.2100	8.2800	9.3600	11.3100
总资产(万元)	51414.69	48404.59	48578.80	47557.54
股东权益(万元)	29681.06	28409.20	26056.56	23462.38
未分配利润(万元)	4244.45	2972.59	2185.83	1954.59
主营收入(万元)	10232.65	8042.40	13552.91	21538.66
资本公积金(万元)	7000.24	7000.24	13263.76	13107.94
主营利润(万元)	1870.93	1502.31	1976.10	3088.12
其他业务利润(万元)	67.54	46.37	92.88	781.02
营业利润(万元)	-948.10	-315.44	-1591.78	979.64
投资收益(万元)	4795.89	2781.90	4017.32	1994.45
补贴收入(万元)			285.40	187.30
营业外收支(万元)	112.84	96.22	6.17	-262.94
利润总额(万元)	3960.63	2562.68	2717.10	2898.45
净利润(万元)	3624.50	2352.64	2438.36	2654.00

十大股东

序号	股东名称	股份性质	持股数(万股)	比例(%)
1	上海市农工商(集团)总公司	国有股	11727.58	74.89
2	徐晓萍	流通股	33.68	0.22
3	周婉茹	流通股	31.01	0.20
4	张世峰	流通股	30.91	0.20
5	周健瑛	流通股	21.58	0.14
6	张季平	流通股	19.67	0.13
7	陆宗耀	流通股	18.87	0.12
8	吴翠珍	流通股	17.03	0.11
9	李继根	流通股	16.24	0.10
10	吴玲	流通股	15.60	0.10

股东人数	2003.9	2003.6	2002	2001
	6004	5377	5564	4602

近年分配	2001年 10 股派 0.3 元	近年配股 / 增发	2002年 10 送 2 转增 8 股 2001 年 10 送 2 股

重大事项

2003 年三季度报告期内,公司重大资产置换议案已经公司 2003 年第一次临时股东大会审议通过。按照规定,有关资产置换的产权交易手续已办理完毕,上海产权交易所出具了产权转让交割单。2003 年三季度报告期内,董监事会决定将公司所属上海农工商集团商业有限公司组建为上海大都市资产经营管理有限公司,注册资金由 2350 万元变更为 10000 万元。由该公司未分配利润转增资本金。张永泉不再担任公司监事,同意张大鸣担任公司监事。

二〇〇二年以来市场表现

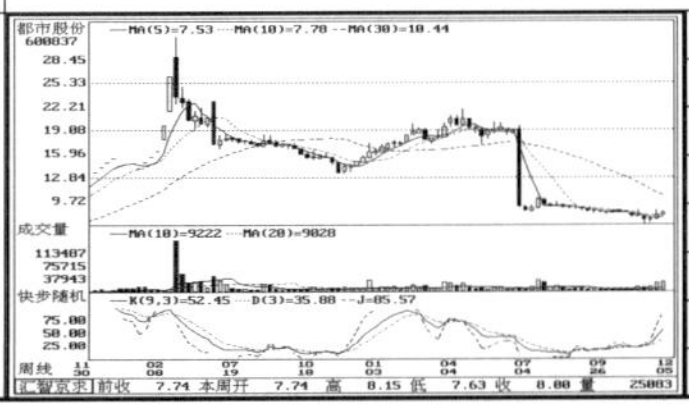

2002年涨跌幅(%)	34.51
2002年最高(元)	13.14
2002年最低(元)	5.82
2002年换手率(%)	168.57
2003年涨跌幅(%)	-3.13
2003年最高(元)	10.90
2003年最低(元)	6.60
2003年换手率(%)	114.26

上海市第九百货商店股份有限公司

公司概况

公司名称	上海市第九百货商店股份有限公司			股票代码		600838	
注册地址	上海市万航渡路 50 号			邮政编码		200041	
法人代表	黄跃		董秘	冯幼苏			
电话	021-62729898-838		传真	021-62175212			
主营业务	百货、针纺织品、五金交电、文教用品等						
总股本	40088.20	流通 A	19686.28	流通 B		流通 H	
审计单位			审计意见	未审计			

主要财务指标

年度	2003.9	2003.6	2002	2001
每股收益/扣除后(元)		-0.0120	-0.0210	0.0116
每股经营现金流量(元)	-0.6349	-1.0190	0.1201	0.2814
每股净资产/调整后(元)	1.4128	1.4124	1.4355	1.3806
每股公积金(元)	0.4661	0.4661	0.6898	0.6898
净资产收益率(%)	0.7600	0.9200	0.6100	-17.0400
总资产(万元)	126882.68	133098.55	147789.66	144890.81
股东权益(万元)	60118.33	60220.71	59664.19	57689.24
未分配利润(万元)	-511.74	-409.36	-12038.10	-13829.19
主营收入(万元)	28253.68	20868.24	51528.07	49461.73
资本公积金(万元)	18686.08	18686.08	27651.79	27651.79
主营利润(万元)	7903.67	5383.35	11442.75	10654.45
其他业务利润(万元)	101.92	81.56	238.07	608.97
营业利润(万元)	-282.13	-263.13	-636.15	-418.76
投资收益(万元)	88.29	54.04	-137.43	217.14
补贴收入(万元)	16.00	54.04	253.96	214.82
营业外收支(万元)	1334.24	1028.27	1893.58	-9563.81
利润总额(万元)	1156.39	1137.86	1373.95	-9550.61
净利润(万元)	454.14	556.53	363.94	-9830.69

十大股东

序号	股东名称	股份性质	持股数(万股)	比例(%)
1	上海九百(集团)有限公司	国家股	12216.64	30.47
2	上海市静安区土地开发控股总公司	国有法人股	3060.87	7.64
3	上海锦迪城市建设开发有限公司	国有法人股	1260.87	3.15
4	上海国宏置业有限公司	法人股	600.00	1.50
5	上海友谊(集团)有限公司	法人股	424.09	1.06
6	上海华联(集团)有限公司	法人股	312.55	0.78
7	上海电气(集团)总公司	法人股	299.93	0.75
8	裕阳证券投资基金	流通股	242.07	0.60
9	江苏澄星磷化工集团公司	流通股	97.06	0.24
10	浙江天马印染集团有限公司	法人股	75.00	0.19

股东人数	2003.9	2003.6	2002	2001
	82885	81268	82691	71344

近年分配		近年配股/增发	不分配不转增

重大事项

2003 年三季度报告期内，股东方的三家公司决定追加九百城市广场的注册资金，将该公司的注册资金从目前的 3000 万美元增加到 3500 万美元，各股东公司决定按目前的股权比例追加出资额，其中公司占 16%的股权，出资 80 万美元。此次注册资金增资完成后，三方股东所持股权比例不变。　公司曾于 2002 年 11 月 21 日与大韩民国株式会社新世界、上海商务中心股份有限公司三方共同签定了投资组建中外合资经营企业—“上海易买得超市有限公司”的《合资合同书》及《协议书》。首批出资额 612.5 万美元已划入合资公司帐户。合资公司将按照既定计划进行门店选址和开业准备。

二〇〇二年以来市场表现

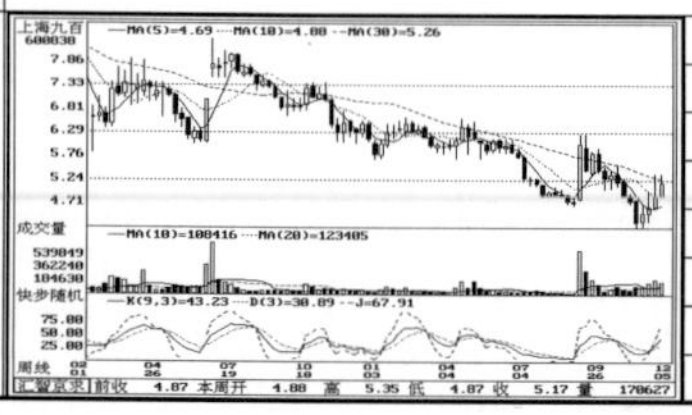

2002年涨跌幅(%)	-28.69
2002年最高(元)	8.38
2002年最低(元)	5.83
2002年换手率(%)	258.49
2003年涨跌幅(%)	-18.01
2003年最高(元)	6.61
2003年最低(元)	4.19
2003年换手率(%)	198.50

四川长虹电器股份有限公司

公司概况

公司名称	四川长虹电器股份有限公司			股票代码		600839	
注册地址	四川省绵阳市高新区绵兴东路 35 号			邮政编码		621000	
法人代表	倪润峰		董秘	谭明献			
电话	0816-2418486		传真	0816-2418518			
主营业务	视屏产品、视听产品、空调产品、电池系列产品等						
总股本	216421.14	流通 A	95140.23	流通 B		流通 H	
审计单位			审计意见	未审计			

主要财务指标

年度	2003.9	2003.6	2002	2001
每股收益/扣除后(元)	0.0340	0.0220	0.0470	-0.0270
每股经营现金流量(元)	-0.1601	-0.0370	-1.3806	0.6346
每股净资产/调整后(元)	6.0320	6.0130	5.9620	5.8740
每股公积金(元)	1.8856	1.8856	1.8856	1.8784
净资产收益率(%)	1.1900	0.9000	1.3600	0.6900
总资产(万元)	2222672.75	2161025.50	1867036.75	1763751.12
股东权益(万元)	1308186.00	1304305.75	1292624.62	1274131.37
未分配利润(万元)	197703.30	193820.02	182122.98	168225.75
主营收入(万元)	954536.50	530290.37	1258518.50	951461.87
资本公积金(万元)	408085.56	408085.56	408075.75	406516.09
主营利润(万元)	137200.09	79572.83	184844.48	113559.53
其他业务利润(万元)	1951.93	1352.41	6574.63	8688.25
营业利润(万元)	9878.28	5354.32	12744.18	2169.97
投资收益(万元)	7169.82	7056.00	7764.67	12026.23
补贴收入(万元)	917.62	7034.00	73.22	351.24
营业外收支(万元)	-47.34	61.80	81.22	-3386.68
利润总额(万元)	17918.39	13389.75	20663.30	11160.76
净利润(万元)	15580.30	11697.03	17620.27	8853.59

十大股东

序号	股东名称	股份性质	持股数(万股)	比例(%)
1	长虹集团	国有法人股	116068.28	53.63
2	朝华科技	社会法人股	639.91	0.30
3	嘉陵投资	社会法人股	475.24	0.22
4	金信基金	流通股	400.00	0.18
5	雅宝中心	流通股	318.30	0.15
6	天同 180	流通股	167.64	0.12
7	华宝信托	流通股	240.00	0.11
8	成晓舟	流通股	225.22	0.10
9	满京华	社会法人股	203.67	0.09
10	四川创联	社会法人股	201.55	0.09

股东人数	2003.9	2003.6	2002	2001
	637915	640302	650137	686917

近年分配		近年配股/增发	不分配不转增

重大事项

2003 年三季度报告期内，公司与广东省中山市南头镇工业发展有限公司共同出资，成立广东长虹电子有限公司，首期注册资本 28000 万元人民币。公司出资 23500 万元人民币，占 83.93%的股权，该公司成立日期为 2003 年 9 月 27 日，经营期限为 30 年。 ? 2003 年 6 月 23 日，公司接到中国证券登记结算公司上海分公司的通知，关于公司国有法人股过户登记手续已于 2003 年 6 月 20 日办理完毕。至此，四川长虹电子集团有限公司持有公司全部国有法人股 1160682845 股，占公司总股本的 53.63%，成为公司第一大股东。

二〇〇二年以来市场表现

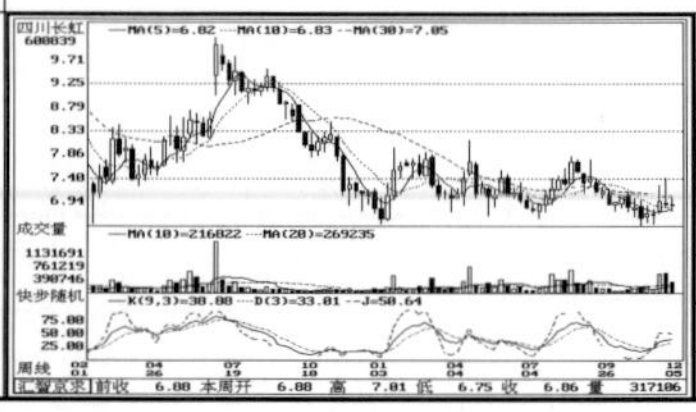

2002年涨跌幅(%)	-14.16
2002年最高(元)	10.17
2002年最低(元)	6.51
2002年换手率(%)	99.49
2003年涨跌幅(%)	2.23
2003年最高(元)	8.14
2003年最低(元)	6.48
2003年换手率(%)	112.43

浙江新湖创业投资股份有限公司

公司概况

公司名称	浙江新湖创业投资股份有限公司			股票代码	600840
注册地址	杭州市体育场路479号7楼			邮政编码	310007
法人代表	刘全民			董秘	相子强
电话	0571-87055977			传真	0571-87055977
主营业务	高新技术产业的投资和开发等				
总股本	13975.14	流通A	6442.03	流通B	流通H
审计单位				审计意见	未审计

主要财务指标

年度	2003.9	2003.6	2002	2001
每股收益/扣除后(元)	0.0270	0.0210	-0.1060	-0.0350
每股经营现金流量(元)	0.0784	-0.1310	-2.4429	-2.0993
每股净资产/调整后(元)	0.9910	0.9830	1.1200	1.0910
每股公积金(元)	0.1591	0.1591	0.1930	0.1580
净资产收益率(%)	2.6590	2.1110	1.7050	-3.2400
总资产(万元)	178626.23	158784.12	133139.98	82392.14
股东权益(万元)	16472.33	16380.22	16211.22	15916.62
未分配利润(万元)	-791.03	-883.14	-1054.95	-1331.37
主营收入(万元)	8530.88	6922.15	10099.44	15423.87
资本公积金(万元)	2223.83	2223.83	2226.64	2208.46
主营利润(万元)	2499.04	1737.10	986.65	1265.85
其他业务利润(万元)	149.88	81.54	341.62	474.04
营业利润(万元)	768.00	537.48	-1618.40	-1119.62
投资收益(万元)	-8.53	10.37	1677.48	579.65
补贴收入(万元)				
营业外收支(万元)	35.21		155.61	-32.71
利润总额(万元)	794.67	572.16	214.69	-572.68
净利润(万元)	437.92	345.81	276.42	-516.01

十大股东

序号	股东名称	股份性质	持股数(万股)	比例(%)
1	宁波嘉源实业发展有限公司	法人股	3055.09	21.86
2	杭州市财务开发公司	法人股	1500.00	10.73
3	浙江新湖集团股份有限公司	法人股	998.25	7.14
4	温州三瑞投资有限公司	法人股	828.75	5.93
5	绍兴市国有资产经营公司	国家股	718.36	5.14
6	裕隆基金	流通股	254.99	1.82
7	海通绍兴	法人股	200.00	1.43
8	富元咨询	法人股	100.00	0.72
9	胡肆平	流通股	69.80	0.50
10	张义来	流通股	35.00	0.25

股东人数	2003.9	2003.6	2002	2001
	26939	27199	28349	30836

近年分配		近年配股/增发	不分配不转增

重大事项

2003年公司同意该向中国建设银行温州中山支行续借3000万元人民币。借款期限:2003年10月31日至2004年10月31日。本次借款由公司和温州新湖房地产开发有限公司拥有的土地提供担保。　公司同意将持有的上海新湖房地产开发有限公司10%的股权转让给杭州方豪实业有限公司,转让价格拟定为2.20元/股,转让总金额为1760万元人民币。

二〇〇二年以来市场表现

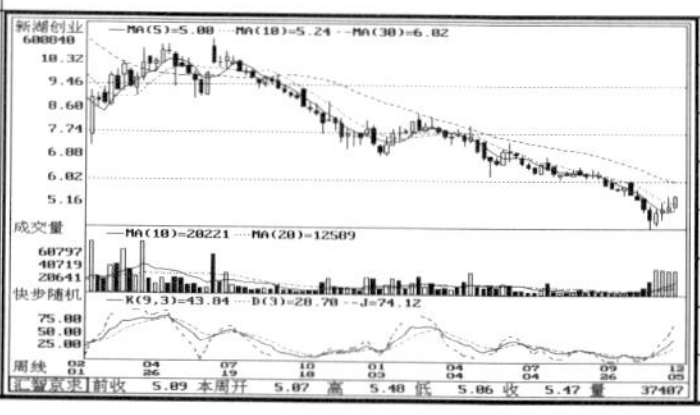

2002年涨跌幅(%)	-29.09
2002年最高(元)	11.18
2002年最低(元)	6.80
2002年换手率(%)	152.51
2003年涨跌幅(%)	-27.49
2003年最高(元)	8.39
2003年最低(元)	4.30
2003年换手率(%)	89.67

上海柴油机股份有限公司

公司概况

公司名称	上海柴油机股份有限公司				股票代码	600841
注册地址	上海市浦东大道2748号				邮政编码	200129
法人代表	陈龙兴				董秘	梁宝泉
电话	021-65745656-2207				传真	021-65749845
主营业务	柴油机,工程机械,油泵及柴油机配件的生产及销售					
总股本	48030.93	流通A	2160.00	流通B	21700.00	流通H
审计单位					审计意见	未审计

主要财务指标

年度	2003.9	2003.6	2002	2001
每股收益/扣除后(元)	0.2050	0.1400	0.2100	0.0630
每股经营现金流量(元)	-0.0467	0.0550	0.6663	0.5016
每股净资产/调整后(元)	3.5100	3.5200	3.3700	3.3000
每股公积金(元)	1.5172	1.5172	1.5172	1.5546
净资产收益率(%)	5.7400	4.5200	6.2200	2.8100
总资产(万元)	263930.06	262581.25	231251.66	213542.39
股东权益(万元)	171739.70	169550.70	161897.27	158436.73
未分配利润(万元)	12612.75	10423.77	2786.54	1830.45
主营收入(万元)	215756.86	146848.06	206103.44	141185.41
资本公积金(万元)	72870.79	72870.79	72862.79	74670.54
主营利润(万元)	46840.40	31558.73	55869.51	33293.80
其他业务利润(万元)	710.68	579.05	-0.31	-547.43
营业利润(万元)	12095.84	9345.57	13184.08	3361.79
投资收益(万元)	1918.00	1623.56	635.57	1506.90
补贴收入(万元)	119.19	635.57	1506.90	
营业外收支(万元)	-88.84		-796.42	309.92
利润总额(万元)	14044.20	10840.37	13198.26	5343.81
净利润(万元)	9856.21	7667.23	10071.39	4447.78

十大股东

序号	股东名称	股份性质	持股数(万股)	比例(%)
1	上海东风机械(集团)有限公司	国家股	24170.93	50.32
2	上海财政证券	A股	207.51	0.43
3	王家宜	B股	110.70	0.23
4	UNION INVESTMENT LUXEMBOURGS.A.RE :MFERNOST FONDS	B股	100.00	0.21
5	上海公汇汽车实业有限公司	A股	78.70	0.16
6	唐忠玉	B股	76.08	0.16
7	TOYO SECURITIES ASIA LTD.A/C CLIENT	B股	74.46	0.16
8	方伊君	B股	70.42	0.15
9	张寿清	B股	68.50	0.14
10	上海国际信托投资公司	A股	65.93	0.14

股东人数	2003.9	2003.6	2002	2001
	47272	47172	47453	52107

近年分配	2002年10股派1元 2001年10股派0.55元	近年配股/增发	不分配不转增

重大事项

2003年中期报告期内,公司及其子公司上海浦东伊维燃油喷射有限公司与上海电气集团总公司重大关联交易由二项房屋及固定资产转让协议,二项租赁协议及一项综合服务协议组成,房屋及固定资产转让交易金额为6027万元,公司在本次关联交易中获得的当期收益约为243万元。

二〇〇二年以来市场表现

2002年涨跌幅(%)	4.95
2002年最高(元)	15.58
2002年最低(元)	9.49
2002年换手率(%)	314.58
2003年涨跌幅(%)	-32.02
2003年最高(元)	14.88
2003年最低(元)	8.21
2003年换手率(%)	119.48

上工股份有限公司

公司概况

公司名称	上工股份有限公司	股票代码	600843
注册地址	上海浦东新区罗山路 1201 号	邮政编码	200122
法人代表	倪永刚	董秘	张一枫
电话	021-68407515	传真	021-63302939
主营业务	以生产、销售工业用缝制设备为主,主要产品有平缝等		
总股本	29033.63	流通 A	1794.00
流通 B	11212.50	流通 H	
审计单位		审计意见	未审计

主要财务指标

年度	2003.9	2003.6	2002	2001
每股收益/扣除后(元)	0.0431	0.0300	0.0235	0.1619
每股经营现金流量(元)	0.0063	-0.2500	0.1120	0.0133
每股净资产/调整后(元)	1.7881	1.7771	2.0088	1.9745
每股公积金(元)		0.7551	1.0183	1.4135
净资产收益率(%)	2.7700	2.0300	2.5560	9.1210
总资产(万元)	139540.87	135715.05	135445.56	131741.12
股东权益(万元)	52817.74	52455.32	51499.17	50256.53
未分配利润(万元)	15625.10	1166.22	99.10	-10861.28
主营收入(万元)	66048.22	45072.53	87529.98	91625.99
资本公积金(万元)	21922.27	1229.53	1229.53	35685.98
主营利润(万元)	11532.62	7615.87	15420.88	19546.04
其他业务利润(万元)	1240.19	872.95	1645.00	952.49
营业利润(万元)	566.90	497.62	574.49	4062.59
投资收益(万元)	836.44	526.09	491.32	698.34
补贴收入(万元)	39.67	2.16	208.79	162.90
营业外收支(万元)	214.29		530.43	334.40
利润总额(万元)	1657.30	1233.46	1805.03	5258.23
净利润(万元)	1462.99	1067.12	1316.16	4584.00

十大股东

序号	股东名称	股份性质	持股数(万股)	比例(%)
1	上海轻工控股(集团)公司	国家股	11624.56	40.04
2	上海国际信托投资有限公司	国有法人股	2056.68	7.08
3	中国长城资产管理公司	国家股	850.90	2.93
4	中国银行上海市分行	社会法人股	548.67	1.89
5	上海三毛纺织股份有限公司	社会法人股	202.72	0.70
6	CBNY S PNC SELECT FUND EQUITY AC	流通 B 股	162.97	0.56
7	申银万国证券股份有限公司	社会法人股	149.50	0.51
8	中国工商银行上海市第二支行	社会法人股	74.75	0.26
9	MERRILL LYNCH FAR EASTLIMITED	流通 B 股	70.27	0.24
10	姜玉明	流通 B 股	58.80	0.20

股东人数

2003.9	2003.6	2002	2001
29352	29504	29796	29070

近年分配

近年配股/增发	
	2002年 10 转增 1.5 股

重大事项

2003 年 3 月 11 日公司第一大股东上海轻工控股公司将其持有公司国家股 117018082 股中的 7399104 股国家股按每股 4.46 元价格转让给中国长城资产管理公司,转让总金额为 3300 万元人民币;将 8535874 股国家股按每股 4.46 元价格转让给上海国际信托投资有限公司,转让总金额 3807 万元。本次股权转让已获财政部批准。

二○○二年以来市场表现

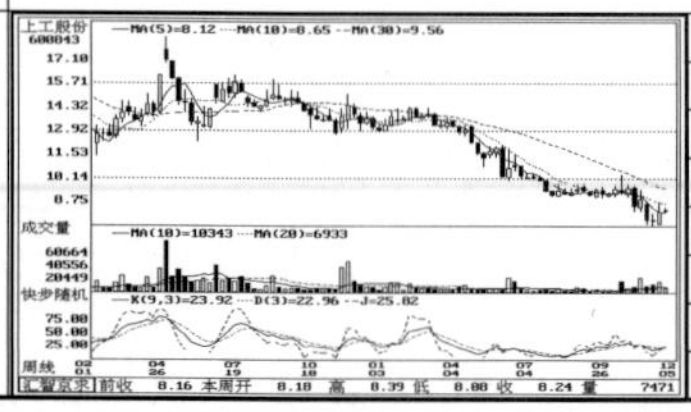

2002年涨跌幅(%)	-10.34
2002年最高(元)	16.08
2002年最低(元)	9.39
2002年换手率(%)	422.18
2003年涨跌幅(%)	-27.08
2003年最高(元)	12.43
2003年最低(元)	7.36
2003年换手率(%)	180.62

大盈现代农业股份有限公司

公司概况

公司名称	大盈现代农业股份有限公司	股票代码	600844
注册地址	上海新区川北公路 807 号	邮政编码	200041
法人代表	董云雄	董秘	俞有勤
电话	021-32180584	传真	021-32180181
主营业务	肉禽、肉禽种苗养殖、加工;禽蛋制品等		
总股本	30456.45	流通 A	2768.43
流通 B	9689.67	流通 H	
审计单位		审计意见	未审计

主要财务指标

年度	2003.9	2003.6	2002	2001
每股收益/扣除后(元)	0.0110	-0.0240	-0.2800	-0.1210
每股经营现金流量(元)	0.8168	0.7910	-0.2259	0.0018
每股净资产/调整后(元)	1.4180	1.4380	1.5080	1.8790
每股公积金(元)	0.6389	0.6389	0.6389	0.6286
净资产收益率(%)	-1.9750	-0.6580	-25.2000	0.9000
总资产(万元)	131811.81	136614.37	166120.70	153575.45
股东权益(万元)	47572.79	48194.90	48512.23	60390.58
未分配利润(万元)	-7956.74	-7334.63	-7017.30	2505.14
主营收入(万元)	16775.23	15244.68	11693.95	26960.11
资本公积金(万元)	19458.64	19458.64	19458.64	19144.30
主营利润(万元)	-229.83	-28.21	1427.11	3406.33
其他业务利润(万元)	23.58	-26.47	313.35	2035.38
营业利润(万元)	-2459.84	-1606.04	-5929.50	-1647.35
投资收益(万元)	1794.56	1921.56	-194.15	-206.73
补贴收入(万元)	120.29	97.80	639.51	
营业外收支(万元)	-0.79	-1.73	-6830.24	2824.20
利润总额(万元)	-680.56	276.81	-12314.39	970.12
净利润(万元)	-939.44	-317.33	-12226.81	545.67

十大股东

序号	股东名称	股份性质	持股数(万股)	比例(%)
1	上海轻工控股(集团)公司	国家股	7222.50	23.71
2	上海市农业产业化发展(集团)有限公司	社会法人股	4568.47	15.00
3	上海市农业投资总公司	国有股	4324.82	14.20
4	上海证券有限责任公司	社会法人股	1470.59	4.83
5	上海攀磨科技投资有限公司	社会法人股	200.00	0.66
6	XIA YU	外资股东	132.50	0.44
7	邱学倡	外资股东	70.60	0.23
8	潘福妹	外资股东	49.60	0.16
9	上海英雄金笔厂丽水分厂	社会法人股	43.94	0.14
10	上海新通餐饮有限公司	社会法人股	43.94	0.14

股东人数

2003.9	2003.6	2002	2001
35875	35875	34735	32559

近年分配

近年配股/增发	
	不分配不转增

重大事项

2003 年 9 月 3 日,公司对中国农业银行上海分行闸北支行 15000 万元的贷款续展至 2003 年 12 月 31 日的议案,上海泰琳实业有限公司同意继续以其所持有的天山路 541 号、面积为 32693 平方米的、租赁给易初莲花天山店的商业用房作抵押担保。

二○○二年以来市场表现

2002年涨跌幅(%)	-22.73
2002年最高(元)	17.88
2002年最低(元)	11.11
2002年换手率(%)	229.73
2003年涨跌幅(%)	-36.36
2003年最高(元)	13.86
2003年最低(元)	5.72
2003年换手率(%)	422.53

上海宝信软件股份有限公司

公司概况

公司名称	上海宝信软件股份有限公司			股票代码	600845		
注册地址	上海市浦东新区张江高科技园区郭守敬路515号			邮政编码	201203		
法人代表	徐乐江			董秘	陈健		
电话	021-80801155-1353			传真	021-50803294		
主营业务	计算机、自动化、网络通讯系统及软硬件产品的研究等						
总股本	26224.41	流通 A	1320.00	流通 B	8800.00	流通 H	
审计单位				审计意见	未审计		

主要财务指标

年度	2003.9	2003.6	2002	2001
每股收益 / 扣除后(元)	0.1650	0.1000	0.1853	0.1440
每股经营现金流量(元)	–0.0063	0.0130	–0.0347	0.0813
每股净资产 / 调整后(元)	1.2880	1.2520	1.1320	1.0004
每股公积金(元)	0.0800	0.0800	0.0800	0.0792
净资产收益率(%)	12.5200	7.7800	17.3800	14.6600
总资产(万元)	55810.68	55563.97	44111.74	32179.93
股东权益(万元)	34694.74	32907.87	30337.55	26288.23
未分配利润(万元)	5403.07	3628.77	1062.68	–2394.02
主营收入(万元)	63288.71	39266.68	63969.66	39644.58
资本公积金(万元)	2098.55	2098.55	2098.55	2075.85
主营利润(万元)	12755.18	7952.39	15231.24	9933.95
其他业务利润(万元)	161.44	106.57	106.46	218.71
营业利润(万元)	4668.46	2802.40	4705.89	3761.72
投资收益(万元)	–12.96	–4.40	438.33	82.48
补贴收入(万元)	14.61	4.61		
营业外收支(万元)	15.76		11.05	1.66
利润总额(万元)	4685.87	2837.52	5155.26	3845.87
净利润(万元)	430.39	4340.39	5273.70	3853.91

十大股东

序号	股东名称	股份性质	持股数(万股)	比例(%)
1	上海宝钢集团公司	国家股	15004.41	57.22
2	万国发行	境内募集法人股	279.46	1.06
3	曹中南	流通B股	228.00	0.87
4	吴嘉毅	流通B股	175.25	0.67
5	上海电气实业公司	境内募集法人股	140.00	0.53
6	上海电气(集团)总公司	境内募集法人股	110.00	0.42
7	邵献军	流通B股	101.66	0.39
8	SHENYIN WANGUONOMINEES(H.K)LTD	流通B股	92.30	0.35
9	殷成来	流通B股	92.03	0.35
10	费建民	流通B股	81.80	0.31

股东人数	2003.9	2003.6	2002	2001
	15541	15619	15248	9788

近年分配	2002年10股派0.5元	近年配股/增发	不分配不转增

重大事项

2003年报告期内,公司决定出资671.08万元收购上海宝钢集团公司持有的上海宝康电子控制工程有限公司50%股权,双方已于2002年11月28日签署了股权转让协议,上述股权转让完成后,公司将直接持有宝康公司50%股权,成为第一大股东。

二〇〇二年以来市场表现

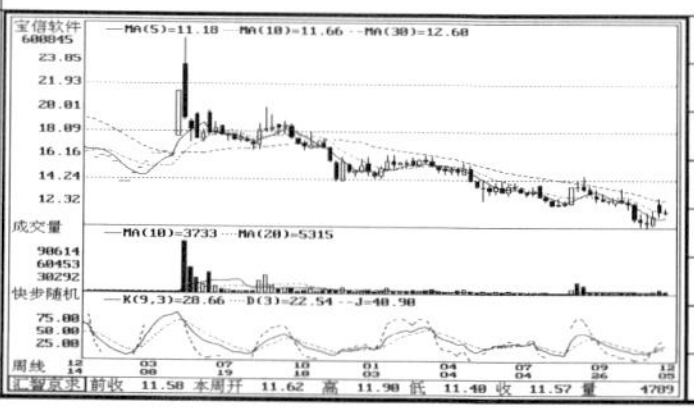

2002年涨跌幅(%)	-9.40
2002年最高(元)	25.72
2002年最低(元)	13.84
2002年换手率(%)	377.87
2003年涨跌幅(%)	-19.86
2003年最高(元)	16.15
2003年最低(元)	10.40
2003年换手率(%)	166.50

上海同济科技实业股份有限公司

公司概况

公司名称	上海同济科技实业股份有限公司			股票代码	600846		
注册地址	上海浦东新区栖山路33号			邮政编码	200092		
法人代表	钱 刚			董秘	林学言		
电话	021-56985860			传真	021-65984903		
主营业务	实业投资,教育产业投资及人才培训等						
总股本	27808.97	流通 A	11871.93	流通 B		流通 H	
审计单位				审计意见	未审计		

主要财务指标

年度	2003.9	2003.6	2002	2001
每股收益 / 扣除后(元)	0.0010	0.0100	0.0600	0.0400
每股经营现金流量(元)	–0.1900	–0.5400	0.2775	0.0785
每股净资产 / 调整后(元)	1.2700	1.4070	1.4402	1.4492
每股公积金(元)	0.0291	0.0227	0.0109	0.0642
净资产收益率(%)	0.4200	0.5810	4.8300	3.7800
总资产(万元)	212148.91	202790.44	162642.48	163106.53
股东权益(万元)	42653.47	42896.07	42362.33	42697.87
未分配利润(万元)	810.26	632.15	302.47	1785.16
主营收入(万元)	103513.64	76762.63	134397.53	65203.60
资本公积金(万元)	8309.16	8744.33	8309.16	7744.21
主营利润(万元)	9283.00	7342.26	15527.41	10865.23
其他业务利润(万元)	472.99	159.76	1126.53	223.31
营业利润(万元)	823.80	856.17	3324.56	1310.94
投资收益(万元)	277.65	212.21	2144.41	946.74
补贴收入(万元)	27035.00	98.47	168.56	447.05
营业外收支(万元)	–50.26	–35.76	15.21	34.21
利润总额(万元)	1321.54	1131.08	5652.73	2738.94
净利润(万元)	179.87	249.40	2048.09	1611.93

十大股东

序号	股东名称	股份性质	持股数(万股)	比例(%)
1	同济大学	国有股	8859.23	31.86
2	上海怡达科技投资有限责任公司	未流通股	1300.00	4.67
3	桓台县唐山资产经营有限公司	未流通股	516.08	1.86
4	高荣华	流通股	23.37	0.08
5	李灏	未流通股	22.52	0.08
6	郑玉宝	未流通股	16.89	0.06
7	宋丽君	未流通股	16.88	0.06
8	商玉芹	未流通股	16.88	0.06
9	徐大帮	未流通股	16.73	0.06
10	夏玲莉	流通股	15.29	0.05

股东人数	2003.9	2003.6	2002	2001
	95725	96984	99562	106278

近年分配	2002年10股派1元	近年配股/增发	不分配不转增

重大事项

公司控股股东同济大学拟将其持有的公司国有法人股3700万股转让给上海晟地集团有限公司。股权转让价格以公司经审计的2002年年报披露的每股净资产1.52元及未经审计的2003年半年度报披露的每股净资产1.54元为基础溢价为每股人民币1.80元计,转让价款为6660万元人民币。

二〇〇二年以来市场表现

2002年涨跌幅(%)	-18.36
2002年最高(元)	11.08
2002年最低(元)	6.90
2002年换手率(%)	121.52
2003年涨跌幅(%)	-24.10
2003年最高(元)	9.25
2003年最低(元)	4.82
2003年换手率(%)	78.73

重庆万里蓄电池股份有限公司

公司概况							
公司名称	重庆万里蓄电池股份有限公司			股票代码	600847		
注册地址	重庆市巴南区苦竹坝31号			邮政编码	400054		
法人代表	诸一军			董秘	余京学		
电话	023-62597905			传真	023-62591155		
主营业务	工业电池、汽车电池、塑壳电池、高性能电池等						
总股本	8866.00	流通A	3989.70	流通B		流通H	
审计单位				审计意见	未审计		

主要财务指标				
年度	2003.9	2003.6	2002	2001
每股收益/扣除后(元)	-0.1030	-0.0760	-0.2755	0.0150
每股经营现金流量(元)	0.0100	0.0080	-0.1000	0.0416
每股净资产/调整后(元)	0.5030	0.5270	0.6667	0.8920
每股公积金(元)	0.4891	0.4891	0.4891	0.4880
净资产收益率(%)	-16.6000	-11.9460	-39.9000	1.5300
总资产(万元)	16049.38	16394.26	17186.79	19806.88
股东权益(万元)	5438.10	5665.54	6342.37	8880.00
未分配利润(万元)	-8480.03	-8252.59	-7575.76	-5028.12
主营收入(万元)	7257.15	4863.89	11931.38	11112.31
资本公积金(万元)	4336.59	4336.59	4336.59	4326.59
主营利润(万元)	1397.01	947.23	2758.11	2695.55
其他业务利润(万元)	2.20	4.54	6.25	108.00
营业利润(万元)	-912.64	-685.20	-2371.18	188.76
投资收益(万元)	2.22	2.22	-71.22	-40.85
补贴收入(万元)				
营业外收支(万元)	6.15		-88.43	-11.63
利润总额(万元)	-904.27	-676.83	-2530.83	136.28
净利润(万元)	-904.27	-676.83	-2530.83	136.28

十大股东 序号	股东名称	股份性质	持股数(万股)	比例(%)
1	北京科技园置业股份有限公司	社会法人股	2600.00	29.33
2	重庆机电控股(集团)公司	国家股	2276.30	25.67
3	北京巨银投资顾问有限公司	社会股	27.40	0.30
4	罗书宜	流通股	27.40	0.30
5	黎先觉	流通股	26.39	0.29
6	陈冬香	流通股	23.50	0.26
7	重庆新亚广告公司	流通股	22.86	0.25
8	尚连荣	流通股	21.26	0.23
9	张灯化	流通股	20.84	0.23
10	杜惠芬	流通股	19.87	0.22

股东人数	2003.9	2003.6	2002	2001
	11290	11360	10517	7852

近年分配		近年配股/增发	不分配不转增

重大事项

2003年报告期内，现经协商，重庆轴承工业公司和重庆机电控股公司与大冶特钢股份有限公司已达成了执行和解协议。黄石市下陆区人民法院已于**2003**年**9**月**8**日解除了重庆机电控股(集团)公司持有的公司国家股**2276.3**万股的冻结。

二〇〇二年以来市场表现

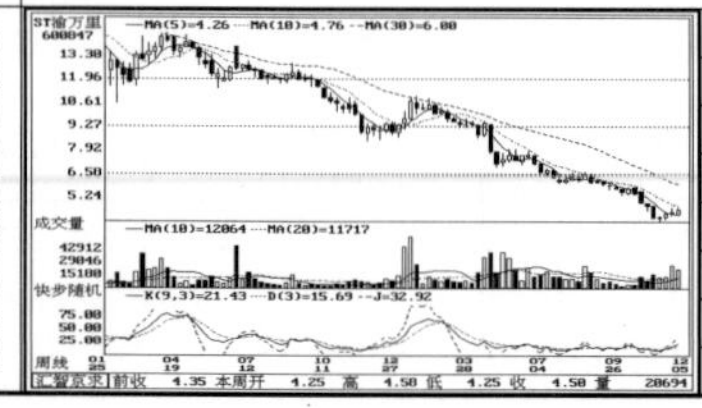

2002年涨跌幅(%)	-40.93
2002年最高(元)	14.85
2002年最低(元)	8.41
2002年换手率(%)	124.22
2003年涨跌幅(%)	-50.34
2003年最高(元)	10.95
2003年最低(元)	3.89
2003年换手率(%)	180.45

上海自动化仪表股份有限公司

公司概况							
公司名称	上海自动化仪表股份有限公司			股票代码	600848		
注册地址	上海延安西路1599号怡翔大楼七楼			邮政编码	200050		
法人代表	肖宗义			董秘	缪丹桦		
电话	021-62800705			传真	021-62801680		
主营业务	制造工业用控制系统和仪表、汽车电子装置等						
总股本	39928.69	流通A	3367.43	流通B	10714.55	流通H	
审计单位				审计意见	未审计		

主要财务指标				
年度	2003.9	2003.6	2002	2001
每股收益/扣除后(元)	0.0030	-0.0030	-0.0500	0.0100
每股经营现金流量(元)	-0.0549	0.0180	-0.1168	0.2477
每股净资产/调整后(元)	0.1800	0.1700	0.2200	0.1800
每股公积金(元)	0.5550	0.5550	0.5550	0.5761
净资产收益率(%)	4.0000	1.9600	9.2700	7.5900
总资产(万元)	79403.48	86639.54	97862.51	99701.26
股东权益(万元)	11422.22	11184.84	11060.87	11014.39
未分配利润(万元)	-52685.49	-53425.97	-53559.77	
主营收入(万元)	46165.41	31496.68	57959.31	57844.80
资本公积金(万元)	22159.41	22159.41	22159.41	23002.84
主营利润(万元)	11772.73	8328.35	16554.76	18897.51
其他业务利润(万元)	644.86	441.25	805.41	988.73
营业利润(万元)	-602.13	-385.42	-2097.82	-235.84
投资收益(万元)	1147.92	665.38	5302.61	1476.42
补贴收入(万元)			27.00	71.04
营业外收支(万元)	344.49	341.18	-1407.15	498.57
利润总额(万元)	890.27	621.13	1824.64	1810.19
净利润(万元)	456.57	219.19	1024.95	835.57

十大股东 序号	股东名称	股份性质	持股数(万股)	比例(%)
1	上海仪电控股(集团)公司	国家股	11519.94	28.85
2	中国华融资产管理公司	国家股	3861.55	9.67
3	上海国际信托投资公司	国有法人股	3531.84	8.85
4	中国东方资产管理公司	国家股	3364.78	8.43
5	中国长城资产管理公司	国家股	1830.83	4.59
6	申银万国	法人股	1073.07	2.69
7	交大企管	法人股	330.72	0.83
8	中国信达资产管理公司	国家股	207.41	0.52
9	陈益	外资股	132.47	0.33
10	CHIN IKUSHIN	外资股	80.00	0.20

股东人数	2003.9	2003.6	2002	2001
	38025	38169	39453	38961

近年分配		近年配股/增发	不分配不转增

重大事项

2003年报告期内，公司为上海广电有限公司担保总额度内的**1200**万元单笔贷款担保及另一项单笔贷款担保**4000**万元作转期担保。担保方式为连带责任担保，保证期间为自借款合同确定的借款到期之次日起一年。　**2003**年报告期内，公司拟与上海交大工业自动化工程研究中心、上海兴正投资管理中心、上海交大创业投资有限公司合资成立上海自动化有限责任公司。该公司注册资本为**2200**万元，其中，公司投资**1000**万元，占**45%**。

二〇〇二年以来市场表现

2002年涨跌幅(%)	-24.72
2002年最高(元)	11.11
2002年最低(元)	6.25
2002年换手率(%)	268.48
2003年涨跌幅(%)	-34.05
2003年最高(元)	9.04
2003年最低(元)	4.45
2003年换手率(%)	146.07

上海市医药股份有限公司

公司概况						
公司名称	上海市医药股份有限公司			股票代码	600849	
注册地址	上海浦东新区金桥路 **1399** 号			邮政编码	201206	
法人代表	钱(王进)			董秘	曹伟荣	
电话	021-58999802			传真	021-58995835	
主营业务	化学原料药,化学药制剂,抗生素,生化药品等					
总股本	47431.07	流通 A	28606.26	流通 B		流通 H
审计单位				审计意见	未审计	

主要财务指标

年度	2003.9	2003.6	2002	2001
每股收益/扣除后(元)	0.2000	0.1500	0.0340	0.4200
每股经营现金流量(元)	-0.3500	-0.3260	0.3200	0.2079
每股净资产/调整后(元)	3.2000	3.1700	4.5200	4.5100
每股公积金(元)	1.3788	1.3789	2.5682	2.5587
净资产收益率(%)	6.5700	5.4100	8.0700	9.6500
总资产(万元)	593980.69	577057.50	540281.44	429312.44
股东权益(万元)	166395.45	164873.20	155955.30	150528.30
未分配利润(万元)	27823.07	26296.58	16885.76	15490.03
主营收入(万元)	650239.87	436567.62	723568.75	520203.44
资本公积金(万元)	65398.19	65402.44	81208.54	80907.22
主营利润(万元)	72060.85	51002.98	100805.07	69738.53
其他业务利润(万元)	5268.59	3164.12	1476.83	855.88
营业利润(万元)	11343.89	9186.21	16664.51	16835.53
投资收益(万元)	3167.21	1869.89	2497.11	3498.57
补贴收入(万元)	336.97	237.85	650.31	442.15
营业外收支(万元)	1577.29		1535.80	-542.25
利润总额(万元)	16425.35	13215.25	21347.72	20234.01
净利润(万元)	10937.31	8913.65	12584.71	14528.07

十大股东

序号	股东名称	股份性质	持股数(万股)	比例(%)
1	上海医药(集团)有限公司	国家股	18824.81	39.69
2	申银万国证券股份有限公司	流通股	2003.01	4.23
3	海通证券股份有限公司	流通股	554.62	1.17
4	南京证券有限责任公司	流通股Θ	379.69	0.08
5	金鑫基金	流通股	374.97	0.79
6	上海天趣广告有限公司	流通股	360.14	0.76
7	上海田畴房地产有限公司	流通股	299.84	0.63
8	上海跃洲商贸发展有限公司	流通股	246.70	0.52
9	金泰基金	流通股	199.40	0.42
10	上海黎申实业有限公司	流通股	143.88	0.30

股东人数	2003.9	2003.6	2002	2001
	42237	42357	44002	52922

近年分配	近年配股/增发
2002 年 **10** 股派 **2** 元 **2001** 年 **10** 股派 **0.9** 元	不分配不转增

重大事项

2003 年报告期内,公司决定与福建宝隆投资有限公司、福建省福怡经济技术开发总公司共同投资重组福建康源医药有限公司。拟重组更名的新公司注册资本 **2076** 万元,公司按该公司经评估确认的净资产值 **1:1.6** 倍溢价以现金出资 **1992** 万元,占新公司 **60%** 股份。

二〇〇二年以来市场表现

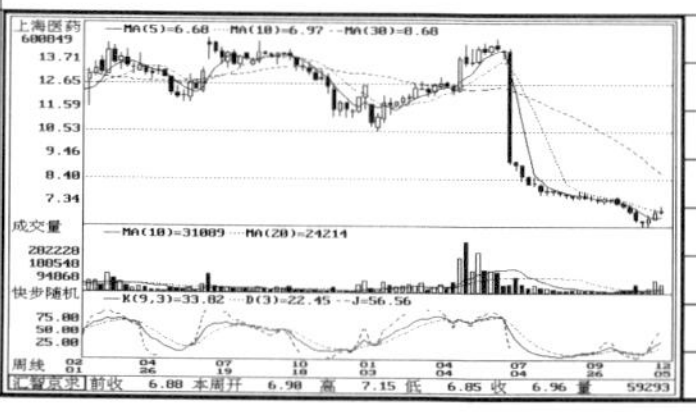

2002年涨跌幅(%)	-1.79
2002年最高(元)	9.63
2002年最低(元)	7.27
2002年换手率(%)	55.14
2003年涨跌幅(%)	-16.40
2003年最高(元)	9.71
2003年最低(元)	6.28
2003年换手率(%)	103.86

上海华东电脑股份有限公司

公司概况						
公司名称	上海华东电脑股份有限公司			股票代码	600850	
注册地址	上海市凤阳路 **310** 号			邮政编码	200233	
法人代表	孙德炜			董秘	吴志明	
电话	021-64362789			传真	021-64700357	
主营业务	计算机硬件、软件、外部设备、磁记录介质等					
总股本	17103.15	流通 A	4860.00	流通 B		流通 H
审计单位				审计意见	未审计	

主要财务指标

年度	2003.9	2003.6	2002	2001
每股收益/扣除后(元)	-0.0172	-0.0270	-0.1594	0.0190
每股经营现金流量(元)	-0.2226	-0.1850	-0.1394	0.3767
每股净资产/调整后(元)	0.9290	0.9166	0.9789	1.1700
每股公积金(元)	0.1688	0.1688	0.1688	0.1687
净资产收益率(%)	-3.4300	-3.8000	-14.9400	6.4400
总资产(万元)	65701.96	63287.91	54493.71	52537.14
股东权益(万元)	19224.41	19155.72	19884.14	22853.66
未分配利润(万元)	-2522.47	-2591.17	-1862.75	1113.42
主营收入(万元)	65113.35	42777.21	79173.17	57564.69
资本公积金(万元)	2887.42	2887.42	2887.42	2885.74
主营利润(万元)	7696.40	4949.37	8478.51	5364.11
其他业务利润(万元)	141.47	149.40	43.56	82.08
营业利润(万元)	79.79	-236.57	-2041.94	-329.58
投资收益(万元)	-333.37	-218.29	-287.19	2537.82
补贴收入(万元)	5.10		6.73	
营业外收支(万元)	65.34		41.53	-436.42
利润总额(万元)	-183.14	-456.83	-2280.87	1771.82
净利润(万元)	-659.73	-728.42	-2971.21	1472.30

十大股东

序号	股东名称	股份性质	持股数(万股)	比例(%)
1	华东计算技术研究所	发起人法人股	9404.26	54.98
2	建行上海第二营业部	募集人法人股	647.35	3.78
3	国家持股(信息产业部)	国有法人股	408.89	2.39
4	上海华兴贸易公司	募集人法人	356.40	2.08
5	万科财务顾问有限公司	募集人法人	324.00	1.89
6	上海亿安科技发展有限公司	募集人法人	291.60	1.70
7	中国信达信托投资公司	募集人法人	243.00	1.42
8	北京恒强勤业商贸有限公司	募集人法人	181.44	1.06
9	北京仁达公司	募集人法人	162.00	0.95
10	上海久康公司	社会公众股	74.56	0.44

股东人数	2003.9	2003.6	2002	2001
	24405	23820	22955	14367

近年分配	近年配股/增发
	不分配不转增

重大事项

上海浦东发展银行闸北支行根据其与华普信息技术有限公司在 **2003** 年 **10** 月 **24** 日至 **2004** 年 **10** 月 **23** 日的期限内签署的一系列贷款合同之约定,向华普信息技术有限公司提供不超过人民币叁仟伍佰万元整,且每笔贷款期限不超过 **1** 年的贷款本金。该合同所称保证为连带责任保证。 **2003** 年报告期内,公司为华普信息技术有限公司与中国工商银行上海市浦东分行签订的 **500** 万元人民币借款合同提供担保,借款期限自 **2003** 年 **9** 月 **15** 日起至 **2004** 年 **8** 月 **31** 日止。截止 **2003** 年 **8** 月 **31** 日,公司累计对外实际担保金额为人民币 **9856.6** 万元。

二〇〇二年以来市场表现

2002年涨跌幅(%)	-34.03
2002年最高(元)	13.10
2002年最低(元)	6.99
2002年换手率(%)	355.61
2003年涨跌幅(%)	-28.84
2003年最高(元)	10.32
2003年最低(元)	5.10
2003年换手率(%)	419.85

上海海欣集团股份有限公司

公司概况							
公司名称	上海海欣集团股份有限公司			股票代码	600851		
注册地址	上海市松江区洞泾镇			邮政编码	201601		
法人代表	严镇博			董秘	陈谋亮		
电话	021-63917000			传真	021-53513883		
主营业务	研究开发、生产涤纶、睛纶等						
总股本	60352.84	流通 A	18367.89	流通 B	20132.85	流通 H	
审计单位				审计意见	未审计		

主要财务指标 年度	2003.9	2003.6	2002	2001
每股收益/扣除后(元)	0.2130	0.1200	0.2400	0.2800
每股经营现金流量(元)	–0.0668	–0.1360	0.1390	0.5549
每股净资产/调整后(元)	3.1800	3.0700	2.9000	3.3500
每股公积金(元)	1.4428	1.4235	1.4235	1.8082
净资产收益率(%)	6.6900	3.8800	8.8000	8.6000
总资产(万元)	386429.87	368266.87	329642.81	302032.12
股东权益(万元)	194399.30	187513.47	179157.12	169978.53
未分配利润(万元)	18850.73	13124.56	5850.18	6658.95
主营收入(万元)	141156.61	84216.73	162916.44	109095.69
资本公积金(万元)	87074.20	85914.28	85914.28	91941.27
主营利润(万元)	33465.09	19606.70	34248.31	23612.38
其他业务利润(万元)	477.92	236.99	739.23	483.15
营业利润(万元)	14225.72	7105.35	13378.27	8400.52
投资收益(万元)	2518.61	1669.65	2354.24	8491.54
补贴收入(万元)	117.45	117.45	65.77	417.68
营业外收支(万元)	–133.49		1821.04	–537.49
利润总额(万元)	16728.29	8810.38	17619.32	16772.25
净利润(万元)	13000.55	7274.38	15761.92	14612.24

十大股东 序号	股东名称	股份性质	持股数(万股)	比例(%)
1	上海松江洞泾工业公司	法人股	7508.20	12.44
2	香港申海有限公司	境内上市外资股	7228.28	11.98
3	上海玩具进出口有限公司	国有法人股	4336.49	7.19
4	上海新工联(集团)有限公司	法人股	2953.25	4.89
5	上海松江经济技术开发建设总公司	国有法人股	2304.48	3.82
6	基金安顺	流通 A 股	2009.16	3.33
7	上海华豪投资管理有限公司	法人股	1440.00	2.39
8	基金安信	流通 A 股	1279.50	2.12
9	香港裕礼发展有限公司	外资股东	468.00	0.78
10	基金安瑞	流通 A 股	106.72	0.18

股东人数	2003.9	2003.6	2002	2001
	29439	29543	29097	26057

近年分配	近年配股/增发
2002年10股派1元 2001年10股派1元	不分配不转增

重大事项

2003 年报告期内,公司在收购江苏舜达针织制品有限公司和南京丽宁毛绒制品有限公司股权,并将这两家公司合并后组建的南京海欣丽宁长毛绒有限公司,已于 2003 年 5 月 22 日领取工商营业执照,正式成立。该公司注册资本为 1200 万美元(其中,公司占 53%的股权)。 公司于 2003 年 04 月 15 日与香港丽达贸易有限公司签订了受让其所持有的江苏舜达针织制品有限公司和南京丽宁毛绒制品有限公司股权的协议。经双方协商,江苏舜达和南京丽宁两个公司的股权价值共为 90767896.77 元

二〇〇二年以来市场表现

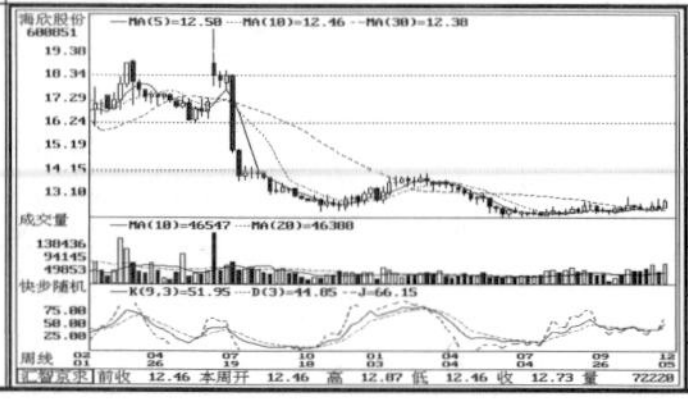

2002年涨跌幅(%)	–5.92
2002年最高(元)	16.84
2002年最低(元)	12.19
2002年换手率(%)	137.50
2003年涨跌幅(%)	–4.45
2003年最高(元)	13.85
2003年最低(元)	11.95
2003年换手率(%)	96.25

中国四川国际合作股份有限公司

公司概况							
公司名称	中国四川国际合作股份有限公司			股票代码	600852		
注册地址	四川省成都市永兴巷 15 号			邮政编码	610012		
法人代表	安国胜			董秘	陈璞		
电话	028-86520852			传真	028-86521326		
主营业务	承包国内外各种工程建设项目;承担资源勘察等						
总股本	16430.86	流通 A	5630.86	流通 B		流通 H	
审计单位				审计意见	未审计		

主要财务指标 年度	2003.9	2003.6	2002	2001
每股收益/扣除后(元)	–0.0800	–0.0500	–0.3700	0.0400
每股经营现金流量(元)	–0.1600	–0.2400	–2.3400	1.7308
每股净资产/调整后(元)	0.9700	1.0040	1.0800	0.1000
每股公积金(元)	0.5892	0.5861	0.5839	0.5473
净资产收益率(%)	–7.1700	–4.0700	–29.8400	6.1800
总资产(万元)	91163.59	96014.55	98486.00	118662.60
股东权益(万元)	18425.92	18926.11	19658.44	25878.34
未分配利润(万元)	–8825.71	–8274.62	–7505.27	–792.70
主营收入(万元)	8511.91	7122.38	21245.19	22290.24
资本公积金(万元)	9681.13	9630.23	9593.21	8991.83
主营利润(万元)	1866.16	1410.60	2990.71	6979.93
其他业务利润(万元)	290.20	172.94	214.01	196.17
营业利润(万元)	–1083.92	–523.53	–4742.97	1242.31
投资收益(万元)	–67.30	–102.10	–1061.63	711.81
补贴收入(万元)				402.00
营业外收支(万元)	–22.83		–241.74	–139.63
利润总额(万元)	–1174.06	–611.66	–6046.33	2216.49
净利润(万元)	–1320.44	–769.35	–5866.70	1598.29

十大股东 序号	股东名称	股份性质	持股数(万股)	比例(%)
1	深圳市通富达实业发展有限公司	法人股	8400.00	51.12
2	四川省国有资产投资管理有限责任公司	国家股	2400.00	14.61
3	廖孝成	流通股	27.00	0.16
4	杨镇江	流通股	14.50	0.09
5	吕江松	流通股	14.25	0.09
6	郭建忠	流通股	14.00	0.09
7	许长江	流通股	12.61	0.08
8	许长江	流通股	12.18	0.07
9	雷曼	流通股	12.18	0.07
10	李荣霞	流通股	11.07	0.07

股东人数	2003.9	2003.6	2002	2001
	24996	26068	24449	20598

近年分配	近年配股/增发
	不分配不转增

重大事项

2002 年 7 月,深圳市通富达实业发展有限公司将持有公司法人股 8400 万股质押给中国光大银行深圳分行福田支行,质押期限自 2002 年 7 月 4 日至 2003 年 8 月 3 日。质押期限延至 2004 年 12 月 7 日,并已在中国证券登记结算有限责任公司上海分公司重新办理了质押登记手续。 2003 年报告期内,公司同意为公司控股的河南四通电力设备有限公司在中国光大银行郑州纬二路支行申请办理 6000 万元人民币承兑汇票非保证金部分 3000 万元提供连带责任保证担保。公司累计对外担保总额为人民币 41856 万元。

二〇〇二年以来市场表现

2002年涨跌幅(%)	–32.91
2002年最高(元)	10.50
2002年最低(元)	6.46
2002年换手率(%)	225.32
2003年涨跌幅(%)	–37.11
2003年最高(元)	8.09
2003年最低(元)	3.70
2003年换手率(%)	180.12

龙建路桥股份有限公司

公司概况

公司名称	龙建路桥股份有限公司	股票代码	600853
注册地址	黑龙江省哈尔滨市南岗区长江路 368 号	邮政编码	150009
法人代表	雷文风	董秘	王征宇
电话	0451-82281860	传真	0451-82281253
主营业务	公路工程施工总承包(特级),公路路面工程专业承包等		
总股本	53240.00	流通 A	16456.00
流通 B		流通 H	
审计单位		审计意见	未审计

主要财务指标

年度	2003.9	2003.6	2002	2001
每股收益 / 扣除后(元)	0.0750	0.0480	0.0830	–0.1740
每股经营现金流量(元)	0.0539	–0.0750	0.0216	0.1972
每股净资产 / 调整后(元)	1.3485	1.2777	1.2374	0.8422
每股公积金(元)	0.2973	0.2973	0.2973	0.2699
净资产收益率(%)	5.3300	3.5600	6.9300	–11.2100
总资产(万元)	228918.08	232194.98	208690.77	202598.08
股东权益(万元)	73144.25	69035.45	66575.94	70059.92
未分配利润(万元)	1625.83	–2482.96	–4942.48	
主营收入(万元)	167044.44	88866.25	231623.11	99200.74
资本公积金(万元)	15827.55	15827.55	15827.55	14369.05
主营利润(万元)	14727.40	9750.21	19980.87	–723.77
其他业务利润(万元)	32.66	4.66	100.66	781.73
营业利润(万元)	5311.47	3787.16	7488.05	–7538.86
投资收益(万元)	–100.63	–77.43	22.37	228.27
补贴收入(万元)				
营业外收支(万元)	–16.59		–73.42	–542.78
利润总额(万元)	5194.25	3681.49	7437.01	–7538.86
净利润(万元)	3897.98	2459.52	4614.04	–7853.37

十大股东

序号	股东名称	股份性质	持股数(万股)	比例(%)
1	黑龙江省公路桥梁建设集团有限公司	非流通国有法人股	20743.00	38.96
2	北满特殊钢集团有限责任公司	非流通国有法人股	13500.00	25.36
3	北京大地广告艺术公司	非流通法人股	968.00	1.82
4	中国第一汽车集团公司第一汽车制造厂	非流通法人股	242.00	0.45
5	黑龙江电力公司	非流通法人股	242.00	0.45
6	上海万馨投资管理有限公司	非流通法人股	200.00	0.38
7	宜兴市昌丰水处理设备有限公司	非流通法人股	150.00	0.28
8	逢梅	流通股	142.35	0.27
9	宁波市海曙天龙农林技术开发有限公司	非流通法人股	134.00	0.25
10	黑龙江省兴达经济贸易公司	非流通法人股	121.00	0.23

股东人数	2003.9	2003.6	2002	2001
	52484	52957	54377	54697

近年分配		近年配股 / 增发	不分配不转增

重大事项

2003 年报告期内,公司作为广西南宁至友谊关公路 C2 合同段的中标单位,于 2003 年 4 月 6 日与广西南宁至友谊关公路工程建设办公室签订的《广西道路发展项目南宁至友谊关公路 C2 合同段合同协议书》。该合同造价为 180181533.00 元,工程期限 36 个月。 黑龙江省地方税务局批准公司用 2002 年度税前利润 80919162.55 元弥补以前年度的亏损,免交 2002 年度应纳税所得 26703323.64 元。公司根据有关要求,调整公司 2002 年度会计报表的会计数据,调增 2002 年末未分配利润 26703323.64 元,调减应交税金 26703323.64 元。

二〇〇二年以来市场表现

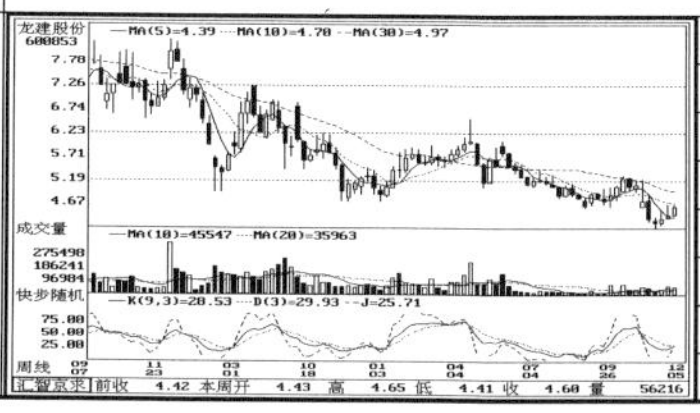

2002年涨跌幅(%)	–30.63
2002年最高(元)	7.25
2002年最低(元)	4.71
2002年换手率(%)	193.39
2003年涨跌幅(%)	–9.24
2003年最高(元)	6.52
2003年最低(元)	4.15
2003年换手率(%)	166.50

江苏春兰制冷设备股份有限公司

公司概况

公司名称	江苏春兰制冷设备股份有限公司	股票代码	600854
注册地址	江苏泰州春兰工业园区春兰路 1 号	邮政编码	225300
法人代表	张鸿志	董秘	陈震
电话	0523-6217958	传真	0523-6219729
主营业务	生产及销售空调器等制冷产品、空调用红外线遥控等		
总股本	51945.85	流通 A	19824.19
流通 B		流通 H	
审计单位		审计意见	未审计

主要财务指标

年度	2003.9	2003.6	2002	2001
每股收益 / 扣除后(元)	0.1050	0.0930	0.2400	0.4400
每股经营现金流量(元)	–0.2800	–0.4300	–0.4200	0.4400
每股净资产 / 调整后(元)	5.8200	5.8100	5.7200	5.6500
每股公积金(元)	5.8200	5.8100	5.7200	5.6500
净资产收益率(%)	1.7900	1.5900	4.0500	7.8700
总资产(万元)	478727.31	471576.56	360812.81	410180.69
股东权益(万元)	302393.62	301773.53	296980.97	293442.78
未分配利润(万元)	5431.48	4811.35	18.81	
主营收入(万元)	245112.48	151110.73	174089.09	176222.73
资本公积金(万元)	153890.67	153890.67	153890.67	153817.87
主营利润(万元)	47449.33	26118.81	36431.79	41291.00
其他业务利润(万元)	446.39	310.84	832.75	529.87
营业利润(万元)	9182.36	7604.34	17064.65	29253.36
投资收益(万元)	–1441.56	–915.00	–1680.13	–182.92
补贴收入(万元)		113.90		
营业外收支(万元)	–112.64		–484.87	–96.35
利润总额(万元)	7628.16	6625.99	14899.66	28974.09
净利润(万元)	5407.74	4787.62	12039.98	23096.72

十大股东

序号	股东名称	股份性质	持股数(万股)	比例(%)
1	春兰(集团)公司	社会法人股	16257.94	31.30
2	泰州国有资产经营有限公司	社会法人股	7818.71	15.05
3	BERNIE INDUSTRIAL LIMITED	外资法人股	7592.39	14.62
4	申能(集团)有限公司	流通股	600.56	1.56
5	江苏百乐电热电器有限公司	流通股	592.64	1.41
6	泰州春兰特种空调器厂	社会法人股	271.57	0.52
7	泰州春兰销售公司	社会法人股	181.05	0.35
8	天津万博咨询有限公司	流通股	162.22	0.31
9	邓光进	流通股	141.10	0.27
10	景福证券投资基金	流通股	97.22	0.19

股东人数	2003.9	2003.6	2002	2001
	81187	81861	82948	77852

近年分配	2002年 10 股派 1 元 2001 年 10 股派 3 元	近年配股 / 增发	不分配不转增

重大事项

2003 年报告期内,江苏春兰洗涤机械有限公司增加经营范围。其经营范围变更为"生产洗涤机械及洗涤机械配件、冰箱及冰箱配件、冰箱压缩机及冰箱压缩机配件,销售公司所生产的产品"。 2003 年报告期内,公司参股子公司江苏春兰机械制造有限公司拟进行增资,春兰公司、泰州市泰山经济发展合作总社拟以其共同投资的泰州春兰橡塑公司的全部净资产整体投入到春兰机械。增资完成后,春兰集团和泰山经合成为春兰机械的新股东。

二〇〇二年以来市场表现

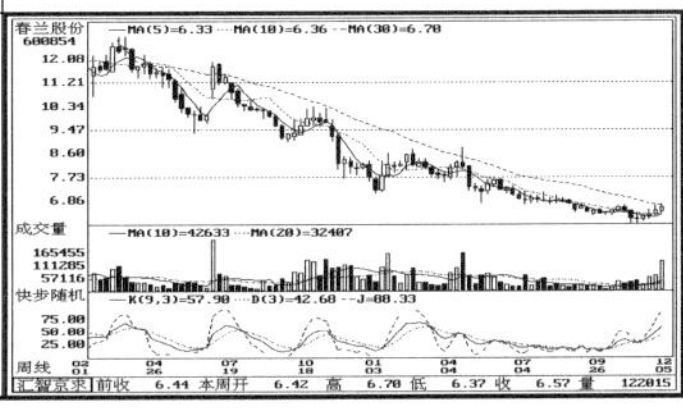

2002年涨跌幅(%)	–41.55
2002年最高(元)	12.61
2002年最低(元)	7.27
2002年换手率(%)	140.59
2003年涨跌幅(%)	–11.78
2003年最高(元)	8.70
2003年最低(元)	5.99
2003年换手率(%)	102.74

北京航天长峰股份有限公司

公司概况

公司名称	北京航天长峰股份有限公司	股票代码	600855
注册地址	北京市海淀区永定路51号	邮政编码	100854
法人代表	唐刚斗	董秘	张金奎
电话	010-88271805	传真	010-88525775
主营业务	专用计算机及程序设计、机床数控系统等		

总股本	16008.00	流通A	5298.90	流通B		流通H	
审计单位				审计意见	未审计		

主要财务指标

年度	2003.9	2003.6	2002	2001
每股收益/扣除后(元)	0.1010	0.0564	0.1200	
每股经营现金流量(元)	-0.0670	0.1290	0.1560	0.1262
每股净资产/调整后(元)	1.4330	1.4080	1.3540	1.2020
每股公积金(元)	0.1203	0.1210	0.1203	0.1203
净资产收益率(%)	6.2600	3.8200	9.2200	10.0200
总资产(万元)	38608.50	35813.81	32600.84	30052.52
股东权益(万元)	23328.16	22746.60	21868.34	19852.83
未分配利润(万元)	4285.82	3698.71	2830.68	1271.75
主营收入(万元)	12157.94	8046.27	16193.81	13149.28
资本公积金(万元)	1926.45	1936.67	1926.45	1926.45
主营利润(万元)	4502.39	2865.74	5516.63	5031.62
其他业务利润(万元)	137.60	91.26	252.75	297.70
营业利润(万元)	1696.55	1012.37	1884.42	2170.71
投资收益(万元)	-76.86	-58.73	212.11	-56.50
补贴收入(万元)	50.00	50.00	54.19	10.59
营业外收支(万元)	-42.24		-23.02	3.09
利润总额(万元)	1627.45	993.94	2127.69	2127.89
净利润(万元)	1459.82	868.03	2015.51	1989.89

十大股东

序号	股东名称	股份性质	持股数(万股)	比例(%)
1	长峰科技工业集团公司	国有法人股	5739.90	35.36
2	中国航天科工集团二院二0四所	国有法人股	1024.51	6.40
3	中国航天科工集团二院二O六所	国有法人股	928.46	5.80
4	北京市南郊农场旧宫分场	国有法人股	823.30	5.14
5	北京市金鹏房地产公司	国有法人股	500.00	3.12
6	中国航天科工集团二院七O六所	国有法人股	448.22	2.80
7	中国汽车工业投资开发公司	国有法人股	367.40	2.29
8	北京市国有资产经营有限责任公司	国家股	209.90	1.31
9	北京轻汽	国有法人股	200.10	1.25
10	中汽公司	国有法人股	100.00	0.62

股东人数	2003.9	2003.6	2002	2001
	21204	19976	11218	2995

近年分配	2001年10股派0.2元	近年配股/增发	不分配不转增

重大事项

2003年报告期内,公司控股的北京航天数控系统有限公司新增贷款额度2000万元(公司对外担保总额为4500万元,2002年度公司净资产为21868.34万元,北京航天数控系统有限公司的资产负债率为64.41%),由公司为其提供担保,以补充流动资金的不足。　2003年报告期内,会议审议同意公司控股的北京航天数控系统有限公司和北京长峰科威光电技术有限公司增加债务融资,以补充流动资金的不足,贷款额度分别为1000万元,由公司为其提供担保。

二〇〇二年以来市场表现

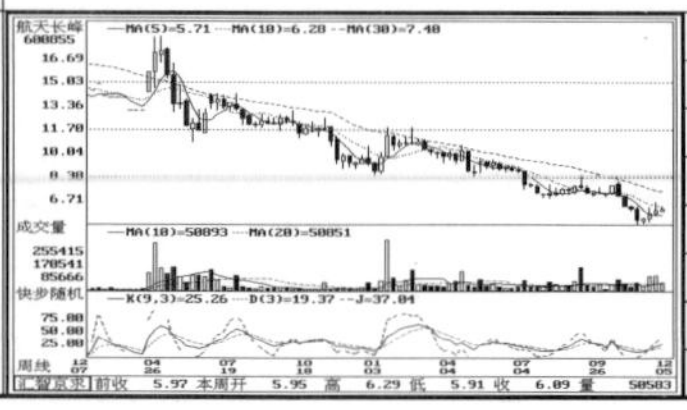

2002年涨跌幅(%)	-36.69
2002年最高(元)	18.35
2002年最低(元)	8.70
2002年换手率(%)	378.12
2003年涨跌幅(%)	-32.16
2003年最高(元)	11.80
2003年最低(元)	5.05
2003年换手率(%)	469.41

长春百货大楼集团股份有限公司

公司概况

公司名称	长春百货大楼集团股份有限公司	股票代码	600856
注册地址	长春市人民大街77号	邮政编码	130061
法人代表	王建国	董秘	耿文喜
电话	0431-8965414	传真	0431-8920704
主营业务	批发零售百货、针纺织品、服装鞋帽、五金等		

总股本	18273.77	流通A	8591.48	流通B		流通H	
审计单位				审计意见	未审计		

主要财务指标

年度	2003.9	2003.6	2002	2001
每股收益/扣除后(元)	-0.0470	-0.0300	0.0110	0.0200
每股经营现金流量(元)	-0.0073	0.0130	0.0977	-0.0059
每股净资产/调整后(元)	1.3800	1.4000	1.6000	1.6400
每股公积金(元)	0.7790	0.7790	0.7790	0.7814
净资产收益率(%)	-2.5300	-2.0200	-2.0300	1.3800
总资产(万元)	72008.51	70871.99	70588.74	67884.76
股东权益(万元)	32836.20	33000.84	33665.37	35783.83
未分配利润(万元)	-3027.94	-2862.82	-2197.39	-382.84
主营收入(万元)	23389.49	16383.39	34360.30	38057.88
资本公积金(万元)	14235.86	14235.38	14234.49	14279.27
主营利润(万元)	6342.95	4356.17	8972.91	8980.71
其他业务利润(万元)	135.89	110.00	179.63	211.52
营业利润(万元)	-243.30	-33.98	356.72	682.41
投资收益(万元)	-511.94	-511.94	-72.51	-64.62
补贴收入(万元)				
营业外收支(万元)	-73.05	-83.33	-108.19	-62.20
利润总额(万元)	-828.29	-629.25	-567.31	552.60
净利润(万元)	-830.54	-665.42	-684.50	493.08

十大股东

序号	股东名称	股份性质	持股数(万股)	比例(%)
1	长春市净月潭旅游经济开发区管委会	国有股	5687.25	31.12
2	中国平安保险公司	法人股	700.00	3.83
3	吉林省开源实业发展有限责任公司	法人股	644.00	3.52
4	长春市东方工贸有限责任公司	法人股	280.00	1.53
5	深圳市泰阳网电子商务咨询服务有限公司	法人股	140.00	0.76
6	深圳南山风险投资基金公司	法人股	140.00	0.76
7	深圳万科企业股份有限公司	法人股	112.00	0.61
8	桂林市象山区香桂宛酒楼	法人股	110.00	0.60
9	上海葆鑫企业发展有限公司	法人股	100.00	0.55
10	吉林省送变电工程公司	法人股	99.52	0.54

股东人数	2003.9	2003.6	2002	2001
	26333	27023	27901	30702

近年分配		近年配股/增发	2001年10配3股

重大事项

2003年报告期内,公司第一大股东长春净月潭旅游经济开发区管理委员会分别将其持有的公司国家股53000000股(占公司总股本的29%)分别转让给上海合涌源企业发展有限公司及上海合涌源投资有限公司。　2003年报告期内,长百集团公告称,由于公司处在窗口行业,非典疫情使客流量和销售额大幅下降,对公司经营业绩产生重大影响,经公司财务部门测算,预计半年报业绩将出现亏损。

二〇〇二年以来市场表现

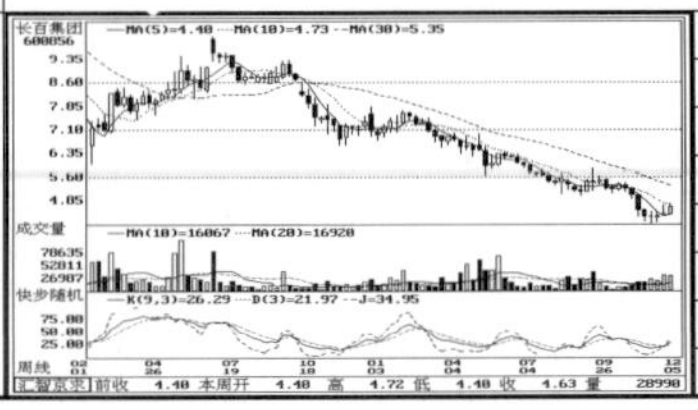

2002年涨跌幅(%)	-18.04
2002年最高(元)	10.10
2002年最低(元)	5.40
2002年换手率(%)	133.93
2003年涨跌幅(%)	-36.69
2003年最高(元)	7.68
2003年最低(元)	4.10
2003年换手率(%)	109.46

哈工大首创科技股份有限公司

公司概况

公司名称	哈工大首创科技股份有限公司		股票代码	600857	
注册地址	浙江省宁波市和义路45号		邮政编码	315000	
法人代表	杨士勤		董秘	哈宁	
电话	0574-87347621		传真	0574-87367996	
主营业务	计算机软、硬件等产品的开发、生产等				
总股本	19229.18	流通A	9150.88	流通B	流通H
审计单位			审计意见	未审计	

主要财务指标

年度	2003.9	2003.6	2002	2001
每股收益/扣除后(元)	0.0430	0.0410	0.1060	0.1100
每股经营现金流量(元)	0.1001	-0.0040	0.0742	0.2809
每股净资产/调整后(元)	1.7800	1.7540	1.7380	1.6700
每股公积金(元)	0.4095	0.4095	0.4095	0.4095
净资产收益率(%)	2.5200	0.9000	6.4000	7.2500
总资产(万元)	52841.80	52119.21	57167.82	46239.34
股东权益(万元)	34355.23	33790.45	33487.76	32306.80
未分配利润(万元)	3081.41	2516.63	2213.94	2275.48
主营收入(万元)	45865.83	30348.13	61493.88	59572.31
资本公积金(万元)	7874.96	7874.96	7874.96	7874.23
主营利润(万元)	6139.51	3890.68	9886.39	6730.92
其他业务利润(万元)	1062.59	701.17	700.92	202.11
营业利润(万元)	1123.69	396.96	2513.78	1947.94
投资收益(万元)	-266.32	-144.49	-470.70	385.25
补贴收入(万元)	47.75	13.63	295.02	84.46
营业外收支(万元)	10.04	3.47	102.87	182.26
利润总额(万元)	915.17	304.94	2440.97	2599.90
净利润(万元)	867.47	302.70	2141.68	2343.40

十大股东

序号	股东名称	股份性质	持股数(万股)	比例(%)
1	哈尔滨工业大学八达集团公司	国有社会法人股	3520.48	18.31
2	北京首创科技投资有限公司	国有法人股	1922.92	10.00
3	镇海炼油化工股份有限公司	法人股	898.56	4.67
4	宁波联合集团股份有限公司	法人股	732.67	3.81
5	中国百货纺织品公司	法人股	552.96	2.88
6	宁波金港信托投资有限责任公司	法人股	552.96	2.88
7	交通银行宁波分行	法人股	304.13	1.58
8	浙江泰丰控股集团有限公司	法人股	276.48	1.44
9	中国人寿保险公司宁波分公司	法人股	138.24	0.72
10	宁波中洲集团公司	法人股	138.24	0.72

股东人数	2003.9	2003.6	2002	2001
	37194	38252	39200	40599

近年分配	2002年10股派0.5元 2001年10股派0.5元	近年配股/增发	不分配不转增

重大事项

2003年报告期内，将本公司所拥有的位于宁波市海曙区中山东路205-215号三层楼和和义路45号中百大楼九层楼整体出租给宁波培罗成有限公司，租期1年，即从2003年1月1日起至2003年12月31日止，年租金为720万元。 2002年8月9日本公司为哈尔滨工业大学软件工程有限公司向中国工商银行哈尔滨市大直支行借款2000万元的保证合同，保证期限：自主合同确定的借款到期之次日起两年，担保金额为2000万元。公司累计对外担保数量为3980万元，无逾期担保情况。

二〇〇二年以来市场表现

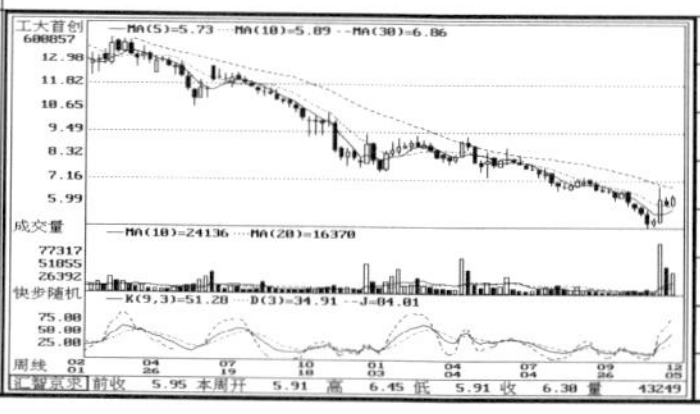

2002年涨跌幅(%)	-42.35
2002年最高(元)	14.06
2002年最低(元)	7.66
2002年换手率(%)	69.20
2003年涨跌幅(%)	-23.32
2003年最高(元)	9.24
2003年最低(元)	4.83
2003年换手率(%)	87.26

渤海集团股份有限公司

公司概况

公司名称	渤海集团股份有限公司		股票代码	600858	
注册地址	山东省济南市泺源大街中段		邮政编码	250063	
法人代表	王仁泉		董秘	李璐	
电话	0531-6960688		传真	0531-6960688	
主营业务	网络工程及数据服务；装饰装修；物业管理等				
总股本	12134.67	流通A	6795.36	流通B	流通H
审计单位			审计意见	未审计	

主要财务指标

年度	2003.9	2003.6	2002	2001
每股收益/扣除后(元)	-0.1240	-0.0900	-0.2833	-0.1883
每股经营现金流量(元)	0.2965	0.2500	-0.0819	-0.0497
每股净资产/调整后(元)	0.6072	0.5918	0.3996	0.8845
每股公积金(元)	0.5175	0.4678	0.4652	0.4647
净资产收益率(%)	9.0480	14.1320	-50.9400	-31.3380
总资产(万元)	24632.85	20934.43	20036.84	22165.14
股东权益(万元)	7714.63	7546.05	6909.74	10733.16
未分配利润(万元)	-11237.01	-10868.60	-11657.20	-7825.95
主营收入(万元)	2402.92	1651.76	2808.95	2775.29
资本公积金(万元)	6279.48	5676.58	5644.76	5638.91
主营利润(万元)	-54.20	-15.83	-10.16	506.00
其他业务利润(万元)	144.99	99.24	199.60	279.51
营业利润(万元)	-307.29	244.85	-3602.25	-2887.34
投资收益(万元)	621.06	562.93	24.75	-242.56
补贴收入(万元)	5.93	5.50	25.21	
营业外收支(万元)	-12.40	-5.09	131.77	-283.80
利润总额(万元)	307.30	788.18	-3684.07	-3413.70
净利润(万元)	698.02	1066.42	-3519.81	-3363.52

十大股东

序号	股东名称	股份性质	持股数(万股)	比例(%)
1	国家股	国有股	1760.00	14.50
2	济南中金投资管理有限公司	未流通股	1112.67	9.17
3	山东省商业集团总公司	未流通股	975.60	8.03
4	山东广告代理公司	未流通股	916.08	7.55
5	北京中裕德投资管理有限公司	未流通股	120.00	0.99
6	郑春红	已流通股	112.71	0.93
7	山东现代制药有限公司	已流通股	106.36	0.88
8	上海鑫黎实业有限公司	未流通股	100.00	0.82
9	国泰君安证券股份有限公司	未流通股	88.00	0.72
10	海南真铭实业投资有限公司	未流通股	71.00	0.59

股东人数	2003.9	2003.6	2002	2001
	21342	16868	20448	24590

近年分配		近年配股/增发	不分配不转增

重大事项

2003年报告期内，记录表明公司原第四大股东山东恒坤实业有限公司将其持有的公司社会法人股9160800股于2003年8月26日过户至山东省商业集团总公司名下，本次股份过户完成后，山东省商业集团总公司持有的公司社会法人股占总股本的15.59%，为公司第一大股东。 2003年6月13日，公司接中国证券登记结算有限公司上海分公司通知，称公司第二大股东济南中金投资管理有限公司将其持有的公司社会法人股11126720股质押给淄博市诚信资产管理有限公司。

二〇〇二年以来市场表现

2002年涨跌幅(%)	-22.02
2002年最高(元)	9.50
2002年最低(元)	4.52
2002年换手率(%)	265.69
2003年涨跌幅(%)	-18.39
2003年最高(元)	7.38
2003年最低(元)	4.35
2003年换手率(%)	277.96

北京王府井百货(集团)股份有限公司

公司概况

公司名称	北京王府井百货(集团)股份有限公司	股票代码	600859
注册地址	中国北京王府井大行街 255 号	邮政编码	100006
法人代表	郑万河	董秘	刘冰
电话	010-65125960	传真	010-65133133
主营业务	百货零售业为主,涉足房地产、进出口贸易等		

总股本	29297.30	流通 A	19837.86	流通 B		流通 H	
审计单位				审计意见	未审计		

主要财务指标

年度	2003.9	2003.6	2002	2001
每股收益/扣除后(元)	0.0420	0.0040	0.0670	0.0670
每股经营现金流量(元)	0.4935	0.0100	0.7751	0.2095
每股净资产/调整后(元)	3.5920	3.5380	3.4990	3.4840
每股公积金(元)	2.4276	2.4258	2.4258	2.4238
净资产收益率(%)	1.0800	0.1020	1.6200	1.6000
总资产(万元)		307729.47	304945.81	299940.12
股东权益(万元)	154897.23	153312.12	153137.20	152546.23
未分配利润(万元)	5107.46	3593.15	3436.13	3420.55
主营收入(万元)	225801.55	153171.91	332564.03	310459.47
资本公积金(万元)	95398.14	95327.34	95327.34	95247.08
主营利润(万元)	39265.85	25428.51	54415.42	51403.66
其他业务利润(万元)	1385.09	733.72	2409.69	1564.14
营业利润(万元)	4802.06	1567.26	5832.31	3264.83
投资收益(万元)	206.33	256.50	26.75	3098.00
补贴收入(万元)	0.71	0.10		
营业外收支(万元)	22.94		-25.16	-266.65
利润总额(万元)	5032.04	1846.97	5833.89	6096.17
净利润(万元)	1671.33	157.02	2475.55	2441.42

十大股东

序号	股东名称	股份性质	持股数(万股)	比例(%)
1	京联发	国家股	19459.44	49.52
2	北控管理	流通股	242.12	0.62
3	上海证券	流通股	44.23	0.11
4	黄飞翔	流通股	39.37	0.10
5	邵 淳	流通股	30.58	0.08
6	周维英	流通股	24.66	0.06
7	郑 珑	流通股	22.00	0.06
8	刘达良	流通股	21.56	0.05
9	兴和基金	流通股	21.19	0.05
10	秀枫房产	流通股	20.60	0.05

股东人数	2003.9	2003.6	2002	2001
	133209	134898	139069	150481

近年分配	2002年10股派0.5元 2001年10股派0.5元	近年配股/增发	不分配不转增

重大事项

2003 年报告期内,公司将王府井大街 275 号以实物资产作为出资,经评估,评估价值为 2960.15 万元,作价 2500 万元投入北京东来顺集团有限责任公司。本次扩大投资后,其中东来顺集团的注册资本增加到 12700 万元。占注册资本的 21.26%。

二〇〇二年以来市场表现

2002年涨跌幅(%)	-23.18
2002年最高(元)	7.96
2002年最低(元)	5.70
2002年换手率(%)	91.44
2003年涨跌幅(%)	-13.97
2003年最高(元)	6.83
2003年最低(元)	4.60
2003年换手率(%)	69.77

北人印刷机械股份有限公司

公司概况

公司名称	北人印刷机械股份有限公司	股票代码	600860
注册地址	中国北京市朝阳区广渠路南侧 44 号	邮政编码	100022
法人代表	朱武安	董秘	戎佩敏
电话	010-67802565	传真	010-67802570
主营业务	开发、设计、生产、销售印刷机械、锻压设备等		

总股本	42200.00	流通 A	7200.00	流通 B		流通 H	10000.00
审计单位				审计意见	未审计		

主要财务指标

年度	2003.9	2003.6	2002	2001
每股收益/扣除后(元)	0.1870	0.1200	0.1500	0.1600
每股经营现金流量(元)	0.3321	0.3260	0.4357	0.1258
每股净资产/调整后(元)	2.7800	2.7300	2.2900	2.2200
每股公积金(元)	1.2321	1.2321	1.0019	0.9988
净资产收益率(%)	6.4800	4.6200	7.0400	6.7600
总资产(万元)	189390.02	197678.97	188227.16	158133.14
股东权益(万元)	119769.50	117459.45	97911.13	95112.62
未分配利润(万元)	6455.72	7508.39	3170.28	1826.29
主营收入(万元)	37266.29	46118.39	92692.93	69907.64
资本公积金(万元)	51995.37	51995.14	40075.59	39951.13
主营利润(万元)	22693.59	15179.30	29532.14	20704.79
其他业务利润(万元)	103.61	53.86	207.24	166.95
营业利润(万元)	9685.94	6560.31	8045.88	8156.75
投资收益(万元)	-390.12	-599.58	-306.93	-423.44
补贴收入(万元)			20.59	
营业外收支(万元)	116.98		790.35	-158.14
利润总额(万元)	9412.80	6660.52	8549.89	7575.17
净利润(万元)	7761.24	7528.78	6894.07	6428.17

十大股东

序号	股东名称	股份性质	持股数(万股)	比例(%)
1	北人集团公司	国有法人股	25000.00	59.24
2	HKSCC NOMINEES LIMITED	H股	9562.12	22.66
3	裕隆基金	H股	100.00	0.24
4	潞安投资	H股	77.39	0.18
5	KWAN KAM ON	H股	75.00	0.18
6	HSBC NOMINEES (HONG KONG) LIMITED	H股	69.20	0.16
7	杭汽动力	A股	49.00	0.12
8	HUI KAU YU	H股	40.00	0.09
9	CHEUK CHUNG LIM	H股	35.00	0.08
10	LAM BO YING	H股	30.00	0.07

股东人数	2003.9	2003.6	2002	2001
	40326	42007	35450	38838

近年分配	2002年10股派1元 2001年10股派1.2元	近年配股/增发	不分配不转增

重大事项

2002 年报告期内,陕西黄工集团公司同意将陕印机 53.47%的权益无偿转让予公司。转让后,公司将与中国华融成立"陕西北人"。公司将在"陕西北人"注入持有的陕印机的全部权益、现金人民币 6077 万元及总值为人民币 524 万元的土地及资产,共计人民币 8418 万元.

二〇〇二年以来市场表现

2002年涨跌幅(%)	-23.64
2002年最高(元)	10.43
2002年最低(元)	7.06
2002年换手率(%)	118.55
2003年涨跌幅(%)	-11.46
2003年最高(元)	8.80
2003年最低(元)	5.78
2003年换手率(%)	245.21

北京城乡贸易中心股份有限公司

公司概况

公司名称	北京城乡贸易中心股份有限公司		股票代码	600861	
注册地址	北京市海淀区复兴路甲 23 号		邮政编码	100036	
法人代表	周和平		董秘	赵磊	
电话	010-68296595		传真	010-68216933	
主营业务	商品零售及批发、公共饮食业、物资供销业等				
总股本	40573.90	流通 A	16731.00	流通 B	流通 H
审计单位			审计意见	未审计	

主要财务指标

年度	2003.9	2003.6	2002	2001
每股收益 / 扣除后(元)	0.0780	0.0450	0.1883	0.2300
每股经营现金流量(元)	0.1914	-0.0190	0.3570	0.4133
每股净资产 / 调整后(元)	3.5700	3.5300	3.5600	3.1800
每股公积金(元)	1.7243	1.7243	1.7243	1.7243
净资产收益率(%)	1.8400	1.1000	4.6700	5.9000
总资产(万元)	220082.31	219926.55	220127.87	218839.08
股东权益(万元)	169606.08	168348.52	166490.95	161150.95
未分配利润(万元)	8182.70	6273.53	4415.97	4578.71
主营收入(万元)	87929.14	58991.12	125660.01	128113.54
资本公积金(万元)	69960.16	69960.16	69960.16	69960.16
主营利润(万元)	14914.35	9833.08	22067.53	22770.96
其他业务利润(万元)	3015.86	2045.10	5133.09	4550.96
营业利润(万元)	4226.41	3163.84	9455.95	12886.03
投资收益(万元)	382.73	-39.11	601.02	-913.37
补贴收入(万元)				
营业外收支(万元)	47.34		30.40	-103.01
利润总额(万元)	4656.49	3164.06	10087.36	11869.66
净利润(万元)	3115.12	18573.55	7774.44	9515.22

十大股东

序号	股东名称	股份性质	持股数(万股)	比例(%)
1	北京市郊区旅游实业开发公司	国有法人股	16920.00	41.70
2	北京北航天华科技有限责任公司	国有法人股	2422.89	5.97
3	北京海兴实业公司	社会法人股	1500.00	3.70
4	上海万丰资产管理公司	社会法人股	975.00	2.40
5	北信投资控股有限公司	社会法人股	750.00	1.85
6	华夏证券天宁寺营业部	社会法人股	597.00	1.47
7	北京仁达国际信息	社会法人股	525.00	1.29
8	华苑商贸有限公司	社会法人股	78.00	0.19
9	天马科技有限公司	社会法人股	75.00	0.18
10	陈兰芳	流通股	52.39	0.13

股东人数	2003.9	2003.6	2002	2001
	109649	111615	114375	123106

近年分配	2002年 10 股派 0.6 元	近年配股 / 增发	2001年 10 配 3 股

重大事项

2003 年报告期内,公司决定将公司在洋浦合平实业有限公司所有的 51%股权转让给海南第一投资集团有限公司,股权转让总价款为人民币 4000 万元整。本次股权转让公司将收益 382.37 万元。2003 年报告期内,公司拟由公司法人代表同中国农业银行签订 5 亿元授信额度用于人民币、外币贷款及开立银行承兑汇票,该额度授信期限为 1 年。

二〇〇二年以来市场表现

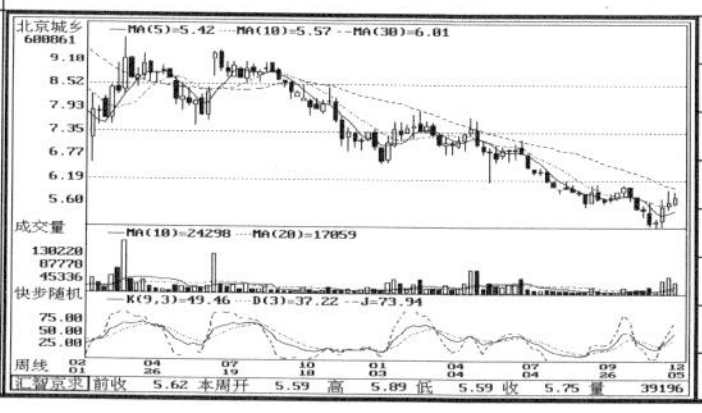

2002年涨跌幅(%)	-20.38
2002年最高(元)	9.56
2002年最低(元)	6.43
2002年换手率(%)	72.82
2003年涨跌幅(%)	-15.36
2003年最高(元)	7.78
2003年最低(元)	5.02
2003年换手率(%)	65.19

南通纵横国际股份有限公司

公司概况

公司名称	南通纵横国际股份有限公司		股票代码	600862	
注册地址	江苏省南通市任港路 23 号		邮政编码	226006	
法人代表	张宗平		董秘	陈志平	
电话	0513-5516141-830		传真	0513-5512271	
主营业务	机床、船用冷却器、热处理锻铸件、制网机械等				
总股本	23844.48	流通 A	12236.78	流通 B	流通 H
审计单位			审计意见	未审计	

主要财务指标

年度	2003.9	2003.6	2002	2001
每股收益 / 扣除后(元)	-0.2060	-0.1400	-0.4500	-0.9862
每股经营现金流量(元)	-0.0590	-0.0750	-0.1813	-2.0310
每股净资产 / 调整后(元)	0.5173	0.5669	0.5318	2.5235
每股公积金(元)	2.5129	2.5126	2.5126	2.5126
净资产收益率(%)	-35.6700	-22.0600	-215.0800	-38.8410
总资产(万元)	73467.56	86413.74	96202.31	182470.05
股东权益(万元)	13394.08	14810.54	18090.74	61345.87
未分配利润(万元)	-73022.62	-71523.35	-68244.06	-24586.37
主营收入(万元)	18197.91	12467.33	32345.55	28249.39
资本公积金(万元)	59919.27	59912.59	59912.59	59911.59
主营利润(万元)	1805.87	1258.82	2772.45	-6888.28
其他业务利润(万元)	163.96	98.34	291.94	-52.71
营业利润(万元)	-5294.44	-3583.22	-32831.86	-26558.77
投资收益(万元)	-136.90	-163.91	-2137.59	2828.13
补贴收入(万元)	194.63	147.59	259.17	149.32
营业外收支(万元)	-54.75		5274.95	-310.75
利润总额(万元)	-5291.45	-3616.37	-39985.24	-23892.08
净利润(万元)	-4778.56	-3267.22	-38908.67	-23827.27

十大股东

序号	股东名称	股份性质	持股数(万股)	比例(%)
1	江苏省技术进出口公司	国有法人股	6720.00	28.18
2	江苏华容集团有限公司	国家股	4887.69	20.50
3	罗永华	流通股	252.91	1.06
4	国泰君安证券股份有限公司	流通股	161.90	0.68
5	长江证券有限责任公司	流通股	94.42	0.40
6	上海四福金都汇娱乐总汇	流通股	87.17	0.37
7	上海豪尔办公用品有限公司	流通股	82.92	0.35
8	南京同辉电子系统有限公司	流通股	81.87	0.34
9	西安航天科技工业公司	流通股	74.54	0.31
10	上海申银房地产开发有限公司	流通股	70.59	0.30

股东人数	2003.9	2003.6	2002	2001
	26026	25243	33752	2774

近年分配		近年配股 / 增发	不分配不转增

重大事项

2003 年报告期内,公司第一大股东江苏省技术进出口公司将其持有的公司 6720 万股法人股转让给江苏中山路桥工程有限公司,双方约定本次转让价格为 0.7587 元人民币/股,转让价款合计为 5098.464 万元人民币。 2003 年 9 月 26 日,因公司借款到期,中国银行南通分行划付了公司用于质押借款的定期存单 1500 万元。2002 年 9 月 26 日,公司曾以定期存单 1500 万元向中行质押借款 1500 万元,期限一年。

二〇〇二年以来市场表现

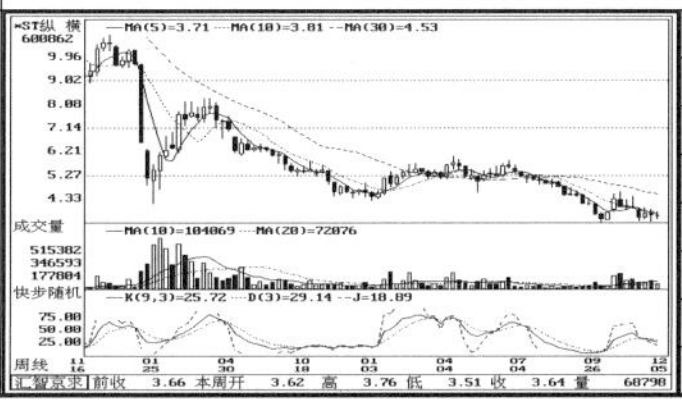

2002年涨跌幅(%)	-57.04
2002年最高(元)	10.08
2002年最低(元)	4.12
2002年换手率(%)	584.68
2003年涨跌幅(%)	-15.47
2003年最高(元)	5.98
2003年最低(元)	3.39
2003年换手率(%)	318.97

内蒙古蒙电华能热电股份有限公司

公司概况

公司名称	内蒙古蒙电华能热电股份有限公司			股票代码	600863	
注册地址	内蒙古呼和浩特市锡林南路 218 号			邮政编码	010020	
法人代表	乌若思			董秘	张　彤	
电话	0471-6222388			传真	0471-6926658	
主营业务	火力发电、供应,蒸气,热水的生产、供应等					
总股本	198122.00	流通 A	39546.00	流通 B		流通 H
审计单位				审计意见	未审计	

主要财务指标

年度	2003.9	2003.6	2002	2001
每股收益/扣除后(元)	0.1500	0.0730	0.2440	0.2220
每股经营现金流量(元)	0.2341	0.1760	0.4084	0.3456
每股净资产/调整后(元)	2.0460	1.9950	3.8440	3.7250
每股公积金(元)	0.5981	0.5981	2.1948	2.1934
净资产收益率(%)	7.0450	3.6260	6.2260	5.9200
总资产(万元)	990585.31	864781.87	811651.62	415946.19
股东权益(万元)	413249.09	398589.37	383990.22	371835.53
未分配利润(万元)	55033.46	40373.76	25921.09	18085.97
主营收入(万元)	127422.94	61641.52	138193.16	68788.62
资本公积金(万元)	118505.84	118505.84	217420.31	217284.31
主营利润(万元)	24621.18	11774.25	21401.83	16672.14
其他业务利润(万元)	275.74	-17.69	5.16	0.24
营业利润(万元)	37622.13	19059.62	29946.78	25064.07
投资收益(万元)	3803.38	1661.95	383.36	717.68
补贴收入(万元)				
营业外收支(万元)	-78.42		-225.29	-1.02
利润总额(万元)	41347.09	20643.40	20716.02	25780.73
净利润(万元)	29112.37	14452.66	23905.99	22020.56

十大股东

序号	股东名称	股份性质	持股数(万股)	比例(%)
1	内蒙古电力(集团)有限责任公司	国有股	118448.96	59.79
2	中国华能集团公司	国有股	25227.04	12.73
3	国家股	国有股	14900.00	7.52
4	科瑞基金	流通股	2756.79	1.39
5	科翔基金	流通股	545.23	0.28
6	龙源电力	流通股	404.01	0.20
7	闽发证券	流通股	352.52	0.18
8	渤海证券	流通股	198.67	0.10
9	汉兴基金	流通股	100.00	0.05
10	天同 180	流通股	98.02	0.01

股东人数	2003.9	2003.6	2002	2001
	75398	85820	90761	124689

近年分配	2002年 10 股派 1.2 元　2001 年 10 股派 1.2 元	近年配股/增发	2002年每 10 股转增 10 股　2001 年 10 配 3 股

重大事项

公司于 2003 年 07 月 14 日收购内蒙古电力集团拥有的包头第一热电厂全部资产，收购价格为 58534.35 万元。包头第一热电厂资产转让给本公司后,自转让基准日起其上网电价暂定以本公司同类发电资产上网电价 180 元/千千瓦时执行。

二〇〇二年以来市场表现

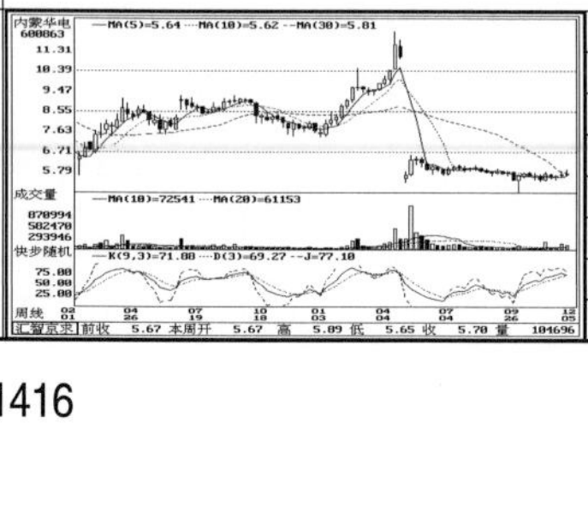

2002年涨跌幅(%)	4.49
2002年最高(元)	4.56
2002年最低(元)	2.64
2002年换手率(%)	87.32
2003年涨跌幅(%)	52.42
2003年最高(元)	6.54
2003年最低(元)	3.61
2003年换手率(%)	160.41

哈尔滨岁宝热电股份有限公司

公司概况

公司名称	哈尔滨岁宝热电股份有限公司			股票代码	600864	
注册地址	哈尔滨市南岗区昆仑商城隆顺街 27 号			邮政编码	150090	
法人代表	邢继军			董秘	徐建伟	
电话	0451-2333238			传真	0451-2332228	
主营业务	热力、电					
总股本	13659.46	流通 A	4537.50	流通 B		流通 H
审计单位				审计意见	未审计	

主要财务指标

年度	2003.9	2003.6	2002	2001
每股收益/扣除后(元)	0.0200	0.0370	0.0500	0.1160
每股经营现金流量(元)	0.0775	0.0890	0.3824	0.1525
每股净资产/调整后(元)	2.6900	2.7900	2.8000	2.6800
每股公积金(元)	1.3592	1.3592	1.3592	1.3573
净资产收益率(%)	2.2900	1.7600	2.4300	4.9600
总资产(万元)	92107.86	91406.65	93000.40	91646.20
股东权益(万元)	40552.36	40334.98	39624.57	39784.70
未分配利润(万元)	3766.44	3549.06	2838.65	3393.59
主营收入(万元)	16427.86	11585.46	23103.00	21435.01
资本公积金(万元)	18565.45	18565.45	18565.45	18539.35
主营利润(万元)	3066.48	1813.87	5005.61	8626.64
其他业务利润(万元)	123.30	117.76	96.60	45.12
营业利润(万元)	-407.83	-261.25	42.25	1003.95
投资收益(万元)	1274.11	830.32	1307.63	1643.68
补贴收入(万元)	207.43	207.43	291.10	525.32
营业外收支(万元)	1.55	2.36	-46.84	-140.32
利润总额(万元)	1075.26	808.86	1594.14	3032.63
净利润(万元)	927.79	710.41	961.04	1971.42

十大股东

序号	股东名称	股份性质	持股数(万股)	比例(%)
1	哈尔滨石油化学工业(集团)公司	国有股	4535.18	33.20
2	深圳市恒大投资发展有限公司	法人股	3546.51	25.96
3	中智富投有限公司	法人股	600.00	4.39
4	阿城市热电厂	法人股	280.96	2.06
5	友源资产管理有限公司	法人股	109.30	0.80
6	岁宝集团(深圳)实业有限公司	法人股	50.00	0.37
7	高国林	社会公众股	37.99	0.28
8	何秀兰	社会公众股	28.03	0.21
9	马书敏	社会公众股	25.00	0.18
10	庄杰	社会公众股	20.27	0.15

股东人数	2003.9	2003.6	2002	2001
	29303	28932	27488	28504

近年分配	2002年 10 股派 0.7 元　2001 年 10 股派 1.1 元	近年配股/增发	不分配不转增

重大事项

2003 年报告期内,公司董事会研究决定,同意用公司持有的中国民生银行社会法人股 9717.5 万股作质押,向中国银行哈尔滨开发区支行申请最高额度不超过壹亿元人民币流动资金贷款。　2003 年报告期内,2002 年 7 月 30 日被广东省高级人民法院冻结的被执行人岁宝集团实业有限公司持有的公司 35465100 股社会法人股依法公开拍卖,由深圳市恒大投资发展有限公司以 83342985 元竞得成为公司第二大股东。

二〇〇二年以来市场表现

2002年涨跌幅(%)	-32.03
2002年最高(元)	11.80
2002年最低(元)	7.08
2002年换手率(%)	182.23
2003年涨跌幅(%)	-8.63
2003年最高(元)	10.16
2003年最低(元)	5.81
2003年换手率(%)	261.29

百大集团股份有限公司

公司概况

公司名称	百大集团股份有限公司	股票代码	600865
注册地址	杭州市延安路546号	邮政编码	310006
法人代表	董伟平	董秘	何美云
电话	0571-85109129	传真	0571-85150586
主营业务	商品零售、批发、住宿、餐饮、旅游等服务等		

总股本	26970.63	流通A	13533.99	流通B		流通H	
审计单位				审计意见	未审计		

主要财务指标

年度	2003.9	2003.6	2002	2001
每股收益/扣除后(元)	0.0800	0.0500	0.1500	0.1700
每股经营现金流量(元)	0.1462	0.1400	1.1643	0.3972
每股净资产/调整后(元)	2.4200	2.3800	2.3200	2.2000
每股公积金(元)	1.1800	1.1800	1.1800	1.1800
净资产收益率(%)	3.1900	2.1100	6.2000	6.1000
总资产(万元)	87239.32	87894.30	86770.75	131626.12
股东权益(万元)	68353.07	67601.00	66171.88	65556.63
未分配利润(万元)	2188.69	1436.62	7.50	67.82
主营收入(万元)	80268.31	55660.19	113197.37	101484.18
资本公积金(万元)	31826.69	31826.69	31826.69	31826.69
主营利润(万元)	10864.97	7826.29	16494.32	16115.77
其他业务利润(万元)	1782.51	1197.22	2265.36	1379.34
营业利润(万元)	3178.27	2092.74	6111.47	5682.18
投资收益(万元)	353.09	182.57	230.78	240.45
补贴收入(万元)	16.53	16.53	8.21	
营业外收支(万元)	-119.01	-53.85	-32.22	-321.74
利润总额(万元)	3428.88	2237.99	6318.24	5600.90
净利润(万元)	2181.19	1429.12	4101.90	3998.74

十大股东

序号	股东名称	股份性质	持股数(万股)	比例(%)
1	杭州市投资控股有限公司	国家股	8073.00	29.93
2	杭州市股权交流中心	法人股	1003.80	3.72
3	杭州企业产权交易所	法人股	828.33	3.07
4	杭州工商信托投资股份有限公司	流通股/法人股	404.00	1.50
5	浙江泰丰控股集团有限公司	法人股	390.00	1.45
6	浙江东海石油实业有限公司	法人股	292.50	1.08
7	海通证券有限公司	流通股	236.68	0.88
8	杭州联华华商集团有限公司	流通股/法人股	212.08	0.79
9	浙江省第三建筑工程公司	法人股	195.00	0.72
10	杭州商学院	法人股	146.25	0.54

股东人数	2003.9	2003.6	2002	2001
	70743	71920	73325	80670

近年分配	2002年10股派1.3元 2001年10股派0.9元	近年配股/增发	不分配不转增

重大事项

公司于2002年09月27日与厉文海、义乌市有加利百货有限公司签订了《关于出资设立浙江百大有加利商贸有限公司协议书》。新成立的公司注册资本为1500万元,公司投资600万元,占总股本的40%。 2003年报告期内,公司将持有的杭州园林旅游贸易有限公司95%的股权以21,921,958.96元的价格转让给杭州园林旅游贸易公司,转让基准日为2002年12月31日,转让基准日后的损益由杭州园林旅游贸易公司承担。

二〇〇二年以来市场表现

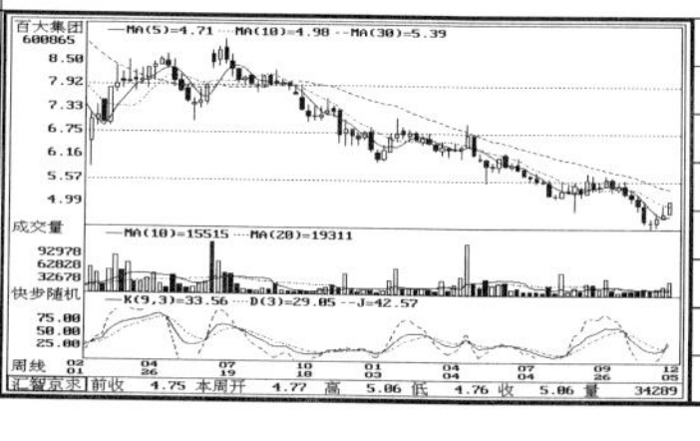

2002年涨跌幅(%)	-23.92
2002年最高(元)	8.87
2002年最低(元)	5.58
2002年换手率(%)	101.81
2003年涨跌幅(%)	-20.57
2003年最高(元)	6.97
2003年最低(元)	4.40
2003年换手率(%)	73.98

广东肇庆星湖生物科技股份有限公司

公司概况

公司名称	广东肇庆星湖生物科技股份有限公司	股票代码	600866
注册地址	广东省肇庆市工农北路67号	邮政编码	526060
法人代表	黄增麟	董秘	陈明
电话	0758-2291130	传真	0758-2239449
主营业务	生产、销售化学原料药、核苷(酸)类等		

总股本	32568.91	流通A	19438.05	流通B		流通H	
审计单位				审计意见	未审计		

主要财务指标

年度	2003.9	2003.6	2002	2001
每股收益/扣除后(元)	0.1780	0.1400	0.2400	0.2100
每股经营现金流量(元)	0.2368	0.1780	0.5624	0.1868
每股净资产/调整后(元)	2.7200	2.6800	2.5400	2.2800
每股公积金(元)	1.0223	1.0223	1.0223	1.0221
净资产收益率(%)	6.5500	5.1200	9.4700	9.0100
总资产(万元)	107812.64	106970.97	102382.50	100155.19
股东权益(万元)	88933.96	87598.31	83111.82	75237.48
未分配利润(万元)	13975.74	12640.09	8153.60	1466.70
主营收入(万元)	39838.90	28989.45	49242.33	44005.49
资本公积金(万元)	33294.89	33294.89	33294.89	33287.49
主营利润(万元)	14017.12	10713.20	18300.08	15153.52
其他业务利润(万元)	-23.09	-16.90	23.29	53.56
营业利润(万元)	6493.20	4959.35	9905.31	6735.28
投资收益(万元)	17.96	14.13	-1161.06	872.59
补贴收入(万元)	26.20	12.38	61.21	37.43
营业外收支(万元)	-25.51		-65.38	-21.47
利润总额(万元)	6511.85	4960.21	8740.07	7623.84
净利润(万元)	5822.14	4486.49	7866.94	6775.46

十大股东

序号	股东名称	股份性质	持股数(万股)	比例(%)
1	肇庆市财政局	国家股	13130.86	40.32
2	广发证券股份有限公司	流通股	549.83	1.69
3	易方达平稳增长证券投资基金	流通股	465.64	1.43
4	科汇证券投资基金	流通股	149.50	0.46
5	第一创业证券有限责任公司	未披露	104.13	0.32
6	天同180指数证券投资基金	未披露	48.46	0.15
7	科瑞证券投资基金	流通股	44.71	0.14
8	科翔证券投资基金	流通股	43.36	0.13
9	陕西国信金融电子资讯有限公司	未披露	39.00	0.12
10	华安上证180指数证券投资基金	流通股	34.68	0.11

股东人数	2003.9	2003.6	2002	2001
	83637	84549	77872	96508

近年分配	2001年10股派1元	近年配股/增发	不分配不转增

重大事项

2003年报告期内,公司拟计划以参股形式与其他股东共同发起设立投资公司,进行以法人股投资和兼并收购交易为主的投资运作。投资公司拟采取有限责任公司形式,资本规模约为1亿元人民币,公司计划投资4500万元人民币。 2003年报告期内,本公司与上海博德基因开发有限公司共同出资设立博星基因芯片有限责任公司的议案已经公司股东大会审议通过,博星基因芯片有限责任公司总投资额为5亿元,注册资本为1.6亿元,本公司出资2.5亿元,占50%的股权。

二〇〇二年以来市场表现

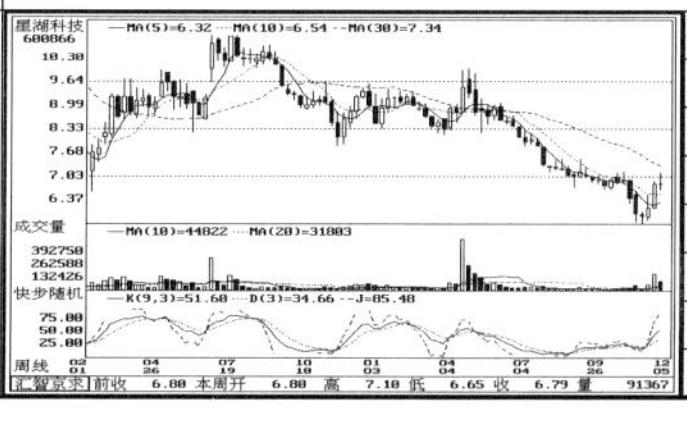

2002年涨跌幅(%)	8.18
2002年最高(元)	10.95
2002年最低(元)	6.39
2002年换手率(%)	142.25
2003年涨跌幅(%)	-25.52
2003年最高(元)	9.99
2003年最低(元)	5.72
2003年换手率(%)	123.95

通化东宝药业股份有限公司

公司概况

公司名称	通化东宝药业股份有限公司	股票代码	600867
注册地址	通化县东宝新村	邮政编码	134123
法人代表	李一奎	董秘	王君业
电话	0435-3198025	传真	0435-3198268
主营业务	医疗器械产品;生产、加工、销售中西成药等		

总股本	32499.30	流通 A	15769.73	流通 B		流通 H	
审计单位				审计意见	未审计		

主要财务指标

年度	2003.9	2003.6	2002	2001
每股收益/扣除后(元)	0.0950	0.0600	0.1100	0.0900
每股经营现金流量(元)	-0.1276	-0.0950	0.0985	0.3628
每股净资产/调整后(元)	3.7800	3.7800	3.7300	4.0000
每股公积金(元)	2.2839	2.2839	2.2839	2.2839
净资产收益率(%)	2.3400	1.7000	3.0200	2.1400
总资产(万元)	165430.16	164605.94	156853.30	145650.56
股东权益(万元)	135366.59	134490.34	132203.41	137205.87
未分配利润(万元)	17012.11	16135.87	13848.93	18999.86
主营收入(万元)	18539.52	11939.26	28055.63	20590.45
资本公积金(万元)	74112.28	74112.28	74112.28	74112.28
主营利润(万元)	10110.27	6637.15	14059.18	8799.23
其他业务利润(万元)	89.65	33.21	145.55	532.01
营业利润(万元)	3630.95	2491.49	4885.34	3486.94
投资收益(万元)	438.85	313.64	372.19	205.07
补贴收入(万元)				
营业外收支(万元)	-33.76	18.56	97.37	-14.75
利润总额(万元)	4036.03	2823.69	5354.90	3677.27
净利润(万元)	3163.18	2286.94	4002.31	2933.43

十大股东

序号	股东名称	股份性质	持股数(万股)	比例(%)
1	东宝实业集团有限公司	法人股	15822.38	48.76
2	华安创新证券投资基金	流通股	720.00	2.21
3	通化白山制药五厂	法人股	501.93	1.55
4	通化石油工具股份有限公司	法人股	270.27	0.83
5	上海博皓实业有限公司	流通股	120.00	0.36
6	安顺证券投资基金	流通股	75.00	0.23
7	山西省信托投资公司	流通股	47.00	0.14
8	张仲超	流通股	32.10	0.09
9	上海豁安投资有限公司	流通股	26.90	0.08
10	沈卫国	流通股	25.93	0.07

股东人数	2003.9	2003.6	2002	2001
	86133	85933	83696	103942

近年分配	2002年10股派2元	近年配股/增发	不分配不转增

重大事项

2003年报告期内，公司为附属公司厦门特宝生物工程股份有限公司4000万元人民币的银行借款提供担保。已于2003年8月1日与中国工商银行厦门市海沧支行签订了《保证合同》，担保方式为连带责任担保，保证期限为二年。 2003年报告期内，公司收购通化葡萄酒总公司持有通化葡萄酒股份有限公司21.05%股份，股份总额为29472000股，转让金额为每股3.76元，股权转让总金额为110814720元。本次股权收购构成关联交易。

二〇〇二年以来市场表现

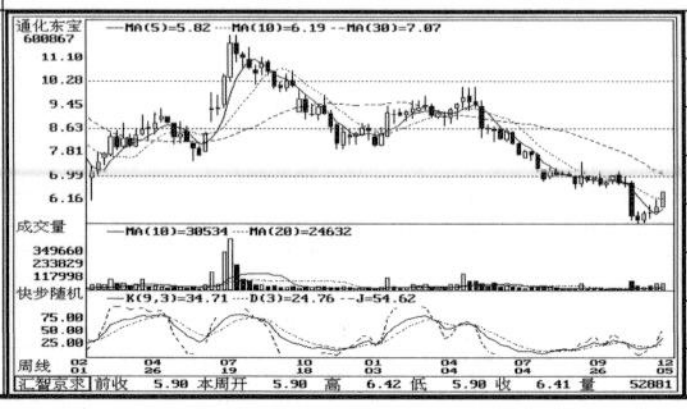

2002年涨跌幅(%)	-0.12
2002年最高(元)	11.72
2002年最低(元)	5.76
2002年换手率(%)	169.69
2003年涨跌幅(%)	-27.43
2003年最高(元)	9.85
2003年最低(元)	5.34
2003年换手率(%)	98.54

广东梅雁企业(集团)股份有限公司

公司概况

公司名称	广东梅雁企业(集团)股份有限公司	股票代码	600868
注册地址	广东省梅州市梅县	邮政编码	514011
法人代表	杨钦欢	董秘	李海明
电话	0753-2218286	传真	0753-2232983
主营业务	电力生产业、建筑业、房地产开发与经营等		

总股本	115811.39	流通 A	88801.73	流通 B		流通 H	
审计单位				审计意见	未审计		

主要财务指标

年度	2003.9	2003.6	2002	2001
每股收益/扣除后(元)	0.1100	0.0700	0.1200	0.0900
每股经营现金流量(元)	0.1557	0.1450	0.1066	0.1037
每股净资产/调整后(元)	2.3100	2.2700	2.2900	2.4800
每股公积金(元)	1.0315	1.0315	1.0728	1.1723
净资产收益率(%)	5.0100	3.5600	6.7700	6.6900
总资产(万元)	555029.75	497303.00	444639.12	378740.53
股东权益(万元)	271350.03	267262.03	257756.12	251933.37
未分配利润(万元)	15007.68	10919.68	5868.05	13540.35
主营收入(万元)	89751.92	57228.86	98388.15	66399.75
资本公积金(万元)	119458.94	119458.94	119458.94	118671.33
主营利润(万元)	27032.08	19360.96	33097.83	21414.50
其他业务利润(万元)	2256.98	1418.14	654.50	85.21
营业利润(万元)	18450.98	12763.31	21038.90	11111.11
投资收益(万元)	195.26	185.96	1212.39	7322.58
补贴收入(万元)	67.47	67.47	882.82	
营业外收支(万元)	24.78	25.55	103.65	71.56
利润总额(万元)	18738.48	13042.29	23237.76	18505.25
净利润(万元)	13593.91	9505.91	17456.46	16861.55

十大股东

序号	股东名称	股份性质	持股数(万股)	比例(%)
1	广东梅县梅雁经济发展总公司	法人股	26925.78	23.25
2	中国银行—天同180指数证券投资基金	流通股	229.14	0.20
3	华安上证180指数增强型证券投资基金	流通股	196.56	0.17
4	赵玉兰	流通股	111.20	0.10
5	杨钦欢	流通股	82.05	0.07
6	兴和证券投资基金	流通股	57.54	0.05
7	陈必寿	流通股	57.11	0.05
8	粤梅地产	法人股	55.92	0.05
9	丁亿	流通股	53.87	0.04
10	黄强	流通股	52.40	0.03

股东人数	2003.9	2003.6	2002	2001
	308539	313459	316822	326606

近年分配	2002年10股派1.1元 2001年10股派1元	近年配股/增发	2003年10配3股 2002年10送0.4股 2001年10送1股

重大事项

2003年报告期内，公司同意公司出资8550万元，占注册资本的95%，与广东省水利水电第二工程局共同投资设立了广西柳州古顶水电有限责任公司，进行水电站的开发建设。 2003年5月16、17日，公司所在地梅县普降黑色暴雨，公司的财产遭受一定程度的损失。但公司事先作了防洪的工作准备，且公司的财产已经投保，在各级党委和政府的领导下，公司全体员工正积极进行恢复生产。

二〇〇二年以来市场表现

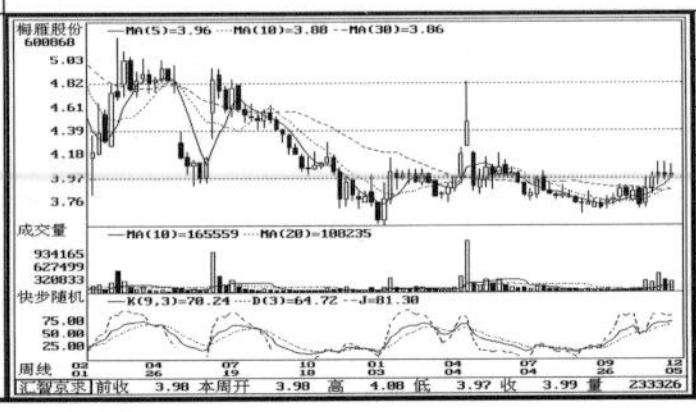

2002年涨跌幅(%)	-13.72
2002年最高(元)	4.65
2002年最低(元)	2.94
2002年换手率(%)	68.87
2003年涨跌幅(%)	15.03
2003年最高(元)	4.54
2003年最低(元)	3.31
2003年换手率(%)	74.89

青海三普药业股份有限公司

公司概况

公司名称	青海三普药业股份有限公司		股票代码	600869	
注册地址	青海省西宁市建国路88号		邮政编码	810007	
法人代表	蒋锡培		董秘	邓兵(代)	
电话	0971-8166017		传真	0971-8144025	
主营业务	硬胶囊剂、丸剂、颗粒剂、散剂等				
总股本	12000.00	流通A	3000.00	流通B	流通H
审计单位			审计意见	未审计	

主要财务指标

年度	2003.9	2003.6	2002	2001
每股收益/扣除后(元)	-0.0280	-0.0428	-0.6400	-0.0040
每股经营现金流量(元)	0.0396	0.0300	0.1454	-0.0304
每股净资产/调整后(元)	0.9500	0.9400	0.9500	1.5000
每股公积金(元)	0.4881	0.4882	0.4882	0.4881
净资产收益率(%)	-2.6600	-4.2300	-3.3400	0.8500
总资产(万元)	37228.08	34454.61	33995.73	42168.23
股东权益(万元)	12311.12	12125.59	12638.82	20706.04
未分配利润(万元)	-8840.77	-9026.30	-8513.06	-443.71
主营收入(万元)	7780.38	4970.64	9368.59	11814.71
资本公积金(万元)	5857.90	5857.90	5857.90	5856.90
主营利润(万元)	2636.63	1708.37	2609.24	3999.04
其他业务利润(万元)	-1.38	-1.58	13.63	118.07
营业利润(万元)	-338.75	-517.47	-7305.65	-170.51
投资收益(万元)	0.06	0.06	-435.87	130.44
补贴收入(万元)			8.70	4.90
营业外收支(万元)	8.38		-381.33	27.70
利润总额(万元)	-330.30	-516.64	-8114.14	-7.47
净利润(万元)	-327.70	-513.23	-8068.22	176.90

十大股东

序号	股东名称	股份性质	持股数(万股)	比例(%)
1	青海省投资控股有限责任公司	国家股	3600.00	30.00
2	江苏远东集团有限公司	法人股	3150.40	26.25
3	青海省创业集团有限公司	法人股	1589.60	13.25
4	青海证券有限责任公司	法人股	540.00	4.50
5	中国科学院西北高原生物研究所	法人股	60.00	0.50
6	广州白云山制药股份有限公司	法人股	60.00	0.50
7	王松楠	流通股	29.21	0.24
8	希望投资	流通股	24.15	0.20
9	张斌	流通股	13.96	0.12
10	周笑林	流通股	11.81	0.10

股东人数	2003.9	2003.6	2002	2001
	13569	15031	16780	16077

近年分配	近年配股/增发	不分配不转增

重大事项

公司于**2003**年**9**月**24**日同意公司向交通银行兰州分行申请最高余额不超过**3000**万元的银行授信业务，其中短期贷款最高余额为**1900**万元，银行承兑汇票最高余额为**1100**万元，期限为两年，自**2003**年**9**月**15**日至**2005**年**9**月**15**日。　**2003**年报告期内，公司第三大股东青海创业集团有限公司将其所持公司社会法人股**840**万股质押给工商银行青海省分行用于贷款，质押期限自**2003**年**6**月**16**日至**2004**年**4**月**30**日。

二〇〇二年以来市场表现

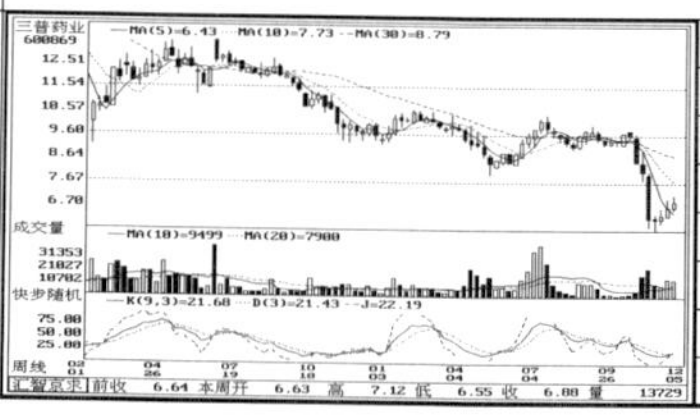

2002年涨跌幅(%)	-29.65
2002年最高(元)	13.99
2002年最低(元)	9.10
2002年换手率(%)	174.62
2003年涨跌幅(%)	-28.98
2003年最高(元)	10.60
2003年最低(元)	5.73
2003年换手率(%)	153.03

厦门华侨电子股份有限公司

公司概况

公司名称	厦门华侨电子股份有限公司		股票代码	600870	
注册地址	厦门市湖里大道22号		邮政编码	361006	
法人代表	吴小敏		董秘	林旦旦	
电话	0592-5687203		传真	0592-6021331	
主营业务	生产制造视听设备、通信设备等				
总股本	37081.87	流通A	15151.35	流通B	流通H
审计单位			审计意见	未审计	

主要财务指标

年度	2003.9	2003.6	2002	2001
每股收益/扣除后(元)	0.0060	0.0030	-0.0260	
每股经营现金流量(元)	0.5902	0.3800	0.5769	-0.4280
每股净资产/调整后(元)	1.9400	0.9300	1.9400	1.9200
每股公积金(元)	2.5055	2.5055	2.5055	2.5049
净资产收益率(%)	1.1300	0.9300	1.4300	-39.5300
总资产(万元)	309471.75	300477.31	313925.09	317008.31
股东权益(万元)	73170.61	72987.33	72146.02	72456.09
未分配利润(万元)	-62404.05	-62548.83	-63227.61	-62896.32
主营收入(万元)	193995.81	125050.41	289224.81	213548.08
资本公积金(万元)	92910.26	92910.26	92910.26	92885.29
主营利润(万元)	24301.06	16148.84	34480.50	19464.75
其他业务利润(万元)	867.11	754.55	458.01	216.78
营业利润(万元)	338.56	310.51	206.92	-24553.62
投资收益(万元)	453.88	323.21	-304.10	235.08
补贴收入(万元)	216.03	3.11	439.33	672.62
营业外收支(万元)	-36.10	-37.79	1011.09	-34.87
利润总额(万元)	972.36	779.75	1353.24	-28740.64
净利润(万元)	823.56	678.79	1029.94	-28653.17

十大股东

序号	股东名称	股份性质	持股数(万股)	比例(%)
1	厦门华侨电子企业有限公司	法人股	21606.52	58.26
2	华夏证券有限责任公司	流通股	1014.04	2.73
3	成都卫安投资股份公司	流通股	622.40	1.68
4	拓普实业投资有限责任公司	流通股	487.04	1.31
5	湖南夏华经贸有限公司	流通股	324.52	0.88
6	厦门华益工贸有限公司	法人股	324.00	0.87
7	北京胜嘉恒远电子工程设计有限责任公司	流通股	110.00	0.30
8	吕方	流通股	45.08	0.12
9	李俊峰	流通股	39.76	0.11
10	是裕兴	流通股	29.77	0.08

股东人数	2003.9	2003.6	2002	2001
	57284	54866	59466	51860

近年分配	近年配股/增发	不分配不转增

重大事项

2003年**7**月**30**日企业公司以其持有的公司法人股**4000**万股为质押担保，向厦门市商业银行湖里支行贷款人民币**5000**万元，期限从**2003**年**7**月**30**日至**2004**年**7**月**30**日止。并于**2003**年**7**月**31**日办理了抵押登记手续。　**2003**年报告期内，公司对厦门联合发展有限公司资产进行评估并受让昌富利贸易有限公司持有的厦门联合发展**20%**股权的价格，本公司以现金支付本次交易款项。厦门联合发展有限公司总资产已达人民币**9.19**亿元、净资产**3.89**亿元。

二〇〇二年以来市场表现

2002年涨跌幅(%)	-21.88
2002年最高(元)	9.20
2002年最低(元)	5.50
2002年换手率(%)	316.64
2003年涨跌幅(%)	-17.48
2003年最高(元)	7.96
2003年最低(元)	4.97
2003年换手率(%)	229.16

中国石化仪征化纤股份有限公司

公司概况

公司名称	中国石化仪征化纤股份有限公司			股票代码	600871		
注册地址	江苏省仪征市			邮政编码	211900		
法人代表	傅兴堂		董秘	吴朝阳			
电话	0541-3231888		传真	0514-3235880			
主营业务	化纤及化工产品的生产及销售等						
总股本	400000.00	流通 A	20000.00	流通 B		流通 H	140000.00
审计单位			审计意见	未审计			

主要财务指标

年度	2003.9	2003.6	2002	2001
每股收益 / 扣除后(元)	0.0350	0.0010	0.0350	
每股经营现金流量(元)	0.1535	0.0050	0.3670	0.1856
每股净资产 / 调整后(元)	2.2600	2.2210	2.2200	2.1980
每股公积金(元)	0.7707	0.7697	0.7697	0.7697
净资产收益率(%)	1.5500	0.0500	1.5700	1.9400
总资产(万元)	1221259.00	1205898.75	1217900.25	1120149.37
股东权益(万元)	902511.81	888630.37	888170.12	880186.81
未分配利润(万元)	58155.30	44666.60	44206.30	38880.60
主营收入(万元)	735697.37	469749.50	800966.87	780865.81
资本公积金(万元)	308275.19	307882.50	307882.50	307882.50
主营利润(万元)	64262.10	28556.30	71385.60	72809.00
其他业务利润(万元)	610.30	385.40	-165.70	-607.80
营业利润(万元)	16490.30	510.70	14760.40	27674.50
投资收益(万元)	586.40	502.20	629.30	604.30
补贴收入(万元)				
营业外收支(万元)	181.90		-243.20	-6941.30
利润总额(万元)	17258.60	1145.90	15146.50	21337.50
净利润(万元)	13949.00	460.30	13983.30	17078.90

十大股东

序号	股东名称	股份性质	持股数(万股)	比例(%)
1	中国石化	境内法人股	168000.00	42.00
2	香港中央结算(代理人)有限公司	H股	134502.48	33.63
3	中国中信集团公司("中信")	境内法人股*	72000.00	18.00
4	天元基金	A股	337.24	0.08
5	HSBC Nominees Limited A/CBR-13**	H股	180.00	0.05
6	开元基金	A股	155.76	0.04
7	兴和基金	A股	134.85	0.03
8	HSBC Nominees Limited A/CBR-12**	H股	120.00	0.03
9	HSBC Nominees Limited A/CBR-16**	H股	120.00	0.03
10	国元证券	A股	96.22	0.02

股东人数	2003.9	2003.6	2002	2001
	94016	94662	97683	92144

近年分配	2002年10股派0.15元	近年配股 / 增发	不分配不转增

重大事项

公司2003年11月和12月两个月期间的采购数量为3万吨，2004年度和2005年度采购量将分别不超过25万吨和30万吨。在截至2005年12月31日止三年内的每一年度，公司根据该项协议向镇海炼化采购的PX总对价将分别不超过人民币2.4亿元、人民币20亿元和人民币24亿元。

二〇〇二年以来市场表现

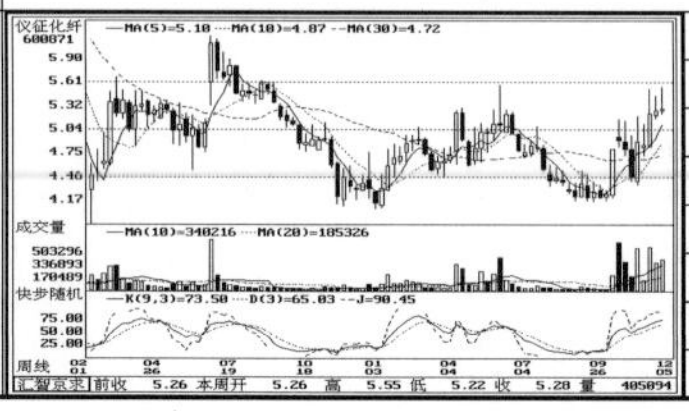

2002年涨跌幅(%)	-24.45
2002年最高(元)	6.16
2002年最低(元)	3.74
2002年换手率(%)	226.29
2003年涨跌幅(%)	27.05
2003年最高(元)	5.56
2003年最低(元)	4.04
2003年换手率(%)	326.48

中炬高新技术实业(集团)股份有限公司

公司概况

公司名称	中炬高新技术实业(集团)股份有限公司			股票代码	600872		
注册地址	广东省中山市中山火炬高技术产业开发区			邮政编码	528437		
法人代表	葛志斌		董秘	彭海泓			
电话	0760-5599947		传真	0760-5596877			
主营业务	城市基础设施的投资，房地产经营，物业管理等						
总股本	45005.60	流通 A	24923.61	流通 B		流通 H	
审计单位			审计意见	未审计			

主要财务指标

年度	2003.9	2003.6	2002	2001
每股收益 / 扣除后(元)	0.0273	0.0189	0.0280	0.1440
每股经营现金流量(元)	0.1744	0.0900	0.6068	0.0961
每股净资产 / 调整后(元)	2.7950	2.7870	2.7350	2.5860
每股公积金(元)	1.2492	1.2492	1.2491	1.1860
净资产收益率(%)	0.8510	0.6190	0.8800	5.3000
总资产(万元)	245285.94	240632.00	243236.61	239494.47
股东权益(万元)	126280.46	125963.21	125187.15	122302.13
未分配利润(万元)	10143.15	9847.71	9068.48	9339.48
主营收入(万元)	50058.07	31563.86	82191.62	83630.95
资本公积金(万元)	56218.67	56218.76	56217.55	53375.50
主营利润(万元)	13278.70	8065.32	19685.24	21606.32
其他业务利润(万元)	171.12	59.78	399.81	538.76
营业利润(万元)	2349.14	1085.17	1325.03	8105.00
投资收益(万元)	320.77	197.36	283.44	496.27
补贴收入(万元)	80.09	50.09	331.32	51.48
营业外收支(万元)	-232.80		-487.03	-214.68
利润总额(万元)	2517.20	1210.84	1452.75	8438.07
净利润(万元)	1074.68	779.24	1098.94	6483.64

十大股东

序号	股东名称	股份性质	持股数(万股)	比例(%)
1	中山火炬集团有限公司	法人股	6343.78	14.08
2	信达投资有限公司	法人股	2569.83	5.71
3	中山市实业集团有限公司	法人股	2216.93	4.93
4	中国工商银行广东省信托投资公司	法人股	1879.18	4.18
5	中山市信联房地产投资公司	法人股	1734.63	3.85
6	西安信朴实业有限责任公司	法人股	1670.39	3.71
7	中山市建设实业公司	法人股	1284.91	2.86
8	中国工商银行北京信托投资公司	法人股	1043.99	2.32
9	中山市设备租赁公司	法人股	835.19	1.86
10	中银技协	法人股	104.35	0.23

股东人数	2003.9	2003.6	2002	2001
	127245	128650	131950	139769

近年分配		近年配股 / 增发	2001年10配3股

重大事项

2003年5月29日，由中国信达资产管理公司与信达投资有限公司签署股权划转协议，将其所持有的本公司社会法人股25698256股以每股壹元转让给信达投资有限公司持有。本次变动后，中国信达资产管理公司不再持有本公司的股份。

二〇〇二年以来市场表现

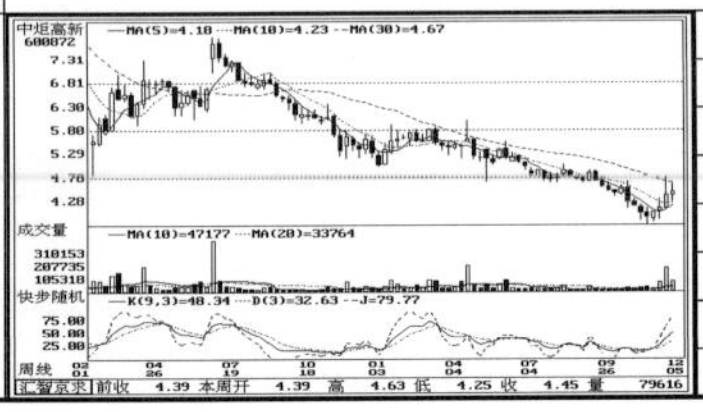

2002年涨跌幅(%)	-27.13
2002年最高(元)	7.82
2002年最低(元)	4.81
2002年换手率(%)	104.39
2003年涨跌幅(%)	-13.07
2003年最高(元)	5.98
2003年最低(元)	3.77
2003年换手率(%)	75.47

西藏明珠股份有限公司

公司概况

公司名称	西藏明珠股份有限公司	股票代码	600873
注册地址	西藏自治区拉萨市北京西路 224 号	邮政编码	610031
法人代表	何盛秋	董秘	宋绪伟
电话	028-86600758	传真	028-86600758
主营业务	旅游饭店、旅游运输业、旅游产品加工等		

总股本	10823.66	流通 A	5213.66	流通 B		流通 H	
审计单位				审计意见	未审计		

主要财务指标

年度	2003.9	2003.6	2002	2001
每股收益 / 扣除后(元)	-0.1200	-0.0700	-0.2003	-0.1430
每股经营现金流量(元)	-0.0011	-0.0310	0.1355	0.0692
每股净资产 / 调整后(元)	1.6840	1.7050	1.6200	1.9500
每股公积金(元)	1.6219	1.6219	1.6219	1.6219
净资产收益率(%)	-6.4500	-5.3800	-9.4300	-16.5400
总资产(万元)	37669.74	37771.47	43350.22	41501.40
股东权益(万元)	18377.32	18600.85	19602.14	21450.46
未分配利润(万元)	-11051.12	-10827.58	-9826.30	-7977.97
主营收入(万元)	3678.08	2332.48	3496.41	5043.80
资本公积金(万元)	17554.77	17554.77	17554.77	17554.77
主营利润(万元)	3023.01	1926.65	2501.79	3978.35
其他业务利润(万元)	177.00	132.02	186.74	565.46
营业利润(万元)	-975.58	-699.14	-2069.40	-1543.72
投资收益(万元)	-18.73	-47.33	233.29	-1982.71
补贴收入(万元)				
营业外收支(万元)	-230.51		-12.21	-21.04
利润总额(万元)	-1224.82	-1001.28	-1848.33	-3547.46
净利润(万元)	-1224.82	-1001.28	-1848.33	-3547.46

十大股东

序号	股东名称	股份性质	持股数(万股)	比例(%)
1	西藏国资公司	国有股	4863.80	44.90
2	西藏信托投	法人股	373.00	3.45
3	西藏兴藏实业公司	法人股	373.00	3.45
4	光大证券	流通股	83.40	0.77
5	国元证券	流通股	70.72	0.65
6	中远散运公司	流通股	56.91	0.53
7	董小霞	流通股	36.00	0.33
8	陈冬林	流通股	26.86	0.25
9	周在明	流通股	21.47	0.20
10	叶香莉	流通股	19.00	0.18

股东人数	2003.9	2003.6	2002	2001
	22984	21830	23394	26207

近年分配		近年配股 / 增发	不分配不转增

重大事项

公司为西藏永大经济发展有限公司提供了 **2000** 万元保证担保，担保贷款银行为中国农业银行康昂东路支行，现已到期。公司于 **2003** 年 **3** 月 **6** 日办理了展期手续，其保证人与抵押人均变更为四川锦泰汽车销售服务有限公司。至此公司的对外担保合同全部到期解除。　公司大股东西藏国有资产经营公司就 **2003** 年 **2** 月 **16** 日与山东五洲投资集团有限公司签署的《股权转让协议》项下股权转让价款的支付期限及上市公司管理、人员安置等问题做了进一步约定，并于 **2003** 年 **07** 月 **12** 日签订了《国有股权转让协议的补充协议》。

二〇〇二年以来市场表现

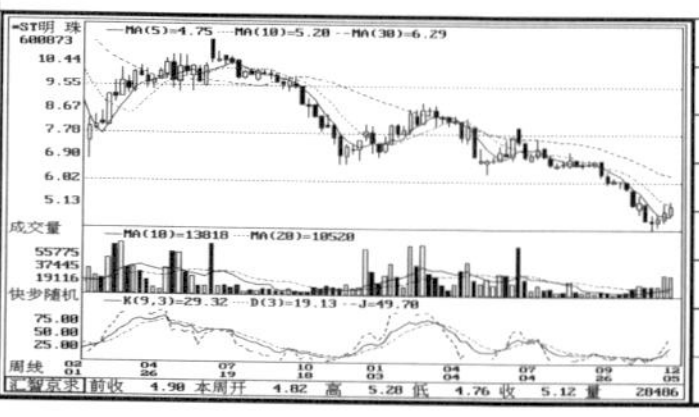

项目	数值
2002年涨跌幅(%)	-35.05
2002年最高(元)	11.32
2002年最低(元)	6.21
2002年换手率(%)	209.83
2003年涨跌幅(%)	-29.29
2003年最高(元)	8.94
2003年最低(元)	4.25
2003年换手率(%)	181.93

天津创业环保股份有限公司

公司概况

公司名称	天津创业环保股份有限公司	股票代码	600874
注册地址	天津市南开区水上公园北路津龙公寓 18 号	邮政编码	300074
法人代表	马白玉	董秘	付亚娜
电话	022-23523036	传真	022-23523100
主营业务	天津市东郊污水处理厂等及相关的配套设施建设等		

总股本	133000.00	流通 A	11249.50	流通 B		流通 H	34000.00
审计单位				审计意见	未审计		

主要财务指标

年度	2003.9	2003.6	2002	2001
每股收益 / 扣除后(元)	0.1300	0.0900	0.2200	0.2000
每股经营现金流量(元)	0.1019	0.1050	0.2701	0.1401
每股净资产 / 调整后(元)	1.4400	1.4000	1.3520	1.1800
每股公积金(元)	0.0521	0.0521	0.0521	0.0521
净资产收益率(%)	9.0600	6.2600	16.4900	17.0700
总资产(万元)	294428.16	286482.19	275700.81	192698.41
股东权益(万元)	191559.67	185848.30	174207.41	156788.80
未分配利润(万元)	43197.30	37485.90	25845.00	12734.90
主营收入(万元)	41801.90	27484.60	67074.90	59598.60
资本公积金(万元)	6928.87	6928.90	6928.90	6928.90
主营利润(万元)	30289.09	19366.20	48772.20	43155.80
其他业务利润(万元)	624.47	581.10	51.40	8.90
营业利润(万元)	25893.05	17373.70	42967.80	39922.00
投资收益(万元)				
补贴收入(万元)				
营业外收支(万元)	-8.66		-114.20	12.50
利润总额(万元)	25884.40	17362.70	42853.60	39934.50
净利润(万元)	17352.30	11640.90	28723.60	26763.40

十大股东

序号	股东名称	股份性质	持股数(万股)	比例(%)
1	天津市政投资有限公司	国有股	83902.00	63.08
2	香港中央结算(代理人)有限公司	外资股	33426.50	25.13
3	渤海证券有限责任公司	社会公众股/法人股	872.31	0.66
4	沈阳铁路局经济发展总公司	社会法人股	350.00	0.26
5	南方证券有限公司	社会法人股	272.50	0.20
6	中国银河证券有限责任公司	社会法人股	150.00	0.11
7	辽宁神农中草药开发有限公司	社会法人股	100.00	0.08
8	国泰天证	社会法人股	100.00	0.08
9	长沙海晟科贸有限公司	社会法人股	100.00	0.08
10	中国建设银行天津市分行直属支行	社会法人股	100.00	0.08

股东人数	2003.9	2003.6	2002	2001
	30290	31771	3	32586

近年分配	2002年 10 股派 0.85 元　2001 年 10 股派 0.8 元	近年配股 / 增发	不分配不转增

重大事项

公司已于 **2003** 年 **10** 月 **9** 日与龙力集团有限公司签订合资协议，合资公司正式定名为贵州创业水务有限公司，公司将以现金出资人民币 **7000** 万元，占注册资本的 **70%**。合资公司经营期限为 **35** 年。为了保证公司的财产和收入不受影响，天津市政府已经原则同意按帐面净值对拆除的收费站资产给予公司一次性现金补偿。从 **2003** 年 **5** 月 **31** 日起到新站开始收费之日期间止，原则同意按照公司去年同期收费额以现金方式给公司予以补偿。

二〇〇二年以来市场表现

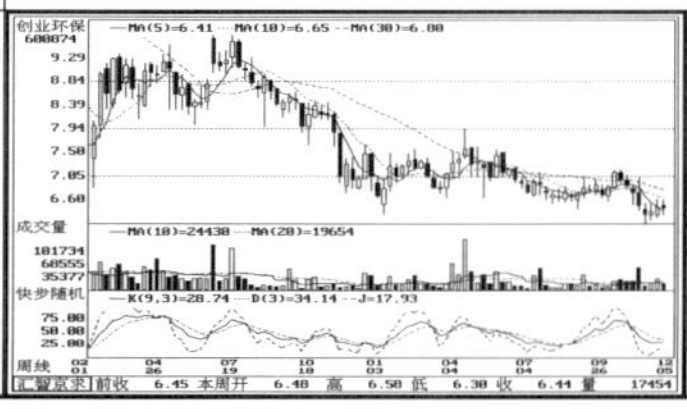

项目	数值
2002年涨跌幅(%)	-10.85
2002年最高(元)	9.65
2002年最低(元)	6.35
2002年换手率(%)	148.54
2003年涨跌幅(%)	-6.52
2003年最高(元)	7.85
2003年最低(元)	6.15
2003年换手率(%)	105.23

东方电机股份有限公司

公司概况

公司名称	东方电机股份有限公司			股票代码	600875		
注册地址	四川省德阳市黄河西路 188 号			邮政编码	618000		
法人代表	朱元巢			董秘	龚丹		
电话	0838-2409358			传真	0838-2402125		
主营业务	水力发电设备、汽轮发电机、交直流电机等						
总股本	45000.00	流通 A	6000.00	流通 B		流通 H	17000.00
审计单位				审计意见	未审计		

主要财务指标

年度	2003.9	2003.6	2002	2001
每股收益 / 扣除后(元)	0.0230	0.0170	0.0030	–0.5788
每股经营现金流量(元)	1.3587	0.4300	0.0471	–0.1202
每股净资产 / 调整后(元)	1.8000	1.6200	1.5000	1.4900
每股公积金(元)	1.4857	1.3500	1.3500	1.3471
净资产收益率(%)	1.0600	0.8900	2.2100	–29.5000
总资产(万元)	339761.72	292939.87	276495.59	257802.31
股东权益(万元)	97859.49	91528.85	90716.07	88583.15
未分配利润(万元)	–19365.42	–19587.26	–20400.04	–22393.85
主营收入(万元)	67693.46	44142.53	92090.46	37029.27
资本公积金(万元)	66858.60	60749.80	60749.80	60618.02
主营利润(万元)	18810.08	13752.79	22014.50	3340.01
其他业务利润(万元)	1913.97	1650.07	3072.08	–204.56
营业利润(万元)	137.91	749.25	158.40	–25488.00
投资收益(万元)	42.93	25.93	953.06	–570.96
补贴收入(万元)	1163.30	250.41	817.00	
营业外收支(万元)	–295.99		115.03	–90.94
利润总额(万元)	1048.15	806.95	2043.49	–26149.90
净利润(万元)	1034.62	812.78	2001.14	–26134.91

十大股东

序号	股东名称	股份性质	持股数(万股)	比例(%)
1	东方电机厂(东电)	A股国有法人股	22000.00	48.89
2	香港中央结算(代理人)有限公司	H股流通股	16791.80	37.32
3	上海宝钢国际货运代理有限公司	A股流通股	173.94	0.39
4	景福证券投资基金	A股流通股	158.40	0.35
5	景阳证券投资基金	A股流通股	111.22	0.25
6	上海宝钢化工有限公司	A股流通股	88.22	0.20
7	CHUK YEE MEN LIZA	A股流通股	47.80	0.11
8	深圳市施德乐实业发展有限公司	A股流通股	29.91	0.07
9	杨德群	A股流通股	28.91	0.06
10	华安证券有限责任公司	A股流通股	26.48	0.06

股东人数	2003.9	2003.6	2002	2001
	34599	36073	39464	44563

近年分配		近年配股 / 增发	不分配不转增

重大事项

2003 年 2 月 19 日,公司与四川省紫坪铺开发有限责任公司签署了紫坪铺电站水轮发电机组供货合同,公司为其提供全部 4 台水轮发电机组,合同总额为人民币 2.69 亿元。四台机组交货期分别为 2005 年 2 月、2005 年 7 月、2005 年 12 月、2006 年 5 月。

二〇〇二年以来市场表现

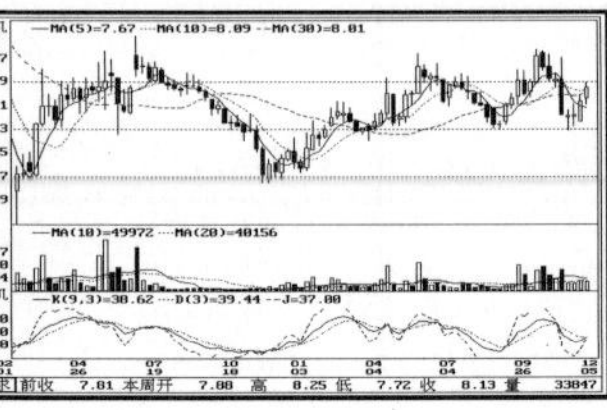

2002年涨跌幅(%)	–23.99
2002年最高(元)	9.45
2002年最低(元)	4.40
2002年换手率(%)	316.00
2003年涨跌幅(%)	26.38
2003年最高(元)	9.08
2003年最低(元)	6.06
2003年换手率(%)	270.95

洛阳玻璃股份有限公司

公司概况

公司名称	洛阳玻璃股份有限公司			股票代码	600876		
注册地址	河南省洛阳市西工区唐宫中路 9 号			邮政编码	471009		
法人代表	刘宝瑛			董秘	王捷		
电话	0379-3908588			传真	0379-3908560		
主营业务	浮法平板玻璃及深加工玻璃						
总股本	70000.00	流通 A	5000.00	流通 B		流通 H	25000.00
审计单位				审计意见	未审计		

主要财务指标

年度	2003.9	2003.6	2002	2001
每股收益 / 扣除后(元)	–0.2100	–0.2400	–0.1930	0.0140
每股经营现金流量(元)	0.0934	0.0590	0.0374	0.1937
每股净资产 / 调整后(元)	0.6900	0.6900	0.9500	1.2300
每股公积金(元)	1.3859	1.3859	1.3859	1.3857
净资产收益率(%)	–14.0500	–15.0100	–28.3000	0.6300
总资产(万元)	265057.19	268201.91	283569.81	312100.00
股东权益(万元)	106795.00	105906.30	121803.70	156258.41
未分配利润(万元)	–82598.80	–83487.50	–67590.10	–33121.00
主营收入(万元)	66860.50	38685.50	82519.40	81727.70
资本公积金(万元)	97013.20	97013.20	97013.20	96998.80
主营利润(万元)	9294.90	3483.00	3447.20	14640.60
其他业务利润(万元)				
营业利润(万元)	–15704.40	–16802.00	–18330.70	1077.00
投资收益(万元)	331.70	135.50	293.40	–80.40
补贴收入(万元)				
营业外收支(万元)	334.50		–20984.70	–187.80
利润总额(万元)	–15704.40	–16802.00	–18330.70	808.80
净利润(万元)	–15008.70	–15897.40	–34469.10	986.80

十大股东

序号	股东名称	股份性质	持股数(万股)	比例(%)
1	中国洛阳浮法玻璃集团有限责任公司	境内法人股东	40000.00	57.14
2	香港中央结算(代理人)有限公司	外资股东(H股)	24681.30	35.26
3	竺大可	A股	73.00	0.10
4	SBCNOMINEES(HONGKONG)LIMITED	外资股东(H股)	53.00	0.08
5	严建定	A股	45.80	0.06
6	CHUK YERMRN LIZA	外资股东(H股)	37.40	0.05
7	兴和基金	A股	22.52	0.03
8	TAMCHOWHING	外资股东(H股)	21.00	0.03
9	LI SAUMEI	外资股东(H股)	20.00	0.03
10	TAM TUNGSUN	外资股东(H股)	15.00	0.02

股东人数	2003.9	2003.6	2002	2001
	31521	31708	31948	36159

近年分配		近年配股 / 增发	不分配不转增

重大事项

洛阳玻璃公布 2003 年三季报:净利润–15008.70 万元,股东权益 106795.00 万元,每股收益–0.21 元,每股净资产 1.53 元,净资产收益率–14.05%。

二〇〇二年以来市场表现

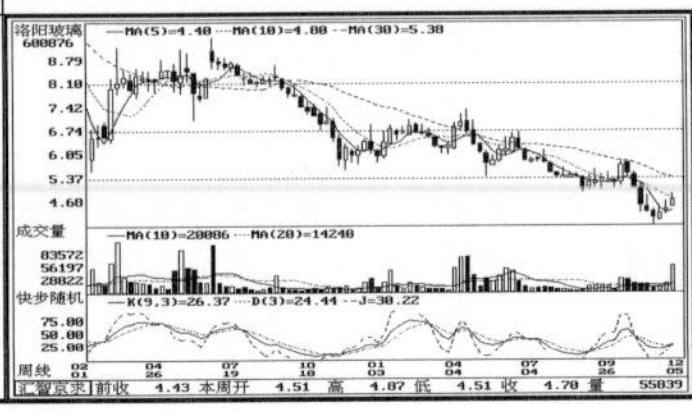

2002年涨跌幅(%)	–30.91
2002年最高(元)	9.47
2002年最低(元)	4.61
2002年换手率(%)	237.58
2003年涨跌幅(%)	–26.04
2003年最高(元)	7.34
2003年最低(元)	4.00
2003年换手率(%)	179.15

中国嘉陵工业股份有限公司(集团)

公司概况

公司名称	中国嘉陵工业股份有限公司(集团)	股票代码	600877
注册地址	重庆市沙坪坝区双碑	邮政编码	400032
法人代表	靖波	董秘	黄经雨
电话	023-65194095	传真	023-65196666
主营业务	摩托车及摩托车配件制造、销售等		

总股本	47387.08	流通 A	21960.00	流通 B		流通 H	
审计单位				审计意见	未审计		

主要财务指标

年度	2003.9	2003.6	2002	2001
每股收益/扣除后(元)	-0.0100	-0.0140	-0.3600	-0.0700
每股经营现金流量(元)	0.0917	-0.2200	0.2956	0.1246
每股净资产/调整后(元)	2.3500	2.3400	2.3300	2.7200
每股公积金(元)	0.6377	0.6377	0.6377	0.6361
净资产收益率(%)	0.3700	0.2300	-14.2900	0.7200
总资产(万元)	385558.31	381736.03	377182.84	399431.34
股东权益(万元)	117868.14	117760.51	117600.75	135537.73
未分配利润(万元)	-18383.45	-18544.19	-18816.47	-1009.63
主营收入(万元)	211346.94	142916.59	288733.25	259050.91
资本公积金(万元)	30217.72	30217.72	30217.72	30142.40
主营利润(万元)	24055.78	15892.58	23825.63	25697.23
其他业务利润(万元)	1903.67	1477.70	2878.79	3458.40
营业利润(万元)	-595.11	-905.67	-15796.50	414.75
投资收益(万元)	-188.84	139.57	-1902.75	-18.21
补贴收入(万元)	844.77	771.45	398.93	471.00
营业外收支(万元)	-85.77	-30.63	-28.81	-13.74
利润总额(万元)	-24.94	-25.29	-17329.13	853.80
净利润(万元)	433.02	272.28	-16805.51	975.29

十大股东

序号	股东名称	股份性质	持股数(万股)	比例(%)
1	中国兵器装备集团公司	国家股	25427.08	53.66
2	哈里投资	流通股	1690.09	3.57
3	道里投资	流通股	693.05	1.46
4	哈里实业	流通股	527.63	1.11
5	世博投资	流通股	317.99	0.67
6	天竟商贸	流通股	249.35	0.53
7	新阳菜场	流通股	213.13	0.45
8	兴云卷烟	流通股	166.21	0.35
9	陈春艳	流通股	115.37	0.24
10	朱建元	流通股	96.44	0.20

股东人数	2003.9	2003.6	2002	2001
	94470	97662	103197	114293

近年分配		近年配股/增发	不分配不转增

重大事项

2003年报告期内，公司拟收购嘉陵工业有限公司所属设备公司和动力公司资产，共计原值23268万元，净值13289万元。该事项待股东大会通过后，双方将签订《资产收购协议》。本次资产收购资金为自筹，以现金的方式支付收购款。 2002年9月11日，公司收购嘉陵工业有限公司控股子公司重庆嘉华建设开发有限公司所属嘉陵大厦：收购价格为40169.76万元。收购价格中34725万元采用三方互相抵款的方式，其余5444.76万元用公司自有资金以现金方式支付。

二〇〇二年以来市场表现

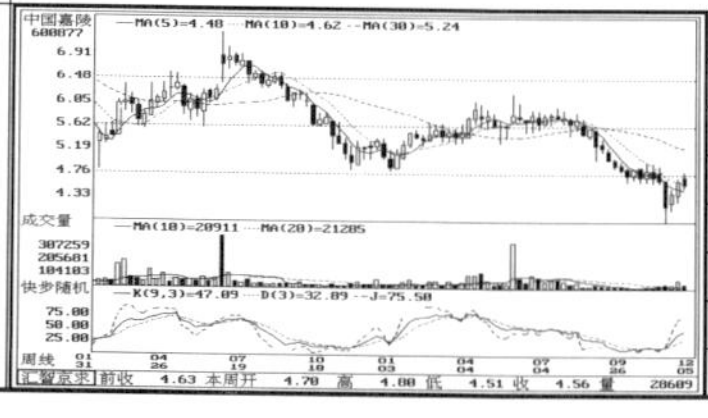

2002年涨跌幅(%)	-19.32
2002年最高(元)	7.34
2002年最低(元)	4.79
2002年换手率(%)	122.05
2003年涨跌幅(%)	-6.84
2003年最高(元)	6.20
2003年最低(元)	3.90
2003年换手率(%)	95.22

大连北大科技(集团)股份有限公司

公司概况

公司名称	大连北大科技(集团)股份有限公司	股票代码	600878
注册地址	大连市甘井子区凌南路58号	邮政编码	116001
法人代表	李纯	董秘	郑则壮
电话	0411-2643146	传真	0411-2647961
主营业务	高科技纺织、高新技术产品开发与生产等		

总股本	28443.07	流通 A	8663.63	流通 B		流通 H	
审计单位				审计意见	未审计		

主要财务指标

年度	2003.9	2003.6	2002	2001
每股收益/扣除后(元)	-0.0880	-0.0410	-0.8400	0.0600
每股经营现金流量(元)	-3.5200		-0.2016	0.0078
每股净资产/调整后(元)	-1.5600	-1.5600	-1.4230	
每股公积金(元)	0.1971	0.1971	0.1971	0.1837
净资产收益率(%)		-3.9340	-106.4720	3.4900
总资产(万元)	3735.55	3883.51	4200.85	79725.67
股东权益(万元)	-42679.35	-41821.41	-39383.77	49268.58
未分配利润(万元)	-83104.87	-82246.93	-79809.29	7208.59
主营收入(万元)	865.38	672.12	2146.10	8318.85
资本公积金(万元)	5605.49	5605.49	5605.49	5244.16
主营利润(万元)	-201.09	-101.82	-2562.87	4235.77
其他业务利润(万元)				
营业利润(万元)	-1800.10	-1171.61	-24064.96	2026.75
投资收益(万元)			-3847.99	
补贴收入(万元)				
营业外收支(万元)	-703.03		-14019.71	-1.69
利润总额(万元)	-2503.13	-1645.19	-41932.66	2025.06
净利润(万元)	-2503.13	-1645.19	-41932.66	1719.08

十大股东

序号	股东名称	股份性质	持股数(万股)	比例(%)
1	北京颐和丰业投资有限公司	一般法人股	5200.00	18.28
2	上海银聚投资管理有限公司	一般法人股	2322.05	8.16
3	上海银聚投资管理有限公司	一般法人股	1330.00	4.68
4	深圳市彩益实业有限公司	一般法人股	1000.00	3.52
5	中国工业机械进出口总公司	一般法人股	870.00	3.06
6	大连新虹贸易发展有限公司	一般法人股	815.25	2.87
7	大连新虹贸易发展有限公司	一般法人股	578.00	2.03
8	深圳万科企业股份有限公司	一般法人股	570.38	2.01
9	大连汽车工业贸易集团公司	一般法人股	461.49	1.62
10	上海瑞源投资管理有限公司	一般法人股	450.00	1.58

股东人数	2003.9	2003.6	2002	2001
	67027	68078	72987	77621

近年分配		近年配股/增发	不分配不转增

重大事项

2003年1月24日，公司第一大股东北京颐和丰业投资有限公司将其持有的公司股份中的3000万社会法人股为郑州绿都置业有限公司融资提供担保质押，质押期为2003年1月22日至2003年10月31日。

二〇〇二年以来市场表现

2002年涨跌幅(%)	-31.45
2002年最高(元)	9.96
2002年最低(元)	5.70
2002年换手率(%)	174.63
2003年涨跌幅(%)	-49.43
2003年最高(元)	7.50
2003年最低(元)	2.92
2003年换手率(%)	162.25

长征火箭技术股份有限公司

公司概况

公司名称	长征火箭技术股份有限公司	股票代码	600879
注册地址	武汉经济技术开发区高科技园	邮政编码	430056
法人代表	王宗银	董秘	吕 凡
电话	027-85487719	传真	027-85487727
主营业务	民用航天与运载火箭技术及配套设备等		
总股本	35149.98	流通 A	20571.19
流通 B		流通 H	
审计单位		审计意见	未审计

主要财务指标

年度	2003.9	2003.6	2002	2001
每股收益/扣除后(元)	0.1700	0.1300	0.5200	0.4700
每股经营现金流量(元)	-0.2781	-0.3770	0.5015	0.3036
每股净资产/调整后(元)	2.5200	2.4800	3.5300	3.1800
每股公积金(元)	0.6839	0.6839	1.3259	1.3259
净资产收益率(%)	6.6100	5.2600	14.3600	14.8300
总资产(万元)	159633.62	149042.50	144219.69	123219.73
股东权益(万元)	88673.15	87407.86	82814.07	74440.37
未分配利润(万元)	22535.08	21269.78	21362.66	14772.26
主营收入(万元)	40295.74	29686.48	56266.02	46855.86
资本公积金(万元)	24040.17	24040.17	31070.17	31070.17
主营利润(万元)	18098.69	12655.17	19699.76	19356.86
其他业务利润(万元)	97.35	60.32	57.75	14.39
营业利润(万元)	6497.07	5053.62	12365.75	12756.13
投资收益(万元)	5.19	5.19	-351.59	-93.65
补贴收入(万元)			28.36	48.38
营业外收支(万元)	-37.42		-21.29	-29.07
利润总额(万元)	6464.83	5023.92	12021.24	12681.79
净利润(万元)	5859.08	4593.78	11888.70	11038.41

十大股东

序号	股东名称	股份性质	持股数(万股)	比例(%)
1	中国运载火箭技术研究院	国有法人股	8442.81	24.02
2	湖北聚源科技投资有限公司	国有法人股	2857.11	8.13
3	普惠证券投资基金	流通股	1445.24	4.11
4	华夏证券有限公司	流通股	1360.15	3.87
5	武汉国有资产经营公司	国家股	1058.18	3.01
6	深圳市海鑫田实业有限公司	法人股	771.64	2.19
7	拓普实业投资有限责任公司	流通股	613.89	1.75
8	武汉创科技术开发有限责任公司	法人股	568.66	1.62
9	湖南夏华经贸有限公司	流通股	365.20	1.04
10	上海虹桥国际机场候机楼餐饮有限公司	流通股	304.92	0.87

股东人数	2003.9	2003.6	2002	2001
	23600	22841	27825	27157

近年分配	近年配股/增发
2002年10股派0.5元 2001年10股派1元	2002年10股送2股

重大事项

2003年报告期内,公司董事会同意出资1400万元参股北京神舟航天软件技术有限公司。该公司拟注册资本为7700万元,其中,公司出资占注册资本的18.18%。 2003年报告期内,由公司所属子公司航天长征火箭技术有限公司作为主发起人,联合武汉大学、北京航空航天大学、中国科学院软件研究所等单位共同发起设立天合导航通信技术有限公司,拟设立的公司注册资本10000万元,公司以现金方式出资5500万元,占注册资本的55%。

二〇〇二年以来市场表现

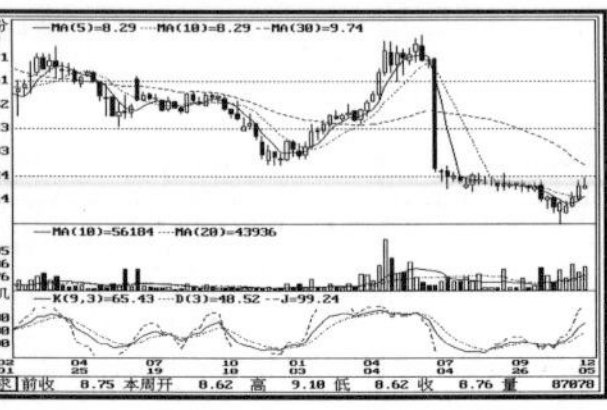

2002年涨跌幅(%)	-24.97
2002年最高(元)	10.06
2002年最低(元)	6.44
2002年换手率(%)	49.43
2003年涨跌幅(%)	25.00
2003年最高(元)	10.50
2003年最低(元)	6.63
2003年换手率(%)	98.39

成都博瑞传播股份有限公司

公司概况

公司名称	成都博瑞传播股份有限公司	股票代码	600880
注册地址	四川省成都市郫县唐昌镇南外街2号	邮政编码	611733
法人代表	孙旭军	董秘	张跃铭
电话	028-87651183	传真	028-87651183
主营业务	信息传播服务、报刊投递服务等		
总股本	13018.01	流通 A	4187.75
流通 B		流通 H	
审计单位		审计意见	未审计

主要财务指标

年度	2003.9	2003.6	2002	2001
每股收益/扣除后(元)	0.3100	0.1900	0.3900	0.2300
每股经营现金流量(元)	0.4837	0.3740	0.5966	0.8469
每股净资产/调整后(元)	2.2300	2.0300	1.9800	1.7100
每股公积金(元)	0.2599	0.2599	0.2599	0.2599
净资产收益率(%)	16.2600	8.6600	18.5300	13.2000
总资产(万元)	49903.27	46074.87	41270.49	37410.53
股东权益(万元)	30964.54	28388.15	25929.90	22425.66
未分配利润(万元)	6668.48	4092.10	1633.84	14.61
主营收入(万元)	23665.39	13794.63	26652.72	27790.26
资本公积金(万元)	3383.20	3383.20	3383.20	3383.20
主营利润(万元)	12463.18	7658.45	13924.07	8369.15
其他业务利润(万元)	19.79	11.45	32.41	136.74
营业利润(万元)	8892.76	5591.95	10977.12	2788.23
投资收益(万元)	-1027.18	-795.08	-1428.47	341.27
补贴收入(万元)				1.47
营业外收支(万元)	1.65	3.07	-235.83	-22.51
利润总额(万元)	7867.22	4799.94	9312.82	3108.47
净利润(万元)	5034.64	2458.25	4806.04	2959.87

十大股东

序号	股东名称	股份性质	持股数(万股)	比例(%)
1	成都博瑞投资有限责任公司	社会法人股	3880.80	29.81
2	成都新闻宾馆	国有法人股	1826.04	14.03
3	成都新阳实业投资有限公司	社会法人股	604.68	4.64
4	深圳农村信用合作社联合社	社会法人股	234.00	1.80
5	深圳市旭能投资有限公司	社会法人股	234.00	1.80
6	四川雪豪投资咨询有限公司	社会法人股	197.00	1.51
7	四川省世旗投资管理有限公司	社会法人股	170.20	1.31
8	上海新元投资有限公司	社会法人股	122.00	0.94
9	上海中策投资咨询有限公司	社会法人股	120.00	0.92
10	成都百货(集团)股份有限公司	社会法人股	117.00	0.90

股东人数	2003.9	2003.6	2002	2001
	5677	6234	5412	3749

近年分配	近年配股/增发
2002年10股派1元 2001年10股派1元	不分配不转增

重大事项

2003年报告期内,公司和成都英康贸易有限责任公司共同受让北京南洋教育投资有限公司、北京南洋教育管理有限公司、北京南洋科技投资有限公司、海南南洋产业有限公司持有的四川新南洋教育有限公司100%的股权,转让总价款为4500万元,公司将持有四川新南洋教育有限公司95%股权。2003年报告期内,公司第二大股东成都新闻宾馆拟将其所持公司国有法人股18260406股转让给成都金准投资有限公司,若转让实施完成,新闻宾馆将不再持有公司股份,金准投资成为公司的第二大股东。股权转让价格2.10元/股,转让总金额为38346853元。

二〇〇二年以来市场表现

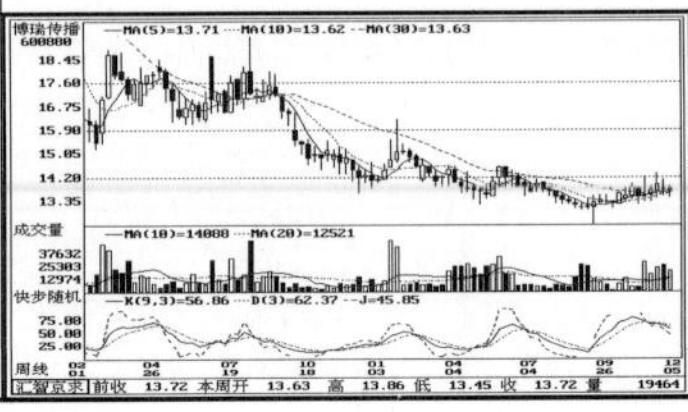

2002年涨跌幅(%)	-16.51
2002年最高(元)	19.20
2002年最低(元)	13.50
2002年换手率(%)	150.96
2003年涨跌幅(%)	-1.72
2003年最高(元)	16.15
2003年最低(元)	12.50
2003年换手率(%)	158.38

吉林亚泰(集团)股份有限公司

公司概况

公司名称	吉林亚泰(集团)股份有限公司			股票代码	600881		
注册地址	长春市吉林大路 281 号			邮政编码	130031		
法人代表	宋尚龙			董秘	孙晓峰		
电话	0431-4956688			传真	0431-4951400		
主营业务	主要经营民用住宅开发与管理、建筑施工、水泥						
总股本	55776.10	流通 A	35817.03	流通 B		流通 H	
审计单位				审计意见	未审计		

主要财务指标

年度	2003.9	2003.6	2002	2001
每股收益/扣除后(元)	0.1490	0.0800	0.2300	0.2300
每股经营现金流量(元)	-0.3539	-0.0600	0.2347	-0.2479
每股净资产/调整后(元)	3.9400	3.7600	3.7300	3.5600
每股公积金(元)	2.1902	1.9547	1.9547	1.9547
净资产收益率(%)	3.7900	2.1000	6.6900	6.4500
总资产(万元)	570342.00	536850.62	519179.75	480927.50
股东权益(万元)	228669.83	186353.14	183190.48	173398.41
未分配利润(万元)	34342.65	29586.68	26424.02	19392.76
主营收入(万元)	119186.97	67524.06	148206.55	108741.01
资本公积金(万元)	122162.31	92867.06	92867.06	92867.06
主营利润(万元)	33379.63	20125.55	46505.69	41325.19
其他业务利润(万元)	349.35	336.90	571.60	802.99
营业利润(万元)	10120.99	4993.37	18073.45	13193.34
投资收益(万元)	870.34	579.55	-1929.65	709.31
补贴收入(万元)	1748.67	108.39	2396.33	470.67
营业外收支(万元)	-244.91	-74.57	-548.98	-207.64
利润总额(万元)	12495.10	5570.01	17991.15	14165.66
净利润(万元)	8668.86	3910.78	12264.31	11189.21

十大股东

序号	股东名称	股份性质	持股数(万股)	比例(%)
1	长春市财政局	国家股	18063.31	32.38
2	辽源市财政局	国家股	2552.03	4.58
3	全国社保基金一零七组合	社会公众股	1895.76	3.40
4	金鑫证券投资基金	社会公众股	204.96	0.37
5	安徽全柴集团全椒顺兴贸易有限公司	社会公众股	171.38	0.31
6	上海国际信托投资有限公司	社会公众股	106.27	0.19
7	苏福马股份有限公司	社会公众股	80.22	0.14
8	罗鹰	社会公众股	60.06	0.11
9	罗菊霞	社会公众股	50.81	0.09
10	宋尚龙	社会公众股	39.41	0.07

股东人数	2003.9	2003.6	2002	2001
	167395	151054	154184	166503

近年分配	2002年 10 股派 0.5 元 2001 年 10 股派 0.5 元	近年配股/增发	不分配不转增

重大事项

2003 年报告期内，公司决定与吉林亚泰水泥有限公司共同出资不超过 8000 万元控股大庆油田水泥有限责任公司，占该公司增资后注册资本的 51%。增资后，大庆油田水泥有限责任公司将更名为大庆亚泰水泥有限公司。 2003 年报告期内，经国家药品监督管理局有关文件批准，由公司的控股子公司吉林亚泰制药有限公司独家研制并生产的国家中药一类新药人参皂甙 Rg3 原料药及其胶囊剂"参一胶囊"由试生产转入正式生产，药品批准文号分别为国药准字 Z20030043、Z20030044。

二〇〇二年以来市场表现

2002年涨跌幅(%)	-18.07
2002年最高(元)	7.19
2002年最低(元)	5.20
2002年换手率(%)	79.17
2003年涨跌幅(%)	0.19
2003年最高(元)	6.33
2003年最低(元)	5.00
2003年换手率(%)	156.73

山东大成农药股份有限公司

公司概况

公司名称	山东大成农药股份有限公司			股票代码	600882		
注册地址	山东省淄博市张店区洪沟路 25 号			邮政编码	255009		
法人代表	耿佃杰			董秘	于宁		
电话	0533-2111999-6502			传真	0533-2113511		
主营业务	生产、销售农药及化工产品						
总股本	18584.91	流通 A	9682.96	流通 B		流通 H	
审计单位				审计意见	未审计		

主要财务指标

年度	2003.9	2003.6	2002	2001
每股收益/扣除后(元)	0.0370	0.0350	0.0101	0.0500
每股经营现金流量(元)	0.0234	0.0340	0.1585	0.1239
每股净资产/调整后(元)	2.5800	2.5800	2.5500	2.5300
每股公积金(元)		1.3993	1.3993	1.3993
净资产收益率(%)	1.3500	1.3050	0.9000	1.5200
总资产(万元)	106046.13	103616.85	93961.53	90604.36
股东权益(万元)	49387.78	48958.82	48898.86	49510.06
未分配利润(万元)	1536.69	1177.46	1186.18	2137.96
主营收入(万元)	40698.65	28671.96	44648.75	41908.27
资本公积金(万元)	26004.93	26004.93	26004.93	25929.12
主营利润(万元)	5466.95	4346.48	6707.45	8013.41
其他业务利润(万元)	169.20	43.13	29.58	-33.02
营业利润(万元)	1012.56	921.83	228.27	-535.26
投资收益(万元)	88.75	95.08	345.55	194.62
补贴收入(万元)			92.56	1587.74
营业外收支(万元)	-103.42		-164.62	-347.61
利润总额(万元)	997.89	951.94	501.76	899.49
净利润(万元)	655.55	644.67	440.47	735.87

十大股东

序号	股东名称	股份性质	持股数(万股)	比例(%)
1	淄博市国有资产管理局	国有股	8773.91	47.21
2	张店向阳化工厂	法人股	58.64	0.32
3	湘财证券有限责任公司	流通股	21.40	0.12
4	鲍秀清	流通股	20.30	0.11
5	罗辉	流通股	19.39	0.10
6	弋国海	流通股	17.67	0.09
7	王亦日	流通股	16.40	0.09
8	朱晔	流通股	16.28	0.09
9	王凯	流通股	13.23	0.07
10	王广太	流通股	11.90	0.06

股东人数	2003.9	2003.6	2002	2001
	58021	58747	60604	65026

近年分配	2001年 10 股派 0.3 元	近年配股/增发	不分配不转增

重大事项

2003 年 10 月 23 日，公司的生产经营遇到了一系列问题，整套生产线不能正常开车，合资方在解决合资企业发展中出现的若干问题上意见分歧较大，已严重影响到合资企业的发展。公司董事会正在积极寻求解决方案，并根据事态发展及时予以披露。

二〇〇二年以来市场表现

2002年涨跌幅(%)	-26.74
2002年最高(元)	8.67
2002年最低(元)	5.47
2002年换手率(%)	102.50
2003年涨跌幅(%)	-20.93
2003年最高(元)	6.93
2003年最低(元)	4.00
2003年换手率(%)	79.01

云南富邦科技实业股份有限公司

公司概况

公司名称	云南富邦科技实业股份有限公司			股票代码	600883	
注册地址	云南省保山市隆阳区汉庄镇黑石头			邮政编码	678000	
法人代表	刘志波		董秘	赵建军		
电话	0875-2218496		传真	0875-2218498		
主营业务	计算机硬件生产、软件开发和网络开发等					
总股本	19818.00	流通 A	6318.00	流通 B	流通 H	
审计单位			审计意见	未审计		

主要财务指标

年度	2003.9	2003.6	2002	2001
每股收益/扣除后(元)	0.0250	0.0300	0.0300	0.0850
每股经营现金流量(元)	0.1975	-0.1780	-0.5560	0.2837
每股净资产/调整后(元)	1.3000	1.3060	1.2720	2.2980
每股公积金(元)	0.1374	0.1284	0.1262	1.0257
净资产收益率(%)	1.7400	2.4200	2.0900	3.8500
总资产(万元)	50292.59	51716.00	46965.27	32181.38
股东权益(万元)	26115.40	26113.55	25437.60	25396.30
未分配利润(万元)	819.85	996.63	365.95	627.63
主营收入(万元)	9794.96	7926.39	7071.55	7118.41
资本公积金(万元)	2723.94	2545.31	2500.04	11293.15
主营利润(万元)	1175.60	948.79	2100.68	2450.54
其他业务利润(万元)	2.30	7.95	-6.52	-25.15
营业利润(万元)	-751.53	-264.28	571.22	1127.67
投资收益(万元)	988.34	678.22	80.28	1.29
补贴收入(万元)	270.19	196.51	72.61	
营业外收支(万元)	-92.32		-2.78	-20.83
利润总额(万元)	474.67	613.06	721.33	1108.13
净利润(万元)	453.90	630.68	532.16	977.39

十大股东

序号	股东名称	股份性质	持股数(万股)	比例(%)
1	深圳市得融投资发展有限公司	社会法人股	4050.00	20.44
2	北京北大资源科技有限公司	社会法人股	2880.00	14.53
3	云南省保山建材实业集团公司	国有法人股	2700.00	13.62
4	云南圣地投资有限公司	社会法人股	2520.00	12.72
5	云南省设计院	社会法人股	270.00	1.36
6	云南省腾冲县保腾商号	社会法人股	270.00	1.36
7	云南建材机械厂	社会法人股	81.00	0.41
8	保山市永昌村镇建设开发有限公司	社会法人股	59.94	0.30
9	保山市下村建筑公司	社会法人股	54.00	0.27
10	保山市化轻建材公司	社会法人股	54.00	0.27

股东人数	2003.9	2003.6	2002	2001
	28754	28323	25520	22476

近年分配	2002年10股派0.2元 2002年10股派0.3元	近年配股/增发	2001年10股转增8股

重大事项

2003年报告期内,公司子公司北京富邦信通科技发展有限公司将其持有的天津开发区建瑞房地产开发有限公司90%的股权全部转让给北京博盈科技投资发展有限公司,转让价格为2100万元人民币。 2003年2月11日,公司国有法人股东云南省保山建材实业集团公司将其持有的公司国有法人股1350万股质押给中国建设银行保山市分行,为保山建材在该行的1060万元贷款提供质押担保,质权期限从2003年2月13日至2004年2月12日。

二○○二年以来市场表现

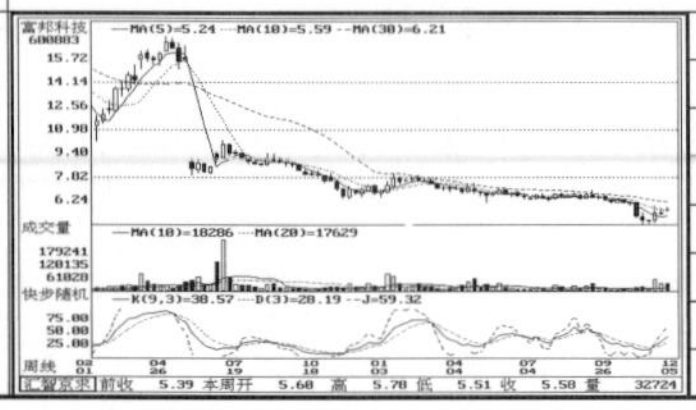

2002年涨跌幅(%)	-17.07
2002年最高(元)	10.19
2002年最低(元)	5.52
2002年换手率(%)	236.21
2003年涨跌幅(%)	-17.20
2003年最高(元)	7.93
2003年最低(元)	4.66
2003年换手率(%)	149.97

宁波杉杉股份有限公司

公司概况

公司名称	宁波杉杉股份有限公司			股票代码	600884	
注册地址	宁波市百丈路158号			邮政编码	315040	
法人代表	郑永刚		董秘	袁梅		
电话	0574-87716294		传真	0574-87716294		
主营业务	品牌经营,主营服装,经营方式为制造等					
总股本	41085.83	流通 A	22798.48	流通 B	流通 H	
审计单位			审计意见	未审计		

主要财务指标

年度	2003.9	2003.6	2002	2001
每股收益/扣除后(元)	0.1200	0.0960	0.2050	0.2428
每股经营现金流量(元)	0.0708	0.0680	0.2016	0.7163
每股净资产/调整后(元)	3.2170	3.1900	3.0950	4.6500
每股公积金(元)	1.2651	1.2651	1.2651	2.3976
净资产收益率(%)	3.9270	3.1900	3.6900	6.4700
总资产(万元)	205371.06	203306.12	213665.33	167083.50
股东权益(万元)	132901.31	131877.30	127681.45	127399.78
未分配利润(万元)	10283.39	9269.36	5063.52	8145.60
主营收入(万元)	58871.80	41462.52	89481.40	73046.00
资本公积金(万元)	51975.99	51975.99	51975.99	65671.26
主营利润(万元)	12709.35	8677.00	21518.78	23966.10
其他业务利润(万元)	779.69	330.58	1115.76	625.38
营业利润(万元)	4989.14	3540.93	10400.12	7894.32
投资收益(万元)	417.94	572.12	28.72	479.73
补贴收入(万元)	1363.75	973.60	945.41	1850.13
营业外收支(万元)	-133.52		-54.06	339.13
利润总额(万元)	6637.31	5109.00	11540.20	10563.31
净利润(万元)	5219.87	4205.84	8542.74	8238.70

十大股东

序号	股东名称	股份性质	持股数(万股)	比例(%)
1	杉杉集团有限公司	法人股	15060.59	36.66
2	一百集团有限公司	法人股	1211.11	2.95
3	上海永博实业有限公司	法人股	997.54	2.43
4	鄞县经济建设投资咨询有限公司	法人股	281.04	0.68
5	鄞县经济建设投资咨询有限公司	法人股	230.20	0.56
6	余姚市宝马印刷器材有限公司	法人股	153.47	0.37
7	中技开发公司	流通股	87.47	0.21
8	音王电子股份有限公司	法人股	82.53	0.20
9	国泰君安证券股份有限公司	流通股	82.00	0.20
10	南润贸易发展有限公司	法人股	76.73	0.19

股东人数	2003.9	2003.6	2002	2001
	93464	95981	96241	81702

近年分配	2002年10股派2元 2001年10派2元	近年配股/增发	2003年10配3股 2001年10转增5股

重大事项

2003年报告期内,公司注册资本3000万元,其中芜湖天润生物技术有限公司出资2700万元,占注册资本的90%,公司控股子公司上海杉杉科技有限公司出资300万元,占注册资本的10%,共同投资上海杉杉生物技术有限公司,以上共同投资行为构成关联交易。

二○○二年以来市场表现

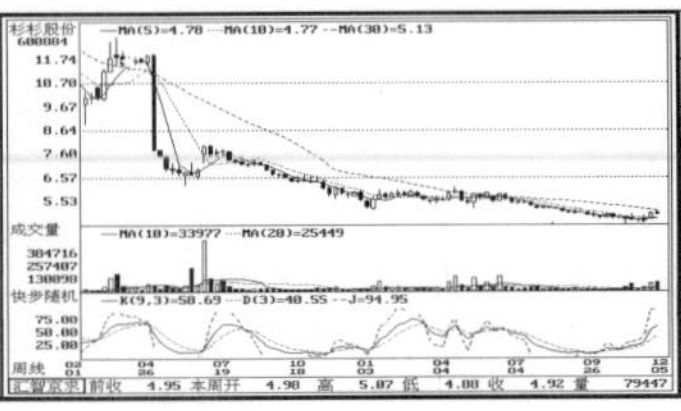

2002年涨跌幅(%)	-30.70
2002年最高(元)	8.18
2002年最低(元)	5.25
2002年换手率(%)	112.57
2003年涨跌幅(%)	-5.89
2003年最高(元)	5.90
2003年最低(元)	4.50
2003年换手率(%)	76.26

武汉力诺工业股份有限公司

公司概况

公司名称	武汉力诺工业股份有限公司	股票代码	600885
注册地址	武汉市桥口区古田路17号	邮政编码	430015
法人代表	申英明	董秘	杨川
电话	027-85497163	传真	027-85497085
主营业务	太阳能光热转化材料、高硼硅材料等		

总股本	12980.71	流通A	4986.80	流通B		流通H	
审计单位		审计意见	未审计				

主要财务指标

年度	2003.9	2003.6	2002	2001
每股收益/扣除后(元)	0.0700	0.0500	0.1300	0.0200
每股经营现金流量(元)	0.6248	0.2900	0.3305	0.0418
每股净资产/调整后(元)	1.5600	1.5200	1.5100	1.0500
每股公积金(元)	0.4792	0.4787	0.4785	0.4713
净资产收益率(%)	4.3900	3.0000	8.7600	3.0800
总资产(万元)	62555.93	63047.04	58402.01	54774.03
股东权益(万元)	20505.24	20204.74	19592.26	13685.50
未分配利润(万元)	900.23	606.53	-5491.02	-7156.56
主营收入(万元)	16182.34	11061.74	20323.71	10292.47
资本公积金(万元)	6220.32	6213.52	10358.56	6117.34
主营利润(万元)	3307.65	2138.53	5085.59	2775.66
其他业务利润(万元)	88.06	56.51	271.09	147.71
营业利润(万元)	566.22	374.36	1153.72	-0.81
投资收益(万元)	466.74	331.53	577.98	457.66
补贴收入(万元)	0.24			
营业外收支(万元)	3.14	-3.20	-11.89	-37.58
利润总额(万元)	1036.34	702.68	1719.81	419.26
净利润(万元)	900.23	606.53	1715.90	421.49

十大股东

序号	股东名称	股份性质	持股数(万股)	比例(%)
1	山东力诺新材料有限公司	法人股	2853.40	21.98
2	力诺集团有限责任公司	法人股	1024.30	7.89
3	湖北华亿实业有限公司	法人股	438.98	3.38
4	武汉开元科技创业投资有限公司	法人股	424.53	3.27
5	武汉开元科技创业投资有限公司	法人股	390.00	3.00
6	海南伟邦投资发展有限公司	法人股	182.00	1.40
7	海南伟邦投资发展有限公司	法人股	182.00	1.40
8	武汉市科技城市信用社	法人股	118.30	0.91
9	武汉市科技城市信用社	法人股	109.20	0.84
10	杭州国梁经济信息咨询有限公司	法人股	100.00	0.77

股东人数	2003.9	2003.6	2002	2001
	20392	20276	20191	16744

近年分配	近年配股/增发	不分配不转增

重大事项

2003年报告期内,公司将所持有的部份债权,与武汉力诺双虎涂料有限公司合资设立武汉力诺投资有限公司,新设公司的注册资本为15000万元人民币,其中,公司以2550万元债权出资,出资额比例为17%。

二〇〇二年以来市场表现

2002年涨跌幅(%)	-26.81
2002年最高(元)	12.33
2002年最低(元)	7.81
2002年换手率(%)	245.55
2003年涨跌幅(%)	-30.35
2003年最高(元)	10.32
2003年最低(元)	4.90
2003年换手率(%)	204.48

国投华靖电力控股股份有限公司

公司概况

公司名称	国投华靖电力控股股份有限公司	股票代码	600886
注册地址	甘肃省兰州市城关区曹家巷58号	邮政编码	448002
法人代表	卜繁森	董秘	魏琼
电话	010-68003595	传真	010-68096127
主营业务	投资建设、经营管理以电力生产为主的能源项目等		

总股本	28174.58	流通A	10731.70	流通B		流通H	
审计单位		审计意见	未审计				

主要财务指标

年度	2003.9	2003.6	2002	2001
每股收益/扣除后(元)	0.5520	0.3600	-0.0440	-0.1790
每股经营现金流量(元)	2.7354	2.0300	0.8149	-0.1388
每股净资产/调整后(元)	3.2710	3.0780	2.9250	3.0420
每股公积金(元)	1.7766	1.7766	1.7961	1.7961
净资产收益率(%)	14.7700	9.7200	-4.1360	-4.0604
总资产(万元)	453269.37	449349.06	468875.25	91068.41
股东权益(万元)	96693.47	91288.63	82416.45	86070.89
未分配利润(万元)	13876.97	8472.13	-8017.32	-3962.84
主营收入(万元)	101459.61	67222.37	253638.05	190640.94
资本公积金(万元)	50053.90	50053.90	50605.24	50605.24
主营利润(万元)	33450.19	22128.51	9821.20	79.23
其他业务利润(万元)	170.31	97.82	143.67	39.49
营业利润(万元)	21066.20	14022.86	-1299.61	-5109.76
投资收益(万元)	5578.53	3317.67	2016.85	256.64
补贴收入(万元)				1638.93
营业外收支(万元)	-1266.27		468.75	-748.65
利润总额(万元)	25378.47	16075.74	1185.99	-3962.84
净利润(万元)	14277.02	8872.18	-3409.13	-3962.84

十大股东

序号	股东名称	股份性质	持股数(万股)	比例(%)
1	国家开发投资公司	国家股	16223.44	57.58
2	汉兴证券投资基金	流通股	787.30	2.79
3	湖北省石油总公司	法人股	581.04	2.06
4	上海浦东实华经济发展公司	法人股	344.40	1.22
5	广发证券股份有限公司	流通股	219.76	0.78
6	中国石化销售中南公司	法人股	210.00	0.75
7	东方证券有限责任公司	流通股	153.90	0.55
8	交通银行—湘财合丰价值	流通股	142.16	0.50
9	优化型稳定类行业基金武汉京昌商贸发展中心	法人股	84.00	0.30
10	华夏证券有限公司	流通股	61.63	0.22

股东人数	2003.9	2003.6	2002	2001
	35233	37274	47262	76054

近年分配	近年配股/增发	不分配不转增

重大事项

2003年6月13日董事会授权公司经营班子处理甘肃小三峡水电开发有限责任公司、靖远第二发电有限公司转让应收帐款债权的议案:同意小三峡将应收帐款5000万元、靖远公司将应收帐款12000万元通过银行保理业务的形式分别转让给银行。

二〇〇二年以来市场表现

2002年涨跌幅(%)	-5.47
2002年最高(元)	13.95
2002年最低(元)	6.66
2002年换手率(%)	243.34
2003年涨跌幅(%)	50.00
2003年最高(元)	12.85
2003年最低(元)	7.23
2003年换手率(%)	181.65

内蒙古伊利实业集团股份有限公司

公司概况

公司名称	内蒙古伊利实业集团股份有限公司		股票代码	600887	
注册地址	呼和浩特市金川开发区金四路8号		邮政编码	010080	
法人代表	郑俊怀		董秘	李永平	
电话	0471-3601621		传真	0471-3601615	
主营业务	为乳制品制造,食品、饮料加工;农畜产品及饲料加工等				
总股本	39126.50	流通A	25771.07	流通B	流通H
审计单位			审计意见	未审计	

主要财务指标

年度	2003.9	2003.6	2002	2001
每股收益/扣除后(元)	0.3900	0.5900	0.7600	0.8400
每股经营现金流量(元)	1.2620	1.0600	2.1529	2.0911
每股净资产/调整后(元)	4.8000	9.2000	8.7200	5.4200
每股公积金(元)	2.5997	6.1135	6.0613	2.9196
净资产收益率(%)	8.5200	6.1200	8.1500	14.3600
总资产(万元)	410672.91	401753.44	289854.37	163909.61
股东权益(万元)	193454.91	186712.12	174263.11	83346.70
未分配利润(万元)	30417.47	25354.69	13926.02	8624.19
主营收入(万元)	485425.91	292649.09	401009.25	270198.31
资本公积金(万元)	101716.20	119599.45	118579.10	42822.30
主营利润(万元)	155042.50	96921.66	131860.95	77642.82
其他业务利润(万元)	1535.41	1064.16	972.99	450.73
营业利润(万元)	26215.13	16620.50	22061.81	14090.33
投资收益(万元)	-926.68	-10.77	-49.09	334.96
补贴收入(万元)	436.13		459.19	23.96
营业外收支(万元)	-165.53		-1138.06	-343.71
利润总额(万元)	25559.05	16313.04	21333.84	14105.54
净利润(万元)	16491.45	11428.67	14194.84	11967.67

十大股东

序号	股东名称	股份性质	持股数(万股)	比例(%)
1	金信信托投资股份有限公司	社会法人股	2802.87	14.33
2	呼和浩特市启元投资有限公司	社会法人股	857.80	4.38
3	华宝信托投资有限公司	社会法人股	844.06	4.31
4	华宝信托投资有限公司	社会法人股	644.87	3.30
5	呼和浩特市华世商贸有限公司	社会法人股	422.42	2.16
6	上海宝钢国贸公司	社会法人股	398.86	2.04
7	建行信托投资公司包头证券交易营业部	社会法人股	378.86	1.94
8	内蒙古财信实业有限公司	社会法人股	362.00	1.85
9	上海冶金老干部活动中心	社会法人股	337.79	1.73
10	上海盘龙实业有限公司	社会法人股	317.03	1.62

股东人数	2003.9	2003.6	2002	2001
	30772	30062	38159	40392

近年分配	近年配股/增发
2002年10股派2元 2001年10派3.6元	不分配不转增

重大事项

公司国家股转让双方呼和浩特市财政局与金信信托投资股份有限公司已于2003年7月2日在中国证券登记结算有限公司上海分公司完成过户登记及股权变更手续,金信信托现持有公司2802.8743万社会法人股,成为公司第一大股东,至此,本次国家股转让已全部完成。 2003年1月22日经中国银行有关文件批复,同意中国银行内蒙古自治区分行向公司提供总额不超过4亿元人民币的授信额度,额度有效期1年;经中国农业银行有关文件批复,同意给予公司公开统一授信5亿元人民币,用信可采用信用方式。

二〇〇二年以来市场表现

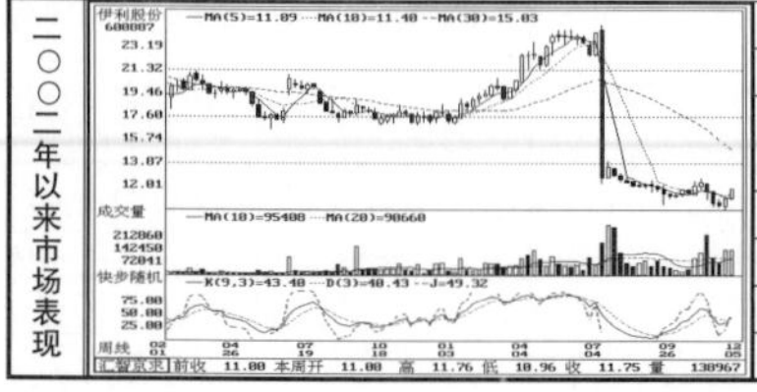

2002年涨跌幅(%)	-9.82
2002年最高(元)	10.31
2002年最低(元)	7.99
2002年换手率(%)	48.08
2003年涨跌幅(%)	26.15
2003年最高(元)	13.99
2003年最低(元)	8.39
2003年换手率(%)	140.15

新疆众和股份有限公司

公司概况

公司名称	新疆众和股份有限公司		股票代码	600888	
注册地址	新疆维吾尔自治区乌鲁木齐喀什东路18号		邮政编码	830013	
法人代表	刘杰		董秘	杨波	
电话	0991-6689800		传真	0991-6689882	
主营业务	生产铝锭、铝杆、精铝、铝合金、电子铝等产品等				
总股本	10338.90	流通A	2925.00	流通B	流通H
审计单位			审计意见	未审计	

主要财务指标

年度	2003.9	2003.6	2002	2001
每股收益/扣除后(元)	0.4500	0.3100	0.5000	0.3022
每股经营现金流量(元)	1.2920	1.1190	0.6277	1.6268
每股净资产/调整后(元)	2.5700	2.3600	2.5700	2.1700
每股公积金(元)	1.0509	0.9825	0.9651	0.9651
净资产收益率(%)	13.8500	10.0100	17.4900	13.2300
总资产(万元)	140696.53	130168.76	123838.52	121921.88
股东权益(万元)	32571.97	30395.30	27582.82	23585.23
未分配利润(万元)	8880.69	7412.02	4696.87	1708.83
主营收入(万元)	31784.23	20811.70	40018.99	41895.42
资本公积金(万元)	10865.64	10157.64	9978.21	9978.21
主营利润(万元)	12586.59	8675.07	14854.97	41985.42
其他业务利润(万元)	376.60	124.32	436.69	225.07
营业利润(万元)	5207.86	3495.66	6100.32	3592.76
投资收益(万元)	-133.67	-142.40	-83.81	117.88
补贴收入(万元)				
营业外收支(万元)	-166.70		-235.28	-86.93
利润总额(万元)	4907.49	3239.76	5781.23	3623.71
净利润(万元)	4512.21	3043.53	4824.71	3119.69

十大股东

序号	股东名称	股份性质	持股数(万股)	比例(%)
1	云南富邦科技实业股份有限公司	法人股	2608.70	25.23
2	自治区国有资产投资经营公司	国家股	1591.30	15.39
3	新疆特变电工股份有限公司	法人股	1450.60	14.03
4	新疆特变电工股份有限公司	法人股	800.00	7.74
5	上海宝山杨行铜材厂	法人股	521.95	5.05
6	上海紫光投资发展有限公司	法人股	75.00	0.73
7	上海颂扬实业有限公司	法人股	50.00	0.48
8	上海晶鹿贸易有限公司	法人股	40.00	0.39
9	李向明	流通股	39.71	0.38
10	北京牡丹希望科贸有限公司	流通股	39.03	0.38

股东人数	2003.9	2003.6	2002	2001
	14006	13569	13338	13458

近年分配	近年配股/增发
2002年10股派0.8元 2001年10派1元	不分配不转增

重大事项

2003年11月11日,公司为新疆天彩科技股份有限公司提供了7400万元银行贷款担保,其中有1500万元已于2003年10月22日到期。公司为新疆啤酒花股份有限公司提供了9000万元银行贷款担保,其中500万元已按时偿还,剩余1500万元贷款已逾期。 本公司法人股东上海宝山杨行铜材厂于2003年9月29日以其所持本公司法人股521.95万股向中国民生银行上海分行申请质押贷款,质押期限从2003年9月30日至2004年9月29日止,有关质押登记手续已办理完毕。

二〇〇二年以来市场表现

2002年涨跌幅(%)	-17.75
2002年最高(元)	17.82
2002年最低(元)	12.63
2002年换手率(%)	127.19
2003年涨跌幅(%)	-32.63
2003年最高(元)	15.16
2003年最低(元)	7.83
2003年换手率(%)	203.68

南京化纤股份有限公司

公司概况

公司名称	南京化纤股份有限公司	股票代码	600889
注册地址	南京市南京高新技术产业开发区20幢B2楼	邮政编码	210038
法人代表	沈光宇	董秘	郑立标
电话	025-5561011-3516	传真	025-5562809
主营业务	粘胶长丝的生产和销售;自来水的生产和供应		
总股本	16154.74	流通A	6681.85
流通B		流通H	
审计单位		审计意见	未审计

主要财务指标

年度	2003.9	2003.6	2002	2001
每股收益/扣除后(元)	0.3300	0.2000	0.2200	0.1800
每股经营现金流量(元)	0.4744	0.2500	0.4512	0.3775
每股净资产/调整后(元)	3.4000	3.2700	3.0700	2.8600
每股公积金(元)	1.1491	1.1491	1.1491	1.1124
净资产收益率(%)	9.6300	6.2400	6.6300	6.5100
总资产(万元)	81138.50	84458.39	77728.78	67841.27
股东权益(万元)	55091.31	53100.97	49785.74	46375.86
未分配利润(万元)	14424.12	12433.78	9091.14	6961.93
主营收入(万元)	53876.23	36262.83	39552.79	33327.89
资本公积金(万元)	18563.85	18563.85	18563.85	17970.90
主营利润(万元)	11018.09	6475.01	7285.27	5167.04
其他业务利润(万元)	-111.42	509.64	699.04	1252.18
营业利润(万元)	6323.77	3914.02	4062.75	4018.03
投资收益(万元)	-23.37	-23.80	-7.43	103.51
补贴收入(万元)	30.00		12.44	30.00
营业外收支(万元)	136.82		-117.40	-18.79
利润总额(万元)	6467.22	4049.25	3950.37	4102.75
净利润(万元)	5305.57	3315.23	3301.57	3020.33

十大股东

序号	股东名称	股份性质	持股数(万股)	比例(%)
1	南京市国有资产经营(控股)有限公司	国家股	8594.85	53.21
2	南京纺织产业(集团)有限公司	国家股	254.04	1.57
3	南京纺织产业(集团)有限公司	法人股	124.80	0.77
4	马鞍山金星化工(集团)有限公司	法人股	46.80	0.29
5	南京棉麻总公司	法人股	39.00	0.24
6	南京纺织工贸实业(集团)公司	法人股	21.20	0.19
7	周安康	流通股	25.45	0.16
8	梁广祥	流通股	25.02	0.15
9	张慧军	流通股	22.52	0.14
10	蔡春莲	流通股	19.17	0.12

股东人数	2003.9	2003.6	2002	2001
	24968	24825	25899	35083

近年分配	2002年10股派0.3元 2001年10派0.3元	近年配股/增发	2001年10股配3股

重大事项

2003年9月12日,因被执行人南京同创信息产业集团有限公司、南京市国有资产经营(控股)有限公司未履行法律义务,根据有关规定,继续冻结南京市国有资产经营(控股)有限公司所持有的公司国家股1490万股,期限自2003年9月11日至2004年3月10日止。 2003年6月26日本公司拟与南京中京达集团有限公司、香港恒业投资有限公司、南京维卡纤维有限公司、南京百新房地产开发有限公司共同投资组建南京法伯尔纺织有限公司。合资公司投资总额为2980万美元,注册资本为2000万美元。本公司占合资公司注册资本的45%。

二○○二年以来市场表现

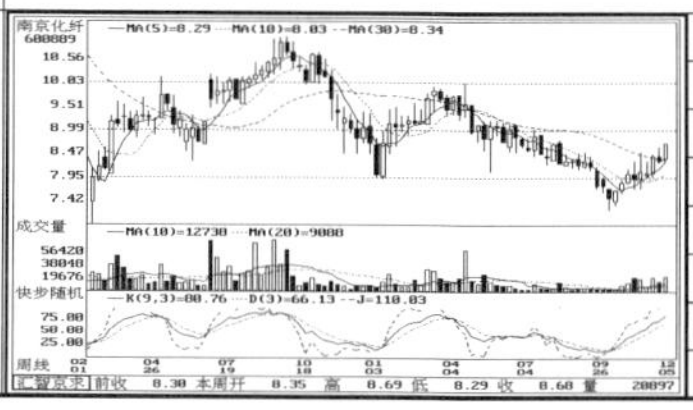

2002年涨跌幅(%)	-9.50
2002年最高(元)	11.05
2002年最低(元)	6.44
2002年换手率(%)	167.68
2003年涨跌幅(%)	-0.95
2003年最高(元)	9.97
2003年最低(元)	7.22
2003年换手率(%)	83.51

中房置业股份有限公司

公司概况

公司名称	中房置业股份有限公司	股票代码	600890
注册地址	北京市宣武区广安门外大街377号1号楼200房间	邮政编码	130031
法人代表	殷友田	董秘	张涛
电话	010-64218263	传真	010-64218126
主营业务	房地产开发、物业管理;摩托车、发动机,动力机械等		
总股本	48485.10	流通A	20509.55
流通B		流通H	
审计单位		审计意见	未审计

主要财务指标

年度	2003.9	2003.6	2002	2001
每股收益/扣除后(元)	0.0240	0.0150	-0.1124	0.0682
每股经营现金流量(元)	0.7031	-0.1400	-0.0959	0.1523
每股净资产/调整后(元)	1.3900	1.4000	1.4100	1.5100
每股公积金(元)	0.2050	0.2050	0.1876	0.1869
净资产收益率(%)	0.3300	0.2700	-5.3600	5.2300
总资产(万元)	227459.05	192283.44	103577.25	121003.70
股东权益(万元)	70549.58	70514.83	68721.26	73551.73
未分配利润(万元)	3350.14	3306.10	3115.85	6766.46
主营收入(万元)	36034.72	23818.23	19293.24	32270.30
资本公积金(万元)	9939.45	9939.45	9095.46	9063.92
主营利润(万元)	4905.37	2079.82	-936.45	8498.98
其他业务利润(万元)	180.03	152.30	205.26	280.07
营业利润(万元)	3551.11	1698.95	-10761.03	1480.76
投资收益(万元)	-936.38	-624.25	2104.75	89.63
补贴收入(万元)	0.44	0.40		
营业外收支(万元)	4.18	0.58	208.08	505.97
利润总额(万元)	2619.35	1075.87	-8448.20	5076.35
净利润(万元)	234.29	190.25	-3684.75	3844.96

十大股东

序号	股东名称	股份性质	持股数(万股)	比例(%)
1	长春长铃集团有限公司	国有股	25105.42	51.78
2	西北财务有限公司	流通股	1173.03	2.42
3	深圳市唯美特信息咨询有限公司	流通股	862.25	1.78
4	武汉证券股份有限公司	流通股	707.86	1.46
5	海南大宏物业投资有限公司	流通股	687.24	1.42
6	深圳市明鼎电子有限公司	流通股	650.56	1.34
7	深圳市明鼎电子有限公司	社会法人股	574.60	1.12
8	武汉国兴投资咨询有限公司	流通股	530.71	1.09
9	南京君悦投资咨询有限公司	社会法人股	456.30	0.94
10	广州宇华商业配送有限公司	社会法人股	287.30	0.59

股东人数	2003.9	2003.6	2002	2001
	3832	3865	3714	2865

近年分配	2002年10股派0.3元	近年配股/增发	2001年10转增3股

重大事项

2003年报告期内,公司拟将持有的广瀚电子科技有限公司42%股权与上海唯亚实业投资有限公司持有的上海中房唯亚企业管理有限公司80%的股权进行置换。以评估价值计算,置出公司的股权价值在评估价值的基础上上浮20%计算,置入资产不足部分由上海唯亚实业投资有限公司以现金一次性补足。 上海唯亚实业投资有限公司与公司于2003年9月5日签署了共同投资设立上海中房唯亚企业管理有限公司的协议书。该公司注册资本6000万元人民币,其中公司以自有资金以现金方式出资600万元,占10%股权。该公司经营期限为50年。

二○○二年以来市场表现

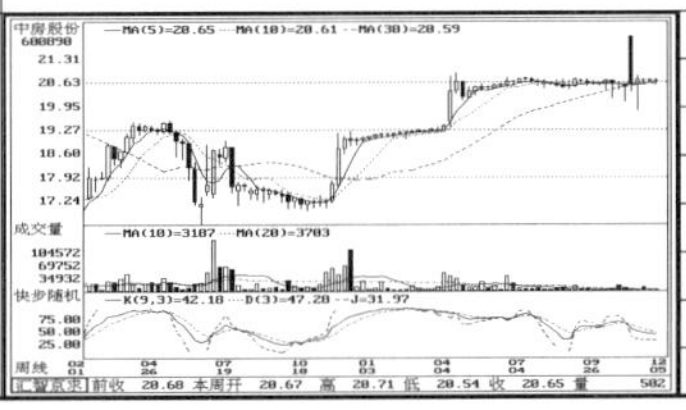

2002年涨跌幅(%)	16.20
2002年最高(元)	19.51
2002年最低(元)	16.51
2002年换手率(%)	64.13
2003年涨跌幅(%)	8.78
2003年最高(元)	21.99
2003年最低(元)	18.94
2003年换手率(%)	19.87

哈尔滨秋林集团股份有限公司

公司概况

公司名称	哈尔滨秋林集团股份有限公司	股票代码	600891
注册地址	哈尔滨市南岗区东大直街 319 号	邮政编码	150001
法人代表	赵廷阁	董秘	衣国强
电话	0451-53644632	传真	0451-53649282
主营业务	商品零售兼批发;从事对俄罗斯联邦易货贸易业务等		

总股本	24356.41	流通 A	12941.93	流通 B		流通 H	
审计单位				审计意见	未审计		

主要财务指标

年度	2003.9	2003.6	2002	2001
每股收益/扣除后(元)	-0.1280	-0.0660	-0.5600	-0.2000
每股经营现金流量(元)	0.0322	0.0200	0.1129	0.0404
每股净资产/调整后(元)	1.0000	1.0700	1.1200	2.2000
每股公积金(元)	1.2300	1.2300	1.2300	1.2352
净资产收益率(%)	-8.3310	-4.1400	-34.4200	-9.4700
总资产(万元)	86662.99	87315.02	90393.23	90805.84
股东权益(万元)	37486.53	38995.43	40609.67	54710.11
未分配利润(万元)	-21098.75	-19589.84	-17975.60	-4002.53
主营收入(万元)	11657.56	9237.65	23739.14	40191.82
资本公积金(万元)	29957.25	29957.25	29957.25	30084.62
主营利润(万元)	3188.99	2580.04	5726.08	6900.43
其他业务利润(万元)	1169.10	875.05	1995.41	876.76
营业利润(万元)	-3097.37	-1594.68	-13484.34	-4748.63
投资收益(万元)			-120.18	-148.83
补贴收入(万元)				
营业外收支(万元)	-6.36	-0.15	-368.56	-282.74
利润总额(万元)	-3103.73	-1594.83	-13973.07	-5180.20
净利润(万元)	-3123.15	-1614.23	-13973.07	-5180.20

十大股东

序号	股东名称	股份性质	持股数(万股)	比例(%)
1	哈尔滨市国有资产管理局	国家股	5991.37	24.60
2	康佳集团股份有限公司	法人股	935.00	3.84
3	银江投资	法人股	915.00	3.76
4	秋林公司食品厂	法人股	397.42	1.63
5	联合证券有限责任公司	法人股	374.00	1.54
6	黑龙江天成物业有限公司	法人股	374.00	1.54
7	黑龙江天成物业有限公司	法人股	292.70	1.20
8	黑龙江天成物业有限公司	法人股	280.50	1.15
9	哈尔滨医药集团公司	法人股	187.00	0.77
10	天润集团有限公司	法人股	140.25	0.58

股东人数	2003.9	2003.6	2002	2001
	44889	45062	49552	48062

近年分配		近年配股/增发	不分配不转增

重大事项

2003 年 8 月 30 日,公司为黑龙江国光建筑装饰工程有限公司在中国银行哈尔滨兆麟支行贷款 200 万元继续提供担保,担保方式为信用担保、连带责任担保,担保期限为一年。截止目前,公司对外累计担保总额为 6554 万元。 2003 年 5 月 27 日,公司从中国建设银行黑龙江省分行营业部累计借款 19300 万元。公司将所属秋林商厦 1-5 层,建筑面积 35000 平方米,累计帐面投资额 24218 万元抵押给中国建设银行黑龙江省分行营业部,用作上述借款担保。

二〇〇二年以来市场表现

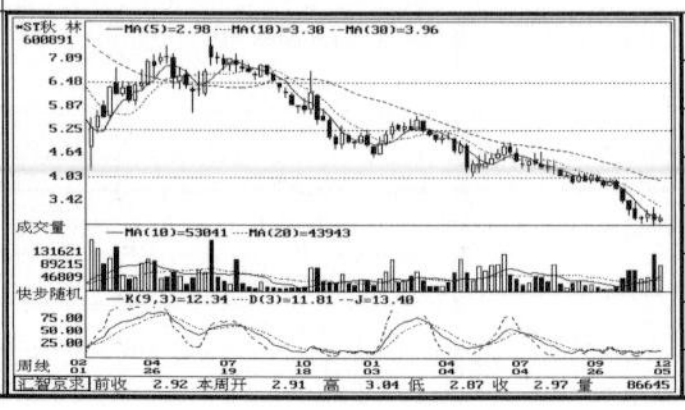

2002年涨跌幅(%)	-25.79
2002年最高(元)	7.70
2002年最低(元)	3.90
2002年换手率(%)	204.75
2003年涨跌幅(%)	-37.74
2003年最高(元)	5.60
2003年最低(元)	2.81
2003年换手率(%)	175.25

河北湖大科技教育发展股份有限公司

公司概况

公司名称	河北湖大科技教育发展股份有限公司	股票代码	600892
注册地址	石家庄市中山东路 51 号	邮政编码	050000
法人代表	戴小兵	董秘	马欣威
电话	0311-6033034	传真	0311-6034778
主营业务	机械制造、机电工程;电线、电缆、铜线		

总股本	5050.00	流通 A	1530.97	流通 B		流通 H	
审计单位				审计意见	未审计		

主要财务指标

年度	2003.9	2003.6	2002	2001
每股收益/扣除后(元)	-0.5000	-0.3981	-0.4622	0.0252
每股经营现金流量(元)	-0.2888	-0.5400	-0.2973	0.6168
每股净资产/调整后(元)	0.2753	0.3519	0.6856	1.0384
每股公积金(元)	1.9135	1.9064	1.8626	1.7635
净资产收益率(%)	-0.8100	-57.4500	-31.6550	5.2500
总资产(万元)	36515.84	35567.18	37581.57	23546.90
股东权益(万元)	3019.08	3447.24	5206.74	6326.82
未分配利润(万元)	-12553.07	-12088.95	-10108.41	-8487.99
主营收入(万元)	6848.71	4168.12	9116.01	2374.55
资本公积金(万元)	9663.19	9627.23	9406.49	8905.84
主营利润(万元)	646.67	322.94	1966.68	691.11
其他业务利润(万元)	36.04	28.77	239.30	1449.16
营业利润(万元)	-2914.58	-2298.59	-2702.21	-10.86
投资收益(万元)	44.37	29.28	127.46	183.13
补贴收入(万元)			3.75	
营业外收支(万元)	81.42		686.09	-9.21
利润总额(万元)	-2788.79	-2268.82	-1884.91	163.06
净利润(万元)	-2444.66	-1980.54	-1648.20	142.08

十大股东

序号	股东名称	股份性质	持股数(万股)	比例(%)
1	中国华星汽车贸易(集团)公司	法人股	1492.70	29.56
2	中国博泓投资有限公司	法人股	808.38	16.01
3	上海国拍电子商务有限公司	法人股	250.00	5.95
4	上海葆鑫企业发展有限公司	法人股	232.00	4.59
5	河北省农垦局经济技术开发中心	法人股	136.35	2.70
6	河北省农垦局经济技术开发中心	法人股	120.00	2.38
7	河北省农垦局经济技术开发中心	法人股	100.00	1.98
8	石家庄市军兴实业公司	法人股	57.55	1.14
9	石家庄神威药业股份有限公司	法人股	50.00	0.99
10	海南谦益金泰投资有限公司	法人股	40.48	0.80

股东人数	2003.9	2003.6	2002	2001
	3900	4247	7020	7166

近年分配		近年配股/增发	不分配不转增

重大事项

2003 年 8 月 20 日,公司第三大股东海南谦益金泰投资有限公司将其所持有的公司 2600000 股社会法人股转让给中国博泓投资有限公司,本次转让的股份占公司总股本的 5.15%,股权转让价款总额为 7488000 元。 2003 年 8 月 7 日,公司第二大股东贵州汇黔实业有限公司将其所持有的公司 5483800 股社会法人股全部转让给中国博泓投资有限公司,本次转让的股份占公司总股本的 10.86%;股权转让价款总额为 1690 万元,股权转让后,博泓投资成为公司第二大股东。

二〇〇二年以来市场表现

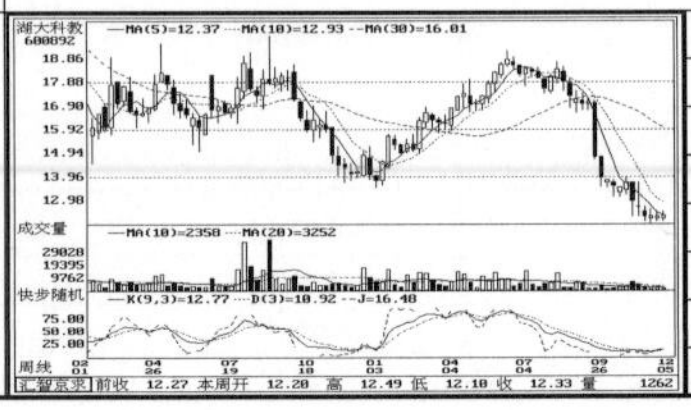

2002年涨跌幅(%)	-23.96
2002年最高(元)	19.84
2002年最低(元)	13.70
2002年换手率(%)	237.58
2003年涨跌幅(%)	-11.34
2003年最高(元)	19.20
2003年最低(元)	12.00
2003年换手率(%)	172.97

吉林华润生化股份有限公司

公司概况

公司名称	吉林华润生化股份有限公司				股票代码	600893	
注册地址	吉林省长春市经济技术开发区东盛大街345号				邮政编码	130031	
法人代表	乔世波			董秘	唐昭		
电话	0431-5883022			传真	0431-5883058		
主营业务	食品加工,以玉米等农副产品为原料的深加工等						
总股本	23491.09	流通 A	11531.69	流通 B		流通 H	
审计单位				审计意见	未审计		

主要财务指标

年度	2003.9	2003.6	2002	2001
每股收益/扣除后(元)	0.0890	0.0800	0.1264	-0.5090
每股经营现金流量(元)	-0.0638	-0.2140	1.6891	0.0842
每股净资产/调整后(元)	2.3000	2.2900	2.2300	1.8300
每股公积金(元)	2.0830	2.0830	2.0827	1.9753
净资产收益率(%)	3.2900	3.0400	6.2700	-28.5300
总资产(万元)	110275.01	115570.43	122987.47	155734.27
股东权益(万元)	56737.82	56608.02	55010.88	49460.75
未分配利润(万元)	-19070.02	-19199.82	-20790.09	-24176.64
主营收入(万元)	64817.35	39862.27	97532.69	87483.63
资本公积金(万元)	48931.39	48931.39	48924.52	46401.38
主营利润(万元)	11273.69	8082.69	13584.25	9755.87
其他业务利润(万元)	109.68	69.23	241.76	269.25
营业利润(万元)	2251.59	2271.30	3149.04	-13581.74
投资收益(万元)	966.97	648.26	948.61	-2454.98
补贴收入(万元)				
营业外收支(万元)	-222.51	-56.24	-55.74	-189.43
利润总额(万元)	2996.05	2863.32	4041.91	-16226.15
净利润(万元)	1867.20	1722.30	3446.74	-14111.44

十大股东

序号	股东名称	股份性质	持股数(万股)	比例(%)
1	华润(集团)有限公司	外资法人股	8697.84	37.03
2	中国人民建设银行吉林省分行直属支行	非外资法人股	628.47	2.68
3	上海市原材料开发投资公司	非外资法人股	400.63	1.71
4	深圳市清水河实业公司	非外资法人股	392.77	1.67
5	深圳市清水河实业公司	非外资法人股	314.24	1.34
6	吉林森工集团松江河林业有限公司	非外资法人股	235.71	1.00
7	太原市唐都大酒店	非外资法人股	157.06	0.67
8	惠州市金山实业总公司	非外资法人股	127.66	0.54
9	中国太平洋财产保险股份有限公司	非外资法人股	127.00	0.54
10	吉林省长白山自然保护区管理局多种经营公司	非外资法人股	117.85	0.50

股东人数	2003.9	2003.6	2002	2001
	39497	39444	40758	53554

近年分配		近年配股/增发	不分配不转增

重大事项

2002年12月23日公司临时股东大会做出同意原大股东吉发投资公司及其关联公司吉发集团公司以吉林玉米深加工科技开发有限责任公司和吉林省吉发改性淀粉有限公司的股权清偿对公司部分欠款的决议,目前,上述资产交易事项的手续已完成。 华润(集团)于2002年12月6日通过司法拍卖竞得的公司8697.843万国有法人股,已经获得国家经贸委、吉林省财政厅的确认,并且中国证监会以有关文批复同意豁免其应履行的要约收购公司股份的义务。股权性质已由国有法人股变更为外资法人股。

二〇〇二年以来市场表现

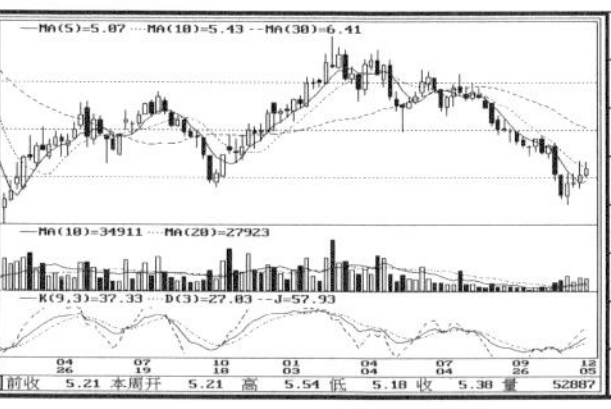

2002年涨跌幅(%)	3.06
2002年最高(元)	7.25
2002年最低(元)	3.87
2002年换手率(%)	371.16
2003年涨跌幅(%)	-22.59
2003年最高(元)	8.67
2003年最低(元)	4.48
2003年换手率(%)	250.63

广州钢铁股份有限公司

公司概况

公司名称	广州钢铁股份有限公司				股票代码	600894	
注册地址	广州市芳村区白鹤洞				邮政编码	510381	
法人代表	陈嘉陵			董秘	杨耀兴		
电话	020-81809182			传真	020-81809182		
主营业务	生产、加工冶金产品,焦炭化工产品,各种气体等						
总股本	68618.00	流通 A	16169.03	流通 B		流通 H	
审计单位				审计意见	未审计		

主要财务指标

年度	2003.9	2003.6	2002	2001
每股收益/扣除后(元)	0.1600	0.0830	0.0380	0.0980
每股经营现金流量(元)	0.4142	0.2270	0.5615	0.1154
每股净资产/调整后(元)	2.3700	2.3200	2.2600	2.2000
每股公积金(元)	1.0433	1.0433	1.0433	1.0375
净资产收益率(%)	6.5000	3.4800	2.8000	4.2500
总资产(万元)	321049.31	335981.87	302835.09	334892.81
股东权益(万元)	168049.77	162793.17	157134.06	154662.30
未分配利润(万元)	13443.04	8186.45	2527.34	455.61
主营收入(万元)	449559.09	271482.72	258193.86	244611.06
资本公积金(万元)	71591.62	71591.62	71591.62	71191.62
主营利润(万元)	26699.72	17241.94	24310.25	22298.12
其他业务利润(万元)	682.04	211.97	840.62	837.86
营业利润(万元)	12762.35	6631.10	3583.19	7586.83
投资收益(万元)	76.90	70.59	-312.06	-20.86
补贴收入(万元)			1893.96	
营业外收支(万元)	-127.71		149.69	-150.82
利润总额(万元)	12710.73	6659.80	5314.78	7415.15
净利润(万元)	10915.70	5659.11	4401.82	6568.13

十大股东

序号	股东名称	股份性质	持股数(万股)	比例(%)
1	广州钢铁企业集团有限公司	国有法人股	35296.97	51.44
2	广州钢铁企业集团有限公司	外资法人股	17152.00	25.00
3	汤朝阳	社会流通股	102.05	0.15
4	汤朝阳	社会流通股	57.18	0.08
5	王啸飞	社会流通股	55.69	0.08
6	石淑珍	社会流通股	54.94	0.08
7	天同180	社会流通股	50.90	0.07
8	郑水银	社会流通股	47.93	0.07
9	郑水银	社会流通股	45.06	0.07
10	李桂才	社会流通股	43.18	0.06

股东人数	2003.9	2003.6	2002	2001
	24902	27962	27090	25027

近年分配	2002年10股派0.4元	近年配股/增发	不分配不转增

重大事项

2003年报告期内,公司与控股股东广州钢铁企业集团有限公司进行资产置换。到目前为止,公司置换出的资产已移交给广钢集团,而从广钢集团置换进公司的有关产权变更手续仍在办理之中,尚须一定的时间方可完成,广钢集团已作出承诺。 公司大股东广州钢铁企业集团有限公司已将其持有的公司国有法人股352969735股中的176484867股质押给上海浦东发展银行广州分行锦城支行,为其进行银行借款提供出质,质押期限自2002年12月25日起至2003年12月25日止。

二〇〇二年以来市场表现

2002年涨跌幅(%)	-16.29
2002年最高(元)	8.74
2002年最低(元)	4.52
2002年换手率(%)	256.65
2003年涨跌幅(%)	8.00
2003年最高(元)	8.01
2003年最低(元)	5.17
2003年换手率(%)	298.14

上海张江高科技园区开发股份有限公司

公司概况

公司名称	上海张江高科技园区开发股份有限公司				股票代码	600895	
注册地址	上海市浦东新区龙东大道200号				邮政编码	201203	
法人代表	陈剑波			董秘	周丽辉		
电话	021-50801818			传真	021-50803199		
主营业务	房地产开发与经营等						
总股本	121566.90	流通A	43147.08	流通B		流通H	
审计单位				审计意见	未审计		

主要财务指标

年度	2003.9	2003.6	2002	2001
每股收益/扣除后(元)	0.1210	0.0200	0.0900	0.0400
每股经营现金流量(元)	0.2699	-0.0600	0.1275	-0.5090
每股净资产/调整后(元)	1.9900	1.8900	2.4300	4.4900
每股公积金(元)	0.6314	0.6312	1.0206	2.7412
净资产收益率(%)	6.1700	1.0400	7.6400	9.6400
总资产(万元)	360040.28	326093.56	318438.44	274763.62
股东权益(万元)	242452.11	229798.66	227404.20	210041.20
未分配利润(万元)	29306.73	16736.65	23694.35	23872.57
主营收入(万元)	66256.16	21189.32	35188.49	61493.61
资本公积金(万元)	76762.65	76737.06	95439.66	128169.21
主营利润(万元)	24839.49	7553.38	16596.58	27620.42
其他业务利润(万元)	71.56	55.56	282.52	-7.14
营业利润(万元)	18235.18	3182.86	10849.00	22179.45
投资收益(万元)	-519.18	-357.50	10526.65	1848.50
补贴收入(万元)	237.03	91.30	297.49	
营业外收支(万元)	165.61	174.40	-36.29	16.87
利润总额(万元)	18118.63	3210.36	21636.86	24044.82
净利润(万元)	14963.68	2393.60	17362.99	20244.19

十大股东

序号	股东名称	股份性质	持股数(万股)	比例(%)
1	上海张江(集团)有限公司	国有股	78419.82	64.51
2	国信证券有限责任公司	社会公众股	5243.92	4.31
3	申银万国证券股份有限公司	社会公众股	540.99	0.45
4	张江高科技园区开发股份有限公司职工持股会	社会公众股	323.35	0.27
5	北京华盛物业管理有限责任公司	社会公众股	276.38	0.23
6	东方证券有限责任公司	社会公众股	200.68	0.17
7	上海市拥军优属基金会	社会公众股	195.02	0.16
8	殷平	社会公众股	130.78	0.11
9	杭涛	社会公众股	122.01	0.10
10	天同180指数证券投资基金	社会公众股	120.26	0.10

股东人数	2003.9	2003.6	2002	2001
	95354	95498	76717	63468

近年分配		近年配股/增发	2002年10送1转增2股 2001年10送3转增7股

重大事项

2003年报告期内，财政部同意上海久事公司将所持本公司8988.9752万股国有法人股转让给上海张江有限公司,转让价格为每股2.27元,转让总价款为20404.9737万元。此次国有股转让完成后，上海张江有限公司持有60322.938万股，占总股本的64.51%。 2003年1月24日，经上海市人民政府和上海市国有资产管理办公室同意，上海市张江高科技园区开发公司改建为国有独资的上海张江有限公司。上海张江(集团)有限公司目前已完成了工商登记注册工作，注册资本为人民币壹拾亿元。

二〇〇二年以来市场表现

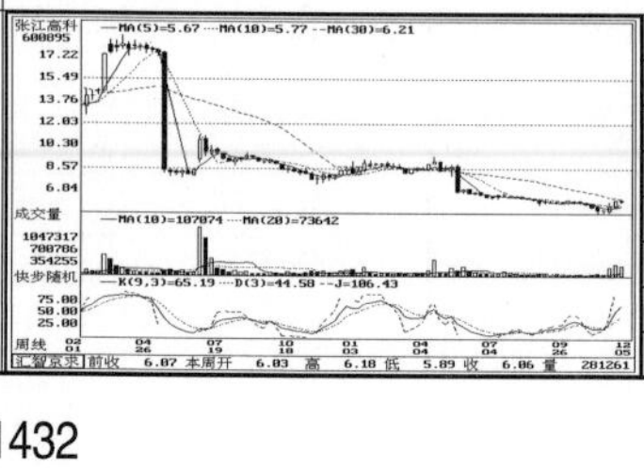

2002年涨跌幅(%)	27.70
2002年最高(元)	8.47
2002年最低(元)	4.69
2002年换手率(%)	190.89
2003年涨跌幅(%)	-11.64
2003年最高(元)	7.26
2003年最低(元)	5.11
2003年换手率(%)	95.85

中海(海南)海盛船务股份有限公司

公司概况

公司名称	中海(海南)海盛船务股份有限公司				股票代码	600896	
注册地址	海口龙昆北路2号珠江广场帝豪大厦25层				邮政编码	570125	
法人代表	王大雄			董秘	胡小波		
电话	0898-68583985			传真	0898-68581486		
主营业务	从事以海南省港口为主的近洋国际航线运输等						
总股本	31728.26	流通A	15607.80	流通B		流通H	
审计单位				审计意见	未审计		

主要财务指标

年度	2003.9	2003.6	2002	2001
每股收益/扣除后(元)	0.1200	0.0800	0.1700	0.1800
每股经营现金流量(元)	0.1690	0.1370	0.3425	0.2267
每股净资产/调整后(元)	2.5600	2.5200	2.4600	2.3800
每股公积金(元)	1.0119	1.0119	1.0119	1.0114
净资产收益率(%)	3.9300	2.7700	6.7600	6.0800
总资产(万元)	106924.47	105522.40	105428.68	107160.03
股东权益(万元)	84975.18	83958.97	81637.21	79382.78
未分配利润(万元)	10824.26	9808.05	7486.28	6535.65
主营收入(万元)	28471.28	16047.49	43402.93	46762.46
资本公积金(万元)	32106.61	32106.61	10316.06	32091.40
主营利润(万元)	3222.85	1879.03	5144.56	6038.36
其他业务利润(万元)	3084.23	1828.79	1580.76	588.84
营业利润(万元)	2684.78	1530.46	3581.07	1985.00
投资收益(万元)	1606.14	1291.60	3893.61	5093.29
补贴收入(万元)				
营业外收支(万元)	-207.60	-86.80	96.79	-454.05
利润总额(万元)	4083.32	2735.26	7571.47	6624.25
净利润(万元)	3337.97	2321.76	5518.76	4826.88

十大股东

序号	股东名称	股份性质	持股数(万股)	比例(%)
1	中国海运(集团)总公司	国有法人股		75.00
2	海南省电力公司	国有法人股	12292.50	38.74
3	海南省电力公司	国有法人股	1050.00	3.31
4	交通部秦皇岛港务局	国有法人股	1050.00	3.31
5	八所港务局	国有法人股	600.00	1.89
6	上海裕海实业有限公司	国有法人股	225.00	0.71
7	上海裕海实业有限公司	法人股	105.00	0.33
8	中国人民保险公司海口分公司	法人股	76.56	0.24
9	海南信孚投资有限公司	法人股	75.00	0.24
10	海南信孚投资有限公司	法人股	75.00	0.24

股东人数	2003.9	2003.6	2002	2001
	98465	99797	101960	109952

近年分配	2002年10派1元 2001年10派1元	近年配股/增发	不分配不转增

重大事项

2003年10月28日，董事会决议通过为深圳市中海海盛沥青有限公司提供3000万元银行综合授信额度担保的议案：担保有效期自本次董事会通过之日起3年内有效。 2003年9月20日，公司临时股东大会通过关于建造两艘5.7万吨级散货运输船的议案：同意公司委托渤海船舶重工有限责任公司建造两艘57300载重吨级散货船，每艘散货船合同价格为1848万美元，两艘船合计3696万美元。

二〇〇二年以来市场表现

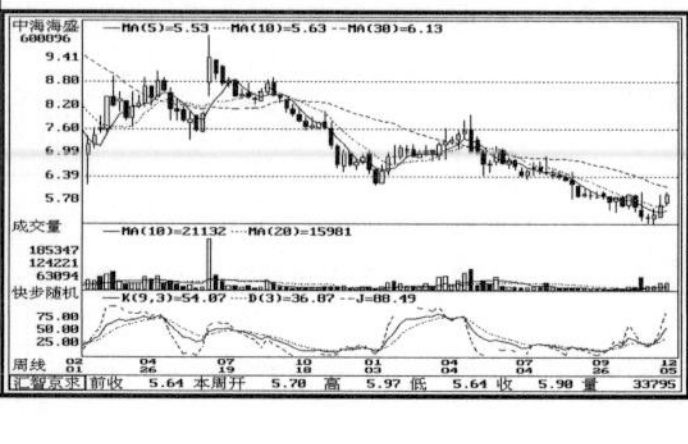

2002年涨跌幅(%)	-23.46
2002年最高(元)	9.91
2002年最低(元)	5.80
2002年换手率(%)	98.27
2003年涨跌幅(%)	-9.03
2003年最高(元)	7.85
2003年最低(元)	5.18
2003年换手率(%)	73.70

厦门机场发展股份有限公司

公司概况

公司名称	厦门机场发展股份有限公司			股票代码	600897		
注册地址	厦门高崎			邮政编码	361006		
法人代表	王倜傥			董秘	朱昭		
电话	0592-6022936-6005			传真	0592-5730699		
主营业务	办理航空运输业务;对国内外飞机提供机务保障等						
总股本	27000.00	流通 A	6750.00	流通 B		流通 H	
审计单位				审计意见	未审计		

主要财务指标

年度	2003.9	2003.6	2002	2001
每股收益 / 扣除后(元)	0.0980	0.0510	0.1770	0.1900
每股经营现金流量(元)	0.3316	0.1920	0.3551	0.2926
每股净资产 / 调整后(元)	4.4860	4.4120	4.3410	4.2300
每股公积金(元)	2.3760	2.3674	2.3507	2.3180
净资产收益率(%)	2.2000	1.1460	4.0800	1.5000
总资产(万元)	125137.89	126242.35	126774.34	127564.96
股东权益(万元)	121181.60	119202.98	117385.03	114417.25
未分配利润(万元)	19342.84	17593.99	16228.09	15099.60
主营收入(万元)	12727.86	7732.49	1919.53	18084.74
资本公积金(万元)	64150.90	63921.13	63469.08	62586.92
主营利润(万元)	4321.85	2350.31	7842.71	7608.95
其他业务利润(万元)	220.67	194.73	607.84	321.95
营业利润(万元)	3159.38	1634.89	5876.87	6118.67
投资收益(万元)	14.98	15.89	20.53	3.55
补贴收入(万元)				
营业外收支(万元)	8.74	5.45	–4.72	44.54
利润总额(万元)	3183.10	1656.23	5892.67	6166.77
净利润(万元)	2664.63	1365.90	4785.61	5148.96

十大股东

序号	股东名称	股份性质	持股数(万股)	比例(%)
1	厦门国际航空港集团有限公司	国有法人股东	20250.00	75.00
2	华夏成长证券投资基金	社会公众股	115.36	0.43
3	华夏成长证券投资基金	社会公众股	43.80	0.16
4	华夏成长证券投资基金	社会公众股	31.20	0.12
5	华夏成长证券投资基金	社会公众股	26.08	0.10
6	华夏成长证券投资基金	社会公众股	26.00	0.10
7	官金仙	社会公众股	18.00	0.07
8	官金仙	社会公众股	17.65	0.06
9	傅培珍	社会公众股	13.94	0.05
10	兴和证券投资基金	社会公众股	12.51	0.05

股东人数	2003.9	2003.6	2002	2001
	53305	53090	52793	58026

近年分配	近年配股/增发
2002年10派1元 2001年10派1.5元	不分配不转增

重大事项

公司经与控股股东厦门国际航空港集团有限公司协商，公司与空港集团公司将于2003年8月15日续签22000万元的《资金使用合同》,期限为2003年8月16日至2004年8月15日。本次交易构成关联交易。　公司于2003年5月22日与东方证券有限责任公司签订《国债托管协议》,委托其管理公司国债面值为4000万元,托管期限为七个月整。定于2003年6月26日召开2002年年度股东大会,审议公司2002年度利润分配预案等事项。

二〇〇二年以来市场表现

2002年涨跌幅(%)	-17.64
2002年最高(元)	14.20
2002年最低(元)	8.55
2002年换手率(%)	276.84
2003年涨跌幅(%)	-22.62
2003年最高(元)	11.45
2003年最低(元)	7.38
2003年换手率(%)	114.09

三联商社股份有限公司

公司概况

公司名称	三联商社股份有限公司			股票代码	600898		
注册地址	河南省郑州市南阳路2号			邮政编码	450000		
法人代表	张继升			董秘	宋洪琦		
电话	0531-5916351-86590			传真	0531-5910676		
主营业务	百货文化、五金交电、油墨及印刷器材、家具针纺织品等						
总股本	19747.08	流通 A	10698.78	流通 B		流通 H	
审计单位				审计意见	未审计		

主要财务指标

年度	2003.9	2003.6	2002	2001
每股收益 / 扣除后(元)	0.0350	0.0760	0.1324	–0.1560
每股经营现金流量(元)	0.0024	0.1216	0.0266	0.1135
每股净资产 / 调整后(元)	1.3720	1.3430	1.2680	–6.1662
每股公积金(元)	0.1972	0.1971	0.1971	2.0356
净资产收益率(%)	7.6750	5.6600	8.3000	–2.7280
总资产(万元)	60765.93	61241.01	50630.51	47923.69
股东权益(万元)	27142.00	26584.44	25079.31	–125629.72
未分配利润(万元)	2531.28	1953.22	448.09	–188330.09
主营收入(万元)	124620.31	80006.87	125689.95	27316.99
资本公积金(万元)	3893.59	3893.59	3893.59	40219.65
主营利润(万元)	6784.82	4503.74	7363.92	966.21
其他业务利润(万元)	1316.87	872.71	1363.97	724.68
营业利润(万元)	3288.33	2377.24	3764.46	–2923.20
投资收益(万元)				
补贴收入(万元)				4.22
营业外收支(万元)	–5.48		–31.83	–348.65
利润总额(万元)	3282.85	2374.42	3732.63	–3267.64
净利润(万元)	2083.18	1505.13	2080.48	–3426.57

十大股东

序号	股东名称	股份性质	持股数(万股)	比例(%)
1	山东三联集团有限责任公司	法人股/流通股	9869.68	49.98
2	郑州百文集团有限公司	国家股	1443.89	7.31
3	南方证券有限公司	法人股	373.30	1.89
4	山东泉港文化教育发展有限公司	法人股	198.07	1.00
5	河南省郑州市市区信用合作联社营业部	法人股	126.75	0.64
6	河南金鑫电脑信息有限公司	法人股	109.85	0.56
7	中国人民保险公司河南分公司营业管理部	法人股	101.40	0.51
8	中国建设银行郑州铁道分行京广路支行	法人股	92.95	0.47
9	中国石化集团河南省石油总公司	法人股	62.87	0.32
10	郑州城市合作银行人民路支行	法人股	59.15	0.30

股东人数	2003.9	2003.6	2002	2001
	48865	68079	68117	68117

近年分配	近年配股/增发
	不分配不转增

重大事项

2003年7月30日，公司第一大股东山东三联集团有限责任公司因购买中国信达资产管理公司对公司14.47亿元人民币的债权而需向信达支付债权转让价款,三联为担保该债务的履行,需将其所持公司股票中对应信达债权转让价款的部分股票质押给信达。　2003年报告期内,公司控股股东——三联集团公司更名为山东三联集团有限责任公司。山东三联集团有限责任公司目前持有公司股份98696804股,占公司总股本的49.98%。

二〇〇二年以来市场表现

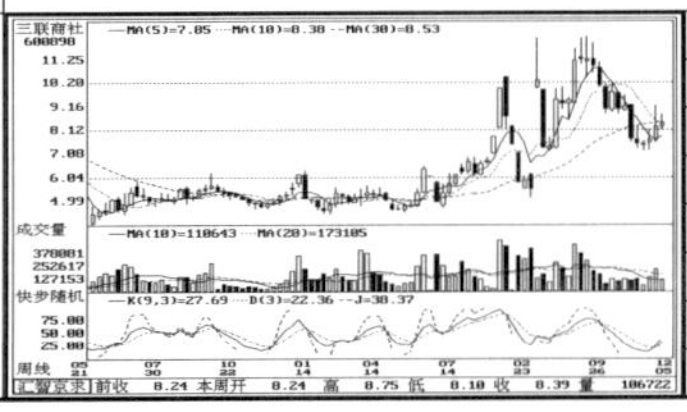

2002年涨跌幅(%)	-18.57
2002年最高(元)	10.44
2002年最低(元)	5.11
2002年换手率(%)	189.90
2003年涨跌幅(%)	50.36
2003年最高(元)	12.29
2003年最低(元)	7.15
2003年换手率(%)	324.69

浙江信联股份有限公司

公司概况

公司名称	浙江信联股份有限公司		股票代码	600899	
注册地址	杭州市上塘路68号		邮政编码	310014	
法人代表	王宏建		董秘	丁渭文	
电话	0571-85463080		传真	0571-85459336	
主营业务	网络建设、开发服务;网络传输软件及设备等				
总股本	17750.54	流通A	5430.54	流通B	流通H
审计单位			审计意见	未审计	

主要财务指标

年度	2003.9	2003.6	2002	2001
每股收益/扣除后(元)	-0.0580	-0.2000	-0.4600	0.1190
每股经营现金流量(元)	0.1260	0.1140	-0.8344	-0.8326
每股净资产/调整后(元)	1.6400	1.6800	2.1800	2.5800
每股公积金(元)	0.7042	0.7042	0.7042	0.7025
净资产收益率(%)	-32.3300	-29.5700	-19.4300	3.4400
总资产(万元)	69171.25	69494.07	74526.03	110027.45
股东权益(万元)	29208.13	29832.55	38663.40	46157.59
未分配利润(万元)	-7357.59	-6737.52	2084.98	9598.15
主营收入(万元)	547.43	304.29	5615.79	16723.17
资本公积金(万元)	12500.15	12500.15	12500.15	12469.38
主营利润(万元)	99.38	83.23	1725.93	5225.78
其他业务利润(万元)	110.32	78.52	391.83	268.76
营业利润(万元)	-1431.01	-1098.23	-7958.99	2000.32
投资收益(万元)	-3572.18	-3256.68	393.96	-587.52
补贴收入(万元)				
营业外收支(万元)	-4557.36	-455.65	-27.97	0.99
利润总额(万元)	-9560.55	-8911.40	-7592.99	1413.78
净利润(万元)	-9442.58	-8822.50	-7513.17	1588.10

十大股东

序号	股东名称	股份性质	持股数(万股)	比例(%)
1	上海声广投资有限公司	社会法人股	3373.00	19.00
2	上海东渡房地产开发有限责任公司	社会法人股	2485.07	14.00
3	杭州宏兴电子科技开发有限公司	社会法人股	1775.00	10.00
4	武汉上行科技有限公司	社会法人股	1598.00	9.00
5	浙江省手工业合作社联合社	社会法人股	988.32	5.57
6	北京华信电子企业集团	社会法人股	835.00	4.70
7	武汉汉讯经济发展有限公司	社会法人股	626.59	3.53
8	上海迅宏科技有限公司	社会法人股	532.52	3.00
9	中国人民建设银行浙江省信托投资公司	社会法人股	45.00	0.25
10	发达实业有限责任公司	社会法人股	30.00	0.17

股东人数	2003.9	2003.6	2002	2001
	38058	38987	39129	38512

近年分配	2001年10派0.5元	近年配股/增发	不分配不转增

重大事项

2003年11月06日,杭州市中级人民法院对担保方杭州宏兴电子科技开发有限公司持有公司的1700万股社会法人股进行了冻结,冻结期限为2003年11月4日至2004年11月3日。上述股份该公司已于2003年2月10日质押给中国建设银行河南省分行。 2003年报告期内,公司与招商银行杭州分行770.3万元借款合同纠纷案的民事判决书已经发生法律效力,招商银行杭州分行已申请执行,法院要求公司在2003年10月25日前履行民事判决书确定的和交纳执行案款、案件受理费、申请执行费等义务。

二〇〇二年以来市场表现

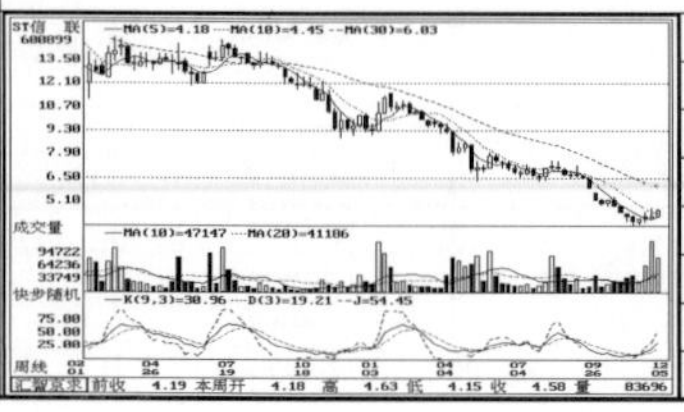

2002年涨跌幅(%)	-35.06
2002年最高(元)	14.85
2002年最低(元)	8.80
2002年换手率(%)	285.59
2003年涨跌幅(%)	-54.21
2003年最高(元)	11.48
2003年最低(元)	3.70
2003年换手率(%)	346.09

中国长江电力股份有限公司

公司概况

公司名称	中国长江电力股份有限公司		股票代码	600900	
注册地址	北京市崇文区广渠门内大街25号		邮政编码	100062	
法人代表	陆佑楣		董秘	张定明	
电话	010-58688900		传真	010-58688898	
主营业务	电力生产、经营和投资,电力生产技术咨询等				
总股本	785600.00	流通A	232600.00	流通B	流通H
审计单位			审计意见	未审计	

主要财务指标

年度	2003.9	2003.6	2002	2001
每股收益/扣除后(元)		0.0560	0.0810	0.0900
每股经营现金流量(元)		0.0650	0.0110	
每股净资产/调整后(元)				
每股公积金(元)	1.3403	0.5370	0.5370	
净资产收益率(%)	3.5720	3.5700	5.2100	5.8000
总资产(万元)		951651.31	991185.75	
股东权益(万元)		855562.00	850365.75	
未分配利润(万元)				
主营收入(万元)		69624.06	137113.95	141496.52
资本公积金(万元)		296966.09	296966.09	
主营利润(万元)		43764.59	79824.47	86640.40
其他业务利润(万元)		3366.15	155.05	22.44
营业利润(万元)		42635.07	66467.10	73080.02
投资收益(万元)		738.10	1488.49	
补贴收入(万元)		2821.12		
营业外收支(万元)		-224.80	-430.97	
利润总额(万元)		45969.49	67524.62	72924.39
净利润(万元)		30566.19	44262.38	49359.14

十大股东

序号	股东名称	股份性质	持股数(万股)	比例(%)
1	中国长江三峡工程开发总公司	国家股	494935.00	63.00
2	中国核工业集团公司	国家股	16590.00	2.11
3	中国石油天然气集团公司	国家股	16590.00	2.11
4	华能国际电力股份有限公司	国有法人股	16590.00	2.11
5	中国葛洲坝水利水电工程集团有限公司	国有法人股	5530.00	0.71
6	国家电网公司	战略投资者	4000.00	0.51
7	博时基金管理有限公司-全国社保基金501组合	战略投资者	4000.00	0.51
8	上海宝钢集团公司	战略投资者	3002.00	0.38
9	申能(集团)有限公司	战略投资者	3001.80	0.38
10	北京首都创业集团有限公司	战略投资者	3000.00	0.38

股东人数	2003.9	2003.6	2002	2001

近年分配		近年配股/增发	不分配不转增

重大事项

2003年12月3日根据公司2002年度股东大会通过的《关于公司首次公开发行A股募集资金投向的决议》以及2003年8月28日公司与中国三峡工程开发总公司签订的《资产收购协议》,公司于2003年12月1日向控股股东中国三峡工程开发总公司支付了2#.5#发电机组剩余50%的收购价款4674955459.81元。 根据公司2002年度股东大会通过的相关决议,公司于2003年11月15日与国家开发银行签订了借款合同,借入人民币50亿元。

二〇〇二年以来市场表现

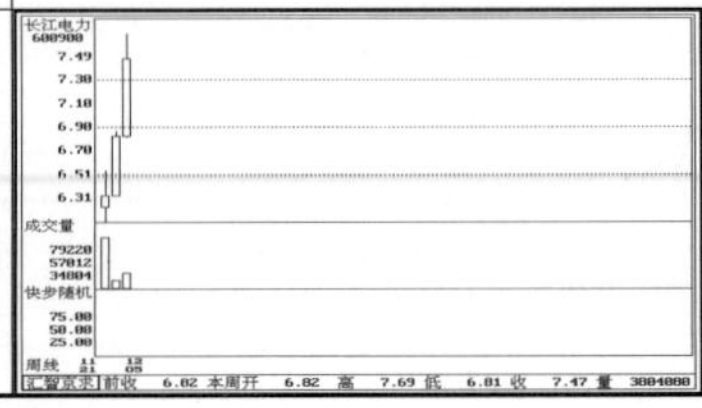

2002年涨跌幅(%)	0.00
2002年最高(元)	0.00
2002年最低(元)	0.00
2002年换手率(%)	0.00
2003年涨跌幅(%)	0.00
2003年最高(元)	6.86
2003年最低(元)	6.11
2003年换手率(%)	98.98

上海广电电子股份有限公司

公司概况

公司名称	上海广电电子股份有限公司			股票代码	900901		
注册地址	上海市浦东新区张江高科技园区张衡路200号1号楼2楼			邮政编码	200060		
法人代表	顾培柱			董秘	胡之奎		
电话	021-62980202			传真	021-62982121		
主营业务	生产和经营黑白显像管及玻壳,电子枪,彩色显像管等						
总股本	92722.77	流通 A	34997.20	流通 B	23191.34	流通 H	
审计单位				审计意见	未审计		

主要财务指标

年度	2003.9	2003.6	2002	2001
每股收益/扣除后(元)	0.0400	0.0610	0.1200	0.0800
每股经营现金流量(元)	0.5471	0.3300	0.6128	0.5116
每股净资产/调整后(元)	2.9600	2.9400	2.8900	3.1300
每股公积金(元)	1.4036	1.4036	1.4036	1.6440
净资产收益率(%)	3.5190	2.6700	3.7900	6.3300
总资产(万元)	835799.81	788406.75	747859.81	767958.44
股东权益(万元)	284178.12	281683.59	274176.47	269292.44
未分配利润(万元)	20604.29	18109.76	10602.65	8871.23
主营收入(万元)	365426.44	252239.98	465629.94	405871.16
资本公积金(万元)	130147.92	130147.92	130147.92	138574.28
主营利润(万元)	48493.30	36161.40	59128.48	36588.45
其他业务利润(万元)	8302.84	2956.19	5237.88	14934.92
营业利润(万元)	14508.84	10485.97	11956.37	7209.27
投资收益(万元)	6789.57	6053.67	10808.87	13350.08
补贴收入(万元)	35.37	35.37	62.47	248.22
营业外收支(万元)	-292.92		-1153.50	-547.98
利润总额(万元)	21040.87	16369.89	21674.20	20259.59
净利润(万元)	10001.64	7507.12	10392.02	17044.40

十大股东

序号	股东名称	股份性质	持股数(万股)	比例(%)
1	上海广电(集团)有限公司	国有股	34534.23	37.24
2	上实置业集团(上海)有限公司	流通A股	577.50	0.62
3	WATTSBURG CO.LTD.	流通B股	347.87	0.38
4	上海市上投实业公司	流通A股	242.00	0.26
5	上海贝岭股份有限公司	流通A股	159.00	0.17
6	久富证券投资基金	流通A股	151.49	0.16
7	华聪投资有限公司	流通B股	148.52	0.16
8	段晓光	流通B股	137.83	0.15
9	SCBHK A/C NOMURA TB/NOMURA ITM	流通B股	137.50	0.15
10	李华利	流通A股	128.50	0.14

股东人数	2003.9	2003.6	2002	2001
	228981	241369	244625	249830

近年分配	近年配股/增发
2002年10派0.5元 2001年10派0.1元	不分配不转增

重大事项

2003年10月30日通过公司以自有资金与上海广电(集团)有限公司及上海广电信息产业股份有限公司按各自投资比例对上海广电投资管理有限公司增资的预案:2003年10月28日公司与上海广电(集团)有限公司、上海广电信息产业股份有限公司签订了共同以现金方式增资上海广电投资管理有限公司的协议。本次同比例增资上海广电投资管理有限公司增资总额为18亿元,增资后的上海广电投资管理有限公司的注册资本为26亿元,其中,公司出资3.375亿元,占18.75%。投资期限为五十年。此项共同投资为关联交易。

二〇〇二年以来市场表现

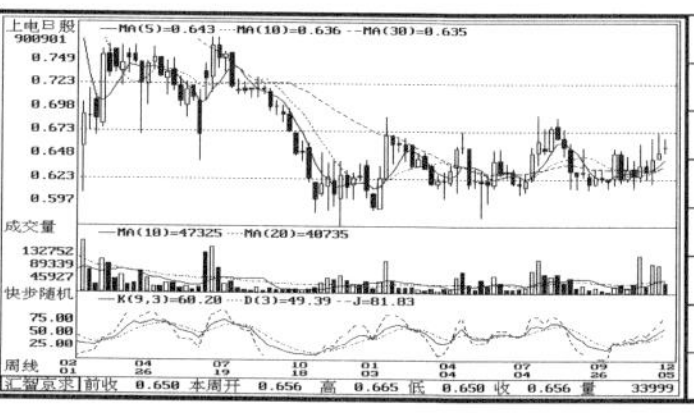

2002年涨跌幅(%)	-14.92
2002年最高(元)	10.69
2002年最低(元)	6.02
2002年换手率(%)	195.60
2003年涨跌幅(%)	15.88
2003年最高(元)	11.63
2003年最低(元)	7.04
2003年换手率(%)	355.29

上海二纺机股份有限公司

公司概况

公司名称	上海二纺机股份有限公司			股票代码	900902		
注册地址	上海市场中路687号			邮政编码	200434		
法人代表	郑元湖			董秘	李勃		
电话	021-65318888-2300			传真	021-65421963		
主营业务	生产纺织机械及相关的电子电器产品、通用机械等						
总股本	56644.92	流通 A	7118.19	流通 B	23292.50	流通 H	
审计单位				审计意见	未审计		

主要财务指标

年度	2003.9	2003.6	2002	2001
每股收益/扣除后(元)	0.0310	0.0079	0.0115	0.0240
每股经营现金流量(元)	0.0343	-0.0180	0.1114	0.2275
每股净资产/调整后(元)	1.0880	1.0540	1.0360	
每股公积金(元)	0.1196	0.1196	0.5298	0.5249
净资产收益率(%)	2.3200	0.0700	1.4200	2.0500
总资产(万元)	132645.81	123833.09	125176.52	142296.72
股东权益(万元)	64980.90	63924.66	63413.79	67728.32
未分配利润(万元)	1154.99	98.75	-23585.84	-33061.32
主营收入(万元)	75631.00	45020.65	74459.26	81530.24
资本公积金(万元)	6776.62	6776.62	30011.65	29734.37
主营利润(万元)	12581.17	8745.10	15911.64	15112.99
其他业务利润(万元)	540.29	348.85	696.66	478.17
营业利润(万元)	107.36	639.13	928.46	974.18
投资收益(万元)	1998.13	111.01	88.29	807.20
补贴收入(万元)	6.42	2.83	52.29	22.35
营业外收支(万元)	-284.30	-1.65	196.38	21.33
利润总额(万元)	1827.61	751.32	1265.42	1825.06
净利润(万元)	1505.89	449.66	900.21	1389.63

十大股东

序号	股东名称	股份性质	持股数(万股)	比例(%)
1	太平洋机电(集团)有限公司	国家股	26234.23	46.31
2	应维勤	B股	390.19	0.68
3	CBNY S/A PNC/SKANDIA SELECT FUND/CHINA EQUITY AC	B股	249.31	0.43
4	MERRILL LYNCH NOMINEES(HK) LTD	B股	81.43	0.14
5	黄志豪	B股	66.61	0.11
6	张光中	B股	64.38	0.11
7	WISEMAX INTERNATIONAL LIMITED	B股	60.26	0.10
8	王家宜	B股	59.77	0.10
9	郁玉生	B股	55.30	0.09
10	鲍世颖	B股	49.98	0.08

股东人数	2003.9	2003.6	2002	2001
	96941	97531	99070	102270

近年分配	近年配股/增发
	不分配不转增

重大事项

2003年8月14日,公司自行研制开发的EJK211型粗纱机新产品,经国家纺织工业局纺织机械质量监督检验中心检测、上海市科学技术委员会组织鉴定:该产品具有自主知识专利授权技术,各项性能指标均符合上海市企业标准的规定,主要技术指标达到国际先进水平.EJK211型粗纱机产品市场前景广阔,具有较好的经济效益和社会效益. 公司于2003年7月1日转让公司所持有的上海浦东发展银行股份有限公司750万股法人股权给上海国际集团有限公司,占上海浦东发展银行股份有限公司总股本的0.19%。

二〇〇二年以来市场表现

2002年涨跌幅(%)	-26.99
2002年最高(元)	10.72
2002年最低(元)	5.03
2002年换手率(%)	338.06
2003年涨跌幅(%)	-23.93
2003年最高(元)	8.58
2003年最低(元)	4.86
2003年换手率(%)	134.00

大众交通(集团)股份有限公司

公司概况

公司名称	大众交通(集团)股份有限公司			股票代码	900903		
注册地址	上海市浦东新区龙阳路100号			邮政编码	200235		
法人代表	周秀华			董秘	顾华		
电话	021-64289122			传真	021-64288660		
主营业务	企业经营管理咨询、现代物流、交通运输等						
总股本	59870.16	流通A	14232.34	流通B	20280.00	流通H	
审计单位				审计意见	未审计		

主要财务指标

年度	2003.9	2003.6	2002	2001
每股收益/扣除后(元)	0.1960	0.1060	0.3600	0.2500
每股经营现金流量(元)	1.2921	0.9230	0.6863	1.3340
每股净资产/调整后(元)	3.7600	3.6440	3.5000	3.4000
每股公积金(元)	1.4388	1.4381	1.4381	1.4381
净资产收益率(%)	5.5910	3.2950	10.0900	9.8900
总资产(万元)	530367.06	536636.00	476451.03	454381.87
股东权益(万元)	232375.62	226816.87	219342.12	212741.92
未分配利润(万元)	28894.92	23377.41	15902.66	16039.75
主营收入(万元)	185191.75	110670.29	195553.30	165910.84
资本公积金(万元)	86139.93	86098.70	86098.70	86098.70
主营利润(万元)	42211.51	26365.71	47517.99	45238.94
其他业务利润(万元)	2145.25	1776.55	1835.33	1582.10
营业利润(万元)	7023.92	3717.62	13393.67	18568.01
投资收益(万元)	3045.63	2274.59	10617.85	10985.35
补贴收入(万元)	6920.42	4486.40	3819.60	171.79
营业外收支(万元)	-1121.29		-1798.88	-7142.22
利润总额(万元)	15868.68	9621.03	26032.24	22582.93
净利润(万元)	12992.26	7474.75	22135.91	21033.00

十大股东

序号	股东名称	股份性质	持股数(万股)	比例(%)
1	上海大众公用事业(集团)股份有限公司	法人股	14000.00	23.38
2	国泰君安股份有限公司	国有法人股	11357.82	18.97
3	TOYO SECURITIES ASIALTD.A/C CLIENT	B股	425.98	0.71
4	南京证券有限责任公司	流通股	417.66	0.70
5	SCBHK A/C NOMURA TB/NOMURA ITM	B股	310.00	0.52
6	华聪投资有限公司	B股	270.04	0.45
7	MELLON GLOBAL FUNDS PLC-ASIANEQUITY PORTFOLIO	B股	235.80	0.39
8	SCBHK A/C BROWN BROTHERS HARRIMAN	B股	211.32	0.35
9	上海国际信托投资公司	流通股	200.73	0.34
10	易方达平稳增长证券投资基金	流通股	184.40	0.31

股东人数	2003.9	2003.6	2002	2001
	86460	88534	82346	83134

近年分配	近年配股/增发
2002年10派1.8元 2001年10派2.6元	不分配不转增

重大事项

公司于**2001**年**11**月**16**日下午在大众大厦**12**楼会议室与上海大众科技创业(集团)股份有限公司下属子公司上海虹口大众出租汽车有限公司签订了资产转让合同,公司以人民币现金**2484**万元购买大众科创下属子公司上海虹口大众出租汽车有限公司**138**辆车辆运营权。　公司因首创证券有限责任公司、第一创业证券有限责任公司诉国泰君安证券股份有限公司一案,本公司第二大股东国泰君安证券股份有限公司所持有的公司**113578180**股国有法人股被依法冻结。冻结期限从**2003**年**8**月**8**日至**2004**年**8**月**8**日。

二〇〇二年以来市场表现

2002年涨跌幅(%)	-5.22
2002年最高(元)	12.35
2002年最低(元)	7.57
2002年换手率(%)	149.15
2003年涨跌幅(%)	-19.74
2003年最高(元)	10.02
2003年最低(元)	6.68
2003年换手率(%)	74.84

上海永生数据科技股份有限公司

公司概况

公司名称	上海永生数据科技股份有限公司			股票代码	900904		
注册地址	上海市浦东新区上川路995号			邮政编码	200030		
法人代表	张芝庭			董秘	李斌		
电话	021-64399900			传真	021-54590737		
主营业务	城市地理数据的采集、处理,开发等						
总股本	14790.50	流通A	912.55	流通B	4562.64	流通H	
审计单位				审计意见	未审计		

主要财务指标

年度	2003.9	2003.6	2002	2001
每股收益/扣除后(元)	-0.0350	-0.0385	-0.6400	-0.2950
每股经营现金流量(元)	0.1014	0.0630	0.1083	-0.1387
每股净资产/调整后(元)		0.8763	0.8946	1.6240
每股公积金(元)	0.9500	0.9500	0.9500	0.9500
净资产收益率(%)	-13.8600	-7.7100	-75.7400	-18.0430
总资产(万元)	29864.80	27679.30	28951.48	40898.76
股东权益(万元)	14777.75	12961.91	13587.05	24204.77
未分配利润(万元)	-18532.09	-20490.55	-19814.19	-9247.69
主营收入(万元)	1743.96	711.37	1265.45	3676.40
资本公积金(万元)	14051.58	14051.58	14051.58	14051.58
主营利润(万元)	780.19	431.03	147.64	1626.13
其他业务利润(万元)	40.85	19.87	22.59	29.02
营业利润(万元)	-524.14	-553.80	-3961.13	-2988.43
投资收益(万元)	-1388.44	-452.24	-5536.99	-1289.44
补贴收入(万元)			0.60	
营业外收支(万元)	-166.29		-918.11	-2.31
利润总额(万元)	2078.87	-1006.49	-10415.64	-4280.18
净利润(万元)	-2048.82	-999.97	-10291.43	-4367.35

十大股东

序号	股东名称	股份性质	持股数(万股)	比例(%)
1	上海飞天投资有限责任公司	法人股	7397.78	50.02
2	浙江工业大学	法人股	310.26	2.10
3	上海爱辉实业发展有限公司	法人股	300.00	2.03
4	上海宏亿投资咨询有限公司	法人股	200.00	1.35
5	第一百货商厦股份有限公司	法人股	89.43	0.60
6	华联商厦股份有限公司	法人股	80.00	0.54
7	南上海商业房地产有限公司	法人股	60.23	0.41
8	上海氯碱总厂	法人股	54.75	0.37
9	中国纺织机械股份有限公司	法人股	54.75	0.37
10	新亚快餐	法人股	5.75	0.37

股东人数	2003.9	2003.6	2002	2001
	16961	17552	18347	17994

近年分配	近年配股/增发
	不分配不转增

重大事项

2003年**3**月**28**日,公司控股股东上海飞天投资有限责任公司将持有的公司**50.02%**的股权转让给贵州神奇投资有限公司。同日,拟将公司部分低效资产及负债与上海飞天因转让股权而受让的贵州金桥药业有限公司部分股权进行置换。**2003**年**10**月**15**日,公司董事会决定按中国证监会有关上市公司重大资产重组的要求上报材料,目前公司正对上报的材料进行补充和修改。

二〇〇二年以来市场表现

2002年涨跌幅(%)	-29.03
2002年最高(元)	20.93
2002年最低(元)	13.08
2002年换手率(%)	326.14
2003年涨跌幅(%)	-46.79
2003年最高(元)	17.90
2003年最低(元)	6.90
2003年换手率(%)	420.38

中国第一铅笔股份有限公司

公司概况

公司名称	中国第一铅笔股份有限公司			股票代码	900905	
注册地址	上海浦东金桥出口加工区川桥路 **1295** 号			邮政编码	201206	
法人代表	胡书刚			董秘	周富良	
电话	021-58549624			传真	021-64720802	
主营业务	笔类制品和笔类产品表面材料、包装材料等					
总股本	25177.94	流通 A	2908.79	流通 B	12005.14	流通 H
审计单位				审计意见	未审计	

主要财务指标

年度	2003.9	2003.6	2002	2001
每股收益 / 扣除后(元)	0.0500	0.0327	0.0066	–0.0050
每股经营现金流量(元)	0.2305	0.0480	0.0414	0.4809
每股净资产 / 调整后(元)	1.6530	1.6370	1.6090	1.6120
每股公积金(元)	0.5174	0.5174	0.5170	0.5165
净资产收益率(%)	3.0690	1.4670	0.7130	0.4200
总资产(万元)	146512.48	143978.09	137125.89	137580.45
股东权益(万元)	45705.82	44960.26	44263.60	43960.00
未分配利润(万元)	–736.00	–1479.27	–2107.84	–1937.86
主营收入(万元)	142155.20	89684.12	102613.34	91074.70
资本公积金(万元)	13027.15	13027.15	13017.15	13004.81
主营利润(万元)	14720.26	9530.49	19001.30	16586.19
其他业务利润(万元)	991.02	669.13	269.34	270.06
营业利润(万元)	3092.47	1968.80	1311.17	112.74
投资收益(万元)	258.37	3.57	567.46	534.19
补贴收入(万元)	100.79	62.11	88.22	274.91
营业外收支(万元)	–214.06	–189.85	182.14	135.72
利润总额(万元)	3237.58	1844.63	2148.99	1057.57
净利润(万元)	1402.83	659.56	315.82	186.10

十大股东

序号	股东名称	股份性质	持股数(万股)	比例(%)
1	上海轻工控股(集团)公司	国有股	8332.81	33.09
2	交通银行上海分行	法人股	999.67	3.97
3	中国建行上海分行第二营业部	法人股	279.13	1.11
4	CBNY S/A PNC/SKANDIA SELECT FUND/CHINA EQUITY AC	B股	275.93	1.10
5	上海富利贸易有限公司	法人股	221.98	0.88
6	CAO ZHONG NAN	B股	160.00	0.64
7	上海第一百货商厦股份有限公司	法人股	144.97	0.58
8	香港鸿发集团有限公司	B股	134.01	0.53
9	UNION INVESTMENT LUXEMBOURG S.A.RE:EM FERNOST FONDS(LUX)	B股	100.00	0.39
10	上海国际信托投资公司	B股	96.14	0.38

股东人数	2003.9	2003.6	2002	2001
	37326	37759	38445	29504

近年分配		近年配股 / 增发	不分配不转增

重大事项

原告中国民生银行上海分行与上海永生数据科技股份有限公司和公司就 **2002** 年 **8** 月 **29** 日公司曾在《上海证券报》上披露过的借款合同纠纷事项达成如下调解协议：永生数据同意 **2002** 年 **12** 月 **20** 日前向民生银行偿付 **80** 万元，剩余的 **1920** 万元借款本金以及逾期利息于 **2003** 年 **3** 月 **31** 日前偿付完毕，公司作为担保方对永生数据上述付款义务承担连带清偿责任。 **2000** 年度美国对本公司征收的铅笔反倾销单独税率为 **11.39%**。这比上一年度的 **53.65%** 下降了 **42.26%**。

二〇〇二年以来市场表现

2002年涨跌幅(%)	–14.19
2002年最高(元)	14.62
2002年最低(元)	8.03
2002年换手率(%)	441.05
2003年涨跌幅(%)	–15.85
2003年最高(元)	12.22
2003年最低(元)	7.94
2003年换手率(%)	215.73

中国纺织机械股份有限公司

公司概况

公司名称	中国纺织机械股份有限公司			股票代码	900906	
注册地址	上海市长阳路 **1687** 号			邮政编码	200090	
法人代表	钱建忠			董秘	李文利	
电话	021-65432970-512			传真	021-65455130	
主营业务	纺织机械及与纺织机械有关的器材、通用机械等					
总股本	35709.15	流通 A	2574.00	流通 B	12012.00	流通 H
审计单位				审计意见	未审计	

主要财务指标

年度	2003.9	2003.6	2002	2001
每股收益 / 扣除后(元)	0.0190	0.0120	0.0400	–0.1100
每股经营现金流量(元)	0.0450	0.0150	0.1597	0.1270
每股净资产 / 调整后(元)	0.9746	0.9700	0.9534	0.0500
每股公积金(元)	0.2894	0.2894	1.0650	0.4510
净资产收益率(%)	2.0260	1.5800	30.0200	15.5800
总资产(万元)	91466.82	75540.39	79110.05	63758.20
股东权益(万元)	36870.34	36703.61	36121.08	4243.33
未分配利润(万元)	–9509.15	–9675.88	–40418.41	–50393.38
主营收入(万元)	40819.15	25207.19	60407.77	44941.93
资本公积金(万元)	10333.12	10333.12	38028.63	16104.43
主营利润(万元)	5824.18	3388.43	8490.71	6302.62
其他业务利润(万元)	951.87	489.15	599.05	422.20
营业利润(万元)	600.23	595.66	1082.28	–4171.09
投资收益(万元)	230.48	61.02	437.80	4710.10
补贴收入(万元)	4.22			664.26
营业外收支(万元)	180.34		9563.94	–341.69
利润总额(万元)	1015.27	784.96	11084.02	861.58
净利润(万元)	746.98	580.26	10842.38	661.20

十大股东

序号	股东名称	股份性质	持股数(万股)	比例(%)
1	江苏南大高科技风险投资有限公司	社会法人股	10355.65	29.00
2	太平洋机电(集团)有限公司	国有股	5322.88	14.91
3	广州市赛清德投资发展有限公司	社会法人股	3213.82	9.00
4	上海南上海商业房地产有限公司	社会法人股	343.20	0.96
5	上海第十七棉纺织总厂	社会法人股	343.20	0.96
6	上海东润投资管理有限公司	社会法人股	343.20	0.96
7	陈益	流通 B 股	336.39	0.94
8	上海中纺机职工技术开发经营服务公司	流通 B 股	314.60	0.88
9	上海水仙电器股份有限公司	社会法人股	171.60	0.48
10	上海申达纺织股份有限公司	社会法人股	171.60	0.48

股东人数	2003.9	2003.6	2002	2001
	29142	29183	28243	27791

近年分配		近年配股 / 增发	不分配不转增

重大事项

2003 年 **10** 月 **18** 日公司拟与南京口岸进出口有限公司、南京有有足球俱乐部共同投资组建成立江苏建信信用担保有限公司，建信担保公司注册资本为 **5300** 万元人民币，其中：公司出资 **1800** 万元，占注册资本的 **33.96%**。该投资事项构成公司的关联交易。 **2003** 年 **5** 月 **27** 日董事会同意关于向上海银行浦东分行借款的议案：经与上海银行浦东分行协商，向上海银行浦东分行申请借款 **600** 万元整，借款期限为一年。

二〇〇二年以来市场表现

2002年涨跌幅(%)	–17.78
2002年最高(元)	13.39
2002年最低(元)	7.56
2002年换手率(%)	245.26
2003年涨跌幅(%)	–32.81
2003年最高(元)	12.20
2003年最低(元)	5.55
2003年换手率(%)	153.21

上海三九科技发展股份有限公司

公司概况

公司名称	上海三九科技发展股份有限公司	股票代码	900907
注册地址	上海浦东东昌路 600 号	邮政编码	200120
法人代表	赵新先	董秘	钱海啸
电话	021-50813939-201	传真	021-58313117
主营业务	在国家鼓励和允许的范围内进行投资等		
审计单位		审计意见	未审计

总股本	流通 A	流通 B	流通 H
11513.34	834.90	4174.50	

主要财务指标

年度	2003.9	2003.6	2002	2001
每股收益/扣除后(元)	0.1200	0.0500	0.1230	0.1110
每股经营现金流量(元)	0.1476	0.1200	-0.5943	0.1622
每股净资产/调整后(元)	1.8420	1.8500	1.7670	1.6980
每股公积金(元)	0.7385	0.7385	0.7384	0.7319
净资产收益率(%)	5.9000	5.1200	12.3700	13.8100
总资产(万元)	129668.66	123971.16	117782.45	79136.66
股东权益(万元)	22967.34	22778.46	21641.99	20381.22
未分配利润(万元)	2833.51	2644.64	1477.61	851.17
主营收入(万元)	36984.86	22953.74	21933.79	22611.54
资本公积金(万元)	8502.04	8502.04	8501.52	8426.69
主营利润(万元)	8352.80	5363.93	8988.65	6231.49
其他业务利润(万元)	687.29	482.51	773.55	1062.53
营业利润(万元)	1524.24	1051.54	2755.37	1678.88
投资收益(万元)	-108.02	-99.75	-11.31	1039.38
补贴收入(万元)	2.89			176.00
营业外收支(万元)	776.80		1075.29	618.84
利润总额(万元)	2195.91	1736.95	3819.35	3513.10
净利润(万元)	1355.90	1167.03	2678.06	2814.31

十大股东

序号	股东名称	股份性质	持股数(万股)	比例(%)
1	三九企业集团	国有法人股	3396.43	29.50
2	北京世纪尊博投资有限公司	法人股	2272.60	19.74
3	上海宝钢集团公司	法人股	166.98	1.45
4	陈素幸	外资股	163.75	1.42
5	上海纺织机械总厂	法人股	86.83	0.75
6	谌瑞奇	外资股	83.89	0.73
7	章吉	外资股	80.68	0.70
8	上海加顺国际贸易有限公司	法人股	59.28	0.51
9	深圳市千眼投资顾问有限公司	法人股	58.44	0.50
10	庆丰国际投资有限公司	外资股	52.08	0.45

股东人数	2003.9	2003.6	2002	2001
	17738	17935	18237	17893

近年分配	近年配股/增发
2002年10派1元	不分配不转增

重大事项

2002 年 12 月 21 日上海胶带股份有限公司将持有深圳三九医院的部分投资权益与三九医药股份有限公司持有宁波药材股份有限公司的股权进行等价置换。本次资产置换的金额以评估值为准,交易价格为 7636 万元。

二〇〇二年以来市场表现

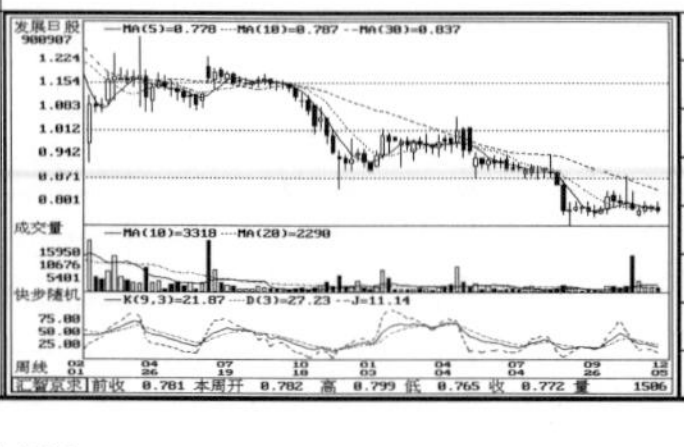

2002年涨跌幅(%)	-15.29
2002年最高(元)	23.38
2002年最低(元)	13.27
2002年换手率(%)	388.93
2003年涨跌幅(%)	-30.04
2003年最高(元)	18.88
2003年最低(元)	9.51
2003年换手率(%)	174.78

上海氯碱化工股份有限公司

公司概况

公司名称	上海氯碱化工股份有限公司	股票代码	900908
注册地址	上海龙吴路 4747 号	邮政编码	200241
法人代表	周波	董秘	许沛文
电话	021-64340000	传真	021-64341341
主营业务	生产烧碱、氯、氟和聚氯乙烯系列化工原料等		
审计单位		审计意见	未审计

总股本	流通 A	流通 B	流通 H
116448.31	2783.24	40656.00	

主要财务指标

年度	2003.9	2003.6	2002	2001
每股收益/扣除后(元)	0.0250	0.0213	-0.0055	-0.0900
每股经营现金流量(元)	0.0669	0.0070	0.4018	0.2043
每股净资产/调整后(元)	2.2749	2.2704	2.2827	2.0500
每股公积金(元)	1.3286	1.3275	1.3261	1.3160
净资产收益率(%)	1.0220	0.8700	0.2300	0.1800
总资产(万元)	503948.28	494955.12	444482.53	465045.62
股东权益(万元)	285248.78	284680.53	277466.06	287143.66
未分配利润(万元)	2355.58	1917.06	-3793.37	-8633.76
主营收入(万元)	279656.28	187414.98	316099.25	272832.31
资本公积金(万元)	154717.50	154587.77	153242.41	153240.87
主营利润(万元)	37939.68	26393.55	41645.57	34417.68
其他业务利润(万元)	80.96	126.27	994.63	1667.54
营业利润(万元)	3179.01	2215.29	770.47	-4768.38
投资收益(万元)	614.63	316.04	-1112.86	8026.84
补贴收入(万元)			763.66	310.70
营业外收支(万元)	-378.70		521.81	-924.13
利润总额(万元)	3414.94	2798.69	943.08	2645.03
净利润(万元)	2916.21	2477.70	635.10	513.34

十大股东

序号	股东名称	股份性质	持股数(万股)	比例(%)
1	上海华谊(集团)公司	国家股	61151.06	52.51
2	宁波金港信托投资责任有限公司	法人股	605.00	0.52
3	上海申银万国证券有限公司	法人股	505.78	0.43
4	上海天原(集团)有限公司	法人股	44.19	0.38
5	上海氯碱化工综合公司	法人股	433.04	0.37
6	DEBORAH WANG	B股	352.30	0.30
7	上海公积金管理中心	法人股	304.92	0.26
8	上海氯碱化工房产经营开发公司	法人股	304.92	0.26
9	中国银行无锡分行	法人股	260.60	0.22
10	上海水仙电器股份有限公司	法人股	237.06	0.20

股东人数	2003.9	2003.6	2002	2001
	87190	87075	88000	88421

近年分配	近年配股/增发
	不分配不转增

重大事项

2003 年 11 月 20 日公司受让上海欣昊实业有限公司持有的上海华鸿管廊有限公司 31% 的股权,上海焦化有限公司、上海化工供销有限公司分别受让其 10% 的股权。上述受让股权价格以上海华鸿管廊有限公司注册资本出资价为依据,公司预计转让价格 1240 万元。本次股权受让,公司增加投资约 1240 万元(共累计投资 2800 万元)。同日,经协商,美国 AIR-SEA TRANSPORT INC 公司同意以现金受让公司持有的 21% 的股份,转让价格将以评估价格确定。

二〇〇二年以来市场表现

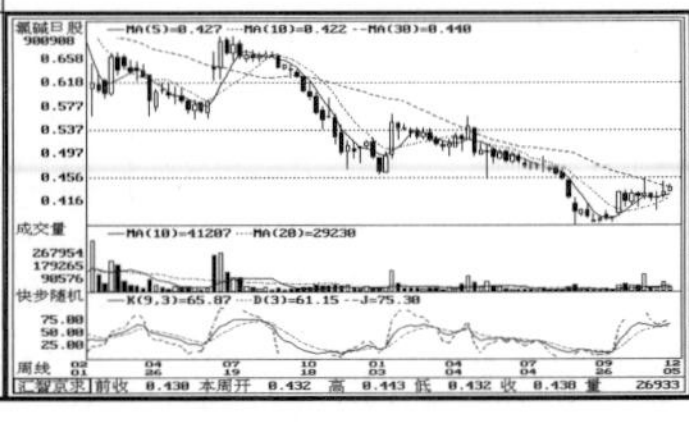

2002年涨跌幅(%)	-22.47
2002年最高(元)	16.05
2002年最低(元)	10.53
2002年换手率(%)	345.57
2003年涨跌幅(%)	-24.81
2003年最高(元)	12.75
2003年最低(元)	6.61
2003年换手率(%)	180.82

上海轮胎橡胶(集团)股份有限公司

公司概况

公司名称	上海轮胎橡胶(集团)股份有限公司	股票代码	900909
注册地址	上海市四川中路63号	邮政编码	200002
法人代表	范宪	董秘	王玲
电话	021-33024666	传真	021-63390637
主营业务	轮胎、力车胎、胶鞋及其他橡胶制品等		
总股本	88946.77	流通A	2288.00
流通B	24310.00	流通H	
审计单位		审计意见	未审计

主要财务指标

年度	2003.9	2003.6	2002	2001
每股收益/扣除后(元)	0.0565	0.0300	0.0640	–0.2540
每股经营现金流量(元)	0.1805	0.2400	0.5114	0.8436
每股净资产/调整后(元)	1.2200	0.8480	0.9100	1.1660
每股公积金(元)	1.2628	1.2628	1.2625	1.1886
净资产收益率(%)	6.0450	4.9490	6.3990	1.5434
总资产(万元)	529890.56	558161.87	539360.75	593529.44
股东权益(万元)	115906.63	94948.94	94007.95	108240.67
未分配利润(万元)	–93190.17	–95497.78	–100196.63	–105721.95
主营收入(万元)	295174.91	186545.36	338224.44	246576.50
资本公积金(万元)	112326.06	112325.56	112295.73	105718.15
主营利润(万元)	59728.48	34215.73	57143.83	25970.54
其他业务利润(万元)	6022.93	4292.16	4612.92	1834.28
营业利润(万元)	4805.46	–1147.98	6299.53	–16116.77
投资收益(万元)	–406.64	199.13	–4435.47	–3652.73
补贴收入(万元)	144.55	66.34	189.11	
营业外收支(万元)	1981.78	1978.34	–527.34	21839.34
利润总额(万元)	6525.15	1095.84	–11073.24	2069.84
净利润(万元)	7006.46	4698.84	6015.34	1660.18

十大股东

序号	股东名称	股份性质	持股数(万股)	比例(%)
1	上海华谊(集团)公司	国家股	60835.75	68.40
2	徐州轮胎(集团)公司	国有法人股	941.03	1.06
3	NAMEOF INSUTNTIONAL	B股	371.80	0.42
4	DEBORAH WANG LIN	B股	279.20	0.31
5	刘春富	B股	256.43	0.29
6	杨余波	B股	225.94	0.25
7	NBP S/A FRUCTILUX SICAV	B股	179.99	0.20
8	UNION INVESTMENT LUXEMBOURG S.A. RE.EM FERNOST FOND (LUX)	B股	100.00	0.11
9	杨国雄	B股	93.62	0.10
10	赵培林	B股	88.00	0.10

股东人数

2003.9	2003.6	2002	2001
52147	52210	52303	53164

近年分配		近年配股/增发	不分配不转增

重大事项

2003年11月13日通过双钱置业有限公司正式定名为双钱碧源置业有限公司及增加注册资本金的议案:经工商局查名确认该公司正式定名为上海双钱碧源置业有限公司。并将注册资金由500万元调整为5000万元人民币,公司出资比例仍为90%。同日,公司将持有的债权152297829.03元与上海华谊公司名下的双钱载重轮胎公司(土地面积268600平方米)和大中华正泰轮胎公司(土地面积69685平方米)的土地使用权(评估价格151094305.00元),以152297829.03元对价置换,置换中所涉及的有关税费及土地出让金由公司承担。此次交易属关联交易。

二○○二年以来市场表现

2002年涨跌幅(%)	–9.44
2002年最高(元)	16.28
2002年最低(元)	9.73
2002年换手率(%)	440.46
2003年涨跌幅(%)	–26.29
2003年最高(元)	12.99
2003年最低(元)	6.80
2003年换手率(%)	206.64

上海海立(集团)股份有限公司

公司概况

公司名称	上海海立(集团)股份有限公司	股票代码	900910
注册地址	上海浦东金桥出口加工区26号地块	邮政编码	200090
法人代表	顾惠龙	董秘	钟磊
电话	021-65660000	传真	021-65670941
主营业务	冰箱压缩机、空调压缩机、制冷设备、燃气用具等		
总股本	38052.00	流通A	2028.00
流通B	17940.00	流通H	
审计单位		审计意见	未审计

主要财务指标

年度	2003.9	2003.6	2002	2001
每股收益/扣除后(元)	0.0600	0.0760	0.0630	0.3550
每股经营现金流量(元)	1.0443	0.8880	0.7792	1.2342
每股净资产/调整后(元)	2.6600	2.6400	2.5400	2.5400
每股公积金(元)	1.1002	1.0419	0.9687	0.9687
净资产收益率(%)	1.7500	3.1700	1.6900	12.8400
总资产(万元)	326851.62	360362.16	328876.87	328777.84
股东权益(万元)	104756.09	104244.85	98918.78	99713.67
未分配利润(万元)	323.84	1800.82	1566.80	7085.33
主营收入(万元)	203515.05	164943.02	213227.56	255868.37
资本公积金(万元)	41864.24	39647.24	36859.24	36859.24
主营利润(万元)	23738.36	17871.33	47953.30	69969.07
其他业务利润(万元)	1728.67	1171.90	–166.35	304.16
营业利润(万元)	3145.65	5126.59	7316.10	26112.82
投资收益(万元)	105.85	215.89	78.62	–463.25
补贴收入(万元)				
营业外收支(万元)	403.91		–811.99	–1062.86
利润总额(万元)	3655.41	5747.58	6582.73	24586.71
净利润(万元)	1829.11	3306.09	1672.75	12806.51

十大股东

序号	股东名称	股份性质	持股数(万股)	比例(%)
1	上海轻工控股(集团)公司	国家股	12000.00	31.53
2	上海久事公司	社会法人股	1696.32	4.46
3	上海国际信托投资公司	社会法人股	669.24	1.76
4	中国工商银行上海市第二支行	社会法人股	577.27	1.52
5	上海新工联(集团)有限公司	社会法人股	403.57	1.06
6	上海上立实业发展合作公司	社会法人股	330.18	0.87
7	上海电气(集团)总公司	社会法人股	310.28	0.82
8	上海仪阳企业发展有限公司	社会法人股	210.00	0.55
9	交通银行上海分行	社会法人股	202.80	0.53
10	中国工商银行上海市浦东分行	社会法人股	202.80	0.53

股东人数

2003.9	2003.6	2002	2001
39459	39223	39027	34666

近年分配	2001年10派0.9元	近年配股/增发	不分配不转增

重大事项

公司于2003年11月20日与日立制作所签署合资经营合同,合资设立日立海立汽车部件(上海)有限公司,实施汽车起动机项目。合资公司成立时,总投资为2625万美元,注册资本为1050万美元,公司出资350万美元,占出资比例的33.3%。合资期限为二十年。 2003年10月30日通过上海海立特种制冷设备有限公司增资的议案:本次股东增资额为760万元人民币,各方股东全部以现金方式注入:公司增资555万元,本次增资后,海立特冷注册资本为1000万元,公司股权比例为70%。

二○○二年以来市场表现

2002年涨跌幅(%)	–24.92
2002年最高(元)	16.86
2002年最低(元)	11.11
2002年换手率(%)	277.45
2003年涨跌幅(%)	–24.78
2003年最高(元)	12.95
2003年最低(元)	6.80
2003年换手率(%)	278.90

上海金桥出口加工区开发股份有限公司

公司概况

公司名称	上海金桥出口加工区开发股份有限公司			股票代码	900911		
注册地址	上海浦东新金桥路 28 号			邮政编码	201206		
法人代表	杨小明			董秘	陈恩华		
电话	021-58991818			传真	021-58991533		
主营业务	房地产开发经营、销售、出租和中介等						
总股本	76762.40	流通 A	12886.50	流通 B	22493.90	流通 H	
审计单位				审计意见	未审计		

主要财务指标

年度	2003.9	2003.6	2002	2001
每股收益/扣除后(元)	0.1800	0.1240	0.1400	0.1320
每股经营现金流量(元)	0.1387	0.0450	0.0322	-0.3197
每股净资产/调整后(元)	2.3860	2.3440	2.2550	2.2600
每股公积金(元)	0.9710	0.9710	0.9710	1.1681
净资产收益率(%)	5.7140	3.7400	6.1800	5.9500
总资产(万元)	315523.59	319410.19	322356.53	303433.81
股东权益(万元)	185250.66	181450.12	174665.23	163875.95
未分配利润(万元)	23605.86	19805.33	13020.43	4081.11
主营收入(万元)	39456.40	25837.49	67822.25	39729.00
资本公积金(万元)	74536.33	74536.33	74536.33	81514.73
主营利润(万元)	17397.42	11459.38	21043.27	20273.44
其他业务利润(万元)	3.29	2.41	64.32	2.23
营业利润(万元)	9870.58	5232.53	9536.06	14349.35
投资收益(万元)	2609.09	2613.92	3287.96	-2498.82
补贴收入(万元)				
营业外收支(万元)	-216.85	-64.19	-79.79	131.19
利润总额(万元)	12262.82	7770.94	12744.23	11981.71
净利润(万元)	10585.43	6784.90	10789.27	9743.06

十大股东

序号	股东名称	股份性质	持股数(万股)	比例(%)
1	上海金桥(集团)有限公司	国家股	37752.00	49.18
2	上海国际信托投资有限公司	社会法人股	3630.00	4.73
3	TOYO SECURITIES ASIA LTD. A/C CLIENT	B股	228.15	0.30
4	景福证券投资基金	A股	127.02	0.17
5	彭丰	B股	104.89	0.14
6	上海证券有限责任公司	A股	103.96	0.14
7	京华山一国际(香港)有限公司	B股	102.54	0.13
8	THE NOMURA SECURITIES CO. LTD.	B股	92.25	0.12
9	MERRILL LYNCH FAR EAST LIMITED	B股	91.82	0.12
10	NIKKOCORDIAL SECURITIES INC.	B股	70.65	0.09

股东人数	2003.9	2003.6	2002	2001
	134011	134898	137078	142353

近年分配		近年配股/增发	2001年10股转增1股

重大事项

公司同意对上海金桥出口加工区联合发展有限公司(简称:金联发)股本结构作出如下调整:一将金联发注册资本减至人民币 1 亿元或以下;二用金联发资产回购股权方式,将公司在金联发中的股权比例缩减至 20%至 50%范围。 公司于 2003 年 5 月 21 日接到所持股份占 86%的子公司—上海金桥出口加工区房地产发展有限公司书面报告,该公司资金被挪用案,现经公安部门积极追索,已收回现金人民币 200 万元以及高级轿车两辆,现正在按照法定程序办理有关手续,公安机关仍在抓紧追索其余款项。

二〇〇二年以来市场表现

2002年涨跌幅(%)	-1.86
2002年最高(元)	14.53
2002年最低(元)	7.45
2002年换手率(%)	249.56
2003年涨跌幅(%)	-18.92
2003年最高(元)	11.95
2003年最低(元)	7.16
2003年换手率(%)	112.79

上海外高桥保税区开发股份有限公司

公司概况

公司名称	上海外高桥保税区开发股份有限公司			股票代码	900912		
注册地址	中国上海浦东杨高北路 889 号			邮政编码	200131		
法人代表	刘新民			董秘	王勋		
电话	021-50580088			传真	021-50581138		
主营业务	受让地块内的房地产经营、工程承包、商业等						
总股本	74505.75	流通 A	5445.00	流通 B	20055.75	流通 H	
审计单位				审计意见	未审计		

主要财务指标

年度	2003.9	2003.6	2002	2001
每股收益/扣除后(元)	0.0210	-0.0300	-0.2420	-0.0424
每股经营现金流量(元)	-0.0093	0.0220	0.0346	0.1042
每股净资产/调整后(元)	1.7171	1.6388	1.5847	1.8054
每股公积金(元)	0.4324	0.4324	0.4324	0.4324
净资产收益率(%)	1.2640	1.1860	-9.6300	0.6600
总资产(万元)	329478.22	298148.78	300487.12	291430.34
股东权益(万元)	130229.40	130112.46	128569.60	139140.91
未分配利润(万元)	4663.47	4561.01	3018.06	18190.78
主营收入(万元)	25330.86	13807.50	18092.71	20312.34
资本公积金(万元)	32218.24	32218.24	32218.24	32218.24
主营利润(万元)	8235.89	4887.84	5523.88	4185.38
其他业务利润(万元)	97.66	90.18	419.13	32.96
营业利润(万元)	-2472.52	-3051.75	-17732.35	-3824.28
投资收益(万元)	4383.60	4826.84	567.96	2481.87
补贴收入(万元)	36.59	68.72	2739.50	90.80
营业外收支(万元)	84.08	10.60	2370.54	90.80
利润总额(万元)	2031.75	1854.41	-12054.34	-932.27
净利润(万元)	1645.42	1542.95	-12384.02	917.02

十大股东

序号	股东名称	股份性质	持股数(万股)	比例(%)
1	上海外高桥(集团)有限公司	国家股	43560.00	58.47
2	上海市上投实业投资有限公司	法人股	5445.00	7.31
3	TOYO SECURITIES ASIA LTD. A/CCLIENT	流通B股	173.68	0.23
4	东吴证券有限责任公司	流通A股	131.37	0.18
5	KAY & CO. LTD.	流通B股	118.32	0.16
6	HSBC BROKING SECURITIES LIMITED CLIENTS ACCOUNT	流通B股	99.65	0.13
7	京华山一国际(香港)有限公司	流通B股	75.08	0.10
8	TAM, KING WAI	流通B股	72.19	0.10
9	NIKKO CORDIAL SECURITIES INC.	流通B股	71.77	0.10
10	彭丰	流通B股	70.37	0.09

股东人数	2003.9	2003.6	2002	2001
	72230	71322	71187	72944

近年分配		近年配股/增发	不分配不转增

重大事项

公司于 2003 年 6 月请求法院判令上海中经投资管理有限公司向公司偿还国债投资款及收益共计 5368.56 万元,并向公司支付逾期偿还的国债投资款及相应收益之银行同期存款利息,同时请求判令西南证券上海定西路证券营业部就上述诉讼请求向公司承担连带赔偿责任。 2003 年 10 月 30 日公司向上海外高桥保税区联合发展有限公司,转让全资子公司申高贸易有限公司持有的上海昶宏储运物资有限公司 15%股权和夏碧路 319 号底层东侧部分房屋。本次交易构成关联交易。

二〇〇二年以来市场表现

2002年涨跌幅(%)	-17.46
2002年最高(元)	17.25
2002年最低(元)	12.03
2002年换手率(%)	153.91
2003年涨跌幅(%)	-25.38
2003年最高(元)	14.79
2003年最低(元)	8.80
2003年换手率(%)	104.07

上海联华合纤股份有限公司

公司概况

公司名称	上海联华合纤股份有限公司	股票代码	900913
注册地址	上海市浦东新区恒大路62号	邮政编码	201800
法人代表	谈逸	董秘	王凌中
电话	021-64689988	传真	021-64874717
主营业务	生产销售聚酯切片、合成纤维及深加工产品等		
审计单位		审计意见	未审计

总股本	流通A	流通B	流通H
16719.48	900.00	6455.84	

主要财务指标

年度	2003.9	2003.6	2002	2001
每股收益/扣除后(元)	-0.3000	-0.1600	-0.6300	-0.0020
每股经营现金流量(元)	-0.0426	0.6060	-0.0031	-0.1217
每股净资产/调整后(元)	0.3900	0.5200	0.6800	1.6000
每股公积金(元)	0.3459	0.3459	0.3459	0.3459
净资产收益率(%)	-75.5700	-30.5900	-145.5500	0.4000
总资产(万元)	38453.30	40337.75	43408.37	56456.16
股东权益(万元)	6606.18	8881.79	11598.49	28480.48
未分配利润(万元)	-18805.00	-16529.39	-13812.70	3069.29
主营收入(万元)	10459.47	7258.10	18401.15	32311.77
资本公积金(万元)	5783.57	5783.57	5783.57	5783.57
主营利润(万元)	-4522.56	-2084.33	-2954.79	1878.57
其他业务利润(万元)	183.24	89.36	78.18	-77.53
营业利润(万元)	-5182.20	-2836.41	-11894.80	-153.09
投资收益(万元)				61.05
补贴收入(万元)			0.50	39.10
营业外收支(万元)	-5.92		-6335.27	80.13
利润总额(万元)	-5188.12	-2823.52	-18229.57	27.19
净利润(万元)	-4992.30	-2716.69	-16881.99	112.82

十大股东

序号	股东名称	股份性质	持股数(万股)	比例(%)
1	上海化纤(集团)有限公司	国有股	2487.10	14.88
2	中信兴业信托投资公司	国有股	1598.92	9.56
3	中国银行上海分行	国有股	1230.95	7.36
4	上海市上投实业投资有限公司	国有股	1194.95	7.15
5	上海新纺织经营开发有限公司	国有股	1132.85	6.78
6	上海爱建股份有限公司	法人股	326.19	1.95
7	上海嘉盛投资咨询有限公司	法人股	301.23	1.80
8	珍德塑胶有限公司	法人股	167.40	1.00
9	江苏省常熟市新区油料供应有限公司	法人股	144.00	0.86
10	申银万国证券股份有限公司	法人股	82.80	0.50

股东人数	2003.9	2003.6	2002	2001
	17962	18962	19416	17314

近年分配		近年配股/增发	不分配不转增

重大事项

2003年7月16日浦发杨浦支行因上海国嘉实业股份有限公司未能在规定结息日履行付息义务而被上海市第二中级人民法院冻结、划拨被执行人国嘉实业或被执行人公司银行存款人民币7512176.50元及迟延履行期间的加倍利息与执行中产生的实际支出费用;银行存款不足之数,查封、扣押被执行人国嘉实业或被执行人公司相应价值的财产;公司也从上海联华化纤有限公司获知,新化纤已接到上海市第二中级人民法院《民事裁定书》和《协助执行通知书》,查封了本公司投资于新化纤9000万元中的1000万元。这将给公司带来不利的影响。

二〇〇二年以来市场表现

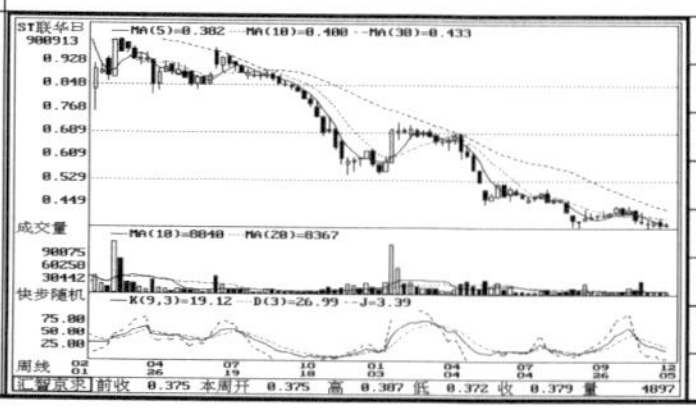

2002年涨跌幅(%)	-31.02
2002年最高(元)	21.10
2002年最低(元)	13.01
2002年换手率(%)	236.56
2003年涨跌幅(%)	-45.73
2003年最高(元)	16.60
2003年最低(元)	6.86
2003年换手率(%)	370.97

上海新锦江股份有限公司

公司概况

公司名称	上海新锦江股份有限公司	股票代码	900914
注册地址	上海市浦东大道1号	邮政编码	200120
法人代表	沈懋兴	董秘	王均行
电话	021-64151188	传真	021-64726815
主营业务	宾馆、物业管理、俱乐部、商场等		
审计单位		审计意见	未审计

总股本	流通A	流通B	流通H
55161.01	4181.76	16105.00	

主要财务指标

年度	2003.9	2003.6	2002	2001
每股收益/扣除后(元)	0.0010	-0.0100	0.0243	0.0190
每股经营现金流量(元)	0.1611	0.0020	0.1928	0.1637
每股净资产/调整后(元)	2.6200	2.7700	2.6200	2.8100
每股公积金(元)	1.6171	1.6171	1.6171	1.8679
净资产收益率(%)	0.0700	-0.3300	1.0000	0.5900
总资产(万元)	184570.41	187227.84	194184.02	190610.23
股东权益(万元)	153515.59	152900.34	153400.77	151256.80
未分配利润(万元)	2839.54	2224.30	2724.72	1529.88
主营收入(万元)	21968.14	12911.15	31342.73	25116.17
资本公积金(万元)	89203.03	89203.03	89203.03	93667.57
主营利润(万元)	17536.46	10169.19	25046.39	19737.46
其他业务利润(万元)				
营业利润(万元)	147.69	-468.97	2610.82	177.26
投资收益(万元)	1050.53	571.70	775.73	1231.09
补贴收入(万元)			86.22	
营业外收支(万元)	75.55		-83.14	-89.73
利润总额(万元)	1273.77	135.83	3389.64	1318.63
净利润(万元)	114.82	-500.41	1532.32	890.48

十大股东

序号	股东名称	股份性质	持股数(万股)	比例(%)
1	锦江国际(集团)有限公司	国有法人股	22696.13	41.15
2	上海国际信托投资公司	法人股	407.72	0.74
3	蔡青峰	B股	388.37	0.70
4	上海锦江饭店	法人股	370.09	0.67
5	友谊汽车	法人股	353.36	0.64
6	中国工商银行上海市第二支行	法人股	313.63	0.57
7	CBNY S/A PNC/SKANDIA SELECT FUND/CHINA EQUITY AC	B股	189.01	0.34
8	上海爱建股份有限公司	法人股	188.18	0.34
9	上海冰箱压缩股份有限公司	法人股	188.18	0.34
10	和平饭店	法人股	184.00	0.33

股东人数	2003.9	2003.6	2002	2001
	55156	55285	56612	56847

近年分配		近年配股/增发	2001年10增1股

重大事项

公司决定将持有的上海新锦江商厦有限公司50%股权,以20000万元的价格转让给上海浦庆投资有限公司、上海九川投资有限公司、钱仁高、陈伟志、程建芳等5方受让单位或个人(受让方),股权转让基准日为2003年7月31日。 2003年6月11日锦江国际(集团)有限公司揭牌,该集团是在锦江(集团)有限公司和上海新亚(集团)有限公司国有资产重组基础上组建的大型旅游企业集团。经书面征询公司控股股东锦江(集团)有限公司后得以证实,其仍为国有资产授权经营单位,占公司41.15%的股份.目前公司的实际控制人未发生变化。

二〇〇二年以来市场表现

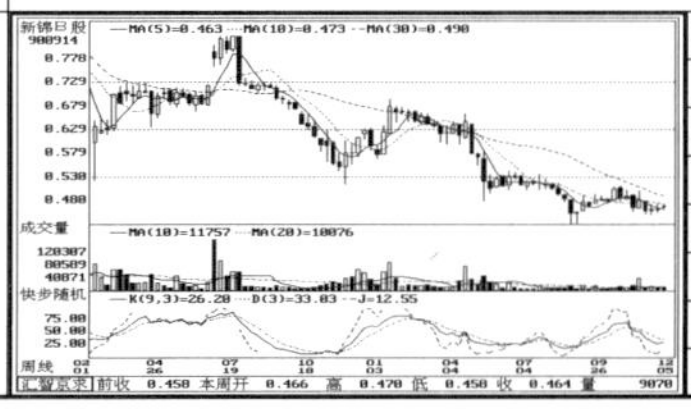

2002年涨跌幅(%)	-5.65
2002年最高(元)	12.80
2002年最低(元)	6.86
2002年换手率(%)	245.75
2003年涨跌幅(%)	-27.87
2003年最高(元)	12.59
2003年最低(元)	6.46
2003年换手率(%)	262.60

上海永久股份有限公司

公司概况

公司名称	上海永久股份有限公司			股票代码	900915		
注册地址	上海市周家嘴路1357号			邮政编码	200092		
法人代表	顾觉新			董秘	袁志坚		
电话	021-65136974			传真	021-65139966		
主营业务	自行车、童车、踏板车、健身车、机动两轮车等						
总股本	26565.94	流通A	1495.00	流通B	6900.00	流通H	
审计单位				审计意见	未审计		

主要财务指标

年度	2003.9	2003.6	2002	2001
每股收益/扣除后(元)	0.0540	0.0360	0.0300	–0.1000
每股经营现金流量(元)	–0.2814	–0.2300	0.2668	–0.1806
每股净资产/调整后(元)	0.5617	0.5500	0.4500	0.2400
每股公积金(元)	1.7275	1.7275	1.7275	1.6853
净资产收益率(%)	23.4000	20.7600	43.4500	14.0200
总资产(万元)	60829.74	59693.77	52956.22	49664.79
股东权益(万元)	14921.87	14606.36	12097.09	6301.34
未分配利润(万元)	–59984.60	–60443.42	–63475.75	–68632.92
主营收入(万元)	58949.44	33600.79	55060.55	37007.61
资本公积金(万元)	45892.67	45892.67	45892.67	44772.23
主营利润(万元)	8940.69	5041.87	7535.87	4456.30
其他业务利润(万元)	135.49	148.85	5865.36	5383.64
营业利润(万元)	967.13	514.81	4539.64	679.65
投资收益(万元)	2042.52	2035.47	53.91	141.37
补贴收入(万元)	14.65	6.77	290.58	
营业外收支(万元)	–42.43		–83.53	–485.07
利润总额(万元)	2981.87	2542.27	4800.60	335.95
净利润(万元)	3491.15	3032.33	5255.76	883.73

十大股东

序号	股东名称	股份性质	持股数(万股)	比例(%)
1	上海中路(集团)有限公司	社会法人股	14364.00	54.07
2	上海轻工控股(集团)公司(受托管理)	国有股	2656.94	10.00
3	上工股份有限公司	社会募集法人股	445.05	1.69
4	MERRILLLYNCHEASTLIMITED.	境内上市外资股	392.28	1.48
5	BINLIANG	境内上市外资股	238.25	0.90
6	陈益	境内上市外资股	148.89	0.56
7	陈平	境内上市外资股	140.12	0.53
8	陈尔愈	境内上市外资股	133.00	0.50
9	陈杰	境内上市外资股	126.26	0.48
10	唐朱胤	境内上市外资股	67.90	0.26

股东人数	2003.9	2003.6	2002	2001
	14052	13510	12642	10139

近年分配		近年配股/增发	不分配不转增

重大事项

2003年10月29日公司控股90%股权的下属子公司上海中路实业有限公司出资1750万元，法国迪卡侬股份有限公司出资3250万元，分别占35%和65%股权，合资组建中外合作企业—上海迪卡侬中路体育用品零售有限公司已于2003年9月获得中华人民共和国商务部的批准，并已在上海市工商行政管理局取得正式营业执照。 2003-10-25董事会决议为控股子公司上海中路实业有限公司贷款1700万元提供担保。同意与RALEIGH国际有限公司(英国兰羚)签订《商标许可协议》,公司在中国内地独家使用RALEIGH商标。

二○○二年以来市场表现

2002年涨跌幅(%)	2.71
2002年最高(元)	20.97
2002年最低(元)	9.75
2002年换手率(%)	198.61
2003年涨跌幅(%)	–41.70
2003年最高(元)	13.68
2003年最低(元)	6.41
2003年换手率(%)	227.91

凤凰股份有限公司

公司概况

公司名称	凤凰股份有限公司			股票代码	900916		
注册地址	中国上海市浦东新区塘南路20号			邮政编码	200125		
法人代表	陈国强			董秘	李玉龙		
电话	021-65954641			传真	021-65956731		
主营业务	生产自行车、助动车、两轮摩托车等						
总股本	60361.97	流通A	3432.00	流通B	17160.00	流通H	
审计单位				审计意见	未审计		

主要财务指标

年度	2003.9	2003.6	2002	2001
每股收益/扣除后(元)	0.0152	0.0080	0.0134	0.0346
每股经营现金流量(元)	0.1727	0.0940	–0.0406	–0.0101
每股净资产/调整后(元)	1.3726	1.3653	1.4533	1.7922
每股公积金(元)	0.7400	0.7400	0.7400	1.2610
净资产收益率(%)	0.9390	0.4840	0.8930	2.1080
总资产(万元)	207492.28	208883.28	206438.45	192394.12
股东权益(万元)	87960.87	87558.88	87132.59	86656.71
未分配利润(万元)	–23992.05	–24394.03	–24817.80	–24817.07
主营收入(万元)	108239.52	67059.50	133525.12	78156.10
资本公积金(万元)	44670.20	44670.20	44667.68	58551.98
主营利润(万元)	15554.08	9988.03	19831.85	10566.06
其他业务利润(万元)	–369.75	–418.73	73.10	80.70
营业利润(万元)	3133.43	1643.58	4129.47	2274.93
投资收益(万元)	144.14	414.80	–155.67	160.04
补贴收入(万元)	118.94	118.94	84.25	74.41
营业外收支(万元)	–83.55		–17.94	–25.18
利润总额(万元)	3312.95	1847.39	4040.12	2484.20
净利润(万元)	825.75	423.77	778.09	1826.48

十大股东

序号	股东名称	股份性质	持股数(万股)	比例(%)
1	上海轻工控股(集团)公司	国家股	38053.96	63.04
2	上海国际信托投资公司	法人股	171.60	0.28
3	申银万国证券公司	法人股	171.60	0.28
4	许经源	流通股	132.08	0.22
5	陆汉振	流通股	130.53	0.22
6	斯必克发展总公司	法人股	110.34	0.18
7	自行车前叉厂	法人股	104.50	0.17
8	南京日盛投资咨询有限公司	流通股	86.20	0.14
9	SHENYIN WANGUONO MINEES (H.K.)	流通股	54.21	0.09
10	胡科青	流通股	53.00	0.09

股东人数	2003.9	2003.6	2002	2001
	25175	25141	24983	22096

近年分配		近年配股/增发	2001年10增3股

重大事项

2003-05-27凤凰股份董、监事会决议:公司抵押贷款的议案:公司经与中国银行上海分行协商，根据该行有关规定，公司在办理早期向该行贷款7000万元人民币的展期事宜中，依据要求，公司以总建筑面积达18600平方米的上海凤凰大酒店房产作为贷款抵押。

二○○二年以来市场表现

2002年涨跌幅(%)	–8.80
2002年最高(元)	25.45
2002年最低(元)	16.23
2002年换手率(%)	115.52
2003年涨跌幅(%)	5.73
2003年最高(元)	27.25
2003年最低(元)	17.98
2003年换手率(%)	134.73

上海海欣集团股份有限公司

公司概况

公司名称	上海海欣集团股份有限公司	股票代码	900917
注册地址	上海市松江区洞泾镇	邮政编码	201601
法人代表	严镇博	董秘	陈谋亮
电话	021-63917000	传真	021-53513883
主营业务	研究开发、生产涤纶、晴纶等		
审计单位		审计意见	未审计

总股本	流通 A	流通 B	流通 H
60352.84	18367.89	20132.85	

主要财务指标

年度	2003.9	2003.6	2002	2001
每股收益/扣除后(元)	0.2130	0.1200	0.2400	0.2800
每股经营现金流量(元)	-0.0668	-0.1360	0.1390	0.5549
每股净资产/调整后(元)	3.1800	3.0700	2.9000	3.3500
每股公积金(元)	1.4428	1.4235	1.4235	1.8082
净资产收益率(%)	6.6900	3.8800	8.8000	8.6000
总资产(万元)	386429.87	368266.87	329642.81	302032.12
股东权益(万元)	194399.30	187513.47	179157.12	169978.53
未分配利润(万元)	18850.73	13124.56	5850.18	6658.95
主营收入(万元)	141156.61	84216.73	162916.44	109095.69
资本公积金(万元)	87074.20	85914.28	85914.28	91941.27
主营利润(万元)	33465.09	19606.70	34248.31	23612.38
其他业务利润(万元)	477.92	236.99	739.23	483.15
营业利润(万元)	14225.72	7105.35	13378.27	8400.52
投资收益(万元)	2518.61	1669.65	2354.24	8491.54
补贴收入(万元)	117.45	117.45	65.77	417.68
营业外收支(万元)	-133.49		1821.04	-537.49
利润总额(万元)	16728.29	8810.38	17619.32	16772.25
净利润(万元)	13000.55	7274.38	15761.92	14612.24

十大股东

序号	股东名称	股份性质	持股数(万股)	比例(%)
1	上海松江洞泾工业公司	法人股	7508.20	12.44
2	香港申海有限公司	境内上市外资股	7228.28	11.98
3	上海玩具进出口有限公司	国有法人股	4336.49	7.19
4	上海新工联(集团)有限公司	法人股	2953.25	4.89
5	上海松江经济技术开发建设总公司	国有法人股	2304.48	3.82
6	基金安顺	流通 A 股	2009.16	3.33
7	上海华豪投资管理有限公司	法人股	1440.00	2.39
8	基金安信	流通 A 股	1279.50	2.12
9	香港裕礼发展有限公司	外资股东	468.00	0.78
10	基金安瑞	流通 A 股	106.72	0.18

股东人数	2003.9	2003.6	2002	2001
	29439	29543	29097	26057

近年分配	近年配股/增发
2002年10股派1元 2001年10股派1元	不分配不转增

重大事项

2003年报告期内,公司在收购江苏舜达针织制品有限公司和南京丽宁毛绒制品有限公司股权,并将这两家公司合并后组建的南京海欣丽宁长毛绒有限公司,已于2003年5月22日领取工商营业执照,正式成立。该公司注册资本为1200万美元(其中,公司占53%的股权)。 公司于2003年04月15日与香港丽达贸易有限公司签订了受让其所持有的江苏舜达针织制品有限公司和南京丽宁毛绒制品有限公司股权的协议。经双方协商,江苏舜达和南京丽宁两个公司的股权价值共为90767896.77元

二〇〇二年以来市场表现

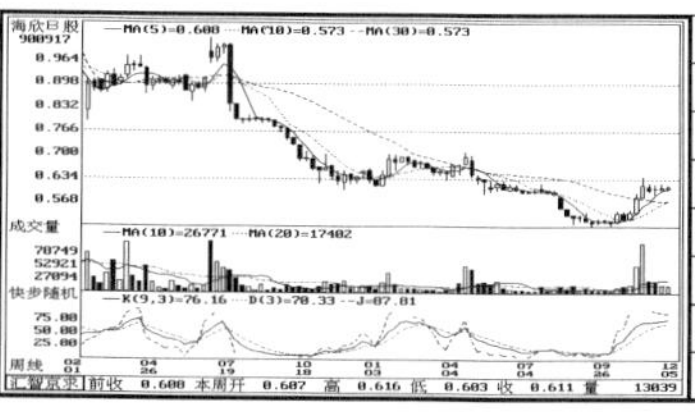

2002年涨跌幅(%)	-5.92
2002年最高(元)	16.84
2002年最低(元)	12.19
2002年换手率(%)	137.50
2003年涨跌幅(%)	-4.45
2003年最高(元)	13.85
2003年最低(元)	11.95
2003年换手率(%)	96.25

上海耀华皮尔金顿玻璃股份有限公司

公司概况

公司名称	上海耀华皮尔金顿玻璃股份有限公司	股票代码	900918
注册地址	上海市浦东新区济阳路100号	邮政编码	200126
法人代表	朱伯安	董秘	金闽丽
电话	021-58839305	传真	021-58801554
主营业务	产销透明浮法玻璃、本体着色玻璃及其深加工系列等		
审计单位		审计意见	未审计

总股本	流通 A	流通 B	流通 H
48750.00	3125.00	12500.00	

主要财务指标

年度	2003.9	2003.6	2002	2001
每股收益/扣除后(元)	0.1990	0.1360	0.2240	0.3310
每股经营现金流量(元)	0.2916	0.1690	0.4613	0.4459
每股净资产/调整后(元)	3.4700	3.4000	3.2700	3.2200
每股公积金(元)	1.1846	1.1846	1.1846	1.1846
净资产收益率(%)	5.4800	3.8100	6.5900	9.7600
总资产(万元)	242472.09	235440.02	207064.50	212848.83
股东权益(万元)	177405.56	174329.12	167686.66	166384.86
未分配利润(万元)	33053.17	29976.44	23334.23	23690.67
主营收入(万元)	87919.67	55641.41	108352.16	104491.67
资本公积金(万元)	57749.20	57749.20	57749.20	57749.20
主营利润(万元)	24261.55	15930.19	38459.86	40254.58
其他业务利润(万元)	293.89	182.04	783.35	1026.36
营业利润(万元)	10014.34	6707.92	11215.20	16713.09
投资收益(万元)	1616.99	1227.49	1655.03	1661.15
补贴收入(万元)			27.00	430.11
营业外收支(万元)	15.26		107.15	-0.08
利润总额(万元)	11646.58	7946.04	13004.38	18804.16
净利润(万元)	9718.94	6642.21	11051.24	16238.19

十大股东

序号	股东名称	股份性质	持股数(万股)	比例(%)
1	皮尔金顿国际控股公司 BV	外资股	9250.71	18.98
2	中国复合材料集团公司	国有法人股	8139.91	16.70
3	上海耀华玻璃厂	国有法人股	8139.91	16.70
4	上海建筑材料(集团)总公司	国家股	5139.91	10.54
5	中国东方资产管理公司	国家股	3000.00	6.15
6	上海财政证券公司	内资流通股	620.26	1.27
7	TOYO SECURITIES ASIA LTD A/C CLIENT	外资流通股	560.59	1.15
8	JUMBO BUILDER LTD	外资流通股	476.03	0.98
9	上海万国证券公司发行部	社会法人股	280.89	0.58
10	新上海国际大厦有限公司	内资流通股	178.74	0.37

股东人数	2003.9	2003.6	2002	2001
	31038	31454	33987	43562

近年分配	近年配股/增发
2002年10派2元 2001年10派2.2元	不分配不转增

重大事项

2003-11-18公司以1000万美元收购日本板硝子和住友分别持有大津日板浮法玻璃有限公司40%和10%的出资额。公司同意承继日本板硝子和住友在为天津日板归还不低于3500万美元银行贷款的前提下的贷款担保余额,此担保须在天津日板的资产负债率降到70%以下后方能实施。受让完成后,公司将持有天津日板50%的出资额,但按公司章程规定,公司将取得对天津日板的实质控制权。此次收购事宜已经公司四届三次董事会审议通过,本转让协议应于天津日板原审批部门批准,并向天津日板签发新的批准证书后方可生效。

二〇〇二年以来市场表现

2002年涨跌幅(%)	7.67
2002年最高(元)	14.88
2002年最低(元)	8.88
2002年换手率(%)	218.43
2003年涨跌幅(%)	-13.48
2003年最高(元)	16.37
2003年最低(元)	10.11
2003年换手率(%)	50.04

上海大江(集团)股份有限公司

公司概况

公司名称	上海大江(集团)股份有限公司	股票代码	900919
注册地址	上海市松江区谷阳南路26号	邮政编码	201600
法人代表	雷黎光	董秘	顾伟文
电话	021-57817571	传真	021-57820072
主营业务	家禽、家畜、水产的良种、饲料、饲料添加剂等		
审计单位		审计意见	未审计

总股本	流通A	流通B	流通H
67630.57	2574.00	34673.29	

主要财务指标

年度	2003.9	2003.6	2002	2001
每股收益/扣除后(元)	-0.1200	-0.1010	-0.3400	-0.2500
每股经营现金流量(元)	0.1426	0.0790	0.1867	0.0533
每股净资产/调整后(元)	0.8200	0.8110	0.8040	4.7800
每股公积金(元)	0.3393	0.3393	0.3393	0.3393
净资产收益率(%)	0.0150	0.7990	-42.1800	-17.3300
总资产(万元)	147273.55	150189.20	159314.05	201478.20
股东权益(万元)	56525.76	56333.82	56245.28	81695.33
未分配利润(万元)	-40884.02	-41281.01	-41731.15	-17880.98
主营收入(万元)	82983.32	48339.32	129650.26	175721.84
资本公积金(万元)	22946.94	22946.94	22946.94	22946.94
主营利润(万元)	4292.26	2276.96	3228.00	18957.09
其他业务利润(万元)	389.74	323.28	28.09	354.32
营业利润(万元)	-8782.10	-6269.53	-24199.28	-14965.16
投资收益(万元)	1253.91	-84.45	817.82	23.95
补贴收入(万元)	72.73	72.73	114.73	124.55
营业外收支(万元)	8918.86		-609.61	2688.02
利润总额(万元)	1463.40	928.48	-23876.34	-12128.64
净利润(万元)	847.13	450.13	-23721.61	-14156.28

十大股东

序号	股东名称	股份性质	持股数(万股)	比例(%)
1	上海市松江区饲料公司	国有法人股	17200.37	25.43
2	上海市松江区畜禽公司	国有法人股	11466.91	16.96
3	正大上海有限公司	B股	938.75	1.39
4	上海松林工贸有限公司	募集法人股	318.66	0.47
5	王蔚	B股	242.96	0.36
6	周云飞	B股	205.26	0.30
7	刘岩	B股	187.51	0.28
8	孙恒	B股	175.00	0.26
9	长江经济联合发展(集团)股份有限公司	募集法人股	171.60	0.25
10	正大(汕头)投资有限公司	募集法人股	163.02	0.24

股东人数	2003.9	2003.6	2002	2001
	61638	61734	60485	40898

近年分配		近年配股/增发	不分配不转增

重大事项

公司将持有的上海丰瑞投资发展有限公司**90%**股权以**2720**万元的价格转让予方自建和沈勇,并授权公司总裁组织实施,其中向方自建转让上海丰瑞投资发展有限公司**55%**的股权,向沈勇转让上海丰瑞投资发展有限公司**35%**的股权。 截止**2003**年**3**月**14**日,公司现第三大股东正大上海有限公司已在上交所**B**股市场累计减持公司**B**股**270522278**股,累计减持比例达公司总股本的**40%**;至此,正大上海有限公司尚持有公司**B**股**16150570**股,占公司总股本的**2.39%**,仍为公司第三大股东。

二〇〇二年以来市场表现

2002年涨跌幅(%)	-30.02
2002年最高(元)	14.59
2002年最低(元)	6.12
2002年换手率(%)	567.18
2003年涨跌幅(%)	-43.02
2003年最高(元)	10.29
2003年最低(元)	4.50
2003年换手率(%)	247.98

上海柴油机股份有限公司

公司概况

公司名称	上海柴油机股份有限公司	股票代码	900920
注册地址	上海市浦东大道2748号	邮政编码	200129
法人代表	陈龙兴	董秘	梁宝泉
电话	021-65745656-2207	传真	021-65749845
主营业务	柴油机,工程机械,油泵及柴油机配件的生产及销售		
审计单位		审计意见	未审计

总股本	流通A	流通B	流通H
48030.93	2160.00	21700.00	

主要财务指标

年度	2003.9	2003.6	2002	2001
每股收益/扣除后(元)	0.2050	0.1400	0.2100	0.0630
每股经营现金流量(元)	-0.0467	0.0550	0.6663	0.5016
每股净资产/调整后(元)	3.5100	3.5200	3.3700	3.3000
每股公积金(元)	1.5172	1.5172	1.5172	1.5546
净资产收益率(%)	5.7400	4.5200	6.2200	2.8100
总资产(万元)	263930.06	262581.25	231251.66	213542.39
股东权益(万元)	171739.70	169550.70	161897.27	158436.73
未分配利润(万元)	12612.75	10423.77	2786.54	1830.45
主营收入(万元)	215756.86	146848.06	206103.44	141185.41
资本公积金(万元)	72870.79	72870.79	72862.79	74670.54
主营利润(万元)	46840.40	31558.73	55869.51	33293.80
其他业务利润(万元)	710.68	579.05	-0.31	-547.43
营业利润(万元)	12095.84	9345.57	13184.08	3361.79
投资收益(万元)	1918.00	1623.56	635.57	1506.90
补贴收入(万元)	119.19	635.57	1506.90	
营业外收支(万元)	-88.84		-796.42	309.92
利润总额(万元)	14044.20	10840.37	13198.26	5343.81
净利润(万元)	9856.21	7667.23	10071.39	4447.78

十大股东

序号	股东名称	股份性质	持股数(万股)	比例(%)
1	上海东风机械(集团)有限公司	国家股	24170.93	50.32
2	上海财政证券	A股	207.51	0.43
3	王家宜	B股	110.70	0.23
4	UNION INVESTMENT LUXEMBOURGS.A.RE :MFERNOST FONDS	B股	100.00	0.21
5	上海公汇汽车实业有限公司	A股	78.70	0.16
6	唐忠玉	B股	76.08	0.16
7	TOYO SECURITIES ASIA LTD.A/C CLIENT	B股	74.46	0.16
8	方伊君	B股	70.42	0.15
9	张寿清	B股	68.50	0.14
10	上海国际信托投资公司	A股	65.93	0.14

股东人数	2003.9	2003.6	2002	2001
	47272	47172	47453	52107

近年分配	2002年10股派1元 2001年10股派0.55元	近年配股/增发	不分配不转增

重大事项

2003年中期报告期内,公司及其子公司上海浦东伊维燃油喷射有限公司与上海电气集团总公司重大关联交易由二项房屋及固定资产转让协议,二项租赁协议及一项综合服务协议组成,房屋及固定资产转让交易金额为**6027**万元,公司在本次关联交易中获得的当期收益约为**243**万元。

二〇〇二年以来市场表现

2002年涨跌幅(%)	4.95
2002年最高(元)	15.58
2002年最低(元)	9.49
2002年换手率(%)	314.58
2003年涨跌幅(%)	-32.02
2003年最高(元)	14.88
2003年最低(元)	8.21
2003年换手率(%)	119.48

大盈现代农业股份有限公司

公司概况

公司名称	大盈现代农业股份有限公司			股票代码	900921		
注册地址	上海新区川北公路807号			邮政编码	200041		
法人代表	董云雄			董秘	俞有勤		
电话	021-32180584			传真	021-32180181		
主营业务	肉禽、肉禽种苗养殖、加工;禽蛋制品等						
总股本	30456.45	流通A	2768.43	流通B	9689.67	流通H	
审计单位				审计意见	未审计		

主要财务指标

年度	2003.9	2003.6	2002	2001
每股收益/扣除后(元)	0.0110	-0.0240	-0.2800	-0.1210
每股经营现金流量(元)	0.8168	0.7910	-0.2259	0.0018
每股净资产/调整后(元)	1.4180	1.4380	1.5080	1.8790
每股公积金(元)	0.6389	0.6389	0.6389	0.6286
净资产收益率(%)	-1.9750	-0.6580	-25.2000	0.9000
总资产(万元)	131811.81	136614.37	166120.70	153575.45
股东权益(万元)	47572.79	48194.90	48512.23	60390.58
未分配利润(万元)	-7956.74	-7334.63	-7017.30	2505.14
主营收入(万元)	16775.23	15244.68	11693.95	26960.11
资本公积金(万元)	19458.64	19458.64	19458.64	19144.30
主营利润(万元)	-229.83	-28.21	1427.11	3406.33
其他业务利润(万元)	23.58	-26.47	313.35	2035.38
营业利润(万元)	-2459.84	-1606.04	-5929.50	-1647.35
投资收益(万元)	1794.56	1921.56	-194.15	-206.73
补贴收入(万元)	120.29	97.80	639.51	
营业外收支(万元)	-0.79	-1.73	-6830.24	2824.20
利润总额(万元)	-680.56	276.81	-12314.39	970.12
净利润(万元)	-939.44	-317.33	-12226.81	545.67

十大股东

序号	股东名称	股份性质	持股数(万股)	比例(%)
1	上海轻工控股(集团)公司	国家股	7222.50	23.71
2	上海市农业产业化发展(集团)有限公司	社会法人股	4568.47	15.00
3	上海市农业投资总公司	国有股	4324.82	14.20
4	上海证券有限责任公司	社会法人股	1470.59	4.83
5	上海攀赓科技投资有限公司	社会法人股	200.00	0.66
6	XIA YU	外资股东	132.50	0.44
7	邱学倡	外资股东	70.60	0.23
8	潘福妹	外资股东	49.60	0.16
9	上海英雄金笔厂丽水分厂	社会法人股	43.94	0.14
10	上海新通餐饮有限公司	社会法人股	43.94	0.14

股东人数

2003.9	2003.6	2002	2001
35875	35875	34735	32559

近年分配

	近年配股/增发	不分配不转增

重大事项

2003年**9**月**3**日,公司对中国农业银行上海分行闸北支行**15000**万元的贷款续展至**2003**年**12**月**31**日的议案,上海泰琳实业有限公司同意继续以其所持有的天山路**541**号、面积为**32693**平方米的、租赁给易初莲花天山店的商业用房作抵押担保。

二〇〇二年以来市场表现

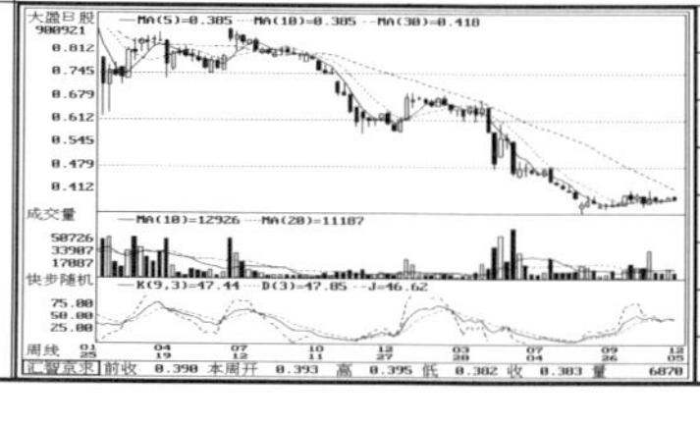

2002年涨跌幅(%)	-22.73
2002年最高(元)	17.88
2002年最低(元)	11.11
2002年换手率(%)	229.73
2003年涨跌幅(%)	-36.36
2003年最高(元)	13.86
2003年最低(元)	5.72
2003年换手率(%)	422.53

上海三毛企业(集团)股份有限公司

公司概况

公司名称	上海三毛企业(集团)股份有限公司			股票代码	900922		
注册地址	浦东大道1476号			邮政编码	200023		
法人代表	倪志华			董秘	张黎芳		
电话	021-63059496			传真	021-53011939		
主营业务	生产与销售毛条、毛纱、纺织品及服装等						
总股本	20099.13	流通A	6854.40	流通B	4878.72	流通H	
审计单位				审计意见	未审计		

主要财务指标

年度	2003.9	2003.6	2002	2001
每股收益/扣除后(元)	-0.0639	-0.0097	0.0098	0.0013
每股经营现金流量(元)	-0.2864	-0.1080	-0.2376	0.0942
每股净资产/调整后(元)	2.3716	2.4604	2.4792	2.3549
每股公积金(元)	1.1635	1.1635	1.1635	1.1634
净资产收益率(%)	-3.6800	0.0100	1.0300	0.2700
总资产(万元)	125544.41	126615.80	137126.44	110804.57
股东权益(万元)	48748.90	50592.86	50543.81	48501.10
未分配利润(万元)	894.03	2743.25	2694.20	2465.81
主营收入(万元)	90152.89	60771.52	93921.06	68070.35
资本公积金(万元)	23384.34	23384.34	23384.34	23384.20
主营利润(万元)	8263.09	6719.34	8743.24	7217.50
其他业务利润(万元)	688.49	385.21	913.53	767.06
营业利润(万元)	-990.77	596.17	-250.29	-560.91
投资收益(万元)	-12.19	235.60	221.67	64.62
补贴收入(万元)	36.06	11.90	67.40	79.20
营业外收支(万元)	-826.57		239.45	44.64
利润总额(万元)	-1793.47	839.41	278.22	-372.45
净利润(万元)	-1794.92	49.05	521.69	131.63

十大股东

序号	股东名称	股份性质	持股数(万股)	比例(%)
1	上海纺织控股(集团)公司	国有股/法人股	7592.63	37.78
2	上工股份	法人股	135.88	0.68
3	中国纺织机械股份有限公司	法人股	88.70	0.44
4	珠江纺织贸易公司	流通股	49.87	0.25
5	郑创宏	流通股	46.22	0.21
6	袭阿海	流通股	43.01	0.21
7	浦发静安	法人股	42.87	0.21
8	周伯勤	流通股	41.44	0.21
9	马玉兴	流通股	29.82	0.15
10	永德经济	法人股	27.60	0.14

股东人数

2003.9	2003.6	2002	2001
58758	59695	58669	57373

近年分配

2001年10派0.6元	近年配股/增发	2001年10送2股

重大事项

上海三毛企业股份有限公司经与上海中福房地产发展公司友好协商,于**2003**年**11**月**24**日签定了关于斜土路**1274**号地块联建权益转让的补充协议,公司将联合开发建设斜土路**1274**号地块的权益全部转让给乙方,乙方同意受让公司联建权益。考虑到公司已预付**2000**万元的实际损失,乙方同意联建权益转让金额为人民币**3874**万元。 **2003**年**6**月**5**日,公司董事会通过了关于托管上海华宇毛麻(集团)有限公司的提案。现根据托管协议和上海纺织控股(集团)公司有关要求,双方协商,于**2003**年**6**月**2**日签定了解除托管上海华宇毛麻(集团)有限公司的协议。为此自**2003**年**6**月**2**日起公司不再对上海华宇毛麻(集团)有限公司进行托管。

二〇〇二年以来市场表现

2002年涨跌幅(%)	-36.53
2002年最高(元)	12.36
2002年最低(元)	7.18
2002年换手率(%)	309.46
2003年涨跌幅(%)	-29.29
2003年最高(元)	9.44
2003年最低(元)	4.49
2003年换手率(%)	189.84

上海友谊集团股份有限公司

公司概况

公司名称	上海友谊集团股份有限公司	股票代码	900923
注册地址	上海市浦东新区商城路518号10楼	邮政编码	200120
法人代表	王宗南	董秘	汪龙生
电话	021-58799358	传真	021-58883303
主营业务	综合百货、连锁超市、装潢装饰、仓储运输等		

总股本	33015.14	流通A	8282.05	流通B	12567.71	流通H	
审计单位		审计意见	未审计				

主要财务指标

年度	2003.9	2003.6	2002	2001
每股收益/扣除后(元)	0.2010	0.1600	0.1200	0.0700
每股经营现金流量(元)	0.2000	0.5600	1.1390	0.4000
每股净资产/调整后(元)	5.7970	4.7880	7.4300	12.4040
每股公积金(元)	2.1963	1.9465	1.8121	0.6070
净资产收益率(%)	5.7970	4.7880	7.4300	12.4040
总资产(万元)	593908.56	562233.00	479480.62	345744.28
股东权益(万元)	131363.47	121309.53	111063.19	56477.15
未分配利润(万元)	15027.40	13219.89	7412.02	9401.35
主营收入(万元)	838229.19	547485.19	758463.50	577309.50
资本公积金(万元)	72511.61	64265.17	59826.71	14828.29
主营利润(万元)	838229.19	547485.19	758463.50	577309.50
其他业务利润(万元)	7080.80	4569.44	6715.16	11322.88
营业利润(万元)	15817.84	11361.19	11717.58	4415.46
投资收益(万元)	4289.67	3216.97	6557.31	6557.31
补贴收入(万元)	628.88	413.56	544.59	952.45
营业外收支(万元)	292.25	282.49	304.64	-84.74
利润总额(万元)	21028.63	15274.20	19124.11	12237.82
净利润(万元)	7615.38	5807.88	8251.54	7005.28

十大股东

序号	股东名称	股份性质	持股数(万股)	比例(%)
1	上海友谊复星(控股)有限公司	国有法人股	8596.00	26.04
2	上海友谊(集团)有限公司	国有股	2008.00	6.08
3	天华证券投资基金	流通股	1318.27	3.99
4	裕隆证券投资基金	流通股	400.00	1.21
5	上海国际信托投资公司	未流通股	392.74	1.19
6	NAITO SECURITIES CO. LTD.	外资股	353.23	1.07
7	上海华联(集团)有限公司	未流通股	299.37	0.91
8	CBNY S PNC SELECT FUND EQUITY AC	外资股	294.31	0.89
9	国泰君安证券股份有限公司	流通股	264.95	0.80
10	上海九百(集团)有限公司	未流通股	264.80	0.80

股东人数	2003.9	2003.6	2002	2001
	9145	9367	8886	14197

近年分配	2001年10股派1.5元	近年配股/增发	1送0.086846股

重大事项

2003年三季度报告期内,本公司控股子公司好美家装潢建材有限公司与上海好美家梅陇装潢建材有限公司共同受让上海友谊有限公司和上海友谊集团置业有限公司持有的武汉好美家装潢建材有限公司全部股权. 2003年三季度报告期内,本公司为控股子公司上海友谊南方商城借款2000万元提供担保,借款期限为自2003年9月16日起1年.截止报告期末,本公司为控股子公司提供担保总额为25900万元,无其他对外担保.

二〇〇二年以来市场表现

2002年涨跌幅(%)	2.10
2002年最高(元)	16.49
2002年最低(元)	10.58
2002年换手率(%)	210.64
2003年涨跌幅(%)	-21.93
2003年最高(元)	14.88
2003年最低(元)	9.20
2003年换手率(%)	113.55

上工股份有限公司

公司概况

公司名称	上工股份有限公司	股票代码	900924
注册地址	上海浦东新区罗山路1201号	邮政编码	200122
法人代表	倪永刚	董秘	张一枫
电话	021-68407515	传真	021-63302939
主营业务	以生产、销售工业用缝制设备为主,主要产品有平缝等		

总股本	29033.63	流通A	1794.00	流通B	11212.50	流通H	
审计单位		审计意见	未审计				

主要财务指标

年度	2003.9	2003.6	2002	2001
每股收益/扣除后(元)	0.0431	0.0300	0.0235	0.1619
每股经营现金流量(元)	0.0063	-0.2500	0.1120	0.0133
每股净资产/调整后(元)	1.7881	1.7771	2.0088	1.9745
每股公积金(元)		0.7551	1.0183	1.4135
净资产收益率(%)	2.7700	2.0300	2.5560	9.1210
总资产(万元)	139540.87	135715.05	135445.56	131741.12
股东权益(万元)	52817.74	52455.32	51499.17	50256.53
未分配利润(万元)	15625.10	1166.22	99.10	-10861.28
主营收入(万元)	66048.22	45072.53	87529.98	91625.99
资本公积金(万元)	21922.27	1229.53	1229.53	35685.98
主营利润(万元)	11532.62	7615.87	15420.88	19546.04
其他业务利润(万元)	1240.19	872.95	1645.00	952.49
营业利润(万元)	566.90	497.62	574.49	4062.59
投资收益(万元)	836.44	526.09	491.32	698.34
补贴收入(万元)	39.67	2.16	208.79	162.90
营业外收支(万元)	214.29		530.43	334.40
利润总额(万元)	1657.30	1233.46	1805.03	5258.23
净利润(万元)	1462.99	1067.12	1316.16	4584.00

十大股东

序号	股东名称	股份性质	持股数(万股)	比例(%)
1	上海轻工控股(集团)公司	国家股	11624.56	40.04
2	上海国际信托投资有限公司	国有法人股	2056.68	7.08
3	中国长城资产管理公司	国家股	850.90	2.93
4	中国银行上海市分行	社会法人股	548.67	1.89
5	上海三毛纺织股份有限公司	社会法人股	202.72	0.70
6	CBNY S PNC SELECT FUND EQUITY AC	流通B股	162.97	0.56
7	申银万国证券股份有限公司	社会法人股	149.50	0.51
8	中国工商银行上海市第二支行	社会法人股	74.75	0.26
9	MERRILL LYNCH FAR EASTLIMITED	流通B股	70.27	0.24
10	姜玉明	流通B股	58.80	0.20

股东人数	2003.9	2003.6	2002	2001
	29352	29504	29796	29070

近年分配		近年配股/增发	2002年10转增1.5股

重大事项

2003年3月11日公司第一大股东上海轻工控股公司将其持有公司国家股117018082股中的7399104股国家股按每股4.46元价格转让给中国长城资产管理公司,转让总金额为3300万元人民币;将8535874股国家股按每股4.46元价格转让给上海国际信托投资有限公司,转让总金额3807万元。本次股权转让已获财政部批准。

二〇〇二年以来市场表现

2002年涨跌幅(%)	-10.34
2002年最高(元)	16.08
2002年最低(元)	9.39
2002年换手率(%)	422.18
2003年涨跌幅(%)	-27.08
2003年最高(元)	12.43
2003年最低(元)	7.36
2003年换手率(%)	180.62

上海电气股份有限公司

公司概况

公司名称	上海电气股份有限公司	股票代码	900925
注册地址	上海市浦东新区建平路 2 号	邮政编码	200135
法人代表	王成明	董秘	司文培
电话	021-62898699-8685	传真	021-62898601
主营业务	生产制冰、冷藏设备、空调设备、微波炉等		
总股本	71023.56	流通 A	22429.44
流通 B	15016.32	流通 H	
审计单位		审计意见	未审计

主要财务指标

年度	2003.9	2003.6	2002	2001
每股收益 / 扣除后(元)	0.4100	0.2560	0.4750	0.4360
每股经营现金流量(元)	0.6431	0.2200	1.1668	1.6489
每股净资产 / 调整后(元)	4.4900	4.3700	4.8700	5.0500
每股公积金(元)	2.3868	2.3868	3.0588	3.4478
净资产收益率(%)	9.6400	7.1000	9.4700	9.0800
总资产(万元)	848173.50	859693.56	850460.06	743495.62
股东权益(万元)	318813.66	310241.19	288059.66	271471.50
未分配利润(万元)	36335.83	27808.96	6065.62	3681.84
主营收入(万元)	407333.84	266555.56	446833.69	384476.94
资本公积金(万元)	169520.55	169516.12	181039.86	185513.55
主营利润(万元)	111506.72	70637.25	157329.50	128150.73
其他业务利润(万元)	1715.05	1221.42	732.30	1320.80
营业利润(万元)	57412.76	34879.59	65434.24	56047.14
投资收益(万元)	12623.15	9913.78	8057.92	4711.19
补贴收入(万元)	117.40	144.99	444.34	54.20
营业外收支(万元)	-2462.31		-1130.31	1001.86
利润总额(万元)	67691.01	44758.18	72806.20	61814.38
净利润(万元)	30740.01	22026.84	27277.57	24644.46

十大股东

序号	股东名称	股份性质	持股数(万股)	比例(%)
1	上海电气(集团)总公司	国家股	33577.80	47.28
2	海通证券有限公司	流通 A 股	3059.06	4.31
3	华安创新	流通 A 股	1784.62	2.51
4	上海国际信托投资公司	流通 A 股	1289.45	1.82
5	安顺基金	流通 A 股	1048.39	4.48
6	申银万国证券股份有限公司	流通 A 股	485.00	0.68
7	TOYO SECURITIES ASIA LTD. A/CCLIENT	流通 A 股	433.27	0.61
8	上海同飞商务咨询有限公司	流通 A 股	346.71	0.49
9	文登泰宇皮件有限公司	流通 A 股	292.30	0.41
10	上海市上投房地产公司	流通 A 股	272.70	0.38

股东人数	2003.9	2003.6	2002	2001
	53577	51974	60574	65845

近年分配	2002年 10 股派 1 元 2001 年 10 股派 1.5 元	近年配股 / 增发	2002年 10 股送 2 股

重大事项

2003 年三季度报告期内,经公司二〇〇二年度股东大会批准实施,以公司应收帐款与上海电气(集团) 总公司所持有的上海金泰工程机械有限公司 **94.79%**股权进行置换。 **2003** 年 **1** 月 **25** 日公司董事会同意上海电气集团通用冷冻空调设备有限公司按评估价值以总价 **7575** 万元的价格, 将其所持上海合众开利空调设备有限公司 **9%**股权和上海通惠开利空调设备有限公司 **9%**股权转让给开利中国有限公司.本次股权转让的收益预计为 **5274** 万元.

二〇〇二年以来市场表现

2002年涨跌幅(%)	-4.98
2002年最高(元)	10.79
2002年最低(元)	8.20
2002年换手率(%)	126.04
2003年涨跌幅(%)	6.35
2003年最高(元)	11.42
2003年最低(元)	8.21
2003年换手率(%)	137.53

上海宝信软件股份有限公司

公司概况

公司名称	上海宝信软件股份有限公司	股票代码	900926
注册地址	上海市浦东新区张江高科技园区郭守敬路 515 号	邮政编码	201203
法人代表	徐乐江	董秘	陈健
电话	021-80801155-1353	传真	021-50803294
主营业务	计算机、自动化、网络通讯系统及软硬件产品的研究等		
总股本	26224.41	流通 A	1320.00
流通 B	8800.00	流通 H	
审计单位		审计意见	未审计

主要财务指标

年度	2003.9	2003.6	2002	2001
每股收益 / 扣除后(元)	0.1650	0.1000	0.1853	0.1440
每股经营现金流量(元)	-0.0063	0.0130	-0.0347	0.0813
每股净资产 / 调整后(元)	1.2880	1.2520	1.1320	1.0004
每股公积金(元)	0.0800	0.0800	0.0800	0.0792
净资产收益率(%)	12.5200	7.7800	17.3800	14.6600
总资产(万元)	55810.68	55563.97	44111.74	32179.93
股东权益(万元)	34694.74	32907.87	30337.55	26288.23
未分配利润(万元)	5403.07	3628.77	1062.68	-2394.02
主营收入(万元)	63288.71	39266.68	63969.66	39644.58
资本公积金(万元)	2098.55	2098.55	2098.55	2075.85
主营利润(万元)	12755.18	7952.39	15231.24	9933.95
其他业务利润(万元)	161.44	106.57	106.46	218.71
营业利润(万元)	4668.46	2802.40	4705.89	3761.72
投资收益(万元)	-12.96	-4.40	438.33	82.48
补贴收入(万元)	14.61	4.61		
营业外收支(万元)	15.76		11.05	1.66
利润总额(万元)	4685.87	2837.52	5155.26	3845.87
净利润(万元)	430.39	4340.39	5273.70	3853.91

十大股东

序号	股东名称	股份性质	持股数(万股)	比例(%)
1	上海宝钢集团公司	国家股	15004.41	57.22
2	万国发行	境内募集法人股	279.46	1.06
3	曹中南	流通 B 股	228.00	0.87
4	吴嘉毅	流通 B 股	175.25	0.67
5	上海电气实业公司	境内募集法人股	140.00	0.53
6	上海电气(集团)总公司	境内募集法人股	110.00	0.42
7	邵献军	流通 B 股	101.66	0.39
8	SHENYIN WANGUONOMINEES(H.K)LTD	流通 B 股	92.30	0.35
9	殷成来	流通 B 股	92.03	0.35
10	费建民	流通 B 股	81.80	0.31

股东人数	2003.9	2003.6	2002	2001
	15541	15619	15248	9788

近年分配	2002年 10 股派 0.5 元	近年配股 / 增发	不分配不转增

重大事项

2003 年报告期内,公司决定出资 **671.08** 万元收购上海宝钢集团公司持有的上海宝康电子控制工程有限公司 **50%**股权,双方已于 **2002** 年 **11** 月 **28** 日签署了股权转让协议,上述股权转让完成后,公司将直接持有宝康公司 **50%**股权,成为第一大股东。

二〇〇二年以来市场表现

2002年涨跌幅(%)	-9.40
2002年最高(元)	25.72
2002年最低(元)	13.84
2002年换手率(%)	377.87
2003年涨跌幅(%)	-19.86
2003年最高(元)	16.15
2003年最低(元)	10.40
2003年换手率(%)	166.50

上海物资贸易中心股份有限公司

公司概况

公司名称	上海物资贸易中心股份有限公司			股票代码	900927		
注册地址	中国上海市浦东新区陆家嘴东昌路东园一村			邮政编码	200063		
法人代表	陈伟宝			董秘	蔡嘉德		
电话	021-62570000-8520			传真	021-62572959		
主营业务	金属材料、化工原料、建材、木材、汽车等						
总股本	25272.03	流通A	1331.00	流通B	6655.00	流通H	
审计单位				审计意见	未审计		

主要财务指标

年度	2003.9	2003.6	2002	2001
每股收益/扣除后(元)	-0.0310	-0.0524	0.0116	0.0911
每股经营现金流量(元)	-0.5306	-0.5390	0.3354	0.0958
每股净资产/调整后(元)	1.0905	1.0949	1.1349	1.0850
每股公积金(元)	0.1458	0.1458	0.1458	0.1444
净资产收益率(%)	-3.8111	-3.4120	0.8750	9.1840
总资产(万元)	128317.83	105272.34	91195.61	69562.21
股东权益(万元)	29145.23	29257.76	30256.00	29955.95
未分配利润(万元)	-1149.33	-1036.80	-38.56	28.59
主营收入(万元)	464863.69	304347.06	447705.09	318431.69
资本公积金(万元)	3685.37	3685.37	3685.37	3649.97
主营利润(万元)	9728.31	6512.66	13479.65	13186.79
其他业务利润(万元)	171.58	91.37	363.10	1210.59
营业利润(万元)	-1782.91	-1540.75	-82.24	1585.90
投资收益(万元)	690.95	547.62	661.73	1479.72
补贴收入(万元)	57.66	56.06	28.36	24.00
营业外收支(万元)	3.85	7.06	-47.42	153.75
利润总额(万元)	-1030.44	-931.86	560.44	3243.57
净利润(万元)	-1110.77	-998.24	264.63	2751.14

十大股东

序号	股东名称	股份性质	持股数(万股)	比例(%)
1	上海物资(集团)总公司(国有持股)	国家股	14438.13	57.13
2	江南重工股份有限公司	法人股	700.00	2.77
3	上海华生化工有限公司	法人股	650.00	2.57
4	上海中南投资管理有限公司	法人股	213.00	0.84
5	上海期货交易所	法人股	199.65	0.79
6	广西玉柴机器集团公司	法人股	199.65	0.79
7	CITIGROUP GLOBAL MARKETS INC	B股	150.15	0.59
8	长江经济联合发展(集团)股份有限公司	法人股	133.10	0.53
9	王春华	B股	74.06	0.29
10	上海沪北物流发展有限公司	法人股	73.21	0.29

股东人数	2003.9	2003.6	2002	2001
	23605	23514	24076	23485

近年分配	2001年10派0.2元	近年配股/增发	不分配不转增

重大事项

2003-11-22 通过公司出资700万元人民币向上海利德木业有限公司增资扩股的议案:上海利德木业有限公司注册资本1980万元,公司出资700万元人民币对其增资扩股后,所占股权比例将达到51.30%。 2003-08-18 董事会决议通过公司全资子公司上海燃料浦东有限责任公司出资人民币82.38万元购买上海申燃船务有限公司74.85%股权暨关联交易的议案。

二〇〇二年以来市场表现

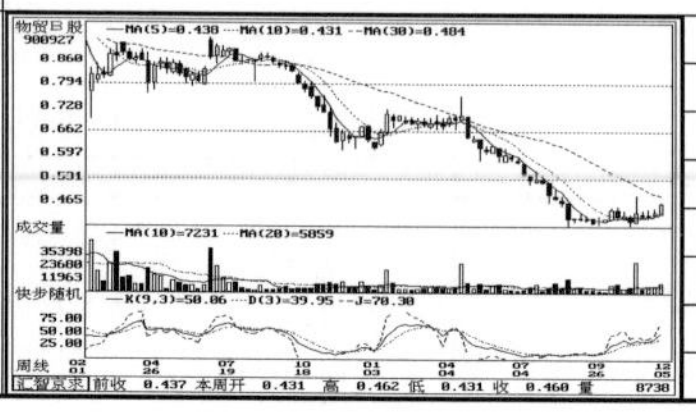

2002年涨跌幅(%)	-15.47
2002年最高(元)	19.38
2002年最低(元)	9.66
2002年换手率(%)	499.91
2003年涨跌幅(%)	-38.22
2003年最高(元)	14.70
2003年最低(元)	6.76
2003年换手率(%)	169.45

上海自动化仪表股份有限公司

公司概况

公司名称	上海自动化仪表股份有限公司			股票代码	900928		
注册地址	上海延安西路1599号怡翔大楼七楼			邮政编码	200050		
法人代表	肖宗义			董秘	缪丹桦		
电话	021-62800705			传真	021-62801680		
主营业务	制造工业用控制系统和仪表、汽车电子装置等						
总股本	39928.69	流通A	3367.43	流通B	10714.55	流通H	
审计单位				审计意见	未审计		

主要财务指标

年度	2003.9	2003.6	2002	2001
每股收益/扣除后(元)	0.0030	-0.0030	-0.0500	0.0100
每股经营现金流量(元)	-0.0549	0.0180	-0.1168	0.2477
每股净资产/调整后(元)	0.1800	0.1700	0.2200	0.1800
每股公积金(元)	0.5550	0.5550	0.5550	0.5761
净资产收益率(%)	4.0000	1.9600	9.2700	7.5900
总资产(万元)	79403.48	86639.54	97862.51	99701.26
股东权益(万元)	11422.22	11184.84	11060.87	11014.39
未分配利润(万元)	-52685.49	-53425.97	-53559.77	
主营收入(万元)	46165.41	31496.68	57959.31	57844.80
资本公积金(万元)	22159.41	22159.41	22159.41	23002.84
主营利润(万元)	11772.73	8328.35	16554.76	18897.51
其他业务利润(万元)	644.86	441.25	805.41	988.73
营业利润(万元)	-602.13	-385.42	-2097.82	-235.84
投资收益(万元)	1147.92	665.38	5302.61	1476.42
补贴收入(万元)			27.00	71.04
营业外收支(万元)	344.49	341.18	-1407.15	498.57
利润总额(万元)	890.27	621.13	1824.64	1810.19
净利润(万元)	456.57	219.19	1024.95	835.57

十大股东

序号	股东名称	股份性质	持股数(万股)	比例(%)
1	上海仪电控股(集团)公司	国家股	11519.94	28.85
2	中国华融资产管理公司	国家股	3861.55	9.67
3	上海国际信托投资公司	国有法人股	3531.84	8.85
4	中国东方资产管理公司	国家股	3364.78	8.43
5	中国长城资产管理公司	国家股	1830.83	4.59
6	申银万国	法人股	1073.07	2.69
7	交大企管	法人股	330.72	0.83
8	中国信达资产管理公司	国家股	207.41	0.52
9	陈益	外资股	132.47	0.33
10	CHIN IKUSHIN	外资股	80.00	0.20

股东人数	2003.9	2003.6	2002	2001
	38025	38169	39453	38961

近年分配		近年配股/增发	不分配不转增

重大事项

2003年报告期内,公司为上海广电有限公司担保总额度内的1200万元单笔贷款担保及另一项单笔贷款担保4000万元作转期担保。担保方式为连带责任担保,保证期间为自借款合同确定的借款到期之次日起一年。 2003年报告期内,公司拟与上海交大工业自动化工程研究中心、上海兴正投资管理中心、上海交大创业投资有限公司合资成立上海自动化有限责任公司。该公司注册资本为2200万元,其中,公司投资1000万元,占45%。

二〇〇二年以来市场表现

2002年涨跌幅(%)	-24.72
2002年最高(元)	11.11
2002年最低(元)	6.25
2002年换手率(%)	268.48
2003年涨跌幅(%)	-34.05
2003年最高(元)	9.04
2003年最低(元)	4.45
2003年换手率(%)	146.07

上海中国国际旅行社股份有限公司

公司概况

公司名称	上海中国国际旅行社股份有限公司	股票代码	900929
注册地址	上海市浦东新区商城路 550 号	邮政编码	200040
法人代表	宋超麒	董秘	朱谔言
电话	021-62898899-239	传真	021-62893487
主营业务	国际旅游业、国内旅游、旅游咨询		

总股本	13255.63	流通 A		流通 B	6600.00	流通 H	
审计单位				审计意见	未审计		

主要财务指标

年度	2003. 9	2003. 6	2002	2001
每股收益 / 扣除后(元)	-0.0260	-0.0430	0.1400	0.1300
每股经营现金流量(元)	0.3190	0.1800	0.3039	0.2664
每股净资产 / 调整后(元)	3.1900	3.1600	3.0800	2.9600
每股公积金(元)	1.3407	1.3407	1.3407	1.2871
净资产收益率(%)	0.1200	-0.4700	4.6500	4.3600
总资产(万元)	61092.95	59389.88	67024.78	62711.37
股东权益(万元)	42349.42	42100.85	40972.51	39681.94
未分配利润(万元)	2689.07	2440.49	1312.15	996.85
主营收入(万元)	28212.27	19337.32	64189.13	54194.50
资本公积金(万元)	17772.16	17772.16	17772.16	17060.93
主营利润(万元)	4076.90	2646.24	9206.39	1215.46
其他业务利润(万元)			9.84	8.60
营业利润(万元)	115.98	-155.51	2624.50	1215.46
投资收益(万元)	363.27	110.31	853.28	793.47
补贴收入(万元)	363.35	209.99		
营业外收支(万元)	3.58	3.75	50.64	-42.20
利润总额(万元)	115.98	-155.51	2624.50	1966.73
净利润(万元)	51.35	-197.22	1904.89	1730.77

十大股东

序号	股东名称	股份性质	持股数(万股)	比例(%)
1	锦江国际(集团)有限公司	国有股	6655.63	50.21
2	TOYO.SECURITIESASIA.LTD.A/C.CLIENT	流通 B 股	149.33	1.13
3	NAITO.SECURITIESCO.,LTD	流通 B 股	60.76	0.46
4	裘阿海	流通 B 股	37.48	0.28
5	安徽省信托投资公司	流通 B 股	36.00	0.27
6	周丽华	流通 B 股	32.19	0.24
7	香港鸿发集团有限公司	流通 B 股	27.01	0.20
8	傅仕强	流通 B 股	26.77	0.20
9	周文利	流通 B 股	22.40	0.17
10	美国鸿发有限公司	流通 B 股	21.69	0.16

股东人数	2003. 9	2003. 6	2002	2001
	14880	14988	14882	23046

近年分配	2001 年 10 派 0.6 元	近年配股 / 增发	不分配不转增

重大事项

公司和所属全资企业上海旅游公司(受让方)与锦江国际(集团)有限公司(转让方)签订的关于分别受让上海锦江旅游有限公司 90% 和 10% 股权的协议:公司及所属全资企业上海旅游公司分别以 2185.05 万元和 242.78 万元的价格向锦江国际集团购买上海锦江旅游有限公司 90% 和 10% 股权。交易价格合计为 2427.83 万元。 公司(转让方)与锦江国际(集团)有限公司(受让方)签订的关于转让上海锦江旅馆投资管理有限公司 25% 股权的协议:本次交易价格为 5888.39 万元。

二〇〇二年以来市场表现

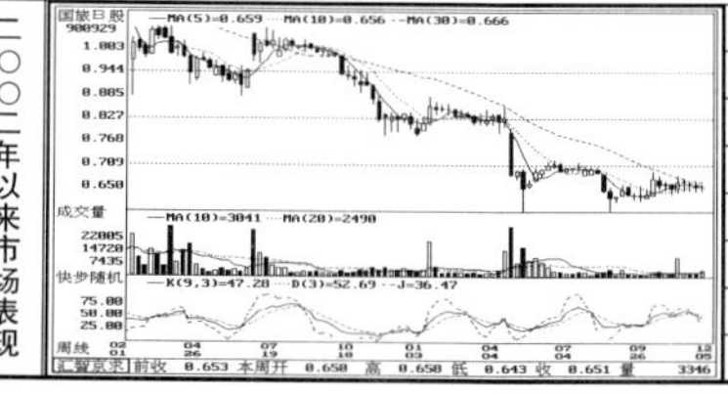

2002年涨跌幅(%)	-33.89
2002年最高(元)	1.193
2002年最低(元)	0.781
2002年换手率(%)	52.61
2003年涨跌幅(%)	-17.13
2003年最高(元)	0.880
2003年最低(元)	0.591
2003年换手率(%)	32.17

上海邮电通信设备股份有限公司

公司概况

公司名称	上海邮电通信设备股份有限公司	股票代码	900930
注册地址	上海市宜山路 700 号	邮政编码	200233
法人代表	鲍康荣	董秘	杨家霖
电话	021-64360900-2371	传真	021-64834310
主营业务	通信传输及接入系统、移动通信终端等		

总股本	30492.53	流通 A	2704.00	流通 B	12480.00	流通 H	
审计单位				审计意见	未审计		

主要财务指标

年度	2003. 9	2003. 6	2002	2001
每股收益 / 扣除后(元)	0.1130	0.1100	0.1000	0.2000
每股经营现金流量(元)	-0.2995	-0.1200	0.1248	0.1621
每股净资产 / 调整后(元)	1.9080	1.8000	1.8100	1.6800
每股公积金(元)	0.4284	0.4284	0.4284	0.4284
净资产收益率(%)	5.2300	5.2300	5.2840	10.6000
总资产(万元)	221665.75	211983.17	190869.30	170989.52
股东权益(万元)	63170.54	63086.61	59651.03	57953.07
未分配利润(万元)	11475.38	11467.39	5658.21	6834.28
主营收入(万元)	128241.09	91346.56	153582.08	99012.27
资本公积金(万元)	13064.15	13064.15	13064.15	13064.15
主营利润(万元)	17711.77	14367.25	19562.39	14513.17
其他业务利润(万元)	1414.51	957.13	1022.98	3180.88
营业利润(万元)	1882.49	2983.05	-1220.41	1500.75
投资收益(万元)	3635.81	2506.15	5996.13	5575.67
补贴收入(万元)	19.02	0.57	9.52	0.76
营业外收支(万元)	-116.24		31.04	-211.12
利润总额(万元)	5421.09	5361.17	4816.29	6866.07
净利润(万元)	3305.78	3297.78	3152.01	6143.77

十大股东

序号	股东名称	股份性质	持股数(万股)	比例(%)
1	中国普天信息产业集团公司	国有法人股	12874.93	42.22
2	海通证券有限公司	社会法人股	552.97	1.81
3	TOYO SECURITIES ASIA LTD.A/C CLIENT	B股	462.49	1.52
4	深圳万科企业股份有限公司	社会法人股	429.94	1.41
5	巨田证券有限责任公司	社会法人股	418.69	1.37
6	MERRILL LYNCH FAR EAST LIMITED	B股	207.75	0.68
7	NAITO SECURITIES CO.,LTD.	B股	173.43	0.57
8	NIKKO CORDIAL SECURITIES INC.	B股	137.08	0.45
9	深圳市万科财务顾问有限公司	社会法人股	135.20	0.44
10	DAIWA SECURITIES CO.,LTD.TOKYO	B股	113.13	0.37

股东人数	2003. 9	2003. 6	2002	2001
	45542	45774	45525	42614

近年分配	2002 年 10 派 0.4 元 2001 年 10 派 0.7 元	近年配股 / 增发	不分配不转增

重大事项

2003-10-1 上海市外资委批准本公司参股企业上海朗讯科技通信设备有限公司进行普通清算。LTOS 公司注册资本 4200 万美元,公司占 22.5% 股权。2002 年 5 月 22 日 LTOS 公司与捷普电子公司签署资产购买协议。根据该协议,LTOS 公司出售的资产包括新厂房设施、有形资产等几乎所有资产。至 2002 年末 LTOS 公司固定资产房屋建筑物、设备、土地使用权等按帐面净值已全部处置。流动资产通过经营性交易和处置性交易,帐面价值年末比年初下降 55%。

二〇〇二年以来市场表现

2002年涨跌幅(%)	-29.21
2002年最高(元)	18.79
2002年最低(元)	11.81
2002年换手率(%)	242.30
2003年涨跌幅(%)	-18.30
2003年最高(元)	14.66
2003年最低(元)	8.51
2003年换手率(%)	198.51

上海陆家嘴金融贸易区开发股份有限公司

公司概况

公司名称	上海陆家嘴金融贸易区开发股份有限公司			股票代码	900932		
注册地址	中国上海市浦东大道981号			邮政编码	200135		
法人代表	康慧军		董秘	张日法			
电话	021-58878888		传真	021-58873688			
主营业务	开发区内的房地产经营、市政公用基础设施的开发建设等						
总股本	186768.41	流通A	16052.40	流通B	50960.00	流通H	
审计单位			审计意见	未审计			

主要财务指标

年度	2003.9	2003.6	2002	2001
每股收益/扣除后(元)	0.2480	0.1800	0.2600	0.0570
每股经营现金流量(元)	0.5918	0.1700	0.9798	0.2209
每股净资产/调整后(元)	2.7800	2.7000	2.5600	2.2700
每股公积金(元)	0.7060	0.7060	0.7054	0.7029
净资产收益率(%)	8.7200	6.3500	10.5700	2.6600
总资产(万元)	834286.50	791026.75	770759.00	752830.25
股东权益(万元)	530760.69	517334.06	484391.19	442064.62
未分配利润(万元)	106590.51	93163.89	60325.01	33252.31
主营收入(万元)	141980.55	102068.86	215347.66	99901.14
资本公积金(万元)	131852.27	131852.27	131748.27	131277.94
主营利润(万元)	59363.37	44209.76	67402.80	26059.19
其他业务利润(万元)	579.15	355.29	1135.96	4626.47
营业利润(万元)	51926.22	37574.43	55213.04	16382.17
投资收益(万元)	2093.33	997.83	4683.42	189.77
补贴收入(万元)				
营业外收支(万元)	-36.58	-37.38	393.38	283.86
利润总额(万元)	53982.97	38534.87	60289.83	16855.81
净利润(万元)	46265.50	32838.88	51223.61	11751.68

十大股东

序号	股东名称	股份性质	持股数(万股)	比例(%)
1	上海陆家嘴集团有限公司	国有股	112112.00	60.03
2	上海国际信托投资公司	法人股	5880.00	3.15
3	京华山一国际(香港)有限公司	外资股	1013.55	0.54
4	申银万国证券股份有限公司	法人股	882.00	0.47
5	上海陆家嘴(集团)有限公司	法人股	882.00	0.47
6	TOYO SECURITIES ASIA LTD.A/CCLIENT	外资股	876.91	0.46
7	NAITO SECURITIES CO.,LTD.	外资股	822.37	0.44
8	THE NOMURA SECURITIES CO.LTD.	外资股	536.49	0.29
9	WANG SHANG KEE&/OR CHIN WANLAN	外资股	384.56	0.21
10	HSBC JAMES CAPEL ASIA LTD.	外资股	325.81	0.17

股东人数	2003.9	2003.6	2002	2001
	181456	181199	175190	192822

近年分配	2002年10派0.5元	近年配股/增发	不分配不转增

重大事项

2002-08-23本公司决定收购上海陆家嘴(集团)有限公司持有的上海浦东陆家嘴软件产业发展有限公司投资权益,收购完成后,本公司持有软件公司90%的股权,集团公司不再持有软件公司的股权,收购价格为900万元。 2002年4月24日公司第三届董事会第二次会议与会董事一致通过《关于平安证券有限责任公司股权转让的议案》。本公司和深圳国际信托投资公司于2002年4月27日在深圳签署关于平安证券有限责任公司的股权转让合同,本公司持有平安证券有限责任公司20%的法人股权,出售价格为人民币236880000元,本次交易不构成关联交易。

二〇〇二年以来市场表现

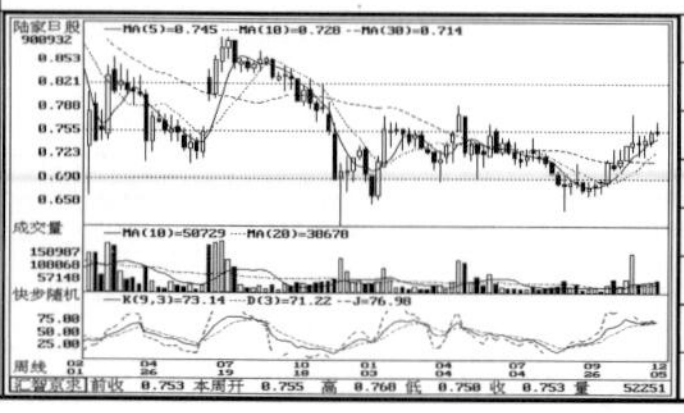

2002年涨跌幅(%)	-8.44
2002年最高(元)	17.33
2002年最低(元)	10.35
2002年换手率(%)	251.40
2003年涨跌幅(%)	-16.98
2003年最高(元)	15.27
2003年最低(元)	9.66
2003年换手率(%)	151.32

华新水泥股份有限公司

公司概况

公司名称	华新水泥股份有限公司			股票代码	900933		
注册地址	湖北省黄石市黄石大道897号			邮政编码	435002		
法人代表	陈木森		董秘	王锡明			
电话	0714-6328310		传真	0714-6235204			
主营业务	水泥及水泥深加工产品、水泥技术服务等						
总股本	32840.00	流通A	4800.00	流通B	16400.00	流通H	
审计单位			审计意见	未审计			

主要财务指标

年度	2003.9	2003.6	2002	2001
每股收益/扣除后(元)	0.0770	0.0300	0.0700	0.0600
每股经营现金流量(元)	0.4868	0.1300	0.7742	0.3598
每股净资产/调整后(元)	2.1880	2.1900	2.1600	2.1200
每股公积金(元)	0.9556	0.9556	0.9541	0.9541
净资产收益率(%)	3.3830	1.2400	3.9700	3.1300
总资产(万元)	307007.91	272050.00	230434.70	206311.52
股东权益(万元)	76490.54	74831.60	73857.20	72239.18
未分配利润(万元)	2587.20	928.26		
主营收入(万元)	77546.05	46232.25	80108.84	69188.36
资本公积金(万元)	31380.27	31380.27	31334.12	31334.12
主营利润(万元)	21178.43	11595.07	24368.07	21710.05
其他业务利润(万元)	216.80	128.19	345.58	174.49
营业利润(万元)	2832.83	823.72	1973.67	2424.22
投资收益(万元)	-30.96	-6.69	-172.75	100.73
补贴收入(万元)	1168.00	597.91	1600.83	429.06
营业外收支(万元)	-45.72	4.62	-93.81	-33.75
利润总额(万元)	3924.15	1421.84	3307.93	2920.27
净利润(万元)	2587.20	928.26	2931.61	2261.92

十大股东

序号	股东名称	股份性质	持股数(万股)	比例(%)
1	国家拥有股份	国家股	9152.69	27.90
2	HOLCHIN B.V.	B股	7700.00	23.40
3	华新集团有限公司	法人股	1199.40	3.70
4	STANDARD CHARTERED BANK HONG KONG A/C CREDIT SUISSE FIRST BOSTON LTD.	B股	876.14	2.70
5	沙隆财谷	法人股	410.00	1.20
6	黄石市铁路联营公司	法人股	252.00	0.80
7	武汉石化鹏鹤物资公司	法人股	120.00	0.40
8	SALOMON SMITH BARNEY INC.2	B股	107.50	0.30
9	杨国雄	B股	106.99	0.30
10	CITIGROUP GLOBAL MARKETS INC	B股	86.69	0.30

股东人数	2003.9	2003.6	2002	2001
	47636	47906	48568	49872

近年分配	2002年10派0.4元 2001年10派0.35元	近年配股/增发	不分配不转增

重大事项

公司拟以23519.85万元收购东方茂邦水泥私人有限公司持有的苏州金猫水泥有限公司50%股权和苏州市吴中区木渎经济发展总公司获得的苏州金猫水泥有限公司1%股权,本次资产收购完成后,本公司将持有苏州金猫51%股权。 2003年6月10日,公司与东方茂邦水泥私人有限公司签署《股权购买协议》,拟以美元27451360元收购东方茂邦所持金猫水泥50%的全部股权。本次收购金猫水泥51%股权的资金来源系银行贷款与自筹资金。

二〇〇二年以来市场表现

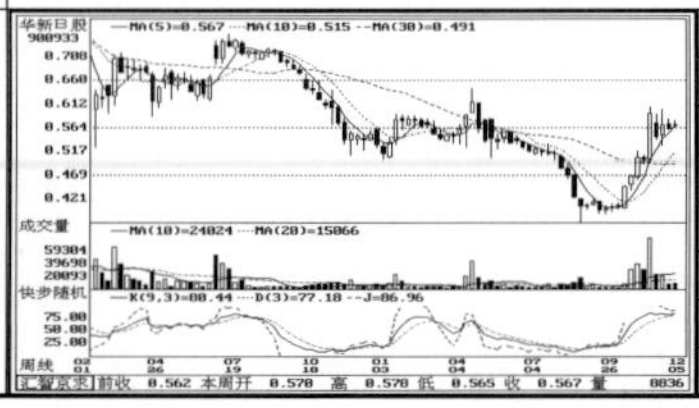

2002年涨跌幅(%)	-18.05
2002年最高(元)	11.20
2002年最低(元)	6.64
2002年换手率(%)	272.87
2003年涨跌幅(%)	-7.47
2003年最高(元)	9.09
2003年最低(元)	5.97
2003年换手率(%)	155.14

上海锦江国际酒店发展股份有限公司

公司概况

公司名称	上海锦江国际酒店发展股份有限公司	股票代码	900934
注册地址	上海市浦东新区浦电路 389 号 12 楼	邮政编码	200070
法人代表	俞敏亮	董秘	康鸣
电话	021-63536304	传真	021-63217720
主营业务	宾馆、餐饮、食品生产及连锁经营、旅游等		
总股本	60324.07	流通 A	9836.00
流通 B	15600.00	流通 H	
审计单位		审计意见	未审计

主要财务指标

年度	2003.9	2003.6	2002	2001
每股收益/扣除后(元)	0.0360	0.0046	0.0357	0.0430
每股经营现金流量(元)	0.1892	0.0890	0.2733	0.0758
每股净资产/调整后(元)	2.7000	2.6300	2.6100	4.7000
每股公积金(元)	1.2673	1.2672	1.2672	1.2593
净资产收益率(%)	1.1400	0.0800	3.5400	3.1500
总资产(万元)	241059.02	244859.69	257633.80	228740.44
股东权益(万元)	174204.56	172369.31	172226.50	172017.14
未分配利润(万元)	6546.20	4712.10	4617.49	7404.99
主营收入(万元)	57007.09	35432.88	83419.89	68264.88
资本公积金(万元)	76445.69	76444.53	76441.53	75968.98
主营利润(万元)	34826.26	21161.93	47576.59	34560.69
其他业务利润(万元)	186.35	156.55	587.27	180.54
营业利润(万元)	–1698.80	–2804.22	–24.79	1680.41
投资收益(万元)	4293.60	3103.44	2788.54	1534.15
补贴收入(万元)	471.53	365.88	80.08	2627.25
营业外收支(万元)	–475.64	–249.47	4933.29	–123.09
利润总额(万元)	2590.69	371.60	7777.11	5718.72
净利润(万元)	1973.90	139.80	6100.71	5412.07

十大股东

序号	股东名称	股份性质	持股数(万股)	比例(%)
1	上海新亚(集团)有限公司	国有股	25528.07	42.32
2	上海国际信托投资有限公司	法人股	1404.00	2.33
3	上海久事公司	法人股	1248.00	2.07
4	上海轮胎橡胶(集团)股份有限公司	法人股	936.00	1.55
5	上海市城市建设投资开发总公司	法人股	936.00	1.55
6	交通银行上海分行	法人股	780.00	1.29
7	上海市陆家嘴金融贸易区开发股份有限公司	法人股	780.00	1.29
8	上海闵行联合发展有限公司	法人股	780.00	1.29
9	上海证券有限责任公司	法人股	312.00	0.52
10	中国光大国际信托投资公司	法人股	312.00	0.52

股东人数	2003.9	2003.6	2002	2001
	62928	66023	54057	56482

近年分配	2002年10派1元 2001年10派1元	近年配股/增发	不分配不转增

重大事项

2003 年 10 月 10 日，公司拟将公司投资的 18 家企业的股权及 1 家分公司的资产转让给锦江国际(集团)有限公司，以评估值为基础，协议转让价格为人民币 20755 万元。锦江国际(集团)有限公司拟将其持有的锦江国际酒店管理有限公司 100%股权转让给公司，以评估值为基础，协议转让价格为人民币 13150 万元。双方资产置换的差额人民币 7605 万元由锦江国际(集团)有限公司以现金补足，并于协议生效后 20 天内支付给公司。

二〇〇二年以来市场表现

2002年涨跌幅(%)	–12.90
2002年最高(元)	11.30
2002年最低(元)	6.63
2002年换手率(%)	244.84
2003年涨跌幅(%)	–21.98
2003年最高(元)	11.20
2003年最低(元)	5.52
2003年换手率(%)	254.46

上海阳晨投资股份有限公司

公司概况

公司名称	上海阳晨投资股份有限公司	股票代码	900935
注册地址	上海市桂箐路 2 号	邮政编码	200072
法人代表	祝世寅	董秘	仲辉
电话	021-63901001	传真	021-63901001
主营业务	城市污水处理等环保项目和其他市政基础设施项目的投资等		
总股本	18530.00	流通 A	
流通 B	8000.00	流通 H	
审计单位		审计意见	未审计

主要财务指标

年度	2003.9	2003.6	2002	2001
每股收益/扣除后(元)	0.0727	0.0400	0.0200	0.0300
每股经营现金流量(元)	0.0764	0.0400	0.1106	0.0947
每股净资产/调整后(元)	1.6200	1.5800	1.5400	1.4900
每股公积金(元)	0.5376	0.5376	0.9869	0.9869
净资产收益率(%)	4.5010	2.4770	1.8900	2.0000
总资产(万元)	35956.92	33507.60	35869.52	39852.09
股东权益(万元)	29928.16	29307.19	28581.22	28041.12
未分配利润(万元)	1346.94	725.97	–8505.36	–9045.46
主营收入(万元)	3155.36	2103.57	16388.70	15585.25
资本公积金(万元)	9961.65	9961.65	18287.87	18287.87
主营利润(万元)	1319.11	859.50	4007.11	4418.94
其他业务利润(万元)			173.99	187.91
营业利润(万元)	1026.85	685.61	441.49	492.88
投资收益(万元)	659.01	266.67	8.46	77.49
补贴收入(万元)				28.30
营业外收支(万元)	–0.08	–0.08	199.50	23.68
利润总额(万元)	1685.78	952.20	649.45	622.34
净利润(万元)	1364.94	725.97	540.10	533.13

十大股东

序号	股东名称	股份性质	持股数(万股)	比例(%)
1	上海国有资产经营有限公司	国家股	10530.00	56.83
2	CBNY S/A PNC/SKANDIA SELECT FUND/CHINA EQUITY AC	B股	370.86	2.00
3	华夏证券有限公司上海业务部	B股	150.00	0.81
4	CHIN,Wai Chung	B股	144.49	0.78
5	SHENYIN WANGUO NOMINEES (H.K.)LTD.	B股	139.84	0.76
6	孙亚军	B股	84.50	0.46
7	王菂	B股	81.45	0.44
8	ORE BURNS (AUSTRALIA) PTY. LIMITED	B股	70.00	0.38
9	李国万	B股	59.80	0.32
10	郁玉生	B股	45.40	0.25

股东人数	2003.9	2003.6	2002	2001
	10603	10586	10545	10460

近年分配		近年配股/增发	不分配不转增

重大事项

2003 年 08 月 28 日董事会决议：通过出资成立上海阳晨排水运营有限公司的议案：决定联合上海市城市排水市南运营有限公司，共同出资成立专业污水处理运营管理公司，公司暂定名为上海阳晨排水运营有限公司(以工商登记为准)，注册资本 300 万元人民币，其中公司以现金出资 270 万元人民币，占 90%。

二〇〇二年以来市场表现

2002年涨跌幅(%)	–28.40
2002年最高(元)	0.979
2002年最低(元)	0.684
2002年换手率(%)	79.59
2003年涨跌幅(%)	–12.93
2003年最高(元)	0.785
2003年最低(元)	0.450
2003年换手率(%)	52.45

内蒙古鄂尔多斯羊绒制品股份有限公司

公司概况

公司名称	内蒙古鄂尔多斯羊绒制品股份有限公司				股票代码	900936	
注册地址	鄂尔多斯市东胜区达拉特南路 102 号				邮政编码	017000	
法人代表	王林祥			董秘	李成君		
电话	0477-8546509			传真	0477-8523812		
主营业务	羊绒、羊毛、驼绒、驼毛等						
总股本	103200.00	流通 A	16000.00	流通 B	42000.00	流通 H	
审计单位				审计意见	未审计		

主要财务指标

年度	2003.9	2003.6	2002	2001
每股收益 / 扣除后(元)	0.0800	0.0800	0.3100	0.4400
每股经营现金流量(元)	-0.5190	-0.4400	-0.0900	0.0900
每股净资产 / 调整后(元)	2.8600	2.9000	5.6700	5.6700
每股公积金(元)	1.6269	1.6269	4.2538	4.2530
净资产收益率(%)	2.6200	2.6100	5.5300	7.8900
总资产(万元)	545149.12	503258.28	475041.37	391130.75
股东权益(万元)	301666.91	301650.72	293763.87	292446.06
未分配利润(万元)	11737.55	11721.34	3834.50	4992.95
主营收入(万元)	147694.41	82308.17	221502.05	242794.78
资本公积金(万元)	167895.28	167895.28	219495.28	219455.28
主营利润(万元)	37700.80	23027.72	59331.97	61609.06
其他业务利润(万元)	1257.45	711.27	2686.30	945.52
营业利润(万元)	11222.90	9070.28	21482.80	32080.80
投资收益(万元)	767.84	12.99	205.73	-487.83
补贴收入(万元)	232.79		1.01	5.06
营业外收支(万元)	-333.06	-191.68	71.52	283.95
利润总额(万元)	11890.48	8891.59	21761.06	31881.98
净利润(万元)	7903.05	7886.84	16241.82	23068.39

十大股东

序号	股东名称	股份性质	持股数(万股)	比例(%)
1	内蒙古鄂尔多斯羊绒集团有限责任公司	国家股	45200.00	43.80
2	银河证券	流通股	400.18	0.39
3	夏建琴	流通股	120.99	0.12
4	曾启明	流通股	100.00	0.10
5	张文仙	流通股	98.00	0.09
6	国都证券	流通股	92.56	0.09
7	梁	流通股	78.34	0.07
8	王桂兰	流通股	63.46	0.06
9	汤雨田	流通股	61.75	0.05
10	孙金康	流通股	54.20	0.05

股东人数	2003.9	2003.6	2002	2001
	95034	74668	94354	106935

近年分配	2002年 每 10 股派 2.90 元 2001 年 每 10 股派 2.40 元	近年配股 / 增发	不分配不转增

重大事项

公司于 **2002** 年 **10** 月 **16** 日刊登公告：公司第一大股东内蒙古鄂尔多斯羊绒集团公司代表国家持有公司国有法人股 **22600** 万股，鄂尔多斯市国有资产管理局根据有关文件精神与东胜东民羊绒实业发展有限责任公司签定了股权转让协议,将国有股全部转让给东民公司。

二〇〇二年以来市场表现

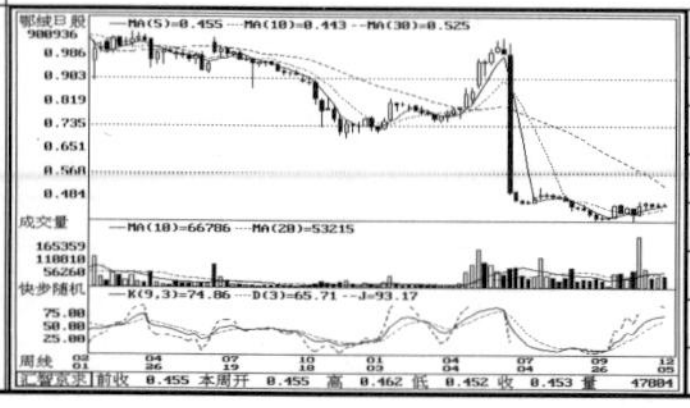

2002年涨跌幅(%)	-16.19
2002年最高(元)	7.60
2002年最低(元)	5.68
2002年换手率(%)	45.28
2003年涨跌幅(%)	-12.18
2003年最高(元)	7.98
2003年最低(元)	4.50
2003年换手率(%)	86.47

黑龙江电力股份有限公司

公司概况

公司名称	黑龙江电力股份有限公司				股票代码	900937	
注册地址	中国黑龙江省哈尔滨市南岗区高新技术开发区 19 号楼 B 座				邮政编码	150001	
法人代表	陈飞虎			董秘	梅君超		
电话	0451-82525998			传真	0451-82525878		
主营业务	建设、经营、维修电厂,生产销售电力等						
总股本	112126.50	流通 A	16800.00	流通 B	43200.00	流通 H	
审计单位				审计意见	未审计		

主要财务指标

年度	2003.9	2003.6	2002	2001
每股收益 / 扣除后(元)	0.1400	0.0960	0.1700	0.2500
每股经营现金流量(元)	0.1420	0.1750	4469.0000	0.5260
每股净资产 / 调整后(元)	2.8400	2.7900	2.7000	2.5800
每股公积金(元)	0.8348	0.8348	0.8348	0.8348
净资产收益率(%)	5.0300	3.4300	8.2400	9.7500
总资产(万元)	462306.00	440375.31	360528.59	349531.00
股东权益(万元)	318495.66	313218.22	302475.00	288778.62
未分配利润(万元)	86638.43	81361.01	70617.78	60896.24
主营收入(万元)	83080.26	57482.25	112466.08	118804.65
资本公积金(万元)	93603.39	93603.39	93603.39	93603.39
主营利润(万元)	22126.84	15119.45	28727.27	34365.61
其他业务利润(万元)	394.53	306.03	793.79	1292.50
营业利润(万元)	18529.15	12637.40	23677.02	32264.13
投资收益(万元)	516.46	343.72	5238.21	-965.60
补贴收入(万元)				
营业外收支(万元)	240.71		8.75	-6.30
利润总额(万元)	19286.32	12976.12	28923.99	31292.23
净利润(万元)	16020.65	10743.23	24909.02	28164.41

十大股东

序号	股东名称	股份性质	持股数(万股)	比例(%)
1	黑龙江省电力有限公司	法人股	38396.49	34.24
2	黑龙江华源电力开发公司	法人股	2956.59	2.64
3	黑龙江电力实业集团有限公司	法人股	2376.53	2.12
4	黑龙江省华富电力投资公司	法人股	1939.20	1.73
5	TOYO SECURITIES ASIA LTD.A/C CLIENT	流通 B 股	1028.77	0.92
6	黑龙江省电力开发公司	法人股	851.40	0.76
7	龙电集团有限公司	法人股	797.44	0.71
8	中国电力投资有限公司	法人股	720.00	0.64
9	五矿发展股份有限公司	流通 A 股	707.69	0.63
10	中国电力财务公司	法人股	681.12	0.61

股东人数	2003.9	2003.6	2002	2001
	124796	135667	141279	144789

近年分配	2002年 10 派 1 元 2001 年 10 派 1.2 元	近年配股 / 增发	不分配不转增

重大事项

龙电股份 **2003** 年 **7** 月 **16** 日与黑龙江省电力开发公司就受让其拥有的哈尔滨第三发电有限责任公司 **37.48%** 股权事宜签定了正式的《股权转让协议》，转让价格为人民币 **629695418.20** 元。本次收购所需的资金公司将用部分资产支抵部分价款以及用自有资金和银行贷款解决。此次股权转让完成后，公司将合计拥有哈三电公司 **57.25%** 的股权，占控股地位。 **2003-09-06** 原黑龙江省电力有限公司持有的公司 **383964933** 股法人股以行政划拨方式无偿划转至中国华电集团公司。华电集团成为公司第一大股东,黑龙江省电力有限公司不再持有公司股份。

二〇〇二年以来市场表现

2002年涨跌幅(%)	-14.92
2002年最高(元)	8.08
2002年最低(元)	5.46
2002年换手率(%)	85.28
2003年涨跌幅(%)	2.87
2003年最高(元)	8.25
2003年最低(元)	5.51
2003年换手率(%)	158.56

天津市海运股份有限公司

公司概况

公司名称	天津市海运股份有限公司	股票代码	900938
注册地址	天津市河西区马场道 207 号	邮政编码	300204
法人代表	宋兴庭	董秘	姜涛
电话	022-23281780	传真	022-23286115
主营业务	近洋货物运输,仓储服务,陆海联运,集装箱租赁买卖等		
总股本	49264.88	流通 A	10368.93
流通 B	18000.00	流通 H	
审计单位		审计意见	未审计

主要财务指标

年度	2003.9	2003.6	2002	2001
每股收益/扣除后(元)	0.0065	0.0100	-0.1490	0.0500
每股经营现金流量(元)	-0.3620	-0.3200	-0.1991	0.0820
每股净资产/调整后(元)	2.0500	2.0600	2.0200	2.1700
每股公积金(元)	0.5790	0.5790	0.5689	0.5689
净资产收益率(%)	0.2900	0.4800	-6.8010	2.1800
总资产(万元)	215020.06	222762.14	209809.20	200110.16
股东权益(万元)	107619.44	107793.48	106724.35	114117.83
未分配利润(万元)	17947.96	18146.59	17633.06	24940.50
主营收入(万元)	60224.65	40985.55	78214.08	85564.46
资本公积金(万元)	28524.96	28524.96	28026.56	28026.55
主营利润(万元)	6541.88	5177.11	3236.73	10896.67
其他业务利润(万元)	399.35	-25.46	2517.37	3007.55
营业利润(万元)	322.74	564.08	-7386.04	2321.46
投资收益(万元)	140.94	140.94	278.62	803.62
补贴收入(万元)				
营业外收支(万元)	-4.64		71.81	-4.12
利润总额(万元)	459.04	697.08	-7035.61	3120.97
净利润(万元)	314.89	513.53	-7258.32	2477.48

十大股东

序号	股东名称	股份性质	持股数(万股)	比例(%)
1	天津市天海集团有限公司	国有法人股	18408.85	37.37
2	万丰资产	社会法人股	308.00	0.63
3	裘阿海	B股	131.00	0.27
4	张柏青	B股	113.20	0.23
5	卢锦彬	B股	100.00	0.20
6	锦钢贸易	社会法人股	65.00	0.13
7	中国石化天津石油有限责任公司	社会法人股	57.20	0.12
8	宋晓东	B股	50.00	0.10
9	赵华令	A股	46.80	0.09
10	天女化工	社会法人股	44.00	0.09

股东人数	2003.9	2003.6	2002	2001
	97182	99253	99943	105522

近年分配	近年配股/增发	不分配不转增

重大事项

公司控股股东天津市天海集团有限公司持有的公司 **3055** 万股国有法人股,于 **2003** 年 **11** 月 **10** 日被天津市高级人民法院续冻结,冻结期限为 **2003** 年 **11** 月 **10** 日至 **2004** 年 **5** 月 **10** 日。　公司控股股东天津市天海集团有限公司持有的公司 **950** 万股国有法人股,原于 **2002** 年 **9** 月质押给交通银行天津分行,质押期限一年;日前此笔质押于 **2003** 年 **10** 月 **13** 日办理续押手续,期限至 **2004** 年 **10** 月 **13** 日。另天海集团公司持有的公司 **1700** 万股国有法人股于 **2003** 年 **10** 月 **23** 日被海口海事法院冻结,期限至 **2004** 年 **10** 月 **22** 日。

二〇〇二年以来市场表现

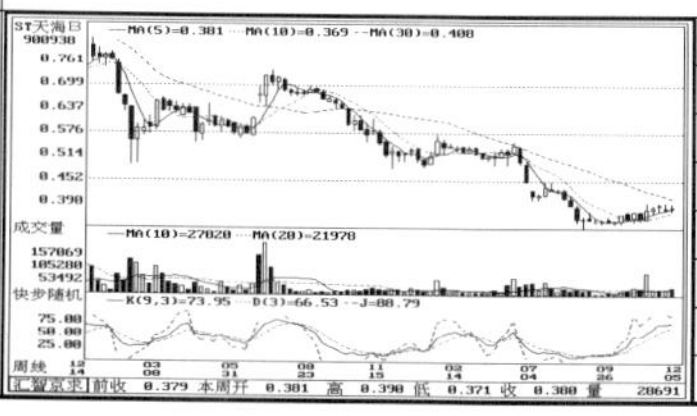

2002年涨跌幅(%)	-34.31
2002年最高(元)	9.58
2002年最低(元)	5.97
2002年换手率(%)	140.06
2003年涨跌幅(%)	-32.70
2003年最高(元)	7.42
2003年最低(元)	3.81
2003年换手率(%)	93.29

上海汇丽建材股份有限公司

公司概况

公司名称	上海汇丽建材股份有限公司	股票代码	900939
注册地址	上海浦东康桥工业区	邮政编码	200127
法人代表	徐泽宪	董秘	陶娅龄
电话	021-58705858-2250	传真	021-68731596
主营业务	生产和销售化学建筑材料、装饰材料等		
总股本	18150.00	流通 A	
流通 B	8800.00	流通 H	
审计单位		审计意见	未审计

主要财务指标

年度	2003.9	2003.6	2002	2001
每股收益/扣除后(元)	0.0100	0.0050	0.0400	0.0600
每股经营现金流量(元)	0.0679	0.2200	-0.2661	-0.2034
每股净资产/调整后(元)	1.7700	1.7800	1.7600	1.8500
每股公积金(元)	0.3448	0.3448	0.3448	0.4392
净资产收益率(%)	0.6600	0.3700	2.5800	7.4300
总资产(万元)	79660.05	81115.16	87117.14	84738.19
股东权益(万元)	32443.95	32347.43	32229.14	30736.66
未分配利润(万元)	6238.19	6141.66	6023.37	5380.43
主营收入(万元)	22822.30	14058.48	38641.98	41404.35
资本公积金(万元)	6257.72	6257.72	6257.72	7246.24
主营利润(万元)	3998.50	2182.07	8958.02	9048.53
其他业务利润(万元)	248.29	196.58	321.20	1103.02
营业利润(万元)	440.38	220.83	2230.97	1417.33
投资收益(万元)	79.22	33.55	-262.92	-211.73
补贴收入(万元)	28.00	16.30	225.63	11.50
营业外收支(万元)	27.27	23.56	-78.08	1686.57
利润总额(万元)	574.87	294.24	2115.60	2903.67
净利润(万元)	214.81	118.29	831.00	2282.28

十大股东

序号	股东名称	股份性质	持股数(万股)	比例(%)
1	上海汇丽集团有限公司	发起人国有法人股	6621.89	36.48
2	中信房地产公司	发起人国有法人股	989.78	5.45
3	中国通用技术(集团)控股有限公司	发起人国有法人股	989.78	5.45
4	中国建筑科学研究院	发起人国有法人股	696.41	3.84
5	庄名道	B股	94.51	0.52
6	珠江纺织贸易公司	B股	56.07	0.31
7	上海市上投实业公司	发起人国有法人股	52.14	0.29
8	海通	B股	38.80	0.21
9	WOOD JOHN	B股	35.87	0.21
10	安徽省信托投资公司	B股	35.08	0.19

股东人数	2003.9	2003.6	2002	2001
	16074	15998	15796	14671

近年分配	近年配股/增发	2001年 10 增 1 股

重大事项

公司向中信实业银行上海分行四川北路支行申请借款(综合授信)**2000** 万元,借款期限为一年,借款年利率为 **5.31%**,此项借款是以公司向海南鑫瑞达实业投资有限公司所购浦东南路众城商厦 **3-15** 层东幢楼作为抵押贷款,此房产建筑面积为 **6291.73** 平方米。上海汇丽集团有限公司同时也作为此笔贷款的担保人之一。　公司为控股子公司上海汇丽地板制品有限公司(公司持股 **75%**)向民生银行浦东分行续贷 **4000** 万元(商业汇票贴现)提供担保。截止目前公司累计担保额为 **12380** 万元(包括本次担保),无逾期担保。

二〇〇二年以来市场表现

2002年涨跌幅(%)	-32.71
2002年最高(元)	0.918
2002年最低(元)	0.602
2002年换手率(%)	59.08
2003年涨跌幅(%)	-32.03
2003年最高(元)	0.705
2003年最低(元)	0.363
2003年换手率(%)	36.64

上海华源股份有限公司

公司概况

公司名称	上海华源股份有限公司	股票代码	900940
注册地址	上海浦东陆家嘴东路161号招商局大厦31楼	邮政编码	200120
法人代表	吴云生	董秘	张乐生
电话	021-58799888	传真	021-58825887
主营业务	制造、加工化学纤维		
总股本	49175.40	流通A	11040.00
流通B	20700.00	流通H	
审计单位		审计意见	未审计

主要财务指标

年度	2003.9	2003.6	2002	2001
每股收益/扣除后(元)	0.0720	0.0400	0.0600	0.1400
每股经营现金流量(元)	0.0300	-0.1900	0.4100	0.6900
每股净资产/调整后(元)	3.0200	2.9800	2.9600	2.9200
每股公积金(元)	1.5029	1.5029	1.5029	1.5029
净资产收益率(%)	2.6500	1.5000	2.9700	5.5600
总资产(万元)	583570.00	563919.50	447991.34	382940.94
股东权益(万元)	151564.78	149795.23	147457.70	143538.56
未分配利润(万元)	10848.84	9079.29	6836.49	4935.33
主营收入(万元)	280919.44	181892.02	230450.42	185816.92
资本公积金(万元)	73906.41	73906.41	73906.41	73906.41
主营利润(万元)	26656.98	15758.83	26546.09	37066.16
其他业务利润(万元)	1821.87	1148.06	2142.41	1159.28
营业利润(万元)	4284.75	1674.58	6391.54	13409.80
投资收益(万元)	1685.63	1309.57	1395.39	458.47
补贴收入(万元)	62.48	38.37	211.42	215.59
营业外收支(万元)	280.27	60.62	619.85	202.99
利润总额(万元)	6313.13	3309.61	8618.19	14286.86
净利润(万元)	4012.35	2242.80	4380.30	8108.07

十大股东

序号	股东名称	股份性质	持股数(万股)	比例(%)
1	中国华源集团有限公司	国有法人股	15493.20	31.51
2	锡山市长苑丝织厂	法人股	1015.20	2.06
3	江苏秋艳(集团)公司	法人股	927.00	1.89
4	CBNY S/A PNC/SKANDIAΘ	B股	225.95	0.46
5	SELECT FUND/CHINA EQUITY AC	社会公众股	102.80	0.21
6	SELECT FUND/CHINA EQUITY AC	B股	100.00	0.20
7	SCBHK A NOMURA TB NAITO SECURITIES CO.,LTD.	B股	77.01	0.16
8	安徽省信托投资公司	B股	74.24	0.15
9	DEBORAH WANG LIN	B股	70.95	0.14
10	陈晓东	B股	58.38	0.12

股东人数	2003.9	2003.6	2002	2001
	94544	94736	90999	93810

近年分配	2001年10股派0.5元	近年配股/增发	不分配不转增

重大事项

中国华源集团有限公司将其持有的公司国有法人股7746万股（占其持有的公司全部股权的50%）质押给中国建设银行上海市分行用于其发行企业债券，质押期限自2003年10月22日起至2012年3月19日止。 经财政部批复，同意将现由常州华源化学纤维有限公司(已于2000年12月27日注销)所持公司7986.6万股国有法人股(占总股本的16.24%)，划转给中国华源集团有限公司持有，股份性质为国有法人股。本次股权划转后，中国华源集团有限公司将持有公司15493.2万股，占公司总股本的31.50%，本次股权划转已获证监会批准。

二○○二年以来市场表现

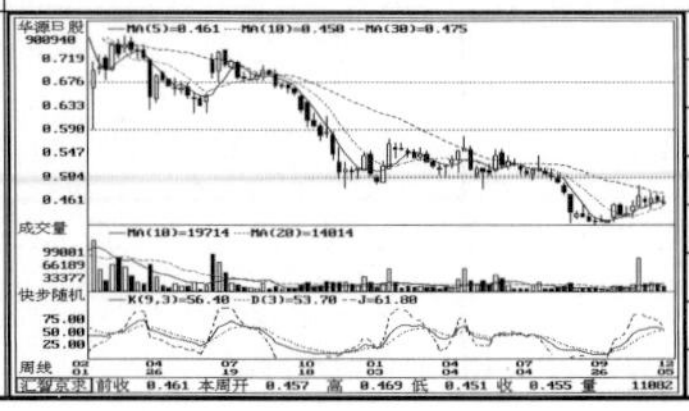

2002年涨跌幅(%)	-28.49
2002年最高(元)	9.34
2002年最低(元)	5.93
2002年换手率(%)	115.02
2003年涨跌幅(%)	-15.48
2003年最高(元)	8.19
2003年最低(元)	4.75
2003年换手率(%)	140.17

东方通信股份有限公司

公司概况

公司名称	东方通信股份有限公司	股票代码	900941
注册地址	中国浙江省杭州市文三路398号	邮政编码	310013
法人代表	郑国民	董秘	蔡祝平
电话	0571-88865242	传真	0571-88865243
主营业务	移动通信、程控交换、光电传输等的研制、开发等		
总股本	62800.00	流通A	11800.00
流通B	15000.00	流通H	
审计单位		审计意见	未审计

主要财务指标

年度	2003.9	2003.6	2002	2001
每股收益/扣除后(元)	-1.2500	-1.0400	-0.2680	0.2850
每股经营现金流量(元)	-0.7883	-1.5100	-1.2154	1.6981
每股净资产/调整后(元)	4.2500	4.4460	5.4580	5.7770
每股公积金(元)	3.4106	3.4106	3.4042	3.4042
净资产收益率(%)	-28.4200	-22.7400	-5.9800	5.6800
总资产(万元)	597035.62	640507.31	685623.75	772134.56
股东权益(万元)	268680.91	281113.84	344633.97	365228.47
未分配利润(万元)	-43553.48	-31121.02	32799.09	53393.51
主营收入(万元)	322325.25	213214.27	821968.69	839861.25
资本公积金(万元)	214186.62	214186.62	213786.62	213786.62
主营利润(万元)	10627.26	6500.15	108862.20	118505.98
其他业务利润(万元)	-1800.32	87.20	1613.17	980.25
营业利润(万元)	-82976.29	-69922.32	-17509.73	17806.81
投资收益(万元)	4893.82	4255.39	2068.20	7379.35
补贴收入(万元)	156.37	55.44	227.20	172.10
营业外收支(万元)	-516.89	-149.42	-1911.52	618.54
利润总额(万元)	-78442.99	-65760.91	-17125.84	25976.80
净利润(万元)	-76352.57	-63920.12	-20594.42	20734.37

十大股东

序号	股东名称	股份性质	持股数(万股)	比例(%)
1	普天东方通信集团有限公司	国有法人股	32400.00	51.59
2	珠海东信投资有限公司	一般法人股	3600.00	5.73
3	NAITO SECURITIES CO.,LTD.	外资股(B)股	804.25	1.28
4	TOYO SECURITIES ASIALTD.A/C CLIENT	外资股(B)股	532.29	0.85
5	DEUTSCHE BANK LONDON	外资股(B)股	214.00	0.34
6	DAIWA SECURITIES CO.,LTD.TOKYO	外资股(B)股	153.62	0.24
7	HKSBCSB S/A HSBC(NOM)S/A ABN AMRO BANK NV	外资股(B)股	125.00	0.20
8	杨莉珊	外资股(B)股	90.19	0.14
9	汪夫琦	社会公众股(A)股	81.42	0.13
10	王付英	社会公众股(A)股	70.36	0.11

股东人数	2003.9	2003.6	2002	2001
	88774	90606	91796	91056

近年分配	2001年10派2元	近年配股/增发	不分配不转增

重大事项

公司为控股子公司的广州邮电通信设备有限公司向中国民生银行广州分行贷款3000万元提供全额担保，担保期限为半年，自2003年11月起至2004年5月止。对于公司提供的上述担保，由其提供反担保。 公司决定解除与北京爱思开电讯科技有限公司签署的《增资入股合同》，并终止所有向上海飞讯数码科技发展有限公司增资入股的报批手续。

二○○二年以来市场表现

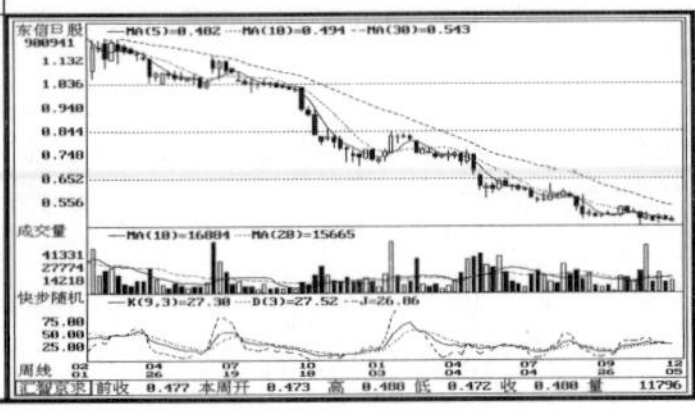

2002年涨跌幅(%)	-44.69
2002年最高(元)	17.00
2002年最低(元)	9.35
2002年换手率(%)	169.67
2003年涨跌幅(%)	-39.23
2003年最高(元)	11.85
2003年最低(元)	5.05
2003年换手率(%)	193.27

黄山旅游发展股份有限公司

公司概况								
公司名称	黄山旅游发展股份有限公司			股票代码	900942			
注册地址	安徽省黄山市黄山风景区温泉			邮政编码	242709			
法人代表	江山			董秘	黄慧敏			
电话	0559-5561756			传真	0559-5561110			
主营业务	旅游服务,酒店经营、旅游运输、饮食服务等							
总股本	30290.00	流通 A	5200.00	流通 B		流通 H		
审计单位				审计意见	未审计			

主要财务指标 年度	2003.9	2003.6	2002	2001
每股收益 / 扣除后(元)	-0.1200	-0.1780	0.1000	0.1500
每股经营现金流量(元)	-0.1260	-0.1140	0.4100	0.4452
每股净资产 / 调整后(元)	2.2300	2.1700	2.3200	2.4100
每股公积金(元)	0.8400	0.8440	0.8440	0.8440
净资产收益率(%)	-5.1000	-7.9100	3.4000	6.3000
总资产(万元)	94750.06	92700.53	99587.20	105989.07
股东权益(万元)	71401.55	69536.31	75036.69	73091.70
未分配利润(万元)	5438.21	3667.46	9202.97	8242.65
主营收入(万元)	18789.83	7125.16	45680.16	39874.46
资本公积金(万元)	25557.06	25557.06	25557.06	25557.06
主营利润(万元)	4499.22	-189.31	16097.36	17342.01
其他业务利润(万元)	41.32	23.47	406.69	389.23
营业利润(万元)	-2389.25	-4813.49	5604.73	8905.22
投资收益(万元)	24.55	-27.43	466.29	-468.11
补贴收入(万元)				
营业外收支(万元)	-119.23		-422.17	-905.82
利润总额(万元)	-2483.94	-4959.38	5648.86	7531.28
净利润(万元)	-3635.13	-5500.38	2550.79	4581.21

十大股东 序号	股东名称	股份性质	持股数(万股)	比例(%)
1	黄山旅游集团有限公司	国有股东	14690.00	48.50
2	刘 胜	B 股股东	245.73	0.81
3	华聪投资有限公司	B 股股东	172.43	0.57
4	刘如霖	B 股股东	122.37	0.40
5	NAITO SECURITIES CO.,LTD	B 股股东	82.05	0.27
6	HKSBCSB S A ABN AMRO BANK NV	B 股股东	80.00	0.26
7	王春华	B 股股东	67.36	0.22
8	安徽省信托投资公司	B 股股东	63.60	0.21
9	王光惠	B 股股东	53.57	0.18
10	汪胜虹	B 股股东	40.56	0.13

股东人数	2003.9	2003.6	2002	2001
	61565	62197	61800	63476

近年分配		近年配股 / 增发	不分配不转增

重大事项

2002 年 6 月 22 日公司以 2001 年末总股本 302900000 股为基数, A 股除息基准日为 2002 年 6 月 28 日,股权登记日为 2002 年 6 月 27 日,红利发放日为 2002 年 7 月 4 日.B 股除息基准日为 2002 年 6 月 28 日,股权登记日为 2002 年 7 月 2 日,红利发放日为 2002 年 7 月 10 日. 2003 年 10 月 30 日公司公布 2003 年第三季度报告:季度每股收益:-0.12 元;每股净资产:2.36 元;净资产收益率:-5.1%.

二〇〇二年以来市场表现

2002年涨跌幅(%)	-20.80
2002年最高(元)	13.00
2002年最低(元)	8.84
2002年换手率(%)	140.17
2003年涨跌幅(%)	-26.37
2003年最高(元)	10.24
2003年最低(元)	5.90
2003年换手率(%)	111.17

上海开开实业股份有限公司

公司概况								
公司名称	上海开开实业股份有限公司			股票代码	900943			
注册地址	上海市万航渡路 888 号			邮政编码	200042			
法人代表	江玉森			董秘	徐笑白			
电话	86-21-62127558			传真	86-21-62127558			
主营业务	服装、百货、医药							
总股本	24300.00	流通 A	4500.00	流通 B	8000.00	流通 H		
审计单位				审计意见	未审计			

主要财务指标 年度	2003.9	2003.6	2002	2001
每股收益 / 扣除后(元)	0.1500	0.0800	0.1950	0.1230
每股经营现金流量(元)	0.2400	0.1300	-0.0250	0.2920
每股净资产 / 调整后(元)	3.5730	3.5000	3.4460	3.3280
每股公积金(元)	1.8739	1.8739	1.8713	1.8709
净资产收益率(%)	4.4470	2.5350	6.0550	6.0910
总资产(万元)	207380.95	205639.52	200774.59	193717.70
股东权益(万元)	87689.26	86107.89	83959.32	80869.69
未分配利润(万元)	6180.63	4463.49	2281.02	367.90
主营收入(万元)	162304.59	97596.93	168887.59	111492.82
资本公积金(万元)	45535.79	45535.79	45472.14	45463.47
主营利润(万元)	18605.33	11664.52	18701.29	16528.42
其他业务利润(万元)	913.98	688.82	1705.47	2232.24
营业利润(万元)	5365.23	3153.96	4655.54	4161.71
投资收益(万元)	242.77	299.97	1767.96	2303.08
补贴收入(万元)	21.01	9.99	319.81	196.26
营业外收支(万元)	19.41	10.33	29.59	47.85
利润总额(万元)	5648.41	3474.24	6772.91	6708.90
净利润(万元)	3899.61	2182.47	5083.89	4925.89

十大股东 序号	股东名称	股份性质	持股数(万股)	比例(%)
1	上海开开(集团)有限公司	国家股	3509.02	14.44
2	上海九豫服饰有限公司	社会法人股	1900.00	7.82
3	上海怡邦针织品有限公司	社会法人股	1500.00	6.14
4	上海和康旅游用品有限公司	社会法人股	1100.00	4.53
5	中国石油化工股份有限公司上海石油零售分公司	社会法人股	450.00	1.85
6	上海华凯贸易发展有限公司	社会法人股	450.00	1.85
7	上海东方明珠股份有限公司	社会法人股	300.00	1.23
8	上海金兴贸易发展中心	社会法人股	300.00	1.23
9	上海建中房地产开发经营有限公司	流通 A 股	152.30	0.63
10	上海现代建筑设计(集团)有限公司	社会法人股	90.00	0.37

股东人数	2003.9	2003.6	2002	2001
	32561	33414	35116	55401

近年分配	2002年 每 10 股派 0.80 元 2001 年 每 10 股派 1.00 元	近年配股 / 增发	不分配不转增

重大事项

公司股东上海九豫服饰有限公司和上海怡邦针织品有限公司已于 2003 年 9 月 22 日分别将其所持有的公司 1900 万股和 1500 万股社会法人股的股权质押给中国农业银行深圳市分行上步支行,为各自的公司取得信贷额度提供出质,质押期限自 2003 年 9 月 22 日至 2006 年 9 月 22 日。 公司与上海九百(集团)有限公司签订人民币壹亿元的互为担保协议(担保期限为二年),协议签订日为 2003 年 8 月 1 日。截止到 2003 年 8 月 1 日公司累计对外担保额:人民币 37000 万元、美元 2019 万元,没有逾期担保。

二〇〇二年以来市场表现

2002年涨跌幅(%)	-26.89
2002年最高(元)	13.64
2002年最低(元)	8.82
2002年换手率(%)	112.76
2003年涨跌幅(%)	-27.53
2003年最高(元)	10.74
2003年最低(元)	6.10
2003年换手率(%)	86.78

海南航空股份有限公司

公司概况							
公司名称	海南航空股份有限公司			股票代码	900945		
注册地址	海南省海口市机场西路 168 号			邮政编码	570206		
法人代表	陈峰			董秘	张尚辉		
电话	0898-66739961			传真	0898-66739960		
主营业务	航空运输						
总股本	73025.28	流通 A	37195.78	流通 B	18472.32	流通 H	
审计单位				审计意见	未审计	Θ	

主要财务指标

年度	2003.9	2003.6	2002	2001
每股收益 / 扣除后(元)	-1.3000	-1.3300	0.2400	0.1400
每股经营现金流量(元)	0.1100	-1.3000	1.4500	1.8600
每股净资产 / 调整后(元)	0.6700	0.8600	2.3100	2.9900
每股公积金(元)	1.4220	1.4220	1.4220	1.3376
净资产收益率(%)	-0.6500	-69.0000	7.6000	4.5900
总资产(万元)	2284042.75	2101281.00	1940095.75	1500432.62
股东权益(万元)	146172.02	143151.81	238294.56	218400.50
未分配利润(万元)	-48001.87	-51022.06	44120.69	33104.38
主营收入(万元)	355820.97	192430.45	502828.16	325475.37
资本公积金(万元)	103840.59	103840.59	103840.59	97680.09
主营利润(万元)	-6832.20	-46788.04	127395.01	93794.40
其他业务利润(万元)	-389.10	-550.79	4191.18	4834.45
营业利润(万元)	-107383.90	-109938.90	21910.32	13769.08
投资收益(万元)	-554.73	-711.64	1219.20	-7.22
补贴收入(万元)	624.14		697.07	211.09
营业外收支(万元)	-1268.58		-150.28	35.53
利润总额(万元)	-108583.11	-111398.59	21910.32	14008.48
净利润(万元)	-95043.57	-98063.77	18115.09	10030.27

十大股东

序号	股东名称	股份性质	持股数(万股)	比例(%)
1	American Aviation LTD	外资股	10804.32	14.80
2	海航集团有限公司	法人股	5341.27	7.31
3	海南琪兴实业投资有限公司	法人股	5313.07	7.28
4	中国光大(集团)总公司	法人股	3320.78	4.55
5	海南金城国有资产经营管理有限责任公司	国有股	1728.94	2.37
6	交通银行海南省分行	法人股	648.00	0.89
7	中国国际旅行总社	法人股	648.00	0.89
8	北京田野商贸总公司	法人股	423.00	0.59
9	中工信托投资公司海南办事处	法人股	324.00	0.44
10	中国教育信托投资有限公司	法人股	297.00	0.41

股东人数	2003.9	2003.6	2002	2001
	120152	121269	109544	118230

近年分配	2002年 每 10 股派 0.20 元 2001 年 每 10 股派 0.60 元	近年配股 / 增发	2002年 每 10 股配 3 股

重大事项

海航集团以所持有的新华航空 9%股权,按股权帐面值为 16148.69 万元转让价格转让给公司;公司以所持有的金鹿公务机有限公司 30%股权及若干工程投资的帐面价值 16744.34 万元为转让价格转让给海航集团。上述资产进行置换时,价格差额为 595.65 万元,由海航集团以现金方式支付给公司。

二〇〇二年以来市场表现

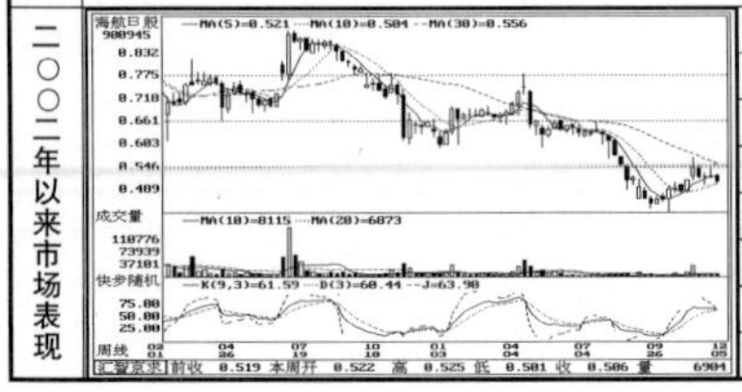

2002年涨跌幅(%)	-18.21
2002年最高(元)	8.88
2002年最低(元)	5.09
2002年换手率(%)	186.45
2003年涨跌幅(%)	-11.13
2003年最高(元)	7.33
2003年最低(元)	4.01
2003年换手率(%)	213.68

上海振华港口机械(集团)股份有限公司

公司概况							
公司名称	上海振华港口机械(集团)股份有限公司			股票代码	900947		
注册地址	上海市浦东南路 3470 号			邮政编码	200125		
法人代表	刘怀远			董秘	高莉娟		
电话	021-58396666			传真	021-58399555		
主营业务	集装箱起重机、散货机械						
总股本	45650.00	流通 A	8800.00	流通 B	11000.00	流通 H	
审计单位				审计意见	未审计		

主要财务指标

年度	2003.9	2003.6	2002	2001
每股收益 / 扣除后(元)	0.4200	0.0766	0.3000	0.3900
每股经营现金流量(元)	-0.0200	-0.6800	-0.3300	-0.4400
每股净资产 / 调整后(元)	4.4600	4.3200	4.0500	3.9500
每股公积金(元)	2.4458	2.4458	2.4458	2.4458
净资产收益率(%)	9.1900	6.2800	7.4000	10.6100
总资产(万元)	638258.12	634332.19	520528.87	446763.37
股东权益(万元)	203844.89	197510.73	185103.62	180533.19
未分配利润(万元)	27055.91	20721.74	8314.65	6484.29
主营收入(万元)	330331.56	198713.41	307423.75	288546.00
资本公积金(万元)	111649.30	111649.30	111649.30	111649.30
主营利润(万元)	34259.24	21425.56	27655.20	32107.21
其他业务利润(万元)	502.48	287.51	1542.47	2261.26
营业利润(万元)	20176.66	13131.76	16298.65	20133.70
投资收益(万元)	914.47	849.24	-943.67	156.74
补贴收入(万元)				260.69
营业外收支(万元)	-273.16		181.43	809.22
利润总额(万元)	20817.96	13735.80	15536.41	21360.35
净利润(万元)	18741.26	12407.10	13700.45	19153.22

十大股东

序号	股东名称	股份性质	持股数(万股)	比例(%)
1	中国港湾建设集团总公司	国有法人股	16055.60	35.17
2	香港振华工程有限公司	外资法人股	9611.25	21.05
3	中国对外贸易运输(集团)总公司	流通 A 股	880.00	1.93
4	TOYO SECURITIES ASIA LTD.A/C C LEN	流通 B 股	344.46	0.75
5	B SHARE FUND	流通 B 股	183.50	0.40
6	澳门振华海湾工程有限公司	外资法人股	183.15	0.40
7	安信证券投资基金	流通 A 股	161.24	0.35
8	NAITO SECURITIES CO.,LTD	流通 B 股	160.11	0.35
9	BRITISH AIRWAYS PENSIONS	流通 B 股	122.00	0.27
10	南方稳健成长证券投资基金	流通 A 股	117.82	0.26

股东人数	2003.9	2003.6	2002	2001
	34476	38076	38574	39761

近年分配	2002年 每 10 股派 2.00 元 2001 年 每 10 股派 2.00 元	近年配股 / 增发	不分配不转增

重大事项

公司与国内外港口分别签订了大额集装箱起重机械供货合同,涉及总金额为 8000 万美元,折算人民币约为 65000 万元,其中阿联酋迪拜港项目合同金额为 5500 万美元,深圳赤湾港项目金额为 2500 万美元,合同约定交货时间分别在 2003 年至 2005 年。 公司与深圳盐田国际集装箱码头有限公司于 2002 年 12 月 1 日签定了涉及总金额为港币 815558278.08 元集装箱起重机械供货合同。合同约定深圳盐田国际集装箱码头有限公司此次向公司采购港币 535700518.08 元的集装箱起重机械,并约定在签约后 12 个月内即 2003 年 12 月之前深圳盐田国际集装箱码头有限公司有权选择再向公司以同样价格购买港币 279857760 元的集装箱起重机械。

二〇〇二年以来市场表现

2002年涨跌幅(%)	-26.15
2002年最高(元)	13.90
2002年最低(元)	9.96
2002年换手率(%)	148.81
2003年涨跌幅(%)	22.75
2003年最高(元)	12.80
2003年最低(元)	9.60
2003年换手率(%)	174.77

内蒙古伊泰煤炭股份有限公司

公司概况

公司名称	内蒙古伊泰煤炭股份有限公司	股票代码	900948
注册地址	内蒙古鄂尔多斯市东胜区鄂尔多斯西街	邮政编码	017000
法人代表	张东海	董秘	田尚万
电话	0477-8524944	传真	0477-8530722
主营业务	原煤生产、运输、洗选、焦化、销售等		

总股本	36600.00	流通 A		流通 B	16600.00	流通 H	
审计单位				审计意见	未审计		

主要财务指标

年度	2003.9	2003.6	2002	2001
每股收益/扣除后(元)	0.1440	0.1010	0.2000	0.0920
每股经营现金流量(元)	0.2097	0.2430	0.5174	0.5035
每股净资产/调整后(元)	2.2200	2.1800	2.1500	1.9800
每股公积金(元)	1.1270	1.1270	1.1269	1.0990
净资产收益率(%)	6.3500	3.8800	8.2400	4.1700
总资产(万元)	158766.06	143672.56	148386.25	136186.44
股东权益(万元)	88534.85	86260.61	82908.09	79062.71
未分配利润(万元)	7846.07	5571.83	2224.07	442.12
主营收入(万元)	103015.94	66610.09	140023.50	114723.00
资本公积金(万元)	41247.58	41247.58	41242.82	40225.18
主营利润(万元)	76577.96	50085.59	102532.74	87960.41
其他业务利润(万元)	1298.26	579.08	1774.41	613.78
营业利润(万元)	6909.86	4281.78	8291.31	3945.19
投资收益(万元)	-8.80	-6.38	-66.44	-130.00
补贴收入(万元)			24.53	74.86
营业外收支(万元)	-415.67		-441.52	-266.46
利润总额(万元)	6485.39	3864.87	7807.87	3623.58
净利润(万元)	5622.00	3347.76	6832.88	3296.08

十大股东

序号	股东名称	股份性质	持股数(万股)	比例(%)
1	伊克昭盟煤炭集团公司	国有法人股	20000.00	54.64
2	MODERN ASSETS LIMITED	外资流通股	235.22	0.64
3	JOHN ROSS	外资流通股	78.71	0.21
4	SCBHK A/C KG INVESTMENTS ASIALIMITE	外资流通股	62.00	0.17
5	天津北方国际信托投资公司	外资流通股	60.09	0.16
6	徐倩 XU QIAN	外资流通股	51.63	0.14
7	吴群娟	外资流通股	45.50	0.12
8	安徽省信托投资公司	外资流通股	36.02	0.10
9	WISEMAX INTERNA TIONAL LIMITED	外资流通股	34.41	0.09
10	HKIT S/A 006-113039-431	外资流通股	33.80	0.09

股东人数	2003.9	2003.6	2002	2001
	30722	30871	30539	28720

近年分配	2002年10派1.1元 2001年10派0.5元	近年配股/增发	不分配不转增

重大事项

公司与内蒙古伊盟煤炭集团公司于2003年04月18日签署《内蒙古伊泰煤炭集团公司、内蒙古伊盟煤炭股份有限公司关于东胜办公楼收购协议书》。本次交易标的为伊煤集团公司东胜所有办公楼的固定资产及土地使用权，交易价格为人民币2592.54万元。　根据公司与国家开发投资公司进一步协商，该公司同意公司原7440万元权益不变，国投高科技公司投资1100万元，将伊泰生物高科有限责任公司增资扩股，增资扩股后注册资本为8540万元，公司持有伊泰生物高科有限公司87.12%的权益。

二○○二年以来市场表现

2002年涨跌幅(%)	-36.19
2002年最高(元)	0.876
2002年最低(元)	0.533
2002年换手率(%)	86.58
2003年涨跌幅(%)	19.50
2003年最高(元)	0.745
2003年最低(元)	0.546
2003年换手率(%)	61.09

浙江东南发电股份有限公司

公司概况

公司名称	浙江东南发电股份有限公司	股票代码	900949
注册地址	中国浙江省杭州市延安路528号标力大厦22-23层	邮政编码	310006
法人代表	孙永森	董秘	夏晶寒
电话	0571-85774566	传真	0571-85774321
主营业务	投资、开发及经营发电厂、发电机组		

总股本	201000.00	流通 A		流通 B	69000.00	流通 H	
审计单位				审计意见	未审计		

主要财务指标

年度	2003.9	2003.6	2002	2001
每股收益/扣除后(元)	0.3400	0.1780	0.2700	0.3700
每股经营现金流量(元)	0.7382	0.3300	0.5174	0.6453
每股净资产/调整后(元)	3.0000	2.8400	2.6700	2.6700
每股公积金(元)	0.9270	0.9270	0.9270	0.9270
净资产收益率(%)	11.0400	6.1700	10.1300	13.6800
总资产(万元)	896457.06	884568.87	860241.94	781631.37
股东权益(万元)	605553.31	574092.50	538678.19	536585.87
未分配利润(万元)	141910.87	110450.04	75035.73	83330.68
主营收入(万元)	353220.34	200621.09	332094.50	337027.72
资本公积金(万元)	186327.20	186327.20	186327.20	186327.20
主营利润(万元)	125820.62	65989.44	108312.22	113987.12
其他业务利润(万元)	73.55	46.14	48.91	166.76
营业利润(万元)	105759.75	54015.68	81320.70	95383.59
投资收益(万元)	2104.00		3345.91	2107.82
补贴收入(万元)				
营业外收支(万元)	-2038.00	650.75	-3391.29	-1185.90
利润总额(万元)	105825.75	53364.92	81275.31	96305.51
净利润(万元)	66875.15	35414.30	54551.51	73405.78

十大股东

序号	股东名称	股份性质	持股数(万股)	比例(%)
1	浙江省电力开发公司	国有股	79996.32	39.80
2	中国华能集团公司	国有股	51403.68	25.57
3	NAITOSECURITIESCO.,LTD	流通B股	1484.66	0.74
4	SCBHKA/CBROWNBROTHERSHARRIMANANDCOBOSTONS/ACMOEMERGINGMARKETSFUND	流通B股	1149.29	0.57
5	TOYOSECURITIESASIALTD.A/CCLIENT	流通B股	738.44	0.37
6	华聪投资有限公司	流通B股	680.78	0.34
7	浙江八达股份有限公司	法人股	400.00	0.20
8	SCBHKA/CNOMURATB/NOMURAITM	流通B股	240.00	0.12
9	BSDTS/APENSIONRESERVESINVESTMENTMANAGEMENTBOARD	流通B股	221.50	0.11
10	胡家英	流通B股	215.86	0.11

股东人数	2003.9	2003.6	2002	2001
	85417	86592	86816	86322

近年分配	2002年10派2.48元 2001年10派2.5元	近年配股/增发	不分配不转增

重大事项

公司控股了公司长兴公司将扩建2台300MW燃煤发电机组。估算工程动态总投资为25.85亿元，其中项目资本金为总投资的20%，约52000万元；资本金以外的所需资金由银行贷款解决。　公司拟以自有资金出资，与浙江省能源集团有限公司、丽水市国有资产经营有限公司共同投资建设浙江滩坑水电站工程。公司拟参与投资滩坑水电站工程25%的股权，经测算，公司拟投入的资本金约为3.25亿元。最终该工程的投资总额、项目资本金及公司的出资资本金金额以可研报告批复为准。

二○○二年以来市场表现

2002年涨跌幅(%)	-26.28
2002年最高(元)	0.744
2002年最低(元)	0.526
2002年换手率(%)	76.85
2003年涨跌幅(%)	37.84
2003年最高(元)	0.786
2003年最低(元)	0.531
2003年换手率(%)	59.99

江苏新城房产股份有限公司

公司概况							
公司名称	江苏新城房产股份有限公司			股票代码	900950		
注册地址	江苏省武进市湖塘镇人民东路158号高新开发区经创中心			邮政编码	213161		
法人代表	王振华			董秘	唐云龙		
电话	0519-8127288			传真	0519-8156698		
主营业务	房地产开发与经营,物业管理,房产租赁,室内等						
总股本	33191.40	流通 A		流通 B	13391.40	流通 H	
审计单位				审计意见	未审计		

主要财务指标

年度	2003.9	2003.6	2002	2001
每股收益/扣除后(元)	0.0357	0.0356	0.0365	-0.3878
每股经营现金流量(元)	-0.3962	-0.5100	0.0175	0.0707
每股净资产/调整后(元)	1.0319	1.0588	1.0400	0.8790
每股公积金(元)	0.0610	0.0610	0.0610	0.9397
净资产收益率(%)	3.2000	3.1100	3.1400	-54.2700
总资产(万元)	157996.06	124686.47	102804.80	76704.54
股东权益(万元)	37561.32	37525.57	36357.61	35216.55
未分配利润(万元)	2173.61	1533.47	365.51	-29154.18
主营收入(万元)	23954.33	14158.80	35716.74	10658.20
资本公积金(万元)	2025.15	2025.15	2025.15	31179.33
主营利润(万元)	5591.08	4191.41	8933.86	-613.81
其他业务利润(万元)	65.33	48.65	14.62	259.43
营业利润(万元)	2163.62	2052.41	3270.23	-13662.52
投资收益(万元)				-953.08
补贴收入(万元)				
营业外收支(万元)	18.52		-79.00	-6320.04
利润总额(万元)	2182.14	2038.82	3191.22	-20935.63
净利润(万元)	1203.71	1167.96	1141.06	-19112.37

十大股东

序号	股东名称	股份性质	持股数(万股)	比例(%)
1	江苏新城实业集团有限公司	境内法人股	9744.54	29.36
2	常州环球房地产发展有限公司	境内法人股	7302.11	22.00
3	常州泛华科技投资有限公司	境内法人股	2489.36	7.50
4	SUNGOLDEN LIMITED	流通外资股	130.31	0.39
5	CHIN IKUSHIN	流通外资股	72.00	0.22
6	武进湖塘邱墅铸造厂	发起法人股	66.00	0.20
7	武进戴溪东尖有色金属铸造厂	发起法人股	66.00	0.20
8	龚平	流通外资股	58.30	0.18
9	上海海欣国际投资公司	流通外资股	55.98	0.17
10	吴蔚	流通外资股	55.10	0.17

股东人数	2003.9	2003.6	2002	2001
	1996	20132	20078	20678

近年分配		近年配股/增发	不分配不转增

重大事项

公司与常州市武进区国土资源局于日前签订了《国有土地使用权出让合同》,受让位于武进区长虹路北、花园街西的宗地一块,总面积为**100339.4**平方米,紧邻公司拥有的位于武进市何留村、浒路村的文秀苑**33.33**万平方米土地,本次受让的土地使用权出让年限为商业用途**40**年、住宅用途**70**年,土地使用权受让总金额为人民币**104854673**元。上海新城创置房地产有限公司现向中国银行上海分行青浦支行申请贷款**5000**万元,其中**2000**万元借款由公司提供信用担保,另**3000**万元借款由上海新城创置以其拥有的青浦区**13**号地块的土地使用权作抵押。

二〇〇二年以来市场表现

2002年涨跌幅(%)	-39.05
2002年最高(元)	0.815
2002年最低(元)	0.461
2002年换手率(%)	159.59
2003年涨跌幅(%)	-12.45
2003年最高(元)	0.620
2003年最低(元)	0.386
2003年换手率(%)	56.96

大化集团大连化工股份有限公司

公司概况							
公司名称	大化集团大连化工股份有限公司			股票代码	900951		
注册地址	辽宁省大连市甘井子区工兴路10号			邮政编码	116032		
法人代表	刘平芹			董秘	周魏		
电话	0411-6893436			传真	0411-6671948		
主营业务	碱产品及副产品的生产及销售,技术开发等						
总股本	27500.00	流通 A		流通 B	10000.00	流通 H	
审计单位				审计意见	未审计		

主要财务指标

年度	2003.9	2003.6	2002	2001
每股收益/扣除后(元)	0.0070	0.0100	-0.0500	0.0500
每股经营现金流量(元)	-0.0413	-0.1120	0.0162	0.0172
每股净资产/调整后(元)	1.9300	1.9300	1.6300	1.9900
每股公积金(元)	0.8316	0.8316	0.8316	0.8316
净资产收益率(%)	0.3900	0.4700	-3.3700	1.8000
总资产(万元)	86464.06	88890.79	83314.42	83629.97
股东权益(万元)	55128.37	55169.19	54911.74	56764.11
未分配利润(万元)	3339.89	3380.71	3123.26	4975.64
主营收入(万元)	68583.11	46240.87	101489.59	91476.25
资本公积金(万元)	22868.72	22868.72	22868.72	22686.72
主营利润(万元)	4776.21	4088.51	9338.63	8504.54
其他业务利润(万元)	-129.53	-83.29	-136.65	-466.11
营业利润(万元)	340.25	400.43	-1411.56	1731.54
投资收益(万元)				
补贴收入(万元)				
营业外收支(万元)	-16.92		-440.82	-412.99
利润总额(万元)	323.33	384.26	-1852.38	1318.54
净利润(万元)	216.63	257.45	-1852.38	1019.55

十大股东

序号	股东名称	股份性质	持股数(万股)	比例(%)
1	大化集团有限责任公司	国有法人股	17500.00	63.64
2	安徽省信托投资公司	外资股	144.62	0.53
3	益生堂药业有限公司	外资股	112.00	0.41
4	裘阿海	外资股	72.00	0.26
5	吴滨	外资股	37.00	0.13
6	梁鸽琴	外资股	36.80	0.13
7	WISEMAX INTERNATIONAL LIMITED	外资股	36.61	0.13
8	宋晓东	外资股	25.93	0.09
9	任建诚	外资股	21.16	0.08
10	王一平	外资股	20.92	0.08

股东人数	2003.9	2003.6	2002	2001
	19374	19489	19407	19052

近年分配		近年配股/增发	不分配不转增

重大事项

公司控股股东大化集团有限责任公司为偿还所欠公司债务,决定以所属储运公司资产包括码头、铁路、排渣装置等帐面资产净值**2.4**亿元及硝铵生产装置帐面净值**3000**万元抵偿所欠部分债务,资产抵债具体数额以中介机构评估为准。双方已签定了以资抵债意向书,**2003**年**4**月**15**日,大化集团有限责任公司董事会已审议批准该事项。

二〇〇二年以来市场表现

2002年涨跌幅(%)	-40.17
2002年最高(元)	0.846
2002年最低(元)	0.492
2002年换手率(%)	107.76
2003年涨跌幅(%)	-16.83
2003年最高(元)	0.593
2003年最低(元)	0.356
2003年换手率(%)	36.00

锦州港股份有限公司

公司概况

公司名称	锦州港股份有限公司	股票代码	900952
注册地址	锦州经济技术开发区锦港大街1段1号	邮政编码	121007
法人代表	赵告	董秘	王健
电话	0416-3586462	传真	0416-3582431
主营业务	港务管理、港口装饰、水运辅助业		

总股本	94650.00	流通 A	22800.00	流通 B	16650.00	流通 H	
审计单位				审计意见	未审计	Θ	

主要财务指标

年度	2003.9	2003.6	2002	2001
每股收益/扣除后(元)	0.0740	0.0480	0.0090	0.0500
每股经营现金流量(元)	0.1560	0.1100	0.1590	0.1300
每股净资产/调整后(元)	1.0020	0.9910	0.9310	1.4900
每股公积金(元)	0.2070	0.2070	0.2070	0.2016
净资产收益率(%)	7.1700	4.7400	-0.1920	3.4000
总资产(万元)	205348.87	203543.34	202570.62	285635.44
股东权益(万元)	98176.50	95671.97	91137.45	140602.83
未分配利润(万元)	-19847.12	-22351.65	-27252.80	8444.84
主营收入(万元)	32051.14	21571.47	38436.76	28653.23
资本公积金(万元)	19591.72	19591.72	19591.72	19080.28
主营利润(万元)	17074.01	11386.56	14746.55	12668.81
其他业务利润(万元)	281.34	138.81	204.65	217.53
营业利润(万元)	10372.99	6798.56	2421.23	5798.38
投资收益(万元)	42.23	42.23	28.58	4.06
补贴收入(万元)				
营业外收支(万元)	-62.04	-53.14	-1118.51	78.58
利润总额(万元)	10353.18	6787.65	1331.30	5876.95
净利润(万元)	7039.05	4534.52	-174.26	4847.32

十大股东

序号	股东名称	股份性质	持股数(万股)	比例(%)
1	东方集团股份有限公司	法人股	25681.50	57.13
2	锦州港务局	国家股	15000.00	15.85
3	锦州石油化工公司	法人股	6000.00	6.34
4	辽宁省投资集团有限公司	法人股	4050.00	4.28
5	锦西炼油化工总厂	法人股	1500.00	1.58
6	锦州石化工程公司	法人股	1470.00	1.55
7	中国石油国际事业锦州公司	法人股	877.50	0.93
8	辽宁省建设投资公司	法人股	456.00	0.48
9	CBNYS/APNC/SKANDIASELECTFUND/C HINAEQUITYAC	B股	172.58	0.24
10	锦州碧海石油化工有限公司	法人股	168.00	0.18

股东人数	2003.9	2003.6	2002	2001
	127648	129653	136512	125195

近年分配	近年配股/增发	不分配不转增

重大事项

公司决定在前次初步整改的基础上深化整改，对以前年度会计核算情况进行彻底清理并彻底纠正所有不规范事项。因此，公司成立了会计核算清理整改特别工作组，对公司历年会计核算情况进行彻底清查，于**2003**年**01**月**26**日在董事会上提出清理工作报告。报告中提出了除《财政部关于公司的行政处罚决定》中认定的问题外，还存在一些虚增资产和虚增收入的情况，并提出纠正意见。

二〇〇二年以来市场表现

2002年涨跌幅(%)	-38.60
2002年最高(元)	9.17
2002年最低(元)	5.14
2002年换手率(%)	180.16
2003年涨跌幅(%)	8.38
2003年最高(元)	6.53
2003年最低(元)	4.78
2003年换手率(%)	273.45

中泰凯马股份有限公司

公司概况

公司名称	中泰凯马股份有限公司	股票代码	900953
注册地址	上海市浦东新区商城路660号	邮政编码	200063
法人代表	上海市浦	董秘	徐贤卿
电话	021-62034925	传真	021-62030851
主营业务	内燃机、农用运输车、拖拉机整机等		

总股本	64000.00	流通 A		流通 B	24000.00	流通 H	
审计单位				审计意见	未审计		

主要财务指标

年度	2003.9	2003.6	2002	2001
每股收益/扣除后(元)	-0.0300	0.0080	-0.1580	-0.5400
每股经营现金流量(元)	0.0283	-0.0300	-0.0954	-0.0131
每股净资产/调整后(元)	1.4400	1.4900	1.4600	1.4700
每股公积金(元)	0.7860	0.7860	0.7860	0.7860
净资产收益率(%)	-1.9000	0.6700	1.9900	-35.7000
总资产(万元)	322385.62	317275.69	341512.59	328993.22
股东权益(万元)	96388.15	98848.09	97471.53	96427.53
未分配利润(万元)	-23438.26	-20978.47	-21635.95	-21599.53
主营收入(万元)	170187.06	126772.36	244293.02	232971.17
资本公积金(万元)	50301.95	50301.95	50301.95	50301.95
主营利润(万元)	17304.51	12604.34	22970.70	20430.76
其他业务利润(万元)	1083.86	839.06	880.26	1149.79
营业利润(万元)	-2349.23	450.86	-16075.74	-28634.45
投资收益(万元)	507.53	324.21	12629.93	-6488.39
补贴收入(万元)	84.18	82.38	23.11	400.00
营业外收支(万元)	129.61	72.63	427.40	-1347.71
利润总额(万元)	-1627.91	930.07	-2995.30	-36070.54
净利润(万元)	-1802.31	657.49	1935.07	-34418.08

十大股东

序号	股东名称	股份性质	持股数(万股)	比例(%)
1	中泰信用担保有限公司	社会法人股	18880.00	29.50
2	中国华源集团有限公司	国有法人股	4637.17	7.24
3	山东莱动内燃机有限公司	国有法人股	3686.16	5.76
4	山东拖拉机厂	国有法人股	3538.72	5.53
5	山东潍坊拖拉机集团总公司	国有法人股	2349.58	3.67
6	江苏行星机械集团公司	国有法人股	2218.02	3.47
7	山东寿光聚宝农用车辆总厂	社会法人股	2170.53	3.39
8	山东光明机器厂	国有法人股	1293.69	2.02
9	BNY S/A PNC/SKANDIA SELECT FUND/CHINA EQUITY AC	B股	553.53	0.86
10	中国农业机械总公司	国有法人股	351.92	0.55

股东人数	2003.9	2003.6	2002	2001
	40669	40685	40912	38804

近年分配	近年配股/增发	不分配不转增

重大事项

公司于**2003**年**11**月**18**日与中国华源集团有限公司签订《股权转让协议》和《股权托管协议》，转让公司持有的无锡生命科技发展股份有限公司**24%**的股权。本次交易的定价以无锡生命截至**2003**年**10**月**31**日净资产账面值为基准，经交易双方商确定交易价格为**11520**万元，该交易价格较投资成本溢价**20%**。　　公司于**2003**年**11**月**18**日收到中泰信用担保有限公司通知，中泰担保已于同日与上海华源投资发展(集团)有限公司签署了《股权转让协议》，中泰担保将持有的公司**137600000**股(占公司总股本的**21.5%**)社会法人股转让予华源投发，转让价格为**1.62**元/股，转让价款合计为**222910000**元。

二〇〇二年以来市场表现

2002年涨跌幅(%)	-41.55
2002年最高(元)	0.812
2002年最低(元)	0.463
2002年换手率(%)	141.53
2003年涨跌幅(%)	-18.35
2003年最高(元)	0.590
2003年最低(元)	0.355
2003年换手率(%)	57.71

黄石东贝电器股份有限公司

公司概况

公司名称	黄石东贝电器股份有限公司				股票代码	900956	
注册地址	湖北省黄石市铁山区武黄路5号				邮政编码	435006	
法人代表	杨百昌			董秘	廖汉钢		
电话	0714-5415858			传真	0714-5415858		
主营业务	制冷压缩机、压缩机电机的生产和销售等						
总股本	23500.00	流通A		流通B	11500.00	流通H	
审计单位				审计意见	未审计		

主要财务指标

年度	2003.9	2003.6	2002	2001
每股收益/扣除后(元)	-0.0003	0.0019	-0.0002	0.1000
每股经营现金流量(元)	0.2098	0.0190	-0.0971	0.1119
每股净资产/调整后(元)	1.6400	1.6400	1.6300	1.6300
每股公积金(元)	0.3827	0.3825	0.3819	0.3617
净资产收益率(%)	0.0700	0.1500	0.2800	6.0500
总资产(万元)	88996.12	88951.08	74845.42	70448.70
股东权益(万元)	38782.67	38835.34	38784.63	38818.38
未分配利润(万元)	4791.61	4850.91	4814.52	5219.80
主营收入(万元)	28980.67	19039.93	22700.91	25819.78
资本公积金(万元)	8994.84	8988.20	8973.88	8501.04
主营利润(万元)	3085.06	2310.61	3426.82	5547.84
其他业务利润(万元)	12.98	-15.36	127.31	95.57
营业利润(万元)	38.00	88.24	15.01	2802.34
投资收益(万元)	-24.45	-16.30	141.29	-24.45
补贴收入(万元)	14.13			
营业外收支(万元)	43.11	10.09	30.88	70.92
利润总额(万元)	70.80	101.62	187.18	2848.81
净利润(万元)	25.64	56.95	109.93	2419.14

十大股东

序号	股东名称	股份性质	持股数(万股)	比例(%)
1	黄石东贝冷机实业公司	国家股	11760.00	50.04
2	孙孟林	流通股	230.64	0.98
3	周坚白	流通股	97.00	0.41
4	常州洛克制冷电气有限公司	法人股	80.00	0.34
5	胡云菁	流通股	51.42	0.22
6	武汉市新华五金厂	法人股	40.00	0.17
7	浙江绍兴冲压件厂	法人股	40.00	0.17
8	诸暨市电机厂	法人股	40.00	0.17
9	常熟碧溪无线电厂	法人股	40.00	0.17
10	胡柏君	流通股	37.33	0.16

股东人数	2003.9	2003.6	2002	2001
	22468	22499	22608	22185

近年分配		近年配股/增发	不分配不转增

重大事项

公司与黄石东贝机电集团有限责任公司于**2002**年**11**月**15**日签订的股权转让协议，公司拟受让机电集团公司所持有的黄石东贝机电动力有限公司**99.89%**的股权，受让价款确定为**2722.34**万元。

二〇〇二年以来市场表现

2002年涨跌幅(%)	-41.06
2002年最高(元)	0.844
2002年最低(元)	0.501
2002年换手率(%)	69.85
2003年涨跌幅(%)	-21.56
2003年最高(元)	0.600
2003年最低(元)	0.360
2003年换手率(%)	28.36

上海市凌云幕墙科技股份有限公司

公司概况

公司名称	上海市凌云幕墙科技股份有限公司				股票代码	900957	
注册地址	上海浦东新区东方路877号嘉兴大厦18楼				邮政编码	200122	
法人代表	郑介甫			董秘	高云飞		
电话	021-50813736			传真	021-50819380		
主营业务	旅游基础设施的建设、旅游景点开发						
总股本	34900.00	流通A		流通B	18400.00	流通H	
审计单位				审计意见	未审计		

主要财务指标

年度	2003.9	2003.6	2002	2001
每股收益/扣除后(元)	0.0220	0.0290	0.0200	0.1000
每股经营现金流量(元)	-0.4929	-0.2200	-0.1202	-0.0334
每股净资产/调整后(元)	1.8600	1.8700	1.8300	1.7600
每股公积金(元)	0.5340	0.5340	0.5340	0.5157
净资产收益率(%)	2.5000	1.8400	3.6900	7.5800
总资产(万元)	240571.84	243510.55	162985.91	145996.02
股东权益(万元)	68559.44	65468.96	62501.52	59957.15
未分配利润(万元)	8853.92	8433.44	5804.76	4564.91
主营收入(万元)	18369.57	14930.64	8349.23	59411.31
资本公积金(万元)	18636.36	18636.36	18022.24	17997.59
主营利润(万元)	7277.84	5757.66	1264.98	11047.90
其他业务利润(万元)	-0.33	-0.33	1264.51	46.11
营业利润(万元)	2851.38	2811.34	-999.22	2925.74
投资收益(万元)	655.66	-125.50	3388.38	896.50
补贴收入(万元)		131.17		58.83
营业外收支(万元)	6.43		1.30	279.84
利润总额(万元)	3500.61	2679.41	2390.46	4160.90
净利润(万元)	1623.55	1203.07	2368.24	4672.79

十大股东

序号	股东名称	股份性质	持股数(万股)	比例(%)
1	天津环渤海控股集团有限公司	社会法人股	8467.00	24.26
2	国基环保高科技有限公司	境内法人股	6818.00	19.53
3	湖南日升物资贸易有限公司	境内法人股	567.00	1.62
4	上海物流产业投资公司	国有法人股	405.00	1.16
5	深圳新恒利发展公司	境内法人股	243.00	0.70
6	潘福妹	流通B股	160.00	0.46
7	费建民	流通B股	120.00	0.34
8	陈元峰	流通B股	112.60	0.32
9	王伟清 WONG WAI CHING	流通B股	94.00	0.27
10	WANXIANG INTERNATIONAL INVESTMENT CORPORATION	流通B股	84.00	0.24

股东人数	2003.9	2003.6	2002	2001
	36201	36003	35819	32240

近年分配	2002年10派0.1元 2001年10派0.2元	近年配股/增发	不分配不转增

重大事项

公司将持有的北京中基恒业房地产开发有限公司**60%**的权益，**2002**年经审计的该部分权益的价值为**2354.61**万元，全部转让给天津市中硕实业有限公司，转让价**3200**万元人民币，天津市中硕实业有限公司以现金方式一次性支付，于**2003**年**9**月**30**日前全部付清。　公司为控股子公司天津国际游乐港有限公司在天津北方国际信托投资股份有限公司申请的期限一年的流动资金贷款**5000**万元，提供信誉担保的议案。变更公司名称为"上海凌云发展股份有限公司"。修订公司章程部分条款。同意天津国际游乐港有限公司增资，注册资本金从**25000**万元增加到**60900**万元，其中公司对该公司增资**14400**万元的议案。

二〇〇二年以来市场表现

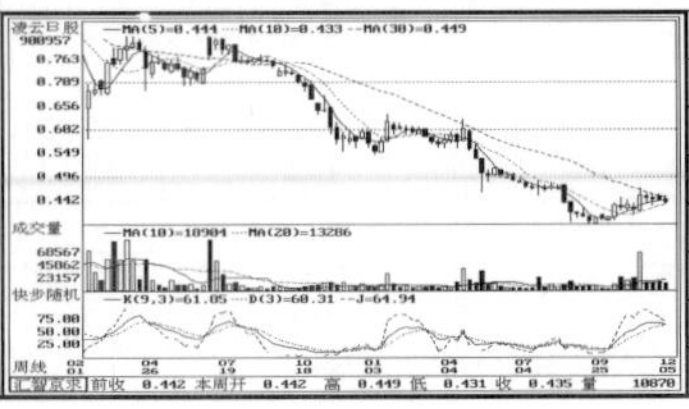

2002年涨跌幅(%)	-34.78
2002年最高(元)	0.864
2002年最低(元)	0.551
2002年换手率(%)	63.34
2003年涨跌幅(%)	-20.65
2003年最高(元)	0.634
2003年最低(元)	0.389
2003年换手率(%)	29.58

第八编

深交所上市公司

1462/1692

栏 目 协 办

山西国阳新能股份有限公司

深圳发展银行股份有限公司

公司概况

公司名称	深圳发展银行股份有限公司	股票代码	000001
注册地址	中国广东省深圳市	邮政编码	518001
法人代表	周林	董秘	雷鸣
电话	0755-82080387	传真	0755-82080386
主营业务	贷款、拆借、存放		

总股本	194582.20	流通 A	140936.20	流通 B		流通 H	
审计单位				审计意见	未审计		

主要财务指标

年度	2003.9	2003.6	2002	2001
每股收益/扣除后(元)	0.1600	0.1400	0.2287	0.2080
每股经营现金流量(元)	-3.7800	-1.9900	4.3900	7.5200
每股净资产/调整后(元)	1.9600	2.1600	1.9400	1.8600
每股公积金(元)	0.8100	0.8080	0.8080	0.8077
净资产收益率(%)	0.0800	0.0600	11.4700	11.0900
总资产(万元)	19339630.00	17545484.00	16616638.00	12012698.00
股东权益(万元)	398188.94	433023.59	376802.12	362766.87
未分配利润(万元)	25270.57	60105.01	3883.61	4976.32
主营收入(万元)	414053.50	282230.75	551912.19	432894.37
资本公积金(万元)	157172.94	157172.94	157172.94	157172.94
主营利润(万元)	207829.59	88382.94	190490.34	56174.85
其他业务利润(万元)				
营业利润(万元)	120793.81	88382.94	190490.34	56174.85
投资收益(万元)	47644.72	31806.84	63121.13	44249.09
补贴收入(万元)				
营业外收支(万元)			-1271.82	-279.29
利润总额(万元)	100929.08	74817.97	63655.04	55895.56
净利润(万元)	31495.35	27034.07	43222.49	40236.04

十大股东

序号	股东名称	股份性质	持股数(万股)	比例(%)
1	深圳市投资管理公司	国有股	13783.82	7.08
2	深圳国际信托投资公司	国有股	11230.19	5.77
3	深圳市社会保险公司	国有股	7833.86	4.02
4	深圳中电投资股份有限公司	未披露	6224.66	3.20
5	海通证券股份有限公司	未披露	3570.43	1.82
6	申银万国证券股份有限公司	未披露	2657.21	1.37
7	深圳市城建开发集团公司	国有股	2575.72	1.32
8	德隆国际战略投资有限公司	未披露	2500.00	1.28
9	中国农业银行深圳市分行工会	未披露	1556.75	0.80
10	国债服务部	未披露	734.07	0.38

股东人数	2003.9	2003.6	2002	2001
	704157	695975	676511	778568

近年分配	2002年10股派1.5元 2001年末10派1.5元	近年配股/增发	不分配不转增

重大事项

2003年10月31日公司收到国际商会仲裁院来函，该院已接受新桥投资集团公司以公司股东深圳市投资管理公司、深圳国际信托投资公司、深圳市社会劳动保险公司、深圳市城市建设开发(集团)公司及公司为被申请人的仲裁申请。该仲裁案件起因于公司四家股东与新桥之间涉及公司股权转让的谈判纠纷。　2002年8月27日本行接到中国人民银行宁波市中心支行和佛山市中心支行批复，同意深圳发展银行宁波支行和深圳发展银行佛山支行升格为分行。

二○○二年以来市场表现

2002年涨跌幅(%)	-13.47
2002年最高(元)	15.71
2002年最低(元)	9.15
2002年换手率(%)	155.13
2003年涨跌幅(%)	-18.96
2003年最高(元)	13.75
2003年最低(元)	7.62
2003年换手率(%)	137.85

万科企业股份有限公司

公司概况

公司名称	万科企业股份有限公司	股票代码	000002
注册地址	中国深圳市福田区梅林路63号	邮政编码	518049
法人代表	王石	董秘	肖莉
电话	0755-25606666	传真	0755-83152041
主营业务	房地产开发		

总股本	139479.59	流通 A	93027.58	流通 B	24351.03	流通 H	
审计单位				审计意见	未审计		

主要财务指标

年度	2003.9	2003.6	2002	2001
每股收益/扣除后(元)	0.1960	0.1510	0.6100	0.3020
每股经营现金流量(元)	-0.9300	-0.1500	0.2000	-1.9100
每股净资产/调整后(元)	3.1070	3.0400	5.3600	4.9510
每股公积金(元)	1.0350	1.0040	2.2750	2.2749
净资产收益率(%)	6.1800	4.8300	1.2000	11.9600
总资产(万元)	1024048.81	947321.50	821582.25	648291.19
股东权益(万元)	441587.62	428453.12	338076.91	312409.00
未分配利润(万元)	27600.41	20989.99	1226.96	461.71
主营收入(万元)	326465.53	219069.52	457435.97	445506.47
资本公积金(万元)	144340.12	138916.80	143544.22	143541.27
主营利润(万元)	72231.46	50794.55	88593.91	84111.38
其他业务利润(万元)	544.76	101.91	1672.60	-106.45
营业利润(万元)	37886.91	28719.79	52856.83	29656.93
投资收益(万元)	-314.69	-202.21	-580.29	19830.55
补贴收入(万元)				
营业外收支(万元)	156.40	-91.91	-275.43	697.74
利润总额(万元)	37728.62	28426.67	52001.11	50185.22
净利润(万元)	27291.95	20681.53	38242.13	37374.72

十大股东

序号	股东名称	股份性质	持股数(万股)	比例(%)
1	华润股份有限公司	国有股、法人股	15615.15	11.29
2	CREDIT LYONNAAIS SECURITIES(ASIA)LTD	外资股	3141.71	2.47
3	刘元生	流通股、未流通股	2431.63	1.76
4	HOLY TIME GROUP LINTED	外资股	1449.21	1.05
5	TOYO SECURITIES ASIA LITMITED-A/C CLIENT	外资股	1366.91	0.99
6	万科企业股份有限公司工会委员会	法人股	1179.02	0.85
7	景福证券投资基金	A股	1093.26	0.79
8	华安证券有限责任公司	A股	880.74	0.64
9	南方宝元债券型基金	A股	812.05	0.59
10	内藤证券株式会社	外资股	809.33	0.59

股东人数	2003.9	2003.6	2002	2001
	236362	248117	208473	216370

近年分配	2002年10股派2元 2001年10股派2元	近年配股/增发	2002年10股转增10股

重大事项

2003年11月26日公司全资附属子公司深圳市万科房地产有限公司拟向新华信托投资股份有限公司申请总额不超过人民币3亿元、期限不超过2年，利率为年4.5%的贷款，用于深圳大梅沙万科东海岸项目的开发。　2003年11月26日公司决定将深圳万科置业有限公司所持有的中山市万科房地产有限公司80%股权全部转让给集团全资控股子公司万科中国投资有限公司(香港)，转让价为资产净值人民币1600万元。股权转让完成后，中山公司注册性质将变更为中外合资有限公司；

二○○二年以来市场表现

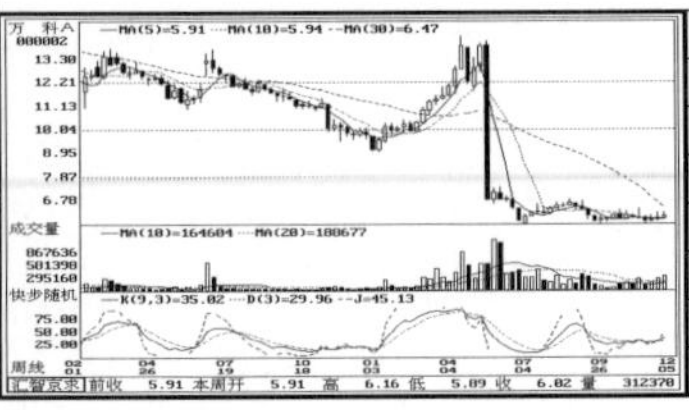

2002年涨跌幅(%)	-27.16
2002年最高(元)	6.69
2002年最低(元)	4.60
2002年换手率(%)	51.76
2003年涨跌幅(%)	25.21
2003年最高(元)	7.34
2003年最低(元)	4.39
2003年换手率(%)	167.27

深圳市北大高科技股份有限公司

公司概况

公司名称	深圳市北大高科技股份有限公司	股票代码	000004
注册地址	深圳市蛇口新时代广场 27 楼 A–D	邮政编码	518057
法人代表	陈章良	董秘	蒋伟诚
电话	0755–26954161	传真	0755–26954171
主营业务	生物特征识别、生物制药和新技术孵化		
审计单位		审计意见	未审计

总股本	8397.67	流通 A	4165.72	流通 B		流通 H	

主要财务指标

年度	2003.9	2003.6	2002	2001
每股收益 / 扣除后(元)	–0.0308	–0.0290	0.0676	0.0140
每股经营现金流量(元)	–0.1460	–0.2110	–0.5100	0.0620
每股净资产 / 调整后(元)	1.0780	1.0780	1.1600	1.1410
每股公积金(元)	0.0011	0.0011	0.0011	0.0011
净资产收益率(%)	–2.7360	–2.6600	5.7300	11.5800
总资产(万元)	23156.16	23184.77	26361.46	22200.88
股东权益(万元)	9330.85	9356.34	9750.72	9584.13
未分配利润(万元)	145.33	151.72	400.62	365.92
主营收入(万元)	7148.66	3955.16	12122.56	6198.45
资本公积金(万元)	9.54	9.54	9.54	9.54
主营利润(万元)	2879.82	1870.26	5547.67	3346.54
其他业务利润(万元)	25.56	11.05	19.22	6.79
营业利润(万元)	–363.33	–341.69	906.28	480.47
投资收益(万元)	–77.02	–130.39	–301.00	–173.49
补贴收入(万元)				
营业外收支(万元)	–17.39	–3.21	–9.60	989.62
利润总额(万元)	–317.68	–364.39	859.24	1296.59
净利润(万元)	–225.29	–248.90	558.31	1109.51

十大股东

序号	股东名称	股份性质	持股数(万股)	比例(%)
1	深圳市北大高科技投资有限公司	国有法人股	3186.32	37.94
2	招商局蛇口控股股份有限公司	国有法人股	621.91	7.40
3	中国银河证券有限责任公司	社会公众股	415.69	4.95
4	郑州讯通计算机系统工程有限公司	社会公众股	114.93	1.37
5	四川川化集团实业开发公司	社会公众股	96.05	1.14
6	深圳招商石化有限公司	国有法人股	88.77	1.06
7	川化集团有限责任公司	社会公众股	84.14	1.00
8	上海宝业集团有限公司	社会公众股	83.32	0.99
9	深圳华强电子工业总公司	国有法人股	82.50	0.98
10	中国平安保险(集团)股份有限公司	国有法人股	82.50	0.98

股东人数	2003.9	2003.6	2002	2001
	12364	12788	13231	13288

近年分配	2002年 10 股派 0.3 元 2001 年 10 股派 0.5 元	近年配股 / 增发	不分配不转增

重大事项

深圳市北大高科技投资有限公司与北京北大未名生物工程集团有限公司丁 2003 年 10 月 27 口签署的《股份转让协议》,由深圳北大科投将其所持有的本公司国有法人股中的 671.8135 万股一次性转让予未名集团。每股转让价格为 1.280 元。共计 8,599,212.80 元。 2003 年 10 月 18 日公司控股子公司北京北大高科方正指纹技术有限公司向北京华夏银行和平门支行贷款的人民币 1000 万元将于 2003 年 11 月 6 日到期,该贷款到期后公司同意继续为其提供人民币 1000 万元的贷款担保。

二〇〇二年以来市场表现

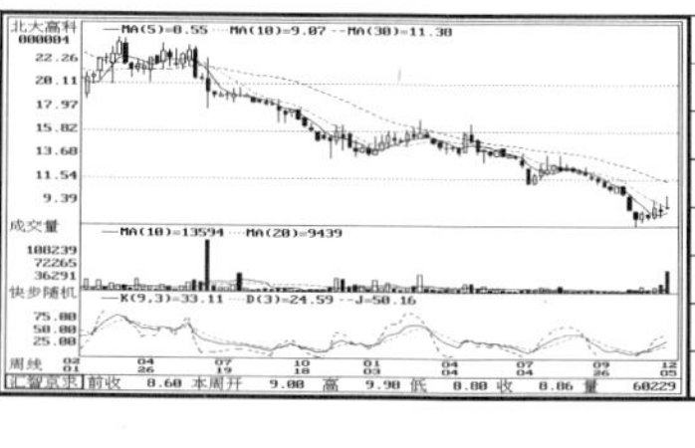

2002年涨跌幅(%)	–31.85
2002年最高(元)	24.32
2002年最低(元)	13.27
2002年换手率(%)	176.17
2003年涨跌幅(%)	–42.51
2003年最高(元)	16.85
2003年最低(元)	7.25
2003年换手率(%)	96.60

深圳世纪星源股份有限公司

公司概况

公司名称	深圳世纪星源股份有限公司	股票代码	000005
注册地址	深圳人民南路发展中心大厦 13 楼	邮政编码	518001
法人代表	丁芃	董秘	罗晓春
电话	0755–82208888	传真	0755–82207055
主营业务	房地产开发、酒店管理		
审计单位		审计意见	未审计

总股本	70866.13	流通 A	37394.96	流通 B		流通 H	

主要财务指标

年度	2003.9	2003.6	2002	2001
每股收益 / 扣除后(元)	–0.0330	–0.0180	–0.1083	–0.0740
每股经营现金流量(元)	–0.0040	0.0007	–0.0470	–0.0440
每股净资产 / 调整后(元)	1.3100	1.3000	1.3700	1.5200
每股公积金(元)	0.4743	0.4743	0.4743	0.4628
净资产收益率(%)	–1.1900	–1.4100	–8.5900	–6.1900
总资产(万元)	183849.19	183025.86	182054.87	192431.50
股东权益(万元)	95749.90	95901.56	97306.10	107969.87
未分配利润(万元)	–12397.66	–12614.48	–12139.54	–3780.48
主营收入(万元)	6017.88	4422.43	5494.32	6712.82
资本公积金(万元)	33610.97	33610.97	33610.97	32797.80
主营利润(万元)	2410.83	1886.33	1345.81	2824.29
其他业务利润(万元)	58.44	50.64	41.90	18.23
营业利润(万元)	–3768.59	–2240.07	–11677.60	–7677.80
投资收益(万元)	1215.72	–113.85	–227.70	–947.69
补贴收入(万元)				
营业外收支(万元)	16.91	2.40	–459.35	–469.38
利润总额(万元)	–2533.66	–2351.52	–12364.64	–9094.87
净利润(万元)	–1137.19	–1354.00	–8359.06	–6661.39

十大股东

序号	股东名称	股份性质	持股数(万股)	比例(%)
1	(香港)中国投资有限公司	法人股	24476.75	34.54
2	深圳市城建开发集团公司	法人股	4426.02	6.25
3	深圳市国叶实业有限公司	法人股	2285.04	3.65
4	上海古德投资咨询有限公司	法人股	511.23	0.72
5	上海森钢钢铁有限公司	法人股	429.04	0.61
6	上海银聚投资管理有限公司	法人股	250.00	0.35
7	上海锦宝金属制品有限公司	法人股	200.00	0.28
8	上海励格贸易有限公司	法人股	150.00	0.21
9	上海盛洲实业有限公司	法人股	128.00	0.18
10	上海章飞工贸有限公司	法人股	100.00	0.14

股东人数	2003.9	2003.6	2002	2001
	175239	178101	190289	199324

近年分配		近年配股 / 增发	不分配不转增

重大事项

2003 年 9 月 30 日经深圳市中级人民法院二审终审判决,裁定上诉人(被告)蒲少平、中国证券市场研究设计中心立即停止侵害本公司(原告)名誉权的行为,并在判决生效 30 天内,在《财经》杂志正文首页刊登赔礼道歉的启示。同时赔偿原告损失人民币 30 万元。 2003 年 3 月 15 日建行深圳市分行诉公司历史遗留贷款纠纷案,公司对其中 4686 万元反诉提出核减诉求, 现经广东省高级人民法院审理裁定,不支持公司的核减诉求, 公司所欠建行历史遗留贷款本金仍为 7300 万元.

二〇〇二年以来市场表现

2002年涨跌幅(%)	–11.80
2002年最高(元)	7.12
2002年最低(元)	3.12
2002年换手率(%)	211.05
2003年涨跌幅(%)	–36.18
2003年最高(元)	5.20
2003年最低(元)	2.80
2003年换手率(%)	162.50

深圳市振业(集团)股份有限公司

公司概况

公司名称	深圳市振业(集团)股份有限公司			股票代码	000006		
注册地址	深圳市宝安南路振业大厦 27-32 层			邮政编码	518008		
法人代表	李永明			董秘	李富川		
电话	0755-25863061			传真	0755-25863012		
主营业务	房地产开发与经营业						
总股本	25359.16	流通 A	15773.02	流通 B		流通 H	
审计单位				审计意见	未审计		

主要财务指标

年度	2003.9	2003.6	2002	2001
每股收益/扣除后(元)	-0.0266	0.0750	0.3526	0.4551
每股经营现金流量(元)	0.1630	0.5070	0.5560	1.5600
每股净资产/调整后(元)	4.1020	4.2360	4.8700	3.3600
每股公积金(元)	2.3238	2.3238	2.3238	2.3238
净资产收益率(%)	-4.0800	0.2200	5.5100	10.0000
总资产(万元)	410555.56	426014.25	449088.00	421893.75
股东权益(万元)	118742.49	123857.75	123584.64	119100.46
未分配利润(万元)	5459.94	10575.20	10303.10	8246.54
主营收入(万元)	143319.48	101293.74	208604.91	202418.95
资本公积金(万元)	58929.64	58929.64	58929.64	58929.64
主营利润(万元)	17833.36	12911.15	30208.18	36289.63
其他业务利润(万元)	478.12	724.68	2375.32	2089.62
营业利润(万元)	215.56	2310.78	12241.87	15420.38
投资收益(万元)	-59.92	111.57	-50.72	-447.47
补贴收入(万元)			38.92	107.35
营业外收支(万元)	-2550.65	-1618.22	-1887.48	619.19
利润总额(万元)	-4013.23	804.13	10342.59	15699.45
净利润(万元)	-4842.16	273.11	6807.14	11914.89

十大股东

序号	股东名称	股份性质	持股数(万股)	比例(%)
1	深圳市建设投资控股公司	国有法人股	7106.85	28.02
2	深圳市长城地产(集团)股份有限公司	法人股	1253.31	4.94
3	深圳市建筑机械动力公司	法人股	759.75	3.00
4	深圳市第五建筑工程公司	法人股	364.62	1.44
5	深圳市深安企业股份有限公司	法人股	93.93	0.37
6	北京亚商投资咨询有限公司	社会公众股	61.69	0.24
7	上海华江石油有限公司	社会公众股	57.50	0.23
8	李波	社会公众股	30.15	0.12
9	李滢	社会公众股	29.44	0.12
10	安徽省粮食集团公司	社会公众股	27.97	0.11

股东人数

2003.9	2003.6	2002	2001
100384	101452	103001	108935

近年分配

近年分配	近年配股/增发
2002 年末 10 股派 0.8 元 2001 年末 10 股派 1.3 元	不分配不转增

重大事项

2003 年 **08** 月 **9** 日公司收到星海名城、翠海花园部分业主起诉书，要求公司因延期办理房产证进行赔偿.本年度法院已终审判决公司赔偿总额 **338** 万元.目前未决诉讼涉及金额约 **3200** 万元,预计仍有可能发生较大金额的同类诉讼。 **2001** 年 **11** 月 **17** 日深圳市皇城地产有限公司开发的皇御苑 **B** 区高层住宅,经深圳市建设局建设工程交易服务中心进行工程招标,深圳市建业建筑工程有限公司以人民币 **19398** 万元中标,并签定了工程合同。

二○○二年以来市场表现

2002年涨跌幅(%)	-25.16
2002年最高(元)	12.84
2002年最低(元)	8.07
2002年换手率(%)	120.41
2003年涨跌幅(%)	-34.12
2003年最高(元)	9.65
2003年最低(元)	4.79
2003年换手率(%)	109.29

深圳市赛格达声股份有限公司

公司概况

公司名称	深圳市赛格达声股份有限公司			股票代码	000007		
注册地址	深圳市华强北路现代之窗大厦 23 楼			邮政编码	518031		
法人代表	李成碧			董秘	陈仕郴		
电话	0755-83280053			传真	0755-93280089		
主营业务	房地产业、旅游服务业等						
总股本	14359.37	流通 A	7956.10	流通 B		流通 H	
审计单位				审计意见	未审计		

主要财务指标

年度	2003.9	2003.6	2002	2001
每股收益/扣除后(元)	0.1000	0.1100	0.2219	0.1300
每股经营现金流量(元)	-0.0630	-0.2900	0.1700	0.2200
每股净资产/调整后(元)	1.2900	1.3400	1.3900	0.6400
每股公积金(元)	0.8092	0.8092	0.7900	1.2420
净资产收益率(%)	2.2700	4.5500	11.0400	10.4900
总资产(万元)	115855.54	111868.28	115091.63	110217.36
股东权益(万元)	21920.57	22443.39	19893.00	14622.16
未分配利润(万元)	-4957.61	-4434.79	-6709.79	-23302.99
主营收入(万元)	17309.51	14875.16	22731.98	33971.51
资本公积金(万元)	11618.92	11618.92	11343.53	17834.98
主营利润(万元)	9273.69	7283.33	13434.91	88215.25
其他业务利润(万元)	909.67	389.53	1041.57	9780.00
营业利润(万元)	1979.24	2039.77	3134.26	2444.37
投资收益(万元)	-516.55	-392.91	-35.62	1336.27
补贴收入(万元)				
营业外收支(万元)	-512.23	-130.65	-1049.92	-1666.96
利润总额(万元)	950.46	1516.21	2048.72	2113.68
净利润(万元)	498.14	1020.96	2195.20	1533.67

十大股东

序号	股东名称	股份性质	持股数(万股)	比例(%)
1	新疆宏大房地产开发有限公司	法人股	4020.62	28.00
2	北京电子城有限责任公司	法人股	768.46	5.35
3	深圳赛格股份有限公司	国有法人股	713.20	4.97
4	深圳市智雄电子有限公司	法人股	409.50	2.85
5	深圳市申投投资有限公司	法人股	267.32	1.86
6	上海致真投资咨询有限公司	法人股	136.50	0.95
7	深圳三环电阻有限公司	法人股	87.36	0.61
8	朱昌贵	社会公众股	33.36	0.23
9	邵玉妹	社会公众股	27.46	0.19
10	高宜梁	社会公众股	26.41	0.18

股东人数

2003.9	2003.6	2002	2001
36169	36905	36122	31778

近年分配

近年分配	近年配股/增发
	不分配不转增

重大事项

2003 年 **11** 月 **22** 日鉴于深圳市赛格达声房地产开发有限公司出资 **1890** 万收购深圳市亚洋机电实业有限公司 **60%**股权未经本公司董事会审议通过，董事会责令达声地产对此予以整改，要求在确保公司利益的前提下争取于本年度内转出其 **60%**股权并收回投资款。 **2003** 年 **7** 月 **29** 日公司控股股东新疆宏大房地产开发有限公司于 **2003** 年 **7** 月 **25** 日与广州博融投资有限公司签署了《股份转让协议》,转让其持有的公司法人股 **40206226** 股,转让价款人民币 **8000** 万元. 转让后, 广州博融投资有限公司将成为公司第一大股东.

二○○二年以来市场表现

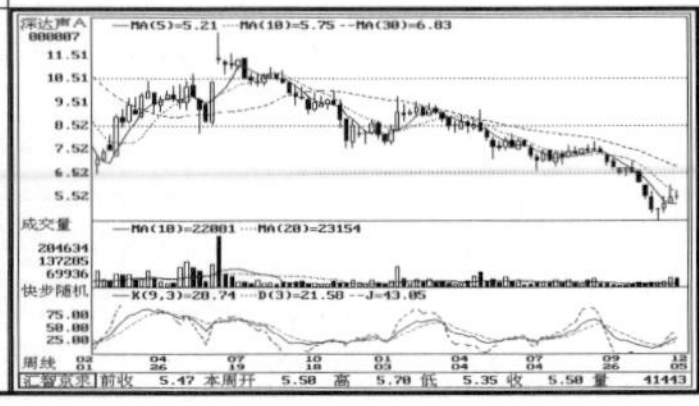

2002年涨跌幅(%)	-9.97
2002年最高(元)	12.51
2002年最低(元)	5.34
2002年换手率(%)	277.53
2003年涨跌幅(%)	-30.41
2003年最高(元)	9.75
2003年最低(元)	4.52
2003年换手率(%)	158.51

广东亿安科技股份有限公司

公司概况

公司名称	广东亿安科技股份有限公司	股票代码	000008
注册地址	深圳市南山区内环路5号锦兴工业小区管理楼二楼	邮政编码	518064
法人代表	周瑞堂	董秘	邱大庆
电话	0755-26433212	传真	0755-26433485
主营业务	电子科技、网络工程、房屋租赁等业务		
总股本	7365.32	流通A	3529.06
流通B		流通H	
审计单位		审计意见	未审计

主要财务指标

年度	2003.9	2003.6	2002	2001
每股收益/扣除后(元)	0.0050	-0.0050	-0.1239	-1.6420
每股经营现金流量(元)	0.4075	0.0071	0.4800	-0.0140
每股净资产/调整后(元)	-0.3000	-0.4500	-0.4400	-0.6800
每股公积金(元)	0.9685	0.9377	0.9377	0.9058
净资产收益率(%)		1.2000	32.7600	-255.3480
总资产(万元)	6217.81	7447.52	7061.61	10759.67
股东权益(万元)	-2206.06	-3308.23	-3268.59	-4882.40
未分配利润(万元)	-17152.88	-17229.16	-17189.53	-16118.57
主营收入(万元)	1206.95	315.91	673.52	2439.87
资本公积金(万元)	7133.59	6906.50	6906.50	6671.19
主营利润(万元)	261.43	105.74	308.81	541.63
其他业务利润(万元)			1.68	5.36
营业利润(万元)	20.37	-53.93	-1443.25	-7647.09
投资收益(万元)	16.32	14.32	-162.92	-8200.72
补贴收入(万元)				
营业外收支(万元)		-3.88	-158.58	-366.11
利润总额(万元)	36.69	-39.61	-1764.74	-16213.92
净利润(万元)	36.65	-39.63	-1070.95	-12462.24

十大股东

序号	股东名称	股份性质	持股数(万股)	比例(%)
1	深圳市宝安宝利来实业有限公司	未流通股	2089.30	28.37
2	深圳天俊实业股份有限公司	国有法人股	611.52	8.30
3	深圳天俊实业股份有限公司工会	未流通股	506.64	6.88
4	深圳市德实达投资发展有限公司	未流通股	245.31	3.33
5	深圳新未来实业发展公司	未流通股	200.00	2.72
6	深圳粤海实业投资发展有限公司	未流通股	183.50	2.49
7	黄天坤	流通股	11.19	0.15
8	宋明川	流通股	10.01	0.14
9	王魁仓	流通股	10.00	0.14
10	黄明明	流通股	9.75	0.13

股东人数	2003.9	2003.6	2002	2001
	26426	28183	31734	34455

近年分配	近年配股/增发	不分配不转增

重大事项

2003年10月23日本公司第三大股东深圳天俊实业股份有限公司工会委员会与深圳福万田投资实业有限公司签定协议,将其所持有的本公司发起法人股5,066,353股整体协议转让.转让已办理完手续,深圳福万田投资实业有限公司已正式成为本公司第三大股东. 2003年06月20日 公司于2003年6月6日与深圳市宝信隆贸易有限公司正式签定协议,将公司所持有的惠阳锦兴服装有限公司50%的股权全部转让给深圳宝信隆,交易价格为人民币366万元.

二〇〇二年以来市场表现

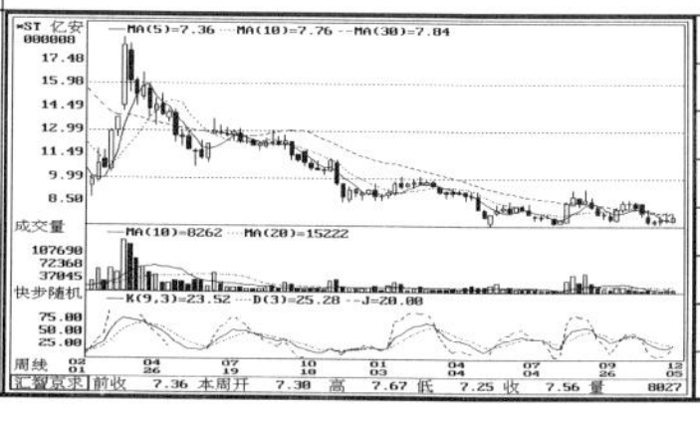

2002年涨跌幅(%)	-28.18
2002年最高(元)	18.98
2002年最低(元)	8.45
2002年换手率(%)	396.53
2003年涨跌幅(%)	-14.32
2003年最高(元)	10.10
2003年最低(元)	7.00
2003年换手率(%)	173.86

中国宝安集团股份有限公司

公司概况

公司名称	中国宝安集团股份有限公司	股票代码	000009
注册地址	广东省深圳市笋岗东路宝安广场A座28-29层	邮政编码	518020
法人代表	陈政立	董秘	娄兵
电话	0755-25170336	传真	0755-25170300
主营业务	房地产和生物医药		
总股本	95881.00	流通A	5795.26
流通B		流通H	
审计单位		审计意见	未审计

主要财务指标

年度	2003.9	2003.6	2002	2001
每股收益/扣除后(元)	0.0085	0.0058	0.0381	0.0150
每股经营现金流量(元)	0.1500	-0.0480	0.1000	0.2500
每股净资产/调整后(元)	1.0600	1.0700	1.1900	1.2100
每股公积金(元)	0.7355	0.7355	0.7355	0.7354
净资产收益率(%)	0.5900	0.4900	1.1900	3.4100
总资产(万元)	444622.81	417479.75	401632.06	404620.62
股东权益(万元)	113109.82	113649.23	118703.03	119697.92
未分配利润(万元)	-57030.87	-57136.32	-57697.00	-110428.88
主营收入(万元)	60086.45	39711.82	101854.77	84941.47
资本公积金(万元)	70516.98	70516.98	70516.98	70510.95
主营利润(万元)	20575.22	13875.29	26996.72	24681.70
其他业务利润(万元)	1139.85	760.09	1693.75	2013.39
营业利润(万元)	-515.67	-270.54	681.64	-9418.60
投资收益(万元)	2347.49	2111.94	4350.85	13696.31
补贴收入(万元)			240.50	2441.80
营业外收支(万元)			-2531.80	417.72
利润总额(万元)	1683.61	1750.03	2741.20	6961.51
净利润(万元)	666.09	560.64	1358.09	4085.51

十大股东

序号	股东名称	股份性质	持股数(万股)	比例(%)
1	深圳市富安控股有限公司	国有股东	11162.27	11.64
2	深圳市宝安区投资管理有限公司	国有股东	10695.02	11.45
3	龙岗区大鹏镇大坑上村	法人股	1333.99	1.39
4	深圳市房地产建设开发公司	法人股	1276.28	1.33
5	深圳新安实业股份有限公司	法人股	1190.13	1.24
6	龙岗区大鹏镇大坑下村	法人股	907.75	0.95
7	宝安县沙井镇经济发展总公司	法人股	764.02	0.80
8	恒隆国际有限公司	法人股	743.43	0.78
9	龙岗区布吉镇经济发展有限公司	法人股	701.95	0.73
10	深圳市邦信投资发展有限公司	法人股	638.14	0.67

股东人数	2003.9	2003.6	2002	2001
	278332	281076	284097	286013

近年分配	近年配股/增发	不分配不转增

重大事项

2002年8月10日集团因被担保人金田实业(集团)股份有限公司逾期未还借款而负连带清偿责任,偿还本金、利息和受理费共计1820万元整,同时本集团拟通过法律手段向金田公司追偿因本次诉讼而造成的损失. 2002年05月30日本集团第一大股东深圳市龙岗区投资管理有限公司与深圳市富安控股有限公司签订股权转让合同,将其持有的本集团111,622,689股国家股无偿划转给深圳市富安控股有限公司.

二〇〇二年以来市场表现

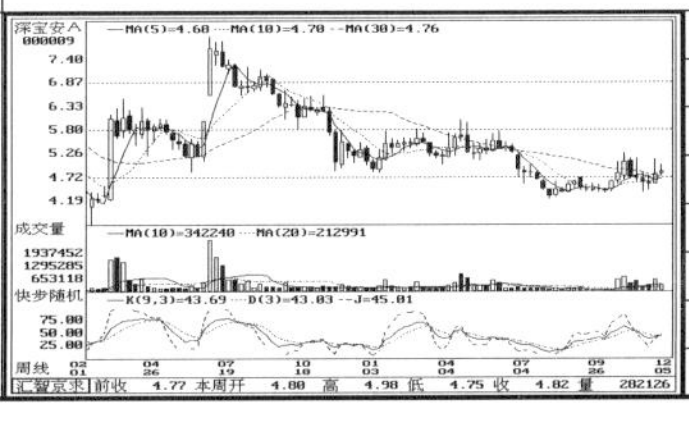

2002年涨跌幅(%)	2.45
2002年最高(元)	7.94
2002年最低(元)	3.41
2002年换手率(%)	345.32
2003年涨跌幅(%)	-4.79
2003年最高(元)	6.00
2003年最低(元)	4.20
2003年换手率(%)	189.50

深圳市华新股份有限公司

公司概况							
公司名称	深圳市华新股份有限公司			股票代码	000010		
注册地址	深圳福田区深南中路1019号万德大厦19楼			邮政编码	518031		
法人代表	曹永红			董秘	刘常青		
电话	0755-82137764			传真	0755-82137404		
主营业务	进出口贸易和饲料加工						
总股本	14701.75	流通A	6759.09	流通B		流通H	
审计单位				审计意见	未审计		

主要财务指标 年度	2003.9	2003.6	2002	2001
每股收益/扣除后(元)	0.0550	0.0337	0.0825	0.0100
每股经营现金流量(元)	0.2600	-0.0200	0.3862	0.2000
每股净资产/调整后(元)	1.0500	0.9900	1.1076	0.9600
每股公积金(元)	0.1407	0.1407	0.1407	0.1407
净资产收益率(%)	4.5900	2.9300	7.4500	1.1600
总资产(万元)	71551.19	62090.01	64994.44	29423.41
股东权益(万元)	17111.52	16768.42	16284.27	15069.95
未分配利润(万元)	87.83	-255.28	-739.42	-1953.74
主营收入(万元)	15558.31	9424.87	20608.12	16553.32
资本公积金(万元)	2068.81	2068.81	2068.81	2068.81
主营利润(万元)	5505.56	2889.93	5800.43	1673.43
其他业务利润(万元)	289.85	218.90	380.00	109.96
营业利润(万元)	2516.41	1089.27	3939.67	-474.18
投资收益(万元)	652.71	223.56	71.91	792.47
补贴收入(万元)			4.00	
营业外收支(万元)	12.38	-1.62	4.86	63.86
利润总额(万元)	3156.74	1311.21	4020.43	382.15
净利润(万元)	827.25	484.14	1214.32	175.50

十大股东 序号	股东名称	股份性质	持股数(万股)	比例(%)
1	深圳市华润丰实业发展有限公司	法人股	3539.31	24.07
2	信达投资有限公司	法人股	2798.75	19.04
3	四川省创源投资管理有限公司	法人股	582.40	3.96
4	北京永安商业公司	法人股	291.20	1.98
5	中国纺织机械和技术进出口公司	法人股	232.96	1.58
6	江苏省南通印染厂	法人股	103.22	0.70
7	青岛纺织物业有限公司	法人股	103.22	0.70
8	海南爱邦贸易有限公司	法人股	64.51	0.44
9	深圳市众业经济发展中心	法人股	58.24	0.40
10	深圳中健实业有限公司	法人股	55.66	0.38

股东人数	2003.9	2003.6	2002	2001
	25524	24582	23371	19089

近年分配		近年配股/增发	不分配不转增

重大事项

2003年9月11日公司董事会同意与深圳市亚奥数码技术有限公司和深圳市中海融担保投资有限公司就6,000万元人民币以内额度相互提供担保的议案,期限壹年,协议自签字、盖章之日起生效。 公司2002年09月30日召开的第五届董事会临时会议同意公司以2850万元价格,收购广东省商业企业集团持有的广东省寰球期货经纪有限公司95%股权.双方于2003年3月21日签署股权转让合同.

二〇〇二年以来市场表现

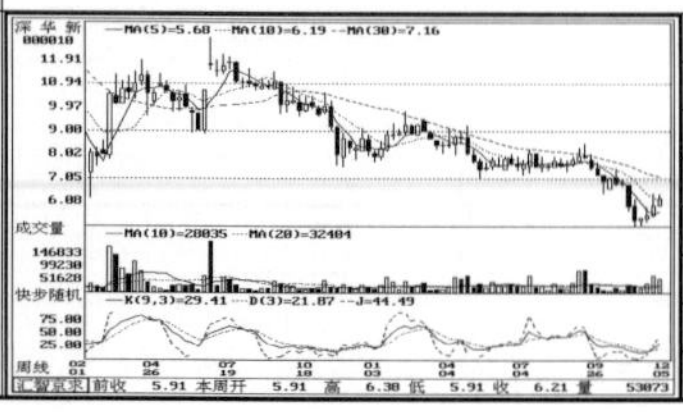

2002年涨跌幅(%)	-22.96
2002年最高(元)	12.88
2002年最低(元)	6.19
2002年换手率(%)	282.21
2003年涨跌幅(%)	-24.42
2003年最高(元)	9.78
2003年最低(元)	5.11
2003年换手率(%)	215.88

深圳市物业发展(集团)股份有限公司

公司概况							
公司名称	深圳市物业发展(集团)股份有限公司			股票代码	000011		
注册地址	深圳市人民南路国贸大厦39层、42层			邮政编码	518014		
法人代表	田承刚			董秘	郭玉梅		
电话	0755-82211020			传真	0755-82210610		
主营业务	房地产开发经营。						
总股本	54179.92	流通A	9135.50	流通B	6145.93	流通H	
审计单位				审计意见	未审计		

主要财务指标 年度	2003.9	2003.6	2002	2001
每股收益/扣除后(元)	0.0189	0.0136	0.0662	0.1530
每股经营现金流量(元)	-0.0700	0.0090	-0.0640	0.2470
每股净资产/调整后(元)	0.2600	0.2510	0.6240	0.1290
每股公积金(元)	0.6230	0.6230	0.6230	0.5648
净资产收益率(%)	0.0400	2.2400	10.5200	30.2200
总资产(万元)	279961.34	273632.72	260797.94	244863.37
股东权益(万元)	35059.26	34563.24	33790.37	28588.06
未分配利润(万元)	-59167.28	-59663.31	-60436.17	-63025.47
主营收入(万元)	36646.16	24985.14	78128.50	102163.94
资本公积金(万元)	33754.71	33754.71	33754.71	30600.78
主营利润(万元)	10453.27	6637.16	22658.31	28795.72
其他业务利润(万元)	-144.09	-83.13	1172.25	383.15
营业利润(万元)	1499.33	894.93	4370.17	11302.61
投资收益(万元)	225.88	109.88	-1526.58	-1104.16
补贴收入(万元)				
营业外收支(万元)		38.20	1607.30	378.40
利润总额(万元)	1970.16	1043.00	4450.89	10576.86
净利润(万元)	1268.89	772.87	3462.22	8638.59

十大股东 序号	股东名称	股份性质	持股数(万股)	比例(%)
1	深圳市建设投资控股公司	国家股	32374.77	59.75
2	深圳市投资管理公司	国家股	5662.80	10.45
3	深圳市国贸物业管理公司工会	法人股	251.68	0.46
4	深圳经济特区免税商品公司	法人股	157.30	0.29
5	上海肇达投资咨询有限公司	法人股	101.00	0.19
6	中国深圳国际合作股份有限公司	法人股	88.72	0.16
7	大鹏证券有限责任公司	法人股	78.65	0.15
8	上海昆凌工贸有限公司	法人股	62.92	0.12
9	游贤惠	未披露	62.52	0.11
10	上海宝钢国际经济贸易有限公司	未披露	50.82	0.09

股东人数	2003.9	2003.6	2002	2001
	46301	46977	48577	47000

近年分配		近年配股/增发	不分配不转增

重大事项

2003年8月21日公司日前与招商银行在深圳签署了《深圳市房地产买卖合同》,将公司位于深圳市福田区福强路福民大厦裙楼一层商层以及福民大厦裙楼一层书店共计建筑面积2851.34平方米的物业出售让给招商银行. 2003年7月17日,深圳旭通达拍卖有限公司对公司全资子公司深圳市国贸物业管理公司的债务人深圳罗湖大酒店有限公司的资产举行了公开拍卖会,最终以人民币7350万元竟拍成交.

二〇〇二年以来市场表现

2002年涨跌幅(%)	-35.13
2002年最高(元)	9.03
2002年最低(元)	4.90
2002年换手率(%)	226.56
2003年涨跌幅(%)	-22.55
2003年最高(元)	6.50
2003年最低(元)	3.96
2003年换手率(%)	137.94

中国南玻科技集团股份有限公司

公司概况

公司名称	中国南玻科技集团股份有限公司			股票代码	000012		
注册地址	中国深圳蛇口工业六路一号南玻大厦			邮政编码	518067		
法人代表	陈潮			董秘	吴国斌		
电话	0755-26860666			传真	0755-26692755		
主营业务	浮法玻璃产品的加工制造等						
总股本	67697.54	流通 A	10716.60	流通 B	29905.26	流通 H	
审计单位				审计意见	未审计		

主要财务指标

年度	2003.9	2003.6	2002	2001
每股收益 / 扣除后(元)	0.2280	0.1300	0.2259	0.2300
每股经营现金流量(元)	0.4700	0.3300	0.4800	0.5400
每股净资产 / 调整后(元)	3.0400	2.9500	2.8500	2.7200
每股公积金(元)	1.3501	1.3501	1.3501	1.3501
净资产收益率(%)	7.6500	4.6000	8.5600	8.1900
总资产(万元)	342808.87	325090.78	296761.31	269896.09
股东权益(万元)	206597.30	199971.80	197493.91	184650.78
未分配利润(万元)	25290.87	18668.03	18611.51	5751.71
主营收入(万元)	94735.86	56903.50	105540.17	104099.85
资本公积金(万元)	91399.04	91398.52	91398.52	91398.52
主营利润(万元)	34160.32	20269.00	40451.00	37623.10
其他业务利润(万元)	117.27	49.11	285.51	358.92
营业利润(万元)	17677.16	10132.97	85161.31	18243.64
投资收益(万元)	21.07	14.62	-260.59	28.87
补贴收入(万元)	22.89	18.44	40.86	324.33
营业外收支(万元)			996.25	-348.89
利润总额(万元)	18065.95	10518.55	19020.16	15574.08
净利润(万元)	15812.35	9189.51	16331.12	15129.72

十大股东

序号	股东名称	股份性质	持股数(万股)	比例(%)
1	怡万实业发展(深圳)有限公司	外资股	8789.84	12.98
2	中国北方工业深圳公司	未流通股	8717.54	12.88
3	新通产实业开发(深圳)有限公司	外资股	7620.46	11.26
4	招商局(玻璃工业)控股有限公司	流通股	1121.76	1.66
5	深圳君安证券有限公司	未流通股	587.84	0.87
6	招商证券股份有限公司	未流通股	380.89	0.56
7	三峡证券股份有限公司	流通股	372.18	0.55
8	深圳市世方商业顾问有限公司	未流通股	191.47	0.28
9	YU CHING	流通股	160.61	0.24
10	NOMURA TB/NOMURA ITM	流通股	150.00	0.22

股东人数	2003.9	2003.6	2002	2001
	60234	61534	53064	42756

近年分配	2002年10股派1.5元 2001年末10股派1.3元	近年配股/增发	不分配不转增

重大事项

2003年10月27日本集团全资企业深圳南玻浮法玻璃有限公司投资2.4亿元人民币与成功香港有限公司合资设立广州南玻玻璃有限公司,在广州建设特种玻璃生产线,现公司决定对南玻玻璃追加投资,本集团以现金形式追加投资3.075亿元人民币,仍持有75%股权; 2002年12月03日公司决议:投资建设彩色滤光片项目,该项目投资总额3200万美元,追加深圳南玻显示器件科技有限公司注册资本800万美元。

二〇〇二年以来市场表现

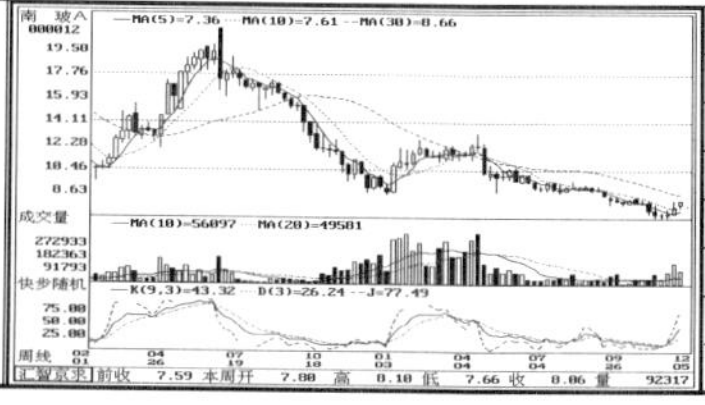

2002年涨跌幅(%)	-26.39
2002年最高(元)	21.13
2002年最低(元)	8.50
2002年换手率(%)	301.38
2003年涨跌幅(%)	-13.36
2003年最高(元)	13.10
2003年最低(元)	6.81
2003年换手率(%)	497.53

深圳石化工业集团股份有限公司

公司概况

公司名称	深圳石化工业集团股份有限公司			股票代码	000013		
注册地址	深圳市红荔西路石化大厦			邮政编码	518129		
法人代表	辛宇			董秘	蔡建平		
电话	0755-84190844			传真	0755-84190844		
主营业务	化工新材、精细化工、生物工程						
总股本	30335.50	流通 A	5132.40	流通 B	3276.00	流通 H	
审计单位				审计意见	未审计		

主要财务指标

年度	2003.9	2003.6	2002	2001
每股收益 / 扣除后(元)	-0.2200	-0.1100	-0.4504	-2.3530
每股经营现金流量(元)	0.4070	0.0071	0.4800	0.0260
每股净资产 / 调整后(元)	-7.5000	-7.3000	-6.9100	-5.5200
每股公积金(元)	0.7705	0.7705	0.7705	0.7701
净资产收益率(%)		-4.8830	-21.3140	-95.7870
总资产(万元)	49873.15	49873.15	74069.32	100669.98
股东权益(万元)	-226092.67	-220466.48	-209700.06	-164531.20
未分配利润(万元)	-279316.50	-273690.31	-262923.91	-218228.30
主营收入(万元)	38036.73	28888.43	61467.81	72409.36
资本公积金(万元)	23373.14	23373.14	23373.14	23361.59
主营利润(万元)	5330.10	4258.26	9353.69	13225.29
其他业务利润(万元)	363.19	254.95	488.20	122.06
营业利润(万元)	-9699.03	-3551.08	-16908.35	-68132.91
投资收益(万元)	-2238.63	-101.00	-433.10	-9723.75
补贴收入(万元)			31.55	2.48
营业外收支(万元)	-7156.70	-7480.89	-30907.28	-79702.94
利润总额(万元)	-19094.36	-11132.96	-48217.19	-157557.12
净利润(万元)	-16392.61	-10766.43	-44695.60	-157599.19

十大股东

序号	股东名称	股份性质	持股数(万股)	比例(%)
1	深圳石化集团有限公司	国家股	16454.66	54.24
2	中国平安保险股份有限公司	法人股	2340.00	7.71
3	国通证券有限责任公司	法人股	1938.05	6.39
4	深圳晶业塑胶有限公司	法人股	220.88	0.73
5	深圳市银地投资股份有限公司	法人股	156.00	0.51
6	泉州市阜康投资顾问有限公司	法人股	156.00	0.51
7	光大证券有限责任公司	法人股	148.49	0.49
8	深圳市中大投资管理有限公司	法人股	93.60	0.31
9	新华信托	法人股	78.00	0.26
10	南海东部石油经济技术开发总公司	法人股	78.00	0.26

股东人数	2003.9	2003.6	2002	2001
	35674	35483	38008	39147

近年分配		近年配股/增发	不分配不转增

重大事项

杭州恒丰拍卖行有限公司受委托于2003年10月16日下午对深圳石化集团有限公司名下所有的公司国有法人股164546553股(占公司总股本的54.24%)进行公开拍卖.拍卖结果如下:买受人:广州普力奇通信投资有限公司.成交价:每股人民币0.131元. 2003年3月29日广东发展银行深圳分行罗湖支行、深圳发展银行福田支行、工行深圳市福田支行分别向深圳市中级人民法院提交起诉状,请求法院判令公司分别就贷款担保承担连带清偿责任.法院尚未开庭审理.

二〇〇二年以来市场表现

2002年涨跌幅(%)	-46.61
2002年最高(元)	10.32
2002年最低(元)	4.65
2002年换手率(%)	320.30
2003年涨跌幅(%)	-31.04
2003年最高(元)	6.25
2003年最低(元)	3.22
2003年换手率(%)	427.13

华源实业(集团)股份有限公司

公司概况

公司名称	华源实业(集团)股份有限公司			股票代码	000014		
注册地址	中国深圳市南山区沙河商城七楼			邮政编码	518053		
法人代表	吕华			董秘	王凡		
电话	0755-26900498			传真	0755-26608488		
主营业务	房地产开发与经营						
总股本	8964.68	流通 A	4522.04	流通 B		流通 H	
审计单位				审计意见	未审计		

主要财务指标

年度	2003.9	2003.6	2002	2001
每股收益/扣除后(元)	0.1550	0.0801	0.4027	0.3600
每股经营现金流量(元)	-1.2400	-0.8370	0.3800	0.7800
每股净资产/调整后(元)	2.6300	2.6000	2.5700	1.8200
每股公积金(元)	1.0604	1.0604	1.0604	3.2629
净资产收益率(%)	6.4800	2.8300	15.5800	16.5500
总资产(万元)	73237.07	75257.64	69451.36	69352.14
股东权益(万元)	24388.11	23717.08	23045.63	19193.52
未分配利润(万元)	4164.32	3493.29	3233.95	-22451.07
主营收入(万元)	18534.94	10305.15	47579.28	46563.73
资本公积金(万元)	9506.53	9506.53	9506.53	29251.00
主营利润(万元)	5616.71	3312.05	7967.98	8421.12
其他业务利润(万元)	184.65	124.15	209.05	162.00
营业利润(万元)	1626.26	717.82	3617.74	3243.06
投资收益(万元)	2.47	2.47	-7.28	-58.46
补贴收入(万元)				
营业外收支(万元)	-0.50		-19.41	-8.59
利润总额(万元)	1579.38	671.45	3591.05	3176.00
净利润(万元)	1342.48	671.45	3591.05	3176.00

十大股东

序号	股东名称	股份性质	持股数(万股)	比例(%)
1	深圳市沙河实业(集团)有限公司	国有法人股	2581.83	28.80
2	深圳经济特区发展(集团)公司	国有法人股	1011.92	11.29
3	电工业部第三十三研究所	法人股	529.77	5.90
4	深圳市祥祺投资有限公司	法人股	150.37	1.68
5	深圳市松竹实业有限公司	法人股	100.00	1.10
6	深圳市金通海实业有限公司	法人股	68.75	0.77
7	陈治挺	流通股	33.43	0.37
8	王芳	流通股	32.99	0.37
9	曹振宇	流通股	30.52	0.34
10	曹兴辉	流通股	24.47	0.27

股东人数	2003.9	2003.6	2002	2001
	19102	19769	18567	18645

近年分配	2002年10股派0.3元	近年配股/增发	不分配不转增

重大事项

2003年7月5日公司第二大股东深圳经济特区发展(集团)公司所持有的公司发起人法人股10119187股被司法冻结,其中626790股已于2002年12月30日前被司法冻结。广东省深圳市中级人民法院依法冻结了特发集团所持有的9492397股及红股、配股,冻结期限为1年。 2003年4月10日公司与深圳市越众(集团)股份有限公司签署《深圳市建设工程施工合同》,由越众股份公司以20068万元中标承建本公司兴建的世纪村三期住宅项目工程。本交易属关联交易。

二〇〇二年以来市场表现

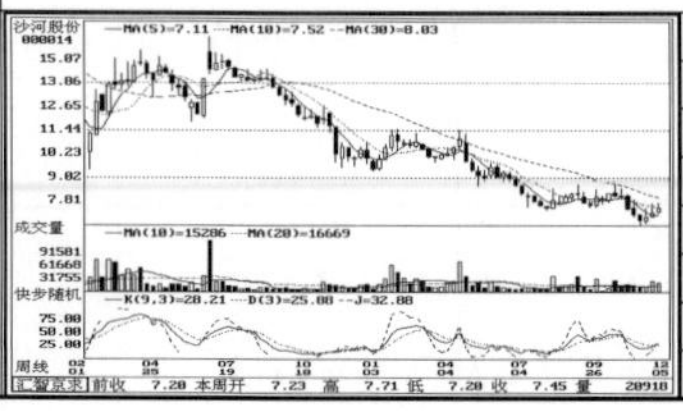

2002年涨跌幅(%)	-26.58
2002年最高(元)	16.25
2002年最低(元)	9.15
2002年换手率(%)	249.64
2003年涨跌幅(%)	-25.54
2003年最高(元)	11.45
2003年最低(元)	6.60
2003年换手率(%)	200.76

深圳康佳电子(集团)股份有限公司

公司概况

公司名称	深圳康佳电子(集团)股份有限公司			股票代码	000016		
注册地址	深圳市南山区华侨城			邮政编码	518053		
法人代表	任克雷			董秘	陈旭日		
电话	0755-26608866			传真	0755-26600082		
主营业务	彩电、移动电话						
总股本	60198.64	流通 A	22418.20	流通 B	20283.79	流通 H	
审计单位				审计意见	未审计		

主要财务指标

年度	2003.9	2003.6	2002	2001
每股收益/扣除后(元)	0.1100	0.0713	0.0476	-1.1959
每股经营现金流量(元)	0.0300	-0.0900	1.0860	1.2014
每股净资产/调整后(元)	4.8460	4.7700	4.7870	4.5859
每股公积金(元)	3.0755	3.0755	3.0755	3.0454
净资产收益率(%)	1.8270	1.0140	1.2100	-24.1800
总资产(万元)	829085.00	761393.75	700597.44	721173.69
股东权益(万元)	300852.87	298382.37	295350.87	289391.31
未分配利润(万元)	-61285.47	-58439.99	-61466.42	-65478.91
主营收入(万元)	899835.69	600155.12	804165.25	674812.19
资本公积金(万元)	185140.98	185140.98	185140.98	183327.08
主营利润(万元)	127252.44	78937.61	121786.11	56641.48
其他业务利润(万元)	983.74	498.25	1311.88	1107.99
营业利润(万元)	7894.26	4788.91	4841.56	-72746.19
投资收益(万元)	-24.21	-24.21	-5027.07	-27.45
补贴收入(万元)	0.30	0.30	227.52	78.10
营业外收支(万元)	-1266.79	-1251.19	5401.35	3970.12
利润总额(万元)	6603.57	3513.81	5443.36	-68725.42
净利润(万元)	5497.07	3026.44	3559.04	-69979.15

十大股东

序号	股东名称	股份性质	持股数(万股)	比例(%)
1	华侨城集团公司	国有法人股	17494.97	29.06
2	香港华侨城有限公司	流通B股	7316.15	12.15
3	香港中旅(集团)有限公司	流通B股	4541.63	7.54
4	丰和价值证券投资基金	流通B股	581.69	0.96
5	NOMURA TB/NOMURA ITM	流通B股	250.00	0.41
6	TOYO SECURITIES ASIA LIMITEDA/C CLIENT	流通B股	224.00	0.37
7	南方稳健成长证券投资基金	流通A股	194.48	0.32
8	开元证券投资基金	流通A股	185.28	0.31
9	隆元证券投资基金	流通A股	178.80	0.30
10	辛铭	流通B股	124.99	0.21

股东人数	2003.9	2003.6	2002	2001
	155342	151212	162273	178139

近年分配		近年配股/增发	不分配不转增

重大事项

2002年4月27日公司与华侨城房地产有限公司于2001年11月30日和2002年4月18日先后签订了《华侨城"锦绣花园三期"房地产项目合作经营协议书》及补充协议,决定投资华侨城"锦绣花园三期"房地产项目。该项目2001年10月开工,投资总额为5亿元人民币。 2001年6月18日公司非上市外资股139036499股已获中国证监会批准可转为上市流通外资股。香港华侨城有限公司、香港中旅(集团)有限公司、香港港华电子集团有限公司分别持有的本公司非上市外资股86078883股、46357616股、6600000股,定于2001年6月21日上市流通。

二〇〇二年以来市场表现

2002年涨跌幅(%)	-15.93
2002年最高(元)	10.98
2002年最低(元)	5.81
2002年换手率(%)	184.05
2003年涨跌幅(%)	-0.15
2003年最高(元)	9.48
2003年最低(元)	6.11
2003年换手率(%)	149.63

深圳中华自行车(集团)股份有限公司

公司概况

公司名称	深圳中华自行车(集团)股份有限公司	股票代码	000017
注册地址	中国广东省深圳市布心路 3008 号	邮政编码	518019
法人代表	章晓峰	董秘	李海
电话	0755-25516998	传真	0755-25516620
主营业务	自行车及零配件的生产与销售		
审计单位		审计意见	未审计

总股本	47943.30	流通 A	7661.70	流通 B	19806.82	流通 H	

主要财务指标

年度	2003.9	2003.6	2002	2001
每股收益/扣除后(元)	-0.0520	-0.0380	-0.0725	-41880.0000
每股经营现金流量(元)	-0.0140	-0.0140	0.0081	-0.0180
每股净资产/调整后(元)		-4.1330	-4.1359	-4.1550
每股公积金(元)	0.0001	0.0001	0.0001	2.5873
净资产收益率(%)		0.0670	-0.3300	-113.5050
总资产(万元)	47324.76	47437.03	51297.69	56557.51
股东权益(万元)	-198786.95	-198168.98	-200561.00	-198867.78
未分配利润(万元)	-243216.95	-242703.20	-242835.70	-388465.72
主营收入(万元)	7373.72	4006.56	7158.96	5187.53
资本公积金(万元)	2.53	2.53	2.53	124043.01
主营利润(万元)	663.04	265.29	797.58	-1164.12
其他业务利润(万元)	681.52	451.92	861.38	688.14
营业利润(万元)	-2605.31	-1852.42	-3335.26	-197015.23
投资收益(万元)	0.44	0.44	-141.91	-5815.43
补贴收入(万元)				
营业外收支(万元)	2107.78		4055.87	-24361.85
利润总额(万元)	-497.09	119.72	578.69	-227192.52
净利润(万元)	-381.26	132.49	657.54	-225724.42

十大股东

序号	股东名称	股份性质	持股数(万股)	比例(%)
1	中国华融资产管理公司	国有股	6509.84	13.58
2	香港卓润科技有限公司	外资股	6200.39	12.93
3	香港大环自行车有限公司	外资股	2600.00	5.42
4	广东盛润集团股份有限公司	国有股	1896.86	3.96
5	STEPHEN & PARTNERS LIMITED	外资股	1428.12	2.98
6	上海新理益投资管理有限公司	国有股	1120.00	2.34
7	航空信托投资有限责任公司	国有股	1034.00	2.34
8	深圳国际信托投资公司	国有股	600.00	1.25
9	景超投资有限公司	外资股	500.19	1.04
10	XAMMAX INTERNATIONAL LIMIT	外资股	164.56	0.34

股东人数	2003.9	2003.6	2002	2001
	47178	48671	50149	51773

近年分配		近年配股/增发	不分配不转增

重大事项

中国证监会于 2003 年 6 月 18 日核准公司第二大股东香港卓润科技有限公司所持有的公司 62003890 股非上市外资股转为 B 股,自本月 18 日起一年后在深交所 B 股市场上市流通。 深圳市房地产交易中心受深圳市中级人民法院委托于 2002 年 12 月 20 日拍卖了公司位于深圳市罗湖区布心路写字楼 1 栋及宝安区龙华镇油松村 A822-5 号地块及地上建筑物,拍卖成交价合计 8300 万元。

二〇〇二年以来市场表现

2002年涨跌幅(%)	-14.43
2002年最高(元)	7.93
2002年最低(元)	3.40
2002年换手率(%)	456.65
2003年涨跌幅(%)	-21.08
2003年最高(元)	6.15
2003年最低(元)	3.61
2003年换手率(%)	204.35

深圳中冠印染集团股份有限公司

公司概况

公司名称	深圳中冠印染集团股份有限公司	股票代码	000018
注册地址	深圳市人民南路房地产大厦 10 楼 C 座	邮政编码	518001
法人代表	胡永峰	董秘	陈星
电话	0755-82323864	传真	0755-82339100
主营业务	纺织品、服装及印染		
审计单位		审计意见	未审计

总股本	16914.24	流通 A	2023.12	流通 B	6942.19	流通 H	

主要财务指标

年度	2003.9	2003.6	2002	2001
每股收益/扣除后(元)	0.0240	0.0201	0.1400	-0.0290
每股经营现金流量(元)	-0.0200	-0.0015	0.0900	0.0400
每股净资产/调整后(元)	1.8200	1.8130	1.8200	1.8000
每股公积金(元)	0.1757	0.1757	0.1757	0.1757
净资产收益率(%)	1.3080	1.0900	0.4400	0.2740
总资产(万元)	37718.99	37541.35	37644.52	38886.03
股东权益(万元)	31212.17	31144.75	30826.31	30691.52
未分配利润(万元)	885.22	817.80	499.36	384.79
主营收入(万元)	16458.78	9810.81	16173.83	14175.72
资本公积金(万元)	2972.29	2972.29	2972.29	2972.29
主营利润(万元)	1812.03	1194.32	2021.08	1537.45
其他业务利润(万元)	182.87	120.83	113.02	255.50
营业利润(万元)	293.12	366.49	295.93	34.27
投资收益(万元)		1.87	-101.00	103.05
补贴收入(万元)				
营业外收支(万元)		0.20	-2.00	-11.82
利润总额(万元)	445.32	368.56	192.55	125.50
净利润(万元)	408.36	340.94	134.79	84.14

十大股东

序号	股东名称	股份性质	持股数(万股)	比例(%)
1	深圳市华联控股股份有限公司	发起人国家股	4735.99	28.00
2	Style-Success Ltd.	B股	2446.60	14.46
3	深圳市纺织集团股份有限公司	发起人境内法人股	2445.82	14.46
4	华联发展集团有限公司	发起人国家股	767.12	4.54
5	香港富冠投资有限公司	B股	611.46	3.62
6	忻英杰	B股	556.17	3.29
7	刘燎原	B股	214.06	1.27
8	陈松	B股	33.31	0.20
9	霍金霞	B股	27.85	0.16
10	王霞	B股	27.82	0.16

股东人数	2003.9	2003.6	2002	2001
	23119	23357	24608	24068

近年分配		近年配股/增发	不分配不转增

重大事项

2003 年 6 月 2 日,公司所从事的纺织品印染加工、销售及相关管理活动全过程建立的环境管理体系通过深圳市环境管理体系中心认证,有效期至 2006 年 6 月 1 日。 2003 年 01 月 04 日公司第二大股东深圳市纺织集团股份有限公司将其持有的公司发起人法人股 12,229,115 股质押给招商银行深圳深纺大厦支行,为其向该行 2000 万元贷款提供质押担保,质押股权冻结期限自 2002 年 12 月 20 日起。

二〇〇二年以来市场表现

2002年涨跌幅(%)	-14.00
2002年最高(元)	17.10
2002年最低(元)	7.15
2002年换手率(%)	434.97
2003年涨跌幅(%)	-27.55
2003年最高(元)	12.76
2003年最低(元)	7.10
2003年换手率(%)	156.11

深圳市深宝实业股份有限公司

公司概况

公司名称	深圳市深宝实业股份有限公司			股票代码	000019		
注册地址	深圳笋岗路1002号宝安广场B、C座28层			邮政编码	518020		
法人代表	曾湃		董秘	刘雄佳			
电话	0755-25507480		传真	0755-25507480			
主营业务	调味品、乳酸菌奶						
总股本	18192.31	流通A	3994.07	流通B	2613.60	流通H	
审计单位			审计意见	未审计			

主要财务指标

年度	2003.9	2003.6	2002	2001
每股收益/扣除后(元)	-0.0130	0.0180	-0.0419	-0.1030
每股经营现金流量(元)	-0.0900	0.0640	-0.2070	-0.0660
每股净资产/调整后(元)	1.2570	1.2900	1.5070	1.4480
每股公积金(元)	0.4380	0.4380	0.5891	0.5903
净资产收益率(%)	-2.3880	0.2500	3.9400	3.4700
总资产(万元)	48666.72	49243.98	45269.69	40088.40
股东权益(万元)	26779.12	27487.76	27420.22	32780.59
未分配利润(万元)	-641.10	67.54	-4772.92	165.39
主营收入(万元)	4645.52	3354.52	7736.94	14175.72
资本公积金(万元)	7968.59	7968.59	10717.24	2972.29
主营利润(万元)	1071.36	890.79	1668.14	1537.45
其他业务利润(万元)			283.34	255.50
营业利润(万元)	-3334.93	-1273.82	-2596.15	34.27
投资收益(万元)	2802.31	1394.84	3705.46	103.05
补贴收入(万元)				
营业外收支(万元)		-4.79	31.25	-11.82
利润总额(万元)	-738.78	116.23	1140.56	125.50
净利润(万元)	-639.38	69.26	1079.99	84.14

十大股东

序号	股东名称	股份性质	持股数(万股)	比例(%)
1	深圳市农产品股份有限公司	法人股	6184.85	34.00
2	深圳市投资管理公司	国家股、法人股	5399.01	29.68
3	肖丽珠	流通B股	24.00	0.13
4	LU XIAO 卢晓	流通B股	20.10	0.11
5	黄海琨 WONG HOI KWAN	流通B股	20.00	0.11
6	WISEMAX INTERNATIONAL LIMITED	流通B股	19.71	0.11
7	曾宪报	流通B股	18.97	0.10
8	徐壮国	流通B股	18.63	0.10
9	KOTO TRANSPORT LTD.	流通B股	18.35	0.10
10	YU CHING	流通B股	16.96	0.09

股东人数	2003.9	2003.6	2002	2001
	30501	30880	31231	28993

近年分配	2001年10股派0.5元	近年配股/增发	不分配不转增

重大事项

2003年9月22日中国银行深圳市分行要求公司为广东盛润集团股份有限公司借款的担保事项提供质押物.公司与该行达成协议,同意将公司拥有的深圳市深宝华城食品有限公司51.6%的股权质押给该行。 2003年03月22日公司接到华夏证券有限公司深圳分公司振华路证券营业部的通知,该部根据浙江省婺城区人民法院《民事裁定书》,已将公司持有的南京中央商场股份有限公司的股票3,628,956股过户给金华市金威产权管理服务有限公司.

二〇〇二年以来市场表现

2002年涨跌幅(%)	-13.37
2002年最高(元)	15.55
2002年最低(元)	6.75
2002年换手率(%)	532.43
2003年涨跌幅(%)	-28.15
2003年最高(元)	11.76
2003年最低(元)	5.90
2003年换手率(%)	284.67

深圳华发电子股份有限公司

公司概况

公司名称	深圳华发电子股份有限公司			股票代码	000020		
注册地址	深圳华发北路411栋			邮政编码	518031		
法人代表	吴德华		董秘	胡建平			
电话	0755-83352207		传真	0755-83352207			
主营业务	彩电、电路板、注塑件						
总股本	28316.12	流通A	5623.96	流通B	10199.58	流通H	
审计单位			审计意见	未审计			

主要财务指标

年度	2003.9	2003.6	2002	2001
每股收益/扣除后(元)	-0.0006	-0.0008	0.0150	-0.0068
每股经营现金流量(元)	0.0500	0.0420	0.0240	0.1400
每股净资产/调整后(元)	0.9700	0.9760	1.0400	0.9800
每股公积金(元)	0.3477	0.3477	0.3477	0.3477
净资产收益率(%)	0.1900	0.1700	1.8200	1.0500
总资产(万元)	49078.55	47750.12	47901.67	45022.57
股东权益(万元)	29455.23	29448.12	29398.52	29077.68
未分配利润(万元)	-16446.13	16453.23	-16502.83	-16823.68
主营收入(万元)	6096.15	3593.44	12896.12	8286.19
资本公积金(万元)	9846.08	9846.08	9846.08	9846.08
主营利润(万元)	359.35	110.34	868.66	240.06
其他业务利润(万元)	1669.49	1184.22	2372.13	1568.48
营业利润(万元)	-15.89	-21.71	425.10	-101.18
投资收益(万元)	53.90	72.60		-90.00
补贴收入(万元)				
营业外收支(万元)	72.60	71.31	110.91	495.77
利润总额(万元)	56.71	49.60	536.01	304.59
净利润(万元)	56.71	49.60	536.01	304.59

十大股东

序号	股东名称	股份性质	持股数(万股)	比例(%)
1	深圳市赛格集团有限公司	A股	6246.29	22.06
2	中国振华电子集团有限公司	A股	6246.29	22.06
3	赛格(香港)有限公司	B股	1656.96	5.85
4	GOOD HOPE CORNER INVESTMENTS LTD	B股	1390.00	4.91
5	ADVANCE FUTURE GROUP LIMITED	B股	797.58	2.82
6	上海佳盈房产开发有限公司	A股	326.43	1.15
7	上海莱思利发型设计室	A股	71.99	0.25
8	上海好佳贸易有限公司	A股	71.00	0.25
9	杨亚红	B股	68.00	0.24
10	尹刚	B股	64.51	0.23

股东人数	2003.9	2003.6	2002	2001
	37046	32871	29053	15409

近年分配		近年配股/增发	不分配不转增

重大事项

2003年8月28日拟通过2003年以公司资产抵押,向银行申请新增借款额度5000万元人民币的议案。 2003年上半年公司在主营业务方面采取多项措施,严格控制生产成本,但由于受行业淡季及非典影响,造成订单不足,产量减少,导致产品成本上升,未能完成预算目标.六月份上述影响已逐步缓解,总体呈现好转的趋势.

二〇〇二年以来市场表现

2002年涨跌幅(%)	-49.91
2002年最高(元)	17.75
2002年最低(元)	8.70
2002年换手率(%)	323.07
2003年涨跌幅(%)	-25.25
2003年最高(元)	10.95
2003年最低(元)	5.42
2003年换手率(%)	617.09

深圳开发科技股份有限公司

公司概况

公司名称	深圳开发科技股份有限公司	股票代码	000021
注册地址	深圳市福田区彩田路7006号	邮政编码	518035
法人代表	王之	董秘	陈燕明
电话	0755-83275000-33187	传真	0755-83275075
主营业务	计算机硬盘驱动器磁头部件制造		

总股本	73293.21	流通A	20058.21	流通B		流通H	
审计单位				审计意见	未审计		

主要财务指标

年度	2003.9	2003.6	2002	2001
每股收益/扣除后(元)	0.2090	0.1200	0.1400	-0.0220
每股经营现金流量(元)	0.9500	0.7300	0.3500	0.2800
每股净资产/调整后(元)	3.2840	3.2130	3.0900	3.0640
每股公积金(元)	0.7226	0.7226	0.7226	0.7226
净资产收益率(%)	5.1070	3.0330	2.6600	-0.4000
总资产(万元)	402193.00	396969.53	504622.81	464533.12
股东权益(万元)	240799.23	235648.44	229346.08	227053.73
未分配利润(万元)	38877.95	33727.16	26580.42	26091.61
主营收入(万元)	563065.31	377316.50	617890.56	391868.87
资本公积金(万元)	52964.22	52964.22	52964.22	52964.22
主营利润(万元)	37601.29	24613.23	43748.39	23868.75
其他业务利润(万元)	991.53	991.53	2021.06	1867.45
营业利润(万元)	19492.28	12975.06	19677.22	-2495.92
投资收益(万元)	514.36	-1813.03	-9334.31	1077.05
补贴收入(万元)	5.00			
营业外收支(万元)	-982.05	-1462.64	-2301.42	-36.74
利润总额(万元)	14845.13	8790.61	8880.27	-1455.61
净利润(万元)	12297.53	7146.74	6072.91	-914.46

十大股东

序号	股东名称	股份性质	持股数(万股)	比例(%)
1	长城科技股份有限公司	境内法人股	41016.30	55.96
2	博旭(香港)有限公司	外资股东	6895.20	9.41
3	秉宏有限公司	外资股东	4221.83	5.76
4	龙力控股有限公司	外资股东	801.67	1.09
5	浙江华庭置业有限公司	境内法人股	300.00	0.41
6	景福证券投资基金	流通股	277.60	0.38
7	景业证券投资基金	流通股	107.19	0.15
8	胡有娥	流通股	82.06	0.11
9	福建省闽发证券有限公司	流通股	79.38	0.11
10	谭文濂	流通股	71.40	0.10

股东人数	2003.9	2003.6	2002	2001
	145866	148615	155213	172514

近年分配	2002年10股派1元 2001年10股派0.60元	近年配股/增发	不分配不转增

重大事项

2003年8月22日因公司生产经营和流动资金周转需要，同意与中国银行深圳市分行蛇口支行、中国光大银行深圳华丽路支行、中国工商银行深圳市蛇口支行签署金额分别为1800万美元、6000万美元、70,000万元人民币的综合授信额度，其期限均为壹年。 2003年4月26日因公司生产经营和流动资金周转需要，同意向福建兴业银行深圳分行科技支行申请3亿元的授信额度，期限为1年；同意向深圳市商业银行新洲支行申请2亿元的授信额度，期限为1年。

二〇〇二年以来市场表现

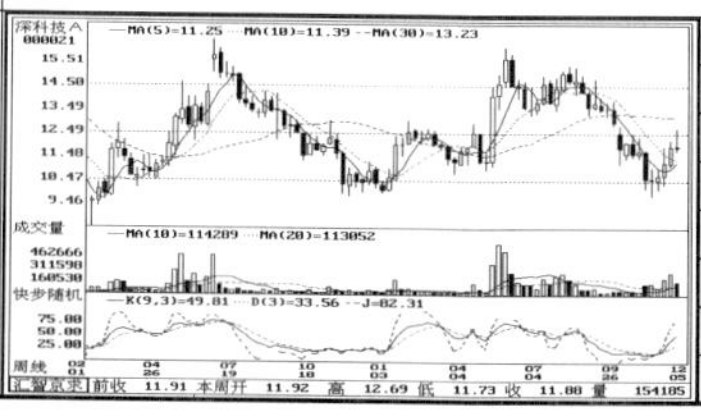

2002年涨跌幅(%)	-13.39
2002年最高(元)	16.36
2002年最低(元)	8.29
2002年换手率(%)	198.31
2003年涨跌幅(%)	18.74
2003年最高(元)	16.06
2003年最低(元)	9.81
2003年换手率(%)	282.53

深圳赤湾港航股份有限公司

公司概况

公司名称	深圳赤湾港航股份有限公司	股票代码	000022
注册地址	中国深圳市赤湾港	邮政编码	518068
法人代表	王芬	董秘	裴姜媛
电话	0755-26694620	传真	0755-26684117
主营业务	集装箱码头、散杂货码头、陆海运输		

总股本	38151.70	流通A	5047.85	流通B	10644.70	流通H	
审计单位				审计意见	未审计		

主要财务指标

年度	2003.9	2003.6	2002	2001
每股收益/扣除后(元)	0.2490	0.3490	0.4919	0.1980
每股经营现金流量(元)	1.0090	0.6140	1.1000	0.5940
每股净资产/调整后(元)	3.6860	3.4290	3.0950	2.8830
每股公积金(元)	1.0654	1.0654	1.0650	1.0643
净资产收益率(%)	16.1600	10.0600	15.4600	7.7900
总资产(万元)	308309.50	300750.50	222211.00	222356.42
股东权益(万元)	141725.52	132099.69	124998.00	111427.17
未分配利润(万元)	24256.20	14630.38	1346.59	1318.28
主营收入(万元)	73648.83	44988.02	73868.74	47585.26
资本公积金(万元)	40644.93	40644.93	40630.94	40603.28
主营利润(万元)	45199.16	26969.52	39303.59	20542.08
其他业务利润(万元)	207.10	441.32	687.69	808.82
营业利润(万元)	15287.98	22212.34	30457.12	11845.29
投资收益(万元)	411.66	56.44	244.89	1213.48
补贴收入(万元)				
营业外收支(万元)	-161.99	-44.55	-442.99	70.80
利润总额(万元)	15525.77	22224.22	30259.02	13129.57
净利润(万元)	22909.62	13283.79	18360.00	8682.92

十大股东

序号	股东名称	股份性质	持股数(万股)	比例(%)
1	中国南山开发(集团)股份有限公司	法人股	22447.00	58.84
2	NEWTON ORIENTAL FUND	B股	388.09	1.02
3	GT PRC FUND	B股	309.99	0.81
4	BTFE-VALUE PARTNERS INTELLIGENT CHINA B SHS FD	B股	295.06	0.77
5	民生证券有限责任公司	A股	254.47	0.67
6	BTFE-BOBL/MANULIFE GLOBAL FUND-CHINAVALUE	B股	223.79	0.59
7	裕阳证券投资基金	A股	189.92	0.50
8	招商证券股份有限公司	A股	178.90	0.47
9	CMBLSA RE INVESCO GT	B股	160.00	0.42
10	CBLDN-CTCL-INVESCO PERPETUAL	B股	150.00	0.39

股东人数	2003.9	2003.6	2002	2001
	30620	40233	53979	61996

近年分配	2002年10股派2.88元 2001年10股派1.02元	近年配股/增发	不分配不转增

重大事项

2003年10月17日 公司直接间接持股100%的子公司深圳赤湾港集装箱有限公司已于日前办理完毕注册资本增资事宜,注册资本由1500万元人民币增至10820万元人民币.该公司的《合同》和《章程》发生相应变更. 2003年9月18日公司之全资子公司赤湾港航(香港)有限公司与深圳赤湾石油基地股份有限公司在深圳赤湾签署了《股权转让协议书》,港航香港公司同意以人民币2076.65万元的价格将其在深圳赤湾持有的全部50%股权及相关债权转让予基地公司.

二〇〇二年以来市场表现

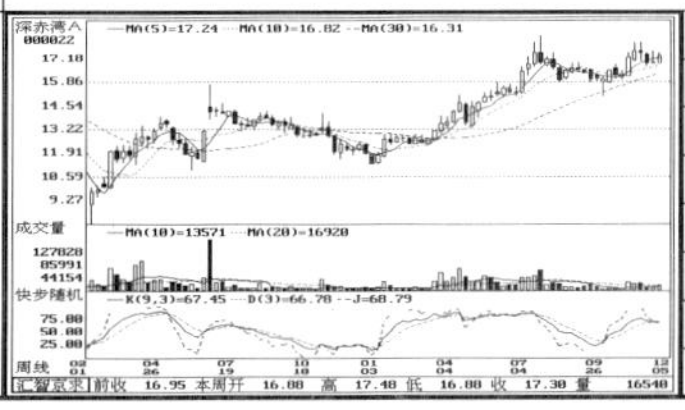

2002年涨跌幅(%)	-6.17
2002年最高(元)	15.29
2002年最低(元)	6.79
2002年换手率(%)	252.41
2003年涨跌幅(%)	52.70
2003年最高(元)	18.21
2003年最低(元)	10.96
2003年换手率(%)	211.73

深圳市天地(集团)股份有限公司

公司概况							
公司名称	深圳市天地(集团)股份有限公司			股票代码	000023		
注册地址	深圳市宝安南路天地大厦2楼,3楼			邮政编码	518001		
法人代表	刘德成			董秘	李惟诚		
电话	0755-2566321			传真	0755-25590169		
主营业务	投资兴办实业、国内商业、物资供销业、物业管理等						
总股本	13875.62	流通A	4619.12	流通B		流通H	
审计单位				审计意见	未审计		

主要财务指标 年度	2003.9	2003.6	2002	2001
每股收益/扣除后(元)	-0.0300	-0.0070	-0.0267	-0.3000
每股经营现金流量(元)	0.0140	0.0780	0.1800	-0.1603
每股净资产/调整后(元)	1.4900	1.2300	1.4900	0.8900
每股公积金(元)	0.5719	0.5720	0.5720	0.7232
净资产收益率(%)	0.1250	-0.3500	2.7200	-37.5400
总资产(万元)	76536.34	83701.09	72718.28	82851.25
股东权益(万元)	21684.64	21621.31	21778.59	17016.96
未分配利润(万元)	-1827.87	-1931.56	-1855.00	-6530.15
主营收入(万元)	29124.27	18228.27	33605.14	22302.96
资本公积金(万元)	7936.22	7936.22	7936.22	10034.87
主营利润(万元)	4632.98	3179.54	5470.89	2164.56
其他业务利润(万元)	184.65	115.17	328.79	342.84
营业利润(万元)	-274.25	43.02	-1970.16	-8220.84
投资收益(万元)	484.88	-54.23	1551.53	-1113.67
补贴收入(万元)				
营业外收支(万元)	-19.07	153.83	1226.95	-74.47
利润总额(万元)	291.16	142.62	808.31	-9408.98
净利润(万元)	27.13	-76.56	591.35	-6388.94

十大股东 序号	股东名称	股份性质	持股数(万股)	比例(%)
1	深圳市东部开发(集团)有限公司	国有法人股	5550.00	40.00
2	深圳市建设投资控股公司	国家股	3706.50	26.71
3	李美容	流通股	31.37	0.23
4	黄瑞华	流通股	25.37	0.18
5	欧翔	流通股	25.32	0.18
6	林世德	流通股	20.00	0.14
7	上海智诚科技投资有限公司	流通股	19.59	0.14
8	李红齐	流通股	15.00	0.11
9	王利波	流通股	12.96	0.09
10	章先奎	流通股	10.87	0.08

股东人数	2003.9	2003.6	2002	2001
	23535	23845	21697	15030

近年分配		近年配股/增发	不分配不转增

重大事项

2003年9月30日深圳市建设投资控股公司、深圳市东部投资发展股份有限公司及深圳市东部开发(集团)有限公司三方在深圳签署了"股权转让合同",建设控股、东部投资同意将建设控股持有东部集团74.2%的股权,以人民币27202万元的价格转让给东部投资. 2003年4月30日、2003年5月12日公司与关联方深圳建设集团财务有限责任公司分别签署了"贷款合同",向其分别借款人民币2000万元及1000万元,期限均为半年.

二〇〇二年以来市场表现

2002年涨跌幅(%)	-19.87
2002年最高(元)	16.35
2002年最低(元)	8.01
2002年换手率(%)	365.79
2003年涨跌幅(%)	-33.81
2003年最高(元)	12.38
2003年最低(元)	5.50
2003年换手率(%)	242.40

招商局蛇口控股股份有限公司

公司概况							
公司名称	招商局蛇口控股股份有限公司			股票代码	000024		
注册地址	深圳蛇口工业区新时代广场9楼			邮政编码	518067		
法人代表	孙承铭			董秘	陈宇		
电话	0755-6819600			传真	0755-6819680		
主营业务	商品房开发、房屋租赁、公用事业						
总股本	47639.60	流通A	13096.52	流通B	13622.18	流通H	
审计单位				审计意见	未审计		

主要财务指标 年度	2003.9	2003.6	2002	2001
每股收益/扣除后(元)	0.4210	0.3060	0.5405	0.3980
每股经营现金流量(元)	-0.0530	-0.1050	1.7340	0.0570
每股净资产/调整后(元)	5.5070	5.3850	5.0590	4.6560
每股公积金(元)	2.4491	2.4424	2.4424	2.4321
净资产收益率(%)	6.7070	5.6200	9.8900	7.7750
总资产(万元)	541758.06	523629.97	526896.44	469261.91
股东权益(万元)	264848.09	258924.31	244437.09	225027.80
未分配利润(万元)	56309.89	50805.07	36737.62	23283.01
主营收入(万元)	332951.12	211627.31	385415.37	332082.06
资本公积金(万元)	116676.25	116357.05	116357.05	115865.80
主营利润(万元)	38977.18	27332.48	51542.17	51664.80
其他业务利润(万元)	56.30	54.61	98.14	309.39
营业利润(万元)	28371.18	20554.98	37791.04	31523.25
投资收益(万元)	-3558.14	-2282.14	-4250.16	-4528.29
补贴收入(万元)	1600.14	1600.14	1460.65	3258.61
营业外收支(万元)	18.40	1.31	-1425.52	-1109.99
利润总额(万元)	26431.58	19874.29	33576.00	29143.58
净利润(万元)	20051.60	14546.78	24181.58	17496.18

十大股东 序号	股东名称	股份性质	持股数(万股)	比例(%)
1	蛇口工业区	境内发起人法人股	15690.68	32.94
2	香港全天域投资有限公司	境内发起人法人股	5230.23	10.98
3	Foxtrol International Ltd.	境外社会公众股	1540.00	3.23
4	Orienture Investment Ltd.	境外社会公众股	1477.95	3.10
5	洋邦国际有限公司	境外社会公众股	625.62	1.31
6	安顺证券投资基金	境外社会公众股	510.57	1.07
7	CBNY S/A PNC/Skandia Select Fund/China Equity AC	境外社会公众股	266.67	0.56
8	海通证券股份有限公司	境外社会公众股	264.97	0.56
9	华安创新证券投资基金	境外社会公众股	201.99	0.42
10	安信证券投资基金	境外社会公众股	187.53	0.39

股东人数	2003.9	2003.6	2002	2001
	76760	82635	84111	95451

近年分配	2001年10股派1.2元	近年配股/增发	2002年10股配3股

重大事项

2003年9月26日,公司之控股子公司深圳招商房地产有限公司参加了上海市松江区房屋土地管理局举行的国有土地使用权公开招标活动,以人民币16,156万元的竞投价夺得上海市松江区沪亭北路一号地块的使用权. 2003年7月11日,公司受让招商局漳州开发区有限公司和招商局漳州开发区公用事业公司 分别所持有的漳州招银房地产有限公司45%和5%的股权,完成股权转让后,招银房地产已正式更名为漳州招商房地产有限公司,注册资本由原来的2000万元增至5000万元.

二〇〇二年以来市场表现

2002年涨跌幅(%)	-21.84
2002年最高(元)	13.76
2002年最低(元)	8.47
2002年换手率(%)	121.59
2003年涨跌幅(%)	13.91
2003年最高(元)	11.85
2003年最低(元)	8.50
2003年换手率(%)	148.98

深圳市特力(集团)股份有限公司

公司概况

公司名称	深圳市特力(集团)股份有限公司			股票代码	000025		
注册地址	深圳市罗湖区水贝二路56号特力大厦三楼			邮政编码	518020		
法人代表	张瑞理			董秘	李春秀		
电话	0755-25536888-360			传真	0755-25536658		
主营业务	汽车销售、维修、检测						
总股本	22028.16	流通 A	3428.51	流通 B	2640.00	流通 H	
审计单位				审计意见	未审计		

主要财务指标

年度	2003.9	2003.6	2002	2001
每股收益/扣除后(元)	-0.0140	-0.0100	-0.1590	0.2900
每股经营现金流量(元)	0.5100	0.3300	0.5500	0.2600
每股净资产/调整后(元)	0.0320	0.0240	0.0400	0.2900
每股公积金(元)	0.7743	0.7743	0.7743	0.7605
净资产收益率(%)	-1.0900	-1.7000	-20.1400	1.9300
总资产(万元)	140353.91	130868.78	123223.03	136843.31
股东权益(万元)	23176.03	20076.34	20352.36	26632.72
未分配利润(万元)	-24320.45	-24418.29	-24142.28	-17535.35
主营收入(万元)	97261.61	60378.70	128932.12	70324.49
资本公积金(万元)	17056.81	17056.81	17056.81	16751.62
主营利润(万元)	8737.74	5832.19	11050.80	7964.40
其他业务利润(万元)	356.16	184.38	422.01	1064.92
营业利润(万元)	100.74	22.13	-3248.79	-923.20
投资收益(万元)	173.59	76.53	-489.85	506.75
补贴收入(万元)	13.69		5.24	
营业外收支(万元)	94.47	-4.63	303.14	904.54
利润总额(万元)	382.50	94.03	-3430.26	488.09
净利润(万元)	-221.06	-350.99	-4098.09	514.41

十大股东

序号	股东名称	股份性质	持股数(万股)	比例(%)
1	深圳市经济特区发展(集团)公司	国有股	15958.80	72.45
2	可达尔汽车配件工程公司	流通股	389.29	1.77
3	成德工程有限公司	流通股	201.27	0.91
4	申群粲	流通股	101.58	0.46
5	文灿荣	流通股	81.48	0.37
6	陈海良	流通股	65.14	0.30
7	侯德育	流通股	65.09	0.30
8	温海根	流通股	63.44	0.29
9	陈晃良	流通股	32.61	0.15
10	焦家蔚	流通股	25.80	0.12

股东人数	2003.9	2003.6	2002	2001
	17307	15558	17120	12202

近年分配		近年配股/增发	不分配不转增

重大事项

2003年9月03日,公司于2001年与大股东深圳经济特区发展(集团)公司进行了资产置换,日前置入企业深圳特发华日汽车有限公司60%股权归属公司的工商登记手续已办理完毕, 同时董事长的变更手续也已办理完毕.至此, 本次资产置换工作已全部完成. 2003年01月28日,公司第一大股东深圳经济特区发展(集团)公司持有公司法人股因深圳市商业银行上步支行诉深圳市金泉实业有限公司、深圳市中财投资发展有限公司、深圳经济特区发展(集团)公司一案,被深圳市中级人民法院冻结,占公司股份的72.45%,冻结期限为1年.

二〇〇二年以来市场表现

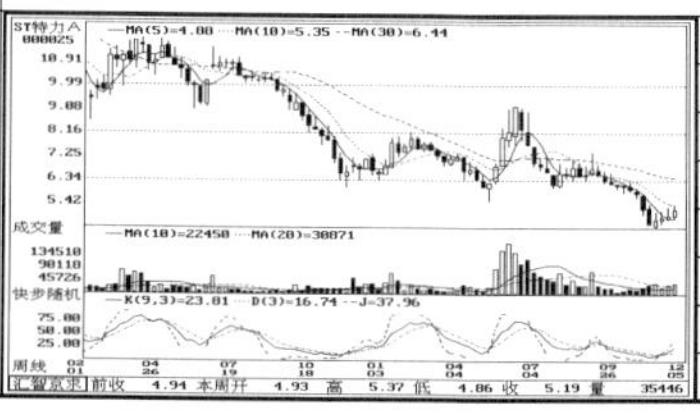

2002年涨跌幅(%)	-46.34
2002年最高(元)	11.82
2002年最低(元)	6.03
2002年换手率(%)	312.44
2003年涨跌幅(%)	-22.57
2003年最高(元)	9.16
2003年最低(元)	4.51
2003年换手率(%)	562.38

深圳市飞亚达(集团)股份有限公司

公司概况

公司名称	深圳市飞亚达(集团)股份有限公司			股票代码	000026		
注册地址	深圳市振华路163号飞亚达大厦			邮政编码	518031		
法人代表	吴光权			董秘	郝惠文		
电话	0755-83217888-8218			传真	0755-83348369		
主营业务	钟表及其零配件的设计、开发和销售						
总股本	24931.80	流通 A	6075.00	流通 B	5832.00	流通 H	
审计单位				审计意见	未审计		

主要财务指标

年度	2003.9	2003.6	2002	2001
每股收益/扣除后(元)		0.0170	-0.3127	0.0150
每股经营现金流量(元)	-0.0100	-0.0180	0.0940	0.2600
每股净资产/调整后(元)	1.9940	1.9900	1.9600	2.2500
每股公积金(元)	0.7665	0.7665	0.7665	0.7665
净资产收益率(%)	1.4100	1.1800	-15.1700	1.9300
总资产(万元)	56634.71	56702.64	56668.14	72584.58
股东权益(万元)	51764.54	51644.72	51036.83	58780.30
未分配利润(万元)	-5324.88	-5444.71	-6052.60	1690.87
主营收入(万元)	13369.38	9790.55	20624.13	21981.38
资本公积金(万元)	19110.85	19110.85	19110.85	19110.85
主营利润(万元)	4637.11	3441.56	7466.84	8141.76
其他业务利润(万元)	1158.42	801.27	1492.29	1914.26
营业利润(万元)	58.41	-126.31	-7757.07	1332.66
投资收益(万元)	621.85	636.34	139.15	190.98
补贴收入(万元)				
营业外收支(万元)	-31.06	178.59	-75.50	76.37
利润总额(万元)	827.79	688.61	-7542.42	1600.02
净利润(万元)	727.71	607.89	-7743.47	1132.28

十大股东

序号	股东名称	股份性质	持股数(万股)	比例(%)
1	深圳中航实业股份有限公司	发起法人股	13024.80	52.24
2	陈杰兴	流通B股	120.00	0.48
3	XU AILAN	流通B股	96.00	0.39
4	江虹	流通B股	61.59	0.25
5	林芝华	流通B股	53.20	0.21
6	中国平保(香港)	流通B股	48.49	0.19
7	陈海良	流通B股	39.93	0.16
8	林鸿波	流通B股	36.29	0.15
9	邱和云	流通A股	32.54	0.13
10	杨源洲	流通B股	28.59	0.11

股东人数	2003.9	2003.6	2002	2001
	15280	15545		16578

近年分配	2001年10股派0.5元	近年配股/增发	不分配不转增

重大事项

2003年11月4日,公司于2002年11月1日与新华信托投资股份有限公司签订《资金信托合同》,信托理财金额8,000万元,期限一年.目前,该信托理财合同已履行完毕,该项合同之全部本金及应得收益合计人民币8,640万元均已收回. 2002年7月06日公司控股股东深圳中航实业股份有限公司于2001年12月7日与北京北大方正集团公司签署之《股权转让协议》,已终止履行.公司曾于2001年12月7日与方正(香港)有限公司签署了《关于组建合资公司的框加架协议书》,现双方同意终止协议,取消上述计划.

二〇〇二年以来市场表现

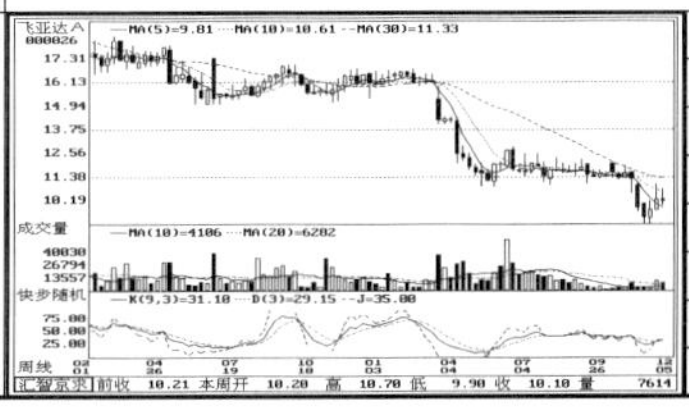

2002年涨跌幅(%)	-6.97
2002年最高(元)	18.45
2002年最低(元)	14.95
2002年换手率(%)	112.34
2003年涨跌幅(%)	-38.27
2003年最高(元)	16.77
2003年最低(元)	9.00
2003年换手率(%)	91.20

深圳能源投资股份有限公司

公司概况

公司名称	深圳能源投资股份有限公司	股票代码	000027
注册地址	深圳市福田区深南中路2068号华能大厦33层	邮政编码	518031
法人代表	王学为	董秘	胡坚
电话	0755-83684356	传真	0755-83684248
主营业务	电力仓储装卸		
总股本	120249.53	流通 A	48631.62
流通 B		流通 H	
审计单位		审计意见	未审计

主要财务指标

年度	2003.9	2003.6	2002	2001
每股收益/扣除后(元)	0.3580	0.1910	0.4363	0.4400
每股经营现金流量(元)	1.3000	0.7870	1.9327	1.9526
每股净资产/调整后(元)	2.7405	2.5807	2.3658	2.5321
每股公积金(元)	0.4444	0.4444	0.4444	0.5329
净资产收益率(%)	13.0370	7.3800	17.5300	15.3200
总资产(万元)	878107.31	850408.94	799442.94	776486.44
股东权益(万元)	330624.34	311148.84	289187.59	259852.91
未分配利润(万元)	57851.51	38376.00	16438.32	11140.64
主营收入(万元)	351970.94	206342.62	382858.78	334780.78
资本公积金(万元)	53435.01	53435.01	53435.01	53398.58
主营利润(万元)	101543.94	56154.69	105480.34	111937.40
其他业务利润(万元)	227.74	224.75	-419.94	271.47
营业利润(万元)	93034.15	50625.50	104623.96	83353.15
投资收益(万元)	-925.54	-493.19	-7586.11	-1581.39
补贴收入(万元)			12863.24	11863.64
营业外收支(万元)	4.14		-2657.14	-7538.97
利润总额(万元)	92112.74	50136.66	107246.95	86096.43
净利润(万元)	43102.81	22971.95	50686.95	39813.68

十大股东

序号	股东名称	股份性质	持股数(万股)	比例(%)
1	深圳市能源集团有限公司	国有法人股	66477.90	55.28
2	普丰证券投资基金	流通股	2567.45	2.14
3	普惠证券投资基金	流通股	1393.54	1.16
4	同益证券投资基金	流通股	942.88	0.78
5	同盛证券投资基金	流通股	874.70	0.73
6	广东电力发展股份有限公司	法人股	822.01	0.68
7	国泰君安证券股份有限公司	流通股	590.16	0.49
8	裕元证券投资基金	流通股	540.96	0.45
9	西北电力建设集团公司	法人股	525.99	0.44
10	河南省经济技术开发公司	流通股	499.04	0.41

股东人数	2003.9	2003.6	2002	2001
	170427	174539	213617	217309

近年分配	近年配股/增发
2002年10股派1.5元 2001年10股派3元	不分配不转增

重大事项

2003年7月14日,公司正在进行东莞樟洋电厂等项目的投资,需要大量资金,为保证项目所需资金,公司与中国银行深圳市分行签定《授信额度协议》。其主要内容为:深圳市分行提供肆亿元的授信额度,担保方式为信用保证,授信期限为壹年,授信业务品种为借款. 2003年6月25日经广东省物价局重新审核,公司控股深圳妈湾电力有限公司月亮湾燃机电厂、参股金岗电厂上网电价从0.75元/千瓦时(含税)调整为0.72元/千瓦时(含税),调整后的上网电价从2003年7月1日开始执行.

二〇〇二年以来市场表现

2002年涨跌幅(%)	-18.56
2002年最高(元)	8.85
2002年最低(元)	6.07
2002年换手率(%)	131.53
2003年涨跌幅(%)	31.97
2003年最高(元)	9.43
2003年最低(元)	6.00
2003年换手率(%)	170.64

深圳一致药业股份有限公司

公司概况

公司名称	深圳一致药业股份有限公司	股票代码	000028
注册地址	深圳福田区八卦四路15号一致药业大厦	邮政编码	518029
法人代表	郭原	董秘	陈常兵
电话	0755-25875195	传真	0755-25875166
主营业务	化学药制剂、抗生素制剂		
总股本	28814.94	流通 A	5488.56
流通 B	5488.56	流通 H	
审计单位		审计意见	未审计

主要财务指标

年度	2003.9	2003.6	2002	2001
每股收益/扣除后(元)	0.0250	0.0220	-0.0171	0.1130
每股经营现金流量(元)	0.0770	-0.0200	0.1000	0.2470
每股净资产/调整后(元)	1.0360	1.0360	0.9970	0.9750
每股公积金(元)	0.0547	0.0547	0.0547	0.0546
净资产收益率(%)	2.2560	1.8600	1.4800	10.3200
总资产(万元)	100560.38	118471.85	105259.70	111816.92
股东权益(万元)	33348.37	33404.70	33333.51	35400.90
未分配利润(万元)	629.66	498.88	-122.52	787.48
主营收入(万元)	141094.42	100472.22	186993.77	166867.50
资本公积金(万元)	1576.03	1576.03	1576.03	1573.50
主营利润(万元)	33106.02	23664.27	41039.71	45965.44
其他业务利润(万元)	760.23	475.34	704.06	679.66
营业利润(万元)	1335.83	938.64	-426.94	3049.09
投资收益(万元)	-962.68	-626.95	-333.46	-582.49
补贴收入(万元)			437.07	435.19
营业外收支(万元)	19.59		531.08	1710.24
利润总额(万元)	392.74	307.10	207.76	4612.04
净利润(万元)	752.17	621.40	492.28	3651.72

十大股东

序号	股东名称	股份性质	持股数(万股)	比例(%)
1	深圳市投资管理公司	国家股	12486.47	43.33
2	深圳市宝安区石岩镇经济发展总公司	法人股	2607.07	9.05
3	深圳市宝安上屋经济发展有限公司	法人股	1394.28	4.84
4	深圳市网纵实业有限公司	法人股	530.32	1.84
5	南京君悦投资咨询有限公司	法人股	500.00	1.74
6	山东康同电器有限公司	流通A股	204.62	0.71
7	CHAN PONG HUNG	流通B股	173.86	0.60
8	无锡市华信投资管理有限公司	法人股	139.68	0.48
9	吴彩玉	流通A股	129.44	0.45
10	昆明天豪舞台声光工程有限公司	流通A股	122.00	0.35

股东人数	2003.9	2003.6	2002	2001
	30105	30335	25568	15633

近年分配	近年配股/增发
	不分配不转增

重大事项

2003年10月25日 公司收到广东省深圳市中级人民法院《民事判决书》,姚旭(原告)诉公司关联方深圳市医药生产供应总公司以及公司和公司属下子公司深圳市一致医药连锁有限公司有关"一致"图形和文字的著作权侵权纠纷一案,现已审理终结.法院判决:驳回原告的诉讼请求,案件受理费由原告承担. 2003年01月8日,中国国际经济贸易仲裁委员会深圳分会就格兰泰(香港)有限公司诉贸易公司拖欠货款及违约金事项裁决如下:贸易公司共支付尚欠货款、违约金共计2,736,751.23美元.

二〇〇二年以来市场表现

2002年涨跌幅(%)	-49.42
2002年最高(元)	16.37
2002年最低(元)	7.85
2002年换手率(%)	299.52
2003年涨跌幅(%)	-30.13
2003年最高(元)	10.79
2003年最低(元)	5.08
2003年换手率(%)	362.30

深圳经济特区房地产(集团)股份有限公司

公司概况

公司名称	深圳经济特区房地产(集团)股份有限公司	股票代码	000029
注册地址	深圳人民南路 3005 号深房广场 47 楼	邮政编码	518001
法人代表	邵志和	董秘	陈继
电话	0755-82293000-4715	传真	0755-82294024
主营业务	房地产开发及商品房销售		
审计单位		审计意见	未审计

总股本	流通 A	流通 B	流通 H
101166.00	14784.00	12000.00	

主要财务指标

年度	2003.9	2003.6	2002	2001
每股收益 / 扣除后(元)	-0.0390	-0.0270	-0.1638	-0.4908
每股经营现金流量(元)	0.0810	0.0230	0.0769	0.0700
每股净资产 / 调整后(元)	0.9517	0.9646	1.0068	0.8800
每股公积金(元)	0.8518	0.8518	0.8518	0.8517
净资产收益率(%)	-4.0550	-2.7100	1.3590	-52.7200
总资产(万元)	286253.75	288899.78	300098.66	347321.25
股东权益(万元)	99283.04	100586.16	103308.98	101908.18
未分配利润(万元)	-96819.93	-95516.82	-92794.00	-94198.41
主营收入(万元)	64359.31	55863.16	74805.21	61625.14
资本公积金(万元)	86168.91	86168.91	86168.91	86161.52
主营利润(万元)	8754.21	-1733.37	12898.41	17468.31
其他业务利润(万元)	1726.47	856.91	1928.13	2215.95
营业利润(万元)	-4163.54	-2941.83	-14006.40	-46027.26
投资收益(万元)	249.07	259.21	15587.68	-3579.39
补贴收入(万元)				
营业外收支(万元)	-55.03		-62.17	-4150.88
利润总额(万元)	-3969.51	-2703.18	1519.11	-53757.53
净利润(万元)	-4025.93	-2722.81	1658.47	-53728.04

十大股东

序号	股东名称	股份性质	持股数(万股)	比例(%)
1	深圳市建设投资控股公司	国家股	74382.00	73.52
2	CBNY S PNC SELECTFUND EQUITY AC	流通 B 股	289.14	0.29
3	CHU KOON YUK	流通 B 股	72.00	0.07
4	SHUM YIP KWAN WING DEVELOPMENT LTD	流通 B 股	62.36	0.06
5	ORE BURNS (AUSTRALIA)PTY.LIMITED	流通 B 股	60.00	0.06
6	海通证券(香港)有限公司	流通 B 股	58.19	0.06
7	普丰证券投资基金	流通 A 股	58.08	0.06
8	张旭彬	流通 B 股	50.00	0.05
9	杨耀初	流通 B 股	44.00	0.04
10	LAI KONG SUNG 黎抗生	流通 B 股	40.93	0.04

股东人数	2003.9	2003.6	2002	2001
	112918	117231	114058	124664

近年分配		近年配股 / 增发	不分配不转增

重大事项

2003 年 5 月 17 日 公司收到子公司美国加州长城地产公司诉 S.Y 公司及 YING YU 的判决书,裁定长城公司是百老汇街 744-788 号土地的业主;裁定 YING YU 代表 S.Y 公司签署抵押给加州国际银行的契约无效;裁定长城公司可向被告 S.Y 公司及 YING YU 索偿诉讼费 54125 美元。 2002 年 10 月 24 日 公司董事会同意公司全资子公司(香港)新峰企业有限公司将持有的超飞有限公司 100%股权全部转让给盈多有限公司的议案。

二〇〇二年以来市场表现

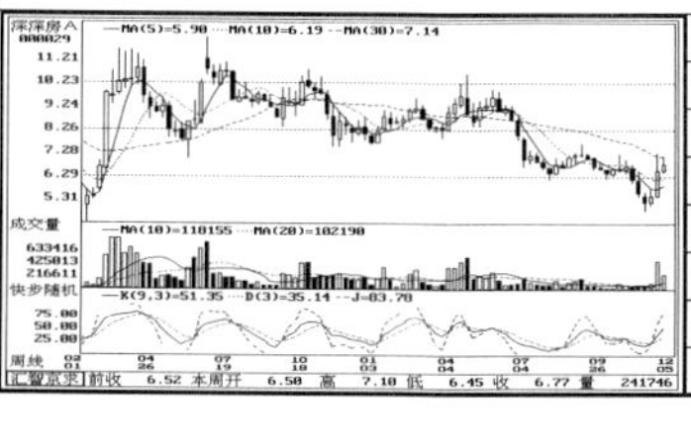

2002年涨跌幅(%)	16.27
2002年最高(元)	12.20
2002年最低(元)	4.04
2002年换手率(%)	872.37
2003年涨跌幅(%)	-16.30
2003年最高(元)	10.60
2003年最低(元)	4.83
2003年换手率(%)	461.75

广东盛润集团股份有限公司

公司概况

公司名称	广东盛润集团股份有限公司	股票代码	000030
注册地址	中国广东省深圳市华强北路	邮政编码	518031
法人代表	杨奋勃	董秘	敖迎春
电话	0755-83361666-209	传真	0755-83204588
主营业务	物业经营及管理		
审计单位		审计意见	未审计

总股本	流通 A	流通 B	流通 H
28842.00	4026.00	3960.00	

主要财务指标

年度	2003.9	2003.6	2002	2001
每股收益 / 扣除后(元)	-0.0160	-0.0696	-0.9436	-2.1800
每股经营现金流量(元)	-0.0350	-0.0070	-0.0067	0.1080
每股净资产 / 调整后(元)	-5.5850	-5.3160	-5.2897	-3.3900
每股公积金(元)		1.2703	1.2703	1.2250
净资产收益率(%)		0.0670	-37.1420	-102.4300
总资产(万元)	36668.45	19250.75	20325.81	44449.38
股东权益(万元)	-153493.48	-152443.23	-152516.55	-97176.92
未分配利润(万元)	-232433.27	-231677.20	-231779.45	-175130.94
主营收入(万元)	3558.16	485.73	671.18	51419.32
资本公积金(万元)		36638.07	36638.07	35332.01
主营利润(万元)	1031.67	280.03	525.45	6402.22
其他业务利润(万元)	62.18		593.88	344.39
营业利润(万元)	-2673.29	-1998.12	-24123.62	-53556.30
投资收益(万元)	2229.45	2142.82	-1475.75	-3266.10
补贴收入(万元)				6.40
营业外收支(万元)	-80.51		-31049.19	-41318.08
利润总额(万元)	-524.35	111.64	-56648.56	-98134.09
净利润(万元)	-547.92	102.26	-56648.52	-99537.92

十大股东

序号	股东名称	股份性质	持股数(万股)	比例(%)
1	深圳市投资管理公司	发起人国家股	19140.00	66.36
2	深圳市有色金属财务有限公司	境内法人股	528.00	1.83
3	深圳国际信托投资公司	境内法人股	528.00	1.83
4	CHINA EVERBRIGE HOLDINGSCO.LTD	流通股	422.62	1.47
5	深圳华晟达投资控股有限公司	境内法人股	396.00	1.37
6	深圳国银投资发展有限公司	境内法人股	264.00	0.92
7	文灿荣	流通股	59.77	0.21
8	谢文豪	流通股	56.36	0.20
9	郑杰	流通股	37.00	0.13
10	钟善文	流通股	27.65	0.10

股东人数	2003.9	2003.6	2002	2001
	12117	10143	14771	10655

近年分配		近年配股 / 增发	不分配不转增

重大事项

2003 年 10 月 24 日公司第一大股东深圳市投资管理公司拟将其持有的 19140 万股股权划转给深圳市莱英达集团有限责任公司,目前该项股权划转已报国务院国有资产监督管理委员会审批。 2003 年 03 月 26 日公司持有深圳市莱英达工贸有限公司 32%的股权, 该公司工会委员会将其持有该公司 20%的股权委托给公司进行归口管理,这样公司持有和托管该公司的股权达 52%;且公司委派四位董事担任该公司董事,对其有实际的控股权。

二〇〇二年以来市场表现

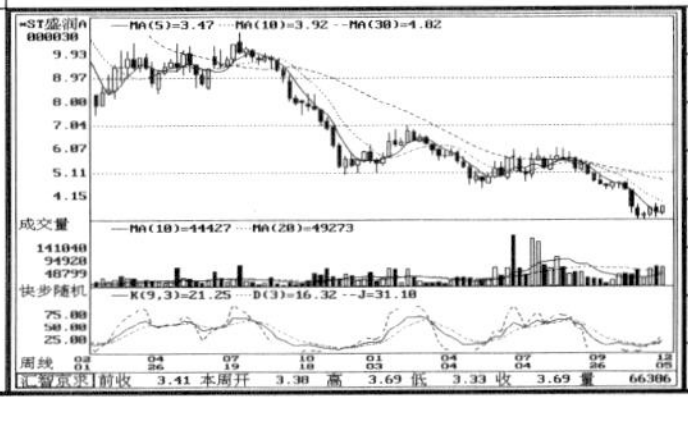

2002年涨跌幅(%)	-49.42
2002年最高(元)	11.01
2002年最低(元)	5.01
2002年换手率(%)	326.11
2003年涨跌幅(%)	-35.17
2003年最高(元)	6.98
2003年最低(元)	3.18
2003年换手率(%)	557.19

深圳市宝恒(集团)股份有限公司

公司概况	公司名称	深圳市宝恒(集团)股份有限公司			股票代码	000031	
	注册地址	深圳市宝安区湖滨路5号			邮政编码	518101	
	法人代表	古焕坤			董秘	易中胜	
	电话	0755-27754517			传真	0755-27789701	
	主营业务	房地产开发经营和实业投资					
	总股本	46630.24	流通A	16348.99	流通B		流通H
	审计单位				审计意见	未审计	

主要财务指标 年度	2003.9	2003.6	2002	2001
每股收益/扣除后(元)	0.1400	0.0910	0.1283	0.1240
每股经营现金流量(元)	0.2600	0.2010	0.0860	0.2900
每股净资产/调整后(元)	2.2310	2.1800	2.0200	1.9800
每股公积金(元)	0.8114	0.8114	0.8114	1.1866
净资产收益率(%)	6.2800	4.3000	7.0000	6.1700
总资产(万元)	165072.75	165115.77	169209.69	163622.22
股东权益(万元)	105741.99	103591.87	100380.34	94745.33
未分配利润(万元)	14889.62	12712.40	11597.35	-24224.81
主营收入(万元)	23194.34	15352.32	41192.08	31245.27
资本公积金(万元)	37837.09	37837.09	37389.55	55331.45
主营利润(万元)	12120.78	7985.18	18653.79	16248.23
其他业务利润(万元)	548.06	372.26	735.14	476.89
营业利润(万元)	7794.95	5228.83	6727.19	6686.12
投资收益(万元)	523.58	328.47	3351.10	2500.98
补贴收入(万元)				
营业外收支(万元)	260.04	228.45	-282.14	48.56
利润总额(万元)	8578.56	5785.74	9796.14	9235.67
净利润(万元)	6635.38	4458.16	6944.24	5844.94

十大股东 序号	股东名称	股份性质	持股数(万股)	比例(%)
1	深圳市宝安区投资管理公司	国有股	27806.25	59.63
2	深圳市宝安区福永镇桥头经济公司	法人股	1588.13	3.41
3	深圳市鸿基(集团)股份有限公司	法人股	639.38	1.37
4	光大证券有限责任公司	公众股	108.32	0.23
5	深圳发展银行	法人股	103.13	0.22
6	深圳名苑渔港实业有限公司	法人股	82.50	0.18
7	景阳证券投资基金	公众股	74.00	0.16
8	张淑琴	公众股	36.80	0.08
9	吕小誉	公众股	25.00	0.05
10	张立志	公众股	20.00	0.04

股东人数	2003.9	2003.6	2002	2001
	85425	87248	58033	57775

近年分配	2002年10股派0.6元	近年配股/增发	不分配不转增

重大事项

2003年4月24日深圳新安湖实业有限公司于2003年4月18日将位于深圳市宝安区一宗土地的土地使用权转让给了深圳市惠明盛房地产投资开发有限公司,成交价为人民币20290万元;公司决定拟于今年内投资兴建宝恒宝城工业园一期,所需建设开发资金1.37亿元人民币,建设期为18个月。2003年4月18日公司同意以人民币6,012,085.62元,受让江铜南方公司持有的深圳市宝铜实业有限公司40%股权。股权转让后,公司共持有深圳市宝铜实业有限公司90%股权。

二〇〇二年以来市场表现

2002年涨跌幅(%)	8.68
2002年最高(元)	14.14
2002年最低(元)	5.34
2002年换手率(%)	409.70
2003年涨跌幅(%)	-6.06
2003年最高(元)	11.77
2003年最低(元)	6.31
2003年换手率(%)	507.82

深圳市桑达实业股份有限公司

公司概况	公司名称	深圳市桑达实业股份有限公司			股票代码	000032	
	注册地址	深圳市福田区振华路78号西二层			邮政编码	518031	
	法人代表	佟保安			董秘	金涛	
	电话	0755-83200636			传真	0755-83200639	
	主营业务	电子元件					
	总股本	19405.36	流通A	7118.80	流通B		流通H
	审计单位				审计意见	未审计	

主要财务指标 年度	2003.9	2003.6	2002	2001
每股收益/扣除后(元)	0.2200	0.1600	0.2659	0.2580
每股经营现金流量(元)	0.4200	0.2900	0.4400	1.0200
每股净资产/调整后(元)	2.7900	2.7300	3.3300	1.7900
每股公积金(元)	1.3487	1.3490	2.0536	0.5918
净资产收益率(%)	7.5900	5.7700	8.1900	13.7000
总资产(万元)	111666.48	106031.41	107561.91	89389.66
股东权益(万元)	56957.32	55862.76	52640.93	26552.64
未分配利润(万元)	4392.58	3293.88	72.05	37.79
主营收入(万元)	80279.23	44486.01	138835.45	169181.47
资本公积金(万元)	26172.92	26177.06	30655.22	7741.35
主营利润(万元)	13957.15	8318.77	14777.90	15326.88
其他业务利润(万元)	538.25	403.20	733.28	742.15
营业利润(万元)	5075.90	3799.12	2346.58	3527.42
投资收益(万元)	29.85	6.68	1923.30	273.81
补贴收入(万元)	51.82	1.82	330.00	171.88
营业外收支(万元)	-22.78		590.65	701.93
利润总额(万元)	5134.80	3792.09	5190.53	4675.03
净利润(万元)	4320.53	3221.82	4313.86	3637.60

十大股东 序号	股东名称	股份性质	持股数(万股)	比例(%)
1	深圳桑达电子总公司	法人股	10970.01	56.53
2	深圳市龙岗区投资管理有限公司	国家股	963.17	4.96
3	无锡市国联发展(集团)有限公司	法人股	353.38	1.82
4	中技开发公司	流通股	272.29	1.40
5	宁波大通开发股份有限公司	流通股	83.60	0.43
6	易方达平稳增长证券投资基金	流通股	76.74	0.40
7	东吴证券有限责任公司	流通股	61.14	0.32
8	上海豁安投资有限公司	流通股	53.43	0.28
9	华鑫证券有限责任公司	流通股	46.70	0.24
10	光大证券有限责任公司	流通股	34.33	0.18

股东人数	2003.9	2003.6	2002	2001
	25484	24910	23464	22744

近年分配	2002年10股派2元 2001年10股派1元	近年配股/增发	2002年10股转增3股

重大事项

2003年08月26日,公司与深圳桑菲消费通信有限公司签定了商标使用许可合同.公司同意深圳桑菲消费通信有限公司在许可期限内无偿使用公司相关注册商标.本次交易为关联交易. 2003年5月14日 公司与深圳市商业银行景田支行签定了《综合授信额度合同》,该行向公司提供人民币壹亿元整的综合授信额度,期限为1年.

二〇〇二年以来市场表现

2002年涨跌幅(%)	-33.12
2002年最高(元)	14.03
2002年最低(元)	9.12
2002年换手率(%)	91.51
2003年涨跌幅(%)	-14.79
2003年最高(元)	11.64
2003年最低(元)	6.70
2003年换手率(%)	144.14

深圳新都酒店股份有限公司

公司概况

公司名称	深圳新都酒店股份有限公司	股票代码	000033
注册地址	深圳市春风路一号	邮政编码	518001
法人代表	王晓燕	董秘	董晓栗
电话	0755-82320888-382	传真	0755-82344699
主营业务	酒店及附属设施		
审计单位		审计意见	未审计

总股本	28772.35	流通 A	6722.35	流通 B		流通 H	

主要财务指标

年度	2003.9	2003.6	2002	2001
每股收益/扣除后(元)	-0.0050	-0.0130	0.0384	0.0100
每股经营现金流量(元)	0.0400	0.0180	0.1150	0.1340
每股净资产/调整后(元)	1.5150	1.5050	1.4910	1.4390
每股公积金(元)	0.6690	0.6690	0.6690	0.6690
净资产收益率(%)	-0.1700	-0.8400	1.5000	1.2100
总资产(万元)	61035.86	61090.39	63537.31	65106.61
股东权益(万元)	43581.66	43291.06	43578.97	43297.13
未分配利润(万元)	-8640.20	-8930.80	-8565.12	-8924.74
主营收入(万元)	5019.84	3077.07	9341.97	10224.58
资本公积金(万元)	19249.65	19249.65	19249.65	19249.65
主营利润(万元)	3565.00	2199.24	6814.79	7292.47
其他业务利润(万元)	16.42	8.91		
营业利润(万元)	-130.64	-370.46	1105.92	277.31
投资收益(万元)			-381.40	266.97
补贴收入(万元)	46.00			
营业外收支(万元)	9.55		-68.83	-19.11
利润总额(万元)	-75.09	-365.69	655.70	525.17
净利润(万元)	-75.09	-365.69	655.70	525.17

十大股东

序号	股东名称	股份性质	持股数(万股)	比例(%)
1	深圳市瀚明投资有限公司	未披露	6615.00	22.99
2	(香港)建辉投资有限公司	外资股	5512.50	19.16
3	深圳贵州经济贸易公司	未披露	3322.50	11.55
4	深圳市卢堡工贸有限公司	未披露	3307.50	11.50
5	(香港)桂江企业有限公司	外资股	3307.50	11.50
6	郑明星	社会公众股	38.04	0.13
7	王洪	未披露	37.95	0.13
8	林娟	未披露	22.13	0.08
9	邹德才	未披露	22.12	0.08
10	宋志梅	社会公众股	15.82	0.05

股东人数	2003.9	2003.6	2002	2001
	34387	34889	35802	34565

近年分配		近年配股/增发	不分配不转增

重大事项

2003 年 **08** 月 **28** 日, 深圳市罗湖区人民法院对深圳市卢堡工贸有限公司诉公司决议侵害股东权纠纷一案作出一审判决:公司 **2002** 年度股东大会关于第四届董事会的选举无效,该决议选举的第四届董事会依法不能成立。 **2003** 年 **10** 月 **21** 日,广东省高级人民法院对深圳市卢堡工贸有限公司诉黄振汉及建辉投资有限公司董事、监事、经理损害公司利益纠纷案作出裁定: 黄振汉、建辉投资有限公司及公司不得就本案所涉的两个项目进行任何交易、让与、设置担保、赠与及其他处分行为,应维持现状.公司存在异议,向法院提起撤消该裁定申请, 现已驳回.

二○○二年以来市场表现

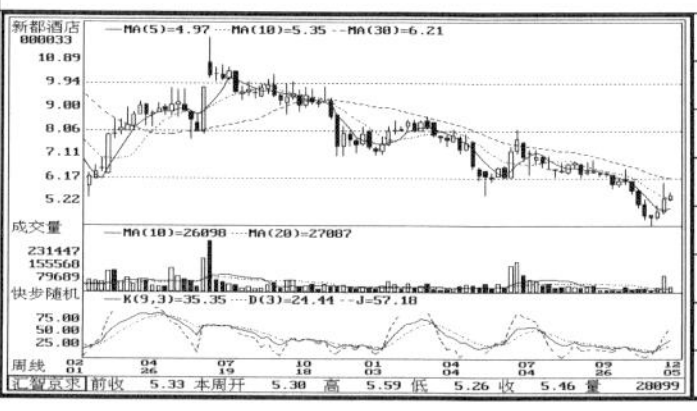

2002年涨跌幅(%)	-7.46
2002年最高(元)	11.83
2002年最低(元)	5.13
2002年换手率(%)	420.11
2003年涨跌幅(%)	-25.87
2003年最高(元)	8.59
2003年最低(元)	4.28
2003年换手率(%)	266.77

深圳市深信泰丰(集团)股份有限公司

公司概况

公司名称	深圳市深信泰丰(集团)股份有限公司	股票代码	000034
注册地址	深圳市宝安区宝城宝民一路 102 号	邮政编码	518133
法人代表	肖水龙	董秘	张小立
电话	0755-27849181	传真	0755-27849232
主营业务	通讯服务运营、通讯设备研发		
审计单位		审计意见	未审计

总股本	31113.94	流通 A	8465.89	流通 B		流通 H	

主要财务指标

年度	2003.9	2003.6	2002	2001
每股收益/扣除后(元)	-0.1000	-0.0850	-0.2842	0.1200
每股经营现金流量(元)	0.1740	0.2590	0.1290	-0.2000
每股净资产/调整后(元)	0.7600	0.7600	0.8700	1.0100
每股公积金(元)	1.1003	1.1003	1.1003	0.9472
净资产收益率(%)	-9.0260	-9.2900	-30.6330	12.1300
总资产(万元)	141549.47	145162.83	148340.62	145413.30
股东权益(万元)	28790.45	28719.22	30193.93	35954.72
未分配利润(万元)	-43131.78	-43202.99	-36966.80	-31204.28
主营收入(万元)	70540.01	34118.38	69055.62	124767.49
资本公积金(万元)	34234.42	34234.41	29472.93	29471.20
主营利润(万元)	6500.59	3053.66	6131.27	17798.39
其他业务利润(万元)	202.23	124.37	234.77	183.80
营业利润(万元)	-2440.33	-2862.02	-8615.75	4089.79
投资收益(万元)	10.86	12.56	-80.24	182.12
补贴收入(万元)	144.55			
营业外收支(万元)	-396.84		-1163.04	411.58
利润总额(万元)	-2681.76	-2701.15	-9859.02	4683.48
净利润(万元)	-2598.57	-2669.78	-9615.26	4361.44

十大股东

序号	股东名称	股份性质	持股数(万股)	比例(%)
1	深圳国际信托投资有限责任公司	国有法人股	14922.21	47.96
2	深圳市宝安区投资管理有限公司	国有股	3732.90	12.00
3	深圳泰丰电子有限公司	法人股	2489.12	8.00
4	山西昌泰工贸有限公司	法人股	600.00	1.92
5	深圳市物资集团公司	法人股	250.00	0.80
6	上海中南投资管理有限公司	法人股	162.83	0.52
7	上海融道贸易有限公司	法人股	150.00	0.48
8	云南万龙投资有限公司	法人股	100.00	0.32
9	上海浦东任辰贸易有限公司	法人股	54.00	0.17
10	上海超人贸易有限公司	法人股	50.00	0.16

股东人数	2003.9	2003.6	2002	2001
	48969	44632	48004	49022

近年分配		近年配股/增发	不分配不转增

重大事项

2003 年 **5** 月 **24** 日,公司股东深圳市宝安区投资管理有限公司向深圳泰丰电子有限公司协议转让公司国有股股权的有关事宜已获财政部批准,本次股份转让后,宝投公司仍为公司第一大股东,泰丰电子成为公司第三大股东. **2003** 年 **8** 月 **14** 日,公司股东深圳市宝安区投资管理有限公司向深圳国际信托投资有限责任公司协议转让公司国有股 **71,335,413** 股,转让后, 宝投公司持有公司国家股 **37,329,007** 股,性质为国家股;深圳国投将持有公司 **149,222,069** 股,股份性质为国有法人股.

二○○二年以来市场表现

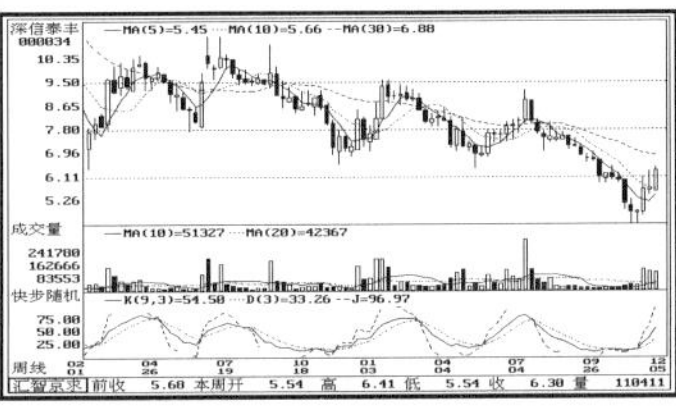

2002年涨跌幅(%)	-27.13
2002年最高(元)	11.20
2002年最低(元)	6.40
2002年换手率(%)	275.71
2003年涨跌幅(%)	-21.11
2003年最高(元)	9.58
2003年最低(元)	4.41
2003年换手率(%)	352.70

中国科健股份有限公司

公司概况

公司名称	中国科健股份有限公司	股票代码	000035
注册地址	深圳蛇口工业六路	邮政编码	518026
法人代表	侯自强	董秘	李卫民
电话	0755-82940181	传真	0755-82940095
主营业务	移动通讯、手机销售、手机配件销售等		

总股本	11588.72	流通 A	4253.05	流通 B		流通 H	
审计单位				审计意见	未审计		

主要财务指标

年度	2003.9	2003.6	2002	2001
每股收益/扣除后(元)	0.1600	0.1230	0.5798	0.4477
每股经营现金流量(元)	0.8440	1.6060	1.6530	-1.7500
每股净资产/调整后(元)	1.9900	2.1700	1.9500	1.6000
每股公积金(元)	0.8943	0.8943	0.8943	0.8943
净资产收益率(%)	7.5300	9.8400	27.1800	25.9600
总资产(万元)	162090.73	162462.14	153049.25	134346.77
股东权益(万元)	24866.64	25501.65	22992.57	19947.71
未分配利润(万元)	1545.95	2180.96	-328.11	-3176.85
主营收入(万元)	190718.58	127640.52	312900.31	144482.89
资本公积金(万元)	10363.35	10363.35	10363.35	10363.35
主营利润(万元)	14033.32	10509.11	29888.57	19230.76
其他业务利润(万元)	330.76	95.08	267.18	263.03
营业利润(万元)	148.07	1580.19	3394.71	2616.02
投资收益(万元)	1714.58	1070.89	2271.88	2075.50
补贴收入(万元)				50.00
营业外收支(万元)	45.39		616.63	296.44
利润总额(万元)	1908.03	2696.42	6283.22	5037.96
净利润(万元)	1874.06	2509.08	6249.06	5179.40

十大股东

序号	股东名称	股份性质	持股数(万股)	比例(%)
1	深圳科健集团有限公司	发起人国有法人股	3361.40	29.01
2	深圳市智雄电子有限公司	定向法人股	3100.00	26.75
3	信达投资有限公司	定向法人股	330.00	2.85
4	中国科技促进经济投资公司	定向法人国有法人股	275.00	2.37
5	深圳市投资管理公司	定向法人国家股	257.40	2.22
6	岱捷描	流通股	23.28	0.20
7	曾凡国	流通股	19.06	0.16
8	甄美凤	流通股	18.75	0.16
9	檀进生	流通股	16.34	0.14
10	深圳市泰龙投资管理有限公司	流通股	13.73	0.12

股东人数	2003.9	2003.6	2002	2001
	24105	24008	22998	19586

近年分配		近年配股/增发	不分配不转增

重大事项

2003年10月17日,中国科学院国有资产经营有限责任公司(简称"甲方")受中国科学院、中科实业集团公司、东方科学仪器进出口集团有限公司的委托,与南京合纵投资有限公司(简称"乙方")签署了《股权托管协议》,将科健集团100%的股权托管给乙方. 公司于2003年4月17日向北京市第一中级人民法院递交民事诉状,请求判令依法免除公司对中国爱地集团公司向国家开发银行贷款担保责任,近日公司收到北京市第一人民法院回证,此案拟定于2003年7月10日开庭审理.

二○○二年以来市场表现

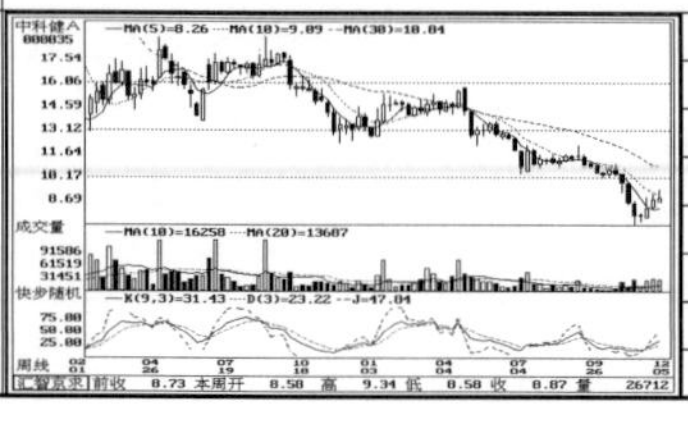

2002年涨跌幅(%)	-11.45
2002年最高(元)	19.01
2002年最低(元)	11.30
2002年换手率(%)	448.60
2003年涨跌幅(%)	-32.79
2003年最高(元)	15.72
2003年最低(元)	7.22
2003年换手率(%)	230.79

深圳市华联控股股份有限公司

公司概况

公司名称	深圳市华联控股股份有限公司	股票代码	000036
注册地址	深圳深南中路2008号华联大厦17层	邮政编码	518031
法人代表	丁跃	董秘	孔庆富
电话	0755-83667257	传真	0755-83667583
主营业务	羽绒股、棉纱等		

总股本	44955.51	流通 A	26717.25	流通 B		流通 H	
审计单位				审计意见	未审计		

主要财务指标

年度	2003.9	2003.6	2002	2001
每股收益/扣除后(元)	0.0250	0.0670	0.3110	0.3200
每股经营现金流量(元)	-0.0800	-0.5200	0.6500	1.1600
每股净资产/调整后(元)	3.7100	3.2100	3.0800	2.6900
每股公积金(元)	1.7658	1.0008	0.9905	0.9890
净资产收益率(%)	1.9600	3.8000	12.0400	12.7000
总资产(万元)	418449.47	380519.97	401514.94	403997.31
股东权益(万元)	168091.45	116832.34	112025.59	98483.81
未分配利润(万元)	34521.60	35661.60	31223.13	20434.55
主营收入(万元)	171885.59	114195.35	374073.72	316411.87
资本公积金(万元)	79383.07	35955.51	35955.51	35559.61
主营利润(万元)	30332.07	22591.26	78526.21	99726.95
其他业务利润(万元)	1177.11	883.78	1610.37	1677.14
营业利润(万元)	3656.29	4991.24	31043.70	34201.09
投资收益(万元)	178.83	332.65	-338.86	26.58
补贴收入(万元)	5554.58	5287.25	5117.57	2488.19
营业外收支(万元)	348.57		413.88	-451.27
利润总额(万元)	9738.27	11022.63	36236.28	36264.59
净利润(万元)	3298.47	4438.47	13485.72	12503.41

十大股东

序号	股东名称	股份性质	持股数(万股)	比例(%)
1	华联发展集团有限公司	发起人法人股	18004.78	50.19
2	裕隆证券投资基金	社会公众股	463.25	1.29
3	泰和证券投资基金	社会公众股	239.57	0.67
4	广州合成纤维厂	定向募集法人股	190.58	0.53
5	肖燕霞	社会公众股	72.41	0.20
6	南方稳健成长证券投资基金	社会公众股	55.54	0.16
7	赵凤云	社会公众股	46.93	0.13
8	五矿集团财务有限责任公司	社会公众股	44.33	0.13
9	景阳证券投资基金	社会公众股	38.95	0.11
10	刘会雀	社会公众股	36.00	0.10

股东人数	2003.9	2003.6	2002	2001
	74212	65058	67321	69367

近年分配		近年配股/增发	不分配不转增

重大事项

2003年8月29日,公司董事会通过关于控股子公司深圳市华联置业集团有限公司受让深圳中联丝绸有限公司50%股权的议案. 2003年01月13日,公司分别与深圳市商业银行上步支行、福建兴业银行深圳分行上步支行签署了借款合同,借款金额分别为2亿和1亿人民币,贷款期限为壹年.本借款由华联发展集团有限公司提供担保.

二○○二年以来市场表现

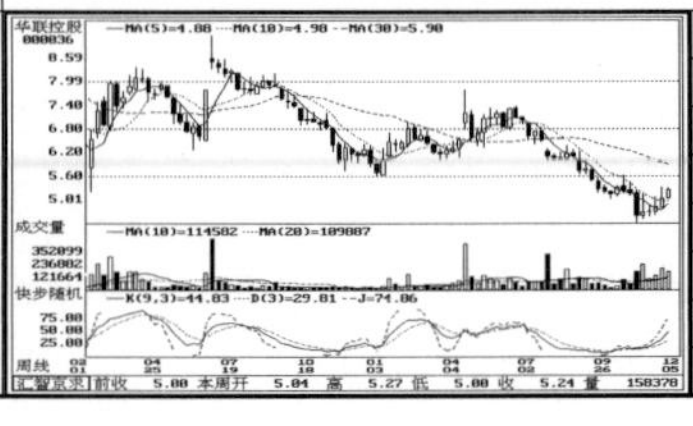

2002年涨跌幅(%)	-18.01
2002年最高(元)	9.19
2002年最低(元)	4.91
2002年换手率(%)	123.77
2003年涨跌幅(%)	-13.49
2003年最高(元)	7.77
2003年最低(元)	4.41
2003年换手率(%)	153.62

深圳南山热电股份有限公司

公司概况

公司名称	深圳南山热电股份有限公司	股票代码	000037
注册地址	广东深圳市南山区月亮湾大道18号	邮政编码	518054
法人代表	刘德雨	董秘	傅博
电话	0755-26053852	传真	0755-26072818
主营业务	供电、供热		
审计单位		审计意见	未审计

总股本	流通A	流通B	流通H
54796.60	6484.61	10856.59	

主要财务指标

年度	2003.9	2003.6	2002	2001
每股收益/扣除后(元)	0.5200	0.3100	0.7017	0.3400
每股经营现金流量(元)	0.2890	0.0850	1.4300	0.7000
每股净资产/调整后(元)	2.5500	2.7300	1.9000	1.6500
每股公积金(元)	0.4487	0.4487	0.3934	0.3933
净资产收益率(%)	20.2000	11.2300	35.0300	22.3800
总资产(万元)	218266.98	214415.67	202916.17	155674.52
股东权益(万元)	141960.16	151993.19	104429.88	90845.20
未分配利润(万元)	39832.81	28223.45	6665.38	45.00
主营收入(万元)	132698.36	80373.78	162290.50	108409.33
资本公积金(万元)	24587.44	24587.44	21554.36	21551.62
主营利润(万元)	30131.21	17446.77	53480.49	26461.95
其他业务利润(万元)	805.46	823.21	-48.74	-46.26
营业利润(万元)	27536.04	16077.81	47735.50	23392.29
投资收益(万元)			-104.62	-101.76
补贴收入(万元)	3690.51	3690.51	4670.50	4149.17
营业外收支(万元)	2.55	-0.06	-1191.23	-364.05
利润总额(万元)	31229.11	19768.27	51110.16	27075.65
净利润(万元)	28682.16	17072.80	36578.39	20327.15

十大股东

序号	股东名称	股份性质	持股数(万股)	比例(%)
1	深圳市广聚电力投资有限公司	法人股	12584.57	22.97
2	香港南海洋行(国际)有限公司	外资法人股	8374.84	15.28
3	深圳市能源集团有限公司	法人股	6269.73	11.44
4	深圳国电科技发展有限公司	法人股	5470.92	9.98
5	腾达置业有限公司	外资法人股	4755.33	8.68
6	西部证券股份有限公司	A股	973.59	1.78
7	广发证券股份有限公司	A股	207.47	0.38
8	国泰金鹰增长证券投资基金	A股	167.13	0.31
9	渤海证券有限责任公司	A股	146.14	0.27
10	鸿阳证券投资基金	A股	125.03	0.23

股东人数

2003.9	2003.6	2002	2001
27174	28770	35756	29908

近年分配	近年配股/增发
2002年10股派4.2元 2001年10股派3.1元	不分配不转增

重大事项

2003年10月23日,深圳市经济贸易局、深圳市财政局、深圳市国家税务局、深圳市地方税务局联合发文,认定公司燃机"以大代小"技改二期工程项目为2003年深圳市享受税收优惠政策的资源综合利用项目,享受税收优惠政策的资格的有效期共两年. 2003年8月8日,公司与中山市电力开发公司签定了《关于中山发电厂和中山中发电力有限公司的股权转让和资产、债务重组的原则协议》.同意由公司按协议规定以承债方式受让中山发电厂80%的出资人权益和中山中发电力有限公司75%的股权,并在股权转让完成后两公司之间进行资产重组.

二〇〇二年以来市场表现

2002年涨跌幅(%)	-24.80
2002年最高(元)	13.87
2002年最低(元)	9.28
2002年换手率(%)	171.09
2003年涨跌幅(%)	37.86
2003年最高(元)	15.16
2003年最低(元)	9.18
2003年换手率(%)	232.68

深圳大通实业股份有限公司

公司概况

公司名称	深圳大通实业股份有限公司	股票代码	000038
注册地址	深圳市华侨城东部工业区	邮政编码	518031
法人代表	王峰	董秘	曹杨
电话	0755-83793793	传真	0755-83790776
主营业务	生产电解类系列电容器		
审计单位		审计意见	未审计

总股本	流通A	流通B	流通H
9048.60	1914.00		

主要财务指标

年度	2003.9	2003.6	2002	2001
每股收益/扣除后(元)	0.0480	0.0450	0.1270	0.0525
每股经营现金流量(元)	-0.7600	0.0150	0.7779	0.1440
每股净资产/调整后(元)	1.3600	1.3403	1.3067	1.1360
每股公积金(元)	0.2939	0.2940	0.5280	0.5276
净资产收益率(%)	3.4300	3.2500	9.4200	6.1100
总资产(万元)	30360.62	31894.61	21115.38	16805.33
股东权益(万元)	12644.35	12620.11	12168.92	10629.16
未分配利润(万元)	475.43	451.19	-4484.13	-6020.09
主营收入(万元)	39174.85	25808.80	16103.11	3280.09
资本公积金(万元)	2659.90	2659.90	4778.03	4774.16
主营利润(万元)	907.25	726.92	1004.77	273.38
其他业务利润(万元)	235.66	123.85	646.90	484.39
营业利润(万元)	511.66	483.11	1115.07	79.23
投资收益(万元)				268.85
补贴收入(万元)				
营业外收支(万元)	-0.65		-3.94	-93.85
利润总额(万元)	511.01	482.50	1111.14	254.23
净利润(万元)	434.36	410.13	1146.11	649.79

十大股东

序号	股东名称	股份性质	持股数(万股)	比例(%)
1	方正延中传媒有限公司	发起人境内法人股	2700.00	29.84
2	方正产业控股有限公司	发起人境内法人股	1771.27	19.58
3	国泰君安证券股份有限公司	发起人境内法人股	1000.00	11.05
4	中智富股资有限公司	发起人境内法人股	900.00	9.95
5	深圳市立信创展投资有限公司	发起人境内法人股	713.46	7.88
6	广东华侨信托投资公司	发起人境内法人股	26.34	0.29
7	深圳新通阳电子元件工业有限公司	发起人境内法人股	23.53	0.26
8	李乐	流通股	17.46	0.19
9	符山	流通股	16.55	0.18
10	万少冰	流通股	11.73	0.13

股东人数

2003.9	2003.6	2002	2001
10593	10777	11193	9995

近年分配	近年配股/增发
	不分配不转增

重大事项

2003年10月18日,公司于日前接中国国际经济贸易仲裁委员会深圳分会的通知函,申请人中央国际有限公司已就合资经营深圳大通食品工业有限公司合同所引起的争议向中国国际经济贸易仲裁委员会深圳分会提出仲裁申请.深圳分会根据该合同的仲裁条款已予受理. 2003年9月9日,公司发起人法人股股东方正产业控股有限公司将其持有的公司17712690股发起人法人股协议转让给上海文慧投资有限公司,转让价格为人民币1.50元每股,转让价款为人民币26569035元.转让完成后,上海文慧将成为公司第二大股东. 方正产业控股将不再持有公司股份.

二〇〇二年以来市场表现

2002年涨跌幅(%)	-14.03
2002年最高(元)	18.30
2002年最低(元)	10.60
2002年换手率(%)	287.91
2003年涨跌幅(%)	-26.00
2003年最高(元)	14.95
2003年最低(元)	7.76
2003年换手率(%)	143.46

中国国际海运集装箱(集团)股份有限公司

公司概况

公司名称	中国国际海运集装箱(集团)股份有限公司			股票代码	000039		
注册地址	广东省深圳市蛇口工业区金融中心五楼			邮政编码	:51806		
法人代表	李建红			董秘	吴发沛		
电话	0755-26691130			传真	0755-26826579		
主营业务	集装箱运输						
总股本	51030.21	流通A	6898.69	流通B	21360.57	流通H	
审计单位				审计意见	未审计		

主要财务指标

年度	2003.9	2003.6	2002	2001
每股收益/扣除后(元)	1.1100	0.6400	1.0107	1.6900
每股经营现金流量(元)	0.5400	-0.6900	-1.1300	-0.5930
每股净资产/调整后(元)	6.6300	6.1800	5.5200	6.9000
每股公积金(元)	1.2205	1.2205	1.2179	1.8261
净资产收益率(%)	16.6600	10.5070	16.2890	22.6600
总资产(万元)	902026.25	909958.25	773722.75	593685.06
股东权益(万元)	342675.56	319026.87	285372.94	239605.22
未分配利润(万元)	111289.90	87634.53	54214.63	33010.07
主营收入(万元)	1002850.12	632734.31	907867.19	676550.69
资本公积金(万元)	62283.51	62283.51	62149.74	62124.22
主营利润(万元)	131820.61	78880.30	122585.71	156940.87
其他业务利润(万元)	6558.35	4454.69	5644.86	4323.10
营业利润(万元)	68868.56	40462.74	57965.62	65659.18
投资收益(万元)	1406.65	1529.65	10106.65	7154.03
补贴收入(万元)	1260.01	770.35	1013.28	1519.97
营业外收支(万元)	67.13	95.95	-7002.72	-4858.82
利润总额(万元)	71602.35	42858.70	62082.84	69474.35
净利润(万元)	57073.26	33520.17	46485.46	54300.67

十大股东

序号	股东名称	股份性质	持股数(万股)	比例(%)
1	中国远洋运输(集团)总公司	发起人境内法人股	10231.34	20.05
2	招商局货柜工业有限公司	发起人境外法人股	10231.34	20.05
3	FAIR OAKS DEVELOPMENT LIMITED	境外社会公众股	3827.87	7.50
4	PROFIT CROWN ASSETS LIMITED	发起人境外法人股	2273.63	4.46
5	华夏成长证券投资基金	境内社会公众股	1089.97	2.14
6	ENERGING MARKETS GROWTH FUND,INC.	境外社会公众股	620.55	1.22
7	LONG HONOUR INVESTMENTS LIMITED	境外社会公众股	599.48	1.17
8	裕元证券投资基金	境内社会公众股	479.68	0.94
9	GT PRC FUND	境外社会公众股	459.99	0.90
10	CITRINE CAPITAL LIMITED	境外社会公众股	433.28	0.85

股东人数	2003.9	2003.6	2002	2001
	41560	45435	54640	51327

近年分配	2001年10股派5元	近年配股/增发	不分配不转增

重大事项

2003年6月23日,公司及其附属子公司近期进行了一系列收购活动.1)收购扬州通华专用车股份有限公司和扬州兴华机械有限公司13.5%的股权. 2)收购济南考格尔特种汽车有限公司的48%股权.3)购买美国HPA MONON CORPORATION的资产. 2002年12月24日,公司和公司两全资子公司中集天达空港设备有限公司、中集(香港)有限公司与广州新白云国际机场南航基地迁建工程指挥部及南航进出口贸易公司签署了"新白云国际机场航空货运中心货运处理设备"的供货合同,合同总金额为1921.6万美元.

二〇〇二年以来市场表现

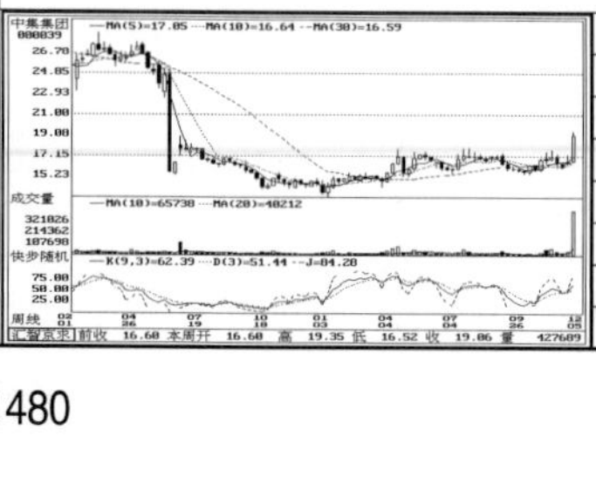

2002年涨跌幅(%)	-18.12
2002年最高(元)	18.89
2002年最低(元)	13.98
2002年换手率(%)	127.33
2003年涨跌幅(%)	16.25
2003年最高(元)	17.78
2003年最低(元)	13.30
2003年换手率(%)	143.99

深圳市鸿基(集团)股份有限公司

公司概况

公司名称	深圳市鸿基(集团)股份有限公司			股票代码	000040		
注册地址	深圳市罗湖区东门中路1011号鸿基大厦25-27楼			邮政编码	518001		
法人代表	邱瑞亨			董秘	邓有高		
电话	0755-82367726			传真	0755-82367780		
主营业务	房地产、交通运输						
总股本	46959.34	流通A	28680.05	流通B		流通H	
审计单位				审计意见	未审计		

主要财务指标

年度	2003.9	2003.6	2002	2001
每股收益/扣除后(元)	-0.0300	-0.0330	-0.5060	-0.2700
每股经营现金流量(元)	-0.7000	-0.5900	-0.4600	0.0910
每股净资产/调整后(元)	1.7700	1.7600	1.5800	2.1810
每股公积金(元)	1.0141	1.0141	1.0141	1.0095
净资产收益率(%)	4.9200	4.8000	-30.2400	-11.8600
总资产(万元)	255067.34	255324.56	227714.06	199991.33
股东权益(万元)	85664.52	85556.10	81453.70	105864.83
未分配利润(万元)	-30435.83	-30544.25	-34646.65	-9298.79
主营收入(万元)	55687.07	33378.87	23099.78	31477.04
资本公积金(万元)	47623.00	47623.00	47623.00	47406.32
主营利润(万元)	16086.89	9168.39	7803.31	9098.99
其他业务利润(万元)	66.74	50.56	138.13	349.78
营业利润(万元)	4559.71	2067.79	-10594.13	-9428.43
投资收益(万元)	2926.13	3538.04	-13504.05	-4905.55
补贴收入(万元)				
营业外收支(万元)	-66.96	-29.65	-255.10	268.88
利润总额(万元)	7418.88	5576.18	-24353.28	-14065.10
净利润(万元)	4210.82	4102.40	-24627.81	-12560.33

十大股东

序号	股东名称	股份性质	持股数(万股)	比例(%)
1	深圳市东鸿信投资发展有限公司	发起法人股	13789.09	29.36
2	中国太平洋保险公司深圳分公司	定向法人股	1573.00	3.35
3	潮州市意溪工艺实业公司	定向法人股	1001.00	2.13
4	深圳银信宝投资发展有限公司	定向法人股	440.00	0.94
5	绍兴纺纱有限公司	定向法人股	357.50	0.76
6	深圳丰华电子有限公司	定向法人股	300.30	0.64
7	深圳奋高投资开发有限公司	定向法人股	286.00	0.61
8	深圳机场候机楼有限公司	定向法人股	214.50	0.46
9	深圳发展银行	定向法人股	143.00	0.30
10	绍兴县宇华印染纺织有限公司	定向法人股	100.00	0.21

股东人数	2003.9	2003.6	2002	2001
	166140	167272	178435	188520

近年分配		近年配股/增发	不分配不转增

重大事项

2003年9月26日,公司与重庆国际信托投资有限公司签订了福建东南广播电视网络有限 公司《股权转让合同书》.公司将所持东南网络公司60%股权中的42%转让给重庆国投,转让价格为11,900万元,本次转让以东南网络公司经审计的的净资产为基础双方协商确定. 2003年3月28日,公司与深圳市新鸿泰投资发展有限公司、深圳市中技实业发展有限公司及深圳市中技科技发展有限公司签订了股权转让合同,公司将所持鸿基小汽车90%股权转让给中技实业,5%股权转让给中技科技.转让价格为人民币8295.4万元.

二〇〇二年以来市场表现

2002年涨跌幅(%)	-7.11
2002年最高(元)	9.50
2002年最低(元)	4.80
2002年换手率(%)	224.29
2003年涨跌幅(%)	-22.80
2003年最高(元)	7.50
2003年最低(元)	4.46
2003年换手率(%)	239.45

深圳市长城地产(集团)股份有限公司

公司概况

公司名称	深圳市长城地产(集团)股份有限公司	股票代码	000042
注册地址	深圳红荔路 2010 号圣廷苑东区裙楼	邮政编码	518028
法人代表	马兴文	董秘	刘莉
电话	0755-83789776	传真	0755-83789776
主营业务	房地产、建筑施工		
总股本	23946.30	流通 A	6912.17
流通 B		流通 H	
审计单位		审计意见	未审计

主要财务指标

年度	2003.9	2003.6	2002	2001
每股收益 / 扣除后(元)	0.0730	0.1450	0.3220	0.4620
每股经营现金流量(元)	0.3720	-0.3800	0.0640	-0.2320
每股净资产 / 调整后(元)	4.7700	4.8400	4.6380	4.6440
每股公积金(元)	2.5754	2.5754	2.5754	2.5754
净资产收益率(%)	0.6700	2.0500	5.1500	8.4700
总资产(万元)	461154.62	431400.00	440467.47	411585.12
股东权益(万元)	134030.08	135910.53	133127.61	128286.02
未分配利润(万元)	12783.39	14663.84	11880.91	9404.38
主营收入(万元)	129073.92	95009.22	176406.16	140758.03
资本公积金(万元)	61670.88	61670.88	61670.88	61670.88
主营利润(万元)	24580.91	18832.03	38749.81	35700.86
其他业务利润(万元)	117.90	65.17	1369.87	1047.08
营业利润(万元)	2936.46	4676.72	8063.92	12703.93
投资收益(万元)	-493.78	-425.30	1805.69	2066.21
补贴收入(万元)	86.18	31.87	110.15	68.35
营业外收支(万元)	13.49		-43.52	1273.42
利润总额(万元)	2293.93	4033.99	9936.23	16111.91
净利润(万元)	902.48	2782.92	6858.20	10865.32

十大股东

序号	股东名称	股份性质	持股数(万股)	比例(%)
1	深圳市建设投资控股公司	国有股	15038.31	62.80
2	深圳市振业(集团)股份有限公司	法人股	1975.05	8.25
3	中国天津国际经济技术合作公司	上市流通股	45.30	0.18
4	刘振华	上市流通股	20.00	0.08
5	肖军	上市流通股	19.80	0.08
6	航空信托投资有限责任公司	上市流通股	19.00	0.07
7	费云	上市流通股	17.01	0.07
8	樊俊君	上市流通股	15.92	0.06
9	韩建波	上市流通股	10.28	0.04
10	厦门经济特区工程建设公司	上市流通股	10.00	0.04

股东人数	2003.9	2003.6	2002	2001
	55792	56622	57711	63230

近年分配	2002年10股派0.8元	近年配股/增发	2001年10股配3股

重大事项

2003年9月5日公司与深圳发展银行上步支行签订了《综合授信额度合同》,深圳发展银行上步支行向公司提供人民币壹亿元的综合授信额度,有效期一年. 2003年8月1日公司就深圳乾华宇科技发展有限公司和立宏投资有限公司与公司之全资子公司深圳市长盛实业发展有限公司合作经营深圳新世纪酒店有限公司事宜,长盛公司向中国国际经济贸易仲裁委员会深圳分会递交了《仲裁申请书》.

二〇〇二年以来市场表现

2002年涨跌幅(%)	-26.83
2002年最高(元)	15.73
2002年最低(元)	9.47
2002年换手率(%)	115.16
2003年涨跌幅(%)	-24.90
2003年最高(元)	12.58
2003年最低(元)	6.40
2003年换手率(%)	107.07

深圳市南光(集团)股份有限公司

公司概况

公司名称	深圳市南光(集团)股份有限公司	股票代码	000043
注册地址	深圳福田区深南中路 68 号航空大厦 32 层	邮政编码	518031
法人代表	吴光权	董秘	霍无非
电话	0755-83689888-13253	传真	0755-83688903
主营业务	工业实业、房地产、旅游服务		
总股本	13932.55	流通 A	3810.22
流通 B		流通 H	
审计单位		审计意见	未审计

主要财务指标

年度	2003.9	2003.6	2002	2001
每股收益 / 扣除后(元)	0.0910	0.0349	0.1860	-0.9930
每股经营现金流量(元)	0.1930	0.1830	1.9700	0.5200
每股净资产 / 调整后(元)	1.3950	1.3300	1.3400	1.2400
每股公积金(元)	0.7373	0.7393	0.7435	1.7013
净资产收益率(%)	4.6300	1.8700	9.6300	-54.2400
总资产(万元)	98804.51	91377.25	82705.87	95148.51
股东权益(万元)	28783.15	28002.35	27536.24	25381.27
未分配利润(万元)	1986.69	1177.23	653.80	-16430.44
主营收入(万元)	46326.98	27824.92	106076.49	65954.99
资本公积金(万元)	10272.34	10301.00	10358.32	23704.09
主营利润(万元)	8586.79	5113.42	16243.45	13486.37
其他业务利润(万元)	11.35	8.53	13.22	56.54
营业利润(万元)	1880.08	862.46	3531.08	-12053.14
投资收益(万元)	12.00	12.00	250.94	-2191.89
补贴收入(万元)				
营业外收支(万元)	69.14	37.04	65.40	64.87
利润总额(万元)	1961.22	911.51	3847.42	-14180.15
净利润(万元)	1332.88	523.43	2650.91	-13767.00

十大股东

序号	股东名称	股份性质	持股数(万股)	比例(%)
1	中国航空技术进出口深圳公司	法人股	4575.89	32.84
2	上海新亚集团有限公司	法人股	1482.91	10.64
3	中国新时代控股集团公司	法人股	1430.00	10.26
4	中国石油天然气管道局	法人股	429.00	3.08
5	深圳乌鲁木齐红山工贸公司	法人股	286.00	2.05
6	西安飞机工业(集团)有限责任公司	法人股	286.00	2.05
7	浙江省建设投资集团有限公司	法人股	286.00	2.05
8	北京城市开发集团有限责任公司	法人股	143.00	1.03
9	贵州红湖机械厂	法人股	143.00	1.03
10	深圳市湘江工贸有限公司	法人股	143.00	1.03

股东人数	2003.9	2003.6	2002	2001
	20951	21086	19239	20707

近年分配	2002年10股派1.0元	近年配股/增发	不分配不转增

重大事项

2003年10月13日,公司与中国航空技术进出口深圳公司、深圳中航物业公司在深圳签署了《关于向深圳市中航物业管理有限公司增加出资的协议》,同意由公司认购1000万元人民币的注册资本,持有中航物业管理公司50%股权. 2003年6月27日,公司与交通银行深圳分行红荔支行签署了《授信额度合同》,交行红荔支行同意向公司提供授信额度.由深圳市格兰云天大酒店有限公司提供最高额保证.同时公司与交行红荔支行签署《借款合同》,借款金额:人民币3000万元.期限为一年.

二〇〇二年以来市场表现

2002年涨跌幅(%)	-13.68
2002年最高(元)	15.32
2002年最低(元)	6.94
2002年换手率(%)	472.49
2003年涨跌幅(%)	-32.19
2003年最高(元)	12.40
2003年最低(元)	6.11
2003年换手率(%)	168.76

深圳市纺织(集团)股份有限公司

公司概况

公司名称	深圳市纺织(集团)股份有限公司			股票代码	000045		
注册地址	深圳市华强北路三号深纺大厦六楼			邮政编码	518031		
法人代表	管同科			董秘	晁晋		
电话	0755-3776043			传真	0755-3776139		
主营业务	纺织、服装						
总股本	16341.60	流通 A	2217.60	流通 B	3300.00	流通 H	
审计单位				审计意见	未审计		

主要财务指标

年度	2003.9	2003.6	2002	2001
每股收益/扣除后(元)	0.1200	0.0760	0.1380	0.1420
每股经营现金流量(元)	-0.4500	-0.4070	0.2400	0.1760
每股净资产/调整后(元)	1.9400	1.8900	1.8100	1.7900
每股公积金(元)	0.7771	0.7771	0.7771	1.0273
净资产收益率(%)	6.2500	3.9200	0.3900	8.3000
总资产(万元)	67356.48	68128.76	74696.86	73501.91
股东权益(万元)	32518.66	31728.19	30474.66	30364.40
未分配利润(万元)	2133.86	1343.39	100.29	-4621.71
主营收入(万元)	33250.63	22378.93	45747.97	34388.42
资本公积金(万元)	12699.43	12699.43	12699.43	16788.49
主营利润(万元)	6396.03	4123.37	8948.06	7661.78
其他业务利润(万元)	81.01	53.08	413.56	210.85
营业利润(万元)	1376.94	750.04	748.92	422.28
投资收益(万元)	728.56	554.76	1742.42	2096.08
补贴收入(万元)	57.51	4.81	233.83	13.62
营业外收支(万元)	16.47	-4.28	-2366.49	184.00
利润总额(万元)	2179.47	1305.32	358.67	2716.70
净利润(万元)	2033.57	1243.10	117.99	2520.17

十大股东

序号	股东名称	股份性质	持股数(万股)	比例(%)
1	深圳市投资管理公司	国有股	10824.00	66.24
2	宝钢集团上海五钢有限公司	流通A股	78.67	0.48
3	庄尚义	流通A股	70.43	0.43
4	庄美丽	流通A股	39.17	0.24
5	VICTOR ONWARDPRINTING-DYEING (HK)CO.,LTD	流通B股	37.00	0.23
6	周建国	流通A股	26.54	0.16
7	上海成开集团有限公司	流通A股	26.25	0.16
8	陈俊娣	流通A股	18.67	0.11
9	韦小洁	流通A股	17.32	0.11
10	肖丽珠	流通B股	16.70	0.10

股东人数	2003.9	2003.6	2002	2001
	20669	20250	19945	20146

近年分配		近年配股/增发	不分配不转增

重大事项

2003年11月19日公司第一大股东深圳市投资管理公司与中国东方资产管理公司签署了国有股权转让协议,内容如下:1)甲方将所持有的公司总股本13.12%的股份转让给乙方,转让价款总额为人民币39,986,062元.2)该协议经双方法定代表人或授权代表签字并经有关管理机关批准后生效,乙方在协议生效后的10个工作日内将上述转让价款汇入甲方指定帐户. 2003年02月22日公司第一大股东深圳市投资管理公司持有的公司法人股108,240,000股因其担保借款纠纷于2002年12月24日被该院司法冻结.

二〇〇二年以来市场表现

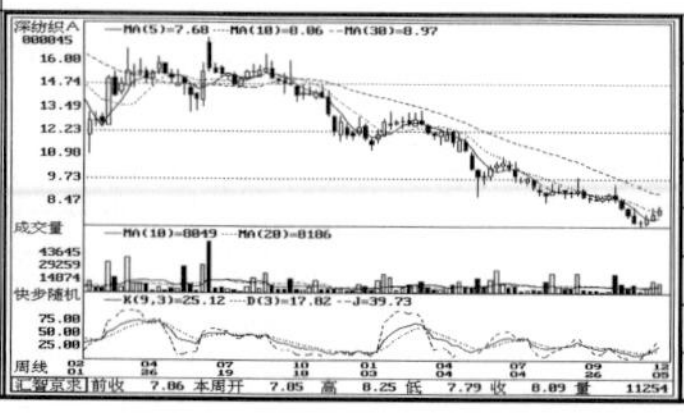

2002年涨跌幅(%)	-27.04
2002年最高(元)	17.25
2002年最低(元)	10.48
2002年换手率(%)	206.64
2003年涨跌幅(%)	-32.24
2003年最高(元)	13.30
2003年最低(元)	7.22
2003年换手率(%)	177.08

光彩建设集团股份有限公司

公司概况

公司名称	光彩建设集团股份有限公司			股票代码	000046		
注册地址	深圳市福田区福华一路深圳国际商会大厦A座16楼			邮政编码	518001		
法人代表	卢志强			董秘	陈家华		
电话	0755-82985998-215			传真	0755-82985866		
主营业务	房地产、消防电子、物业						
总股本	24408.43	流通 A	12651.82	流通 B		流通 H	
审计单位				审计意见	未审计		

主要财务指标

年度	2003.9	2003.6	2002	2001
每股收益/扣除后(元)		0.0100	0.1300	0.1398
每股经营现金流量(元)	-1.6660		-0.5148	-1.1637
每股净资产/调整后(元)	4.0240	3.9700	3.9640	3.9000
每股公积金(元)	1.8971	1.8971	1.8971	1.8971
净资产收益率(%)	1.4800	0.1800	3.5100	3.9000
总资产(万元)	343137.53	328499.31	251339.95	218424.86
股东权益(万元)	98810.53	97517.34	97343.29	96366.64
未分配利润(万元)	20857.44	19564.25	19390.21	18926.18
主营收入(万元)	29133.18	18505.45	46131.88	34528.01
资本公积金(万元)	46305.09	46305.09	46305.09	46305.09
主营利润(万元)	7795.09	3708.76	11643.32	12060.51
其他业务利润(万元)	20.12	14.17	60.18	40.77
营业利润(万元)	3906.14	1234.86	6714.63	8398.67
投资收益(万元)	80.86	75.00	-64.45	-48.36
补贴收入(万元)			12.60	
营业外收支(万元)	-123.76		282.04	396.93
利润总额(万元)	3863.23	1286.59	6944.82	8747.25
净利润(万元)	1467.24	174.05	3417.50	3760.87

十大股东

序号	股东名称	股份性质	持股数(万股)	比例(%)
1	光彩事业投资集团有限公司	社会法人股	11756.61	48.17
2	项城市永达建筑装饰有限公司	社会公众股	648.00	2.65
3	孙爱茹	社会公众股	93.32	0.38
4	刘满仓	社会公众股	78.13	0.32
5	开封市航天家电有限公司	社会公众股	74.77	0.31
6	北京仕合科技有限责任公司	社会公众股	70.20	0.29
7	张会娟	社会公众股	58.80	0.24
8	刘振标	社会公众股	53.84	0.22
9	刘三保	社会公众股	50.05	0.21
10	银丰证券投资基金	社会公众股	49.45	0.20

股东人数	2003.9	2003.6	2002	2001
	60904	62205	67275	74707

近年分配	2002年10股派1元 2001年10股派1元	近年配股/增发	不分配不转增

重大事项

公司控股子公司北京光彩置业有限公司分别于2003年9月24日和2003年9月26日与交通银行北京分行签订了借款合同各一份,借款金额分别为人民币壹亿伍仟万元整和人民币壹亿元整。公司为北京光彩置业有限公司的此两笔贷款提供连带责任担保。 深圳市罗湖区人民法院于2003年9月22日就深圳市南油(集团)有限公司借款逾期未还一案做出判决:1、南油集团于判决书生效之日起10日内偿还中国光大银行深圳分行贷款利息美金601606.36元;2、公司对南油集团上述债务承担连带清偿责任,如代偿,有权向南油集团追偿。

二〇〇二年以来市场表现

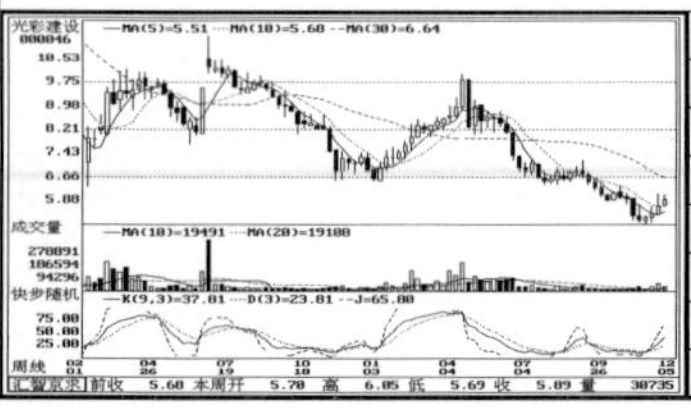

2002年涨跌幅(%)	-26.04
2002年最高(元)	11.10
2002年最低(元)	6.01
2002年换手率(%)	200.07
2003年涨跌幅(%)	-13.41
2003年最高(元)	9.90
2003年最低(元)	5.11
2003年换手率(%)	169.88

深圳市康达尔(集团)股份有限公司

公司概况

公司名称	深圳市康达尔(集团)股份有限公司	股票代码	000048
注册地址	深圳深南东路 1086 号集浩大厦 2、3 楼	邮政编码	518003
法人代表	罗爱华	董秘	祝去修
电话	0755-25540055	传真	0755-25420155
主营业务	养殖、房地产、房屋租赁		
审计单位		审计意见	未审计

总股本	流通 A	流通 B	流通 H
39076.87	11423.74		

主要财务指标

年度	2003.9	2003.6	2002	2001
每股收益 / 扣除后(元)	-0.0080	-0.0170	-0.0062	-0.3100
每股经营现金流量(元)	0.4300	0.1480	0.3100	0.6900
每股净资产 / 调整后(元)	0.0740	0.0650	0.0820	0.0700
每股公积金(元)	0.2364	0.2364	0.2364	0.2364
净资产收益率(%)	2.8300	-7.3900	23.2700	-209.7000
总资产(万元)	128509.89	134743.41	125217.35	136414.89
股东权益(万元)	3980.35	3653.07	4281.44	5076.34
未分配利润(万元)	-45454.41	-45836.92	-45566.93	-49040.58
主营收入(万元)	56143.50	35976.06	88941.34	81419.40
资本公积金(万元)	9236.41	9236.41	9236.41	9236.41
主营利润(万元)	7964.50	4778.16	12563.44	9604.43
其他业务利润(万元)	100.39	47.81	332.91	1504.69
营业利润(万元)	-162.38	-709.51	494.05	-6827.93
投资收益(万元)	-11.73	-25.73	445.70	-4863.99
补贴收入(万元)				
营业外收支(万元)	35.44		736.00	1202.23
利润总额(万元)	178.33	-354.64	1675.76	-10489.69
净利润(万元)	112.52	-269.99	996.31	-10644.93

十大股东

序号	股东名称	股份性质	持股数(万股)	比例(%)
1	深圳市华超投资发展有限公司	社会法人股	10299.88	26.36
2	上海中西药业股份有限公司	社会法人股	8790.60	22.50
3	深圳市众泉建设监理有限公司	社会法人股	3829.24	9.80
4	海南沃和生物技术有限公司	社会法人股	2760.00	7.06
5	上海昆凌工贸有限公司	社会法人股	797.20	2.04
6	民乐燕园投资有限公司	社会法人股	676.20	1.73
7	北京杰盈科贸公司	社会法人股	500.00	1.28
8	陈建柳	流通股	72.60	0.18
9	唐志立	流通股	38.78	0.10
10	李萌	流通股	34.82	0.09

股东人数	2003.9	2003.6	2002	2001
	48174	49447	51257	63286

近年分配		近年配股 / 增发	不分配不转增

重大事项

2003 年 6 月 2 日，深圳市龙岗区投资管理有限公司与深圳市华超投资发展有限公司和深圳市众泉建设监理有限公司之间有关公司股权转让事宜已取得了国家财政部批准.本次股权转让后，华超公司成为公司第一大股东,众泉公司成为公司第三大股东，龙岗投资不再持有公司股份. 2003 年 04 月 3 日,公司与深圳市赛格达声股份有限公司于 2002 年 11 月重新签订了《续保协议书》,对现有互保额调整为:到 2003 年年底双方互保额降至 5000 万元(含等额外币)；至 2004 年年底双方解除互保,即担保余额为零.

二〇〇二年以来市场表现

2002年涨跌幅(%)	-22.17
2002年最高(元)	7.28
2002年最低(元)	3.37
2002年换手率(%)	366.32
2003年涨跌幅(%)	-32.49
2003年最高(元)	5.81
2003年最低(元)	3.00
2003年换手率(%)	132.92

深圳市万山实业股份有限公司

公司概况

公司名称	深圳市万山实业股份有限公司	股票代码	000049
注册地址	深圳罗湖区桂园路桂花大厦 A 座 M 层	邮政编码	518001
法人代表	朱建军	董秘	游虹
电话	0755-82131421	传真	0755-82131400
主营业务	房屋租赁及物业管理房屋销售		
审计单位		审计意见	未审计

总股本	流通 A	流通 B	流通 H
13682.92	4472.36		

主要财务指标

年度	2003.9	2003.6	2002	2001
每股收益 / 扣除后(元)	-0.1200	-0.0800	-0.2400	0.1064
每股经营现金流量(元)	0.1000	0.1410	0.2300	0.2008
每股净资产 / 调整后(元)	0.7500	0.7700	0.8400	0.7926
每股公积金(元)		0.0493	0.0493	0.7604
净资产收益率(%)	-13.1600	-9.2800	1.3100	9.7800
总资产(万元)	30136.54	30228.62	33843.31	46885.24
股东权益(万元)	12097.92	12528.58	14017.73	14856.40
未分配利润(万元)		-2055.18	-566.04	-9642.43
主营收入(万元)	2031.17	1345.17	6607.63	4711.25
资本公积金(万元)		674.02	674.02	10405.02
主营利润(万元)	865.16	577.04	980.60	1667.43
其他业务利润(万元)				
营业利润(万元)	-1547.49	-1122.08	-3365.59	1139.53
投资收益(万元)	25.68	25.68	30.00	321.50
补贴收入(万元)				
营业外收支(万元)	-70.37		3522.38	-3.25
利润总额(万元)	-1592.18	-1161.52	186.79	1457.79
净利润(万元)	-1593.92	-1163.26	182.44	1452.61

十大股东

序号	股东名称	股份性质	持股数(万股)	比例(%)
1	深圳市城市建设开发(集团)公司	国家股	9102.50	66.52
2	深圳市丰汇城建发展股份有限公司	法人股	108.05	0.79
3	张伟文	社会公众股	31.01	0.22
4	程正坤	社会公众股	24.21	0.17
5	马锦辉	社会公众股	19.60	0.14
6	李炽坤	社会公众股	15.73	0.11
7	李琴英	社会公众股	15.20	0.11
8	黄俊英	社会公众股	14.15	0.10
9	陈巧琳	社会公众股	13.00	0.09
10	朱月宏	社会公众股	12.27	0.08

股东人数	2003.9	2003.6	2002	2001
	18407	18528	20161	12438

近年分配		近年配股 / 增发	不分配不转增

重大事项

2003 年 07 月 4 日,收到深圳市宝安区人民法院关于公司与深圳市宝安宇丰实业发展有限公司土地使用权转让纠纷执行一案的民事裁定书. 2002 年 10 月 18 日,宝安法院裁定查封、评估、拍卖(变卖)本公司所有的,现登记名仍为宇丰公司面积为 61118 平方米,位于龙华镇三联村地块编号为 08180006 的土地. 公司于 2003 年 3 月 26 日收到深圳市中级人民法院《民事裁定书》,该裁定书就深圳市商业银行诉深圳市合田投资有限公司及公司借款及担保纠纷一案裁定免除公司的在本案中的担保责任.

二〇〇二年以来市场表现

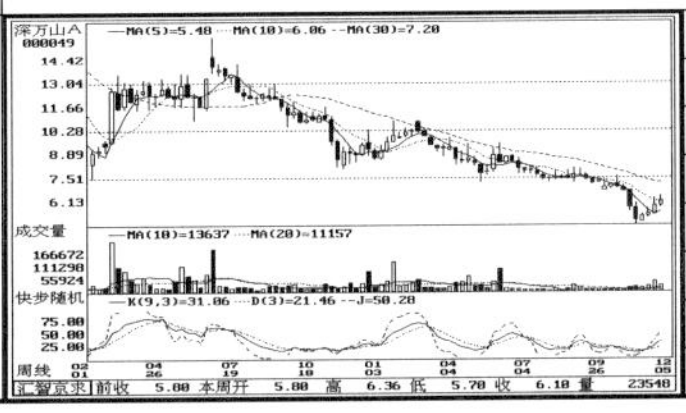

2002年涨跌幅(%)	-15.07
2002年最高(元)	15.80
2002年最低(元)	7.00
2002年换手率(%)	433.41
2003年涨跌幅(%)	-34.02
2003年最高(元)	10.77
2003年最低(元)	4.75
2003年换手率(%)	225.76

深圳天马微电子股份有限公司

公司概况

公司名称	深圳天马微电子股份有限公司	股票代码	000050
注册地址	深圳深南中路中航苑航都大厦22层	邮政编码	518031
法人代表	吴光权	董秘	刘长清
电话	0755-83790775	传真	0755-83790431
主营业务	液晶显示器		

总股本	13277.00	流通 A	3631.42	流通 B		流通 H	
审计单位				审计意见	未审计		

主要财务指标

年度	2003.9	2003.6	2002	2001
每股收益/扣除后(元)	0.1970	0.1480	-0.2890	0.1350
每股经营现金流量(元)	0.0040	-0.0400	0.3590	0.5950
每股净资产/调整后(元)	5.0900	4.9600	4.8600	5.2300
每股公积金(元)	3.7316	3.7316	3.7316	3.7316
净资产收益率(%)	3.9500	3.0000	-5.3300	3.5200
总资产(万元)	112644.74	11067.86	102324.91	85707.13
股东权益(万元)	68119.41	67452.26	65428.00	69885.88
未分配利润(万元)	849.22	182.07	-1842.20	2469.81
主营收入(万元)	44416.12	25954.31	32557.39	27893.62
资本公积金(万元)	3.73	3.73	3.73	3.73
主营利润(万元)	8898.50	6121.37	7113.12	5063.05
其他业务利润(万元)	163.78	123.63	197.31	185.95
营业利润(万元)	2997.26	2260.10	-3503.41	1313.28
投资收益(万元)	35.34		41.50	539.47
补贴收入(万元)				
营业外收支(万元)	69.87		349.40	676.68
利润总额(万元)	3102.48	2323.83	-3112.51	2529.42
净利润(万元)	2691.42	2024.27	-3485.40	2463.04

十大股东

序号	股东名称	股份性质	持股数(万股)	比例(%)
1	深圳中航实业股份有限公司	国有股	7946.40	59.85
2	深圳市投资管理公司	国有股	1690.90	12.74
3	融通新蓝筹证券投资基金	流通股	52.91	0.40
4	上海宝钢国际经济贸易有限公司	流通股	45.30	0.34
5	王素珍	流通股	28.25	0.21
6	何香连	流通股	22.37	0.17
7	王强	流通股	22.18	0.17
8	北京辽天华业科技有限公司	流通股	20.81	0.16
9	陈治中	流通股	18.75	0.14
10	徐博弘	流通股	16.71	0.13

股东人数	2003.9	2003.6	2002	2001
	17537	17206	20770	21657

近年分配	2001年10股1.5元	近年配股/增发	不分配不转增

重大事项

2003年5月14日，公司第二大股东深圳市投资管理公司将其持有的公司16909000股国有股托管给深圳市科普特投资发展有限公司,托管期自2003年5月1日至2006年4月30日止。 2003年7月16日,公司收到辽宁省大连市中级人民法院通知，称该院于2003年6月25日依法受理了大连证券有限责任公司清算组申请宣告破产还债一案,并裁定该公司进入破产还债程序。公司委托大连证券购买国债的1.5亿元资金,剩余的6000万元资金暂未收回.此结果可能造成未收回资金遭受重大损失.由于上述情况,公司2002年度经营业绩预计出现亏损.

二〇〇二年以来市场表现

2002年涨跌幅(%)	-32.59
2002年最高(元)	17.63
2002年最低(元)	11.15
2002年换手率(%)	152.49
2003年涨跌幅(%)	-1.43
2003年最高(元)	15.89
2003年最低(元)	9.35
2003年换手率(%)	228.20

方大集团股份有限公司

公司概况

公司名称	方大集团股份有限公司	股票代码	000055
注册地址	深圳市高新区科技南12路方大大厦	邮政编码	518057
法人代表	熊建明	董秘	
电话	86(755)26788571-6622	传真	86(755)26788353
主营业务	建筑安装、铝装材及彩板型材等		

总股本	29640.00	流通 A	4200.00	流通 B	14536.80	流通 H	
审计单位				审计意见	未审计		

主要财务指标

年度	2003.9	2003.6	2002	2001
每股收益/扣除后(元)	0.0200	0.0100	-0.5900	0.1200
每股经营现金流量(元)	0.2200	0.0490	-0.1270	0.4840
每股净资产/调整后(元)	2.7700	2.7700	2.7400	3.4500
每股公积金(元)	1.3907	1.3907	1.3907	1.3907
净资产收益率(%)	0.9100	0.3700	-21.0500	3.5100
总资产(万元)	145324.89	142167.77	128647.86	139391.81
股东权益(万元)	83119.93	82667.97	80049.81	102902.35
未分配利润(万元)	3070.12	2618.17	2314.18	22852.55
主营收入(万元)	36733.80	25167.53	43747.39	40695.66
资本公积金(万元)	41220.49	41220.49	41220.49	41220.49
主营利润(万元)	6363.80	3896.12	4700.30	10738.84
其他业务利润(万元)	360.65	151.93	7.20	29.08
营业利润(万元)	734.06	258.01	-17411.36	3828.57
投资收益(万元)	-17.80	-11.42	-319.17	-220.22
补贴收入(万元)	98.29	66.76		
营业外收支(万元)	48.73	36.28	12.80	1254.91
利润总额(万元)	863.28	335.75	-17717.74	4863.25
净利润(万元)	755.94	303.99	-17338.27	3614.76

十大股东

序号	股东名称	股份性质	持股数(万股)	比例(%)
1	邦林公司	法人股	6000.00	20.24
2	时利和公司	法人股	4711.20	15.90
3	集康公司	流通B股	2100.94	7.09
4	北京证券有限公司	流通A股	414.15	1.40
5	深圳市蛇口渔二实业股份有限公司	法人股	192.00	0.65
6	TOK YEK SENG	流通B股	166.63	0.56
7	北京财政证券公司	流通A股	101.87	0.34
8	HOWARD JOHN LOEWEN	流通B股	73.58	0.25
9	蒋旭	流通B股	67.00	0.23
10	黄佩玲	流通B股	63.71	0.22

股东人数	2003.9	2003.6	2002	2001
	42047	42695	43397	42853

近年分配	2002年10股派0.7元 2001年10股派1元	近年配股/增发	不分配不转增

重大事项

2003年10月17日公司和下属全资子公司深圳市方大装饰工程有限公司以及外方合作企业法国法维莱远东有限公司近日中标广州市地下铁道总公司合同总价约为8,163万元人民币的广州市轨道交通三号线屏蔽门系统采购项目,协议将于2003年10月17日签订. 2003年02月26日公司拟建设方大新材料科技园,预计前期投入约4,500万元人民币,有关合作意向正与南昌国家高新技术产业开发区管委会洽谈之中.

二〇〇二年以来市场表现

2002年涨跌幅(%)	-28.78
2002年最高(元)	14.11
2002年最低(元)	7.63
2002年换手率(%)	248.43
2003年涨跌幅(%)	-18.98
2003年最高(元)	12.41
2003年最低(元)	6.68
2003年换手率(%)	368.27

深圳市国际企业股份有限公司

公司概况							
公司名称	深圳市国际企业股份有限公司			股票代码	000056		
注册地址	深圳市人民南路发展中心大厦23层			邮政编码	518001		
法人代表	李锦全			董秘	谢伟		
电话	0755-82281888			传真	0755-82285573		
主营业务	连锁商业零售经营和房地产开发						
总股本	22090.12	流通A	5522.23	流通B	7200.00	流通H	
审计单位				审计意见	未审计		

主要财务指标

年度	2003.9	2003.6	2002	2001
每股收益/扣除后(元)	-0.0080	0.0060	-0.1000	-0.0600
每股经营现金流量(元)	0.0200	-0.0600	0.0400	-0.0800
每股净资产/调整后(元)	1.4500	1.4500	1.4500	1.5100
每股公积金(元)	0.2314	0.2314	0.2314	0.2314
净资产收益率(%)	0.4050	0.3100	-7.4300	5.2900
总资产(万元)	106388.90	105803.51	109541.75	118832.16
股东权益(万元)	33427.36	33396.51	33292.00	37276.30
未分配利润(万元)	-6225.07	-6255.92	-6360.44	-2697.51
主营收入(万元)	9835.91	6692.64	18783.26	30144.98
资本公积金(万元)	5110.97	5110.97	5110.97	5110.97
主营利润(万元)	1671.60	1266.10	3702.82	7929.87
其他业务利润(万元)	997.27	724.21	1418.05	815.06
营业利润(万元)	-372.96	157.94	-2896.50	7929.87
投资收益(万元)	-42.39	-27.45	-140.07	3922.03
补贴收入(万元)				
营业外收支(万元)	376.15		-431.03	-103.35
利润总额(万元)	-39.21	101.98	-3467.61	2916.16
净利润(万元)	135.36	104.52	-2570.67	1970.58

十大股东

序号	股东名称	股份性质	持股数(万股)	比例(%)
1	深圳经济特区发展(集团)公司	国有法人股	4203.53	19.03
2	马来西亚和昌父子有限公司	外资法人股,B股	3026.42	13.70
3	深圳市泰天实业发展公司	境内法人股	1907.54	8.64
4	F.C.(ASIA) HODINGS SDN.BHD.	B股	868.42	3.93
5	LETSCON HOLDINGS SDN.BHD.	B股	576.97	2.61
6	香港盟兴实业有限公司	外资法人股	374.40	1.69
7	马来西亚友企联合有限公司	外资法人股	288.00	1.30
8	大埔和昌化工有限公司	境内法人股	288.00	1.30
9	香港和盛国际贸易公司	外资法人股	288.00	1.30
10	CBNY S/A PNC/SKANDIA SELECT FUND/CHINA EQUITY AC	B股	193.14	0.87

股东人数	2003.9	2003.6	2002	2001
	41423	41660	41380	41893

近年分配		近年配股/增发	不分配不转增

重大事项

2003年7月26日公司近日收到公司第一大股东深圳经济特区发展集团公司传来的深圳市中级人民法院《通知书》,由于经济特区发展集团尚未履行已发生法律效力的民事判决书确定的义务,其持有的公司发起人境内法人股23834756股被查封. 2003年5月23日公司董事会同意公司外资股东马来西亚和昌父子有限公司、香港盟兴实业有限公司、香港和盛国际贸易公司、马来西亚友企联合有限公司所持有的非上市外资股申请转B股流通的决议.公司于2003年6月4召开2002年度股东大会,审议通过以上相关事项.

二〇〇二年以来市场表现

2002年涨跌幅(%)	-2.52
2002年最高(元)	14.20
2002年最低(元)	5.85
2002年换手率(%)	469.31
2003年涨跌幅(%)	-34.53
2003年最高(元)	11.00
2003年最低(元)	5.00
2003年换手率(%)	241.50

深圳赛格股份有限公司

公司概况							
公司名称	深圳赛格股份有限公司			股票代码	000058		
注册地址	深圳市福田区华强北路群星广场A座三十一楼			邮政编码	518028		
法人代表	张为民			董秘	郑丹		
电话	0755-83747939			传真	0755-83975237		
主营业务	彩管类						
总股本	72614.59	流通A	8662.62	流通B	22804.17	流通H	
审计单位				审计意见	未审计		

主要财务指标

年度	2003.9	2003.6	2002	2001
每股收益/扣除后(元)	0.0940	0.0595	0.1262	-0.1820
每股经营现金流量(元)	0.0900	0.0640	0.8980	0.3970
每股净资产/调整后(元)	1.7580	1.6820	1.6610	1.4680
每股公积金(元)	0.5352	0.5352	0.5352	0.8410
净资产收益率(%)	5.1900	3.3600	8.0200	-30.2400
总资产(万元)	376043.12	372006.16	372248.44	345928.97
股东权益(万元)	132479.59	129973.99	125708.68	112030.94
未分配利润(万元)	14310.98	13327.74	8964.73	-42743.67
主营收入(万元)	161399.23	106693.51	220647.08	192224.84
资本公积金(万元)	38865.18	38865.18	38865.18	61069.50
主营利润(万元)	29586.76	18852.57	39152.45	21431.10
其他业务利润(万元)	540.75	331.20	201.94	431.17
营业利润(万元)	8108.52	4975.91	11160.93	-31572.00
投资收益(万元)	2620.13	1592.76	4522.25	-2310.25
补贴收入(万元)			50.00	545.26
营业外收支(万元)	40.81	40.81	2132.54	-6233.63
利润总额(万元)	10769.46	6609.48	17865.72	-39570.61
净利润(万元)	6872.06	4363.00	10081.80	-33876.08

十大股东

序号	股东名称	股份性质	持股数(万股)	比例(%)
1	深圳市赛格集团有限公司	国有法人股	23735.97	32.69
2	广州福达企业集团有限公司	境内法人股	12996.82	17.90
3	上海中南投资管理有限公司	境内法人股	630.00	0.87
4	上海奇乐经贸有限公司	境内法人股	600.00	0.83
5	深圳市生溢实业发展有限公司	境内法人股	500.00	0.69
6	上海泰利科技发展有限公司	境内法人股	400.00	0.55
7	上海新元投资有限公司	境内法人股	360.00	0.50
8	秦皇岛市三元有限责任公司	境内法人股	310.00	0.43
9	上海万通油漆化工有限公司	境内法人股	245.00	0.34
10	郑少生	境内上市外资股	210.75	0.29

股东人数	2003.9	2003.6	2002	2001
	88162	88707	88150	91653

近年分配		近年配股/增发	不分配不转增

重大事项

2003年7月19日,广州福达公司已将其持有的公司62,500,000股境内法人股质押给广东发展银行广州分行,用于办理贷款业务,所质押的股份已从2003年7月9日起冻结. 2003年6月10日,公司控股子公司深圳市赛格通信有限公司于2003年6月6日获悉中标深圳地铁一期工程通信无线子系统设备招标项目,中标金额为人民币52716744元. 赛格通信公司将于三十日内签订相关采购合同.

二〇〇二年以来市场表现

2002年涨跌幅(%)	-0.62
2002年最高(元)	13.21
2002年最低(元)	5.20
2002年换手率(%)	419.36
2003年涨跌幅(%)	-16.15
2003年最高(元)	10.10
2003年最低(元)	5.90
2003年换手率(%)	230.11

辽宁华锦通达化工股份有限公司

公司概况

公司名称	辽宁华锦通达化工股份有限公司			股票代码	000059
注册地址	辽宁省盘锦市双台区化工街			邮政编码	124021
法人代表	冯恩良			董秘	陆峰
电话	0427-5855742			传真	0427-5856408
主营业务	尿素、液氨、苯				
总股本	66322.52	流通A	16899.87	流通B	流通H
审计单位				审计意见	未审计

主要财务指标

年度	2003.9	2003.6	2002	2001
每股收益/扣除后(元)	-0.0460	0.0373	-0.0549	-0.0582
每股经营现金流量(元)	0.2760	0.1300	0.6760	0.2840
每股净资产/调整后(元)	1.8790	1.8500	1.8440	1.9410
每股公积金(元)	0.9939	0.9926	0.9926	1.1822
净资产收益率(%)	0.2100	0.2120	-4.4400	0.1800
总资产(万元)	275213.53	257794.36	249916.91	244456.02
股东权益(万元)	126692.88	126907.38	126638.70	134046.53
未分配利润(万元)	-7437.08	-7139.15	-7407.83	-12570.78
主营收入(万元)	120182.58	77354.30	136120.97	106703.44
资本公积金(万元)	65916.94	65833.51	65833.51	78404.29
主营利润(万元)	19615.80	13973.33	16759.53	11633.14
其他业务利润(万元)	-649.76	-495.23	-755.08	-474.63
营业利润(万元)	1224.21	1119.09	-8770.55	-1843.14
投资收益(万元)	15.00			
补贴收入(万元)	176.35	176.35	4055.70	3776.86
营业外收支(万元)	-55.18	-76.40	-312.55	-79.17
利润总额(万元)	1360.38	1219.05	-5027.40	1854.54
净利润(万元)	240.48	268.68	-5875.55	243.17

十大股东

序号	股东名称	股份性质	持股数(万股)	比例(%)
1	辽宁华锦化工(集团)有限责任公司	一般法人股	45933.52	69.25
2	深圳通达化工总公司	流通A股	3000.00	0.05
3	深圳市华润石化投资发展有限公司	流通A股	284.55	0.00
4	深圳鹏龙工贸公司	流通A股	204.45	0.00
5	普丰证券投资基金	未披露	29.36	0.00
6	盛钰	未披露	27.07	0.00
7	姚先治	未披露	20.36	0.00
8	郭红霞	未披露	20.00	0.00
9	杨嫱初	未披露	20.00	0.00
10	黄妙婵	未披露	18.86	0.00

股东人数	2003.9	2003.6	2002	2001
	88758	89480	92277	94926

近年分配		近年配股/增发	不分配不转增

重大事项

2003 年 **01** 月 **29** 日 **2002** 年由于公司控股子公司——锦西天然气化工有限责任公司出现巨额汇兑损失,因此公司 **2002** 年度业绩预计亏损. **2002** 年 **9** 月 **6** 日 公司原大股东——盘锦辽河化工(集团)有限责任公司与其股东辽宁华锦化工(集团)有限责任公司合并.本公司大股东现变更为辽宁华锦化工(集团)有限责任公司.

二〇〇二年以来市场表现

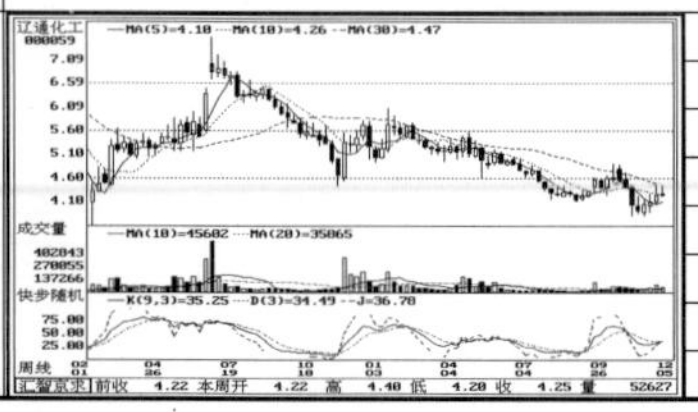

2002年涨跌幅(%)	-6.15
2002年最高(元)	7.59
2002年最低(元)	3.35
2002年换手率(%)	256.34
2003年涨跌幅(%)	-16.27
2003年最高(元)	6.05
2003年最低(元)	3.79
2003年换手率(%)	139.83

深圳市中金岭南有色金属股份有限公司

公司概况

公司名称	深圳市中金岭南有色金属股份有限公司			股票代码	000060
注册地址	深圳嘉宾路 4028 号太平洋商贸大厦 12 楼			邮政编码	518001
法人代表	欧显华			董秘	彭玲
电话	0755-83474800-236			传真	0755-86474889
主营业务	铅锌及制造业				
总股本	43200.00	流通A	20520.00	流通B	流通H
审计单位				审计意见	未审计

主要财务指标

年度	2003.9	2003.6	2002	2001
每股收益/扣除后(元)	0.1100	0.0700	0.0900	0.0600
每股经营现金流量(元)	0.3400	0.3100	0.9000	1.1100
每股净资产/调整后(元)	2.3300	2.0800	2.1700	2.0600
每股公积金(元)	1.1164	1.1164	1.1164	1.1164
净资产收益率(%)	4.3700	2.8000	4.3000	2.9800
总资产(万元)	491936.16	468455.87	463188.22	466091.59
股东权益(万元)	110666.24	108881.44	105848.73	103924.46
未分配利润(万元)	6588.91	4804.10	1751.72	691.53
主营收入(万元)	200133.77	130107.89	268497.72	278915.22
资本公积金(万元)	48230.18	48230.18	48230.18	48230.18
主营利润(万元)	45223.21	28422.76	56094.08	50184.63
其他业务利润(万元)	1003.85	1945.69	1522.62	984.20
营业利润(万元)	5213.02	3454.81	6385.46	2935.81
投资收益(万元)	393.09	292.32	-369.41	621.29
补贴收入(万元)	443.78	265.05	546.13	860.80
营业外收支(万元)	-192.92		-197.31	210.38
利润总额(万元)	5856.98	3897.54	6364.87	4628.29
净利润(万元)	4837.18	3052.38	4561.29	3101.41

十大股东

序号	股东名称	股份性质	持股数(万股)	比例(%)
1	广东省广晟资产经营有限公司	发起人国有股	20160.00	46.66
2	中国有色金属工业广州公司	发起人国有股	1260.00	2.92
3	深圳市创超佳实业有限公司	定向境内法人股	510.00	1.18
4	深圳宝安宝利来实业有限公司	定向境内法人股	250.00	0.58
5	华夏证券有限公司	流通股	108.61	0.25
6	深圳市瑞富源投资有限公司	定向境内法人股	168.00	0.39
7	深圳市通百惠投资有限公司	定向境内法人股	85.00	0.20
8	杭州明珠音乐喷泉有限公司	定向境内法人股	80.00	0.19
9	石家庄神威药业股份有限公司	定向境内法人股	50.00	0.12
10	北京胜嘉恒远电子工程设计有限责任公司	流通股	45.12	0.10

股东人数	2003.9	2003.6	2002	2001
	102067	104153	108057	113395

近年分配	2002年10股派0.6元	近年配股/增发	不分配不转增

重大事项

2003 年 **08** 月 **30** 日,公司临时董事会同意公司下属控股子公司深圳市有色金属财务有限公司向公司关联方 控股股东广晟资产经营有限公司进行定向增资,财务公司此次增资后,广晟公司持有财务公司 **45.94%** 的股份比例,为第一大股东;公司持有财务公司的股份比例由 **74.7%** 变更为 **40.38%**,为第二大股东. **2003** 年 **8** 月 **14** 日,联合证券有限责任公司与公司及下属深圳市有色金属财务有限公司的经济纠纷,经深圳市中级人民法院调解,当事双方达成和解. 公司被冻结的太平洋商贸大厦 **12** 楼的房产及公司在康发公司的股权、权益和分红将按法定程序办理有关解冻手续.

二〇〇二年以来市场表现

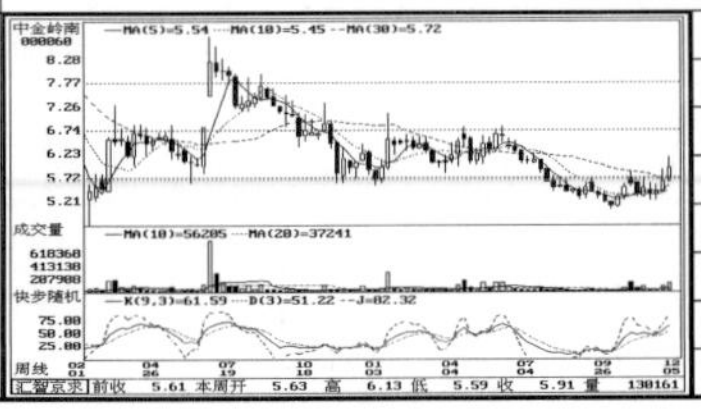

2002年涨跌幅(%)	-16.64
2002年最高(元)	8.73
2002年最低(元)	4.59
2002年换手率(%)	177.71
2003年涨跌幅(%)	-0.88
2003年最高(元)	7.04
2003年最低(元)	5.02
2003年换手率(%)	115.35

深圳市农产品股份有限公司

公司概况

公司名称	深圳市农产品股份有限公司			股票代码	000061		
注册地址	深圳布吉路 1021 号天乐大厦 22 楼			邮政编码	518019		
法人代表	陈少群			董秘	陈小华		
电话	0755-25850936			传真	0755-25850936		
主营业务	农产品批发、零售、加工						
总股本	38766.34	流通 A	23598.76	流通 B		流通 H	
审计单位				审计意见	未审计		

主要财务指标

年度	2003.9	2003.6	2002	2001
每股收益／扣除后(元)	0.1030	0.1500	0.4100	0.4060
每股经营现金流量(元)	0.2140	0.4430	0.7550	0.5740
每股净资产／调整后(元)	2.9800	5.3600	4.7870	4.5640
每股公积金(元)		3.9593	3.3291	3.3291
净资产收益率(％)	3.6400	2.6400	13.6400	9.0630
总资产(万元)	323668.81	339797.84	329389.53	272039.37
股东权益(万元)	136505.31	139530.05	109068.68	96518.19
未分配利润(万元)		11257.57	12436.92	1170.40
主营收入(万元)	139138.55	133535.34	196910.89	151891.70
资本公积金(万元)		85270.70	61540.47	61540.47
主营利润(万元)	42728.82	28977.29	47132.75	38525.21
其他业务利润(万元)	10280.26	7479.52	10737.16	6923.20
营业利润(万元)	6078.41	5107.06	9648.27	12202.63
投资收益(万元)	369.05	-233.88	9918.92	401.29
补贴收入(万元)	24.73	24.73	74.82	48.35
营业外收支(万元)	112.83	96.11	100.93	32.22
利润总额(万元)	6585.02	4994.02	19742.94	12684.49
净利润(万元)	4962.68	3680.03	14881.08	8747.74

十大股东

序号	股东名称	股份性质	持股数(万股)	比例(％)
1	深圳市商贸投资控股公司	国家股	4928.00	22.88
2	深圳市社会劳动保险公司	法人股	732.87	3.40
3	广州铁路集团广深铁路实业发展总公司	法人股	732.87	3.40
4	深圳市寰通农产品有限公司	法人股	492.87	2.29
5	深圳市投资管理公司	国家股	475.86	2.21
6	江苏省燃料总公司	法人股	325.48	1.49
7	深圳市宝安区投资管理公司	法人股	240.00	1.11
8	深圳市锦绣山信息咨询有限公司	流通股	170.52	0.79
9	北京中联讯科技有限责任公司	流通股	129.56	0.60
10	程辉	流通股	119.25	0.55

股东人数

2003.9	2003.6	2002	2001
33320	34565	27367	50626

近年分配

近年分配	近年配股／增发
2003年中期 10 股派 2 元 2001 年 10 股派 2 元	2003年中期 10 股送 5 股 2002 年 10 股配 3 股

重大事项

2003 年 4 月 18 日,公司与公司第一大股东深圳市商贸投资控股公司签订了《关于受让瑞达苑部分物业的协议》,受让商贸控股公司所持瑞达苑部分物业,受让价格为 2101.07 万元　2003 年 7 月 10 日,公司投资 6000 万元与山东寿光蔬菜产业集团有限公司共同组建山东寿光蔬菜批发市场有限公司.公司已于 2003 年 6 月 2 日与山东寿光蔬菜产业集团有限公司签订了《山东寿光蔬菜批发市场有限公司组建合同》,该合同已于 2003 年 7 月 1 日经公司董事会审议通过.此次投资的资金来源为自筹.

二〇〇二年以来市场表现

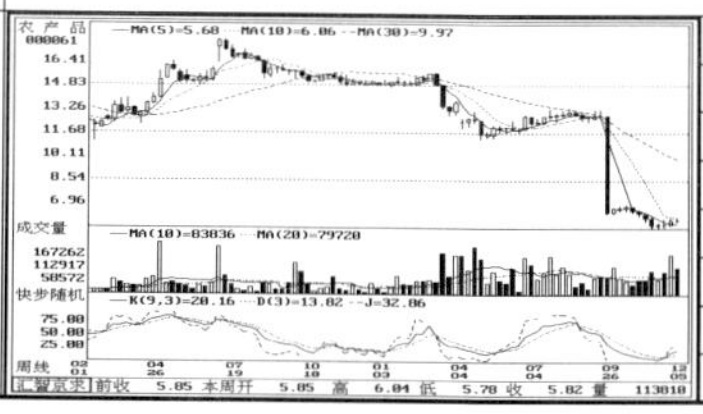

2002年涨跌幅(%)	13.77
2002年最高(元)	8.72
2002年最低(元)	5.61
2002年换手率(%)	90.19
2003年涨跌幅(%)	-22.21
2003年最高(元)	7.75
2003年最低(元)	5.39
2003年换手率(%)	167.61

深圳华强实业股份有限公司

公司概况

公司名称	深圳华强实业股份有限公司			股票代码	000062		
注册地址	深圳市深南中路华强路口			邮政编码	518043		
法人代表	梁光伟			董秘	周红斌		
电话	0755-83216296			传真	0755-83365392		
主营业务	电子信息、物业开发及管理						
总股本	27040.00	流通 A	12826.42	流通 B		流通 H	
审计单位				审计意见	未审计		

主要财务指标

年度	2003.9	2003.6	2002	2001
每股收益／扣除后(元)	0.0650	0.0650	0.1500	0.2300
每股经营现金流量(元)	0.0050	0.1090	-0.0450	0.2400
每股净资产／调整后(元)	4.4600	4.4500	4.3900	4.3690
每股公积金(元)	2.0021	2.0021	2.0021	1.9988
净资产收益率(％)	1.4700	1.4400	3.1300	5.4200
总资产(万元)	142831.80	151715.66	146957.22	128640.46
股东权益(万元)	120948.48	120898.31	119165.51	118217.60
未分配利润(万元)	29213.40	29163.23	27430.43	26915.01
主营收入(万元)	23896.15	13318.02	35562.79	28642.01
资本公积金(万元)	54137.68	54137.68	54137.68	54048.06
主营利润(万元)	4790.35	3488.53	8003.95	7081.30
其他业务利润(万元)	104.01	54.14	372.16	-408.75
营业利润(万元)	730.91	982.15	3025.58	5322.35
投资收益(万元)	610.30	639.15	413.91	1142.26
补贴收入(万元)				
营业外收支(万元)	-13.28	-13.06	-25.77	-55.10
利润总额(万元)	1327.93	1609.12	3413.72	6409.51
净利润(万元)	1782.97	1732.80	3701.11	6413.20

十大股东

序号	股东名称	股份性质	持股数(万股)	比例(％)
1	深圳华强集团有限公司	国有股	14196.00	52.50
2	杨伟	社会公众股	53.47	0.20
3	吴海源	社会公众股	39.25	0.14
4	陈永祥	社会公众股	27.77	0.10
5	吕苏华	社会公众股	24.61	0.09
6	普丰证券投资基金	社会公众股	17.83	0.07
7	吴海全	社会公众股	16.47	0.06
8	苏辉南	社会公众股	15.39	0.06
9	黄郑贤	社会公众股	15.02	0.06
10	李玉清	社会公众股	14.70	0.05

股东人数

2003.9	2003.6	2002	2001
64847	67265	67312	70205

近年分配

近年分配	近年配股／增发
2002 年 10 股派 1 元 2001 年 10 股派 1 元	不分配不转增

重大事项

2003 年 9 月 29 日,广东省人民政府授权广东省财政厅与深圳华强合丰投资股份有限公司,深圳华强集团有限公司管理层 10 名自然人签署了股权转让协议, 转让其持有的公司控股股东深圳华强集团 91%股权.转让款合计为 20525.29 万元.转让完成后,深圳华强合丰成为深圳华强集团第一大股东. 深圳华强集团对公司的股权比例保持不变,仍为 52.5%.　2002 年 2 月 26 日,公司和深圳华强科技股份有限公司于 2002 年 2 月 16 日签定协议,决定共同投资组建深圳华强创新投资有限公司.

二〇〇二年以来市场表现

2002年涨跌幅(%)	-26.42
2002年最高(元)	14.78
2002年最低(元)	7.53
2002年换手率(%)	170.29
2003年涨跌幅(%)	-0.73
2003年最高(元)	10.16
2003年最低(元)	7.02
2003年换手率(%)	138.48

深圳市中兴通讯股份有限公司

公司概况

公司名称	深圳市中兴通讯股份有限公司	股票代码	000063
注册地址	深圳市南山区高新技术产业园科技南路中兴通讯大厦	邮政编码	518057
法人代表	张太峰	董秘	冯健雄
电话	0755-26770282	传真	0755-26770286
主营业务	移动产品、交换及接入产品		
总股本	66729.60	流通 A	25171.20
流通 B		流通 H	
审计单位		审计意见	未审计

主要财务指标

年度	2003.9	2003.6	2002	2001
每股收益/扣除后(元)	0.4200	0.2660	0.7160	1.0160
每股经营现金流量(元)	-1.5030	1.0850	2.5500	0.5900
每股净资产/调整后(元)	6.4800	6.4000	7.5040	6.8700
每股公积金(元)	3.1215	3.1215	3.9458	3.9424
净资产收益率(%)	6.4600	4.3600	13.2600	14.7600
总资产(万元)	1387615.50	1396269.25	1240577.00	905454.94
股东权益(万元)	457251.22	447125.72	427641.28	386334.47
未分配利润(万元)	134380.12	124501.30	105023.11	83700.14
主营收入(万元)	979737.69	586820.37	1100924.12	933202.06
资本公积金(万元)	208297.83	208297.83	219419.44	219230.81
主营利润(万元)	343794.59	206779.53	394605.50	358029.37
其他业务利润(万元)	1632.37	2966.08	5309.43	524.25
营业利润(万元)	37228.77	25889.25	56830.94	68252.05
投资收益(万元)	-36.98	-208.55	50.91	-680.95
补贴收入(万元)	103.20	3.80	6309.04	2752.72
营业外收支(万元)	1395.40		10628.67	-2235.71
利润总额(万元)	38690.39	27375.80	73819.56	68088.11
净利润(万元)	29549.07	19478.18	56699.99	57026.89

十大股东

序号	股东名称	股份性质	持股数(万股)	比例(%)
1	深圳市中兴新通讯设备有限公司	国有法人股	35268.48	52.85
2	深圳兆科投资发展有限公司	法人股	1797.12	2.69
3	湖南南天集团有限公司	法人股	1123.20	1.68
4	普惠证券投资基金	社会公众股	1050.75	1.58
5	南方稳健成长证券投资基金	社会公众股	731.94	1.10
6	天元证券投资基金	社会公众股	614.85	0.92
7	中国精密机械进出口深圳公司	国有法人股	561.60	0.84
8	中国移动通信第七研究所	国有法人股	561.60	0.84
9	骊山微电子公司	国有法人股	561.60	0.84
10	陕西电信实业公司	国有法人股	561.60	0.84

股东人数	2003.9	2003.6	2002	2001
	58347	66947	91290	69292

近年分配	近年配股/增发
2002年10股派2元 2001年10股派1.5元 中期10股派1.5元	2002年10股转增2股 2001年中期10股送2股

重大事项

2003年10月23日,在公司为吉通网络通信股份有限公司提供担保的事项中,吉通公司已向招商银行支付了其贷款本息,招商银行已向法院提出了撤诉请求.日前,公司正式收到北京市第一中级人民法院的民事裁定书,该院裁定同意招商银行撤回起诉的申请.至此,公司担保责任已经完全解除,对于该担保事项公司没有发生损失。 2002年11月28日,公司在中国联合通信有限公司CDMA二期网络设备工程建设招标中,与中国联通共签署了总额为15.7亿元的CDMA一类主设备采购合同.上述中标设备将承担12个省市的CDMA二期工程建设.

二〇〇二年以来市场表现

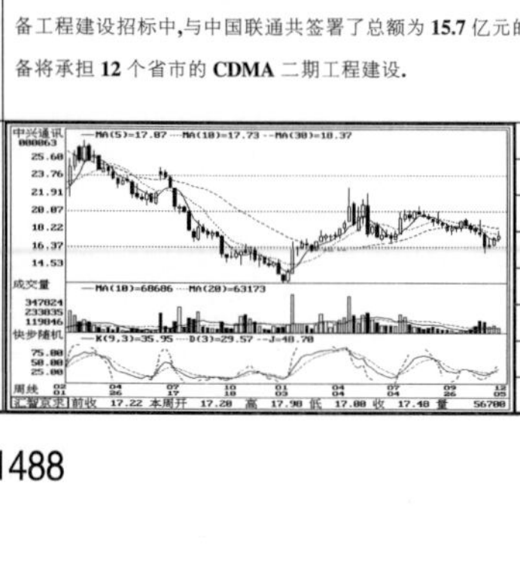

2002年涨跌幅(%)	-45.28
2002年最高(元)	22.58
2002年最低(元)	10.44
2002年换手率(%)	187.61
2003年涨跌幅(%)	63.38
2003年最高(元)	20.58
2003年最低(元)	10.40
2003年换手率(%)	212.62

北方国际合作股份有限公司

公司概况

公司名称	北方国际合作股份有限公司	股票代码	000065
注册地址	深圳市福田区天安数码城创新科技广场B座9层	邮政编码	518040
法人代表	刘跃森	董秘	黄茜华
电话	0755-83433922	传真	0755-83433331
主营业务	国际工程承包		
总股本	16243.71	流通 A	4153.34
流通 B		流通 H	
审计单位		审计意见	未审计

主要财务指标

年度	2003.9	2003.6	2002	2001
每股收益/扣除后(元)	0.0910	0.0740	0.1560	0.1600
每股经营现金流量(元)	-0.6760	-0.2070	0.0130	-0.3900
每股净资产/调整后(元)				
每股公积金(元)	0.8841	0.8841	0.8841	2.0146
净资产收益率(%)	3.9100	3.2000	7.1100	5.2000
总资产(万元)	110993.10	106094.04	95829.16	85719.76
股东权益(万元)	37147.23	36876.42	35693.64	33157.23
未分配利润(万元)	5377.55	5106.75	3923.96	1768.01
主营收入(万元)	67010.06	51214.48	79229.75	67138.26
资本公积金(万元)	14361.71	14361.71	14361.71	20453.10
主营利润(万元)	5453.15	3897.70	8182.97	8416.20
其他业务利润(万元)	85.75	57.38	91.04	100.57
营业利润(万元)	1664.69	1365.81	2690.98	2026.27
投资收益(万元)	5.87	2.33	-62.55	13.98
补贴收入(万元)				
营业外收支(万元)	-36.03		13.60	52.09
利润总额(万元)	1634.54	1348.09	2642.03	2092.34
净利润(万元)	1453.59	1182.78	2536.41	1723.71

十大股东

序号	股东名称	股份性质	持股数(万股)	比例(%)
1	中国万宝工程公司	国有法人股	9011.71	55.48
2	中国北方工业深圳公司	国有法人股	1751.04	10.78
3	西安惠安化工厂	国有法人股	1320.96	8.13
4	丹东证券公司沈阳证券交易营业部	流通股	457.54	2.82
5	杜彬	流通股	54.27	0.33
6	孙毅锋	流通股	53.81	0.33
7	刘江	流通股	34.82	0.21
8	徐年成	流通股	34.80	0.21
9	王朝毅	流通股	34.30	0.21
10	樊丽娟	流通股	31.93	0.20

股东人数	2003.9	2003.6	2002	2001
	10368	11262	11869	6699

近年分配	近年配股/增发
2001年10股派0.6元	2002年中期10股增6股

重大事项

2003年公司通过生产基地搬迁及投资预算的决议:土地投资:1700万元,新设备投资:4000万元,新建厂房及配套设施:4300万元,新建投资共计:约1亿元;资金来源:2001年配股募集资金5111万元按原募集资金计划投入,基金约4889万元为公司自有资金;搬迁旧设备净值:约3000万元。通过拟定与伊朗城郊铁路公司、长春轨道客车股份有限公司成立地铁车辆生产/装配合资公司的决议:首期资本为1200万美元,公司拟出资比例为29%,公司目前尚未正式签订合资协议。

二〇〇二年以来市场表现

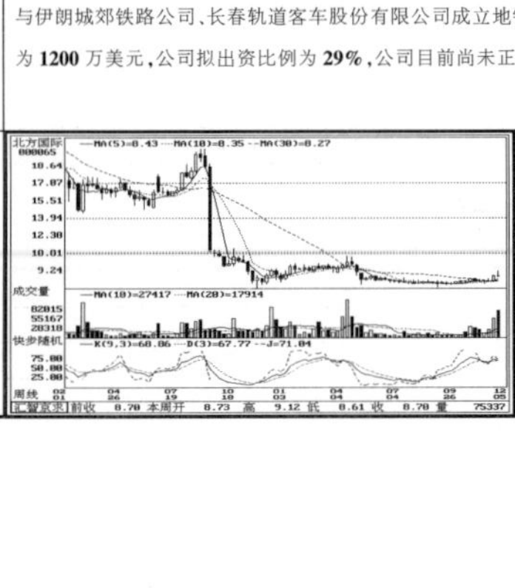

2002年涨跌幅(%)	-28.96
2002年最高(元)	12.63
2002年最低(元)	7.68
2002年换手率(%)	279.57
2003年涨跌幅(%)	3.08
2003年最高(元)	10.49
2003年最低(元)	7.73
2003年换手率(%)	232.03

中国长城计算机深圳股份有限公司

公司概况

公司名称	中国长城计算机深圳股份有限公司	股票代码	000066
注册地址	深圳南山区科技工业园长城计算机大厦	邮政编码	518057
法人代表	卢明	董秘	李田
电话	86-755-26634759	传真	86-755-26631106
主营业务	电脑及外设备、网络产品、软件		

总股本	45849.15	流通 A	18070.84	流通 B		流通 H	
审计单位		审计意见	未审计				

主要财务指标

年度	2003.9	2003.6	2002	2001
每股收益/扣除后(元)	0.2050	0.1400	0.0900	0.1400
每股经营现金流量(元)	-0.2700	-0.2000	-0.0400	-0.2580
每股净资产/调整后(元)	2.6600	2.5800	2.4600	2.5460
每股公积金(元)	2.6952	2.6952	2.6952	2.6952
净资产收益率(%)	7.4400	5.2100	5.5500	6.0200
总资产(万元)	205095.81	202487.97	205095.81	226712.39
股东权益(万元)	124463.83	121665.90	115327.65	118100.86
未分配利润(万元)	31027.01	28110.26	21772.02	25824.55
主营收入(万元)	106905.66	63202.77	153966.16	205916.37
资本公积金(万元)	31875.70	31875.70	31875.70	31875.70
主营利润(万元)	5748.23	3422.80	6042.57	11195.78
其他业务利润(万元)	229.88	551.61	267.24	1228.03
营业利润(万元)	-10909.88	-5909.97	-22037.51	-21130.56
投资收益(万元)	19964.03	12152.44	28689.04	26682.02
补贴收入(万元)	36.32	18.35	546.43	819.99
营业外收支(万元)	-123.18		-1371.81	704.74
利润总额(万元)	8967.29	6171.71	5826.14	7076.18
净利润(万元)	9254.99	6338.24	6396.62	7107.92

十大股东

序号	股东名称	股份性质	持股数(万股)	比例(%)
1	长城科技股份有限公司	国有股	27723.15	60.47
2	海通证券股份有限公司	社会公众股	135.18	0.29
3	华泰证券有限责任公司	社会公众股	82.97	0.18
4	久富证券投资基金	社会公众股	48.40	0.11
5	光大证券有限责任公司	社会公众股	42.52	0.09
6	普丰证券投资基金	社会公众股	38.80	0.08
7	曾林	社会公众股	34.04	0.07
8	郑明添	社会公众股	32.37	0.07
9	尤其龙	社会公众股	29.00	0.06
10	路桥集团第二公路工程局	社会公众股	26.11	0.06

股东人数	2003.9	2003.6	2002	2001
	119220	123731	124070	131698

近年分配	2002年10股2元 2001年10股2元	近年配股/增发	不分配不转增

重大事项

2003年10月31日,公司与长城宽带网络服务有限公司、中信网络有限公司签署合同,共同出资成立长信数码信息文化发展有限公司(拟用名),该公司的注册资本为5,000万元人民币,股权结构为:长城宽带以货币方式出资2,600万元人民币,持52%的股份;公司以货币方式出资1,200万元人民币,持24%的股份;中信网络以货币方式出资1,200万元人民币,持24%的股份。 2003年7月1日,公司与神州数码(中国)有限公司签署了战略合作协议,神州数码将成为"长城"品牌台式计算机销售的全国唯一总代理.

二〇〇二年以来市场表现

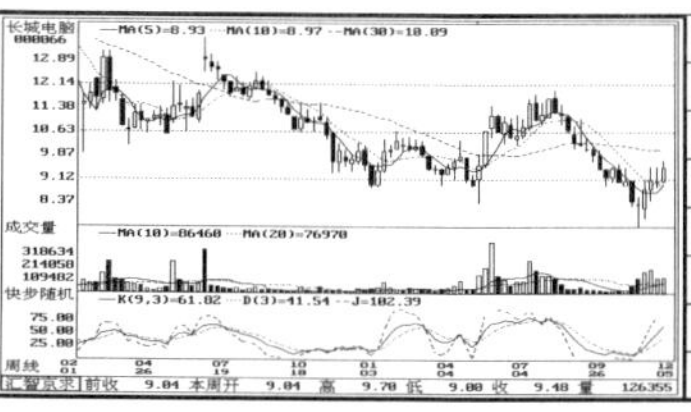

2002年涨跌幅(%)	-32.53
2002年最高(元)	13.34
2002年最低(元)	8.97
2002年换手率(%)	164.05
2003年涨跌幅(%)	0.44
2003年最高(元)	11.94
2003年最低(元)	7.61
2003年换手率(%)	208.86

深圳市赛格三星股份有限公司

公司概况

公司名称	深圳市赛格三星股份有限公司	股票代码	000068
注册地址	深圳市福田区梅林工业区101厂房	邮政编码	518049
法人代表	张为民	董秘	王科夫
电话	0755-83311988-1810	传真	0755-83112656
主营业务	CPT CDT 玻壳设计、制造销售		

总股本	78597.05	流通 A	22500.00	流通 B		流通 H	
审计单位		审计意见	未审计				

主要财务指标

年度	2003.9	2003.6	2002	2001
每股收益/扣除后(元)	0.1270	0.0730	0.0960	0.1400
每股经营现金流量(元)	0.5900	0.3900	0.5560	-0.2580
每股净资产/调整后(元)	2.0200	2.0740	1.7600	2.5460
每股公积金(元)	0.7973	0.7924	0.7808	0.7561
净资产收益率(%)	6.1790	3.7800	7.5800	6.3300
总资产(万元)	258845.56	240474.44	241562.62	278440.16
股东权益(万元)	171620.31	166935.19	159715.81	147750.66
未分配利润(万元)	22769.46	18474.07	12164.77	4232.88
主营收入(万元)	72357.08	47770.98	106562.70	97750.75
资本公积金(万元)	62667.46	62277.72	61367.66	59427.62
主营利润(万元)	21275.49	13373.93	32325.13	29456.87
其他业务利润(万元)	41.57		14.31	124.97
营业利润(万元)	10874.56	6232.60	8901.55	5138.99
投资收益(万元)				
补贴收入(万元)			55.57	
营业外收支(万元)	589.97		4471.65	5103.47
利润总额(万元)	11464.53	6820.87	13428.77	10242.46
净利润(万元)	10604.69	6309.30	12105.64	9349.10

十大股东

序号	股东名称	股份性质	持股数(万股)	比例(%)
1	深圳市赛格集团有限公司	国有股	22094.36	28.11
2	深圳赛格股份有限公司	法人股	16795.77	21.37
3	三星康宁投资有限公司	法人股	16795.77	21.37
4	中国信达资产管理公司	国有股	300.00	0.38
5	开元证券投资基金	流通股	300.00	0.38
6	兴业证券投资基金	流通股	150.68	0.19
7	融通新蓝筹证券投资基金	流通股	142.30	0.18
8	金鑫证券投资基金	流通股	142.20	0.18
9	景业证券投资基金	流通股	129.99	0.17
10	景宏证券投资基金	流通股	101.00	0.13

股东人数	2003.9	2003.6	2002	2001
	84451	88358	89749	102064

近年分配	2002年10股0.5元 2001年10股0.3元	近年配股/增发	不分配不转增

重大事项

2003年11月26日,公司收到湖北省随州市中级人民法院协助执行通知书,关于中国农业银行武汉市长江支行与公司第一大股东深圳市赛格集团有限公司借款纠纷一案,被执行人赛格集团持有的公司发起人国家股及红股、配股被冻结.期限自一年. 2003年09月23日,公司关联公司深圳赛格三星实业有限公司偿还公司部分代垫款7368万元,截止2003年9月20日,公司应收实业公司款项余额下降到4.21亿元。预计,实业公司资产重组工作完成后,实业公司将以现金足额偿还其欠本公司的债务。

二〇〇二年以来市场表现

2002年涨跌幅(%)	6.40
2002年最高(元)	10.25
2002年最低(元)	5.52
2002年换手率(%)	324.82
2003年涨跌幅(%)	9.30
2003年最高(元)	8.83
2003年最低(元)	6.33
2003年换手率(%)	181.34

深圳华侨城控股股份有限公司

公司概况

公司名称	深圳华侨城控股股份有限公司			股票代码	000069		
注册地址	深圳市南山区华侨城建设办公大楼			邮政编码	518053		
法人代表	张整魁			董秘	肖德中		
电话	0755-26909069			传真	0755-26600517		
主营业务	门票收入、旅游团收入						
总股本	104626.08	流通 A	32837.17	流通 B		流通 H	
审计单位				审计意见	未审计		

主要财务指标

年度	2003.9	2003.6	2002	2001
每股收益/扣除后(元)	0.2370	0.1980	0.6060	0.4030
每股经营现金流量(元)	0.1100	0.0170	0.4730	0.0960
每股净资产/调整后(元)	1.6350	1.6140	2.5260	2.1600
每股公积金(元)	0.0170	0.3219	0.7795	0.7754
净资产收益率(%)	14.0640	11.9600	22.7400	18.3100
总资产(万元)	266053.00	253851.47	233166.59	184837.81
股东权益(万元)	138324.02	134999.27	118855.23	98358.36
未分配利润(万元)	19880.63	16570.09	27253.26	10989.56
主营收入(万元)	33500.56	17870.28	59362.38	19617.85
资本公积金(万元)	25923.23	25909.01	34851.41	34671.85
主营利润(万元)	13308.38	5311.74	30369.87	4574.96
其他业务利润(万元)	225.31	171.75	425.20	789.52
营业利润(万元)	−1799.36	−4680.14	9134.78	−1091.68
投资收益(万元)	21566.95	19875.31	21685.00	19755.70
补贴收入(万元)	181.40	109.60		
营业外收支(万元)	−80.34		−137.05	−100.21
利润总额(万元)	19868.65	15246.03	30682.72	18563.81
净利润(万元)	19454.57	16144.03	27024.12	18004.82

十大股东

序号	股东名称	股份性质	持股数(万股)	比例(%)
1	华侨城集团公司	国有法人股	55209.60	68.60
2	深圳市瑞业达投资有限公司	社会公众股	1370.49	1.70
3	深圳瑞华丰投资有限公司	社会公众股	1284.13	1.59
4	上海久事置业公司	社会公众股	131.44	0.16
5	深圳市特证物业管理有限公司	社会公众股	128.60	0.15
6	普惠证券投资基金	社会公众股	112.96	0.14
7	李廷光	社会公众股	97.65	0.12
8	吴秀清	社会公众股	95.17	0.11
9	王　澎	社会公众股	83.84	0.10
10	戴圣球	社会公众股	81.72	0.10

股东人数	2003.9	2003.6	2002	2001
	15228	15118	13828	14780

近年分配	近年配股/增发
2002年10股派1.5元 2001年10股派2.5元	2003年中期10股转增3股 2002年10股送6股

重大事项

2003年报告期内，本公司拟与深圳市华侨城投资有限公司、深圳市秋实投资有限公司共同投资设立深圳林海云天实业有限公司，本公司以现金投入2.05亿元，其中注册资金1.3亿元，占林海云天公司50%的权益。　2003年3月11日，董、监事会决议：同意公司与长江三峡实业投资有限责任公司、宜昌三峡工程多能公司、宜昌市投资公司共同投资设立长江三峡旅游发展有限责任公司，注册资本15000万元，公司以现金投资5250万元，占三峡公司注册资本的35%。

二〇〇二年以来市场表现

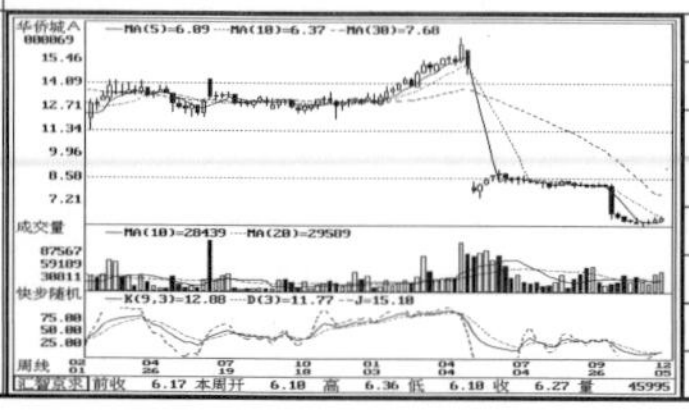

2002年涨跌幅(%)	5.23
2002年最高(元)	6.04
2002年最低(元)	4.37
2002年换手率(%)	35.67
2003年涨跌幅(%)	9.59
2003年最高(元)	7.13
2003年最低(元)	5.41
2003年换手率(%)	53.08

深圳市特发信息股份有限公司

公司概况

公司名称	深圳市特发信息股份有限公司			股票代码	000070		
注册地址	深圳市南山区科技工业园科丰路2号通讯大厦4楼			邮政编码	518057		
法人代表	张俊林			董秘	张大军		
电话	0755-26506648			传真	0755-26506803		
主营业务	光缆、通信设备						
总股本	25000.00	流通 A	7000.00	流通 B		流通 H	
审计单位				审计意见	未审计		

主要财务指标

年度	2003.9	2003.6	2002	2001
每股收益/扣除后(元)	−0.0011	0.0032	−0.0331	0.0983
每股经营现金流量(元)	0.3800	−0.0750	0.4667	0.1110
每股净资产/调整后(元)	2.8700	2.8300	5.3800	2.9880
每股公积金(元)		1.9869	1.9869	1.9766
净资产收益率(%)	0.0020	0.3500	0.2500	5.4100
总资产(万元)	135198.27	129935.14	127154.78	134856.55
股东权益(万元)	77750.50	77790.36	77759.08	77534.84
未分配利润(万元)		1339.81	1066.59	1050.59
主营收入(万元)	31094.63	19117.73	49324.59	65915.77
资本公积金(万元)		49672.29	49672.29	49415.62
主营利润(万元)	5960.41	4117.99	10126.12	13300.56
其他业务利润(万元)	355.56	166.29	366.00	796.36
营业利润(万元)	−499.58	−161.18	518.87	1975.72
投资收益(万元)	88.17	23.71	−66.67	1629.33
补贴收入(万元)				
营业外收支(万元)	−119.68		−170.53	−178.53
利润总额(万元)	−277.66	64.81	267.74	3975.11
净利润(万元)	167.42	273.22	192.54	4191.80

十大股东

序号	股东名称	股份性质	持股数(万股)	比例(%)
1	深圳经济特区发展(集团)公司	国有股东	6952.78	27.81
2	深圳市通讯工业股份有限公司	发起人境内法人股	5845.37	23.38
3	企荣贸易有限公司	外资股东	1860.94	7.44
4	深圳市特发龙飞无线电通讯发展公司	国有股东	1616.07	6.46
5	中国五金矿产进出口总公司	国有股东	930.48	3.72
6	汉国三和有限公司	外资股东	484.20	1.94
7	中国通广电子公司	国有股东	310.16	1.24
8	尤其龙	流通股	23.00	0.09
9	北京田丰咨询有限公司	流通股	15.50	0.06
10	王之平	流通股	15.00	0.06

股东人数	2003.9	2003.6	2002	2001
	50123	50312	52164	57467

近年分配	近年配股/增发
2001年10股0.50元	不分配不转增

重大事项

2003年10月29日，由于深圳新浩城实业发展有限公司发生经济纠纷诉。深圳经济特区发展(集团)公司承担连带保证责任。深圳市中级人民法院委托深圳市中际汉威拍卖有限公司将于11月4日拍卖深圳经济特区发展(集团)公司持有的公司国有法人股1479万股。　2003年08月19日，董事会决议：公司拟收购汉国三和有限公司所持有的深圳新星索光纤光缆通讯有限公司25%股权，转让价格为人民币2063.73万元。本次股权转让的款项用于抵偿深圳经济特区发展(集团)公司欠本公司的债务。本次关联交易需经政府有关部门批准。

二〇〇二年以来市场表现

2002年涨跌幅(%)	−36.76
2002年最高(元)	16.31
2002年最低(元)	10.00
2002年换手率(%)	98.89
2003年涨跌幅(%)	−30.36
2003年最高(元)	12.09
2003年最低(元)	6.15
2003年换手率(%)	106.55

深圳市海王生物工程股份有限公司

公司概况

公司名称	深圳市海王生物工程股份有限公司	股票代码	000078
注册地址	深圳市南山区南油大道海王大厦A座26层	邮政编码	518054
法人代表	张思民	董秘	戴奉祥
电话	0755-26416065	传真	0755-26416053
主营业务	药品、保健品、食品		
审计单位		审计意见	未审计

总股本	流通A	流通B	流通H
33270.00	16074.00		

主要财务指标

年度	2003.9	2003.6	2002	2001
每股收益/扣除后(元)	0.1200	0.0700	0.1300	0.3500
每股经营现金流量(元)	-0.1100	-0.0500	-0.3400	-0.3700
每股净资产/调整后(元)	4.9700	4.9300	4.9900	7.5000
每股公积金(元)	3.8223	3.8223	3.8223	6.2286
净资产收益率(%)	1.5700	0.9000	2.5000	4.7900
总资产(万元)	449262.72	445371.37	342931.19	304362.69
股东权益(万元)	170792.86	169742.12	169013.81	166644.45
未分配利润(万元)	10066.06	8910.41	7381.93	4878.41
主营收入(万元)	104071.69	57899.37	82942.76	76505.15
资本公积金(万元)	127168.05	127168.05	127168.05	138149.75
主营利润(万元)	34789.63	21142.84	59337.35	52479.38
其他业务利润(万元)	32.37	29.59	13.86	2114.68
营业利润(万元)	3780.50	2335.50	6656.00	11304.57
投资收益(万元)	-1070.57	-566.68	-1665.95	-4716.43
补贴收入(万元)	101.10	50.00	227.18	5148.88
营业外收支(万元)	-140.81		1061.56	-110.13
利润总额(万元)	2669.22	1725.64	6278.79	11626.90
净利润(万元)	2684.13	1528.48	4222.70	7981.90

十大股东

序号	股东名称	股份性质	持股数(万股)	比例(%)
1	深圳海王集团股份有限公司	法人股	16330.50	49.08
2	深圳市新鹏投资发展有限公司	法人股	343.80	1.03
3	深圳市海王广告有限公司	法人股	171.90	0.52
4	深圳海王食品有限公司	法人股	171.90	0.52
5	北京科梦嘉生物技术开发有限公司	法人股	171.90	0.52
6	冉贤	公众股	51.73	0.16
7	李仁兴	公众股	45.77	0.14
8	赵天成	公众股	45.70	0.14
9	宏源证券股份有限公司	公众股	44.84	0.13
10	刘敏	公众股	36.52	0.11

股东人数	2003.9	2003.6	2002	2001
	73200	73846	71762	62777

近年分配		近年配股/增发	2001年10股转增5股

重大事项

2003年11月01日,公司为深圳市泰丰科技有限公司向中国光大银行申请3000万元综合授信额度及其项下产生的全部债权提供担保。保证期间自依据《综合授信协议》(主合同)签订的具体业务合同约定的债务人履行债务期限届满之日起二年。　2003年07月22日,公司第一大股东深圳海王集团股份有限公司与中国银行深圳分行签订了两份补充协议,协议约定将2001年9月18日签定的两份借款合同的借款期限变更为35个月,相关债务(共计人民币45000万元)继续由两借款合同项下的股权质押合同予以担保。

二〇〇二年以来市场表现

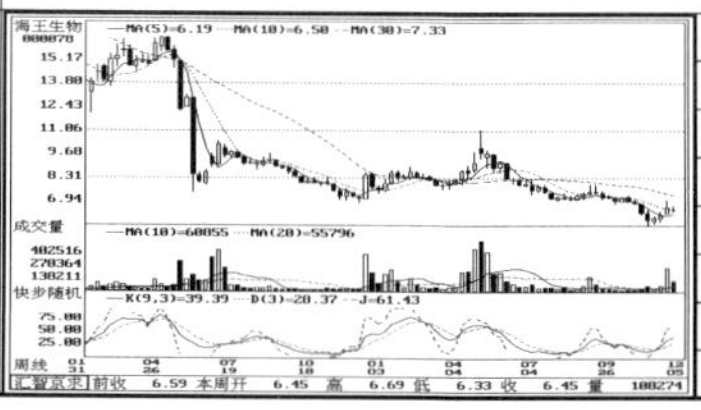

2002年涨跌幅(%)	-23.55
2002年最高(元)	11.03
2002年最低(元)	6.81
2002年换手率(%)	245.07
2003年涨跌幅(%)	-12.48
2003年最高(元)	11.04
2003年最低(元)	5.57
2003年换手率(%)	288.33

深圳市盐田港股份有限公司

公司概况

公司名称	深圳市盐田港股份有限公司	股票代码	000088
注册地址	深圳市盐田港海港大厦18至20层	邮政编码	518081
法人代表	李选民	董秘	华翔
电话	0755-25290180	传真	0755-25290932
主营业务	工业、交通运输、仓储、租赁		
审计单位		审计意见	未审计

总股本	流通A	流通B	流通H
58500.00	12489.26		

主要财务指标

年度	2003.9	2003.6	2002	2001
每股收益/扣除后(元)	0.9630	0.5470	0.9600	0.6460
每股经营现金流量(元)	0.2670	0.1420	0.4270	0.3480
每股净资产/调整后(元)	4.3460	3.9371	3.3890	2.5480
每股公积金(元)	1.2954	1.2954	1.2954	1.2954
净资产收益率(%)	21.7800	13.6600	27.8950	25.1640
总资产(万元)	373308.72	353315.00	343481.78	332920.47
股东权益(万元)	254742.39	230792.66	199267.52	149531.78
未分配利润(万元)	99311.78	75362.04	43836.90	2439.02
主营收入(万元)	42826.91	25974.60	50772.38	38340.51
资本公积金(万元)	75780.40	75780.40	75780.40	75780.40
主营利润(万元)	18012.58	10615.02	25559.69	20152.51
其他业务利润(万元)	481.91	297.40	624.86	110.77
营业利润(万元)	14726.12	7666.47	19436.88	12973.10
投资收益(万元)	48603.56	28420.42	47409.82	32459.33
补贴收入(万元)			10.00	
营业外收支(万元)	-276.16		141.71	-58.45
利润总额(万元)	63053.52	35930.24	66998.40	45373.98
净利润(万元)	55474.88	31525.14	55585.74	37627.74

十大股东

序号	股东名称	股份性质	持股数(万股)	比例(%)
1	深圳盐田港集团有限公司	国有股	46000.00	78.63
2	裕元证券投资基金	社会公众股	550.70	0.94
3	银丰证券投资基金	社会公众股	514.91	0.88
4	融鑫证券投资基金	社会公众股	429.02	0.73
5	富国动态平衡证券投资基金	社会公众股	398.95	0.68
6	天元证券投资基金	社会公众股	319.52	0.55
7	南方稳健成长证券投资基金	社会公众股	304.91	0.52
8	鸿阳证券投资基金	社会公众股	301.66	0.52
9	鹏华行业成长证券投资基金	社会公众股	287.45	0.49
10	泰和证券投资基金	社会公众股	261.35	0.45

股东人数	2003.9	2003.6	2002	2001
	17133	20872	36159	48430

近年分配	2002年10股1元 2001年10股5元	近年配股/增发	2001年中期10股配3股

重大事项

2003年03月01日收到公司的参股公司盐田国际集装箱码头有限公司分配的利润11205万港元,偿还股东借款8721万港元,合计19926万港元。

二〇〇二年以来市场表现

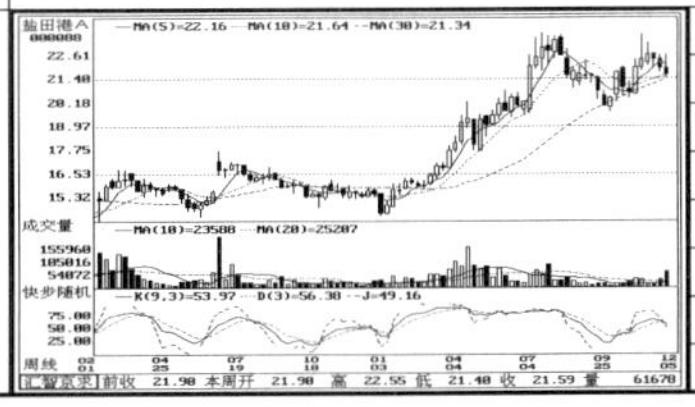

2002年涨跌幅(%)	3.90
2002年最高(元)	17.59
2002年最低(元)	12.61
2002年换手率(%)	165.65
2003年涨跌幅(%)	49.28
2003年最高(元)	23.73
2003年最低(元)	14.22
2003年换手率(%)	149.19

深圳市机场股份有限公司

公司概况

公司名称	深圳市机场股份有限公司			股票代码	000089
注册地址	深圳宝安区宝安国际机场第一办公楼 3,4F			邮政编码	518128
法人代表	郭立民		董秘	周云福	
电话	0755-27776331		传真	0755-27776327	
主营业务	航空服务				
总股本	79982.40	流通 A	28800.00	流通 B	流通 H
审计单位			审计意见	未审计	

主要财务指标

年度	2003.9	2003.6	2002	2001
每股收益 / 扣除后(元)	0.2780	0.2000	0.4025	0.6660
每股经营现金流量(元)	0.3300	0.1760	0.4550	0.7110
每股净资产 / 调整后(元)	3.3420	3.2660	3.0790	4.3130
每股公积金(元)		0.9038	0.9038	2.0398
净资产收益率(%)	7.8900	5.7500	12.9300	15.5100
总资产(万元)	295397.75	283947.81	271137.66	260934.02
股东权益(万元)	268470.78	262394.28	247531.19	216520.73
未分配利润(万元)		88181.30	73105.24	47028.06
主营收入(万元)	54184.52	35452.10	71198.51	60297.95
资本公积金(万元)		72284.10	72284.10	101967.76
主营利润(万元)	26137.97	17355.15	35427.58	27564.84
其他业务利润(万元)	662.44	466.70	890.76	755.97
营业利润(万元)	23951.26	15940.76	32608.02	23663.26
投资收益(万元)	2067.14	2688.85	2685.89	13288.33
补贴收入(万元)				
营业外收支(万元)	-1082.13	-1065.61	-233.99	-978.93
利润总额(万元)	24936.27	17564.00	35059.92	35972.66
净利润(万元)	21195.38	15076.06	32016.99	33575.82

十大股东

序号	股东名称	股份性质	持股数(万股)	比例(%)
1	深圳机场(集团)公司	国有法人股	51182.40	63.99
2	天元证券投资基金	流通股	2044.54	2.56
3	开元证券投资基金	流通股	1261.50	1.58
4	南方稳健成长投资基金	流通股	835.24	1.04
5	普惠证券投资基金	流通股	641.28	0.80
6	兴业证券股份有限公司	流通股	507.75	0.63
7	中富证券有限责任公司	流通股	469.71	0.59
8	兴和证券投资基金	流通股	406.81	0.51
9	中青旅电子商务有限公司	流通股	288.14	0.36
10	南方宝元债券型基金	流通股	274.97	0.34

股东人数	2003.9	2003.6	2002	2001
	56487	57417	49144	55628

近年分配	2001年10股派3.2元	近年配股/增发	2002中期10股转增6股

重大事项

2003年09月16日,公司受让南方证券股份有限公司所持南方基金管理公司30%股权的申请已获中国证券监督管理委员会[2003]106号文批准。 2003年07月30日,公司通过深圳机场1#候机楼楼体工程及配套设施总投资6.7亿元。其中涉及公司资产改造投资4.7亿元,由公司支付;涉及公司之控股股东—深圳机场(集团)公司资产改造投资2亿元,由深圳机场(集团)公司支付.

二〇〇二年以来市场表现

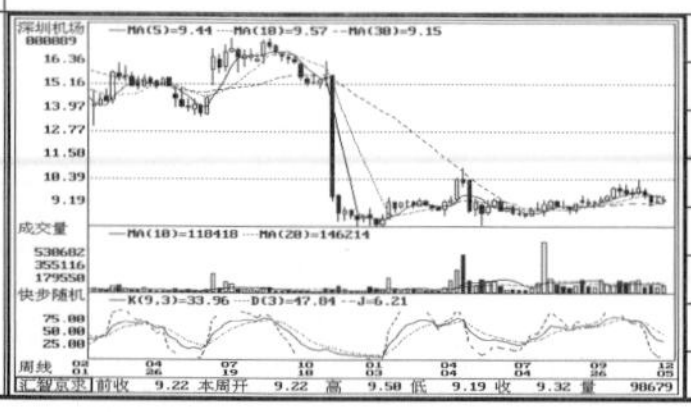

2002年涨跌幅(%)	-11.95
2002年最高(元)	10.97
2002年最低(元)	7.86
2002年换手率(%)	71.41
2003年涨跌幅(%)	11.76
2003年最高(元)	10.89
2003年最低(元)	8.00
2003年换手率(%)	193.05

深圳市天健(集团)股份有限公司

公司概况

公司名称	深圳市天健(集团)股份有限公司			股票代码	000090
注册地址	深圳市红荔西路7058号市政大厦			邮政编码	518034
法人代表	高振怀		董秘	徐肇松	
电话	0755-83928130		传真	0755-83915736	
主营业务	市政工程、建筑施工和房地产开发				
总股本	22326.16	流通 A	8320.00	流通 B	流通 H
审计单位			审计意见	未审计	

主要财务指标

年度	2003.9	2003.6	2002	2001
每股收益 / 扣除后(元)	0.2160	0.1590	0.3060	0.3570
每股经营现金流量(元)	0.4350	0.1880	0.6680	1.6120
每股净资产 / 调整后(元)	4.8910	4.5160	4.5130	4.4180
每股公积金(元)	2.0199	2.0199	2.0199	2.0187
净资产收益率(%)	4.5000	3.2100	6.4200	9.1000
总资产(万元)	257444.62	257444.62	274480.75	311149.72
股东权益(万元)	111959.39	110473.90	106925.38	102442.56
未分配利润(万元)	13948.48	12462.99	8914.48	6862.46
主营收入(万元)	95900.17	44380.39	154612.44	145951.20
资本公积金(万元)	45096.54	45096.54	45096.54	45069.02
主营利润(万元)	11218.47	7673.16	16717.72	18983.35
其他业务利润(万元)	1631.64	982.54	1422.00	1224.99
营业利润(万元)	6901.27	5491.87	9052.00	10531.64
投资收益(万元)	-783.17	-813.27	108.66	281.99
补贴收入(万元)				
营业外收支(万元)	245.90	10.69	42.99	1228.98
利润总额(万元)	6164.01	4689.29	9203.65	12042.62
净利润(万元)	5034.01	3548.52	6866.52	9324.84

十大股东

序号	股东名称	股份性质	持股数(万股)	比例(%)
1	深圳市建设投资控股公司	国家股	11318.16	50.69
2	上海闵行联合发展有限公司	法人股	1008.00	4.51
3	深圳市建业集团股份有限公司	法人股	840.00	3.76
4	深圳市金众集团股份有限公司	法人股	840.00	3.76
5	北京市房信房地产经营服务公司	流通股	53.93	0.24
6	上海证券有限责任公司	流通股	31.79	0.14
7	陈苏滨	流通股	15.35	0.06
8	林秀霞	流通股	11.42	0.05
9	彭智慧	流通股	11.19	0.05
10	杨乃元	流通股	10.80	0.05

股东人数	2003.9	2003.6	2002	2001
	36991	36932	35898	36958

近年分配	2002年10股派1.08元 2001年10股派2.0元	近年配股/增发	不分配不转增

重大事项

2003年9月19日,公司接到控股股东深圳市建设投资控股有限公司关于为盐田河排洪工程款纠纷一案提供担保的《保证函》。该案目前仍在审理中。如果本案败诉,本公司的控股股东建设投资控股公司愿意代替本公司承担赔付责任。对本公司本期利润和期后利润没有影响。 2002年8月1日,公司下属全资子公司深圳市市政工程总公司获国家建设部颁发的建筑业企业资质证书. 2002年7月5日,经深圳证券交易所批准,公司内部职工股25,200,000股将于2002年7月10日上市流通.

二〇〇二年以来市场表现

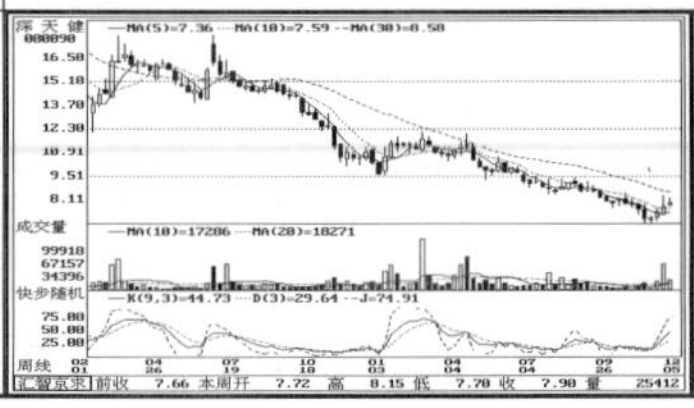

2002年涨跌幅(%)	-34.43
2002年最高(元)	17.59
2002年最低(元)	9.95
2002年换手率(%)	101.34
2003年涨跌幅(%)	-23.09
2003年最高(元)	11.97
2003年最低(元)	6.71
2003年换手率(%)	137.45

深圳市广聚能源股份有限公司

公司概况

公司名称	深圳市广聚能源股份有限公司			股票代码	000096		
注册地址	深圳市蛇口新街蛇口大厦6			邮政编码	518067		
法人代表	王建彬			董秘	嵇元弘		
电话	0755-6690988			传真	0755-6690998		
主营业务	成品油经营、液化石油气经营						
总股本	33000.00	流通 A	8500.00	流通 B		流通 H	
审计单位				审计意见	未审计		

主要财务指标

年度	2003.9	2003.6	2002	2001
每股收益/扣除后(元)	0.2900	0.1530	0.3400	0.2000
每股经营现金流量(元)	0.0330	-0.0650	0.3790	0.2960
每股净资产/调整后(元)	3.3300	3.1900	2.9700	2.8900
每股公积金(元)	1.7241	1.7241	1.7032	1.6996
净资产收益率(%)	8.3800	4.4700	11.2100	9.0800
总资产(万元)	141061.91	138574.30	125991.49	129406.39
股东权益(万元)	111889.28	107309.91	102387.17	96212.21
未分配利润(万元)	9967.62	5388.25	7959.86	1784.91
主营收入(万元)	130665.57	86840.83	133009.48	112815.94
资本公积金(万元)	56896.94	56896.94	56087.03	56087.03
主营利润(万元)	10538.94	7642.89	12755.02	10917.30
其他业务利润(万元)	217.33	118.57	478.29	237.58
营业利润(万元)	864.28	1236.71	234.97	-666.39
投资收益(万元)	9235.68	4243.78	11601.91	10615.45
补贴收入(万元)				100.00
营业外收支(万元)	-380.40	-343.48	-73.65	-838.60
利润总额(万元)	9719.56	5137.01	11763.23	9210.46
净利润(万元)	9375.67	4796.30	11311.70	8738.97

十大股东

序号	股东名称	股份性质	持股数(万股)	比例(%)
1	深圳市深南石油(集团)有限公司	国有法人股	14628.00	44.33
2	深圳市科汇通投资控股有限公司	国家股	6996.00	21.20
3	深圳市深南实业有限公司	国有法人股	1876.00	5.68
4	深圳市洋润投资有限公司	法人股	900.00	2.73
5	上海化工对外经济技术合作公司	A股	357.34	1.08
6	淄博同安电脑网络有限公司	A股	351.44	1.07
7	上海东湖广告有限公司	A股	248.99	0.75
8	上海华谊(集团)公司	A股	238.88	0.72
9	上海闵联投资管理有限公司	A股	220.67	0.67
10	哈尔滨东安工具有限公司	A股	171.97	0.52

股东人数	2003.9	2003.6	2002	2001
	20364	20380	21805	26623

近年分配	2002年10股2元 2001年10股1.5元	近年配股/增发	2003年中期10股转增6股

重大事项

2003年11月6日,南油集团通过深圳市产权交易中心以公开竞价交易的方式转让其持有的深圳乐意液体仓储有限公司30%股权,该次竞价交易以美元为计价货币.公司以1205万美元即约9980万元人民币的价格竞价成功,收购了乐意公司30%股权. 2003年3月24日,公司拟用募集资金6800万元以增加注册资本的形式投资深圳市西部电力有限公司二期工程. 公司于2003年4月25日召开2003年度第一次临时股东大会,审议通过上述议案.

二〇〇二年以来市场表现

2002年涨跌幅(%)	-10.22
2002年最高(元)	9.39
2002年最低(元)	6.19
2002年换手率(%)	90.40
2003年涨跌幅(%)	-2.44
2003年最高(元)	8.94
2003年最低(元)	6.07
2003年换手率(%)	145.77

中信海洋直升机股份有限公司

公司概况

公司名称	中信海洋直升机股份有限公司			股票代码	000099		
注册地址	深圳市罗湖区解放西路188号农业银行大厦19楼			邮政编码	518052		
法人代表	李士林			董秘	姚旗		
电话	0755-26723692			传真	0755-26723684		
主营业务	通用航空运输服务、航空维修						
总股本	23520.00	流通 A	7200.00	流通 B		流通 H	
审计单位				审计意见	未审计		

主要财务指标

年度	2003.9	2003.6	2002	2001
每股收益/扣除后(元)	0.2700	0.1390	0.2563	0.2713
每股经营现金流量(元)	0.3900	0.3200	0.2153	0.3196
每股净资产/调整后(元)	4.0600	3.9341	3.7871	4.3474
每股公积金(元)	2.5395	2.5395	2.5395	3.0474
净资产收益率(%)	6.7300	3.6100	6.6800	7.0800
总资产(万元)	156135.87	156544.09	126530.15	107961.92
股东权益(万元)	97945.52	94768.90	90964.15	86561.63
未分配利润(万元)	10289.23	7112.61	4547.87	4065.35
主营收入(万元)	28336.52	17237.87	33099.99	31512.42
资本公积金(万元)	59729.94	59729.94	59729.94	59729.94
主营利润(万元)	11409.13	6534.21	11545.58	10249.39
其他业务利润(万元)	112.28	23.43	-1.03	-25.67
营业利润(万元)	7565.24	3816.53	7082.81	5310.68
投资收益(万元)	213.02	190.51	53.79	1585.43
补贴收入(万元)				
营业外收支(万元)	15.35		189.69	190.05
利润总额(万元)	7793.61	4026.00	7326.30	7086.17
净利润(万元)	6595.03	3418.41	6200.00	6128.17

十大股东

序号	股东名称	股份性质	持股数(万股)	比例(%)
1	中国中海直总公司	国有法人股	14671.20	62.38
2	中国北方航空公司	国有法人股	1411.20	6.00
3	黄乾生	公众股	45.00	0.19
4	深圳名商室外运动俱乐部有限公司	国有法人股	39.60	0.17
5	中信国安有限公司	国有法人股	39.60	0.17
6	中国海洋石油南海东部公司	国有法人股	39.60	0.17
7	深圳市友联运输实业有限公司	国有法人股	39.60	0.17
8	中航黑河民机技贸中心	国有法人股	39.60	0.17
9	广东南油经济发展公司	国有法人股	39.60	0.17
10	王巍	公众股	35.90	0.15

股东人数	2003.9	2003.6	2002	2001
	34705	35390	37404	37404

近年分配	2002年10股派0.6元 2001年10股派1元	近年配股/增发	2001年10股送2股

重大事项

2003年04月3日,财政部已批准公司将其持有的公司国有法人股1176万股,以每股5.8元的价格转让给中国北方航空公司,两公司正在办理转让股权过户手续.股权转让后,中海直将持有公司国有法人股14671.2万股, 为第一大股东; 北方航空持有公司国有法人股1411.2万股, 为第二大股东. 2003年01月8日,公司与中国航空总公司签订《合资组建中信通用航空有限责任公司》的合同和章程,中信通航的筹建已获得中国民用航空总局的批准.

二〇〇二年以来市场表现

2002年涨跌幅(%)	-22.28
2002年最高(元)	14.44
2002年最低(元)	9.95
2002年换手率(%)	117.56
2003年涨跌幅(%)	-18.18
2003年最高(元)	11.24
2003年最低(元)	7.70
2003年换手率(%)	100.03

麦科特光电股份有限公司

公司概况

公司名称	麦科特光电股份有限公司	股票代码	000150
注册地址	惠州市麦地路63号麦科特中心	邮政编码	516001
法人代表	许振东	董秘	丁云林
电话	0752-2119664	传真	0752-2118071
主营业务	高新技术产品、变焦相机、数码相机等		
总股本	32400.00	流通A	12600.00
流通B		流通H	
审计单位		审计意见	未审计

主要财务指标

年度	2003.9	2003.6	2002	2001
每股收益/扣除后(元)	0.0170	0.0102	–0.1697	–0.0140
每股经营现金流量(元)	0.2100	–0.2400	–0.1140	–0.1500
每股净资产/调整后(元)	1.9310	1.9296	1.9274	2.0550
每股公积金(元)	0.9635	0.9635	0.9635	0.9635
净资产收益率(%)	0.3050	0.2400	–8.7900	0.2700
总资产(万元)	66567.93	67644.17	65757.38	69813.77
股东权益(万元)	62733.65	62694.59	62542.42	66818.15
未分配利润(万元)	–2593.45	–2632.50	–2784.68	1491.05
主营收入(万元)	4712.68	3342.42	3579.44	14386.74
资本公积金(万元)	31216.64	31216.64	31216.64	31216.64
主营利润(万元)	379.18	177.96	380.32	1308.90
其他业务利润(万元)	–34.07	–27.62	4.91	18.51
营业利润(万元)	640.95	401.84	–3289.52	–371.72
投资收益(万元)	–357.80	–178.90	135.49	744.81
补贴收入(万元)	0.03	0.01	17.73	30.29
营业外收支(万元)	–0.04		–2540.72	–137.27
利润总额(万元)	283.14	222.96	–5677.02	266.11
净利润(万元)	191.23	152.17	–5498.54	179.77

十大股东

序号	股东名称	股份性质	持股数(万股)	比例(%)
1	上海北大青鸟企业发展有限公司	国有法人股	6858.00	21.17
2	惠州市益发光学机电有限公司	发起人法人股	5403.42	16.67
3	麦科特集团有限公司	国有法人股	3240.00	10.00
4	惠州市科技投资有限公司	发起人法人股	3168.00	9.78
5	新标志有限公司	发起人法人股	754.38	2.33
6	麦科特集团制冷有限公司	发起人法人股	376.20	1.16
7	联合证券有限责任公司	流通股	329.61	1.02
8	丁嘉祥	流通股	92.80	0.29
9	上海上普投资发展公司	流通股	69.16	0.21
10	中富证券有限责任公司	流通股	41.30	0.13

股东人数

2003.9	2003.6	2002	2001
50149	49993	52722	73559

近年分配		近年配股/增发	不分配不转增

重大事项

2003年10月22日,公司经与潍坊北大青鸟华光科技股份有限公司、北京天桥北大青鸟科技股份有限公司协商,初步达成了对北京北大高科技产业投资有限公司共同进行增资扩股的意向.公司在本次增资扩股中将出资人民币1.5亿元.此项对外投资为关联投资,将于2003年10月23日提交公司第二届董事会第六次会议进行审议. 2003年10月11日,公司第三大股东麦科特集团有限公司因深圳发展银行佛山支行诉麦科特集团精密有限公司等借款合同纠纷一案承担连带保证责任,被广东省佛山市中级人民法院冻结其持有的公司1387万股国有法人股,冻结期限为2003年7月8日至2004年7月7日止.

二〇〇二年以来市场表现

2002年涨跌幅(%)	–16.40
2002年最高(元)	9.25
2002年最低(元)	3.98
2002年换手率(%)	395.58
2003年涨跌幅(%)	–25.47
2003年最高(元)	7.25
2003年最低(元)	3.82
2003年换手率(%)	168.11

中成进出口股份有限公司

公司概况

公司名称	中成进出口股份有限公司	股票代码	000151
注册地址	北京市丰台区科学城10D地块2号楼	邮政编码	100070
法人代表	邹宝中	董秘	戎蓓
电话	010-64218520	传真	010-64251026
主营业务	成套设备进出口		
总股本	29598.00	流通A	10500.00
流通B		流通H	
审计单位		审计意见	未审计

主要财务指标

年度	2003.9	2003.6	2002	2001
每股收益/扣除后(元)	0.0900	0.0600	0.1600	0.3000
每股经营现金流量(元)	–0.2100	–0.4300	0.2100	–0.1600
每股净资产/调整后(元)	2.7700	2.7500	2.6900	2.6700
每股公积金(元)	1.5008	1.5008	1.5008	1.5008
净资产收益率(%)	3.4000	2.3200	6.0300	11.2700
总资产(万元)	89456.50	88468.10	98643.84	109212.37
股东权益(万元)	82698.65	81827.52	79931.07	78958.60
未分配利润(万元)	2876.20	2805.05	108.62	272.54
主营收入(万元)	35538.53	22175.60	52310.58	67588.70
资本公积金(万元)	44420.03	44420.03	44420.03	44420.03
主营利润(万元)	5606.20	3204.33	9945.69	14964.45
其他业务利润(万元)	79.83	38.01	187.97	130.74
营业利润(万元)	2760.24	1477.54	5850.60	10591.47
投资收益(万元)	372.68	202.91	180.44	153.48
补贴收入(万元)	9.70	9.70	8.00	23.56
营业外收支(万元)	9.99		–1.82	–48.92
利润总额(万元)	3152.61	2221.34	2221.34	10719.59
净利润(万元)	2767.58	1896.45	4820.21	8898.75

十大股东

序号	股东名称	股份性质	持股数(万股)	比例(%)
1	中国成套设备进出口(集团)总公司	国有法人股	18000.00	60.81
2	安徽省外经建设(集团)公司	国有法人股	349.50	1.18
3	浙江中大(集团)股份有限公司	国有法人股	349.50	1.18
4	中国土产畜产进出口总公司	国有法人股	349.50	1.18
5	中国出国人员服务总公司	国有法人股	49.50	0.17
6	梁惠然	社会公众股	41.20	0.14
7	上海高臣信息科技发展有限公司	社会公众股	40.00	0.14
8	周宝娴	社会公众股	36.72	0.12
9	普丰证券投资基金	社会公众股	24.15	0.08
10	蔡子文	社会公众股	23.00	0.08

股东人数

2003.9	2003.6	2002	2001
48305	49212	24811	44331

近年分配	2002年10股派1.3元 2001年10股派2.2元	近年配股/增发	2001年10股转增5股

重大事项

2003年6月17日,公司与中国银行营业部于近日签订了3000万美元的综合免保授信额度协议.本协议项下授信额度使用期限从2003年6月10日至2004年6月10日止,为一年. 2002年11月05日,公司与建行北京安华支行于近日签订了3亿元人民币的综合免保授信额度协议,本协议项下授信额度使用期限为一年.公司与中国民生银行北京朝阳门支行于近日签订了3亿元人民币的综合免保授信额度协议,本协议项下授信额度使用期限为二年.

二〇〇二年以来市场表现

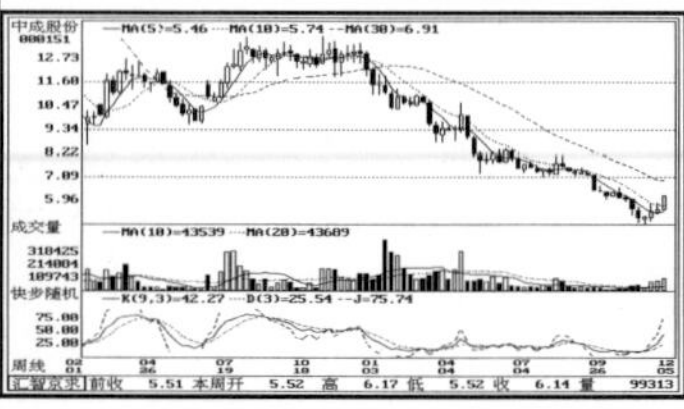

2002年涨跌幅(%)	11.25
2002年最高(元)	13.73
2002年最低(元)	7.65
2002年换手率(%)	448.38
2003年涨跌幅(%)	–53.97
2003年最高(元)	12.05
2003年最低(元)	4.83
2003年换手率(%)	410.19

安徽丰原药业股份有限公司

公司概况

公司名称	安徽丰原药业股份有限公司	股票代码	000153
注册地址	安徽省无为县北门外大街108号	邮政编码	230001
法人代表	许克强	董秘	张军
电话	0551-4677550	传真	0551-4677568
主营业务	药品、生物药及制剂		

总股本	13000.46	流通A	5000.00	流通B		流通H	
审计单位				审计意见	未审计		

主要财务指标

年度	2003.9	2003.6	2002	2001
每股收益/扣除后(元)	0.1932	0.1207	0.3760	0.3760
每股经营现金流量(元)	0.1100	0.1900	0.1610	0.3630
每股净资产/调整后(元)	8.7423	8.5561	8.4300	8.1380
每股公积金(元)	0.1000	6.5951	6.5951	6.5728
净资产收益率(%)		1.5030	4.6000	4.6300
总资产(万元)	71691.51	71637.32	68442.23	70948.16
股东权益(万元)	57448.06	56943.44	56087.36	53507.23
未分配利润(万元)	6287.20	5782.58	5379.92	3309.74
主营收入(万元)	12698.54	8307.99	15793.81	15921.06
资本公积金(万元)	42869.59	42869.59	42869.59	42724.98
主营利润(万元)	4981.05	3269.01	7050.96	7713.48
其他业务利润(万元)				
营业利润(万元)	1874.44	1191.23	3522.21	3112.66
投资收益(万元)			-351.80	-53.52
补贴收入(万元)				28.46
营业外收支(万元)	159.13		197.15	81.35
利润总额(万元)	2033.57	1300.05	3367.56	3168.95
净利润(万元)	1360.71	856.08	2582.33	2476.72

十大股东

序号	股东名称	股份性质	持股数(万股)	比例(%)
1	安徽省无为制药厂	国有法人股	1227.30	18.88
2	安徽蚌埠涂山制药厂	国有法人股	1198.67	18.44
3	安徽省巢湖蜂宝制药有限公司	社会法人股	720.00	11.07
4	安徽省马鞍山生物化学制药厂	国有法人股	680.00	10.46
5	安徽省药物研究所	国有法人股	59.52	0.92
6	安徽省无为县经贸建筑工程有限公司	社会法人股	56.30	0.87
7	安徽省无为县腾飞医药包装厂	国有法人股	52.70	0.81
8	丰和价值证券投资基金	A股流通股	27.00	0.42
9	陈阿新	A股流通股	15.50	0.24
10	山东省东西结合信用担保有限公司	A股流通股	13.89	0.21

股东人数	2003.9	2003.6	2002	2001
	12490	14804	17684	19257

近年分配	近年配股/增发
2003年中期10股派0.5元 2001年中期10股派1.5元	2003年中期10股送2股 转增8股

重大事项

2003年7月1日,公司董事会决定向巢湖市对外经济贸易局提交申请,对公司控股的中外合作公司安徽省百春制药有限公司进行清算,目前百春公司的清算工作正在依法进行. 2002年11月30日,公司与天津药物研究院共同研制开发的治疗高血压症的国家二类新药—西尼地平片已于2002年10月22日获得国家药品监督管理局颁发的新药证书及生产批件,成为全国首家西尼地平生产单位.

二〇〇二年以来市场表现

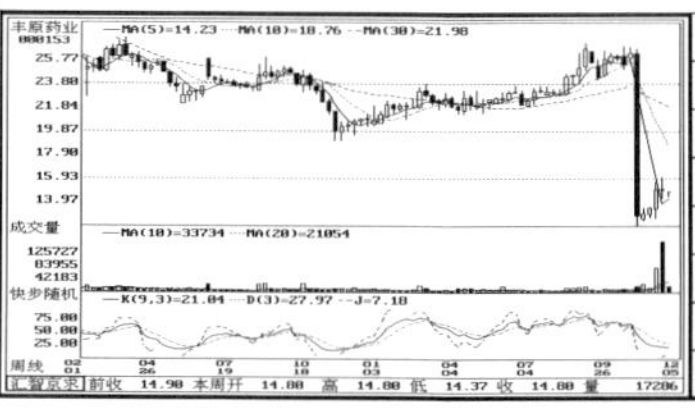

2002年涨跌幅(%)	-22.13
2002年最高(元)	14.17
2002年最低(元)	9.48
2002年换手率(%)	89.16
2003年涨跌幅(%)	37.07
2003年最高(元)	15.96
2003年最低(元)	10.23
2003年换手率(%)	118.99

川化股份有限公司

公司概况

公司名称	川化股份有限公司	股票代码	000155
注册地址	四川省成都市青白江区大湾镇团结路311号	邮政编码	610301
法人代表	谢木喜	董秘	易千里
电话	028-3308291	传真	028-3308290
主营业务	化工		

总股本	47000.00	流通A	13000.00	流通B		流通H	
审计单位				审计意见	未审计		

主要财务指标

年度	2003.9	2003.6	2002	2001
每股收益/扣除后(元)	0.2200	0.1250	0.1030	0.1300
每股经营现金流量(元)	0.4400	0.1760	0.1060	0.6200
每股净资产/调整后(元)	3.1020	3.0610	2.8990	2.8100
每股公积金(元)	1.7196	1.7196	1.7196	1.7196
净资产收益率(%)	6.7300	4.5500	4.2600	3.9800
总资产(万元)	196347.05	189192.41	183491.58	194328.62
股东权益(万元)	151285.84	147825.03	141265.39	138256.44
未分配利润(万元)	15166.46	11705.63	5114.16	3722.19
主营收入(万元)	86203.14	53248.43	100415.57	94994.73
资本公积金(万元)	80823.38	80823.38	80823.38	80823.38
主营利润(万元)	21270.06	13993.67	18460.36	15282.74
其他业务利润(万元)	462.72	366.76	214.36	38.19
营业利润(万元)	10901.17	6874.21	5616.47	5385.68
投资收益(万元)	1009.84	975.88	682.66	1511.10
补贴收入(万元)	220.00	220.00	1440.75	2463.18
营业外收支(万元)	-154.92		-605.52	-1952.42
利润总额(万元)	11976.09	7904.53	7134.36	7407.54
净利润(万元)	10179.67	6718.85	6019.65	5500.24

十大股东

序号	股东名称	股份性质	持股数(万股)	比例(%)
1	川化集团有限责任公司	国有法人股	34000.00	72.34
2	泰和证券投资基金	公众股	154.18	0.33
3	裕隆证券投资基金	公众股	110.75	0.24
4	长江证券有限责任公司	公众股	79.80	0.17
5	普丰证券投资基金	公众股	18.94	0.00
6	何国俊	公众股	18.06	0.00
7	黄秋为	公众股	17.00	0.00
8	唐丽萍	公众股	17.00	0.00
9	李秀梅	公众股	14.18	0.00
10	陈 燕	公众股	13.82	0.00

股东人数	2003.9	2003.6	2002	2001
	80086	82119	83689	93842

近年分配	近年配股/增发
2002年10股派1.08元 2001年10股派0.78元	不分配不转增

重大事项

2003年02月21日公司刊登公告,2002年1月动工兴建的募集资金投资项目之一,年产1.2万吨三聚氰氨装置,于2003年2月17日一次开车成功,生产出合格产品. 2002年9月14日,因中国信达资产管理公司成都办事处与公司第一大股东川化集团有限责任公司借款担保纠纷,川化集团所持有的本公司国有法人股10000万股于2002年2月25日被四川省高级人民法院暂时冻结,这部分股份已于9月1日解冻.

二〇〇二年以来市场表现

2002年涨跌幅(%)	-21.15
2002年最高(元)	8.21
2002年最低(元)	4.45
2002年换手率(%)	132.88
2003年涨跌幅(%)	5.23
2003年最高(元)	7.15
2003年最低(元)	5.49
2003年换手率(%)	130.63

湖南安塑股份有限公司

公司概况							
公司名称	湖南安塑股份有限公司			股票代码	000156		
注册地址	湖南省洪江市安江镇大沙坪			邮政编码	410011		
法人代表	肖贤辉			董秘	陈付华		
电话	0731-4318808-776			传真	0731-4315978		
主营业务	塑料制造						
总股本	9650.00	流通 A	4139.20	流通 B		流通 H	
审计单位				审计意见	未审计		

主要财务指标

年度	2003.9	2003.6	2002	2001
每股收益/扣除后(元)	0.1895	0.1125	0.2735	0.1400
每股经营现金流量(元)	–0.6050	0.0730	0.2828	0.2100
每股净资产/调整后(元)	5.3600	5.2410	5.1700	4.9000
每股公积金(元)	3.3976	3.3774	3.3987	3.3958
净资产收益率(%)	3.7300	2.3300	5.6000	3.0300
总资产(万元)	108436.75	95723.43	75637.90	67131.52
股东权益(万元)	52679.79	51721.80	50723.81	47852.70
未分配利润(万元)	7944.21	7181.22	5977.39	3968.28
主营收入(万元)	21617.94	13786.03	24650.80	13261.15
资本公积金(万元)	32786.99	32591.99	31797.83	32769.56
主营利润(万元)	5112.50	2904.81	6037.36	3106.65
其他业务利润(万元)	–16.17	–3.63	43.23	23.51
营业利润(万元)	2257.77	1260.85	3279.65	1550.50
投资收益(万元)	203.60	160.74	278.14	–76.48
补贴收入(万元)				
营业外收支(万元)	–14.38		–74.34	241.40
利润总额(万元)	2446.99	1418.26	3423.44	1715.42
净利润(万元)	1966.82	1203.83	2842.84	1448.90

十大股东

序号	股东名称	股份性质	持股数(万股)	比例(%)
1	洪江市大有发展有限责任公司	法人股	2880.90	29.85
2	湖南盛华投资管理有限公司	法人股	1130.80	11.72
3	上海沪荣物资有限公司	法人股	1100.00	11.40
4	洪江市国有资产管理局	国家股	99.00	1.03
5	芷江侗族自治县国有资产管理局	国家股	95.70	0.99
6	衡阳市洪福经贸有限公司	法人股	79.20	0.82
7	湖南日升物资贸易有限公司	法人股	59.40	0.62
8	湖南明谦投资有限公司	法人股	55.00	0.57
9	封恒	内部职工股	26.70	0.27
10	陆松来	流通股	22.24	0.23

股东人数	2003.9	2003.6	2002	2001
	18905	19217	20664	22890

近年分配	2001年10股派0.8元	近年配股/增发	不分配不转增

重大事项

2003年10月15日,公司与岳阳励志实业有限公司签署了《资产置换合同》,以公司拥有的应收账款5,480.7万元、其他应收款1,805.4万元、存货4,450.1万元及现金363.4万元合计12,099.6万元与励志实业持有的长沙振升铝材有限公司75%的股权折价12,099.6万元进行资产置换。 2003年8月30日公司获悉公司第二大股东湖南盛华投资管理有限公司因提供借款质押担保,已将持有的公司法人股1130.8万股中的1,100万股质押给华夏银行上海分行,并于2003年8月22日在中国证券登记结算有限公司深圳分公司办理了股份质押登记手续.

二〇〇二年以来市场表现

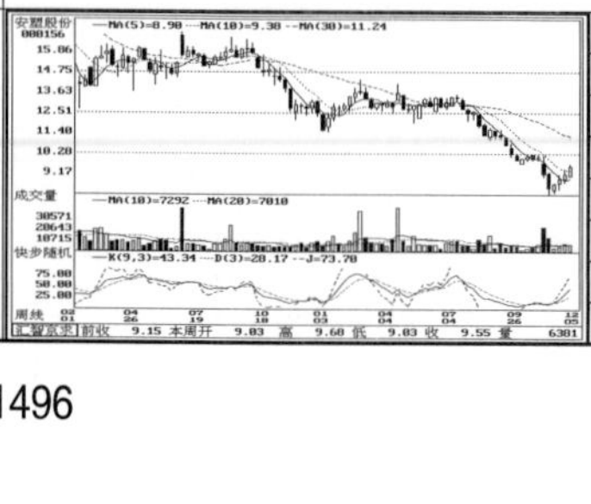

2002年涨跌幅(%)	–24.03
2002年最高(元)	16.90
2002年最低(元)	12.00
2002年换手率(%)	110.36
2003年涨跌幅(%)	–24.25
2003年最高(元)	14.30
2003年最低(元)	8.05
2003年换手率(%)	101.39

长沙中联重工科技发展股份有限公司

公司概况							
公司名称	长沙中联重工科技发展股份有限公司			股票代码	000157		
注册地址	湖南省长沙市银盆南路307号			邮政编码	410013		
法人代表	詹纯新			董秘	陈旭辉		
电话	0731-8923779			传真	0731-8923906		
主营业务	工程机械等						
总股本	39000.00	流通 A	13000.00	流通 B		流通 H	
审计单位				审计意见	未审计		

主要财务指标

年度	2003.9	2003.6	2002	2001
每股收益/扣除后(元)	0.4090	0.2584	0.3938	0.3377
每股经营现金流量(元)	0.0300	0.0280	0.0747	0.1197
每股净资产/调整后(元)	2.9864	2.8334	2.5700	2.8769
每股公积金(元)	1.2610	1.2610	1.2610	1.6393
净资产收益率(%)	13.7800	9.2100	15.2800	12.0280
总资产(万元)	173770.66	162398.59	147217.16	105993.69
股东权益(万元)	116691.70	110818.97	100610.38	87489.56
未分配利润(万元)	23332.47	17459.74	7251.15	5435.95
主营收入(万元)	76374.80	46564.64	66544.16	38832.91
资本公积金(万元)	49179.62	49179.62	49179.62	49179.62
主营利润(万元)	29572.31	18140.72	26191.03	17195.40
其他业务利润(万元)	188.27	130.41	137.01	396.22
营业利润(万元)	16261.85	10156.68	16012.61	10455.71
投资收益(万元)	–20.37	–49.65	–348.84	40.63
补贴收入(万元)	36.00	31.97		
营业外收支(万元)	80.16		13.52	65.57
利润总额(万元)	16357.63	10236.86	15677.29	10561.91
净利润(万元)	16081.32	10208.59	15370.82	10523.34

十大股东

序号	股东名称	股份性质	持股数(万股)	比例(%)
1	建设部长沙建设机械研究院	国有法人股东	19435.65	49.84
2	长沙高新技术产业开发区中标实业有限公司	法人股东	6177.05	15.84
3	科瑞证券投资基金	流通股	551.11	1.41
4	易方达平稳增长证券投资基金	流通股	524.22	1.34
5	科汇证券投资基金	流通股	484.93	1.24
6	科翔证券投资基金	流通股	474.23	1.22
7	科讯证券投资基金	流通股	469.51	1.20
8	金泰证券投资基金	流通股	215.05	0.55
9	何少容	流通股	151.69	0.39
10	普丰证券投资基金	流通股	106.64	0.27

股东人数	2003.9	2003.6	2002	2001
	13534	13242	13661	14325

近年分配	2002年10股派0.75元 2001年10股派1元	近年配股/增发	2002年10股送3股

重大事项

2003年8月30,公司、建设部长沙建设机械研究院、湖南省浦沅集团有限公司、湖南浦沅工程机械有限责任公司四方于2003年8月30日签订《重组并购协议书》.根据《重组并购协议书》的约定,浦沅集团公司的国有资产将整体无偿划转至建机院,建机院对其进行资产整合;公司将收购整合后的浦沅集团公司和浦沅有限公司的主要经营性资产. 2003年06月21日,关于公司兼并收购湖南机床厂事宜,自协议签订日起至今,湖南机床厂共获得5026.88万元的债务及费用减免,主要包括贷款利息减免、由划拨地变更为工业性用地的土地出让金和契税减免,其他项目的减免手续仍在办理中.过户工作已接近尾声.

二〇〇二年以来市场表现

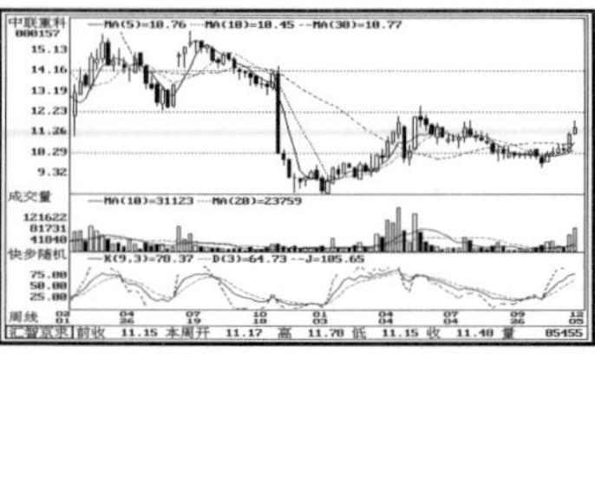

2002年涨跌幅(%)	–18.21
2002年最高(元)	12.32
2002年最低(元)	8.32
2002年换手率(%)	109.62
2003年涨跌幅(%)	24.16
2003年最高(元)	12.50
2003年最低(元)	8.35
2003年换手率(%)	120.57

石家庄常山纺织股份有限公司

公司概况

公司名称	石家庄常山纺织股份有限公司	股票代码	000158		
注册地址	河北省石家庄市和平东路183号	邮政编码	050011		
法人代表	韩希厚	董秘	李京朝		
电话	0311-6673856	传真	0311-6673929		
主营业务	纺织品				
总股本	43000.00	流通A	13000.00	流通B	流通H
审计单位		审计意见	未审计		

主要财务指标

年度	2003.9	2003.6	2002	2001
每股收益/扣除后(元)	0.1500	0.1400	0.2100	0.2000
每股经营现金流量(元)	0.1730	0.1080	0.2550	0.0940
每股净资产/调整后(元)	3.3300	3.2100	3.0500	2.9600
每股公积金(元)	1.8522	1.7137	1.6979	1.6946
净资产收益率(%)	4.5900	4.3300	6.7100	6.6500
总资产(万元)	240547.84	219809.36	209274.44	205762.36
股东权益(万元)	144631.56	129501.11	123261.65	119189.33
未分配利润(万元)	12321.84	11288.23	5681.76	3934.16
主营收入(万元)	153470.17	97198.91	189724.30	172516.06
资本公积金(万元)	79644.40	68547.55	67914.55	67784.52
主营利润(万元)	19542.97	14282.19	29536.95	18850.53
其他业务利润(万元)	362.65	241.32	276.62	423.02
营业利润(万元)	6793.77	5090.37	13457.24	7956.10
投资收益(万元)	-171.82	-116.73	-234.77	-75.67
补贴收入(万元)				
营业外收支(万元)	182.05		217.61	-25.18
利润总额(万元)	6783.77	5090.37	13457.24	7855.24
净利润(万元)	6640.08	5606.47	8271.35	7920.92

十大股东

序号	股东名称	股份性质	持股数(万股)	比例(%)
1	石家庄常山纺织集团有限责任公司	国家股	29718.00	69.11
2	北方证券有限责任公司	流通股	1054.05	2.45
3	河北宁纺集团有限责任公司	法人股	70.50	0.16
4	河北省纺织品进出口(集团)公司	国有法人股	70.50	0.16
5	石家庄市星球服装鞋帽联合(集团)公司	法人股	70.50	0.16
6	河北华鑫集团公司	国有法人股	70.50	0.16
7	裕隆证券投资基金	流通股	65.01	0.15
8	国元证券有限责任公司	流通股	55.48	0.13
9	普丰证券投资基金	流通股	30.46	0.07
10	王碧灵	流通股	18.43	0.04

股东人数	2003.9	2003.6	2002	2001
	63342	61077	62500	69074

近年分配	2002年10股派1元 2001年10股派1元	近年配股/增发	不分配不转增

重大事项

2003年7月12日,公司与石家庄棉三纺织股份有限公司共同出资5000万元组建石家庄常山恒新纺织有限公司,其中公司以现金资产出资4500万元,棉三纺织以现金资产出资500万元;公司与上海冀源国际贸易有限公司共同出资1000万元组建上海常山国际贸易公司,公司以人民币现金资产出资900万元,上海冀源以人民币现金资产出资100万元. 2003年1-9月份,公司及控股子公司石家庄棉三纺织股份有限公司共抵免企业所得税2,495万元,相应增加了公司的净利润.

二〇〇二年以来市场表现

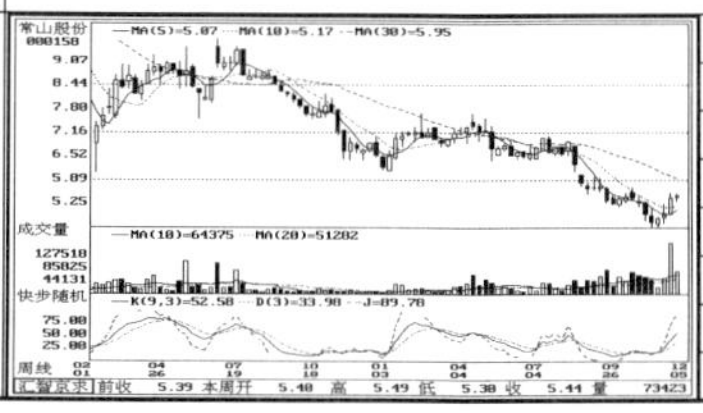

2002年涨跌幅(%)	-28.51
2002年最高(元)	9.51
2002年最低(元)	5.70
2002年换手率(%)	87.72
2003年涨跌幅(%)	-12.64
2003年最高(元)	7.56
2003年最低(元)	4.61
2003年换手率(%)	121.80

新疆国际实业股份有限公司

公司概况

公司名称	新疆国际实业股份有限公司	股票代码	000159		
注册地址	乌鲁木齐北京南路22号龙岭大厦	邮政编码	830001		
法人代表	吴敏其	董秘	李丽		
电话	0991-2885951	传真	0991-2885951		
主营业务	工业、商贸				
总股本	17179.23	流通A	7000.00	流通B	流通H
审计单位		审计意见	未审计		

主要财务指标

年度	2003.9	2003.6	2002	2001
每股收益/扣除后(元)	0.0092	0.0140	0.0107	0.0919
每股经营现金流量(元)	-0.7300	-0.8900	0.0348	0.2073
每股净资产/调整后(元)	3.2648	3.2756	3.2655	3.3134
每股公积金(元)	2.2153	2.2153	2.1678	2.1317
净资产收益率(%)	0.0800	0.2900	0.3100	4.2600
总资产(万元)	168941.92	169170.11	158968.95	150608.98
股东权益(万元)	60196.16	60323.33	59330.89	58473.20
未分配利润(万元)	3699.70	3826.87	3650.27	3414.32
主营收入(万元)	40903.91	27834.03	9681.96	31001.02
资本公积金(万元)	38056.89	38056.89	37241.05	36621.76
主营利润(万元)	7709.36	6321.90	9681.96	7763.78
其他业务利润(万元)	556.44	248.96	291.32	-216.81
营业利润(万元)	308.33	1240.87	1628.27	783.82
投资收益(万元)	-23826.00	-174.86	2235.86	100.26
补贴收入(万元)	176.33	26.33	22.84	272.97
营业外收支(万元)	-107.92		-5073.94	507.17
利润总额(万元)	138.48	1031.47	-1186.97	1664.22
净利润(万元)	49.43	176.60	184.12	2490.85

十大股东

序号	股东名称	股份性质	持股数(万股)	比例(%)
1	新疆对外经济贸易集团有限责任公司	国有法人股	9179.23	53.43
2	新疆特变电工股份有限公司	境内法人股	350.00	2.04
3	新疆新啤集团有限责任公司	国有法人股	300.00	1.75
4	和硕县佳丰果菜种植有限责任公司	境内法人股	200.00	1.16
5	新疆金邦钢铁有限公司	境内法人股	150.00	0.87
6	曹钟文	社会公众股	36.62	0.21
7	石君杰	社会公众股	32.24	0.19
8	朱秀英	社会公众股	25.63	0.15
9	江苏省金信证券公司	社会公众股	24.75	0.14
10	朱雪玲	社会公众股	24.46	0.14

股东人数	2003.9	2003.6	2002	2001
	37486	37871	39522	45880

近年分配		近年配股/增发	不分配不转增

重大事项

2003年9月4日,公司与新疆维吾尔自治区拜城县人民政府签署了招商引资意向书,将以公司控股子公司新疆国际焦化有限责任公司为项目实施主体,在拜城县投资68000万元建设年产150万吨焦煤及配套煤矿项目,一期工程年产焦煤50万吨项目已由煤焦化公司开始筹建. 2003年7月24日,公司与建行新疆区分行营业部签订6000万元人民币资金借款合同,借款期限从合同约定的借款提款日起,即2003年7月24日起,至2007年7月23日止.

二〇〇二年以来市场表现

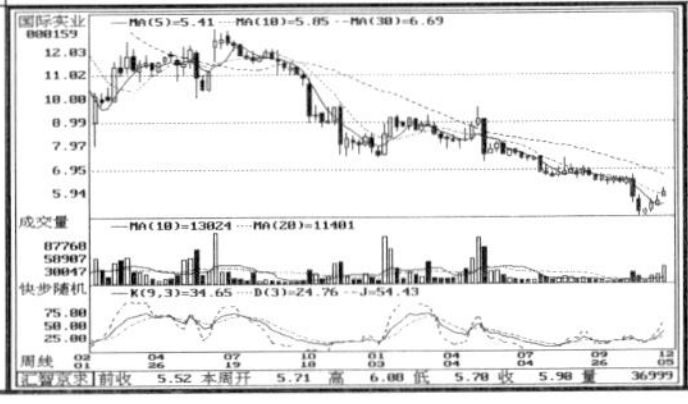

2002年涨跌幅(%)	-37.84
2002年最高(元)	13.05
2002年最低(元)	7.50
2002年换手率(%)	188.88
2003年涨跌幅(%)	-27.75
2003年最高(元)	9.62
2003年最低(元)	4.92
2003年换手率(%)	144.43

吴江丝绸股份有限公司

公司概况

公司名称	吴江丝绸股份有限公司			股票代码	000301
注册地址	江苏省吴江市盛泽镇舜新中路 39 号			邮政编码	215228
法人代表	董东立	董秘	沈志祥		
电话	0512-63558328	传真	0512-63552272		
主营业务	纺织、供电供热				
总股本	46792.84	流通 A	15492.84	流通 B	流通 H
审计单位		审计意见	未审计		

主要财务指标

年度	2003.9	2003.6	2002	2001
每股收益/扣除后(元)	0.1390	0.0970	0.1740	0.2280
每股经营现金流量(元)	-0.0800	0.1750	0.3940	0.5380
每股净资产/调整后(元)	2.9290	2.8900	2.8450	2.7370
每股公积金(元)	1.3895	1.3888	1.3778	1.3748
净资产收益率(%)	4.4930	3.2400	6.2100	8.2000
总资产(万元)	288678.47	276435.87	259715.12	190909.94
股东权益(万元)	140871.98	138990.14	133704.53	128526.33
未分配利润(万元)	22747.80	20928.81	16426.82	12637.75
主营收入(万元)	143059.94	88310.62	177066.06	165664.81
资本公积金(万元)	65017.22	64968.10	64297.90	64154.55
主营利润(万元)	15567.49	10971.70	21555.65	17481.95
其他业务利润(万元)	1837.32	1223.59	2814.81	3219.32
营业利润(万元)	8593.66	6675.59	12317.89	11385.04
投资收益(万元)	938.11	178.74	184.59	850.99
补贴收入(万元)			6.27	16.06
营业外收支(万元)	-262.69		-431.70	-610.09
利润总额(万元)	9269.08	6672.86	12077.05	11642.00
净利润(万元)	6328.92	4509.93	8300.80	10534.02

十大股东

序号	股东名称	股份性质	持股数(万股)	比例(%)
1	江苏吴江丝绸集团有限公司	国有股	29216.60	62.46
2	江苏省丝绸集团有限公司	法人股	1106.80	2.37
3	中国丝绸工业总公司	法人股	651.10	1.40
4	江苏弘业国际集团有限公司	流通股	447.28	0.96
5	中国服装集团公司	法人股	260.40	0.56
6	上海金陵股份有限公司	流通股	183.00	0.39
7	吴江苏宜化纤有限公司	流通股	120.59	0.26
8	上海汽车股份有限公司	流通股	80.00	0.17
9	郑州平原实业有限公司	流通股	80.00	0.17
10	苏州市对外发展总公司	法人股	65.10	0.14

股东人数	2003.9	2003.6	2002	2001
	69103	69979	72166	68703

近年分配	2002年10股0.7元 2001年10股派0.7元	近年配股/增发	不分配不转增

重大事项

2003 年 9 月 02 日,公司决定投资 4500 万元与"苏州苏源资产投资有限公司"和"吴江市苏源资产投资有限公司"合资设立"苏州苏震热电有限公司".《关于合资经营苏州苏震热电有限公司合同》已于 2003 年 7 月在江苏省吴江市签订.公司本次投资没有构成关联交易. 2003 年 6 月 19 日,公司决定投资 4104 万元与苏州苏源资产投资有限公司、吴江市苏源资产投资有限公司、吴江国泰投资咨询有限公司合资设立"苏州苏盛热电有限公司",合资公司注册资本为人民币 10800 万元,有关合同已于 2003 年 4 月签订.

二〇〇二年以来市场表现

2002年涨跌幅(%)	-36.20
2002年最高(元)	9.70
2002年最低(元)	5.87
2002年换手率(%)	197.67
2003年涨跌幅(%)	-11.62
2003年最高(元)	7.27
2003年最低(元)	4.85
2003年换手率(%)	192.39

许继电气股份有限公司

公司概况

公司名称	许继电气股份有限公司			股票代码	000400
注册地址	河南省许昌市许继大道			邮政编码	461000
法人代表	王纪年	董秘	姚武		
电话	0374-3212348	传真	0374-3363549		
主营业务	电力装备行业、电力保护及自动化设备				
总股本	37827.20	流通 A	19440.00	流通 B	流通 H
审计单位		审计意见	未审计		

主要财务指标

年度	2003.9	2003.6	2002	2001
每股收益/扣除后(元)	0.3160	0.2071	0.4000	0.4470
每股经营现金流量(元)	-0.1000	0.0640	0.2748	0.2700
每股净资产/调整后(元)	3.9873	4.2820	3.7034	3.8190
每股公积金(元)	1.5603	1.5603	1.5656	1.5656
净资产收益率(%)	7.1380	4.8200	9.7100	11.7900
总资产(万元)	291409.87	276575.00	274572.34	258040.95
股东权益(万元)	167427.91	163351.39	155688.28	145002.37
未分配利润(万元)	52238.83	48162.32	40287.47	32308.08
主营收入(万元)	102646.32	56047.09	128805.79	122171.27
资本公积金(万元)	59020.91	59020.91	59220.91	59220.91
主营利润(万元)	35774.72	22910.13	42301.27	47500.18
其他业务利润(万元)	2017.40	1377.35	2389.69	561.47
营业利润(万元)	18702.08	12121.55	17544.93	21698.26
投资收益(万元)	33.80	104.54	26.67	-609.19
补贴收入(万元)			49.15	
营业外收支(万元)	-155.61		-20.84	-244.08
利润总额(万元)	18580.27	12110.74	17599.91	20844.99
净利润(万元)	11951.36	7874.85	15118.55	17090.06

十大股东

序号	股东名称	股份性质	持股数(万股)	比例(%)
1	许继集团有限公司	国有法人股	17264.00	45.64
2	许继电控设备公司	法人股	576.00	1.52
3	许继电器设备公司	法人股	547.20	1.45
4	国泰金鹰增长证券投资基金	社会公众股	399.08	1.06
5	金鑫证券投资基金	社会公众股	394.56	1.04
6	金泰证券投资基金	社会公众股	265.36	0.70
7	第一创业证券有限责任公司	社会公众股	237.20	0.63
8	山东黑豹股份有限公司	社会公众股	222.23	0.59
9	北京成中大厦房地产有限公司	社会公众股	204.56	0.54
10	景福证券投资基金	社会公众股	150.00	0.40

股东人数	2003.9	2003.6	2002	2001
	70937	71871	74960	75855

近年分配	2002年10股1元 2001年10股派2元	近年配股/增发	不分配不转增

重大事项

2003 年 9 月 29 日, 公司董事会同意与许继集团有限公司共同投资设立许昌许继软件技术有限公司.公司计划以经评估后的实物资产出资 2700 万元,占拟设立公司 90%的股份;许继集团有限公司以现金出资 300 万元,占拟设立公司 10%的股份. 2003 年 09 月 10 日,公司同意为公司的控股子公司许昌许继电子有限公司向上海浦东发展银行广州分行申请的人民币一亿元银行承兑汇票授信额度提供连带责任担保.担保期限:自合同生效之日起一年.公司累计对外担保金额 25400 万元,公司无逾期担保.

二〇〇二年以来市场表现

2002年涨跌幅(%)	-29.71
2002年最高(元)	12.55
2002年最低(元)	7.45
2002年换手率(%)	87.40
2003年涨跌幅(%)	17.83
2003年最高(元)	10.17
2003年最低(元)	7.37
2003年换手率(%)	146.61

唐山冀东水泥股份有限公司

公司概况							
公司名称	唐山冀东水泥股份有限公司			股票代码	000401		
注册地址	河北省唐山市新区林荫路			邮政编码	063031		
法人代表	杜金弘			董秘	张士江		
电话	0315-3244005			传真	0315-3244005		
主营业务	硅酸盐水泥、水泥熟料及相关建材产品的制造和销售						
总股本	88178.56	流通 A	26995.02	流通 B		流通 H	
审计单位				审计意见	未审计		

主要财务指标

年度	2003.9	2003.6	2002	2001
每股收益/扣除后(元)	0.1202	0.0520	0.1200	0.1275
每股经营现金流量(元)	0.1400	0.0390	0.2000	0.4817
每股净资产/调整后(元)	1.8290	1.7300	1.6900	1.6720
每股公积金(元)	0.5424	0.5424	0.5424	0.5421
净资产收益率(%)	5.3000	2.7120	6.7300	7.3900
总资产(万元)	438034.84	410603.34	333715.47	284503.75
股东权益(万元)	167863.94	161671.42	157286.14	155500.95
未分配利润(万元)	10843.18	4650.67	265.39	92.10
主营收入(万元)	104214.07	56016.66	111190.65	100248.96
资本公积金(万元)	47824.28	47824.28	47824.28	47799.07
主营利润(万元)	35849.43	18951.20	37586.95	35247.37
其他业务利润(万元)	-264.97	-45.12	171.66	-390.65
营业利润(万元)	12455.63	4860.44	12018.80	11451.92
投资收益(万元)	97.40	97.40	-80.40	266.94
补贴收入(万元)	1637.48	1637.48	3012.45	2117.16
营业外收支(万元)	-24.22		-118.58	-166.60
利润总额(万元)	14166.28	6411.92	14832.26	13669.43
净利润(万元)	10577.78	4385.28	10577.82	11494.00

十大股东

序号	股东名称	股份性质	持股数(万股)	比例(%)
1	河北省冀东水泥集团有限责任公司	国有股	60591.65	68.71
2	民生证券有限责任公司	已流通股	390.46	0.44
3	第一创业证券有限责任公司	已流通股	250.06	0.28
4	唐山市新区第一运输公司	募集法人股	221.46	0.25
5	兴业证券投资基金	已流通股	196.09	0.22
6	安顺证券投资基金	已流通股	184.61	0.21
7	中关村证券股份有限公司	已流通股	134.67	0.15
8	景福证券投资基金	已流通股	84.28	0.10
9	普丰证券投资基金	已流通股	75.45	0.09
10	招商银行股份有限公司-招商股票投资基金	已流通股	53.72	0.06

股东人数	2003.9	2003.6	2002	2001
	138320	141721	150287	160590

近年分配	2002年10股1元 2001年10股派1元	近年配股/增发	不分配不转增

重大事项

2003年4月6日,公司与陕西省泾阳县人民政府签订了《关于建设日产5000吨熟料水泥生产线项目的合同书》.公司拟注册成立冀东水泥泾阳有限责任公司(暂定名),项目总投资额约6亿元,其中注册资本1.5亿元,差额部分由银行贷款解决.项目的合资方及合资方式以及项目的其他相关事项尚未确定. 2003年01月20日,中国信达资产管理公司依法解除对公司控股股东河北省冀东水泥集团有限责任公司所持有的公司发起人国家股170000000股的冻结.

二〇〇二年以来市场表现

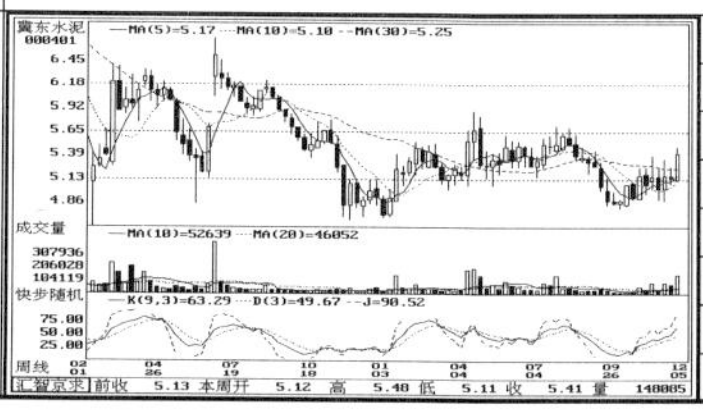

2002年涨跌幅(%)	-20.07
2002年最高(元)	6.61
2002年最低(元)	4.10
2002年换手率(%)	106.03
2003年涨跌幅(%)	7.32
2003年最高(元)	5.88
2003年最低(元)	4.59
2003年换手率(%)	89.28

金融街控股股份有限公司

公司概况							
公司名称	金融街控股股份有限公司			股票代码	000402		
注册地址	北京市金融大街33号通泰大厦B-8F			邮政编码	100032		
法人代表	王功伟			董秘	许群峰		
电话	010-66573955			传真	010-66573956		
主营业务	房地产开发						
总股本	29471.28	流通 A	13890.00	流通 B		流通 H	
审计单位				审计意见	未审计		

主要财务指标

年度	2003.9	2003.6	2002	2001
每股收益/扣除后(元)	0.4780	0.4200	0.7800	0.9700
每股经营现金流量(元)	-1.3800	0.2100	-5.8200	-4.1200
每股净资产/调整后(元)	3.4200	3.3600	5.8900	2.7400
每股公积金(元)	0.8987	0.8987	0.7975	0.2574
净资产收益率(%)	13.8710	12.4300	18.8700	43.5900
总资产(万元)	347893.50	324181.75	287588.97	113775.65
股东权益(万元)	102798.29	101103.31	88536.11	34649.17
未分配利润(万元)	37234.51	35539.53	22972.33	13539.67
主营收入(万元)	87434.70	64911.40	92418.39	85728.25
资本公积金(万元)	26486.79	26486.79	41222.43	3240.92
主营利润(万元)	31035.00	24397.61	26897.58	21616.62
其他业务利润(万元)	2.61	2.61		-4.87
营业利润(万元)	21672.20	19092.87	18209.28	18758.73
投资收益(万元)	181.05	182.42	317.89	748.33
补贴收入(万元)			2000.00	2000.00
营业外收支(万元)	-17.67		-188.14	20.69
利润总额(万元)	21835.58	19273.63	20339.03	21527.75
净利润(万元)	14262.18	12567.20	16707.56	15104.80

十大股东

序号	股东名称	股份性质	持股数(万股)	比例(%)
1	北京金融街建设集团	非流通股	15581.28	52.87
2	上海佳盈房产开发有限公司	流通股	314.32	1.07
3	上海华谊集团国际贸易有限公司	流通股	261.53	0.89
4	上海彤润贸易有限公司	流通股	209.47	0.71
5	青岛港务局前港公司	流通股	129.76	0.44
6	苏州工业园区国有资产经营公司	流通股	119.38	0.41
7	张家港市恒吉电子化学有限公司	流通股	117.97	0.40
8	天津工业大学	流通股	105.37	0.36
9	陕西裕源电子发展有限责任公司	流通股	104.73	0.36
10	苏州工业园区投资有限公司	流通股	102.55	0.35

股东人数	2003.9	2003.6	2002	2001
	9438	10126	8082	7797

近年分配	2002年10股2元 2001年10股派0.5元	近年配股/增发	2002年10股转增10股

重大事项

2003年10月23日,公司开发的鑫茂大厦(暂定名)项目销售工作近期取得重大进展,公司近日与中国保险监督管理委员会签署了《办公楼交易协议书》. 2003年7月2日,公司与北京中证房地产开发有限公司签署的《和解协议》,对双方编号为DX20020302的仲裁案做出了终局裁决.公司于6月30日如期收到中证公司根据上述裁决偿还的人民币8000万元欠款.截止至目前双方所签署的《和解协议》的执行情况正常.

二〇〇二年以来市场表现

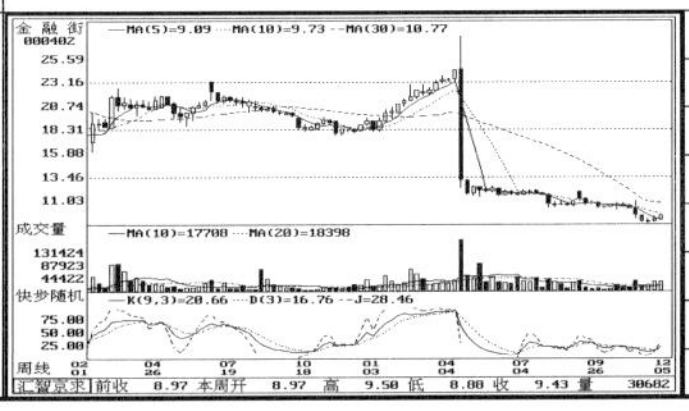

2002年涨跌幅(%)	-1.46
2002年最高(元)	11.50
2002年最低(元)	7.76
2002年换手率(%)	79.94
2003年涨跌幅(%)	-5.08
2003年最高(元)	14.28
2003年最低(元)	8.61
2003年换手率(%)	105.05

三九宜工生化股份有限公司

公司概况							
公司名称	三九宜工生化股份有限公司			股票代码	000403		
注册地址	江西省宜春市环城西路1号			邮政编码	518026		
法人代表	梅伟伶			董秘	谭少军		
电话	0755-82911999-3909			传真	0755-82910777		
主营业务	生物医药、精细化工、机械制造						
总股本	21168.35	流通A	9404.52	流通B		流通H	
审计单位				审计意见	未审计		

主要财务指标 年度	2003.9	2003.6	2002	2001
每股收益/扣除后(元)	0.2000	0.1100	0.2100	0.4100
每股经营现金流量(元)	-0.3000	-0.3600	0.7500	0.5700
每股净资产/调整后(元)	3.4700	3.4300	3.3300	3.1300
每股公积金(元)	0.7353	0.7353	0.7353	0.6573
净资产收益率(%)	4.0500	3.1100	6.3600	12.7200
总资产(万元)	200149.02	172320.09	154454.77	137864.72
股东权益(万元)	73655.72	72944.23	70672.89	62044.74
未分配利润(万元)	28137.56	27426.07	25154.73	21565.56
主营收入(万元)	44971.31	29542.85	46795.61	42225.04
资本公积金(万元)	15564.43	15564.43	15564.43	12928.02
主营利润(万元)	11325.36	7382.55	14031.95	16442.25
其他业务利润(万元)	225.88	178.84	371.84	177.21
营业利润(万元)	4465.63	3073.69	4477.00	8498.97
投资收益(万元)	-107.04	-68.40	-148.07	-127.88
补贴收入(万元)				26.02
营业外收支(万元)	-13.46		683.24	1820.09
利润总额(万元)	4345.13	2994.18	5012.17	10217.20
净利润(万元)	2982.83	2271.34	4491.74	7890.99

十大股东 序号	股东名称	股份性质	持股数(万股)	比例(%)
1	三九医药股份有限公司	国有法人股	8068.20	38.11
2	宜春工程机械厂劳动服务公司	法人股	958.33	4.53
3	衡阳市国资局	国家股	609.00	2.88
4	国泰君安证券股份有限公司	流通股	510.81	2.41
5	宜春工程机械油箱厂	法人股	162.90	0.77
6	宜春工程机械西件厂	法人股	140.06	0.66
7	江西省分宜驱动桥厂	法人股	136.95	0.65
8	福州铁路工程总公司第二工程段	法人股	109.20	0.52
9	深圳市江泥实业发展有限公司	流通股	98.00	0.46
10	宜春齿轮制造有限公司	法人股	91.20	0.43

股东人数	2003.9	2003.6	2002	2001
	26844	28165	21454	26627

近年分配		近年配股/增发	2001年中期10股配2股

重大事项

2002年12月28日,公司与香港国途投资有限公司于2002年11月18日签署股权转让协议,公司同意以57303676.42元受让香港国途持有的深圳三九精细化工有限公司23%的股权.本次股权转让后,公司将拥有三九精化98%的股权。 2002年12月10日,公司和香港维富科技有限公司于2002年6月签署合同,在湖南省衡阳市共同投资1000万元人民币,兴办三九唯康医用材料有限公司.公司出资750万元人民币,香港维富出资250万元人民币.合资事宜已经公司董事会及衡阳市对外贸易经济合作局同意.

二○○二年以来市场表现

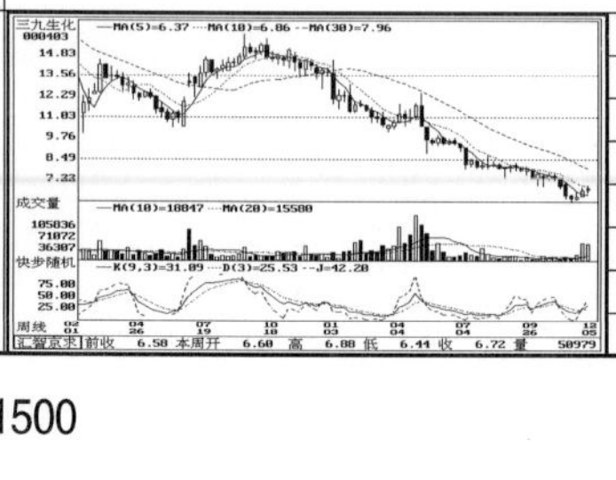

2002年涨跌幅(%)	-9.25
2002年最高(元)	16.10
2002年最低(元)	10.00
2002年换手率(%)	131.63
2003年涨跌幅(%)	-54.08
2003年最高(元)	13.59
2003年最低(元)	5.95
2003年换手率(%)	150.39

华意压缩机股份有限公司

公司概况							
公司名称	华意压缩机股份有限公司			股票代码	000404		
注册地址	江西省景德镇市新厂东路28号			邮政编码	333001		
法人代表	符念平			董秘	简家凤		
电话	0798-8470237			传真	0798-8470221		
主营业务	压缩机、空调器、制冷设备						
总股本	26085.38	流通A	9548.60	流通B		流通H	
审计单位				审计意见	未审计		

主要财务指标 年度	2003.9	2003.6	2002	2001
每股收益/扣除后(元)	-0.0690	-0.0520	-0.0540	-0.0390
每股经营现金流量(元)	-0.4300	-0.1550	0.6200	0.0970
每股净资产/调整后(元)	2.4000	2.4100	2.4600	2.4800
每股公积金(元)	1.1997	1.1975	1.1969	1.1948
净资产收益率(%)	-2.5900	-2.0700	0.1700	0.1400
总资产(万元)	173839.34	174309.70	165513.41	114560.64
股东权益(万元)	62602.06	62863.80	64152.85	64711.51
未分配利润(万元)	794.91	1114.76	2418.89	3008.60
主营收入(万元)	54354.10	35538.41	43068.87	18789.11
资本公积金(万元)	31294.25	31236.15	31221.06	31165.55
主营利润(万元)	5789.47	3907.61	3778.58	1984.39
其他业务利润(万元)	516.03	278.09	48.64	4.40
营业利润(万元)	-1094.57	-972.02	-973.63	260.43
投资收益(万元)	252.28	151.10	635.73	-200.40
补贴收入(万元)	65.60	37.02	1011.99	
营业外收支(万元)	-202.31	-128.24	-42.54	6.72
利润总额(万元)	-979.00	-957.07	631.54	66.75
净利润(万元)	-1623.98	-1304.13	111.22	92.18

十大股东 序号	股东名称	股份性质	持股数(万股)	比例(%)
1	景德镇华意电器总公司	国有股东	10608.78	40.67
2	广东科龙电器股份有限公司	国有股东	5928.00	22.73
3	李志隆	已流通	21.30	0.08
4	黄新生	已流通	18.50	0.07
5	苏州工业园区海纳物资有限公司	已流通	15.65	0.06
6	王争红	已流通	14.20	0.05
7	李盛京	已流通	12.60	0.05
8	唐俊城	已流通	12.00	0.05
9	周柔姗	已流通	12.00	0.05
10	洪淑华	已流通	11.48	0.04

股东人数	2003.9	2003.6	2002	2001
	47501	48415	48580	52631

近年分配		近年配股/增发	不分配不转增

重大事项

2002年11月26日,公司董事会议通过如下决议:1)公司以部份固定资产与公司第一大股东冰箱生产线进行置换,差额96087782元由华意电器冲减对公司的关联往来欠款.2)华意电器回租置入公司的冰箱生产线,年租金额为1085万元. 2002年7月20日,公司第一大股东景德镇华意电器总公司以其持有的华意压缩国有法人股合计40330000股为本公司向工行景德镇市分行1亿元贷款提供质押担保.

二○○二年以来市场表现

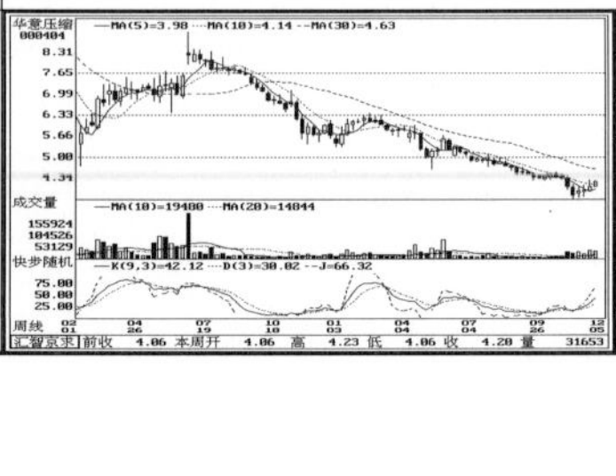

2002年涨跌幅(%)	-21.88
2002年最高(元)	8.97
2002年最低(元)	4.48
2002年换手率(%)	176.12
2003年涨跌幅(%)	-27.11
2003年最高(元)	6.38
2003年最低(元)	3.68
2003年换手率(%)	93.98

中国石化胜利油田大明(集团)股份有限公司

公司概况

公司名称	中国石化胜利油田大明(集团)股份有限公司	股票代码	000406
注册地址	山东省东营市济南路 228 号大明大厦	邮政编码	257000
法人代表	孔凡群	董秘	张荣山
电话	0546-8556533	传真	0546-8556533
主营业务	石油开发、油井施工服务、化工等		

总股本	36402.76	流通 A	26582.84	流通 B		流通 H	
审计单位				审计意见	未审计		

主要财务指标

年度	2003.9	2003.6	2002	2001
每股收益/扣除后(元)	0.3110	0.2480	0.4300	0.7200
每股经营现金流量(元)	0.3700	0.3300	0.7100	1.0400
每股净资产/调整后(元)	4.1200	4.0600	3.7700	4.0700
每股公积金(元)	1.8161	1.8161	1.8161	2.1783
净资产收益率(%)	6.8600	5.4100	10.1400	15.1100
总资产(万元)	249370.02	231915.70	217460.16	203171.94
股东权益(万元)	159733.41	157287.87	148773.16	132470.52
未分配利润(万元)	37296.85	34851.31	26338.29	19144.24
主营收入(万元)	69677.91	46520.78	78196.08	76169.37
资本公积金(万元)	66111.58	66111.58	66109.89	66080.37
主营利润(万元)	32903.29	23231.22	37391.92	40680.31
其他业务利润(万元)	-220.74	-5.14	397.59	1675.61
营业利润(万元)	22060.85	16486.15	28234.08	28273.76
投资收益(万元)	-519.17	48.75	-2148.40	-619.14
补贴收入(万元)				8.65
营业外收支(万元)	-560.35		34.72	-2788.08
利润总额(万元)	20981.33	15999.36	26120.40	24875.19
净利润(万元)	10958.56	8513.02	15083.87	20015.40

十大股东

序号	股东名称	股份性质	持股数(万股)	比例(%)
1	中国石油化工股份有限公司	国有法人股	9586.64	26.33
2	光大证券有限责任公司	社会公众股	526.86	1.45
3	汕头证券公司工会	社会公众股	486.46	1.34
4	天元证券投资基金	社会公众股	354.80	0.97
5	上海发发出租汽车公司	社会公众股	342.35	0.94
6	中国银行东营分行中苑劳动服务公司	境内法人股	233.28	0.64
7	南方稳健成长证券投资基金	社会公众股	226.77	0.62
8	健桥证券股份有限公司	社会公众股	137.52	0.38
9	泸州朝阳酒业有限公司	社会公众股	132.50	0.36
10	金元证券投资基金	社会公众股	109.00	0.30

股东人数	2003.9	2003.6	2002	2001
	75838	75311	65432	54538

近年分配	2002年10股派3元 2001年10股派1元	近年配股/增发	2001年10股送2股

重大事项

2003年6月6日,公司所属四个子公司就向中国石化胜利油田有限公司销售原油事宜拟分别与其签署《原油销售协议》。本公司所属四个子公司分别将其每年所产原油100%销售给中国石化胜利油田有限公司,四个子公司目前每年的原油产量合计约为35万吨。该四项协议有效期均为十年。上述交易构成本公司的关联交易。 2002年末期,公司协议受让北京华泰通网络信息技术有限公司股权2520万元,转让手续尚未完结.

二〇〇二年以来市场表现

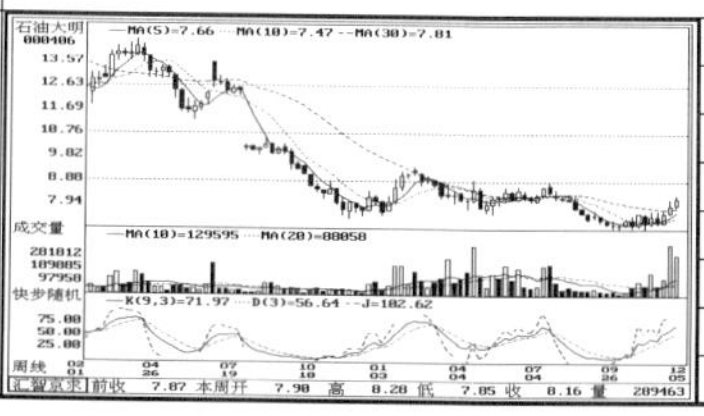

2002年涨跌幅(%)	-29.89
2002年最高(元)	11.71
2002年最低(元)	7.08
2002年换手率(%)	102.20
2003年涨跌幅(%)	4.52
2003年最高(元)	9.10
2003年最低(元)	7.00
2003年换手率(%)	197.01

山东胜利股份有限公司

公司概况

公司名称	山东胜利股份有限公司	股票代码	000407
注册地址	济南市黑虎泉西路 139 号胜利大厦	邮政编码	250011
法人代表	王鹏	董秘	刘志强
电话	0531-6920495	传真	0531-6018518
主营业务	塑胶、农药和贸易等		

总股本	23958.88	流通 A	14419.67	流通 B		流通 H	
审计单位				审计意见	未审计		

主要财务指标

年度	2003.9	2003.6	2002	2001
每股收益/扣除后(元)	0.0460	0.0530	0.0800	0.1500
每股经营现金流量(元)	0.0410	-0.0150	0.3500	0.3200
每股净资产/调整后(元)	2.2500	2.1700	2.1000	2.2400
每股公积金(元)	0.8450	0.8422	0.8422	0.8422
净资产收益率(%)	3.9600	2.3600	3.4900	6.4400
总资产(万元)	105249.02	116621.76	114025.72	110177.03
股东权益(万元)	54788.26	53840.44	52570.52	53741.56
未分配利润(万元)	6898.44	6017.67	4747.75	6102.60
主营收入(万元)	45389.87	31127.41	70286.04	82523.91
资本公积金(万元)	20245.96	20178.91	20178.91	20178.82
主营利润(万元)	7359.17	5547.69	10445.21	11040.28
其他业务利润(万元)	106.07	119.15	196.60	381.93
营业利润(万元)	1710.55	2116.47	3033.80	3239.34
投资收益(万元)	1771.56	-29.14	7.02	407.19
补贴收入(万元)			8.16	
营业外收支(万元)	-102.00		-28.55	-140.87
利润总额(万元)	3380.11	2084.27	3020.42	3505.67
净利润(万元)	2169.15	1269.92	1836.93	3461.17

十大股东

序号	股东名称	股份性质	持股数(万股)	比例(%)
1	山东胜利投资股份有限公司	法人股、流通股	4341.11	18.12
2	广州市通百惠服务有限公司	法人股	3630.00	15.15
3	胜邦企业投资集团有限公司	流通股	1559.35	6.51
4	润华集团股份有限公司	法人股	731.25	3.05
5	山东省交通投资公司	法人股	292.50	1.22
6	山东储备物资局三三四处	法人股	193.05	0.18
7	山东省农资公司	法人股	146.25	0.61
8	深圳市奥港实业有限公司	国家股	100.00	0.42
9	胜利集团劳动服务公司	法人股	78.98	0.33
10	王露云	流通股	75.65	0.32

股东人数	2003.9	2003.6	2002	2001
	64661	65595	65561	69402

近年分配	2002年10股派1元 2001年10股派2元	近年配股/增发	不分配不转增

重大事项

2003年11月19日,公司将全资子公司青岛胜利石油加油站连锁有限公司50%股权转让给中国石油化工股份有限公司青岛分公司.股权过户手续完成后,公司与中国石化青岛分公司将分别持有加油站连锁公司50%股权.此次股权转让未构成关联交易,中国石化青岛分公司有偿受让股权,转让交易金额为3,250万元. 2002年11月15日,山东省胜利集团公司将其代山东省国有资产管理办公室持有的公司国有股16410850股有偿转让给山东胜利投资股份有限公司;胜邦企业投资集团有限公司将其持有的公司社会法人股25886250股有偿转让给胜利投资;上述股权转让完成后,胜利投资将成为公司第一大股东.胜邦集团成为公司第三大股东.胜利集团不再持有公司股份.

二〇〇二年以来市场表现

2002年涨跌幅(%)	-21.99
2002年最高(元)	8.58
2002年最低(元)	5.48
2002年换手率(%)	79.93
2003年涨跌幅(%)	-15.44
2003年最高(元)	7.00
2003年最低(元)	4.67
2003年换手率(%)	68.26

河北华玉股份有限公司

公司概况

公司名称	河北华玉股份有限公司	股票代码	000408
注册地址	河北省邯郸市峰峰矿区彭新路21号	邮政编码	056200
法人代表	路联	董秘	郭宝贵
电话	010-82284579	传真	010-82284580
主营业务	陶瓷、电缆等		

总股本	11472.00	流通A	4071.60	流通B		流通H	
审计单位		审计意见	未审计				

主要财务指标

年度	2003.9	2003.6	2002	2001
每股收益/扣除后(元)	0.0255	0.0148	0.0850	0.0790
每股经营现金流量(元)	-1.4740	-1.4620	0.2400	0.4000
每股净资产/调整后(元)	3.8700	3.8364	3.7800	3.6600
每股公积金(元)	2.2457	2.2457	2.2457	2.2425
净资产收益率(%)	0.7100	0.5400	2.3200	3.5000
总资产(万元)	106976.37	98329.87	96038.00	87730.04
股东权益(万元)	44830.14	44490.46	44510.44	43441.53
未分配利润(万元)	4700.51	5351.93	4380.80	3590.13
主营收入(万元)	15508.02	11682.63	37815.62	32905.81
资本公积金(万元)	25763.23	25763.23	25763.23	25726.03
主营利润(万元)	3005.23	2468.75	7393.80	6674.01
其他业务利润(万元)	627.04	33.81	96.56	278.77
营业利润(万元)	561.98	452.54	2075.04	2018.13
投资收益(万元)	-45.51	-45.51	-175.89	-125.59
补贴收入(万元)			6.91	172.35
营业外收支(万元)	67.57		-52.12	78.28
利润总额(万元)	584.04	475.74	1853.94	2143.17
净利润(万元)	319.70	238.19	1032.23	1520.80

十大股东

序号	股东名称	股份性质	持股数(万股)	比例(%)
1	北京路源世纪投资管理有限公司	定向法人股	3260.00	28.42
2	北京九台投资管理有限公司	定向法人股	1970.00	17.17
3	北京景源大地置业有限公司	定向法人股	1400.00	12.20
4	上海新理益投资管理有限公司	定向法人股	630.00	5.49
5	海南鹏新贸易有限公司	定向法人股	70.00	0.61
6	谢玉秀	流通股	57.78	0.50
7	冯欣燕	流通股	30.84	0.27
8	王志铭	流通股	22.61	0.20
9	王纪英	流通股	19.31	0.17
10	章珍桂	流通股	19.27	0.17

股东人数	2003.9	2003.6	2002	2001
	12064	11980	11448	7828

近年分配	2001年10股派0.2元	近年配股/增发	不分配不转增

重大事项

2003年11月7日,公司第二大股东北京九台投资管理有限公司因贷款将其持有的公司法人股1970万股质押给上海浦东发展银行深圳分行景田支行. 股份质押手续已于2003年11月7日在中国证券登记结算有限责任公司深圳分公司办理完毕,质押期至双方申请解冻之日止. 2003年11月1日,公司与山东省交通厅公路局签署了《大高-鲁冀界高速公路建设经营意向书》,该项目是国家重点公路天津至汕尾公路、威海至乌海公路在山东省的重要路段,全长约58.2公里,投资估算23.2亿元人民币.

二〇〇二年以来市场表现

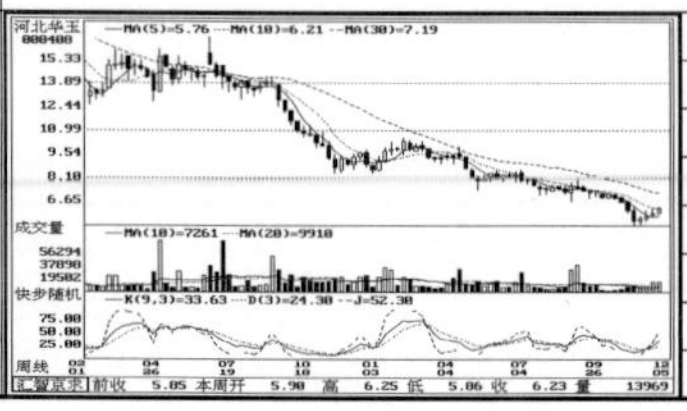

2002年涨跌幅(%)	-44.66
2002年最高(元)	16.76
2002年最低(元)	8.35
2002年换手率(%)	211.54
2003年涨跌幅(%)	-31.18
2003年最高(元)	10.48
2003年最低(元)	5.20
2003年换手率(%)	140.55

四通集团高科技股份有限公司

公司概况

公司名称	四通集团高科技股份有限公司	股票代码	000409
注册地址	深圳市深南大道4009号投资大厦	邮政编码	518048
法人代表	彭文辉	董秘	嵇康一
电话	0755-83589500	传真	0755-83589501
主营业务	IT产业、机械制造等		

总股本	17137.42	流通A	7527.65	流通B		流通H	
审计单位		审计意见	未审计				

主要财务指标

年度	2003.9	2003.6	2002	2001
每股收益/扣除后(元)	-0.0580	-0.0420	-0.2810	-0.1190
每股经营现金流量(元)	-0.0280	-0.0290	-0.0050	-0.0500
每股净资产/调整后(元)	0.8300	0.8500	0.8900	1.1500
每股公积金(元)	1.0431	1.0431	1.0431	1.0431
净资产收益率(%)	-6.3500	-4.5200	-31.4500	-9.7100
总资产(万元)	21581.12	21663.49	22339.33	26629.53
股东权益(万元)	15638.28	15911.30	16473.31	21654.91
未分配利润(万元)	-20243.77	-19970.75	-19408.74	-14227.14
主营收入(万元)	53.15	30.78	2344.08	6701.02
资本公积金(万元)	17875.39	17875.39	17875.39	17875.39
主营利润(万元)	30.39	14.38	815.67	494.18
其他业务利润(万元)	-0.90	-0.57	-30.22	0.46
营业利润(万元)	-994.65	-724.50	-4705.32	-2131.51
投资收益(万元)			-96.48	139.85
补贴收入(万元)			13.12	
营业外收支(万元)	-1.31		-385.90	-55.60
利润总额(万元)	-995.96	-724.50	-5174.58	-2047.26
净利润(万元)	-992.64	-719.62	-5181.60	-2103.08

十大股东

序号	股东名称	股份性质	持股数(万股)	比例(%)
1	深圳市纬基投资发展有限公司	法人股	2300.00	13.42
2	上海三源房地产开发有限公司	法人股	891.40	5.20
3	海南创源投资管理有限公司	法人股	875.00	5.11
4	中国石化集团北京石油化工工程公司	法人股	588.10	3.43
5	海南日冷空调安装工程有限公司	法人股	500.45	2.92
6	广东粤财信托投资有限公司	法人股	476.21	2.78
7	信达投资有限公司	法人股	289.80	1.69
8	吴川市力车厂	法人股	150.41	0.88
9	上海乔爱贸易有限公司	法人股	140.00	0.82
10	上海思可达商务咨询有限公司	法人股	129.00	0.75

股东人数	2003.9	2003.6	2002	2001
	36181	35994	39332	37813

近年分配		近年配股/增发	不分配不转增

重大事项

关于申请执行人深圳市乐天世纪投资发展有限公司与被执行人深圳市纬基投资发展有限公司借款合同纠纷一案,深圳市中级人民法院于2003年7月30日依法冻结了被执行人公司第一大股东深圳市纬基投资发展有限公司持有公司的法人股2300万股及红股、配股,冻结期限为1年. 2003年05月20日,公司第一大股东深圳市纬基投资发展有限公司与深圳市乐天世纪投资发展有限公司签订《和解协议》,纬基投资将其持有的公司2300万股法人股质押给乐天世纪投资.

二〇〇二年以来市场表现

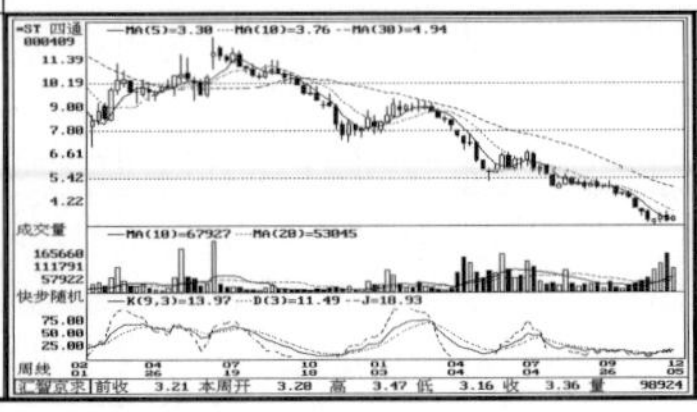

2002年涨跌幅(%)	-20.51
2002年最高(元)	12.58
2002年最低(元)	6.75
2002年换手率(%)	223.63
2003年涨跌幅(%)	-59.00
2003年最高(元)	9.38
2003年最低(元)	3.03
2003年换手率(%)	361.98

沈阳机床股份有限公司

公司概况

公司名称	沈阳机床股份有限公司	股票代码	000410
注册地址	沈阳市铁西区北二东路10-1号	邮政编码	110025
法人代表	陈惠仁	董秘	孙恺
电话	024-25876185	传真	024-25878762
主营业务	机床制造和销售等		
审计单位		审计意见	未审计

总股本	流通A	流通B	流通H
34091.93	13537.28		

主要财务指标

年度	2003.9	2003.6	2002	2001
每股收益/扣除后(元)	0.0550	0.0270	-0.0200	0.0449
每股经营现金流量(元)	0.0550	0.0180	-0.2700	0.1600
每股净资产/调整后(元)	2.3300	2.3100	2.2900	2.4500
每股公积金(元)		1.3713	1.3842	1.3906
净资产收益率(%)	2.4000	1.2500	0.5600	0.9500
总资产(万元)	393062.69	391602.31	395752.09	383253.12
股东权益(万元)	79616.08	78643.28	78102.62	89940.99
未分配利润(万元)	-7047.38	-8000.35	-8981.24	2683.99
主营收入(万元)	122847.75	74995.59	107485.45	74170.16
资本公积金(万元)		46750.28	47190.52	47407.53
主营利润(万元)	27739.36	17991.04	24147.89	21141.56
其他业务利润(万元)	444.34	217.68	312.17	91.49
营业利润(万元)	1771.48	917.55	-1675.41	1894.99
投资收益(万元)	-94.36	-55.29	-7.32	-230.01
补贴收入(万元)	176.05		1771.79	783.60
营业外收支(万元)	-26.16		58.86	-1617.68
利润总额(万元)	1827.01	965.96	147.92	1830.88
净利润(万元)	1933.86	980.89	457.52	1697.46

十大股东

序号	股东名称	股份性质	持股数(万股)	比例(%)
1	沈阳资产经营有限公司	国有股	18554.45	54.42
2	上海颛伽经贸有限公司	法人股	260.00	0.76
3	贺安明	流通股	234.71	0.69
4	沈阳市风险投资公司	法人股	130.00	0.38
5	沈阳建设投资公司	法人股	130.00	0.38
6	太原物产集团型材有限公司	法人股	130.00	0.38
7	辽宁信托投资公司	法人股	104.00	0.31
8	深圳市财政金融服务中心	流通股	73.00	0.21
9	沈阳宏良投资顾问有限公司	法人股	65.00	0.19
10	工行沈阳融资中心	法人股	65.00	0.19

股东人数

2003.9	2003.6	2002	2001
66354	68727	72103	76363

近年分配		近年配股/增发	不分配不转增

重大事项

2003年**9**月**30**日,公司与辛辛那提-兰公司(优诺发制造技术集团分支)于**2003**年**8**月**25**日在密西根签定了在全球领域加强合作的战略联盟协议。新的联盟关系将扩大沈阳机床和辛辛那提-兰姆公司在全球范围内的机床供应,双方将各方面展开全面的合作。 公司**2003**年**09**月**05**日至**10**日参加了在沈阳举办的第二届中国国际装备制造业博览会,会议期间公司共签定销售合同价值约**1.1**亿元人民币。

二〇〇二年以来市场表现

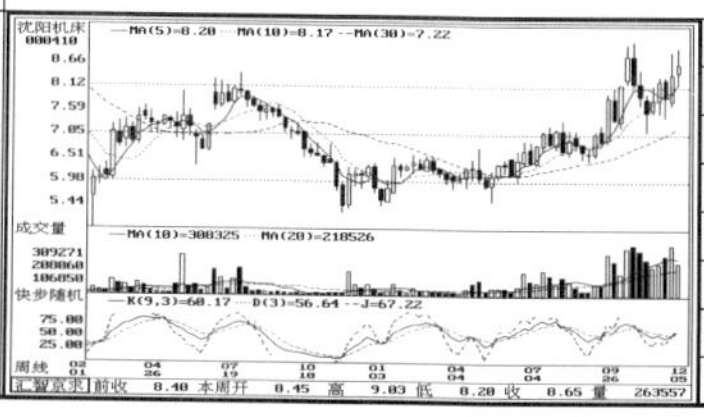

2002年涨跌幅(%)	-23.55
2002年最高(元)	8.40
2002年最低(元)	4.80
2002年换手率(%)	219.15
2003年涨跌幅(%)	51.35
2003年最高(元)	9.20
2003年最低(元)	5.41
2003年换手率(%)	435.48

浙江英特集团股份有限公司

公司概况

公司名称	浙江英特集团股份有限公司	股票代码	000411
注册地址	杭州市延安路508号	邮政编码	310006
法人代表	王先龙	董秘	包志虎
电话	0571-85068752	传真	0571-85068752
主营业务	丝绸印染、纺织、服装加工、销售等		
审计单位		审计意见	未审计

总股本	流通A	流通B	流通H
11525.00	3152.52		

主要财务指标

年度	2003.9	2003.6	2002	2001
每股收益/扣除后(元)	0.0320	-0.0480	0.0260	
每股经营现金流量(元)	-0.5950	-0.4100	0.3900	0.0370
每股净资产/调整后(元)	0.5900	0.5930	0.5650	0.5880
每股公积金(元)	1.1194	1.1201	1.1192	1.1020
净资产收益率(%)	4.7700	5.6900	1.3400	12.7800
总资产(万元)	64310.37	64244.44	62414.24	59940.37
股东权益(万元)	8099.34	8187.96	7705.32	7403.69
未分配利润(万元)	-17792.29	-17712.34	-18190.47	-18281.70
主营收入(万元)	116504.20	77147.32	138231.80	2402.53
资本公积金(万元)	12900.87	12909.53	12910.67	12700.26
主营利润(万元)	5148.25	3490.09	7490.38	-532.86
其他业务利润(万元)	218.91	198.98	646.32	204.03
营业利润(万元)	-162.82	-109.43	1084.94	-2830.75
投资收益(万元)	1105.81	1128.93	-248.13	40.68
补贴收入(万元)				4002.67
营业外收支(万元)	-31.49	-32.30	-152.81	-266.24
利润总额(万元)	911.50	987.20	684.01	946.36
净利润(万元)	386.28	466.24	103.12	945.85

十大股东

序号	股东名称	股份性质	持股数(万股)	比例(%)
1	浙江砧润投资有限公司	法人股	2075.55	18.01
2	浙江华龙实业发展有限公司	国有股	1339.00	11.62
3	杭州迪佛电信集团有限公司	境内法人股	1210.00	10.50
4	浙江省华龙投资有限公司	境内法人股	966.25	9.38
5	浙江华辰投资发展有限公司	境内法人股	700.00	6.07
6	浙江东普实业有限公司	境内法人股	630.00	5.47
7	浙江华龙房地产开发公司	境内法人股	520.00	4.51
8	浙江省丝绸进出口公司	境内法人股	292.90	2.54
9	香港富春丝绸公司	境内法人股	232.10	2.01
10	杭州市工商信托投资公司	境内法人股	206.25	1.79

股东人数

2003.9	2003.6	2002	2001
9619	9996	11121	10526

近年分配		近年配股/增发	不分配不转增

重大事项

2003年**9**月**30**日,浙江华龙实业发展有限公司与昆明制药集团股份有限公司签署了股权转让意向书,华龙实业拟将其持有的**1%**的英特药业股权转让给昆明制药集团股份有限公司。该项交易完成后,公司和昆明制药将分别持有英特药业**50%**的股份。 **2003**年**09**月**15**日,公司股东浙江华龙实业发展有限公司与浙江省华龙投资发展有限公司签订了股权转让协议,将其持有的公司**9662500**股法人股转让给华龙投资;公司股东浙江新诚贸易有限公司与浙江华辰投资发展有限公司签订了股权转让协议,将其持有的**7000000**股公司法人股转让给浙江华辰投资发展有限公司。

二〇〇二年以来市场表现

2002年涨跌幅(%)	-20.25
2002年最高(元)	12.82
2002年最低(元)	7.20
2002年换手率(%)	135.38
2003年涨跌幅(%)	-9.13
2003年最高(元)	8.85
2003年最低(元)	5.26
2003年换手率(%)	126.83

石家庄宝石电子玻璃股份有限公司

公司概况

公司名称	石家庄宝石电子玻璃股份有限公司			股票代码	000413		
注册地址	河北省石家庄市中山东路华清街2号			邮政编码	050035		
法人代表	董庆祥			董秘	罗丽娜		
电话	0311-6044705			传真	0311-6041503		
主营业务	彩色电视机显像管玻壳生产、销售						
总股本	38300.00	流通A	4507.24	流通B	10000.00	流通H	
审计单位				审计意见	未审计		

主要财务指标

年度	2003.9	2003.6	2002	2001
每股收益/扣除后(元)	-0.0008	0.0090	0.0810	0.1090
每股经营现金流量(元)	-0.1900	-0.1700	-0.0600	-0.2180
每股净资产/调整后(元)	1.5300	1.5200	1.5100	1.4900
每股公积金(元)	1.4006	1.4006	1.4006	1.3977
净资产收益率(%)	1.5600	0.5400	5.0600	7.2000
总资产(万元)	139025.67	139014.36	150556.72	153847.81
股东权益(万元)	58710.32	58107.97	57745.54	54715.52
未分配利润(万元)	-35978.51	-36580.86	-36943.29	-39863.10
主营收入(万元)	5977.02	3733.45	5362.17	6238.82
资本公积金(万元)	53643.35	53643.35	53643.35	53643.35
主营利润(万元)	1662.68	1134.34	2172.09	2438.04
其他业务利润(万元)	1268.09	758.52	2407.64	1998.70
营业利润(万元)	-1145.20	-965.70	128.40	-654.82
投资收益(万元)	2292.97	1427.10	3608.69	5886.35
补贴收入(万元)				
营业外收支(万元)	-45.63		-216.92	-98.92
利润总额(万元)	1102.13	416.12	3520.16	5132.61
净利润(万元)	915.74	313.39	2919.82	3939.10

十大股东

序号	股东名称	股份性质	持股数(万股)	比例(%)
1	石家庄宝石电子集团有限责任公司	国家股	23041.05	60.16
2	DAIWA SECS.SMBC HONG KONG LTD-CLIEMS	流通B股	650.00	1.70
3	中国电子进出口总公司	法人股	200.00	0.52
4	中化河北进出口公司	法人股	100.00	0.26
5	石家庄信托投资股份公司	法人股	100.00	0.26
6	江凤媚	流通B股	54.34	0.14
7	陈永泉	流通B股	48.20	0.13
8	上海怡宝行贸易有限公司	流通A股	47.35	0.12
9	巫素梅	流通B股	37.99	0.10
10	钟培金	流通B股	35.40	0.09

股东人数	2003.9	2003.6	2002	2001
	39827	40761	40800	29793

近年分配		近年配股/增发	不分配不转增

重大事项

2003年10月23日,公司控股股东石家庄宝石电子集团有限责任公司持有公司国家股23041.05万股,宝石集团公司因为原石家庄电视机厂在交通银行贷款提供担保事宜,其所持有的公司8965517股国家股被河北省高级人民法院冻结.截止目前,宝石集团公司所持有的公司国家股已有25965517股被冻结. 2003年8月6日,公司控股股东石家庄宝石电子集团有限责任公司与公司控股子公司石家庄宝石彩色玻壳有限责任公司商订将彩壳公司债转股额度计提的部分利息1408万元转给宝石集团.宝石集团的债转股工作如出现新情况和发生新变化,并涉及以上利息,则由宝石集团负责解决而与彩壳公司无关.

二〇〇二年以来市场表现

2002年涨跌幅(%)	-25.55
2002年最高(元)	10.50
2002年最低(元)	6.24
2002年换手率(%)	176.43
2003年涨跌幅(%)	-30.82
2003年最高(元)	8.35
2003年最低(元)	4.21
2003年换手率(%)	104.35

新疆汇通(集团)股份有限公司

公司概况

公司名称	新疆汇通(集团)股份有限公司			股票代码	000415		
注册地址	乌鲁木齐市黄河路22号汇通大厦			邮政编码	830000		
法人代表	申屠建中			董秘	胡敏辉		
电话	0991-5835644			传真	0991-5852082		
主营业务	工程建设、房地产开发及计算机软件开发与应用等						
总股本	23318.00	流通A	9588.14	流通B		流通H	
审计单位				审计意见	未审计		

主要财务指标

年度	2003.9	2003.6	2002	2001
每股收益/扣除后(元)	0.0088	-0.0330	-0.0320	0.1230
每股经营现金流量(元)	0.1140	0.0010	-0.5970	0.3310
每股净资产/调整后(元)	1.8660	1.8480	1.8812	1.8120
每股公积金(元)	0.4125	0.4125	0.4125	0.4125
净资产收益率(%)	0.0010	-1.8000	0.3300	6.5980
总资产(万元)	144729.41	136363.92	113578.29	92888.27
股东权益(万元)	43908.83	43088.12	43864.75	43847.56
未分配利润(万元)	5769.00	4948.29	5724.92	5765.91
主营收入(万元)	25381.73	16288.32	25746.13	21099.59
资本公积金(万元)	9618.11	9618.11	9618.11	9618.11
主营利润(万元)	4642.02	2550.66	3557.96	6654.73
其他业务利润(万元)	231.57	196.54	169.05	543.58
营业利润(万元)	376.51	-457.51	-1430.93	3516.92
投资收益(万元)	-426.46	401.46	1561.74	81.37
补贴收入(万元)				
营业外收支(万元)	1.25		32.87	-132.44
利润总额(万元)	-48.71	-859.80	163.67	3465.85
净利润(万元)	44.08	-776.63	144.18	2893.14

十大股东

序号	股东名称	股份性质	持股数(万股)	比例(%)
1	深圳市淳大投资有限公司	境内法人股	6993.63	29.99
2	新疆水利电力建设总公司	国有法人股	6547.93	28.08
3	海南维达实业有限公司	境内法人股	180.68	0.77
4	张大生	流通股	21.28	0.09
5	黄松银	流通股	14.51	0.06
6	茅鸿霞	流通股	14.00	0.06
7	伍霞芳	流通股	13.38	0.06
8	王玉花	流通股	13.30	0.06
9	白振元	流通股	12.64	0.05
10	严开龙	流通股	11.08	0.05

股东人数	2003.9	2003.6	2002	2001
	62413	63681	65771	70395

近年分配	2001年10股派0.2元	近年配股/增发	不分配不转增

重大事项

2003年10月9日刊登公告,2002年9月25日,深圳市淳大投资有限公司将持有的公司法人股中的3640万股质押给中国银行新疆分行,为公司提供了人民币2700万元的一年期贷款担保,现公司已按期归还。考虑公司业务发展需要,该公司同意继续以持有的上述股份作质押,为公司向该行贷款人民币2700万元提供担保,期限一年. 2003年8月4日,公司同意为公司控股子公司上海淳大酒店投资管理有限公司向深圳发展银行上海分行南京西路支行申请一年期额度为人民币2000万元的贷款提供担保;同意公司为上海淳大酒店投资管理有限公司向交通银行上海分行新区支行申请三年期额度为人民币5000万元的贷款提供担保.

二〇〇二年以来市场表现

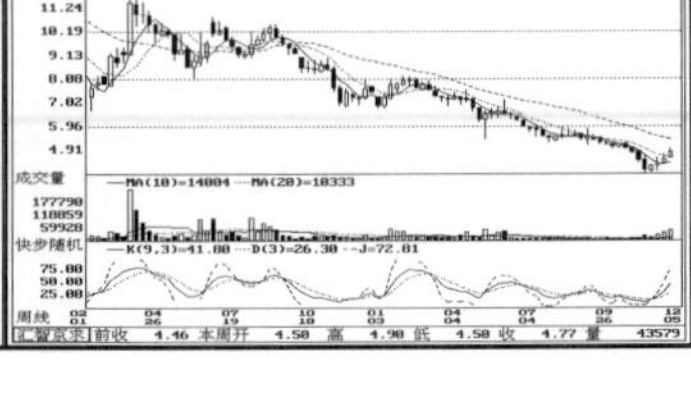

2002年涨跌幅(%)	-24.59
2002年最高(元)	12.28
2002年最低(元)	6.40
2002年换手率(%)	181.54
2003年涨跌幅(%)	-35.64
2003年最高(元)	8.18
2003年最低(元)	3.85
2003年换手率(%)	72.44

青岛健特生物投资股份有限公司

公司概况

公司名称	青岛健特生物投资股份有限公司			股票代码		000416	
注册地址	青岛市崂山区香港东路 268 号			邮政编码		266071	
法人代表	陈青			董秘	陈波		
电话	0532-3884366			传真	0532-3876171		
主营业务	自有资产投资、保健品生产和销售等						
总股本	31403.84	流通 A	17289.74	流通 B		流通 H	
审计单位				审计意见	未审计		

主要财务指标

年度	2003.9	2003.6	2002	2001
每股收益/扣除后(元)	0.4100	0.3200	0.5250	0.2100
每股经营现金流量(元)	0.4900	0.2600	0.6170	1.0300
每股净资产/调整后(元)	1.5300	1.4200	1.3700	1.9500
每股公积金(元)	0.0141	0.0141	0.0176	0.9090
净资产收益率(%)	26.4100	22.1000	44.3300	16.0800
总资产(万元)	63540.14	64916.72	69611.38	49426.72
股东权益(万元)	48074.21	45414.72	35379.65	22295.96
未分配利润(万元)	10266.96	7607.47	3853.17	-506.78
主营收入(万元)	38626.99	27766.19	42683.76	24741.88
资本公积金(万元)	443.08	443.08	443.08	10333.16
主营利润(万元)	25588.14	18525.16	29050.69	11569.46
其他业务利润(万元)	125.01	124.53	-142.07	626.35
营业利润(万元)	16183.00	12655.64	21186.87	8282.56
投资收益(万元)	-1240.25	-833.27	-1591.57	-84.93
补贴收入(万元)			2702.22	1949.80
营业外收支(万元)	-168.89	-73.70	-206.57	101.32
利润总额(万元)	14773.86	11748.67	22090.94	10248.75
净利润(万元)	12694.56	10035.07	15682.96	3585.28

十大股东

序号	股东名称	股份性质	持股数(万股)	比例(%)
1	上海华馨投资有限公司	法人股,流通股	9410.56	29.97
2	青岛创利多商贸有限公司	发起法人股,法人股	759.29	2.42
3	青岛华信投资咨询有限公司	法人股	308.59	0.98
4	中关村证券股份有限公司	流通股	285.67	0.91
5	江阴模塑集团有限公司	流通股	262.66	0.84
6	青岛益青房地产公司	发起法人股	227.91	0.73
7	上海昌弘实业有限公司	法人股	177.31	0.56
8	青岛太阳房地产经济发展总公司	法人股	159.53	0.51
9	国泰君安证券股份有限公司	法人股	154.98	0.49
10	青岛艺华旅游实业总公司	法人股	911.63	0.29

股东人数	2003.9	2003.6	2002	2001
	9782	9559	9066	7862

近年分配	2002年 10 股派 0.65 元中期 10 派 0.5 元 2001 年 10 股派 1 元	近年配股/增发	2002年 10 股送 2.5 股中期 10 送 2 股转增 1 股 2001 年转增 7 股

重大事项

公司于 **2003** 年 **10** 月 **16** 日接上海健特生物科技有限公司来函,由于该公司与无锡健特药业有限公司签署《脑白金商标及技术转让合同》后历时较长,未达成合同实施的生效条件,错过了实施收购的最佳时机,该公司决定不再将"脑白金"商标出售给无锡健特药业有限公司. **2003** 年 **6** 月 **17** 日,公司与四川辉阳生命工程股份有限公司"重组高效复合干扰素"合作项目日前通过了中国军事医学科学院微生物流行病研究所进行的药物检验试验,取得了实质性进展.公司将按照双方签订的协议,向辉阳公司支付第二笔合作款.

二○○二年以来市场表现

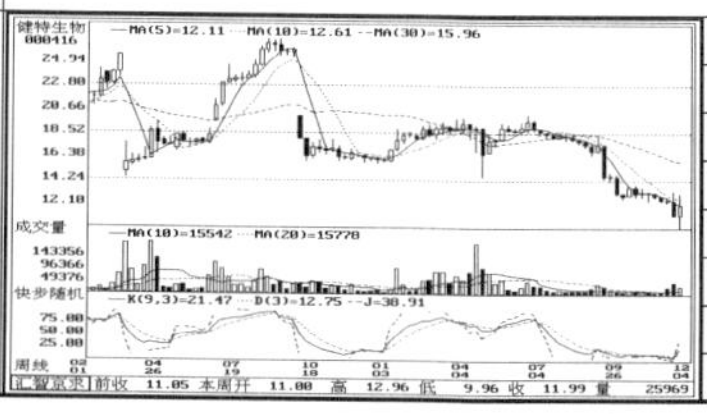

2002年涨跌幅(%)	66.28
2002年最高(元)	16.58
2002年最低(元)	7.28
2002年换手率(%)	117.91
2003年涨跌幅(%)	-14.14
2003年最高(元)	20.12
2003年最低(元)	11.01
2003年换手率(%)	91.93

合肥百货大楼集团股份有限公司

公司概况

公司名称	合肥百货大楼集团股份有限公司			股票代码		000417	
注册地址	安徽省合肥市长江中路 150 号			邮政编码		230001	
法人代表	郑晓燕			董秘	赵文武		
电话	0551-2686010			传真	0551-2652936		
主营业务	百货零售与批发						
总股本	15769.98	流通 A	5691.79	流通 B		流通 H	
审计单位				审计意见	未审计		

主要财务指标

年度	2003.9	2003.6	2002	2001
每股收益/扣除后(元)	0.1000	0.0700	0.2457	0.4330
每股经营现金流量(元)	0.3100	0.1450	0.7100	0.8600
每股净资产/调整后(元)	3.9300	4.7000	4.6200	5.9000
每股公积金(元)	1.8382	2.4058	2.4058	3.4275
净资产收益率(%)	2.3500	1.7400	4.1200	8.0100
总资产(万元)	125702.56	130707.76	132103.87	112451.94
股东权益(万元)	63119.44	62730.15	61636.00	60410.88
未分配利润(万元)	6020.21	5630.93	4536.78	4894.29
主营收入(万元)	102538.97	68623.32	117634.71	100350.18
资本公积金(万元)	28987.81	31616.14	31616.14	34648.83
主营利润(万元)	12508.51	8481.55	15384.69	13981.56
其他业务利润(万元)	375.20	229.27	284.32	540.51
营业利润(万元)	2957.36	1753.59	5364.43	5825.28
投资收益(万元)	-76.43	212.82	-736.69	488.91
补贴收入(万元)			1.28	
营业外收支(万元)	-11.33	-8.05	196.24	29.61
利润总额(万元)	2869.61	1958.36	4825.27	6343.79
净利润(万元)	1483.44	1094.15	2539.28	4840.44

十大股东

序号	股东名称	股份性质	持股数(万股)	比例(%)
1	合肥百货大楼集团控股有限公司	国家股	3854.29	29.33
2	合肥兴泰投资控股有限公司	国家股	2730.00	20.77
3	合肥美菱股份有限公司	法人股	532.99	4.06
4	合肥百货大楼裕安开发部	法人股	215.16	1.64
5	合肥洗衣机总厂(荣事达)	法人股	177.65	1.35
6	中国工商银行安徽省分行营业部	法人股	177.65	1.35
7	安徽省国际信托投资公司	法人股	88.83	0.68
8	合肥金达利娱乐有限公司	法人股	40.58	0.31
9	林飞吟	流通股	22.60	0.17
10	武义县国有资产经营有限公司	法人股	21.31	0.16

股东人数	2003.9	2003.6	2002	2001
	17931	17821	16968	12274

近年分配	2002年 10 股派 1 元 2001 年 10 股派 1 元	近年配股/增发	2002年 10 股转增 2 股 2001 年 10 股转增 3 股

重大事项

2003 年 **10** 月 **22** 日,公司与合肥拓基房地产开发有限责任公司在合肥市签订了《关于收购合肥火车站商业营业房产的协议》,拟收购拓基公司位于合肥新火车站地区的商业营业房产, 收购价格为人民币 **37,924,718.4** 元整. **2002** 年 **7** 月 **20** 日,公司第一大股东合肥百货大楼集团控股有限公司分别将其所持有的本公司国家股股份 **544** 万股质押给农行合肥市长江路支行,**605** 万股质押给建行安徽省分行营业部.

二○○二年以来市场表现

2002年涨跌幅(%)	-31.26
2002年最高(元)	10.41
2002年最低(元)	6.59
2002年换手率(%)	106.96
2003年涨跌幅(%)	-17.22
2003年最高(元)	7.80
2003年最低(元)	5.05
2003年换手率(%)	112.45

无锡小天鹅股份有限公司

公司概况

公司名称	无锡小天鹅股份有限公司			股票代码		000418	
注册地址	无锡国家高新技术开发区汉江路 1#			邮政编码		214035	
法人代表	朱德坤			董秘		乔立	
电话	0510-3704003-2192			传真		0510-3720879	
主营业务	家用电器、工业陶瓷产品的制造、销售等						
总股本	36510.38	流通 A	7184.76	流通 B	12735.73	流通 H	
审计单位				审计意见		未审计	

主要财务指标

年度	2003.9	2003.6	2002	2001
每股收益 / 扣除后(元)	0.2420	0.1600	-1.1490	0.1054
每股经营现金流量(元)	0.0300	0.2800	0.2370	0.2641
每股净资产 / 调整后(元)	2.9830	2.9400	3.2000	5.3408
每股公积金(元)	2.2131	2.2131	3.0326	3.0322
净资产收益率(%)		5.0900	-34.3400	1.3400
总资产(万元)	295499.50	293888.12	364744.62	342062.59
股东权益(万元)	112608.52	111048.09	200218.98	199546.77
未分配利润(万元)	8.18	-1382.76	2330.90	13.43
主营收入(万元)	197479.67	137964.86	275569.87	205422.52
资本公积金(万元)	80801.31	80801.31	110706.29	110706.29
主营利润(万元)	31711.91	21774.51	42380.14	51606.82
其他业务利润(万元)	660.67	384.17	663.38	1847.14
营业利润(万元)	-947.98	-2033.93	-86310.76	4828.68
投资收益(万元)	3596.26	2373.98	2740.53	1401.59
补贴收入(万元)	158.91	76.07	379.09	2000.00
营业外收支(万元)	-1785.85		-3655.10	-804.08
利润总额(万元)	1021.34	-1078.04	-86846.25	7426.20
净利润(万元)	7039.40	5648.45	-41842.96	2683.01

十大股东

序号	股东名称	股份性质	持股数(万股)	比例(%)
1	江苏小天鹅集团有限公司	国有股	10162.89	27.84
2	大中华发展有限公司	外资股	2601.43	7.13
3	无锡市工业发展基金	未流通股	1649.66	4.52
4	无锡城镇集体工业联社	未流通股	799.37	2.19
5	南方证券有限公司	未流通股	757.09	2.07
6	西安万国房地产开发有限责任公司	未流通股	480.00	1.31
7	沈阳联亚实业发展公司	未流通股	216.00	0.59
8	中国建行大连信托投资股份公司	未流通股	144.00	0.39
9	北京联诚投资咨询有限公司	未流通股	144.00	0.39
10	刘晓东	未流通股	131.88	0.36

股东人数

2003.9	2003.6	2002	2001
69616	68905	64112	78391

近年分配

近年分配	2001年10股派0.14元	近年配股 / 增发	不分配不转增

重大事项

2003年10月15日,无锡市人民政府得到江苏省人民政府关于同意公司部分国有股权转让的批复,同意"(无锡)市向南京斯威特集团有限公司、西安通邮科技投资有限公司转让公司17%、48%的国有股权,保留35%的国有股权". 2003年6月24日,公司董事会通过终止公司与ProtecnoSA关于无锡小天鹅梅洛尼洗碗机有限公司的合资合同,解散合资公司,小天鹅梅洛尼洗碗机有限公司进入清算程序. 公司董事会收到公司控股股东江苏小天鹅集团有限公司"关于洗碗机公司进入清算程序的提案

二〇〇二年以来市场表现

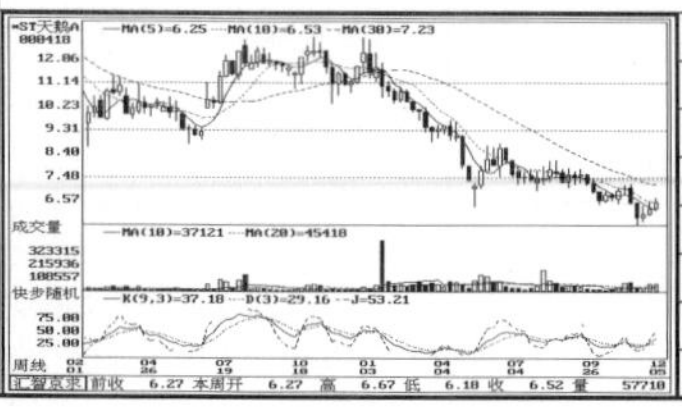

2002年涨跌幅(%)	5.17
2002年最高(元)	12.97
2002年最低(元)	8.60
2002年换手率(%)	154.37
2003年涨跌幅(%)	-50.32
2003年最高(元)	12.33
2003年最低(元)	5.65
2003年换手率(%)	379.83

长沙通程控股股份有限公司

公司概况

公司名称	长沙通程控股股份有限公司			股票代码		000419	
注册地址	中国湖南长沙市劳动路 2 号			邮政编码		410007	
法人代表	周兆达			董秘		苏千里	
电话	0731-5534994			传真		0731-5535588	
主营业务	现代商业、旅游酒店、金融证券、信息技术等						
总股本	17550.82	流通 A	6512.43	流通 B		流通 H	
审计单位				审计意见		未审计	

主要财务指标

年度	2003.9	2003.6	2002	2001
每股收益 / 扣除后(元)	0.0600	0.0491	0.1281	0.1072
每股经营现金流量(元)	0.4349	0.1900	0.0199	0.4669
每股净资产 / 调整后(元)	3.2903	3.2687	3.2268	3.0806
每股公积金(元)	1.6399	1.6400	1.6400	1.6398
净资产收益率(%)	1.7900	1.4900	3.7800	3.5300
总资产(万元)	126187.39	119411.52	112909.76	108928.87
股东权益(万元)	58287.63	58114.46	57248.31	54874.97
未分配利润(万元)	8379.83	8205.76	7339.61	5545.99
主营收入(万元)	50159.87	33595.77	69049.78	64736.09
资本公积金(万元)	28781.88	28782.77	28782.77	28779.38
主营利润(万元)	10299.08	6608.15	17344.37	17002.98
其他业务利润(万元)	1300.83	856.41	856.41	89.72
营业利润(万元)	2232.39	1637.58	4761.08	5181.95
投资收益(万元)	-499.30	-221.82	-950.14	-2158.26
补贴收入(万元)				
营业外收支(万元)	10.58		-83.64	56.67
利润总额(万元)	1793.67	1420.64	3727.30	3080.36
净利润(万元)	1040.21	866.15	2164.29	1937.41

十大股东

序号	股东名称	股份性质	持股数(万股)	比例(%)
1	长沙通程实业集团有限公司	国有股	9815.00	55.92
2	长沙电业局	发起人法人股	300.00	1.71
3	长沙电信实业有限公司	发起人法人股	300.00	1.71
4	湖南省金帆投资管理有限公司	募集法人股	300.00	1.71
5	长沙市自来水公司	发起人法人股	300.00	1.71
6	深圳市东大投资发展有限公司	公众股	58.78	0.33
7	马时俊	公众股	40.08	0.23
8	潘忠庆	公众股	31.23	0.18
9	徐福根	公众股	26.79	0.15
10	周华金	公众股	24.30	0.14

股东人数

2003.9	2003.6	2002	2001
20550	20666	20506	18138

近年分配

近年分配	2001年10股派1元	近年配股 / 增发	不分配不转增

重大事项

2002年12月6日,公司董事会议同意以自有资金2040万元认购长沙市商业银行股份有限公司1700万股的股份,控股股东长沙通程实业集团有限公司也出资3600万元认购长沙市商业银行3000万股的股份.该方案已经长沙通程实业集团有限公司董事会会议通过. 2002年11月25日,公司董事会同意公司以2828.30万元受让长沙麓山宾馆持有的长沙通程麓山商业广场有限公司39.15%的股权.受让后,公司将持有麓山商业广场100%股权.麓山商业广场独立法人资格依法注销.

二〇〇二年以来市场表现

2002年涨跌幅(%)	-39.32
2002年最高(元)	13.70
2002年最低(元)	8.00
2002年换手率(%)	93.01
2003年涨跌幅(%)	-23.95
2003年最高(元)	9.95
2003年最低(元)	5.08
2003年换手率(%)	103.47

吉林化纤股份有限公司

公司概况

公司名称	吉林化纤股份有限公司			股票代码	000420		
注册地址	吉林省吉林市昌邑区九站街516-1号			邮政编码	132101		
法人代表	王进军			董秘	唐家维		
电话	0432-3502331			传真	0432-3502329		
主营业务	粘胶长丝、粘胶短丝的生产和销售						
总股本	37825.75	流通A	19416.00	流通B		流通H	
审计单位				审计意见	未审计		

主要财务指标

年度	2003.9	2003.6	2002	2001
每股收益/扣除后(元)	0.0874	0.0594	0.0254	-0.2880
每股经营现金流量(元)	0.4000	0.2360	0.2500	0.2100
每股净资产/调整后(元)	2.8400	2.8101	2.7700	2.7900
每股公积金(元)	1.3068	1.3068	1.3068	1.3051
净资产收益率(%)	2.5400	1.6600	0.7700	-9.2000
总资产(万元)	205201.28	203725.14	198122.33	206507.81
股东权益(万元)	109384.63	108409.79	106609.92	107289.92
未分配利润(万元)	4839.86	3865.03	2065.30	2809.88
主营收入(万元)	77870.77	51710.45	100452.02	102093.57
资本公积金(万元)	49429.56	49429.56	49429.42	49364.83
主营利润(万元)	14145.56	9076.30	13221.08	2854.86
其他业务利润(万元)	241.61	199.62	466.86	121.38
营业利润(万元)	3250.52	2196.41	908.97	-10136.17
投资收益(万元)	85.14	67.02	15.78	-26.21
补贴收入(万元)				132.97
营业外收支(万元)	-444.26	-389.60	-132.03	142.97
利润总额(万元)	2804.04	1815.82	792.72	-9886.48
净利润(万元)	2774.57	1799.73	827.08	-9867.89

十大股东

序号	股东名称	股份性质	持股数(万股)	比例(%)
1	吉林化纤集团有限责任公司	国有法人股	14729.17	38.94
2	吉林省吉发农业开发集团股份公司	法人股	612.00	1.62
3	吉林省吉林建设开发集团公司	法人股	510.00	1.35
4	中国纺织机械进出口公司	国有法人股	306.00	0.81
5	沈阳化工集团有限公司	法人股	306.00	0.81
6	杭州萧山市地方物资公司	法人股	306.00	0.81
7	海宁新纪元钢管制造有限公司	法人股	306.00	0.81
8	中纺资产管理有限公司	国有法人股	204.00	0.54
9	中国纺织物资(集团)总公司	国有法人股	204.00	0.54
10	吉林化纤进出口公司	法人股	163.20	0.43

股东人数	2003.9	2003.6	2002	2001
	99798	100998	103933	111716

近年分配		近年配股/增发	不分配不转增

重大事项

2002年6月25日,公司董事会决议:为吉林纸业股份有限公司在工商行贷款5000万元人民币展期继续提供担保,担保期限自2002年6月26日起至2003年6月25日。 2003年03月26日,公司通过2003年重大投资计划:粘胶长丝系统总体改造项目,项目计划总投资41000万元,资金来源为:拟申请银行贷款27000万元,企业自筹14000万元。

二〇〇二年以来市场表现

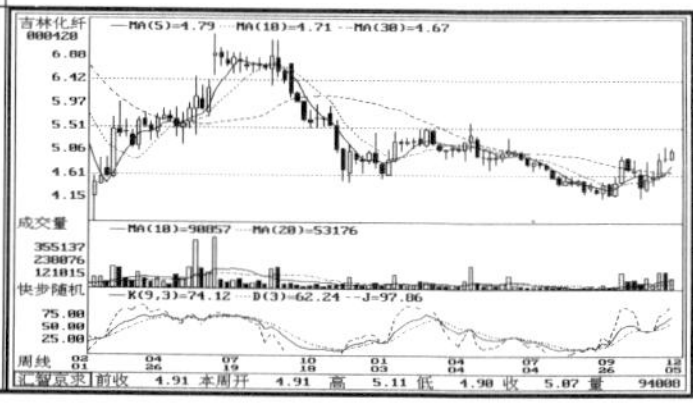

2002年涨跌幅(%)	-23.18
2002年最高(元)	7.33
2002年最低(元)	3.45
2002年换手率(%)	223.49
2003年涨跌幅(%)	5.82
2003年最高(元)	5.60
2003年最低(元)	4.16
2003年换手率(%)	116.36

南京中北(集团)股份有限公司

公司概况

公司名称	南京中北(集团)股份有限公司			股票代码	000421		
注册地址	南京市汉中门大街81号			邮政编码	210029		
法人代表	薛乐群			董秘	赵文		
电话	025-6383605			传真	025-6383600		
主营业务	汽车客运、旅游服务、商业销售等						
总股本	19718.30	流通A	7596.49	流通B		流通H	
审计单位				审计意见	未审计		

主要财务指标

年度	2003.9	2003.6	2002	2001
每股收益/扣除后(元)	0.0610	0.0300	0.1330	0.1300
每股经营现金流量(元)	-0.2700	-0.2100	0.9749	0.1856
每股净资产/调整后(元)	1.8800	1.8330	1.8787	1.8100
每股公积金(元)	0.7376	0.7376	0.7376	0.7376
净资产收益率(%)	3.2200	1.8000	6.7200	6.4700
总资产(万元)	109873.29	101935.13	85288.09	94691.12
股东权益(万元)	43504.92	42898.62	42127.49	41153.24
未分配利润(万元)	5212.35	4606.05	3834.92	3379.41
主营收入(万元)	40182.75	26183.55	70525.18	40188.15
资本公积金(万元)	14544.90	14544.90	14544.90	14544.90
主营利润(万元)	7701.56	4556.03	11631.95	8252.38
其他业务利润(万元)	289.70	214.14	272.56	265.11
营业利润(万元)	1266.77	480.15	2973.68	1863.73
投资收益(万元)	507.13	410.15	379.70	158.60
补贴收入(万元)	63.35	63.35	796.70	1647.00
营业外收支(万元)	106.50	109.79	-248.16	-145.55
利润总额(万元)	1943.74	1063.45	3910.91	3523.79
净利润(万元)	1377.43	771.13	2829.18	2661.30

十大股东

序号	股东名称	股份性质	持股数(万股)	比例(%)
1	南京市国有资产经营(控股)公司	国家股	5632.00	28.56
2	南京公用控股(集团)有限公司	法人股	1145.60	5.81
3	南京万众企业管理有限公司	法人股	940.37	4.77
4	南京万众投资管理咨询有限公司	法人股	536.00	2.72
5	中信汽车公司	法人股	408.99	2.07
6	上海大众出租汽车股份有限公司	法人股	336.00	1.70
7	上海强生经济发展(集团)公司	法人股	288.00	1.46
8	申银万国证券股份有限公司	法人股	288.00	1.46
9	南京日报社	法人股	221.05	1.12
10	金陵石油化工公司炼油厂	法人股	179.55	0.91

股东人数	2003.9	2003.6	2002	2001
	36125	36028	34851	36335

近年分配	2002年10股派1元 2001年10股派1元	近年配股/增发	2001年10股配3股

重大事项

2003年7月21日,公司董事会同意公司投资1620万元,与原淮北市公共交通公司组建有限责任公司,经营城市公交及相关业务。 2002年8月15日,公司控股的南京中北房地产开发有限公司参加了南京市国土资源局以挂牌出让方式进行的光卡路地块国有土地使用权招标,以6980万元人民币的价格竞得该地块国有土地使用权.

二〇〇二年以来市场表现

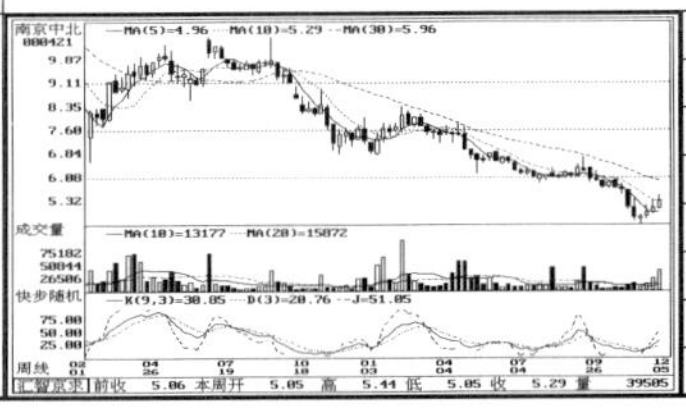

2002年涨跌幅(%)	-25.99
2002年最高(元)	10.53
2002年最低(元)	6.15
2002年换手率(%)	137.30
2003年涨跌幅(%)	-26.88
2003年最高(元)	8.25
2003年最低(元)	4.56
2003年换手率(%)	127.50

湖北宜化化工股份有限公司

公司概况

公司名称	湖北宜化化工股份有限公司	股票代码	000422
注册地址	湖北省宜昌市(猇虎)亭大道 399 号	邮政编码	443007
法人代表	蒋远华	董秘	余晨扬
电话	0717-6442268	传真	0717-6448689
主营业务	化肥、化工产品制造销售等		

总股本	21388.04	流通 A	10885.04	流通 B		流通 H	
审计单位				审计意见	未审计		

主要财务指标

年度	2003.9	2003.6	2002	2001
每股收益/扣除后(元)	0.2310	0.1568	0.2377	0.2210
每股经营现金流量(元)	0.1800	0.4010	0.8220	0.7940
每股净资产/调整后(元)	3.8600	3.7900	3.6500	3.6000
每股公积金(元)	2.0155	2.0155	2.0155	2.0155
净资产收益率(%)	5.9600	4.1200	6.5100	5.2400
总资产(万元)	185781.27	175855.58	164253.94	145169.31
股东权益(万元)	83063.14	81469.47	78115.87	77309.81
未分配利润(万元)	13908.84	11812.92	8961.57	8916.52
主营收入(万元)	71369.77	48575.51	79021.78	57404.70
资本公积金(万元)	43108.05	43108.05	43108.05	43108.05
主营利润(万元)	13976.47	9335.55	14744.71	11123.88
其他业务利润(万元)	292.66	150.69	155.03	250.67
营业利润(万元)	7789.66	5159.74	7241.29	6091.43
投资收益(万元)	-38.42	-25.61	-51.23	-4.27
补贴收入(万元)	1467.07	1359.51	1216.10	
营业外收支(万元)	-1268.79	-1305.81	-1233.62	-681.85
利润总额(万元)	7949.51	5187.82	7172.53	5405.31
净利润(万元)	4947.27	3353.60	5083.66	4050.82

十大股东

序号	股东名称	股份性质	持股数(万股)	比例(%)
1	湖北宜化集团有限责任公司	国家股	6023.20	28.16
2	建行宜昌市信托投资公司	法人股	1231.43	5.76
3	宏源证券股份有限公司	社会公众股	946.49	4.43
4	宜昌市供电局	法人股	676.85	3.16
5	湖北三环投资管理有限公司	法人股	507.00	2.37
6	同盛证券投资基金	社会公众股	314.51	1.47
7	上海证大投资管理有限公司	法人股	255.00	1.19
8	广发证券股份有限公司	社会公众股	220.19	1.03
9	泸州中天实业有限公司	法人股	202.80	0.95
10	宜昌市长裕工贸公司	法人股	195.98	0.92

股东人数	2003.9	2003.6	2002	2001
	41304	41857	42422	46901

近年分配	2002年10股派1元 2001年10股派1元	近年配股/增发	不分配不转增

重大事项

2003年8月,湖北省对外贸易经济合作厅为本公司核发《中华人民共和国进出口企业资格证书》,本公司取得了进出口经营权。该证书批准,本公司能经营自产产品及技术的出口业务和本公司所需的机械设备、零配件、原辅材料及技术的进口业务。

二○○二年以来市场表现

2002年涨跌幅(%)	-7.00
2002年最高(元)	9.85
2002年最低(元)	6.70
2002年换手率(%)	112.32
2003年涨跌幅(%)	-24.47
2003年最高(元)	8.69
2003年最低(元)	5.94
2003年换手率(%)	57.66

山东东阿阿胶股份有限公司

公司概况

公司名称	山东东阿阿胶股份有限公司	股票代码	000423
注册地址	山东省东阿县阿胶街 78 号	邮政编码	252201
法人代表	刘维志	董秘	吴怀锋
电话	0635-3264069	传真	0635-3260786
主营业务			

总股本	27247.44	流通 A	19175.34	流通 B		流通 H	
审计单位				审计意见	未审计		

主要财务指标

年度	2003.9	2003.6	2002	2001
每股收益/扣除后(元)	0.2200	0.1800	0.3200	0.3780
每股经营现金流量(元)	0.2500	0.1120	0.3600	0.1650
每股净资产/调整后(元)	3.1100	3.0400	2.8700	2.8120
每股公积金(元)	1.1646	1.1646	1.1646	1.1646
净资产收益率(%)	8.0200	5.6500	11.0500	14.3010
总资产(万元)	96200.73	99274.86	98228.03	98591.26
股东权益(万元)	85404.59	83263.56	78556.31	76687.23
未分配利润(万元)	19254.08	17113.05	12405.80	11820.69
主营收入(万元)	49098.36	32467.70	56992.50	45202.11
资本公积金(万元)	31731.47	31731.47	31731.47	31731.47
主营利润(万元)	22718.05	15512.94	33566.42	37671.83
其他业务利润(万元)	48.33	27.72	67.16	64.59
营业利润(万元)	9132.55	7046.93	13898.23	11209.63
投资收益(万元)	3.73		230.20	556.00
补贴收入(万元)	52.00			154.68
营业外收支(万元)	813.54		-319.53	-36.73
利润总额(万元)	10011.82	6924.05	13848.90	11883.58
净利润(万元)	6848.28	4707.25	8680.93	10966.83

十大股东

序号	股东名称	股份性质	持股数(万股)	比例(%)
1	聊城市国有资产管理局	国家股	8072.09	29.62
2	银丰证券投资基金	社会流通股	187.17	0.69
3	民生证券投资基金	社会流通股	159.77	0.59
4	第一创业证券有限责任公司	社会流通股	108.42	0.40
5	景阳证券投资基金	社会流通股	104.74	0.38
6	同益证券投资基金	社会流通股	103.12	0.38
7	交通银行--湘财合丰价值优化型成长类行业基金	社会流通股	94.92	0.35
8	王秀霞	社会流通股	70.36	0.26
9	高秀英	社会流通股	63.05	0.23
10	裕元证券投资基金	社会流通股	60.87	0.22

股东人数	2003.9	2003.6	2002	2001
	67389	69687	64972	82979

近年分配	2002年10股派2.5元 2001年10股派2元	近年配股/增发	不分配不转增

重大事项

2003年11月06日,经国家食品药品监督管理局中药品种保护审评委员会审评,公司产品复方阿胶颗粒被列为国家二级中药保护品种。 2003年4月14日,公司与新疆伊宁市人民政府签订了关于在伊宁市投资建立养殖基地的合作协议、土地租赁合同.合同约定:公司租用伊宁市所属英也尔乡北山坡200亩土地,年限为30年,租金24.8万元,用于建立"东阿阿胶伊梨龙兴畜产有限责任公司". 该项目享受西部大开发招商引资的有关优惠政策,公司将分期投入资金,预计初期投资240万元.

二○○二年以来市场表现

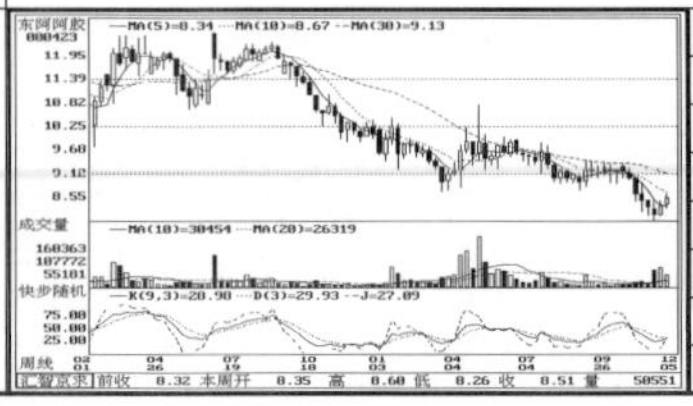

2002年涨跌幅(%)	-10.45
2002年最高(元)	12.27
2002年最低(元)	9.25
2002年换手率(%)	67.82
2003年涨跌幅(%)	-14.84
2003年最高(元)	10.50
2003年最低(元)	7.98
2003年换手率(%)	103.27

徐州工程机械科技股份有限公司

公司概况

公司名称	徐州工程机械科技股份有限公司			股票代码	000425
注册地址	江苏省徐州市苏堤北路5号			邮政编码	221004
法人代表	王民		董秘	费广胜	
电话	0516-7738519		传真	0516-7738528	
主营业务	工程机械、机械配件的开发、加工和销售				
总股本	54508.76	流通A 21362.26	流通B		流通H
审计单位			审计意见	未审计	

主要财务指标

年度	2003.9	2003.6	2002	2001
每股收益/扣除后(元)	0.1600	0.1200	0.2000	0.1700
每股经营现金流量(元)	0.1090	0.1460	0.4800	0.0720
每股净资产/调整后(元)	1.9200	1.8300	1.9100	1.7800
每股公积金(元)	0.8465	0.8208	0.9028	0.8665
净资产收益率(%)	7.5600	5.9100	9.9900	8.7600
总资产(万元)	325293.72	319503.41	258838.94	216123.37
股东权益(万元)	118227.54	114663.30	107423.58	97789.66
未分配利润(万元)	14451.75	12289.50	10471.77	3658.07
主营收入(万元)	276588.16	184423.19	212368.53	151085.97
资本公积金(万元)	46140.31	44738.31	44738.31	42938.31
主营利润(万元)	38556.10	27156.06	35220.85	28804.43
其他业务利润(万元)	922.03	559.03	1113.01	1231.31
营业利润(万元)	14451.97	11777.33	10241.80	9156.04
投资收益(万元)	76.34	-44.09	1793.31	1091.47
补贴收入(万元)	329.44		545.60	
营业外收支(万元)	-69.88		126.04	-106.43
利润总额(万元)	14787.87	11414.08	12706.76	10141.09
净利润(万元)	8935.31	6773.07	10730.23	8564.75

十大股东

序号	股东名称	股份性质	持股数(万股)	比例(%)
1	徐工集团工程机械有限公司	国有法人股	19367.94	35.53
2	徐州回转支承公司	境内定向法人股	3325.03	6.10
3	国投机轻有限公司	境内定向法人股	2230.80	4.09
4	徐州众智发展有限公司	境内定向法人股	1172.60	2.15
5	徐州市远通通讯自动化发展中心	境内定向法人股	990.00	1.82
6	河南中鸿投资咨询有限公司	境内定向法人股	715.00	1.31
7	徐州工程机械桥箱公司	境内定向法人股	518.53	0.95
8	上海沪香工贸有限公司	境内定向法人股	336.60	0.62
9	北内集团总公司	境内定向法人股	286.00	0.52
10	上海丽华房地产有限公司	境内定向法人股	218.90	0.40

股东人数	2003.9	2003.6	2002	2001
	39326	42662	5215	5622

近年分配	近年配股/增发
2002年10股派0.4元 2001年10股派0.5元	2002年10股送1股 2001年中期10股配售2.307692股

重大事项

2003年7月30日,接公司第一大股东徐工集团工程机械有限公司通知,经江苏省财政厅批准,该公司以其持有的公司发起人国有法人股8500万股,向中国工商银行徐州市分行营业部质押贷款,贷款金额20400万元,贷款期限6个月。 2003年6月28日,原公司第一大股东徐州工程机械集团有限公司无偿划转给徐工集团工程机械有限公司的公司发起人国有法人股所滋生的送红股部分17,607,215股股权过户登记手续已于2003年6月26日办理完毕。

二〇〇二年以来市场表现

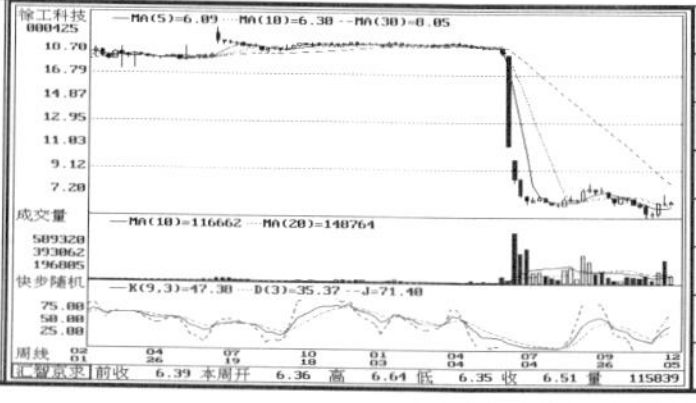

2002年涨跌幅(%)	2.59
2002年最高(元)	18.71
2002年最低(元)	15.19
2002年换手率(%)	27.10
2003年涨跌幅(%)	-63.34
2003年最高(元)	17.67
2003年最低(元)	5.28
2003年换手率(%)	253.81

赤峰富龙热力股份有限公司

公司概况

公司名称	赤峰富龙热力股份有限公司			股票代码	000426
注册地址	内蒙赤峰市红山区北环南路4号			邮政编码	024000
法人代表	景树森		董秘	寇显强	
电话	0476-2216683		传真	0476-2216691	
主营业务	城市集中供热、供水、供气等公用基础产业				
总股本	26620.74	流通A 8758.60	流通B		流通H
审计单位			审计意见	未审计	

主要财务指标

年度	2003.9	2003.6	2002	2001
每股收益/扣除后(元)	0.1020	0.0700	0.2600	0.2840
每股经营现金流量(元)	0.1000	0.0500	0.6700	0.0820
每股净资产/调整后(元)	3.9600	4.0100	3.9200	4.3730
每股公积金(元)	1.9880	1.9880	1.9817	2.4670
净资产收益率(%)	2.4000	1.6400	6.4400	6.1590
总资产(万元)	234317.64	220028.17	214377.23	162741.61
股东权益(万元)	111024.31	110174.00	108193.77	100981.23
未分配利润(万元)	23552.10	22701.79	20891.06	17535.16
主营收入(万元)	17927.26	15060.05	23778.89	19863.77
资本公积金(万元)	52923.13	52923.13	52753.63	54727.35
主营利润(万元)	3240.78	2374.34	5749.99	5982.71
其他业务利润(万元)	188.23	87.74	122.60	176.24
营业利润(万元)	-514.39	-221.47	1282.32	1844.56
投资收益(万元)	-171.98	-170.29	-452.42	86.55
补贴收入(万元)	3479.86	2177.55	6128.27	4337.08
营业外收支(万元)	-60.58		-11.21	9.37
利润总额(万元)	2732.90	1745.15	6946.96	6277.56
净利润(万元)	2661.04	1810.73	6967.87	6219.34

十大股东

序号	股东名称	股份性质	持股数(万股)	比例(%)
1	赤峰富龙公用(集团)有限责任公司	国家股	16101.50	60.48
2	赤峰鑫泰资产托管经营有限责任公司	定向法人股	1077.12	4.05
3	宏源证券股份有限公司	国家股	569.60	2.14
4	中国信达资产管理公司	国家股	113.92	0.53
5	北京华盛物业管理有限责任公司	流通股	103.45	0.39
6	北京华盛创业房地产开发有限公司	流通股	28.39	0.11
7	樊朝荣	流通股	20.04	0.08
8	黄琪军	流通股	16.90	0.06
9	姜平乐	流通股	15.15	0.06
10	李西浩	流通股	14.94	0.06

股东人数	2003.9	2003.6	2002	2001
	37002	38041	39269	42037

近年分配	近年配股/增发
2001年10股派0.25元	2001年10股送1股,转增1股

重大事项

2003年10月11日,公司控股子公司赤峰富龙路桥投资经营有限责任公司投资兴建的省道206线锦山至茅荆坝段一级公路的锦山收费站投入使用,根据有关批复,锦山收费站从即日起对过往车辆进行收费。 2003年6月3日,公司股东富龙集团与北京大地科技实业总公司签订股权转让协议,富龙集团将向大地总公司转让31944883股公司国家股,占公司已发行总股本的12%。若本协议能够履行,大地总公司将成为公司的第二大股东。

二〇〇二年以来市场表现

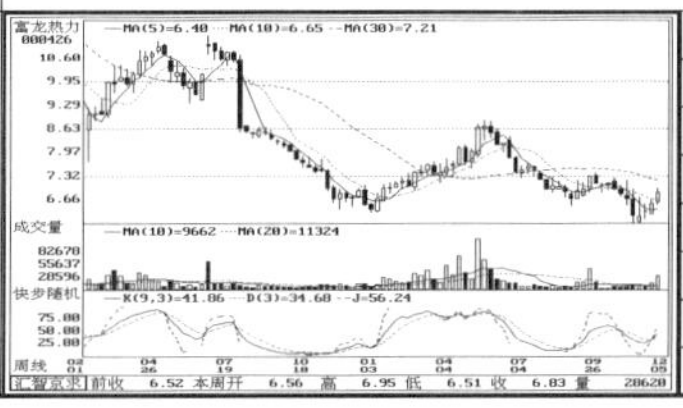

2002年涨跌幅(%)	-25.87
2002年最高(元)	9.36
2002年最低(元)	6.34
2002年换手率(%)	77.91
2003年涨跌幅(%)	1.56
2003年最高(元)	8.85
2003年最低(元)	6.00
2003年换手率(%)	111.56

湖南华天大酒店股份有限公司

公司概况

公司名称	湖南华天大酒店股份有限公司			股票代码	000428		
注册地址	长沙市解放东路380号			邮政编码	410001		
法人代表	陈纪明			董秘	孙根石		
电话	0731-4442888-80928			传真	0731-4442270		
主营业务	酒店娱乐服务						
总股本	17284.00	流通A	6084.00	流通B		流通H	
审计单位				审计意见	未审计		

主要财务指标

年度	2003.9	2003.6	2002	2001
每股收益/扣除后(元)	0.1480	0.1070	0.2070	0.2100
每股经营现金流量(元)	0.1600	0.0320	0.4300	0.4000
每股净资产/调整后(元)	3.4600	3.3900	3.3900	3.6600
每股公积金(元)	1.9526	1.9526	1.9526	1.9526
净资产收益率(%)	3.3200	2.1300	5.5800	7.8000
总资产(万元)	109822.89	111293.98	102847.66	103652.65
股东权益(万元)	64060.08	63276.53	63681.13	63362.97
未分配利润(万元)	6965.39	6181.83	6308.76	6761.92
主营收入(万元)	26611.23	16951.09	32763.53	22560.61
资本公积金(万元)	33748.33	33748.33	33748.33	33748.33
主营利润(万元)	14080.62	8900.23	16625.54	11689.20
其他业务利润(万元)	103.89	89.05	257.35	236.34
营业利润(万元)	4068.65	2965.34	6092.23	5237.29
投资收益(万元)	-133.79	-143.65	-354.44	575.73
补贴收入(万元)				
营业外收支(万元)	-429.70		94.34	338.18
利润总额(万元)	3505.15	2359.15	5832.14	6151.20
净利润(万元)	2128.63	1345.07	3555.01	4940.93

十大股东

序号	股东名称	股份性质	持股数(万股)	比例(%)
1	湖南华天实业集团有限公司	国有股	11200.00	64.80
2	大通证券股份有限公司	已流通股	318.06	1.84
3	天津科技发展投资总公司	已流通股	44.17	0.25
4	张凤春	已流通股	31.02	0.17
5	吕清华	已流通股	29.25	0.16
6	王娟	已流通股	23.37	0.14
7	何友玉	已流通股	19.70	0.11
8	李宏	已流通股	19.61	0.11
9	卢华云	已流通股	17.14	0.10
10	李建民	已流通股	16.00	0.09

股东人数	2003.9	2003.6	2002	2001
	14164	13950	15376	22331

近年分配	2002年10股派1.5元 2001年10股派4元	近年配股/增发	不分配不转增

重大事项

2003年4月22日 公司董事会同意由公司之控股子公司湖南华天国际酒店管理公司以管理输出的方式对湖南芙蓉宾馆进行托管。 2002年9月21日公司董事会决议：同意公司与湖南新兴公司共同组建湖南华天光电惯导技术有限公司。新公司注册资金2000万元，其中本公司投入1140万元，占总股本的57%。

二〇〇二年以来市场表现

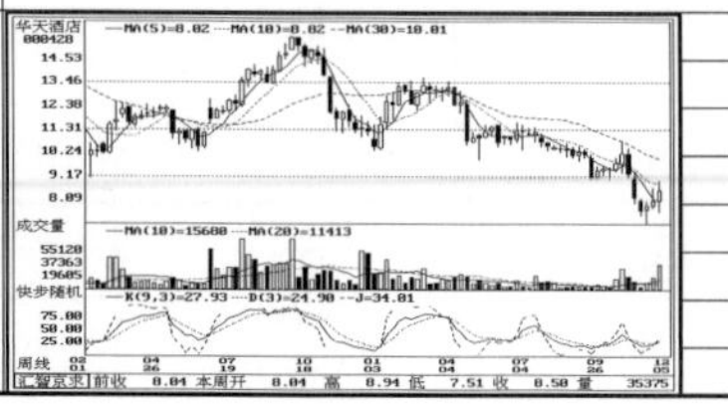

2002年涨跌幅(%)	-7.37
2002年最高(元)	15.45
2002年最低(元)	8.48
2002年换手率(%)	197.81
2003年涨跌幅(%)	-26.51
2003年最高(元)	13.49
2003年最低(元)	7.02
2003年换手率(%)	96.42

广东省高速公路发展股份有限公司

公司概况

公司名称	广东省高速公路发展股份有限公司			股票代码	000429		
注册地址	广东省广州市白云路85号			邮政编码	510100		
法人代表	曹晓峰			董秘	肖来久		
电话	020-83731363			传真	020-83731384		
主营业务	高速公路和特大桥梁的商业开发和经营						
总股本	125711.78	流通A	27453.08	流通B	30375.00	流通H	
审计单位				审计意见	未审计		

主要财务指标

年度	2003.9	2003.6	2002	2001
每股收益/扣除后(元)	0.1200	0.0800	0.1500	0.1200
每股经营现金流量(元)	0.2500	0.1800	0.2800	0.3800
每股净资产/调整后(元)	2.7800	2.7400	2.6500	2.6300
每股公积金(元)	1.2209	1.2209	1.2209	1.2209
净资产收益率(%)	4.0300	2.6400	5.1100	4.7700
总资产(万元)	647511.25	646477.50	614058.12	577520.12
股东权益(万元)	350717.22	345758.50	336664.84	333131.44
未分配利润(万元)	38874.73	33858.87	24733.16	23783.74
主营收入(万元)	58691.20	38152.97	75315.69	62540.07
资本公积金(万元)	153480.66	153480.66	153480.66	153476.00
主营利润(万元)	38132.37	24684.95	48589.30	37643.29
其他业务利润(万元)	558.01	499.56	1093.90	298.08
营业利润(万元)	29858.39	19555.22	41988.83	24102.51
投资收益(万元)	2362.41	1701.13	-818.52	-643.12
补贴收入(万元)				
营业外收支(万元)	131.96		-572.66	493.87
利润总额(万元)	32352.76	21306.63	40597.65	23953.26
净利润(万元)	14141.57	9125.71	17195.53	15893.00

十大股东

序号	股东名称	股份性质	持股数(万股)	比例(%)
1	广东省交通集团有限公司	国家股	47478.05	37.77
2	IJM OVERSEAS VENTURES SDN.BHD.	外资股	6505.59	5.18
3	广东省高速公路有限公司	法人股	1937.72	1.54
4	广东粤财信托投资有限公司	法人股	1406.25	1.12
5	上海海通证券深圳业务部	流通股	909.17	0.72
6	新会市司前镇经济联合总社	法人股	517.69	0.41
7	顺德市外经实业发展公司	法人股	421.88	0.34
8	南海华英集团公司	法人股	374.13	0.30
9	顺德市交通发展总公司	法人股	351.56	0.28
10	江门市公路局工会	法人股	335.39	0.27

股东人数	2003.9	2003.6	2002	2001
	106940	108293	118844	113757

近年分配	2002年10股派1元 2001年10股派1元	近年配股/增发	不分配不转增

重大事项

2003年5月28日，公司控股子公司广东佛开高速公路有限公司董事会审议通过了向银行贷款17亿元人民币以偿还该公司的部分股东委托贷款的议案；截止2003年5月26日，该公司已分别与招商银行、中国光大银行、兴业银行、深圳发展银行签订贷款合同，累计金额10亿元人民币。 2003年2月27日，公司与广东省路桥建设发展公司、肇庆市公路发展总公司签订的《肇庆粤肇公路有限公司合作合同》现已获广东省对外贸易经济合作厅及广东省发展计划委员会批准，公司依照合同规定于2003年2月24日支付20457.5万元全部款项(占注册资本的25%).

二〇〇二年以来市场表现

2002年涨跌幅(%)	-16.91
2002年最高(元)	6.59
2002年最低(元)	3.95
2002年换手率(%)	154.82
2003年涨跌幅(%)	7.44
2003年最高(元)	6.47
2003年最低(元)	4.42
2003年换手率(%)	108.35

张家界旅游开发股份有限公司

公司概况

公司名称	张家界旅游开发股份有限公司	股票代码	000430
注册地址	湖南省张家界市南庄坪1号花园	邮政编码	427000
法人代表	李旭	董秘	黄蕙
电话	0731-4331165	传真	0731-4331165
主营业务	旅游资源开发、配套服务等		

总股本	18360.00	流通A	7435.80	流通B		流通H	
审计单位		审计意见	未审计				

主要财务指标

年度	2003.9	2003.6	2002	2001
每股收益/扣除后(元)	0.0680	0.0120	0.0820	0.0200
每股经营现金流量(元)	0.2220	0.0580	0.2100	0.8300
每股净资产/调整后(元)	1.2300	1.1300	1.1200	1.0500
每股公积金(元)	0.1035	0.1035	0.1035	0.6305
净资产收益率(%)	5.5900	1.1600	6.9800	9.5500
总资产(万元)	40549.89	41041.31	37404.63	35248.65
股东权益(万元)	23320.00	22275.94	22016.79	20841.95
未分配利润(万元)	2062.38	1018.32	759.17	-10607.33
主营收入(万元)	6542.70	3826.13	7640.19	4946.21
资本公积金(万元)	1900.26	1900.26	1900.26	11575.52
主营利润(万元)	4356.64	2331.12	4270.75	2371.95
其他业务利润(万元)	3.92	2.67	-0.47	
营业利润(万元)	2095.96	830.70	2123.44	1675.07
投资收益(万元)	-172.01	-114.04	-195.57	119.83
补贴收入(万元)				
营业外收支(万元)	-4.50	-3.31	-61.58	-40.97
利润总额(万元)	1919.46	713.35	1866.29	1753.93
净利润(万元)	1303.21	259.15	1536.84	1738.90

十大股东

序号	股东名称	股份性质	持股数(万股)	比例(%)
1	张家界旅游经济开发有限公司	法人股	5661.00	30.83
2	湖南省天通置业有限公司	法人股	1530.00	8.33
3	张家界市金龙房地产开发公司	法人股	1119.96	6.10
4	张家界市土地房产开发公司	法人股	777.24	4.23
5	张家界市中兴房地产开发公司	法人股	612.00	3.33
6	工行张家界旅游经济开发区房地产公司	法人股	612.00	3.33
7	张家界华发房地产综合开发公司	法人股	612.00	3.33
8	吕建才	流通股	95.40	0.52
9	聂尚政	流通股	57.38	0.31
10	张燕	流通股	43.20	0.23

股东人数	2003.9	2003.6	2002	2001
	38279	37221	38840	37139

近年分配	2002年10股派0.25元	近年配股/增发	不分配不转增

重大事项

2003年9月30日,公司董事会同意为公司控股子公司张家界宝峰湖旅游实业发展有限公司在最高额度1800万元内向中国工商银行张家界分行申请贷款提供连带责任担保。公司已于近日分别与中国农业银行永顺县支行以及中国工商银行张家界分行签署了保证合同。宝峰湖公司已在中国工商银行张家界分行贷款1800万元 2003年5月13日,受非典型肺炎疫情影响,公司下属景区接待旅游人次出现较大幅度下滑。受非典型肺炎疫情影响,从四月份以来,公司下属景区接待旅游人次出现较大幅度下滑,预计在未来不确定的时间内公司下属景区的经营活动仍将受到严重影响.

二〇〇二年以来市场表现

2002年涨跌幅(%)	-22.66
2002年最高(元)	10.36
2002年最低(元)	5.57
2002年换手率(%)	283.13
2003年涨跌幅(%)	-20.33
2003年最高(元)	8.34
2003年最低(元)	4.85
2003年换手率(%)	182.26

山东晨鸣纸业集团股份有限公司

公司概况

公司名称	山东晨鸣纸业集团股份有限公司	股票代码	000488
注册地址	山东省寿光市圣城街595号	邮政编码	262700
法人代表	陈洪国	董秘	郝筠
电话	0536-5280011	传真	0536-5228900
主营业务	机制纸、电力和热力的生产、销售		

总股本	89772.79	流通A	13860.00	流通B	37166.50	流通H	
审计单位		审计意见	未审计				

主要财务指标

年度	2003.9	2003.6	2002	2001
每股收益/扣除后(元)	0.4420	0.3000	0.6793	0.2652
每股经营现金流量(元)	0.2910	0.2100	2.0741	0.3917
每股净资产/调整后(元)	4.5600	4.3600	6.9209	6.3074
每股公积金(元)	2.0436	2.0136	4.0155	4.0097
净资产收益率(%)	12.0400	8.8300	10.7700	4.4700
总资产(万元)	1003959.25	968228.19	868991.87	739213.44
股东权益(万元)	414044.44	399191.53	353528.75	317666.97
未分配利润(万元)	109668.71	97505.45	72243.76	43659.13
主营收入(万元)	402951.69	252586.72	445477.50	240553.37
资本公积金(万元)	183459.37	180769.70	200267.62	199978.22
主营利润(万元)	120977.59	83809.24	124804.60	59458.13
其他业务利润(万元)	1337.19	1235.78	1356.00	745.41
营业利润(万元)	66585.84	44671.43	57782.13	22969.14
投资收益(万元)	1418.87	1157.99	5072.31	-764.48
补贴收入(万元)	2242.39	465.92	1886.39	3956.51
营业外收支(万元)	585.63		-2619.93	-1352.37
利润总额(万元)	70832.74	46620.22	62120.91	24808.80
净利润(万元)	49853.20	35236.44	38066.07	14199.97

十大股东

序号	股东名称	股份性质	持股数(万股)	比例(%)
1	山东寿光国有资产管理局	发起人国家股	28189.55	31.40
2	丰和价值证券投资基金	流通A股	2448.65	2.73
3	民生证券有限责任公司	流通A股	1192.28	1.33
4	KWONG WAH INVESTMENT (SHOUGUANG)LIMITED	流通B股	941.56	1.05
5	泰和证券投资基金	流通A股	513.41	0.57
6	郝云峰	内部职工股	445.58	0.50
7	邓文平	流通B股	381.71	0.43
8	CHINA INTL MARINE CONTAINERS(HONGKONG)LTD	流通B股	355.84	0.40
9	林胜谋	流通B股	319.72	0.36
10	DEUTSCHE BANK AG LONDON	流通B股	302.70	0.34

股东人数	2003.9	2003.6	2002	2001
	47414	49314	50720	75449

近年分配	2002年10股派0.5元	近年配股/增发	2002年10股送2股,增6股

重大事项

2003年6月26日,公司董事会将该企业一厂进行全面停车改造,7月5日武汉晨鸣一厂开始恢复生产.公司铜版纸项目购买国产设备抵免企业所得税的申请,已经山东省国税局于2003年6月30日审核批准,抵免2003年度应交所得税5300多万元,将直接增加公司上半年度利润. 2003年05月30日,公司第四大股东上海新理益投资管理有限公司因贷款将其持有的公司法人股630万股质押给招商银行上海分行曹家渡支行.质押期限从2003年5月30日起至双方申请解冻之日止.

二〇〇二年以来市场表现

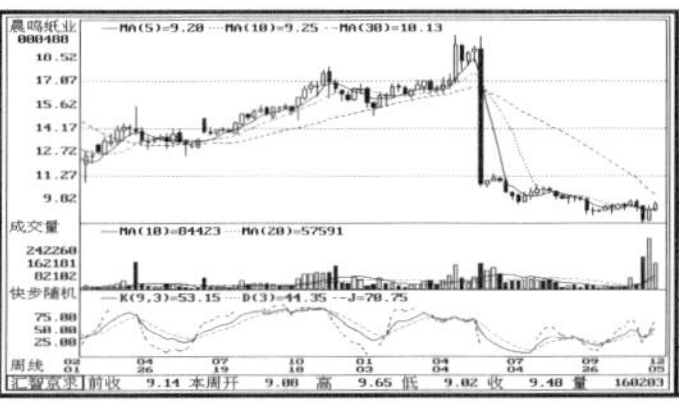

2002年涨跌幅(%)	25.75
2002年最高(元)	9.92
2002年最低(元)	5.98
2002年换手率(%)	138.06
2003年涨跌幅(%)	-0.98
2003年最高(元)	11.38
2003年最低(元)	8.25
2003年换手率(%)	187.55

丹东化学纤维股份有限公司

公司概况

公司名称	丹东化学纤维股份有限公司		股票代码	000498	
注册地址	辽宁省丹东市振兴区纤维街58号		邮政编码	118002	
法人代表	梁健	董秘	潘跃东		
电话	0415-6199257	传真	0415-6191684		
主营业务	化学纤维及化纤产品、纺织品制造				
总股本	39000.00	流通A	17400.00	流通B	流通H
审计单位		审计意见	未审计		

主要财务指标

年度	2003.9	2003.6	2002	2001
每股收益/扣除后(元)	0.0230	0.0190	-0.2500	-0.2400
每股经营现金流量(元)	-0.1570	-0.0480	0.0800	0.3460
每股净资产/调整后(元)	1.0810	1.0810	1.0500	1.3100
每股公积金(元)		0.4373	0.4373	0.4373
净资产收益率(%)	1.9900	1.6400	-23.6900	-16.9900
总资产(万元)	183617.28	168388.19	156609.77	158952.30
股东权益(万元)	42580.77	41733.62	47567.74	51835.35
未分配利润(万元)		-17975.31	-11839.76	-7572.15
主营收入(万元)	50419.38	33647.17	72047.30	81471.18
资本公积金(万元)		17055.70	17055.70	17055.70
主营利润(万元)	5815.08	3998.64	-243.73	-218.71
其他业务利润(万元)	122.41	76.70	152.96	82.31
营业利润(万元)	993.85	839.34	-9410.75	-8207.57
投资收益(万元)				
补贴收入(万元)				
营业外收支(万元)	-146.70		-474.49	-598.82
利润总额(万元)	847.15	694.19	-9885.24	-8806.39
净利润(万元)	847.15	694.19	-9885.24	-8806.39

十大股东

序号	股东名称	股份性质	持股数(万股)	比例(%)
1	丹东化学纤维(集团)有限责任公司	国有法人股	20250.00	51.92
2	丹东国际信托投资公司	法人股	730.00	1.87
3	陈秀娟	流通股	242.96	0.62
4	中国银行大连国际信托咨询公司	法人股	200.00	0.51
5	中国石油化工总公司辽阳石油化纤公司	法人股	200.00	0.51
6	开山屯化学纤维浆厂	法人股	100.00	0.26
7	锦化化工(集团)有限责任公司	法人股	100.00	0.26
8	谢少章	流通股	95.59	0.25
9	王俊	流通股	95.42	0.24
10	王艳	流通股	78.15	0.20

股东人数	2003.9	2003.6	2002	2001
	56294	54892	59008	50800

近年分配		近年配股/增发	不分配不转增

重大事项

2003年9月25日,公司收到国资委批复,批复同意丹化集团90%的国有产权出售给福建升汇纺织投资集团有限公司,丹化集团由国有独资公司变为民营企业控股的有限责任公司,其所持公司股份性质由国有法人股变为非国有股.　　2003年8月18日,公司接到第一大股东丹东化学纤维(集团)有限责任公司通知,该公司与福建升汇纺织投资集团有限公司关于公司的收购报告书已获证监会批准,近日将对外公告.

二〇〇二年以来市场表现

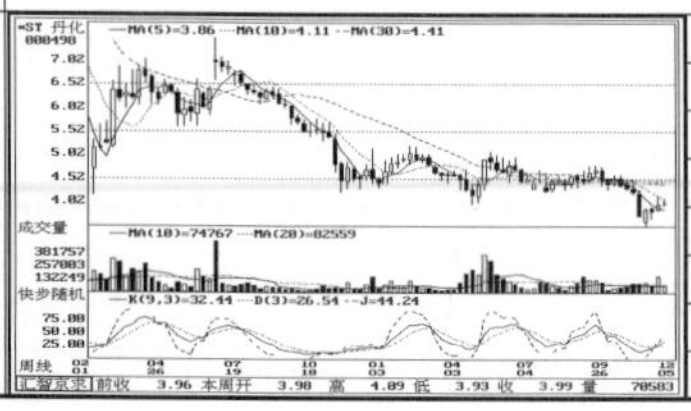

2002年涨跌幅(%)	-36.18
2002年最高(元)	7.52
2002年最低(元)	3.92
2002年换手率(%)	306.08
2003年涨跌幅(%)	-10.20
2003年最高(元)	5.20
2003年最低(元)	3.52
2003年换手率(%)	248.60

武汉武商集团股份有限公司

公司概况

公司名称	武汉武商集团股份有限公司		股票代码	000501	
注册地址	武汉市汉口解放大道688号		邮政编码	430022	
法人代表	毛冬声	董秘	李轩		
电话	027-85714295	传真	027-85714295		
主营业务	商业零售				
总股本	50724.86	流通A	20427.31	流通B	流通H
审计单位		审计意见	未审计		

主要财务指标

年度	2003.9	2003.6	2002	2001
每股收益/扣除后(元)	0.0046	0.0100	0.0100	-0.1000
每股经营现金流量(元)	0.1950	0.0500	0.2600	0.3200
每股净资产/调整后(元)	1.2500	1.2300	1.2700	1.2800
每股公积金(元)	1.0750	1.0750	1.0620	1.0454
净资产收益率(%)	0.0200	0.4400	0.3100	-10.0700
总资产(万元)	354239.44	348020.94	352400.59	327896.94
股东权益(万元)	99337.68	99767.71	98739.12	97616.42
未分配利润(万元)	-11611.27	-11184.51	-11564.87	-11862.27
主营收入(万元)	240397.06	166770.91	273915.09	222536.12
资本公积金(万元)	54526.79	54526.79	53870.18	53028.88
主营利润(万元)	38852.96	26942.14	42451.94	31947.17
其他业务利润(万元)	4059.59	2787.36	4869.65	4777.54
营业利润(万元)	3840.90	3485.95	6145.15	-725.48
投资收益(万元)	23.10	-6.04	82.31	-1202.96
补贴收入(万元)				
营业外收支(万元)	-70.71	43.98	-244.18	-2316.35
利润总额(万元)	3793.29	3523.89	5983.28	-4244.78
净利润(万元)	15.66	442.42	308.44	-9831.01

十大股东

序号	股东名称	股份性质	持股数(万股)	比例(%)
1	武汉国有资产经营公司	国家股	15092.77	29.75
2	武汉证券公司	法人股	1563.70	3.08
3	武汉华汉投资管理有限公司	法人股	1232.20	2.43
4	武汉华中电力实业公司	法人股	1166.39	2.30
5	长江经济联合发展集团股份有限公司武汉公司	法人股	1090.39	2.15
6	工商银行武汉分行天安支行	法人股	1052.27	2.07
7	中国农行武汉信托投资公司	法人股	921.39	1.82
8	深圳市银信宝投资发展有限公司	法人股	872.53	1.72
9	福建省晋江市池店塘厝鞋帽服装厂	法人股	764.41	1.51
10	泉州新鸿基投资顾问有限公司	法人股	603.78	1.19

股东人数	2003.9	2003.6	2002	2001
	105157	107258	106037	114587

近年分配		近年配股/增发	不分配不转增

重大事项

2003年2月8日,公司董事会同意武汉广场管理有限公司董事会关于终止德信亚太控股国际管理有限公司持有的武汉广场49%股权转让的决议,同时取消公司董事会于2002年12月11日作出的《关于收购武汉广场港方股东49%股权的决议》,终止公司与德信国际签署的《股权转让合同》.　2002年8月30日,武汉市亚洲贸易广场股份有限公司将武汉市亚洲贸易广场地下-2层至地上裙楼房屋出租给本公司使用,租赁面积为60,116平方米(不含二楼已售建行部分).租赁期限12年,即2002年9月1日至2014年8月31日止.

二〇〇二年以来市场表现

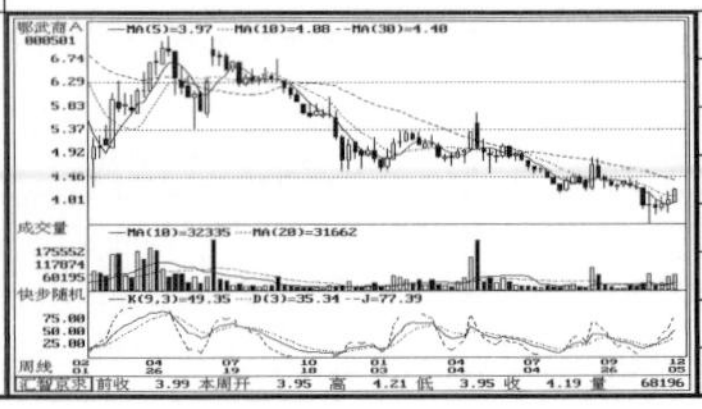

2002年涨跌幅(%)	-25.00
2002年最高(元)	7.20
2002年最低(元)	4.05
2002年换手率(%)	140.56
2003年涨跌幅(%)	-14.74
2003年最高(元)	5.68
2003年最低(元)	3.55
2003年换手率(%)	86.51

恒大地产股份有限公司

公司概况

公司名称	恒大地产股份有限公司	股票代码	000502				
注册地址	海口市机场候机厅北侧海南万国贸易博览中心	邮政编码	570203				
法人代表	李刚	董秘	徐德智				
电话	0898-65366112	传真	0898-65307798				
主营业务	房地产开发经营,安装工程承包及设计等						
总股本	15566.85	流通 A	5715.87	流通 B		流通 H	
审计单位		审计意见	未审计				

主要财务指标

年度	2003.9	2003.6	2002	2001
每股收益/扣除后(元)	0.3376	0.2910	0.1126	-0.1947
每股经营现金流量(元)	-0.0300	0.1150	-0.1321	0.0038
每股净资产/调整后(元)	1.5232	1.2123	1.2197	1.1164
每股公积金(元)	0.7363	0.7362	1.7017	1.6898
净资产收益率(%)	21.6900	19.9030	1.3400	-26.8800
总资产(万元)	47501.32	48484.68	26990.97	35201.49
股东权益(万元)	23972.04	23604.29	17465.66	18096.91
未分配利润(万元)	-3854.50	-4355.97	-28942.37	-27666.99
主营收入(万元)	17173.74	12146.32	714.57	1574.78
资本公积金(万元)	11461.40	11460.50	26949.28	26305.16
主营利润(万元)	8212.68	6020.55	312.85	1052.70
其他业务利润(万元)	69.18	19.55	3.43	0.25
营业利润(万元)	6065.53	5294.65	-1603.97	-3741.45
投资收益(万元)	-142.68	81.36	2231.57	-1079.67
补贴收入(万元)				
营业外收支(万元)	12.71		-411.14	-79.64
利润总额(万元)	5935.56	5374.16	216.46	-4900.77
净利润(万元)	5199.32	4697.85	256.06	-4863.69

十大股东

序号	股东名称	股份性质	持股数(万股)	比例(%)
1	广州恒大实业集团有限公司	法人股	4186.45	26.89
2	海南汉氏环境投资有限公司	法人股	2544.96	16.35
3	上海新理益投资管理有限公司	法人股	560.27	3.60
4	上海致真投资咨询有限公司	法人股	310.37	1.99
5	上海方圆娱乐总汇有限公司	法人股	300.00	1.93
6	汉唐证券有限责任公司	流通股	260.59	1.67
7	上海人家餐饮管理有限公司	法人股	180.00	1.15
8	深圳市嘉旭升商贸有限公司	法人股	147.00	0.94
9	上海景贤投资有限公司	法人股	132.00	0.85
10	海南亿祺贸易有限公司	法人股	100.00	0.64

股东人数	2003.9	2003.6	2002	2001
	9989	10320	13321	17589

近年分配		近年配股/增发	不分配不转增

重大事项

2003年10月09日,公司近日收到海南省海口市中级人民法院民事判决书,该院就公司起诉海南省证券公司欠款纠纷案作出一审判决:海南证券向公司偿还人民币**3200**万元,逾期则按中国人民银行规定的同期逾期贷款计收罚息;驳回公司的其他诉讼请求,案件受理费**259510**元由海南证券负担;海南华诚企业发展总公司向海口中院起诉,请求判令公司偿还其债务**1978000**元及相关违约金利息.目前该案正在海口中院审理之中. **2003**年**7**月**11**日,公司收悉海南省高级人民法院《民事裁定书》,海南高院因海南万国商城股份有限公司称公司未依照海南高院有关《民事调解书》履行偿债义务,并根据万商公司的申请冻结了公司持有的广州市花都绿景房地产开发有限公司**90%**的股权.

二○○二年以来市场表现

项目	数值
2002年涨跌幅(%)	27.75
2002年最高(元)	15.12
2002年最低(元)	9.01
2002年换手率(%)	108.00
2003年涨跌幅(%)	19.08
2003年最高(元)	18.54
2003年最低(元)	12.46
2003年换手率(%)	286.20

海虹企业(控股)股份有限公司

公司概况

公司名称	海虹企业(控股)股份有限公司	股票代码	000503				
注册地址	海口市滨海大道文华酒店七层	邮政编码	570105				
法人代表	曾塞外	董秘	上官永强				
电话	0898-68510496	传真	0898-8510669				
主营业务	资产管理、投资策划咨询服务及化纤等						
总股本	37450.93	流通 A	15087.77	流通 B		流通 H	
审计单位		审计意见	未审计				

主要财务指标

年度	2003.9	2003.6	2002	2001
每股收益/扣除后(元)	0.1106	0.0846	0.2482	0.2115
每股经营现金流量(元)	0.3400	0.4000	0.1461	0.0031
每股净资产/调整后(元)	2.6332	2.5968	1.5466	1.2466
每股公积金(元)	1.1579	1.1579	0.1318	0.1318
净资产收益率(%)	4.3200	3.3000	17.6400	21.1400
总资产(万元)	145201.42	147423.02	102602.40	93681.46
股东权益(万元)	99500.63	98384.83	53213.36	43822.56
未分配利润(万元)	15544.79	14490.88	11248.69	3269.07
主营收入(万元)	25355.92	17571.23	34212.12	33965.14
资本公积金(万元)	43363.28	43363.28	4511.03	4511.03
主营利润(万元)	11192.30	7451.35	19752.62	16877.82
其他业务利润(万元)	860.89	875.09	977.88	211.63
营业利润(万元)	5505.30	3897.80	8371.18	7213.36
投资收益(万元)	38.54	-0.68	1814.93	3146.54
补贴收入(万元)	174.75	86.03	534.79	696.44
营业外收支(万元)	-19.37		-22.78	100.79
利润总额(万元)	5699.22	3969.73	10698.12	11157.13
净利润(万元)	4296.10	3242.18	9387.79	9265.61

十大股东

序号	股东名称	股份性质	持股数(万股)	比例(%)
1	中海恒实业发展有限公司	法人股	10261.77	27.40
2	南方证券有限公司	法人股	1549.24	4.14
3	上海盈科资产管理有限公司	法人股	1520.00	4.06
4	中国航空技术进出口深圳公司	法人股	1035.40	2.76
5	海南富南国际信托投资公司	法人股	841.59	2.25
6	海南椰明贸易有限公司	法人股	799.00	2.13
7	上海致真投资咨询有限公司	法人股	626.00	1.67
8	海南金元投资控股有限公司	法人股	618.80	1.65
9	海口晨阳贸易有限公司	法人股	437.13	1.17
10	上海岩鑫实业投资有限公司	法人股	400.00	1.07

股东人数	2003.9	2003.6	2002	2001
	36045	32196	20395	24267

近年分配		近年配股/增发	不分配不转增

重大事项

2003年**11**月**6**日,公司及公司控股公司海南海虹投资咨询有限公司与中国华能集团公司签署协议并已生效,将所持有的海南中海能源股份有限公司股权共计**6381**万股(其中公司直接持有**5401**万股,海虹投资持有**980**万股)转让给中国华能集团公司. **2003**年**6**月**20**日,公司股东中国航空技术进出口深圳公司将所持有的公司全部股权**10354020**股法人股、海南椰明贸易有限公司将所持有的公司全部股权**7990000**股法人股及海口晨阳贸易有限公司将所持有的公司部分股权**381995**股法人股转让给重庆国际信托投资有限公司.此次转让后,重庆国际信托投资有限公司将将成为公司第二大股东.

二○○二年以来市场表现

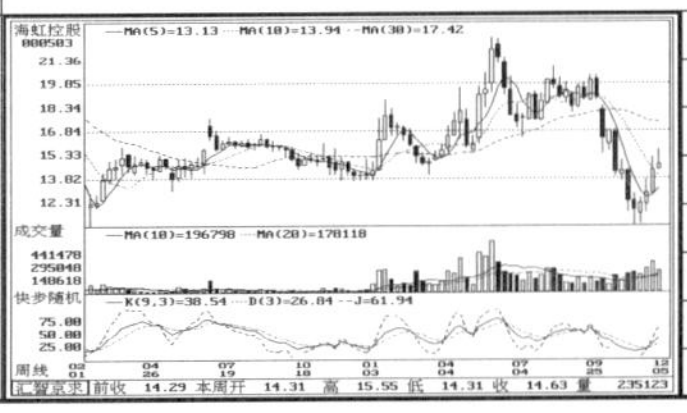

项目	数值
2002年涨跌幅(%)	-12.51
2002年最高(元)	17.60
2002年最低(元)	10.40
2002年换手率(%)	108.01
2003年涨跌幅(%)	2.14
2003年最高(元)	22.87
2003年最低(元)	10.80
2003年换手率(%)	581.93

北京赛迪传媒投资股份有限公司

公司概况

公司名称	北京赛迪传媒投资股份有限公司			股票代码	000504	
注册地址	北京市昌平区超前路9号附楼403			邮政编码		
法人代表	李颖		董秘	刘旭黎		
电话	010-68710713		传真	010-68710711		
主营业务	传媒、数据存储器、技术服务					
总股本	31157.39	流通A	8675.59	流通B		流通H
审计单位			审计意见	未审计		

主要财务指标

年度	2003.9	2003.6	2002	2001
每股收益/扣除后(元)		0.0185	0.0766	0.0214
每股经营现金流量(元)	-0.1444		0.0508	0.1098
每股净资产/调整后(元)	1.2900	1.2600	1.2400	0.9900
每股公积金(元)	0.1371	0.1371	0.1371	0.1364
净资产收益率(%)	3.7400	1.4900	7.5000	1.5800
总资产(万元)	59072.88	60241.70	62007.19	60098.28
股东权益(万元)	40236.05	39314.84	38729.83	32228.96
未分配利润(万元)	2330.25	1409.05	824.03	-5509.55
主营收入(万元)	15327.93	10916.75	24951.29	17521.73
资本公积金(万元)	4937.73	4249.86	4249.86	4249.86
主营利润(万元)	6898.03	4178.73	9919.45	8130.08
其他业务利润(万元)	73.75	43.45	261.74	333.22
营业利润(万元)	2405.40	1174.23	3798.57	2780.91
投资收益(万元)	-708.48	-452.98	-751.20	-1020.46
补贴收入(万元)				
营业外收支(万元)	8.55	13.01	58.03	-158.78
利润总额(万元)	1705.47	734.27	3105.40	1601.67
净利润(万元)	1506.22	585.01	2903.63	509.33

十大股东

序号	股东名称	股份性质	持股数(万股)	比例(%)
1	信息产业部计算机与微电子发展研究中心	发起人境内法人股	9034.63	29.00
2	中国东方资产管理公司	发起人境内法人股	8346.24	26.79
3	太原兆和发展有限公司	发起人境内法人股	1496.26	4.80
4	中国平安保险(集团)股份有限公司	发起人境内法人股	1008.87	3.24
5	上海中南投资管理有限公司	定向法人境内法人股	400.00	1.28
6	光大证券有限责任公司	发起人境内法人股	392.35	1.26
7	海南神鼎发展公司	定向法人境内法人股	364.32	1.17
8	中国南玻集团股份公司	发起人境内法人股	322.28	1.03
9	上海平杰投资咨询有限公司	定向法人境内法人股	280.00	0.89
10	上海肇达投资咨询有限公司	定向法人境内法人股	157.76	0.50

股东人数	2003.9	2003.6	2002	2001
	35499	32938	29795	23861

近年分配		近年配股/增发	不分配不转增

重大事项

公司于**2003**年**3**月**17**日在北京与交通银行北京分行公主坟支行签订了《交通银行借款保证合同》,为公司控股子公司北京赛迪经纬文化传播有限公司向交通银行的**3000**万元借款提供担保.**2003**年**7**月**1**日,公司与广东发展银行北京分行翠微路支行签订了金额为**8000**万元、期限为**1**年的《额度借款合同》,该合同已经公司董事会审议批准.同日,公司与该支行签订了金额为**2000**万元《借款合同》,借款期限壹年,中国电子信息产业发展研究院为该笔贷款提供担保.

二○○二年以来市场表现

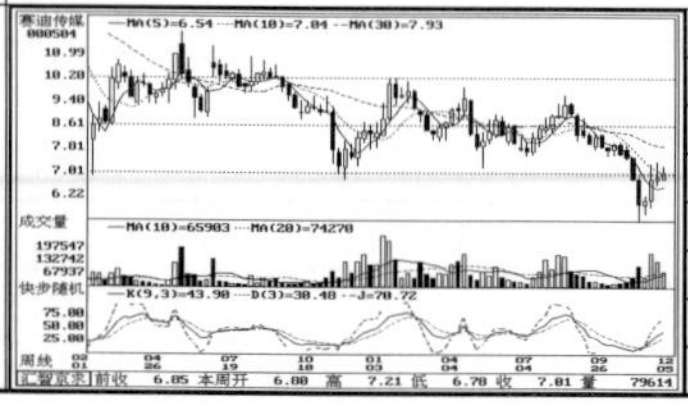

2002年涨跌幅(%)	-21.94
2002年最高(元)	11.79
2002年最低(元)	6.75
2002年换手率(%)	282.42
2003年涨跌幅(%)	-14.05
2003年最高(元)	10.18
2003年最低(元)	5.42
2003年换手率(%)	425.17

海南珠江控股股份有限公司

公司概况

公司名称	海南珠江控股股份有限公司			股票代码	000505	
注册地址	海口市滨海大道珠江广场帝豪大厦29楼			邮政编码	570125	
法人代表	郑清		董秘	冯湃		
电话	0898-68583723		传真	0898-68581026		
主营业务	房地产开发经营及综合投资					
总股本	37765.08	流通A	11340.58	流通B	5750.00	流通H
审计单位			审计意见	未审计		

主要财务指标

年度	2003.9	2003.6	2002	2001
每股收益/扣除后(元)	-0.0320	-0.0220	-0.3500	-0.0500
每股经营现金流量(元)	0.0240	0.0030	-0.0750	-0.0460
每股净资产/调整后(元)	0.6100	0.6000	0.6100	0.9500
每股公积金(元)		0.7544	0.7537	0.7516
净资产收益率(%)	-4.7800	-3.2000	-54.9200	-9.7900
总资产(万元)	72737.53	70025.99	66383.83	71662.94
股东权益(万元)	24803.27	24351.65	25134.81	39048.28
未分配利润(万元)	-51199.21	-51655.97	-50877.23	-36941.65
主营收入(万元)	8875.12	5161.26	9100.88	9170.58
资本公积金(万元)		28488.21	28464.90	28385.42
主营利润(万元)	1885.93	1211.82	1428.96	1931.29
其他业务利润(万元)	106.86	71.01	165.39	139.41
营业利润(万元)	-797.64	-534.42	-8220.74	-2972.42
投资收益(万元)	-454.54	-321.91	-5516.89	-1626.07
补贴收入(万元)			407.20	
营业外收支(万元)	26.07	43.49	-771.02	-390.88
利润总额(万元)	-1226.11	-812.84	-14101.46	-4989.37
净利润(万元)	-1185.98	-778.74	-13805.11	-3821.44

十大股东

序号	股东名称	股份性质	持股数(万股)	比例(%)
1	北京市万发房地产开发股份有限公司	法人股	11262.90	29.82
2	广州市利盛德投资有限公司	法人股	1700.00	4.50
3	恒隆国际有限公司	法人股	1357.00	3.59
4	上海中南投资管理有限公司	法人股	1100.00	2.91
5	海南发展银行海口分行	法人股	782.00	2.07
6	海南发展银行海口分行	法人股	575.00	1.52
7	广州珠江外资建筑设计院海南分院	法人股	589.60	1.30
8	中国平安保险股份有限公司	法人股	345.00	0.91
9	海南粤银科技有限公司	法人股	266.00	0.70
10	深圳金田实业股份有限公司	法人股	230.00	0.61

股东人数	2003.9	2003.6	2002	2001
	63227	64527	70562	64352

近年分配		近年配股/增发	不分配不转增

重大事项

2003年**11**月**20**日,公司因房屋买卖纠纷于**2002**年**8**月向海口市中级人民法院起诉海南中科信实业发展有限公司、海南华侨商业有限公司.海口市中级人民法院已审结此案并判令海南中科信实业发展有限公司偿付公司购房尾款人民币**9,404152**元及逾期违约金**1,154,715.55**元. **2000**年**8**月**14**日,公司董事会同意受让公司第一大股东之股东北京市新兴房地产开发总公司持有的深圳市迪瑞计算机技术有限公司**20%**股权共计**1125**万股,涉及金额**1912**万元.股权转让协议于**2000**年**8**月**8**日签署.

二○○二年以来市场表现

2002年涨跌幅(%)	-28.15
2002年最高(元)	10.40
2002年最低(元)	3.81
2002年换手率(%)	333.85
2003年涨跌幅(%)	-38.10
2003年最高(元)	7.08
2003年最低(元)	3.10
2003年换手率(%)	224.29

四川东泰产业(控股)股份有限公司

公司概况							
公司名称	四川东泰产业(控股)股份有限公司			股票代码	000506		
注册地址	四川乐山五通桥区竹根镇涌江路			邮政编码	614800		
法人代表	史文涛			董秘	尚玉伟		
电话	0833-3300798			传真	0833-3300798		
主营业务	纸制品,新型装饰材料、磁卡及相关材料的制造和销售						
总股本	24910.17	流通 A	14431.35	流通 B		流通 H	
审计单位				审计意见	未审计		

主要财务指标

年度	2003.9	2003.6	2002	2001
每股收益/扣除后(元)	0.0200	0.0320	0.0750	0.0935
每股经营现金流量(元)	0.0200	0.0100	-0.0410	0.1040
每股净资产/调整后(元)	1.2800	1.2520	1.1700	1.2190
每股公积金(元)	0.2113	0.2113	0.4198	0.2601
净资产收益率(%)	4.8300	2.5600	5.9000	8.7700
总资产(万元)	69786.99	69926.46	38298.60	69511.82
股东权益(万元)	31975.19	31267.74	30467.30	30428.86
未分配利润(万元)	1507.85	800.41	-5654.60	-1712.76
主营收入(万元)	21119.73	14409.42	37055.12	36197.34
资本公积金(万元)	5263.98	5263.98	10458.40	6478.13
主营利润(万元)	4396.17	2881.69	8245.73	8346.71
其他业务利润(万元)	85.94	100.15	425.77	610.65
营业利润(万元)	1901.19	1129.48	3252.98	3609.94
投资收益(万元)	50.87	50.87	-350.48	-393.26
补贴收入(万元)				816.88
营业外收支(万元)	9.77		-65.76	-83.74
利润总额(万元)	1961.83	1185.69	2836.75	3949.81
净利润(万元)	1507.85	800.41	1796.79	2668.50

十大股东

序号	股东名称	股份性质	持股数(万股)	比例(%)
1	江阴长江科技投资有限公司	法人股	4500.00	18.06
2	芜湖东泰实业有限公司	法人股	1500.00	6.02
3	河北证券有限责任公司	法人股	809.82	3.25
4	江门汇盛投资管理有限公司	法人股	418.13	1.68
5	中国盐业总公司	法人股	299.89	1.20
6	四川省盐业总公司	法人股	299.89	1.20
7	海南普林投资管理有限公司	法人股	270.00	1.08
8	上海思可达商务咨询有限公司	法人股	270.00	1.08
9	海南颐科科技开发有限公司	法人股	184.00	0.74
10	云南生产资料服务公司	法人股	149.94	0.60

股东人数	2003.9	2003.6	2002	2001
	18834	18738	19187	23006

近年分配		近年配股/增发	不分配不转增

重大事项

2003 年 7 月 22 日,公司控股子公司—芜湖东泰纸业有限公司拟通过自筹资金及银行融资的方式,新建一条年产 15 万吨高强瓦楞纸生产线,投资总额预计 2.5 亿元人民币。 2003 年 08 月 15 日,公司与乐山市商业银行就公司历史贷款还本付息的有关事宜进行了友好协商,公司承诺在 2003 年 9 月前以部分现款及实物方式偿清截止 2003 年 7 月 20 日欠息 279 万元;借款本金 789.1 万元先归还 1000 元,剩余进行借新换旧,贷款主体仍为公司,并以芜湖东泰纸业有限公司资产作抵押,期限一年,利率 4.425‰,按季付息.还款期限三年,2006 年 7 月 31 日前全部清偿完毕.若公司不能按期付息,则利率上浮 30%并计收复息.

二〇〇二年以来市场表现

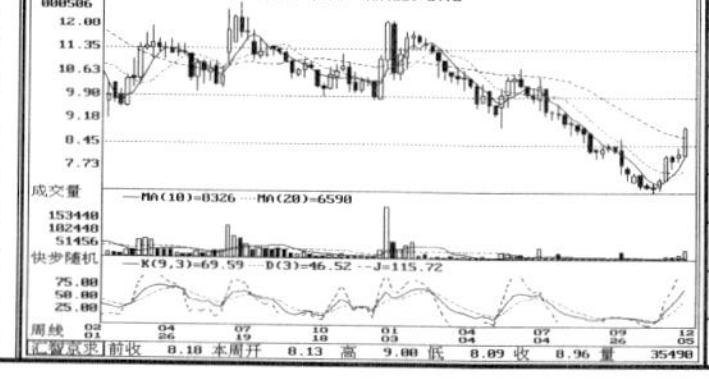

2002年涨跌幅(%)	-3.55
2002年最高(元)	12.80
2002年最低(元)	8.81
2002年换手率(%)	100.26
2003年涨跌幅(%)	-31.66
2003年最高(元)	11.91
2003年最低(元)	7.00
2003年换手率(%)	32.73

珠海经济特区富华集团股份有限公司

公司概况							
公司名称	珠海经济特区富华集团股份有限公司			股票代码	000507		
注册地址	广东省珠海市拱北北岭工业区富华集团股份有限公司			邮政编码	519070		
法人代表	阎前			董秘	薛楠		
电话	0756-8888148			传真	0756-8886218		
主营业务	港口交通运输业务、房地产开发、进出口业务						
总股本	34499.74	流通 A	19555.80	流通 B		流通 H	
审计单位				审计意见	未审计		

主要财务指标

年度	2003.9	2003.6	2002	2001
每股收益/扣除后(元)	0.0810	0.0530	0.0510	0.0810
每股经营现金流量(元)	0.0200	-0.0260	0.0300	0.0680
每股净资产/调整后(元)	2.7800	2.7600	2.7300	2.6700
每股公积金(元)	1.9392	1.9392	1.9392	1.9392
净资产收益率(%)	2.6690	1.7200	1.9900	2.8700
总资产(万元)	117575.67	114384.73	113071.22	130653.98
股东权益(万元)	98357.08	97405.23	95732.41	93831.89
未分配利润(万元)	-4620.35	-5572.20	-7245.01	-9145.53
主营收入(万元)	8758.29	5173.10	11087.56	17150.78
资本公积金(万元)	66900.97	66900.97	66900.97	66900.97
主营利润(万元)	2977.42	1951.66	3871.75	4257.01
其他业务利润(万元)	211.96	113.61	284.88	422.94
营业利润(万元)	-683.30	-342.48	-371.60	712.41
投资收益(万元)	3820.31	2409.08	2800.74	2607.57
补贴收入(万元)	6.29	0.04	15.15	15.85
营业外收支(万元)	-125.14	-123.93	-83.01	-25.22
利润总额(万元)	3018.16	1942.70	2361.27	3310.61
净利润(万元)	2624.66	1672.82	1900.52	2689.44

十大股东

序号	股东名称	股份性质	持股数(万股)	比例(%)
1	珠海市港口企业集团有限公司	国有法人股	7175.40	20.80
2	珠海市纺织工业集团公司	发起人法人股	3876.96	11.24
3	珠海科技奖励基金会	定向法人股	792.00	2.30
4	深圳市中科招商创业投资管理有限公司	定向法人股	660.00	1.91
5	珠海经济特区冠华轻纺总公司	发起人法人股	646.80	1.88
6	中国化纤总公司	定向法人股	435.60	1.26
7	中国信达信托投资公司	定向法人股	330.00	0.96
8	重庆超思信息材料股份有限公司	定向法人股	330.00	0.96
9	广东发展银行珠海分行	发起人法人股	220.00	0.64
10	珠海教育基金会	定向法人股	171.60	0.50

股东人数	2003.9	2003.6	2002	2001
	101224	102899	104385	112592

近年分配		近年配股/增发	不分配不转增

重大事项

2002 年 11 月 23 日,公司第二大股东珠海市纺织工业集团公司以其拥有的全资子公司珠海经济特区冠华房地产开发公司的 100%股权转让给公司.该公司名称变更为:珠海经济特区冠华房地产开发有限公司. 2003 年 3 月 27 日,公司董事局同意,为富华进出口贸易公司拟向交通银行珠海分行申请 800 万美元的开证额度和 2000 万元人民币的流动资金借款提供担保,期限为 18 个月,同时授权董事局主席签署有关担保文件.

二〇〇二年以来市场表现

2002年涨跌幅(%)	-30.36
2002年最高(元)	7.85
2002年最低(元)	4.72
2002年换手率(%)	126.50
2003年涨跌幅(%)	22.80
2003年最高(元)	6.62
2003年最低(元)	4.90
2003年换手率(%)	185.08

四川天歌科技集团股份有限公司

公司概况

公司名称	四川天歌科技集团股份有限公司	股票代码	000509
注册地址	四川省南充市涪江路117号	邮政编码	637000
法人代表	倪进凯	董秘	王之钧
电话	028-85435719	传真	028-85445907
主营业务	塑料建材、服装生产、物业等		
总股本	25000.99	流通A	15078.25
流通B		流通H	
审计单位		审计意见	未审计

主要财务指标

年度	2003.9	2003.6	2002	2001
每股收益/扣除后(元)	0.0404	0.0107	-0.4633	0.1024
每股经营现金流量(元)	0.0980	0.0014	-1.0500	0.2260
每股净资产/调整后(元)	1.8510	1.6200	1.5820	2.7800
每股公积金(元)	1.8493	1.8493	1.8081	1.7638
净资产收益率(%)	2.4100	0.8100	-58.1100	2.7400
总资产(万元)	118155.17	88591.97	83612.95	116098.67
股东权益(万元)	46369.11	45518.45	44122.37	71953.71
未分配利润(万元)	-28049.23	-28799.88	-29164.38	-885.65
主营收入(万元)	10417.75	5276.80	14116.51	31138.54
资本公积金(万元)	46234.78	46234.78	45203.18	44095.60
主营利润(万元)	3537.23	1861.17	973.32	8096.12
其他业务利润(万元)	396.76	76.13	-64.83	260.16
营业利润(万元)	1157.09	184.58	-15226.60	3524.42
投资收益(万元)	13.67	-0.40	-7380.29	693.77
补贴收入(万元)			11.70	517.45
营业外收支(万元)	89.67	98.43	-4340.11	-1607.41
利润总额(万元)	1260.43	282.61	-26935.30	3128.23
净利润(万元)	1115.15	364.49	-25637.90	1969.51

十大股东

序号	股东名称	股份性质	持股数(万股)	比例(%)
1	山东同人实业有限公司	法人股	5631.57	22.53
2	大鹏证券有限公司	流通股	2446.09	9.78
3	南充天益资产投资管理公司	发起人股	1996.78	7.99
4	深圳市东润投资有限责任公司	法人股	660.00	2.64
5	中国银行南充分行	法人股	544.50	2.18
6	广东证券股份有限公司	流通股	527.01	2.11
7	华夏证券有限公司	流通股	518.98	2.08
8	珠海经济特区富华投资公司	法人股	198.00	0.79
9	深圳发展银行	法人股	165.00	0.66
10	深圳市华夏实业股份有限公司	法人股	130.35	0.52

股东人数

2003.9	2003.6	2002	2001
37210	37159	36450	40405

近年分配		近年配股/增发	2001年中期10股配3股

重大事项

2003年10月16日,公司接公司第一大股东山东同人实业有限公司通知,其持有的13000000股"天歌科技"法人股(占公司总股本的5.19%)自2003年9月26日起因质押给华夏银行济南分行营业部贷款被冻结. 2003年9月23日公司签定合资经营合同,决定以公司全资子公司华塑建材(山东)有限公司现有的模具制造板块的资产评估作价出资与奥地利格鲁柏集团盖特挤出技术有限公司技术参股共同组建中外合资山东格鲁伯挤出技术有限公司.该公司登记注册需山东省章丘市外经贸委批准.

二〇〇二年以来市场表现

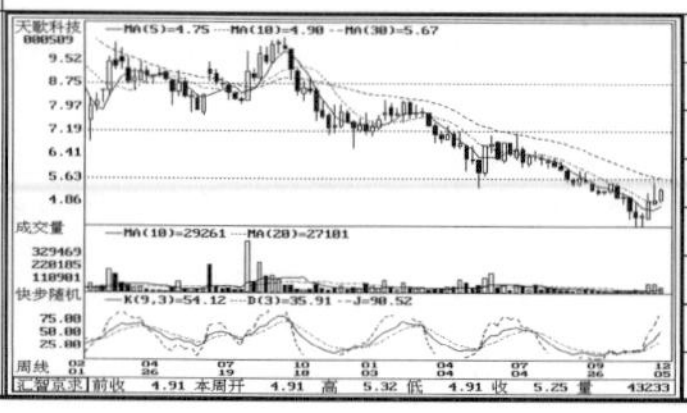

2002年涨跌幅(%)	-27.90
2002年最高(元)	10.30
2002年最低(元)	6.51
2002年换手率(%)	212.08
2003年涨跌幅(%)	-33.56
2003年最高(元)	8.20
2003年最低(元)	4.08
2003年换手率(%)	127.08

四川金路集团股份有限公司

公司概况

公司名称	四川金路集团股份有限公司	股票代码	000510
注册地址	四川省德阳市岷江西路二段57号金路大厦	邮政编码	618000
法人代表	何光昶	董秘	彭朗
电话	0838-2207936	传真	0838-2207936
主营业务	化工、酒类		
总股本	60918.23	流通A	40184.55
流通B		流通H	
审计单位		审计意见	未审计

主要财务指标

年度	2003.9	2003.6	2002	2001
每股收益/扣除后(元)	0.1320	0.0831	0.2000	0.1300
每股经营现金流量(元)	0.2000	0.0260	0.1760	0.1200
每股净资产/调整后(元)	1.3260	1.2820	1.5850	1.4180
每股公积金(元)	0.1078	0.1078	0.3399	0.3426
净资产收益率(%)	9.6800	6.5300	12.9300	13.6900
总资产(万元)	288647.97	229705.66	236345.34	172727.36
股东权益(万元)	85743.27	82859.65	77430.20	68717.49
未分配利润(万元)	12937.52	10053.90	9322.39	1984.14
主营收入(万元)	93892.65	56148.89	94109.02	63396.30
资本公积金(万元)	6566.87	6566.87	15926.98	16054.23
主营利润(万元)	25862.01	15585.29	24866.83	13149.89
其他业务利润(万元)	77.04	198.16	574.53	774.01
营业利润(万元)	10148.47	6409.58	10683.70	7713.10
投资收益(万元)	401.25	431.74	1344.65	1119.55
补贴收入(万元)	403.42	400.00	25.30	400.00
营业外收支(万元)	-554.03	-49.54	-135.30	40.94
利润总额(万元)	10399.11	7191.78	11918.35	9273.59
净利润(万元)	8301.15	5417.53	10011.47	9405.39

十大股东

序号	股东名称	股份性质	持股数(万股)	比例(%)
1	汉龙实业发展有限公司	法人股	8920.53	14.64
2	德阳市国有资产经营公司	国家股	8124.01	13.34
3	四川佛兰印务有限公司	法人股	2489.76	4.09
4	华西证券有限责任公司	流通股	2065.95	3.39
5	深圳经济特区发展集团公司	流通股	1328.01	2.18
6	四川德阳天然气有限责任公司	法人股	681.41	1.12
7	山西信托投资有限责任公司	流通股	213.00	0.35
8	北京屯泰财务技术咨询有限公司	法人股	204.42	0.34
9	山西信联集团实业有限公司	流通股	138.03	0.23
10	德阳市金路持股联合会	法人股	129.50	0.21

股东人数

2003.9	2003.6	2002	2001
87657	90129	30238	29945

近年分配	2001年10股派0.25元	近年配股/增发	2001年10股送1股、转增2股

重大事项

2003年8月5日根据财政部、国家税务总局有关通知精神,公司2002年度实施聚氯乙烯、烧碱、VCM技改项目共购置国产设备61,955,833.00元,经四川省地方税务局批准,同意公司从2002年起,五年内抵免企业所得税24,782,333.00元. 2002年12月13日,四川省高级人民法院已受理汉龙实业发展有限公司 申请执行西藏珠峰摩托车工业公司借款纠纷案.该院于2002年11月26日裁定冻结珠峰摩托持有的公司法人股68,619,456股,并已将裁定书送达深交所并办理冻结手续.

二〇〇二年以来市场表现

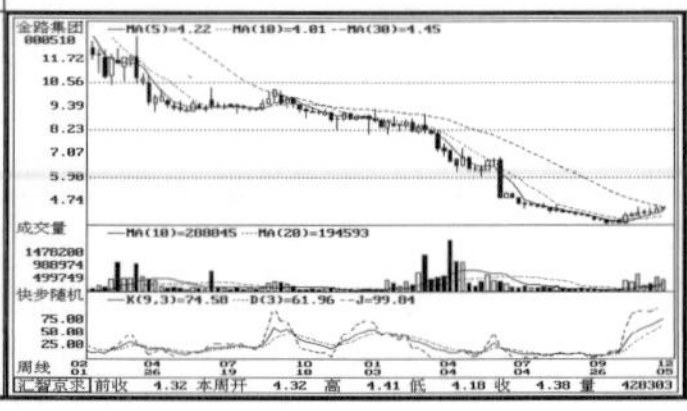

2002年涨跌幅(%)	-36.89
2002年最高(元)	10.99
2002年最低(元)	6.13
2002年换手率(%)	332.24
2003年涨跌幅(%)	-37.66
2003年最高(元)	6.90
2003年最低(元)	3.58
2003年换手率(%)	516.36

沈阳银基发展股份有限公司

公司概况

公司名称	沈阳银基发展股份有限公司			股票代码	000511
注册地址	沈阳市东陵区文化东路 20 号			邮政编码	110015
法人代表	沈志奇			董秘	孙家庆
电话	024-22958933			传真	024-22958922
主营业务	房地产开发、酒店经营				
总股本	26982.14	流通 A	17854.94	流通 B	流通 H
审计单位				审计意见	未审计

主要财务指标

年度	2003.9	2003.6	2002	2001
每股收益 / 扣除后(元)	0.0300	-0.0240	0.1560	0.2540
每股经营现金流量(元)	-0.3400	-0.1850	-0.2360	-1.6100
每股净资产 / 调整后(元)	3.8140	3.7600	3.7800	3.5950
每股公积金(元)	1.9908	1.9908	1.9908	1.9908
净资产收益率(%)	0.7950	-0.6280	4.7870	9.9040
总资产(万元)	226258.72	217450.12	186398.12	184183.77
股东权益(万元)	103120.42	101662.52	102300.92	97301.92
未分配利润(万元)	17065.31	15607.42	16245.82	12398.68
主营收入(万元)	16331.91	3559.99	26692.11	40363.54
资本公积金(万元)	53714.82	53714.82	53714.82	53612.54
主营利润(万元)	3969.00	1364.96	11194.18	15026.92
其他业务利润(万元)	-2.93	4.97		
营业利润(万元)	1172.37	-616.06	6843.15	10327.09
投资收益(万元)	-1.72	-1.15		
补贴收入(万元)				
营业外收支(万元)	-10.07	-10.07	10.89	-75.92
利润总额(万元)	1160.58	-627.27	6854.04	10251.18
净利润(万元)	819.49	-638.40	4896.72	9637.11

十大股东

序号	股东名称	股份性质	持股数(万股)	比例(%)
1	沈阳银基集团股份有限公司	法人股	6994.86	25.92
2	沈阳银顺隆机电物资有限公司	法人股	697.88	2.59
3	沈阳新思科自动化有限公司	法人股	360.20	1.33
4	华宝信托投资有限责任公司	流通股	336.57	1.25
5	沈阳建行信托投资股份公司	法人股	234.00	0.87
6	沈阳泰金科技实业有限公司	法人股	186.67	0.69
7	辽宁国发股份有限公司	法人股	163.80	0.61
8	沈阳三和盛物资贸易有限公司	法人股	156.08	0.58
9	长江证券有限责任公司	流通股	133.94	0.50
10	沈阳信丰网络发展有限公司	法人股	97.20	0.36

股东人数	2003.9	2003.6	2002	2001
	50711	53324	49608	33637

近年分配		近年配股 / 增发	不分配不转增

重大事项

2003 年 7 月 11 日 公司与辽宁山川房地产开发有限公司在沈阳签署投资成立辽宁银基山川地产置业有限公司的协议,共同对公司拥有使用权的沈阳浑河北岸天坛地区 8#.9# 建设用地进行房地产开发.公司以该开发项目所占用地块的土地使用权对项目公司投资,辽宁山川全部以现金对项目公司投资.项目公司注册资本为壹亿元人民币,公司拥有项目 90% 股份,辽宁山川拥有项目公司 10% 股份.2003 年 7 月 5 日,公司第一大股东沈阳银基集团股份有限公司以其持有的公司法人股 1410 万股作质押,向交通银行沈阳分行大东支行申请 3000 万元贷款.质押期限为 2003 年 6 月 27 日至双方申请解冻为止.

二〇〇二年以来市场表现

2002年涨跌幅(%)	-40.52
2002年最高(元)	9.25
2002年最低(元)	5.28
2002年换手率(%)	189.05
2003年涨跌幅(%)	0.38
2003年最高(元)	6.65
2003年最低(元)	4.64
2003年换手率(%)	166.59

丽珠医药集团股份有限公司

公司概况

公司名称	丽珠医药集团股份有限公司					股票代码	000513
注册地址	广东省珠海市拱北桂花北路 132 号					邮政编码	519020
法人代表	朱保国			董秘	王武平		
电话	0756-8135888			传真	0756-8886002		
主营业务	生产经营中成药、口服液						
总股本	30603.55	流通 A	11567.23	流通 B	12230.70	流通 H	
审计单位				审计意见	未审计		

主要财务指标

年度	2003.9	2003.6	2002	2001
每股收益 / 扣除后(元)	0.1750	0.1400	0.2100	0.1600
每股经营现金流量(元)	0.7700	0.6700	0.7000	0.5100
每股净资产 / 调整后(元)	3.2500	3.2200	3.0700	2.9900
每股公积金(元)	1.3845	1.3840	1.3810	1.3739
净资产收益率(%)	5.3890	4.2700	6.5240	5.4800
总资产(万元)	177994.59	177160.80	185643.92	167619.12
股东权益(万元)	100460.83	99381.98	94940.87	91897.18
未分配利润(万元)	1515.09	5098.42	1616.59	1897.41
主营收入(万元)	142044.48	102113.64	160120.56	139579.20
资本公积金(万元)	42370.71	42355.05	42264.24	42046.13
主营利润(万元)	68439.91	49996.37	70385.02	65121.53
其他业务利润(万元)	400.23	334.62	1522.36	1351.47
营业利润(万元)	9256.21	8884.43	13117.88	11622.84
投资收益(万元)	919.37	-123.46	-1752.64	-836.13
补贴收入(万元)	52.20	52.20	220.52	26.30
营业外收支(万元)	-39.58	-4.14	-428.67	-624.26
利润总额(万元)	10188.19	8809.03	11157.09	10188.76
净利润(万元)	5413.86	4244.74	6194.27	5039.21

十大股东

序号	股东名称	股份性质	持股数(万股)	比例(%)
1	中国光大(集团)总公司	境内法人股	3891.75	12.72
2	深圳健康药业集团股份有限公司	境内法人股、流通A股	3226.09	10.54
3	天诚实业有限公司	流通 B 股	3154.22	10.31
4	深圳市海滨制药有限公司	流通 A 股	675.24	2.21
5	广州市保科力贸易公司	境内法人股	605.94	1.98
6	同盛证券投资基金	流通 A 股	459.55	1.50
7	同益证券投资基金	流通 A 股	367.41	1.20
8	科讯证券投资基金	流通 A 股	210.55	0.69
9	裕隆证券投资基金	流通 A 股	200.63	0.66
10	普丰证券投资基金	流通 A 股	178.30	0.58

股东人数	2003.9	2003.6	2002	2001
	46052	46021	45983	57870

近年分配	2002年 10 股派 1 元 2001 年 10 股派 0.3 元	近年配股 / 增发	不分配不转增

重大事项

深圳健康药业集团有限公司直接及间接持有 100% 权益的子公司天诚实业有限公司于 2003 年 6 月 5 日至 8 月 20 日,在每股 4.71 元港币至 5.05 元港币的价格区间内,购入并持有公司 B 股流动通股 3145374 股,截至 2003 年 8 月 20 日止,天诚实业有限公司持有公司股份 33447984 股;深圳健康药业集团股份有限公司及其控股子公司合并持有及控制公司股份 78520763 股. 2002 年 4 月 26 日 美国安士公司(安士公司)与丽珠集团签署《迪巧总经销合同书》,丽珠集团将自 2002 年起作为安士公司所生产之产品迪巧在中国市场的独家总经销. 2002 年丽珠集团总经销迪巧产品数量暂定目标为 250 万瓶,2003 年为 300 万瓶,2004 年为 350 万瓶,交易金额约在人民币 2000-2900 万元之间.

二〇〇二年以来市场表现

2002年涨跌幅(%)	-5.62
2002年最高(元)	13.12
2002年最低(元)	6.32
2002年换手率(%)	340.17
2003年涨跌幅(%)	-17.30
2003年最高(元)	11.02
2003年最低(元)	6.17
2003年换手率(%)	173.91

重庆渝开发股份有限公司

公司概况

公司名称	重庆渝开发股份有限公司	股票代码	000514
注册地址	重庆市渝中区曾家岩1号附1号	邮政编码	400015
法人代表	张玉昌	董秘	夏光明
电话	023-63858883	传真	023-63626492
主营业务	房地产开发、污水处理		
总股本	11754.29	流通 A	4324.32
流通 B		流通 H	
审计单位		审计意见	未审计

主要财务指标

年度	2003.9	2003.6	2002	2001
每股收益/扣除后(元)	0.0300	0.0300	0.0130	-0.8800
每股经营现金流量(元)	-2.0080	-1.5730	0.2960	0.2400
每股净资产/调整后(元)	1.0528	1.0500	1.0200	0.2200
每股公积金(元)		0.9951	0.9947	0.3033
净资产收益率(%)	3.2100	2.9100	7.2500	-368.8400
总资产(万元)	42975.69	37778.73	17127.40	33624.21
股东权益(万元)	12415.49	12382.47	12005.24	2802.58
未分配利润(万元)		-12784.56	-13144.88	-14230.03
主营收入(万元)	3621.22	3095.41	2795.59	3674.55
资本公积金(万元)		11696.73	11691.44	3565.35
主营利润(万元)	711.05	551.30	673.30	145.18
其他业务利润(万元)	184.92	172.32	375.17	110.89
营业利润(万元)	390.15	371.32	886.57	-5952.35
投资收益(万元)	12.39	11.82	128.16	-592.03
补贴收入(万元)			204.30	526.90
营业外收支(万元)	12.23		-350.28	-4311.54
利润总额(万元)	414.78	375.65	868.74	-10329.02
净利润(万元)	398.62	360.32	870.36	-10337.19

十大股东

序号	股东名称	股份性质	持股数(万股)	比例(%)
1	重庆市城市建设投资公司	国家股	6146.71	52.99
2	富国投资有限公司	法人股	549.70	4.68
3	中国银河证券有限公司	法人股	312.00	2.65
4	江苏省国际信托投资公司	流通股	242.00	2.06
5	中国宝安集团股份有限公司	法人股	164.91	1.40
6	深圳市信诚投资有限公司	法人股	136.65	1.16
7	江苏省金信证券公司	流通股	128.62	1.09
8	西安怡和经济发展投资集团公司	法人股	120.00	1.02
9	山西信托投资有限责任公司	流通股	530.90	0.45
10	覃辉	流通股	512.66	0.44

股东人数	2003.9	2003.6	2002	2001
	14058	15654	15810	20207

近年分配		近年配股/增发	不分配不转增

重大事项

2003年4月15日 公司与中国建设银行重庆渝中支行签订借款合同，公司借款人民币3亿元整，期限从2003年4月15日至2004年10月15日，由重庆市城市建设投资公司提供连带责任保证。公司于2003年5月30日召开了2003年第二次临时股东大会，审议通过以上相关事项。 2003年09月11日公司董事会同意，公司拟以6000万元人民币收购重庆市农村信用合作社城郊联合营业部依据重庆市第一中级人民法院第454号《民事裁定书》依法取得的位于重庆市江北区建北二支路1号的嘉陵大厦34322平方米全部在建房屋所有权及1012.4平方米国有土地使用权。

二〇〇二年以来市场表现

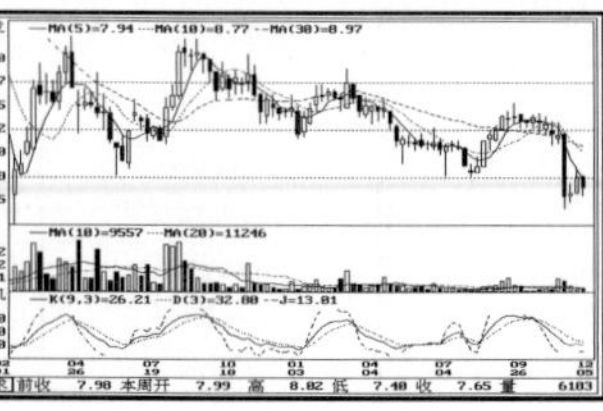

2002年涨跌幅(%)	-12.73
2002年最高(元)	12.32
2002年最低(元)	5.90
2002年换手率(%)	464.74
2003年涨跌幅(%)	-18.57
2003年最高(元)	11.29
2003年最低(元)	7.01
2003年换手率(%)	135.62

重庆渝港钛白粉股份有限公司

公司概况

公司名称	重庆渝港钛白粉股份有限公司	股票代码	000515
注册地址	重庆市巴南区走马二村51号	邮政编码	400055
法人代表	黄立人	董秘	向远平
电话	023-62551279	传真	023-62551279
主营业务	金红石型钛白粉系列产品生产、销售等		
总股本	18720.75	流通 A	7983.36
流通 B		流通 H	
审计单位		审计意见	未审计

主要财务指标

年度	2003.9	2003.6	2002	2001
每股收益/扣除后(元)	0.0800	0.0500	0.1500	0.0620
每股经营现金流量(元)	0.3100	0.2570	0.3400	0.2960
每股净资产/调整后(元)	1.6200	1.8800	1.2700	1.0500
每股公积金(元)	0.5554	0.8159	0.4645	0.3918
净资产收益率(%)	4.4500	2.6100	10.2000	5.3700
总资产(万元)	59415.06	57220.76	64153.65	66363.64
股东权益(万元)	30495.81	29496.08	21139.79	17849.87
未分配利润(万元)	982.81	397.68	-2102.29	-4257.87
主营收入(万元)	19304.24	12695.52	23624.63	21546.93
资本公积金(万元)	10397.35	12728.46	7246.55	6112.21
主营利润(万元)	4489.51	2886.18	4993.69	5507.07
其他业务利润(万元)	104.35	53.46	78.17	8.20
营业利润(万元)	1437.42	897.20	1255.06	1125.02
投资收益(万元)				
补贴收入(万元)	254.23	104.23	1458.09	360.44
营业外收支(万元)	-94.91	-93.09	-177.17	-357.00
利润总额(万元)	1596.74	908.34	2535.98	1128.46
净利润(万元)	1357.23	772.09	2155.58	959.19

十大股东

序号	股东名称	股份性质	持股数(万股)	比例(%)
1	中国长城资产管理公司	国家股	5047.82	32.36
2	攀枝花钢铁(集团)公司	国有法人股	3900.00	25.00
3	左洪雁	社会公众股	208.39	1.34
4	郑州迅能计算机系统工程有限公司	社会公众股	95.91	0.61
5	张凤荣	社会公众股	84.29	0.54
6	重庆博高商贸有限责任公司	社会公众股	56.98	0.37
7	郑德华	社会公众股	45.86	0.29
8	娄成林	社会公众股	44.18	0.28
9	郑州市金兰利印刷有限公司	社会公众股	40.00	0.26
10	北京文和文化传播有限责任公司	社会公众股	38.09	0.24

股东人数	2003.9	2003.6	2002	2001
	13380	13933	23849	24662

近年分配	2003年中期10股派0.2元 2001年中期10股派0.1元	近年配股/增发	2002年10股增2股 2001年中期10股转增2股

重大事项

2003年8月14日，公司董事会召开临时会议，会议同意公司向招商银行重庆分行申请授信额度为人民币捌仟万元整的贷款，期限为一年。并以公司财产作为抵押或质押，担保该笔借款按时偿还。 2003年6月23日，公司董事会同意公司向交通银行重庆分行南坪支行申请人民币捌仟万元整的贷款额度，其中6250万元为信用，1750万元为抵押。期限为2003年6月23日至2004年12月28日。

二〇〇二年以来市场表现

2002年涨跌幅(%)	-9.17
2002年最高(元)	10.51
2002年最低(元)	5.11
2002年换手率(%)	682.96
2003年涨跌幅(%)	11.99
2003年最高(元)	9.40
2003年最低(元)	6.25
2003年换手率(%)	160.81

西安解放集团股份有限公司

公司概况

公司名称	西安解放集团股份有限公司		股票代码	000516	
注册地址	西安市解放市场6号		邮政编码	710001	
法人代表	王科		董秘	刘建锁	
电话	029-7217854		传真	029-7217705	
主营业务	国内商贸、商品零售				
总股本	13037.83	流通A 4345.45	流通B	流通H	
审计单位			审计意见	未审计	

主要财务指标

年度	2003.9	2003.6	2002	2001
每股收益/扣除后(元)	0.1600	0.0900	0.2600	0.2490
每股经营现金流量(元)	-0.3039		0.7864	0.8661
每股净资产/调整后(元)	2.9600	2.9000	2.7600	2.7100
每股公积金(元)	1.1065	1.1065	1.1065	1.1065
净资产收益率(%)	6.4000	3.3400	9.9300	8.7500
总资产(万元)	77873.57	79410.61	81213.88	81095.00
股东权益(万元)	39137.06	37898.10	36632.99	35602.31
未分配利润(万元)	8159.71	6920.75	5655.64	5609.80
主营收入(万元)	91704.98	63048.69	112952.08	68111.13
资本公积金(万元)	14426.09	14426.09	14426.09	14426.09
主营利润(万元)	9282.14	5888.16	13670.11	10992.61
其他业务利润(万元)	1413.79	1106.33	1312.35	128.44
营业利润(万元)	3773.82	2506.53	5988.67	4605.80
投资收益(万元)	722.87	1.75	303.16	62.93
补贴收入(万元)				
营业外收支(万元)	0.25	-7.31	-67.73	-47.42
利润总额(万元)	4496.94	2500.97	6224.10	4621.31
净利润(万元)	2504.08	1265.12	3638.24	3115.33

十大股东

序号	股东名称	股份性质	持股数(万股)	比例(%)
1	西安市财政局	国家股	2804.63	21.51
2	西安高新医院有限公司	法人股	2286.90	17.54
3	西安商业科技开发公司	法人股	583.93	4.48
4	陕西新开高新技术投资有限公司	法人股	435.60	3.34
5	陕西精诚投资有限公司	法人股	399.30	3.06
6	西安华融科技有限公司	法人股	326.70	2.51
7	西安中露食品有限责任公司	法人股	326.70	2.51
8	中国航空油料西北公司	法人股	217.80	1.67
9	深圳市广顺实业股份有限公司	法人股	217.80	1.67
10	深圳市长通数码科技有限公司	法人股	166.80	1.28

股东人数	2003.9	2003.6	2002	2001
	20525	21230	20139	20992

近年分配	2002年10股派2元 2001年10股派1.6元	近年配股/增发	不分配不转增

重大事项

2003年6月,公司参股西安市商业银行的股东资格获中国人民银行西安分行核准,同时西安市商业银行将公司认购股份确认为5900万股.2003年11月,中国银行业监督管理委员会陕西监管局办公室批复同意公司参股西安市商业银行5900万股,占西安市商业银行本次增资扩股完成后总股本的5.78%.2003年11月18日,公司与西安市商业银行正式签署了《认股协议书》. 2003年7月24日,公司与中国银河证券有限责任公司2002年5月31日签订《委托资产管理合同》,以自有资金8000万元人民币委托该公司进行资产管理,委托期限一年.截止2003年7月22日,公司已收回全部本金8000万元人民币及收益480万元人民币.公司现已无委托理财事项.

二○○二年以来市场表现

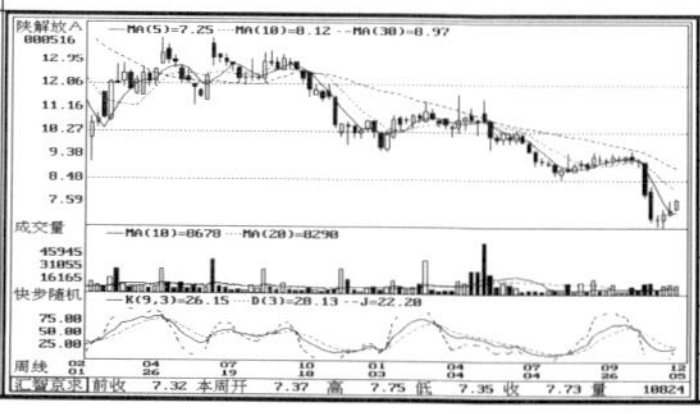

2002年涨跌幅(%)	-23.94
2002年最高(元)	13.48
2002年最低(元)	8.30
2002年换手率(%)	107.08
2003年涨跌幅(%)	-24.22
2003年最高(元)	11.46
2003年最低(元)	6.70
2003年换手率(%)	115.65

成功信息产业(集团)股份有限公司

公司概况

公司名称	成功信息产业(集团)股份有限公司		股票代码	000517	
注册地址	宁波江东北路138号宁波金融大厦12AF		邮政编码	315040	
法人代表	陈新		董秘	傅备镖	
电话	0574-87730360		传真	0574-87730353	
主营业务	通讯设备、电子网络产品、自动化仪表等				
总股本	23330.75	流通A 11140.82	流通B	流通H	
审计单位			审计意见	未审计	

主要财务指标

年度	2003.9	2003.6	2002	2001
每股收益/扣除后(元)	0.1000	0.0720	0.1700	0.5100
每股经营现金流量(元)	-0.9980	-0.3600	-0.4400	0.3500
每股净资产/调整后(元)	3.4500	3.4000	5.3400	3.2100
每股公积金(元)	1.8457	1.8455	3.5529	0.8490
净资产收益率(%)	3.0500	2.0800	4.5700	17.0900
总资产(万元)	169143.83	150492.52	116028.03	75758.38
股东权益(万元)	80096.68	79242.58	80087.64	29031.24
未分配利润(万元)	9891.07	9064.27	10552.46	9019.11
主营收入(万元)	43677.77	30500.97	55294.88	49491.05
资本公积金(万元)	43057.79	51806.82	51746.14	7631.99
主营利润(万元)	9339.70	9339.70	10223.12	10329.38
其他业务利润(万元)	9.83	6.72	51.74	177.02
营业利润(万元)	2348.25	1593.12	306.61	1331.14
投资收益(万元)	-107.72	-27.33	1137.31	323.21
补贴收入(万元)	426.86	144.78	391.53	287.55
营业外收支(万元)	-54.04	-8.89	2130.95	4012.77
利润总额(万元)	2613.35	1701.69	3966.41	5954.68
净利润(万元)	2467.28	1665.49	3568.32	4961.36

十大股东

序号	股东名称	股份性质	持股数(万股)	比例(%)
1	深圳市新海投资控股有限公司	国有法人股	6366.79	27.29
2	北京市华远集团公司	法人股	612.48	2.63
3	深圳市胜启投资有限公司	法人股	551.62	2.36
4	上海银通创业发展有限公司	法人股	428.93	1.84
5	北京麒祥文化发展有限公司	法人股	404.39	1.73
6	慈溪市永杰机械设备有限公司	法人股	390.69	1.67
7	宁波港务局	法人股	340.10	1.46
8	海军四八一九工厂	法人股	309.84	1.33
9	天同证券有限责任公司	流通股	261.59	1.12
10	上海鼎立实业发展有限公司	法人股	255.20	1.09

股东人数	2003.9	2003.6	2002	2001
	5544	5674	6149	7283

近年分配	2002年10股派0.7元 2001年10股派0.756411元	近年配股/增发	2002年10股增6股 2001年10股送1.512822股增0.756411股

重大事项

2003年11月25日 公司控股子公司宁波成功多媒体通信有限公司继获得国家广播电影电 视总局颁发的网上传播视听节目许可证后,该公司又获得中华人民共和国文化部颁发的《网络文化经营许可证》. 2003年6月12日,因公司第一大股东深圳市新海投资控股有限公司涉诉,深圳市中级人民法院于2003年04月11日冻结了其所持有的公司股份19896204股, 并于5月27日冻结了该部分股权的公积金转增股本11937722股,共计冻结股份31833926股.

二○○二年以来市场表现

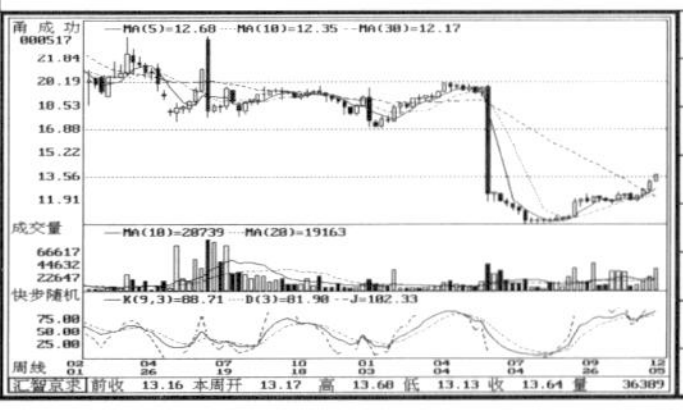

2002年涨跌幅(%)	5.49
2002年最高(元)	12.38
2002年最低(元)	8.79
2002年换手率(%)	92.15
2003年涨跌幅(%)	12.29
2003年最高(元)	13.25
2003年最低(元)	10.25
2003年换手率(%)	62.66

江苏四环生物股份有限公司

公司概况

公司名称	江苏四环生物股份有限公司				股票代码	000518	
注册地址	江苏省江阴市滨江开发区				邮政编码	214434	
法人代表	汪建平			董秘	高立新		
电话	0510-6408558			传真	0510-6408558		
主营业务	毛纺织、医药						
总股本	102955.62	流通 A	69636.50	流通 B		流通 H	
审计单位				审计意见	未审计		

主要财务指标

年度	2003.9	2003.6	2002	2001
每股收益/扣除后(元)	0.0600	0.1070	0.1600	0.4260
每股经营现金流量(元)	0.0500	0.0130	0.3300	0.1600
每股净资产/调整后(元)	1.0600	2.1600	2.0600	5.4500
每股公积金(元)	0.0024	0.7748	0.7746	4.0808
净资产收益率(%)	5.9300	4.8900	8.0900	7.7900
总资产(万元)	117140.81	121454.31	114499.59	108194.37
股东权益(万元)	109433.87	111358.28	105900.01	98000.63
未分配利润(万元)	2305.00	13070.38	11593.24	5645.67
主营收入(万元)	30000.97	21163.07	47007.72	36675.79
资本公积金(万元)	246.08	39884.00	39874.43	72941.78
主营利润(万元)	10860.34	7731.79	13811.64	12339.40
其他业务利润(万元)	2193.15	2486.95	3152.13	29.48
营业利润(万元)	9029.36	7850.78	11323.87	9578.25
投资收益(万元)				1.95
补贴收入(万元)				
营业外收支(万元)	-39.40		-11.92	22.97
利润总额(万元)	8989.96	7806.08	11311.95	9603.17
净利润(万元)	6484.27	5448.70	8568.59	7637.96

十大股东

序号	股东名称	股份性质	持股数(万股)	比例(%)
1	江阴市振新毛纺织厂	法人股	7702.03	14.96
2	北京恒通投资有限公司	法人股	1918.08	3.73
3	昆山市创业投资有限公司	法人股	1908.40	3.71
4	上海佳新投资有限公司	流通股	611.64	1.19
5	广东建通工程有限公司	法人股	60.48	1.17
6	交通部第二公路工程局	法人股	57.60	1.12
7	中铁三局集团有限公司	法人股	51.48	1.00
8	深圳恒祥经济发展股份有限公司	法人股	43.20	0.84
9	江阴市盛银投资有限公司	法人股	38.02	0.74
10	盛永发	流通股	36.41	0.71

股东人数	2003.9	2003.6	2002	2001
	14442	14948	12766	14482

近年分配	近年配股/增发
2003年中10派0.575元 2002年10派0.13元 2001年派0.256元	2003年中10股增7.7股 2002年中增8股 2001年送0.3股

重大事项

2003年09月7日，公司子公司北京四环生物制药有限公司召开董事会并于当日签订了《合作协议》,决定出资4000万元人民币，与江苏阳生生物工程有限公司正在开发的纳米皮肤敷料项目进行合作."阳生生物"负责完成"皮复灵"纳米皮肤敷料的临床批文和生产文号,负责"皮复灵"粉剂、软膏、创可贴三种型号产品的生产、销售，并进行独立核算."北京四环"在"皮复灵"的新药项目上享有25%的权利,享有该药售后净利润的25%，并每年进行一次结算.同时,该药药证如转让给其他单位时,"北京四环"享有25%转让权益.若阳生生物不能取得"皮复灵"产品的临床批文和生产文号,公司子公司"北京四环"将损失前期合作款项2400万元.

二○○二年以来市场表现

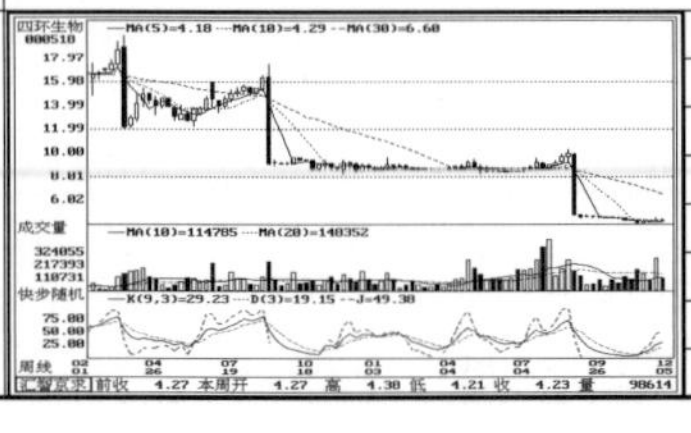

2002年涨跌幅(%)	49.83
2002年最高(元)	4.81
2002年最低(元)	2.48
2002年换手率(%)	62.05
2003年涨跌幅(%)	-0.70
2003年最高(元)	5.08
2003年最低(元)	4.03
2003年换手率(%)	81.00

成都银河创新科技股份有限公司

公司概况

公司名称	成都银河创新科技股份有限公司				股票代码	000519	
注册地址	四川省成都市新都区龙桥镇				邮政编码	610505	
法人代表	夏传文			董秘	高斌		
电话	028-83068868			传真	028-83068999		
主营业务	机械制造、网络通信						
总股本	13653.83	流通 A	5803.21	流通 B		流通 H	
审计单位				审计意见	未审计		

主要财务指标

年度	2003.9	2003.6	2002	2001
每股收益/扣除后(元)	0.0760	0.0800	-0.0613	0.0147
每股经营现金流量(元)	-0.1820	-0.0230	0.2280	-0.0610
每股净资产/调整后(元)	2.4300	2.2400	2.1800	2.2700
每股公积金(元)	0.9972	0.8360	0.8360	0.8360
净资产收益率(%)	3.0350	2.5500	2.5100	4.9100
总资产(万元)	52780.29	46296.70	45771.73	47438.25
股东权益(万元)	33901.63	31476.58	30672.57	31267.85
未分配利润(万元)	2705.62	2480.74	1676.73	2426.28
主营收入(万元)	11900.50	8284.43	12852.01	13432.95
资本公积金(万元)	13615.41	11415.23	11415.23	11415.23
主营利润(万元)	3132.24	2337.08	2715.50	4010.22
其他业务利润(万元)	46.75	9.38	-12.21	2426.28
营业利润(万元)	356.38	576.12	-1409.14	556.31
投资收益(万元)	876.31	493.55	2310.58	1337.94
补贴收入(万元)			212.26	
营业外收支(万元)	-128.63		-99.96	-97.84
利润总额(万元)	1104.06	952.53	1013.74	1796.40
净利润(万元)	1028.88	804.01	770.11	1536.74

十大股东

序号	股东名称	股份性质	持股数(万股)	比例(%)
1	银河(长沙)高科技实业有限公司	国有股	3734.40	27.35
2	湖南新兴公司	国有股	2388.22	17.49
3	市能源投资股份有限公司	国有股	216.00	1.58
4	四川天歌进出口有限责任公司	国有股	216.00	1.58
5	上海涌金实业有限公司	国有股	216.00	1.58
6	上海九宇新技术发展有限公司	国有股	200.00	1.46
7	吉林省九州开发公司	国有股	194.40	1.42
8	中国农贸公司成都公司	国有股	108.00	0.79
9	上海同振贸易有限公司	国有股	108.00	0.79
10	西方米奇电子(深圳)有限公司	国有股	86.40	0.63

股东人数	2003.9	2003.6	2002	2001
	9776	11512	15226	14123

近年分配	近年配股/增发
2002年10股派1元	不分配不转增

重大事项

2003年9月23日,公司与上海浦东发展银行成都分行签署了两份《承兑汇票承兑协议》.该承兑协议项下的承兑汇票金额共计为4400万元人民币；承兑期限为2003年9月23日至2004年3月22日.该承兑汇票金额扣除公司的保证金部分由四川天歌科技集团股份有限公司提供担保.　公司于2003年5月30日与建行成都市第三支行签订了《抵押合同》和《人民币资金借款合同》,向该行流动资金借款4000万元,借款期限为1年.

二○○二年以来市场表现

2002年涨跌幅(%)	-11.57
2002年最高(元)	12.20
2002年最低(元)	7.02
2002年换手率(%)	173.63
2003年涨跌幅(%)	1.12
2003年最高(元)	11.95
2003年最低(元)	9.19
2003年换手率(%)	179.59

中国石化武汉凤凰股份有限公司

公司概况

公司名称	中国石化武汉凤凰股份有限公司	股票代码	000520
注册地址	武汉市青山区长青路	邮政编码	430082
法人代表	邬昆华	董秘	熊克金
电话	027-86516722	传真	027-86515968
主营业务	石油化工原材料及产品的生产、销售等		
总股本	51916.88	流通 A	29501.53
流通 B		流通 H	
审计单位		审计意见	未审计

主要财务指标

年度	2003.9	2003.6	2002	2001
每股收益/扣除后(元)	0.0984	0.0388	0.1129	0.0941
每股经营现金流量(元)	0.0400	-0.1700	0.2900	0.5000
每股净资产/调整后(元)	2.4900	2.4500	2.4527	2.4400
每股公积金(元)	0.8767	0.8767	0.8767	0.8767
净资产收益率(%)	3.1400	1.5500	3.9400	3.5600
总资产(万元)	137099.66	133188.80	146645.36	148271.03
股东权益(万元)	129429.06	127345.12	127335.66	126473.14
未分配利润(万元)	8452.06	6368.12	4393.76	4534.41
主营收入(万元)	79308.12	51928.61	90642.16	90378.10
资本公积金(万元)	45517.65	45517.65	45517.65	45517.65
主营利润(万元)	8425.63	4533.68	9106.56	6517.88
其他业务利润(万元)	1284.12	854.31	3290.89	3741.28
营业利润(万元)	7470.51	3569.60	9649.77	7854.97
投资收益(万元)	67.03	55.37	574.10	141.22
补贴收入(万元)				
营业外收支(万元)	-1384.81		-1324.42	-560.57
利润总额(万元)	6152.74	3636.35	8899.45	7435.62
净利润(万元)	4058.30	1974.37	5015.87	4507.87

十大股东

序号	股东名称	股份性质	持股数(万股)	比例(%)
1	中国石油化工股份有限公司	国有法人股	21142.37	40.72
2	兴和证券投资基金	公众股	576.98	1.11
3	中国人民保险公司武汉市分公司青山支公司	发起人法人股	557.77	1.07
4	武汉石化实业公司	发起人法人股	557.77	1.07
5	景福证券投资基金	公众股	388.52	0.75
6	申银万国证券股份有限公司	公众股	280.08	0.54
7	汉鼎证券投资基金	公众股	201.19	0.39
8	兴业证券投资基金	公众股	177.09	0.34
9	国泰金鹰增长证券投资基金	公众股	174.00	0.34
10	武汉证券有限责任公司	募集法人股,流通股	142.18	0.27

股东人数	2003.9	2003.6	2002	2001
	124729	125787	135703	163177

近年分配	2002年10股派0.8元 2001年10股派0.8元	近年配股/增发	不分配不转增

重大事项

2003年8月12日,公司董事会审议通过公司关于投入1500万元对空分氮氧站装置进行异地搬迁改造的议案。 2003年1月8日公司与中国石化集团武汉石油化工厂、中国石油化工股份有限公司武汉分公司、武汉石化液化气公司签署了《资产租赁合同》、《土地租赁合同》、《水、电、气、风、蒸气合同》、《液化气产品销售合同》、《技术服务合同》等合同。

二〇〇二年以来市场表现

2002年涨跌幅(%)	-1.87
2002年最高(元)	6.94
2002年最低(元)	3.39
2002年换手率(%)	154.01
2003年涨跌幅(%)	4.44
2003年最高(元)	6.27
2003年最低(元)	4.42
2003年换手率(%)	140.52

合肥美菱股份有限公司

公司概况

公司名称	合肥美菱股份有限公司	股票代码	000521
注册地址	安徽省合肥市芜湖路48号	邮政编码	230001
法人代表	顾维军	董秘	薛辉
电话	0551-2869394	传真	0551-2883122
主营业务	制冷电器、空调器、洗衣机的开发、销售等		
总股本	41364.30	流通 A	15153.03
流通 B	11310.00	流通 H	
审计单位		审计意见	未审计

主要财务指标

年度	2003.9	2003.6	2002	2001
每股收益/扣除后(元)	0.0165	0.0109	0.0155	-0.6600
每股经营现金流量(元)	0.0700	0.0800	0.1560	-0.0600
每股净资产/调整后(元)	1.9500	1.9423	1.9205	2.3600
每股公积金(元)	1.3836	1.3836	1.3836	1.3815
净资产收益率(%)	0.7200	0.4800	0.7800	-34.0000
总资产(万元)	244838.34	242223.61	230003.50	225748.36
股东权益(万元)	104285.58	104038.17	103538.80	102796.07
未分配利润(万元)	-22799.87	-23047.58	-23546.65	-24200.13
主营收入(万元)	107389.24	72730.39	126188.22	129267.61
资本公积金(万元)	57232.21	57232.21	57232.21	57142.95
主营利润(万元)	24700.23	16487.47	27429.89	18563.14
其他业务利润(万元)	276.36	335.61	-16.66	-599.28
营业利润(万元)	547.19	354.44	413.12	-27532.56
投资收益(万元)	84.81	95.06	33.83	138.21
补贴收入(万元)			195.68	161.42
营业外收支(万元)	114.78	49.87	168.13	-7722.05
利润总额(万元)	746.78	499.37	810.76	-34954.99
净利润(万元)	746.78	499.37	810.76	-34954.99

十大股东

序号	股东名称	股份性质	持股数(万股)	比例(%)
1	合肥美菱集团公司	A股	12339.64	29.83
2	永胜实业有限公司	B股	222.91	0.54
3	XIAO YANMEI	B股	200.80	0.49
4	合肥工行	A股	170.78	0.41
5	合肥电冰箱配件厂	A股	170.78	0.41
6	安徽省农行信托合肥办事处	A股	153.70	0.37
7	安徽省工行国际业务部	A股	153.70	0.37
8	安徽省技术进出口公司	A股	153.70	0.37
9	合肥建设银行	A股	153.70	0.37
10	安徽国祯能源股份有限公司	A股	153.70	0.37

股东人数	2003.9	2003.6	2002	2001
	96011	97481	99706	103960

近年分配		近年配股/增发	不分配不转增

重大事项

2003年5月30日,公司控股股东合肥美菱集团控股有限公司与顺德格林柯尔企业发展有限公司签订股权转让协议,拟将其持有的公司国有股82852683股转让给格林柯尔。 2002年11月15日公司董事会通过了公司受让合肥美菱大厦西楼房屋产权、合肥美菱电子有限公司房屋、房屋附属设备及土地使用权,安徽中科大讯飞信息科技有限公司8.57%股权、合肥纸箱厂所持合肥美菱包装制品有限公司48.28%股权的议案。

二〇〇二年以来市场表现

2002年涨跌幅(%)	-31.32
2002年最高(元)	7.30
2002年最低(元)	4.08
2002年换手率(%)	220.27
2003年涨跌幅(%)	-14.23
2003年最高(元)	5.80
2003年最低(元)	3.70
2003年换手率(%)	101.21

广州白云山制药股份有限公司

公司概况

公司名称	广州白云山制药股份有限公司				股票代码	000522	
注册地址	广东省广州市白云区同和街云祥路 88 号				邮政编码	510515	
法人代表	李益民			董秘	陈瑛		
电话	020-87062599			传真	020-87063699		
主营业务	医药的研制、生产、销售						
总股本	37434.44	流通 A	15654.44	流通 B		流通 H	
审计单位				审计意见	未审计		

主要财务指标

年度	2003.9	2003.6	2002	2001
每股收益／扣除后(元)	0.1800	0.1600	0.1950	0.1280
每股经营现金流量(元)	0.3700	0.2400	0.4222	0.2900
每股净资产／调整后(元)	1.2100	0.9500	1.3500	0.9500
每股公积金(元)	0.4007	0.3939	1.7799	1.5453
净资产收益率(%)	8.8500	7.7700	10.7200	9.6000
总资产(万元)	267300.22	264296.53	252157.84	235071.20
股东权益(万元)	60210.75	59236.65	54536.20	39906.83
未分配利润(万元)	5286.85	4566.16	-52015.16	-57863.36
主营收入(万元)	83423.34	124122.03	195728.59	83336.33
资本公积金(万元)	15000.24	14746.83	66627.70	57846.54
主营利润(万元)	29317.35	47688.74	72497.53	30175.08
其他业务利润(万元)	203.94	904.58	1626.96	1753.60
营业利润(万元)	2061.04	11260.04	13549.86	4940.40
投资收益(万元)	-2513.86	-1648.12	-3876.43	-145.98
补贴收入(万元)	0.40		2.66	0.72
营业外收支(万元)	-1547.30		-1128.96	-964.16
利润总额(万元)	5325.91	8065.64	8547.13	3830.98
净利润(万元)	5325.91	4605.22	5848.21	3829.13

十大股东

序号	股东名称	股份性质	持股数(万股)	比例(%)
1	广州医药集团有限公司	国家股	10890.00	29.09
2	广州白云山企业集团有限公司	国有法人股	9900.00	26.45
3	江苏正泰投资管理有限公司	国有法人股	990.00	2.64
4	赵旭光	流通股	605.00	1.62
5	上海宝钢国际经济贸易有限公司	流通股	246.58	0.66
6	广发证券股份有限公司	流通股	176.12	0.47
7	东方证券有限责任公司	流通股	82.28	0.22
8	王玲	流通股	79.68	0.21
9	裕阳证券投资基金	流通股	65.68	0.18
10	天津市职工保险互助会	流通股	60.05	0.16

股东人数	2003.9	2003.6	2002	2001
	56392	57413	52541	50889

近年分配		近年配股／增发	不分配不转增

重大事项

2003 年 4 月 12 日,公司下属分厂广州白云山制药总厂的片剂、胶囊剂、颗粒剂,粉针剂车间经审查符合国家《药品生产质量管理规范》要求,于 2003 年 4 月 4 日取得国家食品药品监督管理局颁发的《药品 GMP 证书》,有效期至 2008 年 4 月 3 日。 2002 年 11 月 21 日,公司、中国银行广州市沿江支行、广州白云山企业集团有限公司、广州医药集团有限公司四方签署"关于中国银行广州市沿江支行对广州白云山企业集团有限公司借款担保内容变更协议".2002 年 11 月 14 日,广州医药集团有限公司将所拥有的广州药业国家股 1233 万股质押给中国银行广州市沿江支行的手续已办理完成.至此,公司对于此笔贷款的担保责任自动解除.

二〇〇二年以来市场表现

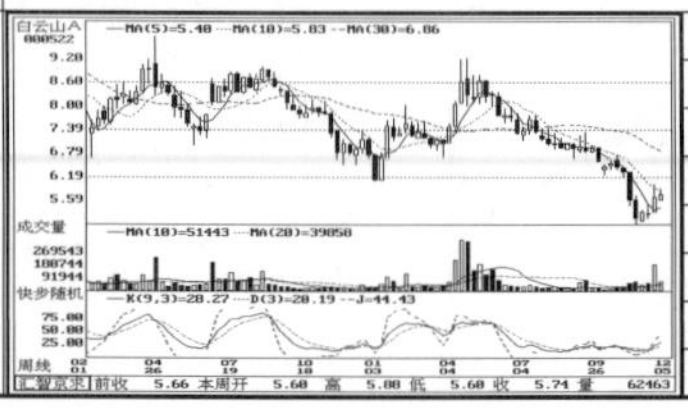

2002年涨跌幅(%)	-24.51
2002年最高(元)	9.80
2002年最低(元)	6.50
2002年换手率(%)	170.59
2003年涨跌幅(%)	-13.72
2003年最高(元)	9.20
2003年最低(元)	4.99
2003年换手率(%)	196.28

广州市浪奇实业股份有限公司

公司概况

公司名称	广州市浪奇实业股份有限公司				股票代码	000523	
注册地址	广东省广州市天河区黄埔大道东 128 号				邮政编码	510660	
法人代表	梁建彬			董秘	陈建斌		
电话	020-82162104			传真	020-82162933		
主营业务	日用化工、民用品、工业品						
总股本	22935.06	流通 A	9418.67	流通 B		流通 H	
审计单位				审计意见	未审计		

主要财务指标

年度	2003.9	2003.6	2002	2001
每股收益／扣除后(元)	0.0062	0.0052	-0.1900	0.0200
每股经营现金流量(元)	-0.1200	-0.1900	0.1100	0.3500
每股净资产／调整后(元)	1.5600	1.5565	1.5400	2.0100
每股公积金(元)	0.7225	0.7225	0.7225	0.7225
净资产收益率(%)	0.4800	0.3900	-29.8000	0.9000
总资产(万元)	55333.20	55899.64	55133.49	74781.80
股东权益(万元)	39020.35	38997.50	38842.87	50462.39
未分配利润(万元)	-10860.60	-10883.45	-11038.09	581.44
主营收入(万元)	47217.40	28353.09	59743.99	58441.94
资本公积金(万元)	16569.70	16569.70	16569.70	16569.70
主营利润(万元)	9332.95	6669.97	9671.73	8218.80
其他业务利润(万元)	59.50	37.50	42.64	16.72
营业利润(万元)	271.23	149.00	-4266.46	983.46
投资收益(万元)	-52.21	8.28	-4131.14	-249.95
补贴收入(万元)	3.58	1.89	46.73	38.05
营业外收支(万元)	45.95	48.72	-3306.49	52.04
利润总额(万元)	268.55	207.88	-11657.36	823.60
净利润(万元)	187.24	154.64	-11575.11	453.91

十大股东

序号	股东名称	股份性质	持股数(万股)	比例(%)
1	广州市国有资产管理局	国家股	13516.39	58.93
2	何定绪	流通股	35.00	0.15
3	巴信扶	流通股	34.03	0.15
4	侯建伟	流通股	29.09	0.13
5	周杏英	流通股	25.86	0.11
6	区松生	流通股	24.12	0.10
7	江纯明	流通股	23.79	0.10
8	蒋明敏	流通股	22.87	0.10
9	黎宪松	流通股	21.67	0.09
10	金世元	流通股	20.25	0.09

股东人数	2003.9	2003.6	2002	2001
	38855	39083	42089	43009

近年分配		近年配股／增发	不分配不转增

重大事项

2003 年 10 月 17 日 公司召开第十三次董事会。会议同意公司向公司持有 99.43%股权的韶关浪奇有限公司增加 1000 万元的投资,用于韶关浪奇有限公司固定资产的更新改造。 2003 年 1 月 3 日,广州浪奇董事会决议:将黄埔大道中锦明街 83 至 93 号(单号)两层商用楼(面积 4647 平方米),以及两套产权均属公司的空置住房出售,上述房产处置涉及金额约 1400 万元。同意公司以抵押方式向中国光大银行广州市东环支行增加申请 2160 万元的授信额度。

二〇〇二年以来市场表现

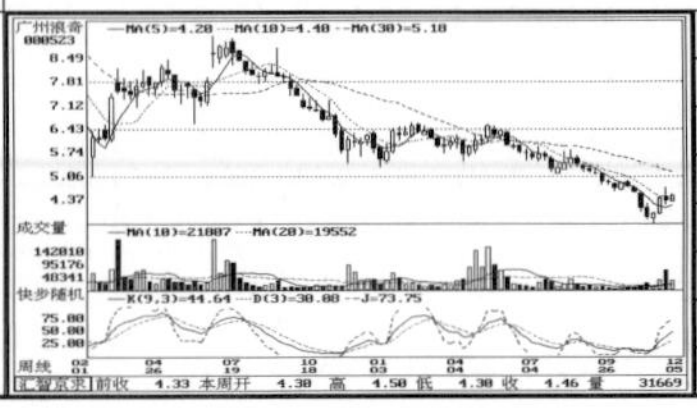

2002年涨跌幅(%)	-25.97
2002年最高(元)	9.18
2002年最低(元)	4.76
2002年换手率(%)	216.44
2003年涨跌幅(%)	-22.12
2003年最高(元)	6.60
2003年最低(元)	3.68
2003年换手率(%)	160.75

广州市东方宾馆股份有限公司

公司概况

公司名称	广州市东方宾馆股份有限公司			股票代码	000524		
注册地址	广东省广州市流花路120号			邮政编码	510016		
法人代表	谢树文			董秘	陈聪		
电话	020-86662791			传真	020-86662791		
主营业务	酒店经营						
总股本	26967.37	流通A	9898.47	流通B		流通H	
审计单位				审计意见	未审计		

主要财务指标

年度	2003.9	2003.6	2002	2001
每股收益/扣除后(元)	-0.0900	-0.0940	0.0308	-0.3500
每股经营现金流量(元)	-0.0170	-0.0350	0.1800	0.1100
每股净资产/调整后(元)	1.7600	1.8900	2.0800	2.0000
每股公积金(元)	1.0636	1.0636	1.0636	1.0599
净资产收益率(%)	-9.0100	-4.4900	1.4400	-16.6200
总资产(万元)	71743.42	64385.62	67630.35	66570.91
股东权益(万元)	55098.10	57250.24	60060.69	59044.83
未分配利润(万元)	-12582.60	-10430.45	-7620.00	-8536.08
主营收入(万元)	1523.35	5258.99	20780.19	22639.18
资本公积金(万元)	28681.82	28681.92	28681.92	28582.13
主营利润(万元)	1329.35	4709.59	18000.14	19137.81
其他业务利润(万元)				
营业利润(万元)	-2180.71	-2482.00	999.72	-6880.81
投资收益(万元)	-89.16	-61.25	-120.66	-972.51
补贴收入(万元)				
营业外收支(万元)	-210.73		-110.25	-1401.32
利润总额(万元)	-2392.27	-2570.33	768.81	-9254.63
净利润(万元)	-2392.27	-2570.33	865.82	-9813.78

十大股东

序号	股东名称	股份性质	持股数(万股)	比例(%)
1	广州市东方酒店集团有限公司	发起人法人股	12315.60	45.67
2	广州越秀集团有限公司	国家股	4753.30	17.63
3	北京新晨建业投资策划有限公司	流通股	24.62	0.09
4	温凑	流通股	18.14	0.07
5	丁复平	流通股	14.48	0.05
6	梅琴南	流通股	14.00	0.05
7	黄选玉	流通股	14.00	0.05
8	江文亮	流通股	13.90	0.05
9	马立新	流通股	13.00	0.05
10	王卫	流通股	12.00	0.04

股东人数	2003.9	2003.6	2002	2001
	48455	48508	47002	48259

近年分配		近年配股/增发	不分配不转增

重大事项

2003年11月10日，公司董事会一致通过公司就拆除了权属于广州市东方酒店集团有限公司的部分建筑物而向其支付2332.45万元拆迁补偿费的议案，并同意公司与广州市东方酒店集团有限公司签署《拆迁补偿协议》。 2003年10月9日，公司董事会同意公司向交通银行广州荔湾支行申请两笔借款.1)人民币借款5000万元，期限为一年，以自有房产作抵押.2)信用借款人民币3000万元，期限为三个月.

二〇〇二年以来市场表现

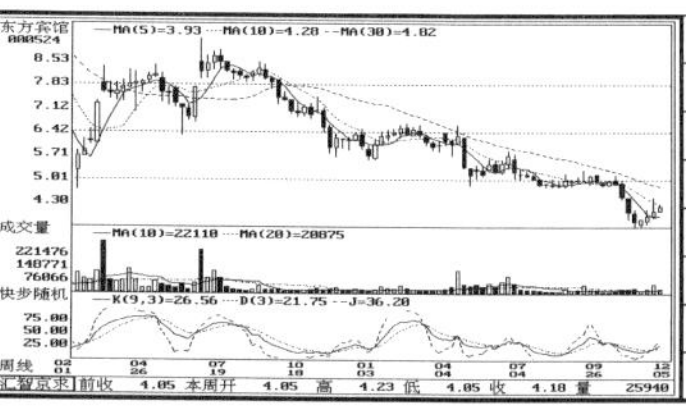

2002年涨跌幅(%)	-20.50
2002年最高(元)	9.24
2002年最低(元)	4.29
2002年换手率(%)	260.90
2003年涨跌幅(%)	-29.93
2003年最高(元)	6.65
2003年最低(元)	3.60
2003年换手率(%)	141.67

南京红太阳股份有限公司

公司概况

公司名称	南京红太阳股份有限公司			股票代码	000525		
注册地址	江苏省南京市高淳县淳溪镇宝塔路269号			邮政编码	211300		
法人代表	杨寿海			董秘	邹峰		
电话	025-4785828			传真	025-4785866		
主营业务	油漆、涂料及农药产品的生产、销售等						
总股本	28023.88	流通A	12940.59	流通B		流通H	
审计单位				审计意见	未审计		

主要财务指标

年度	2003.9	2003.6	2002	2001
每股收益/扣除后(元)	0.1587	0.1122	0.1600	0.2376
每股经营现金流量(元)	0.1200	-0.1500	0.1808	0.0709
每股净资产/调整后(元)	1.9926	1.9464	1.7479	1.6364
每股公积金(元)	0.5144	0.5144	0.4947	0.4613
净资产收益率(%)	7.9400	5.7600	8.8000	13.7340
总资产(万元)	89901.79	95470.79	83608.83	84499.10
股东权益(万元)	55941.71	54646.49	50945.70	48328.91
未分配利润(万元)	9146.72	7851.49	4702.50	3816.51
主营收入(万元)	46195.45	34100.33	56524.20	29996.87
资本公积金(万元)	14415.15	14415.15	13863.36	12927.17
主营利润(万元)	10735.19	7756.50	13408.94	12227.84
其他业务利润(万元)	71.37	66.86	-11.28	0.94
营业利润(万元)	6111.18	4431.99	6826.53	8386.69
投资收益(万元)	16.32	-0.97	0.41	-277.78
补贴收入(万元)				
营业外收支(万元)	8.33		-110.42	-18.93
利润总额(万元)	6136.14	4434.44	6716.52	8089.97
净利润(万元)	4444.21	3148.99	4483.00	6637.61

十大股东

序号	股东名称	股份性质	持股数(万股)	比例(%)
1	红太阳集团有限公司	国有股	12861.74	45.90
2	健桥证券股份有限公司	流通股	1362.67	4.86
3	中国平安保险股份有限公司	法人股	488.74	1.74
4	南京信贷咨询公司	法人股	377.67	1.35
5	南京市财政信用公司	法人股	355.45	1.27
6	深圳市中大投资管理有限公司	法人股	133.29	0.48
7	天津信托投资公司	法人股	133.29	0.48
8	李云华	流通股	111.04	0.40
9	南京证券有限责任公司	法人股	88.86	0.32
10	田茂芳	流通股	75.82	0.27

股东人数	2003.9	2003.6	2002	2001
	20993	21834	22832	21511

近年分配	2002年10股派1元 2001年10股派0.8元	近年配股/增发	不分配不转增

重大事项

2003年04月1日，南京市国有资产经营(控股)有限公司将所持公司5067.3997万股国家股无偿划转给红太阳集团有限公司事宜已于2003年3月31日完成过户登记手续。 公司2002年11月26日与公司控股股东红太阳集团有限公司的全资子公司南京第一农药厂签订了《资产置换协议》.公司于2002年12月27日召开股东大会，审议通过以上相关议案.

二〇〇二年以来市场表现

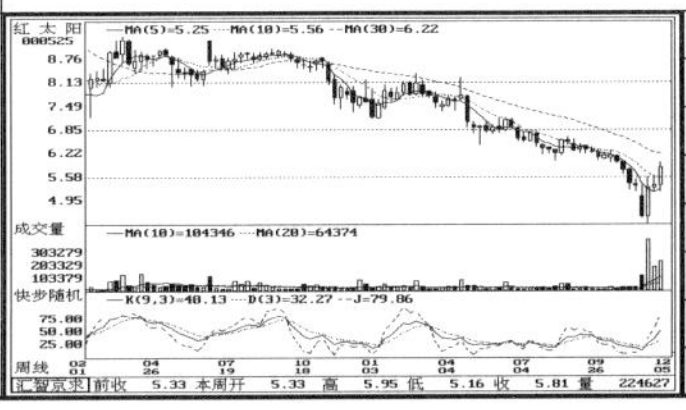

2002年涨跌幅(%)	-9.16
2002年最高(元)	9.22
2002年最低(元)	6.57
2002年换手率(%)	152.77
2003年涨跌幅(%)	-28.36
2003年最高(元)	8.26
2003年最低(元)	4.31
2003年换手率(%)	142.82

厦门好时光实业股份有限公司

公司概况

公司名称	厦门好时光实业股份有限公司			股票代码	000526
注册地址	厦门市湖里区寨上长乐路1号			邮政编码	361006
法人代表	田青			董秘	郭俊东
电话	0592-5744065			传真	0592-5652638
主营业务	房地产开发经营、电子通讯产品等				
总股本	7625.03	流通A	3277.53	流通B	流通H
审计单位				审计意见	未审计

主要财务指标

年度	2003.9	2003.6	2002	2001
每股收益/扣除后(元)	0.0230	−0.0460	0.0180	0.1610
每股经营现金流量(元)	−0.0400	−0.0300	−0.5080	0.1740
每股净资产/调整后(元)	1.8500	1.9820	2.0410	1.9860
每股公积金(元)		0.9423	0.9423	0.9423
净资产收益率(%)	0.0110	−2.2700	4.1400	9.7200
总资产(万元)	24081.55	22960.90	50824.45	46044.78
股东权益(万元)	16056.75	16421.38	15437.41	15742.02
未分配利润(万元)	212.83	577.46	−304.60	
主营收入(万元)	154.46	87.21	915.01	16395.34
资本公积金(万元)	7467.47	7467.47	7467.47	7467.47
主营利润(万元)	142.63	81.27	831.78	3845.48
其他业务利润(万元)			0.80	
营业利润(万元)	−690.43	−385.32	−1043.29	1472.12
投资收益(万元)	845.01	−19.29	1705.12	29.43
补贴收入(万元)				
营业外收支(万元)	0.53		147.97	255.70
利润总额(万元)	155.12	−404.07	809.79	1757.24
净利润(万元)	180.11	−364.63	679.37	1530.20

十大股东

序号	股东名称	股份性质	持股数(万股)	比例(%)
1	厦门鑫旺经济开发有限公司	发起人法人股	1595.93	20.14
2	深圳市椰林湾饮食有限公司	定向法人股	1064.80	13.44
3	珠海市运盛投资策划有限公司	定向法人股	700.00	8.83
4	深圳市达润投资策划有限公司	发起人法人股	605.00	7.63
5	深圳成协房地产开发公司	定向法人股	121.00	1.53
6	市上步实业股份有限公司	定向法人股	121.00	1.53
7	厦门市佳酿贸易有限公司	定向法人股	93.05	1.17
8	晋江市闽南水产开发有限公司	定向法人股	60.50	0.76
9	厦门证券登记有限公司	定向法人股	60.50	0.76
10	徐继峰	流通股	57.84	0.73

股东人数	2003.9	2003.6	2002	2001
	14524	14745	15141	15432

近年分配		近年配股/增发	不分配不转增

重大事项

2003年9月11日,公司下属全资公司深圳市好时光文化发展有限公司于2003年9月9日与"世界大学生和平大使选拔赛"组委会签订《合作协议》,组委会授权好时光文化公司独家举办"世界大学生和平大使选拔赛"中国区选拔赛. 2003年6月27日,公司大股东厦门鑫旺经济开发有限公司目前仍拖欠公司本息420万元,公司向法院申请诉前财产保全、查封、扣押或冻结该公司名下的价值人民币420万元的财产, 为此法院冻结了该公司持有的公司法人股441万股, 冻结期限从2003年6月19日至2004年6月19日.

二〇〇二年以来市场表现

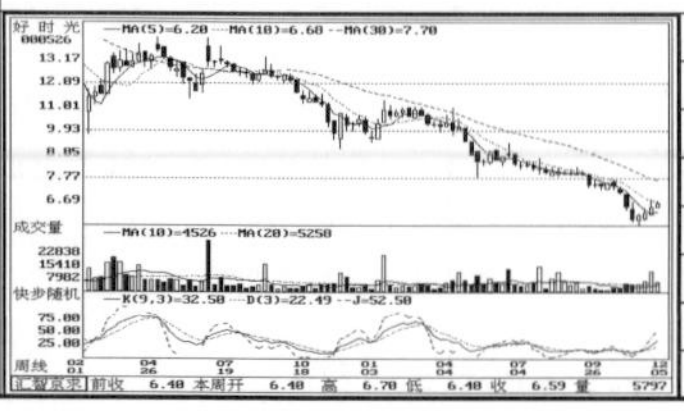

2002年涨跌幅(%)	−29.19
2002年最高(元)	14.25
2002年最低(元)	9.09
2002年换手率(%)	105.39
2003年涨跌幅(%)	−33.54
2003年最高(元)	11.29
2003年最低(元)	5.61
2003年换手率(%)	77.52

广东美的集团股份有限公司

公司概况

公司名称	广东美的集团股份有限公司			股票代码	000527
注册地址	广东省顺德市北窖镇蓬莱路			邮政编码	528311
法人代表	何享健			董秘	黄晓明
电话	0765-6338779			传真	0765-6651991
主营业务	家电、压缩机、信息技术				
总股本	48488.97	流通A	29036.29	流通B	流通H
审计单位				审计意见	未审计

主要财务指标

年度	2003.9	2003.6	2002	2001
每股收益/扣除后(元)	0.2900	0.2600	0.2700	0.4200
每股经营现金流量(元)	2.4600	1.3500	3.9100	1.6900
每股净资产/调整后(元)	4.3000	4.2100	3.9300	3.8100
每股公积金(元)	1.9874	1.9874	1.9874	1.9801
净资产收益率(%)	5.7800	5.0600	7.0400	12.0100
总资产(万元)	815163.62	804732.69	798622.69	765288.50
股东权益(万元)	233074.77	231284.98	219592.06	209128.53
未分配利润(万元)	56300.90	54511.13	42818.20	34951.79
主营收入(万元)	1000173.12	718461.50	1086715.62	1052530.25
资本公积金(万元)	96365.65	96365.65	96365.65	96012.40
主营利润(万元)	228420.11	165421.09	275825.06	250173.72
其他业务利润(万元)	1207.05	1029.52	925.42	2937.05
营业利润(万元)	36571.08	30065.74	39600.19	39013.88
投资收益(万元)	−739.11	150.80	−338.85	−572.13
补贴收入(万元)	80.98		11.93	
营业外收支(万元)	−1185.74		302.29	788.72
利润总额(万元)	34727.22	28839.57	39575.56	39230.47
净利润(万元)	13482.70	11692.93	15456.68	25109.20

十大股东

序号	股东名称	股份性质	持股数(万股)	比例(%)
1	顺德市美托投资有限公司	法人股	10761.43	22.19
2	顺德市开联实业发展有限公司	法人股	4118.64	8.49
3	顺德市信宏实业有限公司	法人股	1500.00	3.09
4	顺德市有利投资服务有限公司	法人股	1201.20	2.48
5	顺德市北滘投资管理有限公司	法人股	500.00	1.03
6	兴和证券投资基金	流通股	256.47	0.53
7	深圳市鸿运成实业有限公司	法人股	240.00	0.49
8	深圳市能源投资股份有限公司	法人股	223.08	0.46
9	上海钱湖投资管理有限公司	法人股	200.00	0.41
10	广东核电实业开发有限公司	法人股	171.60	0.35

股东人数	2003.9	2003.6	2002	2001
	141504	144585	145968	156620

近年分配	2002年10股派1元 2001年10股派2元	近年配股/增发	不分配不转增

重大事项

公司于2003年9月28日签订了《授信协议书》,该行同意给予公司5亿元人民币或等值外币的综合授信额度,本协议自双方签字盖章之日起生效,有效期一年. 2002年09月27日,公司董事局会议通过了如下议案:出资17,764.60万元和5,075.60万元分别收购由公司控股股东高管控制的顺德美的冷气机制造有限公司和由公司控股股东顺德市美托投资有限公司所持有的广东威创科技有限公司70%和20%的股权;公司于2002年10月28日召开临时股东大会,审议通过以上相关议案.

二〇〇二年以来市场表现

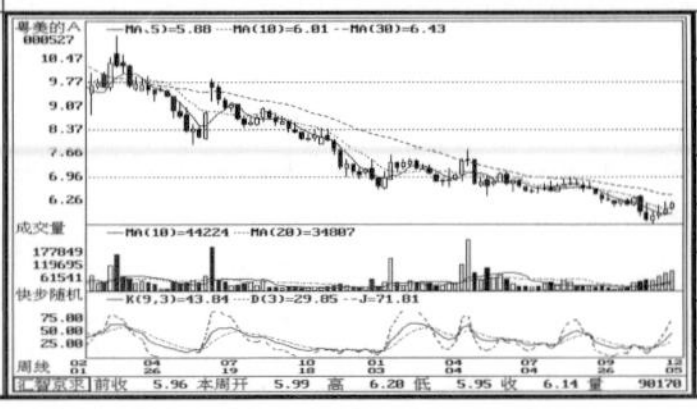

2002年涨跌幅(%)	−31.06
2002年最高(元)	10.87
2002年最低(元)	6.60
2002年换手率(%)	67.03
2003年涨跌幅(%)	−11.96
2003年最高(元)	7.68
2003年最低(元)	5.56
2003年换手率(%)	69.79

广西柳工机械股份有限公司

公司概况

公司名称	广西柳工机械股份有限公司			股票代码	000528		
注册地址	广西壮族自治区柳州市柳太路 1 号			邮政编码	545007		
法人代表	王晓华			董秘	王祖光		
电话	0772-3886509			传真	0772-3886510		
主营业务	工程机械及配件制造、工程机械维修、机械设备租赁等						
总股本	32753.68	流通 A	11963.68	流通 B		流通 H	
审计单位				审计意见	未审计		

主要财务指标

年度	2003.9	2003.6	2002	2001
每股收益 / 扣除后(元)	0.5610	0.3690	0.3714	0.0750
每股经营现金流量(元)	0.1490	0.2020	0.3022	0.1561
每股净资产 / 调整后(元)	2.9280	2.7300	2.3100	2.1233
每股公积金(元)	0.7993	0.7981	0.7535	0.7506
净资产收益率(%)	19.1200	13.3300	16.2300	3.0470
总资产(万元)	176113.91	172923.53	148791.56	125925.97
股东权益(万元)	96367.63	89881.86	76166.78	70393.99
未分配利润(万元)	22729.53	16284.48	4112.21	494.67
主营收入(万元)	197806.67	135046.30	170112.73	97756.71
资本公积金(万元)	26179.96	26139.37	24679.49	24583.99
主营利润(万元)	43700.19	31450.09	35238.01	16213.04
其他业务利润(万元)	811.24	600.24	600.70	215.53
营业利润(万元)	22298.92	14578.35	14802.16	3027.43
投资收益(万元)	-8.63	-8.78	-21.15	-22.41
补贴收入(万元)	193.66	143.66	497.16	22.20
营业外收支(万元)	-149.72	-119.96	-233.83	-311.81
利润总额(万元)	22234.23	14431.39	15044.33	2715.41
净利润(万元)	18423.08	11978.78	12362.65	2144.55

十大股东

序号	股东名称	股份性质	持股数(万股)	比例(%)
1	广西柳工集团有限公司	国有法人股	20790.00	63.47
2	普丰证券投资基金	流通股	921.51	2.81
3	裕隆证券投资基金	流通股	341.20	1.04
4	鹏华行业成长证券投资基金	流通股	287.30	0.88
5	兴安证券投资基金	流通股	120.00	0.37
6	久嘉证券投资基金	流通股	117.00	0.36
7	长城证券有限公司	流通股	110.00	0.34
8	汉盛证券投资基金	流通股	100.00	0.31
9	蔡寿鹏	流通股	97.00	0.30
10	东方证券有限公司	流通股	93.54	0.29

股东人数	2003.9	2003.6	2002	2001
	34539	39310	59613	60145

近年分配	近年配股 / 增发
2002年 10 股派 2 元 2001 年 10 股派 0.5 元	不分配不转增

重大事项

2003 年 7 月 5 日,公司董事会同意为控股子公司江阴柳工道路机械有限公司提供 2800 万元一年期银行贷款担保。撤销原于 2002 年 6 月、2002 年 10 月分两次为其提供的共计 2000 万元的贷款担保。2002 年 8 月 9 日,本公司控股子公司柳州康达工程机械有限公司之外资股东香港桂龙发展有限公司,将其所持有的柳州康达工程机械有限公司 25% 的股权全部转让给广西柳工集团有限公司。

二〇〇二年以来市场表现

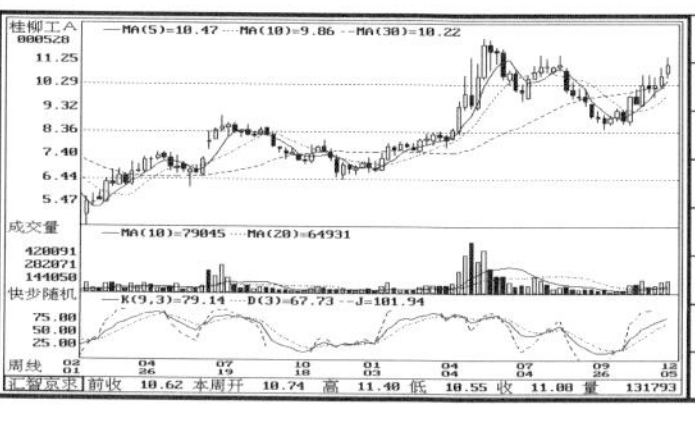

2002年涨跌幅(%)	4.49
2002年最高(元)	8.78
2002年最低(元)	3.74
2002年换手率(%)	262.03
2003年涨跌幅(%)	57.33
2003年最高(元)	12.01
2003年最低(元)	6.52
2003年换手率(%)	443.29

广东美雅集团股份有限公司

公司概况

公司名称	广东美雅集团股份有限公司			股票代码	000529		
注册地址	广东省鹤山市人民西路 40 号			邮政编码	529700		
法人代表	冯国良			董秘	冯伟		
电话	0750-8888888			传真	0750-8889240		
主营业务	毛毯、纺织半成品生产、经营						
总股本	39651.59	流通 A	21605.81	流通 B		流通 H	
审计单位				审计意见	未审计		

主要财务指标

年度	2003.9	2003.6	2002	2001
每股收益 / 扣除后(元)	-0.1320	0.0110	-1.7500	-0.8200
每股经营现金流量(元)	0.1500	0.0420	-0.0300	0.3400
每股净资产 / 调整后(元)	0.7480	0.8400	0.8300	3.1300
每股公积金(元)	0.1172	0.1172	2.1831	3.1231
净资产收益率(%)	-15.1000	1.2000	-213.7700	-25.6300
总资产(万元)	144902.16	153662.45	151527.56	233616.81
股东权益(万元)	34474.26	40162.67	39679.42	125115.09
未分配利润(万元)	-13608.13	-7919.72	-90321.00	-42157.25
主营收入(万元)	38242.82	23714.59	45751.23	50800.80
资本公积金(万元)	4645.93	4645.93	86563.96	123835.89
主营利润(万元)	1595.24	3330.85	-8462.66	-1412.08
其他业务利润(万元)	-697.77	-382.11	-797.99	27.07
营业利润(万元)	-5250.83	455.12	-71065.79	-32374.81
投资收益(万元)	5.00	3.50	-1025.92	-698.19
补贴收入(万元)	49.28	33.81	86.80	55.58
营业外收支(万元)	-8.62	-9.18	-12816.10	933.67
利润总额(万元)	-5205.16	483.25	-84821.00	-32083.76
净利润(万元)	-5205.16	483.25	-84421.00	-32083.76

十大股东

序号	股东名称	股份性质	持股数(万股)	比例(%)
1	鹤山市国有资产管理办公室	国家股	10898.99	27.49
2	广东省纺织品进出口(集团)公司	国家股	1862.03	4.70
3	鹤山市海峰贸易发展公司	法人股	1113.37	2.81
4	鹤山市海峰贸易发展公司	法人股	1054.90	2.66
5	鹤山市床上用品厂工会	法人股	884.50	2.23
6	广东省民族贸易公司工会	法人股	366.30	0.92
7	鹤山市鹤昌实业投资公司工会	法人股	220.00	0.55
8	鹤山市昌盛制衣有限公司工会	法人股	220.00	0.55
9	广东粤财信托投资公司	法人股	220.00	0.55
10	鹤山市宏科贸易有限公司	法人股	210.20	0.53

股东人数	2003.9	2003.6	2002	2001
	99909	102035	108834	114922

近年分配	近年配股 / 增发
	不分配不转增

重大事项

2003 年 9 月 21 日,公司第一大股东鹤山资产办已就协议转让其所持公司国家股股权事宜与佛山市顺德区万和集团有限公司签订了《广东美雅集团股份有限公司国有股权转让协议》,鹤山资产办将其所持有的 *ST 美雅 27.49% 的股份(共计 108,989,858 股国家股)转让予万和集团,转让价款为人民币 110,156,049.48 元。公司董事会 2002 年 10 月 24 日同意公司与江门甘蔗化工厂(集团)股份有限公司签订人民币 5000 万元以下银行借款额度的互相担保协议,涉及金额或 12 个月内累计对外担保金额占公司最近经审计的净资产值的 10% 以下。

二〇〇二年以来市场表现

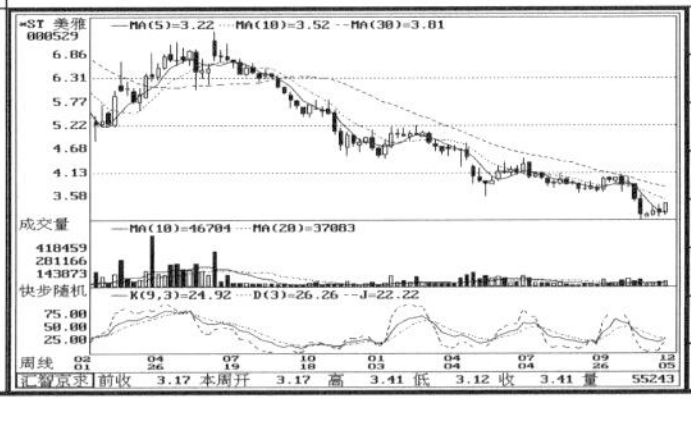

2002年涨跌幅(%)	-26.53
2002年最高(元)	7.40
2002年最低(元)	4.36
2002年换手率(%)	216.05
2003年涨跌幅(%)	-30.63
2003年最高(元)	5.21
2003年最低(元)	3.04
2003年换手率(%)	115.01

大连冷冻机股份有限公司

公司概况

公司名称	大连冷冻机股份有限公司			股票代码	000530		
注册地址	大连市沙河口区西南路 888 号			邮政编码	116033		
法人代表	张和			董秘	吕连珍		
电话	0411-6653081-8100			传真	0411-6641470		
主营业务	压缩机、						
总股本	35001.50	流通 A	9837.02	流通 B	11500.00	流通 H	
审计单位				审计意见	未审计		

主要财务指标

年度	2003.9	2003.6	2002	2001
每股收益 / 扣除后(元)	0.1950	0.1200	0.2520	0.2540
每股经营现金流量(元)	0.2100	0.1010	0.2970	0.1280
每股净资产 / 调整后(元)	3.5800	3.5000	3.3900	3.2300
每股公积金(元)	1.5952	1.5923	1.5923	1.5872
净资产收益率(%)	5.4200	3.4090	7.4300	7.8200
总资产(万元)	191470.58	187870.20	182175.91	185312.02
股东权益(万元)	125928.77	123199.59	119555.36	113748.86
未分配利润(万元)	14075.74	11445.41	10669.84	4979.99
主营收入(万元)	81489.61	50777.63	95636.33	90214.82
资本公积金(万元)	55833.27	55734.41	55552.68	55552.68
主营利润(万元)	12900.22	9283.65	14315.36	13483.05
其他业务利润(万元)	143.24	102.81	236.71	127.68
营业利润(万元)	1947.46	1162.86	2065.22	1377.69
投资收益(万元)	6030.93	3705.52	7436.84	7882.87
补贴收入(万元)	15.00	15.00		
营业外收支(万元)	-6.54		22.99	4.43
利润总额(万元)	7986.85	4877.89	9525.05	9264.99
净利润(万元)	6830.59	4200.26	8842.61	8891.85

十大股东

序号	股东名称	股份性质	持股数(万股)	比例(%)
1	大连冰山集团有限公司	国家股	10442.25	29.83
2	SANYO ELECTRIC CO., LTD.	B股	3500.15	10.00
3	国泰君安证券股份有限公司	流通 A 股	3500.15	3.83
4	振泰实业	流通 A 股	383.20	1.09
5	吉林省九州开发公司	A股	315.00	0.90
6	太原兆和投资发展公司	A股	315.00	0.90
7	申银万国证券股份有限公司	A股	283.70	0.81
8	大连第一制冷设备厂	A股	194.43	0.56
9	大连华信信托投资股份有限公司	A股	179.50	0.51
10	大连热电集团股份有限公司	A股	175.00	0.50

股东人数	2003.9	2003.6	2002	2001
	66964	66272	71040	76232

近年分配	2002年10股派1元 2001年10股派1元	近年配股/增发	不分配不转增

重大事项

2003 年 10 月 23 日，公司拟与日本富士电机株式会社共同出资兴建大连富士冰山自动售货机有限公司。该公司注册资本为 18 亿日元，其中公司占 49% 的股权。该公司主要从事自动售货机的研发、制造及销售等业务，计划 2004 年正式投产，到 2008 年力争年产 5 万台以上。 报告期内，三洋制冷 G 型溴化锂吸收式制冷机产品入选《2003 年度国家重点新产品计划》。GHP 燃气热泵正式投入试生产，成为国内首家生产 GHP 燃气热泵的厂家。

二〇〇二年以来市场表现

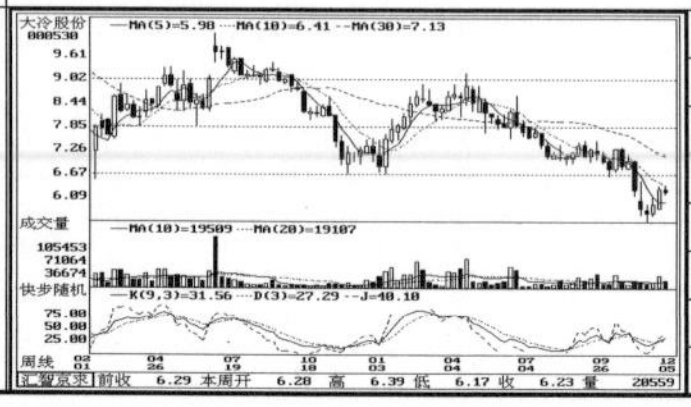

2002年涨跌幅(%)	-10.35
2002年最高(元)	10.10
2002年最低(元)	6.31
2002年换手率(%)	116.12
2003年涨跌幅(%)	-14.54
2003年最高(元)	9.07
2003年最低(元)	5.50
2003年换手率(%)	117.73

广州恒运企业集团股份有限公司

公司概况

公司名称	广州恒运企业集团股份有限公司			股票代码	000531		
注册地址	广州经济技术开发区西基路 8 号			邮政编码	510730		
法人代表	夏藩高			董秘	林国定		
电话	020-82099511			传真	020-82098658		
主营业务	电力及热力的生产和销售						
总股本	26652.13	流通 A	10782.16	流通 B		流通 H	
审计单位				审计意见	未审计		

主要财务指标

年度	2003.9	2003.6	2002	2001
每股收益 / 扣除后(元)	0.3500	0.2290	0.3360	0.2890
每股经营现金流量(元)	0.7470	0.4690	1.6610	0.9790
每股净资产 / 调整后(元)	2.5900	2.4740	2.2450	2.1590
每股公积金(元)	0.8249	0.8249	0.8249	0.8270
净资产收益率(%)	13.4300	9.2800	12.5700	11.1200
总资产(万元)	217086.30	212727.12	194856.28	160678.87
股东权益(万元)	69486.47	66314.02	60156.83	57979.12
未分配利润(万元)	13629.27	10456.82	4299.62	3201.38
主营收入(万元)	70788.14	46943.62	86023.56	86087.43
资本公积金(万元)	21986.09	21986.09	21986.09	22041.09
主营利润(万元)	28333.97	18524.61	27256.82	21302.50
其他业务利润(万元)	-87.39	-62.03	21.06	120.00
营业利润(万元)	21133.28	14440.30	21159.47	15291.53
投资收益(万元)	-110.58	-83.08	3.68	-150.74
补贴收入(万元)				
营业外收支(万元)	80.23	87.17	-1418.50	-1244.64
利润总额(万元)	22102.93	14444.39	19744.65	13896.15
净利润(万元)	9329.64	6157.19	7563.14	6445.52

十大股东

序号	股东名称	股份性质	持股数(万股)	比例(%)
1	广州凯得控股有限公司	国家股	9597.82	36.01
2	广州经济技术开发区工业发展有限公司	国有法人股	4985.61	18.71
3	广州黄电实业有限公司	法人股	1286.54	4.83
4	银丰证券投资基金	流通股	162.41	0.61
5	长江证券有限责任公司	流通股	104.25	0.39
6	开元证券投资基金	流通股	70.00	0.26
7	张秀兰	流通股	51.00	0.19
8	许聘三	流通股	47.00	0.18
9	兴华证券投资基金	流通股	39.81	0.15
10	中国民族证券有限责任公司	流通股	28.50	0.11

股东人数	2003.9	2003.6	2002	2001
	57277	57163	59666	64181

近年分配	2002年10股派2元 2001年10股派1.6元	近年配股/增发	不分配不转增

重大事项

2003 年 10 月 21 日,公司控股子公司—广州恒运热电(C)厂有限责任公司所属 21 万千瓦六号机组环保改造工程,经过全体工程技术人员的全力以赴,已于 2003 年 10 月 19 日复产发电,与原定 2003 年年底完成改造的计划相比，提前了两个多月完工。 2003 年 10 月 16 日，公司董事会同意公司出资 1050 万元(占 70% 股比)、广州开发区工业发展有限公司出资 450 万元(占 30% 股比)共同成立广州恒运东区热力有限公司,负责开展广州开发区东区的集中供热业务.

二〇〇二年以来市场表现

2002年涨跌幅(%)	-19.45
2002年最高(元)	9.40
2002年最低(元)	5.97
2002年换手率(%)	93.31
2003年涨跌幅(%)	30.31
2003年最高(元)	8.88
2003年最低(元)	6.16
2003年换手率(%)	147.80

力合股份有限公司

公司概况

公司名称	力合股份有限公司	股票代码	000532
注册地址	珠海市唐家大学路101号清华科技园创业大楼6层东楼	邮政编码	519080
法人代表	冯冠平	董秘	曹海霞
电话	0756-3612810	传真	0756-3612823
主营业务	微电子、环境保护产品的开发、生产及销售等		
总股本	28390.99	流通 A	12159.70
流通 B		流通 H	
审计单位		审计意见	未审计

主要财务指标

年度	2003.9	2003.6	2002	2001
每股收益/扣除后(元)	0.1670	0.1520	0.1300	0.1200
每股经营现金流量(元)	-0.0040	0.0080	0.0300	-0.0300
每股净资产/调整后(元)	1.6100	1.6000	0.4600	1.8300
每股公积金(元)	0.3150	0.3150	0.3150	0.7011
净资产收益率(%)	9.5900	8.6000	9.4500	5.9000
总资产(万元)	61410.48	59055.66	55744.91	42406.25
股东权益(万元)	46668.46	46165.08	42195.03	40536.71
未分配利润(万元)	7383.05	6879.67	2909.62	2032.88
主营收入(万元)	9016.38	5048.98	9525.25	2004.74
资本公积金(万元)	8944.06	8944.06	8944.06	15312.11
主营利润(万元)	1547.72	841.98	1220.88	503.48
其他业务利润(万元)	118.05	29.57	37.44	6.43
营业利润(万元)	330.02	-124.65	-205.26	-251.06
投资收益(万元)	4654.18	4418.83	4568.98	3066.86
补贴收入(万元)				
营业外收支(万元)	-345.69		-46.58	-282.11
利润总额(万元)	4638.51	3949.60	4317.13	2533.69
净利润(万元)	4473.43	3970.05	3986.11	2391.62

十大股东

序号	股东名称	股份性质	持股数(万股)	比例(%)
1	深圳市清华创业投资有限公司	国有法人股,流通股	4269.06	15.04
2	珠海经济特区电力开发集团公司	国家股,法人股	3746.35	13.20
3	北京清华科技园发展中心	国有法人股	1419.55	5.00
4	东莞市华融实业投资有限公司	法人股,流通股	1392.53	4.90
5	珠海经济特区富华投资公司	法人股	369.95	1.30
6	珠海裕发实业投资公司	法人股	331.50	1.17
7	珠海经济特区银星科技开发服务公司	法人股	331.50	1.17
8	广州双鹰投资顾问有限公司	法人股	234.00	0.82
9	中国深圳国际合作集团股份有限公司	法人股	221.00	0.78
10	珠海市联基控股有限公司	法人股	218.64	0.77

股东人数	2003.9	2003.6	2002	2001
	23302	23943	21051	26611

近年分配	2002年10股派0.5元 2001年10股派0.5元	近年配股/增发	2002年中期10股转增3股

重大事项

2003年2月26日,公司董事会同意公司控股子公司珠海华冠电器有限公司增加迷你型普通铝电解电容器经营项目,并由深圳华冠电子有限公司向华冠电容器增资700万元人民币,用于购置该项目固定资产.拟将公司所持珠海华冠股权中的4.38%按原始出资额转让给珠海清华科技园创业投资有限公司. 2002年12月18日,公司第一大股东珠海经济特区电力开发(集团)公司与深圳市清华创业投资有限公司、北京清华科技园发展中心签订了股份转让补充协议,特区电力开发公司将3931060股公积金转增股分别转让给清华创业投资2948295股,清华科技园发展中心982765股.

二〇〇二年以来市场表现

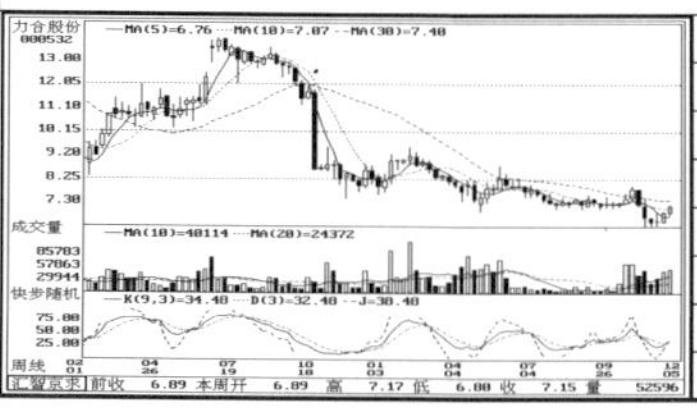

2002年涨跌幅(%)	6.64
2002年最高(元)	10.68
2002年最低(元)	5.90
2002年换手率(%)	105.12
2003年涨跌幅(%)	-14.20
2003年最高(元)	9.45
2003年最低(元)	6.35
2003年换手率(%)	121.48

广东万家乐股份有限公司

公司概况

公司名称	广东万家乐股份有限公司	股票代码	000533
注册地址	广东佛山市顺德大良顺峰山工业区	邮政编码	528333
法人代表	张少松	董秘	刘永霖
电话	0765-2321218	传真	0765-2321200
主营业务	燃气具、家用电器、机械设备等		
总股本	57568.00	流通 A	20370.56
流通 B		流通 H	
审计单位		审计意见	未审计

主要财务指标

年度	2003.9	2003.6	2002	2001
每股收益/扣除后(元)	0.1000	0.0400	-0.1698	-0.4500
每股经营现金流量(元)	0.3200	0.3400	-0.1641	-0.6256
每股净资产/调整后(元)	0.5448	0.4586	0.4381	0.2730
每股公积金(元)	1.0994	1.0994	1.0994	0.6010
净资产收益率(%)	14.2300	7.1300	-26.6800	-397.0700
总资产(万元)	325852.84	323065.81	295139.62	270803.72
股东权益(万元)	44989.48	41369.45	37783.72	24644.26
未分配利润(万元)	-96682.83	-100134.92	-103084.68	-93004.88
主营收入(万元)	91736.24	56491.06	110920.34	112282.00
资本公积金(万元)	63290.79	63290.79	63290.79	34595.83
主营利润(万元)	36106.98	23083.55	38756.03	36940.20
其他业务利润(万元)	24.39	-60.41	-3025.95	-363.45
营业利润(万元)	4316.68	919.67	-21321.14	-29945.30
投资收益(万元)	3227.21	2873.34	4768.67	814.37
补贴收入(万元)	777.91	432.81	26.55	99.59
营业外收支(万元)	-127.48	1.44	-329.39	-71946.50
利润总额(万元)	8194.31	4227.26	-16855.30	-100977.84
净利润(万元)	6401.85	2949.76	-10079.80	-97855.67

十大股东

序号	股东名称	股份性质	持股数(万股)	比例(%)
1	广州汇顺投资有限公司	未流通股	14355.26	24.94
2	顺德市陈村镇信达实业发展有限公司	未流通股	12856.73	22.33
3	合肥市高科技风险投资有限公司	未流通股	1967.50	3.42
4	海口昌亿实业投资有限公司	未流通股	1700.00	2.95
5	上海励诚投资发展有限公司	未流通股	1050.00	1.82
6	广东省工行信托投资公司	未流通股	746.67	1.30
7	南方证券有限公司	未流通股	746.67	1.30
8	广东发展银行顺德分行	未流通股	649.60	1.13
9	广东证券股份有限公司	未流通股	515.20	0.89
10	宁波保税区新荣基贸易发展有限责任公司	未流通股	509.22	0.88

股东人数	2003.9	2003.6	2002	2001
	90098	94240	107198	116485

近年分配		近年配股/增发	不分配不转增

重大事项

2002年与有关债权债务方签订了《广东万家乐股份有限公司债务重组总体协议》.根据协议约定,顺德市投资控股总公司等单位对公司的历史欠款本息约4.06亿元,由相关欠款单位分五年偿还.2003年9月18日,公司收到现金2174万元,到目前为止,顺德市投资控股总公司等单位已累计还款5978万元,尚欠本息余额约为34622万元. 2002年12月28日,公司下属企业顺德特种变压器厂向工行顺德市支行借款人民币1亿元用作经营性周转,并由公司股东之控股股东广州三新实业有限公司提供保证担保,上述借款已到帐.

二〇〇二年以来市场表现

2002年涨跌幅(%)	-33.15
2002年最高(元)	6.27
2002年最低(元)	3.00
2002年换手率(%)	178.75
2003年涨跌幅(%)	11.32
2003年最高(元)	4.71
2003年最低(元)	3.61
2003年换手率(%)	136.17

汕头电力发展股份有限公司

公司概况

公司名称	汕头电力发展股份有限公司	股票代码	000534
注册地址	汕头市珠池路23号光明大厦B座8楼	邮政编码	515041
法人代表	黄振光	董秘	黄曼华
电话	0754-8857382	传真	0754-8857382
主营业务	电力供应、电厂、电站建设		
总股本	20826.13	流通A	8821.47
流通B		流通H	
审计单位		审计意见	未审计

主要财务指标

年度	2003.9	2003.6	2002	2001
每股收益/扣除后(元)	0.0730	0.0665	0.0400	0.0370
每股经营现金流量(元)	0.0700	0.0110	0.0143	0.0697
每股净资产/调整后(元)	2.6817	2.6700	2.6224	2.6174
每股公积金(元)	1.3679	1.3679	1.3679	1.3679
净资产收益率(%)	2.8290	2.3000	1.3900	1.4130
总资产(万元)	57696.92	57336.22	55871.94	55563.24
股东权益(万元)	56774.32	56467.39	55168.47	54914.38
未分配利润(万元)	2381.27	2074.34	775.42	641.50
主营收入(万元)	11249.62	7277.44	10572.23	8987.40
资本公积金(万元)	28488.51	28488.51	28488.51	28488.51
主营利润(万元)	2460.73	1610.06	1838.33	1472.72
其他业务利润(万元)	3.37	1.19	3.54	7.76
营业利润(万元)	886.31	464.27	-327.05	359.96
投资收益(万元)	1035.09	1067.05	1356.34	590.61
补贴收入(万元)				
营业外收支(万元)	0.72		-12.24	6.80
利润总额(万元)	1922.12	1531.81	1017.05	957.36
净利润(万元)	1605.85	1298.92	771.45	775.94

十大股东

序号	股东名称	股份性质	持股数(万股)	比例(%)
1	汕头市电力开发公司	国家股	7986.00	38.36
2	中国信达资产管理公司	法人股	1452.00	6.97
3	工行汕头韩江支行	法人股	1210.00	5.81
4	汕头城市建设开发总公司	法人股	726.00	3.49
5	交通银行汕头分行	法人股	484.00	2.32
6	汕头经济特区雅龙计算机有限公司	流通股	127.51	0.61
7	汕头电力经济发展公司	法人股	48.40	0.23
8	卓明华	流通股	36.17	0.17
9	东莞证券有限公司	流通股	30.68	0.15
10	林泽贤	流通股	28.60	0.14

股东人数	2003.9	2003.6	2002	2001
	54321	54407	55680	59129

近年分配		近年配股/增发	不分配不转增

重大事项

公司于2002年12月4日在汕头市与交通银行汕头分行龙湖支行、汕头长潮电力发展有限公司签署了委托贷款3000万元的合同,贷款期限自2002年12月4日至2003年10月20日止.委托贷款涉及各方认真履行合同,现委托期限已到,委托贷款资金3000万元及收益140万元已全部收回. 2002年5月31日,公司第二大股东,建行汕头市金砂支行与中国信达资产管理公司签订了《股权转让协议》,将其所持有的发起人法人股1452万股转让给中国信达资产管理公司,转让价款为人民币3827万元.转让价款直接冲抵中国建设银行应划转信达公司的资本金.转让后股权性质为法人股.

二〇〇二年以来市场表现

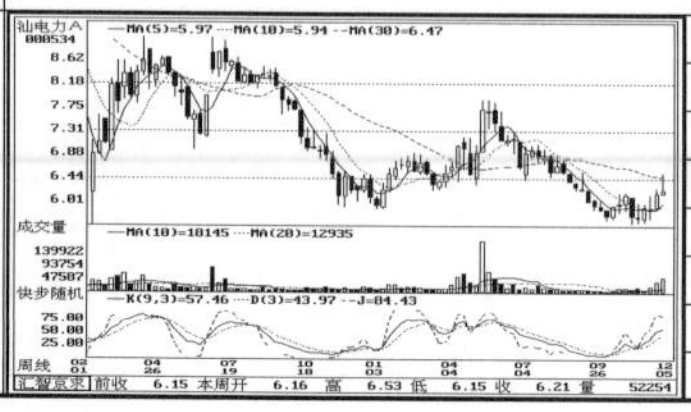

2002年涨跌幅(%)	-31.82
2002年最高(元)	9.05
2002年最低(元)	4.78
2002年换手率(%)	108.56
2003年涨跌幅(%)	2.50
2003年最高(元)	7.88
2003年最低(元)	5.61
2003年换手率(%)	116.33

猴王股份有限公司

公司概况

公司名称	猴王股份有限公司	股票代码	000535
注册地址	湖北省宜昌市夷陵路304号	邮政编码	443003
法人代表	朱宇平	董秘	黄昌龄
电话	0717-6352517	传真	0717-635183
主营业务	焊接材料、焊接设备生产和销售		
总股本	30272.32	流通A	17017.39
流通B		流通H	
审计单位		审计意见	未审计

主要财务指标

年度	2003.9	2003.6	2002	2001
每股收益/扣除后(元)	-0.0566	-0.0490	-0.1500	-0.1600
每股经营现金流量(元)	-0.0060	-0.0050	-0.0010	-0.0100
每股净资产/调整后(元)	-1.5200	-1.5100	-1.5100	-1.0100
每股公积金(元)	0.7549	0.7549	0.7549	0.6178
净资产收益率(%)		3.1000	-40.7890	1.7380
总资产(万元)	33455.92	33504.16	39187.39	39793.57
股东权益(万元)	-46021.78	-45353.16	-6075.17	-30340.20
未分配利润(万元)	-100922.69	-100254.07	-82756.66	-81072.82
主营收入(万元)	2050.58	1188.57	2716.69	2855.60
资本公积金(万元)	22853.86	22853.86	44651.56	18702.70
主营利润(万元)	459.34	285.82	767.61	487.03
其他业务利润(万元)	4.48	4.38	-4.10	-26.39
营业利润(万元)	-2134.55	-1476.31	-7879.01	-4305.79
投资收益(万元)			-203.48	5251.65
补贴收入(万元)	88.63	88.63		
营业外收支(万元)	-1.29		-9734.16	-418.38
利润总额(万元)	-2047.21	-1386.99	-17816.65	527.48
净利润(万元)	-2072.96	-1404.33	-17926.36	527.48

十大股东

序号	股东名称	股份性质	持股数(万股)	比例(%)
1	上海国策实业发展有限公司	境内法人股	6499.87	21.47
2	宁波市住房资金管理中心	国家股	1233.70	4.08
3	申银万国证券股份有限公司	境内法人股	1000.00	3.30
4	中国经济技术投资担保有限公司	国有法人股	820.00	2.71
5	中国工行湖北信托投资公司	境内法人股	671.16	2.22
6	南京新港开发总公司	国有法人股	440.00	1.45
7	深圳建设集团财务有限责任公司	国有法人股	370.00	1.22
8	中国建行湖北信托投资公司	境内法人股	335.58	1.11
9	中国平安保险股份有限公司	国有法人股	320.00	1.06
10	上海岩鑫实业投资有限公司	境内法人股	195.00	0.64

股东人数	2003.9	2003.6	2002	2001
	58909	57162	58275	56045

近年分配		近年配股/增发	不分配不转增

重大事项

2003年5月17日至23日,公司董事会会议决定终止以公司持有的猴王集团公司债权置换江苏新大都置业有限公司部分股权,并取消为审议此次转换而决定召开的临时股东大会. 2003年01月18日,因黄石市金属材料有限公司与宜昌电焊条厂及公司债务纠纷,公司所持有的宜昌市猴王焊丝有限责任公司1218.9万元的股权及红利已被查封.公司已向黄石中院提交了执行异议书,要求解除对该股权的冻结.

二〇〇二年以来市场表现

2002年涨跌幅(%)	-23.25
2002年最高(元)	6.57
2002年最低(元)	3.96
2002年换手率(%)	252.06
2003年涨跌幅(%)	-31.77
2003年最高(元)	4.86
2003年最低(元)	2.52
2003年换手率(%)	185.19

闽东电机(集团)股份有限公司

公司概况

公司名称	闽东电机(集团)股份有限公司	股票代码	000536
注册地址	福建省福州市五一中路88号平安大厦19F	邮政编码	350005
法人代表	刘捷明	董秘	曹健
电话	0591-3348228	传真	0591-3326201
主营业务	电机电器、发电设备、通用机械等的开发与生产		
总股本	12192.72	流通A	4546.72
流通B		流通H	
审计单位		审计意见	未审计

主要财务指标

年度	2003.9	2003.6	2002	2001
每股收益/扣除后(元)	-0.0670	-0.0580	-0.1400	-0.0040
每股经营现金流量(元)	-0.1000	-0.0500	0.2783	0.4300
每股净资产/调整后(元)	-0.1400	-0.1289	-0.0300	-0.1800
每股公积金(元)	0.8057	0.8057	0.8057	0.5342
净资产收益率(%)	-164.0600	-182.7400	-1021.8500	55.2100
总资产(万元)	20207.29	18794.31	20073.35	29309.13
股东权益(万元)	-503.46	-389.78	322.50	-1889.09
未分配利润(万元)	-25399.09	25285.41	-24573.14	-21277.70
主营收入(万元)	4150.83	2525.27	5294.22	9256.72
资本公积金(万元)	9824.10	9824.10	9824.10	6513.49
主营利润(万元)	368.89	197.01	493.69	-523.88
其他业务利润(万元)	138.26	89.30	274.16	160.35
营业利润(万元)	-1085.79	-782.58	-2258.71	-4212.88
投资收益(万元)	263.17	70.82	622.53	4179.82
补贴收入(万元)	0.11	0.11	59.25	11.58
营业外收支(万元)	-3.04	-0.52	-2011.39	-169.11
利润总额(万元)	-825.54	-712.18	-3588.31	-190.60
净利润(万元)	-825.95	-712.27	-3295.45	1042.94

十大股东

序号	股东名称	股份性质	持股数(万股)	比例(%)
1	福建省电子信息(集团)有限责任公司	发起人国家股	4429.00	36.32
2	闽东电机家属厂	发起人法人股	340.00	2.79
3	工行福建省信托投资公司	法人股	200.00	1.64
4	福州市鼓楼区华大五金厂	发起人法人股	181.00	1.48
5	福州市鼓楼区华大五金厂	发起人法人股	173.00	1.42
6	厦门华伦电力发展公司	法人股	119.00	0.98
7	中国粮油食品进出口(集团)有限公司	法人股	100.00	0.82
8	福州变压器厂	法人股	69.31	0.57
9	福州闽东电机工贸公司	法人股	64.91	0.53
10	福州闽特工贸公司	法人股	63.63	0.52

股东人数	2003.9	2003.6	2002	2001
	13616	13746	16304	14835

近年分配		近年配股/增发	不分配不转增

重大事项

2003年8月22日，关于中国银行福建省分行诉公司和福建省机械设备进出口公司借款1400万元纠纷案，因公司不服法院的民事判决，公司于2002年11月向福建省高级人民法院提起上诉。该院于2003年8月14日依法作出判决:驳回公司上诉,维持原判;二审案件受理费105956元由公司负担,一审案件受理费按原判执行。 2003年7月11日,公司为福建德亚集团公司及其所属单位向中国农业银行福州市福新支行借款共5100万元的担保在近期内均已解除。

二〇〇二年以来市场表现

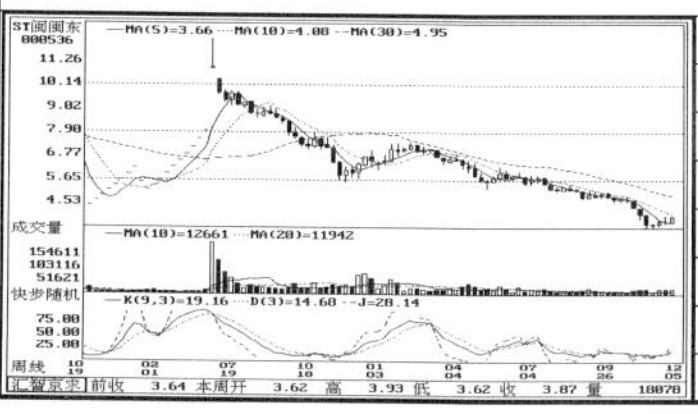

2002年涨跌幅(%)	11.23
2002年最高(元)	12.38
2002年最低(元)	5.15
2002年换手率(%)	279.46
2003年涨跌幅(%)	-41.67
2003年最高(元)	7.40
2003年最低(元)	3.41
2003年换手率(%)	178.18

天津南开戈德股份有限公司

公司概况

公司名称	天津南开戈德股份有限公司	股票代码	000537
注册地址	天津经济技术开发区第三大街16号(泰达中心)	邮政编码	300204
法人代表	王湘波	董秘	刘艳
电话	022-28010550	传真	022-28010599
主营业务	国内贸易、GD系列自动售货机的生产及销售等		
总股本	40614.87	流通A	16621.11
流通B		流通H	
审计单位		审计意见	未审计

主要财务指标

年度	2003.9	2003.6	2002	2001
每股收益/扣除后(元)	-0.2300	-0.1900	-0.1500	0.1580
每股经营现金流量(元)	-1.2800	-1.2400	0.3900	0.2900
每股净资产/调整后(元)	1.3900	1.4400	1.8100	2.0000
每股公积金(元)	0.5275	0.5275	0.5275	0.5275
净资产收益率(%)	-13.1200	-10.3500	-5.2300	8.0000
总资产(万元)	127916.06	133360.41	144365.09	147383.72
股东权益(万元)	70407.94	72180.04	79647.70	83740.96
未分配利润(万元)	-780.96	991.82	8459.48	12550.71
主营收入(万元)	9661.94	7192.75	22204.63	51395.09
资本公积金(万元)	21424.17	21423.49	21423.49	21423.49
主营利润(万元)	1530.97	2148.24	7031.56	19743.58
其他业务利润(万元)	30.07	25.87	131.90	806.86
营业利润(万元)	-7383.27	-6067.01	-6100.73	6540.57
投资收益(万元)	-2010.85	-1520.42	824.00	-9.55
补贴收入(万元)	10.85		828.84	
营业外收支(万元)	88.62		-2.13	-73.75
利润总额(万元)	-9294.64	-7498.28	-4450.02	6457.27
净利润(万元)	-9240.44	-7467.66	-4166.92	6696.62

十大股东

序号	股东名称	股份性质	持股数(万股)	比例(%)
1	天津南开戈德集团有限公司	国有法人股	19244.26	47.38
2	天津环球磁卡股份有限公司	未披露	820.80	2.02
3	中国光大国际信托投资公司	未披露	342.00	0.84
4	中信天津工业发展公司	未披露	290.02	0.71
5	天津津益联合公司	未披露	258.60	0.64
6	海南豪帮投资发展有限公司	未披露	247.38	0.61
7	国际信托投资公司北信经营部	未披露	136.80	0.34
8	豫信有限公司	未披露	136.80	0.34
9	浙江省证券公司	未披露	136.80	0.34
10	中国新技术创业投资公司	未披露	136.80	0.34

股东人数	2003.9	2003.6	2002	2001
	20937	23639	21753	22264

近年分配	2001年10股派0.7元	近年配股/增发	不分配不转增

重大事项

公司分别于2003年7月31日、2003年8月22日与农行世贸支行、工行天津分行签订保证合同,为天津国际商场有限公司、天津灯塔涂料股份有限公司借款提供担保,担保金额分别为7000万元和12730万元。截止至2003年11月7日,公司累计对外担保金额为38,143万元,公司无逾期担保。 公司控股股东天津南开戈德集团有限公司在建行天津市分行南开支行7000万元借款已于2003年6月20日到期,该笔借款质押物为戈德集团持有的公司2750万股国有法人股股权。

二〇〇二年以来市场表现

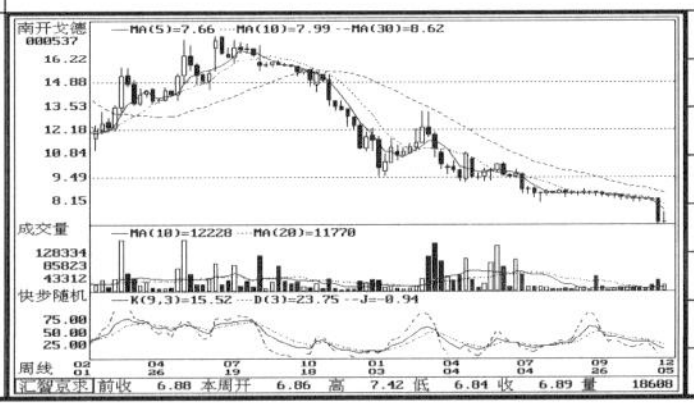

2002年涨跌幅(%)	-9.85
2002年最高(元)	17.50
2002年最低(元)	10.79
2002年换手率(%)	106.01
2003年涨跌幅(%)	-37.85
2003年最高(元)	13.18
2003年最低(元)	6.80
2003年换手率(%)	91.47

云南白药集团股份有限公司

公司概况

公司名称	云南白药集团股份有限公司		股票代码	000538	
注册地址	云南省昆明市二环西路 222 号		邮政编码	650032	
法人代表	龙江		董秘	黄艾农	
电话	0871-5350538		传真	0871-8324169	
主营业务	中成药为主的药品生产和批发零售				
总股本	18581.80	流通 A	5875.05	流通 B	流通 H
审计单位			审计意见	未审计	

主要财务指标

年度	2003.9	2003.6	2002	2001
每股收益/扣除后(元)	0.4900	0.3300	0.4980	0.3900
每股经营现金流量(元)	0.6400	0.2300	0.6200	0.4300
每股净资产/调整后(元)	2.9100	2.7100	2.4300	2.2000
每股公积金(元)	0.7812	0.7812	0.7811	0.7164
净资产收益率(%)	16.5200	11.5400	20.2000	18.0000
总资产(万元)	101369.27	97592.92	92065.11	84399.27
股东权益(万元)	55556.72	52429.72	46374.76	41750.67
未分配利润(万元)	9971.74	6844.74	792.74	20.89
主营收入(万元)	95567.24	62250.18	110094.25	90029.93
资本公积金(万元)	14516.79	14516.79	14513.83	13312.32
主营利润(万元)	30147.05	19608.28	38791.37	30826.08
其他业务利润(万元)	49.52	53.74	25.13	114.09
营业利润(万元)	11083.74	7576.46	11856.51	7854.54
投资收益(万元)	16.60	3.43	27.46	572.28
补贴收入(万元)				
营业外收支(万元)	-85.89	-78.38	-63.09	-255.15
利润总额(万元)	11014.45	7501.51	11820.88	8171.68
净利润(万元)	9179.00	6052.00	9368.76	7513.70

十大股东

序号	股东名称	股份性质	持股数(万股)	比例(%)
1	云南医药集团有限公司	国有股	5862.00	31.55
2	云南红塔投资有限公司	国有股	4843.37	26.07
3	云南国际信托投资有限公司	未流通股	1584.00	8.52
4	上海小西生物技术有限公司	未流通股	138.60	0.75
5	市大鹏证券公司证券业务部	未流通股	104.30	0.56
6	云南省粮食局机关服务中心	未流通股	29.00	0.16
7	王月莲	社会公众股	22.50	0.12
8	杨穗欢	社会公众股	21.07	0.11
9	王怀乡	社会公众股	20.63	0.11
10	云南鲲鹏航空服务有限公司	未流通股	19.80	0.11

股东人数	2003.9	2003.6	2002	2001
	12444	14030	9287	10062

近年分配	2002年10股派3.2元 2001年10股派2元	近年配股/增发	不分配不转增

重大事项

2003 年 07 月 19 日,经财政部批准,证监会同意豁免要约收购的云南云药有限公司收购云南医药集团有限公司的 5862 万股、云南红塔投资有限责任公司的 2030.8047 万股和云南国际信托投资有限公司的 1584 万股已经在 2003 年 7 月 14 日办理完过户手续. 2003 年 1 月 6 日,公司董事会同意为控股子公司云南省医药有限公司 7310 万元贷款提供担保,担保期为 1 年,即 2003 年 1 月 1 日至 2003 年 12 月 31 日止.

二○○二年以来市场表现

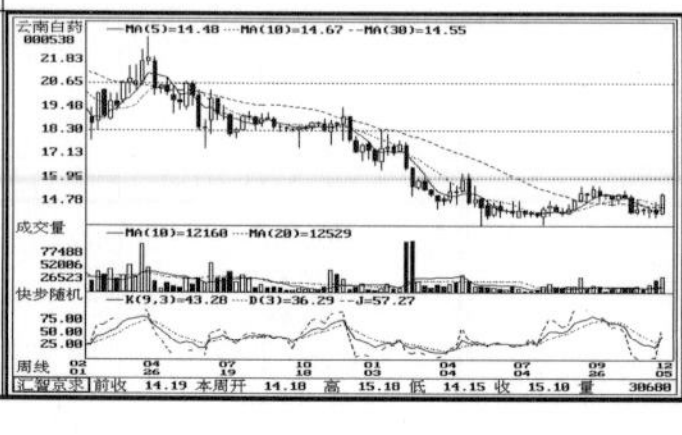

2002年涨跌幅(%)	-15.59
2002年最高(元)	22.48
2002年最低(元)	16.18
2002年换手率(%)	183.35
2003年涨跌幅(%)	-16.77
2003年最高(元)	18.03
2003年最低(元)	13.28
2003年换手率(%)	118.80

广东电力发展股份有限公司

公司概况

公司名称	广东电力发展股份有限公司		股票代码	000539	
注册地址	广州市环市东路 498 号广发花园柏丽商业中心 10 楼		邮政编码	510075	
法人代表	潘力		董秘	李晓晴	
电话	020-87609276		传真	020-87604922	
主营业务	经营、建设发电站、输变电工程				
总股本	18581.80	流通 A	5875.05	流通 B	流通 H
审计单位			审计意见	未审计	

主要财务指标

年度	2003.9	2003.6	2002	2001
每股收益/扣除后(元)	0.3700	0.2200	0.4520	0.4010
每股经营现金流量(元)	0.4900	0.2900	0.9900	0.7600
每股净资产/调整后(元)	2.8600	2.7100	2.4100	2.1900
每股公积金(元)	0.7812	0.7812	0.7811	0.7164
净资产收益率(%)	16.5200	11.5400	20.2000	18.0000
总资产(万元)	1246170.25	1190644.50	1172921.62	1219308.00
股东权益(万元)	761510.06	721572.94	663063.81	605264.62
未分配利润(万元)		78259.03	19749.92	9517.11
主营收入(万元)	442558.94	270957.03	561972.31	544094.25
资本公积金(万元)		138318.70	138318.70	138318.70
主营利润(万元)	188635.45	113456.18	240407.41	252131.23
其他业务利润(万元)	71.17	38.64	67.27	97.51
营业利润(万元)	163484.81	96036.88	201282.37	213598.14
投资收益(万元)	-0.48	-367.04	-67.65	64.02
补贴收入(万元)				
营业外收支(万元)	-254.58		-2197.86	-1330.75
利润总额(万元)	163229.75	95625.96	199016.87	212331.41
净利润(万元)	98446.27	58509.11	118998.50	105776.88

十大股东

序号	股东名称	股份性质	持股数(万股)	比例(%)
1	广东省电力集团公司	国家股	133380.00	50.15
2	建设银行广东省信托投资公司	境内法人股	8775.00	3.30
3	广东省电力开发公司	国有法人股	8508.24	3.20
4	广东广控集团有限公司	境内法人股	4387.50	1.65
5	长城证券有限责任公司	流通 A 股	2732.84	1.03
6	TEMPLETON WORLD FUND INC	流通 B 股	2571.85	0.97
7	洋浦华盛投资管理有限公司	流通 A 股	1676.48	0.63
8	BSDT/MELLON GLB FDS PLC-GLB EQUITY PORTFOLIO	流通 B 股	1040.69	0.39
9	西北证券有限责任公司	流通 A 股	1020.14	0.38
10	湘财证券有限责任公司	流通 A 股	821.10	0.31

股东人数	2003.9	2003.6	2002	2001
	116841	117394	124341	139634

近年分配	2002年10股派2.3元 2001年10股派2.2元	近年配股/增发	不分配不转增

重大事项

2003 年 8 月 21 日,公司与广东省粤电集团有限公司签署《燃料购销协议》,按照协议,本公司须提供予粤电集团 1.8 亿元预付资金,但鉴于本公司根据 1994 协议已经提供 1.2 亿元铺底资金予粤电集团,因此本次关联交易中本公司只需向粤电集团追加提供 6000 万元预付资金即可。该 6000 万元追加资金均来源于本公司自有资金。 公司控股 51% 的茂名瑞能热电有限公司所属的茂名发电厂 #5 机组已于 2003 年 5 月 25 日顺利通过 72+24 小时满负荷试运行,同日移交试生产.

二○○二年以来市场表现

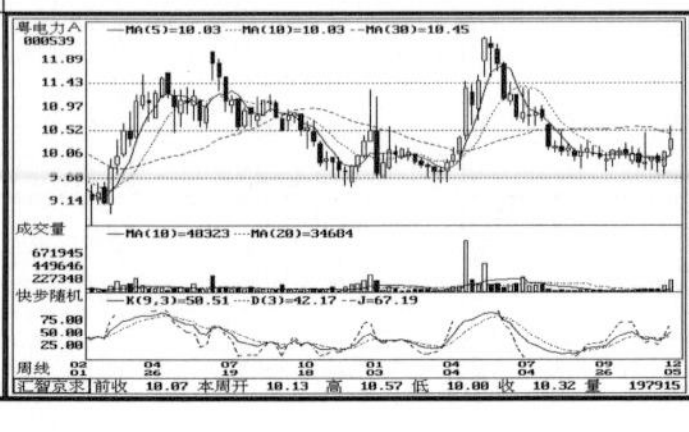

2002年涨跌幅(%)	4.75
2002年最高(元)	11.82
2002年最低(元)	8.15
2002年换手率(%)	99.64
2003年涨跌幅(%)	1.41
2003年最高(元)	12.12
2003年最低(元)	9.26
2003年换手率(%)	97.60

世纪中天投资股份有限公司

公司概况

公司名称	世纪中天投资股份有限公司	股票代码	000540
注册地址	贵州省贵阳市吉祥路1号宅吉大厦五楼	邮政编码	550004
法人代表	鲁石	董秘	赵虹
电话	0851-6809115	传真	0851-6809072
主营业务	房地产开发、城市基础设施及配套项目开发等		

总股本	32681.15	流通A	11262.98	流通B		流通H	
审计单位		审计意见	未审计				

主要财务指标

年度	2003.9	2003.6	2002	2001
每股收益/扣除后(元)	0.0121	-0.0024	0.0163	0.0145
每股经营现金流量(元)	-0.1300	-0.1250	-0.3592	-0.4520
每股净资产/调整后(元)	1.3926	1.4200	1.3765	1.3656
每股公积金(元)	0.0664	0.0664	0.0664	0.0664
净资产收益率(%)	1.0910	0.3420	1.4600	8.6900
总资产(万元)	125517.88	123947.18	119665.91	110177.62
股东权益(万元)	48278.47	47915.86	47837.69	47054.43
未分配利润(万元)	5809.32	5446.71	5477.51	4697.08
主营收入(万元)	12335.34	6644.87	17543.22	20401.28
资本公积金(万元)	2169.67	2169.67	2169.67	2169.67
主营利润(万元)	4380.14	2551.56	5463.21	4946.55
其他业务利润(万元)	426.50	304.28	258.32	156.87
营业利润(万元)	453.40	-77.95	718.86	7.16
投资收益(万元)	191.96	243.99	172.58	2397.71
补贴收入(万元)				2073.11
营业外收支(万元)	0.19		-10.99	62.56
利润总额(万元)	645.55	162.51	880.44	4540.55
净利润(万元)	526.69	164.08	697.35	4086.86

十大股东

序号	股东名称	股份性质	持股数(万股)	比例(%)
1	世纪兴业投资有限公司	定向法人股	10995.60	33.65
2	贵阳市国资局	发起人国家股	3624.09	11.09
3	深圳市瑞富源投资有限公司	定向法人股	1200.00	3.67
4	无锡市华信投资管理有限公司	定向法人股	700.00	2.14
5	北京环宇互联科技发展有限公司	发起人法人股	677.33	2.07
6	北京世纪网神网络科技发展有限公司	发起人法人股	628.95	1.92
7	北京世纪网宇电子科技发展有限公司	发起人法人股	628.95	1.92
8	上海肇达投资咨询有限公司	定向法人股	340.00	1.04
9	遵义市远科建材销售有限公司	定向法人股	321.25	0.98
10	上海名流科技发展有限公司	定向法人股	305.00	0.93

股东人数	2003.9	2003.6	2002	2001
	37569	38781	5140	7554

近年分配		近年配股/增发	不分配不转增

重大事项

2003年10月17日有关各方在北京签订了《股权转让协议》,公司向北京世纪飞鸿科技投资有限公司购买博华资产管理有限公司13%股权,协议价款为6000万元人民币。 2003年5月17日,公司控股股东世纪兴业投资有限公司已将所持公司33.6%的股份计109956000股质押给重庆海德实业有限公司,质押起始日为2003年5月15日。

二〇〇二年以来市场表现

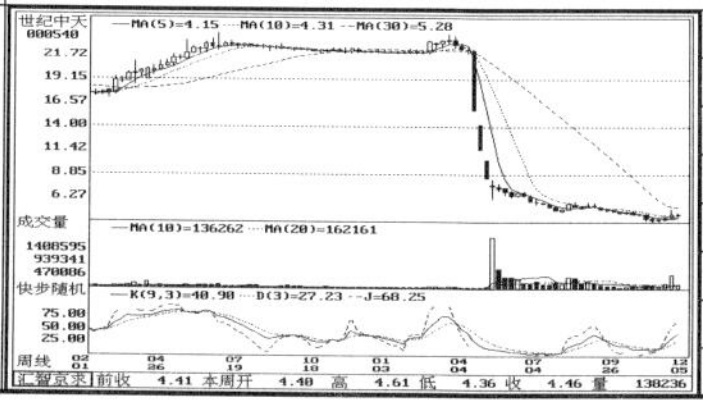

2002年涨跌幅(%)	25.32
2002年最高(元)	24.30
2002年最低(元)	17.00
2002年换手率(%)	180.49
2003年涨跌幅(%)	-80.15
2003年最高(元)	24.04
2003年最低(元)	3.70
2003年换手率(%)	717.22

佛山电器照明股份有限公司

公司概况

公司名称	佛山电器照明股份有限公司	股票代码	000541
注册地址	广东省佛山市汾江北路15号	邮政编码	528000
法人代表	钟信才	董秘	林奕辉
电话	0757-2813838-298	传真	0757-2816276
主营业务	各种电光源产品的生产和经营		

总股本	35844.83	流通A	14684.20	流通B	8250.00	流通H	
审计单位		审计意见	未审计				

主要财务指标

年度	2003.9	2003.6	2002	2001
每股收益/扣除后(元)	0.4990	0.3200	0.5800	0.4940
每股经营现金流量(元)	0.3600	0.2580	0.8400	0.7500
每股净资产/调整后(元)	5.9400	5.7700	5.4400	5.2900
每股公积金(元)	3.3643	3.3593	3.3593	3.3591
净资产收益率(%)	8.3400	5.5600	10.4400	9.0900
总资产(万元)	234477.05	229072.94	234787.62	224230.23
股东权益(万元)	214175.77	207676.39	196133.23	190699.66
未分配利润(万元)	25095.27	18775.13	7231.94	6925.31
主营收入(万元)	72402.17	47653.42	95750.12	82371.17
资本公积金(万元)	120593.41	120414.18	120414.20	120407.74
主营利润(万元)	25646.76	17022.40	35384.24	27005.22
其他业务利润(万元)	99.77	53.01	52.01	95.73
营业利润(万元)	20508.80	13345.85	24352.40	20875.90
投资收益(万元)	866.52	529.54	1237.06	1123.45
补贴收入(万元)				
营业外收支(万元)	-24.40		-1289.61	-998.21
利润总额(万元)	21350.92	13886.59	24299.85	21001.14
净利润(万元)	17863.33	11543.19	20481.94	17334.87

十大股东

序号	股东名称	股份性质	持股数(万股)	比例(%)
1	佛山市国有资产办公室	国家法人股A股	8592.21	23.97
2	广州佑昌灯光器材贸易有限公司	法人A股	700.26	1.95
3	裕元证券投资基金	流通A股	283.31	0.79
4	DBS VICKERS HONG KONG LTDA/C CLIENTS	B股	267.62	0.74
5	富国动态平衡证券投资基金	流通A股	263.05	0.73
6	庄坚毅	B股	241.55	0.67
7	银丰证券投资基金	流通A股	234.22	0.65
8	上海中技投资顾问有限公司	流通A股	205.63	0.57
9	金鑫证券投资基金	流通A股	200.37	0.55
10	DEOTSCHE BANK AG LONDON	B股	171.73	0.48

股东人数	2003.9	2003.6	2002	2001
	77479	81177	80680	93900

近年分配	2002年10股派4.2元 2001年10股派4元	近年配股/增发	不分配不转增

重大事项

2003年3月19日,公司控股股东世纪兴业投资有限公司将所持公司33.6%的股份计109,956,000股质押给中投信用担保有限公司,质押起始日为2003年3月13日,没有终止期限。 2001年11月2日,根据省科技厅粤科高字[2001]86号文通知,批准我公司为2001年广东省高新技术企业,同时省外经贸厅也确认我公司为外商投资先进技术企业(粤外经贸加证字[2001]280号).本公司从2001年1月1日起享受高新技术企业所得税优惠政策.为此,我公司所得税今后按15%税率直接缴纳.

二〇〇二年以来市场表现

2002年涨跌幅(%)	-13.10
2002年最高(元)	13.67
2002年最低(元)	10.88
2002年换手率(%)	159.71
2003年涨跌幅(%)	-0.27
2003年最高(元)	12.53
2003年最低(元)	10.28
2003年换手率(%)	81.16

TCL通讯设备股份有限公司

公司概况

公司名称	TCL通讯设备股份有限公司			股票代码	000542		
注册地址	广东省惠州市上排大岭路10号TCL大厦			邮政编码	516001		
法人代表	万明坚			董秘	肖晓平		
电话	0752-2288896			传真	0752-2261868		
主营业务	生产经营多功能自动电话机、手机、通讯设备						
总股本	18810.88	流通A	8145.28	流通B		流通H	
审计单位				审计意见	未审计		

主要财务指标

年度	2003.9	2003.6	2002	2001
每股收益/扣除后(元)	1.0800	0.8800	1.9200	0.4200
每股经营现金流量(元)	1.2600	1.5500	2.4430	2.1700
每股净资产/调整后(元)	2.8940	2.6770	1.9680	1.3480
每股公积金(元)	1.2632	1.2632	1.2632	1.2610
净资产收益率(%)	30.5000	25.1800	62.3900	7.6700
总资产(万元)	533472.75	555908.19	491497.00	186391.44
股东权益(万元)	61965.42	57666.27	44298.89	28098.00
未分配利润(万元)	28877.71	24497.63	9979.47	-11698.07
主营收入(万元)	739212.19	525775.31	872258.87	276901.81
资本公积金(万元)	23761.54	23761.54	23761.54	23720.19
主营利润(万元)	739212.19	525775.31	872258.87	86538.01
其他业务利润(万元)	640.97	289.70	2345.31	839.81
营业利润(万元)	58641.63	47448.54	115489.05	20613.04
投资收益(万元)	114.17	64.56	-2031.74	652.70
补贴收入(万元)	253.77	1.89	2478.25	
营业外收支(万元)	-2624.11		-11675.22	-5701.03
利润总额(万元)	56385.46	44973.43	104260.34	15564.71
净利润(万元)	18898.24	14518.15	27638.78	2154.38

十大股东

序号	股东名称	股份性质	持股数(万股)	比例(%)
1	TCL通讯设备香港有限公司	外资股	4702.72	25.00
2	TCL集团股份有限公司	国有股	3090.57	16.43
3	惠州市南方通信开发有限公司	国有股	2602.04	13.83
4	金泰证券投资基金	流通股	555.06	2.95
5	裕隆证券投资基金	流通股	446.00	2.37
6	国泰金鹰增长证券投资基金	流通股	286.91	1.53
7	惠州市通信发展总公司	募集法人股	207.90	1.11
8	开元证券投资基金	流通股	170.00	0.90
9	金鑫证券投资基金	流通股	120.81	0.64
10	裕华证券投资基金	流通股	92.86	0.49

股东人数

2003.9	2003.6	2002	2001
17409	23348	23563	44453

近年分配

近年分配	近年配股/增发
2002年10股派1.3元	不分配不转增

重大事项

2003年11月26日,公司之控股股东TCL集团股份有限公司于2003年9月29日与公司另一股东TCL通讯设备有限公司签署股权转让协议,受让其持有的公司25%的股份,转让总价款为1元,本次股权转让业已取得所需的各项批准,转让完成后,TCL集团将直接持有公司56.7%的法人股股份。2003年11月7日,公司拟与TCL集团股份有限公司通过吸收合并的方式进行合并,本次合并后,存续公司为TCL集团,公司所有资产、负债、业务及相关权益均转归存续公司继承。本次合并待取得商务部和中国证监会批准或核准后实施。

二〇〇二年以来市场表现

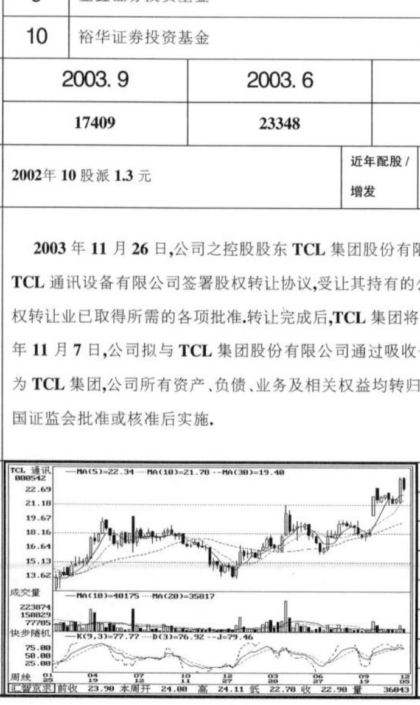

2002年涨跌幅(%)	0.58
2002年最高(元)	19.78
2002年最低(元)	11.95
2002年换手率(%)	310.34
2003年涨跌幅(%)	72.19
2003年最高(元)	24.20
2003年最低(元)	13.28
2003年换手率(%)	302.52

安徽省皖能股份有限公司

公司概况

公司名称	安徽省皖能股份有限公司			股票代码	000543		
注册地址	安徽省合肥市马鞍山路99号皖能大厦			邮政编码	230011		
法人代表	张绍仓			董秘	周庆霞		
电话	0551-4672679			传真	0551-4669573		
主营业务	电力、节能及相关项目投资经营						
总股本	77300.88	流通A	14064.38	流通B		流通H	
审计单位				审计意见	未审计		

主要财务指标

年度	2003.9	2003.6	2002	2001
每股收益/扣除后(元)	0.2140	0.1370	0.1691	0.1564
每股经营现金流量(元)	0.5500	0.4720	0.1542	0.2600
每股净资产/调整后(元)	3.2300	3.1500	3.0300	3.0000
每股公积金(元)	1.2390	1.2390	1.2378	1.2340
净资产收益率(%)	6.6530	4.3800	4.8000	7.2400
总资产(万元)	417448.16	425496.91	264402.28	272121.59
股东权益(万元)	251336.20	245411.16	234559.87	232918.16
未分配利润(万元)	22320.13	16395.08	5636.36	5937.04
主营收入(万元)	127602.92	80756.14	71973.63	67178.78
资本公积金(万元)	95775.58	95775.58	95683.02	95392.73
主营利润(万元)	34440.59	22155.13	11711.22	12455.97
其他业务利润(万元)	-77.21	-52.74	-22.15	10.85
营业利润(万元)	30961.89	18893.40	10182.56	9635.36
投资收益(万元)	1410.02	1344.99	6549.82	7988.34
补贴收入(万元)				
营业外收支(万元)	-82.93	-61.52	-1102.12	718.35
利润总额(万元)	32288.97	20176.86	15630.26	18342.05
净利润(万元)	16721.65	10758.72	11253.77	16871.88

十大股东

序号	股东名称	股份性质	持股数(万股)	比例(%)
1	安徽省能源集团有限公司	国有法人股	46800.00	60.54
2	安徽省新能创业投资有限责任公司	募集法人股	4759.00	6.16
3	安徽省能源物资供销公司	募集法人股	2770.00	3.58
4	中国宝安集团股份有限公司	募集法人股	2200.00	2.85
5	安徽省电力公司	募集法人股	1100.00	1.42
6	中行安徽信托咨询公司	募集法人股	550.00	0.71
7	深圳市鸿基(集团)股份有限公司	募集法人股	500.00	0.65
8	国信证券有限责任公司	募集法人股,社会公	376.47	0.49
9	安徽国祯能源股份有限公司	募集法人股	336.00	0.44
10	深圳市飞远达实业有限公司	募集法人股	330.00	0.43

股东人数

2003.9	2003.6	2002	2001
74579	75321	83307	86549

近年分配

近年分配	近年配股/增发
2002年10股派1.25元 2001年10股派1.25元	不分配不转增

重大事项

2003年7月23日,公司直属5台12.5万千瓦发电机组及控股的淮北国安电力有限公司上半年度发电形势较好,预计公司2003年上半年度净利润比去年同期有大幅度增长,增幅在50%以上。2003年6月12日,公司董事会同意由公司取代控股股东安徽省能源集团有限公司参股投资阜阳电厂项目40%股份,定于2003年6月26日召开公司2002年年度股东大会,审议以上议案。

二〇〇二年以来市场表现

2002年涨跌幅(%)	-19.33
2002年最高(元)	8.25
2002年最低(元)	5.34
2002年换手率(%)	126.88
2003年涨跌幅(%)	25.17
2003年最高(元)	8.86
2003年最低(元)	5.68
2003年换手率(%)	166.30

白鸽(集团)股份有限公司

公司概况

公司名称	白鸽(集团)股份有限公司	股票代码	000544
注册地址	河南省郑州市华山路78号	邮政编码	450007
法人代表	蒋蒙宁	董秘	曹长岭
电话	0371-7198762	传真	0371-7611770
主营业务	磨料磨具及其相关工艺装备的生产、销售等		

总股本	26945.98	流通A	10874.16	流通B		流通H	
审计单位				审计意见	未审计		

主要财务指标

年度	2003.9	2003.6	2002	2001
每股收益/扣除后(元)	-0.0190	-0.0430	-0.2431	-0.3621
每股经营现金流量(元)	0.1200	0.0600	-0.0500	0.3500
每股净资产/调整后(元)	-0.0210	-0.1890	-0.1300	0.0900
每股公积金(元)		0.8015	0.8015	0.7654
净资产收益率(%)	2.2400	264.8400	-1155.5900	-201.9700
总资产(万元)	94436.66	111603.67	111010.69	118642.49
股东权益(万元)	932.75	-315.40	519.91	4839.49
未分配利润(万元)		-51055.16	-50219.85	-44927.18
主营收入(万元)	30860.39	20186.39	50778.33	51333.56
资本公积金(万元)		21596.73	21596.73	20623.64
主营利润(万元)	8647.73	5557.18	12091.57	13782.48
其他业务利润(万元)	332.99	123.54	251.95	295.64
营业利润(万元)	-575.54	-983.99	-5382.05	-9758.99
投资收益(万元)	295.36	-105.51	-101.72	52.00
补贴收入(万元)	360.66	366.35		
营业外收支(万元)	173.87		-543.11	-18.08
利润总额(万元)	254.34	-769.53	-6026.87	-9725.07
净利润(万元)	20.88	-835.31	-6008.07	-9774.44

十大股东

序号	股东名称	股份性质	持股数(万股)	比例(%)
1	郑州市国有资产管理局	国有股	9253.64	34.34
2	东莞市东糖集团有限公司	法人股	6818.18	25.30
3	东北证券有限责任公司	流通股	97.25	0.36
4	航空信托投资有限责任公司	流通股	63.21	0.23
5	吴潮平	流通股	61.89	0.23
6	钟国莲	流通股	61.53	0.23
7	吕凤玖	流通股	58.85	0.22
8	张冬梅	流通股	53.55	0.20
9	李守兰	流通股	46.89	0.17
10	赖成先	流通股	41.80	0.16

股东人数	2003.9	2003.6	2002	2001
	37232	37622	45492	46849

近年分配		近年配股/增发	不分配不转增

重大事项

2003年10月12日,公司第二大股东东莞市东糖集团有限公司与郑州亚能热电有限公司签订了《股份转让协议书》,将其持有的公司68,181,818股法人股份,以每股0.293元的价格转让给郑州亚能热电有限公司,转让总价款为2000万元人民币,股份性质仍为社会法人股.本次转让后,东糖集团有限公司不再持有公司的股份. 2003年10月17日,内蒙古远兴天然碱股份有限公司状告白鸽集团郑州玻璃制品有限公司拖欠其货款,并诉请本公司承担连带责任一案的判决,没有对公司造成损失,对公司当期和以后年度的损益没有影响.

二〇〇二年以来市场表现

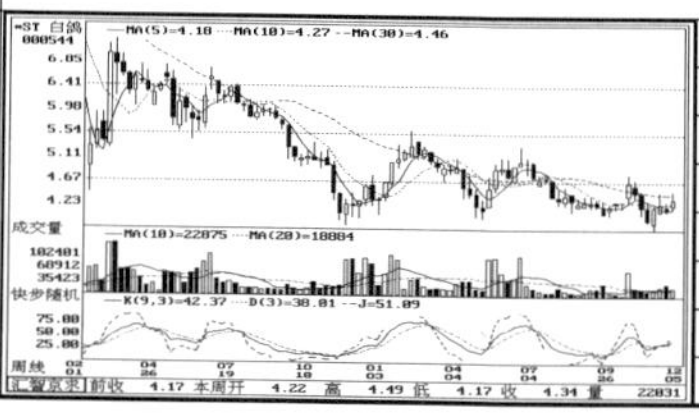

2002年涨跌幅(%)	-49.76
2002年最高(元)	7.90
2002年最低(元)	3.85
2002年换手率(%)	204.44
2003年涨跌幅(%)	0.72
2003年最高(元)	5.58
2003年最低(元)	3.80
2003年换手率(%)	135.83

吉林恒和制药股份有限公司

公司概况

公司名称	吉林恒和制药股份有限公司	股票代码	000545
注册地址	吉林市长春路99号	邮政编码	132012
法人代表	张守斌	董秘	孙洪武
电话	0432-5079966	传真	0432-4841728
主营业务	中西药制剂制造、经营等		

总股本	13563.58	流通A	6809.58	流通B		流通H	
审计单位				审计意见	未审计		

主要财务指标

年度	2003.9	2003.6	2002	2001
每股收益/扣除后(元)	0.0120	0.0013	0.0250	-0.0400
每股经营现金流量(元)	-0.0100	0.0210	0.0640	-0.0530
每股净资产/调整后(元)	1.0750	1.0150	1.0140	1.0300
每股公积金(元)	0.4190	0.4168	0.4168	0.4168
净资产收益率(%)	1.1000	0.1200	2.2400	-7.3300
总资产(万元)	38654.47	36387.38	37139.99	33060.53
股东权益(万元)	14673.29	14499.59	14481.48	14306.10
未分配利润(万元)	-4654.29	-4797.98	-4816.10	-4991.48
主营收入(万元)	11661.24	7865.36	14026.27	14822.01
资本公积金(万元)	5683.20	5653.20	5653.20	5653.20
主营利润(万元)	4116.67	2501.74	5377.15	4739.12
其他业务利润(万元)	-402.68	-274.52	-443.08	-190.97
营业利润(万元)	162.27	18.69	336.28	-733.69
投资收益(万元)	4.56		7.41	7.07
补贴收入(万元)				
营业外收支(万元)	-5.02		-19.45	-322.09
利润总额(万元)	161.82	18.12	324.24	-1048.71
净利润(万元)	161.82	18.12	324.24	-1048.71

十大股东

序号	股东名称	股份性质	持股数(万股)	比例(%)
1	吉林省恒和企业集团有限责任公司	法人股	2865.50	21.12
2	吉林省明日实业有限公司	法人股	1850.75	13.64
3	深圳经济特区房地产(集团)股份有限公司	法人股	1850.75	13.64
4	吉林市银丰物资经销公司	法人股	132.00	0.97
5	周泰勇	社会公众股	67.85	0.50
6	马书科	社会公众股	58.23	0.43
7	华夏证券有限公司北京东四营业部	法人股	55.00	0.41
8	廊坊市光阳摩托车销售服务中心	社会公众股	54.29	0.40
9	梁庆宇	社会公众股	49.46	0.36
10	张连华	社会公众股	38.66	0.29

股东人数	2003.9	2003.6	2002	2001
	32084	32742	32494	33492

近年分配		近年配股/增发	不分配不转增

重大事项

2003年6月24日,公司第一大股东吉林省恒和企业集团有限责任公司和第二大股东之一吉林省明日实业有限公司分别与吉林金泉宝山药业集团股份有限公司签订股权转让合同,分别将其持有的公司2865.5万股法人股,及1170.75万股法人股,转让给宝山药业.股权转让后,宝山药业将成为公司第一大股东. 2002年11月28日,公司董事会同意将公司的部分债权性资产1551万元,经评估作价308万元转让给吉林省泛美投资管理有限公司.

二〇〇二年以来市场表现

2002年涨跌幅(%)	-31.80
2002年最高(元)	9.88
2002年最低(元)	5.45
2002年换手率(%)	173.41
2003年涨跌幅(%)	-15.22
2003年最高(元)	8.99
2003年最低(元)	4.50
2003年换手率(%)	179.93

吉林轻工集团股份有限公司

公司概况

公司名称	吉林轻工集团股份有限公司	股票代码	000546
注册地址	吉林省长春市建设街 81 号	邮政编码	130061
法人代表	孙健	董秘	孙振江
电话	0431-8523476	传真	0431-8522149
主营业务	房地产开发、物业管理等		
总股本	16950.65	流通 A	8472.95
流通 B		流通 H	
审计单位		审计意见	未审计

主要财务指标

年度	2003.9	2003.6	2002	2001
每股收益 / 扣除后(元)		-0.0800	0.0150	-0.1670
每股经营现金流量(元)	-0.6000	-0.6000	0.2200	-0.0500
每股净资产 / 调整后(元)	0.0090	0.0710	0.1400	-0.2080
每股公积金(元)	0.8930	0.8930	0.8848	0.7825
净资产收益率(%)	-546.3400	-374.0700	9.8200	333.8100
总资产(万元)	30480.17	33309.65	37934.12	31768.68
股东权益(万元)	435.07	593.17	2672.99	676.60
未分配利润(万元)	-34548.87	-34390.76	-32171.90	-32067.26
主营收入(万元)	4001.63	2307.01	12073.75	138.17
资本公积金(万元)	15136.92	15136.92	14997.89	13263.98
主营利润(万元)	1006.45	627.30	3351.22	17.87
其他业务利润(万元)	10.08	-0.77	40.70	63.64
营业利润(万元)	-1577.49	-1373.82	1461.48	-2838.40
投资收益(万元)	-588.52		-235.65	5168.74
补贴收入(万元)				
营业外收支(万元)	-228.24	0.14	-6.50	-71.80
利润总额(万元)	-2394.25	-2242.98	1219.33	2258.54
净利润(万元)	-2376.96	-2218.86	262.49	2258.54

十大股东

序号	股东名称	股份性质	持股数(万股)	比例(%)
1	海南顺兴房地产开发公司	境内法人股	1320.00	7.79
2	海南顺丰股份有限公司	境内法人股	1056.00	6.23
3	洋浦宇鑫实业有限公司	境内法人股	1020.00	6.02
4	洋浦锦瑞实业有限公司	境内法人股	1000.00	5.90
5	长春卓诚实业有限公司	境内法人股	660.00	3.89
6	江苏联合信托投资公司	境内法人股	611.00	3.61
7	上海昆凌工贸有限公司	境内法人股	581.00	3.43
8	长春盛基实业有限公司	境内法人股	507.00	2.99
9	中海恒实业发展有限公司	境内法人股	330.00	1.95
10	上海肇达投资咨询有限公司	境内法人股	300.00	1.77

股东人数	2003.9	2003.6	2002	2001
	21951	22947	26167	24563

近年分配		近年配股 / 增发	不分配不转增

重大事项

2003 年 11 月 24 日,公司流通股股东杭州永顺资产 管理有限公司、吉林白山航空发展股份有限公司、吉林省洪武实业有限公司、长春长顺实业集团有限公司要求将所持股权按实际评估价值向公司无偿追加投资,追加投资的资产直接进入公司资本公积金. 新时代教育发展有限责任公司收购海南顺兴房地产开发公司等公司持有的公司股份总计 5016.88 万股(占公司总股本的 29.6%), 已于 2003 年 9 月 16 日完成过户.新时代成为公司第一大股东.

二○○二年以来市场表现

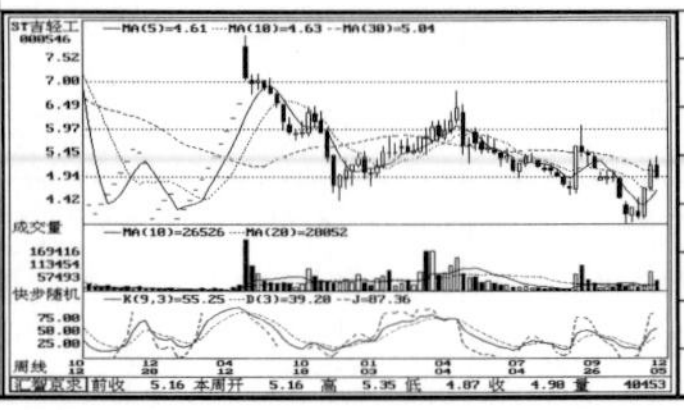

2002年涨跌幅(%)	19.75
2002年最高(元)	8.04
2002年最低(元)	4.00
2002年换手率(%)	145.94
2003年涨跌幅(%)	7.72
2003年最高(元)	6.80
2003年最低(元)	3.90
2003年换手率(%)	245.11

神州学人集团股份有限公司

公司概况

公司名称	神州学人集团股份有限公司	股票代码	000547
注册地址	福建省福州市工业路 223 号	邮政编码	350004
法人代表	张荣刚	董秘	林杰
电话	0591-3283128	传真	0591-3296358
主营业务	通讯、网络信息、环境保护技术服务等		
总股本	12242.32	流通 A	7356.33
流通 B		流通 H	
审计单位		审计意见	未审计

主要财务指标

年度	2003.9	2003.6	2002	2001
每股收益 / 扣除后(元)	-0.0550	-0.0560	-0.1430	0.1330
每股经营现金流量(元)	0.4100	0.2000	0.7140	-0.0500
每股净资产 / 调整后(元)	3.4900	3.4900	3.4630	3.4600
每股公积金(元)	1.5953	1.5939	1.5939	1.5938
净资产收益率(%)	0.5900	0.5300	0.5990	5.1000
总资产(万元)	122141.98	121380.72	116745.49	109421.86
股东权益(万元)	43366.58	43319.63	43089.10	42829.47
未分配利润(万元)	8914.04	8883.93	8687.88	8468.36
主营收入(万元)	10146.86	7281.70	19495.27	25117.24
资本公积金(万元)	19529.64	19512.91	19512.91	19511.53
主营利润(万元)	3537.53	2673.31	5729.67	9446.26
其他业务利润(万元)	116.58	44.37	182.05	266.23
营业利润(万元)	-176.67	-250.04	-1151.76	3242.80
投资收益(万元)	612.37	656.92	2049.49	215.16
补贴收入(万元)	96.50	80.50	64.41	
营业外收支(万元)	-7.16		224.33	-1.29
利润总额(万元)	525.03	494.54	1186.46	3456.66
净利润(万元)	254.75	230.53	258.26	2185.00

十大股东

序号	股东名称	股份性质	持股数(万股)	比例(%)
1	福建国力民生科技投资有限公司	法人股	3054.51	24.95
2	福州牛津-剑桥集团有限公司	法人股	1830.45	14.95
3	北京首发实业股份有限公司	流通股	135.35	1.11
4	华厦证券有限公司	流通股	99.02	0.81
5	北京首发投资有限公司	流通股	61.84	0.51
6	王俊刚	流通股	29.60	0.24
7	乔志宇	流通股	29.51	0.24
8	马荣彪	流通股	15.86	0.13
9	薛纪秀	流通股	12.12	0.10
10	王应红	流通股	11.45	0.09

股东人数	2003.9	2003.6	2002	2001
	32025	32273	32966	34000

近年分配		近年配股 / 增发	2001年中期 10 股配 3 股

重大事项

公司第一大股东福建国力民生科技投资有限公司于 2003 年 9 月 10 日签订了《流动资金借款合同》及《质押合同》,将其所持有的公司法人股 3054.5112 万股质押给中国工商银行福州市五一支行, 用于向中国工商银行福州市五一支行 5200 万元流动资金借款的担保. 公司 2003 年 9 月 1 日分别与自然人潘钟妹、谢小英签订《股权转让协议》,将公司持有的福发环境科技发展有限公司 95%股份中的 55%转让给自然人潘钟妹,转让价为 25533631.11 元. 将公司持有的福发环境科技发展有限公司 95%股份中的 40%转让给自然人谢小英,转让价为 18569186.27 万元.本次交易不构成关联交易.

二○○二年以来市场表现

2002年涨跌幅(%)	-33.22
2002年最高(元)	11.49
2002年最低(元)	6.89
2002年换手率(%)	147.77
2003年涨跌幅(%)	-29.32
2003年最高(元)	9.29
2003年最低(元)	4.90
2003年换手率(%)	117.07

湖南投资集团股份有限公司

公司概况

公司名称	湖南投资集团股份有限公司			股票代码	000548		
注册地址	长沙高新技术产业开发区 C4 组团 A-718 号			邮政编码	410015		
法人代表	刘忠明			董秘	黄满池		
电话	0731-5518565			传真	0731-5500354		
主营业务	城市基础设施的建设、营运及房地产开发						
总股本	34060.81	流通 A	17623.09	流通 B		流通 H	
审计单位				审计意见	未审计		

主要财务指标

年度	2003.9	2003.6	2002	2001
每股收益/扣除后(元)	0.0200	0.0371	0.1090	0.2280
每股经营现金流量(元)	0.1570	0.1060	0.1750	0.1590
每股净资产/调整后(元)	3.1900	3.2070	3.1700	3.0500
每股公积金(元)	1.8193	1.8193	1.8193	1.7919
净资产收益率(%)	3.7000	1.1400	3.8600	7.8100
总资产(万元)	164710.02	165918.59	161688.87	159743.20
股东权益(万元)	109028.01	109657.65	108402.76	104102.58
未分配利润(万元)	9323.61	9953.25	8700.82	6336.46
主营收入(万元)	13343.76	10159.46	32661.71	30309.98
资本公积金(万元)	61968.46	61968.46	61966.00	61034.69
主营利润(万元)	4346.23	3404.96	10144.57	7861.87
其他业务利润(万元)	244.72	240.42	24.22	8.85
营业利润(万元)	1634.75	1455.76	4947.04	3607.82
投资收益(万元)	20.46	429.73	767.32	-270.62
补贴收入(万元)	500.00	500.00	1834.80	9255.00
营业外收支(万元)	3387.03		-75.34	413.59
利润总额(万元)	5543.24	2364.39	7473.82	13005.79
净利润(万元)	4028.87	1252.43	4182.77	8131.49

十大股东

序号	股东名称	股份性质	持股数(万股)	比例(%)
1	长沙市环路建设开发有限公司	国有股	15657.72	45.97
2	深圳市网纵实业有限公司	法人股	625.00	1.84
3	北京市住房贷款担保中心	流通股	47.12	0.14
4	刘浩	流通股	46.30	0.14
5	李月英	流通股	44.00	0.13
6	李月英	法人股	40.00	0.12
7	安徽省创新投资有限公司	流通股	36.64	0.11
8	郭学志	流通股	31.29	0.09
9	陈兰芳	流通股	29.29	0.09
10	上海钢铁材料加工公司海南分公司	流通股	24.00	0.07

股东人数	2003.9	2003.6	2002	2001
	166686	167197	175717	184600

近年分配	2002年10股派1元 2001年10股派0.6元	近年配股/增发	不分配不转增

重大事项

2003年10月14日,根据公司与衡阳金荔科技农业股份有限公司签署的《交叉担保框架协议书》,在该《交叉担保框架协议书》的担保金额内,公司为金荔科技向中国工商银行长沙市韶山路支行贷款3000万元整人民币提供了担保.公司累计对外担保金额为37600万元,占公司净资产(2002年度)的34.69%. 2003年9月30日,公司与深圳金融租赁有限公司就公司所拥有的"浏永公路"和"宁横公路"资产转让达成了正式协议,深金租最终以现金出资方式出资1.65亿元人民币受让公司"两路"资产.转让资金已全部到位.

二〇〇二年以来市场表现

2002年涨跌幅(%)	-37.51
2002年最高(元)	9.73
2002年最低(元)	5.68
2002年换手率(%)	160.25
2003年涨跌幅(%)	-8.50
2003年最高(元)	7.03
2003年最低(元)	5.04
2003年换手率(%)	92.30

湘火炬投资股份有限公司

公司概况

公司名称	湘火炬投资股份有限公司			股票代码	000549		
注册地址	湖南省株洲市红旗北路3号			邮政编码	412001		
法人代表	聂新勇			董秘	张英姿		
电话	0733-8450105			传真	0733-8450019		
主营业务	汽车零部件、产业投资						
总股本	34060.81	流通 A	17623.09	流通 B		流通 H	
审计单位				审计意见	未审计		

主要财务指标

年度	2003.9	2003.6	2002	2001
每股收益/扣除后(元)	0.1886	0.1413	0.2192	0.1213
每股经营现金流量(元)	-0.0760	-0.2100	0.3711	0.0937
每股净资产/调整后(元)	1.2832	1.1403	1.5388	2.1667
每股公积金(元)	0.1134	0.0210	0.4214	1.1162
净资产收益率(%)	13.5700	10.5900	11.4900	6.9100
总资产(万元)	1001432.69	880102.50	547110.37	302821.75
股东权益(万元)	132282.03	118195.53	105135.61	94266.88
未分配利润(万元)	17885.23	12452.24	6251.35	897.51
主营收入(万元)	711901.75	473768.97	392683.72	221344.69
资本公积金(万元)	10617.96	1963.05	26301.42	46449.79
主营利润(万元)	145144.31	95428.56	98958.65	48748.49
其他业务利润(万元)	710.87	533.80	50.68	840.43
营业利润(万元)	56932.22	39003.20	39767.13	13117.64
投资收益(万元)	-124.96	424.79	-812.45	-78.57
补贴收入(万元)	1364.10	146.55	236.20	300.75
营业外收支(万元)	-1500.69	-861.63	-1832.20	167.58
利润总额(万元)	56670.67	38712.91	37358.69	13507.40
净利润(万元)	17947.05	12514.05	12084.09	6517.11

十大股东

序号	股东名称	股份性质	持股数(万股)	比例(%)
1	新疆德隆(集团)有限责任公司	法人股	20520.00	21.92
2	株洲市国有资产管理局	国家股	7439.76	7.95
3	广州市创宝投资有限公司	法人股	3600.00	3.84
4	陕西众科源新技术发展有限公司	法人股	2207.95	2.36
5	孙良卓	社会公众股	182.43	0.19
6	张清	社会公众股	149.32	0.16
7	上海爱思考建筑装饰工程有限公司	社会公众股	148.10	0.16
8	李明德	社会公众股	146.12	0.16
9	向明武	社会公众股	129.51	0.14
10	焦趁	社会公众股	123.71	0.13

股东人数	2003.9	2003.6	2002	2001
	10291	9753	4749	4220

近年分配	2002年10股派0.25元 2001年10股派0.5元	近年配股/增发	2002年10股送1股增4股 2001年10股增5股

重大事项

2003年11月19日,公司与陕西法士特齿轮有限责任公司、伊顿(中国)投资有限公司于2003年11月8日签署合资合同.合资各方共同投资组建伊顿法士特齿轮(西安)有限公司.拟成立合资公司注册资本为1600万美元,其中,法士特公司占注册资本的23%;公司占注册资本的22%;伊顿投资公司占注册资本的55%,出资方式为现金出资. 2003年8月15日,公司与中国航天华晨汽车有限责任公司、珠海华晨控股有限责任公司签订《关于中国航天华晨汽车有限责任公司股权及债务重组的多边协议》,交易各方同意珠海华晨将其持有的航天华晨50%的股权转让给公司.本次受让股权的金额为人民币35971万元.

二〇〇二年以来市场表现

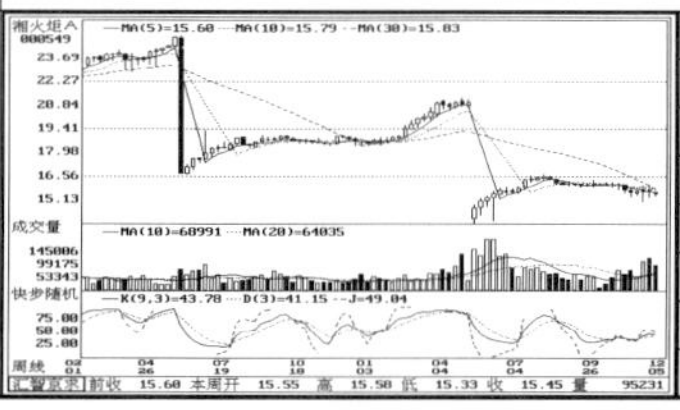

2002年涨跌幅(%)	21.06
2002年最高(元)	12.83
2002年最低(元)	10.02
2002年换手率(%)	39.52
2003年涨跌幅(%)	26.21
2003年最高(元)	16.65
2003年最低(元)	12.24
2003年换手率(%)	56.57

江铃汽车股份有限公司

公司概况

公司名称	江铃汽车股份有限公司				股票代码	000550	
注册地址	中国江西省南昌市迎宾北大道 509 号				邮政编码	330001	
法人代表	蒋林生			董秘	熊中平		
电话	0791-5232888-6178			传真	0791-5232839		
主营业务	汽车制造、销售及质量检测						
总股本	86321.40	流通 A	11753.05	流通 B	34400.00	流通 H	
审计单位				审计意见	未审计		

主要财务指标

年度	2003.9	2003.6	2002	2001
每股收益/扣除后(元)	0.4440	0.3000	0.3300	0.1900
每股经营现金流量(元)	0.9600	0.5300	1.1500	0.7900
每股净资产/调整后(元)	2.3800	2.2100	1.8400	1.5100
每股公积金(元)	0.9676	0.9676	0.9676	0.9675
净资产收益率(%)	17.3700	11.7900	15.7700	6.2400
总资产(万元)	405930.31	399942.56	358190.12	366663.56
股东权益(万元)	218935.20	206397.02	181813.19	161636.44
未分配利润(万元)	42006.71	28302.32	3718.50	-12878.56
主营收入(万元)	398059.34	271656.72	427086.91	337907.19
资本公积金(万元)	83522.56	83522.56	83522.56	83516.82
主营利润(万元)	102421.17	71527.99	106660.62	82806.48
其他业务利润(万元)	1747.52	1102.49	2279.87	1249.78
营业利润(万元)	44569.72	28635.53	34546.37	16226.26
投资收益(万元)	51.73		241.52	181.29
补贴收入(万元)				
营业外收支(万元)	-324.48	-323.10	-195.99	-6291.83
利润总额(万元)	44296.98	28312.38	34591.89	10115.72
净利润(万元)	38030.39	24325.99	28676.00	10084.78

十大股东

序号	股东名称	股份性质	持股数(万股)	比例(%)
1	江铃汽车集团公司	国有股	35417.60	41.03
2	福特汽车公司	外资股	25864.28	29.96
3	上海汽车有限公司	境内法人股	2597.00	3.01
4	中国宝安集团股份有限公司	境内法人股	1200.00	1.39
5	天华证券投资基金	流通 A 股	764.34	0.89
6	银华优势企业(平衡型)证券投资基金	流通 A 股	526.62	0.61
7	国信证券有限责任公司	流通 A 股	382.56	0.44
8	云南国际信托投资有限公司	流通 A 股	257.09	0.30
9	裕隆证券投资基金	流通 A 股	167.37	0.19
10	景宏证券投资基金	流通 A 股	150.00	0.17

股东人数	2003.9	2003.6	2002	2001
	41083	49578	70630	80049

近年分配	2002年10股派1元	近年配股/增发	不分配不转增

重大事项

受南昌市西湖区人民法院委托,公司于 2003 年 3 月 10 日公开拍卖;江铃汽车(000550),国有法人股 120000 股. 拍卖地点:南昌市站前西路 289 号本公司拍卖大厅(三星大厦 A 座八层). 2002 年 11 月 12 日,公司第一大股东江铃汽车集团公司的全资附属企业南昌油箱厂向公司提供全顺国产化金属燃油箱,估计该交易连续十二个月的总成交金额超过人民币 300 万元.

二〇〇二年以来市场表现

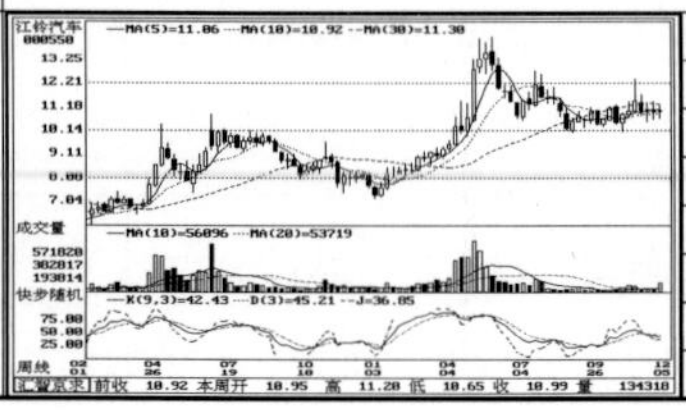

2002年涨跌幅(%)	14.06
2002年最高(元)	10.70
2002年最低(元)	5.56
2002年换手率(%)	592.81
2003年涨跌幅(%)	49.59
2003年最高(元)	14.18
2003年最低(元)	7.06
2003年换手率(%)	562.44

创元科技股份有限公司

公司概况

公司名称	创元科技股份有限公司				股票代码	000551	
注册地址	江苏省苏州市新区淮海街 6 幢 E3 号				邮政编码	215011	
法人代表	张志忠			董秘	周成明		
电话	0512-68248798			传真	0512-68245551		
主营业务	制造业、商贸业						
总股本	24172.64	流通 A	11079.43	流通 B		流通 H	
审计单位				审计意见	未审计		

主要财务指标

年度	2003.9	2003.6	2002	2001
每股收益/扣除后(元)	0.1300	0.0800	0.1700	0.1900
每股经营现金流量(元)	0.1100	0.1270	0.1100	0.1400
每股净资产/调整后(元)	2.1400	2.0900	2.0800	2.0300
每股公积金(元)	0.3624	0.3625	0.3625	0.3625
净资产收益率(%)	5.8700	3.6600	8.0700	10.6000
总资产(万元)	113557.22	110671.02	103734.20	104814.06
股东权益(万元)	53936.43	53936.43	50769.80	49849.59
未分配利润(万元)	10653.22	9417.74	7486.59	7760.61
主营收入(万元)	62399.27	40516.62	82014.50	62925.59
资本公积金(万元)	8761.52	8761.52	8761.52	8761.52
主营利润(万元)	11561.38	7917.12	7917.12	12978.84
其他业务利润(万元)	891.31	552.71	1407.25	1466.63
营业利润(万元)	3556.75	2387.98	4185.67	4138.57
投资收益(万元)	1297.52	655.58	1902.20	2304.98
补贴收入(万元)	98.06	28.65	60.21	17.64
营业外收支(万元)	-64.20	-69.23	-237.63	661.17
利润总额(万元)	4888.13	3002.99	5910.46	7122.35
净利润(万元)	3166.63	1931.14	4098.47	5281.57

十大股东

序号	股东名称	股份性质	持股数(万股)	比例(%)
1	苏州创元集团有限公司	国有股	10077.40	41.69
2	中国物资开发投资总公司	国有股	2062.13	8.53
3	中国诚通控股公司	国有股	473.68	1.96
4	中国轻工物资供销华东公司	国有股	240.00	0.99
5	北京巨鑫泰经贸发展有限公司	国有股	240.00	0.99
6	大成价值增长证券投资基金	流通股	168.68	0.70
7	景福证券投资基金	流通股	106.99	0.44
8	景阳证券投资基金	流通股	23.61	0.10
9	吕如良	流通股	23.50	0.10
10	梁建乐	流通股	19.59	0.08

股东人数	2003.9	2003.6	2002	2001
	75995	76145	76056	81072

近年分配	2002年10股派1元 2001年10股派1.5元	近年配股/增发	2002年10股配3股

重大事项

2003 年 06 月 05 日,公司与苏州创元集团托管或控股的江苏苏州物贸中心(集团)有限公司、苏州创元集团财务有限公司、通宝期货经纪有限公司续签了"房屋及场地租赁协议",合计金额 3000 千元,本次交易构成关联交易. 2002 年 12 月,中物投为 2002 年 12 月至 2003 年 6 月间一宗 2950 万元人民币购货款的结算事项,将其持有的公司发起人境内法人股 1031 万股作质押担保,质权人为嘉成企业发展有限公司.2002 年 12 月 19 日,中物投办理完毕质押登记手续.

二〇〇二年以来市场表现

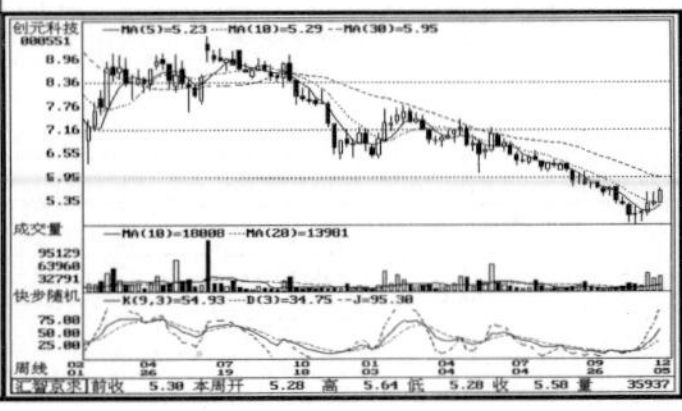

2002年涨跌幅(%)	-17.47
2002年最高(元)	9.46
2002年最低(元)	5.73
2002年换手率(%)	88.97
2003年涨跌幅(%)	-18.08
2003年最高(元)	7.64
2003年最低(元)	4.75
2003年换手率(%)	70.89

甘肃长风特种电子股份有限公司

公司概况

公司名称	甘肃长风特种电子股份有限公司	股票代码	000552
注册地址	甘肃省兰州市安宁区安宁西路 270 号	邮政编码	730070
法人代表	顾地民	董秘	胡惠斌
电话	0931-7993712	传真	0931-7993172
主营业务	家用电器、电子产品及通讯设备器材的设计、制造和销售		
总股本	17787.00	流通 A	6679.20
流通 B		流通 H	
审计单位		审计意见	未审计

主要财务指标

年度	2003.9	2003.6	2002	2001
每股收益 / 扣除后(元)	-0.0910	-0.0650	-0.2400	0.0400
每股经营现金流量(元)	0.0250	0.0019	-0.0050	-0.0140
每股净资产 / 调整后(元)	1.0100	1.0300	1.0710	1.2600
每股公积金(元)	0.6633	0.6623	0.6361	0.6356
净资产收益率(%)	-9.1600	-6.3800	-20.6200	4.9500
总资产(万元)	37406.29	37741.97	39556.61	46287.06
股东权益(万元)	17895.57	18346.18	19049.40	22478.91
未分配利润(万元)	-12288.59	-11820.17	-10649.98	-7212.35
主营收入(万元)	4053.38	2770.76	5677.56	17366.65
资本公积金(万元)	11798.95	11781.13	11314.16	11306.05
主营利润(万元)	-220.31	-130.74	-767.25	2925.65
其他业务利润(万元)	-5.43	-8.95	293.82	338.64
营业利润(万元)	-1710.47	-1204.66	-3831.43	1084.40
投资收益(万元)			-63.28	-31.96
补贴收入(万元)	84.29	40.05	37.47	131.87
营业外收支(万元)	-12.44		-71.35	-72.62
利润总额(万元)	-1638.61	-1170.19	-3928.59	1111.69
净利润(万元)	-1638.61	-1170.19	-3928.59	1111.69

十大股东

序号	股东名称	股份性质	持股数(万股)	比例(%)
1	国营长风机器厂	国有法人股	7405.20	41.63
2	深圳市瑞富源投资有限公司	法人股	815.00	4.58
3	海南昌旺经济信息咨询有限公司	法人股	595.72	3.35
4	安徽汇源投资咨询有限责任公司	法人股	500.00	2.81
5	合肥市高科技风险投资有限公司	法人股	460.00	2.59
6	甘肃电子集团物业公司	法人股	435.60	2.45
7	上海兴海投资发展有限公司	法人股	105.00	0.59
8	甘肃省工业交通投资公司	法人股	87.12	0.49
9	天泰新产业投资租赁公司	法人股	72.60	0.41
10	甘肃证券有限责任公司	法人股	72.60	0.41

股东人数	2003.9	2003.6	2002	2001
	33068	33561	33900	33384

近年分配	近年配股 / 增发	不分配不转增

重大事项

2003 年 4 月 22 日,甘肃电子集团公司已将其持有的公司发起人国家股 7405.2 万股,划转给国营长风机器厂持有,股份过户登记手续办理完成.自 2003 年 4 月 17 日起,国营长风机器厂成为公司第一大股东,股份性质为国有法人股. 2002 年 8 月 29 日、2002 年 12 月 26 日,甘肃省人民政府与财政部分别同意甘肃电子集团公司将持有的公司 7405.2 万股国家股无偿划转给国营长风机器厂持有. 国家股划转后,国营长风将持有公司 7405.2 万股国有法人股,为公司第一大股东.

二〇〇二年以来市场表现

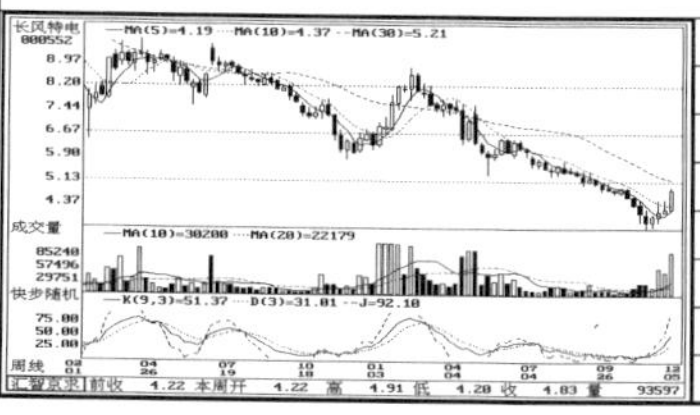

2002年涨跌幅(%)	-31.94
2002年最高(元)	9.74
2002年最低(元)	5.82
2002年换手率(%)	183.77
2003年涨跌幅(%)	-33.75
2003年最高(元)	8.78
2003年最低(元)	3.60
2003年换手率(%)	251.05

湖北沙隆达股份有限公司

公司概况

公司名称	湖北沙隆达股份有限公司	股票代码	000553
注册地址	湖北省荆沙市北京东路 93 号	邮政编码	434001
法人代表	张茂立	董秘	李忠禧
电话	0716-8208632	传真	0716-8208899
主营业务	农药、化工、医药产品的制造和销售		
总股本	29696.16	流通 A	9723.23
流通 B	11500.00	流通 H	
审计单位		审计意见	未审计

主要财务指标

年度	2003.9	2003.6	2002	2001
每股收益 / 扣除后(元)	0.0250	0.0133	-0.3269	0.0330
每股经营现金流量(元)	0.1580	-0.0760	0.2100	0.3800
每股净资产 / 调整后(元)	2.7700	2.7800	2.7700	3.1000
每股公积金(元)	1.9031	1.9031	1.9031	1.8910
净资产收益率(%)	0.7500	0.3600	-12.7900	1.0800
总资产(万元)	176553.48	174253.02	59961.53	164277.78
股东权益(万元)	87102.06	86963.15	86651.01	97370.02
未分配利润(万元)	-4837.89	-4976.79	-5288.93	5790.21
主营收入(万元)	69919.82	48302.46	61231.73	96378.84
资本公积金(万元)	56515.26	56515.26	56515.26	56155.12
主营利润(万元)	10281.71	6971.13	7057.59	11842.44
其他业务利润(万元)	288.80	244.06	460.26	315.34
营业利润(万元)	673.57	462.11	-9923.13	1464.38
投资收益(万元)	537.72	273.12	211.17	284.62
补贴收入(万元)				
营业外收支(万元)	-83.52		-1371.42	-79.07
利润总额(万元)	1127.77	650.96	-11083.38	1669.93
净利润(万元)	657.43	312.14	-11079.14	1049.68

十大股东

序号	股东名称	股份性质	持股数(万股)	比例(%)
1	沙隆达集团公司	国有法人股	8172.66	27.52
2	申群琛	外资股	358.30	1.20
3	蕲春县国有资产管理局	国有法人股	300.27	1.01
4	林伟雄	外资股	140.00	0.47
5	文灿荣	外资股	119.30	0.40
6	泰纪投资有限公司	外资股	100.00	0.34
7	广奇投资有限公司	外资股	100.00	0.34
8	安徽瑰都供暖工程有限责任公司	流通股	91.60	0.34
9	湖北中联长江国土经济开发公司	流通股	83.50	0.28
10	周文琴	流通股	69.82	0.24

股东人数	2003.9	2003.6	2002	2001
	36031	33612	32451	28455

近年分配	近年配股 / 增发	不分配不转增

重大事项

2002 年 12 月 11 日,公司控股股东沙隆达集团公司与湖北全通电讯有限公司签订了意向性《协议书》,全通电讯以湖北省荆州市为基地投资建设数字集群商用共网和引进外资在荆州市注册成立合资公司投资建设第三代移动电话生产项目. 在合资公司成立后,沙隆达集团将持有的公司国有股中的 3000 万股转让给全通电讯. 如股份转让成功,沙隆集团公司将持有湖北沙隆达股份有限公司国有股 5172.6625 股,仍为公司第一大股东,全通电讯为公司第二大股东. 公司于 2001 年 12 月 27 日接到国家环保局华夏环境管理体系审核中心通知,我公司已通过了 ISO14001 环境管理体系认证.同时也获得国际 UKAS 证书.

二〇〇二年以来市场表现

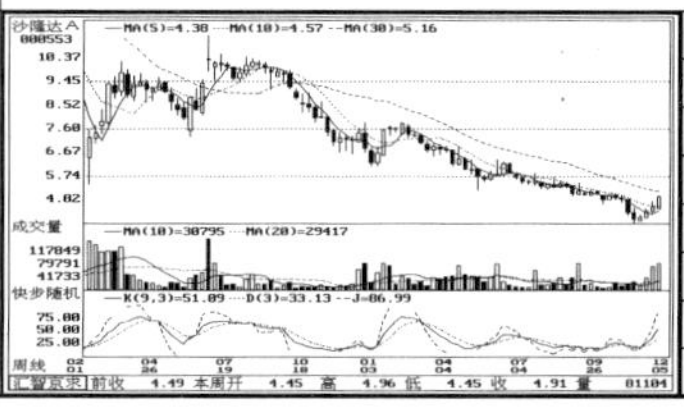

2002年涨跌幅(%)	-39.02
2002年最高(元)	11.30
2002年最低(元)	5.20
2002年换手率(%)	219.95
2003年涨跌幅(%)	-28.16
2003年最高(元)	7.82
2003年最低(元)	3.89
2003年换手率(%)	156.35

中国石化山东泰山石油股份有限公司

公司概况

公司名称	中国石化山东泰山石油股份有限公司	股票代码	000554
注册地址	山东省泰安市东岳大街 104 号	邮政编码	271000
法人代表	冯东青	董秘	李建文
电话	0538-6269659	传真	0538-8265450
主营业务	成品油购销和房地产开发		

总股本	48079.33	流通 A	29484.00	流通 B		流通 H	
审计单位				审计意见	未审计		

主要财务指标

年度	2003.9	2003.6	2002	2001
每股收益 / 扣除后(元)	0.0500	0.0280	0.0800	0.1000
每股经营现金流量(元)	0.0200	0.0380	0.1730	0.0540
每股净资产 / 调整后(元)	1.4870	1.4990	1.6570	1.4360
每股公积金(元)	0.3850	0.3850	0.3850	0.3850
净资产收益率(%)	1.0230	1.7000	4.3700	6.0300
总资产(万元)	100389.16	109220.40	107340.80	107019.01
股东权益(万元)	80921.56	81480.60	80093.48	76596.64
未分配利润(万元)	10167.57	10726.62	9339.49	6555.30
主营收入(万元)	71557.72	47299.73	109426.58	114216.85
资本公积金(万元)	18510.98	18510.98	18510.98	18510.98
主营利润(万元)	9414.02	6819.77	13040.68	13164.28
其他业务利润(万元)	–86.66	–90.63	387.81	682.89
营业利润(万元)	3282.86	2402.39	5255.73	6339.44
投资收益(万元)	–428.86	–308.15	31.29	294.57
补贴收入(万元)				
营业外收支(万元)	–1427.17		–223.41	–187.43
利润总额(万元)	1426.83	2111.31	5063.61	6446.58
净利润(万元)	828.08	1387.12	3496.84	4622.22

十大股东

序号	股东名称	股份性质	持股数(万股)	比例(%)
1	中国石油化工股份有限公司	国家股	18595.33	38.68
2	北方证券有限责任公司	社会流通股	1542.72	3.21
3	一汽四环红旗铸造厂	社会流通股	202.54	0.42
4	岑伟添	社会流通股	151.80	0.32
5	裕元证券投资基金	社会流通股	125.00	0.26
6	汉兴证券投资基金	社会流通股	124.44	0.26
7	洪明礼	社会流通股	99.38	0.21
8	古正付	社会流通股	89.48	0.19
9	汉盛证券投资基金	社会流通股	82.68	0.17
10	周建英	社会流通股	80.55	0.17

股东人数	2003.9	2003.6	2002	2001
	23273	24471	35533	53669

近年分配		近年配股 / 增发	不分配不转增

重大事项

2003 年 7 月 4 日, 广州市中级人民法院以借款合同案民事裁定书已发生效力为由, 冻结公司所持 3500 万股泰安鲁润股份有限公司法人股, 期限为 2003 年 7 月 2 日至 2004 年 7 月 2 日.该法院又冻结公司所持 63 万股鲁润股份法人股. 期限自 2003 年 7 月 2 日至 2004 年 7 月 2 日. 2000 年 10 月 11 日,公司与中国石化财务有限责任公司签署流动资金贷款合同,贷款 5000 万元; 贷款期限 2000 年 10 月 11 日至 2001 年 4 月 11 日止.2001 年 4 月 9 日,公司与中国石化财务有限责任公司签署流动资金贷款合同,贷款 3000 万元;贷款期限 2001 年 4 月 13 日至 2001 年 10 月 13 日止.

二〇〇二年以来市场表现

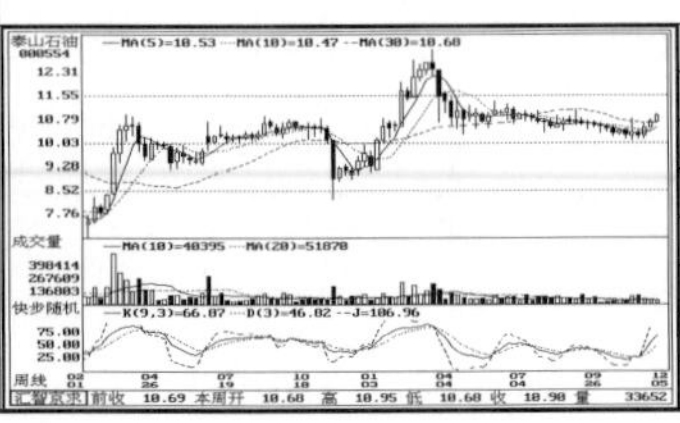

2002年涨跌幅(%)	20.28
2002年最高(元)	10.95
2002年最低(元)	7.00
2002年换手率(%)	177.26
2003年涨跌幅(%)	12.64
2003年最高(元)	13.07
2003年最低(元)	9.06
2003年换手率(%)	114.27

深圳市太光电信股份有限公司

公司概况

公司名称	深圳市太光电信股份有限公司	股票代码	000555
注册地址	深圳福田区车公庙泰然工贸园 201 栋 2 楼	邮政编码	518040
法人代表	王瑛	董秘	岑彪
电话	0755-83892829	传真	0755-83892839
主营业务	生产、销售涤纶化纤、化纤原料等		

总股本	8182.77	流通 A	2200.00	流通 B		流通 H	
审计单位				审计意见	未审计		

主要财务指标

年度	2003.9	2003.6	2002	2001
每股收益 / 扣除后(元)	–0.2490	–0.1756	–0.5110	–0.4100
每股经营现金流量(元)	0.0030	–0.0200	–0.5010	–0.4100
每股净资产 / 调整后(元)	0.4070	0.4800	0.6590	1.1900
每股公积金(元)	0.7702	0.7702	0.7702	0.7702
净资产收益率(%)	–60.2800	–36.3200	–78.9100	3.8800
总资产(万元)	20008.89	20640.11	22594.29	29630.08
股东权益(万元)	3354.89	3958.08	5428.92	9772.45
未分配利润(万元)	–11242.43	–10657.49	–9220.07	–4936.19
主营收入(万元)	413.57	387.64	1235.07	10699.46
资本公积金(万元)	6302.17	6302.17	6302.17	6302.17
主营利润(万元)	100.36	86.40	132.88	3394.55
其他业务利润(万元)	–5.74		257.81	–6.38
营业利润(万元)	–2085.97	–1478.62	–3983.05	494.39
投资收益(万元)			–273.34	–120.86
补贴收入(万元)				
营业外收支(万元)	0.22		–102.97	8.26
利润总额(万元)	–2085.75	–1478.66	–4359.37	381.79
净利润(万元)	–2022.36	–1437.42	–4283.88	379.53

十大股东

序号	股东名称	股份性质	持股数(万股)	比例(%)
1	深圳市太光科技有限公司	未流通	1989.71	24.32
2	上海人民企业集团温州电器有限公司	未流通	1375.00	16.81
3	巨龙信息技术有限责任公司	未流通	608.37	7.43
4	中天恒投资管理有限公司	未流通	408.00	4.99
5	上海歧林青装璜实业有限公司	未流通	200.00	2.44
6	深圳市富旺达投资有限公司	未流通	200.00	2.44
7	上海岩鑫实业投资有限公司	未流通	200.00	2.44
8	深圳市太光通信发展有限公司	未流通	170.00	2.08
9	天津市民顺商贸有限公司	未流通	130.00	1.59
10	上海亿安科技发展有限公司	未流通	110.00	1.22

股东人数	2003.9	2003.6	2002	2001
	1866	1904	1868	3402

近年分配		近年配股 / 增发	不分配不转增

重大事项

2003 年 7 月 24 日, 巨龙信息技术有限责任公司与上海人民企业集团温州电器有限公司再次签署《股份转让协议》,决定将原定拟转让的 19833670 股变更为 13750000 股,其他交易条件不变. 2002 年 10 月 12 日,因公司第二大股东巨龙信息技术有限责任公司与珠海高凌信息科技有限公司 1186 万元借款纠纷,人民法院裁定冻结巨龙信息技术有限责任公司持有的公司社会法人股 1375 万股,占公司总股本的 16.8%.冻结期限为 2002 年 9 月 24 日至 2003 年 9 月 22 日.

二〇〇二年以来市场表现

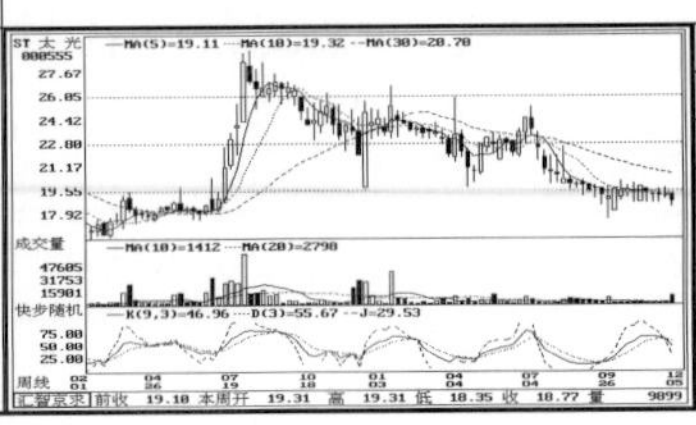

2002年涨跌幅(%)	37.67
2002年最高(元)	29.30
2002年最低(元)	16.28
2002年换手率(%)	230.68
2003年涨跌幅(%)	–23.81
2003年最高(元)	26.70
2003年最低(元)	17.54
2003年换手率(%)	83.12

广夏(银川)实业股份有限公司

公司概况

公司名称	广夏(银川)实业股份有限公司	股票代码	000557
注册地址	银川市高新技术产业开发区	邮政编码	750002
法人代表	周敏敏	董秘	禹万明
电话	0951-5054984	传真	0951-5054518
主营业务	高新技术产品、天然物产的开发、加工和销售		
总股本	50526.14	流通 A	28100.43
流通 B		流通 H	
审计单位		审计意见	未审计

主要财务指标

年度	2003.9	2003.6	2002	2001
每股收益/扣除后(元)	-0.0011	0.0100	-0.1128	-0.3900
每股经营现金流量(元)	0.0010	0.0050	0.0060	0.2700
每股净资产/调整后(元)	-1.1600	-1.4000	-1.4650	-2.1400
每股公积金(元)	0.4653	0.4292	0.4292	0.4289
净资产收益率(%)		1.3010	1.1630	-47.0290
总资产(万元)	53986.72	64679.79	65659.05	139056.02
股东权益(万元)	-49013.58	-50049.51	-52920.11	-83872.49
未分配利润(万元)	-118888.16	-18312.63	-121923.22	-130348.41
主营收入(万元)	1035.74	811.51	3340.22	14520.90
资本公积金(万元)	23508.43	21683.85	21683.85	21671.17
主营利润(万元)	161.94	106.17	176.67	2691.37
其他业务利润(万元)	-265.15	278.45	-33.84	15.69
营业利润(万元)	-1228.98	442.03	-8537.68	-33428.51
投资收益(万元)	118.35	120.59	5664.11	-2646.06
补贴收入(万元)	1.40	1.40	2490.00	912.58
营业外收支(万元)	181.26		-428.50	-16967.99
利润总额(万元)	-927.96	-134.78	-812.07	-52129.97
净利润(万元)	75.75	651.29	615.48	-39444.14

十大股东

序号	股东名称	股份性质	持股数(万股)	比例(%)
1	深圳市广夏文化实业有限公司	国有股	6379.29	12.63
2	宁夏伊斯兰国际信托投资公司	国有股	4030.87	7.98
3	深圳兴庆电子公司	国有股	3437.84	6.80
4	广东京中投资管理有限公司	法人股	2390.00	4.73
5	银川培鑫投资有限责任公司	法人股	2169.40	4.29
6	宁夏计算机技术研究所	国有股	1428.89	2.83
7	上海荣福室内装潢有限公司	法人股	1100.00	2.18
8	宁夏源惠投资管理有限责任公司	法人股	452.78	0.89
9	无锡大桥实验中学	法人股	215.07	0.43
10	深圳市思特电子工程有限公司	未流通股	173.69	0.34

股东人数

2003.9	2003.6	2002	2001
78171	77012	87909	91047

近年分配

近年分配	近年配股/增发
	2001年中期10股配1.5股

重大事项

2003年5月17日,宁夏回族自治区人民政府同意公司股东深圳市广夏文化实业有限公司、宁夏伊斯兰国际信托投资公司和深圳兴庆电子公司向中联实业股份有限公司转让公司部分国有股权. 2002年12月28日, 宁夏回族自治区人民政府决定对公司荒漠化治理和现代化中药材基地 建设由自治区政府给予财政补贴1500万元,并享受该项补贴收入的免税优惠, 公司业已收到上述补贴款项.

二〇〇二年以来市场表现

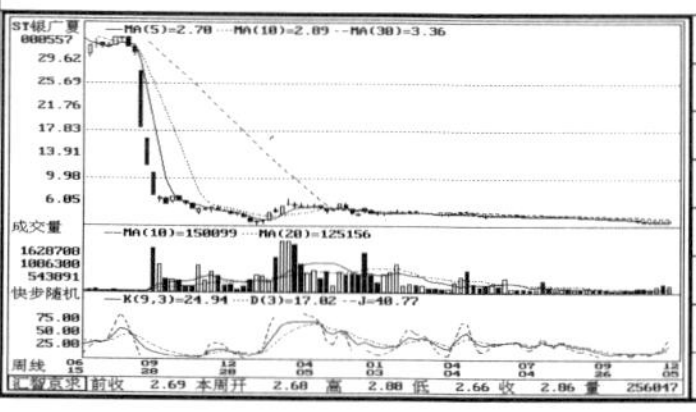

2002年涨跌幅(%)	2.31
2002年最高(元)	6.41
2002年最低(元)	2.12
2002年换手率(%)	727.20
2003年涨跌幅(%)	-32.58
2003年最高(元)	4.74
2003年最低(元)	2.54
2003年换手率(%)	413.72

莱茵达置业股份有限公司

公司概况

公司名称	莱茵达置业股份有限公司	股票代码	000558
注册地址	辽宁省沈阳市苏家屯区金钱松路9号	邮政编码	110102
法人代表	高继胜	董秘	黄国梁
电话	024-89150242	传真	024-89153302
主营业务	实业投资、房产租赁经营、物业管理等		
总股本	11716.44	流通 A	5050.44
流通 B		流通 H	
审计单位		审计意见	未审计

主要财务指标

年度	2003.9	2003.6	2002	2001
每股收益/扣除后(元)	-0.1394	-0.0900	-0.3237	0.0282
每股经营现金流量(元)	-0.8950	-0.1600	0.2735	-0.1735
每股净资产/调整后(元)	0.8729	0.9400	0.9966	1.3980
每股公积金(元)	0.4133	0.4133	0.3983	0.3898
净资产收益率(%)	-14.8300	-9.5900	-33.9600	1.9200
总资产(万元)	68901.91	74008.60	47175.72	35353.51
股东权益(万元)	10887.71	11408.74	12326.62	16682.98
未分配利润(万元)	-5671.15	-5150.12	-4056.58	399.99
主营收入(万元)	5253.33	66.65	255.05	3721.68
资本公积金(万元)	4842.43	4842.43	4666.77	4566.56
主营利润(万元)	165.42	17.63	59.93	2307.72
其他业务利润(万元)	1.76	1.70	4.50	3.60
营业利润(万元)	-1593.89	-1089.31	-3554.55	330.02
投资收益(万元)	-15.11		-316.77	
补贴收入(万元)				
营业外收支(万元)	-5.57	-4.23	-392.83	-10.28
利润总额(万元)	-1614.57	-1093.54	-4264.15	319.74
净利润(万元)	-1614.47	-1093.54	-4185.45	319.74

十大股东

序号	股东名称	股份性质	持股数(万股)	比例(%)
1	浙江莱茵达投资有限公司	法人股	3448.68	29.43
2	南京蓝本新型建材有限责任公司	法人股	1000.00	8.54
3	沈阳利源投资管理咨询有限公司	法人股	240.38	2.05
4	北京仁达国际信息工程有限公司	法人股	181.50	1.55
5	北京房地产开发经营总公司	法人股	121.00	1.03
6	中国人寿保险股份有限公司沈阳分公司	法人股	121.00	1.03
7	沈阳大和国际商务有限公司	法人股	110.00	0.94
8	上海融道贸易有限公司	法人股	100.00	0.85
9	沈阳复合纸厂	法人股	78.35	0.67
10	中国光大银行深圳证券业务部	法人股	72.30	0.62

股东人数

2003.9	2003.6	2002	2001
7299	7680	9610	10439

近年分配

近年分配	近年配股/增发
	不分配不转增

重大事项

2003年2月24日,公司与公司第一大股东浙江莱茵达投资有限公司签订《资金拆借协议书》,由其为公司控股子公司沈阳莱茵达商业有限公司提供无息使用资金320万元, 期限为一年. 2003年5月27日,公司董事会审议通过:公司有偿受让浙江嘉善工信房地产开发有限公司80%的股权, 受让价格1440万元人民币; 公司控股公司扬州莱茵达置业有限公司有偿受让浙江博鸿投资顾问有限公司所持有的浙江嘉善工信房地产开发有限公司20%的股权,受让价格360万元人民币.

二〇〇二年以来市场表现

2002年涨跌幅(%)	-1.63
2002年最高(元)	14.36
2002年最低(元)	6.81
2002年换手率(%)	246.82
2003年涨跌幅(%)	-41.73
2003年最高(元)	12.32
2003年最低(元)	5.46
2003年换手率(%)	192.11

万向钱潮股份有限公司

公司概况

公司名称	万向钱潮股份有限公司				股票代码	000559	
注册地址	浙江省杭州市萧山区万向路				邮政编码	311215	
法人代表	鲁冠球			董秘	许小建		
电话	0571-82832999			传真	0571-82602132		
主营业务	汽车零部件及相关机电产品的开发和销售						
总股本	36628.12	流通 A	13580.77	流通 B		流通 H	
审计单位				审计意见	未审计		

主要财务指标

年度	2003.9	2003.6	2002	2001
每股收益/扣除后(元)	0.2680	0.1590	0.2190	0.3080
每股经营现金流量(元)	0.5510	0.2720	0.7300	0.6900
每股净资产/调整后(元)	3.8400	3.8000	3.5900	3.4600
每股公积金(元)	1.9348	1.9348	1.9340	1.9328
净资产收益率(%)	7.1500	5.6100	10.1400	9.5500
总资产(万元)	266993.81	257349.91	250079.05	206879.98
股东权益(万元)	141809.72	139493.31	131636.34	126833.46
未分配利润(万元)	9714.64	7438.60	1662.66	1161.58
主营收入(万元)	142838.14	94919.74	161005.80	109684.10
资本公积金(万元)	70868.00	70868.00	70838.32	70796.45
主营利润(万元)	27789.29	19611.00	33846.84	27142.52
其他业务利润(万元)	1121.80	694.99	947.57	1079.28
营业利润(万元)	12428.85	8654.37	16789.80	15074.76
投资收益(万元)	967.19	573.75	1054.28	853.47
补贴收入(万元)	1756.11	1399.54	4303.81	3269.93
营业外收支(万元)	1000.10	989.53	294.23	-45.34
利润总额(万元)	16152.24	11617.19	22442.12	19152.83
净利润(万元)	10143.69	7827.29	13345.58	12118.38

十大股东

序号	股东名称	股份性质	持股数(万股)	比例(%)
1	万向集团公司	发起人法人股	21435.37	58.52
2	中国汽车工业投资开发公司	发起人国有法人股	1033.94	2.82
3	中国工程与农机进出口总公司	发起人法人股	354.80	0.97
4	鸿阳证券投资基金	流通股	270.00	0.74
5	开元证券投资基金	流通股	200.00	0.55
6	中汽凯瑞贸易有限公司	法人股	188.76	0.52
7	普丰证券投资基金	流通股	154.98	0.42
8	银丰证券投资基金	流通股	131.63	0.36
9	景福证券投资基金	流通股	130.20	0.36
10	金泰证券投资基金	流通股	108.44	0.34

股东人数	2003.9	2003.6	2002	2001
	42711	41709	41895	41874

近年分配	近年配股/增发
2002年10股派2元 2001年10股派4元	不分配不转增

重大事项

2003年6月28日,公司董事会同意控股子公司萧山铸锻造有限公司与万向集团浙江物资租赁有限公司签署的《设备转让协议》和《租赁合作协议》.公司于2002年7月02日刊登公告: 2002年6月28日,公司控股子公司万向钱潮营销有限公司累计收到宁波当地财政企业发展专项基金和高新技术突出贡献基金款计2453万元,超过公司2001年度净利润的10%,对公司当年度净利润产生一定影响.

二○○二年以来市场表现

2002年涨跌幅(%)	-20.44
2002年最高(元)	11.65
2002年最低(元)	7.82
2002年换手率(%)	102.55
2003年涨跌幅(%)	-8.44
2003年最高(元)	10.19
2003年最低(元)	6.70
2003年换手率(%)	101.63

昆明百货大楼(集团)股份有限公司

公司概况

公司名称	昆明百货大楼(集团)股份有限公司				股票代码	000560	
注册地址	云南省昆明市东风西路99号				邮政编码	650021	
法人代表	何道峰			董秘	吴梦冰		
电话	0871-3621681			传真	0871-3623414		
主营业务	商业零售批发						
总股本	13440.00	流通 A	6240.00	流通 B		流通 H	
审计单位				审计意见	未审计		

主要财务指标

年度	2003.9	2003.6	2002	2001
每股收益/扣除后(元)	0.1790	0.1413	-1.0007	-0.9574
每股经营现金流量(元)	-0.3380	-0.2900	0.4500	-0.0900
每股净资产/调整后(元)	-1.1000	-1.1470	-2.3100	-0.2700
每股公积金(元)	1.3041	1.3041	0.9461	0.8915
净资产收益率(%)		16.0640	-112.6540	-983.7900
总资产(万元)	64224.52	64621.45	80590.59	95232.06
股东权益(万元)	-11313.49	-11952.96	-18685.25	1499.50
未分配利润(万元)	-44534.11	-45173.59	-47093.75	-26175.16
主营收入(万元)	46719.89	32618.82	56788.30	62356.92
资本公积金(万元)	17527.72	17527.72	12715.59	11981.75
主营利润(万元)	7175.89	4849.98	7578.74	10002.37
其他业务利润(万元)	659.69	595.20	1053.26	842.63
营业利润(万元)	804.26	761.65	-12001.12	-11557.50
投资收益(万元)	220.90	123.06	-1219.21	-2288.69
补贴收入(万元)	1800.00	1200.00		3.10
营业外收支(万元)	-34.08		-7587.93	-1200.99
利润总额(万元)	2791.08	2170.41	-20808.26	-15044.07
净利润(万元)	2559.63	1920.16	-21049.64	-14751.89

十大股东

序号	股东名称	股份性质	持股数(万股)	比例(%)
1	昆明百货大楼	国有法人股	3226.19	24.00
2	华夏西部投资有限公司	法人股	1422.63	10.59
3	昆明市国有资产(持股)经营有限责任公司	法人股	1111.18	8.27
4	昆明继达经贸有限公司	法人股	400.00	2.98
5	昆明卷烟厂	法人股	300.00	2.23
6	深圳市鸿基(集团)股份有限公司	法人股	250.00	1.86
7	云南英君科技有限公司	法人股	200.00	1.49
8	云南航辰经营开发有限公司	法人股	80.00	0.60
9	广东美雅集团股份有限公司	法人股	70.00	0.52
10	闻艳	流通股	50.02	0.37

股东人数	2003.9	2003.6	2002	2001
	23050	23050	26853	26918

近年分配	近年配股/增发
	不分配不转增

重大事项

2003年5月14日,公司拟对自有固定资产B座新纪元商场进行资产销售,销售总面积为17651平方米,平均销售价格为每平方米1.5万元. 公司与公司实际控制人华夏西部投资有限公司于2003年5月12日签定华夏—昆百大资借合同002号《资金借用协议书》,公司向华夏西部借款2000万元,并以东风西路99-100号、正义路49号土地作抵押. 抵押期限自协议约定的还款期限届满之日起2年,如公司结清全部本金及应付占用费用,抵押自动解除.

二○○二年以来市场表现

2002年涨跌幅(%)	-41.33
2002年最高(元)	9.52
2002年最低(元)	4.32
2002年换手率(%)	343.75
2003年涨跌幅(%)	-3.08
2003年最高(元)	6.45
2003年最低(元)	4.42
2003年换手率(%)	155.49

长岭(集团)股份有限公司

公司概况

公司名称	长岭(集团)股份有限公司	股票代码	000561
注册地址	陕西省宝鸡市清姜路75号	邮政编码	721006
法人代表	李强	董秘	王(王宣)
电话	0917-3624433	传真	0917-3622392
主营业务	家用电器、电子通讯、纺织电子设备的生产、销售等		
总股本	39701.26	流通A	24208.77
流通B		流通H	
审计单位		审计意见	未审计

主要财务指标

年度	2003.9	2003.6	2002	2001
每股收益/扣除后(元)	0.0073	0.0114	-0.7100	-0.5840
每股经营现金流量(元)	0.0400	0.0400	-0.0900	-0.1890
每股净资产/调整后(元)	0.1670	0.2000	0.2300	1.0080
每股公积金(元)	1.3090	1.3090	1.3003	1.2939
净资产收益率(%)	4.0350	3.4710	-207.3600	-66.5500
总资产(万元)	148825.66	148536.70	150620.69	132992.02
股东权益(万元)	11394.31	12732.43	14310.80	48617.59
未分配利润(万元)	-78883.45	-78746.70	-79188.62	-49513.10
主营收入(万元)	32341.60	21878.04	35497.01	60536.64
资本公积金(万元)	51969.53	51969.53	51624.48	51370.44
主营利润(万元)	5736.82	3787.11	3282.92	9674.95
其他业务利润(万元)	-316.69	120.28	-612.25	-633.59
营业利润(万元)	-3381.72	-2101.24	-29309.16	-23410.12
投资收益(万元)			-4351.01	-8394.18
补贴收入(万元)	37.30	6.74	100.95	87.90
营业外收支(万元)	6.41	-8.88	-1460.68	-687.57
利润总额(万元)	-3370.45	-2103.38	-35019.90	-32403.96
净利润(万元)	305.17	441.92	-29675.51	-32354.40

十大股东

序号	股东名称	股份性质	持股数(万股)	比例(%)
1	陕西省国有资产管理局	国家股	11902.64	29.98
2	中国工行陕西信托投资有限公司	法人股	1872.00	4.72
3	西安飞机工业集团财务有限责任公司	法人股	288.00	0.73
4	上海鑫黎实业有限公司	法人股	250.00	0.63
5	中国银行宝鸡支行劳动服务公司	法人股	126.00	0.54
6	宝鸡证券公司	法人股	144.00	0.36
7	中国农行宝鸡支行职工技术服务部	法人股	144.00	0.36
8	新疆生产建设兵团农二师	法人股	144.00	0.36
9	华能科技公司	法人股	133.85	0.34
10	河北宾馆	法人股	115.20	0.29

股东人数

2003.9	2003.6	2002	2001
128662	130395	139731	143957

近年分配

近年配股/增发	不分配不转增

重大事项

2003年3月20日,公司董事会同意公司将涉及纺电生产经营的资产按评估值与公司大股东长岭机器厂出资现金共同组建"陕西长岭纺织机电科技有限公司"(暂定名). 2002年8月6日,公司下属子公司陕西宝鸡长岭冰箱有限公司及本公司拖欠贷款纠纷一案,法院判决如下:冰箱公司支付原告玉环压缩货款**6017721.39**元;公司对上述欠款在**5378201.39**元范围内承担连带清偿责任。

二〇〇二年以来市场表现

2002年涨跌幅(%)	-23.66
2002年最高(元)	6.25
2002年最低(元)	3.27
2002年换手率(%)	136.21
2003年涨跌幅(%)	-27.60
2003年最高(元)	4.83
2003年最低(元)	2.91
2003年换手率(%)	145.26

宏源证券股份有限公司

公司概况

公司名称	宏源证券股份有限公司	股票代码	000562
注册地址	新疆乌鲁木齐市建设路2号	邮政编码	830002
法人代表	田国立	董秘	王重昆
电话	0991-2301870	传真	0991-2301779
主营业务	证券承销、证券经纪、投资咨询等		
总股本	60874.52	流通A	24246.00
流通B		流通H	
审计单位		审计意见	未审计

主要财务指标

年度	2003.9	2003.6	2002	2001
每股收益/扣除后(元)	0.0052	0.0110	0.0761	0.0864
每股经营现金流量(元)	-0.4100	-0.1650	-0.8170	0.1800
每股净资产/调整后(元)	2.0080	1.1500	1.1820	1.1010
每股公积金(元)	5.2369	0.8767	0.0271	0.0271
净资产收益率(%)		0.2700	6.1900	7.4000
总资产(万元)	862011.31	619558.00	584600.94	572828.12
股东权益(万元)	124653.84	124653.84	63973.02	60753.87
未分配利润(万元)	5501.59	6378.96	5785.08	3370.72
主营收入(万元)	17526.98	9084.69	33783.19	33196.31
资本公积金(万元)	53368.46	1404.14	1404.14	1404.14
主营利润(万元)	23689.59	14601.29	30444.45	1548.16
其他业务利润(万元)			240.64	
营业利润(万元)	1103.46	961.99	7022.91	1548.16
投资收益(万元)	7266.08	6478.59	3684.16	3833.04
补贴收入(万元)				
营业外收支(万元)	14.10	10.96	14.60	73.79
利润总额(万元)	484.33	645.94	5400.43	5455.00
净利润(万元)	331.90	583.14	3958.93	4494.29

十大股东

序号	股东名称	股份性质	持股数(万股)	比例(%)
1	国信达资产管理公司	法人股	22691.13	37.28
2	新疆生产建设兵团	法人股	3049.20	5.01
3	中煤信托投资有限责任公司	流通股	3000.00	4.93
4	新疆维吾尔自治区电力公司	法人股	2795.10	4.59
5	安徽华茂纺织股份有限公司	法人股	2795.10	4.59
6	中国银河证券有限责任公司	流通股	2053.36	3.37
7	广东中创科技设备租赁公司	法人股	1397.55	2.30
8	深圳市宏成电脑有限公司	法人股	1397.55	2.30
9	北京力诺资产管理有限公司	流通股	1000.00	1.64
10	新疆资金融通中心	法人股	914.76	1.50

股东人数

2003.9	2003.6	2002	2001
81248	81009	80626	71452

近年分配

近年配股/增发	不分配不转增

重大事项

2003年7月18日,公司已按照中国证监会的批复,完成了对浙江省信托投资有限责任公司所属5家证券营业部的收购.经批准,上述5家证券营业部定于2003年7月18日正式开业. 2003年5月23日,公司董事会同意向上海国有资产经营有限公司转让公司持有的国泰基金**20%**的股权,转让价格**7040**万元人民币;.本次转让完成后,公司将不再持有国泰基金管理公司的股权.

二〇〇二年以来市场表现

2002年涨跌幅(%)	-24.93
2002年最高(元)	12.19
2002年最低(元)	6.20
2002年换手率(%)	260.66
2003年涨跌幅(%)	-12.79
2003年最高(元)	11.31
2003年最低(元)	5.80
2003年换手率(%)	365.42

陕西省国际信托投资股份有限公司

公司概况

公司名称	陕西省国际信托投资股份有限公司			股票代码	000563		
注册地址	陕西省西安市环城东路南段8号			邮政编码	710048		
法人代表	孙志诚			董秘	胡梦琪		
电话	029-3239457			传真	029-3239354		
主营业务	金融证券、房地产业务						
总股本	31418.70	流通A	12631.79	流通B		流通H	
审计单位				审计意见	未审计		

主要财务指标

年度	2003.9	2003.6	2002	2001
每股收益/扣除后(元)	0.0370	-0.0170	0.0039	0.1166
每股经营现金流量(元)	-0.0530	0.4840	0.2300	0.3390
每股净资产/调整后(元)	1.1700	1.1300	1.1400	1.4500
每股公积金(元)	0.1870	0.1870	0.3169	0.3169
净资产收益率(%)	2.7600	-1.3300	0.9200	7.2700
总资产(万元)	224835.67	258625.30	260730.00	391520.69
股东权益(万元)	41535.64	39860.77	40389.44	51161.92
未分配利润(万元)	602.66	-1072.21	-4624.81	1086.09
主营收入(万元)	5683.76	3676.47	16620.38	24887.28
资本公积金(万元)	0.19	0.19	0.32	0.32
主营利润(万元)	392.83	846.63	9001.73	11469.37
其他业务利润(万元)				
营业利润(万元)	-2015.53	-818.98	1877.16	2222.24
投资收益(万元)	3636.55	413.66	-912.40	2816.60
补贴收入(万元)				
营业外收支(万元)	-10.61	-0.09	153.92	-154.98
利润总额(万元)	1610.40	-405.41	1118.67	4883.86
净利润(万元)	1146.20	-528.67	368.72	3720.07

十大股东

序号	股东名称	股份性质	持股数(万股)	比例(%)
1	陕西省财政厅	国家股	15334.05	48.81
2	陕西华圣企业集团股份有限公司	法人股	1080.00	3.44
3	陕西省交通厅	国家股	702.00	2.23
4	中国人民保险公司陕西省分公司	法人股	540.00	1.72
5	金元证券投资基金	流通股	110.40	0.35
6	远东机械制造公司	法人股	108.00	0.34
7	国营庆安设备公司	法人股	108.00	0.34
8	西安咸阳国际机场	法人股	97.20	0.31
9	陕西省邮电管理局	法人股	84.24	0.27
10	陕西电力建设总公司	法人股	43.20	0.14

股东人数	2003.9	2003.6	2002	2001
	79748	79580	78504	73600

近年分配	近年配股/增发
2001年10股派0.5元	不分配不转增

重大事项

2003年10月14日,公司转让所持有的南方基金管理有限公司10%的股权及600万开元基金单位的过户手续已办理完毕,公司已不再持有南方基金管理有限公司的股权. 1999年11月25日,陕西省高级人民法院就公司与西安秦陵蜡像馆有限公司贷款合同案作出判决：西安秦陵蜡像馆向公司偿还1800万元人民币贷款及利息;判决生效前已给付部分在执行中冲抵;北京十三陵明皇蜡像宫有限公司负连带清偿责任. 西安秦陵蜡像馆和北京十三陵明皇蜡像宫不服该判决, 向最高人民法院提起上诉. 2002年09月26日,最高人民法院终审判决如下:驳回上诉,维持原判.

二〇〇二年以来市场表现

2002年涨跌幅(%)	-29.59
2002年最高(元)	11.06
2002年最低(元)	5.56
2002年换手率(%)	423.16
2003年涨跌幅(%)	-15.67
2003年最高(元)	9.60
2003年最低(元)	5.15
2003年换手率(%)	300.14

西安民生集团股份有限公司

公司概况

公司名称	西安民生集团股份有限公司			股票代码	000564		
注册地址	西安市解放路103号			邮政编码	710005		
法人代表	詹军道			董秘	马明庆		
电话	029-7481961			传真	029-7481871		
主营业务	商业、饮食及旅馆服务业等						
总股本	20200.70	流通A	13664.00	流通B		流通H	
审计单位				审计意见	未审计		

主要财务指标

年度	2003.9	2003.6	2002	2001
每股收益/扣除后(元)	0.0700	0.0629	0.0686	0.2113
每股经营现金流量(元)	0.2780	0.0540	0.2341	0.7000
每股净资产/调整后(元)	2.8916	2.8629	2.6940	2.7400
每股公积金(元)	1.4007	1.4014	1.3684	1.3661
净资产收益率(%)	3.0900	2.1300	2.3700	6.1230
总资产(万元)	103549.53	94052.26	93531.66	95217.73
股东权益(万元)	58564.81	58009.18	55119.07	55790.45
未分配利润(万元)	5450.09	4880.35	2854.67	3832.53
主营收入(万元)	47713.95	29698.53	70119.78	80496.62
资本公积金(万元)	28295.03	28309.14	27641.75	27596.63
主营利润(万元)	9816.47	7243.60	12024.04	17861.05
其他业务利润(万元)	1223.11	1010.86	664.23	249.29
营业利润(万元)	2345.19	2067.23	2086.82	5694.32
投资收益(万元)	278.40	-1.57	250.00	979.63
补贴收入(万元)				
营业外收支(万元)	108.85		-333.98	-2242.23
利润总额(万元)	2732.43	2091.97	2002.85	4431.72
净利润(万元)	1807.25	1237.52	1306.85	3416.07

十大股东

序号	股东名称	股份性质	持股数(万股)	比例(%)
1	西安市国有资产管理局	国家股	5180.52	25.65
2	西安民生劳动服务公司	法人股	475.70	2.35
3	甘肃信息时空报社	流通股	161.36	0.80
4	陕西新开高新技术投资有限公司	法人股	154.89	0.77
5	市工行解放办	法人股	64.35	0.32
6	陕西省电视台广告经理部	法人股	51.48	0.25
7	安娜	流通股	37.33	0.18
8	陕西工商学院	法人股	35.32	0.17
9	保险公司西安分公司	法人股	34.32	0.17
10	西北五棉集团	法人股	34.32	0.17

股东人数	2003.9	2003.6	2002	2001
	71467	72384	79218	79218

近年分配	近年配股/增发
2002年10股派1元 2001年10股派1元	不分配不转增

重大事项

2003年5月27日,公司第一大股东西安市财政局与海航集团有限公司签署了《股权转让协议书》. 最近已获国有资产监督管理委员会批复, 同意西安市财政局将其持有的公司5180.5158万股国家股的股份转让给海航集团有限公司. 此次转让完成后,海航集团有限公司成为公司第一大股东. 2003年5月14日,公司董事会同意公司用自有资金认购西安市商业银行股份有限公司法人股7000万股,每股发行价1.00元.定于2003年6月30日召开2003年度第一次临时股东大会.

二〇〇二年以来市场表现

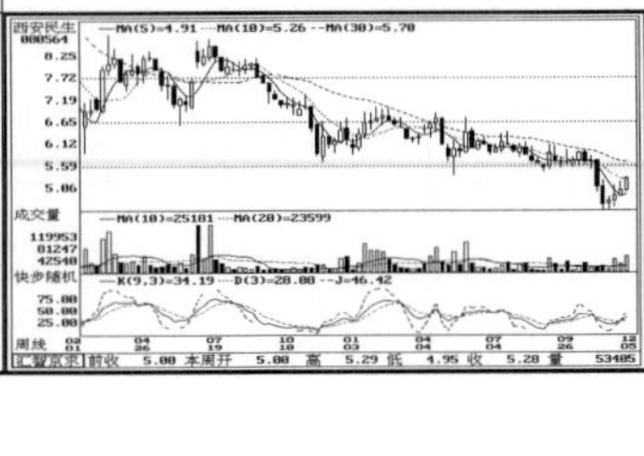

2002年涨跌幅(%)	-24.65
2002年最高(元)	8.68
2002年最低(元)	5.55
2002年换手率(%)	132.03
2003年涨跌幅(%)	-7.16
2003年最高(元)	6.90
2003年最低(元)	4.53
2003年换手率(%)	107.46

重庆三峡油漆股份有限公司

公司概况

公司名称	重庆三峡油漆股份有限公司	股票代码	000565
注册地址	重庆市九龙坡区石坪桥正街 121 号	邮政编码	400051
法人代表	苏中俊	董秘	戎路明
电话	023-68823076	传真	023-68824806
主营业务	制造、销售油漆、合成树脂等		

总股本	17343.69	流通 A	8741.38	流通 B		流通 H	
审计单位		审计意见	未审计				

主要财务指标

年度	2003.9	2003.6	2002	2001
每股收益 / 扣除后(元)	0.0310	0.0220	0.0430	0.0110
每股经营现金流量(元)	–0.0230	–0.0660	0.1120	0.0126
每股净资产 / 调整后(元)	2.0200	2.0100	1.9900	1.9600
每股公积金(元)	0.8802	0.8802	0.8802	0.8802
净资产收益率(%)	1.5000	1.0700	2.1600	0.6500
总资产(万元)	53643.34	52724.79	48488.82	47885.57
股东权益(万元)	36312.05	36157.14	35768.77	35119.18
未分配利润(万元)	614.35	459.44	71.07	–708.89
主营收入(万元)	20599.09	14115.01	27573.85	26867.65
资本公积金(万元)	15265.44	15265.44	15265.44	15265.44
主营利润(万元)	4362.34	2888.57	6789.75	5060.73
其他业务利润(万元)	243.57	119.54	180.10	148.06
营业利润(万元)	618.79	425.76	1005.04	87.93
投资收益(万元)	19.70	29.97	55.70	188.54
补贴收入(万元)				
营业外收支(万元)	–0.57		–17.33	–37.91
利润总额(万元)	637.92	454.82	1043.41	238.56
净利润(万元)	543.28	388.37	773.18	229.53

十大股东

序号	股东名称	股份性质	持股数(万股)	比例(%)
1	重庆化医控股(集团)公司	国有股	8602.31	49.60
2	国泰君安证券股份有限公司	流通股	329.21	1.90
3	李子凤	流通股	60.96	0.35
4	北京南方联华投资顾问有限公司	流通股	42.00	0.24
5	西安高资投资管理有限公司	流通股	40.96	0.24
6	深圳市蓝波湾投资有限公司	流通股	40.46	0.23
7	中国有色金属工业南华公司	流通股	35.23	0.20
8	哈尔滨市松森医疗器械开发有限公司	流通股	31.10	0.18
9	江西省江财投资有限责任公司	流通股	25.63	0.15
10	刘艳	流通股	24.35	0.14

股东人数	2003.9	2003.6	2002	2001
	22886	23719	27002	29241

近年分配		近年配股 / 增发	不分配不转增

重大事项

2003 年 8 月 22 日,2002 年度公司向重庆三峡油漆化工经营部销售油漆产品 2597 吨, 销售金额 19500401.30 元,占公司销售总额的比例为 7.07%. 向重庆三峡现代涂料有限公司销售油漆产品 159 吨, 销售金额 1975289.80 元. 2003 年 7 月 22 日,国家财政部同意将重庆三峡涂料工业(集团)有限公司所持公司 8602.3078 万股国有股转由重庆化医控股(集团)公司持有. 有关国有股权划转要约收购豁免已获国家证监会批准.过户完成后重庆化医控股(集团)公司持有公司国有股 8602.3078 股, 为公司第一大股东.

二〇〇二年以来市场表现

2002年涨跌幅(%)	–23.23
2002年最高(元)	11.30
2002年最低(元)	5.22
2002年换手率(%)	195.31
2003年涨跌幅(%)	–6.32
2003年最高(元)	10.25
2003年最低(元)	6.25
2003年换手率(%)	118.94

海南轻骑海药股份有限公司

公司概况

公司名称	海南轻骑海药股份有限公司	股票代码	000566
注册地址	海南省海口市海秀大道 51 号	邮政编码	570105
法人代表	许力宏	董秘	李颖
电话	0898-66785861	传真	0898-66705316
主营业务	中西药成药、医药器械等的生产和销售		

总股本	20234.90	流通 A	8354.90	流通 B		流通 H	
审计单位		审计意见	未审计				

主要财务指标

年度	2003.9	2003.6	2002	2001
每股收益 / 扣除后(元)	0.0880	0.0640	0.0200	–0.2800
每股经营现金流量(元)	0.1100	0.1030	0.1900	0.0700
每股净资产 / 调整后(元)	–0.6900	–0.7100	–0.7700	–1.3500
每股公积金(元)	1.9361	1.9361	1.9360	1.4463
净资产收益率(%)	14.7300	10.3300	–8.3200	–106.0800
总资产(万元)	36555.06	35176.12	35698.55	39968.53
股东权益(万元)	–11898.44	–12362.29	–13555.73	–24943.79
未分配利润(万元)	–72987.72	–73451.57	–74643.14	–76122.31
主营收入(万元)	17779.28	11886.66	18246.69	19333.80
资本公积金(万元)	39176.52	39176.52	39174.64	29265.76
主营利润(万元)	7441.67	4717.96	8032.27	7726.20
其他业务利润(万元)	5.40	14.55	–21.44	10.45
营业利润(万元)	1779.75	1295.51	400.22	–23762.27
投资收益(万元)				–583.24
补贴收入(万元)			831.03	677.69
营业外收支(万元)	–26.96	–19.03	–103.24	–2793.23
利润总额(万元)	1752.79	1276.48	1128.01	–26461.04
净利润(万元)	1752.79	1276.48	1128.01	–26461.04

十大股东

序号	股东名称	股份性质	持股数(万股)	比例(%)
1	深圳市南方同正投资有限公司	法人股	5320.96	26.30
2	海口富海福投资有限公司	法人股	1870.93	9.25
3	中国工行海南信托投资公司	法人股	1395.82	6.89
4	中国轻骑集团有限公司	国有法人股	1013.57	5.00
5	北京桑海投资有限公司	法人股	714.11	3.53
6	上海信义水处理有限责任公司	法人股	470.00	2.32
7	海南省信托投资公司	法人股	287.87	1.42
8	长城证券有限责任公司	法人股	232.63	1.14
9	山东天源资产投资管理有限公司	法人股	116.31	0.57
10	上海新威投资管理有限公司	法人股	102.86	0.51

股东人数	2003.9	2003.6	2002	2001
	21915	23049	23391	27004

近年分配		近年配股 / 增发	不分配不转增

重大事项

海口富海福投资有限公司已于 2003 年 10 月 27 日在中国证券登记结算有限责任公司深圳分公司,办理了受让原中国轻骑集团有限公司持有的公司 18,709,324 股法人股份的过户手续.本次股权过户后,海口富海福投资有限公司为公司第二大股东; 中国轻骑集团有限公司为公司第四大股东. 2003 年 09 月 02 日,下属子公司海南轻骑海药房地产开发公司已收到海口市龙华区人民法院《民事裁定书》,裁定内容如下: 自 2003 年 8 月 12 日起, 解除对海南轻骑海药房地产开发公司位于广东省阳西县 20 区 65168.4 平方米土地使用权的查封.

二〇〇二年以来市场表现

2002年涨跌幅(%)	–9.72
2002年最高(元)	7.88
2002年最低(元)	3.37
2002年换手率(%)	298.61
2003年涨跌幅(%)	–11.35
2003年最高(元)	7.27
2003年最低(元)	4.00
2003年换手率(%)	154.96

海南海德实业股份有限公司

公司概况

公司名称	海南海德实业股份有限公司	股票代码	000567
注册地址	海南省海口市海德路5号	邮政编码	570106
法人代表	纪道林	董秘	姚谨
电话	0898-68535693	传真	0898-68535942
主营业务	信息产业、高新技术产业、房地产开发经营等		
总股本	15120.00	流通A	6048.00
流通B		流通H	
审计单位		审计意见	未审计

主要财务指标

年度	2003.9	2003.6	2002	2001
每股收益/扣除后(元)	-0.0700	-0.0530	-0.0920	-0.4960
每股经营现金流量(元)	-0.1400	-0.1460	0.0270	0.0048
每股净资产/调整后(元)	0.3600	0.3690	0.3180	0.1060
每股公积金(元)	0.7707	0.7707	0.7418	0.7170
净资产收益率(%)	1.5700	4.5400	19.5300	-230.3600
总资产(万元)	21365.22	21790.88	22501.17	31100.19
股东权益(万元)	6799.25	7011.00	6256.42	3867.25
未分配利润(万元)	-20032.92	-19821.17	-20139.65	-16919.19
主营收入(万元)	2614.20	1393.47	829.97	1220.29
资本公积金(万元)	11652.44	11652.44	11216.34	10841.04
主营利润(万元)	1909.58	1098.51	-289.55	-660.23
其他业务利润(万元)	226.76	226.76	582.51	-42.65
营业利润(万元)	-660.03	-498.80	-1949.64	-9974.62
投资收益(万元)	927.93	935.29	3940.51	-1540.88
补贴收入(万元)				48.10
营业外收支(万元)	-58.50	-50.79	-1947.24	-303.98
利润总额(万元)	209.21	385.70	43.63	-11771.38
净利润(万元)	106.73	318.48	1221.94	-8908.47

十大股东

序号	股东名称	股份性质	持股数(万股)	比例(%)
1	海南祥源投资有限公司	法人股	4071.96	26.93
2	海南海基投资有限公司	法人股	805.20	5.33
3	中国银行海南省分行	国有法人股	768.60	5.08
4	上海万可实业有限公司	法人股	710.44	4.70
5	海口市对外经济发展公司	法人股	599.57	3.97
6	海南文化旅业发展公司	法人股	220.00	1.46
7	上海美建物资供销经营部	法人股	201.00	1.33
8	海口讯发房地产开发公司	法人股	184.85	1.22
9	海南昌旺经济信息咨询有限公司	法人股	165.00	1.09
10	上海证券有限责任公司	法人股	162.96	1.08

股东人数

2003.9	2003.6	2002	2001
19848	19123	20719	27291

近年分配		近年配股/增发	不分配不转增

重大事项

2003年10月11日,公司日前收到海南省高级人民法院就公司为海南国泰投资集团有限公司在建行海口市金盘支行借款1640万元提供保证担保一案所作出的执行裁定:1)解除对浙江耀江实业开发总公司拥有的房产的查封;2)将上述房产按评估价人民币10472200元下调20%抵债归中国建设银行海口市金盘支行所有. 2003年7月3日,公司第二大股东海南海基投资有限公司与公司第三大股东中国银行海南省分行签署了《股权转让协议书》. 海南中行将转让其持有的公司法人股7686000股.转让完成后,海南中行将不再持有公司股份,海基投资将成为公司第二大股东.

二〇〇二年以来市场表现

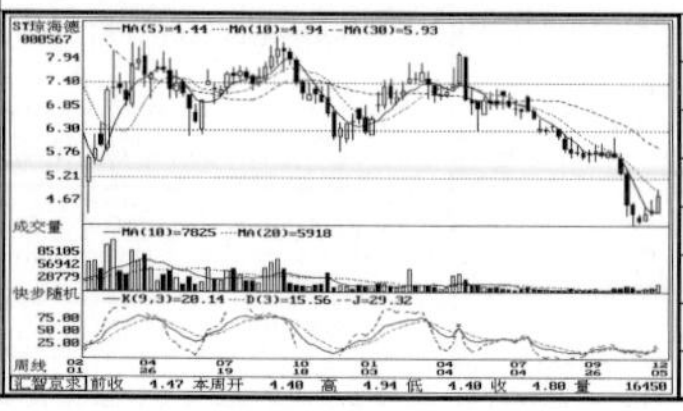

2002年涨跌幅(%)	-13.09
2002年最高(元)	8.49
2002年最低(元)	3.91
2002年换手率(%)	291.40
2003年涨跌幅(%)	-30.59
2003年最高(元)	8.13
2003年最低(元)	4.12
2003年换手率(%)	79.43

泸州老窖股份有限公司

公司概况

公司名称	泸州老窖股份有限公司	股票代码	000568
注册地址	四川省泸州市国窖广场	邮政编码	646000
法人代表	袁秀平	董秘	蔡秋全
电话	0830-2292023	传真	0830-2391774
主营业务	"泸州老窖"系列酒的生产、销售		
总股本	84139.97	流通A	25610.64
流通B		流通H	
审计单位		审计意见	未审计

主要财务指标

年度	2003.9	2003.6	2002	2001
每股收益/扣除后(元)	0.0500	0.0800	0.1000	0.1700
每股经营现金流量(元)	0.1130	0.1130	-0.0500	0.3600
每股净资产/调整后(元)	1.7600	2.8300	2.8000	2.5600
每股公积金(元)	0.4436	1.3097	1.3097	0.9020
净资产收益率(%)	2.4000	2.7000	3.4600	6.7100
总资产(万元)	257407.36	253404.97	246680.62	215377.95
股东权益(万元)	153412.91	153898.02	148756.97	126743.31
未分配利润(万元)	4763.36	5249.44	3571.77	7569.71
主营收入(万元)	34409.61	24997.20	46136.30	99667.55
资本公积金(万元)	37322.78	68874.29	68872.98	44101.36
主营利润(万元)	34409.61	24997.20	46136.30	48407.24
其他业务利润(万元)	268.89	254.15	847.26	-131.43
营业利润(万元)	7362.29	7576.15	9753.10	11440.19
投资收益(万元)	159.66	100.29	275.20	940.12
补贴收入(万元)	17.58	4.66	100.00	200.00
营业外收支(万元)	-21.27	-18.54	-426.14	-462.19
利润总额(万元)	7518.26	7662.57	9702.17	12118.12
净利润(万元)	3676.18	4162.27	5142.46	8509.66

十大股东

序号	股东名称	股份性质	持股数(万股)	比例(%)
1	泸州市国有资产管理局	国家股	36580.05	69.56
2	光大证券有限责任公司	流通股	2639.46	5.02
3	国都证券有限责任公司	流通股	51.00	0.10
4	顾涌华	流通股	46.75	0.09
5	重庆市亚布克经贸有限责任公司	流通股	36.63	0.07
6	成都合帮投资咨询有限公司	流通股	35.23	0.07
7	刘雅芳	流通股	33.58	0.06
8	上海向城贸易有限公司	流通股	28.62	0.05
9	杨春华	流通股	26.50	0.05
10	陈秀银	流通股	25.44	0.05

股东人数

2003.9	2003.6	2002	2001
96138	95686	95110	103142

近年分配	2003年中10派0.6元 2002年中10派1.5元 2001中10派2.5元	近年配股/增发	2002年10股转增6股

重大事项

截止2003年11月25日,光大证券有限责任公司通过深圳证券交易系统共减持持有的"泸州老窖"股份9039933股,占该公司总股本的1.07%,减持后光大证券有限责任公司仍持有泸州老窖已上市流通股份40091931股,占该公司总股本的4.76%,仍为该公司的第二大股东. 2001年2月23日,根据四川省财政厅川财税(2000)38号文件精神,泸州老窖股份有限公司享受企业所得税先征33%再返还18%的政策,该政策执行到2001年12月31日止.

二〇〇二年以来市场表现

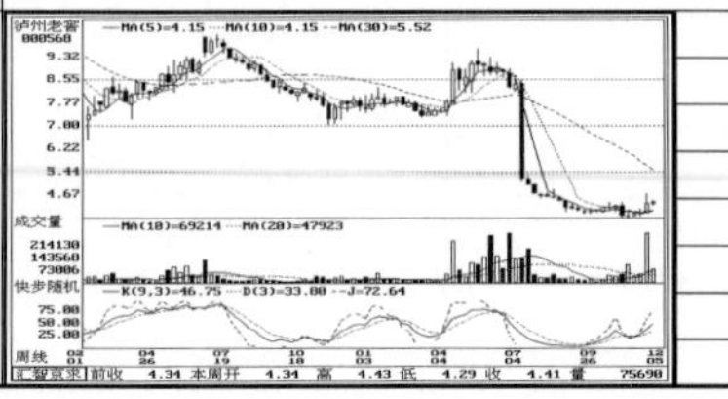

2002年涨跌幅(%)	-5.71
2002年最高(元)	5.94
2002年最低(元)	4.13
2002年换手率(%)	54.79
2003年涨跌幅(%)	-12.32
2003年最高(元)	5.99
2003年最低(元)	3.89
2003年换手率(%)	121.04

四川川投长城特殊钢股份有限公司

公司概况

公司名称	四川川投长城特殊钢股份有限公司			股票代码	000569		
注册地址	四川省江油市江东路 195 号			邮政编码	621701		
法人代表	任德祚			董秘	沈青峰		
电话	0816-3650392			传真	0816-3651872		
主营业务	钢冶炼、钢压延加工、机电设备制造、销售						
总股本	69514.22	流通 A	14792.84	流通 B		流通 H	
审计单位				审计意见	未审计		

主要财务指标

年度	2003.9	2003.6	2002	2001
每股收益 / 扣除后(元)	0.0350	0.0038	0.0240	0.0250
每股经营现金流量(元)	0.0140	0.0130	0.0340	0.0090
每股净资产 / 调整后(元)	1.0550	1.0100	1.0440	0.9997
每股公积金(元)	0.3966	0.3965	0.3958	0.3894
净资产收益率(%)	3.1330	0.1010	2.1100	2.5200
总资产(万元)	225113.80	221685.31	213891.12	213745.31
股东权益(万元)	85883.53	83275.84	82833.68	80635.98
未分配利润(万元)	-17933.57	-20539.90	-20927.90	-22679.55
主营收入(万元)	127617.19	80794.46	153939.87	161547.77
资本公积金(万元)	27567.22	27565.86	27511.69	27065.65
主营利润(万元)	9385.46	5175.48	9696.61	7707.46
其他业务利润(万元)	567.00	375.16	522.34	723.56
营业利润(万元)	2467.54	265.05	2167.21	1613.68
投资收益(万元)			52.26	90.83
补贴收入(万元)				
营业外收支(万元)	223.09		88.96	328.85
利润总额(万元)	2690.63	84.29	2308.44	2033.36
净利润(万元)	2690.63	84.29	1751.65	2033.36

十大股东

序号	股东名称	股份性质	持股数(万股)	比例(%)
1	四川长城殊钢(集团)有限责任公司	国有股	40881.67	58.81
2	河北证券有限责任公司	法人股	2310.00	3.32
3	上海上科科技投资有限公司	未流通股	2300.00	3.31
4	深圳国际信托投资公司	法人股	1955.42	2.81
5	攀枝花钢铁(集团)公司	法人股	1155.00	1.66
6	深圳深业物流集团股份有限公司	法人股	693.00	1.00
7	深圳物业发展(集团)股份有限公司	法人股	577.50	0.83
8	深圳中财投资发展公司	法人股	577.50	0.83
9	深圳祥源印刷包装有限公司	法人股	346.50	0.49
10	桂林市象山区香桂苑酒楼	法人股	346.50	0.49

股东人数	2003.9	2003.6	2002	2001
	61080	62171	62872	63423

近年分配		近年配股 / 增发	不分配不转增

重大事项

2003 年 1 月 14 日,经国家经贸委批准,公司控股股东四川川投长城特殊钢(集团)有限责任公司实施债转股,金额为 189598 万元. 2002 年 7 月 26 日,徐州市泉山区人民法院于 2002 年 6 月 3 日冻结了公司所持有的本公司国有法人股 2000 万股,由于公司所持有的国有法人股 408612775 股为整张股票,无法分割,至使代码为 10002572 号的整张股票被冻结.

二〇〇二年以来市场表现

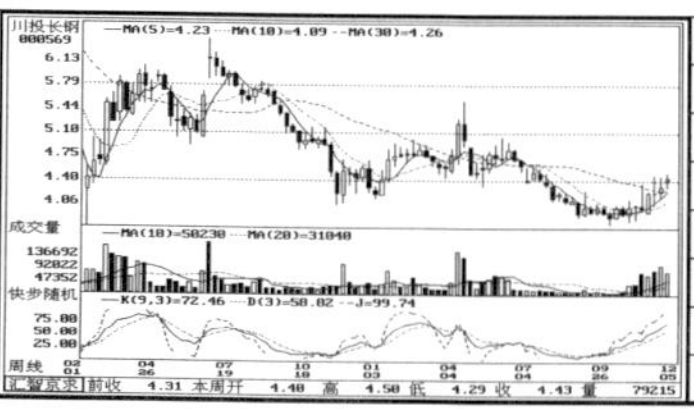

2002年涨跌幅(%)	-24.28
2002年最高(元)	6.48
2002年最低(元)	3.61
2002年换手率(%)	165.61
2003年涨跌幅(%)	2.38
2003年最高(元)	5.55
2003年最低(元)	3.75
2003年换手率(%)	116.32

常柴股份有限公司

公司概况

公司名称	常柴股份有限公司			股票代码	000570		
注册地址	中国江苏常州市怀德中路 123 号			邮政编码	213002		
法人代表	张骏原			董秘	张健和		
电话	0519-6600448			传真	0519-6630954		
主营业务	中小型柴油机的生产及销售						
总股本	37424.96	流通 A	11102.56	流通 B	10000.00	流通 H	
审计单位				审计意见	未审计		

主要财务指标

年度	2003.9	2003.6	2002	2001
每股收益 / 扣除后(元)	0.0880	0.0650	-1.2400	-1.0200
每股经营现金流量(元)	0.2140	0.1480	0.3000	0.4400
每股净资产 / 调整后(元)	1.8700	1.8500	1.8200	3.1900
每股公积金(元)	0.4487	0.4487	1.8631	1.8549
净资产收益率(%)	4.2700	3.0900	-64.6400	-30.8000
总资产(万元)	191302.59	193041.20	218441.41	292650.41
股东权益(万元)	76497.20	75777.37	73866.44	123942.06
未分配利润(万元)	8440.08	7518.63	-47755.68	
主营收入(万元)	115907.93	77651.57	157996.84	174348.73
资本公积金(万元)	16793.04	16793.04	69724.73	69418.19
主营利润(万元)	15722.97	10611.98	17494.00	16404.55
其他业务利润(万元)	972.45	740.06	1224.83	482.30
营业利润(万元)	2476.91	1873.84	-52377.17	-39950.96
投资收益(万元)	117.09	114.96	-587.06	-3756.69
补贴收入(万元)	96.64	32.36	374.37	638.63
营业外收支(万元)	-270.43	-251.49	-5120.28	-488.26
利润总额(万元)	2420.21	1769.67	-57710.14	-43557.28
净利润(万元)	3264.06	2342.61	-47747.59	-38142.86

十大股东

序号	股东名称	股份性质	持股数(万股)	比例(%)
1	常州市国有资产管理局	国有股	15316.00	40.92
2	武进柴油机机体厂	法人股	533.00	1.42
3	温海根	外资股	364.27	0.97
4	CBNY S/A PNC/SKANDIASELECT FUND/CHINA EQUITYAC	外资股	179.20	0.48
5	奔牛农机厂	法人股	176.00	0.47
6	文灿荣	外资股	147.51	0.39
7	LIU ZILI	外资股	121.13	0.32
8	文沛荣	外资股	100.00	0.27
9	MERRL LYNCHINTERNATIONAL	外资股	100.00	0.27
10	何永航	外资股	92.66	0.25

股东人数	2003.9	2003.6	2002	2001
	72734	73471	87460	95344

近年分配		近年配股 / 增发	不分配不转增

重大事项

2003 年 2 月 24 日,公司董事会同意公司以位于常州市怀德北路 29 号的常柴大厦整作为抵押,续贷公司在中国进出口银行 8000 万元即将到期借款. 2003 年 01 月 28 日,山东省泰安市中级人民法院于 2002 年 9 月 27 日受理了山东华源光明机器制造有限公司申请破产一案. 该公司确认欠公司债务 5300 万元.公司据此于 2003 年 1 月 10 日向法院申报债权,公司对此项欠款计提坏帐比例 20%.

二〇〇二年以来市场表现

2002年涨跌幅(%)	-22.57
2002年最高(元)	8.35
2002年最低(元)	4.40
2002年换手率(%)	190.40
2003年涨跌幅(%)	-4.24
2003年最高(元)	8.88
2003年最低(元)	4.90
2003年换手率(%)	313.95

海南新大洲控股股份有限公司

公司概况

公司名称	海南新大洲控股股份有限公司	股票代码	000571
注册地址	海南省琼山市桂林洋经济开发区	邮政编码	570125
法人代表	赵序宏	董秘	林帆
电话	0898-68583966-333	传真	0898-68583518
主营业务	摩托车及发动机配件的生产经营、旅游综合开发等		

总股本	73606.40	流通 A	33716.48	流通 B		流通 H	
审计单位				审计意见	未审计		

主要财务指标

年度	2003.9	2003.6	2002	2001
每股收益/扣除后(元)	-0.0049	-0.0100	-0.0009	-0.2200
每股经营现金流量(元)	-0.1100	-0.1000	0.3800	0.2700
每股净资产/调整后(元)	1.1238	1.1200	1.1300	1.1100
每股公积金(元)	0.2654	0.2654	0.2654	0.2654
净资产收益率(%)	-0.4300	-0.8900	1.4800	-17.8900
总资产(万元)	87678.37	86486.99	99906.33	130915.68
股东权益(万元)	84494.27	84108.84	84857.47	84017.93
未分配利润(万元)	-29839.06	-30224.50	-29475.86	-30315.40
主营收入(万元)	12508.77	475.88	4258.51	14316.43
资本公积金(万元)	19533.69	19533.69	19533.69	19533.69
主营利润(万元)	1116.02	428.20	1378.17	2627.62
其他业务利润(万元)	30.81	28.92	201.07	79.46
营业利润(万元)	280.27	-129.51	-337.00	-10081.48
投资收益(万元)	-606.31	-614.89	1139.15	-4338.87
补贴收入(万元)			25.89	26.46
营业外收支(万元)	-4.19		529.42	-1118.22
利润总额(万元)	-330.23	-748.58	1357.47	-15512.10
净利润(万元)	-363.20	-748.64	1255.87	-15030.47

十大股东

序号	股东名称	股份性质	持股数(万股)	比例(%)
1	中国轻骑集团有限公司	发起人境内法人股	12844.96	17.45
2	海南新元农业开发有限公司	定向法人股、流通股	11109.26	15.09
3	上海浩洲车业有限公司	发起人境内法人股	4500.00	6.11
4	海南赐慧实业股份有限公司	定向法人境内法人股	3891.02	5.29
5	海南省农垦总公司	发起人境内法人股	2487.70	3.38
6	宏源证券股份有限公司	发起人国家股	2458.72	3.34
7	济南润青商贸有限公司	发起人境内法人股	2000.00	2.72
8	青岛统力星商贸有限公司	发起人境内法人股	265.00	0.36
9	山东天源资产投资管理有限公司	发起人境内法人股	70.00	0.09
10	郑健美	流通股	69.04	0.09

股东人数	2003.9	2003.6	2002	2001
	200272	203326	210211	225551

近年分配		近年配股/增发	不分配不转增

重大事项

2003年11月5日,公司董事会同意由海南新大洲控股股份有限公司、海南新大洲工业苑有限公司和康伟平先生共同出资在上海设立"上海新大洲物流有限公司". 该公司注册资本人民币1000万元,出资方式为按比例现金出资.海南新大洲控股股份有限公司占75%的股权;康伟平先生占20%的股权;海南新大洲工业苑有限公司占5%的股权. 2003年6月30日,公司全资子公司 海南格方网络安全有限公司与国泰君安证券股份有限公司签署《资产管理委托协议书》,将闲置资金人民币1亿元委托国泰君安进行资产管理.委托期限为自2003年6月30日起至2004年6月30日止.

二○○二年以来市场表现

2002年涨跌幅(%)	-30.58
2002年最高(元)	6.12
2002年最低(元)	3.45
2002年换手率(%)	129.01
2003年涨跌幅(%)	-20.54
2003年最高(元)	4.55
2003年最低(元)	2.76
2003年换手率(%)	105.26

海南金盘实业股份有限公司

公司概况

公司名称	海南金盘实业股份有限公司	股票代码	000572
注册地址	海口市金盘工业区金盘路12-8号	邮政编码	570216
法人代表	曲大利	董秘	章黔
电话	0898-66822672	传真	0898-66816370
主营业务	综合开发区的综合开发、建设和管理等		

总股本	21589.45	流通 A	8678.61	流通 B		流通 H	
审计单位				审计意见	未审计		

主要财务指标

年度	2003.9	2003.6	2002	2001
每股收益/扣除后(元)	-0.0120	-0.0150	-0.2200	-0.3700
每股经营现金流量(元)	0.0156	0.0240	-0.0980	0.0500
每股净资产/调整后(元)	-0.0310	-0.0360	-0.0400	0.0800
每股公积金(元)	0.7184	0.7184	0.7184	0.7184
净资产收益率(%)	-23.4800	-52.1700	-904.4000	-247.0000
总资产(万元)	71223.68	71766.80	71969.38	73764.57
股东权益(万元)	479.96	345.10	507.84	5144.20
未分配利润(万元)	-34419.76	-34487.30	-34307.06	-29662.17
主营收入(万元)	2874.27	1829.40	3664.60	7088.75
资本公积金(万元)	15510.36	15510.36	15510.36	15510.36
主营利润(万元)	1229.47	679.15	1345.87	567.08
其他业务利润(万元)	25.16	22.10	21.26	89.15
营业利润(万元)	-183.43	-296.65	-4961.50	-11369.12
投资收益(万元)			64.68	-82.11
补贴收入(万元)	155.00	129.00	310.26	912.00
营业外收支(万元)	0.55	4.92	2.01	-4695.41
利润总额(万元)	-27.88	-162.73	-4585.55	-15234.63
净利润(万元)	-112.70	-180.24	-4593.08	-12709.84

十大股东

序号	股东名称	股份性质	持股数(万股)	比例(%)
1	海南海马投资有限公司	社会法人股	8323.96	38.56
2	工行海南信托投资公司	国有法人股	1932.40	8.95
3	中行海口信托咨询公司	国有法人股	966.20	4.48
4	海口市金盘物业有限公司	社会法人股	470.19	2.18
5	上海新理益投资有限公司	社会法人股	163.46	0.76
6	何连谦	流通股	77.52	0.36
7	梁冬	流通股	72.20	0.33
8	陈燕玉	流通股	49.92	0.23
9	海南柯鑫投资有限公司	社会法人股	42.81	0.20
10	胡有余	流通股	41.80	0.19

股东人数	2003.9	2003.6	2002	2001
	22456	23005	33903	36560

近年分配		近年配股/增发	不分配不转增

重大事项

2003年7月4日,公司大股东海南海马投资有限公司关于豁免要约收购的申请已获得中国证监会批准. 证监会同意豁免海马公司由于本次受让后持有公司38.55%的股份而应履行的要约收购义务. 2003年3月4日,公司近日收到海南省高级人民法院关于中国银行海南省分行诉海口市金盘建筑材料公司和公司借款及担保纠纷一案的应诉通知书.

二○○二年以来市场表现

2002年涨跌幅(%)	-21.79
2002年最高(元)	7.89
2002年最低(元)	3.88
2002年换手率(%)	222.85
2003年涨跌幅(%)	12.55
2003年最高(元)	9.68
2003年最低(元)	5.30
2003年换手率(%)	241.65

东莞宏远工业区股份有限公司

公司概况

公司名称	东莞宏远工业区股份有限公司	股票代码	000573
注册地址	广东省东莞市南城区宏远工业区	邮政编码	523087
法人代表	陈林	董秘	李军印
电话	0769-2412655	传真	0769-2412655
主营业务	开发经营工业区、开办外引内联企业及其咨询、洽谈业务等		
总股本	45128.39	流通 A	29211.04
流通 B		流通 H	
审计单位		审计意见	未审计

主要财务指标

年度	2003.9	2003.6	2002	2001
每股收益/扣除后(元)	0.0306	0.0200	0.0126	0.0065
每股经营现金流量(元)	0.1900	0.1600	0.2000	0.1100
每股净资产/调整后(元)	2.9950	2.9500	2.9200	2.8600
每股公积金(元)	1.5785	1.5785	1.5785	1.5593
净资产收益率(%)	0.6200	0.4700	0.8200	0.3000
总资产(万元)	210423.66	211489.22	216006.11	226077.02
股东权益(万元)	136570.84	136459.41	136067.84	134863.42
未分配利润(万元)	2799.58	2594.22	1953.00	1086.10
主营收入(万元)	37355.40	26325.09	26818.67	24425.31
资本公积金(万元)	71236.27	71236.27	71236.27	70367.47
主营利润(万元)	10381.01	7591.82	10302.66	10179.30
其他业务利润(万元)	0.67	0.57	96.49	285.16
营业利润(万元)	1027.32	781.51	-413.02	27.85
投资收益(万元)	-547.37	-397.70	-33.91	-645.74
补贴收入(万元)				
营业外收支(万元)	-9.09	-0.15	-57.49	-34.44
利润总额(万元)	470.86	383.66	-504.42	-652.34
净利润(万元)	846.58	641.22	1115.95	404.03

十大股东

序号	股东名称	股份性质	持股数(万股)	比例(%)
1	广东宏远集团公司	法人股	8708.65	19.30
2	东莞市城宝综合贸易公司	法人股	3096.79	6.86
3	东莞市篁村区经济联合总社	法人股	1187.54	2.63
4	东莞市振兴工贸发展公司	法人股	1123.14	2.49
5	东莞市兴业贸易发展有限公司	法人股	262.26	0.58
6	篁村经济联合社	法人股	125.43	0.28
7	先锋集团有限公司东莞分公司	法人股	114.02	0.25
8	黄绵珠	流通股	112.35	0.25
9	林秀雄	流通股	108.01	0.24
10	李劲	流通股	104.75	0.23

股东人数	2003.9	2003.6	2002	2001
	150670	152263	156058	173353

近年分配		近年配股/增发	不分配不转增

重大事项

2003年3月13日，公司董事会同意与公司控股股东广东宏远集团公司签署《土地使用权偿债协议》，同意其以宏远新城L区97,272平方米土地使用权以17,535.03万元的价格抵偿所占用公司的部分资金15,607.04万元及2002年度资金占用费1,927.99万元。 2003年2月20日，公司董事会同意公司于2003年02月20日与江南证券有限责任公司就公司持有的东莞宏远期货经纪有限公司66.67%的股权签署了《股权转让协议》。

二〇〇二年以来市场表现

2002年涨跌幅(%)	-9.87
2002年最高(元)	7.19
2002年最低(元)	3.45
2002年换手率(%)	117.18
2003年涨跌幅(%)	-12.21
2003年最高(元)	5.68
2003年最低(元)	3.92
2003年换手率(%)	69.64

江门甘蔗化工厂(集团)股份有限公司

公司概况

公司名称	江门甘蔗化工厂(集团)股份有限公司	股票代码	000576
注册地址	广东省江门市甘化路56号	邮政编码	529030
法人代表	周润	董秘	沙伟
电话	0750-3365000	传真	0750-3361973
主营业务	食糖及食品添加剂等		
总股本	24759.86	流通 A	10310.33
流通 B		流通 H	
审计单位		审计意见	未审计

主要财务指标

年度	2003.9	2003.6	2002	2001
每股收益/扣除后(元)	0.0420	0.0350	-0.5300	0.0200
每股经营现金流量(元)	0.2300	0.1600	0.4200	0.3500
每股净资产/调整后(元)	2.8400	2.8300	2.8100	3.6300
每股公积金(元)	2.4215	2.4198	2.4194	2.3914
净资产收益率(%)	1.7800	1.6100	-34.0100	2.8600
总资产(万元)	141135.62	145065.56	158048.31	197763.52
股东权益(万元)	73696.65	73600.28	72811.72	97191.23
未分配利润(万元)	-20708.74	-20832.96	-22019.67	3383.78
主营收入(万元)	7942.05	5074.98	4332.69	85613.39
资本公积金(万元)	59954.91	59914.91	59904.91	59210.88
主营利润(万元)	7942.05	5074.98	4332.69	10928.97
其他业务利润(万元)	65.49	52.92	138.00	35.07
营业利润(万元)	1105.54	879.48	-22681.65	644.03
投资收益(万元)	285.80	351.99	84.60	2125.18
补贴收入(万元)			135.64	104.45
营业外收支(万元)	-20.68		-2327.55	-50.92
利润总额(万元)	1370.66	1209.40	-24788.95	2822.74
净利润(万元)	1310.93	1186.71	-24603.11	2779.21

十大股东

序号	股东名称	股份性质	持股数(万股)	比例(%)
1	江门市资产管理委员会办公室	国有股	8874.75	35.84
2	江门市光达实业有限公司	未流通股	1037.36	4.19
3	江门群益造纸厂	未流通股	1012.09	4.09
4	江门甘化综合厂	未流通股	438.69	1.77
5	中国工商银行广东省信托投资公司	未流通股	396.00	1.60
6	江门光华印刷厂	未流通股	336.16	1.36
7	广东中轻南方炼糖纸业有限公司	法人股,流通股	209.00	0.84
8	番禺紫坭糖厂	未流通股	138.05	0.56
9	中国银行江门分行	未流通股	127.51	0.51
10	大连华信信托投资股份有限公司	未流通股	87.12	0.35

股东人数	2003.9	2003.6	2002	2001
	52018	52265	52323	58623

近年分配		近年配股/增发	不分配不转增

重大事项

2003年2月20日，公司董事局同意公司于2003年02月20日与公司实际控制人江门甘化集团有限公司签定了办公楼租用、物料供应、产品销售等方面为期三年的框架性合同，年度交易总金额不超过人民币2000万元。 公司于2003年2月14日收到新疆维吾尔自治区高级人民法院就宏源证券股份有限公司与江门国际信托投资公司江信营业部、江门市财政局借款纠纷一案的《民事裁定书》，该法院依宏源公司的申请，于2003年元月28日依法冻结了江门市财政局持有公司国有股1500万股。

二〇〇二年以来市场表现

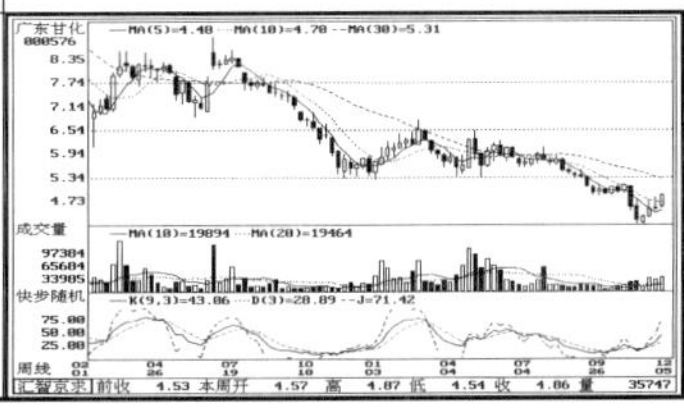

2002年涨跌幅(%)	-31.35
2002年最高(元)	8.95
2002年最低(元)	5.26
2002年换手率(%)	132.49
2003年涨跌幅(%)	-16.57
2003年最高(元)	6.78
2003年最低(元)	4.13
2003年换手率(%)	150.14

青海数码网络投资(集团)股份有限公司

公司概况

公司名称	青海数码网络投资(集团)股份有限公司			股票代码	000578		
注册地址	青海省西宁市五四大街39号			邮政编码	810001		
法人代表	钟小剑			董秘	孙荣芳		
电话	0971-6138725			传真	0971-6144887		
主营业务	金融证券、信息科技、投资等						
总股本	19815.34	流通A	6876.38	流通B		流通H	
审计单位				审计意见	未审计		

主要财务指标

年度	2003.9	2003.6	2002	2001
每股收益/扣除后(元)	0.0530	0.0320	0.0200	0.1400
每股经营现金流量(元)	0.0400	0.0370	0.0500	0.0300
每股净资产/调整后(元)	3.8590	2.8400	1.3770	1.4900
每股公积金(元)	0.2839	0.2839	0.2175	0.2175
净资产收益率(%)	3.8600	2.8400	1.3800	8.8500
总资产(万元)	104548.99	106053.48	77599.01	69129.22
股东权益(万元)	32512.58	32172.01	29918.93	3002.79
未分配利润(万元)	3032.27	2618.33	2011.39	2165.70
主营收入(万元)	91463.57	58893.69	99853.41	77018.14
资本公积金(万元)	5626.18	5626.18	4310.70	4310.70
主营利润(万元)	8746.87	5373.33	5235.55	4333.87
其他业务利润(万元)	131.33	84.69	85.34	100.54
营业利润(万元)	1751.19	1200.03	687.44	433.69
投资收益(万元)	157.61	165.87	263.67	3002.79
补贴收入(万元)	74.33	47.73		
营业外收支(万元)	-100.22	-55.72	-15.01	-19.27
利润总额(万元)	1882.91	1357.91	936.10	3417.21
净利润(万元)	1254.78	914.21	411.87	2627.31

十大股东

序号	股东名称	股份性质	持股数(万股)	比例(%)
1	深圳市友缘投资有限公司	法人股	5880.26	29.68
2	深圳四通投资发展有限公司	法人股	2848.00	14.37
3	青海省国有资产管理局	国家股	1260.00	6.36
4	中海恒实业发展有限公司	法人股	831.60	4.19
5	上海丹阳商务咨询有限公司	法人股	638.50	3.22
6	北京天龙股份有限公司	法人股	277.20	1.40
7	北京亿隆实业股份有限公司	法人股	277.20	1.40
8	中国建设银行青海省信托投资公司	法人股	277.20	1.40
9	青海中兴计算机服务部	法人股	277.20	1.40
10	鞍山九建集团有限公司	法人股	193.10	0.97

股东人数	2003.9	2003.6	2002	2001
	44126	43673	45104	47720

近年分配	2002年10股派0.2元 2001年10股派0.4元	近年配股/增发	2002年10股配3股

重大事项

2003年9月26日,公司股东深圳四通投资发展有限公司与上海丹阳商务咨询有限公司签订了《股份转让协议》,四通投资拟将其所持公司28,480,046股法人股转让给上海丹阳,上海丹阳原持有公司6,385,000股,若本次转让实施完成,四通投资将不再持有公司股份,上海丹阳持有公司34,865,046股,持股比例17.59%,为公司第二大股东,此次转让总金额为43,004,869.46元。2003年9月9日,公司控股子公司昆仑证券有限责任公司取得了中国证券监督管理委员会签发的Z28863000号《经营证券业务许可证》。

二○○二年以来市场表现

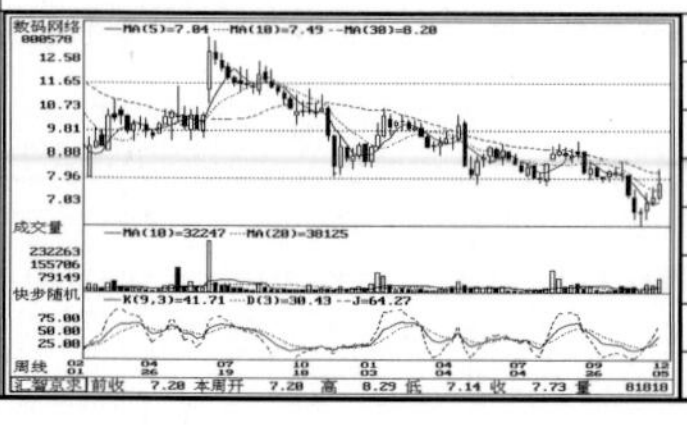

2002年涨跌幅(%)	-16.94
2002年最高(元)	13.48
2002年最低(元)	7.47
2002年换手率(%)	242.45
2003年涨跌幅(%)	-16.08
2003年最高(元)	10.62
2003年最低(元)	6.11
2003年换手率(%)	217.46

无锡威孚高科技股份有限公司

公司概况

公司名称	无锡威孚高科技股份有限公司			股票代码	000581		
注册地址	无锡国家高新技术产业开发区46号地块			邮政编码	214031		
法人代表	许良飞			董秘	刘永林		
电话	0510-2719579			传真	0510-2751025		
主营业务	内燃机的喷油泵及其配件系统的制造与销售						
总股本	43636.62	流通A	21583.83	流通B	8840.00	流通H	
审计单位				审计意见	未审计		

主要财务指标

年度	2003.9	2003.6	2002	2001
每股收益/扣除后(元)	0.3855	0.2557	0.4900	0.3300
每股经营现金流量(元)		0.0290	0.3400	0.3800
每股净资产/调整后(元)	4.5030	4.3739	4.1300	3.8500
每股公积金(元)		2.0888	2.0888	2.0829
净资产收益率(%)	8.4560	5.7610	11.3100	8.9400
总资产(万元)	278448.00	250683.14	246962.97	217026.91
股东权益(万元)	191500.28	180467.52	178753.84	168533.62
未分配利润(万元)	42426.15	31393.37	33048.55	22828.32
主营收入(万元)	116389.88	83347.36	138266.20	98321.62
资本公积金(万元)	91149.59	91149.59	90891.86	90891.86
主营利润(万元)	33392.55	22343.73	38093.99	24780.81
其他业务利润(万元)	312.18	121.94	-11.41	158.06
营业利润(万元)	12307.56	8068.32	13013.06	11330.93
投资收益(万元)	6676.27	4654.99	11131.94	5761.39
补贴收入(万元)				
营业外收支(万元)	-99.86		-1852.06	-190.71
利润总额(万元)	18783.97	12554.38	22292.94	16901.61
净利润(万元)	16668.91	11032.77	20403.48	15071.95

十大股东

序号	股东名称	股份性质	持股数(万股)	比例(%)
1	无锡威孚集团有限公司	国有股	12156.62	27.86
2	ROBERT BOSCH GMBH	外资股	1414.40	3.24
3	华安创新证券投资基金	A股	1090.53	2.50
4	安顺证券投资基金	A股	630.00	1.44
5	上海宝钢化工有限公司	A股	507.66	1.16
6	金泰证券投资基金	A股	467.22	1.07
7	国联证券有限责任公司	A股	451.33	1.03
8	通乾证券投资基金	A股	408.65	0.94
9	丰和价值证券投资基金	A股	378.78	0.87
10	融通新蓝筹证券投资基金	A股	369.76	0.85

股东人数	2003.9	2003.6	2002	2001
	72410	78725	91417	116113

近年分配	2002年10股派2元 2001年10股派2元	近年配股/增发	不分配不转增

重大事项

2003年5月22日,公司董事会会议决议:公司与德国罗伯特.博世公司就柴油喷射业务的全面合作制订的合作方案;并授权董事会就许可证引进和合资合同的详细条款与德国博世公司展开实质性的谈判;公司于2003年6月12日召开公司2002年度股东大会,审议通过以上相关议案。2003年2月17日,公司董事会决定授权公司管理层与德国罗伯特.博世公司就柴油喷射业务制订合作方案,该方案经国家有关主管机关同意后,提请股东大会批准。

二○○二年以来市场表现

2002年涨跌幅(%)	-1.15
2002年最高(元)	11.73
2002年最低(元)	8.15
2002年换手率(%)	114.01
2003年涨跌幅(%)	10.26
2003年最高(元)	12.70
2003年最低(元)	8.85
2003年换手率(%)	101.11

北海新力实业股份有限公司

公司概况

公司名称	北海新力实业股份有限公司	股票代码	000582
注册地址	广西北海市海角路 145 号	邮政编码	536000
法人代表	冯大为	董秘	杨延华
电话	0779-3922254	传真	0779-3906393
主营业务	港口业、房地产、海运		
审计单位		审计意见	未审计

总股本	18847.18	流通 A	5720.00	流通 B		流通 H	

主要财务指标

年度	2003.9	2003.6	2002	2001
每股收益/扣除后(元)	-0.0600	-0.0370	-0.2120	-0.0200
每股经营现金流量(元)	-0.0080	0.0320	0.0580	0.1760
每股净资产/调整后(元)	2.2820	2.3000	2.4120	2.6270
每股公积金(元)	1.3956	1.3956	1.3956	1.3956
净资产收益率(%)	-2.1350	-1.5100	-8.8200	0.4900
总资产(万元)	84074.64	84236.68	85152.03	89089.30
股东权益(万元)	45971.36	46253.17	46953.10	51094.44
未分配利润(万元)	-1552.90	-1271.09	-571.17	3570.18
主营收入(万元)	7275.99	4963.67	7729.08	10558.01
资本公积金(万元)	26302.95	26302.95	26302.95	26302.95
主营利润(万元)	770.51	601.34	131.69	2079.85
其他业务利润(万元)	131.87	90.70	138.24	179.33
营业利润(万元)	-838.72	-483.45	-3578.75	-336.45
投资收益(万元)	186.61	-3.25	-107.88	920.51
补贴收入(万元)				
营业外收支(万元)	-263.74		-368.87	-467.33
利润总额(万元)	-915.85	-656.59	-4055.50	116.73
净利润(万元)	-981.73	-699.92	-4141.35	250.14

十大股东

序号	股东名称	股份性质	持股数(万股)	比例(%)
1	中国华能集团公司	国家股	7565.27	40.14
2	北海市国有资产管理局	国家股	5385.91	28.58
3	国元证券有限责任公司	流通股	92.92	0.49
4	北海市风机厂	法人股	44.00	0.23
5	北海市印刷厂	法人股	44.00	0.23
6	北海市技术交流站	法人股	44.00	0.23
7	北海市烟花炮竹总厂	法人股	44.00	0.23
8	王俏梅	流通股	22.61	0.12
9	陈树龙	流通股	14.20	0.08
10	云守义	流通股	14.00	0.07

股东人数	2003.9	2003.6	2002	2001
	32892	32649	33864	36357

近年分配		近年配股/增发	2001年中期10股配3股

重大事项

2003 年 10 月 25 日董事会决议:公司的控股子公司上海北华企业发展有限公司与中国华能集团公司达成了房产销售意向。上海北华拟将其拥有的上海华能联合大厦第 16 层 10 间房以及地下 31 个车位出售给华能集团，建筑面积共计 2788.44 平方米，交易价格为 34989417 元。本次交易构成关联交易。 2003 年中期,公司子公司-中国北海外轮代理公司被 T 油轮公司、M.T.M 船务公司、株式会社韩进海运公司等三公司于 1999 年 8 月 27 日以无正本提单放货为由起诉,中国北海外轮代理公司作为第一被告,涉诉金额 480 万美元.

二○○二年以来市场表现

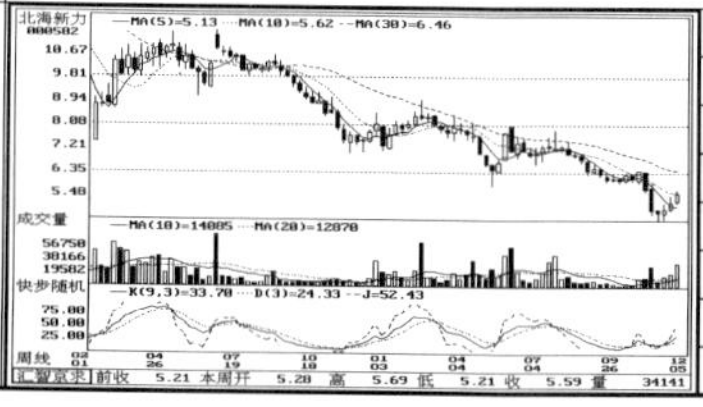

2002年涨跌幅(%)	-35.14
2002年最高(元)	11.54
2002年最低(元)	6.51
2002年换手率(%)	171.94
2003年涨跌幅(%)	-28.73
2003年最高(元)	8.95
2003年最低(元)	4.62
2003年换手率(%)	137.18

四川托普软件投资股份有限公司

公司概况

公司名称	四川托普软件投资股份有限公司	股票代码	000583
注册地址	四川省自贡市贡井区建设路 284 号	邮政编码	611743
法人代表	宋如华	董秘	蒋涛
电话	028-82960163	传真	028-82960162
主营业务	计算机软件、硬件、网络产品、通讯产品开发、生产销售等		
审计单位		审计意见	未审计

总股本	23165.62	流通 A	13072.00	流通 B		流通 H	

主要财务指标

年度	2003.9	2003.6	2002	2001
每股收益/扣除后(元)	0.0150	0.0200	0.2000	0.4500
每股经营现金流量(元)	1.0000	0.1300	0.5900	0.3884
每股净资产/调整后(元)	5.9800	5.9700	5.9600	10.6300
每股公积金(元)	3.8609	3.8609	3.8609	8.1246
净资产收益率(%)	0.6000	0.4200	3.6700	6.6900
总资产(万元)	281587.09	233663.30	234571.61	241905.36
股东权益(万元)	139632.97	139381.09	138798.28	132346.00
未分配利润(万元)	18787.97	18536.09	17953.28	13193.60
主营收入(万元)	18510.75	14203.00	67745.68	71099.91
资本公积金(万元)	89439.35	89439.35	89439.35	99058.13
主营利润(万元)	4419.05	3110.06	9253.46	11412.48
其他业务利润(万元)	341.71	93.05	393.73	29.46
营业利润(万元)	538.50	649.94	4982.74	5374.96
投资收益(万元)	-263.65	-39.89	558.68	2011.17
补贴收入(万元)	443.48		606.50	3040.79
营业外收支(万元)	515.91	406.96	-91.80	471.13
利润总额(万元)	1234.24	1005.65	6056.12	10898.05
净利润(万元)	834.41	582.81	5097.87	8852.17

十大股东

序号	股东名称	股份性质	持股数(万股)	比例(%)
1	四川托普科技发展公司	法人股	8098.62	34.96
2	四川华普软件发展有限责任公司	法人股	547.96	2.37
3	自贡市银建房地产综合开发公司	法人股	159.60	0.69
4	四川大学	法人股	144.40	0.62
5	自贡市自通房地产综合开发公司	法人股	133.00	0.57
6	华能原材料公司	法人股	118.75	0.51
7	工行四川省信托投资公司自贡办事处	法人股	106.40	0.46
8	自贡财源开发公司	法人股	106.40	0.46
9	成都托普咨询有限责任公司	法人股	97.66	0.42
10	四川省信托投资公司	法人股	97.39	0.42

股东人数	2003.9	2003.6	2002	2001
	69789	70234	72197	61905

近年分配	2001年10股派送1元	近年配股/增发	2001年10股转增9股

重大事项

2003 年 11 月 22 日，四川省高级人民法院对中国建设银行四川省分行诉四川省聚酯股份有限公司借款合同纠纷、公司和自贡东新电碳股份有限公司为四川省聚酯股份有限公司承担担保责任一案作出了川民初字第 19 号《民事判决书》. 2003 年 7 月 12 日,公司大股东四川托普科技发展公司持有的公司法人股 733.1881 万股被成都市中级人民法院冻结， 冻结期限为 2003 年 6 月 30 日至 2003 年 10 月 23 日.

二○○二年以来市场表现

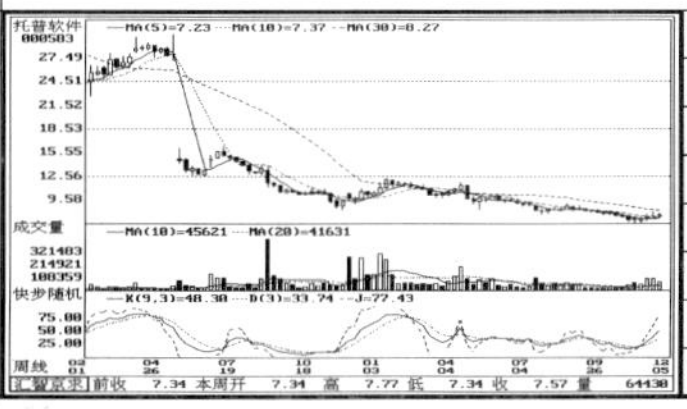

2002年涨跌幅(%)	-21.42
2002年最高(元)	16.17
2002年最低(元)	8.26
2002年换手率(%)	226.50
2003年涨跌幅(%)	-27.76
2003年最高(元)	12.18
2003年最低(元)	6.59
2003年换手率(%)	225.32

成都蜀都大厦股份有限公司

公司概况

公司名称	成都蜀都大厦股份有限公司	股票代码	000584
注册地址	四川成都蜀都大道暑袜北三街20号	邮政编码	610016
法人代表	李峰林	董秘	罗亦弟
电话	028-86752215	传真	028-86741677
主营业务	宾馆旅游、餐饮娱乐、商品批发零售等		
审计单位		审计意见	未审计

总股本	20223.51	流通A	8574.28	流通B		流通H	

主要财务指标

年度	2003.9	2003.6	2002	2001
每股收益/扣除后(元)	0.0585	0.0210	0.0600	0.0780
每股经营现金流量(元)	0.0300	0.0080	0.1430	0.0870
每股净资产/调整后(元)	1.4900	1.4500	1.4500	1.2800
每股公积金(元)	1.5247	1.5270	1.5475	1.5781
净资产收益率(%)	3.8300	1.4000	5.2300	6.1800
总资产(万元)	105311.10	75857.29	77278.93	76622.21
股东权益(万元)	30429.56	29726.53	29724.84	28940.70
未分配利润(万元)	-24195.07	-24944.69	-25360.47	-26747.83
主营收入(万元)	7558.77	4194.75	9792.75	11772.61
资本公积金(万元)	30835.42	30882.01	31296.11	31915.56
主营利润(万元)	3619.04	2033.54	4592.54	4921.18
其他业务利润(万元)	420.06	238.86	1603.67	644.35
营业利润(万元)	1281.66	392.43	1644.37	1075.47
投资收益(万元)	72.06	76.16	9.52	677.55
补贴收入(万元)			12.00	
营业外收支(万元)	-16.82		-6.10	40.40
利润总额(万元)	1336.90	460.45	1659.80	1793.43
净利润(万元)	1165.41	415.79	1555.81	1789.52

十大股东

序号	股东名称	股份性质	持股数(万股)	比例(%)
1	成都市国有资产投资经营公司	国有股	3769.93	18.64
2	成都市国有资产投资经营公司	法人股	2296.62	11.36
3	常州智胜投资发展有限公司	法人股	1116.64	5.52
4	西藏自治区国有资产经营公司	国有股	773.61	3.83
5	四川天成金银制品金店	法人股	234.16	1.16
6	阿坝州经济技术协作开发总公司	国有股	231.01	1.14
7	上海晋泰投资有限公司	法人股	220.00	1.09
8	甘孜藏族自治州人民政府驻成都办事处	国有股	201.27	1.00
9	成都天进信息咨询有限公司	法人股	195.86	0.97
10	上海利皆达高科技有限公司	法人股	190.00	0.94

股东人数	2003.9	2003.6	2002	2001
	7286	7550	8662	11891

近年分配		近年配股/增发	不分配不转增

重大事项

东电集团于**2003**年**8**月**29**日与常州智胜投资发展有限公司签订了《股份转让协议》.根据协议,东电集团将其持有的公司**11,166,415**股法人股,协议转让给智胜投资,转让价款为**16,414,630.05**元.转让完成后,智胜投资直接持有的公司股份占已发行总股本的**5.52%**,将成为公司第三大股东. **2003**年**8**月**30**日,公司置换出的四川蜀都大厦有限责任公司**49%**的股权已经过户到江苏双良科技有限公司名下,置换出的应收账款净值**760**万元、其他应收款**5340.2934**万元已经完成债权转移;公司置换入的原由江苏双良科技有限公司持有的江苏双良特种纤维有限公司**70%**的股权已经过户到公司名下.

二〇〇二年以来市场表现

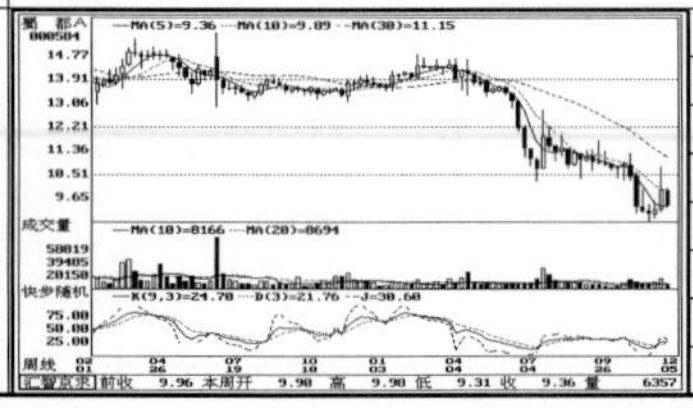

2002年涨跌幅(%)	-3.86
2002年最高(元)	15.62
2002年最低(元)	12.55
2002年换手率(%)	87.94
2003年涨跌幅(%)	-27.25
2003年最高(元)	14.80
2003年最低(元)	8.80
2003年换手率(%)	49.82

东北电气发展股份有限公司

公司概况

公司名称	东北电气发展股份有限公司	股票代码	000585
注册地址	辽宁沈阳市浑南高新技术产业开发区78号	邮政编码	110001
法人代表	罗宏	董秘	刘鑫
电话	024-23501976	传真	024-23527081
主营业务	电力电容器等输变电成套设备及附件的制造、销售		
审计单位		审计意见	未审计

总股本	87337.00	流通A	14360.00	流通B		流通H	25795.00

主要财务指标

年度	2003.9	2003.6	2002	2001
每股收益/扣除后(元)	0.0070	-0.0040	0.0100	-0.7400
每股经营现金流量(元)	-0.0600	-0.3600	0.1100	0.2100
每股净资产/调整后(元)	0.6000	0.5900	0.5900	0.3400
每股公积金(元)	0.8735	0.8735	0.8735	0.7039
净资产收益率(%)	3.2200	0.7700	12.8900	-241.2800
总资产(万元)	197315.83	195042.66	195191.56	388418.97
股东权益(万元)	55324.88	53957.35	50706.57	33313.78
未分配利润(万元)	-119159.86	-120527.38	-123778.16	-126359.43
主营收入(万元)	56326.04	34304.81	95145.45	128194.17
资本公积金(万元)	76289.02	76289.02	76289.02	61477.49
主营利润(万元)	16344.69	10916.00	30719.18	17670.95
其他业务利润(万元)	1246.82	689.30	3497.84	1645.22
营业利润(万元)	645.46	566.90	1363.33	-65510.66
投资收益(万元)	1700.48	194.74	6438.36	33.34
补贴收入(万元)			48.00	373.00
营业外收支(万元)	51.71	50.59	-26.90	-15999.79
利润总额(万元)	2397.66	812.23	7822.80	-81104.11
净利润(万元)	1783.09	415.56	6900.24	-80380.67

十大股东

序号	股东名称	股份性质	持股数(万股)	比例(%)
1	香港中央结算(代理人)有限公司	流通股	25795.00	29.54
2	新东北电气控股有限公司	未流通股	23000.00	26.33
3	上海宝裕房地产投资咨询有限公司	未流通股	5300.00	6.07
4	沈阳新泰盛达设备有限公司	未流通股	3652.00	4.18
5	上海昆凌工贸有限公司	未流通股	1334.30	1.53
6	上海鑫垄置业有限公司	未流通股	1258.00	1.44
7	上海荣福室内装潢有限公司	未流通股	1098.00	1.26
8	沈阳市利达建筑工程有限公司	未流通股	1000.00	1.14
9	上海鑫坚房地产经纪有限公司	未流通股	800.00	0.92
10	工行沈阳市信托投资公司	未流通股	710.00	0.81

股东人数	2003.9	2003.6	2002	2001
	57237	56327	53465	63688

近年分配		近年配股/增发	不分配不转增

重大事项

2003年**10**月**21**日,沈阳市中院对本公司为沈阳电缆有限责任公司在中国银行沈阳市分行担保**2,000**万元涉诉案作出判决:本公司偿还中行沈阳市分行本金**2,000**万元及利息.驳回中行沈阳分行、本公司其他诉讼请求.案件受理费**150,020**元由本公司负担.此判决执行后,将对公司造成现实损失,同时给公司财务状况及本期利润带来负面影响. **2003**年**7**月**9**日,公司收到辽宁省对外贸易经济合作厅转发商务部的复函,批准公司在香港独立发起设立东北电气(香港)有限公司.公司近期将按照相关规定办理有关投资及成立东北电气(香港)有限公司手续.

二〇〇二年以来市场表现

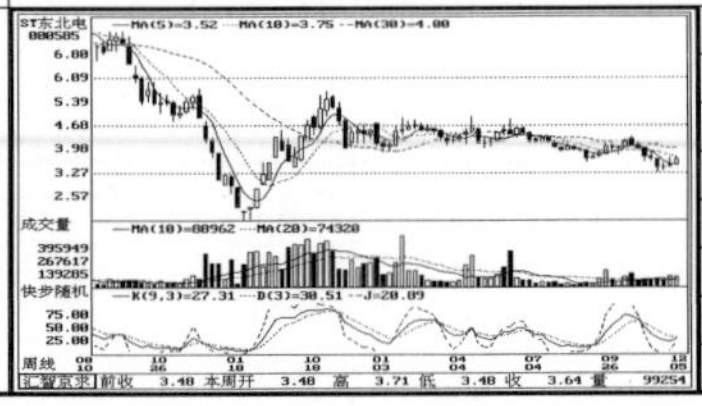

2002年涨跌幅(%)	33.11
2002年最高(元)	5.69
2002年最低(元)	1.86
2002年换手率(%)	516.34
2003年涨跌幅(%)	-14.29
2003年最高(元)	4.91
2003年最低(元)	3.26
2003年换手率(%)	354.34

四川汇源光通信股份有限公司

公司概况

公司名称	四川汇源光通信股份有限公司			股票代码	000586		
注册地址	成都市国家高新技术产业开发区西区			邮政编码	611731		
法人代表	朱开友			董秘	黄海怀		
电话	028-87826077			传真	028-87826076		
主营业务	光纤、光缆、电力系统特种光缆及各类光通信配套产品等						
总股本	19344.00	流通 A	6084.00	流通 B		流通 H	
审计单位				审计意见	未审计		

主要财务指标

年度	2003.9	2003.6	2002	2001
每股收益/扣除后(元)	0.0920	0.0500	-0.0400	-0.2610
每股经营现金流量(元)	-0.2700	-0.1900	0.0431	-0.1090
每股净资产/调整后(元)	1.3340	1.2700	1.3439	1.3230
每股公积金(元)	0.9655	0.9655	0.9655	0.9655
净资产收益率(%)	6.3350	3.5100	0.5800	-18.3800
总资产(万元)	70388.91	68596.56	61579.46	40358.36
股东权益(万元)	28340.36	27509.46	26544.92	26391.04
未分配利润(万元)	-12437.88	-13268.78	-14233.32	-14387.20
主营收入(万元)	41275.94	29574.56	25330.37	35981.59
资本公积金(万元)	18677.58	18677.58	18677.58	18677.58
主营利润(万元)	5716.43	3638.42	792.10	942.12
其他业务利润(万元)	257.02	53.71	53.71	40.94
营业利润(万元)	1927.75	993.26	-667.13	-3342.34
投资收益(万元)			-120.59	-1440.77
补贴收入(万元)			85.66	193.40
营业外收支(万元)	7.79		847.50	-260.64
利润总额(万元)	1935.54	988.23	145.43	-4850.35
净利润(万元)	1795.44	964.54	153.88	-4850.35

十大股东

序号	股东名称	股份性质	持股数(万股)	比例(%)
1	四川汇源科技产业控股集团有限公司	社会法人股	5600.00	28.95
2	四川省长江集团有限公司	国家股	1238.00	6.40
3	四川富泰房地产开发公司	社会法人股	650.00	3.36
4	四川省工商银行信托投资公司	社会法人股	650.00	3.36
5	四川省农村信托投资公司	社会法人股	650.00	3.36
6	四川省中行信托投资公司	社会法人股	650.00	3.36
7	海南蜀兴信托投资公司	社会法人股	390.00	2.02
8	四川省农村信托投资公司阿坝办事处	社会法人股	390.00	2.02
9	四川省金融市场	社会法人股	390.00	2.02
10	四川省金融市场	社会法人股	296.00	1.53

股东人数

2003.9	2003.6	2002	2001
19739	19239	19971	20650

近年分配

	近年配股/增发	不分配不转增

重大事项

2003 年 11 月 22 日,公司董事会同意为满足公司控股子公司四川汇源吉迅数码科技有限公司业务发展的需要,公司拟为其提供总额不超过伍佰万元人民币的贷款担保.定于 2003 年 12 月 26 日召开 2003 年第一次临时股东大会. 2002 年 4 月 5 日,公司第一大股东四川省长江集团有限公司与四川汇源科技产业控股集团有限公司签订《国家股股权转让协议书》,将其持有公司 5600 万股的国家权,转让予汇源集团.该转让已获国家财政部批准.上述股权转让完成后,汇源集团将成为公司第一大股东.

二〇〇二年以来市场表现

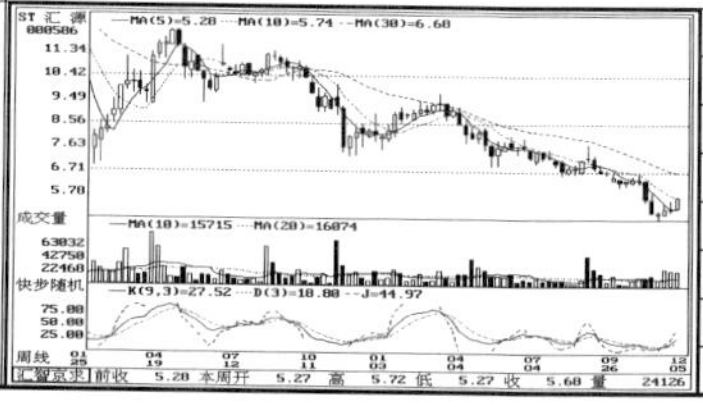

2002年涨跌幅(%)	-28.24
2002年最高(元)	12.27
2002年最低(元)	6.84
2002年换手率(%)	176.94
2003年涨跌幅(%)	-32.31
2003年最高(元)	9.74
2003年最低(元)	4.85
2003年换手率(%)	120.73

光明集团家具股份有限公司

公司概况

公司名称	光明集团家具股份有限公司			股票代码	000587		
注册地址	黑龙江省伊春区青山西路 118 号			邮政编码	153000		
法人代表	马中文			董秘	郑舒怀		
电话	0458-3610587			传真	0458-3660588		
主营业务	家具制造、木制品及半成品、装饰材料加工、销售						
总股本	18571.16	流通 A	8343.89	流通 B		流通 H	
审计单位				审计意见	未审计		

主要财务指标

年度	2003.9	2003.6	2002	2001
每股收益/扣除后(元)	-0.1800	-0.1500	-0.3390	0.1520
每股经营现金流量(元)	0.0100	0.1200	-0.1100	0.0600
每股净资产/调整后(元)	1.8000	1.8400	2.0120	2.4700
每股公积金(元)	0.8253	0.8253	0.8253	0.8253
净资产收益率(%)	-9.0000	-7.6300	-15.6700	8.0200
总资产(万元)	99642.94	90683.96	88381.52	79317.63
股东权益(万元)	33929.15	36423.77	37860.96	46252.51
未分配利润(万元)	-4020.14	-3605.73	-964.46	5394.22
主营收入(万元)	12349.42	8444.35	18137.97	25760.96
资本公积金(万元)	15326.37	15326.37	15326.37	15326.37
主营利润(万元)	786.58	417.84	1785.66	7338.05
其他业务利润(万元)	4.33	8.78	18.02	280.95
营业利润(万元)	-4763.64	-3757.46	-8601.74	4098.74
投资收益(万元)			-2.55	410.52
补贴收入(万元)				
营业外收支(万元)	242.72	150.02	-350.64	133.49
利润总额(万元)	-4520.92	-3607.44	-8954.93	4642.75
净利润(万元)	-3055.67	-2641.26	-5932.07	3708.14

十大股东

序号	股东名称	股份性质	持股数(万股)	比例(%)
1	光明集团股份有限公司	法人股	7611.82	40.99
2	黑龙江中盟集团有限公司	法人股	1601.60	8.62
3	深圳市圣泉禾实业发展有限公司	法人股	534.08	2.88
4	黑龙江省国际信托投资公司	法人股	269.36	1.45
5	伊春天河经贸有限公司	法人股	106.00	0.57
6	中国银行黑龙江分行劳动服务公司	法人股	84.80	0.45
7	白昆云	社会公众股	71.56	0.39
8	胡玉英	社会公众股	65.00	0.35
9	张光复	社会公众股	55.79	0.30
10	赵凤	社会公众股	47.00	0.25

股东人数

2003.9	2003.6	2002	2001
41454	41023	43451	42302

近年分配

	近年配股/增发	2001年中期 10 股配 3 股

重大事项

2003 年 8 月 28 日,公司日前与日本丰田通商、小泉株氏会社签订了出口贸易购销合同书,日本丰田通商、小泉株氏会社本次向公司订购的家具产品主要为学习桌. 本次产品销售合同涉及的金额共为 922 万元美金.本次产品销售合同约定的交货时间为自合同生效之日起至 2004 年 4 月止. 2003 年 7 月 28 日,公司董事会决议:收购大连保税区光明工贸有限公司持有的大连日发光明家俱有限公司 51% 的股权和大连日发木制品有限公司 51% 的股权;收购光明集团电子商务有限公司持有的宿州光明桐木有限公司 95% 的股权及光明集团电子商务有限公司对宿州光明桐木有限公司享有的 738 万元人民币债权.

二〇〇二年以来市场表现

2002年涨跌幅(%)	-30.86
2002年最高(元)	9.58
2002年最低(元)	5.73
2002年换手率(%)	159.01
2003年涨跌幅(%)	-28.72
2003年最高(元)	6.95
2003年最低(元)	3.64
2003年换手率(%)	197.98

贵州轮胎股份有限公司

公司概况

公司名称	贵州轮胎股份有限公司	股票代码	000589
注册地址	贵州省贵阳市百花大道41号	邮政编码	550008
法人代表	马世春	董秘	李尚武
电话	0851-4763651	传真	0851-4763651
主营业务	轮胎制造和销售、橡胶制品、化工产品等		
总股本	25432.71	流通 A	12462.02
流通 B		流通 H	
审计单位		审计意见	未审计

主要财务指标

年度	2003.9	2003.6	2002	2001
每股收益/扣除后(元)	0.0900	0.0500	0.1010	-0.3000
每股经营现金流量(元)	0.5800	0.1600	0.2260	0.2160
每股净资产/调整后(元)	2.8500	2.8220	2.8590	2.8680
每股公积金(元)	2.2129	2.2129	2.1372	2.1254
净资产收益率(%)	3.0000	2.0300	2.8700	-9.2900
总资产(万元)	269918.87	254928.14	239549.16	240736.17
股东权益(万元)	88277.28	87397.87	83701.11	81010.06
未分配利润(万元)	2651.70	1772.29		-4693.85
主营收入(万元)	139296.64	87484.69	154660.66	130030.28
资本公积金(万元)	56279.56	56279.56	54355.09	54054.37
主营利润(万元)	22878.17	14664.70	28390.42	20053.71
其他业务利润(万元)	347.33	421.42	421.42	226.33
营业利润(万元)	3422.32	2113.33	4054.91	-9763.55
投资收益(万元)	50.00	50.00		193.30
补贴收入(万元)	500.11	500.11	13.03	2091.26
营业外收支(万元)	-102.29		-181.68	-226.38
利润总额(万元)	3870.14	2587.74	3886.26	-7705.37
净利润(万元)	2651.70	1772.29	2403.08	-7525.52

十大股东

序号	股东名称	股份性质	持股数(万股)	比例(%)
1	贵阳市国有资产管理局	国家股	12970.68	51.00
2	博时价值增长证券投资基金	社会公众股	108.54	0.43
3	联合证券有限责任公司	社会公众股	97.54	0.38
4	第一创业证券有限责任公司	社会公众股	97.21	0.38
5	南方证券有限公司	社会公众股	70.06	0.28
6	沙永波	社会公众股	33.02	0.13
7	姚毅刚	社会公众股	32.23	0.13
8	李俊	社会公众股	30.00	0.12
9	张小珍	社会公众股	25.00	0.10
10	含芳稳	社会公众股	25.00	0.10

股东人数	2003.9	2003.6	2002	2001
	70327	70264	72368	73450

近年分配		近年配股/增发	不分配不转增

重大事项

2003年10月17日,公司董事会同意通过新增30万套全钢丝载重子午胎技术改造项目.公司于2003年11月20日召开2003年临时股东会,审议通过以上相关事项。 2001年10月10日,贵阳市财政局同意将我公司借贷的市技改基金贷款5000万元,转为30万套全钢丝载重子午线轮胎技改项目试产达标期投资的贴息.为此,我公司将减少5000万元的债务.

二○○二年以来市场表现

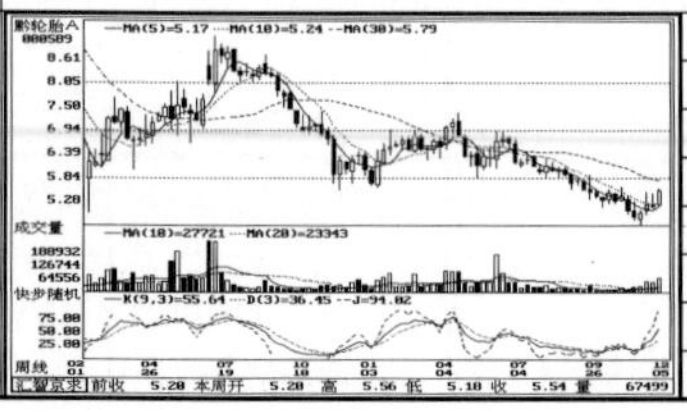

2002年涨跌幅(%)	-24.19
2002年最高(元)	9.16
2002年最低(元)	4.81
2002年换手率(%)	225.79
2003年涨跌幅(%)	-11.26
2003年最高(元)	7.34
2003年最低(元)	4.73
2003年换手率(%)	151.63

清华紫光古汉生物制药股份有限公司

公司概况

公司名称	清华紫光古汉生物制药股份有限公司	股票代码	000590
注册地址	湖南省衡阳市先锋路54号	邮政编码	421001
法人代表	张喜民	董秘	曹定兴
电话	0734-8239335	传真	0734-8239335
主营业务	"古汉养生精"系列产品、中西成药、保健药品等		
总股本	20302.84	流通 A	6352.87
流通 B		流通 H	
审计单位		审计意见	未审计

主要财务指标

年度	2003.9	2003.6	2002	2001
每股收益/扣除后(元)	-0.0520	-0.0300	0.0220	-0.2000
每股经营现金流量(元)	-0.0900	-0.0600	0.4600	-0.2500
每股净资产/调整后(元)	1.3800	1.3500	1.4000	1.3000
每股公积金(元)	0.5972	0.5972	0.5972	0.5784
净资产收益率(%)	-3.6600	-2.2700	1.4400	-21.3200
总资产(万元)	69773.47	71073.95	72486.13	69504.99
股东权益(万元)	28023.27	28403.80	28383.42	27994.21
未分配利润(万元)	-6467.85	-6087.32	-5441.28	-5851.12
主营收入(万元)	18069.16	12977.63	29660.61	24567.84
资本公积金(万元)	12124.23	12124.23	12124.23	11742.53
主营利润(万元)	7000.32	4764.35	10693.35	9328.55
其他业务利润(万元)	-8.69	-4.18	-1.38	9.90
营业利润(万元)	-1080.18	-672.53	-98.92	-4795.83
投资收益(万元)	47.23	31.80	-95.92	47.23
补贴收入(万元)	1.29	-95.92	-1415.64	0.20
营业外收支(万元)	-27.20		-47.82	-510.51
利润总额(万元)	-1057.57	-672.56	-241.04	-6721.77
净利润(万元)	-1026.57	-646.04	409.84	-5967.04

十大股东

序号	股东名称	股份性质	持股数(万股)	比例(%)
1	清华紫光(集团)总公司	国有股	4352.40	21.44
2	衡阳市国资局	国有股	4178.88	20.58
3	湖南省医药包装广告衡阳公司	境内法人股	1153.93	5.68
4	中国药材公司	境内法人股	876.57	4.32
5	工行衡阳市信托公司	境内法人股	549.00	2.70
6	湖南省耒阳耒能实业公司	境内法人股	270.00	1.33
7	深圳市旭能投资有限公司	境内法人股	270.00	1.33
8	衡阳市湘南机动车零件供应站	境内法人股	158.44	0.78
9	上海新元投资有限公司	境内法人股	101.24	0.50
10	上海发成贸易有限公司	境内法人股	100.00	0.49

股东人数	2003.9	2003.6	2002	2001
	33649	34335	34644	30436

近年分配		近年配股/增发	不分配不转增

重大事项

2003年6月27日,公司与中国银行汕头分行签订保证合同,为公司下属子公司汕头市紫光古汉氨基酸有限公司与中国银行汕头分行签订的200万元借款合同提供担保;2003年9月26日,公司与中国银行汕头分行签订保证合同,为公司下属子公司汕头市紫光古汉氨基酸有限公司与中国银行汕头分行签订的480万元借款合同提供担保。 2003年5月13日,公司日前与工行衡阳市城南支行签定如下流动资金借款协议:1、借款金额为人民币4500万元,期限一年.2、借款金额为人民币600万元,期限为一年.3、借款金额为人民币500万元,期限为6个月.

二○○二年以来市场表现

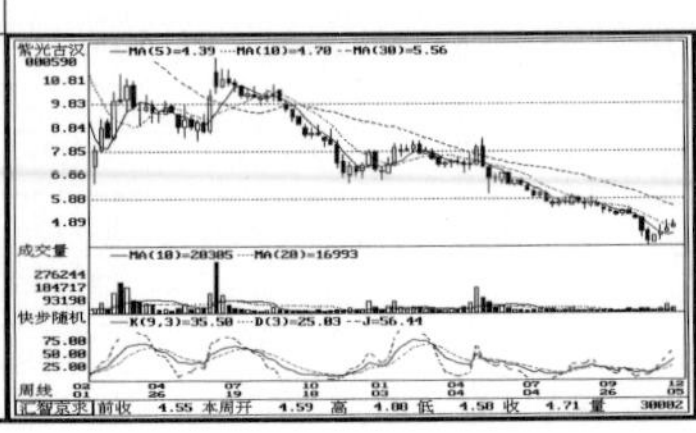

2002年涨跌幅(%)	-38.03
2002年最高(元)	11.80
2002年最低(元)	6.10
2002年换手率(%)	407.03
2003年涨跌幅(%)	-33.19
2003年最高(元)	8.37
2003年最低(元)	3.90
2003年换手率(%)	210.74

重庆桐君阁股份有限公司

公司概况

公司名称	重庆桐君阁股份有限公司			股票代码		000591	
注册地址	重庆市渝中区解放西路120号			邮政编码		400012	
法人代表	廖志扬			董秘	邹莎		
电话	023-89885198			传真	023-89885201		
主营业务	中成药制造、中药饮片加工等						
总股本	10985.28	流通A	3828.00	流通B		流通H	
审计单位				审计意见	未审计		

主要财务指标

年度	2003.9	2003.6	2002	2001
每股收益/扣除后(元)	0.0590	0.0870	0.1800	0.3000
每股经营现金流量(元)	0.7090	0.1560	0.3200	0.3100
每股净资产/调整后(元)	2.5300	2.6100	2.4700	2.4700
每股公积金(元)	0.9340	0.9340	0.8885	0.9767
净资产收益率(%)	2.4400	3.1700	7.3100	11.5100
总资产(万元)	137521.14	131296.70	130105.25	69975.37
股东权益(万元)	30087.83	30317.18	28855.50	26740.00
未分配利润(万元)	3825.21	4054.56	3092.32	2385.60
主营收入(万元)	157814.73	103570.41	156422.72	87618.28
资本公积金(万元)	10260.37	10260.37	9760.93	9753.93
主营利润(万元)	13581.19	9651.57	17804.13	11186.73
其他业务利润(万元)	514.49	349.18	815.52	622.08
营业利润(万元)	814.69	1187.89	3024.78	3583.21
投资收益(万元)	-288.36	-207.27	-626.54	-40.90
补贴收入(万元)	144.40	69.07	52.24	
营业外收支(万元)	86.16		176.49	49.55
利润总额(万元)	756.89	1053.94	2626.97	3591.86
净利润(万元)	732.89	962.24	2108.50	3077.44

十大股东

序号	股东名称	股份性质	持股数(万股)	比例(%)
1	重庆太极实业集团股份有限公司	国有法人股	7157.28	65.15
2	北京当代伟业房地产开发有限公司	流通股	197.61	1.80
3	上海虹桥国际机场候机楼餐饮有限公司	流通股	161.44	1.47
4	上海化学工业区投资实业有限公司	流通股	138.41	1.26
5	酒泉钢铁公司钢丝绳厂	流通股	60.15	0.55
6	秦光亮	流通股	49.98	0.45
7	江苏高达投资管理有限公司	流通股	37.17	0.34
8	上海市企业年金发展中心	流通股	30.67	0.28
9	酒钢(集团)智美广告装璜工程有限责任公司	流通股	30.03	0.27
10	常州市职工保障互助会	流通股	27.45	0.25

股东人数	2003.9	2003.6	2002	2001
	18020	18617	19813	25391

近年分配		近年配股/增发	2001年10股送1股

重大事项

2003年11月11日,公司董事会同意公司与中国光大银行重庆分行续签最高授信额度为5000万元的综合授信协议,有效期限一年;同意公司在中国银行重庆南岸支行增加5000万元综合授信额度,其中短期贷款额度2000万元,开立银行承兑汇票额度3000万元。至此,公司在该行的综合授信总额度为10000万元.有效期限一年。 2003年6月25日,公司董事会同意为下属子公司成都西部医药经营有限公司在中国建设银行成都市第五支行办理最高额不超过柒仟伍佰万元整的银行承兑汇票提供担保,担保期限为壹年,从2003年6月26日起至2004年6月25日止。

二〇〇二年以来市场表现

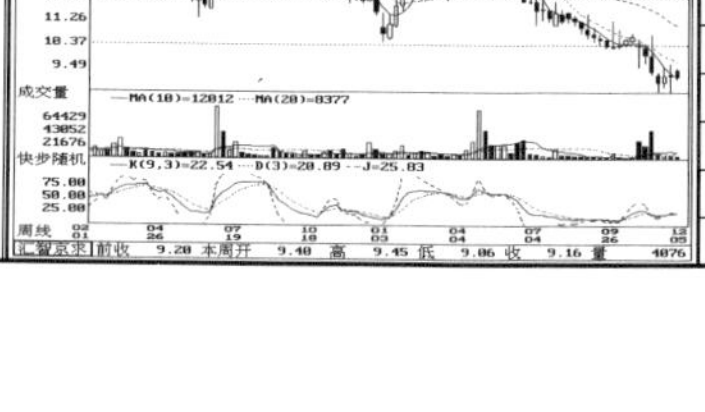

2002年涨跌幅(%)	-19.02
2002年最高(元)	15.69
2002年最低(元)	10.86
2002年换手率(%)	151.81
2003年涨跌幅(%)	-16.59
2003年最高(元)	14.95
2003年最低(元)	8.60
2003年换手率(%)	153.11

福建省昌源投资股份有限公司

公司概况

公司名称	福建省昌源投资股份有限公司			股票代码		000592	
注册地址	福建省福州市华林路312号			邮政编码		350013	
法人代表	何尔涛			董秘	胡晓红		
电话	0591-7621012			传真	0591-7621112		
主营业务	工程施工总承包、房地产开发						
总股本	29440.47	流通A	8730.82	流通B		流通H	
审计单位				审计意见	未审计		

主要财务指标

年度	2003.9	2003.6	2002	2001
每股收益/扣除后(元)	-0.0561	-0.0322	-0.0139	-0.1100
每股经营现金流量(元)	0.0030	0.0020	0.2934	-0.0200
每股净资产/调整后(元)	0.6825	0.7088	0.7359	0.4480
每股公积金(元)	0.8638	0.8638	0.8638	0.8626
净资产收益率(%)	-0.0730	-3.9500	1.3800	-54.5200
总资产(万元)	89696.68	90027.73	90855.26	117088.20
股东权益(万元)	23231.99	23979.93	24926.96	19396.73
未分配利润(万元)	-35596.51	-34848.58	-33901.55	-39399.26
主营收入(万元)	2823.58	2116.54	14694.27	7831.45
资本公积金(万元)	25429.37	25429.37	25429.37	25395.15
主营利润(万元)	106.77	184.02	3229.25	2101.54
其他业务利润(万元)	102.12	6.83	185.53	1871.83
营业利润(万元)	-1591.64	-764.80	279.52	-2442.36
投资收益(万元)	-180.49	-198.54	506.20	7.30
补贴收入(万元)				
营业外收支(万元)	-42.17		-29.14	-7969.18
利润总额(万元)	-1814.30	-990.43	756.58	-10404.24
净利润(万元)	-1694.96	-947.02	343.73	-10575.49

十大股东

序号	股东名称	股份性质	持股数(万股)	比例(%)
1	上海福建神龙企业集团有限公司	法人股	5889.00	20.00
2	神龙国际投资有限公司	法人股	3406.00	11.57
3	象山黄金海岸大酒店有限公司	法人股	1250.00	4.25
4	象山香溢欢乐大世界娱乐有限公司	国家股	1000.00	3.40
5	上海源长礼品包装有限公司	法人股	985.00	3.35
6	福建省华侨信托投资公司	国家股	542.36	1.84
7	福建省三星建材联合贸易公司	法人股	187.20	0.64
8	中国人民建设银行福建省分行	法人股	185.90	0.63
9	福建华兴信托投资公司	法人股	151.51	0.51
10	福建省九盛经济开发公司	法人股	134.78	0.46

股东人数	2003.9	2003.6	2002	2001
	34072	35497	38392	40855

近年分配		近年配股/增发	不分配不转增

重大事项

福州市中级人民法院于2003年11月5日向公司送达诉状,中国建设银行福建省分行因借款合同纠纷而向该院起诉公司。 福建省高级人民法院于2002年12月26日就中国银行福清支行诉公司子公司优星纺织(福建)有限公司借款合同纠纷一案裁定如下:查封、冻结优星纺织位于福建省福清市宏路镇金印村的10幢房屋及其依附的土地使用权和该司所有的机器设备及原材料、产品(含成品和半成品).2002年度公司已根据优星公司资产经营状况计提了长期投资减值准备,如果上述资产被拍卖,亏损数视拍卖价格而定。

二〇〇二年以来市场表现

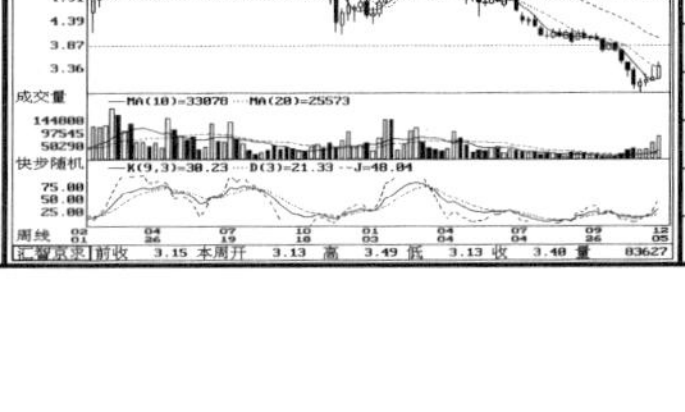

2002年涨跌幅(%)	-29.08
2002年最高(元)	6.98
2002年最低(元)	4.05
2002年换手率(%)	397.46
2003年涨跌幅(%)	-28.25
2003年最高(元)	6.06
2003年最低(元)	2.84
2003年换手率(%)	218.00

四川宝光药业科技开发股份有限公司

公司概况

公司名称	四川宝光药业科技开发股份有限公司			股票代码	000593		
注册地址	四川省成都市建设路55号			邮政编码	610051		
法人代表	汪俊林			董秘	郑蜀闽		
电话	028-84312393			传真	028-84321499		
主营业务	批发、零售、代购、代销、百货、针纺织品、五金交电等						
总股本	19030.73	流通 A	6221.10	流通 B		流通 H	
审计单位				审计意见	未审计		

主要财务指标

年度	2003.9	2003.6	2002	2001
每股收益/扣除后(元)	0.0020	−0.0030	−0.1700	0.0700
每股经营现金流量(元)	0.0720	0.0140	0.0200	−0.0100
每股净资产/调整后(元)	1.4160	1.4090	1.4200	1.7500
每股公积金(元)	0.3584	0.3584	0.3584	0.3847
净资产收益率(%)	0.6570	0.2900	−12.4800	3.9800
总资产(万元)	47473.14	46769.60	50957.41	54445.10
股东权益(万元)	27464.30	27362.48	27276.54	30632.16
未分配利润(万元)	−1567.39	−1669.20	−1747.83	3482.05
主营收入(万元)	9176.97	6373.76	20423.16	31915.87
资本公积金(万元)	6820.56	6820.56	6820.56	6654.93
主营利润(万元)	1947.75	1351.17	3238.41	3584.15
其他业务利润(万元)	791.30	522.38	232.16	258.30
营业利润(万元)	−232.87	−61.45	−2239.44	−63.33
投资收益(万元)	−24.40	−91.61	−1081.78	1554.95
补贴收入(万元)			27.31	
营业外收支(万元)	444.45	160.52	−78.30	−33.01
利润总额(万元)	187.18	86.52	−3372.21	1458.60
净利润(万元)	180.44	78.62	−3405.01	1218.38

十大股东

序号	股东名称	股份性质	持股数(万股)	比例(%)
1	四川郎酒集团有限责任公司	国有股、定向法人股	5425.20	28.51
2	成都市国有资产投资经营公司	国家股、定向法人股	1871.50	9.83
3	成都市同乐房屋开发有限责任公司	定向法人股	800.80	4.21
4	泸州宝光集团有限公司	定向法人股	616.00	3.24
5	成都振益科技发展有限公司	定向法人股	585.20	3.08
6	浙江物产元通机电(集团)有限公司	定向法人股	492.80	2.59
7	浙江物产元通机电(集团)有限公司	定向法人股	308.00	1.62
8	成都中核新材料股份有限公司	定向法人股	228.80	1.20
9	深圳世代创业投资有限公司	定向法人股	228.80	1.20
10	深圳世代创业投资有限公司	定向法人股	228.80	1.16

股东人数

2003.9	2003.6	2002	2001
14333	14488	15464	3898

近年分配		近年配股/增发	2001年10股送1股

重大事项

2003年**9**月**15**日,公司董事会同意公司按照工程进度分期分批以现金投入人民币**10000**万元,与成都万华房地产开发有限公司以**731.39**亩土地使用权作价**20000**万元投入,共同建设开发"成都万华国际社区"项目工程. 公司于**2003**年**6**月**30**日与四川省佳乐企业集团有限公司签订了《股份转让及托管协议》,成都国资将其持有的公司**16256886**股国家股协议转让给佳乐集团,每股转让价格为**1.5909**元,并自本股权转让期间,该部分股权由成都国资全权委托佳乐集团进行管理,并代为行使和实质享有股东权利.本次转让完成后,佳乐集团成为公司第二大股东.成都国资成为公司第八大股东.本次股权转让事项尚需有关部门批准.

二〇〇二年以来市场表现

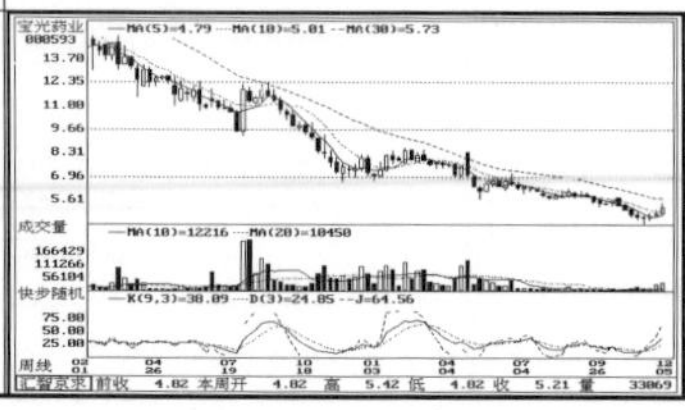

2002年涨跌幅(%)	−50.29
2002年最高(元)	15.40
2002年最低(元)	6.68
2002年换手率(%)	351.93
2003年涨跌幅(%)	−29.74
2003年最高(元)	8.56
2003年最低(元)	4.26
2003年换手率(%)	242.92

内蒙古宏峰实业股份有限公司

公司概况

公司名称	内蒙古宏峰实业股份有限公司			股票代码	000594		
注册地址	内蒙古赤峰市红山区红星路南段2号			邮政编码	024000		
法人代表	张亚光			董秘	路春祥		
电话	0476-2202100			传真	0476-2204920		
主营业务	铅、锌、金、银、铜的采、选、冶炼、加工、销售						
总股本	56111.62	流通 A	19459.44	流通 B		流通 H	
审计单位				审计意见	未审计		

主要财务指标

年度	2003.9	2003.6	2002	2001
每股收益/扣除后(元)	0.0150	0.0110	0.0280	0.0500
每股经营现金流量(元)	0.0460	0.0500	0.0500	0.0200
每股净资产/调整后(元)	1.3100	1.3100	1.3200	1.8500
每股公积金(元)	0.1389	0.1389	0.1389	0.1320
净资产收益率(%)	1.1100	0.8100	2.0600	6.9980
总资产(万元)	104788.48	104132.77	102129.94	92002.69
股东权益(万元)	77032.33	76800.12	76177.30	71403.09
未分配利润(万元)	7412.78	7180.57	6557.75	10810.76
主营收入(万元)	16959.40	11368.25	24260.17	10405.21
资本公积金(万元)	7796.64	7796.64	7796.64	18630.43
主营利润(万元)	5711.13	3793.47	9093.15	4107.80
其他业务利润(万元)	51.57	34.30	220.48	34.28
营业利润(万元)	1248.87	951.90	2301.81	3846.91
投资收益(万元)			51.71	
补贴收入(万元)	10.38	10.38	1.53	
营业外收支(万元)	16.92	−21.91	−9.69	223.73
利润总额(万元)	1276.17	929.58	2345.36	3981.06
净利润(万元)	855.03	622.82	1571.39	3383.90

十大股东

序号	股东名称	股份性质	持股数(万股)	比例(%)
1	赤峰市松山区黄金工业总公司	国有法人股	19202.83	34.22
2	林西县经济贸易委员会	国家股	9906.62	17.66
3	内蒙古宏峰集团有限责任公司	国家股	5404.32	9.63
4	赤峰市松山区华龙开发公司	法人股	2138.40	3.81
5	赤峰市松山区华龙开发公司	社会公众股	126.29	0.23
6	牛金生	社会公众股	80.96	0.14
7	李凤兰	社会公众股	72.73	0.13
8	高桂芝	社会公众股	72.59	0.13
9	张岩	社会公众股	68.52	0.12
10	徐广	社会公众股	68.39	0.12

股东人数

2003.9	2003.6	2002	2001
55201	55350	56848	40107

近年分配		近年配股/增发	不分配不转增

重大事项

2003年**11**月**15**日,公司收悉中国证券监督管理委员会《行政处罚决定书》,中国证券监督管理委员会决定对公司处以四十万元罚款,对直接负责人的主管人员公司原董事长高建华给予警告,并处以五万元罚款. **2003**年**1**月**2**日,签于公司拟收购的金矿公司采矿权及土地使用权变更手续尚未办理完毕,公司董事会决定责成公司资产收购工作小组督促资产出售方尽快完成金矿采矿权变更和土地出让等法律手续,并由评估公司进一步完善资产评估报告,再一并提交董事会讨论.

二〇〇二年以来市场表现

2002年涨跌幅(%)	−42.34
2002年最高(元)	9.10
2002年最低(元)	4.05
2002年换手率(%)	276.63
2003年涨跌幅(%)	−20.29
2003年最高(元)	6.17
2003年最低(元)	3.49
2003年换手率(%)	283.77

西北轴承股份有限公司

公司概况

公司名称	西北轴承股份有限公司			股票代码	000595		
注册地址	银川市西夏区北京西路 630 号			邮政编码	750021		
法人代表	李柏如			董秘	聂立卯		
电话	0951-2020394			传真	0951-2036747		
主营业务	工业制造、轴承加工						
总股本	17495.99	流通 A	6583.25	流通 B		流通 H	
审计单位				审计意见	未审计		

主要财务指标

年度	2003.9	2003.6	2002	2001
每股收益 / 扣除后(元)	0.0280	–0.0348	–0.4300	0.0222
每股经营现金流量(元)	0.1400	0.1100	0.0900	0.1384
每股净资产 / 调整后(元)	1.8400	1.8000	1.6700	2.3300
每股公积金(元)	1.3979	1.3979	1.3974	1.3449
净资产收益率(%)	1.2900	–0.6400	–22.5200	0.4610
总资产(万元)	99379.37	99839.21	102425.64	112510.88
股东权益(万元)	35407.11	34727.90	34940.59	42513.19
未分配利润(万元)	–7325.89	–8005.09	–7784.19	614.47
主营收入(万元)	21069.26	13996.24	33867.79	38483.25
资本公积金(万元)	24457.27	24457.27	24449.05	23529.65
主营利润(万元)	4906.40	2551.85	3538.67	8242.76
其他业务利润(万元)	276.49	194.88	594.99	604.46
营业利润(万元)	69.68	–618.60	–6870.31	–478.93
投资收益(万元)	24.26		–539.62	13.75
补贴收入(万元)				
营业外收支(万元)	364.36		–445.42	–57.31
利润总额(万元)	458.30	–220.90	–7855.35	–522.48
净利润(万元)	458.30	–220.90	–7869.71	195.92

十大股东

序号	股东名称	股份性质	持股数(万股)	比例(%)
1	西北轴承集团有限责任公司	国有股	8356.74	47.76
2	宁夏天力协会	境内法人股	1800.00	10.29
3	江南重工股份有限公司	境内法人股	233.00	1.33
4	西宁特殊钢集团有限责任公司	境内法人股	180.00	1.03
5	常州常柴股份有限公司	境内法人股	144.00	0.82
6	北钢集团有限责任公司	境内法人股	144.00	0.82
7	深圳市坤业贸易有限公司	境内法人股	50.00	0.29
8	高秀荣	公众股	39.04	0.22
9	黄立峰	公众股	30.41	0.17
10	周立新	公众股	24.60	0.14

股东人数	2003.9	2003.6	2002	2001
	27435	27693	29904	22245

近年分配		近年配股 / 增发	不分配不转增

重大事项

2003 年 10 月 21 日因债务纠纷，公司国有发起人股东西北轴承集团有限责任公司所持有的公司股份 83,567,400 股，自 2001 年 7 月起陆续被司法冻结。近日冻结期满。据查，上述股份被继续冻结。截至目前西北轴承集团有限责任公司持有的公司股份 83,567,400 股全部仍在继续冻结之中。　公司与公司控股股东西北轴承集团有限责任公司于 2003 年 6 月 17 日签署《股权转让抵偿债务协议书》，将集团公司持有的占常柴银川柴油机有限公司股份总数 40% 的股权转让给公司，用以抵偿对公司的欠债 18546815.76 元。

二〇〇二年以来市场表现

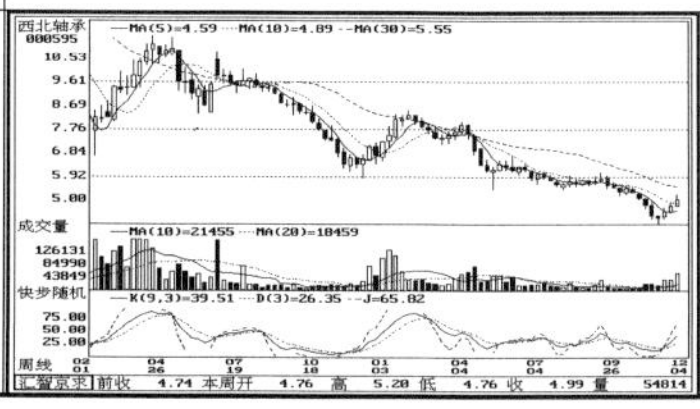

2002年涨跌幅(%)	–28.92
2002年最高(元)	11.45
2002年最低(元)	5.86
2002年换手率(%)	435.52
2003年涨跌幅(%)	–29.36
2003年最高(元)	8.48
2003年最低(元)	4.08
2003年换手率(%)	220.16

安徽古井贡酒股份有限公司

公司概况

公司名称	安徽古井贡酒股份有限公司			股票代码	000596		
注册地址	安徽省亳州市古井镇			邮政编码	236820		
法人代表	刘俊德			董秘	李培辉		
电话	0558-5710127			传真	0558-5710006		
主营业务	白酒、啤酒、葡萄酒、果蔬酒的生产与销售						
总股本	23500.00	流通 A	1997.55	流通 B	6000.00	流通 H	
审计单位				审计意见	未审计		

主要财务指标

年度	2003.9	2003.6	2002	2001
每股收益 / 扣除后(元)	0.0700	0.0470	0.1400	0.1200
每股经营现金流量(元)	0.2700	–0.0200	0.1400	0.2500
每股净资产 / 调整后(元)	4.9700	4.9600	4.9200	4.8300
每股公积金(元)	2.2216	2.2212	2.2198	2.2172
净资产收益率(%)	1.3800	0.9000	4.0500	5.9000
总资产(万元)	151447.09	150595.11	156684.00	152197.08
股东权益(万元)	117815.04	117225.59	116141.00	113726.13
未分配利润(万元)	27379.41	26799.96	25748.17	24334.60
主营收入(万元)	39659.21	25341.38	52603.45	80739.29
资本公积金(万元)	52207.50	52197.50	52164.70	52104.29
主营利润(万元)	13711.31	8855.50	19588.88	23239.73
其他业务利润(万元)	–171.51	–2.74	52.32	–49.11
营业利润(万元)	2547.96	1672.82	6299.84	7631.52
投资收益(万元)	–60.00	–60.00	904.00	201.36
补贴收入(万元)			1490.00	2314.02
营业外收支(万元)	–15.77		47.79	313.74
利润总额(万元)	2472.19	1606.69	8741.63	10460.64
净利润(万元)	1631.24	1051.79	4704.46	6704.67

十大股东

序号	股东名称	股份性质	持股数(万股)	比例(%)
1	安徽古井集团有限责任公司	国有法人股	1550.00	65.96
2	上海证券有限责任公司	流通 A 股	170.35	0.72
3	李岸白	流通 B 股	150.00	0.64
4	宝勇企业有限公司	流通 B 股	60.20	0.27
5	CHAN KAM TONG	流通 B 股	36.44	0.16
6	CHENYUBIN 陈宇	流通 B 股	35.87	0.15
7	唐海明	流通 B 股	31.76	0.14
8	何彬	流通 B 股	30.00	0.13
9	智慧屋职能系统(香港)有限公司	流通 B 股	30.00	0.13
10	吴莉萍	流通 B 股	27.18	0.12

股东人数	2003.9	2003.6	2002	2001
	24598	24839	25197	25838

近年分配	2002 年 10 股派 1 元 2001 年 10 股派 2 元	近年配股 / 增发	不分配不转增

重大事项

2002 年 12 月 20 日，根据《商业银行法》规定及合肥商业银行关于增资扩股的股东大会决议，公司投资参股合肥市商业银行 18% 股权没有获得有关主管部门的最终批复，公司决定放弃该参股投资项目。2003 年 10 月 25 日，董事会审议通过了关于设立安徽古井贡酒股份有限公司高蛋白饲料厂的议案；审议通过了在全国 39 个中心城市设立非经营性办事机构的议案。

二〇〇二年以来市场表现

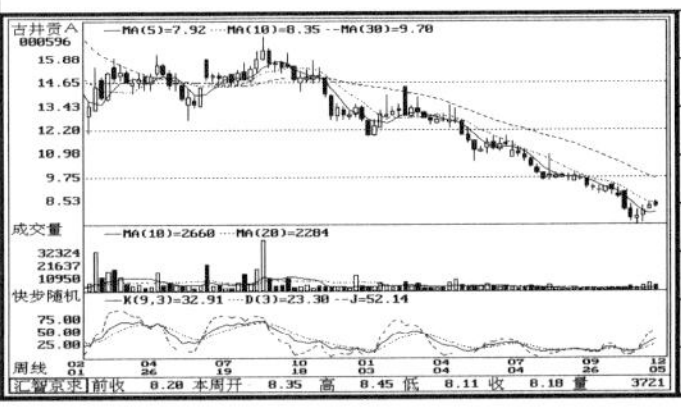

2002年涨跌幅(%)	–19.20
2002年最高(元)	17.00
2002年最低(元)	11.71
2002年换手率(%)	186.42
2003年涨跌幅(%)	–32.34
2003年最高(元)	14.29
2003年最低(元)	7.30
2003年换手率(%)	73.31

东北制药集团股份有限公司

公司概况

公司名称	东北制药集团股份有限公司			股票代码	000597		
注册地址	沈阳市经济技术开发区昆明湖街			邮政编码	110026		
法人代表	陈钢			董秘	刘亚英		
电话	024-25806664			传真	024-25806664		
主营业务	化学生物制剂、原料药品、卫生材料、制药设备及备件制造						
总股本	30381.00	流通 A	10881.00	流通 B		流通 H	
审计单位				审计意见	未审计		

主要财务指标

年度	2003.9	2003.6	2002	2001
每股收益/扣除后(元)	0.0420	0.0320	0.0390	0.0068
每股经营现金流量(元)	1.0600	0.8400	0.5200	0.2600
每股净资产/调整后(元)	1.6500	1.6400	1.5300	1.5100
每股公积金(元)	1.9139	1.9089	1.9078	1.9028
净资产收益率(%)	3.0400	2.5000	1.1700	1.0900
总资产(万元)	278503.81	274670.09	268098.84	275597.09
股东权益(万元)	88286.92	87927.35	87325.02	88323.60
未分配利润(万元)	1051.86	575.01	-1628.53	-476.76
主营收入(万元)	121284.10	76761.06	139698.16	144198.00
资本公积金(万元)	58145.08	57993.08	57961.89	57808.69
主营利润(万元)	27452.97	19040.38	28044.95	30544.45
其他业务利润(万元)	515.22	430.64	782.20	-47.75
营业利润(万元)	1527.30	1166.10	759.80	1714.89
投资收益(万元)	104.28	68.39	682.31	840.38
补贴收入(万元)			244.00	310.00
营业外收支(万元)	-502.55	-411.21	-1097.47	-709.94
利润总额(万元)	1129.03	823.28	588.65	2155.33
净利润(万元)	2680.39	2203.54	1019.00	958.71

十大股东

序号	股东名称	股份性质	持股数(万股)	比例(%)
1	东北制药集团有限责任公司	国家股	18252.00	60.08
2	华夏成长证券投资基金	流通股	914.00	3.01
3	辽宁省电力有限公司	流通股	312.00	1.03
4	金鼎证券投资基金	流通股	153.21	0.50
5	景阳证券投资基金	流通股	145.49	0.48
6	景博证券投资基金	流通股	142.78	0.47
7	兴业证券投资基金	流通股	114.63	0.38
8	景宏证券投资基金	流通股	93.64	0.31
9	景宏证券投资基金	流通股	80.60	0.27
10	中行沈阳信托投资公司	法人股	78.00	0.26

股东人数	2003.9	2003.6	2002	2001
	56182	45527	57931	60399

近年分配		近年配股/增发	不分配不转增

重大事项

2003年9月6日,公司控股股东东北制药集团公司经国家经贸委批准,同意实施债转股,经沈阳市工商局核准,于2003年03月28日注册成立东北制药集团有限责任公司.东北制药集团公司更名为东北制药集团有限责任公司,日前更名手续已经办理完毕. 2002年6月25日,公司董事会通过"关于调整受让资产事项"的提案,东北制药集团公司将其合法拥有的制剂公司的全部资产及持有的星港公司48.92%的股权,下属的东北制药决厂持有的星港公司51.08%的股权转让给本公司.

二○○二年以来市场表现

2002年涨跌幅(%)	-14.48
2002年最高(元)	10.37
2002年最低(元)	6.01
2002年换手率(%)	465.45
2003年涨跌幅(%)	5.88
2003年最高(元)	11.95
2003年最低(元)	6.29
2003年换手率(%)	639.11

蓝星清洗剂股份有限公司

公司概况

公司名称	蓝星清洗剂股份有限公司			股票代码	000598		
注册地址	甘肃省兰州市东岗西路196号			邮政编码	730060		
法人代表	陆韶华			董秘	赵月珑		
电话	010-64448671			传真	010-64448671		
主营业务	清洗剂、化工产品的研究、生产、零售						
总股本	23266.98	流通 A	13046.47	流通 B		流通 H	
审计单位				审计意见	未审计		

主要财务指标

年度	2003.9	2003.6	2002	2001
每股收益/扣除后(元)	0.1010	0.0710	0.1700	0.3300
每股经营现金流量(元)	0.0380	-0.1310	0.3100	0.1900
每股净资产/调整后(元)	3.5900	4.2600	4.1900	4.5900
每股公积金(元)	1.4836	1.9804	1.9804	2.2778
净资产收益率(%)	2.8300	1.6600	4.1200	7.3500
总资产(万元)	156853.44	154130.62	121376.21	105291.22
股东权益(万元)	83581.47	82587.52	81214.33	78829.07
未分配利润(万元)	19406.25	18412.30	17039.11	15166.69
主营收入(万元)	21771.33	15194.73	28502.07	28289.90
资本公积金(万元)	34520.08	38397.91	38397.91	40149.23
主营利润(万元)	6421.20	4146.82	6497.51	7886.44
其他业务利润(万元)	68.56	36.06	37.43	3.04
营业利润(万元)	3629.06	2242.25	3555.61	6338.34
投资收益(万元)			480.00	500.00
补贴收入(万元)				
营业外收支(万元)	8.99		1.56	8.68
利润总额(万元)	3638.05	2245.50	4037.16	6847.02
净利润(万元)	2367.14	1373.19	3343.39	5790.31

十大股东

序号	股东名称	股份性质	持股数(万股)	比例(%)
1	中国蓝星(集团)总公司	国有法人股	8514.00	43.91
2	华鑫证券有限责任公司	社会公众股	205.42	1.06
3	汉鼎证券投资基金	社会公众股	109.38	0.56
4	景福证券投资基金	社会公众股	99.68	0.51
5	石小强	社会公众股	82.30	0.42
6	向文静	社会公众股	82.10	0.42
7	石汝斌	社会公众股	56.00	0.29
8	温涛	社会公众股	55.00	0.28
9	陈斌	社会公众股	54.70	0.28
10	陈斌	社会公众股	53.50	0.28

股东人数	2003.9	2003.6	2002	2001
	46968	47577	38123	38412

近年分配	2002年10股派0.5元 2001年10股派0.25元	近年配股/增发	2002年10股送2股 2001年10股送1股

重大事项

2003年5月15日,公司董事会同意公司分别向民生银行北京东单支行申请7000万元贷款、农行西固支行申请400万元贷款. 2003年4月11日,公司董事会同意将2001年部分配股募集资金投向变更为增资蓝星化工有限责任公司;公司与蓝星化工签订《增资协议》,以现金出资16633.325万元增资蓝星化工,增资完成后公司将持有蓝星化工51.08%股权,成为其第一大股东.

二○○二年以来市场表现

2002年涨跌幅(%)	-28.86
2002年最高(元)	9.47
2002年最低(元)	5.79
2002年换手率(%)	88.81
2003年涨跌幅(%)	-14.09
2003年最高(元)	7.83
2003年最低(元)	4.47
2003年换手率(%)	168.92

青岛双星股份有限公司

公司概况				
公司名称	青岛双星股份有限公司		股票代码	000599
注册地址	青岛市贵州路 5 号海富楼		邮政编码	266229
法人代表	汪海		董秘	郭维顺
电话	0532-2657986		传真	0532-2657986
主营业务	鞋类、橡胶轮胎、铸造机械的制造、销售			
总股本 22507.93	流通 A 8657.83	流通 B	流通 H	
审计单位		审计意见	未审计	

主要财务指标 年度	2003.9	2003.6	2002	2001
每股收益 / 扣除后(元)	0.1770	0.1200	0.3080	0.2990
每股经营现金流量(元)	0.6600	0.5200	0.2710	0.6300
每股净资产 / 调整后(元)	3.2240	3.7800	3.6080	3.8170
每股公积金(元)	1.2130	1.6556	1.6455	1.8253
净资产收益率(%)	5.2000	3.0800	7.7900	7.9500
总资产(万元)	188893.91	181082.75	158195.27	163662.14
股东权益(万元)	75192.13	73548.15	69824.61	65978.10
未分配利润(万元)	21158.09	19514.10	16055.55	13086.43
主营收入(万元)	119885.06	78912.42	135872.77	114704.77
资本公积金(万元)	27302.53	31053.85	30864.80	31124.66
主营利润(万元)	16571.42	9424.44	21143.26	18248.34
其他业务利润(万元)	686.07	330.71	740.59	1120.29
营业利润(万元)	6312.76	3647.72	8647.13	8681.32
投资收益(万元)	0.65		0.45	
补贴收入(万元)			76.00	145.00
营业外收支(万元)	-78.02	-7.13	-40.82	146.19
利润总额(万元)	6235.39	3649.94	8682.75	8972.51
净利润(万元)	3909.94	2265.96	5441.60	5242.18

十大股东 序号	股东名称	股份性质	持股数(万股)	比例(%)
1	双星集团有限责任公司	国有股	8976.00	47.86
2	青岛胶南公有资产经营有限公司	未流通股	542.52	2.89
3	黎金霞	已流通股	128.89	0.69
4	青岛天海房地产有限公司	未流通股	110.00	0.59
5	胡太生	已流通股	64.55	0.34
6	青岛中星商贸有限公司	未流通股	55.00	0.29
7	张志平	已流通股	49.51	0.26
8	李万敏	已流通股	37.54	0.20
9	肖亮	已流通股	34.74	0.19
10	黄志勤	已流通股	33.86	0.18

股东人数	2003.9	2003.6	2002	2001
	27784	29539	33022	44906

近年分配	2001年 10 股派 1.5 元	近年配股/增发	2002年 10 股转增 2 股 2001 年 10 股送 1 股

重大事项

公司与双星集团有限责任公司于 2003 年 08 月 25 日在双星集团会议室签署了《商标许可使用合同》之"补充合同".主要内容是:1、双星集团有限责任公司许可公司及其合资公司在生产的鞋类产品上继续使用"双星"、"达堡斯达"商标。2、双星集团有限责任公司许可公司及其控股子公司在生产的橡胶轮胎、铸造机械、橡塑机械、绣品等产品上使用"双星"商标。3、自补充合同签定之日起,公司及其合资公司、控股子公司均无偿使用上述商标,无需支付任何费用。4、补充合同有效期为五年,合同期满,任何一方未提出终止,则该合同自动顺延,每次延期一年。该项"补充合同"的签署构成了本公司的关联交易。

二〇〇二年以来市场表现

2002年涨跌幅(%)	5.96
2002年最高(元)	10.15
2002年最低(元)	5.49
2002年换手率(%)	159.82
2003年涨跌幅(%)	-3.28
2003年最高(元)	10.24
2003年最低(元)	7.25
2003年换手率(%)	107.78

石家庄国际大厦(集团)股份有限公司

公司概况				
公司名称	石家庄国际大厦(集团)股份有限公司		股票代码	000600
注册地址	中国河北省石家庄市中山东路 301 号		邮政编码	050011
法人代表	王永忠		董秘	赵辉
电话	0311-6672224		传真	0311-6672254
主营业务	酒店、商业零售及房地产开发			
总股本 15373.34	流通 A 4605.64	流通 B	流通 H	
审计单位		审计意见	未审计	

主要财务指标 年度	2003.9	2003.6	2002	2001
每股收益 / 扣除后(元)	-0.0787	-0.0700	-0.1072	0.0086
每股经营现金流量(元)	-0.0079	-0.0250	0.1180	0.7749
每股净资产 / 调整后(元)	0.7454	0.7674	1.3900	1.9069
每股公积金(元)	0.8157	0.8157	0.8157	0.8168
净资产收益率(%)	-2.7900	-2.4230	-4.0800	0.6620
总资产(万元)	43285.89	43052.98	53855.87	58131.07
股东权益(万元)	28455.67	28556.53	29248.35	30457.23
未分配利润(万元)	-1417.36	-1316.49	-624.67	567.49
主营收入(万元)	8189.29	5433.70	16777.44	16201.37
资本公积金(万元)	12540.25	12540.25	12540.25	12556.97
主营利润(万元)	3402.51	2262.71	6588.69	6579.19
其他业务利润(万元)				
营业利润(万元)	-1000.99	-895.63	-970.26	275.73
投资收益(万元)	150.24	145.77	-490.76	-350.40
补贴收入(万元)				
营业外收支(万元)	-57.64	-57.64	-31.22	-107.11
利润总额(万元)	-908.39	-807.50	-1492.24	-181.77
净利润(万元)	-792.68	-691.82	-1192.16	201.57

十大股东 序号	股东名称	股份性质	持股数(万股)	比例(%)
1	河北省建设投资公司	国有股	7263.74	47.25
2	石家庄市国瑞信息服务中心	发起人国家股	765.46	4.98
3	石家庄国翔服务中心	发起人境内法人股	260.88	1.70
4	石家庄神鼎服装辅料有限公司	境内法人股	200.00	1.30
5	河北省纺织品进出口公司	发起人境内法人股	161.28	1.05
6	北京恒昌经济开发公司	发起人境内法人股	161.28	1.05
7	北京优格乳品有限责任公司	发起人境内法人股	161.00	1.05
8	保定虎振中等专业学校	发起人境内法人股	158.80	1.03
9	华夏成长证券投资基金	已流通股	133.42	0.87
10	石家庄市国翔管理服务公司	境内法人股	106.51	0.69

股东人数	2003.9	2003.6	2002	2001
	17051	17273	19695	25999

近年分配	2001年 10 股派 0.2 元	近年配股/增发	不分配不转增

重大事项

2003 年 5 月 29 日公司董事会批准公司与河北省建设投资公司签署关于收购河北西柏坡发电有限责任公司 60%股权的《股权转让协议》,以人民币 61631 万元的价格收购河北建投持有的河北西柏坡发电有限责任公司 60%股权. 2003 年 5 月 27 日,公司第二大股东石家庄市国瑞信息服务中心将其持有的公司发起人国有法人股 4300000 股全部质押给华夏银行石家庄支行, 质押期限自 2003 年 5 月 27 日至 2005 年 8 月 20 日.

二〇〇二年以来市场表现

2002年涨跌幅(%)	8.01
2002年最高(元)	13.42
2002年最低(元)	7.28
2002年换手率(%)	126.33
2003年涨跌幅(%)	-1.76
2003年最高(元)	13.00
2003年最低(元)	9.51
2003年换手率(%)	96.65

广东韶能集团股份有限公司

公司概况						
公司名称	广东韶能集团股份有限公司		股票代码	000601		
注册地址	广东省韶关市惠民南路 148 号		邮政编码	512026		
法人代表	徐兵		董秘	胡启金		
电话	0751-8153162		传真	0751-8535226		
主营业务	能源开发、公路工程及设计,建筑材料、房地产开发等					
总股本	39038.05	流通 A	17162.08	流通 B		流通 H
审计单位			审计意见	未审计		

主要财务指标

年度	2003.9	2003.6	2002	2001
每股收益/扣除后(元)	0.2800	0.2100	0.2900	0.3100
每股经营现金流量(元)	0.4700	0.2360	0.4600	0.5000
每股净资产/调整后(元)	4.9800	4.9000	4.6800	4.4800
每股公积金(元)	2.6461	2.6461	2.6461	2.6447
净资产收益率(%)	5.7200	4.3800	6.4600	7.4300
总资产(万元)	394668.34	389239.19	352338.37	301980.75
股东权益(万元)	195873.69	193128.27	184667.16	176586.72
未分配利润(万元)	31901.57	29156.16	20695.04	15652.47
主营收入(万元)	66110.27	42684.54	77955.75	61367.09
资本公积金(万元)	103298.61	103298.61	103298.61	103242.88
主营利润(万元)	27341.37	18673.16	30958.68	25202.03
其他业务利润(万元)	294.26	38.29	428.49	614.89
营业利润(万元)	17414.37	12438.37	18660.55	16013.18
投资收益(万元)	-8.59	-4.95	-5.83	479.04
补贴收入(万元)	37.80	32.36	564.14	324.00
营业外收支(万元)	-241.44		89.85	537.17
利润总额(万元)	17202.13	12310.14	19308.70	17353.39
净利润(万元)	11206.53	8461.12	11928.50	13124.41

十大股东

序号	股东名称	股份性质	持股数(万股)	比例(%)
1	韶关市国有资产管理办公室	国有股	7093.84	18.17
2	耒阳市国有资产投资经营有限公司	法人股	2050.00	5.25
3	韶关市峡江水电安装工程有限公司	法人股	2000.00	5.12
4	安顺证券投资基金	流通股	1080.13	2.77
5	韶关供电工程公司	法人股	365.40	0.94
6	安瑞证券投资基金	流通股	305.84	0.78
7	广东亿能电力设备股份有限公司	法人股	302.40	0.77
8	广发证券股份有限公司	流通股	246.32	0.63
9	裕阳证券投资基金未知	流通股	241.73	0.62
10	深圳市龙岗区葵冲侨联商店	法人股	172.80	0.44

股东人数	2003.9	2003.6	2002	2001
	62153	63299	72867	75467

近年分配	2002年10股派1元 2001年10股派1元	近年配股/增发	不分配不转增

重大事项

2003 年 11 月 11 日, 继自筹资金建设项目长安水电站首台和第二台机组投入商业运行后, 第三台 0.44 万千瓦机组经调试,已开始正式投入商业运行.至此,长安水电站三台机组已全部投入运行. 2003 年 10 月 29 日,公司接韶关市水利管理部门通知,枯水期间,对公司下属企业孟洲坝发电厂的库区上游河段河堤进行加固,预计孟洲坝发电厂需停产 60 天. 韶关市防洪建设管理处与孟洲坝发电厂签订了补偿协议,按照协议,韶关市防洪建设管理处预计补偿孟洲坝发电厂人民币 798 万元.

二〇〇二年以来市场表现

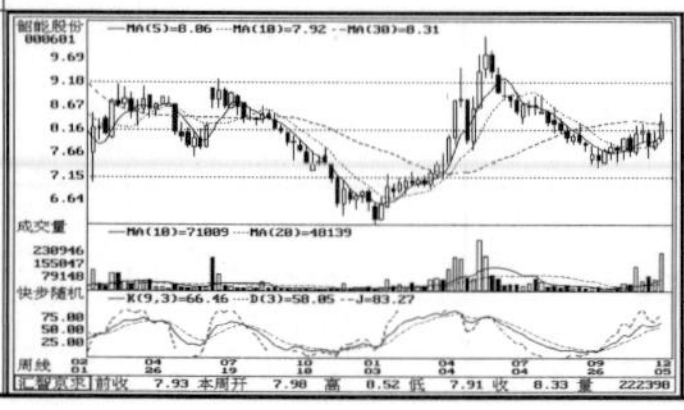

2002年涨跌幅(%)	-27.62
2002年最高(元)	9.04
2002年最低(元)	6.21
2002年换手率(%)	98.92
2003年涨跌幅(%)	26.07
2003年最高(元)	10.10
2003年最低(元)	6.03
2003年换手率(%)	166.57

广东金马旅游集团股份有限公司

公司概况						
公司名称	广东金马旅游集团股份有限公司		股票代码	000602		
注册地址	广东省潮州市永护路口		邮政编码	521011		
法人代表	李汝革		董秘	梁茂辉		
电话	0768-2268968		传真	0768-2297613		
主营业务	通信及信息网络、计算机软硬件、自动化系统的产品开发、经营等					
总股本	10050.00	流通 A	4367.20	流通 B		流通 H
审计单位			审计意见	未审计		

主要财务指标

年度	2003.9	2003.6	2002	2001
每股收益/扣除后(元)	0.2200	0.3000	0.4800	0.0300
每股经营现金流量(元)	0.6600	0.4540	1.4800	0.4200
每股净资产/调整后(元)	1.8900	1.8300	1.5900	1.2200
每股公积金(元)	0.5248	0.5248	1.4962	1.4962
净资产收益率(%)	16.2000	13.2500	22.9800	2.2900
总资产(万元)	36417.51	36140.53	33824.15	27588.11
股东权益(万元)	19024.38	18378.11	15941.67	12277.68
未分配利润(万元)	3082.71	2436.44	-9762.90	-13426.90
主营收入(万元)	15398.30	10951.51	18808.15	5950.10
资本公积金(万元)	5274.18	5274.18	15037.09	15037.09
主营利润(万元)	10708.23	7922.26	12967.89	1487.91
其他业务利润(万元)	693.77	506.39	1297.35	1139.79
营业利润(万元)	9326.60	7134.59	11943.30	1530.16
投资收益(万元)	-165.44	-110.29	-572.89	4.70
补贴收入(万元)				
营业外收支(万元)	-1.92		-0.60	-10.37
利润总额(万元)	9159.25	7024.29	11369.81	1524.49
净利润(万元)	3082.71	2436.44	3663.99	281.93

十大股东

序号	股东名称	股份性质	持股数(万股)	比例(%)
1	山东鲁能发展集团有限公司	法人股	2381.52	23.70
2	北京华兴瑞投资咨询有限责任公司	法人股	1283.10	12.77
3	山东鲁能恒源经贸集团有限公司	法人股	498.48	4.96
4	北京中兴泰房地产股份有限公司	法人股	455.00	4.53
5	北京颐和健康顾问中心	法人股	364.00	3.63
6	北京中瑞兴业投资顾问有限公司	法人股	273.00	2.72
7	北京中瑞兴业投资顾问有限公司	法人股	182.00	1.81
8	深圳市奉安投资发展有限公司	法人股	91.00	0.91
9	韶关市金属材料公司	法人股	45.50	0.45
10	潮州市建新实业服务公司	法人股	27.30	0.28

股东人数	2003.9	2003.6	2002	2001
	3901	3928	3562	2801

近年分配		近年配股/增发	不分配不转增

重大事项

2003 年 7 月 3 日,据本公司与潮州市旅游总公司 2001 年 10 月 26 日签署的《资产转让协议》有关规定,公司因 2001 年 10 月 26 日重组前事项发生的一切损失由潮州市旅游总公司承担. 如果法院最终裁定《债权债务对抵了结协议书》无效,我司应向北京市商业银行承担还款责任,则该等清偿责任最终由潮州市旅游总公司承担. 2003 年 6 月 16 日,公司第二大股东深圳清华同方股份有限公司 与北京华兴瑞投资咨询有限责任公司签订股份转让合同, 将其持有的公司 12831000 股法人股转让给华兴瑞投资,转让价款共计 2786.279 万元, 以现金支付.转让后,华兴瑞投资成为公司第二大股东.

二〇〇二年以来市场表现

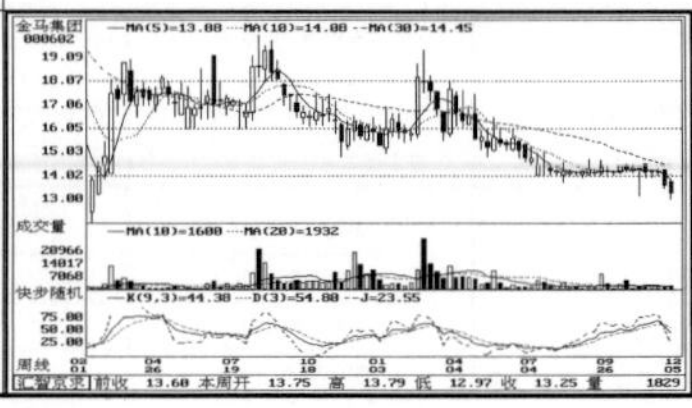

2002年涨跌幅(%)	-8.13
2002年最高(元)	20.10
2002年最低(元)	11.72
2002年换手率(%)	52.07
2003年涨跌幅(%)	-10.82
2003年最高(元)	19.40
2003年最低(元)	13.11
2003年换手率(%)	43.39

威达医用科技股份有限公司

公司概况

公司名称	威达医用科技股份有限公司			股票代码	000603		
注册地址	深圳市罗湖区罗芳南路38号			邮政编码	518002		
法人代表	赵铁流			董秘	陈洪东		
电话	0663-5583675			传真	0663-5582865		
主营业务	生产、销售医疗器械、电子产品及通信设备,保健品等						
总股本	11186.25	流通A	2850.00	流通B		流通H	
审计单位				审计意见	未审计		

主要财务指标

年度	2003.9	2003.6	2002	2001
每股收益/扣除后(元)	-0.0010	-0.0160	-0.0009	-0.0700
每股经营现金流量(元)	-0.0200	-0.0150	0.0900	-0.0030
每股净资产/调整后(元)	1.0250	1.0300	1.0400	0.2200
每股公积金(元)		0.9096	0.9016	0.4734
净资产收益率(%)	-1.6400	-1.7800	17.0700	-365.6600
总资产(万元)	19608.68	18749.02	19843.96	15111.52
股东权益(万元)	11469.17	11463.84	11603.74	2415.73
未分配利润(万元)		-11088.88	-10884.74	-15227.58
主营收入(万元)	1044.02	600.19	2507.78	1568.07
资本公积金(万元)		10175.04	10085.24	5295.84
主营利润(万元)	411.83	229.91	1392.59	378.54
其他业务利润(万元)	5.47	2.74	60.21	
营业利润(万元)	-176.52	-185.30	169.70	-5739.65
投资收益(万元)				11.44
补贴收入(万元)				
营业外收支(万元)	-34.15		1858.93	-3796.09
利润总额(万元)	-210.66	-212.54	2028.63	-9524.31
净利润(万元)	-188.08	-204.14	1986.76	-8833.33

十大股东

序号	股东名称	股份性质	持股数(万股)	比例(%)
1	广东威达医疗器械集团公司	发起人国有法人股	2270.00	20.29
2	江西堆花酒业有限责任公司	法人股	2200.00	19.66
3	东莞市三元工贸实业总公司	发起人境内法人股	1073.60	9.60
4	海南普林投资管理有限公司	定向法人境内法人股	796.33	7.12
5	上海新理益投资管理有限公司	定向法人境内法人股	656.33	5.88
6	汕头变压器厂	定向法人境内法人股	500.00	4.47
7	中国新技术创业投资公司	发起人境内法人股	380.00	3.40
8	东莞市泰迪贸易有限公司	发起人境内法人股	200.00	1.78
9	上海思可达商务咨询有限公司	定向法人境内法人股	100.00	0.89
10	海南鹏新贸易有限公司	定向法人境内法人股	50.00	0.45

股东人数

2003.9	2003.6	2002	2001
8110	8083	8338	14422

近年分配		近年配股/增发	不分配不转增

重大事项

公司于2003年9月22日收到广东省揭阳市中级人民法院的应诉通知书,称该院已于2003年9月19日受理揭阳市揭西建筑集团公司起诉公司、广东威达医疗器械集团公司建筑施工合同纠纷案.举证通知书要求公司于2003年10月22日之前完成举证.本案将于2003年10月28日开庭. 2003年8月30日接公司大股东东莞市三元工贸实业总公司通知, 三元工贸已于2003年8月28日与江西堆花酒业有限责任公司再次签订了《股权转让协议》,三元工贸拟将持有的公司1073.6万股社会法人股转让给堆花酒业,本次转让价格为1.05元/股.

二〇〇二年以来市场表现

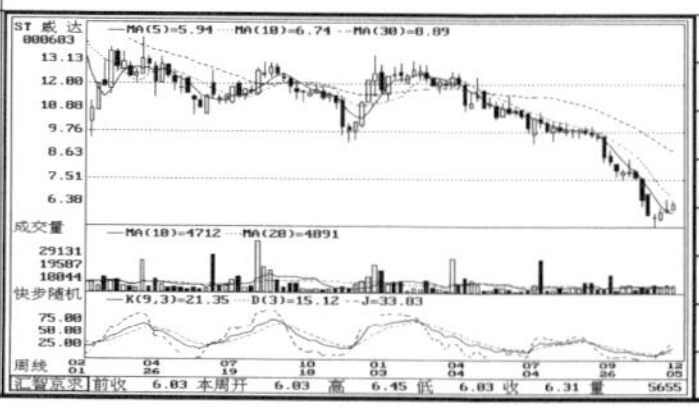

2002年涨跌幅(%)	-21.47
2002年最高(元)	15.92
2002年最低(元)	8.97
2002年换手率(%)	132.80
2003年涨跌幅(%)	-46.41
2003年最高(元)	13.10
2003年最低(元)	5.26
2003年换手率(%)	88.10

四环药业股份有限公司

公司概况

公司名称	四环药业股份有限公司			股票代码	000605		
注册地址	北京顺义区南法信地区三家店村北			邮政编码	101300		
法人代表	陈军			董秘	王天霖		
电话	010-68001660			传真	010-68001816		
主营业务	生物制药、中西药的研究开发						
总股本	8250.00	流通A	2062.50	流通B		流通H	
审计单位				审计意见	未审计		

主要财务指标

年度	2003.9	2003.6	2002	2001
每股收益/扣除后(元)	0.1673	0.1020	0.2000	0.1030
每股经营现金流量(元)	0.1840	0.2450	0.3000	0.2762
每股净资产/调整后(元)	1.5600	1.5146	1.3900	1.2101
每股公积金(元)	0.1220	0.1220	0.1220	0.1220
净资产收益率(%)	10.5600	7.4300	14.2300	8.0700
总资产(万元)	32723.35	32046.68	22044.27	21053.61
股东权益(万元)	13071.83	12630.30	11691.37	10291.46
未分配利润(万元)	3237.13	2795.60	1856.67	706.35
主营收入(万元)	7491.92	5141.65	7221.32	3582.77
资本公积金(万元)	1006.35	1006.35	1006.35	1006.35
主营利润(万元)	4168.99	2717.98	4353.65	2557.83
其他业务利润(万元)	0.32	0.32	-0.07	0.42
营业利润(万元)	1672.97	1144.64	2163.68	1351.84
投资收益(万元)	-1.50	-1.50	-1.50	-12.09
补贴收入(万元)				
营业外收支(万元)	-0.52			-6.84
利润总额(万元)	1670.95	1142.74	2162.18	1332.92
净利润(万元)	1380.46	938.93	1663.91	831.00

十大股东

序号	股东名称	股份性质	持股数(万股)	比例(%)
1	四环生物医药投资有限公司	境内法人股	5610.00	68.00
2	北京北大君士集团有限公司	境内法人股	396.00	4.80
3	北京福满楼酒家有限公司	境内法人股	82.50	1.00
4	中国对外建设总公司	国有法人股	33.00	0.40
5	中国建设工业建设总公司	国有法人股	33.00	0.40
6	唐保和	流通股	28.78	0.35
7	杨启明	流通股	28.48	0.34
8	中国建设机械总公司	国有法人股	16.50	0.20
9	中联实业股份有限公司	国有法人股	16.50	0.20
10	沈春贵	流通股	15.91	0.19

股东人数

2003.9	2003.6	2002	2001
5609	6174	6271	7400

近年分配	2002年10股派0.12元 2001年10股派0.2元	近年配股/增发	不分配不转增

重大事项

2003年11月22日,公司与中国建设银行北京海淀支行签订了借款合同,借款金额人民币5800万元,借款期限为2003年11月17日至2004年9月16日,借款月利率4.8675‰.公司第一大股东四环生物医药投资有限公司为公司的此项借款提供了担保. 2003年6月23日,公司董事会同意公司以自有资金3000万元委托中煤信托投资有限责任公司进行资金信托管理,委托期限八个月.

二〇〇二年以来市场表现

2002年涨跌幅(%)	-16.93
2002年最高(元)	20.49
2002年最低(元)	11.47
2002年换手率(%)	123.36
2003年涨跌幅(%)	-33.23
2003年最高(元)	16.57
2003年最低(元)	7.45
2003年换手率(%)	156.90

青海明胶股份有限公司

公司概况

公司名称	青海明胶股份有限公司			股票代码	000606		
注册地址	青海省西宁市付东路13号			邮政编码	810015		
法人代表	杨景文		董秘	张海仓			
电话	0971-8013495		传真	0971-8012106			
主营业务	明胶系列产品、硬胶囊系列产品等						
总股本	15170.20	流通A	6396.00	流通B		流通H	
审计单位			审计意见	未审计			

主要财务指标

年度	2003.9	2003.6	2002	2001
每股收益/扣除后(元)	0.0160	0.0040	0.0399	0.0958
每股经营现金流量(元)	0.0300	0.0400	0.4600	0.4600
每股净资产/调整后(元)	1.8500	1.8400	1.8400	1.8100
每股公积金(元)	0.5299	0.5299	0.5299	0.5299
净资产收益率(%)	0.8500	0.2100	1.5500	5.2400
总资产(万元)	52327.06	52571.13	59032.75	43891.80
股东权益(万元)	28110.64	27930.94	28287.01	27439.06
未分配利润(万元)	2561.25	2381.55	2662.75	2117.10
主营收入(万元)	10151.52	7333.17	11925.69	11858.47
资本公积金(万元)	8039.23	8039.23	8039.23	8039.23
主营利润(万元)	4530.17	3010.79	6015.70	5459.66
其他业务利润(万元)	2.05	0.42	223.26	44.97
营业利润(万元)	431.79	192.79	1090.86	1731.22
投资收益(万元)	1.11	1.11	-7.21	-20.71
补贴收入(万元)	0.80		15.54	67.54
营业外收支(万元)	-11.13		-1.12	-17.14
利润总额(万元)	431.79	192.79	1090.86	1760.91
净利润(万元)	239.58	59.88	847.96	1436.70

十大股东

序号	股东名称	股份性质	持股数(万股)	比例(%)
1	青海企业技术创新投资管理有限责任公司	国有法人股	5374.20	35.43
2	陕西麦达矿产化工进出口有限公司	定向法人境内法人股	2440.00	16.08
3	西宁正润城市发展股份有限公司	发起人境内法人股	800.00	5.27
4	北京东方世纪物业管理有限公司	流通股	560.82	3.70
5	拓普投资有限公司	流通股	530.75	3.50
6	天津铁厂	流通股	372.85	2.46
7	青海省新机五金矿产有限公司	发起人境内法人股	60.00	0.40
8	江门市蓬江区恒业化工商行	发起人境内法人股	60.00	0.40
9	北京紫竹药业有限公司	发起人境内法人股	40.00	0.26
10	唐耀华	流通股	35.56	0.23

股东人数	2003.9	2003.6	2002	2001
	12646	12788	6665	8936

近年分配		近年配股/增发	2001年中期10股转增10股

重大事项

2003年9月17日，公司第二大股东陕西麦达矿产化工进出口有限公司将其持有的公司法人股2440万股转让给西安思源机械科技有限公司,占公司总股本的16.08%,转让价格为每股人民币1.6元,总额为3904万元人民币.上述股份过户后,陕西麦达不再持有公司股票;西安思源持有公司2440万股,为公司第二大股东. 2003年4月9日,公司第三大股东西宁市自来水公司更名为西宁正润城市发展股份有限公司.截止2002年12月31日，青海金牛胶业集团有限公司欠付公司款项4378.47万元. 该应收款项能否足额收回尚存在不确定性.

二○○二年以来市场表现

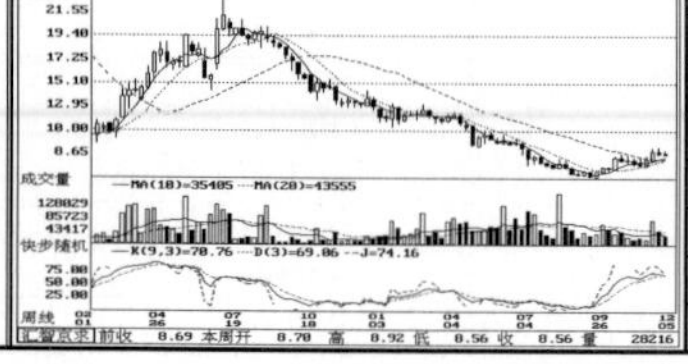

2002年涨跌幅(%)	16.32
2002年最高(元)	23.70
2002年最低(元)	8.42
2002年换手率(%)	354.96
2003年涨跌幅(%)	-30.31
2003年最高(元)	13.19
2003年最低(元)	6.50
2003年换手率(%)	379.88

重庆华立控股股份有限公司

公司概况

公司名称	重庆华立控股股份有限公司			股票代码	000607		
注册地址	重庆市北碚区龙凤桥258号			邮政编码	400700		
法人代表	汪诚		董秘	袁子力			
电话	023-67752652		传真	023-67752652			
主营业务	制造、销售仪器仪表及原材料、机电一体化设备等						
总股本	22372.22	流通A	8899.72	流通B		流通H	
审计单位			审计意见	未审计			

主要财务指标

年度	2003.9	2003.6	2002	2001
每股收益/扣除后(元)	0.1542	0.1150	0.2700	0.3300
每股经营现金流量(元)	0.1100	0.1100	0.7400	0.7500
每股净资产/调整后(元)	3.2800	1.8700	1.7400	1.5200
每股公积金(元)	1.7187	0.2955	0.2955	0.2754
净资产收益率(%)	5.4300	6.5700	15.6100	20.7300
总资产(万元)	163217.62	121583.98	112100.42	113190.22
股东权益(万元)	74097.21	36379.12	33990.96	29828.11
未分配利润(万元)	10512.35	8878.11	6490.00	3514.09
主营收入(万元)	106552.32	70710.85	142077.73	131965.11
资本公积金(万元)	38451.93	5642.79	5626.47	5258.71
主营利润(万元)	26939.87	17596.34	36416.14	33633.62
其他业务利润(万元)	818.63	563.33	965.92	3543.13
营业利润(万元)	8821.92	5393.87	12163.34	12572.90
投资收益(万元)	-38.18	-232.52	-269.33	-516.45
补贴收入(万元)	631.74	201.64	736.20	414.57
营业外收支(万元)	-58.94		-178.53	-207.30
利润总额(万元)	9356.55	5356.90	12451.67	12263.73
净利润(万元)	4022.35	2388.11	5304.78	6114.86

十大股东

序号	股东名称	股份性质	持股数(万股)	比例(%)
1	华立产业集团有限公司	法人股	5547.50	24.80
2	海南禹航实业投资有限公司	法人股	3307.50	14.78
3	广东证券股份有限公司	流通股	952.02	4.26
4	大丰市国泰建筑安装工程有限公司	流通股	647.89	2.90
5	重庆川仪总厂有限公司	法人股	537.27	2.40
6	丰和价值证券投资基金	流通股	249.96	1.12
7	深圳市九夷投资有限责任公司	流通股	229.96	1.03
8	中保信实业投资有限公司	流通股	185.97	0.83
9	陈元新	流通股	134.98	0.60
10	鹏华行业成长证券投资基金	流通股	129.98	0.58

股东人数	2003.9	2003.6	2002	2001
	8509	3536	3552	4385

近年分配	2002年10股派1元 2001年10股派1元	近年配股/增发	不分配不转增

重大事项

2003年9月17日,公司联营企业重庆市华立房地产开发有限公司按期归还公司为其担保的招商银行重庆分行江北支行2,000万元银行贷款(担保期限为2002年11月18日至2003年9月17日),公司的担保责任自动解除. 2003年02月28日,广东证券股份有限公司通过二级市场卖出公司流通股40,200股,持股数量降为9,520,217股(占公司总股本比例4.985%).

二○○二年以来市场表现

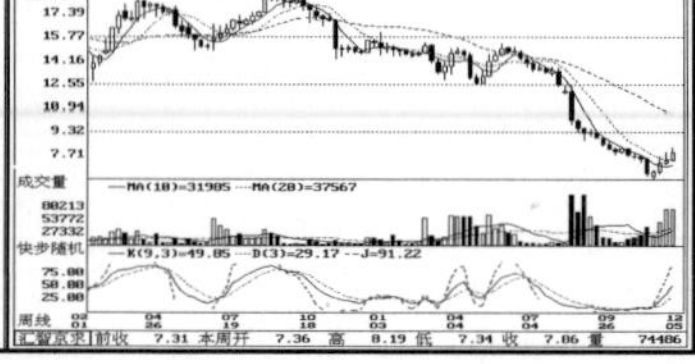

2002年涨跌幅(%)	1.48
2002年最高(元)	19.00
2002年最低(元)	11.74
2002年换手率(%)	30.13
2003年涨跌幅(%)	-53.70
2003年最高(元)	15.60
2003年最低(元)	6.10
2003年换手率(%)	58.70

广西阳光股份有限公司

公司概况

公司名称	广西阳光股份有限公司			股票代码	000608
注册地址	广西壮族自治区南宁市园湖南路32号			邮政编码	530022
法人代表	唐军		董秘	肖虎	
电话	010-66530628		传真	010-68343211	
主营业务	房地产开发、销售、物业管理等				
总股本	20860.02	流通A	9750.08	流通B	流通H
审计单位			审计意见	未审计	

主要财务指标

年度	2003.9	2003.6	2002	2001
每股收益/扣除后(元)	0.0760	0.0680	0.1800	0.1900
每股经营现金流量(元)	-0.8300	-0.0600	0.2300	-0.3500
每股净资产/调整后(元)	2.5400	2.5600	2.4000	2.2800
每股公积金(元)	0.3639	0.3639	0.3639	0.3639
净资产收益率(%)	3.5500	3.1900	6.4100	12.0400
总资产(万元)	144624.59	122569.00	127359.30	104343.50
股东权益(万元)	53793.70	53593.80	51886.40	48559.30
未分配利润(万元)	16562.60	16362.70	14655.30	12526.70
主营收入(万元)	30980.80	27321.60	54879.40	44410.80
资本公积金(万元)	7590.90	7590.90	7590.90	7590.90
主营利润(万元)	4829.30	4144.00	9721.00	9632.10
其他业务利润(万元)			0.30	2.50
营业利润(万元)	2835.70	2530.70	5790.40	6711.60
投资收益(万元)	297.70	297.60	-18.40	5.30
补贴收入(万元)				2937.00
营业外收支(万元)	18.90	20.30	31.20	-57.60
利润总额(万元)	3152.30	2848.60	5803.20	9596.30
净利润(万元)	1907.30	1707.40	3327.10	5847.80

十大股东

序号	股东名称	股份性质	持股数(万股)	比例(%)
1	首创置业股份有限公司	国有法人股	5528.50	26.50
2	北流市国有资产管理局	国家股	2334.10	11.19
3	北京核建房地产开发有限公司	境内法人股	1000.00	4.79
4	北京首创阳光房地产有限责任公	境内法人股	729.50	3.50
5	广西新拓投资咨询有限公司	国有法人股	419.90	2.01
6	中国电子财务有限责任公司	境内法人股	306.00	1.47
7	广西嘉隆经贸有限公司	境内法人股	266.38	1.28
8	北流市供电公司	境内法人股	166.77	0.80
9	国信证券有限责任公司	流通股	94.77	0.45
10	玉林市国企工业总公司	境内法人股	85.37	0.41

股东人数	2003.9	2003.6	2002	2001
	30977	31467	33906	32850

近年分配		近年配股/增发	2001年中期10股配3股

重大事项

2003年11月20日,公司董事会同意公司利用阶段性闲置资金进行国债回购业务,回购资金的金额上限为一亿元人民币,期限自2003年11月至2004年12月. 2003年9月05日,公司第二大股东北流市财政局与北国投公司签订《股权转让协议》,北流市财政局将持有的公司2334.1万股国家股的股份即拟转让给北国投公司,转让价格为2.73元/股,转让总价款为人民币6372.093万元.北流市财政局与北国投公司不存在关联关系.

二〇〇二年以来市场表现

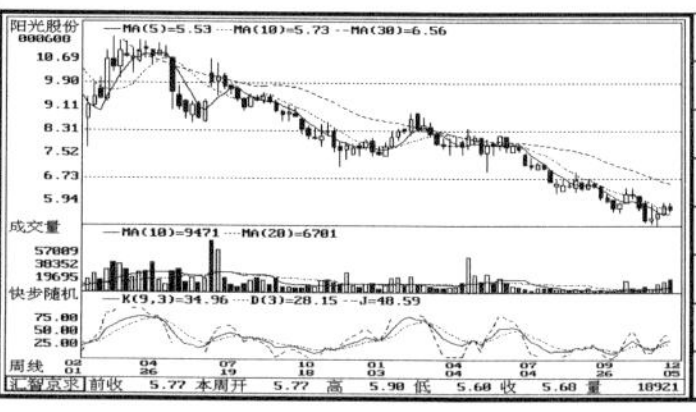

2002年涨跌幅(%)	-27.96
2002年最高(元)	11.48
2002年最低(元)	7.11
2002年换手率(%)	100.00
2003年涨跌幅(%)	-23.58
2003年最高(元)	8.88
2003年最低(元)	5.15
2003年换手率(%)	48.69

北京燕化高新技术股份有限公司

公司概况

公司名称	北京燕化高新技术股份有限公司			股票代码	000609
注册地址	北京市丰台区科学城海鹰路3号			邮政编码	102500
法人代表	王永健		董秘	沈文辉	
电话	010-69347433		传真	010-69345895	
主营业务	生产、销售石油化工催化剂、精细化工产品、石油及石油化工产品				
总股本	12960.68	流通A	4912.13	流通B	流通H
审计单位			审计意见	未审计	

主要财务指标

年度	2003.9	2003.6	2002	2001
每股收益/扣除后(元)	0.1200	0.0720	0.2100	0.1850
每股经营现金流量(元)	0.3200	0.1500	0.6000	0.0100
每股净资产/调整后(元)	3.2000	3.0600	3.0000	2.9400
每股公积金(元)	1.2532	1.2532	1.2532	1.2532
净资产收益率(%)	0.0400	2.2500	6.3300	6.0900
总资产(万元)	45692.04	44472.57	44349.07	42487.84
股东权益(万元)	42140.41	41512.65	40592.40	38463.78
未分配利润(万元)	6385.39	5749.96	4814.35	3301.58
主营收入(万元)	11479.27	7393.61	16049.83	22777.40
资本公积金(万元)	16242.44	16242.44	16242.44	16242.44
主营利润(万元)	3540.21	2107.17	4714.83	4361.70
其他业务利润(万元)	-35.58	24.14	125.39	4.80
营业利润(万元)	1829.77	1073.13	2875.88	1875.10
投资收益(万元)	-0.98	12.51	480.15	970.10
补贴收入(万元)				
营业外收支(万元)	-0.42		-263.12	-54.79
利润总额(万元)	1828.37	1085.23	3092.92	2790.41
净利润(万元)	1571.04	935.60	2568.31	2340.20

十大股东

序号	股东名称	股份性质	持股数(万股)	比例(%)
1	中国石化集团北京燕山石油化工有限公司	法人股	5185.05	40.01
2	北京燕化联营开发总公司	法人股	1053.00	8.12
3	中国石化集团北京化工研究院	法人股	585.00	4.51
4	中石化科技开发公司	法人股	390.00	3.01
5	燕化公司大修厂	法人股	214.50	1.66
6	北京燕化石油化工设计院	法人股	195.00	1.50
7	北京燕化兴业技术开发公司	法人股	195.00	1.50
8	北京市北化研化工新技术公司	法人股	131.63	1.02
9	北京燕山爆破工程公司	法人股	97.50	0.75
10	张京国	流通股	26.36	0.20

股东人数	2003.9	2003.6	2002	2001
	31163	31812	31843	34176

近年分配	2001年10股派0.2元	近年配股/增发	不分配不转增

重大事项

2002年08月7日,公司董事会审议并通过了关于北京赫克力士化工有限公司(合资公司)清算补偿费用标准的议案:同意美国赫克力士公司提出的付给我公司13.5万美元清算补偿费用标准,委托经理班子同美方签订清算协议. 公司2001年与深圳银中达投资发展有限公司签订了6个月的投资短期国债委托协议,委托资金总额2000万元人民币.协议到期后,公司收回本金1000万元人民币,剩余的1000万元公司又与银中达投资公司续签了为期9个月的国债委托《补充协议》. 截止2001年12月31日,公司委托资金帐户中资产总值为10000345.9元,未出现亏损.

二〇〇二年以来市场表现

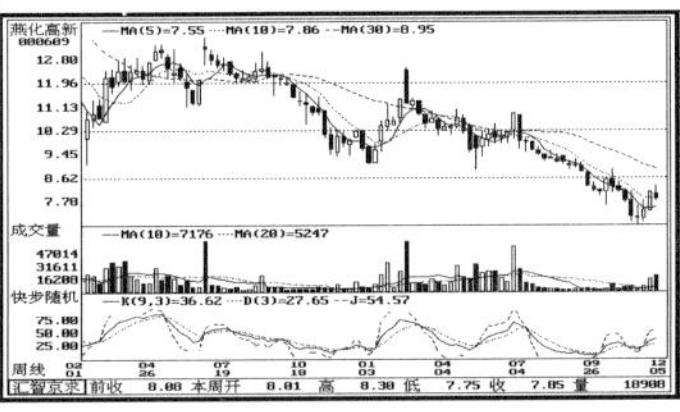

2002年涨跌幅(%)	-24.48
2002年最高(元)	13.61
2002年最低(元)	8.88
2002年换手率(%)	126.09
2003年涨跌幅(%)	-14.13
2003年最高(元)	12.49
2003年最低(元)	6.95
2003年换手率(%)	125.94

西安旅游(集团)股份有限公司

公司概况

公司名称	西安旅游(集团)股份有限公司	股票代码	000610
注册地址	西安市环城南路中段 2 号	邮政编码	710054
法人代表	蔡建新	董秘	刘建利
电话	029-2065555	传真	029-2065500
主营业务	饭店、餐饮、旅游服务、石油开发、开采		

总股本	16759.79	流通 A	5304.00	流通 B		流通 H	
审计单位				审计意见	未审计		

主要财务指标

年度	2003.9	2003.6	2002	2001
每股收益 / 扣除后(元)	-0.0140	-0.0260	0.0350	0.0240
每股经营现金流量(元)	0.0700	0.0160	0.1750	0.2000
每股净资产 / 调整后(元)	1.7170	1.6950	1.7080	1.8200
每股公积金(元)		0.7489	0.7489	0.7489
净资产收益率(%)	-0.3380	-1.0300	1.7900	0.4300
总资产(万元)	42974.88	43770.19	47131.16	43182.94
股东权益(万元)	34289.67	34053.47	34405.74	34795.28
未分配利润(万元)	2545.05	2308.84	2661.11	3143.41
主营收入(万元)	5635.51	3525.72	9573.40	9357.76
资本公积金(万元)	12551.87	12551.87	12551.87	12551.87
主营利润(万元)	3925.65	2383.01	6797.70	6667.26
其他业务利润(万元)				
营业利润(万元)	-168.32	-379.03	796.32	580.53
投资收益(万元)	570.03	542.91		0.26
补贴收入(万元)			70.00	
营业外收支(万元)	-451.69		-35.67	-248.33
利润总额(万元)	-49.98	-290.07	830.65	332.46
净利润(万元)	-116.06	-352.27	616.05	150.67

十大股东

序号	股东名称	股份性质	持股数(万股)	比例(%)
1	西安旅游集团有限责任公司	国有股	6355.79	37.92
2	浙江博鸿投资顾问有限公司	法人股	3000.00	17.90
3	西安江洋商贸公司	法人股	1221.77	7.29
4	陕西开源证券经纪有限责任公司	法人股	119.00	0.71
5	劳司钟青商店	法人股	77.98	0.47
6	陕西一诺高校木器工业有限公司	法人股	51.00	0.30
7	西安莲湖通用电经电缆供应站	法人股	34.00	0.20
8	西飞财务公司	法人股	28.32	0.17
9	潼关县太要镇第九金矿	法人股	26.52	0.16
10	罗达恒	流通股	20.46	0.12

股东人数	2003.9	2003.6	2002	2001
	31802	32027	32176	32368

近年分配	2002年10股派0.6元 2001年10股派0.4元	近年配股 / 增发	不分配不转增

重大事项

2003年8月23日,公司与关联方西安御苑实业有限责任公司签订的《西安野生动物园餐饮服务及商业设施投资合作协议书》,公司出资1000万元与御苑实业共同开发西安野生动物园园区餐饮服务及商业设施投资项目。　公司于2003年6月24日收到中华人民共和国最高人民法院民事判决书,就公司与西安饮食服务(集团)股份有限公司借款纠纷诉讼事项作出终审判决:撤销陕西省高级人民法院(2002)陕民二初字第10号民事判决;西安饮食向公司偿还借款本金2162.60万元及利息、罚息。照此判决,执行完成后将会对公司财务状况产生显著影响。

二〇〇二年以来市场表现

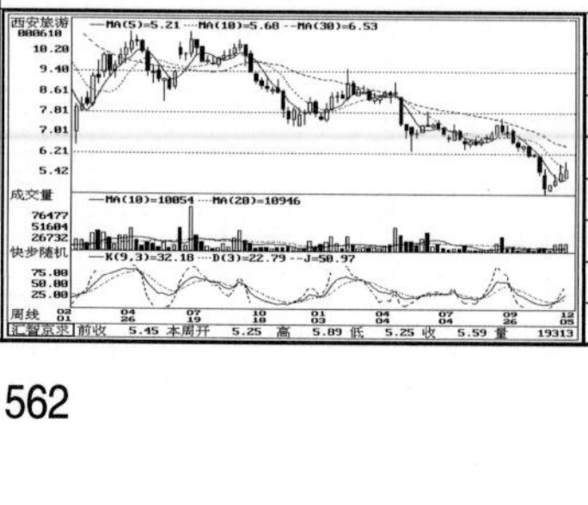

2002年涨跌幅(%)	-23.91
2002年最高(元)	10.94
2002年最低(元)	6.15
2002年换手率(%)	193.85
2003年涨跌幅(%)	-27.43
2003年最高(元)	9.42
2003年最低(元)	4.62
2003年换手率(%)	131.65

内蒙古时代科技股份有限公司

公司概况

公司名称	内蒙古时代科技股份有限公司	股票代码	000611
注册地址	内蒙古时代科技股份有限公司	邮政编码	100085
法人代表	王小兰	董秘	戚蒙青
电话	010-82890385	传真	010-62980724
主营业务	仪器、百货零售		

总股本	17504.06	流通 A	7548.15	流通 B		流通 H	
审计单位				审计意见	未审计		

主要财务指标

年度	2003.9	2003.6	2002	2001
每股收益 / 扣除后(元)	0.0660	0.0380	-0.0700	-0.2600
每股经营现金流量(元)	0.1530	0.2210	-0.3670	0.4400
每股净资产 / 调整后(元)	1.6600	1.6300	1.5900	1.2900
每股公积金(元)	0.6464	0.6464	0.6464	0.6464
净资产收益率(%)	3.9620	2.3400	10.9200	-19.8400
总资产(万元)	34070.42	34195.20	36620.33	54195.69
股东权益(万元)	29112.14	28629.81	27958.67	24906.72
未分配利润(万元)	-706.33	-1188.66	-1859.80	-4871.13
主营收入(万元)	5763.85	3674.84	11813.12	19212.63
资本公积金(万元)	11314.71	11314.71	11314.71	11314.71
主营利润(万元)	2431.65	1576.62	3755.55	3659.31
其他业务利润(万元)	180.30	120.06	172.28	84.54
营业利润(万元)	1259.65	735.03	300.55	-5089.01
投资收益(万元)	-32.85	-24.02	3252.87	-50.94
补贴收入(万元)				
营业外收支(万元)	-0.32		-449.16	-473.03
利润总额(万元)	1226.48	711.15	3104.27	-5612.98
净利润(万元)	1153.47	671.14	3051.94	-4942.26

十大股东

序号	股东名称	股份性质	持股数(万股)	比例(%)
1	时代集团公司	法人股	5124.79	29.28
2	北京益泰电子集团有限责任公司	法人股	3150.72	18.00
3	内蒙古阿拉善盟吉兰泰盐场	法人股	432.00	2.47
4	北京东安集团公司	法人股	216.00	1.23
5	深圳市进烨贸易发展有限公司	法人股	216.00	1.23
6	呼市卷烟厂	法人股	216.00	1.23
7	呼市租赁公司	法人股	194.40	1.11
8	北京市西单商场股份有限公司	法人股	43.20	0.25
9	天津百货大楼股份有限公司	法人股	43.20	0.25
10	福州华联商厦	法人股	43.20	0.25

股东人数	2003.9	2003.6	2002	2001
	30078	31886	23185	24514

近年分配		近年配股 / 增发	不分配不转增

重大事项

公司法人股东时代集团公司于2003年8月14日质押给北京康得投资有限公司的法人股51,247,931股经质权人申请已于2003年11月11日解除质押.时代集团公司以所持公司法人股51,247,931股向中信信托投资有限责任公司申请质押贷款,质押期限从2003年11月11日至质权人申请解除质押止.　2003年8月16日,因北京康得投资有限公司为公司法人股东时代集团公司提供担保,时代集团公司于2003年08月14日将所持公司法人股51247931股质押给北京康得投资有限公司,以作为上述担保的反担保.质押期至2007年12月31日止.

二〇〇二年以来市场表现

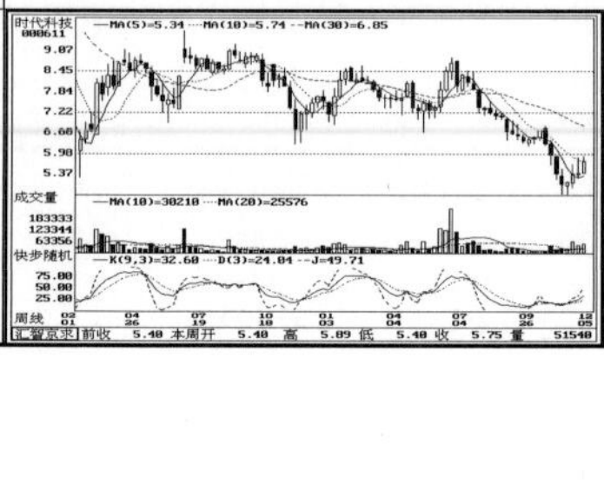

2002年涨跌幅(%)	-8.21
2002年最高(元)	9.69
2002年最低(元)	5.00
2002年换手率(%)	227.82
2003年涨跌幅(%)	-25.72
2003年最高(元)	8.85
2003年最低(元)	4.75
2003年换手率(%)	243.67

焦作万方铝业股份有限公司

公司概况

公司名称	焦作万方铝业股份有限公司			股票代码	000612		
注册地址	河南省焦作市塔南路 31 号			邮政编码	454003		
法人代表	金保庆			董秘	贾东焰		
电话	0391-3903848			传真	0391-3903796		
主营业务	铝冶炼及加工、铝制品的生产和销售等						
总股本	48017.61	流通 A	21120.65	流通 B		流通 H	
审计单位				审计意见	未审计		

主要财务指标

年度	2003.9	2003.6	2002	2001
每股收益/扣除后(元)	0.2070	0.0760	0.2590	0.1760
每股经营现金流量(元)	-0.1490	-0.1020	0.5890	0.4580
每股净资产/调整后(元)	1.7510	1.7120	2.7030	2.0070
每股公积金(元)	0.3012	0.3011	1.0812	0.5119
净资产收益率(%)	10.3700	4.1100	11.4100	7.8360
总资产(万元)	263760.00	236949.02	209880.25	172593.55
股东权益(万元)	94080.79	87935.90	84850.59	59477.70
未分配利润(万元)	22514.53	16376.71	13198.98	11453.98
主营收入(万元)	118429.93	64934.73	121594.84	129170.81
资本公积金(万元)	14464.63	14457.56	32446.51	13802.70
主营利润(万元)	20551.85	9942.99	24185.95	17600.69
其他业务利润(万元)	2015.87	1095.66	162.50	48.41
营业利润(万元)	12226.08	4277.60	10810.82	4780.79
投资收益(万元)	2895.09	1642.83	3445.83	675.98
补贴收入(万元)				
营业外收支(万元)	-192.82		-68.35	-374.45
利润总额(万元)	14928.36	5881.60	14188.29	5082.33
净利润(万元)	9755.78	3617.96	9685.03	4660.76

十大股东

序号	股东名称	股份性质	持股数(万股)	比例(%)
1	焦作市万方集团有限责任公司	发起人国有法人股	25134.40	52.34
2	河南省外商投资企业物资供销公司	定向法人境内法人股	691.20	1.44
3	无锡市嘉亿商贸有限公司	发起人境内法人股	345.60	0.72
4	河南省铝业公司	定向法人境内法人股	241.92	0.50
5	黄秀清	流通股	210.08	0.44
6	金鑫证券投资基金	流通股	198.58	0.41
7	海南豫州冶金建材进出口公司	发起人境内法人股	138.24	0.29
8	河南冶金建材实业有限公司	发起人境内法人股	138.24	0.29
9	贾棣华	流通股	120.00	0.25
10	焦作市投资公司	定向境内法人股、流通	104.45	0.22

股东人数	2003.9	2003.6	2002	2001
	45816	48808	39678	43509

近年分配	2002年 10 股派 2 元	近年配股/增发	2002年 10 股转增 6 股、配 3 股

重大事项

2003 年 9 月 3 日,公司 280KA 槽铝电解完善工程续建 6.8 万吨部分已于近日完工,共有 90 台电解槽,开始陆续启动并投入生产.目前, 公司年生产电解铝能力为 18.3 万吨,本次通电启动全部完成后公司电解铝年产能将达到 25.1 万吨. 公司于 2003 年 5 月 28 日接河南省高级人民法院通知,其所持有的公司国有法人股 4000 万股被司法冻结,占公司总股本的 8.33%.

二〇〇二年以来市场表现

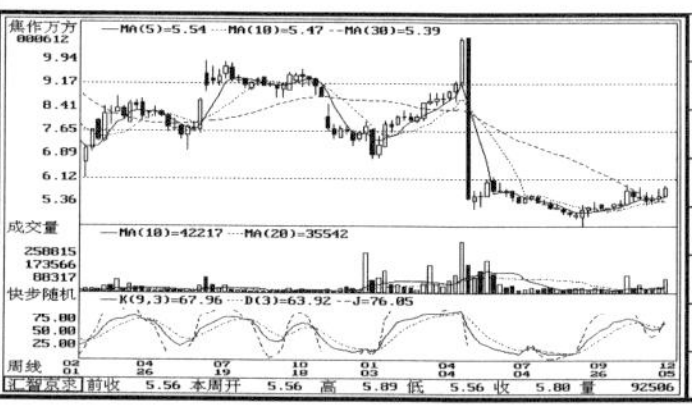

2002年涨跌幅(%)	-10.42
2002年最高(元)	5.70
2002年最低(元)	3.89
2002年换手率(%)	66.39
2003年涨跌幅(%)	29.30
2003年最高(元)	6.56
2003年最低(元)	4.08
2003年换手率(%)	139.98

海南大东海旅游中心股份有限公司

公司概况

公司名称	海南大东海旅游中心股份有限公司			股票代码	000613		
注册地址	海南省三亚市大东海			邮政编码	572021		
法人代表	李珊瑚			董秘	柳俊涛		
电话	0898-88219888-8264			传真	0898-88212298		
主营业务	酒店及旅游娱乐业、房地产开发经营						
总股本	36410.00	流通 A	4510.00	流通 B	8800.00	流通 H	
审计单位				审计意见	未审计		

主要财务指标

年度	2003.9	2003.6	2002	2001
每股收益/扣除后(元)	-0.0340	-0.0223	-0.0134	-0.0390
每股经营现金流量(元)	-0.0070	-0.0080	0.0030	0.0120
每股净资产/调整后(元)	-0.0160	-0.0008	0.0200	0.0050
每股公积金(元)	0.1418	0.1418	0.1418	0.1304
净资产收益率(%)	-2440.4800	-189.9800	1.8700	24.2400
总资产(万元)	18781.14	19007.30	19579.65	22024.01
股东权益(万元)	49.36	418.24	1212.79	735.21
未分配利润(万元)	-41523.90	-41155.03	-40360.47	-40422.56
主营收入(万元)	880.32	615.29	2428.05	2265.16
资本公积金(万元)	5163.26	5163.26	5163.26	4747.78
主营利润(万元)	739.50	524.20	2115.94	1914.26
其他业务利润(万元)	2.89	1.78	89.59	48.41
营业利润(万元)	-1226.85	-810.80	-404.41	-1437.41
投资收益(万元)				
补贴收入(万元)			397.30	791.57
营业外收支(万元)	22.13	16.25	29.83	824.06
利润总额(万元)	-1204.71	-794.55	22.72	178.22
净利润(万元)	-1204.71	-794.55	22.72	178.22

十大股东

序号	股东名称	股份性质	持股数(万股)	比例(%)
1	海口食品有限公司	法人股	6000.00	16.48
2	中国长城资产管理公司	国家股	3632.70	9.98
3	海南三亚银农实业开发总公司	法人股	990.00	2.72
4	洋浦金裕实业有限公司	法人股	666.60	1.83
5	华夏证券有限公司	法人股	660.00	1.81
6	上海景贤投资有限公司	法人股	497.30	1.37
7	中国对外经济贸易信托投资公司	国家股	396.00	1.09
8	海南港澳国际租赁公司	国家股	389.40	1.07
9	三亚市中兴发展公司	法人股	363.00	1.00
10	中国农业银行海口市金贸区支行	国家股	330.00	0.91

股东人数	2003.9	2003.6	2002	2001
	22031	21818	21457	18961

近年分配		近年配股/增发	不分配不转增

重大事项

2003 年 2 月 26 日, 公司第一大股东海口食品有限公司将所持的公司的 2000 万股定向法人境内法人股质押给中国长城资产管理公司, 作为 6000 万股股权转让价款中海口食品有限公司未支付的剩余 1000 万元价款的担保.质押期限从 2003 年 2 月 25 日至 2003 年 5 月 31 日止. 2003 年 01 月 15 日,根据中国长城资产管理公司与海口食品有限公司签署的《股权转让协议书》的规定,长城公司将其持有公司 6000 万股国家股转让给食品公司,本次股权转让后, 食品公司将持有公司股份 6000 万股,成为公司第一大股东;长城公司仍持有公司股份 3632.7 万股, 成为公司第二大股东.

二〇〇二年以来市场表现

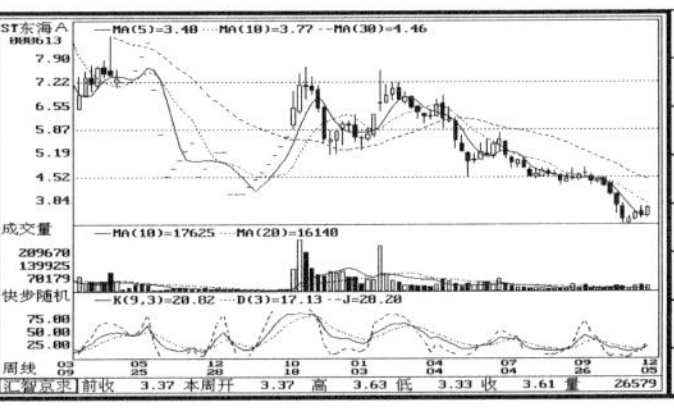

2002年涨跌幅(%)	3.27
2002年最高(元)	7.65
2002年最低(元)	4.00
2002年换手率(%)	306.18
2003年涨跌幅(%)	-37.24
2003年最高(元)	7.56
2003年最低(元)	3.16
2003年换手率(%)	340.28

湖北金环股份有限公司

公司概况

公司名称	湖北金环股份有限公司	股票代码	000615
注册地址	湖北省襄樊市樊城区陈家湖	邮政编码	441133
法人代表	王凤岐	董秘	郑小华
电话	0710-2108234	传真	0710-2108233
主营业务	粘胶纤维、玻璃纸制造销售、纺织机械设计制造等		
总股本	15490.85	流通 A	7096.11
流通 B		流通 H	
审计单位		审计意见	未审计

主要财务指标

年度	2003.9	2003.6	2002	2001
每股收益/扣除后(元)	0.1400	0.1130	0.3100	0.1700
每股经营现金流量(元)	-1.1900	-1.1680	1.0200	-0.5500
每股净资产/调整后(元)	4.1520	4.1000	3.9600	3.5400
每股公积金(元)	1.5280	1.5280	1.5280	1.4365
净资产收益率(%)	4.5000	3.5400	9.4400	4.7700
总资产(万元)	164889.09	158541.08	129099.98	99792.47
股东权益(万元)	64318.95	63675.85	61422.84	54979.41
未分配利润(万元)	14406.96	13763.86	11510.85	9555.57
主营收入(万元)	119367.89	69680.67	184961.23	79852.40
资本公积金(万元)	23670.12	23670.12	23670.12	22253.12
主营利润(万元)	11942.74	8136.51	18131.65	6124.36
其他业务利润(万元)	80.86	46.59	14.03	83.34
营业利润(万元)	2943.77	2504.84	8218.00	3715.70
投资收益(万元)	179.24	30.30	323.41	674.62
补贴收入(万元)	340.13	111.86	186.17	
营业外收支(万元)	-59.44		-231.34	-2.64
利润总额(万元)	3403.70	2635.10	8496.24	4387.68
净利润(万元)	2896.11	2253.01	5800.98	2622.01

十大股东

序号	股东名称	股份性质	持股数(万股)	比例(%)
1	湖北泰跃投资集团有限公司	社会法人股	4492.35	29.00
2	湖北化纤集团有限公司	发起人国有法人股	2209.75	14.26
3	湖北化纤集团有限公司综合经营公司	发起人境内法人股	561.52	3.26
4	湖北化纤集团有限公司工会	定向法人境内法人股	438.64	2.83
5	杭州夏嘉化纤有限公司	定向法人境内法人股	140.00	0.90
6	襄樊市第一棉纺织厂	发起人境内法人股	109.20	0.70
7	上海君山投资咨询有限公司	定向法人境内法人股	109.20	0.70
8	湖北化纤集团凯创科技发展公司	定向法人境内法人股	101.08	0.65
9	杭州金宇环境技术开发有限公司	定向法人境内法人股	56.56	0.37
10	麻长纹	流通股	53.26	0.34

股东人数	2003.9	2003.6	2002	2001
	20107	20222	19893	21517

近年分配	2002年10股派0.5元	近年配股/增发	不分配不转增

重大事项

2003年07月19日,公司接控股股东湖北泰跃投资集团有限公司通知,该公司将其所持有的公司社会法人股共计4492.3465万股向上海浦东发展银行广州分行天誉支行进行贷款质押，质押期一年. 2003年4月10日，公司控股股东湖北化纤集团有限公司于2001年7月13日与湖北泰跃投资集团有限公司签署股权转让协议，将其持有的公司国有法人股4492.3465万股转让给泰跃投资集团.目前,各项报批手续已完成.此次国有股转让完成后,泰跃投资集团持有公司29%社会法人股,为公司第一大股东.

二〇〇二年以来市场表现

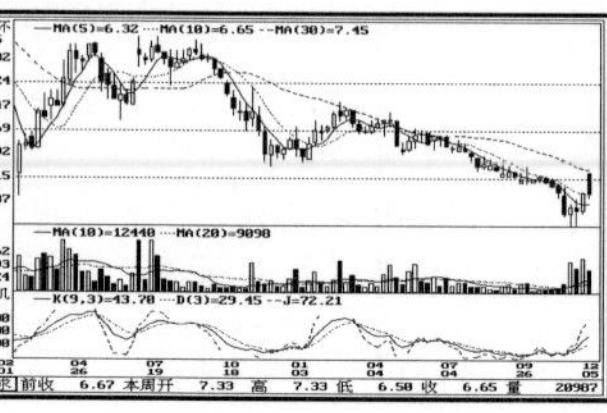

2002年涨跌幅(%)	-29.55
2002年最高(元)	11.74
2002年最低(元)	5.91
2002年换手率(%)	111.43
2003年涨跌幅(%)	-14.71
2003年最高(元)	9.58
2003年最低(元)	5.60
2003年换手率(%)	67.30

大连亿城集团股份有限公司

公司概况

公司名称	大连亿城集团股份有限公司	股票代码	000616
注册地址	辽宁省大连市中山区中山路124号	邮政编码	116001
法人代表	李强	董秘	郑力齐
电话	0411-3633671-381	传真	0411-3642706
主营业务	旅馆和餐饮、商场经营等		
总股本	18894.20	流通 A	8772.31
流通 B		流通 H	
审计单位		审计意见	未审计

主要财务指标

年度	2003.9	2003.6	2002	2001
每股收益/扣除后(元)	0.1700	-0.1200	0.0100	0.1000
每股经营现金流量(元)	-0.0610	-0.4830	-2.1100	-0.9400
每股净资产/调整后(元)	2.5100	2.1300	2.2400	3.0500
每股公积金(元)	1.0379	1.0379	1.0379	1.6492
净资产收益率(%)	7.6500	-4.1900	1.3600	3.1500
总资产(万元)	198821.03	208742.89	151645.87	85725.97
股东权益(万元)	51906.36	46006.05	47934.59	47283.15
未分配利润(万元)	10774.48	4874.16	6802.71	6248.98
主营收入(万元)	52706.56	1980.93	7819.12	8476.24
资本公积金(万元)	19619.83	19609.83	19609.83	23970.03
主营利润(万元)	9417.36	1344.54	5985.25	6994.80
其他业务利润(万元)				
营业利润(万元)	3268.04	-2790.38	-422.01	1367.93
投资收益(万元)	66.77	-60.07	3664.41	314.06
补贴收入(万元)	948.79			
营业外收支(万元)	-114.62	-116.62	-2480.78	1.85
利润总额(万元)	4168.97	-2408.17	761.62	1683.83
净利润(万元)	3971.77	-1928.54	651.44	1490.51

十大股东

序号	股东名称	股份性质	持股数(万股)	比例(%)
1	北京乾通投资有限公司	社会法人股	5623.59	29.76
2	天津市汇邦商贸有限公司	社会法人股	1855.68	9.82
3	北京泰然科技投资有限公司	社会法人股	1173.65	6.21
4	大连市国有资产管理局	国有股	1079.67	5.71
5	大连市日兴实业公司	社会法人股	389.30	2.06
6	长城证券有限责任公司	社会公众股	171.96	0.91
7	深圳市嘉瑞通投资发展有限公司	社会公众股	126.72	0.67
8	深圳市容大投资发展有限公司	社会公众股	77.85	0.41
9	李永全	社会公众股	70.17	0.37
10	吴峰	社会公众股	68.68	0.36

股东人数	2003.9	2003.6	2002	2001
	12293	13245	15173	12289

近年分配		近年配股/增发	2002年中期10股转增3股

重大事项

2003年8月23日,公司接第一大股东北京乾通投资有限公司通知:其所持有的公司股份56,235911股中的2600万股社会法人股,已质押给华夏银行昆明分行高新支行,期限至华夏银行昆明分行高新支行申请解冻止. 2003年8月23日,本公司控股子公司北京亿城房地产开发有限公司,向华夏银行北京知春支行申请一年期贷款人民币8000万元,本公司决定为此笔贷款提供信用担保.

二〇〇二年以来市场表现

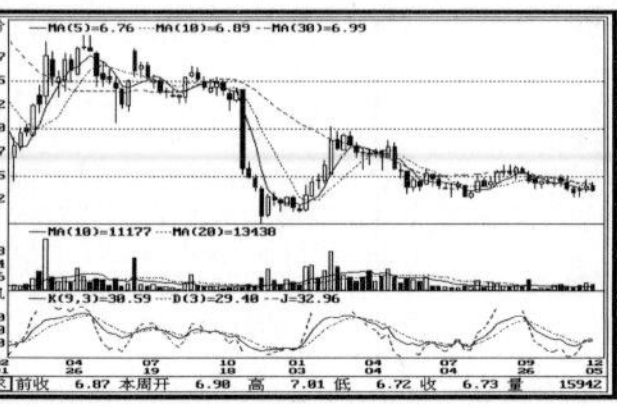

2002年涨跌幅(%)	-21.34
2002年最高(元)	9.38
2002年最低(元)	5.42
2002年换手率(%)	137.24
2003年涨跌幅(%)	14.31
2003年最高(元)	8.96
2003年最低(元)	5.98
2003年换手率(%)	137.76

济南柴油机股份有限公司

公司概况

公司名称	济南柴油机股份有限公司			股票代码	000617		
注册地址	山东省济南市文化西路 14 号			邮政编码	250063		
法人代表	王涛			董秘	张谦惕		
电话	0531-2965971			传真	0531-2961241		
主营业务	柴油机、气体发动机、柴油及气体发电机的制造、销售						
总股本	10400.00	流通 A	3250.00	流通 B		流通 H	
审计单位				审计意见	未审计		

主要财务指标

年度	2003.9	2003.6	2002	2001
每股收益 / 扣除后(元)	0.3100	0.1830	0.2845	0.1500
每股经营现金流量(元)	0.4600	0.2890	-0.0283	-0.0313
每股净资产 / 调整后(元)	2.1500	1.9541	1.8300	1.6196
每股公积金(元)	0.6603	0.6603	0.6553	0.8274
净资产收益率(%)	14.5300	8.9600	17.8900	11.6470
总资产(万元)	60183.86	57583.11	58193.63	45623.59
股东权益(万元)	22713.53	21323.48	19361.62	17276.17
未分配利润(万元)	4954.71	3564.67	1654.81	-1913.81
主营收入(万元)	23536.66	15453.59	26490.28	23079.85
资本公积金(万元)	6867.44	6867.43	6815.43	8604.87
主营利润(万元)	5184.50	3227.13	6393.62	6265.16
其他业务利润(万元)	273.72	318.02	664.58	565.85
营业利润(万元)	1837.50	1172.10	2588.81	2286.53
投资收益(万元)	1762.32	899.19	1365.32	
补贴收入(万元)	24.44	24.44	14.39	11.88
营业外收支(万元)	-21.80		-20.22	-31.87
利润总额(万元)	3602.45	2102.36	3948.30	2266.54
净利润(万元)	3299.90	1909.86	3464.27	2012.12

十大股东

序号	股东名称	股份性质	持股数(万股)	比例(%)
1	济南柴油机厂	国有法人股	7150.00	68.75
2	何绍伟	A股流通股	26.63	0.26
3	杨存刚	A股流通股	20.83	0.20
4	符海洋	A股流通股	14.04	0.14
5	尹廷卫	A股流通股	12.00	0.12
6	赵硕	A股流通股	11.20	0.11
7	郑景壮	A股流通股	10.93	0.11
8	厦门国际信托投资有限公司	A股流通股	10.50	0.10
9	谭鹏	A股流通股	10.40	0.10
10	王弛	A股流通股	9.58	0.09

股东人数	2003.9	2003.6	2002	2001
	10383	10421	9757	9879

近年分配	2002 年 10 股派 0.75 元	近年配股 / 增发	不分配不转增

重大事项

2003 年 8 月 19 日，公司董事会同意公司向福建兴业银行济南分行等五银行申请年度总额度为 5000 万元的承兑汇票授信的议案。 2003 年 5 月 29 日，公司因生产经营和支付原收购股权款的需要，向关联方中油财务有限责任公司贷款人民币 4115 万元，贷款期限一年，利率 4.5135%，由中国石油物资装备(集团)总公司提供担保。公司拟向公司第一大股东济南柴油机厂借款人民币壹亿元，借款期限暂定一年以上。

二〇〇二年以来市场表现

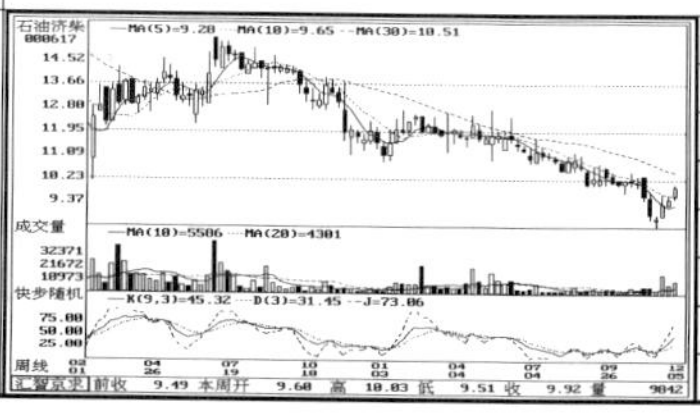

2002年涨跌幅(%)	-17.21
2002年最高(元)	15.31
2002年最低(元)	8.44
2002年换手率(%)	150.40
2003年涨跌幅(%)	-14.58
2003年最高(元)	12.65
2003年最低(元)	8.51
2003年换手率(%)	84.40

吉林化学工业股份有限公司

公司概况

公司名称	吉林化学工业股份有限公司			股票代码	000618		
注册地址	吉林省吉林龙潭区遵义东路 31 号			邮政编码	132021		
法人代表	于力			董秘	张丽燕		
电话	0432-3903651			传真	0432-3028126		
主营业务	生产石油产品、石化及有机化工产品等						
总股本	356107.81	流通 A	20000.00	流通 B		流通 H	96477.80
审计单位				审计意见	未审计		

主要财务指标

年度	2003.9	2003.6	2002	2001
每股收益 / 扣除后(元)	0.0800	0.0800	-0.0700	-0.4790
每股经营现金流量(元)	0.8500	0.5400	0.5200	0.6700
每股净资产 / 调整后(元)	0.7800	0.7600	0.7600	0.6700
每股公积金(元)	0.6441	0.6441	0.6441	0.6441
净资产收益率(%)	10.7400	7.7800	-35.9200	-46.4500
总资产(万元)	1368706.37	1388846.62	1433623.12	1453195.12
股东权益(万元)	320390.87	309684.22	285586.91	388174.47
未分配利润(万元)	-335223.09	-345929.75	-370027.03	-267401.69
主营收入(万元)	1394114.00	888512.87	1231914.00	1191408.25
资本公积金(万元)	229361.89	229361.89	229361.89	229361.89
主营利润(万元)	113725.97	75631.54	76492.22	28257.72
其他业务利润(万元)	-506.47	318.28	325.29	-4680.76
营业利润(万元)	36425.06	25600.94	-36883.18	-180766.41
投资收益(万元)	513.00	260.16	-830.82	3932.69
补贴收入(万元)	50.20	50.20		217.45
营业外收支(万元)	-2396.86		-65389.60	-3123.85
利润总额(万元)	34591.39	23951.08	-103103.60	-179740.11
净利润(万元)	34803.95	24097.28	-102573.26	-180302.16

十大股东

序号	股东名称	股份性质	持股数(万股)	比例(%)
1	中国石油天然气股份有限公司	A股	239630.00	67.29
2	香港中央结算代理人有限公司	H股	80710.67	22.66
3	香港上海汇丰银行(代理人)有限公司	H股	13510.53	3.79
4	刘武蓉	A股	257.56	0.07
5	陈玉	A股	170.00	0.05
6	张力	A股	150.00	0.04
7	西北证券有限责任公司	A股	145.83	0.04
8	乔良	A股	140.00	0.04
9	乔宏	A股	98.80	0.03
10	赵英	A股	95.00	0.03

股东人数	2003.9	2003.6	2002	2001
	61256	59668	65565	113873

近年分配		近年配股 / 增发	不分配不转增

重大事项

2003 年 11 月 14 日，公司拟以应收吉化集团的应收账款中的人民币 15,950 万元为收购吉化集团公司的过滤水系统和 781 号工段气氨液化机器设备的资产。定于 2003 年 12 月 30 日召开临时股东大会。本次收购资产的关联交易协议草签于 2003 年 11 月 13 日，地点为吉林省吉林市。交易标的金额为人民币 15,950 万元，本公司以对吉化集团的人民币 15,950 万元的债权，收购吉化集团经评估后等值的资产。

二〇〇二年以来市场表现

2002年涨跌幅(%)	11.61
2002年最高(元)	6.99
2002年最低(元)	2.90
2002年换手率(%)	299.06
2003年涨跌幅(%)	-5.20
2003年最高(元)	5.87
2003年最低(元)	4.48
2003年换手率(%)	103.32

芜湖海螺型材科技股份有限公司

公司概况

公司名称	芜湖海螺型材科技股份有限公司	股票代码	000619		
注册地址	安徽省芜湖市经济技术开发区	邮政编码	241009		
法人代表	郭景彬	董秘	明章春		
电话	0553-5840158	传真	0553-5840118		
主营业务	塑料型材、板材、门窗、五金制品、钢龙骨制造等				
总股本	36000.00	流通 A	16200.00	流通 B	流通 H
审计单位		审计意见	未审计		

主要财务指标

年度	2003.9	2003.6	2002	2001
每股收益/扣除后(元)	0.1500	0.1121	0.5218	1.2700
每股经营现金流量(元)	0.0130	-0.3000	0.3300	1.4900
每股净资产/调整后(元)	3.4100	3.3581	3.2600	2.5700
每股公积金(元)	1.2649	1.2649	1.2649	0.3071
净资产收益率(%)	4.4000	3.3300	16.0900	48.7600
总资产(万元)	202448.28	205228.14	149842.56	100002.71
股东权益(万元)	122670.79	121313.04	117274.91	38642.46
未分配利润(万元)	31385.19	30027.44	25989.31	13359.23
主营收入(万元)	154760.20	89512.19	152695.36	107775.24
资本公积金(万元)	45535.30	45535.30	45535.30	4605.92
主营利润(万元)	14890.17	9665.39	34313.21	27673.96
其他业务利润(万元)	341.16	202.20	200.66	274.38
营业利润(万元)	5868.70	3841.66	23874.00	17945.36
投资收益(万元)				
补贴收入(万元)	652.00	602.20	699.00	637.89
营业外收支(万元)	7.17		106.79	-101.33
利润总额(万元)	6527.88	4449.50	24679.79	18481.91
净利润(万元)	5395.88	4038.13	18863.06	18843.66

十大股东

序号	股东名称	股份性质	持股数(万股)	比例(%)
1	安徽海螺建材股份有限公司	国有法人股	15300.00	42.50
2	中国宣纸集团	国有法人股	4500.00	12.50
3	合肥天海商贸有限责任公司	社会公众股	319.02	0.89
4	合肥信息投资有限公司	社会公众股	203.97	0.57
5	同盛证券投资基金	社会公众股	161.57	0.45
6	宁波大榭开发区投资控股有限公司	社会公众股	116.86	0.32
7	玉环汽车部件总厂	社会公众股	100.32	0.28
8	李学红	社会公众股	96.26	0.27
9	江苏鑫苏财务顾问有限公司	社会公众股	96.24	0.27
10	安徽省君诚商贸有限责任公司	社会公众股	55.94	0.16

股东人数	2003.9	2003.6	2002	2001
	15438	13476	17969	4057

近年分配	2002年10股派0.6元 2001年10股派2元	近年配股/增发	2002年10股转增10股

重大事项

2003年9月1日,第二大股东中国宣纸集团公司与盾安控股集团有限公司签署了《股权转让协议》.根据协议,宣纸集团有意向转让、盾安集团有意向受让宣纸集团所持有的公司国有法人股4500万股的全部股份,股权转让的总价款为15300万元.该项股权转让尚须报有关部门批准. 2003年04月2日,关于公司拟收购安徽海螺建材股份有限公司持有的安徽海螺彩色印刷有限公司的73%的出资权益事宜,海螺彩印于2003年02月28日在持续经营的前提下重新对其市场价值进行了资产评估,转让价格重新定为584.95万元.

二〇〇二年以来市场表现

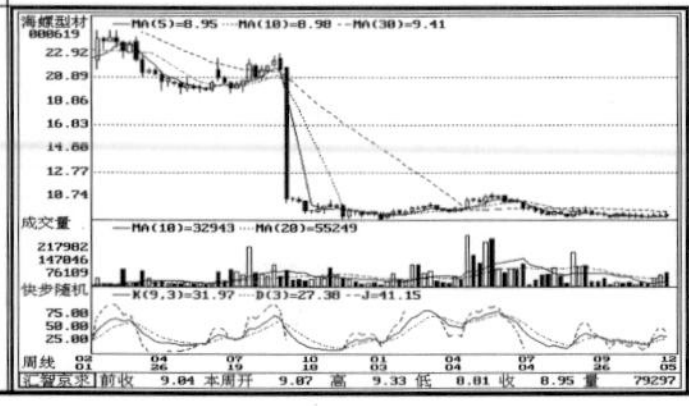

2002年涨跌幅(%)	-21.94
2002年最高(元)	12.32
2002年最低(元)	8.67
2002年换手率(%)	143.36
2003年涨跌幅(%)	0.44
2003年最高(元)	10.89
2003年最低(元)	8.65
2003年换手率(%)	218.18

黑龙江圣方科技股份有限公司

公司概况

公司名称	黑龙江圣方科技股份有限公司	股票代码	000620		
注册地址	黑龙江省牡丹江市东三条路98号	邮政编码	710075		
法人代表	唐李	董秘	贺立辉		
电话	029-5223102	传真	029-5223101		
主营业务	石油化工橡胶产品、计算机软件开发、系统集成等				
总股本	31162.70	流通 A	15048.00	流通 B	流通 H
审计单位		审计意见	未审计		

主要财务指标

年度	2003.9	2003.6	2002	2001
每股收益/扣除后(元)	0.0143	0.0120	-0.1200	-0.2400
每股经营现金流量(元)	0.1100	0.1130	-0.0760	-0.3800
每股净资产/调整后(元)	0.7100	0.7200	0.6200	2.1600
每股公积金(元)		0.7629	0.7629	0.7603
净资产收益率(%)	2.3000	2.1200	-15.9000	-12.1400
总资产(万元)	71381.17	68689.97	64850.70	115945.25
股东权益(万元)	26583.99	26529.94	25580.01	67160.82
未分配利润(万元)		-36354.53	-36950.22	1847.46
主营收入(万元)	52258.64	32528.68	61507.53	51556.02
资本公积金(万元)		23775.05	23775.05	23693.76
主营利润(万元)	1659.60	1159.18	4343.07	914.13
其他业务利润(万元)	1192.06	384.53	5.76	0.50
营业利润(万元)	444.67	382.21	-2894.49	-7894.69
投资收益(万元)	6.25	6.25	-622.32	167.96
补贴收入(万元)	175.00	175.00	200.00	
营业外收支(万元)	-12.36		-425.85	-536.04
利润总额(万元)	613.56	561.74	-3742.67	-8262.77
净利润(万元)	613.53	561.74	-4066.91	-8153.42

十大股东

序号	股东名称	股份性质	持股数(万股)	比例(%)
1	西安圣方科技股份有限公司	社会法人股	8725.56	28.00
2	牡丹江石油化学工业集团公司	国家股	4012.09	12.87
3	牡丹江树脂厂	社会法人股	1309.06	4.20
4	宏源证券股份有限公司	国有法人股	1300.00	4.17
5	牡丹江造纸厂	社会法人股	384.00	1.23
6	黑龙江省五常葵花药业有限公司	社会法人股	384.00	1.23
7	何清海	社会法人股	69.32	0.22
8	郑健华	社会法人股	39.60	0.13
9	孙继云	社会法人股	39.00	0.13
10	高福屯	社会法人股	33.68	0.11

股东人数	2003.9	2003.6	2002	2001
	60266	59873	66416	44852

近年分配		近年配股/增发	不分配不转增

重大事项

2003年5月27日,公司收到西安市雁塔区人民法院执行通知:西安圣方数码科技有限责任公司向西安建行高新支行借款,因逾期涉讼,涉讼金额31156100元人民币,公司负担保责任. 2003年01月04日,中科软件集团有限公司2001年在中国建设银行北京海淀支行借款1亿元人民币已办理转贷,公司继续为其提供担保,转贷期限为2002年12月10日至2003年10月9日.

二〇〇二年以来市场表现

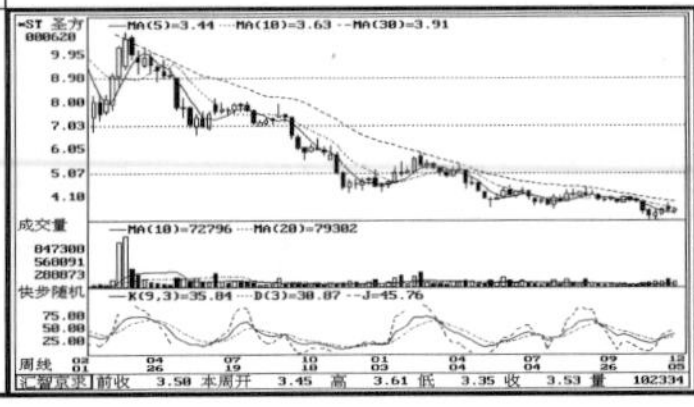

2002年涨跌幅(%)	-59.51
2002年最高(元)	10.93
2002年最低(元)	4.23
2002年换手率(%)	482.99
2003年涨跌幅(%)	-18.98
2003年最高(元)	5.87
2003年最低(元)	3.12
2003年换手率(%)	303.97

比特科技控股股份有限公司

公司概况

公司名称	比特科技控股股份有限公司			股票代码	000621		
注册地址	上海市钦江路 99 号			邮政编码	200054		
法人代表	吕邦柏			董秘	刘济东		
电话	021-62808862-112			传真	021-62812886		
主营业务	电子计算机软硬件、机械电器设备、文化用品及办公设备等						
总股本	14968.32	流通 A	5567.70	流通 B		流通 H	
审计单位				审计意见	未审计		

主要财务指标

年度	2003.9	2003.6	2002	2001
每股收益 / 扣除后(元)	-0.7020	-0.6530	-0.6300	-0.1500
每股经营现金流量(元)	0.2600	-0.0120	-0.4570	-0.8700
每股净资产 / 调整后(元)	0.2100	0.3860	1.0200	1.9700
每股公积金(元)	0.4837	0.4837	0.4837	0.4837
净资产收益率(%)	-154.7100	-127.2000	-83.4600	-4.2900
总资产(万元)	33997.01	34766.87	47807.41	60945.56
股东权益(万元)	6996.85	7653.60	17391.67	31906.02
未分配利润(万元)	-19242.93	-18537.14	-8799.07	5715.28
主营收入(万元)	1113.21	690.21	6220.17	3911.09
资本公积金(万元)	7240.12	7240.12	7240.12	7240.12
主营利润(万元)	285.85	285.85	1247.25	2388.53
其他业务利润(万元)				5.09
营业利润(万元)	-10078.58	-9497.28	-5263.30	251.46
投资收益(万元)	-547.75	-519.07	-9890.40	-854.40
补贴收入(万元)	0.30	0.30		
营业外收支(万元)	-12.29		-4.23	-14.01
利润总额(万元)	-10638.31	-10028.23	-15157.93	-616.94
净利润(万元)	-10443.87	-9738.07	-14514.35	-1369.32

十大股东

序号	股东名称	股份性质	持股数(万股)	比例(%)
1	宁波华能租赁有限公司	定向法人股	3396.90	22.69
2	拓普投资有限公司	定向法人股	2100.00	14.03
3	中国经济开发信托投资公司	定向法人股	415.74	2.78
4	深圳市佰克利资讯技术有限公司	定向法人股	386.30	2.58
5	深圳市华友世纪资讯科技有限公司	定向法人股	300.58	2.01
6	交通银行北京分行	定向法人股	202.80	1.35
7	北海中玉集团有限责任公司	定向法人股	200.00	1.34
8	上海精微服饰有限公司	定向法人股	157.00	1.05
9	天津市富仁投资有限公司	定向法人股	150.00	1.00
10	北京瑞普电子集团	定向法人股	118.30	0.79

股东人数	2003.9	2003.6	2002	2001
	21368	21808	22583	18651

近年分配		近年配股 / 增发	不分配不转增

重大事项

2003 年 9 月 29 日,公司董事会通过关于与宁波华能租赁有限公司关联交易的决议。经公司与控股股东宁波华能租赁有限公司协商,宁波华能同意并提供短期借款 742 万元人民币于公司(不计息,期限为自公司收到借款金额之日起五个月)。公司与宁波华能已于二 00 三年八月十六日签署《借款合同》。2003 年 7 月 23 日,公司收到了张家口市中级人民法院送达的《民事判决书》,判令张家口比特大型物资运销有限公司于本判决生效后三十日内付清所欠公司借款人民币 2760.4 万元及案件受理费人民币 151030 元。

二〇〇二年以来市场表现

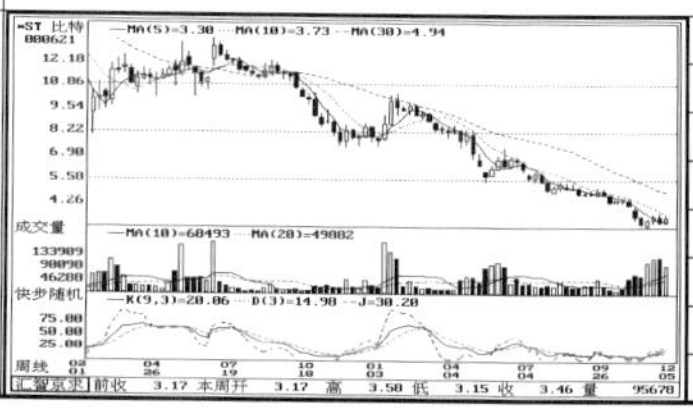

2002年涨跌幅(%)	-40.91
2002年最高(元)	13.50
2002年最低(元)	7.30
2002年换手率(%)	324.00
2003年涨跌幅(%)	-57.79
2003年最高(元)	10.32
2003年最低(元)	2.94
2003年换手率(%)	421.07

岳阳恒立冷气设备股份有限公司

公司概况

公司名称	岳阳恒立冷气设备股份有限公司			股票代码	000622		
注册地址	湖南省岳阳市青年中路			邮政编码	414000		
法人代表	覃虹			董秘	余凤庭		
电话	0730-8245198			传真	0730-8221311		
主营业务	汽车制冷空调设备的制造、销售、安装、维修						
总股本	14174.20	流通 A	6593.76	流通 B		流通 H	
审计单位				审计意见	未审计		

主要财务指标

年度	2003.9	2003.6	2002	2001
每股收益 / 扣除后(元)	0.0197	0.0300	0.0360	0.0358
每股经营现金流量(元)	-0.2100	-0.4400	0.1100	0.0090
每股净资产 / 调整后(元)	1.1700	1.1600	1.1400	1.4468
每股公积金(元)	0.4290	0.4281	0.4281	0.4281
净资产收益率(%)	0.0160	2.4100	2.9600	3.8200
总资产(万元)	60605.21	55664.09	53088.95	49935.45
股东权益(万元)	16743.12	16870.72	16472.99	20507.42
未分配利润(万元)	-4148.53	-4008.10	-4405.83	-658.02
主营收入(万元)	17550.32	12341.43	19823.65	17306.84
资本公积金(万元)	6080.88	6068.05	6068.05	6068.05
主营利润(万元)	4001.57	2974.91	5495.81	5798.84
其他业务利润(万元)	163.68	141.23	1126.14	232.09
营业利润(万元)	503.12	645.42	823.92	1299.64
投资收益(万元)	-13.77	-13.49	-29.57	104.00
补贴收入(万元)			40.40	
营业外收支(万元)	-13.41	-2.88	-26.11	-336.60
利润总额(万元)	475.94	629.05	808.64	1067.05
净利润(万元)	266.21	406.64	487.38	784.18

十大股东

序号	股东名称	股份性质	持股数(万股)	比例(%)
1	湖南省成功企业集团有限公司	法人股	3870.00	27.30
2	岳阳国资	国有股	1354.60	9.56
3	岳阳市博源经贸有限公司	法人股	480.00	3.39
4	无锡旺达商贸有限公司	法人股	480.00	3.39
5	湖南证券	法人股	240.00	1.69
6	湖南湘园投资有限公司	法人股	240.00	1.69
7	湖南兴业投资有限公司	法人股	240.00	1.69
8	中国汽车工业总公司	法人股	120.00	0.85
9	中国汽车工业总公司	法人股	120.00	0.85
10	湖南永佳投资有限公司	法人股	120.00	0.85

股东人数	2003.9	2003.6	2002	2001
	24137	24624	24921	21658

近年分配		近年配股 / 增发	不分配不转增

重大事项

公司于 2003 年 10 月 28 日接到湖南省岳阳市中级人民法院(2003)岳中民一初字第 31 号民事判决书,判决内容中涉及公司部分如下:在湖南韶峰岳阳建材有限公司担保合同纠纷一案中,公司作为其连带责任担保人应承担连带清偿责任。接本民事判决书后,公司将于近期向湖南高级人民法院提起上诉。2003 年 1 月 21 日,公司控股股东成功控股集团有限公司近日与中国建设银行长沙市华兴支行签订了《权利质押合同》,将其所持有的公司法人股 3870 万股全部质押给该行,为其在该行流动资金贷款 3000 万元提供担保。

二〇〇二年以来市场表现

2002年涨跌幅(%)	-30.35
2002年最高(元)	10.10
2002年最低(元)	6.24
2002年换手率(%)	101.39
2003年涨跌幅(%)	-26.57
2003年最高(元)	8.39
2003年最低(元)	4.30
2003年换手率(%)	84.30

吉林敖东药业集团股份有限公司

公司概况							
公司名称	吉林敖东药业集团股份有限公司			股票代码	000623		
注册地址	吉林省敦化市胜利南大街 88 号			邮政编码	133700		
法人代表	李秀林			董秘	陈永丰		
电话	0433-6238973			传真	0433-6238973		
主营业务	医药加工、种植养殖、房地产开发等						
总股本	23366.46	流通 A	12529.66	流通 B		流通 H	
审计单位				审计意见	未审计		

主要财务指标

年度	2003.9	2003.6	2002	2001
每股收益/扣除后(元)	0.0780	0.0700	0.2220	0.2580
每股经营现金流量(元)	0.5900	0.6430	-0.0200	0.2580
每股净资产/调整后(元)	4.4600	4.3500	4.4200	4.8400
每股公积金(元)	2.2872	2.2872	2.2872	2.2883
净资产收益率(%)	4.0800	3.6900	7.1200	6.6600
总资产(万元)	179925.98	178642.77	188153.02	155216.62
股东权益(万元)	110253.05	109807.55	106101.15	114427.71
未分配利润(万元)	20540.66	20095.15	16344.32	25606.38
主营收入(万元)	40522.11	30499.30	57381.63	35963.45
资本公积金(万元)	53444.41	53444.41	53444.41	53234.99
主营利润(万元)	23792.33	16928.01	34728.89	21885.29
其他业务利润(万元)	-39.42	-50.04	-230.63	93.92
营业利润(万元)	4218.76	3420.61	8133.08	6633.02
投资收益(万元)	-49.04	66.73	-115.97	1573.98
补贴收入(万元)	4499.94	4499.94	1994.90	202.50
营业外收支(万元)	-1724.01	-1996.42	405.98	1160.98
利润总额(万元)	6945.65	5990.86	10417.99	9570.48
净利润(万元)	4493.37	4047.87	7556.20	7616.85

十大股东

序号	股东名称	股份性质	持股数(万股)	比例(%)
1	敦化市金诚实业有限责任公司	法人股	3800.00	16.26
2	延边国有资产经营总公司	国家股	3316.20	14.19
3	吉林敖东药业集团股份有限公司工会委员会	法人股	2425.80	10.38
4	吉林省信托投资公司	法人股	1099.80	4.71
5	广发证券股份有限公司	流通股	823.57	3.52
6	延边永嘉经贸有限公司	流通股	195.00	0.83
7	南方稳健成长证券投资基金	流通股	116.66	0.71
8	银丰证券投资基金	流通股	103.90	0.44
9	唐成勇	流通股	40.65	0.17
10	昆明云内动力股份有限公司	流通股	38.00	0.16

股东人数	2003.9	2003.6	2002	2001
	50483	51786	51495	57830

近年分配	2002年 10 股派 2 元	近年配股/增发	不分配不转增

重大事项

2003 年 1 月 18 日,公司获第二批农业产业化国家重点龙头企业资格,并将获相关政策的扶持. 2002 年 11 月 23 日,公司第一大股东延边朝鲜族自治州国有资产经营总公司于 2002 年 10 月 22 日与敦化市金诚实业有限责任公司签订协议,将其持有的公司国家股 7116.2 万股中的 3800 万股转让给金诚实业.该次股权转让已经财政部批准.本次转让后,金诚实业将成为公司第一大股东.

二〇〇二年以来市场表现

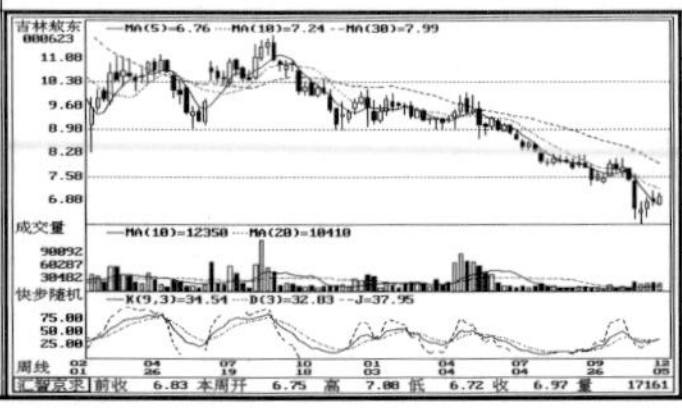

2002年涨跌幅(%)	-13.34
2002年最高(元)	11.58
2002年最低(元)	7.81
2002年换手率(%)	110.43
2003年涨跌幅(%)	-20.00
2003年最高(元)	9.85
2003年最低(元)	6.18
2003年换手率(%)	70.83

重庆长安汽车有限公司

公司概况							
公司名称	重庆长安汽车有限公司			股票代码	000625		
注册地址	重庆市江北区建新东路 260 号			邮政编码	400023		
法人代表	尹家绪			董秘	崔云江		
电话	023-67591349			传真	023-67866055		
主营业务	汽车(含轿车)、汽车发动机系列产品、配套零部件等						
总股本	122666.60	流通 A	16797.90	流通 B	35000.00	流通 H	
审计单位				审计意见	未审计		

主要财务指标

年度	2003.9	2003.6	2002	2001
每股收益/扣除后(元)	0.9800	0.6800	0.7900	0.1300
每股经营现金流量(元)	0.2800	0.2400	1.7000	2.0800
每股净资产/调整后(元)	3.5700	3.2900	2.6500	2.0800
每股公积金(元)	0.7300	0.7300	0.7300	0.7233
净资产收益率(%)	25.4300	18.8200	25.2900	6.2200
总资产(万元)	991879.37	942509.00	870273.06	663675.00
股东权益(万元)	442737.75	406670.97	330136.31	257431.08
未分配利润(万元)	167733.39	131666.59	55131.94	11226.84
主营收入(万元)	1064052.87	726286.25	988406.75	733180.56
资本公积金(万元)	89542.27	89542.27	89542.27	88723.46
主营利润(万元)	239311.03	164021.19	253371.86	143234.23
其他业务利润(万元)	13401.39	9680.63	11244.21	8479.70
营业利润(万元)	148435.92	103367.72	126177.82	26729.10
投资收益(万元)	5.48	-16.78	-9202.71	1165.29
补贴收入(万元)	430.00	400.00	1003.17	1834.91
营业外收支(万元)	-8505.86		-5729.18	-1335.08
利润总额(万元)	140365.55	96092.13	112249.11	28394.22
净利润(万元)	112601.44	76534.65	83499.75	16021.55

十大股东

序号	股东名称	股份性质	持股数(万股)	比例(%)
1	长安汽车(集团)有限责任公司	国有股	70866.60	57.77
2	GUOTAI JUNAN SECURIES HONG KONG LIMITED	外资股	1994.73	1.63
3	云南国际信托投资有限公司	A股	871.50	0.71
4	BBH BOSTON A/C GMO EMERGING MARKETS FUND	外资股	863.69	0.70
5	博时价值增长证券投资基金	A股	776.92	0.63
6	上海香港万国证券	外资股	719.97	0.59
7	CHINA.INTL.MARING ONTAINERS(HONG KONG)LTD	外资股	693.60	0.57
8	EAST ASIA SECURITIES COMPANY LIMITED	外资股	499.00	0.41
9	KGI ASIA LIMITED	外资股	478.45	0.39
10	DU ZHENG CHEN	外资股	415.65	0.34

股东人数	2003.9	2003.6	2002	2001
	31110	33594	75941	117777

近年分配	2002年 10 股派 0.8 元 2001 年 10 股派 0.4 元	近年配股/增发	不分配不转增

重大事项

2003 年 10 月 15 日,福特汽车公司、福特汽车有限公司与长安集团和公司共同签署了建立战略合作伙伴关系谅解备忘录. 2003 年 8 月 21 日,公司与招商银行签订了《汽车销售金融服务网络协议》,协议有效期一年.根据协议,招商银行在协议有效期内给予公司 2 亿元授信额度,专项用于承兑公司推荐的优质经销商开立的银行承兑汇票或为经销商开出的网上信用证,并提供资金结算服务.

二〇〇二年以来市场表现

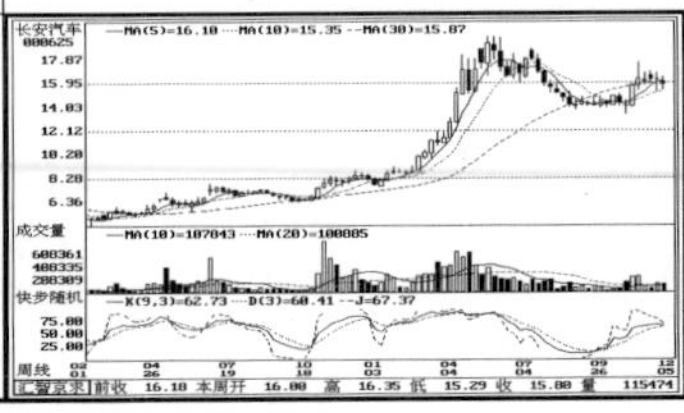

2002年涨跌幅(%)	54.23
2002年最高(元)	8.69
2002年最低(元)	4.29
2002年换手率(%)	438.87
2003年涨跌幅(%)	101.75
2003年最高(元)	19.71
2003年最低(元)	7.45
2003年换手率(%)	549.54

连云港如意集团股份有限公司

公司概况

公司名称	连云港如意集团股份有限公司	股票代码	000626
注册地址	连云港市新浦北郊路6号	邮政编码	222006
法人代表	李炳源	董秘	谭卫
电话	0518-5153595	传真	0518-5150105
主营业务	农副产品种植、加工、销售,水产品养殖、开发、捕捞		
总股本	20250.00	流通A 5057.44	流通B / 流通H
审计单位		审计意见	未审计

主要财务指标

年度	2003.9	2003.6	2002	2001
每股收益/扣除后(元)	0.0880	0.0580	0.1872	0.2070
每股经营现金流量(元)	-0.0570	-0.5771	-1.3818	-0.5100
每股净资产/调整后(元)	1.1000	1.5721	1.5000	1.2700
每股公积金(元)	0.0070	0.1605	0.1605	0.1605
净资产收益率(%)	9.7300	5.0300	14.6000	14.8600
总资产(万元)	177707.41	194366.37	134774.64	84855.34
股东权益(万元)	23340.19	22060.83	21069.53	17753.37
未分配利润(万元)	602.59	4173.31	3056.92	737.70
主营收入(万元)	462865.19	289610.69	456807.25	339621.75
资本公积金(万元)	142.31	2167.31	2167.31	2167.31
主营利润(万元)	23841.96	15901.61	25596.36	13106.64
其他业务利润(万元)	675.02	562.91	401.26	312.26
营业利润(万元)	3962.49	2360.66	6174.22	5247.07
投资收益(万元)	65.84	-12.87	260.25	66.00
补贴收入(万元)	1239.54	665.40	2389.61	1067.30
营业外收支(万元)	38.89		24.48	21.65
利润总额(万元)	5306.76	2980.96	8848.57	6402.03
净利润(万元)	2270.67	1116.39	3076.25	2638.05

十大股东

序号	股东名称	股份性质	持股数(万股)	比例(%)
1	中国远大集团公司	法人股	5570.10	41.26
2	连云港市蔬菜冷藏加工厂	国有法人股	4131.00	30.60
3	江苏澄星实业集团公司	法人股	186.30	1.38
4	上海新理益投资管理有限公司	法人股	89.10	0.66
5	天津宏大五金制品有限公司	法人股	27.00	0.20
6	宣贵琴	流通股	20.00	0.15
7	上海源德信息咨询有限公司	法人股	15.00	0.11
8	上海荣业综合贸易公司	法人股	15.00	0.11
9	连云港化高专复合塑料包装厂	法人股	13.50	0.10
10	宝应县苏中副食品加工厂	法人股	13.50	0.10

股东人数

2003.9	2003.6	2002	2001
3755	4093	6415	15947

近年分配		近年配股/增发	2003年中期10股送3.5股、增1.5股 2002年10股配3股

重大事项

2003年8月19日,公司控股子公司获税收优惠根据成都市地方税务局的批复和双流县地方税务局通知,公司控股子公司四川远大蜀阳药业有限公司符合有关减税的规定,其2001及2002年度的企业所得税均减按15%的税率征收. 2003年8月15日,公司董事会同意公司控股子公司四川远大蜀阳药业有限公司与关联方四川蜀阳企业(集团)有限公司于2003年6月30日签署国有土地使用权转让协议,受让其位于双流县华阳镇会龙村一、九、十一社的总面积为102335.04平方米的国有土地使用权,

二〇〇二年以来市场表现

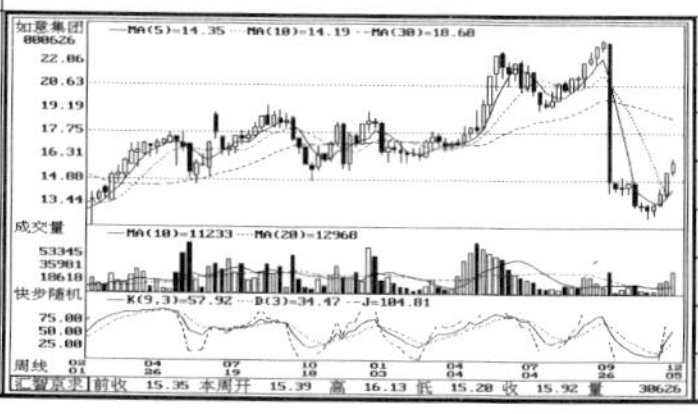

2002年涨跌幅(%)	37.34
2002年最高(元)	12.90
2002年最低(元)	7.22
2002年换手率(%)	245.81
2003年涨跌幅(%)	29.21
2003年最高(元)	15.67
2003年最低(元)	10.57
2003年换手率(%)	176.36

湖北百科药业股份有限公司

公司概况

公司名称	湖北百科药业股份有限公司	股票代码	000627
注册地址	湖北省荆门市杨湾路132号	邮政编码	448000
法人代表	刘益谦	董秘	丁振荣
电话	0724-2211003-6218	传真	0724-2217652
主营业务	化工产品(不含化学危险品)的生产、销售、医药原料药等		
总股本	59479.49	流通A 17111.00	流通B / 流通H
审计单位		审计意见	未审计

主要财务指标

年度	2003.9	2003.6	2002	2001
每股收益/扣除后(元)	-0.0380	-0.0200	0.0100	0.0600
每股经营现金流量(元)	-0.0600	-0.0800	-0.1200	0.0720
每股净资产/调整后(元)	1.1200	1.1253	1.1500	1.3000
每股公积金(元)	0.0613	0.0613	0.0613	0.1705
净资产收益率(%)	-3.4600	-1.8300	0.7600	5.4100
总资产(万元)	112266.57	116668.95	109040.35	98908.77
股东权益(万元)	67074.02	68094.61	69395.81	68869.73
未分配利润(万元)	-1680.77	-660.19	641.01	2783.90
主营收入(万元)	30369.01	21785.98	34861.03	35601.21
资本公积金(万元)	3644.06	3644.06	3644.06	8816.19
主营利润(万元)	3675.62	2996.58	7856.85	9373.46
其他业务利润(万元)	241.64	145.11	225.92	807.30
营业利润(万元)	-2817.54	-1859.58	1612.33	5370.56
投资收益(万元)	636.38	693.27	-28.48	377.08
补贴收入(万元)			111.50	49.85
营业外收支(万元)	-99.96	-57.27	-79.15	-27.29
利润总额(万元)	-2281.12	-1256.78	1616.20	5770.20
净利润(万元)	-2321.79	-1301.20	526.08	3722.71

十大股东

序号	股东名称	股份性质	持股数(万股)	比例(%)
1	上海新理益投资管理有限公司	社会法人股	17228.83	28.97
2	湖北百科高新投资有限公司	国有法人股	12717.43	21.38
3	海南中皓实业投资有限公司	社会法人股	6322.13	10.63
4	海南陆达科技有限公司	社会法人股	4215.07	7.09
5	上海信意实业有限公司	社会法人股	617.37	1.04
6	武汉恒丰投资管理有限公司	社会法人股	444.51	0.75
7	海南亿祺贸易有限公司	社会法人股	205.79	0.35
8	上海澳浚德生物工程技术有限公司	社会法人股	205.79	0.35
9	上海思可达商务咨询有限公司	社会法人股	175.59	0.30
10	任晓燕	社会公众股	159.76	0.27

股东人数

2003.9	2003.6	2002	2001
38038	24786	7429	7593

近年分配	2001年10股派0.125元 2001年中期10股派0.4元	近年配股/增发	2001年10股送0.5股、转增1股 2001年中期10股转增5股

重大事项

2003年6月9日,公司与荆门市农业银行营业部签署了《抵押合同》及《借款合同》,以部分机器设备作抵押办理流动资金借款人民币4000万元,借款期一年.2003年8月22日,公司与中国银行石化支行签署了《最高额抵押合同》,以部分机器设备作抵押,自合同生效之日起至2004年8月22日止,借款金额不超过人民币1876万元;以公司部分土地使用权作抵押,自合同生效之日起至2006年8月22日止,借款金额不超过人民币4500万元. 2003年9月23日,公司利用2000年配股募集资金研究开发的国家二类新药巴柳氮钠原料药已获国家药品监督管理局药品注册批件.同时公司控股子公司湖北百科亨迪药业有限公司获得巴柳氮钠颗粒剂的药品注册批件.

二〇〇二年以来市场表现

2002年涨跌幅(%)	-15.30
2002年最高(元)	14.09
2002年最低(元)	9.68
2002年换手率(%)	143.63
2003年涨跌幅(%)	-63.49
2003年最高(元)	12.85
2003年最低(元)	3.05
2003年换手率(%)	433.60

成都倍特发展集团股份有限公司

公司概况

公司名称	成都倍特发展集团股份有限公司	股票代码	000628
注册地址	四川省成都高新技术产业开发区	邮政编码	610041
法人代表	曾绍清	董秘	申书龙
电话	028-85199519	传真	028-85184099
主营业务	高新技术产品开发、生产、经营等		
总股本	19356.00	流通 A	8640.00
流通 B		流通 H	
审计单位		审计意见	未审计

主要财务指标

年度	2003.9	2003.6	2002	2001
每股收益 / 扣除后(元)	-0.0900	-0.0500	0.0185	0.0268
每股经营现金流量(元)	-0.2700	-0.0600	-0.4979	0.6293
每股净资产 / 调整后(元)	2.4000	2.4400	2.4500	2.5400
每股公积金(元)	1.0340	1.0340	1.0340	1.0340
净资产收益率(%)	-3.4600	-1.8500	0.4900	0.8300
总资产(万元)	207982.95	219031.20	196193.06	180586.87
股东权益(万元)	51090.13	51895.01	52856.14	52810.63
未分配利润(万元)	-526.48	278.40	1239.52	1245.70
主营收入(万元)	41546.27	23092.40	68116.04	69393.46
资本公积金(万元)	20014.88	20014.88	20014.88	20014.88
主营利润(万元)	9848.83	7365.79	21279.66	18352.32
其他业务利润(万元)	76.98	41.60	26.64	40.38
营业利润(万元)	-1178.97	38.50	3647.25	696.11
投资收益(万元)	-660.83	-523.89	-1934.73	758.65
补贴收入(万元)				3.57
营业外收支(万元)	-56.31	22.73	-296.80	-94.85
利润总额(万元)	-1896.11	-462.66	1415.72	1363.47
净利润(万元)	-1766.00	-961.13	1245.70	440.79

十大股东

序号	股东名称	股份性质	持股数(万股)	比例(%)
1	成都市国有资产管理局	国家股	3036.00	15.69
2	成都普天电缆股份有限公司	法人股	297.60	1.54
3	秦皇岛市三元有限责任公司	法人股	250.00	1.29
4	成都钢铁厂	法人股	180.00	0.93
5	成都市西南计算机软件公司	法人股	132.00	0.68
6	上海龙宇建设安装股份有限公司	法人股	127.00	0.66
7	四川新鸿达实业有限责任公司	法人股	126.00	0.65
8	上海涵祺商贸有限公司	法人股	122.50	0.63
9	西藏自治区石油公司	法人股	120.00	0.62
10	成都市自来水总公司	法人股	120.00	0.62

股东人数	2003.9	2003.6	2002	2001
	52458	52815	53695	55196

近年分配	2001年10股派0.11元	近年配股/增发	不分配不转增

重大事项

2003年4月25日,公司同意与四川托普软件投资股份有限公司互为对方一年期银行贷款提供担保,担保额度为3000万元,《互保协议书》有效期自正式签署之日起1年。截止2003年4月24日,公司累计担保金额54366万元。无逾期担保。 2003年4月11日,公司董事会通过公司拟以收回的明日大厦部分所有权作为出资,设立攀特大厦房地产开发有限公司(暂名)的预案.

二〇〇二年以来市场表现

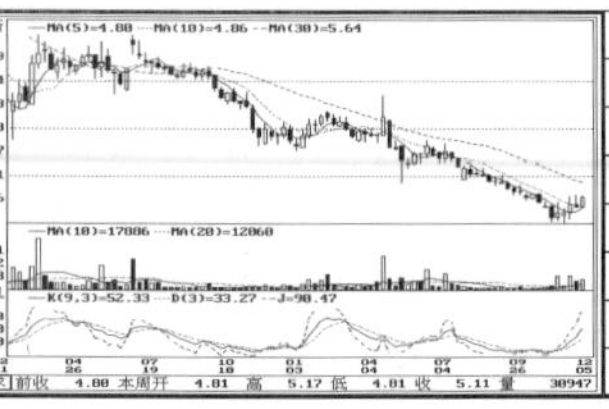

2002年涨跌幅(%)	-27.69
2002年最高(元)	10.34
2002年最低(元)	6.70
2002年换手率(%)	134.11
2003年涨跌幅(%)	-28.46
2003年最高(元)	8.38
2003年最低(元)	4.30
2003年换手率(%)	100.45

攀枝花新钢钒股份有限公司

公司概况

公司名称	攀枝花新钢钒股份有限公司	股票代码	000629
注册地址	四川省攀枝花市弄弄坪	邮政编码	617067
法人代表	洪及鄙	董秘	吉广林
电话	0812-2236281	传真	0812-2226014
主营业务	铁、钢、钒的冶炼、加工		
总股本	103958.28	流通 A	31608.27
流通 B		流通 H	
审计单位		审计意见	未审计

主要财务指标

年度	2003.9	2003.6	2002	2001
每股收益 / 扣除后(元)	0.5010	0.3350	0.4900	0.5600
每股经营现金流量(元)	0.8180	0.5350	1.5900	1.3300
每股净资产 / 调整后(元)	4.7900	4.6260	4.2800	3.9000
每股公积金(元)	2.6936	2.6618	2.6615	2.6614
净资产收益率(%)	9.4800	6.6700	10.3600	10.9200
总资产(万元)	959542.19	935282.81	803311.75	724081.69
股东权益(万元)	533188.37	507226.56	473341.47	440659.81
未分配利润(万元)	110433.62	93735.80	59883.31	38212.98
主营收入(万元)	649535.50	415445.44	66800.30	750262.31
资本公积金(万元)	280017.16	272381.37	272348.81	272337.53
主营利润(万元)	130671.85	90254.23	130071.74	140746.02
其他业务利润(万元)	-246.22	-569.86	1998.54	2460.26
营业利润(万元)	70527.35	47105.10	73109.34	83812.46
投资收益(万元)	524.93	524.93	324.74	637.56
补贴收入(万元)	225.80	225.80	46.89	
营业外收支(万元)	-1704.84		545.54	-12605.81
利润总额(万元)	69573.24	47617.41	74026.50	71844.22
净利润(万元)	50550.31	33852.49	49043.21	48131.82

十大股东

序号	股东名称	股份性质	持股数(万股)	比例(%)
1	攀枝花钢铁有限责任公司	国有法人股	68300.01	66.75
2	中国第十九冶金建设公司	国有法人股	4050.00	3.96
3	通乾证券投资基金	社会公众股	420.10	0.41
4	融通新蓝筹证券投资基金	社会公众股	239.81	0.23
5	深圳市财政金融服务中心	社会公众股	188.45	0.18
6	张青银	社会公众股	107.63	0.11
7	普丰证券投资基金	社会公众股	81.41	0.08
8	许桂芬	社会公众股	62.07	0.06
9	富国动态平衡证券投资基金	社会公众股	56.17	0.05
10	北京华盛物业管理有限责任公司	社会公众股	53.40	0.05

股东人数	2003.9	2003.6	2002	2001
	150532	152949	156498	171170

近年分配	2002年10股派1.6元 2001年10股派2元	近年配股/增发	不分配不转增

重大事项

2003年11月18日,公司今年1至10月销售钢轨40.63万吨,较去年同期增加2万多吨. 为进一步增强新钢钒钢轨的市场竞争能力,公司正对钢轨生产线进行大规模的技术改造.目前,已建成国内最先进的钢轨精整线,万能轧机正在建设中. 公司全连铸工程2001年10月18日开始动工兴建,包括新建一台年产120万吨的六机六流方坯连铸机,一台年产100万吨的板坯连铸机.今年9月5日,方坯连铸机建成投产,10月17日板坯连铸机建成投产,标志新钢钒全连铸工程全面建成投产. 公司全连铸工程计划投资12.64亿元,累计完成投资11.94亿元, 其中公司今年发行可转债募集资金投入9.84亿元.

二〇〇二年以来市场表现

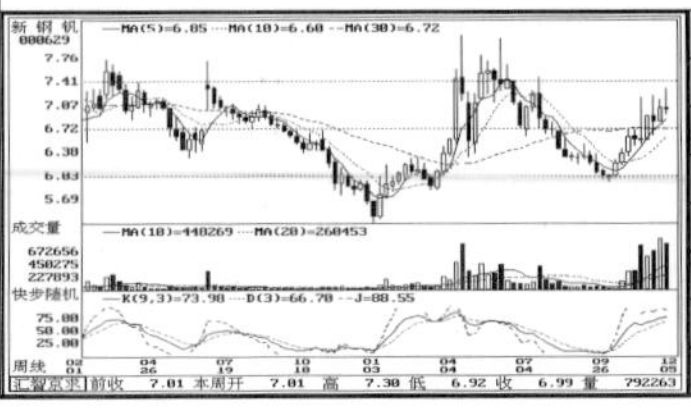

2002年涨跌幅(%)	-18.89
2002年最高(元)	7.57
2002年最低(元)	5.41
2002年换手率(%)	98.34
2003年涨跌幅(%)	29.57
2003年最高(元)	7.97
2003年最低(元)	5.21
2003年换手率(%)	326.78

安徽铜都铜业股份有限公司

公司概况

公司名称	安徽铜都铜业股份有限公司	股票代码	000630
注册地址	安徽省铜陵市长江西路	邮政编码	244001
法人代表	孟永范	董秘	吴国忠
电话	0562-2825077	传真	0562-2825082
主营业务	铜资源的开采、有色金属、贵金属的冶炼		
总股本	46555.60	流通 A	18252.00
流通 B		流通 H	
审计单位		审计意见	未审计

主要财务指标

年度	2003.9	2003.6	2002	2001
每股收益 / 扣除后(元)	0.2540	0.1700	0.2700	0.2600
每股经营现金流量(元)	-0.0980	-0.3600	1.1700	0.5900
每股净资产 / 调整后(元)	4.5400	4.4600	4.2900	4.0900
每股公积金(元)	2.5651	2.5651	2.5650	2.5644
净资产收益率(%)	5.5400	3.7800	6.5600	6.1000
总资产(万元)	470495.87	423121.59	347241.47	299784.41
股东权益(万元)	212022.37	208147.66	200275.42	190835.66
未分配利润(万元)	35060.16	31185.44	23316.70	15970.62
主营收入(万元)	240504.58	155298.08	240145.48	189261.28
资本公积金(万元)	119418.89	119418.89	119415.39	119385.98
主营利润(万元)	25191.48	16679.69	28724.67	25337.92
其他业务利润(万元)	420.75	293.85	517.24	616.18
营业利润(万元)	14723.56	9853.53	16082.55	13332.07
投资收益(万元)	143.48	145.02	16.87	-622.64
补贴收入(万元)			1330.00	1941.00
营业外收支(万元)	-110.34		-441.86	-2267.64
利润总额(万元)	14756.71	9963.07	16987.56	12382.80
净利润(万元)	11743.47	7868.74	13134.79	11635.45

十大股东

序号	股东名称	股份性质	持股数(万股)	比例(%)
1	铜陵有色金属公司	发起人国有法人股	27588.60	59.26
2	华安创新证券投资基金	社会公众股	650.36	1.40
3	国泰金鹰增长证券投资基金	社会公众股	554.63	1.19
4	铜陵有色金秋实业公司	发起人国有法人股	429.00	0.92
5	铜陵金润工贸有限责任公司	发起人境内法人股	286.00	0.61
6	安信证券投资基金	社会公众股	229.84	0.49
7	金泰证券投资基金	社会公众股	226.42	0.49
8	景阳证券投资基金	社会公众股	118.32	0.25
9	安久证券投资基金	社会公众股	111.19	0.24
10	景博证券投资基金	社会公众股	107.08	0.23

股东人数

2003.9	2003.6	2002	2001
82097	84549	97633	107152

近年分配	近年配股/增发
2002年10股派0.8元 2001年10股派1元	不分配不转增

重大事项

2003年**5**月**14**日,据国家发展和改革委员会通知,公司年产**6**万吨高精度铜板带技术改造项目的可行性研究报告已经国务院批准.该项目总投资**8.51**亿元. **2002**年**12**月**25**日,公司拟发行的可转换公司债券募集资金投向的项目之一冬瓜山铜矿项目的可行性研究报告获国务院批准.**2002**年**12**月**18**日国家计委批准,将公司冬瓜山铜矿项目列入了**2002**年第十五批基本建设新开工大中型项目计划,项目总投资现已调整为**167433**万元.

二〇〇二年以来市场表现

2002年涨跌幅(%)	-18.43
2002年最高(元)	7.77
2002年最低(元)	5.30
2002年换手率(%)	95.36
2003年涨跌幅(%)	34.85
2003年最高(元)	8.09
2003年最低(元)	5.55
2003年换手率(%)	134.15

兰宝科技信息股份有限公司

公司概况

公司名称	兰宝科技信息股份有限公司	股票代码	000631
注册地址	长春市高新技术产业开发区高新路4370号	邮政编码	130021
法人代表	刘铁杲	董秘	曹志伟
电话	0431-5528289	传真	0431-5528285
主营业务	塑料燃油箱、塑料保险杠、塑料制品、汽车空调器、机械配件制造等		
总股本	24036.96	流通 A	11466.00
流通 B		流通 H	
审计单位		审计意见	未审计

主要财务指标

年度	2003.9	2003.6	2002	2001
每股收益 / 扣除后(元)	0.1420	0.0900	0.1900	0.1844
每股经营现金流量(元)	0.1500	0.0400	1.1543	0.0965
每股净资产 / 调整后(元)	3.2400	3.2213	3.1190	2.9543
每股公积金(元)	1.2658	1.2599	1.2599	1.2597
净资产收益率(%)	0.0400	2.7300	6.1900	6.3400
总资产(万元)	290700.91	246379.25	246959.30	131321.66
股东权益(万元)	78832.62	77431.39	75321.36	71342.36
未分配利润(万元)	18391.51	17131.43	15021.40	12005.85
主营收入(万元)	49754.56	30486.51	49062.88	41751.74
资本公积金(万元)	30425.32	30284.17	30284.17	30280.48
主营利润(万元)	12668.22	7806.20	13744.16	12356.93
其他业务利润(万元)	224.83	47.07	119.98	9.49
营业利润(万元)	2358.72	1879.09	6299.25	6079.84
投资收益(万元)	1425.30	718.89	38.24	128.00
补贴收入(万元)				
营业外收支(万元)	-93.40		-26.71	90.90
利润总额(万元)	3690.62	2551.57	6310.77	6298.74
净利润(万元)	3370.11	2110.04	4663.54	4522.94

十大股东

序号	股东名称	股份性质	持股数(万股)	比例(%)
1	长春君子兰集团有限公司	国有法人股	8874.96	36.92
2	长春通信发展股份有限公司	法人股	3360.00	13.98
3	中轻贸易中心	法人股	336.00	1.40
4	张尚荣	流通股	61.50	0.26
5	陶继丹	流通股	55.76	0.23
6	南方证券有限公司	流通股	35.81	0.15
7	夏翠华	流通股	32.50	0.14
8	姜昱璞	流通股	32.02	0.13
9	金锡生	流通股	31.07	0.13
10	董奇	流通股	30.00	0.11

股东人数

2003.9	2003.6	2002	2001
39247	40601	41697	33574

近年分配	近年配股/增发
	不分配不转增

重大事项

2003年**8**月**07**日,公司第一大股东对其质押给中国银行长春市西安大路支行的公司国有法人股权**44,374,779**股解除了质押.同时,将其持有的公司**4,354**万股国有法人股股权重新质押给中国银行长春市西安大路支行,质押期限为**2003**年**8**月**4**日至**2004**年**8**月**4**日. 公司董事会同意公司与中国银行西安大路支行于**2003**年**5**月**28**日签订了《外币借款合同》,向该行申请额度为**500**万美元借款.期限为**12**个月.由公司第一大股东—长春君子兰集团有限公司以持有公司股权提供股权质押担保,共质押股份**4354**万股.

二〇〇二年以来市场表现

2002年涨跌幅(%)	-16.89
2002年最高(元)	9.25
2002年最低(元)	5.64
2002年换手率(%)	254.04
2003年涨跌幅(%)	0.66
2003年最高(元)	7.50
2003年最低(元)	5.64
2003年换手率(%)	194.92

福建三木集团股份有限公司

公司概况

公司名称	福建三木集团股份有限公司			股票代码	000632	
注册地址	福州省福州市开发区君竹路 162 号			邮政编码	350015	
法人代表	兰隽		董秘	彭东明		
电话	0591-3341509		传真	0591-3341504		
主营业务	土地开发、房地产综合开发、房地产中介等					
总股本	21061.56	流通 A	6368.51	流通 B		流通 H
审计单位			审计意见	未审计		

主要财务指标

年度	2003.9	2003.6	2002	2001
每股收益 / 扣除后(元)	0.0550	0.0602	0.1520	0.1684
每股经营现金流量(元)	−0.0800	−0.0860	−1.0280	−0.6248
每股净资产 / 调整后(元)	3.2870	3.2550	3.2580	3.7670
每股公积金(元)	1.5939	1.5939	1.5939	2.1127
净资产收益率(%)	2.6400	1.7100	4.0500	4.9200
总资产(万元)	308204.31	298230.41	277907.87	198361.06
股东权益(万元)	72137.43	71452.30	70015.34	67179.92
未分配利润(万元)	10568.25	9883.11	8446.15	7799.59
主营收入(万元)	132171.33	84648.47	167399.62	109015.27
资本公积金(万元)	33569.80	33569.80	33569.80	37082.06
主营利润(万元)	25673.64	19552.39	28707.41	16969.67
其他业务利润(万元)	299.33	97.55	177.31	461.63
营业利润(万元)	12261.33	11696.80	14990.02	8666.66
投资收益(万元)	71.74	−561.67	−14.56	810.24
补贴收入(万元)	217.01	217.01	328.36	545.70
营业外收支(万元)	−82.19	−37.90	−292.08	−55.89
利润总额(万元)	12467.89	11314.22	15011.73	9966.70
净利润(万元)	1903.78	1218.64	2835.42	3305.88

十大股东

序号	股东名称	股份性质	持股数(万股)	比例(%)
1	福建三联投资有限公司	国有股	5443.17	25.84
2	福建兴通投资有限公司	法人股	1164.00	5.53
3	福州申达投资有限公司	法人股	1135.11	5.39
4	福建大野投资有限公司	法人股	1124.05	5.34
5	福建卓诚贸易有限公司	法人股	972.00	4.62
6	福建省三华实业有限公司工会委员会	法人股	960.00	4.56
7	福建高德贸易有限公司	法人股	936.00	4.44
8	福州大展实业有限公司	法人股	915.80	4.35
9	泉州市世贸电子商务有限公司	法人股	725.01	3.44
10	上海励诚投资发展有限公司	法人股	720.00	3.42

股东人数	2003.9	2003.6	2002	2001
	6707	6265	7358	25792

近年分配	2001年 10 股派 1 元	近年配股 / 增发	2001年 10 股转增 2 股

重大事项

2003 年 9 月 13 日,公司为福建福日电子股份有限公司、福建实达电脑集团股份有限公司 、神州学人集团股份有限公司、福建三农集团股份有限公司 、福建华通置业有限公司以及福建联美工程建设有限公司等六家公司的银行借款提供连带责任担保,担保总额为人民币 7206 万元. 2003 年 7 月 31 日,公司股东福建大野投资有限公司因提供借款质押担保,已将其持有的公司法人股 1018.7166 万股质押给中国建设银行福州市城南支行, 并已于 2003 年 7 月 25 日在中国证券登记结算有限责任公司深圳分公司办理了股份质押冻结手续,冻结期限一年.

二〇〇二年以来市场表现

2002年涨跌幅(%)	52.40
2002年最高(元)	16.96
2002年最低(元)	7.83
2002年换手率(%)	305.52
2003年涨跌幅(%)	−20.47
2003年最高(元)	17.59
2003年最低(元)	11.75
2003年换手率(%)	205.50

沈阳合金投资股份有限公司

公司概况

公司名称	沈阳合金投资股份有限公司			股票代码	000633	
注册地址	沈阳市浑南产业区 22 号			邮政编码	110013	
法人代表	付忠		董秘	任穗欣		
电话	024-22782108		传真	024-22782122		
主营业务	投资入股及电动工具和机床机械等的生产销售					
总股本	38510.64	流通 A	16652.59	流通 B		流通 H
审计单位			审计意见	未审计		

主要财务指标

年度	2003.9	2003.6	2002	2001
每股收益 / 扣除后(元)	0.2100	0.1016	0.0574	0.0650
每股经营现金流量(元)	0.3880	0.7260	0.1582	0.2837
每股净资产 / 调整后(元)	1.6436	1.5558	1.4194	1.2985
每股公积金(元)	0.0283	0.0339	0.0339	0.0338
净资产收益率(%)	12.5280	7.4900	8.2700	5.0700
总资产(万元)	195753.30	179933.30	179643.20	143251.81
股东权益(万元)	53972.24	51033.84	47210.82	43495.08
未分配利润(万元)	9475.92	6537.51	4866.01	2224.19
主营收入(万元)	81247.69	53956.50	94854.06	75016.80
资本公积金(万元)	1089.43	1089.43	1089.43	1084.81
主营利润(万元)	19224.48	11896.16	15509.75	11830.09
其他业务利润(万元)	649.78	649.78	955.74	908.75
营业利润(万元)	9749.01	5454.67	3236.04	2325.58
投资收益(万元)	869.76	687.74	2078.73	314.68
补贴收入(万元)	150.00	150.00	667.38	1259.29
营业外收支(万元)	11.95		−7.37	70.45
利润总额(万元)	10780.72	6281.03	5974.78	3970.01
净利润(万元)	6761.43	3823.02	3903.90	2206.82

十大股东

序号	股东名称	股份性质	持股数(万股)	比例(%)
1	新疆德隆(集团)有限责任公司	境内法人股	7164.45	22.32
2	北京绅仕达投资有限公司	境内法人股	2715.33	8.46
3	沈阳市国有资产经营有限公司	发起人国家股	2603.08	8.11
4	北京杰圣科技投资有限公司	境内法人股	2388.15	7.44
5	中企资产托管经营有限公司	境内法人股	1910.52	5.95
6	四川嘉隆实业投资有限责任公司	境内法人股	955.26	2.98
7	沈阳金隆投资服务有限公司	境内法人股	477.63	1.49
8	高有红	流通股	31.42	0.10
9	广州市广赢信实业发展有限公司	流通股	30.77	0.10
10	贵州电源科技有限公司	流通股	29.86	0.09

股东人数	2003.9	2003.6	2002	2001
	3791	3323	2765	2503

近年分配	2003年中期 10 股派 0.5 元	近年配股 / 增发	2003年中期 10 股送 2 股

重大事项

公司于 2003 年 7 月 8 日与上海创索投资管理有限公司签订《股权转让合同》, 受让上海创索投资管理有限公司持有的温岭隆江机械制造有限公司 70% 的股权. 因转让方原因, 双方经协商于 2003 年 11 月 12 日签订《股权转让终止协议》停止履行《股权转让合同》. 2003 年 10 月 29 日,公司接陕西恒业投资有限公司通知,辽宁名成拍卖行有限公司受沈阳市中级人民法院委托于 2003 年 8 月 30 日对沈阳市国有资产经营有限公司持有的公司国家股 26,030,835 股股权进行了拍卖, 陕西恒业以 1.01 元/股的价格竞买成交.

二〇〇二年以来市场表现

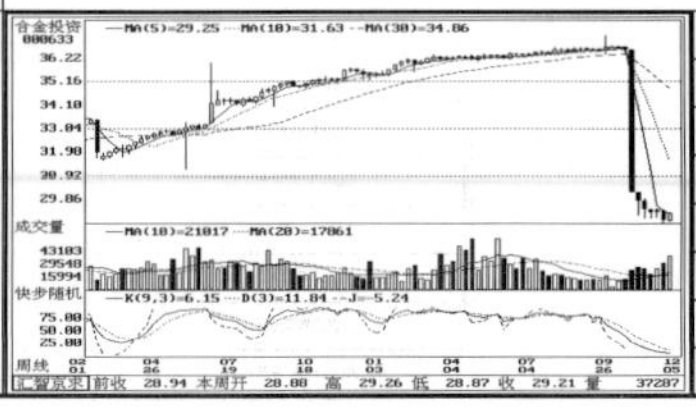

2002年涨跌幅(%)	4.69
2002年最高(元)	29.96
2002年最低(元)	25.96
2002年换手率(%)	72.39
2003年涨跌幅(%)	−1.87
2003年最高(元)	31.02
2003年最低(元)	28.80
2003年换手率(%)	65.01

宁夏英力特化工股份有限公司

公司概况

公司名称	宁夏英力特化工股份有限公司	股票代码	000635
注册地址	宁夏石嘴山市石嘴山区康乐路 257 号	邮政编码	753200
法人代表	邹学仁	董秘	刘亚鹏
电话	0952-3310308	传真	0952-3310522
主营业务	电石、石灰氮、双氰胺、胍盐、硫脲等产品的生产和销售		

总股本	11456.20	流通 A	5200.00	流通 B		流通 H	
审计单位				审计意见	未审计		

主要财务指标

年度	2003.9	2003.6	2002	2001
每股收益/扣除后(元)	0.1850	0.0770	-0.4600	-0.8200
每股经营现金流量(元)	0.6690	0.3140	0.1900	-1.0600
每股净资产/调整后(元)	1.0500	0.9300	0.8600	1.6000
每股公积金(元)	2.0538	2.0535	2.0535	2.0447
净资产收益率(%)	18.9100	7.8700	-86.0400	-107.4900
总资产(万元)	59890.72	65688.64	54363.52	54901.54
股东权益(万元)	11974.55	10749.59	9711.05	18323.12
未分配利润(万元)	-23705.00	-24927.17	-25944.40	-17252.53
主营收入(万元)	15740.68	8266.89	8100.52	13997.15
资本公积金(万元)	23528.56	23525.76	23504.46	23424.65
主营利润(万元)	5485.49	2730.20	1116.94	-1976.37
其他业务利润(万元)	378.42	366.94	-32.95	-46.34
营业利润(万元)	2123.16	896.36	-4672.93	-18370.06
投资收益(万元)			-884.65	-705.98
补贴收入(万元)	5.46	5.46	33.72	93.18
营业外收支(万元)	-60.19		-2997.05	-712.57
利润总额(万元)	2068.43	846.27	-8520.91	-19695.43
净利润(万元)	2068.43	846.27	-8520.91	-19695.43

十大股东

序号	股东名称	股份性质	持股数(万股)	比例(%)
1	宁夏英力特电力集团股份有限公司	定向法人股	3422.20	29.87
2	伊斯兰国际信托投资有限公司	定向法人股	934.00	8.15
3	宁夏天净电能开发有限公司	发起人法人股	580.00	5.06
4	宁夏明迈特科工贸有限公司	国有股	570.00	4.98
5	宁夏亘元集团有限公司	发起人法人股	425.00	3.71
6	宁夏民族化工集团有限责任公司	国家股	200.00	1.75
7	西北证券有限责任公司	流通股	118.40	1.03
8	湖南投资集团股份有限公司	流通股	98.69	0.86
9	宁夏机械化工进出口公司	发起人法人股	70.00	0.61
10	中国工商银行宁夏分行	发起人法人股	55.00	0.48

股东人数	2003.9	2003.6	2002	2001
	18447	18252	22237	20800

近年分配		近年配股/增发	不分配不转增

重大事项

2003 年 11 月 13 日,公司与银川经济技术开发区控股有限公司于 2003 年 11 月 7 日签署了《股权转让合同》,将公司合法持有的宁都创业的 1000 万股权,占宁都创业总股份的 8.83%,以协议方式转让给银控公司,转让价为 700 万元. 本次股权转让未构成关联交易. 2003 年 11 月 12 日,根据公司与公司控股股东宁夏英力特电力(集团)股份有限公司签订的《有偿占用资金协议》,公司向英力特集团借款 300 万元.公司于 2003 年 10 月 28 日偿还给英力特集团本金 300 万元,利息 4.071 万元.

二〇〇二年以来市场表现

2002年涨跌幅(%)	-33.81
2002年最高(元)	10.96
2002年最低(元)	5.56
2002年换手率(%)	373.35
2003年涨跌幅(%)	-14.59
2003年最高(元)	8.20
2003年最低(元)	5.45
2003年换手率(%)	222.56

广东风华高新科技股份有限公司

公司概况

公司名称	广东风华高新科技股份有限公司	股票代码	000636
注册地址	广东肇庆风华路 18 号风华电子工业城	邮政编码	526020
法人代表	梁力平	董秘	廖永忠
电话	0758-2844724	传真	0758-2849045
主营业务	高科技新型电子元器件、集成电路、电子材料的研究、开发、生产等		

总股本	53033.10	流通 A	20062.71	流通 B		流通 H	
审计单位				审计意见	未审计		

主要财务指标

年度	2003.9	2003.6	2002	2001
每股收益/扣除后(元)	0.0530	0.0356	0.0520	0.0850
每股经营现金流量(元)	0.2970	0.2940	0.3330	0.0496
每股净资产/调整后(元)	3.8410	3.8300	3.8290	3.8320
每股公积金(元)	2.0268	2.0268	2.0266	2.0206
净资产收益率(%)	1.1700	0.7900	1.0800	2.0800
总资产(万元)	318218.78	314206.87	312316.28	287161.78
股东权益(万元)	208636.42	207862.11	206202.34	206029.34
未分配利润(万元)	32349.07	31574.75	30171.28	30668.39
主营收入(万元)	72015.35	42835.62	101816.56	96334.64
资本公积金(万元)	107486.44	107486.44	107477.82	107156.78
主营利润(万元)	16249.46	10189.77	18098.18	19206.48
其他业务利润(万元)	160.02	130.44	75.93	572.99
营业利润(万元)	3758.54	2581.03	3365.39	4956.23
投资收益(万元)	-760.65	-584.82	-622.60	-467.80
补贴收入(万元)	104.17	76.38	155.82	314.86
营业外收支(万元)	-10.85		-178.47	-426.46
利润总额(万元)	3091.21	2070.24	2720.14	4376.83
净利润(万元)	2425.46	1651.15	2236.70	4283.17

十大股东

序号	股东名称	股份性质	持股数(万股)	比例(%)
1	广东风华高新科技集团有限公司	国有法人股	14248.42	26.87
2	广东粤财投资有限公司	国有法人股	4233.50	7.98
3	深圳市银华网络技术有限公司	法人股	2677.50	5.05
4	广东风华高新科技股份有限公司工会	法人股	2238.03	4.22
5	肇庆市威劲电子有限公司	法人股	2021.10	3.81
6	深圳市加德信投资有限公司	法人股	1672.50	3.15
7	广东广业投资集团有限公司	国有法人股	1413.47	2.67
8	美国美运有限公司	法人股	810.00	1.53
9	肇庆市艺宏科技开发有限公司	法人股	562.50	1.06
10	广东出口商品基地建设肇庆公司	法人股	405.00	0.76

股东人数	2003.9	2003.6	2002	2001
	89788	90520	91038	105493

近年分配	2002年10股派0.25元 2002年10股派0.4元	近年配股/增发	不分配不转增

重大事项

2003 年 10 月 17 日,董事会同意公司通过收购由公司工会投资控股的肇庆市华利达投资有限公司持有肇庆冠华现代电子元件有限公司 2.5%股权和广东肇庆端华电子有限公司 1.54%股权,将冠华公司和端华公司由目前的独立法人改为公司直属分公司. 2002 年 6 月 27 日,公司第一大股东广东风华高新科技集团有限公司(风华集团) 以其持有的本公司国有法人股 6682.5 万股向中国银行肇庆分行质押贷款, 质押期限为 2002 年 6 月 24 日至 2005 年 3 月 15 日,同时风华集团将其所持有的本公司国有法人股 440 万股为质押向中国工商银行肇庆分行营业部贷款, 质押期限为 2002 年 6 月 24 日至 2003 年 4 月 15 日.

二〇〇二年以来市场表现

2002年涨跌幅(%)	-10.42
2002年最高(元)	13.69
2002年最低(元)	7.24
2002年换手率(%)	231.71
2003年涨跌幅(%)	-27.64
2003年最高(元)	9.67
2003年最低(元)	5.15
2003年换手率(%)	151.61

茂名石化实华股份有限公司

公司概况

公司名称	茂名石化实华股份有限公司			股票代码	000637		
注册地址	广东省茂名市官渡路162号			邮政编码	525000		
法人代表	姚志方		董秘	梁杰			
电话	0668-2276176		传真	0668-2281965			
主营业务	生产和销售聚丙烯、液化气、烃推进剂、新型液化气、润滑油等						
总股本	28978.56	流通A	9908.00	流通B		流通H	
审计单位			审计意见	未审计			

主要财务指标

年度	2003.9	2003.6	2002	2001
每股收益/扣除后(元)	0.1930	0.1120	0.2000	0.2410
每股经营现金流量(元)	0.2700	0.0500	0.7530	0.1650
每股净资产/调整后(元)	2.0810	2.0060	1.8940	2.0830
每股公积金(元)	0.2141	0.2140	0.2140	0.4506
净资产收益率(%)	9.1100	5.4900	11.3700	11.2300
总资产(万元)	73205.76	67851.49	69692.78	58823.50
股东权益(万元)	61325.61	58974.08	55734.89	52787.25
未分配利润(万元)	14305.01	11957.20	8718.01	7159.85
主营收入(万元)	142462.69	96625.86	143605.02	125357.68
资本公积金(万元)	6205.71	6201.99	6201.99	10881.96
主营利润(万元)	12789.99	7831.52	13195.43	10439.62
其他业务利润(万元)	469.05	191.69	1246.41	647.85
营业利润(万元)	8321.52	4679.70	9388.25	7442.32
投资收益(万元)	47.28	123.17	-49.21	503.15
补贴收入(万元)	1.03			
营业外收支(万元)	-64.94		-56.88	100.73
利润总额(万元)	8304.89	4806.05	9282.16	8046.20
净利润(万元)	5587.00	3239.18	6339.18	5929.81

十大股东

序号	股东名称	股份性质	持股数(万股)	比例(%)
1	北京泰跃房地产开发有限责任公司	定向法人股	8548.68	29.50
2	中国石化集团茂名石油化工公司	发起人国家股	5157.23	17.80
3	天津港保税区裕丰伟业商贸有限公司	定向法人股	4949.04	17.08
4	茂名众和化塑有限公司	定向法人股	302.07	1.04
5	泰和证券投资基金	流通股	152.44	0.53
6	茂名石化公司职工互助会	定向法人股	113.56	0.39
7	沈娟	流通股	64.50	0.22
8	刘兆志	流通股	60.00	0.21
9	高晶	流通股	49.36	0.17
10	沈录哲	流通股	45.66	0.16

股东人数	2003.9	2003.6	2002	2001
	6158	6365	6773	7210

近年分配	2002年10股派1.2元 2001年10股派1元	近年配股/增发	2001年10股转增2股

重大事项

2003年6月14日，公司第一大股东北京泰跃房地产开发有限责任公司质押给茂名石化公司职工互助会法人股已于2003年6月12日解除质押.2003年6月13日，泰跃公司将所持公司85486751股质押给广东发展银行茂名办事处。 2003年5月23日,公司股东茂名石化公司职工互助会将其持有的公司法人股转让予天津港保税区裕丰伟业商贸有限公司的股权过户及质押事宜,已于2003年05月21日在中国证券登记结算有限责任公司深圳分公司办理了转让股份的过户手续。过户登记手续完成后，裕丰伟业成为公司第三大股东,互助会为公司第八大股东.

二〇〇二年以来市场表现

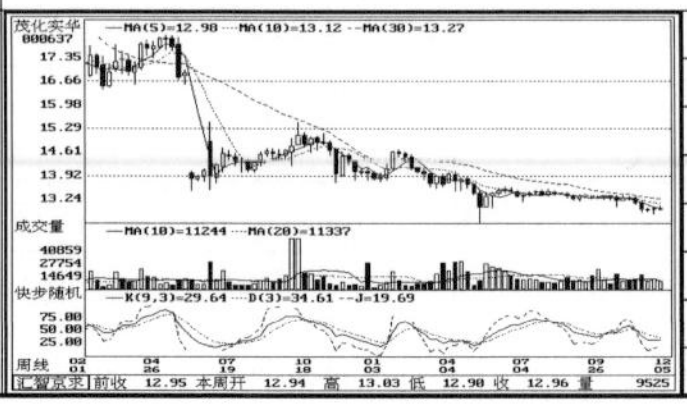

2002年涨跌幅(%)	-4.36
2002年最高(元)	15.34
2002年最低(元)	12.96
2002年换手率(%)	63.09
2003年涨跌幅(%)	-6.30
2003年最高(元)	14.53
2003年最低(元)	12.43
2003年换手率(%)	61.08

中国辽宁国际合作(集团)股份有限公司

公司概况

公司名称	中国辽宁国际合作(集团)股份有限公司			股票代码	000638		
注册地址	沈阳市和平区中华路126号			邮政编码	110001		
法人代表	董荣生		董秘	郑金令			
电话	024-23271740		传真	024-23862853			
主营业务	国内外工程承包、劳务输出、技术服务等						
总股本	15470.00	流通A	8840.00	流通B		流通H	
审计单位			审计意见	未审计			

主要财务指标

年度	2003.9	2003.6	2002	2001
每股收益/扣除后(元)	-0.1160	-0.0940	-0.4300	-0.3200
每股经营现金流量(元)	-0.0070	0.0600	0.0040	-0.0200
每股净资产/调整后(元)	-0.6100	-0.5900	-0.6000	0.1900
每股公积金(元)	0.8356	0.8356	0.8356	0.8350
净资产收益率(%)		4.2700	-229.8130	-158.5900
总资产(万元)	41786.60	39324.53	42191.94	52093.02
股东权益(万元)	-6345.48	-6049.75	-4485.33	6051.42
未分配利润(万元)	-36336.14	-36040.47	-34487.60	-24151.18
主营收入(万元)	9823.73	6746.19	13688.30	18763.76
资本公积金(万元)	12926.53	12926.53	12926.53	12916.69
主营利润(万元)	1659.32	1147.84	2620.10	2207.40
其他业务利润(万元)	154.70	101.09	262.34	207.32
营业利润(万元)	-1682.05	-1401.44	-6404.60	-4499.12
投资收益(万元)	7.47	7.47	-378.17	-749.82
补贴收入(万元)				
营业外收支(万元)	34.60		-3733.11	-4303.08
利润总额(万元)	-1682.05	-1401.44	-6404.60	-9552.03
净利润(万元)	-1758.29	-1468.39	-10307.87	-9597.23

十大股东

序号	股东名称	股份性质	持股数(万股)	比例(%)
1	巨田证券有限责任公司	发起人国家股	6630.00	42.86
2	上海新安乳品公司	流通股	119.66	0.77
3	上海卓林置业有限公司	流通股	72.25	0.47
4	刘锡潜	流通股	41.40	0.27
5	上海恒勖投资咨询服务有限公司	流通股	40.50	0.26
6	马丽英	流通股	38.65	0.25
7	上海怡林商务咨询服务有限公司	流通股	37.33	0.24
8	王宝章	流通股	35.44	0.23
9	谭文兵	流通股	35.36	0.23
10	程玉峰	流通股	28.49	0.18

股东人数	2003.9	2003.6	2002	2001
	31662	32399	37098	42957

近年分配		近年配股/增发	不分配不转增

重大事项

2003年9月27日,公司收到中国证券登记结算有限责任公司深圳分公司通知,公司第一大股东辽宁省国有资产管理局持有的公司6630万股国家股，经辽宁省高级人民法院强制执行已经过户至巨田证券有限责任公司。至此,巨田证券有限责任公司成为公司第一大股东,持股数额占总股本的42.86%。2003年9月20日,公司接到辽宁省国际经济技术合作集团有限责任公司的书面通知,称中国证券监督管理委员会已同意辽宁国际集团通过无偿划转的方式受让公司国家股股权,核准了该公司豁免要约收购公司其他发行在外股份的申请.

二〇〇二年以来市场表现

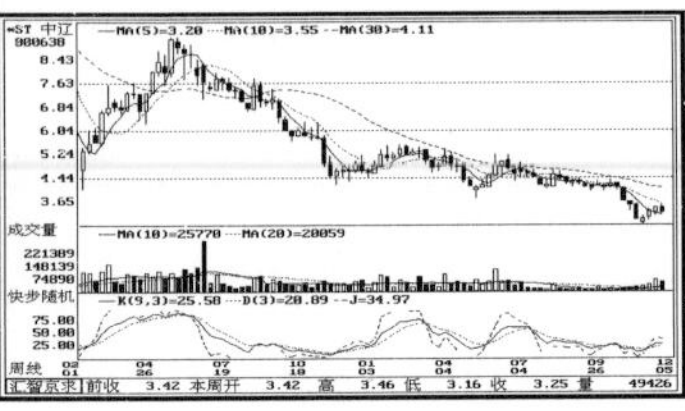

2002年涨跌幅(%)	-35.00
2002年最高(元)	9.23
2002年最低(元)	3.65
2002年换手率(%)	400.99
2003年涨跌幅(%)	-24.84
2003年最高(元)	5.52
2003年最低(元)	2.85
2003年换手率(%)	189.27

湖南金德发展股份有限公司

公司概况

公司名称	湖南金德发展股份有限公司	股票代码	000639
注册地址	湖南省株洲市车站路 1 号	邮政编码	412007
法人代表	张澎	董秘	陈筱萍
电话	0733-2869999-3231	传真	0733-2867121
主营业务	生产、销售新型化学建材及其它建筑材料		
总股本	7286.49	流通 A	3280.97
流通 B		流通 H	
审计单位		审计意见	未审计

主要财务指标

年度	2003.9	2003.6	2002	2001
每股收益 / 扣除后(元)	0.0980	0.0570	0.1508	0.1000
每股经营现金流量(元)	0.0700	0.1200	0.3571	0.2450
每股净资产 / 调整后(元)	1.2400	1.1900	1.1232	1.0370
每股公积金(元)	0.1128	0.1128	0.1128	0.1020
净资产收益率(%)	7.5300	4.4300	12.5100	9.2100
总资产(万元)	21956.20	21565.92	20729.82	18002.42
股东权益(万元)	9550.98	9241.22	8831.91	8214.36
未分配利润(万元)	1095.51	785.75	376.45	143.38
主营收入(万元)	9124.97	5903.72	12679.65	7496.04
资本公积金(万元)	822.17	822.17	822.17	743.37
主营利润(万元)	2642.89	1727.39	3630.26	3449.24
其他业务利润(万元)	112.96	44.56	64.51	75.65
营业利润(万元)	1208.79	682.12	1660.21	746.75
投资收益(万元)	-12.44	-8.30	-15.48	6.00
补贴收入(万元)				
营业外收支(万元)	0.57		-7.93	4.14
利润总额(万元)	1196.91	674.39	1636.81	756.88
净利润(万元)	719.06	409.31	1104.76	756.88

十大股东

序号	股东名称	股份性质	持股数(万股)	比例(%)
1	沈阳宏元集团有限公司	法人股	2019.99	27.72
2	上海立鹏科技投资有限公司	法人股	1432.81	19.66
3	株洲战备材料总厂	法人股	212.69	2.92
4	株洲市国有资产管理局	国有股	114.78	1.58
5	长沙铁路总公司	法人股	99.98	1.37
6	株洲铁路地区劳服公司	法人股	58.49	0.80
7	株洲市花城进出口汽车维修中心	法人股	34.18	0.47
8	王大益	流通股	23.65	0.32
9	株洲市邮电局	法人股	15.98	0.22
10	曹鸿卿	流通股	12.30	0.17

股东人数	2003.9	2003.6	2002	2001
	4843	5440	6340	8263

近年分配	2002年 10 股派 0.5 元	近年配股 / 增发	不分配不转增

重大事项

公司于 **2003** 年 **04** 月 **21** 日与中国工商银行金华市分行签订了"最高额保证合同",为控股子公司浙江金德阀门有限公司于 **2003** 年 **4** 月 **25** 日与该行签定的总额为 **2000** 万元人民币的短期贷款提供最高额保证. 公司于 **2002** 年 **10** 月 **21** 日与建行金华市分行签订了人民币 **2500** 万元的最高额保证合同,保证期限为 **2002** 年 **10** 月 **20** 日—**2003** 年 **4** 月 **20** 日, 为控股子公司浙江金德阀门有限公司向该行借款提供人民币 **2500** 万元的最高额保证;

二〇〇二年以来市场表现

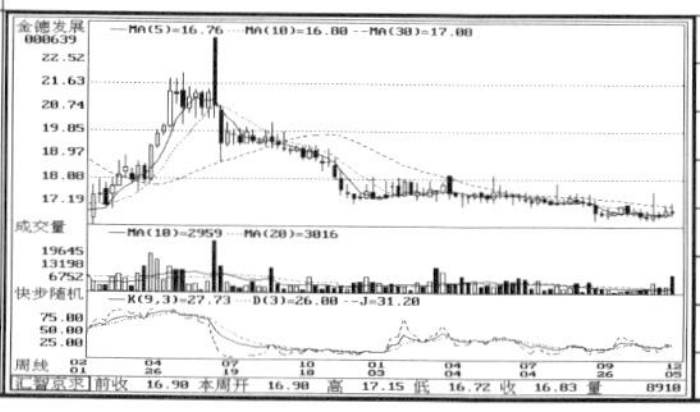

2002年涨跌幅(%)	0.23
2002年最高(元)	23.41
2002年最低(元)	15.50
2002年换手率(%)	91.91
2003年涨跌幅(%)	-2.59
2003年最高(元)	18.22
2003年最低(元)	16.50
2003年换手率(%)	57.24

九江化纤股份有限公司

公司概况

公司名称	九江化纤股份有限公司	股票代码	000650
注册地址	江西省九江市庐山区哈蟆石	邮政编码	332017
法人代表	张棠华	董秘	喻铨衡
电话	0792-8315675	传真	0792-8316565
主营业务	粘胶长丝、化纤浆粕的生产和销售		
总股本	20010.24	流通 A	6570.72
流通 B		流通 H	
审计单位		审计意见	未审计

主要财务指标

年度	2003.9	2003.6	2002	2001
每股收益 / 扣除后(元)	0.0358	0.0306	0.0440	-0.0600
每股经营现金流量(元)	-0.1850	0.0470	0.1400	0.0200
每股净资产 / 调整后(元)	1.7300	1.7200	1.6900	1.6600
每股公积金(元)	0.3660	0.3660	0.3660	0.3656
净资产收益率(%)	2.1700	1.9000	2.6000	-3.8300
总资产(万元)	78043.92	77074.05	75966.37	71194.23
股东权益(万元)	34615.78	34515.63	33873.82	33158.30
未分配利润(万元)	5799.70	5699.56	5050.93	4350.50
主营收入(万元)	20417.12	13600.65	22081.33	22510.38
资本公积金(万元)	7323.30	7323.30	7323.30	7315.03
主营利润(万元)	3145.44	2249.04	2941.82	-1030.55
其他业务利润(万元)	759.54	469.82	1173.09	1734.52
营业利润(万元)	874.18	714.51	888.22	-1318.60
投资收益(万元)				
补贴收入(万元)	2.13	2.13	2.52	
营业外收支(万元)	6.83		-13.61	-27.57
利润总额(万元)	883.14	733.57	883.95	-1346.16
净利润(万元)	751.46	648.63	877.13	-1271.32

十大股东

序号	股东名称	股份性质	持股数(万股)	比例(%)
1	九江化学纤维厂	国有法人股	13439.52	67.16
2	温少如	流通股	25.58	0.13
3	谢庆周	流通股	23.11	0.12
4	董红旗	流通股	20.00	0.10
5	郭进	流通股	15.60	0.08
6	欧里	流通股	12.49	0.06
7	黄佩玲	流通股	12.00	0.06
8	薛清	流通股	11.60	0.06
9	将靖	流通股	11.53	0.06
10	陈胜尧	流通股	11.11	0.06

股东人数	2003.9	2003.6	2002	2001
	29001	29421	29323	15402

近年分配		近年配股 / 增发	不分配不转增

重大事项

2003 年 **9** 月 **06** 日,公司的大股东九江化学纤维厂于近日收到江西省高级人民法院**[2001]**赣经初字第 **9** 号民事判决书, 判决九江化学纤维厂对九江化工厂借款本金 **24580** 万元人民币及相应利息 **20483.82** 万元人民币的归还承担连带清偿责任, 并向原告中国信达资产管理公司支付违反保证合同违约金 **106.7** 万元人民币. **2003** 年 **6** 月 **6** 日,公司董事会同意公司为九江白鹿化纤有限公司向农行九江市分行新增流动资金贷款 **3000** 万元提供保证担保. 期限自 **2003** 年 **05** 月 **30** 日至 **2004** 年 **5** 月 **29** 日.公司于 **2003** 年 **8** 月 **15** 日召开 **2003** 年第二次临时股东大会,审议通过以上相关事项.

二〇〇二年以来市场表现

2002年涨跌幅(%)	-43.78
2002年最高(元)	10.45
2002年最低(元)	4.42
2002年换手率(%)	617.52
2003年涨跌幅(%)	-20.61
2003年最高(元)	7.09
2003年最低(元)	4.20
2003年换手率(%)	171.84

珠海格力电器股份有限公司

公司概况					
公司名称	珠海格力电器股份有限公司		股票代码	000651	
注册地址	珠海市前山金鸡西路6号		邮政编码	519070	
法人代表	朱江洪		董秘	刘兴浩	
电话	0756-8614883-2416		传真	0756-8622581	
主营业务	家用空气调节器、商用空调节器、电风扇等商品及相关技术的进口				
总股本	53694.00	流通A 21294.00	流通B	流通H	
审计单位			审计意见	未审计	

主要财务指标 年度	2003.9	2003.6	2002	2001
每股收益/扣除后(元)	0.5600	0.3500	0.5800	0.5100
每股经营现金流量(元)	2.7300	3.3800	1.3700	-0.0600
每股净资产/调整后(元)	3.9300	3.7200	3.3600	3.2100
每股公积金(元)	0.7851	0.7851	0.7851	0.7618
净资产收益率(%)	14.0000	9.2200	16.1700	15.8200
总资产(万元)	888927.00	888068.25	714416.37	692227.62
股东权益(万元)	213356.62	202163.84	183528.84	172465.52
未分配利润(万元)	34592.76	23482.53	4847.53	
主营收入(万元)	754355.50	480783.28	702969.06	658797.69
资本公积金(万元)	42152.59	42152.59	42152.59	40901.56
主营利润(万元)	133459.91	96006.68	142289.09	141711.94
其他业务利润(万元)	6895.97	3981.16	3667.95	2142.89
营业利润(万元)	33226.02	20152.60	36683.54	32457.97
投资收益(万元)	1505.78	1505.78	-243.02	124.94
补贴收入(万元)	256.75	83.72	192.29	161.48
营业外收支(万元)	67.80	113.55	-1262.75	-390.08
利润总额(万元)	35056.35	21855.64	35370.07	32354.32
净利润(万元)	29891.27	18635.00	29680.94	27281.13

十大股东 序号	股东名称	股份性质	持股数(万股)	比例(%)
1	珠海格力集团公司	法人股	27000.00	50.28
2	珠海格力房产有限公司	法人股	4500.00	8.38
3	珠海华声实业(集团)股份有限公司	法人股	900.00	1.67
4	华安创新证券投资基金	流通股	425.38	0.79
5	嘉实成长收益型证券投资基金	流通股	224.88	0.42
6	安信证券投资基金	流通股	96.00	0.18
7	王丁南	流通股	72.18	0.13
8	张成玲	流通股	50.25	0.09
9	普丰证券投资基金	流通股	47.08	0.09
10	宋华丽	流通股	41.81	0.08

股东人数	2003.9	2003.6	2002	2001
	88382	91624	90028	87346

近年分配	近年配股/增发
2002年10股派3.2元 2001年10股派3元	不分配不转增

重大事项

珠海格力集团公司持有公司股份中的5000万股于2003年11月5日办理了质押登记,冻结期限从2003年11月5日至2010年9月10日,质权人为珠海格力集团财务有限责任公司. 2002年末,股东大会批准公司投资10500万元与关联方控股股东珠海格力集团公司及其控股子公司共同以现金增资重组珠海珠光企业集团财务有限责任公司,重组后改名为珠海格力集团财务有限责任公司.

二〇〇二年以来市场表现

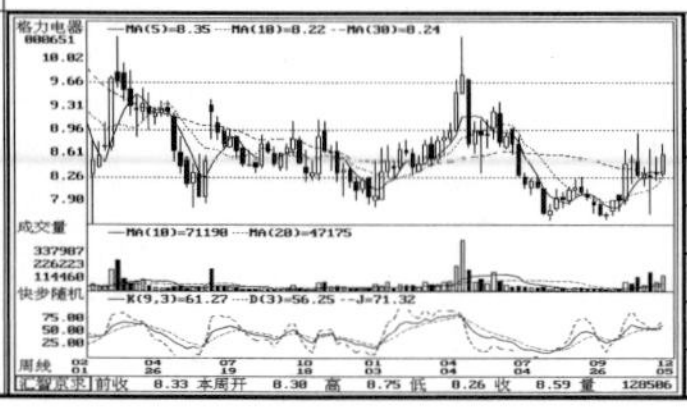

2002年涨跌幅(%)	-14.13
2002年最高(元)	9.73
2002年最低(元)	6.93
2002年换手率(%)	103.92
2003年涨跌幅(%)	3.87
2003年最高(元)	10.05
2003年最低(元)	7.58
2003年换手率(%)	142.33

天津泰达股份有限公司

公司概况					
公司名称	天津泰达股份有限公司		股票代码	000652	
注册地址	天津开发区第三大街16号		邮政编码	300171	
法人代表	刘惠文		董秘	谢剑琳	
电话	022-24138796		传真	022-24138796	
主营业务	房地产开发与经营及交通、能源、高科技工业投资等				
总股本	81075.49	流通A 37142.75	流通B	流通H	
审计单位			审计意见	未审计	

主要财务指标 年度	2003.9	2003.6	2002	2001
每股收益/扣除后(元)	0.0800	0.0500	0.1500	0.3900
每股经营现金流量(元)	-1.5500	0.0050	0.3400	0.5200
每股净资产/调整后(元)	1.7700	1.7400	3.0500	4.2900
每股公积金(元)	0.2703	0.2701	1.1863	1.7794
净资产收益率(%)	4.5900	2.8900	7.1300	9.2200
总资产(万元)	442883.03	320742.34	259587.27	256803.37
股东权益(万元)	144804.16	142113.83	138153.91	129656.31
未分配利润(万元)	30124.75	27444.96	27989.23	35971.30
主营收入(万元)	25737.67	15423.79	38719.50	37405.64
资本公积金(万元)	21912.46	21901.91	53431.27	53431.27
主营利润(万元)	13072.85	8494.53	15824.48	17611.60
其他业务利润(万元)	755.19	773.35	279.86	1752.68
营业利润(万元)	9433.99	6268.25	8236.97	11712.14
投资收益(万元)	225.50	-93.77	4182.19	1479.94
补贴收入(万元)	94.60	94.25	1654.13	24.62
营业外收支(万元)	-1.81		-138.93	8.22
利润总额(万元)	9752.28	6268.70	13934.36	13224.92
净利润(万元)	6639.70	4109.92	9848.86	11952.22

十大股东 序号	股东名称	股份性质	持股数(万股)	比例(%)
1	天津泰达集团有限公司	国家股	31320.65	38.63
2	上海启贸实业公司	法人股	1135.10	1.40
3	中粮辽宁粮油进出口公司	法人股	1135.10	1.40
4	中国农业银行贵阳市瑞金支行	法人股	908.08	1.12
5	农行信托上海证券业务部	法人股	567.55	0.70
6	农行深圳信托投资公司	法人股	567.55	0.70
7	中国化工进出口总公司	法人股	567.55	0.70
8	哈尔滨中行信托投资公司	法人股	533.50	0.66
9	国泰天津证券公司	法人股	454.04	0.56
10	天津建行信托	法人股	409.77	0.51

股东人数	2003.9	2003.6	2002	2001
	22781	24899	28304	35401

近年分配	近年配股/增发
2002年10股派0.3元	2002年10股送1股、转增7股 2001年10股送5股

重大事项

2003年7月11日,公司收到河北省高级人民法院关于承德帝贤针纺股份有限公司诉公司加工合同纠纷一案的民事判决书,现将有关情况进行公告. 2003年4月22日,公司董事会通过如下事项:红桥区运河经济商贸区是海河开发改造工程六大节点中的第一节点,该项工程预计前期投资19亿元人民币,市政府承诺对该项目实行最优惠政策.公司将全力做好这一工程.

二〇〇二年以来市场表现

2002年涨跌幅(%)	-0.80
2002年最高(元)	6.64
2002年最低(元)	3.32
2002年换手率(%)	65.44
2003年涨跌幅(%)	41.57
2003年最高(元)	8.49
2003年最低(元)	4.87
2003年换手率(%)	78.68

山东淄博华光陶瓷股份有限公司

公司概况

公司名称	山东淄博华光陶瓷股份有限公司			股票代码	000655
注册地址	山东省淄博市张店区湖田镇湖光路 6 号			邮政编码	255076
法人代表	苏同强		董秘	刘玉光	
电话	0533-2061798		传真	0533-2061404	
主营业务	日用陶瓷、工业陶瓷、艺术陶瓷、包装纸箱等的生产和销售				
总股本	25925.44	流通 A	11945.99	流通 B	流通 H
审计单位			审计意见	未审计	

主要财务指标

年度	2003.9	2003.6	2002	2001
每股收益/扣除后(元)	0.0407	0.0300	0.0997	0.1500
每股经营现金流量(元)	-0.0150	-0.0090	-0.1600	1.4900
每股净资产/调整后(元)	1.9738	1.9614	2.9900	2.8400
每股公积金(元)	0.7182	0.7180	1.5488	0.9516
净资产收益率(%)	2.1900	1.6700	3.3600	6.5400
总资产(万元)	160525.84	166206.84	164685.62	129272.54
股东权益(万元)	55004.78	54710.38	53795.28	37959.16
未分配利润(万元)	5497.54	5207.64	7716.24	8969.39
主营收入(万元)	24817.34	16944.56	30580.80	30028.79
资本公积金(万元)	18619.75	18615.25	25096.61	11981.36
主营利润(万元)	5456.01	4196.67	9182.23	7038.49
其他业务利润(万元)	1599.55	1226.34	2846.31	450.95
营业利润(万元)	1599.55	1226.34	2846.31	2435.87
投资收益(万元)	102.46	99.00	17.22	497.40
补贴收入(万元)				312.00
营业外收支(万元)	51.66	-38.66	6.45	-80.18
利润总额(万元)	1753.66	1364.00	2869.98	3165.09
净利润(万元)	1205.00	915.10	1807.04	2482.65

十大股东

序号	股东名称	股份性质	持股数(万股)	比例(%)
1	淄博市国有资产管理局	国有股	8942.03	34.49
2	淄博华清投资有限公司	法人股	1092.59	4.21
3	天同证券有限公司	法人股	641.99	2.48
4	淄博市一轻工业公司	法人股	622.60	2.40
5	张店区湖田镇爆炸物品管理站	法人股	485.02	1.87
6	淄博市张店华丰实业总公司	法人股	285.20	1.10
7	上海景贤投资有限公司	法人股	276.00	1.06
8	中国经济开发信托投资公司	法人股	220.80	0.85
9	淄博同升数码网络有限公司	法人股	202.40	0.78
10	淄博鼎智科技发展有限公司	法人股	184.00	0.71

股东人数	2003.9	2003.6	2002	2001
	26351	26711	24054	18407

近年分配	2002年10股派0.5元 2001年10股派1.5元	近年配股/增发	2002年10股送2股,增4股 2001年10股送1.5股

重大事项

2003 年 10 月 16 日公司与山东东大化学工业(集团)公司(以下简称"东大公司")签署《互为担保协议》,在协议期间双方将互相担保一次或数次最高额为人民币 5000 万元(含 5000 万元)之内,期限三年的银行借款。 2003 年 1 月 14 日,公司临时股东大会决议同意公司投资 469.2 万美元和日本国 PHOENIXJAPAN 株式会社、日本国 DSCOM 株式会社及日本国公民三宅淑照共同投资成立合资公司。

二〇〇二年以来市场表现

2002年涨跌幅(%)	-27.18
2002年最高(元)	7.57
2002年最低(元)	4.82
2002年换手率(%)	100.57
2003年涨跌幅(%)	-16.08
2003年最高(元)	6.39
2003年最低(元)	3.53
2003年换手率(%)	260.17

重庆东源产业发展股份有限公司

公司概况

公司名称	重庆东源产业发展股份有限公司			股票代码	000656
注册地址	重庆市江北区建新南路 16 号			邮政编码	400020
法人代表	陈凯		董秘	陶旭城	
电话	023-89072387		传真	023-89072387	
主营业务	制造、加工及销售钢材、锰铁、氧气等				
总股本	20582.19	流通 A	7370.00	流通 B	流通 H
审计单位			审计意见	未审计	

主要财务指标

年度	2003.9	2003.6	2002	2001
每股收益/扣除后(元)	0.0600	0.0640	0.0039	-0.1600
每股经营现金流量(元)	-0.0750	0.0200	0.0800	-0.0700
每股净资产/调整后(元)	1.4800	1.4800	1.4200	1.0200
每股公积金(元)	0.1589	0.1589	0.1589	0.1589
净资产收益率(%)	4.1000	4.1600	1.1700	-5.6200
总资产(万元)	50918.62	42585.19	70309.13	71246.73
股东权益(万元)	30525.51	30546.36	29261.39	25193.81
未分配利润(万元)	3722.96	3743.81	2633.66	-1288.13
主营收入(万元)	17771.49	17764.89	44547.31	38192.56
资本公积金(万元)	3270.03	3270.03	3270.03	3270.03
主营利润(万元)	2621.88	2615.28	4388.36	3023.32
其他业务利润(万元)	-32.09	-32.09	134.28	185.89
营业利润(万元)	1286.42	1307.27	172.28	-3304.95
投资收益(万元)				
补贴收入(万元)				
营业外收支(万元)	-35.09		-14.59	-165.92
利润总额(万元)	1251.33	1272.18	157.69	-3914.13
净利润(万元)	1251.33	1272.18	341.67	-3829.95

十大股东

序号	股东名称	股份性质	持股数(万股)	比例(%)
1	成都锦江和盛投资有限责任公司	定向法人境内法人股	5856.85	28.46
2	重庆钢铁(集团)有限责任公司	发起人国有法人股	4508.18	21.90
3	泛华工程有限公司	发起人国家股	1347.15	6.55
4	四川华州管理顾问咨询有限责任公司	发起人国有法人股	1000.00	4.86
5	苏州市西江建设发展有限公司	定向法人境内法人股	125.00	0.61
6	梁学华	社会流通股	68.55	0.33
7	张发知	社会流通股	62.57	0.30
8	杨国平	社会流通股	45.47	0.22
9	傅素珍	社会流通股	42.12	0.20
10	邵光富	社会流通股	41.82	0.20

股东人数	2003.9	2003.6	2002	2001
	23983	23992	34599	31291

近年分配		近年配股/增发	不分配不转增

重大事项

2003 年 10 月 21 日,公司与普天寿金融公司旗下华居有限责任公司经过友好协商,同意公司以其拥有的国有土地使用权、华居公司通过其在毛里求斯设立的 Dong Yuan Hua Ju Holding Limited 以现金共同投资在重庆市设立中外合作企业"重庆东源华居房地产开发有限公司". 2003 年 8 月 08 日,中国证监会稽查局于 2002 年 9 月进驻公司,就公司未按期披露 2002 年半年度报告进行稽查.公司现已收到中国证监会行政处罚决定书,对公司处以罚款 3 万元.

二〇〇二年以来市场表现

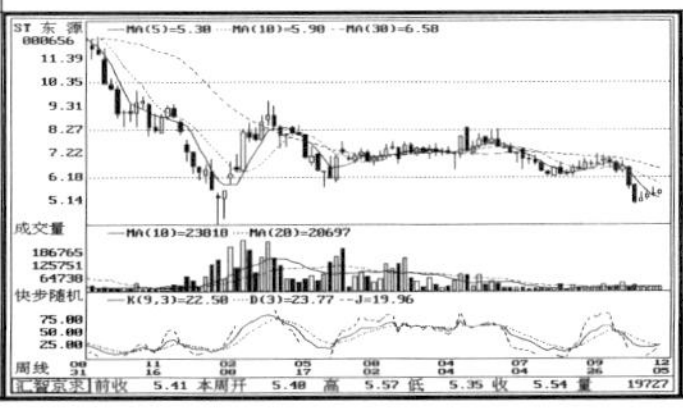

2002年涨跌幅(%)	10.46
2002年最高(元)	9.50
2002年最低(元)	4.10
2002年换手率(%)	490.85
2003年涨跌幅(%)	-22.38
2003年最高(元)	8.35
2003年最低(元)	4.95
2003年换手率(%)	181.22

中钨高新材料股份有限公司

公司概况

公司名称	中钨高新材料股份有限公司			股票代码	000657
注册地址	海口市龙昆北路2号珠江广场帝都大厦18层			邮政编码	570125
法人代表	施承仕			董秘	冯晓元
电话	0898-68581224			传真	0898-68583318
主营业务	硬质合金和钨、钼、钽有色金属等的生产、销售				
总股本	17108.13	流通A	7452.00	流通B	流通H
审计单位				审计意见	未审计

主要财务指标

年度	2003.9	2003.6	2002	2001
每股收益/扣除后(元)	0.1300	0.1000	0.2100	0.2050
每股经营现金流量(元)	0.1210	0.0730	0.7220	0.0620
每股净资产/调整后(元)	3.2900	3.3200	3.2000	3.0320
每股公积金(元)	1.4887	1.4887	1.4887	1.4887
净资产收益率(%)	3.8400	3.0000	6.2800	6.3700
总资产(万元)	112005.42	113759.07	99542.03	101638.56
股东权益(万元)	56600.01	57079.93	55365.45	52023.69
未分配利润(万元)	10377.38	10857.30	9142.81	6470.31
主营收入(万元)	103638.06	69996.33	121759.86	116808.18
资本公积金(万元)	25469.14	25469.14	25469.14	25469.14
主营利润(万元)	11672.23	8444.77	16449.49	15127.07
其他业务利润(万元)	84.21	34.81	147.37	108.90
营业利润(万元)	2684.28	2072.97	4387.66	4135.39
投资收益(万元)	11.64	2.64	-77.40	26.08
补贴收入(万元)	0.70	0.70	2.29	8.21
营业外收支(万元)	-63.05	-13.36	-112.46	-208.14
利润总额(万元)	2633.57	2062.95	4200.08	3961.55
净利润(万元)	2175.51	1714.48	3474.42	3315.32

十大股东

序号	股东名称	股份性质	持股数(万股)	比例(%)
1	株洲硬质合金集团有限公司	国有股	3172.43	18.54
2	自贡硬质合金有限责任公司	国有股	2560.80	14.97
3	海南恒润实业投资有限公司	其他法人股	658.13	3.85
4	包头铝业(集团)有限责任公司	国有股	549.24	3.21
5	海南金昌旅游实业有限公司	其他法人股	539.66	3.15
6	海南金元投资控股有限公司	国有股	534.58	3.12
7	汕头市广粤铝合金型材厂	其他法人股	526.50	3.08
8	中国有色金属工业海南公司	国有股	263.25	1.54
9	中国有色金属进出口广东公司	国有股	178.50	1.04
10	中国有色金属工业广州公司	国有股	171.11	1.00

股东人数	2003.9	2003.6	2002	2001
	38770	40189	41637	48590

近年分配	2002年10股派0.55元 2001年中期10股派1元	近年配股/增发	不分配不转增

重大事项

2003年5月29日,公司第一大股东株洲硬质合金集团有限公司与广州中科信集团有限公司签署了《股权转让协议书》,株洲硬质合金集团有限公司将其持有的公司3172.4274万股国有股全部转让给广州中科信集团有限公司。上述国有股股权转让事项已获国资委批复。 2003年8月30日,关于公司与关闭海南发展银行清算组借款合同纠纷一案现判决结果如下:1、驳回上诉,维持原判;2、一审案件受理费359692元,按照一审判决执行;二审案件受理费359692元,由上诉人中钨高新材料股份有限公司承担;3、本判决为终审判决。

二○○二年以来市场表现

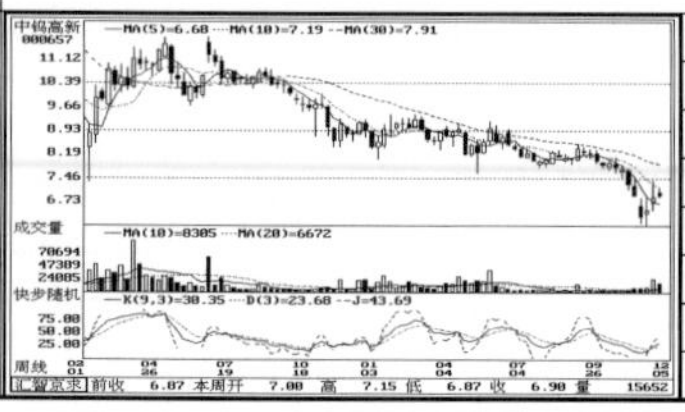

2002年涨跌幅(%)	-16.39
2002年最高(元)	11.80
2002年最低(元)	7.04
2002年换手率(%)	126.60
2003年涨跌幅(%)	-20.30
2003年最高(元)	9.34
2003年最低(元)	6.00
2003年换手率(%)	64.68

珠海中富实业股份有限公司

公司概况

公司名称	珠海中富实业股份有限公司			股票代码	000659
注册地址	广东省珠海市湾仔镇第一工业区			邮政编码	519030
法人代表	黄乐夫			董秘	陈立上
电话	0756-8821350			传真	0756-8821103
主营业务	饮料容器及瓶胚、标签、纸箱及纸板				
总股本	43018.48	流通A	22257.20	流通B	流通H
审计单位				审计意见	未审计

主要财务指标

年度	2003.9	2003.6	2002	2001
每股收益/扣除后(元)	0.1920	0.1640	0.3500	0.2260
每股经营现金流量(元)	0.1900	0.2950	1.3900	0.2020
每股净资产/调整后(元)	3.9100	3.4900	3.3600	3.1600
每股公积金(元)	1.9326	1.4659	1.4659	1.4764
净资产收益率(%)	4.7500	4.4800	10.1100	7.0500
总资产(万元)	389306.94	355620.12	327660.34	249102.05
股东权益(万元)	171904.64	137133.44	130991.12	121931.32
未分配利润(万元)	15927.59	13903.10	7760.80	2176.96
主营收入(万元)	97246.45	69583.08	119717.89	85103.65
资本公积金(万元)	83135.40	55527.91	55527.91	55926.41
主营利润(万元)	23246.81	15733.24	30668.44	19783.15
其他业务利润(万元)	416.30	291.92	164.58	215.18
营业利润(万元)	10840.31	8446.84	16826.48	10561.56
投资收益(万元)	472.03	278.56	839.71	366.61
补贴收入(万元)				21.00
营业外收支(万元)	-107.36	-88.72	6.01	22.15
利润总额(万元)	11204.98	8636.67	17672.20	10971.33
净利润(万元)	8166.79	6142.30	13246.23	8602.06

十大股东

序号	股东名称	股份性质	持股数(万股)	比例(%)
1	珠海中富工业集团有限公司	法人股	19938.50	46.35
2	东北证券有限责任公司	流通股	1500.00	3.49
3	珠海成创实业有限公司	法人股	810.00	1.88
4	安顺证券投资基金	流通股	624.00	1.45
5	安信证券投资基金	流通股	515.87	1.20
6	华安创新证券投资基金	流通股	438.95	1.02
7	汉盛证券投资基金	流通股	259.99	0.60
8	北京证券有限责任公司	流通股	189.04	0.44
9	普丰证券投资基金	流通股	179.16	0.42
10	安久证券投资基金	流通股	165.96	0.39

股东人数	2003.9	2003.6	2002	2001
	78198	78334	82458	98418

近年分配	2002年10股派0.1元 2001年10股派1元	近年配股/增发	2002年10股配3股

重大事项

2003年10月31日公司董事会同意出售公司持有的深圳市桑夏高科技股份有限公司20%股权给公司控股股东珠海中富工业集团有限公司,转让价格为2002年12月31日公司对桑夏高科的帐面投资余额11,952,036.47元。 2003年10月9日,公司第一大股东珠海中富工业集团有限公司已将其持有的公司法人股15000万股质押给中国银行珠海市分行,获总额为12亿元的授信额度,质押期为2003年9月25日至2005年9月30日。至此,该公司持有的公司总额为19938.5万股的法人股中有19000万股已经办理了质押。

二○○二年以来市场表现

2002年涨跌幅(%)	-7.54
2002年最高(元)	9.03
2002年最低(元)	5.22
2002年换手率(%)	88.92
2003年涨跌幅(%)	-17.66
2003年最高(元)	8.51
2003年最低(元)	5.47
2003年换手率(%)	63.08

广州南华西实业股份有限公司

公司概况

公司名称	广州南华西实业股份有限公司			股票代码	000660		
注册地址	广州市同福西路岐兴中北2号首、二层			邮政编码	510235		
法人代表	何竟棠			董秘	张荻		
电话	020-84423292			传真	020-84408033		
主营业务	金属氧化物避雷器、避雷针、绝缘子、互感器、变压器等						
总股本	13291.33	流通A	3924.82	流通B		流通H	
审计单位				审计意见	未审计		

主要财务指标

年度	2003.9	2003.6	2002	2001
每股收益/扣除后(元)	-0.3100	-0.1770	-3.0700	-0.6171
每股经营现金流量(元)	-0.0089	-0.0130	0.0590	-0.0024
每股净资产/调整后(元)	-1.1700	-0.9000	-0.8000	2.2122
每股公积金(元)	1.0347	1.0347	1.0347	1.0347
净资产收益率(%)		19.6000	424.2000	-18.5310
总资产(万元)	47482.04	71227.98	71843.26	111559.93
股东权益(万元)	-13816.79	-12025.01	-9668.53	31345.26
未分配利润(万元)	-43143.13	-41351.34	-38994.87	2018.92
主营收入(万元)	5581.23	3489.49	8348.32	13308.13
资本公积金(万元)	13752.42	13752.42	13752.42	13752.42
主营利润(万元)	13752.42	836.99	1799.21	4166.89
其他业务利润(万元)	-481.31	15.91	12.64	23.88
营业利润(万元)	-4128.33	-2339.59	-39235.64	-5794.82
投资收益(万元)	6.60		-1740.72	39.40
补贴收入(万元)	0.87	0.70	10.49	4.71
营业外收支(万元)	-1.98		-193.94	-23.46
利润总额(万元)	-4122.84	-2340.81	-41159.81	-5774.18
净利润(万元)	-4148.26	-2356.47	-41013.79	-5808.61

十大股东

序号	股东名称	股份性质	持股数(万股)	比例(%)
1	广州市南华西企业集团有限公司	发起人境内法人股	8513.15	64.05
2	广东华侨信托投资公司投资基金部	发起人境内法人股	362.90	2.73
3	北京贝特实业公司	发起人境内法人股	241.93	1.82
4	登润实业有限公司	发起人境内法人股	120.97	0.91
5	粤华有限公司	发起人境内法人股	120.97	0.91
6	陈瑛	流通股	28.36	0.21
7	何桂景	流通股	12.05	0.09
8	李萍	流通股	12.00	0.09
9	王刚	流通股	11.00	0.08
10	文禾	流通股	10.30	0.07

股东人数

2003.9	2003.6	2002	2001
19010	19627	20822	16332

近年分配		近年配股/增发	不分配不转增

重大事项

公司于**2003**年**10**月**16**日收到广东省广州市中级人民法院民事判决书穗中法民二初字第**00128**号及上诉须知；公司于**2003**年**10**月**17**日收到广东省广州市中级人民法院民事判决书穗中法民二初字第**325**号及上诉须知. 公司于**2003**年**9**月**5**日收到中国工商银行广州市大德路支行的《债务转移确认书》,确认**2003**年**6**月**03**日签署的《债务转移协议》中的约定,办妥了相应的保证合同和抵押合同.至此,公司对金展公司**22700**万元债务由公司的应收南华西集团**22700**万元债权抵偿,**22700**万元债权债务转移暨关联交易完成.

二〇〇二年以来市场表现

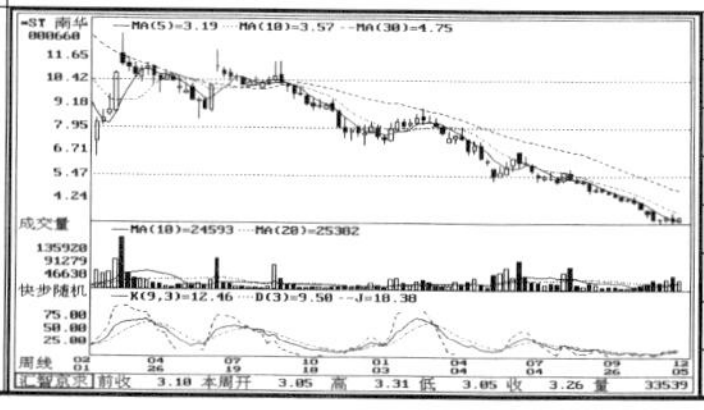

2002年涨跌幅(%)	-33.52
2002年最高(元)	12.89
2002年最低(元)	5.94
2002年换手率(%)	334.62
2003年涨跌幅(%)	-57.18
2003年最高(元)	8.96
2003年最低(元)	3.00
2003年换手率(%)	340.50

长春高新技术产业(集团)股份有限公司

公司概况

公司名称	长春高新技术产业(集团)股份有限公司			股票代码	000661		
注册地址	吉林省长春市同志街64号			邮政编码	130021		
法人代表	杨占民			董秘	周伟群		
电话	0431-5666367			传真	0431-5675390		
主营业务	生物制药、中成药生产及房地产开发、物业管理等						
总股本	13132.66	流通A	7980.34	流通B		流通H	
审计单位				审计意见	未审计		

主要财务指标

年度	2003.9	2003.6	2002	2001
每股收益/扣除后(元)	-0.1510	0.0060	0.0500	0.0300
每股经营现金流量(元)	-0.9000	0.2460	0.1100	0.1960
每股净资产/调整后(元)	3.2800	3.4600	3.3000	3.2600
每股公积金(元)		1.7103	1.7089	1.6968
净资产收益率(%)	-4.5150	0.1300	1.6000	0.9600
总资产(万元)	157489.55	120143.64	123638.49	126171.86
股东权益(万元)	44312.65	46120.97	46120.97	45288.58
未分配利润(万元)		1317.82	1257.12	1092.27
主营收入(万元)	28058.58	18896.72	46178.84	40667.32
资本公积金(万元)		22461.01	22442.81	22283.09
主营利润(万元)	19516.11	13161.42	30875.52	25422.65
其他业务利润(万元)	105.00	240.63	115.39	1511.07
营业利润(万元)	-1465.78	847.98	3239.94	2361.24
投资收益(万元)	-5.39	-5.39	-245.02	44.23
补贴收入(万元)			10.00	57.99
营业外收支(万元)	-22.24		23.02	-92.21
利润总额(万元)	-1493.41	829.68	3027.94	2371.24
净利润(万元)	-2000.50	60.70	737.97	432.61

十大股东

序号	股东名称	股份性质	持股数(万股)	比例(%)
1	长春高新技术产业发展总公司	国有股	4547.52	34.63
2	长春市南湖实业总公司	法人股	252.00	1.92
3	长春市天然气化学工业公司	法人股	100.80	0.77
4	吉林省博维实业有限公司	法人股	100.80	0.77
5	长春建设股份有限公司	法人股	100.80	0.77
6	何瑞香	流通股	35.29	0.27
7	吉林省地产总公司	法人股	30.24	0.23
8	周祥仙	流通股	23.27	0.18
9	吉林市金川科技有限责任公司	法人股	20.16	0.15
10	锡山市羊尖电镀有限公司	流通股	17.12	0.13

股东人数

2003.9	2003.6	2002	2001
44183	44742	46211	44530

近年分配		近年配股/增发	不分配不转增

重大事项

公司于**2003**年**6**月**30**日与中国农业银行长春开发区支行签订了借款金额为**2.6**亿元人民币的《借款合同》,借款种类为中长期贷款,贷款期限为**5**年,年利率为**6.138%**,由长春高新技术产业发展总公司提供担保.截止**2003**年**8**月**4**日,该项贷款已全部到达公司帐户. **2003**年**5**月**24**日,关于公司控股子公司长春长生生物科技股份有限公司拟赴香港交易所创业板申请发行境外上市外资股(**H**股)的提案,公司接到中国证监会与香港交易所达成的意见,据该意见,公司决定取消公司控股子公司境外上市的计划.

二〇〇二年以来市场表现

2002年涨跌幅(%)	-37.13
2002年最高(元)	11.93
2002年最低(元)	6.55
2002年换手率(%)	162.88
2003年涨跌幅(%)	-26.93
2003年最高(元)	9.15
2003年最低(元)	4.51
2003年换手率(%)	173.25

广西红日股份有限公司

公司概况							
公司名称	广西红日股份有限公司			股票代码	000662		
注册地址	广西梧州市新兴二路 137 号			邮政编码	543002		
法人代表	梁国坚			董秘	李博		
电话	0774-3863686			传真	0774-3863686		
主营业务	精细化工产业、化妆品制造业、化学药品原药制造业等						
总股本	14999.25	流通 A	5399.03	流通 B		流通 H	
审计单位				审计意见	未审计		

主要财务指标 年度	2003.9	2003.6	2002	2001
每股收益 / 扣除后(元)	0.5443	0.3689	0.3148	0.0217
每股经营现金流量(元)	1.7300	1.0800	0.3820	0.5788
每股净资产 / 调整后(元)	2.1770	1.8146	1.6825	1.3805
每股公积金(元)	0.2976	0.6166	1.0505	1.0481
净资产收益率(%)	24.9470	18.1100	18.4700	16.4400
总资产(万元)	65851.26	62968.41	45747.37	41501.63
股东权益(万元)	23392.58	23392.58	18160.57	14926.53
未分配利润(万元)	4611.79	4611.79	-5658.26	-8428.66
主营收入(万元)	25817.03	17318.20	24652.08	3038.46
资本公积金(万元)	6606.00	6606.00	11254.66	11229.01
主营利润(万元)	17003.21	11006.81	14265.60	1656.75
其他业务利润(万元)	30.22	20.92	39.74	32.61
营业利润(万元)	5976.24	3974.28	4473.43	1429.54
投资收益(万元)	24.97	16.65	32.42	-122.74
补贴收入(万元)	0.03	0.03	0.18	79.39
营业外收支(万元)	-20.80	-6.09	-50.29	-1057.12
利润总额(万元)	5980.44	3896.55	4455.74	2528.58
净利润(万元)	5835.77	3874.33	3354.38	2454.19

十大股东 序号	股东名称	股份性质	持股数(万股)	比例(%)
1	广西索芙特股份有限公司	境内法人股	3053.75	28.50
2	广东通作投资有限公司	境内法人股	1918.00	17.90
3	中国银行南宁信托咨询公司	境内法人股	750.00	7.00
4	海口八达进出口公司	境内法人股	448.46	4.20
5	杭州天安置业有限公司	境内法人股	300.00	2.80
6	南宁市仁和商贸有限责任公司	境内法人股	207.00	1.93
7	广州市天街小雨化妆品有限公司	境内法人股	125.00	1.17
8	深圳桂兴发展贸易公司	境内法人股	34.65	0.32
9	乔书兰	社会公众股	32.26	0.30
10	吴祝南	社会公众股	28.09	0.26

股东人数	2003.9	2003.6	2002	2001
	6854	7070	7736	9256

近年分配	2003年中期 10 股派 0.6 元	近年配股 / 增发	2003年中期 10 股送 2 股、转增 2 股

重大事项

2003 年 07 月 31 日,公司日前收到中国农业银行广西分行《关于广西红日股份有限公司公开统一授信 1.5 亿元的批复》,批复如下:同意核定公司 2003 年度公开统一授信额度 1.5 亿元人民币,期限一年,授信内容为流动资金贷款或承兑业务,具体用信时逐笔落实合法有效的担保。 2003 年 6 月 17 日,公司股东杭州天安置业有限公司将其持有公司法人股 800 万股、宁波市天翔实业有限公司将其持有公司法人股 900 万股转让给广西索芙特股份有限公司,上述股权转让过户手续已办理完毕。广西索芙特目前持有公司法人股 3053.745 万股,成为公司第一大股东。

二〇〇二年以来市场表现

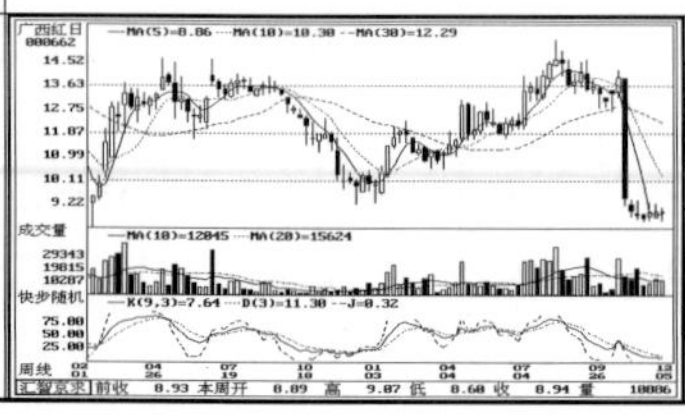

2002年涨跌幅(%)	-17.04
2002年最高(元)	10.40
2002年最低(元)	5.86
2002年换手率(%)	93.82
2003年涨跌幅(%)	26.49
2003年最高(元)	10.96
2003年最低(元)	6.57
2003年换手率(%)	110.22

福建省永安林业(集团)股份有限公司

公司概况							
公司名称	福建省永安林业(集团)股份有限公司			股票代码	000663		
注册地址	福建省永安市燕江东路 12 号			邮政编码	366000		
法人代表	吴景贤			董秘	黄忠明		
电话	0598-3614875			传真	0598-3633415		
主营业务	木(竹)材采运、加工,林化产品制造						
总股本	16723.26	流通 A	5921.28	流通 B		流通 H	
审计单位				审计意见	未审计		

主要财务指标 年度	2003.9	2003.6	2002	2001
每股收益 / 扣除后(元)	0.0804	0.0630	0.0494	0.0140
每股经营现金流量(元)	0.2160	0.1170	0.4700	0.2800
每股净资产 / 调整后(元)	1.9306	1.9100	1.8076	1.7630
每股公积金(元)	0.7694	0.7694	0.7694	1.1657
净资产收益率(%)	4.0620	3.2110	3.8150	2.6100
总资产(万元)	82099.86	79943.73	77340.52	85728.29
股东权益(万元)	77340.52	32791.12	31738.08	30416.82
未分配利润(万元)	2415.82	2125.09	1072.05	-7378.97
主营收入(万元)	22550.54	17382.94	28860.90	30716.43
资本公积金(万元)	12867.15	12867.15	12867.15	19494.16
主营利润(万元)	6071.34	3968.35	7047.65	7780.33
其他业务利润(万元)	135.02	77.89	191.74	262.37
营业利润(万元)	707.01	527.62	-382.17	9.76
投资收益(万元)	390.70	322.50	829.92	560.92
补贴收入(万元)	266.94	206.61	722.49	477.84
营业外收支(万元)	-0.77	-1.00	95.13	-31.00
利润总额(万元)	1363.89	1055.73	1265.38	1071.52
净利润(万元)	1343.77	1053.04	1210.87	793.41

十大股东 序号	股东名称	股份性质	持股数(万股)	比例(%)
1	福建省永安林业(集团)总公司	国有法人股	6488.46	38.80
2	永安市财政局	国家股	1863.54	11.14
3	福建省青山纸业股份有限公司	法人股	1170.00	7.00
4	永安市林业建设投资公司	法人股	468.00	2.80
5	三明市林业总公司	法人股	468.00	2.80
6	永安市燕林开发公司	法人股	126.24	0.75
7	青岛新宝通投资管理有限公司	流通股	90.00	0.54
8	王紫军	流通股	60.08	0.36
9	航空信托投资有限责任公司	流通股	48.79	0.29
10	永安市副食品基金开发三公司	法人股	34.63	0.21

股东人数	2003.9	2003.6	2002	2001
	32267	32257	33993	35040

近年分配		近年配股 / 增发	不分配不转增

重大事项

2003 年 08 月 29 日,公司董事会同意根据公司与福建省新大陆科技集团有限公司签定的互保最高限额为人民币捌仟万元整,期限为柒年的互保协议,新大陆集团于 2003 年 8 月 28 日向中国光大银行福州分行申请了最高额度为人民币伍仟万元整、借款到期日不迟于 2007 年 12 月 23 日的银行贷款,由公司为该笔银行贷款提供连带责任保证担保。 2003 年 3 月 28 日,根据公司与福建省新大陆科技集团有限公司签订的《互保协议》,公司董事会同意继续为新大陆科技向工行福州市南门支行申请的 5000 万元借款(该笔借款已于 2003 年 3 月 24 日到期,现展期至 2003 年 8 月 26 日)提供连带责任保证担保。

二〇〇二年以来市场表现

2002年涨跌幅(%)	-25.90
2002年最高(元)	10.53
2002年最低(元)	6.15
2002年换手率(%)	156.83
2003年涨跌幅(%)	-18.43
2003年最高(元)	8.74
2003年最低(元)	5.33
2003年换手率(%)	120.47

武汉塑料工业集团股份有限公司

公司概况

公司名称	武汉塑料工业集团股份有限公司			股票代码	000665	
注册地址	武汉市经济技术开发区工业区			邮政编码	430022	
法人代表	刘文彦			董秘	孙楚明	
电话	027-85425727			传真	027-85891746	
主营业务	开发、制造、经营高新科技工程塑料制品、汽车塑料零部件等					
总股本	14096.95	流通 A	5001.38	流通 B		流通 H
审计单位				审计意见	未审计	

主要财务指标

年度	2003.9	2003.6	2002	2001
每股收益/扣除后(元)	-0.0410	0.0100	0.0100	0.2000
每股经营现金流量(元)	0.2150	0.0140	0.2000	0.3200
每股净资产/调整后(元)	2.8500	2.8100	2.8100	3.1500
每股公积金(元)	1.4332	1.3388	1.3388	1.3388
净资产收益率(%)	-1.2370	0.2600	0.3800	7.0300
总资产(万元)	89013.99	82455.08	78587.25	78078.68
股东权益(万元)	40677.83	39955.56	39955.56	44711.29
未分配利润(万元)	2629.62	3238.53	3132.99	7216.55
主营收入(万元)	39962.39	23593.88	47320.83	48019.25
资本公积金(万元)	20204.27	18873.08	18873.08	18873.08
主营利润(万元)	5107.82	3386.61	6928.96	8674.62
其他业务利润(万元)	131.79	85.09	185.14	717.12
营业利润(万元)	112.97	808.25	1505.01	4239.90
投资收益(万元)	52.96	22.65		336.81
补贴收入(万元)				
营业外收支(万元)	48.59		-35.46	7.15
利润总额(万元)	214.52	843.22	1469.55	4583.86
净利润(万元)	-503.38	105.53	151.45	3143.60

十大股东

序号	股东名称	股份性质	持股数(万股)	比例(%)
1	武汉经开投资有限公司	国有法人股	3200.00	22.70
2	武汉国兴投资咨询有限责任公司	社会法人股	1231.02	8.73
3	武汉市工业合作联社	社会法人股	1227.77	8.71
4	平安信托投资公司	社会法人股	1120.33	7.95
5	武汉国际信托投资公司	国有法人股	97.53	7.79
6	武汉市益信工程经济发展公司	社会法人股	336.10	2.38
7	长江经济联合发展公司武汉公司	社会法人股	280.08	1.99
8	深圳江海重型机械工程有限公司	社会法人股	224.07	1.59
9	湖北省投资公司	社会法人股	140.04	0.99
10	华泰证券有限责任公司	社会公众股	88.67	0.63

股东人数	2003.9	2003.6	2002	2001
	26558	27543	27769	29826

近年分配	近年配股/增发
2001年10股派0.69元	不分配不转增

重大事项

2003年8月29日,公司第一大股东武汉经开投资有限公司与武汉国发投资管理集团有限公司解除了《股权托管协议》. 2003年6月21日,公司第二大股东武汉国兴投资有限公司于2002年6月质押给华夏银行武汉市东湖支行的525万股境内法人股已于日前解冻.2003年6月16日,该公司将其持有公司12,310,190股境内法人股全部质押给华夏银行武汉市东湖支行,质押期限为2003年6月16日至2004年6月15日. 此次质押系武汉国兴投资有限公司为其向华夏银行武汉市东湖支行申请贷款提供担保.

二〇〇二年以来市场表现

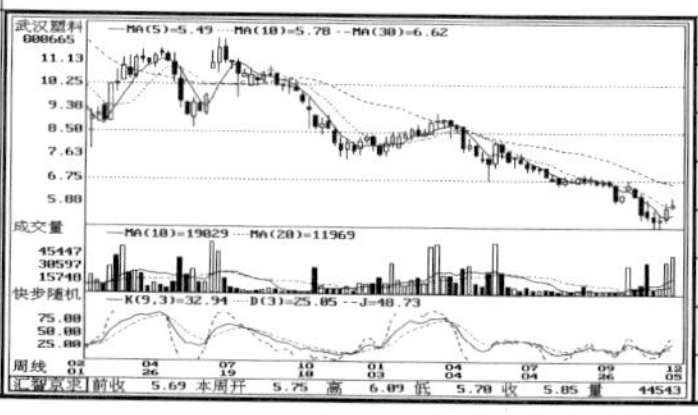

2002年涨跌幅(%)	-24.11
2002年最高(元)	12.00
2002年最低(元)	7.38
2002年换手率(%)	146.86
2003年涨跌幅(%)	-27.97
2003年最高(元)	9.18
2003年最低(元)	5.00
2003年换手率(%)	146.22

经纬纺织机械股份有限公司

公司概况

公司名称	经纬纺织机械股份有限公司			股票代码	000666		
注册地址	山西省太原市坞城路15号			邮政编码	100016		
法人代表	张杰			董秘	叶雪华		
电话	8610-84534078-8188			传真	8610-84534135		
主营业务	纺织机械产品及其配套件的生产、销售						
总股本	60380.22	流通 A	20300.00	流通 B		流通 H	18080.00
审计单位				审计意见	未审计		

主要财务指标

年度	2003.9	2003.6	2002	2001
每股收益/扣除后(元)	0.2200	0.1300	0.2400	0.2000
每股经营现金流量(元)	0.3500	0.2050	0.7600	0.1500
每股净资产/调整后(元)	3.8300	3.7400	3.7100	3.5100
每股公积金(元)	2.0738	2.0738	2.0738	2.0738
净资产收益率(%)	5.4400	3.3900	6.0600	5.6500
总资产(万元)	589620.31	506433.94	477418.00	401205.56
股东权益(万元)	240219.37	235128.45	227154.91	217549.23
未分配利润(万元)	35241.25	30150.33	22174.51	16793.63
主营收入(万元)	334853.47	208808.11	282843.81	221523.94
资本公积金(万元)	125215.41	125215.41	125215.41	125215.41
主营利润(万元)	58880.35	36826.79	58042.86	43445.89
其他业务利润(万元)	3312.57	2122.04	4327.34	847.61
营业利润(万元)	16570.88	10473.80	16946.56	14697.25
投资收益(万元)	392.98	392.98	-55.93	-52.30
补贴收入(万元)	82.32	33.49	69.42	48.37
营业外收支(万元)	-314.43	-0.22	-946.55	-231.13
利润总额(万元)	16731.76	10676.20	16013.50	14462.20
净利润(万元)	13066.74	7975.82	13768.51	12288.80

十大股东

序号	股东名称	股份性质	持股数(万股)	比例(%)
1	中国纺织机械(集团)有限公司	国有法人股	22000.00	36.44
2	香港中央结算(代理人)有限公司	H股	17757.80	29.41
3	招商证券股份有限公司	A股	146.19	0.24
4	河南财政证券公司	A股	137.27	0.23
5	裕隆证券投资基金	A股	115.01	0.19
6	银丰证券投资基金	A股	84.08	0.14
7	POON CHIU LEUNG	H股	70.00	0.12
8	北京亚商投资咨询有限公司	A股	52.00	0.09
9	第一创业证券有限责任公司	A股	50.05	0.08
10	泰和证券投资基金	A股	40.26	0.07

股东人数	2003.9	2003.6	2002	2001
	102197	104144	109064	109739

近年分配	近年配股/增发
2001年10股派0.6元 2001年10股派0.6元	不分配不转增

重大事项

2002年8月19日,公司董事会同意对本公司四家下属子公司郑州宏大新型纺机有限责任公司、青岛宏大纺织机械有限责任公司、沈阳宏大纺织机械有限责任公司、天津宏大纺织机械有限公司增加注册资本的提案.以上增资尚待取得四家宏大子公司其他股东的同意后实施. 2003年8月7日,公司董事会批准本公司以所拥有的北京市朝阳区安贞西里五区4号地下1层至地上3层房产按原值约人民币33,542万元出资,与北京顺天通房地产开发有限责任公司和北京广合置业有限公司共同在上海设立"上海经纬中联商业发展有限公司".

二〇〇二年以来市场表现

2002年涨跌幅(%)	-22.84
2002年最高(元)	8.24
2002年最低(元)	5.33
2002年换手率(%)	128.56
2003年涨跌幅(%)	-3.13
2003年最高(元)	7.05
2003年最低(元)	5.48
2003年换手率(%)	176.36

名流置业集团股份有限公司

公司概况

公司名称	名流置业集团股份有限公司			股票代码	000667		
注册地址	广东省深圳市深南东路123号深圳市百货广场			邮政编码	650031		
法人代表	刘道明			董秘	周明钧		
电话	0871-3610134			传真	0871-3625615		
主营业务	投资管理、股权、产权的投资转让、投资策划咨询服务						
总股本	24502.80	流通 A	6358.80	流通 B		流通 H	
审计单位				审计意见	未审计		

主要财务指标

年度	2003.9	2003.6	2002	2001
每股收益/扣除后(元)	0.1410	0.1200	0.2038	0.0059
每股经营现金流量(元)	–0.1400	–0.0900	0.5491	–0.0912
每股净资产/调整后(元)	2.0500	2.0200	1.8954	1.8104
每股公积金(元)	0.0374	0.0374	0.0374	0.0374
净资产收益率(%)	7.3400	6.0500	10.7900	0.5600
总资产(万元)	81876.27	82603.09	81553.72	61515.49
股东权益(万元)	50120.32	49434.47	46443.56	48608.95
未分配利润(万元)	5856.32	5170.47	2179.56	5716.75
主营收入(万元)	19607.25	15026.14	30850.09	13077.39
资本公积金(万元)	916.37	916.37	916.37	916.37
主营利润(万元)	6225.86	4674.62	7761.42	1140.96
其他业务利润(万元)	30.47	31.03	1047.84	1193.16
营业利润(万元)	4843.41	3792.39	6129.27	82.36
投资收益(万元)	311.23	340.82	607.45	243.20
补贴收入(万元)	442.50	318.50	222.35	
营业外收支(万元)	5.00		–185.42	76.13
利润总额(万元)	5602.14	4456.71	6773.66	2708.19
净利润(万元)	3676.76	2990.91	5010.61	1736.86

十大股东

序号	股东名称	股份性质	持股数(万股)	比例(%)
1	名流投资集团有限公司	境内法人股	7200.00	29.38
2	昆明市五华区人民政府国有资产管理办公室	国有股	5644.00	23.03
3	海南洋浦众森科技投资有限公司	境内法人股	5300.00	21.63
4	毛家顺	流通股	36.26	0.15
5	汤连生	流通股	34.26	0.14
6	李斌成	流通股	33.66	0.14
7	姚建光	流通股	29.75	0.12
8	吕华山	流通股	24.77	0.10
9	郭阿林	流通股	24.00	0.10
10	周文春	流通股	23.02	0.09

股东人数	2003.9	2003.6	2002	2001
	23131	23302	23298	26757

近年分配	2002年10股派1.6元	近年配股/增发	不分配不转增

重大事项

2003年11月12日,公司于2003年4月8日向华夏银行昆明分行圆通支行借款4500万元,名流投资集团有限公司为公司提供了信用担保,现应银行要求改为由海南洋浦众森科技投资有限公司以其持有的公司股份中的4500万股作为质押担保,被担保债权期限自2003年10月24日至2004年4月8日.股份质押期限自2003年10月24日起至双方申请解冻之日止. 2003年4月12日,财政部同意公司国有股东昆明市五华区国有资产管理办公室将所持公司国有股12500万股分别转让给名流投资集团有限公司7200万股、海南洋浦众森科技投资有限公司5300万股.本次股份转让还需办理过户手续.

二〇〇二年以来市场表现

2002年涨跌幅(%)	–15.25
2002年最高(元)	11.48
2002年最低(元)	5.45
2002年换手率(%)	190.56
2003年涨跌幅(%)	–23.28
2003年最高(元)	8.88
2003年最低(元)	4.97
2003年换手率(%)	78.76

中国石化武汉石油(集团)股份有限公司

公司概况

公司名称	中国石化武汉石油(集团)股份有限公司			股票代码	000668		
注册地址	湖北省武汉市万松小区18栋			邮政编码	430022		
法人代表	陈火军			董秘	蒙弘		
电话	027-85781439			传真	027-85757897		
主营业务	石油制品、石油副产品、原油、石油设备及器材等						
总股本	14684.19	流通 A	4174.03	流通 B		流通 H	
审计单位				审计意见	未审计		

主要财务指标

年度	2003.9	2003.6	2002	2001
每股收益/扣除后(元)	0.2800	0.1700	0.1700	0.1300
每股经营现金流量(元)	1.1300	1.2600	0.5200	0.1600
每股净资产/调整后(元)	2.0400	1.9400	1.7800	1.9600
每股公积金(元)	0.6500	0.6500	0.6500	0.6443
净资产收益率(%)	10.2200	6.5500	6.7100	5.2800
总资产(万元)	92033.88	95474.29	98689.59	99279.68
股东权益(万元)	37689.90	36207.80	33837.42	32880.37
未分配利润(万元)	7903.73	6421.63	4051.25	3631.45
主营收入(万元)	107624.24	68008.48	121357.92	126852.14
资本公积金(万元)	9544.11	9544.11	9544.11	9461.21
主营利润(万元)	13795.48	8819.45	16228.52	14275.63
其他业务利润(万元)	–249.21	–168.62	–165.45	616.72
营业利润(万元)	5951.66	3690.29	3604.91	3016.36
投资收益(万元)	27.45	26.97	–16.04	–73.58
补贴收入(万元)				
营业外收支(万元)	–235.36		–276.03	–234.59
利润总额(万元)	5743.75	3583.71	3312.83	2708.19
净利润(万元)	3852.48	2370.37	2271.75	1736.86

十大股东

序号	股东名称	股份性质	持股数(万股)	比例(%)
1	中国石油化工股份有限公司	国家股	6791.20	46.25
2	武汉国有资产经营公司	国家股	1764.75	12.02
3	华安证券有限责任公司	流通股	471.05	3.21
4	江汉石油管理局	法人股	304.20	2.07
5	武汉工业国有投资有限公司	法人股	187.20	1.28
6	中国石化集团武汉石油化工厂	法人股	187.20	1.28
7	中国石油大庆石油化工总厂	国家股	139.04	0.95
8	中国石化兰州炼油化工总厂	国家股	59.97	0.41
9	中国石化集团茂名石油化工公司	国家股	56.10	0.38
10	武汉市国际经济贸易公司	法人股	46.80	0.32

股东人数	2003.9	2003.6	2002	2001
	17734	20714	22436	28179

近年分配	2003年中期10股派0.7元 2001年10股派0.2元	近年配股/增发	2001年中期10股配3股

重大事项

2003年10月17日,根据武汉市人民政府有关文件精神,公司所属百步亭油库已纳入百步亭小区旧城改造规划的实施范围,该油库地面的建筑物及设施由武汉市土地整理储备供应中心负责拆除,并依照《武汉市城市房屋拆迁管理实施办法》给予本公司相应的拆迁经济补偿共计2471.396万元人民币。2003年年度内,本公司将向中国石化集团武汉石油化工厂销售成品油总量不超过9万吨,平均月销售约7000吨,主要品种为汽油、柴油,交易金额不超过3亿元,销售价格根据国家计发委颁布的定价原则确定。

二〇〇二年以来市场表现

2002年涨跌幅(%)	–7.24
2002年最高(元)	14.08
2002年最低(元)	8.09
2002年换手率(%)	138.70
2003年涨跌幅(%)	–12.56
2003年最高(元)	12.91
2003年最低(元)	8.74
2003年换手率(%)	90.55

吉林领先科技发展股份有限公司

公司概况

公司名称	吉林领先科技发展股份有限公司			股票代码	000669
注册地址	吉林市高新技术开发区C区26号楼			邮政编码	132013
法人代表	李建新			董秘	陈兴华
电话	0432-4664051			传真	0432-4683884
主营业务	企业项目投资合作、生物科技产品经营、医疗器械经营等				
总股本	6167.00	流通A	2299.00	流通B	流通H
审计单位				审计意见	未审计

主要财务指标

年度	2003.9	2003.6	2002	2001
每股收益/扣除后(元)	0.0072	-0.0228	0.0384	0.1049
每股经营现金流量(元)	-0.1200	0.2060	-0.0351	0.0141
每股净资产/调整后(元)	1.5695	1.5390	1.2736	1.2180
每股公积金(元)	0.3131	0.3131	0.0245	0.0245
净资产收益率(%)	0.0050	-1.4800	4.3700	8.2500
总资产(万元)	22218.30	16113.54	14577.19	14383.93
股东权益(万元)	9684.65	9493.67	7854.40	7511.33
未分配利润(万元)	537.07	346.09	486.71	195.11
主营收入(万元)	1493.23	369.62	2737.00	4998.36
资本公积金(万元)	1930.89	1930.89	150.99	150.99
主营利润(万元)	592.53	49.25	832.00	1450.54
其他业务利润(万元)	48.01	47.25	79.90	4.83
营业利润(万元)	94.41	-140.62	273.74	745.30
投资收益(万元)				
补贴收入(万元)				
营业外收支(万元)	6.31		124.92	-27.01
利润总额(万元)	100.72	-140.62	398.66	718.29
净利润(万元)	50.36	-140.62	343.06	620.03

十大股东

序号	股东名称	股份性质	持股数(万股)	比例(%)
1	吉林中讯新技术有限公司	法人股	1911.00	30.99
2	深圳市洛安德科技有限公司	法人股	1000.00	16.22
3	深圳市吉粤投资有限公司	法人股	527.00	8.55
4	天津市泰森科技实业有限公司	法人股	310.00	5.03
5	万宝集团冷机制作工业公司	法人股	120.00	1.95
6	陈定贵	流通股	35.58	0.58
7	谢胜坤	流通股	14.40	0.23
8	许修果	流通股	12.78	0.21
9	上海证券有限责任公司	流通股	12.69	0.21
10	林建华	流通股	11.50	0.19

股东人数	2003.9	2003.6	2002	2001
	16891	16597	16709	18608

近年分配	2001年10股派0.4元	近年配股/增发	2002年10股配3股

重大事项

2003年11月19日,公司第一人股东吉林中讯新技术有限公司已将其持有公司法人股1911万股质押给天津市塘沽区农村信用合作社联合社营业部,为天津市领先医药有限公司提供3500万元贷款担保.质押期限从2003年11月14日至2004年5月10日.目前已办理了股份质押登记手续. 2003年10月23日,公司近期与天津奥金高新技术有限公司签订了关于袖珍型"家用心电图仪"技术受让.合作生产的协议书.受让后公司拥有对此专利申请内容的独家使用权.此专利申请权获得批准后,公司自动拥有此项目专利使用权.该技术转让费共计人民币九十万元.

二○○二年以来市场表现

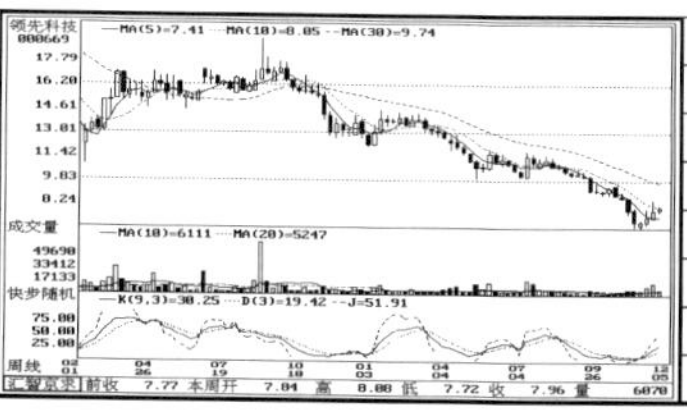

2002年涨跌幅(%)	-16.98
2002年最高(元)	19.38
2002年最低(元)	10.08
2002年换手率(%)	208.18
2003年涨跌幅(%)	-38.87
2003年最高(元)	14.50
2003年最低(元)	6.65
2003年换手率(%)	121.46

天发石油股份有限公司

公司概况

公司名称	天发石油股份有限公司			股票代码	000670
注册地址	湖北省荆州市江汉路106号			邮政编码	434000
法人代表	苗泽春			董秘	张进斌
电话	0716-8560320			传真	0716-8566160
主营业务	石油液化气、石油制品、汽车钢材、化工原料销售等				
总股本	27220.91	流通A	15466.88	流通B	流通H
审计单位				审计意见	未审计

主要财务指标

年度	2003.9	2003.6	2002	2001
每股收益/扣除后(元)	-0.0900	-0.1190	-0.5300	-0.0700
每股经营现金流量(元)	0.0300	0.1800	-0.2300	-0.4570
每股净资产/调整后(元)	2.9800	2.9500	3.0700	4.0050
每股公积金(元)	2.1531	2.1531	2.1531	2.1204
净资产收益率(%)	-3.0200	-4.0100	-17.2600	0.2000
总资产(万元)	171873.98	177650.31	172170.28	199482.48
股东权益(万元)	81379.63	80600.68	83834.97	109457.20
未分配利润(万元)	-12751.99	-13530.94	-10296.66	14362.36
主营收入(万元)	51969.25	33747.93	51877.09	116511.88
资本公积金(万元)	58609.70	58609.70	58609.70	57720.07
主营利润(万元)	5387.01	2901.50	5205.78	12140.78
其他业务利润(万元)	167.15	125.56	309.09	377.10
营业利润(万元)	-2587.04	-3221.78	-14496.16	406.88
投资收益(万元)			-50.37	13.38
补贴收入(万元)				1300.00
营业外收支(万元)	10.98		-133.40	-48.37
利润总额(万元)	-2576.06	-3230.01	-14679.93	1671.89
净利润(万元)	-2455.34	-3234.29	-14466.20	223.43

十大股东

序号	股东名称	股份性质	持股数(万股)	比例(%)
1	湖北天发实业集团有限公司	法人股	7074.83	25.99
2	荆州市第一木材总公司	法人股	2560.00	9.40
3	荆州市国有资产管理局	国家股	2019.20	7.42
4	国信证券有限责任公司	流通股	137.00	0.50
5	南京小河物流仓储有限公司	法人股	100.00	0.37
6	天津中天国际投资合作公司	流通股	46.86	0.17
7	向丽云	流通股	42.75	0.16
8	梁云海	流通股	40.00	0.15
9	彭宏孝	流通股	30.59	0.11
10	中国天津国际经济技术合作公司	流通股	30.00	0.11

股东人数	2003.9	2003.6	2002	2001
	62678	65377	66691	68763

近年分配		近年配股/增发	不分配不转增

重大事项

2003年11月24日,公司董事会同意拟用自有资金对湖北天发石油化工有限公司进行增资扩股.将其注册资金增加至5000万元.其中公司拟用现金增加投资4000万元,江汉平原农业高科技发展中心不追加投资,增资完成后,公司将持有该公司99.8%的股权. 2003年9月27日,公司取得了中华人民共和国商务部签发的第424004号《成品油批发经营批准证书》,批准公司可从事汽油、煤油、柴油批发业务.

二○○二年以来市场表现

2002年涨跌幅(%)	-33.62
2002年最高(元)	9.00
2002年最低(元)	5.23
2002年换手率(%)	151.17
2003年涨跌幅(%)	-2.80
2003年最高(元)	7.50
2003年最低(元)	4.30
2003年换手率(%)	254.57

福建省石狮新发股份有限公司

公司概况

公司名称	福建省石狮新发股份有限公司	股票代码	000671
注册地址	福建省福州经济技术开发区星发路8号	邮政编码	350005
法人代表	林腾蛟	董秘	黄永刚
电话	0591-3313741	传真	0591-3377141
主营业务	基础设施开发、电子产品及轻工工业产品制造等		

总股本	9517.31	流通A	2910.50	流通B		流通H	
审计单位				审计意见	未审计		

主要财务指标

年度	2003.9	2003.6	2002	2001
每股收益/扣除后(元)	0.0320	0.0260	-0.0170	0.0400
每股经营现金流量(元)	1.2800	0.6600	-0.3600	0.1200
每股净资产/调整后(元)	1.7200	1.7100	1.7100	1.7000
每股公积金(元)		0.2707	0.2707	0.2707
净资产收益率(%)	1.8000	1.4400	-1.1800	1.6500
总资产(万元)	60025.21	58983.31	62090.79	28704.23
股东权益(万元)	16901.49	16839.18	16738.73	16935.53
未分配利润(万元)		3492.65	3392.20	3609.06
主营收入(万元)	16391.10	14130.17	25716.26	5370.43
资本公积金(万元)		2575.94	2575.94	2575.94
主营利润(万元)	1229.37	1074.94	2651.68	1725.73
其他业务利润(万元)	579.13	383.08	131.09	156.58
营业利润(万元)	711.31	634.93	908.43	478.64
投资收益(万元)	8.66	8.66	-29.36	41.33
补贴收入(万元)				
营业外收支(万元)	9.32	-7.37	-60.41	-95.45
利润总额(万元)	729.28	636.22	818.65	424.52
净利润(万元)	303.65	242.11	-196.80	279.64

十大股东

序号	股东名称	股份性质	持股数(万股)	比例(%)
1	福建阳光投资有限公司	法人股	2636.93	27.71
2	福建华恒鞋帽进出口公司	法人股	1361.71	14.31
3	福建省华兴集团有限责任公司	法人股	470.68	4.95
4	福建省新湖集团科技信息中心	法人股	379.65	3.97
5	福建省石狮市华新经济发展公司	法人股	377.63	3.96
6	北京瑞令商贸有限责任公司	法人股	225.63	2.37
7	福建省石狮闽南羽绒服装厂	法人股	206.00	2.16
8	无锡市华信投资管理有限公司	法人股	200.55	2.11
9	福建省石狮市迅达运输公司	法人股	154.00	1.62
10	上海普劳工贸有限公司	法人股	130.00	1.36

股东人数	2003.9	2003.6	2002	2001
	17561	17565	18257	19368

近年分配		近年配股/增发	2001年中期10股配3股

重大事项

2003年10月10日,公司董事会同意公司以现金1040.40万元,通过溢价的方式对四川蜀龙种业有限责任公司进行增资,溢价比例为1:1.56,公司持有增资后四川蜀龙种业有限责任公司57.16%的股权. 2003年7月04日公司董事会同意公司对福州开发区特发贸易有限公司增资1615万元,累计对该公司投资1900万元,占特发贸易增资后注册资本2000万元.

二〇〇二年以来市场表现

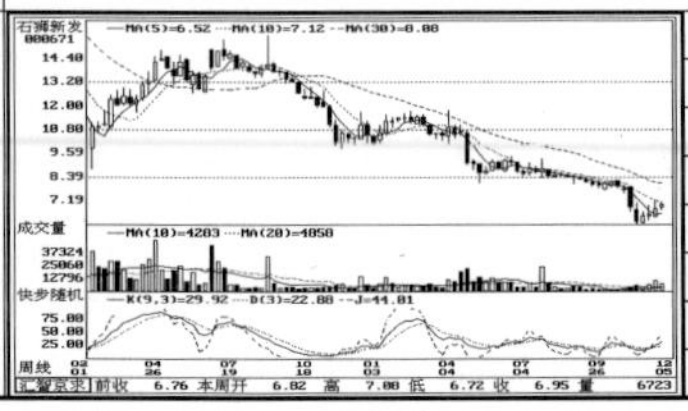

2002年涨跌幅(%)	-23.40
2002年最高(元)	15.60
2002年最低(元)	8.51
2002年换手率(%)	240.85
2003年涨跌幅(%)	-33.60
2003年最高(元)	11.75
2003年最低(元)	5.99
2003年换手率(%)	106.66

白银铜城商厦(集团)股份有限公司

公司概况

公司名称	白银铜城商厦(集团)股份有限公司	股票代码	000672
注册地址	白银市白银区五一街8号	邮政编码	730900
法人代表	李再生	董秘	张世田
电话	0943-8223409	传真	0943-8227879
主营业务	商品零售、酒店服务业以及粮油的生产加工与销售		

总股本	15197.00	流通A	7055.75	流通B		流通H	
审计单位				审计意见	未审计		

主要财务指标

年度	2003.9	2003.6	2002	2001
每股收益/扣除后(元)	-0.0280	-0.0620	-0.3100	0.0770
每股经营现金流量(元)	-0.0450	0.0200	-0.1500	-0.3200
每股净资产/调整后(元)	1.4000	1.2100	1.2000	2.1400
每股公积金(元)	0.6741	0.6741	0.6741	1.2243
净资产收益率(%)	-1.9900	-1.8100	-23.8600	3.2400
总资产(万元)	39207.21	38022.01	39733.52	77765.73
股东权益(万元)	21383.03	21422.63	21810.26	25717.68
未分配利润(万元)	-5218.50	-5178.91	-4791.28	411.98
主营收入(万元)	908.95	501.63	3469.40	12337.37
资本公积金(万元)	10244.07	10244.07	10244.07	13290.23
主营利润(万元)	157.69	91.73	229.94	2380.88
其他业务利润(万元)	104.29	69.48	99.18	2338.20
营业利润(万元)	-983.17	-909.12	-3786.96	1782.13
投资收益(万元)	915.93	915.93	-1556.77	89.99
补贴收入(万元)				
营业外收支(万元)	-2.19		-112.11	-3.60
利润总额(万元)	-69.43		3.42	-5455.84
净利润(万元)	-427.23	-387.63	-5203.26	834.42

十大股东

序号	股东名称	股份性质	持股数(万股)	比例(%)
1	北京市海淀区国有资产投资经营公司	国有法人股	3945.37	25.96
2	甘肃金合投资有限公司	法人股	3541.44	23.30
3	深圳市瑞英投资发展有限公司	法人股	478.04	3.15
4	甘肃银城实业公司	法人股	67.84	0.45
5	程远	上市流通股	66.80	0.44
6	深圳市莲花山花木园	法人股	54.28	0.36
7	白银建银房地产开发公司	法人股	54.28	0.36
8	李同然	上市流通股	50.00	0.33
9	帅松金	上市流通股	47.96	0.32
10	苗映禄	上市流通股	44.93	0.29

股东人数	2003.9	2003.6	2002	2001
	17914	18896	9687	1922

近年分配	2001年10股派0.2元	近年配股/增发	2001年10股增4股

重大事项

公司与深圳市迪福投资发展有限公司于2002年12月30日签订了股权转让协议,同意将持有的深圳市铜城实业发展有限公司49%的股权,以协议价2039.14万元的价格一次性转让给迪福投资. 2002年12月24日,公司董事会通过了关于公司持有的深圳市铜城实业发展有限公司49%的股权、甘肃桑大叔粮油食品有限责任公司84%的股权和兰州天歌置业传媒有限责任公司98%的股权予以转让的决议;并同意授权经营班子负责办理股权转让的具体事宜.

二〇〇二年以来市场表现

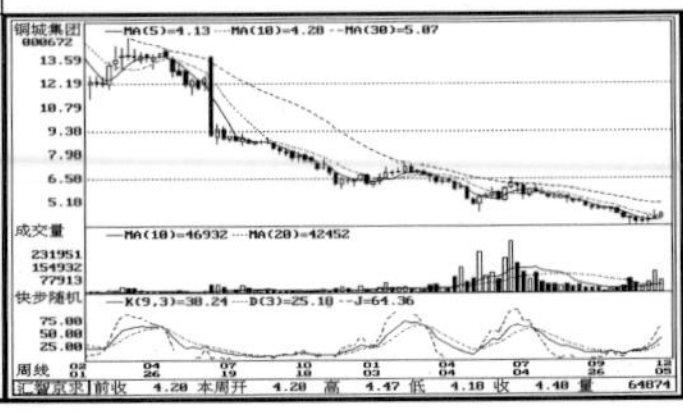

2002年涨跌幅(%)	-40.35
2002年最高(元)	10.69
2002年最低(元)	5.96
2002年换手率(%)	103.03
2003年涨跌幅(%)	-31.71
2003年最高(元)	7.37
2003年最低(元)	3.78
2003年换手率(%)	433.49

大同水泥股份有限公司

公司概况

公司名称	大同水泥股份有限公司	股票代码	000673
注册地址	山西省大同市口泉	邮政编码	037001
法人代表	葛晋生	董秘	刘刚
电话	0352-4062446	传真	0352-4042623
主营业务	硅酸盐水泥及水泥熟料的生产和销售		
总股本	17340.00	流通 A	5100.00
流通 B		流通 H	
审计单位		审计意见	未审计

主要财务指标

年度	2003.9	2003.6	2002	2001
每股收益/扣除后(元)	0.0450	0.0190	0.0800	0.1300
每股经营现金流量(元)	-0.0200	-0.0400	-0.3470	-0.3200
每股净资产/调整后(元)	1.6780	1.7070	1.6860	1.6380
每股公积金(元)	0.2153	0.2153	0.2153	0.2153
净资产收益率(%)	2.6110	1.1260	4.5800	5.0830
总资产(万元)	46197.61	46997.87	47313.90	41533.56
股东权益(万元)	30874.86	30411.35	30068.85	28991.82
未分配利润(万元)	7382.17	6918.66	6576.15	5705.68
主营收入(万元)	10600.99	5999.05	14715.35	15699.60
资本公积金(万元)	3733.26	3733.26	3733.26	3733.26
主营利润(万元)	2890.25	1652.36	4633.85	5918.49
其他业务利润(万元)				
营业利润(万元)	1272.28	563.43	2104.78	2776.36
投资收益(万元)				-678.86
补贴收入(万元)				
营业外收支(万元)	-14.22		38.78	-64.62
利润总额(万元)	1258.06	566.25	2143.56	2032.87
净利润(万元)	806.01	342.50	1377.03	1473.53

十大股东

序号	股东名称	股份性质	持股数(万股)	比例(%)
1	大同水泥集团有限公司	国有法人股	12240.00	70.59
2	曹弟弟	社会公众股	16.50	0.10
3	王町	社会公众股	12.18	0.07
4	钮秀云	社会公众股	10.93	0.06
5	刘伟	社会公众股	9.82	0.06
6	浙江零零壹数码通讯有限公司	社会公众股	9.80	0.06
7	刘启生	社会公众股	9.78	0.06
8	张永娣	社会公众股	9.40	0.05
9	李鸿华	社会公众股	9.36	0.05
10	孙强	社会公众股	8.60	0.05

股东人数

2003.9	2003.6	2002	2001
35929	36494	37453	40171

近年分配

近年分配		近年配股/增发	2001年中期10股配3股

重大事项

2003年7月5日，公司第一大股东大同水泥集团有限公司因与建设银行山西大同南郊支行发生借款合同纠纷诉讼，经山西省高级人民法院裁定，将大同水泥集团有限公司持有的公司全部国有法人股12240万股予以冻结，冻结期限为自2003年6月18日始至2004年6月17日止。 2003年3月13日，公司控股股东大同水泥集团有限公司与中国联合水泥有限责任公司、大同市经济委员会三方在北京签订了关于将大同水泥集团有限公司整体划转给"中联水泥"的《资产划转协议书》，"中联水泥"将通过此次划转直接控制大同水泥集团有限公司，并进而间接控制公司。

二○○二年以来市场表现

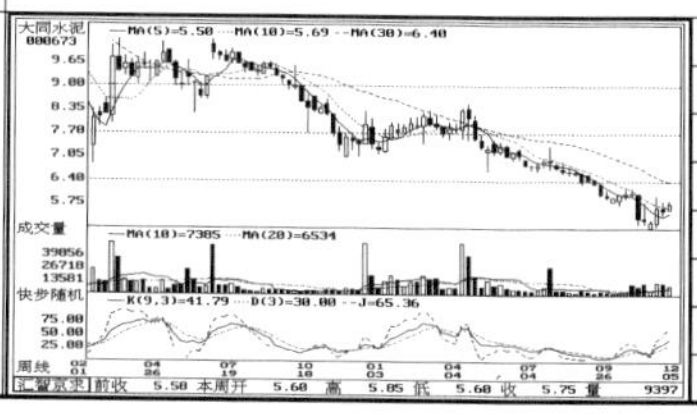

2002年涨跌幅(%)	-24.77
2002年最高(元)	10.30
2002年最低(元)	6.42
2002年换手率(%)	106.15
2003年涨跌幅(%)	-23.14
2003年最高(元)	8.50
2003年最低(元)	5.10
2003年换手率(%)	90.38

河南思达高科技股份有限公司

公司概况

公司名称	河南思达高科技股份有限公司	股票代码	000676
注册地址	河南郑州高新技术产业开发区金梭路38号	邮政编码	450001
法人代表	冯井岗	董秘	王西林
电话	0371-5793081	传真	0371-5793089
主营业务	仪器、仪表、工业自动化设备、电子计算机软硬件等		
总股本	31458.67	流通 A	9775.00
流通 B		流通 H	
审计单位		审计意见	未审计

主要财务指标

年度	2003.9	2003.6	2002	2001
每股收益/扣除后(元)	0.0490	0.0360	0.1300	0.1000
每股经营现金流量(元)	1.5600	0.0600	0.1000	0.0200
每股净资产/调整后(元)	1.2300	1.2100	1.2000	1.1600
每股公积金(元)		0.0437	0.0437	0.0434
净资产收益率(%)	4.0000	2.9000	10.4600	9.3300
总资产(万元)	108303.53	99113.62	87245.23	63113.13
股东权益(万元)	40129.08	39672.00	38522.36	36445.40
未分配利润(万元)	4037.93	3580.84	2431.96	1074.65
主营收入(万元)	23541.23	13898.29	29966.00	14833.86
资本公积金(万元)		1374.30	1373.54	1366.17
主营利润(万元)	7616.80	4805.37	11142.18	7252.07
其他业务利润(万元)	469.27	236.29	151.60	50.29
营业利润(万元)	2105.27	1484.26	4920.92	4050.06
投资收益(万元)	42.21	-18.01	77.71	232.70
补贴收入(万元)	66.34	37.71	110.12	
营业外收支(万元)	6.06		50.26	5.86
利润总额(万元)	2219.88	1508.45	5159.00	4288.63
净利润(万元)	1605.97	1148.88	4027.98	3579.94

十大股东

序号	股东名称	股份性质	持股数(万股)	比例(%)
1	河南思达科技投资股份有限公司	法人股	18048.24	57.40
2	河南郑工橡塑模具国家工程研究中心有限公司	法人股	1572.93	5.00
3	上海柏轮实业发展有限公司	法人股	1195.49	3.80
4	河南五星电气自动化设备有限公司	法人股	520.20	1.70
5	海南烨新贸易有限公司	法人股	212.00	0.67
6	河南隆达通讯有限公司	法人股	57.80	0.18
7	吴道富	流通股	57.80	0.18
8	杨志荣	流通股	56.80	0.18
9	王国周	流通股	51.70	0.16
10	柯好	流通股	51.50	0.16

股东人数

2003.9	2003.6	2002	2001
3616	3681	3881	5676

近年分配

近年分配	2002年10股派0.6元 2001年10股派0.6元	近年配股/增发	2001年中期10股送1.8股、增5.2股

重大事项

2003年9月3日，公司接到控股股东河南思达科技投资股份有限公司通知称，该公司原控股股东河南思达实业有限公司因公司停止经营做出决议，同意将该公司持有的思达投资50935350股股份转让给思奇科技控股有限公司。思达实业不再持有思达投资的股权。 2003年2月20日，公司董事会通过了将公司持有的河南思达连锁商业有限公司32%的股份转让给郑州中原华丰投资中心有限公司。转让后，公司仍持有思达连锁19%的股权。

二○○二年以来市场表现

2002年涨跌幅(%)	32.07
2002年最高(元)	20.11
2002年最低(元)	12.93
2002年换手率(%)	106.26
2003年涨跌幅(%)	4.94
2003年最高(元)	18.91
2003年最低(元)	15.93
2003年换手率(%)	72.45

山东潍坊海龙股份有限公司

公司概况

公司名称	山东潍坊海龙股份有限公司	股票代码	000677
注册地址	山东省潍坊市寒亭区潍县北路555号	邮政编码	261100
法人代表	逄奉建	董秘	牛海平
电话	0536-7275007	传真	0536-7252140
主营业务	化纤用浆粕生产、生产产品销售、运输、粘胶纤维的生产、销售等		
总股本	20567.45	流通A	7076.16
流通B		流通H	
审计单位		审计意见	未审计

主要财务指标

年度	2003.9	2003.6	2002	2001
每股收益/扣除后(元)	0.1160	0.0696	0.1146	0.1800
每股经营现金流量(元)	0.0400	0.1000	0.2930	0.3000
每股净资产/调整后(元)	2.6800	2.6406	2.5630	1.8900
每股公积金(元)	0.9812	0.9812	0.9812	0.2128
净资产收益率(%)	4.3800	2.5600	4.0300	10.1100
总资产(万元)	176683.53	152564.66	149185.97	105383.41
股东权益(万元)	55347.20	54310.14	52921.57	31786.95
未分配利润(万元)	10282.64	9245.58	7857.01	7806.59
主营收入(万元)	69990.79	42845.32	58214.21	54636.25
资本公积金(万元)	20180.92	20180.92	20180.92	3525.12
主营利润(万元)	11524.64	6623.20	9688.76	7380.47
其他业务利润(万元)	430.62	137.73	485.45	109.81
营业利润(万元)	3774.86	2110.83	3396.27	3499.02
投资收益(万元)	5.76	4.36	3.18	117.00
补贴收入(万元)				
营业外收支(万元)	-118.30		-90.96	-4.11
利润总额(万元)	3662.32	2072.50	3308.48	3611.91
净利润(万元)	2425.63	1388.57	2133.74	3213.87

十大股东

序号	股东名称	股份性质	持股数(万股)	比例(%)
1	潍坊巨龙化纤集团有限责任公司	国有股	8425.66	40.97
2	潍坊央子盐化集团公司	法人股	5065.63	24.63
3	王超	流通股	73.39	0.36
4	海南新世纪房地产开发公司	流通股	33.48	0.16
5	上海豁安投资有限公司	流通股	29.74	0.14
6	吴英波	流通股	26.70	0.13
7	吴伯惠	流通股	25.50	0.12
8	孙广政	流通股	25.35	0.12
9	蔡红伟	流通股	24.47	0.12
10	无锡南泉健康中心	流通股	23.80	0.12

股东人数

2003.9	2003.6	2002	2001
25092	25585	25013	22446

近年分配		近年配股/增发	2001年10股送1股、配2.727273股

重大事项

2003年10月29日,公司接到山东省高级人民法院协助执行通知书(2002)鲁民一初字第5—1号,依照(2002)鲁民一初字第5—1号民事裁定书的裁定,继续冻结潍坊央子盐化集团公司持有的公司法人股1800万股股权及其收益,冻结期限自2003年10月20日起至2004年4月19日止。 公司于2003年5月26日与山东巨力股份有限公司签订协议书,在经济合同、借款担保方面建立互保关系;互保金额为不超过人民币八千万元.(含外币按国家牌价折合数额). 截止目前,公司累计为山东巨力4060万元的银行承况汇票提供担保.

二〇〇二年以来市场表现

2002年涨跌幅(%)	-28.21
2002年最高(元)	10.10
2002年最低(元)	6.50
2002年换手率(%)	121.84
2003年涨跌幅(%)	-0.60
2003年最高(元)	7.73
2003年最低(元)	5.58
2003年换手率(%)	130.34

襄阳汽车轴承股份有限公司

公司概况

公司名称	襄阳汽车轴承股份有限公司	股票代码	000678
注册地址	湖北省襄樊市襄樊城区轴承路1号	邮政编码	441022
法人代表	周霁	董秘	廖永高
电话	0710-3902429	传真	0710-3560874
主营业务	轴承及其零部件的制造、销售等		
总股本	14044.00	流通A	7890.16
流通B		流通H	
审计单位		审计意见	未审计

主要财务指标

年度	2003.9	2003.6	2002	2001
每股收益/扣除后(元)	-0.1450	-0.0730	-0.5900	-0.6100
每股经营现金流量(元)	0.1000	0.0870	0.1180	0.4140
每股净资产/调整后(元)	1.9300	1.9900	1.9000	2.6400
每股公积金(元)	2.2744	2.2744	2.2661	2.2430
净资产收益率(%)	0.4170	3.0600	-26.0000	-23.0400
总资产(万元)	76501.97	78232.96	75624.39	81127.97
股东权益(万元)	32329.64	33211.94	31982.75	39973.43
未分配利润(万元)	-20904.75	-20022.25	-21133.75	-12819.08
主营收入(万元)	16167.34	11877.31	24114.62	25245.02
资本公积金(万元)	31942.36	31942.16	31824.47	31500.47
主营利润(万元)	3074.71	2599.93	5380.78	2029.61
其他业务利润(万元)	-108.58	-124.75	-134.11	-38.41
营业利润(万元)	-1911.31	-973.20	-5214.38	-8772.24
投资收益(万元)	62.91	62.91	-320.89	520.95
补贴收入(万元)	789.21	789.21		0.88
营业外收支(万元)	1194.08	1138.47	-2779.40	-958.72
利润总额(万元)	134.89	1017.39	-8314.67	-9209.13
净利润(万元)	134.89	1017.39	-8314.67	-9209.13

十大股东

序号	股东名称	股份性质	持股数(万股)	比例(%)
1	襄阳汽车轴承集团公司	国有法人股	4691.33	33.40
2	人本集团有限公司	社会法人股	280.06	1.99
3	北京北信风文化传播有限公司	流通股	273.43	1.95
4	中国工商银行湖北省信托投资公司襄樊办事处	社会法人股	194.43	1.38
5	申银万国证券股份有限公司	社会法人股	134.43	0.96
6	深圳市海鑫田实业有限公司	社会法人股	97.22	0.69
7	中国工商银行襄樊市分行信息咨询公司	社会法人股	97.22	0.69
8	襄樊市兴业设备租赁调剂公司	社会法人股	97.22	0.69
9	襄阳汽车轴承实业总公司	社会法人股	83.43	0.59
10	中国工商银行襄樊市分行劳动服务公司	社会法人股	77.77	0.55

股东人数

2003.9	2003.6	2002	2001
24407	24407	27016	26710

近年分配		近年配股/增发	不分配不转增

重大事项

2003年6月10日,公司董事会通过了《关于资产处置的议案》,决定对公司位于襄樊市市区(长虹路47号)的七分厂所属约60亩土地进行转让,交易价格为55万元/亩. 2003年02月25日,公司第一大股东襄阳汽车轴承集团公司持有的公司国有法人股4691.3307万股中的500万股,因为湖北同济华越药业股份有限公司提供借款担保,被湖北省武汉市中级人民法院司法冻结.期限为2002年12月26日至2003年12月26日.

二〇〇二年以来市场表现

2002年涨跌幅(%)	-39.58
2002年最高(元)	8.63
2002年最低(元)	4.26
2002年换手率(%)	284.36
2003年涨跌幅(%)	-11.71
2003年最高(元)	5.87
2003年最低(元)	3.74
2003年换手率(%)	192.88

大连友谊(集团)股份有限公司

公司概况

公司名称	大连友谊(集团)股份有限公司	股票代码	000679
注册地址	大连市中山区七一街1号	邮政编码	116001
法人代表	宋传远	董秘	孙秋荣
电话	0411-2802712	传真	0411-2650892
主营业务	商业零售、酒店、对船供应、旅游、进出口贸易、仓储等		
总股本	23760.00	流通A	10800.00
流通B		流通H	
审计单位		审计意见	未审计

主要财务指标

年度	2003.9	2003.6	2002	2001
每股收益/扣除后(元)	-0.1350	-0.1670	0.1190	0.1900
每股经营现金流量(元)	-1.2950	-1.2540	0.0300	
每股净资产/调整后(元)	2.2460	2.2180	2.3900	2.4200
每股公积金(元)	0.8119	0.8119	0.8119	0.8119
净资产收益率(%)	-5.5770	-6.9900	4.7700	9.0700
总资产(万元)	167486.69	66861.98	148079.34	130294.56
股东权益(万元)	57481.04	56742.20	148079.34	60376.12
未分配利润(万元)	2826.54	2087.70	6052.70	6127.69
主营收入(万元)	58411.88	36574.12	66065.70	66631.71
资本公积金(万元)	19291.13	19291.13	19291.13	19291.13
主营利润(万元)	16861.19	9534.71	23554.69	25276.06
其他业务利润(万元)	349.52	308.10	257.29	119.01
营业利润(万元)	614.59	-793.07	5015.54	6382.55
投资收益(万元)	-3401.92	-3410.61	66.75	743.83
补贴收入(万元)				
营业外收支(万元)	-2.90		47.55	-59.11
利润总额(万元)	-2790.22	-4209.94	5129.84	7067.27
净利润(万元)	-3205.63	-3965.00	2901.24	5474.09

十大股东

序号	股东名称	股份性质	持股数(万股)	比例(%)
1	大连友谊集团有限公司	国有法人股	12960.00	54.55
2	山红	社会流通股	57.67	0.24
3	陆玉兰	社会流通股	50.54	0.21
4	袁进桐	社会流通股	36.75	0.16
5	袁阿且	社会流通股	32.18	0.14
6	唐英姿	社会流通股	31.88	0.13
7	畅媛	社会流通股	30.44	0.13
8	张代福	社会流通股	29.86	0.13
9	刘海军	社会流通股	27.13	0.11
10	陈中英	社会流通股	26.58	0.11

股东人数

2003.9	2003.6	2002	2001
47555	47714	50998	51586

近年分配	近年配股/增发
2002年10股派1元 2001年10股派1元	不分配不转增

重大事项

2003年9月12日，公司拟将持有的上海创富科技发展有限公司45%的股权转让给上海公建资产经营有限公司，双方于2003年7月17日签署了《股权转让协议》，公司已于7月18日收到600万元、8月4日收到1300万元，本次股权转让款已全部收回。 2003年7月15日，公司接第一大股东大连友谊集团有限公司通知，大连友谊集团有限公司将其持有的公司国有法人股共计6,480万股向上海浦东发展银行大连分行办理质押，质押期限为2003年7月15日至由债权人提出申请解除质押为止。

二〇〇二年以来市场表现

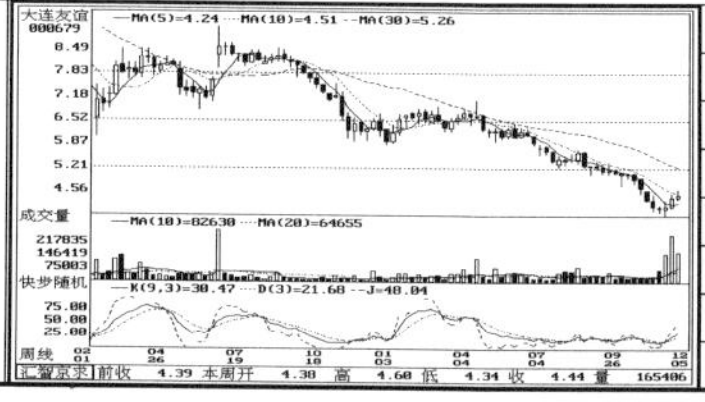

2002年涨跌幅(%)	-22.48
2002年最高(元)	9.04
2002年最低(元)	5.57
2002年换手率(%)	184.08
2003年涨跌幅(%)	-26.83
2003年最高(元)	6.97
2003年最低(元)	3.90
2003年换手率(%)	203.55

山推工程机械股份有限公司

公司概况

公司名称	山推工程机械股份有限公司	股票代码	000680
注册地址	山东省济宁市太白楼东路58号	邮政编码	272023
法人代表	周庆庭	董秘	王强
电话	0537-2909616	传真	0537-2340411
主营业务	推土机等工程机械、建筑机械、矿山机械、农业机械等的研究、制造		
总股本	23760.00	流通A	10800.00
流通B		流通H	
审计单位		审计意见	未审计

主要财务指标

年度	2003.9	2003.6	2002	2001
每股收益/扣除后(元)	0.4400	0.3200	0.4800	0.1700
每股经营现金流量(元)	0.4478		0.5833	0.3615
每股净资产/调整后(元)	2.2460	2.2180	2.3900	1.9190
每股公积金(元)	1.1196	1.1170	1.1127	1.0854
净资产收益率(%)	13.9900	10.3500	19.5900	8.0700
总资产(万元)	169414.20	172945.70	163497.53	150250.20
股东权益(万元)	88163.46	84502.86	75754.17	60009.56
未分配利润(万元)	25104.36	21517.44	12871.13	-2352.79
主营收入(万元)	163845.62	115744.10	190934.89	148494.52
资本公积金(万元)	31652.10	31578.42	31458.85	30686.42
主营利润(万元)	21133.14	14592.37	37176.81	27956.68
其他业务利润(万元)	968.18	998.05	709.12	439.02
营业利润(万元)	5501.51	3669.57	14138.04	7039.58
投资收益(万元)	8853.97	6350.99	4514.95	-162.55
补贴收入(万元)	18.23	18.23		12.96
营业外收支(万元)	-98.61	-45.67	-129.93	-39.90
利润总额(万元)	14275.11	9970.62	18523.07	6850.10
净利润(万元)	12330.61	8743.70	14838.54	4844.75

十大股东

序号	股东名称	股份性质	持股数(万股)	比例(%)
1	山东工程机械集团有限公司	国有股	9900.00	35.02
2	科瑞证券投资基金	流通股	1154.65	4.08
3	鹏华行业成长证券投资基金	流通股	1116.94	3.95
4	广发证券股份有限公司	流通股	665.22	2.35
5	科翔证券投资基金	流通股	385.00	1.36
6	科汇证券投资基金	流通股	341.89	1.21
7	科讯证券投资基金	流通股	300.00	1.06
8	裕元证券投资基金	流通股	240.80	0.85
9	裕阳证券投资基金	流通股	202.94	0.72
10	通宝证券投资基金	流通股	197.71	0.70

股东人数

2003.9	2003.6	2002	2001
50603	49604	69172	54856

近年分配	近年配股/增发
2001年10股派0.4元	不分配不转增

重大事项

2003年8月5日，董、监事会同意本公司拟将所持有的东岳油缸公司13.59%的股权转让给山东工程机械集团有限公司，转让价格为200万元，转让完成后，本公司持股比例为27.17%，该交易行为构成关联交易。 2003年4月29日，公司第一大股东山东工程机械集团有限公司继续将其持有的公司国有股股份3950万股（占公司总股本的13.97%）质押给中国光大银行济南舜耕支行，用于其向该支行10000万元人民币流动资金贷款的担保，质押期限为2003年4月27日至2004年6月30日。

二〇〇二年以来市场表现

2002年涨跌幅(%)	-0.38
2002年最高(元)	9.45
2002年最低(元)	5.13
2002年换手率(%)	361.53
2003年涨跌幅(%)	9.56
2003年最高(元)	11.27
2003年最低(元)	7.58
2003年换手率(%)	361.23

远东实业股份有限公司

公司概况

公司名称	远东实业股份有限公司		股票代码	000681	
注册地址	江苏省常州市清潭荆川南路		邮政编码	213015	
法人代表	李晓卫	董秘	蒋顺生		
电话	0519-5131666	传真	0519-5132666		
主营业务	开发、生产计算机软、硬件并提供相关技术和工程咨询等				
总股本 19875.00	流通 A 5812.50	流通 B	流通 H		
审计单位		审计意见	未审计		

主要财务指标

年度	2003.9	2003.6	2002	2001
每股收益/扣除后(元)	0.0084		0.0008	0.0803
每股经营现金流量(元)	-0.0240	-0.2550	-0.0700	-0.2300
每股净资产/调整后(元)	1.6928	1.6849	1.6700	1.6600
每股公积金(元)	0.4601	0.4601	0.4601	0.4601
净资产收益率(%)	0.5800	0.1300	0.2400	4.8400
总资产(万元)	41783.02	42359.55	39178.12	43307.68
股东权益(万元)	33693.66	33539.47	33496.99	33415.81
未分配利润(万元)	1681.68	1527.49	1485.02	1657.77
主营收入(万元)	27586.65	18253.02	32903.15	33399.18
资本公积金(万元)	9144.25	9144.25	9144.25	9144.25
主营利润(万元)	2462.32	1499.07	3268.62	4735.97
其他业务利润(万元)	50.37	53.58	-1.01	5.67
营业利润(万元)	203.91	19.53	-57.30	1242.71
投资收益(万元)	0.69	0.69	98.36	622.00
补贴收入(万元)	47.52	47.52	41.02	21.04
营业外收支(万元)	-19.95		25.13	-24.75
利润总额(万元)	232.17	53.77	107.22	1860.99
净利润(万元)	196.66	42.48	81.18	1617.09

十大股东

序号	股东名称	股份性质	持股数(万股)	比例(%)
1	香港物华实业有限公司	外资股	5202.54	26.18
2	常州服装集团有限公司	发起人法人股	2768.93	13.93
3	中行江苏信托咨询公司	国有法人股	2738.91	13.78
4	北京天恩保利投资管理有限公司	社会法人股	1473.28	7.41
5	江苏省国际信托投资公司	国有法人股	912.97	4.59
6	常州市远金服装有限公司	社会法人股	525.00	2.64
7	香港侨通发展有限公司	外资股	228.24	1.15
8	扬州印染厂	定向法人股	207.45	1.04
9	国泰君安证券股份有限公司	社会公众股	115.00	0.58
10	操彦祥	社会公众股	28.00	0.14

股东人数	2003.9	2003.6	2002	2001
	23068	22200	21744	18628

近年分配	2001年10股派0.35元	近年配股/增发	不分配不转增

重大事项

公司于**2003**年**9**月**20**日与常州亚东服装有限公司签订了服装买卖合同,根据双方经营需要,公司向亚东公司出售服装产品.上述交易构成了关联交易.本次关联交易的标的为产品服装,销售金额为**12,065,918.30**元,占公司**2002**年度审计净资产的**3.6%**. 公司第三大股东中国银行江苏省分行于**2003**年**2**月**28**日与中国东方资产管理公司签署了《股权转让协议》.将其持有的公司**2738.9058**万股发起人国有法人股转让给东方资产,转让总额为**3238**万元人民币.本次转让完成后,东方资产持有公司发起人国有法人股**2738.9058**万股,成为公司第三大股东.

二〇〇二年以来市场表现

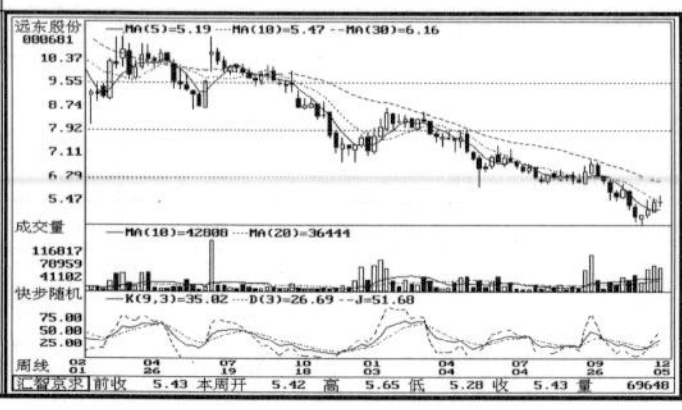

2002年涨跌幅(%)	-33.87
2002年最高(元)	11.18
2002年最低(元)	6.80
2002年换手率(%)	184.52
2003年涨跌幅(%)	-26.42
2003年最高(元)	8.67
2003年最低(元)	4.66
2003年换手率(%)	252.44

烟台东方电子信息产业股份有限公司

公司概况

公司名称	烟台东方电子信息产业股份有限公司		股票代码	000682	
注册地址	烟台市世回尧路228号		邮政编码	264000	
法人代表	梁贤久	董秘	柳尧杰		
电话	0535-6582228	传真	0535-6582228		
主营业务	电子及通信设备、电力调度及工业自动化保护设备等				
总股本 91795.20	流通 A 60211.20	流通 B	流通 H		
审计单位		审计意见	未审计		

主要财务指标

年度	2003.9	2003.6	2002	2001
每股收益/扣除后(元)	0.0077	0.0046	-0.3000	0.0690
每股经营现金流量(元)	-0.0310	-0.0090	-0.0920	0.0440
每股净资产/调整后(元)	0.2330	0.2300	0.2230	0.5850
每股公积金(元)	0.1080	0.1079	0.1056	0.1045
净资产收益率(%)	3.2000	2.0100	-134.7600	11.4800
总资产(万元)	152273.64	151991.34	152548.48	181906.31
股东权益(万元)	21951.54	21729.71	21087.13	54618.75
未分配利润(万元)	-79934.88	-80165.64	-80601.73	-46943.53
主营收入(万元)	24457.17	15660.57	37867.29	72653.52
资本公积金(万元)	9909.43	9908.32	9690.98	9592.30
主营利润(万元)	10364.37	6568.91	5373.71	10620.19
其他业务利润(万元)	44.17	65.27	86.86	15.31
营业利润(万元)	194.98	-5.91	-25435.58	-3756.70
投资收益(万元)	-5.12		-3048.32	7.43
补贴收入(万元)	428.24	345.83	424.96	4524.35
营业外收支(万元)	11.86		-857.31	-34.32
利润总额(万元)	629.97	357.00	-28916.25	740.76
净利润(万元)	701.82	436.09	-28417.96	6269.78

十大股东

序号	股东名称	股份性质	持股数(万股)	比例(%)
1	烟台东方电子信息产业集团有限公司	国家股	29568.00	32.21
2	烟台东方电子信息产业集团劳动服务公司	国有法人股	2016.00	2.20
3	孟庆福	流通股	134.58	0.15
4	孟晶	流通股	123.73	0.14
5	周学群	流通股	100.00	0.11
6	孙章柱	流通股	97.66	0.11
7	许桂芬	流通股	92.24	0.10
8	王勇	流通股	89.47	0.10
9	王敬福	流通股	76.25	0.08
10	隋元柏	流通股	73.92	0.08

股东人数	2003.9	2003.6	2002	2001
	251628	257036	272412	294873

近年分配		近年配股/增发	不分配不转增

重大事项

2003年**06**月**30**日,公司于**2002**年开工建设的位于北京市海淀区上地信息产业基地南区东方电子科技大厦,近期将投入使用.公司与华为技术有限公司签定房屋租赁合同,华为公司租赁东方电子科技大厦**5**层到**10**层,租赁期限自**2003**年**8**月**1**日到**2005**年**10**月**14**日止,租金为**2793**万元. **2003**年**6**月**28**日,公司董事会同意公司用自有资金**2000**万元人民币委托中国银河证券有限责任公司进行委托管理,双方于**2003**年**6**月**26**日签订了《委托资产管理合同》.委托期限:**2003**年**6**月**26**日至**2004**年**6**月**26**日.

二〇〇二年以来市场表现

2002年涨跌幅(%)	-40.40
2002年最高(元)	8.67
2002年最低(元)	3.56
2002年换手率(%)	302.88
2003年涨跌幅(%)	-2.78
2003年最高(元)	4.34
2003年最低(元)	3.20
2003年换手率(%)	219.72

内蒙古远兴天然碱股份有限公司

公司概况

公司名称	内蒙古远兴天然碱股份有限公司		股票代码	000683	
注册地址	内蒙古鄂尔多斯市		邮政编码	017000	
法人代表	戴连荣		董秘	黄江	
电话	0477-8539874		传真	0477-8521747	
主营业务	化工产品及其原料的生产、销售等				
总股本	46900.00	流通 A	16900.00	流通 B	流通 H
审计单位			审计意见	未审计	

主要财务指标

年度	2003.9	2003.6	2002	2001
每股收益/扣除后(元)	-0.0600	-0.0007	0.0200	-0.2504
每股经营现金流量(元)	2.5700	0.1510	0.3517	0.2180
每股净资产/调整后(元)	0.9800	1.0489	1.0660	1.1370
每股公积金(元)	0.1055	0.1055	0.1793	0.1793
净资产收益率(%)	-6.1400	0.3180	1.3540	-21.6650
总资产(万元)	255616.11	255013.97	251071.53	247163.23
股东权益(万元)	49364.47	52563.92	52395.77	55917.25
未分配利润(万元)	-4324.48	-1125.03	-4755.05	-451.44
主营收入(万元)	59396.07	35793.83	93791.15	69286.91
资本公积金(万元)	4946.43	4946.43	8408.31	8408.31
主营利润(万元)	17864.32	12396.59	30501.72	17134.60
其他业务利润(万元)	-103.09	-32.21	72.30	15.01
营业利润(万元)	-972.87	1449.96	4483.03	-11440.93
投资收益(万元)	-777.16	-555.99	9.83	15.83
补贴收入(万元)	362.88	337.88	204.79	180.00
营业外收支(万元)	-340.78	-137.66	-609.20	-560.55
利润总额(万元)	-1727.94	1094.19	4088.44	-11805.65
净利润(万元)	-3032.48	166.97	709.54	-12109.52

十大股东

序号	股东名称	股份性质	持股数(万股)	比例(%)
1	鄂尔多斯市国有资产投资经营有限责任公司	国有法人股	24439.03	52.11
2	内蒙古蒙西联化工有限公司	国有法人股	5560.97	11.86
3	陈伟生	流通股	24.30	0.05
4	刘艺	流通股	20.41	0.04
5	潘伟君	流通股	18.18	0.04
6	彭劲雄	流通股	16.81	0.04
7	张伟德	流通股	16.20	0.04
8	满树谦	流通股	15.00	0.03
9	刘超	流通股	14.65	0.03
10	李双庆	流通股	13.90	0.03

股东人数	2003.9	2003.6	2002	2001
	113047	114580	118234	126107

近年分配		近年配股/增发	不分配不转增

重大事项

2003 年 8 月 15 日,董、监事会同意公司关于转让鄂托克前旗兴盛盐化有限责任公司股权的议案:同意以零元价格向内蒙古伊化化学有限责任公司转让所持鄂托克前旗兴盛盐化有限责任公司 84.85%的股权。该事项构成关联交易。 2002 年 12 月 31 日,股东大会同意公司参股内蒙古苏里格天然气化工股份有限公司的议案:同意公司出资 3000 万元,按 1:1 折 3000 万股参股内蒙古苏里格天然气化工股份有限公司,获得该公司 27.27%的股权。

二〇〇二年以来市场表现

2002年涨跌幅(%)	-26.43
2002年最高(元)	7.61
2002年最低(元)	4.40
2002年换手率(%)	119.47
2003年涨跌幅(%)	-16.12
2003年最高(元)	5.92
2003年最低(元)	3.80
2003年换手率(%)	83.28

中山公用科技股份有限公司

公司概况

公司名称	中山公用科技股份有限公司		股票代码	000685	
注册地址	中山市兴中道 18 号财兴大厦二楼		邮政编码	528403	
法人代表	高少初		董秘	周剑	
电话	0760-8380008		传真	0760-8380000	
主营业务	科技投资、环保、机电一体化产品、能源、新材料、暖通空调设备等				
总股本	22542.30	流通 A	9317.48	流通 B	流通 H
审计单位			审计意见	未审计	

主要财务指标

年度	2003.9	2003.6	2002	2001
每股收益/扣除后(元)	0.0304	0.0230	0.0668	0.1402
每股经营现金流量(元)	-0.0080	-0.0150	0.1072	0.0737
每股净资产/调整后(元)	1.4242	1.4000	1.3753	2.2242
每股公积金(元)	0.1557	0.1557	0.1557	0.8568
净资产收益率(%)	2.2600	1.7280	4.8500	6.2900
总资产(万元)	41379.63	41866.79	42260.44	40476.94
股东权益(万元)	32103.99	31928.75	31377.10	30531.37
未分配利润(万元)	2983.83	2808.59	2256.94	2398.71
主营收入(万元)	3956.69	2513.65	7207.27	6431.82
资本公积金(万元)	3508.77	3508.77	3508.77	11705.97
主营利润(万元)	1555.17	904.25	4051.67	3647.18
其他业务利润(万元)	412.31	302.06	601.95	676.06
营业利润(万元)	319.90	52.24	2314.62	2457.15
投资收益(万元)	486.94	491.42	-325.37	31.24
补贴收入(万元)				
营业外收支(万元)	62.97		22.72	5.92
利润总额(万元)	869.81	591.77	2011.97	2494.32
净利润(万元)	726.89	551.65	1522.00	1921.00

十大股东

序号	股东名称	股份性质	持股数(万股)	比例(%)
1	中山公用事业集团有限公司	国家股	8776.47	38.93
2	工行信托	法人股	866.32	3.84
3	佛山市兴华集团有限公司	法人股	601.13	2.67
4	贺红湘	流通股	454.61	2.02
5	深圳市北大高科技股份有限公司	流通股	411.17	1.82
6	戎留青	流通股	372.25	1.65
7	财贸工会	法人股	348.65	1.55
8	深圳市渝祥电脑系统有限公司	法人股	275.83	1.22
9	夏昌平	流通股	260.63	1.16
10	梁志森	流通股	211.95	0.94

股东人数	2003.9	2003.6	2002	2001
	6067	5040	7879	8278

近年分配	2002年10股派0.3元 2001年10股派0.3元	近年配股/增发	2001年10股送0.5股、转增6股

重大事项

2003 年 5 月 31 日, 公司将所持有的深圳市恒康创业投资股份有限公司 33%的股份转让给中山公用事业集团有限公司, 转让价格为 1666.5 万元。公司将所持有的北京北邮电信科技股份有限公司 8.33%的股份转让给中山公用事业集团有限公司, 转让价格为 1000 万元。以上交易构成关联交易。 2002 年 11 月 13 日,公司董事会同意为控股子公司中山市新迪能源与环境设备有限公司向中国银行中山分行申请人民币 1500 万元国内保理的授信融资提供担保,期限一年.

二〇〇二年以来市场表现

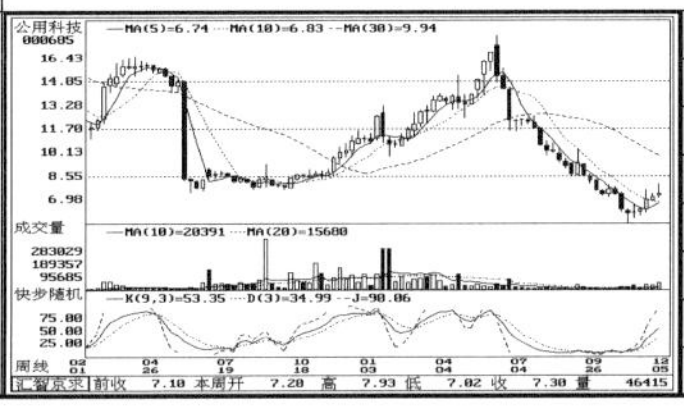

2002年涨跌幅(%)	39.88
2002年最高(元)	11.52
2002年最低(元)	6.38
2002年换手率(%)	276.77
2003年涨跌幅(%)	-36.94
2003年最高(元)	17.97
2003年最低(元)	5.40
2003年换手率(%)	221.52

锦州经济技术开发区六陆实业股份有限公司

公司概况

公司名称	锦州经济技术开发区六陆实业股份有限公司			股票代码	000686		
注册地址	锦州经济技术开发区			邮政编码	121001		
法人代表	陈青松			董秘	肖爱东		
电话	0416-4561247			传真	0416-4561377		
主营业务	石油及石油制品的销售、仓储及管输、化工产品生产及仓储等						
总股本	16213.25	流通A	6892.47	流通B		流通H	
审计单位				审计意见	未审计		

主要财务指标

年度	2003.9	2003.6	2002	2001
每股收益/扣除后(元)	0.0510	0.0300	0.0650	-0.1476
每股经营现金流量(元)	0.1100	-0.0140	0.3500	0.2300
每股净资产/调整后(元)	2.6700	2.6800	2.6700	3.2800
每股公积金(元)	1.7009	1.7009	1.7009	1.9710
净资产收益率(%)	1.7600	0.9400	2.1200	2.3900
总资产(万元)	53803.15	54025.23	55943.44	55695.93
股东权益(万元)	44910.75	44654.05	44563.48	50371.98
未分配利润(万元)	3438.63	3066.21	2647.12	1704.42
主营收入(万元)	19430.71	12793.81	20690.44	15533.55
资本公积金(万元)	27576.76	27576.76	27576.76	29050.69
主营利润(万元)	3293.00	2018.39	4230.53	2945.15
其他业务利润(万元)	102.21	27.00	18.29	-196.81
营业利润(万元)	770.86	325.73	-1255.87	-1364.27
投资收益(万元)	5.00	5.00		142.94
补贴收入(万元)				
营业外收支(万元)	-41.01	-30.32	128.69	139.13
利润总额(万元)	734.85	300.41	-1127.18	-1082.21
净利润(万元)	791.51	419.09	942.70	1193.96

十大股东

序号	股东名称	股份性质	持股数(万股)	比例(%)
1	中国石油锦州石油化工公司	国有股	8682.55	53.55
2	锦州商银艺术装璜总公司	国有股	288.52	1.78
3	锦州市瑞通服务公司	法人股	131.14	0.81
4	秦皇岛市信托投资公司	法人股	131.14	0.81
5	邹常翰	公众股	96.21	0.59
6	锦州市商业房屋开发公司	国有股	87.43	0.54
7	刘书平	公众股	85.25	0.53
8	隋建政	公众股	79.62	0.49
9	马言喜	公众股	64.75	0.40
10	民安投资管理有限公司	公众股	63.43	0.39

股东人数	2003.9	2003.6	2002	2001
	8170	8621	8309	5408

近年分配	2001年10股派0.5元	近年配股/增发	2001年10股增1股

重大事项

2003年5月27日,公司2000年配股募资项目甲基异丁基酮项目已投资1841.67万元,公司拟将该项目未投入部分的募集资金1834.33万元用于二氧化碳回收工程项目及原油、成品油储运设施项目改造工程,两项目预计投资为1671.67万元,剩余部分用于补充流动资金。 2002年末,公司控股子公司六陆油脂有限公司停产, 公司以个别确认法按应收其款项的95%提坏帐准备, 本期计提89,990,458.63元.

二〇〇二年以来市场表现

2002年涨跌幅(%)	-10.65
2002年最高(元)	17.82
2002年最低(元)	12.80
2002年换手率(%)	133.17
2003年涨跌幅(%)	-17.18
2003年最高(元)	14.38
2003年最低(元)	9.67
2003年换手率(%)	46.44

保定天鹅股份有限公司

公司概况

公司名称	保定天鹅股份有限公司			股票代码	000687		
注册地址	河北省保定市高开区金迪路59号			邮政编码	071055		
法人代表	王东兴			董秘	王刚		
电话	0312-3137941-2261			传真	0312-3131755		
主营业务	粘胶纤维制造、自营产品及技术转让和服务等						
总股本	32080.00	流通A	9750.00	流通B		流通H	
审计单位				审计意见	未审计		

主要财务指标

年度	2003.9	2003.6	2002	2001
每股收益/扣除后(元)	0.1300	0.0880	0.0960	0.0460
每股经营现金流量(元)	0.2500	0.1660	0.3200	0.1300
每股净资产/调整后(元)	3.2300	3.1700	3.0800	3.0000
每股公积金(元)	1.8843	1.8824	1.8824	1.8799
净资产收益率(%)	4.2400	2.7000	2.9200	2.4560
总资产(万元)	133521.34	134204.06	132984.84	130473.08
股东权益(万元)	105757.26	104015.65	101208.05	98171.92
未分配利润(万元)	11749.53	10321.76	10321.76	5422.59
主营收入(万元)	48405.11	32495.34	55833.11	51039.16
资本公积金(万元)	60449.53	60387.65	60387.65	60307.65
主营利润(万元)	12515.92	8523.18	12794.39	5511.51
其他业务利润(万元)	115.23	101.40	182.45	38.26
营业利润(万元)	6083.29	4099.82	3502.18	959.05
投资收益(万元)	60.00	60.00	603.25	892.60
补贴收入(万元)				
营业外收支(万元)	-1.90		-164.81	7.68
利润总额(万元)	6141.39	4151.01	3940.61	1859.34
净利润(万元)	4487.33	2807.60	2956.13	2411.21

十大股东

序号	股东名称	股份性质	持股数(万股)	比例(%)
1	保定天鹅化纤集团有限公司	国有法人股	22330.00	69.61
2	彭文	社会公众股	40.50	0.13
3	杨圆新	社会公众股	22.36	0.07
4	马军华	社会公众股	16.66	0.05
5	马季刚	社会公众股	16.50	0.05
6	胡根美	社会公众股	14.19	0.04
7	陈玉琦	社会公众股	14.13	0.04
8	毛新海	社会公众股	13.08	0.04
9	普丰证券投资基金	社会公众股	12.53	0.04
10	张亚平	社会公众股	12.49	0.04

股东人数	2003.9	2003.6	2002	2001
	53848	54735	57735	63012

近年分配	2001年10股派0.4元	近年配股/增发	不分配不转增

重大事项

2003年3月28日,公司与德国吉玛公司签定了"30000吨/年溶剂法纤维素短纤维技改项目",此项目预计今年8月份开工建设,建设期24个月.项目总投资13.9亿元人民币,投产后,预计年可新增销售收入7.8亿元人民币,利税3.6亿元人民币,创汇3900万美元. 2003年1月24日,公司控股股东保定天鹅化纤集团有限公司将其持有的公司国家股11164万股, 向建行保定西效办事处办理贷款质押,自2003年1月17日开始,期限一年.质押手续已办理完毕.

二〇〇二年以来市场表现

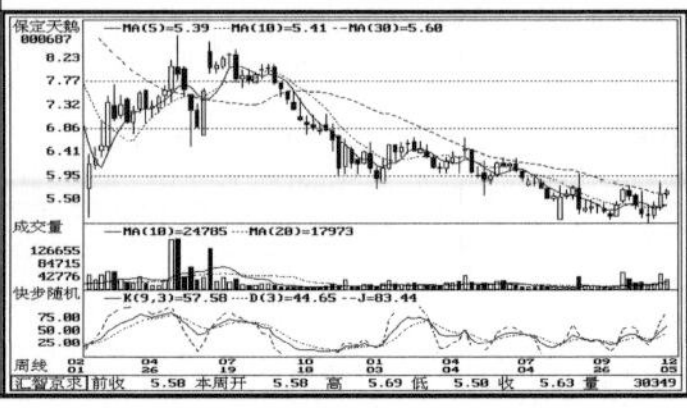

2002年涨跌幅(%)	-27.97
2002年最高(元)	8.64
2002年最低(元)	4.56
2002年换手率(%)	158.63
2003年涨跌幅(%)	-4.12
2003年最高(元)	6.68
2003年最低(元)	5.04
2003年换手率(%)	81.35

朝华科技(集团)股份有限公司

公司概况

公司名称	朝华科技(集团)股份有限公司			股票代码	000688		
注册地址	重庆市涪陵区江东群沱路31号			邮政编码	408000		
法人代表	张良宾			董秘	黄星		
电话	023-68886881-8266			传真	023-68602988		
主营业务	电子计算机及电子网络服务器、微晶玻璃板材等						
总股本	34821.10	流通A	19889.67	流通B		流通H	
审计单位				审计意见	未审计		

主要财务指标

年度	2003.9	2003.6	2002	2001
每股收益/扣除后(元)	-0.0180	-0.0370	-0.0760	-0.0440
每股经营现金流量(元)	-0.7200	-0.6300	0.0050	-1.6770
每股净资产/调整后(元)	2.8730	2.8670	2.8410	2.7940
每股公积金(元)	1.5820	1.5820	1.5820	1.5820
净资产收益率(%)	1.0390	0.7700	1.9800	2.8900
总资产(万元)	242667.69	240733.45	221279.16	179082.56
股东权益(万元)	100088.62	99821.86	99048.65	97459.19
未分配利润(万元)	5921.02	5654.26	4881.05	3530.01
主营收入(万元)	96018.78	58167.16	105154.12	21964.33
资本公积金(万元)	55085.94	55085.94	55085.94	55085.94
主营利润(万元)	11153.98	7722.62	12231.84	5315.74
其他业务利润(万元)	135.31	56.28	242.23	409.97
营业利润(万元)	-1986.49	-1101.35	-1445.25	-1707.99
投资收益(万元)	826.42	414.43	4136.88	3028.74
补贴收入(万元)	1679.56	1679.56	488.00	2048.00
营业外收支(万元)	-17.50		-4.59	18.85
利润总额(万元)	501.99	973.32	973.32	3387.61
净利润(万元)	1039.97	773.21	1962.51	2813.28

十大股东

序号	股东名称	股份性质	持股数(万股)	比例(%)
1	四川立信有限责任公司	境内法人股	7447.00	21.39
2	深圳市正东大实业有限公司	境内法人股	3044.24	8.74
3	浙江天声信息产业投资有限公司	境内法人股	2188.00	6.28
4	重庆市涪陵金昌经贸公司	境内法人股	1752.19	5.03
5	上海可欣贸易有限公司	境内法人股	500.00	1.44
6	浙江恒风集团有限公司	社会公众股	242.28	0.70
7	绍兴咸亨食品有限公司	社会公众股	212.56	0.61
8	周远东	社会公众股	113.17	0.32
9	上海宝钢国际经济贸易有限公司	社会公众股	106.58	0.31
10	徐蓓川	社会公众股	99.28	0.28

股东人数	2003.9	2003.6	2002	2001
	37322	34816	34526	17397

近年分配		近年配股/增发	不分配不转增

重大事项

公司于2003年9月29日将所持有的"西昌电力"法人股4346.10万股质押给上海浦东发展银行重庆分行涪陵支行,申请贷款人民币5000万元,质押期限:2003年9月29日至2004年9月25日。 公司第一大股东四川立信投资有限责任公司于2003年8月28日以其持有的本公司法人股765万股,为成都雅砌建材有限公司向上海浦东发展银行成都分行开具面额为人民币1500万元的承兑汇票提供质押担保;将其持有的本公司法人股1530万股质押给上海浦东发展银行成都分行,申请贷款人民币3000万元,上述两次质押共计2295万股,质押期限一年。

二〇〇二年以来市场表现

2002年涨跌幅(%)	-30.85
2002年最高(元)	10.18
2002年最低(元)	6.69
2002年换手率(%)	255.50
2003年涨跌幅(%)	-9.49
2003年最高(元)	8.88
2003年最低(元)	6.01
2003年换手率(%)	249.69

广东宝丽华实业股份有限公司

公司概况

公司名称	广东宝丽华实业股份有限公司			股票代码	000690		
注册地址	梅州梅县华侨城香港花园宝丽华综合大楼			邮政编码	514788		
法人代表	宁远喜			董秘	王小荣		
电话	0753-2511298			传真	0753-2511398		
主营业务	服装、皮革制品、鞋的设计、开发、生产、销售等						
总股本	21105.00	流通A	7590.40	流通B		流通H	
审计单位				审计意见	未审计		

主要财务指标

年度	2003.9	2003.6	2002	2001
每股收益/扣除后(元)	0.0700	0.0300	0.1100	0.1400
每股经营现金流量(元)	0.0400	-0.0200	0.3600	0.1100
每股净资产/调整后(元)	1.7800	1.7400	1.6700	1.6100
每股公积金(元)	0.7775	0.5032	0.5032	0.4903
净资产收益率(%)	4.3580	5.4100	2.1900	11.2000
总资产(万元)	64245.63	45784.57	46876.15	49655.44
股东权益(万元)	34938.60	34196.81	33048.85	32153.73
未分配利润(万元)	2396.02	1654.24	506.27	393.30
主营收入(万元)	18442.68	13216.12	29525.52	28886.28
资本公积金(万元)	9737.28	9737.28	9737.28	9487.28
主营利润(万元)	5661.04	3748.70	8966.21	8666.19
其他业务利润(万元)	98.80	61.94	22.31	12.90
营业利润(万元)	2206.95	1348.08	3808.47	3385.68
投资收益(万元)				-37.26
补贴收入(万元)	3.99	3.93	505.50	550.00
营业外收支(万元)	194.93	-2.13	-18.43	-29.51
利润总额(万元)	2209.37	1349.88	4295.54	3868.91
净利润(万元)	1889.75	1147.97	3700.14	3210.32

十大股东

序号	股东名称	股份性质	持股数(万股)	比例(%)
1	广东宝丽华集团公司	发起人法人股	12924.00	61.24
2	广发证券股份有限公司	未披露	756.30	3.58
3	梅县新新贸易有限公司	法人股	184.00	0.87
4	梅县金穗实业发展有限公司	发起人法人股	144.00	0.68
5	广东华银集团工程有限公司	发起人法人股	144.00	0.68
6	上海达君贸易有限公司	法人股	104.00	0.49
7	王照华	社会公众股	92.13	0.43
8	钟五妹	社会公众股	71.60	0.33
9	林绮玉	社会公众股	49.96	0.23
10	陈学南	社会公众股	47.38	0.22

股东人数	2003.9	2003.6	2002	2001
	23787	24050	24187	10745

近年分配	2002年10股派1.5元 2001年10股派2元	近年配股/增发	2002年10股配3股

重大事项

2003年11月6日,公司控股子公司广东宝丽华电力有限公司与中国光大银行广州分行东环支行签订了《综合授信协议》,协议约定的最高授信额度为:肆亿伍仟万元;最高授信额度的有效使用期限为:从2003年11月6日至2011年12月26日止。 2003年7月25日公司董事会同意公司投资"资源综合利用技术改造项目2×135MW煤矸石低质煤发电项目",项目拟分两期建设,首期先建设一台135MW发电机组,预计总投资73667万元。

二〇〇二年以来市场表现

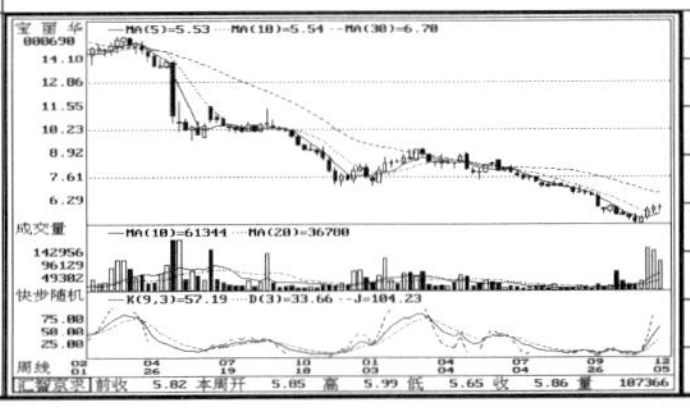

2002年涨跌幅(%)	-47.17
2002年最高(元)	12.84
2002年最低(元)	6.51
2002年换手率(%)	313.07
2003年涨跌幅(%)	-11.01
2003年最高(元)	8.14
2003年最低(元)	4.98
2003年换手率(%)	200.85

海南寰岛实业股份有限公司

公司概况

公司名称	海南寰岛实业股份有限公司				股票代码	000691	
注册地址	海南省海口市人民大道25号				邮政编码	570208	
法人代表	张燕瑾			董秘	孔雁		
电话	0898-66255909			传真	0898-66254684		
主营业务	酒店旅游业、畜牧、水产养殖业及房地产开发等						
总股本	25818.00	流通A	13018.00	流通B		流通H	
审计单位				审计意见	未审计		

主要财务指标

年度	2003.9	2003.6	2002	2001
每股收益/扣除后(元)	0.0029	0.0027	-0.0080	-0.0152
每股经营现金流量(元)	-0.2230	-0.0420	0.3536	0.4878
每股净资产/调整后(元)	2.3748	2.3746	2.3719	2.3679
每股公积金(元)	0.8550	0.8551	0.8551	0.8317
净资产收益率(%)	0.1200	0.1100	0.2300	0.9100
总资产(万元)	99024.74	98227.04	86982.62	81086.06
股东权益(万元)	61882.86	61877.18	61807.33	61154.82
未分配利润(万元)	9936.55	9930.87	9861.02	9842.82
主营收入(万元)	3396.51	2805.57	5087.84	3929.44
资本公积金(万元)	22075.79	22075.79	22075.79	21473.49
主营利润(万元)	850.24	591.26	1545.31	1435.88
其他业务利润(万元)			0.57	-107.53
营业利润(万元)	-140.06	-34.09	-433.52	58.71
投资收益(万元)	294.85	184.21	515.97	877.32
补贴收入(万元)				
营业外收支(万元)			-9.59	-90.92
利润总额(万元)	154.79	150.12	72.86	845.11
净利润(万元)	75.53	69.85	139.28	558.63

十大股东

序号	股东名称	股份性质	持股数(万股)	比例(%)
1	天津燕宇置业有限公司	社会法人股	7094.72	27.48
2	中国银行海口信托咨询公司	国有法人股	1035.20	4.01
3	交通银行海南省分行	国有法人股	1035.20	4.01
4	中国寰岛(集团)公司	国有法人股	800.00	3.10
5	海南新鑫发展有限公司	社会法人股	787.00	3.05
6	海南富南房地产开发公司	国有法人股	530.88	2.06
7	海南南方物产有限责任公司	社会法人股	256.00	0.99
8	沈阳市新海达机电化工有限公司	社会法人股	192.00	0.74
9	海口峻泓实业有限公司	社会法人股	168.00	0.65
10	海南荣信实业有限公司	社会法人股	128.00	0.50

股东人数

2003.9	2003.6	2002	2001
49953	49849	50147	54864

近年分配

	近年配股/增发	不分配不转增

重大事项

公司于2003年6月30日与中国农业银行天津市分行金信支行签署了贷款保证合同，为公司控股子公司天津市绿源生态能源有限公司向中国农业银行天津市分行流动资金贷款人民币伍仟万元提供连带责任担保。2002年12月10日公司与上海浦东发展银行天津分行浦泰支行签署贷款保证合同，为控股子公司天津绿源生态能源有限公司向该行贷款人民币4000万元提供连带责任担保。保证期限至2003年12月9日借款到期后两年。该公司未就此担保提供反担保。

二〇〇二年以来市场表现

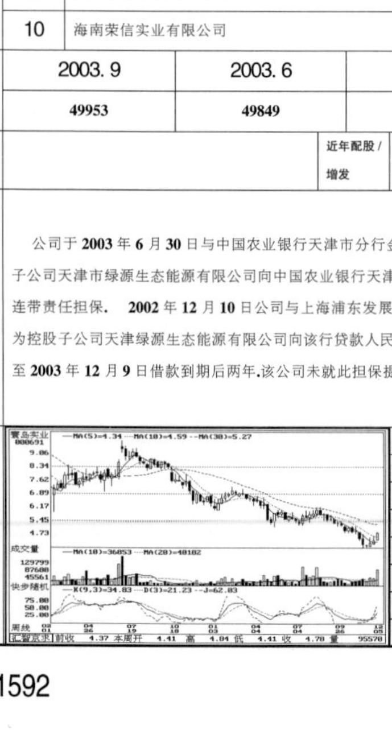

2002年涨跌幅(%)	-20.15
2002年最高(元)	9.78
2002年最低(元)	5.90
2002年换手率(%)	125.67
2003年涨跌幅(%)	-30.19
2003年最高(元)	7.27
2003年最低(元)	4.01
2003年换手率(%)	124.68

沈阳惠天热电股份有限公司

公司概况

公司名称	沈阳惠天热电股份有限公司				股票代码	000692	
注册地址	沈阳市沈河区热闹路47号				邮政编码	110014	
法人代表	孙杰			董秘	李俊山		
电话	024-22928062			传真	024-22939480		
主营业务	城市集中供热、热力工程设计、热力工程安装、房地产开发等						
总股本	26641.65	流通A	11734.66	流通B		流通H	
审计单位				审计意见	未审计		

主要财务指标

年度	2003.9	2003.6	2002	2001
每股收益/扣除后(元)	0.0780	0.0530	0.0900	0.2100
每股经营现金流量(元)	-0.2200	-0.3200	0.1700	0.4900
每股净资产/调整后(元)	4.1900	4.1400	4.1100	4.1300
每股公积金(元)	2.3746	2.3746	2.3746	2.3741
净资产收益率(%)	1.1600	0.8200	1.3500	4.3900
总资产(万元)	185267.09	175048.66	192004.73	213726.20
股东权益(万元)	114266.57	113866.63	112934.64	113021.69
未分配利润(万元)	12376.51	11978.87	11046.88	11144.25
主营收入(万元)	38960.32	31126.81	55754.88	52843.83
资本公积金(万元)	63264.40	63262.10	63262.10	63249.49
主营利润(万元)	7207.27	5029.21	10764.00	14762.35
其他业务利润(万元)	26.90	11.91	37.33	97.52
营业利润(万元)	2635.63	1911.00	3548.68	6622.14
投资收益(万元)	-9.90	-133.76	-82.44	-15.81
补贴收入(万元)				480.00
营业外收支(万元)	-750.18		-1365.46	-1127.86
利润总额(万元)	1875.55	1263.18	2100.78	5958.48
净利润(万元)	1329.63	931.99	1520.93	4962.95

十大股东

序号	股东名称	股份性质	持股数(万股)	比例(%)
1	阳市房产国有资产经营有限责任公司	国有股	14906.98	55.95
2	刘辉	流通股	42.80	0.16
3	李蓉	流通股	33.90	0.13
4	陈美华	流通股	31.53	0.12
5	董光庆	流通股	26.32	0.10
6	杨发聪	流通股	26.01	0.10
7	李天凤	流通股	21.29	0.08
8	何洁	流通股	21.05	0.08
9	徐玉琴	流通股	21.04	0.08
10	李启凯	流通股	20.68	0.08

股东人数

2003.9	2003.6	2002	2001
61622	61920	62709	62709

近年分配

	近年配股/增发	不分配不转增

重大事项

2003年8月13日,公司、香港江胜投资公司和沈阳新区开发建设股份有限公司三方于2003年8月12日签署《合资建设沈阳市浑南热电厂协议书》。2003年4月28日,公司董事会同意公司投资相当于245万美元的人民币现金与美国枫叶国际投资控股集团公司合资组建"中美合资沈阳东方供热有限责任公司"。合资公司注册资本为545万美元,公司出资占45%。

二〇〇二年以来市场表现

2002年涨跌幅(%)	-48.63
2002年最高(元)	12.15
2002年最低(元)	6.11
2002年换手率(%)	147.15
2003年涨跌幅(%)	-8.58
2003年最高(元)	7.99
2003年最低(元)	5.20
2003年换手率(%)	120.12

成都聚友网络股份有限公司

公司概况

公司名称	成都聚友网络股份有限公司	股票代码	000693
注册地址	成都海峡两岸科技开发园科技创新中心	邮政编码	610016
法人代表	陈健	董秘	陈健
电话	028-86624176	传真	028-86615233
主营业务	开发、设计、生产、安装经营各类网络及设备、制造销售化纤产品等		

总股本	19269.39	流通 A	5855.85	流通 B		流通 H	
审计单位				审计意见	未审计		

主要财务指标

年度	2003.9	2003.6	2002	2001
每股收益 / 扣除后(元)	0.1004	0.0594	0.2000	0.2100
每股经营现金流量(元)	0.3900	0.1890	0.3900	0.1550
每股净资产 / 调整后(元)	2.1305	2.0800	3.1200	2.9700
每股公积金(元)	0.8794	0.8742	1.2665	1.2665
净资产收益率(%)	4.1900	2.3700	6.0900	9.7200
总资产(万元)	110070.25	110938.62	109999.11	98833.08
股东权益(万元)	42145.93	41255.54	39704.16	38833.87
未分配利润(万元)	2508.57	1836.73	7430.03	6931.15
主营收入(万元)	23782.20	15987.46	23833.62	18085.07
资本公积金(万元)	16945.11	16845.11	16270.00	16270.00
主营利润(万元)	8773.25	5652.77	9463.26	7622.14
其他业务利润(万元)	32.23	23.75	46.25	33.27
营业利润(万元)	2631.97	1559.05	2691.91	3972.59
投资收益(万元)	26.34	121.21	11.21	1024.97
补贴收入(万元)				
营业外收支(万元)	-167.52	-167.55	-6.04	-54.75
利润总额(万元)	2490.79	1512.71	2697.08	4942.81
净利润(万元)	1766.67	976.27	2515.92	3775.26

十大股东

序号	股东名称	股份性质	持股数(万股)	比例(%)
1	深圳市聚友网络投资有限公司	法人股	3755.81	19.49
2	深圳市鹏举实业有限公司	法人股	2722.50	14.13
3	成都市国有资产投资经营公司	国有股	985.33	5.11
4	成都中益实业投资发展有限公司	法人股	922.50	4.79
5	聚友实业集团有限公司	法人股	891.00	4.62
6	中行四川分行国际信托投资公司	法人股	495.00	2.57
7	航天科技财务有限责任公司	法人股	495.00	2.57
8	深圳市金海博实业有限公司	法人股	330.00	1.71
9	四川省世旗投资管理有限责任公司	法人股	300.00	1.56
10	成都鑫铁实业有限责任公司	法人股	294.00	1.53

股东人数	2003.9	2003.6	2002	2001
	26611	26097	22869	22652

近年分配	2002年10股派1.25元	近年配股/增发	2002年10股送5股

重大事项

2003年10月11日,公司日前从上海银茂投资发展有限公司获悉,其通过公开竞买拍得的原由成都市国有资产投资经营公司持有的公司发起人国家股9853284股,已于2003年9月22日办妥相关过户手续. 2003年4月24日,公司董事会同意受让四川川投控股股份有限公司所持成都信息港有限责任公司40%的股权,受让价格为人民币4000万元.

二〇〇二年以来市场表现

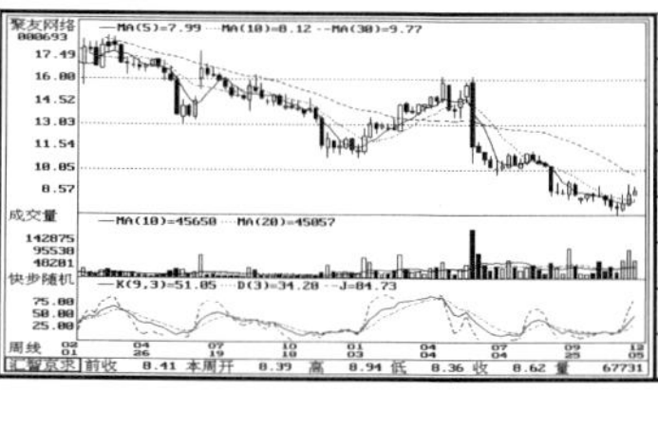

2002年涨跌幅(%)	-40.82
2002年最高(元)	12.57
2002年最低(元)	7.12
2002年换手率(%)	135.14
2003年涨跌幅(%)	16.00
2003年最高(元)	12.00
2003年最低(元)	7.08
2003年换手率(%)	353.00

天津灯塔涂料股份有限公司

公司概况

公司名称	天津灯塔涂料股份有限公司	股票代码	000695
注册地址	天津市北辰区南仓道	邮政编码	300400
法人代表	张继光	董秘	郭健
电话	022-26610193	传真	022-26340776
主营业务	涂料及颜料制造、化工设备的制造、销售等		

总股本	22214.75	流通 A	7724.99	流通 B		流通 H	
审计单位				审计意见	未审计		

主要财务指标

年度	2003.9	2003.6	2002	2001
每股收益 / 扣除后(元)	-0.0900	-0.0500	-0.3330	-0.2100
每股经营现金流量(元)	-0.0100	0.0040	-0.2000	-0.2800
每股净资产 / 调整后(元)	0.9300	0.9900	0.9600	1.5400
每股公积金(元)	0.6059	0.6060	0.6060	0.6061
净资产收益率(%)	-5.1900	-2.3500	-25.2600	-7.8600
总资产(万元)	75561.96	76248.31	78472.48	89409.16
股东权益(万元)	27957.91	28732.69	29407.76	36837.76
未分配利润(万元)	-9997.02	-9222.25	-8547.17	-1119.80
主营收入(万元)	11676.43	7526.94	16714.99	20251.70
资本公积金(万元)	13461.15	13461.15	13461.15	13463.85
主营利润(万元)	2590.70	1628.09	2769.61	3817.53
其他业务利润(万元)	153.02	126.61	62.34	34.47
营业利润(万元)	-1928.20	-1145.25	-7312.50	-5571.54
投资收益(万元)	398.35	382.36	83.84	2022.08
补贴收入(万元)				
营业外收支(万元)	64.49	82.56	-215.21	638.27
利润总额(万元)	-1465.35	-680.33	-7443.87	-2911.19
净利润(万元)	-1449.85	-675.08	-7427.29	-2893.61

十大股东

序号	股东名称	股份性质	持股数(万股)	比例(%)
1	天津津联投资贸易有限公司	国家股	11329.33	51.00
2	天同证券有限责任公司	上市流通股	684.26	3.08
3	申银万国证券股份有限公司	上市流通股	526.65	2.37
4	北京恒悦科贸有限责任公司	上市流通股	330.40	1.49
5	北京海视天恒科技有限责任公司	上市流通股	264.32	1.19
6	光明持股者协会	上市流通股	213.61	0.96
7	山东民安发展有限公司	上市流通股	185.70	0.84
8	沈阳铁路局经济发展总公司	法人股	182.00	0.82
9	深圳兆科投资发展有限公司	未披露	163.80	0.74
10	济南翔宇建筑装饰工程有限公司	上市流通股	116.59	0.52

股东人数	2003.9	2003.6	2002	2001
	12340	10855	7659	11020

近年分配		近年配股/增发	不分配不转增

重大事项

2003年11月6日,由于公司向工商行天津分行营业部贷款人民币3670万元已到期,为了保证公司生产经营工作正常开展,董事会同意公司办理借新还旧,贷款期限为一年,由天津南开戈德股份有限公司为公司贷款提供担保. 2003年10月28日,鉴于天津南开戈德股份有限公司在农行世贸支行贷款人民币2998万元即将到期,到期后办理展期,公司同意为其提供担保,担保期限为七个月,为连带保证责任.公司累计对外担保金额45097.65万元人民币和400万美圆.

二〇〇二年以来市场表现

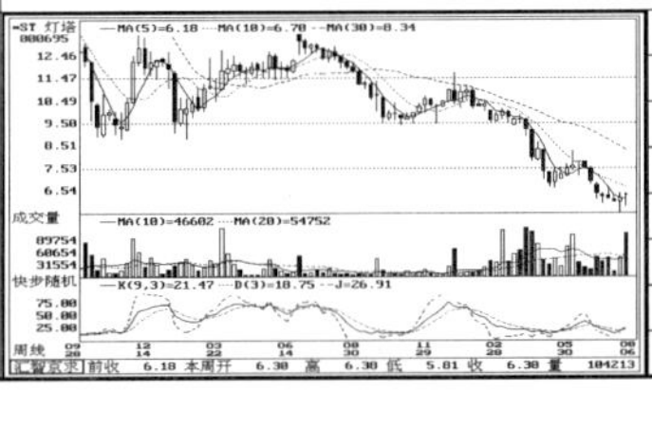

2002年涨跌幅(%)	-6.70
2002年最高(元)	13.45
2002年最低(元)	8.80
2002年换手率(%)	131.40
2003年涨跌幅(%)	-45.50
2003年最高(元)	11.49
2003年最低(元)	5.55
2003年换手率(%)	180.68

咸阳偏转股份有限公司

公司概况

公司名称	咸阳偏转股份有限公司				股票代码	000697	
注册地址	陕西省咸阳市渭阳西路七十号				邮政编码	712021	
法人代表	池维怀			董秘	赵卫军		
电话	0910-3628567			传真	0910-3628885		
主营业务	彩色显像管用偏转线圈及其配套产品及设备的生产、销售						
总股本	21746.17	流通 A	7741.17	流通 B		流通 H	
审计单位				审计意见	未审计		

主要财务指标

年度	2003.9	2003.6	2002	2001
每股收益/扣除后(元)	0.0340	0.0320	0.0444	0.0560
每股经营现金流量(元)	0.3900	0.1500	0.7500	0.4200
每股净资产/调整后(元)	3.3500	3.3000	3.3300	3.4100
每股公积金(元)	0.9843	0.9838	0.9825	0.9667
净资产收益率(%)	1.0300	0.9100	1.2000	1.6100
总资产(万元)	121452.80	119158.79	115024.78	105549.11
股东权益(万元)	74305.29	76108.10	75381.36	74462.55
未分配利润(万元)	19580.65	19517.09	18818.61	18335.38
主营收入(万元)	42810.50	25995.48	52167.95	47591.07
资本公积金(万元)	21404.26	21393.24	21492.98	21022.57
主营利润(万元)	6699.65	5573.43	8665.73	7798.35
其他业务利润(万元)	194.68	116.45	79.87	97.86
营业利润(万元)	531.25	628.41	1026.85	1504.29
投资收益(万元)	108.35		-39.59	-494.54
补贴收入(万元)			26.72	
营业外收支(万元)	12.65		-158.27	-18.90
利润总额(万元)	652.26	678.00	855.71	990.85
净利润(万元)	762.04	698.48	905.90	1198.22

十大股东

序号	股东名称	股份性质	持股数(万股)	比例(%)
1	咸阳市国有资产管理局	发起人国家股	8697.88	39.99
2	咸阳偏转发展有限责任公司	发起人募集法人股	5307.12	24.40
3	英大国际信托投资有限责任公司	上市流通股份	19.00	0.09
4	陈金凤	上市流通股份	15.60	0.07
5	徐焕其	上市流通股份	14.36	0.07
6	沈传海	上市流通股份	13.50	0.06
7	周强	上市流通股份	13.41	0.06
8	杨建平	上市流通股份	13.12	0.06
9	孙俊萍	上市流通股份	12.74	0.06
10	顾凤兰	上市流通股份	12.30	0.06

股东人数	2003.9	2003.6	2002	2001
	47395	47994	49102	52823

近年分配		近年配股/增发	2001年10股配3股

重大事项

2002年12月31日,公司法人股东咸阳偏转发展有限责任公司与福建华财投资有限公司于2002年12月25日签订了《股份转让协议》,若本协议能够履行,华财投资将成为公司第二大股东. 本公司于2002年12月26日将星河公司欠款一事向陕西省咸阳市中级人民法院提起诉讼,请求判决星河公司支付所欠本公司剩余货款,并承担本公司实现该债权而支付的一切费用.预计上述事项将对本公司本期利润产生重大负面影响,将减少本公司当期利润约1000万元人民币.

二〇〇二年以来市场表现

2002年涨跌幅(%)	-28.83
2002年最高(元)	10.70
2002年最低(元)	6.50
2002年换手率(%)	141.86
2003年涨跌幅(%)	-26.40
2003年最高(元)	8.58
2003年最低(元)	4.75
2003年换手率(%)	74.28

沈阳化工股份有限公司

公司概况

公司名称	沈阳化工股份有限公司				股票代码	000698	
注册地址	沈阳市经济技术开发区沈大路888号				邮政编码	110041	
法人代表	何献俊			董秘	杨志国		
电话	024-25524835			传真	024-25524836		
主营业务	化工产品、化工设备的生产和销售等						
总股本	42240.66	流通 A	18720.00	流通 B		流通 H	
审计单位				审计意见	未审计		

主要财务指标

年度	2003.9	2003.6	2002	2001
每股收益/扣除后(元)	0.0800	0.0470	0.0143	0.1164
每股经营现金流量(元)	0.2700	0.1600	0.2740	0.1850
每股净资产/调整后(元)	3.2800	3.2400	3.1920	3.3100
每股公积金(元)	1.2939	1.2939	1.2900	1.2734
净资产收益率(%)	2.3700	1.2700	-0.9900	3.1100
总资产(万元)	325412.87	312745.78	276315.12	315114.22
股东权益(万元)	144085.12	142505.05	140671.83	145328.64
未分配利润(万元)	28096.92	26552.08	24743.36	29303.72
主营收入(万元)	187916.14	126533.00	189032.37	180466.02
资本公积金(万元)	54657.24	54657.24	54489.47	53790.87
主营利润(万元)	22892.43	14026.02	19661.58	21488.49
其他业务利润(万元)	64.84	113.73	31.42	234.26
营业利润(万元)	6044.38	3152.36	2199.06	6680.11
投资收益(万元)	1.38		-152.16	-168.68
补贴收入(万元)	215.41	97.60		
营业外收支(万元)	-174.37	-147.11	-1906.82	-372.28
利润总额(万元)	6086.80	3102.84	140.08	6139.15
净利润(万元)	3413.75	1808.71	-1391.75	4520.28

十大股东

序号	股东名称	股份性质	持股数(万股)	比例(%)
1	沈阳化工集团有限公司	国有股	19711.06	46.66
2	沈阳铁西改造经济技术开发总公司	法人股	2809.60	6.65
3	杭州玮峰实业发展有限公司	法人股	1000.00	2.37
4	常方来	流通股	67.00	0.16
5	天津信托投资公司	流通股	50.00	0.12
6	王淑琴	流通股	29.66	0.07
7	董野	流通股	24.00	0.06
8	朱惠华	流通股	23.80	0.06
9	邵力	流通股	22.00	0.05
10	张宝勤	流通股	20.50	0.05

股东人数	2003.9	2003.6	2002	2001
	88600	88030	90531	94583

近年分配		近年配股/增发	2001年10股配3股

重大事项

2003年9月30日,因沈阳石蜡化工有限公司诉公司控股股东沈阳化工集团有限公司欠款132812557.33元并要求诉讼保权,沈阳市中级人民法院于2003年9月26日将沈化集团持有的公司国有股中的14511.056万股司法冻结. 沈化集团于2003年9月26日将其质押给中信实业银行的公司国家股由2000万股变更为1800万股,质押期变更为债权人申请解除为止.

二〇〇二年以来市场表现

2002年涨跌幅(%)	-30.32
2002年最高(元)	7.40
2002年最低(元)	4.61
2002年换手率(%)	138.89
2003年涨跌幅(%)	11.96
2003年最高(元)	6.22
2003年最低(元)	4.60
2003年换手率(%)	210.00

佳木斯造纸股份有限公司

公司概况

公司名称	佳木斯造纸股份有限公司	股票代码	000699
注册地址	黑龙江省佳木斯市光复路 306 号	邮政编码	154005
法人代表	帅建伦	董秘	罗陈
电话	0454-8377217	传真	0454-8396062
主营业务	工业包装用纸、特种纸、制浆造纸副产品的销售		

总股本	22744.80	流通 A	9358.05	流通 B		流通 H	
审计单位				审计意见	未审计		

主要财务指标

年度	2003.9	2003.6	2002	2001
每股收益 / 扣除后(元)	-0.1165	-0.0840	-0.0450	-0.1175
每股经营现金流量(元)	0.0160	0.0120	0.1170	-1.3110
每股净资产 / 调整后(元)	0.7500	1.4624	0.8706	0.9669
每股公积金(元)		1.0326	1.0221	1.0221
净资产收益率(%)	-0.0590	-3.5800	1.1700	-6.2500
总资产(万元)	146075.77	148196.41	151273.12	150368.05
股东权益(万元)	42673.85	43755.21	45084.43	44334.71
未分配利润(万元)	-6685.47	-5604.12	-4034.89	-4784.61
主营收入(万元)	11284.57	2862.64	34645.27	29050.46
资本公积金(万元)		23486.61	23246.61	23246.61
主营利润(万元)	770.25	253.37	7997.64	542.45
其他业务利润(万元)	210.26	144.36	2637.09	2659.61
营业利润(万元)	-3436.39	-2205.51	1453.69	-2429.10
投资收益(万元)	787.58	637.58		-336.11
补贴收入(万元)				
营业外收支(万元)	-1.77		234.46	-5.80
利润总额(万元)	-2650.58	-1569.22	1688.15	-2771.02
净利润(万元)	-2650.58	-1569.22	525.98	-2771.02

十大股东

序号	股东名称	股份性质	持股数(万股)	比例(%)
1	成都科邦电信(集团)股份有限公司	法人股	5816.08	25.57
2	佳木斯纸业集团有限公司	国家股	4860.30	21.37
3	中国人民银行黑龙江分行直属支行	法人股	442.00	1.94
4	中天恒投资管理有限公司	法人股	270.00	1.19
5	黑龙江省国际信托投资公司	法人股	260.00	1.14
6	融泰创业投资有限公司	流通股	206.09	0.91
7	勃利县发展煤炭产销有限责任公司	法人股	191.61	0.84
8	哈尔滨大正产权经营有限责任公司	法人股	177.85	0.78
9	光明集团股份有限公司	法人股	169.00	0.74
10	黑龙江省造纸总公司	法人股	130.00	0.57

股东人数

2003.9	2003.6	2002	2001
21326	20817	16823	10102

近年分配		近年配股 / 增发	不分配不转增

重大事项

公司第一大股东成都科邦电信(集团)股份有限公司持有的公司法人股 **100** 万股,于 **2003** 年 **6** 月 **26** 日过户到四川省成都市大邑县龙凤建筑工程公司. **2002** 年 **10** 月 **21** 日,公司将其持有的公司 **57,684,944** 股发起人国家股股份过户给四川成都科邦电信(集团)股份有限公司.本次股份转让后,四川科邦电信成为公司第一大股东,拥有股份 **57,684,944** 股,占公司总股本的 **25.36%**;佳木斯纸业集团为公司第二大股东.

二〇〇二年以来市场表现

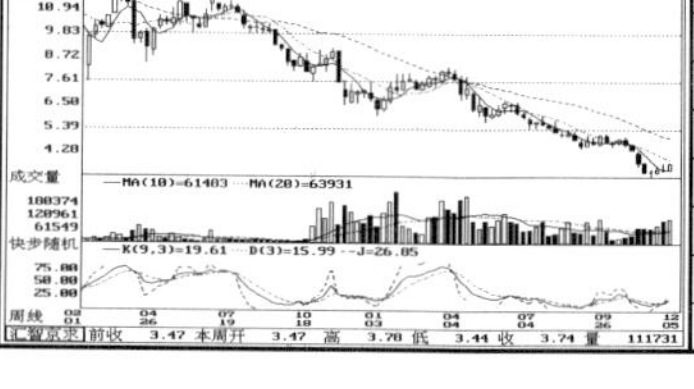

2002年涨跌幅(%)	-44.67
2002年最高(元)	12.05
2002年最低(元)	6.33
2002年换手率(%)	213.55
2003年涨跌幅(%)	-46.12
2003年最高(元)	8.25
2003年最低(元)	3.17
2003年换手率(%)	453.22

江南模塑科技股份有限公司

公司概况

公司名称	江南模塑科技股份有限公司	股票代码	000700
注册地址	江苏省江阴市周庄镇长青路 8 号	邮政编码	214432
法人代表	陶炜	董秘	许剑
电话	0510-6242802	传真	0510-6242818
主营业务	汽车零部件、塑料制品、模具、塑钢门窗、模塑高科技产品的开发、研制、销售		

总股本	30904.36	流通 A	13705.75	流通 B		流通 H	
审计单位				审计意见	未审计		

主要财务指标

年度	2003.9	2003.6	2002	2001
每股收益 / 扣除后(元)	0.1700	0.1300	0.3700	0.4700
每股经营现金流量(元)	0.3800	0.3090	0.9400	1.2480
每股净资产 / 调整后(元)	2.8700	2.8300	5.3800	3.4100
每股公积金(元)	1.1582	1.1582	3.2164	1.1045
净资产收益率(%)	6.4200	4.9200	7.3600	14.0500
总资产(万元)	150663.11	140045.61	121891.16	75651.78
股东权益(万元)	88840.06	87434.77	83134.52	42531.26
未分配利润(万元)	10304.85	8902.65	6147.63	5434.78
主营收入(万元)	36909.46	24936.04	37479.84	26457.54
资本公积金(万元)	35793.32	35793.32	49700.28	13753.28
主营利润(万元)	12883.16	9281.17	14202.28	9952.61
其他业务利润(万元)	260.60	106.81	397.31	308.52
营业利润(万元)	7951.10	5931.37	9430.48	7244.19
投资收益(万元)	88.17	23.71	-251.31	-398.69
补贴收入(万元)				
营业外收支(万元)	-119.68		-170.53	-178.53
利润总额(万元)	7919.59	5888.24	9008.65	6666.97
净利润(万元)	5705.53	4300.24	6120.78	5977.65

十大股东

序号	股东名称	股份性质	持股数(万股)	比例(%)
1	江阴模塑集团有限公司	定向境内法人股	17198.61	55.65
2	景福证券投资基金	公众股	299.68	0.97
3	通乾证券投资基金	公众股	269.26	0.87
4	融通新蓝筹证券投资基金	公众股	236.85	0.77
5	梁爱兰	公众股	59.22	0.19
6	南平市联才投资有限公司	公众股	52.69	0.17
7	汉盛证券投资基金	公众股	47.70	0.15
8	国盛证券有限责任公司	公众股	45.13	0.15
9	欧阳双	公众股	43.14	0.14
10	李希红	公众股	42.68	0.14

股东人数

2003.9	2003.6	2002	2001
28453	28330	16826	10836

近年分配	2002年10派2元、中期10派1元2001年10股派1.2元中派2元	近年配股 / 增发	2002年10股送1股、转增9股

重大事项

2003 年 **11** 月 **4** 日,公司董事会同意公司与上海中华控股股份有限公司下属全资子公司上海五龙汽车零部件投资有限公司合资设立沈阳名华模塑科技有限公司,以生产和销售汽车保险杠等为主的汽车零部件业务.该项目注册资本约 **12000** 万元,双方各拟出资 **6000** 万元. **2003** 年 **6** 月 **24** 日,公司董事会同意收购江苏澄信方鼎投资管理有限公司所持国元证券有限责任公司 **4000** 万股股权，收购完成后本公司持国元证券股份将由原来的 **1** 亿股增至 **1** 亿 **4** 千万股，持股比例增至为 **6.90%**；出资人民币 **2800** 万元参与发起设立江苏江南水务股份有限公司,新公司注册资本 **9000** 万元,总股本 **9000** 万股,本公司占其总股本的 **20.4%**。

二〇〇二年以来市场表现

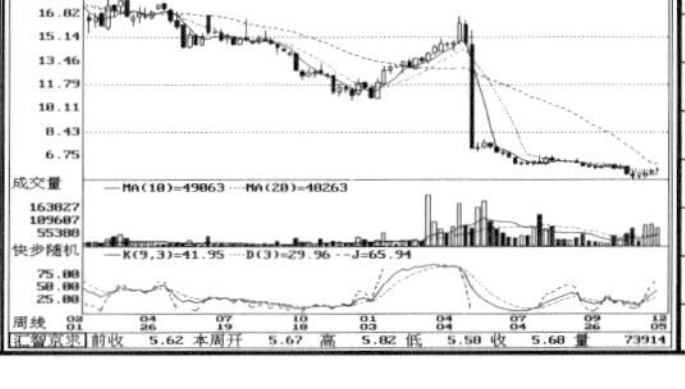

2002年涨跌幅(%)	-35.04
2002年最高(元)	9.33
2002年最低(元)	5.22
2002年换手率(%)	55.59
2003年涨跌幅(%)	0.72
2003年最高(元)	8.19
2003年最低(元)	5.07
2003年换手率(%)	202.49

厦门信达股份有限公司

公司概况

公司名称	厦门信达股份有限公司		股票代码	000701	
注册地址	厦门湖里信宏大厦二楼		邮政编码	361006	
法人代表	周昆山		董秘	范丹	
电话	0592-5608098		传真	0592-6021391	
主营业务	信息科技产品的生产及经营、信息咨询服务等				
总股本	20000.00	流通 A	11500.00	流通 B	流通 H
审计单位			审计意见	未审计	

主要财务指标

年度	2003.9	2003.6	2002	2001
每股收益/扣除后(元)	0.0165	0.0067	-0.0461	-0.0804
每股经营现金流量(元)	-0.5900	-0.6240	-0.2600	0.1300
每股净资产/调整后(元)	2.2000	2.1900	2.3100	2.2400
每股公积金(元)	1.2021	1.2021	1.2019	1.1986
净资产收益率(%)	1.1800	0.7100	2.1400	-3.4200
总资产(万元)	145498.11	132258.00	113692.98	103538.01
股东权益(万元)	48119.33	47926.09	47661.30	46754.37
未分配利润(万元)	1028.88	835.64	573.84	-148.45
主营收入(万元)	113652.48	66881.38	127464.05	108078.48
资本公积金(万元)	24041.63	24041.63	24038.63	23972.11
主营利润(万元)	5313.74	3160.87	6397.27	7849.45
其他业务利润(万元)	687.10	484.90	658.87	316.26
营业利润(万元)	882.51	494.65	73.12	-2083.63
投资收益(万元)	-20.71	29.87	803.54	620.20
补贴收入(万元)	16.30	14.15		
营业外收支(万元)	-34.71	-36.18	629.47	6.89
利润总额(万元)	843.40	502.49	1506.12	-1456.53
净利润(万元)	566.85	338.89	1020.80	-1600.63

十大股东

序号	股东名称	股份性质	持股数(万股)	比例(%)
1	厦门信息-信达总公司	国有股	8500.00	42.50
2	马志宇	流通股	45.16	0.23
3	刘玉环	流通股	43.51	0.22
4	陈浩勤	流通股	28.00	0.14
5	东航工程	流通股	27.17	0.14
6	马磊	流通股	25.79	0.13
7	王恺	流通股	24.14	0.12
8	黄本乾	流通股	19.82	0.10
9	王培	流通股	18.52	0.09
10	陈明绥	流通股	14.53	0.07

股东人数	2003.9	2003.6	2002	2001
	76558	75587	74214	75804

近年分配		近年配股/增发	不分配不转增

重大事项

2003年11月11日，董事会同意为控股子公司厦门信达电子有限公司向兴业银行厦门支行申请综合授信额度折合人民币不超过1200万元提供连带责任保证，期限不超过一年。同意公司将持有的厦门信达联房地产开发有限公司74.9%的股份以人民币157,081,522元转让给厦门国贸集团股份有限公司。 2003年10月10日，公司董事会同意将公司持有的厦门信达生物技术有限公司51%股份转让给运通控股有限公司，转让价格为127.5万元人民币。该股权转让完成后，公司将不再持有厦门信达生物技术有限公司股份。

二〇〇二年以来市场表现

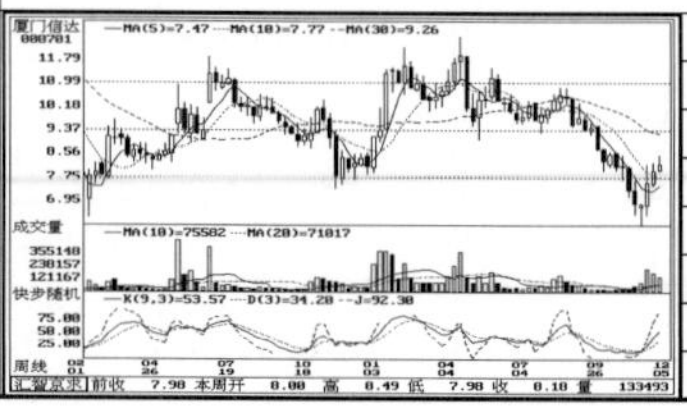

2002年涨跌幅(%)	-8.42
2002年最高(元)	11.86
2002年最低(元)	5.88
2002年换手率(%)	290.14
2003年涨跌幅(%)	-2.21
2003年最高(元)	12.60
2003年最低(元)	6.14
2003年换手率(%)	444.61

湖南正虹科技发展股份有限公司

公司概况

公司名称	湖南正虹科技发展股份有限公司		股票代码	000702	
注册地址	湖南省岳阳市屈原管理区营田镇		邮政编码	414418	
法人代表	吴明夏		董秘	曹国庆	
电话	0730-5728010		传真	0730-5728011	
主营业务	各类饲料的研制及生产、销售等				
总股本	28280.46	流通 A	13275.02	流通 B	流通 H
审计单位			审计意见	未审计	

主要财务指标

年度	2003.9	2003.6	2002	2001
每股收益/扣除后(元)	0.0278	0.0349	0.0820	0.2150
每股经营现金流量(元)	0.4880	0.5220	0.0300	0.2590
每股净资产/调整后(元)	2.8649	2.8708	2.8430	2.6800
每股公积金(元)	1.3909	1.3909	1.3909	1.3908
净资产收益率(%)	1.0400	1.2300	3.5700	7.3100
总资产(万元)	125320.67	122432.69	129604.52	140212.11
股东权益(万元)	81726.85	81987.10	81541.76	82564.75
未分配利润(万元)	7745.27	8005.53	7560.18	9236.28
主营收入(万元)	86628.72	54121.18	109180.87	111503.02
资本公积金(万元)	39334.61	39334.61	39334.61	39332.24
主营利润(万元)	12593.64	8142.03	17264.07	22662.97
其他业务利润(万元)	246.91	216.82	177.31	74.24
营业利润(万元)	1855.38	1649.11	3389.82	6125.48
投资收益(万元)	40.62	15.23	530.32	1544.63
补贴收入(万元)	41.61		590.56	20.63
营业外收支(万元)	19.49		-100.74	-152.87
利润总额(万元)	1957.10	1693.56	4409.96	7537.87
净利润(万元)	850.20	1010.95	2912.86	6038.28

十大股东

序号	股东名称	股份性质	持股数(万股)	比例(%)
1	岳阳屈原农垦有限责任公司	国有法人股	14522.40	51.35
2	湖南金河投资有限责任公司	定向法人股	480.00	1.70
3	岳阳市经济技术开发区梦都实业有限公司	流通股	62.14	0.22
4	岳阳市经济技术开发区梦都实业有限公司	流通股	57.37	0.20
5	山西省信托投资公司	流通股	55.33	0.20
6	包天悦	流通股	50.00	0.18
7	岳阳市经济技术开发区湘城建材有限公司	流通股	29.97	0.11
8	傅文昌	流通股	28.00	0.10
9	么居桂	流通股	28.00	0.10
10	荆建军	流通股	27.70	0.10

股东人数	2003.9	2003.6	2002	2001
	62552	69164	28991	26028

近年分配	2002年10股派1.2元 2001年10股派1.5元	近年配股/增发	不分配不转增

重大事项

2003年11月24日，公司收到国务院国有资产监督管理委员会的批复，同意公司股东岳阳屈原农垦有限责任公司将其所持公司14,522.4万股国有法人股中的1,500万股转让给浙江传化集团有限公司。此转让完成后，该股份属非国有股。上述股权转让各方正在办理股权过户手续。 2003年10月11日，公司国有法人股股东岳阳屈原农垦有限责任公司将其持有的公司国有法人股2000万股（占其持有公司股份的13.77%，占公司总股本的7.07%），于2003年9月16日质押给兴业银行长沙分行，质押时间为1年，质押期间，该股份予以冻结不能转让。

二〇〇二年以来市场表现

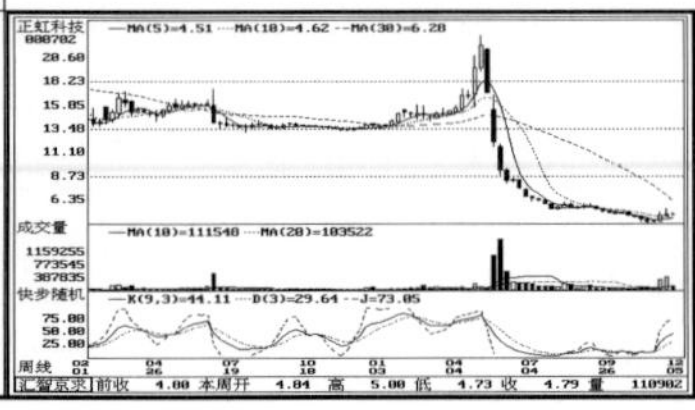

2002年涨跌幅(%)	-10.30
2002年最高(元)	17.32
2002年最低(元)	12.93
2002年换手率(%)	179.42
2003年涨跌幅(%)	-64.91
2003年最高(元)	22.86
2003年最低(元)	3.98
2003年换手率(%)	548.71

世纪光华科技股份有限公司

公司概况

公司名称	世纪光华科技股份有限公司	股票代码	000703
注册地址	北海市海角路1号二号楼	邮政编码	536000
法人代表	乔向明	董秘	刘杰
电话	0371-7422266	传真	0371-7422233
主营业务	电子系统工程及通信产品的研究及科技开发、彩印包装产品等		
总股本	10660.00	流通A	4680.00
流通B		流通H	
审计单位		审计意见	未审计

主要财务指标

年度	2003.9	2003.6	2002	2001
每股收益/扣除后(元)	-0.0130	-0.0250	0.1060	0.1720
每股经营现金流量(元)	-0.2600	-0.2600	0.9330	0.1660
每股净资产/调整后(元)	2.4200	2.4500	2.5000	2.4700
每股公积金(元)		0.0008	0.0008	0.0008
净资产收益率(%)	1.3510	1.1300	3.3400	6.4100
总资产(万元)	86164.88	79286.91	89663.78	71779.85
股东权益(万元)	27132.23	27058.72	27598.10	26882.00
未分配利润(万元)		10664.92	11204.30	10649.74
主营收入(万元)	12349.32	8445.30	29544.32	26431.05
资本公积金(万元)		8.85	8.85	8.85
主营利润(万元)	3721.12	2405.97	10030.47	9306.28
其他业务利润(万元)	111.87	54.47	153.45	118.35
营业利润(万元)	484.95	-87.13	2645.83	3349.58
投资收益(万元)	515.36	572.40	-203.19	-171.99
补贴收入(万元)				
营业外收支(万元)	0.09	0.02	-3.18	79.90
利润总额(万元)	1000.40	485.29	2439.46	3257.49
净利润(万元)	378.05	304.54	922.17	1724.37

十大股东

序号	股东名称	股份性质	持股数(万股)	比例(%)
1	河南九龙水电集团有限公司	法人股	3057.53	28.68
2	四川恒运实业有限公司	法人股	758.16	7.11
3	四川新洲实业有限公司	法人股	497.54	4.67
4	中国烟草总公司四川省公司	法人股	284.31	2.67
5	盐城市城区天进信息咨询有限公司	法人股	236.93	2.22
6	成都建材(集团)有限公司	法人股	236.93	2.22
7	任定学	流通股	164.10	1.54
8	四川岷江电力股份有限公司	法人股	127.94	1.20
9	蒲江县财政信用投资公司	法人股	94.77	0.89
10	四川省石油总公司涪陵分公司	法人股	94.77	0.89

股东人数	2003.9	2003.6	2002	2001
	19626	18850	19937	20012

近年分配		近年配股/增发	2002年10股配3股

重大事项

2003年1月20日,公司董事会同意公司将国海证券有限公司的6000万股权以6630万元的价格转让给国海证券的其他内部股东. 2002年8月20日,本公司、河南省教育生产供应中心和联想(武汉)有限公司在郑州签订河南省中小学多媒体网络电教室"校校通"工程项目合作意向书.本公司根据具体项目可采用直接投入经营或为所需资金的银行融资提供不超过一亿元人民币的担保.

二○○二年以来市场表现

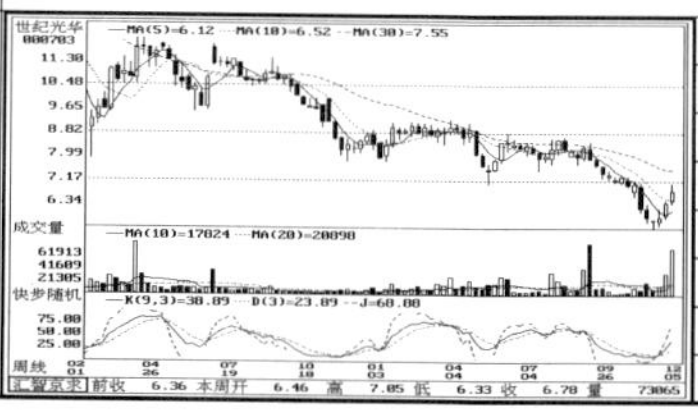

2002年涨跌幅(%)	-30.21
2002年最高(元)	12.13
2002年最低(元)	7.81
2002年换手率(%)	113.35
2003年涨跌幅(%)	-21.58
2003年最高(元)	9.28
2003年最低(元)	5.51
2003年换手率(%)	143.16

浙江震元股份有限公司

公司概况

公司名称	浙江震元股份有限公司	股票代码	000705
注册地址	浙江省绍兴市解放北路289号	邮政编码	312000
法人代表	宋逸婷	董秘	黄继明
电话	0575-5144161	传真	0575-5148805
主营业务	中药材、中药饮片、中成药、化学原料药等		
总股本	12532.94	流通A	8077.99
流通B		流通H	
审计单位		审计意见	未审计

主要财务指标

年度	2003.9	2003.6	2002	2001
每股收益/扣除后(元)	0.0680	0.0540	0.0890	0.1300
每股经营现金流量(元)	0.2000	0.1000	0.3960	0.2130
每股净资产/调整后(元)	3.4200	3.4100	3.3400	3.1500
每股公积金(元)	1.8360	1.8360	1.8360	1.8360
净资产收益率(%)	1.9600	1.6000	3.3100	4.1400
总资产(万元)	79748.59	78423.01	73268.74	66756.76
股东权益(万元)	43653.00	43489.77	42795.25	41380.26
未分配利润(万元)	5284.60	5121.37	4426.85	3063.89
主营收入(万元)	50254.09	32906.52	56951.55	50027.91
资本公积金(万元)	23010.99	23010.99	23010.99	23010.87
主营利润(万元)	9936.79	7029.60	12477.05	11037.56
其他业务利润(万元)	91.57	64.26	91.86	76.29
营业利润(万元)	1485.93	1213.18	1935.36	2330.46
投资收益(万元)	-30.50	-77.40	-71.13	-79.99
补贴收入(万元)			215.00	9.00
营业外收支(万元)	54.10		9.13	-70.90
利润总额(万元)	1509.53	1209.38	2088.36	2188.57
净利润(万元)	857.75	694.52	3063.89	1714.13

十大股东

序号	股东名称	股份性质	持股数(万股)	比例(%)
1	绍兴市国有资产投资经营有限公司	国家股	3129.02	24.97
2	绍兴市财政投资有限公司	法人股	369.00	2.94
3	绍兴市恒旦投资发展有限公司	法人股	279.00	2.23
4	绍兴市房地产开发公司	法人股	174.94	1.40
5	绍兴第二医院	法人股	114.29	0.91
6	杭州华东医药(集团)公司	法人股	72.00	0.57
7	刘强	流通股	61.83	0.49
8	谢洪玲	流通股	58.81	0.47
9	杭州胡庆余堂药业有限公司	法人股	57.14	0.46
10	瑞安医药公司	法人股	45.00	0.36

股东人数	2003.9	2003.6	2002	2001
	28868	29532	27645	27166

近年分配	2001年10股派0.5元	近年配股/增发	不分配不转增

重大事项

2003年8月11日,公司在浙江省绍兴市与黄酒集团签订了十二个月累计不超过人民币金额捌仟万元(含捌仟万元)的互为担保的协议.公司与黄酒集团互为担保期限为一年,即从2003年7月1日起至2004年6月30日止.担保金额单笔不超过人民币叁仟万元(含叁仟万元),十二个月累计不超过人民币捌仟万元(含捌仟万元). 2003年4月12日,董、监事会同意2003年度公司拟在袍江生产基地投资建造下列项目:对硫酸奈替米星、硫酸西索米星追加投资3000万元左右,加上上期已投资的3000万元,合计投资6000万元左右;投资4000万元左右建造抗生素废水处理站及配套辅助项目,该项目主要用于生产基地相配套。项目合计投资7000万元左右,计划工期六个月。

二○○二年以来市场表现

2002年涨跌幅(%)	-27.90
2002年最高(元)	10.15
2002年最低(元)	6.90
2002年换手率(%)	141.30
2003年涨跌幅(%)	-24.29
2003年最高(元)	9.00
2003年最低(元)	4.80
2003年换手率(%)	142.82

湖北双环科技股份有限公司

公司概况

公司名称	湖北双环科技股份有限公司			股票代码	000707		
注册地址	湖北应城市东马坊团结大道26号			邮政编码	432407		
法人代表	吴党生			董秘	张健		
电话	0712-3591199			传真	0712-3591099		
主营业务	纯碱、氯化铵及盐化工系列产品、氯化工系列产品的生产销售						
总股本	46414.58	流通A	26408.86	流通B		流通H	
审计单位				审计意见	未审计		

主要财务指标

年度	2003.9	2003.6	2002	2001
每股收益/扣除后(元)	0.0060	0.0400	0.0800	0.0700
每股经营现金流量(元)	0.0070	0.0300	0.3600	0.1600
每股净资产/调整后(元)	3.4591	3.4800	3.4500	3.4500
每股公积金(元)	1.7521	1.7521	1.7521	1.7513
净资产收益率(%)	0.1900	1.1500	2.2400	2.1100
总资产(万元)	218545.09	209503.56	202831.16	191672.69
股东权益(万元)	161637.03	163193.81	161324.27	161345.44
未分配利润(万元)	19692.85	20875.72	19380.08	19428.56
主营收入(万元)	66089.84	46916.80	89396.27	78095.22
资本公积金(万元)	81324.47	81324.47	81324.47	81285.05
主营利润(万元)	5710.59	6067.41	10406.32	10047.76
其他业务利润(万元)	151.36	137.77	115.56	589.12
营业利润(万元)	134.69	2531.20	3169.56	4846.42
投资收益(万元)	308.50	286.89	739.45	202.45
补贴收入(万元)				
营业外收支(万元)	-27.42		-41.11	40.62
利润总额(万元)	415.78	2790.37	3867.90	5089.48
净利润(万元)	312.77	1869.55	3617.94	3396.51

十大股东

序号	股东名称	股份性质	持股数(万股)	比例(%)
1	湖北双环化工集团有限公司	国有股	158109.97	34.06
2	湖北双环化工集团公司福达实业公司	法人股	17795.53	3.83
3	湖北双环氯化工有限责任公司	法人股	8729.97	1.88
4	湖北双环化工集团红双环实业公司	法人股	2342.19	0.50
5	武汉钢铁(集团)公司	法人股	2129.26	0.46
6	中联橡胶(集团)总公司	法人股	1596.95	0.34
7	湖北省化工总公司	法人股	1596.95	0.34
8	广西壮族自治区南宁平板玻璃厂	法人股	1216.72	0.26
9	湖北原宜经济发展集团股份公司	法人股	1064.63	0.23
10	武汉达阳物资开发有限责任公司	法人股	1064.63	0.23

股东人数	2003.9	2003.6	2002	2001
	101215	101559	102046	95612

近年分配		近年配股/增发	不分配不转增

重大事项

公司控股股东湖北双环化工集团有限公司**2003**年**10**月**20**日通知公司，根据孝感市中级人民法院民事裁定书，裁定集团公司下属三家**100%**控股的子公司所持有的共计**26630959**股双环科技法人股过户至集团公司，用于清偿其对集团公司的债务。 **2003**年**8**月**22**日，公司第一大股东湖北双环化工集团有限公司将其持有的公司发起人国有股**2600**万股质押给工商银行应城市分行，为其贷款**7000**万元提供质押担保，质押日期从**2002**年**7**月**29**日起，期限一年以上，质押期满后，借、贷双方商定将以上贷款续贷，将质押的**2600**万股公司发起人国有股质押展期，质押到期日延至**2008**年**8**月**18**日。

二〇〇二年以来市场表现

2002年涨跌幅(%)	-16.67
2002年最高(元)	7.10
2002年最低(元)	4.18
2002年换手率(%)	180.02
2003年涨跌幅(%)	-10.93
2003年最高(元)	6.35
2003年最低(元)	3.82
2003年换手率(%)	156.20

大冶特殊钢股份有限公司

公司概况

公司名称	大冶特殊钢股份有限公司			股票代码	000708		
注册地址	湖北省黄石市黄石大道316号			邮政编码	435001		
法人代表	朱宪国			董秘	王平国		
电话	0714-6293836			传真	0714-6481917		
主营业务	钢铁、冶金、钢材轧制、金属轧制、压延加工、钢铁材料检测等						
总股本	44940.85	流通A	16702.53	流通B		流通H	
审计单位				审计意见	未审计		

主要财务指标

年度	2003.9	2003.6	2002	2001
每股收益/扣除后(元)	0.1300	0.0500	0.0935	0.0206
每股经营现金流量(元)	1.1200	1.0600	0.5790	0.7540
每股净资产/调整后(元)	3.6080	3.5860	3.5380	3.4400
每股公积金(元)	2.1303	2.1290	2.1262	2.1252
净资产收益率(%)	2.9200	1.3300	2.8500	1.0100
总资产(万元)	383783.28	372035.41	367246.53	375007.91
股东权益(万元)	164635.00	161919.19	159647.53	155046.91
未分配利润(万元)	12739.13	10081.50	7937.18	4291.87
主营收入(万元)	158641.11	101087.49	173519.80	146409.95
资本公积金(万元)	95737.58	95679.40	95552.06	95508.07
主营利润(万元)	17802.17	10692.89	20729.92	12768.97
其他业务利润(万元)	483.50	258.24	1518.02	692.76
营业利润(万元)	6259.91	2819.20	7225.39	3435.73
投资收益(万元)	31.26		-270.23	
补贴收入(万元)	1303.80	678.85		90.28
营业外收支(万元)	-1247.30		-666.70	-1777.51
利润总额(万元)	6347.68	2381.06	6288.46	1748.50
净利润(万元)	4801.95	2144.32	4556.64	1568.56

十大股东

序号	股东名称	股份性质	持股数(万股)	比例(%)
1	冶钢集团有限公司	发起人国家股	18381.85	40.90
2	洋浦沧龙投资发展有限公司	发起人国家股,法人股	4230.00	9.41
3	北京颐和丰业投资有限公司	发起人国家股	1500.00	3.34
4	北京方程兴业投资有限公司	发起人国家股	1500.00	3.34
5	东风汽车公司	发起人法人股	798.00	1.78
6	北京龙聚兴投资顾问有限公司	发起人国家股	382.00	0.85
7	襄阳汽车轴承股份有限公司	发起人法人股	342.00	0.76
8	湖北正智资产管理有限公司	定向境内法人股	228.00	0.51
9	中国第一拖拉机工程机械公司	定向境内法人股	228.00	0.51
10	中国航空技术国际工程公司	社会公众股	130.00	0.29

股东人数	2003.9	2003.6	2002	2001
	68751	69425	68421	75264

近年分配	2001年10股派0.15元	近年配股/增发	不分配不转增

重大事项

冶钢集团有限公司与公司于**2003**年**10**月**31**日完成了公司受让石灰竖炉资产的交接手续，双方共同签署了《资产交接与结算确认书》。本次公司受让资产的价格为**540.86**万元，公司用现金收购该资产。**2003**年**3**月**11**日，根据辽宁大石桥市人民法院裁定书，公司控股股东冶钢集团有限公司将持有的公司国家股**3,000**万股，以每股**1.105**元的价格拍卖给洋浦沧龙投资发展有限公司。此次转让后，集团公司还持有公司**185,968,480**股，占公司总股本的**41.38%**，仍为公司第一大股东。

二〇〇二年以来市场表现

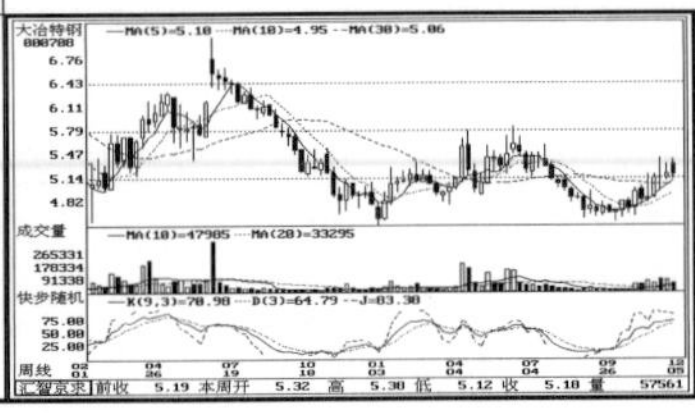

2002年涨跌幅(%)	-15.16
2002年最高(元)	7.08
2002年最低(元)	4.54
2002年换手率(%)	168.09
2003年涨跌幅(%)	13.07
2003年最高(元)	5.83
2003年最低(元)	4.50
2003年换手率(%)	133.78

唐山钢铁股份有限公司

公司概况

公司名称	唐山钢铁股份有限公司	股票代码	000709
注册地址	河北省唐山市滨河路9号	邮政编码	063016
法人代表	王天义	董秘	杨万臣
电话	0315-2701188	传真	0315-2702198
主营业务	黑色金属冶炼及压延加工、钢材轧制、金属制品		
总股本	195497.87	流通A 56603.28	流通B　流通H
审计单位		审计意见	未审计

主要财务指标

年度	2003.9	2003.6	2002	2001
每股收益/扣除后(元)	0.2900	0.1850	0.4100	0.5400
每股经营现金流量(元)	0.4110	0.4630	0.9600	0.8500
每股净资产/调整后(元)	3.7400	3.6000	4.4700	4.0500
每股公积金(元)	1.8107	1.8107	2.6538	2.4050
净资产收益率(%)	8.1700	4.7600	8.6400	12.9600
总资产(万元)	1485913.50	1446405.00	1208991.25	1105550.12
股东权益(万元)	734477.94	708175.87	674486.25	565338.69
未分配利润(万元)	129331.59	103031.56	69357.70	57437.84
主营收入(万元)	973052.62	608090.62	922148.69	808324.44
资本公积金(万元)	353987.44	353985.37	399084.47	325594.87
主营利润(万元)	170931.45	105264.22	159216.77	144234.56
其他业务利润(万元)	2333.95	2134.48	-675.98	865.02
营业利润(万元)	95848.21	55378.27	88642.09	82817.00
投资收益(万元)	1390.74	860.55	305.83	2112.89
补贴收入(万元)				
营业外收支(万元)	-7149.09	-5402.74	-2906.51	-1629.50
利润总额(万元)	90089.86	50836.08	86041.40	83300.39
净利润(万元)	59973.89	33673.86	58253.66	73281.24

十大股东

序号	股东名称	股份性质	持股数(万股)	比例(%)
1	唐山钢铁集团有限责任公司	国家股	115838.11	59.25
2	唐山钢铁集团有限责任公司工会	法人股	9696.49	4.96
3	唐钢矿业有限公司	流通股	4672.06	2.39
4	唐山天辰投资有限责任公司	法人股,流通股	4608.79	2.36
5	河北省经济贸易投资有限公司	国家股	3212.30	1.64
6	唐山钢铁集团金恒企业发展总公司	法人股,流通股	1957.80	1.00
7	五矿发展股份有限公司	法人股	987.60	0.51
8	中国第二十二冶金建设公司	法人股	823.99	0.42
9	华夏成长证券投资基金	流通股	650.12	0.33
10	北京成中大厦房地产有限公司	流通股	579.01	0.30

股东人数	2003.9	2003.6	2002	2001
	174618	177104	170201	184285

近年分配	2002年10股派2.5元 2001年10股派3.5元	近年配股/增发	2002年10股转增3股

重大事项

2003年1月29日,公司2002年增发A股募集资金项目——超薄热带工程全线热负荷试车一次成功,该项目总投资25.57亿元,设计能力为150万吨/年.　公司二炼铁厂2号高炉扩容大修工程于2002年12月31日顺利竣工,本次大修完成后,2号高炉炼铁能力由100万吨/年增至150万吨/年.

二〇〇二年以来市场表现

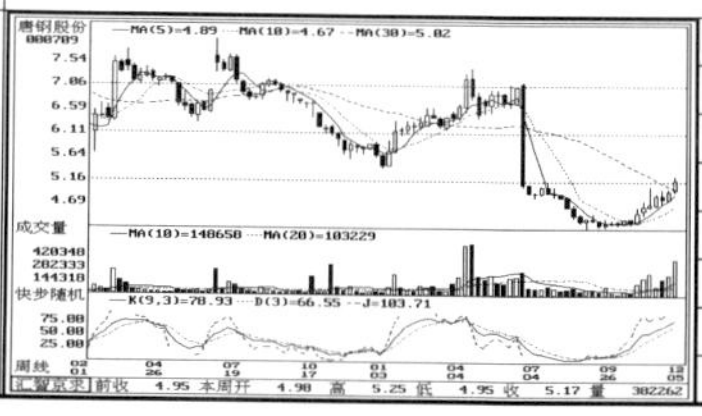

2002年涨跌幅(%)	-11.35
2002年最高(元)	5.70
2002年最低(元)	3.88
2002年换手率(%)	51.40
2003年涨跌幅(%)	21.92
2003年最高(元)	5.50
2003年最低(元)	3.96
2003年换手率(%)	100.63

成都天兴仪表股份有限公司

公司概况

公司名称	成都天兴仪表股份有限公司	股票代码	000710
注册地址	成都市高新技术产业开发区	邮政编码	610106
法人代表	文武	董秘	叶秀松
电话	028-84613721	传真	028-84600581
主营业务	摩托车与汽车配件的生产、销售等		
总股本	15120.00	流通A 4410.00	流通B　流通H
审计单位		审计意见	未审计

主要财务指标

年度	2003.9	2003.6	2002	2001
每股收益/扣除后(元)	0.0003	-0.0008	-0.1740	-0.3070
每股经营现金流量(元)	-0.1400	-0.2100	0.0990	-0.5650
每股净资产/调整后(元)	0.6380	0.6370	0.6980	1.0480
每股公积金(元)	0.2433	0.2414	0.2364	0.2336
净资产收益率(%)	0.2400	0.1300	-46.6700	-27.8400
总资产(万元)	25037.93	25773.00	24209.68	35729.06
股东权益(万元)	11018.24	10977.06	10887.24	15925.19
未分配利润(万元)	-8771.37	-8783.57	-8797.79	-3716.83
主营收入(万元)	5873.84	4013.83	6262.00	5113.28
资本公积金(万元)	3679.14	3650.15	3574.55	3531.54
主营利润(万元)	1227.30	753.36	469.27	-794.63
其他业务利润(万元)	287.30	232.03	57.88	124.37
营业利润(万元)	-21.43	-8.33	-5425.48	-4444.49
投资收益(万元)	15.13	3.37	-33.93	-9.88
补贴收入(万元)	22.19	10.84	7.40	
营业外收支(万元)	10.53		371.05	-111.68
利润总额(万元)	26.42	14.22	-5080.96	-4566.05
净利润(万元)	26.42	14.22	-5080.96	-4434.03

十大股东

序号	股东名称	股份性质	持股数(万股)	比例(%)
1	成都天兴仪表(集团)有限公司	国有法人股	10710.00	70.83
2	上海国际信托投资公司	社会公众股	135.26	0.89
3	李鑫海	社会公众股	28.00	0.19
4	上海证券有限责任公司	社会公众股	27.88	0.18
5	黄建国	社会公众股	27.71	0.18
6	吴冬玉	社会公众股	23.05	0.15
7	张竹胜	社会公众股	18.36	0.12
8	蔡永保	社会公众股	16.61	0.11
9	何太升	社会公众股	15.00	0.10
10	孙英	社会公众股	14.67	0.10

股东人数	2003.9	2003.6	2002	2001
	11441	12441	14763	6952

近年分配		近年配股/增发	不分配不转增

重大事项

公司分别于2003年9月22日、2003年9月26日、2003年9月28日与中国银行成都市人民南路支行签订人民币借款合同,续借金额分别为2000万元、2500万元、1500万元,用于公司流动资金周转.借款期限12个月,年利率5.841%.以上借款由成都天兴仪表有限公司以房地产和土地提供最高额抵押担保.　2003年5月13日,公司委托中国建设银行成都市第九支行贷款1000万元给四川工业学院,贷款期限为24个月,贷款利率按年利息5.76%计算.公司于2003年4月25日与中国建设银行成都市第九支行、四川工业学院签署委托贷款合同.委托该行贷款1000万元给四川工业学院,贷款期限为24个月,贷款利率按年利息5.76%计算.

二〇〇二年以来市场表现

2002年涨跌幅(%)	-26.44
2002年最高(元)	12.80
2002年最低(元)	5.99
2002年换手率(%)	474.36
2003年涨跌幅(%)	-30.21
2003年最高(元)	8.63
2003年最低(元)	4.40
2003年换手率(%)	242.20

黑龙江天伦置业股份有限公司

公司概况

公司名称	黑龙江天伦置业股份有限公司			股票代码	000711	
注册地址	哈尔滨经济技术开发区天顺街副 68 号			邮政编码	150090	
法人代表	张雄			董秘	赵润涛	
电话	0451-82335442			传真	0451-82334782	
主营业务	房地产开发与经营、网络与电子信息技术开发应用等					
总股本	10726.56	流通 A	5110.56	流通 B		流通 H
审计单位				审计意见	未审计	

主要财务指标

年度	2003.9	2003.6	2002	2001
每股收益/扣除后(元)	0.0360	0.0208	0.1992	0.2293
每股经营现金流量(元)	-0.1700	-0.1600	-0.3316	0.7562
每股净资产/调整后(元)	2.8591	2.8439	2.8231	2.6722
每股公积金(元)	0.7889	0.7889	0.7889	0.7889
净资产收益率(%)	0.0130	0.7400	7.2200	8.5500
总资产(万元)	49581.71	45225.72	39733.94	43972.40
股东权益(万元)	30668.67	30505.70	30282.11	28768.15
未分配利润(万元)	9092.91	8930.54	8706.95	7233.62
主营收入(万元)	7900.55	4816.81	8839.59	7773.69
资本公积金(万元)	8462.21	8462.21	8462.21	8462.21
主营利润(万元)	1603.21	969.53	2967.08	3923.13
其他业务利润(万元)				
营业利润(万元)	602.34	335.90	2312.83	2753.64
投资收益(万元)	-1.57	-1.57	-0.30	2.38
补贴收入(万元)				
营业外收支(万元)	0.19		32.18	
利润总额(万元)	600.95	334.32	2344.71	2756.01
净利润(万元)	385.96	223.60	2185.75	2459.63

十大股东

序号	股东名称	股份性质	持股数(万股)	比例(%)
1	广州天伦集团控股有限公司	法人股	2857.00	26.64
2	南都集团控股有限公司	法人股	1700.00	15.85
3	上海国欣科技发展公司	法人股	220.00	2.05
4	上海卓成资产管理有限公司	法人股	200.00	1.86
5	黑河市经济合作区房地产开发有限公司	国有法人股	196.56	1.83
6	黑龙江惠扬房地产开发有限公司	法人股	155.00	1.45
7	黑龙江省城乡建设开发公司	国有法人股	84.24	0.79
8	上海众人安居房产销售有限公司	法人股	83.20	0.77
9	邓美联	社会公众股	75.49	0.70
10	上海文辉企业咨询有限公司	法人股	50.00	0.47

股东人数	2003.9	2003.6	2002	2001
	16869	17470	17383	17697

近年分配	近年配股/增发
2002 年 10 股派 0.3 元 2001 年 10 股派 0.3 元	2001 年中期 10 股配 3 股

重大事项

2003 年 11 月 11 日，公司原股东黑龙江惠扬房地产开发有限公司将所持公司 155 万股法人股出让给南都集团控股有限公司.本次股权转让后，惠扬房地产开发有限公司不再持有公司股份,南都集团控股有限公司则持有公司 1855 万股法人股，仍为第二大股东.　2003 年 09 月 9 日,公司董事会公司向交通银行哈尔滨分行开发区支行贷款 4000 万元人民币，贷款期限为 2003 年 9 月 3 日至 2004 年 8 月 23 日,贷款利率为月利率 4.64625‰,贷款用作补充流动资金.广州天伦集团控股有限公司为本次贷款提供信用担保.

二○○二年以来市场表现

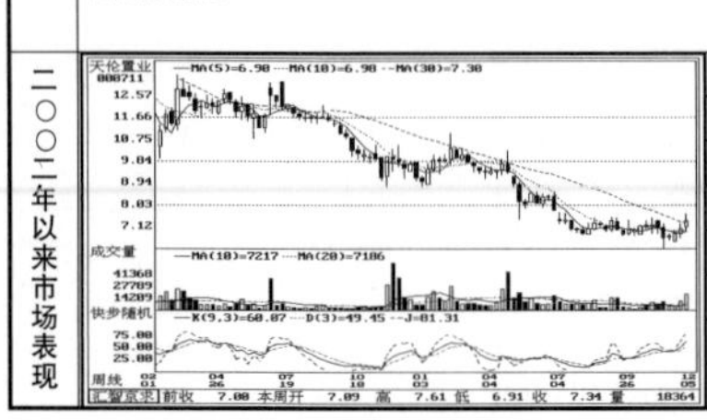

2002年涨跌幅(%)	-32.83
2002年最高(元)	13.42
2002年最低(元)	8.77
2002年换手率(%)	93.44
2003年涨跌幅(%)	-20.99
2003年最高(元)	10.97
2003年最低(元)	6.21
2003年换手率(%)	89.97

广东锦龙发展股份有限公司

公司概况

公司名称	广东锦龙发展股份有限公司			股票代码	000712	
注册地址	广东清远市经济开发试验区 2 号区内			邮政编码	511515	
法人代表	杨志茂			董秘	刘光芒	
电话	0763-3369393			传真	0763-3362693	
主营业务	染织、化纤长丝生产、房地产开发					
总股本	15231.15	流通 A	3809.20	流通 B		流通 H
审计单位				审计意见	未审计	

主要财务指标

年度	2003.9	2003.6	2002	2001
每股收益/扣除后(元)	0.0720	0.0490	0.0600	0.1670
每股经营现金流量(元)	-0.3150	-0.3540	-1.1990	-0.1067
每股净资产/调整后(元)	2.8300	2.7730	2.7400	2.7700
每股公积金(元)	1.0597	1.0468	1.0468	1.0468
净资产收益率(%)	2.3800	1.6830	2.8800	5.5200
总资产(万元)	136486.59	125520.86	127976.11	71868.99
股东权益(万元)	44084.50	43629.31	42895.10	42726.43
未分配利润(万元)	9523.83	9208.89	8474.68	8600.89
主营收入(万元)	24895.36	13954.71	22380.41	22997.48
资本公积金(万元)	16140.97	15943.81	15943.81	15943.81
主营利润(万元)	6835.82	4185.56	5548.90	5646.92
其他业务利润(万元)	79.32	51.93	21.41	179.31
营业利润(万元)	3377.97	2225.54	2329.14	3010.12
投资收益(万元)	-996.86	-664.58	-390.42	128.33
补贴收入(万元)				
营业外收支(万元)	-51.44		381.06	-223.19
利润总额(万元)	2329.67	1547.83	2319.79	2915.27
净利润(万元)	1049.16	734.21	1234.85	2357.26

十大股东

序号	股东名称	股份性质	持股数(万股)	比例(%)
1	东莞市新世纪科教拓展有限公司	法人股	4532.79	29.76
2	东莞市荣富实业有限公司	法人股	4417.03	29.00
3	广州市锦麟投资有限公司	法人股	2472.14	16.24
4	梁燕容	流通股	37.34	0.25
5	梁润华	流通股	16.54	0.11
6	徐帆	流通股	16.47	0.11
7	缪岳良	流通股	16.36	0.11
8	陈疏影	流通股	15.40	0.10
9	丁月嫦	流通股	15.08	0.10
10	简瑞霞	流通股	11.80	0.07

股东人数	2003.9	2003.6	2002	2001
	15499	15687	15088	15892

近年分配	近年配股/增发
2002 年 10 股派 0.7 元 2001 年 10 股派 0.7 元	不分配不转增

重大事项

2003 年 6 月 7 日，公司第二大股东东莞市荣富实业有限公司原将所持有的部分公司法人股 23000000 股质押给广东发展银行东莞分行已到期,现继续质押给该行.质押期至双方申请解冻之日止. 2003 年 5 月 28 日，公司董事会同意公司拟与香港冠富企业发展有限公司共同组建中外合资清远冠龙纺织有限公司(暂定名). 公司以经评估的全资附属企业清远市染织厂 100%的权益以及公司对清远市染织厂的债权出资,占出资总额的 75%;香港冠富以现金港元出资,占出资总额的 25%,双方于 2003 年 5 月 28 日签订了协议.

二○○二年以来市场表现

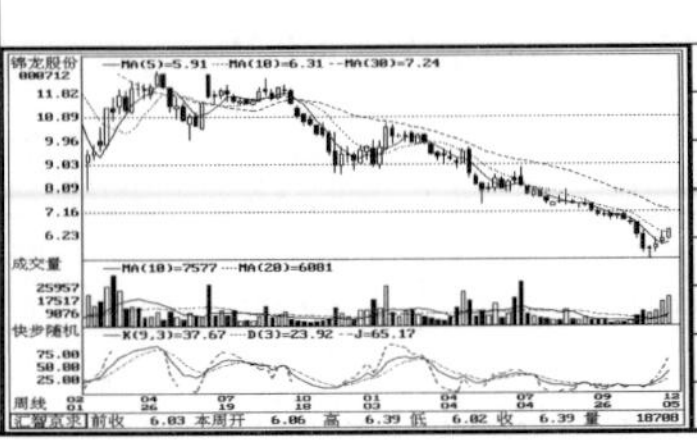

2002年涨跌幅(%)	-19.03
2002年最高(元)	12.61
2002年最低(元)	7.16
2002年换手率(%)	124.65
2003年涨跌幅(%)	-38.66
2003年最高(元)	10.58
2003年最低(元)	5.30
2003年换手率(%)	100.31

合肥丰乐种业股份有限公司

公司概况

公司名称	合肥丰乐种业股份有限公司	股票代码	000713
注册地址	安徽省合肥市长江西路727号	邮政编码	230031
法人代表	吴大香	董秘	徐松林
电话	0551-5326606	传真	0551-5310401
主营业务	农作物种子、农药、专用肥、植物生长素、农化产品等		
总股本	22500.00	流通A	10530.00
流通B		流通H	
审计单位		审计意见	未审计

主要财务指标

年度	2003.9	2003.6	2002	2001
每股收益/扣除后(元)	0.0760	0.0810	-0.6700	0.0320
每股经营现金流量(元)	0.0520	0.0920	0.2700	0.1000
每股净资产/调整后(元)	1.7700	1.6900	1.4600	2.5700
每股公积金(元)	0.6845	0.6845	1.4114	1.4114
净资产收益率(%)	0.0420	4.4400	-46.7000	0.9500
总资产(万元)	81073.72	77357.14	89885.04	91957.56
股东权益(万元)	40696.03	40785.85	38973.41	61668.31
未分配利润(万元)	913.55	1003.37	-18953.91	2882.77
主营收入(万元)	30734.61	23736.95	36467.47	39840.68
资本公积金(万元)	15400.89	15400.89	31756.91	31756.91
主营利润(万元)	8926.97	6645.16	6658.18	10273.26
其他业务利润(万元)	2.39	1.68	42.27	27.85
营业利润(万元)	1830.72	1935.43	-9902.34	2162.10
投资收益(万元)	-50.46	-72.79	-7650.56	-1008.56
补贴收入(万元)				
营业外收支(万元)	-7.88	-11.51	-974.45	-259.24
利润总额(万元)	1772.38	1851.13	-18527.36	894.30
净利润(万元)	1722.62	1812.44	-18198.86	587.53

十大股东

序号	股东名称	股份性质	持股数(万股)	比例(%)
1	合肥市种子公司	国家股	11970.00	53.20
2	郭丽丽	流通股	92.15	0.41
3	通乾证券投资基金	流通股	42.98	0.19
4	鄢员保	流通股	37.57	0.17
5	朱奇林	流通股	36.05	0.16
6	九方制药	流通股	34.67	0.15
7	周水金	流通股	32.54	0.15
8	李三章	流通股	31.66	0.14
9	张旺姣	流通股	30.57	0.14
10	王诗学	流通股	30.43	0.14

股东人数

2003.9	2003.6	2002	2001
39485	38984	42981	17636

近年分配		近年配股/增发	2001年中期10股配3股

重大事项

2003年6月4日,公司收到中国证监会合肥特派办立案调查通知书,合肥特派办对公司涉嫌违反证券法规事项进行立案调查.目前公司生产经营情况正常. 2000年7月,公司委托上海博采企业发展有限公司理财1.01亿元.该项委托理财行为受大连证券案牵连,被公安部立案调查,涉及的资金及有价证券于2002年9月7日被司法冻结.2003年4月24日,公司预计该项委托理财损失7000万元.

二○○二年以来市场表现

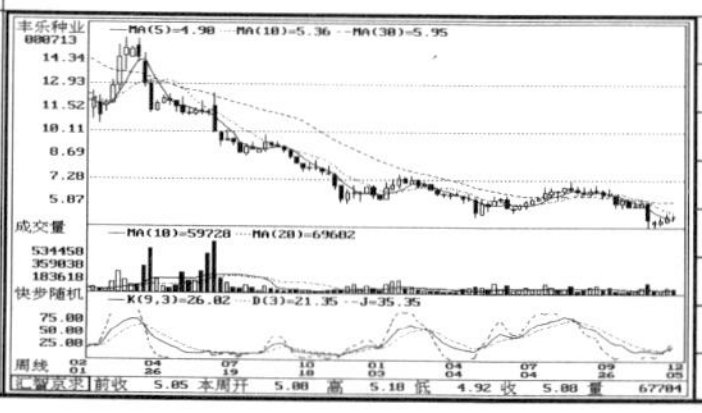

2002年涨跌幅(%)	-50.24
2002年最高(元)	15.75
2002年最低(元)	5.80
2002年换手率(%)	579.48
2003年涨跌幅(%)	-17.35
2003年最高(元)	7.58
2003年最低(元)	4.46
2003年换手率(%)	318.76

中兴-沈阳商业大厦(集团)股份有限公司

公司概况

公司名称	中兴-沈阳商业大厦(集团)股份有限公司	股票代码	000715
注册地址	辽宁省沈阳市和平区太原北街86号	邮政编码	110001
法人代表	姚海星	董秘	徐成华
电话	024-23836008	传真	024-23836008
主营业务	商品零售、批发等		
总股本	21462.00	流通A	5694.68
流通B		流通H	
审计单位		审计意见	未审计

主要财务指标

年度	2003.9	2003.6	2002	2001
每股收益/扣除后(元)	0.1850	0.1340	0.1730	0.1710
每股经营现金流量(元)	0.3500	0.1720	0.4550	0.6590
每股净资产/调整后(元)	2.9700	2.9200	2.7900	2.7200
每股公积金(元)	1.4804	1.4804	1.4804	1.4804
净资产收益率(%)	6.1400	4.5210	6.1900	6.1700
总资产(万元)	94457.13	90399.35	94122.50	95186.97
股东权益(万元)	64974.19	63960.81	61068.92	59539.43
未分配利润(万元)	8620.14	7589.46	5275.95	4382.88
主营收入(万元)	111740.47	72986.95	142160.98	119392.64
资本公积金(万元)	31771.74	31771.74	31771.74	31771.74
主营利润(万元)	19407.00	12931.34	24820.30	21035.47
其他业务利润(万元)	1250.02	710.05	1472.45	1332.84
营业利润(万元)	5972.71	4302.47	5789.77	5429.18
投资收益(万元)	-26.88			
补贴收入(万元)				
营业外收支(万元)	12.01		-779.42	-66.99
利润总额(万元)	5957.84	4316.25	5010.36	5362.19
净利润(万元)	3991.75	2891.89	3783.00	3673.58

十大股东

序号	股东名称	股份性质	持股数(万股)	比例(%)
1	沈阳市恒信国有资产经营有限公司	国家股	7805.00	36.37
2	中信信托投资有限责任公司	法人股	7805.00	36.37
3	中兴大连商业大厦	法人股	76.00	0.35
4	沈阳联营公司	法人股	38.00	0.18
5	沈阳市五金商业集团股份有限公司	法人股	38.00	0.18
6	叶育廷	流通股	36.00	0.17
7	陆玉芳	流通股	18.00	0.08
8	刘治佳	流通股	17.70	0.08
9	孙勇涛	流通股	17.69	0.08
10	钟声	流通股	15.10	0.07

股东人数

2003.9	2003.6	2002	2001
26808	26310	24130	29172

近年分配	2002年10股派0.77元 2001年10股派0.77元	近年配股/增发	不分配不转增

重大事项

2003年11月19日,公司收到沈阳国有资产管理委员会的批复,对中兴商业集团关于理顺中兴资产关系并授权经营的批示给予了批复.主要内容为:1.同意原沈阳市商业国有资产经营公司持有,后划转给沈阳恒信国有资产经营有限公司持有的7805万股和中兴实业国有股1000万元重新划回沈阳市商业国有资产经营公司. 2、授权沈阳商业国有资产经营公司持有中兴商业国有股7805万股和中兴实业国有股1000万元,并行使相应的权利和承担相应的义务,将国有股收益按规定上缴市财政.

二○○二年以来市场表现

2002年涨跌幅(%)	-21.03
2002年最高(元)	12.35
2002年最低(元)	6.79
2002年换手率(%)	408.83
2003年涨跌幅(%)	-17.29
2003年最高(元)	9.36
2003年最低(元)	6.00
2003年换手率(%)	199.83

广西斯壮股份有限公司

公司概况

公司名称	广西斯壮股份有限公司	股票代码	000716
注册地址	广西南宁市民主路 8 号斯壮大厦	邮政编码	530021
法人代表	赵明	董秘	赵东晨
电话	0771-5306588	传真	0771-5308090
主营业务	房地产开发、物业管理、无线寻呼机销售及寻呼台服务等		
总股本	17825.95	流通 A	10120.89
流通 B		流通 H	
审计单位		审计意见	未审计

主要财务指标

年度	2003.9	2003.6	2002	2001
每股收益/扣除后(元)	-0.1860	-0.1690	-0.2210	-0.0563
每股经营现金流量(元)	-0.0110	0.0143	-0.3400	0.4700
每股净资产/调整后(元)	1.2200	1.2400	1.2900	2.2200
每股公积金(元)		0.7779	0.7766	1.3096
净资产收益率(%)	-0.1170	-10.3600	-26.8800	1.4000
总资产(万元)	59755.23	57204.62	51508.59	53476.24
股东权益(万元)	23009.77	23293.45	25683.18	32771.02
未分配利润(万元)		-9303.31	-6891.14	169.16
主营收入(万元)	2949.89	1932.81	3998.60	20209.13
资本公积金(万元)		13866.81	13844.37	17958.05
主营利润(万元)	180.86	165.76	-27.28	2451.57
其他业务利润(万元)	0.96	0.09	3.21	325.70
营业利润(万元)	-1842.82	-1186.92	-6758.74	-1107.69
投资收益(万元)	-1228.23	-1556.81	-435.95	1586.91
补贴收入(万元)	0.25	0.25		
营业外收支(万元)	218.78	229.37	118.32	-21.40
利润总额(万元)	-2852.02	-2514.10	-7063.37	457.82
净利润(万元)	-2696.48	-2412.17	-6904.26	457.53

十大股东

序号	股东名称	股份性质	持股数(万股)	比例(%)
1	广西投资(集团)有限公司	国有法人股	2613.83	14.66
2	广西容县容州宾馆有限责任公司	法人股	871.56	4.89
3	珠海轻捷商贸有限公司	法人股	830.45	4.66
4	柳州市城市投资建设发展有限公司	国有法人股	730.23	4.10
5	北京中外名人科贸有限责任公司	法人股	595.30	3.34
6	南宁正业工贸有限责任公司	法人股	522.08	2.92
7	广西快点机电销售有限责任公司	法人股	446.47	2.50
8	桂林五洲旅游股份有限公司	法人股	390.64	2.19
9	南宁人本企业管理咨询有限责任公司	法人股	153.45	0.86
10	国泰君安证券股份有限公司	流通股	152.90	0.86

股东人数	2003.9	2003.6	2002	2001
	27032	26292	24980	34416

近年分配	2001年10股派0.5元	近年配股/增发	2001年10股转增3股

重大事项

2003 年 9 月 11 日,因中国信达资产管理公司诉公司第一大股东广西投资有限公司借款担保合同一案,北京市高级人民法院做出裁定,将广西投资持有的公司国家股 24322636 股和法人股 1815653 股均予以冻结,冻结期限自 2003 年 8 月 5 日至 2004 年 8 月 5 日。 公司于 2002 年 12 月 20 日和 2003 年 2 月 27 日与他方达成协议,先后收购广西佳园房地产有限公司 51%及 20%股权,至此,公司合计持有佳园公司 71%的股权,间接控制了位于南宁市的 1500 亩土地的开发权,交易涉及金额 3706 万元。

二〇〇二年以来市场表现

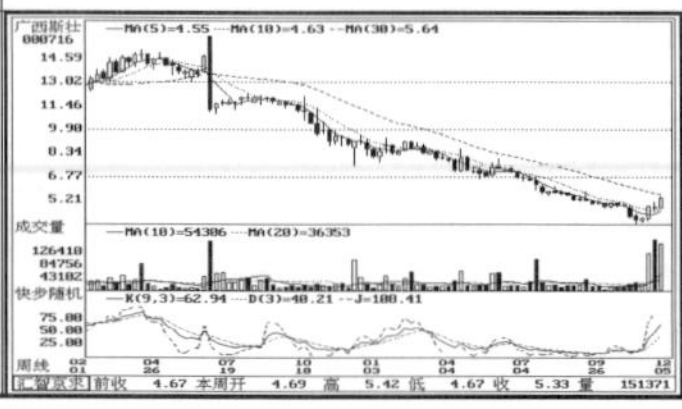

2002年涨跌幅(%)	-18.75
2002年最高(元)	12.50
2002年最低(元)	7.50
2002年换手率(%)	139.74
2003年涨跌幅(%)	-42.98
2003年最高(元)	9.31
2003年最低(元)	3.65
2003年换手率(%)	131.16

广东韶钢松山股份有限公司

公司概况

公司名称	广东韶钢松山股份有限公司	股票代码	000717
注册地址	广东省韶关市曲江县马坝	邮政编码	512123
法人代表	曾德新	董秘	庞大春
电话	0751-8787265	传真	0751-8787676
主营业务	制造、加工、销售钢铁冶金产品、金属制品、焦炭、化工产品等		
总股本	83820.00	流通 A	37015.68
流通 B		流通 H	
审计单位		审计意见	未审计

主要财务指标

年度	2003.9	2003.6	2002	2001
每股收益/扣除后(元)	0.6700	0.5814	0.8003	0.5790
每股经营现金流量(元)	0.9300	1.1120	1.8614	0.2900
每股净资产/调整后(元)	4.7148	6.9686	6.0826	5.3100
每股公积金(元)	2.2747	3.9121	3.4028	3.4028
净资产收益率(%)	16.0600	10.3600	12.7900	10.8700
总资产(万元)	744670.50	707942.94	527386.62	388779.16
股东权益(万元)	397576.06	390972.25	272890.00	237982.02
未分配利润(万元)	96576.50	73208.71	55556.80	25885.01
主营收入(万元)	446021.06	277732.44	443083.31	393945.97
资本公积金(万元)	190666.91	218606.91	152173.95	152173.95
主营利润(万元)	95342.81	56392.39	66406.55	38073.36
其他业务利润(万元)	1252.33	897.17	737.68	22.33
营业利润(万元)	83393.89	48504.52	52299.40	28501.54
投资收益(万元)				
补贴收入(万元)				
营业外收支(万元)	-363.52		-843.70	-27.89
利润总额(万元)	83030.37	48153.08	51455.70	28473.65
净利润(万元)	63857.10	40489.31	34907.98	25868.34

十大股东

序号	股东名称	股份性质	持股数(万股)	比例(%)
1	广东省韶关钢铁集团有限公司	国有法人股	31200.00	55.83
2	富国动态平衡证券投资基金	流通股	1016.82	1.82
3	博时价值增长证券投资基金	流通股	600.00	1.07
4	科瑞证券投资基金	流通股	449.69	0.80
5	羊小平	流通股	365.02	0.65
6	兵器财务有限责任公司	流通股	310.83	0.56
7	久嘉证券投资基金	流通股	152.52	0.27
8	科汇证券投资基金	流通股	129.00	0.23
9	鸿飞证券投资基金	流通股	79.68	0.14
10	张玉仙	流通股	59.51	0.11

股东人数	2003.9	2003.6	2002	2001
	70933	65500	70862	75403

近年分配	2003年中期10股派3元 2001年10股派4元	近年配股/增发	2003年中期10股转增5股

重大事项

公司与控股股东广东省韶关钢铁集团有限公司于 2003 年 6 月 27 日签订了《资产租赁协议》;公司租赁经营韶钢集团焙烧厂的固定资产,包括房屋、建筑物和机器设备。租期为半年,自 2003 年 7 月 1 日起至 2003 年 12 月 31 日止,租金为 252 万元。 2003 年 3 月 22 日,公司收到韶关市地方税局韶钢征收管理分局通知,获悉公司的 2# 高炉自控系统改造等 17 个技改项目国产设备投资抵免 2002 年度企业所得税 97,547,773.91 元,其中 2002 年可抵免所得税 83,354,194.42 元,其余 14,193,579.49 元结转以后年度抵免。

二〇〇二年以来市场表现

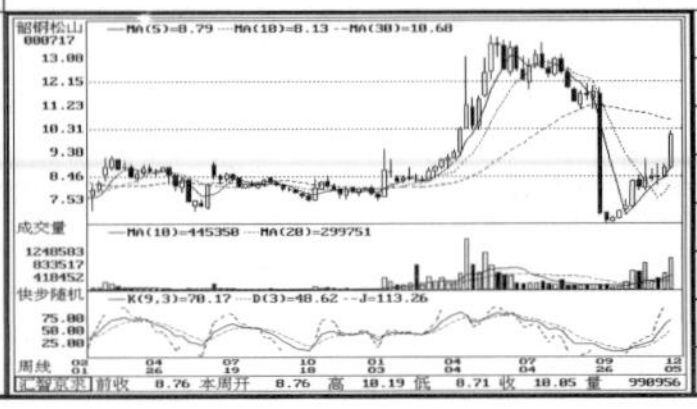

2002年涨跌幅(%)	0.20
2002年最高(元)	5.80
2002年最低(元)	4.17
2002年换手率(%)	56.93
2003年涨跌幅(%)	79.14
2003年最高(元)	9.13
2003年最低(元)	4.77
2003年换手率(%)	446.07

吉林纸业股份有限公司

公司概况	公司名称	公司名称:吉林纸业股份有限公司			股票代码	000718	
	注册地址	吉林省吉林市林荫路 9 号			邮政编码	132002	
	法人代表	张孝中		董秘	董琨		
	电话	0432-2703225		传真	0432-2772883		
	主营业务	机制纸、纸板、胶带、纸制品制造、纸浆等的生产和销售					
	总股本	39973.91	流通 A	18860.40	流通 B		流通 H
	审计单位			审计意见	未审计		

主要财务指标 年度	2003.9	2003.6	2002	2001
每股收益/扣除后(元)	-0.1900	-0.1360	-0.2830	-0.0200
每股经营现金流量(元)	-0.0300	-0.0400	-0.2550	0.1100
每股净资产/调整后(元)	2.0400	2.1300	2.3680	3.0400
每股公积金(元)	1.3160	1.3160	1.3159	1.3159
净资产收益率(%)	-16.5400	-11.3500	-23.9600	0.3720
总资产(万元)	272888.78	274841.94	280107.00	282230.94
股东权益(万元)	81728.96	85539.55	95238.96	121773.75
未分配利润(万元)	-23599.69	-19789.11	-10084.57	15919.23
主营收入(万元)	3245.74	3231.63	10348.32	86118.48
资本公积金(万元)	52606.90	52601.77	52601.77	52601.77
主营利润(万元)	-1311.70	-1306.17	400.47	13326.20
其他业务利润(万元)	-607.64	-444.97	-0.99	22.91
营业利润(万元)	-7400.08	-5423.06	-11396.35	1198.85
投资收益(万元)			11.40	-453.30
补贴收入(万元)				2235.08
营业外收支(万元)	-6115.05		-11435.09	-1110.56
利润总额(万元)	-13515.12	-9704.54	-22817.03	1870.06
净利润(万元)	-13515.12	-9704.54	-22817.03	453.37

十大股东 序号	股东名称	股份性质	持股数(万股)	比例(%)
1	吉林市国有资产经营有限责任公司	国家股	20009.81	50.06
2	沈阳化工集团有限公司	法人股	312.00	0.78
3	中国轻工集团公司	法人股	156.00	0.39
4	大连经济技术开发区吉兴纸业公司	法人股	135.72	0.34
5	天津科技发展投资有限公司	流通股	76.68	0.19
6	宁波银盛投资有限公司	法人股	70.00	0.17
7	中国轻工物资供销东北公司	法人股	49.00	0.12
8	张亭兰	流通股	48.40	0.12
9	佳木斯黑龙化学工业有限责任公司	法人股	46.80	0.12
10	吉林造纸(集团)有限公司	法人股	45.00	0.11

股东人数	2003.9	2003.6	2002	2001
	81074	82824	88567	92679

近年分配		近年配股/增发	不分配不转增

重大事项

2003 年 10 月 24 日,公司仍处于暂停生产状态.公司于中竹纸业有限公司的重组仍处于搁置状态.公司运往国外的废纸脱墨生产系统有关设备修善完毕后,现已运至国内.由于自 2003 年 2 月 28 日公司暂停生产以来,一直未恢复生产. 2003 年 1 月 15 日,公司董事会同意公司拟向工行吉林市哈达支行贷款人民币 3000 万元整,用于补充流动资金.

二〇〇二年以来市场表现

2002年涨跌幅(%)	-22.35
2002年最高(元)	6.41
2002年最低(元)	3.85
2002年换手率(%)	155.79
2003年涨跌幅(%)	-30.94
2003年最高(元)	4.98
2003年最低(元)	2.62
2003年换手率(%)	147.80

焦作鑫安科技股份有限公司

公司概况	公司名称	焦作鑫安科技股份有限公司			股票代码	000719	
	注册地址	河南焦作市解放区环城北路 28 号			邮政编码	454000	
	法人代表	金子贤		董秘	秦海员		
	电话	0391-2925951-256		传真	0391-2919211		
	主营业务	纯碱、优质重质纯碱、轻质碳酸钙、氯化钙、化学试剂的生产等					
	总股本	12937.57	流通 A	4917.12	流通 B		流通 H
	审计单位			审计意见	未审计		

主要财务指标 年度	2003.9	2003.6	2002	2001
每股收益/扣除后(元)	0.0240	0.0180	0.1384	0.1568
每股经营现金流量(元)	0.5700	0.6300	0.3010	-0.1560
每股净资产/调整后(元)	2.0800	2.1900	2.1180	1.9990
每股公积金(元)	0.6229	0.6229	0.6229	0.6218
净资产收益率(%)	1.1890	0.8100	6.4600	8.1400
总资产(万元)	85304.88	81524.41	80634.34	70600.21
股东权益(万元)	27729.39	28229.10	28154.23	26688.15
未分配利润(万元)	4404.28	4973.99	4829.12	3710.21
主营收入(万元)	18546.55	12456.70	32514.91	27304.97
资本公积金(万元)	8059.43	8059.43	8059.43	8044.91
主营利润(万元)	3008.33	1928.26	6175.05	5901.53
其他业务利润(万元)	7.23	2.88	447.54	26.12
营业利润(万元)	468.58	346.02	2740.82	2510.64
投资收益(万元)				-63.55
补贴收入(万元)			0.36	120.00
营业外收支(万元)	23.61	-5.13	9.67	-32.37
利润总额(万元)	492.84	340.89	2750.86	2534.72
净利润(万元)	329.76	228.39	1819.20	2173.24

十大股东 序号	股东名称	股份性质	持股数(万股)	比例(%)
1	河南花园集团有限公司	社会法人股	3750.60	28.99
2	中泰信托投资有限责任公司	社会法人股	3622.52	28.00
3	焦作鑫安集团有限责任公司	国有法人股	647.33	5.00
4	王德才	流通股	22.00	0.17
5	李礼枢	流通股	18.95	0.15
6	朱万贵	流通股	18.39	0.14
7	黄拔光	流通股	16.64	0.13
8	李秀莲	流通股	15.93	0.12
9	张会民	流通股	15.50	0.12
10	陈新华	流通股	14.86	0.11

股东人数	2003.9	2003.6	2002	2001
	21163	21667	22286	18943

近年分配	2002年10股派0.5元 2001年10股派0.6元	近年配股/增发	不分配不转增

重大事项

公司董事会于 2003 年 9 月 5 日接到第三大股东焦作鑫安集团有限责任公司函告,函告称河南省长城拍卖有限公司受郑州市中级人民法院委托,将于 2003 年 9 月 15 日上午 10:30 分在河南省长城拍卖有限公司拍卖大厅对焦作鑫安集团有限责任公司持有的公司国有法人股股票 6473283 股进行公开拍卖. 公司于 2003 年 6 月 30 日与公司第三大股东焦作鑫安集团有限责任公司签订了由公司对双方大型设备、主要备品备件及大棕原燃料实行统一招标采购,统一支付款项的协议. 协议期限为 12 个月;公司为鑫安集团代垫资金总额不超过 1400 万元人民币;代垫资金实行有偿使用;鑫安集团 2004 年 6 月 30 日前将代垫资金全部归还.本次交易构成了关联交易.

二〇〇二年以来市场表现

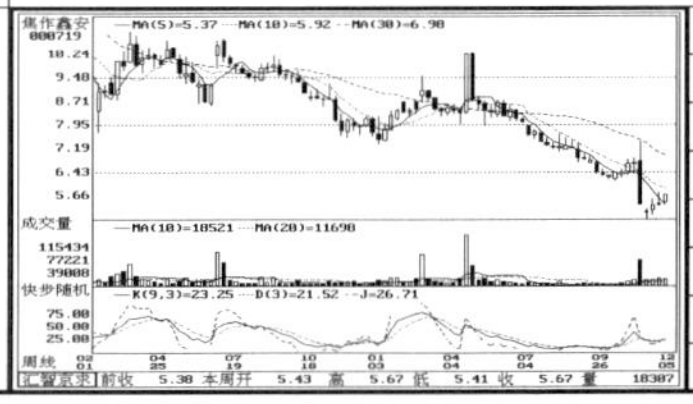

2002年涨跌幅(%)	-27.37
2002年最高(元)	10.95
2002年最低(元)	7.45
2002年换手率(%)	175.12
2003年涨跌幅(%)	-29.86
2003年最高(元)	10.23
2003年最低(元)	4.90
2003年换手率(%)	166.67

山东鲁能泰山电缆股份有限公司

公司概况

公司名称	山东鲁能泰山电缆股份有限公司			股票代码	000720		
注册地址	山东省新泰市文化路62号			邮政编码	271200		
法人代表	林铭山		董秘	初军			
电话	0538-8539812		传真	0538-8539810			
主营业务	电力、电线电缆、输变电设备、公路护栏等						
总股本	47970.00	流通A	27707.94	流通B		流通H	
审计单位			审计意见	未审计			

主要财务指标

年度	2003.9	2003.6	2002	2001
每股收益/扣除后(元)	0.0580	0.0380	0.1900	0.3700
每股经营现金流量(元)	0.2200	0.1400	0.3600	0.3100
每股净资产/调整后(元)	2.7600	2.7400	2.7000	3.9200
每股公积金(元)	1.1330	1.1330	1.1330	1.8981
净资产收益率(%)	2.3800	1.7000	6.0500	9.2200
总资产(万元)	246830.12	307270.78	291895.44	278091.06
股东权益(万元)	132579.52	131661.33	129425.10	125584.90
未分配利润(万元)	12415.95	11497.76	9261.54	20813.44
主营收入(万元)	126243.42	81988.28	175536.69	183275.17
资本公积金(万元)	54349.39	54349.39	54349.39	60702.53
主营利润(万元)	23100.24	15144.61	38141.72	38125.05
其他业务利润(万元)	509.64	240.46	721.87	1118.61
营业利润(万元)	10284.18	6638.62	18646.62	20809.66
投资收益(万元)		233.97	269.71	509.26
补贴收入(万元)				
营业外收支(万元)	-127.14	-95.00	-1893.54	-141.87
利润总额(万元)	10391.01	6777.79	17022.79	21177.05
净利润(万元)	3154.41	2236.22	7830.51	11584.23

十大股东

序号	股东名称	股份性质	持股数(万股)	比例(%)
1	鲁能泰山电缆电器有限责任公司	国有股	14412.06	30.04
2	山东鲁能物资集团有限公司	国有股	5850.00	12.20
3	湘财证券有限责任公司	流通股	1389.14	2.90
4	段振海	流通股	52.83	0.11
5	叶伍英	流通股	32.04	0.07
6	王作珍	流通股	31.92	0.07
7	谭惠英	流通股	31.85	0.07
8	普丰证券投资基金	流通股	30.96	0.06
9	王莉	流通股	27.02	0.06
10	张惠芳	流通股	26.93	0.06

股东人数	2003.9	2003.6	2002	2001
	24724	24429	23255	24319

近年分配	2002年中期10股派0.75元 2001年10股派1元	近年配股/增发	2002年中期10股送3股、转增2股 2001年中期10股配3股

重大事项

公司与新疆特变电工股份有限公司合资组建公司事宜,截止2003年8月25日,双方的出资已全部到位,公司以实物出资9000万元,占25%的股份,特变电工以现金出资27000万元,占75%的股份。2003年8月25日,新泰市工商行政管理局颁发了企业法人营业执照,核准新公司名称为:特变电工山东鲁能泰山电缆有限公司。　2003年08月19日,公司董事会同意公司与兴业银行济南泉城支行办理授信手续,授信方式为信用授信,授信额度为2亿元,期限为1年,主要用于补充流动资金。

二〇〇二年以来市场表现

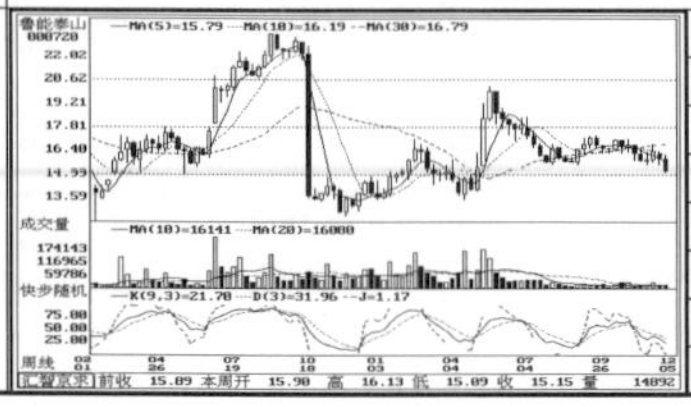

2002年涨跌幅(%)	29.18
2002年最高(元)	15.57
2002年最低(元)	8.00
2002年换手率(%)	96.38
2003年涨跌幅(%)	9.44
2003年最高(元)	20.20
2003年最低(元)	13.45
2003年换手率(%)	77.07

西安饮食服务(集团)股份有限公司

公司概况

公司名称	西安饮食服务(集团)股份有限公司			股票代码	000721		
注册地址	陕西省西安市东大街298号			邮政编码	710001		
法人代表	刘龙宇		董秘	陶光仲			
电话	029-7232416		传真	029-7251354			
主营业务	饮食供应业、服务业、文化娱乐、装饰装潢、旅游接待服务						
总股本	17162.27	流通A	6199.40	流通B		流通H	
审计单位			审计意见	未审计			

主要财务指标

年度	2003.9	2003.6	2002	2001
每股收益/扣除后(元)	0.0497	0.0030	0.0265	0.1812
每股经营现金流量(元)	0.1230	0.1060	0.3382	0.3797
每股净资产/调整后(元)	1.1966	1.7500	1.7450	1.8991
每股公积金(元)	0.3871	1.0807	1.0807	1.0790
净资产收益率(%)	3.1600	0.3000	6.2900	7.8500
总资产(万元)	89837.92	78019.42	72794.01	53235.72
股东权益(万元)	28028.63	27223.99	27142.73	26430.83
未分配利润(万元)	2780.80	1976.17	1894.90	1421.67
主营收入(万元)	25470.16	15693.98	35183.63	29700.27
资本公积金(万元)	6643.99	12364.75	12364.75	12345.54
主营利润(万元)	12147.18	7092.07	17459.01	15131.01
其他业务利润(万元)	417.58	275.39	934.33	864.69
营业利润(万元)	1335.69	116.64	3177.97	2615.50
投资收益(万元)	1.64	1.48	-100.81	5.66
补贴收入(万元)				
营业外收支(万元)	33.18		-399.71	-3.40
利润总额(万元)	1370.52	145.43	2677.44	2617.76
净利润(万元)	885.90	81.26	1707.30	2073.63

十大股东

序号	股东名称	股份性质	持股数(万股)	比例(%)
1	西安市国有资产管理局	国有股	3500.00	30.59
2	西安维德实业发展有限公司	法人股	889.38	7.77
3	西安米高实业发展有限公司	法人股	817.70	7.15
4	西安龙基工程建设有限公司	法人股	814.17	7.12
5	西安领先投资发展有限公司	法人股	654.78	5.72
6	西部证券股份有限公司	公众股	485.61	4.24
7	西安卫康商店	法人股	445.71	3.90
8	陕西沪佳投资咨询有限公司	公众股	195.86	1.71
9	陕西证券有限公司	公众股	73.26	0.64
10	中关金智科技风险投资有限公司	公众股	26.29	0.23

股东人数	2003.9	2003.6	2002	2001
	15130	14946	18305	17665

近年分配	2002年10股派0.6元 2001年10股派1元	近年配股/增发	2002年10股增5股

重大事项

公司于2003年10月30日,接到公司第五大股东西安领先投资发展有限公司通知,该公司将质押的陆佰伍拾肆万柒仟捌佰股公司定向法人股进行质押展期,质押到期日延至2006年11月21日止。2003年11月08日,公司董事会同意公司子公司"西安福迎门大香港鲍翅酒楼有限公司"的原港商投资方"香港福迎门餐饮管理公司"将其在"西安福迎门大香港鲍翅酒楼有限公司"的出资额一次性全部转让给香港威哥饮食发展(国际)集团有限公司,,每股转让价为人民币1元,全部股权转让共计人民币140万元。变更港商投资方后,将增加注册资本940万元人民币。

二〇〇二年以来市场表现

2002年涨跌幅(%)	-20.10
2002年最高(元)	8.54
2002年最低(元)	5.33
2002年换手率(%)	85.31
2003年涨跌幅(%)	-18.87
2003年最高(元)	8.63
2003年最低(元)	4.39
2003年换手率(%)	62.41

湖南金果实业股份有限公司

公司概况

公司名称	湖南金果实业股份有限公司	股票代码	000722
注册地址	湖南省衡阳市金果路15号	邮政编码	421001
法人代表	罗丽娜	董秘	邓朝晖
电话	0734-8211188	传真	0734-8250038
主营业务	销售加工农副产品、水产品、食品等		

总股本	22677.45	流通A	13782.72	流通B		流通H	
审计单位		审计意见	未审计				

主要财务指标

年度	2003.9	2003.6	2002	2001
每股收益/扣除后(元)	0.0860	0.0720	0.1500	0.2900
每股经营现金流量(元)	-0.7000	-0.7160	0.1400	0.2300
每股净资产/调整后(元)	4.6400	4.6200	4.5600	3.9300
每股公积金(元)	3.1283	3.1283	3.1283	2.5784
净资产收益率(%)	1.8300	1.5400	3.3600	6.7700
总资产(万元)	211478.77	220517.31	195336.41	160092.58
股东权益(万元)	105605.67	105298.40	103677.56	78509.48
未分配利润(万元)	7975.12	7667.85	6047.21	5706.61
主营收入(万元)	34649.86	23282.73	43702.00	48992.66
资本公积金(万元)	70942.67	70942.67	70942.67	50226.94
主营利润(万元)	10123.96	7628.19	13616.80	17776.75
其他业务利润(万元)	770.43	447.83	53.82	55.46
营业利润(万元)	2366.51	1865.87	3219.81	7247.28
投资收益(万元)	132.30	173.94	515.15	-204.96
补贴收入(万元)	23.05	23.05	23.00	
营业外收支(万元)	-64.47		-58.86	-164.39
利润总额(万元)	2457.39	2006.60	3699.09	6877.94
净利润(万元)	1927.91	1620.64	3458.86	5315.26

十大股东

序号	股东名称	股份性质	持股数(万股)	比例(%)
1	湖南省经济建设投资公司	法人股	5649.30	24.91
2	衡阳市供销社	发起人法人股	1818.02	8.02
3	泰阳证券有限责任公司	流通股	911.65	4.02
4	衡阳市国资局	国家股	729.60	3.22
5	湖南耒能实业总公司	发起人法人股	240.00	1.06
6	湖南金通投资咨询公司	法人股	120.00	0.53
7	海南神龙股份有限公司	法人股	120.00	0.53
8	汪时雄	流通股	113.64	0.50
9	宋义民	流通股	113.55	0.50
10	肖伟玉	流通股	65.18	0.29

股东人数	2003.9	2003.6	2002	2001
	56490	57443	67818	74588

近年分配	2001年10股派1元	近年配股/增发	2002年10股配3股 2001年中期10股配3股

重大事项

2003年9月8日公司与湖南国光瓷业集团股份有限公司签订的相互最高担保金额为7000万元人民币的《互保协议》.互保期限1年. 2003年5月29日,公司董事会同意公司以帐面值为97763946.60元的预付帐款及应收款与公司第二大股东衡阳市供销合作社联合社持有的衡阳市源通投资开发有限公司97%的股权进行置换.资产置换协议已于2003年5月29日签署.

二〇〇二年以来市场表现

2002年涨跌幅(%)	-10.44
2002年最高(元)	9.92
2002年最低(元)	6.88
2002年换手率(%)	123.76
2003年涨跌幅(%)	-27.21
2003年最高(元)	10.50
2003年最低(元)	5.56
2003年换手率(%)	102.35

福州天宇电气股份有限公司

公司概况

公司名称	福州天宇电气股份有限公司	股票代码	000723
注册地址	福州市新店南平路天宇科技大楼	邮政编码	350012
法人代表	尚衍国	董秘	朱庆华
电话	0591-7916470	传真	0591-7916449
主营业务	电器机械及器材(含高低压输变电设备),普通机械,各种电气和成套装备的制造、销售等		

总股本	13959.92	流通A	6966.65	流通B		流通H	
审计单位		审计意见	未审计				

主要财务指标

年度	2003.9	2003.6	2002	2001
每股收益/扣除后(元)	0.1440	0.0745	0.1730	-1.1800
每股经营现金流量(元)	0.0900	0.0240	0.4270	0.4140
每股净资产/调整后(元)	1.5000	1.4200	1.3900	1.2700
每股公积金(元)	0.3250	0.3250	0.3250	1.2995
净资产收益率(%)	8.5000	4.6500	11.3700	-98.7600
总资产(万元)	64953.77	66556.02	64445.73	69137.12
股东权益(万元)	23328.41	22386.59	21346.35	18980.13
未分配利润(万元)	3984.09	3042.26	2002.02	-13604.86
主营收入(万元)	33318.95	21125.48	45063.52	34985.95
资本公积金(万元)	4536.74	4536.74	4536.74	18141.60
主营利润(万元)	8707.94	5354.07	12274.01	4690.09
其他业务利润(万元)	4.23	-18.96	163.64	447.44
营业利润(万元)	2005.55	1055.42	2511.14	-15819.59
投资收益(万元)	-5.24	9.52	-104.39	-726.65
补贴收入(万元)				
营业外收支(万元)	8.73		137.11	-2057.04
利润总额(万元)	2009.04	1065.86	2543.86	-18603.28
净利润(万元)	1982.07	1040.24	2427.97	-18745.64

十大股东

序号	股东名称	股份性质	持股数(万股)	比例(%)
1	许继集团有限公司	国有法人股	6423.60	46.01
2	中国工商银行福建省分行营业部	法人股	191.11	1.37
3	福州市信托投资公司	法人股	143.33	1.03
4	福建水泥股份有限公司	法人股	122.41	0.88
5	王文蔚	流通股	37.13	0.27
6	李玉玲	流通股	36.32	0.26
7	王旭东	流通股	34.60	0.25
8	黄立清	流通股	34.16	0.24
9	刘亚玉	流通股	32.94	0.24
10	福州市开发区兴业电脑有限公司	法人股	30.00	0.21

股东人数	2003.9	2003.6	2002	2001
	17008	17977	22293	26094

近年分配		近年配股/增发	不分配不转增

重大事项

2003年11月05日,公司与中国工商银行福州市闽都支行签订三笔借款合同,分别为:1)借款期限:2003年8月6日-2004年8月5日,金额:4173万元. 2)借款期限:2003年8月18日-2004年8月16日,金额:4800万元.3)借款期限:2003年10月8日-2004年10月7日,金额:2900万元. 以上借款合同期限均为一年,月利率4.425‰,均由许继集团有限公司提供担保. 2003年8月5日,公司与福州天宇电气集团有限公司、福州市企业托管营运公司签署协议, 公司为福州天宇电气集团有限公司提供担保的贷款共计635万元及利息由福州市企业托管营运公司负责承接归还,并取得福州市有关部门的同意,公司已实际上解除此笔贷款的担保责任.

二〇〇二年以来市场表现

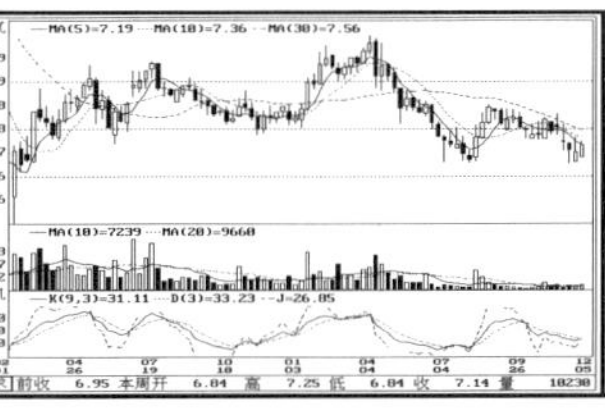

2002年涨跌幅(%)	-0.89
2002年最高(元)	9.28
2002年最低(元)	4.53
2002年换手率(%)	270.19
2003年涨跌幅(%)	-10.44
2003年最高(元)	10.00
2003年最低(元)	6.67
2003年换手率(%)	133.59

京东方科技集团股份有限公司

公司概况

公司名称	京东方科技集团股份有限公司			股票代码	000725		
注册地址	中国北京市朝阳区酒仙桥路10号			邮政编码	100016		
法人代表	王东升			董秘	仲慧峰		
电话	010-64366264			传真	010-64366264		
主营业务	电子产品、通信设备(未取得专项许可项目除外)、电子计算机软硬件的制造及销售						
总股本	65946.48	流通A	7200.00	流通B	17940.00	流通H	
审计单位				审计意见	未审计		

主要财务指标

年度	2003.9	2003.6	2002	2001
每股收益/扣除后(元)	0.4300	0.2300	0.1400	0.0900
每股经营现金流量(元)	1.4100	0.9500	0.4000	0.7200
每股净资产/调整后(元)	3.8300	3.4700	3.9000	3.7200
每股公积金(元)	1.6000	1.6000	2.1200	2.1022
净资产收益率(%)	11.1100	7.1000	3.7900	3.0000
总资产(万元)	1067973.50	1030230.87	678218.19	403281.72
股东权益(万元)	252530.72	232745.05	218337.91	208353.81
未分配利润(万元)	47347.94	35813.33	19296.26	14340.60
主营收入(万元)	765045.69	469794.94	478258.75	268379.81
资本公积金(万元)	105515.43	105515.43	116506.51	115526.47
主营利润(万元)	119058.44	76758.53	63555.13	33466.09
其他业务利润(万元)	379.08	246.25	800.39	166.60
营业利润(万元)	31772.00	18003.42	14516.81	12187.63
投资收益(万元)	468.19	603.47	6537.92	-1596.57
补贴收入(万元)			692.50	1546.66
营业外收支(万元)	1272.30		-125.02	631.28
利润总额(万元)	33512.49	20401.06	21622.21	12769.00
净利润(万元)	28051.69	16517.08	8283.66	6025.09

十大股东

序号	股东名称	股份性质	持股数(万股)	比例(%)
1	北京京东方投资发展有限公司	国有法人股	35047.08	53.15
2	北京京东电实业开发公司	国有法人股	4004.40	6.07
3	北京易芯微显示技术开发中心	法人股	429.00	0.65
4	SOUTH CAPITAL NOMINEES LIMITED	流通B股	316.82	0.48
5	北京显像管总厂	国有法人股	312.00	0.47
6	RIPPERTON ASSETS LIMITED	流通B股	278.22	0.42
7	CSS(HK)L A/C ULTRAMATIC HOLDINGS LIMITED	流通B股	220.67	0.33
8	STARBURST ASSETS LIMITED	流通B股	190.82	0.29
9	TOYO SECURITIES ASIA LIMITED-A/CCLIENT.	流通B股	170.46	0.26
10	GOOD CAPTURE INVESTMENTS	流通B股	163.42	0.25

股东人数

2003.9	2003.6	2002	2001
50290	55029	57233	60054

近年分配	近年配股/增发
2001年10股派0.5元	2002年10股转增2股

重大事项

2003年8月6日,公司与FPL、潘方仁签署《冠捷科技有限公司股份买卖协议》,公司收购FPL持有的占冠捷科技已发行普通股总数的26.36%比例的股份,共计356033783股. 收购总价款为1050299659.85港元. 2003年02月28日,国家经济贸易委员会、财政部、国家税务总局、海关总署联合认定公司技术中心为第九批享受优惠政策的企业(集团)技术中心之一.

二〇〇二年以来市场表现

2002年涨跌幅(%)	-31.30
2002年最高(元)	12.83
2002年最低(元)	7.83
2002年换手率(%)	111.55
2003年涨跌幅(%)	54.95
2003年最高(元)	12.60
2003年最低(元)	7.77
2003年换手率(%)	277.61

鲁泰纺织股份有限公司

公司概况

公司名称	鲁泰纺织股份有限公司			股票代码	000726		
注册地址	淄博市高新技术开发区铭波路11号			邮政编码	255100		
法人代表	刘石祯			董秘	秦桂玲		
电话	0533-5285166			传真	0533-5282188		
主营业务	生产、销售棉涤纶纱、色织布、衬衣、服装饰品等						
总股本	42243.24	流通A	10140.00	流通B	16224.00	流通H	
审计单位				审计意见	未审计		

主要财务指标

年度	2003.9	2003.6	2002	2001
每股收益/扣除后(元)	0.3500	0.2170	0.3600	0.4400
每股经营现金流量(元)	0.6320	0.3400	0.8000	0.0300
每股净资产/调整后(元)	3.3000	3.1900	3.5600	4.5700
每股公积金(元)	1.7512	1.7512	2.3014	3.2918
净资产收益率(%)	10.7400	6.6900	9.9600	9.2000
总资产(万元)	243846.31	204916.62	179449.39	148935.67
股东权益(万元)	141151.45	135030.30	125994.58	124001.21
未分配利润(万元)	16243.56	10122.41	1089.12	1094.07
主营收入(万元)	93360.72	54404.50	95088.04	78569.38
资本公积金(万元)	73976.89	73976.89	81015.00	89139.51
主营利润(万元)	29245.35	18033.84	27151.77	22909.16
其他业务利润(万元)	703.86	395.07	460.28	305.17
营业利润(万元)	17201.82	10794.56	15073.91	13741.74
投资收益(万元)	-0.10	-0.76	40.31	161.08
补贴收入(万元)	147.19	147.19		
营业外收支(万元)	-249.58	-240.55	-114.70	-606.08
利润总额(万元)	17099.33	10700.44	14999.52	13296.74
净利润(万元)	15154.45	9033.29	12554.99	11412.74

十大股东

序号	股东名称	股份性质	持股数(万股)	比例(%)
1	淄博鲁诚纺织有限公司	发起人股	5911.62	14.00
2	泰纶纺织有限公司	外资股	5911.62	14.00
3	SOUTH CAPITAL NOMINEESLIMTED	B股	499.20	1.18
4	TOYO SECURITIES ASIALIMITED-A/C CLIENT	B股	426.89	1.01
5	DAIWA SECS EMBC AC ITOCHUHONG KONG LTD	B股	360.00	0.85
6	CBNY S/A PNC/SKANDIA SELECT FUND/CHINA EQUITY AC	B股	325.21	0.77
7	RIPPERTON ASSETS LIMITED	B股	312.00	0.74
8	SSBT/THE CHINA FUND-UH1 UHO1	B股	311.98	0.74
9	PERFECT SPACE INVESTMENTS	B股	310.44	0.73
10	GOOD CAPTURE INVESTMENTS	B股	304.20	0.72

股东人数

2003.9	2003.6	2002	2001
43439	45717		44437

近年分配	近年配股/增发
2002年10股派3元 2001年10股派3.18元	2002年10股转增2股 2001年10股增3股

重大事项

2003年7月5日,公司第一大股东淄博鲁诚纺织有限公司将其所持有的公司全部法人股5911.62万股质押给中国民生银行济南分行用于贷款.质押期限为2003年7月3日至2004年7月3日. 2003年4月19日,董、监事会同意为公司的控股子公司北京思创服饰有限公司提供500万元人民币贷款担保。

二〇〇二年以来市场表现

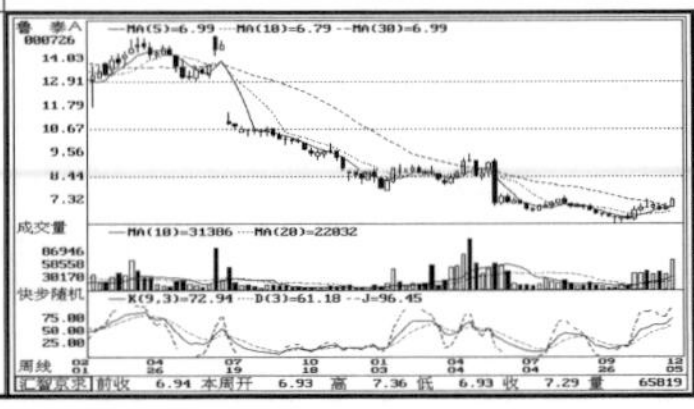

2002年涨跌幅(%)	-20.50
2002年最高(元)	9.28
2002年最低(元)	6.46
2002年换手率(%)	86.61
2003年涨跌幅(%)	3.43
2003年最高(元)	7.64
2003年最低(元)	6.20
2003年换手率(%)	126.26

南京华东电子信息科技股份有限公司

公司概况

公司名称	南京华东电子信息科技股份有限公司	股票代码	000727
注册地址	南京浦口高新技术产业开发区 D03 栋	邮政编码	210029
法人代表	赵竟成	董秘	伍华林
电话	025-5311050-2231	传真	025-4702989
主营业务	生产和销售真空电子器件,电光源产品等		

总股本	35915.74	流通 A	19681.45	流通 B		流通 H	
审计单位				审计意见	未审计		

主要财务指标

年度	2003.9	2003.6	2002	2001
每股收益/扣除后(元)	0.0590	0.0500	0.1742	0.1600
每股经营现金流量(元)	0.1500	0.1700	0.2380	-0.0897
每股净资产/调整后(元)	3.0320	3.0300	2.9820	2.6150
每股公积金(元)	1.3302	1.3302	1.3302	0.8736
净资产收益率(%)	0.4700	1.9300	5.3240	6.4790
总资产(万元)	200727.98	200038.19	188284.81	137620.20
股东权益(万元)	110142.63	111456.26	109625.51	83092.81
未分配利润(万元)	17939.96	19253.59	17422.84	16473.56
主营收入(万元)	17445.26	12379.14	26723.81	30272.32
资本公积金(万元)	47775.15	47775.15	47775.15	27408.06
主营利润(万元)	1685.15	1932.35	4041.61	5633.50
其他业务利润(万元)	533.84	377.53	492.10	502.92
营业利润(万元)	-4210.33	-790.90	-215.53	2599.29
投资收益(万元)	3581.99	2581.64	6285.58	3569.55
补贴收入(万元)				
营业外收支(万元)	-69.34		179.45	-92.95
利润总额(万元)	-697.68	1759.19	6249.51	6075.88
净利润(万元)	517.12	1830.75	5836.71	5383.88

十大股东

序号	股东名称	股份性质	持股数(万股)	比例(%)
1	南京华东电子集团公司	国有法人股	16234.28	45.20
2	上海国际机场股份有限公司	社会公众股	184.50	0.51
3	张群龙	社会公众股	82.10	0.23
4	陈浩勤	社会公众股	73.20	0.20
5	白昆云	社会公众股	57.00	0.16
6	西安市浪花家政服务有限公司	社会公众股	43.32	0.12
7	银丰证券投资基金	社会公众股	40.21	0.11
8	渤海证券有限责任公司	社会公众股	36.10	0.10
9	孙英斌	社会公众股	34.55	0.10
10	哈尔滨财信投资咨询有限责任公司	社会公众股	32.23	0.09

股东人数	2003.9	2003.6	2002	2001
	85308	86413	80030	73049

近年分配	2002年10股派0.8元 2001年10股派1元	近年配股/增发	不分配不转增

重大事项

2003年11月18日,公司董事会同意公司与南京华东电子集团工会投资组建南京华东科技电工照明有限公司(暂名,以工商登记审核为准),新公司注册资本4800万元,公司出资4752万元,占注册资本的99%,南京华东电子集团工会以现金48万元出资,占注册资本的1%;变更部分募集资金投入项目南京新华日液晶显示技术有限公司,涉及变更募集资金4818.96万元,占募集资金总额的19.43%.

二〇〇二年以来市场表现

2002年涨跌幅(%)	-22.25
2002年最高(元)	9.64
2002年最低(元)	5.95
2002年换手率(%)	200.07
2003年涨跌幅(%)	-18.12
2003年最高(元)	7.89
2003年最低(元)	4.24
2003年换手率(%)	241.33

北京化二股份有限公司

公司概况

公司名称	北京化二股份有限公司	股票代码	000728
注册地址	北京市朝阳区酒仙桥路乙 21 号	邮政编码	100022
法人代表	吕常钦	董秘	李崇华
电话	010-67758106	传真	010-67781459
主营业务	化学工业原材料的生产和销售		

总股本	34521.00	流通 A	10400.00	流通 B		流通 H	
审计单位				审计意见	未审计		

主要财务指标

年度	2003.9	2003.6	2002	2001
每股收益/扣除后(元)	0.0420	0.0020	0.0090	-0.4890
每股经营现金流量(元)		0.1680	0.3020	0.2500
每股净资产/调整后(元)	2.6820	2.6540	2.6400	2.5800
每股公积金(元)		1.9540	1.9540	1.9532
净资产收益率(%)	1.5320	0.0450	0.3500	-18.1700
总资产(万元)	151119.70	143435.59	152708.31	166348.19
股东权益(万元)	93295.38	91907.46	91865.70	92009.15
未分配利润(万元)		-12806.02	-12847.78	-12675.12
主营收入(万元)	71873.08	45336.45	81699.48	75340.42
资本公积金(万元)		67454.77	67454.77	67425.57
主营利润(万元)	7868.95	4144.37	7420.72	-5545.27
其他业务利润(万元)	-241.31	149.70	137.71	-284.87
营业利润(万元)	1716.84	84.34	603.42	-17294.14
投资收益(万元)			-296.01	430.57
补贴收入(万元)				
营业外收支(万元)	-34.87	-35.21	16.27	141.84
利润总额(万元)	1681.97	49.13	323.68	-16721.73
净利润(万元)	1429.68	41.76	323.68	-16721.73

十大股东

序号	股东名称	股份性质	持股数(万股)	比例(%)
1	北京化学工业集团有限责任公司	国有法人股	24121.00	69.87
2	曹凤如	已流通股	30.00	0.09
3	林晓燕	已流通股	26.80	0.08
4	冉贤	已流通股	20.79	0.06
5	刘昭春	已流通股	19.00	0.06
6	张亭兰	已流通股	18.80	0.05
7	张筱纲	已流通股	18.70	0.05
8	陈希英	已流通股	18.00	0.05
9	郑得苹	已流通股	18.00	0.05
10	王长江	已流通股	15.40	0.04

股东人数	2003.9	2003.6	2002	2001
	52591	52750	51863	55444

近年分配		近年配股/增发	不分配不转增

重大事项

2003年7月9日,公司董事会同意为子公司北新建塑有限公司2250万元人民币授信贷款提供担保,公司将于近日与北新建塑的债权人中国银行北京市昌平区支行签署最高额保证合同,并与北新建塑签署反担保合同。北新建塑将为公司办理企业动产抵押物登记证,抵押物总价值2974万元。2003年10月28日,公司获悉,国务院国有资产监督管理委员会近日同意将北京化学工业集团有限责任公司所持有公司24,121万股国有法人股划转给北京东方石油化工有限公司持有。股份划转完成后,公司的总股本仍为34,521万股,其中,东方石化公司持有公司24,121万股占总股本的69.87%,股份性质为国有法人股。北化集团现持有公司24,121万股国有法人股。

二〇〇二年以来市场表现

2002年涨跌幅(%)	-23.43
2002年最高(元)	8.50
2002年最低(元)	3.80
2002年换手率(%)	248.21
2003年涨跌幅(%)	0.37
2003年最高(元)	7.40
2003年最低(元)	4.95
2003年换手率(%)	240.10

北京燕京啤酒股份有限公司

公司概况

公司名称	北京燕京啤酒股份有限公司			股票代码	000729
注册地址	北京市顺义区双河路9号			邮政编码	101300
法人代表	李福成		董秘	刘翔宇	
电话	010-89490729		传真	010-89495569	
主营业务	制造、销售啤酒、矿泉水、啤酒原料、饲料等				
总股本	66742.45	流通A 18720.00	流通B	流通H	
审计单位			审计意见	未审计	

主要财务指标

年度	2003.9	2003.6	2002	2001
每股收益/扣除后(元)	0.3800	0.1750	0.3130	0.4160
每股经营现金流量(元)	1.5800	0.8000	0.6500	0.2000
每股净资产/调整后(元)	5.9100	5.6800	5.5100	5.3200
每股公积金(元)	3.2933	3.2933	3.2933	3.2918
净资产收益率(%)	6.3400	3.0400	5.4200	7.9600
总资产(万元)	600229.94	593226.50	551274.19	439686.28
股东权益(万元)	396089.87	382607.91	370988.37	358779.62
未分配利润(万元)	71808.84	58326.86	46707.35	40340.02
主营收入(万元)	288480.06	156384.80	226737.59	228788.16
资本公积金(万元)	219801.91	219801.91	219801.91	219701.91
主营利润(万元)	83192.23	42134.71	69447.23	60305.46
其他业务利润(万元)	2187.94	1251.72	2505.91	810.91
营业利润(万元)	33904.86	15156.67	22301.76	27091.52
投资收益(万元)	464.56	235.13	547.63	3445.39
补贴收入(万元)	261.58	34.69	789.02	140.00
营业外收支(万元)	-478.24		-98.36	1125.46
利润总额(万元)	34152.77	15343.66	23540.05	31802.37
净利润(万元)	25101.49	11619.51	20117.85	28569.35

十大股东

序号	股东名称	股份性质	持股数(万股)	比例(%)
1	北京燕京啤酒有限公司	境内法人股	46264.75	69.32
2	北京顺鑫农业发展集团有限公司	国有法人股	1757.70	2.63
3	黄由全	流通股	195.53	0.29
4	杨运俊	流通股	163.86	0.25
5	张希朗	流通股	102.44	0.15
6	刘群华	流通股	87.39	0.13
7	李双芝	流通股	79.07	0.12
8	普丰证券投资基金	流通股	60.19	0.09
9	张云	流通股	55.36	0.08
10	汤孝飞	流通股	55.07	0.08

股东人数	2003.9	2003.6	2002	2001
	90361	91430	95811	106426

近年分配	近年配股/增发
2002年10股派1.2元 2001年10股派2元	不分配不转增

重大事项

2003年6月16日,公司董事会同意公司投资5001万元与浙江省缙云县兴合集体资产运营中心、缙云县国有资产投资经营有限公司合资设立"燕京啤酒(浙江仙都)有限责任公司".三方于2003年6月16日签订合同. 2002年12月23日,公司董事会同意公司以总额为2152.2255万元的价格向控股子公司燕京啤酒(桂林漓泉)股 份有限公司的一部分社会法人股东和内部职工股东收购股份844.01万股.收购完成后,再单方面增资3400万股,公司已于2002年12月23日与燕京啤酒(桂林漓泉)此次转让股份的社会法人股股东和内部职工股东签订"股份转让协议".

二〇〇二年以来市场表现

2002年涨跌幅(%)	-17.68
2002年最高(元)	10.59
2002年最低(元)	7.64
2002年换手率(%)	73.16
2003年涨跌幅(%)	7.83
2003年最高(元)	10.01
2003年最低(元)	7.68
2003年换手率(%)	125.33

沈阳特种环保设备制造股份有限公司

公司概况

公司名称	沈阳特种环保设备制造股份有限公司			股票代码	000730
注册地址	沈阳市沈河区朝阳街89号			邮政编码	110011
法人代表	王亮		董秘	惠岱	
电话	024-24866901		传真	024-24866901	
主营业务	环保系列设备、电线制造、环保设备调试及承建环保工程				
总股本	56598.51	流通A 19333.31	流通B	流通H	
审计单位			审计意见	未审计	

主要财务指标

年度	2003.9	2003.6	2002	2001
每股收益/扣除后(元)	-0.0332	-0.0312	-0.2627	-0.0109
每股经营现金流量(元)	-0.0130	-0.0130	0.2437	-0.3280
每股净资产/调整后(元)	0.8667	0.8726	0.9000	1.0300
每股公积金(元)	0.1383	0.1383	0.1383	0.0970
净资产收益率(%)	-4.0840	-3.6600	-18.3600	-1.0500
总资产(万元)	125956.05	128806.12	130024.76	138438.06
股东权益(万元)	49052.90	49387.72	51056.43	58094.08
未分配利润(万元)	28059.07	-27724.24	-26055.53	-16681.99
主营收入(万元)	433.48	272.88	1818.27	18415.74
资本公积金(万元)	7827.70	7827.70	7827.70	5491.81
主营利润(万元)	-132.31	-123.03	-1585.19	8562.77
其他业务利润(万元)	-55.53	0.41	6.65	-50.05
营业利润(万元)	-2218.50	-1965.13	-15905.89	409.51
投资收益(万元)			-30.28	-13.40
补贴收入(万元)	17.93	4.47	17.03	16.54
营业外收支(万元)	-42.58		5475.68	-34.79
利润总额(万元)	-2243.14	-2002.32	-10443.46	377.86
净利润(万元)	-2003.54	-1806.89	-9373.54	-615.74

十大股东

序号	股东名称	股份性质	持股数(万股)	比例(%)
1	沈阳特种环保设备制造总厂股份管理委员会	法人股	33913.20	59.92
2	沈阳噪声控制设备厂股份管理委员会	法人股	3156.69	5.58
3	沈阳利环特种电材厂股份管理委员会	法人股	135.87	0.24
4	天一证券有限责任公司	流通股	104.23	0.18
5	贺安明	流通股	80.00	0.14
6	周良俊	流通股	49.20	0.09
7	张文俊	流通股	46.80	0.08
8	王松林	流通股	46.00	0.08
9	尤瑛	流通股	43.05	0.08
10	王兴强	流通股	33.62	0.06

股东人数	2003.9	2003.6	2002	2001
	113822	114446	120410	132077

近年分配	近年配股/增发
	不分配不转增

重大事项

2003年11月27日,公司收到沈阳高新技术产业开发区人民法院第247号《民事判决书》,判决:本公司给付昊城开关加工费人民币402,757元;诉讼费人民币2,830元;给付昊城开关上述逾期付款违约金;赔偿昊城开关损失费人民币2,830元;案件受理费人民币8,899元由本公司承担. 2003年11月15日,公司的第一大股东沈阳特种环保设备制造总厂股份管理委员会 因涉及中国工商银行上海市漕河泾开发区支行诉讼中广媒体传播有限公司借款合同一案,上海市第一中级人民法院冻结属沈阳特种环保设备制造总厂股份管理委员会持有的公司社会法人股24,900万股.

二〇〇二年以来市场表现

2002年涨跌幅(%)	-17.37
2002年最高(元)	9.60
2002年最低(元)	4.53
2002年换手率(%)	212.15
2003年涨跌幅(%)	-50.51
2003年最高(元)	6.97
2003年最低(元)	2.74
2003年换手率(%)	203.46

四川美丰化工股份有限公司

公司概况

公司名称	四川美丰化工股份有限公司	股票代码	000731
注册地址	四川省射洪县太和镇新阳街 87 号	邮政编码	629200
法人代表	张晓彬	董秘	舒绍敏
电话	0838-2304235	传真	0838-2304222
主营业务	化学肥料、尿素、碳酸氢铵、合成氨、复肥及化工产品等		

总股本	24566.57	流通 A	10111.29	流通 B		流通 H	
审计单位				审计意见	未审计		

主要财务指标

年度	2003.9	2003.6	2002	2001
每股收益 / 扣除后(元)	0.2800	0.1880	0.2790	0.2380
每股经营现金流量(元)	0.5470	0.4590	0.5306	0.5270
每股净资产 / 调整后(元)	3.5140	3.4384	3.2179	2.8251
每股公积金(元)	1.1837	1.1837	1.1837	0.8000
净资产收益率(%)	9.0000	6.4100	10.1100	9.3900
总资产(万元)	125244.82	121225.54	131094.69	79217.52
股东权益(万元)	86895.41	84482.35	79066.46	62823.59
未分配利润(万元)	15768.78	13355.72	7939.83	6522.89
主营收入(万元)	54999.62	37968.61	51423.66	37546.51
资本公积金(万元)	29079.42	29079.42	29079.42	17786.32
主营利润(万元)	11645.22	7882.78	11491.27	8506.06
其他业务利润(万元)	60.90	53.39	21.11	16.86
营业利润(万元)	8273.05	5546.41	8307.79	6311.83
投资收益(万元)	481.90	505.40	-211.16	-104.49
补贴收入(万元)	483.18	335.77	654.51	835.48
营业外收支(万元)	24.59		696.14	-117.38
利润总额(万元)	9262.71	6387.98	9447.28	6925.45
净利润(万元)	7828.95	5415.89	7996.38	5896.21

十大股东

序号	股东名称	股份性质	持股数(万股)	比例(%)
1	成都华川石油天然气勘探开发总公司	国有法人股	4503.35	18.33
2	四川美丰(集团)有限责任公司	国家股	4370.74	17.79
3	四川天晨投资控股集团有限公司	法人股	2743.79	11.17
4	重庆国际信托投资有限公司	法人股	1861.73	7.58
5	四川省德阳市银马出租汽车有限责任公司	法人股	144.95	0.59
6	上海宝钢国际经济贸易有限公司	流通股	100.00	0.41
7	第一创业证券有限责任公司	流通股	95.83	0.39
8	德阳市财茂租赁公司	法人股	78.00	0.32
9	中信证券股份有限公司	流通股	66.82	0.27
10	射洪机关事业单位职工保险管理局	法人股	50.18	0.20

股东人数	2003.9	2003.6	2002	2001
	37055	37740	37344	49526

近年分配	2002年10股派2元 2001年10股派2元	近年配股/增发	2001年10股配3股

重大事项

公司于 2003 年 5 月 22 日与兴业银行成都分行签署了贷款协议，贷款壹亿元人民币用于公司经营资金周转，贷款期限为两年。自 2003 年 5 月 22 日至 2005 年 5 月 21 日止，贷款月利率为 4.1175‰。2003 年 4 月 23 日,公司与公司主要的天然气供应商中国石化新星油气西南分公司等公司签署了 2003 年度天然气供用合同.根据合同,公司部分生产用天然气从 2003 年 1 月起每立方米涨价 0.003 元—0.03 元,预计将导致公司成本上升 700 万元左右.

二〇〇二年以来市场表现

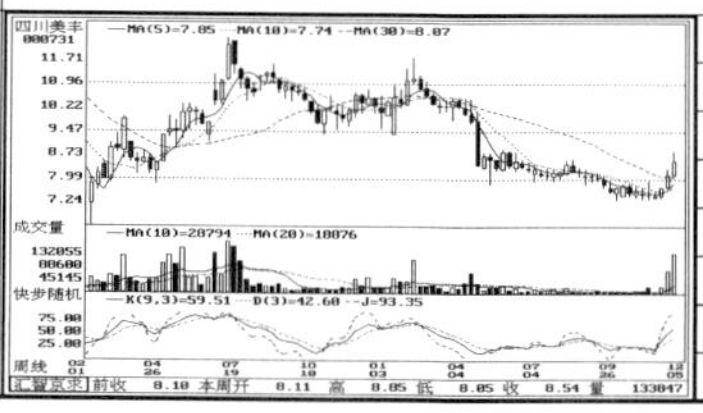

2002年涨跌幅(%)	23.06
2002年最高(元)	12.25
2002年最低(元)	5.93
2002年换手率(%)	235.24
2003年涨跌幅(%)	-21.36
2003年最高(元)	11.58
2003年最低(元)	7.33
2003年换手率(%)	92.14

福建三农集团股份有限公司

公司概况

公司名称	福建三农集团股份有限公司	股票代码	000732
注册地址	福州市湖东路 298 号伊法达大厦五楼 A 座	邮政编码	365000
法人代表	姚建敏	董秘	姜炳华
电话	0591-7800884	传真	0591-7810369
主营业务	化学农药、化工产品、化工原料(除化学危险品)的制造等		

总股本	19846.94	流通 A	11529.70	流通 B		流通 H	
审计单位				审计意见	未审计		

主要财务指标

年度	2003.9	2003.6	2002	2001
每股收益 / 扣除后(元)	0.0073	0.0030	0.0220	0.0354
每股经营现金流量(元)	-0.2100	-0.0406	0.2850	-0.0214
每股净资产 / 调整后(元)	2.4168	2.3961	3.0937	3.1020
每股公积金(元)	1.0002	1.0002	1.6003	1.6265
净资产收益率(%)	0.8100	0.6400	3.1200	5.7500
总资产(万元)	131786.70	130322.91	123635.38	109419.47
股东权益(万元)	50026.91	49941.25	49623.33	48476.01
未分配利润(万元)	6858.64	6772.98	6455.07	5161.37
主营收入(万元)	39132.54	21947.59	48957.49	45470.50
资本公积金(万元)	19851.63	19851.63	24431.69	24831.30
主营利润(万元)	6560.64	4360.32	7174.53	7992.06
其他业务利润(万元)	350.31	318.52	743.10	580.46
营业利润(万元)	159.54	364.14	-202.62	705.54
投资收益(万元)	307.43	173.78	1351.64	2805.41
补贴收入(万元)	23.19		484.55	58.71
营业外收支(万元)	-18.34		-99.13	-29.97
利润总额(万元)	471.83	543.29	1534.44	3539.70
净利润(万元)	403.58	317.92	1546.92	2786.17

十大股东

序号	股东名称	股份性质	持股数(万股)	比例(%)
1	西安飞天科工贸集团有限责任公司	法人股	4102.38	20.67
2	上海金威数码信息技术有限公司	法人股	2356.64	11.87
3	西安腾兴科技发展有限公司	法人股	796.33	4.01
4	福建赛克赛思投资有限公司	法人股	425.75	2.15
5	上海科技投资股份有限公司	法人股	421.20	2.11
6	谢瑞富	社会公众股	73.88	0.53
7	李梅兰	社会公众股	52.54	0.26
8	福建省农资集团三明公司	法人股	38.61	0.19
9	长江经济联合发展(集团)股份有限公司武汉公司	社会公众股	37.09	0.19
10	福建省农资集团公司	法人股	35.75	0.18

股东人数	2003.9	2003.6	2002	2001
	39121	39162	38893	36843

近年分配	2001年10股派1元	近年配股/增发	2002年10股转增3股

重大事项

2003 年 03 月 29 日，财政部同意公司第一大股东三明市国有资产管理局和三明市财通公司分别将所持有公司公司 3100.68 万股国家股和 55 万股国有法人股转让给西安飞天科工贸集团有限公司,转让价款总计 10729.312 万元.飞天集团受让股份后将持有 3155.68 万股公司法人股,成为公司第一大股东.2003 年 5 月 28 日，公司董事会同意以闲置资产净值的形式出资 95%，以福建三农农化有限公司出资 5%，组建设立精细化工有限公司,注册资本 6000 万元.

二〇〇二年以来市场表现

2002年涨跌幅(%)	-20.16
2002年最高(元)	7.60
2002年最低(元)	3.54
2002年换手率(%)	165.63
2003年涨跌幅(%)	-14.23
2003年最高(元)	6.12
2003年最低(元)	4.02
2003年换手率(%)	93.51

中国振华(集团)科技股份有限公司

公司概况

公司名称	中国振华(集团)科技股份有限公司	股票代码	000733
注册地址	贵州省贵阳国家高新技术产业开发区新天大道150号	邮政编码	550018
法人代表	陈清洁	董秘	邱三桃
电话	0851-6302675	传真	0851-6302674
主营业务	电子信息产品的开发、研制与生产		
总股本	35812.00	流通 A	17800.00
流通 B		流通 H	
审计单位		审计意见	未审计

主要财务指标

年度	2003.9	2003.6	2002	2001
每股收益/扣除后(元)	0.0560	0.0440	0.0800	0.1900
每股经营现金流量(元)	0.0290	0.0420	0.2500	0.2100
每股净资产/调整后(元)	4.9600	4.8600	4.8900	4.9800
每股公积金(元)	3.7547	3.7486	3.7485	3.6767
净资产收益率(%)	1.3500	0.8500	2.1100	4.3100
总资产(万元)	265538.50	249422.39	236616.16	243594.50
股东权益(万元)	181541.52	180413.73	178888.81	179591.11
未分配利润(万元)	5738.56	4831.01	3613.56	6947.31
主营收入(万元)	58574.25	38038.09	70638.64	62489.81
资本公积金(万元)	134463.62	134243.37	134240.30	131670.69
主营利润(万元)	13792.84	9662.80	17036.79	17871.55
其他业务利润(万元)	667.50	356.75	499.17	512.06
营业利润(万元)	1952.67	1768.74	3163.45	6877.28
投资收益(万元)	681.34	67.17	209.63	1468.64
补贴收入(万元)	4.31		387.00	13.42
营业外收支(万元)	-19.33		500.47	626.12
利润总额(万元)	2619.00	1797.31	4260.55	8985.46
净利润(万元)	2429.36	1521.82	3773.35	7733.30

十大股东

序号	股东名称	股份性质	持股数(万股)	比例(%)
1	中国振华电子集团有限公司	国有法人股	18012.00	50.30
2	国航集团财务有限责任公司	流通股	614.49	1.72
3	上海联合石油液化气发展有限公司	流通股	127.31	0.36
4	中国纺织品进出口总公司	流通股	121.80	0.34
5	蒲世全	流通股	56.00	0.16
6	李春	流通股	37.52	0.10
7	杨小飞	流通股	30.06	0.08
8	中纺投资发展股份有限公司	流通股	28.00	0.08
9	夏庆喜	流通股	27.90	0.08
10	普丰证券投资基金	流通股	25.48	0.07

股东人数	2003.9	2003.6	2002	2001
	95621	94424	94201	100538

近年分配	2001年10股派1元	近年配股/增发	不分配不转增

重大事项

2002年12月12日,公司董事会同意对公司与控股股东的合资公司中国振华电子集团有限公司增资扩股.公司与控股股东于2002年12月12日签署协议,共同增加对振华集团财务有限责任公司的投资. 本季报期内,本公司出让持有的贵州振华新天房地产开发有限公司的45%的股权,其中,中国振华电子集团有限公司受让40%,中国振华集团建筑公司受让5%.出让后,本公司不再持有贵州振华新天房地产开发有限公司股权.本次转让未获收益.

二〇〇二年以来市场表现

2002年涨跌幅(%)	-23.75
2002年最高(元)	12.14
2002年最低(元)	7.80
2002年换手率(%)	109.45
2003年涨跌幅(%)	-18.28
2003年最高(元)	9.50
2003年最低(元)	5.80
2003年换手率(%)	116.47

海口农工贸(罗牛山)股份有限公司

公司概况

公司名称	海口农工贸(罗牛山)股份有限公司	股票代码	000735
注册地址	海口市人民大道50号二楼	邮政编码	570125
法人代表	邓传明	董秘	张小林
电话	0898-68581213	传真	0898-68585240
主营业务	种养殖业、兴办工业、旅游业、房地产开发经营、建筑装璜工程等		
总股本	58725.40	流通 A	32542.00
流通 B		流通 H	
审计单位		审计意见	未审计

主要财务指标

年度	2003.9	2003.6	2002	2001
每股收益/扣除后(元)	0.0230	0.0166	0.0330	0.1000
每股经营现金流量(元)	0.0300	0.0140	0.0189	0.0550
每股净资产/调整后(元)	2.2035	2.2000	2.1749	1.5900
每股公积金(元)	0.8164	0.8164	0.8164	0.2238
净资产收益率(%)	1.0460	0.7600	2.9100	8.2600
总资产(万元)	217265.33	230320.14	214141.05	142779.06
股东权益(万元)	129404.19	129019.00	128343.02	77766.39
未分配利润(万元)	12493.13	12107.94	11139.99	9019.31
主营收入(万元)	24455.00	16950.58	29115.04	22862.03
资本公积金(万元)	47946.15	47946.15	47946.15	10902.81
主营利润(万元)	4770.56	3603.36	6286.99	6090.83
其他业务利润(万元)	392.91	354.05	903.87	1265.02
营业利润(万元)	-238.03	-238.03	2193.91	4331.53
投资收益(万元)	1860.12	741.38	1766.90	2790.70
补贴收入(万元)				
营业外收支(万元)	-8.04		-104.62	-67.07
利润总额(万元)	1614.05	1178.45	3856.19	7055.16
净利润(万元)	1353.13	967.95	3738.62	6424.96

十大股东

序号	股东名称	股份性质	持股数(万股)	比例(%)
1	海口市国营罗牛山农场	国有法人股	9070.50	14.45
2	海口永盛畜牧机械工程有限公司	法人股	2764.50	4.71
3	湖北锐达商贸有限公司	法人股	2113.10	3.60
4	海南京海中隆投资管理公司	法人股	1473.90	2.51
5	海南发海贸易有限公司	法人股	1445.00	2.46
6	海口宏昌贸易有限公司	法人股	1445.00	2.46
7	海南深兴贸易有限公司	法人股	1445.00	2.46
8	海南兴地实业投资有限公司	法人股	1300.50	2.21
9	海南伟润实业有限公司	国有法人股	900.00	1.53
10	中国经济开发信托投资公司	国家股	867.00	1.48

股东人数	2003.9	2003.6	2002	2001
	186871	190383	196786	174496

近年分配		近年配股/增发	不分配不转增

重大事项

公司于2002年4月30日向天同证券有限公司委托投资,标的为人民币3000万元;公司分别于2002年6月30日和2002年9月23日向海南创业科技风险投资有限公司委托投资,标的分别为人民币2800万元和2200万元;公司子公司海牛农业综合开发有限公司于2002年5月24日向上海易登斯投资管理有限公司委托投资,标的为人民币2000万元.

二〇〇二年以来市场表现

2002年涨跌幅(%)	-20.39
2002年最高(元)	7.19
2002年最低(元)	4.36
2002年换手率(%)	282.98
2003年涨跌幅(%)	-4.94
2003年最高(元)	5.30
2003年最低(元)	3.77
2003年换手率(%)	99.39

重庆国际实业投资股份有限公司

公司概况

公司名称	重庆国际实业投资股份有限公司			股票代码	000736		
注册地址	重庆市渝北区紫荆路4号6栋2-1-B			邮政编码	401147		
法人代表	富庶			董秘	徐明华		
电话	023-67530016			传真	023-67530017		
主营业务	实业投资、利用外资投资、高科技开发、设备租赁等						
总股本	6600.00	流通A	2599.87	流通B		流通H	
审计单位				审计意见	未审计		

主要财务指标

年度	2003.9	2003.6	2002	2001
每股收益/扣除后(元)	0.1900	0.1220	0.3300	0.2200
每股经营现金流量(元)	-0.2600	-0.3200	0.0300	0.4600
每股净资产/调整后(元)	4.1000	4.0400	3.9200	3.6400
每股公积金(元)	1.5201	1.5201	1.5201	1.5201
净资产收益率(%)	4.6700	3.0000	7.2000	7.3600
总资产(万元)	108403.16	105715.69	81253.86	60439.31
股东权益(万元)	27145.11	26678.84	25893.63	24028.61
未分配利润(万元)	6997.07	5469.26	4284.20	3636.91
主营收入(万元)	20130.22	12803.04	25444.73	10549.83
资本公积金(万元)	10032.52	10032.52	10032.52	10032.52
主营利润(万元)	8532.24	5741.03	11585.74	5248.93
其他业务利润(万元)	0.05	17.92	46.84	0.01
营业利润(万元)	3297.80	2186.77	3950.85	2178.84
投资收益(万元)	241.89	52.59	-388.39	338.80
补贴收入(万元)	22.00	140.62	199.33	386.75
营业外收支(万元)	-7.66	-5.09	-10.28	-5.10
利润总额(万元)	3554.03	2374.89	3751.51	2899.29
净利润(万元)	1268.34	800.14	1865.02	1768.63

十大股东

序号	股东名称	股份性质	持股数(万股)	比例(%)
1	北京中经四通信息技术发展有限公司	定向法人境内法人股	1200.00	18.18
2	重庆皇丰实业有限公司	定向法人境内法人股	926.60	14.04
3	上海万浦精细设备经销有限公司	定向法人境内法人股	746.60	11.31
4	上海华岳投资管理有限公司	定向法人境内法人股	286.40	4.34
5	江门汇盛投资管理有限公司	定向法人境内法人股	102.00	1.55
6	重庆庆通物业管理公司	定向法人境内法人股	100.00	1.52
7	华夏证券有限公司重庆分公司	定向法人境内法人股	100.00	1.52
8	海南谦益金源投资管理有限公司	定向法人境内法人股	50.00	0.76
9	重庆轻纺控股(集团)公司	定向法人境内法人股	50.00	0.76
10	重庆福瑞门科技发展有限公司	定向法人境内法人股	40.00	0.61

股东人数	2003.9	2003.6	2002	2001
	10373	10829	10887	9201

近年分配	2001年10股派0.5元	近年配股/增发	不分配不转增

重大事项

公司于2003年10月16日与广州安迪实业投资有限公司以及自然人张和发、自然人伍辉江 签订了《股权转让协议》,将公司所持南京能发电力自动化有限公司51%的股权以人民币3595.45万元的价格转让给广州安迪实业投资有限公司, 将公司所持南京能发16%的股权以人民币1127.98万元的价格转让给自然人张和发, 将公司所持南京能发13%的股权以人民币916.49万元的价格转让给自然人伍辉江. 2003年10月8日,公司董事会同意公司向华夏银行渝中支分行申请3800万元流动资金贷款(续贷).其中2500万元为担保贷款;1300万元为抵押贷款,用公司所持有的德恒证券有限责任公司1900万股权作质押贷款期限一年.

二〇〇二年以来市场表现

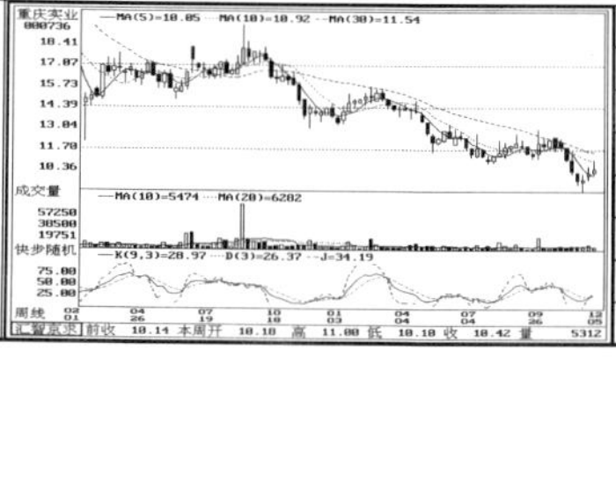

2002年涨跌幅(%)	-29.43
2002年最高(元)	19.75
2002年最低(元)	12.07
2002年换手率(%)	183.29
2003年涨跌幅(%)	-25.17
2003年最高(元)	15.70
2003年最低(元)	9.02
2003年换手率(%)	112.74

山西南风化工集团股份有限公司

公司概况

公司名称	山西南风化工集团股份有限公司			股票代码	000737		
注册地址	山西省运城市解放路294号			邮政编码	044000		
法人代表	张文成			董秘	朱奇立		
电话	0359-8967035			传真	0359-2023302		
主营业务	生产销售工业无机盐系列产品、日用化工系列产品、医药产品、化肥系列产品						
总股本	45730.00	流通A	20956.00	流通B		流通H	
审计单位				审计意见	未审计		

主要财务指标

年度	2003.9	2003.6	2002	2001
每股收益/扣除后(元)	0.0750	0.0560	0.1100	0.1400
每股经营现金流量(元)	0.3700	0.2780	0.4700	0.1200
每股净资产/调整后(元)	2.9600	2.9200	2.9200	2.8600
每股公积金(元)	1.5893	1.5762	1.5678	1.5643
净资产收益率(%)	2.3400	1.7900	2.6000	5.1800
总资产(万元)	337040.09	336961.50	323169.62	328751.00
股东权益(万元)	139804.91	138409.55	138409.55	132047.37
未分配利润(万元)	11284.38	10489.02	8009.12	5977.73
主营收入(万元)	207850.95	139708.12	248172.05	215201.37
资本公积金(万元)	72678.99	72078.99	71694.99	71535.57
主营利润(万元)	49089.91	27612.52	51597.96	41460.92
其他业务利润(万元)	755.14	515.61	842.28	809.57
营业利润(万元)	5731.81	4254.98	8991.76	8579.56
投资收益(万元)	-71.10	-40.88	-1412.88	939.08
补贴收入(万元)	69.52	56.09	160.95	224.93
营业外收支(万元)	-232.02		-515.85	-252.03
利润总额(万元)	5498.22	4122.79	7223.99	9491.55
净利润(万元)	3275.26	2479.90	3521.82	6844.16

十大股东

序号	股东名称	股份性质	持股数(万股)	比例(%)
1	山西运城盐化局	国有法人股	20418.00	44.65
2	西安日用化学工业公司	国有法人股	3960.00	8.66
3	同盛证券投资基金	社会公众股	433.23	0.95
4	中国耀华玻璃集团公司	境内法人股	132.00	0.29
5	天津宏发集团公司	境内法人股	132.00	0.29
6	升华集团控股有限公司	境内法人股	132.00	0.29
7	广州经济技术开发区建设开发总公司	社会公众股	46.00	0.10
8	普丰证券投资基金	社会公众股	41.77	0.09
9	贾存义	社会公众股	41.59	0.09
10	钟建文	社会公众股	40.58	0.89

股东人数	2003.9	2003.6	2002	2001
		67399	66688	62867

近年分配	2001年10股派1元	近年配股/增发	不分配不转增

重大事项

2002年11月11日,公司董事会同意将控股子公司四川南风有限责任公司55%股权以800万元的价格转让给四川彭山元明粉厂. 公司与公司第一大股东山西运城盐化局于2000年9月30日签署购买协议,公司出资人民币10058705.96元、17209582.18元和17436709元分别购买山西运城盐化局十一厂、供电所及铁路专用线.

二〇〇二年以来市场表现

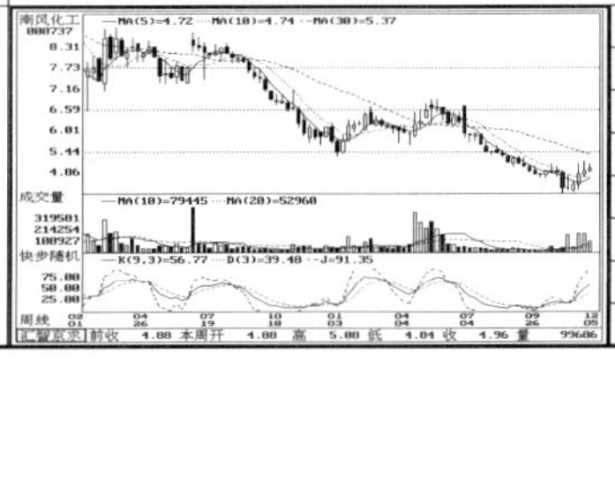

2002年涨跌幅(%)	-33.89
2002年最高(元)	8.78
2002年最低(元)	5.50
2002年换手率(%)	179.18
2003年涨跌幅(%)	-11.59
2003年最高(元)	6.86
2003年最低(元)	4.29
2003年换手率(%)	177.32

南方摩托股份有限公司

公司概况

公司名称	南方摩托股份有限公司			股票代码	000738		
注册地址	湖南省株洲市高新技术产业开发区天台西路1号			邮政编码	412002		
法人代表	蔡三定		董秘	刘绍雄			
电话	0733-8559515		传真	0733-8559714			
主营业务	生产经营航空发动机、工业燃气轮机及成套设备、摩托车及发动机等						
总股本	39780.00	流通A	13600.00	流通B		流通H	
审计单位			审计意见	未审计			

主要财务指标

年度	2003.9	2003.6	2002	2001
每股收益/扣除后(元)	0.0100	0.0088	0.0026	-0.5500
每股经营现金流量(元)	-0.1700	-0.1080	0.0150	0.0660
每股净资产/调整后(元)	1.4700	1.4600	1.4600	1.5000
每股公积金(元)	0.6603	0.6603	0.6603	1.5671
净资产收益率(%)	0.8000	0.5300	0.3400	-33.0900
总资产(万元)	115050.95	110305.86	110995.82	135042.66
股东权益(万元)	66948.10	66768.27	66412.62	66190.13
未分配利润(万元)	718.91	539.08	183.43	-45034.53
主营收入(万元)	33089.39	21051.16	34752.31	20333.46
资本公积金(万元)	26267.29	26267.29	26267.29	62341.16
主营利润(万元)	3485.85	1989.08	4822.01	-3947.01
其他业务利润(万元)	8.49	37.15	99.48	-25.91
营业利润(万元)	210.95	86.90	366.25	-19178.95
投资收益(万元)	145.00	145.00	20.28	-3025.33
补贴收入(万元)				
营业外收支(万元)	3.95		-70.32	302.16
利润总额(万元)	359.89	237.49	316.21	-21902.12
净利润(万元)	535.48	355.64	222.49	-21902.12

十大股东

序号	股东名称	股份性质	持股数(万股)	比例(%)
1	中国南方航空动力机械公司	国有法人股	26180.00	65.81
2	张风鸣	流通股	48.19	0.12
3	戴建民	流通股	45.86	0.12
4	杜亭梅	流通股	41.02	0.10
5	长江证券有限责任公司	流通股	36.96	0.09
6	周获	流通股	35.87	0.09
7	陈利浩	流通股	33.41	0.08
8	温桂峰	流通股	31.61	0.08
9	深圳市千喜利实业发展有限公司	流通股	31.27	0.08
10	单鑫江	流通股	31.19	0.08

股东人数	2003.9	2003.6	2002	2001
	49514	49051	49673	55740

近年分配		近年配股/增发	不分配不转增

重大事项

2003年9月6日,根据江西省永新县人民法院民事裁定书,将公司控股股东中国南方航空动力机械公司持有的公司国有法人股26180万股中的150万股及其冻结后派生的红股与配股予以冻结,冻结期限从2003年09月1日至2004年8月31日止.将其中的另外250万股及其冻结后派生的红股与配股予以冻结,冻结期限从2003年9月2日至2004年9月1日止。 2003年6月25日公司与控股股东中国南方航空动力机械公司签署《资产置换协议》,公司以部分应收款项与南方公司所持有的中国南动集团财务有限责任公司20%的股权进行等价置换。于2003年7月26日召开公司2003年第一次临时股东大会.审议通过以上相关事项.

二〇〇二年以来市场表现

2002年涨跌幅(%)	-10.16
2002年最高(元)	6.74
2002年最低(元)	2.93
2002年换手率(%)	319.57
2003年涨跌幅(%)	-23.98
2003年最高(元)	5.54
2003年最低(元)	3.07
2003年换手率(%)	141.43

青岛普洛股份有限公司

公司概况

公司名称	青岛普洛股份有限公司			股票代码	000739		
注册地址	中国青岛市胶州路140号			邮政编码	266011		
法人代表	徐文荣		董秘	阎国强			
电话	0532-2851395		传真	0532-2840739			
主营业务	零售批发"四代"、国内商业、劳保用品等						
总股本	14574.92	流通A	7375.57	流通B		流通H	
审计单位			审计意见	未审计			

主要财务指标

年度	2003.9	2003.6	2002	2001
每股收益/扣除后(元)	0.1200	0.1180	0.2100	-0.1700
每股经营现金流量(元)	0.5300	0.2300	0.0200	-0.0040
每股净资产/调整后(元)	1.9900	1.9800	1.8600	1.6900
每股公积金(元)		0.6859	0.6859	1.1226
净资产收益率(%)	6.8500	6.5800	11.6400	-10.4700
总资产(万元)	81109.74	78134.40	68927.83	58737.70
股东权益(万元)	29132.88	29047.80	27137.30	24707.28
未分配利润(万元)		3334.14	1423.64	-6636.50
主营收入(万元)	54478.33	37366.03	65933.50	14183.82
资本公积金(万元)		9997.03	9997.03	16361.81
主营利润(万元)	11286.66	8667.13	14682.11	1032.95
其他业务利润(万元)	45.64	-7.67	117.50	794.31
营业利润(万元)	3562.64	3188.62	5590.29	-2234.28
投资收益(万元)	-523.25	-373.31	-601.32	-270.50
补贴收入(万元)			217.21	
营业外收支(万元)	-36.57	-30.73	-91.68	-49.10
利润总额(万元)	3002.81	2784.58	5114.51	-2553.88
净利润(万元)	1995.57	1910.50	3158.77	-2587.21

十大股东

序号	股东名称	股份性质	持股数(万股)	比例(%)
1	上海光泰投资发展有限公司	法人股	3229.80	22.16
2	东阳市恒通投资有限公司	法人股	1580.00	10.84
3	横店集团有限公司	法人股	1020.20	7.00
4	青岛市供销社资产运营中心	发起法人股	972.52	6.67
5	青岛市对外经济贸易实业公司	国有法人股	306.00	2.10
6	胡风杰	流通股	99.55	0.68
7	金通证券股份有限公司	流通股	56.85	0.39
8	上海华东实业有限公司	流通股	35.34	0.24
9	陈金伟	流通股	34.86	0.24
10	余卫华	流通股	34.68	0.24

股东人数	2003.9	2003.6	2002	2001
	27732	28346	25539	25887

近年分配	2002年10股派0.5元	近年配股/增发	不分配不转增

重大事项

2003年10月30日,公司第一大股东上海光泰投资发展有限公司在中国证券中央登记结算公司深圳分公司办理了质押登记手续,将其持有的公司社会法人股29,313,233股,作为横店集团有限公司向上海浦东发展银行广州分行天誉支行申请借款/开据银行承兑汇票的担保,质押期限为一年。 2003年8月06日,公司决定投资1650万元收购横店集团家园化工有限公司的部分生产经营性资产,投入公司现控股子公司"浙江普洛医药科技有限公司".增资后普洛医药注册资本为11650万元.

二〇〇二年以来市场表现

2002年涨跌幅(%)	-38.40
2002年最高(元)	13.24
2002年最低(元)	7.88
2002年换手率(%)	132.59
2003年涨跌幅(%)	-26.64
2003年最高(元)	10.14
2003年最低(元)	5.10
2003年换手率(%)	155.89

湖南计算机股份有限公司

公司概况

公司名称	湖南计算机股份有限公司	股票代码	000748
注册地址	湖南省长沙市雨花路161号	邮政编码	410007
法人代表	高雷	董秘	杨林
电话	0731-5559794	传真	0731-5514776
主营业务	开发、生产、销售中西文字符图形终端、网络终端、金融机具、通讯产品等		

总股本	27637.48	流通A	14000.00	流通B		流通H	
审计单位				审计意见	未审计		

主要财务指标

年度	2003.9	2003.6	2002	2001
每股收益/扣除后(元)	0.0120	0.0124	0.1140	0.2010
每股经营现金流量(元)	-0.1000	-0.1200	-0.1620	-0.1900
每股净资产/调整后(元)	3.9490	3.9540	3.9430	2.8300
每股公积金(元)	2.7282	2.7282	2.7282	1.5514
净资产收益率(%)	0.2600	0.2800	2.8400	7.2000
总资产(万元)	151777.02	154602.69	156648.78	107760.75
股东权益(万元)	110684.24	110799.26	110492.42	64851.03
未分配利润(万元)	265.46	356.70	49.86	986.70
主营收入(万元)	43663.54	24826.61	70152.95	69963.82
资本公积金(万元)	75401.39	75401.39	75401.39	35118.84
主营利润(万元)	10117.22	6335.11	19595.13	17103.12
其他业务利润(万元)	146.43	137.91	33.87	17.89
营业利润(万元)	-612.56	-238.10	2252.20	3779.46
投资收益(万元)	832.09	576.20	1300.85	1337.87
补贴收入(万元)	340.37	144.58	580.35	770.05
营业外收支(万元)	-44.13		-19.52	-80.74
利润总额(万元)	515.77	446.09	4113.88	5806.64
净利润(万元)	286.94	306.84	3133.26	4668.86

十大股东

序号	股东名称	股份性质	持股数(万股)	比例(%)
1	国长城计算机集团公司	国有法人股	8090.30	29.27
2	湖南省信托投资有限责任公司	国有法人股	4372.48	15.82
3	湖南计算机厂有限公司	国有法人股	895.90	3.24
4	北京建银电脑公司	国有法人股	278.80	1.01
5	屈双宜	流通股	45.53	0.16
6	深圳市博杰投资发展有限公司	流通股	32.00	0.12
7	南京证券有限责任公司	流通股	30.00	0.11
8	蔡晓东	流通股	25.61	0.09
9	陈德照	流通股	25.14	0.09
10	普丰证券投资基金	流通股	24.65	0.09

股东人数	2003.9	2003.6	2002	2001
	75237	73928	72154	61785

近年分配	2002年10股派1元 2001年10股派0.82元	近年配股/增发	不分配不转增

重大事项

2003年07月22日,公司董事会通过了《关于与新加坡MFS科技有限公司合资设立湖南维胜科技有限公司的议案》。合资公司投资总额为1200万美元。 2003年5月13日,中国建设银行长沙市芙蓉支行同意以信用方式给予公司额度人民币贰亿元的综合授信,该授信期限为2年。

二○○二年以来市场表现

2002年涨跌幅(%)	-31.40
2002年最高(元)	12.32
2002年最低(元)	7.56
2002年换手率(%)	298.44
2003年涨跌幅(%)	-16.62
2003年最高(元)	8.91
2003年最低(元)	5.08
2003年换手率(%)	260.34

桂林集琦药业股份有限公司

公司概况

公司名称	桂林集琦药业股份有限公司	股票代码	000750
注册地址	广西桂林市育才路55号	邮政编码	541004
法人代表	刘及响	董秘	潘华
电话	0773-5818066	传真	0773-5875328
主营业务	化学原料药及制剂、中成药及制剂、农药、兽药等的制造与销售		

总股本	21505.74	流通A	12220.00	流通B		流通H	
审计单位				审计意见	未审计		

主要财务指标

年度	2003.9	2003.6	2002	2001
每股收益/扣除后(元)	0.0040	0.0050	-0.0017	-0.0067
每股经营现金流量(元)	0.3090	0.3430	0.3878	0.6318
每股净资产/调整后(元)	2.6756	2.6940	2.6532	2.7919
每股公积金(元)	1.6688	1.6688	1.6663	1.6645
净资产收益率(%)	0.0900	0.2300	0.1800	0.5100
总资产(万元)	124207.79	122506.08	102544.92	106577.50
股东权益(万元)	60296.10	60379.82	60186.75	60041.60
未分配利润(万元)	861.60	946.06	806.20	715.01
主营收入(万元)	15915.35	10049.38	18843.97	15338.64
资本公积金(万元)	35889.20	35888.46	35835.25	35797.38
主营利润(万元)	4612.94	2842.20	6020.62	5550.24
其他业务利润(万元)	34.02	19.23	15.03	19.68
营业利润(万元)	341.61	257.31	428.31	703.45
投资收益(万元)	-27.72	-16.05	-29.51	8.29
补贴收入(万元)	1.81	0.81	4.53	
营业外收支(万元)	-67.76		-191.85	-1.38
利润总额(万元)	247.95	173.68	211.48	710.35
净利润(万元)	55.40	139.85	107.28	308.61

十大股东

序号	股东名称	股份性质	持股数(万股)	比例(%)
1	桂林集琦集团有限公司	国有法人股	8889.80	41.34
2	南宁市荣高实业有限责任公司	社会法人股	395.94	1.84
3	山西戈德经贸有限公司	流通股	21.96	0.10
4	沈成方	流通股	16.51	0.08
5	连长平	流通股	14.16	0.07
6	范兵	流通股	14.02	0.07
7	邱雪礼	流通股	13.13	0.06
8	蔡俊武	流通股	12.31	0.06
9	谢惠绒	流通股	12.02	0.06
10	刘焕棠	流通股	12.00	0.06

股东人数	2003.9	2003.6	2002	2001
	78680	79995	81812	87696

近年分配		近年配股/增发	不分配不转增

重大事项

2003年11月20日,公司集琦科技园一期工程项目已于近期竣工,该项目包括:五条制剂生产线和集琦科技开发中心。其中,颗粒剂生产线、软胶囊剂生产线和集琦科技开发中心属公司前次配股募集资金投向项目,至此公司前次配股募集资金投向项目已全部完成。同时,上述五条制剂生产线经广西壮族自治区药品监督管理局按程序进行了现场检查和审核批准,符合我国《药品生产质量管理规范》要求,于2003年11月18日获得药品GMP认证证书。 公司于2003年7月16日与桂林农行签订了《中国农业银行公开统一授信协议书》,协议约定:本次授信为额度2亿元人民币的流动资金贷款授信,授信期限自2003年6月30日始,2004年6月30日止。

二○○二年以来市场表现

2002年涨跌幅(%)	-25.67
2002年最高(元)	8.33
2002年最低(元)	4.28
2002年换手率(%)	168.83
2003年涨跌幅(%)	-18.03
2003年最高(元)	6.98
2003年最低(元)	3.90
2003年换手率(%)	103.52

葫芦岛锌业股份有限公司

公司概况

公司名称	葫芦岛锌业股份有限公司			股票代码	000751		
注册地址	辽宁省葫芦岛市			邮政编码	125003		
法人代表	侯宝泉			董秘	曲路新		
电话	0429-2024121			传真	0429-2104084		
主营业务	锌、铜冶炼及深加工产品及硫酸、硫酸铜、铟、镉等						
总股本	88109.88	流通 A	34702.20	流通 B		流通 H	
审计单位				审计意见	未审计		

主要财务指标

年度	2003.9	2003.6	2002	2001
每股收益/扣除后(元)	0.0720	0.0410	0.0200	0.1500
每股经营现金流量(元)	0.1720	0.0640	0.1100	0.0350
每股净资产/调整后(元)	2.7000	2.6800	2.9900	3.0000
每股公积金(元)		0.8820	0.8820	0.8820
净资产收益率(%)	2.3700	1.4100	1.0800	5.1200
总资产(万元)	478425.41	424381.06	415020.37	428994.81
股东权益(万元)	270882.28	268243.19	264453.69	265475.16
未分配利润(万元)		69688.82	66467.74	67335.99
主营收入(万元)	145895.31	93129.56	174972.17	242343.31
资本公积金(万元)		77713.25	77713.25	77713.25
主营利润(万元)	19437.00	10916.27	15878.31	22538.27
其他业务利润(万元)	-947.17	-690.26	395.19	517.73
营业利润(万元)	5228.38	1285.81	-2624.15	12232.58
投资收益(万元)	22.53		13.52	27.04
补贴收入(万元)				
营业外收支(万元)	108.68	134.83	10.40	31.53
利润总额(万元)	5359.59	1420.64	-2600.23	12291.14
净利润(万元)	6428.60	3789.50	2848.14	13585.58

十大股东

序号	股东名称	股份性质	持股数(万股)	比例(%)
1	葫芦岛锌厂	发起人国有法人股	51729.18	58.71
2	深圳市中科招商创业投资有限公司	定向法人境内法人股	547.00	0.62
3	中华企业股份有限公司	定向法人境内法人股	285.00	0.32
4	葫芦岛锌厂工贸实业总公司	发起人国有法人股	234.00	0.27
5	上海瑞源投资有限公司	定向法人境内法人股	225.00	0.25
6	华夏成长证券投资基金	社会公众股	200.26	0.23
7	中国银行上海市分行	国家股	180.00	0.20
8	田勇	社会公众股	112.00	0.13
9	葫芦岛锌厂工程总公司	发起人国有法人股	97.50	0.11
10	中信证券股份有限公司	社会公众股	82.50	0.09

股东人数

2003.9	2003.6	2002	2001
183862	186544	194641	207905

近年分配	近年配股/增发
2001年10股派0.5元	不分配不转增

重大事项

2003年8月22日,公司大股东葫芦岛锌厂将所持公司国有法人股中的2亿股质押给农行葫芦岛龙港支行,为公司铅锌密闭鼓风炉环保治理技术改造项目贷款3.6亿元提供质押担保,质押期限自2003年8月15日至质权人申请解冻止. 2003年3月28日,葫芦岛市地方税务局龙港分局同意免征公司2001年度利用"三废"生产产品,实现的所得应缴纳的企业所得税27,662,884.26元. 公司享受该项税收优惠政策至此已满5年.

二〇〇二年以来市场表现

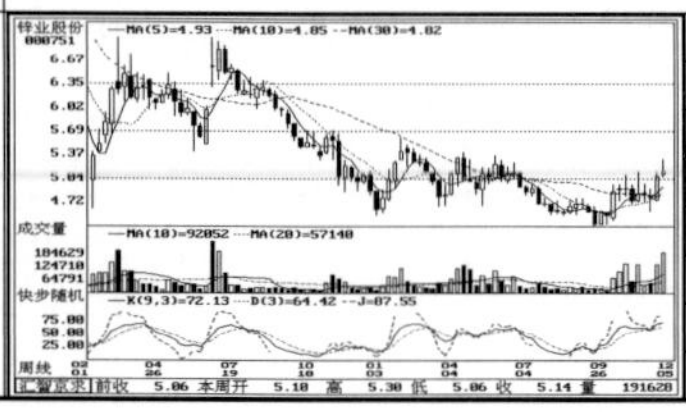

2002年涨跌幅(%)	-26.79
2002年最高(元)	7.00
2002年最低(元)	4.50
2002年换手率(%)	75.81
2003年涨跌幅(%)	7.66
2003年最高(元)	5.59
2003年最低(元)	4.39
2003年换手率(%)	71.91

西藏银河科技发展股份有限公司

公司概况

公司名称	西藏银河科技发展股份有限公司			股票代码	000752		
注册地址	西藏自治区拉萨市色拉路36号			邮政编码	850001		
法人代表	闫清江			董秘	牟春华		
电话	0891-6329377			传真	0891-6329377		
主营业务	生产销售啤酒、饮料、饲料;养殖业、藏红花系列产品开发等						
总股本	17583.90	流通 A	7342.60	流通 B		流通 H	
审计单位				审计意见	未审计		

主要财务指标

年度	2003.9	2003.6	2002	2001
每股收益/扣除后(元)	0.1860	0.1090	0.2060	0.1800
每股经营现金流量(元)	0.2300	0.1830	0.4300	0.1400
每股净资产/调整后(元)	2.3300	2.2600	2.1500	1.9600
每股公积金(元)	0.3915	0.3915	0.3915	0.3915
净资产收益率(%)	7.9900	4.7900	9.5700	9.0200
总资产(万元)	67721.45	67103.61	65832.13	75266.50
股东权益(万元)	40889.98	40093.95	38197.92	35019.05
未分配利润(万元)	12895.70	12099.67	10203.65	7721.06
主营收入(万元)	12931.32	7965.39	16006.23	13452.11
资本公积金(万元)	6884.84	6884.84	6884.84	6884.84
主营利润(万元)	5866.74	3556.49	6235.11	5380.16
其他业务利润(万元)	215.59	157.47	297.01	922.00
营业利润(万元)	3748.57	2241.37	4041.88	3227.21
投资收益(万元)	1.47	1.36	-178.21	-14.06
补贴收入(万元)	66.00		237.30	242.80
营业外收支(万元)	-5.61	-5.88	3.04	-4.32
利润总额(万元)	3810.42	2236.85	4104.01	3451.63
净利润(万元)	3266.99	1919.33	3655.26	3158.08

十大股东

序号	股东名称	股份性质	持股数(万股)	比例(%)
1	四川光大金联实业有限公司	境内法人股	6036.49	34.33
2	西藏自治区国有资产经营公司	国有股	4024.33	22.89
3	西藏明珠股份有限公司	境内法人股	74.89	0.43
4	上海证券有限责任公司	流通股	60.70	0.34
5	西藏自治区矿业发展总公司	境内法人股	55.66	0.32
6	李希文	流通股	48.32	0.27
7	罗付生	流通股	31.20	0.18
8	刘智斌	流通股	28.76	0.16
9	李俊芳	流通股	26.18	0.15
10	圣地亚食品有限公司	境内法人股	24.96	0.14

股东人数

2003.9	2003.6	2002	2001
5285	5224	4734	4954

近年分配	近年配股/增发
2002年10股派0.3元	2002年10股配3股

重大事项

2003年6月13日,公司会议同意公司与海南中投投资有限公司签署的《股权转让协议》:将东莞银河信息资讯有限公司20%权益转让给海南中投,转让价格为62221843元. 2002年10月10日,公司拟向民生银行广州天河支行申请肆仟万元授信额度,待银行及公司董事会批准后实施.

二〇〇二年以来市场表现

2002年涨跌幅(%)	-20.53
2002年最高(元)	18.72
2002年最低(元)	10.77
2002年换手率(%)	113.65
2003年涨跌幅(%)	-30.00
2003年最高(元)	15.47
2003年最低(元)	10.00
2003年换手率(%)	130.08

福建闽南(漳州)经济发展股份有限公司

公司概况

公司名称	福建闽南(漳州)经济发展股份有限公司	股票代码	000753
注册地址	福建省漳州市胜利东路漳州发展广场	邮政编码	363000
法人代表	庄道火	董秘	陈国忠
电话	0596-2671753-8005	传真	0596-2671876
主营业务	对公路、道路投资与开发、电子计算机配套设备、接口设备制造等		
总股本	36075.62	流通 A	14851.20
流通 B		流通 H	
审计单位		审计意见	未审计

主要财务指标

年度	2003.9	2003.6	2002	2001
每股收益/扣除后(元)	0.1100	0.0840	0.2300	0.2530
每股经营现金流量(元)	0.0400	0.2390	0.5400	-0.3500
每股净资产/调整后(元)	2.5500	2.5200	2.4400	3.6500
每股公积金(元)	0.8395	0.8395	0.8395	1.9402
净资产收益率(%)	4.2300	3.3000	7.0100	6.7000
总资产(万元)	143906.62	118818.29	125786.36	122205.38
股东权益(万元)	91833.20	90958.12	88110.42	82225.13
未分配利润(万元)	18629.94	17754.85	14887.24	10566.10
主营收入(万元)	10721.64	7224.33	21443.56	11904.70
资本公积金(万元)	30285.92	30285.92	30284.55	43746.15
主营利润(万元)	5936.45	4013.23	15209.99	6987.39
其他业务利润(万元)	483.94	194.67	200.27	1163.18
营业利润(万元)	4266.89	2940.79	11721.23	4742.58
投资收益(万元)	-239.95	-62.53	-689.87	1486.71
补贴收入(万元)	1400.00	1400.00		
营业外收支(万元)	-12.86		-1628.15	-104.62
利润总额(万元)	5414.08	4268.81	9403.22	6124.67
净利润(万元)	3879.70	3004.61	6177.98	5510.59

十大股东

序号	股东名称	股份性质	持股数(万股)	比例(%)
1	福建省漳州建筑瓷厂	国有法人股	9928.86	27.52
2	漳州公路交通实业总公司	法人股	4643.30	12.87
3	福建省漳州建筑瓷厂工会	法人股	3508.28	9.72
4	漳州市财政局	国家股	2642.80	7.33
5	漳州建业公司	法人股	368.51	1.02
6	银丰证券投资基金	社会公众股	128.51	0.36
7	漳州市建筑劳务纸箱厂	法人股	122.14	0.34
8	裕隆证券投资基金	社会公众股	100.00	0.28
9	罗大贵	社会公众股	65.34	0.18
10	包可为	社会公众股	48.12	0.13

股东人数	2003.9	2003.6	2002	2001
	35147	35258	32604	28284

近年分配	2001年10股派2元 2001年中期10股派0.5元	近年配股/增发	2001年10股转增6股

重大事项

2003年11月26日,公司与金峰工业区开发总公司共同投资设立的"漳州金峰工业园综合开发有限公司"已于近日在漳州市工商行政管理局办理了注册登记,注册资本4000万元,其中,公司投资3800万元,占95%股份. 2003年10月15日,公司接第二大股东漳州公路交通实业总公司通知,该公司所持有的46430000股"漳州发展"法人股自2003年9月25日起因质押贷款被冻结.

二〇〇二年以来市场表现

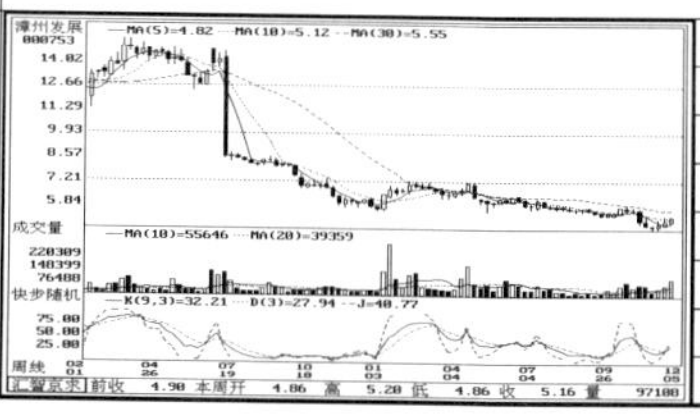

2002年涨跌幅(%)	-31.89
2002年最高(元)	9.49
2002年最低(元)	5.55
2002年换手率(%)	129.12
2003年涨跌幅(%)	-13.43
2003年最高(元)	7.20
2003年最低(元)	4.48
2003年换手率(%)	179.64

山西三维集团股份有限公司

公司概况

公司名称	山西三维集团股份有限公司	股票代码	000755
注册地址	太原市高新技术产业开发区VI-4区	邮政编码	041603
法人代表	仝立祥	董秘	张亚平
电话	0357-6662666	传真	0357-6663566
主营业务	化工、化纤、建材产品及焦炭的生产与销售及出口贸易		
总股本	31105.39	流通 A	14179.76
流通 B		流通 H	
审计单位		审计意见	未审计

主要财务指标

年度	2003.9	2003.6	2002	2001
每股收益/扣除后(元)	0.0700	0.0540	0.1980	0.2015
每股经营现金流量(元)	0.1500	0.2320	0.2400	0.6800
每股净资产/调整后(元)	3.2400	3.1700	3.0100	2.9450
每股公积金(元)	1.7815	1.7815	1.5341	1.5323
净资产收益率(%)	2.1100	1.5400	6.5300	6.5900
总资产(万元)	216061.61	199931.59	159578.17	140846.28
股东权益(万元)	105747.29	105132.52	87368.39	85085.43
未分配利润(万元)	13970.80	13356.03	11735.70	10339.04
主营收入(万元)	56909.74	32747.42	58717.96	42168.37
资本公积金(万元)	55414.72	55414.72	42604.92	42554.92
主营利润(万元)	8554.50	5798.57	15404.22	12863.07
其他业务利润(万元)	189.40	73.86	104.86	136.87
营业利润(万元)	3336.51	2491.57	8175.83	6652.14
投资收益(万元)	37.95		174.89	45.45
补贴收入(万元)	0.07			
营业外收支(万元)	-102.27		62.37	-185.59
利润总额(万元)	3272.27	2412.83	8413.09	6512.00
净利润(万元)	2235.11	1620.33	5704.38	5604.36

十大股东

序号	股东名称	股份性质	持股数(万股)	比例(%)
1	山西三维华邦集团有限公司	国家股	14691.14	47.23
2	山西省经济建设投资公司	国家股	1482.90	4.77
3	华龙证券有限责任公司	公众股	926.81	2.98
4	山西省经贸资产经营有限责任公司	国家股	678.02	2.18
5	银丰证券投资基金	公众股	337.39	1.08
6	王春连	公众股	38.32	0.12
7	谢秀琴	公众股	35.10	0.11
8	徐磊	公众股	33.65	0.11
9	太原现代集团有限公司	法人股	33.19	0.11
10	太原利普公司	法人股	24.14	0.08

股东人数	2003.9	2003.6	2002	2001
	81213	73466	73575	80592

近年分配	2002年10股派1.25元 2001年10股派1.25元	近年配股/增发	2002年10股配3股

重大事项

2003年9月3日公司董事会决定为山西海鑫钢铁集团有限公司向上海浦东发展银行西安分行申请办理流动资金贷款1亿元提供担保,保证期间按照每笔授信业务单独计算,即为每笔主债务履行期届满之日起两年.担保协议于2003年8月21日在公司签署. 2003年5月15日,公司为太原双塔刚玉股份有限公司在中国民生银行太原支行申请办理的短期流动资金贷款4000万元提供担保已到期,太原刚玉已如期归还贷款,公司担保责任已解除.由太原刚玉为本公司担保的贷款已提前全部归还,双方的互保协议已终止.

二〇〇二年以来市场表现

2002年涨跌幅(%)	-10.87
2002年最高(元)	9.09
2002年最低(元)	5.71
2002年换手率(%)	168.00
2003年涨跌幅(%)	-21.69
2003年最高(元)	7.59
2003年最低(元)	4.54
2003年换手率(%)	227.97

山东新华制药股份有限公司

公司概况

公司名称	山东新华制药股份有限公司			股票代码	000756		
注册地址	山东新华制药股份有限公司			邮政编码	255005		
法人代表	贺端湜			董秘	曹长求		
电话	0533-2166666*60225			传真	0533-2887508		
主营业务	西药、化工原料、制药设备、药用玻璃等						
总股本	45731.28	流通 A	7615.33	流通 B		流通 H	15000.00
审计单位				审计意见	未审计		

主要财务指标

年度	2003.9	2003.6	2002	2001
每股收益/扣除后(元)	0.1090	0.0950	0.1500	0.1770
每股经营现金流量(元)	0.1340	0.0900	0.0930	-0.0300
每股净资产/调整后(元)	3.1300	3.1100	3.0200	2.9310
每股公积金(元)	1.2222	1.2222	1.2222	1.2222
净资产收益率(%)	3.4700	3.0500	4.9800	6.0300
总资产(万元)	213291.31	202723.31	190545.62	183672.03
股东权益(万元)	142929.59	142302.28	137966.98	134052.39
未分配利润(万元)	26415.81	25788.50	21453.21	19043.95
主营收入(万元)	100312.85	67735.06	117355.00	109925.85
资本公积金(万元)	55891.91	55891.91	55891.91	55891.91
主营利润(万元)	21675.45	51090.04	31173.19	32589.57
其他业务利润(万元)	375.70	61.11	396.49	489.87
营业利润(万元)	5763.72	5203.87	8504.71	9860.87
投资收益(万元)	78.08	35.00	81.63	303.51
补贴收入(万元)	28.23			
营业外收支(万元)	-68.45		-448.39	-438.52
利润总额(万元)	5801.57	5069.54	8137.96	9725.86
净利润(万元)	4962.60	4335.29	6876.43	8089.61

十大股东

序号	股东名称	股份性质	持股数(万股)	比例(%)
1	山东新华医药集团有限责任公司	国有股.A股	21444.00	46.89
2	香港中央结算(代理人)有限公司	流通H股	14372.60	31.43
3	江苏省软件产业股份有限公司	流通A股	420.33	0.92
4	上海证大投资管理有限公司	法人股.A股	210.00	0.46
5	海通证券股份有限公司	流通A股	183.77	0.40
6	中国医药工业公司	法人股.A股	154.00	0.34
7	青岛市医药物资公司	法人股.A股	110.00	0.24
8	中国医药对外贸易总公司	法人股.A股	100.00	0.22
9	山东环中制药股份有限公司	法人股.A股	100.00	0.22
10	汇丰银行代理人(香港)有限公司	流通H股	90.20	0.20

股东人数	2003.9	2003.6	2002	2001
	34179	34861	32447	35794

近年分配	近年配股/增发
2002年10股派0.6元 2001年10股派0.8元	不分配不转增

重大事项

2002年11月13日，公司股东大会批准终止与山东新华医药集团有限责任公司子公司签署的现有持续关联交易协议；批准新持续关联交易协议；批准新豁免申请及授权公司董事就终止旧协议，采纳新协议和新豁免申请所需的行动及采取一切必要的行动。 2002年11月12日，公司股东大会批准终止与山东新华医药集团有限责任公司子公司签署的八份有关原料、动力、材料供应及服务的协议。

二○○二年以来市场表现

2002年涨跌幅(%)	-21.72
2002年最高(元)	10.91
2002年最低(元)	7.58
2002年换手率(%)	103.04
2003年涨跌幅(%)	-19.75
2003年最高(元)	9.74
2003年最低(元)	5.31
2003年换手率(%)	133.20

四川方向光电股份有限公司

公司概况

公司名称	四川方向光电股份有限公司			股票代码	000757		
注册地址	四川省内江市椑木镇			邮政编码	641000		
法人代表	穆昕			董秘	徐琳		
电话	0832-2202757			传真	0832-2202720		
主营业务	制造、销售柴油机、柴油机发电机组、柴油机配件等						
总股本	15241.71	流通 A	5483.06	流通 B		流通 H	
审计单位				审计意见	未审计		

主要财务指标

年度	2003.9	2003.6	2002	2001
每股收益/扣除后(元)	0.0560	0.0400	0.0820	0.0800
每股经营现金流量(元)	0.0100	0.0100	0.0023	-0.0900
每股净资产/调整后(元)	3.2051	3.1486	3.1100	3.0200
每股公积金(元)	1.3926	1.3926	1.3869	1.3866
净资产收益率(%)	1.5970	1.1900	2.4000	3.3000
总资产(万元)	157256.42	148782.48	124404.39	109602.21
股东权益(万元)	50552.30	50342.08	49658.22	48460.36
未分配利润(万元)	7171.12	6960.89	6363.77	6203.83
主营收入(万元)	60558.19	36713.64	51507.21	33607.67
资本公积金(万元)	21226.01	21226.01	21139.23	21133.91
主营利润(万元)	8976.50	5615.59	10165.85	6486.01
其他业务利润(万元)	640.68	605.19	618.79	274.36
营业利润(万元)	1375.22	857.90	1858.74	1669.58
投资收益(万元)	89.93	86.98	159.65	83.89
补贴收入(万元)			100.00	
营业外收支(万元)	-50.12	17.21	-192.53	37.78
利润总额(万元)	1415.03	927.67	1925.86	1791.25
净利润(万元)	807.35	597.12	1192.49	1600.55

十大股东

序号	股东名称	股份性质	持股数(万股)	比例(%)
1	沈阳北泰方向集团有限公司	定向法人股	4500.00	29.52
2	深圳市汇银峰投资有限公司	定向法人股	2442.01	16.02
3	四川峨眉柴油机股份有限公司工会	定向法人股	969.81	6.36
4	深圳市辰奥实业有限公司	定向法人股	730.00	4.79
5	四川省信托投资公司	发起人法人股	242.93	1.59
6	中国工行四川信托投资公司内江办事处	定向法人股	150.15	0.99
7	白马发电厂电力开发总公司	发起人法人股	143.00	0.94
8	成都远大机械厂	定向法人股	128.70	0.84
9	四川内燃机厂青年油漆涂装厂	定向法人股	122.98	0.81
10	中国冶金进出口四川公司	发起人法人股	114.40	0.75

股东人数	2003.9	2003.6	2002	2001
	19107	19777	20331	18786

近年分配	近年配股/增发
	不分配不转增

重大事项

2003年7月13日,公司接第一大股东沈阳北泰方向集团有限公司通知,北泰集团将其持有的公司定向法人股共计4500万股,向上海浦东发展银行成都分行办理质押,质押期限为2003年7月11日至由债权人提出申请解除质押为止.有关质押登记手续已办理完毕. 2003年6月23日,公司与西藏金珠股份有限公司签订了互保协议.决定互为对方提供银行贷款担保金额不超过人民币5000万元,在此额度内可一次或分次使用.担保期限:一年,以对方向金融机构借款日起开始计算.

二○○二年以来市场表现

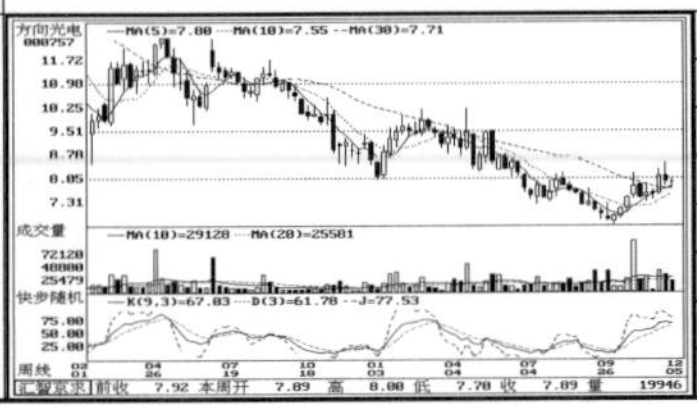

2002年涨跌幅(%)	-22.54
2002年最高(元)	12.45
2002年最低(元)	8.27
2002年换手率(%)	149.53
2003年涨跌幅(%)	-4.35
2003年最高(元)	10.20
2003年最低(元)	6.58
2003年换手率(%)	182.01

中国有色金属建设股份有限公司

公司概况

公司名称	中国有色金属建设股份有限公司	股票代码	000758
注册地址	北京丰台区西客站南广场驻京办1号楼B座	邮政编码	100038
法人代表	张健	董秘	杜斌
电话	010-63951531	传真	010-63965364
主营业务	承包本行业国外工程、境内外资工程、对外派遣本行业工程等		
总股本	38720.00	流通A	18240.00
流通B		流通H	
审计单位		审计意见	未审计

主要财务指标

年度	2003.9	2003.6	2002	2001
每股收益/扣除后(元)	-0.0230	-0.0220	-0.0820	-0.3900
每股经营现金流量(元)	0.0900	0.0800	-0.0700	0.3200
每股净资产/调整后(元)	2.2100	2.2200	2.2000	2.1100
每股公积金(元)	1.3099	1.3099	1.3099	1.4087
净资产收益率(%)	0.0800	0.0700	6.7900	-15.8900
总资产(万元)	125423.30	129022.12	126997.02	133714.77
股东权益(万元)	92294.82	92279.80	92189.11	88286.61
未分配利润(万元)	1109.97	1101.42	1036.97	-8003.50
主营收入(万元)	15516.03	10589.82	30430.08	20169.56
资本公积金(万元)	50718.36	50718.36	50718.36	54544.70
主营利润(万元)	2125.06	1024.83	2930.39	4692.51
其他业务利润(万元)	436.51	214.03	485.40	318.90
营业利润(万元)	-545.85	-632.99	-2496.92	-1107.70
投资收益(万元)	621.04	656.68	8619.51	-12845.34
补贴收入(万元)	23.02	15.60	137.42	11.04
营业外收支(万元)	108.47	72.55	81.00	-22.20
利润总额(万元)	206.69	111.85	6341.00	-13964.21
净利润(万元)	73.00	64.45	6256.27	-14028.51

十大股东

序号	股东名称	股份性质	持股数(万股)	比例(%)
1	中国有色矿业建设集团有限公司	法人股	20480.00	52.89
2	民生证券有限责任公司	流通股	538.20	1.39
3	泰和证券投资基金	流通股	476.53	1.23
4	裕隆证券投资基金	流通股	300.00	0.77
5	北京有色金属研究总院	流通股	77.05	0.20
6	嘉实成长收益型证券投资基金	流通股	64.78	0.17
7	孙秀英	流通股	50.33	0.13
8	秦月生	流通股	50.00	0.13
9	白春芬	流通股	31.05	0.08
10	邹佩松	流通股	30.23	0.08

股东人数	2003.9	2003.6	2002	2001
	87857	90502	95005	106477

近年分配	2002年10股派1元	近年配股/增发	不分配不转增

重大事项

2003年11月19日,公司控股子公司四川泸州黄浦电力有限公司与中国农业银行四川省叙永支行签订贷款协议。中国农业银行四川省叙永支行将为四川泸州黄浦电力有限公司建设中的黄浦电厂一期工程提供1.18亿元的八年期贷款,公司董事会通过了将就此项贷款为四川黄浦电力有限公司提供连带责任担保。同时,成都大阳置业有限责任公司向公司承诺为其提供反担保. 2003年10月24日公司与澳大利亚奥多嘉矿业有限公司签订了业务合作的意向性协议,协议双方约定:共同开发澳大利亚的铝土矿和建设相关的选矿厂、电解铝厂;合作双方将尽其最大的努力,力争在2010年之前形成年产400万吨氧化铝和42万吨电解铝的生产能力。公司将以投资入股、工程承包、提供技术咨询、协助融资等方式参与合作开发.

二〇〇二年以来市场表现

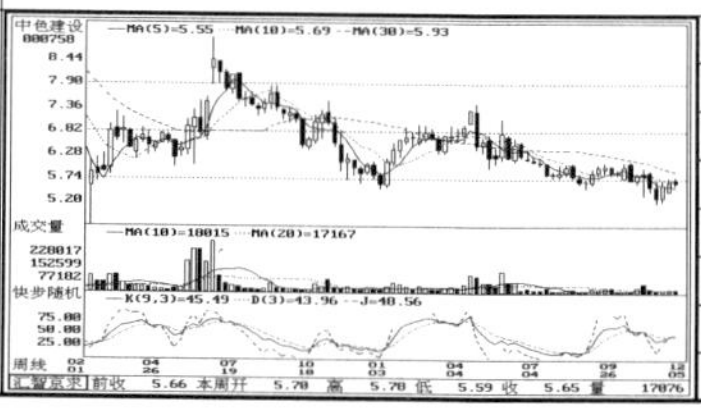

2002年涨跌幅(%)	-22.22
2002年最高(元)	8.88
2002年最低(元)	4.56
2002年换手率(%)	144.86
2003年涨跌幅(%)	1.07
2003年最高(元)	7.34
2003年最低(元)	5.16
2003年换手率(%)	78.65

武汉中百集团股份有限公司

公司概况

公司名称	武汉中百集团股份有限公司	股票代码	000759
注册地址	湖北省武汉市江汉区江汉路129号	邮政编码	430021
法人代表	汪爱群	董秘	杨晓红
电话	027-82777083	传真	027-82210291
主营业务	商业批发零售等		
总股本	20954.19	流通A	14667.51
流通B		流通H	
审计单位		审计意见	未审计

主要财务指标

年度	2003.9	2003.6	2002	2001
每股收益/扣除后(元)	0.0620	0.0370	0.0600	0.1250
每股经营现金流量(元)	1.3130	0.8100	0.5690	0.0190
每股净资产/调整后(元)	3.3300	3.3200	3.3500	2.6900
每股公积金(元)	2.4775	2.4775	2.4775	1.6867
净资产收益率(%)	1.4600	1.0700	2.1900	4.6500
总资产(万元)	208945.47	195459.89	195673.41	96619.65
股东权益(万元)	79167.59	78656.44	77797.48	51859.63
未分配利润(万元)	1798.88	1287.73	430.50	456.90
主营收入(万元)	247590.91	172155.55	220706.77	147625.70
资本公积金(万元)	51914.17	51914.17	51914.17	29630.18
主营利润(万元)	26993.30	17990.16	26301.59	21046.94
其他业务利润(万元)	3213.74	2533.69	1730.22	1628.32
营业利润(万元)	2394.29	1785.34	2993.84	3793.41
投资收益(万元)	-164.32	-98.00	29.34	-58.05
补贴收入(万元)	33.94	33.94	220.00	366.00
营业外收支(万元)	-254.26		-87.63	-244.28
利润总额(万元)	2009.65	1549.36	3155.54	3857.08
净利润(万元)	1156.59	843.37	1706.17	2409.35

十大股东

序号	股东名称	股份性质	持股数(万股)	比例(%)
1	武汉国有资产经营公司	国有股、流通股	3018.99	14.41
2	武汉华汉投资管理有限公司	法人股	1068.60	5.10
3	上海新元投资有限公司	法人股	319.00	1.52
4	长江经济联合发展股份有限公司武汉公司	法人股	232.65	1.11
5	武汉东湖创新科技投资有限公司	法人股	216.15	1.03
6	中国纺织物资上海公司	法人股	198.00	0.94
7	武汉聚安物业管理有限公司	法人股	165.00	0.79
8	湖北金鹤实业开发公司	法人股	165.00	0.79
9	中国三江航天工业集团公司	法人股	165.00	0.79
10	汉盛证券投资基金	社会公众股	113.21	0.54

股东人数	2003.9	2003.6	2002	2001
	55931	56811	57143	52946

近年分配	2002年10股派0.5元 2001年10股派0.8元	近年配股/增发	2001年中期10股配3股

重大事项

2003年5月28日,公司董事会通过了关于实施国债项目《连锁经营物流配送中心技术改造项目》的议案,该项目国债贴息补助金额为1374万元,项目总投资18824万元,建设期为2年。公司于2003年11月7日召开2003年第一次股东大会,审议通过以上议案. 2002年7月11日,公司第二大股东武汉华汉投资管理有限公司以其持有的本公司法人股1068.6万股,向中国建设银行武汉市武昌支行质押贷款,质押期限为2002年7月4日至2004年7月4日.

二〇〇二年以来市场表现

2002年涨跌幅(%)	-26.35
2002年最高(元)	8.97
2002年最低(元)	5.80
2002年换手率(%)	198.30
2003年涨跌幅(%)	-20.78
2003年最高(元)	6.83
2003年最低(元)	4.17
2003年换手率(%)	129.38

湖北博盈投资股份有限公司

公司概况							
公司名称	湖北博盈投资股份有限公司			股票代码	000760		
注册地址	湖北省公安县斗湖堤镇荆江大道178号			邮政编码	434300		
法人代表	陈宏超			董秘	穆校平		
电话	0716-8270288			传真	0716-8270099		
主营业务	汽车配件制造、销售						
总股本	10932.23	流通A	5181.46	流通B		流通H	
审计单位				审计意见	未审计		

主要财务指标

年度	2003.9	2003.6	2002	2001
每股收益/扣除后(元)	-0.0400	-0.0420	0.0230	0.0500
每股经营现金流量(元)	0.4200	-0.2600	0.0060	0.1200
每股净资产/调整后(元)	3.2100	3.2200	3.1900	3.1900
每股公积金(元)		1.7166	1.7126	1.7078
净资产收益率(%)	0.3600	-0.9800	1.4720	2.3700
总资产(万元)	59977.00	52926.05	52889.61	43700.58
股东权益(万元)	35457.00	35465.96	35771.12	35166.62
未分配利润(万元)	2114.44	2132.40	2480.95	2039.21
主营收入(万元)	7352.76	4869.49	18342.90	15704.64
资本公积金(万元)		18765.88	18722.48	18670.17
主营利润(万元)	1006.30	606.46	3277.17	2467.04
其他业务利润(万元)	132.38	81.47	148.07	110.39
营业利润(万元)	-487.45	-462.36	843.54	257.43
投资收益(万元)				
补贴收入(万元)			64.55	
营业外收支(万元)	120.94	113.80	-25.03	32.39
利润总额(万元)	-366.51	-348.55	883.06	289.82
净利润(万元)	-366.51	-348.55	526.59	834.21

十大股东

序号	股东名称	股份性质	持股数(万股)	比例(%)
1	北京嘉利恒德房地产开发有限公司	法人股	2449.13	22.40
2	公安县经济开发投资公司	法人股	1094.76	10.01
3	坦博风险投资有限公司	法人股	855.85	7.83
4	北京颐和丰业投资有限公司	国家股	498.60	4.56
5	公安县振华环保工程有限公司	法人股	496.22	4.54
6	民生证券	流通股	183.70	1.68
7	湖北华通车轿集团有限公司	国家股	145.55	1.33
8	刘保健	流通股	142.40	1.30
9	项城市永达装饰	流通股	131.48	1.20
10	公安县华通商贸有限公司	法人股	75.54	0.69

股东人数	2003.9	2003.6	2002	2001
	17270	18385	19414	22919

近年分配		近年配股/增发	不分配不转增

重大事项

2003年9月30日,公司董事会接通知获悉,公司第二大股东公安县经济开发投资公司已将其持有的公司股份10,947,600股、质押给中国银行公安县支行,为公司向该行的流动资金借款提供质押担保,质押期限一年。 2003年6月14日,第一大股东北京嘉利恒德房地产开发有限公司和第三大股东坦博风险投资有限公司已分别将其持有的公司股份24491300股和8558517股质押给农行北京崇文支行,为金浩集团有限公司借款提供一年期质押。

二〇〇二年以来市场表现

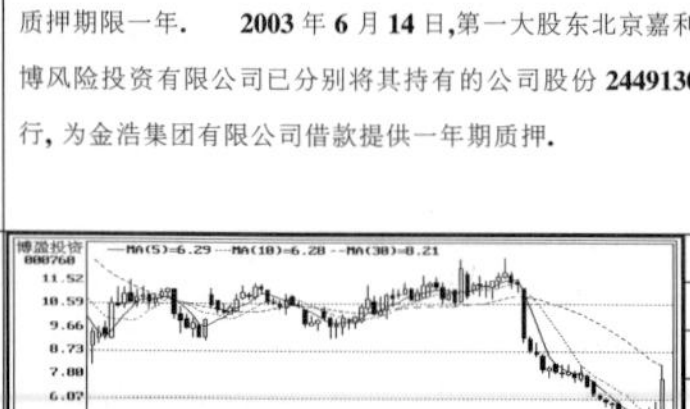

2002年涨跌幅(%)	-4.36
2002年最高(元)	11.52
2002年最低(元)	8.01
2002年换手率(%)	169.95
2003年涨跌幅(%)	-41.73
2003年最高(元)	12.45
2003年最低(元)	5.01
2003年换手率(%)	202.27

本钢板材股份有限公司

公司概况							
公司名称	本钢板材股份有限公司			股票代码	000761		
注册地址	辽宁省本溪市平山区人民路16号			邮政编码	117000		
法人代表	李墨华			董秘	梁广德		
电话	0414-7827344			传真	0414-7828360		
主营业务	钢铁冶炼、压延加工及相关产品的销售业务						
总股本	113600.00	流通A	11997.00	流通B	40000.00	流通H	
审计单位				审计意见	未审计		

主要财务指标

年度	2003.9	2003.6	2002	2001
每股收益/扣除后(元)	0.2200	0.1900	0.3600	0.2419
每股经营现金流量(元)	0.6100	0.4700	0.8600	0.1500
每股净资产/调整后(元)	3.6299	3.5794	3.4056	3.0662
每股公积金(元)		1.2299	1.2297	1.2297
净资产收益率(%)	6.1400	4.8100	9.9400	7.8800
总资产(万元)	697700.75	704502.50	673656.00	527234.94
股东权益(万元)	412474.37	406664.66	387086.16	348594.62
未分配利润(万元)	128818.36	123030.05	103476.16	70758.37
主营收入(万元)	808729.37	510711.37	775047.69	524281.41
资本公积金(万元)		139717.98	139693.39	139693.39
主营利润(万元)	54074.86	42122.70	82816.94	44685.73
其他业务利润(万元)				
营业利润(万元)	40591.45	31943.17	62165.87	31184.36
投资收益(万元)				
补贴收入(万元)				
营业外收支(万元)	-2767.27		-3158.16	-433.28
利润总额(万元)	37824.17	29184.91	59007.71	30751.08
净利润(万元)	25342.20	19553.89	38491.52	27484.42

十大股东

序号	股东名称	股份性质	持股数(万股)	比例(%)
1	本溪钢铁(集团)有限责任公司	国有股	61600.00	54.23
2	DEUTSCHE BANK AGLONDON	外资股	421.77	0.37
3	方伊君	外资股	181.57	0.16
4	黄莲娣	外资股	176.39	0.16
5	NOMURA TB/NOMURAITM	外资股	140.00	0.12
6	CHEN YIK KIAN	外资股	138.00	0.12
7	GREAT DIAMONDINTERNATIONAL LIMITED	外资股	125.96	0.11
8	张祖坤	外资股	119.88	0.10
9	BEST RELIANCEINVESTMENTS LTD	外资股	118.46	0.10
10	华仲国际有限公司	外资股	113.18	0.09

股东人数	2003.9	2003.6	2002	2001
	100123	103484	108277	114349

近年分配	2001年10股派1.76元	近年配股/增发	不分配不转增

重大事项

2003年8月5日,公司接到中国证监会沈阳稽查局对公司签发的立案调查通知书;因未按时披露年报,决定对公司进行立案调查. 调查工作于2003年8月6日开始. 公司目前生产经营一切正常. 2002年03月16日,公司炼钢厂板坯连铸车间二期技术改造后,炼钢厂具备了375万吨钢全连铸的生产能力.

二〇〇二年以来市场表现

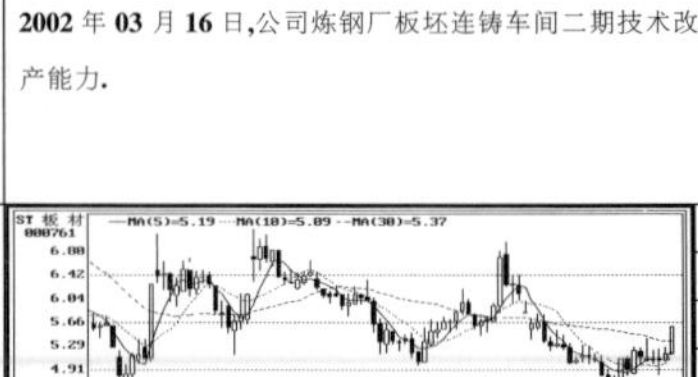

2002年涨跌幅(%)	-7.96
2002年最高(元)	7.00
2002年最低(元)	3.97
2002年换手率(%)	144.42
2003年涨跌幅(%)	1.18
2003年最高(元)	6.96
2003年最低(元)	4.61
2003年换手率(%)	151.00

西藏矿业发展股份有限公司

公司概况

公司名称	西藏矿业发展股份有限公司			股票代码	000762
注册地址	西藏自治区拉萨市扎基路 14 号			邮政编码	850000
法人代表	肖永恩		董秘	刘晓江	
电话	0891-6324952		传真	0891-6336738	
主营业务	铬矿、硼矿等矿开采及销售、铬矿的深加工及销售等				
总股本	20051.00	流通 A	7700.00	流通 B	流通 H
审计单位			审计意见	未审计	

主要财务指标

年度	2003.9	2003.6	2002	2001
每股收益/扣除后(元)	0.0400	0.0048	–0.2400	0.0300
每股经营现金流量(元)	0.1450	–0.0080	0.0212	–0.0504
每股净资产/调整后(元)	1.8400	1.7500	1.8240	2.4150
每股公积金(元)	1.3195	1.3193	1.3193	1.3181
净资产收益率(%)	1.6300	0.2200	–14.0300	0.6700
总资产(万元)	65966.19	64710.10	65234.39	72305.73
股东权益(万元)	42607.57	42017.59	41969.85	48423.10
未分配利润(万元)	–5096.83	–5700.44	–5790.96	177.12
主营收入(万元)	16211.99	9293.01	15924.59	18301.64
资本公积金(万元)	26458.09	26454.09	26453.68	26429.66
主营利润(万元)	4100.13	1826.91	1295.05	4748.80
其他业务利润(万元)	158.59	58.79	29.91	72.05
营业利润(万元)	594.14	–75.72	–6035.63	505.09
投资收益(万元)	–1.00		–157.87	–15.34
补贴收入(万元)	100.50	100.50	104.00	117.05
营业外收支(万元)	–211.40	–132.17	–1212.75	–398.75
利润总额(万元)	482.24	–107.40	–7302.26	208.05
净利润(万元)	694.13	90.52	–5888.87	326.77

十大股东

序号	股东名称	股份性质	持股数(万股)	比例(%)
1	西藏自治区矿业发展总公司	国有法人股	8043.70	40.12
2	四川都江堰海棠电冶厂	法人股	1647.30	8.22
3	西藏藏华工贸有限公司	法人股	1267.30	6.32
4	西藏山南地区铬铁矿	法人股	760.00	3.79
5	西藏山南地区泽当供电局	法人股	632.70	3.16
6	重庆正翔实业有限公司	流通股	123.97	0.61
7	张行萃	流通股	111.50	0.56
8	重庆万州区永丰装饰有限公司	流通股	100.18	0.50
9	田庆明	流通股	86.50	0.43
10	袁定贵	流通股	80.95	0.40

股东人数	2003.9	2003.6	2002	2001
	22924	23342	22239	13565

近年分配	2001年10股派0.15元	近年配股/增发	不分配不转增

重大事项

2003年9月25日,公司董事会同意公司以9054000元人民币受让关联方西藏藏华工贸有限公司的罗布萨铬铁矿区115号矿体固定资产. 2003年5月15日,公司控股股东西藏自治区矿业发展总公司为其关联公司西藏扎布耶锂业高科技有限公司办理贷款,将其持有的公司国有法人股4021.85万股质押给中国农业银行拉萨市康昂东路支行,质押期限为2003年4月8日至2012年9月8日.

二〇〇二年以来市场表现

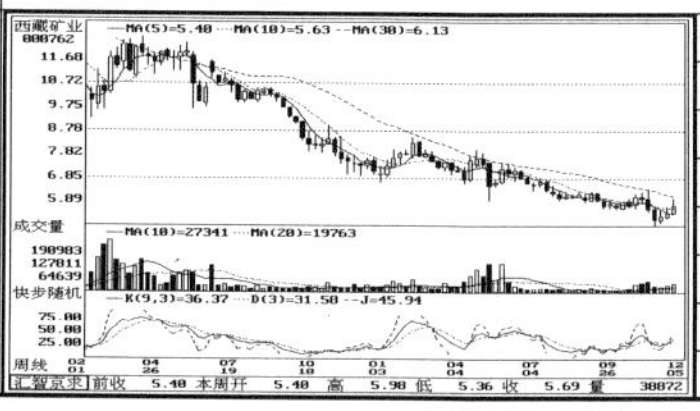

2002年涨跌幅(%)	–39.10
2002年最高(元)	12.63
2002年最低(元)	6.90
2002年换手率(%)	359.42
2003年涨跌幅(%)	–22.08
2003年最高(元)	8.48
2003年最低(元)	4.92
2003年换手率(%)	202.24

锦州石化股份有限公司

公司概况

公司名称	锦州石化股份有限公司			股票代码	000763
注册地址	辽宁省锦州市古塔区重庆路 2 号			邮政编码	121001
法人代表	吕文君		董秘	陈建军	
电话	0416-4159024		传真	0416-4159024	
主营业务	石油化工及焦炭产品,有机化学产品及催化剂等				
总股本	78750.00	流通 A	15000.00	流通 B	流通 H
审计单位			审计意见	未审计	

主要财务指标

年度	2003.9	2003.6	2002	2001
每股收益/扣除后(元)	0.0780	0.0430	0.0240	0.1430
每股经营现金流量(元)	0.0200	0.2170	0.5400	0.4060
每股净资产/调整后(元)	2.0260	1.9960	1.9500	1.9090
每股公积金(元)	0.9304	0.9304	0.9304	0.9304
净资产收益率(%)	3.7400	2.1200	0.8200	7.1020
总资产(万元)	247763.55	253073.77	235687.09	217220.87
股东权益(万元)	160225.34	157573.59	154233.59	156910.06
未分配利润(万元)	7283.97	4632.20	1292.20	4157.83
主营收入(万元)	797090.06	539106.81	903126.31	863873.19
资本公积金(万元)	73268.50	73268.50	73268.50	73268.50
主营利润(万元)	27509.81	15917.58	31388.60	38577.03
其他业务利润(万元)	959.27	698.32	1116.29	1286.21
营业利润(万元)	8346.23	4001.04	1907.65	15436.70
投资收益(万元)				
补贴收入(万元)				
营业外收支(万元)	–126.66	56.17	–646.62	–147.04
利润总额(万元)	8219.57	3944.87	1261.03	15289.65
净利润(万元)	5991.77	3340.00	1261.03	11143.06

十大股东

序号	股东名称	股份性质	持股数(万股)	比例(%)
1	中国石油天然气股份有限公司	国家股	63750.00	80.95
2	国泰君安证券股份有限公司	流通股	530.00	0.67
3	兴和证券投资基金	流通股	323.70	0.41
4	深圳市财政金融服务中心	流通股	222.25	0.28
5	兴业证券投资基金	流通股	179.99	0.23
6	普丰证券投资基金	流通股	47.34	0.06
7	李俊奇	流通股	38.55	0.05
8	李鹏翱	流通股	38.00	0.05
9	刘争云	流通股	35.00	0.04
10	汪铁民	流通股	33.98	0.04

股东人数	2003.9	2003.6	2002	2001
	50914	50538	47568	59829

近年分配	2001年10股派0.5元	近年配股/增发	不分配不转增

重大事项

2003年09月12日17时10分,锦州石化所属炼油一厂二套常减压装置检修后开车,在减压炉点火过程中发生闪爆,炉壁及框架损坏,事故造成3人死亡,重伤1人,轻伤5人. 此次事故损坏的二常减压炉原值212万元(1989年底建成),累计折旧193.8万元,今年8月末的净值为18.2万元,事故造成直接经济损失18.2万元. 事故发生后,公司采取开常压甩掉减压系统,常压渣油直接进焦化的生产方案,确保了生产不减量,使事故损失减少到了最低程度.目前,该装置已恢复正常生产.

二〇〇二年以来市场表现

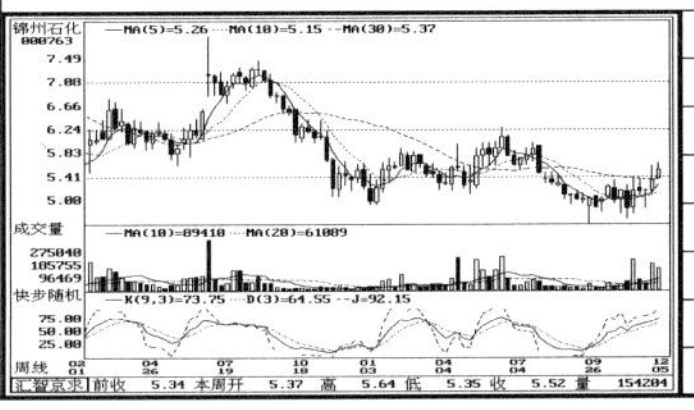

2002年涨跌幅(%)	–13.10
2002年最高(元)	7.86
2002年最低(元)	4.92
2002年换手率(%)	228.40
2003年涨跌幅(%)	5.95
2003年最高(元)	6.28
2003年最低(元)	4.58
2003年换手率(%)	216.21

武汉华信高新技术股份有限公司

公司概况

公司名称	武汉华信高新技术股份有限公司			股票代码	000765
注册地址	中国湖北省武汉市中山大道 **779-805** 号			邮政编码	430022
法人代表	高甦平		董秘	涂飞舟	
电话	027-83661352		传真	027-83641351	
主营业务	商品零售批发、汽车货运、服装加工等				
总股本	24885.67	流通 A	7061.65	流通 B	流通 H
审计单位			审计意见	未审计	

主要财务指标

年度	2003.9	2003.6	2002	2001
每股收益 / 扣除后(元)	-0.1760	-0.1520	-0.3100	-0.0900
每股经营现金流量(元)	-0.0030	-0.0004	0.0041	-0.5030
每股净资产 / 调整后(元)	0.3430	0.2853	0.6480	0.9700
每股公积金(元)	0.0359	0.0355	0.0355	0.0355
净资产收益率(%)	-41.7500	-33.3800	-51.7900	-7.9400
总资产(万元)	61641.75	62422.73	69613.79	76905.25
股东权益(万元)	10676.83	11341.88	16148.29	26460.07
未分配利润(万元)	-16136.06	-15463.94	-15463.94	-2180.97
主营收入(万元)	822.93	628.82	1344.56	14465.12
资本公积金(万元)	893.67	883.87	883.87	883.89
主营利润(万元)	14.63	32.72	-481.05	3613.18
其他业务利润(万元)	91.16	69.88	209.64	1939.97
营业利润(万元)	-6300.00	-5902.54	-9487.12	-1599.22
投资收益(万元)	-3.07	-2.05	-8.77	
补贴收入(万元)				
营业外收支(万元)	-77.58	0.94	-644.15	161.53
利润总额(万元)	-6380.65	-5903.65	-10140.03	-1437.69
净利润(万元)	-4457.97	-3785.85	-8363.52	-2101.67

十大股东

序号	股东名称	股份性质	持股数(万股)	比例(%)
1	武汉华中信息技术集团有限公司	国有法人股	9145.14	36.75
2	武汉市江汉区房地产公司	募集法人股	705.60	2.84
3	武汉市城市信用合作联合社	募集法人股	705.60	2.84
4	武汉市保险公司江汉支公司	募集法人股	588.00	2.36
5	深圳丰华电子有限公司	募集法人股	470.40	1.89
6	武汉市江汉区贺家墩村村民委员会	募集法人股	408.69	1.64
7	上海沪香工贸有限公司	募集法人股	285.12	1.15
8	无锡智慧投资有限公司	募集法人股	253.71	1.02
9	武汉市江汉财务开发公司	募集法人股	237.08	0.95
10	上海新元投资有限公司	募集法人股	236.80	0.95

股东人数	2003.9	2003.6	2002	2001
	21212	22133	24927	7140

近年分配	**2001** 年中期 **10** 股派 **0.125** 元	近年配股 / 增发	**2001** 年中期 **10** 股送 **0.5** 股、增 **5.5** 股

重大事项

2003 年 **10** 月 **9** 日公司收到武汉市中级人民法院民事判决书，判决书裁定:**1)**公司偿还借款本金 **1,100** 万元,利息 **489142.5** 元，华信集团承担连带清偿责任;**2)**公司偿付银行承兑汇票垫款 **140** 万元.公司董事会决定对此判决不予上诉,公司正积极与原告中行江汉支行沟通,希望达成和解. 公司于 **2003** 年 **9** 月 **8** 日收到广东省深圳市中级人民法院《民事判决书》,判决书对深圳发展银行银都支行诉深圳市世纪东方股份有限公司 **3000** 万元借款及公司担保纠纷事项做出判决: 公司对世纪东方该项债务承担连带清偿责任.

二〇〇二年以来市场表现

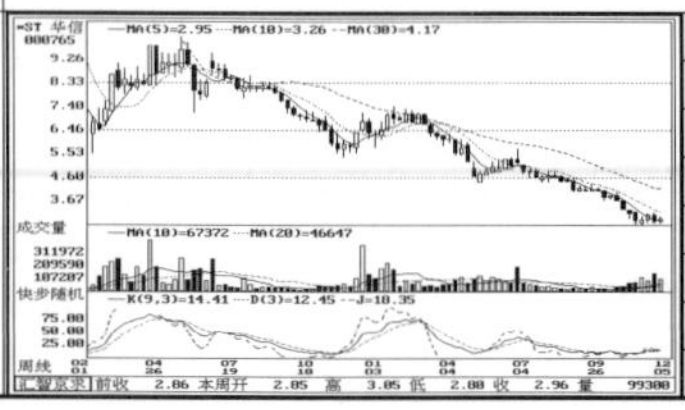

2002年涨跌幅(%)	-29.12
2002年最高(元)	10.19
2002年最低(元)	4.92
2002年换手率(%)	678.32
2003年涨跌幅(%)	-51.44
2003年最高(元)	7.39
2003年最低(元)	2.74
2003年换手率(%)	458.44

通化金马药业集团股份有限公司

公司概况

公司名称	通化金马药业集团股份有限公司			股票代码	000766
注册地址	吉林省通化市江南路 **100-1** 号			邮政编码	134001
法人代表	刘立成		董秘	贾伟林	
电话	0435-3910232		传真	0435-3907298	
主营业务	中西原料药及制品、生物化学制剂、保健品的生产销售				
总股本	44901.63	流通 A	28493.40	流通 B	流通 H
审计单位			审计意见	未审计	

主要财务指标

年度	2003.9	2003.6	2002	2001
每股收益 / 扣除后(元)	-0.0290	0.0003	-0.1100	-0.7250
每股经营现金流量(元)	0.0100	0.0610	0.1620	-1.6490
每股净资产 / 调整后(元)	0.9160	0.9710	0.9740	0.9300
每股公积金(元)		0.8668	0.8668	0.8668
净资产收益率(%)	-1.7100	0.9900	3.4100	-123.6800
总资产(万元)	159880.70	158868.20	153078.59	146913.81
股东权益(万元)	48033.25	49342.54	48869.11	47227.41
未分配利润(万元)	-49222.43	-47913.15	-48386.58	-49908.33
主营收入(万元)	11375.82	7674.44	16099.54	10043.48
资本公积金(万元)	38922.36	38922.36	38922.36	38922.36
主营利润(万元)	7683.00	5241.35	11909.97	6793.14
其他业务利润(万元)	-84.50	-11.83	-13.56	-24.37
营业利润(万元)	-1318.62	25.90	-2057.95	-33429.53
投资收益(万元)	2.17	2.17	-4.10	-3229.14
补贴收入(万元)	530.00	490.00	3725.00	9117.52
营业外收支(万元)	-35.56		3.49	-30051.65
利润总额(万元)	-822.01	487.15	1666.44	-57592.81
净利润(万元)	-835.86	473.43	1641.71	-58412.47

十大股东

序号	股东名称	股份性质	持股数(万股)	比例(%)
1	通化市三利化工有限责任公司	法人股	5931.36	13.21
2	通化市二道江区国有资产经营公司	国有股	5867.97	13.07
3	通化市特产集团总公司	国有法人股	441.54	9.80
4	通化市石油工具厂	法人股	207.36	0.46
5	北京巴菲特国际贸易有限公司	流通股	47.75	0.11
6	吴冬阳	流通股	41.20	0.09
7	梁伟平	流通股	37.41	0.08
8	金舟	流通股	37.20	0.08
9	湖南省财信物资贸易有限公司	流通股	30.00	0.07
10	金信证券有限责任贸易有限公司	流通股	30.00	0.07

股东人数	2003.9	2003.6	2002	2001
	133491	134803	137806	144631

近年分配		近年配股 / 增发	不分配不转增

重大事项

2002 年 **10** 月 **16** 日,公司董事会同意公司以部分应收账款、部分其他应收款(合计 **40,963.36** 万元)与通化市二道江国有资产公司拥有的总面积为 **819.5** 公顷林地资产及 **49,287** 立方米林木资产进行置换,置换差额 **41.94** 万元由公司以现金补付给二道江国资公司. **2002** 年 **9** 月 **26** 日,因借款合同纠纷案,人民法院裁定将公司第三大股东通化市特产集团总公司持有的公司国有法人股 **44015400** 股，以每股 **0.86** 元的价格抵偿给农行通化市分行营业部.

二〇〇二年以来市场表现

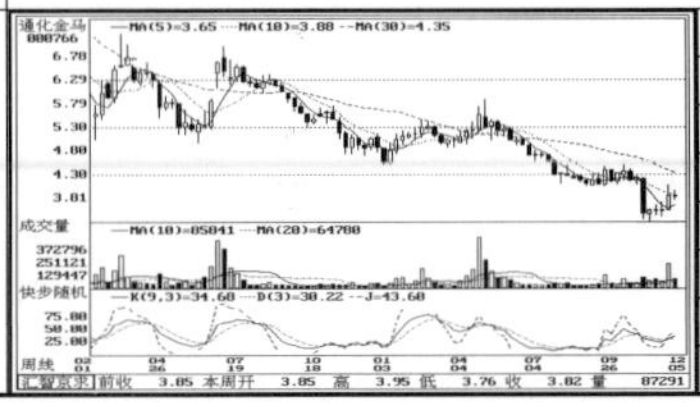

2002年涨跌幅(%)	-28.29
2002年最高(元)	7.28
2002年最低(元)	4.69
2002年换手率(%)	146.98
2003年涨跌幅(%)	-18.78
2003年最高(元)	5.87
2003年最低(元)	3.31
2003年换手率(%)	133.86

山西漳泽电力股份有限公司

公司概况

公司名称	山西漳泽电力股份有限公司	股票代码	000767
注册地址	山西省太原市五一路 279 号	邮政编码	030009
法人代表	孟振平	董秘	王一峰
电话	0351-3115109	传真	0351-3115168
主营业务	电力产品的生产与销售		

总股本	56550.00	流通 A	15600.00	流通 B		流通 H	
审计单位				审计意见	未审计		

主要财务指标

年度	2003.9	2003.6	2002	2001
每股收益/扣除后(元)	0.0569	0.2640	0.3840	0.1810
每股经营现金流量(元)	0.8600	0.4280	1.2740	1.1830
每股净资产/调整后(元)	3.0050	3.0060	3.5700	3.4700
每股公积金(元)	1.2931	1.2931	1.9810	1.9810
净资产收益率(%)	8.7300	8.4700	6.1500	9.7900
总资产(万元)	460245.25	463131.37	462486.28	459292.03
股东权益(万元)	171054.52	170564.77	156118.98	151465.08
未分配利润(万元)	25560.50	25070.73	10624.96	9018.14
主营收入(万元)	153671.83	100895.74	158547.83	135855.30
资本公积金(万元)	73123.98	73123.98	86173.98	86173.98
主营利润(万元)	45376.02	29762.35	37967.85	26477.52
其他业务利润(万元)	106.25	16.47	9.96	65.88
营业利润(万元)	22115.77	21139.19	10760.87	21471.18
投资收益(万元)	217.89	362.83	-146.01	-487.02
补贴收入(万元)	10.00	10.00	5.00	
营业外收支(万元)	-231.13		3163.49	-464.64
利润总额(万元)	22112.52	21345.17	13783.35	20519.52
净利润(万元)	14935.54	14445.77	9593.77	14811.58

十大股东

序号	股东名称	股份性质	持股数(万股)	比例(%)
1	中国电力投资集团公司	未披露	23341.50	41.27
2	山西国际电力集团有限公司	国有法人股	17608.50	31.14
3	河南省经济技术开发公司	流通股	494.10	0.87
4	河南财政证券公司	流通股	370.05	0.65
5	长盛成长价值证券投资基金	流通股	278.50	0.49
6	丰和价值证券投资基金	流通股	210.76	0.37
7	山西省信托投资公司	流通股	209.19	0.37
8	景福证券投资基金	流通股	207.00	0.37
9	金鑫证券投资基金	流通股	196.14	0.35
10	银丰证券投资基金	流通股	192.43	0.34

股东人数	2003.9	2003.6	2002	2001
	52798	52835	56358	61530

近年分配	2002年10股派3.6元 2001年10股派2元	近年配股/增发	不分配不转增

重大事项

公司于 **2002** 年 **12** 月 **5** 日与中国工商银行签订了为期三年的货币掉期保值交易协议. 实施货币掉期以来,给公司正常的经营核算带来很大影响.为了规避日元汇率风险,公司于 **2003** 年 **10** 月 **31** 日对掉期保值交易进行了平盘.平盘后,负债恢复为原来的本金和利率水平,并获得平盘收益 **21** 万美元(人民币金额为 **173** 万元). **2003** 年 **8** 月 **23** 日,公司第一大股东山西省电力公司持有公司 **233415000** 股份将无偿转让给中国电力投资集团公司.转让后,山西省电力公司将不再持有公司股份,中国电力投资集团公司将成为公司第一大股东.

二〇〇二年以来市场表现

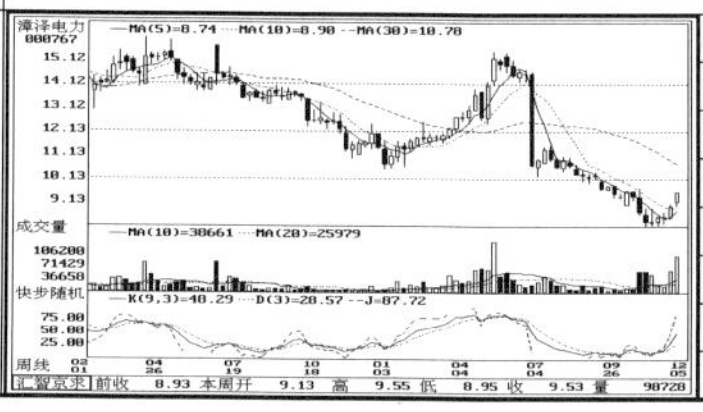

2002年涨跌幅(%)	-26.63
2002年最高(元)	11.97
2002年最低(元)	8.14
2002年换手率(%)	56.16
2003年涨跌幅(%)	7.33
2003年最高(元)	11.63
2003年最低(元)	7.80
2003年换手率(%)	86.43

西安飞机国际航空制造股份有限公司

公司概况

公司名称	西安飞机国际航空制造股份有限公司	股票代码	000768
注册地址	西安市高新路国税大厦六楼	邮政编码	710075
法人代表	杨忠	董秘	郝占富
电话	029-6846638	传真	029-6846031
主营业务	飞机及其他飞行器零部件的设计、试验、生产、销售及相关业务		

总股本	39150.00	流通 A	17700.00	流通 B		流通 H	
审计单位				审计意见	未审计		

主要财务指标

年度	2003.9	2003.6	2002	2001
每股收益/扣除后(元)	0.0700	0.0450	0.1600	0.0900
每股经营现金流量(元)	0.1300	-0.0250	0.3500	0.1500
每股净资产/调整后(元)	4.8900	4.8700	4.8400	4.8200
每股公积金(元)	3.5750	3.5750	3.5750	3.5750
净资产收益率(%)	1.2800	0.8600	2.3400	2.4200
总资产(万元)	232607.75	234099.64	235799.52	259147.37
股东权益(万元)	192187.19	191382.06	189731.31	189201.50
未分配利润(万元)	4419.85	3614.73	1963.99	2323.13
主营收入(万元)	66418.24	43675.77	101697.90	91955.25
资本公积金(万元)	139961.23	139961.23	139961.23	139961.23
主营利润(万元)	9492.10	6334.02	17446.29	12111.78
其他业务利润(万元)	130.37	141.87	332.80	2.08
营业利润(万元)	2745.95	1730.22	7585.80	4018.61
投资收益(万元)	36.76	37.79	-1399.22	1687.65
补贴收入(万元)				
营业外收支(万元)	-39.38		-119.10	25.04
利润总额(万元)	2743.33	1738.23	6067.48	5731.30
净利润(万元)	2455.86	1650.74	4444.82	4570.81

十大股东

序号	股东名称	股份性质	持股数(万股)	比例(%)
1	西安飞机工业(集团)有限责任公司	国有法人股	21450.00	54.79
2	华夏成长证券投资基金	上市流通股	302.32	0.77
3	鸿阳证券投资基金	上市流通股	229.12	0.59
4	国元证券有限责任公司	上市流通股	122.48	0.31
5	周雅彬	上市流通股	83.09	0.21
6	景宏证券投资基金	上市流通股	60.00	0.15
7	庄鸿斌	上市流通股	51.01	0.13
8	王强	上市流通股	49.00	0.13
9	林锡清	上市流通股	47.12	0.12
10	易方达平稳增长证券投资基金	上市流通股	42.30	0.11

股东人数	2003.9	2003.6	2002	2001
	98466	95937	102376	106925

近年分配	2002年10股派1元 2001年10股派1.35元	近年配股/增发	不分配不转增

重大事项

2002 年 **11** 月 **13** 日,公司控股股东西安飞机工业(集团)有限责任公司与欧洲空中客车公司正式签订了 **500** 架份总值为 **1** 亿余美元的 **A320** 飞机机翼后缘总装件转包生产合同. 按照西飞集团公司的承诺,公司将全额承担上述合同零部件的生产制造. 本公司 **2001** 年 **3** 月底分别与上海京华希望投资有限公司等七家公司签订了委托理财协议,委托资金总额 **2.4** 亿元. 截止 **2001** 年 **12** 月 **31** 日已收回上海京华希望投资有限公司等五家公司委托理财资金 **1.7** 亿,收益 **1,300** 万元.

二〇〇二年以来市场表现

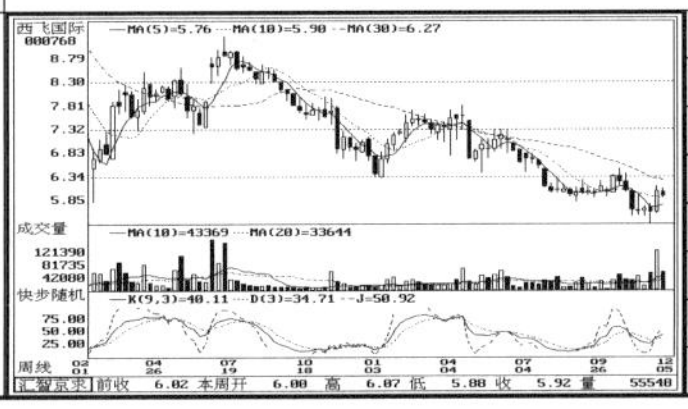

2002年涨跌幅(%)	-19.01
2002年最高(元)	9.18
2002年最低(元)	5.71
2002年换手率(%)	97.32
2003年涨跌幅(%)	-5.20
2003年最高(元)	7.70
2003年最低(元)	5.36
2003年换手率(%)	77.57

大连菲菲澳家现代农业股份有限公司

公司概况

公司名称	大连菲菲澳家现代农业股份有限公司			股票代码	000769		
注册地址	大连市中山区捷山街奋斗巷30号			邮政编码	116013		
法人代表	赵也飞		董秘	张利群			
电话	0411-2820379		传真	0411-2820510			
主营业务	绿化种苗产业化工程、园林开发改造、畜牧养殖、水产养殖、花卉等						
总股本	18540.00	流通A	8100.00	流通B		流通H	
审计单位			审计意见	未审计			

主要财务指标

年度	2003.9	2003.6	2002	2001
每股收益/扣除后(元)	-0.0339	-0.0091	-0.1000	-0.1300
每股经营现金流量(元)	-0.0490	-0.0310	-0.0490	0.0140
每股净资产/调整后(元)	2.3600	2.3389	2.3300	2.2200
每股公积金(元)	1.1286	1.1126	1.1126	1.0137
净资产收益率(%)	0.0610	0.0400	-3.9600	0.5000
总资产(万元)	67575.14	57808.06	58574.14	66604.72
股东权益(万元)	44982.27	44675.49	44538.72	44470.65
未分配利润(万元)	4495.73	4486.26	4349.49	6114.43
主营收入(万元)	1539.59	1115.00	512.00	18600.85
资本公积金(万元)	20924.66	20627.35	20627.35	18794.33
主营利润(万元)	651.81	472.94	120.95	2145.64
其他业务利润(万元)	8.46		10.50	27.81
营业利润(万元)	-618.87	-165.68	-1270.95	-1576.37
投资收益(万元)	655.93	186.85	-518.40	-52.94
补贴收入(万元)				
营业外收支(万元)	-0.65		13.70	1909.66
利润总额(万元)	36.40	20.56	-1775.65	280.35
净利润(万元)	27.61	18.14	-1764.94	210.58

十大股东

序号	股东名称	股份性质	持股数(万股)	比例(%)
1	沈阳菲菲企业集团有限公司	国有、社会法人股	5524.92	29.80
2	沈阳嘉达投资管理有限公司	社会法人股	2486.21	13.41
3	大连盛道集团有限公司	国有法人股	2097.00	11.31
4	沈阳市野森贸易有限公司	社会法人股	331.87	1.79
5	中国银河证券有限责任公司	社会流通股	75.65	0.41
6	刘光强	社会流通股	31.31	0.17
7	李运启	社会流通股	29.82	0.16
8	王颖	社会流通股	21.94	0.12
9	张灿枫	社会流通股	21.50	0.12
10	姜文广	社会流通股	20.83	0.11

股东人数	2003.9	2003.6	2002	2001
	28663	28047	27577	26292

近年分配		近年配股/增发	不分配不转增

重大事项

2003年10月8日,现公司收到沈阳市中级人民法院通知,解除菲菲集团所托管的大连盛道集团有限公司持有的"菲菲农业"国有法人股18,000,000股股权的冻结,并办理盛道集团与菲菲集团18,000,000股股权的过户登记手续。过户完成后,沈阳市中级人民法院继续冻结菲菲集团所持有的该18,000,000股股权。 公司与武汉迈驰科技实业股份有限公司股东迈驰投资于2003年9月5日在武汉签订了《资产置换协议》,以公司所拥有的沈阳彩源温室种苗产业有限公司41.288%的股权,与迈驰投资所持有的迈驰科技51%的股权进行置换。置换完成后,公司为迈驰科技第一大股东。

二〇〇二年以来市场表现

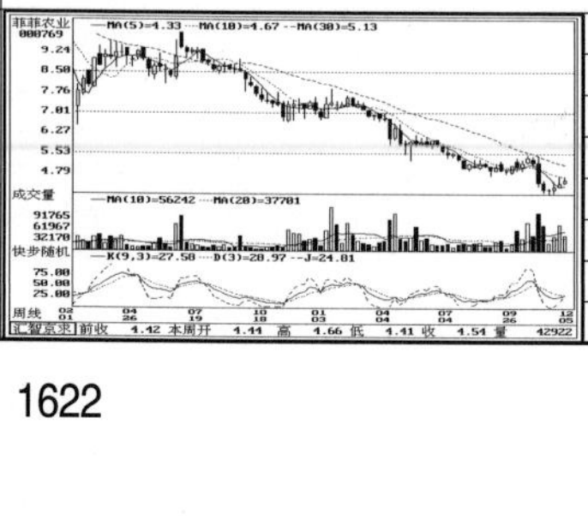

2002年涨跌幅(%)	-29.73
2002年最高(元)	9.98
2002年最低(元)	6.47
2002年换手率(%)	147.51
2003年涨跌幅(%)	-35.29
2003年最高(元)	7.87
2003年最低(元)	4.05
2003年换手率(%)	216.97

延边公路建设股份有限公司

公司概况

公司名称	延边公路建设股份有限公司			股票代码	000776		
注册地址	吉林省延吉市河南街1号			邮政编码	133001		
法人代表	张洪军		董秘	秦健			
电话	0433-2810612		传真	0433-2853913			
主营业务	公路建设、物资、仓储、运输、包装、物资供销业务等						
总股本	18411.00	流通A	9318.40	流通B		流通H	
审计单位			审计意见	未审计			

主要财务指标

年度	2003.9	2003.6	2002	2001
每股收益/扣除后(元)	0.0240	0.0030	-1.1770	0.1410
每股经营现金流量(元)	0.1450	0.0590	0.1360	0.4126
每股净资产/调整后(元)	1.0490	1.0370	1.0390	2.2220
每股公积金(元)	0.8548	0.8548	0.8548	0.8548
净资产收益率(%)	2.4400	0.4670	-112.1910	6.3400
总资产(万元)	46043.53	44537.34	43559.49	69921.51
股东权益(万元)	19343.35	19104.78	19165.66	40910.81
未分配利润(万元)	-18343.79	-18727.22	-18816.37	1579.12
主营收入(万元)	5314.22	3312.85	11976.47	12573.48
资本公积金(万元)	15738.53	15738.53	15738.53	15738.53
主营利润(万元)	1782.35	907.89	5223.75	5792.82
其他业务利润(万元)	12.02	11.90		
营业利润(万元)	223.96	-78.55	-554.80	3348.43
投资收益(万元)	-0.82	-0.82	-5789.94	-446.45
补贴收入(万元)			121.00	120.37
营业外收支(万元)	37.95		-16467.99	-104.41
利润总额(万元)	261.09	-45.14	-22691.73	2917.93
净利润(万元)	472.58	89.15	-21502.09	2592.79

十大股东

序号	股东名称	股份性质	持股数(万股)	比例(%)
1	吉林敖东药业集团股份有限公司	社会法人股	4892.16	26.57
2	深圳国际信托投资有限责任公司	法人股	3467.52	18.83
3	大通证券股份有限公司	流通股	907.07	4.93
4	吉林省公路机械厂	法人股	268.80	1.46
5	吉林省公路勘测设计院	法人股	232.96	1.27
6	延边公路工程处	法人股	177.41	0.96
7	建行延边州中心支行城区办事处	法人股	53.76	0.29
8	茂名石化实华股份有限公司	流通股	30.00	0.16
9	李银实	流通股	26.01	0.14
10	吕其响	流通股	24.54	0.13

股东人数	2003.9	2003.6	2002	2001
	42293	41395	42751	55243

近年分配	2001年10股派1元	近年配股/增发	不分配不转增

重大事项

2003年8月23日,公司股东大会通过关于将公司所属龙延公路收费经营权用于质押贷款的议案。鉴于公司目前向银行贷款共计14040万元,其中有近3000万元将于近期到期,公司还贷压力较大。经与相关银行协商,公司拟用龙延公路收费经营权质押贷款,贷款金额不超过5000万元,所贷款项用于偿还银行贷款。 杭州仲裁委员会于2003年1月6日做出终局裁决书,要求公司控股子公司浙江省金华坤泰公路建设有限公司履行与浙江省杭州豪乐交通投资有限公司签订的《股权转让协议》以及《股权转让协议附件的补充条款》,并作如下裁决:1)坤泰公路向豪乐投资支付转股价款1,400万元,违约金18.06万元。2)本案仲裁费118,440元,由坤泰公路承担。

二〇〇二年以来市场表现

2002年涨跌幅(%)	-7.54
2002年最高(元)	10.68
2002年最低(元)	5.54
2002年换手率(%)	150.18
2003年涨跌幅(%)	-36.82
2003年最高(元)	8.86
2003年最低(元)	4.40
2003年换手率(%)	93.09

中核苏阀科技实业股份有限公司

公司概况

公司名称	中核苏阀科技实业股份有限公司	股票代码	000777
注册地址	苏州市新区珠江路 501 号	邮政编码	215001
法人代表	邵渭敏	董秘	沈澄
电话	0512-67533655-2577	传真	0512-67533655-2577
主营业务	工业管道阀门制造及销售		
审计单位		审计意见	未审计

总股本	流通 A	流通 B	流通 H
16800.00	6720.00		

主要财务指标

年度	2003.9	2003.6	2002	2001
每股收益/扣除后(元)	0.1790	-0.0182	-0.0640	0.0410
每股经营现金流量(元)	-0.0200	-0.0286	0.0260	-0.1540
每股净资产/调整后(元)	1.5184	1.5175	1.5200	1.6530
每股公积金(元)	0.3629	0.3629	0.3629	0.3629
净资产收益率(%)	0.2760	-0.7400	-2.7500	3.6000
总资产(万元)	42757.84	41025.14	45298.02	46087.11
股东权益(万元)	26776.55	26505.34	26702.69	28799.58
未分配利润(万元)	1175.10	903.89	1101.23	3194.56
主营收入(万元)	17496.54	11696.09	22812.60	25498.04
资本公积金(万元)	6097.30	6097.30	6097.30	6097.30
主营利润(万元)	3760.78	2174.83	3789.72	6166.82
其他业务利润(万元)	30.89	33.56	147.54	280.40
营业利润(万元)	-94.57	-292.40	-1262.06	861.61
投资收益(万元)	194.56	111.71	561.10	377.97
补贴收入(万元)				
营业外收支(万元)	-10.90	18.44	-26.32	61.68
利润总额(万元)	89.09	-162.25	-727.28	1301.26
净利润(万元)	73.86	-197.34	-735.06	1036.44

十大股东

序号	股东名称	股份性质	持股数(万股)	比例(%)
1	中国核工业总公司苏州阀门厂	国有法人股	10080.00	60.00
2	施文达	上市流通股	28.94	0.17
3	汪雨青	上市流通股	26.63	0.16
4	施令英	上市流通股	26.01	0.15
5	吴南珊	上市流通股	25.91	0.15
6	李钰君	上市流通股	24.63	0.15
7	杜莜云	上市流通股	23.19	0.14
8	易煌丁	上市流通股	21.92	0.13
9	陈更红	上市流通股	21.18	0.13
10	余敏生	上市流通股	18.26	0.11

股东人数

2003.9	2003.6	2002	2001
40684	41470	44671	47047

近年分配	近年配股/增发
2002年 10 股派 0.8 元 2001 年 10 股派 0.4 元	不分配不转增

重大事项

2003 年 7 月 7 日,公司董事会同意公司出资 300 万元人民币,以投资方式参与湖州一新机械铸造有限公司的增资扩股.公司投资参股后,湖州一新机械铸造有限公司即更名为:湖州中核苏阀一新铸造有限公司.注册资本:1000 万元人民币,公司占 30%股份;同意公司出资 40 万美元,与中国丹阳市通达阀门厂、香港仕诚阀门公司三方共同投资,以合资经营方式设立总投资为 100 万美元的丹阳中核苏阀蝶阀有限公司. 公司占合资公司股份 40%.

二〇〇二年以来市场表现

2002年涨跌幅(%)	-27.87
2002年最高(元)	9.82
2002年最低(元)	5.93
2002年换手率(%)	145.45
2003年涨跌幅(%)	-19.78
2003年最高(元)	7.90
2003年最低(元)	4.42
2003年换手率(%)	129.89

新兴铸管股份有限公司

公司概况

公司名称	新兴铸管股份有限公司	股票代码	000778
注册地址	河北省武安市上洛阳村北(二六七二厂区)	邮政编码	056300
法人代表	范英俊	董秘	曾耀赣
电话	0310-5792011	传真	0310-5796999
主营业务	离心球墨铸铁管、灰铁排水管、新型复合管材及配套管件的生产、销售等		
审计单位		审计意见	未审计

总股本	流通 A	流通 B	流通 H
62148.78	21970.00		

主要财务指标

年度	2003.9	2003.6	2002	2001
每股收益/扣除后(元)	0.7206	0.4383	0.6989	0.7825
每股经营现金流量(元)	-0.0200	-0.3000	0.7647	1.6531
每股净资产/调整后(元)	4.0413	3.7349	3.2507	4.0829
每股公积金(元)	1.8493	1.8480	1.8480	2.7024
净资产收益率(%)	17.5700	11.5000	20.6400	19.0140
总资产(万元)	601928.37	572061.50	529722.19	428885.50
股东权益(万元)	258856.98	241230.19	213828.41	201341.81
未分配利润(万元)	43798.37	29200.24	6524.76	2109.95
主营收入(万元)	392743.12	243377.64	359378.16	269436.84
资本公积金(万元)	114934.12	114850.12	114850.12	129192.15
主营利润(万元)	116282.49	73933.00	115198.90	93415.86
其他业务利润(万元)	299.49	237.63	591.25	469.90
营业利润(万元)	66844.21	40046.32	62156.44	53824.75
投资收益(万元)	-42.37	-28.25	-56.49	-41.95
补贴收入(万元)	18.50			
营业外收支(万元)	1101.96		1156.22	1407.06
利润总额(万元)	67922.29	40792.96	63256.16	55189.87
净利润(万元)	45480.42	27742.81	44139.57	38282.81

十大股东

序号	股东名称	股份性质	持股数(万股)	比例(%)
1	新兴铸管集团有限公司	国有股	40178.78	64.65
2	同益证券投资基金	流通股	603.93	0.97
3	国泰金鹰增长证券投资基金	流通股	416.31	0.67
4	杭州深瑞水务有限公司	流通股	403.51	0.65
5	金鑫证券投资基金	流通股	264.97	0.43
6	济南金源利经贸中心	流通股	260.96	0.42
7	中国铁路物资北京公司	流通股	218.02	0.35
8	山东明中网络科技有限公司	流通股	203.00	0.33
9	景宏证券投资基金	流通股	174.38	0.28
10	金泰证券投资基金	流通股	173.69	0.28

股东人数

2003.9	2003.6	2002	2001
63921	65187	65765	71486

近年分配	近年配股/增发
2002年 10 股派 5 元 2001 年 10 股派 5 元、中期 10 股派 6 元	2001年 10 股转增 3 股 中期 10 股配 3 股

重大事项

2003 年 4 月 22 日,根据公司 2002 年度股东大会决议,公司与新兴铸管集团有限公司签署的《合资组建芜湖新兴铸管有限责任公司协议书》正式生效, 公司于 2003 年 4 月 17 日在芜湖市工商行政管理局完成了新公司的注册登记. 2003 年 2 月 11 日,公司收购新兴铸管集团有限公司所属 12 家贸易公司、铝塑复合管和离心铸铁排水管生产线及其相关资产、午汲烧结生产线及其相关资产事项已基本完成.

二〇〇二年以来市场表现

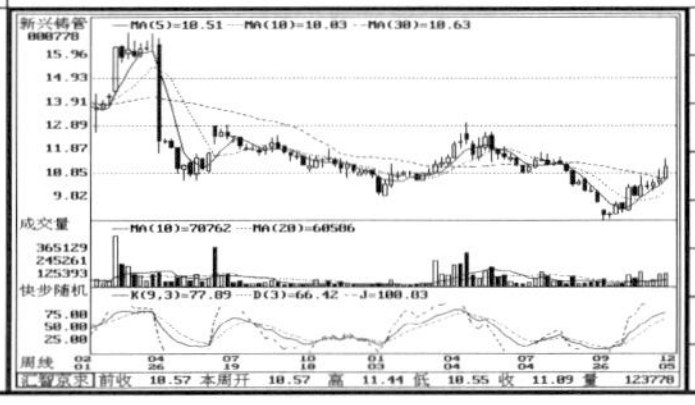

2002年涨跌幅(%)	-1.89
2002年最高(元)	12.38
2002年最低(元)	8.65
2002年换手率(%)	164.68
2003年涨跌幅(%)	6.98
2003年最高(元)	12.50
2003年最低(元)	8.80
2003年换手率(%)	163.50

兰州三毛实业股份有限公司

公司概况

公司名称	兰州三毛实业股份有限公司		股票代码	000779	
注册地址	甘肃省兰州市西固区玉门街 82 号		邮政编码	730060	
法人代表	陈敏仪		董秘	宋晓梅	
电话	0931-7551627		传真	0931-7555200	
主营业务	纺织品、服装的研究开发、生产、批发零售等				
总股本	18315.48	流通 A	10179.00	流通 B	流通 H
审计单位			审计意见	未审计	

主要财务指标

年度	2003.9	2003.6	2002	2001
每股收益/扣除后(元)	0.0100	-0.0100	0.1700	0.0870
每股经营现金流量(元)	-0.0500	-0.0440	0.2210	-0.3690
每股净资产/调整后(元)	4.1240	4.1170	4.1090	4.0320
每股公积金(元)		2.1469	2.1469	2.1459
净资产收益率(%)	0.6980	0.5250	2.6600	2.5650
总资产(万元)	87376.57	88618.89	90287.51	87286.86
股东权益(万元)	76040.46	75915.58	75512.77	73865.16
未分配利润(万元)		15158.90	14756.68	13427.53
主营收入(万元)	12404.40	6881.94	21421.03	15581.92
资本公积金(万元)		39321.81	39321.81	39302.55
主营利润(万元)	2367.93	1292.12	6057.93	3835.76
其他业务利润(万元)	-13.44	15.46	46.80	85.20
营业利润(万元)	403.96	-183.15	358.83	740.15
投资收益(万元)	361.36	597.20	-1219.18	1605.32
补贴收入(万元)				
营业外收支(万元)	-21.08		54.70	-19.56
利润总额(万元)	162.25	398.85	2421.36	2325.91
净利润(万元)	132.10	398.85	2020.29	1893.13

十大股东

序号	股东名称	股份性质	持股数(万股)	比例(%)
1	兰州三毛纺织(集团)有限责任公司	国有法人股	8136.48	44.42
2	袁涵	流通股	26.00	0.14
3	高如祥	流通股	23.00	0.13
4	孔繁项	流通股	21.51	0.12
5	姜凌瑞	流通股	20.30	0.11
6	林振兴	流通股	18.95	0.10
7	无锡大桥实验中学	流通股	15.00	0.08
8	俞立珍	流通股	14.07	0.08
9	陈夫义	流通股	13.10	0.07
10	巫八娘	流通股	12.98	0.07

股东人数	2003.9	2003.6	2002	2001
	52251	53730	60060	66895

近年分配	2002年10股派0.2元 2001年10股派0.7元	近年配股/增发	不分配不转增

重大事项

2003年09月9日,公司接到了控股股东兰州三毛纺织有限责任公司的通知,称三毛集团于2003年9月4日和BOSCANINTERNATIONALINVESTMENTLTD.签署了《终止<股份转让协议>之终止协议》. 2002年12月21日,公司控股股东兰州三毛纺织(集团)有限责任公司和上海开开实业股份有限公司签署了《股份转让协议》和《股份托管协议》:三毛集团原持有公司国有法人股8136.48万股,协议转让给开开实业.股份转让价款共计人民币21590.29万元,全部采用现金交易.

二〇〇二年以来市场表现

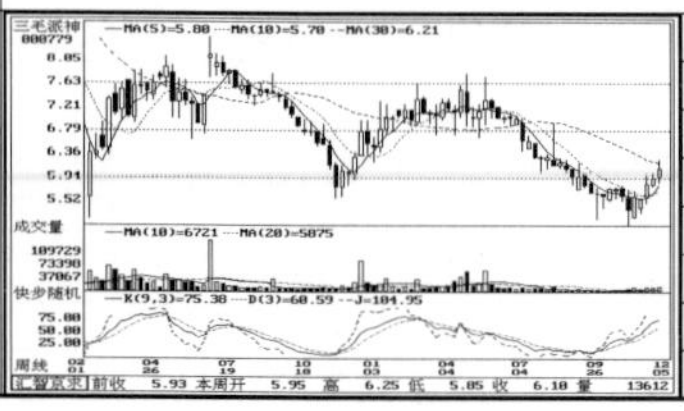

2002年涨跌幅(%)	-18.43
2002年最高(元)	8.45
2002年最低(元)	4.81
2002年换手率(%)	123.08
2003年涨跌幅(%)	-6.32
2003年最高(元)	7.77
2003年最低(元)	5.10
2003年换手率(%)	60.05

内蒙古草原兴发股份有限公司

公司概况

公司名称	内蒙古草原兴发股份有限公司		股票代码	000780	
注册地址	内蒙古赤峰市元宝山区平庄镇		邮政编码	024076	
法人代表	张振武		董秘	齐向前	
电话	0476-3514285		传真	0476-3510053	
主营业务	农作物种植业、牲畜饲养放牧业、家禽饲养业等				
总股本	40911.77	流通 A	18617.04	流通 B	流通 H
审计单位			审计意见	未审计	

主要财务指标

年度	2003.9	2003.6	2002	2001
每股收益/扣除后(元)	0.0900	0.0620	0.2300	0.3200
每股经营现金流量(元)	0.5000	0.3350	0.4070	0.7900
每股净资产/调整后(元)	4.5300	4.4700	3.6500	3.4200
每股公积金(元)	2.4803	2.4803	1.2602	1.2602
净资产收益率(%)	2.0000	1.3700	6.7300	8.0800
总资产(万元)	347907.47	318271.28	255220.64	211561.39
股东权益(万元)	187424.17	186213.47	105310.40	98220.11
未分配利润(万元)	32918.85	31708.15	29165.60	23141.09
主营收入(万元)	134563.48	77978.55	161809.14	119256.72
资本公积金(万元)	101473.59	101473.59	35697.64	35697.64
主营利润(万元)	27302.31	17051.36	34529.82	23339.79
其他业务利润(万元)	-375.26	-390.93	365.41	-136.34
营业利润(万元)	3805.75	2523.85	7558.94	5387.50
投资收益(万元)			-184.34	-309.01
补贴收入(万元)	53.98	53.98	68.14	3062.36
营业外收支(万元)	-106.93		-397.41	-174.09
利润总额(万元)	3752.80	2528.04	7045.33	7966.76
净利润(万元)	3753.25	2542.55	7090.30	7940.50

十大股东

序号	股东名称	股份性质	持股数(万股)	比例(%)
1	赤峰市银联投资有限责任公司	社会法人股	11945.48	29.20
2	赤峰大兴公司	国家股	5487.65	13.41
3	赤峰万顺食品厂	国有法人股	4861.60	11.88
4	中国银河证券有限责任公司	社会公众股	552.72	1.35
5	上海汽车集团财务有限责任公司	社会公众股	101.87	0.25
6	华宝信托投资有限责任公司	社会公众股	77.06	0.19
7	内蒙古日信投资(集团)有限责任公司	社会公众股	61.63	0.15
8	上海WTO事务咨询中心	社会公众股	56.93	0.14
9	文登市工发经贸有限公司	社会公众股	55.50	0.14
10	李仕祥	社会公众股	41.70	0.10

股东人数	2003.9	2003.6	2002	2001
	73559	75040	64529	66483

近年分配	2001年10股派1元	近年配股/增发	2002年10股配7股

重大事项

2003年06月24日,公司拟向中国建设银行平庄支行申请一年期人民币2.7亿元贷款的授信额度.经赤峰市银联投资有限责任公司同意,以其持有的87,154,840股社会法人股股权为公司该项贷款授信额度提供质押担保,质押期限从2003年6月23日起,约定时间为一年(不自动解冻). 2003年4月5日,经财政部批复,公司第一大股东赤峰市银联投资有限责任公司所持公司11,945.484万股股份性质变更为社会法人股.

二〇〇二年以来市场表现

2002年涨跌幅(%)	-15.93
2002年最高(元)	8.56
2002年最低(元)	6.61
2002年换手率(%)	153.79
2003年涨跌幅(%)	-12.69
2003年最高(元)	7.57
2003年最低(元)	5.38
2003年换手率(%)	241.61

广东新会美达锦纶股份有限公司

公司概况

公司名称	广东新会美达锦纶股份有限公司			股票代码	000782		
注册地址	广东省新会市会城镇江会路上浅口			邮政编码	529100		
法人代表	梁广义			董秘	胡振华		
电话	0750-6107981			传真	0750-6107975		
主营业务	锦纶 6 切片、纺丝、织造、染整						
总股本	34200.00	流通 A	12741.00	流通 B		流通 H	
审计单位				审计意见	未审计		

主要财务指标

年度	2003.9	2003.6	2002	2001
每股收益 / 扣除后(元)	0.0800	0.0500	0.1000	0.0500
每股经营现金流量(元)	0.5800	0.3130	0.4600	0.5500
每股净资产 / 调整后(元)	2.4000	2.3900	2.3400	2.2900
每股公积金(元)	1.1359	1.1359	1.1359	1.0880
净资产收益率(%)	3.1400	1.8900	4.5000	2.2400
总资产(万元)	193286.61	184301.69	182970.72	143666.09
股东权益(万元)	82851.83	81841.45	80290.99	78580.40
未分配利润(万元)	5995.76	4985.38	2529.60	2961.10
主营收入(万元)	92881.56	58464.93	118300.11	99155.67
资本公积金(万元)	38846.64	38846.64	38846.64	37210.64
主营利润(万元)	15686.41	9972.67	16174.72	10155.45
其他业务利润(万元)	176.85	124.47	709.67	868.95
营业利润(万元)	6439.77	3947.17	5798.89	1935.05
投资收益(万元)	-2089.84	-1378.48	160.62	641.03
补贴收入(万元)				
营业外收支(万元)	-161.02	-49.58	196.96	-47.29
利润总额(万元)	4188.91	2519.10	6156.48	2528.79
净利润(万元)	2560.84	1550.46	3616.21	1758.76

十大股东

序号	股东名称	股份性质	持股数(万股)	比例(%)
1	广东天健实业集团有限公司	法人股	8181.82	23.92
2	工商银行广东分行信托投资公司	发起人法人股	2000.00	5.85
3	广州市盈富创展投资有限公司	法人股	2000.00	5.85
4	中国工商银行信托投资公司	发起人法人股	1500.00	4.38
5	新会市新联贸易发展公司	法人股	1500.00	4.38
6	华夏证券有限公司	法人股	1000.00	2.92
7	上海天迪科技投资发展有限公司	法人股	860.00	2.51
8	广东新会美达锦纶集团公司	国有法人股	618.18	1.81
9	深圳市泉来实业有限公司	法人股	600.00	1.75
10	深圳市华能兴楠贸易有限公司	流通股	500.00	1.46

股东人数	2003.9	2003.6	2002	2001
	52250	52625	53940	56399

近年分配	近年配股 / 增发
2002年 10 股派 0.7 元 2001 年 10 股派 0.3 元	不分配不转增

重大事项

2003 年 11 月 20 日,公司子公司新会新锦纺织有限公司与吴江远欣纺织品有限公司签定" 设备转让协议",新会新锦纺织有限公司以 1178 万元的价格,向吴江远欣纺织品有限公司转让织准、织造、染整设备及机配件一批,转让价格由公司组织公开招标,以价高者得的方式确定. 2003 年 6 月 10 日,中国商务部发布了对原产于日本、比利时等国的进口已内酰胺进行反倾销调查的终裁决定以及征收反倾销税的决定. 由于已内酰胺为公司产品主要原料,上述裁决预计会对公司生产经营业绩产生一定影响.

二〇〇二年以来市场表现

2002年涨跌幅(%)	-20.66
2002年最高(元)	7.85
2002年最低(元)	4.54
2002年换手率(%)	144.78
2003年涨跌幅(%)	-18.21
2003年最高(元)	6.73
2003年最低(元)	4.21
2003年换手率(%)	70.39

石家庄炼油化工股份有限公司

公司概况

公司名称	石家庄炼油化工股份有限公司			股票代码	000783		
注册地址	石家庄炼油化工股份有限公司证券部			邮政编码	050032		
法人代表	毕建国			董秘	滕峰阁		
电话	0311-5161160			传真	0311-5161138		
主营业务	石油加工及产品销售、石油化工产品、建筑材料的生产销售						
总股本	115444.43	流通 A	23400.00	流通 B		流通 H	
审计单位				审计意见	未审计		

主要财务指标

年度	2003.9	2003.6	2002	2001
每股收益 / 扣除后(元)	0.0354	0.0151	0.0011	0.0290
每股经营现金流量(元)	0.3700	0.2800	0.1420	0.2040
每股净资产 / 调整后(元)	1.3400	1.3321	1.3339	1.4906
每股公积金(元)	0.6784	0.6779	0.6780	0.6733
净资产收益率(%)	2.4900	1.5500	-11.8500	0.3800
总资产(万元)	267106.37	252736.12	273594.50	294421.22
股东权益(万元)	157967.31	156404.23	173008.75	183451.72
未分配利润(万元)	-42809.90	-44323.03	-27540.42	-16031.54
主营收入(万元)	448977.34	299328.28	477411.69	519230.19
资本公积金(万元)	78313.68	78263.71	78268.83	77726.95
主营利润(万元)	16170.30	10424.14	17375.20	24612.87
其他业务利润(万元)	-28.81	-6.87	-105.33	-48.67
营业利润(万元)	5416.68	3517.41	4194.01	15817.07
投资收益(万元)			-19256.95	-10680.00
补贴收入(万元)				
营业外收支(万元)	398.89		362.84	-2882.51
利润总额(万元)	5815.56	3658.11	1970.50	2254.56
净利润(万元)	6930.30	2417.17	774.28	691.49

十大股东

序号	股东名称	股份性质	持股数(万股)	比例(%)
1	中国石油化工股份有限公司	国有法人股	92044.43	79.73
2	兴业证券投资基金	流通股	259.97	0.23
3	兴和证券投资基金	流通股	160.00	0.14
4	裕隆证券投资基金	流通股	150.00	0.13
5	兴科证券投资基金	流通股	150.00	0.12
6	深圳市财政金融服务中心	流通股	136.17	0.09
7	普丰证券投资基金	流通股	103.63	0.09
8	刘德明	流通股	68.66	0.06
9	吴勤	流通股	62.93	0.05
10	荀洪波	流通股	57.10	0.05

股东人数	2003.9	2003.6	2002	2001
	92286	91590	89521	109209

近年分配	近年配股 / 增发
	不分配不转增

重大事项

公司与灵寿县扶贫办所属加油站成品油款纠纷诉讼案, 石家庄市中级人民法院于 2003 年 6 月 16 日以(2002) 石民再终字第 00227 号民事判决书做出终审判决,判定我公司胜诉. 2002 年 5 月 29 日,公司参股 18.35% 的石家庄化纤有限责任公司,在经过一年的停车整顿后,辅助系统于 2002 年 4 月 1 日开车,主要生产装置从 2002 年 5 月 2 日开始投料.

二〇〇二年以来市场表现

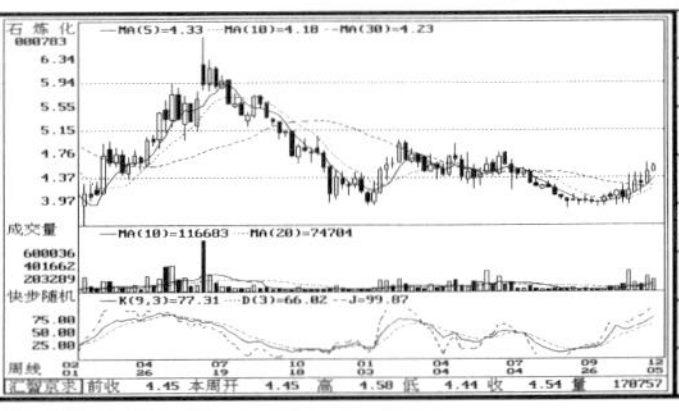

2002年涨跌幅(%)	-12.75
2002年最高(元)	6.73
2002年最低(元)	3.02
2002年换手率(%)	229.87
2003年涨跌幅(%)	12.09
2003年最高(元)	4.98
2003年最低(元)	3.84
2003年换手率(%)	179.07

武汉中商集团股份有限公司

公司概况

公司名称	武汉中商集团股份有限公司	股票代码	000785
注册地址	湖北省武汉市武昌区中南路9号	邮政编码	430071
法人代表	严规方	董秘	易国华
电话	027-87362507	传真	027-87307723
主营业务	百货零售批发		
总股本	25122.17	流通 A	7132.13
流通 B		流通 H	
审计单位		审计意见	未审计

主要财务指标

年度	2003.9	2003.6	2002	2001
每股收益/扣除后(元)	0.0020	0.0300	0.0400	0.0800
每股经营现金流量(元)	0.0600	0.0030	0.3500	0.6300
每股净资产/调整后(元)	1.7300	1.7500	1.7300	1.7700
每股公积金(元)	0.3184	0.3184	0.3184	0.3181
净资产收益率(%)	0.2200	1.4700	2.3000	5.0600
总资产(万元)	199188.23	192268.69	184927.05	177990.84
股东权益(万元)	54594.02	55288.69	54475.59	53807.35
未分配利润(万元)	3369.43	4064.10	3250.99	2722.89
主营收入(万元)	137642.64	95991.21	187534.62	167318.23
资本公积金(万元)	7999.88	7999.88	7999.88	7991.77
主营利润(万元)	4611.27	10811.05	22085.26	20767.07
其他业务利润(万元)	624.96	1335.08	2390.14	2649.48
营业利润(万元)	-1061.90	1335.35	2091.03	3288.07
投资收益(万元)	310.29	36.93	545.56	723.95
补贴收入(万元)			21.28	6.32
营业外收支(万元)	-108.55	35.12	-223.81	-162.48
利润总额(万元)	475.19	1309.00	2434.07	3855.86
净利润(万元)	118.44	813.10	1251.57	2724.63

十大股东

序号	股东名称	股份性质	持股数(万股)	比例(%)
1	武汉国有资产经营公司	发起人国家股、流通股	13686.81	54.48
2	武汉银厦房地产综合发展公司	定向法人国家股	939.12	3.74
3	武汉开元科技创业投资有限公司	发起人国有法人股	550.00	2.19
4	上海桥科工贸有限公司	境内法人股	349.44	1.39
5	湖北省电力公司	境内法人股	349.44	1.39
6	平安信托投资公司	境内法人股	349.44	1.39
7	武汉华亿投资有限公司	境内法人股	250.04	1.00
8	湖北徐东集团股份有限公司	境内法人股	218.40	0.87
9	海南百勤投资顾问有限公司	境内法人股	218.40	0.87
10	武汉市机械设备进出口公司	境内法人股	218.40	0.87

股东人数	2003.9	2003.6	2002	2001
	20005	19666	19703	12611

近年分配		近年配股/增发	2001年中期10股配3股

重大事项

2002年7月30日,公司股东大会审议通过了《公司关于调整投资参股武汉烽火网络有限责任公司的议案》,并于当日与武汉邮电科学研究院、武汉光迅科技有限责任公司、余少华、任明和武汉烽火网络有限责任公司签署了投资协议书.公司以自有资金投资现金6,000万元参股烽火网络,占该公司出资比例的13.33%. 2003年6月24日,公司直接持有子公司湖北世纪中商百货有限公司与湖北省住宅发展有限公司签定了房屋购买合同.乙方购买甲方开发的,拥有完全产权的位于武汉市武昌区中南路14号的综合楼的连接裙房1-6层,建筑面积共30,000平方米,购房总价共计人民币20,000万元.

二〇〇二年以来市场表现

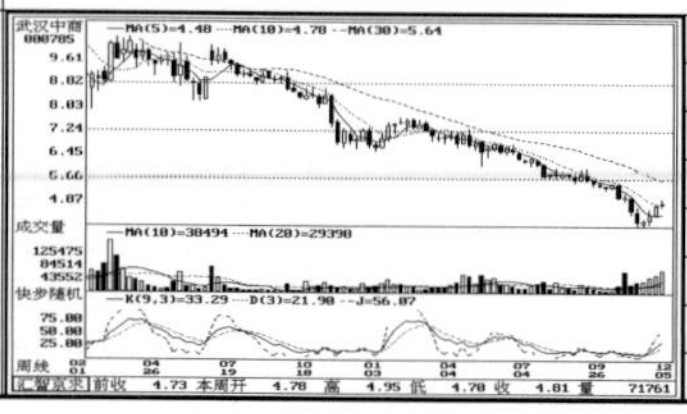

2002年涨跌幅(%)	-33.43
2002年最高(元)	10.40
2002年最低(元)	6.59
2002年换手率(%)	217.60
2003年涨跌幅(%)	-29.30
2003年最高(元)	7.67
2003年最低(元)	4.08
2003年换手率(%)	178.53

北新集团建材股份有限公司

公司概况

公司名称	北新集团建材股份有限公司	股票代码	000786
注册地址	北京市海淀区三里河路甲11号	邮政编码	100037
法人代表	李谊民	董秘	常张利
电话	010-88082398	传真	010-88082383
主营业务	新型建筑材料、新型墙体材料、化工产品、装饰材料等		
总股本	57515.00	流通 A	22815.00
流通 B		流通 H	
审计单位		审计意见	未审计

主要财务指标

年度	2003.9	2003.6	2002	2001
每股收益/扣除后(元)	0.0780	0.0380	0.1330	0.2790
每股经营现金流量(元)	0.0670	0.0300	0.2490	0.2790
每股净资产/调整后(元)	2.2250	2.1940	2.1580	4.1740
每股公积金(元)	0.8379	0.8379	0.8379	2.4758
净资产收益率(%)	3.4720	1.7400	7.2000	7.1500
总资产(万元)	229178.66	212490.98	219994.73	198559.92
股东权益(万元)	130523.82	128225.99	125707.00	121481.44
未分配利润(万元)	7522.24	5217.76	2990.55	6264.72
主营收入(万元)	71504.20	43401.53	103147.69	88652.98
资本公积金(万元)	48190.42	48190.42	48190.42	71196.42
主营利润(万元)	11908.45	7341.92	17505.63	15233.26
其他业务利润(万元)	639.98	494.87	632.85	892.05
营业利润(万元)	2030.42	408.40	5367.00	4999.35
投资收益(万元)	918.91	594.63	2195.52	3185.40
补贴收入(万元)	1308.84	1011.17	1699.08	1357.85
营业外收支(万元)	-2.29		-18.50	1.59
利润总额(万元)	4255.88	2023.53	9243.10	9544.19
净利润(万元)	4531.69	2227.22	9049.16	8686.81

十大股东

序号	股东名称	股份性质	持股数(万股)	比例(%)
1	北新建材(集团)有限公司	国有法人股	34700.00	60.33
2	华夏成长证券投资基金	流通股	1744.16	3.03
3	中国化学建材股份有限公司	流通股	206.00	0.36
4	苏州新区长江科技实业有限公司	流通股	161.13	0.28
5	李方	流通股	117.34	0.20
6	何清海	流通股	115.29	0.20
7	普惠证券投资基金	流通股	100.00	0.17
8	邓敬香	流通股	78.04	0.14
9	湖南长沙投资生生基因药物开发有限公司	流通股	67.76	0.12
10	王煊	流通股	59.15	0.10

股东人数	2003.9	2003.6	2002	2001
	64905	65592	61628	50142

近年分配	2002年10股派0.6元 2001年10股派1元	近年配股/增发	2001年10股送2股、增8股

重大事项

2003年7月9日,公司控股子公司山东潍坊美林窑业有限公司增资的议案已获公司董事会通过.增资后美林窑业变更为中外合资公司,公司名称变更为山东美林卫浴有限公司,增资后的美林卫浴注册资本为人民币7300万元,经营年限为30年.公司出资1460万元,占美林卫浴注册资本的20%. 2002年12月12日,公司董事会同意公司以自有资金180万美元收购韩国大象株式会社持有山东潍坊美林窑业有限公司的53.88%股权的议案,双方于2002年12月12日签署了协议.该项投资构成关联交易.

二〇〇二年以来市场表现

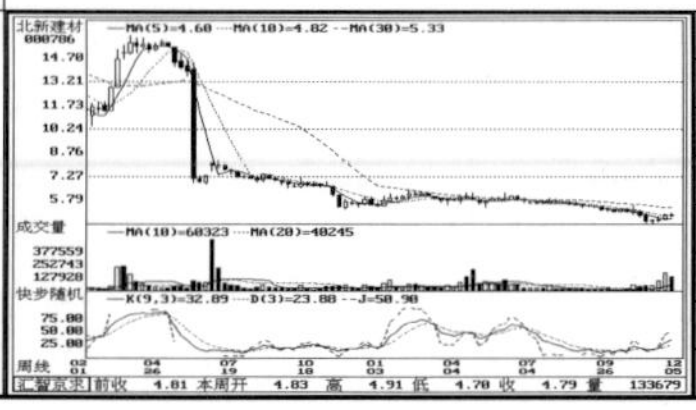

2002年涨跌幅(%)	-14.08
2002年最高(元)	8.14
2002年最低(元)	4.77
2002年换手率(%)	130.09
2003年涨跌幅(%)	-11.42
2003年最高(元)	6.29
2003年最低(元)	4.30
2003年换手率(%)	99.00

创智信息科技股份有限公司

公司概况

公司名称	创智信息科技股份有限公司	股票代码	000787
注册地址	深圳高新技术产业园工业村管理楼207#	邮政编码	410013
法人代表	丁亮	董秘	
电话	0731-8909008	传真	0731-8909353
主营业务	研制、开发、生产、销售计算机软件及配套系统、提供软件制作等		
审计单位		审计意见	未审计

总股本	25076.02	流通 A	14206.00	流通 B		流通 H	

主要财务指标

年度	2003.9	2003.6	2002	2001
每股收益/扣除后(元)	-0.0270	-0.0400	0.1260	0.3280
每股经营现金流量(元)	-0.4400	-0.3770	0.3000	0.0610
每股净资产/调整后(元)	3.6396	3.6200	3.6800	2.3400
每股公积金(元)	1.9799	1.9799	1.9799	0.4733
净资产收益率(%)	-0.6100	-0.9200	3.2800	10.6500
总资产(万元)	124765.77	122973.64	130462.86	85872.88
股东权益(万元)	92889.09	92604.51	93454.68	47333.29
未分配利润(万元)		10781.90	11632.07	12070.21
主营收入(万元)	27952.26	18593.26	47559.16	41819.37
资本公积金(万元)		49648.21	49648.21	9452.61
主营利润(万元)	6971.93	4484.80	16429.78	19647.55
其他业务利润(万元)	102.23	71.16	109.69	7.78
营业利润(万元)	-710.36	-983.43	3682.03	6753.16
投资收益(万元)	-144.86	-96.66	-193.27	-199.26
补贴收入(万元)	59.93	59.93		62.71
营业外收支(万元)	99.11		-103.11	-1570.52
利润总额(万元)	-696.18	-945.57	3385.65	5046.09
净利润(万元)	-565.59	-850.17	3067.49	5041.16

十大股东

序号	股东名称	股份性质	持股数(万股)	比例(%)
1	湖南创智集团有限公司	法人股	4463.52	17.80
2	湖南金通投资咨询有限公司	法人股	1436.00	5.73
3	上海长平信企业发展有限公司	法人股	1000.00	3.99
4	湖南华创实业有限公司	法人股	824.00	3.29
5	湖南创智实业有限公司	法人股	806.50	3.22
6	长沙博进房地产开发有限公司	流通股	374.09	1.49
7	长沙电力经济技术开发总公司	法人股	160.00	0.64
8	景阳证券投资基金	流通股	111.87	0.45
9	银丰证券投资基金	流通股	97.92	0.39
10	湖南金桥物业发展有限公司	法人股	90.00	0.36

股东人数	2003.9	2003.6	2002	2001
	77736	74589	72945	73621

近年分配	2002年10股派0.5元 2001年10股派0.5元	近年配股/增发	不分配不转增

重大事项

2002年8月23日,本公司与甘肃省电信公司签订《甘肃电信九七扩容改造合同》,三项目合同总金额为:46372228.26元. 2003年04月14日,公司董事会同意为本公司控股子公司创智软件园有限公司拟向银行申请4亿元贷款授信提供保证担保,担保期限为自该决议通过之日起至2004年4月30日止.

二〇〇二年以来市场表现

2002年涨跌幅(%)	-28.39
2002年最高(元)	13.62
2002年最低(元)	7.95
2002年换手率(%)	128.02
2003年涨跌幅(%)	-31.86
2003年最高(元)	9.93
2003年最低(元)	4.81
2003年换手率(%)	185.24

西南合成制药股份有限公司

公司概况

公司名称	西南合成制药股份有限公司	股票代码	000788
注册地址	重庆市江北区寸滩水口	邮政编码	400025
法人代表	戴泽宇	董秘	高上
电话	023-67525366	传真	023-67525300
主营业务	制造、销售原料药及制剂等		
审计单位		审计意见	未审计

总股本	19250.00	流通 A	4950.00	流通 B		流通 H	

主要财务指标

年度	2003.9	2003.6	2002	2001
每股收益/扣除后(元)	-0.2300	-0.3000	-0.6200	-0.1700
每股经营现金流量(元)	0.0500	-0.0710	-0.2200	0.1800
每股净资产/调整后(元)	0.2500	0.0900	0.2500	0.9500
每股公积金(元)	1.0733	1.0731	1.0705	1.0700
净资产收益率(%)	-55.3900	-86.2500	-122.5200	1.6400
总资产(万元)	83369.65	77407.17	78566.69	90152.92
股东权益(万元)	8052.73	6717.31	12460.68	28821.31
未分配利润(万元)	-40065.12	-41397.86	-35604.43	-19233.79
主营收入(万元)	24577.62	16397.77	26453.38	27126.96
资本公积金(万元)	20660.51	20657.83	20607.76	20597.76
主营利润(万元)	3560.29	2619.33	1861.39	5836.49
其他业务利润(万元)	24.98	-13.53	-72.63	861.52
营业利润(万元)	-4492.81	-5828.60	-11936.86	-1240.91
投资收益(万元)	-12.95	-14.35	-65.48	-11.29
补贴收入(万元)	6.11	6.11	30.00	1730.00
营业外收支(万元)	38.95		-3294.79	-4.40
利润总额(万元)	-4460.69	-5793.43	-15267.13	473.41
净利润(万元)	-4460.69	-5793.43	-15267.13	473.41

十大股东

序号	股东名称	股份性质	持股数(万股)	比例(%)
1	西南合成制药总厂	发起人国有法人股	9107.37	47.31
2	重庆市医药压力容器检测站	定向法人境内法人股	517.00	2.69
3	重庆长江制药厂	定向法人境内法人股	506.79	2.63
4	华夏证券有限公司	定向法人境内法人股	291.50	1.51
5	四川电力建设二公司	发起人境内法人股	242.63	1.26
6	重庆市江北县江洛化工厂	定向法人境内法人股	181.50	0.94
7	西南合成制药厂科学技术学会	定向法人境内法人股	167.20	0.87
8	重庆力豪商贸有限责任公司	定向法人境内法人股	110.00	0.46
9	杭州萧山金创投资咨询有限公司	定向法人境内法人股	73.54	0.38
10	重庆润康药业有限公司	定向法人境内法人股	60.50	0.31

股东人数	2003.9	2003.6	2002	2001
	16778	17470	19344	20142

近年分配		近年配股/增发	不分配不转增

重大事项

2003年09月30日,公司第一大股东重庆西南合成制药有限公司及其下属企业对公司欠款总额共计人民币223,554,780.94元;公司共为重庆合成及其下属企业人民币504万元及美元100万元借款提供连带保证责任担保,2003年11月3日,重庆合成与公司签署了《清偿关联方欠款及解除担保协议》. 2003年9月23日,接公司控股股东西南合成制药总厂通知,经重庆市人民政府批准,同意西南合成制药总厂债转股改制组建重庆西南合成制药有限公司,由重庆化医控股(集团)公司下属的国有独资公司变更为由重庆化医控股(集团)公司、国家开发银行两家股东出资的有限责任公司.

二〇〇二年以来市场表现

2002年涨跌幅(%)	-37.71
2002年最高(元)	9.88
2002年最低(元)	5.35
2002年换手率(%)	258.85
2003年涨跌幅(%)	-6.79
2003年最高(元)	7.46
2003年最低(元)	4.55
2003年换手率(%)	285.67

江西万年青水泥股份有限公司

公司概况

公司名称	江西万年青水泥股份有限公司				股票代码	000789	
注册地址	江西省南昌市				邮政编码	335506	
法人代表	魏新安			董秘	方真		
电话	0791-8161011			传真	0791-8161012		
主营业务	硅酸盐水泥及水泥技术咨询						
总股本	34050.00	流通 A	11050.00	流通 B		流通 H	
审计单位				审计意见	未审计		

主要财务指标

年度	2003.9	2003.6	2002	2001
每股收益/扣除后(元)	0.0400	0.0150	0.0550	0.0910
每股经营现金流量(元)	0.3000	0.0860	0.0510	0.1820
每股净资产/调整后(元)	2.0500	2.0460	2.0100	2.0070
每股公积金(元)	0.8754	0.8754	0.8718	0.8653
净资产收益率(%)	1.9100	0.8800	2.1720	4.2500
总资产(万元)	151257.47	146857.17	115955.59	104128.03
股东权益(万元)	73599.19	72853.22	72089.55	71441.36
未分配利润(万元)	6339.03	5593.07	4950.97	4782.10
主营收入(万元)	33911.35	21823.19	39074.39	37428.06
资本公积金(万元)	29807.89	29807.89	29686.31	29463.14
主营利润(万元)	8356.43	5190.19	9501.62	10443.07
其他业务利润(万元)	18.14	19.09	30.98	-49.33
营业利润(万元)	1820.19	1014.79	2475.25	3415.97
投资收益(万元)	-27.04	14.99	39.58	96.76
补贴收入(万元)	277.66	90.50	216.05	33.00
营业外收支(万元)	23.49		-534.76	-93.30
利润总额(万元)	2094.29	1138.74	2196.13	3452.42
净利润(万元)	1388.06	642.10	4566.06	3034.27

十大股东

序号	股东名称	股份性质	持股数(万股)	比例(%)
1	江西水泥厂	国有股	23000.00	67.55
2	湘财证券有限责任公司	流通股	84.52	0.25
3	国元证券有限责任公司	流通股	55.70	0.16
4	魏仁芳	流通股	37.76	0.11
5	曹建军	流通股	30.50	0.09
6	邓洪玲	流通股	27.30	0.08
7	王广容	流通股	26.77	0.08
8	张东宇	流通股	23.25	0.07
9	夏婉	流通股	23.20	0.07
10	梁仲华	流通股	22.36	0.07

股东人数

2003.9	2003.6	2002	2001
47970	48002	47853	39987

近年分配

近年分配	近年配股/增发
2002年10股派0.35元 2001年10股派0.5元	不分配不转增

重大事项

2003年8月8日,公司实际控制人江西省建材集团公司与中国建筑材料集团公司协商,签定《协议书》,达成如下协议;1)甲乙双方同意将江西水泥厂改制成为有限责任公司,双方作为改制后公司股东,改制后的新公司作为公司的控股股东,持有公司的国有法人股.2)甲乙双方出资额及比例;甲方从1998年2月底中央级"拨该贷"资金转为江西水泥厂国家资本金时,持有的江西水泥厂的净资产506,927,752.87元作为出资额,乙方以中央级"拨该贷"资金本息余额112,016,356.87元作为出资额,双方从1998年2月末起享有出资人权益及承担相应义务. 2003年05月30日,公司与中行上饶分行签订了《人民币借款合同》,借款总额为人民币9598万元,期限为7年,由控股股东江西水泥厂提供担保,用公司385330平方米土地抵押.

二〇〇二年以来市场表现

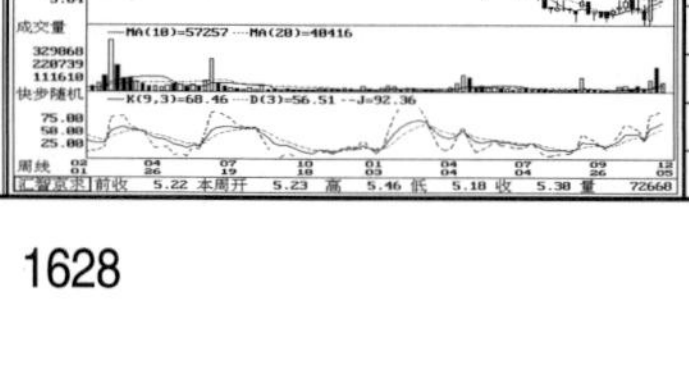

2002年涨跌幅(%)	-31.43
2002年最高(元)	8.72
2002年最低(元)	5.37
2002年换手率(%)	238.95
2003年涨跌幅(%)	-5.43
2003年最高(元)	6.32
2003年最低(元)	4.50
2003年换手率(%)	149.20

成都华神集团股份有限公司

公司概况

公司名称	成都华神集团股份有限公司				股票代码	000790	
注册地址	四川省成都12桥路37号新1号				邮政编码	610075	
法人代表	彭旭东			董秘	魏依国		
电话	028-87739541			传真	028-87778104		
主营业务	高新技术产品开发、生产、经营、中西成药生产等						
总股本	12798.00	流通 A	3978.00	流通 B		流通 H	
审计单位				审计意见	未审计		

主要财务指标

年度	2003.9	2003.6	2002	2001
每股收益/扣除后(元)	0.0700	0.0480	0.1400	0.1800
每股经营现金流量(元)	0.0500	0.0410	0.0700	0.1900
每股净资产/调整后(元)	3.1100	3.0900	3.0400	3.0600
每股公积金(元)	1.1496	1.1496	1.1496	1.1495
净资产收益率(%)	2.1400	1.4900	4.7300	5.6900
总资产(万元)	57835.71	57552.05	57343.07	57044.75
股东权益(万元)	40048.65	39786.65	39193.23	39256.48
未分配利润(万元)	5868.33	5658.73	5184.00	5619.22
主营收入(万元)	12327.85	7611.45	18809.82	22296.77
资本公积金(万元)	14711.98	14711.98	14711.98	14711.13
主营利润(万元)	3690.50	2519.17	6347.74	7154.99
其他业务利润(万元)	26.61	19.69	17.54	1.04
营业利润(万元)	1117.42	776.91	2070.66	2402.62
投资收益(万元)	0.11	-0.09	144.05	
补贴收入(万元)				
营业外收支(万元)	-16.31	-15.79	-11.44	-25.97
利润总额(万元)	1101.23	761.03	2203.28	2376.65
净利润(万元)	855.42	593.41	1855.60	2235.14

十大股东

序号	股东名称	股份性质	持股数(万股)	比例(%)
1	四川华神集团股份有限公司	内资法人股	4320.00	33.76
2	成都新兴创业投资股份有限公司	内资法人股	2305.80	18.02
3	成都君众实业有限责任公司	内资法人股	900.00	7.03
4	深圳好亦特贸易发展有限公司	内资法人股	810.00	6.33
5	成都长华置业有限责任公司	内资法人股	484.20	3.78
6	二十一世纪科技投资有限责任公司	流通股	79.19	0.60
7	深圳市龙德创业投资有限公司	流通股	56.74	0.40
8	姜永平	流通股	49.60	0.39
9	北京南方联华投资顾问有限公司	流通股	47.52	0.37
10	沙捍忠	流通股	29.13	0.22

股东人数

2003.9	2003.6	2002	2001
11698	10559	10381	6568

近年分配

近年分配	近年配股/增发
2002年10股派1.5元 2001年中期10股派0.5元	2001年中期10股送2股、转增3股、配3股

重大事项

2003年3月07日,公司控股股东湖北华通车桥集团有限公司将其持有的公司国家股分别转让给北京嘉利恒德房地产开发有限公司2449.13万股,坦博风险投资有限公司855.8517万股. 此次转让完成后,恒德房地产持有公司为公司第一大股东. 2003年1月8日,公司董事会同意公司拟与中国人民解放军军事医学科学院生物工程研究所就冻干滴眼 用重组人表皮生长因子(hEGF)这一国家I类新药的原料、生产制剂及技术进行转让签订协议进行合作,该项目公司拟投资人民币3000万元,技术转让费900万元.

二〇〇二年以来市场表现

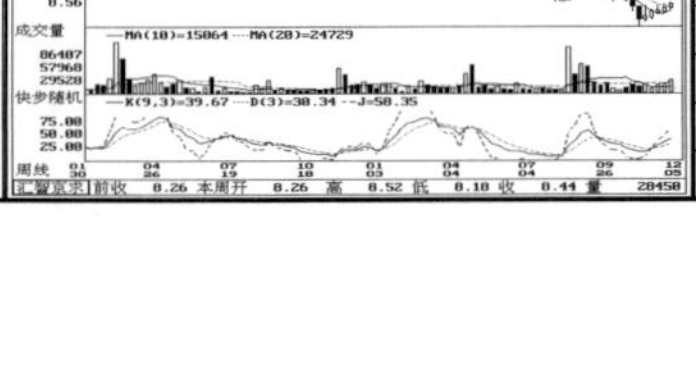

2002年涨跌幅(%)	-36.29
2002年最高(元)	16.33
2002年最低(元)	9.85
2002年换手率(%)	241.67
2003年涨跌幅(%)	-16.57
2003年最高(元)	12.43
2003年最低(元)	7.43
2003年换手率(%)	224.22

西北永新化工股份有限公司

公司概况

公司名称	西北永新化工股份有限公司	股票代码	000791
注册地址	甘肃省兰州市东岗东路 1205 号	邮政编码	730020
法人代表	杨德茂	董秘	曹忆峰
电话	0931-4862482	传真	0931-8497112
主营业务	油漆、涂料、化工合成纸、化工原料等		
总股本	18900.00	流通 A	7920.00
流通 B		流通 H	
审计单位		审计意见	未审计

主要财务指标

年度	2003.9	2003.6	2002	2001
每股收益 / 扣除后(元)	-0.0675	-0.0595	-0.0970	0.0016
每股经营现金流量(元)	0.0200	0.0500	-0.0833	-0.2057
每股净资产 / 调整后(元)	1.8369	1.8464	1.9016	1.8969
每股公积金(元)	0.8669	0.8669	0.8669	0.8669
净资产收益率(%)	-3.6920	-3.2000	0.3200	0.0300
总资产(万元)	55030.34	59199.02	60989.83	62567.19
股东权益(万元)	34717.68	34890.11	36008.55	35892.70
未分配利润(万元)	-901.34	-728.92	389.53	291.05
主营收入(万元)	5959.85	3536.66	8012.48	8855.38
资本公积金(万元)	16384.96	16384.96	16384.96	16384.96
主营利润(万元)	848.36	496.11	1985.23	2585.29
其他业务利润(万元)	106.50	58.93	34.63	25.62
营业利润(万元)	-1367.83	-1146.35	-1525.01	-424.88
投资收益(万元)	27.00	9.00	-335.27	359.76
补贴收入(万元)	65.00	25.00	100.00	100.00
营业外收支(万元)	-6.05		1948.31	-19.04
利润总额(万元)	-1281.88	-1118.44	188.03	15.83
净利润(万元)	-1281.88	-1118.44	115.86	10.86

十大股东

序号	股东名称	股份性质	持股数(万股)	比例(%)
1	西北油漆厂	国有法人股	10980.00	58.09
2	中国对外经济贸易投资有限公司	社会流通股	100.00	0.53
3	河北证券有限责任公司	社会流通股	40.45	0.21
4	仲伟祝	社会流通股	39.89	0.21
5	李旭华	社会流通股	32.46	0.17
6	杨育彬	社会流通股	29.30	0.16
7	张景根	社会流通股	26.17	0.14
8	陈芹娥	社会流通股	21.47	0.11
9	周立棉	社会流通股	19.23	0.10
10	盛家明	社会流通股	18.30	0.10

股东人数	2003.9	2003.6	2002	2001
	36453	36980	39338	44022

近年分配		近年配股 / 增发	不分配不转增

重大事项

2003 年 9 月 30 日, 工行甘肃省分行拱星墩分理处告知,兰州市中级人民法院根据交通银行兰州市分行的申请,采取财产保全措施,将公司在该行设立的基本银行帐号司法冻结.据公司董事会了解,公司未曾与该行发生过任何债权债务关系. 2003 年 8 月 26 日,公司与家世界连锁商业集团有限公司签定《合作合同书》.双方协商决定以共同出资设立有限公司的形式,在甘肃省兰州市城关区西北化工厂区内合作开发经营现代化大型商业设施——兰州东部家世界购物广场项目. 公司以 53 亩国有土地使用权作价及地上、地下附着物和部分现金作为投资, 家世界集团以人民币 24000 万元的货币资金作为投资.

二〇〇二年以来市场表现

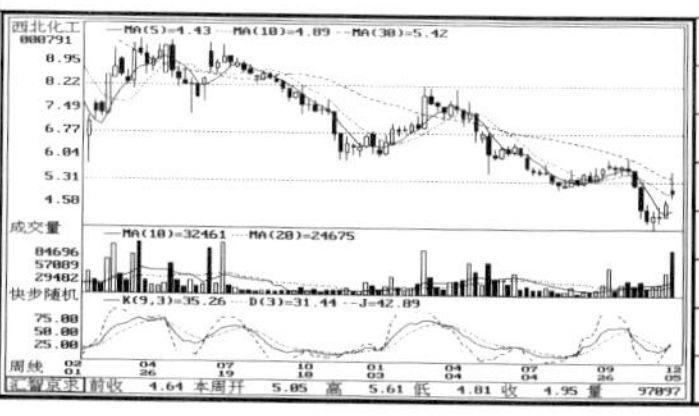

2002年涨跌幅(%)	-30.40
2002年最高(元)	9.68
2002年最低(元)	5.58
2002年换手率(%)	169.95
2003年涨跌幅(%)	-24.68
2003年最高(元)	8.15
2003年最低(元)	3.85
2003年换手率(%)	154.13

青海盐湖钾肥股份有限公司

公司概况

公司名称	青海盐湖钾肥股份有限公司	股票代码	000792
注册地址	青海省格尔木市察尔汗	邮政编码	816005
法人代表	郑长山	董秘	张继文
电话	0979-8448121	传真	0979-8417445
主营业务	氯化钾产品的开发、生产、销售等		
总股本	51170.00	流通 A	20000.00
流通 B		流通 H	
审计单位		审计意见	未审计

主要财务指标

年度	2003.9	2003.6	2002	2001
每股收益 / 扣除后(元)	0.1010	0.0690	0.3588	0.3673
每股经营现金流量(元)	0.0790	0.0990	0.3222	0.3454
每股净资产 / 调整后(元)	2.1600	2.1389	4.1500	2.9787
每股公积金(元)	0.9039	0.9039	2.8083	1.5280
净资产收益率(%)	4.7700	3.3300	8.5500	12.2000
总资产(万元)	141504.09	136533.72	142606.23	102132.91
股东权益(万元)	112669.33	110999.17	107306.40	66427.38
未分配利润(万元)	8481.52	7306.25	3601.68	5916.11
主营收入(万元)	25966.38	16406.42	43644.32	39336.62
资本公积金(万元)	46252.40	46252.40	71849.20	33746.41
主营利润(万元)	11683.82	7543.23	18319.54	13036.26
其他业务利润(万元)	129.20	109.85	34.74	1303.78
营业利润(万元)	7174.60	4754.17	11615.73	8586.25
投资收益(万元)	47.28	-86.26	-14.64	58.16
补贴收入(万元)			50.00	1188.49
营业外收支(万元)	145.22		-14.95	-9.53
利润总额(万元)	7367.09	4824.38	11636.15	9823.37
净利润(万元)	5374.74	3704.58	9214.48	8101.86

十大股东

序号	股东名称	股份性质	持股数(万股)	比例(%)
1	青海盐湖工业集团有限公司	发起人国有法人股	27170.00	53.10
2	北京华北电力实业总公司	发起人境内法人股	2000.00	3.91
3	安顺证券投资基金	流通股份	1329.07	2.60
4	云南烟草兴云投资股份有限公司	流通股份	1273.10	2.49
5	红塔证券股份有限公司	流通股份	795.60	1.55
6	华安创新证券投资基金	流通股份	660.03	1.29
7	中国农业生产资料成都公司	发起人境内法人股	600.00	1.17
8	中国科学院青海盐湖研究所	发起人境内法人股	400.00	0.78
9	湖北东方农化中心	发起人境内法人股	400.00	0.78
10	安瑞证券投资基金	流通股份	400.00	0.78

股东人数	2003.9	2003.6	2002	2001
	32642	33317	31777	38047

近年分配	2002年中期 10 派 4.5 元 2001 年 10 派 0.1 元中期 10 派 2.2 元	近年配股 / 增发	2002年中期 10 股转增 10 股

重大事项

2003 年 10 月 16 日,鉴于目前国内氯化钾市场销售价格大幅上涨,(平均上涨约 180 元/吨),根据市场情况,经公司研究决定:自 2003 年 10 月 11 日始,公司氯化钾产品在原有基础上平均上调 100 元/吨.超过原销售价格的 10%以上. 本季报期内,公司增发募集资金拟投资的青海盐湖 100 万吨钾肥建设项目预计 2003 年底之前建成试车,2004 年正式投产,该项目投产后,预计会对公司后续的经营业绩产生较大影响.

二〇〇二年以来市场表现

2002年涨跌幅(%)	-5.57
2002年最高(元)	7.81
2002年最低(元)	6.06
2002年换手率(%)	36.22
2003年涨跌幅(%)	11.21
2003年最高(元)	8.79
2003年最低(元)	6.25
2003年换手率(%)	94.54

海南民生燃气(集团)股份有限公司

公司概况

公司名称	海南民生燃气(集团)股份有限公司	股票代码	000793
注册地址	海南省海口市海甸四东路民生大厦	邮政编码	570208
法人代表	朱德华	董秘	金日
电话	0898-66254650	传真	0898-66255636
主营业务	城市管道燃气的开发、设计、施工及管道仿天然气的生产和销售等		
总股本	34003.31	流通 A	21068.98
流通 B		流通 H	
审计单位		审计意见	未审计

主要财务指标

年度	2003.9	2003.6	2002	2001
每股收益/扣除后(元)	0.2600	0.1700	0.3300	0.3300
每股经营现金流量(元)	–0.4900	–0.3200	0.6100	1.4500
每股净资产/调整后(元)	4.2200	4.2400	4.1000	3.8500
每股公积金(元)	3.1155	1.9274	1.9274	1.9274
净资产收益率(%)	4.1410	3.8900	7.9500	8.3100
总资产(万元)	351694.87	332760.97	279777.62	199525.87
股东权益(万元)	126118.06	126382.90	121467.54	114485.47
未分配利润(万元)	25409.66	25757.82	20842.46	17433.45
主营收入(万元)	34289.93	24651.61	42409.96	21236.08
资本公积金(万元)	56250.54	56167.22	56167.22	56167.22
主营利润(万元)	10540.18	6962.73	11909.58	10685.74
其他业务利润(万元)	30.27	26.14	43.94	424.87
营业利润(万元)	4493.03	2928.86	4254.25	4366.60
投资收益(万元)	347.66	346.69	–194.04	1106.34
补贴收入(万元)	3176.53	2000.00	5547.44	5117.65
营业外收支(万元)	–250.46	–218.05	234.78	–1028.89
利润总额(万元)	7766.77	5057.50	9842.44	9561.69
净利润(万元)	7481.31	4915.36	9653.16	9517.47

十大股东

序号	股东名称	股份性质	持股数(万股)	比例(%)
1	上海新华闻投资有限公司	定向法人股	5667.20	16.67
2	北京华光泰投资管理有限公司	定向法人股	3000.00	8.82
3	海口市煤气管理总公司	发起人国有法人股	2425.00	7.13
4	联合证券有限责任公司	发起人国有法人股	1232.04	3.62
5	南宁管道燃气有限责任公司	定向法人股	835.00	2.46
6	海口德元实业有限公司	定向法人股	310.00	0.91
7	海南立森实业公司	发起人法人股	266.74	0.78
8	海南椰海实业开发公司	定向法人股	60.00	0.18
9	珠海市煤气公司	定向法人股	50.00	0.15
10	北京昊隆锋经济贸易有限公司	定向法人股	50.00	0.15

股东人数	2003.9	2003.6	2002	2001
	38810	40596	46957	61261

近年分配	2002年10股派1元 2001年10股派1元	近年配股/增发	2002年10股配3股

重大事项

2003年8月28日,公司控股子公司海南民生管道燃气有限公司近日与海南福山油田勘探开发有限责任公司澄迈分公司签订了《天然气供用气合同》,与中海石油(中国)有限公司、中海石油管道输气有限公司签订了《东方1–1天然气田天然气销售、购买和输送合同》。 2003年3月,中国人民银行同意公司参股的沈阳市信托投资公司进行重新登记:1)注册名称变更为"弘泰信托投资有限责任公司".2)注册资本为人民币35,480万元。

二〇〇二年以来市场表现

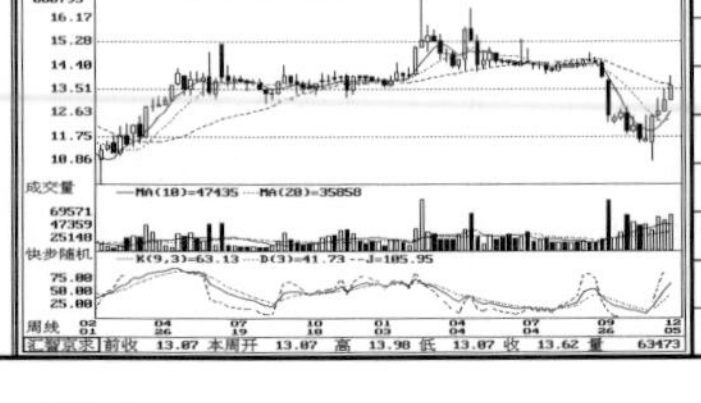

2002年涨跌幅(%)	13.24
2002年最高(元)	14.20
2002年最低(元)	9.86
2002年换手率(%)	60.92
2003年涨跌幅(%)	–9.88
2003年最高(元)	15.71
2003年最低(元)	10.80
2003年换手率(%)	86.78

太原双塔刚玉股份有限公司

公司概况

公司名称	太原双塔刚玉股份有限公司	股票代码	000795
注册地址	山西省太原市郝庄正街62号	邮政编码	030045
法人代表	杜建奎	董秘	周玉旺
电话	0351-4935313	传真	0351-4935097
主营业务	棕刚玉系列产品、特种耐火材料、自动化立体仓库等		
总股本	27680.00	流通 A	11440.00
流通 B		流通 H	
审计单位		审计意见	未审计

主要财务指标

年度	2003.9	2003.6	2002	2001
每股收益/扣除后(元)	0.0050	0.0059	–0.0302	0.0454
每股经营现金流量(元)	–0.7000	–0.0680	–0.1269	0.0327
每股净资产/调整后(元)	2.7140	2.7060	2.6940	2.7960
每股公积金(元)	1.3981	1.3981	1.3867	1.3867
净资产收益率(%)	0.3990	0.2100	–0.8570	1.7200
总资产(万元)	118532.04	113356.53	100571.43	102295.26
股东权益(万元)	76224.59	76080.82	75604.26	76768.51
未分配利润(万元)	7599.39	7455.62	7294.95	8404.72
主营收入(万元)	18852.91	10716.16	21333.62	20206.33
资本公积金(万元)	38699.64	38699.64	38383.75	38383.75
主营利润(万元)	3303.08	1761.95	2844.92	4615.08
其他业务利润(万元)	31.67	19.16	54.46	74.89
营业利润(万元)	567.09	263.63	–568.77	1515.44
投资收益(万元)				–92.53
补贴收入(万元)			23.63	16.28
营业外收支(万元)	–3.98		–16.62	228.53
利润总额(万元)	563.11	261.86	–561.75	1667.71
净利润(万元)	304.44	160.66	–648.25	1335.76

十大股东

序号	股东名称	股份性质	持股数(万股)	比例(%)
1	太原双塔刚玉(集团)有限公司	定向法境内法人股	11304.00	40.84
2	太原东山煤矿有限责任公司	国有法人股	4936.00	17.83
3	徐兰华	流通股	55.37	0.20
4	贾楠安	流通股	40.86	0.15
5	上海申鹏科技发展有限公司	流通股	35.16	0.13
6	张红涛	流通股	32.47	0.12
7	史桂兰	流通股	31.06	0.11
8	申毅	流通股	31.01	0.11
9	张春明	流通股	23.87	0.09
10	赵杰	流通股	23.50	0.09

股东人数	2003.9	2003.6	2002	2001
	34428	35073	38810	49968

近年分配	2001年10股派0.25元	近年配股/增发	不分配不转增

重大事项

根据公司第二届董事会2003年临时会议决议,公司于2003年11月25日与华夏银行股份有限公司杭州分行解放支行签署了《最高额保证合同》,为公司控股子公司浙江英洛华磁业有限公司向该行申请银行承兑汇票提供壹仟陆佰万元的连带责任担保。 2003年7月5日,公司第二大股东太原东山煤矿有限责任公司将其持有的公司国有法人股中的2468万股质押给中国工商银行太原市建设路支行,为其陆仟万元人民币借款提供出质,借款期限五年,质押期限自2003年6月20日至2008年6月16日.

二〇〇二年以来市场表现

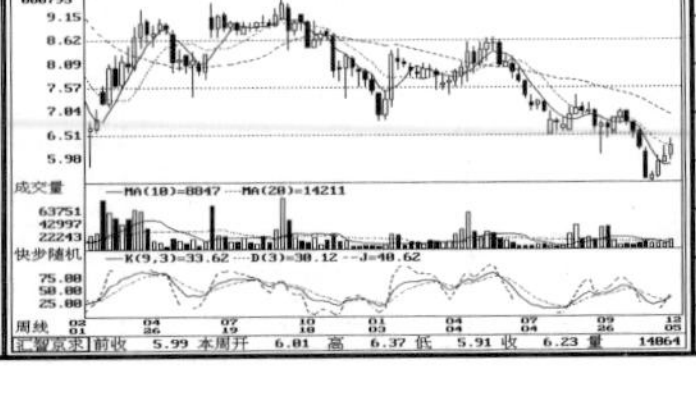

2002年涨跌幅(%)	–11.33
2002年最高(元)	9.68
2002年最低(元)	5.78
2002年换手率(%)	103.29
2003年涨跌幅(%)	–16.81
2003年最高(元)	8.66
2003年最低(元)	5.45
2003年换手率(%)	60.94

宝鸡商场(集团)股份有限公司

公司概况

公司名称	宝鸡商场(集团)股份有限公司	股票代码	000796
注册地址	陕西省宝鸡市高新区峪泉路10号	邮政编码	721000
法人代表	魏存功	董秘	董启怀
电话	0917-3215282	传真	0917-3215282
主营业务	商贸、房地产开发等		

总股本	16034.20	流通 A	11277.43	流通 B		流通 H	
审计单位				审计意见	未审计		

主要财务指标

年度	2003.9	2003.6	2002	2001
每股收益/扣除后(元)	0.0660	0.0454	0.1270	0.1940
每股经营现金流量(元)	0.1000	-0.0300	0.5320	0.4210
每股净资产/调整后(元)	4.3370	4.3200	4.2600	4.1200
每股公积金(元)	2.2251	2.2251	2.2251	2.2234
净资产收益率(%)	1.5300	1.0600	3.2000	4.8900
总资产(万元)	104294.17	98224.91	96459.03	96619.61
股东权益(万元)	96459.03	69215.82	68485.55	66232.83
未分配利润(万元)	12933.45	12601.44	11871.17	9963.77
主营收入(万元)	37860.29	26229.61	55797.45	62945.15
资本公积金(万元)	35677.36	35677.36	35677.36	35650.96
主营利润(万元)	4872.62	3411.23	6489.80	7042.84
其他业务利润(万元)	1084.66	667.65	1309.81	542.20
营业利润(万元)	1267.97	930.12	2414.09	3742.02
投资收益(万元)	-21.91	-66.53	152.30	62.68
补贴收入(万元)				
营业外收支(万元)	3.43	2.47	27.27	72.88
利润总额(万元)	1249.48	866.50	2593.66	3877.59
净利润(万元)	1062.29	730.27	2188.61	3236.79

十大股东

序号	股东名称	股份性质	持股数(万股)	比例(%)
1	宝鸡市国有资产管理局	国有股	1610.65	10.04
2	陕西省宝鸡卷烟厂	法人股	1376.18	8.58
3	包头市北普实业有限公司	法人股	673.92	4.20
4	宝鸡市大众投资有限责任公司	法人股	583.83	3.64
5	包头浩宇科技实业有限公司	法人股	512.18	3.19
6	山东鲁能拓展置业有限公司	流通股	95.05	0.59
7	深圳市德能投资发展有限责任公司	流通股	62.08	0.39
8	王小蓉	流通股	61.69	0.38
9	深圳经纬企业管理咨询有限公司	流通股	58.58	0.37
10	刘竣	流通股	48.44	0.30

股东人数	2003.9	2003.6	2002	2001
	37509	37965	38043	37482

近年分配		近年配股/增发	不分配不转增

重大事项

2003年11月10日,公司董事会同意对深圳市海金投资有限公司增加投资2900万元,增资后该公司注册资本为5000万元,公司出资额占该公司注册资本的94%. 2003年06月14日,因公司营业大楼二期主体扩建及配套设施项目于2003年5月1日起全面施工,6月8日起该营业大楼停业,预计5个月后投入运营.

二〇〇二年以来市场表现

2002年涨跌幅(%)	-38.38
2002年最高(元)	10.74
2002年最低(元)	6.60
2002年换手率(%)	76.39
2003年涨跌幅(%)	-20.06
2003年最高(元)	7.60
2003年最低(元)	4.77
2003年换手率(%)	65.78

中国武夷实业股份有限公司

公司概况

公司名称	中国武夷实业股份有限公司	股票代码	000797
注册地址	福建省福州市北大路240号	邮政编码	350003
法人代表	悦胜利	董秘	林金铸
电话	0591-3170123	传真	0591-3170222
主营业务	工业、能源、交通、民用等工程建设项目的施工总承包等		

总股本	38945.24	流通 A	13013.00	流通 B		流通 H	
审计单位				审计意见	未审计		

主要财务指标

年度	2003.9	2003.6	2002	2001
每股收益/扣除后(元)	-0.1560	-0.0850	0.1090	0.0900
每股经营现金流量(元)	-1.5900	-0.7640	-0.2100	-0.7300
每股净资产/调整后(元)	3.0100	3.0400	3.1100	3.0100
每股公积金(元)	1.9530	1.9530	1.9530	1.9178
净资产收益率(%)	-3.6900	-1.4000	2.8300	3.6100
总资产(万元)	358115.81	361235.19	349900.53	311105.28
股东权益(万元)	123294.05	126081.53	127773.22	122789.49
未分配利润(万元)	553.59	3341.28	5107.14	2118.61
主营收入(万元)	25877.50	16197.52	88530.20	90475.01
资本公积金(万元)	76058.45	76058.45	76058.45	74687.91
主营利润(万元)	5224.22	2452.35	20038.98	19947.57
其他业务利润(万元)	493.26	359.13	729.14	1448.74
营业利润(万元)	-5846.30	-4193.37	7259.43	6583.18
投资收益(万元)	2872.98	3165.88	1946.99	5033.30
补贴收入(万元)	0.19	0.06	0.26	0.41
营业外收支(万元)	-396.61	-352.17	117.83	-225.51
利润总额(万元)	-3369.74	-1379.60	9324.52	11391.38
净利润(万元)	-4553.56	-1765.86	3616.74	4435.56

十大股东

序号	股东名称	股份性质	持股数(万股)	比例(%)
1	福建建工集团总公司	国有股	25932.24	66.59
2	广东粤财信托投资公司	流通股	208.71	0.54
3	水国伟	流通股	80.90	0.21
4	王开枝	流通股	45.40	0.12
5	黄长锦	流通股	40.72	0.11
6	罗高全	流通股	26.89	0.07
7	田勇	流通股	18.02	0.05
8	杨素云	流通股	16.15	0.04
9	黄春辉	流通股	16.13	0.04
10	左玉连	流通股	15.33	0.04

股东人数	2003.9	2003.6	2002	2001
	65081	66609	69639	73875

近年分配	2001年10股派1元	近年配股/增发	不分配不转增

重大事项

2003年10月24日,公司获悉,公司股东福建建工集团总公司已将其持有的公司股份11,741万股分别向中国银行福建省分行借款11,000万元人民币、向中国建设银行福建省分行借款9,600万元人民币提供质押担保,其中:质押给中国银行福建省分行为6741万股,质押期限二年;质押给中国建设银行福建省分行为5,000万股,质押期限一年. 2003年10月8日,公司董事会同意公司向福建联华国际信托投资有限公司借款人民币7000万元以内,期限不超过3年,拟以持有的福建省惠泉啤酒集团股份有限公司2895万股法人股为质押.

二〇〇二年以来市场表现

2002年涨跌幅(%)	-26.41
2002年最高(元)	9.00
2002年最低(元)	5.68
2002年换手率(%)	107.86
2003年涨跌幅(%)	-27.38
2003年最高(元)	6.98
2003年最低(元)	3.79
2003年换手率(%)	81.96

中水集团远洋股份有限公司

公司概况

公司名称	中水集团远洋股份有限公司			股票代码	000798	
注册地址	北京市西单民丰胡同31号中水大厦613室			邮政编码	100032	
法人代表	刘身利		董秘	陈明		
电话	010-88067461		传真	010-88067463		
主营业务	海洋捕捞、水产品加工、储运、销售等					
总股本	25200.00	流通A	6294.50	流通B		流通H
审计单位			审计意见	未审计		

主要财务指标

年度	2003.9	2003.6	2002	2001
每股收益/扣除后(元)	-0.1900	-0.1730	0.0700	0.1500
每股经营现金流量(元)	-0.0700	-0.1000	0.1830	0.2900
每股净资产/调整后(元)	2.7916	2.8180	2.7810	3.0200
每股公积金(元)		1.8363	1.8363	1.8362
净资产收益率(%)	1.4400	1.6200	3.5400	5.2200
总资产(万元)	91895.70	107898.26	121507.91	91595.12
股东权益(万元)	76175.23	76033.70	74802.08	76701.89
未分配利润(万元)	1504.97	1637.88	406.27	2141.94
主营收入(万元)	10978.50	5737.71	20369.19	30321.53
资本公积金(万元)		46273.54	46273.54	46272.89
主营利润(万元)	663.41	158.67	5123.22	5291.70
其他业务利润(万元)	284.12	238.08	237.27	228.32
营业利润(万元)	-4696.63	-4532.57	1748.12	3600.85
投资收益(万元)	5952.36	5833.26	-30.89	228.41
补贴收入(万元)			144.00	296.39
营业外收支(万元)	-61.94		673.28	-133.71
利润总额(万元)	1193.79	1297.75	2534.51	3991.94
净利润(万元)	1098.70	1231.61	2647.12	4002.28

十大股东

序号	股东名称	股份性质	持股数(万股)	比例(%)
1	中国水产(集团)总公司	国有股	6426.00	25.50
2	中国水产烟台海洋渔业公司	国有股	6237.00	24.75
3	中国水产舟山海洋渔业公司	国有股	6237.00	24.75
4	耿汝明	流通股	50.00	0.20
5	张振龙	流通股	30.00	0.12
6	王荣礴	流通股	24.61	0.10
7	夏涛	流通股	18.69	0.07
8	何仲文	流通股	17.10	0.07
9	黄崧	流通股	16.20	0.06
10	左琼	流通股	16.17	0.06

股东人数	2003.9	2003.6	2002	2001
	27834	28022	29484	31437

近年分配	2002年10股派0.3元 2001年10股派0.5元	近年配股/增发	不分配不转增

重大事项

2003年10月18日，公司为中国水产总公司在工商银行申请的1,4000万元车船贷款的担保，已于2003年10月17日到期解除. 2002年12月31日,董事会决定将公司作为战略投资者持有的招商银行可流通A股4000万股股票中的1500万股以8.4元/股的价格，转让给北京中汇投资管理有限公司；公司于2002年12月26日将所持有的公司2650万股质押给中国银行舟山市分行，质押期限自2002年12月至2005年6月.

二〇〇二年以来市场表现

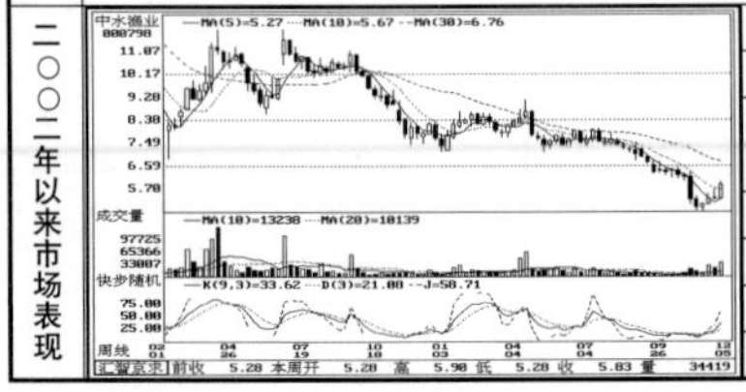

2002年涨跌幅(%)	-23.03
2002年最高(元)	11.88
2002年最低(元)	6.47
2002年换手率(%)	189.91
2003年涨跌幅(%)	-29.79
2003年最高(元)	9.12
2003年最低(元)	4.80
2003年换手率(%)	99.44

湖南酒鬼酒股份有限公司

公司概况

公司名称	湖南酒鬼酒股份有限公司			股票代码	000799	
注册地址	湖南省吉首市振武营湘泉城			邮政编码	416000	
法人代表	刘虹		董秘	张儒平		
电话	0743-8312079		传真	0743-8312178		
主营业务	生产、销售曲酒系列产品、陶瓷包装物、纸箱等					
总股本	30305.00	流通A	10725.00	流通B		流通H
审计单位			审计意见	未审计		

主要财务指标

年度	2003.9	2003.6	2002	2001
每股收益/扣除后(元)	-0.0520	-0.0680	-0.4800	0.2400
每股经营现金流量(元)	0.1600	-0.0210	0.0200	0.6500
每股净资产/调整后(元)	3.6320	2.9800	3.0300	4.0100
每股公积金(元)	2.3825	2.3806	2.3767	2.3758
净资产收益率(%)	-1.5420	-1.8500	-12.9600	7.9400
总资产(万元)	215395.87	222334.06	227876.23	217303.77
股东权益(万元)	110057.78	109696.47	111622.15	128281.52
未分配利润(万元)	-11916.46	-12220.62	-10177.80	6081.39
主营收入(万元)	26403.40	15613.72	40014.25	51806.96
资本公积金(万元)	72200.51	72143.36	72026.22	71999.67
主营利润(万元)	11450.02	6574.44	16466.50	19554.97
其他业务利润(万元)	82.36	89.51	228.61	22.99
营业利润(万元)	-1495.81	-2034.39	-14036.78	11404.20
投资收益(万元)	69.71	69.71	293.57	627.99
补贴收入(万元)			30.84	64.21
营业外收支(万元)	-197.17		-620.14	570.20
利润总额(万元)	-1623.26	-2006.13	-14332.50	12666.60
净利润(万元)	-1696.83	-2039.38	-14471.50	10187.47

十大股东

序号	股东名称	股份性质	持股数(万股)	比例(%)
1	湖南湘泉集团有限公司	国有法人股	10780.00	35.57
2	湖南成功控股集团有限公司	社会公众股	8800.00	29.04
3	曲玮	社会公众股	63.25	0.21
4	费步青	社会公众股	38.65	0.12
5	孔秀兰	社会公众股	32.65	0.11
6	戴祝英	社会公众股	20.00	0.06
7	战明辉	社会公众股	20.00	0.06
8	谢国庆	社会公众股	19.26	0.06
9	冯扬柯	社会公众股	18.95	0.06
10	麦忠雄	社会公众股	14.33	0.05

股东人数	2003.9	2003.6	2002	2001
	69659	70952	74028	81292

近年分配	2001年10股派3元	近年配股/增发	不分配不转增

重大事项

2003年9月19日公司与控股股东湖南湘泉集团有限公司签订了《资产置换协议》，公司拟以截止2003年8月31日止的三年以上的应收账款账面价值240,073,067.46元(未经审计)与湘泉集团持有的湖南湘泉大酒店有限责任公司75%的股权等资产进行等值置换议. 2003年7日12日,成功控股集团有限公司受让湖南湘泉集团有限公司持有的公司8800万股国有法人股;2003年7月10日湖南省高级人民法院已对公司第一大股东湖南湘泉集团有限公司持有的公司国有法人股2000万股解除司法冻结登记.

二〇〇二年以来市场表现

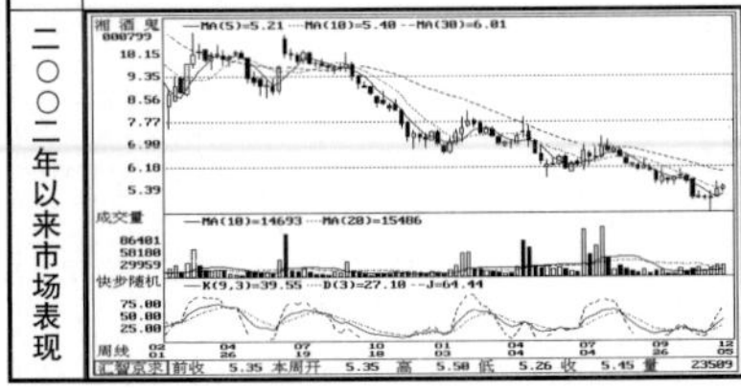

2002年涨跌幅(%)	-31.70
2002年最高(元)	10.64
2002年最低(元)	6.72
2002年换手率(%)	71.97
2003年涨跌幅(%)	-21.44
2003年最高(元)	8.11
2003年最低(元)	4.60
2003年换手率(%)	109.15

一汽轿车股份有限公司

公司概况

公司名称	一汽轿车股份有限公司		股票代码	000800	
注册地址	长春市高新开发区汽车研究开发园区		邮政编码	130011	
法人代表	竺延风		董秘	王文权	
电话	0431-5976447		传真	0431-5908726	
主营业务	开发、制造和销售轿车、旅行车以及其配件、修理汽车等				
总股本	162750.00	流通 A	54600.00	流通 B	流通 H
审计单位			审计意见	未审计	

主要财务指标

年度	2003.9	2003.6	2002	2001
每股收益/扣除后(元)	0.1947	0.0820	0.1100	0.0210
每股经营现金流量(元)	0.8920	0.4040	0.6400	0.1800
每股净资产/调整后(元)	2.8000	2.6700	2.6200	2.6700
每股公积金(元)	1.4864	1.4859	1.4859	1.4858
净资产收益率(%)	6.7100	3.0400	5.5400	0.5400
总资产(万元)	831440.75	801883.87	666751.06	609260.19
股东权益(万元)	483710.53	463747.72	446189.47	450797.56
未分配利润(万元)	54110.29	35773.91	21664.10	33154.71
主营收入(万元)	642559.44	326804.75	475558.16	344526.91
资本公积金(万元)	241916.81	241827.77	241827.80	241821.30
主营利润(万元)	113424.69	60132.28	100436.71	52770.24
其他业务利润(万元)	773.84	770.81	102.25	87.26
营业利润(万元)	38672.35	16927.98	36390.07	7766.65
投资收益(万元)	402.29	-217.22	-1157.53	
补贴收入(万元)				
营业外收支(万元)	753.67		-942.48	-941.15
利润总额(万元)	39828.31	17498.03	34290.05	6825.49
净利润(万元)	32446.19	14109.81	24717.00	2425.44

十大股东

序号	股东名称	股份性质	持股数(万股)	比例(%)
1	中国第一汽车集团公司	法人股	103550.00	63.60
2	国信证券有限责任公司	流通股	2198.52	1.35
3	上海新理益投资管理有限公司	法人股	1950.00	1.20
4	兴和证券投资基金	流通股	1618.68	0.99
5	裕隆证券投资基金	流通股	1355.04	0.83
6	鸿阳证券投资基金	流通股	733.96	0.45
7	深圳国际信托投资公司	流通股	634.36	0.39
8	银华优势企业(平衡型)证券投资基金	流通股	600.36	0.37
9	上海宝翔物资有限公司	法人股	550.00	0.34
10	汉盛证券投资基金	流通股	519.81	0.32

股东人数	2003.9	2003.6	2002	2001
	84821	82767	212898	260137

近年分配	近年配股/增发
2002年10股派2元 2001年10股派0.5元	不分配不转增

重大事项

2003年6月06日,公司决定从2003年6月起对公司生产的红旗世纪星、红旗明仕系列产品的市场售价作出一定调整.调整后,上述车型的降价幅度大约在10000-50000元之间不等. 2003年1月21日,公司通过引进日本马自达汽车公司技术方式生产的Mazda 6型轿车于2003年1月21日正式下线.该车属2.0L以上中高档轿车.公司董事会决定以1997年募集资金节余4.2亿元投向Mazda 6型轿车.公司于2003年6月30日召开2002年度股东大会.审议通过以上相关事项

二○○二年以来市场表现

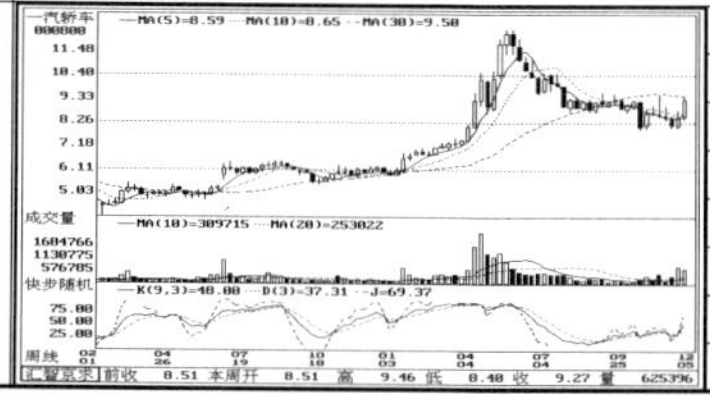

2002年涨跌幅(%)	17.18
2002年最高(元)	6.27
2002年最低(元)	3.70
2002年换手率(%)	169.85
2003年涨跌幅(%)	48.52
2003年最高(元)	12.35
2003年最低(元)	5.60
2003年换手率(%)	380.19

四川湖山电子股份有限公司

公司概况

公司名称	四川湖山电子股份有限公司		股票代码	000801	
注册地址	四川省绵阳市华兴西路一号		邮政编码	621000	
法人代表	廖建明		董秘	陈禹	
电话	0816-2312421		传真	0816-2336335	
主营业务	电子音响设备、卫星电视接收系统、整机装饰件的制造、加工、销售等				
总股本	13203.59	流通 A	3931.20	流通 B	流通 H
审计单位			审计意见	未审计	

主要财务指标

年度	2003.9	2003.6	2002	2001
每股收益/扣除后(元)	-0.0020	-0.0290	-0.1790	-0.2300
每股经营现金流量(元)	0.1120	0.0043	-0.0250	0.0090
每股净资产/调整后(元)	0.7900	0.7600	0.7400	0.9500
每股公积金(元)	0.0293	0.0293	0.0170	0.0068
净资产收益率(%)	-0.2100	-3.4400	-22.1000	-25.6400
总资产(万元)	16946.16	17087.17	19250.52	21175.88
股东权益(万元)	11146.22	10797.23	11006.86	13305.50
未分配利润(万元)	-5605.20	-5954.19	-5582.76	-3149.78
主营收入(万元)	4326.35	2143.08	4130.83	4157.38
资本公积金(万元)	386.32	386.32	224.52	90.17
主营利润(万元)	1003.64	659.98	1204.60	1242.47
其他业务利润(万元)	18.48	17.65	-60.55	129.90
营业利润(万元)	-36.03	-375.47	-1844.09	-3286.43
投资收益(万元)	-0.73	-7.89	-573.87	-50.20
补贴收入(万元)				11.19
营业外收支(万元)	15.88		-34.11	-120.46
利润总额(万元)	-20.88	-370.56	-2452.08	-3445.89
净利润(万元)	-22.44	-371.42	-2432.98	-3410.99

十大股东

序号	股东名称	股份性质	持股数(万股)	比例(%)
1	四川九州电器集团有限责任公司	社会法人股	3947.71	29.90
2	四川千佛山生态旅游开发有限公司	社会法人股	3540.29	26.81
3	上海纳米创业投资有限公司	社会法人股	1123.20	8.51
4	成都君信实业有限公司	社会法人股	399.11	3.02
5	绵阳市银星贸易公司	社会法人股	262.08	1.98
6	庄新建	流通股	31.02	0.23
7	朱继南	流通股	29.61	0.22
8	陈汉仲	流通股	27.70	0.21
9	唐岳峰	流通股	25.00	0.19
10	刘培	流通股	22.63	0.17

股东人数	2003.9	2003.6	2002	2001
	13668	14149	18206	16064

近年分配	近年配股/增发
	不分配不转增

重大事项

2003年5月31日,公司原第一大股东四川千佛山生态旅游开发有限公司、第二大股东大连经济技术开发区三洋实业公司与四川九洲电器集团有限责任公司签订了《股权转让协议》.2003年7月24日已办理完上述股权过户登记手续,九洲电器集团成为公司第一大股东. 公司于2003年06月11日发布关于四川九洲电器集团有限责任公司收购事宜致全体股东报告书》中披露的公司控股股东四川千佛山生态旅游开发有限公司之实际控制人四川兴力达集团实业有限公司及其关联企业四川兴力达百货有限公司对公司欠款合计1157.12万元已于2003年6月26日归还公司.

二○○二年以来市场表现

2002年涨跌幅(%)	-27.60
2002年最高(元)	13.87
2002年最低(元)	6.55
2002年换手率(%)	422.68
2003年涨跌幅(%)	-13.04
2003年最高(元)	10.36
2003年最低(元)	5.85
2003年换手率(%)	334.51

北京京西风光旅游开发股份有限公司

公司概况

公司名称	北京京西风光旅游开发股份有限公司	股票代码	000802
注册地址	北京门头沟区新桥大街35号百花宾馆4-5F	邮政编码	102300
法人代表	刘利华	董秘	包卫刚
电话	010-69800572	传真	010-69805332
主营业务	旅游项目投资、饮食服务、文化娱乐服务、出租汽车客运等		
总股本	11625.00	流通 A	3896.23
流通 B		流通 H	
审计单位		审计意见	未审计

主要财务指标

年度	2003.9	2003.6	2002	2001
每股收益/扣除后(元)	-0.2800	-0.1600	-0.5800	-0.0400
每股经营现金流量(元)	-0.8400	-0.5200	0.7200	-0.5800
每股净资产/调整后(元)	1.8600	2.0000	2.1700	2.6300
每股公积金(元)		1.8576	1.8576	1.8576
净资产收益率(%)	-12.2900	-6.8300	-22.0400	0.6600
总资产(万元)	119968.07	120224.90	120224.90	113364.06
股东权益(万元)	27335.84	30695.73	30695.73	37459.77
未分配利润(万元)		-3797.24	-3797.24	2966.79
主营收入(万元)	16571.52	6300.57	37334.27	25753.10
资本公积金(万元)		21594.92	21594.92	21594.92
主营利润(万元)	2403.94	1564.50	5568.53	5193.92
其他业务利润(万元)	292.07	258.84	549.22	626.02
营业利润(万元)	-3176.26	-1628.63	-4929.61	226.35
投资收益(万元)	-143.08	-96.82	-1513.58	-282.69
补贴收入(万元)				800.00
营业外收支(万元)	-59.07		-95.21	-51.43
利润总额(万元)	-3378.41	-2202.17	-6538.40	692.24
净利润(万元)	-3359.89	-2165.75	-6764.04	246.42

十大股东

序号	股东名称	股份性质	持股数(万股)	比例(%)
1	北京戈德电子移动商务有限公司	国有法人股	7725.00	66.45
2	桂贞英	社会公众股	19.75	0.17
3	刘浩	社会公众股	19.00	0.16
4	钟荣昌	社会公众股	18.40	0.16
5	江兴和	社会公众股	15.40	0.13
6	徐建	社会公众股	15.18	0.13
7	北京双盛楼饭店	社会公众股	14.60	0.13
8	宋津萍	社会公众股	14.50	0.13
9	余纲	社会公众股	14.30	0.12
10	胥桂红	社会公众股	13.80	0.11

股东人数	2003.9	2003.6	2002	2001
	12521	13852	12831	11416

近年分配	2001年10股派0.5元	近年配股/增发	不分配不转增

重大事项

2003年8月11日,公司收到控股股东北京戈德电子移动商务有限公司通知,该公司曾于2003年7月14日收到天津市高级人民法院送达的民事裁定书,对北京戈德银行存款人民币14745835.47元或其他财产予以冻洁.日前,该公司接天津市高级人民法院通知,其持有的公司7725万股股份中的750万股股份已于2003年07月25日已被天津市高级人民法院冻结. 公司因涉及为天津电源集团公司4000万元人民币贷款担保事宜,已被原告中国银行天津市分行起诉,公司及部分分公司的银行帐户被法院冻结.该项诉讼目前虽尚未解决,但经公司协调,上述因涉诉被冻结的公司及分公司银行帐户于2003年8月12日全部解除.

二〇〇二年以来市场表现

2002年涨跌幅(%)	-33.47
2002年最高(元)	15.33
2002年最低(元)	9.25
2002年换手率(%)	167.35
2003年涨跌幅(%)	-24.59
2003年最高(元)	13.39
2003年最低(元)	6.82
2003年换手率(%)	203.10

四川美亚丝绸(集团)股份有限公司

公司概况

公司名称	四川美亚丝绸(集团)股份有限公司	股票代码	000803
注册地址	四川省南充市顺庆区延安路380号	邮政编码	637000
法人代表	胡先成	董秘	罗雄飞
电话	0817-2198989	传真	0817-2602653
主营业务	通信工程、计算机网络工程设计、施工、通信光电设备等		
总股本	10136.10	流通 A	4871.10
流通 B		流通 H	
审计单位		审计意见	未审计

主要财务指标

年度	2003.9	2003.6	2002	2001
每股收益/扣除后(元)	0.0200	0.0200	0.0290	0.0400
每股经营现金流量(元)	-0.1543	-0.1100	0.0188	0.2000
每股净资产/调整后(元)	1.5100	1.5100	1.4800	1.4300
每股公积金(元)	0.0680	0.0680	0.0680	0.0483
净资产收益率(%)	1.3300	1.3200	2.0600	2.2200
总资产(万元)	29876.80	29811.84	27562.49	28093.51
股东权益(万元)	15502.35	15477.63	15272.86	14796.73
未分配利润(万元)	1440.50	1415.78	1211.01	955.68
主营收入(万元)	5942.36	3722.85	7780.88	10179.55
资本公积金(万元)	689.58	689.58	689.58	489.83
主营利润(万元)	583.81	501.78	888.99	1641.54
其他业务利润(万元)	860.75	585.42	1044.51	558.75
营业利润(万元)	293.31	315.30	386.12	515.15
投资收益(万元)	27.20	0.05	-41.94	37.04
补贴收入(万元)	1.43	1.43	2.95	0.76
营业外收支(万元)	-7.94		57.62	-98.52
利润总额(万元)	314.00	311.79	404.74	454.43
净利润(万元)	206.61	204.77	315.04	327.88

十大股东

序号	股东名称	股份性质	持股数(万股)	比例(%)
1	成都金宇集团有限公司	社会法人股	3002.60	22.62
2	四川省南充市财政局	国家股	1381.00	13.62
3	四川省南充美亚时装公司	法人股	487.50	4.81
4	四川省南充市丝绸加工厂	法人股	195.00	1.92
5	四川省美鸿实业公司	法人股	117.00	1.15
6	上海金天网络信息有限公司	法人股	39.00	0.38
7	四川省岳池县蚕茧公司	法人股	19.50	0.19
8	四川省西充县晋新丝绸厂	法人股	19.50	0.19
9	西安航天科技工业公司	公众股	15.63	0.15
10	上海市嘉定住宅发展局	公众股	15.45	0.15

股东人数	2003.9	2003.6	2002	2001
	4174	4252	4654	1892

近年分配		近年配股/增发	2001年中期10股增3股

重大事项

2003年6月10日,南充市财政局将所持的公司3002.6万股转让给成都金宇集团有限公司事宜已获财政部批准,股权过户手续已办理完毕;成都金宇集团有限公司因为成都金宇(集团)通信股份有限公司办理贷款,将其所持有的公司3002.6万股质押给农行成都市蜀都分行. 2003年5月14日,四川省南充市财政局将其持有的公司3002.6万股股权协议转让给成都金宇集团有限公司事宜.转让后,南充市财政局仍持有公司1381万股国有股;金宇集团持有公司3002.6万股社会法人股,成为公司第一大股东.

二〇〇二年以来市场表现

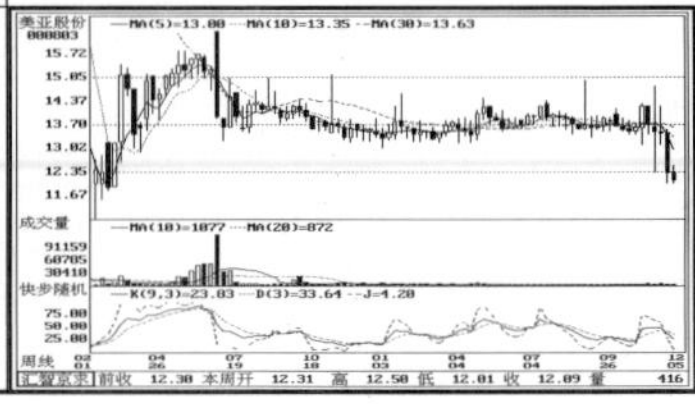

2002年涨跌幅(%)	-8.83
2002年最高(元)	16.40
2002年最低(元)	10.40
2002年换手率(%)	122.23
2003年涨跌幅(%)	-8.41
2003年最高(元)	14.94
2003年最低(元)	12.00
2003年换手率(%)	11.95

江苏炎黄在线股份有限公司

公司概况

公司名称	江苏炎黄在线股份有限公司	股票代码	000805
注册地址	江苏省常州市新区河海路96号	邮政编码	213022
法人代表	陆兆祥	董秘	刘洪梅
电话	0519-5130805	传真	0519-5130806
主营业务	计算机网络系统工程、软件、硬件的开发、生产、销售、安装等		

总股本	5721.83	流通 A	1441.62	流通 B		流通 H	
审计单位				审计意见	未审计		

主要财务指标

年度	2003.9	2003.6	2002	2001
每股收益/扣除后(元)	0.0868	0.0520	0.1357	0.2500
每股经营现金流量(元)	-0.4440	-0.0320	-0.0371	0.1805
每股净资产/调整后(元)	1.8693	1.8345	1.7034	1.6462
每股公积金(元)	0.1642	0.1642	0.1638	0.1547
净资产收益率(%)	5.2500	3.7700	12.0300	17.0400
总资产(万元)	27148.39	25163.36	22996.20	23551.69
股东权益(万元)	10764.33	10598.60	10196.93	9490.18
未分配利润(万元)	3159.11	2993.37	2594.16	2229.44
主营收入(万元)	6921.34	4675.15	15537.53	10238.83
资本公积金(万元)	939.49	939.49	937.03	884.90
主营利润(万元)	1316.55	870.23	2606.87	2180.79
其他业务利润(万元)	105.31	90.91	160.14	56.27
营业利润(万元)	634.87	472.48	1234.44	1319.45
投资收益(万元)	-25.92	-17.28	-21.09	
补贴收入(万元)	154.39	101.62	651.97	305.77
营业外收支(万元)	0.32		-112.24	0.89
利润总额(万元)	763.66	557.14	1753.08	1626.11
净利润(万元)	564.94	399.21	1226.80	1610.79

十大股东

序号	股东名称	股份性质	持股数(万股)	比例(%)
1	常州东普科技发展有限公司	法人股	1685.33	29.45
2	银通创业投资有限公司	法人股	618.27	10.81
3	成都托普咨询有限责任公司	法人股	300.00	5.24
4	上海金专资产管理有限公司	法人股	250.00	4.37
5	常州嘉迅物流有限公司	法人股	70.00	1.22
6	上海合意实业有限公司	法人股	35.00	0.61
7	吴伟英	流通股	26.79	0.47
8	成都市桃花源新技术研究有限公司	法人股	26.40	0.46
9	毛银全	流通股	23.41	0.41
10	严伯顺	流通股	19.62	0.34

股东人数	2003.9	2003.6	2002	2001
	7887	8046	9647	7387

近年分配	2002年10股派1元	近年配股/增发	不分配不转增

重大事项

2003年7月11日,公司董事会同意公司向常州市商业银行申请贷款2500万元,期限一年,该贷款将用于归还公司部分到期银行贷款及补充流动资金需要. 2003年3月5日,公司董事会同意公司向中信实业银行常州市分行申请续贷2500万元流动资金.贷款期限半年以内,贷款将用于公司资讯产品通路业务的流动资金支持.

二〇〇二年以来市场表现

2002年涨跌幅(%)	-18.47
2002年最高(元)	24.29
2002年最低(元)	15.11
2002年换手率(%)	377.94
2003年涨跌幅(%)	-34.35
2003年最高(元)	18.46
2003年最低(元)	8.90
2003年换手率(%)	138.69

北海银河高科技产业股份有限公司

公司概况

公司名称	北海银河高科技产业股份有限公司	股票代码	000806
注册地址	广西北海市广东南路银河科技大厦8F	邮政编码	536000
法人代表	潘琦	董秘	徐宏军
电话	0779-3202636	传真	0779-3201888
主营业务	电力系统自动化电气设备、软件及系统集成、电子元器件等		

总股本	30343.61	流通 A	15989.62	流通 B		流通 H	
审计单位				审计意见	未审计		

主要财务指标

年度	2003.9	2003.6	2002	2001
每股收益/扣除后(元)	0.1983	0.1200	0.2200	0.4200
每股经营现金流量(元)	0.1500	0.0700	0.2100	0.3000
每股净资产/调整后(元)	3.9000	3.7800	3.5300	2.0400
每股公积金(元)	1.8912	1.8573	1.8441	0.2408
净资产收益率(%)	8.0900	6.2500	7.1200	20.8100
总资产(万元)	261265.78	250710.30	218217.98	121293.60
股东权益(万元)	119051.94	115613.20	107984.38	44446.93
未分配利润(万元)	23350.12	20942.12	13713.30	11376.41
主营收入(万元)	18141.18	11798.65	18694.24	40109.14
资本公积金(万元)	57386.43	56355.70	55955.70	5094.46
主营利润(万元)	18141.18	11798.65	18694.24	17204.24
其他业务利润(万元)	305.08	184.65	510.93	59.56
营业利润(万元)	7225.74	4565.46	8719.22	9622.25
投资收益(万元)	3956.01	3901.49	161.67	260.03
补贴收入(万元)	45.11	45.11	337.08	11.60
营业外收支(万元)	34.52		-27.12	173.20
利润总额(万元)	11261.37	8494.93	9190.85	10067.08
净利润(万元)	9636.82	7228.82	7693.29	9248.35

十大股东

序号	股东名称	股份性质	持股数(万股)	比例(%)
1	广西银河集团有限公司	发起人境内法人股	2687.26	8.86
2	苏州工业园区盛银投资有限公司	定向境内法人股	1791.50	5.90
3	湖南新阳光投资有限公司	定向境内法人股	1492.92	4.92
4	北京市农村信用合作社营业部	发起人境内法人股	1194.34	3.94
5	江苏新思维投资咨询有限公司	定向境内法人股	1045.04	3.44
6	广西来西贸易有限公司	定向境内法人股	1045.04	3.44
7	海南贝奇电子实业有限公司	定向境内法人股	812.15	2.68
8	中国银河证券有限责任公司	发起人国家股	756.55	2.49
9	陕西电力燃料有限责任公司	社会公众股	608.85	2.01
10	国航集团财务有限责任公司	社会公众股	519.83	1.71

股东人数	2003.9	2003.6	2002	2001
	57707	58190	55715	33244

近年分配	2001年10股派0.4元 2001年中期10股派0.5元	近年配股/增发	2001年10股送1.6股

重大事项

2003年7月17日,公司接第二大股东苏州工业园区盛银投资有限公司通知,该公司将其持有的公司定向境内法人股17,915,040股中的15,000,000股质押给招商银行苏州分行的合同已解除.今年6月,该公司将其持有的公司定向境内法人股17,915,040股质押给中国农业银行北海市分行,质押期限为六个月. 2003年4月24日,公司第一大股东广西银河集团有限公司将其持有的公司发起人境内法人股26872560股质押给中国农业银行北海市分行,质押期限为一年,自2003年4月18日起至2004年4月18日止.

二〇〇二年以来市场表现

2002年涨跌幅(%)	-49.02
2002年最高(元)	14.43
2002年最低(元)	7.18
2002年换手率(%)	310.02
2003年涨跌幅(%)	12.77
2003年最高(元)	9.99
2003年最低(元)	7.20
2003年换手率(%)	252.14

云南铝业股份有限公司

公司概况

公司名称	云南铝业股份有限公司			股票代码	000807
注册地址	云南省昆明市呈贡县			邮政编码	650502
法人代表	陈智		董秘	张文伟	
电话	0871-7455858		传真	0871-7455605	
主营业务	重熔用铝锭及铝加工制品、碳素及碳素制品、氧化铝等				
总股本	36400.00	流通 A	13392.60	流通 B	流通 H
审计单位			审计意见	未审计	

主要财务指标

年度	2003.9	2003.6	2002	2001
每股收益/扣除后(元)	0.3100	0.2000	0.4400	0.4864
每股经营现金流量(元)	0.4300	0.4200	0.8500	1.1900
每股净资产/调整后(元)	3.9300	3.8300	3.6400	2.4348
每股公积金(元)	2.3540	2.3529	2.3529	1.2428
净资产收益率(%)	7.5800	4.9700	11.5000	19.8300
总资产(万元)	288016.69	283908.66	276153.53	232160.59
股东权益(万元)	143357.83	139389.23	132457.27	75695.97
未分配利润(万元)	11497.39	7568.78	636.81	201.12
主营收入(万元)	109962.69	73290.94	156279.69	160374.23
资本公积金(万元)	85685.01	85645.01	85645.01	38527.97
主营利润(万元)	22279.69	14861.32	31383.13	28664.81
其他业务利润(万元)	28.60	35.84	136.33	-383.67
营业利润(万元)	13735.07	9121.80	18792.42	14949.82
投资收益(万元)	-455.62	-461.88	72.01	3056.91
补贴收入(万元)				
营业外收支(万元)	-539.55		-823.97	-267.44
利润总额(万元)	12739.90	8118.01	18040.46	17739.28
净利润(万元)	10860.57	6931.97	15234.26	15011.18

十大股东

序号	股东名称	股份性质	持股数(万股)	比例(%)
1	云南冶金集团总公司	国有法人股	23000.00	63.19
2	上海申能资产管理有限公司	流通股	110.31	0.30
3	深圳市财政金融服务中心	流通股	79.00	0.22
4	顺德日鞋业有限公司	流通股	77.72	0.21
5	北京市海淀区国有资产管理有限公司	流通股	49.78	0.14
6	宁波大榭开发区投资控股有限公司	流通股	45.23	0.12
7	吉林天信投资管理股份有限公司	流通股	40.90	0.11
8	徐留胜	流通股	39.00	0.11
9	山东黄金集团有限公司	流通股	38.61	0.11
10	云南恒润工贸有限公司	流通股	38.52	0.11

股东人数	2003.9	2003.6	2002	2001
	51021	53341	41073	41102

近年分配	2002年10股派3元 2001年10股派3元	近年配股/增发	不分配不转增

重大事项

2003年1月22日，公司2003年起用电价格调整为约0.2556元/kwh（不含税），比2002年上涨约0.0206元/kwh(不含税)。预计2003年因电价上涨因素将导致公司生产总成本增加3000万元左右.公司将采取相应措施，力求将总成本上升的额度控制在2000万元以内。　公司国债项目"第二电解分厂环境治理节能技术改造"工程贴息贷款已获得工行8.88亿授信额度，上述贷款使用额度4亿元以内由控股股东云南冶金集团总公司担保,超过部份由本公司以固定资产抵押.截止2003年6月30日，上述贷款已到位1亿元;

二〇〇二年以来市场表现

2002年涨跌幅(%)	-19.71
2002年最高(元)	10.85
2002年最低(元)	7.31
2002年换手率(%)	155.29
2003年涨跌幅(%)	-9.38
2003年最高(元)	8.95
2003年最低(元)	6.53
2003年换手率(%)	200.40

四川第一纺织股份有限公司

公司概况

公司名称	四川第一纺织股份有限公司			股票代码	000809
注册地址	成都市二环路东三段8号			邮政编码	610053
法人代表	封玮		董秘	余武柏	
电话	028-84339912*2388		传真	028-84317555	
主营业务	各类型及规格的纱、线、坯布、印染布、针织品、服装、床上用品等				
总股本	11457.00	流通 A	3500.00	流通 B	流通 H
审计单位			审计意见	未审计	

主要财务指标

年度	2003.9	2003.6	2002	2001
每股收益/扣除后(元)	-0.3500	-0.2700	-0.4900	-0.5500
每股经营现金流量(元)	0.0600	0.0800	0.1500	-0.0300
每股净资产/调整后(元)	0.3500	0.4300	0.7900	1.3300
每股公积金(元)	0.2748	0.2748	0.2748	0.2748
净资产收益率(%)	-128.7500	-90.2800	-54.0000	-39.0700
总资产(万元)	33947.47	34309.63	38638.91	45125.64
股东权益(万元)	4542.67	5461.08	10413.10	16036.05
未分配利润(万元)	-10723.63	-9805.23	-4853.21	769.75
主营收入(万元)	18805.36	11527.37	31648.93	36733.13
资本公积金(万元)	3148.70	3148.70	3148.70	3148.70
主营利润(万元)	1158.90	576.09	-1381.74	-97.98
其他业务利润(万元)	147.39	149.01	145.88	156.18
营业利润(万元)	-4061.46	-3131.61	-5687.67	-5055.32
投资收益(万元)	-222.20	-205.93	-65.08	-1243.85
补贴收入(万元)				
营业外收支(万元)	-1799.31	-1792.39	-10.61	2.71
利润总额(万元)	-6082.97	-5129.93	-5763.35	-6296.46
净利润(万元)	-5848.61	-4930.20	-5622.95	-6265.59

十大股东

序号	股东名称	股份性质	持股数(万股)	比例(%)
1	四川省纺织集团有限责任公司	国家股	5007.00	43.70
2	成都市国有资产投资经营公司	国家股	1550.00	13.55
3	成都市国有资产管理局	国家股	950.00	8.29
4	珠海经济特区富华投资公司	法人股	200.00	1.74
5	深圳市达晨创业投资有限公司	法人股	100.00	0.87
6	深圳宝恒集团股份有限公司	法人股	50.00	0.44
7	浙江省轻纺集团公司	法人股	50.00	0.44
8	陈铉	流通股	42.64	0.37
9	成都纺织品进出口公司	法人股	30.00	0.26
10	于旭光	流通股	21.20	0.19

股东人数	2003.9	2003.6	2002	2001
	16271	16369	19157	21473

近年分配		近年配股/增发	不分配不转增

重大事项

2003年9月15日,公司第一大股东川纺集团与成都迈特医药产业投资有限公司签订《关于四川第一纺织股份有限公司过渡期内经营管理协议》,双方约定:解除双方于2003年5月22日签订的《股权委托管理协议书》.在过渡期内，对公司决策应事前充分沟通,并取得一致意见,双方对决策后果共同承担相应责任.　　2003年7月10日,公司第一大股东四川省纺织集团有限责任公司持有公司5007万股国家股,因涉及与成都工业投资经营有限责任公司借款合同纠纷一案,被四川省成都市中级人民法院冻结其持有公司5007万股股权,冻结期限一年.

二〇〇二年以来市场表现

2002年涨跌幅(%)	-31.33
2002年最高(元)	12.00
2002年最低(元)	6.30
2002年换手率(%)	189.33
2003年涨跌幅(%)	-8.08
2003年最高(元)	9.27
2003年最低(元)	6.29
2003年换手率(%)	135.61

华润锦华股份有限公司

公司概况

公司名称	华润锦华股份有限公司	股票代码	000810
注册地址	四川省遂宁市遂州中路 309 号	邮政编码	629000
法人代表	傅春意	董秘	张正斌
电话	0825-2287329	传真	0825-2283399
主营业务	纺纱、织布、纺织品制造、销售等		
总股本	12966.57	流通 A	4914.00
流通 B		流通 H	
审计单位		审计意见	未审计

主要财务指标

年度	2003.9	2003.6	2002	2001
每股收益 / 扣除后(元)	0.0960	0.0750	0.1000	0.1100
每股经营现金流量(元)	0.8790	0.4650	0.1200	-0.0200
每股净资产 / 调整后(元)	1.4700	1.4500	1.3100	1.6700
每股公积金(元)	0.2617	0.2617	0.2617	0.7023
净资产收益率(%)	6.4700	5.3400	7.2100	6.8300
总资产(万元)	61541.20	65564.32	59028.64	41811.49
股东权益(万元)	19603.24	19369.55	18252.89	16928.19
未分配利润(万元)	2364.18	2130.48	1038.51	-1010.39
主营收入(万元)	32977.25	20560.88	44264.12	23516.84
资本公积金(万元)	3392.94	3392.94	3392.94	6745.26
主营利润(万元)	4754.17	3594.86	7078.81	2959.10
其他业务利润(万元)	186.27	32.02	-29.68	28.67
营业利润(万元)	1907.44	1460.58	2398.77	897.69
投资收益(万元)	-99.88	-72.85	-95.27	28.31
补贴收入(万元)	362.46	349.00	180.00	
营业外收支(万元)	27.13	59.59	-13.90	59.04
利润总额(万元)	2197.16	1796.32	2469.60	985.04
净利润(万元)	1268.05	1034.35	1315.32	1156.88

十大股东

序号	股东名称	股份性质	持股数(万股)	比例(%)
1	华润轻纺(集团)有限公司	国有法人股	6612.30	51.00
2	遂宁兴业资产经营公司	国家股	1095.80	8.45
3	四川省遂宁锦华劳动服务公司	法人股	98.28	0.76
4	四川遂宁船山乡吴家湾村六社	法人股	81.08	0.63
5	四川遂宁船山乡吴家湾村七社	法人股	66.34	0.59
6	遂宁市金宁商贸有限公司	法人股	49.14	0.56
7	王文金	流通股	25.27	0.19
8	四川省遂宁群康印染厂	法人股	24.57	0.19
9	刘显康	流通股	22.31	0.17
10	彭新国	流通股	21.61	0.17

股东人数	2003.9	2003.6	2002	2001
	11754	12566	4170	1661

近年分配		近年配股 / 增发	2001年 10 股转增 3.5 股

重大事项

中华人民共和国商务部决定自 2003 年 10 月 31 日起对原产于台澎金马单独关税区的进口锦纶 6、66 长丝产品进行反倾销立案调查.如果商务部调查原产于台湾地区的进口锦纶 6.66 长丝产品倾销成立,将有利于公司控股子公司烟台华润锦纶有限公司提高销售价格,扩大产品销售. 2003 年 7 月 16 日公司收购中国华润总公司所持公司 6612.3 万股国有法人股权事宜,已于 2003 年 07 月 14 日完成.

二〇〇二年以来市场表现

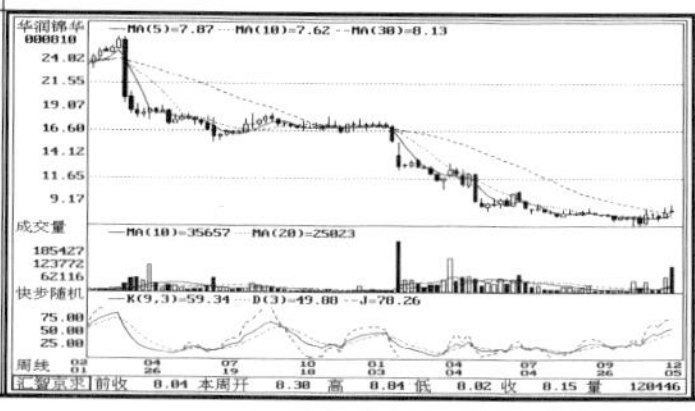

2002年涨跌幅(%)	-2.54
2002年最高(元)	21.00
2002年最低(元)	15.30
2002年换手率(%)	186.43
2003年涨跌幅(%)	-53.45
2003年最高(元)	17.45
2003年最低(元)	6.70
2003年换手率(%)	373.42

烟台冰轮股份有限公司

公司概况

公司名称	烟台冰轮股份有限公司	股票代码	000811
注册地址	烟台市芝罘区西山路 80 号	邮政编码	264000
法人代表	刘立新	董秘	孙秀欣
电话	0535-6243558	传真	0535-6243558
主营业务	制冷空调设备、机械设备零配件、塑料制品(不含农膜)、装饰材料等		
总股本	17537.66	流通 A	6322.36
流通 B		流通 H	
审计单位		审计意见	未审计

主要财务指标

年度	2003.9	2003.6	2002	2001
每股收益 / 扣除后(元)	0.2300	0.1300	0.2800	0.3000
每股经营现金流量(元)	0.5700	0.4500	0.6700	0.4500
每股净资产 / 调整后(元)	2.8500	2.9700	2.4000	2.1800
每股公积金(元)	0.7521	1.2777	0.7745	0.7745
净资产收益率(%)	7.8150	4.3400	11.7100	13.7300
总资产(万元)	99359.97	98574.57	86855.42	76278.03
股东权益(万元)	39354.89	40747.75	28969.60	27479.12
未分配利润(万元)	3437.78	4830.64	2083.58	1008.79
主营收入(万元)	50705.90	30403.74	52974.05	45036.41
资本公积金(万元)	17237.25	17237.25	9577.95	9577.95
主营利润(万元)	10177.18	6202.05	11785.27	10422.23
其他业务利润(万元)	480.51	319.10	634.32	723.96
营业利润(万元)	2288.72	1357.98	3030.90	3427.63
投资收益(万元)	1591.68	898.17	1556.25	1127.60
补贴收入(万元)	45.19	45.19	10.00	51.09
营业外收支(万元)	11.34		37.77	-67.91
利润总额(万元)	3936.93	2303.01	4634.92	4538.43
净利润(万元)	3075.50	1770.25	3535.87	3772.63

十大股东

序号	股东名称	股份性质	持股数(万股)	比例(%)
1	烟台市国有资产管理局	国有股	6561.73	48.64
2	烟台制冷空调实业公司	法人股	2061.58	15.28
3	国信证券有限责任公司	已流通股	133.28	0.99
4	上海证券有限责任公司	社会公众股	91.09	0.68
5	河北证券有限责任公司	社会公众股	53.10	0.39
6	东方证券有限责任公司	已流通股	34.42	0.26
7	福建省华福证券公司	已流通股	29.00	0.21
8	郝书杰	已流通股	13.03	0.10
9	王敬彩	已流通股	13.01	0.10
10	潘霞	已流通股	10.41	0.08

股东人数	2003.9	2003.6	2002	2001
	24333	23250	19032	20252

近年分配	2003年中期 10 股派 2 元 2001 年 10 股派 2.10 元	近年配股 / 增发	2003年中期 10 股增 3 股 2002 年 10 股配 3 股

重大事项

2003 年 8 月 28 日，烟台政府在香港举行新闻发布会，拟将公司部分国家股向国内外投资者转让. 2002 年 4 月 19 日，经本公司控股子公司烟台冰轮成套工程有限公司董事会审议,烟台冰轮成套工程有限公司以 2001 年 12 月 31 日的帐面净资产额购买烟台冰轮集团有限公司持有的山东冰轮工程有限公司 27% 的股权,价格为 81.66 万元.

二〇〇二年以来市场表现

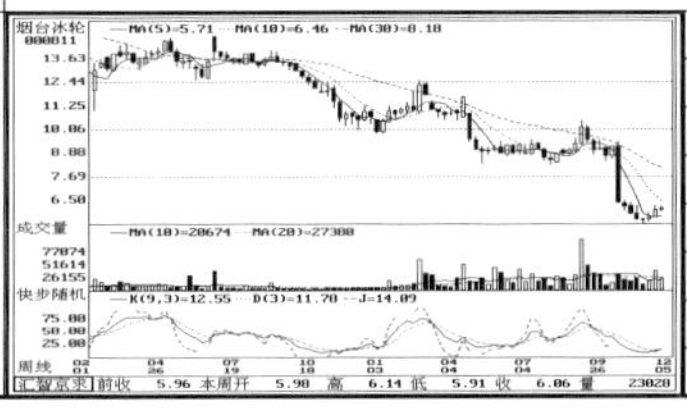

2002年涨跌幅(%)	-23.17
2002年最高(元)	10.07
2002年最低(元)	7.23
2002年换手率(%)	61.07
2003年涨跌幅(%)	-18.69
2003年最高(元)	8.70
2003年最低(元)	5.31
2003年换手率(%)	173.34

陕西金叶科教集团股份有限公司

公司概况

公司名称	陕西金叶科教集团股份有限公司	股票代码	000812
注册地址	西安高新技术产业开发区高新三路9号	邮政编码	710065
法人代表	田晓康	董秘	王进春
电话	029-8376913	传真	029-8376915
主营业务	印刷服务、高新技术产业、教育产业、基础设施、房地产投资等		

总股本	23700.77	流通A	11019.70	流通B		流通H	
审计单位				审计意见	未审计		

主要财务指标

年度	2003.9	2003.6	2002	2001
每股收益/扣除后(元)	0.1100	0.0290	0.1200	0.0128
每股经营现金流量(元)	0.0860	0.0210	0.1000	0.4300
每股净资产/调整后(元)	2.0400	1.9600	1.9400	2.2100
每股公积金(元)	0.6837	0.5677	0.5677	0.6775
净资产收益率(%)	5.2000	1.9600	6.9900	6.6600
总资产(万元)	111386.72	75255.94	91819.07	69307.81
股东权益(万元)	51645.11	39583.42	38853.53	36204.23
未分配利润(万元)	7291.08	5559.11	4606.33	5891.71
主营收入(万元)	26496.38	11812.06	29744.37	18359.49
资本公积金(万元)	16204.56	10789.89	10789.89	10732.25
主营利润(万元)	8055.23	2523.94	7599.52	4215.98
其他业务利润(万元)	116.94	105.37	964.76	1620.08
营业利润(万元)	3585.52	848.63	3247.13	2111.00
投资收益(万元)	70.94	20.94	539.37	890.69
补贴收入(万元)	22.58	22.58	37.63	22.43
营业外收支(万元)	-54.62	-30.68	-110.32	-69.31
利润总额(万元)	3624.42	861.48	3713.81	2987.81
净利润(万元)	2684.75	773.86	2716.79	2412.34

十大股东

序号	股东名称	股份性质	持股数(万股)	比例(%)
1	陕西省印刷厂	国有法人股	3603.92	15.21
2	当阳市玉阳实业总公司	境内法人股	2095.32	8.84
3	中国烟草总公司陕西省公司	国有法人股	1231.72	5.20
4	宝鸡卷烟厂	国有法人股	832.55	3.51
5	陕西省投资公司	国有法人股	741.31	3.13
6	当阳市兴利贸易公司	境内法人股	547.52	2.31
7	澄城卷烟厂	国有法人股	467.60	1.97
8	湖北三峡烟草有限公司	国有法人股	450.45	1.90
9	旬阳卷烟厂	国有法人股	416.28	1.75
10	延安卷烟厂	国有法人股	416.28	1.75

股东人数

2003.9	2003.6	2002	2001
44708	44795	46701	46479

近年分配	2002年10股派1元	近年配股/增发	2001年10股送2股

重大事项

经公司**2003**年**9**月**23**日召开的第二次临时董事会审议，同意为公司的控股子公司陕西金叶西工大软件股份有限公司向西安市商业银行城西支行贷款**2000**万元借新还旧提供担保。 **2003**年**9**月**11**日,公司第二大股东当阳市玉阳实业总公司将其持有的定向法人境内法人股**20953243**股质押给中国建设银行当阳市支行，为当阳市玉阳实业总公司贷款提供出质.公司第六大股东当阳市兴利贸易公司将其持有的定向法人境内法人股**5475225**股质押给中国建设银行当阳市支行,为当阳市兴利贸易公司贷款提供出质.上述两项质押期限自**2003**年**9**月**4**日至**2006**年**9**月**4**日.

二〇〇二年以来市场表现

2002年涨跌幅(%)	-22.01
2002年最高(元)	9.89
2002年最低(元)	5.73
2002年换手率(%)	173.85
2003年涨跌幅(%)	-18.97
2003年最高(元)	7.83
2003年最低(元)	4.93
2003年换手率(%)	73.58

新疆天山毛纺织股份有限公司

公司概况

公司名称	新疆天山毛纺织股份有限公司	股票代码	000813
注册地址	新疆维吾尔自治区乌鲁木齐市银川路1号	邮政编码	830054
法人代表	张自强	董秘	刘冰
电话	0991-4336068	传真	0991-4310472
主营业务	纺织、服装的生产和销售		

总股本	36345.60	流通A	10995.00	流通B		流通H	
审计单位				审计意见	未审计		

主要财务指标

年度	2003.9	2003.6	2002	2001
每股收益/扣除后(元)	-0.1900	-0.1182	-0.0200	-0.4200
每股经营现金流量(元)	-0.3400	-0.2880	0.0880	-0.1900
每股净资产/调整后(元)	1.6110	1.6010	1.6910	1.6900
每股公积金(元)	1.0551	1.0551	1.0551	1.0541
净资产收益率(%)	-10.3100	-6.5800	0.8500	-22.5200
总资产(万元)	128882.29	130493.09	122418.93	121715.92
股东权益(万元)	58874.69	60935.96	64946.68	64391.50
未分配利润(万元)	-20289.79	-18228.52	-14217.80	-14701.69
主营收入(万元)	22045.46	13141.43	37209.63	29203.79
资本公积金(万元)	38346.47	38346.47	38346.47	38310.12
主营利润(万元)	2316.69	2365.34	5341.53	1088.08
其他业务利润(万元)	280.13	257.08	51.86	172.06
营业利润(万元)	-6898.94	-4256.64	-902.99	-15986.55
投资收益(万元)	825.86	245.41	1249.83	1673.13
补贴收入(万元)	24.40	24.40	75.44	20.10
营业外收支(万元)	-13.69	16.72	38.03	-255.80
利润总额(万元)	-6062.37	-3970.11	460.32	-14549.11
净利润(万元)	-6071.99	-4010.71	551.52	-14500.12

十大股东

序号	股东名称	股份性质	持股数(万股)	比例(%)
1	新疆维吾尔自治区国有资产投资有限公司	国家股	12310.82	33.87
2	香港天山毛纺织有限公司	外资法人股	8281.06	22.78
3	乌鲁木齐市国有资产经营有限公司	国家股	3077.70	8.47
4	香港国际棉业有限公司	外资法人股	892.24	2.45
5	新疆维吾尔自治区供销合作社联合社	法人股	785.77	2.16
6	深圳金飞扬投资咨询有限公司	社会公众股	47.72	0.13
7	张弛新	社会公众股	29.43	0.08
8	王向琴	社会公众股	19.03	0.05
9	东莞市鹏程投资有限公司	社会公众股	17.55	0.05
10	陈希任	社会公众股	17.40	0.05

股东人数

2003.9	2003.6	2002	2001
68491	68713	71825	78180

近年分配		近年配股/增发	不分配不转增

重大事项

公司与新疆天彩科技股份有限公司于**2002**年**9**月**30**日签订贷款互保协议,互保期限一年.到目前为止,由公司为其担保的**2000**万元贷款未按期归还,目前该公司正在办理转贷手续和采取新的保证方式,以结束公司的担保责任.公司将督促该公司加紧办理上述手续,以便尽快解除担保责任,规避担保风险,保护公司股东利益不受影响. **2002**年**6**月**24**日,公司董事会同意公司与新疆天山水泥股份有限公司签定贷款互保协议的议案:协议互保最高额度为人民币伍千万元整,协议贷款互保担保期限为壹年.

二〇〇二年以来市场表现

2002年涨跌幅(%)	-26.79
2002年最高(元)	8.09
2002年最低(元)	4.35
2002年换手率(%)	154.50
2003年涨跌幅(%)	-28.44
2003年最高(元)	6.50
2003年最低(元)	3.51
2003年换手率(%)	100.10

宁夏美利纸业股份有限公司

公司概况

公司名称	宁夏美利纸业股份有限公司			股票代码	000815		
注册地址	宁夏回族自治区银川市			邮政编码	751700		
法人代表	刘崇喜			董秘	闫学廷		
电话	0953-7679339			传真	0953-7679216		
主营业务	机制纸、板纸、加工纸等中、高档文化用纸及生活用纸的生产、销售						
总股本	13200.00	流通 A	6500.00	流通 B		流通 H	
审计单位				审计意见	未审计		

主要财务指标

年度	2003.9	2003.6	2002	2001
每股收益/扣除后(元)	0.2580	0.1830	0.3200	0.3100
每股经营现金流量(元)	-0.0036	-0.0700	0.4168	0.4994
每股净资产/调整后(元)	4.9355	4.8711	4.6922	4.3928
每股公积金(元)	2.4778	2.4778	2.4778	2.4778
净资产收益率(%)	5.1700	3.7370	6.9850	7.1400
总资产(万元)	216832.91	204402.70	193098.12	154091.91
股东权益(万元)	65327.13	64353.21	61948.20	58149.13
未分配利润(万元)	16125.44	15151.52	13109.39	9959.38
主营收入(万元)	50061.20	31640.99	47463.58	41440.12
资本公积金(万元)	32707.45	32707.45	32707.45	32707.45
主营利润(万元)	7830.87	5187.14	7711.92	6342.49
其他业务利润(万元)	77.80	33.50	53.23	-0.49
营业利润(万元)	3430.57	2432.01	4291.09	4109.07
投资收益(万元)				
补贴收入(万元)				50.15
营业外收支(万元)	-58.22		39.28	-3.74
利润总额(万元)	3372.35	2401.28	4330.37	4155.48
净利润(万元)	3378.93	2405.01	4327.07	4155.48

十大股东

序号	股东名称	股份性质	持股数(万股)	比例(%)
1	宁夏美利纸业集团有限责任公司	国家股	5300.00	40.15
2	包头市万龙房地产开发有限公司	法人股	482.56	3.66
3	江门市蓬江区怡森纸业公司	法人股	300.00	2.27
4	北京市自来水集团有限责任公司	法人股	217.44	1.65
5	宁夏回族自治区百货总公司	法人股	200.00	1.52
6	宁夏亘元集团有限公司	法人股	151.48	1.16
7	华夏成长证券投资基金	流通股	76.00	0.58
8	北京东方诚信投资有限公司	流通股	36.00	0.27
9	郝新伟	流通股	35.80	0.27
10	黎沛通	流通股	33.70	0.26

股东人数	2003.9	2003.6	2002	2001
	25218	25194	25530	24055

近年分配	2002年10股派0.4元 2001年10股派1元	近年配股/增发	2002年10股配3股

重大事项

2003年1月25日,公司接到宁夏地方税务局批复:公司自2001年至2003年,用企业自筹资金和银行贷款实施的3万吨微量涂布印刷纸生产线、静电除尘系统更新改造、2.6万吨高档书写纸、改建废纸脱墨制浆系统等技术改造项目,所需要的国产设备投资额的40%可抵免企业所得税.上述技改项目国产设备投资总额为11707.5万元　　2002年12月19日公司董事会同意公司就中国经济技术投资担保有限公司北京分公司 为北京绿色远景工贸有限公司在北京市商业银行股份有限公司西四支行提供的担保提供保证反担保.公司与另两方分别签署了信用反担保合同,担保金额为500万元人民币.

二〇〇二年以来市场表现

2002年涨跌幅(%)	-32.75
2002年最高(元)	11.39
2002年最低(元)	7.56
2002年换手率(%)	132.90
2003年涨跌幅(%)	-9.27
2003年最高(元)	9.21
2003年最低(元)	6.62
2003年换手率(%)	130.77

江苏江淮动力股份有限公司

公司概况

公司名称	江苏江淮动力股份有限公司			股票代码	000816		
注册地址	江苏省盐城市环城西路213号			邮政编码	000816		
法人代表	朱瑞龙			董秘	王乃强		
电话	0515-8222889			传真	0515-8244908		
主营业务	柴油机、柴油机配件、摩托车齿轮、自行车及摩托车轮胎等产品						
总股本	30620.00	流通 A	11440.00	流通 B		流通 H	
审计单位				审计意见	未审计		

主要财务指标

年度	2003.9	2003.6	2002	2001
每股收益/扣除后(元)	0.0700	0.0800	-0.4240	0.2520
每股经营现金流量(元)	-0.2500	-0.1570	-0.1400	0.2040
每股净资产/调整后(元)	3.8330	3.8700	3.7900	4.1420
每股公积金(元)	2.1680	2.1679	2.1696	2.1670
净资产收益率(%)	1.7400	2.0700	-11.3000	6.2300
总资产(万元)	181782.27	180296.95	211074.30	198375.94
股东权益(万元)	117398.13	118485.94	116083.38	129120.97
未分配利润(万元)	14635.44	15054.55	12218.76	25391.61
主营收入(万元)	107123.81	80009.31	160025.22	153374.70
资本公积金(万元)	66384.11	66382.04	66432.78	66353.83
主营利润(万元)	19197.17	14927.43	27954.16	30546.11
其他业务利润(万元)	168.11	219.16	337.91	811.08
营业利润(万元)	3441.70	3985.46	-12317.47	9039.67
投资收益(万元)	-116.75	-88.68	-284.06	-2.92
补贴收入(万元)	61.36	15.52	127.41	26.81
营业外收支(万元)	-139.20	-95.86	-422.67	21.40
利润总额(万元)	3247.10	3816.44	-12896.79	9084.96
净利润(万元)	2034.20	2453.31	-13116.56	8047.01

十大股东

序号	股东名称	股份性质	持股数(万股)	比例(%)
1	江苏江动集团有限公司	社会法人股	19180.00	62.64
2	湘财证券有限责任公司	社会公众股	267.19	0.87
3	景阳证券投资基金	社会公众股	125.71	0.41
4	张春雷	社会公众股	50.00	0.16
5	陈小光	社会公众股	42.67	0.14
6	林凤嫦	社会公众股	32.99	0.11
7	郭小芹	社会公众股	32.34	0.11
8	廖玉莲	社会公众股	31.49	0.10
9	鲁成	社会公众股	30.55	0.10
10	刘雨	社会公众股	23.54	0.08

股东人数	2003.9	2003.6	2002	2001
	48597	49421	51341	50221

近年分配	2001年10股派0.3元	近年配股/增发	不分配不转增

重大事项

重庆东银实业(集团)有限公司于2003年7月24日正式履行要约收购公司股票的义务,并于2003年8月22日,重庆东银实业(集团)有限公司累计共持有、控制江苏江淮动力股份有限公司的股份为62.64000326%,未超过公司已发行股份的75%.　　2003年5月11日,公司董事会同意公司与控股股东江苏江动集团有限公司于2003年4月30日签署的《资产置换协议》,公司拟以所持有的江苏飞驰股份有限公司84.29%的股权,共计14498.69万元.公司于2003年6月14日召开公司2002年度股东大会,审议通过以上事项.

二〇〇二年以来市场表现

2002年涨跌幅(%)	-22.41
2002年最高(元)	9.97
2002年最低(元)	6.08
2002年换手率(%)	147.86
2003年涨跌幅(%)	-23.85
2003年最高(元)	7.75
2003年最低(元)	4.42
2003年换手率(%)	135.37

辽河金马油田股份有限公司

公司概况							
公司名称	辽河金马油田股份有限公司			股票代码	000817		
注册地址	辽宁省盘锦市兴隆台区振兴街			邮政编码	124010		
法人代表	王春鹏			董秘	李忠涛		
电话	0427-7298299			传真	0427-7298293		
主营业务	石油、天然气、成品油勘探、开采、加工、运输、销售等						
总股本	110000.00	流通 A	20000.00	流通 B		流通 H	
审计单位				审计意见	未审计		

主要财务指标 年度	2003.9	2003.6	2002	2001
每股收益/扣除后(元)	0.3828	0.2680	0.3900	0.3500
每股经营现金流量(元)	0.6020	0.4040	0.6200	0.5300
每股净资产/调整后(元)	2.7000	2.5700	2.2900	2.1700
每股公积金(元)	0.7673	0.7674	0.7674	0.7673
净资产收益率(%)	15.0900	11.0300	15.7900	14.5700
总资产(万元)	330375.50	316964.75	293875.41	278730.31
股东权益(万元)	296735.44	283211.12	251974.19	238253.97
未分配利润(万元)	80485.61	66961.30	35724.36	27363.16
主营收入(万元)	107783.52	73977.67	120589.18	110034.08
资本公积金(万元)	84409.27	84409.27	84409.27	84408.11
主营利润(万元)	66878.59	46538.95	67018.65	59031.13
其他业务利润(万元)				
营业利润(万元)	64156.01	44842.20	63947.68	55743.44
投资收益(万元)	2635.84	1762.10	2070.40	2349.68
补贴收入(万元)				
营业外收支(万元)	18.00		-5349.18	-6187.03
利润总额(万元)	66809.86	46622.30	60668.91	51906.09
净利润(万元)	44762.61	31236.94	39786.44	34721.11

十大股东 序号	股东名称	股份性质	持股数(万股)	比例(%)
1	中国石油天然气股份有限公司	国有法人股	90000.00	81.82
2	开元证券投资基金	流通股	500.00	0.45
3	普丰证券投资基金	流通股	471.55	0.43
4	泰阳证券有限责任公司	流通股	345.26	0.31
5	南方稳健成长证券投资基金	流通股	337.95	0.31
6	华安创新证券投资基金	流通股	296.93	0.27
7	安瑞证券投资基金	流通股	170.00	0.15
8	金元证券投资基金	流通股	160.00	0.15
9	大成价值增长证券投资基金	流通股	156.26	0.14
10	丰和价值证券投资基金	流通股	110.00	0.10

股东人数	2003.9	2003.6	2002	2001
	77441	80948	97129	113368

近年分配	近年配股/增发
2002年10股派2元 2001年10股派2元	不分配不转增

重大事项

公司于2002年04月12日同中油财务有限责任公司、中国石油天然气股份有限公司草签了《委托贷款协议》,委托贷款金额8亿元人民币,期限暂定一年. 2003年5月17日,公司将8亿元自有资金,委托中油财务有限责任公司指定借贷给中国石油天然气股份有限公司,委托期限一年,委托收益按中国人民银行公布的相同期限贷款利率下浮10%(即4.779%) 并扣除年费率0.24%手续费.本报告期,投资收益为8,737,476.13元.

二〇〇二年以来市场表现

项目	数值
2002年涨跌幅(%)	5.70
2002年最高(元)	8.20
2002年最低(元)	4.85
2002年换手率(%)	278.38
2003年涨跌幅(%)	28.65
2003年最高(元)	9.75
2003年最低(元)	6.75
2003年换手率(%)	489.11

锦化化工集团氯碱股份有限公司

公司概况							
公司名称	锦化化工集团氯碱股份有限公司			股票代码	000818		
注册地址	辽宁省葫芦岛市连山区化工街			邮政编码	125001		
法人代表	张立君			董秘	赵志鹏		
电话	0429-2709065			传真	0429-2901152		
主营业务	烧碱、氯化苯、聚氯乙稀、三氯乙烯、氯气等化工产品						
总股本	34000.00	流通 A	9000.00	流通 B		流通 H	
审计单位				审计意见	未审计		

主要财务指标 年度	2003.9	2003.6	2002	2001
每股收益/扣除后(元)	-0.0620	-0.0600	-0.3252	-0.0310
每股经营现金流量(元)	0.2620	0.2850	0.6420	0.5030
每股净资产/调整后(元)	3.1180	3.1440	3.2370	2.7000
每股公积金(元)	2.1873	2.1873	2.1951	1.6330
净资产收益率(%)	-1.8100	-1.9400	0.2400	-1.5600
总资产(万元)	343847.97	346321.09	310008.28	283725.28
股东权益(万元)	112371.30	112236.58	114673.63	95871.26
未分配利润(万元)	1804.53	1669.81	3844.04	4153.43
主营收入(万元)	120762.04	75324.82	139040.80	112543.38
资本公积金(万元)	74369.78	74369.78	74632.58	55520.84
主营利润(万元)	5682.08	3202.67	5365.83	7005.00
其他业务利润(万元)	238.22	168.01	598.75	45.47
营业利润(万元)	-2719.74	-2568.05	-1759.56	-1925.36
投资收益(万元)	878.30	470.38	2218.10	-2.31
补贴收入(万元)				
营业外收支(万元)	-148.46		-183.30	-542.18
利润总额(万元)	-1989.90	-2174.24	275.24	-2469.85
净利润(万元)	-2039.52	-2174.24	275.24	-1496.23

十大股东 序号	股东名称	股份性质	持股数(万股)	比例(%)
1	锦化化工(集团)有限责任公司	国有法人股	25000.00	73.53
2	李冠丘	流通股	27.60	0.08
3	芦忠兴	流通股	23.27	0.07
4	何镇元	流通股	22.33	0.07
5	毕远锋	流通股	20.50	0.06
6	黄跃芳	流通股	20.39	0.06
7	陈吉	流通股	18.80	0.05
8	陈波	流通股	18.00	0.05
9	徐峻宁	流通股	18.00	0.05
10	唐木雄	流通股	16.55	0.05

股东人数	2003.9	2003.6	2002	2001
	35405	35712	35427	30575

近年分配	近年配股/增发
	不分配不转增

重大事项

国家商务部于2003年9月29日发布2003年第48号公告,公布对原产于美国、韩国、日本、俄罗斯等四国和台湾地区的进口聚氯乙烯征收反倾销税. 有关反倾销措施实施期限自2003年9月29日起5年. 公司5万吨/年聚氯乙烯产品及由公司相应控股的8万吨/年聚氯乙烯公司也将从中受益. 2002年12月14日,公司的控股股东锦化化工(集团)有限责任公司因欠辽宁信托投资公司资金,而被该公司在财产清算中向司法机关提出财产保全申请. 法院裁定:冻结锦化化工持有的公司的3000万股国有法人股,冻结时间自2002年11月1日起.

二〇〇二年以来市场表现

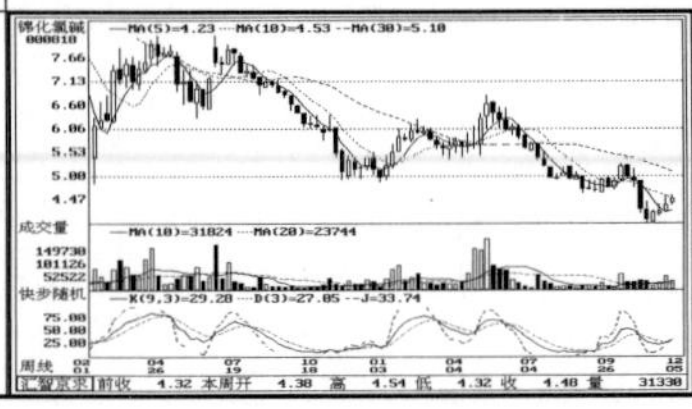

项目	数值
2002年涨跌幅(%)	-38.96
2002年最高(元)	8.19
2002年最低(元)	4.60
2002年换手率(%)	245.88
2003年涨跌幅(%)	-14.62
2003年最高(元)	6.80
2003年最低(元)	3.94
2003年换手率(%)	220.31

岳阳兴长石化股份有限公司

公司概况

公司名称	岳阳兴长石化股份有限公司	股票代码	000819
注册地址	湖南省岳阳市云溪区	邮政编码	414012
法人代表	王胜利	董秘	彭东升
电话	0730-8843910	传真	0730-8843910
主营业务	开发、生产、销售石油化工产品(不含成品油)、塑料及其制品等		
审计单位		审计意见	未审计

总股本	16513.39	流通 A	5210.32	流通 B		流通 H	

主要财务指标

年度	2003.9	2003.6	2002	2001
每股收益 / 扣除后(元)	0.0590	0.0160	0.1440	0.2050
每股经营现金流量(元)	0.0150	-0.1960	0.2570	0.0900
每股净资产 / 调整后(元)	2.2880	2.2440	2.1980	2.1140
每股公积金(元)	0.4831	0.4825	0.4825	0.4825
净资产收益率(%)	3.7100	1.8500	6.4260	9.5800
总资产(万元)	69128.29	63950.05	60869.39	54067.28
股东权益(万元)	38154.00	37421.31	36729.06	35328.14
未分配利润(万元)	5521.79	4799.11	4106.85	3041.72
主营收入(万元)	71215.64	41736.57	81441.25	69143.33
资本公积金(万元)	7977.16	7967.16	7967.16	7967.08
主营利润(万元)	4684.18	2720.00	6739.36	6544.64
其他业务利润(万元)	274.60	218.54	326.21	97.36
营业利润(万元)	1436.92	454.13	3144.38	3150.70
投资收益(万元)	-64.39	-81.29	-122.86	338.74
补贴收入(万元)	10.08			
营业外收支(万元)	648.92	654.01	-9.80	-34.30
利润总额(万元)	2031.53	1026.85	3011.73	3455.14
净利润(万元)	1414.94	692.26	2360.21	3385.71

十大股东

序号	股东名称	股份性质	持股数(万股)	比例(%)
1	岳阳长炼兴长企业集团公司	发起人股	4616.07	27.95
2	中国石化集团长岭炼油化工有限责任公司	国有法人股	4545.00	27.52
3	岳阳富兴集团有限公司	发起人股	1800.00	10.93
4	长炼职工技术协会	法人股	128.25	0.78
5	长炼职工大学	法人股	128.25	0.78
6	岳阳长炼长庆经贸公司	法人股	85.50	0.52
7	江苏弘业国际集团有限公司	流通股	48.10	0.29
8	易申华	流通股	27.25	0.16
9	杨伏秀	流通股	25.91	0.16
10	余枚子	流通股	24.66	0.15

股东人数	2003.9	2003.6	2002	2001
	16772	17263	17803	21199

近年分配	2002年10股派0.5元 2001年10股派1.25元	近年配股/增发	不分配不转增

重大事项

2003年7月26日,公司董事会同意向控股子公司湖南海创科技有限责任公司提供借款3000万元,期限2个月.公司于2003年9月4日召开股东大会,审议通过以上事项. 公司于2003年2月27日与中国石油化工股份有限公司长岭分公司签订《资产转让合同》,将硫酸装置按评估价值64,286,129元转让给长岭分公司,资产交接手续已经办理完毕.本次交易公司实现收入6,611,149.39元.

二〇〇二年以来市场表现

2002年涨跌幅(%)	-6.62
2002年最高(元)	14.11
2002年最低(元)	9.38
2002年换手率(%)	137.87
2003年涨跌幅(%)	-33.27
2003年最高(元)	12.01
2003年最低(元)	6.18
2003年换手率(%)	74.43

金城造纸股份有限公司

公司概况

公司名称	金城造纸股份有限公司	股票代码	000820
注册地址	辽宁省凌海市金城街	邮政编码	121203
法人代表	柏丹	董秘	吕丽
电话	0416-8285045	传真	0416-8282642
主营业务	营机制纸浆、机制纸及纸板、粘合剂生产、销售等		
审计单位		审计意见	未审计

总股本	21141.60	流通 A	7736.46	流通 B		流通 H	

主要财务指标

年度	2003.9	2003.6	2002	2001
每股收益 / 扣除后(元)	0.0096	0.0180	0.0440	0.2190
每股经营现金流量(元)	-0.3560	-0.3740	0.0060	0.2327
每股净资产 / 调整后(元)	2.4690	2.4730	2.5175	2.4214
每股公积金(元)	0.6976	0.6977	0.6988	0.7039
净资产收益率(%)	0.4300	0.6400	1.4500	8.5900
总资产(万元)	166091.58	162534.55	152397.80	135459.77
股东权益(万元)	54372.25	54485.82	54161.81	53483.65
未分配利润(万元)	9604.16	9717.75	9368.93	8937.52
主营收入(万元)	40167.46	27652.07	51967.90	52326.89
资本公积金(万元)	14749.64	14749.61	14774.42	14880.65
主营利润(万元)	8793.18	6514.80	11852.07	13917.91
其他业务利润(万元)	17.05	8.08	136.90	5765.85
营业利润(万元)	429.88	549.02	1341.66	5765.85
投资收益(万元)				
补贴收入(万元)				
营业外收支(万元)	-22.84		-147.88	-39.29
利润总额(万元)	407.04	520.63	1193.78	5726.56
净利润(万元)	235.23	348.82	784.38	4590.22

十大股东

序号	股东名称	股份性质	持股数(万股)	比例(%)
1	金城造纸(集团)有限责任公司	国有法人股	6610.04	31.30
2	三亚南龙经贸有限公司	法人股	1000.00	4.73
3	深圳市汇银峰投资有限公司	法人股	1000.00	4.73
4	三亚龙珠海产有限公司	法人股	750.00	3.54
5	上海上科科技投资有限公司	法人股	700.00	3.31
6	龙口市名成投资管理咨询有限公司	法人股	500.00	2.36
7	浙江茂华实业有限公司	法人股	300.00	1.42
8	三亚华创实业有限公司	法人股	250.00	1.18
9	江苏苏嘉投资集团有限公司	法人股	170.00	0.80
10	辽宁省造纸芦苇公司	法人股	168.00	0.79

股东人数	2003.9	2003.6	2002	2001
	35722	37255	38229	41716

近年分配	2001年中期10股派0.2元	近年配股/增发	不分配不转增

重大事项

2003年11月26日,公司董事会同意公司拟以现金出资、金城造纸集团营口造纸有限责任公司以经营性净资产出资设立有限责任公司。拟设立公司注册资本42672万元,其中公司以现金出资27000万元,占注册资本的63.27%,营纸公司以经营性净资产出资15672万元,占注册资本的36.73%。该项交易属于关联交易。 公司于2003年07月16日分别与中国民生银行振业支行和招商银行深圳皇岗支行签署了《最高额保证合同》和《最高额不可撤销担保书》,为深圳市辰奥实业有限公司的5000万元和3000万元的银行短期借款提供连带责任的担保。保证期限:自2003年7月18日至2003年9月28日。

二〇〇二年以来市场表现

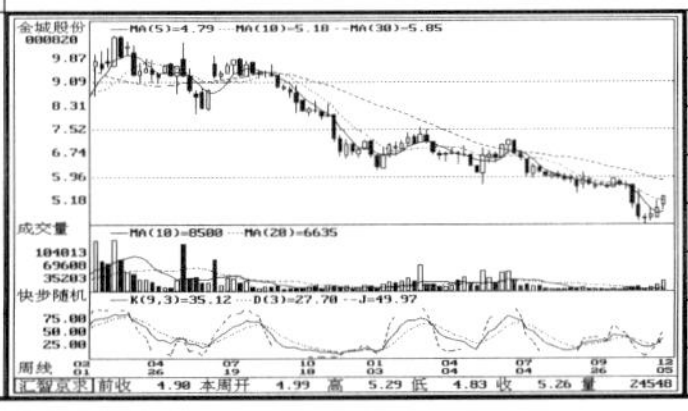

2002年涨跌幅(%)	-22.80
2002年最高(元)	10.65
2002年最低(元)	6.29
2002年换手率(%)	223.35
2003年涨跌幅(%)	-22.59
2003年最高(元)	7.57
2003年最低(元)	4.40
2003年换手率(%)	100.15

湖北京山轻工机械股份有限公司

公司概况

公司名称	湖北京山轻工机械股份有限公司	股票代码	000821
注册地址	湖北省京山县新市镇轻机大道78号	邮政编码	431800
法人代表	孙友元	董秘	陈昭俊
电话	0724-7221560	传真	0724-7221560
主营业务	纸箱、纸盒包装机械及印刷机械的制造、销售		
审计单位		审计意见	未审计

总股本	34523.88	流通A	15773.10	流通B		流通H	

主要财务指标

年度	2003.9	2003.6	2002	2001
每股收益/扣除后(元)	0.1010	0.0700	0.1400	0.2700
每股经营现金流量(元)	0.2000	0.0900	0.1800	0.6000
每股净资产/调整后(元)	3.1800	3.1200	3.0300	2.7600
每股公积金(元)	1.3569	1.3569	1.3569	1.0162
净资产收益率(%)	3.2600	2.1200	4.8200	10.3900
总资产(万元)	151823.19	145601.58	149672.98	140146.66
股东权益(万元)	109791.49	108517.55	106120.91	85356.14
未分配利润(万元)	15011.83	13737.90	11341.25	10584.62
主营收入(万元)	43749.38	27570.35	58521.58	59090.94
资本公积金(万元)	46846.83	46846.83	46846.83	31383.08
主营利润(万元)	8104.36	5434.02	11007.00	15600.27
其他业务利润(万元)	89.97	73.72	-38.70	69.56
营业利润(万元)	5096.19	3392.39	7055.96	10431.41
投资收益(万元)			86.76	300.00
补贴收入(万元)	10.00		423.73	649.48
营业外收支(万元)	82.66	-10.16	0.01	-31.57
利润总额(万元)	5188.85	3382.22	7566.46	11349.31
净利润(万元)	3577.20	2303.26	5111.66	8870.68

十大股东

序号	股东名称	股份性质	持股数(万股)	比例(%)
1	湖北省京山轻工机械厂	境内法人股	14550.08	42.14
2	京山县国有资产管理局	国有法人股	2523.48	7.31
3	湖北省第一轻工包装公司	境内法人股	750.00	2.17
4	中青旅电子商务有限公司	社会公众股	340.51	0.99
5	湖北省轻工业机械厂	境内法人股	300.00	0.87
6	京山县天鸿轻工贸易公司	境内法人股	224.63	0.65
7	中国银河证券有限责任公司	社会公众股	223.02	0.65
8	京山县电信局开发总公司	境内法人股	75.00	0.22
9	湖北省京山县昵绒服装厂	境内法人股	75.00	0.22
10	京山县棉花公司	境内法人股	60.00	0.17

股东人数	2003.9	2003.6	2002	2001
	58621	60730	57624	55109

近年分配	2002年10股派1元 2001年10股派1.3元	近年配股/增发	不分配不转增

重大事项

2003年8月16日,董事会通过京达公司解散的议案:京达公司合资期为1993年07月31日至2003年7月30日,鉴于合资期满,根据该公司目前的实际经营状况和公司本部产品的发展规划,决定不再延期合资经营,同意京达公司提出的因经营期满予以解散的请求。通过对轻机宾馆实施租赁承包的议案:决定对宾馆按餐饮、超市、客房、娱乐等分别进行租赁承包,以利股份公司更好地精化主业。

二〇〇二年以来市场表现

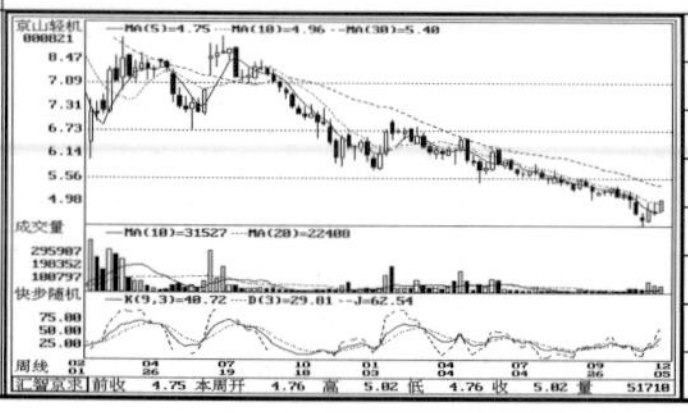

2002年涨跌幅(%)	-25.06
2002年最高(元)	8.95
2002年最低(元)	5.54
2002年换手率(%)	239.10
2003年涨跌幅(%)	-19.35
2003年最高(元)	6.89
2003年最低(元)	4.40
2003年换手率(%)	118.23

山东海化股份有限公司

公司概况

公司名称	山东海化股份有限公司	股票代码	000822
注册地址	山东潍坊海洋化工高新技术产业开发区	邮政编码	262737
法人代表	刘建华	董秘	吴炳顺
电话	0536-5329931	传真	0536-5329879
主营业务	化工原料纯碱、溴素、三聚氰胺等产品的生产与销售		
审计单位		审计意见	未审计

总股本	45870.00	流通A	15600.00	流通B		流通H	

主要财务指标

年度	2003.9	2003.6	2002	2001
每股收益/扣除后(元)	0.2500	0.1876	0.2900	0.3000
每股经营现金流量(元)	0.2720	0.1550	0.7900	0.5500
每股净资产/调整后(元)	3.9700	3.9200	3.7200	3.4300
每股公积金(元)	1.9372	1.9373	1.9373	2.1152
净资产收益率(%)	6.1700	4.6900	7.7900	11.0200
总资产(万元)	389204.44	346978.06	299799.09	303738.12
股东权益(万元)	185592.66	182720.83	174149.19	165145.30
未分配利润(万元)	38647.32	35775.50	27203.78	20664.76
主营收入(万元)	192878.44	129814.81	188230.28	143902.84
资本公积金(万元)	88861.86	88861.86	88861.86	88839.36
主营利润(万元)	35396.79	24421.25	39204.57	36827.22
其他业务利润(万元)	519.47	358.94	25.47	704.47
营业利润(万元)	15705.00	11603.94	19816.97	20757.98
投资收益(万元)	126.01	31.52	227.69	468.24
补贴收入(万元)	50.78	25.11	21.40	
营业外收支(万元)	-93.70	-59.24	-468.27	-149.71
利润总额(万元)	15788.07	11601.33	19597.79	21076.51
净利润(万元)	11443.54	8571.71	13568.32	18201.70

十大股东

序号	股东名称	股份性质	持股数(万股)	比例(%)
1	山东海化集团有限公司	国有法人股	30270.00	65.99
2	华夏证券有限公司	流通股	414.32	0.90
3	大鹏证券有限责任公司	流通股	306.09	0.67
4	富国动态平衡证券投资基金	流通股	167.72	0.37
5	上海博皓实业有限公司	流通股	120.00	0.26
6	余继莲	流通股	90.00	0.20
7	景博证券投资基金	流通股	88.16	0.19
8	西藏永茂源科工贸有限公司	流通股	60.71	0.13
9	裕阳证券投资基金	流通股	59.00	0.13
10	张家荣	流通股	49.00	0.11

股东人数	2003.9	2003.6	2002	2001
	38759	38803	39040	32811

近年分配	2002年10股派1元 2001年10股派1.8元	近年配股/增发	2001年中期10股配3股

重大事项

2003年08月23日,公司董事会通过了公司与山东海化集团有限公司拟订的《土地使用权转让协议》,同意公司受让集团位于纯碱厂厂区北侧面积为361465平方米的土地使用权,以建设60万吨/年纯碱工程项目.该协议双方已于8月24日签订.土地转让价格:每平方米70.11元,共计25342311元.土地使用期限:50年. 2003年度内,公司控股股东山东海化集团有限公司与潍坊水利局签订《供用水合同》,共同建设平原水库一座,其中海化集团负责以借款形式筹措建设资金2400万元.

二〇〇二年以来市场表现

2002年涨跌幅(%)	-31.94
2002年最高(元)	10.73
2002年最低(元)	6.72
2002年换手率(%)	172.13
2003年涨跌幅(%)	-9.33
2003年最高(元)	8.60
2003年最低(元)	5.95
2003年换手率(%)	150.51

广东汕头超声电子股份有限公司

公司概况

公司名称	广东汕头超声电子股份有限公司	股票代码	000823
注册地址	广东省汕头市兴业路 21 号	邮政编码	515041
法人代表	李大淳	董秘	陈东屏
电话	0754-8245666-4379	传真	0754-8628027
主营业务	制造、加工、销售超声电子仪器、仪器仪表、电子元器件等		
总股本	35920.00	流通 A	13520.00
流通 B		流通 H	
审计单位		审计意见	未审计

主要财务指标

年度	2003.9	2003.6	2002	2001
每股收益 / 扣除后(元)	-0.0330	-0.0110	0.0273	0.1200
每股经营现金流量(元)	0.0370	0.0120	0.2570	0.3540
每股净资产 / 调整后(元)	2.3260	2.3490	2.3150	2.3790
每股公积金(元)	1.2817	1.2817	1.2817	1.2757
净资产收益率(%)	-1.3960	-0.4600	1.1300	4.9770
总资产(万元)	177695.78	173162.95	165526.77	157217.87
股东权益(万元)	85607.04	86407.99	86801.91	87379.73
未分配利润(万元)	-1000.32	-199.37	194.55	1026.22
主营收入(万元)	52728.70	32545.87	56857.80	64282.45
资本公积金(万元)	46037.70	46037.70	46037.70	45823.67
主营利润(万元)	8957.50	7160.93	10183.54	15569.25
其他业务利润(万元)	177.98	145.95	278.05	99.68
营业利润(万元)	-1017.63	-5.36	2454.22	7378.34
投资收益(万元)	160.78	111.02	-153.84	-323.94
补贴收入(万元)				
营业外收支(万元)	4.54		21.54	287.21
利润总额(万元)	-852.31	107.08	2321.92	7341.60
净利润(万元)	-1194.87	-393.92	980.69	4348.89

十大股东

序号	股东名称	股份性质	持股数(万股)	比例(%)
1	汕头超声电子(集团)公司	国有法人股	22400.00	62.36
2	徐磊	流通股	21.25	0.06
3	车桂娣	流通股	19.95	0.06
4	普丰证券投资基金	流通股	17.74	0.05
5	薛冰	流通股	17.00	0.05
6	冯柏均	流通股	16.66	0.05
7	华厦证券有限公司	流通股	16.07	0.04
8	莫瑞浓	流通股	14.79	0.04
9	梁振华	流通股	14.21	0.04
10	任彩琴	流通股	14.08	0.04

股东人数

2003.9	2003.6	2002	2001
75009	76864	74938	80518

近年分配	近年配股 / 增发
2002年 10 股派 0.3 元 2001 年 10 股派 1 元	不分配不转增

重大事项

2003 年 9 月 02 日,公司获悉公司控股股东汕头超声电子公司与中国银行汕头市分行签订《最高额质押合同》, 将其持有的公司国有法人股 22400 万股中的 9800 万股质押给中国银行汕头市分行, 并于 2003 年 8 月 29 日在中国证券登记结算有限公司深圳分公司办理了股权质押登记手续. 2003 年 6 月 25 日, 公司董事会同意公司控股子公司汕头超声印制板公司向中国进出口银行贷款 1.5 亿元人民币,贷款期两年.公司为该笔贷款提供全额信用担保.

二〇〇二年以来市场表现

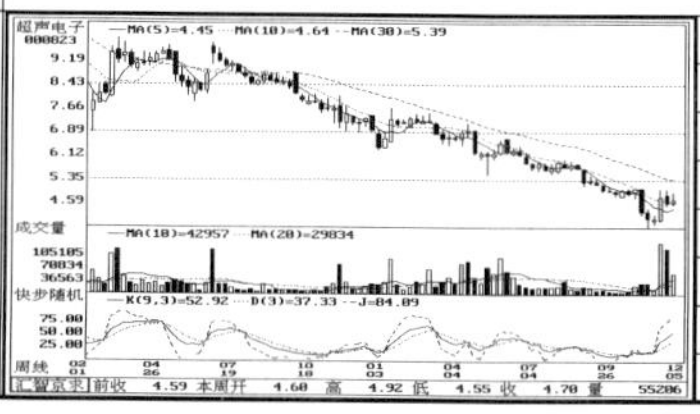

2002年涨跌幅(%)	-31.00
2002年最高(元)	9.83
2002年最低(元)	6.37
2002年换手率(%)	102.25
2003年涨跌幅(%)	-28.39
2003年最高(元)	7.61
2003年最低(元)	3.82
2003年换手率(%)	121.64

山西太钢不锈钢股份有限公司

公司概况

公司名称	山西太钢不锈钢股份有限公司	股票代码	000825
注册地址	山西太原市尖草坪街 2 号	邮政编码	030003
法人代表	陈川平	董秘	张竹平
电话	0351-3017729	传真	0351-3017729
主营业务	冶炼、压延加工、制造、销售不锈钢及其他钢材等		
总股本	129140.40	流通 A	58500.00
流通 B		流通 H	
审计单位		审计意见	未审计

主要财务指标

年度	2003.9	2003.6	2002	2001
每股收益 / 扣除后(元)	0.3210	0.2060	0.2560	0.2493
每股经营现金流量(元)	0.5160	0.3950	0.5640	0.4210
每股净资产 / 调整后(元)	2.9220	3.3310	3.1280	2.8970
每股公积金(元)	1.0536	1.3142	1.3137	1.3122
净资产收益率(%)	10.9800	6.1700	8.4130	9.4470
总资产(万元)	794691.94	749472.62	613632.87	570272.31
股东权益(万元)	379055.66	359586.47	337358.47	314193.91
未分配利润(万元)	91641.05	88325.08	66144.72	48116.74
主营收入(万元)	1185990.12	751864.00	1008264.31	683030.00
资本公积金(万元)	136058.23	141428.41	141380.80	141216.91
主营利润(万元)	86602.85	53872.38	62512.25	51528.31
其他业务利润(万元)	1453.78	672.30	3650.47	2532.88
营业利润(万元)	61073.55	35656.57	44895.21	37452.02
投资收益(万元)			1772.04	
补贴收入(万元)				
营业外收支(万元)	-1544.67		-1298.32	-981.16
利润总额(万元)	59528.88	35336.40	45368.93	36470.87
净利润(万元)	41638.88	22180.36	28381.51	29682.92

十大股东

序号	股东名称	股份性质	持股数(万股)	比例(%)
1	太原钢铁(集团)有限公司	国家股	58867.00	54.70
2	嘉实成长收益型证券投资基金	流通股	869.05	0.81
3	中国银河证券有限责任公司	流通股	457.85	0.43
4	广发证券股份有限公司	流通股	339.87	0.32
5	刘继宣	流通股	302.44	0.28
6	深圳市财政金融服务中心	流通股	271.12	0.25
7	金泰证券投资基金	流通股	257.35	0.24
8	同益证券投资基金	流通股	230.00	0.21
9	长江证券有限责任公司	流通股	184.39	0.17
10	国泰金鹰增长证券投资基金	流通股	169.79	0.16

股东人数

2003.9	2003.6	2002	2001
117596	135821	119768	99288

近年分配	近年配股 / 增发
2002年 10 股派 0.5 元 2001 年 10 股派 1 元	2002年 10 股送 1.5 股

重大事项

2003 年 6 月 24 日,公司投资的山西太钢不锈钢科技有限公司已于 2003 年 4 月 1 日成立,现被太原市高新技术产业开发区管理委员会确认为太原市国家高新技术产业开发区高新技术企业.自 2003 年 4 月 1 日享受国家有关高新技术企业税收优惠政策. 本公司 2002 年 9 月与太钢签订《关于租赁热连轧生产线的补充协议》, 明确本公司继续租赁太钢热连轧生产线及相关资产.依协议规定, 确定年租金由本公司按直线法每月向太钢支付一次.2003 年 1-9 月共支付太原钢铁(集团) 有限公司 22,743 万元, 销售热连轧产品共 165.39 万吨, 租赁资产形成主营业务收入 416,056 万元, 形成主营业务利润 18,671.93 万元.

二〇〇二年以来市场表现

2002年涨跌幅(%)	-32.92
2002年最高(元)	5.96
2002年最低(元)	3.61
2002年换手率(%)	205.77
2003年涨跌幅(%)	30.87
2003年最高(元)	5.02
2003年最低(元)	3.53
2003年换手率(%)	284.88

国投原宜实业股份有限公司

公司概况

公司名称	国投原宜实业股份有限公司		股票代码	000826	
注册地址	湖北省宜昌市沿江大道114号国投原宜大楼		邮政编码	443000	
法人代表	文一波		董秘	吴晓东	
电话	0717-6236206		传真	0717-6233167	
主营业务	工业原材料、化工、建材、塑胶、电子产品及关联产品的生产与销售等				
总股本	18149.30	流通A	6500.00	流通B	流通H
审计单位			审计意见	未审计	

主要财务指标

年度	2003.9	2003.6	2002	2001
每股收益/扣除后(元)	-0.0070	-0.0160	-0.3600	-0.3600
每股经营现金流量(元)	0.0050	0.0470	-0.0800	0.0756
每股净资产/调整后(元)	1.2130	1.1900	1.0700	1.6400
每股公积金(元)	1.0178	1.0179	0.9419	0.9245
净资产收益率(%)	3.3400	2.5200	-54.9000	-20.7600
总资产(万元)	35954.33	36286.49	36512.42	54755.53
股东权益(万元)	22015.82	21832.62	19497.20	29884.80
未分配利润(万元)	-21312.21	-21495.41	-22453.01	-11748.44
主营收入(万元)	1260.72	484.05	4902.92	12318.47
资本公积金(万元)	18473.35	18473.35	17095.54	16778.56
主营利润(万元)	709.31	270.84	201.32	560.60
其他业务利润(万元)	207.56	197.26	-11.98	22.67
营业利润(万元)	293.72	-18.72	-6585.59	-5025.63
投资收益(万元)	-19.72	-4.94		-1003.23
补贴收入(万元)	257.00	257.00		
营业外收支(万元)	387.57	384.40	-4118.98	-174.91
利润总额(万元)	918.58	617.73	-10704.57	-6203.77
净利润(万元)	732.56	549.36	-10704.57	-6203.77

十大股东

序号	股东名称	股份性质	持股数(万股)	比例(%)
1	湖北红旗电工集团有限公司	国有法人股	7150.00	39.40
2	宜昌市夷陵国有资产经营公司	国家股	3849.30	21.21
3	宜昌三峡金融科技有限责任公司	国有法人股	650.00	3.58
4	王菊明	流通股	81.37	0.45
5	孙二妮	流通股	66.57	0.37
6	郑文端	流通股	57.00	0.31
7	南京医药集团有限责任公司	流通股	56.01	0.31
8	陈永正	流通股	55.92	0.31
9	云天化集团有限责任公司	流通股	53.78	0.30
10	廖丹	流通股	51.39	0.28

股东人数	2003.9	2003.6	2002	2001
	4637	4637	3783	3210

近年分配		近年配股/增发	不分配不转增

重大事项

公司于2003年11月3日与荆门夏家湾水务有限公司签订了《共同投资协议书》,拟合资组建"北京合加环保有限责任公司",该公司注册地为北京市,注册资本初步定为人民币1000万元,公司出资人民币800万元,占总资本的80%;夏家湾投资人民币200万元,占总资本的20%。 公司于2003年10月27日与新疆中加投资有限公司在江苏省沭阳市签订了《共同投资协议书》,拟合资组建"江苏沭源自来水有限公司",该公司注册资本为人民币4000万元,公司出资人民币3200万元,新疆中加投资人民币800万元。

二〇〇二年以来市场表现

2002年涨跌幅(%)	-47.98
2002年最高(元)	17.97
2002年最低(元)	8.02
2002年换手率(%)	110.83
2003年涨跌幅(%)	-8.39
2003年最高(元)	11.34
2003年最低(元)	8.20
2003年换手率(%)	79.10

大连长兴实业股份有限公司

公司概况

公司名称	大连长兴实业股份有限公司		股票代码	000827	
注册地址	大连市瓦房店市长兴岛镇		邮政编码	116318	
法人代表	黄跃刚		董秘	宋连通	
电话	0411-2654998-8002		传真	0411-2817598	
主营业务	多层线路板、计算机主板及外部设备控制板、电子产品生产、销售等				
总股本	6673.92	流通A	2920.32	流通B	流通H
审计单位			审计意见	未审计	

主要财务指标

年度	2003.9	2003.6	2002	2001
每股收益/扣除后(元)	-0.3680	-0.2070	-0.1670	-0.3550
每股经营现金流量(元)	-0.6110	-0.5250	0.5060	-0.9530
每股净资产/调整后(元)	3.1510	3.4400	3.5500	3.7360
每股公积金(元)	1.9252	1.8774	1.8773	1.8773
净资产收益率(%)	-16.4100	-5.7500	0.5500	-5.3300
总资产(万元)	48916.96	51497.39	52689.94	56810.43
股东权益(万元)	22027.31	23945.03	25322.17	25926.76
未分配利润(万元)	954.27	3190.88	4568.69	5107.52
主营收入(万元)	7172.47	3399.83	11035.99	12183.31
资本公积金(万元)	12848.68	12529.78	12529.12	12529.12
主营利润(万元)	998.29	407.46	2751.89	3800.64
其他业务利润(万元)	12.97	9.90	25.08	182.31
营业利润(万元)	-2617.31	-1470.62	-1054.10	-1485.71
投资收益(万元)	22.78	22.78	1341.22	208.87
补贴收入(万元)				677.00
营业外收支(万元)	-1158.82		-49.13	-390.91
利润总额(万元)	-3753.34	-1446.18	237.99	-990.75
净利润(万元)	-3614.42	-1377.81	138.29	-1381.58

十大股东

序号	股东名称	股份性质	持股数(万股)	比例(%)
1	大连市长兴岛经济开发区开发建设有限公司	法人股	1744.40	26.14
2	大连长兴食品技术开发有限公司	法人股	1210.80	18.14
3	大连经济技术开发区科利华电脑教室系统工程有限公司	法人股	300.00	4.50
4	深圳市英特泰投资有限公司	法人股	222.00	3.33
5	哈尔滨市道外投资有限责任公司	法人股	120.00	1.80
6	辽宁石化自动化工程有限公司	法人股	30.00	0.45
7	鞍山市腾鳌特区东联实业有限公司	法人股	27.60	0.41
8	上海万馨投资管理有限公司	法人股	27.60	0.41
9	大连金恒投资发展有限公司	法人股	24.00	0.36
10	哈尔滨国发投资有限责任公司	流通股	20.28	0.30

股东人数	2003.9	2003.6	2002	2001
	4571	4983	5920	6030

近年分配		近年配股/增发	不分配不转增

重大事项

2002年12月28日,公司第二大股东大连长兴食品技术开发有限公司将所持有的公司1210.3万股法人股质押给建行大连市分行营业部,为公司贷款人民币1800万元整提供担保质押,质押期限自2002年12月30日至质押双方申请解除质押为止。 三季报期内,公司为大连仪表盘企业集团有限公司贷款提供担保总计621万元,由于大连仪表盘企业集团有限公司到期没有偿还,本公司承担了连带担保责任,经法院判决、调解共计承担归还621万元的本金及相应利息,现已归还50万元本金及利息133万元;公司已就此事项产生营业外支出754万元。

二〇〇二年以来市场表现

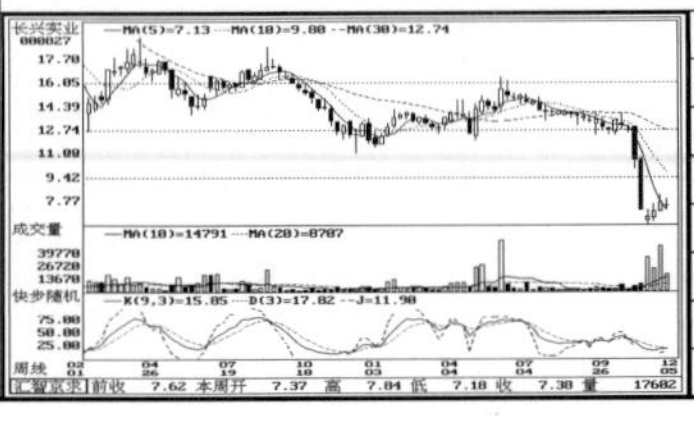

2002年涨跌幅(%)	-34.45
2002年最高(元)	19.36
2002年最低(元)	11.12
2002年换手率(%)	116.60
2003年涨跌幅(%)	-36.45
2003年最高(元)	16.38
2003年最低(元)	6.11
2003年换手率(%)	133.70

广东福地科技股份有限公司

公司概况

公司名称	广东福地科技股份有限公司	股票代码	000828
注册地址	广东东莞市南城区科技工业园科技路39号	邮政编码	523077
法人代表	詹宗庆	董秘	张庆文
电话	0769-2402236	传真	0769-2402525
主营业务	设计、开发、生产、销售各种规格的彩色显示器件等		
总股本	116468.35	流通A	24768.00
流通B		流通H	
审计单位		审计意见	未审计

主要财务指标

年度	2003.9	2003.6	2002	2001
每股收益/扣除后(元)	0.1080	0.0640	0.1300	-0.3260
每股经营现金流量(元)	0.1290	0.1430	0.2340	0.1520
每股净资产/调整后(元)	1.9400	1.8930	1.8300	1.7700
每股公积金(元)	0.8780	0.8780	0.8775	0.8733
净资产收益率(%)		3.3580	2.8100	-20.9200
总资产(万元)	286364.34	286209.72	298568.12	345626.72
股东权益(万元)	228833.34	223747.02	216173.80	209645.52
未分配利润(万元)	-5202.24	-10288.57	-17800.98	-23846.96
主营收入(万元)	173830.27	107525.64	206175.98	183334.28
资本公积金(万元)	102257.65	102257.65	102196.85	101714.54
主营利润(万元)	23872.84	14620.69	25007.23	-15709.99
其他业务利润(万元)	872.86	471.41	1437.81	1399.99
营业利润(万元)	12740.90	7405.85	17088.30	-39064.48
投资收益(万元)	180.00	110.27	-2310.56	728.14
补贴收入(万元)				
营业外收支(万元)	-316.16	-3.70	-8710.19	-6622.49
利润总额(万元)	12604.75	7512.41	6067.55	-44958.82
净利润(万元)	12604.75	7512.41	6067.55	-43847.58

十大股东

序号	股东名称	股份性质	持股数(万股)	比例(%)
1	广东福地科技总公司	国有法人股	598977.62	51.43
2	福民发展有限公司	外资法人股	291170.87	25.00
3	东莞市财信发展有限公司	国有法人股	21947.52	1.88
4	东莞证券有限责任公司	社会公众股	731.72	0.63
5	上海似缘纺织品有限公司	社会公众股	534.41	0.46
6	东莞市经济贸易总公司	国有法人股	327.17	0.28
7	四川天然气化工厂	社会公众股	208.00	0.18
8	东莞市君科网络投资有限公司	社会公众股	206.88	0.18
9	东莞市银川能源实业有限公司	国有法人股	163.58	0.14
10	嘉峪关大友企业公司	社会公众股	160.60	0.14

股东人数	2003.9	2003.6	2002	2001
	42371	42626	42151	45641

近年分配		近年配股/增发	不分配不转增

重大事项

2003年9月30日,公司董事会通过了由公司为广东福地日合偏光器件有限公司偿还所欠中国银行东莞分行债务的议案,决定由公司为福地日合偿还余下的2500万元人民币及150万美元借款.本次借款清偿后,公司的担保责任将全部解除,公司将拥有福地日合8000万元人民币及150万美元的债权.2003年08月1日,公司诉广东松日电器有限公司长期拖欠公司货款一案,经多次协商,于7月25日达成《执行和解协议》,公司不再要求执行法院对该公司采取进一步的强制执行措施,也不再主张有关货款的利息.在双方债权债务清结完毕,公司将终止执行申请书交给松日电器,由该公司转交法院并协助松日电器办理商标解封手续.

二〇〇二年以来市场表现

2002年涨跌幅(%)	-24.61
2002年最高(元)	11.00
2002年最低(元)	6.63
2002年换手率(%)	83.86
2003年涨跌幅(%)	-15.00
2003年最高(元)	8.56
2003年最低(元)	5.30
2003年换手率(%)	47.18

江西赣南果业股份有限公司

公司概况

公司名称	江西赣南果业股份有限公司	股票代码	000829
注册地址	江西赣州市红旗大道20号	邮政编码	341000
法人代表	吴继光	董秘	何小林
电话	0797-8117002	传真	0797-8117152
主营业务	温柑、甜柚等水果种植、加工、销售等		
总股本	15750.00	流通A	6204.55
流通B		流通H	
审计单位		审计意见	未审计

主要财务指标

年度	2003.9	2003.6	2002	2001
每股收益/扣除后(元)	0.1290	-0.0050	-0.0440	-0.0130
每股经营现金流量(元)	-1.0500	-0.0720	0.3640	-0.0880
每股净资产/调整后(元)	1.7900	1.5600	1.5900	1.8430
每股公积金(元)	0.6491	0.6468	0.6461	0.6455
净资产收益率(%)	6.7500	-0.4400	0.9500	0.2600
总资产(万元)	136365.75	51608.28	34508.49	44087.87
股东权益(万元)	29153.19	27102.70	27235.27	31807.52
未分配利润(万元)	1946.03	-141.75	1.44	4205.15
主营收入(万元)	107242.06	6168.61	9839.48	12623.25
资本公积金(万元)	10223.72	10186.42	10175.80	10165.86
主营利润(万元)	10282.06	1390.01	2540.51	3114.40
其他业务利润(万元)	-19.60	10.12	118.02	215.52
营业利润(万元)	3735.86	102.54	-16.43	178.17
投资收益(万元)	-159.12	55.33	-13.56	334.39
补贴收入(万元)	13.40	10.69	157.93	272.31
营业外收支(万元)	-57.23	-35.95	838.36	-62.42
利润总额(万元)	3532.92	132.60	966.30	722.45
净利润(万元)	1967.74	-120.09	258.83	82.52

十大股东

序号	股东名称	股份性质	持股数(万股)	比例(%)
1	中国新闻发展深圳公司	国有法人股	4646.00	29.50
2	北京国际信托投资有限公司	国有法人股	1994.70	12.66
3	江西省发展信托投资股份有限公司	国有法人股	1473.00	9.35
4	赣州市国有资产管理局	国家股	1431.75	9.09
5	余彦斐	流通股	20.70	0.13
6	龚泰	流通股	19.88	0.13
7	王素琴	流通股	19.71	0.13
8	张大生	流通股	17.19	0.11
9	梁学华	流通股	17.08	0.11
10	南阳市苑城钓鱼台特菜生产示范中心	流通股	16.99	0.11

股东人数	2003.9	2003.6	2002	2001
	18137	18805	19438	17651

近年分配	2001年10股派0.2元	近年配股/增发	不分配不转增

重大事项

2003年7月17日,有关公司购买深圳市天音通信发展有限公司70%股权的重大购买事项,公司已于日前完成了相关的工商变更登记手续,公司已合法持有天音公司70%的股权. 公司于2003年6月17日与中国建设银行赣州分行签定了《借款合同》,向建行贷款1.8亿元人民币,借款期限一年.该笔贷款共计1.8亿元人民币于2003年7月2日到帐.

二〇〇二年以来市场表现

2002年涨跌幅(%)	-28.92
2002年最高(元)	15.34
2002年最低(元)	8.60
2002年换手率(%)	257.11
2003年涨跌幅(%)	-9.54
2003年最高(元)	10.78
2003年最低(元)	6.00
2003年换手率(%)	152.76

山东鲁西化工股份有限公司

公司概况								
公司名称	山东鲁西化工股份有限公司				股票代码		000830	
注册地址	山东省聊城市鲁化路 68 号				邮政编码		252000	
法人代表	白晓林			董秘	梁和军			
电话	0635-8332286			传真	0635—8334366			
主营业务	尿素、碳酸氢铵化肥的生产及本公司产品销售等							
总股本	26001.07	流通 A	7500.00	流通 B		流通 H		
审计单位				审计意见	未审计			

主要财务指标	2003.9	2003.6	2002	2001
每股收益 / 扣除后(元)	0.1810	0.1480	0.2450	0.1500
每股经营现金流量(元)	0.5100	0.3300	0.5760	0.5930
每股净资产 / 调整后(元)	4.2280	4.1100	3.9150	3.6390
每股公积金(元)	2.1163	2.0323	1.9610	1.9592
净资产收益率(%)	4.4960	3.8100	7.2600	6.5590
总资产(万元)	300714.94	234369.06	208332.67	190347.77
股东权益(万元)	110177.42	107121.49	97958.88	90797.37
未分配利润(万元)	23305.07	22435.04	18351.02	12658.56
主营收入(万元)	140612.05	88020.41	124660.77	97388.21
资本公积金(万元)	55027.32	52841.43	48852.37	48806.43
主营利润(万元)	18825.17	12810.09	18374.63	12834.72
其他业务利润(万元)	109.85	40.59	190.02	68.56
营业利润(万元)	7051.72	5743.58	9391.97	5786.36
投资收益(万元)				
补贴收入(万元)	420.00	420.00	1552.15	1629.68
营业外收支(万元)	-68.09	-68.03	-319.02	-50.08
利润总额(万元)	7403.63	6095.55	10625.10	7365.96
净利润(万元)	4954.06	4084.02	7115.58	5955.59

十大股东 序号	股东名称	股份性质	持股数(万股)	比例(%)
1	山东聊城鲁西化工集团有限责任公司	国有法人股	17411.54	66.96
2	聊城市国有资产管理局	国家股	476.47	1.83
3	国海证券有限责任公司	社会公众股	358.46	1.38
4	华夏证券有限公司	社会公众股	70.46	0.27
5	蒋丽华	社会公众股	34.00	0.13
6	裕阳证券投资基金	社会公众股	22.69	0.09
7	梁锦国	社会公众股	20.12	0.08
8	谢文龙	社会公众股	13.80	0.05
9	柴智杰	社会公众股	11.45	0.04
10	李玉斌	社会公众股	11.10	0.04

股东人数	2003.9	2003.6	2002	2001
	38341	38899	44698	44698

近年分配	近年配股 / 增发
2001年10股派2元	2002年10转增1股

重大事项

公司于 2003 年 07 月 24 日与西化集团签署了《投资合作暨股权转让协议》,由双方共同投资组建由本公司控股的新公司,以及收购鲁化集团持有的山东聊城鲁西化工集团第六化肥厂 80% 的股权,构成关联交易; 公司于 2003 年 2 月 1 日与鲁化集团签署了《产品购销协议》,根据双方生产的需要,鲁化集团向公司销售碳丙液、设备、乙炔气、盐酸等产品,同时公司向鲁化集团销售尿素、碳酸氢铵。

二〇〇二年以来市场表现

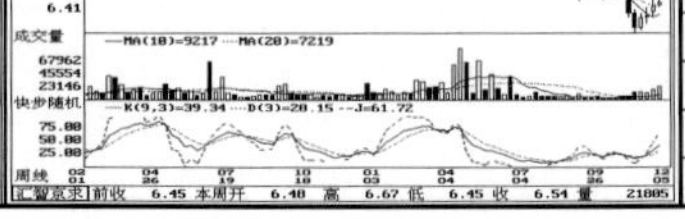

2002年涨跌幅(%)	-10.22
2002年最高(元)	10.30
2002年最低(元)	6.55
2002年换手率(%)	97.51
2003年涨跌幅(%)	-21.05
2003年最高(元)	9.47
2003年最低(元)	5.85
2003年换手率(%)	105.79

山西关铝股份有限公司

公司概况								
公司名称	山西关铝股份有限公司				股票代码		000831	
注册地址	山西省运城市解州镇新建路 36 号				邮政编码		044001	
法人代表	许复活			董秘	郑启家			
电话	0359-2825373			传真	0359-2800974			
主营业务	普通铝锭、铝材、铝制品、氧化铝粉及有色金属的生产、销售等							
总股本	36300.00	流通 A	14625.00	流通 B		流通 H		
审计单位				审计意见	未审计			

主要财务指标	2003.9	2003.6	2002	2001
每股收益 / 扣除后(元)	0.2140	0.1100	0.3000	0.2600
每股经营现金流量(元)	1.8300	1.2800	0.5100	0.5800
每股净资产 / 调整后(元)	2.7600	2.6600	2.6400	2.4000
每股公积金(元)	0.9437	0.9437	0.9437	0.9437
净资产收益率(%)	7.7100	4.0900	11.1400	11.2700
总资产(万元)	310234.81	288148.28	225670.52	178557.84
股东权益(万元)	100653.36	96848.64	92889.18	87523.55
未分配利润(万元)	24972.90	21168.19	20475.73	13464.69
主营收入(万元)	130263.60	80267.93	149580.91	142539.23
资本公积金(万元)	34257.64	34257.64	34257.64	34257.64
主营利润(万元)	20422.75	13100.31	24957.39	17798.03
其他业务利润(万元)	472.38	266.21	425.37	831.20
营业利润(万元)	9484.76	5687.02	13059.63	10956.25
投资收益(万元)			36.23	
补贴收入(万元)	8.77	8.77	110.99	83.17
营业外收支(万元)	-9.25		-605.39	-330.50
利润总额(万元)	9484.28	5658.98	12601.46	10708.92
净利润(万元)	7764.17	3959.46	10810.64	9868.22

十大股东 序号	股东名称	股份性质	持股数(万股)	比例(%)
1	山西省运城市解州铝厂	境内法人股	18204.00	50.15
2	山西省经济建设投资公司	国家股	1860.00	5.12
3	山西省经贸资产经营有限责任公司	国家股	1380.00	3.80
4	山西运城制版集团股份有限公司	未披露	115.50	0.32
5	山西省临猗化工总厂	未披露	115.50	0.32
6	杨秀兰	流通股	41.95	0.12
7	刘艳	流通股	35.19	0.10
8	蔡云珠	流通股	32.20	0.09
9	浙江省粮油物资有限公司	流通股	26.35	0.07
10	林坚云	流通股	25.79	0.07

股东人数	2003.9	2003.6	2002	2001
	56130	56630	53810	39532

近年分配	近年配股 / 增发
2002年10股派0.9元 2001年10股派0.6元	不分配不转增

重大事项

2003 年 11 月 04 日,公司 20 万吨电解铝技改工程项目,由原国家经贸委和国家计委予以立项,日前,根据有关文件及批复,公司 20 万吨电解铝技改项目可行性研究报告获得批准. 2003 年 10 月 29 日,经公司申请,山西省环境保护局、运城市环保局于 2003 年 9 月 27 日对公司电解铝生产设施进行了全面达标验收,验收结果认为公司基本具备全面达标条件, 通过了全面达标验收.

二〇〇二年以来市场表现

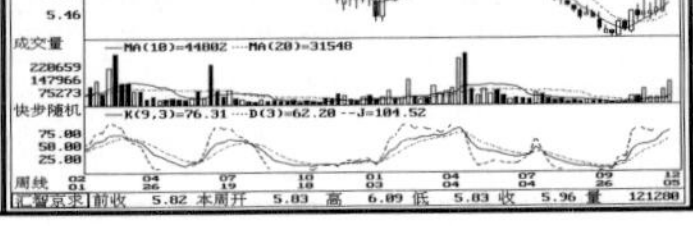

2002年涨跌幅(%)	-26.08
2002年最高(元)	8.53
2002年最低(元)	5.44
2002年换手率(%)	199.94
2003年涨跌幅(%)	6.40
2003年最高(元)	7.28
2003年最低(元)	5.00
2003年换手率(%)	171.20

黑龙江龙涤股份有限公司

公司概况							
公司名称	黑龙江龙涤股份有限公司			股票代码	000832		
注册地址	黑龙江省阿城市和平街			邮政编码	150316		
法人代表	赵瑞民			董秘	刘克奇		
电话	0451-3717068			传真	0451-3717473		
主营业务	聚酯切片、化学纤维系列产品、纺织品、纺织机械及设备等						
总股本	35206.98	流通 A	18360.00	流通 B		流通 H	
审计单位				审计意见	未审计		

主要财务指标

年度	2003.9	2003.6	2002	2001
每股收益 / 扣除后(元)	0.0220	0.0027	0.1000	0.1000
每股经营现金流量(元)	0.3893	0.3953	0.4400	-0.2752
每股净资产 / 调整后(元)	3.6500	3.6160	3.6200	3.5100
每股公积金(元)	1.3498	1.3498	1.3498	1.3498
净资产收益率(%)	0.6000	0.0800	2.7300	3.8400
总资产(万元)	225760.05	201970.41	185308.44	154841.06
股东权益(万元)	128606.72	127979.82	127884.16	124397.28
未分配利润(万元)	36499.51	35872.61	35776.94	32813.09
主营收入(万元)	106948.21	67278.39	125258.44	104334.74
资本公积金(万元)	47521.25	47521.25	47521.25	47521.25
主营利润(万元)	3592.01	1284.31	8707.66	7623.39
其他业务利润(万元)	248.44	165.57	356.48	377.10
营业利润(万元)	1178.37	156.82	5623.58	6571.60
投资收益(万元)				
补贴收入(万元)				
营业外收支(万元)				
利润总额(万元)	1178.37	156.82	5623.58	6571.60
净利润(万元)	766.76	95.67	3486.88	4782.37

十大股东

序号	股东名称	股份性质	持股数(万股)	比例(%)
1	黑龙江龙涤集团有限公司	国有股	8516.02	24.19
2	哈尔滨阿斯宝化纤有限公司	法人股	1498.00	4.25
3	黑龙江省国际信托投资公司	法人股	492.80	1.39
4	哈尔滨威德计算机工程有限公司	法人股	462.00	1.31
5	陕西省纺织品进出口公司	法人股	434.00	1.23
6	深圳市民润农产品配送连锁商业有限公司	法人股	399.98	1.13
7	北京柯群商贸有限公司	法人股	362.53	1.03
8	黑龙江龙涤包装材料有限公司	法人股	308.00	0.87
9	中国纺织物资(集团)总公司	法人股	280.00	0.79
10	宁波宁兴集团公司	法人股	280.00	0.79

股东人数	2003.9	2003.6	2002	2001
	66709	67822	68536	69836

近年分配	2001年中期10股派1元	近年配股/增发	不分配不转增

重大事项

2003年**6**月**11**日,公司为黑龙江龙马化纤有限公司向哈尔滨市商业银行公滨路支行申请**5000**万元银行贷款提供连带责任担保.期限自**2003**年**6**月至**2004**年**6**月.截止目前,公司累计对外担保**5000**万元,无逾期担保. **2002**年**12**月**15**日,公司董事会同意公司拟投资**3000**万元人民币与北亚实业股份有限公司、哈药集团股份有限公司、黑龙江黑龙股份有限公司和洽尔滨空调股份有限公司等共同发起设立黑龙江宇华担保投资股份有限公司,该公司注册资本拟定为**3**亿元人民币.

二〇〇二年以来市场表现

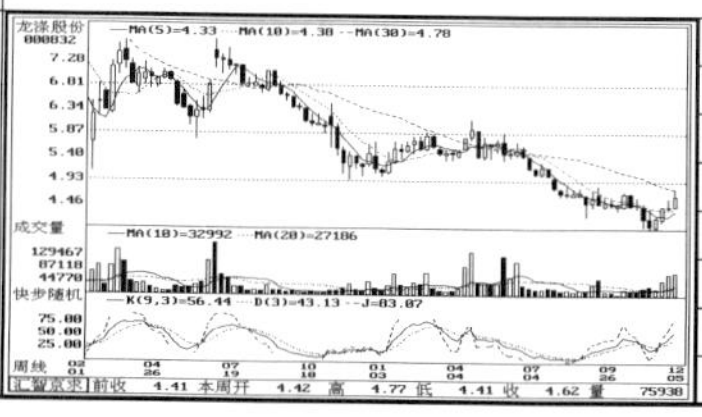

2002年涨跌幅(%)	-30.21
2002年最高(元)	7.75
2002年最低(元)	4.93
2002年换手率(%)	95.32
2003年涨跌幅(%)	-12.85
2003年最高(元)	6.13
2003年最低(元)	3.99
2003年换手率(%)	90.82

广西贵糖(集团)股份有限公司

公司概况							
公司名称	广西贵糖(集团)股份有限公司			股票代码	000833		
注册地址	广西贵港市幸福路100号			邮政编码	537102		
法人代表	杨万善			董秘	杨正		
电话	0775-4262888-22318			传真	0775-4260088		
主营业务	食糖、纸、酒精及轻质碳酸钙的制造、销售						
总股本	25268.85	流通 A	9858.95	流通 B		流通 H	
审计单位				审计意见	未审计		

主要财务指标

年度	2003.9	2003.6	2002	2001
每股收益 / 扣除后(元)	-0.0500	0.0012	0.0360	0.1700
每股经营现金流量(元)	0.1700	-0.3240	0.5700	0.2000
每股净资产 / 调整后(元)	2.2600	2.3300	2.3000	2.2400
每股公积金(元)	0.9895	0.9895	0.9895	0.9895
净资产收益率(%)	-2.2600	0.0600	1.2600	6.8200
总资产(万元)	134133.11	142656.56	130695.01	127724.42
股东权益(万元)	60429.74	61829.63	61794.02	61012.80
未分配利润(万元)	7353.43	8747.98	8717.70	6059.54
主营收入(万元)	57128.41	35450.70	84011.05	80057.99
资本公积金(万元)	25004.16	25004.16	25004.16	25004.16
主营利润(万元)	7911.62	5806.21	11726.02	12393.36
其他业务利润(万元)	10.35	15.32	125.11	119.97
营业利润(万元)	-1385.05	37.48	1139.38	3578.43
投资收益(万元)	-11.75	-11.75	-85.00	-45.00
补贴收入(万元)				
营业外收支(万元)	32.52		-45.53	-133.29
利润总额(万元)	-1364.28	41.90	1008.84	3400.14
净利润(万元)	-1364.28	35.61	781.22	4160.77

十大股东

序号	股东名称	股份性质	持股数(万股)	比例(%)
1	广西贵糖集团有限公司	国有股	10000.00	39.57
2	深圳市执新投资顾问有限公司	法人股	1014.40	4.01
3	国海证券有限责任公司	流通股	825.66	3.27
4	肇庆市云庆贸易有限公司	法人股	590.00	2.33
5	渤海证券有限责任公司	法人股	243.00	0.96
6	福建正通投资有限公司	法人股	227.30	0.90
7	广西贵港甘化股份有限公司	法人股	150.00	0.59
8	太原市唐都大酒店	未流通股	150.00	0.59
9	曹力红	流通股	113.75	0.45
10	杨娟	流通股	111.56	0.44

股东人数	2003.9	2003.6	2002	2001
	41444	41881	40386	49820

近年分配	2001年10股派1.2元	近年配股/增发	不分配不转增

重大事项

2003年**7**月**26**日,公司董事会同意对装备落后、能耗高的旧制浆生产设备、旧碱回收设备及旧锅炉进行淘汰处理并同意按评估价格**12,256,986.80**元出让给广西物资集团贵港储运贸易总公司. **2003**年**5**月**23**日,公司董事会同意公司向中国建设银行贵港市支行申请固定资产贷款**10**亿元,投入年产**10**万吨生活用纸技改项目. 公司拟用第二造纸厂和第三造纸厂的优质固定资产**6500**万元、**410**亩出让性土地使用权**8550**万元及该项目形成后的固定资产作抵押.

二〇〇二年以来市场表现

2002年涨跌幅(%)	1.88
2002年最高(元)	9.18
2002年最低(元)	6.28
2002年换手率(%)	199.23
2003年涨跌幅(%)	-47.23
2003年最高(元)	10.06
2003年最低(元)	4.23
2003年换手率(%)	441.81

上海隆源双登实业股份有限公司

公司概况							
公司名称	上海隆源双登实业股份有限公司			股票代码	000835		
注册地址	上海浦东新区杨高中路1900号27栋208室			邮政编码	200135		
法人代表	李泉生			董秘	张明伟		
电话	021-58820181-128			传真	021-58872439		
主营业务	开发生产计算机软、硬件产品及配套设备、工程机械、通讯设备等						
总股本	10800.00	流通A	2700.00	流通B		流通H	
审计单位				审计意见	未审计		

主要财务指标 年度	2003.9	2003.6	2002	2001
每股收益/扣除后(元)	0.0071	0.0235	-0.0600	0.3410
每股经营现金流量(元)	-0.3620	-0.2050	0.1000	0.8560
每股净资产/调整后(元)	1.5307	1.6382	1.5500	2.8100
每股公积金(元)	0.0621	0.0621	0.0621	0.9492
净资产收益率(%)	1.1560	2.1400	-3.9000	12.2800
总资产(万元)	43063.30	45706.16	47137.45	39172.29
股东权益(万元)	17708.93	17886.18	17504.18	15499.34
未分配利润(万元)	3660.21	3837.46	2227.75	2173.08
主营收入(万元)	10836.43	8681.86	20866.59	35150.65
资本公积金(万元)	670.73	670.73	670.73	5125.77
主营利润(万元)	3619.69	3253.21	9840.95	17822.34
其他业务利润(万元)	114.86	74.13	85.16	184.30
营业利润(万元)	361.74	605.23	338.46	3091.17
投资收益(万元)	46.18	43.10	-468.47	-51.06
补贴收入(万元)			162.82	27.62
营业外收支(万元)	14.43	14.43	-167.20	33.07
利润总额(万元)	393.48	633.90	-134.39	3100.81
净利润(万元)	204.75	381.99	-683.23	1903.88

十大股东 序号	股东名称	股份性质	持股数(万股)	比例(%)
1	洋浦吉晟实业发展有限公司	社会法人股	2025.00	18.75
2	新兴创业投资管理有限公司	国有法人股	1833.84	16.98
3	中泛投资有限公司	外资股	1731.78	16.04
4	怡威发展有限公司	外资股	1731.78	16.04
5	深圳市巨擘网投资有限公司	社会法人股	777.60	7.20
6	叶桂枝	流通股	14.69	0.14
7	北京神州富瑞商贸有限公司	流通股	11.31	0.10
8	余成	流通股	10.09	0.09
9	钱向阳	流通股	10.00	0.09
10	周瑞华	流通股	8.03	0.07

股东人数	2003.9	2003.6	2002	2001
	17984	17873	18352	14987

近年分配	2002年中期10股派0.25元 2001年10股派1.4元	近年配股/增发	2002年中期10股送1股、转增9股

重大事项

公司于2003年7月28日签署协议，为子公司上海淳大酒店投资管理有限公司向深圳发展银行南京西路支行的2000万元借款提供最高额连带责任保证担保,担保期限:从合同生效日起直至主合同项下授信期限内每次使用授信届满日后另加两年. 公司于2003年06月05日刊登部分 2003年06月05日，公司法人股股东怡威发展有限公司将其持有的公司法人股17317800股 (占公司总股本16.035%)质押给兴业银行深圳中心区支行,期限从2003年6月2日至2004年6月1日.

二〇〇二年以来市场表现

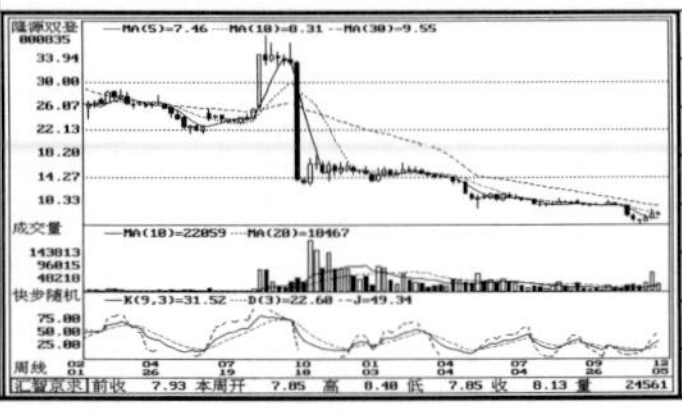

2002年涨跌幅(%)	2.76
2002年最高(元)	18.92
2002年最低(元)	10.69
2002年换手率(%)	544.25
2003年涨跌幅(%)	-43.88
2003年最高(元)	16.56
2003年最低(元)	6.40
2003年换手率(%)	486.17

天津天大天财股份有限公司

公司概况							
公司名称	天津天大天财股份有限公司			股票代码	000836		
注册地址	天津市新技术产业园区华苑产业区			邮政编码	300384		
法人代表	寇纪淞			董秘	李君毅		
电话	022-23080188			传真	022-83710199		
主营业务	计算机软件、硬件、信息系统集成、信息处理与服务等						
总股本	12275.46	流通A	6100.00	流通B		流通H	
审计单位				审计意见	未审计		

主要财务指标 年度	2003.9	2003.6	2002	2001
每股收益/扣除后(元)	-0.7200	-0.4500	0.0330	0.2270
每股经营现金流量(元)	-0.8500	-0.2560	-2.0900	0.5860
每股净资产/调整后(元)	7.2300	7.4900	7.6500	7.4600
每股公积金(元)	5.6778	5.6778	5.4437	5.4437
净资产收益率(%)	-9.6900	-5.9800	3.3600	6.4600
总资产(万元)	218205.78	225553.95	239915.50	186021.42
股东权益(万元)	90653.35	93830.22	96568.54	93388.58
未分配利润(万元)	4394.50	7571.38	13182.70	10630.11
主营收入(万元)	40594.40	28230.29	126087.42	116861.22
资本公积金(万元)	69697.34	69697.34	66824.34	66824.34
主营利润(万元)	4190.21	3129.90	13911.00	14785.69
其他业务利润(万元)	163.91	139.24	517.78	297.72
营业利润(万元)	-7897.88	-4849.45	1426.70	4216.99
投资收益(万元)	-191.89	-115.39	2891.31	3871.58
补贴收入(万元)	55.20	10.08	52.00	100.00
营业外收支(万元)	-494.35		-75.94	265.81
利润总额(万元)	-8528.92	-5390.55	4294.08	8454.38
净利润(万元)	-8788.20	-5611.32	3247.34	6035.12

十大股东 序号	股东名称	股份性质	持股数(万股)	比例(%)
1	天津大学	国有法人股	2998.76	24.43
2	天津大学实业发展总公司	国有法人股	784.79	6.39
3	中国船舶重工集团公司第七研究院第七〇七研究所	国有法人股	784.22	6.38
4	丹东菊花电器(集团)公司	国有法人股	400.00	3.26
5	天津经济建设投资集团总公司	国有法人股	314.75	2.56
6	天津科技发展投资总公司	国有法人股	314.70	2.56
7	天津海华实业发展有限公司	国有法人股	290.49	2.37
8	天津市增瑞工贸有限公司	国有法人股	96.83	0.79
9	海南万泉热带农业投资有限公司	未披露	65.01	0.53
10	天津华泽(集团)有限公司	国有法人股	62.95	0.51

股东人数	2003.9	2003.6	2002	2001
	44265	44965	45426	46792

近年分配	2001年10股派2元	近年配股/增发	不分配不转增

重大事项

2003年08月25日,公司董事会决定向中国进出口银行申请金额为13150万元整,期限为1.5年的流动资金抵押贷款. 该笔贷款抵押物为天大天财软件大厦A、C区的房屋建筑物及国有土地使用权. 2003年01月29日,接国家发展计划委员会、信息产业部、对外贸易经济合作部、国家税务局通知,公司被确认为2002年度国家规划布局内重点软件企业.2002年度公司所得税率将由原来的15%调整为10%.

二〇〇二年以来市场表现

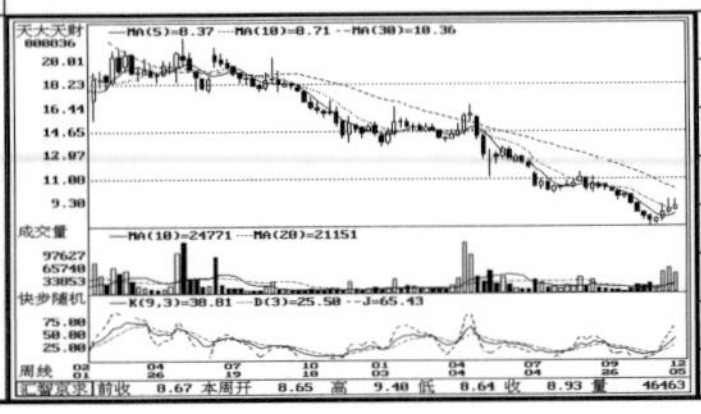

2002年涨跌幅(%)	-26.46
2002年最高(元)	21.60
2002年最低(元)	13.80
2002年换手率(%)	203.43
2003年涨跌幅(%)	-38.60
2003年最高(元)	16.60
2003年最低(元)	7.51
2003年换手率(%)	182.09

陕西秦川机械发展股份有限公司

公司概况

公司名称	陕西秦川机械发展股份有限公司	股票代码	000837
注册地址	宝鸡市高新技术产业开发区英达路软件园	邮政编码	721006
法人代表	龙兴元	董秘	吴煜
电话	0917-3670654	传真	0917-3390957
主营业务	金属切削机床、塑料加工机械、液压系统、液压件、数控系统等		

总股本	23247.84	流通 A	12540.00	流通 B		流通 H	
审计单位				审计意见	未审计		

主要财务指标

年度	2003.9	2003.6	2002	2001
每股收益 / 扣除后(元)	0.0800	0.0530	0.0799	0.1251
每股经营现金流量(元)	-0.1937	0.0700	0.2960	-0.0412
每股净资产 / 调整后(元)	2.3900	2.3600	2.3000	1.8900
每股公积金(元)	0.8799	0.8795	0.8778	0.5164
净资产收益率(%)	3.2600	2.1400	4.4100	7.5700
总资产(万元)	102772.70	95920.12	93852.03	71084.37
股东权益(万元)	55450.24	54762.27	53551.21	40204.20
未分配利润(万元)	8882.27	8203.09	7031.97	5604.61
主营收入(万元)	28041.04	17592.22	35063.90	35463.41
资本公积金(万元)	20454.68	20445.90	20405.96	10983.09
主营利润(万元)	6819.43	4580.18	7907.55	7356.24
其他业务利润(万元)	28.25	1.62	9.92	1.56
营业利润(万元)	2289.33	1539.99	2189.45	3349.16
投资收益(万元)	168.98	11.91	248.50	333.23
补贴收入(万元)	43.31	42.79	571.18	252.00
营业外收支(万元)	-96.11	-104.04	-183.24	-180.92
利润总额(万元)	2405.51	1490.65	2825.89	3753.46
净利润(万元)	1808.11	1171.11	2362.61	3043.01

十大股东

序号	股东名称	股份性质	持股数(万股)	比例(%)
1	秦川机床集团有限公司	国有股	9638.40	41.46
2	杨凌秦川节水灌溉设备工程有限公司	法人股	458.88	1.97
3	中国浦发机械工业股份有限公司	法人股	272.64	1.17
4	上海浦发金桥联合发展有限公司	法人股	145.92	0.63
5	西安市化工进出口公司	法人股	119.04	0.51
6	刘辉华	社会公众股	81.78	0.35
7	陈天权	社会公众股	55.53	0.24
8	安康水电联合实业有限责任公司	法人股	38.40	0.17
9	陕西省国际信托投资股份有限公司	法人股	34.56	0.15
10	蒋育	社会公众股	32.54	0.14

股东人数	2003.9	2003.6	2002	2001
	45042	47481	49127	46436

近年分配	2002年10股派0.18元 2001年10股派0.25元	近年配股/增发	2001年10股配1.875股

重大事项

2003年11月13日,公司董事会同意公司出资50万美元收购Bradley Kokmeyer先生持有的10%的股权和Edward W. Kokmeyer先生持有的17.27%的股权,收购后公司共计持有UAI公司27.27%的股权,之后公司再出资145万美元对UAI公司进行增资,增资后UAI公司的股本为325万美元,公司拥有其60%的股权,成为UAI公司的控股股东. 2003年4月24日,公司为长岭(集团)股份有限公司在中国工商银行宝鸡分行提供了1300万元为期一年的流动资金借款担保,具体时间为2003年2月6日至2003年11月5日,担保合同保证方式为连带责任保证.

二〇〇二年以来市场表现

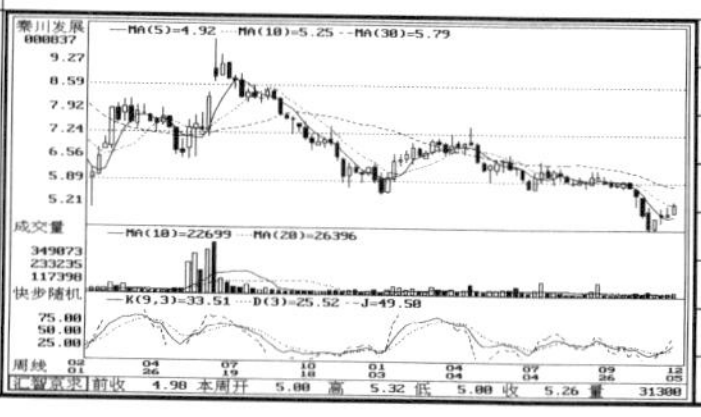

2002年涨跌幅(%)	-18.10
2002年最高(元)	9.93
2002年最低(元)	4.90
2002年换手率(%)	255.06
2003年涨跌幅(%)	-11.23
2003年最高(元)	7.40
2003年最低(元)	4.53
2003年换手率(%)	140.57

蓝星石化科技机股份有限公司

公司概况

公司名称	蓝星石化科技机股份有限公司	股票代码	000838
注册地址	四川省德阳市泰山南路230号	邮政编码	618000
法人代表	蔡挺	董秘	阎建军
电话	0838-2300511	传真	0838-2300522
主营业务	氟硅材料、塑料及改性等高分子聚合新材料及抗氧剂、稀释剂等		

总股本	6511.99	流通 A	1755.00	流通 B		流通 H	
审计单位				审计意见	未审计		

主要财务指标

年度	2003.9	2003.6	2002	2001
每股收益 / 扣除后(元)	0.0580	0.0160	0.0460	-0.2050
每股经营现金流量(元)	0.0400	-0.0450	-0.1310	0.8500
每股净资产 / 调整后(元)	1.0980	1.0560	0.5840	0.4700
每股公积金(元)	0.8591	0.8591	0.4860	0.4860
净资产收益率(%)	5.3200	1.5600	17.8600	4.8500
总资产(万元)	12230.33	11277.54	16881.16	20768.69
股东权益(万元)	7154.99	6880.94	4344.45	3449.06
未分配利润(万元)	-4951.28	-5225.33	-5332.42	-6108.17
主营收入(万元)	6266.87	4036.28	10390.01	5994.25
资本公积金(万元)	5594.28	5594.28	3164.89	3045.24
主营利润(万元)	1318.70	825.23	1513.07	678.09
其他业务利润(万元)	4.32	4.32	17.15	-9.22
营业利润(万元)	380.25	106.20	301.33	-1280.53
投资收益(万元)			55.00	
补贴收入(万元)			450.00	1500.00
营业外收支(万元)	0.89	0.89	-30.58	-52.32
利润总额(万元)	381.14	107.09	775.75	167.14
净利润(万元)	381.14	107.09	775.75	167.14

十大股东

序号	股东名称	股份性质	持股数(万股)	比例(%)
1	中国蓝星(集团)总公司	国家股	2459.89	37.77
2	德阳市化机持股联合会	法人股	334.10	5.13
3	深圳市泉来实业有限公司	法人股	305.00	4.68
4	深圳西来洋发展有限公司	法人股	260.00	3.99
5	上海浦东任辰贸易有限公司	法人股	214.00	3.29
6	深圳市旭能投资有限公司	法人股	130.00	1.99
7	成都嘉泰投资有限公司	法人股	130.00	1.99
8	海南爱邦贸易有限公司	法人股	85.00	1.30
9	上海市玮经贸有限公司	法人股	70.00	1.07
10	深圳市巨湾实业发展有限公司	法人股	65.00	0.99

股东人数	2003.9	2003.6	2002	2001
	7733	7532	7742	9370

近年分配		近年配股/增发	不分配不转增

重大事项

2003年5月23日,公司股东大会,审议通过了资产出售、购买方案,完成了资产重组的法律程序.随后,公司加快了资产、财务、人员、机构、业务的"五分开"工作.公司将严格按照证监会[2001(105)号]文件的要求,在规定的时间内完成规范运作工作. 2003年1月14日,四川省德阳市中级人民法院就2002年2月27日判决的公司由于担保偿付国家开发银行成都分行19405279.37元一事作出裁定:该院在执行中查明:被执行人在履行500万元后,已无有效财产可供执行.该院(2000)德经初字第63号民事判决书终结执行.

二〇〇二年以来市场表现

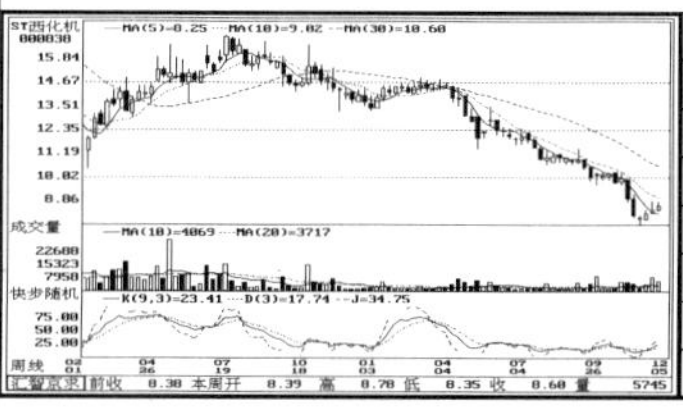

2002年涨跌幅(%)	3.90
2002年最高(元)	17.00
2002年最低(元)	10.36
2002年换手率(%)	198.65
2003年涨跌幅(%)	-39.54
2003年最高(元)	14.88
2003年最低(元)	7.70
2003年换手率(%)	83.58

中信国安信息产业股份有限公司

公司概况

公司名称	中信国安信息产业股份有限公司			股票代码	000839		
注册地址	北京市海淀区海淀南路32号			邮政编码	100020		
法人代表	李士林			董秘	廖小同		
电话	010-65068509			传真	010-65061482		
主营业务	信息产业、广告行业项目的投资、卫星通讯工程等						
总股本	66000.00	流通A	24837.21	流通B		流通H	
审计单位				审计意见	未审计		

主要财务指标

年度	2003.9	2003.6	2002	2001
每股收益/扣除后(元)	0.2069	0.1424	0.2140	0.2145
每股经营现金流量(元)	-0.7500	-0.6400	0.2369	0.5235
每股净资产/调整后(元)	3.9978	3.9569	3.7924	2.6198
每股公积金(元)	2.3963	2.3963	2.3963	1.3024
净资产收益率(%)	5.8100	4.3500	6.9100	13.1600
总资产(万元)	598878.19	535063.25	460018.69	309871.72
股东权益(万元)	277671.81	273431.12	261542.03	161759.03
未分配利润(万元)	37860.55	33619.85	21731.85	12973.38
主营收入(万元)	114437.55	59449.18	93756.62	45223.94
资本公积金(万元)	158154.34	158154.34	158153.27	76839.04
主营利润(万元)	28323.79	14731.22	25652.68	20094.42
其他业务利润(万元)	454.94	389.09	376.79	23.13
营业利润(万元)	9224.40	2695.24	10947.42	10720.50
投资收益(万元)	13881.06	13272.98	12402.93	14846.56
补贴收入(万元)	70.05	20.36	568.42	411.51
营业外收支(万元)	-43.80	-21.64	-344.81	-12.17
利润总额(万元)	23131.71	15966.94	23573.96	25966.39
净利润(万元)	16128.70	11888.00	18068.79	21284.11

十大股东

序号	股东名称	股份性质	持股数(万股)	比例(%)
1	中信国安有限公司	国有法人股	41162.79	62.37
2	天华证券投资基金	社会公众股	486.93	0.74
3	金泰证券投资基金	社会公众股	297.77	0.45
4	银丰证券投资基金	社会公众股	208.94	0.32
5	华泰证券投资基金	社会公众股	114.52	0.17
6	中国民族证券有限责任公司	社会公众股	106.95	0.16
7	久富证券投资基金	社会公众股	90.34	0.14
8	江苏省高新技术风险投资公司	社会公众股	74.10	0.11
9	李长庚	社会公众股	64.01	0.10
10	深圳市瑞业达投资有限公司	社会公众股	62.00	0.09

股东人数	2003.9	2003.6	2002	2001
	130990	136739	144813	133583

近年分配	2002年10股派1元 2001年10股派1元	近年配股/增发	不分配不转增

重大事项

2003年5月26日,公司董事会同意公司拟受让中信国安集团公司持有的中信国安盟固利电源技术有限公司90%股权,价格拟定为9609.89万元。公司所属大通房地产开发公司拟购买第一城公司建设的第一城内总建筑面积为75212.88平方米的产权式酒店房产用于开展产权式酒店业务,购买价格拟定为51281.16万元. 2003年3月1日,公司控股子公司中信国安通信有限公司受让中信国安集团公司持有的中国 联合通信有限公司1.8%股权.

二〇〇二年以来市场表现

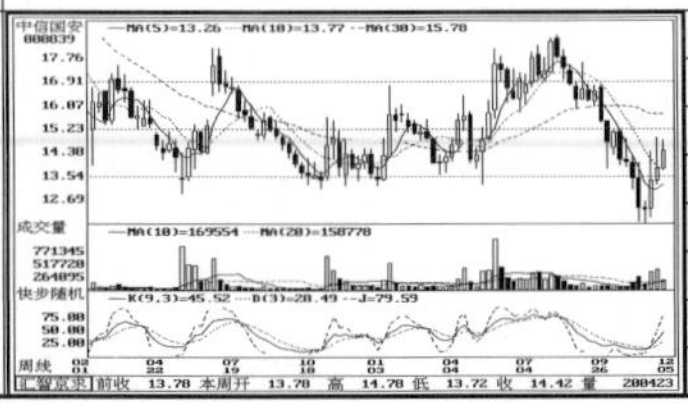

2002年涨跌幅(%)	-21.62
2002年最高(元)	18.00
2002年最低(元)	12.80
2002年换手率(%)	264.93
2003年涨跌幅(%)	3.84
2003年最高(元)	18.60
2003年最低(元)	11.85
2003年换手率(%)	369.80

河北承德露露股份有限公司

公司概况

公司名称	河北承德露露股份有限公司			股票代码	000848		
注册地址	河北承德高新技术产业开发区西区8号			邮政编码	067000		
法人代表	王宝林			董秘	李文生		
电话	0314-2066791-3088			传真	0314-2063525		
主营业务	果蔬汁饮料、矿泉水、纯净水、花岗石制品等						
总股本	25925.00	流通A	9100.00	流通B		流通H	
审计单位				审计意见	未审计		

主要财务指标

年度	2003.9	2003.6	2002	2001
每股收益/扣除后(元)	0.0500	0.0330	0.2420	0.3400
每股经营现金流量(元)	-0.7350	-0.2840	0.5960	0.5400
每股净资产/调整后(元)	2.8100	2.7900	2.7550	2.5600
每股公积金(元)	1.1742	1.1742	1.1742	1.1742
净资产收益率(%)	2.0000	1.1400	7.2200	14.7600
总资产(万元)	118191.26	110840.01	111222.88	113900.26
股东权益(万元)	72879.35	72249.06	71422.10	66264.94
未分配利润(万元)	7314.74	8141.69	7314.74	3202.52
主营收入(万元)	68435.39	44979.44	107539.24	99831.11
资本公积金(万元)	30442.17	30442.17	30442.17	30442.17
主营利润(万元)	21771.66	13998.62	28207.88	30251.98
其他业务利润(万元)				
营业利润(万元)	3256.72	1759.81	8136.81	11623.39
投资收益(万元)	-62.65	-52.35	-77.55	-20.05
补贴收入(万元)			41.55	
营业外收支(万元)	9.60	15.65	-1105.22	-535.49
利润总额(万元)	3203.68	1723.11	6995.59	11067.85
净利润(万元)	1490.81	826.96	5157.16	9782.70

十大股东

序号	股东名称	股份性质	持股数(万股)	比例(%)
1	露露集团有限责任公司	国有股	10084.50	38.90
2	深圳市万向投资有限公司	社会法人股	6740.50	26.00
3	兴和证券投资基金	社会公众股	59.60	0.23
4	程德兴	社会公众股	30.69	0.12
5	兴华证券投资基金	社会公众股	30.45	0.11
6	游荣花	社会公众股	17.33	0.07
7	方向东	社会公众股	13.65	0.05
8	赵丽莉	社会公众股	13.00	0.05
9	陈少龙	社会公众股	11.81	0.05
10	马忠信	社会公众股	11.64	0.05

股东人数	2003.9	2003.6	2002	2001
	54113	55452	56540	57462

近年分配	2001年10股派6.6元	近年配股/增发	不分配不转增

重大事项

2003年6月10日,由于公司控股股东露露集团有限责任公司将其持有的公司的6740.5万股国家股转让给深圳市万向投资有限公司事宜已获财政部批准,并办理了过户登记手续.公司于近日在河北省工商局办理了股权转让及股东变更登记手续. 2003年1月23日,公司将其持有的公司6740.5万股国家股转让给万向集团深圳市万向投资有限公司事项已获财政部批准. 根据双方于2001年12月28日签订的《股份转让协议书》、《股份质押协议书》,露露集团质押给万向投资的国家股4718.35万股,已于2003年1月22日办理完解除质押手续.

二〇〇二年以来市场表现

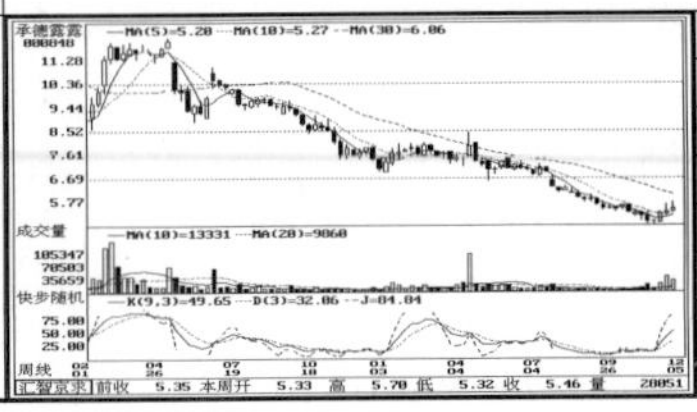

2002年涨跌幅(%)	-18.69
2002年最高(元)	11.54
2002年最低(元)	7.16
2002年换手率(%)	125.69
2003年涨跌幅(%)	-25.49
2003年最高(元)	8.44
2003年最低(元)	4.85
2003年换手率(%)	65.56

安徽华茂纺织股份有限公司

公司概况

公司名称	安徽华茂纺织股份有限公司	股票代码	000850
注册地址	安徽省安庆市纺织南路80号	邮政编码	246018
法人代表	华冠雄	董秘	王功著
电话	0556-5516615	传真	0556-5510166
主营业务	棉、毛、麻、丝和人造纤维的纯、混纺纱线以及其织物等		

总股本	45552.00	流通A	16004.76	流通B		流通H	
审计单位		审计意见	未审计				

主要财务指标

年度	2003.9	2003.6	2002	2001
每股收益/扣除后(元)	0.1040	0.0660	0.1900	0.4000
每股经营现金流量(元)	0.2610	0.2750	0.1200	0.4400
每股净资产/调整后(元)	1.7800	1.7400	2.1800	3.4000
每股公积金(元)	0.2747	0.2747	0.6571	1.5508
净资产收益率(%)	6.0900	4.0340	9.3900	12.7900
总资产(万元)	140565.19	128081.25	118247.60	109990.54
股东权益(万元)	81534.41	79791.00	76571.94	74623.51
未分配利润(万元)	17815.33	16072.14	12853.07	14193.65
主营收入(万元)	59936.04	40219.91	66711.15	60742.71
资本公积金(万元)	12512.35	12512.13	23024.13	33962.51
主营利润(万元)	10700.00	7513.63	14031.60	11836.71
其他业务利润(万元)	9.65	7.18	3.17	4.88
营业利润(万元)	6745.42	4782.73	8521.14	7134.39
投资收益(万元)	791.30	190.14	1506.19	3129.03
补贴收入(万元)				
营业外收支(万元)	10.45		118.30	229.69
利润总额(万元)	7547.17	4947.29	10145.64	10493.11
净利润(万元)	4962.26	3219.06	7192.81	9540.94

十大股东

序号	股东名称	股份性质	持股数(万股)	比例(%)
1	安徽华茂集团有限公司	国有法人股	29547.24	64.86
2	安徽省农垦集团有限公司	社会公众股	107.20	0.24
3	中国科学技术大学科技实业总公司	社会公众股	101.67	0.22
4	望江县电力实业公司	社会公众股	52.70	0.12
5	罗书琴	社会公众股	50.91	0.11
6	池州市贵池区许桥银矿	社会公众股	49.97	0.11
7	黄本石	社会公众股	45.50	0.10
8	池州市镏金鑫建筑安装工程有限公司	社会公众股	41.92	0.09
9	广东省创典文化实业公司	社会公众股	36.09	0.08
10	李天明	社会公众股	32.08	0.07

股东人数	2003.9	2003.6	2002	2001
	6188	6357	4554	6857

近年分配	2002年10股派1.5元 2001年10股派2.5元	近年配股/增发	2002年10股增3股 2001年10股送1股增5股

重大事项

2003年8月11日公司与江苏银都集团有限公司签定《联营合同》,决定联合出资收购江苏大丰市银河轻纺公司所属三龙轧花厂并组建大丰市华达棉业有限公司。华达公司总投资580万元,注册资本500万元,公司出资300万元。 2003年8月11日公司与江苏金(日+升)实业股份有限公司签定《合营公司股权转让合同》,决定受让金(日+升)公司持有的江苏金坛华茂金(日+升)科技发展有限公司18%的股权。

二〇〇二年以来市场表现

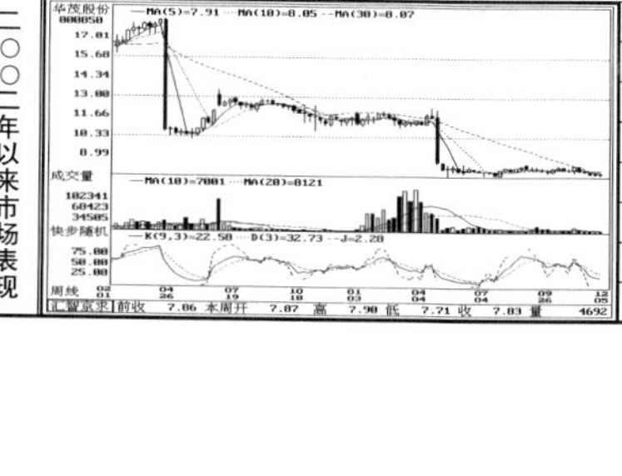

2002年涨跌幅(%)	12.95
2002年最高(元)	10.22
2002年最低(元)	7.29
2002年换手率(%)	39.18
2003年涨跌幅(%)	-13.34
2003年最高(元)	9.33
2003年最低(元)	7.65
2003年换手率(%)	84.34

江汉石油钻头股份有限公司

公司概况

公司名称	江汉石油钻头股份有限公司	股票代码	000852
注册地址	湖北省武汉市洪山区珞瑜路456号	邮政编码	430070
法人代表	常子恒	董秘	赵进斌
电话	027-87925236	传真	027-87925236
主营业务	石油、天然气及各类地矿用钻头、矿山及石油设备、粉末冶金制品等		

总股本	30800.00	流通A	7684.68	流通B		流通H	
审计单位		审计意见	未审计				

主要财务指标

年度	2003.9	2003.6	2002	2001
每股收益/扣除后(元)	0.1560	0.1140	0.2450	0.2670
每股经营现金流量(元)	0.0350	-0.0005	0.1100	0.4000
每股净资产/调整后(元)	2.2300	2.3500	2.2200	2.0300
每股公积金(元)	0.5843	0.6427	0.6427	0.6412
净资产收益率(%)	6.8600	4.5900	10.6400	13.6000
总资产(万元)	98957.86	97797.77	93070.70	100915.57
股东权益(万元)	69675.68	68018.91	64895.90	60472.11
未分配利润(万元)	15047.17	16190.39	13536.33	10233.64
主营收入(万元)	27905.70	27905.70	41117.86	44683.52
资本公积金(万元)	17996.91	17996.91	17996.29	17952.52
主营利润(万元)	13697.97	9005.80	17694.09	18929.29
其他业务利润(万元)	253.12	158.92	363.49	603.66
营业利润(万元)	5462.36	3627.14	7066.86	8113.61
投资收益(万元)	51.01	-62.01	341.29	1134.27
补贴收入(万元)			463.97	273.24
营业外收支(万元)	-125.17	1.34	146.35	-121.93
利润总额(万元)	5388.20	3487.71	8018.47	9399.19
净利润(万元)	4779.16	3122.38	6906.17	8222.22

十大股东

序号	股东名称	股份性质	持股数(万股)	比例(%)
1	中国石化集团江汉石油管理局	国有法人股	21000.00	75.00
2	国信证券有限责任公司	流通股	319.59	1.14
3	北京通航技贸易有限公司	流通股	154.00	0.55
4	北京华盛物业管理有限责任公司	流通股	72.87	0.26
5	易方达平稳增长证券投资基金	流通股	59.81	0.21
6	银力	流通股	30.00	0.11
7	阮志玲	流通股	21.76	0.08
8	刘晓晶	流通股	18.65	0.07
9	北京通航技贸公司	流通股	17.39	0.06
10	沈静静	流通股	16.34	0.06

股东人数	2003.9	2003.6	2002	2001
	29579	29997	26909	29856

近年分配	2002年10股派1元 2001年10股派2元	近年配股/增发	2002年10股送1股

重大事项

2003年7月30日,董、监事会决议决定投资6400万元与北京博泰公司或其关联公司在北京共同组建投资公司,本公司占新公司注册资本的80%。新公司主要经营范围为国家政策许可下的项目投资、股权投资。 2003年4月17日,公司董事会决定出资8000万元与中国石化集团江汉石油管理局、北京博泰隆石油设备技术服务有限公司共同成立合资公司,在中亚地区进行油田开采与服务,本次交易属关联交易,尚需年度股东大会批准。

二〇〇二年以来市场表现

2002年涨跌幅(%)	-9.09
2002年最高(元)	11.14
2002年最低(元)	6.82
2002年换手率(%)	161.28
2003年涨跌幅(%)	-31.24
2003年最高(元)	9.23
2003年最低(元)	5.29
2003年换手率(%)	124.84

唐山陶瓷股份有限公司

公司概况

公司名称	唐山陶瓷股份有限公司			股票代码	000856
注册地址	唐山市路北区缸窑路 110 号			邮政编码	063020
法人代表	邢平均			董秘	张树来
电话	0315-3291354			传真	0315-3291354
主营业务	日用陶瓷、卫生陶瓷、墙地砖、特种陶瓷及其相关产品的开发、生产、销售				
总股本	17500.00	流通 A	6500.00	流通 B	流通 H
审计单位				审计意见	未审计

主要财务指标

年度	2003.9	2003.6	2002	2001
每股收益/扣除后(元)	-0.0400	-0.0800	0.0300	-0.0800
每股经营现金流量(元)	-0.1140	-0.1100	-0.0300	0.3400
每股净资产/调整后(元)	2.6800	2.6400	2.6500	2.5900
每股公积金(元)	1.6080	1.6080	1.6075	1.6069
净资产收益率(%)	-1.2000	-2.7800	0.4100	-4.8200
总资产(万元)	113320.25	111498.89	110138.40	108049.29
股东权益(万元)	49937.07	49096.07	50453.92	50468.03
未分配利润(万元)	343.74	-496.76	869.19	1009.88
主营收入(万元)	29859.11	16844.27	45137.34	40258.16
资本公积金(万元)	28140.48	28139.98	28131.88	28119.91
主营利润(万元)	7140.70	3834.30	11021.33	8709.16
其他业务利润(万元)	200.87	184.65	492.72	351.31
营业利润(万元)	-669.63	-1572.86	471.44	-1520.57
投资收益(万元)			-65.07	-241.42
补贴收入(万元)	87.70	40.08	541.73	428.77
营业外收支(万元)	12.59		-354.38	-1140.08
利润总额(万元)	-569.34	-1516.90	593.72	-2473.30
净利润(万元)	-600.04	-1365.39	205.04	-2433.94

十大股东

序号	股东名称	股份性质	持股数(万股)	比例(%)
1	唐山陶瓷集团有限公司	国有股	11000.00	62.86
2	沈大华	社会公众股	16.18	0.09
3	白永玖	社会公众股	15.01	0.09
4	任征刚	社会公众股	11.17	0.06
5	严钢	社会公众股	10.22	0.06
6	芦世明	社会公众股	9.31	0.05
7	钟兆芬	社会公众股	9.10	0.05
8	曾镇祥	社会公众股	8.58	0.05
9	田雨时	社会公众股	8.00	0.05
10	沈金浩	社会公众股	7.92	0.05

股东人数	2003.9	2003.6	2002	2001
	32897	33384	34300	39047

近年分配		近年配股/增发	不分配不转增

重大事项

2003 年 **9** 月 **25** 日,河北省唐山市中级人民法院日前下达民事裁定书,对唐山陶瓷集团有限公司持有的公司 **8590** 万股国家股(占公司总股本的 **49.09%**)依法进行拍卖. **2002** 年 **12** 月 **28** 日,公司将持有的公司国有股 **11000** 万股中的 **2410** 万股质押给唐山市商业银行,为其及其所属全资子公司唐山陶瓷集团特种陶瓷有限公司、唐山工业职业技术学院向唐山市商业银行贷款提供质押担保.质押期限为 **2002** 年 **12** 月 **16** 日至双方申请解冻为止.

二〇〇二年以来市场表现

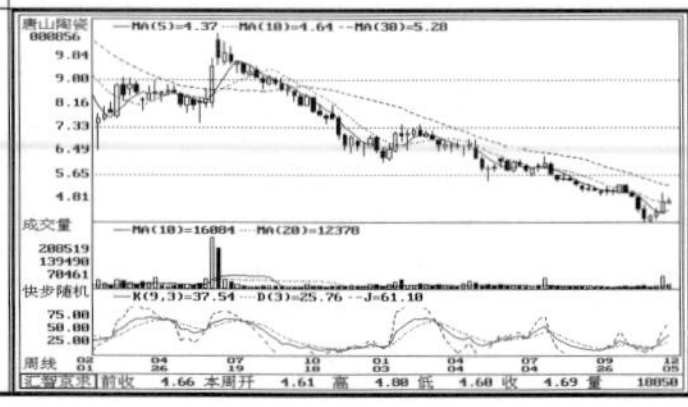

2002年涨跌幅(%)	-34.11
2002年最高(元)	10.68
2002年最低(元)	6.26
2002年换手率(%)	218.05
2003年涨跌幅(%)	-25.56
2003年最高(元)	7.42
2003年最低(元)	3.97
2003年换手率(%)	120.00

宜宾五粮液股份有限公司

公司概况

公司名称	宜宾五粮液股份有限公司			股票代码	000858
注册地址	四川省宜宾市岷江西路 150 号			邮政编码	644007
法人代表	王国春			董秘	彭智辅
电话	0831-3565878			传真	0831-3555958
主营业务	酒类及相关辅助产品的生产和销售				
总股本	135570.23	流通 A	38188.80	流通 B	流通 H
审计单位				审计意见	未审计

主要财务指标

年度	2003.9	2003.6	2002	2001
每股收益/扣除后(元)	0.4040	0.2880	0.5120	0.6800
每股经营现金流量(元)	0.5900	0.2390	0.9320	1.2340
每股净资产/调整后(元)	4.3160	4.1990	4.6950	5.3940
每股公积金(元)	0.9031	0.9031	1.2837	1.8688
净资产收益率(%)	9.3500	6.8400	11.5600	17.2900
总资产(万元)	802465.94	731446.00	726173.50	668786.81
股东权益(万元)	585462.44	569668.25	530705.56	469374.97
未分配利润(万元)	240377.66	226254.95	200724.84	166781.44
主营收入(万元)	464098.91	342681.50	570651.75	474209.53
资本公积金(万元)	122434.39	122434.39	145029.44	162403.12
主营利润(万元)	157098.16	113068.36	173417.77	164120.03
其他业务利润(万元)	311.00	140.39	383.29	218.67
营业利润(万元)	86056.71	63986.74	87314.24	92314.54
投资收益(万元)	28.73	5.24	17.89	1235.00
补贴收入(万元)				
营业外收支(万元)	-118.29		-425.10	-240.32
利润总额(万元)	85967.15	63970.42	86907.04	93309.22
净利润(万元)	54756.90	38962.72	61323.46	81140.78

十大股东

序号	股东名称	股份性质	持股数(万股)	比例(%)
1	宜宾市国有资产经营有限公司	国家股	97381.44	71.83
2	中国银行-华夏回报证券投资基金	流通股	437.38	0.32
3	宏源证券股份有限公司	流通股	421.29	0.31
4	中国建设银行-博时裕富证券投资基金	流通股	366.06	0.27
5	开元证券投资基金	流通股	312.62	0.23
6	招商证券股份有限公司	流通股	263.82	0.19
7	南方宝元债券型基金	流通股	217.91	0.16
8	东吴证券有限责任公司	流通股	192.27	0.14
9	景业证券投资基金	流通股	171.86	0.13
10	安顺证券投资基金	流通股	150.00	0.11

股东人数	2003.9	2003.6	2002	2001
	124077	116759	113504	93772

近年分配	2001年 10 股派 0.25 元 2001 年中期 10 股派 1 元	近年配股/增发	2002年 10 股增 2 股 2001 年 10 股送 1 股、增 2 股 中期 10 增 3 股

重大事项

2003 年 **5** 月 **17** 日,公司董事会同意通过:公司在 **2001** 年与四川省宜宾五粮液集团进出口有限公司签订《出口商品购销协议》,协议有效期限为三年。自 **2001**、**2002** 年度执行以来,**2003** 年度公司将继续进行出口商品购销交易,年交易额将大于 **3000** 万元,该交易事项构成关联交易,将提交股东大会审议。**2002** 年 **11** 月 **21** 日,公司董事会同意公司与四川省五粮液精美印务有限责任公司共同发起设立"四川省宜宾五粮液酒厂有限公司",该合资公司注册资本 **8000** 万元,公司持股 **99%**,精美公司持股 **1%**;

二〇〇二年以来市场表现

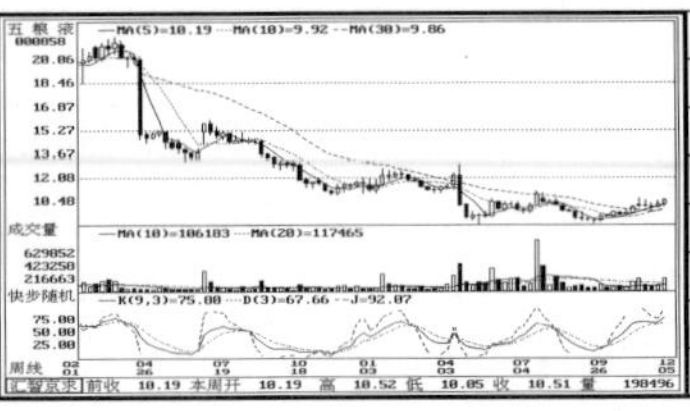

2002年涨跌幅(%)	-28.66
2002年最高(元)	13.87
2002年最低(元)	9.07
2002年换手率(%)	103.29
2003年涨跌幅(%)	5.49
2003年最高(元)	11.10
2003年最低(元)	8.88
2003年换手率(%)	169.82

安徽国风塑业股份有限公司

公司概况

公司名称	安徽国风塑业股份有限公司			股票代码	000859		
注册地址	合肥国家高新技术产业开发区天智路			邮政编码	230001		
法人代表	郑忠勋			董秘	吴亚		
电话	0551-2885333-3166			传真	0551-2888835		
主营业务	塑胶建材及附件、塑料薄膜、其他塑料制品、非金属材料等						
总股本	42048.00	流通 A	18720.00	流通 B		流通 H	
审计单位				审计意见	未审计		

主要财务指标

年度	2003.9	2003.6	2002	2001
每股收益/扣除后(元)	0.0290	0.0160	0.2200	0.2100
每股经营现金流量(元)	1.5800	0.0400	0.3800	0.5400
每股净资产/调整后(元)	2.3700	2.3500	3.7500	3.1600
每股公积金(元)	0.9918	0.9917	2.1867	1.7299
净资产收益率(%)	1.2300	0.6450	5.2800	7.0600
总资产(万元)	195268.64	184727.16	190121.66	163409.00
股东权益(万元)	100098.28	99499.24	98856.89	74792.50
未分配利润(万元)	12588.21	11993.97	11352.32	7366.08
主营收入(万元)	67546.54	45889.92	75904.57	61439.49
资本公积金(万元)	41703.07	41698.27	57465.57	40790.88
主营利润(万元)	6669.71	4522.80	17663.66	14607.48
其他业务利润(万元)	99.38	141.40	80.74	387.92
营业利润(万元)	1390.49	940.88	8573.09	7480.42
投资收益(万元)	-124.77	-83.70	-160.10	155.53
补贴收入(万元)	30.00		380.60	386.10
营业外收支(万元)	136.32		-517.10	118.40
利润总额(万元)	1432.03	898.90	8276.50	8140.49
净利润(万元)	1235.86	641.64	5215.31	5280.11

十大股东

序号	股东名称	股份性质	持股数(万股)	比例(%)
1	安徽国风集团有限公司	国家股	23328.00	55.48
2	上海建国创业投资有限公司	社会公众股	81.01	0.19
3	上海华东实业有限公司	社会公众股	75.99	0.18
4	兴安证券有限责任公司	社会公众股	67.30	0.16
5	银丰证券投资基金	社会公众股	48.32	0.11
6	康官强	社会公众股	34.85	0.08
7	上海华朋贸易中心	社会公众股	32.00	0.08
8	徐群峰	社会公众股	32.00	0.08
9	冯德行	社会公众股	31.68	0.08
10	王书玲	社会公众股	28.86	0.08

股东人数	2003.9	2003.6	2002	2001
	52215	52755	39738	44008

近年分配	2001年10股派2.5元	近年配股/增发	2002年10股转增6股、配3股

重大事项

2003年4月28日公司董事会同意公司拟向控股股东安徽国风集团有限公司转让塑胶型材产品相关资产,资产转让额为42427.94万元. 公司第二大股东兴业证券股份有限公司于2003年01月08共减持其持有的公司股份1996.6146万股.本次减持后,兴业证券仍持有公司股份1股,所持1股系公司2002年配股产生的余股,该余股与公司董事、监事及高级管理人员所配股份同时被予以冻结.

二○○二年以来市场表现

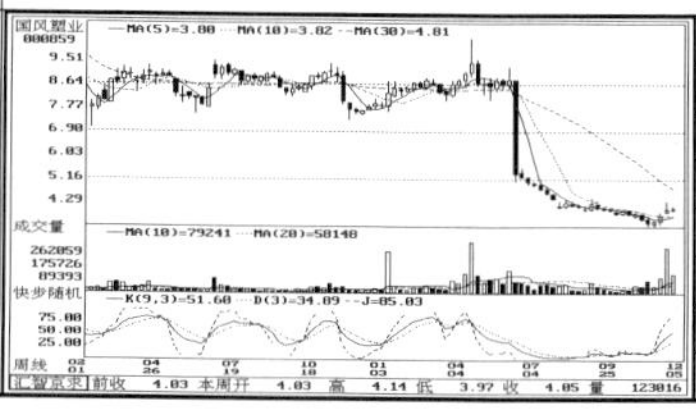

2002年涨跌幅(%)	-15.70
2002年最高(元)	5.76
2002年最低(元)	3.93
2002年换手率(%)	67.51
2003年涨跌幅(%)	-18.42
2003年最高(元)	6.49
2003年最低(元)	3.42
2003年换手率(%)	168.41

北京顺鑫农业股份有限公司

公司概况

公司名称	北京顺鑫农业股份有限公司			股票代码	000860		
注册地址	北京市顺义区站前街南侧			邮政编码	101300		
法人代表	李维昌			董秘	田建国		
电话	010-69420860			传真	010-81499846		
主营业务	粮食作物、经济作物、蔬菜、瓜果、果树种植、加工以及销售等						
总股本	30415.00	流通 A	9094.54	流通 B		流通 H	
审计单位				审计意见	未审计		

主要财务指标

年度	2003.9	2003.6	2002	2001
每股收益/扣除后(元)	0.1960	0.1300	0.2220	0.2310
每股经营现金流量(元)	0.1000	0.0300	0.0400	0.0400
每股净资产/调整后(元)	3.5600	3.4800	3.3500	3.3200
每股公积金(元)	2.0349	2.0349	2.0349	2.0349
净资产收益率(%)	5.2600	3.6500	6.8700	6.9800
总资产(万元)	184674.62	173582.23	161330.70	138579.70
股东权益(万元)	113991.93	112084.91	107993.44	105139.51
未分配利润(万元)	14250.39	12343.37	8251.89	7155.87
主营收入(万元)	97004.59	62200.44	103768.88	77408.16
资本公积金(万元)	61890.36	61890.36	61890.36	61890.36
主营利润(万元)	20325.82	13078.23	23587.59	16002.68
其他业务利润(万元)	97.45	84.25	501.10	1852.75
营业利润(万元)	5395.90	3696.32	5726.88	4973.60
投资收益(万元)	-30.52	-7.01	205.09	285.51
补贴收入(万元)	1456.63	20.00	1829.25	2235.26
营业外收支(万元)	153.73	123.20	183.58	306.09
利润总额(万元)	6975.74	4814.43	7944.80	7800.46
净利润(万元)	5998.50	4091.48	7416.17	7339.94

十大股东

序号	股东名称	股份性质	持股数(万股)	比例(%)
1	北京顺鑫农业发展集团有限公司	发起人国有股	21315.00	70.08
2	银丰证券投资基金	流通股	73.75	0.24
3	交通银行——湘财合丰价值优化型稳定类行业基金	流通股	50.05	0.16
4	袁妙玲	流通股	41.00	0.13
5	池宝强	流通股	21.02	0.07
6	蔡秋英	流通股	16.21	0.05
7	张云	流通股	15.91	0.05
8	华宝信托投资有限责任公司	流通股	14.12	0.05
9	贾建勤	流通股	13.58	0.04
10	普丰证券投资基金	流通股	13.56	0.04

股东人数	2003.9	2003.6	2002	2001
	52269	53501	55425	61953

近年分配	2002年10股派1.5元 2001年10股派1.5元	近年配股/增发	2003年中期拟10配3股

重大事项

鉴于控股股东整体改制,2003年7月18日,公司董事会议审议通过了关于补充修订与控股股东签署的关联交易合同的议案.修订后的《国有土地使用权租赁合同》中约定:公司租用控股股东北京顺鑫农业发展集团有限公司的土地554867平方米,年租赁费用645300元.补充修订的《综合服务合中》中约定;公司每年支付给控股股东综合服务费用2336500元. 2002年11月27日,北京市财政局同意公司控股股东北京市泰丰现代农业发展中心进行整体改制,改制后名称变更为"北京顺鑫农业发展集团有限公司",工商登记手续已办理完毕,企业性质为有限责任公司,注册资本85000万元.

二○○二年以来市场表现

2002年涨跌幅(%)	-25.11
2002年最高(元)	10.35
2002年最低(元)	6.55
2002年换手率(%)	102.83
2003年涨跌幅(%)	-4.75
2003年最高(元)	8.40
2003年最低(元)	6.13
2003年换手率(%)	83.80

茂名永业(集团)股份有限公司

公司概况

公司名称	茂名永业(集团)股份有限公司			股票代码	000861		
注册地址	广东省茂名市环市西路61号			邮政编码	525024		
法人代表	邵建明			董秘	潘尉		
电话	0668-2327411-8093			传真	0668-2326412		
主营业务	生产、销售炭黑、高岭土等产品						
总股本	11125.45	流通A	5466.97	流通B		流通H	
审计单位				审计意见	未审计		

主要财务指标

年度	2003.9	2003.6	2002	2001
每股收益/扣除后(元)	-0.0800	-0.1376	-0.2100	0.1200
每股经营现金流量(元)	0.0200	-0.0200	-0.0750	0.3200
每股净资产/调整后(元)	1.5400	1.4900	1.6300	2.8400
每股公积金(元)	0.7748	0.7748	0.7748	1.6622
净资产收益率(%)	-4.7200	-8.8000	-12.7000	3.7800
总资产(万元)	41366.63	40786.48	43029.04	46514.24
股东权益(万元)	18324.73	17637.42	19190.12	21877.12
未分配利润(万元)	-2585.54	-3272.86	-1720.16	1113.21
主营收入(万元)	14854.57	9266.29	17616.37	16769.70
资本公积金(万元)	8619.94	8619.94	8619.94	12328.42
主营利润(万元)	2565.35	1049.55	3220.15	3821.72
其他业务利润(万元)	249.61	6.35	-1.40	122.10
营业利润(万元)	-470.92	-1316.22	-1857.77	1249.43
投资收益(万元)	0.35		-3.28	2.10
补贴收入(万元)	7.75	7.75	1.80	0.58
营业外收支(万元)	-33.33		-122.16	-51.78
利润总额(万元)	-496.15	-1338.12	-1981.41	1200.33
净利润(万元)	-865.39	-1552.70	-2436.49	826.82

十大股东

序号	股东名称	股份性质	持股数(万股)	比例(%)
1	广东省茂名市财政局	国有股	2928.82	26.33
2	中国石化总公司茂名石油化工公司	法人股	507.00	4.56
3	广东省茂名市信托投资公司	法人股	90.09	0.81
4	广东茂名化学工业总公司	法人股	69.81	0.63
5	科瑞证券投资基金	流通股	67.18	0.60
6	广东茂名兴达发展总公司	法人股	57.53	0.52
7	广东茂名工业开发公司	法人股	52.65	0.47
8	永业公司工会持股会	流通股	52.00	0.47
9	广发证券股份有限公司	流通股	47.35	0.43
10	蔡叶美	流通股	44.45	0.40

股东人数	2003.9	2003.6	2002	2001
	8917	9472	11529	9762

近年分配		近年配股/增发	2001年10股转增5股

重大事项

2003年11月20日,公司收到国务院国有资产监督管理委员会关于国有股转让有关问题的批复,同意将茂名市财政局所持有的公司2928.8184万股国家股全部转让给广州海印实业集团有限公司. 转让后,公司总股本仍为11125.4499万股,其中,广州海印实业集团有限公司持有2928.8184万股,成为第一大股东;茂名市财政局不再持有公司股份. 2001年11月12日,公司董事会同意公司将15000吨/年炭黑生产线停产2-3个月,其他生产线照常生产. 停产期间将减少炭黑产量2500至3500吨,由于炭黑行业竞争激烈,原料价格波动较大,预计临时停产对公司利润影响不大.

二〇〇二年以来市场表现

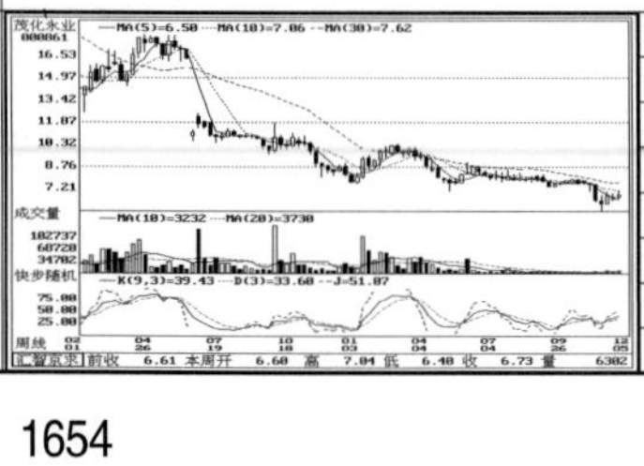

2002年涨跌幅(%)	-21.60
2002年最高(元)	12.47
2002年最低(元)	7.98
2002年换手率(%)	293.07
2003年涨跌幅(%)	-8.98
2003年最高(元)	10.29
2003年最低(元)	5.66
2003年换手率(%)	140.66

吴忠仪表股份有限公司

公司概况

公司名称	吴忠仪表股份有限公司			股票代码	000862		
注册地址	宁夏吴忠市利通区朝阳街67号			邮政编码	751100		
法人代表	赵广生			董秘	刘素娟		
电话	0953-3929060			传真	0953-3929057		
主营业务	工业自动化仪表以及其附件、农用和民用泵阀、其它机电产品等						
总股本	21834.00	流通A	11688.59	流通B		流通H	
审计单位				审计意见	未审计		

主要财务指标

年度	2003.9	2003.6	2002	2001
每股收益/扣除后(元)	0.0633	0.0420	0.0500	0.2100
每股经营现金流量(元)	-0.1560	-0.1670	0.0400	0.0900
每股净资产/调整后(元)	3.4300	3.4106	3.3700	3.3300
每股公积金(元)		21330.0000	21280.0000	21187.0000
净资产收益率(%)	1.5100	1.2220	1.2500	6.2800
总资产(万元)	148144.02	137973.19	139026.09	119492.90
股东权益(万元)	75392.04	75132.80	74104.87	73049.32
未分配利润(万元)	4456.61	4237.64	3319.40	2564.48
主营收入(万元)	16560.64	10062.70	37538.01	24827.70
资本公积金(万元)		46572.99	46463.30	46259.68
主营利润(万元)	6333.23	4109.88	12949.94	10200.95
其他业务利润(万元)	120.96	46.55	179.10	134.51
营业利润(万元)	1063.09	893.86	1857.62	4857.80
投资收益(万元)	286.17	175.22	-237.20	491.66
补贴收入(万元)				4.47
营业外收支(万元)	-42.10		-121.22	-11.77
利润总额(万元)	1307.16	1018.15	1499.20	5342.16
净利润(万元)	1137.21	918.24	925.31	4587.72

十大股东

序号	股东名称	股份性质	持股数(万股)	比例(%)
1	吴忠仪表集团有限公司	国家股	9144.00	41.88
2	广州隆怡投资发展有限公司	法人股	945.00	4.33
3	杨伟	流通股	134.29	0.62
4	机械工业部第十一设计研究院	法人股	45.00	0.21
5	包永琴	流通股	42.96	0.20
6	杜焕伟	流通股	41.00	0.19
7	吴秀芹	流通股	31.80	0.15
8	韩秀萍	流通股	30.74	0.14
9	张霞	流通股	28.34	0.13
10	杨峰	流通股	26.91	0.12

股东人数	2003.9	2003.6	2002	2001
	58313	58684	58102	62940

近年分配	2001年10股派1元	近年配股/增发	不分配不转增

重大事项

2003年8月28日,公司董事会同意将公司合法持有的西北证券有限责任公司3,500万元股权转让给河北宝硕集团有限公司.同日,公司与河北宝硕集团有限公司正式签署了股权转让协议,转让价格为1.05元/股.转让完成后,公司将不再持有西北证券有限责任公司的股权. 2002年11月26日,公司董事会同意与宁夏美利纸业股份有限公司在银行贷款方面相互提供资信担保.2002年11月27日, 双方签署了《相互提供担保协议书》, 互保贷款总额为人民币叁亿元.截止2003年5月27日,公司为美利纸业累计担保数额为27100万元.

二〇〇二年以来市场表现

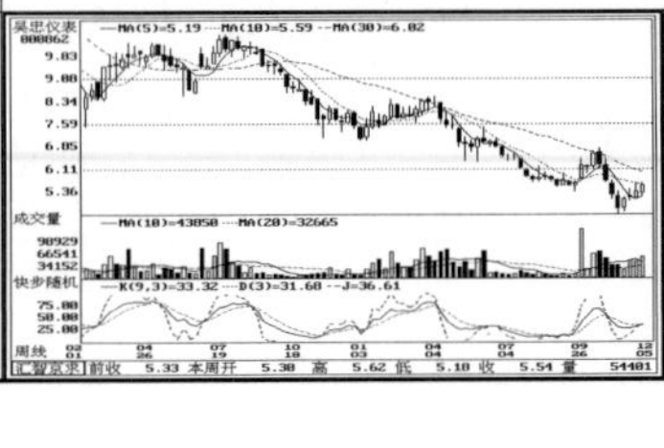

2002年涨跌幅(%)	-23.88
2002年最高(元)	10.57
2002年最低(元)	7.12
2002年换手率(%)	108.32
2003年涨跌幅(%)	-26.99
2003年最高(元)	8.47
2003年最低(元)	4.62
2003年换手率(%)	137.48

深圳和光现代商务股份有限公司

公司概况

公司名称	深圳和光现代商务股份有限公司			股票代码	000863		
注册地址	深圳市福田区滨河路北5022号联合广场B座1002			邮政编码	518033		
法人代表	吴力			董秘	赵明		
电话	0755-82900028			传真	0755-82900046		
主营业务	电子商用技术开发、电子商用设备生产、技术转让、技术咨询等						
总股本	13562.03	流通A	3900.00	流通B		流通H	
审计单位				审计意见	未审计		

主要财务指标

年度	2003.9	2003.6	2002	2001
每股收益/扣除后(元)	0.0100	0.0600	0.1400	0.1600
每股经营现金流量(元)	-0.9400	-0.2110	0.3430	-0.7350
每股净资产/调整后(元)	2.1070	2.0840	1.9800	1.8900
每股公积金(元)	0.4370	0.4370	0.4370	0.4370
净资产收益率(%)	3.4100	2.4500	5.7500	11.2700
总资产(万元)	106798.73	104555.87	97118.47	87527.56
股东权益(万元)	31101.54	30793.42	30039.97	28313.44
未分配利润(万元)	8916.37	8608.24	7854.80	6383.77
主营收入(万元)	56331.37	31282.87	99614.42	82075.67
资本公积金(万元)	5926.78	5926.78	5926.78	5926.78
主营利润(万元)	5832.25	3247.00	9312.27	7344.48
其他业务利润(万元)	256.65	251.91	290.63	343.79
营业利润(万元)	1370.11	920.43	2081.48	2834.22
投资收益(万元)	-21.07	-26.45	-10.43	1209.46
补贴收入(万元)			119.24	56.00
营业外收支(万元)	-13.52	-10.40	-179.39	-25.53
利润总额(万元)	1335.52	883.58	2010.90	4074.15
净利润(万元)	1061.57	753.45	1726.53	3189.23

十大股东

序号	股东名称	股份性质	持股数(万股)	比例(%)
1	沈阳和光集团股份有限公司	法人股	3887.02	28.66
2	沈阳中天电子发展股份有限公司	法人股	2665.39	19.65
3	沈阳贝思宁高科技有限公司	法人股	1066.15	7.86
4	长白计算机集团公司	国有法人股	888.47	6.55
5	海口保税区保顺实业有限公司	法人股	888.47	6.55
6	沈阳市建设投资公司	国有法人股	266.54	1.97
7	李兰军	流通股	24.80	0.18
8	徐红军	流通股	23.93	0.18
9	孙水生	流通股	23.72	0.17
10	荣光凤	流通股	18.04	0.13

股东人数	2003.9	2003.6	2002	2001
	22351	21920	21740	20314

近年分配		近年配股/增发	2001年中期10股配3股

重大事项

公司于2003年11月4日与中国建设银行沈阳铁西支行签署《保证合同》，为公司控股子公司 沈阳和光电子技术有限公司向该行申请的肆佰万元短期贷款提供连带责任担保。 2003年8月28日，公司与中国民生银行总行营业部签署了《综合授信合同》，授予公司最高限额为人民币5,000万元汇票贴现额度，汇票贴现款专项用于支付深圳华为技术有限公司货款，授信期限12个月，公司第一大股东沈阳和光集团股份有限公司为上述《综合融资额度合同》提供连带责任担保。

二〇〇二年以来市场表现

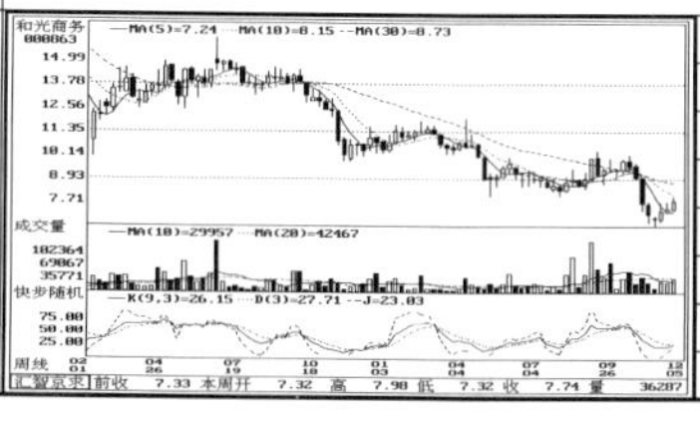

2002年涨跌幅(%)	-26.78
2002年最高(元)	16.20
2002年最低(元)	9.80
2002年换手率(%)	361.63
2003年涨跌幅(%)	-29.45
2003年最高(元)	11.98
2003年最低(元)	6.50
2003年换手率(%)	337.14

中国石化扬子石油化工股份有限公司

公司概况

公司名称	中国石化扬子石油化工股份有限公司			股票代码	000866		
注册地址	南京高新技术产业开发区学府路1号			邮政编码	210061		
法人代表	马志平			董秘	吴鹏鸣		
电话	025-7787735			传真	025-7787755		
主营业务	原油加工、石油制品、化学原料、化学制品、化学化纤、燃料等						
总股本	233000.00	流通A	35000.00	流通B		流通H	
审计单位				审计意见	未审计		

主要财务指标

年度	2003.9	2003.6	2002	2001
每股收益/扣除后(元)	0.4800	0.2300	0.2800	-0.0019
每股经营现金流量(元)	0.9200	0.5000	0.4900	0.4400
每股净资产/调整后(元)	2.9700	2.7800	2.4800	2.1900
每股公积金(元)	0.9238	0.9238	0.9238	0.9231
净资产收益率(%)	16.3300	11.0900	10.7000	0.6700
总资产(万元)	1323559.12	1386237.12	1347350.75	1179010.25
股东权益(万元)	698430.25	657236.25	584349.06	521664.47
未分配利润(万元)	210864.42	169670.42	96783.22	46771.29
主营收入(万元)	1627024.12	1085007.37	1514922.37	1281229.50
资本公积金(万元)	215251.27	215251.27	215251.27	215081.62
主营利润(万元)	176527.30	107559.62	141429.80	53628.91
其他业务利润(万元)	-3035.42	275.22	2355.92	4952.10
营业利润(万元)	108976.01	65130.13	73945.44	5086.80
投资收益(万元)				
补贴收入(万元)				
营业外收支(万元)	-3379.81		-2465.36	-1582.79
利润总额(万元)	105596.20	64190.19	71480.08	3504.01
净利润(万元)	114081.20	72887.21	62514.92	3504.01

十大股东

序号	股东名称	股份性质	持股数(万股)	比例(%)
1	中国石油化工股份有限公司	国有法人股	198000.00	84.98
2	国泰金鹰增长证券投资基金	A股流通股	843.45	0.36
3	易方达平稳增长证券投资基金	A股流通股	586.72	0.25
4	科瑞证券投资基金	A股流通股	564.94	0.24
5	科汇证券投资基金	A股流通股	507.28	0.22
6	南方稳健成长证券投资基金	A股流通股	399.97	0.17
7	普惠证券投资基金	A股流通股	382.43	0.16
8	科讯证券投资基金	A股流通股	300.10	0.13
9	融通新蓝筹证券投资基金	A股流通股	241.92	0.10
10	银华优势企业(平衡型)证券投资基金	A股流通股	241.86	0.10

股东人数	2003.9	2003.6	2002	2001
	78181	106610	124474	153919

近年分配		近年配股/增发	不分配不转增

重大事项

2003年8月13日，公司13套主要化工生产装置7月底通过专家组清洁生产审核，被认定为中国石化集团公司清洁生产示范装置，公司也因此被确定为中国石化集团公司首家清洁生产企业。 2003年8月6日，公司负责管理的热电厂按照有关要求，于近日将新建成的6号发电机组投入运行，且并入华东电网，由此将该厂汽轮机总体装机容量由原来的30万千瓦，提高到36万千瓦；每天的发电负荷由26万千瓦/时提高到32万千瓦/时。

二〇〇二年以来市场表现

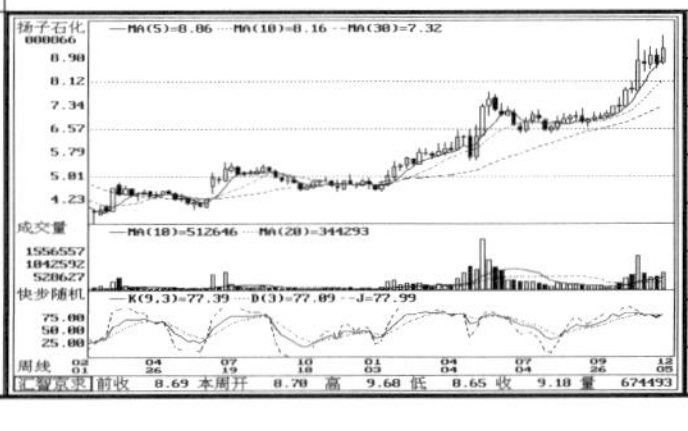

2002年涨跌幅(%)	9.05
2002年最高(元)	5.45
2002年最低(元)	3.39
2002年换手率(%)	154.47
2003年涨跌幅(%)	84.89
2003年最高(元)	9.47
2003年最低(元)	4.48
2003年换手率(%)	530.06

安徽安凯汽车股份有限公司

公司概况

公司名称	安徽安凯汽车股份有限公司			股票代码	000868
注册地址	安徽省合肥市葛淝路 1 号			邮政编码	230051
法人代表	王志远		董秘	王军	
电话	0551-4844712		传真	0551-4844710	
主营业务	客车、客车底盘生产与销售				
总股本	22100.00	流通 A	10140.00	流通 B	流通 H
审计单位			审计意见	未审计	

主要财务指标

年度	2003.9	2003.6	2002	2001
每股收益 / 扣除后(元)	0.0070	0.0100	-0.1020	0.0460
每股经营现金流量(元)	0.6190	0.3930	0.1560	0.5300
每股净资产 / 调整后(元)	2.5800	2.5700	2.6490	2.7000
每股公积金(元)	1.8623	1.8623	1.8614	1.8614
净资产收益率(%)	0.3300	0.2500	-6.4300	1.5600
总资产(万元)	117682.16	95219.01	97109.94	101423.93
股东权益(万元)	62033.23	61982.61	61806.81	65780.53
未分配利润(万元)	-2452.10	-2502.71	-2658.51	1315.21
主营收入(万元)	45789.04	28949.21	48797.34	44589.60
资本公积金(万元)	41156.64	41156.64	41136.64	41136.64
主营利润(万元)	5879.58	3984.96	7317.59	7471.37
其他业务利润(万元)	116.50	42.16	93.73	261.18
营业利润(万元)	239.57	147.16	-2332.97	1136.07
投资收益(万元)	-2.27			
补贴收入(万元)				
营业外收支(万元)	62.85	8.64	-1709.45	2.87
利润总额(万元)	300.15	155.80	-4042.42	1138.94
净利润(万元)	206.42	155.80	-3973.72	1024.20

十大股东

序号	股东名称	股份性质	持股数(万股)	比例(%)
1	安徽安凯汽车集团有限公司	国有股	6214.00	28.12
2	安徽省投资集团有限责任公司	国有股	5746.00	26.00
3	隆元证券投资基金	流通股	189.69	0.86
4	裕泽证券投资基金	流通股	160.03	0.72
5	科瑞证券投资基金	流通股	142.05	0.64
6	嘉实成长收益型证券投资基金	流通股	107.46	0.49
7	南方稳健成长证券投资基金	流通股	64.49	0.29
8	郭克家	流通股	37.46	0.17
9	黄伟荣	流通股	37.46	0.17
10	南方证券有限公司	流通股	36.45	0.16

股东人数	2003.9	2003.6	2002	2001
	36986	37920	40106	42825

近年分配		近年配股 / 增发	不分配不转增

重大事项

2003 年 9 月 16 日,安徽安凯汽车集团有限公司与安徽江淮汽车集团有限公司签订的《股权转让协议》,安凯集团将持有的公司 6214 万股国家股转让给江汽集团.每股转让价格为 2.81 元,转让总价款为人民币 17461.34 万元整.若本协议能够履行,江汽集团将成为公司第一大股东. 2003 年 5 月 22 日,公司第一大股东安徽安凯汽车集团有限公司质押给工行安徽省分行营业部的 5980 万股公司国家股于 2003 年 5 月 19 日在中国证券登记结算公司办理了解除质押冻结手续.

二〇〇二年以来市场表现

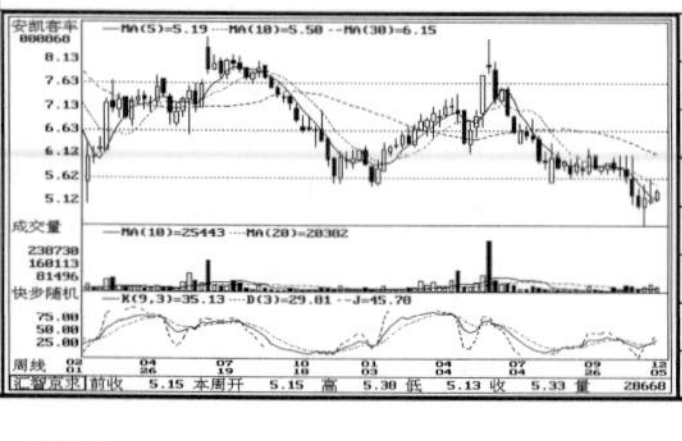

2002年涨跌幅(%)	-23.78
2002年最高(元)	8.63
2002年最低(元)	4.84
2002年换手率(%)	150.25
2003年涨跌幅(%)	-8.20
2003年最高(元)	8.55
2003年最低(元)	4.62
2003年换手率(%)	172.76

烟台张裕葡萄酿酒股份有限公司

公司概况

公司名称	烟台张裕葡萄酿酒股份有限公司				股票代码	000869
注册地址	山东省烟台市大马路 56 号				邮政编码	264001
法人代表	孙利强			董秘	曲为民	
电话	0086-535-6633658			传真	0086-535-6633658	
主营业务	葡萄酒、白兰地、香槟及保健酒的生产和销售					
总股本	31200.00	流通 A	3840.00	流通 B	10560.00	流通 H
审计单位				审计意见	未审计	

主要财务指标

年度	2003.9	2003.6	2002	2001
每股收益 / 扣除后(元)	0.3570	0.2490	0.4400	0.4700
每股经营现金流量(元)	-1.0200	0.8910	0.3500	0.2000
每股净资产 / 调整后(元)	4.8900	4.7800	5.4400	5.2100
每股公积金(元)	2.4760	2.4760	3.1712	3.1712
净资产收益率(%)	7.3900	5.2200	7.8600	13.0000
总资产(万元)	183301.78	183301.78	182987.83	166338.80
股东权益(万元)	152909.11	149398.20	141601.86	135677.81
未分配利润(万元)	32658.26	29147.35	21351.01	17651.77
主营收入(万元)	75170.42	51317.17	92821.90	88598.05
资本公积金(万元)	77250.25	77250.25	82450.25	82450.25
主营利润(万元)	38219.98	26358.45	46641.00	45139.69
其他业务利润(万元)	127.37	52.63	102.55	296.92
营业利润(万元)	17225.48	11587.26	18969.48	18253.14
投资收益(万元)	64.34			
补贴收入(万元)				
营业外收支(万元)	-874.19		-883.34	-468.31
利润总额(万元)	16286.95	11610.75	18086.14	17784.83
净利润(万元)	11307.25	7796.33	11124.06	17165.65

十大股东

序号	股东名称	股份性质	持股数(万股)	比例(%)
1	烟台张裕集团有限公司	国有股	16800.00	53.80
2	FIRST ASIA INVESTMENTS VENTURES LTD.	B股	212.75	0.68
3	XIA YU	B股	205.01	0.66
4	CHEN ZU DE	B股	189.82	0.61
5	CROWNBLE ENTERPPRISES LIMITED	B股	172.56	0.55
6	CBNY S/A PNC/SKANDIA SELECT FUND/CHINA EQUITY AC	B股	142.16	0.55
7	CHEN BAO HUI	B股	147.35	0.47
8	安顺证券投资基金	A股	145.30	0.47
9	上海香港万国证券	B股	144.96	0.46
10	BTFE-NEW ERA PRC FUND	B股	107.42	0.34

股东人数	2003.9	2003.6	2002	2001
	37236	37353	36608	41526

近年分配	2002年 10 股派 2 元 2001 年 10 股派 2.5 元	近年配股 / 增发	2002年 10 股转增 2 股

重大事项

2003 年 8 月 29 日,烟台市国有资产管理局致公司控股股东烟台张裕集团有限公司《关于转让国有产权的函》,决定将其持有该公司的部分国有产权对外转让. 2003 年中期,公司以同期市场平均价格从烟台张裕玻璃制品有限公司购买了交易总额为 1,732 万元的葡萄酒及白兰地等酒瓶,约占同类交易总金额的 75%. 本公司与烟台张裕玻璃制品有限公司的关联关系同受控股股东— 烟台张裕集团有限公司控制.

二〇〇二年以来市场表现

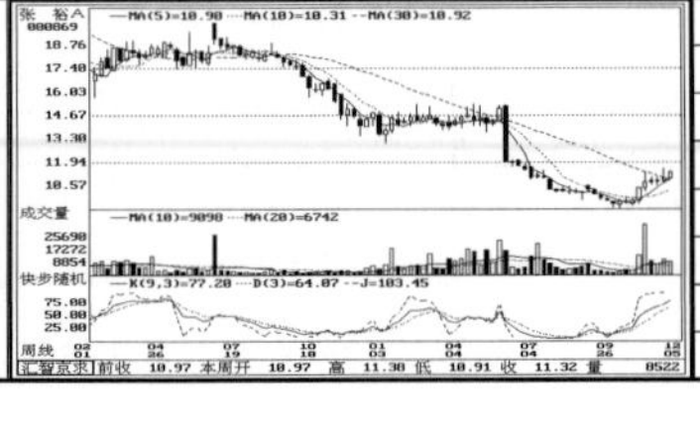

2002年涨跌幅(%)	-20.73
2002年最高(元)	16.61
2002年最低(元)	11.00
2002年换手率(%)	57.75
2003年涨跌幅(%)	-7.74
2003年最高(元)	12.56
2003年最低(元)	9.21
2003年换手率(%)	101.69

吉林电力股份有限公司

公司概况

公司名称	吉林电力股份有限公司	股票代码	000875
注册地址	吉林省长春市工农大路 3088 号	邮政编码	130021
法人代表	徐元祥	董秘	宋新阳
电话	0431-5694410	传真	0431-5601991
主营业务	建设经营电站、地方煤炭、交通项目等		

总股本	63000.00	流通 A	38000.00	流通 B		流通 H	
审计单位				审计意见	未审计		

主要财务指标

年度	2003.9	2003.6	2002	2001
每股收益/扣除后(元)	0.1121	0.0535	0.1633	0.1165
每股经营现金流量(元)	-0.0499	0.0720	0.2141	0.1954
每股净资产/调整后(元)	3.7900	3.7100	3.6800	2.1700
每股公积金(元)	2.4792	2.4792	2.4792	0.9992
净资产收益率(%)	2.9500	1.4300	4.3900	5.3200
总资产(万元)	277967.78	281461.34	279360.00	176393.98
股东权益(万元)	240774.75	237074.70	233676.87	138052.61
未分配利润(万元)	14923.39	11223.35	7825.50	6981.32
主营收入(万元)	81097.09	52897.91	95197.64	83250.24
资本公积金(万元)	156189.52	156189.52	156189.52	62948.12
主营利润(万元)	8211.13	3761.41	11849.14	83250.24
其他业务利润(万元)	37.81	37.77	53.76	10458.41
营业利润(万元)	7029.84	3123.58	10675.14	10802.18
投资收益(万元)	1322.32	881.54	1784.56	1763.09
补贴收入(万元)				
营业外收支(万元)	-1.71		-76.60	8.59
利润总额(万元)	8350.46	3997.46	12838.10	19746.07
净利润(万元)	7097.89	3397.84	10257.86	13127.34

十大股东

序号	股东名称	股份性质	持股数(万股)	比例(%)
1	吉林省能源交通总公司	国有法人股	11800.50	18.73
2	浙江绍兴华宇印染纺织有限公司	流通股	666.00	1.06
3	国元证券有限责任公司	流通股	627.00	1.00
4	吉林省信托投资有限责任公司	发起人法人股	400.00	0.63
5	吉林华能发电公司	发起人法人股	300.00	0.48
6	长春海通物业管理中心	法人股	300.00	0.48
7	裕隆证券投资基金	流通股	269.74	0.43
8	安徽华茂纺织股份有限公司	流通股	214.63	0.35
9	渤海证券有限责任公司	流通股	166.06	0.26
10	景博证券投资基金	流通股	150.00	0.24

股东人数	2003.9	2003.6	2002	2001
	190751	188842	135150	

近年分配	2002年 10 派 1.25 元 2001 年 10 派 0.1 元	近年配股/增发	不分配不转增

重大事项

吉林省能源交通总公司于 2003 年 6 月 9 日将其持有的公司国有法人股 5900.25 万股质押给光大银行长春分行用于贷款,质押期限自 2003 年 6 月 9 日至 2004 年 6 月 8 日. 吉林省能源交通总公司和公司于 2003 年 9 月 5 日签署《股权转让协议》,能交总向公司转让其在吉林吉长热电有限公司、吉林吉长能源有限公司、吉林吉长电力有限公司、吉林吉长热电用水有限公司、吉林吉长热电燃料有限公司、吉林吉长热电除灰有限公司及吉林吉长热电服务有限公司的 19.9%股权。交易价格总计为人民币 26972.74 万元.

二〇〇二年以来市场表现

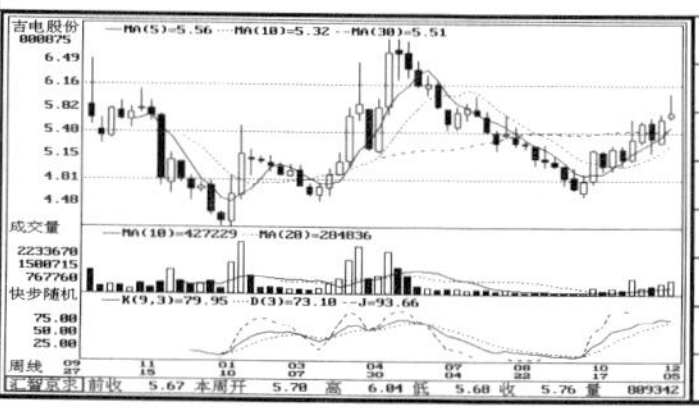

2002年涨跌幅(%)	0.00
2002年最高(元)	6.38
2002年最低(元)	4.07
2002年换手率(%)	217.73
2003年涨跌幅(%)	38.63
2003年最高(元)	6.70
2003年最低(元)	4.01
2003年换手率(%)	723.19

四川新希望农业股份有限公司

公司概况

公司名称	四川新希望农业股份有限公司	股票代码	000876
注册地址	四川省锦阳国家高新技术产业开发区	邮政编码	610016
法人代表	刘永好	董秘	曾勇
电话	028-86666298	传真	028-86673344
主营业务	饲料、原料添加剂、饲料加工机械、农副产品等		

总股本	31529.23	流通 A	10400.00	流通 B		流通 H	
审计单位				审计意见	未审计		

主要财务指标

年度	2003.9	2003.6	2002	2001
每股收益/扣除后(元)	0.3310	0.1950	0.3830	0.4010
每股经营现金流量(元)	0.1730	0.1420	0.4660	0.6400
每股净资产/调整后(元)	3.8500	3.7220	3.5770	5.2790
每股公积金(元)	1.9613	1.9613	1.9613	3.5338
净资产收益率(%)		5.2100	10.5800	8.1800
总资产(万元)	304883.06	286622.78	229225.78	141056.52
股东权益(万元)	125525.72	120938.42	114640.61	103050.14
未分配利润(万元)	25927.54	21340.27	15042.47	10873.84
主营收入(万元)	141541.91	88638.86	114078.98	75379.55
资本公积金(万元)	61837.57	61837.54	61837.54	68564.42
主营利润(万元)	22752.61	13537.99	18137.54	10507.12
其他业务利润(万元)	315.85	218.17	226.05	129.96
营业利润(万元)	5521.36	3049.54	6900.43	4800.09
投资收益(万元)	8397.47	5080.57	6784.29	4177.17
补贴收入(万元)	528.26	134.71	133.86	208.18
营业外收支(万元)	-8.86		-63.78	552.73
利润总额(万元)	14438.23	8323.20	13754.81	9738.17
净利润(万元)	10885.07	6297.81	12132.78	8430.31

十大股东

序号	股东名称	股份性质	持股数(万股)	比例(%)
1	四川新希望集团有限公司	法人股	16903.38	53.61
2	成都美好房屋开发公司	法人股	3089.11	9.80
3	成都大陆希望实业有限公司	法人股	925.49	2.94
4	东方证券有限责任公司	社会公众股	665.51	2.11
5	裕隆证券投资基金	社会公众股	557.20	1.77
6	通乾证券投资基金	社会公众股	528.59	1.68
7	融通新蓝筹证券投资基金	社会公众股	287.50	0.91
8	通宝证券投资基金	社会公众股	285.14	0.90
9	兴业证券股份有限公司	社会公众股	278.33	0.88
10	景博证券投资基金	社会公众股	138.87	0.44

股东人数	2003.9	2003.6	2002	2001
	19727	19739	25158	22418

近年分配	2002年中期 10 股派 0.25 元 2001 年 10 派 0.4 元 中期 10 派 2 元	近年配股/增发	2002年中期 10 股送 1 股、增 2 股 2001 年 10 股送 1 股、增 1 股

重大事项

2003 年 02 月 12 日,公司持有的中国民生银行法人股 206,339,900 股份作为公司对新希望投资有限公司的出资,已于 2003 年 1 月 29 日办理了过户登记手续. 2003 年 1 月 8 日,本公司与四川新希望集团公司(以下简称"新希望集团")在四川省成都市签订了共同出资设立新希望投资有限公司协议.由于新希望集团是本公司的控股股东, 本公司和新希望集团的法定代表人为同一人,该行为构成了关联交易.

二〇〇二年以来市场表现

2002年涨跌幅(%)	-16.95
2002年最高(元)	10.64
2002年最低(元)	7.22
2002年换手率(%)	105.08
2003年涨跌幅(%)	3.02
2003年最高(元)	11.31
2003年最低(元)	7.31
2003年换手率(%)	147.62

新疆天山水泥股份有限公司

公司概况

公司名称	新疆天山水泥股份有限公司	股票代码	000877
注册地址	乌鲁木齐市仓房沟东路 55 号附 1 号	邮政编码	830001
法人代表	张丽荣	董秘	周林英
电话	0991-366418	传真	0991-3663534
主营业务	水泥及相关产品的开发、生产、销售和技术服务		
总股本	17335.20	流通 A	7800.00
流通 B		流通 H	
审计单位		审计意见	未审计

主要财务指标

年度	2003.9	2003.6	2002	2001
每股收益 / 扣除后(元)	0.6000	0.1610	0.5982	0.5597
每股经营现金流量(元)	0.0900	-0.0500	1.2800	1.0200
每股净资产 / 调整后(元)	5.1819	4.7800	4.6560	4.1725
每股公积金(元)	2.2878	2.2878	2.2878	2.3024
净资产收益率(%)	11.6200	3.5900	12.4800	12.7900
总资产(万元)	413762.50	403399.78	276758.66	200795.11
股东权益(万元)	92516.45	84809.55	81761.47	73548.38
未分配利润(万元)	25374.01	17668.60	15750.10	10503.89
主营收入(万元)	112584.17	56733.56	88607.67	70761.97
资本公积金(万元)	39659.10	39659.10	39659.10	39912.60
主营利润(万元)	34335.50	16773.10	29118.71	24349.15
其他业务利润(万元)	203.28	101.93	-39.76	-55.78
营业利润(万元)	8127.88	869.59	7507.16	9620.74
投资收益(万元)	1141.59	790.95	486.09	1515.75
补贴收入(万元)	7071.39	3811.71	6780.07	2808.22
营业外收支(万元)	-218.19	-169.32	-170.74	-292.70
利润总额(万元)	16122.68	5302.93	14602.59	13652.01
净利润(万元)	10754.99	3048.08	10200.01	9409.63

十大股东

序号	股东名称	股份性质	持股数(万股)	比例(%)
1	新疆屯河投资股份有限公司	国有法人股	5100.00	29.42
2	新疆天山建材(集团)有限责任公司	国有法人股	3482.40	20.09
3	新疆石油管理局	国有法人股	360.00	2.08
4	新疆对外贸易(集团)有限责任公司	国有法人股	180.00	1.04
5	新疆金融租赁有限公司	法人股	180.00	1.04
6	金鑫证券投资基金	流通股	171.33	0.98
7	中国建筑材料西北公司	国有法人股	120.00	0.69
8	新疆天山水泥制品有限责任公司	国有法人股	112.80	0.65
9	安秀海	流通股	34.87	0.20
10	王萌霞	流通股	26.97	0.15

股东人数	2003.9	2003.6	2002	2001
	23968	23146	23755	23706

近年分配	近年配股 / 增发
2002年 10 股派 1 元 2001 年中期 10 股派 2 元	2001年中期 10 股送 2 股

重大事项

2003 年 6 月 17 日,公司董事会决议公司与新疆啤酒花股份有限公司建立银行等额互保,双方互为担保的总额最高为人民币 5000 万元,期限为一年,据此,公司为其在银行一年期 2000 万元的流动资金贷款进行担保,该笔贷款期限自 2003 年 6 月 17 日至 2004 年 6 月 16 日止. 2003 年 8 月 7 日,新疆天山建材有限责任公司将所持有的公司 5100 万股国有法人股过户给新疆屯河投资股份有限公司. 股权过户后,新疆屯河投资股份有限公司持有公司股份 5100 万股,,股份性质为国有法人股,为公司第一大股东.新疆天山建材有限责任公司持有公司股份 3482.4 万股,股份性质为国有法人股,为公司第二大股东.

二〇〇二年以来市场表现

2002年涨跌幅(%)	-22.04
2002年最高(元)	16.00
2002年最低(元)	11.13
2002年换手率(%)	90.87
2003年涨跌幅(%)	-3.85
2003年最高(元)	13.58
2003年最低(元)	8.80
2003年换手率(%)	181.76

云南铜业股份有限公司

公司概况

公司名称	云南铜业股份有限公司	股票代码	000878
注册地址	云南昆明市国家高新技术产业开发区	邮政编码	650051
法人代表	邹韶禄	董秘	管弘
电话	0871-3126709	传真	0871-3138100
主营业务	有色金属、贵金属的生产、加工、销售等		
总股本	79868.88	流通 A	28072.28
流通 B		流通 H	
审计单位		审计意见	未审计

主要财务指标

年度	2003.9	2003.6	2002	2001
每股收益 / 扣除后(元)	0.0555	0.0350	0.0700	0.1000
每股经营现金流量(元)	0.2270	0.5730	-0.3400	1.0100
每股净资产 / 调整后(元)	2.2900	2.2500	2.2200	2.2200
每股公积金(元)	1.1211	1.1142	1.1142	1.1142
净资产收益率(%)	2.3000	1.5300	2.6200	4.6800
总资产(万元)	524453.50	457758.31	429322.94	404728.91
股东权益(万元)	182662.94	180630.23	177858.55	177765.55
未分配利润(万元)	5203.63	3720.94	949.25	1497.25
主营收入(万元)	255387.00	134741.92	300282.16	287246.41
资本公积金(万元)	89541.19	88991.19	88991.19	88987.11
主营利润(万元)	21417.80	12987.00	26185.44	21788.37
其他业务利润(万元)	39.00	41.01	200.41	20.51
营业利润(万元)	5488.31	3437.77	6412.21	7784.84
投资收益(万元)	-83.25	-8.81	-21.34	6.00
补贴收入(万元)			0.85	
营业外收支(万元)	-93.05		-978.34	262.09
利润总额(万元)	5312.02	3390.04	5571.33	8325.01
净利润(万元)	4254.38	2771.69	4662.91	8325.01

十大股东

序号	股东名称	股份性质	持股数(万股)	比例(%)
1	云南铜业(集团)有限公司	国有法人股	51788.88	64.84
2	上海市职工保障互助会	社会公众股	104.19	0.13
3	岳治金	社会公众股	80.00	0.10
4	兴和证券投资基金	社会公众股	67.99	0.09
5	普丰证券投资基金	社会公众股	67.17	0.08
6	刘欣豪	社会公众股	50.00	0.06
7	李伟娜	社会公众股	30.00	0.04
8	李宪	社会公众股	29.00	0.04
9	高凤贤	社会公众股	25.67	0.03
10	章紫娟	社会公众股	22.86	0.03

股东人数	2003.9	2003.6	2002	2001
	140253	142878	148338	159894

近年分配	近年配股 / 增发
2002年 10 股派 0.5 元 2001 年 10 股派 1 元	不分配不转增

重大事项

2002 年 12 月 27 日,公司目前接到国家经贸委、国家发展计划委员会、财政部联合下发的通知,公司"铜电解节能降耗改造"项目获得国债资金 1800 万元的支持. 2002 年 6 月 27 日,公司募集资金项目火法系统技术改造的主体工程艾萨炉于 2002 年 5 月初完工并进行了点火试车,试车取得成功,现转入试生产阶段. 它的建成和投产将使公司的电力消耗大大降低,同时环境水平也将得到较大改善,项目达产达标后,公司的粗铜年生产能力将提高到 12.5 万吨,硫酸年产量达到 40 万吨.

二〇〇二年以来市场表现

2002年涨跌幅(%)	-24.91
2002年最高(元)	6.57
2002年最低(元)	3.75
2002年换手率(%)	98.70
2003年涨跌幅(%)	11.83
2003年最高(元)	5.45
2003年最低(元)	4.13
2003年换手率(%)	85.85

山东巨力股份有限公司

公司概况

公司名称	山东巨力股份有限公司	股票代码	000880
注册地址	山东省潍坊市长松路69号	邮政编码	261021
法人代表	张卫东	董秘	郭勇
电话	0536-8555878-8979	传真	0536-8557207
主营业务	农用三轮运输车及配件、农用四轮运输车及配件、汽车配件等		
审计单位		审计意见	未审计

总股本	流通A	流通B	流通H
27610.05	13213.50		

主要财务指标

年度	2003.9	2003.6	2002	2001
每股收益/扣除后(元)	0.0056	0.0020	0.1500	0.1800
每股经营现金流量(元)	-0.2790	-0.4860	0.6000	0.7500
每股净资产/调整后(元)	2.1350	2.1300	2.4700	2.3200
每股公积金(元)	1.0165	1.0165	1.0165	1.0165
净资产收益率(%)	0.2600	0.0800	6.1600	7.9000
总资产(万元)	113182.39	105532.71	111688.13	114374.64
股东权益(万元)	58959.38	58853.04	68418.35	64201.73
未分配利润(万元)	202.11	95.77	8226.29	4642.18
主营收入(万元)	118583.58	77958.39	185643.42	166071.17
资本公积金(万元)	28066.25	28066.25	28066.25	28066.25
主营利润(万元)	7395.66	4505.73	13772.74	13980.63
其他业务利润(万元)	-21.88	-7.08	173.73	266.98
营业利润(万元)	216.60	106.31	6399.55	5548.21
投资收益(万元)	18.72	-24.11	15.06	306.87
补贴收入(万元)				
营业外收支(万元)	0.81		-34.35	-115.36
利润总额(万元)	236.13	80.02	6380.26	5739.72
净利润(万元)	154.86	48.52	4216.62	5071.76

十大股东

序号	股东名称	股份性质	持股数(万股)	比例(%)
1	潍坊巨力机械总厂	法人股	8314.95	30.12
2	北京盛邦投资有限公司	法人股	4200.00	15.21
3	潍坊市潍城区国有资产管理局	国有股	1881.60	6.82
4	戴令军	流通股	217.51	0.79
5	卢焕章	流通股	46.19	0.17
6	重庆三峡水利电力集团电力工业设备安装公司	流通股	36.22	0.13
7	杨润霖	流通股	27.23	0.10
8	袁涵	流通股	26.00	0.09
9	高如祥	流通股	25.78	0.09
10	马凤珍	流通股	25.00	0.09

股东人数	2003.9	2003.6	2002	2001
	55506	56192	55917	62993

近年分配	2001年10股派3元	近年配股/增发	不分配不转增

重大事项

2003年11月19日,公司大股东北京盛邦投资有限公司将持有的公司法人股3100万股质押给上海浦东发展银行广州分行,贷款期限为十二个月,自2003年9月30日起至2004年9月29日止;2850万股质押给华夏银行北京万柳支行,贷款期限为一年,自2003年10月30日始至2004年10月29日止.上述冻结期满之日股份自动解冻. 2003年8月02日,公司接公司股东北京盛邦投资有限公司的通知,公司原第一大股东潍坊巨力机械总厂所持有的公司3800万股被司法划拨给北京盛邦;本次划拨已于2003年7月28日过户.过户完成后,北京盛邦持有山东巨力的法人股达到8000万股,成为山东巨力的第一大股东;巨力总厂持有山东巨力4514.95万股,成为第二大股东.

二〇〇二年以来市场表现

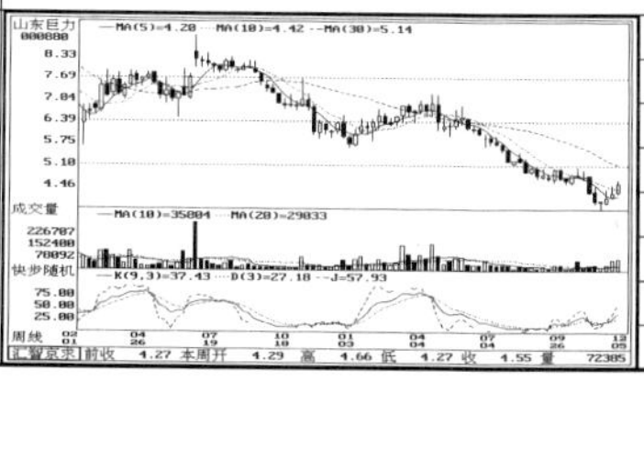

2002年涨跌幅(%)	-18.05
2002年最高(元)	8.68
2002年最低(元)	5.32
2002年换手率(%)	184.55
2003年涨跌幅(%)	-25.35
2003年最高(元)	7.20
2003年最低(元)	3.81
2003年换手率(%)	165.63

大连国际合作(集团)股份有限公司

公司概况

公司名称	大连国际合作(集团)股份有限公司	股票代码	000881
注册地址	大连市西岗区黄河路219号	邮政编码	116011
法人代表	朱明义	董秘	李枫
电话	0411-3780066	传真	0411-3780186
主营业务	国际工程承包、远洋运输、远洋捕鱼等		
审计单位		审计意见	未审计

总股本	流通A	流通B	流通H
30391.84	15758.80		

主要财务指标

年度	2003.9	2003.6	2002	2001
每股收益/扣除后(元)	0.0360	0.0270	0.0800	0.1590
每股经营现金流量(元)	-0.3900	-0.1100	-0.2200	0.2800
每股净资产/调整后(元)	2.2300	2.2200	2.1400	2.0700
每股公积金(元)	0.8206	0.8206	0.8206	0.8206
净资产收益率(%)	1.5600	1.1800	3.7600	7.3600
总资产(万元)	256801.59	229473.44	182796.44	160692.91
股东权益(万元)	71078.54	70835.72	70161.35	67467.09
未分配利润(万元)	6679.52	6404.34	5569.32	3457.70
主营收入(万元)	64295.41	41055.54	96712.00	108467.54
资本公积金(万元)	25351.29	25351.29	25351.29	25351.29
主营利润(万元)	12075.11	7426.76	14903.35	18897.47
其他业务利润(万元)				
营业利润(万元)	212.37	-10.29	2703.29	6155.90
投资收益(万元)	-77.30	-45.85	-25.36	-115.79
补贴收入(万元)	46.29	46.29	448.27	94.39
营业外收支(万元)	-56.60		26.62	6.75
利润总额(万元)	124.76	-70.97	3152.83	6141.25
净利润(万元)	1110.20	835.02	2639.52	4965.53

十大股东

序号	股东名称	股份性质	持股数(万股)	比例(%)
1	中国大连国际经济技术合作集团有限公司	国家股	8064.00	26.10
2	大连瀚盛投资有限公司	法人股	1152.00	3.73
3	大连俪友投资有限公司	法人股	1045.44	3.38
4	大连铁道有限责任公司	法人股	864.00	2.80
5	大连万益股份有限公司	法人股	576.00	1.86
6	大连市总工会劳动服务公司	法人股	576.00	1.86
7	上海邦联创业投资有限公司	法人股	528.00	1.71
8	大化集团有限责任公司	法人股	288.00	0.93
9	大连机床集团有限责任公司	法人股	288.00	0.93
10	大连民航翔达实业总公司	法人股	288.00	0.93

股东人数	2003.9	2003.6	2002	2001
	67235	68148	71804	78517

近年分配	2001年10股派0.5元	近年配股/增发	不分配不转增

重大事项

2003年5月6日,国家药监局同意公司控股子公司北京凯因生物技术有限公司生产重组人干扰素a-2b注射液治疗用生物制品.现该公司已开始生产该制品.公司目前暂时难以判断其生产对公司业绩的影响. 2003年1月24日,公司董事会同意公司和公司控股子公司大连泰达房地产开发有限公司共支付不超过25000万元的资金购买北京金时代置业有限公司的全部股权及相关资产.

二〇〇二年以来市场表现

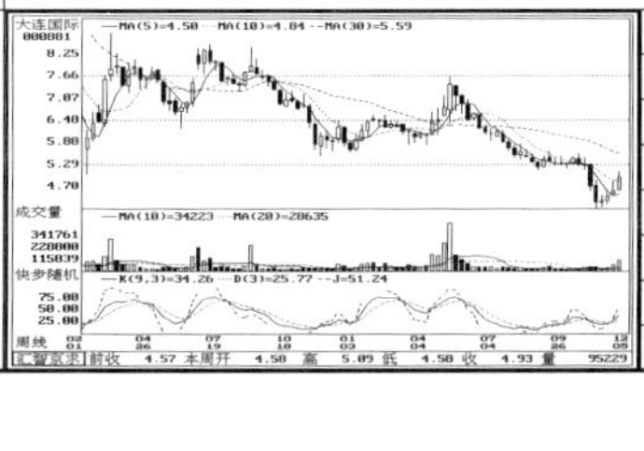

2002年涨跌幅(%)	-22.52
2002年最高(元)	8.79
2002年最低(元)	4.85
2002年换手率(%)	174.82
2003年涨跌幅(%)	-19.96
2003年最高(元)	7.60
2003年最低(元)	4.11
2003年换手率(%)	163.60

北京华联商厦股份有限公司

公司概况

公司名称	北京华联商厦股份有限公司			股票代码	000882		
注册地址	北京市海淀区复兴路46号			邮政编码	100029		
法人代表	徐勇			董秘	李翠芳		
电话	010-68341188-6301			传真	010-68365030		
主营业务	高新技术产品的开发、研制、房地产开发与经营等						
总股本	24920.00	流通A	6300.00	流通B		流通H	
审计单位				审计意见	未审计		

主要财务指标

年度	2003.9	2003.6	2002	2001
每股收益/扣除后(元)	-0.0700	-0.0740	-0.0100	0.0800
每股经营现金流量(元)	-0.8300	0.0830	0.7100	-0.2600
每股净资产/调整后(元)	1.8100	1.8100	1.8100	1.8700
每股公积金(元)	0.5700	0.5700	0.5700	0.5658
净资产收益率(%)	-0.2500	-1.4800	1.8500	7.6000
总资产(万元)	141783.80	134533.22	120550.29	60717.30
股东权益(万元)	47681.89	47119.33	47817.14	46827.16
未分配利润(万元)	5647.25	5084.69	5782.50	5041.35
主营收入(万元)	85653.97	51153.97	65685.36	19280.46
资本公积金(万元)	14204.22	14204.22	14204.22	14100.44
主营利润(万元)	12171.32	8599.53	8428.93	2733.32
其他业务利润(万元)	5900.85	3203.21	5966.31	245.55
营业利润(万元)	-2489.00	-946.64	-1974.90	187.48
投资收益(万元)	2105.38	147.46	1877.65	2028.99
补贴收入(万元)	28.56	28.56	46.50	
营业外收支(万元)	107.27		486.03	1706.90
利润总额(万元)	-247.80	-685.86	435.27	3923.37
净利润(万元)	-119.19	-697.81	886.20	3558.65

十大股东

序号	股东名称	股份性质	持股数(万股)	比例(%)
1	北京中商华通科贸有限公司	国有股、法人股	7247.20	29.08
2	北京世纪国光科贸有限公司	法人股	5896.00	23.66
3	浙江省商业集团公司	国有股	5476.80	21.98
4	华夏证券有限公司	已上市流通股	345.20	1.39
5	上海杨浦工贸总公司浦东分公司	已上市流通股	25.00	0.10
6	曾扬	已上市流通股	20.50	0.08
7	李彦芬	已上市流通股	19.12	0.08
8	卿凌云	已上市流通股	16.15	0.06
9	田仁辉	已上市流通股	14.27	0.06
10	刘朝兵	已上市流通股	12.60	0.05

股东人数	2003.9	2003.6	2002	2001
	18033	18811	18916	20631

近年分配	2001年10股派0.5元	近年配股/增发	不分配不转增

重大事项

2003年10月11日,公司控股子公司呼和浩特华联商厦有限公司与呼和浩特市商业银行签署《保证借款合同》,获得流动资金借款5300万元,期限一年,自2003年8月18日起至2004年8月18日止.2002年6月29日,公司第三大股东浙江省商业集团公司与北京华联集团投资控股有限公司签署《股份转让协议》,将所持公司54768000股国有法人股协议转让给北京华联集团的事项已经获得国务院国有资产监督管理委员会的批准.

二〇〇二年以来市场表现

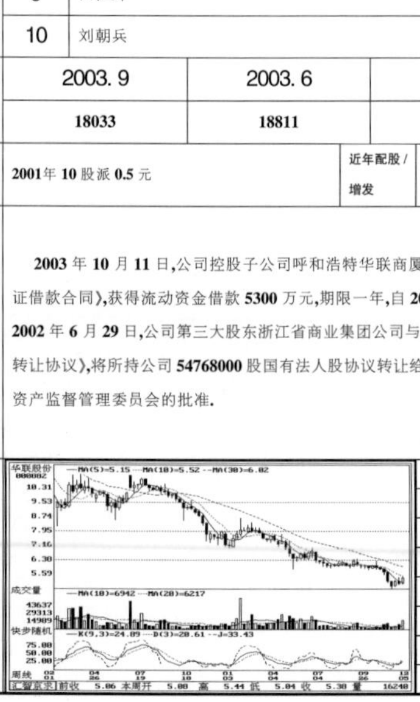

2002年涨跌幅(%)	-34.20
2002年最高(元)	11.05
2002年最低(元)	7.00
2002年换手率(%)	103.18
2003年涨跌幅(%)	-31.16
2003年最高(元)	8.64
2003年最低(元)	4.80
2003年换手率(%)	84.13

湖北三环股份有限公司

公司概况

公司名称	湖北三环股份有限公司			股票代码	000883		
注册地址	湖北省武汉市武昌武珞路356号			邮政编码	430070		
法人代表	舒健			董秘	何一心		
电话	027-87273368			传真	027-87271902		
主营业务	内燃机进排气门、气门座圈、汽车前桥及汽车配件制造销售						
总股本	28538.77	流通A	12765.60	流通B		流通H	
审计单位				审计意见	未审计		

主要财务指标

年度	2003.9	2003.6	2002	2001
每股收益/扣除后(元)	0.0780	0.0720	0.1400	0.1800
每股经营现金流量(元)	0.3960	0.7290	0.5400	-0.3300
每股净资产/调整后(元)	2.8900	2.9600	3.1200	3.0500
每股公积金(元)	0.8494	0.8493	1.0334	1.0329
净资产收益率(%)	2.4600	2.3900	3.8000	6.0400
总资产(万元)	200671.62	202550.87	167456.50	141918.94
股东权益(万元)	85264.05	85200.47	83140.95	79968.38
未分配利润(万元)	19861.06	19802.48	17762.97	15235.50
主营收入(万元)	101423.77	71174.94	186027.84	149797.08
资本公积金(万元)	24241.96	24236.96	26811.39	26798.15
主营利润(万元)	13622.67	9123.38	21369.95	13806.51
其他业务利润(万元)	252.18	187.18	578.22	363.29
营业利润(万元)	2614.50	2427.00	5583.51	5799.39
投资收益(万元)	0.22		-7.95	0.53
补贴收入(万元)			100.00	100.00
营业外收支(万元)	-146.37		-707.83	-154.19
利润总额(万元)	2468.34	2399.43	4967.73	5745.73
净利润(万元)	2098.09	2039.52	3159.33	4828.01

十大股东

序号	股东名称	股份性质	持股数(万股)	比例(%)
1	三环集团公司	法人股	12566.77	44.03
2	武汉钢铁(集团)公司	法人股	650.51	2.28
3	东风汽车公司	法人股	585.64	2.05
4	十堰市财务开发总公司	法人股	341.22	1.20
5	裕隆证券投资基金	流通股	316.24	1.11
6	麻城市地方投资(控股)公司	法人股	315.38	1.11
7	湖北美尔雅纺织服装实业(集团)公司	法人股	271.52	0.95
8	襄阳汽车轴承股份有限公司	法人股	159.72	0.56
9	武汉太光通讯设备有限公司	法人股	159.72	0.56
10	兴业证券投资基金	流通股	149.31	0.52

股东人数	2003.9	2003.6	2002	2001
	40756	39331	40352	40352

近年分配		近年配股/增发	2002年10股转增1股 2001年10股送1股

重大事项

公司于2002年12月25日刊登部分国有法人股被质押公告:公司第一大股东三环集团公司将其持有的公司国有法人股股份300万股质押给招商银行黄石支行,占公司总股本的1.16%. 2002年7月9日,公司第一大股东三环集团公司将其持有的本公司的国家股股份860万股质押给中国银行谷城县支行,上述质押已于2002年7月5日办理了质押登记手续.至目前为止,公司第一大股东三环集团公司累计将其持有的本公司的国家股股份3026万股对外质押.

二〇〇二年以来市场表现

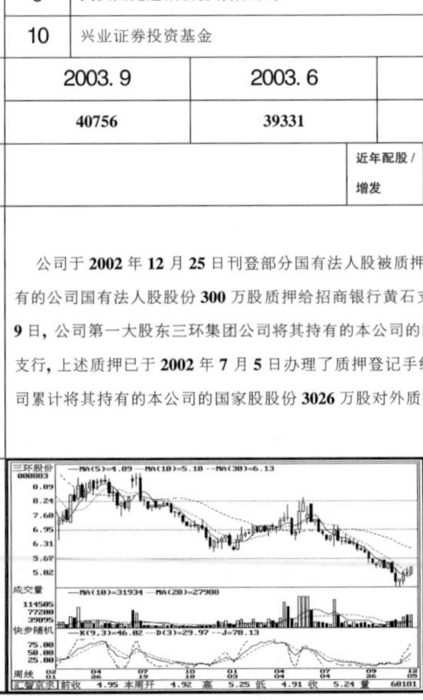

2002年涨跌幅(%)	-23.13
2002年最高(元)	7.88
2002年最低(元)	5.21
2002年换手率(%)	88.16
2003年涨跌幅(%)	-10.81
2003年最高(元)	8.10
2003年最低(元)	4.38
2003年换手率(%)	151.00

海南高速公路股份有限公司

公司概况

公司名称	海南高速公路股份有限公司	股票代码	000886
注册地址	海南省海口市蓝天路16号高速公路大楼	邮政编码	570203
法人代表	邢福煌	董秘	陈求仲
电话	0898-66768394	传真	0898-66790647
主营业务	高等级公路勘测设计、施工、建设、收费、养护及管理服务等		

总股本	98882.83	流通 A	24781.24	流通 B		流通 H	
审计单位				审计意见	未审计		

主要财务指标

年度	2003.9	2003.6	2002	2001
每股收益/扣除后(元)	-0.0035	0.0140	0.0100	0.0780
每股经营现金流量(元)	0.0180	0.0070	0.0730	0.1170
每股净资产/调整后(元)	1.9800	1.9600	2.1800	2.4800
每股公积金(元)	0.9537	0.9537	0.9537	0.9537
净资产收益率(%)	0.3100	0.3200	0.9800	0.9100
总资产(万元)	559901.31	565243.75	544456.00	583964.44
股东权益(万元)	232472.62	233550.37	234273.27	263051.62
未分配利润(万元)	17103.29	17239.47	16484.20	35022.50
主营收入(万元)	14333.48	9574.69	37964.49	35148.27
资本公积金(万元)	94308.29	94308.29	94308.29	94308.29
主营利润(万元)	8080.11	5816.35	11897.71	18120.16
其他业务利润(万元)	610.10	474.01	130.69	509.59
营业利润(万元)	-284.02	31.02	2021.41	8528.42
投资收益(万元)	-941.61	-320.57	-1832.50	-3168.54
补贴收入(万元)			806.00	
营业外收支(万元)	62.56	89.60	-0.43	-370.65
利润总额(万元)	-1163.06	-199.95	994.49	4989.22
净利润(万元)	720.18	755.27	2306.31	6218.62

十大股东

序号	股东名称	股份性质	持股数(万股)	比例(%)
1	海南金城国有资产经营管理有限责任公司	国家股	23352.12	23.62
2	中国信达资产管理公司	发起人境内法人股	5400.00	5.46
3	中国银行海南省分行	发起人境内法人股	4968.00	5.02
4	海南华控实业投资有限公司	境内法人股	1116.20	1.13
5	山东远东国际贸易公司	境内法人股	858.80	0.87
6	上海英博企业发展有限公司	境内法人股	644.60	0.65
7	上海华中实业(集团)有限公司	境内法人股	500.00	0.51
8	洛阳亚太投资有限公司	境内法人股	485.31	0.49
9	海南省交通服务公司	境内法人股	450.00	0.46
10	海南达四方实业有限公司	境内法人股	450.00	0.46

股东人数	2003.9	2003.6	2002	2001
	125414	127752	129298	137353

近年分配		近年配股/增发	不分配不转增

重大事项

公司于2003年1月7日与中国光大银行海口支行签署3亿元人民币《借款合同》,自2003年1月7日起至2009年1月7日止。 2002年11月22日,现海南金城国有资产经营管理有限责任公司成为公司的第一大股东,持有公司发起人国家股233521200股.海南省交通厅不再持有我公司的股份.

二〇〇二年以来市场表现

2002年涨跌幅(%)	-23.76
2002年最高(元)	6.79
2002年最低(元)	4.00
2002年换手率(%)	84.24
2003年涨跌幅(%)	-4.33
2003年最高(元)	5.53
2003年最低(元)	3.87
2003年换手率(%)	66.50

安徽飞彩车辆股份有限公司

公司概况

公司名称	安徽飞彩车辆股份有限公司	股票代码	000887
注册地址	安徽省宣州市宣南路口	邮政编码	242000
法人代表	洪理芳	董秘	彭斌
电话	0563-2612568	传真	0563-2612568
主营业务	农用机动运输车、链条、汽车覆盖件以及其配件制造、销售等		

总股本	30100.00	流通 A	9100.00	流通 B		流通 H	
审计单位				审计意见	未审计		

主要财务指标

年度	2003.9	2003.6	2002	2001
每股收益/扣除后(元)	0.0379	0.0283	0.0532	0.0961
每股经营现金流量(元)	-0.1960	-0.6440	0.6208	0.3669
每股净资产/调整后(元)	2.5337	2.5207	2.5300	2.5200
每股公积金(元)	1.2067	1.2067	1.2067	1.2065
净资产收益率(%)	1.7200	1.2700	2.2600	4.4000
总资产(万元)	198025.42	184573.95	185420.16	161563.77
股东权益(万元)	78356.44	78003.01	77011.38	76764.36
未分配利润(万元)		7559.52	6567.89	6700.64
主营收入(万元)	58933.74	42233.41	84169.40	85817.61
资本公积金(万元)		36322.66	36322.66	36314.94
主营利润(万元)	6677.67	5016.85	10317.80	10635.82
其他业务利润(万元)	333.57	165.48	308.91	619.26
营业利润(万元)	1809.95	1377.33	2807.04	3995.51
投资收益(万元)	4.03	1.24	-6.06	407.62
补贴收入(万元)			4.09	11.10
营业外收支(万元)	204.28		209.96	153.95
利润总额(万元)	2018.26	1515.80	3015.02	4568.18
净利润(万元)	1345.06	991.63	1744.30	3378.47

十大股东

序号	股东名称	股份性质	持股数(万股)	比例(%)
1	安徽飞彩(集团)有限公司	国有股	21000.00	69.77
2	赵寿金	流通股	35.65	0.12
3	黄元英	流通股	34.30	0.11
4	方澄江	流通股	29.04	0.10
5	王勇	流通股	20.69	0.07
6	陈婕施	流通股	19.30	0.06
7	吉林高新技术产业开发区风险投资有限公司	流通股	18.51	0.06
8	李华	流通股	17.00	0.06
9	龚巍	流通股	15.71	0.05
10	付文沛	流通股	14.00	0.05

股东人数	2003.9	2003.6	2002	2001
	40627	41155	42710	43824

近年分配	2002年10股派0.5元 2001年10股派0.5元	近年配股/增发	不分配不转增

重大事项

2003年1月7日,公司建设的"年产5万辆四轮农用运输车技术改造项目"于2002年12月31日通过了安徽省经贸委组织的竣工验收.该项目总投资24500万元,建设期2年,现已全面完成,竣工决算固定资产投资为20221万元,现已进入正常生产. 2002年5月23日,公司股东安徽飞彩(集团)有限公司将其持有的本公司国有股6300万股,质押给上海浦东发展银行芜湖支行,将其持有的本公司国有股4200万股,质押给中国工商银行宣城分行营业部.股权质押期限从2002年5月17日至2004年4月19日.

二〇〇二年以来市场表现

2002年涨跌幅(%)	-27.62
2002年最高(元)	9.48
2002年最低(元)	5.10
2002年换手率(%)	170.20
2003年涨跌幅(%)	-20.55
2003年最高(元)	7.16
2003年最低(元)	4.27
2003年换手率(%)	107.11

峨眉山旅游股份有限公司

公司概况							
公司名称	峨眉山旅游股份有限公司				股票代码	000888	
注册地址	四川省峨眉山市名山西路 168 号				邮政编码	614200	
法人代表	马元祝			董秘	周栋良		
电话	0833-5528078			传真	0833-5526666		
主营业务	马杜霉素、阿维菌素等兽药、农药原料药及制品的生产、销售等						
总股本	11866.00	流通 A	4000.00	流通 B		流通 H	
审计单位				审计意见	未审计		

主要财务指标 年度	2003.9	2003.6	2002	2001
每股收益 / 扣除后(元)	0.1200	-0.0960	0.2200	0.2500
每股经营现金流量(元)	0.4300	0.0930	0.5000	0.6400
每股净资产 / 调整后(元)	3.4900	3.2300	3.1500	3.1600
每股公积金(元)	2.0612	2.0612	2.0612	2.0612
净资产收益率(%)	5.2700	-1.0300	6.7800	8.3300
总资产(万元)	54779.29	53816.78	49788.38	51493.13
股东权益(万元)	41768.36	38787.06	39184.68	39369.53
未分配利润(万元)	3611.92	696.38	1094.00	1606.53
主营收入(万元)	10745.98	4357.45	17243.80	15131.26
资本公积金(万元)	24458.34	24458.34	24458.34	24458.34
主营利润(万元)	4816.64	1185.10	7622.53	6736.69
其他业务利润(万元)	79.41	44.74	100.88	61.79
营业利润(万元)	1449.45	-947.20	3079.22	3630.57
投资收益(万元)				
补贴收入(万元)	550.00	550.00		260.00
营业外收支(万元)	36.21		28.61	-39.94
利润总额(万元)	1963.24	-404.42	3107.83	3850.63
净利润(万元)	2145.28	-397.63	2655.43	3278.49

十大股东 序号	股东名称	股份性质	持股数(万股)	比例(%)
1	峨眉山旅游总公司	国有法人股	6565.12	55.33
2	乐山市红珠山宾馆	国有法人股	1300.88	10.96
3	周琳	社会公众股	16.00	0.13
4	王水金	社会公众股	15.85	0.13
5	李朝君	社会公众股	9.96	0.08
6	李凤杰	社会公众股	9.93	0.08
7	胡戎	社会公众股	9.45	0.08
8	沈巨雷	社会公众股	9.10	0.08
9	李文祥	社会公众股	8.94	0.08
10	陈开德	社会公众股	7.86	0.07

股东人数	2003.9	2003.6	2002	2001
	22384	22357	22524	24128

近年分配	2002年10股派2元 2001年10股派1.5元 中期10股派1元	近年配股 / 增发	不分配不转增

重大事项

2003 年 7 月 12 日,公司董事会同意由本公司、四川省峨眉山旅游总公司和龙智勇共同出资 500 万元组建峨眉山灵秀旅游文化实业有限公司,其中本公司出资 300 万元,占注册资本的 60%;四川省峨眉山旅游总公司出资 100 万元,占注册资本的 20%;龙智勇出资 100 万元,占注册资本的 20%。2003 年 8 月 12 日经四川省乐山市峨眉山市工商行政管理局登记成立,注册号[5111811800167].目前该公司尚未营业。 2003 年 5 月 20 日,经四川省地税局批复,公司 2003 年度企业所得税减按 15%税率征收。

二○○二年以来市场表现

2002年涨跌幅(%)	-21.13
2002年最高(元)	13.15
2002年最低(元)	9.21
2002年换手率(%)	141.54
2003年涨跌幅(%)	-20.27
2003年最高(元)	11.10
2003年最低(元)	7.14
2003年换手率(%)	111.35

秦皇岛渤海物流控股股份有限公司

公司概况							
公司名称	秦皇岛渤海物流控股股份有限公司				股票代码	000889	
注册地址	秦皇岛市海港区河北大街 152 号				邮政编码	066000	
法人代表	魏超			董秘	焦海青		
电话	0335-3280638			传真	0335-3023349		
主营业务	商品百货批发零售等						
总股本	29452.83	流通 A	16034.89	流通 B		流通 H	
审计单位				审计意见	未审计		

主要财务指标 年度	2003.9	2003.6	2002	2001
每股收益 / 扣除后(元)	0.0440	0.0570	0.1240	0.2200
每股经营现金流量(元)	0.1350	0.1680	-0.2100	-0.7200
每股净资产 / 调整后(元)	2.5100	2.5100	2.4400	2.3200
每股公积金(元)	1.1516	1.1516	1.1368	1.1329
净资产收益率(%)	2.4900	2.1000	5.0200	9.1100
总资产(万元)	179174.91	167843.02	164458.70	150192.23
股东权益(万元)	77305.79	76990.77	74938.49	71253.08
未分配利润(万元)	7144.22	6829.68	5214.00	3491.53
主营收入(万元)	25952.65	17940.46	61796.34	50790.42
资本公积金(万元)	33918.17	33918.17	33481.57	33367.41
主营利润(万元)	7985.07	5955.04	18872.08	15707.67
其他业务利润(万元)	2330.68	1743.20	1795.40	1515.41
营业利润(万元)	1923.59	2403.43	6070.98	6585.30
投资收益(万元)	160.47	-1.89	-85.82	-29.78
补贴收入(万元)				
营业外收支(万元)	619.74		-52.73	62.01
利润总额(万元)	2703.81	2346.89	5932.43	6617.53
净利润(万元)	1927.72	1615.69	3762.86	6490.77

十大股东 序号	股东名称	股份性质	持股数(万股)	比例(%)
1	安徽新长江投资股份有限公司	法人股	6500.20	22.07
2	秦皇岛华联集团有限公司	国家股	3501.40	11.89
3	中国糖业酒类集团公司	国有法人股	1112.24	3.78
4	秦皇岛银河物资经销公司	法人股	1037.86	3.52
5	中信秦皇岛有限公司	法人股	348.72	1.18
6	中国耀华玻璃集团公司	国有法人股	311.36	1.06
7	上海汽车股份有限公司	法人股	234.00	0.79
8	孙辉	流通股	78.83	0.27
9	秦皇岛市进出口商品检验公司	法人股	62.27	0.21
10	北京市房信房地产经营服务公司	流通股	50.00	0.17

股东人数	2003.9	2003.6	2002	2001
	61085	61872	61179	56201

近年分配	2001年10股派0.3元	近年配股 / 增发	不分配不转增

重大事项

2003 年 9 月 06 日,公司全资子公司服务楼被全部划入市政府决定的拆迁范围,服务楼所属建筑物被拆除.经与秦皇岛市旧城改造总指挥部办公室商定,由房屋拆迁公司用秦宇公司抵欠旧改办综合价金的房屋资产安置补偿公司 2136.10 万元, 由房屋拆迁公司安置补偿公司其余的 757.35 万元, 合计 2893.45 万元.同时,公司向秦宇公司支付超出安置补偿部分的房屋及设备资产差价 2213.90 万元,用现金收购同安置补偿房屋资产为一体的楼层紧连的房产、设备. 整个交易金额为 5107.35 万元. 2003 年 8 月 28 日,公司第一大股东安徽新长江投资股份有限公司持有的公司募集法人股约 6500 万股中的 1650 万股被依法冻结.冻结期限自 2003 年 8 月 15 日起至 2004 年 8 月 14 日止.

二○○二年以来市场表现

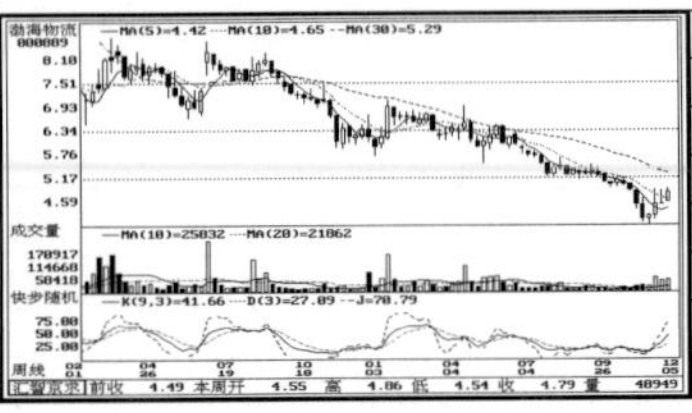

2002年涨跌幅(%)	-29.56
2002年最高(元)	8.65
2002年最低(元)	5.88
2002年换手率(%)	140.74
2003年涨跌幅(%)	-24.03
2003年最高(元)	7.08
2003年最低(元)	4.00
2003年换手率(%)	94.71

江苏法尔胜股份有限公司

公司概况

公司名称	江苏法尔胜股份有限公司			股票代码	000890		
注册地址	江苏省江阴市通江北路 203 号			邮政编码	214433		
法人代表	周建松			董秘	张越		
电话	0510-6119890			传真	0510-6106634		
主营业务	钢丝、钢丝绳、光缆、光纤、复合管等产品的生产及销售						
总股本	29203.20	流通 A	16933.88	流通 B		流通 H	
审计单位				审计意见	未审计		

主要财务指标

年度	2003.9	2003.6	2002	2001
每股收益/扣除后(元)	0.0510	0.0460	0.1000	0.2300
每股经营现金流量(元)	-0.1280	-0.1500	-0.1200	0.1000
每股净资产/调整后(元)	3.1500	3.1200	3.0900	3.1200
每股公积金(元)	1.9100	1.9100	1.9100	1.9100
净资产收益率(%)	1.6600	1.4500	3.6800	6.9700
总资产(万元)	255539.27	221291.44	197658.02	202290.20
股东权益(万元)	94524.42	94323.47	92954.26	92740.37
未分配利润(万元)	4291.88	4090.94	2721.72	2448.45
主营收入(万元)	63650.50	41352.26	66522.59	105450.27
资本公积金(万元)	55776.72	55776.72	55776.72	55776.72
主营利润(万元)	12471.33	8329.30	10962.42	32091.57
其他业务利润(万元)	810.72	349.24	425.89	715.78
营业利润(万元)	2938.16	2402.12	3314.47	10643.70
投资收益(万元)	-68.81	20.26	847.08	-264.12
补贴收入(万元)	13.75	13.75		524.94
营业外收支(万元)	76.59		10.37	-72.20
利润总额(万元)	2959.68	2458.51	4171.91	10832.32
净利润(万元)	1570.16	1369.22	3419.75	6465.99

十大股东

序号	股东名称	股份性质	持股数(万股)	比例(%)
1	法尔胜集团公司	法人股	11415.04	39.09
2	江阴金属制品研究所	法人股	305.76	1.05
3	中国冶金进出口江苏公司	法人股	127.40	0.44
4	青岛第六橡胶厂	法人股	127.40	0.44
5	辽宁省五金矿产进出口公司	法人股	127.40	0.44
6	山东省国际信托投资公司	法人股	111.46	0.38
7	光大证券有限责任公司上海中兴路证券营业部	A股	61.18	0.21
8	陈沛兰	A股	54.48	0.19
9	王盼	A股	50.11	0.17
10	孙怡	A股	47.57	0.16

股东人数	2003.9	2003.6	2002	2001
	40649	41983	36318	34393

近年分配	2002年 10 股派 1 元 2001 年 10 股派 1 元	近年配股/增发	不分配不转增

重大事项

2002 年 10 月 16 日,公司董事会同意本公司出资 1111.8 万美元取得通铭金属制品(昆山)有限公司 51%的股权, 同时将公司名称变更为昆山通铭法尔胜金属制品有限公司, 公司性质由独资变为合资.四川汇源科技产业(集团)有限公司于 2002 年 8 月 30 日向本公司支付了关于受让四川汇源光通信有限公司 51%股权的最后一笔股权转让款共计 42319705.50 元.至此本公司已经收到本次股权转让的全部款项.公司于 2002 年 9 月 10 日召开股东大会,审议通过以上相关事项.

二〇〇二年以来市场表现

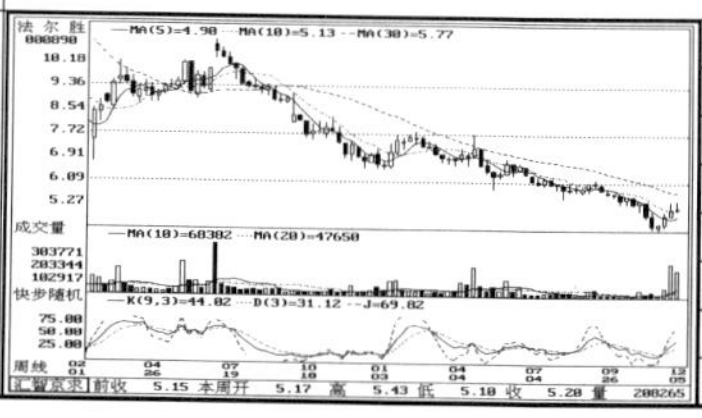

2002年涨跌幅(%)	-25.65
2002年最高(元)	10.90
2002年最低(元)	6.40
2002年换手率(%)	180.46
2003年涨跌幅(%)	-22.09
2003年最高(元)	7.70
2003年最低(元)	4.45
2003年换手率(%)	136.19

重庆长丰通信股份有限公司

公司概况

公司名称	重庆长丰通信股份有限公司			股票代码	000892		
注册地址	重庆市涪陵区人民东路 50 号			邮政编码	400010		
法人代表	覃辉			董秘	胡进		
电话	023-63782555-8866			传真	023-63782700		
主营业务	通信产业投资、通信设备制造、通信工程以及技术咨询等						
总股本	41387.69	流通 A	12000.00	流通 B		流通 H	
审计单位				审计意见	未审计		

主要财务指标

年度	2003.9	2003.6	2002	2001
每股收益/扣除后(元)	0.1800	0.0950	0.1000	0.2300
每股经营现金流量(元)	0.2100	0.2900	-0.6600	0.2400
每股净资产/调整后(元)	1.8200	1.7600	1.6600	1.4600
每股公积金(元)	0.0927	0.0927	0.0927	0.0927
净资产收益率(%)	9.8500	5.5300	12.5500	14.2000
总资产(万元)	278755.41	254348.09	233853.19	176134.98
股东权益(万元)	77015.86	73497.23	69430.72	60720.37
未分配利润(万元)	20130.10	16611.46	12544.95	6107.01
主营收入(万元)	63723.66	40869.70	54213.32	32604.14
资本公积金(万元)	3838.70	3838.70	3838.70	3838.70
主营利润(万元)	21821.00	13852.72	19745.15	17642.51
其他业务利润(万元)	168.66	113.59	290.91	475.60
营业利润(万元)	10524.26	5873.17	8058.30	11302.34
投资收益(万元)	-1736.96	-1108.99	-1409.65	-343.30
补贴收入(万元)	26.48	10.00	660.00	
营业外收支(万元)	-36.00		3944.10	0.22
利润总额(万元)	8777.79	4752.73	11252.76	10959.26
净利润(万元)	7585.15	4066.51	8710.35	8623.94

十大股东

序号	股东名称	股份性质	持股数(万股)	比例(%)
1	卓京投资控股有限公司	境内法人股	11012.64	26.61
2	金信信托投资股份有限公司	境内法人股	9600.00	23.20
3	重庆朝阳科技产业发展有限公司	境内法人股	5505.05	13.30
4	金华市金威产权管理服务有限公司	境内法人股	1344.00	3.25
5	深圳市瑜祥电脑系统有限公司	境内法人股	1080.00	2.61
6	中国银行上海分行	境内法人股	450.00	1.09
7	孙立军	流通股	190.50	0.46
8	上海达君贸易有限公司	境内法人股	150.00	0.36
9	涪陵市宇达工业有限责任公司	境内法人股	120.00	0.29
10	鹿国华	流通股	106.52	0.26

股东人数	2003.9	2003.6	2002	2001
	42298	41036	41842	9300

近年分配	2001年中期 10 股派 0.75 元	近年配股/增发	2002年 10 股配 6 股 2001 年中期 10 股送 3 股、转增 2 股

重大事项

2003 年 9 月 29 日,公司国家股转让双方重庆市涪陵国有资产经营公司与卓京投资控股有限公司及重庆市涪陵华信实业有限公司与金信信托投资股份有限公司完成过户登记与股权变更手续,卓京投资现持有公司 11012.64 万境内法人股,成为公司第一大股东; 金信信托现持有公司 9600 万境内法人股,成为公司第二大股东. 中国民生银行于 2001 年 8 月向公司提供了 3 亿元人民币的授信额度.在此基础上,为了继续支持公司通信业务进一步扩大的需要,中国民生银行于 2003 年 9 月向公司增加 1 亿元人民币授信额度, 即向公司提供总额为 4 亿元人民币授信额度,公司与中国民生银行于 2003 年 9 月签订了《综合授信合同》.

二〇〇二年以来市场表现

2002年涨跌幅(%)	-29.43
2002年最高(元)	11.38
2002年最低(元)	7.15
2002年换手率(%)	581.69
2003年涨跌幅(%)	2.48
2003年最高(元)	10.98
2003年最低(元)	6.94
2003年换手率(%)	576.30

广州冷机股份有限公司

公司概况

公司名称	广州冷机股份有限公司			股票代码	000893		
注册地址	广州市白云区人和镇人和大街 12 号			邮政编码	510470		
法人代表	魏长明			董秘	石革燕		
电话	020-86453838			传真	020-86450724		
主营业务	投资、设计、销售制冷压缩机、制冷设备、中央空调设备等						
总股本	22200.00	流通 A	5694.60	流通 B		流通 H	
审计单位				审计意见	未审计		

主要财务指标

年度	2003.9	2003.6	2002	2001
每股收益 / 扣除后(元)	-0.0490	0.0100	0.0200	-0.4200
每股经营现金流量(元)	0.1400	0.2500	0.1000	0.2900
每股净资产 / 调整后(元)	1.3500	1.4100	1.3400	1.3200
每股公积金(元)	1.2936	1.2935	1.2933	1.2793
净资产收益率(%)	-3.4700	0.5600	1.8600	-27.5900
总资产(万元)	86362.67	85902.34	82546.66	79871.06
股东权益(万元)	31884.32	33175.51	32985.15	32174.28
未分配利润(万元)	-19847.41	18557.12	-18740.30	-19240.10
主营收入(万元)	33224.39	21768.78	35525.00	31895.77
资本公积金(万元)	28717.11	28715.01	28710.83	28399.75
主营利润(万元)	4023.33	2768.98	8063.83	3115.22
其他业务利润(万元)	70.21	11.44	46.59	184.61
营业利润(万元)	-1604.99	-277.22	717.98	-8888.84
投资收益(万元)	553.37	513.68		
补贴收入(万元)				
营业外收支(万元)	-26.60	-29.39	-54.04	-100.29
利润总额(万元)	-1078.22	207.06	663.94	-8989.13
净利润(万元)	-1107.11	183.18	612.53	-8877.32

十大股东

序号	股东名称	股份性质	持股数(万股)	比例(%)
1	广州万宝集团有限公司	国有股	15041.00	67.75
2	无锡市嘉亿商贸有限公司	法人股	459.00	2.07
3	山西昌泰工贸有限公司	法人股	450.00	2.03
4	上海浦东任辰贸易有限公司	法人股	180.00	1.08
5	山西爱德投资有限公司	法人股	100.00	0.45
6	上海超人贸易有限公司	法人股	100.00	0.45
7	上海信义水处理有限公司	法人股	100.00	0.45
8	荆州市楚雄实业有限公司	法人股	50.00	0.22
9	胡蓉	流通股	31.50	0.14
10	缪合连	流通股	22.76	0.10

股东人数	2003.9	2003.6	2002	2001
	21526	22272	21947	20475

近年分配		近年配股 / 增发	不分配不转增

重大事项

2003 年 11 月 28 日,公司近日接控股股东广州万宝集团有限公司通知,该公司于 2003 年 8 月 19 日质押给中国工商银行广州市大德路支行的公司国有法人股 1750 万股已于 2003 年 11 月 5 日解除质押。 控股股东广州万宝集团有限公司于 2003 年 8 月 13 日与广东新的科技集团有限公司签署了《股权转让协议》和《股权托管协议》,向广东新的科技集团有限公司转让其所持有的公司国有法人股 15041 万股中的 5550 万股,本次转让完成后,广州万宝集团有限公司仍为公司的第一大股东;广东新的科技集团有限公司将成为公司的第二大股东.

二〇〇二年以来市场表现

2002年涨跌幅(%)	-29.56
2002年最高(元)	9.26
2002年最低(元)	4.65
2002年换手率(%)	338.12
2003年涨跌幅(%)	-28.93
2003年最高(元)	8.31
2003年最低(元)	3.81
2003年换手率(%)	200.90

河南双汇投资发展股份有限公司

公司概况

公司名称	河南双汇投资发展股份有限公司			股票代码	000895		
注册地址	河南省漯河市双汇路 1 号双汇大厦			邮政编码	462000		
法人代表	张俊杰			董秘	祁勇耀		
电话	0395-2622616-6158			传真	0395-2693259		
主营业务	食品加工及销售、畜牧养殖、屠宰等						
总股本	34237.00	流通 A	13450.00	流通 B		流通 H	
审计单位				审计意见	未审计		

主要财务指标

年度	2003.9	2003.6	2002	2001
每股收益 / 扣除后(元)	0.6100	0.3820	0.6100	0.5740
每股经营现金流量(元)	0.9600	1.1200	0.5300	0.7200
每股净资产 / 调整后(元)	4.6600	4.4300	4.0600	2.7200
每股公积金(元)	2.2413	2.2409	2.2409	0.7917
净资产收益率(%)	12.4500	7.9100	14.1700	21.2900
总资产(万元)	292221.06	285611.34	262158.87	161701.41
股东权益(万元)	161784.61	153783.59	141625.87	80103.48
未分配利润(万元)	40246.34	32259.01	20101.29	20065.84
主营收入(万元)	488414.00	299715.84	475970.37	336796.62
资本公积金(万元)	76735.40	76721.72	76721.72	23145.66
主营利润(万元)	75048.24	47113.11	74422.95	51181.54
其他业务利润(万元)	915.19	479.30	1167.11	725.54
营业利润(万元)	28589.69	17750.94	34326.44	22162.83
投资收益(万元)	2776.03	1803.20	2415.81	2178.50
补贴收入(万元)	446.61			
营业外收支(万元)	-860.34	-929.75	-1985.98	-91.75
利润总额(万元)	30952.00	18624.39	34756.27	24249.57
净利润(万元)	20145.05	12157.72	20061.63	17050.18

十大股东

序号	股东名称	股份性质	持股数(万股)	比例(%)
1	河南省漯河市双汇实业集团公司	国家股	20787.00	60.72
2	金鑫证券投资基金	社会公众股	1200.95	3.51
3	北京证券有限责任公司	社会公众股	813.96	2.38
4	久嘉证券投资基金	社会公众股	550.00	1.61
5	国泰金鹰增长证券投资基金	社会公众股	495.84	1.45
6	安顺证券投资基金	社会公众股	369.98	1.08
7	金泰证券投资基金	社会公众股	349.96	1.02
8	博时价值增长证券投资基金	社会公众股	329.95	0.96
9	华安创新证券投资基金	社会公众股	293.58	0.86
10	国泰君安证券股份有限公司	社会公众股	275.87	0.81

股东人数	2003.9	2003.6	2002	2001
	17651	79237	26142	24109

近年分配	2002 年 10 股派 5 元 2001 年 10 股派 1.28 元	近年配股 / 增发	不分配不转增

重大事项

2003 年 8 月 18 日公司获悉, 国务院国有资产监督管理委员会同意河南省漯河市双汇实业集团有限责任公司将所持公司 20787 万股国家股中的 8559.25 万股转让给漯河海宇投资有限公司,此次股权转让还需办理股权过户手续. 2002 年 12 月 12 日,公司董事会同意公司以 1869.69 万元收购香港华新控股有限公司持有的上海大昌双汇艾波有限公司 30%股权并增资 2804.53 万元;同时将该公司名称改为"上海双汇大昌泰森有限公司";

二〇〇二年以来市场表现

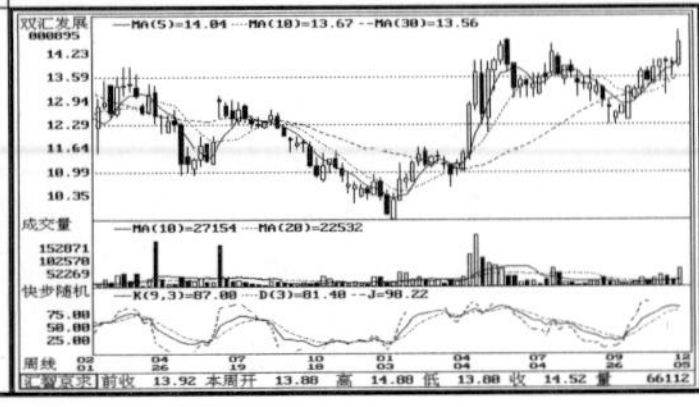

2002年涨跌幅(%)	-24.06
2002年最高(元)	13.22
2002年最低(元)	9.50
2002年换手率(%)	91.79
2003年涨跌幅(%)	40.89
2003年最高(元)	14.60
2003年最低(元)	9.20
2003年换手率(%)	120.27

天津津滨发展股份有限公司

公司概况

公司名称	天津津滨发展股份有限公司	股票代码	000897
注册地址	天津经济技术开发区第一大街 2 号	邮政编码	300457
法人代表	唐建宇	董秘	巫刚
电话	022-66201301	传真	022-66202480
主营业务	基础设施开发、建设、经营、各类物资商品的批发、零售		

总股本	45299.97	流通 A	14165.97	流通 B		流通 H	
审计单位				审计意见	未审计		

主要财务指标

年度	2003.9	2003.6	2002	2001
每股收益/扣除后(元)	0.0500	0.0339	0.1383	0.1324
每股经营现金流量(元)	-0.3300	-0.3130	-0.1400	-0.4900
每股净资产/调整后(元)	2.0800	2.0700	2.0200	2.0300
每股公积金(元)	0.9391	0.9391	0.9391	0.9383
净资产收益率(%)	2.9600	2.0800	7.1700	7.1200
总资产(万元)	235228.02	233676.42	227823.84	209058.91
股东权益(万元)	95367.50	94514.70	92547.96	92728.86
未分配利润(万元)	4616.29	3763.49	1794.73	2786.53
主营收入(万元)	34297.04	22821.42	47673.07	42505.34
资本公积金(万元)	42539.83	42539.83	42541.85	42505.34
主营利润(万元)	6888.73	4307.50	14882.20	10684.14
其他业务利润(万元)	71.52	71.52		2.23
营业利润(万元)	2298.35	1132.56	5493.23	4516.20
投资收益(万元)	1001.44	903.59	1461.10	1543.36
补贴收入(万元)	1236.86	1186.86	2137.92	1340.00
营业外收支(万元)	-3.34	-1.51	-91.37	467.86
利润总额(万元)	4533.31	3221.50	9000.89	7867.41
净利润(万元)	2821.56	1968.76	6633.61	6598.32

十大股东

序号	股东名称	股份性质	持股数(万股)	比例(%)
1	天津经济技术开发区建设集团有限公司	国有法人股	17035.37	37.61
2	天津华泰集团股份有限公司	社会法人股	14098.63	31.12
3	王文玉	社会公众股	48.27	0.11
4	王竟雄	社会公众股	46.44	0.10
5	陈德余	社会公众股	39.27	0.09
6	北京华星天物投资有限公司	社会公众股	25.79	0.06
7	西安市经济技术投资担保有限公司	社会公众股	19.19	0.04
8	张洪印	社会公众股	18.36	0.04
9	杨秀桀	社会公众股	18.00	0.04
10	普丰证券投资基金	社会公众股	17.71	0.04

股东人数	2003.9	2003.6	2002	2001
	63387	64696	65633	66441

近年分配	2002年 10 股派 1.2 元 2001 年 10 股派 0.6 元	近年配股/增发	不分配不转增

重大事项

2003 年 10 月 14 日,公司董事会同意以公司天大科技园的土地及房产进行财产抵押,向工商银行天津开发区分行申请长期项目贷款人民币 1.98 亿元.此贷款属公司 2002 年度股东大会通过的 2003 年贷款额度 17.83 亿元范围内的贷款. 2003 年 9 月 8 日,接公司第一大股东天津开发区建设集团有限公司通知,建设集团受让天津华泰控股集团股份有限公司持有的公司 5.08%股份一事,已于 2003 年 8 月 19 日办理完成过户手续.

二〇〇二年以来市场表现

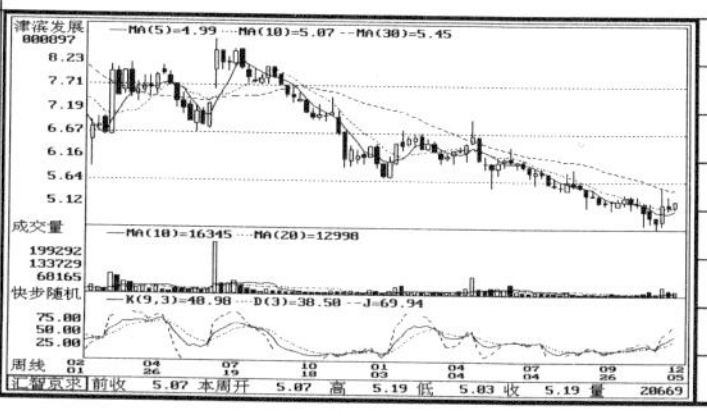

2002年涨跌幅(%)	-25.00
2002年最高(元)	8.63
2002年最低(元)	5.50
2002年换手率(%)	98.18
2003年涨跌幅(%)	4.94
2003年最高(元)	6.84
2003年最低(元)	4.60
2003年换手率(%)	63.34

鞍钢新轧钢股份有限公司

公司概况

公司名称	鞍钢新轧钢股份有限公司	股票代码	000898
注册地址	中国辽宁省鞍山市南中华路 396 号	邮政编码	114003
法人代表	刘玠	董秘	付吉会
电话	0412-6334293	传真	0412-6727772
主营业务	生产及销售钢坯、线材、厚板、冷轧薄板等		

总股本	296185.72	流通 A	75285.72	流通 B		流通 H	89000.00
审计单位				审计意见	未审计		

主要财务指标

年度	2003.9	2003.6	2002	2001
每股收益/扣除后(元)	0.3050	0.2230	0.2100	0.1440
每股经营现金流量(元)	0.4700	0.2350	0.7100	-0.1000
每股净资产/调整后(元)	2.8300	2.7400	2.5300	2.4300
每股公积金(元)	1.0402	1.0401	1.0398	1.0386
净资产收益率(%)	10.7500	7.6300	7.9200	5.6100
总资产(万元)	1404612.50	1321961.50	1242535.00	1023788.81
股东权益(万元)	841769.50	813194.81	750936.12	720139.69
未分配利润(万元)	189094.09	160604.41	98571.60	80620.30
主营收入(万元)	1042771.12	697339.00	1077107.75	949052.31
资本公积金(万元)	308081.91	308024.91	307869.31	307209.91
主营利润(万元)	165090.50	122749.70	127268.00	103431.80
其他业务利润(万元)	2611.50	1615.20	3027.00	2543.10
营业利润(万元)	130637.50	99427.80	87938.60	73220.70
投资收益(万元)				
补贴收入(万元)				
营业外收支(万元)	-5777.90		-2738.70	-3338.30
利润总额(万元)	124859.60	93383.60	85199.90	69882.40
净利润(万元)	90528.70	62039.00	59458.80	40374.30

十大股东

序号	股东名称	股份性质	持股数(万股)	比例(%)
1	鞍山钢铁集团公司	国有股	131900.00	44.54
2	香港中央结算有限公司	外资股	86857.00	29.33
3	汉兴证券投资基金	已流通股	3548.79	1.20
4	同益证券投资基金	已流通股	1611.45	0.54
5	银丰证券投资基金	已流通股	1501.72	0.51
6	鹏华行业成长证券投资基金	已流通股	1197.03	0.40
7	普丰证券投资基金	已流通股	1129.37	0.38
8	天元证券投资基金	已流通股	1044.78	0.35
9	汉盛证券投资基金	已流通股	801.97	0.27
10	富国动态平衡证券投资基金	已流通股	752.23	0.25

股东人数	2003.9	2003.6	2002	2001
	197338	215844	260058	252374

近年分配	2002年 10 股派 1 元 2001 年 10 股派 0.8 元	近年配股/增发	不分配不转增

重大事项

2003 年 3 月 17 日,公司董事会同意公司于 2003 年 03 月 17 日与鞍钢集团国际经济贸易公司、鞍钢集团新钢铁有限责任公司签署的关于三方共同投资建设鞍钢沈阳钢材加工配送有限公司的合资协议. 2003 年 1 月 14 日,公司董事会批准本公司与鞍钢集团公司签署的《土地使用权转让协议》.根据该协议,本公司以人民币 150,915 千元向鞍钢集团公司购入 3 宗土地使用权及地上 6 栋房屋. 3 宗土地面积为 335,133.80 平方米,6 栋房屋建筑面积为 6350.1 平方米.购入土地使用权和房屋的目的是为进行冷轧厂改扩大建工程、建设镀锌板生产线及对大型厂进行改造.

二〇〇二年以来市场表现

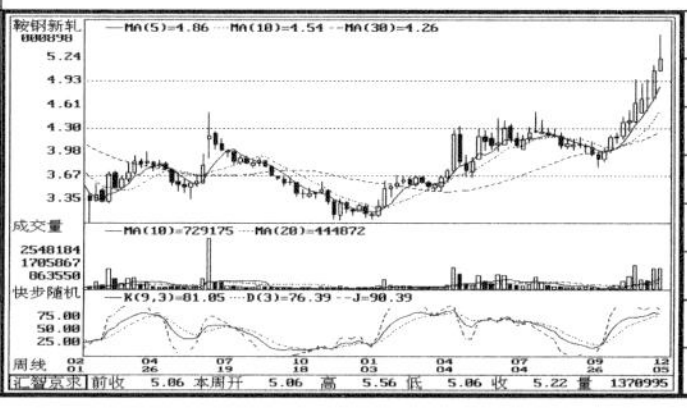

2002年涨跌幅(%)	-16.30
2002年最高(元)	4.32
2002年最低(元)	2.86
2002年换手率(%)	192.84
2003年涨跌幅(%)	67.00
2003年最高(元)	5.14
2003年最低(元)	2.98
2003年换手率(%)	250.49

江西赣能股份有限公司

公司概况

公司名称	江西赣能股份有限公司	股票代码	000899
注册地址	南昌市高新技术开发区火炬大街199号	邮政编码	330029
法人代表	姚迪明	董秘	曾宜勇
电话	0791-8109899	传真	0791-8106119
主营业务	火力发电、节能项目开发、锅炉安装与维修等		
总股本	54803.20	流通A	17888.00
流通B		流通H	
审计单位		审计意见	未审计

主要财务指标

年度	2003.9	2003.6	2002	2001
每股收益/扣除后(元)	0.0910	0.0493	0.0700	0.1310
每股经营现金流量(元)	0.1350	0.0980	0.2070	0.2200
每股净资产/调整后(元)	2.6200	2.5700	2.5200	2.5500
每股公积金(元)		1.3212	1.3212	1.3211
净资产收益率(%)	3.7200	2.2100	2.7900	4.3000
总资产(万元)	162051.70	158565.06	160278.16	154950.69
股东权益(万元)	144264.72	142047.77	138903.66	140936.73
未分配利润(万元)		3965.29	821.18	3357.42
主营收入(万元)	41787.25	25197.48	51554.10	49537.14
资本公积金(万元)		72405.79	72405.79	72399.64
主营利润(万元)	8959.05	4708.87	10555.90	11818.09
其他业务利润(万元)	-0.36	8.53	0.90	-0.01
营业利润(万元)	5554.93	2395.49	6099.83	6402.04
投资收益(万元)	839.62	1420.15	-1067.06	855.28
补贴收入(万元)				20.00
营业外收支(万元)	-26.76		-358.48	-282.36
利润总额(万元)	6367.79	3811.52	4674.29	6994.95
净利润(万元)	5361.06	3144.11	3873.73	6057.58

十大股东

序号	股东名称	股份性质	持股数(万股)	比例(%)
1	江西省投资公司	国有法人股	22887.42	41.76
2	江西省电力公司	国有法人股	14027.78	25.60
3	北京国际信托投资公司	社会公众股	118.83	0.22
4	大成价值增长证券投资基金	社会公众股	81.15	0.15
5	上海证券有限责任公司	社会公众股	71.00	0.13
6	北京力诺资产管理有限公司	社会公众股	57.96	0.11
7	北京中天航业投资有限公司	社会公众股	28.07	0.05
8	申艳	社会公众股	26.00	0.04
9	胡玉旺	社会公众股	20.00	0.04
10	普丰证券投资基金	社会公众股	19.14	0.04

股东人数	2003.9	2003.6	2002	2001
	95057	96144	101263	107221

近年分配	2002年10股派1元 2001年10股派1元	近年配股/增发	不分配不转增

重大事项

2003年6月19日,公司董事会,会议同意公司以自有资金向已参股的赣粤高速公路昌傅—泰和段项目增资1亿元人民币,至此公司向该项目累计投资3.5亿元人民币. 公司于2001年6月25日发现在工商银行江西省分行昌北支行存款计人民币1200万元被人冒用公司印鉴全部盗走,公司诉请该行偿还公司人民币1200万元本金及利息. 公司于2003年元月03日接江西省南昌市中级人民法院民事裁定书,裁定如下:本案中止诉讼,移交公安机关侦处.

二〇〇二年以来市场表现

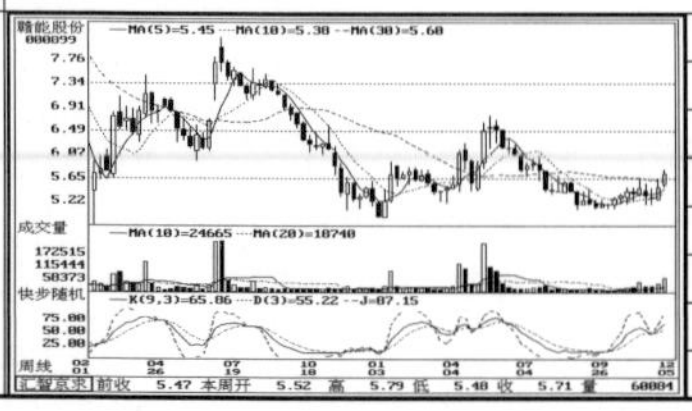

2002年涨跌幅(%)	-27.97
2002年最高(元)	8.08
2002年最低(元)	4.45
2002年换手率(%)	92.40
2003年涨跌幅(%)	10.06
2003年最高(元)	6.65
2003年最低(元)	4.83
2003年换手率(%)	81.71

现代投资股份有限公司

公司概况

公司名称	现代投资股份有限公司	股票代码	000900
注册地址	湖南省长沙市八一路466号	邮政编码	410007
法人代表	宋伟杰	董秘	陈满林
电话	0731-5558888-1112	传真	0731-5163009
主营业务	投资经营公路、桥梁、隧道、渡口、投资高新技术产业等		
总股本	39916.59	流通A	21436.59
流通B		流通H	
审计单位		审计意见	未审计

主要财务指标

年度	2003.9	2003.6	2002	2001
每股收益/扣除后(元)	0.1140	0.0700	0.2300	0.3800
每股经营现金流量(元)	0.6300	0.3900	0.9500	0.7900
每股净资产/调整后(元)	6.3200	6.2500	6.1300	6.0700
每股公积金(元)	3.9425	3.9460	3.9460	3.9470
净资产收益率(%)	1.7800	1.1600	3.5800	7.1000
总资产(万元)	444772.44	431932.06	440414.31	460643.59
股东权益(万元)	255258.48	253792.94	250860.64	246693.77
未分配利润(万元)	45297.12	43689.34	40757.04	37777.33
主营收入(万元)	36609.32	23126.01	53517.59	50022.49
资本公积金(万元)	157369.75	157511.98	157511.98	157552.33
主营利润(万元)	24795.01	15528.05	35764.34	33792.44
其他业务利润(万元)	12.76	10.98	45.79	35.41
营业利润(万元)	6531.21	3673.69	14105.83	15593.14
投资收益(万元)	180.98	487.05	508.26	4376.75
补贴收入(万元)				
营业外收支(万元)	4.77	-1.05	-383.92	-30.31
利润总额(万元)	6716.97	4164.69	14230.17	19939.58
净利润(万元)	4540.08	2932.30	8993.32	17514.55

十大股东

序号	股东名称	股份性质	持股数(万股)	比例(%)
1	湖南高速公路建设开发总公司	国有股	14571.00	36.50
2	华北高速公路股份有限公司	国有股	3909.00	9.79
3	海通证券股份有限公司	流通股	567.00	1.42
4	许志南	流通股	197.60	0.50
5	银丰证券投资基金	流通股	97.34	0.24
6	赵忠昌	流通股	41.67	0.10
7	普丰证券投资基金	流通股	33.12	0.08
8	武名魁	流通股	32.94	0.08
9	国政海	流通股	30.00	0.08
10	淄博开发区嘉禾商贸有限公司	流通股	28.52	0.07

股东人数	2003.9	2003.6	2002	2001
	83482	84284	86812	89199

近年分配	2002年10股派1元 2001年10股派1.6元	近年配股/增发	不分配不转增

重大事项

2003年5月20日,公司控股子公司湖南安讯投资发展有限公司与财富证券有限责任公司签订了《资产管理委托协议书》,委托金额为2300万元,委托期限2003年5月20日至2003年12月20日. 2003年01月28日,湖南省交通厅于1993年将老319国道马坡岭收费站交由公司收费经营.现根据国务院清理、整顿公路收费站的有关精神,湖南省交通厅决定从2003年1月1日起收回该收费站的收费经营权.马坡岭收费站2000-2002年分别实现车辆通行费收入568.31万元、606.15万元、647.57万元.

二〇〇二年以来市场表现

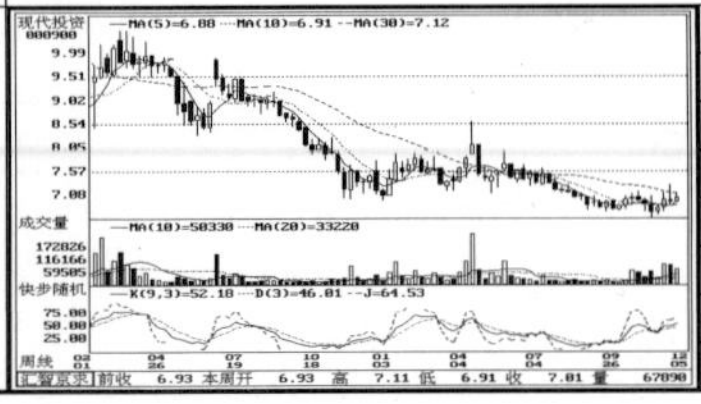

2002年涨跌幅(%)	-20.90
2002年最高(元)	10.22
2002年最低(元)	6.88
2002年换手率(%)	101.27
2003年涨跌幅(%)	-1.00
2003年最高(元)	8.48
2003年最低(元)	6.60
2003年换手率(%)	89.84

哈尔滨航天风华科技股份有限公司

公司概况

公司名称	哈尔滨航天风华科技股份有限公司	股票代码	000901
注册地址	哈尔滨市高新技术产业开发区 26 号楼	邮政编码	150040
法人代表	殷兴良	董秘	王玉伟
电话	0451-86781288	传真	0451-86781158
主营业务	提供工业机器人、自动化设备、电子产品及其它高新技术产品等		
总股本	22176.00	流通 A	6720.00
流通 B		流通 H	
审计单位		审计意见	未审计

主要财务指标

年度	2003.9	2003.6	2002	2001
每股收益 / 扣除后(元)	0.0400	0.0150	0.1330	0.2353
每股经营现金流量(元)	–0.5500	–0.2960	0.1160	0.2023
每股净资产 / 调整后(元)	1.6290	1.5940	2.2120	3.3000
每股公积金(元)	0.3110	0.3110	0.8354	1.7366
净资产收益率(%)	2.9300	1.2800	6.6100	7.8000
总资产(万元)	67321.98	57956.42	55630.04	55935.27
股东权益(万元)	36176.35	35570.82	35116.47	32793.82
未分配利润(万元)	4471.26	3865.73	3411.37	3533.65
主营收入(万元)	11836.95	6354.76	20348.46	17966.74
资本公积金(万元)	6896.70	6896.70	13232.70	28720.98
主营利润(万元)	3827.79	2396.04	7484.61	6291.51
其他业务利润(万元)	235.41	99.14	553.01	301.14
营业利润(万元)	999.15	459.94	2855.76	–1808.64
投资收益(万元)	–3.04	–1.90	–2.25	–225.68
补贴收入(万元)	5.34			15.34
营业外收支(万元)	172.67		215.45	211.98
利润总额(万元)	1174.12	571.53	3068.95	3376.09
净利润(万元)	1059.89	454.35	2322.16	2556.63

十大股东

序号	股东名称	股份性质	持股数(万股)	比例(%)
1	中国航天科工集团公司	国家股	4484.25	20.22
2	航天固体火箭运载有限公司	国有法人股	2968.00	13.38
3	哈尔滨工业大学高新技术开发总公司	国有法人股	1940.08	8.75
4	哈尔滨市通用机电设备研究所	社会法人股	1894.30	8.54
5	中国航天科工集团公司	社会法人股	1680.00	7.58
6	天通计算机应用技术中心	国有法人股	1192.65	5.38
7	哈尔滨亚科工贸有限责任公司	社会法人股	672.00	3.03
8	杭州锦园丝绸有限公司	社会法人股	624.72	2.82
9	邓树丽	流通股	32.03	0.14
10	李益光	流通股	28.83	0.13

股东人数	2003.9	2003.6	2002	2001
	8623	4073	6483	4630

近年分配	2001年 10 股派 1 元	近年配股 / 增发	2002年 10 股转增 4 股

重大事项

2003 年 8 月 30 日,依据黑龙江省高级人民法院民事调解书,哈尔滨通用焊接切割成套设备制造厂和哈尔滨市通用机电技术研究所分别将所持公司法人股 10,212,275 股和 1787725 股转让给中国航天科工集团公司. 2003 年 8 月 27 日, 公司第一大股东中国航天科工集团公司将其持有的公司 29680000 股国家股股权,转让给航天固体火箭有限公司的股权转让协议已获得国资委批准.

二○○二年以来市场表现

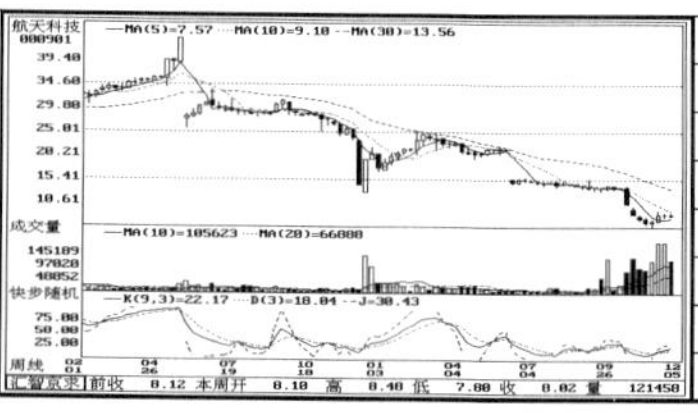

2002年涨跌幅(%)	–17.03
2002年最高(元)	23.93
2002年最低(元)	8.99
2002年换手率(%)	124.31
2003年涨跌幅(%)	–34.88
2003年最高(元)	17.86
2003年最低(元)	5.81
2003年换手率(%)	248.17

中国服装股份有限公司

公司概况

公司名称	中国服装股份有限公司	股票代码	000902
注册地址	北京市建国路 99 号中服大厦 27 层	邮政编码	100020
法人代表	方玉根	董秘	郭恒
电话	010-65817498	传真	010-65812147
主营业务	纺织服装类产品的生产、销售等		
总股本	21500.00	流通 A	6500.00
流通 B		流通 H	
审计单位		审计意见	未审计

主要财务指标

年度	2003.9	2003.6	2002	2001
每股收益 / 扣除后(元)	–0.1480	–0.0980	–0.0020	–0.0900
每股经营现金流量(元)	–0.3400	–0.1800	0.0630	–0.3000
每股净资产 / 调整后(元)	2.0300	2.0800	2.1200	2.1800
每股公积金(元)	1.3253	1.3253	1.3278	1.3359
净资产收益率(%)	–6.7400	–4.3600	0.4600	–3.7200
总资产(万元)	98321.39	96847.99	98429.42	109454.68
股东权益(万元)	43890.43	44848.35	46902.35	47829.02
未分配利润(万元)	–7429.96	–6472.03	–4471.92	–3856.46
主营收入(万元)	29273.99	15291.28	51529.15	45092.39
资本公积金(万元)	28493.77	28493.77	28547.67	28720.98
主营利润(万元)	1451.65	830.02	6197.03	6291.51
其他业务利润(万元)	17.00	14.87	37.24	301.14
营业利润(万元)	–3169.06	–2130.39	985.91	–1808.64
投资收益(万元)	–3.65	–3.65	–287.31	–225.68
补贴收入(万元)	205.77	108.61	130.26	191.10
营业外收支(万元)	7.81	13.91	7.24	136.08
利润总额(万元)	–2959.13	–2011.52	836.10	–1707.14
净利润(万元)	–2958.03	–2000.10	216.49	–1780.98

十大股东

序号	股东名称	股份性质	持股数(万股)	比例(%)
1	中国纺织物资(集团)总公司	国有股	10967.75	51.01
2	吴江工艺织造厂	法人股	3030.52	14.10
3	通化市人造毛皮联合公司	国有股	1001.73	4.66
4	深圳市汇亨利投资发展有限公司	社会公众股	138.34	0.26
5	俞华	社会公众股	47.42	0.15
6	徐晓红	社会公众股	40.92	0.15
7	许明	社会公众股	27.22	0.14
8	李岐峰	社会公众股	20.11	0.11
9	刘东杰	社会公众股	19.30	0.11
10	李季春	社会公众股	19.30	0.11

股东人数	2003.9	2003.6	2002	2001
	26270	27080	24876	26904

近年分配		近年配股 / 增发	不分配不转增

重大事项

公司控股股东中国纺织物资(集团)总公司于 2003 年 09 月 1 日与中国恒天集团公司签署了国有法人股划转协议书, 拟将其持有的公司国有法人股 10967.75 万股,无偿划转给恒天集团.转让后,恒天集团成为公司第一大股东.本次股份转让尚须有关部门批准. 2002 年 12 月 30 日,公司董事会同意公司将中服设计有限公司 51% 的股权连同与之相关的全部权利、利益和义务零价转让给与公司受同一母公司控制的中国服装集团公司.转让后中服设计股权结构变更为服装集团持有 51% 的股权、张俊持有 25% 的股权、张卉持有 24% 的股权.

二○○二年以来市场表现

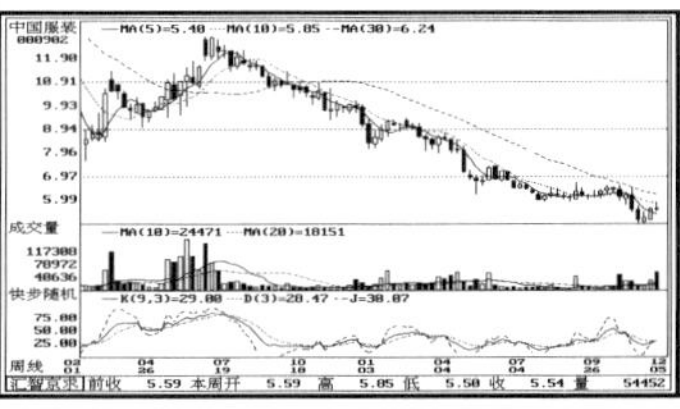

2002年涨跌幅(%)	–22.91
2002年最高(元)	12.88
2002年最低(元)	6.74
2002年换手率(%)	255.13
2003年涨跌幅(%)	–34.85
2003年最高(元)	9.36
2003年最低(元)	5.00
2003年换手率(%)	145.44

昆明云内动力股份有限公司

公司概况				
公司名称	昆明云内动力股份有限公司		股票代码	000903
注册地址	云南省昆明市穿金路715号		邮政编码	650224
法人代表	段华生		董秘	雷升逵
电话	0871-5625802		传真	0871-5633176
主营业务	小缸径多缸柴油机的开发、生产和销售			
总股本	19980.00	流通A 7800.00	流通B	流通H
审计单位			审计意见	未审计

主要财务指标 年度	2003.9	2003.6	2002	2001
每股收益/扣除后(元)	0.2400	0.1560	0.5500	0.4100
每股经营现金流量(元)	0.1890	0.2400	1.2600	0.8200
每股净资产/调整后(元)	4.4400	4.3400	4.1500	3.4000
每股公积金(元)	2.5846	2.5846	2.5846	1.9775
净资产收益率(%)	6.7000	4.8300	12.0300	12.9300
总资产(万元)	156756.41	151778.14	146040.14	130999.43
股东权益(万元)	89339.69	87579.09	83349.98	62293.40
未分配利润(万元)	11157.89	9397.28	5168.18	4144.53
主营收入(万元)	76083.56	51747.88	109073.94	70440.04
资本公积金(万元)	51640.31	51640.31	51640.31	35595.73
主营利润(万元)	15369.27	10222.04	21747.12	16471.98
其他业务利润(万元)	202.70	165.28	351.94	289.62
营业利润(万元)	5754.96	3639.55	12719.99	8756.71
投资收益(万元)	1393.65	1377.77	-535.09	850.63
补贴收入(万元)				
营业外收支(万元)	30.21	18.00	-138.16	150.58
利润总额(万元)	7178.81	5038.49	12046.75	9757.93
净利润(万元)	5989.72	4229.11	10025.00	8052.64

十大股东 序号	股东名称	股份性质	持股数(万股)	比例(%)
1	云南内燃机厂	国有股	12180.00	60.96
2	国泰君安证券股份有限公司	流通股	759.13	3.80
3	振泰实业	流通股	484.05	2.42
4	北京富而立投资咨询有限公司	流通股	332.62	1.66
5	鸿阳证券投资基金	流通股	199.13	1.00
6	渤海证券有限责任公司	流通股	183.73	0.92
7	上海电气集团财务有限公司	流通股	135.14	0.68
8	国泰金鹰增长证券投资基金	流通股	88.88	0.44
9	金泰证券投资基金	流通股	82.39	0.41
10	易方达平稳增长证券投资基金	流通股	66.10	0.33

股东人数	2003.9	2003.6	2002	2001
	20627	18210	21115	25058

近年分配	2002年10股派3.5元 2001年10股派3.6元	近年配股/增发	2001年10股配3股

重大事项

2003年4月1日，公司董事会同意公司向招商银行成都分行玉双路支行申请办理人民币2亿元的单项授信业务，由云南内燃机厂提供担保,授权公司控股子公司成都云内动力有限公司使用.该《授信协议》尚未签署. 2002年11月16日,公司前次募集资金《招股说明书》中披露的两个技术改造项目100系列柴油机技术改造项目及计算机集成制造系统(CIMS)技术改造项目于2002年11月14日通过项目管理部门云南省经济贸易委员会组织的竣工验收。

二〇〇二年以来市场表现

2002年涨跌幅(%)	2.53
2002年最高(元)	12.73
2002年最低(元)	9.04
2002年换手率(%)	161.17
2003年涨跌幅(%)	-19.82
2003年最高(元)	13.50
2003年最低(元)	7.70
2003年换手率(%)	167.89

厦门路桥股份有限公司

公司概况				
公司名称	厦门路桥股份有限公司		股票代码	000905
注册地址	厦门市嘉禾路中段侨星大厦八楼		邮政编码	361009
法人代表	黄灵强		董秘	刘翔
电话	0592-5326897		传真	0592-5326893
主营业务	厦门大桥的经营和维护、海沧大桥的投资、经营和维护等			
总股本	29500.00	流通A 9500.00	流通B	流通H
审计单位			审计意见	未审计

主要财务指标 年度	2003.9	2003.6	2002	2001
每股收益/扣除后(元)	0.1600	0.1200	0.2410	0.1310
每股经营现金流量(元)	0.4600	0.2400	0.5660	0.1210
每股净资产/调整后(元)	3.3290	3.2850	3.1120	3.3610
每股公积金(元)	1.7122	1.7122	1.7122	1.7112
净资产收益率(%)	6.0800	4.9640	8.5700	3.7500
总资产(万元)	275441.37	278274.62	283879.87	280810.66
股东权益(万元)	100597.77	99421.66	94486.04	100959.28
未分配利润(万元)	15011.66	13835.55	8899.93	16641.07
主营收入(万元)	30771.09	20636.76	33018.64	25442.84
资本公积金(万元)	50510.12	50510.12	50510.12	50479.08
主营利润(万元)	11977.94	8434.33	16030.39	12965.78
其他业务利润(万元)	315.80	149.37	246.95	684.47
营业利润(万元)	6889.51	4803.00	9335.64	3797.59
投资收益(万元)	574.50	1336.42	336.49	734.78
补贴收入(万元)				
营业外收支(万元)	-63.90		-22.00	-79.86
利润总额(万元)	7400.11	6106.07	9650.13	4452.50
净利润(万元)	6111.73	4935.62	8100.77	3788.77

十大股东 序号	股东名称	股份性质	持股数(万股)	比例(%)
1	厦门市路桥建设投资总公司	国有股	16262.00	55.13
2	华建交通经济开发中心	国有股	3738.00	12.67
3	科瑞证券投资基金	流通股	313.29	1.06
4	通乾证券投资基金	流通股	88.78	0.30
5	科翔证券投资基金	流通股	46.00	0.15
6	易方达平稳增长证券投资基金	流通股	42.36	0.14
7	倪新峰	流通股	19.88	0.07
8	陈志忠	流通股	17.00	0.06
9	李彩梅	流通股	16.31	0.06
10	王涛	流通股	14.54	0.05

股东人数	2003.9	2003.6	2002	2001
	60350	62299	62030	72015

近年分配	2002年10股派5元	近年配股/增发	不分配不转增

重大事项

2003年9月25日,公司董事会同意公司拟以拥有的厦门大桥和海沧大桥的资产和相对应的负债以及在储运公司、房地产公司和旅游公司的权益性资产,与公司潜在控股股东厦门港务集团有限公司拥有的东渡分公司全部净资产以及在理货公司、物流公司、外代公司、国内船代和鹭榕水铁的权益性资产和部分土地使用权进行置换. 差价197.45万元， 2003年01月08,公司为厦门市路桥建设投资总公司提供担保的福建兴业银行厦门市分行7800万元人民币贷款中剩余的4000万元已于2002年12月30日按期归还,至此,公司为路桥总公司提供的贷款担保已全部解除.

二〇〇二年以来市场表现

2002年涨跌幅(%)	-10.53
2002年最高(元)	10.27
2002年最低(元)	5.26
2002年换手率(%)	101.99
2003年涨跌幅(%)	2.84
2003年最高(元)	8.95
2003年最低(元)	6.80
2003年换手率(%)	65.89

南方建材股份有限公司

公司概况

公司名称	南方建材股份有限公司	股票代码	000906
注册地址	湖南省长沙市芙蓉中路 29 号	邮政编码	410011
法人代表	刘平	董秘	谭昌寿
电话	0731-2225271	传真	0731-4453546
主营业务	生产、销售建筑材料、化工产品、机械、电子设备等		
总股本	23750.00	流通 A	6650.00
流通 B		流通 H	
审计单位		审计意见	未审计

主要财务指标

年度	2003.9	2003.6	2002	2001
每股收益 / 扣除后(元)	0.0500	0.0260	0.1070	0.1310
每股经营现金流量(元)	0.5600	0.2700	0.5300	0.3400
每股净资产 / 调整后(元)	1.6400	1.6200	1.5900	2.8000
每股公积金(元)	0.2316	0.2316	0.2285	1.3224
净资产收益率(%)	3.0800	1.5700	6.3200	5.2000
总资产(万元)	135257.30	127098.14	119307.63	95429.20
股东权益(万元)	40046.72	39431.69	38739.24	36620.52
未分配利润(万元)	8410.82	7624.32	7005.13	5661.56
主营收入(万元)	126592.64	78661.96	135255.42	84556.80
资本公积金(万元)	5499.81	5499.81	5426.55	16530.04
主营利润(万元)	11730.74	7339.20	14904.49	8285.42
其他业务利润(万元)	272.00	155.41	321.93	90.91
营业利润(万元)	2738.86	1583.83	4425.24	2162.46
投资收益(万元)	-28.88	-30.88	-81.42	-45.19
补贴收入(万元)	13.54	13.54		
营业外收支(万元)	80.29	17.78	-43.99	362.78
利润总额(万元)	2803.81	1584.28	4299.82	2480.04
净利润(万元)	1234.21	619.19	2447.21	1904.70

十大股东

序号	股东名称	股份性质	持股数(万股)	比例(%)
1	湖南华菱钢铁集团有限责任公司	国家股	8740.00	36.80
2	湖南同力投资有限公司	国有法人股	5950.00	25.05
3	湖南金球房地产开发有限公司	国有法人股	2410.00	10.15
4	戈晓峰	流通股	80.98	0.34
5	倪秀婵	流通股	80.00	0.34
6	张嘉洪	流通股	60.00	0.25
7	何松海	流通股	55.00	0.23
8	吴清秀	流通股	45.00	0.19
9	孟杨珍	流通股	45.00	0.19
10	钱德才	流通股	34.78	0.15

股东人数	2003.9	2003.6	2002	2001
	3840	4019	6363	6915

近年分配	2002年 10 股派 0.2 元 2001 年 10 股派 0.2 元	近年配股 / 增发	2001年 10 股转增 9 股

重大事项

公司于 2003 年 2 月 25 日从股东南方建材集团有限公司获悉,长沙市中级人民法院裁定: 南方集团持有的公司国有法人股 5950 万股以每股 1.48 元的价格转让给湖南同力投资有限公司冲抵南方集团所欠同力公司的债务. 2003 年 2 月 24 日办理了股权过户登记手续.至此,同力公司持有公司国有法人股 5950 万股,成为公司第二大股东.南方集团不再持有公司股份. 2003 年 09 月 15 日,公司与北京赛迪传媒投资股份有限公司签订了《互保协议》之补充协议,将双方互相提供授信额度担保金额由原协议约定的 5000 万元变更为 2000 万元. 公司与北京赛迪传媒投资股份有限公司于 2003 年 3 月 20 日签订了《互保协议》,约定双方互相为对方提供 5000 万元的授信额度担保, 期限为一年.

二〇〇二年以来市场表现

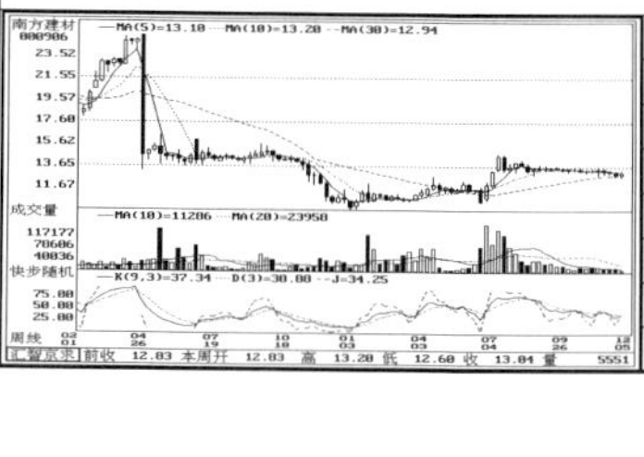

2002年涨跌幅(%)	-1.90
2002年最高(元)	16.33
2002年最低(元)	9.42
2002年换手率(%)	190.11
2003年涨跌幅(%)	24.56
2003年最高(元)	14.69
2003年最低(元)	9.68
2003年换手率(%)	279.42

湖南天一科技股份有限公司

公司概况

公司名称	湖南天一科技股份有限公司	股票代码	000908
注册地址	湖南省平江县城关镇南街 339 号	邮政编码	414500
法人代表	彭深根	董秘	郑盈
电话	0731-8902528	传真	0731-8902528
主营业务	生产、销售系列工,农业用泵与泵站工程相配套的自动控制设备等		
总股本	28000.00	流通 A	9000.00
流通 B		流通 H	
审计单位		审计意见	未审计

主要财务指标

年度	2003.9	2003.6	2002	2001
每股收益 / 扣除后(元)	0.0460	0.0315	0.0530	0.0210
每股经营现金流量(元)	-0.0900	-0.0495	0.0600	0.1100
每股净资产 / 调整后(元)	1.8600	1.8521	1.8253	1.7600
每股公积金(元)		0.4287	0.4287	0.4287
净资产收益率(%)	2.5700	1.7000	2.7400	2.4600
总资产(万元)	86722.66	88215.35	86667.46	62088.23
股东权益(万元)	52468.42	52003.40	51117.71	49746.95
未分配利润(万元)	10330.54	9865.52	8979.83	7788.26
主营收入(万元)	16489.21	10120.81	21444.97	17124.91
资本公积金(万元)		12003.83	12003.83	12003.83
主营利润(万元)	4273.33	2704.01	4752.29	3259.71
其他业务利润(万元)	232.20	178.69	479.92	436.76
营业利润(万元)	1313.43	628.04	1144.75	-146.44
投资收益(万元)	320.00	320.00	488.82	1366.46
补贴收入(万元)	59.73	59.73	100.54	
营业外收支(万元)	5.66	3.36	-10.82	-27.06
利润总额(万元)	1698.81	1011.12	1723.29	1192.96
净利润(万元)	1350.72	885.69	1401.84	1224.93

十大股东

序号	股东名称	股份性质	持股数(万股)	比例(%)
1	湖南省平江县国有资产管理局	法人股	18400.00	65.71
2	长沙致大实业有限公司	法人股	400.00	1.43
3	湖南经济建设投资公司	法人股	200.00	0.71
4	胡柏树	流通股	54.64	0.20
5	万桂山	流通股	39.00	0.14
6	叶培元	流通股	33.54	0.12
7	林得姣	流通股	33.31	0.12
8	陈静林	流通股	11.11	0.04
9	罗坤生	流通股	11.00	0.04
10	北京物化天宝房地产咨询服务有限公司	流通股	10.70	0.04

股东人数	2003.9	2003.6	2002	2001
	73836	74698	77024	82947

近年分配		近年配股 / 增发	不分配不转增

重大事项

2003 年 11 月 18 日接公司第一大股东湖南省平江县国有资产管理局通知, 中国证券监督管理委员会已出具《关于同意豁免湖南省平江县国资局要约收购"天一科技"股票义务的函》,同意豁免平江国资局 2003 年 10 月 14 日增持公司股票 200 万股而触发的要约收购义务. 2003 年 9 月 18 日,公司董事会同意公司投资 5000 万元参与财富证券有限责任公司增资扩股,参股财富证券 5000 万股, 每股价格 1 元.公司股东资格及财富证券增资扩股行为须经中国证监会批准.

二〇〇二年以来市场表现

2002年涨跌幅(%)	-20.92
2002年最高(元)	9.78
2002年最低(元)	5.57
2002年换手率(%)	118.42
2003年涨跌幅(%)	-20.03
2003年最高(元)	8.40
2003年最低(元)	4.77
2003年换手率(%)	81.56

数源科技股份有限公司

公司概况	公司名称	数源科技股份有限公司			股票代码	000909	
	注册地址	杭州市西湖区教工路一号			邮政编码	310012	
	法人代表	章国经			董秘	丁毅	
	电话	0571-88271018			传真	0571-88271038	
	主营业务	数字(模拟)彩色电视机、数字视音频产品、数字电子计算机等					
	总股本	19600.00	流通 A	6000.00	流通 B		流通 H
	审计单位				审计意见	未审计	

主要财务指标	年度	2003.9	2003.6	2002	2001
	每股收益 / 扣除后(元)	0.0160	0.0141	0.0150	-0.0700
	每股经营现金流量(元)	-0.8300	-0.1030	0.6900	-0.1900
	每股净资产 / 调整后(元)	2.7300	2.7100	2.7000	2.6700
	每股公积金(元)	1.6414	1.6414	1.6414	1.6370
	净资产收益率(%)	0.5800	0.5080	0.7600	0.6800
	总资产(万元)	89443.19	86567.64	98342.79	77881.08
	股东权益(万元)	53504.48	53465.56	53193.93	52736.58
	未分配利润(万元)	979.37	940.44	668.82	346.20
	主营收入(万元)	35262.66	24794.76	37273.43	21977.11
	资本公积金(万元)	32172.28	32172.28	32172.28	32085.26
	主营利润(万元)	4238.60	2992.23	4404.30	3095.91
	其他业务利润(万元)	91.15	2.00	88.59	317.77
	营业利润(万元)	671.15	465.94	938.11	934.08
	投资收益(万元)	7.70		13.85	
	补贴收入(万元)				
	营业外收支(万元)	-9.74		89.39	21.47
	利润总额(万元)	669.11	459.64	1041.35	955.55
	净利润(万元)	310.55	271.63	405.76	358.27

十大股东	序号	股东名称	股份性质	持股数(万股)	比例(%)
	1	西湖电子集团有限公司	国有法人股	13600.00	69.39
	2	陈丽环	流通股	21.25	0.11
	3	黄洪才	流通股	18.50	0.09
	4	张正会	流通股	13.78	0.07
	5	周惠刚	流通股	11.20	0.06
	6	陈徐华	流通股	10.58	0.05
	7	冯梧初	流通股	10.40	0.05
	8	罗慎国	流通股	9.23	0.05
	9	陆庆	流通股	9.00	0.05
	10	孙琴娣	流通股	8.97	0.05

股东人数	2003.9	2003.6	2002	2001
	41839	42005	41599	44064

近年分配		近年配股 / 增发	不分配不转增

重大事项

2003 年 9 月 29 日,公司董事会,公司控股子公司杭州中兴房地产开发有限公司因正常生产经营需要,近日在浙江省诸暨市招投标交易服务中心招标出让国有土地使用权会上,中标竞拍得该市詹家山居住小区 84510 平方米的国有土地使用权,标的金额人民币 16103 万元.经公司董事会审核,同意为该控股公司上述购买土地行为提供全额资金周转支持,期限 6 个月. 2001 年 1 月 18 日,本公司因生产经营的需要,在 2000 年 12 月至 2001 年 1 月期间向银行短期借款, 累计为人民币 14000 万元,主要用于流动资金周转货款及其它成本支出.

二○○二年以来市场表现

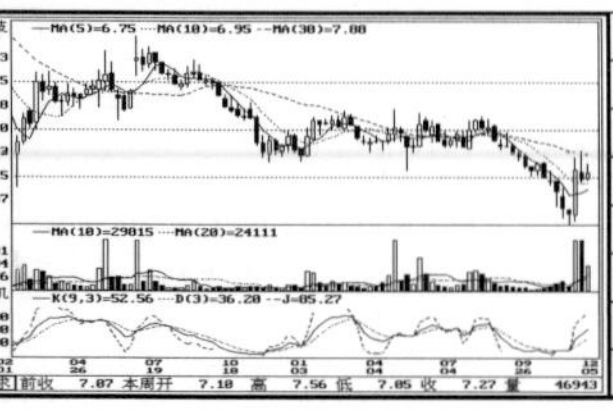

2002年涨跌幅(%)	-24.34
2002年最高(元)	11.80
2002年最低(元)	6.66
2002年换手率(%)	142.69
2003年涨跌幅(%)	-9.01
2003年最高(元)	9.36
2003年最低(元)	5.60
2003年换手率(%)	163.39

江苏大亚新型包装材料股份有限公司

公司概况	公司名称	江苏大亚新型包装材料股份有限公司			股票代码	000910	
	注册地址	江苏省丹阳经济技术开发区金陵西路 95 号			邮政编码	212300	
	法人代表	陈兴康			董秘	王颐	
	电话	0511-6883666			传真	0511-6885000	
	主营业务	高新技术产品的研究、开发,包装装潢材料、铝箔及复合材料等					
	总股本	23125.00	流通 A	8000.00	流通 B		流通 H
	审计单位				审计意见	未审计	

主要财务指标	年度	2003.9	2003.6	2002	2001
	每股收益 / 扣除后(元)	0.1590	0.1020	0.2670	0.2390
	每股经营现金流量(元)	0.0400	0.0160	0.5090	0.3960
	每股净资产 / 调整后(元)	3.8970	3.8370	3.7590	3.5070
	每股公积金(元)	1.9067	1.9021	1.9055	1.9121
	净资产收益率(%)	4.0200	2.6000	7.1100	6.9500
	总资产(万元)	189987.19	188665.20	161578.64	122603.97
	股东权益(万元)	91134.30	89692.41	87439.93	81376.15
	未分配利润(万元)	18264.39	16927.50	14596.96	9592.71
	主营收入(万元)	108034.35	69844.43	78520.06	53488.67
	资本公积金(万元)	44091.36	43986.36	44064.42	44218.04
	主营利润(万元)	20241.73	13610.87	17079.78	11886.28
	其他业务利润(万元)	447.29	244.25	612.07	606.83
	营业利润(万元)	7166.60	4204.35	9334.99	7281.61
	投资收益(万元)	46.15	-24.71	192.90	-55.04
	补贴收入(万元)				58.00
	营业外收支(万元)	-30.37	-33.32	63.06	-138.52
	利润总额(万元)	7182.38	4146.31	9590.95	7146.05
	净利润(万元)	3667.43	2330.55	6217.40	5652.86

十大股东	序号	股东名称	股份性质	持股数(万股)	比例(%)
	1	江苏大亚集团公司	国有股	12992.36	56.18
	2	上海凹凸彩印总公司	国有股	1997.35	8.64
	3	汕头乾业烟草物资有限公司	未流通股	67.65	0.29
	4	北京市牛奶公司	未流通股	33.82	0.15
	5	成都五牛科美投资集团有限公司	未流通股	33.82	0.15
	6	疗美仙	未流通股	26.21	0.11
	7	莫启新	已流通股	21.02	0.09
	8	梁炳桂	已流通股	17.82	0.08
	9	叶成德	已流通股	17.47	0.08
	10	李文芳	已流通股	13.70	0.06

股东人数	2003.9	2003.6	2002	2001
	35525	36515	36204	37261

近年分配	2001年中期 10 股派 1 元	近年配股 / 增发	2002年 10 股配 3 股

重大事项

2003 年 7 月 9 日,公司接到控股股东江苏大亚集团公司通知,丹阳市财政局决定对江苏大亚集团公司进行公司制改造,向江苏沃得机电集团有限公司和江苏天工工具股份有限公司分别转让江苏大亚集团公司 37% 和 23% 的国有产权.产权转让后,江苏大亚集团公司依法改建为有限责任公司. 2003 年 6 月 13 日, 公司近期分别与建行丹阳市支行、中国民生银行南京分行北京西路支行续签 2000 万元和 10000 万元流动资金借款合同.

二○○二年以来市场表现

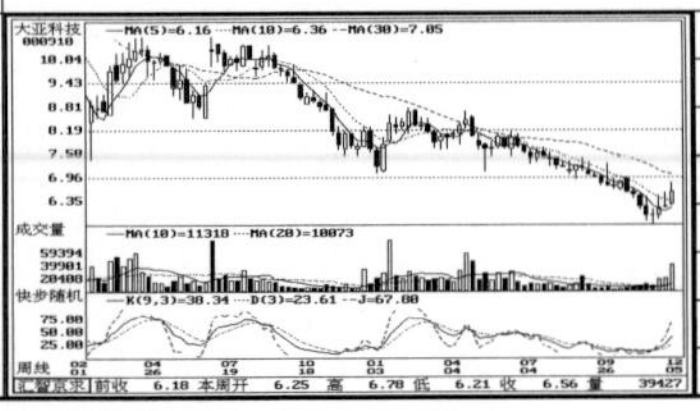

2002年涨跌幅(%)	-28.09
2002年最高(元)	10.66
2002年最低(元)	7.26
2002年换手率(%)	121.77
2003年涨跌幅(%)	-16.49
2003年最高(元)	8.77
2003年最低(元)	5.73
2003年换手率(%)	100.23

南宁糖业股份有限公司

公司概况

公司名称	南宁糖业股份有限公司			股票代码	000911		
注册地址	广西壮族自治区南宁市亭洪路48号			邮政编码	530031		
法人代表	熊可模			董秘	王国庆		
电话	0771-4914317			传真	0771-4910755		
主营业务	机制糖、酒精、文化用纸、蔗渣浆的生产、加工、销售等						
总股本	24080.00	流通A	7280.00	流通B		流通H	
审计单位				审计意见	未审计		

主要财务指标

年度	2003.9	2003.6	2002	2001
每股收益/扣除后(元)	0.2600	0.1900	0.2500	0.2000
每股经营现金流量(元)	0.2400	-0.8600	0.7300	0.0900
每股净资产/调整后(元)	2.9500	2.8800	2.7200	2.6500
每股公积金(元)	1.6699	1.6701	1.6757	1.6573
净资产收益率(%)	8.4500	6.4300	8.5300	7.0600
总资产(万元)	148493.72	172003.89	147179.12	120777.29
股东权益(万元)	74378.01	72772.20	68610.11	67022.16
未分配利润(万元)	6510.30	4900.33	1246.98	961.75
主营收入(万元)	99917.29	58782.90	142010.62	95732.09
资本公积金(万元)	142010.62	40215.69	40351.66	39906.67
主营利润(万元)	17321.71	11789.75	29430.88	19453.39
其他业务利润(万元)	203.89	118.59	312.80	134.81
营业利润(万元)	4229.60	2464.59	11211.96	5744.31
投资收益(万元)	126.22	47.25	55.03	127.58
补贴收入(万元)				
营业外收支(万元)	-4.25	-24.34	-251.29	-391.11
利润总额(万元)	4351.57	2487.51	11015.70	5480.78
净利润(万元)	6285.65	4675.68	5855.22	4734.06

十大股东

序号	股东名称	股份性质	持股数(万股)	比例(%)
1	南宁振宁资产经营有限责任公司	国有股	16800.00	69.77
2	光大证券有限责任公司	流通股	1088.64	4.52
3	陈锦连	流通股	25.97	0.11
4	成刚	流通股	24.83	0.10
5	钟焕雄	流通股	21.07	0.09
6	焦亮	流通股	20.00	0.08
7	余景民	流通股	19.44	0.08
8	王镝	流通股	17.70	0.07
9	程桂芹	流通股	16.74	0.07
10	张丽斌	流通股	16.39	0.07

股东人数	2003.9	2003.6	2002	2001
	26741	27520	27687	28152

近年分配	2003年中10派2元 2002年中10派1.9元 2001年中10派3.4元	近年配股/增发	2001年中期10股配3股

重大事项

截止2003年11月17日,公司累计为"南化集团"新签担保借款人民币7,410万元:1)与交通银行南宁分行签订短期流动资金借款人民币600万元,借款期限14个月;2)与中国工商银行广西区分行营业部签订了五笔短期流动资金借款共计人民币6,810万元,借款期限分别为6月期、12个月期和14个月期. 2003年9月25日,公司董事会拟将香山糖厂由现有的日处理甘蔗3000吨通过技术改造、扩建至日处理甘蔗6000吨的大型糖厂.项目总投资约为人民币11726万元.建设期1年,计划以公司自有资金出资3446万元,其余8280万元通过银行借贷解决.

二〇〇二年以来市场表现

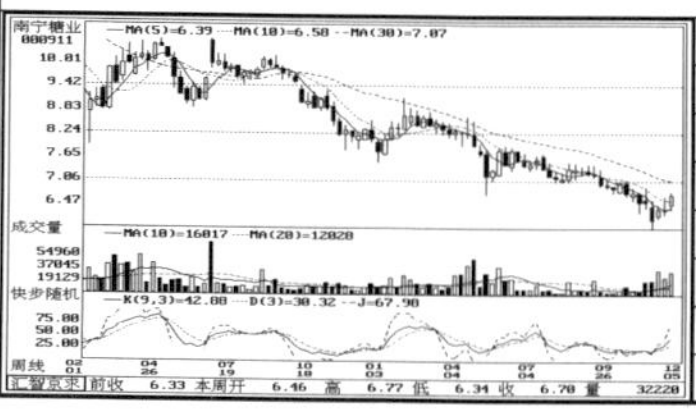

2002年涨跌幅(%)	-22.50
2002年最高(元)	10.21
2002年最低(元)	7.30
2002年换手率(%)	127.17
2003年涨跌幅(%)	-15.71
2003年最高(元)	8.90
2003年最低(元)	5.88
2003年换手率(%)	96.07

四川泸天化股份有限公司

公司概况

公司名称	四川泸天化股份有限公司			股票代码	000912		
注册地址	四川省成都市			邮政编码	610031		
法人代表	任晓善			董秘	索隆敏		
电话	0830-4125103			传真	0830-4125103		
主营业务	化学肥料、化工原料及产品和日用化学品的生产、销售等						
总股本	58500.00	流通A	19500.00	流通B		流通H	
审计单位				审计意见	未审计		

主要财务指标

年度	2003.9	2003.6	2002	2001
每股收益/扣除后(元)	0.2300	0.2020	0.2300	0.1810
每股经营现金流量(元)	0.6730	0.4560	0.6400	0.7000
每股净资产/调整后(元)	2.7790	2.7170	3.2780	3.1750
每股公积金(元)	1.1332	1.1332	1.7732	1.7675
净资产收益率(%)	8.5300	6.9420	7.4700	6.9200
总资产(万元)	352004.19	357588.50	366238.34	340928.31
股东权益(万元)	167033.41	164183.02	152785.45	150110.64
未分配利润(万元)	31567.29	28716.91	17319.35	18119.31
主营收入(万元)	162147.19	119022.00	169417.55	154070.37
资本公积金(万元)	66294.77	66294.77	79794.77	79536.50
主营利润(万元)	46546.47	36725.37	41717.49	30371.02
其他业务利润(万元)	-177.92	-79.63	-326.39	-8.55
营业利润(万元)	21382.59	19757.91	13566.20	6941.26
投资收益(万元)	-165.63	-40.54	372.64	3468.72
补贴收入(万元)	1412.69	14.94	2382.73	2852.02
营业外收支(万元)	-169.54	-92.47	-1135.71	-284.38
利润总额(万元)	22460.11	19663.77	15185.87	12977.62
净利润(万元)	14247.93	11397.55	11416.55	10393.06

十大股东

序号	股东名称	股份性质	持股数(万股)	比例(%)
1	泸天化(集团)责任有限公司	国有股	39000.00	66.67
2	南方稳健成长证券投资基金	流通股	333.38	0.57
3	科瑞证券投资基金	流通股	70.49	0.12
4	中国民族证券有限责任公司	流通股	68.00	0.12
5	泰和证券投资基金	流通股	48.11	0.08
6	陈红岩	流通股	39.00	0.07
7	赖余伟	流通股	33.80	0.06
8	全国社保基金一零四组合	流通股	33.68	0.06
9	普润证券投资基金	流通股	31.68	0.05
10	胡良庆	流通股	29.90	0.05

股东人数	2003.9	2003.6	2002	2001
	63231	63512	61687	84272

近年分配	2002年10股派2元 2001年10股派1元	近年配股/增发	2002年10股增3股

重大事项

2003年9月30日,公司董事会同意四川昊源化工有限责任公司承销本公司化工产品,自2003年9月1日起本公司生产的浓硝酸甲醇液氨产品由四川昊源化工有限责任公司承销,本公司与四川昊源化工有限责任公司签订了化工产品承销协议. 2002年03月07日,公司于近日收到四川省人民政府办公厅复函,同意本公司从2002年1月1日起至2006年12月31日期间,对公司减按15%的税率缴纳企业所得税.

二〇〇二年以来市场表现

2002年涨跌幅(%)	-0.33
2002年最高(元)	7.65
2002年最低(元)	4.31
2002年换手率(%)	92.41
2003年涨跌幅(%)	4.75
2003年最高(元)	7.19
2003年最低(元)	5.69
2003年换手率(%)	128.25

浙江钱江摩托股份有限公司

公司概况

公司名称	浙江钱江摩托股份有限公司			股票代码	000913		
注册地址	浙江省温岭市太平街道万昌路			邮政编码	317500		
法人代表	陈筱根			董秘	林先进		
电话	0576-6192111			传真	0576-6139081		
主营业务	摩托车及配件的生产、销售、研究、设计和开发等						
总股本	45353.60	流通 A	13520.00	流通 B		流通 H	
审计单位				审计意见	未审计		

主要财务指标

年度	2003.9	2003.6	2002	2001
每股收益/扣除后(元)	0.1400	0.1000	0.1500	0.2600
每股经营现金流量(元)	0.1000	0.1100	–0.1500	0.3800
每股净资产/调整后(元)	2.7800	2.7400	2.6400	4.1100
每股公积金(元)	1.1653	1.1650	1.1650	2.2636
净资产收益率(%)	4.9400	3.7400	5.9900	6.4100
总资产(万元)	193438.37	191476.91	190930.42	188059.52
股东权益(万元)	126639.52	125043.97	120366.49	117881.85
未分配利润(万元)	22850.89	21266.17	16588.68	20853.05
主营收入(万元)	218861.23	148144.11	218861.23	271809.81
资本公积金(万元)	52848.95	52838.12	52838.12	64163.73
主营利润(万元)	29835.99	19809.00	27359.71	23783.29
其他业务利润(万元)	–73.96	–36.17	219.11	413.03
营业利润(万元)	11205.87	7887.44	10632.05	9750.46
投资收益(万元)	–697.09	–389.44	419.44	1189.93
补贴收入(万元)	3.06	3.06	609.15	
营业外收支(万元)	–54.04		–553.17	–128.59
利润总额(万元)	10457.80	7429.74	11107.47	10811.81
净利润(万元)	6262.21	4677.48	7207.20	7561.52

十大股东

序号	股东名称	股份性质	持股数(万股)	比例(%)
1	钱江集团有限公司	国有法人股	21753.60	47.96
2	金狮明钢有限公司	境外法人股	10080.00	22.23
3	林文清	A股流通股	84.39	0.19
4	方桂开	A股流通股	66.43	0.15
5	王双华	A股流通股	47.08	0.10
6	任国勇	A股流通股	40.30	0.09
7	肖和平	A股流通股	38.03	0.08
8	陈文怡	A股流通股	36.12	0.08
9	张如立	A股流通股	35.46	0.08
10	新疆口岸投资合作有限公司	A股流通股	33.86	0.07

股东人数

2003.9	2003.6	2002	2001
22871	23244	20953	14529

近年分配	2002年10股派1元 2001年10股派1元	近年配股/增发	2001年10股送2股、配3股、增4股

重大事项

公司董事会**2003**年**9**月**14**日决定,分别受让钱江集团有限公司、新加坡益鹏投资有限公司所持有的浙江益鹏发动机配件有限公司**25%**和**24%**的股权;分别受让钱江集团有限公司、新加坡捷成有限公司所持有的浙江益中摩托车电器有限公司**23%**和**26%**的股权。上述交易为关联交易。 **2003**年**4**月**13**日,公司董事会同意公司于**2003**年**3**月**1**日与浙江物产元通机电(集团)有限公司、钱均签订的协议,公司决定出资人民币**95**万元合资组建浙江元通钱江摩托车销售有限公司. 占新公司出资总额的**19%**.本协议有效期五年.

二〇〇二年以来市场表现

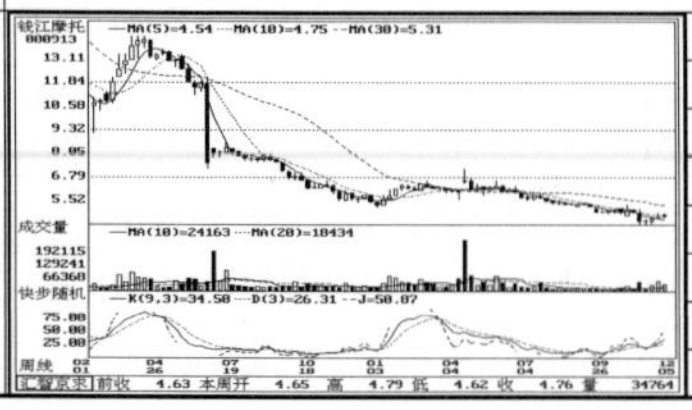

2002年涨跌幅(%)	–29.56
2002年最高(元)	8.82
2002年最低(元)	5.11
2002年换手率(%)	130.53
2003年涨跌幅(%)	–10.44
2003年最高(元)	7.12
2003年最低(元)	4.26
2003年换手率(%)	118.15

山东山大华特科技股份有限公司

公司概况

公司名称	山东山大华特科技股份有限公司			股票代码	000915		
注册地址	山东省沂南县县城振兴路**6**号			邮政编码	276300		
法人代表	张居民			董秘	刘洪渭		
电话	0531-5198006			传真	0531-2666189		
主营业务	"国家大学科技园"的开发、建设及管理、高新技术开发等						
总股本	15357.12	流通 A	7825.16	流通 B		流通 H	
审计单位				审计意见	未审计		

主要财务指标

年度	2003.9	2003.6	2002	2001
每股收益/扣除后(元)	0.0160	0.0129	–0.0207	–0.1263
每股经营现金流量(元)	0.3080	0.0919	–0.1076	–0.0015
每股净资产/调整后(元)	1.6739	1.6567	1.6318	2.6860
每股公积金(元)	0.3672	0.3672	0.3647	1.1830
净资产收益率(%)	1.8600	1.5900	2.1200	0.5900
总资产(万元)	69100.68	61743.33	56143.09	48424.61
股东权益(万元)	25706.13	25634.39	25189.25	24548.75
未分配利润(万元)	3038.46	2966.71	2560.24	3236.50
主营收入(万元)	6144.59	4024.99	9973.67	4202.60
资本公积金(万元)	5639.04	5639.04	5600.38	10687.06
主营利润(万元)	2737.53	1729.91	3378.77	1231.32
其他业务利润(万元)	47.10	43.49	–15.02	6.20
营业利润(万元)	–358.53	–179.86	107.40	141.98
投资收益(万元)	610.69	358.92	393.43	–142.59
补贴收入(万元)	214.47	191.06	242.94	175.97
营业外收支(万元)	–3.86	–2.08	–16.60	–30.05
利润总额(万元)	462.76	374.33	727.18	145.32
净利润(万元)	478.22	406.48	532.87	145.32

十大股东

序号	股东名称	股份性质	持股数(万股)	比例(%)
1	山东山大集团有限公司	国有法人股	4590.00	29.89
2	山东声乐集团有限公司	国有法人股	1263.00	8.22
3	济宁高新区开发建设投资有限责任公司	国有法人股	603.77	3.93
4	山东沂蒙实业集团公司	社会法人股	179.20	1.17
5	山东省临沂地区公路局水泥厂	社会法人股	112.20	0.73
6	沂南县发达硅砂有限公司	社会法人股	74.80	0.49
7	潍坊顺源证券咨询服务有限公司	社会法人股	74.80	0.49
8	上海华商联合发展有限公司	社会公众股	60.93	0.42
9	沂南县城区建筑公司	社会法人股	56.10	0.37
10	成都百货(集团)股份有限公司	社会法人股	56.10	0.37

股东人数

2003.9	2003.6	2002	2001
21493	21555	19266	16334

近年分配	2002年中期10股派0.25元	近年配股/增发	2002年中期10股送1股、增6股

重大事项

2003年**09**月**27**日,公司与沂南县阳都资产运营有限公司共同出资设立山东山大华特卧龙学校,目前学校的《办学许可证》等批准文件已办理完毕,本学期按计划招收的高中、初中及高三复读生共计**4800**名已顺利入校,土地使用权证等其他手续正在办理中。 **2003**年**2**月**10**日,公司与能基投资公司、山东声乐集团有限公司签署协议,三方同意公司将对山东声乐集团公司的**22345212**元到期债权转让给能基投资公司.公司在**22345212**元的范围内的权利义务由能基投资继受;将声乐集团持有的公司国有股份**12629980**股,以**22345212**元的价格抵偿给能基投资.能基投资已于**2003**年**7**月**1**日办理了以上**12629980**股股权的过户手续.

二〇〇二年以来市场表现

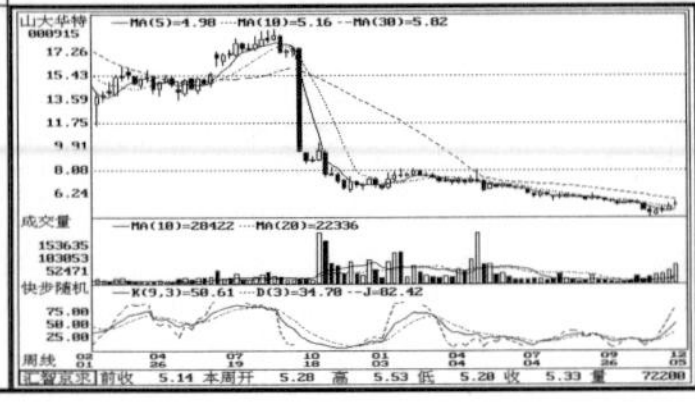

2002年涨跌幅(%)	–30.90
2002年最高(元)	11.22
2002年最低(元)	6.31
2002年换手率(%)	202.04
2003年涨跌幅(%)	–23.40
2003年最高(元)	8.10
2003年最低(元)	4.40
2003年换手率(%)	223.47

华北高速公路股份有限公司

公司概况

公司名称	华北高速公路股份有限公司	股票代码	000916
注册地址	北京经济技术开发区宏达北路10号	邮政编码	100078
法人代表	刘长宽	董秘	周会平
电话	010-58021999	传真	010-58021229
主营业务	投资开发、建设、经营收费公路、汽车修理等		

总股本	109000.00	流通A	34000.00	流通B		流通H	
审计单位				审计意见	未审计		

主要财务指标

年度	2003.9	2003.6	2002	2001
每股收益/扣除后(元)	0.1270	0.0733	0.1508	0.1700
每股经营现金流量(元)	0.1850	0.1220	0.2453	0.2600
每股净资产/调整后(元)	2.5983	2.5530	2.4729	2.4900
每股公积金(元)	1.2270	1.2270	1.2270	1.2270
净资产收益率(%)	5.5400	3.0100	6.3300	5.9100
总资产(万元)	297820.97	297730.75	295844.16	339461.47
股东权益(万元)	287270.19	282357.00	273859.56	272858.09
未分配利润(万元)	23769.71	18716.97	10219.54	12112.39
主营收入(万元)	36283.93	21954.51	44416.10	39538.23
资本公积金(万元)	133746.20	133746.20	133746.20	133742.98
主营利润(万元)	21220.61	12694.32	28496.38	26977.41
其他业务利润(万元)	311.42	227.09	238.95	362.97
营业利润(万元)	18737.80	11283.61	23783.72	23562.25
投资收益(万元)	205.39	147.27	-1249.57	-1616.54
补贴收入(万元)		750.03	2575.88	
营业外收支(万元)	0.15	0.15	-129.32	-49.80
利润总额(万元)	18943.34	12181.06	24980.72	21895.90
净利润(万元)	13550.17	8497.43	17348.25	16132.32

十大股东

序号	股东名称	股份性质	持股数(万股)	比例(%)
1	华建交通经济开发中心	发起人国家股	28736.59	26.36
2	天津市京津塘高速公路公司	流通股	28470.00	26.12
3	京津塘高速公路北京市公司	发起人国家股	14625.00	13.42
4	河北省公路开发有限公司	发起人国家股	3405.00	3.12
5	汉兴证券投资基金	发起人国家股	763.78	0.70
6	富国动态平衡证券投资基金	流通股	733.40	0.67
7	裕隆证券投资基金	流通股	496.59	0.46
8	金鑫证券投资基金	流通股	485.34	0.45
9	兴和证券投资基金	流通股	301.65	0.28
10	易方达平稳增长证券投资基金	流通股	120.50	0.11

股东人数	2003.9	2003.6	2002	2001
	128614	129048	135565	144911

近年分配	2002年10股派1.5元 2001年10股派1元	近年配股/增发	不分配不转增

重大事项

2003年1月21日，公司与深圳市群慧投资有限公司签订的两份委托理财合同年底未能全部变现，2002年年底股票市值损失9426633.95元，已计提减值准备。董事会决定将委托期限延至2003年12月20日，委托的股票市值为61060858.67元，期末群慧投资按资产净值收取1%的管理费。子公司易通交通信息发展有限公司的委托资产管理年底股票市值损失7415453.45元，已计提减值准备。 2001年9月20日，公司董事会同意本公司联合烟台华联发展集团股份有限公司出资组建深圳市群慧投资有限公司，该公司注册资本为4000万元，其中本公司以自有资金出资2000万元，占注册资本的50%。

二〇〇二年以来市场表现

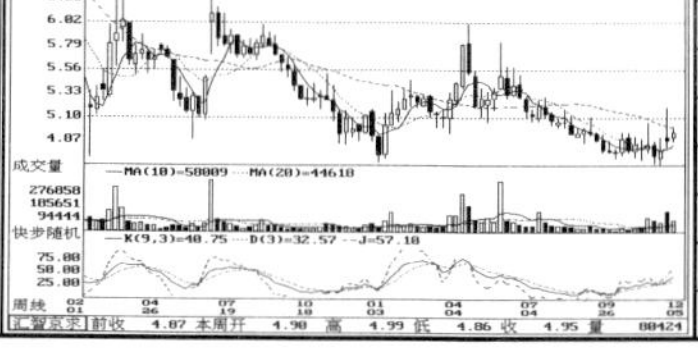

2002年涨跌幅(%)	-20.81
2002年最高(元)	6.26
2002年最低(元)	4.48
2002年换手率(%)	85.70
2003年涨跌幅(%)	4.06
2003年最高(元)	5.88
2003年最低(元)	4.54
2003年换手率(%)	93.78

湖南电广传媒股份有限公司

公司概况

公司名称	湖南电广传媒股份有限公司	股票代码	000917
注册地址	湖南省长沙市浏阳河大桥东	邮政编码	410003
法人代表	龙秋云	董秘	周竞东
电话	0731-4252080	传真	0731-4252096
主营业务	影视节目制作、发行和销售等		

总股本	25840.00	流通A	11800.00	流通B		流通H	
审计单位				审计意见	未审计		

主要财务指标

年度	2003.9	2003.6	2002	2001
每股收益/扣除后(元)	0.1300	0.1100	0.1600	0.2600
每股经营现金流量(元)	0.7500	0.4200	-1.6000	-0.6400
每股净资产/调整后(元)	8.9600	8.9400	8.8400	8.7600
每股公积金(元)	7.2679	7.2664	7.2664	7.2635
净资产收益率(%)	1.3400	1.2000	1.7300	3.2800
总资产(万元)	474551.41	478711.12	465063.16	452510.00
股东权益(万元)	236817.70	236455.06	238209.02	232012.83
未分配利润(万元)	17096.00	16770.26	19386.72	13119.65
主营收入(万元)	66994.90	44475.19	68404.44	69296.45
资本公积金(万元)	187801.37	187764.47	187698.84	187689.05
主营利润(万元)	21052.89	15922.39	25083.06	31113.03
其他业务利润(万元)	338.56	194.57	452.33	177.31
营业利润(万元)	-5417.42	-2357.73	-7860.78	-3657.28
投资收益(万元)	5861.09	3549.41	8058.17	5807.84
补贴收入(万元)				
营业外收支(万元)	-60.95		-93.22	-263.10
利润总额(万元)	382.71	1149.04	104.16	1887.46
净利润(万元)	3174.11	2848.37	4033.87	7612.45

十大股东

序号	股东名称	股份性质	持股数(万股)	比例(%)
1	湖南广播电视产业中心	国有法人股	13000.00	50.31
2	湖南星光实业发展公司	国有法人股	390.00	1.51
3	湖南省金帆投资管理有限公司	国有法人股	260.00	1.01
4	湖南金海林建设装饰有限公司	境内法人股	130.00	0.50
5	湖南省凯地经济发展有限公司	境内法人股	120.00	0.46
6	湖南汇丰泰科技产业发展有限公司	境内法人股	110.00	0.43
7	谈桂兰	社会公众股	79.66	0.31
8	黎建华	社会公众股	76.79	0.30
9	温意梅	社会公众股	62.17	0.24
10	北京财政证券公司	社会公众股	52.69	0.20

股东人数	2003.9	2003.6	2002	2001
	65321	66333	68751	70992

近年分配	2002年10股派1元 2001年10股派2元	近年配股/增发	不分配不转增

重大事项

公司于2002年9月18日对北京鸿坤伟业房地产开发有限公司向深圳发展银行北京分行借款20000万元人民币提供了担保，担保期限为一年，鸿坤伟业已于2003年6月20日提前归还20000万元借款，同时公司为鸿坤伟业提供的20000万元担保也相应解除。 2003年06月7日，公司第一大股东湖南广播电视产业中心已将其持有的公司股份600万股质押给建行湖南省分行长沙新世纪支行，为其向该行的借款提供质押，质押期限为三年。

二〇〇二年以来市场表现

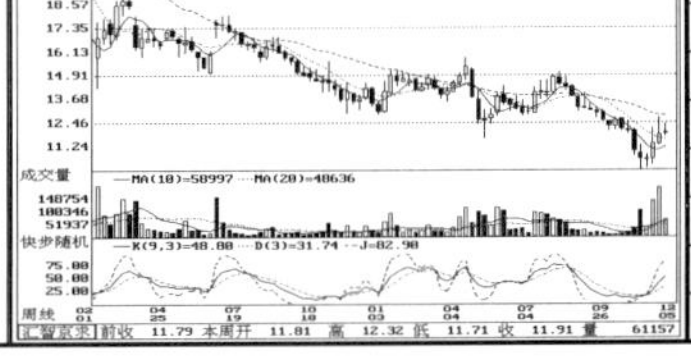

2002年涨跌幅(%)	-29.50
2002年最高(元)	19.49
2002年最低(元)	12.83
2002年换手率(%)	192.33
2003年涨跌幅(%)	-9.31
2003年最高(元)	15.66
2003年最低(元)	10.02
2003年换手率(%)	193.87

湖南亚华种业股份有限公司

公司概况							
公司名称	湖南亚华种业股份有限公司			股票代码		000918	
注册地址	长沙岳麓区银盆南路 289 号万利大厦 5 楼			邮政编码		410013	
法人代表	邹定民			董秘		徐远忠	
电话	0731-2565818			传真		0731-2566602	
主营业务	农作物种子、种苗、牧草良种和禽畜良种的选育、繁殖等						
总股本	17000.20	流通 A	6000.00	流通 B		流通 H	
审计单位				审计意见		未审计	

主要财务指标

年度	2003.9	2003.6	2002	2001
每股收益 / 扣除后(元)	0.1400	0.1240	0.1150	0.1690
每股经营现金流量(元)	0.0700	0.1500	0.1220	0.0730
每股净资产 / 调整后(元)	3.8300	3.8400	3.7110	3.6880
每股公积金(元)	2.2846	2.2846	2.2846	2.2659
净资产收益率(%)	3.3000	3.0900	2.4170	4.6300
总资产(万元)	205738.22	206485.05	220040.45	168003.03
股东权益(万元)	98439.32	68336.33	66226.41	65333.30
未分配利润(万元)	8238.98	8121.98	6012.07	5705.49
主营收入(万元)	81380.47	59702.05	72214.04	42007.56
资本公积金(万元)	38838.45	38838.45	38838.45	38520.43
主营利润(万元)	24924.96	17126.75	25081.20	12553.67
其他业务利润(万元)	97.04	34.18	185.15	202.94
营业利润(万元)	3134.99	2993.02	2702.34	–93.70
投资收益(万元)	–4.89	250.27	–411.43	2845.70
补贴收入(万元)			3.37	4.24
营业外收支(万元)	–122.71		–408.83	99.36
利润总额(万元)	3007.39	3238.53	1885.45	2855.59
净利润(万元)	2226.91	2109.92	1601.01	3025.85

十大股东

序号	股东名称	股份性质	持股数(万股)	比例(%)
1	湖南省农业集团有限公司	发起人国有法人股	4310.00	25.35
2	深圳市舟仁创业投资有限公司	发起人国有法人股	3500.00	20.39
3	湖南省南山种畜牧草良种繁殖场	发起人国有法人股	2310.00	13.59
4	北京世方旅游投资有限公司	发起人国有法人股	480.00	2.82
5	怀化元亨发展有限公司	发起人国有法人股	400.00	2.35
6	张萍	流通股	171.52	1.01
7	青岛中科海洋技术有限公司	流通股	121.47	0.71
8	黄彦	流通股	65.87	0.39
9	恒信证券有限责任公司	流通股	52.57	0.31
10	戴春举	流通股	45.60	0.27

股东人数	2003.9	2003.6	2002	2001
	16541	16092	17092	18069

近年分配	2001年10股派0.5元	近年配股/增发	不分配不转增

重大事项

2003 年 6 月 5 日,公司与民生银行武汉桥口支行签订了为湖南安塑股份有限公司借款 3000 万元人民币、贷款期限为 1 年进行担保的《借款保证合同》;2003 年 7 月 18 日及 2003 年 8 月 21 日,公司与中国工商银行长沙市岳麓支行分别签订了为安塑股份借款 2050 万元人民币、3350 万元人民币、贷款期限均为 1 年进行担保的《借款保证合同》.三笔担保合计达 8400 万元人民币. 2003 年 5 月 16 日和 2003 年 05 月 29 日,公司分别与交通银行长沙分行、中行常德分行武陵支行签订了两笔为湖南洞庭水殖股份有限公司借款 3000 万元人民币、贷款期限为 1 年进行担保的《借款保证合同》.

二〇〇二年以来市场表现

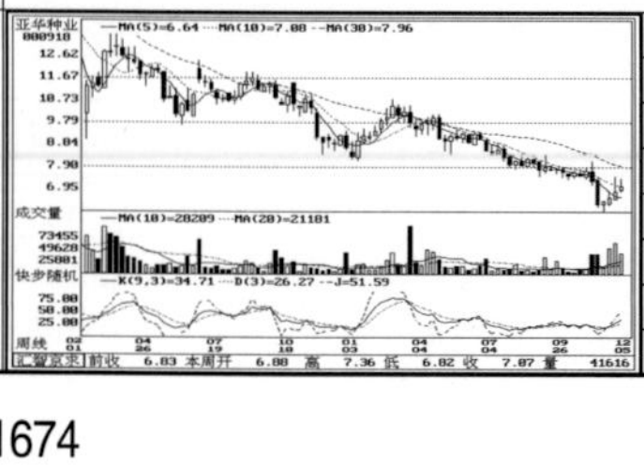

2002年涨跌幅(%)	–40.67
2002年最高(元)	14.80
2002年最低(元)	8.40
2002年换手率(%)	228.20
2003年涨跌幅(%)	–22.47
2003年最高(元)	10.74
2003年最低(元)	6.01
2003年换手率(%)	163.74

金陵药业股份有限公司

公司概况							
公司名称	金陵药业股份有限公司			股票代码		000919	
注册地址	南京经济技术开发区(新港大道 58 号)			邮政编码		210009	
法人代表	倪忠翔			董秘		徐俊扬	
电话	025-3112999-8513			传真		025-3112486	
主营业务	中西药原料和制剂、生化制品、医药包装制品、医疗器械等						
总股本	28000.00	流通 A	8000.00	流通 B		流通 H	
审计单位				审计意见		未审计	

主要财务指标

年度	2003.9	2003.6	2002	2001
每股收益 / 扣除后(元)	0.2342	0.1857	0.3940	0.2200
每股经营现金流量(元)	0.1750	0.1860	0.4660	0.3300
每股净资产 / 调整后(元)	4.3442	4.3115	4.0788	3.8372
每股公积金(元)	2.2712	2.2712	2.2712	2.2712
净资产收益率(%)	6.2900	5.3700	11.2600	10.1100
总资产(万元)	163015.55	163228.58	153769.09	141627.84
股东权益(万元)	121679.75	120745.68	114262.19	107451.57
未分配利润(万元)	19764.37	18830.31	12346.81	8009.08
主营收入(万元)	59297.75	41402.41	62956.03	49941.75
资本公积金(万元)	63592.55	63592.55	63592.55	63592.55
主营利润(万元)	25135.65	19449.18	30694.85	21421.57
其他业务利润(万元)	281.72	208.30	178.83	150.09
营业利润(万元)	9744.92	8025.78	15668.73	9915.44
投资收益(万元)	1242.05	1569.06	2116.49	5607.92
补贴收入(万元)				
营业外收支(万元)	–125.68	–104.61	–166.49	–175.05
利润总额(万元)	10861.29	9490.09	17618.73	15348.31
净利润(万元)	7417.56	6483.50	12868.08	10868.52

十大股东

序号	股东名称	股份性质	持股数(万股)	比例(%)
1	南京金陵制药(集团)有限公司	国有法人股	13263.62	47.37
2	福州市医药总公司	国家股	2449.32	8.75
3	浙江省交接办	国家股	1529.64	5.46
4	南京医药集团有限责任公司	国家股	1461.43	5.22
5	合肥市医药工业公司	国家股	1295.99	4.63
6	南方证券有限公司	流通股	272.82	0.97
7	金鑫证券投资基金	流通股	232.42	0.83
8	钱瑞华	流通股	101.28	0.36
9	陈小留	流通股	99.89	0.36
10	蒋美凤	流通股	75.78	0.27

股东人数	2003.9	2003.6	2002	2001
	26859	27514	24901	31111

近年分配	2002年10股派2.16元 2001年10股派2.12元	近年配股/增发	不分配不转增

重大事项

2003 年 7 月 9 日,公司董事会同意公司现金出资 7012.6 万元,收购宿迁市人民医院 70% 产权,并将其改制为有限责任公司.公司于 2003 年 10 月 24 日召开股东大会,审议通过以上相关事项. 2003 年 4 月 2 日,公司以自有资金 5000 万元人民币委托南京市国际信托投资公司进行信托管理,双方于 2003 年 3 月 27 日签订了《信托资产管理合同》.

二〇〇二年以来市场表现

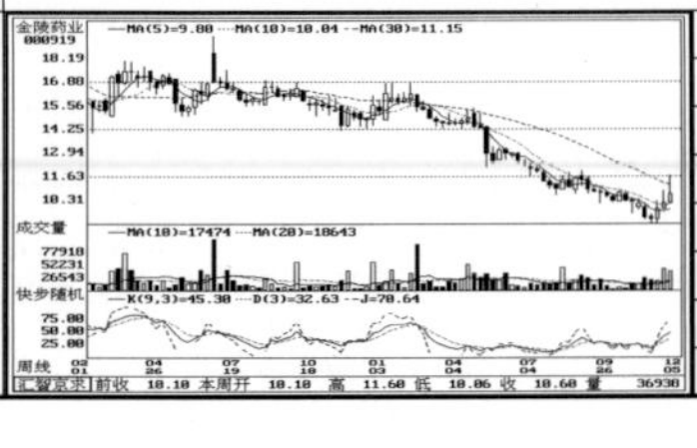

2002年涨跌幅(%)	–6.96
2002年最高(元)	19.07
2002年最低(元)	13.07
2002年换手率(%)	122.64
2003年涨跌幅(%)	–34.29
2003年最高(元)	16.55
2003年最低(元)	9.00
2003年换手率(%)	114.15

南方汇通股份有限公司

公司概况

公司名称	南方汇通股份有限公司			股票代码		000920	
注册地址	贵阳市国家高新技术产业开发区			邮政编码		550018	
法人代表	惠金根			董秘		高锡忠	
电话	0851-4470866			传真		0851-4470866	
主营业务	铁路运输设备开发、制造、销售、修理等						
总股本	21100.00	流通 A	9100.00	流通 B		流通 H	
审计单位				审计意见		未审计	

主要财务指标

年度	2003.9	2003.6	2002	2001
每股收益/扣除后(元)	0.1900	0.1800	0.4800	0.4400
每股经营现金流量(元)	-0.1200	0.0660	0.3100	0.3500
每股净资产/调整后(元)	4.0800	3.3500	3.3000	3.1700
每股公积金(元)	2.7325	1.9950	1.9950	1.9494
净资产收益率(%)	4.7100	4.9800	15.3100	15.3300
总资产(万元)	170294.33	150397.06	123088.05	87857.49
股东权益(万元)	88912.35	66173.70	62877.55	60362.25
未分配利润(万元)	5356.23	4467.77	1171.62	967.56
主营收入(万元)	56907.56	37860.51	54282.19	49223.60
资本公积金(万元)	57655.84	37905.64	37905.64	37038.65
主营利润(万元)	13809.01	9434.95	16661.58	15301.05
其他业务利润(万元)	165.82	141.53	520.58	244.68
营业利润(万元)	3848.04	3330.51	9877.49	9431.92
投资收益(万元)	-2.91	-23.32	555.29	924.14
补贴收入(万元)	358.51	359.03	100.00	
营业外收支(万元)	-58.46		-92.34	-85.49
利润总额(万元)	4145.19	3623.03	10440.44	10270.57
净利润(万元)	4184.61	3296.15	9628.31	9253.59

十大股东

序号	股东名称	股份性质	持股数(万股)	比例(%)
1	中国南方机车车辆工业集团公司	国有法人股	12000.00	5.87
2	海通证券股份有限公司	流通股	1658.94	7.86
3	长城证券有限责任公司	流通股	190.00	0.90
4	上海家化联合股份有限公司	流通股	171.48	0.81
5	扬州华祥制衣有限公司	流通股	88.10	0.42
6	刘靖	流通股	43.50	0.21
7	上海光电通信发展股份有限公司	流通股	32.83	0.16
8	刘德秀	流通股	31.43	0.15
9	郭国静	流通股	29.55	0.14
10	孟仲堂	流通股	29.30	0.14

股东人数	2003.9	2003.6	2002	2001
	24595	25017	28821	32385

近年分配	2002年10股派4.2元 2001年10股派4元	近年配股/增发	2002年10股配3股

重大事项

截止2003年9月15日交易结束，海通证券通过深圳证券交易所系统减持公司流通股股份3428450股,占公司股份总数的2.46%.本次减持后,海通证券仍持有公司流通股股份10500000股，占公司股份总数的4.97%。 公司于2003年05月30日与中国民生银行股份有限公司成都分行签订综合授信合同，该行同意向公司提供最高额度为人民币2亿元的授信额度，期限自2003年5月30日至2004年5月30日。

二〇〇二年以来市场表现

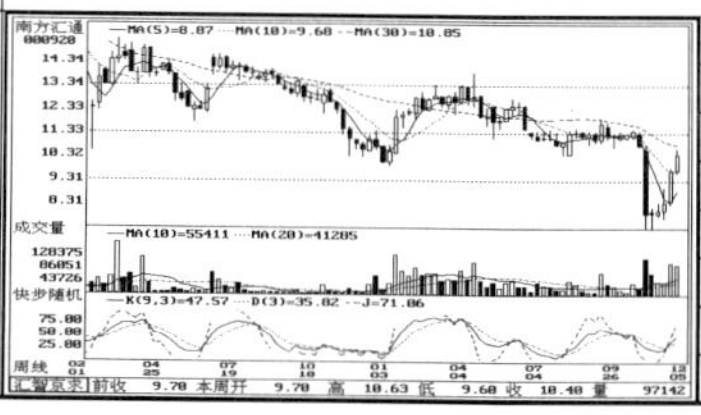

项目	数值
2002年涨跌幅(%)	-25.98
2002年最高(元)	13.73
2002年最低(元)	9.82
2002年换手率(%)	132.91
2003年涨跌幅(%)	-4.90
2003年最高(元)	13.19
2003年最低(元)	7.30
2003年换手率(%)	228.53

广东科龙电器股份有限公司

公司概况

公司名称	广东科龙电器股份有限公司			股票代码		000921	
注册地址	广东省顺德市容桂镇容港路8号			邮政编码		528303	
法人代表	顾雏军			董秘		李志成	
电话	0765-8362570			传真		0765-8361055	
主营业务	冰箱及空调器的制造和销售						
总股本	99200.66	流通 A	19450.10	流通 B		流通 H	45958.98
审计单位				审计意见		未审计	

主要财务指标

年度	2003.9	2003.6	2002	2001
每股收益/扣除后(元)	0.1800	0.1500	0.0900	-1.5100
每股经营现金流量(元)	0.5200	0.3400	0.5038	0.1500
每股净资产/调整后(元)	2.6200	2.5600	2.3900	2.2100
每股公积金(元)	1.5273	1.5273	2.4728	2.4710
净资产收益率(%)	6.3700	5.2600	3.9300	-64.7000
总资产(万元)	920213.75	947454.31	765653.94	652696.37
股东权益(万元)	277913.06	274674.22	257500.08	240261.66
未分配利润(万元)	15925.06	12686.21	-121193.02	-138090.69
主营收入(万元)	503257.12	331506.62	487825.69	472046.62
资本公积金(万元)	151510.69	151510.69	245299.59	245122.28
主营利润(万元)	120985.43	80705.25	102545.28	76582.94
其他业务利润(万元)	2429.31	1570.85	1661.25	1993.03
营业利润(万元)	19509.20	16077.21	11513.20	-141847.84
投资收益(万元)	-1681.01	-1278.32	-1707.08	-9906.33
补贴收入(万元)	1.87	1.82	1.68	6.48
营业外收支(万元)	706.37		584.17	-5175.27
利润总额(万元)	18536.43	15183.12	10391.97	-156922.97
净利润(万元)	10391.97	14460.61	10127.70	-155557.31

十大股东

序号	股东名称	股份性质	持股数(万股)	比例(%)
1	顺德市格林柯尔企业发展有限公司	境内法人股	20477.58	20.64
2	顺德市经济咨询公司	境内法人股	6866.67	6.92
3	国泰君安证券(香港)有限公司	H股	6089.00	6.14
4	顺德市信宏实业有限公司	境内法人股	5743.64	5.79
5	申银万国证券(香港)有限公司	H股	3856.30	3.89
6	第一上海证券有限公司	H股	3807.00	3.84
7	中国银行(香港)有限公司	H股	2803.30	2.83
8	香港上海汇丰银行有限公司	H股	2456.86	2.48
9	恒生银行有限公司	H股	1784.60	1.80
10	花旗银行	H股	1533.02	1.55

股东人数	2003.9	2003.6	2002	2001
	71503	74372	78037	78110

近年分配		近年配股/增发	不分配不转增

重大事项

截至2002年9月4日,广东科龙(容声)集团有限公司所持顺德市科龙家电有限公司股权已全部转让给顺德市嘉科电子有限公司且已办理完成工商登记手续,加之嘉科电子于前期分别受让顺德市科龙广告有限公司、顺德市万高进出口有限公司及顺德市华傲电子有限公司股权，本次嘉科电子受让上述四家公司股权的关联交易已经完成. 公司与顺德市信宏实业有限公司于2002年4月30日签订的《法人股转让协议》,容声集团将持有的本公司57,436,439股法人股转让给顺德市信宏实业有限公司持有.此次协议转让后,容声集团将不再持有的本公司股份.

二〇〇二年以来市场表现

项目	数值
2002年涨跌幅(%)	-41.90
2002年最高(元)	13.96
2002年最低(元)	6.73
2002年换手率(%)	164.78
2003年涨跌幅(%)	-5.34
2003年最高(元)	8.79
2003年最低(元)	5.55
2003年换手率(%)	116.48

阿城继电器股份有限公司

公司概况

公司名称	阿城继电器股份有限公司	股票代码	000922
注册地址	哈尔滨南岗区赣水路高新技术产业开发区15号楼	邮政编码	150001
法人代表	朱大萌	董秘	王永利
电话	0451-55151060	传真	0451-55151050
主营业务	开发、制造、销售继电保护及自动化产品等		
总股本	29843.50	流通 A	13430.00
流通 B		流通 H	
审计单位		审计意见	未审计

主要财务指标

年度	2003.9	2003.6	2002	2001
每股收益/扣除后(元)	0.0480	0.0730	0.1010	0.2200
每股经营现金流量(元)	0.0180	0.0120	0.3200	0.2000
每股净资产/调整后(元)	1.7900	3.0400	3.0064	3.1300
每股公积金(元)		1.7599	1.7598	1.7598
净资产收益率(%)	2.6790	2.4100	3.0700	7.2700
总资产(万元)	96265.95	93207.70	90399.23	79517.30
股东权益(万元)	55049.85	54897.33	53574.18	54934.81
未分配利润(万元)		2570.58	1248.43	2379.98
主营收入(万元)	18291.40	12489.77	25516.50	24709.43
资本公积金(万元)		30894.95	30893.95	30892.75
主营利润(万元)	6466.81	4662.53	8359.23	9026.72
其他业务利润(万元)	51.18	25.07	21.82	-211.05
营业利润(万元)	1645.35	1479.07	1783.56	4433.40
投资收益(万元)	-6.80	-6.80	75.20	160.11
补贴收入(万元)				
营业外收支(万元)	4350.00		110.05	94.14
利润总额(万元)	1682.05	1521.50	1968.81	4687.65
净利润(万元)	1474.68	1322.15	1642.12	3995.20

十大股东

序号	股东名称	股份性质	持股数(万股)	比例(%)
1	阿城继电器集团有限公司	国有股	9655.00	55.00
2	娄少秋	已流通股	26.76	0.15
3	胥春梅	已流通股	26.30	0.15
4	杨恒之	已流通股	20.89	0.12
5	黄乾生	已流通股	18.60	0.11
6	张世宽	已流通股	18.11	0.11
7	曾伟钿	已流通股	17.60	0.10
8	南京德恒实业有限公司	已流通股	17.00	0.10
9	刘廷辉	已流通股	16.27	0.09
10	蓝韩忠	已流通股	14.20	0.08

股东人数

2003.9	2003.6	2002	2001
34357	34798	37298	41968

近年分配	2001年10股派0.6元	近年配股/增发	2002年10股转增7股

重大事项

2003年01月28日，公司实际控制人哈尔滨电站设备集团公司为公司向工行阿城支行贷款金额人民币1,500万元提供流动资金借款担保,贷款期限为2003年1月9日至2004年1月6日. 2002年12月25日,公司控股股东阿城继电器集团有限公司《粮食仓储及控制管理系统技改项目》被列为国家重点技术改造项目,该项目建设总投资5500万元.经国家经贸委批准,将项目承担单位由阿继集团变更为公司.

二〇〇二年以来市场表现

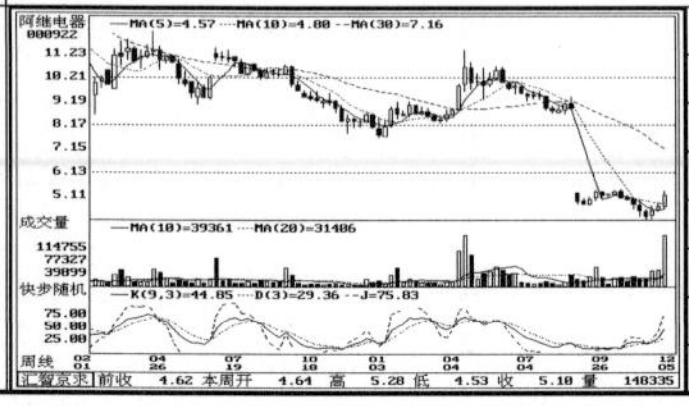

2002年涨跌幅(%)	-33.52
2002年最高(元)	7.17
2002年最低(元)	4.59
2002年换手率(%)	69.15
2003年涨跌幅(%)	-2.12
2003年最高(元)	6.68
2003年最低(元)	4.09
2003年换手率(%)	102.75

河北宣化工程机械股份有限公司

公司概况

公司名称	河北宣化工程机械股份有限公司	股票代码	000923
注册地址	河北省张家口市宣化区东升路21号	邮政编码	075105
法人代表	王建军	董秘	庞廷闽
电话	0313-3012255-2248	传真	0313-3013941
主营业务	生产、销售推土机、装载机、压路机及其变型产品和工矿配件		
总股本	16500.00	流通 A	5500.00
流通 B		流通 H	
审计单位		审计意见	未审计

主要财务指标

年度	2003.9	2003.6	2002	2001
每股收益/扣除后(元)	0.0500	0.0400	0.0400	0.0700
每股经营现金流量(元)	-0.0300	0.0600	-0.3500	0.3000
每股净资产/调整后(元)	2.5100	2.5100	2.4900	2.4400
每股公积金(元)	1.1864	1.1846	1.1843	1.1807
净资产收益率(%)	1.8300	1.4600	1.5700	3.6000
总资产(万元)	81704.92	82637.24	80979.78	70526.46
股东权益(万元)	42091.03	41899.89	41284.74	40578.33
未分配利润(万元)	4892.93	4732.86	4121.81	3570.92
主营收入(万元)	45752.25	29012.94	40780.60	37009.80
资本公积金(万元)	19576.21	19545.14	19541.05	19482.25
主营利润(万元)	6079.72	4120.76	6527.04	6072.01
其他业务利润(万元)	245.96	167.27	322.59	330.44
营业利润(万元)	956.82	917.98	928.75	1787.93
投资收益(万元)	156.41	23.04	84.82	
补贴收入(万元)				
营业外收支(万元)	-23.85		1.03	-53.23
利润总额(万元)	1089.38	895.21	1014.60	1734.70
净利润(万元)	771.12	611.05	647.61	1459.98

十大股东

序号	股东名称	股份性质	持股数(万股)	比例(%)
1	宣化工程机械集团有限公司	国有股	11000.00	66.67
2	郭显元	流通股	27.76	0.17
3	詹蓝	流通股	23.64	0.14
4	徐敏秀	流通股	10.00	0.06
5	林梨妹	流通股	9.95	0.06
6	许瑞华	流通股	9.93	0.06
7	张建明	流通股	9.93	0.06
8	刘富财	流通股	9.80	0.06
9	刘敏灵	流通股	9.80	0.06
10	刘汗宁	流通股	9.40	0.06

股东人数

2003.9	2003.6	2002	2001
24656	31736	32964	35198

近年分配		近年配股/增发	不分配不转增

重大事项

2003年10月20日，公司大股东宣化工程机械集团有限公司与北汽福田汽车股份有限公司签定了《股权转让协议》.根据协议,集团公司决定将其持有的"河北宣工"1600万元国有股股权转让于北汽福田汽车股份有限公司,股权转让后集团公司仍为公司的第一大股东. 2003年3月28日,公司第一大股东宣化工程机械集团有限公司向建行张家口宣化支行分别借款2000万元和500万元，分别用持有的公司国有股1325万股和345万股进行质押,质押期限自2003年3月12日至2004年2月29日.

二〇〇二年以来市场表现

2002年涨跌幅(%)	-27.39
2002年最高(元)	10.57
2002年最低(元)	7.11
2002年换手率(%)	114.24
2003年涨跌幅(%)	38.26
2003年最高(元)	10.56
2003年最低(元)	6.80
2003年换手率(%)	218.89

浙江浙大海纳科技股份有限公司

公司概况

公司名称	浙江浙大海纳科技股份有限公司				股票代码	000925	
注册地址	杭州高新区2号路之江科技工业园区6号楼				邮政编码	310013	
法人代表	吴勇				董秘	赖慧芳	
电话	0571-87973917				传真	0571-87961070	
主营业务	单晶硅以及其制品、半导体元器件的开发、制造、销售等						
总股本	9000.00	流通A	3000.00	流通B		流通H	
审计单位					审计意见	未审计	

主要财务指标

年度	2003.9	2003.6	2002	2001
每股收益/扣除后(元)	0.1200	0.0950	0.1190	0.1700
每股经营现金流量(元)	-0.2100	-0.1350	-0.7300	0.2600
每股净资产/调整后(元)	4.2318	4.3041	4.2000	4.0800
每股公积金(元)	2.7015	2.7015	2.7015	2.6960
净资产收益率(%)	2.6900	2.2070	3.3400	5.2900
总资产(万元)	58478.45	44239.14	51916.77	53773.95
股东权益(万元)	38961.18	38769.43	37913.95	36843.16
未分配利润(万元)	4197.27	4005.52	3150.05	2282.07
主营收入(万元)	10165.28	7969.73	17340.21	17070.96
资本公积金(万元)	24313.61	24313.61	24313.61	24263.96
主营利润(万元)	2638.91	1502.30	3525.44	3289.90
其他业务利润(万元)	2.12	1.47	8.56	0.94
营业利润(万元)	1547.75	867.42	1393.99	1136.33
投资收益(万元)	103.10	366.49	527.51	1442.35
补贴收入(万元)			70.79	100.00
营业外收支(万元)	2.14	2.75	-14.16	80.32
利润总额(万元)	1651.99	1236.65	1978.14	2759.00
净利润(万元)	1047.23	855.48	1265.44	1948.55

十大股东

序号	股东名称	股份性质	持股数(万股)	比例(%)
1	浙江大学企业集团控股有限公司	国有法人股	5620.00	62.44
2	浙江省科技风险投资公司	国有法人股	200.00	2.22
3	刘蝶孙	上市流通股	64.26	0.71
4	赵建	社会发起法人股	45.00	0.50
5	褚健	社会发起法人股	45.00	0.50
6	李立本	社会发起法人股	45.00	0.50
7	张锦心	社会发起法人股	45.00	0.50
8	翟栋木梁	上市流通股	19.39	0.21
9	许静	上市流通股	14.54	0.16
10	杭州易安投资有限公司	上市流通股	13.83	0.15

股东人数	2003.9	2003.6	2002	2001
	22975	23364	24371	26288

近年分配	2001年10股派1.8元	近年配股/增发	不分配不转增

重大事项

公司控股股东浙江人学企业集团控股有限公司已于2003年2月14日分别与珠海经济特区溶信投资有限公司、海南皇冠假日滨海温泉酒店有限公司签订了《股权转让协议》.分别将其持有的公司2560万股、2160万股国有法人股转让给溶信投资和皇冠假日,.本次转让完成后,溶信投资成为公司第一大股东,浙大控股成为第三大股东. 2003年1月6日,公司董事会同意公司与章全等自然人在1月6日签署《股权转让协议书》,将公司持有的浙江浙大海纳软件有限公司中2950万元出资以2950万元转让给章全等自然人.

二〇〇二年以来市场表现

2002年涨跌幅(%)	-26.97
2002年最高(元)	23.85
2002年最低(元)	16.40
2002年换手率(%)	102.83
2003年涨跌幅(%)	-30.58
2003年最高(元)	18.79
2003年最低(元)	10.00
2003年换手率(%)	56.47

湖北福星科技股份有限公司

公司概况

公司名称	湖北福星科技股份有限公司				股票代码	000926	
注册地址	湖北省汉川市沉湖镇福星街1号				邮政编码	431608	
法人代表	谭功炎				董秘	冯东兴	
电话	0712-8740018				传真	0712-8740018	
主营业务	金属丝、绳及其制品的制造、销售和出口业务等						
总股本	26669.50	流通A	10051.69	流通B		流通H	
审计单位					审计意见	未审计	

主要财务指标

年度	2003.9	2003.6	2002	2001
每股收益/扣除后(元)	0.2110	0.1020	0.1810	0.3130
每股经营现金流量(元)	-1.5000	-1.3270	-0.7700	-0.1270
每股净资产/调整后(元)	2.8000	0.6900	2.5900	2.4300
每股公积金(元)	0.7094	0.7062	0.7102	0.7062
净资产收益率(%)	7.5500	3.8100	6.6400	12.9000
总资产(万元)	226476.53	215661.12	153425.56	112564.23
股东权益(万元)	74641.34	71654.02	69056.08	64763.36
未分配利润(万元)	21140.22	18236.73	15528.10	12192.67
主营收入(万元)	58621.36	28243.15	43613.80	42559.04
资本公积金(万元)	18918.16	18834.34	18941.51	18834.34
主营利润(万元)	14889.99	6740.75	10216.33	13214.31
其他业务利润(万元)	66.87	93.12	143.51	99.74
营业利润(万元)	8176.65	3699.29	4456.37	8033.27
投资收益(万元)	440.83	457.08	2917.16	1295.06
补贴收入(万元)	154.43	7.13	3.17	
营业外收支(万元)	-117.46		-229.23	-102.85
利润总额(万元)	8657.45	4090.83	7147.48	9225.48
净利润(万元)	5631.98	2728.49	4585.36	8357.67

十大股东

序号	股东名称	股份性质	持股数(万股)	比例(%)
1	湖北省汉川市钢丝绳厂	发起人境内法人股	14458.80	54.21
2	湖北生盛投资有限责任公司	发起人境内法人股	1000.00	3.75
3	中工美投资有限责任公司	发起人境内法人股	500.00	1.87
4	孝感市产权交易中心	定向法人境内法人股	429.00	1.61
5	湖北鑫诚工贸有限公司	发起人境内法人股	214.50	0.80
6	樊崇娇	社会公众股	72.44	0.27
7	许少冲	社会公众股	38.02	0.14
8	陶海弟	社会公众股	34.36	0.13
9	陶菊花	社会公众股	27.90	0.10
10	卫平	社会公众股	27.09	0.10

股东人数	2003.9	2003.6	2002	2001
	44199	45101	29522	19310

近年分配	2001年10股派1.25元	近年配股/增发	2001年10股配3股

重大事项

2003年8月23日,公司控股子公司福星惠誉拟以出资9800万元人民币组建"湖北福星惠誉置业有限公司",该公司注册资本1亿元,其他出资人与公司无关联关系.新公司将开发位于武汉市武昌区沙湖两块住宅项目. 2003年7月5日,公司董事会同意用公司资产陆亿零捌佰万元人民币作抵押向 中国农业银行汉川市支行申请公开统一授信额度叁亿陆仟万元人民币.

二〇〇二年以来市场表现

2002年涨跌幅(%)	-33.18
2002年最高(元)	11.34
2002年最低(元)	6.95
2002年换手率(%)	208.70
2003年涨跌幅(%)	-6.91
2003年最高(元)	9.80
2003年最低(元)	5.90
2003年换手率(%)	271.07

天津一汽夏利汽车股份有限公司

公司概况

公司名称	天津一汽夏利汽车股份有限公司				股票代码	000927	
注册地址	天津市西青区中北斜乡李楼南				邮政编码	300073	
法人代表	竺延风		董秘	孟君奎			
电话	022-23056032		传真	022-23056034			
主营业务	生产及经营夏利牌系列轿车、华利牌系列微型车发动机等						
总股本	159517.41	流通 A	23980.00	流通 B		流通 H	
审计单位			审计意见	未审计			

主要财务指标

年度	2003.9	2003.6	2002	2001
每股收益／扣除后(元)	0.2360	0.1630	-0.4030	-0.0600
每股经营现金流量(元)	0.0600	-0.0700	0.7800	0.2300
每股净资产／调整后(元)	1.7500	1.6700	1.4700	2.1900
每股公积金(元)	0.8193	0.9819	0.8188	1.0007
净资产收益率(%)	16.4900	12.9200	-33.2700	-2.7300
总资产(万元)	816215.37	796469.25	759289.00	734899.69
股东权益(万元)	284554.37	272778.00	237536.62	319314.06
未分配利润(万元)	-21722.26	-33417.52	-68658.90	12540.94
主营收入(万元)	396790.56	266776.28	415128.78	340594.16
资本公积金(万元)	130699.45	130618.35	130618.35	145119.94
主营利润(万元)	55139.09	47184.46	-2206.16	28929.98
其他业务利润(万元)	3206.99	2191.56	676.63	-448.48
营业利润(万元)	10387.55	16483.97	-68816.69	-8713.93
投资收益(万元)	36666.33	18851.72	-9766.87	6.44
补贴收入(万元)			56.45	21.46
营业外收支(万元)	-105.07		-498.80	-118.50
利润总额(万元)	46948.81	35249.23	-79025.91	-8804.54
净利润(万元)	46936.65	35241.38	-79036.57	-8705.25

十大股东

序号	股东名称	股份性质	持股数(万股)	比例(%)
1	中国第一汽车集团公司	国家股	81322.44	50.98
2	天津汽车工业集团有限公司	国有法人股	54214.95	33.99
3	普丰证券投资基金	流通股	1168.35	0.73
4	汉盛证券投资基金	流通股	845.18	0.53
5	银华优势企业平衡型证券投资基金	流通股	721.87	0.45
6	汉兴证券投资基金	流通股	685.90	0.43
7	天津开发区大地公司	流通股	474.67	0.30
8	久嘉证券投资基金	流通股	450.00	0.28
9	天津开发区大地商贸公司	流通股	392.27	0.25
10	鸿阳证券投资基金	流通股	390.80	0.24

股东人数	2003.9	2003.6	2002	2001
	22704	25652	70361	94207

近年分配	2001年10股派1.25元	近年配股／增发	2001年10股增1股

重大事项

公司决定自2003年9月10日起对公司生产的夏利2000、雅酷和威姿系列轿车的市场售价作出调整.其中,TJ7136U-DLX售价从9.98万元调整为9.58万元;CA7136UZ售价从10.98万元调整为10.48万元,威姿系列轿车降价幅度在9000-16000元之间不等. 2003年4月11日,公司、中国第一汽车集团公司、丰田汽车公司和丰田汽车(中国)投资有限公司四方决定对天津丰田汽车有限公司进行增资扩股,增资扩股后,该公司更名为天津一汽丰田汽车有限公司,公司对合营公司注册资本的出资额合计为12240.9万美元;

二〇〇二年以来市场表现

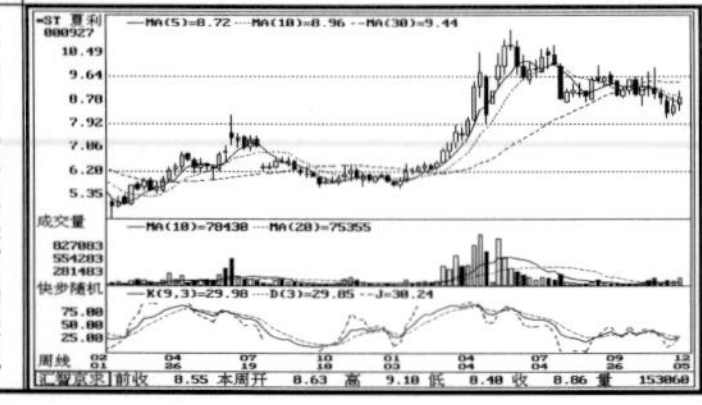

2002年涨跌幅(%)	6.24
2002年最高(元)	7.35
2002年最低(元)	3.96
2002年换手率(%)	205.04
2003年涨跌幅(%)	47.67
2003年最高(元)	11.35
2003年最低(元)	5.59
2003年换手率(%)	415.61

吉林炭素股份有限公司

公司概况

公司名称	吉林炭素股份有限公司				股票代码	000928	
注册地址	吉林省吉林市昌邑区和平街九号				邮政编码	132002	
法人代表	李勇智		董秘	庞志光			
电话	0432-2749800		传真	0432-2749375			
主营业务	炭素及石墨制品						
总股本	28289.90	流通 A	12004.90	流通 B		流通 H	
审计单位			审计意见	未审计			

主要财务指标

年度	2003.9	2003.6	2002	2001
每股收益／扣除后(元)	0.0070	0.0050	-0.0650	0.1370
每股经营现金流量(元)	0.4290	0.3950	0.3600	-0.1000
每股净资产／调整后(元)	2.9600	2.9600	3.0000	3.3800
每股公积金(元)	1.9605	1.9605	1.9605	1.9605
净资产收益率(%)	0.2050	0.1400	-2.3000	3.5000
总资产(万元)	302256.00	296114.37	273458.78	249218.58
股东权益(万元)	100631.21	100562.57	100983.15	103367.20
未分配利润(万元)	4795.98	4727.34	5179.66	7563.71
主营收入(万元)	59946.82	36347.23	78508.98	77597.64
资本公积金(万元)	55462.33	55462.33	55462.33	55462.33
主营利润(万元)	7727.91	4899.67	9220.03	12806.96
其他业务利润(万元)	812.28	322.45	782.24	2439.29
营业利润(万元)	146.90	153.99	-2654.86	4360.11
投资收益(万元)	81.41	17.61	495.78	176.85
补贴收入(万元)	14.34	14.34	4.83	
营业外收支(万元)	-32.24		-418.81	-306.91
利润总额(万元)	193.78	158.42	-2573.06	4230.05
净利润(万元)	206.52	137.88	-2269.93	3621.75

十大股东

序号	股东名称	股份性质	持股数(万股)	比例(%)
1	吉林炭素集团有限责任公司	国有法人股	15018.00	53.09
2	攀钢集团成都无缝钢管有限责任公司	国有法人股	200.00	0.71
3	本溪钢铁(集团)有限责任公司	国有法人股	150.00	0.53
4	天津钢管公司	国有法人股	100.00	0.35
5	龙建路桥股份有限公司	国有法人股	100.00	0.35
6	大连钢铁集团有限责任公司	国有法人股	100.00	0.35
7	无锡锡兴钢铁股份有限公司	国有法人股	100.00	0.35
8	四川川投长城特殊钢股份有限公司	国有法人股	100.00	0.35
9	杭州钢铁集团公司	国有法人股	60.00	0.21
10	贵阳特殊钢有限责任公司	国有法人股	50.00	0.18

股东人数	2003.9	2003.6	2002	2001
	56081	56652	58901	58591

近年分配		近年配股／增发	不分配不转增

重大事项

2003年11月20日,公司董事会同意集团公司拟以其合法拥有的土地使用权和控股的吉林炭素有限责任公司96.43%股权、吉林炭素集团有限责任公司炭素纤维厂100%的权益以及部分房产、特种炭制造设备、石墨制造设备和运输设备等资产共计8347.53万元抵偿公司债务. 2003年7月25日,公司控股股东吉林炭素集团有限责任公司为公司在上海浦东发展银行大连分行贷款8000万元提供担保,以国有法人股5000万股质押给该行,质押期限为一年.吉林炭素集团用于质押的国有法人股累计为7500万股.

二〇〇二年以来市场表现

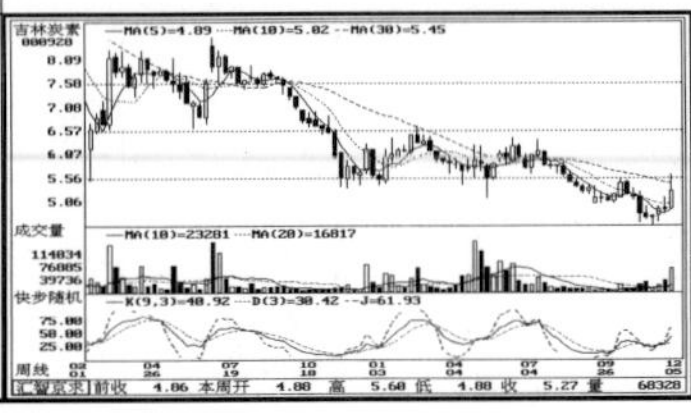

2002年涨跌幅(%)	-31.04
2002年最高(元)	8.59
2002年最低(元)	5.20
2002年换手率(%)	127.51
2003年涨跌幅(%)	-11.80
2003年最高(元)	6.65
2003年最低(元)	4.55
2003年换手率(%)	125.38

兰州黄河企业股份有限公司

公司概况

公司名称	兰州黄河企业股份有限公司	股票代码	000929
注册地址	兰州市七里河区郑家庄 108 号	邮政编码	730030
法人代表	杨世江	董秘	魏福新
电话	0931-8449054	传真	0931-8449005
主营业务	啤酒、大麦、麦芽、饲料的生产、批发零售等		

总股本	16497.60	流通 A	7560.00	流通 B		流通 H	
审计单位				审计意见	未审计		

主要财务指标

年度	2003.9	2003.6	2002	2001
每股收益 / 扣除后(元)	-0.0330	-0.0090	-0.2600	-1.2900
每股经营现金流量(元)	0.1000	0.1220	0.3116	0.2344
每股净资产 / 调整后(元)	2.0202	2.0400	2.8552	2.7929
每股公积金(元)	1.0514	1.0514	2.5530	5.5396
净资产收益率(%)	-0.0110	0.0600	0.9000	-44.9200
总资产(万元)	81999.66	78410.76	74344.89	78695.41
股东权益(万元)	33917.61	34295.90	34267.00	33886.93
未分配利润(万元)	-357.67	20.62	-8899.95	-9122.98
主营收入(万元)	22065.92	12962.53	17789.29	15451.93
资本公积金(万元)	17344.78	17344.78	30084.27	29927.23
主营利润(万元)	4265.66	2820.72	3718.31	3737.06
其他业务利润(万元)	146.92	67.05	101.91	171.93
营业利润(万元)	-441.20	11.78	-3384.57	-17568.96
投资收益(万元)	197.73	197.73	778.34	486.83
补贴收入(万元)			2800.00	
营业外收支(万元)	-7.66	-33.91	-98.70	-188.13
利润总额(万元)	-251.13	175.60	95.07	-17270.26
净利润(万元)	-357.67	20.62	309.45	-15222.69

十大股东

序号	股东名称	股份性质	持股数(万股)	比例(%)
1	兰州黄河企业集团公司	发起人法人股	3920.00	23.76
2	中国长城资产管理公司	发起人法人股	2800.00	16.97
3	甘肃省工业交通投资公司	发起人国家股	840.00	5.09
4	北京首都国际机场商贸公司	发起人法人股	840.00	5.09
5	中国石化集团第五建设公司	发起人法人股	504.00	3.05
6	赵百川	流通股	47.33	0.29
7	胡菊娇	流通股	37.91	0.23
8	刘国平	流通股	34.57	0.21
9	王忠仁	流通股	33.00	0.20
10	韩天福	流通股	32.89	0.20

股东人数	2003.9	2003.6	2002	2001
	16519	17628	18191	24801

近年分配		近年配股 / 增发	2002年 10 股转增 4 股

重大事项

2003 年 **2** 月 **28** 日，公司与控股股东兰州黄河企业集团公司签署了《股权转让协议》，以 **750** 万元的协议价（评估值 **785** 万元）受让兰州黄河企业集团公司所持"兰州黄河麦芽有限公司"**65%** 的股权．**2003** 年 **2** 月 **27** 日，兰州黄河科技风险投资有限公司的控股子公司"酒泉西部啤酒有限公司"与兰州黄河企业集团公司签订《资产转让合同》，以协议价 **483.18** 万元受让兰州黄河企业集团酒泉啤酒有限公司的部分有效资产（包括土地使用权、房屋、设备），并转移承担出让方在银行的 **560** 万元贷款．

二〇〇二年以来市场表现

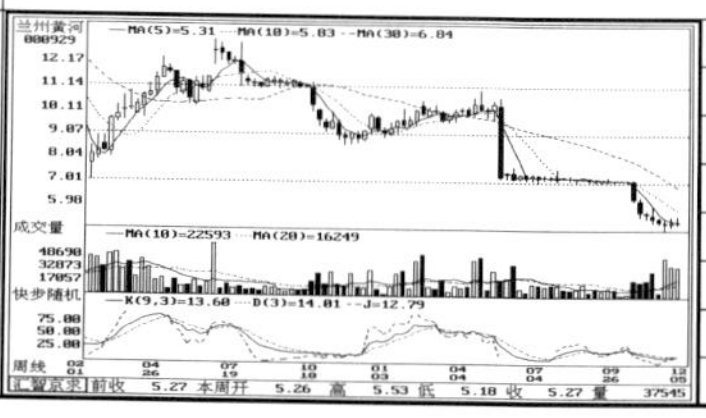

2002年涨跌幅(%)	-13.65
2002年最高(元)	9.43
2002年最低(元)	4.68
2002年换手率(%)	130.44
2003年涨跌幅(%)	-19.91
2003年最高(元)	7.84
2003年最低(元)	4.95
2003年换手率(%)	110.27

安徽丰原生物化学股份有限公司

公司概况

公司名称	安徽丰原生物化学股份有限公司	股票代码	000930
注册地址	安徽省蚌埠市大庆路 73 号	邮政编码	233010
法人代表	李荣杰	董秘	胡海涛
电话	0552-4926486	传真	0552-4926733
主营业务	生物工程的科研开发、有机酸及其他生物化工产品等		

总股本	31856.18	流通 A	16200.00	流通 B		流通 H	
审计单位				审计意见	未审计		

主要财务指标

年度	2003.9	2003.6	2002	2001
每股收益 / 扣除后(元)	0.2200	0.1240	0.2790	0.5380
每股经营现金流量(元)	0.4000	0.1880	0.5970	0.5180
每股净资产 / 调整后(元)	4.8960	4.8160	4.6740	7.7250
每股公积金(元)	2.8979	28974.0000	2.8974	5.8097
净资产收益率(%)	4.8700	2.9900	7.3900	8.0300
总资产(万元)	441925.44	392972.69	304011.16	244780.12
股东权益(万元)	156464.56	153533.33	149008.36	137006.11
未分配利润(万元)	26674.53	23760.09	19235.11	12724.52
主营收入(万元)	92829.01	58979.89	119941.61	85317.12
资本公积金(万元)	92317.84	92301.04	92301.04	102819.77
主营利润(万元)	19803.93	12619.30	24419.92	18703.61
其他业务利润(万元)	252.56	144.16	444.11	167.05
营业利润(万元)	10187.23	5757.48	13207.14	10137.18
投资收益(万元)	551.85	356.50	146.89	129.72
补贴收入(万元)			3000.60	1583.88
营业外收支(万元)	-78.01	-39.37	-150.64	160.30
利润总额(万元)	10661.07	6055.21	16505.27	12011.08
净利润(万元)	7439.42	4524.98	11017.36	10997.76

十大股东

序号	股东名称	股份性质	持股数(万股)	比例(%)
1	安徽丰原集团有限公司	国有股	15300.00	48.03
2	上海中科生龙达生物技术(集团)有限公司	流通股	230.20	0.72
3	安徽省固镇县化工总厂	法人股	118.73	0.37
4	合肥市高科技风险投资有限公司	法人股	118.73	0.37
5	田军	流通股	102.00	0.32
6	蚌埠市热电厂	法人股	94.99	0.30
7	王俊来	流通股	53.37	0.17
8	河南财政证券公司	流通股	48.60	0.15
9	上海市龙威房地产有限公司	流通股	46.44	0.15
10	候强	流通股	44.44	0.14

股东人数	2003.9	2003.6	2002	2001
	37708	39543	29176	21065

近年分配	2001年 10 股派 0.5 元	近年配股 / 增发	2001年 10 股送 2 股、增 6 股

重大事项

公司于 **2003** 年 **11** 月 **18** 日与安徽丰原集团有限公司签定了《资产转让协议》拟整体收购安徽丰原集团有限公司的全资子公司蚌埠涂山热电有限公司 **100%** 的股权． **2003** 年 **9** 月 **17** 日，公司控股股东安徽丰原集团与光大银行合肥分行签订了《股权质押合同》，将其持有的公司股份 **6300** 万股（占公司总股本的 **19.78%**）质押给该行（质押期限为二年）．

二〇〇二年以来市场表现

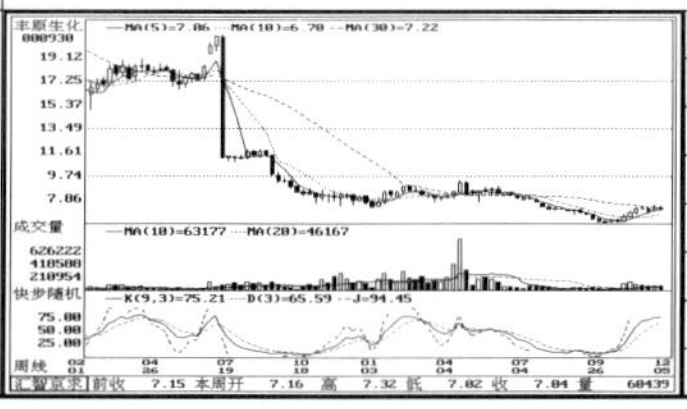

2002年涨跌幅(%)	-24.05
2002年最高(元)	11.77
2002年最低(元)	7.29
2002年换手率(%)	218.89
2003年涨跌幅(%)	-3.64
2003年最高(元)	9.35
2003年最低(元)	5.98
2003年换手率(%)	346.07

北京中关村科技发展(控股)股份有限公司

公司概况

公司名称	北京中关村科技发展(控股)股份有限公司	股票代码	000931
注册地址	北京海淀区中关村南大街32号	邮政编码	100081
法人代表	袁振宇	董秘	郭虎亮
电话	010-62140168	传真	010-62140038
主营业务	高新技术和产品的开发、销售、科技项目、建设项目投资等		
总股本	67484.69	流通A	37484.69
流通B		流通H	
审计单位		审计意见	未审计

主要财务指标

年度	2003.9	2003.6	2002	2001
每股收益/扣除后(元)	-0.1200	-0.0839	-0.2626	0.0814
每股经营现金流量(元)	0.1800	0.0377	-0.3707	0.2846
每股净资产/调整后(元)	2.0011	2.0395	2.0815	2.4024
每股公积金(元)	1.3057	1.3057	1.3057	1.2988
净资产收益率(%)	-5.5000	-3.9800	-12.3600	4.9900
总资产(万元)	762427.50	754481.19	739930.19	969033.12
股东权益(万元)	144248.44	146370.48	152188.95	170528.80
未分配利润(万元)	-19654.12	-17532.05	-11713.57	7094.43
主营收入(万元)	-11713.57	34173.43	93761.48	190746.28
资本公积金(万元)	88116.35	88116.32	88116.32	87648.14
主营利润(万元)	24715.04	16613.77	29265.32	45943.91
其他业务利润(万元)	-278.03	-75.97	782.04	-135.54
营业利润(万元)	-10710.96	-7773.60	-25144.51	1042.82
投资收益(万元)	3626.15	1968.24	5285.86	7642.60
补贴收入(万元)	15.71	14.04		1701.51
营业外收支(万元)	15.02	-18.40	-2000.12	-2183.26
利润总额(万元)	-7054.07	-5814.33	-21858.77	8203.67
净利润(万元)	-7940.55	-5818.47	-18808.01	8516.30

十大股东

序号	股东名称	股份性质	持股数(万股)	比例(%)
1	北京住总集团有限责任公司	国有股	27000.00	40.01
2	北京市国有资产经营有限责任公司	国有股	1100.00	1.63
3	北京实创高科技发展总公司	国有股	500.00	0.74
4	北京市新技术产业发展服务中心	国有股	500.00	0.74
5	北京北大方正集团公司	国有股	300.00	0.44
6	联想集团控股公司	国有股	300.00	0.44
7	陆海龙	流通股	269.00	0.40
8	武汉国际信托投资公司	境内法人股	180.00	0.27
9	深圳金飞洋投资咨询有限公司	流通股	149.16	0.22
10	北京中信兴业证券营业部	流通股	144.93	0.21

股东人数

2003.9	2003.6	2002	2001
311009	314806	326416	350658

近年分配	2001年10股派1元	近年配股/增发	不分配不转增

重大事项

2003年11月14日公司收到华夏银行杭州分行《撤消担保函》,公司于2000年为杭州天龙房地产经营开发公司提供了两笔共计3亿元人民币的5年期流动资金贷款担保.华夏银行杭州分行同意撤消其中一笔7,000万元人民币担保和一笔23,000万元人民币担保中的15,000万元人民币担保,杭州天龙公司剩余的8,000万元人民币贷款仍有公司提供担保. 2003年10月14日,中国建设银行北京市分行因借款合同纠纷向北京市高级人民法院提起诉讼,2003年9月5日,我公司作为第二被告收到北京市高级人民法院应诉通知书及起诉状.起因是我公司为华运达公司在建行北京分行额度为1.5亿元人民币、期限为1年的贷款提供担保,该笔贷款到期,华运达公司未按时还款.建行北京分行诉请判决我公司承担连带责任.

二〇〇二年以来市场表现

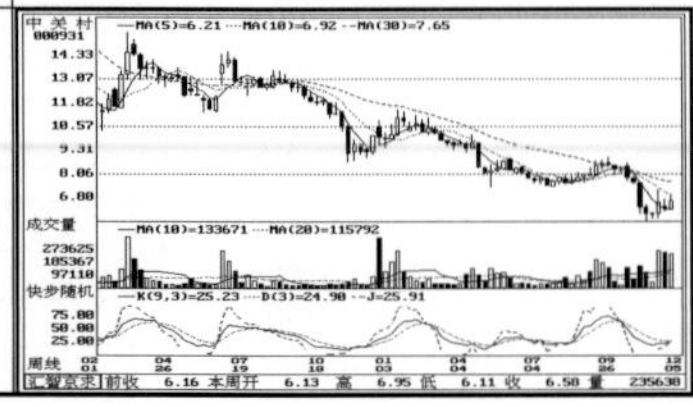

2002年涨跌幅(%)	-23.61
2002年最高(元)	15.48
2002年最低(元)	8.65
2002年换手率(%)	93.61
2003年涨跌幅(%)	-35.90
2003年最高(元)	11.40
2003年最低(元)	5.55
2003年换手率(%)	110.13

湖南华菱管线股份有限公司

公司概况

公司名称	湖南华菱管线股份有限公司	股票代码	000932
注册地址	长沙芙蓉中路269号华菱大厦20楼	邮政编码	410011
法人代表	李效伟	董秘	汪俊
电话	0731-2245196	传真	0731-4447112
主营业务	生产和销售政策允许的钢坯、无缝钢管、线材、螺纹钢等		
总股本	176537.50	流通A	45000.00
流通B		流通H	
审计单位		审计意见	未审计

主要财务指标

年度	2003.9	2003.6	2002	2001
每股收益/扣除后(元)	0.3160	0.2130	0.3114	0.3050
每股经营现金流量(元)	0.7800	0.4020	0.8900	0.8647
每股净资产/调整后(元)	3.0800	2.9700	2.7400	2.1600
每股公积金(元)	1.2417	1.2416	1.2413	0.8407
净资产收益率(%)	0.1010	6.9600	10.7100	13.3100
总资产(万元)	1198001.50	1083518.75	922771.81	777138.56
股东权益(万元)	555232.00	536570.31	499150.59	355802.47
未分配利润(万元)	124790.42	106131.26	68775.43	46159.85
主营收入(万元)	906129.19	571905.87	976397.75	849955.19
资本公积金(万元)	219199.97	219197.44	219133.59	131595.34
主营利润(万元)	127249.98	84242.20	112488.22	99709.01
其他业务利润(万元)	805.17	462.68	466.42	1515.67
营业利润(万元)	74969.96	52332.93	73112.18	62734.05
投资收益(万元)	-143.11	-12.47	-738.69	-418.34
补贴收入(万元)	607.60		193.70	
营业外收支(万元)	-16.15		-1923.82	-70.54
利润总额(万元)	77398.29	52968.03	70643.37	62245.17
净利润(万元)	56015.00	37355.84	53463.63	47356.75

十大股东

序号	股东名称	股份性质	持股数(万股)	比例(%)
1	湖南华菱钢铁集团有限责任公司	国有股	131250.00	74.35
2	鹏华行业成长证券投资基金	公众股	376.15	0.21
3	泰和证券投资基金	公众股	336.84	0.19
4	景阳证券投资基金	公众股	294.37	0.17
5	裕隆证券投资基金	公众股	260.09	0.15
6	长沙矿冶研究院	国有股	250.00	0.14
7	全国社保基金一零三组合	公众股	209.99	0.12
8	普丰证券投资基金	公众股	153.07	0.09
9	刘庚和	公众股	131.40	0.07
10	景博证券投资基金	公众股	12.30	0.07

股东人数

2003.9	2003.6	2002	2001
180163	185543	186962	149742

近年分配	2002年10股派1元 2001年10股派1元	近年配股/增发	不分配不转增

重大事项

2003年十月上旬,公司涟钢事业部所属棒材二厂按年度计划进行检修并进行试轧时,电气楼传动控制室发生电气设备事故,烧损部分电气开关柜,导致该厂需停产抢修一个月左右,预计影响钢材产量3万吨,经济损失1000万元左右. 2003年3月25日,公司控股子公司衡阳华菱钢管有限公司与湖南衡阳钢管(集团)有限公司签署股权转让协议,华菱钢管受让衡钢集团在衡阳钢管集团国际贸易有限公司所拥有的80%的股权. 股权转让的价款为衡阳钢管集团国际贸易有限公司的净资产2,906,954.51元的80%.

二〇〇二年以来市场表现

2002年涨跌幅(%)	-18.79
2002年最高(元)	6.28
2002年最低(元)	4.57
2002年换手率(%)	179.01
2003年涨跌幅(%)	15.50
2003年最高(元)	5.66
2003年最低(元)	4.36
2003年换手率(%)	183.40

河南神火煤电股份有限公司

公司概况

公司名称	河南神火煤电股份有限公司			股票代码	000933		
注册地址	河南省永城市新城区光明路`			邮政编码	476600		
法人代表	李孟臻			董秘	王培顺		
电话	0370-5114055			传真	0370-5114822		
主营业务	煤炭生产、销售、洗选加工、发电、铁路专用线营运等						
总股本	25000.00	流通 A	9100.00	流通 B		流通 H	
审计单位				审计意见	未审计		

主要财务指标

年度	2003.9	2003.6	2002	2001
每股收益/扣除后(元)	0.4480	0.3410	0.4861	0.4200
每股经营现金流量(元)	0.8900	0.7260	1.0040	0.7081
每股净资产/调整后(元)	4.4060	4.2780	4.2410	3.3500
每股公积金(元)		3.0291	3.0291	2.1438
净资产收益率(%)	9.9600	7.7180	10.5200	12.9000
总资产(万元)	148623.28	146625.73	138802.97	101532.43
股东权益(万元)	110863.41	110380.75	114833.70	76748.60
未分配利润(万元)	409.37	3877.89	313.10	765.78
主营收入(万元)	59623.14	41313.32	71670.92	63920.73
资本公积金(万元)	75728.08	75728.08	75728.08	49024.87
主营利润(万元)	20955.61	16442.45	25083.72	20349.45
其他业务利润(万元)	647.39	331.82	707.83	1603.05
营业利润(万元)	15723.89	12030.54	16762.98	13131.09
投资收益(万元)	-30.69	-30.69	-450.97	364.49
补贴收入(万元)	8.23		118.57	211.30
营业外收支(万元)	-214.23	-214.94	-572.81	-42.54
利润总额(万元)	16762.98	11784.91	15857.77	13664.34
净利润(万元)	11047.45	8348.56	11232.15	9898.69

十大股东

序号	股东名称	股份性质	持股数(万股)	比例(%)
1	河南神火集团有限公司	国有法人股	15795.21	63.18
2	华泰证券有限责任公司	社会公众股	1468.24	5.87
3	安顺证券投资基金	社会公众股	3100.00	1.24
4	泰和证券投资基金	社会公众股	189.42	0.76
5	无锡市第四纺织机械有限公司	社会公众股	146.90	0.59
6	中关村证券股份有限公司	社会公众股	75.46	0.30
7	景博证券投资基金	社会公众股	63.52	0.25
8	裕隆证券投资基金	社会公众股	63.24	0.25
9	应京	社会公众股	62.98	0.25
10	海富通精选证券投资基金	社会公众股	62.34	0.25

股东人数	2003.9	2003.6	2002	2001
	24134	24251	25947	18827

近年分配	2003年中10股派2.8元 2002年10派4元 2001年10派2.8元	近年配股/增发	2001年10股配3股

重大事项

公司于**2003**年**9**月**27**日收到国务院国有资产监督管理委员会抄送的关于国有法人股划转的批复,同意将永城市皇沟酒业集团总公司所持公司国有法人股**26.20**万股、永城市铝厂所持公司国有法人股**34.93**万股、永城市化学工业公司所持公司国有法人股**26.20**万股、永城市纸业有限责任公司所持公司国有法人股**17.46**万股全部无偿划转给河南神火集团有限公司. **2002**年**12**月**2**日,公司董事会同意公司以自有资金出资**2000**万元人民币参与发起设立河南省中小企业投资担保股份有限公司(暂定名),并授权董事长李孟臻同志组织实施.

二〇〇二年以来市场表现

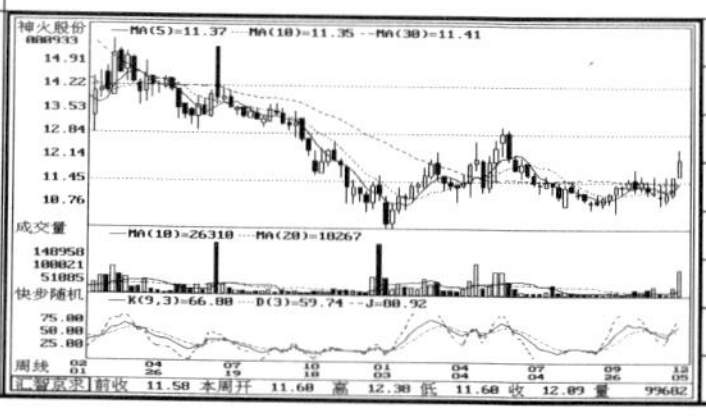

2002年涨跌幅(%)	-24.73
2002年最高(元)	14.92
2002年最低(元)	10.13
2002年换手率(%)	176.25
2003年涨跌幅(%)	10.29
2003年最高(元)	12.62
2003年最低(元)	9.67
2003年换手率(%)	139.10

四川双马水泥股份有限公司

公司概况

公司名称	四川双马水泥股份有限公司			股票代码	000935		
注册地址	四川省江油市二郎庙镇			邮政编码	621716		
法人代表	唐月明			董秘	蒲小洪		
电话	0816-3721498			传真	0816-3721498		
主营业务	水泥的生产、销售						
总股本	31941.00	流通 A	10440.00	流通 B		流通 H	
审计单位				审计意见	未审计		

主要财务指标

年度	2003.9	2003.6	2002	2001
每股收益/扣除后(元)	0.0240	0.0235	0.1032	0.1622
每股经营现金流量(元)	0.2720	0.0967	0.2586	0.1542
每股净资产/调整后(元)	1.6125	1.5500	1.5379	1.6137
每股公积金(元)	0.4780	0.4780	0.4780	0.4747
净资产收益率(%)	1.6000	1.5000	6.1000	9.7900
总资产(万元)	106826.87	107047.00	88689.97	81997.74
股东权益(万元)	54646.50	54593.16	53774.08	52286.62
未分配利润(万元)	4671.05	4618.00	3798.93	2909.52
主营收入(万元)	35946.54	24936.28	44142.32	42685.70
资本公积金(万元)	15267.10	15267.10	15267.10	15161.18
主营利润(万元)	7627.46	5701.18	12631.51	14587.86
其他业务利润(万元)	90.34	44.27	17.73	116.44
营业利润(万元)	1278.56	1393.29	5345.91	6780.00
投资收益(万元)	18.71	-7.39	-184.66	-111.03
补贴收入(万元)	145.98			
营业外收支(万元)	4.77		-26.34	-67.34
利润总额(万元)	1448.01	1487.27	5134.90	6601.63
净利润(万元)	872.42	819.07	3278.48	5121.40

十大股东

序号	股东名称	股份性质	持股数(万股)	比例(%)
1	四川双马投资集团有限公司	国家股	21240.00	66.50
2	四川矿山机器厂	发起人法人股	72.00	0.22
3	成都建材(集团)有限公司	发起人法人股	72.00	0.22
4	四川广旺能源发展(集团)有限责任公司	发起人法人股	63.00	0.20
5	四川省信托投资公司	发起人法人股	54.00	0.17
6	刘淑文	未披露	25.21	0.08
7	郭燕君	未披露	23.00	0.07
8	王尚好	未披露	20.59	0.06
9	陈坚强	未披露	20.47	0.06
10	李进华	未披露	20.21	0.06

股东人数	2003.9	2003.6	2002	2001
	52921	53980	55260	59308

近年分配	2002年10股派0.6元 2001年10股派0.7元	近年配股/增发	2001年10股配3股

重大事项

2003年**11**月**28**日,公司收到四川省地方税务局关于**6**号窑技改工程《企业技术改造国产设备投资年度抵免企业所得税审核表》,同意公司抵免所得税额为**15,214,078.25**元,其中,**2001**年度抵免**10,352,124.86**元,**2002**年度抵免**4,861,953.39**元. 本公司控股公司成都澔江水泥有限责任公司于**2001**年**7**月**15**日为中国煤炭综合利用集团公司彭州草坝煤矸石发电厂贷款提供**3,200**万元担保,担保期限至**2006**年**1**月**28**日.

二〇〇二年以来市场表现

2002年涨跌幅(%)	-26.77
2002年最高(元)	7.78
2002年最低(元)	4.85
2002年换手率(%)	188.83
2003年涨跌幅(%)	-11.80
2003年最高(元)	6.12
2003年最低(元)	4.10
2003年换手率(%)	99.11

江苏华西村股份有限公司

公司概况

公司名称	江苏华西村股份有限公司	股票代码	000936
注册地址	江苏省江阴市华士镇华西村	邮政编码	214420
法人代表	包丽君	董秘	卞武彪
电话	0510-6217188	传真	0510-6217177
主营业务	纺织品、化工原料(危险品除外)、化学纤维品、服装制造等		
总股本	16800.00	流通 A	4200.00
流通 B		流通 H	
审计单位		审计意见	未审计

主要财务指标

年度	2003.9	2003.6	2002	2001
每股收益/扣除后(元)	0.2700	0.1870	0.3800	0.3922
每股经营现金流量(元)	0.2500	0.1400	0.5300	0.3273
每股净资产/调整后(元)	3.7100	3.6200	3.4400	3.1600
每股公积金(元)	1.3021	1.3021	1.3021	1.3021
净资产收益率(%)	7.5900	5.1400	11.0700	12.4400
总资产(万元)	132235.91	100574.52	85654.64	72010.80
股东权益(万元)	62531.93	61100.07	57962.02	53224.86
未分配利润(万元)	20193.19	18761.32	15623.27	11900.12
主营收入(万元)	58888.04	39981.97	82009.48	66318.13
资本公积金(万元)	21875.00	21875.00	21875.00	21875.00
主营利润(万元)	7086.07	5232.11	10723.59	9444.42
其他业务利润(万元)	1289.28	765.98	764.91	263.61
营业利润(万元)	6681.60	4679.71	8466.12	7359.81
投资收益(万元)	-1.55	-1.03	138.89	40.27
补贴收入(万元)	13.08			
营业外收支(万元)	-11.16		3.94	-12.53
利润总额(万元)	6681.97	4668.82	8608.96	7387.55
净利润(万元)	4569.92	3138.05	6417.16	6620.30

十大股东

序号	股东名称	股份性质	持股数(万股)	比例(%)
1	江苏华西集团公司	法人股	11912.42	70.91
2	江阴市华士华西冷轧带钢厂	法人股	573.30	3.41
3	江阴市华明实业总公司	法人股	57.14	0.34
4	江阴市前进实业公司	法人股	45.71	0.27
5	江如安	流通股	43.90	0.26
6	深圳市金凌投资有限公司	流通股	31.60	0.19
7	高金娣	流通股	31.44	0.19
8	刘桂英	流通股	31.03	0.18
9	张丽芬	流通股	30.62	0.18
10	蒋凯	流通股	29.92	0.18

股东人数	2003.9	2003.6	2002	2001
	14070	14891	15212	18130

近年分配	2002年10股派1元 2001年10股派1元	近年配股/增发	不分配不转增

重大事项

2003年9月17日,公司董事会同意公司与澄华国际有限公司合资设立江阴华西无纺布有限公司.新公司总投资2950万美元,注册资本1200万美元,其中公司出资900万美元,占注册资本的75%;澄华国际有限公司出资300万美元,占注册资本的25%. 2003年10月21日,临时股东大会通过《关于对间隙性聚酯和纺丝生产线进行技术改造为6万吨新型差别化聚酯短纤维项目的议案》。项目总投资19,787万元(含用汇1700万美元),其中铺底流动资金2,000万元。项目所需资金全部由企业自筹解决,外汇通过银行购汇解决。

二〇〇二年以来市场表现

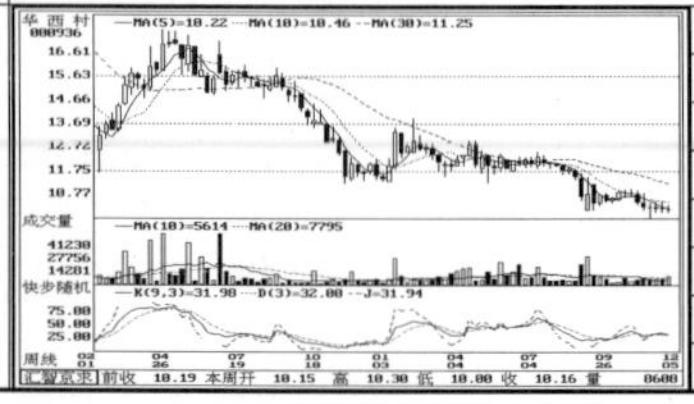

2002年涨跌幅(%)	-21.24
2002年最高(元)	17.48
2002年最低(元)	11.12
2002年换手率(%)	137.22
2003年涨跌幅(%)	-10.22
2003年最高(元)	13.78
2003年最低(元)	9.80
2003年换手率(%)	103.97

河北金牛能源股份有限公司

公司概况

公司名称	河北金牛能源股份有限公司	股票代码	000937
注册地址	河北省邢台市中兴西大街191号	邮政编码	054000
法人代表	刘庆法	董秘	刘彦春
电话	0319-2068312	传真	0319-2068888
主营业务	煤炭开采与经营、水泥生产及销售、无碱玻璃纤维及制品生产与销售等		
总股本	42500.00	流通 A	10000.00
流通 B		流通 H	
审计单位		审计意见	未审计

主要财务指标

年度	2003.9	2003.6	2002	2001
每股收益/扣除后(元)	0.2100	0.1500	0.4400	0.6000
每股经营现金流量(元)	0.7170	0.6550	0.8700	0.8700
每股净资产/调整后(元)	3.8500	3.7900	3.9200	3.8100
每股公积金(元)	1.9372	1.8458	1.8627	1.8944
净资产收益率(%)	5.4400	3.6400	11.3000	15.6000
总资产(万元)	236820.56	238058.36	242037.86	239306.75
股东权益(万元)	164241.31	161469.06	167023.62	162276.48
未分配利润(万元)	31465.14	28324.99	34028.90	30763.57
主营收入(万元)	93198.32	64000.87	139916.27	116451.37
资本公积金(万元)	78079.65	78447.56	79166.63	80511.05
主营利润(万元)	30417.16	21135.92	51274.18	44977.50
其他业务利润(万元)	1388.34	753.75	2127.91	698.46
营业利润(万元)	14322.31	9305.65	27087.27	24287.48
投资收益(万元)				
补贴收入(万元)	807.21	542.68	622.74	697.90
营业外收支(万元)	-1801.65		-575.15	10.67
利润总额(万元)	13327.87	8925.51	27134.87	24996.06
净利润(万元)	8929.67	5789.52	18841.56	25313.73

十大股东

序号	股东名称	股份性质	持股数(万股)	比例(%)
1	邢台矿业(集团)有限责任公司	国家股	32500.00	76.47
2	国都证券有限责任公司	流通股	494.16	1.16
3	嘉实成长收益型证券投资基金	流通股	239.66	0.56
4	中煤信托投资有限责任公司	流通股	228.70	0.54
5	北京大源非织造有限公司	流通股	212.26	0.50
6	泰和证券投资基金	流通股	205.20	0.48
7	南方宝元债券型基金	流通股	175.38	0.41
8	开元证券投资基金	流通股	159.09	0.37
9	北京金健华经贸发展有限公司	流通股	143.75	0.34
10	东方世纪证券投资顾问有限公司	流通股	130.20	0.31

股东人数	2003.9	2003.6	2002	2001
	18378	19558	21335	26453

近年分配	2002年10股派4元 2002年中10派1.5元 2001年10派2.5元	近年配股/增发	不分配不转增

重大事项

公司于2003年10月14日与邯郸钢铁股份有限公司签署了五年期《中长期战略合作协定》,双方同意在炼焦精煤、钢材供求等方面进行合作. 公司东庞矿井于2003年4月12日发生突水自然灾害,经过5个多月的治水, 截止2003年10月9日排水已至-330米,-300米水平已开始井下生产系统维修,东庞矿井已进入恢复生产阶段.

二〇〇二年以来市场表现

2002年涨跌幅(%)	-2.19
2002年最高(元)	13.25
2002年最低(元)	9.70
2002年换手率(%)	74.26
2003年涨跌幅(%)	-14.83
2003年最高(元)	11.35
2003年最低(元)	8.59
2003年换手率(%)	88.72

清华紫光股份有限公司

公司概况

公司名称	清华紫光股份有限公司	股票代码	000938
注册地址	北京市海淀区清华大学紫光大楼	邮政编码	100084
法人代表	徐井宏	董秘	齐联
电话	010-62770008	传真	010-62770880
主营业务	电子、电力、能源、医疗器械、化工产品、普通机械等		

总股本	20608.00	流通 A	6400.00	流通 B		流通 H	
审计单位			审计意见	未审计			

主要财务指标

年度	2003.9	2003.6	2002	2001
每股收益/扣除后(元)	0.0620	0.0160	0.0110	-0.2210
每股经营现金流量(元)	-0.1670	0.2850	-1.3430	0.9770
每股净资产/调整后(元)	3.0810	3.0380	3.0190	2.8690
每股公积金(元)	1.8414	1.8414	1.8425	1.7500
净资产收益率(%)	21300.0000	0.7060	1.6000	-3.9700
总资产(万元)	159878.59	162887.19	150979.62	102234.37
股东权益(万元)	63727.60	62813.64	62587.98	59509.63
未分配利润(万元)	2413.37	1499.41	1254.44	303.88
主营收入(万元)	136276.39	78096.06	189905.67	146534.98
资本公积金(万元)	37947.07	37947.07	37971.21	36063.64
主营利润(万元)	13185.88	7985.64	16169.62	17299.97
其他业务利润(万元)	475.67	329.97	655.96	243.61
营业利润(万元)	1610.87	686.55	1738.94	-2051.29
投资收益(万元)	185.49	54.38	125.67	351.89
补贴收入(万元)	121.69	72.29	156.62	62.36
营业外收支(万元)	3.06		74.11	-515.50
利润总额(万元)	1921.11	845.68	2095.34	-2152.54
净利润(万元)	1357.25	443.29	1002.04	-2362.17

十大股东

序号	股东名称	股份性质	持股数(万股)	比例(%)
1	清华紫光(集团)总公司	发起人国有法人股	12800.00	62.11
2	中国北方工业公司	发起人国有法人股	640.00	3.11
3	中国电子器件工业总公司	发起人国有法人股	432.00	2.10
4	钢铁研究总院	发起人国有法人股	256.00	1.24
5	中国高新投资集团公司	社会公众股	98.89	0.48
6	北京市密云县工业开发区总公司	发起人国有法人股	80.00	0.39
7	郭生敏	社会公众股	31.53	0.15
8	杨伟	社会公众股	23.11	0.11
9	高新技术产业开发区东亚石材磨具	社会公众股	18.28	0.09
10	罗春艳	社会公众股	16.20	0.08

股东人数	2003.9	2003.6	2002	2001
	61316	60841	62250	71295

近年分配		近年配股/增发	不分配不转增

重大事项

2003 年 5 月 30 日,公司董事会同意公司为控股子公司清华紫光通讯科技有限公司向中国建设银行北京海淀支行申请 6000 万元人民币流动资金贷款提供担保,担保期限一年. 2002 年度股东大会同意公司向控股股东清华紫光(集团)总公司购买了其坐落于北京市海淀区清华大学东门外的紫光大楼二、三、五和六层房屋及紫光大楼占用的全部土地使用权.截至评估基准日 2002 年 12 月 31 日, 上述资产帐面净值为 3420.68 万元,评估净值为 4528.52 万元.

二〇〇二年以来市场表现

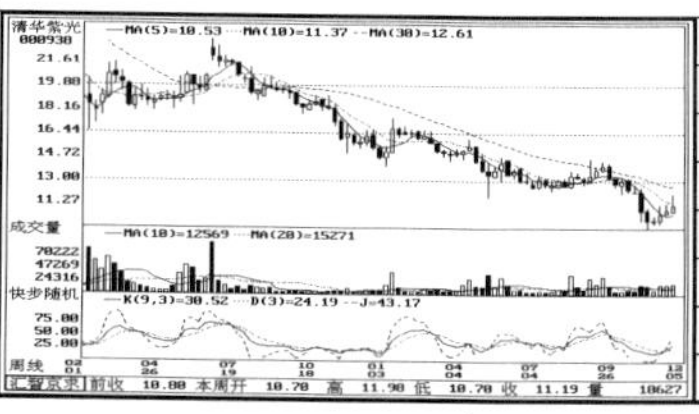

2002年涨跌幅(%)	-27.44
2002年最高(元)	23.33
2002年最低(元)	14.90
2002年换手率(%)	148.20
2003年涨跌幅(%)	-27.86
2003年最高(元)	17.48
2003年最低(元)	9.55
2003年换手率(%)	99.22

武汉凯迪电力股份有限公司

公司概况

公司名称	武汉凯迪电力股份有限公司	股票代码	000939
注册地址	武汉武昌区武珞路 586 号江天大厦 22 楼	邮政编码	430223
法人代表	陈义龙	董秘	曹维垣
电话	027-67869005	传真	027-67869028
主营业务	电力、新能源、化工、环保、水处理、仪器仪表等		

总股本	21630.00	流通 A	10606.68	流通 B		流通 H	
审计单位			审计意见	未审计			

主要财务指标

年度	2003.9	2003.6	2002	2001
每股收益/扣除后(元)	0.2700	0.1746	0.4108	0.3108
每股经营现金流量(元)	0.2300	0.2460	0.8200	0.7400
每股净资产/调整后(元)	2.7000	2.6200	2.4400	2.2400
每股公积金(元)	0.6401	0.6401	0.6401	0.6401
净资产收益率(%)	9.4900	6.3700	16.0900	13.5500
总资产(万元)	120085.07	117477.24	120216.23	90489.89
股东权益(万元)	60330.10	58318.77	54605.79	48529.77
未分配利润(万元)	20784.94	18773.61	15060.62	303.88
主营收入(万元)	58280.38	36801.91	55298.96	146534.98
资本公积金(万元)	13844.67	13844.67	13844.67	36063.64
主营利润(万元)	11362.30	7152.95	17365.19	17299.97
其他业务利润(万元)	1.47	0.93	108.04	243.61
营业利润(万元)	6967.28	4335.28	10722.93	-2051.29
投资收益(万元)	66.50	66.50	59.04	351.89
补贴收入(万元)				
营业外收支(万元)	-430.89		-275.11	-195.03
利润总额(万元)	6602.89	4271.34	10506.86	8185.36
净利润(万元)	5724.31	3712.98	8783.60	6577.99

十大股东

序号	股东名称	股份性质	持股数(万股)	比例(%)
1	北京中联动力技术有限责任公司	发起人境内法人股	2898.00	13.40
2	中国电力投资有限公司	定向法人境内法人股	1680.00	7.77
3	洋浦新华能电力发展有限公司	定向法人境内法人股	1061.55	4.91
4	江西省电业开发总公司	定向法人境内法人股	1050.00	4.85
5	武汉水利电力大学	发起人境内法人股	1008.00	4.66
6	开元证券投资基金	流通 A 股	773.79	3.58
7	冶金工业部武汉钢铁设计研究院	定向法人境内法人股	630.00	2.91
8	中国水利电力物资有限公司	定向法人境内法人股	630.00	2.91
9	湖北省电力公司	定向法人境内法人股	630.00	2.91
10	天元证券投资基金	流通 A 股	441.99	2.04

股东人数	2003.9	2003.6	2002	2001
	23806	24014	26682	30207

近年分配	2002年10股派1元 2001年10派0.5元	近年配股/增发	不分配不转增

重大事项

2003 年 10 月 29 日, 公司日前与甘肃省电力建设投资开发公司签订了烟气脱硫工程总承包合同.公司对用于甘肃张掖电厂一期工程 2×300MW 燃煤发电机组烟气脱硫除尘岛工程实行总承包.本合同总价为人民币 15680 万元. 2003 年 10 月 25 日,公司接山西省国际招标有限公司发来的《预中标通知书》称:在山西关铝运城热电厂(业主)2×200MW 机组工程总承包项目招标中,公司已被确定为预中标单位. 公司现已与业主开始进行签订合同的有关准备工作.

二〇〇二年以来市场表现

2002年涨跌幅(%)	-13.28
2002年最高(元)	14.17
2002年最低(元)	9.85
2002年换手率(%)	73.77
2003年涨跌幅(%)	-51.79
2003年最高(元)	14.26
2003年最低(元)	5.42
2003年换手率(%)	96.62

云南南天电子信息产业股份有限公司

公司概况

公司名称	云南南天电子信息产业股份有限公司	股票代码	000948
注册地址	昆明市高新技术开发区软件园创新大厦	邮政编码	650041
法人代表	郑志刚	董秘	姜东
电话	0871-3366327	传真	0871-3317398
主营业务	开发、生产、销售计算机软硬件、外围设备、金融专用设备等		
总股本	14000.06	流通 A	4000.00
流通 B		流通 H	
审计单位		审计意见	未审计

主要财务指标

年度	2003.9	2003.6	2002	2001
每股收益/扣除后(元)	0.0200	0.0400	0.2600	0.2600
每股经营现金流量(元)	-0.1800	0.0310	-1.2000	1.1200
每股净资产/调整后(元)	3.4600	3.4800	3.4300	3.3400
每股公积金(元)	2.1830	2.1830	2.1830	2.1830
净资产收益率(%)	0.3300	1.1700	8.3300	8.2700
总资产(万元)	68348.00	68390.89	85810.31	84952.11
股东权益(万元)	49127.45	49545.58	48967.66	47689.17
未分配利润(万元)	801.09	1219.21	641.30	7.01
主营收入(万元)	36729.91	23315.78	73659.17	89357.55
资本公积金(万元)	30562.03	30562.03	30562.03	30562.03
主营利润(万元)	8106.81	5641.34	17538.69	18157.84
其他业务利润(万元)	316.16	235.82	298.20	309.18
营业利润(万元)	-658.15	-56.08	3506.00	4445.57
投资收益(万元)	246.28	240.05	327.45	589.85
补贴收入(万元)	167.65	161.21	43.25	155.02
营业外收支(万元)	62.42		638.39	42.27
利润总额(万元)	-181.79	411.06	4515.09	5232.71
净利润(万元)	159.79	577.91	4078.51	3944.68

十大股东

序号	股东名称	股份性质	持股数(万股)	比例(%)
1	南天电子信息产业集团公司	国有股	6465.14	46.18
2	深圳市九夷投资有限责任公司	未流通股	2934.92	20.96
3	云南医药工业股份有限公司	国有股	500.00	3.57
4	李宏坤	未流通股	100.00	0.71
5	杨伟	已流通股	59.80	0.43
6	傅子彬	已流通股	10.18	0.07
7	张炳华	已流通股	6.66	0.05
8	文国亮	已流通股	6.01	0.04
9	普丰证券投资基金	已流通股	5.72	0.04
10	林德成	已流通股	5.56	0.04

股东人数	2003.9	2003.6	2002	2001
	33011	33560	35201	38796

近年分配	2002年10股派2元 2001年10派1.9元	近年配股/增发	不分配不转增

重大事项

2003年8月27日,公司第二大股东深圳市九夷投资有限责任公司与广东发展银行深圳分行签定了《质押合同》将其所持股份公司法人股29349155股,全部质押给广东发展银行深圳分行,并获得期限为一年,金额为人民币6500万元的授信额度.上述质押已办理了登记手续. 2003年4月7日,公司第二大股东珠海南方集团有限公司与深圳市九夷投资有限责任公司签署《股权转让的协议》.拟将其所持公司的股份25,239,134股转让给深圳九夷公司. 转让价格为每股人民币2.30元.同日,公司股东裴海平、丁柏林、周永泰也分别与深圳九夷公司签署《股权转让协议》. 本次股权转让过户完成后,深圳九夷公司成为公司第二大股东.

二〇〇二年以来市场表现

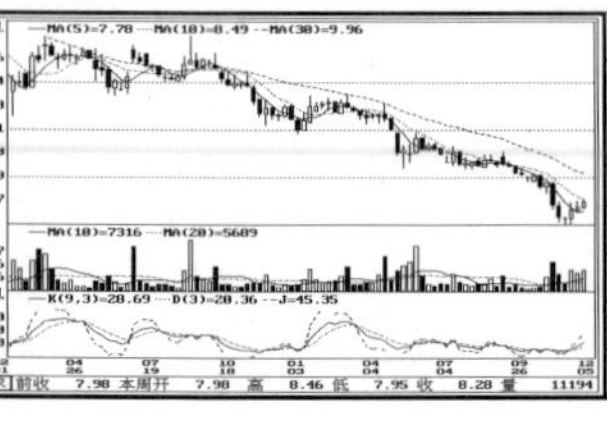

2002年涨跌幅(%)	-24.71
2002年最高(元)	17.37
2002年最低(元)	12.36
2002年换手率(%)	84.67
2003年涨跌幅(%)	-36.11
2003年最高(元)	14.07
2003年最低(元)	7.06
2003年换手率(%)	78.27

新乡化纤股份有限公司

公司概况

公司名称	新乡化纤股份有限公司	股票代码	000949
注册地址	河南省新乡市北站区锦园路公司证券部	邮政编码	453011
法人代表	陈玉林	董秘	王文新
电话	0373-3978813	传真	0373-3911359
主营业务	粘胶纤维、合成纤维、硫酸钠制造等		
总股本	49057.14	流通 A	18582.10
流通 B		流通 H	
审计单位		审计意见	未审计

主要财务指标

年度	2003.9	2003.6	2002	2001
每股收益/扣除后(元)	0.2200	0.1300	0.1440	0.0500
每股经营现金流量(元)	0.4400	0.3360	0.4800	0.0050
每股净资产/调整后(元)	2.4400	2.3100	2.1400	2.0000
每股公积金(元)	0.7333	0.7252	0.7252	0.7221
净资产收益率(%)	11.8300	7.3300	7.0600	3.3900
总资产(万元)	199725.66	183310.23	159520.41	128163.15
股东权益(万元)	119781.96	113538.62	105217.06	100255.02
未分配利润(万元)	25008.95	19161.61	10840.05	7117.74
主营收入(万元)	74027.50	47917.62	80395.53	73146.74
资本公积金(万元)	35972.56	35576.56	35576.56	35426.56
主营利润(万元)	21280.45	12625.38	14891.80	5428.57
其他业务利润(万元)	568.25	256.26	340.72	470.39
营业利润(万元)	15920.78	9324.63	10297.17	3025.42
投资收益(万元)				350.26
补贴收入(万元)				
营业外收支(万元)	-0.08	-0.07	-257.55	-27.80
利润总额(万元)	15920.70	9324.56	10039.63	3347.87
净利润(万元)	14168.90	8321.56	7430.56	3395.19

十大股东

序号	股东名称	股份性质	持股数(万股)	比例(%)
1	新乡白鹭化纤集团有限责任公司	国有股	30475.04	62.12
2	民生证券有限责任公司	流通股	616.63	1.25
3	科瑞证券投资基金	流通股	409.18	0.83
4	交通银行—湘财合丰价值优化型周期类行业基金	流通股	182.81	0.37
5	科汇证券投资基金	流通股	135.57	0.27
6	博时价值增长证券投资基金	流通股	106.50	0.21
7	刘三保	流通股	75.84	0.15
8	张珍	流通股	70.10	0.14
9	北京兴昌达博房地产开发有限公司	流通股	62.00	0.12
10	蚌埠万融产权投资顾问有限公司	流通股	58.27	0.11

股东人数	2003.9	2003.6	2002	2001
	61941	61845	71622	72761

近年分配	2002年10股派0.5元 2001年10派0.5元	近年配股/增发	2001年10股配3股

重大事项

2003年3月6日,河南省地方税务局确认公司粘胶长线一号生产线和废水深度处理回用两个技术改造项目符合国家有关政策,其所需国产设备投资额的40%可抵免企业所得税.经新乡市地方税务局直属局确认, 公司上述技术改造项目国产设备投资总额为66,369,042.1元, 可抵免所得税额26,547,616.84元. 2002年10月11日,公司"万吨粘胶长丝一期续建工程"和"3000吨粘胶长丝技术改造项目"于日前同时建成,并一次试车成功. 二项目合计生产规模为年产5000吨高品质粘胶长丝.

二〇〇二年以来市场表现

2002年涨跌幅(%)	-14.49
2002年最高(元)	7.20
2002年最低(元)	3.81
2002年换手率(%)	153.96
2003年涨跌幅(%)	39.54
2003年最高(元)	7.07
2003年最低(元)	4.67
2003年换手率(%)	202.99

重庆民丰农化股份有限公司

公司概况

公司名称	重庆民丰农化股份有限公司			股票代码	000950		
注册地址	重庆市沙坪坝区井口经济桥 30 号			邮政编码	400033		
法人代表	王泉虎			董秘	曹若瑜		
电话	023-65180666			传真	023-65180655		
主营业务	制造、销售铬盐系列产品、农药及农药中间体						
总股本	15500.00	流通 A	5500.00	流通 B		流通 H	
审计单位				审计意见	未审计		

主要财务指标

年度	2003.9	2003.6	2002	2001
每股收益/扣除后(元)	-0.0330	0.0040	-0.2623	0.0190
每股经营现金流量(元)	0.1330	0.1520	0.2608	0.0750
每股净资产/调整后(元)	2.0910	2.0700	2.0624	2.7330
每股公积金(元)	1.4921	1.4921	1.4921	1.4807
净资产收益率(%)	-0.0980	0.1900	-29.9100	1.0200
总资产(万元)	89317.85	98296.74	90567.46	128163.15
股东权益(万元)	32403.45	32968.98	32907.87	42574.70
未分配利润(万元)	-7514.16	-6948.63	-7009.74	2833.85
主营收入(万元)	32812.29	25906.50	33429.08	47262.06
资本公积金(万元)	23127.90	23127.90	23127.90	22951.14
主营利润(万元)	3037.30	2283.80	-862.59	6557.25
其他业务利润(万元)	-171.10	-94.04	-85.02	9.61
营业利润(万元)	-513.05	52.48	-8624.34	540.20
投资收益(万元)	1.36	1.36	0.93	8.68
补贴收入(万元)	7.77	7.77		22.45
营业外收支(万元)	-0.50	-0.50	-1220.18	-29.65
利润总额(万元)	-504.43	61.11	-9843.58	-8207.75
净利润(万元)	-504.43	61.11	-9843.58	-7516.51

十大股东

序号	股东名称	股份性质	持股数(万股)	比例(%)
1	重庆农药化工(集团)有限公司	外资股	9117.18	58.82
2	海通证券股份有限公司	已流通股	630.56	4.07
3	上海家化联合股份有限公司	已流通股	393.42	2.54
4	重庆合川盐化工业有限公司	国有股	300.58	1.94
5	济南钢铁集团石横特殊钢厂	已流通股	295.84	1.91
6	重庆康达机械(集团)有限责任公司	已流通股	291.12	1.88
7	诸暨市振程冷气设备配件有限公司	已流通股	282.06	1.82
8	扬州市邗江虎豹服装辅料有限公司	已流通股	215.80	1.39
9	扬州市邗江华洋商场有限公司	已流通股	203.10	1.31
10	贵州省基本建设投资公司	已流通股	161.39	1.04

股东人数	2003.9	2003.6	2002	2001
	11149	10621	12093	23947

近年分配		近年配股/增发	2001 年 10 股配 3 股

重大事项

2003 年 7 月 30 日,公司控股股东重庆农药化工(集团)有限公司的实际控制人重庆化医控股(集团)公司于 2002 年 11 月 29 日与国泰颜料(中国)有限公司签署了《组建中外合资重庆农药化工(集团)有限公司的合同》.截止目前,双方正在做相关的材料申报工作. 2002 年 11 月 29 日,公司控股股东重庆农药化工(集团)有限公司属重庆化医控股(集团)公司的全资子公司.化医集团与国泰颜料(中国)有限公司签署了《中外合资重庆农药化工(集团)有限公司合同》.合营公司保留重庆农药化工(集团)有限公司名称,注册资本为 2980 万美元.

二〇〇二年以来市场表现

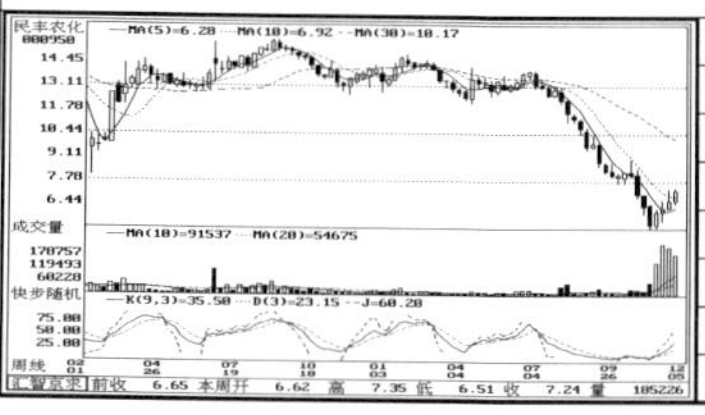

项目	数值
2002年涨跌幅(%)	-5.79
2002年最高(元)	15.78
2002年最低(元)	7.92
2002年换手率(%)	208.15
2003年涨跌幅(%)	-51.35
2003年最高(元)	14.88
2003年最低(元)	5.11
2003年换手率(%)	219.33

山东小鸭电器股份有限公司

公司概况

公司名称	山东小鸭电器股份有限公司			股票代码	000951		
注册地址	山东省济南市工业北路 44 号			邮政编码	250101		
法人代表	周有志			董秘	张锡顺		
电话	0531-8696757			传真	0531-8696757		
主营业务	家用洗衣机、商用洗衣机以及配件的研制、生产、销售						
总股本	25397.50	流通 A	9000.00	流通 B		流通 H	
审计单位				审计意见	未审计		

主要财务指标

年度	2003.9	2003.6	2002	2001
每股收益/扣除后(元)	-0.2800	-0.2000	-0.7400	-0.3100
每股经营现金流量(元)	-0.0400	-0.0490	0.0400	-0.2800
每股净资产/调整后(元)	0.8100	0.8200	1.0800	2.0100
每股公积金(元)		1.2863	1.2852	1.2781
净资产收益率(%)	-34.9100	-22.9500	-69.5500	-14.1400
总资产(万元)	115282.33	119285.48	129166.05	144211.83
股东权益(万元)	21425.26	24116.87	30042.72	53161.15
未分配利润(万元)		-34523.37	-28571.99	-5271.94
主营收入(万元)	18570.25	13488.19	30036.85	48017.09
资本公积金(万元)		32667.54	32642.01	32460.38
主营利润(万元)	2980.51	2504.38	5697.05	10178.76
其他业务利润(万元)	88.69	60.90	353.91	335.02
营业利润(万元)	-7024.51	-5108.96	-20345.75	-8581.15
投资收益(万元)				2.99
补贴收入(万元)				
营业外收支(万元)	-454.59	-426.25	-567.17	370.42
利润总额(万元)	-7479.10	-5535.20	-20912.92	-8207.75
净利润(万元)	-7479.10	-5535.20	-20893.90	-7516.51

十大股东

序号	股东名称	股份性质	持股数(万股)	比例(%)
1	山东小鸭集团有限责任公司	国家股	12159.00	47.87
2	中信兴业信托投资公司	国家股	4141.00	16.30
3	南方证券有限公司	未披露	140.12	0.55
4	邓保权	未披露	113.59	0.45
5	王若鹏	未披露	88.83	0.35
6	王一魁	未披露	67.69	0.27
7	王小晶	未披露	61.00	0.24
8	李保平	未披露	56.88	0.22
9	上海敬信实业发展有限公司	未披露	54.01	0.21
10	魏恒民	未披露	45.50	0.18

股东人数	2003.9	2003.6	2002	2001
	12453	12784	54373	53909

近年分配		近年配股/增发	不分配不转增

重大事项

根据山东小鸭集团有限责任公司与中国重型汽车集团有限公司于 2003 年 9 月 22 日签订的《股权转让协议》,山东小鸭集团有限责任公司拟将其持有的公司 120590000 股国家股以每股 1.11 元的价格转让给中国重型汽车集团有限公司,转让价款为 133,854,900 元.根据中信信托投资有限责任公司与中国重型汽车集团有限公司于 2003 年 9 月 20 日签订的《股权转让协议》,中信信托投资有限责任公司拟将其持有的公司 41410000 股国有法人股以每股 1.11 元的价格转让给中国重型汽车集团有限公司,转让价款为 45,965,100 元.以上股权过户登记手续完成后,中国重型汽车集团有限公司将持有公司 162,000,000 股,占公司总股本的 63.78%,成为公司的第一大股东,山东小鸭集团有限责任公司将持有 1,000,000 股,成为公司的第三大股东.

二〇〇二年以来市场表现

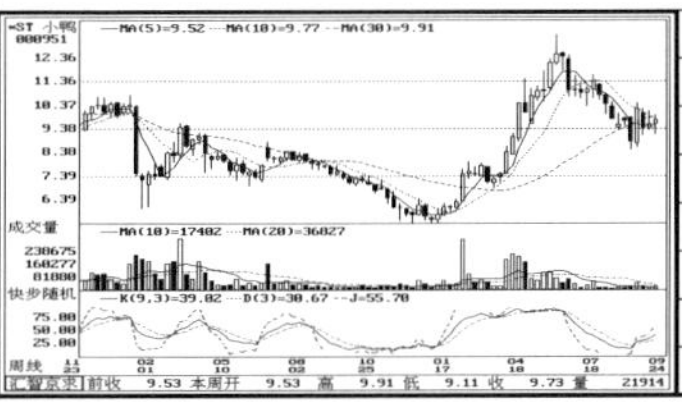

项目	数值
2002年涨跌幅(%)	-45.97
2002年最高(元)	10.77
2002年最低(元)	5.40
2002年换手率(%)	347.59
2003年涨跌幅(%)	76.91
2003年最高(元)	13.35
2003年最低(元)	5.40
2003年换手率(%)	256.21

湖北广济药业股份有限公司

公司概况

公司名称	湖北广济药业股份有限公司		股票代码	000952	
注册地址	湖北省武穴市江堤路1号		邮政编码	435400	
法人代表	何谧		董秘	汪宏勇	
电话	0713-6216068		传真	0713-6212108	
主营业务	医药原料药、兽药原料药、医药制剂、医疗器械等				
总股本	17122.60	流通 A	7076.77	流通 B	流通 H
审计单位			审计意见	未审计	

主要财务指标

年度	2003.9	2003.6	2002	2001
每股收益/扣除后(元)	0.0600	0.0450	0.1170	0.1410
每股经营现金流量(元)	-0.1000	-0.1440	0.4500	-0.1300
每股净资产/调整后(元)	2.9800	2.9600	2.9200	2.7800
每股公积金(元)	1.1728	1.1728	1.1728	1.1721
净资产收益率(%)	2.0000	1.5000	3.9200	5.0500
总资产(万元)	84224.19	83692.21	81990.69	76183.15
股东权益(万元)	51717.80	51459.13	50685.77	48686.95
未分配利润(万元)	11476.43	11217.76	10444.40	8755.70
主营收入(万元)	14310.76	9798.04	20215.96	18609.99
资本公积金(万元)	20082.23	20082.23	20082.23	20070.11
主营利润(万元)	5525.46	4018.33	7457.60	7953.99
其他业务利润(万元)	-1.06	-1.06		0.43
营业利润(万元)	1730.05	1297.02	2790.77	4032.51
投资收益(万元)	-40.06	-7.90	-58.53	-802.70
补贴收入(万元)			29.18	12.45
营业外收支(万元)	1.52		-32.15	-31.61
利润总额(万元)	1691.51	1285.64	2729.27	3210.64
净利润(万元)	1032.03	773.36	1986.70	2458.73

十大股东

序号	股东名称	股份性质	持股数(万股)	比例(%)
1	武穴市国有资产经营公司	国家股	4108.23	23.99
2	上海龙都投资管理有限公司	法人股	1500.00	8.76
3	合肥市高科技风险投资有限公司	法人股	1450.00	8.47
4	琼海梅恩房地产开发公司	法人股	910.00	5.31
5	海南海牛农业综合开发有限公司	法人股	700.00	4.09
6	上海励诚投资发展有限公司	法人股	550.00	3.21
7	北京浩金网络技术开发有限公司	法人股	500.00	2.92
8	武穴市财振会计实业公司	法人股	327.60	1.91
9	庄木婵	流通股	35.74	0.21
10	翁金星	流通股	31.32	0.18

股东人数

2003.9	2003.6	2002	2001
29271	30045	28078	27058

近年分配	2001年10股派0.5元	近年配股/增发	2001年10股配3股

重大事项

2002年7月25日,公司第四大股东琼海梅恩房地产开发公司将其所持有公司全部法人股910万股,质押给工行海口市海甸支行,质押期限自2003年7月24日起至2004年7月23日. 2002年12月25日,公司第二大股东上海龙都投资管理有限公司将其所持公司全部法人股1500万股,质押给工行上海市虹桥开发区支行,质押期限自2002年12月23日至2004年6月13日.

二〇〇二年以来市场表现

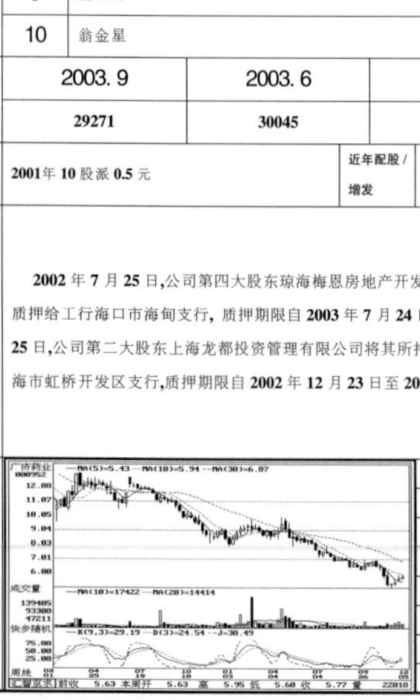

2002年涨跌幅(%)	-34.62
2002年最高(元)	13.04
2002年最低(元)	8.08
2002年换手率(%)	99.97
2003年涨跌幅(%)	-30.49
2003年最高(元)	9.95
2003年最低(元)	4.99
2003年换手率(%)	177.79

广西河池化工股份有限公司

公司概况

公司名称	广西河池化工股份有限公司		股票代码	000953	
注册地址	广西壮族自治区河池市		邮政编码	547007	
法人代表	何元军		董秘	韦文甫	
电话	0778-2266867		传真	0778-2266882	
主营业务	尿素、复合肥、液体二氧化碳、硫磺等				
总股本	29405.94	流通 A	11186.97	流通 B	流通 H
审计单位			审计意见	未审计	

主要财务指标

年度	2003.9	2003.6	2002	2001
每股收益/扣除后(元)	-0.1100	-0.0500	0.0060	0.0800
每股经营现金流量(元)	0.1630	0.0600	0.2100	-0.1700
每股净资产/调整后(元)	1.2500	1.3000	2.0600	2.2500
每股公积金(元)	0.1523	0.1473	0.7210	0.7931
净资产收益率(%)	-8.1600	-3.8300	3.1100	5.7400
总资产(万元)	106865.92	112159.67	108842.57	121901.31
股东权益(万元)	37257.20	38791.89	41453.65	40999.13
未分配利润(万元)	269.44	1954.18	4615.94	4910.75
主营收入(万元)	24234.82	14538.02	36360.96	35384.54
资本公积金(万元)	4505.45	4332.65	14134.63	14134.63
主营利润(万元)	1553.17	1581.68	6507.80	7081.78
其他业务利润(万元)	102.20	50.48	157.35	92.91
营业利润(万元)	-3276.98	-1665.31	490.78	1954.14
投资收益(万元)	141.03	118.50	90.86	120.38
补贴收入(万元)	56.38	56.38	913.00	586.97
营业外收支(万元)	3.68		-12.02	394.50
利润总额(万元)	-3075.89	-1489.03	1482.63	3055.98
净利润(万元)	-3041.35	-1485.52	1289.61	2354.06

十大股东

序号	股东名称	股份性质	持股数(万股)	比例(%)
1	广西河池化学工业集团公司	国家股	17722.09	60.26
2	广西壮族自治区农业生产资料总公司	法人股	198.00	0.67
3	广西河池地区农业生产资料公司	法人股	198.00	0.67
4	龚雪华	流通股	110.95	0.38
5	杜亚娟	流通股	53.29	0.18
6	张庆华	流通股	39.15	0.13
7	张正民	流通股	39.03	0.13
8	汤朝阳	流通股	38.60	0.13
9	伊辉	流通股	37.16	0.13
10	梁丽莲	流通股	31.50	0.11

股东人数

2003.9	2003.6	2002	2001
30667	30202	25709	26301

近年分配	2002年10股派0.6元 2001年10股派0.25元	近年配股/增发	2002年10股转增5股 2001年10股送1股

重大事项

公司与深圳市瑞银投资有限公司于2003年11月3日签署了《广西国海证券有限责任公司股份转让合同》,公司将持有的国海证券有限责任公司4000万股股权以每股1.17元的价格转让给瑞银投资,交易总金额为4680万元.本次交易不构成关联交易. 2002年8月,广西投资集团对我公司提起诉讼,南宁市中级人民法院判令我公司偿还所欠广西投资集团债务1800万元本息.2003年4月14日,我公司与广西投资集团签订了《协议书》,将持有的"国海证券"2000万股股权按每股1.1元的价格折抵上述债务本息2569万元,由此形成的2200万元债权由河化集团偿还我公司.

二〇〇二年以来市场表现

2002年涨跌幅(%)	-1.10
2002年最高(元)	8.73
2002年最低(元)	3.43
2002年换手率(%)	292.18
2003年涨跌幅(%)	-24.02
2003年最高(元)	7.28
2003年最低(元)	3.22
2003年换手率(%)	245.92

海南欣龙无纺股份有限公司

公司概况

公司名称	海南欣龙无纺股份有限公司		股票代码	000955	
注册地址	海南省澄迈县老城工业开发区		邮政编码	570125	
法人代表	郭开铸		董秘	魏毅	
电话	0898-68581055		传真	0898-68583136	
主营业务	制造和销售各种无纺布及其深加工产品等				
总股本	22550.00	流通 A	6050.00	流通 B	流通 H
审计单位			审计意见	未审计	

主要财务指标

年度	2003.9	2003.6	2002	2001
每股收益/扣除后(元)	0.0300	0.0290	0.0370	0.0584
每股经营现金流量(元)	0.3460	0.2910	0.1700	0.0963
每股净资产/调整后(元)	2.1000	2.1100	2.0700	2.3210
每股公积金(元)		1.0565	1.0565	1.2121
净资产收益率(%)	1.5400	1.3500	1.7600	3.3400
总资产(万元)	82315.26	80804.32	80159.74	80718.03
股东权益(万元)	49903.13	49833.31	49162.45	48284.68
未分配利润(万元)		1908.21	1237.36	1691.80
主营收入(万元)	18190.21	11221.11	15081.13	16045.77
资本公积金(万元)		23823.57	23823.57	24848.57
主营利润(万元)	3313.42	2410.29	3908.57	4836.99
其他业务利润(万元)	-10.37	0.43	-0.28	0.44
营业利润(万元)	716.46	672.07	615.22	1148.26
投资收益(万元)	69.54	1.54		298.35
补贴收入(万元)	26.51	26.27	319.57	430.13
营业外收支(万元)	2.88		24.58	-6.61
利润总额(万元)	815.37	719.24	959.37	1870.12
净利润(万元)	769.72	670.85	865.21	1614.71

十大股东

序号	股东名称	股份性质	持股数(万股)	比例(%)
1	海南欣安实业总公司	发起人境内法人股	5557.20	24.64
2	海南柯鑫投资有限公司	发起人境内法人股	3759.09	16.67
3	合盛投资有限公司	发起人境内法人股	3092.10	13.71
4	上海申达股份有限公司	发起人境内法人股	3005.92	13.33
5	海南东北物资开发公司	发起人境内法人股	668.25	2.96
6	甘肃华原企业总公司	发起人境内法人股	417.45	1.85
7	广东粤财信托投资公司	流通股	87.93	0.39
8	上海豁安投资有限公司	流通股	47.69	0.21
9	汤英	流通股	47.16	0.20
10	周维三	流通股	27.00	0.12

股东人数	2003.9	2003.6	2002	2001
	25114	24921	24339	24897

近年分配	2001年10股派0.3元	近年配股/增发	2001年10股送0.5股、转增0.5股

重大事项

公司股东合盛投资有限公司于2002年8月将所持公司2102.1万股法人股质押给中国工商银行上海市虹桥开发区支行,该质押已于2003年7月15日解除.合盛投资有限公司于2003年7月29日再次将上述股份质押给中国工商银行上海市虹桥开发区支行,质押期限为2003年7月29日至2004年1日21日. 公司于2003年4月29日刊登签订互保协议公告:公司与金花企业(集团)股份有限公司于近日签订《互相担保协议》,协议双方以互保形式分别为对方向银行融资提供担保,互保总额为5000万元人民币. 公司及控股子公司累计对外签署互保金额为14000万元人民币,无逾期担保.

二〇〇二年以来市场表现

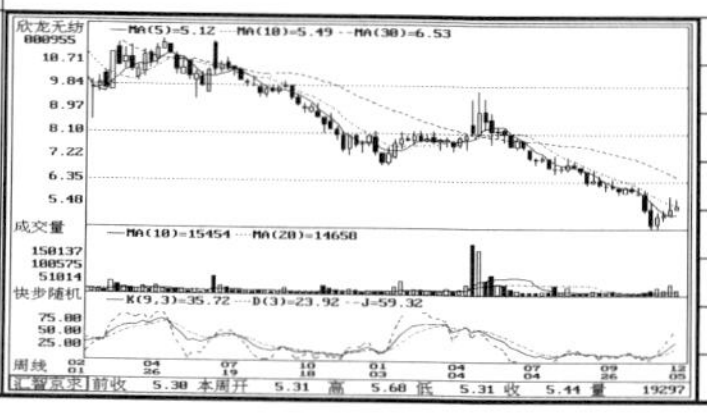

2002年涨跌幅(%)	-29.15
2002年最高(元)	10.82
2002年最低(元)	7.11
2002年换手率(%)	120.10
2003年涨跌幅(%)	-25.56
2003年最高(元)	9.65
2003年最低(元)	4.61
2003年换手率(%)	199.51

中国石化中原油气高新股份有限公司

公司概况

公司名称	中国石化中原油气高新股份有限公司		股票代码	000956	
注册地址	郑州高新技术产业开发区瑞达路87号		邮政编码	450001	
法人代表	刘恩学		董秘	李洪海	
电话	0393-4893830		传真	0393-4893831	
主营业务	石油、天然气资源的勘察、开采、综合利用和产品销售等				
总股本	87465.00	流通 A	25499.85	流通 B	流通 H
审计单位			审计意见	未审计	

主要财务指标

年度	2003.9	2003.6	2002	2001
每股收益/扣除后(元)	0.5408	0.3790	0.6000	0.6400
每股经营现金流量(元)	0.8300	0.6960	0.4707	0.9068
每股净资产/调整后(元)	4.8136	4.3663	3.9900	3.5133
每股公积金(元)	1.6083	1.1640	1.1640	1.1640
净资产收益率(%)	10.4780	8.6800	14.3900	17.7500
总资产(万元)	490966.03	438572.62	401613.31	367400.59
股东权益(万元)	421025.16	356291.69	325358.78	286685.91
未分配利润(万元)		136189.80	105256.86	75950.58
主营收入(万元)	154460.25	103814.14	179423.84	174025.77
资本公积金(万元)		94984.48	94984.48	94984.48
主营利润(万元)	64290.31	45243.60	72721.12	76726.61
其他业务利润(万元)	-189.62	-4.98	-6.51	-75.85
营业利润(万元)	53526.57	38236.07	57651.53	61130.53
投资收益(万元)	-126.12	-96.36	314.40	1019.05
补贴收入(万元)				
营业外收支(万元)	-1464.66		-2405.80	-2400.48
利润总额(万元)	51935.80	36683.25	55560.13	59749.10
净利润(万元)	44115.53	30932.93	46832.85	50898.89

十大股东

序号	股东名称	股份性质	持股数(万股)	比例(%)
1	中国石油化工股份有限公司	国有法人股	61965.00	70.85
2	长城证券有限责任公司	社会公众股	728.61	0.83
3	开元证券投资基金	社会公众股	728.50	0.83
4	南方稳健成长证券投资基金	社会公众股	575.00	0.66
5	景福证券投资基金	社会公众股	487.72	0.56
6	天元证券投资基金	社会公众股	375.09	0.43
7	安信证券投资基金	社会公众股	356.60	0.41
8	大成价值增长证券投资基金	社会公众股	238.31	0.27
9	光大证券有限责任公司	社会公众股	226.31	0.26
10	全国社保基金一零一组合	社会公众股	224.66	0.26

股东人数	2003.9	2003.6	2002	2001
	65369	62718	65683	72054

近年分配	2002年10股派1元 2001年10股派2元	近年配股/增发	2002年10股配2.5股

重大事项

本公司与河南中原绿能高科有限责任公司于2003年2月8日签署了《销售天然气协议》。交易标的:销售天然气2450万立方米/年,本次协议涉及关联交易金额约2000万元/年,交易价格:井口天然气价格0.81元/立方米(含税价),协议有效期为2年。本次交易购成关联交易。 2000年6月29日,公司决定与中原石油勘探局共同出资设立河南中原绿能高科有限责任公司. 公司全称变更为"中国石化中原油气高新股份有限公司".

二〇〇二年以来市场表现

2002年涨跌幅(%)	-7.01
2002年最高(元)	11.09
2002年最低(元)	8.06
2002年换手率(%)	156.33
2003年涨跌幅(%)	20.31
2003年最高(元)	12.04
2003年最低(元)	8.94
2003年换手率(%)	328.17

中通客车控股股份有限公司

公司概况

公司名称	中通客车控股股份有限公司			股票代码	000957		
注册地址	山东省聊城市建设东路10号			邮政编码	252000		
法人代表	王庆福			董秘	姜明珠		
电话	0635-8322765			传真	0635-8328905		
主营业务	客车、挂车、汽车底盘及专用配件的开发、制造、销售等						
总股本	23850.50	流通A	12637.74	流通B		流通H	
审计单位				审计意见	未审计		

主要财务指标

年度	2003.9	2003.6	2002	2001
每股收益/扣除后(元)	0.0060	0.0071	0.0400	0.1143
每股经营现金流量(元)	0.0260	0.0880	-0.0370	0.0609
每股净资产/调整后(元)	1.9790	1.9622	1.9500	1.8700
每股公积金(元)	0.5911	0.5911	0.5899	0.5883
净资产收益率(%)	1.6400	1.5400	3.6300	7.5000
总资产(万元)	93291.49	87522.73	87712.21	70913.56
股东权益(万元)	47200.96	47150.46	46399.49	44677.37
未分配利润(万元)	6468.90	6418.40	5694.47	4263.70
主营收入(万元)	28021.17	15462.78	42569.42	32556.48
资本公积金(万元)	14097.54	14097.54	14070.50	14031.64
主营利润(万元)	3491.33	2046.95	6839.77	6691.38
其他业务利润(万元)	315.91	200.19	283.97	363.73
营业利润(万元)	623.77	507.82	2215.01	3807.07
投资收益(万元)	-16.58	19.86	-29.55	222.04
补贴收入(万元)	576.58	576.58	297.77	
营业外收支(万元)	-7.63		-198.92	93.12
利润总额(万元)	1176.13	1083.03	2682.16	4122.22
净利润(万元)	774.43	723.93	1683.26	3350.97

十大股东

序号	股东名称	股份性质	持股数(万股)	比例(%)
1	山东聊城客车工业集团有限责任公司	国有法人股	5365.90	22.50
2	中国公路车辆机械总公司	国有法人股	3131.95	13.13
3	聊城市昌润投资发展有限责任公司	国家股	1540.00	6.46
4	山东双环车轮股份有限公司	社会法人股	1174.90	4.93
5	敖学英	流通股	78.12	0.33
6	王学玲	流通股	76.50	0.32
7	翁金荣	流通股	74.70	0.31
8	陈秀珍	流通股	73.98	0.31
9	高三成	流通股	73.08	0.31
10	曲大名	流通股	72.00	0.31

股东人数	2003.9	2003.6	2002	2001
	47845	50669	46335	46913

近年分配		近年配股/增发	2002年10股配3股

重大事项

2002年5月8日，公司第一大股东中国公路车辆机械总公司与第二大股东山东聊城客车工业集团有限责任公司签署了《股权转让协议》及《股权托管协议》，车辆公司将其持有的公司460万股国有股股权转让给聊客集团.2002年8月6日，车辆公司与聊城市昌润投资发展有限公司签署了《股权转让协议》及《股权托管协议》,车辆公司将其持有的公司1540万股国有股转让给昌润公司.本次股份转让完成后，聊客集团持有公司股份5365.9万股，为公司第一大股东;车辆公司持有公司股份3131.9542万股,为公司第二大股东;昌润公司持有公司股份1540万股,为公司第三大股东.

二〇〇二年以来市场表现

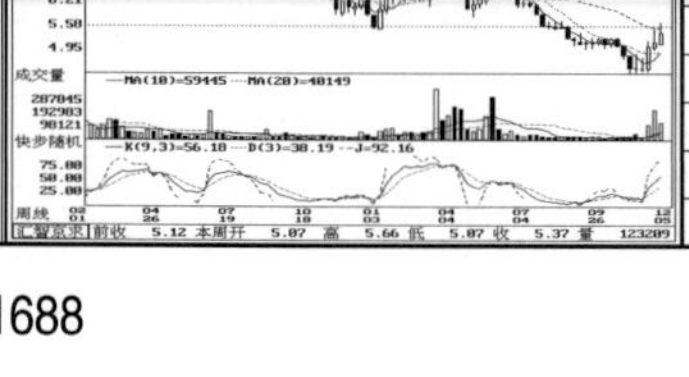

2002年涨跌幅(%)	-36.24
2002年最高(元)	9.35
2002年最低(元)	5.53
2002年换手率(%)	183.76
2003年涨跌幅(%)	-7.91
2003年最高(元)	7.50
2003年最低(元)	4.32
2003年换手率(%)	268.00

石家庄东方热电股份有限公司

公司概况

公司名称	石家庄东方热电股份有限公司			股票代码	000958		
注册地址	河北省石家庄市建华南大街161号			邮政编码	050031		
法人代表	李德时			董秘	胡俊芳		
电话	0311-5053913			传真	0311-5087068		
主营业务	热力、电力的生产与销售、热力、燃气工程的施工						
总股本	34372.50	流通A	14122.50	流通B		流通H	
审计单位				审计意见	未审计		

主要财务指标

年度	2003.9	2003.6	2002	2001
每股收益/扣除后(元)	0.1460	0.1200	0.3200	0.3600
每股经营现金流量(元)	-0.2800	0.1500	0.2900	0.6100
每股净资产/调整后(元)	3.5790	3.5400	5.2000	3.2200
每股公积金(元)	1.9833	1.9833	3.3749	1.4826
净资产收益率(%)	4.0370	3.2900	6.0500	13.5800
总资产(万元)	238125.14	221698.77	208259.30	146573.95
股东权益(万元)	123828.81	122867.86	119057.99	58901.50
未分配利润(万元)	15964.74	15006.95	13442.31	9880.47
主营收入(万元)	31863.97	23434.84	41531.73	46106.01
资本公积金(万元)	68172.51	68169.35	77335.35	26686.70
主营利润(万元)	6873.58	5328.74	9918.21	12493.25
其他业务利润(万元)	249.71	203.88	383.94	346.95
营业利润(万元)	3153.77	2929.97	4889.17	7360.12
投资收益(万元)	2.25	-3.34		
补贴收入(万元)	2900.00	2100.00	2730.00	2270.00
营业外收支(万元)	-27.28		-228.13	-502.85
利润总额(万元)	6028.74	5005.01	7391.04	9127.27
净利润(万元)	4999.05	4041.26	7206.42	7996.86

十大股东

序号	股东名称	股份性质	持股数(万股)	比例(%)
1	石家庄东方热电集团有限公司	国有股	20002.50	58.19
2	上海中勇投资有限公司	流通股	124.56	0.36
3	绍兴市立博投资有限公司	流通股	114.14	0.33
4	上海宽博实业发展有限公司	法人股	112.50	0.33
5	王艳	流通股	93.63	0.27
6	朱永豪	流通股	88.51	0.26
7	石家庄医药药材股份有限公司	法人股	75.00	0.22
8	杭州华信实业发展有限公司	流通股	67.12	0.20
9	郑子林	流通股	66.27	0.19
10	河北鸣鹿服装集团公司	法人股	60.00	0.17

股东人数	2003.9	2003.6	2002	2001
	29031	29776	25630	19379

近年分配	2002年10股派1元 2001年10股派2元	近年配股/增发	2002年10股送1股、转增4股

重大事项

公司控股股东—石家庄东方热电集团有限公司于2003年11月2日与加拿大汉博和汉博有限公司签署《石家庄东方热电集团有限公司国有股权转让意向书》,拟对其进行股权重组,出售部分国有股权.初步估计股权转让的总价款约8000万美元. 2003年1月13日,公司董事会同意公司拟与上海宽博实业有限公司共同出资组建"石家庄东方兴业投资有限公司".公司于2003年2月17日召开2003年第2次临时股东大会,审议通过上述相关事项.

二〇〇二年以来市场表现

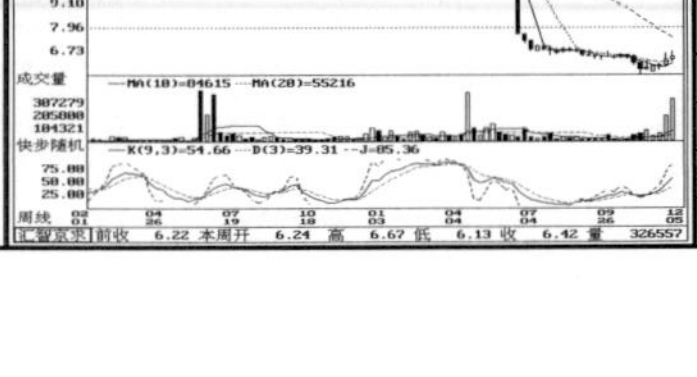

2002年涨跌幅(%)	-23.23
2002年最高(元)	10.07
2002年最低(元)	6.40
2002年换手率(%)	155.11
2003年涨跌幅(%)	-18.16
2003年最高(元)	8.89
2003年最低(元)	5.51
2003年换手率(%)	176.96

北京首钢股份有限公司

公司概况

公司名称	北京首钢股份有限公司	股票代码	000959
注册地址	北京市石景山区石景山路	邮政编码	100041
法人代表	朱继民	董秘	章雁
电话	010-88293727	传真	010-68873028
主营业务	钢铁冶炼、钢压延加工,冶金技术开发、咨询、转让、服务等		

总股本	231000.00	流通 A	35000.00	流通 B		流通 H	
审计单位				审计意见	未审计		

主要财务指标

年度	2003.9	2003.6	2002	2001
每股收益/扣除后(元)	0.2800	0.1700	0.2400	0.2200
每股经营现金流量(元)	0.7300	0.7200	0.3800	0.3900
每股净资产/调整后(元)	2.4400	2.3200	2.0900	2.1100
每股公积金(元)	0.9983	0.9983	1.0079	1.0269
净资产收益率(%)	10.6900	6.0500	13.3900	14.2100
总资产(万元)	1089953.62	1047469.37	1001358.75	971439.62
股东权益(万元)	568346.94	540245.94	509772.72	499048.81
未分配利润(万元)	66329.89	38228.88	5553.68	664.51
主营收入(万元)	1105069.25	698112.62	1258059.87	1201658.62
资本公积金(万元)	230616.52	230616.52	232818.50	237222.45
主营利润(万元)	124302.35	70902.91	130739.28	116346.42
其他业务利润(万元)	-1435.78	59.28	315.26	4885.85
营业利润(万元)	95572.85	54722.20	83891.87	75972.72
投资收益(万元)	1742.37	523.37	1009.96	7468.90
补贴收入(万元)			77.69	94.65
营业外收支(万元)	-6410.31	-5604.70	-3209.85	-2011.17
利润总额(万元)	90904.91	48828.79	81769.67	81525.11
净利润(万元)	60776.21	32675.20	68257.85	70933.92

十大股东

序号	股东名称	股份性质	持股数(万股)	比例(%)
1	首钢总公司	国有股	196000.00	84.85
2	中远财务有限责任公司	流通股	239.30	0.10
3	普丰证券投资基金	流通股	210.58	0.09
4	青岛国信实业公司(有限)	流通股	166.55	0.07
5	房吉鲁	流通股	104.50	0.05
6	卜繁强	流通股	99.50	0.04
7	葛凤宏	流通股	88.63	0.04
8	中国民族证券有限责任公司	流通股	81.00	0.04
9	景昆	流通股	76.48	0.03
10	上海市上投房地产公司	流通股	50.47	0.02

股东人数	2003.9	2003.6	2002	2001
	181951	186176	185700	208373

近年分配	2002年10股派2.3元 2001年10股派2.3元	近年配股/增发	不分配不转增

重大事项

2003年5月16日,股东大会批准,本公司原价受让首钢总公司持有的北京首钢富路仕彩涂板有限公司部分股权,总投资140百万元,占该公司股权50%.2003年6月19日,本公司根据协议投资140百万元完成股权受让工作. 本公司原价受让首钢总公司持有的北京首钢嘉华建材有限公司的全部股权,总投资53.55百万元.2003年6月19日,本公司根据协议及该公司注资进度,完成注册资本投资18.38万元.

二〇〇二年以来市场表现

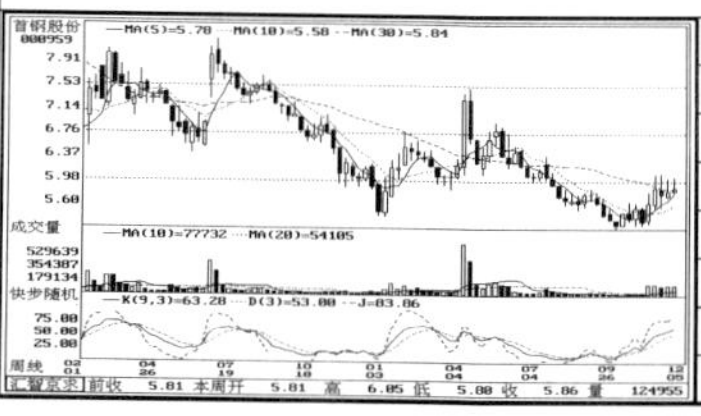

2002年涨跌幅(%)	-17.96
2002年最高(元)	8.07
2002年最低(元)	5.45
2002年换手率(%)	105.54
2003年涨跌幅(%)	6.02
2003年最高(元)	7.25
2003年最低(元)	5.16
2003年换手率(%)	119.28

云南锡业股份有限公司

公司概况

公司名称	云南锡业股份有限公司	股票代码	000960
注册地址	昆明高新技术产业开发区	邮政编码	650118
法人代表	肖建明	董秘	杨奕敏
电话	0873-3118667	传真	0873-3118308
主营业务	有色金属锡及其深加工产品的生产和销售		

总股本	35790.40	流通 A	13000.00	流通 B		流通 H	
审计单位				审计意见	未审计		

主要财务指标

年度	2003.9	2003.6	2002	2001
每股收益/扣除后(元)	0.0994	0.0614	0.0031	0.0405
每股经营现金流量(元)	0.2810	0.3220	-0.2504	3.2402
每股净资产/调整后(元)	3.2970	3.2796	3.2117	3.2402
每股公积金(元)		1.9893	1.9893	1.9893
净资产收益率(%)	3.0000	1.8600	0.1000	1.2600
总资产(万元)	234698.19	233663.98	224862.05	208418.75
股东权益(万元)	119046.25	117858.81	115531.17	116153.78
未分配利润(万元)	7058.38	5870.90	3543.43	4127.80
主营收入(万元)	120030.41	70955.34	122044.21	114455.97
资本公积金(万元)		35790.40	35790.40	71198.12
主营利润(万元)	19067.85	12521.90	16466.04	15775.99
其他业务利润(万元)	55.01	41.96	78.58	32.45
营业利润(万元)	4266.69	2659.48	555.77	1445.12
投资收益(万元)	-9.97	-1.08	-45.75	248.74
补贴收入(万元)				187.70
营业外收支(万元)	-32.16	-21.66	-361.56	-213.43
利润总额(万元)	4224.56	2636.74	148.45	1668.13
净利润(万元)	3514.95	2173.99	115.62	1455.83

十大股东

序号	股东名称	股份性质	持股数(万股)	比例(%)
1	云南锡业集团有限责任公司	发起人国有法人股	22500.00	62.87
2	个旧市锡资工业公司	发起人境内法人股	123.42	0.34
3	个旧锡都有色金属加工厂	发起人境内法人股	108.90	0.30
4	华安证券有限责任公司	社会公众股	45.06	0.13
5	个旧市聚源工矿公司	发起人境内法人股	36.30	0.10
6	陈焕平	社会公众股	33.36	0.09
7	个旧市银冠工业有限责任公司	发起人境内法人股	21.78	0.06
8	王巷群	社会公众股	19.50	0.05
9	刘进	社会公众股	18.00	0.05
10	匡诗含	社会公众股	17.37	0.05

股东人数	2003.9	2003.6	2002	2001
	83166	85274	88978	94178

近年分配	2002年10股派0.12元 2001年10股派0.16元	近年配股/增发	2001年10股配3股

重大事项

2003年中报期内,云南锡业集团有限责任公司同意将其原国家外经贸部批准隶属云南锡业集团有限责任公司的海外窗口公司云南锡业资源有限公司(YUNTINIC RESOURCES INC.)以有偿转让的形式为由本公司投资管理.该事项已经公司二届三次董事会审议通过. 2002年5月25日,公司澳斯麦特工程项目5月12日连续72小时热试车考核合同指标获得成功,5月14日,本公司与澳大利亚澳斯麦特公司签署了澳斯麦特技术达标验收书.热试车获得成功后,澳斯麦特工程将转入试生产阶段.

二〇〇二年以来市场表现

2002年涨跌幅(%)	-28.07
2002年最高(元)	8.33
2002年最低(元)	5.42
2002年换手率(%)	124.09
2003年涨跌幅(%)	16.41
2003年最高(元)	7.48
2003年最低(元)	5.54
2003年换手率(%)	141.50

大连金牛股份有限公司

公司概况

公司名称	大连金牛股份有限公司			股票代码	000961		
注册地址	辽宁省大连市甘井子区工兴路4号			邮政编码	116031		
法人代表	赵明远			董秘	周建平		
电话	0411-6676868			传真	0411-6678899		
主营业务	高工、不锈、轴承、合工、弹簧等几大类钢产品						
总股本	30053.00	流通A	13000.00	流通B		流通H	
审计单位				审计意见	未审计		

主要财务指标

年度	2003.9	2003.6	2002	2001
每股收益/扣除后(元)	0.0700	0.0500	0.1500	0.1700
每股经营现金流量(元)	0.4600	0.0310	0.2400	0.3000
每股净资产/调整后(元)	3.4000	3.3900	3.3600	3.2400
每股公积金(元)	1.9141	1.9141	1.9141	1.9141
净资产收益率(%)	1.9700	1.3500	4.2300	5.2400
总资产(万元)	351390.28	315871.72	300687.03	240454.73
股东权益(万元)	105826.86	105156.57	103781.75	100296.58
未分配利润(万元)	15425.64	14755.36	13380.53	10553.38
主营收入(万元)	128522.85	82962.94	119884.09	114152.69
资本公积金(万元)	57525.52	57525.52	57525.52	57525.52
主营利润(万元)	12345.43	7805.11	16850.96	14091.01
其他业务利润(万元)	415.64	149.25	205.20	132.33
营业利润(万元)	3163.31	2113.50	6566.88	6129.56
投资收益(万元)				
补贴收入(万元)				
营业外收支(万元)	-52.91		-19.49	50.79
利润总额(万元)	3110.40	2109.97	6547.39	6180.35
净利润(万元)	2083.96	1413.68	4386.75	5253.30

十大股东

序号	股东名称	股份性质	持股数(万股)	比例(%)
1	大连钢铁集团有限责任公司	国有法人股	16500.00	54.90
2	瓦房店轴承集团有限责任公司	国家股	130.00	0.43
3	兰州炭素集团有限责任公司	国家股	130.00	0.43
4	吉林炭素股份有限公司	境内法人股	130.00	0.43
5	大连华信信托投资股份有限公司	国家股	98.00	0.33
6	吉林铁合金集团有限责任公司	国家股	65.00	0.22
7	刘喜院	流通股	37.10	0.12
8	孟强	流通股	32.29	0.11
9	张燕	流通股	20.21	0.07
10	戴钟锋	流通股	18.50	0.06

股东人数	2003.9	2003.6	2002	2001
	74725	74276	75788	79199

近年分配	2002年10股派0.3元 2001年10股派0.3元	近年配股/增发	2002年10股配3股 2001年10股配3股

重大事项

国务院国有资产监督管理委员会于**2003**年**10**月**20**日对辽特集团持有的公司国有股权划转的有关问题作了批复,批复内容如下:**1)**大连钢铁集团有限责任公司持有的大连金牛**16,500**万股国有法人股划归辽特集团持有。**2)**本次股份划转完成后,大连金牛的总股本仍为**30,053**万股,其中,辽特集团持有**16,500**万股国有法人股,占总股本的**54.9%**。 **2003**年**6**月**21**日,公司第一大股东辽宁特殊钢集团有限责任公司因债务原因被大连市中级人民法院冻结**15200**万股已到期,现该院裁定继续冻结,冻结期限为**2003**年**6**月**13**日至**2003**年**12**月**13**日止。

二〇〇二年以来市场表现

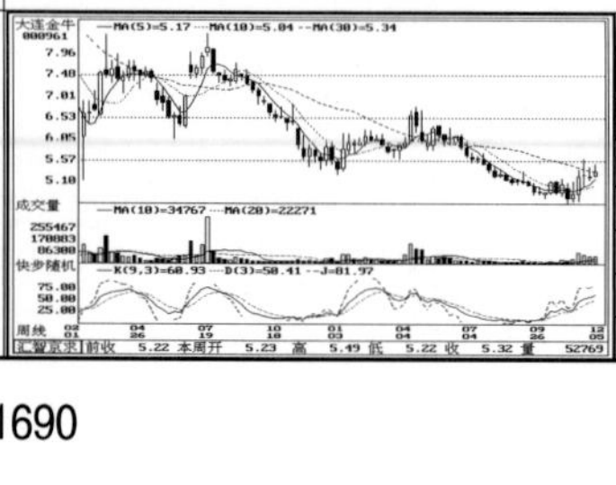

2002年涨跌幅(%)	-30.24
2002年最高(元)	8.41
2002年最低(元)	4.95
2002年换手率(%)	193.07
2003年涨跌幅(%)	-2.06
2003年最高(元)	6.74
2003年最低(元)	4.62
2003年换手率(%)	111.67

宁夏东方钽业股份有限公司

公司概况

公司名称	宁夏东方钽业股份有限公司			股票代码	000962		
注册地址	宁夏回族自治区石嘴山大武口区冶金路			邮政编码	753000		
法人代表	聂明亮			董秘	叶照贯		
电话	0952-2016137			传真	0952-2037628		
主营业务	钽、铌、铍合金等稀有金属材料生产、开发、科研与销售						
总股本	35640.00	流通A	14040.00	流通B		流通H	
审计单位				审计意见	未审计		

主要财务指标

年度	2003.9	2003.6	2002	2001
每股收益/扣除后(元)	0.0200	0.0187	0.0340	0.4600
每股经营现金流量(元)	0.4200	0.2260	0.2196	-0.2810
每股净资产/调整后(元)	3.0200	3.0100	2.9900	2.9500
每股公积金(元)	1.2511	1.2511	1.2511	1.2483
净资产收益率(%)	1.0100	0.7100	1.4300	16.9700
总资产(万元)	140904.14	147242.20	149336.34	156113.84
股东权益(万元)	107819.90	107490.08	106729.21	105099.00
未分配利润(万元)	20010.36	19680.55	18919.68	17696.16
主营收入(万元)	31163.60	22478.65	41900.34	122538.39
资本公积金(万元)	44589.43	44589.43	44589.43	44488.60
主营利润(万元)	5750.85	4014.08	7783.32	29457.69
其他业务利润(万元)	74.68	-4.20	33.47	90.82
营业利润(万元)	1124.10	947.68	1470.41	18876.52
投资收益(万元)	-29.86		-131.74	-100.70
补贴收入(万元)	15.79		5.87	1217.20
营业外收支(万元)	209.25		381.55	250.10
利润总额(万元)	1319.27	928.53	1757.13	20273.68
净利润(万元)	1090.68	760.87	1529.39	17839.76

十大股东

序号	股东名称	股份性质	持股数(万股)	比例(%)
1	宁夏有色金属冶炼厂	国有法人股	20736.00	58.18
2	华西证券有限责任公司	流通股	827.00	2.39
3	上海国智置业发展有限公司	流通股	272.00	0.76
4	青铜峡铝业集团公司	国有法人股	216.00	0.75
5	宁夏恒力钢丝绳股份有限公司	法人股	216.00	0.61
6	中国石油宁夏化工厂	国有法人股	216.00	0.61
7	中国有色金属工业技术交流中心	国有法人股	216.00	0.61
8	华夏成长证券投资基金	流通股	192.00	0.61
9	中关村证券股份有限公司	流通股	102.00	0.29
10	王凤娥	流通股	94.00	0.26

股东人数	2003.9	2003.6	2002	2001
	58515	57631	60697	39397

近年分配	2001年中期10股派0.5元	近年配股/增发	2001年中期10股送2股

重大事项

2003年**10**月**13**日,国家税务总局网站上披露了财政部、国家税务总局联合下发关于调整出口货物退税率的通知,规定:"凡现行出口退税率为**17%**和**15%**的货物,其出口退税率一律调低到**13%**";该通知附件三规定"现行退税率为**13%**的铌钽矿砂、精矿及氟钽酸钾取消出口退税";公司董事会预计将对公司的经营及业绩产生较大不利影响。 **2003**年元月**30**日,由公司控股股东宁夏有色金属冶炼厂与西北稀有金属材料研究院等企业组建的国有独资公司宁夏东方有色金属集团有限公司成立,该公司注册资本为**45000**万元,法定代表人何季麟。

二〇〇二年以来市场表现

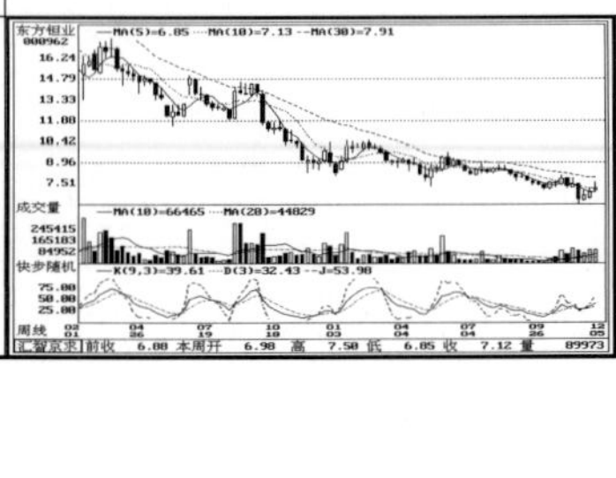

2002年涨跌幅(%)	-50.53
2002年最高(元)	17.70
2002年最低(元)	8.22
2002年换手率(%)	372.03
2003年涨跌幅(%)	-22.35
2003年最高(元)	10.50
2003年最低(元)	6.05
2003年换手率(%)	185.57

华东医药股份有限公司

公司概况

公司名称	华东医药股份有限公司			股票代码	000963		
注册地址	杭州市下城区中山北路 439 号			邮政编码	310011		
法人代表	李邦良			董秘	鲍建平		
电话	0571-88172165			传真	0571-88172165		
主营业务	中西原料药及制剂的生产						
总股本	38000.00	流通 A	12627.74	流通 B		流通 H	
审计单位				审计意见	未审计		

主要财务指标

年度	2003.9	2003.6	2002	2001
每股收益 / 扣除后(元)	0.0760	0.0430	0.1280	0.2900
每股经营现金流量(元)	0.1100	0.0080	0.0600	0.5800
每股净资产 / 调整后(元)	1.4900	1.4600	1.4000	2.7900
每股公积金(元)	0.2985	0.2985	0.2922	1.3783
净资产收益率(%)	4.9800	2.8800	8.4400	10.8000
总资产(万元)	143214.80	136795.28	137094.72	109481.87
股东权益(万元)	58207.00	56968.82	55113.43	53357.15
未分配利润(万元)	4208.77	2949.85	1307.92	4079.22
主营收入(万元)	176544.11	116318.91	206569.75	188641.84
资本公积金(万元)	11341.91	11341.91	11103.60	26186.85
主营利润(万元)	26049.85	17152.39	31013.52	30248.85
其他业务利润(万元)	1943.14	1291.51	2206.00	80.21
营业利润(万元)	5521.09	3361.23	7963.31	9087.86
投资收益(万元)	-24.91	-22.73	71.24	616.85
补贴收入(万元)			96.86	
营业外收支(万元)	15.72		-171.84	-247.98
利润总额(万元)	5511.89	3366.34	7959.57	9456.73
净利润(万元)	2900.85	1641.93	4652.95	5747.63

十大股东

序号	股东名称	股份性质	持股数(万股)	比例(%)
1	杭州华东医药(集团)公司	国家股	7693.27	20.25
2	中国远大集团公司	法人股	7000.00	18.42
3	珠海海湾大酒店	法人股	7000.00	18.42
4	浙江远大房地产开发有限公司	法人股	1410.74	3.71
5	天一证券有限责任公司	流通股	847.88	2.23
6	浙江省新昌制药股份有限公司	法人股	448.00	1.18
7	珠海经济特区丽珠医药有限公司	法人股	224.00	0.59
8	西湖电子集团有限公司	法人股	112.00	0.29
9	广州花城制药厂	法人股	112.00	0.29
10	石家庄市第二制药厂	法人股	112.00	0.29

股东人数	2003.9	2003.6	2002	2001
	9083	10203	8274	10934

近年分配	2002 年 10 股派 0.7 元 2001 年 10 股派 0.5 元	近年配股 / 增发	2001 年 10 股送 2 股、增 8 股

重大事项

2003 年中期，公司实施了对浙江德清县天润医药有限公司的增资扩股，在评估后公司出资 561 万元，占新公司的 62.85%，并更名为华东医药德清天润有限公司，该事项对公司净利润产生的影响为-6976.66 元。 2002 年 04 月 20 日,公司控股子公司杭州中美华东制药有限公司与航天中汇集团股份有限公司就建立互保关系签订了协议书.杭州中美华东制药有限公司、杭州中汇棉纺织有限公司、航天中汇集团股份有限公司三方建立 5000 万元人民币额度的互保关系,期限为一年.

二〇〇二年以来市场表现

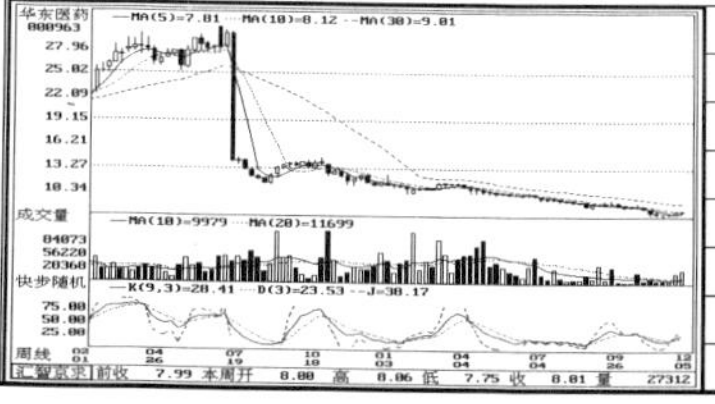

2002年涨跌幅(%)	12.73
2002年最高(元)	15.35
2002年最低(元)	10.41
2002年换手率(%)	142.78
2003年涨跌幅(%)	-34.62
2003年最高(元)	11.91
2003年最低(元)	7.40
2003年换手率(%)	108.35

天津水泥股份有限公司

公司概况

公司名称	天津水泥股份有限公司			股票代码	000965		
注册地址	天津市和平区贵州路 4 号			邮政编码	300051		
法人代表	周宝泉			董秘	王鸿林		
电话	022-23046662			传真	022-23046081		
主营业务	水泥、新型建筑材料制造、销售及建筑施工等						
总股本	23870.54	流通 A	7700.00	流通 B		流通 H	
审计单位				审计意见	未审计		

主要财务指标

年度	2003.9	2003.6	2002	2001
每股收益 / 扣除后(元)	0.0300	0.0142	0.0620	0.0800
每股经营现金流量(元)	0.0100	0.0397	-0.0600	-0.1900
每股净资产 / 调整后(元)	2.5300	2.4900	2.3300	2.6500
每股公积金(元)	1.2659	1.2658	1.2658	1.4407
净资产收益率(%)	0.9960	0.6200	2.0300	3.7800
总资产(万元)	111160.73	117915.48	117915.48	109481.87
股东权益(万元)	61649.52	61418.39	61035.39	59800.56
未分配利润(万元)	5277.61	5091.64	4785.24	4913.04
主营收入(万元)	31826.03	19191.83	46550.58	37788.19
资本公积金(万元)	30219.06	30216.42	30216.42	31263.24
主营利润(万元)	3989.13	2448.17	5796.81	5605.25
其他业务利润(万元)	70.99	51.85	28.35	386.77
营业利润(万元)	742.50	406.01	315.96	1843.07
投资收益(万元)			-167.39	234.36
补贴收入(万元)			1376.04	344.18
营业外收支(万元)	-3.23	44.41	-119.48	43.26
利润总额(万元)	739.27	450.41	1405.13	2464.87
净利润(万元)	615.46	383.00	1238.21	2257.99

十大股东

序号	股东名称	股份性质	持股数(万股)	比例(%)
1	天津建筑材料集团总公司	国有股	16022.70	67.12
2	天津环球高新技术投资公司	未披露	58.75	0.25
3	魏祥明	未披露	49.50	0.21
4	吕发清	未披露	49.50	0.21
5	张海军	未披露	48.32	0.20
6	杭州大红鹰酒业有限公司	未披露	38.65	0.16
7	天津市天材房地产开发公司	法人股	36.96	0.16
8	天津建筑材料进出口公司	法人股	36.96	0.16
9	天津市建筑材料科学研究所	法人股	36.96	0.16
10	天津市新型建筑材料房地产开发公司	法人股	36.96	0.16

股东人数	2003.9	2003.6	2002	2001
	32330	32323	34671	35959

近年分配	2001 年 10 股派 0.13 元	近年配股 / 增发	2001 年 10 股送 0.5 股、增 0.5 股

重大事项

2003 年 6 月 16 日，公司董事会同意公司于 2000 年购买控股股东天津市建筑材料集团有限公司投建的龙通大厦 15、16、17、18 层房产.由于龙通大厦尚未取得房产证,故公司也无法取得所购买上述房屋的产权证。经过双方友好协商，签订《房屋回购协议》，建材集团回购此房产，总金额为 37341000 元. 2003 年 1 月 18 日,公司第一大股东天津市建筑材料集团(控股) 有限公司将其持有公司股权 6000 万股质押给工行天津市河北支行，为其人民币 1 亿元借款提供出质，期限自 2002 年 12 月 30 日至 2005 年 11 月 18 日.

二〇〇二年以来市场表现

2002年涨跌幅(%)	-32.48
2002年最高(元)	10.55
2002年最低(元)	6.22
2002年换手率(%)	168.37
2003年涨跌幅(%)	-17.40
2003年最高(元)	8.48
2003年最低(元)	4.89
2003年换手率(%)	93.77

湖北长源电力发展股份有限公司

公司概况

公司名称	湖北长源电力发展股份有限公司		股票代码	000966	
注册地址	湖北省武汉市武昌区徐东大街路351号长源电力商务中心		邮政编码	43007	
法人代表	戚名辉		董秘	赵虎	
电话	027-86778357		传真	027-86786970	
主营业务	电力、热力及相关设备生产及其有关技术的开发、技术服务等				
总股本	37014.20	流通 A 10800.00	流通 B	流通 H	
审计单位			审计意见	未审计	

主要财务指标

年度	2003.9	2003.6	2002	2001
每股收益/扣除后(元)	0.1400	0.0759	0.0991	0.1200
每股经营现金流量(元)	0.2800	0.0587	0.0243	0.2600
每股净资产/调整后(元)	2.3151	2.2407	2.2210	2.2249
每股公积金(元)	1.0710	1.0574	1.0555	1.0555
净资产收益率(%)	5.6110	3.3210	4.3300	5.5350
总资产(万元)	248242.83	240328.47	236565.41	208002.20
股东权益(万元)	86422.28	83857.49	83591.81	83864.00
未分配利润(万元)	5608.02	3543.62	3350.16	4133.00
主营收入(万元)	82198.90	51647.11	91899.30	88100.36
资本公积金(万元)	39640.50	39140.11	39067.88	39067.88
主营利润(万元)	13215.92	7349.41	13246.45	12325.32
其他业务利润(万元)	10.43	-3.43	17.20	116.64
营业利润(万元)	7783.25	3698.88	6522.59	5799.61
投资收益(万元)	1304.72	1038.40	1019.87	2037.69
补贴收入(万元)				
营业外收支(万元)	-41.86	-23.67	-71.44	-142.98
利润总额(万元)	9046.11	4706.46	7471.02	7694.33
净利润(万元)	4848.85	2784.46	3615.77	4641.80

十大股东

序号	股东名称	股份性质	持股数(万股)	比例(%)
1	湖北省电力公司	国有法人股	13369.25	36.12
2	湖北省电力开发公司	国有法人股	6948.16	18.77
3	武汉银厦房地产综合发展公司	国有法人股	2016.00	5.45
4	上海证大投资管理有限公司	法人股	1776.00	4.80
5	湖北民源电力实业发展有限责任公司	法人股	1113.60	3.01
6	华中电力开发公司	国有法人股	561.60	1.52
7	景福证券投资基金	流通股	455.09	1.23
8	武汉市建银房地产开发公司	法人股	198.00	0.53
9	东风汽车公司	国有法人股	189.60	0.51
10	景博证券投资基金	流通股	102.13	0.28

股东人数	2003.9	2003.6	2002	2001
	57298	55834	56923	61736

近年分配	2002年10股派0.7元 2001年10股派1元	近年配股/增发	不分配不转增

重大事项

2003年11月10日,公司董事会同意公司与国投电力公司签订股权转让协议,以18500万元受让国投电力公司所全部持有的湖北汉新发电有限公司20%股权.受让该部分出资后,公司在汉新公司资本金中的出资比例将达到30%. 2003年7月16日,公司董事会同意公司为控股子公司湖北长源第一发电有限责任公司向国家开发银行贷款的人民币3亿元整提供担保. 资金贷款保证合同的签署时间为2003年5月9日.公司累计对外担保金额为81200万元,占净资产的97%.

二〇〇二年以来市场表现

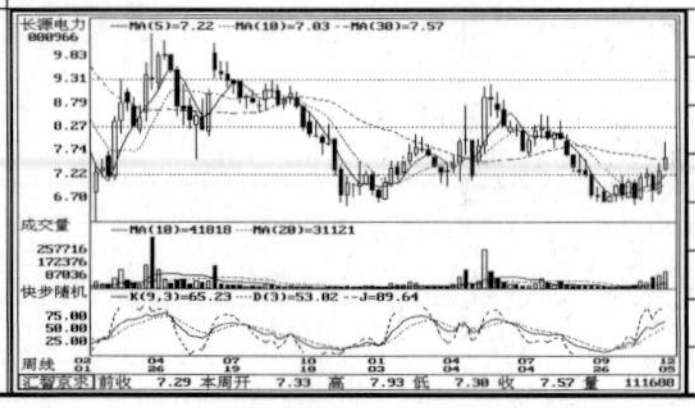

2002年涨跌幅(%)	-21.19
2002年最高(元)	10.18
2002年最低(元)	5.86
2002年换手率(%)	175.44
2003年涨跌幅(%)	8.32
2003年最高(元)	9.12
2003年最低(元)	6.53
2003年换手率(%)	154.53

浙江上风实业股份有限公司

公司概况

公司名称	浙江上风实业股份有限公司		股票代码	000967	
注册地址	浙江省上虞市上浦镇		邮政编码	312375	
法人代表	徐灿根		董秘	竺铭浩	
电话	0575-2366261		传真	0575-2366328	
主营业务	研制、开发、生产通风机、风冷、水冷、空调设备、环保设备等				
总股本	13678.61	流通 A 4500.00	流通 B	流通 H	
审计单位			审计意见	未审计	

主要财务指标

年度	2003.9	2003.6	2002	2001
每股收益/扣除后(元)	0.0786	0.0520	0.1093	0.1939
每股经营现金流量(元)	0.0560	-0.0120	-0.1682	0.1450
每股净资产/调整后(元)	3.3200	3.2800	3.2800	3.2200
每股公积金(元)	1.8745	1.8745	1.8745	1.8745
净资产收益率(%)	2.3370	1.5300	3.2700	6.0800
总资产(万元)	54666.74	55332.66	56094.15	52394.73
股东权益(万元)	47157.29	46772.12	46055.15	45630.01
未分配利润(万元)	4200.01	3814.84	3097.87	2821.94
主营收入(万元)	13075.37	9075.50	16317.97	13374.03
资本公积金(万元)	25640.39	25640.29	25640.29	25640.29
主营利润(万元)	4290.56	2889.76	5506.89	5903.51
其他业务利润(万元)	0.94	-6.48	-3.42	14.14
营业利润(万元)	986.66	809.59	1150.64	2558.80
投资收益(万元)	519.00	246.24	962.13	735.33
补贴收入(万元)	116.51	71.43	191.14	186.96
营业外收支(万元)	-40.16		-76.10	-34.06
利润总额(万元)	1582.02	1099.35	2227.81	3447.04
净利润(万元)	1102.14	716.97	1507.53	2772.72

十大股东

序号	股东名称	股份性质	持股数(万股)	比例(%)
1	浙江风机风冷设备公司	法人股	5065.52	37.03
2	上虞上峰压力容器厂	法人股	1765.89	12.91
3	上海新理益投资管理有限公司	法人股	450.00	3.29
4	上虞风机厂	法人股	387.20	2.83
5	海南普林投资管理有限公司	法人股	275.00	2.00
6	上海明方复兴工程造价咨询事务所有限公司	法人股	253.00	1.85
7	杭州济和科技投资有限公司	法人股	242.00	1.77
8	浙江华强企业投资有限公司	法人股	200.00	1.46
9	绍兴市流体工程研究所	法人股	160.00	1.17
10	上海证券有限责任公司	流通股	134.32	0.98

股东人数	2003.9	2003.6	2002	2001
	29564	29486	29377	31986

近年分配	2002年10股派0.6元 2001年10股派0.8元	近年配股/增发	不分配不转增

重大事项

2002年末,公司从参股企业上虞市上风电机有限公司购入配套电机,交易金额累计为9,910,090.42元,占公司总采购的11.65%,比上年同期增加68.54%. 采购货物交易按双方协议价格进行.根据与有关关联方签订的协议,采购价格一般按低于市场价的15%-25%确定. 2001年8月18日,公司董事会同意投资400-500万元,控股"浙江上虞金科环境设备有限公司", 其中本公司占50.5%的股份,同时将企业更名为"浙江上虞上风金科环境设备有限公司";4)同意投资306万元与四川川北风机厂组建有限公司,开拓西部市场.

二〇〇二年以来市场表现

2002年涨跌幅(%)	-30.49
2002年最高(元)	15.82
2002年最低(元)	10.05
2002年换手率(%)	83.56
2003年涨跌幅(%)	-32.88
2003年最高(元)	11.79
2003年最低(元)	5.98
2003年换手率(%)	153.77

上海證券有限責任公司

SHANGHAI SECURITIES CO., LTD.

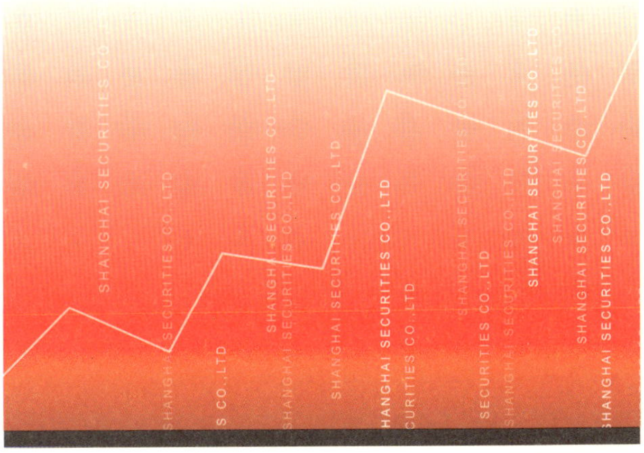

上海证券有限责任公司成立于2001年5月8日，注册资本金15亿元人民币，总资产近100亿元，各类专业人员近800人，营业网点37家，正在形成以上海为中心，北京、重庆、南京等发达城市为主体的经营网络。公司秉承："诚信、稳健、开拓、高效"的经营理念，以稳健为原则、创新为重点；以市场为导向、效益为中心；规范经营，积极进取；立足上海，服务全国，促进证券市场的繁荣稳定。

成立以来，公司已获得"股票主承销商资格"、"受托投资管理业务资格"、"网上证券委托业务资格"、"证券投资咨询业务资格"、"经营外资股业务资格"、"证券交易所债券市场2003年国债承购包销团成员资格"以及"全国银行间同业拆借市场成员资格"。

诚信 开拓 稳健 高效

中国建设银行
基金托管部

2002年，中国建设银行抓住我国投资基金业快速发展的历史机遇，坚持“客户至上、服务第一”的服务理念，以优质的托管服务为基础，以一流的业务运行系统为保障，以产品、技术创新为依托，紧紧围绕提供基金托管业务服务这个主线，充分利用全行资源，大力拓展基金托管市场，基金托管业务发展迅猛。截止2002年底，中国建设银行共托管封闭式基金11只、开放式基金3只，托管基金总规模达263亿，较上年增长48.8%；2002年实现托管业务收入4,910万元，较上年增长31%。同时，建设银行还积极开展了委托资产托管业务，自开办此项业务以来，累计托管资产规模达75亿元。

2003年，建设银行将抓住资本市场特别是基金市场快速发展的有利时机，扩大证券投资基金的托管规模和市场份额；加快托管产品创新、增加托管业务品种，打造优质高效具有建设银行品牌效应的托管产品；认真履行基金托管人职责，加强托管业务基础工作，确保基金清算、核算及时准确，提高基金投资运作监督水平，实现基金托管业务快速健康发展。

中国建设银行基金托管部地址：北京市金融大街25号　　邮编：100032　　业务咨询电话：010-67598382

根深叶茂才是
栖身之所

诚实信用 严守秘密
勤勉尽责 开拓进取

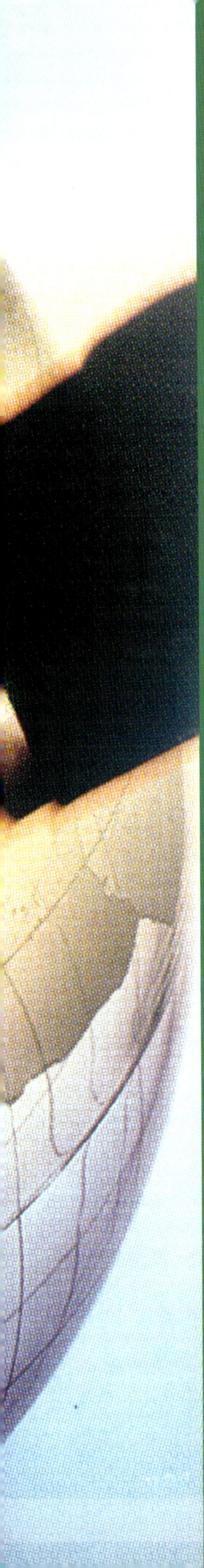

中国银行
BANK OF CHINA
中国银行 全球服务
ALWAYS WITH YOU
www.bank-of-china.com

交通銀行

BANK OF COMMUNICATIONS

证券投资基金托管部

总经理：谢红兵

交通银行于1987年重新组建，是我国首家全国性的股份制商业银行，2002年英国《银行家》杂志公布的全世界1000家大银行中，列94位。

1998年7月，经中国证监会和中国人民银行批准，交通银行获得开展基金托管业务资格，并同时成立了专门的业务部门——证券投资基金托管部。证券投资基金托管部现有员工47名，其中拥有博士、硕士学位多名，员工的学历层次较高，具有多年基金、证券和银行的从业经验。

2001年7月，经中国人民银行和中国证监会批准，获得开放式基金认购、申购、赎回和注册登记代理业务资格，是我国第一家获得开放式基金代理业务资格的商业银行。

2001年9月，交通银行代理发行和托管了我国第一只开放式基金——华安创新基金；2002年4月，交通银行代理发行和托管了本年的第一只开放式基金——国泰金鹰增长基金；2002年10月，交通银行代理发行和托管了国内首只纯债券基金——华夏债券基金，该基金发行规模达51亿元，创造了国内基金首次发行规模最大的记录。2002年交通银行率先在业内推出了“定期定额”投资服务，为广大基金投资者提供更加丰富的理财手段。2002年底，交通银行在全国社保基金理事会招标中胜出，成为首批全国社保基金托管人之一。2003年4月，交通银行成功代理发行和托管国内第一只伞型基金——湘财合丰行业系列基金，创国内开放式基金开户数第一的记录。

截至2003年10月31日，交通银行已托管了普惠、安顺、汉兴、兴科、裕华、安久、科讯、科汇、华安创新、久富、科瑞、国泰金鹰增长、华夏债券、湘财合丰成长、湘财合丰稳定、湘财合丰周期、鹏华普天收益、鹏华普天债券、海富通精选等十九只公募基金以及全国社保基金委托资产的十二个组合，市场份额在五大托管银行中名列前茅。

在业务管理上，交通银行十分注重加强制度建设，提高管理水平，把业务发展与规范管理有机地结合在一起，确保了基金托管业务安全、规范、高效、优质地运行。多年来，在基金的资金清算上，保持了零差错。

交通银行坚持以“一流的服务质量、一流的工作效率、一流的银行信誉”为宗旨，坚持人才、科技、制度和管理先行的原则，不断加强人才培养，提高基金托管业务的科技含量，不断进行产品创新和开发。交通银行拥有一支强大的研究开发队伍，研究开发工作以市场化为导向，以国际化为标准，以规范化为要求，多次在基金业率先开展新业务。

交通银行已就基金托管业务制定了一系列管理、控制制度，对业务全程运作进行完善可靠的制度控制。相关制度涵盖了基金托管业务的资金清算、会计核算、投资监管、信息披露、保密制度、系统保障、内部风险控制等各个环节，从制度上对业务风险进行了完整的控制。

交通银行分别与美国JP大通银行和北方信托银行签订基金业务全面合作协议，在信息交流、人员培训、技术支持等各方面受到国外银行的全面支持。

招商银行

CHINA MERCHANTS BANK

招商银行证券投资基金托管部简介

招商银行于2002年8月成立基金托管部，同年11月，经中国人民银行和中国证监会批准，获得证券投资基金托管人资格，成为国内第一家获得该项业务资格的上市银行。目前招商银行拥有开放式基金代销、证券投资基金托管、QFII托管、受托投资管理托管等多项托管业务资格。

招商银行依托遍布全国的网络和“一卡通”、“一网通”、“银证通”等先进的电子化服务手段，自成立之日起17年中为本行广大个人客户、公司客户和同业客户提供了优质、高效、快捷的银行服务，赢得了“技术先进型银行”的美誉。在提升托管业务服务水平方面，本行充分发挥“一网通”业务系统的技术平台优势，开发了“基金托管网银通”系统，使各项托管服务实现实时化、异地化，更好地适应开放式基金及各种受托理财资产的理财需要。

2002年8月，招商银行代理发行南方宝元债券基金约10亿份，成为2002年非托管银行代销单只开放式基金规模最大的银行。2003年3月，招商银行作为招商安泰系列基金的唯一发行银行，40天内销售34亿份，又一次创造佳绩，在基金业内创立了招商银行基金业务服务的优秀品牌。

招商银行目前开办的托管业务品种有：证券投资基金托管、QFII资产托管、集合式/单一式委托理财托管、信托投资计划托管等，并拟开办企业年金投资管理托管、社保基金托管等业务。截止2003年12月，招商银行共托管开放式证券投资基金3只，托管委托理财计划1项，托管信托投资计划1项，托管资产总规模约45亿元。另有2只基金已签署托管协议，预计2004年上半年开始托管。
招商银行基金托管部将秉承"诚实信用、勤勉尽责、服务创新、追求卓越"的一贯宗旨，不断满足客户多样性、差异性的业务需求，向投资者和资产管理人提供安全、优质、高效的托管服务。
招商银行证券投资基金托管部
地址：深圳市深南大道7088号招商银行大厦4层
邮编：518040
电话：0755-83195268

NCL 新华人寿保险股份有限公司 NEW CHINA LIFE INSURANCE CO.,LTD.

公司简介

新华人寿保险股份有限公司是经国务院同意、中国人民银行总行批准，于1996年8月正式成立的全国性、股份制专业寿险公司，经营范围包括各类人寿保险、健康保险和人身意外伤害等保险业务。

公司于2000年成功地吸收外资参股，实现了资本国际化。公司现有注册资本12亿元，股东16家，其中中资股东12家，包括大型国有企业和股份公司；4家外资股东分别为：瑞士苏黎世保险公司、国际金融公司、日本明治生命保险公司和荷兰金融发展公司。

自1996年以来，公司各项保费收入逐年攀升，市场占有率也一直位居国内寿险公司第四位，基本实现了超常规、跨越式发展。与此同时，公司不但积极承担保险事业所给予的各项社会责任、树立了良好的新华品牌，而且在资本运作、投资收益方面也取得了不俗的业绩。

截至2003年5月，公司累计实现保费收入217.18亿元，市场占有率一直位居国内寿险业第四位，连续七年保持赢利，公司总资产达到154.48亿元，偿付能力大大超过监管部门规定的最低标准。目前，公司拥有29家分公司、64家中心支公司、376家营销服务部，作业区域覆盖全国主要寿险市场。

位于CBD商圈的新华新大厦正在建设中

序　言

2003年，中国经济经受住"非典"等诸多突如其来的冲击，保持了快增长、高效益、低通胀的大好局面，跃上新的增长平台。党的十六届三中全会作出《关于完善社会主义市场经济体制若干问题的决定》，确立了全面、协调、可持续的科学发展观，提出要大力发展资本市场和其他要素市场，"有重点、有步骤地推进经济体制改革，进一步消除束缚生产力发展的体制性障碍。"时代的呼唤、经济的强劲增长，对资本市场提出了新的、更高的要求，也为其发展开辟了广阔空间。

在这一年里，证券期货系统认真研究影响市场进一步发展的重大问题，努力加强市场基础建设，深入落实各项监管措施，继续防范和化解市场风险，进一步推进我国资本市场的改革开放和稳定发展，市场信心逐步恢复，市场监管和市场建设各项工作取得新成绩。

2003年，证券期货市场总体运行平稳，市场规模稳步扩大，对支持国民经济发展起到了重要作用。全年境内市场共筹资823.12亿元，同比增长5.56%；上市公司经营效益整体好转，前三季度实现净利润总额达1025亿元，比2002年全年实现的净利润多21.3%，每股收益0.158元，超过2002年全年的每股收益；全年有177家企业通过资本市场实施了收购、兼并和资产重组。随着一些上市公司的集团吸收合并、定向增发等市场创新方案推出，资本市场促进结构调整、优化资源配置的功能更加突出；证券投资基金全年首发规模678亿元；期货市场在规范基础上获得新发展，全年交易额突破10万亿元，总体运行平稳。

截至2003年底，境内上市公司总数达1287家，总市值42457.71亿元，流通市值13178.51亿元；证券公司共133家，总资产约5618亿元，营业网点约3000个；基金管理公司34家，证券投资基金95只，基金规模1650.09亿份，基金总净值1744.31亿元。

2003年，证券期货市场的改革不断深化，法制建设取得新进展。发行制度改革取得实质性进展：提高了首次发行股票的条件，对股票发行审核委员会制度和审核机制进行了重大调整，推出了证券发行上市保荐制度。这些措施进一步强化了企业发行上市的市场约束机制，为从源头上提高上市公司质量，提供了制度保障。

证券公司融资渠道和业务范围进一步拓宽。颁布了《证券公司债券管理暂行办法》

和《证券公司客户资产管理业务试行办法》，为证券公司优化资本结构，在规范基础上创新和发展拓展了空间。进一步完善基金市场准入标准，简化了审批程序，促进基金业创新，基金品种日趋多样化。

积极配合立法部门完善相关法律制度，推动了《证券投资基金法》的出台和《证券法》的修改。还先后两批取消了 60 项行政审批项目。

这一年，我国资本市场在落实加入 WTO 有关承诺、推进对外开放方面取得了积极成果。先后有 8 家外资参股基金管理公司、2 家外资参股证券公司获准设立，有 3 家外资参股基金管理公司获准筹建。试行合格境外机构投资者(QFII)制度进展加快，迄今已有 12 家外资机构获得 QFII 资格，累计引入 QFII 资金约 140 亿元人民币。

随着我国资本市场规模进一步扩大，市场结构逐步完善，市场规范化程度持续提高，以市场基础建设为中心的监管工作不断推进，市场机制的作用日益显现，市场参与主体的预期逐步趋于稳定，证券市场在发展过程中呈现出一些新的变化：

一是证券市场投资信心明显有所恢复。十六大和十六届三中全会明确了资本市场的发展方向，社会各界特别是广大投资者的认识逐步统一，对资本市场发展预期趋向稳定。在经历了一年半的弱市后，2003 年市场主要指标均呈现恢复势头。二是新的投资热点不断涌现。突出表现在业绩稳定增长、以往不被投资者关注的大盘蓝筹股开始受到市场投资者的关注和青睐。三是证券行业经营理念正经历深层次的变革。随着对规范发展资本市场认识的提高和对监管政策的深入理解，证券经营机构原有的经营理念在不断进行调整，更加注重内涵式发展。基金管理公司通过产品创新、服务创新，机构投资者的作用进一步发挥。证券公司在加强自身建设、强化内部管理等方面有了新进展。

对证券市场的这些变化，我们要保持全面客观的认识和判断，既要看到这些变化中包含的市场发展的积极信号，增强做好工作的信心，也要看到我国经济和社会的发展仍处于社会主义初级阶段，资本市场的规范发展是一个长期渐进的过程，还有许多不完善的地方，仍需要我们继续努力。

2004 年，证券监管工作要全面贯彻落实党的十六大和十六届三中全会精神，按照《国务院关于推进资本市场改革开放和稳定发展的若干意见》和全国银行、证券、保险工作会议的部署，以创新为动力，以发展为主线，继续加强市场基础建设，不断强化市场监管工作，进一步提高依法行政水平，严格规范市场主体行为，切实防范和化解市场

风险，积极稳妥解决历史遗留问题，保护好投资者合法权益，全面提高市场效率，积极营造富有竞争力的投资和融资环境，为加快资本市场发展奠定扎实基础。要重点做好以下工作：

逐步完善市场结构。规范发展主板市场，推动交易制度和品种创新。分步推进创业板市场建设，在深圳证券交易所设立中小企业板块。改进和规范证券公司代办股份转让系统。促进债券市场发展，大力推动商业银行重新参与交易所债券市场。研究公司债特别是上市公司债券的发行试点等。

继续深化发行体制改革。全面贯彻落实股票发行上市保荐制度和新的发审委制度，健全和发挥市场对企业发行上市的约束机制和作用。研究完善再融资标准和核准程序，整合现行再融资规则，提高市场再融资效率等。

切实提高上市公司规范化运作水平。以提高上市公司透明度和推进上市公司现代企业制度建设为基础，规范上市公司管理层和大股东行为为重点，落实上市公司“辖区监管责任制”为突破口，努力提高上市公司规范运作水平等。

积极促进证券公司和期货公司规范发展。落实已经出台的各项证券公司规范措施，督促证券公司采取积极措施完善法人治理，加强内控机制建设。改革完善证券、期货公司客户交易结算资金存管制度，完善和巩固期货公司保证金封闭管理制度。对证券期货公司实施分类监管，制定扶优限劣的政策措施，支持证券、期货公司通过业务创新，收购兼并等方式优化整合，做优做强。

本世纪头二十年是十六大确定的必须紧紧抓住且可以大有作为的重要战略机遇期，也是我国资本市场改革发展前所未有的大好时机。只要我们工作的方向正确，思路清晰，措施得力，就一定能不断推进我国资本市场的健康稳定发展。

尚福林

（2004年3月18日，中国证券监督管理委员会主席尚福林先生亲笔为2003版《中国证券业年鉴》作序）

中國證券業年鑒

特别祝贺

中国银行基金托管部

招商银行基金托管部

华安证券有限责任公司

天同证券有限责任公司

中国工商银行资产托管部

中国建设银行基金托管部

交通银行证券投资基金托管部

中国农业银行证券投资基金托管部

2003

中國證券業年鑒

CHINA SECURITIES YEAR BOOK

下

总第十一期

总编辑 陈乃进 朱从玖 张育军

上海证券交易所 深圳证券交易所 协办
天津中新药业集团股份有限公司
中国证券业年鉴编辑委员会
新华出版社

图书在版编目(CIP)数据

中国证券业年鉴. 2003/《中国证券业年鉴》编辑委员会编.
—北京:新华出版社,2004.1
ISBN 7—5011—6407—X

Ⅰ.中… Ⅱ.中… Ⅲ.证券市场—中国—2003—年鉴 Ⅳ.F832.51—54

中国版本图书馆 CIP 数据核字(2003)第 097465 号

责任编辑:吕仙珽　陈洁

中國證券業年鑒
2003
(总第十一期)
中国证券业年鉴编辑委员会编
※
新华出版社出版发行
新华书店经销
上海中证广告有限公司数据植字
上海出版印刷有限公司承印
※
开本:850mm×1168mm　1/16　印张:108　插页:480　字数:4800 千字
2004 年 2 月第一版　　2004 年 2 月第一次印刷
ISBN 7—5011—6407—X/F・925
广告经营许可证:京工商广字西临 0402005
总定价:人民币 780 元　港币 780 元　美元 120 元

编辑说明

中国证券市场创办以来，一大批国有企业发行上市，在国有企业建立现代企业制度的改革实践中起到示范作用，也为经济结构战略调整开辟了直接融资渠道。与中国证券市场同步成长，反映证券市场发展历史的《中国证券业年鉴》是一部综合的史料性年刊，创刊于1993年，每年出版一次，国内外公开发行。《年鉴》主要反映上一年中国证券、期货、基金、产权市场及企业制度建设和发展方面的情况和最新动态，供海内外有关机关、社团、学校、研究部门、企事业单位及社会各界人士进一步了解和研究参考使用，为推动中国证券业的规范化和国际化、建设有中国特色的社会主义市场经济服务。

《中国证券业年鉴》(2003·总第十一期)共分19编，内容设置专论、金融市场、证券市场、期货市场、基金市场、产权市场、证券管理与交易机构、中介机构、上市公司、香港上市公司、拟上市公司、证券经营机构、证券业研究、证券业科技、证券业人物、大事记、市场统计资料、政策与法规、企事业单位选介等部分。另有彩色和黑白插页图片910幅。

《中国证券业年鉴》按部类分编，采用编、章、节、目、段五个层次的结构形式，不同层次的标题在字体、字号和版式设计方面都有明显的区别。其中全书出现最多的“目”一级标题统一用黑体字加【 】表示，内容较多的“目”的文内则用楷体表示“段”一级的标题。在编辑过程中尽可能将内容条目化。

《中国证券业年鉴》(2003)基本上保持了上一期的内容和体例的连续性，充实了金融市场部分内容，并充实了各省、自治区、直辖市、计划单列市的证券期货市场的内容和香港创业板上市公司。在香港上市公司整编内容、香港联合交易所整节内容中除标明货币单位外均以港币为单位。香港上市公司的中文名称并非注册名称。由于会计制度及统计方法差异，可能使在香港上市的大陆企业的数据有所不同。《年鉴》的资料直接来源于公司的公告或报告、国务院有关部门及各省、市提供的材料，保证了《年鉴》的权威性和准确性，但由于中国证券业仍处于发展阶段，加上各地区的发展不平衡以及我们的水平有限，难免出现一些疏漏，敬请读者谅解和指正。

《中国证券业年鉴》由中国证券业年鉴编辑部组织编辑，由新华出版社出版，在编辑出版过程中得到了国务院有关部门、省、自治区、直辖市证券管理机构、上海证券交易所、深圳证券交易所、香港联合交易所、证券界有关领导、专家的指导和支持，在此我们表示最诚挚的感谢。

中国证券业年鉴编辑部

中国证券业年鉴顾问委员会

王永禄　北京国友大正资产评估有限公司　董事长
吴若曼　中国光大银行证券投资基金托管部　总经理
杨荣明　广州珠江啤酒股份有限公司　董事长
叶湘武　贵州益佰制药股份有限公司　总经理
陈　静　中国银河证券有限责任公司　信息技术中心总经理
蒋会成　海南第一投资股份有限公司　董事长
汪方怀　海南民生燃汽(集团)股份有限公司　总裁
冯　刚　海南中力信资产评估有限公司　董事长
阎洪生　湖南湘邮科技股份有限公司　董事长
陈木森　华新水泥股份有限公司　董事长
张松山　华邦制药股份有限公司　董事长
肖建国　江西昌九生物化工股份有限公司　董事长
张　平　江西长运股份有限公司　董事长
姚迪明　江西赣能股份有限公司　董事长
蔡景章　江西黑猫碳黑股份有限公司　董事长
魏新安　江西万年青水泥股份有限公司　董事长
朱秉义　康华会计师事务所有限责任公司　董事长
彭少希　昆明世博园股份有限公司　董事长
陈民群　南宁百货大楼股份有限公司　董事长
朱飞锦　千金药业股份有限公司　董事长
邢福煌　海南高速公路股份有限公司　董事长
杨业新　海洋石油富岛股份有限公司　董事长
俞学峰　湖北安琪酵母股份有限公司　董事长
刘兴华　湖北长源电力发展股份有限公司　董事长
田西平　湖北多佳股份有限公司　董事长
王新刚　湖北通达股份有限公司　董事长
蒋远华　湖北宜化化工股份有限公司　董事长
王晓光　湖南海利化工股份有限公司　董事长
陈纪明　湖南华天大酒店股份有限公司　董事长
余克建　湖南九芝堂股份有限公司　董事长
邹定民　湖南亚华种业股份有限公司　董事长
彭振明　金元证券有限公司　董事长
周重揆　开元会计师事务所有限责任公司　董事长
吴铭爵　柳州化工股份有限公司　董事长
熊可模　南宁糖业股份有限公司　董事长
傅思福　天健会计师事务所有限责任公司　董事长
鲍俊华　武汉健民药业集团股份有限公司　董事长
宋伟杰　现代投资股份有限公司　董事长
闫国起　郑州燃气股份有限公司　董事长
聂新勇　湘火炬投资股份有限公司　董事长
陈铁儒　湖南高科技创业投资有限公司　总经理
彭海华　袁隆平农业高科技股份有限公司　总经理
张汉荣　交大昆机科技股份有限公司　总经理
张　峻　上海万申信息产业股份有限公司　总经理
周　到　西南证券研发中心　副总经理
王一军　招商证券股份有限公司　副总裁
张子良　国元证券有限责任公司　副总裁
周志钢　华夏证券股份有限公司　总工程师
谢岸实　湘财证券有限责任公司　IT 总监

中国证券业年鉴编辑委员会

中国证券业年鉴编辑部

本刊地址：上海市浦东大道 1819 号 6 号楼 201 室
电话：021－68670009
传真：021－58206180
邮编：200135

目　录

第四编　中国期货市场

第五编　中国基金市场

第六编　中国产权市场

第七编　上交所上市公司

第八编 深交所上市公司

第九编　香港上市公司

第十编 拟上市公司

第十一编　证券经营机构

第十二编 中介机构

第十三编 证券业研究

第十四编 证券业科技

第十五编　证券业人物

第十六编　证券业大事记

第十七编　市场统计资料

第十八编　政策与法规

第十九编　中国企事业单位选介

插页目录

中册

下册

■ **中国证券业年鉴人物介绍**

中国证券市场走势图

上证B股

深证B股

China Securities Year Book 2003

中国证券监督管理委员会

CHINA SECURITIES REGULATORY COMMISSION

CSRC

中国证券监督管理委员会是国务院直属正部级事业单位，是全国证券期货市场的主管部门。下设办公厅、发行监管部、市场监管部、机构监管部、上市公司监管部、基金监管部、期货监管部、稽查一局、稽查二局、法律部、会计部、国际合作部、人事教育部、党委宣传部、监察室、机关党委、规划委、派出机构协调办等18个职能部门和信息中心、行政中心2个直属事业机构。

CSRC

CSRC

CHINA SECURIT

CSRC

中国证券监督管理委员会在全国各省、市、自治区设立的派出机构：

天津证券监管办公室	石家庄特派员办事处
太原特派员办事处	呼和浩特特派员办事处
沈阳证券监管办公室	长春特派员办事处
哈尔滨特派员办事处	大连特派员办事处
上海证券监管办公室	南京特派员办事处、
杭州特派员办事处	宁波特派员办事处
济南证券监管办公室	合肥特派员办事处
郑州特派员办事处	青岛特派员办事处
武汉证券监管办公室	长沙特派员办事处
南昌特派员办事处	广州证券监管办公室
福州特派员办事处	南宁特派员办事处
厦门特派员办事处	深圳证券监管办公室
海口特派员办事处	成都证券监管办公室
贵阳特派员办事处	昆明特派员办事处
拉萨特派员办事处	西安证券监管办公室
兰州特派员办事处	西宁特派员办事处
银川特派员办事处	乌鲁木齐特派员办事处
北京办事处	重庆办事处

CSRC

地　　址：中国北京西城区金融大街16号金阳大厦
主席热线：010－88061700
电子邮件：csrcweb@publicf.bta.net.cn
邮　　编：100032

YEAR BOOK

深圳证

SHENZHEN S

■ 理事长 陈东征

与时俱进 振奋精神

■ 深圳证券交易所地处中国深圳市，成立于1990年12月1日，是不以营利为目的，实行自律性管理的法人。深交所致力于创造公开、公平、公正的市场环境，保证证券市场的正常运行。主要职能包括：提供证券交易的场所和设施；制定本所业务规则；接受上市申请、安排证券上市；组织监督证券交易；对会员和上市公司进行监管；管理和公布市场信息；中国证监会许可的其他职能。

■ 作为中国大陆两大证券交易所之一，深交所与中国证券市场共同成长。12年来，深交所成功地突破了地域的限制和观念的束缚，探索出一条在现代技术条件下建设证券市场的新路，在一个新兴城市建成了辐射全国的证券交易中心，并牢固地确立了全国性证券交易中心的地位。12年间，深交所累计为国民经济筹资2500多亿元，对建立现代企业制度、推动经济结构调整、优化资源配置、传播市场经济知识，起到了十分重要的促进作用。

■ 党的十六大报告提出了全面建设小康社会，开创中国特色社会主义事业新局面的宏伟目标，明确要"推动资本市场的改革开放与稳定发展"，"要发挥风险投资的作用，形成促进科技创新和创业的资本运作和人才汇集机制"。深交所的发展迎来了一个前所未有的历史机遇，同时也面临着在全新形势下如何更好地发挥作用的严峻考验。在十六大精神指引下，深交所将紧紧把握新的发展机遇，在确保市场安全运行、强化一线监管的前提下，牢牢抓住筹建创业板、加大创新力度两个基本点，与时俱进，开拓创新，振奋精神，勤奋工作，将各项工作全面推向新的阶段。

中國證券業年鑒
CHINA SECURITIES YEAR BOOK

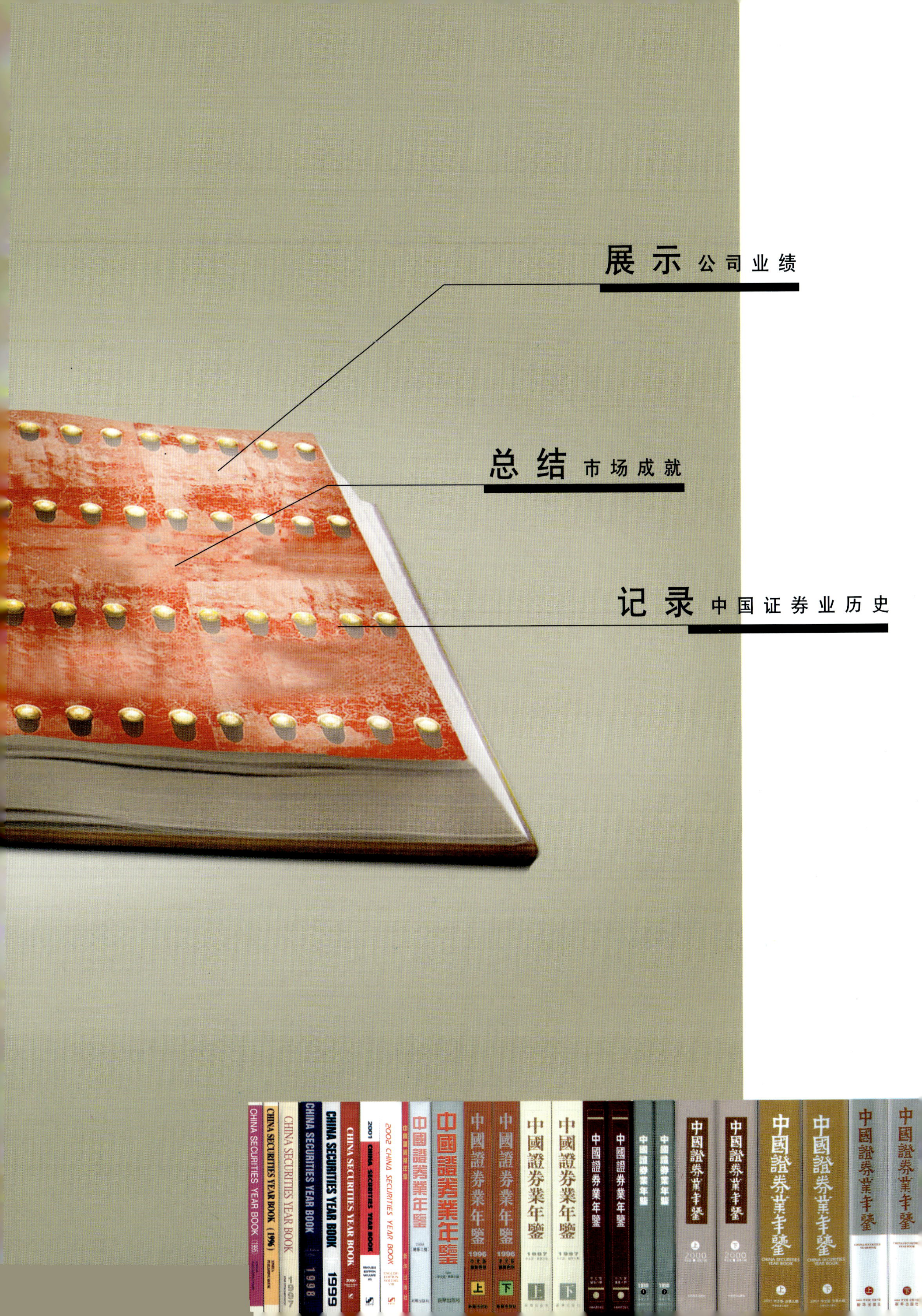

展示 公司业绩
总结 市场成就
记录 中国证券业历史
CHINA SECURITIES YEAR BOOK
CHINA SECURITIES YEAR BOOK 1998
CHINA SECURITIES YEAR BOOK 1999
2001 CHINA SECURITIES YEAR BOOK
2002 CHINA SECURITIES YEAR BOOK
中國證券業年鑑

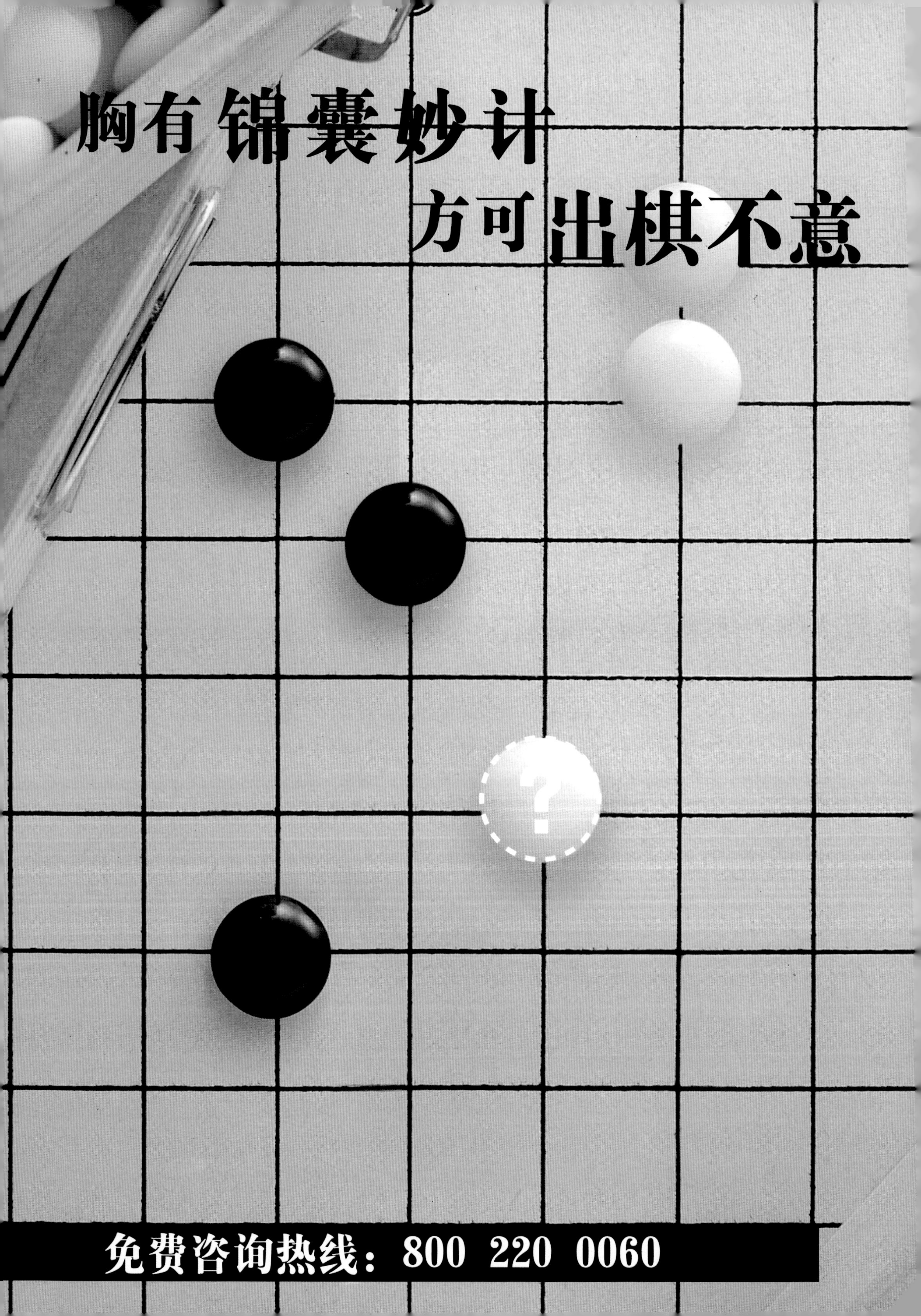
胸有锦囊妙计
方可出棋不意
免费咨询热线：800 220 0060

集团公司何国杰董事长与美国中小企业辅助基金执行委员会主席、美国Milbridge资产管理公司总裁Robert D. Stillman先生在"2002年大中华区创业投融资高峰会暨中国创业投资年度论坛"上合影。

广东省粤科风

广东省粤科风险投资集团是经广东省人民政府批准设立并授权经营的国有投资公司，于2000年9月正式挂牌运营，是中国第一家集团型的风险投资公司。根据国家的有关政策，公司可以运用全额资本金进行投资。

集团公司的宗旨是通过风险投资，参与高新技术企业的建立、重组与营运管理等业务；运用本集团的自有风险资本及通过多渠道募集风险资金，促使高新技术实现产业化，推动广东省高新技术及其产业的发展。

集团公司的主要业务有：风险投资、组建风险投资基金、投融资咨询、企业购并重组及资本运营、证券投资、国际风险投资业务合作、创办高新技术成果产业化示范基地、科技孵化器等等。

集团公司现拥有广东省科技创业投资公司、广东科技风险投资有限公司、广东清华科技创业开发中心等八家风险投资机构和实业公司。公司资产总额11.8亿元人民币，净资产8.8亿元人民币。

集团公司拥有一支优秀的风险投资队伍，现有员工60%以上拥有硕士、博士研究生学历，专业涉及电子、生物、材料、自动控制、化学、经济、金融、法律、工商管理等。

集团公司成立以后，加强投资管理，积极开拓投资撤出渠道，保证资金良性循环。投资企业当中广东榕泰股份有限公司已于2001年6月在国内主板成功上市，广东天普生物医药股份有限公司也将于2003年在香港上市。

集团公司大力拓展与境内外机构的合作空间，相继组建了广州市冠通创业投资管理有限公司（与台湾和通国际股份有限公司合资）、南海市科海创业投资有限公司等创投机构，既扩大了集团公司的可控资金规模，又推动了广东省风险投资事业和高新技术产业的迅速发展。

法人代表：何国杰
地址：广州市先烈中路100号高中心大楼14-15楼（510070）
电话：0086-20-87620388
传真：0086-20-87612766
网址：http://www.gvcgc.com
E-mail：bgs@gdtvic.com

广东省政府领导与集团公司领导合影

险投资集团

广东省科技创业投资公司

广东省科技创业投资公司，是经广东省人民政府于1992年批准成立、具有独立法人资格的国有独资公司。

公司的宗旨是通过多种形式的科技创业投资，重点支持广东省高新技术及其产业的发展，促进科技成果的商品化、产业化、国际化。

公司投资的技术领域主要包括：信息网络技术、生物工程技术、电子及新能源技术、光机电一体化技术、新材料技术、医学及环保新技术、新型科学仪器与设备、以及各类专利技术的应用等。

公司的投资对象主要包括：创办、开发、生产高新技术产品的企业，中间试验基地、科研单位、高等院校，以及专利与科技成果的拥有者。

公司的经营范围是：（一）科技投资；（二）承办技术成果的孵化与转化业务；（三）创办、合办高新技术企业；（四）技术设备引进，及设备租赁；（五）科技新产品的贸易；（六）开展国际科技合作与咨询服务等。

公司立足广东省，面向港澳地区，愿意与国内、外的合作者，在促进科技与金融的结合，风险投资与企业效益的结合上进行形式多样、方法灵活的有效合作。

公司开办以来，已投资约七十个多种技术类型的项目，其中已有为数不少的项目在广东省的技术与经济发展中起到重要的作用。

广东省科技风险投资有限公司

广东省科技风险投资有限公司是经广东省人民政府批准，由广东省风险投资集团控股，广东粤财信托投资有限公司参股的专业风险投资机构，是为实施“科教兴国”战略，根据国际发展高技术产业的成功经验，建立科技风险投资机制，为增创广东新优势、培育新的经济增长点而组建的。

其宗旨是按照市场经济原则，采取多形式、多渠道的科技风险投资，通过规范化、专业化的资本运营，促进科技成果的商品化、产业化，为建立符合我国国情的科技风险投资机制而努力探索，积极为促进广东高新技术产业的发展服务。

投资对象主要是从事高新技术开发和高新技术产品生产的企业、科研单位和高等院校。

投资项目的技术领域主要包括电子信息、光机电一体化、新材料、生物工程、精细化工、新能源及高效节能、环保和核应用等高技术及各类专利技术。

投资经营模式以“促大、育小”为思路，以市场为导向，以风险资本为纽带，通过参股、重组、联营、收购、兼并等多种手段，进行以高新技术及其产业化为目标的资本运营，培育高科技企业上市。

王鸿茂总经理与新加坡亚太资本管理私人有限公司钟伟昌董事长

王鸿茂总经理与美国梧桐基金管理公司总裁 Kilin To（吴奇仁先生）

广州科技风

CANTON VENT

总经理：王鸿茂
地　址：广州市天河北路183号大都会广场11层
电　话：020-87556020　传真：020-87556023
邮　编：510075
网　址：www.c-vcc.com
邮　箱：cvcc@c-vcc.com

广州科技风险投资有限公司成立于一九九九年十二月二十三日，注册资本为人民币7亿元。在公司成立三年多的时间里，在上级部门、社会各界、创业投资同行的大力支持下，遵循“专家管理、科学决策”的原则，从近4000个项目资料中选择200个项目重点跟踪，在开展细致的调研及评估工作后，已投资50多个项目，总投资金额超过近4亿元人民币。根据Zero21PO—2002年和2003年中国创业投资年度排名，公司均名列中国创业投资前十名。

公司十分注重为企业提供各种增值服务，包括企业诊断、股权结构及资产结构的优化、企业管理的规范化、企业中长期的发展规划以及引入会计师事务所、律师事务所、证券公司等中介机构，扶持企业发展、帮助企业快速增值。

公司积极探索多种形式的风险投资合作方式，目前与多家国内外投资机构达成合作事宜，其中与美国梧桐投资基金、新加坡大华银行集团、韩国京畿道政府（中小企业支援中心）已开展了中外合资的创业基金业务。

公司的目标是：与各方合作，成为以广州科技风险投资基金为主导的、以引进国外风险投资和民间风险投资为主体的、具备相当资产规模的国内一流的风险投资机构。

险投资有限公司

RE CAPITAL CO.,LTD.

公司注重“以人为本”的企业文化，着力培养了一支素质高、专业能力强的风险投资队伍。投资经理均具有8-10年以上的投资管理工作经验，兼有工学、管理学和经济学的教育背景。

董事长：段虎

总 裁：赵强

天同证券有限责任公司

TIANTONG SECURITIES CO., LTD.

天同证券的前身是于1991年5月成立的“山东证券公司”。1997年6月增资改制为有限责任公司，注册资本增至5.08亿元。2001年7月11日，经中国证监会核准，注册资本金增至20.36亿元，名称变更为“天同证券有限责任公司”，并被划定为综合类证券公司。2003年7月，公司再次增资扩股，资本金达到24.48亿元。

天同证券业务经营范围：证券（含境内上市外资股）的代理买卖；代理证券的还本付息、分红派息；证券代保管、鉴证；代理登记开户；证券的自营买卖；证券（含境内上市外资股）的承销（含主承销）；证券投资咨询（含财务顾问）；受托投资管理；中国证监会批准的其他业务。

天同证券经纪业务交易量连续多年位居全国券商前列，2002年共实现股票基金交易总量1140.34亿元，市场占有率1.954%，名列全国券商第10名。天同证券在A股发行、配股、上市推荐等方面成绩突出，自1998年获主承销资格以来至2002年底，共完成主承销39家，副主承销32家，分销82家，为25家上市公司担任上市推荐人，为23家企业进行了财务顾问，股票主承销家数连续三年进入全国前十位。2002年共完成主承销6家，主承销家数排名并列全国券商第4名。天同证券拥有一支作风稳健、经验丰富的投资理财专家队伍，证券投资和受托资产管理业务取得较好收益。

地址：济南市泉城路180号齐鲁国际大厦5层
电话：0531-5689888　传真：0531-6029668
网址：http://www.ttstock.com.cn

董事长:汪永平

华安证券是由11家国有大型企业和上市公司投资，于2000年12月经中国证监会核准，并于2001年1月正式成立的综合类证券公司，注册资本金17.05亿元。公司经过十多年艰辛拼搏和深厚积淀，现已发展为一家资产状况良好、业务品种齐全、市场地位稳固、管理规范稳健，并具有较强竞争能力和较大发展潜力的证券经营机构。

历史沿革

公司前身是1991年1月经中国人民银行总行批准设立并于1991年5月正式成立的安徽省证券公司，初始注册资本金2150万元，隶属于中国人民银行安徽省分行，是安徽省唯一的证券专营机构，经批准先后在合肥、上海、深圳等地设有证券营业部。

1995年5月，公司归口管理中国人民银行安徽省分行所属二级分行的证券营业部。1997年，公司收购中国建设银行安徽省分行所属的上海、巢湖、六安等证券营业部。1998年6月，公司正式与中国人民银行安徽省分行脱钩。1999年9月，公司吸收合并安徽证券交易中心，并增设合肥蒙城路证券营业部。

2000年10月，公司开始增资扩股，吸收省内外11家国有大中型企业和上市公司作为股东，改制并更名为华安证券有限责任公司。2000年12月，中国证监会核准华安证券有限责任公司为综合类证券公司。2001年1月8日，华安证券有限责任公司正式登记注册。

华安证券有限责任公司

业务发展

不断开拓业务，市场地位稳固　证券经纪网点遍及安徽全省并已向全国大中城市延伸，以其安全快捷的交易设施和不断丰富的个性化服务，赢得了新老客户的充分信赖，率先开发了96518集中电话委托平台成为行业效仿的典范，代理证券交易额一直位居同级证券公司的前列。公司在北京、上海等金融前沿城市设有专业部门，拥有一批具有实践经验和创新精神的专业人才，可以实现客户多元化的金融需求。公司先后承销股票50多只，其中担任A股和B股主承销22次，担任H股财务顾问1家。公司还努力开拓受托投资管理、网上证券经纪、基金管理等新兴业务，探索进入其他金融领域的途径，以增加新的利润增长点，不断提高公司的盈利能力和竞争能力。

持续快速发展，资产状况良好　公司总资产由1991年的0.38亿元增长到2002年末的43.48亿元；净资产增长由1991年的0.22亿元增长到2002年的17.44亿元；1996年来连续7年保持盈利记录；净资产、净资本指标已连续三年在全国证券公司中位居前20名。由于坚持规范经营的原则，公司经受了历次市场风波的考验，也没有涉足其他风险投资领域，资产流动性很好，资产质量优良。

坚持规范经营，狠抓风险防范　华安证券贯彻“法制、监管、自律、规范”的方针，在长期经营管理中形成了具有特色并且合乎证券业规范的管理机制，特别是坚持财务、清算、计算机的集中统一管理等措施，成为公司持续健康发展的重要保障。由于制度严密，管理严格，十多年来公司没有出现重大风险事故和违规经营问题，在业界赢得良好信誉。2000年以来，公司以增资改制为契机，以中国证监会《证券公司内部控制指引》为指导，进一步完善内部控制机制，健全内部管理制度，为公司进一步发展壮大提供良好的管理环境。

追求与时俱进，努力应对未来竞争　公司按照"规范化、集团化、国际化"的发展战略，致力于业务创新、技术创新和管理创新。公司在全国券商中率先实现了法人集中清算；较早地获得了中国证监会核准取得网上证券委托业务资格；积极与银行、电信等机构建立广泛的业务联盟，抢占市场先机。公司坚持以效益为中心、以业务为主线来配置组织资源，充分调动了专业人才的积极性和创造性。公司着眼于未来发展，增资扩股，建立现代企业制度，并对有关业务部门实行内部市场化管理，为向集团化发展创造条件。

网络创新

网络与证券的无缝结合，使得网上委托迅速成为海外证券经纪业务的主流委托方式。网络的边际成本递减效应能够有效降低经纪业务经营成本，而网络的增值信息服务更能够充分体现券商的差异化竞争策略。华安证券一直致力于网上经纪业务的拓展，不断改进和完善网上交易服务系统，并对华安证券网先后进行了多次全面改版，增强了网络的安全性、稳定性，增加了开放的个性化设置、特色化服务和在线咨询等内容。按照“整合资讯资源，构建咨询体系，全面服务客户”的工作思路，华安证券以网站和内部通讯系统为载体整合了公司全部咨询研究力量，建立了在线咨询、实时股评和现场报告为手段的多渠道立体式信息咨询服务体系，为投资者提供宏观经济分析、行业和公司研究、组合投资策略等综合理财服务。

远景展望

华安证券与我国证券业共同成长和壮大，走过了十多年不平凡的岁月。十多年来，华安证券的资本规模不断扩大，业务开拓势头良好，内部管理日渐成熟，整体竞争力日益增强，走出了一条具有特色的发展道路。当前，我国资本市场已经步入规范化、市场化、国际化的发展道路，证券公司既面临着前所未有的挑战，也具有极其广阔的发展前景。自信，自律，自我完善，勇敢地迎接挑战，是每一个华安员工义不容辞的责任。华安证券将坚持"法制，监管，自律，规范"的方针，坚持以效益为中心，加大创新力度，强化管理基础，注重风险防范，以"诚信、稳健、专业、和谐"为理念，以"发展市场、回报股东、奉献社会"为使命，准确把握证券市场发展的脉搏，努力实施"规范化、集团化、国际化"的发展战略，不断增强公司的核心竞争能力，努力实现持续稳定的发展，从而为我国证券市场的繁荣做出更大的贡献。

稳健经营　诚信服务　开拓创新　持续发展

——与时俱进的华安证券有限责任公司

董事长：陈海晓

财通证券公司营业部一览表

营业部名称	地址	联系电话
杭州解放路营业部	杭州市解放路111号	0571-87828104
杭州文二路营业部	杭州文二路328号B座	0571-85112815
杭州体育场路营业部	杭州体育场路580号二号楼	0571-88912972
杭州湖墅路营业部	杭州市湖墅南路483号	0571-88390953
杭州西大街证券营业部	余杭临平西大街13号	0571-86233237
富阳市心北路证券营业部	富阳市心北路东成大厦	0571-63346545
温州人民东路营业部	温州人民东路中侨大楼	0577-88814718
玉环广陵路证券营业部	玉环城关财税大楼东裙房	0576-7250198
台州卖芝桥路营业部	台州路桥区卖芝桥路30号	0576-2410880
江山县河东路营业部	江山市县河东路1号	0570-4032071
兰溪人民南路营业部	兰溪人民南路103号	0579-8825006
嘉兴勤俭路营业部	嘉兴勤俭路548号	0573-2010871
海宁证券服务部	海宁干河路18号	0573-7023627
淳安证券服务部	淳安新安大街92号中国银行2楼	0571-6481867

财通证券经纪有限责任公司是经中国证监会批准，以浙江财政证券公司为主体，联合部分市县国债服务中介机构，经过增资扩股而转制设立的经纪类证券公司。公司注册资本为5.0084亿元，资产总额11亿元，法定代表人：董事长陈海晓先生，公司的主要经营范围为：证券的代理买卖，代理还本付息、分红派息，证券的代保管、鉴证，代理登记开户，经中国证监会批准的其他业务。

财通证券现有十五家营业网点遍布全省各地。公司拥有一支业务素质较高、职业道德素养良好的员工队伍。现在从业人员196人，91%的员工具有一种或多种证券从业资格，80%以上具有大专以上学历，其中，博士、硕士和中级以上职称人员占40%以上。多年来，公司坚持“规范经营、稳健发展”的经营原则，以服务浙江经济建设为宗旨，坚持不挪用客户保证金，不给客户透支，在省内券商和投资者中享有良好的信誉，取得了良好的社会效益和经济效益。同时公司已建立起一套适合证券业发展的管理制度和内部风险控制制度。

在中国资本市场发展的新纪元中，财通人将优化服务质量、改善投资环境、增加交易方式，致力于客户服务、市场开拓和业务创新，力求实现客户利益最大化。

公司总部业务大楼外景

财通证券经纪有限责任公司

左起：洪仲高副总经理，陈海晓董事长，方锦总经理，王丽芳副总经理，胡启彪副总经理，计财部经理叶元祖

董事长：段强

总裁：吴敏文

诚信服务客户

专业实现价值

创新塑造品牌

财富证券有限责任公司成立于2002年8月，是由湖南省信托投资公司和湖南省国有资产投资经营总公司共同发起设立的综合类证券公司，注册资本金5.36亿元，总部设于长沙。

公司业务架构完备，目前设有董事会秘书处、总裁办公室、计划财务部、人力资源部、法律稽核部、经纪业务部、投资银行部、资产管理部、证券投资部、研究发展中心、信息技术部、增资扩股办、基金筹备办、投资控股公司、北京总部、党群办等十六个部室。业务触角延伸全国，在北京、上海、天津、深圳、温州、长沙、湘潭、郴州、邵阳等地设有15家营业网点。现有的业务范围包括证券承销和上市推荐、证券自营、代理证券买卖业务、证券投资咨询、资产管理、发起设立证券投资基金和基金管理公司、以及中国证监会批准的其他业务。

公司成立后就致力于完善法人治理结构，加强公司内部管理，并建立了科学的经营决策机制和完善的内部控制制度，完成了人员的整合和各项业务平台的搭建；公司的受托理财资格、网上经纪资格、B股代理资格、外汇经营资格、股票主承销资格等均已取得；受托管理期货公司、筹建基金管理公司、加强与境外同行的交流等工作也都在顺利进行中。根据公司"集团化、多功能、全方位"的战略发展目标，公司正在进行首次增资扩股。增资扩股后，公司的注册资本金将达到107073万元。同时，公司通过"待遇聘人、感情留人、事业激励人"的人力资源政策，引进了一大批业内精英，优化了人才结构，提高了员工的整体素质，公司现有员工420人，其中本科以上学历者占总人数的65%，取得证券从业资格者占总人数的75%。这一切，为公司下一步的做优做强和快速发展打下了良好的基础。

面对新经济的挑战，财富证券将秉承"信用财富、人本财富"的理念，以增资扩股为契机，做大公司规模；以经纪业务转型为突破口，带动公司其他业务的发展；通过实施资本规模化、治理职业化、服务特色化、经营创新化、运作规范化及业务国际化等战略，全方位构筑财富证券的核心竞争力，为股东和社会创造越来越多的财富！

国元证券有限责任公司
GUOYUAN SECURITIES CO.,LTD.

董事长：凤良志　博士

总裁：蔡咏　先生

国元证券有限责任公司是根据国务院关于信证分业、信托业清理整顿的要求，以安徽省国际信托投资公司、安徽省信托投资公司所属证券营业部和证券类经营性资产为基础，联合其他有资格的法人单位按照现代企业制度共同发起设立的，经中国证监会批准、工商行政管理部门注册登记的综合类证券公司，注册资本20.3亿元人民币。

国元证券公司的经营范围包括：证券经纪；证券自营；证券的承销和上市推荐；证券投资咨询；发起设立证券投资基金和基金管理公司；资产管理；经中国证监会批准的其他业务。

2002年底，公司总资产60.07亿元，净资产20.7亿元，净资本17.17亿元，2002年度实现利润总额4495.61万

团结奉献　　规范创新

元（经华普会计师事务所审计），在全国126家证券公司中排名第11位；在全国27家综合类证券公司中排名第5位。

国元证券公司董事会下设三个专门委员会，公司内设投资银行部、投资管理部、资产管理部、经纪业务管理部、固定收益部、国际业务部、网上经纪业务部、收购兼并部等业务部门以及综合行政部、计划财务部、资金清算部、风险监管部、稽核部、信息技术部等综合管理部门，36家证券营业网点覆盖北京、上海、深圳、广州等金融中心城市及安徽全省，是一家资产质量高、综合实力强、经营范围广的综合类证券公司，拥有一支经验丰富、技术精湛、富于创新的高素质专业队伍。

随着我国证券市场的日益规范，国际化进程的不断加快，国内资本市场与国际资本市场的逐渐接轨，证券业的竞争将愈加激烈，国元证券将严格遵照“法制、监管、自律、规范”八字方针，弘扬“规范、自律、求实、创新”的企业精神，着力提高核心竞争力和持续发展能力，开拓创新，追求卓越，积极参与国内外市场的竞争和合作，力争在五至十年内逐步把公司建设成为资产规模大、市场占有率高、金融品种丰富、市场竞争力强、风险防范机制好、具有国内一流水平的综合类证券公司。

公司总部：合肥市寿春路179号国元大厦
邮政编码：230001
联系电话：0551-2634400
传真号码：0551-2645709
客户服务中心：0551-96888
国元证券网：http://www.gyzq.com.cn

泰阳证券的前身，是创建于1988年的湖南省证券公司。作为湖南省第一家证券公司，其经纪业务在1996年以前一直占据省内证券市场的主导地位。然而，由于种种原因，自1997年，泰阳证券经纪业务占全国经纪业务的市场份额出现了连续三年大幅下滑的趋势。作为泰阳证券的基础业务，经纪业务的滑坡严重地制约了公司的发展空间，成为泰阳证券进一步发展的“瓶颈”。

面对内忧外患，泰阳人审时度势，牢牢地把握住了机遇，选准大力发展网上交易作为突破口，成功地把危机化成了转机。

长期以来，泰阳证券在电脑信息系统、集中交易模式、咨询服务三个方面，与国内同行相比又具有较强的优势。这正是发展网上经纪业务所必须具备的先决条件。可以说，发展网上经纪业务可以最大限度地发挥泰阳证券的优势。同时，泰阳人还认为，公司要想有较大的发展，必须突破作为一家地域性券商的局限，要走向全国，要与国内大券商竞争，必须在短时间内迅速创立自己的特色优势，建立自己的"王牌"业务。这是公司最为明智的选择！

既然选准了网上交易这一突破口，就要举全公司之力来打好这一场战役。在这一点上，泰阳人拿出了十足“湘军”的勇气和魄力！

为了适用网上交易的快速超常规的发展，泰阳证券进行了多次组织结构的大调整，2000年公司组建了网上经纪业务总部，2002年又设立银证通部，专门从事经纪创新业务工作。

传统经纪业务以有形营业部为基础，采用的基本上是"坐等客户上门"的业务模式。网上经纪业务突破了时空的限制，其营销模式自然也要寻求突破。在实践中，泰阳证券创造了"宣传、培训+服务，人人都是营销员"的全员营销措施，取得了良好的效果。在营销过程中，针对如何准确地选择目标市场，泰阳证券也几经反复,他们及时总结调整,很快在县城、乡镇和边远地区的工矿企业取得了突破性进展，走出了一条"农村包围城市"的网上经纪业务发展之路。

经纪业务的本质是服务，其核心竞争力主要体现在服务效率和服务质量两个方面。为此，泰阳经纪人团队、分析师团队，总部监控系统、客户呼叫中心、客户信息分析系统等各种手段就应运而生了。他们在公司经纪业务统一的平台上，针对不同客户的不同状况，提供满足其需要的、高水平的个性化咨询服务，帮助客户实现资产保值增值，成为了提高服务质量的关键。

泰阳证券网上交易开办近四年来，从无到有，从小到大，以惊人的速度成长，后来居上，异军突起，网上交易比率连年保持全国第一。

四年来，在巨大的成绩和荣誉面前，泰阳人不敢有丝毫懈怠，反倒有一种危机感，他们深知不与时俱进，就有可能从巅峰滑落，因此，他们继续加大在技术、服务、营销等方面的投入，进一步扩大了网上交易的领先优势，加速经纪业务由传统的粗放型向现代的集约型的经营模式转型。

泰阳证券开展网上交易，技术上采用总部模式，建立交易集中报盘系统；制定统一的网上交易帐号编码规则，以总部的委托主站作为统一入口；行情主站和委托主站通讯系统互为备份，系统自动切换。一举确立了全行业的技术领先优势，网上交易的速度和安全性领跑同行。

泰阳网站服务追求个性化服务。个性化服务以客户为导向，变被动服务为主动服务。2000年，泰阳证券率先建立客户资讯大平台，组建分析师团队，开展巡回式的咨询服务。目前，又借用移动短消息技术，推出了短信第五媒体的主动推送式服务，并在此基础上将进一步推出“手机炒股”新业务。同时，建立了一套以公司员工为主导的有竞争力的客户经纪人制度，大大提高了服务的档次和水平。在准确市场细分基础之上，加强差异化服务。

泰阳证券网上交易变被动营销为主动营销。根据不同营销地域和时段，推出“我的经纪人”“泰阳网站+银证合作+地区业务代表”、“百人营销团”、“分析师团队”、“人人都是营销员”等营销计划。在此基础上，建立服务型营销的新理念，领导经纪业务营销新潮流。

2003年上半年，“非典”肆虐，泰阳证券网上交易等非现场交易的比例迅速提高，泰阳网站再一次彰显出强大的综合优势，头五个月，泰阳证券网上交易的比例一直稳定在40%附近震荡盘升。2002年，泰阳证券网上交易的相对比例为34.98%，是全国平均水平的四倍。2003年前五个月数值与去年平均数相比在高水平上提高了大约5个百分点，比去年同期提高了将近9个百分点，网上交易的比例持续创出新高。截至2003年10月底，累计实现交易总量640亿元，总开户数达到39.4万户，表明这种交易手段已经得到了投资者的真正认可！

在经纪业务转型的大趋势面前，网上交易等非现场交易的黄金时期将提前到来，现场交易正在被新兴的网上交易等非现场交易取代。网上交易也必将加速证券经纪业务从粗放成本型向现代集约型的全面转型。在这场转型浪潮中，泰阳证券牢牢地抓住了机遇，处在了网上交易领跑的位置，率先实施从经纪业务的组织形式、服务模式、营销方式和内部监管等方面全面转型。

百舸争流勇者胜，证券经纪业务面临着一场新的大洗牌。泰阳证券的目标就是力争在新格局中继续扩大优势，继续成为中国经纪业务转型的急先锋，始终是中国网上交易的领头羊——中国的“嘉信理财”。

泰阳证券有限责任公司

2003年	泰阳证券网荣获"中国优秀证券网站"第一名和"最佳个性化服务网站"奖
	泰阳证券邵阳邵水西路营业部，郴州国庆南路营业部荣获"十佳网上交易推广营业部"奖
	刘郎荣获 "最佳网上交易推广精英"奖
2002年	荣获"中国优秀证券网站"第三名和"中国优秀证券网站网上交易特别贡献"奖
2001年	在"中国优秀券商网站评选"中荣获"最佳财经咨讯奖"
2000年	荣获"中国优秀证券网站"第三名

www.sw108.com

地址：中国上海市南京东路99号
邮编：200002
电话：21-63295888
传真：21-63298312

易方达基

董事长：梁棠

总裁：叶俊英

我们

金管理有限公司

易方达基金管理有限公司于2001年4月17日正式成立，注册资本1.2亿元人民币，是经中国证监会批准设立的第十一家基金管理公司。主要从事发起设立基金、管理基金以及中国证监会批准的其他业务。

在中国加入WTO的大背景下，国内基金业正在经历市场化与国际化导向的深刻蜕变。作为国内第二批首家获准成立的基金管理公司，易方达的筹建与发展思路，体现了更多的观察与思考、放弃与创新，同时也融入了向国际同行学习与借鉴的成果。为做到更加健全、更加规范、更加有活力，公司率先引入独立董事制度、内控制度、投资管理制度。

易方达秉承"取信于市场，取信于社会"的宗旨，坚持"在合法前提下实现持续、稳健增长"的经营理念，以完善的制度、严格的管理、规范的运作和良好的业绩，赢得了市场的认可，各项业务发展迅速。目前管理着四只封闭式基金和一只开放式基金，分别为基金科汇、基金科讯、基金科翔、基金科瑞和易方达平稳增长基金。截至2003年第一季度末，管理基金份额约90亿份，是国内最大的基金管理公司之一。

易方达将一如既往地贯彻其稳健求实的风格，以诚实、勤勉、尽责的态度服务投资者，以切实骄人的业绩回报投资者。

地址：广州市体育西路189号城建大厦27、28楼
邮编：510620
电话：(020)38797888
客户服务电话：(020)83918088
传真：(020)38799488
网址：www.efunds.com.cn

着于在长跑中胜出

董事长：吴张

总经理：林金鹰

金鹰基金管理有限公司

GOLDEN EAGLE ASSET MANAGEMENT CO., LTD.

2002年8月，金鹰基金管理有限公司获准筹建，是自律制度下中国证监会批准设立的首批基金管理公司之一。公司注册资本1亿元人民币，股东包括广州证券有限责任公司、四川南方希望有限公司、广州药业股份有限公司、广东美的集团股份有限公司，分别持有40%、20%、20%和20%的股份。2002年12月25日，金鹰基金管理有限公司获准正式开业。

金鹰公司按照高起点、市场化、科学化、规范化和国际化的要求管理运作。

管理团队精诚合作、稳健务实，均有长期从事金融工作的经历，丰富的基金管理经验，知名学府的学习背景，多样化的知识结构以及广阔的社会关系。

金鹰经营理念——诚信理财，专业投资，价值回报

金鹰的竞争力：

股东优势——主要股东有成长迅速的专业券商、声誉良好的知名上市公司和富有创新活力的著名民营企业，共同给予金鹰长期战略支持，确立了长远发展的坚定信念，并形成了雄厚资本与丰富专业经验能力的有效融合，实现了专业和行业的优势互补。

完善的公司治理结构——金鹰致力于建设一个运作高效、完善合理的公司治理结构，为此建立了“三层三纵”的制度体系、严谨的业务执行系统和健全的监督系统。独立董事占董事人数的45%，包括享誉国际、精通业务的金融、法律和财务管理专家及知名经济学者。

人才优势——聚集海内外金融精英，21%为博士，74%以上具有硕士以上学历，且大部分毕业于海内外著名高校。

团队精神——金鹰坚持团队合作，努力打造一个团结一致，为共同目标不懈努力的精英团队。

崇尚创新——金鹰提倡不断进取，追求卓越，不断地超越自我，在市场创新中，保持领先地位。

国际合作——金鹰与法国CDC资产管理公司、美国Wellington资产管理公司和美国国际集团（AIG）等国际知名投资机构建立了良好的国际合作关系。金鹰在合作中积极引入国际先进基金管理经验和技术。

金鹰基金管理有限公司大事记：

2001年04月05日 向中国证监会报送筹建申请报告。

2001年06月21日 公司筹建组正式成立。

2002年07月05日 通过证监会公司筹建评审会。

2002年08月21日 公司获准筹建。

2002年12月25日 公司获准开业。

2003年03月25日 第一只开放式基金——金鹰成份股优选证券投资基金获准发行。

2003年06月16日 金鹰成份股优选证券投资基金正式成立。

地址：广州沿江中路298号江湾商业中心大厦22层
邮编：510100
电话：020-83282855
传真：020-83282856
网址：www.gefund.com.cn

GUANGDONG SECURITIES

广东证券股份有限公司

GUANGDONG SECURTIES CO., LTD.

地址：广州市解放南路123号金汇大厦2607室
电话：（020）83270456
邮编：510120

董事长：钟伟华

广东证券股份有限公司前身为广东证券公司，经中国人民银行批准于1989年6月正式成立，组建时注册资本金为3000万元人民币，是广东省成立最早的专业证券公司之一。1998年11月，经中国证监会批准，公司改制为"广东证券股份有限公司"，注册资本金增至8亿元人民币。2001年12月，经中国证监会证监机构字［2001］307号文"关于核准广东证券股份有限公司为综合类证券公司的批复"同意，正式成为综合类证券公司；2002年12月，经中国外汇交易中心与全国银行间同业拆借中心批准，公司可参与全国银行间同业拆借中心组织的信用拆借和债券交易；2003年1月，经财政部和中国证监会批准，2003年公司仍为全国具有证券交易所市场国债承销团成员资格的券商之一。

经过十多年的发展，公司发展成为集证券发行与承销、证券经纪、证券投资咨询、财务顾问、证券财经网站、计算机软件开发与委托投资管理业务于一体的大型综合类证券公司；公司拥有一大批博士、硕士以及有着丰富实践经验的管理人才，并于2001年获得国家人事部的正式批准，成立了博士后工作站；公司设有以华南为中心、辐射全国的61个证券营业部和13个证券服务部。公司自成立以来，经济效益逐年提高，截止2002年12月31日，公司总资产已达894，196万元，净资产达134，944万元，公司各项业务排名均列全国券商排行榜前二十名以内。公司1995年至2001年连续8年位居全国券商深沪股票交易量排行榜前十名；先后承销了"生益股份"、"九发股份"、"广州友谊"等102家企业股票，并将37家公司股票推荐到深沪证券交易所上市，1996年公司主承销和推荐企业上市家数位居深市十强；1997年进入全国十强；1998年新股发行主承销企业家数并列全国券商排名第九位，推荐上市企业家数位于全国券商排名第十二位；2001年首发和增发主承销企业家数全国券商排名并列第六位。2002年推荐企业上市家数位居全国券商排名第八名，首发主承销家数位居全国券商第六名。公司还曾发起设立并管理了"广发基金"和"广证受益"两家基金，参与了大成基金管理公司和易方达基金管理公司的设立和管理。同时，国债、理财、证券自营等业务也得以迅速发展。

展望未来，广东证券将努力实现"立足华南，面向全国，逐步走向世界"的奋斗目标，为中国资本市场的繁荣作出应有的贡献。

华龙证券有限责任公司

诚信、团结、勤勉、创新

华龙证券有限责任公司成立于2001年5月，是由甘肃省人民政府组织筹建，经中国证券监督管理委员会批准，通过合并重组甘肃省内原四家信托投资公司的证券业务和证券资产并增资扩股而组建的证券经营机构，是全国性综合类证券公司。目前注册资本53589.48万元人民币。公司总部设在兰州，同时在北京、上海、深圳设立了三个地区业务管理部，在地域上已经形成了以兰州为中心，以北京、上海为两翼的业务开拓基地。以华龙证券公司为主发起人联合长源电力公司、济南钢铁公司等企业法人筹备设立的华商基金管理有限公司已经中国证监会批准筹建，准备发行开放式证券投资基金。目前公司在全国各大中城市设有24家证券营业部。

华龙证券公司成立以来，坚持规范管理，守法经营，累计完成主承销与上市推荐项目9家，累计承销股数近4.33亿股，累计承销金额约27亿元，其中2002年主承销筹集资金10亿元；经纪业务方面，公司累计完成各类有价证券交易量554亿元。华龙证券公司作为进入全国跨市场国债承销团的10家券商之一，2001年、2002年分别承销国债50亿元和63.1亿元，在全国券商中名列前茅。

2002年初华龙证券公司获得了中国证监会和中国证券业协会核定的可同时报4家企业发行股票的资格。公司取得主承销商资格后，以主承销身份承销的4只股票全部通过发审会，其中已有3家发行上市。2003年上半年股票承销业务获全国承销业务第五位。

华龙证券公司和海通证券公司、华夏证券公司于2002年9月同时获得国家人事部批准设立博士后科研工作站，成为证券业中仅有的几家可设博士后科研工作站的证券机构之一。

西南证券有限责任公司
SOUTHWEST SECURITIES CO., LTD.

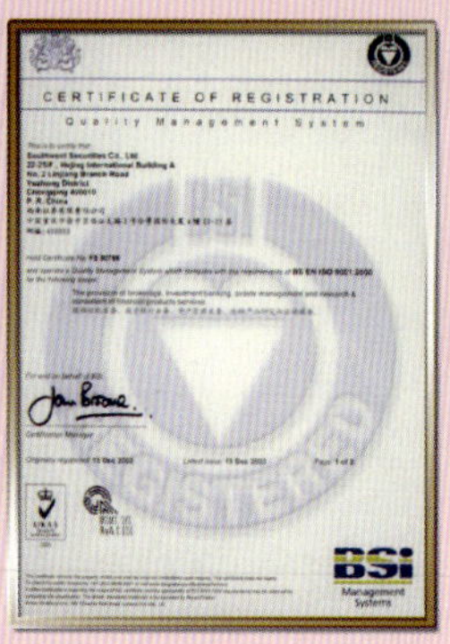

西南证券有限责任公司成立于1999年12月28日，是在重庆市原四家证券经营机构基础上经资产重组和增资扩股组建而成的全国性证券公司。公司注册所在地为重庆市，注册资本16.3亿元，股东25家。公司的经营范围包括综合类券商的全部业务：证券代理买卖、还本付息、分红派息、证券代保管、鉴证、代理登记开户、证券自营买卖、证券的承销和上市推荐、资产管理、发起设立证券投资基金和基金管理公司等。

公司自成立以来，按照现代企业制度的要求，建立、健全和不断完善公司治理结构。股东会、董事会、监事会及经营班子均严格按照《公司法》和公司《章程》运行，为公司的规范管理和健康发展起到了重要的作用。

为适应证券业发展需要、有针对性地拓展各项业务，公司设立了投资银行总部、经纪业务管理部等五个业务部门；证券研究发展中心、电脑中心等两个业务及技术支持部门；行政办公室、人力资源部、计划财务部、审计稽核部等9个职能部门；并在全国主要经济中心城市设有27家证券营业部及8家证券服务部；在北京、上海、深圳、重庆设有投资银行业务部，在长沙、兰州设有投资银行办事处（代表处）。

公司成立以来，各项业务发展良好，经营业绩迅速提升。投行业务连续四年进入全国承销“十强”，并在钢铁、交通运输等领域形成了自身特色和优势，奠定了在中盘股市场的领先地位。证券研究发展中心综合实力2002年被权威评估机构评定为全国第九名。首创的“客户关系小组”服务模式为投资者提供专业化、个性化的服务。公司飞虎网站连续两年荣获了“全国十佳优秀证券网站”称号。公司成立四年来，共上缴税收2.8亿元，人均累计创税35万元。并向社会各界累计捐款逾1000万元，如在“非典”期间，员工就自发捐款10万元，充分体现出西证人的社会责任感……

在努力建立现代企业制度和大力拓展业务的同时，西南证券积极致力于内部管理的规范和优化，大力塑造优秀的企业文化。公司继2001年在国内券商中率先引进麦肯锡先进管理经验后又于2003年在全公司范围内推行ISO9000质量管理体系，成为了国内首家整体通过英国皇家标准协会认证并获得ISO9000国际质量管理体系证书的券商，表明公司在基础管理、流程优化、风险控制、客户服务、质量管理等方面又迈上了新台阶，为公司未来向国际资本市场发展迈出了重要一步。公司秉承“诚信、稳健、创新、求精”的经营理念，把为社会、为投资者、为员工创造最大价值作为企业使命，遵循“客户至上、质量优先、诚信固本、发展为重”的质量方针和“用心创造价值”、“认认真真做人、踏踏实实做事”的企业精神，积极构建具有时代气息和自身特点的企业文化体系，精心打造一支主体精干、结构合理、素质精良的职业化员工队伍，为公司飞速发展提供了强大的源泉和动力。

“用心创造价值”，这不仅是公司文化的精髓，同时也是自强不息的西证人不懈的追求……

地址：重庆市渝中区临江支路2号合景国际大厦A幢22-25层
邮编：400010
电话：(023) 63786633 63786699
传真：(023) 63786001
公司网址：http://www.swsc.com.cn

万联证券有限责任公司

地址：广州市东风东路836号东峻广场三座34-35层
邮编：510080
电话：020-87692563 87692565
传真：020-87692563 87692565

董事长：陆景熢

万联证券有限责任公司(以下简称“万联证券”)是在广州市政府的领导和支持下，对原广州国际信托投资公司、广州经济技术开发区国际信托投资公司、广州对外经济贸易信托投资公司和广州科技信托投资公司所属证券经营机构进行重组，并吸收实力雄厚的国有控股公司出资而设立，经中国证监会证监机构字（2001）148号文件批准，于2001年8月23日成立，目前注册资本5亿元，在全国120家证券公司中排名第70位左右。

公司成立以来，秉承“诚信、严谨、开拓、创新”的宗旨，凭借高素质的人才优势和精诚团结的创业拼搏精神，科学规划战略部署，坚持规范经营，严格管理，坚定不移地朝着专业化、规模化、市场化、国际化的方向稳步发展。

公司目前的经营范围包括：证券（含境内上市外资股）的代理买卖；证券自营；证券投资咨询（含财务顾问）；资产管理；证券（含境内上市外资股）的承销（含主承销）和上市推荐；代理证券的还本付息、分红派息；发起设立证券投资基金和基金管理公司；中国证监会批准的其他业务。

万联证券公司总部设在广州市东风东路836号东峻广场34—35层。在北京、广州、上海、湖南、湖北、四川等省市设立了20家证券营业部，下设证券服务部5家。

目前，公司营业部共拥有营业面积47，400平方米，客户23.59万户，公司现有在编员工440人（含下属营业部在编人员），平均年龄29.6岁，其中研究生以上学历42人，大学学历367人，大学以上学历人数占员工总人数的85%。

公司已设立股东会、董事会、监事会，实行董事会领导下的总裁负责制。公司现任法定代表人、董事长由陆景熢同志担任，公司现任总裁由黄晓钢同志担任。

公司总部组织机构包括：办公室、人力资源部、计划财务部、经纪业务部、投资银行部、投资管理部、资产管理部、研究发展中心、资金清算中心、信息技术中心、稽核监察部等部门。

万联证券作为一家新兴的证券公司，有其独特的经营优势。公司是在广州市市政府、计委、广州市地方金融工作办公室等领导部门主持下经过重组而设立的，在重组和开业后的业务发展过程中，得到了有关领导部门的指导和大力支持，这是万联证券得以发展的根本。

其次，公司已初具规模，注册资本已达到申报综合类券商资格的最低标准，并拥有相当数量规模的证券营业部，业务发展的基本平台业已初步构建。

第三，原有证券营业部的不良资产负债在政府部门的支持下已经彻底剥离，公司目前没有历史包袱，资产质量优良。

第四，公司具有较好的区位优势。广州作为华南地区的经济金融中心，截止2001年末，城市综合实力居全国第三位，人均GDP已达4586美元。2001年末，全市共有金融机构营业网点2640家，外资金融机构分行和办事处33家。而广州目前的深沪上市公司仅15家。随着广州地区国企改革的进一步推进，广州地区资本市场发展的潜力十分巨大，这为万联证券的成长提供了广阔的空间。

汉唐证券有限责任公司

地址：深圳市南山区华侨城汉唐大厦24、25层
邮编：518053
网址:www.ehantang.com

总裁：宋建生

汉唐证券有限责任公司是一家经中国证监会批准的全国性综合类证券公司。自成立以来，公司秉承“盈利、求实、服务、创新”的企业精神，以富有激情的激励机制，凝聚一流的证券精英，按照国际化的管理标准，科学运用证券创新工具，构筑以深圳为基地，以长江、珠江三角洲为两翼，以北京为战略制高点，以上海为龙头的机构平台。为海内外客户提供专业化、优质化的资产管理、证券承销、财务顾问、信息咨询等金融增值服务，追求与客户共成长。

2002年汉唐证券以一种新锐券商的姿态，顺利完成了区域战略布点，树立了品牌，在综合实力、经营业绩、规模管理等方面取得了长足的进步。

2002年，汉唐证券在全行业亏损的情况下，获得了盈利400多万元的好成绩，盈利水平在126家券商中名列前茅。

汉唐证券经纪业务在基本完成网点布局、扩大经纪业务规模的同时，加大交易技术的创新力度，从硬件设备和软件服务两个方面改善交易环境。同时，还建立了客户服务中心，统一协调全公司的客户服务工作，通过对基金、上市公司、保险公司等机构投资者的服务，提高了公司整体服务水平。2002年股票基金成交额在深交所230家会员中排名第39位，较2001年上升12位；在上海交易所187家会员中排名第31位，较2001年上升31位。

汉唐证券债券业务取得了快速的发展，尤其在国债业务方面取得了令人瞩目的成绩。2002年汉唐证券债券交易总量达641亿元，较上年增长近十倍。其中国债现券交易量在深沪交易所会员排名中分列第5位和第13位。同时还积极参加了江苏交通控股、上海轨道企业债分销工作。

2002年中国证券市场募集资金总额较上一年下降36%，证券发行市场竞争更加激烈。汉唐证券迅速调整投行业务工作策略，加强了股权融资项目的工作力度，积极推进财务性并购与战略性重组项目的拓展并取得了一定的成效。公司凭借着优质的服务，在各项业务中均取得优异的成绩，并为今后的发展打下了良好的基础。

汉唐证券作为全国性综合类券商，2002年成为首批获得受托投资管理业务资格的券商之一。依托雄厚的研究力量与勇于创新的企业文化，根据客户至上和稳健投资的原则，严格遵守防火墙体系，积极开发“度身定做”的理财产品，不断提高投资管理运作水平。业务发展迅猛而健康，在社会上树立了良好的品牌。

众成证券经纪有限公司

公司概况：众成证券经纪有限公司是经中国证券监督管理委员会核准，由山东、河南、湖南、西安、沈阳五大证券交易中心及平顶山信托投资公司改组成立的一家全国性的证券公司。注册地：深圳市福田区；法定代表人：李兵；注册资本6250万元，实收资本12050万元；是上海证交所、深圳证交所和深圳市证券业协会的会员单位。现有证券营业部9家，分布在济南、郑州、平顶山、西安、上海、沈阳、长沙等地，有各类交易席位19个。

经营业绩：公司本着"立足深圳、辐射全国、网点布局合理、经营规模适度"的战略思想，以"高效、诚信、稳健、创新"为宗旨，采取内涵与外延并重的发展模式，全面推行现代企业制度。决策体系科学而民主，内控机制健全而有效，严格管理，审慎经营，规范运作。在2002年证券市场持续低迷、佣金下调、竞争激烈、全行业经纪业务亏损的恶劣环境下，认清形势，统一思想，迎难而上，努力创新，向管理要效益，靠创新求发展。在较短的时间内，以较快的速度进行了规模扩张和布局扩展，完成了机构的统一、人员的统一和业务的统一。逐步形成了"走众成之路，创众成特色，塑众成强人"的公司理念。公司以规范的管理、优质的服务和先进的技术为依托，加强风险控制，积极拓展各项业务，使公司实力在竞争日趋激烈的证券市场中不断发展壮大。

公司优势：公司秉承五大证券交易中心、平顶山信托证券业务的良好基础，充分利用业已形成的业务优势、人才优势、资源优势和管理优势，通过对市场和人力资源的有效组合，形成更具合理性的业务网点布局，造就更为充实的经营拓展实力。

企业精神：我们将始终秉承"诚信、如一"的企业精神，着力培育核心竞争力和持续发展能力，开拓创新，追求卓越，做强做大，集众人之力，成就中国证券市场的共同繁荣。

营业部名称	地址	联系电话
济南经七路营业部	济南市经七路338号	0531-7037377
郑州丰产路证券营业部	郑州市丰产路100号	0371-5721810
郑州文化路证券营业部	郑州市文化路115号	0371-3862811
西安兴庆南路证券营业部	西安市兴庆南路28号	029-2666678
沈阳文艺路证券营业部	沈阳市沈河区文艺路33号	024-24156525
平顶山建设路证券营业部	平顶山市建设路286号	0375-2930407
平顶山建设中路证券营业部	平顶山市建设中路南58号	0375-2921438
上海中山西路证券营业部	上海市中山西路1505号	021-62199141
长沙人民路证券营业部	长沙市人民路一环线立交桥芙蓉区工商局综合大楼	0731-4766454

地址：深圳市福田区百花四路长怡花园A座2楼　　邮编：518028　　电子邮件：zczb@zczq.com
电话：0755-83619500 83619506　　传真：0755-83619500

德，升也，恒之本
恒，久也，德之固
德恒证券
D'HONG
地址：上海市陆家嘴东路166号中国保险大厦7、8、38层
邮编：200120
电话：021-68419282 X 2202 021-69419282 X 2203 021-68419781
传真：021-68419608
E-mail: neikan@dhzq.com

董事长：王宗南

上海友谊集团股份有限公司前身为上海友谊华侨公司。创立于1952年，1993年11月改制为股份有限公司，公司A、B股分别于1994年2月4日、1月5日在上海证券交易所上市，是国内第一家同时向境内外发行股票的零售商业企业。

公司原以单一百货为主营业务，面对中国入世更加激烈的市场竞争，股份公司审时度势，在对优势企业资源整合的基础上，抓住机遇，通过战略创新和资产重组，形成了连锁超市、连锁百货、连锁装潢建材超市以及社区购物中心等四大核心业务，并通过提升电子商务、现代物流、加工配送等技术，加速了公司的规模扩大，增强了公司的核心竞争能力。2003年9月公司销售规模（统计口径）达到202.18亿元，实现主营业务收入（财务口径）83.82亿元；利润总额21,028.63万元、净利润7,615.38万元。

友谊股份坚持：1）通过战略创新和资产重组，做大做强核心业务，抢占市场份额，保持公司快速稳健的发展；2）实施全国拓展战略，公司组织了对全国20个省90余座城市的市场调研，列出了40余座重点发展城市，积极提高市场份额；3）公司从提升企业核心技术入手，围绕采购、营销、信息管理和物流配送技术的提升，以信息技术为先导，推进连锁经营现代化；4）加大资本运作力度，实现了资本向优势企业集聚，并根据企业发展需要，通过资本市场和金融机构积极筹措资金，继友谊股份增发A股募集资金5.35亿元后，联华超市于2003年6月在香港主板市场成功上市，募集资金约7亿元，为公司的发展提供强有力的资金支持；5）强化企业科学管理，探索机制体制创新，公司把深化改革、推进机制体制创新，作为增强企业活力、促进企业可持续发展的根本性措施来抓；6）重视人力资源开发，构筑人才高地，公司进一步加大了人力资源的开发力度，确保公司中长期发展目标的顺利实现。1、通过人力资源重组，使优秀人才向核心业务聚集；2、通过社会招聘等形式，吸引优秀人才；3、改进培训模式，增强培训针对性，提高全员素质，在实施全国战略过程中，做好人才本地化工作。

FRIENDSHIP 友谊股份

上海友谊集团股份有限公司

宁波康强电子股份有限公司

宁波康强电子股份有限公司（以下简称“康强电子”）是由宁波普利赛思电子有限公司、中国普天宁波电子信息集团有限公司、英属维尔京群岛杰强投资国际有限公司、宁波经济技术开发区康盛贸易有限公司、台湾籍公民刘俊良、江阴市新潮科技有限公司等六家股东出资组建的一家专门从事各类半导体引线框架的开发、生产、销售的国家级高新技术企业。公司性质为中外合资股份有限公司，注册地为宁波市鄞州区潘火工业区，注册资本为7210万元人民币，总资产2.2亿元，净资产1亿元。康强电子产品覆盖国内著名的半导体行业的后封装企业，在全国覆盖率高达60%左右，为全国最大的半导体分立器件引线框架生产企业。

股份公司的前身宁波康强电子有限公司创建于1992年6月，由宁波沪东无线电厂（已于2001年改制为宁波普利赛思电子有限公司）和香港捷邦科技有限公司共同投资成立。创立十年来，经过不断地追求技术创新，不断地增加有效的科技投入，经营业绩不断上升，公司已从成立时的一个名不见经传的小企业发展到今天全国同业中规模最大、效益最好的知名企业。公司于2002年10月正式改制成为股份制企业，并且于同年12月正式进入辅导期，展开上市前的各项准备工作，目前辅导期已经过半。

董事长：郑康定

康强电子于1996年通过ISO9002：1994质量体系认证，2002年完成了向ISO9001：2000的转版工作，并在同年年底通过了QS9000质量体系认证。1998年公司被批准为宁波市高新技术企业，2000年被批准为浙江省高新技术企业，2001年被批准为国家级高新技术企业，现为宁波市6家全国排名第一的国家级高新技术企业之一。

康强电子生产各类引线框架120余个品种，主要有TO系列、表面贴装引线框架、IC引线框架等，并正在开发生产片式钽电容所用框架，现在生产各类引线框架150亿只的能力。公司现有高精度的冲压设备35台套，模具开发及维修设备37台套，检测设备12台套，高速选镀性电镀流水线24套（61条），17MΩ高纯水生产线3套，自动废水处理设备3套。

康强电子厂区面积35000M²，厂房面积25000M²。现在员工600余人，其中专业技术人员45人，研究开发人员15人。

公司目标是成为全球性的半导体材料生产企业。

厂房全景

地址：宁波市鄞州区潘火工业区　　邮编：315105
电话：0574-88231777　　传真：0574-88235553
网址：http://www.kangqiang.com

第八编

深交所上市公司

1462/1839

栏 目 协 办

山西国阳新能股份有限公司

山西神州煤电焦化股份有限公司

公司概况

公司名称	山西神州煤电焦化股份有限公司			股票代码	000968		
注册地址	山西省太原市和平南路83号			邮政编码	030024		
法人代表	王良彦			董秘	刘恩孝		
电话	0351-6019365			传真	0351-6199887		
主营业务	原煤、焦炭、煤气及洗精煤、煤化工产品的生产和销售						
总股本	39519.00	流通A	15000.00	流通B		流通H	
审计单位				审计意见	未审计		

主要财务指标

年度	2003.9	2003.6	2002	2001
每股收益/扣除后(元)	0.1820	0.1078	0.0832	0.1049
每股经营现金流量(元)	-0.0040	-0.0160	0.0185	0.0817
每股净资产/调整后(元)	2.6971	2.6294	2.5993	2.5227
每股公积金(元)	1.6728	1.6725	1.6725	1.6677
净资产收益率(%)	5.4500	3.1400	4.1600	4.7400
总资产(万元)	227631.56	219216.53	209618.16	184931.39
股东权益(万元)	125186.35	122190.50	118343.46	113875.16
未分配利润(万元)	14865.06	11883.79	8108.54	4530.52
主营收入(万元)	80580.70	50192.93	80536.37	66249.62
资本公积金(万元)	66108.32	66093.74	66093.74	65904.61
主营利润(万元)	19927.82	11745.00	16553.14	13716.45
其他业务利润(万元)	998.68	485.20	1680.83	2022.74
营业利润(万元)	8131.90	4326.87	6318.39	6593.72
投资收益(万元)	905.02	714.33	292.08	-16.28
补贴收入(万元)				
营业外收支(万元)	-754.21	-499.01	-481.35	-268.07
利润总额(万元)	8282.71	4542.19	6129.12	6309.36
净利润(万元)	6818.31	3837.04	4921.33	5392.77

十大股东

序号	股东名称	股份性质	持股数(万股)	比例(%)
1	太原煤炭气化(集团)有限责任公司	发起人国有法人股	23934.00	60.56
2	山西省经济建设投资公司	发起人国有股	455.00	1.15
3	嘉实成长收益型证券投资基金	流通股	188.41	0.48
4	杭州乾忠贸易有限公司	流通股	147.00	0.37
5	兴和证券投资基金	流通股	102.89	0.26
6	浙江会宝实业有限公司	流通股	100.50	0.25
7	海宁市雷豹皮革制衣有限公司	流通股	86.07	0.22
8	北京华煤工贸公司	发起人国有法人股	65.00	0.16
9	中国五金矿产进出口总公司	流通股	60.00	0.15
10	上海西盟物贸有限公司	流通股	49.91	0.13

股东人数	2003.9	2003.6	2002	2001
	82110	83030	86149	89287

近年分配	近年配股/增发
2002年10股派0.1元 2001年10股派0.12元	不分配不转增

重大事项

2003年08月28日,公司收到控股股东太原煤炭气化(集团)有限责任公司《关于股权质押事项的通知》,集团公司将其持有的公司国有法人股中的5230万股为太原市财政局承担集团公司借入的亚洲开发银行再转贷款人民币11019万元提供质押担保。　公司于2003年7月22日与山西大土焦化有限责任公司签订《合资意向书》,共同出资1亿元人民币成立"山西神州离石煤业有限责任公司".新公司注册资本暂定为1亿元,出资比例为:公司以受让离石煤矿的资产等作为出资8000万元,占出资总额的70%;大土河焦化公司以现金出资3428.5万元,占出资总额的30%.双方出资除注册资本外的资金作为新公司的资本公积金.

二〇〇二年以来市场表现

2002年涨跌幅(%)	-27.76
2002年最高(元)	9.21
2002年最低(元)	5.89
2002年换手率(%)	123.90
2003年涨跌幅(%)	5.70
2003年最高(元)	6.96
2003年最低(元)	5.10
2003年换手率(%)	107.78

安泰科技股份有限公司

公司概况

公司名称	安泰科技股份有限公司			股票代码	000969		
注册地址	北京市海淀区学院南路76号			邮政编码	100081		
法人代表	干勇			董秘	钱学军		
电话	010-62188403			传真	010-62182695		
主营业务	新材料与制品以及技术、生产装备的研究、开发、设计、生产等						
总股本	24416.00	流通A	9600.00	流通B		流通H	
审计单位				审计意见	未审计		

主要财务指标

年度	2003.9	2003.6	2002	2001
每股收益/扣除后(元)	0.1528	0.1010	0.2909	0.2647
每股经营现金流量(元)	0.0256	0.0633	0.2125	0.1171
每股净资产/调整后(元)	4.6295	4.5843	4.4566	4.3069
每股公积金(元)	3.1212	3.1212	3.1212	3.1011
净资产收益率(%)	3.9200	2.7830	6.3500	6.3900
总资产(万元)	182336.23	149481.55	134830.89	124821.58
股东权益(万元)	113768.65	112439.49	109310.64	105786.24
未分配利润(万元)	6825.18	5496.02	2367.17	1385.37
主营收入(万元)	45985.31	31446.35	51617.56	43509.96
资本公积金(万元)	76207.96	76207.96	76207.96	75715.31
主营利润(万元)	7582.52	4723.37	10940.44	10542.63
其他业务利润(万元)	108.52	45.44	69.76	55.17
营业利润(万元)	3888.88	2526.08	7173.49	6631.48
投资收益(万元)	735.76	691.00	166.58	622.96
补贴收入(万元)	6.97	16.69		290.12
营业外收支(万元)	-30.31		-62.97	-249.87
利润总额(万元)	4601.30	3211.95	7277.09	7294.68
净利润(万元)	4458.02	3128.85	6938.30	6757.37

十大股东

序号	股东名称	股份性质	持股数(万股)	比例(%)
1	钢铁研究总院	国有法人股	14480.00	59.31
2	金瑞新材料科技股份有限公司	流通股	280.10	1.15
3	开元证券投资基金	流通股	210.69	0.86
4	华夏成长证券投资基金	流通股	208.49	0.85
5	黑龙江省电力有限公司	流通股	160.00	0.66
6	通乾证券投资基金	流通股	136.49	0.56
7	清华紫光(集团)总公司	国有法人股	96.00	0.39
8	中国科技国际信托投资有限公司	发起人法人股	80.00	0.33
9	冶钢经济技术开发总公司	国有法人股	80.00	0.33
10	北京金基业工贸集团	国有法人股	80.00	0.33

股东人数	2003.9	2003.6	2002	2001
	39757	39076	41959	37047

近年分配	近年配股/增发
2002年10股派1.6元 2001年10股派1.41元	不分配不转增

重大事项

2002年末期,公司"介入性治疗材料及器件生产线项目"获得"国家计委高技术产业化示范工程项目"至此本公司已有四个项目列入国家计委高技术产业化示范工程项目:"高精度纳米晶带材及制品项目"、"金属注射成形项目"、"介入性治疗材料及器件生产线项目"被列入北京市重大科技成果转化项目,至此本公司共有三个项目列入重大科技成果转化项目.　公司将于2002年10月16日与深圳市创新投资集团有限公司等五家单位共同签署"创新新材料投资有限公司发起人意向书".另,公司正与美国Honeywell公司洽谈在非晶材料领域的合作,具体方案正在谈判中.

二〇〇二年以来市场表现

2002年涨跌幅(%)	-27.77
2002年最高(元)	17.08
2002年最低(元)	10.60
2002年换手率(%)	256.58
2003年涨跌幅(%)	-22.26
2003年最高(元)	12.54
2003年最低(元)	7.21
2003年换手率(%)	149.91

北京中科三环高技术股份有限公司

公司概况

公司名称	北京中科三环高技术股份有限公司	股票代码	000970
注册地址	北京市海淀区白石桥路3号友谊宾馆迎宾楼D座	邮政编码	100080
法人代表	王震西	董秘	王东明
电话	010-68945729	传真	010-68712144
主营业务	自营和代理各类商品及技术的进出口业务等		
总股本	23490.00	流通A	9450.00
流通B		流通H	
审计单位		审计意见	未审计

主要财务指标

年度	2003.9	2003.6	2002	2001
每股收益/扣除后(元)	0.1430	0.0900	0.1390	0.1600
每股经营现金流量(元)	0.1310	0.0280	0.2530	0.0840
每股净资产/调整后(元)	1.7340	1.6690	1.5810	2.2890
每股公积金(元)	0.4451	0.4406	0.4406	1.1624
净资产收益率(%)	8.8000	6.0900	8.8900	8.2100
总资产(万元)	82334.08	76755.27	75475.29	62306.33
股东权益(万元)	41905.47	40527.50	38163.06	37115.88
未分配利润(万元)	6232.37	5009.04	2542.90	1998.19
主营收入(万元)	42832.02	26425.17	46371.39	36713.41
资本公积金(万元)	10455.45	10349.05	10349.03	18203.86
主营利润(万元)	12006.03	7332.31	12234.30	9468.40
其他业务利润(万元)	78.54	53.35	90.35	196.28
营业利润(万元)	5514.07	3239.01	5205.58	4008.57
投资收益(万元)	240.81	171.28	217.92	496.72
补贴收入(万元)	280.00	280.00		70.00
营业外收支(万元)	-34.57		8.80	17.12
利润总额(万元)	6000.30	3687.55	5414.70	4527.87
净利润(万元)	3689.47	2466.14	3392.25	3045.47

十大股东

序号	股东名称	股份性质	持股数(万股)	比例(%)
1	北京三环新材料高技术公司	国有法人股	7974.88	33.95
2	美国特瑞达斯公司	外资法人股	1849.28	7.87
3	宁波电子信息集团有限公司	国有法人股	1705.75	7.26
4	台全(美国)公司	外资法人股	1426.06	6.07
5	宁波联合集团股份有限公司	境内法人股	993.44	4.23
6	南京宝盈科技创新投资有限公司	流通股	99.56	0.42
7	联想控股有限公司	国有法人股	90.59	0.39
8	朱鹏	流通股	74.28	0.32
9	胡纯林	流通股	70.86	0.30
10	张祖成	流通股	53.82	0.23

股东人数	2003.9	2003.6	2002	2001
	9991	10458	10988	16342

近年分配	2002年10股派1元 2001年10股派1元	近年配股/增发	2002年10股配2股 2001年10股转增5股

重大事项

2003年8月18日,公司董事会同意公司分别为控股子公司宁波科宁达工业有限公司及天津三环乐喜新材料有限公司向银行贷款600万美元及350万美元提供担保。为南京金宁三环高技术磁业有限公司向银行贷款2000万元人民币提供担保。 公司于2003年3月28日与建行北京海淀支行签订了《保证合同》,为大恒新纪元科技股份有限公司向该行申请的从2003年03月31日至2004年3月30日的5000万元借款提供连带责任保证。截止目前为止,公司尚未解除担保责任的担保合同实际涉及金额合计为14500万元,无逾期担保。

二〇〇二年以来市场表现

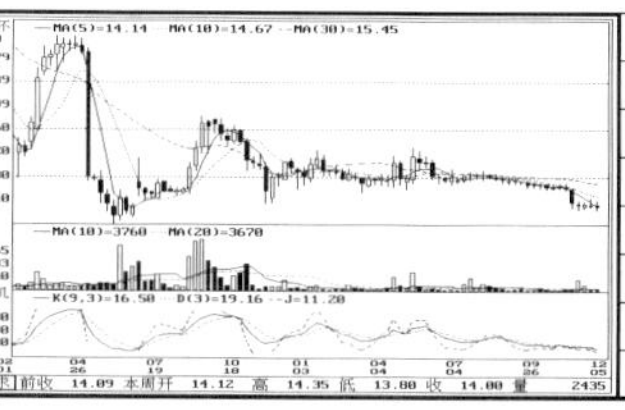

2002年涨跌幅(%)	21.85
2002年最高(元)	19.25
2002年最低(元)	9.83
2002年换手率(%)	79.42
2003年涨跌幅(%)	-11.05
2003年最高(元)	17.51
2003年最低(元)	13.85
2003年换手率(%)	21.45

湖北迈亚股份有限公司

公司概况

公司名称	湖北迈亚股份有限公司	股票代码	000971
注册地址	湖北省仙桃市勉阳大道131号	邮政编码	433000
法人代表	叶金堂	董秘	彭新波
电话	0728-3275828	传真	0728-3275829
主营业务	经编腈纶印花毛毯、精毛纺呢绒面料、服装、纺织品等		
总股本	18700.00	流通A	8140.00
流通B		流通H	
审计单位		审计意见	未审计

主要财务指标

年度	2003.9	2003.6	2002	2001
每股收益/扣除后(元)	0.0800	0.0300	0.1300	0.1500
每股经营现金流量(元)	0.1500	0.0310	0.3800	0.2350
每股净资产/调整后(元)	2.3120	2.2600	2.2500	2.2300
每股公积金(元)	1.0261	1.0261	1.0261	1.0261
净资产收益率(%)	3.3270	1.7510	6.2800	8.1100
总资产(万元)	93279.54	91964.46	94543.11	96622.23
股东权益(万元)	43656.24	42955.66	42203.70	41892.42
未分配利润(万元)	1884.45	1183.86	431.91	517.95
主营收入(万元)	18503.36	10997.16	25328.26	27071.06
资本公积金(万元)	19087.61	19187.61	19187.61	19187.61
主营利润(万元)	4441.13	2362.68	6601.37	8102.33
其他业务利润(万元)			0.04	-10.20
营业利润(万元)	2012.83	966.83	3445.04	3608.52
投资收益(万元)	20.29	20.29	-5.45	235.55
补贴收入(万元)			298.54	
营业外收支(万元)	134.85		130.46	96.42
利润总额(万元)	2167.96	1122.31	3868.59	3940.48
净利润(万元)	1452.54	751.95	2648.78	3396.67

十大股东

序号	股东名称	股份性质	持股数(万股)	比例(%)
1	湖北仙桃毛纺集团有限公司	国有法人股	9216.00	49.28
2	仙桃市彩凤实业公司	法人股	570.00	3.05
3	仙桃市财务开发公司	法人股	510.00	2.73
4	湖北省纺织品公司	法人股	240.00	1.28
5	鹤山市健美针棉织造总厂	法人股	24.00	0.13
6	于萍	流通股	16.34	0.09
7	蓝友胜	流通股	14.83	0.08
8	唐古成	流通股	11.84	0.06
9	郭柏元	流通股	11.70	0.06
10	黄爱英	流通股	11.59	0.06

股东人数	2003.9	2003.6	2002	2001
	33120	34925	34341	37845

近年分配	2002年10股派1.25元 2001年10股派1.5元	近年配股/增发	不分配不转增

重大事项

2003年4月4日,公司生产的"仙桃"牌毛毯抓住中国加入WTO的机遇,在2002年8月打开了美国市场,当年向美国出口8.3万标条,形成日本、俄罗斯、美国三大国际市场并驾齐驱的局面,扭转了上半年的被动局面。 2002年元月5日,公司董事会同意对巴西投资的议案:公司拟与巴西快乐贸易有限公司在巴西成立巴西迈亚股份有限公司,新公司注册资本100万美元,中方出资80万美元;

二〇〇二年以来市场表现

2002年涨跌幅(%)	-32.57
2002年最高(元)	12.16
2002年最低(元)	7.11
2002年换手率(%)	90.46
2003年涨跌幅(%)	-20.68
2003年最高(元)	9.27
2003年最低(元)	5.39
2003年换手率(%)	152.90

新疆中基实业股份有限公司

公司概况

公司名称	新疆中基实业股份有限公司			股票代码	000972		
注册地址	新疆乌鲁木齐市青年路17号			邮政编码	830002		
法人代表	刘一			董秘	成屹		
电话	0991-8852972			传真	0991-8816688		
主营业务	农业种植,畜禽养殖;农副产品(粮食除外)的加工、销售等						
总股本	12458.92	流通 A	4500.00	流通 B		流通 H	
审计单位				审计意见	未审计		

主要财务指标

年度	2003.9	2003.6	2002	2001
每股收益/扣除后(元)	0.1100	0.1100	0.2900	0.1100
每股经营现金流量(元)	-0.7000	0.6200	0.0400	-0.2900
每股净资产/调整后(元)	3.4400	3.4400	3.3100	3.1200
每股公积金(元)	1.9799	1.9799	1.9793	1.9785
净资产收益率(%)	3.6600	3.4800	8.8000	4.9300
总资产(万元)	212366.52	159637.28	141036.17	122912.24
股东权益(万元)	44305.74	44220.85	42676.52	40198.12
未分配利润(万元)	3114.90	3030.01	1492.64	51.88
主营收入(万元)	44874.45	22036.55	67676.48	54927.26
资本公积金(万元)	24667.01	24667.01	24660.05	24650.15
主营利润(万元)	7736.29	4977.80	15587.67	10755.41
其他业务利润(万元)	479.70	479.70	1280.15	1656.51
营业利润(万元)	276.56	831.69	2529.84	676.76
投资收益(万元)	1498.44	658.12	1563.89	804.00
补贴收入(万元)	250.75	245.74	520.12	492.80
营业外收支(万元)	-32.90	-22.97	19.63	128.02
利润总额(万元)	1992.86	1712.59	4633.48	2101.58
净利润(万元)	1622.26	1537.37	3756.15	1982.99

十大股东

序号	股东名称	股份性质	持股数(万股)	比例(%)
1	兵团农五师87团	国有法人股	1261.51	10.93
2	兵团农二师21团	国有法人股	1298.60	10.42
3	乌鲁木齐三木实业有限公司	法人股	1099.65	8.83
4	兵团农十二师五一农场	国有法人股	1043.64	8.38
5	上海邦联科技实业有限公司	法人股	949.37	7.62
6	兵团建设工程(集团)有限公司	国有法人股	651.60	5.23
7	新疆生产建设兵团投资中心	国家股	632.93	5.08
8	兵团和管局乌市果品加工厂	国有法人股	331.33	2.66
9	兵团农六师军户农场	国有法人股	290.29	2.33
10	乌鲁木齐楠悦工贸有限公司	法人股	240.00	1.93

股东人数	2003.9	2003.6	2002	2001
	32147	31918	33714	39414

近年分配	近年配股/增发
2002年10股派1元 2001年10股派0.6元	2002年10股配3股

重大事项

2003年8月14日,公司控股子公司—新疆中基番茄制品有限责任公司的果蔬深加工技改项目获中央贴息补助1320万元,日前已由财政部门划拨到公司帐户. 2003年7月17日,公司近日收到公司第三大股东乌鲁木齐三木实业有限公司将其全部持有的公司发起人法人股10,996,453股, 从2003年7月9日至2004年5月18日全部质押给中国银行新疆维吾尔自治区分行的股份质押登记证明书,上述冻结期满之日股份自动解冻.

二〇〇二年以来市场表现

2002年涨跌幅(%)	-27.53
2002年最高(元)	14.50
2002年最低(元)	9.47
2002年换手率(%)	147.66
2003年涨跌幅(%)	-21.73
2003年最高(元)	12.15
2003年最低(元)	6.75
2003年换手率(%)	168.91

佛山塑料集团股份有限公司

公司概况

公司名称	佛山塑料集团股份有限公司			股票代码	000973		
注册地址	广东省佛山市汾江中路82号			邮政编码	528000		
法人代表	冯兆征			董秘	罗汉均		
电话	0757-3988189			传真	0757-3988186		
主营业务	生产各类塑料制品、鞋类、粘胶制品、各类包装及印刷复合制品等						
总股本	37345.06	流通 A	11639.77	流通 B		流通 H	
审计单位				审计意见	未审计		

主要财务指标

年度	2003.9	2003.6	2002	2001
每股收益/扣除后(元)	0.2150	0.1390	0.3120	0.2650
每股经营现金流量(元)	0.2820	0.2160	0.6180	0.5810
每股净资产/调整后(元)	3.2750	3.2000	3.0550	3.1310
每股公积金(元)	1.7408	1.7408	1.7408	1.7408
净资产收益率(%)	6.8000	4.5500	10.0400	8.3800
总资产(万元)	301430.41	291718.87	249754.41	215063.48
股东权益(万元)	124420.06	121525.94	115993.05	118914.85
未分配利润(万元)	11285.84	8391.73	2858.84	7527.05
主营收入(万元)	168747.52	107414.92	174125.41	166969.87
资本公积金(万元)	65011.76	65011.76	65011.76	65011.76
主营利润(万元)	18442.04	12586.08	26693.24	21612.94
其他业务利润(万元)	1403.53	1005.41	1796.48	954.80
营业利润(万元)	5562.45	4034.33	8830.97	8336.14
投资收益(万元)	3455.31	2117.68	4536.13	2959.31
补贴收入(万元)	283.91	283.57	2.34	0.45
营业外收支(万元)	109.12		-29.17	107.06
利润总额(万元)	9410.79	6482.15	13340.26	11402.96
净利润(万元)	8427.01	5532.89	11642.77	9961.48

十大股东

序号	股东名称	股份性质	持股数(万股)	比例(%)
1	佛山市塑料工贸集团公司	国有股	14702.85	39.37
2	佛山富硕宏信投资有限公司	法人股	11002.44	29.46
3	广东财信投资有限公司	流通股	270.00	0.72
4	广东梅县梅雁经济发展总公司	流通股	250.00	0.67
5	佛山三冠塑胶有限公司	流通股	230.71	0.62
6	广东省兆源投资发展有限公司	流通股	182.00	0.49
7	广州经济技术开发区广远海运服务公司	流通股	170.00	0.46
8	上海汽车股份有限公司	流通股	150.00	0.40
9	佛山锦龙塑胶制品厂	流通股	149.48	0.40
10	佛山市南山物资经营公司	流通股	104.87	0.28

股东人数	2003.9	2003.6	2002	2001
	36832	36056	34274	33571

近年分配	近年配股/增发
2002年10股派2.1元 2001年10股派1.8元	不分配不转增

重大事项

2003年09月15日, 公司董事会同意公司与中国农业银行佛山市分行签订2003-2004年度授信总额度人民币伍亿元的授信协议.有效期至2004年8月18日止. 2003年5月30日,公司董事会同意公司拟与佛山杜邦鸿基薄膜有限公司及杜邦帝人 中国薄膜有限公司共同投资组建宁波杜邦帝人鸿基薄膜有限公司(暂定名称),该合资公司计划注册资本688万美元.杜邦鸿基出资347.44万美元、公司出资166.8744万美元、杜邦帝人出资173.6856万美元;分别占注册资本的50.5%、24.255%和25.245%.

二〇〇二年以来市场表现

2002年涨跌幅(%)	-36.83
2002年最高(元)	12.66
2002年最低(元)	7.81
2002年换手率(%)	105.14
2003年涨跌幅(%)	-15.59
2003年最高(元)	9.14
2003年最低(元)	5.95
2003年换手率(%)	112.68

南方科学城发展股份有限公司

公司概况

公司名称	南方科学城发展股份有限公司		股票代码	000975	
注册地址	重庆市黔江区联合镇西山坪水井湾东侧		邮政编码	409000	
法人代表	黄中发		董秘	张辉	
电话	020-61397318		传真	020-82357822	
主营业务	对高新技术产业和城市基础设施建设及环保环美建设的投资、开发等				
总股本	29600.00	流通 A	12800.00	流通 B	流通 H
审计单位			审计意见	未审计	

主要财务指标

年度	2003.9	2003.6	2002	2001
每股收益/扣除后(元)	0.1310	0.0920	0.1620	0.0927
每股经营现金流量(元)	0.3120	0.2030	0.5600	0.1100
每股净资产/调整后(元)	2.5800	2.5400	2.4300	2.3300
每股公积金(元)	1.2682	1.2682	1.2682	1.2656
净资产收益率(%)	5.9920	4.5120	9.4800	4.0100
总资产(万元)	87662.55	86393.20	91172.57	82027.14
股东权益(万元)	76611.23	75423.33	72020.42	69555.30
未分配利润(万元)	6706.68	5518.77	1774.64	768.85
主营收入(万元)	16576.02	11033.64	20401.46	12092.77
资本公积金(万元)	37538.40	37538.40	37538.39	37461.55
主营利润(万元)	9310.11	6252.71	11491.82	5017.67
其他业务利润(万元)	0.59	2.13	-14.28	
营业利润(万元)	7739.61	5188.82	8754.65	3259.53
投资收益(万元)	-252.48	45.53	-26.56	36.08
补贴收入(万元)	90.80		311.94	
营业外收支(万元)	-7.12	-6.91	-1208.84	-12.11
利润总额(万元)	7570.81	5227.44	7831.20	3283.50
净利润(万元)	4590.81	3402.90	6828.27	2790.98

十大股东

序号	股东名称	股份性质	持股数(万股)	比例(%)
1	广州凯得控股有限公司	国家股	15746.54	53.20
2	重庆国际信托投资有限公司	流通股	901.81	3.05
3	重庆市黔江县小南海(集团)公司	国有法人股	892.80	3.01
4	三峡证券有限责任公司	流通股	438.04	1.47
5	南京新港高科技股份有限公司	社会公众股	288.00	0.97
6	亚洲证券有限责任公司	流通股	240.37	0.81
7	南方工业咨询服务有限责任公司	流通股	194.69	0.66
8	重庆鼎泰能源(集团)有限公司	社会公众股	164.19	0.55
9	黑龙江华富电力投资有限公司	社会公众股	160.00	0.54
10	重庆拓源实业有限公司	社会公众股	160.00	0.54

股东人数	2003.9	2003.6	2002	2001
	17733	17068	12369	7639

近年分配	2002年10股派1.5元 2001年10股派1元	近年配股/增发	2001年中期10股转增6股

重大事项

2002年12月20日,公司董事会同意与公司控股子公司广州凯得环保环美有限公司及其他自然人投资设立"广州南方科学城环保科技产业有限公司",注册资本为人民币3000万元.公司、凯得环保环美和金维刚(自然人)分别拟现金出资2400万元人民币、540万元人民币和60万元人民币,分别占总股本比例为80%、18%和2%. 2002年10月26日,第一大股东重庆乌江电力集团公司以协议方式向广州凯得控股有限公司转让其持有的公司国有法人股157,465,440股,广州凯得将成为公司第一大股东.

二〇〇二年以来市场表现

2002年涨跌幅(%)	-42.70
2002年最高(元)	15.65
2002年最低(元)	7.58
2002年换手率(%)	112.30
2003年涨跌幅(%)	-16.77
2003年最高(元)	9.93
2003年最低(元)	5.32
2003年换手率(%)	128.66

广东开平春晖股份有限公司

公司概况

公司名称	广东开平春晖股份有限公司		股票代码	000976	
注册地址	广东省开平市长沙港口路10号		邮政编码	529300	
法人代表	方伟洪		董秘	陈伟奇	
电话	0750-2276949		传真	0750-2276959	
主营业务	加工、产销涤纶长丝、锦纶长丝、高粘切片、瓶级切片及化纤产品等				
总股本	42114.60	流通 A	18502.92	流通 B	流通 H
审计单位			审计意见	未审计	

主要财务指标

年度	2003.9	2003.6	2002	2001
每股收益/扣除后(元)	0.0966	0.0405	0.1200	0.1000
每股经营现金流量(元)	0.6400	0.2660	0.7500	0.3700
每股净资产/调整后(元)	2.5433	2.4924	2.4500	2.5500
每股公积金(元)	1.2560	1.2560	1.2560	1.2560
净资产收益率(%)	3.7900	1.6300	5.7800	5.3600
总资产(万元)	186821.56	194246.95	198219.89	196932.03
股东权益(万元)	107334.62	104972.49	103299.57	107859.30
未分配利润(万元)	5549.75	3187.62	1514.69	6969.76
主营收入(万元)	107700.60	63318.68	133914.78	115296.31
资本公积金(万元)	52897.28	52897.28	52897.28	52897.28
主营利润(万元)	9942.39	5039.43	12504.59	11536.13
其他业务利润(万元)	722.09	353.50	364.68	-0.53
营业利润(万元)	5988.53	2404.32	7935.06	5935.45
投资收益(万元)	-321.12	-211.90	-638.10	142.08
补贴收入(万元)				
营业外收支(万元)			-1.32	-0.03
利润总额(万元)	5667.41	2192.42	7295.64	6077.51
净利润(万元)	4069.46	1707.32	5968.92	5770.06

十大股东

序号	股东名称	股份性质	持股数(万股)	比例(%)
1	广东省开平涤纶企业集团公司	发起人股	13117.59	31.15
2	开平市工业实业开发公司	募集法人股	4141.00	9.83
3	开平市工业材料公司	募集法人股	4140.00	9.83
4	开平市工业供销公司	募集法人股	1825.27	4.33
5	开平市工业资产经营公司	募集法人股	267.08	0.63
6	南海市西樵景泰贸易有限公司	社会公众股	153.35	0.36
7	开平市锅炉设备安装公司	募集法人股	62.86	0.14
8	开平市装饰工程开发公司	募集法人股	58.88	0.13
9	叶锐培	内部职工股	45.00	0.10
10	司徒子群	内部职工股	45.00	0.10

股东人数	2003.9	2003.6	2002	2001
	61712	65426	67360	50517

近年分配	2002年10股派2.5元 2001年10股派0.3元	近年配股/增发	不分配不转增

重大事项

2003年10月31日,中华人民共和国商务部发布2003年第56号公告,决定自即日起对原产于台、澎、金、马单独关税区的进口锦纶6.66长丝正式反倾销立案调查.如该项调查后裁定结果成立,将有利于规范锦纶6.66长丝的市场秩序,预计会对公司生产经营业绩产生一定正面影响. 2003年7月3日,公司第二大股东开平市工业材料公司将其持有的公司法人股4140万股,占公司总股本的9.83%,质押给中国光大银行广州东环支行,为广东省开平涤纶企业集团公司向该行申请流动资金12000万元贷款提供担保.质押期限为2003年6月30日起至2004年6月30日止.

二〇〇二年以来市场表现

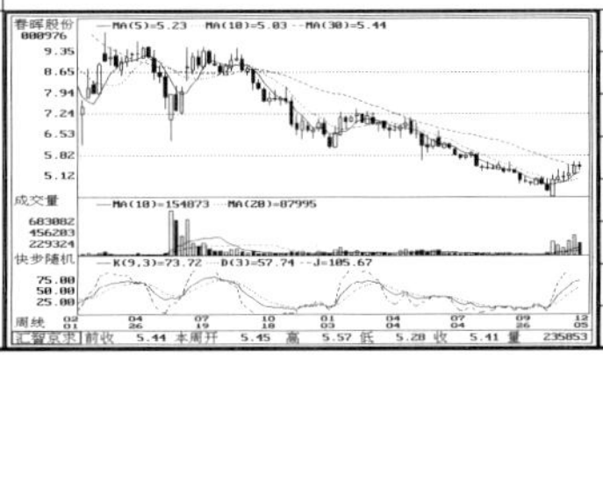

2002年涨跌幅(%)	-32.31
2002年最高(元)	9.78
2002年最低(元)	5.77
2002年换手率(%)	275.00
2003年涨跌幅(%)	-8.57
2003年最高(元)	7.13
2003年最低(元)	4.41
2003年换手率(%)	166.21

浪潮电子信息产业股份有限公司

公司概况

公司名称	浪潮电子信息产业股份有限公司			股票代码	000977		
注册地址	山东省济南市山大路 224 号			邮政编码	250014		
法人代表	孙丕恕			董秘	张磊		
电话	0531-8932888-8591			传真	0531-8958704		
主营业务	计算机及软件、电子产品及其他通信设备等						
总股本	21500.00	流通 A	6500.00	流通 B		流通 H	
审计单位				审计意见	未审计		

主要财务指标

年度	2003.9	2003.6	2002	2001
每股收益 / 扣除后(元)	0.0900	0.0737	0.2030	0.1960
每股经营现金流量(元)	-0.0600	-0.1520	0.5960	0.3650
每股净资产 / 调整后(元)	3.9100	3.9000	3.8100	3.7100
每股公积金(元)	2.3597	2.3593	2.3590	2.3366
净资产收益率(%)	2.4300	2.1200	5.9700	5.3700
总资产(万元)	172307.48	164835.75	159541.37	111176.46
股东权益(万元)	86108.27	85824.56	83999.08	80650.41
未分配利润(万元)	9907.68	9632.19	7813.09	5936.80
主营收入(万元)	84265.54	53035.67	89805.78	79725.53
资本公积金(万元)	50734.15	50725.93	50719.54	50236.18
主营利润(万元)	20603.49	13619.39	15679.25	17848.21
其他业务利润(万元)	662.24	569.59	2001.59	2767.42
营业利润(万元)	3725.35	3391.36	6322.20	2920.37
投资收益(万元)	-138.58	15.96	1831.68	514.85
补贴收入(万元)	1392.01	985.30	344.45	1630.75
营业外收支(万元)	51.38	81.00	-10.88	110.56
利润总额(万元)	5030.17	4487.90	8487.45	5176.53
净利润(万元)	2094.58	1819.09	5015.31	4332.28

十大股东

序号	股东名称	股份性质	持股数(万股)	比例(%)
1	浪潮集团有限公司	发起人国家股	12870.00	59.86
2	烟台东方电子信息产业集团有限公司	发起人国有法人股	1000.00	4.65
3	北京算通科技发展股份有限公司	发起人境内法人股	500.00	2.33
4	山东时风(集团)有限责任公司	发起人国有法人股	280.00	1.30
5	山东金达实业有限公司	发起人境内法人股	200.00	0.93
6	全泰电脑(惠阳)有限公司	发起人境内法人股	150.00	0.70
7	杨伟	流通股	100.67	0.47
8	海南时通实业投资有限公司	流通股	38.00	0.18
9	李保霖	流通股	18.02	0.08
10	赵乃武	流通股	12.81	0.06

股东人数	2003.9	2003.6	2002	2001
	53697	54823	57285	63509

近年分配	近年配股 / 增发
2002年 10 股派 1 元 2001 年 10 股派 1 元	2002年 10 股配 3 股

重大事项

2003 年 4 月 27 日公司与浪潮通信电子有限公司签署了《股权转让协议》,公司收购通信公司持有的山东浪潮电子设备有限公司 43.1%股权,收购价格为 4647.61 万元. 2002 年 11 月 25 日,公司董事会同意公司拟收购浪潮齐鲁软件产业有限公司持有的浪潮电子信息产业有限公司 800 万股的股权,收购价格约人民币 800 万元. 此次收购完成后公司持有北京浪潮的 76.19%的股份,其他股东持有 23.81%.

二〇〇二年以来市场表现

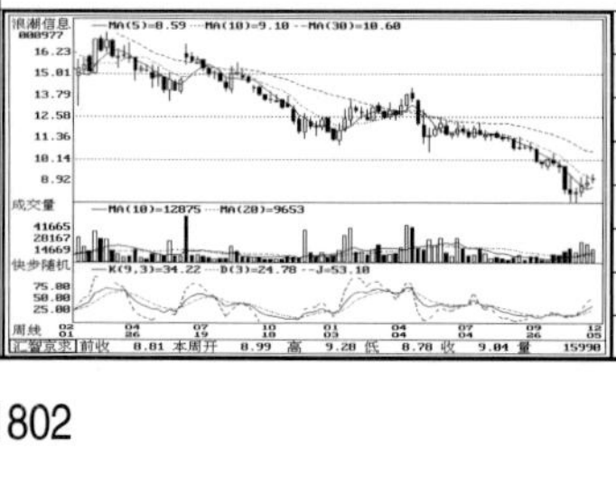

2002年涨跌幅(%)	-32.53
2002年最高(元)	17.25
2002年最低(元)	11.12
2002年换手率(%)	91.55
2003年涨跌幅(%)	-21.20
2003年最高(元)	14.08
2003年最低(元)	7.70
2003年换手率(%)	103.97

桂林旅游股份有限公司

公司概况

公司名称	桂林旅游股份有限公司			股票代码	000978		
注册地址	广西桂林市榕湖北路十七号			邮政编码	541001		
法人代表	陈青光			董秘	周茂权		
电话	0773-2863839			传真	0773-2863880		
主营业务	公路旅行客运、汽车出租、游船客运、旅游观光服务等						
总股本	17700.00	流通 A	6000.00	流通 B		流通 H	
审计单位				审计意见	未审计		

主要财务指标

年度	2003.9	2003.6	2002	2001
每股收益 / 扣除后(元)	0.0440	0.0072	0.2670	0.2240
每股经营现金流量(元)	0.1120	0.0830	0.3680	0.3700
每股净资产 / 调整后(元)	2.1100	2.0860	2.0690	2.0220
每股公积金(元)	0.9136	0.9136	0.9136	0.9120
净资产收益率(%)	1.9400	0.2400	12.4900	12.1000
总资产(万元)	55347.48	52104.20	58071.96	49629.41
股东权益(万元)	37835.91	37190.32	37100.47	36154.77
未分配利润(万元)	874.56	228.98	162.99	15.43
主营收入(万元)	10559.12	6465.38	22540.28	19971.62
资本公积金(万元)	16170.05	16170.05	16170.05	16142.15
主营利润(万元)	3653.04	1876.30	8765.61	8142.52
其他业务利润(万元)	280.16	141.85	596.44	431.25
营业利润(万元)	564.35	58.06	4836.10	4936.78
投资收益(万元)	371.24	113.10	1005.52	463.02
补贴收入(万元)				
营业外收支(万元)	-42.64		-128.58	8.16
利润总额(万元)	892.94	127.13	5713.04	5407.96
净利润(万元)	735.43	89.85	4634.80	4375.00

十大股东

序号	股东名称	股份性质	持股数(万股)	比例(%)
1	桂林旅游发展总公司	国有法人股	7642.77	43.18
2	桂林五洲旅游股份有限公司	社会法人股	3621.74	20.46
3	鸿阳证券投资基金	社会公众股	150.00	0.85
4	桂林三花股份有限公司	社会法人股	145.16	0.82
5	桂林集琦集团有限公司	国有法人股	145.16	0.82
6	桂林中国国际旅行社	国有法人股	145.16	0.82
7	吴丽珠	社会公众股	57.36	0.32
8	梁启钊	社会公众股	47.69	0.27
9	汪君华	社会公众股	46.34	0.26
10	科瑞证券投资基金	社会公众股	38.37	0.22

股东人数	2003.9	2003.6	2002	2001
	5507	6914	8223	10205

近年分配	近年配股 / 增发
2002年 10 股派 2.1 元 2001 年 10 股派 2 元	不分配不转增

重大事项

2003 年中报期内,本公司 2002 年投资 7,000 万元用于本公司与本公司第一大股东桂林旅游发展总公司所属的七星公园部分景区合作建设项目,合作期限 40 年,自 2002 年 7 月 1 日起连续计算.公司本期分回的七星公园门票收入分成为 181.62 万元,该合作项目公司本期收益 84.53 万元. 公司收购桂林龙脊温泉旅游有限责任公司股权所涉及的股东变更工商登记手续已于 2002 年 10 月 22 日完成,该公司 60%股权的持有者已变更为公司.

二〇〇二年以来市场表现

2002年涨跌幅(%)	5.81
2002年最高(元)	18.62
2002年最低(元)	14.13
2002年换手率(%)	146.27
2003年涨跌幅(%)	6.49
2003年最高(元)	20.40
2003年最低(元)	15.39
2003年换手率(%)	170.76

安徽省科苑(集团)股份有限公司

公司概况

公司名称	安徽省科苑(集团)股份有限公司	股票代码	000979
注册地址	安徽省宿州市浍水路 271 号	邮政编码	234023
法人代表	吴立平	董秘	卫艳
电话	0557-3920707	传真	0557-3912448
主营业务	生物工程、精细化工、新型建筑材料、机械电子领域高新技术等		

总股本	9400.00	流通 A	4000.00	流通 B		流通 H	
审计单位				审计意见	未审计		

主要财务指标

年度	2003.9	2003.6	2002	2001
每股收益/扣除后(元)	0.2070	0.0070	-0.2100	0.2800
每股经营现金流量(元)	-0.5000	0.0400	0.1000	0.0600
每股净资产/调整后(元)	4.8700	4.8500	4.7400	4.9900
每股公积金(元)	3.7205	3.7194	3.7190	3.7170
净资产收益率(%)	2.0900	1.7200	-4.0100	4.9200
总资产(万元)	95859.37	94184.87	80564.21	70228.96
股东权益(万元)	46341.48	46158.00	45142.63	47456.19
未分配利润(万元)	719.15	545.78	-247.03	1820.56
主营收入(万元)	23917.92	14707.93	28692.05	23435.57
资本公积金(万元)	34972.63	34962.52	34958.17	34940.27
主营利润(万元)	3500.89	2309.20	3892.99	5956.77
其他业务利润(万元)	88.29	58.37	55.05	64.09
营业利润(万元)	82.90	73.07	-2909.47	2074.59
投资收益(万元)	1143.40	926.22	853.72	423.99
补贴收入(万元)			89.29	34.36
营业外收支(万元)	-40.43	28.47	-176.95	-475.30
利润总额(万元)	1185.87	956.79	-2143.41	2057.64
净利润(万元)	966.18	792.81	-1808.85	2333.74

十大股东

序号	股东名称	股份性质	持股数(万股)	比例(%)
1	安徽省应用技术研究所	发起人法人股	4914.00	52.28
2	宿州市技术服务公司	发起人法人股	270.00	2.87
3	郑素贞	流通股	115.69	1.23
4	徐翔	流通股	83.52	0.89
5	汪德荣	发起人自然人股	54.00	0.57
6	李健	发起人自然人股	40.50	0.43
7	夏洪亮	发起人自然人股	40.50	0.43
8	刘勇	发起人自然人股	40.50	0.43
9	胡明	发起人自然人股	40.50	0.43
10	乔岳	发起人自然人股	39.00	0.41

股东人数	2003.9	2003.6	2002	2001
	29552	29333	32478	37268

近年分配	2001年10股派0.6元	近年配股/增发	不分配不转增

重大事项

第 大股东安徽省应用技术研究所于 2003 年 3 月 13 日质押给上海浦东发展银行静安支行的所持公司发起人境内法人股 1660 万股已于 2003 年 9 月 3 日解除质押登记.同日,安徽省应用技术研究所将其持有的公司发起人境内法人股 810 万股,质押给华夏银行上海分行,质押期限自 2003 年 9 月 3 日起.　　公司于 2003 年 2 月 27 日与平安证券有限责任公司签订委托资产管理合同,将公司自有资金人民币 5000 万元委托其管理,期限为从资金到帐日起算一年.平安证券收取委托金额的 0.3%作为管理费.

二〇〇二年以来市场表现

2002年涨跌幅(%)	-28.46
2002年最高(元)	18.82
2002年最低(元)	12.50
2002年换手率(%)	73.03
2003年涨跌幅(%)	-35.67
2003年最高(元)	14.68
2003年最低(元)	7.40
2003年换手率(%)	119.93

黄山金马股份有限公司

公司概况

公司名称	黄山金马股份有限公司	股票代码	000980
注册地址	安徽省黄山市歙县壕城路 1 号	邮政编码	245200
法人代表	应建仁	董秘	高美庆
电话	0559-6516169	传真	0559-6536668
主营业务	汽车仪表、摩托车仪表及车用零部件、电机系列产品等		

总股本	15000.00	流通 A	5800.00	流通 B		流通 H	
审计单位				审计意见	未审计		

主要财务指标

年度	2003.9	2003.6	2002	2001
每股收益/扣除后(元)	0.0200	-0.1400	-0.6500	-0.1900
每股经营现金流量(元)	-0.3060	-0.1170	0.6100	-0.2063
每股净资产/调整后(元)	2.4900	2.4600	2.4700	3.1252
每股公积金(元)	2.0079	2.0079	2.0079	2.0079
净资产收益率(%)	0.8000	-0.5300	-23.8000	-3.4200
总资产(万元)	61247.51	58105.53	88795.13	99839.55
股东权益(万元)	37594.39	37097.41	37293.85	47023.77
未分配利润(万元)	-8741.77	-9238.75	-9042.31	916.05
主营收入(万元)	8664.79	5411.56	21645.57	20474.70
资本公积金(万元)	30118.65	30118.65	30118.65	30118.65
主营利润(万元)	977.89	571.23	1489.77	2737.35
其他业务利润(万元)	36.37	27.31	374.58	228.16
营业利润(万元)	-1590.05	-2105.75	-8473.03	-3865.81
投资收益(万元)			396.23	3177.61
补贴收入(万元)			400.00	1019.06
营业外收支(万元)	1898.38		-1200.16	267.98
利润总额(万元)	308.33	-196.44	-8876.96	598.84
净利润(万元)	300.54	-196.44	-8877.03	112.94

十大股东

序号	股东名称	股份性质	持股数(万股)	比例(%)
1	黄山金马集团有限公司	未流通股	9030.30	60.20
2	杭州永磁集团有限公司	未流通股	65.27	0.44
3	黄山徽新金塑有限公司	未流通股	39.16	0.26
4	中国兵器工业第二一四研究所	未流通股	32.64	0.22
5	黄山普乐房产开发公司	未流通股	32.64	0.22
6	蒋润奇	流通股	21.62	0.14
7	刘继兰	流通股	21.11	0.14
8	阙水群	流通股	18.62	0.12
9	陈杏元	流通股	18.00	0.12
10	浙江曹娥开发区兴业工贸公司	流通股	17.49	0.12

股东人数	2003.9	2003.6	2002	2001
	28355	29116	34098	34542

近年分配		近年配股/增发	不分配不转增

重大事项

2003 年 4 月 28 日公司收到大股东黄山金马集团有限公司关于推迟执行还款计划的通知：金马集团重组方浙江铁牛实业有限公司及其关联企业拟向公司注入其持有的价值 4000 万元左右的股权,置换出公司对金马集团的债权,履行金马集团对公司的还款义务.由于该股权的评估工作尚未完成,导致此次还款行为推迟至 5 月份.　　黄山市人民政府授权歙县财政局于 2003 年 4 月 25 日与浙江铁牛实业有限公司、浙江省永康市模具加工中心有限公司签订《收购协议书》、《股权转让协议》、《股权托管协议》.本次并购完成后,铁牛实业、永康模具分别占金马集团股权的 90%、10%,为公司的实际控制人.

二〇〇二年以来市场表现

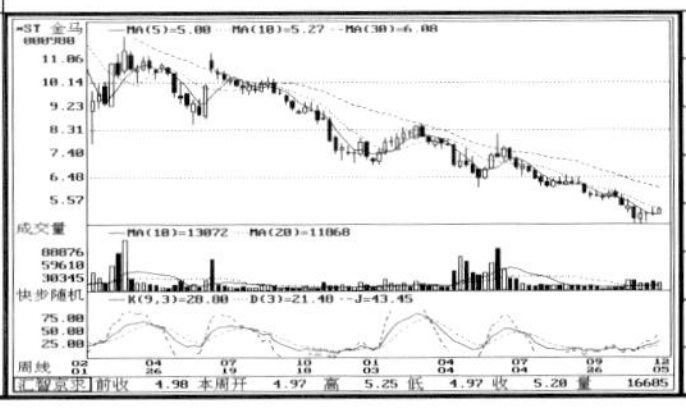

2002年涨跌幅(%)	-41.79
2002年最高(元)	12.18
2002年最低(元)	7.00
2002年换手率(%)	159.12
2003年涨跌幅(%)	-5.50
2003年最高(元)	8.46
2003年最低(元)	4.65
2003年换手率(%)	168.13

甘肃兰光科技股份有限公司

公司概况

公司名称	甘肃兰光科技股份有限公司			股票代码	000981	
注册地址	兰州高新技术产业开发区张苏滩573#8F			邮政编码	730000	
法人代表	路有志		董秘	李伟		
电话	0755-83248739		传真	0755-83354195		
主营业务	电子产品以及通信设备(不含卫星地面接收设施)研究开发、生产等					
总股本	16100.00	流通A	5000.00	流通B		流通H
审计单位			审计意见	未审计		

主要财务指标

年度	2003.9	2003.6	2002	2001
每股收益/扣除后(元)	-0.0007	-0.0140	0.1040	0.1400
每股经营现金流量(元)	0.1600	-0.0500	-0.1530	-0.5300
每股净资产/调整后(元)	3.6600	3.5400	3.6640	4.1100
每股公积金(元)	2.7205	2.7205	2.7205	2.7205
净资产收益率(%)	0.5400	-0.0200	2.4400	3.8900
总资产(万元)	152310.48	157781.56	130685.60	102037.35
股东权益(万元)	63380.87	63064.10	63161.95	66666.31
未分配利润(万元)	2863.12	2505.37	2521.04	4717.62
主营收入(万元)	43094.73	22057.40	74225.44	64152.49
资本公积金(万元)	43800.26	43800.26	43800.26	43800.26
主营利润(万元)	3612.96	1750.38	6003.24	5358.82
其他业务利润(万元)	-73.87	-4.71	106.54	0.31
营业利润(万元)	-333.32	-510.60	847.12	2340.76
投资收益(万元)	161.88	75.78	-141.01	781.24
补贴收入(万元)	6.90	6.72	7.96	
营业外收支(万元)	12.94		-63.93	-22.36
利润总额(万元)	-151.61	-414.15	650.14	3099.63
净利润(万元)	342.08	-15.67	1542.57	2593.25

十大股东

序号	股东名称	股份性质	持股数(万股)	比例(%)
1	深圳兰光经济发展公司	国有法人股	10000.00	62.11
2	北京科力新技术发展总公司	法人股	600.00	3.73
3	凌源钢铁股份有限公司	法人股	220.00	1.37
4	上海创思科技有限公司	法人股	180.00	1.12
5	深圳大学文化科技服务有限公司	法人股	100.00	0.96
6	江苏华西村股份有限公司	流通股	10.00	0.06
7	浙江省铁路建设投资总公司	流通股	10.00	0.06
8	中信国安信息产业股份有限公司	流通股	10.00	0.06
9	安徽省科技产业投资有限公司	流通股	8.50	0.05
10	浙江金江物业股份有限公司	流通股	8.00	0.05

股东人数	2003.9	2003.6	2002	2001
	38875	40687	43004	47274

近年分配	2002年10股派1元 2001年10股派1元	近年配股/增发	不分配不转增

重大事项

2003年9月23日,公司接第一大股东深圳兰光经济发展公司通知:深圳兰光经济发展公司于2002年07月29日向中国建设银行深圳分行申请综合授信额度,并以其所持有的公司5000万股国有法人股质押担保,该项质押已到期,现继续展期。 2003年4月17日,公司与深圳兰光贸易公司、张宝忠签署了《深圳市兰光销售有限公司增资扩股协议》,公司以经营性资产和债权共计100356348.98元作为投资,对兰光销售公司进行增资.公司于2003年5月23日召开公司2002年度股东大会,审议通过以上相关议案.

二○○二年以来市场表现

2002年涨跌幅(%)	-31.25
2002年最高(元)	17.07
2002年最低(元)	11.03
2002年换手率(%)	119.78
2003年涨跌幅(%)	-19.84
2003年最高(元)	13.25
2003年最低(元)	6.56
2003年换手率(%)	154.42

宁夏圣雪绒股份有限公司

公司概况

公司名称	宁夏圣雪绒股份有限公司			股票代码	000982	
注册地址	宁夏回族自治区银川解放西街119号			邮政编码	750001	
法人代表	侯羽乾		董秘	房进贤		
电话	0951-5026999		传真	0951-5043634		
主营业务	中、高档羊绒制品及其他纺织品、轻工产品等					
总股本	7400.00	流通A	3000.00	流通B		流通H
审计单位			审计意见	未审计		

主要财务指标

年度	2003.9	2003.6	2002	2001
每股收益/扣除后(元)	-0.4200	-0.3210	0.0200	0.1800
每股经营现金流量(元)	0.0380	-0.0330	0.3100	-1.5200
每股净资产/调整后(元)	4.1100	4.2070	4.5300	4.7400
每股公积金(元)	3.0895	3.0895	3.0887	3.0887
净资产收益率(%)	-8.8900	-7.2600	1.5400	6.4800
总资产(万元)	151017.23	143954.17	142053.02	105594.61
股东权益(万元)	31999.46	32745.23	35116.29	35468.33
未分配利润(万元)	-30.64	715.14	3092.06	3784.39
主营收入(万元)	26607.99	19972.10	51218.65	45211.09
资本公积金(万元)	22862.40	22862.40	22856.54	22856.54
主营利润(万元)	2407.98	1618.21	9446.16	7740.26
其他业务利润(万元)	97.39	-35.97	50.86	289.64
营业利润(万元)	-3341.76	-2624.03	1254.69	2198.59
投资收益(万元)	70.52	44.91	177.37	697.63
补贴收入(万元)				
营业外收支(万元)	-4.16		321.24	303.43
利润总额(万元)	-3275.40	-2581.96	1753.29	3199.65
净利润(万元)	-3122.69	-2376.92	541.03	2297.24

十大股东

序号	股东名称	股份性质	持股数(万股)	比例(%)
1	宁夏圣雪绒国际企业集团有限公司	国有法人股	4000.00	54.05
2	北京国际电力开发投资公司	法人股	300.00	4.05
3	宁夏嘉源绒业有限公司	法人股	50.00	0.68
4	上海金桥(集团)有限公司	法人股	30.00	0.41
5	上海南丰投资管理有限公司	法人股	20.00	0.27
6	何荣茵	社会公众股	19.64	0.27
7	林锡江	社会公众股	18.81	0.25
8	郭维康	社会公众股	16.22	0.22
9	陆裕彬	社会公众股	15.58	0.21
10	卢泽梅	社会公众股	12.27	0.17

股东人数	2003.9	2003.6	2002	2001
	14226	15155	16579	18467

近年分配	2002年10股派1元 2001年10股派1.5元	近年配股/增发	不分配不转增

重大事项

2003年10月29日公司决定以宁夏圣雪绒股份有限公司纺织分公司的原有资产评估后作为投资,与宁夏嘉源绒业有限公司合资成立宁夏圣雪绒纺织有限公司,该公司的注册资本为3200万元,公司出资2880万元,持有纺织公司90%的股份. 2003年5月29日,中国光大银行深圳莲花路支行核定公司的控股子公司深圳日神羊绒纺织有限公司人民币5800万元综合授信额度,有效期壹年.自2003年4月24日至2004年4月24日,以公司所拥有的广东发展银行5000万股法人股提供质押保证.

二○○二年以来市场表现

2002年涨跌幅(%)	-30.76
2002年最高(元)	20.70
2002年最低(元)	12.94
2002年换手率(%)	120.19
2003年涨跌幅(%)	-28.40
2003年最高(元)	14.40
2003年最低(元)	7.08
2003年换手率(%)	107.11

山西西山煤电股份有限公司

公司概况				
公司名称	山西西山煤电股份有限公司		股票代码	000983
注册地址	山西省太原市西矿街 319 号		邮政编码	030053
法人代表	李仪	董秘	宁志华	
电话	0351-6137052	传真	0351-6127434	
主营业务	煤炭生产、销售、洗选加工、发供电、矿山开发及设计施工等			
总股本	80800.00	流通 A	28800.00	流通 B / 流通 H
审计单位		审计意见	未审计	

主要财务指标

年度	2003.9	2003.6	2002	2001
每股收益 / 扣除后(元)	0.2350	0.1600	0.2500	0.3000
每股经营现金流量(元)	0.5400	0.3610	0.3900	0.3500
每股净资产 / 调整后(元)	3.9400	3.8690	3.7200	3.6600
每股公积金(元)	2.2024	2.2024	2.2024	2.1945
净资产收益率(%)	6.2300	4.3700	6.7800	8.3700
总资产(万元)	516726.12	469039.19	451411.06	414436.94
股东权益(万元)	321443.78	315186.34	301409.69	296267.94
未分配利润(万元)	50897.31	44639.85	30863.22	29456.89
主营收入(万元)	212532.44	124407.14	209706.78	196005.91
资本公积金(万元)	177950.73	177950.73	177950.73	177315.27
主营利润(万元)	62043.49	41922.21	77620.62	69141.84
其他业务利润(万元)	558.43	1445.67	2104.18	3358.54
营业利润(万元)	26450.27	19066.96	29975.50	26181.90
投资收益(万元)	1446.29	1446.29		936.44
补贴收入(万元)	199.45	176.25	62.87	
营业外收支(万元)	-115.88		-16.79	-97.67
利润总额(万元)	27980.13	20562.13	30021.57	27020.67
净利润(万元)	20034.08	13776.63	20433.27	24793.30

十大股东

序号	股东名称	股份性质	持股数(万股)	比例(%)
1	山西焦煤集团有限责任公司	国有法人股	50953.00	63.06
2	泰和证券投资基金	流通股	1204.78	1.49
3	丰和价值证券投资基金	流通股	776.32	0.96
4	嘉实成长收益型证券投资基金	流通股	734.78	0.91
5	北京首钢股份有限公司	流通股	563.48	0.70
6	国海证券有限责任公司	流通股	489.13	0.61
7	太原市杰森实业有限公司	法人股	466.00	0.58
8	华夏成长证券投资基金	流通股	400.39	0.50
9	太原西山劳动服务总公司	法人股	342.00	0.42
10	金鑫证券投资基金	流通股	283.50	0.35

股东人数	2003.9	2003.6	2002	2001
	118652	120734	139405	153715

近年分配	2002年 10 股派 1 元 2001 年 10 股派 1 元,中期 10 股派 1 元	近年配股 / 增发	不分配不转增

重大事项

截止 2003 年 4 月 29 日,公司收回委托中煤信托投资有限责任公司和汉唐证券有限责任公司投资国债本金 1.5 亿元,共取得投资收益 496 万元. 2003 年 2 月 11 日,公司董事会同意公司与山西和信电力发展有限责任公司共同出资设立山西兴能发电有限责任公司,承担山西古交电厂的建设和运营任务.项目资本金总额 50629 万元,占一期总投资的 20%.公司出资比例为 55%,和信电力出资比例为 45%.

二〇〇二年以来市场表现

2002年涨跌幅(%)	-29.71
2002年最高(元)	9.15
2002年最低(元)	5.99
2002年换手率(%)	131.74
2003年涨跌幅(%)	38.27
2003年最高(元)	8.80
2003年最低(元)	5.88
2003年换手率(%)	137.44

大庆华科股份有限公司

公司概况				
公司名称	大庆华科股份有限公司		股票代码	000985
注册地址	大庆高新技术产业开发区建设路 239 号		邮政编码	163316
法人代表	万志强	董秘	孟凡礼	
电话	0459-6291061	传真	0459-6282351	
主营业务	生产、销售精细化工产品(不含危险品)、计算机及软件等			
总股本	11500.00	流通 A	3000.00	流通 B / 流通 H
审计单位		审计意见	未审计	

主要财务指标

年度	2003.9	2003.6	2002	2001
每股收益 / 扣除后(元)	0.0600	0.0400	0.0690	0.1780
每股经营现金流量(元)	0.2600	0.0940	0.4600	-0.1980
每股净资产 / 调整后(元)	3.4360	3.4100	3.3810	3.3470
每股公积金(元)		2.1780	2.1780	2.1764
净资产收益率(%)	1.8800	1.4900	2.6100	5.7280
总资产(万元)	48559.76	47532.70	52384.29	48353.16
股东权益(万元)	39725.36	39524.16	39030.73	38682.57
未分配利润(万元)	1312.18	1107.99	595.27	488.81
主营收入(万元)	44946.22	29735.17	48977.17	37947.26
资本公积金(万元)		25046.66	25046.66	25028.20
主营利润(万元)	3541.38	2446.61	4878.30	5275.00
其他业务利润(万元)	-29.18	-6.29	66.73	13.37
营业利润(万元)	701.01	538.32	909.13	2408.57
投资收益(万元)			34.08	47.05
补贴收入(万元)	1.62	1.62	4.99	2.37
营业外收支(万元)	50.83		217.82	126.13
利润总额(万元)	753.46	618.31	1166.02	2584.12
净利润(万元)	745.31	589.81	1019.69	2215.73

十大股东

序号	股东名称	股份性质	持股数(万股)	比例(%)
1	大庆高新技术产业开发区高科技开发总公司	国有股	8364.12	72.73
2	徐良浩	流通股	45.97	0.39
3	大庆高新技术产业开发区建设开发总公司	国有股	33.97	0.30
4	大庆龙化新实业总公司	法人股	33.97	0.30
5	大庆开发区华滨化工有限公司	法人股	33.97	0.30
6	大庆龙源石化股份有限公司	法人股	33.97	0.30
7	喻红华	流通股	17.84	0.16
8	深圳市华秋实业有限公司	流通股	11.00	0.10
9	壮少林	流通股	9.88	0.08
10	高玉峰	流通股	8.80	0.07

股东人数	2003.9	2003.6	2002	2001
	20992	21540	22132	24242

近年分配	2002年 10 股派 0.6 元 2001 年 10 股派 1 元	近年配股 / 增发	不分配不转增

重大事项

2003 年中期,依据本公司 1998 年 12 月 28 日与大庆高新技术产业开发区高科技开发总公司签订《土地使用权租赁合同》.本公司以租赁方式取得大庆高新技术产业开发区高科技开发总公司六宗土地使用权,占地面积共计 72,940.40 平方米,租期 30 年,年租金 788,489.24 元. 2003 年中期,大庆高新技术产业开发区建设开发总公司由法院判决给大庆高新技术产业开发区高科技开发总公司的 339,700 国有法人股已于 2003 年 7 月 8 日过户.

二〇〇二年以来市场表现

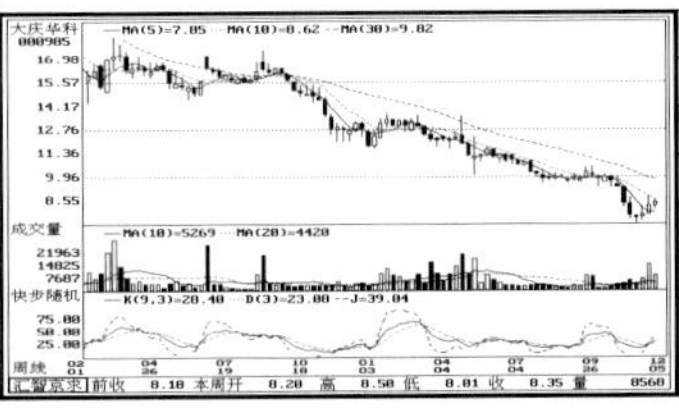

2002年涨跌幅(%)	-30.19
2002年最高(元)	18.22
2002年最低(元)	11.92
2002年换手率(%)	96.34
2003年涨跌幅(%)	-30.56
2003年最高(元)	13.62
2003年最低(元)	7.15
2003年换手率(%)	96.26

广州友谊商店股份有限公司

公司概况

公司名称	广州友谊商店股份有限公司	股票代码	000987
注册地址	广州市环市东路369号	邮政编码	510095
法人代表	房向前	董秘	邓美薇
电话	020-83577980	传真	020-83572228
主营业务	百货批发、零售、代购、代销等		

总股本	23930.54	流通A	8829.12	流通B		流通H	
审计单位				审计意见	未审计		

主要财务指标

年度	2003.9	2003.6	2002	2001
每股收益/扣除后(元)	0.1100	0.0860	0.1400	0.1526
每股经营现金流量(元)	0.2800	0.0370	0.4400	0.0995
每股净资产/调整后(元)	2.6300	2.6171	2.5500	2.4725
每股公积金(元)	0.7513	0.7513	0.7513	0.7492
净资产收益率(%)	4.2000	3.2700	6.2500	6.4070
总资产(万元)	85705.64	81451.29	80874.29	75561.00
股东权益(万元)	64045.79	63432.14	61358.13	59866.84
未分配利润(万元)	6921.51	6307.87	4233.86	3393.66
主营收入(万元)	69529.67	47604.17	90445.05	97952.23
资本公积金(万元)	17979.69	17979.69	17979.69	17927.83
主营利润(万元)	13668.26	9551.96	19285.19	19676.08
其他业务利润(万元)	2779.64	1964.44	1540.30	1419.43
营业利润(万元)	3613.88	2985.93	5291.46	5191.06
投资收益(万元)	250.88	58.21	-306.74	200.84
补贴收入(万元)				
营业外收支(万元)	46.14	-18.27	26.74	97.08
利润总额(万元)	3910.89	3067.36	5011.46	5488.98
净利润(万元)	2687.65	2074.01	3832.49	3835.57

十大股东

序号	股东名称	股份性质	持股数(万股)	比例(%)
1	广州市国有资产管理局	国家股	15074.54	62.99
2	国元证券有限责任公司	流通A股	68.28	0.28
3	钟小平	流通A股	17.80	0.07
4	杨斌	流通A股	15.84	0.07
5	甄健荣	流通A股	15.60	0.06
6	李韧	流通A股	13.00	0.05
7	普丰证券投资基金	流通A股	11.26	0.05
8	余朝进	流通A股	11.19	0.05
9	李卫华	流通A股	10.44	0.04
10	莫曼玲	流通A股	10.44	0.04

股东人数	2003.9	2003.6	2002	2001
	41179	41195	41357	45864

近年分配	2002年10股派1元 2001年10股派1元	近年配股/增发	不分配不转增

重大事项

2002年2月27日,公司董事会同意公司与广州市宝鑫实业发展有限公司、广州发展实业有限公司、广州市烟草贸易公司、广州市汽车集团商贸有限公司五方作为发起人,共同出资发起设立广州家谊超市股份有限公司. 2001年11月27日,公司董事会同意公司与上海友谊集团股份有限公司控股的上海好美家装璜建材有限公司合资建立广州友谊好美家装潢建材有限公司. 该公司拟定注册资本1000万元,我司以自有资金现金出资490万元,占注册资本的49%.

二〇〇二年以来市场表现

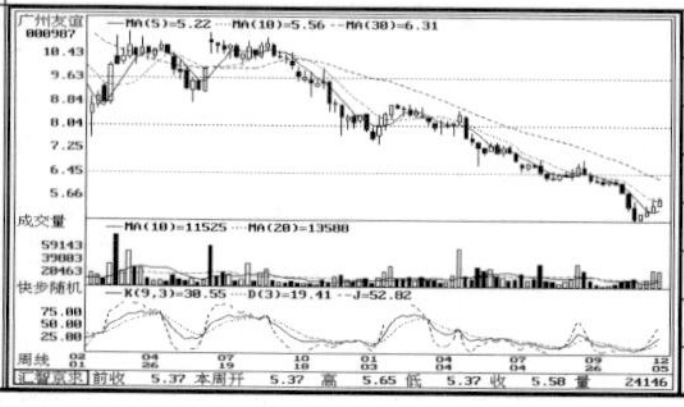

2002年涨跌幅(%)	-24.46
2002年最高(元)	11.02
2002年最低(元)	7.30
2002年换手率(%)	130.14
2003年涨跌幅(%)	-30.17
2003年最高(元)	8.68
2003年最低(元)	4.86
2003年换手率(%)	115.19

华工科技产业股份有限公司

公司概况

公司名称	华工科技产业股份有限公司	股票代码	000988
注册地址	武汉东湖高新技术开发区华中科技大学科技园	邮政编码	430223
法人代表	王延觉	董秘	杨兴国
电话	027-87180121	传真	027-87180126
主营业务	激光器、激光加工系列设备及成套设备、激光医疗系列设备等		

总股本	23000.00	流通A	6000.00	流通B		流通H	
审计单位				审计意见	未审计		

主要财务指标

年度	2003.9	2003.6	2002	2001
每股收益/扣除后(元)	0.1000	0.0700	0.3200	0.1670
每股经营现金流量(元)	0.1000	0.0700	0.3200	-0.3430
每股净资产/调整后(元)	2.7800	2.7400	5.3000	4.9760
每股公积金(元)	1.3765	1.3765	3.6506	3.6068
净资产收益率(%)	4.4900	3.2200	6.5500	7.8900
总资产(万元)	115093.60	112697.57	105626.56	82147.04
股东权益(万元)	64605.08	63733.85	61692.31	57678.33
未分配利润(万元)	6043.91	5196.41	4326.84	2638.87
主营收入(万元)	27344.30	17220.00	34705.21	29701.79
资本公积金(万元)	31659.29	31659.29	41981.80	41478.58
主营利润(万元)	9124.29	6205.80	12094.17	12399.12
其他业务利润(万元)	37.84	98.94	421.29	31.72
营业利润(万元)	2599.92	1784.93	4652.06	3546.29
投资收益(万元)	-114.22	-84.31	83.40	1446.08
补贴收入(万元)	605.83	537.52	142.39	750.54
营业外收支(万元)	15.34		-9.96	125.73
利润总额(万元)	3106.86	2254.01	4867.89	5868.64
净利润(万元)	2900.06	2052.56	4041.61	4548.51

十大股东

序号	股东名称	股份性质	持股数(万股)	比例(%)
1	武汉华中科技大产业集团有限公司	法人股	13090.98	56.92
2	华中理工大学印刷厂	法人股	1405.48	6.11
3	江汉石油钻头股份有限公司	法人股	1371.32	5.96
4	武汉建设投资公司	法人股	795.50	3.46
5	武汉鸿象信息技术公司	法人股	175.22	0.79
6	华中理工大学机电工程公司	法人股	161.50	0.70
7	金盛证券投资基金	流通股	35.00	0.15
8	陈冰	流通股	26.77	0.12
9	胡修法	流通股	23.27	0.10
10	郭祥	流通股	22.25	0.10

股东人数	2003.9	2003.6	2002	2001
	29753	28586	30554	35348

近年分配	2002年10股派1.3元 2001年10股派2元	近年配股/增发	2002年10股送1股、转增9股

重大事项

2002年6月29日,公司将所持有的武汉汉网高技术有限公司64%的股权、武汉华中科大纳米药业有限责任公司40%的股权、武汉化工安鼎信息技术有限公司29%的股权、湖北化工生化工程有限公司50%的股权、武汉化工医药有限公司"华工医药"25%的股权作价人民币2698万元,增资武汉华工大学科技园发展有限公司. 武汉华中科技大产业集团有限公司将其持有的武汉华工电气自动化有限公司21.79%的股权、纳米药业15%的股权作价人民币1013.7万元,增资华大发展.增资后的华大发展注册资本为8636万元人民币,武汉华中科技大产业集团有限公司持有其46.24%的股份, 为第一大股东;公司持有其36.39%的股份,为第二大股东.

二〇〇二年以来市场表现

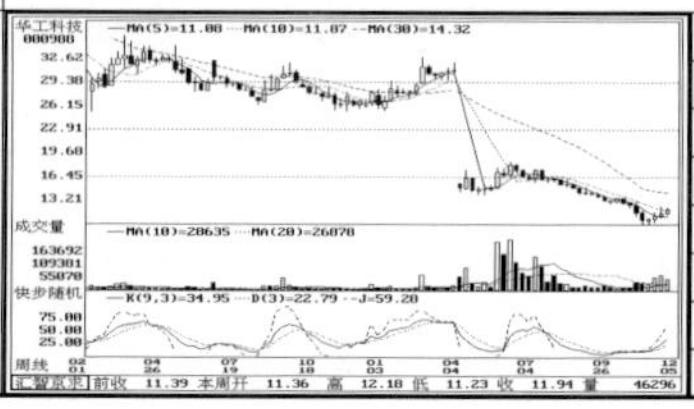

2002年涨跌幅(%)	-25.36
2002年最高(元)	17.76
2002年最低(元)	12.12
2002年换手率(%)	82.37
2003年涨跌幅(%)	-12.05
2003年最高(元)	18.40
2003年最低(元)	9.98
2003年换手率(%)	329.38

湖南九芝堂股份有限公司

公司概况

公司名称	湖南九芝堂股份有限公司			股票代码	000989
注册地址	湖南省长沙市芙蓉中路一段129号			邮政编码	410008
法人代表	余克建			董秘	汪崇湘
电话	0731-4499759			传真	0731-4499905
主营业务	生产销售药品、销售医疗器械、副食品等				
总股本	21820.82	流通A	10300.22	流通B	流通H
审计单位				审计意见	未审计

主要财务指标

年度	2003.9	2003.6	2002	2001
每股收益/扣除后(元)	0.2270	0.2440	0.3740	0.3740
每股经营现金流量(元)	0.2300	0.2300	0.5650	0.6300
每股净资产/调整后(元)	4.7730	3.1750	2.9500	3.7500
每股公积金(元)	3.4804	1.8776	1.8776	2.7372
净资产收益率(%)	5.2200	7.3700	12.3400	10.4400
总资产(万元)	128905.00	105589.50	101908.58	87196.34
股东权益(万元)	106196.53	55060.59	51002.22	50180.26
未分配利润(万元)	5807.84	4321.21	262.84	474.18
主营收入(万元)	74831.47	52314.71	90513.09	70968.77
资本公积金(万元)	75944.24	31395.15	31395.15	35206.08
主营利润(万元)	28343.08	21201.97	32979.00	24477.96
其他业务利润(万元)	2.85	-13.40	124.36	2.71
营业利润(万元)	5860.88	4892.78	6809.52	5794.54
投资收益(万元)	91.78	101.63	-68.58	-81.29
补贴收入(万元)	39.05	39.05	275.34	224.84
营业外收支(万元)	1026.37		-3.61	420.33
利润总额(万元)	7018.07	5001.68	7012.67	6358.42
净利润(万元)	5545.00	4058.37	6292.09	5237.04

十大股东

序号	股东名称	股份性质	持股数(万股)	比例(%)
1	长沙九芝堂(集团)有限公司	境内法人股	10155.60	46.54
2	国投创业投资有限公司	国有法人股	1170.00	5.36
3	华宝信托投资有限责任公司	社会公众股	589.65	2.70
4	上海汽车集团财务有限责任公司	社会公众股	520.41	2.38
5	五矿集团财务有限责任公司	社会公众股	384.30	1.76
6	安顺证券投资基金	社会公众股	336.26	1.54
7	上海国际信托投资有限公司	社会公众股	224.18	1.03
8	古丰市国泰建筑实业工程有限公司	社会公众股	148.92	0.68
9	海南湘远工贸有限公司	国有法人股	104.00	0.48
10	上海友明投资管理有限责任公司	社会公众股	96.08	0.44

股东人数	2003.9	2003.6	2002	2001
	32978	27446	26304	27724

近年分配	2002年10股派3.3元	近年配股/增发	2002年中期10股转增3股

重大事项

2003年三季报期内,公司为控股子公司累计1500万元贷款提供担保,其中2002年10月30日起为常德九芝堂医药有限公司担保500万元,2003年5月27日起为海南九芝堂中元药业有限公司提供担保1000万元,担保期均为一年,担保方式为保证. 2003年6月12日,公司新产品肝纤宁颗粒经国家药品监督管理局要求,更名为甲芪肝纤颗粒,并获得中药第三类新药证书及药品注册批件.

二〇〇二年以来市场表现

2002年涨跌幅(%)	-36.75
2002年最高(元)	15.55
2002年最低(元)	9.15
2002年换手率(%)	54.24
2003年涨跌幅(%)	-10.72
2003年最高(元)	13.37
2003年最低(元)	7.50
2003年换手率(%)	155.96

诚志股份有限公司

公司概况

公司名称	诚志股份有限公司			股票代码	000990
注册地址	江西省南昌市庐山中大道60号			邮政编码	330046
法人代表	荣泳霖			董秘	许晓阳
电话	0791-6304746			传真	0791-6304699
主营业务	生命科技、生命保健、生物制药、中药制药、信息软件等产品				
总股本	17925.00	流通A	7200.00	流通B	流通H
审计单位				审计意见	未审计

主要财务指标

年度	2003.9	2003.6	2002	2001
每股收益/扣除后(元)	0.1400	0.1000	0.2490	0.2400
每股经营现金流量(元)	0.2000	0.1530	0.3300	0.1000
每股净资产/调整后(元)	4.1100	4.0470	3.9400	3.6700
每股公积金(元)	2.4074	2.4074	2.4074	2.4074
净资产收益率(%)	4.3000	2.8700	7.7900	6.7700
总资产(万元)	142336.30	147689.45	141021.62	92218.24
股东权益(万元)	74176.60	73086.84	70986.25	66531.51
未分配利润(万元)	9656.04	8566.28	6465.69	3117.00
主营收入(万元)	103178.85	72391.93	81106.07	43871.07
资本公积金(万元)	43153.14	43153.14	43153.14	43153.14
主营利润(万元)	13666.29	9120.87	18005.26	13317.21
其他业务利润(万元)	63.04	54.86	122.30	184.33
营业利润(万元)	3764.78	2757.33	5400.75	5980.88
投资收益(万元)	-29.33	12.94	-69.58	71.07
补贴收入(万元)	726.32	332.45	948.95	370.23
营业外收支(万元)	-67.44	-18.87	153.31	-68.33
利润总额(万元)	4394.34	3083.84	6433.43	6353.86
净利润(万元)	3190.35	2100.59	5530.24	4505.02

十大股东

序号	股东名称	股份性质	持股数(万股)	比例(%)
1	北京清华大学企业集团	国有法人股	5198.25	29.00
2	清华同方股份有限公司	境内法人股	3861.18	21.53
3	鹰潭市经贸国有资产运营公司	国家股	832.91	4.65
4	江西草珊瑚企业(集团)公司	国有法人股	725.42	4.05
5	北京清华科技园发展中心	流通股	266.50	1.50
6	江苏省国际信托投资公司	流通股	95.86	0.53
7	银丰证券投资基金	流通股	54.06	0.30
8	南昌高新区建设开发有限责任公司	境内法人股	53.63	0.30
9	江西省日用品工业总公司	国有法人股	53.63	0.30
10	张金香	流通股	28.19	0.16

股东人数	2003.9	2003.6	2002	2001
	27223	29726	31792	25065

近年分配	2002年10股派0.6元 2001年10股派0.8元	近年配股/增发	不分配不转增

重大事项

2003年5月25日,公司董事会同意对下属子公司北京清华诚志科技发展有限公司增资1亿元人民币并为其向中国建设银行清华园支行申请1.7亿元综合授信额度提供担保;为江西诚志医药营销有限责任公司、诚志生命科技有限公司分别向中国建设银行南昌市阳明支行申请的5000万元流动资金贷款提供担保. 2002年6月8日,公司股东江西合成洗涤剂厂将其持有的本公司832.905万股国家股无偿划转给鹰潭市经贸国有资产运营公司.

二〇〇二年以来市场表现

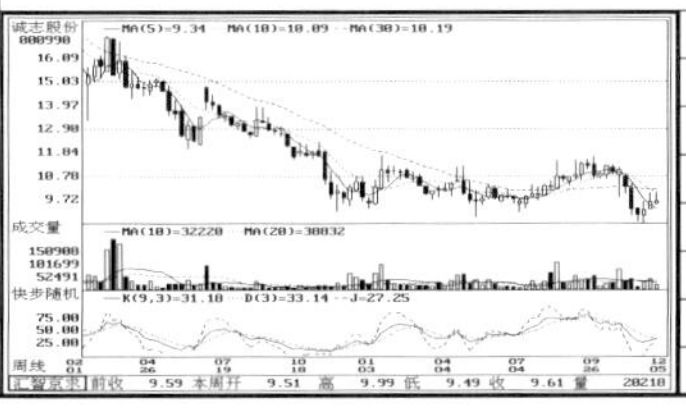

2002年涨跌幅(%)	-44.63
2002年最高(元)	17.01
2002年最低(元)	9.10
2002年换手率(%)	235.82
2003年涨跌幅(%)	2.13
2003年最高(元)	11.65
2003年最低(元)	8.66
2003年换手率(%)	212.39

福建闽东电力股份有限公司

公司概况

公司名称	福建闽东电力股份有限公司	股票代码	000993
注册地址	福建省宁德市蕉城区环城路闽东大广场华隆大厦8-10层	邮政编码	352100
法人代表	翁小巧	董秘	杨建华
电话	0593-2098123	传真	0591-2098993
主营业务	电力生产、开发、电力电器设备的制造及销售等		

总股本	30000.00	流通 A	10000.00	流通 B		流通 H	
审计单位				审计意见	未审计		

主要财务指标

年度	2003.9	2003.6	2002	2001
每股收益/扣除后(元)	0.0090	0.0400	0.0300	-0.0200
每股经营现金流量(元)	-0.2600	-0.1620	0.2300	0.0400
每股净资产/调整后(元)	4.6600	4.6900	4.6700	4.7400
每股公积金(元)		3.7452	3.7452	3.7418
净资产收益率(%)	0.1030	0.7300	1.5600	2.0000
总资产(万元)	269272.50	265567.06	242334.19	217589.52
股东权益(万元)	145394.34	146116.72	145017.70	144340.56
未分配利润(万元)	328.18	1240.32	148.86	47.08
主营收入(万元)	15285.68	12027.26	23026.94	22206.09
资本公积金(万元)	112355.03	112355.03	112255.10	112255.10
主营利润(万元)	6341.47	5829.41	11755.34	11122.11
其他业务利润(万元)	259.60	225.39	508.19	210.31
营业利润(万元)	-630.85	1311.66	2432.17	1116.90
投资收益(万元)	938.17	837.35	935.23	2688.11
补贴收入(万元)				
营业外收支(万元)	-118.12		-379.89	-170.79
利润总额(万元)	189.19	2045.42	2987.51	3634.22
净利润(万元)	149.10	1061.24	2256.10	2880.04

十大股东

序号	股东名称	股份性质	持股数(万股)	比例(%)
1	宁德市国有资产投资经营有限公司	国家股	19847.00	66.16
2	上海市黄浦区市政建设有限公司	流通股	209.64	0.70
3	江苏综艺股份有限公司	流通股	196.50	0.65
4	福建省盛德家私装饰有限公司	流通股	78.62	0.26
5	宁德市电力电器厂	社会法人股	45.60	0.15
6	福建省闽东水电综合服务公司	社会法人股	39.00	0.13
7	巨化集团公司	流通股	37.00	0.12
8	宁德市电力勘察设计所	国有法人股	35.80	0.12
9	宁德市昌达输变电工程有限公司	国有法人股	32.60	0.11
10	上海华东实业有限公司	流通股	23.00	0.08

股东人数	2003.9	2003.6	2002	2001
	54314	55665	54291	57528

近年分配	2002年10股派0.6元 2001年10股派0.6元	近年配股/增发	不分配不转增

重大事项

2003年11月22日,公司董事会同意公司、北京大唐发电股份有限公司、福建和盛实业有限公司、山西华富能源投资有限公司四方共同组建福建大唐宁德发电有限责任公司。投资四方均以现金方式投资入股,该公司注册资本金为一期工程总投资额106亿元的20%即21.2亿元,本公司占10%股份,该公司拟投入注册资本金2.12亿元. 2003年9月18日,公司董事会同意公司为泉州市泉港东盛房地产开发有限公司银行贷款3000万元提供担保的议案:该担保方式为连带责任保证,期限二年,并由东盛公司以其自有资产为本公司提供反担保;

二〇〇二年以来市场表现

2002年涨跌幅(%)	-32.02
2002年最高(元)	10.28
2002年最低(元)	6.90
2002年换手率(%)	91.02
2003年涨跌幅(%)	-8.99
2003年最高(元)	8.69
2003年最低(元)	5.41
2003年换手率(%)	121.71

甘肃皇台酒业股份有限公司

公司概况

公司名称	甘肃皇台酒业股份有限公司	股票代码	000995
注册地址	甘肃省武威市新建路55号	邮政编码	733000
法人代表	张景发	董秘	毛宏
电话	0935-6139885	传真	0935-6139888
主营业务	白酒、葡萄酒、酒精的生产、批发、零售等		

总股本	15400.00	流通 A	4400.00	流通 B		流通 H	
审计单位				审计意见	未审计		

主要财务指标

年度	2003.9	2003.6	2002	2001
每股收益/扣除后(元)	-0.2600	-0.0696	-0.0030	-0.0780
每股经营现金流量(元)	0.0240	0.0197	-0.0600	-0.2200
每股净资产/调整后(元)	2.6600	2.8400	3.2000	2.6600
每股公积金(元)	1.8028	1.8028	2.0830	2.0818
净资产收益率(%)	-9.5800	-2.3800	0.4700	0.4200
总资产(万元)	63096.15	65944.80	66845.36	67496.28
股东权益(万元)	42239.71	45208.39	46287.54	45995.55
未分配利润(万元)	-3431.38	-462.70	616.51	495.20
主营收入(万元)	4108.49	2676.29	10548.62	12110.20
资本公积金(万元)	27762.58	27762.58	29162.51	29144.88
主营利润(万元)	749.81	463.62	3807.99	5040.83
其他业务利润(万元)	-14.39	40.35	197.60	59.09
营业利润(万元)	-4064.05	-1070.97	600.63	-168.29
投资收益(万元)				309.22
补贴收入(万元)	25.00	5.00	244.66	600.00
营业外收支(万元)	-17.56	-12.16	11.77	-112.99
利润总额(万元)	-4056.05	-1078.13	857.06	627.94
净利润(万元)	-4047.90	-1079.21	217.48	191.45

十大股东

序号	股东名称	股份性质	持股数(万股)	比例(%)
1	北京皇台商贸有限责任公司	国有法人股	10011.93	65.01
2	北京丽泽隆科贸公司	法人股	329.36	2.14
3	上海人民印刷八厂	法人股	329.36	2.14
4	温州天元新技术有限公司	法人股	164.68	1.07
5	安阳市长虹彩印企业集团	法人股	164.68	1.07
6	林旭恩	流通股	18.93	0.12
7	肖娟云	流通股	13.69	0.08
8	中国有色金属工业南华公司	流通股	11.94	0.07
9	杨见能	流通股	8.98	0.05
10	张霆	流通股	8.80	0.05

股东人数	2003.9	2003.6	2002	2001
	24159	24282	23967	26457

近年分配		近年配股/增发	2002年10股转增1股

重大事项

2003年中期,公司董事会、股东大会审议批准变更2万吨DDGS项目,用于收购政策性破产后的甘肃黄羊糖厂,作为变性燃料乙醇项目厂址,运输线的前期投入.本报告期内,公司全面完成了实物资产移交和产权的过户登记工作. 2002年9月5日,公司控股股东北京皇台商贸有限责任公司因贷款将其持有的本公司国有法人法4550万股质押给华夏银行北京分行公主坟支行.

二〇〇二年以来市场表现

2002年涨跌幅(%)	-34.87
2002年最高(元)	12.17
2002年最低(元)	7.84
2002年换手率(%)	121.90
2003年涨跌幅(%)	-33.80
2003年最高(元)	8.99
2003年最低(元)	4.56
2003年换手率(%)	132.93

捷利实业股份有限公司

公司概况

公司名称	捷利实业股份有限公司	股票代码	000996
注册地址	哈尔滨市南岗区宣义街1号	邮政编码	150001
法人代表	姜新	董秘	徐朝武
电话	0451-3608158	传真	0451-3608944
主营业务	国际集装箱公路运输及对俄过境运输等		
总股本	11500.00	流通A	3500.00
流通B		流通H	
审计单位		审计意见	未审计

主要财务指标

年度	2003.9	2003.6	2002	2001
每股收益/扣除后(元)	0.0380	0.0110	-0.0800	0.0840
每股经营现金流量(元)	-0.2600	0.0500	-0.2500	0.0380
每股净资产/调整后(元)	3.4800	3.4400	3.4400	3.6340
每股公积金(元)		2.2577	2.2577	2.2519
净资产收益率(%)	1.1000	0.3200	-0.0600	3.2140
总资产(万元)	54888.41	55234.32	57893.65	54508.14
股东权益(万元)	40025.91	39712.92	39584.97	41862.59
未分配利润(万元)	-504.90	-817.89	-945.83	1454.96
主营收入(万元)	10243.51	6150.18	13815.90	18799.36
资本公积金(万元)		25963.93	25963.93	25896.30
主营利润(万元)	1339.42	851.77	2224.84	3875.59
其他业务利润(万元)	2.61	1.96	22.32	56.06
营业利润(万元)	-547.77	-569.56	-1260.25	1715.32
投资收益(万元)	977.50	679.87	101.00	278.76
补贴收入(万元)			262.11	
营业外收支(万元)	2.02		-1556.72	143.79
利润总额(万元)	431.74	107.93	-2453.86	2137.87
净利润(万元)	440.94	127.94	-2345.25	1345.30

十大股东

序号	股东名称	股份性质	持股数(万股)	比例(%)
1	北京恒利创新投资有限公司	法人股	3280.00	28.52
2	哈尔滨嘉利科技发展有限公司	法人股	3220.00	28.00
3	哈尔滨广信新型材料开发公司	法人股	1500.00	13.04
4	侯海军	流通股	29.25	0.25
5	徐素波	流通股	13.00	0.11
6	深圳市博杰投资发展有限公司	流通股	11.39	0.10
7	邓宏	流通股	11.34	0.10
8	许志明	流通股	10.00	0.09
9	隋玉华	流通股	9.45	0.08
10	中国石化集团北京燕山石油化工有限公司	流通股	8.87	0.08

股东人数	2003.9	2003.6	2002	2001
	24600	25313	25845	28536

近年分配	2001年10股派0.3元	近年配股/增发	不分配不转增

重大事项

2003年11月22日,公司决定受让公司控股子公司深圳市美捷实业有限公司所持七家公司的股权,分别占七家公司股权的90%、95%、90%、90%、80%、80%、20%。受让价格合计为2368.84万元,基准日为2003年7月31日。 2003年11月05日,公司董事会召开,会议同意公司与熊道平签订《股权转让协议》,由熊道平有偿受让公司所持宁都创业投资有限公司8.33%的股份,转让总金额为人民币1000万元.本次交易构成关联交易.

二〇〇二年以来市场表现

2002年涨跌幅(%)	-33.59
2002年最高(元)	16.77
2002年最低(元)	11.02
2002年换手率(%)	79.48
2003年涨跌幅(%)	-28.38
2003年最高(元)	12.88
2003年最低(元)	6.94
2003年换手率(%)	148.44

福建新大陆电脑股份有限公司

公司概况

公司名称	福建新大陆电脑股份有限公司	股票代码	000997
注册地址	福州马尾君竹路83号B座5楼	邮政编码	350005
法人代表	胡钢	董秘	李祖荣
电话	0591-3979880	传真	0591-3979997
主营业务	电子计算机以及其外部设备的制造、销售、租赁等		
总股本	11600.00	流通A	3100.00
流通B		流通H	
审计单位		审计意见	未审计

主要财务指标

年度	2003.9	2003.6	2002	2001
每股收益/扣除后(元)	0.0650	0.0300	0.2800	0.3500
每股经营现金流量(元)	-0.7500	-0.6400	0.4000	0.1000
每股净资产/调整后(元)	5.1740	5.1400	5.1400	5.1400
每股公积金(元)	3.8902	3.8902	3.8902	3.8945
净资产收益率(%)	0.0120	0.4800	6.3400	6.7600
总资产(万元)	87495.89	84633.64	76119.80	72509.94
股东权益(万元)	60733.61	60278.10	59987.26	59711.43
未分配利润(万元)	938.71	483.20	192.37	437.29
主营收入(万元)	22384.22	15224.60	35700.11	46275.22
资本公积金(万元)	45125.91	45125.91	45125.91	45176.06
主营利润(万元)	5126.25	2946.15	9721.09	9834.73
其他业务利润(万元)	48.56	28.99	-4.34	110.78
营业利润(万元)	463.54	23.27	3548.76	4931.21
投资收益(万元)	0.80		555.93	169.67
补贴收入(万元)	267.16	262.35	183.55	22.49
营业外收支(万元)	-2.79	-2.51	3.82	-1.32
利润总额(万元)	728.71	283.11	4292.06	5122.05
净利润(万元)	746.34	290.83	3805.98	4034.42

十大股东

序号	股东名称	股份性质	持股数(万股)	比例(%)
1	福建新大陆科技集团有限公司	境内法人股	6698.00	57.74
2	福建新大陆生物技术股份有限公司	境内法人股	850.00	7.33
3	福建新大陆药业有限公司	境内法人股	510.00	4.40
4	福建新大陆光电薄膜有限公司	境内法人股	170.00	1.47
5	福州开发区新大陆置业有限公司	境内法人股	170.00	1.47
6	北京科希盟科技集团有限公司	境内法人股	102.00	0.88
7	张本义	社会公众股	18.27	0.16
8	李予荣	社会公众股	17.91	0.15
9	韩涛	社会公众股	16.76	0.14
10	王桂青	社会公众股	15.28	0.13

股东人数	2003.9	2003.6	2002	2001
	16367	17495	18649	21603

近年分配	2002年10股派3元 2001年10股派0.3元	近年配股/增发	不分配不转增

重大事项

2003年9月26日,公司董事会同意公司向中国民生银行福州分行申请金额为1亿元人民币、期限1年的综合授信额度. 2003年9月19日,公司于2002年4月23日与德国Jauch Quartz GmbH公司签订了《投资合作协议书》,目前,本次交易已取得了国家发展改革委员会、国家外汇管理局、及福建省对外贸易经济合作厅等有关政府主管机关的批准,本次交易完成后,公司持有JQG公司12%的股权.

二〇〇二年以来市场表现

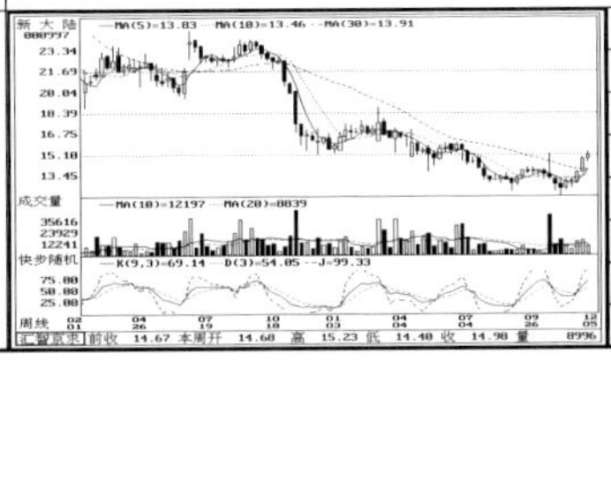

2002年涨跌幅(%)	-30.30
2002年最高(元)	24.69
2002年最低(元)	14.79
2002年换手率(%)	213.46
2003年涨跌幅(%)	-3.68
2003年最高(元)	18.50
2003年最低(元)	11.80
2003年换手率(%)	190.71

袁隆平农业高科技股份有限公司

公司概况

公司名称	袁隆平农业高科技股份有限公司	股票代码	000998
注册地址	长沙市芙蓉区远大二路马坡岭农业高科技园内	邮政编码	410125
法人代表	左连生	董秘	彭光剑
电话	0731-2183880	传真	0731-2181758
主营业务	杂交水稻、蔬菜为主的高科技家作物种子、种苗的培育、繁殖、推广和销售等		
总股本	10500.00	流通 A	5500.00
流通 B		流通 H	
审计单位		审计意见	未审计

主要财务指标

年度	2003.9	2003.6	2002	2001
每股收益/扣除后(元)	0.0300	0.1340	0.1140	0.3650
每股经营现金流量(元)	-0.8700	0.0060	-0.3070	-0.7500
每股净资产/调整后(元)	7.6720	7.6790	7.5630	7.4800
每股公积金(元)	6.3433	6.3433	6.3433	6.2997
净资产收益率(%)	1.4000	1.6370	1.2650	5.1300
总资产(万元)	102928.60	102568.56	103235.23	98490.13
股东权益(万元)	80700.46	80876.81	79552.64	78613.86
未分配利润(万元)	1236.14	1412.48	88.32	21.65
主营收入(万元)	28085.15	20980.92	37459.06	26790.82
资本公积金(万元)	66604.21	66604.21	66604.21	66146.54
主营利润(万元)	6409.73	5007.89	10514.19	7454.30
其他业务利润(万元)	67.12	45.18	53.31	32.36
营业利润(万元)	1393.39	1660.25	2973.27	2361.88
投资收益(万元)	506.13	416.44	-608.67	2078.05
补贴收入(万元)				
营业外收支(万元)	-262.64		-191.75	202.86
利润总额(万元)	1636.89	1990.29	2172.85	4642.79
净利润(万元)	1147.82	1324.16	1006.12	4033.23

十大股东

序号	股东名称	股份性质	持股数(万股)	比例(%)
1	湖南省农业科学院	国有法人股	2650.00	25.24
2	湖南杂交水稻研究中心	国有法人股	1250.00	11.90
3	湖南东方农业产业有限公司	社会法人股	500.00	4.76
4	袁隆平	自然人股	250.00	2.38
5	中国科学院长沙农业现代化研究所	国有法人股	150.00	1.43
6	郴州种业发展有限公司	国有法人股	100.00	0.95
7	湖南省信托投资有限责任公司	国有法人股	100.00	0.95
8	华泰证券有限责任公司	流通股	98.26	0.94
9	华夏成长证券投资基金	流通股	57.44	0.55
10	江苏运通房地产开发有限公司	流通股	16.80	0.16

股东人数	2003.9	2003.6	2002	2001
	52421	53228	57189	63048

近年分配	近年配股/增发
2002年10股派0.5元 2001年10股派3元	不分配不转增

重大事项

2003年三季度，本公司控股子公司安徽隆平高科种业有限公司在2003年4月为其主要销售代理商合肥绿宝种苗有限责任公司担保贷款800万元,方式为单位定期存单质押担保.该笔贷款系合肥绿宝种苗有限责任公司与合肥市商业银行高新支行签订的期限为2003年4月30日起至2003年10月30日的流动资金贷款.本公司发现该笔贷款的风险,并要求其及时还贷. 2002年12月1日,公司董事会同意公司与公司第二大股东湖南杂交水稻研究中心于2002年11月10日签订的《水稻新品种"先恢207"品种权转让协议书》:公司以300万元人民币受让湖南杂交水稻研究中心"先恢207"品种.

二〇〇二年以来市场表现

2002年涨跌幅(%)	-35.84
2002年最高(元)	25.83
2002年最低(元)	16.01
2002年换手率(%)	128.37
2003年涨跌幅(%)	-31.13
2003年最高(元)	18.93
2003年最低(元)	10.14
2003年换手率(%)	93.79

三九医药股份有限公司

公司概况

公司名称	三九医药股份有限公司	股票代码	000999
注册地址	广东省深圳市罗湖区银湖路口	邮政编码	518029
法人代表	赵新先	董秘	周辉
电话	0755-83360999-3579	传真	0755-82118858
主营业务	药品、保健品、医疗器械的开发、生产、销售等		
总股本	97890.00	流通 A	26000.00
流通 B		流通 H	
审计单位		审计意见	未审计

主要财务指标

年度	2003.9	2003.6	2002	2001
每股收益/扣除后(元)	0.1300	0.0950	0.2480	0.1358
每股经营现金流量(元)	0.3900	0.2600	0.6600	0.2000
每股净资产/调整后(元)	2.5000	2.4500	3.0700	3.0500
每股公积金(元)	1.5211	1.5163	2.2712	2.2712
净资产收益率(%)	4.6900	3.4500	6.1100	4.6500
总资产(万元)	797600.87	767490.62	685021.12	659907.44
股东权益(万元)	283663.06	279544.25	269888.09	260389.50
未分配利润(万元)	27936.87	24287.25	14631.10	7669.77
主营收入(万元)	181591.75	118339.16	216753.05	186731.47
资本公积金(万元)	148901.41	148432.19	171022.19	171022.66
主营利润(万元)	81926.94	57782.97	105255.61	94513.65
其他业务利润(万元)	502.22	244.51	565.83	388.81
营业利润(万元)	15368.90	12056.50	19678.07	13986.66
投资收益(万元)	54.04	-1219.39	-1110.25	-1314.65
补贴收入(万元)	29.40	29.40		
营业外收支(万元)	205.89	289.53	353.02	4355.49
利润总额(万元)	15658.23	11156.04	18920.84	17027.50
净利润(万元)	13305.77	9656.15	16501.96	12102.73

十大股东

序号	股东名称	股份性质	持股数(万股)	比例(%)
1	深圳三九药业有限公司	国有法人股	61393.75	62.72
2	三九企业集团	国有法人股	9972.96	10.19
3	内蒙古远兴天然碱股份有限公司	国有法人股	393.29	0.40
4	新疆宏源建信发展有限公司	流通股	326.27	0.33
5	山东省工贸总公司	流通股	219.70	0.22
6	金飞民航经济发展中心	流通股	214.50	0.22
7	中国铁路工程总公司	流通股	195.00	0.20
8	合肥百货大楼股份有限公司	流通股	134.03	0.14
9	丰和价值证券投资基金	流通股	120.85	0.12
10	吉林永兴实业有限公司	流通股	107.25	0.11

股东人数	2003.9	2003.6	2002	2001
	112324	114207	117174	125356

近年分配	近年配股/增发
2002年10股派0.93元 2001年10股派0.4元	2002年10股增3股

重大事项

2003年9月26日，公司董事会同意公司下属子公司三九宜工生化股份有限公司将持有的深圳市三九精细化工有限公司75%的股权与三九企业集团持有的乐山三九长征药业有限公司70.42%的股权进行置换. 2003年9月,本公司接公司最终控股股东三九企业集团通知,内蒙古自治区鄂尔多斯市中级人民法院已做出裁定,"三九企业集团申请对远兴天然碱股份公司已执行该集团所持有的三九医药国有法人股302.5万股予以执行回转一案,决定对此案予以执行回转."该裁定目前尚未执行完毕.

二〇〇二年以来市场表现

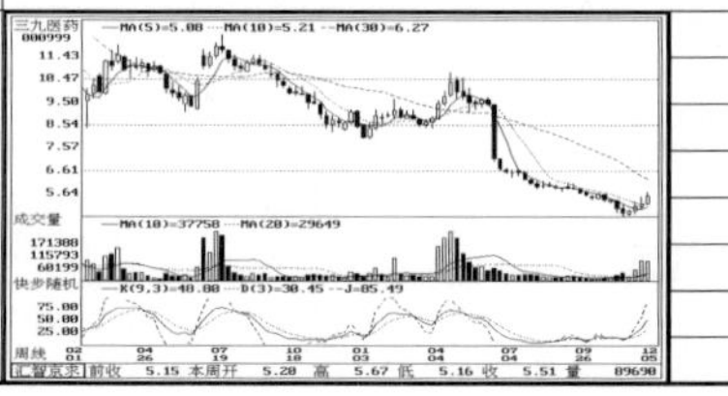

2002年涨跌幅(%)	-26.09
2002年最高(元)	9.47
2002年最低(元)	6.24
2002年换手率(%)	96.47
2003年涨跌幅(%)	-17.73
2003年最高(元)	8.20
2003年最低(元)	4.68
2003年换手率(%)	88.06

成都宗申热动力机械股份有限公司

公司概况

公司名称	成都宗申热动力机械股份有限公司			股票代码	001696		
注册地址	重庆市巴南区炒油场			邮政编码	400054		
法人代表	左宗申			董秘	左毅		
电话	023-66372632			传真	023-66372648		
主营业务	开发、销售各类发动机及其零配件、机械产品、高科技产品等						
总股本	13686.40	流通 A	5158.40	流通 B		流通 H	
审计单位				审计意见	未审计		

主要财务指标

年度	2003.9	2003.6	2002	2001
每股收益/扣除后(元)	0.1094	0.0360	0.0312	–0.0556
每股经营现金流量(元)	0.6810	0.2290	1.3015	0.2935
每股净资产/调整后(元)	0.5099	0.4460	–0.0476	–0.0745
每股公积金(元)	0.3221	0.3161	0.3113	0.2008
净资产收益率(%)	26.1100	15.6200	15.3400	33.2300
总资产(万元)	56765.79	57455.17	38947.41	18857.44
股东权益(万元)	7093.65	6113.83	5092.78	2800.18
未分配利润(万元)	–12692.12	–13589.35	–15000.12	–15492.81
主营收入(万元)	54231.97	24182.85	13975.97	15038.06
资本公积金(万元)	4408.73	4326.14	4260.29	2748.75
主营利润(万元)	5220.34	2038.71	1877.90	1972.11
其他业务利润(万元)	298.12	395.61	1505.96	8.70
营业利润(万元)	2221.67	710.03	1231.73	293.91
投资收益(万元)			2.00	592.50
补贴收入(万元)	462.93	462.93	356.81	113.26
营业外收支(万元)	–127.47		–2.74	–83.97
利润总额(万元)	2557.12	1175.43	1587.81	915.71
净利润(万元)	1852.43	955.20	781.05	930.37

十大股东

序号	股东名称	股份性质	持股数(万股)	比例(%)
1	重庆宗申高速艇开发有限公司	境内法人股	4078.55	29.80
2	重庆国龙实业有限公司	境内法人股	3257.36	23.80
3	重庆爱伦铸造有限公司	境内法人股	602.20	4.40
4	成都联益(集团)有限公司	境内法人股	495.04	3.62
5	付成良	社会公众股	79.10	0.58
6	何天姐	社会公众股	57.75	0.42
7	匡若栋	社会公众股	57.20	0.42
8	成都市双流异型轧钢厂	境内法人股	47.42	0.35
9	成都经益投资有限公司	境内法人股	47.42	0.35
10	蒋建中	社会公众股	46.56	0.34

股东人数	2003.9	2003.6	2002	2001
	11189	10903	11265	13184

近年分配		近年配股/增发	不分配不转增

重大事项

2003 年 **10** 月 **30** 日,公司收到通知,公司第一大股东重庆宗申高速艇开发有限公司于 **2003** 年 **10** 月 **28** 日实施增资扩股,并由重庆市工商行政管理局核发新的营业执照,注册资本金由 **14800** 万元增加到 **20000** 万元. 本公司于 **2003** 年 **9** 月 **17** 日接成都市中级人民法院传票,交通银行成都分行就本公司下属全资附属企业成都初轧厂为本公司原第一大股东成都联益(集团)有限公司贷款五〇〇万元提供担保事宜提起诉讼,请求判令本公司承担连带保证责任,立即归还贷款 **500** 万元本金及利息.

二〇〇二年以来市场表现

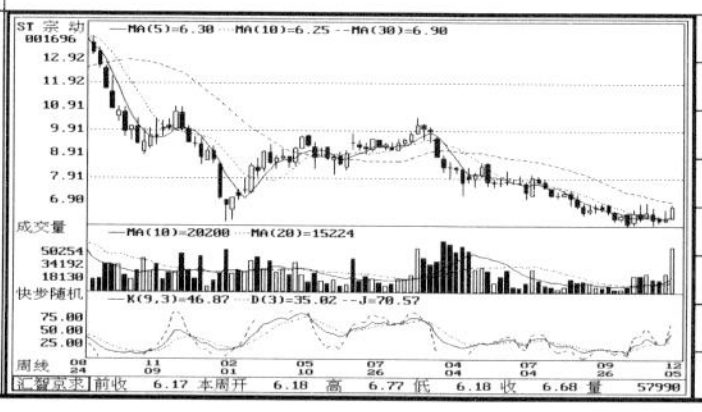

2002年涨跌幅(%)	9.80
2002年最高(元)	10.47
2002年最低(元)	6.03
2002年换手率(%)	172.22
2003年涨跌幅(%)	–37.42
2003年最高(元)	9.68
2003年最低(元)	5.90
2003年换手率(%)	156.56

河南豫能控股股份有限公司

公司概况

公司名称	河南豫能控股股份有限公司			股票代码	001896		
注册地址	郑州高新技术产业开发区合欢街 6 号			邮政编码	450001		
法人代表	李兴佳			董秘	任国胜		
电话	0371-7984649			传真	0371-7984647		
主营业务	电力开发、生产和销售及高新技术开发、推广及服务等						
总股本	43000.00	流通 A	7995.00	流通 B		流通 H	
审计单位				审计意见	未审计		

主要财务指标

年度	2003.9	2003.6	2002	2001
每股收益/扣除后(元)	0.0900	0.0790	0.0970	0.1167
每股经营现金流量(元)	0.0600	–0.1020	0.3750	0.0290
每股净资产/调整后(元)	2.1230	2.1100	2.1000	2.0700
每股公积金(元)	0.7988	0.7988	0.7988	0.7968
净资产收益率(%)	4.3000	3.7000	4.5500	6.1300
总资产(万元)	141378.62	141099.81	135918.95	144342.91
股东权益(万元)	91291.82	90717.46	90328.72	89248.99
未分配利润(万元)	865.53	292.17	582.64	387.13
主营收入(万元)	38767.75	27011.24	47469.16	43033.31
资本公积金(万元)	34347.97	34347.97	34347.97	34263.77
主营利润(万元)	8917.11	7095.49	14051.60	13031.04
其他业务利润(万元)	27.20	18.67	179.27	445.29
营业利润(万元)	3736.13	2953.30	6966.27	6102.22
投资收益(万元)	1141.46	1161.08	–1524.27	865.66
补贴收入(万元)	4.61	4.61	22.15	
营业外收支(万元)	–62.66		–59.39	–68.29
利润总额(万元)	4819.54	4075.52	5404.76	6899.59
净利润(万元)	3925.30	3359.74	4114.02	5474.01

十大股东

序号	股东名称	股份性质	持股数(万股)	比例(%)
1	河南省建设投资总公司	国家股	16100.00	37.44
2	河南省电力公司	国有法人股	14000.00	32.56
3	国家电力公司华中公司	国有法人股	3500.00	8.14
4	焦作市投资公司	国家股	1400.00	3.26
5	景福证券投资基金	流通股	114.50	0.27
6	国元证券有限责任公司	流通股	99.91	0.23
7	景博证券投资基金	流通股	75.61	0.18
8	孙旭	流通股	24.96	0.06
9	普丰证券投资基金	流通股	22.33	0.05
10	王晨	流通股	22.24	0.05

股东人数	2003.9	2003.6	2002	2001
	42338	42926	45585	47638

近年分配	2003年中 10 股派 0.7 元 2002 年 10 派 0.7 元 2001 年 10 派 1 元	近年配股/增发	不分配不转增

重大事项

2003 年 **8** 月 **21** 日,董、监事会同意公司、河南省建设投资总公司与香港诚利有限公司拟合资建设郑州新力电力有限公司三期 **2×200MW** 供热机组扩建工程;郑新三期扩建工程预计动态总投资为 **177330** 万元,工程注册资本占总投资的 **25%**,为 **44332** 万元;公司按 **30%** 的比例认缴注册资本金,即 **13300** 万元。 **2002** 年 **12** 月 **13** 日,中德邦资产控股有限公司将因委托理财造成损失,无力按期偿还公司的 **2062** 万元欠款转为对公司债务;上海金尔顿投资发展有限公司将因委托理财造成损失,无力按期偿还公司控股的河南豫能高科技投资发展有限公司的 **3612** 万元欠款转为对豫能高科债务.

二〇〇二年以来市场表现

2002年涨跌幅(%)	–22.48
2002年最高(元)	9.46
2002年最低(元)	5.63
2002年换手率(%)	117.35
2003年涨跌幅(%)	–3.78
2003年最高(元)	8.33
2003年最低(元)	5.61
2003年换手率(%)	94.43

万科企业股份有限公司

公司概况

公司名称	万科企业股份有限公司			股票代码	200002		
注册地址	中国深圳市福田区梅林路63号			邮政编码	518049		
法人代表	王石			董秘	肖莉		
电话	0755-25606666			传真	0755-83152041		
主营业务	房地产开发						
总股本	139479.59	流通A	93027.58	流通B	24351.03	流通H	
审计单位				审计意见	未审计		

主要财务指标

年度	2003.9	2003.6	2002	2001
每股收益/扣除后(元)	0.196	0.151	0.610	0.302
每股经营现金流量(元)	-0.930	-0.150	0.200	-1.910
每股净资产/调整后(元)	3.107	3.040	5.360	4.951
每股公积金(元)	1.035	1.004	2.275	2.275
净资产收益率(%)	6.18	4.83	1.20	11.96
总资产(万元)	1024048.81	947321.50	821582.25	648291.19
股东权益(万元)	441587.62	428453.12	338076.91	312409.00
未分配利润(万元)	27600.41	20989.99	1226.96	461.71
主营收入(万元)	326465.53	219069.52	457435.97	445506.47
资本公积金(万元)	144340.12	138916.80	143544.22	143541.27
主营利润(万元)	72231.46	50794.55	88593.91	84111.38
其他业务利润(万元)	544.76	101.91	1672.60	-106.45
营业利润(万元)	37886.91	28719.79	52856.83	29656.93
投资收益(万元)	-314.69	-202.21	-580.29	19830.55
补贴收入(万元)				
营业外收支(万元)	156.40	-91.91	-275.43	697.74
利润总额(万元)	37728.62	28426.67	52001.11	50185.22
净利润(万元)	27291.95	20681.53	38242.13	37374.72

十大股东

序号	股东名称	股份性质	持股数(万股)	比例(%)
1	华润股份有限公司	国有股、法人股	15615.15	11.29
2	CREDIT LYONNAAIS SECURITIES(ASIA)LTD	外资股	3141.71	2.47
3	刘元生	流通股、未流通股	2431.63	1.76
4	HOLY TIME GROUP LINTED	外资股	1449.21	1.05
5	TOYO SECURITIES ASIA LITMITED-A/C CLIENT	外资股	1366.91	0.99
6	万科企业股份有限公司工会委员会	法人股	1179.02	0.85
7	景福证券投资基金	A股	1093.26	0.79
8	华安证券有限责任公司	A股	880.74	0.64
9	南方宝元债券型基金	A股	812.05	0.59
10	内藤证券株式会社	外资股	809.33	0.59

股东人数	2003.9	2003.6	2002	2001
	236362	248117	208473	216370

近年分配	2002年10股派2元 2001年10股派2元	近年配股/增发	2002年10股转增10股

重大事项

2003年**11**月**26**日公司全资附属子公司深圳市万科房地产有限公司拟向新华信托投资股份有限公司申请总额不超过人民币**3**亿元、期限不超过**2**年,利率为年**4.5%**的贷款,用于深圳大梅沙万科东海岸项目的开发。 **2003**年**11**月**26**日公司决定将深圳万科置业有限公司所持有的中山市万科房地产有限公司**80%**股权全部转让给集团全资控股子公司万科中国投资有限公司(香港),转让价为资产净值人民币**1600**万元。股权转让完成后,中山公司注册性质将变更为中外合资有限公司;

二〇〇二年以来市场表现

2002年涨跌幅(%)	-27.16
2002年最高(元)	6.69
2002年最低(元)	4.60
2002年换手率(%)	51.76
2003年涨跌幅(%)	25.21
2003年最高(元)	7.34
2003年最低(元)	4.39
2003年换手率(%)	167.27

深圳市物业发展(集团)股份有限公司

公司概况

公司名称	深圳市物业发展(集团)股份有限公司			股票代码	200011		
注册地址	深圳市人民南路国贸大厦39层、42层			邮政编码	518014		
法人代表	田承刚			董秘	郭玉梅		
电话	0755-82211020			传真	0755-82210610		
主营业务	房地产开发经营。						
总股本	54179.92	流通A	9135.50	流通B	6145.93	流通H	
审计单位				审计意见			

主要财务指标

年度	2003.9	2003.6	2002	2001
每股收益/扣除后(元)	0.0189	0.0136	0.0662	0.1530
每股经营现金流量(元)	-0.0700	0.0090	-0.0640	0.2470
每股净资产/调整后(元)	0.2600	0.2510	0.6240	0.1290
每股公积金(元)	0.6230	0.6230	0.6230	0.5648
净资产收益率(%)	0.0400	2.2400	10.5200	30.2200
总资产(万元)	279961.34	273632.72	260797.94	244863.37
股东权益(万元)	35059.26	34563.24	33790.37	28588.06
未分配利润(万元)	-59167.28	-59663.31	-60436.17	-63025.47
主营收入(万元)	36646.16	24985.14	78128.50	102163.94
资本公积金(万元)	33754.71	33754.71	33754.71	30600.78
主营利润(万元)	10453.27	6637.16	22658.31	28795.72
其他业务利润(万元)	-144.09	-83.13	1172.25	383.15
营业利润(万元)	1499.33	894.93	4370.17	11302.61
投资收益(万元)	225.88	109.88	-1526.58	-1104.16
补贴收入(万元)				
营业外收支(万元)		38.20	1607.30	378.40
利润总额(万元)	1970.16	1043.00	4450.89	10576.86
净利润(万元)	1268.89	772.87	3462.22	8638.59

十大股东

序号	股东名称	股份性质	持股数(万股)	比例(%)
1	深圳市建设投资控股公司	国家股	32374.77	59.75
2	深圳市投资管理公司	国家股	5662.80	10.45
3	深圳市国贸物业管理公司工会	法人股	251.68	0.46
4	深圳经济特区免税商品公司	法人股	157.30	0.29
5	上海肇达投资咨询有限公司	法人股	101.00	0.19
6	中国深圳国际合作股份有限公司	法人股	88.72	0.16
7	大鹏证券有限责任公司	法人股	78.65	0.15
8	上海昆凌工贸有限公司	法人股	62.92	0.12
9	游贤惠	未披露	62.52	0.11
10	上海宝钢国际经济贸易有限公司	未披露	50.82	0.09

股东人数	2003.9	2003.6	2002	2001
	46301	46977	48577	47000

近年分配		近年配股/增发	不分配不转增

重大事项

2003年**8**月**21**日公司日前与招商银行在深圳签署了《深圳市房地产买卖合同》,将公司位于深圳市福田区福强路福民大厦裙楼一层商层以及福民大厦裙楼一层书店共计建筑面积**2851.34**平方米的物业出售让给招商银行。 **2003**年**7**月**17**日,深圳旭通达拍卖有限公司对公司全资子公司深圳市国贸物业管理公司的债务人深圳罗湖大酒店有限公司的资产举行了公开拍卖会,最终以人民币**7350**万元竞拍成交。

二〇〇二年以来市场表现

2002年涨跌幅(%)	-35.13
2002年最高(元)	9.03
2002年最低(元)	4.90
2002年换手率(%)	226.56
2003年涨跌幅(%)	-22.55
2003年最高(元)	6.50
2003年最低(元)	3.96
2003年换手率(%)	137.94

中国南玻科技集团股份有限公司

公司概况

公司名称	中国南玻科技集团股份有限公司			股票代码	200012		
注册地址	中国深圳蛇口工业六路一号南玻大厦			邮政编码	518067		
法人代表	陈潮			董秘	吴国斌		
电话	0755-26860666			传真	0755-26692755		
主营业务	浮法玻璃产品的加工制造等						
总股本	67697.54	流通 A	10716.60	流通 B	29905.26	流通 H	
审计单位				审计意见	未审计		

主要财务指标

年度	2003.9	2003.6	2002	2001
每股收益/扣除后(元)	0.2280	0.1300	0.2259	0.2300
每股经营现金流量(元)	0.4700	0.3300	0.4800	0.5400
每股净资产/调整后(元)	3.0400	2.9500	2.8500	2.7200
每股公积金(元)	1.3501	1.3501	1.3501	1.3501
净资产收益率(%)	7.6500	4.6000	8.5600	8.1900
总资产(万元)	342808.87	325090.78	296761.31	269896.09
股东权益(万元)	206597.30	199971.80	197493.91	184650.78
未分配利润(万元)	25290.87	18668.03	18611.51	5751.71
主营收入(万元)	94735.86	56903.50	105540.17	104099.85
资本公积金(万元)	91399.04	91398.52	91398.52	91398.52
主营利润(万元)	34160.32	20269.00	40451.00	37623.10
其他业务利润(万元)	117.27	49.11	285.51	358.92
营业利润(万元)	17677.16	10132.97	85161.31	18243.64
投资收益(万元)	21.07	14.62	-260.59	28.87
补贴收入(万元)	22.89	18.44	40.86	324.33
营业外收支(万元)			996.25	-348.89
利润总额(万元)	18065.95	10518.55	19020.16	15574.08
净利润(万元)	15812.35	9189.51	16331.12	15129.72

十大股东

序号	股东名称	股份性质	持股数(万股)	比例(%)
1	怡万实业发展(深圳)有限公司	外资股	8789.84	12.98
2	中国北方工业深圳公司	未流通股	8717.54	12.88
3	新通产实业开发(深圳)有限公司	外资股	7620.46	11.26
4	招商局(玻璃工业)控股有限公司	流通股	1121.76	1.66
5	深圳君安证券有限公司	未流通股	587.84	0.87
6	招商证券股份有限公司	未流通股	380.89	0.56
7	三峡证券股份有限公司	流通股	372.18	0.55
8	深圳市世方商业顾问有限公司	未流通股	191.47	0.28
9	YU CHING	流通股	160.61	0.24
10	NOMURA TB/NOMURA ITM	流通股	150.00	0.22

股东人数	2003.9	2003.6	2002	2001
	60234	61534	53064	42756

近年分配	近年配股/增发
2002年10股派1.5元 2001年末10股派1.3元	不分配不转增

重大事项

2003年10月27日本集团全资企业深圳南玻浮法玻璃有限公司投资2.4亿元人民币与成功香港有限公司合资设立广州南玻玻璃有限公司,在广州建设特种玻璃生产线,现公司决定对南玻玻璃追加投资,本集团以现金形式追加投资3.075亿元人民币,仍持有75%股权; 2002年12月03日公司决议:投资建设彩色滤光片项目,该项目投资总额3200万美元,追加深圳南玻显示器件科技有限公司注册资本800万美元。

二○○二年以来市场表现

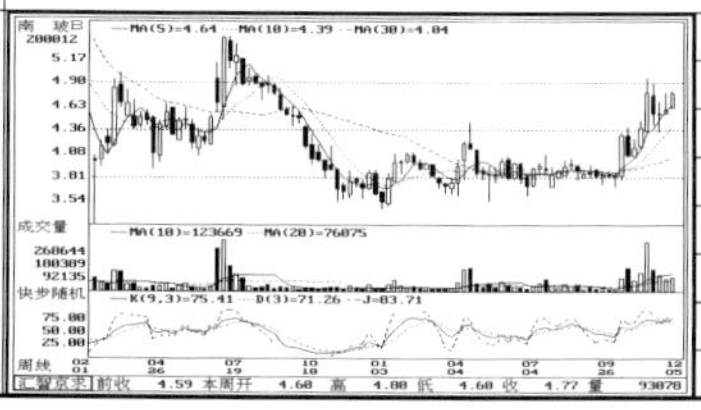

2002年涨跌幅(%)	-26.39
2002年最高(元)	21.13
2002年最低(元)	8.50
2002年换手率(%)	301.38
2003年涨跌幅(%)	-13.36
2003年最高(元)	13.10
2003年最低(元)	6.81
2003年换手率(%)	497.53

深圳石化工业集团股份有限公司

公司概况

公司名称	深圳石化工业集团股份有限公司			股票代码	200013		
注册地址	深圳市红荔西路石化大厦			邮政编码	518129		
法人代表	辛宇			董秘	蔡建平		
电话	0755-84190844			传真	0755-84190844		
主营业务	化工新材、精细化工、生物工程						
总股本	30335.50	流通 A	5132.40	流通 B	3276.00	流通 H	
审计单位				审计意见	未审计		

主要财务指标

年度	2003.9	2003.6	2002	2001
每股收益/扣除后(元)	-0.2200	-0.1100	-0.4504	-2.3530
每股经营现金流量(元)	0.4070	0.0071	0.4800	0.0260
每股净资产/调整后(元)	-7.5000	-7.3000	-6.9100	-5.5200
每股公积金(元)	0.7705	0.7705	0.7705	0.7701
净资产收益率(%)		-4.8830	-21.3140	-95.7870
总资产(万元)	49873.15	49873.15	74069.32	100669.98
股东权益(万元)	-226092.67	-220466.48	-209700.06	-164531.20
未分配利润(万元)	-279316.50	-273690.31	-262923.91	-218228.30
主营收入(万元)	38036.73	28888.43	61467.81	72409.36
资本公积金(万元)	23373.14	23373.14	23373.14	23361.59
主营利润(万元)	5330.10	4258.26	9353.69	13225.29
其他业务利润(万元)	363.19	254.95	488.20	122.06
营业利润(万元)	-9699.03	-3551.08	-16908.35	-68132.91
投资收益(万元)	-2238.63	-101.00	-433.10	-9723.75
补贴收入(万元)			31.55	2.48
营业外收支(万元)	-7156.70	-7480.89	-30907.28	-79702.94
利润总额(万元)	-19094.36	-11132.96	-48217.19	-157557.12
净利润(万元)	-16392.61	-10766.43	-44695.60	-157599.19

十大股东

序号	股东名称	股份性质	持股数(万股)	比例(%)
1	深圳石化集团有限公司	国家股	16454.66	54.24
2	中国平安保险股份有限公司	法人股	2340.00	7.71
3	国通证券有限责任公司	法人股	1938.05	6.39
4	深圳晶业塑胶有限公司	法人股	220.88	0.73
5	深圳市银地投资股份有限公司	法人股	156.00	0.51
6	泉州市阜康投资顾问有限公司	法人股	156.00	0.51
7	光大证券有限责任公司	法人股	148.49	0.49
8	深圳市中人投资管理有限公司	法人股	93.60	0.31
9	新华信托	法人股	78.00	0.26
10	南海东部石油经济技术开发总公司	法人股	78.00	0.26

股东人数	2003.9	2003.6	2002	2001
	35674	35483	38008	39147

近年分配	近年配股/增发
	不分配不转增

重大事项

杭州恒丰拍卖行有限公司受委托于2003年10月16日下午对深圳石化集团有限公司名下所有的公司国有法人股164546553股(占公司总股本的54.24%)进行公开拍卖.拍卖结果如下:买受人:广州普力奇通信投资有限公司.成交价:每股人民币0.131元. 2003年3月29日广东发展银行深圳分行罗湖支行、深圳发展银行福田支行、工行深圳市福田支行分别向深圳市中级人民法院提交起诉状,请求法院判令公司分别就贷款担保承担连带清偿责任.法院尚未开庭审理.

二○○二年以来市场表现

2002年涨跌幅(%)	-46.61
2002年最高(元)	10.32
2002年最低(元)	4.65
2002年换手率(%)	320.30
2003年涨跌幅(%)	-31.04
2003年最高(元)	6.25
2003年最低(元)	3.22
2003年换手率(%)	427.13

深圳康佳电子(集团)股份有限公司

公司概况

公司名称	深圳康佳电子(集团)股份有限公司			股票代码	200016		
注册地址	深圳市南山区华侨城			邮政编码	518053		
法人代表	任克雷			董秘	陈旭日		
电话	0755-26608866			传真	0755-26600082		
主营业务	彩电、移动电话						
总股本	60198.64	流通 A	22418.20	流通 B	20283.79	流通 H	
审计单位				审计意见	未审计		

主要财务指标

年度	2003.9	2003.6	2002	2001
每股收益/扣除后(元)	0.1100	0.0713	0.0476	-1.1959
每股经营现金流量(元)	0.0300	-0.0900	1.0860	1.2014
每股净资产/调整后(元)	4.8460	4.7700	4.7870	4.5859
每股公积金(元)	3.0755	3.0755	3.0755	3.0454
净资产收益率(%)	1.8270	1.0140	1.2100	-24.1800
总资产(万元)	829085.00	761393.75	700597.44	721173.69
股东权益(万元)	300852.87	298382.37	295350.87	289391.31
未分配利润(万元)	-61285.47	-58439.99	-61466.42	-65478.91
主营收入(万元)	899835.69	600155.12	804165.25	674812.19
资本公积金(万元)	185140.98	185140.98	185140.98	183327.08
主营利润(万元)	127252.44	78937.61	121786.11	56641.48
其他业务利润(万元)	983.74	498.25	1311.88	1107.99
营业利润(万元)	7894.26	4788.91	4841.56	-72746.19
投资收益(万元)	-24.21	-24.21	-5027.07	-27.45
补贴收入(万元)	0.30	0.30	227.52	78.10
营业外收支(万元)	-1266.79	-1251.19	5401.35	3970.12
利润总额(万元)	6603.57	3513.81	5443.36	-68725.42
净利润(万元)	5497.07	3026.44	3559.04	-69979.15

十大股东

序号	股东名称	股份性质	持股数(万股)	比例(%)
1	华侨城集团公司	国有法人股	17494.97	29.06
2	香港华侨城有限公司	流通 B 股	7316.15	12.15
3	香港中旅(集团)有限公司	流通 B 股	4541.63	7.54
4	丰和价值证券投资基金	流通 B 股	581.69	0.96
5	NOMURA TB/NOMURA ITM	流通 B 股	250.00	0.41
6	TOYO SECURITIES ASIA LIMITEDA/C CLIENT	流通 B 股	224.00	0.37
7	南方稳健成长证券投资基金	流通 A 股	194.48	0.32
8	开元证券投资基金	流通 A 股	185.28	0.31
9	隆元证券投资基金	流通 A 股	178.80	0.30
10	辛铭	流通 B 股	124.99	0.21

股东人数	2003.9	2003.6	2002	2001
	155342	151212	162273	178139

近年分配		近年配股/增发	不分配不转增

重大事项

2002 年 4 月 27 日公司与华侨城房地产有限公司于 2001 年 11 月 30 日和 2002 年 4 月 18 日先后签订了《华侨城"锦绣花园三期"房地产项目合作经营协议书》及补充协议,决定投资华侨城"锦绣花园三期"房地产项目。该项目 2001 年 10 月开工,投资总额为 5 亿元人民币。 2001 年 6 月 18 日公司非上市外资股 139036499 股已获中国证监会批准可转为上市流通外资股,香港华侨城有限公司、香港中旅(集团)有限公司、香港港华电子集团有限公司分别持有的本公司非上市外资股 86078883 股、46357616 股、6600000 股,定于 2001 年 6 月 21 日上市流通。

二〇〇二年以来市场表现

2002年涨跌幅(%)	-15.93
2002年最高(元)	10.98
2002年最低(元)	5.81
2002年换手率(%)	184.05
2003年涨跌幅(%)	-0.15
2003年最高(元)	9.48
2003年最低(元)	6.11
2003年换手率(%)	149.63

深圳中华自行车(集团)股份有限公司

公司概况

公司名称	深圳中华自行车(集团)股份有限公司			股票代码	200017		
注册地址	中国广东省深圳市布心路 3008 号			邮政编码	518019		
法人代表	章晓峰			董秘	李海		
电话	0755-25516998			传真	0755-25516620		
主营业务	自行车及零配件的生产与销售						
总股本	47943.30	流通 A	7661.70	流通 B	19806.82	流通 H	
审计单位				审计意见	未审计		

主要财务指标

年度	2003.9	2003.6	2002	2001
每股收益/扣除后(元)	-0.0520	-0.0380	-0.0725	-41880.0000
每股经营现金流量(元)	-0.0140	-0.0140	0.0081	-0.0180
每股净资产/调整后(元)		-4.1330	-4.1359	-4.1550
每股公积金(元)	0.0001	0.0001	0.0001	2.5873
净资产收益率(%)		0.0670	-0.3300	-113.5050
总资产(万元)	47324.76	47437.03	51297.69	56557.51
股东权益(万元)	-198786.95	-198168.98	-200561.00	-198867.78
未分配利润(万元)	-243216.95	-242703.20	-242835.70	-388465.72
主营收入(万元)	7373.72	4006.56	7158.96	5187.53
资本公积金(万元)	2.53	2.53	2.53	124043.01
主营利润(万元)	663.04	265.29	797.58	-1164.12
其他业务利润(万元)	681.52	451.92	861.38	688.14
营业利润(万元)	-2605.31	-1852.42	-3335.26	-197015.23
投资收益(万元)	0.44	0.44	-141.91	-5815.43
补贴收入(万元)				
营业外收支(万元)	2107.78		4055.87	-24361.85
利润总额(万元)	-497.09	119.72	578.69	-227192.52
净利润(万元)	-381.26	132.49	657.54	-225724.42

十大股东

序号	股东名称	股份性质	持股数(万股)	比例(%)
1	中国华融资产管理公司	国有股	6509.84	13.58
2	香港卓润科技有限公司	外资股	6200.39	12.93
3	香港大环自行车有限公司	外资股	2600.00	5.42
4	广东盛润集团股份有限公司	国有股	1896.86	3.96
5	STEPHEN & PARTNERS LIMITED	外资股	1428.12	2.98
6	上海新理益投资管理有限公司	国有股	1120.00	2.34
7	航空信托投资有限责任公司	国有股	1034.00	2.34
8	深圳国际信托投资公司	国有股	600.00	1.25
9	景超投资有限公司	外资股	500.19	1.04
10	XAMMAX INTERNATIONAL LIMIT	外资股	164.56	0.34

股东人数	2003.9	2003.6	2002	2001
	47178	48671	50149	51773

近年分配		近年配股/增发	不分配不转增

重大事项

中国证监会于 2003 年 6 月 18 日核准公司第二大股东香港卓润科技有限公司所持有的公司 62003890 股非上市外资股转为 B 股,自本月 18 日起一年后在深交所 B 股市场上市流通。 深圳市房地产交易中心受深圳市中级人民法院委托于 2002 年 12 月 20 日拍卖了公司位于深圳市罗湖区布心路写字楼 1 栋及宝安区龙华镇油松村 A822-5 号地块及地上建筑物,拍卖成交价合计 8300 万元。

二〇〇二年以来市场表现

2002年涨跌幅(%)	-14.43
2002年最高(元)	7.93
2002年最低(元)	3.40
2002年换手率(%)	456.65
2003年涨跌幅(%)	-21.08
2003年最高(元)	6.15
2003年最低(元)	3.61
2003年换手率(%)	204.35

深圳中冠印染集团股份有限公司

公司概况

公司名称	深圳中冠印染集团股份有限公司	股票代码	200018
注册地址	深圳市人民南路房地产大厦10楼C座	邮政编码	518001
法人代表	胡永峰	董秘	陈星
电话	0755-82323864	传真	0755-82339100
主营业务	纺织品、服装及印染		

总股本	16914.24	流通A	2023.12	流通B	6942.19	流通H	
审计单位				审计意见	未审计		

主要财务指标

年度	2003.9	2003.6	2002	2001
每股收益/扣除后(元)	0.0240	0.0201	0.1400	-0.0290
每股经营现金流量(元)	-0.0200	-0.0015	0.0900	0.0400
每股净资产/调整后(元)	1.8200	1.8130	1.8200	1.8000
每股公积金(元)	0.1757	0.1757	0.1757	0.1757
净资产收益率(%)	1.3080	1.0900	0.4400	0.2740
总资产(万元)	37718.99	37541.35	37644.52	38886.03
股东权益(万元)	31212.17	31144.75	30826.31	30691.52
未分配利润(万元)	885.22	817.80	499.36	384.79
主营收入(万元)	16458.78	9810.81	16173.83	14175.72
资本公积金(万元)	2972.29	2972.29	2972.29	2972.29
主营利润(万元)	1812.03	1194.32	2021.08	1537.45
其他业务利润(万元)	182.87	120.83	113.02	255.50
营业利润(万元)	293.12	366.49	295.93	34.27
投资收益(万元)		1.87	-101.00	103.05
补贴收入(万元)				
营业外收支(万元)		0.20	-2.00	-11.82
利润总额(万元)	445.32	368.56	192.55	125.50
净利润(万元)	408.36	340.94	134.79	84.14

十大股东

序号	股东名称	股份性质	持股数(万股)	比例(%)
1	深圳市华联控股股份有限公司	发起人国家股	4735.99	28.00
2	Style-Success Ltd.	B股	2446.60	14.46
3	深圳市纺织集团股份有限公司	发起人境内法人股	2445.82	14.46
4	华联发展集团有限公司	发起人国家股	767.12	4.54
5	香港富冠投资有限公司	B股	611.46	3.62
6	忻英杰	B股	556.17	3.29
7	刘燎原	B股	214.06	1.27
8	陈松	B股	33.31	0.20
9	霍金霞	B股	27.85	0.16
10	王震	B股	27.82	0.16

股东人数	2003.9	2003.6	2002	2001
	23119	23357	24608	24068

近年分配		近年配股/增发	不分配不转增

重大事项

2003年6月2日,公司所从事的纺织品印染加工、销售及相关管理活动全过程建立的环境管理体系通过深圳市环境管理体系中心认证,有效期至2006年6月1日. 2003年01月04日公司第二大股东深圳市纺织集团股份有限公司将其持有的公司发起人 法人股12,229,115股质押给招商银行深圳深纺大厦支行,为其向该行2000万元贷款提供质押担保,质押股权冻结期限自2002年12月20日起.

二○○二年以来市场表现

2002年涨跌幅(%)	-14.00
2002年最高(元)	17.10
2002年最低(元)	7.15
2002年换手率(%)	434.97
2003年涨跌幅(%)	-27.55
2003年最高(元)	12.76
2003年最低(元)	7.10
2003年换手率(%)	156.11

深圳市深宝实业股份有限公司

公司概况

公司名称	深圳市深宝实业股份有限公司	股票代码	200019
注册地址	深圳笋岗路1002号宝安广场B、C座28层	邮政编码	518020
法人代表	曾湃	董秘	刘雄佳
电话	0755-25507480	传真	0755-25507480
主营业务	调味品、乳酸菌奶		

总股本	18192.31	流通A	3994.07	流通B	2613.60	流通H	
审计单位				审计意见	未审计		

主要财务指标

年度	2003.9	2003.6	2002	2001
每股收益/扣除后(元)	-0.0130	0.0180	-0.0419	-0.1030
每股经营现金流量(元)	-0.0900	0.0640	-0.2070	-0.0660
每股净资产/调整后(元)	1.2570	1.2900	1.5070	1.4480
每股公积金(元)	0.4380	0.4380	0.5891	0.5903
净资产收益率(%)	-2.3880	0.2500	3.9400	3.4700
总资产(万元)	48666.72	49243.98	45269.69	40088.40
股东权益(万元)	26779.12	27487.76	27420.22	32780.59
未分配利润(万元)	-641.10	67.54	-4772.92	165.39
主营收入(万元)	4645.52	3354.52	7736.94	14175.72
资本公积金(万元)	7968.59	7968.59	10717.24	2972.29
主营利润(万元)	1071.36	890.79	1668.14	1537.45
其他业务利润(万元)			283.34	255.50
营业利润(万元)	-3334.93	-1273.82	-2596.15	34.27
投资收益(万元)	2802.31	1394.84	3705.46	103.05
补贴收入(万元)				
营业外收支(万元)		-4.79	31.25	-11.82
利润总额(万元)	-738.78	116.23	1140.56	125.50
净利润(万元)	-639.38	69.26	1079.99	84.14

十大股东

序号	股东名称	股份性质	持股数(万股)	比例(%)
1	深圳市农产品股份有限公司	法人股	6184.85	34.00
2	深圳市投资管理公司	国家股、法人股	5399.01	29.68
3	肖丽珠	流通B股	24.00	0.13
4	LU XIAO 卢晓	流通B股	20.10	0.11
5	黄海琨 WONG HOI KWAN	流通B股	20.00	0.11
6	WISEMAX INTERNATIONAL LIMITED	流通B股	19.71	0.11
7	曾宪报	流通B股	18.97	0.10
8	徐壮国	流通B股	18.63	0.10
9	KOTO TRANSPORT LTD.	流通B股	18.35	0.10
10	YU CHING	流通B股	16.96	0.09

股东人数	2003.9	2003.6	2002	2001
	30501	30880	31231	28993

近年分配	2001年10股派0.5元	近年配股/增发	不分配不转增

重大事项

2003年9月22日中国银行深圳市分行要求公司为广东盛润集团股份有限公司借款的担保事项提供质押物.公司与该行达成协议,同意将公司拥有的深圳市深宝华城食品有限公司51.6%的股权质押给该行. 2003年03月22日公司接到华夏证券有限公司深圳分公司振华路证券营业部的通知,该部根据浙江省婺城区人民法院《民事裁定书》,已将公司持有的南京中央商场股份有限公司的股票3,628,956股过户给金华市金威产权管理服务有限公司.

二○○二年以来市场表现

2002年涨跌幅(%)	-13.37
2002年最高(元)	15.55
2002年最低(元)	6.75
2002年换手率(%)	532.43
2003年涨跌幅(%)	-28.15
2003年最高(元)	11.76
2003年最低(元)	5.90
2003年换手率(%)	284.67

深圳华发电子股份有限公司

公司概况

公司名称	深圳华发电子股份有限公司			股票代码	200020		
注册地址	深圳华发北路411栋			邮政编码	518031		
法人代表	吴德华		董秘	胡建平			
电话	0755-83352207		传真	0755-83352207			
主营业务	彩电、电路板、注塑件						
总股本	28316.12	流通A	5623.96	流通B	10199.58	流通H	
审计单位			审计意见	未审计			

主要财务指标

年度	2003.9	2003.6	2002	2001
每股收益/扣除后(元)	-0.0006	-0.0008	0.0150	-0.0068
每股经营现金流量(元)	0.0500	0.0420	0.0240	0.1400
每股净资产/调整后(元)	0.9700	0.9760	1.0400	0.9800
每股公积金(元)	0.3477	0.3477	0.3477	0.3477
净资产收益率(%)	0.1900	0.1700	1.8200	1.0500
总资产(万元)	49078.55	47750.12	47901.67	45022.57
股东权益(万元)	29455.23	29448.12	29398.52	29077.68
未分配利润(万元)	-16446.13	16453.23	-16502.83	-16823.68
主营收入(万元)	6096.15	3593.44	12896.12	8286.19
资本公积金(万元)	9846.08	9846.08	9846.08	9846.08
主营利润(万元)	359.35	110.34	868.66	240.06
其他业务利润(万元)	1669.49	1184.22	2372.13	1568.48
营业利润(万元)	-15.89	-21.71	425.10	-101.18
投资收益(万元)	53.90	72.60		-90.00
补贴收入(万元)				
营业外收支(万元)	72.60	71.31	110.91	495.77
利润总额(万元)	56.71	49.60	536.01	304.59
净利润(万元)	56.71	49.60	536.01	304.59

十大股东

序号	股东名称	股份性质	持股数(万股)	比例(%)
1	深圳市赛格集团有限公司	A股	6246.29	22.06
2	中国振华电子集团有限公司	A股	6246.29	22.06
3	赛格(香港)有限公司	B股	1656.96	5.85
4	GOOD HOPE CORNER INVESTMENTS LTD	B股	1390.00	4.91
5	ADVANCE FUTURE GROUP LIMITED	B股	797.58	2.82
6	上海佳盈房产开发有限公司	A股	326.43	1.15
7	上海莱思利发型设计室	A股	71.99	0.25
8	上海好佳贸易有限公司	A股	71.00	0.25
9	杨亚红	B股	68.00	0.24
10	尹刚	B股	64.51	0.23

股东人数	2003.9	2003.6	2002	2001
	37046	32871	29053	15409

近年分配		近年配股/增发	不分配不转增

重大事项

2003年8月28日拟通过2003年以公司资产抵押,向银行申请新增借款额度5000万元人民币的议案。 2003年上半年公司在主营业务方面采取多项措施,严格控制生产成本,但由于受行业淡季及非典影响,造成订单不足,产量减少,导致产品成本上升,未能完成预算目标.六月份上述影响已逐步缓解,总体呈现好转的趋势.

二〇〇二年以来市场表现

2002年涨跌幅(%)	-49.91
2002年最高(元)	17.75
2002年最低(元)	8.70
2002年换手率(%)	323.07
2003年涨跌幅(%)	-25.25
2003年最高(元)	10.95
2003年最低(元)	5.42
2003年换手率(%)	617.09

深圳赤湾港航股份有限公司

公司概况

公司名称	深圳赤湾港航股份有限公司			股票代码	200022		
注册地址	中国深圳市赤湾港			邮政编码	518068		
法人代表	王芬		董秘	裴姜媛			
电话	0755-26694620		传真	0755-26684117			
主营业务	集装箱码头、散杂货码头、陆海运输						
总股本	38151.70	流通A	5047.85	流通B	10644.70	流通H	
审计单位			审计意见	未审计			

主要财务指标

年度	2003.9	2003.6	2002	2001
每股收益/扣除后(元)	0.2490	0.3490	0.4919	0.1980
每股经营现金流量(元)	1.0090	0.6140	1.1000	0.5940
每股净资产/调整后(元)	3.6860	3.4290	3.0950	2.8830
每股公积金(元)	1.0654	1.0654	1.0650	1.0643
净资产收益率(%)	16.1600	10.0600	15.4600	7.7900
总资产(万元)	308309.50	300750.50	222211.00	222356.42
股东权益(万元)	141725.52	132099.69	124998.00	111427.17
未分配利润(万元)	24256.20	14630.38	1346.59	1318.28
主营收入(万元)	73648.83	44988.02	73868.74	47585.26
资本公积金(万元)	40644.93	40644.93	40630.94	40603.28
主营利润(万元)	45199.16	26969.52	39303.59	20542.08
其他业务利润(万元)	207.10	441.32	687.69	808.82
营业利润(万元)	15287.98	22212.34	30457.12	11845.29
投资收益(万元)	411.66	56.44	244.89	1213.48
补贴收入(万元)				
营业外收支(万元)	-161.99	-44.55	-442.99	70.80
利润总额(万元)	15525.77	22224.22	30259.02	13129.57
净利润(万元)	22909.62	13283.79	18360.00	8682.92

十大股东

序号	股东名称	股份性质	持股数(万股)	比例(%)
1	中国南山开发(集团)股份有限公司	法人股	22447.00	58.84
2	NEWTON ORIENTAL FUND	B股	388.09	1.02
3	GT PRC FUND	B股	309.99	0.81
4	BTFE-VALUE PARTNERS INTELLIGENT CHINA B SHS FD	B股	295.06	0.77
5	民生证券有限责任公司	A股	254.47	0.67
6	BTFE-BOBL/MANULIFE GLOBAL FUND-CHINAVALUE	B股	223.79	0.59
7	裕阳证券投资基金	A股	189.92	0.50
8	招商证券股份有限公司	A股	178.90	0.47
9	CMBLSA RE INVESCO GT	B股	160.00	0.42
10	CBLDN-CTCL-INVESCO PERPETUAL	B股	150.00	0.39

股东人数	2003.9	2003.6	2002	2001
	30620	40233	53979	61996

近年分配	2002年10股派2.88元 2001年10股派1.02元	近年配股/增发	不分配不转增

重大事项

2003年10月17日 公司直接间接持股100%的子公司深圳赤湾港集装箱有限公司已于日前办理完毕注册资本增资事宜,注册资本由1500万元人民币增至10820万元人民币.该公司的《合同》和《章程》发生相应变更. 2003年9月18日公司之全资子公司赤湾港航(香港)有限公司与深圳赤湾石油基地股份有限公司在深圳赤湾签署了《股权转让协议书》,港航香港公司同意以人民币2076.65万元的价格将其在深圳赤湾持有的全部50%股权及相关债权转让予基地公司.

二〇〇二年以来市场表现

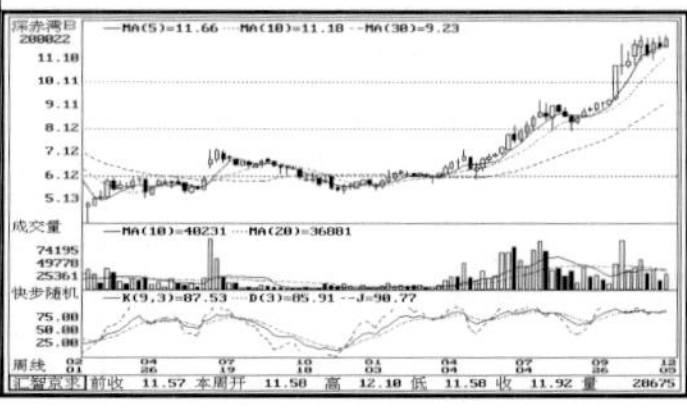

2002年涨跌幅(%)	-6.17
2002年最高(元)	15.29
2002年最低(元)	6.79
2002年换手率(%)	252.41
2003年涨跌幅(%)	52.70
2003年最高(元)	18.21
2003年最低(元)	10.96
2003年换手率(%)	211.73

招商局蛇口控股股份有限公司

公司概况

公司名称	招商局蛇口控股股份有限公司			股票代码	200024		
注册地址	深圳蛇口工业区新时代广场 9 楼			邮政编码	518067		
法人代表	孙承铭	董秘	陈宇				
电话	0755-6819600	传真	0755-6819680				
主营业务	商品房开发、房屋租赁、公用事业						
总股本	47639.60	流通 A	13096.52	流通 B	13622.18	流通 H	
审计单位		审计意见	未审计				

主要财务指标

年度	2003.9	2003.6	2002	2001
每股收益 / 扣除后(元)	0.4210	0.3060	0.5405	0.3980
每股经营现金流量(元)	-0.0530	-0.1050	1.7340	0.0570
每股净资产 / 调整后(元)	5.5070	5.3850	5.0590	4.6560
每股公积金(元)	2.4491	2.4424	2.4424	2.4321
净资产收益率(%)		5.6200	2.1540	7.7750
总资产(万元)	541758.06	523629.97	526896.44	469261.91
股东权益(万元)	264848.09	258924.31	244437.09	225027.80
未分配利润(万元)	56309.89	50805.07	36737.62	23283.01
主营收入(万元)	332951.12	211627.31	385415.37	332082.06
资本公积金(万元)	116676.25	116357.05	116357.05	115865.80
主营利润(万元)	38977.18	27332.48	51542.17	51664.80
其他业务利润(万元)	56.30	54.61	98.14	309.39
营业利润(万元)	28371.18	20554.98	37791.04	31523.25
投资收益(万元)	-3558.14	-2282.14	-4250.16	-4528.29
补贴收入(万元)	1600.14	1600.14	1460.65	3258.61
营业外收支(万元)	18.40	1.31	-1425.52	-1109.99
利润总额(万元)	26431.58	19874.29	33576.00	29143.58
净利润(万元)	20051.60	14546.78	24181.58	17496.18

十大股东

序号	股东名称	股份性质	持股数(万股)	比例(%)
1	蛇口工业区	境内发起人法人股	15690.68	32.94
2	香港全天域投资有限公司	境内发起人法人股	5230.23	10.98
3	Foxtrol International Ltd.	境外社会公众股	1540.00	3.23
4	Orienture Investment Ltd.	境外社会公众股	1477.95	3.10
5	洋邦国际有限公司	境外社会公众股	625.62	1.31
6	安顺证券投资基金	境外社会公众股	510.57	1.07
7	CBNY S/A PNC/Skandia Select Fund/China Equity AC	境外社会公众股	266.67	0.56
8	海通证券股份有限公司	境外社会公众股	264.97	0.56
9	华安创新证券投资基金	境外社会公众股	201.99	0.42
10	安信证券投资基金	境外社会公众股	187.53	0.39

股东人数	2003.9	2003.6	2002	2001
	76760	82635	84111	95451

近年分配	2001年 10 股派 1.2 元	近年配股 / 增发	2002年 10 股配 3 股

重大事项

2003 年 9 月 26 日,公司之控股子公司深圳招商房地产有限公司参加了上海市松江区房屋土地管理局举行的国有土地使用权公开招标活动,以人民币 16,156 万元的竞投价夺得上海市松江区沪亭北路一号地块的使用权。 2003 年 7 月 11 日,公司受让招商局漳州开发区有限公司和招商局漳州开发区公用事业公司 分别所持有的漳州招银房地产有限公司 45% 和 5% 的股权, 完成股权转让后,招银房地产已正式更名为漳州招商房地产有限公司,注册资本由原来的 2000 万元增至 5000 万元.

二〇〇二年以来市场表现

2002年涨跌幅(%)	-21.84
2002年最高(元)	13.76
2002年最低(元)	8.47
2002年换手率(%)	121.59
2003年涨跌幅(%)	13.91
2003年最高(元)	11.85
2003年最低(元)	8.50
2003年换手率(%)	148.98

深圳市特力(集团)股份有限公司

公司概况

公司名称	深圳市特力(集团)股份有限公司			股票代码	200025		
注册地址	深圳市罗湖区水贝二路 56 号特力大厦三楼			邮政编码	518020		
法人代表	张瑞理	董秘	李春秀				
电话	0755-25536888-360	传真	0755-25536658				
主营业务	汽车销售、维修、检测						
总股本	22028.16	流通 A	3428.51	流通 B	2640.00	流通 H	
审计单位		审计意见	未审计				

主要财务指标

年度	2003.9	2003.6	2002	2001
每股收益 / 扣除后(元)	-0.0140	-0.0100	-0.1590	0.2900
每股经营现金流量(元)	0.5100	0.3300	0.5500	0.2600
每股净资产 / 调整后(元)	0.0320	0.0240	0.0400	0.2900
每股公积金(元)	0.7743	0.7743	0.7743	0.7605
净资产收益率(%)	-1.0900	-1.7000	-20.1400	1.9300
总资产(万元)	140353.91	130868.78	123223.03	136843.31
股东权益(万元)	23176.03	20076.34	20352.36	26632.72
未分配利润(万元)	-24320.45	-24418.29	-24142.28	-17535.35
主营收入(万元)	97261.61	60378.70	128932.12	70324.49
资本公积金(万元)	17056.81	17056.81	17056.81	16751.62
主营利润(万元)	8737.74	5832.19	11050.80	7964.40
其他业务利润(万元)	356.16	184.38	422.01	1064.92
营业利润(万元)	100.74	22.13	-3248.79	-923.20
投资收益(万元)	173.59	76.53	-489.85	506.75
补贴收入(万元)	13.69		5.24	
营业外收支(万元)	94.47	-4.63	303.14	904.54
利润总额(万元)	382.50	94.03	-3430.26	488.09
净利润(万元)	-221.06	-350.99	-4098.09	514.41

十大股东

序号	股东名称	股份性质	持股数(万股)	比例(%)
1	深圳市经济特区发展(集团)公司	国有股	15958.80	72.45
2	可达尔汽车配件工程公司	流通股	389.29	1.77
3	成德工程有限公司	流通股	201.27	0.91
4	申群燊	流通股	101.58	0.46
5	文灿荣	流通股	81.48	0.37
6	陈海良	流通股	65.14	0.30
7	侯德育	流通股	65.09	0.30
8	温海根	流通股	63.44	0.29
9	陈晃良	流通股	32.61	0.15
10	焦家蔚	流通股	25.80	0.12

股东人数	2003.9	2003.6	2002	2001
	17307	15558	17120	12202

近年分配		近年配股 / 增发	不分配不转增

重大事项

2003 年 9 月 03 日,公司于 2001 年与大股东深圳经济特区发展(集团)公司进行了资产置换,目前置入企业深圳特发华日汽车有限公司 60% 股权归属公司的工商登记手续已办理完毕, 同时董事长的变更手续也已办理完毕.至此,本次资产置换工作已全部完成. 2003 年 01 月 28 日,公司第一大股东深圳经济特区发展(集团)公司持有公司法人股因深圳市商业银行上步支行诉深圳市金泉实业有限公司、深圳市中财投资发展有限公司、深圳经济特区发展(集团)公司一案,被深圳市中级人民法院冻结,占公司股份的 72.45%,冻结期限为 1 年.

二〇〇二年以来市场表现

2002年涨跌幅(%)	-46.34
2002年最高(元)	11.82
2002年最低(元)	6.03
2002年换手率(%)	312.44
2003年涨跌幅(%)	-22.57
2003年最高(元)	9.16
2003年最低(元)	4.51
2003年换手率(%)	562.38

深圳市飞亚达(集团)股份有限公司

公司概况

公司名称	深圳市飞亚达(集团)股份有限公司	股票代码	200026
注册地址	深圳市振华路163号飞亚达大厦	邮政编码	518031
法人代表	吴光权	董秘	郝惠文
电话	0755-83217888-8218	传真	0755-83348369
主营业务	钟表及其零配件的设计、开发和销售		
总股本	24931.80	流通A 6075.00	流通B 5832.00 流通H
审计单位		审计意见	未审计

主要财务指标

年度	2003.9	2003.6	2002	2001
每股收益/扣除后(元)		0.0170	-0.3127	0.0150
每股经营现金流量(元)	-0.0100	-0.0180	0.0940	0.2600
每股净资产/调整后(元)	1.9940	1.9900	1.9600	2.2500
每股公积金(元)	0.7665	0.7665	0.7665	0.7665
净资产收益率(%)	1.4100	1.1800	-15.1700	1.9300
总资产(万元)	56634.71	56702.64	56668.14	72584.58
股东权益(万元)	51764.54	51644.72	51036.83	58780.30
未分配利润(万元)	-5324.88	-5444.71	-6052.60	1690.87
主营收入(万元)	13369.38	9790.55	20624.13	21981.38
资本公积金(万元)	19110.85	19110.85	19110.85	19110.85
主营利润(万元)	4637.11	3441.56	7466.84	8141.76
其他业务利润(万元)	1158.42	801.27	1492.29	1914.26
营业利润(万元)	58.41	-126.31	-7757.07	1332.66
投资收益(万元)	621.85	636.34	139.15	190.98
补贴收入(万元)				
营业外收支(万元)	-31.06	178.59	-75.50	76.37
利润总额(万元)	827.79	688.61	-7542.42	1600.02
净利润(万元)	727.71	607.89	-7743.47	1132.28

十大股东

序号	股东名称	股份性质	持股数(万股)	比例(%)
1	深圳中航实业股份有限公司	发起法人股	13024.80	52.24
2	陈杰兴	流通B股	120.00	0.48
3	XU AILAN	流通B股	96.00	0.39
4	江虹	流通B股	61.59	0.25
5	林芝华	流通B股	53.20	0.21
6	中国平保(香港)	流通B股	48.49	0.19
7	陈海良	流通B股	39.93	0.16
8	林鸿波	流通B股	36.29	0.15
9	邱和云	流通A股	32.54	0.13
10	杨源洲	流通B股	28.59	0.11

股东人数	2003.9	2003.6	2002	2001
	15280	15545		16578

近年分配	2001年10股派0.5元	近年配股/增发	不分配不转增

重大事项

2003年11月4日,公司于2002年11月1日与新华信托投资股份有限公司签订《资金信托合同》,信托理财金额8,000万元,期限一年。目前,该信托理财合同已履行完毕,该项合同之全部本金及应得收益合计人民币8,640万元均已收回。 2002年7月06日公司控股股东深圳中航实业股份有限公司于2001年12月7日与北京北大方正集团公司签署之《股权转让协议》,已终止履行。公司曾于2001年12月7日与方正(香港)有限公司签署了《关于组建合资公司的框加架协议书》,现双方同意终止协议,取消上述计划。

二〇〇二年以来市场表现

2002年涨跌幅(%)	-6.97
2002年最高(元)	18.45
2002年最低(元)	14.95
2002年换手率(%)	112.34
2003年涨跌幅(%)	-38.27
2003年最高(元)	16.77
2003年最低(元)	9.00
2003年换手率(%)	91.20

深圳一致药业股份有限公司

公司概况

公司名称	深圳一致药业股份有限公司	股票代码	200028
注册地址	深圳福田区八卦四路15号一致药业大厦	邮政编码	518029
法人代表	郭原	董秘	陈常兵
电话	0755-25875195	传真	0755-25875166
主营业务	化学药制剂、抗生素制剂		
总股本	28814.94	流通A 5488.56	流通B 5488.56 流通H
审计单位		审计意见	未审计

主要财务指标

年度	2003.9	2003.6	2002	2001
每股收益/扣除后(元)	0.0250	0.0220	-0.0171	0.1130
每股经营现金流量(元)	0.0770	-0.0200	0.1000	0.2470
每股净资产/调整后(元)	1.0360	1.0360	0.9970	0.9750
每股公积金(元)	0.0547	0.0547	0.0547	0.0546
净资产收益率(%)	2.2560	1.8600	1.4800	10.3200
总资产(万元)	100560.38	118471.85	105259.70	111816.92
股东权益(万元)	33348.37	33404.70	33333.51	35400.90
未分配利润(万元)	629.66	498.88	-122.52	787.48
主营收入(万元)	141094.42	100472.22	186993.77	166867.50
资本公积金(万元)	1576.03	1576.03	1576.03	1573.50
主营利润(万元)	33106.02	23664.27	41039.71	45965.44
其他业务利润(万元)	760.23	475.34	704.06	679.66
营业利润(万元)	1335.83	938.64	-426.94	3049.09
投资收益(万元)	-962.68	-626.95	-333.46	-582.49
补贴收入(万元)			437.07	435.19
营业外收支(万元)	19.59		531.08	1710.24
利润总额(万元)	392.74	307.10	207.76	4612.04
净利润(万元)	752.17	621.40	492.28	3651.72

十大股东

序号	股东名称	股份性质	持股数(万股)	比例(%)
1	深圳市投资管理公司	国家股	12486.47	43.33
2	深圳市宝安区石岩镇经济发展总公司	法人股	2607.07	9.05
3	深圳市宝安上屋经济发展有限公司	法人股	1394.28	4.84
4	深圳市网纵实业有限公司	法人股	530.32	1.84
5	南京君悦投资咨询有限公司	法人股	500.00	1.74
6	山东康同电器有限公司	流通A股	204.62	0.71
7	CHAN PONG HUNG	流通B股	173.86	0.60
8	无锡市华信投资管理有限公司	法人股	139.68	0.48
9	吴彩玉	流通A股	129.44	0.45
10	昆明天豪舞台声光工程有限公司	流通A股	122.00	0.35

股东人数	2003.9	2003.6	2002	2001
	30105	30335	25568	15633

近年分配		近年配股/增发	不分配不转增

重大事项

2003年10月25日 公司收到广东省深圳市中级人民法院《民事判决书》,姚旭(原告)诉公司关联方深圳市医药生产供应总公司以及公司和公司属下子公司深圳市一致医药连锁有限公司有关"一致"图形和文字的著作权侵权纠纷一案,现已审理终结。法院判决:驳回原告的诉讼请求,案件受理费由原告承担。 2003年01月8日,中国国际经济贸易仲裁委员会深圳分会就格兰泰(香港)有限公司诉贸易公司拖欠货款及违约金事项裁决如下:贸易公司共支付尚欠货款、违约金共计2,736,751.23美元。

二〇〇二年以来市场表现

2002年涨跌幅(%)	-49.42
2002年最高(元)	16.37
2002年最低(元)	7.85
2002年换手率(%)	299.52
2003年涨跌幅(%)	-30.13
2003年最高(元)	10.79
2003年最低(元)	5.08
2003年换手率(%)	362.30

深圳经济特区房地产(集团)股份有限公司

公司概况

公司名称	深圳经济特区房地产(集团)股份有限公司			股票代码	200029		
注册地址	深圳人民南路 3005 号深房广场 47 楼			邮政编码	518001		
法人代表	邵志和			董秘	陈继		
电话	0755-82293000-4715			传真	0755-82294024		
主营业务	房地产开发及商品房销售						
总股本	101166.00	流通 A	14784.00	流通 B	12000.00	流通 H	
审计单位				审计意见	未审计		

主要财务指标

年度	2003.9	2003.6	2002	2001
每股收益/扣除后(元)	-0.0390	-0.0270	-0.1638	-0.4908
每股经营现金流量(元)	0.0810	0.0230	0.0769	0.0700
每股净资产/调整后(元)	0.9517	0.9646	1.0068	0.8800
每股公积金(元)	0.8518	0.8518	0.8518	0.8517
净资产收益率(%)	-4.0550	-2.7100	1.3590	-52.7200
总资产(万元)	286253.75	288899.78	300098.66	347321.25
股东权益(万元)	99283.04	100586.16	103308.98	101908.18
未分配利润(万元)	-96819.93	-95516.82	-92794.00	-94198.41
主营收入(万元)	64359.31	55863.16	74805.21	61625.14
资本公积金(万元)	86168.91	86168.91	86168.91	86161.52
主营利润(万元)	8754.21	-1733.37	12898.41	17468.31
其他业务利润(万元)	1726.47	856.91	1928.13	2215.95
营业利润(万元)	-4163.54	-2941.83	-14006.40	-46027.26
投资收益(万元)	249.07	259.21	15587.68	-3579.39
补贴收入(万元)				
营业外收支(万元)	-55.03		-62.17	-4150.88
利润总额(万元)	-3969.51	-2703.18	1519.11	-53757.53
净利润(万元)	-4025.93	-2722.81	1658.47	-53728.04

十大股东

序号	股东名称	股份性质	持股数(万股)	比例(%)
1	深圳市建设投资控股公司	国家股	74382.00	73.52
2	CBNY S PNC SELECTFUND EQUITY AC	流通 B 股	289.14	0.29
3	CHU KOON YUK	流通 B 股	72.00	0.07
4	SHUM YIP KWAN WING DEVELOPMENT LTD	流通 B 股	62.36	0.06
5	ORE BURNS (AUSTRALIA)PTY.LIMITED	流通 B 股	60.00	0.06
6	海通证券(香港)有限公司	流通 B 股	58.19	0.06
7	普丰证券投资基金	流通 A 股	58.08	0.06
8	张旭彬	流通 B 股	50.00	0.05
9	杨耀初	流通 B 股	44.00	0.04
10	LAI KONG SUNG 黎抗生	流通 B 股	40.93	0.04

股东人数	2003.9	2003.6	2002	2001
	112918	117231	114058	124664

近年分配		近年配股/增发	不分配不转增

重大事项

2003 年 5 月 17 日 公司收到子公司美国加州长城地产公司诉 S.Y 公司及 YING YU 的判决书,裁定长城公司是百老汇街 744-788 号土地的业主;裁定 YING YU 代表 S.Y 公司签署抵押给加州国际银行的契约无效;裁定长城公司可向被告 S.Y 公司及 YING YU 索偿诉讼费 54125 美元。 2002 年 10 月 24 日 公司董事会同意公司全资子公司(香港)新峰企业有限公司将持有的超飞有限公司 100%股权全部转让给盈多有限公司的议案。

二〇〇二年以来市场表现

2002年涨跌幅(%)	16.27
2002年最高(元)	12.20
2002年最低(元)	4.04
2002年换手率(%)	872.37
2003年涨跌幅(%)	-16.30
2003年最高(元)	10.60
2003年最低(元)	4.83
2003年换手率(%)	461.75

广东盛润集团股份有限公司

公司概况

公司名称	广东盛润集团股份有限公司			股票代码	200030		
注册地址	中国广东省深圳市华强北路			邮政编码	518031		
法人代表	杨奋勃			董秘	敖迎春		
电话	0755-83361666-209			传真	0755-83204588		
主营业务	物业经营及管理						
总股本	28842.00	流通 A	4026.00	流通 B	3960.00	流通 H	
审计单位				审计意见	未审计		

主要财务指标

年度	2003.9	2003.6	2002	2001
每股收益/扣除后(元)	-0.0160	-0.0696	-0.9436	-2.1800
每股经营现金流量(元)	-0.0350	-0.0070	-0.0067	0.1080
每股净资产/调整后(元)	-5.5850	-5.3160	-5.2897	-3.3900
每股公积金(元)		1.2703	1.2703	1.2250
净资产收益率(%)		0.0670	-37.1420	-102.4300
总资产(万元)	36668.45	19250.75	20325.81	44449.38
股东权益(万元)	-153493.48	-152443.23	-152516.55	-97176.92
未分配利润(万元)	-232433.27	-231677.20	-231779.45	-175130.94
主营收入(万元)	3558.16	485.73	671.18	51419.32
资本公积金(万元)		36638.07	36638.07	35332.01
主营利润(万元)	1031.67	280.03	525.45	6402.22
其他业务利润(万元)	62.18		593.88	344.39
营业利润(万元)	-2673.29	-1998.12	-24123.62	-53556.30
投资收益(万元)	2229.45	2142.82	-1475.75	-3266.10
补贴收入(万元)				6.40
营业外收支(万元)	-80.51		-31049.19	-41318.08
利润总额(万元)	-524.35	111.64	-56648.56	-98134.09
净利润(万元)	-547.92	102.26	-56648.52	-99537.92

十大股东

序号	股东名称	股份性质	持股数(万股)	比例(%)
1	深圳市投资管理公司	发起人国家股	19140.00	66.36
2	深圳市有色金属财务有限公司	境内法人股	528.00	1.83
3	深圳国际信托投资公司	境内法人股	528.00	1.83
4	CHINA EVERBRIGE HOLDINGSCO.LTD	流通股	422.62	1.47
5	深圳华晟达投资控股有限公司	境内法人股	396.00	1.37
6	深圳国银投资发展有限公司	境内法人股	264.00	0.92
7	文灿荣	流通股	59.77	0.21
8	谢文豪	流通股	56.36	0.20
9	郑杰	流通股	37.00	0.13
10	钟善文	流通股	27.65	0.10

股东人数	2003.9	2003.6	2002	2001
	12117	10143	14771	10655

近年分配		近年配股/增发	不分配不转增

重大事项

2003 年 10 月 24 日公司第一大股东深圳市投资管理公司拟将其持有的 19140 万股股权划转给深圳市莱英达集团有限责任公司,目前该项股权划转已报国务院国有资产监督管理委员会审批。 2003 年 03 月 26 日公司持有深圳市莱英达工贸有限公司 32%的股权, 该公司工会委员会将其持有该公司 20%的股权委托给公司进行归口管理,这样公司持有和托管该公司的股权达 52%;且公司委派四位董事担任该公司董事,对其有实际的控股权。

二〇〇二年以来市场表现

2002年涨跌幅(%)	-49.42
2002年最高(元)	11.01
2002年最低(元)	5.01
2002年换手率(%)	326.11
2003年涨跌幅(%)	-35.17
2003年最高(元)	6.98
2003年最低(元)	3.18
2003年换手率(%)	557.19

深圳南山热电股份有限公司

公司概况

公司名称	深圳南山热电股份有限公司				股票代码	200037	
注册地址	广东深圳市南山区月亮湾大道18号				邮政编码	518054	
法人代表	刘德雨			董秘	傅博		
电话	0755-26053852			传真	0755-26072818		
主营业务	供电、供热						
总股本	54796.60	流通A	6484.61	流通B	10856.59	流通H	
审计单位				审计意见	未审计		

主要财务指标

年度	2003.9	2003.6	2002	2001
每股收益/扣除后(元)	0.5200	0.3100	0.7017	0.3400
每股经营现金流量(元)	0.2890	0.0850	1.4300	0.7000
每股净资产/调整后(元)	2.5500	2.7300	1.9000	1.6500
每股公积金(元)	0.4487	0.4487	0.3934	0.3933
净资产收益率(%)	20.2000	11.2300	35.0300	22.3800
总资产(万元)	218266.98	214415.67	202916.17	155674.52
股东权益(万元)	141960.16	151993.19	104429.88	90845.20
未分配利润(万元)	39832.81	28223.45	6665.38	45.00
主营收入(万元)	132698.36	80373.78	162290.50	108409.33
资本公积金(万元)	24587.44	24587.44	21554.36	21551.62
主营利润(万元)	30131.21	17446.77	53480.49	26461.95
其他业务利润(万元)	805.46	823.21	-48.74	-46.26
营业利润(万元)	27536.04	16077.81	47735.50	23392.29
投资收益(万元)			-104.62	-101.76
补贴收入(万元)	3690.51	3690.51	4670.50	4149.17
营业外收支(万元)	2.55	-0.06	-1191.23	-364.05
利润总额(万元)	31229.11	19768.27	51110.16	27075.65
净利润(万元)	28682.16	17072.80	36578.39	20327.15

十大股东

序号	股东名称	股份性质	持股数(万股)	比例(%)
1	深圳市广聚电力投资有限公司	法人股	12584.57	22.97
2	香港南海洋行(国际)有限公司	外资法人股	8374.84	15.28
3	深圳市能源集团有限公司	法人股	6269.73	11.44
4	深圳国电科技发展有限公司	法人股	5470.92	9.98
5	腾达置业有限公司	外资法人股	4755.33	8.68
6	西部证券股份有限公司	A股	973.59	1.78
7	广发证券股份有限公司	A股	207.47	0.38
8	国泰金鹰增长证券投资基金	A股	167.13	0.31
9	渤海证券有限责任公司	A股	146.14	0.27
10	鸿阳证券投资基金	A股	125.03	0.23

股东人数	2003.9	2003.6	2002	2001
	27174	28770	35756	29908

近年分配	2002年10股派4.2元 2001年10股派3.1元	近年配股/增发	不分配不转增

重大事项

2003年10月23日,深圳市经济贸易局、深圳市财政局、深圳市国家税务局、深圳市地方税务局联合发文,认定公司燃机"以大代小"技改二期工程项目为2003年深圳市享受税收优惠政策的资源综合利用项目,享受税收优惠政策的资格的有效期共两年。 2003年8月8日,公司与中山市电力开发公司签定了《关于中山发电厂和中山中发电力有限公司的股权转让和资产、债务重组的原则协议》.同意由公司按协议规定以承债方式受让中山发电厂80%的出资人权益和中山中发电力有限公司75%的股权,并在股权转让完成后两公司之间进行资产重组.

二〇〇二年以来市场表现

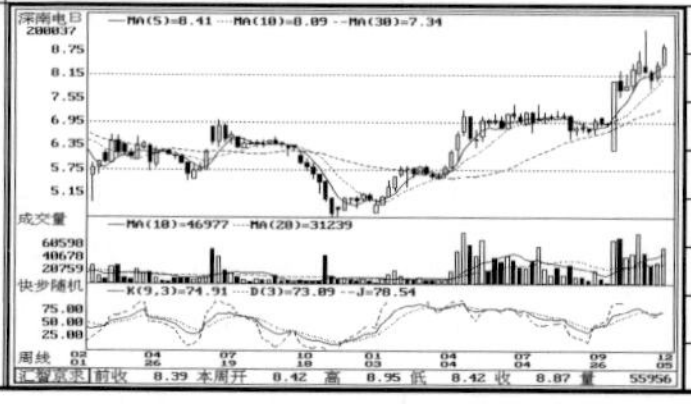

2002年涨跌幅(%)	-24.80
2002年最高(元)	13.87
2002年最低(元)	9.28
2002年换手率(%)	171.09
2003年涨跌幅(%)	37.86
2003年最高(元)	15.16
2003年最低(元)	9.18
2003年换手率(%)	232.68

中国国际海运集装箱(集团)股份有限公司

公司概况

公司名称	中国国际海运集装箱(集团)股份有限公司				股票代码	200039	
注册地址	广东省深圳市蛇口工业区金融中心五楼				邮政编码	:51806	
法人代表	李建红			董秘	吴发沛		
电话	0755-26691130			传真	0755-26826579		
主营业务	集装箱运输						
总股本	51030.21	流通A	6898.69	流通B	21360.57	流通H	
审计单位				审计意见	未审计		

主要财务指标

年度	2003.9	2003.6	2002	2001
每股收益/扣除后(元)	1.1100	0.6400	1.0107	1.6900
每股经营现金流量(元)	0.5400	-0.6900	-1.1300	-0.5930
每股净资产/调整后(元)	6.6300	6.1800	5.5200	6.9000
每股公积金(元)	1.2205	1.2205	1.2179	1.8261
净资产收益率(%)	16.6600	10.5070	16.2890	22.6600
总资产(万元)	902026.25	909958.25	773722.75	593685.06
股东权益(万元)	342675.56	319026.87	285372.94	239605.22
未分配利润(万元)	111289.90	87634.53	54214.63	33010.07
主营收入(万元)	1002850.12	632734.31	907867.19	676550.69
资本公积金(万元)	62283.51	62283.51	62149.74	62124.22
主营利润(万元)	131820.61	78880.30	122585.71	156940.87
其他业务利润(万元)	6558.35	4454.69	5644.86	4323.10
营业利润(万元)	68868.56	40462.74	57965.62	65659.18
投资收益(万元)	1406.65	1529.65	10106.65	7154.03
补贴收入(万元)	1260.01	770.35	1013.28	1519.97
营业外收支(万元)	67.13	95.95	-7002.72	-4858.82
利润总额(万元)	71602.35	42858.70	62082.84	69474.35
净利润(万元)	57073.26	33520.17	46485.46	54300.67

十大股东

序号	股东名称	股份性质	持股数(万股)	比例(%)
1	中国远洋运输(集团)总公司	发起人境内法人股	10231.34	20.05
2	招商局货柜工业有限公司	发起人境外法人股	10231.34	20.05
3	FAIR OAKS DEVELOPMENT LIMITED	境外社会公众股	3827.87	7.50
4	PROFIT CROWN ASSETS LIMITED	发起人境外法人股	2273.63	4.46
5	华夏成长证券投资基金	境内社会公众股	1089.97	2.14
6	ENERGING MARKETS GROWTH FUND,INC.	境外社会公众股	620.55	1.22
7	LONG HONOUR INVESTMENTS LIMITED	境外社会公众股	599.48	1.17
8	裕元证券投资基金	境内社会公众股	479.68	0.94
9	GT PRC FUND	境外社会公众股	459.99	0.90
10	CITRINE CAPITAL LIMITED	境外社会公众股	433.28	0.85

股东人数	2003.9	2003.6	2002	2001
	41560	45435	54640	51327

近年分配	2001年10股派5元	近年配股/增发	不分配不转增

重大事项

2003年6月23日,公司及其附属子公司近期进行了一系列收购活动.1)收购扬州通华专用车股份有限公司和扬州兴华机械有限公司13.5%的股权. 2)收购济南考格尔特种汽车有限公司的48%股权.3)购买美国HPA MONON CORPORATION的资产. 2002年12月24日,公司和公司两全资子公司中集天达空港设备有限公司、中集(香港) 有限公司与广州新白云国际机场南航基地迁建工程指挥部及南航进出口贸易公司签署了"新白云国际机场航空货运中心货运处理设备"的供货合同,合同总金额为1921.6万美元.

二〇〇二年以来市场表现

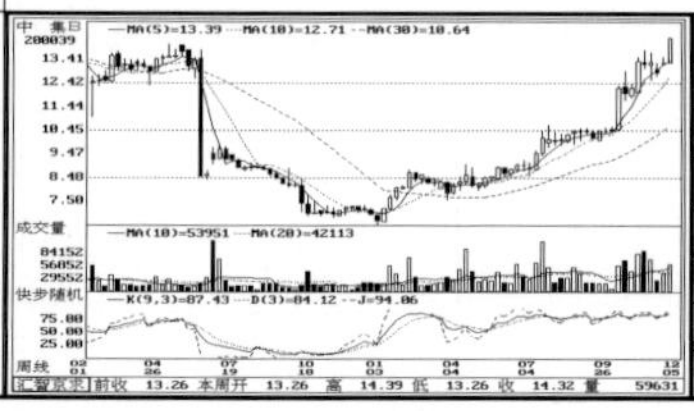

2002年涨跌幅(%)	-18.12
2002年最高(元)	18.89
2002年最低(元)	13.98
2002年换手率(%)	127.33
2003年涨跌幅(%)	16.25
2003年最高(元)	17.78
2003年最低(元)	13.30
2003年换手率(%)	143.99

深圳本鲁克斯实业股份有限公司

公司概况

公司名称	深圳本鲁克斯实业股份有限公司	股票代码	200041
注册地址	深圳市南山区南油中兴工业城 11 栋	邮政编码	518054
法人代表	黄先锋	董秘	沈焰雷
电话	0755-26068614	传真	0755-26068031
主营业务	计算机软盘和其他磁记录产品以及塑料配件等		
总股本	6050.00	流通 A	
流通 B	1573.00	流通 H	
审计单位		审计意见	未审计

主要财务指标

年度	2003.9	2003.6	2002	2001
每股收益/扣除后(元)	0.0170	0.0200	0.0500	0.1300
每股经营现金流量(元)	0.0400	-0.1200	0.2400	-0.0400
每股净资产/调整后(元)	1.9600	1.9300	1.9100	2.0200
每股公积金(元)		0.4933	0.4933	0.4933
净资产收益率(%)	0.8300	1.0000	2.3300	6.1200
总资产(万元)	29421.48	29367.51	26214.47	27107.14
股东权益(万元)	12637.14	12659.79	12532.77	13105.69
未分配利润(万元)	430.76	453.41	326.39	-131.99
主营收入(万元)	2945.35	2259.76	5693.87	6671.39
资本公积金(万元)		2984.72	2984.72	2984.72
主营利润(万元)	1154.53	870.22	2541.00	2871.18
其他业务利润(万元)	0.54	0.20	6.13	1.58
营业利润(万元)	216.70	229.22	731.90	1363.85
投资收益(万元)	9.17	6.11	12.22	13.07
补贴收入(万元)				
营业外收支(万元)	-0.38	0.34	21.38	2.06
利润总额(万元)	225.49	234.99	765.50	1378.98
净利润(万元)	104.37	127.02	292.17	801.64

十大股东

序号	股东名称	股份性质	持股数(万股)	比例(%)
1	蛇口汉盛电子有限公司	发起人股	1955.81	32.33
2	香港佳利精密制造有限公司	发起人股	1424.73	23.55
3	武汉华兴电子有限公司	发起人股	847.30	14.00
4	香港捷利音响工业有限公司	发起人股	103.96	1.72
5	汪燕	流通股	30.00	0.50
6	CHEUNG,HON HING	流通股	23.56	0.39
7	KOTO TRANSPORT LTD	流通股	20.00	0.33
8	王俊刚	流通股	18.58	0.31
9	谢暴	流通股	11.70	0.19
10	区国华	流通股	10.31	0.17

股东人数	2003.9	2003.6	2002	2001
	5728	5654	5735	5117

近年分配		近年配股/增发	不分配不转增

重大事项

2002 年 11 月 16 日,公司第一大股东蛇口汉盛电子有限公司为公司之下属子公司深圳市厚元医疗器械有限公司在华夏银行深圳分行益田支行所申请的贷款提供抵押担保. 因厚元医疗未能按期偿还有关贷款,目前深圳市中院已正式冻结了蛇口汉盛所持有的公司股票 19558077 股,冻结金额以人民币 20,250,294 元为限,冻结期限为 6 个月. 2001 年 12 月 15 日,公司第三大股东武汉华兴电子有限公司已将其所持有的本公司发起人股 8473001 股质押给华夏银行广州分行,质押期一年。

二〇〇二年以来市场表现

2002年涨跌幅(%)	-39.71
2002年最高(元)	14.00
2002年最低(元)	8.24
2002年换手率(%)	112.11
2003年涨跌幅(%)	-19.23
2003年最高(元)	9.48
2003年最低(元)	5.91
2003年换手率(%)	74.79

深圳市纺织(集团)股份有限公司

公司概况

公司名称	深圳市纺织(集团)股份有限公司	股票代码	200045
注册地址	深圳市华强北路三号深纺大厦六楼	邮政编码	518031
法人代表	管同科	董秘	晁晋
电话	0755-3776043	传真	0755-3776139
主营业务	纺织、服装		
总股本	16341.60	流通 A	2217.60
流通 B	3300.00	流通 H	
审计单位		审计意见	未审计

主要财务指标

年度	2003.9	2003.6	2002	2001
每股收益/扣除后(元)	0.1200	0.0760	0.1380	0.1420
每股经营现金流量(元)	-0.4500	-0.4070	0.2400	0.1760
每股净资产/调整后(元)	1.9400	1.8900	1.8100	1.7900
每股公积金(元)	0.7771	0.7771	0.7771	1.0273
净资产收益率(%)	6.2500	3.9200	0.3900	8.3000
总资产(万元)	67356.48	68128.76	74696.86	73501.91
股东权益(万元)	32518.66	31728.19	30474.66	30364.40
未分配利润(万元)	2133.86	1343.39	100.29	-4621.71
主营收入(万元)	33250.63	22378.93	45747.97	34388.42
资本公积金(万元)	12699.43	12699.43	12699.43	16788.49
主营利润(万元)	6396.03	4123.37	8948.06	7661.78
其他业务利润(万元)	81.01	53.08	413.56	210.85
营业利润(万元)	1376.94	750.04	748.92	422.28
投资收益(万元)	728.56	554.76	1742.42	2096.08
补贴收入(万元)	57.51	4.81	233.83	13.62
营业外收支(万元)	16.47	-4.28	-2366.49	184.00
利润总额(万元)	2179.47	1305.32	358.67	2716.70
净利润(万元)	2033.57	1243.10	117.99	2520.17

十大股东

序号	股东名称	股份性质	持股数(万股)	比例(%)
1	深圳市投资管理公司	国有股	10824.00	66.24
2	宝钢集团上海五钢有限公司	流通 A 股	78.67	0.48
3	庄尚义	流通 A 股	70.43	0.43
4	庄美丽	流通 A 股	39.17	0.24
5	VICTOR ONWARDPRINTING-DYEING (HK)CO.,LTD	流通 B 股	37.00	0.23
6	周建国	流通 A 股	26.54	0.16
7	上海成开集团有限公司	流通 A 股	26.25	0.16
8	陈俊娣	流通 A 股	18.67	0.11
9	韦小洁	流通 A 股	17.32	0.11
10	肖丽珠	流通 B 股	16.70	0.10

股东人数	2003.9	2003.6	2002	2001
	20669	20250	19945	20146

近年分配		近年配股/增发	不分配不转增

重大事项

2003 年 11 月 19 日公司第一大股东深圳市投资管理公司与中国东方资产管理公司签署了国有股权转让协议,内容如下: 1)甲方将所持有的公司总股本 13.12% 的股份转让给乙方, 转让价款总额为人民币 39,986,062 元.2)该协议经双方法定代表人或授权代表签字并经有关管理机关批准后生效,乙方在协议生效后的 10 个工作日内将上述转让价款汇入甲方指定帐户. 2003 年 02 月 22 日公司第一大股东深圳市投资管理公司持有的公司法人股 108,240,000 股因其担保借款纠纷于 2002 年 12 月 24 日被该院司法冻结.

二〇〇二年以来市场表现

2002年涨跌幅(%)	-27.04
2002年最高(元)	17.25
2002年最低(元)	10.48
2002年换手率(%)	206.64
2003年涨跌幅(%)	-32.24
2003年最高(元)	13.30
2003年最低(元)	7.22
2003年换手率(%)	177.08

深圳赤湾石油基地股份有限公司

公司概况

公司名称	深圳赤湾石油基地股份有限公司		股票代码	200053	
注册地址	中国广东省深圳市赤湾		邮政编码	518068	
法人代表	傅育宁		董秘	傅加林	
电话	0755-26694211		传真	0755-26694227	
主营业务	经营码头、港口服务、堆场、仓库及办公楼的租赁业务等				
总股本	23060.00	流通 A		流通 B 11118.00	流通 H
审计单位			审计意见	未审计	

主要财务指标

年度	2003.9	2003.6	2002	2001
每股收益/扣除后(元)	0.2490	0.1640	0.2740	0.2616
每股经营现金流量(元)	0.2000	0.1100	0.3160	0.3670
每股净资产/调整后(元)	2.6150	2.5300	2.3660	2.2200
每股公积金(元)	0.9478	0.9478	0.9478	0.9478
净资产收益率(%)	9.3400	6.3680	11.3050	11.5100
总资产(万元)	66107.62	67280.65	63871.82	61684.47
股东权益(万元)	61410.11	59461.28	55674.98	52284.65
未分配利润(万元)	8468.48	6519.65	2733.35	601.81
主营收入(万元)	8033.08	5462.52	9547.36	10279.76
资本公积金(万元)	21855.82	21855.82	21855.82	21855.82
主营利润(万元)	4665.23	3200.05	5145.83	5725.81
其他业务利润(万元)				
营业利润(万元)	4136.74	2868.97	5050.67	5325.50
投资收益(万元)	2222.66	1351.11	2015.70	1503.96
补贴收入(万元)				
营业外收支(万元)	-4.42		-17.44	-14.80
利润总额(万元)	6354.98	4216.03	7048.93	6814.66
净利润(万元)	5735.13	3786.20	6293.95	6018.06

十大股东

序号	股东名称	股份性质	持股数(万股)	比例(%)
1	中国南山开发(集团)股份有限公司	未流通股	11942.00	51.79
2	OFFSHORE JOINT SERVICES (BASES) COOF SGP PTE LTD	未流通股	5118.00	22.19
3	SEMBCORP LOGISTICS LTD	已流通股	208.71	0.91
4	王美兰	已流通股	75.23	0.33
5	冯汉星	已流通股	32.84	0.14
6	BIN LIANG	已流通股	30.67	0.13
7	周丽卿	已流通股	26.44	0.11
8	深业丽晶有限公司	已流通股	21.50	0.09
9	XU, YUENAN 许跃	已流通股	19.62	0.09
10	LEE, HOI 李海	已流通股	19.15	0.08

股东人数	2003.9	2003.6	2002	2001
	13324	13296	13229	13155

近年分配	近年配股/增发
2002年10股派0.1648美元 2001年10股派0.2206美元	不分配不转增

重大事项

2002年4月20日,公司与上海市宝山区杨行镇人民政府签署了土地批租意向书.上海市宝山区杨行镇人民政府同意向公司批租土地250亩,公司上海物流园区项目首期投资约人民币1.6亿元. 2002年1月22日,中国南山开发(集团)股份有限公司承诺自2002年5月28日后三个工作日内将壹仟万元本金及资金占用费叁拾万元即合计人民币壹仟零叁拾万元一并返还给深圳赤湾石油基地股份有限公司.

二〇〇二年以来市场表现

2002年涨跌幅(%)	-37.72
2002年最高(元)	8.43
2002年最低(元)	4.86
2002年换手率(%)	60.27
2003年涨跌幅(%)	25.71
2003年最高(元)	7.18
2003年最低(元)	4.88
2003年换手率(%)	99.51

重庆建设摩托车股份有限公司

公司概况

公司名称	重庆建设摩托车股份有限公司		股票代码	200054	
注册地址	重庆市九龙坡区谢家湾正街47号		邮政编码	400050	
法人代表	陈永强		董秘	鞠冰	
电话	023-68483175		传真	023-68483175	
主营业务	摩托车、汽车零部件(不含发动机)、普通机械等				
总股本	47750.00	流通 A		流通 B 12000.00	流通 H
审计单位			审计意见	未审计	

主要财务指标

年度	2003.9	2003.6	2002	2001
每股收益/扣除后(元)	-0.0260	-0.0500	-0.3200	-0.3900
每股经营现金流量(元)	0.4330	0.3490	-0.0500	0.1100
每股净资产/调整后(元)	0.2600	0.1000	0.3300	0.1800
每股公积金(元)	1.1377	1.1377	1.1377	1.1101
净资产收益率(%)	-4.1200	-16.5700	-92.6200	-64.0800
总资产(万元)	173470.80	156904.09	110759.80	155294.70
股东权益(万元)	13308.40	11886.40	16309.90	30098.70
未分配利润(万元)	-101333.80	-102755.80	-98332.30	-83225.50
主营收入(万元)	89793.30	49652.90	48895.00	73268.20
资本公积金(万元)	54323.60	54323.60	54323.60	53005.60
主营利润(万元)	4551.00	1599.00	-667.00	-4586.60
其他业务利润(万元)	2016.00	1632.80	3626.30	985.00
营业利润(万元)	-214.10	-1823.00	-15021.10	-18352.00
投资收益(万元)	-126.50	-126.50	-153.40	-179.70
补贴收入(万元)	36.70	35.90		
营业外收支(万元)	114.20	10.00	60.30	-1349.00
利润总额(万元)	-189.70	-1903.60	-15114.20	-19880.70
净利润(万元)	-547.70	-1969.70	-15106.80	-19287.10

十大股东

序号	股东名称	股份性质	持股数(万股)	比例(%)
1	建设工业(集团)有限责任公司	国有法人股	33962.50	71.13
2	中国北方深圳公司	国有法人股	1787.50	3.74
3	MING HUI LUO	流通B股	68.55	0.14
4	石庭波	流通B股	63.38	0.13
5	胡建伟	流通B股	59.69	0.13
6	王永华	流通B股	40.00	0.08
7	徐少凌	流通B股	34.79	0.07
8	陈建豪	流通B股	32.00	0.07
9	沈文阁	流通B股	29.88	0.06
10	尹刚	流通B股	27.97	0.06

股东人数	2003.9	2003.6	2002	2001
	23774	22536	23578	24654

近年分配	近年配股/增发
	不分配不转增

重大事项

2002年11月28日,公司董事会同意公司拟将应收账款价值1.45亿元与建设工业有限责任公司持有重庆北方建设进出口贸易有限责任公司90%股权、重庆平山泰凯有限责任公司49%股权和物质供应公司民品业务及对应资产进行等值置换。 2003年7月29日公司董事会一致同意,鉴于我公司持有深圳嘉年实业股份有限公司26.54%的股权,为第一大股东,深圳市莱英达集团有限责任公司从2003年7月1日起将其持有的嘉年公司19.03%的股权委托给我公司进行归口管理,我公司行使该19.03%股权的经营权和表决权,并履行相应的义务。所以从2003年7月1日起,嘉年公司列入本公司并表范围。

二〇〇二年以来市场表现

2002年涨跌幅(%)	-50.43
2002年最高(元)	4.75
2002年最低(元)	2.11
2002年换手率(%)	119.00
2003年涨跌幅(%)	-16.23
2003年最高(元)	2.68
2003年最低(元)	1.62
2003年换手率(%)	105.19

方大集团股份有限公司

公司概况

公司名称	方大集团股份有限公司			股票代码	200055		
注册地址	深圳市高新区科技南12路方大大厦			邮政编码	518057		
法人代表	熊建明			董秘			
电话	86(755)26788571-6622			传真	86(755)26788353		
主营业务	建筑安装、铝装材及彩板型材等						
总股本	29640.00	流通A	4200.00	流通B	14536.80	流通H	
审计单位				审计意见	未审计		

主要财务指标

年度	2003.9	2003.6	2002	2001
每股收益/扣除后(元)	0.0200	0.0100	-0.5900	0.1200
每股经营现金流量(元)	0.2200	0.0490	-0.1270	0.4840
每股净资产/调整后(元)	2.7700	2.7700	2.7400	3.4500
每股公积金(元)	1.3907	1.3907	1.3907	1.3907
净资产收益率(%)	0.9100	0.3700	-21.0500	3.5100
总资产(万元)	145324.89	142167.77	128647.86	139391.81
股东权益(万元)	83119.93	82667.97	80049.81	102902.35
未分配利润(万元)	3070.12	2618.17	2314.18	22852.55
主营收入(万元)	36733.80	25167.53	43747.39	40695.66
资本公积金(万元)	41220.49	41220.49	41220.49	41220.49
主营利润(万元)	6363.80	3896.12	4700.30	10738.84
其他业务利润(万元)	360.65	151.93	7.20	29.08
营业利润(万元)	734.06	258.01	-17411.36	3828.57
投资收益(万元)	-17.80	-11.42	-319.17	-220.22
补贴收入(万元)	98.29	66.76		
营业外收支(万元)	48.73	36.28	12.80	1254.91
利润总额(万元)	863.28	335.75	-17717.74	4863.25
净利润(万元)	755.94	303.99	-17338.27	3614.76

十大股东

序号	股东名称	股份性质	持股数(万股)	比例(%)
1	邦林公司	法人股	6000.00	20.24
2	时利和公司	法人股	4711.20	15.90
3	集康公司	流通B股	2100.94	7.09
4	北京证券有限公司	流通A股	414.15	1.40
5	深圳市蛇口渔二实业股份有限公司	法人股	192.00	0.65
6	TOK YEK SENG	流通B股	166.63	0.56
7	北京财政证券公司	流通A股	101.87	0.34
8	HOWARD JOHN LOEWEN	流通B股	73.58	0.25
9	蒋旭	流通B股	67.00	0.23
10	黄佩玲	流通B股	63.71	0.22

股东人数	2003.9	2003.6	2002	2001
	42047	42695	43397	42853

近年分配	2002年10股派0.7元 2001年10股派1元	近年配股/增发	不分配不转增

重大事项

2003年10月17日公司和下属全资子公司深圳市方大装饰工程有限公司以及外方合作企业法国法维莱远东有限公司近日中标广州市地下铁道总公司合同总价约为8,163万元人民币的广州市轨道交通三号线屏蔽门系统采购项目,协议将于2003年10月17日签订. 2003年02月26日公司拟建设方大新材料科技园,预计前期投入约4,500万元人民币,有关合作意向正与南昌国家高新技术产业开发区管委会洽谈之中.

二○○二年以来市场表现

2002年涨跌幅(%)	-28.78
2002年最高(元)	14.11
2002年最低(元)	7.63
2002年换手率(%)	248.43
2003年涨跌幅(%)	-18.98
2003年最高(元)	12.41
2003年最低(元)	6.68
2003年换手率(%)	368.27

深圳市国际企业股份有限公司

公司概况

公司名称	深圳市国际企业股份有限公司			股票代码	200056		
注册地址	深圳市人民南路发展中心大厦23层			邮政编码	518001		
法人代表	李锦全			董秘	谢伟		
电话	0755-82281888			传真	0755-82285573		
主营业务	连锁商业零售经营和房地产开发						
总股本	22090.12	流通A	5522.23	流通B	7200.00	流通H	
审计单位				审计意见	未审计		

主要财务指标

年度	2003.9	2003.6	2002	2001
每股收益/扣除后(元)	-0.0080	0.0060	-0.1000	-0.0600
每股经营现金流量(元)	0.0200	-0.0600	0.0400	-0.0800
每股净资产/调整后(元)	1.4500	1.4500	1.4500	1.5100
每股公积金(元)	0.2314	0.2314	0.2314	0.2314
净资产收益率(%)	0.4050	0.3100	-7.4300	5.2900
总资产(万元)	106388.90	105803.51	109541.75	118832.16
股东权益(万元)	33427.36	33396.51	33292.00	37276.30
未分配利润(万元)	-6225.07	-6255.92	-6360.44	-2697.51
主营收入(万元)	9835.91	6692.64	18783.26	30144.98
资本公积金(万元)	5110.97	5110.97	5110.97	5110.97
主营利润(万元)	1671.60	1266.10	3702.82	7929.87
其他业务利润(万元)	997.27	724.21	1418.05	815.06
营业利润(万元)	-372.96	157.94	-2896.50	7929.87
投资收益(万元)	-42.39	-27.45	-140.07	3922.03
补贴收入(万元)				
营业外收支(万元)	376.15		-431.03	-103.35
利润总额(万元)	-39.21	101.98	-3467.61	2916.16
净利润(万元)	135.36	104.52	-2570.67	1970.58

十大股东

序号	股东名称	股份性质	持股数(万股)	比例(%)
1	深圳经济特区发展(集团)公司	国有法人股	4203.53	19.03
2	马来西亚和昌父子有限公司	外资法人股,B股	3026.42	13.70
3	深圳市泰天实业发展公司	境内法人股	1907.54	8.64
4	F.C.(ASIA) HODINGS SDN.BHD.	B股	868.42	3.93
5	LETSCON HOLDINGS SDN.BHD.	B股	576.97	2.61
6	香港盟兴实业有限公司	外资法人股	374.40	1.69
7	马来西亚友企联合有限公司	外资法人股	288.00	1.30
8	大埔和昌化工有限公司	境内法人股	288.00	1.30
9	香港和盛国际贸易公司	外资法人股	288.00	1.30
10	CBNY S/A PNC/SKANDIA SELECT FUND/CHINA EQUITY AC	B股	193.14	0.87

股东人数	2003.9	2003.6	2002	2001
	41423	41660	41380	41893

近年分配		近年配股/增发	不分配不转增

重大事项

2003年7月26日公司近日收到公司第一大股东深圳经济特区发展集团公司传来的深圳市中级人民法院《通知书》,由于经济特区发展集团尚未履行已发生法律效力的民事判决书确定的义务,其持有的公司发起人境内法人股23834756股被查封. 2003年5月23日公司董事会同意公司外资股东马来西亚和昌父子有限公司、香港盟兴实业有限公司、香港和盛国际贸易公司、马来西亚友企联合有限公司所持有的非上市外资股申请转B股流通的决议.公司于2003年6月4召开2002年度股东大会,审议通过以上相关事项.

二○○二年以来市场表现

2002年涨跌幅(%)	-2.52
2002年最高(元)	14.20
2002年最低(元)	5.85
2002年换手率(%)	469.31
2003年涨跌幅(%)	-34.53
2003年最高(元)	11.00
2003年最低(元)	5.00
2003年换手率(%)	241.50

深圳大洋海运股份有限公司

公司概况

公司名称	深圳大洋海运股份有限公司	股票代码	200057
注册地址	深圳福田区电子科技大厦A座1805室	邮政编码	518031
法人代表	吕志耘	董秘	严中宇
电话	0755-83780763	传真	0755-83780771
主营业务	港澳及近洋航线的海上集装箱运输等		

总股本	19800.00	流通A		流通B	7920.00	流通H	
审计单位				审计意见	未审计		

主要财务指标

年度	2003.9	2003.6	2002	2001
每股收益/扣除后(元)		-0.0200	-0.1500	-0.1000
每股经营现金流量(元)			-0.1226	-0.0300
每股净资产/调整后(元)	-0.7710	-0.7600	-0.7400	-0.6800
每股公积金(元)	0.3625	0.3547	0.3547	0.3547
净资产收益率(%)		4.0500	33.9900	11.5060
总资产(万元)	9329.75	9305.55	9330.61	11541.39
股东权益(万元)	-9536.66	-9373.58	-8994.40	-5937.26
未分配利润(万元)	-37772.83	-37455.42	-37076.24	-34019.10
主营收入(万元)				
资本公积金(万元)	7176.82	7022.48	7022.48	7022.48
主营利润(万元)				
其他业务利润(万元)	0.23	0.24	146.54	40.63
营业利润(万元)	-542.20	-379.13	-2874.73	-2019.32
投资收益(万元)				2935.19
补贴收入(万元)				
营业外收支(万元)			-182.42	-232.72
利润总额(万元)	-542.26	-379.19	-3057.14	683.15
净利润(万元)	-542.26	-379.19	-3057.14	683.15

十大股东

序号	股东名称	股份性质	持股数(万股)	比例(%)
1	江西江南信托投资股份有限公司	法人股	4302.33	21.73
2	深圳市东鸥集团有限公司	法人股	3284.37	16.59
3	深圳市东方信达投资有限公司	法人股	2651.67	13.39
4	深圳市东方吉达商业有限公司	法人股	1641.63	8.29
5	许景新	流通B股	113.03	0.57
6	顾群	流通B股	62.70	0.32
7	叶玲芬	流通B股	56.39	0.28
8	BEST RELIANCE	流通B股	53.08	0.27
9	郑婵芬	流通B股	47.97	0.24
10	余慧娴	流通B股	46.73	0.24

股东人数	2003.9	2003.6	2002	2001
	9482	9458	8980	8381

近年分配		近年配股/增发	不分配不转增

重大事项

2003年**9**月**26**日,公司收到深圳市龙岗区人民法院下达的民事裁定书,确认将公司名下位于广东省增城市中新镇广汕路风门坳**120486**平方米综合用地以人民币**723**万元的价格拍卖成交.用以清偿公司因深圳市蛇口大洋集装箱海运有限公司与深圳发展银行龙岗支行**100**万美元借款合同纠纷而承担的连带担保责任. **2003**年**7**月**12**日,公司大股东深圳市东方信达投资有限公司、深圳市东方吉达商业有限公司分别与中国民生银行深圳分行振业支行签订《质押合同》,以其所持有的公司法人股为深业(深圳)工贸发展有限公司向中国民生银行深圳分行振业支行申请人民币四千万元综合授信额度作质押担保,担保期限至额度项下业务结清之日止.

二〇〇二年以来市场表现

2002年涨跌幅(%)	-35.52
2002年最高(元)	4.28
2002年最低(元)	2.06
2002年换手率(%)	164.97
2003年涨跌幅(%)	-14.35
2003年最高(元)	2.81
2003年最低(元)	1.64
2003年换手率(%)	150.28

深圳赛格股份有限公司

公司概况

公司名称	深圳赛格股份有限公司	股票代码	200058
注册地址	深圳市福田区华强北路群星广场A座三十一楼	邮政编码	518028
法人代表	张为民	董秘	郑丹
电话	0755-83747939	传真	0755-83975237
主营业务	彩管类		

总股本	72614.59	流通A	8662.62	流通B	22804.17	流通H	
审计单位				审计意见	未审计		

主要财务指标

年度	2003.9	2003.6	2002	2001
每股收益/扣除后(元)	0.0940	0.0595	0.1262	-0.1820
每股经营现金流量(元)	0.0900	0.0640	0.8980	0.3970
每股净资产/调整后(元)	1.7580	1.6820	1.6610	1.4680
每股公积金(元)	0.5352	0.5352	0.5352	0.8410
净资产收益率(%)	5.1900	3.3600	8.0200	-30.2400
总资产(万元)	376043.12	372006.16	372248.44	345928.97
股东权益(万元)	132479.59	129973.99	125708.68	112030.94
未分配利润(万元)	14310.98	13327.74	8964.73	-42743.67
主营收入(万元)	161399.23	106693.51	220647.08	192224.84
资本公积金(万元)	38865.18	38865.18	38865.18	61069.50
主营利润(万元)	29586.76	18852.57	39152.45	21431.10
其他业务利润(万元)	540.75	331.20	201.94	431.17
营业利润(万元)	8108.52	4975.91	11160.93	-31572.00
投资收益(万元)	2620.13	1592.76	4522.25	-2310.25
补贴收入(万元)			50.00	545.26
营业外收支(万元)	40.81	40.81	2132.54	-6233.63
利润总额(万元)	10769.46	6609.48	17865.72	-39570.61
净利润(万元)	6872.06	4363.00	10081.80	-33876.08

十大股东

序号	股东名称	股份性质	持股数(万股)	比例(%)
1	深圳市赛格集团有限公司	国有法人股	23735.97	32.69
2	广州福达企业集团有限公司	境内法人股	12996.82	17.90
3	上海中南投资管理有限公司	境内法人股	630.00	0.87
4	上海奇乐经贸有限公司	境内法人股	600.00	0.83
5	深圳市生溢实业发展有限公司	境内法人股	500.00	0.69
6	上海泰利科技发展有限公司	境内法人股	400.00	0.55
7	上海新元投资有限公司	境内法人股	360.00	0.50
8	秦皇岛市三元有限责任公司	境内法人股	310.00	0.43
9	上海万通油漆化工有限公司	境内法人股	245.00	0.34
10	郑少生	境内上市外资股	210.75	0.29

股东人数	2003.9	2003.6	2002	2001
	88162	88707	88150	91653

近年分配		近年配股/增发	不分配不转增

重大事项

2003年**7**月**19**日,广州福达公司已将其持有的公司**62,500,000**股境内法人股质押给广东发展银行广州分行,用于办理贷款业务,所质押的股份已从**2003**年**7**月**9**日起冻结. **2003**年**6**月**10**日,公司控股子公司深圳市赛格通信有限公司于**2003**年**6**月**6**日获悉中标深圳地铁一期工程通信无线子系统设备招标项目,中标金额为人民币**52716744**元.赛格通信公司将于三十日内签订相关采购合同.

二〇〇二年以来市场表现

2002年涨跌幅(%)	-0.62
2002年最高(元)	13.21
2002年最低(元)	5.20
2002年换手率(%)	419.36
2003年涨跌幅(%)	-16.15
2003年最高(元)	10.10
2003年最低(元)	5.90
2003年换手率(%)	230.11

山东航空股份有限公司

公司概况

公司名称	山东航空股份有限公司	股票代码	200152
注册地址	山东省济南市遥墙国际机场	邮政编码	250014
法人代表	李俊海	董秘	郑保安
电话	0531-5698678	传真	0531-5698679
主营业务	航空客货运输业务等		
总股本	40000.00	流通 A	
流通 B	14000.00	流通 H	
审计单位		审计意见	未审计

主要财务指标

年度	2003.9	2003.6	2002	2001
每股收益 / 扣除后(元)	-0.0700	-0.3200	-0.1600	0.1100
每股经营现金流量(元)	0.0290	-0.1100	0.1500	0.2400
每股净资产 / 调整后(元)	1.0100	0.7300	1.0100	1.1700
每股公积金(元)	0.2143	0.2143	0.2072	0.1906
净资产收益率(%)	-2.0000	-30.2600	-8.6800	9.7400
总资产(万元)	337552.66	332129.53	332791.22	202789.16
股东权益(万元)	51779.77	40546.42	52532.93	56428.18
未分配利润(万元)	927.28	-10306.07	1961.74	6522.02
主营收入(万元)	118460.46	68114.26	159658.95	131158.44
资本公积金(万元)	8570.27	8570.27	8288.97	7625.81
主营利润(万元)	20861.08	1361.53	26657.29	27117.13
其他业务利润(万元)	548.56	324.69	738.25	729.71
营业利润(万元)	-1127.70	-12309.74	-4253.74	7158.30
投资收益(万元)	28.97	30.10	-2093.83	
补贴收入(万元)			1374.00	
营业外收支(万元)	25.71		125.56	284.46
利润总额(万元)	-1073.03	-12264.28	-4848.01	7442.76
净利润(万元)	-1034.46	-12267.81	-4558.41	5494.17

十大股东

序号	股东名称	股份性质	持股数(万股)	比例(%)
1	山东航空集团有限公司	国有法人股	25920.40	64.80
2	白玲	境内上市外资股	116.51	0.29
3	金斌	境内上市外资股	105.47	0.26
4	吴浩源	境内上市外资股	94.57	0.24
5	BEST RELIANCE INVESTMENT LTD	境内上市外资股	83.37	0.21
6	徐兆欢	境内上市外资股	60.80	0.15
7	李伟光	境内上市外资股	49.00	0.12
8	何治球	境内上市外资股	45.78	0.11
9	张旭彬	境内上市外资股	45.00	0.11
10	马黛玲	境内上市外资股	41.34	0.10

股东人数	2003.9	2003.6	2002	2001
	23501	23721	24064	22627

近年分配	2001年10股派0.6元	近年配股/增发	不分配不转增

重大事项

2003年9月17日,公司接公司控股股东山东航空集团有限公司通知,山航集团拟部分转让其持有的公司股权,转让比例为22.8%。2003年7月4日,公司与深圳金融租赁有限公司签订协议,公司将四架SAAB340B飞机及相关航材设备等出售给深金租,出售价格为人民币180000000元人民币,飞机出售后公司以经营租赁的方式回租,租期为五年.本次交易不构成关联交易.

二〇〇二年以来市场表现

2002年涨跌幅(%)	-36.47
2002年最高(元)	5.73
2002年最低(元)	3.03
2002年换手率(%)	96.52
2003年涨跌幅(%)	12.09
2003年最高(元)	4.54
2003年最低(元)	2.16
2003年换手率(%)	134.63

承德帝贤针纺股份有限公司

公司概况

公司名称	承德帝贤针纺股份有限公司	股票代码	200160
注册地址	河北省承德县下板城镇	邮政编码	067400
法人代表	王淑贤	董秘	陈志国
电话	0314-3115048	传真	0314-3182013
主营业务	各类针织服装及合成丝的生产、加工和销售业务等		
总股本	43860.00	流通 A	
流通 B	23460.00	流通 H	
审计单位		审计意见	未审计

主要财务指标

年度	2003.9	2003.6	2002	2001
每股收益 / 扣除后(元)	0.2540	0.2100	0.3200	0.3100
每股经营现金流量(元)	0.3000	0.2970	0.4400	0.2900
每股净资产 / 调整后(元)	1.5200	1.7200	1.5100	2.0400
每股公积金(元)	0.1043	0.1252	0.1252	0.7332
净资产收益率(%)	16.8600	12.1700	20.8200	15.0000
总资产(万元)	215291.02	207101.20	183966.11	117349.03
股东权益(万元)	66604.46	63047.41	55372.85	44193.70
未分配利润(万元)	14018.95	17771.90	10097.34	4521.91
主营收入(万元)	56330.13	38393.76	46308.79	29028.30
资本公积金(万元)	4575.68	4575.68	4575.68	15764.68
主营利润(万元)	15986.46	10891.42	18072.97	11164.34
其他业务利润(万元)	136.02	86.98	-42.36	201.07
营业利润(万元)	14065.76	9589.79	13924.16	8059.86
投资收益(万元)				
补贴收入(万元)				
营业外收支(万元)	103.52	41.78	4.55	-2.02
利润总额(万元)	14169.28	9631.57	13928.71	8057.85
净利润(万元)	11231.61	7674.56	11530.35	6609.55

十大股东

序号	股东名称	股份性质	持股数(万股)	比例(%)
1	王淑贤	未流通	14467.00	39.58
2	承德县北方实业总公司	未流通	1285.95	3.52
3	王正松	未流通	925.55	2.53
4	CHINA SOUTHERNCAPITAL LIMITED	已流通	552.26	1.51
5	CSSC INTL LTD 南证国际有限公司	已流通	544.51	1.49
6	中国中小企业发展基金有限公司	已流通	490.50	1.34
7	MESABI ASSETS LIMITED	已流通	483.82	1.32
8	MAIN FORCES ASSETS LIMITED	已流通	425.91	1.17
9	黄如雷 WONG YULUI	已流通	400.00	1.09
10	GRAND LOYALINVESTMENT LTD	已流通	350.00	0.96

股东人数	2003.9	2003.6	2002	2001
	12402	12163	10997	9119

近年分配	2001年10股派0.53元	近年配股/增发	2002年10股送2股 2001年送2股、转增5股

重大事项

2003年8月15日，公司的控股子公司承德帝贤时装有限公司及全资子公司河北下板城针织服装有限公司与日本山下商事株式会社共同出资成立了中外合资企业承德阪禾化纤仿真织物有限公司.阪禾公司注册资本6000万美元，时装公司和下板城公司投资比例分别为20%和25%,山下商事投资比例为55%。2003年7月7日，公司董事会同意为全资子公司河北下板城针织服装有限公司及控股子公司承德帝贤时装有限公司分别向广东发展银行大连分行借款4000万元人民币提供担保，担保期限三年.

二〇〇二年以来市场表现

2002年涨跌幅(%)	-19.85
2002年最高(元)	4.62
2002年最低(元)	2.43
2002年换手率(%)	53.38
2003年涨跌幅(%)	36.19
2003年最高(元)	4.89
2003年最低(元)	3.02
2003年换手率(%)	109.32

广东雷伊股份有限公司

公司概况

公司名称	广东雷伊股份有限公司			股票代码	200168
注册地址	广东省普宁市军埠镇美新工业园			邮政编码	518000
法人代表	陈鸿成		董秘	周皓琳	
电话	0755-82960823		传真	0755-82960383	
主营业务	西服、时装、制服和针纺织品等各类服装的生产、加工和销售等				
总股本	26550.00	流通 A	流通 B	12881.25	流通 H
审计单位			审计意见	未审计	

主要财务指标

年度	2003.9	2003.6	2002	2001
每股收益/扣除后(元)	0.1100	0.0800	0.1800	0.1500
每股经营现金流量(元)	-0.0650	-0.3800	0.5600	-0.3800
每股净资产/调整后(元)	1.6400	2.3700	2.3200	2.0900
每股公积金(元)		0.5246	0.5246	0.5242
净资产收益率(%)	6.1100	2.9000	9.7600	9.0000
总资产(万元)	106585.34	100673.75	95849.27	73275.79
股东权益(万元)	43822.69	42337.87	41112.10	37090.94
未分配利润(万元)	2602.33	8197.51	7345.15	4932.75
主营收入(万元)	31253.60	19657.38	47682.27	40193.08
资本公积金(万元)		9285.26	9285.26	9278.69
主营利润(万元)	9567.36	5676.62	11166.45	7784.65
其他业务利润(万元)	420.79	409.42	-66.60	1.02
营业利润(万元)	4509.87	2146.43	5025.93	4327.86
投资收益(万元)	-357.85	-238.57	-243.06	442.43
补贴收入(万元)	134.59	51.92	219.71	503.20
营业外收支(万元)	-15.51		-74.76	-3.61
利润总额(万元)	4271.10	1941.06	4927.82	5269.88
净利润(万元)	2710.58	1225.77	4014.59	3390.40

十大股东

序号	股东名称	股份性质	持股数(万股)	比例(%)
1	深圳市升恒昌实业有限公司	发起法人股	6547.50	36.99
2	深圳市日升投资有限公司	发起法人股	1890.00	10.67
3	陈美香	外资流通股	1687.50	9.53
4	汕头市升平区联华实业有限公司	发起法人股	675.00	3.81
5	CBNY S/A PNC/SKANDIA SELECT FUND/CHINA EQUITY AC	外资流通股	480.65	2.71
6	文灿荣	外资流通股	92.82	0.52
7	申群璨	外资流通股	54.46	0.30
8	陈丽琼	外资流通股	39.10	0.22
9	陈晃良	外资流通股	36.27	0.20
10	温海根	外资流通股	35.71	0.20

股东人数	2003.9	2003.6	2002	2001
	15496	15132	15250	15668

近年分配	2001年10股派1.5元	近年配股/增发	2002年10股送4股、转增1股

重大事项

2003年**11**月**7**日，公司董事会同意为普宁市天和织造制衣厂有限公司向中国光大银行广州分行申请壹年期的、人民币**6,000**万元的流动资金贷款额度提供担保．担保期限为自合同鉴定起一年．**2003**年**8**月**28**日，公司第二大股东深圳市日投资有限公司将其持有的公司**1822.5**万股境内法人股，质押给中国建设银行深圳分行,为公司向该行申请的**1**年期的、短期流动资金贷款人民币**4000**万元提供担保,质押期限自**2003**年**8**月**28**日至双方申请解除质押之日.

二〇〇二年以来市场表现

2002年涨跌幅(%)	-39.44
2002年最高(元)	5.35
2002年最低(元)	3.00
2002年换手率(%)	28.30
2003年涨跌幅(%)	20.68
2003年最高(元)	4.55
2003年最低(元)	3.00
2003年换手率(%)	63.22

石家庄宝石电子玻璃股份有限公司

公司概况

公司名称	石家庄宝石电子玻璃股份有限公司			股票代码	200413
注册地址	河北省石家庄市中山东路华清街2号			邮政编码	050035
法人代表	董庆祥		董秘	罗丽娜	
电话	0311-6044705		传真	0311-6041503	
主营业务	彩色电视机显像管玻壳生产、销售				
总股本	38300.00	流通 A 4507.24	流通 B	10000.00	流通 H
审计单位			审计意见	未审计	

主要财务指标

年度	2003.9	2003.6	2002	2001
每股收益/扣除后(元)	-0.0008	0.0090	0.0810	0.1090
每股经营现金流量(元)	-0.1900	-0.1700	-0.0600	-0.2180
每股净资产/调整后(元)	1.5300	1.5200	1.5100	1.4900
每股公积金(元)	1.4006	1.4006	1.4006	1.3977
净资产收益率(%)	1.5600	0.5400	5.0600	7.2000
总资产(万元)	139025.67	139014.36	150556.72	153847.81
股东权益(万元)	58710.32	58107.97	57745.54	54715.52
未分配利润(万元)	-35978.51	-36580.86	-36943.29	-39863.10
主营收入(万元)	5977.02	3733.45	5362.17	6238.82
资本公积金(万元)	53643.35	53643.35	53643.35	53643.35
主营利润(万元)	1662.68	1134.34	2172.09	2438.04
其他业务利润(万元)	1268.09	758.52	2407.64	1998.70
营业利润(万元)	-1145.20	-965.70	128.40	-654.82
投资收益(万元)	2292.97	1427.10	3608.69	5886.35
补贴收入(万元)				
营业外收支(万元)	-45.63		-216.92	-98.92
利润总额(万元)	1102.13	416.12	3520.16	5132.61
净利润(万元)	915.74	313.39	2919.82	3939.10

十大股东

序号	股东名称	股份性质	持股数(万股)	比例(%)
1	石家庄宝石电子集团有限责任公司	国家股	23041.05	60.16
2	DAIWA SECS.SMBC HONG KONG LTD-CLIEMS	流通B股	650.00	1.70
3	中国电子进出口总公司	法人股	200.00	0.52
4	中化河北进出口公司	法人股	100.00	0.26
5	石家庄信托投资股份公司	法人股	100.00	0.26
6	江凤娴	流通B股	54.34	0.14
7	陈永泉	流通B股	48.20	0.13
8	上海怡宝行贸易有限公司	流通A股	47.35	0.12
9	巫素梅	流通B股	37.99	0.10
10	钟培金	流通B股	35.40	0.09

股东人数	2003.9	2003.6	2002	2001
	39827	40761	40800	29793

近年分配		近年配股/增发	不分配不转增

重大事项

2003年**10**月**23**日,公司控股股东石家庄宝石电子集团有限责任公司持有公司国家股**23041.05**万股,宝石集团公司因为原石家庄电视机厂在交通银行贷款提供担保事宜,其所持有的公司**8965517**股国家股被河北省高级人民法院冻结.截止目前,宝石集团公司所持有的公司国家股已有**25965517**股被冻结.　**2003**年**8**月**6**日,公司控股股东石家庄宝石电子集团有限责任公司与公司控股子公司石家庄宝石彩色玻壳有限责任公司商订将彩壳公司债转股额度计提的部分利息**1408**万元转给宝石集团.宝石集团的债转股工作如出现新情况和发生新变化,并涉及以上利息,则由宝石集团负责解决而与彩壳公司无关.

二〇〇二年以来市场表现

2002年涨跌幅(%)	-25.55
2002年最高(元)	10.50
2002年最低(元)	6.24
2002年换手率(%)	176.43
2003年涨跌幅(%)	-30.82
2003年最高(元)	8.35
2003年最低(元)	4.21
2003年换手率(%)	104.35

无锡小天鹅股份有限公司

公司概况

公司名称	无锡小天鹅股份有限公司	股票代码	200418
注册地址	无锡国家高新技术开发区汉江路 1#	邮政编码	214035
法人代表	朱德坤	董秘	乔立
电话	0510-3704003-2192	传真	0510-3720879
主营业务	家用电器、工业陶瓷产品的制造、销售等		
总股本	36510.38	流通 A	7184.76
流通 B	12735.73	流通 H	
审计单位		审计意见	未审计

主要财务指标

年度	2003.9	2003.6	2002	2001
每股收益 / 扣除后(元)	0.2420	0.1600	-1.1490	0.1054
每股经营现金流量(元)	0.0300	0.2800	0.2370	0.2641
每股净资产 / 调整后(元)	2.9830	2.9400	3.2000	5.3408
每股公积金(元)	2.2131	2.2131	3.0326	3.0322
净资产收益率(%)		5.0900	-34.3400	1.3400
总资产(万元)	295499.50	293888.12	364744.62	342062.59
股东权益(万元)	112608.52	111048.09	200218.98	199546.77
未分配利润(万元)	8.18	-1382.76	2330.90	13.43
主营收入(万元)	197479.67	137964.86	275569.87	205422.52
资本公积金(万元)	80801.31	80801.31	110706.29	110706.29
主营利润(万元)	31711.91	21774.51	42380.14	51606.82
其他业务利润(万元)	660.67	384.17	663.38	1847.14
营业利润(万元)	-947.98	-2033.93	-86310.76	4828.68
投资收益(万元)	3596.26	2373.98	2740.53	1401.59
补贴收入(万元)	158.91	76.07	379.09	2000.00
营业外收支(万元)	-1785.85		-3655.10	-804.08
利润总额(万元)	1021.34	-1078.04	-86846.25	7426.20
净利润(万元)	7039.40	5648.45	-41842.96	2683.01

十大股东

序号	股东名称	股份性质	持股数(万股)	比例(%)
1	江苏小天鹅集团有限公司	国有股	10162.89	27.84
2	大中华发展有限公司	外资股	2601.43	7.13
3	无锡市工业发展基金	未流通股	1649.66	4.52
4	无锡城镇集体工业联社	未流通股	799.37	2.19
5	南方证券有限公司	未流通股	757.09	2.07
6	西安万国房地产开发有限责任公司	未流通股	480.00	1.31
7	沈阳联亚实业发展公司	未流通股	216.00	0.59
8	中国建行大连信托投资股份公司	未流通股	144.00	0.39
9	北京联诚投资咨询有限公司	未流通股	144.00	0.39
10	刘晓东	未流通股	131.88	0.36

股东人数	2003.9	2003.6	2002	2001
	69616	68905	64112	78391

近年分配	近年配股 / 增发
2001年 10 股派 0.14 元	不分配不转增

重大事项

2003 年 10 月 15 日,无锡市人民政府得到江苏省人民政府关于同意公司部分国有股权转让的批复,同意"(无锡)市向南京斯威特集团有限公司、西安通邮科技投资有限公司转让公司 17%、48%的国有股权,保留 35%的国有股权". 2003 年 6 月 24 日,公司董事会通过终止公司与 ProtecnoSA 关于无锡小天鹅梅洛尼洗碗机有限公司的合资合同,解散合资公司, 小天鹅梅洛尼洗碗机有限公司进入清算程序. 公司董事会收到公司控股股东江苏小天鹅集团有限公司"关于洗碗机公司进入清算程序的提案

二〇〇二年以来市场表现

2002年涨跌幅(%)	5.17
2002年最高(元)	12.97
2002年最低(元)	8.60
2002年换手率(%)	154.37
2003年涨跌幅(%)	-50.32
2003年最高(元)	12.33
2003年最低(元)	5.65
2003年换手率(%)	379.83

广东省高速公路发展股份有限公司

公司概况

公司名称	广东省高速公路发展股份有限公司	股票代码	200429
注册地址	广东省广州市白云路 85 号	邮政编码	510100
法人代表	曹晓峰	董秘	肖来久
电话	020-83731363	传真	020-83731384
主营业务	高速公路和特大桥梁的商业开发和经营		
总股本	125711.78	流通 A	27453.08
流通 B	30375.00	流通 H	
审计单位		审计意见	未审计

主要财务指标

年度	2003.9	2003.6	2002	2001
每股收益 / 扣除后(元)	0.1200	0.0800	0.1500	0.1200
每股经营现金流量(元)	0.2500	0.1800	0.2800	0.3800
每股净资产 / 调整后(元)	2.7800	2.7400	2.6500	2.6300
每股公积金(元)	1.2209	1.2209	1.2209	1.2209
净资产收益率(%)	4.0300	2.6400	5.1100	4.7700
总资产(万元)	647511.25	646477.50	614058.12	577520.12
股东权益(万元)	350717.22	345758.50	336664.84	333131.44
未分配利润(万元)	38874.73	33858.87	24733.16	23783.74
主营收入(万元)	58691.20	38152.97	75315.69	62540.07
资本公积金(万元)	153480.66	153480.66	153480.66	153476.00
主营利润(万元)	38132.37	24684.95	48589.30	37643.29
其他业务利润(万元)	558.01	499.56	1093.90	298.08
营业利润(万元)	29858.39	19555.22	41988.83	24102.51
投资收益(万元)	2362.41	1701.13	-818.52	-643.12
补贴收入(万元)				
营业外收支(万元)	131.96		-572.66	493.87
利润总额(万元)	32352.76	21306.63	40597.65	23953.26
净利润(万元)	14141.57	9125.71	17195.53	15893.00

十大股东

序号	股东名称	股份性质	持股数(万股)	比例(%)
1	广东省交通集团有限公司	国家股	47478.05	37.77
2	IJM OVERSEAS VENTURES SDN.BHD.	外资股	6505.59	5.18
3	广东省高速公路有限公司	法人股	1937.72	1.54
4	广东粤财信托投资有限公司	法人股	1406.25	1.12
5	上海海通证券深圳业务部	流通股	909.17	0.72
6	新会市司前镇经济联合总社	法人股	517.69	0.41
7	顺德市外经实业发展公司	法人股	421.88	0.34
8	南海华英集团公司	法人股	374.13	0.30
9	顺德市交通发展总公司	法人股	351.56	0.28
10	江门市公路局工会	法人股	335.39	0.27

股东人数	2003.9	2003.6	2002	2001
	106940	108293	118844	113757

近年分配	近年配股 / 增发
2002年 10 股派 1 元 2001 年 10 股派 1 元	不分配不转增

重大事项

2003 年 5 月 28 日, 公司控股子公司广东佛开高速公路有限公司董事会审议通过了向银行贷款 17 亿元人民币以偿还该公司的部分股东委托贷款的议案;截止 2003 年 5 月 26 日,该公司已分别与招商银行、中国光大银行、兴业银行、深圳发展银行签订贷款合同,累计金额 10 亿元人民币. 2003 年 2 月 27 日,公司与广东省路桥建设发展公司、肇庆市公路发展总公司签订的《肇庆粤肇公路有限公司合作合同》现已获广东省对外贸易经济合作厅及广东省发展计划委员会批准,公司依照合同规定于 2003 年 2 月 24 日支付 20457.5 万元全部款项(占注册资本的 25%).

二〇〇二年以来市场表现

2002年涨跌幅(%)	-16.91
2002年最高(元)	6.59
2002年最低(元)	3.95
2002年换手率(%)	154.82
2003年涨跌幅(%)	7.44
2003年最高(元)	6.47
2003年最低(元)	4.42
2003年换手率(%)	108.35

南京普天通信股份有限公司

公司概况

公司名称	南京普天通信股份有限公司	股票代码	200468
注册地址	中国江苏省南京市江宁经济技术开发区爱立信西侧一幢	邮政编码	210012
法人代表	黄志勤	董秘	肖兆开
电话	025-2418518-2278	传真	025-2409954
主营业务	数据通信产品、有线通信产品、无线通信产品等		
总股本	21500.00	流通 A	
流通 B	10000.00	流通 H	
审计单位		审计意见	未审计

主要财务指标

年度	2003.9	2003.6	2002	2001
每股收益/扣除后(元)	0.0560	0.0210	-0.2910	0.0170
每股经营现金流量(元)	0.0220	-0.1200	0.4890	0.0760
每股净资产/调整后(元)	1.6530	1.6600	1.6620	1.9440
每股公积金(元)	0.8378	0.8378	0.8378	0.8282
净资产收益率(%)	2.7300	0.8100	-15.7600	0.5530
总资产(万元)	118027.89	109434.79	99580.58	106991.50
股东权益(万元)	38600.57	37703.95	37395.20	43084.71
未分配利润(万元)	-2536.56	-4459.11	-4781.34	1291.69
主营收入(万元)	60120.14	34565.11	62587.20	75360.80
资本公积金(万元)	18012.50	18012.50	18012.50	17805.48
主营利润(万元)	12784.65	7793.84	14776.29	17990.68
其他业务利润(万元)	-6.38	92.31	242.43	292.61
营业利润(万元)	957.79	315.96	-5208.78	1432.23
投资收益(万元)	-98.89	-41.84	688.33	-35.92
补贴收入(万元)	9.13	4.13	515.31	125.81
营业外收支(万元)	-117.12		-87.06	-201.00
利润总额(万元)	751.83	223.54	-5468.87	1321.13
净利润(万元)	1052.38	305.32	-5892.66	238.22

十大股东

序号	股东名称	股份性质	持股数(万股)	比例(%)
1	中国普天信息产业集团公司	国有法人股	11500.00	53.49
2	王宣宣	未流通股	114.33	0.53
3	尹肖娥	流通B股	64.39	0.30
4	陈根好	流通B股	50.20	0.23
5	通成投资有限公司	流通B股	32.38	0.15
6	叶铃有	流通B股	32.29	0.15
7	王铮	流通B股	28.02	0.13
8	徐炳南	流通B股	28.00	0.13
9	上海标准轴承有限公司	流通B股	27.18	0.13
10	何安娥	流通B股	26.41	0.12

股东人数	2003.9	2003.6	2002	2001
	19198	19375	19757	19712

近年分配		近年配股/增发	不分配不转增

重大事项

2003年中期,由于公司控股子公司南京鸿雁电器公司联营到期,公司董事会批准由公司另一控股子公司南京普天鸿雁电器有限公司吸收合并南京鸿雁电器公司.合并后的南京普天鸿雁电器有限公司注册资本为**1600**万元,本公司将持有**72%**的股权。 **2003**年中期,公司将所持子公司南京雨花电镀厂**50%**的股权转让给第三方,转让价格为**129.23**万元.本次股权转让后,我公司仍持有该公司**10%**的股权,目前股权转让手续已完成。

二〇〇二年以来市场表现

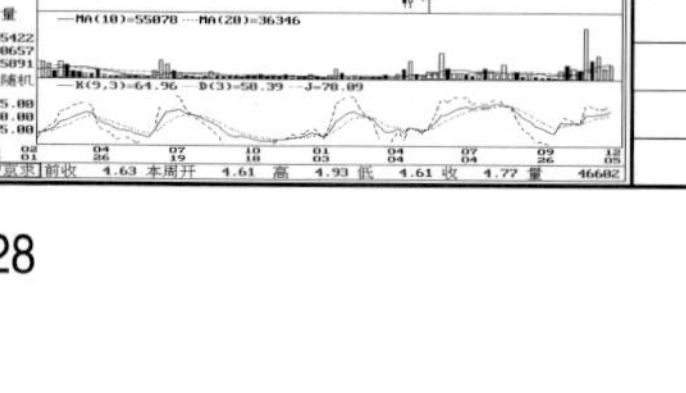

2002年涨跌幅(%)	-46.92
2002年最高(元)	7.45
2002年最低(元)	3.80
2002年换手率(%)	88.17
2003年涨跌幅(%)	19.33
2003年最高(元)	5.06
2003年最低(元)	3.18
2003年换手率(%)	124.58

山东晨鸣纸业集团股份有限公司

公司概况

公司名称	山东晨鸣纸业集团股份有限公司	股票代码	200488
注册地址	山东省寿光市圣城街595号	邮政编码	262700
法人代表	陈洪国	董秘	郝筠
电话	0536-5280011	传真	0536-5228900
主营业务	机制纸、电力和热力的生产、销售		
总股本	89772.79	流通 A	13860.00
流通 B	37166.50	流通 H	
审计单位		审计意见	未审计

主要财务指标

年度	2003.9	2003.6	2002	2001
每股收益/扣除后(元)	0.4420	0.3000	0.6793	0.2652
每股经营现金流量(元)	0.2910	0.2100	2.0741	0.3917
每股净资产/调整后(元)	4.5600	4.3600	6.9209	6.3074
每股公积金(元)	2.0436	2.0136	4.0155	4.0097
净资产收益率(%)	12.0400	8.8300	10.7700	4.4700
总资产(万元)	1003959.25	968228.19	868991.87	739213.44
股东权益(万元)	414044.44	399191.53	353528.75	317666.97
未分配利润(万元)	109668.71	97505.45	72243.76	43659.13
主营收入(万元)	402951.69	252586.72	445477.50	240553.37
资本公积金(万元)	183459.37	180769.70	200267.62	199978.22
主营利润(万元)	120977.59	83809.24	124804.60	59458.13
其他业务利润(万元)	1337.19	1235.78	1356.00	745.41
营业利润(万元)	66585.84	44671.43	57782.13	22969.14
投资收益(万元)	1418.87	1157.99	5072.31	-764.48
补贴收入(万元)	2242.39	465.92	1886.39	3956.51
营业外收支(万元)	585.63		-2619.93	-1352.37
利润总额(万元)	70832.74	46620.22	62120.91	24808.80
净利润(万元)	49853.20	35236.44	38066.07	14199.97

十大股东

序号	股东名称	股份性质	持股数(万股)	比例(%)
1	山东寿光国有资产管理局	发起人国家股	28189.55	31.40
2	丰和价值证券投资基金	流通A股	2448.65	2.73
3	民生证券有限责任公司	流通A股	1192.28	1.33
4	KWONG WAH INVESTMENT (SHOUGUANG)LIMITED	流通B股	941.56	1.05
5	泰和证券投资基金	流通A股	513.41	0.57
6	郝云峰	内部职工股	445.58	0.50
7	邓文平	流通B股	381.71	0.43
8	CHINA INTL MARINE CONTAINERS(HONGKONG)LTD	流通B股	355.84	0.40
9	林胜谋	流通B股	319.72	0.36
10	DEUTSCHE BANK AG LONDON	流通B股	302.70	0.34

股东人数	2003.9	2003.6	2002	2001
	47414	49314	50720	75449

近年分配	2002年10股派0.5元	近年配股/增发	2002年10股送2股、增6股

重大事项

2003年**6**月**26**日,公司董事会将该企业一厂进行全面停车改造. **7**月**5**日武汉晨鸣一厂开始恢复生产.公司铜版纸项目购买国产设备抵免企业所得税的申请,已经山东省国税局于**2003**年**6**月**30**日审核批准,抵免**2003**年度应交所得税**5300**多万元,将直接增加公司上半年度利润. **2003**年**05**月**30**日,公司第四大股东上海新理益投资管理有限公司因贷款将其持有的公司法人股**630**万股质押给招商银行上海分行曹家渡支行. 质押期限从**2003**年**5**月**30**日起至双方申请解冻之日止.

二〇〇二年以来市场表现

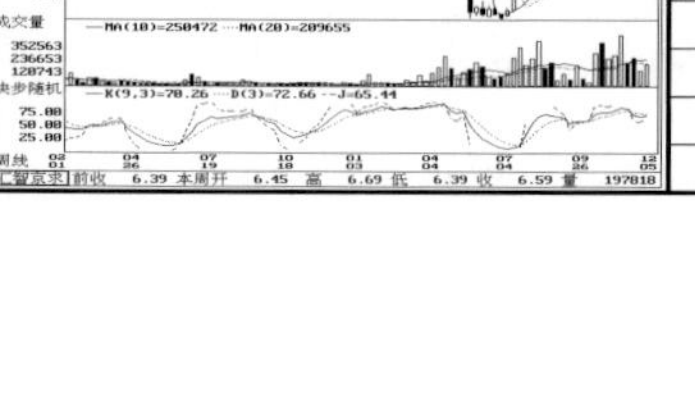

2002年涨跌幅(%)	25.75
2002年最高(元)	9.92
2002年最低(元)	5.98
2002年换手率(%)	138.06
2003年涨跌幅(%)	-0.98
2003年最高(元)	11.38
2003年最低(元)	8.25
2003年换手率(%)	187.55

海南珠江控股股份有限公司

公司概况

公司名称	海南珠江控股股份有限公司			股票代码	200505		
注册地址	海口市滨海大道珠江广场帝豪大厦29楼			邮政编码	570125		
法人代表	郑清			董秘	冯湃		
电话	0898-68583723			传真	0898-68581026		
主营业务	房地产开发经营及综合投资						
总股本	37765.08	流通A	11340.58	流通B	5750.00	流通H	
审计单位				审计意见	未审计		

主要财务指标

年度	2003.9	2003.6	2002	2001
每股收益/扣除后(元)	-0.0320	-0.0220	-0.3500	-0.0500
每股经营现金流量(元)	0.0240	0.0030	-0.0750	-0.0460
每股净资产/调整后(元)	0.6100	0.6000	0.6100	0.9500
每股公积金(元)		0.7544	0.7537	0.7516
净资产收益率(%)	-4.7800	-3.2000	-54.9200	-9.7900
总资产(万元)	72737.53	70025.99	66383.83	71662.94
股东权益(万元)	24803.27	24351.65	25134.81	39048.28
未分配利润(万元)	-51199.21	-51655.97	-50877.23	-36941.65
主营收入(万元)	8875.12	5161.26	9100.88	9170.58
资本公积金(万元)		28488.21	28464.90	28385.42
主营利润(万元)	1885.93	1211.82	1428.96	1931.29
其他业务利润(万元)	106.86	71.01	165.39	139.41
营业利润(万元)	-797.64	-534.42	-8220.74	-2972.42
投资收益(万元)	-454.54	-321.91	-5516.89	-1626.07
补贴收入(万元)			407.20	
营业外收支(万元)	26.07	43.49	-771.02	-390.88
利润总额(万元)	-1226.11	-812.84	-14101.46	-4989.37
净利润(万元)	-1185.98	-778.74	-13805.11	-3821.44

十大股东

序号	股东名称	股份性质	持股数(万股)	比例(%)
1	北京市万发房地产开发股份有限公司	法人股	11262.90	29.82
2	广州市利盛德投资有限公司	法人股	1700.00	4.50
3	恒隆国际有限公司	法人股	1357.00	3.59
4	上海中南投资管理有限公司	法人股	1100.00	2.91
5	海南发展银行海口分行	法人股	782.00	2.07
6	海南发展银行海口分行	法人股	575.00	1.52
7	广州珠江外资建筑设计院海南分院	法人股	589.60	1.30
8	中国平安保险股份有限公司	法人股	345.00	0.91
9	海南粤银科技有限公司	法人股	266.00	0.70
10	深圳金田实业股份有限公司	法人股	230.00	0.61

股东人数	2003.9	2003.6	2002	2001
	63227	64527	70562	64352

近年分配		近年配股/增发	不分配不转增

重大事项

2003年11月20日,公司因房屋买卖纠纷于2002年8月向海口市中级人民法院起诉海南中科信实业发展有限公司、海南华侨商业有限公司,海口市中级人民法院已审结此案并判令海南中科信实业发展有限公司偿付公司购房尾款人民币9,404152元及逾期违约金1,154,715.55元. 2000年8月14日,公司董事会同意受让公司第一大股东之股东北京市新兴房地产开发总公司持有的深圳市迪瑞计算机技术有限公司20%股权共计1125万股,涉及金额1912万元.股权转让协议于2000年8月8日签署.

二〇〇二年以来市场表现

2002年涨跌幅(%)	-28.15
2002年最高(元)	10.40
2002年最低(元)	3.81
2002年换手率(%)	333.85
2003年涨跌幅(%)	-38.10
2003年最高(元)	7.08
2003年最低(元)	3.10
2003年换手率(%)	224.29

厦门灿坤实业股份有限公司

公司概况

公司名称	厦门灿坤实业股份有限公司			股票代码	200512		
注册地址	中国人民共和国福建省厦门市			邮政编码	361006		
法人代表	蔡渊松			董秘	罗青兴		
电话	0592-5600887			传真	0592-5600886		
主营业务	开发、生产、及销售家用电器、电子、轻工产品、现代办公用品						
总股本	87932.81	流通A		流通B	32559.15	流通H	
审计单位				审计意见	未审计		

主要财务指标

年度	2003.9	2003.6	2002	2001
每股收益/扣除后(元)	0.1448	0.1000	0.4360	0.3962
每股经营现金流量(元)	-0.2600	-0.2200	0.6000	1.4200
每股净资产/调整后(元)	1.6208	1.5400	1.8400	2.2200
每股公积金(元)	0.1287	0.1153	0.1499	0.2052
净资产收益率(%)	10.4100	8.2300	19.0600	16.8400
总资产(万元)	361218.69	294939.62	264799.97	246148.34
股东权益(万元)	136207.47	137406.23	126097.85	101173.92
未分配利润(万元)	20067.18	17202.40	26186.75	23689.54
主营收入(万元)	256747.27	147956.62	348481.47	279841.75
资本公积金(万元)	11320.21	10136.88	10136.88	9253.76
主营利润(万元)	37747.08	23769.41	69334.56	52228.70
其他业务利润(万元)	1789.48	1024.78	1024.78	1049.38
营业利润(万元)	15398.43	9656.77	33790.35	19491.24
投资收益(万元)	-403.63	-101.37	-121.24	-114.51
补贴收入(万元)	14.06		71.72	603.49
营业外收支(万元)	2418.78		-7194.05	-1334.05
利润总额(万元)	17427.64	12191.28	26546.78	18646.17
净利润(万元)	14172.62	11307.84	24029.26	17040.76

十大股东

序号	股东名称	股份性质	持股数(万股)	比例(%)
1	FORDCHEEDEVELOPME NTLIMITED	法人股	25666.88	29.19
2	EUPAINDUSTRYCORPO RATIONLIMITED	法人股	25666.88	29.19
3	FILLMANINVESTMENT SLIMITED	法人股	12833.44	14.59
4	TIMMERTONCOIN	B股	1146.69	1.30
5	COREPACIFIC-YAMAICHIINTERNATIO-NAL(H.K.)LIMITED	B股	347.60	0.40
6	TSAISHUHUI	B股	339.48	0.39
7	MERRILLLYNCHINTER NATION	B股	240.19	0.27
8	CBNYS/APNC/SKANDIASELECTFUND/CHINAEQUITYAC	B股	226.25	0.26
9	LAU,MINGTO	B股	206.90	0.24
10	SAICHIENFANG	B股	156.40	0.18

股东人数	2003.9	2003.6	2002	2001
	19713	19858	18897	18263

近年分配	2001年10股派1元	近年配股/增发	2002年10股送3股 2001年10股送2.5股,转增2.5股

重大事项

2002年5月31日,公司同意为公司控股子公司上海灿坤实业有限公司、厦门灿坤科技有限公司银行授信额度及流动资金贷款提供担保.公司至2002年05月28日累计对外担保金额为RMB23,692.40万元. 2003年一季度,公司于2002年7月在漳州龙海开发区投资漳州灿坤实业有限公司,注册资本为美元4,000万元,已验资美元600万元,公司占其股东权益的75%.目前大部份厂房已完工,现风扇厂已投产,预计2003年4月马达厂将进驻投产.

二〇〇二年以来市场表现

2002年涨跌幅(%)	-11.43
2002年最高(元)	4.32
2002年最低(元)	2.45
2002年换手率(%)	29.54
2003年涨跌幅(%)	31.94
2003年最高(元)	4.72
2003年最低(元)	2.77
2003年换手率(%)	50.46

丽珠医药集团股份有限公司

公司概况

公司名称	丽珠医药集团股份有限公司			股票代码	200513		
注册地址	广东省珠海市拱北桂花北路 132 号			邮政编码	519020		
法人代表	朱保国			董秘	王武平		
电话	0756-8135888			传真	0756-8886002		
主营业务	生产经营中成药、口服液						
总股本	30603.55	流通 A	11567.23	流通 B	12230.70	流通 H	
审计单位				审计意见	未审计		

主要财务指标

年度	2003.9	2003.6	2002	2001
每股收益 / 扣除后(元)	0.1750	0.1400	0.2100	0.1600
每股经营现金流量(元)	0.7700	0.6700	0.7000	0.5100
每股净资产 / 调整后(元)	3.2500	3.2200	3.0700	2.9900
每股公积金(元)	1.3845	1.3840	1.3810	1.3739
净资产收益率(%)	5.3890	4.2700	6.5240	5.4800
总资产(万元)	177994.59	177160.80	185643.92	167619.12
股东权益(万元)	100460.83	99381.98	94940.87	91897.18
未分配利润(万元)	1515.09	5098.42	1616.59	1897.41
主营收入(万元)	142044.48	102113.64	160120.56	139579.20
资本公积金(万元)	42370.71	42355.05	42264.24	42046.13
主营利润(万元)	68439.91	49996.37	70385.02	65121.53
其他业务利润(万元)	400.23	334.62	1522.36	1351.47
营业利润(万元)	9256.21	8884.43	13117.88	11622.84
投资收益(万元)	919.37	–123.46	–1752.64	–836.13
补贴收入(万元)	52.20	52.20	220.52	26.30
营业外收支(万元)	–39.58	–4.14	–428.67	–624.26
利润总额(万元)	10188.19	8809.03	11157.09	10188.76
净利润(万元)	5413.86	4244.74	6194.27	5039.21

十大股东

序号	股东名称	股份性质	持股数(万股)	比例(%)
1	中国光大(集团)总公司	境内法人股	3891.75	12.72
2	深圳健康药业集团股份有限公司	境内法人股、流通A股	3226.09	10.54
3	天诚实业有限公司	流通 B 股	3154.22	10.31
4	深圳市海滨制药有限公司	流通 A 股	675.24	2.21
5	广州市保科力贸易公司	境内法人股	605.94	1.98
6	同盛证券投资基金	流通 A 股	459.55	1.50
7	同益证券投资基金	流通 A 股	367.41	1.20
8	科讯证券投资基金	流通 A 股	210.55	0.69
9	裕隆证券投资基金	流通 A 股	200.63	0.66
10	普丰证券投资基金	流通 A 股	178.30	0.58

股东人数

2003.9	2003.6	2002	2001
46052	46021	45983	57870

近年分配

近年分配	2002年10股派1元 2001年10股派0.3元	近年配股 / 增发	不分配不转增

重大事项

深圳健康药业集团有限公司直接及间接持有 **100%** 权益的子公司天诚实业有限公司于 **2003** 年 **6** 月 **5** 日至 **8** 月 **20** 日，在每股 **4.71** 元港币至 **5.05** 元港币的价格区间内，购入并持有公司 **B** 股流动通股 **3145374** 股，截至 **2003** 年 **8** 月 **20** 日止，天诚实业有限公司持有公司股份 **33447984** 股；深圳健康药业集团股份有限公司及其控股子公司合并持有及控制公司股份 **78520763** 股． **2002** 年 **4** 月 **26** 日 美国安士公司(安士公司)与丽珠集团签署《迪巧总经销合同书》，丽珠集团将自 **2002** 年起作为安士公司所生产之产品迪巧在中国市场的独家总经销. **2002** 年丽珠集团总经销迪巧产品数量暂定目标为 **250** 万瓶，**2003** 年为 **300** 万瓶，**2004** 年为 **350** 万瓶，交易金额约在人民币 **2000–2900** 万元之间.

二〇〇二年以来市场表现

2002年涨跌幅(%)	–5.62
2002年最高(元)	13.12
2002年最低(元)	6.32
2002年换手率(%)	340.17
2003年涨跌幅(%)	–17.30
2003年最高(元)	11.02
2003年最低(元)	6.17
2003年换手率(%)	173.91

合肥美菱股份有限公司

公司概况

公司名称	合肥美菱股份有限公司			股票代码	200521		
注册地址	安徽省合肥市芜湖路 48 号			邮政编码	230001		
法人代表	顾雏军			董秘	薛辉		
电话	0551-2869394			传真	0551-2883122		
主营业务	制冷电器、空调器、洗衣机的开发、销售等						
总股本	41364.30	流通 A	15153.03	流通 B	11310.00	流通 H	
审计单位				审计意见	未审计		

主要财务指标

年度	2003.9	2003.6	2002	2001
每股收益 / 扣除后(元)	0.0165	0.0109	0.0155	–0.6600
每股经营现金流量(元)	0.0700	0.0800	0.1560	–0.0600
每股净资产 / 调整后(元)	1.9500	1.9423	1.9205	2.3600
每股公积金(元)	1.3836	1.3836	1.3836	1.3815
净资产收益率(%)	0.7200	0.4800	0.7800	–34.0000
总资产(万元)	244838.34	242223.61	230003.50	225748.36
股东权益(万元)	104285.58	104038.17	103538.80	102796.07
未分配利润(万元)	–22799.87	–23047.58	–23546.65	–24200.13
主营收入(万元)	107389.24	72730.39	126188.22	129267.61
资本公积金(万元)	57232.21	57232.21	57232.21	57142.95
主营利润(万元)	24700.23	16487.47	27429.89	18563.14
其他业务利润(万元)	276.36	335.61	–16.66	–599.28
营业利润(万元)	547.19	354.44	413.12	–27532.56
投资收益(万元)	84.81	95.06	33.83	138.21
补贴收入(万元)			195.68	161.42
营业外收支(万元)	114.78	49.87	168.13	–7722.05
利润总额(万元)	746.78	499.37	810.76	–34954.99
净利润(万元)	746.78	499.37	810.76	–34954.99

十大股东

序号	股东名称	股份性质	持股数(万股)	比例(%)
1	合肥美菱集团公司	A股	12339.64	29.83
2	永胜实业有限公司	B股	222.91	0.54
3	XIAO YANMEI	B股	200.80	0.49
4	合肥工行	A股	170.78	0.41
5	合肥电冰箱配件厂	A股	170.78	0.41
6	安徽省农行信托合肥办事处	A股	153.70	0.37
7	安徽省工行国际业务部	A股	153.70	0.37
8	安徽省技术进出口公司	A股	153.70	0.37
9	合肥建设银行	A股	153.70	0.37
10	安徽国祯能源股份有限公司	A股	153.70	0.37

股东人数

2003.9	2003.6	2002	2001
96011	97481	99706	103960

近年分配

近年分配		近年配股 / 增发	不分配不转增

重大事项

2003 年 **5** 月 **30** 日，公司控股股东合肥美菱集团控股有限公司与顺德格林柯尔企业发展有限公司签订股权转让协议，拟将其持有的公司国有股 **82852683** 股转让给格林柯尔. **2002** 年 **11** 月 **15** 日 公司董事会通过了公司受让合肥美菱大厦西楼房屋产权、合肥美菱电子有限公司房屋、房屋附属设备及土地使用权、安徽中科大讯飞信息科技有限公司 **8.57%** 股权、合肥纸箱厂所持合肥美菱包装制品有限公司 **48.28%** 股权的议案.

二〇〇二年以来市场表现

2002年涨跌幅(%)	–31.32
2002年最高(元)	7.30
2002年最低(元)	4.08
2002年换手率(%)	220.27
2003年涨跌幅(%)	–14.23
2003年最高(元)	5.80
2003年最低(元)	3.70
2003年换手率(%)	101.21

大连冷冻机股份有限公司

公司概况

公司名称	大连冷冻机股份有限公司	股票代码	200530
注册地址	大连市沙河口区西南路888号	邮政编码	116033
法人代表	张和	董秘	吕连珍
电话	0411-6653081-8100	传真	0411-6641470
主营业务	压缩机、		

总股本	35001.50	流通A	9837.02	流通B	11500.00	流通H	
审计单位			审计意见	未审计			

主要财务指标

年度	2003.9	2003.6	2002	2001
每股收益/扣除后(元)	0.1950	0.1200	0.2520	0.2540
每股经营现金流量(元)	0.2100	0.1010	0.2970	0.1280
每股净资产/调整后(元)	3.5800	3.5000	3.3900	3.2300
每股公积金(元)	1.5952	1.5923	1.5923	1.5872
净资产收益率(%)	5.4200	3.4090	7.4300	7.8200
总资产(万元)	191470.58	187870.20	182175.91	185312.02
股东权益(万元)	125928.77	123199.59	119555.36	113748.86
未分配利润(万元)	14075.74	11445.41	10669.84	4979.99
主营收入(万元)	81489.61	50777.63	95636.33	90214.82
资本公积金(万元)	55833.27	55734.41	55552.68	55552.68
主营利润(万元)	12900.22	9283.65	14315.36	13483.05
其他业务利润(万元)	143.24	102.81	236.71	127.68
营业利润(万元)	1947.46	1162.86	2065.22	1377.69
投资收益(万元)	6030.93	3705.52	7436.84	7882.87
补贴收入(万元)	15.00	15.00		
营业外收支(万元)	-6.54		22.99	4.43
利润总额(万元)	7986.85	4877.89	9525.05	9264.99
净利润(万元)	6830.59	4200.26	8842.61	8891.85

十大股东

序号	股东名称	股份性质	持股数(万股)	比例(%)
1	大连冰山集团有限公司	国家股	10442.25	29.83
2	SANYO ELECTRIC CO., LTD.	B股	3500.15	10.00
3	国泰君安证券股份有限公司	流通A股	3500.15	3.83
4	振泰实业	流通A股	383.20	1.09
5	吉林省九州开发公司	A股	315.00	0.90
6	太原兆和投资发展公司	A股	315.00	0.90
7	申银万国证券股份有限公司	A股	283.70	0.81
8	大连第一制冷设备厂	A股	194.43	0.56
9	大连华信信托投资股份有限公司	A股	179.50	0.51
10	大连热电集团股份有限公司	A股	175.00	0.50

股东人数	2003.9	2003.6	2002	2001
	66964	66272	71040	76232

近年分配	2002年10股派1元 2001年10股派1元	近年配股/增发	不分配不转增

重大事项

2003年10月23日,公司拟与日本富士电机株式会社共同出资兴建大连富士冰山自动售货机有限公司。该公司注册资本为18亿日元,其中公司占49%的股权。该公司主要从事自动售货机的研发、制造及销售等业务,计划2004年正式投产,到2008年力争年产5万台以上。　报告期内,三洋制冷G型溴化锂吸收式制冷机产品入选《2003年度国家重点新产品计划》。GHP燃气热泵正式投入试生产,成为国内首家生产GHP燃气热泵的厂家。

二〇〇二年以来市场表现

2002年涨跌幅(%)	-10.35
2002年最高(元)	10.10
2002年最低(元)	6.31
2002年换手率(%)	116.12
2003年涨跌幅(%)	-14.54
2003年最高(元)	9.07
2003年最低(元)	5.50
2003年换手率(%)	117.73

广东电力发展股份有限公司

公司概况

公司名称	广东电力发展股份有限公司	股票代码	200539
注册地址	广州市环市东路498号广发花园柏丽商业中心10楼	邮政编码	510075
法人代表	潘力	董秘	李晓晴
电话	020-87609276	传真	020-87604922
主营业务	经营、建设发电站、输变电工程		

总股本	18581.80	流通A	5875.05	流通B		流通H	
审计单位			审计意见	未审计			

主要财务指标

年度	2003.9	2003.6	2002	2001
每股收益/扣除后(元)	0.3700	0.2200	0.4520	0.4010
每股经营现金流量(元)	0.4900	0.2900	0.9900	0.7600
每股净资产/调整后(元)	2.8600	2.7100	2.4100	2.1900
每股公积金(元)	0.7812	0.7812	0.7811	0.7164
净资产收益率(%)	16.5200	11.5400	20.2000	18.0000
总资产(万元)	1246170.25	1190644.50	1172921.62	1219308.00
股东权益(万元)	761510.06	721572.94	663063.81	605264.62
未分配利润(万元)		78259.03	19749.92	9517.11
主营收入(万元)	442558.94	270957.03	561972.31	544094.25
资本公积金(万元)		138318.70	138318.70	138318.70
主营利润(万元)	188635.45	113456.18	240407.41	252131.23
其他业务利润(万元)	71.17	38.64	67.27	97.51
营业利润(万元)	163484.81	96036.88	201282.37	213598.14
投资收益(万元)	-0.48	-367.04	-67.65	64.02
补贴收入(万元)				
营业外收支(万元)	-254.58		-2197.86	-1330.75
利润总额(万元)	163229.75	95625.96	199016.87	212331.41
净利润(万元)	98446.27	58509.11	118998.50	105776.88

十大股东

序号	股东名称	股份性质	持股数(万股)	比例(%)
1	广东省电力集团公司	国家股	133380.00	50.15
2	建设银行广东省信托投资公司	境内法人股	8775.00	3.30
3	广东省电力开发公司	国有法人股	8508.24	3.20
4	广东广控集团有限公司	境内法人股	4387.50	1.65
5	长城证券有限责任公司	流通A股	2732.84	1.03
6	TEMPLETON WORLD FUND INC	流通B股	2571.85	0.97
7	洋浦华盛投资管理有限公司	流通A股	1676.48	0.63
8	BSDT/MELLON GLB FDS PLC-GLB EQUITY PORTFOLIO	流通B股	1040.69	0.39
9	西北证券有限责任公司	流通A股	1020.14	0.38
10	湘财证券有限责任公司	流通A股	821.10	0.31

股东人数	2003.9	2003.6	2002	2001
	116841	117394	124341	139634

近年分配	2002年10股派2.3元 2001年10股派2.2元	近年配股/增发	不分配不转增

重大事项

2003年8月21日,公司与广东省粤电集团有限公司签署《燃料购销协议》,按照协议,本公司须提供予粤电集团1.8亿元预付资金,但鉴于本公司根据1994协议已经提供1.2亿元铺底资金予粤电集团,因此本次关联交易中本公司只需向粤电集团追加提供6000万元预付资金即可。该6000万元追加资金均来源于本公司自有资金。　公司控股51%的茂名瑞能热电有限公司所属的茂名发电厂#5机组已于2003年5月25日顺利通过72+24小时满负荷试运行,同日移交试生产.

二〇〇二年以来市场表现

2002年涨跌幅(%)	4.75
2002年最高(元)	11.82
2002年最低(元)	8.15
2002年换手率(%)	99.64
2003年涨跌幅(%)	1.41
2003年最高(元)	12.12
2003年最低(元)	9.26
2003年换手率(%)	97.60

佛山电器照明股份有限公司

公司概况

公司名称	佛山电器照明股份有限公司			股票代码	200541		
注册地址	广东省佛山市汾江北路15号			邮政编码	528000		
法人代表	钟信才			董秘	林奕辉		
电话	0757-2813838-298			传真	0757-2816276		
主营业务	各种电光源产品的生产和经营						
总股本	35844.83	流通A	14684.20	流通B	8250.00	流通H	
审计单位				审计意见	未审计		

主要财务指标

年度	2003.9	2003.6	2002	2001
每股收益/扣除后(元)	0.4990	0.3200	0.5800	0.4940
每股经营现金流量(元)	0.3600	0.2580	0.8400	0.7500
每股净资产/调整后(元)	5.9400	5.7700	5.4400	5.2900
每股公积金(元)	3.3643	3.3593	3.3593	3.3591
净资产收益率(%)	8.3400	5.5600	10.4400	9.0900
总资产(万元)	234477.05	229072.94	234787.62	224230.23
股东权益(万元)	214175.77	207676.39	196133.23	190699.66
未分配利润(万元)	25095.27	18775.13	7231.94	6925.31
主营收入(万元)	72402.17	47653.42	95750.12	82371.17
资本公积金(万元)	120593.41	120414.18	120414.20	120407.74
主营利润(万元)	25646.76	17022.40	35384.24	27005.22
其他业务利润(万元)	99.77	53.01	52.01	95.73
营业利润(万元)	20508.80	13345.85	24352.40	20875.90
投资收益(万元)	866.52	529.54	1237.06	1123.45
补贴收入(万元)				
营业外收支(万元)	-24.40		-1289.61	-998.21
利润总额(万元)	21350.92	13886.59	24299.85	21001.14
净利润(万元)	17863.33	11543.19	20481.94	17334.87

十大股东

序号	股东名称	股份性质	持股数(万股)	比例(%)
1	佛山市国有资产办公室	国家法人股A股	8592.21	23.97
2	广州佑昌灯光器材贸易有限公司	法人A股	700.26	1.95
3	裕元证券投资基金	流通A股	283.31	0.79
4	DBS VICKERS HONG KONG LTDA/C CLIENTS	B股	267.62	0.74
5	富国动态平衡证券投资基金	流通A股	263.05	0.73
6	庄坚毅	B股	241.55	0.67
7	银丰证券投资基金	流通A股	234.22	0.65
8	上海中技投资顾问有限公司	流通A股	205.63	0.57
9	金鑫证券投资基金	流通A股	200.37	0.55
10	DEOTSCHE BANK AG LONDON	B股	171.73	0.48

股东人数	2003.9	2003.6	2002	2001
	77479	81177	80680	93900

近年分配	2002年10股派4.2元 2001年10股派4元	近年配股/增发	不分配不转增

重大事项

2003年3月19日，公司控股股东世纪兴业投资有限公司将所持公司33.6%的股份计109,956,000股质押给中投信用担保有限公司,质押起始日为2003年3月13日,没有终止期限. 2001年11月2日,根据省科技厅粤科高字[2001]86号文通知,批准我公司为2001年广东省高新技术企业，同时省外经贸厅也确认我公司为外商投资先进技术企业(粤外经贸加证字[2001]280号).本公司从2001年1月1日起享受高新技术企业所得税优惠政策.为此,我公司所得税今后按15%税率直接缴纳.

二〇〇二年以来市场表现

2002年涨跌幅(%)	-13.10
2002年最高(元)	13.67
2002年最低(元)	10.88
2002年换手率(%)	159.71
2003年涨跌幅(%)	-0.27
2003年最高(元)	12.53
2003年最低(元)	10.28
2003年换手率(%)	81.16

江铃汽车股份有限公司

公司概况

公司名称	江铃汽车股份有限公司			股票代码	200550		
注册地址	中国江西省南昌市迎宾北大道509号			邮政编码	330001		
法人代表	蒋林生			董秘	熊中平		
电话	0791-5232888-6178			传真	0791-5232839		
主营业务	汽车制造、销售及质量检测						
总股本	86321.40	流通A	11753.05	流通B	34400.00	流通H	
审计单位				审计意见	未审计		

主要财务指标

年度	2003.9	2003.6	2002	2001
每股收益/扣除后(元)	0.4440	0.3000	0.3300	0.1900
每股经营现金流量(元)	0.9600	0.5300	1.1500	0.7900
每股净资产/调整后(元)	2.3800	2.2100	1.8400	1.5100
每股公积金(元)	0.9676	0.9676	0.9676	0.9675
净资产收益率(%)	17.3700	11.7900	15.7700	6.2400
总资产(万元)	405930.31	399942.56	358190.12	366663.56
股东权益(万元)	218935.20	206397.02	181813.19	161636.44
未分配利润(万元)	42006.71	28302.32	3718.50	-12878.56
主营收入(万元)	398059.34	271656.72	427086.91	337907.19
资本公积金(万元)	83522.56	83522.56	83522.56	83516.82
主营利润(万元)	102421.17	71527.99	106660.62	82806.48
其他业务利润(万元)	1747.52	1102.49	2279.87	1249.78
营业利润(万元)	44569.72	28635.53	34546.37	16226.26
投资收益(万元)	51.73		241.52	181.29
补贴收入(万元)				
营业外收支(万元)	-324.48	-323.10	-195.99	-6291.83
利润总额(万元)	44296.98	28312.38	34591.89	10115.72
净利润(万元)	38030.39	24325.99	28676.00	10084.78

十大股东

序号	股东名称	股份性质	持股数(万股)	比例(%)
1	江铃汽车集团公司	国有股	35417.60	41.03
2	福特汽车公司	外资股	25864.28	29.96
3	上海汽车有限公司	境内法人股	2597.00	3.01
4	中国宝安集团股份有限公司	境内法人股	1200.00	1.39
5	天华证券投资基金	流通A股	764.34	0.89
6	银华优势企业(平衡型)证券投资基金	流通A股	526.62	0.61
7	国信证券有限责任公司	流通A股	382.56	0.44
8	云南国际信托投资有限公司	流通A股	257.09	0.30
9	裕隆证券投资基金	流通A股	167.37	0.19
10	景宏证券投资基金	流通A股	150.00	0.17

股东人数	2003.9	2003.6	2002	2001
	41083	49578	70630	80049

近年分配	2002年10股派1元	近年配股/增发	不分配不转增

重大事项

受南昌市西湖区人民法院委托,公司于2003年3月10日公开拍卖;江铃汽车(000550),国有法人股120000股. 拍卖地点:南昌市站前西路289号本公司拍卖大厅(三星大厦A座八层). 2002年11月12日,公司第一大股东江铃汽车集团公司的全资附属企业南昌油箱厂向公司提供全顺国产化金属燃油箱,估计该交易连续十二个月的总成交金额超过人民币300万元.

二〇〇二年以来市场表现

2002年涨跌幅(%)	14.06
2002年最高(元)	10.70
2002年最低(元)	5.56
2002年换手率(%)	592.81
2003年涨跌幅(%)	49.59
2003年最高(元)	14.18
2003年最低(元)	7.06
2003年换手率(%)	562.44

湖北沙隆达股份有限公司

公司概况							
公司名称	湖北沙隆达股份有限公司			股票代码	200553		
注册地址	湖北省荆沙市北京东路 93 号			邮政编码	434001		
法人代表	张茂立			董秘	李忠禧		
电话	0716-8208632			传真	0716-8208899		
主营业务	农药、化工、医药产品的制造和销售						
总股本	29696.16	流通 A	9723.23	流通 B	11500.00	流通 H	
审计单位				审计意见	未审计		

主要财务指标

年度	2003.9	2003.6	2002	2001
每股收益 / 扣除后(元)	0.0250	0.0133	-0.3269	0.0330
每股经营现金流量(元)	0.1580	-0.0760	0.2100	0.3800
每股净资产 / 调整后(元)	2.7700	2.7800	2.7700	3.1000
每股公积金(元)	1.9031	1.9031	1.9031	1.8910
净资产收益率(%)	0.7500	0.3600	-12.7900	1.0800
总资产(万元)	176553.48	174253.02	59961.53	164277.78
股东权益(万元)	87102.06	86963.15	86651.01	97370.02
未分配利润(万元)	-4837.89	-4976.79	-5288.93	5790.21
主营收入(万元)	69919.82	48302.46	61231.73	96378.84
资本公积金(万元)	56515.26	56515.26	56515.26	56155.12
主营利润(万元)	10281.71	6971.13	7057.59	11842.44
其他业务利润(万元)	288.80	244.06	460.26	315.34
营业利润(万元)	673.57	462.11	-9923.13	1464.38
投资收益(万元)	537.72	273.12	211.17	284.62
补贴收入(万元)				
营业外收支(万元)	-83.52		-1371.42	-79.07
利润总额(万元)	1127.77	650.96	-11083.38	1669.93
净利润(万元)	657.43	312.14	-11079.14	1049.68

十大股东

序号	股东名称	股份性质	持股数(万股)	比例(%)
1	沙隆达集团公司	国有法人股	8172.66	27.52
2	申群璨	外资股	358.30	1.20
3	蕲春县国有资产管理局	国有法人股	300.27	1.01
4	林伟雄	外资股	140.00	0.47
5	文灿荣	外资股	119.30	0.40
6	泰纪投资有限公司	外资股	100.00	0.34
7	广奇投资有限公司	外资股	100.00	0.34
8	安徽瑰都供暖工程有限责任公司	流通股	91.60	0.34
9	湖北中联长江国土经济开发公司	流通股	83.50	0.28
10	周文琴	流通股	69.82	0.24

股东人数	2003.9	2003.6	2002	2001
	36031	33612	32451	28455

近年分配		近年配股 / 增发	不分配不转增

重大事项

2002 年 12 月 11 日，公司控股股东沙隆达集团公司与湖北全通电讯有限公司签订了意向性《协议书》，全通电讯以湖北省荆州市为基地投资建设数字集群商用共网和引进外资在荆州市注册成立合资公司投资建设第三代移动电话生产项目. 在合资公司成立后，沙隆达集团将持有的公司国有股中的 3000 万股转让给全通电讯. 如股份转让成功，沙隆集团公司持有湖北沙隆达股份有限公司国有股 5172.6625 股，仍为公司第一大股东,全通电讯为公司第二大股东. 公司于 2001 年 12 月 27 日接到国家环保局华夏环境管理体系审核中心通知,我公司已通过了 ISO14001 环境管理体系认证.同时也获得国际 UKAS 证书.

二〇〇二年以来市场表现

2002年涨跌幅(%)	-39.02
2002年最高(元)	11.30
2002年最低(元)	5.20
2002年换手率(%)	219.95
2003年涨跌幅(%)	-28.16
2003年最高(元)	7.82
2003年最低(元)	3.89
2003年换手率(%)	156.35

常柴股份有限公司

公司概况							
公司名称	常柴股份有限公司			股票代码	200570		
注册地址	中国江苏常州市怀德中路 123 号			邮政编码	213002		
法人代表	张骏原			董秘	张健和		
电话	0519-6600448			传真	0519-6630954		
主营业务	中小型柴油机的生产及销售						
总股本	37424.96	流通 A	11102.56	流通 B	10000.00	流通 H	
审计单位				审计意见	未审计		

主要财务指标

年度	2003.9	2003.6	2002	2001
每股收益 / 扣除后(元)	0.0880	0.0650	-1.2400	-1.0200
每股经营现金流量(元)	0.2140	0.1480	0.3000	0.4400
每股净资产 / 调整后(元)	1.8700	1.8500	1.8200	3.1900
每股公积金(元)	0.4487	0.4487	1.8631	1.8549
净资产收益率(%)	4.2700	3.0900	-64.6400	-30.8000
总资产(万元)	191302.59	193041.20	218441.41	292650.41
股东权益(万元)	76497.20	75777.37	73866.44	123942.06
未分配利润(万元)	8440.08	7518.63	-47755.68	
主营收入(万元)	115907.93	77651.57	157996.84	174348.73
资本公积金(万元)	16793.04	16793.04	69724.73	69418.19
主营利润(万元)	15722.97	10611.98	17494.00	16404.55
其他业务利润(万元)	972.45	740.06	1224.83	482.30
营业利润(万元)	2476.91	1873.84	-52377.17	-39950.96
投资收益(万元)	117.09	114.96	-587.06	-3756.69
补贴收入(万元)	96.64	32.36	374.37	638.63
营业外收支(万元)	-270.43	-251.49	-5120.28	-488.26
利润总额(万元)	2420.21	1769.67	-57710.14	-43557.28
净利润(万元)	3264.06	2342.61	-47747.59	-38142.86

十大股东

序号	股东名称	股份性质	持股数(万股)	比例(%)
1	常州市国有资产管理局	国有股	15316.00	40.92
2	武进柴油机机体厂	法人股	533.00	1.42
3	温海根	外资股	364.27	0.97
4	CBNY S/A PNC/SKANDIASELECT FUND/CHINA EQUITYAC	外资股	179.20	0.48
5	奔牛农机厂	法人股	176.00	0.47
6	文灿荣	外资股	147.51	0.39
7	LIU ZILI	外资股	121.13	0.32
8	文沛荣	外资股	100.00	0.27
9	MERRL LYNCHINTERNATIONAL	外资股	100.00	0.27
10	何永航	外资股	92.66	0.25

股东人数	2003.9	2003.6	2002	2001
	72734	73471	87460	95344

近年分配		近年配股 / 增发	不分配不转增

重大事项

2003 年 2 月 24 日,公司董事会同意公司以位于常州市怀德北路 29 号的常柴大厦整作为抵押,续贷公司在中国进出口银行 8000 万元即将到期借款. 2003 年 01 月 28 日,山东省泰安市中级人民法院于 2002 年 9 月 27 日受理了山东华源光明机器制造有限公司申请破产一案. 该公司确认欠公司债务 5300 万元.公司据此于 2003 年 1 月 10 日向法院申报债权,公司对此项欠款计提坏帐比例 20%.

二〇〇二年以来市场表现

2002年涨跌幅(%)	-22.57
2002年最高(元)	8.35
2002年最低(元)	4.40
2002年换手率(%)	190.40
2003年涨跌幅(%)	-4.24
2003年最高(元)	8.88
2003年最低(元)	4.90
2003年换手率(%)	313.95

无锡威孚高科技股份有限公司

公司概况

公司名称	无锡威孚高科技股份有限公司			股票代码	200581		
注册地址	无锡国家高新技术产业开发区46号地块			邮政编码	214031		
法人代表	许良飞			董秘	刘永林		
电话	0510-2719579			传真	0510-2751025		
主营业务	内燃机的喷油泵及其配件系统的制造与销售						
总股本	43636.62	流通A	21583.83	流通B	8840.00	流通H	
审计单位				审计意见	未审计		

主要财务指标

年度	2003.9	2003.6	2002	2001
每股收益/扣除后(元)	0.3855	0.2557	0.4900	0.3300
每股经营现金流量(元)		0.0290	0.3400	0.3800
每股净资产/调整后(元)	4.5030	4.3739	4.1300	3.8500
每股公积金(元)		2.0888	2.0888	2.0829
净资产收益率(%)	8.4560	5.7610	11.3100	8.9400
总资产(万元)	278448.00	250683.14	246962.97	217026.91
股东权益(万元)	191500.28	180467.52	178753.84	168533.62
未分配利润(万元)	42426.15	31393.37	33048.55	22828.32
主营收入(万元)	116389.88	83347.36	138266.20	98321.62
资本公积金(万元)	91149.59	91149.59	90891.86	90891.86
主营利润(万元)	33392.55	22343.73	38093.99	24780.81
其他业务利润(万元)	312.18	121.94	-11.41	158.06
营业利润(万元)	12307.56	8068.32	13013.06	11330.93
投资收益(万元)	6676.27	4654.99	11131.94	5761.39
补贴收入(万元)				
营业外收支(万元)	-99.86		-1852.06	-190.71
利润总额(万元)	18783.97	12554.38	22292.94	16901.61
净利润(万元)	16668.91	11032.77	20403.48	15071.95

十大股东

序号	股东名称	股份性质	持股数(万股)	比例(%)
1	无锡威孚集团有限公司	国有股	12156.62	27.86
2	ROBERT BOSCH GMBH	外资股	1414.40	3.24
3	华安创新证券投资基金	A股	1090.53	2.50
4	安顺证券投资基金	A股	630.00	1.44
5	上海宝钢化工有限公司	A股	507.66	1.16
6	金泰证券投资基金	A股	467.22	1.07
7	国联证券有限责任公司	A股	451.33	1.03
8	通乾证券投资基金	A股	408.65	0.94
9	丰和价值证券投资基金	A股	378.78	0.87
10	融通新蓝筹证券投资基金	A股	369.76	0.85

股东人数	2003.9	2003.6	2002	2001
	72410	78725	91417	116113

近年分配	近年配股/增发
2002年10股派2元 2001年10股派2元	不分配不转增

重大事项

2003年5月22日,公司董事会会议决议:公司与德国罗伯特.博世公司就柴油喷射业务的全面合作制订的合作方案;并授权董事会就许可证引进和合资合同的详细条款与德国博世公司展开实质性的谈判;公司于2003年6月12日召开公司2002年度股东大会,审议通过以上相关议案。 2003年2月17日,公司董事会决定授权公司管理层与德国罗伯特.博世公司就柴油喷射业务制订合作方案,该方案经国家有关主管机关同意后,提请股东大会批准。

二〇〇二年以来市场表现

2002年涨跌幅(%)	-1.15
2002年最高(元)	11.73
2002年最低(元)	8.15
2002年换手率(%)	114.01
2003年涨跌幅(%)	10.26
2003年最高(元)	12.70
2003年最低(元)	8.85
2003年换手率(%)	101.11

安徽古井贡酒股份有限公司

公司概况

公司名称	安徽古井贡酒股份有限公司			股票代码	200596		
注册地址	安徽省亳州市古井镇			邮政编码	236820		
法人代表	刘俊德			董秘	李培辉		
电话	0558-5710127			传真	0558-5710006		
主营业务	白酒、啤酒、葡萄酒、果蔬酒的生产与销售						
总股本	23500.00	流通A	1997.55	流通B	6000.00	流通H	
审计单位				审计意见	未审计		

主要财务指标

年度	2003.9	2003.6	2002	2001
每股收益/扣除后(元)	0.0700	0.0470	0.1400	0.1200
每股经营现金流量(元)	0.2700	-0.0200	0.1400	0.2500
每股净资产/调整后(元)	4.9700	4.9600	4.9200	4.8300
每股公积金(元)	2.2216	2.2212	2.2198	2.2172
净资产收益率(%)	1.3800	0.9000	4.0500	5.9000
总资产(万元)	151447.09	150595.11	156684.00	152197.08
股东权益(万元)	117815.04	117225.59	116141.00	113726.13
未分配利润(万元)	27379.41	26799.96	25748.17	24334.60
主营收入(万元)	39659.21	25341.38	52603.45	80739.29
资本公积金(万元)	52207.50	52197.50	52164.70	52104.29
主营利润(万元)	13711.31	8855.50	19588.88	23239.73
其他业务利润(万元)	-171.51	-2.74	52.32	-49.11
营业利润(万元)	2547.96	1672.82	6299.84	7631.52
投资收益(万元)	-60.00	-60.00	904.00	201.36
补贴收入(万元)			1490.00	2314.02
营业外收支(万元)	-15.77		47.79	313.74
利润总额(万元)	2472.19	1606.69	8741.63	10460.64
净利润(万元)	1631.24	1051.79	4704.46	6704.67

十大股东

序号	股东名称	股份性质	持股数(万股)	比例(%)
1	安徽古井集团有限责任公司	国有法人股	1550.00	65.96
2	上海证券有限责任公司	流通A股	170.35	0.72
3	李岸白	流通B股	150.00	0.64
4	宝勇企业有限公司	流通B股	60.20	0.27
5	CHAN KAM TONG	流通B股	36.44	0.16
6	CHENYUBIN 陈宇	流通B股	35.87	0.15
7	唐海明	流通B股	31.76	0.14
8	何彬	流通B股	30.00	0.13
9	智慧屋职能系统(香港)有限公司	流通B股	30.00	0.13
10	吴莉萍	流通B股	27.18	0.12

股东人数	2003.9	2003.6	2002	2001
	24598	24839	25197	25838

近年分配	近年配股/增发
2002年10股派1元 2001年10股派2元	不分配不转增

重大事项

2002年12月20日,根据《商业银行法》规定及合肥商业银行关于增资扩股的股东大会决议,公司投资参股合肥市商业银行18%股权没有获得有关主管部门的最终批复,公司决定放弃该参股投资项目。2003年10月25日,董事会审议通过了关于设立安徽古井贡酒股份有限公司高蛋白饲料厂的议案;审议通过了在全国39个中心城市设立非经营性办事机构的议案。

二〇〇二年以来市场表现

2002年涨跌幅(%)	-19.20
2002年最高(元)	17.00
2002年最低(元)	11.71
2002年换手率(%)	186.42
2003年涨跌幅(%)	-32.34
2003年最高(元)	14.29
2003年最低(元)	7.30
2003年换手率(%)	73.31

海南大东海旅游中心股份有限公司

公司概况

公司名称	海南大东海旅游中心股份有限公司			股票代码	200613		
注册地址	海南省三亚市大东海			邮政编码	572021		
法人代表	李珊瑚			董秘	柳俊涛		
电话	0898-88219888-8264			传真	0898-88212298		
主营业务	酒店及旅游娱乐业、房地产开发经营						
总股本	36410.00	流通 A	4510.00	流通 B	8800.00	流通 H	
审计单位				审计意见	未审计		

主要财务指标

年度	2003.9	2003.6	2002	2001
每股收益/扣除后(元)	-0.0340	-0.0223	-0.0134	-0.0390
每股经营现金流量(元)	-0.0070	-0.0080	0.0030	0.0120
每股净资产/调整后(元)	-0.0160	-0.0008	0.0200	0.0050
每股公积金(元)	0.1418	0.1418	0.1418	0.1304
净资产收益率(%)	-2440.4800	-189.9800	1.8700	24.2400
总资产(万元)	18781.14	19007.30	19579.65	22024.01
股东权益(万元)	49.36	418.24	1212.79	735.21
未分配利润(万元)	-41523.90	-41155.03	-40360.47	-40422.56
主营收入(万元)	880.32	615.29	2428.05	2265.16
资本公积金(万元)	5163.26	5163.26	5163.26	4747.78
主营利润(万元)	739.50	524.20	2115.94	1914.26
其他业务利润(万元)	2.89	1.78	89.59	48.41
营业利润(万元)	-1226.85	-810.80	-404.41	-1437.41
投资收益(万元)				
补贴收入(万元)			397.30	791.57
营业外收支(万元)	22.13	16.25	29.83	824.06
利润总额(万元)	-1204.71	-794.55	22.72	178.22
净利润(万元)	-1204.71	-794.55	22.72	178.22

十大股东

序号	股东名称	股份性质	持股数(万股)	比例(%)
1	海口食品有限公司	法人股	6000.00	16.48
2	中国长城资产管理公司	国家股	3632.70	9.98
3	海南三亚银农实业开发总公司	法人股	990.00	2.72
4	洋浦金裕实业有限公司	法人股	666.60	1.83
5	华夏证券有限公司	法人股	660.00	1.81
6	上海景贤投资有限公司	法人股	497.30	1.37
7	中国对外经济贸易信托投资公司	国家股	396.00	1.09
8	海南港澳国际租赁公司	国家股	389.40	1.07
9	三亚市中兴发展公司	法人股	363.00	1.00
10	中国农业银行海口市金贸区支行	国家股	330.00	0.91

股东人数	2003.9	2003.6	2002	2001
	22031	21818	21457	18961

近年分配		近年配股/增发	不分配不转增

重大事项

2003 年 2 月 26 日，公司第一大股东海口食品有限公司将所持的公司的 2000 万股定向法人境内法人股质押给中国长城资产管理公司，作为 6000 万股股权转让价款中海口食品有限公司未支付的剩余 1000 万元价款的担保.质押期限从 2003 年 2 月 25 日至 2003 年 5 月 31 日止. 2003 年 01 月 15 日，根据中国长城资产管理公司与海口食品有限公司签署的《股权转让协议书》的规定，长城公司将其持有公司 6000 万股国家股转让给食品公司，本次股权转让后，食品公司将持有公司股份 6000 万股，成为公司第一大股东；长城公司仍持有公司股份 3632.7 万股，成为公司第二大股东.

二〇〇二年以来市场表现

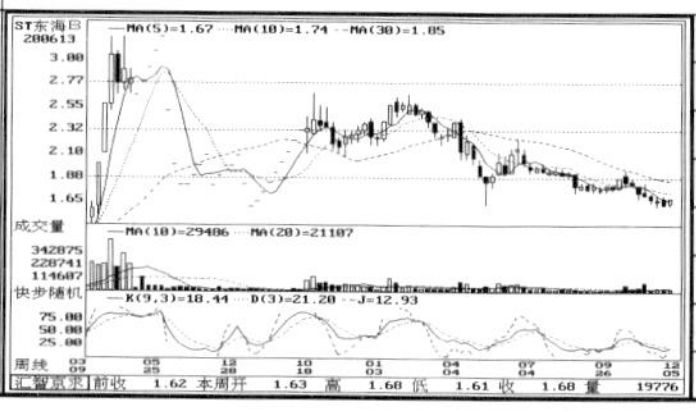

2002年涨跌幅(%)	3.27
2002年最高(元)	7.65
2002年最低(元)	4.00
2002年换手率(%)	306.18
2003年涨跌幅(%)	-37.24
2003年最高(元)	7.56
2003年最低(元)	3.16
2003年换手率(%)	340.28

重庆长安汽车有限公司

公司概况

公司名称	重庆长安汽车有限公司			股票代码	200625		
注册地址	重庆市江北区建新东路 260 号			邮政编码	400023		
法人代表	尹家绪			董秘	崔云江		
电话	023-67591349			传真	023-67866055		
主营业务	汽车(含轿车)、汽车发动机系列产品、配套零部件等						
总股本	122666.60	流通 A	16797.90	流通 B	35000.00	流通 H	
审计单位				审计意见	未审计		

主要财务指标

年度	2003.9	2003.6	2002	2001
每股收益/扣除后(元)	0.9800	0.6800	0.7900	0.1300
每股经营现金流量(元)	0.2800	0.2400	1.7000	2.0800
每股净资产/调整后(元)	3.5700	3.2900	2.6500	2.0800
每股公积金(元)	0.7300	0.7300	0.7300	0.7233
净资产收益率(%)	25.4300	18.8200	25.2900	6.2200
总资产(万元)	991879.37	942509.00	870273.06	663675.00
股东权益(万元)	442737.75	406670.97	330136.31	257431.08
未分配利润(万元)	167733.39	131666.59	55131.94	11226.84
主营收入(万元)	1064052.87	726286.25	988406.75	733180.56
资本公积金(万元)	89542.27	89542.27	89542.27	88723.46
主营利润(万元)	239311.03	164021.19	253371.86	143234.23
其他业务利润(万元)	13401.39	9680.63	11244.21	8479.70
营业利润(万元)	148435.92	103367.72	126177.82	26729.10
投资收益(万元)	5.48	-16.78	-9202.71	1165.29
补贴收入(万元)	430.00	400.00	1003.17	1834.91
营业外收支(万元)	-8505.86		-5729.18	-1335.08
利润总额(万元)	140365.55	96092.13	112249.11	28394.22
净利润(万元)	112601.44	76534.65	83499.75	16021.55

十大股东

序号	股东名称	股份性质	持股数(万股)	比例(%)
1	长安汽车(集团)有限责任公司	国有股	70866.60	57.77
2	GUOTAI JUNAN SECURIES HONG KONG LIMITED	外资股	1994.73	1.63
3	云南国际信托投资有限公司	A股	871.50	0.71
4	BBH BOSTON A/C GMO EMERGING MARKETS FUND	外资股	863.69	0.70
5	博时价值增长证券投资基金	A股	776.92	0.63
6	上海香港万国证券	外资股	719.97	0.59
7	CHINA.INTL.MARING ONTAINERS(HONG KONG)LTD	外资股	693.60	0.57
8	EAST ASIA SECURITIES COMPANY LIMITED	外资股	499.00	0.41
9	KGI ASIA LIMITED	外资股	478.45	0.39
10	DU ZHENG CHEN	外资股	415.65	0.34

股东人数	2003.9	2003.6	2002	2001
	31110	33594	75941	117777

近年分配	2002年 10 股派 0.8 元 2001 年 10 股派 0.4 元	近年配股/增发	不分配不转增

重大事项

2003 年 10 月 15 日，福特汽车公司、福特汽车有限公司与长安集团和公司共同签署了建立战略合作伙伴关系谅解备忘录. 2003 年 8 月 21 日，公司与招商银行签订了《汽车销售金融服务网络协议》，协议有效期一年.根据协议，招商银行在协议有效期内给予公司 2 亿元授信额度，专项用于承兑公司推荐的优质经销商开立的银行承兑汇票或为经销商开出的网上信用证，并提供资金结算服务.

二〇〇二年以来市场表现

2002年涨跌幅(%)	54.23
2002年最高(元)	8.69
2002年最低(元)	4.29
2002年换手率(%)	438.87
2003年涨跌幅(%)	101.75
2003年最高(元)	19.71
2003年最低(元)	7.45
2003年换手率(%)	549.54

瓦房店轴承股份有限公司

公司概况

公司名称	瓦房店轴承股份有限公司		股票代码	200706	
注册地址	中国辽宁省瓦房店市北共济街一段1号		邮政编码	116300	
法人代表	王路顺		董秘	张兴海	
电话	0411-5509888-3829		传真	0411-5500794	
主营业务	轴承、机械设备、汽车零配件及相关产品的制造与销售				
总股本	33000.00	流通A		流通B 13000.00	流通H
审计单位			审计意见	未审计	

主要财务指标

年度	2003.9	2003.6	2002	2001
每股收益/扣除后(元)	0.1393	0.0970	0.0510	0.0790
每股经营现金流量(元)	0.2500	0.1500	0.2900	0.3300
每股净资产/调整后(元)	3.1200	3.0300	2.9100	3.0500
每股公积金(元)	1.5869	1.5869	1.5793	1.5718
净资产收益率(%)	3.8900	2.7500	1.4400	2.3700
总资产(万元)	211821.36	208369.56	204138.45	217756.58
股东权益(万元)	105774.89	104532.23	101408.04	103808.84
未分配利润(万元)	16521.68	15279.43	12407.80	14801.99
主营收入(万元)	97117.29	65180.08	109898.72	107164.06
资本公积金(万元)	52368.98	52368.57	52116.01	51868.66
主营利润(万元)	76513.43	13174.82	20703.43	23076.57
其他业务利润(万元)	763.03	394.01	432.54	451.11
营业利润(万元)	4847.54	3184.17	589.42	2151.40
投资收益(万元)	999.58	756.17	1302.98	820.07
补贴收入(万元)				
营业外收支(万元)	-481.44	-320.99	-194.54	-264.52
利润总额(万元)	5365.68	3619.34	1697.85	2706.95
净利润(万元)	4113.88	2871.63	1470.84	2455.32

十大股东

序号	股东名称	股份性质	持股数(万股)	比例(%)
1	瓦房店轴承集团有限责任公司	国有股东	20000.00	60.61
2	AKTIEBOLAGET SKF	外资股东	6500.00	19.70
3	BINLIANG	外资股东	131.91	0.40
4	李俊成	外资股东	30.91	0.09
5	骆实	外资股东	23.59	0.07
6	王卫红	外资股东	20.00	0.06
7	冯威	外资股东	20.00	0.06
8	林世民	外资股东	20.00	0.06
9	林名禹	外资股东	19.60	0.06
10	陈镜坤	外资股东	19.40	0.06

股东人数	2003.9	2003.6	2002	2001
	12249	12307	12395	12738

近年分配	2002年10股派0.3元 2001年10股派0.3元	近年配股/增发	不分配不转增

重大事项

2003年7月12日，公司战略投资者AKTIEBOLAGETSKF公司共认购公司6500万股股份，占公司全部股份的19.7%，根据公司与之达成的协议，1999年冻结期已满。但该公司至今尚未办理解冻手续，也未办理续冻手续，公司2002年报中只披露了该股股份冻结期满的时间，未说明此股份仍处于冻结状态，特此补充说明。 2003年中期，公司为瓦轴集团提供的448万元贷款担保尚未解除，瓦轴集团公司与瓦轴股份公司已达成协议，瓦轴集团公司向瓦轴股份公司出具448万元的定期存单，作为担保风险抵押金，担保解除后股份公司退还集团公司该担保风险抵押金，这样股份公司便可以防范因该担保而可能承担的或有风险。

二〇〇二年以来市场表现

2002年涨跌幅(%)	-34.88
2002年最高(元)	5.43
2002年最低(元)	2.96
2002年换手率(%)	29.60
2003年涨跌幅(%)	21.94
2003年最高(元)	4.90
2003年最低(元)	3.28
2003年换手率(%)	45.43

京东方科技集团股份有限公司

公司概况

公司名称	京东方科技集团股份有限公司		股票代码	200725	
注册地址	中国北京市朝阳区酒仙桥路10号		邮政编码	100016	
法人代表	王东升		董秘	仲慧峰	
电话	010-64366264		传真	010-64366264	
主营业务	电子产品、通信设备(未取得专项许可项目除外)、电子计算机软硬件的制造及销售				
总股本	65946.48	流通A 7200.00		流通B 17940.00	流通H
审计单位			审计意见	未审计	

主要财务指标

年度	2003.9	2003.6	2002	2001
每股收益/扣除后(元)	0.4300	0.2300	0.1400	0.0900
每股经营现金流量(元)	1.4100	0.9500	0.4000	0.7200
每股净资产/调整后(元)	3.8300	3.4700	3.9000	3.7200
每股公积金(元)	1.6000	1.6000	2.1200	2.1022
净资产收益率(%)	11.1100	7.1000	3.7900	3.0000
总资产(万元)	1067973.50	1030230.87	678218.19	403281.72
股东权益(万元)	252530.72	232745.05	218337.91	208353.81
未分配利润(万元)	47347.94	35813.33	19296.26	14340.60
主营收入(万元)	765045.69	469794.94	478258.75	268379.81
资本公积金(万元)	105515.43	105515.43	116506.51	115526.47
主营利润(万元)	119058.44	76758.53	63555.13	33466.09
其他业务利润(万元)	379.08	246.25	800.39	166.60
营业利润(万元)	31772.00	18003.42	14516.81	12187.63
投资收益(万元)	468.19	603.47	6537.92	-1596.57
补贴收入(万元)			692.50	1546.66
营业外收支(万元)	1272.30		-125.02	631.28
利润总额(万元)	33512.49	20401.06	21622.21	12769.00
净利润(万元)	28051.69	16517.08	8283.66	6025.09

十大股东

序号	股东名称	股份性质	持股数(万股)	比例(%)
1	北京京东方投资发展有限公司	国有法人股	35047.08	53.15
2	北京京东电实业开发公司	国有法人股	4004.40	6.07
3	北京易芯微显示技术开发中心	法人股	429.00	0.65
4	SOUTH CAPITAL NOMINEES LIMITED	流通B股	316.82	0.48
5	北京显像管总厂	国有法人股	312.00	0.47
6	RIPPERTON ASSETS LIMITED	流通B股	278.22	0.42
7	CSS(HK)L A/C ULTRAMATIC HOLDINGS LIMITED	流通B股	220.67	0.33
8	STARBURST ASSETS LIMITED	流通B股	190.82	0.29
9	TOYO SECURITIES ASIA LIMITED-A/CCLIENT.	流通B股	170.46	0.26
10	GOOD CAPTURE INVESTMENTS	流通B股	163.42	0.25

股东人数	2003.9	2003.6	2002	2001
	50290	55029	57233	60054

近年分配	2001年10股派0.5元	近年配股/增发	2002年10股转增2股

重大事项

2003年8月6日，公司与FPL、潘方仁签署《冠捷科技有限公司股份买卖协议》，公司收购FPL持有的占冠捷科技已发行普通股总数的26.36%比例的股份，共计356033783股。收购总价款为1050299659.85港元。 2003年02月28日，国家经济贸易委员会、财政部、国家税务总局、海关总署联合认定公司技术中心为第九批享受优惠政策的企业(集团)技术中心之一。

二〇〇二年以来市场表现

2002年涨跌幅(%)	-31.30
2002年最高(元)	12.83
2002年最低(元)	7.83
2002年换手率(%)	111.55
2003年涨跌幅(%)	54.95
2003年最高(元)	12.60
2003年最低(元)	7.77
2003年换手率(%)	277.61

鲁泰纺织股份有限公司

公司概况

公司名称	鲁泰纺织股份有限公司				股票代码	200726	
注册地址	淄博市高新技术开发区铭波路 11 号				邮政编码	255100	
法人代表	刘石祯			董秘	秦桂玲		
电话	0533-5285166			传真	0533-5282188		
主营业务	生产、销售棉涤纶纱、色织布、衬衣、服装饰品等						
总股本	42243.24	流通 A	10140.00	流通 B	16224.00	流通 H	
审计单位				审计意见	未审计		

主要财务指标

年度	2003.9	2003.6	2002	2001
每股收益/扣除后(元)	0.3500	0.2170	0.3600	0.4400
每股经营现金流量(元)	0.6320	0.3400	0.8000	0.0300
每股净资产/调整后(元)	3.3000	3.1900	3.5600	4.5700
每股公积金(元)	1.7512	1.7512	2.3014	3.2918
净资产收益率(%)	10.7400	6.6900	9.9600	9.2000
总资产(万元)	243846.31	204916.62	179449.39	148935.67
股东权益(万元)	141151.45	135030.30	125994.58	124001.21
未分配利润(万元)	16243.56	10122.41	1089.12	1094.07
主营收入(万元)	93360.72	54404.50	95088.04	78569.38
资本公积金(万元)	73976.89	73976.89	81015.00	89139.51
主营利润(万元)	29245.35	18033.84	27151.77	22909.16
其他业务利润(万元)	703.86	395.07	460.28	305.17
营业利润(万元)	17201.82	10794.56	15073.91	13741.74
投资收益(万元)	-0.10	-0.76	40.31	161.08
补贴收入(万元)	147.19	147.19		
营业外收支(万元)	-249.58	-240.55	-114.70	-606.08
利润总额(万元)	17099.33	10700.44	14999.52	13296.74
净利润(万元)	15154.45	9033.29	12554.99	11412.74

十大股东

序号	股东名称	股份性质	持股数(万股)	比例(%)
1	淄博鲁诚纺织有限公司	发起人股	5911.62	14.00
2	泰纶纺织有限公司	外资股	5911.62	14.00
3	SOUTH CAPITAL NOMINEESLIMTED	B股	499.20	1.18
4	TOYO SECURITIES ASIALIMITED-A/C CLIENT	B股	426.89	1.01
5	DAIWA SECS EMBC AC ITOCHUHONG KONG LTD	B股	360.00	0.85
6	CBNY S/A PNC/SKANDIA SELECT FUND/CHINA EQUITY AC	B股	325.21	0.77
7	RIPPERTON ASSETS LIMITED	B股	312.00	0.74
8	SSBT/THE CHINA FUND-UH1 UHO1	B股	311.98	0.74
9	PERFECT SPACE INVESTMENTS	B股	310.44	0.73
10	GOOD CAPTURE INVESTMENTS	B股	304.20	0.72

股东人数	2003.9	2003.6	2002	2001
	43439	45717		44437

近年分配	2002年10股派3元 2001年10股派3.18元	近年配股/增发	2002年10股转增2股 2001年10股增3股

重大事项

2003年7月5日,公司第一大股东淄博鲁诚纺织有限公司将其所持有的公司全部法人股5911.62万股质押给中国民生银行济南分行用于贷款,质押期限为2003年7月3日至2004年7月3日。 2003年4月19日,董、监事会同意为公司的控股子公司北京思创服饰有限公司提供500万元人民币贷款担保。

二〇〇二年以来市场表现

2002年涨跌幅(%)	-20.50
2002年最高(元)	9.28
2002年最低(元)	6.46
2002年换手率(%)	86.61
2003年涨跌幅(%)	3.43
2003年最高(元)	7.64
2003年最低(元)	6.20
2003年换手率(%)	126.26

本钢板材股份有限公司

公司概况

公司名称	本钢板材股份有限公司				股票代码	200761	
注册地址	辽宁省本溪市平山区人民路 16 号				邮政编码	117000	
法人代表	李墨华			董秘	梁广德		
电话	0414-7827344			传真	0414-7828360		
主营业务	钢铁冶炼、压延加工及相关产品的销售业务						
总股本	113600.00	流通 A	11997.00	流通 B	40000.00	流通 H	
审计单位				审计意见	未审计		

主要财务指标

年度	2003.9	2003.6	2002	2001
每股收益/扣除后(元)	0.2200	0.1900	0.3600	0.2419
每股经营现金流量(元)	0.6100	0.4700	0.8600	0.1500
每股净资产/调整后(元)	3.6299	3.5794	3.4056	3.0662
每股公积金(元)		1.2299	1.2297	1.2297
净资产收益率(%)	6.1400	4.8100	9.9400	7.8800
总资产(万元)	697700.75	704502.50	673656.00	527234.94
股东权益(万元)	412474.37	406664.66	387086.16	348594.62
未分配利润(万元)	128818.36	123030.05	103476.16	70758.37
主营收入(万元)	808729.37	510711.37	775047.69	524281.41
资本公积金(万元)		139717.98	139693.39	139693.39
主营利润(万元)	54074.86	42122.70	82816.94	44685.73
其他业务利润(万元)				
营业利润(万元)	40591.45	31943.17	62165.87	31184.36
投资收益(万元)				
补贴收入(万元)				
营业外收支(万元)	-2767.27		-3158.16	-433.28
利润总额(万元)	37824.17	29184.91	59007.71	30751.08
净利润(万元)	25342.20	19553.89	38491.52	27484.42

十大股东

序号	股东名称	股份性质	持股数(万股)	比例(%)
1	本溪钢铁(集团)有限责任公司	国有股	61600.00	54.23
2	DEUTSCHE BANK AGLONDON	外资股	421.77	0.37
3	方伊君	外资股	181.57	0.16
4	黄莲娣	外资股	176.39	0.16
5	NOMURA TB/NOMURAITM	外资股	140.00	0.12
6	CHEN YIK KIAN	外资股	138.00	0.12
7	GREAT DIAMONDINTERNATIONAL LIMITED	外资股	125.96	0.11
8	张祖坤	外资股	119.88	0.10
9	BEST RELIANCEINVESTMENTS LTD	外资股	118.46	0.10
10	华仲国际有限公司	外资股	113.18	0.09

股东人数	2003.9	2003.6	2002	2001
	100123	103484	108277	114349

近年分配	2001年10股派1.76元	近年配股/增发	不分配不转增

重大事项

2003年8月5日,公司接到中国证监会沈阳稽查局对公司签发的立案调查通知书;因未按时披露年报,决定对公司进行立案调查。调查工作于2003年8月6日开始。公司目前生产经营一切正常。2002年03月16日,公司炼钢厂板坯连铸车间二期技术改造后,炼钢厂具备了375万吨钢全连铸的生产能力.

二〇〇二年以来市场表现

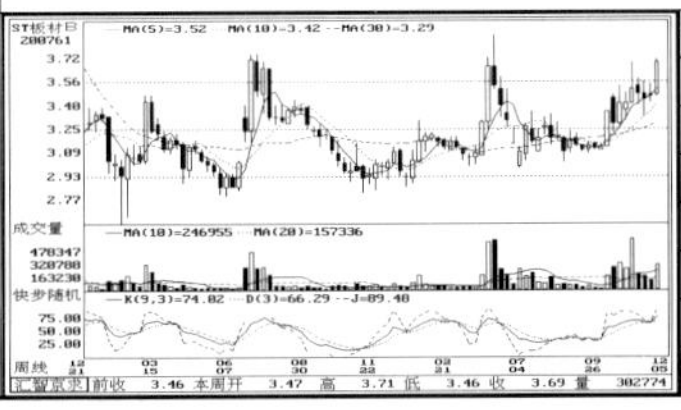

2002年涨跌幅(%)	-7.96
2002年最高(元)	7.00
2002年最低(元)	3.97
2002年换手率(%)	144.42
2003年涨跌幅(%)	1.18
2003年最高(元)	6.96
2003年最低(元)	4.61
2003年换手率(%)	151.00

武汉锅炉股份有限公司

公司概况

公司名称	武汉锅炉股份有限公司	股票代码	200770
注册地址	湖北省武汉市武珞路586号	邮政编码	430070
法人代表	陈伯虎	董秘	刘成祥
电话	027-87652719	传真	027-87655152
主营业务	各类压力容器、电站锅炉、特种锅炉、锅炉辅机的开发、制造等		
总股本	29700.00	流通A	
流通B	12500.00	流通H	
审计单位		审计意见	未审计

主要财务指标

年度	2003.9	2003.6	2002	2001
每股收益/扣除后(元)	0.0790	0.0480	0.0690	0.0510
每股经营现金流量(元)	0.1730	0.2500	0.5300	0.2470
每股净资产/调整后(元)	1.7180	1.6860	1.6320	1.6677
每股公积金(元)	0.5063	0.5054	0.5040	0.5040
净资产收益率(%)	4.2600	2.5900	3.9300	3.5810
总资产(万元)	182532.53	176226.19	174033.94	127684.84
股东权益(万元)	53632.11	52682.99	51275.63	50301.04
未分配利润(万元)	6883.45	5961.76	4596.93	4066.89
主营收入(万元)	73812.05	45221.47	63050.08	40426.71
资本公积金(万元)	15037.45	15010.01	14967.50	14967.50
主营利润(万元)	13228.71	8520.35	13498.45	8203.40
其他业务利润(万元)	252.14	49.71	457.04	137.70
营业利润(万元)	3381.21	2087.65	3341.31	2458.98
投资收益(万元)	53.80	59.11	143.42	104.14
补贴收入(万元)				
营业外收支(万元)	-141.21	-82.55	-162.90	-242.86
利润总额(万元)	3293.80	2064.22	3321.84	2320.25
净利润(万元)	2286.52	1364.84	2014.10	1801.05

十大股东

序号	股东名称	股份性质	持股数(万股)	比例(%)
1	武汉锅炉集团有限公司	境内法人股	17200.00	57.90
2	跨国有限公司	流通B股	230.00	0.77
3	BEST RELIANCE INVESTMENTS LTD	流通B股	62.83	0.21
4	陈倩芬	流通B股	62.53	0.21
5	王彦广	流通B股	45.00	0.15
6	崔凯	流通B股	38.28	0.13
7	YAN CHI PING	流通B股	37.86	0.13
8	智万国际有限公司	流通B股	36.86	0.12
9	徐胜利	流通B股	36.00	0.12
10	TUNK KIN METAL WORKS LTD	流通B股	31.53	0.11

股东人数	2003.9	2003.6	2002	2001
	20343	20666	20844	21088

近年分配	近年配股/增发
2002年10股派0.35元 2001年10股派0.25元	不分配不转增

重大事项

公司与广东发展银行深圳分行于2001年10月30日签订《综合授信合同》.广东发展银行深圳分行给予本公司壹亿贰仟万元人民币的综合授信额度,期限截止2002年10月30日.大股东武汉锅炉集团有限公司将其持有的本公司法人股1300万股(占总股本的4.38%)为此综合授信作质押担保.质押手续已办理完毕. 2002年2月25日公司董事会同意关于投资组建武汉蓝翔能源环保科技有限公司(筹)的议案:该公司注册资本为2000万元,其中公司出资1400万元,占注册资本的70%。同意陈性智辞去公司董事会秘书职务,聘请刘成祥担任本公司董事会秘书。

二〇〇二年以来市场表现

2002年涨跌幅(%)	-40.45
2002年最高(元)	5.34
2002年最低(元)	2.66
2002年换手率(%)	94.74
2003年涨跌幅(%)	28.89
2003年最高(元)	5.03
2003年最低(元)	2.83
2003年换手率(%)	135.55

杭州汽轮机股份有限公司

公司概况

公司名称	杭州汽轮机股份有限公司	股票代码	200771
注册地址	浙江省杭州市石桥路357号	邮政编码	310022
法人代表	聂忠海	董秘	何建航
电话	0571-85780198	传真	0571-85780433
主营业务	汽轮机及其辅助设备、备品、备件的设计制造等		
总股本	22000.00	流通A	
流通B	8000.00	流通H	
审计单位		审计意见	未审计

主要财务指标

年度	2003.9	2003.6	2002	2001
每股收益/扣除后(元)	0.1190	0.0705	0.2050	0.1290
每股经营现金流量(元)	0.5580	0.1430	0.3600	0.2300
每股净资产/调整后(元)	2.1000	1.9700	1.9200	1.8200
每股公积金(元)	0.6806	0.6806	0.6806	0.6787
净资产收益率(%)	5.6900	3.4600	7.6300	6.2000
总资产(万元)	87100.59	76184.91	68548.03	62695.64
股东权益(万元)	48222.10	47108.82	45478.35	44164.08
未分配利润(万元)	7533.12	6419.84	4789.38	4234.82
主营收入(万元)	30686.66	20034.60	32602.78	28916.03
资本公积金(万元)	14974.04	14974.04	14974.04	14930.44
主营利润(万元)	11854.94	7750.66	12848.41	9233.90
其他业务利润(万元)	81.31	54.32	66.26	104.38
营业利润(万元)	3368.25	2005.50	5326.46	3261.43
投资收益(万元)	-37.45	-20.75	-156.12	24.90
补贴收入(万元)	292.31	146.15	152.55	
营业外收支(万元)	156.85		-992.11	-87.43
利润总额(万元)	3779.96	2239.79	4330.78	3198.89
净利润(万元)	2743.75	1630.47	3470.67	2738.89

十大股东

序号	股东名称	股份性质	持股数(万股)	比例(%)
1	杭州汽轮动力集团有限公司	国家股	14000.00	63.64
2	BIN LIANG	流通B股	472.16	2.15
3	LO STEVEN CHIHWA	流通B股	464.25	2.11
4	宋佑孚	流通B股	189.00	0.86
5	EVER POINTINVESTMENTS LIMITMD	流通B股	49.10	0.22
6	吴浩源	流通B股	47.17	0.21
7	郑琳	流通B股	44.60	0.20
8	刘沛	流通B股	43.92	0.20
9	何雁飞	流通B股	42.74	0.19
10	永胜实业有限公司	流通B股	39.76	0.18

股东人数	2003.9	2003.6	2002	2001
	12748	12760	12557	13142

近年分配	近年配股/增发
2002年10股派1元 2001年10股派1元	不分配不转增

重大事项

2003年11月14日,公司于近日收到中国证券登记结算有限公司深圳分公司的《股份质押登记证明书》,出质人为公司控股股东杭州汽轮动力集团有限公司,被质押的股份性质为"发起人国家股",证券数量为柒仟万股整,冻结期限从2003年11月4日至办理注销质押登记手续为止. 2003年10月22日,公司董事会同意公司以控股为前提与杭州凯鑫铸钢有限公司合资组建"杭州汽轮铸锻有限公司"的决议.公司以下属"铸造分公司"范围内的部分资产、以及技术投入双方合资组建的"铸锻公司";"铸锻公司"首期注册资金初定为2200万元,其中公司出资1122万元;"杭州凯鑫"出资1012万元;经营团队出资66万元.

二〇〇二年以来市场表现

2002年涨跌幅(%)	-29.74
2002年最高(元)	5.85
2002年最低(元)	3.00
2002年换手率(%)	70.60
2003年涨跌幅(%)	54.95
2003年最高(元)	7.02
2003年最低(元)	3.35
2003年换手率(%)	156.27

烟台张裕葡萄酿酒股份有限公司

公司概况

公司名称	烟台张裕葡萄酿酒股份有限公司		股票代码	200869	
注册地址	山东省烟台市大马路 56 号		邮政编码	264001	
法人代表	孙利强		董秘	曲为民	
电话	0086-535-6633658		传真	0086-535-6633658	
主营业务	葡萄酒、白兰地、香槟及保健酒的生产和销售				
总股本	31200.00	流通 A	3840.00	流通 B	10560.00
流通 H					
审计单位			审计意见	未审计	

主要财务指标

年度	2003.9	2003.6	2002	2001
每股收益／扣除后(元)	0.3570	0.2490	0.4400	0.4700
每股经营现金流量(元)	-1.0200	0.8910	0.3500	0.2000
每股净资产／调整后(元)	4.8900	4.7800	5.4400	5.2100
每股公积金(元)	2.4760	2.4760	3.1712	3.1712
净资产收益率(%)	7.3900	5.2200	7.8600	13.0000
总资产(万元)	183301.78	183301.78	182987.83	166338.80
股东权益(万元)	152909.11	149398.20	141601.86	135677.81
未分配利润(万元)	32658.26	29147.35	21351.01	17651.77
主营收入(万元)	75170.42	51317.17	92821.90	88598.05
资本公积金(万元)	77250.25	77250.25	82450.25	82450.25
主营利润(万元)	38219.98	26358.45	46641.00	45139.69
其他业务利润(万元)	127.37	52.63	102.55	296.92
营业利润(万元)	17225.48	11587.26	18969.48	18253.14
投资收益(万元)	64.34			
补贴收入(万元)				
营业外收支(万元)	-874.19		-883.34	-468.31
利润总额(万元)	16286.95	11610.75	18086.14	17784.83
净利润(万元)	11307.25	7796.33	11124.06	17165.65

十大股东

序号	股东名称	股份性质	持股数(万股)	比例(%)
1	烟台张裕集团有限公司	国有股	16800.00	53.80
2	FIRST ASIA INVESTMENTS VENTURES LTD.	B股	212.75	0.68
3	XIA YU	B股	205.01	0.66
4	CHEN ZU DE	B股	189.82	0.61
5	CROWNBLE ENTERPPRISES LIMITED	B股	172.56	0.55
6	CBNY S/A PNC/SKANDIA SELECT FUND/CHINA EQUITY AC	B股	142.16	0.55
7	CHEN BAO HUI	B股	147.35	0.47
8	安顺证券投资基金	A股	145.30	0.47
9	上海香港万国证券	B股	144.96	0.46
10	BTFE-NEW ERA PRC FUND	B股	107.42	0.34

股东人数	2003.9	2003.6	2002	2001
	37236	37353	36608	41526

近年分配	2002年 10 股派 2 元 2001 年 10 股派 2.5 元	近年配股／增发	2002年 10 股转增 2 股

重大事项

2003 年 8 月 29 日，烟台市国有资产管理局致公司控股股东烟台张裕集团有限公司《关于转让国有产权的函》,决定将其持有该公司的部分国有产权对外转让. 2003 年中期,公司以同期市场平均价格从烟台张裕玻璃制品有限公司购买了交易总额为 1,732 万元的葡萄酒及白兰地等酒瓶，约占同类交易总金额的 75%. 本公司与烟台张裕玻璃制品有限公司的关联关系同受控股股东— 烟台张裕集团有限公司控制.

二〇〇二年以来市场表现

2002年涨跌幅(%)	-20.73
2002年最高(元)	16.61
2002年最低(元)	11.00
2002年换手率(%)	57.75
2003年涨跌幅(%)	-7.74
2003年最高(元)	12.56
2003年最低(元)	9.21
2003年换手率(%)	101.69

佛山华新包装股份有限公司

公司概况

公司名称	佛山华新包装股份有限公司		股票代码	200986	
注册地址	佛山市季华五路经华大厦 18 楼		邮政编码	528000	
法人代表	王奇		董秘	陈海燕	
电话	0757-3981729		传真	0757-3992026	
主营业务	制造、销售包装材料、包装制品、装饰材料、铝塑复合材料等				
总股本	43950.00	流通 A		流通 B	14950.00
流通 H					
审计单位			审计意见	未审计	

主要财务指标

年度	2003.9	2003.6	2002	2001
每股收益／扣除后(元)	0.1750	0.1010	0.2090	0.1600
每股经营现金流量(元)	0.0200	-0.0300	0.2500	0.0613
每股净资产／调整后(元)	2.1000	2.0240	1.9300	1.8198
每股公积金(元)	0.5700	0.5700	0.5700	0.5700
净资产收益率(%)	8.2550	4.9200	11.2000	14.7000
总资产(万元)	126776.37	124257.12	138203.98	130134.39
股东权益(万元)	93177.07	89909.26	85485.52	80748.91
未分配利润(万元)	17757.65	14489.84	10066.10	6765.16
主营收入(万元)	41787.07	25313.40	74061.07	51130.36
资本公积金(万元)	25053.15	25053.15	25053.15	25053.15
主营利润(万元)	7286.22	4384.79	14902.49	8300.78
其他业务利润(万元)	93.48	58.99	142.50	17.77
营业利润(万元)	3162.93	1932.44	6398.60	2722.76
投资收益(万元)	5778.42	3223.99	5484.89	10170.80
补贴收入(万元)				
营业外收支(万元)	32.40	43.56	-35.25	11.70
利润总额(万元)	8973.76	5199.99	11848.23	12905.26
净利润(万元)	7691.55	4423.74	9571.11	11869.70

十大股东

序号	股东名称	股份性质	持股数(万股)	比例(%)
1	佛山华新发展有限公司	国有法人股	28653.22	65.20
2	CHAN PONG HUANG	B股	127.49	0.29
3	达普投资有限公司	B股	126.72	0.29
4	吴浩源	B股	112.26	0.26
5	黄建伟	B股	73.00	0.17
6	陈元峰	B股	71.00	0.16
7	张旭彬	B股	70.54	0.16
8	罗曼玲	B股	69.06	0.16
9	朴光实	B股	67.94	0.15
10	SUMITOMO / DAIWA CHINA FUND	B股	66.00	0.15

股东人数	2003.9	2003.6	2002	2001
	22647	22882	23041	23077

近年分配	2002年 10 股派 1.1 元 2001 年 10 股派 1.33 元	近年配股／增发	不分配不转增

重大事项

2003 年 03 月 28 日，公司与公司间接第一大股东佛山市工业投资管理有限公司签订《股权转让协议》，将公司持有佛山市华昊化工有限公司 70% 的股权以 1902.6 万元转让给市工投管理公司。2002 年 1 月 10 日，公司董事会同意公司决定提前实施公司拟增发 A 股募集资金运用计划的部分项目,公司拟以增发 A 股募集资金中的 2013 万元收购佛山市电化总厂 70% 的股权,现变更为以银行借贷融资方式向佛山市工业投资管理有限公司收购佛山市华昊化工有限公司 70% 的权益.双方确认本次交易的成交价为 1848.35 万元。

二〇〇二年以来市场表现

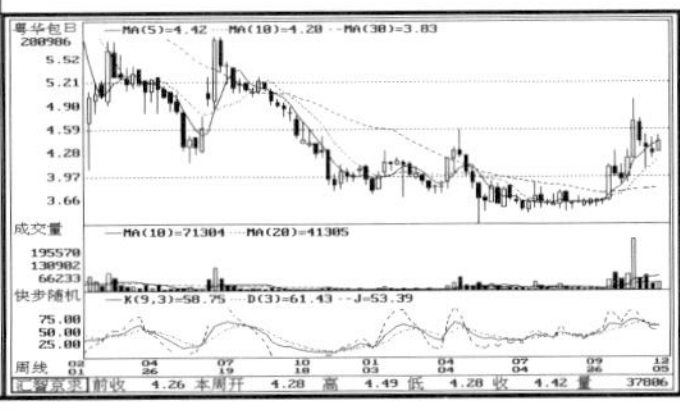

2002年涨跌幅(%)	-41.56
2002年最高(元)	6.39
2002年最低(元)	3.68
2002年换手率(%)	69.92
2003年涨跌幅(%)	13.90
2003年最高(元)	4.97
2003年最低(元)	3.25
2003年换手率(%)	81.12

上海三九科技发展股份有限公司

法人代表：赵新先

* 公司法定中文名称：上海三九科技发展股份有限公司
公司中文名称缩写：三九发展
公司法定英文名称：SHANGHAI SANJIU TECHNOLOGY DEVELOPMENT CO.,LTD.
* 公司法定代表人：赵新先 先生
* 公司总经理：张欣戎 先生
* 公司董事会秘书：钱海啸 先生
联系地址：上海市浦东世纪大道1600号 浦项商务广场19楼
电话：021-50813939
传真：021-58313117
E-MAIL：qian_hx@600614.com
公司证券事务代表：姜卫星 先生
电话：021-50813939*511
传真：021-58313117
E-MAIL：jiang_wx@600614.com
* 公司注册地址：上海浦东东昌路600号　　邮编：200120
公司办公地址：上海市浦东世纪大道1600号浦项商务广场19楼　　邮编：200122
* 公司选定的信息披露报纸：《上海证券报》、《香港商报》。
登载公告的国际互联网网址：http：//www.sse.com.cn
公司公告备置地点：公司董事会办公室
* 公司股票上市地：上海证券交易所
股票简称：三九发展　　发展B股
股票代码：600614　　900907
* 其他有关资料
公司首次注册日期、地点：1992年6月3日于上海浦东东昌路600号
企业法人营业执照注册号：企股沪总字第019008
税务登记号码：310046607227746
公司聘请的会计师事务所名称，办公地址：
A股：上海立信长江会计师事务所，上海市南京东路61号4楼
B股：浩华会计师事务所，香港湾仔港湾道18号中环广场二十楼2001室

第九编

香港上市公司

1842/1998

栏 目 协 办

安徽方兴科技股份有限公司

香港联交所上市公司

长江实业(集团)有限公司

【公司概况】 股票代码 0001,集团主席李嘉诚,发行股本(股)2,316M,票面值(港元)0.500,市价总值(港元)115,113M,主要业务为物业发展及投资、物业及项目管理、酒店及证券投资。

【公司业务】 长江集团为以港为基之多元化跨国企业,业务分布全球超过40个不同国家。截至2002年12月止之年度,集团录得约22.6%之纯利增长,而主要收入来源继续来自旗下物业组合及持有49.9%权益之和记黄埔有限公司(和黄)。据披露,集团将继续保持审慎乐观之态度,积极投资于本地物业市场。在过去数年,集团持续显着增加本港及内地之投资物业组合。该等物业主要包括优质酒店、写字楼、商场及服务住宅式酒店,为集团提供大量且稳定之租金收入。除物业相关业务外,集团亦透过其主要联营公司—和黄—持有多元化及优质业务组合。现时,和黄不单只拥有遍及全球之业务组合包括港口码头、电讯、物业及零售,并同时持有长江基建集团有限公司及香港电灯集团有限公司之权益。在传统业务提供日渐增长现金流之强大支持下,集团可积极投资于未来科技发展,如第三代流动电讯及生物科技。于2002年7月16日,集团成功分拆旗下生物科技旗舰长江生命科技集团有限公司(长科)于创业板上市。现时,长科为迫切及普遍之人类健康及环保问题提供解决方案,其生物科技产品包括生态农业、环境治理、医药、保健食品及护肤用品。于2003年3月,和黄在欧洲正式全面推出第三代流动电讯服务。据披露,基于严控成本有效策略,第三代流动电讯业务支出一直符合预算。更重要地,近100%牌照成本及约70%资本开支需要预期于2003年年底全数支出,往后应无庞大开支负担,而总成本支出将低于预期数字。集团预期于此等科技投资将为长远利益能力及增值效益带来无限潜力。

【主要资产/投资(12/2002)】 和记黄埔有限公司(49.9%)持有长江基建集团有限公司84.6%权益,并透过长江基建间接持有香港电灯集团有限公司38.9%权益;TOM.COM(和黄及长实分别持有约28.6%及14.3%权益);长江生命科技集团有限公司(44%);投资物业、酒店及服务式住宅约值186亿港元;以及物业存货约值202亿港元。

中电控股有限公司

【公司概况】 股票代码 0002,集团主席米高嘉道理,发行股本(股)2,408M,票面值(港元)5.000,市价总值(港元),81,880M,主要业务为发电及供电,投资国内以及亚洲其它地区电力项目,物业发展。

【公司业务】 中电控股为亚洲规模最大之私营电力公用公司之一,亦为香港最大之电力公用公司,在香港经营发电、输电及供电之纵向式综合业务。除为香港210万名客户(约占人口总数80%)供应电力外,集团亦在中国及亚太地区投资电力相关业务,以及在香港及中国内地拓展特定之非电力业务。展望未来,集团将抓紧合适之投资商机,尤其在华西地区作出投资,以配合内地西电东输项目政策。

【主要资产/投资(12/2002)】 中华电力有限公司(100%)—负责香港电力公用业务,总装机容量为8,263兆瓦;中华电力(中国)有限公司(100%)—发展及投资中国大陆之电力项目,拥有发电资产(净权益为3,163兆瓦);中电国际有限公司(100%)—发展及投资亚太地区之电力项目,拥有在澳洲、印度、台湾及泰国之发电资产(净权益为2,675兆瓦);香港核电投资有限公司(100%);中电数码有限公司(100%)—透过中港数码网络提供优质可靠之中港传输服务(最近推出全新之零售品牌Oxygen窄频及宽频上网服务);中电企业创建有限公司(100%)—为中电集团物色及开拓香港及中国内地之能源相关及信息科技业务;以及中电地产有限公司(100%)。

香港中华煤气有限公司

【公司概况】 股票代码 0003,集团主席李兆基,发行股本(股)5,644M,票面值(港元)0.250,市价总值(港元)55,874M,主要业务为生产、输送与销售煤气及经营与煤气有关之业务。

【公司业务】 该集团为香港目前唯一之煤气供货商,拥有逾147万名客户,其供气网络亦不断扩展至新发展地区(如香港国际主题公园、数码港)。近年,集团凭借旗下知名品牌TGC及推出多项崭新产品(如二合一煤气干衣洗衣机、煮饭宝),积极开发住宅家电市场,从而直接增加煤气之使用量。据披露,集团核心业务之长远发展策略是增加投资中国内地之燃气项目。因此,集团已积极参与国家环保能源重点项目,包括广东液化天然气接收站项目、规模庞大之西气东输工程,及各省市之下游城市管道燃气业务。于2002年12月止之年度内,集团成立一家投资性控股公司香港中华煤气投资有限公司,负责管理集团内地合资项目。于2002年年底,集团在内地共有12个城市管道燃气合资项目,其中大部份位于广东省、江苏省及山东省等地。集团预期旗下内地合资项目将增至2005年之20个(当中包括计划在2003年第二季度落实之天津及武汉合资项目)。

【主要资产/投资(12/2002)】 楼房、厂场、煤气管及其它设备按账面净值约76.02亿港元;香港中华煤气投资有限公司(100%);九龙马头角南物业发展项目;机场铁路香港站发展项目(15%);西湾河码头广场项目(50%);GH—Fusion Ltd.(50%);苏州工业园区港华燃气有限公司(45%);投资证券按市值约16.82亿港元;及现金结余净额约11.95亿港元。

九龙仓集团有限公司

【公司概况】 股票代码 0004,集团主席吴光正,发行股本(股)2,447M,票面值(港元)1.000,市价总值(港元)37,691M,主要业务为物业、码头、运输、酒店及通讯经营。

【公司业务】 该集团为香港主要地产投资商,旗下投资物业为集团提供稳健之经常性收益,并同时投资于集装箱码头及通讯业务。于2002年12月止之年度内,集团物业组合之租金价格及销售价格均面对严重之下调压力。因此,集团为旗下物业作出减值拨备,以反映该等资产之市场价值。是次减值拨备令集团之资产净值由2001年度之22.33港元降至2002年度之19.91港元。据披露,集团之主要物业组合—海港城及时代广场—占集团逾半之资产总值。此外,集团约60—65%来自营业之现金流入净额源自其投资物业。因此,本港地产市场之趋势将对集团产生直接影响。物流业务方面,集团之主要物流附属公司—现代货箱—于2002年底在葵涌之市场占有率仍维持约30%。通讯业务方面,有线宽频仍为本港主要收费电视营运商及互联网服务供货商。有线宽频现时正致力巩固其市场竞争力,以迎战日后新加入者所带来之竞争。至于九仓电讯方面,其固网电话线业务继续录得稳定增长。据披露,九仓电讯在商业及住宅市场分别占有约15%及4%市场份额;而其固网电话线业务之整体市场占有率则约为9%。

【主要资产/投资(12/2002)】 海港城(100%)—位于尖沙咀海傍心脏地带之优质写字楼、商务、服务式住宅及酒店物业,楼面面积共达830万平方呎;时代广场(100%)—铜锣湾最具代表性之建筑物,写字楼及商场楼面面积分别为103万平方呎及93.6万平方呎;九龙仓置业发展有限公司(100%);九龙仓中国置业有限公司(100%);马可孛罗酒店集团(100%);现代货箱码头有限公司(55%);有线宽频通讯有限公司(79%);及九仓电讯有限公司(100%)。

汇丰控股有限公司

【公司概况】 股票代码 0005,集团主席庞约翰,发行股本(股)10,756M,票面值(港元)0.500,市价总值(港元)1,032,558M,主要业务为提供全面之银行及有关之金融服务。国际网络遍布亚太区、欧洲、美洲、中东及非洲。

【公司业务】 汇丰控股(汇控)为全球最大之银行及金融服务机构之一。汇控现时在欧洲、香港、其它亚太区(包括中东及非洲)、北美洲及南美洲等80个国家及地区设有逾8,000办事处之国际网络。透过其全球网络及发展迅速之电子商贸技能,汇控为个人、商业、企业、机构与投资及私人银行客户提供全面之金融服务。于2002年12月止之年度内,汇控已就扩大其于北美洲之市场份额迈进一大步。于2002年11月,汇控以代价11.4亿美元收购Grupo Financiero BitalS. A. de C. V.(GFBital)之99.59%权益。以存款及资产计,GFBital为墨西哥第五大银行集团。此项策略性收购行动令汇控可进军墨西哥——一个人口增长中及银行比例较低、但拥有长远增长潜力之国家。此外,汇控亦于 2002 年 11 月公布以代价约 142 亿美元收购 Household International, Inc. (Household)(美国最大独立消费融资公司之一)之全部权益,收购已于 2003 年 3 月完成。收购 Household 不只提高北美洲业务对汇控之贡献,同时亦为汇控提供覆盖全美国服务点之消费信贷、信用卡及信贷保险业务(分销网络包括覆盖全美 46 个州约 1400 间办事处)。在中国大陆市场方面,该市场仍为集团关键之增长地区。继 2001 年收购上海银行之小量权益后,汇控亦于 2002 年底以代价约 6 亿美元收购国内第二大寿险公司及第三大保险公司中国平安保险股份有限公司之 10%权益。

【主要资产/投资】(12/2002) 香港上海汇丰银行有限公司;恒生银行有限公司(62.14%);英国汇丰银行有限公司;法国商业银行(99.99%);美国汇丰银行;巴西汇丰银行;HSBC Private Banking Holdings (Suisse) S. A.;(99.59%);及 Household International, Inc.(收购已于 2003 年 3 月完成)。

香港电灯集团有限公司

【公司概况】 股票代码 0006,集团主席麦理思,发行股本(股)2,134M,票面值(港元)1.000,市价总值(港元)65,949M,主要业务为发电及电力供应。

【公司业务】 该集团是长江基建有限公司(长江基建)主要公用事业组合中之一,现时主要在香港岛、鸭利洲及南丫岛从事发电、输电及配电业务。除香港市场外,集团亦透过与母公司长江基建组成之合营企业在澳洲持有优质公用资产。该等投资包括位于南澳洲省之配电资产—ETSA Utilities(拥有二百年之专营权),以及在邻近维多利亚省之类似投资—Po 公司 wercor Australia。集团最近新增之海外投资项目为表现杰出之澳洲配电公司 CitiPower,业务范围为墨尔本地区。连同 Powercor 及 ETSAUtilities,集团与长江基建在澳洲各占同样权益之联合投资已接近 70 亿澳元,使集团及长江基建成为澳洲最大之配电商(以客户总数计算)。展望将来,集团对香港业务之长远展望及澳洲业务之增长前景保持乐观。集团将继续在世界各地寻求可获取吸引回报而风险在可接受水平之能源相关投资项目。

【主要资产/投资】(12/2002) 香港电灯有限公司(100%);Powercor Australia(长江基建和港灯之 50—50 合资企业);ETSA Utilities(长江基建和港灯之 50—50 合资企业);Citi Power(长江基建和港灯之 50—50 合资企业);持有以泰国为基地之 UnionPower Development Co. Ltd. 之 4.6%权益(若履行协议中之若干条件时,集团需额外收购 21.4%权益,同时,集团亦有权在该电厂开始商业营运时增加股权至 27.5%);以及协联工程有限公司(100%)。

高信集团控股有限公司

【公司概况】 股票代码 0007,集团主席蓝国庆,发行股本(股)460M,票面值(港元)0.100,市价总值(港元)69M,主要业务为提供股票经纪、期货与期权经纪及证券保证金融资服务及经营网上广告分销平台。

【公司业务】 该集团主要从事提供股票经纪、期货与期权经纪及证券保证金融资服务,以及经营网上广告分销平台业务。截至 2002 年 3 月止之年度,经纪业务及证券保证金融资业务分别占集团总营业额 77.7%及 19.8%。为掌握信息科技革命,集团自 2002 年 4 月以来已推出虚拟网上交易服务,而全面性之网上交易系统亦已于 2001 年第四季向公众推出。于 2001 年 6 月,集团伙同 GLTradeSA 成立一家合营公司 KTGTradeLtd.,以开发、经营及推动网上证券交易平台,提供网上经纪服务及其它增值服务。为有效地向潜在客户提供网上金融服务及未来电子推广产品,集团于 2001 年 5 月以代价 6,000 万港元收购经营网上广告分销平台之 LuckySurfAsia 之 57.1%权益。最近,集团于 2002 年 3 月透过收购一家已具实质业务之本地投资顾问公司,藉以将业务扩展至金融顾问服务,及拓展其企业融资及结构融资业务。此外,集团已不断寻找合适策略联盟,以扩阔产品及服务范围,及将业务扩展至其它市场,近作包括与 CMC 集团及中兴综合证券结成联盟。

【主要资产/投资】(3/2002) Karl Thomson(B. V. I.) Ltd.(100%);高信证券有限公司(100%);高信商品期货有限公司(100%);高信财务有限公司(100%);高信融资服务有限公司(51%);KTG Trade Ltd.(81%);及 Lucky Surf Asia.com Ltd.(57%)。

电讯盈科有限公司

【公司概况】 股票代码 0008,集团主席李泽楷,发行股本(股)4,654M,票面值(港元)0.250,市价总值(港元)23,734M,主要业务为提供电讯服务、互联网及多媒体服务、销售及租赁器材,及其它技术服务。投资及发展基建、物业及科技相关业务。

【公司业务】 电讯盈科为亚洲首屈一指之综合通讯公司之一,亦为香港最大之综合通讯服务供货商,在香港固网电讯市场占有领导地位。在 2000 年与香港电讯有限公司合并后,电讯盈科现时从事四大主要业务,分别为(1)电讯服务(包括本地电话及数据、国际电讯及其它服务);(2)商企电贸服务(包括在香港及大中华区提供系统整合、应用软件开发、网络整合、应用软件管理服务及数据中心服务);(3)基建业务(如位于香港钢线湾之数码港发展项目);及(4)亚洲及全球各地(如与 Telstra 联盟组合 50—50 合营公司—REACH)。截至 2002 年 12 月止之年度,电讯盈科之业绩转盈为亏,录得净额亏损 77.62 亿港元(上年度录得纯利 13.43 亿港元),亏损主要由于件内为 REACH 之投资撇减 82.63 亿港元。此外,出售 RWC 之 40%权益及第一通有限公司权益予 Telstra 亦录得净额亏损 14.33 亿港元。于 2002 年度内,电讯盈科之商企电贸业务单位取得良好之工作进展,成功夺得香港特区政府批出之智能身份证合约。此外,与中国石化及中国电信组成之联盟令电讯盈科可进军中国大陆发展迅速之金融、公管、电讯及民企行业。据披露,电讯盈科透过再融资及提早偿还债务,令其债务净额由 2001 年之 50.4 亿美元进一步削减至 2002 年之 42.2 亿美元。展望将来,削减债务仍为电讯盈科之首要目标。电讯盈科亦将透过改善营运效率,以及控制数码港工程之未来资金调拨来提高现金流量。

【主要资产/投资】(12/2002) 香港电讯有限公司(100%);PCCW Japan Co. Ltd.(76.13%);REACH Ltd.(50%);合纵连网控股有限公司(47.9%);创业基金(100%)——一个自资基金单位,持有互联网技术公司之投资组合;以及香港数码港发展项目。

东方娱乐控股有限公司

【公司概况】 股票代码 0009,集团主席黄柏鸣,发行股本(股)330M,票面值(港元)0.100,主要业务为电影发行及授权使用、电影菲林冲印、广告及宣传服务。,市价总值(港元)310M。

【公司业务】 该集团主要从事制作及发行华语电影及电视连锁剧;提供电影菲林冲印服务,包括冲印电影菲林、电影菲林剪接、字幕制作、颜色分析、提供特技效果及声音转录、印制电影菲林拷贝及复制电影菲林底片等;以及为电影及电视连锁剧提供广告及宣传服务。集团所制作之电影当中有不少获颁多项奖项,其中一部于 1992 年制作之电影家有喜事,大破本港电影票房收入纪录,高达 4,800 万港元。截至 2002 年第一季,集团拥有逾 70 套电影及电视连锁剧之片库。截至 2001 年 12 月止之年度,电影发行及授权使用业务为集团之核心收入来源,该业务占集团总营业额约 58%,而电影菲林冲印及广告与宣传业务则分别占约 24%及 18%。另一方面,集团约 58.6%及 22.8%之营业额分别来自香港及中国,而其余则来自其它市场,例如台湾、马来西亚、欧洲及亚洲其它地方。为把握中国入世后电影市场进一步开放之商机,集团计划增加其电影及电视连续剧之制作,以及透过与广州之菲林冲印公司共同于中国设立一间菲林冲印及后期制作公司,将冲片业务拓展至中国市场。截至 2001 年底,集团拥有现金结余净额约 3,685 万港元。

【主要资产/投资】(12/2001) Mandarin Films Production Co. Ltd.(100%);Mandarin Laboratory (Int'l) Ltd.(100%);Mandarin Laboratory Ltd.(100%);Mandarin Motion Picture Ltd.(100%);Media Elite Enterprises Ltd.(100%);MandarinFilms Ltd.(100%);及 Chili Advertising&Promotions Ltd.(100%)。

恒隆集团有限公司

【公司概况】 股票代码 0010,集团主席陈启宗,发行股本(股),1,325M,票面值(港元)1.000,市价总值(港元)8,809M,主要业务为物业发展以供销售、投资物业以供收租之用、拥有和管理酒店、停车场管理及物业管理,以及经营饮食及干洗服务。

【公司业务】 该集团为本港地产市场之翘楚之一,其物业投资及发展业务主要透过旗下上市附属公司恒隆地产有限公司(恒隆地产)进行。恒隆地产拥有之庞大物业组合包括商铺、写字楼、住宅及工业物业,并为本港具规模之停车场拥有者及经营者之一。在香港以外,集团亦积极在上海参与地产业务。在酒店业务方面,该等业务主要透过集团另一家上市附属公司格兰酒店集团有限公司(格兰酒店)经营。格兰酒店拥有及管理位于旺角之雅兰酒店及位于鱼则鱼涌之康兰酒店及康兰豪华寓所,以及管理位于湾仔之卫兰轩及位于荃湾之汀兰居。然而,基于酒店业之经营市况持续不景,集团决定重组业务,将格兰酒店之资产转移至恒隆地产,并将格兰酒店私有化。此外,集团会将雅兰酒店重建为商业办公大楼,而康兰酒店则会被转型为服务式寓所。据集团披露，该两座酒店之重建成本合计约为8,000万港元。当私有化完成后，格兰酒店之上市地位将被撤销。

【主要资产/投资(6/2002)】 恒隆地产有限公司(60.3%)，将于格兰酒店完成私有化后持有格兰酒店之100%权益；上海恒邦房地产开发有限公司(57.6%)；上海恒城房地产有限公司(70%)；及上海港汇房地产开发有限公司(37.9%)。

恒生银行有限公司

【公司概况】 股票代码0011，集团主席艾尔敦，发行股本(股)1,912M，票面值(港元)5.000，市价总值(港元)162,029M，主要业务为从事银行业及有关之金融服务。

【公司业务】 恒生银行为汇丰集团主要成员之一，并为香港第二大之本地注册银行(以市值计)。恒生银行拥有稳固的财务状况及庞大的本地市场，为逾三分之一香港市民提供服务。该行之主要业务为个人银行业务、工商及金融机构业务、商业银行业务、财资业务及其它主要为管理股东资金、投资物业及长期股票投资之业务。此外，网上银行服务已成为恒生多元化销售网络之重要一环，有助该行进行交叉销售活动。截至2002年12月止之年度，个人银行业务仍为恒生银行之主要盈利来源，占除税前利益49.4%，而商业银行业务、工商及金融机构业务以及财资业务则分别约占除税前利益9.9%、8.3%及7.7%。面对激烈之市场竞争，恒生将继续专注于中小企及理财服务以提高非利息收入。恒生将会运用其强大之分行网络及客户基础，积极推广理财服务策略，以促销保险、投资基金、信用卡等产品。另一方面，恒生亦会加强证券经纪服务，并不断提升网上银行服务，藉以配合其发展理财服务之策略。展望未来，恒生银行仍会以香港及中国内地作为重点业务发展之地区。据2002年年报所披露，恒生银行现时在广州、上海、深圳及福州设有分行，以及在北京及厦门设有代表处。据披露，上海分行已推出人民币银行服务，服务对象为外籍人士、港澳台人士及外商投资企业。此外，广州、上海及深圳分行于年内亦开始为内地居民及企业提供外币银行服务，并设立优越理财中心。恒生银行亦正在其它主要城市开设更多分行及透过网上银行服务以扩充其网络。

恒基兆业地产有限公司

【公司概况】 股票代码0012，集团主席李兆基，发行股本(股)1,722M，票面值(港元)2.000，市价总值(港元)40,987M，主要业务为物业发展及投资、物业管理、建筑、发展计划管理、酒店业务、百货业务、财务、投资控股及基建项目。

【公司业务】 恒基兆业地产(该集团)为恒基兆业地产集团之母公司，亦是本港主要地产发展商之一。截至2002年6月底，该集团拥有之土地储备自占楼面合共约2,090万平方呎，当中包括本身之发展地盘、投资物业及酒店物业之权益，以及应占三家上市联营公司(分别为香港中华煤气、香港小轮(集团)及美丽华酒店企业)持有之物业权益。连同旗下两家上市附属公司恒基兆业发展及恒基中国集团、上述三家上市联营公司及上市科技旗舰恒基数码科技，集团除拥有庞大之土地储备及投资物业组合外，并拥有多元化之业务组合，包括建筑、物业管理、酒店及百货业务、基建(如能源、收费桥梁/公路)、保安护卫服务、信息科技发展及投资控股等。尽管本港物业租务市场放缓及零售市场不景气，集团之主要收租物业于2002年6月止之年度内仍保持约93%之出租率，租金亦保持稳定。为把握现时楼价偏低之时机，集团将继续在本港购入发展地盘及与香港特区政府商讨有关农地之补价事项。此外，集团亦计划在2003年底前推出合共约9,500个住宅单位，其中大部份位于市区旺地，以迎合市场需求。

【主要资产/投资(3/10/2002)】 恒基兆业发展有限公司(73.48%)，持有(1)香港中华煤气有限公司(36.42%)、(2)美丽华酒店企业有限公司(43.67%)、(3)香港小轮(集团)有限公司(30.98%)及(4)恒基数码科技有限公司(66.67%)；以及恒基中国集团有限公司(65.45%)。

和记黄埔有限公司

【公司概况】 股票代码0013，集团主席李嘉诚，发行股本(股)4,263M，票面值(港元)0.250，市价总值(港元)207,626M，主要业务为港口及有关服务，电讯及电子商贸，地产及酒店，零售及制造，能源、基建、财务及投资。

【公司业务】 和记黄埔有限公司(和黄)为大型之跨国企业业务及香港最大之综合企业，在全球41个国家经营业务。和黄之业务组合包括(1)港口及有关服务；(2)电讯；(3)地产及酒店；(4)零售及制造；以及(5)能源、基建、财务及投资。截至2002年12月止之年度，和黄录得22.4%营业额增长，及19.3%纯利增长，主要反映来自港口及相关服务、地产及酒店，以及零售及制造部门之理想业绩。在过去两年，和黄已完成多项大型收购活动，包括13个货柜码头(如南韩最繁忙之货柜码头)、和记环球电讯有限公司余下50%权益，以及在欧洲保健及美容零售业占有领导地位之Kruidvat集团。于2003年，和黄将继续扩展其现有核心业务，以及致力推展于欧洲、香港及澳洲新成立之第三代流动电讯业务。据披露，和黄已于2003年3月在欧洲全面推出第三代流动电讯业务，而香港方面，第三代流动电讯网络之建设如期进行，并预算于2003年中推出服务。于2002年年底，第三代流动电讯业务将已支出近100%牌照成本，而资本性开支需要预期会支出约70%，大致完成第三代流动电讯之投资期。

【主要资产/投资(12/2002)】 (1)港口及有关服务：在15个国家之31个港口共175个泊位持有权益，全年吞吐量达3,580万标准货柜；(2)电讯：在香港、以色列及印度经营第二代电讯业务，及在9个国家持有第三代频谱牌照(其中包括6个欧洲国家)；和记环球电讯有限公司(100%)—在香港拥有及经营全港性光纤系统网络；Hutchison Telecommunications Australia(57.8%)；(3)地产及酒店：地产投资组合包括约1,570万平方呎之办公楼、商业、工业及住宅物业，及在香港、国内及巴哈马9间酒店持有权益；(4)零售及制造：屈臣氏集团—在亚洲及欧洲分别经营3个及6个大型零售连锁集团(百佳超级市场、屈臣氏个人护理商店、丰泽电器产品店)；和记黄埔(中国)有限公司(100%)；和记港陆有限公司(50.5%)；以及(5)能源、基建、财务及投资：长江基建集团有限公司(84.6%)；香港电灯集团有限公司(33%)；赫斯基能源(35%)；TOM.COM(29%)；Vodafone及德国电讯(股权投资分别约值201.2亿港元及117亿港元)；及百江燃气控股有限公司之少数权益。

希慎兴业有限公司

【公司概况】 股票代码0014，集团主席利定昌，发行股本(股)1,035M，票面值(港元)5.000，市价总值(港元)6,932M，主要业务为物业发展及投资与投资控股。

【公司业务】 集团为铜锣湾区最大之商厦业主，其主要投资物业位于铜锣湾零售商铺集中地，包括利舞台广场、利园、礼顿中心、嘉兰中心、兴利中心、友邦中心、希慎道壹号、新宁阁、新宁大厦及礼顿道111号。其它主要投资物业包括位于中环之娱乐行及半山区之竹林苑。尽管面对租金下调之压力，集团于2002年度仍可维持投资物业组合高水平之出租率(办公室：95%；商铺：96%)。最近，集团已进行一连串之资产增值行动，如完成竹林苑之市场重新定位及希慎道壹号之装修工程。据集团2002年年报披露，礼顿中心及新宁阁之改善工程现正进行中，而嘉兰中心商场之市场重新定位计划亦已于2003年3月展开。集团之管理层希望该等措施可为租户增值，从而维持集团之市场竞争力及利润。

【主要资产/投资(12/2002)】 投资物业按公开市值约为248.41亿港元。

盈信控股有限公司

【公司概况】 股票代码0015，集团主席魏振雄，发行股本(股)845M，票面值(港元)0.025，市价总值(港元)291M。

【公司业务】 该集团主要在香港从事承办各类公营及私营机构之建筑工程，工程范围大致分为四大类：(1)政府建筑物、机构建筑物及公共房屋工程；(2)公共房屋、政府及其它机构建筑物之维修保养、翻新及装修工程；(3)土木工程项目；以及(4)斜坡及挡土墙之防止山泥倾泻及修筑工程。集团之主要客户为香港特别行政区属下之建筑署及房屋委员会。自2000年5月起，集团已参与竞投本港更多不同类型之建筑工程，包括各类公营及私营机构之水务工程、道路及渠务、建筑保养、山泥倾泻防御工程及公共事业土木工程。多个政府部门包括建筑署、土木工程署、渠务署、路政署、拓展署、水务署及房屋委员会亦成为集团之客户。于2001年4月，集团进一步收购怡益工程有限公司及加德利建筑有限公司其余48.55%权益。自此以后，两家公司成为集团全资附属公司。该项交易之代价以发行每股面值0.1港元之1,600万新普通股方式支付。于2002年5月，集团成功取得建筑署一份为期39个月之定期合约，为楼宇及土地提供改建、加建、保养及维修服务，合约总值约达4.55亿港元。据披露，此合约为集团有史以来取得价值最高之单一合约。截至2002年3月止之年度，集团之重大手头合约总值约10.51亿港元。

【主要资产/投资(3/2002)】 安保工程有限公司(100%)；怡益工程有限公司(100%)；加德利建筑有限公司(100%)；安保建筑有限公司(100%)；及安保维修有限公司(100%)。

新鸿基地产发展有限公司

【公司概况】 股票代码 0016，集团主席郭炳湘，发行股本(股)2,401M，票面值(港元)0.500，市价总值(港元)100,598M，主要业务为发展及投资地产物业以供出售及租赁之用。

【公司业务】 新鸿基地产为本港主要优质地产发展商，亦为本港拥有最大土地储备公司之一。截至 2002 年 6 月底，集团在香港拥有之土地储备所占楼面面积达 5,040 万平方呎。以发展物业供销售及投资之核心业务作支柱，集团亦从事其它辅助性业务，包括酒店投资及管理、物业管理、建筑、保险及金融业务；信息科技及电讯；运输、基建及物流项目；及其它投资项目。尽管物业租务市场放缓，集团之投资物业仍维持 92%之出租率。据 2001/02 年年报所披露，预计于 2002/03 年度落成之物业已售出约 70%。除继续专注于本港物业业务外，集团亦会凭借其强劲品牌及在香港之丰富物业市场经验，进军中国大陆市场，尤其是国内主要城市如北京、上海、广州(包括珠江三角洲)及深圳等。

【主要资产/投资(6/2002)】 香港土地储备：所占楼面面积达 5,040 万平方呎，以及逾 2,100 万平方呎新界农地(占地面积)；中国内地土地储备：所占楼面面积达 240 万平方尺；酒店：帝苑酒店、帝都酒店及帝京酒店(100%)；信息科技及电讯：新意网集团有限公司(84.8%)及数码通电讯集团有限公司(29.6%)两者均在香港上市；运输、基建及物流：在香港上市之九龙巴士控股有限公司(33.3%)、在香港上市之路讯通控股有限公司(25.6%)、收费道路三号干线(郊野公园段)(50%)、威信集团(100%)、亚洲货柜码头有限公司(28.5%)、香港内河码头(33%)、海港货柜服务有限公司(50%)、诚安货运有限公司(50%)、机场空运中心有限公司(100%)、香港商用航空中心有限公司(35%)、新鸿基物流控股有限公司(100%)及新物流有限公司(50%)；其它：在香港上市之富联国际集团有限公司(19%)、通济隆鸿基机场外币找换有限公司(25%)及新地宝联资产管理(亚洲)有限公司(50%)。

新世界发展有限公司

【公司概况】 股票代码 0017，集团主席郑裕彤，发行股本(股)2,192M，票面值(港元)1.000，市价总值(港元)6,904M，主要业务为投资控股及地产投资。

【公司业务】 新世界发展为建基于香港之主要上市蓝筹综合企业之一，其业务策略性地集中于香港及中国大陆。该集团四大业务部门为(1)物业—发展及投资地产物业以供出售及租赁之用，而中国业务则透过旗下中国物业旗舰新世界中国地产有限公司经营；(2)基础建设—透过旗下基建旗舰新世界基建有限公司(新世界基建)在中、港、澳三地投资基建项目，包括收费公路及桥梁、货物装卸、电力及食水处理厂及电子基建/科技项目；(3)服务—主要透过旗下服务旗舰新世界创建有限公司(新世界创建)提供多项建筑及机电工程、设施管理、交通运输、金融保险及环境工程服务；以及(4)电讯—透过新世界电话及新世界传动网提供覆盖全面之固定网络、宽频、数据、国际长途电话、流动及多媒体通讯服务。于 2002 年 10 月，新世界集团公布进行集团重组，其中新世界基建持有 75%权益之上市附属公司太平洋港口有限公司(太港)将收购新世界创建及新世界基建之基本基建资产，总代价约为 211.4 亿港元，将以现金 85 亿港元及发行新股方式支付。新世界基建其后亦会将其持有之所有太港股份分派予股东，不再持有太港任何权益。当建议重组及分派完成后，新世界发展将直接持有新世界基建 54.25%股权及太港之 52%股权。此后，太港将成为新世界发展之服务、基建及港口业务之旗舰，而新世界基建则集中在中国大陆发展电讯、媒体及科技业务。

【主要资产/投资(6/2002)】 在香港拥有 40 个主要物业发展项目(应占总楼面面积逾 1,170 万平方呎)、16 个主要投资物业项目(总楼面面积合共 830 万平方呎)及应占农地储备达 2,000 万平方呎；在香港、中国大陆及东南亚拥有 16 间酒店，设有 7,762 间客房；新世界中国地产有限公司(70%)；新世界基建有限公司(54%)；新世界创建有限公司(51%)；新世界电话控股有限公司(100%)；冠忠巴士集团有限公司(15%)；大福证券集团有限公司(10%)；及惠记集团有限公司(8%)。

东方报业集团有限公司

【公司概况】 股票代码 0018，集团主席马澄坤，发行股本(股)2,398M，票面值(港元)0.250，市价总值(港元)3,861M，主要业务为出版报章及杂志，物业投资及楼宇管理。

【公司业务】 东方报业集团主要从事出版报章及赛马报章业务，主要刊物包括《东方日报》、《太阳报》及《太阳马经》。截至 2002 年 3 月止之年度，《东方日报》及《太阳报》分别蝉联全港中文报章销量第一位及第三位，而单日实销最高则分别超逾 54.6 万份及 30.8 万份。鉴于业内竞争激烈及杂志市场出现饱和现象，集团于年内出售《东周刊》、《东方新地》及《东 TOUCH》之杂志业务，并获利约 7,100 万港元。为策略性地提供更多信息增值业务，集团于 2000 年 2 月推出《orisun.com》入门网站。集团亦已成功推出收费网站《东方日报电子报》、《太阳报电子报》及《马经网》。此外，集团亦伙同美国道琼斯通讯社，于《orisun.com》网站内推出道琼斯东方网讯 B2B 之财经信息服务。据 2002 年年报披露，集团有意开发电子报简体字版本、海外版、多媒体广告业务。

【主要资产/投资(3/2002)】 现金结余净额约 11.5 亿港元；厂房、机器及印刷设备之账面净值约 6.84 亿港元；及位于香港之土地及楼宇之账面净值约 3.74 亿港元。

太古股份有限公司

【公司概况】 股票代码 0019，集团主席何礼泰，发行股本(股)930M，票面值(港元)0.600，市价总值(港元)32,656M，主要业务为从事航空服务及航空饮食、飞机工程、物业投资及发展、酒店、工业、贸易、船务及保险。

【公司业务】 太古公司为本港蓝筹综合企业之一，其多元化之业务涵盖五大范畴：(1)地产—投资物业组合包括位于优越地段之写字楼及零售物业(如太古广场、太古坊、太古城中心、又一城、东荟城等)，以及优质住宅楼宇(如太古广场曦暹轩及柏舍服务套房及半山雅宾利住宅单位)；(2)航空—持有国泰航空、港龙航空、香港飞机工程、香港空运货站及香港华民航空之主要权益；(3)饮料—为可口可乐装瓶厂之一，有权于香港、台湾、中国内地七个省分及美国西部部份地区分销可口可乐产品；(4)海洋服务—经营一队具规模之船队船只，从事离岸石油支持，并提供船只维修与港口拖船服务，以及货柜码头服务；及(5)实业与贸易—为富豪品牌之汽车在大中华地区之分销商及零售代理，以及香港运动及轻便鞋之主要入口商及零售商，其品牌包括 Reebok、Puma、DKNY、Diesel、Rockport 及 Skechers，并从事废物管理业务及制造及分销漆油、铝罐及母线槽。

【主要资产/投资(12/2001)】 物业组合之账面净值约为 697.54 亿港元；及国泰航空有限公司(45.9%)。

会德丰有限公司

【公司概况】 股票代码 0020，集团主席吴光正，发行股本(股)2,032M，票面值(港元)0.500，市价总值(港元)13,613M。

【公司业务】 该集团主要从事物业投资及发展、酒店经营、零售及贸易、货柜及空运货箱码头、基建、电讯、收费电视及互联网相关等业务。截至 2002 年 3 月止之年度，集团所持有之九龙仓集团有限公司(九龙仓)投资权益占其资产总值近 50%，而所持有之新亚置业信托有限公司权益则占其资产总值近 30%。另一方面，集团之直接物业权益及证券投资，以及分销及零售业务(包括连卡佛、Joyce 及 City'Super)分别占其资产总值余下 18%及 2%。集团最大资产九龙仓为香港大型地产投资公司，其稳健之经常性收益主要来自投资物业，以及于通讯及货箱码头业务之投资。九龙仓透过其投资物业组合及货箱码头业务为集团提供稳定盈利。此外，九龙仓于电讯及收费电视之投资经过多年投资期后，开始为集团提供盈利贡献。集团近期最大地产发展项目、位于机铁九龙站之擎天半岛，由五家占等额权益之公司共同拥有，包括新亚置业、会德丰、联邦地产、九龙仓及海港企业。第二期共 854 个单位预期于 2001 年初落成，最早可于 2002 年第四季进行预售活动。另一个主要地产项目、位于深井之碧堤半岛，为一个由新亚置业、会德丰及九龙仓各占等额权益之合营发展项目。该项目将分四期兴建合共 3,354 个单位，总楼面面积达 280 万平方呎。据披露，第一期共 840 个单位预期于 2002 年底前落成，并计划于 2002 年下半年推出单位预售。

【主要资产/投资(3/2002)】 (1)九龙仓集团有限公司(48%)—持有尖沙咀海港城、铜锣湾时代广场、九仓新电讯、Wharf Properties Investments、九龙仓中国之全部权益，有线宽频 79%权益及现代货箱 55%权益；(2)新亚置业信托有限公司(74%)—持有联邦地产有限公司 72%权益及马哥孛罗发展有限公司 75%权益；(3)分销及零售业务包括连卡佛 100%权益及 Joyce Boutique52%权益；(4)直接物业投资组合包括发展中并拟作出售之物业及待沽物业合共约值 171.626 亿港元，及投资物业及其它物业约值 48.205 亿港元；以及(5)上市股本证券约值 36.553 亿港元。

宝福集团有限公司

【公司概况】 股票代码 0021，集团主席赵渡，发行股本(股)29M，票面值(港元)4.000,市价总值(港元)58M。

【公司业务】 该集团为一投资控股公司,其附属公司主要从事物业业务,以及资金及投资上市证券业务。于2000年底,集团之最大股东由会德丰有限公司转为和成国际集团有限公司。截至2001年底,集团坐拥庞大现金,并无负债。

【主要资产/投资(12/2001)】 现金结余净额约4.40亿港元;非上市可换股票据约4,870万港元;及上市证券投资组合之市值约2.143亿港元,主要包括从事合并、金融服务、买卖及制造集团之证券。

亚细安资源集团有限公司

【公司概况】 股票代码0022,集团主席曾文豪,发行股本(股)1,286M,票面值(港元)0.100,市价总值(港元)965M。

【公司业务】 该集团主要在香港从事物业发展及投资;证券投资及买卖;酒店持有;及投资控股业务。于2002年3月止之年度内,集团之投资物业及出售嘉仑台若干剩余单位皆为集团提供利益,反之证券买卖及出售粉岭之发展项目部份权益则为集团带来亏损。由于于保华德祥建筑有限公司(保华德祥)之投资不再符合集团之投资策略,集团已将其于保华德祥之权益全数出售。截至2002年3月止之年度,集团继续录得净额亏损约1.835亿港元,而上年度之亏损则为2.747亿港元。集团持有57%权益、位于香岛道33及35号之物业发展项目之拆卸工程经已完竣,并正进行地基工程。另一方面,集团亦已获准许在其持有14%权益、位于西贡大埔仔之发展项目上兴建1,057,000平方呎住宅及21,000平方呎商用设施。截至2002年3月止之年度,集团总负债约为8.162亿港元,其中约4.45亿港元于超过五年后到期,而集团之手头现金则有7.04亿港元。

【主要资产/投资(3/2002)】 投资物业按公开市值约19.273亿港元(已用作集团获援银行信贷之抵押);供出售物业按账面值约2.295亿港元;供发展/发展中物业按账面值约2.401亿港元;New Unity Holdings Ltd.(50%);日航香港酒店有限公司(47.7%);及Queensway Hotel Ltd.(24.8%)。

东亚银行有限公司

【公司概况】 股票代码0023,集团主席李国宝,发行股本(股)1,451M,票面值(港元)2.500,市价总值(港元)22,564M。

【公司业务】 东亚银行为全港最大的独立本地银行,于2002年12月31日,该行之资产总值达1,850亿港元(约237亿美元)。现时,东亚银行透过旗下企业银行、个人银行、投资银行及中国业务单位提供全面之零售及批发银行服务。该行目前在全球设有逾140间分行及代表处,包括遍布全港之105间分行、中国内地之19个营业据点,以及遍及美国、加拿大、英国、英属处女群岛及东南亚国家等之国际网络。于2002年1月,东亚银行成功收购主要之企业服务供货商登捷时有限公司之大部份股权。随着此项收购,东亚银行成功将登捷时及其它已收购之公司纳入于卓佳集团营运,得以在香港建立为一家最大之商务、企业及投资者服务公司之领导地位,提供证券登记、公司秘书、信托及外判支持行政工作等服务。李国宝先生预计有关之业务为集团提供极佳之交叉销售机会,并将成为该行在未来数年费用收入之一个重要来源。于2002年4月,东亚银行亦完成与第一太平银行之合并,该合并相信对该行之效率及经济效益有所增强。此外,东亚银行亦逐步将若干后勤工作北移至运作成本较低之广州后勤中心,该后勤中心已于2002年10月开始运作。为把握中国入世后所带来之商机,截至2002年6月,东亚银行在上海、深圳及大连分行已获取人民币经营牌照。根据中国入世承诺,东亚银行将可于2003年年底及2006年年底分别开办国内企业及国内居民之人民币业务。此外,集团预期北京分行可在2003年首季度正式开业。于2002年12月30日,集团亦正式在国内推出电子网络银行服务。台湾市场方面,集团已于2002年8月在高雄设立分行。展望将来,集团将继续结合主体之银行业务、潜力优厚之企业服务及保险业务,藉以进一步加强在香港、国内及国际市场之业务及市场地位。

创新发展集团有限公司

【公司概况】 股票代码0024,集团主席陈城,发行股本(股)1,054M,票面值(港元)0.100,市价总值(港元)738M。

【公司业务】 该集团之业务包括钢铁国际及仓储分销、钢铁加工制造,以及房地产开发及投资。于2001年,集团成为著名之新兴钢铁跨国生产企业TheLNMGroup在中国之主要经销商之一,经销其哈萨克斯坦卡钢Ispat Karmet JSC之产品。此外,集团亦成为俄罗斯Novolipetsk Iron&Steel Works之板坯进口中国之独家代理。在钢管加工业务方面,集团于2002年1月收购一间位于东莞市、具人民币内销经营权之企业,此国内企业其后重组成为集团之全资附属公司。截至2002年12月止之年度,国际金属贸易(尤其为钢铁买卖)继续成为集团之核心业务。于年内,集团专门针对汽车、造船、轻工、信息科技等高增长行业之特殊需求进行营销,此策略令集团进军冶金炉料、特殊钢、涂层钢板、马口铁等贸易业务。另外,集团之仓储分销业务亦取得重大进展。自设立上海仓储分销中心后,集团于2002年相继在广州、天津及杭州并将于2003年初在北京设立相关设施。除金属相关业务外,集团亦在香港及中国大陆从事房地产开发及投资业务。集团合资兴建之扬州时代广场现时为中国江苏省境内商业营业面积最大之一间综合性购物中心(总楼面面积:68,000平方米),广场开业面积于2003年4月扩展至47,000平方米,预期于2003年第三季商户完成可营业面积逾54,000平方米。

【主要资产/投资(12/2002)】 Burwill&CompanyLtd.(100%);东莞谦华五金厂有限公司(100%);金属电子交易所集团有限公司(46%);及投资物业按账面净值约4.338亿港元(注:约1/3位于香港,2/3位于中国大陆)。

其士国际集团有限公司

【公司概况】 股票代码0025,集团主席周亦卿,发行股本(股)262M,票面值(港元)1.250,市价总值(港元)628M。

【公司业务】 该集团主要从事供应、安装及保养升降机、自动梯、冷气系统、机电系统、电力设备及工业设备;环境保护;供应及安装建筑材料及设备;汽车销售、维修及租赁服务;物业发展及投资;投资及保险服务;提供广泛之话音与数据通讯设备及服务;系统整合服务;以及销售及分销商业机器及家庭用品。截至2002年3月止之年度,升降机、自动梯、电力设备、机电工程及环保工程仍为集团主要收入来源,占集团总营业额39.3%。于年内,集团收购从事管道翻新业务之PRS Rohrsanierung GmbH(PRS)44%权益,并与PRS组成一家彼此各占55%及45%权益之合资公司,于香港、新加坡、中国大陆及其它亚洲国家经营业务。此部门已于新加坡取得数项大型管道翻新合约,并于香港取得多项试验合约。环保工程业务方面,此部门于年内之经营业绩理想,并已接获竹篙湾迪士尼乐园发展计划之相关环保项目等大型合约。于2002年2月,集团以代价2.3亿港元购入位于葵涌楼高18层之仓库,藉以进军物流及仓储业务。集团相信此项新业务将于未来提供稳定之收益贡献。

【主要资产/投资(3/2002)】 其士建筑集团有限公司(35.9%)及其士科技控股有限公司(50.46%)— 两家公司皆在香港联交所上市;其士新加坡控股有限公司(88.59%)— 新加坡上市公司;其士(香港)有限公司(100%);其士(机电工程)有限公司(100%);其士电梯工程(深圳)有限公司(100%);其士(环境技术)有限公司(100%);其士保险有限公司(100%);其士(东莞)大酒店有限公司(100%);九江其士酒店旅业有限公司(100%);及其士冷藏仓库有限公司(38.3%)。

中华汽车有限公司

【公司概况】 股票代码0026,集团主席颜洁龄,发行股本(股)46M,票面值(港元)2.000,市价总值(港元)2,066M。

【公司业务】 随着于1998年8月结束港岛区巴士专营权后,该集团已由一家巴士经营商蜕变为一间香港及海外地产发展商及投资者。在可见将来,集团将继续重新发展其位于柴湾之巴士车厂及位北角琴行街之土地(地皮面积约17,870平方呎),以及位于九龙佐敦道之土地(总楼面面积约29,880平方呎)。于2001年5月,集团位于柴湾之地皮已政府改划为综合发展区,而城市规划局亦有条件地批准集团之申请,将该地皮重新发展为一个楼面面积总计最高为86,268平方米之商住项目。坐拥充裕现金储备,集团拟固定其发展成本,例如修改政府地契所须补地价之金额。此外,集团将继续进一步在海外寻找优质及有吸引回报之物业。

【主要资产/投资(6/2002)】 现金结存净额约25.595亿港元;位于香港及英国之投资物业按公开市值合共约9.699亿港元;Swire and Island Communication Developments Ltd.(100% B股);Island Land Development Ltd.(50%);Hareton Ltd.(50%);及Uttoxeter Ltd.(20%)。

嘉华建材有限公司

【公司概况】 股票代码0027,集团主席吕志和,发行股本(股)1,243M,票面值(港元)0.100,市价总值(港元)547M。

【公司业务】 嘉华建材("该公司")为另一间在香港上市的公司 —

嘉华国际集团有限公司之附属公司。该公司是一家综合建材业务之企业，主要业务为制造、销售及分销预拌混凝土、石料、水泥、混凝土管料、预制混凝土产品、石矿采矿以及物业投资。现时该公司拥有多间附属及联营公司，为香港和中国内地各大城市之政府及私人机构工程项目供应建筑材料。展望未来，管理层预期短期内建筑材料之需求将持续偏软，然而在一系列基建项目与市区重建工程带动下，建筑业能在中长线间改善。至于中国大陆市场，该公司会积极投资，寻求产品与物流方面之策略略合作伙伴，以期令产品种类配套及多元化，并长期保持成本优势。该公司会继续拓展大上海地区业务，进一步扩大预拌混凝土及其它建筑材料之市场占有率。因应二零零八年奥运会的契机，该公司亦已积极部署在北京发展建材业务。

【主要资产/投资(12/2001)**】** 嘉安石矿有限公司(63.5%)广州市嘉华(黄陂)石矿有限公司(100%)；广州市嘉华南方水泥有限公司(50%)；嘉华石矿(湖州)有限公司(100%)；上海嘉华管桩有限公司(为该公司一间全资拥有之合作经营企业)；上海宝嘉混凝土有限公司(50%)；上海北蔡混凝土有限公司(100%)；上海港汇混凝土有限公司(60%)；环球预制建筑系统有限公司(49.12%)；上海信财混凝土有限公司(99%)；及C—Tech Fund(22.73%)。

天安中国投资有限公司

【公司概况】 股票代码0028，集团主席许业荣，发行股本(股)8,491M，票面值(港元)0.200，市价总值(港元)1,129M。

【公司业务】 该集团主要在中国大陆从事物业发展及投资业务。截至2002年12月31日止，集团之主要土地组合包括住宅(2,248,600平方米)、商业(649,000平方米)及工业(225,000平方米)。除物业发展及投资外，集团其它业务包括销售建筑物料、酒店营运，以及提供酒店及物业管理及代理服务。截至2002年12月止之年度，集团之营业额及经营利益分别大幅增加261%及288%，增幅主要来自物业发展及建筑物料业务之贡献所致。于2003年，集团预期可供销售物业之总楼面面积约有30万平方米，主要位于上海、北京、深圳、大连、南京、常州、无锡及长春。于来年，集团将会于适当时间在主要城市(如上海及北京)策略性地增加土地储备。

【主要资产/投资(12/2002)**】** 物业存货按账面净值约20.149亿港元；待发展物业按账面净值约19.168亿港元；上海联合水泥有限公司(54.77%)；福州登云高尔夫球场及登云山庄(48%)；肇庆高尔夫渡假村(40.38%)；南京兴宁实业有限公司(15%)；苏州枫盛房地产有限公司(22.5%)；北京南湖花园公寓有限公司(55%)；常州天安房地产开发有限公司(51%)；广州市番禺节能科技园发展有限公司(49%)；上海明鸿房地产发展有限公司(在此合营企业之若干发展物业中可分享60%利益)；深圳天安数码城有限公司(50%)；武汉天安大酒店有限公司(55%)；及越秀天安大厦有限公司(48.75%)。

达力集团有限公司

【公司概况】 股票代码0029，集团主席蔡黎明，发行股本(股)219M，票面值(港元)1.000，市价总值(港元)169M。

【公司业务】 该集团主要在香港及中国从事物业投资及发展业务。集团之物业发展项目主要由国内之住宅及商业物业组成，而其投资物业则是位于荃湾之货仓物业。截至2002年6月止之年度，集团录得净额亏损约4,760万港元，主要由于重估货柜中心物业资产值时所作出6,000万港元之减值拨备所致。此外，集团之营业额亦大幅下跌约96%，主要由于销售款项下降所致。据集团之管理层解释，朝阳园二期之销售收入将于下一个财政年度入账。据2002年年报所披露，第三期(最近一期)发展为一幢商住物业之计划书已呈交有关当局批示。于年内，达力货柜中心之货仓面积租赁仍维持高租用率，而港口运作亦为集团带来稳定收入及经营利益。

【主要资产/投资(6/2002)**】** 位于香港荃湾之达力货柜中心、总楼面面积约71.8万平方呎之投资物业(不包括泊车位)(占100%权益)；位于中国北京市朝阳区朝阳园第三、四及五座、总楼面面积90,152平方呎之住宅物业(占95%权益)；及位于北京市朝阳区、可发展住宅楼面面积约137万平方呎及用作商业楼面面积约27.7万平方呎之综合商住项目(占95%权益)。

佳讯(控股)有限公司

【公司概况】 股票代码0030，集团主席谢志雄，发行股本(股)467M，票面值(港元)0.100，市价总值(港元)117M。

【公司业务】 该集团主要从事提供金融报价及证券交易平台软件销售、互联网服务、设施管理技术及顾问服务、无线应用解决方案及技术开发，以及电讯投资。截至2002年3月止之年度，集团之主要附属公司、提供金融信息及证券交易系统服务之报价王科技国际有限公司(报价王)，继续因呆滞之市场气氛而经营困难。集团交易系统之销售下降，而设于菲律宾及泰国之附属公司亦于2001年底出售。然而，用户对于集团信息产品之需求仍然稳定。除报价王经营之核心业务外，集团亦透过附属公司Lexos Ltd.为物业及设施管理公司提供顾问及技术服务。无线应用技术开发方面，集团另一家附属公司ABC QuickSilver Ltd.已完成开发两项无线电子手账产品。其中一项乃为物业及设施管理公司设计，管理其外勤员工日常工作流程之无线解决方案；另一项产品则有关金融报价。

【主要资产/投资(3/2002)**】** 报价王科技国际有限公司(96.66%)；Lexos Ltd.(66.67%)；佳讯财经信息有限公司(96.66%)；ABC QuickSilver Ltd.(80%)；投资证券约值1.04亿港元；及其它香港以外上市股本证券约值6,620万港元。

航天科技国际集团有限公司

【公司概况】 股票代码0031，集团主席芮晓武，发行股本(股)2,142M，票面值(港元)1.000，市价总值(港元)771M。

【公司业务】 该集团主要从事制造高科技工业产品，如印刷线路板、液晶显示器、智能充电电子产品、电视及家庭影音产品、通信设备、其它电子配件及电子消费品；以及物业及贸易业务。于2001年度，集团录得7.36亿港元之庞大亏损(上年度之净亏损为10.17亿港元)，主要为联营公司之权益及物业、厂房及设备减值所致。于年内，集团继续对工业加大技术及改造力度，而惠州工业园二期改造工程于2001年12月竣工投产。集团与江苏省广播电视厅辖下之江苏广播电视传输网络成立之合营企业，透过集团研发之数码有线视频广播系统提供宽频数据传输及有线广播服务。连同集团生产之机顶盒，数码有线视频广播系统已正式于常州市有线电视台投入商业运营。展望未来，集团将致力进行资产重组及业务转型，以进一步减低债务水平及出售非核心资产，并逐步建立起卫星及卫星应用等主营业务。

【主要资产/投资(12/2001)**】** 航天科技通信有限公司(51%)；航天科技(中国)有限公司(100%)；航天科技开发(深圳)有限公司(100%)；志源塑料制品(惠州)有限公司(100%)；航天科技(惠州)工业园发展有限公司(90%)；康惠(惠州)半导体有限公司(100%)；贵州华航汽车制造有限公司(45%)；江苏航天广播及有线电视网络有限公司(49%)；航天科技半导体有限公司(100%)；航天科技电子制品有限公司(100%)；及志源实业有限公司(100%)。

港通控股有限公司

【公司概况】 股票代码0032，集团主席张松桥，发行股本(股)248M，票面值(港元)1.000，市价总值(港元)826M。

【公司业务】 该集团为一投资控股公司，主要从事经营西区海底隧道、香港驾驶学院，及电子道路收费系统快易通。西区海底隧道自1997年启用以来，使用量一直不足。由于公众驾驶人士逐渐认识到使用西区海底隧道之方便，于2001年底，市场占有率已回复至约17%。此外，于西九龙填海区上策略性发展之全新商住及文化汇聚中心在长远而言将刺激西区海底隧道之使用量。由于香港经济持续不景气，集团之附属公司香港驾驶学院之营业额不断萎缩。集团将继续借着改善服务质素、产品发展及多元化以建立品牌及价值。

【主要资产/投资(12/2001)**】** 上市投资之市值约3.19亿港元；驾易通(70%)—持有快易通有限公司50%权益；香港驾驶学院(70%)；西区海底隧道(37%)；香港隧道及高速公路管理有限公司(37%)。

依利安达国际集团有限公司

【公司概况】 股票代码0033，集团主席邓观瑶，发行股本(股)1,181M，票面值(港元)0.100，市价总值(港元)1,358M。

【公司业务】 该集团主要从事制造及销售电子组件，包括双层及多层印刷线路板、液晶体显示屏及磁电产品，以及提供信息科技顾问及软件开发服务。于2001年6月15日，集团成功地将旗下新加坡上市公司Elec & Eltek Int'l Co. Ltd.之持股量由43.65%增持至52.15%。此后，印刷线路板业务将被计入集团之综合财务报表内。现时，集团在量产具备微导孔、精密线路及多达二十四层之印刷线路板产品方面累积丰富经验。于2001年，集团为中国内地拥有最大印刷线路板生产力之制造商，以及全球排名第14位之独立印刷线路板制造商(资料来源：NT Information Ltd.)。在中长线发展而言，集团预期全球印刷线路板市场将会持续增长(尤以中国市场为甚)。在液晶体显示屏业务方面，集团提供有关合成设计及生产之专业技术知识，研制各类显示模式（TN、HTN、STN、FSTN 及 DSTN）及集成电路组件（COG、COB、TAB 及 COF）；而其磁电产品部门则稳占供货商重要席位，专门供应 Gigabit Ethernet Magnetic Modules、Silicon DAA DIB、IEEE 1394 EMI 滤器等产品。

【主要资产/投资(6/2002)】 Elec & Eltek Int'l Co. Ltd.（52.15%）；依利电德有限公司（100%）；依利安达磁电产品有限公司（100%）；Elec & Eltek Technology Investment Ltd.（100%）；依利安达（广州）显示器有限公司（98%）；爱华特（广州）通讯有限公司（98%）；及北京依莱达信息技术有限公司（57%）。

九龙建业有限公司

【公司概况】 股票代码 0034，集团主席柯为湘，发行股本（股）484M，票面值（港元）0.100，市价总值（港元）1,572M。

【公司业务】 于 2001 年 12 月完成转换控股股东为 Polytec Holdings 后，集团现时专注于物业发展及投资业务，并于 2002 年 3 月向 Polytec Holdings 收购商业及住宅物业权益组合后，成为 Polytec Holdings 从事物业业务之旗舰。为将资源集中发展核心物业业务，集团已出售丰城有限公司（在中国从事巴士业务）、加拿大互联网原油贸易公司 NetThruPut Inc. 及九建罗建辉证券有限公司（从事证券代理业务）之全部权益。此外，集团亦终止经营表现持续欠佳之造鞋机器贸易业务，以及为信息科技投资 Asiasoft HK Ltd. 之账面值进行全数撇减。截至 2001 年 12 月止之年度，集团录得股东应占利益约 10.58 亿港元，主要为以实物方式派发九龙巴士控股有限公司之股份作为股息所产生之金额 11.28 亿港元所致。至于在 2002 年 3 月收购之物业权益组合，包括位于香港四个主要作住宅发展用途之地盘，以及一个位于彩虹牛池湾之地产项目之独奏发展权及一个位于该地产项目毗邻之地盘。至于商业楼宇组合方面，集团旗舰物业始创中心之写字楼及商场出租率均维持约 95%。于 2002 年 3 月，集团亦购入尖沙咀文华中心一楼商场大部份铺位，该投资预期每年可为集团提供达 11.7%之回报收益。

【主要资产/投资(12/2001)】 位于香港之投资物业约值 27 亿 4,624 万港元；位于香港之发展中物业约值 4.776 亿港元；及持有路讯通控股有限公司 437 万股股份。

远东发展国际有限公司

【公司概况】 股票代码 0035，集团主席邱德根，发行股本（股）985M，票面值（港元）0.100，市价总值（港元）296M。

【公司业务】 该集团主要从事物业投资及发展、酒店经营、制造锅炉、经营 44 千米长之河南省国道 311 号、股份买卖及投资控股等业务。于 2002 年 3 月止之年度内，集团因出售若干海外资产及没有盈利之投资，引致出现总亏损约 1.77 亿港元。在可见将来，集团决定继续出售海外资产，并会进一步增加在香港及中国大陆之土地储备及投资。此外，集团将继续加强其位于香港及中国大陆之物业业务以及三星及四星级酒店业务之竞争力。

【主要资产/投资(3/2002)】 投资物业按公开市值合共约 10.222 亿港元；酒店物业按账面净值约 6.612 亿港元；位于香港及中国大陆之发展中物业按账面净值合共约 6.529 亿港元；远东科技国际有限公司（28.2%）；及商丘永远公路有限公司（68%）。

远东科技国际有限公司

【公司概况】 股票代码 0036，集团主席邱德根，发行股本（股）332M，票面值（港元）1.000，市价总值（港元）56M。

【公司业务】 该集团之主要业务为物业投资及买卖、股票投资、科技投资、混凝土商品制造，以及经营餐馆、高尔夫球渡假综合建设及游乐场。在科技业务方面，集团之联营公司中软远东国际信息技术有限公司（中软远东），现时为中国软件产品及系统方案之发展商及供货商。据 2001 年年报披露，集团计划于日后分拆中软远东于创业板上市。至于地产业务方面，集团在香港及新加坡之物业仍维持稳定之租赁回报，然而集团位于马来西亚之 Tuanku Jaafar Golf & Contry Resort 高级别墅之销售仍然缓慢。最近，位于葵涌之金花戏院已获准改建为商业用途，集团将以零售商铺形式租出以增加收入。至于消闲及娱乐业务方面，Tang Dynasty City 于 2002 年 4 月仍未重新运作，而 Rainforest Cafe 则仍处于投资阶段，集团现正在亚洲其它地区为 Rainforest Cafe 寻求新合作伙伴。据 2001 年年报进一步披露，集团已与 Through In Industries Ltd. 签订合约，收购位于河南省一家发电公司之控制性股权，相信此项交易将为集团带来稳定收益。

【主要资产/投资(12/2001)】 娱乐消闲综合建设之权益按成本值约 1.37 亿港元；投资物业约值 2.192 亿港元；Chinasoft International Ltd.（36.85%）；荔园游乐场（海门）有限公司（100%）；江苏缤纷西尔克制衣有限公司（51%）；RFC Far East Cafe Pte. Ltd.（100%）；Seremban Golf Resort Berhad（53%）；及苏州金宣商品石仝有限公司（63%）。（注：截至 2001 年底，集团未偿还之持息债项约为 2.326 亿港元。）

远东酒店实业有限公司

【公司概况】 股票代码 0037，集团主席邱德根，发行股本（股）489M，票面值（港元）1.000，市价总值（港元）147M。

【公司业务】 该集团之主要业务包括（1）酒店及游乐场营运；（2）物业发展及投资；（3）证券买卖及投资；以及（4）其它投资。据 2002 年年报所披露，集团与长江实业（集团）有限公司之合营发展项目盈晖台经已完成。于 2002 年 7 月底，大部份住宅单位已出售及大部份商铺已成功出租。预计出售盈晖台单位所带来之现金收益，集团正考虑于可见将来扩展其位于香港及远东地区之核心业务。

【主要资产/投资(3/2002)】 Warwick Holdings S. A.（16.09%）—从事酒店投资及营运业务；Bolan Holdings N. V.（45%）—经营酒店及游乐场业务，以及拥有澳洲旧雪梨镇主题公园；长洲华威酒店（97.8%）；Central More Ltd.（50%）—持有盈晖台项目之合营公司；及北京海联物业管理有限公司（67.5%） 从事物业投资及服务式住宅营运业务。

第一拖拉机股份有限公司

【公司概况】 股票代码 0038，集团主席董永安，发行股本（股）335M，票面值（港元）1.000，市价总值（港元）281M。

【公司业务】 该集团之主要业务为从事制造及销售农业拖拉机、工程机械、压路机及农业收获机械，其业务主要在中国大陆经营。截至 2001 年 12 月止之年度，拖拉机业务仍为集团之核心业务，占集团总营业额约 69.8%。为改善其整体营运及效益，集团已委任科尔尼管理咨询公司（科尔尼）作为管理顾问。科尔尼已为集团进行全面咨询诊断，藉以精简其业务运作。于 2002 年，集团预期可受惠于中国政府推行之还林工程政策，该政策将为集团扩展大、中、小型轮式拖拉机之销售带来机遇。此外，中国政府现行开发中国西部之政策亦将为集团工程机械部门提供更多商机。

【主要资产/投资(12/2001)】 现金结余净额约 6.563 亿元人民币；存货之账面净值约 5.595 亿元人民币；位于国内之楼宇之账面净值约 3.454 亿元人民币；及厂房、机器及设备之账面净值约 4.191 亿元人民币。

和宝国际控股有限公司

【公司概况】 股票代码 0039，集团主席黄楚和，发行股本（股）200M，票面值（港元）0.100，市价总值（港元）150M。

【公司业务】 该集团主要从事三种业务：(i) 制造及销售手袋产品及有关配件；(ii) 提供分包服务；及(iii) 买卖制造手袋及有关产品所用之原料。集团的产品包括多种类型的女士手袋、运动袋、书包、手提电脑袋、激光唱碟袋、相机袋及钱包，这些产品大部份以原设备制造为基础，品牌包括 IBM、Jaclyn Smith、Kathie Lee、MTV、Motion、'no boundaries、Route 66、Simply Basic、Simply Style、TR Bentley、华纳兄弟及和路迪士尼。而集团的产品大部份透过入口商及代理分销予美国及欧洲的百货公司。根据和宝国际于二零零一年十一月七日刊发的公布，集团决定收购位于柬埔寨的工厂生产集团的产品，另一方面，集团亦拟增加位于中国惠州工厂的生产量。

【主要资产/投资(12/2001)】 惠州和宝黄氏手袋有限公司（100%）；惠州黄氏皮具有限公司（100%）；Kimberly Industrial Co., Ltd.（100%）；和宝黄氏有限公司（100%）；及 Midland Management Ltd.（100%）。

金山实业(集团)有限公司

【公司概况】 股票代码 0040，集团主席罗仲荣，发行股本（股）532M，票面值（港元）0.500，市价总值（港元）952M。

【公司业务】 该集团主要透过透过新加坡上市之主要工业投资工具 GP 工业有限公司（GP 工业）从事发展、制造及分销电子产品（包括汽车电子、专业电子产品、零部件、汽车配线及扬声器）、电池及相关产品，以及装置电器产品。至于集团旗下之科技及策略部，则负责发展新产品科技及商业对商业之电子商贸业务。集团持有 51%权益之附属公司兆光科技有限公司（兆光科技）从事发光二极管显示屏制造及分销业务，而持有25%权益之AsianE2E.com则负责从事商业对商业电子商贸业务。截至2002年3月止之年度，集团录得纯利3,737万港元（上年度之纯利为6,464万港元），盈利减少之部份原因为计入GP工业因出售及重估其于一家海外上市公司之股份所引致之2,260万港元之特殊项目亏损。于年内，电子与零部件及电缆与汽车配线之销售仍为集团之主要收益来源。GP工业持有41.6%权益、位于中国徐州之汽车音响合资公司，正准备于上海证券交易所上市之筹备工作。尽管兆光科技于上半年录得强劲增长，惟业务自美国911事故后开始减慢。据2001至2002年年报披露，集团于继续选择性地物色新投资项目以巩固其市场地位之同时，倘有合适时机，亦可能考虑出售非核心业务。

【主要资产/投资(3/2002)】 GP工业有限公司(86.5%)— 持有金山电池国际有限公司之47.9%权益及奇胜工业（集团）有限公司之49.4%权益（两家皆为新加坡上市公司）；兆光科技有限公司(51%)；国际之狮有限公司(100%)；及AsianE2E.com Ltd.(29%)。

鹰君集团有限公司

【公司概况】 股票代码0041，集团主席罗鹰石，发行股本(股)583M，票面值(港元)0.500，市价总值(港元)2,536M。

【公司业务】 该集团为香港大型地产商及酒店公司，业务以发展、投资及管理优质写字楼、商场、住宅及酒店物业为主，遍及香港、北美洲及欧洲，集团大部份资产均位于香港。在短期内，集团将专注于其旺角项目，当该项目完成后，将大大提升集团在香港之物业组合。据披露，该项目为一写字楼、商场及酒店综合建设，位于旺角繁盛购物区，总面积达176万平方呎。集团预期该综合建设之酒店及购物中心部份分别于2004年第三及第四季开业。据2002年年报所显示，截至2002年底，整个项目已投入之费用（包括资本化利息在内）合共78.09亿港元；有关之51亿港元建筑贷款已于2002年底以更佳之息差再融资。截至2002年12月止之年度，集团综合应占负债净额增加至119.55亿港元（借贷到期日：17.2%为一年或以下；11.9%为一至二年；50.6% 为三至五年；及 20.3% 为五年或以上）。

【主要资产/投资(12/2002)】 位于香港商业旺区之甲级写字楼，面积约为159万平方呎（主要物业包括万国宝通广场、鹰君中心等）；楼面面积为176万平方呎之旺角物业发展项目；位于美国之四幢写字楼物业（总面积为73.7万平方呎）；以及拥有七间酒店（客房数目逾400间）之酒店组合 — 其中两间酒店位于香港、以鹰君本身品牌命名及直接管理，另外五间分别位于伦敦、多伦多、波士顿、墨尔本及奥克兰。

东北电气发展股份有限公司

【公司概况】 股票代码0042，集团主席时延平，发行股本(股)258M，票面值(港元)1.000，市价总值(港元)209M。

【公司业务】 该集团主要从事制造及销售变压器、全封闭组合电器、高压开关、电力电容器、封闭母线及其它系统保护及传输设备。现时，集团为三峡工程及城乡电网改造输变电设备之国内主要供货商之一。据2001年年报披露，集团之核数师摩斯伦会计师事务所对集团截至2001年12月止年度之财务报表持保留意见。

【主要资产/投资(12/2001)】 沈阳变压器有限责任公司(100%)；沈阳高压开关有限责任公司(100%)；锦州电力电容器有限责任公司(100%)；阜新封闭母线有限责任公司(100%)；锦州锦容电器有限责任公司(51%)；沈阳沈变中型变压器有限责任公司(85%)；沈阳沈变特种电器有限责任公司(80%)；沈阳沈变互感器制造有限公司(100%)；及沈阳沈变电工设备有限责任公司(88%)。

卜蜂国际有限公司

【公司概况】 股票代码0043，集团主席谢国民，发行股本(股)2,158M，票面值(港元)0.050，市价总值(港元)615M。

【公司业务】 该集团为一投资控股公司，主要业务为从事农产品贸易、经营饲料厂及禽畜业务、生产及销售摩托车与汽车零部件，以及物业与投资控股。于2001年度，中国农牧业务仍为集团主要收益来源。为解决流动资金及债务偿还问题，集团于2001年2月28日与其债权银行签订正式集团重组协议。然而，集团之核数师继续对集团之财务报表概无拒绝表示意见，但认为集团于2001年度就有关持续经营会计基准仍存在基本不明朗性之情况。

【主要资产/投资(12/2001)】 正大(中国)农牧有限公司(100%)；正大(中国)投资有限公司(100%)；P.T. Surya Hidup Satwa (19.75%) — 预期2002年于市场上公开出售；P.T. Central Proteinaprima (14.17%)；易初中国摩托车有限公司(68.2%)；洛阳北方易初摩托车有限公司(37.5%)；上海易初通用机器有限公司(34.1%)；ECI Metro Investment Co., Ltd. (50%)；及湛江德利化油器有限公司(19.1%)。

香港飞机工程有限公司

【公司概况】 股票代码0044，集团主席唐宝麟，发行股本(股)166M，票面值(港元)1.000，市价总值(港元)4,324M。

【公司业务】 截至2001年底，太古股份有限公司及国泰航空有限公司仍为该集团之主要股东。现时，集团主要从事维修、翻新及改装商用飞机，以及维修及大修飞机零件，其业务主要在香港进行。集团为香港国际机场唯一可提供全面飞机维修服务之公司，拥有约40个航空公司客户。此外，集团亦透过共同控制公司，于中国厦门及香港机场以外地方提供服务。

【主要资产/投资(12/2001)】 华南航空技术有限公司(60%)；通用电气发动机服务（厦门）有限公司(9.9%)；香港航空发动机维修服务有限公司(45%)；厦门太古飞机工程有限公司(49.6%)；Goodrich Aerospace Asia－Pacific Ltd.(49%)；厦门霍尼韦尔太古宇航有限公司(30%)；山东太古飞机工程有限公司(25%)；厦门天合太古宇航有限公司(17.3%)；新加坡航空发动机维修服务有限公司(9%)；及In－Services Asia Ltd.(35%)。

香港上海大酒店有限公司

【公司概况】 股票代码0045，集团主席米高嘉道理，发行股本(股)1,169M，票面值(港元)0.500，市价总值(港元)4,148M。

【公司业务】 该集团于1866年成立，为一家具领导地位之酒店企业。现时，集团主要在亚洲（包括香港、中国大陆、泰国、菲律宾、印尼及越南）、澳洲及美国持有及管理具声望之酒店及商住物业。于2001年度，集团仍继续在艰难之营商环境下经营业务。因此，集团之盈利由1999年高峰期之5.69亿港元下跌至2001年之3,300万港元。据集团之管理层解释，由于必须遵守会计准则编制账目，故集团被迫于过往数年须于损益计算表内确认资产估值之波动。然而，由于集团为一酒店及物业经营商，其资产并不作销售用途，故此等会计数字并不能反映集团之真正营运表现。展望将来，集团将继续评估在亚洲及主要国际城市可能进行之其它项目。

【主要资产/投资(12/2001)】 香港半岛酒店（300间房间）；九龙酒店（736间房间）；浅水湾综合建筑物（421间房间）；山顶综合物业，包括山顶缆车、凌霄阁及圣约翰大厦；北京王府饭店 20% 权益（530间房间）；纽约半岛酒店（238间房间）；鹑园渡假酒店及高尔夫球会（97间房间）；比华利山半岛酒店 20% 权益（196间房间）；芝加哥半岛酒店 92.5% 权益（338间房间）；曼谷半岛酒店 75% 权益（370间房间）；马尼拉半岛酒店 40% 权益（498间房间）；及胡志明市 The Landmark 70% 权益。

科联系统集团有限公司

【公司概况】 股票代码0046，集团主席吴长胜，发行股本(股)274M，票面值(港元)0.100，市价总值(港元)367M。

【公司业务】 该集团为一家信息科技服务供货商，主要从事四大业务：(1)集成服务 — 提供系统及网络集成服务，以及特定行业信息科技应用实施服务；(2)解决方案服务 — 提供信息科技软件实施服务及应用开发服务；(3)应用服务 — 提供与人力资源管理相关之应用软件，以及企业应用服务及信息科技外判服务；以及 (4)分销业务 — 多媒体数码影像产品之增值分销。据披露，随着2001年度电子商贸市场急剧收缩，集团于2000年度迅速增聘人手并成立附属公司以满足市场对电子商贸应用服务之殷切需求令到集团出现规模过剩之情况，因此，集团于2001年下半年进行重组计划，以削减人手及重整业务架构，重点发展服务内容更丰富且带来经常性收入之业务。凭借于电讯服务供货商及公用事业公司之计费及客户管理方案方面建立之成功案例，以及大型政府项目（如公共服务电子化项目及电子投标系统）上建立之强大往绩，集团已取得总值逾1.8亿港元之订单，当中包括数项大型实施与营运信息科技外判服务合约，将于七年期间内交付。展望将来，集团已具备优越之条件，争取由政府及公共机构外判大型跨年信息科技项目所产生之商机。

【主要资产/投资(12/2001)】 科联集成有限公司(100%)；科联软件有限公司(90%)；IPL Research Ltd.(100%)；智网电子商贸服务有限公司(100%)；万丰科技有限公司(75%)；及和记科联资源中心有限公司(100%)。

合兴集团有限公司

【公司概况】 股票代码 0047,集团主席洪克协,发行股本(股)409M,票面值(港元)0.100,市价总值(港元)137M。

【公司业务】 该集团现时主要在香港及中国大陆从事榨制、提炼、混制及分销食油及有关业务。于二零零一年之财政年度内,集团需要面对香港的经济不景气和中国大陆市场的竞争及割价策略之打击,因此管理层采取应对措施,不断加强建立品牌及风险管理,准备在不久之将来争取更大之市场占有率,赚取更高利益。

【主要资产/投资(12/2001)】 合兴油厂有限公司(100%);合兴食油(集团)有限公司(100%);番禺合兴油脂有限公司(100%);番禺广兴容器有限公司(100%);平湖合兴植物油有限公司(51%);及浙江合兴油脂有限公司(61%)。

联洲国际集团有限公司

【公司概况】 股票代码 0048,集团主席史璧加,发行股本(股)1,132M,票面值(港元)1.000,市价总值(港元)1,687M。

【公司业务】 该集团主要从事(1)钟表、珠宝首饰、皮具及眼镜产品之设计、装嵌、制造及分销;(2)授权第三者特许使用或转让与第三者集团内不同之品牌或商标;及(3)时计零件、珠宝及电子消费产品之贸易业务。集团旗下产品组合之品牌包括 Bulova、Cerruti 1881、Carrera、Esprit、Pierre Cardin、Goldpfeil、Egana、Stefanie Graf、Mexx、Junghans、Joop、Dugena、Fields & Stream、Argenta、Amaretta、Lorica 等。现时,集团拥有六座生产厂房,每个厂房专责个别之产品及生产工序,该等生产厂房位于德国(包括奥芬巴哈及斯图加特)、中国大陆(包括南澳、龙冈及西乡)及泰国曼谷。截至 2002 年 5 月止之年度,钟表、珠宝首饰及皮具产品之销售分别占集团总营业额 53%、27% 及 20%。集团在欧洲、亚太区及美国拥有强大之国际网络,惟欧洲仍为集团之主要市场,该市场约占集团总营业额 79.5%。

【主要资产/投资(5/2002)】 联洲珠宝有限公司(73.97%);Junghans Uren GmbH(100%);Egana Deutschland GmbH(100%);Egana of Switzerland (America) Corp.(100%);Egana of Switzerland (Far East) Ltd.(100%);Eurochron GmbH(100%);Goldpfeil AG(100%);Goldpfeil America Inc.(100%);Haru — Kuraray GmbH(100%);Haru Holding & Management GmbH(100%);宜进利(集团)有限公司(16.49%);及东力实业控股有限公司(24.77%)。

新亚置业信托有限公司

【公司概况】 股票代码 0049,集团主席李唯仁,发行股本(股)2,070M,票面值(港元)0.200,市价总值(港元)6,468M。

【公司业务】 该集团主要从事物业发展及投资业务,并为会德丰有限公司持有之主要物业上市公司之一。现时,集团在香港之物业发展项目/投资主要透过持有 72%权益之附属公司联邦地产有限公司进行,而位于新加坡之物业发展项目/投资则透过持有 75%权益之附属公司马哥孛罗发展有限公司执行。集团在香港拥有庞大之土地储备,主要为在深井之碧堤半岛持有 33%权益、在擎天半岛(即机铁九龙站二期项目)持有 35%实质权益,以及在何文田京士柏发展项目持有 15%实质权益。集团之管理层预期集团在未来数年将因区域经济复苏而受惠。

【主要资产/投资(3/2002)】 会德丰有限公司(7%);联邦地产有限公司(72%);马哥孛罗发展有限公司(75%);Diamond Hill Development Holdings Ltd.(33%);及 Hopfield Holdings Ltd.(20%,并不包括联邦地产持有之权益)。

香港小轮(集团)有限公司

【公司概况】 股票代码 0050,集团主席林高演,发行股本(股)356M,票面值(港元)1.000,市价总值(港元)2,120M。

【公司业务】 该集团自 2000 年 1 月转让本地渡轮牌照予新世界第一渡轮服务有限公司后,已终止经营客运渡轮业务。集团目前主要从事地产发展及投资、旅游及酒店业务,以及渡轮及相关业务。现时,集团之最大股东为恒基兆业发展有限公司,持有集团约 30% 股权。于 2002 年 12 月止之年度内,按建筑进度计算,集团从预售港湾豪庭住宅楼花中录得经营利益 4.26 亿港元。管理层预期出售港湾豪庭住宅单位将继续成为集团之主要收入来源。此外,该发展计划内之商场部份港湾豪庭广场亦将于 2003 年后期开业,日后将为集团带来稳定之经常性收入来源。至于位于油塘之建发工商业中心,其平均租用率维持在 80% 以上。据年报披露,集团现正积极与政府磋商该址更改作商住用途之补地价事宜。

【主要资产/投资(12/2002)】 现金结余净额约 8.951 亿港元;作销售用之发展中物业约值 8.619 亿港元;作投资用之发展中物业约值 6.761 亿港元;投资物业及酒店物业合共约值 1.963 亿港元;其它租用土地及楼宇约值 1.083 亿港元;浩灿有限公司(33.34%);及 Authian Estates Ltd.(50%)。

海港企业有限公司

【公司概况】 股票代码 0051,集团主席李唯仁,发行股本(股)315M,票面值(港元)0.500,市价总值(港元)1,922M。

【公司业务】 该集团主要从事:(1)酒店及酒楼营运;(2)投资物业;(3)物业投资及发展;及(4)证券投资。于 2001 年度,集团录得 1.13 亿港元之亏损,主要为 3.02 亿元之证券投资减值拨备所致,其中包括约 2.74 亿港元于以往年度已确认于证券投资重估储备内。

【主要资产/投资(12/2001)】 尖沙咀海港城马可孛罗香港酒店,共有 665 间房间(100%);尖沙咀海港城香港酒店之商场部份,35,000 平方呎为办公室用途及 136,540 平方呎为零售用途(100%);坚尼地城域多利道 60 号之待发展物业(100%,处规划阶段);上市证券之市值约 8.52 亿港元;及 Hopfield Holdings Ltd.(20%)— 主要投资项目为地下铁路公司九龙站二期。

大快活集团有限公司

【公司概况】 股票代码 0052,集团主席罗开扬,发行股本(股)123M,票面值(港元)1.000,市价总值(港元)96M。

【公司业务】 该集团之主要业务为(1)在香港及中国经营著名大快活快餐业务;(2)透过专业机构膳食经营机构性饮食业务;及(3)经营以老友记茶餐厅、东京餐厅、幺呎街、Cafe Porto 波涛及 Cafe Oasis 为名之特色餐厅。截至 2002 年 3 月止之年度,香港快餐业务仍为集团之主要收入来源,而于 2002 年 3 月 31 日,集团在香港合共经营 71 家快餐店。据 2002 年年报披露,集团计划在黄金地段开设 6 至 8 间新快餐店,以加强其于香港市场之占有率。此外,集团将于新财政年度翻新约 20 间现有店铺,并计划于未来两年完成翻新其余所有店铺。连同于年内将部份支持部门迁往中国及将物流部门外判,管理层预期集团之收入及利润将会逐步改善。

【主要资产/投资(3/2002)】 投资物业按公开市值约 8,530 万港元;及租约土地及楼宇约值 8,840 万港元。

国浩集团有限公司

【公司概况】 股票代码 0053,集团主席郭令灿,发行股本(股)327M,票面值(港元)0.500,市价总值(港元)16,851M。

【公司业务】 随着于 2001 年 6 月出售道亨银行集团予新加坡发展银行后,国浩集团继续为多家持续经营业务附属公司之控股公司。集团现时之主要业务为透过旗下三家全资附属公司(分别为道亨证券、道亨基金管理及道亨保险)在香港从事证券及期货经纪业务、保险及基金管理业务;主要透过新加坡上市之附属公司第一资本集团有限公司(第一资本)从事地产发展、投资及管理;透过马来西亚之上市联营公司 Hong Leong Credit Berhad(HLC)从事银行及金融服务及物业发展业务;以及司库及投资管理等业务。于 2002 年 6 月止之年度内,集团利用香港三家金融服务公司之专业知识及客户基础,成立一个多元化产品财富管理分销平台道亨?智能创富,提供综合财富管理服务,其中包括证券、基金管理、一般保险及保险经纪服务。集团之物业部门第一资本现正进行重组,其中集团将其于 GuocoProperties 及 Guoman Hotel & Resort Holdings Sdn Bhd 之权益注入予第一资本,并向第一资本收购 Overseas Union Enterprise 若干权益,整个重组交易预期于 2002 年 12 月完成。另一方面,第一资本亦已出售或终止其非核心物业资产及业务,以专注其于主要投资国家 — 新加坡、英国、中国及马来西亚之核心物业业务。至于现时为集团最大核心业务之联营公司 HLC,其所有业务部门于 2002 年 6 月止年度内录得理想表现及利益。为把握机会变现其投资项目,集团已出售其持有之上海地产控股有限公司(前名为建联通)约 21.3% 权益,其录得较账面值高约 1.05 亿港元之利益。截至 2002 年 6 月底,集团仍持有现金净额结存约 9.192 亿港元。坐拥庞大现金储备,集团将继续在现有物业及金融服务业务外之新业务范畴寻找投资机会,尤其投资于拥有良好资产/前景但陷于困境之公司。

【主要资产/投资(6/2002)】 道亨证券有限公司(100%);道亨基金管理有限公司(100%);道亨保险有限公司(100%);第一资本集团有限公司(54.69%);Hong Leong Credit Berhad(23.31%);DBS Diamond

Holdings Ltd.（20%）；及上海地产控股有限公司（约 3%）。

合和实业有限公司

【公司概况】 股票代码 0054，集团主席胡应湘，发行股本（股）876M，票面值（港元）2.500，市价总值（港元）7,008M。

【公司业务】 该集团为香港及中国大陆一间著名之建筑及基建发展公司，主要业务分为基建项目、地产物业、酒店及建筑工程四大范畴。截至 2002 年 6 月止之年度，基建项目投资仍为集团之主要盈利来源，该业务约占集团除息及除税前利益 71%，而物业投资业务则约占 24%，为集团另一除息及除税前利益来源。于年内，集团录得之利益净额较上年度轻微改善，主要由于集团透过出售非核心资产及协助两家合作公司完成债务再融资贷款，以提高国内投资业务质素及降低利息支出所致。现时，集团之主要基建项目全都位于珠江三角洲地区内，该等项目包括广州深圳高速公路、广州东南西环高速公路、顺德公路、顺德 105 国道及广州珠海高速公路。另一方面，集团仍继续研究及商讨兴建连接香港、珠海及澳门之大桥，以贯通三地交通，相信此项目将对整个珠江三角洲地区带来益处。在物业投资方面，集团两项主要资产合和中心及香港国际展贸中心（香港展贸），分别录得约 93% 及 67% 之平均出租率。据披露，集团计划扩建香港展贸作商业及零售用途。

【主要资产/投资（6/2002）】 主要基建项目：广州深圳高速公路（50%）、顺德公路（25%）、顺德 105 国道（30%）、广州东南西环高速公路（45%）及广州珠海高速公路（50%）；主要投资物业：持有 100% 权益、位于香港之投资/酒店物业包括香港合和中心（总楼面面积：78,100 平方米）、香港国际展贸中心（总楼面面积：163,700 平方米）、悦来酒店（总楼面面积：71,800 平方米），而发展中物业则包括持有 100% 权益之香港 Mega Tower Hotel（总楼面面积：171,300 平方米）、持有 100% 权益之马尔他 Grand Hotel Excelsior（总楼面面积：55,300 平方米）及持有 50% 权益之澳门濠景花园（总楼面面积：973,200 平方米）。

中大印刷集团有限公司

【公司概况】 股票代码 0055，集团主席薛济杰，发行股本（股）332M，票面值（港元）0.100，市价总值（港元）495M。

【公司业务】 该集团主要从事印刷卷标、胶片、广告物料，以及柯式印刷业务，主要产品包括包装彩盒、儿童故事书、巴士车身广告、激光商标、大型灯箱海报、金/银箔卷标、地板胶贴、丝印商标等。据 2002 年年报所披露，集团拨出 7,100 万港元作资本投资，主要包括新厂房之基建项目、两台六色柯式印刷机、一台丝网印刷机、一台卷标印刷机及其它附属设备。在下一个财政年度，集团计划投资 4,000 万港元购置新机器，以扩充其生产力。为提升集团之营运效率及客户服务质素，集团将于来年推行企业资源规划系统（ERP）。截至 2002 年 3 月止之年度，集团拥有庞大现金结余净额约 8,550 万港元。

【主要资产/投资（3/2002）】 中大印刷（中国）有限公司（100%）；中大印刷有限公司（100%）；亮燃有限公司（100%）；Profit Link Investment Ltd.（100%）；雅大柯式印刷有限公司（100%）；及雅大印刷（深圳）有限公司（100%）。

联合地产（香港）有限公司

【公司概况】 股票代码 0056，集团主席麦蕴利，发行股本（股）4,894M，票面值（港元）0.200，市价总值（港元）1,106M。

【公司业务】 该集团为本港另一家上市公司联合集团有限公司之附属公司，主要业务为地产投资及发展、酒店业务，以及提供金融服务。现时，集团之投资物业主要位于香港。在金融服务方面，主要是透过集团之上市附属公司新鸿基有限公司（新鸿基）进行；而中国之地产及酒店相关业务则透过新鸿基之上市联营公司天安中国投资有限公司（天安）进行。尽管集团截至 2002 年 12 月止年度之营业额增加 36.8%，集团于年内录得之亏损净额仍进一步扩大 109.5% 至 3.749 亿港元，亏损主要由重估集团之香港物业产生减值亏损及重估亏绌 5.645 亿港元所致。倘无该项减值亏损及重估亏绌，集团于年内应可录得纯利约 1.90 亿港元。于 2002 年 12 月止之年度内，除北角世纪轩酒店第二期之地基工程在进行外，集团之多元化香港物业组合均已全部落成，并带来可观及经常性收入。在中国，天安继续为集团在地产相关业务之主要上市旗舰。受惠于华东地区畅旺之物业销情，天安于年内之营业额大幅增加 261%。在金融服务方面，新鸿基于 2002 年仍能扩大其市场占有率及录得盈利。于 2002 年 12 月，新鸿基以总代价约 1.42 亿港元收购香港最大上市医疗机构卓健亚洲有限公司之 28.53% 权益。新鸿基亦于 2003 年 1 月出售新鸿基财务有限公司（私人贷款业务）之全部 50% 权益，以专注发展其它贷款业务。

【主要资产/投资（12/2002）】 新鸿基（74.27% — 截至 2003 年 4 月 10 日）— 持有天安 43.27% 权益、卓健 28.53% 权益及禹铬投资 21.36% 权益；Allied Kajima Ltd.（50%）；以及投资物业及酒店物业按公开市值约为 20.096 亿港元。

震雄集团有限公司

【公司概况】 股票代码 0057，集团主席蒋震，发行股本（股）611M，票面值（港元）0.100，市价总值（港元）1,756M。

【公司业务】 该集团为大中华区内主要注塑机制造商之一，主要从事制造及销售注塑机业务。截至 2002 年 3 月止之年度，香港、中国大陆及台湾仍为集团之主要收益来源，分别占其总营业额 15.6%、58.3% 及 13.0%。集团已积极扩充旗下之研发中心，以加速发展高技术要求之注塑机。最近，集团已在亚洲区（日本除外）推出首套 48 模腔 CHEN－PET 瓶坯系统及捷霸 55－ECO 系列全电式注塑机。600 吨及 850 吨新型号之注塑机亦已推出市场。现时，集团正开发全新技术之 1,100 吨及 1,350 吨型号之注塑机，而新产品 56 及 72 模腔 CHEN－PET 瓶坯系统仍同时处于开发阶段。最近，集团之生产线已全面迁移移至深圳震雄工业园，此举有助集团进一步加强其生产成本之竞争力及发展市场之需要。此外，集团亦计划开设更多卫星装配厂。在未来，集团将继续专注发展注塑机业务，并进一步开拓华东市场。除大中华市场外，集团将重点开发北美及西欧等先进市场，该等市场相信将成为集团未来业务增长之主要动力。

【主要资产/投资（3/2002）】 现金结余净额约 2.757 亿港元；存货之账面净值约 2.679 亿港元；位于深圳、总土地面积为 560,000 平方米之震雄工业园；及非上市权益投资证券约值 1.16 亿港元，该等投资为投资于一间从事生产及销售用于航空产品使用之零件、五金组件及模具等之台湾公司，及间接投资于一间从事发展一幢位于中国上海之商用物业之合资公司。

新威国际控股有限公司

【公司概况】 股票代码 0058，集团主席黄琼静，发行股本（股）1,016M，票面值（港元）0.100，市价总值（港元）284M。

【公司业务】 该集团主要从事设计、研发、制造及销售各类型（1）电子消费产品（包括电子计算器、电子钟表及个人数据助理）；及（2）电子及相关零部件（包括石英晶体、液晶显示屏、电路板及表芯）。此外，集团亦从事买卖电子及相关零部件，尤以俄制集成电路为主。截至 2002 年 9 月止之年度，集团录得纯利约 3,022 万港元，较 2001 年 9 月止年度之 545 万港元纯利大幅增加 454%。现时，集团为全球最大计算器制造商之一。于 2002 年 9 月止之年度内，根据原设备制造/原设计制造方式生产之电子计算器及集团自有品牌 Sunway、Kenko 及 Gavao 电子计算器之销售仍为集团之主要收入来源（63.3%）。电子计算器业务所带来之稳定收入来源为集团提供条件发展其它较高价格、较高利润之电子设备，包括数码时计、电视游戏机、电子字典、电子记事簿、备有货币兑算功能之计算器等。另一方面，集团亦为国内最大石英晶体及液晶体显示屏制造商之一。于 2002 年新添置一条 STN－液晶体显示屏生产线后，集团之生产能力已获提升至生产面积较大之屏幕。为扩大其产品系列至包括上游产品，集团现正研究生产液晶体显示屏模块之可行性。凭借在国内主要城市所奠定之领导市场地位，集团计划将业务扩展至中国西北部（如成都）。

【主要资产/投资（9/2002）】 福建省新威电子工业有限公司（100%）；台湾通信（福建）有限公司（40%）；及 Angstrem Joint Stock Company（5%）。

人人控股有限公司

【公司概况】 股票代码 0059，集团主席麦志扬，发行股本（股）1,240M，票面值（港元）0.010，市价总值（港元）21M。

【公司业务】 继集团控股股东于 2001 年 5 月易手后，集团已不再专注于从事科网业务。现时，集团将注意力集中于较为实质之投资控股业务。于 2001 年度透过收购合并，集团已开展多项新业务，包括增值电讯服务、信息娱乐服务、电讯产品贸易及财经服务。集团现时已投资于服务香港及中国电讯网络之游戏机开发及专业内容公司，其中一项主要投资为 Imoeba Ltd.。Imoeba Ltd. 为一家以亚洲为基地之多平台及无线应用服务供货商，并已与香港主要流动电讯营运商合作推出多个城中最流行之流动电话游戏。透过新成立之附属公司人人电讯，集团发行人人通电话卡，提供较低廉之 IDD 收费及来电转驳服务。人人电讯之其它业务包括国际通讯转驳批发及流动电话贸易。此外，集团亦投资于信息娱乐业务，透过特定之按秒收费电话线向参加者提供多次投票程序及游戏。于2002年3月，集团收购在上海从事智能运输系统之管理及顾问服务之 Magna Steels Co. Ltd. 全部权益及从事电讯相关业务之 Wiseford Ltd. 其余49%权益。于可见将来，集团将继续与其它媒体公司合作，进一步利用人人网站平台，去发展新业务机会，及扩展电讯及其相关业务。

【主要资产/投资(12/2001)】 人人电讯有限公司(26%)；Wiseford Ltd.(51%)；Wonder Tech Holdings Ltd.(60%)— 开发及提供SMS技术服务；Marketing Online Ltd.(40%)— 提供新闻及财经资料、刊发财经文件及提供互联网市场推广服务；及 West Marton Group Ltd.(10%)— 于中国开发及经营电子商贸入门网站。

四洲食品网汇控股有限公司

【公司概况】 股票代码0060，集团主席戴德丰，发行股本(股)248M，票面值(港元)0.100，市价总值(港元)136M。

【公司业务】 该集团主要从事买卖冻肉、海产及菜蔬之业务。此外，透过持有上市联营公司四洲集团有限公司之权益，集团亦间接从事制造及销售明治、固力果、卡乐B、桃哈多、四洲等多个品牌之零食及糖果、百佳四洲饮料、即食面、冷冻食品、金妹牌火腿及香肠；分销健康食品；以及经营百佳咖啡餐厅连锁店。截至2002年3月止之年度，集团录得之股东应占利益下跌51%至2,800万港元，主要由于2001年3月止之年度因出售火腿及香肠业务录得约4,790万港元之特殊盈利所致。于年内，集团继续发展中、港两地之核心冻肉贸易业务，并已在各超级市场、日资百货、食品商场推出一系列特色美味之加工及包装冻肉食品。展望将来，集团将致力发展冻肉及海产业务，尤其为加工冻肉制品，以扩阔产品系列。

【主要资产/投资(3/2002)】 四洲集团有限公司(25.13%)；湖记食品有限公司(100%)；及鸿景发展有限公司(100%)。

宏昌科技集团有限公司

【公司概况】 股票代码0061，集团主席陈子昂，发行股本(股)501M，票面值(港元)0.100，市价总值(港元)77M。

【公司业务】 该集团为一家尖端信息科技解决方案供货商，专门为亚洲(尤其中国)银行及电讯行业提供服务。现时，集团经营三大主要业务部门，分别为(1)透过 Sequent China/HK Ltd. 及冠亚计算机为金融机构及电讯营运商提供大型主机及外围系统集成服务；(2)透过先进数码科技及宏昌软件为银行业及金融业提供银行及金融行业软件解决方案；及(3)透过DMX提供宽频互联网设备、网络保安及商贸软件。截至2001年度止，集团录得约8,880万港元亏损(上年度之纯利约为1,820万港元)，主要由于整体硬件销售之边际利润下降及为未收应收账作出3,388万港元之拨备。除继续与IBM保持分销商关系外，Sequent China/HK Ltd. 亦与多家国际知名供货商加强合作关系，并将业务重心由产品主导，转为提供更多技术支持及保养服务。至于宽频网络基建业务，除现有之中国及马来西亚市场外，DMX亦计划进军新加坡、南韩及泰国市场。据披露，集团计划在短期内分拆DMX于香港联交所上市。

【主要资产/投资(12/2001)】 Sequent China/HK Ltd.(91%)；冠亚计算机有限公司(100%)；宏昌软件有限公司(100%)；DMX Technologies (HK) Ltd.(DMX)(51%)；先进数码科技有限公司(55%)；及 ChinaCast Technology (19.9%)— 一家以香港为基地之互联网内容供货商，主要于中国利用卫星广播进行遥距教学。

九龙巴士控股有限公司

【公司概况】 股票代码0062，集团主席钟士元，发行股本(股)404M，票面值(港元)1.000，市价总值(港元)14,450M。

【公司业务】 九龙巴士控股为一投资控股公司，主要业务分为六个部门：专营公共巴士业务、非专营运输业务、国内业务、媒体销售业务、物业持有及内部财政服务。以载客量计，集团现时为全港最大之公共运输机构，每日载客量逾三百万人次。在专营公共巴士业务方面，集团透过旗舰公司九龙巴士(一九三三)有限公司在香港提供专营公共巴士服务，及透过龙运巴士有限公司服务新界与香港国际机场及北大屿山。至于非专营运输业务方面，集团透过阳光巴士控股有限公司提供住宅、商业、雇员及学生巴士服务，以及往来香港落马洲与深圳皇岗之跨境穿梭巴士服务；而国内业务方面，集团则透过两家合作合营企业在中国大连市及天津市提供公共巴士服务。于2001年6月，集团成功分拆其媒体销售业务 —路讯通控股有限公司(路讯通)于联交所主板上市。作为一家具领导地位之户外多媒体销售公司，路讯通将不断寻求开拓海外市场之机会(尤其以中国市场为主)，并积极利用全球定位系统发展已安装于巴士车队之流动多媒体系统。

【主要资产/投资(12/2001)】 九龙巴士(一九三三)有限公司(100%)；龙运巴士有限公司(100%)；全资拥有之非专营巴士营运商包括阳光巴士有限公司、草蜢旅运有限公司、奔腾旅运有限公司、寿联小巴有限公司及新香港巴士有限公司，以及持有65%股权之珀丽湾客运有限公司；持有两家主要在中国大连市及天津市经营公共巴士业务之合营企业；及路讯通控股有限公司(73.3%)。

荣丰国际有限公司

【公司概况】 股票代码0063，集团主席钟斌铨，发行股本(股)1,492M，票面值(港元)0.050，市价总值(港元)167M。

【公司业务】 该集团之主要业务为从事物业相关业务及提供园艺服务。于2001年度，集团仍录得股东应占亏损约4,607万港元(2000年度之亏损为1亿5,161万港元)。于2001年底，集团净资产值约12亿2,836万港元，而长期应计利息之银行贷款则合共约4亿6,888万港元，其中3亿8,466万港元须于第三至第五年期间偿还。于可见将来，集团将继续物色任何潜在之投资机会，以扩阔盈利基础。

【主要资产/投资(12/2001)】 鸿福实业有限公司(20.2%)；及投资物业约值10.528亿港元。

结好控股有限公司

【公司概况】 股票代码0064，集团主席洪汉文，发行股本(股)300M，票面值(港元)0.100，市价总值(港元)180M。

【公司业务】 该集团为以香港为业务基地之金融服务供货商，提供证券、期货与期权及保证金融资之经纪服务，以及企业融资顾问服务。此外，集团亦提供互惠基金、单位信托及保险相关投资计划及产品之经纪服务，以及买卖恒指期货及期权合约之经纪服务。于2002年2月28日，集团约有2,853名活跃客户，即户口于过去12个月录得买入及/或卖出证券交易之客户，其中2,198名为现金客户，655名为保证金客户；该等客户中约98%为散户，而2%则为机构客户。集团之营业额主要来自两大业务：证券经纪业务及保证金融资业务，截至2001年12月31日止之九个月，该两项业务分别占集团总营业额43.6%及34.9%。结予集团客户之所有保证金融资信贷，均以香港上市股本证券及集团接纳之其它抵押品作为抵押。自2000年9月起，集团透过旗下网站 www.i—stock.com.hk 提供网上电子交易服务，以及提供一系列有关之信息，包括实时报价、香港股票市场之一般资料。据招股书披露，集团计划透过扩充销售队伍，以提高对散户及机构客户市场之占有率。

盈科保险集团有限公司

【公司概况】 股票代码0065，集团主席袁天凡，发行股本(股)821M，票面值(港元)1.000，市价总值(港元)1,290M。

【公司业务】 该集团为以本地资金为主之香港主要保险公司之一，主要从事人寿保险业务。集团提供之保险服务包括个人寿险(例如个人终身、储蓄及定期寿险产品)、医疗及伤残保险、退休计划管理、团体保险、寿险人身意外保险及资产管理。集团亦出任香港民安保险有限公司之核保人，为客户提供全面之一般保险服务。除不断招聘经验丰富及新任营业员以扩大营业员队伍外，集团亦一直发掘更多销售渠道以拓展新业务，例如推出联营信用卡，以及与保健服务供货商联合举办多个项目。于2001年度，集团亦推出新系列之保险及投资相关之产品，以满足客户不断转变之需要，该等产品包括积存基金红利选择(让保单持有人选择将累积红利用作投资)及盈进保(投保人可选择购买单位信托相关之产品)。由于强积金市场竞争激烈，集团同意出售其无利可图之强积金业务予汇丰控股之旗下保险部门。展望将来，集团将资源集中发展寿险及资产管理业务，以及进军具备高增长潜力之业务，目标为使集团由一传统寿险公司逐步发展成为一全面之金融服务供货商。

【主要资产/投资(12/2001】 盈科保险有限公司(100%)；盈科信托有限公司(100%)；及盈保投资管理有限公司(100%)。

地铁有限公司

【公司概况】 股票代码0066，集团主席苏泽光，发行股本(股)5,159M，票面值(港元)1.000，市价总值(港元)47,981M。

【公司业务】 地铁公司为本港主要集体运输服务供货商，拥有及经营地下铁路，以及积极发展铁路沿线物业等业务。连同于2002年8月通车之将军澳线，集团现时经营五条地下铁路线及一条机场快线，于2002年在全港主要交通工具市场之占有率为23.5%（2001年：23.5%）。至于集团持有57.4%权益之八达通卡有限公司，旗下八达通智能卡系统之应用范畴目前覆盖运输、零售、学校、商业及住宅界别，而八达通卡于2002年之流通量约为930万张（2001年：820万张）。于2002年12月止之年度内，集团已在五个车站安装月台幕门，而有关月台幕门安装工程预期于2006年在所有地底车站完成。尽管集团未能投得沙田至中环线之工程合约，但集团于2002年7月与香港特区政府就竹蒿湾支线（接连未来香港迪士尼主题公园）达成协议，以及就东涌吊车项目（接连大屿山昂平之主题旅游村及天坛大佛）签订临时协议。该两个项目预期均可于2003年下半年完成。至于建议之港岛支线，集团将开始筹划西港岛线第一期及南港岛线工程，而北港岛线之竣工时间将延迟至2016年后。而香港特区政府于2002年6月宣布就地铁与九广铁路公司之可能合并，据集团2002年年报所披露，集团认为若合并计划能够适当地策划及执行，采用合适条款，地铁公司及香港整体铁路运输系统均可因而受惠。

【主要资产/投资(12/2002)】 铁路营运资产按账面值约799.95亿港元；在建铁路工程及有关铁路资产按账面值约25.63亿港元；投资物业按公开市值约102.67亿港元；发展中物业约值28.70亿港元；待售物业约值7.94亿港元；及八达通卡有限公司(57.4%)。

上海地产控股有限公司

【公司概况】 股票代码0067，集团主席周正毅，发行股本(股)3，051M，票面值(港元)0.500，市价总值(港元)1，053M。

【公司业务】 该集团于2001年11月前之主要业务为在香港从事物业发展及投资。于2000年中，集团开始将业务扩展至科技行业，重点投资无线电讯及相关业务。因此，集团遂变现其位于香港之所有投资物业。据2002年年报所披露，集团于若干无线科技公司均有投资，包括言丰科技、IP Fusion、iSilk.com、China Greens Ltd. 及 NESS Display Corporation。由于市况仍旧疲弱，集团已为该等投资作出审慎拨备，并受到一项出售选择权保障，令集团有权利以账面值出售该等投资组合。于2002年5月，中国富商周正毅先生收购集团之控股权益。自此，集团之业务方向已重新集中于物业范畴，尤其为上海物业市场。展望将来，集团预期上海将继续在国内经济发展中扮演日益重要之角色，此举将大大刺激对高档住宅及办公大楼之需求。此外，中国政府现行房屋政策亦有利于国内房地产市场。因此，集团将考虑投资或收购酒店、购物中心及酒店式公寓，以规模化开发、国际化运作及品牌化经营为策略，巩固集团于上海物业市场之领导地位。

【主要资产/投资(6/2002)】 现金结余净额约22.4亿港元；及非买卖证券约值1.037亿港元。

利兴发展有限公司

【公司概况】 股票代码0068，集团主席陈文生，发行股本(股)339M，票面值(港元)1.000，市价总值(港元)569M。

【公司业务】 该集团主要从事投资控股、买卖长期上市投资及买卖短期投资。于2001年年底，集团之投资主要包括香港及海外之上市证券，以及从事酒店投资及管理及物业投资业务、未合并之附属公司组合。据2001年年报披露，由于集团之股份交易价远低于其资产净值，故集团有意于市场回购本身之股份。集团认为该股份回购计划长远来看可提高股东回报。

【主要资产/投资(12/2001)】 上市投资之市值约为5.45亿港元；于未合并附属公司之权益之公平价值约为7.78亿港元（可望于可见将来出售）；非上市投资之公平价值约为6，530万港元；投资物业之账面净值约3，700万港元；及应收联营公司后偿贷款及应收(付)联营公司款项约2.89为亿港元。（备注：集团之有抵押银行贷款为4.68亿港元。）

香格里拉(亚洲)有限公司

【公司概况】 股票代码0069，集团主席 YE Longfei，发行股本(股)2，180M，票面值(港元)1.000，市价总值(港元)10，680M。

【公司业务】 该集团主要从事（1）拥有及经营酒店及相关物业；(2)提供酒店管理及相关服务；以及（3）出租写字楼、商业、住宅大厦、展览场地及服务式公寓。集团经营及管理之所有酒店及物业位于亚太及中东地区，如香港、中国、菲律宾、马来西亚、缅甸、新加坡、泰国、印尼及斐济。目前，集团于多个国家内为若干不同商标及服务标志之注册所有人，该等商标计有香格里拉、Traders、Rasa、夏宫及香宫及相关标记及标志。截至2002年12月止之财政年度，酒店营运仍为集团之主要收入来源，占其总营业额约79%，而物业租赁及酒店管理分别占总营业额约20%及1%。按地区而言，中国大陆之营运是集团录得最多盈利的业务。展望未来，集团现时在中国国内拥有及/或经营十七间酒店，而集团之策略将为专注在中国国内建立其品牌势力。

【主要资产/投资(12/2002)】 酒店物业之账面净值约29.154亿美元；及投资物业之账面净值约2.959亿美元。

骏雷国际有限公司

【公司概况】 股票代码0070，集团主席陈泽民，发行股本(股)2，270M，票面值(港元)0.020，市价总值(港元)25M。

【公司业务】 早于2000年10月，杨庚霖先生向该集团前股东詹培忠收购集团之控股权后，令已停牌达14年之久之集团成功于2000年11月在香港联交所恢复交易。杨先生其后于2001年6月出售集团之权益，而陈泽民先生随后接管集团，并成为集团之控股股东。现时，集团从事制造及买卖电机设备，以及提供电机工程及承包服务。据2002年年报所披露，集团将继续物色合适项目及/或投资，而该等项目及/或投资之代价只会以发行额外股份及/或债务融资方式支付。

【主要资产/投资(6/2002)】 美捷工程国际有限公司(80%)；Fu Tai Vacationing Development Co. Ltd.(38%)；Eastrip Development Ltd.(50%)；北京世纪元素娱乐有限公司(50%)；及投资证券约值1，140万港元。

美丽华酒店企业有限公司

【公司概况】 股票代码0071，集团主席李兆基，发行股本(股)577M，票面值(港元)0.700，市价总值(港元)3，435M。

【公司业务】 该集团主要从事物业发展、物业投资及销售、酒店拥有及管理、饮食业务及旅游业务。截至2002年3月止之年度，除了物业发展及销售业务之主要市场为中国及美国外，香港为集团所有业务之主要市场。此外，物业出租业务仍继续为集团之主要收入来源，分别占集团之总营业额及经营利益约25%及53.5%。至于集团另一个提供利益之部门 — 酒店业务，则占其总营业额及经营利益约19.5%及23%。于年内，上海市住宅销售市场颇活泼，位于上海之美丽华花园之物业租售率及成交价格亦有所上升，集团在此项目录得满意之销售额。至于在美国加州彼沙郡拥有之土地，于年内成功出售约660多亩住宅用地及30多亩商业用地，为集团带来大量现金流入。据披露，目前尚有数字买家正向集团洽购部份地皮。截至2002年3月止之年度，由于集团之物业业务表现良好，该部门之营业额于年内增加至4.234亿港元（2001年3月止之年度为1.127亿港元)，而经营利益贡献亦有1.202亿港元（2001年3月止年度则录得亏损约390万港元）。

【主要资产/投资(3/2002)】 酒店物业按公开市值约21.173亿港元；投资物业按公开市值约61.894亿港元；及发展中物业约值3.804亿港元，该项目为位于美国加州萨克拉曼多邻近玫瑰园土地之商住发展项目之88%权益（地盘面积约2，617英亩）。

耀荣明泰国际集团有限公司

【公司概况】 股票代码0072，集团主席何建国，发行股本(股)1，087M，票面值(港元)0.100，市价总值(港元)133M。

【公司业务】 该集团主要在香港及中国从事楼宇建造及维修、酒楼业务及其它投资业务。于过去一年，集团因两位前主席争夺控制董事会及中港两地投资而饱受内部冲突，最后，该内部冲突亦由新成立之董事会之上任而结束。于2001年11月成功接管湖北长州电厂（集团最宝贵资产之一）之营运及管理控制权后，集团将结束所有无盈利之合营公司，以集中力量处理湖北长州电厂之业务。于2001年10月，集团订立协议出售 Yiu Wing (Overseas) Ltd. 之全部股权，Yiu Wing (Overseas) Ltd. 持有位于香港之耀荣建筑及海洋皇宫酒楼夜总会以及位于中国之在建中酒店项目。此外，集团计划将分散投资至中国海运及物流业务，而集团已于2001年9月签订一项有关以总代价2，400万港元收购 Sanko Logistics Ltd. 之33%股权连同股东贷款之协议。不过，基于审核工作受到限制及集团有关持续经营基准之基本不明朗因素，集团之核数师— 安永会计师事务所— 对其核数之年报拒绝发表意见。

第一珍宝(集团)有限公司

【公司概况】 股票代码0073，集团主席朱嘉乐，发行股本(股)194M，票面值(港元)0.200，市价总值(港元)54M。

【公司业务】 该集团主要在香港、澳门及中国从事消费电器产品之进口、市场推广及分销业务，以及提供有关之售后及保养服务。集团分销之电器产品包括珍宝及 Fuji Electric 冷气机、AIRSTAGE 大楼用多联空调系统、GALA 品牌之雪柜及洗衣机、Fujitsu 等离子显示屏、LG 等离子及液晶电视机及投影机等。尽管市况不景，集团仍可在冷气机零售业务方面维持其市场份额。根据 AC 尼尔森 2001 年家庭电器市场调查报告，珍宝品牌在本港冷气机市场（包括所有类型）之分额上升至 13%，名列第二最高销量之冷气机品牌。展望将来，集团拟向性质相近之产品作进一步多元化之发展，如高科技消费电子产品、家庭电器用品及计算机外设产品等，并继续物色其它与创新科技相关之新投资项目。

【主要资产/投资(3/2002)】 存货之账面值约为 2.218 亿港元。

长城科技股份有限公司

【公司概况】 股票代码 0074，集团主席王之，发行股本(股)454M，票面值(港元)1.000，市价总值(港元)540M。

【公司业务】 该集团主要从事个人计算机及周边产品(持有金长城品牌)、硬盘驱动器及相关零部件产品、宽带网络服务和网络传输和终端产品的研制、生产和销售。于二零零一年十二月之财政年度，集团拥有 60.47% 权益之附属公司中国长城计算器深圳股份有限公司推出了金长城一系列家用计算机和俊杰等系列商用计算机及其它产品如双路服务器。长城计算机亦与美国微软公司签订有关协议，从二零零一年十二月起，金长城家用计算机产品全面预装 Windows XP 中文系统，与此同时，长城计算机亦与韩国韩松电子株式会社结成战略合作联盟，共同生产金长城 — 韩松联合品牌的中高端显示器并开始批量出口，另外，长城计算机开发并推出了长城掌上王 PDA 系列产品。为了进一步发展个人计算机、周边产品及硬盘驱动器，集团于二零零二年四月与中国国际信托投资公司达成协议，同意出售长城宽带网络服务有限公司部份权益，当完成协议后，集团持有长城宽带的股权比例将由 70% 减少至 35%，此项出售计划有助减少宽频网络发展时所带来之亏损。

【主要资产/投资(12/2001)】 中国长城计算器深圳股份有限公司(60.47%)；长城宽带网络服务有限公司(当完成二零零二年四月与中国国际信托投资公司之合约后占 35% 权益)；深圳开发磁记录有限公司(78.42%)；及深圳开发科技股份有限公司(55.96%)。

渝太地产集团有限公司

【公司概况】 股票代码 0075，集团主席张松桥，发行股本(股)797M，票面值(港元)0.100，市价总值(港元)255M。

【公司业务】 该集团主要从事物业投资、物业发展及投资控股业务。集团之主要盈利来源及重要资产皆来自香港。于 2001 年 3 月，集团收购港通控股有限公司(港通控股) 27%权益。港通控股为一家香港上市公司，主要持有西区海底隧道之 37%权益、香港驾驶学院之 70% 权益及快易通有限公司之 35%权益。集团认为此项投资可为其带来稳定之收益。

【主要资产/投资(12/2001)】 尖沙咀彩星中心（楼面面积约 11.35 万平方呎）；中环世纪广场（楼面面积约 9.47 万平方呎）；尖沙咀新文华中心二楼（楼面面积约 4.62 万平方呎）；屯门彩星工业大厦（楼面面积约 31.71 万平方呎）；及港通控股有限公司(27.62%)。

辛康海联控股有限公司

【公司概况】 股票代码 0076，集团主席 LEE Sin Pyung，发行股本(股)361M，票面值(港元)0.010，市价总值(港元)119M。

【公司业务】 该集团之主要业务为于印尼南苏门答腊开发、勘探及生产原油。据 2001 年年报披露，集团之所有原油生产根据与 Pertamina 订定之再次采油合约下进行，惟该合约将于 2004 年 7 月届满，集团现正与 Pertamina 进行磋商，将再次采油合约延期 10 年。截至 2001 年 12 月止之年度，集团于湖北炼油厂之投资业绩继续令人失望。因此，集团以现金 75 万元人民币出售该长期陷于困境之炼油业务之少数股东权益。鉴于 Jatirarangon 气田项目涉及大笔资本承担，加上该项目表现未如理想，集团亦于年内出售该项目。通讯及网络器材方面，由于全球行业市况不佳，集团已暂停该业务之运作；至于互联网业务，集团亦已于年内撇销其于互联网站 www.clickcellular.com 之股权，该网站由 Amsara Ltd. 经营。

【主要资产/投资(12/2001)】 印尼 Limau 油田之再次采油合约。

富豪酒店国际控股有限公司

【公司概况】 股票代码 0078，集团主席罗旭瑞，发行股本(股)6,297M，票面值(港元)0.010，市价总值(港元)309M。

【公司业务】 该集团主要从事酒店东主及管理、物业投资，以及金融工具及有价证券之投资及买卖之业务。在住宅发展业务方面，集团持有 30% 权益、位于赤柱黄麻角道之高尚住宅发生项目之建筑工程已于 2001 年 10 月全面复工。此住宅项目预期将约于 2003 年第二季起分阶段完成。于 2001 年度，集团继续录得亏损约 5.142 亿港元（2000 年度之亏损约为 3.479 亿港元），亏损主要由于酒店业市况不景、就物业及应收账降值及减值所作之拨备，以及为巨额未债还债项付出沉重财务成本所致。为加强盈利能力及减轻债务负担，集团将专注发展其于香港之酒店业务。至于位于加拿大及美国之酒店业务，集团计划于短期内出售此等业务。此外，集团亦可能考虑出售开封亚太啤酒厂此项非核心业务之权益。据 2001 年年报所披露，集团将继续与其借贷银行及债权人就债务重组进行磋商。

【主要资产/投资(12/2001)】 酒店物业约值 87.258 亿港元。(注：截至 2001 年底，集团之非流动持息债项约为 43.495 亿港元。)

世纪建业(集团)有限公司

【公司概况】 股票代码 0079，发行股本(股)2,065M，票面值(港元)0.010，市价总值(港元)25M。

【公司业务】 该集团主要从事 (1) 在大中华地区授权推广 FORTEI 商标之所有商品；(2) 财务投资，包括私人借贷业务及证券买卖；(3) 旅游、娱乐及消闲相关业务；及 (4) 经营发型屋及提供健康及美容服务。鉴于从零售业务获得理想回报日益困难，集团遂于 2001 年 1 月以代价约 2,300 万港元，将 FORTEI 商标在香港、澳门、台湾及中国大陆之特许使用权授予利得丰(集团)有限公司，为期八年。于 2001 年 4 月，集团成功透过供股方式集资约 4,780 万港元。于 2001 年 10 月，集团完成收购一家拥有知名品牌 Headquarters 经营之发型屋及一家健康及美容中心 Spa D'or 之公司之全部股本权益，总代价 860 万港元以发行新股方式支付。

【主要资产/投资(12/2001)】 富迪版权有限公司(100%)；世纪建业策略投资有限公司(100%)；港澳旅游娱乐有限公司(100%)；Spa D'or Ltd.(80%)；总部有限公司(55%)；及集信软件科技(控股)有限公司(40%)。

邵氏兄弟(香港)有限公司

【公司概况】 股票代码 0080，集团主席邵逸夫，发行股本(股)398M，票面值(港元)0.250，市价总值(港元)2,968M。

【公司业务】 该集团之控股股东为邵逸夫爵士，持有集团 74.58%权益。截至 2002 年 3 月止之年度，集团录得纯利 1.473 亿港元（上年度之纯利为 6.737 亿港元），纯利大幅倒退原因为集团去年因出售影片库而录得特殊盈利及联营公司电视广播有限公司所作出之盈利贡献减少所致。据披露，集团另一联营公司香港数码影城有限公司将于将军澳兴建新影城，该项目预期于 2005 年 6 月完成。另一方面，根据政府宪报刊登之地区草图，集团已获审批重新发展清水湾道用地（现时电影城用地）约 63,000 平方米之住宅及 17,000 平方米之商业楼面面积。据集团 2002 年年报披露，预计需时 24 个月方可得到发展范围及用途之最终批准。

【主要资产/投资(3/2002)】 现金结余净额约 3.32 亿港元；电视广播有限公司(26%)；香港影城有限公司(35%)；及香港数码影城有限公司(35%)。

蚬壳电器工业(集团)有限公司

【公司概况】 股票代码 0081，集团主席翁佑，发行股本(股)443M，票面值(港元)0.500，市价总值(港元)426M。

【公司业务】 该集团主要从事八大类多元化业务：(1) 制造及销售家庭电器产品，如电风扇及吸尘机；(2) 分别透过广东万家乐电缆有限公司及顺德华丰不锈钢焊管厂有限公司经营制造及买卖电缆及不锈钢焊管产品；(3) 透过持有 70% 权益之合营公司蚬壳一神商有限公司经营钢材加工及贸易业务；(4) 透过顺德市顺粤公路建设有限公司在广州经营出租的士业务，现持有的士牌照逾 500 个；(5) 物业投资及发展；(6) 管理及经营中国顺德一级收费公路良杏公路；(7) 证券投资；及 (8) 投资于高科技项目，包括投资于互联网服务器服务、企业软件开发、研发宽频通讯 IC、开发电子集成整流芯片及互联网企业级自动转译软件。截至 2001 年 12 月止之年度，集团录得之净额利益下跌 64.7% 至只有 3,270 万港元（2000 年度之净额利益约为 9,260 万港元）。据集团解释，2000 年度录得之卓越业绩主要来自出售光纤通讯产品业务投资所得之 4.292 亿港元特殊利益。

【主要资产/投资(12/2001)】 坤达环球有限公司(100%);蚬壳电器工业(中国)有限公司(100%);顺德蚬华多媒体制品有限公司(99.48%);广东万家乐电缆有限公司(49.41%);顺德华丰不锈钢焊管厂有限公司(90.1%);蚬壳－神商有限公司(70%);广州蚬华实业有限公司(63%);广州蚬富出租汽车有限公司(95%);顺德市顺粤公路建设有限公司(52%);熊谷蚬壳发展(广州)有限公司(20%);MDCL－Frontline (China) Ltd.(30.52%);Yoama International Ltd.(30%);投资物业约值 4.435 亿港元;及上市证券按市值约 1.489 亿港元。

益安国际集团有限公司

【公司概况】 股票代码 0082,集团主席左太行,发行股本(股)572M,票面值(港元)0.010,市价总值(港元)269M。

【公司业务】 该集团原先主要从事制造及买卖激光唱机、激光视盘机、激光唱机及激光视盘机机芯、扩音机、计算机外设设备、汽车音响机芯、卡式录音机机芯及有关产品,以及非音响产品,包括个人办公室用品及医疗装置。然而最近,集团亦积极发展药业投资项目。于 2002 年 1 月及 4 月,集团订立协议收购 Korning 之 87% 权益,Korning 间接持有华颐药业有限公司之 60% 权益。透过此项投资,集团已与前中国中药行业主管部门中国药材集团公司(中国药材)建立紧密合作关系。中国药材之共有 41 家企业成员,主要业务覆盖中药材、中药饮片、中成药等。据披露,中国药材可能于日后进一步向集团注入资产。除药业业务外,集团自 2000 年中透过收购 Global Cyber 合共 27% 权益,进军中国研发及安装自选影像系统业务。此投资涉及有关操作软件、服务器及机顶盒,以便提供予国内现有有线电视台之改造工程,并可使有线电视台和用户彼此之间使用现有单向光纤网络输送系统。于 2001 年 2 月,集团亦收购一家主要在中国主要大城市从事分销互联网电话及预缴互联网电话卡业务之中外合资公司之 90% 权益。然而,据集团 2001 年年报所显示,集团仍与中方就某些合作项目之知识产权之事宜而有所争议,故此事已交由集团之中国代表律师处理,并有可能提出法律诉讼以保障集团之投资权益。此外,基于市场竞争激烈及互联网电话发展市场不稳定,集团已为该项投资作出 2,100 万港元之拨备。

【主要资产/投资(12/2001)】 华颐药业有限公司;Global Cyber Ltd.(27%);上海大正宝盛科技有限公司(21.6%);益安制造有限公司(100%);东莞益安电子制造有限公司(100%);及东莞益安模具制造有限公司(100%)。

信和置业有限公司

【公司概况】 股票代码 0083,集团主席黄志祥,发行股本(股)3,861M,票面值(港元)1.000,市价总值(港元)9,459M。

【公司业务】 信和置业为香港主要蓝筹综合地产商之一。集团主要从事物业发展作销售及投资用途;证券买卖及投资;酒店经营;财务;及提供物业管理及服务。截至 2002 年 6 月止之年度,集团之营业额大幅增加 82.1% 至约 27.134 亿港元。然而,集团录得之股东应占利益由 2001 年 6 月止年度之 4.917 亿港元下跌 46.5% 至本年度只有 2.628 亿港元。截至 2002 年 6 月底,集团之土地储备总楼面面积约达 1,700 万平方呎,当中包括各类型物业,其中 39% 为商业用途、34% 为住宅用途、14% 为工业用途、9% 为停车场及 4% 为酒店。于年内,集团完成两项投资物业,即奥海城二期及富利广场。奥海城二期为个座落于西九龙地铁奥运站之主要购物中心,商铺出租率高。另一方面,集团为本港具规模之停车场经营商之一,拥有逾 6,700 个停车位。在物业管理业务方面,集团现时管理逾 139 个物业,楼面面积超过 4,400 万平方呎,该等物业包括集团本身之物业、其它私人屋苑及政府辖下之商场。除香港市场外,集团在中国亦有九个物业发展项目(以住宅发展项目为主),分布于上海、厦门、福州及广州几个重要城市及地区,可发展之总楼面面积达 240 万平方呎。

【主要资产/投资 6/2002)】 投资物业按公开市值约 144 亿港元;发展中物业按账面值约 58.8 亿港元;位于新加坡之酒店物业按成本值约 11.54 亿港元;及于联营公司之权益按账面值约 118 亿港元(注:大部份联营公司从事物业发展及投资业务)。

宝光实业(国际)有限公司

【公司概况】 股票代码 0084,集团主席黄创保,发行股本(股)936M,票面值(港元)0.100,市价总值(港元)164M。

【公司业务】 该集团之主要业务为从事钟表、视光产品及婴儿服装零售及贸易;钟表装嵌及贸易;物业投资;及股本投资业务。截至 2002 年 3 月止之年度,集团录得净额亏损约 970 万港元(2001 年 3 月止年度录得纯利 5,540 万港元),业绩转盈为亏主要由于为固定资产及投资物业作出减值拨备 3,900 万港元所致。于年内,零售及贸易业务仍为集团之主要收入来源。集团著名之零售分店包括 (1) 从事钟表业务之时间廊;(2) 从事视光业务之眼镜 88;及 (3) 从事婴儿服装业务之小河马。按地区划分而言,香港仍为集团之主要市场,约占其总营业额 61.2%,而另外两个主要市场则为东南亚及远东区 (22.8%) 及欧洲 (13.8%)。截至 2002 年 3 月止之年度,集团之总负债为 5.602 亿港元,其中约 2.411 亿港元将于一年内到期偿还。

【主要资产/投资(3/2002)】 投资物业按公开市值约 5.658 亿港元;土地及楼宇按账面净值约 2.524 亿港元;及存货按账面值约 3.55 亿港元。

运盛(中国)投资集团有限公司

【公司概况】 股票代码 0085,集团主席陈泽盛,发行股本(股)1,558M,票面值(港元)0.010,市价总值(港元)101M。

【公司业务】 该集团原先在中国及香港两地从事物业发展及投资业务。然而,集团自 2000 年起已逐渐转型为一家科技企业,主要投资于提供与科技运输物流业务有关之科技及互联网服务。集团其中一项主要科技投资为华厦交通在线项目,该项目主要与中国交通部之公路科学研究所为一合营公司开发公路信息系统。于 2001 年 6 月底,集团公布一项收购建议,以代价 4.67 亿港元出售其中国物业组合之主要权益,以及收购深圳迪科信息技术有限责任公司(迪科信息)之 70% 权益,迪科信息主要为有线电视经营商及电讯服务商提供宽频及有线电视相关平台及设备。于 2001 年度,集团已将网络运输物流基建由 2000 年之 36 个城市扩展至 2002 年 4 月之 140 个城市,并为联盟成员完成安装支持中心软件。然而,迪科信息于 2001 年最后一季遭受挫折,原因为集团之条件接入之标准未获国家广播电影电视总局(广电局)选用为 DVB 标准之一部份。因此,集团为审慎起见就有关商誉大幅撇账 3.823 亿港元。据集团解释,迪科信息已完成为海外市场开发 DVB－S 机顶盒,此产品将成为集团 2002 年产品出口之主要动力。

【主要资产/投资(12/2001)】 深圳迪科信息技术有限责任公司(70%);恒力运通(北京)信息技术有限公司(70%);及北京恒力华通网络信息技术有限公司(70%)。

新鸿基有限公司

【公司概况】 股票代码 0086,集团主席狄亚法,发行股本(股)1,249M,票面值(港元)0.200,市价总值(港元)1,249M。

【公司业务】 新鸿基有限公司(新鸿基)为香港主要金融服务集团之一,为客户提供证券、杠杆外汇、黄金、商品及期货经纪、网上金融服务及网上财经信息、借贷(如有期借款)、证券放款、财务策划及资产管理、基金管理、企业融资及保险经纪服务。尽管业内气氛恶劣及市场竞争激烈,截至 2002 年 12 月止之年度,新鸿基仍可录得营业额 5.642 亿港元及纯利 2.049 亿港元。在过去数年,集团已积极开拓其它业务机会以实行产品及服务多元化。近作包括成立新鸿基优越理财有限公司提供财务策划及资产管理服务,以及担任衍生认股权证及股票挂?票据流通量提供者。此举不但扩阔集团之收入基础,并可减少集团倚赖股票经纪佣金作为主要收入来源。至于集团之互联网经纪业务鸿财网,其年内之客户数目录得稳健增长,较 2001 年度高出 50% 以上,鸿财网于 2002 年度之总股份交投量更突破 100 亿港元。另一方面,新鸿基财经信息(香港主要财经信息内容供货商之一)已成功将其主要收入来源转向零售市场个别订户形式之收入,而针对富经验及专业投资者而设之新产品 Intelligent Stock Monitor 亦已于 2003 年初推出。至于新鸿基持有 43% 权益之联营公司天安中国投资有限公司,于 2002 年,其在中国销售之楼面总面积较上年度增加约 121%。于 2002 年 12 月,新鸿基透过收购卓健亚洲有限公司(全港最大之上市医疗机构)之 28.53% 权益,进军拥有高增长之医疗保健行业。于 2003 年 1 月,新鸿基亦出售新鸿基财务有限公司(私人贷款业务)之全部 50% 权益,以专注发展其它贷款业务。

【主要资产/投资(12/2002)】 天安中国投资有限公司(43.27%);卓健亚洲有限公司(28.53%);禹铭投资有限公司(21.36%);持有 100% 权益之附属公司包括新鸿基证券有限公司、新鸿基期货有限公司、新鸿基外汇有限公司、新鸿基金业有限公司、新鸿基科网有限公司(鸿财网)、新鸿基优越理财有限公司、新泰昌授信有限公司、新泰昌财务有限公司、百达利财务有限公司、捷桥财务有限公司等;以及新鸿基财经信息有限公司(51%)。

太古股份有限公司

【公司概况】 股票代码 b0087,集团主席何礼泰,发行股本(股)3,003M,票面值(港元)0.120,市价总值(港元)16,219M。

【公司业务】 太古公司为本港蓝筹综合企业之一,其多元化之业务涵盖五大范畴:(1)地产 — 投资物业组合包括位于优越地段之写字楼及零售物业(如太古广场、太古坊、太古城中心、又一城、东荟城等),以及优质住宅楼宇(如太古广场曦暹轩及柏舍服务套房及半山雅宾利住宅单位);(2)航空 — 持有国泰航空、港龙航空、香港飞机工程、香港空运货站及香港华民航空之主要权益;(3)饮料 — 为可口可乐装瓶厂之一,有权于香港、台湾、中国内地七个省分及美国西部部份地区分销可口可乐产品;(4)海洋服务 — 经营一队具规模之船队船只,从事离岸石油支持,并提供船只维修与港口拖船服务,以及货柜码头服务;及(5)实业与贸易 — 为富豪品牌之汽车在大中华地区之分销商及零售代理,以及香港运动及轻便鞋之主要入口商及零售商,其品牌包括 Reebok、Puma、DKNY、Diesel、Rockport 及 Skechers,并从事废物管理业务及制造及分销漆油、铝罐及母线槽。

【主要资产/投资(12/2001)】 物业组合之账面净值约为 697.54 亿港元;及国泰航空有限公司(45.9%)。

大昌集团有限公司

【公司概况】 股票代码 0088,集团主席陈斌,发行股本(股)618M,票面值(港元)0.100,市价总值(港元)772M。

【公司业务】 该集团主要从事物业投资及发展、酒店投资、物业管理及高科技投资业务。于 2002 年 3 月止之年度,集团位于加利福尼亚州之 San Clemente Technology Park 发展物业已动工,预售成绩令人鼓舞。财政年度结束后,集团购入位于春坎角郊区地段 1164 号地盘发展为一个逾 3 万平方呎之高级住宅物业,该住宅项目预期约需两年时间完成。除物业业务外,集团亦投资于美国高科技公司。据 2001 年年报披露,集团已承诺投资 1.014 亿港元于美国新进创业资本基金,投资资金将会分 4 至 5 年时间投入。此外,据 2002 年年报披露,集团亦新承诺投资 400 万美元于美国创业资本基金,该等基金将会于未来 4 至 5 年内,主要投资于电讯科技及生物科技业务上。

【主要资产/投资(3/2002)】 待售物业约值 31.512 亿港元;投资物业约值 1.773 亿港元;及 Consolidated Hotels Ltd.(35%) — 香港喜来登酒店。

大生地产发展有限公司

【公司概况】 股票代码 0089,集团主席马清伟,发行股本(股)288M,票面值(港元)1.000,市价总值(港元)518M。

【公司业务】 该集团之主要业务为投资控股及物业发展。截至 2001 年止之财政年度,集团之主要收入来源皆来自香港(68.8%)及北美洲(31.2%)之物业租赁、物业销售及相关业务。集团主要住宅物业山顶白加道一号,将重建成为超级豪华分层式住宅并附设康乐设施,预期于 2003/2004 年间竣工。集团其它物业发展项目大部份为豪华住宅物业。据集团披露,此等物业建成后皆持有作投资用途。除物业相关项目外,集团亦于美国成立一家全资附属公司 Montgomery Golf Corporation(MGC)。MGC 之所有资产于 2001 年 9 月从一家哥尔夫球练习软件发展商 Swing Solutions 购入,代价为 960 万港元。于 2001 年度,集团所持 12% 权益之长江流域创业有限公司(长江流域创业)出资 1,560 万港元,以持有一家主要从事开发生化产品公司之 20% 权益。于 2002 年 1 月,长江流域创业亦投资 780 万港元,持有一家主要从事集成电路设计公司之 15% 权益。截至 2001 年底,集团之长期银行贷款约为 3.647 亿港元,其中约 2.909 亿港元于第三至第五年内到期偿还。

【主要资产/投资(12/2001)】 位于香港之投资物业之账面净值约 16.21 亿港元;位于香港之发展中物业及其它物业之账面净值约为 3.232 亿港元;及海外永久业权土地楼房之账面净值约为 4.329 亿港元。

金禾国际控股有限公司

【公司概况】 股票代码 0090,集团主席傅柱根,发行股本(股)324M,票面值(港元)0.020,市价总值(港元)26M。

【公司业务】 该集团主要从事制造及销售美耐皿仿瓷与硅胶制家庭用品及硅胶袖珍键盘。截至 2002 年 3 月止之年度,美耐皿仿瓷产品及硅胶产品之销售仍为集团之主要收入来源,分别占集团总营业额 79.1%及 20.9%。现时,集团之产品种类繁多,包括美耐皿仿瓷餐具及烟灰缸礼品、皂碟、美耐皿仿瓷时钟外壳,及电子计算器、数据库、电子记事簿、影音器材遥控器及手提电话之硅胶袖珍键盘。集团产品之主要市场为香港、东南亚、南美及欧洲,其客户包括国际知名之烟草公司、主要汽水制造商、主要快餐连锁店及受欢迎卡通人物之产品生产商。在中国市场方面,集团已开始建立分销网络,并自 2001 年 11 月起进军国内市场之短短五个月内与中国六家零售店建立合作关系。日后,集团之发展重点将放在国内市场。据 2002 年年报所披露,集团计划将全国各地分销其产品之零售店数目增加至 20 家,并寻找有潜力之合作伙伴以加强集团之影响力、推广品牌知名度及扩大产能以满足市场对美耐皿仿瓷及硅胶产品之增长需求。

【主要资产/投资(3/2002)】 金禾美耐皿制品有限公司(100%);富侨亚洲有限公司(100%);及东莞金禾美耐皿制品有限公司(100%)。

航宇数码科技控股有限公司

【公司概况】 股票代码 0091,集团主席唐乃勤,发行股本(股)491M,票面值(港元)1.000,市价总值(港元)108M。

【公司业务】 该集团正逐渐减持物业/建筑相关业务之资产,并转移集中于高科技业务。于 2001 年度,集团以总代价 6,600 万港元收购昌维国际有限公司(昌维国际)控制性股权,总代价以按每股股份 1.00 港元之价格发行 53,000,000 股新股及现金 1,300 万港元方式支付。昌维国际主要从事为香港及东南亚地区之玩具制造业设计及分销 SONIX 品牌之集成电路。于 2001 年 11 月,昌维国际于中国广州设立首家代办处,以开发中国大陆市场。另一方面,集团主要透过于创富生物科技集团有限公司(创富生物)之投资,从事生物科技业务。创富生物全资拥有细胞治疗技术中心有限公司(CTTC),CTTC 为一家生物科技公司,主要从事分析、储存、配对及使用脐带血液干细胞,以及研究及商业性发展干细胞治疗及科技应用。CTTC 亦为 cryo-oLIFE 商标之拥有人,主要为即将为人父母人士提供一生中仅此一次之机会,收集并储存新生婴儿之脐带血干细胞,以供日后拯救性命之用。

【主要资产/投资(12/2001)】 创富生物科技集团有限公司(于 2002 年 4 月持有约 15.6%权益);昌维国际有限公司(60%);及投资物业之账面净值约 4,300 万港元。

冠军科技集团有限公司

【公司概况】 股票代码 0092,集团主席简文乐,发行股本(股)644M,票面值(港元)0.100,市价总值(港元)760M。

【公司业务】 该集团为一家历史悠久之科技企业,专长于无线电科技及软件开发。集团主要从事开发互联网系统及网络、软件及专有科技;提供电讯服务及营运电讯网络;制造电讯器材;以及投资电子商贸及电讯项目。现时,集团在全球拥有分销网络,该网络有助推广集团之产品至全球不同市场。在可见将来,集团将专注于通信保安及高增值系统之产品及市场开发。集团预期更强保安及更高防御质素之无线电系统之需求将日益增加,尤其在 911 事件发生之后。最近,集团成立新部门以开拓中国大陆、香港及亚太区之指挥及控制通信系统市场。集团亦已开发其它专有产品,分别为勿通无线电解决方案(勿通)及至醒目全球保安智能监察系统 — 觅通数码影像方案(觅通)。勿通为高效益之解决方案,能够清除不欲出现之流动通信,以公营及私营行业为目标客户。觅通为实时数码影像监察及录像解决方案,该系统可透过各种通信渠道(包括综合服务数码网络、公众交换电话网络、流动网络、区域网络及互联网),压缩及传送高解像度影像信号。此外,觅通之每一个模块均能与密码鉴证、智能卡及生物科技等保安科技整合,以作高度保安及供多人使用。至于主要由 Y28 创新科技、国际失物寻回网站及 e-Nissei.com 进行之电子商贸项目,该等项目已获得良好反应,惟它们仍处于开发阶段,故预期未能于短期内为集团提供稳定之收益贡献。截至 2002 年 6 月止之年度,集团拥有现金结余净额约 9,910 万港元,而其债务对股东权益率则只有约 17.66%。集团有信心维持稳定盈利率,因此,集团有意在未来数年保持派发较高之股息政策。

【主要资产/投资(6/2002)】 看通集团有限公司(57%) — 香港上市公司;冠军中国通信有限公司(100%);PC2A.COM Ltd.(100%);数码香港有限公司(78%) — 香港上市公司;香港信息科技联盟有限公司(100%);Y28.Innovations(100%);QQKK.COM Ltd.(100%);看通网络有限公司(100%);100BESTSHOP.COM Ltd.(100%);Champion Fax Machine Investments Ltd.(100%);及互联网汽车有限公司(100%)。

添利工业国际(集团)有限公司

【公司概况】 股票代码0093,集团主席李立,发行股本(股)1,665M,票面值(港元)0.080,市价总值(港元)633M。

【公司业务】 随着1999年8月出售线路板业务后,集团现时主要在中国大陆从事物业发展,及在香港从事财务活动。由于出售线路板业务后获得充裕之现金,集团现正积极物色投资商机,使业务趋向多元化发展,为集团之业绩表现带来稳定之长期增长。

【主要资产/投资(3/2002)】 现金结余净额约6.035亿港元;位于香港之土地及楼宇之账面净值约8,185万港元;待售物业约值1.272亿港元,包括位于广东省中山市之物业发展项目(商业及停车场:16,452平方米,住宅:27,154平方米)。

两仪控股有限公司

【公司概况】 股票代码0094,集团主席萧文飞,发行股本(股)63M,票面值(港元)0.010,市价总值(港元)77M。

【公司业务】 随着于2000年6月出售消费电子制造业务后,该集团专注经营电子组件业务。于2001年年底,集团收购奥美科技控股有限公司(奥美)之主要权益,奥美为澳洲上市公司,主要从事拥有专有技术之高增值业务。透过奥美之附属公司VFJ Technology(VFJ,为先进非触式智能卡解决方案及内置技术首屈一指之科技公司),集团现从事提供最尖端之智能卡解决方案服务,以及制造及销售电子组件。集团亦透过联营公司汇信网络有限公司与中国电子商会合作,经营服务电子行业之商业对商业电子商贸垂直平台。此外,集团亦持有具高增值潜力之科技项目作策略性投资。现时,全球多个市场之顾客使用VFJ之智能卡解读器及系统,包括北京地铁、上海地铁、中国十多个省份之收费道路、台湾、意大利及巴西之巴士系统、香港多家公司之门禁/保安控制系统。据披露,集团现与德国、法国、英国及意大利若干最大型科技公司进行磋商,共同合作开发欧洲智能卡之庞大市场潜力。除欧洲市场外,集团将继续开发中国市场,特别在泊车收费装置及门禁/保安控制系统方面。

【主要资产/投资(12/2001)】 奥美科技控股有限公司(55.4%);汇信网络有限公司(50%);北京中商汇信技术发展有限公司(45%);及Princeton Venture Partners Ltd.(50%),持有中国软件先驱,并于创业板上市之冲浪平台软件国际有限公司。

永隆银行有限公司

【公司概况】 股票代码0096,集团主席伍步高,发行股本(股)232M,票面值(港元)5.000,市价总值(港元)7,616M。

【公司业务】 永隆银行为香港具悠久历史华资银行之一。集团主要从事经营商业银行业务,包括提供零售银行服务、商业借贷、贸易融资、外汇、金融市场及资本市场等活动、证券经纪及保险代理等保险相关业务。截至2003年首季,集团合共设有39间分行,包括总行、34间本地分行、2间代表处(分别设于国内广州市及上海市)及2间海外分行(分别设于美国罗省及英属开曼群岛)。于2002年内,集团继续提升其信息科技系统设施以辅助其证券经纪业务及其它一般银行服务。为扩宽其收入来源,集团积极扩展非利息收益业务。现时,集团之分利角色着重担当分销店去推广各类财资产品、证券买卖及保险服务。此外,集团亦致力发展理财中心,增加费用收入。至于信用卡业务方面,集团对扩展此项业务继续持保守态度,并执行严谨控制措施。展望将来,集团预期2003年银行业之经营环境仍会相当困难,惟集团将继续坚守其稳健之经营方针。

【主要资产/投资(12/2002)】 永隆保险有限公司(100%);永隆财务有限公司(100%);永隆授信有限公司(100%);永隆期货有限公司(100%);永隆证券有限公司(100%);永隆银行信托有限公司(100%);永隆保险顾问有限公司(100%);永隆代理有限公司(100%);永隆银行受托代管有限公司(100%);Professional Liability Underwriting Services Ltd.(27%);银和再保险有限公司(21%);香港人寿保险有限公司(16.67%);及银联控股有限公司(13.33%)。

恒基兆业发展有限公司

【公司概况】 股票代码0097,集团主席李兆基,发行股本(股)2,817M,票面值(港元)0.200,市价总值(港元)21,271M。

【公司业务】 恒基兆业发展为恒基兆业地产集团之主要成员之一。连同旗下之四间上市联营公司(分别为香港中华煤气、香港小轮(集团)、美丽华酒店企业及恒基数码科技)及在中国大陆从事基建业务之主要附属公司中国投资集团,集团拥有多元化之业务组合,包括物业发展及投资、投资控股、基建项目(如能源、收费桥梁及收费公路等)、酒店及百货业务、保安护卫服务及信息科技发展。截至2002年6月底,集团持有之大型收租物业组合总楼面面积(包括自占收租物业及应占上市联营公司之物业权益)约为180万平方呎。于2002年6月止之年度内,该等投资物业及各上市联营公司与基建项目之投资继续为集团之盈利提供稳定贡献。另一方面,集团主要收租物业仍能维持93%之整体出租率,而旗下两家丽东酒店及旗舰美丽华酒店之平均入住率则分别约为89%及85%。至于香港小轮(集团)与集团合作发展之港湾豪庭发展项目,该项目为位于九龙大角咀之大型商住项目,总楼面面积约为195万平方呎。港湾豪庭之第一期及第二期预期于2002年底及2003年底相继建成,并已于2001年11月成功开售楼花。

【主要资产/投资(6/2002)】 香港投资物业按公开市值约42.157亿港元;全资拥有之香港丽东酒店及九龙丽东酒店(共有538间房间);美丽华酒店企业有限公司(43.67%);香港中华煤气有限公司(36.42%);香港小轮(集团)有限公司(30.98%);恒基数码科技有限公司(66.67%);及中国投资集团有限公司(64.06%)。

南联实业有限公司

【公司概况】 股票代码0098,集团主席周文轩,发行股本(股)260M,票面值(港元)0.500,市价总值(港元)517M。

【公司业务】 该集团为一家历史悠久之工业企业,拥有垂直综合性成衣业务,包括梭织成衣制造、毛纺、毛针织及纺织品贸易。截至2002年3月止之年度,美国仍为集团之主要市场,占集团总营业额约44.5%。集团另外两个主要市场为香港及欧洲,分别占总营业额21.8%及20.3%。除成衣业务外,集团亦从事其它业务,包括生产食物及保健产品,以及物业持有及投资。

【主要资产/投资(3/2002)】 上市证券按市值约3.145亿港元;土地及楼宇之账面净值约1.405亿港元;厂房及机器之账面净值约4,810万港元;百草堂投资有限公司(50%);苏州南新水泥有限公司(46%);及无锡中萃食品有限公司(46.83%)。

王氏国际(集团)有限公司

【公司概况】 股票代码0099,集团主席王忠秣,发行股本(股)467M,票面值(港元)0.100,市价总值(港元)397M。

【公司业务】 随着2000年下半年出售印刷线路板业务后,集团现时主要从事为原设备制造(OEM)客户制造电子产品,包括微型计算机、传讯设备及其它电子产品。截至2001年12月止之年度,集团大部份之营业额及经营利益贡献主要来自为OEM客户制造电子产品。除OEM业务外,集团之原产品开发及市场推广部(ODM部门)已发展为宽频ADSL调制解调器之能生存之供货商,并已成功为其宽频产品建立BroadMAX品牌确认。据集团2001年年报披露,ODM部门亦正继续发展可上网电话,已届完成之最后阶段。该产品曾于美国及欧洲多个贸易展展出,且反应良好。截至2001年底,集团拥有现金结余净额约14亿港元,令集团可弹性考虑其它投资及商机。

【主要资产/投资(12/2001)】 Wong's Circuits (Holdings) Ltd.(100%);Wong — CMAC Mexico, S.A. de C.V.(51.49%);王氏电子有限公司(100%);Wong's International Japan, Inc.(100%);Ming Dragon Ltd.(42.5%),及王氏地产有限公司(50%)。

白马户外媒体有限公司

【公司概况】 股票代码0100,集团主席戎子江,发行股本(股)502M,票面值(港元)0.100,市价总值(港元)1,956M。

【公司业务】 白马户外媒体为中国首屈一指之户外广告公司,为客户提供一个独特且标准化之公共汽车候车亭广告网络,该网络覆盖30个主要城市,接触国内最富庶之消费群。凭证集团强劲之股东背景—全球最大之户外媒体公司Clear Channel及国内著名之多元化公司—白马,集团可结合国际及本地广告知识,令集团处于有利位置,成为中国大众媒体网络之主要选择。现时,集团在主要城市(包括北京、上海、广州及深圳)占有逾50%市场份额。据2002年年报披露,经过一连串收购及建设行动后,集团在全国30个城市总共拥有之候车亭广告牌数目由11,698块增加至17,210块。在售点广告业务方面,集团将继续寻求与外资及国内连锁超市合作之机会,致力发展超市之售点广告,为客户提供更多选择。截至2003年2月,集团已在上海联华超市旗下200家分店装置了400个广告牌,以及在捷强超市设置了175个广告灯箱。在可见将来,集团将继续透过内部增长及策略性收购,提升集团在北京、上海及广州等主要城市之市场占有率。

【主要资产/投资(12/2002)】 现金结余净额约2.55亿港元;及海南白马广告媒体投资有限公司(由集团及海南白马广告分别持有80%及20%权益之合营企业)。

恒隆地产有限公司

【公司概况】 股票代码0101,集团主席陈启宗,发行股本(股)2,889M,票面值(港元)1.000,市价总值(港元)21,237M。

【公司业务】 该集团为恒隆集团有限公司在物业发展及投资业务之上市附属公司,并会负责恒隆集团未来所有物业发展项目。作为香港最大型物业投资公司之一,集团拥有庞大及多元化之物业组合,包括商铺、写字楼、住宅及工业物业,该等物业策略性地位于中环、金钟、铜锣湾、鱼则鱼涌、尖沙咀及旺角等交通要塞地区。此外,集团亦为本港最具规模之停车场经营者之一,拥有超过6,000个车位数目。除多元化之投资物业外,集团亦正积极在九龙之主要住宅区发展多项新物业,例如位于何文田之综合住宅项目,以及座落于机场铁路九龙站之The HarbourSide、兴华街西物业及海辉道物业等三个发展项目,所有发展项目皆位于西九龙填海区。在上海市场方面,集团持有79%权益、位于南京西路之恒隆广场已于2001年7月正式开幕,其位于地面之商铺及楼上之办公室大楼已全部租出,而集团拥有47.25%权益、上海最大之购物商场港汇广场亦已于年内全部租出。

【主要资产/投资(6/2002)】 投资物业包括商用物业(楼面面积:300,800平方米)、写字楼(楼面面积:249,800平方米)、住宅物业(楼面面积:35,600平方米)及工业/写字楼物业(楼面面积:35,000平方米);以及发展中物业之总楼面面积为476,300平方米(其中约77%为住宅物业),主要包括位于机场铁路九龙站之The HarbourSide、兴华街西物业、海辉道物业,以及何文田孝文街之综合住宅项目。

安利控股有限公司

【公司概况】 股票代码0102,集团主席米高葛林,发行股本(股)224M,票面值(港元)0.100,市价总值(港元)63M。

【公司业务】 该集团主要从事分销建筑材料、工程设备及卫浴洁具,以及生产及安装建筑行业所需之隔热产品。于2000年5月,集团曾集资约3.50亿港元,计划将旗下业务扩展至科技投资。然而,由于科技泡沫爆破及市况不景,集团决定重新将重点放回传统业务。于2001年度,集团已缩减承建业务之规模,并将资源重新调配以发挥本身于市场推广业务方面之专长。截至2001年底,集团手头之未付货订单达约4.47亿港元。

【主要资产/投资(12/2001)】 现金结余净额约4.138亿港元;及安利投资有限公司(100%),主要持有传统之建筑及工程供应业务。

首长宝佳集团有限公司

【公司概况】 股票代码0103,集团主席曹忠,发行股本(股)765M,票面值(港元)0.100,市价总值(港元)306M。

【公司业务】 该集团现时主要从事(1)制造钢帘线;(2)铜及黄铜材料贸易及加工;(3)透过共同控制企业及联营公司在国内从事制造预应力钢绞线及钢丝;(4)房地产发展及投资等业务。截至2001年12月止之财政年度,钢帘线制造业务为集团最赚钱之业务部门,该业务为集团带来约3,260万港元之经营利益。相反地,集团其它业务于年内之表现未如理想。为能更专注于核心业务上,集团于2001年8月出售山西盛佳房地产综合开发有限公司(山西盛佳)63%权益。此外,集团亦有意进一步出售山西盛佳余下之25%权益。据2001年年报披露,集团预期2002年制造钢帘线之嘉兴东方钢帘线有限公司之产量会达至其生产力,故此集团已计划扩大嘉兴东方之生产力,由现时年产量9,000吨,增大至2002年年底之12,000吨。(注:预计约3,700万港元之投资成本将透过集团之内部资源及银行贷款方式募集。)

【主要资产/投资(12/2001)】 嘉兴东方钢帘线有限公司(71.8%);新华金属制品股份有限公司(16.75%);安康实业有限公司(100%);兴昌五金(中港)有限公司(91%);上海申佳金属制品有限公司(25%);及山西盛佳房地产综合开发有限公司(25%)。

冠亚商业集团有限公司

【公司概况】 股票代码0104,集团主席梁仲平,发行股本(股)334M,票面值(港元)1.000,市价总值(港元)62M。

【公司业务】 该集团主要在中国从事钟表分销及零售业务。此外,集团亦透过投资于KB Quest Holdings Ltd.(KB Quest),扩展业务至程序设计服务及系统集成。中国零售市场竞争激烈(尤其在加入世贸后),令集团之业务大受影响。因此,截至2002年3月止之年度,集团只录得纯利15.2万港元。尽管如此,集团对其国内零售业务仍抱乐观态度,这是由于其名表城零售连锁网络已在高档贵价零售市场上建立卓越声誉。为进一步提升市场竞争力,集团将由欧洲采购新名牌手表及引入如打火机、礼品及首饰等新产品于名表城,以扩阔其产品组合。至于集团之信息科技投资,KB Quest已不断在生物统计学及生物信息学两大程序设计服务范畴上建立深入及全面之专门知识。此外,KB Quest亦开发多项核心业务应用,该等应用可作独立产品出售或作为大型企业解决方案组件出售。尽管KB Quest于年内只录得轻微收入,集团对此信息科技业务之长远前景仍然乐观。

【主要资产/投资(3/2003)】 东莞冠亚企业有限公司(100%);Juvenia Montres S. A.(100%);名表城(香港)有限公司(100%);Time City International Co. Ltd.(100%);及KB Quest Holdings Ltd.(54%)。

凯联国际酒店有限公司

【公司概况】 股票代码0105,集团主席钟辉煌,发行股本(股)360M,票面值(港元)1.000,市价总值(港元)1,341M。

【公司业务】 该集团主要从事持有和经营酒店、经营高尔夫球康乐会所及投资控股等业务。现时,集团之业务主要透过旗下香港凯悦酒店、凯悦酒店商场及位于马来西亚新山之Austin Hills Golf Resort经营。由于全球经济衰退,香港凯悦酒店之房间于2002年3月止年度内平均入住率只有约77.9%(上个财政年度则为79.3%)。此外,该酒店于年内之平均房租约为739港元,较上个财政年度下跌约15.5%。另一方面,于年内来自酒店商场之租金收入则约为9,880万港元,较上个财政年度上升约10.9%,主要由于以较高租金与若干现有租户续约及高出租率所致。在可见将来,集团将推行多种不同之推广组合,以增加旗下酒店之整体收入。

【主要资产/投资(3/2003)】 投资物业按公开市值约12.646亿港元,包括凯悦酒店商场及好运工业大厦之若干单位;酒店物业按市值约19.245亿港元,该酒店物业为香港凯悦酒店;及其它物业按账面净值约2.844亿港元,包括位于香港之一层商业楼宇及两幢住宅物业,以及位于马来西亚之高尔夫球康乐会之物业。

深圳科技控股有限公司

【公司概况】 股票代码0106,集团主席李黑虎,发行股本(股)6,893M,票面值(港元)0.010,市价总值(港元)551M。

【公司业务】 集团之主要业务为制造及销售高科技计算机及服务器、眼科医护、物业投资、发展及买卖。继二千年完成一连串债务及业务重组后,集团终止了财务服务及证券买卖业务,而且,出售已多项物业及投资,以重点在大中华区发展高增值之科技及信息业务。集团于二零零一年六月四日完成收购深圳市曙光信息产业有限公司全部权益后,就重点发展科技及信息行业,据披露,现时曙光信息是国内唯一的UNIX/RISC服务器生产商,亦是国内唯一能同时生产价钱由一、两万元至数千万元人民币不等之全系列不同级数服务器的生产商。目前,曙光信息正积极发展高端服务器市场,以提高公司在国内服务器市场的占有率。与此同时,曙光信息于二零零一年十二月,与知名电子消费品及家电产品商TCL合作,以联合品牌TCL*曙光开发针对教育市场的服务器。而其它收购收购包括:(i)于二零零一年八月购入51%武汉晶科电子有限公司及武汉晶科信息产业有限公司股本权益(晶科电子及晶科信息主要从事生产各类定时器、无线电通讯器材、计算器等电子产品所需之石英晶体频率器;及(ii)于二零零一年年底购入北京成华创业科技有限公司55%权益(成华创科之主要业务为开发企业级的网络存储系统及基于宽带运营的多媒体内容服务平台系统,为系统应用工程提供专业技术咨询、方案设计及结构规划)。另一方面,集团旗下经营眼科医护业务的华明医学发展(深圳)有限公司(前名称为明视光医学发展(深圳)有限公司)与国内几家主要竞争对手广州中山大学中山眼科中心、卫生部眼视光研究中心、深圳科健集团有限公司、金力投资有限公司把华明医学重组,重组完成后,华明医学将拥有三十个眼视光中心,遍布全国主要城市,构成现时国内最大的眼科医疗及配镜中心网络。

【主要资产/投资(12/2001)】 曙光信息产业有限公司(100%);华明医学发展(深圳)有限公司(100%);北京成华创业科技有限公司(55%);武汉晶科电子有限公司(51%)及武汉晶科信息产业有限公司(51%)。

四川成渝高速公路股份有限公司

【公司概况】 股票代码0107,集团主席周黎明,发行股本(股)895M,

票面值(港元)1.000,市价总值(港元)860M。

【公司业务】 该集团为中国四川省唯一海外上市之基建发展企业,主要业务为从事投资、建设、经营及管理高速公路、高等级公路及收费桥,同时亦发展及经营与收费公路相关之配套业务,如高速公路沿线之汽车维修、加油站及广告牌业务等。集团所有公路基建项目皆位于四川省。于 2002 年 12 月止之年度内,成渝高速公路之通行费收入仍为集团之主要收入来源,约占集团总营业额 65.7%。成渝高速公路持续增长之交通流量亦令集团之盈利水平稳步提升。为进一步完善四川省之高速公路主骨架网络,四川省交通厅计划于未来五年内再新增高速公路 500 余公里,并制定下到 2020 年使高速公路通车里程达到 4,000 公里之宏伟建设目标。集团将利用拥有在四川省内发展高速公路及一、二级公路之第一优先权,好好把握是次机遇。另一方面,中国政府推行之西部大开发政策亦令基础建设之需求将逐渐加大,这将为集团带来更多商机。

【主要资产/投资(12/2002)】 成都蜀海投资管理有限公司(99.9%)—持有自贡蜀南环线公路有限公司及泸州蜀泸路业有限公司各 60% 权益;四川成渝高速公路(100%);四川成雅高速公路(58.975%);成都成北出口高速公路(60%);成都机场高速公路(25%);四川蜀工高速公路机械化工程有限公司(95%);及四川蜀厦实业有限公司(99.5%)—持有四川成渝高速公路能源发展有限公司 70% 权益及四川成渝高速公路广告公司 60% 权益。

建懋国际有限公司

【公司概况】 股票代码 0108,集团主席庄汉杰,发行股本(股)86M,票面值(港元)1.000,市价总值(港元)21M。

【公司业务】 该集团主要于香港及澳门从事物业投资、发展及贸易。据 2002 年年报披露,集团主要物业项目为持有 81.65%权益、位于澳门七潭公路史伯泰马路交汇处邻近之葡京花园计划。该项目之楼面建筑面积预计为 426,996 平方呎,以作住宅、商业、酒店、学校及私人会所用途。(预计完成日期附注:(1) 129,460 平方呎—因禁制令而搁置;及 (2) 297,536 平方呎—正待政府批准更改用途。)

【主要资产/投资(1/2002)】 投资物业约值 800 万港元;位于澳门发展中物业约值 4,450 万港元;及国信(福建)房地产有限公司(45%)。

数字地球控股有限公司

【公司概况】 股票代码 0109,集团主席陈德雄,发行股本(股)142M,票面值(港元)0.010,市价总值(港元)25M。

【公司业务】 该集团主要在香港及中国从事电器消费产品、计算机相关产品及电子组件之贸易;提供娱乐服务;提供互联网、广告及设计服务;提供中文 WAP 服务;以及投资及金融服务等业务。于 2002 年 6 月止之年度内,集团录得之净额亏损进一步扩大至 1.91 亿港元(上年度之净额亏损为 7,410 万港元),主要为扣除先前于储备中处理之商誉及投资证券减值亏损合共约 1.103 亿港元所致。据 2002 年年报所披露,集团之核数师就其对若干应收短期贷款作出 1,900 万之全数拨备及为收购一家台湾杂志出版公司之订金作全数拨备之处理方法作出保留意见。展望将来,集团将继续将业务重心由纯粹高科技投资,转为投资于与传统业务相关之行业。此外,集团将透过投资公司之间相辅相成之业务及/或不同地域(如北京、上海、广州、深圳、香港及台湾)之合作所产生之协同效益,为其现有之投资组合创造其它增值元素。

【主要资产/投资(6/2002)】 佳荣贸易有限公司(100%);随身网(香港)有限公司(100%);数码寰球新网有限公司(55%);黎小田制作人控股有限公司(70%);幻彩影艺有限公司(50%);及于香港上市证券之投资按市值约 1,150 万港元。

亨达国际控股有限公司

【公司概况】 股票代码 0111,集团主席邓予立,发行股本(股)391M,票面值(港元)0.100,市价总值(港元)266M。

【公司业务】 该集团为一家以香港为基地的金融机构,以提供杠杆式外汇买卖服务。现时该集团提供之服务包括各种主要可自由兑换货币之现货及远期外汇买卖及场外外汇期权买卖。除了在香港开设更多分行外,该集团亦于日本、菲律宾和法国开设办事处,以扩展其市场的占有率。于二零零一年九月,集团透过以每股 0.73 港元配售六千万股,集资 4,380 万港元。于同年十一月,亨达国际以约 8,178 万港元向集团之控股公司为亨达集团有限公司收购证券经纪业务、期货及商品经纪、企业融资顾问、投资顾问及资产管理业务连同股东贷款〔注:代价以现金约 5,450 万港元及以每股 0.735 港元配售 3,717.2 万股,集资 2,730 万港元支付〕。收购完成后,集团将其业务由单一之杠杆式外汇买卖服务扩展至证券经纪、期货及商品经纪、企业财务顾问、资产管理及个人财务咨询服务。

【主要资产/投资(12/2001)】 亨达国际金融投资有限公司(100%);亨泰证券有限公司(100%);亨泰期货有限公司(100%);亨达融资有限公司(100%);亨达资产管理有限公司(100%);亨达投资顾问有限公司(100%);及 Fuji Hantec Forex Japan Co. Ltd. (25%)。

至祥置业有限公司

【公司概况】 股票代码 0112,集团主席刘銮鸿,发行股本(股)2,971M,票面值(港元)0.100,市价总值(港元)30M。

【公司业务】 该集团主要在香港从事物业发展及投资业务。于 2000 年,集团专注于进行资本及债务重组活动。直至 2000 年 10 月 24 日,法院批准集团与债权人之债务偿还安排建议,而针对该集团之清盘呈请亦已撤回。完成其马拉松式之重组事项后,华人置业集团有限公司(华人置业)便成为集团之母公司。此外,华人置业亦将位于禧利街之综合发展项目(总楼面面积约为 42,295 平方呎)及位于香港仔中心之 80 个停车位注入集团。于 2001 年底,集团以总代价 2,028 万港元出售位于香港仔中心之 80 个停车位。于 2002 年上半年,集团亦进一步出售亚毕诺商业中心,代价为 4,838 万港元。此后,集团余下之核心资产将为位于禧利街地盘、总楼面面积约为 42,295 平方呎之综合发展项目,此发展项目可望于 2003 年第三季完成。

【主要资产/投资(12/2001)】 位于禧利街地盘、总楼面面积约为 42,295 平方呎之物业发展项目。

迪生创建(国际)有限公司

【公司概况】 股票代码 0113,集团主席潘迪生,发行股本(股)256M,票面值(港元)0.300,市价总值(港元)513M。

【公司业务】 该集团主要在亚洲(尤其香港、中国及台湾)从事名贵商品之批发及零售业务,主要分销之商品名牌包括萧邦(Chopard)、Polo/Ralph Lauren、Polo Jeans Co.、Brooks Brothers、都彭(S. T. Dupont)、Kenneth Cole、Coach、卓丹(Charles Jourdan)、Tod's、Fratelli Rossetti、Benetton、Sisley、O12 及 Buckle My Shoe 等。现时,集团在亚洲各地拥有合共 330 间精品店及专卖店之广泛零售及分销网络,其中 59 间位于香港、162 间位于台湾、52 间位于新加坡、马来西亚及菲律宾,其余则位于中国。在香港西武百货方面,将会推出更全面之年青便服系列、优质化妆及护肤产品,以及更多商品种类,包括健康食品及女性内衣系列,进一步巩固该店为现今年轻及时尚女士提供一站式全面生活时尚产品之概念。此外,位于机铁九龙站之迪生数码购物广场之特卖场经营概念已成功建立价廉物美及多元化商品之美誉。台湾市场方面,集团已获得授权于台湾独家分销及专营 Benetton 及 Sisley 全系列男士及女士服装,以及 O12 儿童服装。凭借现时位于深圳罗湖区之西武百货公司之成功,投资约 2 亿港元之第二间西武百货公司将预期于 2002 年第四季开幕。据披露,集团将于 2003 年 3 月止年度内在亚洲各地(尤其中国,因中国将成为集团未来收入及盈利之重要来源)开设最少 50 间新精品店及专卖店,使其零售网络扩展至接近 380 间精品店及专卖店,藉以维持可观之市场占有率。

【主要资产/投资(3/2003)】 现金结余净额约 2.536 亿港元;存证按账面值约 6.164 亿港元;土地及楼宇按账面净值约 9,124 万港元;上海锦江迪生商厦有限公司(45%);及深圳西武百货有限公司(38.2%)。

兴利集团有限公司

【公司概况】 股票代码 0114,集团主席 George Bloch,发行股本(股)616M,票面值(港元)0.010,市价总值(港元)200M。

【公司业务】 该集团主要从事制造、销售及分销玩具及礼品、计算机磁头、家庭用品、钟表及其它电子产品业务。截至 2002 年 3 月止之年度,集团之业绩转盈为亏,由 2001 年 3 月止之年度录得纯利 867 万港元,转为本年度录得净额亏损 3,240 万港元,主要由于录得固定资产减值亏损及投资物业重估亏损合共约 3,690 万港元所致。于年内,玩具及礼品部仍为集团之主要收入来源及最赚钱部门。于 2002 年初,集团推出星战前传 II 系列之人形公仔,并录得非常满意之销售。在计算机磁头部方面,基于信息储存系统市场不景气,该部门之毛利率进一步受压。集团正开发多项新产品(如卡片阅读机磁头、光纤球体镜片及指纹识别系统),以刺激未来之销售。至于家庭用品部及钟表部,两个部门之表现均不大理想,彼等销售额显着下降。随着结束法国表现不理想之时计业务后,集团预期整体时计业务将有更正面之展望。

【主要资产/投资(3/2003)】 东莞兴利五金塑料有限公司(100%);深圳兴利五金塑料有限公司(60%);珠海兴利计算机制品有限公司(75%);兴利五金制品有限公司(51%);珠海兴利五金制品有限公司(80%);上海兴利电子钟表有限公司(75%);Zeon Ltd.(100%);兴利五金塑料厂有限公司(100%);兴利计算机制品有限公司(100%);及宁波兴利五金制品有限公司(40%)。

钧濠集团有限公司

【公司概况】 股票代码0115,集团主席曾炜麟,发行股本(股)2,047M,票面值(港元)0.020,市价总值(港元)92M。

【公司业务】 该集团主要在中国广东省(尤其在深圳及东莞)从事物业发展及投资业务。于2001年度,集团在深圳之重点发展项目,分别为陶然居、德福豪苑及德福广场,均为集团业务带来理想贡献。然而,由于物业销售之毛利率下降及为物业进行减值,集团于年内之整体业绩仍录得亏损约382万港元。除国内地产业务外,集团亦扩展业务范畴,于2001年3月以代价约2,804万港元收购从事安排往外地之旅行团及于中国本地之旅行团业务之蚌埠市国际旅行社有限责任公司26.5%权益。据披露,集团拟于日后进一步收购或投资更多优质项目。

【主要资产/投资(12/2001)】 钧豪房地产开发(深圳)有限公司(100%);忠德石油有限公司(100%);及蚌埠市国际旅行社有限责任公司(26.5%)。

周生生集团国际有限公司

【公司概况】 股票代码0116,集团主席周君廉,发行股本(股)440M,票面值(港元)0.250,市价总值(港元)620M。

【公司业务】 该集团之主要业务为制造及零售金饰及珠宝镶作产品、钟表零售、贵金属批发、证券及期货经纪、期金买卖及物业投资。截至2001年12月31日止之年度,制造及零售金饰及珠宝镶作产品仍为集团主要之收益来源。此外,集团之主要营运仍以香港为主。由于市场环境欠佳,直接影响集团之零售业务。展望将来,集团将继续增加国内厂房生产量以减低成本,及在主要国内城市扩展零售网络。

【主要资产/投资(12/2001)】 现金结余净额约1.707亿港元;存货约值8.567亿港元;投资物业约值1.065亿港元;土地及楼宇约值4.674亿港元;及上市股本投资约值7,230万港元。

大同机械企业有限公司

【公司概况】 股票代码0118,集团主席邓焘,发行股本(股)641M,票面值(港元)0.400,市价总值(港元)256M。

【公司业务】 该集团主要从事工业消耗品贸易、塑料产品及塑料加工产品制造、工业机械制造、电子产品制造及线路板制造业务。于2001年度,中国(包括香港)仍为集团之主要市场,占其总营业额约73.3%。于年内,集团为呆货及呆帐作出约3,545万港元之拨备。为提高其注塑机产品之竞争力,集团已投资于研发一系列高效、节能之注塑机,以及全电动注塑机之设计已经优化,在价格上极具竞争力,该等产品将可于2002年推出市场。于2002年3月,集团与日本宇部兴产机械株式会社(宇部)签署技术协议,以宇部之技术生产现于日本生产之大型注塑机系列,并以其品牌于中国及其它市场销售。塑料产品及塑料加工业务方面,于珠海市新建之有关厂房将于2002年底落成启用;而线路板业务部门亦已于2001年中迁入新厂房。于来年,集团预期整体业务将见改善。

【主要资产/投资(12/2001)】 大同机械国际有限公司(100%);东莞大同机械有限公司(91.75%);东莞长城光学塑料厂有限公司(80%);东华机械有限公司(72%);东莞华大机械有限公司(72%);深圳邦基线路版有限公司(52%);耀驹实业有限公司(75.6%);及东莞胜歌机械有限公司(40%)。

新海康航业投资有限公司

【公司概况】 股票代码0119,集团主席王军,发行股本(股)808M,票面值(港元)0.500,市价总值(港元)444M。

【公司业务】 该集团主要从事物业发展及投资、基建项目(例如电厂)、航运、酒店经营、保险、软件增值业务、证券投资及策略性投资。由于中国大陆之营商环境相对较稳定及蓬勃,集团已将业务重心由香港及邻近地区转移至中国大陆市场。据2001年年报披露,集团将扩大在房地产及物业、基础建设及文化传媒等领域之投资比重。为配合此业务方向,集团已增持位于浙江省之嵊州新中港热电有限公司之投资。此外,集团现正缩减在航运业方面之投资。

【主要资产/投资(12/2001)】 投资物业(主要位于上海及北京)约值7.752亿港元;酒店物业约值6.084亿港元;丰泰保险(亚洲)有限公司(48%);保兴投资控股有限公司(于年结后出售29.9%权益后,持有约10%权益);北京保利星数据光盘有限公司(66%);嵊州新中港热电有限公司(52%);太仓新海康(51%);Skywin China Ltd.(25%);天津华盛房地产发展有限公司(25%);及船舶按账面净值约3.62亿港元。

四海国际集团有限公司

【公司概况】 股票代码0120,集团主席何鸿章,发行股本(股)318M,票面值(港元)0.100,市价总值(港元)62M。

【公司业务】 该集团主要从事物业投资及证券买卖业务。截至2002年3月止之年度,集团之业绩由2001年3月止年度录得1.984亿港元之亏损,改善至本年度约4,510万港元亏损,业绩改善主要由于证券买卖亏损大幅减少及不用为所持有之上市投资作亏损拨备所致。尽管香港物业市况疲弱,集团之投资物业仍继续提供稳定之租金收入。在证券买卖业务方面,集团已于年内大幅减少持有证券(包括香港及海外之证券),藉以减低承担进一步减值之风险。截至2002年3月止之年度,集团持有之持息银行及其它贷款约为6,370万港元,其中5,980万港元将于一年内到期。

【主要资产/投资(3/2003)】 投资物业务按公开市值约1.958亿港元,主要包括位于香港及英国之商业及住宅物业组合。

香港富泰有限公司

【公司概况】 股票代码0121,集团主席谢吉人,发行股本(股)5,997M,票面值(港元)0.020,市价总值(港元)600M。

【公司业务】 该集团主要在中国从事物业投资及发展业务。现时,集团大部份物业资产位于上海。随着得到政府政策支持,集团预期国内地产市场在未来数年将稳步上扬。除地产业务外,集团于2001年度内之主要发展项目为于中国武汉市开设之销售会零售项目。此外,集团亦于2000年12月以总代价1,432万港元,收购为泰国股票经纪提供软件方案之主要供货商Kernel Computer and Communications(现已改名为Freewill Solutions)之49%权益,进军信息科技行业。Freewill Solutions将透过各新项目如电子市场,以小型企业为对象之网上资源管理系统服务及多媒体设计服务以加快发展步伐。为捕捉中国加入世贸后所带来之商机,集团将于未来数年将业务扩展至零售、批发及物流等行业。

【主要资产/投资(12/2001)】 位于上海浦东、占地40公顷之综合土地发展项目上海富都世界(35%);位于上海浦东、包括四幢豪华住宅大厦及两幢综合式商住大楼之上海海富花园(35%);位于上海浦东、总面积为10,321平方米之发展中地盘(100%);位于天津、总面积达126,000平方米之混合式零售、办公室及住宅项目天津大天广场(57%);Freewill Solutions Co., Ltd.(49%);及武汉正大商贸有限公司(65%)。

鳄鱼恤有限公司

【公司概况】 股票代码0122,集团主席林百欣,发行股本(股)617M,票面值(港元)0.250,市价总值(港元)98M。

【公司业务】 该集团为丽新集团主要成员之一,主要业务为于香港及中国内地从事成衣、时装制造、零售及批发业务。集团拥有多个时装品牌,包括〔鳄鱼恤〕、〔鳄鱼恤女装〕及〔鳄鱼仔〕,为男士、女士及儿童提供各类型之服饰。另一方面,集团亦在香港销售法国名牌〔Lacoste〕之产品。截至2002年7月止之年度,集团录得纯利约2,000万港元,较上年度之590万港元增长241.3%。随着于年内关闭合共6间销售鳄鱼恤产品之店铺及3间销售Lacoste产品之店铺后,于2002年7月31日,集团在香港经营共26间鳄鱼恤及6间Lacoste店铺。面对本港时装零售市场持续不景气,集团计划于2003年关闭另外7间鳄鱼恤店铺。日后,集团将专注于在不断增长之中国内地消费市场扩展其业务。现时,集团在国内拥有逾800多间零售分店及加盟店之网络。集团将于2003年在中国推出新产品系列〔鳄鱼动力〕,对象为十来岁之年青一代,开试地点主要为北京、上海及广州。截至2002年7月止之年度,集团持有现金结余净额约3,450万港元。

【主要资产/投资(7/2002)】 鳄鱼恤(中山)有限公司(90%);鳄鱼(中国)有限公司(100%);及位于香港之投资物业按公开市值为2.05亿港元。

越秀投资有限公司

【公司概况】 股票代码 0123，集团主席区秉昌，发行股本(股)6，118M，票面值(港元)0.100，市价总值(港元)3，548M。

【公司业务】 该集团主要从事收费公路营运、物业发展及投资，以及制造及销售制浆、纸张、水泥及预拌混凝土。此等业务在华南地区均有庞大之市场占有率。在房地产业务方面，集团在广州之房地产项目及土地储备，应占总楼面面积为 895 万平方米，主要为住宅地盘。收费公路业务则透过集团之上市附属公司越秀交通有限公司(越秀交通)经营，越秀交通现时在广东及中国个别之其它省份经营应占约 304.1 公里之收费公路及桥梁项目。至于新闻纸业务方面，该业务透过集团另一家附属公司广州造纸有限公司，该新闻纸厂之年产力为 27 万吨。由于华南经济持续发展，广州房地产及收费公路业务之潜力将无可限量，集团拟扩大这两方面业务，而水泥、预拌混凝土及高科技项目等非核心投资之权益已于 2002 年 12 月出售。

【主要资产/投资(12/2002)】 越秀交通(控股)有限公司(51%)；城市建设开发集团(中国)有限公司(100%)；及广州造纸有限公司(51%)。

粤海啤酒集团有限公司

【公司概况】 股票代码 0124，集团主席叶旭全，发行股本(股)1，250M，票面值(港元)0.100，市价总值(港元)1，013M。

【公司业务】 该集团为粤海投资有限公司之啤酒生产分支，主要业务为生产、分销及销售金威啤酒。截至 2002 年 12 月止之年度，集团销售啤酒 22.4 万吨，较 2001 年度之 16.1 万吨增加 6.3 万吨，增长 39.1%。销售突破性上升之关键为集团制定之市场营销方针得以全面落实。连同严紧之成本控制，集团录得纯利 7，800 万港元，较上年度之纯利 3，443 万港元增加 127%。为提高集团之盈利能力，集团已于 2002 年 11 月 29 日出售亏损业务琥珀啤酒之全数 50% 股权。于 2003 年 3 月 28 日，集团亦以总现金代价约 7，070 万港元向金威二厂之少数股东收购金威二厂之 10% 权益及其持有之股东贷款。随着中国(尤其珠江三角洲)经济不断发展，集团预期广东省对啤酒之需求将日益增加。在可见将来，集团将进一步加强其金威啤酒在深圳及珠江三角洲之市场占有率。于 2002 年年底，集团之财政状况仍然稳健，只欠附属公司少数股东之无息贷款共 8，438 万港元。另一方面，集团于年底仍持有庞大现有结余约 2.32 亿港元。

【主要资产/投资(12/2002)】 深圳金威啤酒有限公司(95%)；粤海金威销售有限公司(100%)；深圳金威啤酒酿造有限公司(87%)；深圳金威啤酒包装有限公司(87%)；及深圳金威啤酒公用工程有限公司(87%)。

新兴光学集团控股有限公司

【公司概况】 股票代码 0125，集团主席顾毅勇，发行股本(股)247M，票面值(港元)0.100，市价总值(港元)660M。

【公司业务】 该集团主要从事以原设计制造方式及独家特许品牌方式设计、制造及销售多款国际知名之优质金属眼镜框、塑料眼镜框及太阳眼镜。截至 2002 年 3 月止之年度，美国及欧洲仍为集团之两大市场，分别占其总营业额 53% 及 35%。在眼镜设计及产品开发方面，集团拥有超过 30 年经营历史。现时，集团持有大量国际知名时尚品牌及设计师之产品组合，以及于 2000 年 7 月成功获得全球特许权分销 Celine Dion 眼镜系列。有见于分销特许品牌产品之成功，集团亦进一步取得多个国际眼镜品牌之分销权，分别为 Cour Carre 及 Hallmark。展望将来，集团将继续物色其它知名品牌特许权之机会，以丰富其品牌组合及产品种类。

【主要资产/投资(3/2003)】 现金结余净额约 1.08 亿港元；物业、厂房及机械约值 1.059 亿港元；及存货约值 7，770 万港元。

达成集团有限公司

【公司概况】 股票代码 0126，集团主席马介璋，发行股本(股)733M，票面值(港元)0.100，市价总值(港元)179M。

【公司业务】 该集团之主要业务为以本身开发之品牌 SQUEEZE 制造、买卖及分销成衣、经营餐饮事业，以及物业投资及发展。截至 2002 年 3 月止之年度，成衣业务仍为集团之主要收入及盈利来源。现时，南非为集团最大之市场，而其它主要市场包括美国、日本及欧洲。然而据集团披露，完成收购佳宁娜集团有限公司(佳宁娜集团)余下 58% 权益后，地产业务便成为集团最主要之收入来源。佳宁娜集团之核心业务为经营及拥有位于深圳市之佳宁娜友谊广场及位于罗湖市之骏庭名园。至于佳宁娜品牌之餐饮事业，集团主要集中在香港及国内经营。于年内，集团在国内共经营六家佳宁娜酒楼，分别为深圳两家、海南、上海、昆明及成都各一家。

【主要资产/投资(3/2003)】 佳宁娜集团有限公司(100%)；佳宁娜(深圳)投资有限公司(100%)；Amica Fashion Co (Pty) Ltd. (80%)；番禺生耀服装洗染有限公司(100%)；番禺达升服装有限公司(100%)；Chiori Apparel, Inc. (100%)；Amica, SA(100%)；MBS Enterprises Ltd. (100%)；International Fashions Group Inc. (80%)；深圳佳宁娜友谊广场大酒楼有限公司(68%)；深圳佳宁娜潮州酒楼有限公司(92%)；佳宁娜潮州(尖沙咀)酒楼有限公司(61%)；及佳宁娜(潮州)酒楼有限公司(73%)。

华人置业集团有限公司

【公司概况】 股票代码 0127，集团主席刘銮鸿，发行股本(股)2，239M，票面值(港元)0.100，市价总值(港元)3，224M。

【公司业务】 该集团主要从事物业投资及发展、证券投资及放债业务。近期，集团已增加位于铜锣湾区之零售物业组合。现时，集团为铜锣湾区之主要物业投资公司之一。于 2001 年度，集团绝大部份业务皆在香港进行，而其物业投资及发展业务则透过附属公司爱美高中国集团有限公司(爱美高中国)进行。于 2001 年 8 月，集团已透过协议计划成功将爱美高中国私有化，此后，集团将持有爱美高中国之全部权益。至于物业发展业务方面，集团直接持有之商住项目，大部份位于香港岛北面及九龙半岛南面。于 2001 年度，集团录得股东应占亏损约 5.358 亿港元，亏损原因主要为(1)发展物业之价值调减，当中包括 3.662 亿港元之减值亏损；(2)就联营公司 2.237 亿港元之拨备(主要为发展项目之物业减值)；及(3)摊占联营公司 3.371 亿港元之亏损，主要反映爱美高中国、广生行国际控股有限公司及日亚证券股份有限公司录得之亏损，以及出售透过联营公司持有尔登华庭物业之亏损。

【主要资产/投资(12/2001)】 爱美高中国集团有限公司(100%)；广生行国际控股有限公司(26.76%)；至祥置业有限公司(72.68%)；Paul Y. Holdings Co. Ltd. (100%)；上海新世界淮海物业发展有限公司(34.65%)；东方艺术大厦有限公司(50%)；及日亚证券股份有限公司(33.47%)。

安宁数码科技有限公司

【公司概况】 股票代码 0128，集团主席梁荣江，发行股本(股)1，651M，票面值(港元)0.010，市价总值(港元)294M。

【公司业务】 该集团之主要业务为从事提供电讯服务及数据服务、经营俱乐部及投资控股。于 2001 年度，集团之电讯业务面对激烈之市场竞争，尤其于提供国际电讯增值服务方面。因此，集团计划转移发展具有市场优势之短讯服务(SMS)。最近，集团已收购于美国纳斯达克证券交易所上市之 Cardima, Inc. 约 9%股权，Cardima 现正就治疗心房纤维性颤动(心跳不规律)(估计全球有 450 万名病患者)而开发新颖之微型导管。于年内，集团亦收购一家从事防伪技术业务之 Lesen Technology Ltd. 之 10%股权。展望将来，集团计划在大中华区物色更多医疗及保健行业之投资机会。

【主要资产/投资(12/2001)】 现金结余净额约 6.054 亿港元；土地及楼宇约值 1.7 亿港元；中华汽车有限公司(约 4.5%)；及其它流动/非流动投资证券约值 1.349 亿港元。

泛海国际集团有限公司

【公司概况】 股票代码 0129，集团主席冯兆滔，发行股本(股)4，109M，票面值(港元)0.010，市价总值(港元)953M。

【公司业务】 该集团为另一家上市公司汇汉控股有限公司之附属公司。现时，集团主要从事物业投资及发展、酒店及管理服务业务、融资服务及其它投资业务。于 2000 年 7 月，集团成功将其酒店营运及管理服务业务公司泛海酒店集团有限公司分拆于香港联交所上市。于 2002 年 3 月止之年度内，集团酒店业务再度面对困难重重之一年。故此，香港皇悦酒店及位于温哥华之 Landmark Hotel 之入住率皆轻微下跌。另一方面，九龙皇悦酒店已于 2001 年 9 月启业，并于 2002 年 2 月全面投入运作。于年内，集团亦收购一家著名旅行社，以辅助其现有之酒店业务。至于物业发展业务方面，集团已为其发展项目作出合共 2.83 亿港元之拨备。于年内，集团共出售约 66，000 平方呎之物业，当中主要包括上水海禧华庭及香港仔海峰华轩之住宅及零售单位。于 2002 年初，集团亦推出两项新住宅发展项目，分别为位于薄扶林之豪峰第二期豪宅及位于筲箕湾之星湾峰。该两个项目将为集团带来销售所得款项总额逾 6 亿港元，而大部份单位销售将于 2003 年 3 月止之年度入账。

【主要资产/投资(3/2003)】 位于香港之投资物业按公开市值约为14.69亿港元;持有作发展/发展中之待售物业约值12.241亿港元;及泛海酒店集团有限公司(70.04%)。

慕诗国际集团有限公司

【公司概况】 股票代码0130,集团主席陈钦杰,发行股本(股)281M,票面值(港元)0.010,市价总值(港元)171M。

【公司业务】 该集团主要从事设计、开发、制造、零售及批发时尚独特女装系列,包括套装、上衣、长裤、半截裙、连身裙、针织衣物、鞋履、手袋及其它配饰,大部份由集团之内部设计队伍设计及开发。于2001年10月,集团透过于香港〔M. kids〕零售专门店,以〔M. kids〕品牌推出首个童装系列。为迎合日后扩展中国及海外业务(如亚太区及欧洲)所需,集团拟透过于中国深圳自设生产设施,以增强其生产业务。〔MOISELLE〕产品系列对准较成熟女性所需,提供适合各种场合而具女性柔美且能迎合其生活方式之日间服饰,以及适合隆重场合之晚装,〔moi〕为具时装触觉之年青女性专业人士提供上班所需之服饰,价格亦具竞争力,而〔imaroon〕则为较年轻之上班一族提供款式简约而历久常新之基本款式。于2002年3月31日,集团在香港拥有23间〔MOISELLE〕专门店、5间〔imaroon〕专门店及1家〔M. kids〕专门店。此外,集团亦积极在中国寻求更多商业机会,并在中国拥有20家专门店,分别位于各大城市如北京、上海、杭州、南京、宁波、天津、广州、温州、佛山、福州、成都、昆明及武汉等。

【主要资产/投资(3/2003)】 现金结余净额约1,920万港元;存货约值2,160万港元;及持作自用之土地及建筑物约值5,490万港元。

卓能(集团)有限公司

【公司概况】 股票代码0131,集团主席赵世曾,发行股本(股)73M,票面值(港元)0.100,市价总值(港元)65M。

【公司业务】 该集团主要从事物业发展及投资,并透过其持有51%股权之合营企业卓能第一太平戴维斯物业管理有限公司提供物业管理及有关服务。于2002年6月止之年度内,集团之卓能廿一世纪广场之占用率维持于约85%,而卓能中心所有物业亦已于2002年8月全部售出。此外,卓能山庄三座别墅之其中一座已于2002年7月出售,而其余两座已分别租出并获得满意收入。至于集团位于马来西亚吉隆坡市之主要发展中物业项目,该项目仍在发展中,而完成日期仍未订定。据集团之年报披露,该项目将分三期发展,第一、二及三期之楼面总面积分别约为325,626、466,547及1,156,186平方呎。

【主要资产/投资(6/2002)】 已落成物业:大屿山卓涛轩(楼面面积:13,280平方呎)、香港仔南景花园(47.5%权益;楼面面积:724平方呎及37个停车位)、域多利道赵苑(楼面面积:5,952平方呎及6个停车位)、山顶卓能山庄(楼面面积:9,906平方呎及8个停车位),及湾仔卓能廿一世纪广场(楼面面积:56,174平方呎及25个停车位);发展中物业:荃湾宝丰台(楼面面积:84,001平方呎)、域多利道赵苑第二及第三期(楼面面积:138,601平方呎及69个停车位),及马来西亚吉隆坡市霹雳巷之综合发展项目(楼面面积:1,948,359平方呎及515个停车位)。

中国兴业控股有限公司

【公司概况】 股票代码0132,集团主席梁绍辉,发行股本(股)915M,票面值(港元)0.100,市价总值(港元)222M。

【公司业务】 该集团主要在香港及中国从事物业发展、投资及贸易;酒店营运;及钢材贸易业务。于2001年度,集团在香港之物业出租情况与2000年度相若。然而,由于香港营商气氛低迷,物业租金持续下滑。在酒店业务方面,集团之桂林观光酒店已完成大规模翻新装修工程,并于2001年12月获评升为四星级酒店。据集团披露,旗下整体酒店业务于年内录得轻微改善。于2002年2月,集团以总代价2.70亿港元收购Can Manage Trading Ltd.之全部已发行股本及股东贷款,将业务扩展至生产及销售中密度纤维板。(注:集团预期此项新业务可提供每年约8,000万港元之利润。)

【主要资产/投资(12/2001)】 位于香港之投资物业按公开市值约8,160万港元;位于中国之酒店物业按账面净值约1.55亿港元;位于惠州市之发展中物业约值8,000万港元;位于汕头市及惠州市之待售物业按可变现净值约1.046亿港元。

招商局中国基金有限公司

【公司概况】 股票代码0133,集团主席傅育宁,发行股本(股)137M,票面值(港元)0.100,市价总值(港元)555M。

【公司业务】 该集团主要从事投资在中国经营主要业务之公司。截至2001年12月止之年度,集团录得纯利约499万美元,较上年度上升36.6%,上升原因主要由于各项投资拨备及坏账准备大幅减少92%所致。于2001年底,集团于金融服务业(主要投资于商业银行、证券及保险经纪行业)之投资占总投资约47.91%、基础设施投资约占7.97%、工业制造投资约占7.52%,而房地产投资则约占5.91%。据2001年年报披露,集团将投资于深圳交通智能收费系统项目,并争取于2002年内完成该项目之出资工作。除继续开拓及寻找新投资机会外,集团于未来将致力寻求机会出售其现有之房地产项目,以及积极推动更多投资项目公司早日上市。

【主要资产/投资(12/2001)】 现金结余净额约3,698万美元;非上市投资项目约值8,749万美元 — 主要投资项目包括招商银行股份有限公司(1.62%)、福建兴业银行股份有限公司(2.8%)、兴业证券股份有限公司(0.74%)、国通证券股份有限公司(0.52%)、深圳经济特区证券公司(4.66%)、海达保险经纪有限公司(10%)、招远金宝电子有限公司(30%)、茂名通发公路有限公司(34.7%)(注:集团已于2002年2月同意出售此投资项目)、北京龙宝大厦(35%)及深圳文锦广场(35%);及上市投资项目约值93万美元。

中国(香港)石油有限公司

【公司概况】 股票代码0135,集团主席王明才,发行股本(股)4,855M,票面值(港元)0.010,市价总值(港元)3,301M。

【公司业务】 该集团主要在中国、泰国及秘鲁从事开采及生产石油。集团亦透过与华北石油管理局合组之合营企业从事生产大口径油管业务。现时,集团重点发展海外油气勘探及开发项目。自2001年下半年起,集团已先后在中国、南美、中亚及东南亚多个国家进行与石油项目相关之投资,例如收购SAPET Development Corporation (SAPET)之50%权益,SAPET拥有位于秘鲁之塔拉拉油田第六及第七区勘探及生产石油之许可合同,以及成立一家新公司,勘探及开发位于缅甸一个油田区块。于2002年初,集团收购一块位于阿塞拜疆共和国之油田15%权益,以及收购阿曼政府合同区独家开采石油权利50%权益,以进一步增加集团之石油储存量。鉴于西气东输工程项目需要大口径油管及天然气管以输送天然气,集团已把握商机伙同华北石油管理局合组生产大口径油管之工厂。除继续加强其现有及新收购之石油开发项目外,集团将密切监察市场对油管之需求,以配合适当发展。

【主要资产/投资(12/2001)】 现金结余净额约为8.942亿港元(已扣除拟派末期股息);产油物业之账面净值约为24.3亿港元,该等产油物业主要包括辽河冷家堡油田、新疆克拉玛依油田及泰国Sukhothai租区油田之权益。

马斯葛集团有限公司

【公司概况】 股票代码0136,集团主席陈爱玲,发行股本(股)424M,票面值(港元)0.100,市价总值(港元)98M。

【公司业务】 该集团之主要业务为制造及销售照相、电器及多媒体产品配件,以及物业投资。截至2002年3月止之年度,集团成功转亏为盈,由2001年3月止年度录得净额亏损5,710万港元扭转至本年度录得纯利1,340万港元。据集团解释,上年度之亏损主要由于为集团之物业组合及科技特许权作合共约6,500万港元减值亏损所致。于年内,欧洲仍为集团产品之主要市场,约占总营业额59%。然而,集团于年内之美国市场销售额下跌36.6%至只有1,840万港元,创下近年新低。另一方面,集团进一步综合其自置之生产设施,收购于最大分判承包商余下之49%权益,令该分判承包商成为集团之全资附属公司,此举有助集团减低对外在独立分判承包商之依赖及整体生产成本。在物业业务方面,集团已于2002年中就一项位于广州之商住综合发展项目向一名中国独立第三方垫支现金1,200万港元,集团可于该笔垫款本金额偿还后收取现金回报500万港元或价值相等于该金额之物业。展望将来,集团将继续投入更多资源于中国物业市场,以重整其物业组合。

【主要资产/投资(3/2002)】 东莞德雅皮具制品厂有限公司(70%);麦科特志豪照相器材(惠州)有限公司(90%);March Professional Bags Co. Ltd.(100%);马斯葛(香港)有限公司(100%);Mascotte Overseas Ltd.(100%);Mascotte Photographic Trading Ltd.(100%);资源企业有限公司(100%);及位于香港及中国之投资物业按公开市值为5,381万港元。

金辉集团有限公司

【公司概况】 股票代码0137,集团主席吴少辉,发行股本(股)53M,

票面值(港元)1.000,市价总值(港元)70M。

【公司业务】 该集团之主要业务包括（1）运费及船租;(2)在香港及国内进行之贸易活动;(3)在国内进行之运输及仓储业务;及（4）在国内之直接投资及其它。现时,集团之贸易业务主要包括化工产品贸易及商品贸易,而中国之投资主要指于中国内地之收费道路及仓储项目。于过去数年,集团面对追收贸易欠款及投资回报之困难。除此之外,集团亦于过去两年面对全球经营衰退,大大影响其主要散装干货目标市场。由于载货量过剩而造成运费下跌,集团已分别于2000年度及2001年度为固定资产减值作出1.576亿港元及5,660万港元拨备。展望将来,集团预期美国经济情况将于今年后期复苏,带动全球散货贸易逐步复苏。因此,集团已为未来市场好转作好准备,而其载货量亦已于2002年首季交代之两艘新造船舶Jin Li及Jin Fu而大大提高。

【主要资产/投资(12/2001)】 机动船舶及修葺之账面净值约8.855亿港元;建造中船舶之账面净值约1.032亿港元;及物业总值约1.03亿港元。

中建电讯集团有限公司

【公司概况】 股票代码0138,集团主席麦绍棠,发行股本(股)422M,票面值(港元)0.100,市价总值(港元)405M。

【公司业务】 该集团主要从事（1）制造及销售电讯产品（包括室内无线电话及移动电话）及配件;(2)制造及销售塑料原部件及幼儿护理用品;以及（3）提供多媒体内容及服务,以及杂志出版等业务。集团之核心室内无线电话业务,在美国及欧洲市场均占有领先地位。现时,集团为全球具领导地位之室内无线电话生产商之一,亦为多个著名品牌(如GE、Alcatel等)之供货商。至于移动电话业务方面,集团与海尔集团（海尔）向海尔中建集团有限公司（海尔中建）注入彼等合营之移动电话业务,令海尔中建成为集团之上市联营公司。于2002年10月,集团与海尔进一步约彼等持有64.5%权益、在国内从事移动电话制造及分销业务之合营企业飞马通讯(青岛)有限公司注入海尔中建。于2002年12月止之年度内,集团亦向中建科技国际有限公司(中建科技)注入电器原部件业务,以换取中建科技42%股权及4,500万港元之可换股票据。于2003年5月,集团进一步出售其从事室内无线电话业务之全资附属公司Empire Success Holdings Ltd.予中建科技,总代价7.68亿港元将以发行可换股票据形式支付。交易完成后,中建科技将成为集团室内无线电话业务之上市旗舰,而集团将会重新调配资源,专注于扩展其塑料、幼儿护理及保健产品以及多媒体业务。于2002年底,集团仍持有现金结余净额约4.78亿港元。

【主要资产/投资(12/2002)】 海尔中建集团有限公司(43.6%);中建科技国际有限公司(42%);惠阳中建电讯制品有限公司(100%);惠阳中建塑料产品有限公司(100%);中建电讯(香港)有限公司(100%);伟达盛有限公司(100%);纳进控股有限公司(100%);易贸通集团有限公司(23.34%);及Sendo Holding PLC(32.1%)。

139控股有限公司

【公司概况】 股票代码0139,集团主席黄浩,发行股本(股)8,619M,票面值(港元)0.010,市价总值(港元)86M。

【公司业务】 该集团之主要业务为生产、买卖及经销成衣、鞋类、皮具、汽车音响设备及其它产品;证券买卖;以及提供互联网及互联网相关服务。截至2002年3月止之年度,成衣业务仍为集团之主要收入来源,而中国（包括香港）则为集团产品之主要市场。集团之业绩由2001年3月止年度录得2.777亿港元净额亏损,大幅改善至2002年3月止年度之4,830万净额亏损。面对日益激烈之市场竞争,预期成衣、鞋类及皮具业务在长远而言已不大可能成为集团之主要经营业务。此外,美国市况持续疲弱令集团之汽车音响设备业务于来年之前景欠缺明朗。因此,集团已积极考虑重组其现有业务。展望将来,集团亦将继续寻求潜在业务收购机会,以达到业务多元化。

【主要资产/投资(3/2002)】 汕头经济特区预发实业有限公司(100%);东莞中渝电子有限公司(100%);预发投资有限公司(100%);预发鞋业有限公司(100%);中渝电子有限公司(100%);及Main Purpose Investments Ltd.(100%)。

远生医药科技集团有限公司

【公司概况】 股票代码0140,集团主席尹广祺,发行股本(股)310M,票面值(港元)0.020,市价总值(港元)24M。

【公司业务】 该集团原先从事物业投资、金融服务、船舶运输及买卖建筑用之海沙及砂砾等业务。基于市况不景及本地地产市道疲弱,集团之河上运输及地产业务均大受影响,而集团亦自1998年起连续四年录得巨额亏损。于2001年度内,集团透过出售部份投资物业及电子消费产品业务,以及停止经营海沙及砂砾贸易业务,藉以逐步出售非核心业务。此外,集团亦成立一家外商全资企业及收购GenePro Medical Biotechnology Ltd.,专注于研发基因改造产品,将业务扩展至香港及中国医药/生物医药范畴。然而,基于集团于2001年内进行之两项集资项目未能完成,故在资金方面受挫,从而放慢集团在开发生物医药业务之步伐。截至2001年12月止之年度,集团之资产净值出现约2.658亿港元之亏绌,而其银行借款合计约为3.23亿港元,全数均须于一年内到期偿还。据核数师报告显示,由于基本不明朗因素,集团之核数师摩斯伦会计师事务所对其审核之报告不表示意见,并认为集团之持续经营取决于集团重组银行贷款事宜,以及从发行可换股票据所筹集之资金及有意投资人士注资于集团之结果。另一方面,集团将继续出售其非核心资产/业务,例如余下之物业组合、河上贸易运输业务及互联网上语言系统技术,以为集团提供额外营运资金。

大中华集团有限公司

【公司概况】 股票代码0141,集团主席贺鸣玉,发行股本(股)262M,票面值(港元)0.200,市价总值(港元)65M。

【公司业务】 该集团主要从事一般贸易（如饲料及谷物贸易）、物业投资及地产代理服务等业务,而录得亏损之船舶租赁业务已于2000年度内终止经营。预期在海南洋浦经济特区之发展项目将会无法完成,集团已拒绝对其于海南洋浦土地开发有限公司(海南洋浦经济特区之持有人及发展商）之投资作进一步注资。此外,集团亦已于2000年度内就该投资作全数5,000万港元之拨备。由于动物饲料行业市道不景,集团于2001年度仍旧录得业务亏损。至于物业投资业务方面,集团在中、港两地所持之物业仍维持稳定之租金收入。展望将来,集团拟扩展业务至不同产品市场。有见及此,集团已开始进军木薯粉市场,木薯粉为淀粉质含量极高之动物饲料。日后,集团会进一步将业务扩展至其它市场。

【主要资产/投资(12/2001)】 大大置业(上海)有限公司(43%);及投资物业按公开市值约4.766亿港元。

第一太平有限公司

【公司概况】 股票代码0142,集团主席彭泽伦,发行股本(股)3,186M,票面值(港元)0.010,市价总值(港元)3,919M。

【公司业务】 该集团为一家建基香港、并以东南亚为发展中心之综合企业,专注于消费、电讯及地产业务。现时,集团之消费业务包括投资于全球最大即食面生产商及在印尼具领导地位之食品加工集团Indofood,而其地产业务则为投资于以马尼拉为基地及于马尼拉上市,从事地产发展及投资业务之公司Metro Pacific。至于电讯业务,集团主要投资为菲律宾最大及业务最多元化之电讯公司PLDT（提供固线及无线电讯服务及信息及通讯科技服务）及以新德里为基地之GSM流动电话服务供货商Escotel。在短期内,集团将专注于营运公司（例如Metro Pacific）之债务重组事项。于2001年12月,集团以高于市值之溢价出售Berli Jucker及Darya－Varia全部股权,以提早预付尚未偿还之债务。集团亦不排除进一步出售其它资产,以改善其杠杆能力及回复其资金灵活性。由于欠缺足够资金,集团短期内将不会进行新收购活动。惟当集团财务状况得以改善时,集团将再次积极进行收购活动,将业务多元化至中国市场,以及寻求机会投资于一些估价偏低及非上市公司,并透过积极参与为该等公司进行增值。

【主要资产/投资(12/2001)】 PT Indofood (48.7%);Philippine Long Distance Telephone (PLDT) (24.4%);Escotel Mobile Communications (Escotel) (49%);Metro Pacific Corporation (80.6%);及Infrontier (100%)。

耀科国际(控股)有限公司

【公司概况】 股票代码0143,集团主席施懿庭,发行股本(股)5,166M,票面值(港元)0.010,市价总值(港元)620M。

【公司业务】 该集团之主要业务为在大中华地区（包括中国大陆、香港、澳门及台湾）买卖流动电话,其它业务则包括提供电讯产品之维修服务,以及电视节目及竞赛管理。截至2002年9月止之年度,集团之营业额虽录得轻微上升,惟其业绩转盈为亏,由2001年度录得纯利3.551亿港元,扭转为2002年度录得净额亏损2.346亿港元。据集团解释,业绩转坏主要由于为滞销存货、呆坏账及长期投资作出合共约 5.24 亿港元拨备所致。由于市场竞争激烈而引致割价促销压力,集团之整体边际利润由 2001 年之 16.5% 下降至 2002 年之 7.0%。另一方面,中国大陆市场(在过去数年为集团流动电话之主要市场)之销售只占集团截至 2002 年 9 月止年度之收入约 28.6%,而余下 71.4% 则来自香港、澳门及台湾市场。面对部份国内及海外手机商迅速扩张产能所带来之挑战,集团已收紧其赊账及库存政策,以减低风险及维持边际利润。凭借本身在大中华区电讯市场之专业经验及知识,集团计划将业务发展至其它电讯相关产品(如流动个人数码助理)。集团亦将会与软件供货商紧密合作,为其新产品开发独特功能及特色,从而为产品增值。

【主要资产/投资(9/2002)】 现金结余净额约 8.352 亿港元。

招商局国际有限公司

【公司概况】 股票代码 0144,集团主席传育宁,发行股本(股)2,061M,票面值(港元)0.100,市价总值(港元)14,321M。

【公司业务】 该集团现时定位于港口业务为主的交通基建业务,主要包括:港口及港口相关业务,收费公路业务和工业制造业务。在进一步发展港口业务作为集团的既定策略下,集团将继续寻找优质港口资产并整合集团的港口业务。于二零零一年三月,集团与中国光大集团签订协议,收购其持有的新加坡上市公司中国光大亚太有限公司(已易名为招商局亚太有限公司)之 23.9% 股权。集团通过招商局亚太有限公司间接控制经营妈湾港一至四号泊位的海星码头的 33% 权益。于二零零一年十一月,集团亦收购深圳市招商港务有限公司和招商局货柜服务有限公司百分之百股本权益。为了促进其港口业务,集团与赤湾港航签订合资经营合同,共同出资成立深圳港航网络系统有限公司,宗旨是开发并建立港航电子数据交换系统的操作平台,满足港口和海运企业的电子信息数据交换的需要。于二零零一之财政年度内,集团作出减值拨备港币一亿元,另漳州 324 国道公路和广东罗梅公路的担保回报也因回报收入还未解决,预提了港币约四仟万元的减值拨备。展望未来,管理层预期凭借世界经济逐步复苏,尤其是中国内地经济仍会继续保持良好的发展势头,可为集团各项业务带来更大的机遇。

【主要资产/投资(12/2001)】 Ming Wah Universal(100%);亚洲空运中心有限公司(20%);现代货箱码头有限公司(22.1%);蛇口集装箱码头有限公司(32.5%);招商局蛇口控股股份有限公司(18.6%);深圳赤湾石油基地股份有限公司(21.5%);赤湾集装箱码头有限公司(25.3%);漳州招商局码头有限公司(49%);Hai Hong (Chemicals Industry)(100%);中国国际海运集装箱(集团)股份有限公司(27.3%);招商局(亚太)有限公司(23.9%);CM Port(100%);八条收费公路和桥梁的部份权益,公路总长为 482 公里;及香港西区隧道有限公司(13%)。

香港建屋贷款有限公司

【公司概况】 股票代码 0145,集团主席宁高宁,发行股本(股)225M,票面值(港元)1.000,市价总值(港元)128M。

【公司业务】 该集团之主要业务为提供按揭贷款及其它有关服务及财务投资。于2000 年 9 月完成收购后,力宝华润有限公司成为集团之主要股东,持有集团之 75% 权益。于 2000 年度,集团以代价 8.42 亿港元出售总值 9.45 亿港元之住宅楼宇按揭贷款组合予香港华人银行集团有限公司。其后,集团将出售所得之款项偿还其所有银行债务。截至 2001 年底,集团之负债只有约 340 万港元,而其资产则主要包括现金及投资证券。

【主要资产/投资(12/2001)】 现金结余净额约 1.40 亿港元;非上市债券约 2,220 万港元;香港上市股本证券约 1,280 万港元;非上市投资基金按公平值约 2,810 万港元;及按揭贷款组合约 2,070 万港元。

太平地毡国际有限公司

【公司概况】 股票代码 0146,集团主席李德信,发行股本(股)208M,票面值(港元)0.100,市价总值(港元)322M。

【公司业务】 该集团成立于 1956 年,为一家驰名国际订制地毡制造商及分销商,亦是亚洲区内一家主要地毡供货商。集团主要从事制造、进出口及销售地毡、制造及销售毛纱、买卖室内陈设品、投资及物业持有。集团于 6 个地方拥有生产设施,并于 7 个国家拥有办事处,其全球资料及设计数据系统已于香港及泰国投入运作,两地可透过内联网浏览集团累积超过 45 年之地毡设计。

【主要资产/投资(12/2001)】 太平地毡有限公司(100%);南海太平地毡有限公司(80%);威海华宝地毯有限公司(49%);威海博美地毯有限公司(49%);国际地毡(泰国)有限公司(99%);菲律宾地毡厂有限公司(33%);Options Tai Ping Carpets, Inc.(57%);培美线染有限公司(100%);太平地毡(德国)有限公司(100%);太平地毡(欧洲)有限公司(100%);Banyan Tree Ltd.(80%);White Oak Carpets Mills, Inc.(100%);Singapore Carpet Manufacturers Private Ltd.(100%);及太平地毡国际贸易(上海)有限公司(100%)。

鹰驰实业有限公司

【公司概况】 股票代码 0147,集团主席 LING Tai Yuk John,发行股本(股)167M,票面值(港元)0.010,市价总值(港元)32M。

【公司业务】 随着于 2000 年中出售报纸及杂志出版及柯式印刷之核心业务后,集团现时主要从事制造及销售高级女性衣饰产品之业务。截至 2002 年 3 月止之年度,集团只录得营业额约 1.891 亿港元,较上年度下跌约 28.6%。据集团解释,营业额下跌主要由于出售出版及印刷业务,以及美国九一一事件直接影响集团之成衣业务所致(因美国为集团衣饰产品之主要市场)。除继续扩充其现有之成衣制造及买卖业务外,集团亦正积极开拓扩展其它可能带来盈利业务之商机(尤其在中国市场),而正在研究之项目包括医疗及保健中心、市区污水再造有机肥料、污水处理,以及渔农业相关企业等。

【主要资产/投资(3/2002)】 现金结余净额约 3,250 万港元。

建滔化工集团有限公司

【公司概况】 股票代码 0148,集团主席张国荣,发行股本(股)547M,票面值(港元)0.100,市价总值(港元)3,582M。

【公司业务】 该集团主要从事制造及销售覆铜面板、铜箔、玻璃纤维布、玻璃纱、漂白木浆纸、印刷线路板及化工产品。大部份生产之铜箔、玻璃纤维布、玻璃纱及漂白木浆纸为供集团制造覆铜面板之用。截至 2002 年 12 月止之年度,覆铜面板、印刷线路板及化工产品之销售分别约占集团总营业额 60%、25% 及 13%。集团生产之覆铜面板及印刷线路板之销量量分别取得 25% 及 20% 增长,然而此等增长被约 25% 及 20% 售价下调之影响所抵销。至于化工产品业务方面,其业绩受惠于甲醛价格回升及于 2002 年 10 月开始试产之环氧树脂厂已进行大规模产量。于 2002 年 12 月止之年度内,集团增大覆铜面板之产能、扩充钻孔服务规划及自行生产环氧玻璃纤维覆铜面板之主要原料玻璃丝,进一步深化垂直整合。集团于 2002 年 9 月与英德市人民政府订立谅解备忘录,以 7 亿元人民币收购石窖水力发电厂,电厂之电力在收购后 3 至 5 年大部份供集团内部消耗。据 2002 年年报所披露,集团计划于 2003 年兴建另一所环氧玻璃纤维覆铜面板厂房。此外,集团亦在广东省以外地区物色厂址,兴建新甲醛工厂,进一步扩阔国内之客户基础。而集团座落于广州南沙之 50,000 吨级化工码头已接近竣工,预期于 2003 年中启用。

【主要资产/投资(12/2002)】 佛冈建滔实业有限公司(59.88%);科惠线路有限公司(57%);上海建滔化工绝缘材料发展有限公司(60%);江门建滔化工有限公司(80%);广州忠信世纪玻纤有限公司(100%);建滔(番禺)化工有限公司(100%);建滔(佛冈)绝缘材料有限公司(100%);建滔(番禺南沙)石化有限公司(100%);建滔(太仓)化工有限公司(100%);江门建滔积层板有限公司(100%);建滔积层板(昆山)有限公司(100%);建滔积层板有限公司(100%);昆山日滔化工有限公司(100%);昆山日滔化工有限公司(75.14%);及香港玻璃纤维有限公司(100%)。

珀丽酒店集团有限公司

【公司概况】 股票代码 0149,集团主席陈国鸿,发行股本(股)2,774M,票面值(港元)0.020,市价总值(港元)194M。

【公司业务】 继于 2000 年 6 月收购该集团之大部份权益后,中策集团有限公司已成为集团之控股股东。现时,集团主要在中国从事物业买卖及发展、酒店营运及收费道路发展项目。截至 2001 年 12 月止之年度,集团继续录得亏损约 3.937 亿港元,亏损主要由于为物业减值及重估亏损所致。自 2002 年 2 月起,集团持有 60% 权益之深圳公路已经通车,并开始为集团带来经常性收入。据集团解释,由于中国有关政府部门所核准之公路收费比预期中为低,故此,深圳公路于 2001 年度之减值及重估亏损拨备为 3.60 亿港元。此外,深圳公路所得之收费于短期内将主要用作偿还此项目之建筑借贷。在物业业务方面,集团预期旗下之深圳发展中心将继续为其带来稳定之收入,而中国广州保华广场亦将于 2002 年第三季开始为集团带来稳定收入。至于广州珀丽酒店方面,集团计划将它由渡假式酒店转型为商务酒店,藉以提高其平均入住率。

【主要资产/投资(12/2001)】 深圳公路(60%);广州珀丽酒店(82.17%);深圳发展中心(86%);及中国台山市朗底洞(100%) — 拟转售之项目。

深圳国际控股有限公司

【公司概况】 股票代码0152,集团主席李黑虎,发行股本(股)11,217M,票面值(港元)0.100,市价总值(港元)2,569M。

【公司业务】 该集团在控股股东深圳市投资管理公司之支持下,已转型为一家现代全程物流服务供货商,目标是建立以空港、海港、陆路物流资源及基建类项目为主干,物流信息平台及供应链管理技术为支持之业务体系架构。于2002年12月止之年度内,集团完成一系统项目投资及收购,不断将深圳市与物流业务相关之部份基建类业务及资产注入集团内。于2002年内,集团于物流主业之投资总额达5.60亿港元。据披露,集团落实投资于深圳市六大物流园区之其中两个重点项目,包括华南国际物流中心50%权益及西部港区物流园区20%权益。集团预期此等项目将逐步成为集团未来之支柱产业及新利润增长点。于年内,集团亦收购其两家主要附属公司之余下权益,分别为新通产实业开发(深圳)有限公司及全程物流(深圳)有限公司,此后两家公司均成为集团之全资附属公司。再加上持有深圳航空有限责任公司10%权益及深圳市鹏海运电子数据交换有限公司39%权益等优质物流资产,集团可有效地推动全程物流之发展策略。

【主要资产/投资(12/2002)】 (1)怡万实业发展(深圳)有限公司(100%) — 全资拥有深圳华丽园及持有深圳市西部物流有公司11.11%权益;(2)新通产实业开发(深圳)有限公司(100%) — 持有深圳市西部物流有公司8.89%权益、深圳市华南国际物流有公司50%权益及深圳高速公路股份有限公司30.03%权益;(3)全程物流(深圳)有限公司(100%) — 持有深圳市机场国际快件海关监管中心有限公司50%权益、广州长运全程物流有限公司50%权益、深圳市鹏海运电子数据交换有限公司39%权益及深圳航空有限责任公司10%权益;(4)中国南玻科技控股(集团)股份有限公司(24.28%);及(5)深圳科技控股有限公司(19.17%) — 全资拥有深圳市曙光信息产业有限公司。

北京发展香港有限公司

【公司概况】 股票代码0154,集团主席熊大新,发行股本(股)494M,票面值(港元)1.000,市价总值(港元)440M。

【公司业务】 于2001年3月完成股份配售及认购后,另一家香港上市公司北京控股有限公司(北控)成为该集团之控股股东。透过上述股份配售及认购,集团共筹集2.18亿港元之款项,其中1.17亿港元用于偿还银行及其它借款。作为北控信息科技方面之主要旗舰,集团于2001年10月收购网络卓越100%权益,网络卓越透过全资附属公司北京北控电信通信息技术有限公司(北控电信通),主要从事提供系统集成服务及互联网及通讯等相关服务。集团预期新收购之信息科技业务将成为其日后增长动力。为专注于信息科技业务,集团已出售亏损之毛纺业务,并将继续于合适之机会下减持投资物业。现时,北京市教育委员会应中央政府全国性校校通计划之要求,正建立一个名为北京信息教育网之平台。于2001年,北控电信通被选定为200间学校建设系统及网络设施之独家承建商,合约总值9,000万元人民币,并被指定为兴建余下北京校园网之单位。另一方面,集团亦获得北京市教育委员会授权为北京市所有中、小学提供及管理智能卡,并正与国内一家主要之全国性银行磋商订立提供及管理此等智能卡之合作协议。

【主要投资/资产(12/2001)】 北京北控电信通信息技术有限公司(100%);北京电信通智能科技有限公司(80%);北京市电信通系统集成有限公司(51%);北控软件有限公司(60%);北京阿一鲍鱼酒家有限公司(48.5%);及北京发展物业投资管理有限公司(85.5%)。

御泰国际控股有限公司

【公司概况】 股票代码0155,集团主席陈孝聪,发行股本(股)1,308M,票面值(港元)0.010,市价总值(港元)120M。

【公司业务】 经过一系列之集团重组及资本筹集活动,该集团已转型为一家通讯及科技相关企业,主要从事光纤网络业务、数据中心业务及其它科技相关业务。据2002年年报披露,集团覆盖全国之光纤网络已于2001年3月止之年度内大致竣工。该网络之总长度达12,000多芯公里,由三条主要线路组成,连接中国所有大城市,占全国总人口接近四成。于2002年4月,集团收购一家专门提供虚拟私人网络(VPN)服务之互联网及通讯公司。此外,集团最新之网络IP—VPN服务,为香港及广州、东莞及深圳等华南一带之主要城市建立灵活之网络。于2002年3月底,集团面对非常紧绌之资金问题。然而,集团已于2002年5月成功以公开售股方式筹集约1.12亿港元,以解决其短期财务问题。展望将来,集团拟进一步探求项目投资机会,包括主要在泛亚及大中华地区参与直接投资、资产管理、债务资产重组、公司重组及私有化项目。有见及此,集团已成立策略投资小组。

【主要资产/投资(3/2002)】 REXCAPITAL Infrastructure (GD) Ltd.(100%)。

力宝华润有限公司

【公司概况】 股票代码0156,集团主席李白,发行股本(股)9,201M,票面值(港元)0.100,市价总值(港元)1,021M。

【公司业务】 该集团之主要业务为投资控股、物业投资及发展、食品业务、基金管理、包销、保险、企业融资、证券经纪、证券投资、财务投资及放款。于2001年度,集团投资物业仍维持高占用率,而所得之租金继续为集团带来稳定之经常性收入。受惠于中国经济迅速发展,集团持有66.5%权益,位于上海市之甲级写字楼及零售综合大楼力宝广场于2001年内已接近全部租出。至于食品批发、分销及制造业务,集团于新加坡上市公司Auric Pacific Group Ltd.将透过增加于最新食品科技之投资,以改善业务流程及发展更佳及类型更广泛之产品予消费者,藉以增强集团市场竞争能力。至于按揭贷款业务,由于股票市场反复波动,集团另一家上市公司香港建屋贷款有限公司所持有其它投资证券之未变现亏损为3,750万港元。面对香港银行业(尤其小型银行)之激烈竞争,集团之上市附属公司香港华人有限公司(香港华人)于2002年1月以总代价42亿港元出售华人银行之全部100%权益予中信嘉华银行有限公司。为巩固其于香港华人之控制性权益,集团亦于2002年初以总代价18亿港元进一步收购香港华人35.2%实际权益,令集团于香港华人之实际权益由29.4%增加至64.6%。

【主要资产/投资(12/2001)】 投资物业之公开市场价值约为17.29亿港元;香港华人有限公司(29.4%);香港建屋贷款有限公司(70%);Auric Pacific Group Ltd.(28.3%);上海星港工业城发展有限公司(23.2%);福建太平洋电力有限公司(25%) — 从事经营发电厂;及莆田华正自来水有限公司(40%) — 从事食水供应业务。

自然美生物科技有限公司

【公司概况】 股票代码0157,集团主席蔡燕玉,发行股本(股)2,000M,票面值(港元)0.100,市价总值(港元)1,060M。

【公司业务】 该集团为大中华地区最卓越之化妆品及护肤品及服务供货商之一。本着自然就是美之信念,集团奉行采用纯天然料(尤其是植物精华)开发芳香疗法、化妆品及护肤品。集团之主要业务为从事(1)研发、制造及销售护肤品、化妆品及芳香疗法,全部均以NB及Bio—up品牌行销;以及(2)透过其自资经营之美容中心提供肌肤护理及SPA服务。集团现时经营四类美容中心,分别为自然美SPA生活馆、NB沙龙SPA、NB专业美容中心及Mini SPA,每类美容中心皆有独特之格调,为不同之目标客户提供特定种类之产品及服务。于2002年12月止之年度内,集团透过收购中国25家非全资附属公司之少数股东权益,藉以提高国内之业务运作。此外,集团亦已在现有经销专门店开设销售专柜(即店中店),以增加集团之产品销售。截至2002年底,集团经销专门店之总数目增至2,266间。展望将来,集团将继续扩充在大中华地区之分销网络,预期集团经销专门店之总数将于2006年底增至超过5,000间。此外,集团将继续开发新产品,以及扩大其市场领域及增强品牌在大中华地区之知名度,并以国内市场为集团之业务核心。

【主要资产/投资(12/2002)】 现金结余净额约2.168亿港元;具有永久业权之投资物业按公开市值约1.405亿港元;及土地及房屋建筑物按账面净值约1.354亿港元。

万邦投资有限公司

【公司概况】 股票代码0158,集团主席郑裕彤,发行股本(股)25M,票面值(港元)5.000,市价总值(港元)625M。

【公司业务】 该公司之主要业务在香港之物业发展。该集团之收租物业为位于中区皇后大道中之万邦行铺位商场及写字楼,租出率达百份之八十,而皇后大道中42—146号之Kimley Commercial Building铺位及写字楼租出达百份之六十二。该等出租物业预期会为该集团带来稳定之租金收入。于二零零一年之财政年度,集团之投资物业重估储备录得1.732亿亏损。另一方面,集团亦参与嵘山集团合作之佛山房地产,连两个高尔夫球场,占地三仟零五拾万平方呎。

【主要资产/投资(9/01)】 现金结余约HK$3,120万;投资物业按公开市值约HK$11.97亿,包括万邦行(总面积:24,074平方米)及Kimley Commercial Building(总面积:4,554平方米);投资于在香港注册成立之私人公司万苑投资有限公司之14.29%权益,万苑之主要业务是参与在中国成立之合作企业佛山乡村俱乐部有限公司,在佛山兴建哥尔夫球场及相关之商业和住宅设施。该集团占有该合作企业5%实益权益。

华南投资控股有限公司

【公司概况】 股票代码0159,集团主席郑榕彬,发行股本(股)475M,票面值(港元)0.100,市价总值(港元)81M。

【公司业务】 华南集团自2000年7月20日起已有约两年时间暂停在香港联合交易所有限公司(香港联交所)买卖。随着成功完成债务重组活动后,集团已于2002年9月19日起恢复买卖。紧随重组后,华南投资控股有限公司(该集团)透过介绍方式在香港联交所上市。该集团之主要业务皆透过其持有之杭州合营企业进行,该合营企业主要在中国从事管理及经营收费公路业务。

汉国置业有限公司

【公司概况】 股票代码0160,集团主席王世荣,发行股本(股)334M,票面值(港元)1.000,市价总值(港元)357M。

【公司业务】 该集团主要从事物业发展及投资业务。于2001年3月止之年度内,集团因终止并出售其投资于互联网及科技业务而录得1.085亿港元之净额利益。然而,集团仍录得3.971亿港元之净额亏损,亏损主要由于为持有之发展及投资物业进行减值拨备约3.024亿港元,此乃集团之物业组合于结算日经每年重估后得出。截至2002年3月止之年度内,集团转亏为盈,主要由于集团于深圳之物业发展项目已于年内录得利益贡献,其数额足以抵销于香港发展项目之经营亏损、财务费用及集团营运费用。

【主要资产/投资(3/2002)】 位于香港之投资物业按公开市值约6.80亿港元;位于马来西亚之投资物业按市值约2.132亿港元;位于香港、中国及加拿大之发展中物业分别约值2.864亿港元、3.396亿港元及9,860万港元;及待出售物业(主要位于香港)按可变现净值约7.594亿港元。(注:截至年结日,集团之持息非流动债务合共约8.533亿港元。)

深圳中航实业股份有限公司

【公司概况】 股票代码0161,集团主席吴光权,发行股本(股)242M,票面值(港元)1.000,市价总值(港元)244M。

【公司业务】 该集团主要从事设计、制造及销售电子配件及消费电子产品,包括印刷线路板、液晶显示器及机械及石英钟表。截至2001年12月止之年度,印刷线路板仍为集团之主要收入来源,占集团总营业额80.7%。于2001年度内,集团已基本完成印刷线路板业务之扩建工程,令其年产能达到25万平方米,产品文件次亦有显着提升。为进一步提升印刷线路板之产品结构,集团将继续加强特性阻抗印刷线路板、特种印刷线路板、高密度互连印刷线路板等高增值产品之设计及批量生产能力。而集团之液晶显示器业务,主要透过旗下于深圳上市之附属公司深圳天马微电子股份有限公司(天马)经营。天马将透过于中国发行A股所筹集之3.53亿元人民币资金净额,用于兴建一条新彩色STN-LCD生产线、扩充COG、TAB液晶显示模块产品生产线,以及引入COF液晶显示模块生产线。至于透过另一深圳上市附属公司深圳市飞亚达(集团)股份有限公司经营之钟表业务,已于年内分别于昆明、兰州、西安及乌鲁木齐增设四家钟表连锁店。集团将继续提升飞亚达作为国内中高文件表品牌之市场影像,提高产品设计开发之创新技术。于2002年度,集团之资本性开支预期约为4.9亿元人民币,其中3.7亿元人民币及4,800万元人民币将分别用于增购液晶显示产品业务及印刷线路板业务之生产设备。

【主要资产/投资(12/2001)】 深圳天马微电子股份有限公司(59.85%);深圳市飞亚达(集团)股份有限公司(52.24%);深圳市深南电路有限公司(95%);深圳航空精密模具塑料制品公司(74.5%);深圳迈威有线电视器材有限公司(60%);及深圳中施机械设备有限公司(50%)。

一木国际控股有限公司

【公司概况】 股票代码0162,集团主席吴一坚,发行股本(股)409M,票面值(港元)0.100,市价总值(港元)147M。

【公司业务】 该集团主要从事设计、制造及销售多种木制家具产品,包括书桌、餐桌、椅、碗柜、床、沙发、橱柜及花园配套家具。该等产品均由集团自行设计,并以原设计制造方式销售或以集团之品牌喜梦宝销售。于2002年6月止之年度内,日本为集团之主要市场,占其总营业额约78%,而余下则来自中国市场。由于竞争激烈及市道不景气,集团于年内录得股东应占亏损2,683万港元。此外,集团亦于年内录得经营亏损约4,172万港元,及因出售附属公司而录得亏损1,239万港元。年结后,集团亦完成出售两家从事家具制造业务之附属公司,代价为4,600万港元。于2001年11月,集团以发行新股方式筹得款项约5,600万港元,而所筹得之资金主要用作于2002年6月收购Best Paradise Assets Ltd.(Best Paradise)之100%权益。Best Paradise持有太平洋(海南)邮轮有限公司(太平洋邮轮)之51%权益,而太平洋邮轮则拥有及经营明辉公主号,明辉公主号为一艘邮轮,于中国东南部提供客运邮轮服务。展望将来,集团亦计划扩展其于客运邮轮业务之市场占有率。

【主要资产/投资(6/2002)】 Best Paradise Assets Ltd.(100%)。

英皇集团(国际)有限公司

【公司概况】 股票代码0163,集团主席陆小曼,发行股本(股)86M,票面值(港元)0.100,市价总值(港元)172M。

【公司业务】 该集团之主要业务为(1)在香港从事物业发展及投资;(2)透过其上市联营公司英皇(中国概念)投资有限公司在中国从事物业发展及投资;(3)证券买卖及提供证券经纪及顾问服务;(4)酒店营运　英皇骏景酒店;及(5)以欧化品牌从事家具零售及批发业务。截至2002年3月止之年度,集团之营业额较上年度增加22%至6.52亿港元。然而,集团于年内录得2.552亿港元之巨额亏损(上年度之纯利约为8,676万港元),转盈为亏之主因为物业减值所致。于2002年6月,集团订立协议,以现金代价约5,150万港元出售旗下另一家上市联营公司英皇科技信息有限公司(英皇科技,现已改名为松日通讯控股有限公司)之全部34.94%股权。与此同时,集团亦以现金代价约7,820万港元购回英皇科技之报章及杂志出版及柯式印刷业务。该等交易已于2002年7月22日完成,此后,集团再没有持有英皇科技之任何股权。

【主要资产/投资(3/2002)】 英皇(中国概念)投资有限公司(49.11%);英皇科技信息有限公司(34.94% — 此等股权已于年结日后出售);英皇证券(香港)有限公司(100%);英皇骏景酒店有限公司(100%);瑞典欧化(远东)有限公司(100%);位于香港之投资物业接公开市值约14.75亿港元;及位于香港之发展中物业之账面净值约1.569亿港元。

上海策略置地有限公司

【公司概况】 股票代码0164,集团主席董波,发行股本(股)3,771M,票面值(港元)0.010,市价总值(港元)268M。

【公司业务】 该集团主要在香港及中国从事物业投资及发展,以及证券买卖及投资业务。于2001年1月,集团以现金代价5.735亿港元出售香港上市公司亚细安资源集团有限公司之63.68%股本权益予控股股东曾文豪先生。与此同时,中策集团有限公司(中策集团)及东方魅力集团有限公司(东方魅力)向曾文豪先生收购集团之大部份权益,而集团亦以现金代价1.10亿港元向中策集团及东方魅力购入《成报》、《广角镜》杂志及一家主要提供有关中国之新闻及信息之互联网入门网站之60%权益(统称传媒业务)。于2001年7月,资本策略投资有限公司(资本策略)向中策集团及东方魅力收购集团约60%股本权益,而集团同时将其传媒业务以成本价售回予中策集团及东方魅力。完成出售传媒业务后,资本策略将成为集团之控股股东,而集团将继续在香港从事物业投资及发展,以及证券买卖及投资业务。在资本策略之支持下,集团将于亚洲区拓展具有潜力之策略性房地产项目。为扩大于中国物业市场之业务,集团于2002年1月订立一项有条件买卖协议,以收购于中国上海成立之公司上海华龙建设股份有限公司(上海华龙)之51%权益。上海华龙为上海著名建筑公司之一,以兴建高质素物业着称。集团预期此项策略性收购可扩大集团在国内之市场覆盖。于2002年3月止年度后至2002年8月期间,集团共筹集资金约2.166亿港元(主要透过股份配售),筹得之款项将主要拨作为投资合适项目、削减贷款及一般营运资金之用。

【主要资产/投资(3/2002)】 上海华龙建设股份有限公司(51%);位于香港之投资物业约值8,340万港元;及上市股本证券(主要为香港上市证券)于年结日按市值约1.23亿港元。

中国光大控股有限公司

【公司概况】 股票代码0165,集团主席王明权,发行股本(股)1,

563M，票面值(港元)1.000，市价总值(港元)3,518M。

【公司业务】 该集团为一间综合性财务企业，主要从事（1）投资银行业务：透过中国光大金融控股有限公司(香港)100% 股权，及光大证券有限责任公司(中国)49% 股权；(2) 商业银行业务：透过中国光大银行 20% 股权，及港基国际银行有限公司 20% 股权；(3) 保险业务：标准人寿保险（亚洲）有限公司 20% 股权。于二零零一年十二月之财政年度，集团之税后盈利主要为出售中国移动(香港)有限公司股份录得约 5,570 万港元之利润及向庄宝先生索偿而取回约 2.709 亿港元的部份赔款〔注：庄宝先生已向香港终审庭申请对上诉庭的判决提出上诉，截至二零零二年三月底该上诉并未排期审讯〕。截至二零零一年年底，光大银行在全国三十个省(市)及自治区拥有三十家直属分支行及三百一十六个营业网点，并于香港设有代表处，光大银行的总资产约 2,370 亿港元，而各项存款和各项贷款分别约 1,890 亿港元及 1,140 亿港元，另一方面，光大银行于二零零一年录得净利息收入约 4 亿港元，较二零零零年增加 31%，同时录得税后利润 2,000 万港元。于未来，光大银行将会继续提升分行网络建设、进一步发展电子银行系统、及开扩非利息收入业务，尤其是私人贷款及中介业务。至于集团之投资银行业务，截至二零零一年年底，其营业网点总数达四十七家，光大证券去年作为配股主包销商的项目方面全国排名第二，在筹募资金额及推荐上市股票数方面均全国排名第八。于二零零一年内，于 A 股及 B 股之二级市场占有率分别为 1.59% 及 1.95%，据二零零一年之年报所披露，光大证券拟将其注册资本由人民币五亿元增加至人民币二十六亿元，同时将对光大证券注资人民币 5.46 亿元，以维持集团于光大证券 49% 的权益，所筹集的资金将用作营运资金及于中国大陆发展光大证券之业务。

【主要资产/投资(12/2001)】 现金结余约 10.85 亿港元；中国光大银行股份有限公司(21.39%)；光大证券有限责任公司(49%)；港基国际银行有限公司(20%)；标准人寿保险（亚洲）有限公司(35%)；于年结日，交易证券按市值约 2.251 亿港元及非交易证券按市值约 15.08 亿港元，包括 0.27% 之中国移动(香港)有限公司股份、0.29% 之香港交易及结算所有限公司股权、0.06% 的中国联通股份有限公司权益、嘉利美商国际有限公司之 7.29% 权益及三商行国际集团有限公司之 4.98% 权益。

新时代集团有限公司

【公司概况】 股票代码 0166，集团主席张天佑，发行股本(股)433M，票面值(港元)0.100，市价总值(港元)208M。

【公司业务】 随着出售证券及期货买卖业务及终止开展融资业务后，该集团现时在筹划新业务方向前，正集中于为其挪威籍股东 Kistefos 向集团所提出之诉讼而进行辩护工作。据集团所披露，法庭已剔除将集团清盘之申索，惟要求集团购回 Kistefos 股份之申索仍未解决。截至 2002 年 8 月，法庭仍未订定下一次聆讯日期。此外，集团之新管理层亦未能估计有关诉讼之结束时间。现时，集团之收入主要来自其现有业务，如企业财务、自身证券买卖及直接投资，其现有之直接投资主要包括制造及买卖精密零件加工设备。

【主要资产/投资(3/2002)】 现金结余净额约 2.031 亿港元。

万威国际有限公司

【公司概况】 股票代码 0167，集团主席陈炜文，发行股本(股)2,072M，票面值(港元)0.100，市价总值(港元)1,823M。

【公司业务】 该集团主要从事构思、设计、制造及推广电子消费产品，该等产品均应用液晶体显示器及微型处理器科技，并按原设备制造/原设计制造及私人卷标形式制造。此外，集团亦以自身品牌 Oregon Scientific 及 Huger 开发产品。现时，集团拥有四个不同产品部门，分别为（1）液晶体显示电子消费产品，包括环境监察仪器、计时仪器、保健及运动产品（主要透过 IDT Holdings (Singapore) Ltd. 经营）；(2) 电讯产品，包括无线电话、新兴无线产品、收发器、传呼机及其它组件（主要透过 I—Comm Technology Ltd. 经营）；(3) 电子个人信息产品，如个人数码助理、数码相机、数码话音设备等；以及（4）电子教学产品，包括首批以主题人物推动之产品、safe－site.net 及智能咭。截至 2002 年 3 月止之年度，北美、欧洲及亚太区市场分别占集团总营业额 45%、40%及 15%。

【主要资产/投资(3/2002)】 于新加坡上市之 IDT Holdings (Singapore) Ltd.(63%)；于新加坡上市之 I－Comm Technology Ltd.(75%)；万威电子文仪有限公司(100%)；万威电子工业有限公司(100%)；Oregon Scientific Global Distribution Ltd.(100%)；IDT (Japan) Ltd.(100%)；万威贸易(上海)有限公司(100%)；Innovative Products Manufacturing Co. Ltd.(100%)；及于新加坡上市之 Kyosha Holdings (Singapore) Ltd.(37%)。

青岛啤酒股份有限公司

【公司概况】 股票代码 0168，集团主席李桂荣，发行股本(股)347M，票面值(港元)1.000，市价总值(港元)1,960M。

【公司业务】 青岛啤酒为中国历史最为悠久之啤酒生产厂，亦为国内规模最大及市场占有率最高之啤酒生产商，核心业务为啤酒制造、销售及与之相关之业务。集团之旗舰产品青岛啤酒为国际市场上最具知名度之中国啤酒，已行销全球 40 余个国家及地区。目前，集团在全国 17 个省市拥有 47 个啤酒生产厂及 3 个麦芽生产厂。于 2002 年 12 月止之年度，集团录得 298.7 万千升啤酒销售量，市场份额由 2001 年度之 11% 增至 2002 年度之 12.5%。在出口业务方面，年内共出口啤酒 6.4 万千升，较上年度增加 110%，大幅增长之原因为集团与台湾当地啤酒经销商通力合作，将青岛啤酒成功引入台湾市场。于 2002 年 10 月，集团已与世界最大之啤酒生产商美国安海斯－布什公司(AB 公司)组成策略联盟。集团将向 AB 公司发行 1.82 亿美元之可换股债券，资金将主要用作在国内合适之区域并购其它啤酒企业，以及新建、扩建企业及技术改造。于 2003 年 1 月，集团以代价 4,000 万元人民币收购青岛啤酒(福州)有限公司之权益，由 51% 增持至 75%。于 2003 年，集团之日标为完成啤酒产销量 360 万千升，其中青岛主品牌力争达到 120 万千升。长远而言，集团之目标为将 2005 年啤酒产销量力争达到 500 万千升，2010 年力争达到 800 万千升，同时使青岛主品牌之产销量提高至占总产量 40% 以上。

【主要资产/投资(12/2002)】 机器设备按账面净值约 27.97 亿元人民币；房屋建筑物及土地使用权按账面净值约 23.94 亿元人民币；及运输设备按账面净值约 2.713 亿元人民币。

正辉中国集团有限公司

【公司概况】 股票代码 0169，集团主席苏邦俊，发行股本(股)293M，票面值(港元)0.100，市价总值(港元)92M。

【公司业务】 该集团为国内一家地产发展商，专注于中国东北部及中部之中型城市至大城市，其主要物业权益皆位于长春及宁波。集团采用一套策略，以向其它发展商出售若干项目之部份土地，销售该等土地之所得款项用作集团拥有或将拥有之有关项目之发展及建筑费用。集团发展之物业主要为中档至高档住宅物业，以中等收入阶层之国内置业人士及国有或当地企业之雇员为目标。于 2002 年 12 月止之年度内，集团之营业额及纯利分别较上年度下跌 46.3% 及 33.1%。据集团解释，年内之营业额及纯利倒退主要由于集团已完成项目（以建筑面积计）较上年度下跌 47.6% 所致。于 2002 年 9 月，集团伙同一青岛伙伴在青岛成立合营公司青岛正辉广厦房地产开发有限公司。该合营公司（集团持有 70% 权益）从事青岛市小鱼山别墅重建工程（地盘面积：40 万平方米），将该地发展为大型豪华住宅/商业综合发展项目。该项目预期于 2008 年前完成，估计最早可于 2004 年底为集团带来收入。展望将来，集团将继续透过收购高增长城市之优质地盘/土地以补充其土地储备，藉以建立理想之土地储备作未来发展用途。

【主要资产/投资(12/2002)】 发展中物业之应计建筑面积约 448,730 平方米；及投资物业之应计总建筑面积约 2,489 平方米。

中国置业(控股)有限公司

【公司概况】 股票代码 0170，集团主席劳元一，发行股本(股)74M，票面值(港元)0.100，市价总值(港元)134M。

【公司业务】 该集团为一投资控股公司，主要业务为从事投资/买卖上市及非上市公司股份。于可见将来，集团之投资目标将会集中于具正面市场趋势、增长潜力及实际业务模式之公司/项目，并将会集中焦点于若干采用新科技之高增值行业。另一方面，集团之管理层预期中国逐步开放证券市场及预料不久将成立认可国内机构投资者（QDII）及认可海外机构投资者（QFII）后，将会吸引大量国内资金流入国内资本市场。集团相信此等发展可为集团带来更多商机。

【主要资产/投资(12/2001)】 现金结余净额约 5,880 万港元；第一上海投资有限公司(21.04%) － 香港上市公司；山东鲁抗医药股份有限公司(17.45%)；深圳石化塑料集团股份有限公司(28.05%)；苏州环球链传动有限公司(33.33%)；无锡华特钢带有限公司(29.75%)；无锡华生精密合金材料有限公司(29.75%)；中山市东阜路桥置业有限公司(35%)；及中山市南港路桥有限公司(29.23%)。

银建国际实业有限公司

【公司概况】 股票代码 0171，集团主席朱登山，发行股本(股)1,

312M，票面值(港元)0.200，市价总值(港元)919M。

【公司业务】 该集团主要从事房地产开发及投资、基础建设投资及科技投资业务。于2001年度内，集团收购一家名为北京东环国业有限公司(东环)之主要附属公司，东环主要在北京从事物业发展及相关投资业务。于2002年，东环为集团贡献税后盈利5,130万港元。在房地产开发业务方面，海运仓280万平方呎危房改造项目已于年内完成，并已回笼资金约1.144亿港元，回报率为22%。于2002年内，东环亦落实投资开发望京项目，该项目总建筑面积约为500万平方呎，管理层预期该项目将为集团带来丰厚收益。透过持有50%权益之联营公司中基建设投资有限公司(中基建设)，集团亦间接投资于中国基础建设项目。据披露，中基建设将会侧重投资于城市内如供水、供电及供气等相关基础建设。另一方面，集团已于年内出售于银网集团有限公司之权益，为集团带来约2,620万港元收益，并套现约1.65亿港元流动资金。展望将来，集团将继续发展其现有核心中国房地产投资及开发业务以及中国基础建设投资业务。据2002年年报所披露，集团正积极研究在中、港两地投资于包括(但不限于)证券投资、经纪、保险、投资基金及投资银行等业务为主之金融业务。

【主要资产/投资(12/2002)】 北京东环置业有限公司(87.9%)；北京银达物业管理有限责任公司(90%)；中基建设投资有限公司(50%)；及 Nonferrous Metals International (BVI) Ltd.(50%)。

长发建业有限公司

【公司概况】 股票代码0172，发行股本(股)3,315M，票面值(港元)0.250，市价总值(港元)66M。

【公司业务】 该集团之主要业务为在香港从事物业发展及投资。集团亦进行信息科技、物流及天然气等业务之策略性投资。随着于2001年9月完成债务重组及于2002年3月止年度内进行多项集资活动(包括两次配售、一次供股及发行可换股债券)后，集团之资本基础及财务状况已大大改善。因此，集团之净资产值由截至2001年3月止年度之1.076亿港元亏绌，改善至截至2002年3月止年度之1.271亿港元盈余。另一方面，集团于年内录得之净额亏损收窄至7,900万港元，较上年度之净额亏损11.244亿港元大幅减少93%。于2002年3月止之年度内，投资物业金都商场之租金收入仍为集团之主要收入来源。为进一步扩宽其收入来源，集团于2002年8月初收购 Power Insight Investment Ltd.(PIIL)30%权益，将业务扩展至天然气范畴，收购代价为6,000万港元，以发行新股方式支付。PIIL全资拥有东北亚能源国际(控股)有限公司，其主要业务为从事供应及买卖批发及罐装石油气、输送管道燃气，以及销售石油气家居用品。在 Masterful Resources Ltd.(MRL)有关信息科技及物流业务之投资方面，集团已于2002年9月将其持有之MRL全数49%权益出售，代价5,680万港元以发行2.84亿股光讯控股集团有限公司(香港联交所上市公司)之股份方式支付(该等股份占光讯经扩大股本约9.9%)。透过此项交易，集团可增加其投资之流通性，并可吸纳拥有信息科技相关业务之盈利潜力。

嘉华国际集团有限公司

【公司概况】 股票代码0173，集团主席吕志和，发行股本(股)1,921M，票面值(港元)0.100，市价总值(港元)1,344M。

【公司业务】 该集团为一投资控股公司，其主要业务为制造、销售及分销水泥、石料、预拌混凝土、混凝土管料及预制混凝土产品；石矿采矿；以及在香港、中国及东南亚从事物业发展与投资业务。于二零零一年之财政年度，来自建筑材料及地产业务之收入分别占总营业额47.6%及52.4%，而建筑材料业务更占集团之经营利益约90%。目前，该集团持有嘉华建材有限公司67%权益，嘉华建材为香港五大建筑材料供货商之一。至于中国大陆市场，该公司会积极投资，寻求产品与物流方面之策略略合作伙伴，以期令产品种类配套及多元化，并长期保持成本优势。该公司会继续拓展大上海地区业务，进一步扩大预拌混凝土及其它建筑材料之市场占有率。因应二零零八年奥运会的契机，该公司亦已积极部署在北京发展建材业务。而物业投资方面，嘉华国际集团藉香港地产市场整固期间在质量方面大力优化其住宅发展目；同时，于上海及广州等城市均参与发展高质素的房地产项目，包括住宅、商业楼宇及商场等项目。与此同时，集团在新加坡亦有投资物业项目。

【主要资产/投资(12/2001)】 嘉华建材有限公司(67%)；发展中物业总值29.39亿港元。

奇盛(集团)有限公司

【公司概况】 股票代码0174，集团主席梁树荣，发行股本(股)446M，票面值(港元)0.050，市价总值(港元)172M。

【公司业务】 该集团主要从事买卖电镀金属及不锈钢、电子及视像零件、油漆及涂料化工产品，以及物业投资业务。于2001年度，电镀金属及化工原料买卖仍为集团之主要收入来源。据集团解释，电镀金属及化工原料市场于年内之经营环境困难，令集团所营运之金属价格经历剧烈波动。然而，集团对该市场仍采取审慎乐观之态度。另一方面，集团来自物业投资业务之营业额及经营利益则维持稳定。截至2001年底，集团之流动比率为2.5倍，流动资产净值约为2.68亿港元，当中主要包括现金结余及证券投资。

【主要资产/投资(12/2001)】 冠亚商业集团有限公司(16.5%)；投资证券合共约值1.83亿港元(主要为在香港上市之股本证券及非上市共同基金)；及位于上海之投资物业按公开市值约2.285亿港元。

国润控股有限公司

【公司概况】 股票代码0175，集团主席贺学初，发行股本(股)3,440M，票面值(港元)0.020，市价总值(港元)2,167M。

【公司业务】 该集团之主要业务为从事实施及推广软件应用、信息科技相关业务，以及物业发展及投资。于2001年度，信息科技相关业务为集团主要收益来源，惟该等业务只开始初期运作，故仍处于亏损阶段。于2001年9月，集团出售香港上市公司四海互联网有限公司(四海)所有股权，惟集团于同一时间，透过收购四海经营旅游业务之附属公司49%权益，仍然参与旅游及相关业务。据集团2001年年报披露，由于香港物业市道持续呆滞，集团正考虑出售部份及全部现行物业组合，以减少集团欠银行及其控股公司之债务。2001年年结后，集团亦继续其重组活动。于2002年4月，集团与一独立第三者订立有关集团财务重组计划之协议，该独立第三者将投入集团6,600万港元。

联太工业有限公司

【公司概况】 股票代码0176，集团主席 BEAZER Cyril Brian，发行股本(股)557M，票面值(港元)0.100，市价总值(港元)139M。

【公司业务】 该集团之主要业务为从事制造及买卖变压器及线圈及充电式电池产品。截至2002年3月止之年度，集团之营业额大幅下跌44%至只有3.659亿港元，并录得净额亏损约1,450万港元(2001年3月止年度则录得纯利8,830万港元)。据集团解释，年内之亏损主要由于分占联营公司亏损及就关闭国内若干制造厂房而撇销固定资产所致。随着精简国内生产设施后，集团之生产运作现时集中于深圳松冈及上海进行。于2002年3月止之年度内，变压器及线圈之销售仍为集团主要之收入来源，约占其总营业额93.1%。集团产品之主要市场为中国(包括香港)、西欧、北欧、其它亚洲国家及美洲，分别约占集团总营业额36.4%、24.0%、17.1%、15.7%及6.5%。为迎合市场需要，集团已开始将业务由传统线性变压器原设备制造商，转移为电子/电力制造服务供货商，提供一站式全套服务，由设计、生产、装配、质量控制、包装以至付运等服务。截至2002年3月止之年度，集团持有现金结余净额约5,570万港元。

【主要资产/投资(3/2002)】 上海品新电源有限公司(100%)；品力实业有限公司(100%)；Panjet (Int'l) Ltd.(100%)；Pantronics (Int'l) Ltd.(100%)；品顶实业有限公司(100%)；品新国际有限公司(100%)；Mahan Industrial Co. Ltd.(25%)；及英发国际有限公司(1.89%)。

江苏宁沪高速公路股份有限公司

【公司概况】 股票代码0177，集团主席沈长全，发行股本(股)1,222M，票面值(港元)1.000，市价总值(港元)3,666M。

【公司业务】 该集团为江苏交通基建之唯一上市公司，主要从事投资、建设、经营及管理沪宁高速公路及有关江苏省境内之收费公路，并提供该等公路沿线之客运及其它辅助服务(如加油、住宿、餐饮、购物、汽车维修及广告等)。沪宁高速公路为集团之核心资产，接连上海、苏州、无锡、常州、镇江及南京六大、中城市。截至2002年12月止之年度，沪宁高速公路约占集团总营业额60%。于年内，集团以现金代价3.154亿元人民币收购苏州苏嘉杭高速公路之33.33%权益。苏州苏嘉杭高速公路为江苏、浙江两省之交通枢纽，预期有助提高集团沪宁高速公路之交通流量。于2002年12月23日，集团之美国预托凭证在美国场外市场进行买卖。现时，宁沪二级公路收费站点之调整工作正进行中，预期调整后之收费站可于2003年上半年开通收费。另外，集团将继续开展沪宁高速公路江苏段拓宽改造之可行性研究，以应付不断增长之交通流量。截至2002年年底，集团仍持有充裕之现金结余约 4.965 亿港元。

【主要资产/投资(12/2002)】 沪宁高速公路江苏段(100%);宁沪二级公路江苏段(100%);南京至连云港高速公路南京段(100%);江苏广靖锡澄高速公路(85%);江苏扬子大桥(26.66%);苏州苏嘉杭高速公路(33.33%);江苏快鹿汽车运输股份有限公司(33.2%);南京双狮楼酒店(95.05%);江苏宁沪投资发展有限责任公司(95%);江苏省租赁有限公司(26.1%);及上海中交海德交通科技股份有限公司(35.71%)。

莎莎国际控股有限公司

【公司概况】 股票代码 0178,集团主席郭少明,发行股本(股)1,267M,票面值(港元)0.100,市价总值(港元)1,140M。

【公司业务】 该集团主要从事多种品牌化妆品、香水、护肤及头发护理用品(包括集团专有品牌及独家代理之名牌产品)之零售及批发业务,以及提供美容及健美中心服务。集团为亚洲具领导地位之销售及经营美容及健康产品服务供货商,在区内拥有广泛之零售网络,包括位于香港、台湾、马来西亚及新加坡之 53 间莎莎零售店铺(其中包括 La Colline 专门店及一间全新 Selective 店)、位于中国之 162 个莎莎依贝佳零售专柜及 8 间依贝佳美容中心,以及位于马来西亚、新加坡、泰国及香港之 9 间菲力伟女子健美中心。除现有之门市外,集团亦透过其设有国际、香港及韩国网站之电子商贸平台 sasa.com 提供全日 24 小时网上零售服务及丰富产品信息。截至 2002 年 3 月止之年度,集团之营业额增加 6.8% 至 15.37 亿港元,然而,集团仍然录得亏损约 7,120 万港元(上年度亏损为 8,430 万港元),亏损主要原因为一次性之拨备及费用约 1.034 亿港元所致。尽管如此,集团之核心化妆品零售业务于年内录得除税前利益约 806 万港元。有见于美容服务业之增长潜力,集团于 2002 年 6 月底在铜锣湾开设首家 Sa Sa Beauty+ 美容及纤体中心,提供一站式高质素及物超所值之美容护理服务。于未来数年,集团之业务重心为进一步加强于中国市场之地位,以及在国内开设莎莎化妆品专门店。截至 2002 年 3 月止之年度,集团拥有庞大现金结余净额约 6.526 亿港元。

【主要资产/投资(3/2002)】 莎莎化妆品有限公司(100%);Alibaster Management Ltd.(100%);深圳莎莎依贝佳实业有限公司(55%);HK Sa Sa (M) Sdn. Bhd.(100%);Sa Sa Cosmetic Co. (S) Pte Ltd.(100%);菲力伟集团(58.33%);及 Sa Sa dot Com Ltd.(100%)。

德昌电机控股有限公司

【公司概况】 股票代码 0179,集团主席汪穗中,发行股本(股)3,674M,票面值(港元)0.013,市价总值(港元)34,166M。

【公司业务】 该集团专为汽车、电动工具、家用电器、商业设备、个人护理产品及影音全球行业设计及制造微型马达及集成马达系统,乃此领域之世界翘楚。集团现时之业务架构主要分为两大类,分别为(1)汽车配件部门;及(2)商业马达部门(包括电动工具、家用电器、商业器材及个人护理用品,及影音设备)。集团两个主要生产设施设位于中国及泰国,另有制造厂设于意大利及墨西哥,而研究、销售推广及技术支持中心则设于香港、德国、意大利、日本、中国及美国。据集团 2002 年年报披露,尽管集团现时多项个别产品业务均维持强劲市场地位,惟集团占整体微型马达市场不超过 10%。因此,集团认为自己有莫大潜力于增长中之全球精确马达市场继续争取市场占有率。现时,集团所采用之策略为将价值链非核心环节外判予成本较低之专业生产商,以及加强其中国大陆生产基地之地位。此外,集团亦会继续透过内部增长及收购以维持增长。于 2002 年 3 月之财政年度,集团收购多项有潜力之公司或业务,例如:(1)于 2001 年 7 月以 1,250 万美元代价向 Textron Automotive Company 收购其 Kautex Textron 部门电动马达零件业务之若干制造资产;(2)于 2001 年 8 月以 1,170 万美元代价收购 ArvinMeritor 轻型汽车系统部门汽车电动座椅马达业务之若干制造资产;及(3)于 2001 年 11 月以 580 万美元代价收购 Manufactura de Motores Argentinos S.r.l. 余下 49%股权。集团于过去数年所作之收购活动大大巩固集团于电动配件市场之竞争地位。至于影音设备业务方面,与日本电产组成之合营公司于 2000 年 7 月开业,该业务仍处于发展初期。集团深信影音设备业务内之销售额将可超越平均增长。截至 2002 年 3 月止之财政年度,集团拥有现金净额约 7.09 亿港元。

【主要资产/投资(3/2002)】 德昌电机工业制造厂有限公司(100%);Johnson Electric Automotive, Inc.(100%),包括持有欧洲 Gate S.p.A.(100%)及 Johnson Electric North America, Inc.(100%);日本电产德昌电机(香港)有限公司(51%);Brushless Technology Motors S.r.l.(51%);Manufactura de Motores Argentinos S.r.l.(100%);南京合强工业有限公司(100%);及德昌电机(深圳)有限公司(100%)。

开达集团有限公司

【公司概况】 股票代码 0180,集团主席丁鹤寿,发行股本(股)665M,票面值(港元)0.100,市价总值(港元)100M。

【公司业务】 该集团主要从事制造及销售塑料、电子及填充式玩具及模型火车,及物业投资业务。于 2001 年 12 月止之年度内,中国(包括香港)、美国及欧洲市场仍为集团主要之收入来源。面对玩具业内之激烈竞争及经营困境,集团之业绩转盈为亏,由 2000 年度录得净额利益 503 万港元转为 2001 年度录得净额亏损 2,489 万港元。另一方面,集团截至 2001 年底之总负债约为 4.22 亿港元,然而其现金结余只有约 642 万港元。鉴于在美国及欧洲市场拥有领导地位,集团会将资源集中于发展模型火车产品业务。

【主要资产/投资(12/2001)】 东莞开达电子有限公司(70%);开达实业有限公司(100%);Grafar Ltd.(100%);添宝玩具有限公司(100%);Melville Street Trust Co. Ltd.(27.3%);投资物业按公开市值约 4.094 亿港元(主要位于香港);及其它证券按市值约 7,580 万港元。

福海集团有限公司

【公司概况】 股票代码 0181,集团主席黄建观,发行股本(股)1,074M,票面值(港元)0.125,市价总值(港元)88M。

【公司业务】 该集团主要从事物业投资及发展,以及酒店经营业务。自 1999 年起,集团已面对严重流动资金困难,并已连续四年录得巨额亏损。据 2002 年年报所显示,集团之股东资金亏绌已由 2000 年 3 月止年度之 1.33 亿港元,进一步扩大至 2002 年 3 月止年度之 4.18 亿港元。为协助集团重组债务及未来投资,集团于 2002 年 5 月 29 日,与新投资者金朝阳集团有限公司及其单一大股东博金珠女士所持有之全资附属公司 Turbo Success Ventures Ltd. 订立一份意向备忘录。截至 2002 年 9 月 27 日,与主要财务债权人就有关债务重组计划之协商仍在进行中。基于有关持续经营基准之基本不明确事项及审理范围限制,集团新聘任之核数师郑国卫会计师事务所亦对其 2002 年 3 月止年度之财务报表持保留意见。

香港药业集团有限公司

【公司概况】 股票代码 0182,集团主席孙晓路,发行股本(股)1,404M,票面值(港元)0.100,市价总值(港元)421M。

【公司业务】 该集团原先在香港从事批发及零售中药及其它药物、健康产品及海味,以及提供中医诊疗服务之业务。随着于 2001 年收购若干资产后,集团已将业务扩展至于中国从事基因工程制药及转基因动物制药之科研、生产及销售业务。于 2001 年 3 月,集团收购中国最早及最大生物工程企业之一上海华新生物高技术有限公司(华新)之 57% 股权,并计划以华新作为集团日后发展高科技业务之旗舰。于 2001 年 4 月,集团亦伙同扬州大学成立转基因制药研发中心扬大港药基因工程有限公司。该研发中心拥有动物胚胎实验室及分子克隆实验室,从事转基因生物制品、基因药物和基因治疗之研发、生产及销售。收购华新后,集团已致力于商业化其新药品。同时,集团亦透过收购贵州一树连锁药业有限公司(一树)之 51% 权益,以扩充及发展集团在中国之药品分销网络。一树为国内主要之中西药零售商,有关收购已于 2002 年 3 月 30 日完成。

【主要资产/投资(3/2002)】 上海华新生物高技术有限公司(57%);贵州一树连锁药业有限公司(51%);扬州杨大港药基因工程有限公司(34.43%);及南北行(集团)有限公司(100%)。

中信国际金融控股有限公司

【公司概况】 股票代码 0183,集团主席孔丹,发行股本(股)3,181M,票面值(港元)1.000,市价总值(港元)6,601M。

【公司业务】 中信嘉华银行为一家本地中型银行,主要在香港提供一般银行及相关金融服务,包括零售银行、企业银行、投资银行,以及财资及金融机构服务。继 2002 年 1 月完成收购香港华人银行后,集团晋身成为本港第四大资产之上市银行(总资产约 796 亿港元)。除本港业务外,集团亦在美国经营两间分行,及在北京设有一间代表处。于 2001 年度,集团积极拓展非利息收入业务,包括推出个人投资理财服务、与永明金融(香港)有限公司联盟推出银行保险服务、与鹰星保险合作推出一般保险产品、推出首张信用卡 CITIC Ka Wah VISA 等。于 2002 年 2 月,集团与中信实业银行建立长远之全面业务合作关系,创造新发展机会。为提升其综合竞争力及为客户提供全方位之金融服务,集团正草拟计划重组成金融控股公司,统领商业银行、投资银行及资产管理三大业务。重组后之金融控股公司将隶属于中信控股,而中信控股则为集团母公司中信公司透过注入金融业务而成立之控股公司。此举不仅加强集团与中信公司在国内金融机构之合作,更能提供机会予集团进一步发展中国业务,实现跨步发展。

【主要资产/投资(12/2001)】 嘉华国际财务有限公司(100%);嘉华金融有限公司(51%);嘉佳证券有限公司(51%);嘉华投资有限公司(100%);嘉华信用财务有限公司(100%);嘉华资产管理有限公司(100%);California Investment, LLC(100%);嘉信投资及顾问有限公司(100%);及北京嘉银通投资顾问有限公司(100%)。

激成投资(香港)有限公司

【公司概况】 股票代码 0184,集团主席何建源,发行股本(股)340M,票面值(港元)1.000,市价总值(港元)255M。

【公司业务】 该集团主要从事物业发展、投资及管理,以及经营酒店及会所之业务。集团之核心收入来源来自澳门之物业发展、投资及管理业务。此外,集团亦在越南胡志明市、中国大陆及加拿大经营酒店或/及物业发展业务。截至 2001 年度止,由于成功推出位于澳门之海洋花园两幢豪华住宅楼宇馨花苑及丽花苑,集团销售及出租物业成绩理想,营业额大幅提高。在越南,集团之 Caravelle Hotel 继续巩固其于胡志明市之领导地位,而集团另外持有 63% 权益、位于胡志明市之发展中酒店综合项目现正按进度进行,预期于 2003 年建成。于 2002 年 2 月,定名为 Ocean Place Executive Residences 之服务式公寓及该大楼之商场部份已开始营业。展望将来,由于旗下资产大部份位于澳门,集团对其物业组合之回报持乐观态度,并预期澳门娱乐事业继续开放,将大力刺激澳门各行各业之发展。

【主要资产/投资(12/2001)】 投资物业及其它物业按公开市值合共约 2.211 亿港元;位于武汉之酒店物业约值 1.965 亿港元;发展中物业约值 7.312 亿港元,该物业为一幢作投资用途,包括酒店、服务式公寓及写字楼之综合建筑物;及待售物业约值 5.124 亿港元(大部份位于澳门)。

恒锋集团有限公司

【公司概况】 股票代码 0185,集团主席陈恒辉,发行股本(股)60M,票面值(港元)6.250,市价总值(港元)64M。

【公司业务】 该集团主要从事经营信用卡业务;证券买卖及投资;库存债券投资;时装及配饰零售;物业投资;及医疗保健业务。于 2002 年 3 月止之年度内,集团因被视为出售上市附属公司中国燃气控股有限公司(中国燃气)之权益而录得收益约 3,100 万港元。然而,集团于年内仍录得净额亏损约 3,970 万港元,主要由于就有关商誉之已确认减值亏损约 2,890 万港元及就物业组合确认重估亏绌及减值约 620 万港元所致。随着于 2000 年 4 月完成收购联网信用卡有限公司(联网信用卡)及联网优惠卡有限公司后,集团现时为万事达卡及 Countdown 折扣卡之非银行独立发卡机构及服务供货商。于 2002 年 4 月,集团同意转让联网信用卡之 18% 权益予马来西亚主要信用卡发行机构 MBf Asia。集团预期引入 MBf Asia 作为策略股东后,将有助联网信用卡寻求 VISA 认可为许可信用卡发行机构之一。于 2002 年初,集团完成收购 Global Med Technologies, Inc. (Global Med) 及 eBanker USA. com, Inc. (eBanker),总代价以减少集团之主要联营公司 eVision Int'l, Inc. 所发行之债券数目之方式偿付。Global Med 为健康护理业提供信息管理软年产品及服务之供货商,而 eBanker 则为较少人涉足之独特金融市场提供高利润产品及服务之供货商。至于集团之上市附属公司,中国燃气已大幅缩减其时装零售业务,专注投资于经营天然气项目之合营企业,将业务扩展至中国能源行业。

【主要资产/投资(3/2002)】 中国燃气控股有限公司(52.9%);联网信用卡有限公司(98.6%);联网优惠卡有限公司(98.6%);eBanker USA. com, Inc. (40.3%);Global Med Technologies, Inc. (58.4%);及 Keng Fong Foreign Investment Co. Ltd. (100%)。

嘉域集团有限公司

【公司概况】 股票代码 0186,集团主席何永安,发行股本(股)400M,票面值(港元)0.100,市价总值(港元)4,102M。

【公司业务】 该集团主要从事设计、开发、制造及分销电子产品及组件,以及提供金融服务。现时,集团之业务主要分为以下多个核心部门:(1) 磁头媒体部门—主要透过新加坡上市附属公司 Lafe Technology 经营;(2) 电子产品生产服务部门—主要透过核心附属公司经营,分别为从事生产及销售消费电子品业务之 Tomei Technologies、从事生产及销售计算机显示器业务之泰国上市公司 Capetronic International,以及于吉隆坡上市之 Nakamichi Corporation;(3) 品牌产品分销部门—主要负责管理三个主要品牌—Nakamichi (中道)、Akai (雅佳) 及 Sansui (山水) 之分销及发给特许权之工作;以及 (4) 企业融资及投资部门。

【主要资产/投资(12/2001)】 Lafe Technology Ltd. (63%);Tomei Technologies Ltd. (100%);Nakamichi Corporation Ltd. (60%);Capetronic International (Thailand) Public Co. Ltd. (64%);及 Grande N. A. K. S. Ltd. (100%)。

北人印刷机械股份有限公司

【公司概况】 股票代码 0187,集团主席朱武安,发行股本(股)100M,票面值(港元)1.000,市价总值(港元)186M。

【公司业务】 该集团主要在中国从事开发、设计、生产及销售各类型之印刷机械及相关零配件业务。集团供应之印刷机械包括锻压设备、包装机械、商用表格印刷机、商用轮转印刷机、商用柔性版印刷机及凹印机。现时,集团为全国该类型机械之最大供货商之一。截至 2001 年 12 月止之年度,集团之业绩表现继续受惠于中国稳定之经济增长。尽管集团于年内之营业额只上升 57.3%,其纯利却大幅上升 149% 至约 2,655 万港元。为进一步加强其于印刷机械制造业之市场领导地位,集团已于年内收购陕西机资产以生产凹印机。此外,集团亦伙同北京胶印厂成立一家附属公司北京北人羽新胶印有限责任公司,以提供杂志及书籍印刷服务。在技术创新方面,集团已在西安高新技术开发区成立北人技术中心分部,目的是为集团科研开发技术创新结出硕果。至于生产基地方面,集团打算于 2004 年将其生产线重设于北京经济技术开发区,而第一期搬迁正在按计划进行。

【主要资产/投资(12/2001)】 北京北人太和印机铸造厂(62.5%);河北北人给纸机厂(50.68%);北京北人富士印刷机械有限公司(70%);海门北人印刷机械有限责任公司(51.2%);北京北人京延印刷机械厂(98.77%);北京北人印刷机备年厂(94.65%);及北京北人羽新胶印有限责任公司(68.66%)。

汇富金融控股有限公司

【公司概况】 股票代码 0188,集团主席蔡冠深,发行股本(股)3,125M,票面值(港元)0.100,市价总值(港元)1,047M。

【公司业务】 该集团主要从事证券投资;证券经纪;及提供财务顾问服务、资产及基金管理、放款及其它与证券相关之金融服务。在过去数年,集团已积极进行业务多元化,以令集团由传统经纪行转型为服务种类更广泛之本地投资银行。由于全球投资市场疲弱不振及香港证券交易之平均成交量萎缩,集团之纯利由 2001 年 6 月止年度录得之 2.011 亿港元大幅下跌 61.8% 至 2002 年 6 月止年度只有 7,680 万港元。因此,集团决定将最近购入之证券行权益,售回其前管理层,并且结束全部分行网络。于年内,集团之资产及基金管理部门录得显着表现。年内购入之 Kingsway—HIA Investment Products Ltd.,令集团享有独家权利在亚洲分销商标旗下之欧洲及环球股票基金。至于中国市场方面,与国内之金融机构建立策略伙伴关系之商讨现正进行中。连同早前获中国证监会颁发多个有关 B 股买卖活动之牌照,集团预期中国业务将为其带来新收入来源,以及成为集团日后重要之增长动力。于 2002 年 6 月底,集团拥有现金结存净额约 1.194 亿港元及上市证券按市值约 4.844 亿港元。

【主要资产/投资(6/2002)】 汇富证券有限公司(100%);汇富电子证券有限公司(100%);汇富经纪有限公司(100%);汇富期货有限公司(100%);汇富融资有限公司(100%);汇富基金管理有限公司(100%);汇富资产管理有限公司(100%);汇富环球基金管理有限公司(100%);汇富信托基金管理有限公司(100%);Kingsway — HIA Investment Products Ltd. (100%);及汇富财务有限公司(100%)。

广生行国际有限公司

【公司概况】 股票代码 0189,集团主席刘銮鸿,发行股本(股)960M,票面值(港元)0.400,市价总值(港元)206M。

【公司业务】 该集团为华人置业集团有限公司之附属公司。现时,集团主要在香港及中国从事物业投资及发展,以及在香港以双妹唛品牌销售化妆品业务。于 2000 及 2001 年两个财政年度,中、港两地之物业买卖为集团之主要盈利来源,而物业租赁业务则较为稳定,为集团第二大收入来源。集团之净亏损由于 2000 年度之 4.117 亿港元,大幅改善至本年度之 6,180 万港元亏损,主要由于 2000 年度为一项香港物业发展项目提拨减值准备 4.10 亿港元所致。

【主要资产/投资(11/2001)】 星光行若干单位,总建筑面积约14,087平方呎(100%);庄士企业大厦,总建筑面积约5,040平方呎(100%);兴伟中心若干单位,总建筑面积约131,727平方呎(100%);广建贸易中心若干单位,总建筑面积约126,237平方呎(80%);田湾畔若干单位,总建筑面积约24,049平方呎(34.65%);唐人新村丈量约份121号若干地段,总建筑面积约44,578平方呎(100%);一号交易广场,总建筑面积约585,620平方呎(100%);位于太原街/湾仔道之重建项目,总建筑面积约749,680平方呎(25%);应计农地地盘面积约134万平方呎;位于上海、总建筑面积约24,499平方呎之百富勤广场(90.3%);位于马来西亚吉隆坡、总建筑面积约17.85万平方呎之Menara Genesis(20%);及位于胡志明市、总建筑面积约16万平方呎之Somerset Chancellor Court(13.4%)。

香港建设(控股)有限公司

【公司概况】 股票代码0190,集团主席蒋志权,发行股本(股)608M,票面值(港元)1.000,市价总值(港元)204M。

【公司业务】 该集团主要从事建筑、物业发展及投资业务。现时,集团在中国境内广州、南海、福州及北京具有承包工程资格。于2001年底,集团手头建筑合约总值达66亿港元。另一方面,集团于深圳、广州、海口及北京都持有一级商业及住宅发展项目。由于面对沉重债务负担及流动资金紧绌问题,集团自2000年起已进行债务重组活动。直至2002年9月止,该等问题仍未能解决。于2001年6月,中国光大国际有限公司及其附属公司Maddington Ltd.与上海建工(集团)总公司(上海建工)订立收购协议;据此,上海建工有条件地同意购入集团1.14亿股股份,收购事项已于同年7月完成。自此,上海建工(国内最大之建筑公司之一)便成为集团最大单一股东。据披露,为提升财务状况,集团于2002年之目标为出售位于深圳地王、南海中心及海南银谷苑之若干物业。

【主要资产/投资(12/2001)】 香港建设蚬壳发展有限公司(40%);Karbony Investment Ltd.(40%);Hong Kong Construction Kam Lung Ltd.(50%);禧发投资有限公司(50%);Right Choice International Ltd.(27.5%);快富投资有限公司(50%);香港建设(深圳)有限公司(100%);珠海熊谷房产发展有限公司(100%);香港建设(广州)有限公司(100%);及深圳熊谷物业管理有限公司(60%)。

丽新制衣国际有限公司

【公司概况】 股票代码0191,集团主席林百欣,发行股本(股)1,438M,票面值(港元)0.500,市价总值(港元)185M。

【公司业务】 丽新制衣国际(集团)为丽新集团之控股公司。由最初一家成衣制造商,集团现时已演变为一家多元化企业,主要业务为成衣制造、零售及批发;物业发展及投资;中国物业;酒店业;电讯;传媒及娱乐;及策略性投资。截至2002年7月止之年度,集团继续录得巨额亏损约12.003亿港元(2001年7月止年度之净额亏损为6.294亿港元),主要由于摊占联营公司亏损约9.228亿港元及为丽新发展有限公司(丽展)之权益减值约2.738亿港元所致。为更清楚界定丽新集团有关成员之业务,集团已于2002年4月收购丽展持有丽丰控股有限公司(丽丰)之25.4%权益。交易完成后,丽新集团于丽丰之投资已全部由集团所持有。于年内,集团已缩减其香港之成衣制造业务,并预期集团之业绩在短期内仍会颇大程度受到上市附属公司鳄鱼恤有限公司及两间上市联营公司(分别为丽展及丽丰)之业绩表现所影响。截至2002年7月止之年度,集团之短期债项约为8,840万港元,而应付一名股东之票据(到期日为2004年4月30日)则达2.10亿港元。

【主要资产/投资(7/2002)】 鳄鱼恤有限公司(54.93%);丽丰控股有限公司(46.04%)— 位于中国之投资物业及发展中物业分别约值29.524亿港元及32.10亿港元;及丽新发展有限公司(42.25%),丽展持有丰德丽控股有限公司49.99%权益、亚洲电视有限公司32.75%权益、天传有限公司50%权益、香港丽嘉酒店65%权益及越南Caravelle酒店26%权益,以及位于香港之投资物业按公开市值约49.88亿港元。

圣安娜控股有限公司

【公司概况】 股票代码0192,集团主席陈伟彰,发行股本(股)196M,票面值(港元)0.100,市价总值(港元)122M。

【公司业务】 该集团之主要业务为从事经营两家以圣安娜饼屋及面饱廊为名之连锁式饱饼店,以及以小城知味为名之食肆业务。集团为香港饱饼市场翘楚之一,提供多种饱饼产品、佳节礼品及其它包装食品。截至2002年3月止之年度,集团绝大部份销售额(97.7%)来自香港及澳门,而其余则来自中国及海外市场。于年内,集团已向日本发展商取得于面饱生产过程中使用之天然酵母技术之独奏特许权,以提高其面饱产品之品质,此制法广受市场欢迎。至于集团之食肆业务已于年内转亏为盈,并正为集团提供盈利贡献。集团将继续物色适合地点开设更多分店。尽管新加坡扩充计划已被搁置,集团现正重新评估中国这个潜力优厚之消费市场,而其试点门市已率先于2002年7月在广州开业。另一方面,集团亦计划将更多生产线迁移至深圳厂房,以进一步提升生产效益。截至2002年3月止之年度,集团仍持有现金结余净额约8,090万港元。

【主要资产/投资(3/2002)】 圣安娜饼屋有限公司(100%);圣安娜饼屋(澳门)有限公司(100%);圣安娜饼屋(深圳)有限公司(100%);面饱廊有限公司(100%);及汇图有限公司(100%)— 经营食肆。

庆屋国际有限公司

【公司概况】 股票代码0193,集团主席朱耀铭,发行股本(股)2,081M,票面值(港元)0.010,市价总值(港元)23M。

【公司业务】 该集团之主要业务为从事物业投资、金融投资,以及旅游及销售丝绸产品,其它业务则包括马来西亚之建筑及室内设计工程业务。截至2002年7月止之年度,集团之股东应占亏损收窄至9,880万港元(2001年7月止年度之亏损为1.572亿港元),年内之亏损主要由于为商誉及其它证券减损约5,735万港元,以及为待售物业作拨备约2,960万港元所致。于年内,集团出售若干联营公司之全部权益。另一方面,集团亦收购若干新业务/投资,包括两家从事建筑与室内设计工程业务之公司,以及一家从事丝绸产品销售业务之公司之股本权益。日后,集团将考虑透过投放更多资源发展香港旅游业务,藉以多元化其业务范畴。此外,集团亦会物色有意买家,以合理价格出售位于香港及日本之土地,以及可能出售控制权较少之非核心业务及生产力较低或资本开支较大之资产/投资。

【主要资产/投资(7/2002)】 位于香港之投资物业按公开市值为3,298万港元;位于日本及中国之待售物业按变现净值约为4,710万港元;鸿图旅运有限公司(70%);马仙奴亚洲有限公司(70%);Finacorp Resources (M) Sdn. Bhd. (100%);及Vistanet (M) Sdn. Bhd. (20%)。

廖创兴企业有限公司

【公司概况】 股票代码0194,集团主席廖烈文,发行股本(股)379M,票面值(港元)1.000,市价总值(港元)1,467M。

【公司业务】 该集团之主要业务为从事物业投资、发展及管理,以及提供银行、保险、证券经纪及代理人服务。现时,集团在香港持有多项商业、零售及住宅物业组合,如汇港中心、创兴广场、富慧阁、皓朗山庄、宝翠园、创业商场、廖创兴银行大厦、丰顺商业大厦及万象工业大厦;而位于中国之主要物业项目则包括在广州之东湖御苑及在上海之廖创兴金融中心。至于集团之银行业务,主要透过其持有45.1%权益之廖创兴银行有限公司经营,而其保险业务则透过全资拥有之廖创兴保险有限公司进行。

【主要资产/投资(12/2001)】 廖创兴银行有限公司(45.1%);廖创兴保险有限公司(100%);广州创兴房地产发展有限公司(60%);廖创兴物业管理及代理有限公司(100%);及上海黄埔廖创兴房地产开发有限公司(直接持有50%权益,以及透过廖创兴银行间接持有45%权益)。

亨泰消费品集团有限公司

【公司概况】 股票代码0197,集团主席林国兴,发行股本(股)601M,票面值(港元)0.010,市价总值(港元)372M。

【公司业务】 该集团主要向中国市场分销包装食品、饮料、家庭消费品及食品材料。现时,集团分销约400种食品及家庭消费品,包括糖果、巧克力、饼干、饮料、鸡精、奶粉、人造牛油、调味品及电芯。集团分销之产品主要采购自海外市场,例如东南亚、美国、欧洲、澳洲及纽西兰,而该等产品则分销至遍布中国多个直辖市及主要城市(包括北京、广州、上海、深圳、重庆、成都、南京、武汉、合肥、长春、南昌、苏州、无锡及西安)之批发商。于2002年6月止之年度内,集团逾90%之收益、业绩、资产及负债来自包装食品、饮料及家庭消费品之分销业务。截至2001年11月15日止,集团在国内拥有逾250家批发商之客户基础,相关该等批发商将集团之产品转售予超级广场、超级市场及百货公司等零售商,以及酒店、食肆及食品制造商。除食品及消费品分销业务外,集团亦在中国天津设立加速力制造公司,在国内从事生产及销售非碳酸饮料。

【主要资产/投资(6/2002)】 金中有限公司(100%);Heng Tai Consumerables Group (New Zealand) Ltd. (100%); Yin Hin Ltd. (100%);Heng Yiu & Associates Ltd. (100%);亨锐澳门离岸商业服务有限公司(100%);及加速力(天津)饮料有限公司(100%)。

东方魅力集团有限公司

【公司概况】 股票代码 0198,集团主席谭咏麟,发行股本(股)2,751M,票面值(港元)0.005,市价总值(港元)107M。

【公司业务】 该集团主要从事与娱乐相关之业务,包括于亚太区特许经营及经营运缤纷荷李活及东方魅力主题餐厅;制作电影、电视连续剧、纪录片及娱乐信息节目;于创业板上市之成报传媒集团有限公司(成报传媒)及流动广告有限公司(流动广告)之策略性投资;以及物业投资及发展。受到零售市场及娱乐事业不景气所影响,集团截至2002年3月止之年度继续录得巨额亏损4.617亿港元(2001年3月止年度之亏损为4.687亿港元)。由于电影业正处于低迷时期,且宽频互联网无法在香港起飞,集团已搁置在香港元朗建造大型制作中心。于2002年6月,集团遂以现金代价1.03亿港元出售该幅元朗土地予保华德祥建筑集团有限公司,而所得之销售款项则作用偿还集团之债务。集团日后将集中发展其于中国之内容制作业务,并计划每年于区内制作及发行超过500小时之内容。至于集团之全资附属公司最佳拍挡有限公司,将专注于以受委形式拍摄及与中方伙伴共同制作节目;而集团持有40%权益之 Applause Pictures 则已筹划更多制作项目,并将于短期内拍摄。凭借其现有之娱乐及媒体相关业务,连同其于成报传媒(悠久之印刷传媒公司)及流动广告(户外广告媒体经营商)之策略性投资,集团将继续致力发展成为亚太区全面综合之娱乐及媒体企业。

【主要资产/投资(3/2002)】 成报传媒集团有限公司(25.6%);流动广告有限公司(26.9%);Planet Hollywood Asia Pte Ltd. (100%);最佳拍挡有限公司(100%);Applause Pictures(40%);StarEastWorks(50%);及位于中国之持作转售物业按可变现净值为5,770万港元。

祥泰行集团有限公司

【公司概况】 股票代码 0199,集团主席谢祖翔,发行股本(股)117M,票面值(港元)0.010,市价总值(港元)19M。

【公司业务】 该集团之主要业务为从事空调设备及机械贸易及提供有关工程服务;摩托车及配件贸易;以及地产投资及发展。随着于2001年10月转换主要股东后,集团推行一连串业务重组,包括出售非核心业务如北京物业发展项目、药品制造业务及深圳之百货公司。因此,集团之业绩由2001年3月止年度录得之1.564亿港元净额亏损,大幅改善至2002年3月止年度之5,900万港元净额亏损。据集团解释,年内之亏损主要由于出售附属公司产生亏损及发展中物业出现减值亏损所致。至于集团就有关 Value-Net 之投资而对郑煜权先生采取之法律行动,高等法院已于2002年3月颁令郑先生须就违反其与集团订立之协议而需向集团赔偿8,991万港元。然而,截至2002年7月19日,集团仍未能与郑先生取得联系,因此仍未能确定该笔款项可否全数收回。

【主要资产/投资(3/2002)】 位于香港之投资物业按公开市值为2,450万港元;位于香港上环之商住物业发展项目(60%);劲龙工程有限公司(100%);及祥泰行(中国)有限公司(100%)。

新濠国际发展有限公司

【公司概况】 股票代码 0200,集团主席何鸿,发行股本(股)145M,票面值(港元)1.000,市价总值(港元)253M。

【公司业务】 该集团之传统业务为经营海鲜舫(如香港仔之珍宝王国)及相关业务;物业投资;以及投资于多家上市及非上市公司。随着于2001年底转换新管理层,集团之业务已进行精简及重组工作,以令集团发展成为一家积极发展、在香港及大中华地区拥有多元化业务投资之综合企业。为配合新业务策略,集团已作出约2,000万港元之拨备,因此截至2002年12月止之年度,集团录得亏损净额3,560万港元。现时,集团之业务分为四个部门:(1)投资银行、金融服务及科技;(2)高级饮食、消闲及旅游业务;(3)物业投资;及(4)投资及能源。集团透过持有67%权益之创业板上市附属公司汇盈控股有限公司(股份编号:8101)经营投资银行、金融服务及科技业务。集团之股票经纪与买卖、期货经纪与买卖及企业融资业务是以汇盈一加怡品牌透过传统及网上渠道经营,而科技部门则以亚洲网上交易科技之品牌向亚洲区金融及中介机构度身提供及销售交易及后端系统及解决方案。至于传统海鲜舫业务,集团已制定计划将珍宝海鲜舫及太白海鲜舫改建为一个现代化高级饮食、购物、观光及文化荟萃点,并命名为珍宝王国。预期中国能源及天然气之需求日益增加,集团正积极积极进军国内之能源、环保及天然气分销及供应业务,并已成立新附属公司新濠能源有限公司专责进行该等项目。

【主要资产/投资(12/2002)】 汇盈控股有限公司(于2003年5月持有67.57%权益);香港仔饮食企业有限公司(86.68%);新濠能源有限公司(100%);及雅阁— 位于香港东山台之住宅物业(100%)。

华大地产投资有限公司

【公司概况】 股票代码 0201,集团主席郑启文,发行股本(股)5,465M,票面值(港元)0.010,市价总值(港元)164M。

【公司业务】 该集团之核心业务为物业投资、发展及买卖,以及酒店投资及相关营运,其它主要业务则包括证券投资及买卖,以及资金投资。截至2001年12月止之年度,集团之投资物业保持出租率约95%,而酒店物业之平均入住率则约82%。为加强其财务状况,集团发行5%强制性可换股债券总金额约9,670万港元,所得收益已用作减低集团之流动负债。该等可换股债券将于2002年11月到期,届时将被全数兑换成为股本。

【主要资产/投资(3/2002)】 位于香港之投资物业按公开市值约5.006亿港元;酒店物业按公开市值约4.8亿港元;全资拥有位于西贡豪涌之住宅发展项目,拥有总楼面面积约4,000平方米(预期于2002年完工);全资拥有位于上海市西藏南路之住宅/商业发展项目,拥有总楼面面积约10,277平方米(预期于2002年完工);忠港发展有限公司(50%);及非流动资本证券,包括顺豪科技控股有限公司之15.59%权益及顺豪资源集团有限公司之20.57%权益。

国中控股有限公司

【公司概况】 股票代码 0202,集团主席张扬,发行股本(股)4,595M,票面值(港元)0.100,市价总值(港元)3,308M。

【公司业务】 该集团原先在香港及中国从事物业投资及发展业务。由于亚洲金融风暴,集团自1998年起面对严重财务困难。于1999年11月,集团与 Wealth Land Development Corp. 及 Classic Jester Resources Ltd. 订立重组协议,以解决集团之财务问题。当于2000年8月30日完成一连串重组后,集团之净资产值由2000年3月31日止年度之4.37亿港元亏绌,转为2001年3月31日止年度之4.35亿港元盈余。截至2002年3月止之年度,集团录得纯利约1.41亿港元,主要由于出售一间附属公司所致。集团之业务策略是发展成为综合企业,从单一之地产发展业务扩展至其它业务。在可见将来,集团将主力从事投资于环保水务业务及城市建设投资业务,而其它辅助业务则包括证券及金融业务。现时,集团之资产主要包括位于香港之投资物业组合及位于中国上海之物业发展项目。在环保业务方面,集团与清华大学订立协议成立一家环境技术研究所。此外,集团亦与中国市政工程华北设计研究所及北京市政建设集团有限责任公司组成策略联盟,就供水及污水处理之有关技术研究、开发及应用、规划设计、工程承包建设、设备供应、项目投资营运等业务共同经营。于2002年3月,集团已落实于陕西省汉中市投资兴建汉中市供水工程。

【主要资产/投资(3/2002)】 位于上海之发展中物业约值2.727亿港元;位于香港之投资物业按公开市值约2.75亿港元;国中证券有限公司(85%);国中爱华(天津)市政环境工程有限公司(30%);及上海地下商城有限公司(共同合作之合营企业,占有50%之利润分摊率)。

骏威汽车有限公司

【公司概况】 股票代码 0203,集团主席张房有,发行股本(股)3,419M,票面值(港元)0.100,市价总值(港元)12,222M。

【公司业务】 该集团主要在中国从事制造、装配及销售汽车、汽车相关设备、零件及其它功能配置之制造及贸易等综合业务,并在香港制造及买卖音响器材。于2002年12月止之年度内,集团已合共生产60,387辆汽车及销售60,292辆汽车,其中集团之共同控制实体广州本田汽车有限公司(广州本田汽车)生产及销售分别为59,080辆及59,151辆,较上年度分别增加约15.51%及15.85%。于年度内,广州本田汽车继续为集团提供大部份利益贡献。展望将来,集团将加快新产品在工艺、物流、配套等方面之整合,以及加大投入以扩大生产能力,尽快完成24万辆年生产轿车能力之规模。集团亦将继续寻求与汽车业务相关之吸引投资机会。于2002年底,集团持有庞大现金结余净额约11.77亿港元。

【主要资产/投资(12/2002)】 广州本田汽车有限公司—中外合资企业，由集团持有95%权益之附属公司持有其50%股东股本、投票权及利润分配权；广州威达机械企业有限公司—汽车工业贸易公司(95%)；广州骏威客车有限公司(50%)；雅刚实业有限公司(61%)；及广州华德汽车弹簧有限公司(51%)。

首富国际投资有限公司

【公司概况】 股票代码0204，集团主席王春林，发行股本(股)247M，票面值(港元)0.010，市价总值(港元)25M。

【公司业务】 首富国际投资为一家投资公司，主要投资目标为借着投资于在大中华区及亚太区内成立或在区内有重大营运或业务之企业所发行之股份，与股份相关证券及债务证券，组成一个平衡投资组合，以透过资本增值及股息及利息收入赚取合理回报。截至2002年3月止之年度，集团之投资组合中，约45%为上市投资项目、45%为非上市投资项目及10%现金及现金等值物；而按投资类别分类，集团之投资组合中有81%为股本证券、9%为可换股债券，而余下10%则为现金及现金等值物。

【主要资产/投资(3/2002)】 在香港之上市证券约值2,500万港元，包括华联国际(控股)有限公司之19,565,309股股份(约2.85%权益)及其它上市证券；非上市股本证券按公平价值约1,996万港元；非上市可转换债券/票据约值500万港元；及现金结余净额约540万港元。

国基信息科技有限公司

【公司概况】 股票代码0205，集团主席王波明，发行股本(股)1,400M，票面值(港元)0.100，市价总值(港元)290M。

【公司业务】 该集团主要从事(1)设计、生产及销售广泛种类之电子消费品，包括传呼机、计算器及电子玩具；以及(2)透过持有28.84%权益之Wu Holdings(Wu Holdings持有于美国纳斯达克市场上市之侨兴环球电话有限公司之47.7%权益)制造及销售通讯网络设备。截至2001年12月止之年度，集团之营业额下跌56.3%至8,541万港元，而于年内之亏损则较上年度大幅上升374%至7,049万港元。集团大部份亏损主要为收购一间联营公司之商誉作减值拨备及为此联营公司作减值拨备。于2001年底，集团订立协议以代价约4,000万港元出售其持有WuHoldings之全部权益，惟截至2002年7月24日，此交易仍未完成。展望将来，集团将继续物色新投资机会，以扩阔其收入来源。

【主要资产/投资(12/2001)】 深圳宝雅电子通讯有限公司(100%)；深圳桑达电信技术有限公司(47.5%)；及Wu Holdings Ltd.(28.84%)，持有侨兴环球电话有限公司之47.7%权益。

侨福建设企业机构有限公司

【公司概况】 股票代码0207，集团主席黄健华，发行股本(股)535M，票面值(港元)0.100，市价总值(港元)321M。

【公司业务】 该集团原先之业务为在香港及中国从事物业投资及发展，其大部份物业权益皆位于香港。然而，由于香港物业市场持续疲弱，集团之业务又经历颇艰辛之一年。因此，集团已重组其业务运作，出售或终止若干资产或业务，包括所有位于香港之物业权益，以及客运及船舶租赁业务。重组完成后，集团余下之资产主要包括在中国之物业及投资权益。日后，集团将继续在中国从事物业持有及投资、经营酒店及家具贸易业务，并专注拓展中国市场之商机。截至2002年3月止之年度，集团持有现金结余净额约2,130万港元。

【主要资产/投资(3/2002)】 中国南京丁山花园酒店(45%)；上海侨益房地产有限公司(80%)；Jiangsu Parkview Hotels & Resorts Ltd.(55%)；国际家具有限公司(100%)；阳明国际有限公司(57.5%)；及Sunday Communications Ltd.(3.83%)。

金盾集团控股有限公司

【公司概况】 股票代码0208，集团主席杨国光，发行股本(股)5,950M，票面值(港元)0.010，市价总值(港元)95M。

【公司业务】 该集团主要在中国从事以本身之金盾品牌制造、销售及分销男士服装，包括皮具及饰物。于1999年及2000年，集团于极为困难之财务环境下经营，并录得合共4.55港元之巨额亏损。由于面对财政困难，集团已与其所有债权人作出一项债务重组计划。于2001年，集团最终与所有债权人订立予债务和解协议，并与Marble King International Ltd.签订了认购新普通股及优先股之协议。截至2001年11月止之年度，集团之亏损已大幅收窄至约880万港元。透过供股及配售新股筹集资金后，集团之股东应占权益已由2000年度之1.532亿港元亏细大幅改善至2001年度之1,500万港元盈余。展望将来，集团将会继续集中发展及扩展其成衣及相关业务，同时亦会考虑其它商机，使集团之业务可多元化发展，从而巩固其盈利基础。

崇高国际控股有限公司

【公司概况】 股票代码0209，集团主席张宝伦，发行股本(股)448M，票面值(港元)0.100，市价总值(港元)296M。

【公司业务】 该集团为香港及中国玩具制造业内信誉昭著之原设备制造商。集团制造之产品包括硬胶玩具(包括电子、机动及电动玩具)及特许人物角色毛绒玩具。自1998年起，集团已分别制造逾500种硬胶玩具及100种各具特色之毛绒玩具，全部均按客户订单及规格要求制造，而该等产品主要以20多个客户提供之品牌销售。据披露，集团三大主要客户为万代、美泰及保汇成，该三大客户分别为玩具专门店，或国际知名连锁快餐店代理。现时，北美洲(包括美国及加拿大)为集团产品之主要市场，截至2002年12月止之年度，约占集团总营业额86.2%，而余下13.8%则是来自日本之销售。于年内，硬胶玩具及毛绒玩具之销售分别占集团总营业额68.9%及31.1%。

【主要资产/投资(12/2002)】 崇高实业有限公司(100%)；珠江玩具有限公司(100%)；及中山崇高玩具制品厂有限公司(100%)。

永恩国际集团有限公司

【公司概况】 股票代码0210，集团主席张文仪，发行股本(股)1,498M，票面值(港元)0.100，市价总值(港元)207M。

【公司业务】 该集团主要以原设备制造方式及以其本身达芙妮品牌从事制造、买卖、批发及零售鞋类产品、配料及材料。现时，集团之主要市场为美国及中国。于2001年度，集团采用薄利多销之策略以提高营业额，虽然总营业额轻微上升7.4%，惟年内之亏损令分类业绩总额大幅度下降。在美国市场方面，集团继续物色新潜在客户以扩大其原设备制造业务之客户基础；而中国市场方面，集团则继续善用其品牌知名度与销售及分销网络，藉以改善其市场占有率。据2001年年报披露，集团达芙妮之销售及分销网络包括逾200间专卖店及逾1,000个销售点，其目标为将专卖店及销售点之数目分别增加至500间及1,500间，遍布全中国。此外，集团计划扩大上海厂房之生产力，以及在广西及湖南新设分公司。

【主要资产/投资(12/2001)】 永恩投资(集团)有限公司(100%)；上海光伟实业有限公司(84.45%)；上海祥田鞋帽服饰制品有限公司(100%)；及福建祥田鞋帽服饰制品有限公司(100%)。

大凌集团有限公司

【公司概况】 股票代码0211，集团主席李宏泰，发行股本(股)1,633M，票面值(港元)0.010，市价总值(港元)25M，

【公司业务】 该集团主要从事一般出入口贸易、证券买卖及经纪、融资业务、基建，以及物业发展及投资业务。截至2002年3月止之年度，集团录得之股东应占亏损收窄至约1.506亿港元(上年度之亏损约为3.172亿港元)。年内之亏损主要由于所持投资之未变现亏损、长期投资及商誉减值亏损及于合营企业投资之摊销所致。鉴于中国入世后所带来之潜力，集团对香港及中国大陆之前景深表乐观。据2002年年报所显示，集团已投资于各类有潜力之行业，包括于香港零售及批发消费者产品、于国内提供运输及物流服务、广告代理、环保工程、高新科技业务及国内之高速公路项目。集团部份之投资已在创业板上市，如彩虹国际控股有限公司、活力世界控股有限公司及山河控股有限公司。此外，集团亦有多项投资正筹组上市。

【主要资产/投资(3/2002)】 山河控股有限公司(28%)；活力世界控股有限公司(32%)；Well Pacific Investments Ltd.(22%)；卡路明狮(国际)有限公司(100%)；长雄证券有限公司(100%)；长雄财务有限公司(100%)；及投资于一间中外合作经营企业，在中国发展及经营于中国湖北省由武汉至宜昌之318国道。

南洋集团有限公司

【公司概况】 股票代码0212，集团主席高登，发行股本(股)46M，票面值(港元)0.100，市价总值(港元)261M。

【公司业务】 该集团主要从事物业投资、投资控股及贸易，以及成衣贸易业务。于2001年度内，集团持有64.7%权益之合营企业上海申南纺织有限公司(申南)之盈利改善，部份原因为牛仔布之销售增加。申南之牛仔布产品九成为外销。在物业投资业务方面，集团全资拥有、位于官塘之南洋广场于2002年4月之出租率约为94.8%，继续

为集团带来稳定之租金收入。

【主要资产/投资(12/2001)】 位于香港之投资物业按公开市值约 3.44 亿港元(注:核心价值来自全资拥有、位于官塘之南洋广场);买卖/非买卖用途之投资按公平值约 3.641 亿港元(主要包括香港以外之上市股本证券及债券);上海申南纺织有限公司(64.7%);及深圳南方纺织有限公司(45%)。

乐声电子(集团)有限公司

【公司概况】 股票代码 0213,集团主席李源清,发行股本(股)1,156M,票面值(港元)0.100,市价总值(港元)99M。

【公司业务】 该公司主要从事制造、装配及销售电子表及手表配件;表内及手表零件贸易;物业发展及投资;以及证券买卖业务。截至 2002 年 3 月止之年度,集团之营业额下跌约 26.6% 至 8.723 亿港元,并继续录得亏损约 4,544 万港元(截至 2001 年 3 月止年度之亏损约为 3,898 万港元),亏损主要包括投资物业重估亏绌约 2,941 万港元所致。在手表及手表配件业务方面,自行设计之高技术液晶体运动表及行针石英表仍为集团两大主要产品。集团计划增加中国厂房之生产能力,以配合一名原设备制造商客户于 2002 年底开始大量采购集团之液晶体手表。在物业发展业务方面,由集团与 AIG 管理之地产投资基金成立之 50—50 合营公司持有、位于香港浅水湾道 110 号及山顶道 56 号之两项发展物业于年内进展理想,集团拟于 2002 年底推售浅水湾发展项目。至于新购入之加拿大住宅地皮,将发展成一幢豪华之多层公寓大楼,以作出售用途。展望将来,集团将继续伙同业务伙伴,在香港及上海寻求合适之重建地皮以发展豪华住宅。

【主要资产/投资(3/2002)】 位于香港之投资物业按公开市值约 1.85 亿港元;位于加拿大之发展中物业按账面值约 1.566 亿港元;Camy S. A.(100%);乐声表厂有限公司(100%);乐声钟表电子有限公司(100%);及 New Height Developments Ltd.(50%)。

汇汉控股有限公司

【公司概况】 股票代码 0214,集团主席冯兆滔,发行股本(股)150M,票面值(港元)0.100,市价总值(港元)136M。

【公司业务】 该集团主要从事物业投资及发展、酒店及管理服务、融资服务及投资于与科技相关业务。于 2000 年 7 月,集团之上市附属公司泛海国际集团有限公司(泛海国际),成功将其酒店营运及管理服务业务公司泛海酒店集团有限公司分拆于香港联交所上市。于年内,泛海国际已出售其余下大部份住宅存货,并于 2002 年 3 月年度结束前推出两项新发展项目,分别为位于薄扶林之豪峰第二期豪宅及位于筲箕湾之星湾峰中小型住宅。据披露,尽管该等物业于 2002 年 7 月已售出逾七成,仅少数收益于本年度入账。集团之主要投资物业泛海大厦进行翻新工程后,其租金收入大幅上升。集团之科技项目方面,尽管仍处于发展初期,惟已渐见成绩。于 2001 年 5 月,集团其中一项科技投资九方科技控股有限公司(九方科技)成功于创业板上市,九方科技擅长中文字输入法技术,尤以透过数字键盘输入著称。上市后,集团于九方科技所持有之股本权益由 40%摊薄至 32%。九方科技已成功渗透入多家主要流动电话及桌面电话制造商,如诺基亚、TCL、南方高科、中兴、UT 斯达康通讯、天时达、冠日及海力邦等。集团另一项主要科技投资为拥有其中一个最大国内业务资料数据库之中国信息行,其用户包括大学、顾问、金融及银行企业、专业及公关公司。除上述两项主要投资外,集团亦继续投资于科技相关企业,并于近期收购一家网页软件开发商及一家医疗科技公司之重大权益。此外,集团亦透过投资于一家专注于通讯及网络行业之创投基金 NextCom Ventures,而参与北美之科技相关机遇。

【主要资产/投资(3/2002)】 泛海国际集团有限公司(53.4%)— 持有泛海酒店集团有限公司 70.04%权益;九方科技控股有限公司(32%);及中国信息行有限公司(40%)。

建业实业有限公司

【公司概况】 股票代码 0216,集团主席王世荣,发行股本(股)551M,票面值(港元)0.250,市价总值(港元)160M。

【公司业务】 该集团主要从事楼宇建筑及地基打桩工程;物业发展及投资;成衣制造及贸易;家庭电器批发;及提供维修服务。于 2002 年 3 月止之年度内,集团成功转亏为盈,录得约 1,030 万港元之净额利益,主要由于汉国置业有限公司业绩表现理想及集团建筑部门作出利益贡献所致。尽管经营市况艰难,集团对来年继续录取佳绩仍表乐观。

【主要资产/投资(3/2002)】 汉国置业有限公司(47.39%);建联集团有限公司(29.1%);Kin Wing Chinney (BVI) Ltd.(81.58%);Gateway Group Holdings Ltd.(100%)— 持有 SGA Holdings Ltd. 之 50% 股权;及 J. L. Chinney (Holdings) Co. Ltd.(100%)。

中国物流集团有限公司

【公司概况】 股票代码 0217,集团主席马正武,发行股本(股)1,685M,票面值(港元)0.100,市价总值(港元)283M。

【公司业务】 该集团之主要业务为于香港及中国从事物流及分销、物业投资及策略性投资。于 2002 年 3 月止之年度内,集团已终止持续亏损之宝洁消费品及彪马服装产品买卖业务。由于为供热项目、中国集装箱总公司收购事项及呆账拨备共 10.53 亿港元,以及有形资产之减值/重占亏绌 2.33 亿港元,集团于年内录得巨额净额亏损 13.95 亿港元。因此,集团之净资产出现 2.554 亿港元之亏绌。据 2001—02 年年报所披露,集团之核数师指出集团之持续经营存在基本不明朗因素,而由于可得之凭证所限可能带来之重大影响,该核数师亦就集团之财务报告所作意见发出免责声明。于 2002 年 11 月初,中国最大型国有物流分销企业之一中国诚通控股有限公司(中国诚通)之全资附属公司 World Gain Holdings Ltd.(WGH)订立有条件协议,以收购集团之 41.5% 权益。同时,WGH 亦宣布就集团之股份提出可能强制性现金收购建议。有关收购及现金收购建议完成后,WGH 将成为集团之直接控股股东,而中国诚通亦将成为集团之最终控股股东。展望将来,集团将借着中国诚通之市场地位加强其核心物流分销业务。此外,集团亦会继续出售若干非核心资产,如位于中国番禺之投资物业权益。

申银万国(香港)有限公司

【公司概况】 股票代码 0218,集团主席姜国芳,发行股本(股)531M,票面值(港元)0.500,市价总值(港元)403M。

【公司业务】 该集团之主要业务为提供证券买卖及经纪、证券融资、企业融资、证券研究、资产管理等服务及其它相关业务。此外,集团亦从事基建投资等策略性投资。展望将来,集团将重点拓展参与中国大陆及香港之集资活动机会,尤其为国内之企业。凭借上海母公司之支持,集团将在日趋开放之中国金融市场行业内寻求商机。有见及此,集团已作好准备,以便尽力争取庞大资金因认可本地机构投资者计划而流入本地股票市场之机会。完成收购申银万国投资管理(亚洲)有限公司后,集团亦正筹划设计有关中资股份之产品,计划于亚洲地区分销。此外,集团将继续发掘提供财务顾问及融资服务之商机,并将参与中国证监会正研究之红筹股日后于国内发行中国预托证券之计划。据 2002 年年报披露,集团之核数师就集团长期应收款项代表现时出现财政紧绌问题之债务人欠款 2.86 亿港元之会计处理方法之意见分歧持保留意见。核数师指出集团须在损益表内为该笔 2.86 亿港元之款项作出全数拨备。

【主要资产/投资(12/2001)】 申银万国投资管理(亚洲)有限公司(49%);申银万国证券(香港)有限公司(100%);申银万国财务(香港)有限公司(100%);申银万国融资(香港)有限公司(100%);申银万国期货(香港)有限公司(100%);申银万国经纪(香港)有限公司(100%);申银万国研究(香港)有限公司(100%);申银万国策略投资(香港)有限公司(100%);申银万国网络有限公司(100%);及 The New China Hong Kong Highway Ltd.(26.19%),持有四川成绵高速公路 60%权益。

顺豪科技(控股)有限公司

【公司概况】 股票代码 0219,集团主席郑启文,发行股本(股)537M,票面值(港元)0.500,市价总值(港元)80M。

【公司业务】 该集团主要从事酒店投资及营运、物业投资、物业发展及买卖、证券投资及买卖,以及财务投资。于 2000 年度,集团分散业务至科技及互联网业务,其提供 3D 立体游戏、谈话室及 3D 立体电子购物商场作为电子商贸及娱乐之互联网入门网站 Playigames.com 亦已于 2000 年下半年推出。由于互联网行业市况逆转,集团已为发展 Playigames.com 之成本全部撇销。于 2001 年 12 月止之年度,集团于华大地产投资有限公司(华大)之持股量由 49%增加至 51%,故此,华大自 2001 年 10 月起成为集团之附属公司。增持股权后,华大之业绩及资产已被综合于集团之账目内。

【主要资产/投资(12/2001)】 华大地产投资有限公司(51%)。

晋利地产金融有限公司

【公司概况】 股票代码 0220,集团主席司徒泽桦,发行股本(股)

68M,票面值(港元)1.000,市价总值(港元)637M。

【公司业务】 该集团主要从事物业投资、物业发展,以及提供楼宇代理服务之业务。截至2002年1月止之年度,集团绝大部份营业额来自香港之物业租赁业务。由于为位于美国关岛之土地作减值亏损5,800万港元,集团之业务转盈为亏,由2001年1月止年度录得3,238万港元纯利,扭转为2002年1月止年度录得1,119万港元净额亏损。预期未来两至三年九龙塘之地积比率及高度限制可能放宽,集团遂继续暂缓展开九龙塘牛津道之发展项目。另一方面,位于关岛Tamuning地段号码5148－3及5148－4之发展项目亦会延后进行,直至关岛及日本之经济状况改善为止。截至2002年1月止之年度,集团之总负债约为1.38亿港元,其中3,340万港元将于一年内到期偿还。

【主要资产/投资(1/2002)】 位于香港及美国关岛之投资物业按公开市值分别约为10.314亿港元及1,270万港元;在关岛之土地按成本值约6,240万港元;及位于香港持有作发展之其它物业按成本值约3,800万港元。

利来控股有限公司

【公司概况】 股票代码0221,集团主席苏智晓,发行股本(股)810M,票面值(港元)0.010,市价总值(港元)139M。

【公司业务】 该集团主要从事设计及以其自有品牌LeRoi在中国市场分销及销售女士服装,包括运动上衣、外套、连衣裙、西裙、西裤、背心、衬衣、短上衣、T恤、毛衣及开胸羊毛衫等。LeRoi种类繁多之成衣产品,全部以优质布料制造而成及以舒适时尚设计为主,主要针对20至24岁之中上阶层时尚女性。截至2002年10月,集团之零售网络包括2名授权分销商及66名特许经营商,遍及中国15个省份33个城市。集团之产品直接售予其中国特许经营商或售予中国授权分销商,而该等授权分销商再将产品分销到中国其它销售门市,如特许经营店及百货公司之销售专柜。集团之特许经营商只可在指定店铺内销售集团之产品,不得以其它方式在中国直接及间接销售集团之产品。为将资源集中于产品设计及市场推广工作,集团将所有生产工序分判予两名位于东莞之独立承包商,分别为东莞市虎门利来时装厂及东莞市虎门智富时装厂。为进一步开发中国销售网络,集团计划在2004年底前将中国特许经营商之数目由现时66名增至约150名。鉴于中国年轻女性之购买力不断提升,集团亦正计划开发对准16至25岁女性之新独立品牌产品系列,透过集团现有之分销网络分销,以节省分销成本。

闽信集团有限公司

【公司概况】 股票代码0222,集团主席丁仕达,发行股本(股)459M,票面值(港元)1.000,市价总值(港元)400M。

【公司业务】 该集团之主要业务为从事(1)银行及保险业务;(2)物业投资及发展;(3)基建投资(如收费公路);以及(4)投资控股等。由于中国投资环境进一步改善,集团预期其投资回报可于2002年得到增长,尤其于厦门国际银行之投资。集团稳健之财务状况为其奠下基础,以把握市场机会。

【主要资产/投资(12/2001)】 厦门国际银行(36.75%);闽信保险有限公司(100%)。

建发国际(控股)有限公司

【公司概况】 股票代码0223,集团主席叶纪章,发行股本(股)210M,票面值(港元)0.010,市价总值(港元)218M。

【公司业务】 该集团主要从事筹办贸易展览会及相关活动,藉以推动及促进世界各地买家与制造商达成贸易,当中尤以亚洲之制造商为主要拓展对象。集团已建立一个庞大之客户基础,其数据库拥挤超过40万个国际买家及主要从事玩具、礼品、赠品及家居用品之亚洲厂商。集团每年定期主办之展览会包括香港国际玩具及礼品展、亚洲赠品及家居用品展,以及亚洲博览会。自1993年起,香港国际玩具及礼品展及亚洲赠品及家居用品展均会于每年10月假座香港之香港会议展览中心同期举行,而亚洲博览会则自2001年起于每年2月在英国伦敦举行。除以上展览外,集团亦举办其它贸易展览会,包括1995年举行之Hong Kong Autumn Fair、1996年举行之Hong Kong Spring Fair及1998年举行之亚洲消费电子展。此外,集团会在本身出版之香港国际玩具及礼品展暨亚洲赠品及家居用品展展览会场刊中出售广告版位。集团亦会为参展商提供度身订造之摊位设计服务,其客户服务部亦会专责处理参展商及买家之一般查询,而集团则依据展览摊位之大小及设计,向参展商收取参展费。

【主要资产/投资(12/2002)】 建发国际有限公司(100%);Kenfair Publications Ltd.(100%);Kenfair International (Overseas) Ltd.(100%);及Kenfair (USA) Ltd.(100%)。

建生国际集团有限公司

【公司概况】 股票代码0224,集团主席吴汪静宜,发行股本(股)749M,票面值(港元)0.100,市价总值(港元)86M。

【公司业务】 该集团之核心业务为(1)透过其持有55%权益之建生创念有限公司从事信息科技外判服务、信息科技顾问服务、系统集成及地理信息系统应用发展;(2)透过其持有20%权益之Global Gateway, L. P.(与Morgan Stanley房地产基金组成之合营公司)于亚太地区从事发展及经营电讯网络酒店;以及(3)物业及股票投资。于2002年3月止之年度内,集团已审慎地为其信息科技投资项目作出全数减值拨备合共约3,400万港元。尽管全球经济环境不佳,集团却把握此投资良机,透过其持有50%权益之联营公司收购著名公司Dusit Thani Public Co. Ltd.(Thailand)(Dusit Thani)之10.28%股权而成为其策略性股东。据披露,Dusit Thani在Far East Econimic Review进行之亚洲顶尖公司调查中被选为泰国十大顶尖公司之一。现时,Dusit Thani拥有及管理于泰国、东亚及中东之高级酒店及渡假村。

【主要资产/投资(3/2002)】 建生创念有限公司(55%)－持有i-ShipExchange之32%权益;Global Gateway, L. P.(20%);Grand Prospect Enterprise Ltd.(50%);亚洲金融集团有限公司(4.1%)－在香港上市;Siam Food Products Public Co. Ltd.(14.31%)－在泰国上市;及位于香港之投资物业按公开市值约2.307亿港元。

博富临置业有限公司

【公司概况】 股票代码0225,集团主席黄炳礼,发行股本(股)110M,票面值(港元)1.000,市价总值(港元)176M。

【公司业务】 该集团主要从事物业投资及发展;视听器材买卖;证券买卖;以及投资控股业务。截至2002年9月止之年度,集团录得之纯利大幅上升55.9%至2,485万港元。据集团解释,纯利增加主要由于年内利息支出大幅减少,以及来自集团持有上市证券之未变现持有净收益。于年内,来自香港投资物业之租金收入仍为集团之主要收入及利益来源。集团持有33.33%权益、位于中国广州之东银广场,整个项目预期于2003年上半年全部完成。基于当地市场环境不理想,集团位于加拿大及中国中山之物业发展项目经已暂停,并已于年内为该两个项目拨备390万港元。至于集团之视听器材买卖业务方面,该业务继续于年内为集团提供利益贡献。另一方面,集团亦持有领先基因有限公司(领先基因)之少数股东权益。领先基因为一家生物工程公司,从事发展猪只之生长释放因素(pGRF),pGRF能加快猪只之生长及缩短其生长周期且无副作用。然而,由于pGRF产品之发展较原定延迟,集团已为该项投资作出500万港元拨备。

【主要资产/投资(9/2002)】 投资物业(主要位于香港)按公开市值约为10.676亿港元;位于中国及加拿大之待发展物业按成本值减减值亏损分别约为2,000万港元及520万港元;位于中国广州市之商住中心东银广场(33.33%);及大象行有限公司(51.91%)。

力宝有限公司

【公司概况】 股票代码0226,集团主席李宗,发行股本(股)438M,票面值(港元)0.100,市价总值(港元)443M。

【公司业务】 力宝有限公司为力宝集团之控股公司,从事多元化之业务,包括投资控股、物业投资及发展、食品业务、基金管理、包销、保险、企业融资、证券经纪、证券投资、财务投资及放款。尽管物业市场依然呆滞,于2001年度,集团主要上市附属公司力宝华润有限公司(力宝华润)之投资物业仍维持高占用率,而所得之租金继续为力宝华润带来稳定之经常性收入。除物业业务外,力宝华润亦透过新加坡上市附属公司Auric Pacific Group Ltd.从事食品批发、分销及制造业务。此外,力宝华润亦在中国内地拥有湄州湾燃煤发电厂项目之25%权益及一家食水供应厂之40%权益。面对香港银行业之激烈竞争,力宝华润之上市附属公司香港华人有限公司(香港华人)于于2002年1月以总代价42亿港元出售华人银行之全部100%权益予中信嘉华银行有限公司。同一时间,力宝华润以总代价18亿港元完成进一步收购香港华人35.2%实际权益,令集团于香港华人之实际权益由29.4%增加至64.6%,藉以巩固其于香港华人之控制性权益。

【主要资产/投资(12/2001)】 力宝华润有限公司(66.7%)—持有(1)香港华人有限公司之29.4%权益、(2)香港建屋贷款有限公司之

70%权益、(3) Auric Pacific Group Ltd. 之 28.3%权益、(4) 福建太平洋电力有限公司之 25%权益，及 (5) 莆田华正自来水有限公司之 40%权益。

第一上海投资有限公司

【公司概况】 股票代码 0227，集团主席劳元一，发行股本(股)1,173M，票面值(港元)0.200，市价总值(港元)505M。

【公司业务】 该集团主要从事证券买卖及投资、集装箱运输及货运代理服务、企业融资及股票经纪、软件销售及 ASP 顾问服务、销售儿童用品，以及投资控股、物业持有及管理业务。截 2001 年止之财政年度，集团之股东应占利益上升 11% 至 6,479 万港元，升幅主要由于出售三项非核心投资项目而录得约 2,600 万港元之收益所致。集团之财经服务部为其主要收入来源，该部门已于 2002 年第一季完成两宗首次公开招股之保荐交易。集团将继续致力提升主力服务中国客户之网上证券买卖服务，以及集中研究资源提供有质素之红筹及 H 股方面之报告及分析。另一方面，集团另一家主要上市联营公司中国置业(控股)有限公司(中国置业) 已与中山政府部门就有关提早清还两项收费公路投资进行谈判，预期可于数月后完成。于下一个财政年度，中国置业将继续出售其现有之投资项目，并寻找新投资机会于少数拥有高科技之高增值行业。截至 2001 年底，集团拥有庞大现金结余净额约 3.186 亿港元。

【主要资产/投资(12/2001)】 红发集团有限公司(25.58%)及中国置业(控股)有限公司(33.8%) 一两者皆于香港联交所上市；第一上海证有限公司(100%)；第一上海融资有限公司 (100%)；第一上海期货有限公司 (100%)；第一上海地产有限公司 (100%)；Public Holdings (Australia) Ltd. (74.2%)一于澳洲悉尼上市；上海中创国际集装箱储运有限公司(54%)；上海易航物流网络管理公司(13.39%)；浙江绍兴怡东仪表有限公司(40.8%)；好孩子百瑞康儿童用品有限公司(30%)；Geoby Int'l Ltd. (56.95%)；巨灵科技国际有限公司(36.35%)；及上市投资证券按市值约 1,610 万港元。

汉宝集团(龙虾大王)有限公司

【公司概况】 股票代码 0228，集团主席张道生，发行股本(股)630M，票面值(港元)0.010，市价总值(港元)30M。

【公司业务】 该集团为香港最受欢迎中式连锁酒楼之一，专门供应中式点心及主菜，尤以龙虾菜式及其它海鲜美食最为人津津乐道。集团之业务策略为以相宜价格向香港饮食市场之中下阶层顾客提供高质素之中菜。现时，集团于香港经营共 17 家以汉宝酒楼、汉宝海鲜酒家及汉宝大酒楼为名之酒楼，该等酒楼均经过专业装饰及座落繁盛街道或人流畅旺商场之策略位置。集团大部份顾客为于各家酒楼邻近人烟稠密之住宅、商业或工业区工作或居住之客人。于未来两年，集团计划在香港增设一至两家酒楼，及在中国人烟稠密且消费力高之地区(如深圳、上海及北京) 初步开设一至两家新酒楼。为落实垂直生产线，集团计划建立一所生产各类时令食品 (包括年糕、糯米粽及月饼)之食品厂，产品最初只在香港出售。此外，集团亦计划于 2002 年底开始以自身品牌生产其它食品 (如蛋卷)，以供集团经营之每家酒楼出售。

利民实业有限公司

【公司概况】 股票代码 0229，集团主席黄干利，发行股本(股)314M，票面值(港元)0.500，市价总值(港元)396M。

【公司业务】 该集团主要从事 (1) 制造及在北美、欧洲及中国销售家用电器；(2) 透过联营公司祥丰科技(集团)有限公司(祥丰) 在中国制造及销售烟纸；及 (3) 物业投资业务。于 2001 年度，由于祥丰完成重组后而令集团于祥丰之持股量由 63.35% 降至 33.83%，集团之营业额下跌 25%。重组完成后，集团之主要收入来源将来自家用电器业务。除工业业务外，集团已完成位于官塘道之办公室及零售重建项目。根据专业测量师评估，官塘道之项目全部出租后，每月之租金收入预计约为 200 万港元。展望将来，集团将继续集中于小家电生产业务，而新产品亦正在开发中。此外，集团亦计划在新兴市场如中国、中东及中南美洲开拓更多销售机会。

【主要资产/投资(12/2001)】 祥丰科技(集团)有限公司(33.83%)；广州利民电器实业有限公司(99%)；利民(番禺南沙)电器发展有限公司(100%)；Appliance Science Corporation(83.51%)；及近期完成收购、账面值约 1.486 亿港元之官塘道重建项目。

东方有色集团有限公司

【公司概况】 股票代码 0230，集团主席高德柱，发行股本(股)772M，票面值(港元)0.100，市价总值(港元)305M。

【公司业务】 该集团之核心业务为从事 (1) 制造及买卖工业用油脂产品及化学产品 (主要由积架石油化工集团有限公司经营)；(2) 设计及安装幕墙及铝窗 (主要由瑞和工程有限公司经营)；(3) 电机及机械工程及工程承接业务 (主要由多利加工程(集团)有限公司经营)；(4) 制造、分销及安装防火材料 (主要由银丰集团有限公司经营)；以及 (5) 物业发展及投资。由于中国加入世贸组织及北京成功申办 2008 年奥运会，集团将投放更多资源在中国及香港两地扩展推广网络及开拓商机。截至 2001 年 12 月 31 日止之年度，集团拥有逾 2.04 亿港元之庞大现金净额。

【主要资产/投资(12/2001)】 积架石油化工集团有限公司(100%)；瑞和工程有限公司(52%)；多利加工程(集团)有限公司(51%)；银丰集团有限公司(52%)；中环东方有色大厦(100%)；中国珠海海天花园(80%)一 总楼面面积为 84,990 平方米；及澳洲悉尼住宅发展项目雅景轩。

环球动力控股有限公司

【公司概况】 股票代码 0231，集团主席徐荣，发行股本(股)2,620M，票面值(港元)0.100，市价总值(港元)162M。

【公司业务】 该集团主要从事物业发展、基建投资、信息及科技业务(例如软件应用及系统集成)、以及发展教育信息科技(例如营运网上书店、分销及销售教育文仪用品、图书、及计算机软件等)。截至该财政年度止，该集团 85%的营业额来自中国大陆，而其余的则来自美国市场。展望未来，国内市场仍是该集团的业务发展重心所在。

【主要资产/投资(12/2000)】 发展中物业的总面积约为 1,510,079 平方呎，包括厦门鸿山小区及上海浦东惠阳大厦；上海惠杨房地产开发有限公司(60%)；北京新华惠扬网络技术有限公司(49%) 一从事网上书店；伟俊科技有限公司(于二零零一年首季收购了 20%权益) 一 该公司拥有中国深圳私营公司深圳市源塘霸业指纹技术有限公司之 90%权益；Lawsons Infotech(于二零零一年首季收购了 20%权益) 一该公司从事电子商业解决方案开发及授出有关特许权；Golden Yield(于二零零一年九月收购了 29%权益)一 该公司持有作为中国大陆应用程序服务供货商之中外合资合营企业北京中唐网数码科技有限公司之 70%权益。

中国航空技术国际控股有限公司

【公司概况】 股票代码 0232，集团主席杨春澍，发行股本(股)3,676M，票面值(港元)0.100，市价总值(港元)518M。

【公司业务】 该集团主要从事承接大厦外墙装饰工程业务，包括设计、制造及安装主要用于大厦之铝制及不锈钢产品，例如玻璃幕墙及铝墙面板系统、窗、门、采光棚及其它相关产品。随着分别于 2000 年 9 月及 2001 年 12 月收购杭州海联热电有限公司(杭州海联) 之 31%及 39%权益后，集团已将业务扩展至在中国杭州市工业区从事生产及出售电力及蒸气。于 2001 年度，由于经营环境转坏，集团已为其投资(包括杭州海联) 及物业资产作出合共约 7,325 万港元之大额拨备。展望将来，集团将继续专注维持及拓展其现有之大厦外墙装饰工程业务及公用事业，与此同时，集团亦会寻求机会投资航空技术业务之项目。

【主要资产/投资(12/2001)】 杭州海联热电有限公司(70%)；远东铝质工程有限公司(100%)；先利富有限公司(100%)；Heng Fai International Ltd. (100%)；力进有限公司(100%)；及投资物业约值 2,120 万港元。

上海铭源控股有限公司

【公司概况】 股票代码 0233，集团主席姚原，发行股本(股)2,363M，票面值(港元)0.050，市价总值(港元)435M。

【公司业务】 该集团原先为一家印刷媒体公司，主要刊物包括两份知名报章〔星岛日报〕及〔The Standard〕以及杂志〔东 Touch〕及〔Teens〕(媒体业务)。于 2002 年 8 月，集团进行内部重组，将旗下媒体业务整合于母公司泛华科技集团有限公司(泛华) 内。重组完成后，集团余下之资产主要为位于香港、中国及加拿大之商业/工业物业权益。其后，泛华将其持有集团之所有股权出售予 Ming Yuan Investment Group Ltd. (Ming Yuan)。透过新股东 Ming Yuan 之支持，集团将继续发展旗下核心物业买卖及投资业务。另一方面，集团将扩大于中国内地市场之投资物业组合。于 2002 年 11 月，集团订立意向书，以总代价约 4,000 万港元收购 Giant Power Int'l Ltd. (Giant Power) 100% 权益。Giant Power 将持有一合作企业上海汉中皇国际物业管理有限公司(上海汉中皇)之全部权益,而上海汉中皇之唯一资产为位于上海之汉中皇国际商务大厦。然而,该收购须待完成 Giant Power 之重组方可作实。此外,于 2002 年 12 月,集团亦同意以代价 3,800 万港元收购位于上海之另一幢投资物业(新世界广场东部第二、第三层)。日后,集团将考虑其它收购机会,藉以扩阔其现有之投资物业组合。

新世纪集团香港有限公司

【公司概况】 股票代码 0234,集团主席黄伟盛,发行股本(股)831M,票面值(港元)0.010,市价总值(港元)262M。

【公司业务】 该集团之主要业务包括物业发展及投资;透过互联网提供物业信息及专业占价服务;提供胶卷冲印零售服务;生产及销售无线耳机;证券买卖;及在印尼经营及投资酒店。截至 2002 年 3 月止之年度,集团录得之净额亏损进一步扩大至 2.122 亿港元,而 2001 年 3 月止年度之净额亏损则为 3,870 万港元。据集团解释,年内之亏损主要由于就互联网及无线耳机业务之商誉作摊销及减值亏损拨备,以及就于中国之面粉厂及于马来西亚之发展中物业之投资作减值亏损所致。于 2002 年 3 月底,集团之总负债约为 6,730 万港元,其中约 4,380 万港元将于一年内到期偿还,惟集团手头现金只有 444 万港元。据 2002 年年报进一步披露,集团之核数师指出集团之持续经营取决于集团之主要往来银行会否继续支持及/或能否取得新资金而定。为舒缓紧绌之流动资金问题,集团已分别于 2002 年 4 月及 11 月以配售新股及供股方式共集资约 1.031 亿港元。另一方面,集团于 2002 年 10 月订立邮轮租用及邮轮管理协议,在东南亚地区经营休闲远洋邮轮业务。日后,集团将继续地产业及酒店/旅游业中寻求投资机会,尤其在大中华及亚太地区。

【主要资产/投资(3/2002)】 位于香港之投资物业按公开市值约 1.26 亿港元;开心果科技(深圳)有限公司(100%);Linkpex Holdings Ltd.(72%);Cyber Pacific Int'l Holdings Ltd.(75%);及 P.T. Horizon Bandar Bahru(50%)。

中策集团有限公司

【公司概况】 股票代码 0235,集团主席陈国强,发行股本(股)829M,票面值(港元)0.100,市价总值(港元)75M。

【公司业务】 该集团为一家投资控股公司,主要在大中华地区建立投资组合。集团之投资涉及多个不同范畴,包括工业、消费及药物产品之制造、中西药之贸易及零售、出版报章、物业投资以及酒店营运等层面。截至 2001 年 12 月止之年度,集团继续录得 5.987 亿港元之巨额亏损,亏损主要原因为就收费高速公路、投资物业之重估亏细以及物业及证券投资减值作出拨备。

【主要资产/投资(12/2001)】 China Enterprises Ltd.(55.2%);中国置地集团有限公司(65.56%);Australia Net. Com Ltd.(57.26%);Tung Fong Hung Investments Ltd.(100%);广州珀丽酒店有限公司(81%);广州江南房地产有限公司(75%);深圳龙城星源实业有限公司(60%);深圳经济特区发展中心有限公司(86%);惠州纬通房产有限公司(70%);宁波中华太丰食品股份有限公司(51%);杭州中策置地有限公司(50%);杭州朝阳橡胶有限公司(49.2%);Pacificnet(29.52%);及成报传媒集团有限公司(27.97%)。

香港生力啤酒厂有限公司

【公司概况】 股票代码 0236,集团主席魏文迪,发行股本(股)374M,票面值(港元)0.500,市价总值(港元)684M。

【公司业务】 该集团之主要业务为制造及分销樽装、罐装及桶装啤酒,其旗舰品牌为生力啤酒及生力清啤,其它啤酒产品包括广氏菠萝啤及龙啤、威乐啤酒、生力清啤等。现时,集团之核心收入来源来自香港及其它华南地区。截至 2002 年 12 月止之年度,集团在香港市场之销售量较上年度上升 1%,惟出口下跌 8.4%。由于集团之核心附属公司广州生力啤酒有限公司在广州面对激烈竞争,华南地区之销售量下跌 11.4%。同时,集团主要竞争对手(包括地区性、全面性及国际性品牌持有人)均大力加强在广州市之品牌推广,亦影响集团产品之销售量。另外,顺德之龙啤销售亦下跌 9.5%。在可见将来,集团将实行全面整合华南地区啤酒厂之营运,并于制造及销售方面达致规模经济效益。此外,重夺广州市市场地位为集团之首要任务。集团预期此等行动将有助其保持及加强于珠江三角洲地区高档啤酒及香港整体市场之领导者地位;同时亦可维持集团长期增长及及盈利能力。

【主要资产/投资(12/2002)】 生力啤(广东)有限公司(A 股:93%,B 股:100%)一持有广州生力啤酒有限公司之 70% 权益;以及 San Miguel Shunde Holdings Ltd.(92%)— 持有生力顺德啤酒有限公司之 100% 权益(于 2003 年 1 月收购余下之 15% 权益)。

安全货仓有限公司

【公司概况】 股票代码 0237,集团主席吕辛,发行股本(股)135M,票面值(港元)1.000,市价总值(港元)277M。

【公司业务】 该集团之主要业务为经营公众货仓及物业投资。集团之投资物业主要为位于香港之工业及货仓楼宇。截至 2002 年 3 月止之年度,由于全球经济衰退及消费不振,集团之货仓业务面对困难之经营环境。尤其于本年度下半年,集团在货仓业务之收益大幅减少。另一方面,集团核心投资物业振万广场于年内保持稳定满意之出租率。此外,为保持业绩表现,集团已拨出部份仓位作收租用途,以提供稳定之租金收入。故此,集团已于年内将账面净值约 1,130 万港元之仓储物业转作出租物业列账。

【主要资产/投资(3/2002)】 全资拥有位于葵涌之工业/货仓楼宇(总楼面面积:421,000 平方呎);全资拥有位于柴湾之货仓楼宇(总楼面面积:435,000 平方呎);及全资拥有位于官塘之工业/办公室楼宇(总楼面面积:430,000 平方呎)。

利星行有限公司

【公司概况】 股票代码 0238,集团主席颜健生,发行股本(股)951M,票面值(港元)1.000,市价总值(港元)3,805M。

【公司业务】 该集团之主要业务为(1)在中国华北及华东地区、台湾及韩国分销平治房车及零件;(2)在中国华东地区分销卡特彼勒重型机械及有关售后服务;(3)在中国(主要在北京及上海)从事物业发展及投资;(4)一般贸易,包括木材及木材制成品、磁砖、肥料及手表零件;(5)证券买卖及经纪服务;及(6)外汇买卖。截至 2001 年 12 月止之年度,集团继续在营业额及净额利益方面录得显着增长。集团于年内之营业额及净额利益分别较上年度增加 23.5% 及 15.1% 至 43.919 亿港元及 1.704 亿港元。于 2001 年度内,汽车及零件业务仍为集团之主要收入来源,占集团总营业额 57.7%,而重型机械业务及一般贸易则分别约占 16.8% 及 22.2%。现时,集团已在亚洲高档豪华汽车市场建立稳固根基。在来年,集团将在北京、上海、惠州及宁波设立汽车展厅,并在黑龙江及陕西省设立新服务中心。此外,集团亦计划在上海之 318 国道上兴建旗舰大厦,分别陈列平治及卡特彼勒产品。

【主要资产/投资(12/2001)】 利星行汽车有限公司(100%);韩星自动车株式会社(97%);台湾戴姆勒克莱斯勒股份有限公司(34.7%);中华奔驰汽车股份有限公司(34.9%);上海奔驰有限公司(55%);Kalstar(S)Pte. Ltd.(100%);利星行机械有限公司(100%);利星行贸易有限公司(100%);利星行证券有限公司(100%);利星行财务有限公司(100%);奔驰财务中国有限公司(20%);发展中物业约值 17.09 亿港元;及投资物业按公开市值约 6,890 万港元。

白花油国际有限公司

【公司概况】 股票代码 0239,集团主席颜为善,发行股本(股)130M,票面值(港元)0.100,市价总值(港元)195M。

【公司业务】 该集团之主要业务为从事生产和兴白花油;物业投资;批发化妆品;以及分销保健及家居产品。于 2000 年初,国家认可临床基地西苑医院为和兴白花油进行临床验证研究,验证结果证实和兴白花油对风热头痛及瘀血头痛有改善作用及安全可靠,疗效比同类产品优胜。于 2001 年 4 月,集团于香港推出两款新产品,分别为和兴止痛膏和和兴活络油。于 2002 年初,集团亦于香港及美国两地同时推出和兴驱风油(于美国则称为和兴白花驱风油)。集团预计于 2002 年底或 2003 年初,将会有更多新产品面世。该等新产品预期能秉乘和兴白花油品牌之著名及历史悠久之知名度。于过去两年,集团已在中国市场就建立品牌及扩阔分销网络而进行大规模推广计划。随着中国成功加入世贸组织后,集团之管理层预期此项品牌投资将会获得理想回报。

【主要资产/投资(12/2001)】 和兴白花油药厂有限公司(100%);位于英国及新加坡之投资物业约值 8,080 万港元;及位于香港之投资物业约值 1,140 万港元。

I—China Hold Ltd.

【公司概况】 股票代码 0240,集团主席蔡筱蕊,发行股本(股)508M,票面值(港元)0.010,市价总值(港元)16M。

【公司业务】 该集团之主要业务为透过旗下持有 27.5% 权益之联

营公司海晖国际实业有限公司(海晖)进行,海晖主要从事货仓冷藏及物流管理/顾问服务、物业投资,以及资金信托等业务。于2001年12月31日,共同及个别临时清盘人获委任为海晖集团之临时清盘人。于2002年3月止之年度内,集团已出售非核心物业以降低债务水平。据2002年年报所披露,集团将继续寻觅有兴趣之投资者为集团注入新资金及发掘新业务之机会。此外,集团将继续与其往来银行及债权人进行商讨,藉以寻求解决方法以重组集团未偿还之债务。

21世纪通有限公司

【公司概况】 股票代码0241,集团主席陈晓颖,发行股本(股)3,109M,票面值(港元)0.010,市价总值(港元)840M。

【公司业务】 该集团主要从事投资开发电讯软件及系统集成业务。基于全球互联网市场之不利转变,集团已缩减于互联网及多媒体内容业务上之投资,并将业务重心转移至中国电讯业范畴。因此,集团已终止一项对象为国内中学多媒体信息科技教育软件之投资。此外,集团亦于2001年3月终止有关于北京21世纪李扬广告有限公司及北京21世纪李扬网络技术服务有限公司之投资协议。由于长途电话市场新竞争对手不断涌现,并掀起割喉式减价战,集团决定取消以前批准投资于万宝电讯项目之承诺。另一方面,集团于2002年5月收购从事主要从事开发电讯软件及系统集成业务之Joy Heaven Inc.。在获得集团策略股东(如中国电讯(广东)、中国移动(香港)集团及中信集团)之支持下,集团将继续利用该等策略关系以进一步巩固及拓展中国市场之电讯增值服务业务。

【主要资产/投资(3/2002)】 Joy Heaven Inc.(于2002年5月收购100%权益);及投资物业按公开市值约9,820万港元。

信德集团有限公司

【公司概况】 股票代码0242,集团主席何鸿,发行股本(股)1,942M,票面值(港元)0.250,市价总值(港元)4,128M。

【公司业务】 信德集团为本港大型综合企业之一,现时经营船务、地产、酒店及其它投资业务。集团之业务及资产集中于珠江三角洲地区,尤以澳门及香港为主。集团为往来港澳客运交通航线市场之领导者,该航线以喷射飞航之品牌经营。此外,集团亦持有与香港中旅国际投资有限公司组成之合营企业信德中旅船务投资有限公司(信德中旅船务)71%权益。现时,信德中旅船务拥有及经营往来香港/九龙至澳门、深圳及广州等高速客运渡轮服务。该策略性合资企业亦会于珠江三角洲内拓展其它船务及其它服务。由于出售宝翠园项目关系,集团地产业务于2001年度内取得满意业绩。此外,集团对未来地产发展项目(如宝翠园第二期及与新鸿基地产之合营项目升月居等)之销售抱乐观态度。集团预期该等项目将为其套取大量现金流入及减低其负债比率。酒店及消闲业务方面,预期集团相关投资业务将会受惠于澳门旅游业之复苏。为减低集团之负债水平及令集团可专注于发展船务及酒店消闲业务,集团已于2002年5月透过供股方式集资约3.89亿港元,以及于2002年2月以1.94亿港元代价出售香港华民航空有限公司20%权益。

【主要资产/投资(12/2001)】 物业存货之账面值约为11.05亿港元;持作发展/发展中物业之账面净值约为66.21亿港元;投资物业及其它房地产之账面净值约为22.77亿港元;信德中旅船务投资有限公司(71%);澳门旅游娱乐有限公司(5%)— 持有澳门地区博彩事业专营权之80%权益。

品质国际集团有限公司

【公司概况】 股票代码0243,集团主席李同乐,发行股本(股)639M,票面值(港元)0.080,市价总值(港元)978M,

【公司业务】 该集团为半导体原料及服务之上游供货商,主要从事制造及销售集成电路(IC)引线框、散热器及加强杆业务。随着于2000年底出售附属公司ASAT S.A.后,集团已终止经营提供IC装配及测试服务。截至2002年4月止之年度,集团之整体业绩转坏,由2001年4月止年度录得7.41亿港元纯利,逆转至本年度之5.23亿港元亏损。转盈为亏之原因主要由于履行7,000万港元之担保责任及分占联营公司ASAT Holdings(乐依文)除税后亏损3.31亿港元。于年内,集团之IC制造业务受到全球市况转坏影响。然而,据集团2002年年报披露,由于补充存货及推出新产品设计,2003年财政年度首三个月之销售额已超逾截至2002年4月止年度之上半年销售额。为把握入世后中国之半导体行业将出现强劲增长,集团已完成中国东莞蚀刻厂房之建设及装修工程,以争取在中国之销售机会。预计完成厂房迁移后,集团每年可节省成本一亿港元。至于集团之主要联营公司乐依文方面,其位于东莞之新厂房预期可于2003年中全面投入运作。

【主要资产/投资(4/2002)】 乐依文(43.05%);品质企业有限公司(100%);品质有限公司(100%);QPL (US) Inc.(100%);骏福实业有限公司(100%);伟基科技有限公司(100%);东辉电子工业(深圳)有限公司(100%);及位于香港之投资物业之公开市值约1.79亿港元(注:集团之投资物业均已抵押,作为银行代表集团向债权人发出备用信用证之担保)。

先施公司有限公司

【公司概况】 股票代码0244,集团主席马景华,发行股本(股)574M,票面值(港元)0.500,市价总值(港元)138M。

【公司业务】 该集团于1900年创立,为香港历史最悠久、享誉最隆之百货公司之一。集团主要从事经营先施百货、物业投资、物业发展、证券投资,以及经营Movenpick Marche餐厅业务。由于香港零售市场不景气,集团于2001年2月止之年度录得巨额亏损2.688亿港元。于2001年2月止及2002年2月止之两个年度内,集团已关闭多家盈利欠佳之店铺。为降低其负债水平,集团亦以代价约5.09亿港元出售其于利舞台之全部权益,并录得约7,640万港元之出售利益。截至2002年2月止之年度,集团录得之股东应占亏损已收窄至5,810万港元,而其资本与负债比率亦由44.7%下降至33.7%。展望将来,集团将专注于建立其香港及中国之核心业务,并于未来数年继续在英国投资物业。此外,集团将会物色与其擅长之英国核心零售业务有关之合适商机。

【主要资产/投资(2/2002)】 位于大连之投资物业按公开市值约1.242亿港元;位于香港及海外之土地及楼宇约值1.981亿港元;发展中物业约值2.792亿港元;待销发展中物业及待销物业合共约值1.374亿港元;Talibay Investments Ltd.(30%);先施人寿保险有限公司(48.09%);及先施保险置业有限公司(40.67%)。

星港地产投资有限公司

【公司概况】 股票代码0245,集团主席夏树棠,发行股本(股)303M,票面值(港元)0.100,市价总值(港元)20M。

【公司业务】 该集团之传统业务为从事物业投资持有及发展,以及建筑及与建筑相关之业务。然而,由于全球经济持续低迷及本地市道不景,集团陆续终止及出售若干录得亏损之投资项目。在可见将来,集团认为物业投资活动将仍为其核心业务分部。基于集团涉及持续经营基准之基本不明朗因素及有限制之审核资料,集团之核数师罗申美会计师行对其核数之2001年度财务报告不表示意见。

恒基中国集团有限公司

【公司概况】 股票代码0246,集团主席李家杰,发行股本(股)497M,票面值(港元)1.000,市价总值(港元)1,515M。

【公司业务】 恒基中国为恒基兆业地产集团成员之一,主要负责恒基兆业地产集团在中国之物业发展及投资业务。集团之物业发展项目及投资物业组合主要集中于中国交通枢纽、人口稠密之主要城市内,分别为广州、北京、上海及珠江三角洲地区。截至2002年6月止之年度,集团录得之纯利下跌20.8%至1.329亿港元,主要由于物业投资业务增加推广费用及其它业务减少收益所致。于2002年6月底,集团拥有之总土地储备之应占发展面积为2,710万平方呎,其中56%为住宅、12%为住宅/办公楼、11%为办公楼、8%为商场,余下13%则为停车场及设施。集团绝大部份土地储备位于广州及上海。现时,集团分别在上海、北京及广州拥有7个、2个及7个项目。为配合中国未来经济发展步伐,集团将继续运用现时售楼所带来之资金投入其日后之新发展项目。

【主要资产/投资(6/2002)】 投资物业按公开市值约为34.106亿港元;待发展之物业/发展中物业约值46.884亿港元;待出售之建成物业约值3.765亿港元;及在联营公司之投资约为16.898亿港元,该等联营公司主要在中国从事物业发展业务。

尖沙咀置业集团有限公司

【公司概况】 股票代码0247,集团主席黄志祥,发行股本(股)1,368M,票面值(港元)0.200,市价总值(港元)9,644M。

【公司业务】 该集团主要从事物业发展作销售及投资用途;证券买卖及投资;酒店经营;财务;及提供物业管理及服务。集团绝大部份业务皆透过旗下上市附属公司信和置业有限公司(信和置业)进行。截至2002年6月止之年度,集团之营业额大幅增加79.6%至约27.65亿港元。然而,集团于年内之业绩转盈为亏,由2001年6月止年度录得净额利益4,080亿港元,转为本年度之3,410万港元净额亏损。截至2002年6月底,信和置业之土地储备总楼面面积约达1,700万平方呎,当中包括各类型物业,其中39%为商业用途、34%为住宅用途、14%为工业用途、9%为停车场及4%为酒店。连同于2002年7月新增购之土地,信和置业截至2002年9月止之土地储备增加至约1,840万平方呎。日后,信和置业将继续兴建优质物业,并引入富有环保概念之增值设施及服务。

【主要资产/投资(6/2002)】 信和置业有限公司(51.63%)。

香港通讯国际控股有限公司

【公司概况】 股票代码0248,集团主席陈重义,发行股本(股)435M,票面值(港元)0.010,市价总值(港元)59M。

【公司业务】 该集团主要在香港及新加坡从事销售及分销诺基亚及Alcatel品牌之流动电话及有关配件(包括电池、充电器、免提装置、机身、天线、汽车装置及皮套),以及Nitsuko、NEC及Aiphone品牌之办公室电话系统,并提供流动电话网络接驳服务。截至2002年3月止之年度,流动电话及有关配件之销售为集团主要收益来源,约占集团总营业额87.9%。集团为诺基亚及Alcatel品牌流动电话之香港主要特许分销商之一,亦为Nitsuko品牌办公室电话系统之香港及新加坡独家特许分销商。集团在香港已建立庞大分销网络,在流动电话业务方面,拥有超过400间零售商店及连锁店营办商,而在办公室电话业务方面,则拥有超过6,000名客户。除现有之特许零售专门店外,集团于年内亦增设一间诺基亚至专店,并于地铁站内以Circle品牌开设5间零售店,以扩展其流动电话及相关产品销售业务。为进一步多元化其产品种类,集团计划将其现有零售专卖店转型为连锁店,除售卖流动电话及有关配件外,亦会出售高科技产品,如个人数码助理、数码相机、计算机接口设备及系统软件等。此外,集团亦将物色投资机会,以开拓中国大陆之市场。

【主要资产/投资(3/2002)】 现金结余净额约5,028万港元;位于香港之投资物业按公开市值约3,276万港元;及物业、厂房及设备之账面净值约5,459万港元。

哈尔滨啤酒集团有限公司

【公司概况】 股票代码0249,集团主席李文涛,发行股本(股)971M,票面值(港元)0.100,市价总值(港元)2,525M。

【公司业务】 该集团主要在中国从事酿造、分销及销售啤酒之业务。集团为中国历史最悠久之啤酒厂,及中国五大最高生产能力之啤酒集团/啤酒厂之一。集团之主要啤酒品牌哈尔滨(亦通常指为HAPI),被视为中国东北地区之主要地区品牌。集团现时生产生啤及熟啤酒,其产品分成三大类来迎合不同市场:大众市场之原味产品、中文件市场之经典产品及高文件市场之精制产品。截至2002年12月止之年度,原味产品、经典产品及精制产品之销售分别约占集团之总营业额78%、15%及7%。为进一步扩充生产规模及分销网络,集团已透过选择在有潜力建立可观市场地位之策略地区进行收购。于2001年6月,集团以代价2.3亿港元收购三家啤酒厂之大多数权益,分别为牡丹江合营公司、佳木斯合营公司及银瀑合营公司。于2002年8月,集团进一步以现金总代价7,000万港元收购柏宁管理有限公司(柏宁)之100%权益。柏宁持有3间分别于辽宁、河北及黑龙江省之啤酒厂之100%、63.02%及60%权益。展望将来,集团将继续在国内东北地区特别是南部,以及唐山/天津一带寻求收购机会。同时,集团将透过投放资金于新收购啤酒厂、推行中央协调市场推广及采购措施来进一步提升产能。此外,集团将会探讨与国际著名啤酒集团可行之合作机会。

【主要资产/投资(12/2002)】 哈尔滨啤酒(松江)有限公司(70%);吉林哈尔滨啤酒有限公司(70%);哈尔滨啤酒(鹤岗)有限公司(95%);哈尔滨啤酒(长春银瀑)有限公司(55%);牡丹江镜泊啤酒有限公司(55%);佳木斯粤海佳凤啤酒有限公司(60%);大庆晓雪啤酒有限公司(60%);哈尔滨啤酒(锦州)有限公司(100%);及唐山啤酒有限公司(63.02%)。

中国数码信息有限公司

【公司概况】 股票代码0250,集团主席于品海,发行股本(股)13,930M,票面值(港元)0.100,市价总值(港元)2,633M。

【公司业务】 该集团之主要业务为(1)透过旗下上市附属公司南海控股有限公司从事物业发展及投资(主要位于中国大陆);(2)透过持有中国企业网控股有限公司(中企网)之权益而从事制作企业网站、为客户业务发展信息科技解决方案、网上应用服务、域名登记、提供电邮系统、数据中心及其它相关服务;及(3)透过持有北京世华国际金融信息有限公司(北京世华)之权益从事向机构客户提供专利软件,及提供中国证券交易所及期货交易所之实时数据。北京世华目前为金融业内首屈一指之互联网内容供货商及互联网服务供货商,预期结合中企网及北京世华之专业知识及销售网络将为集团提供协同效益。

【主要资产/投资(3/2002)】 中国企业网控股有限公司(80%);南海控股有限公司(67.71%);北京世华国际金融信息有限公司(80%);世华(香港)金融信息有限公司(80%);及北京华厦大地远程教育网络服务有限公司(80%)。

爪哇控股有限公司

【公司概况】 股票代码0251,集团主席吕荣梓,发行股本(股)511M,票面值(港元)0.100,市价总值(港元)532M。

【公司业务】 该集团之主要业务为(1)于香港及中国大陆从事物业发展,及主要于香港、中国大陆、新西兰及澳洲从事物业投资;(2)成衣制造及贸易;以及(3)投资于电子商贸业务,如电子贸易物流、软件开发、电子采购及电子贸易市场发展等。截至2001年12月止之年度,香港、新西兰及澳洲之物业投资仍为集团之主要收入来源,而集团之资产亦位于该等地区。

【主要资产/投资(12/2001)】 投资物业按公开市值约56.432亿港元(注:于年结时之债务净额约为24.27亿港元)。

华信地产财务有限公司

【公司概况】 股票代码0252,集团主席蔡乃端,发行股本(股)198M,票面值(港元)1.000,市价总值(港元)208M。

【公司业务】 该集团主要从事中国大陆、香港及菲律宾之物业发展及投资;制造及销售塑料包装材料;以及证券经纪及财务业务。于2002年3月止之年度内,集团于香港之投资物业之净租金增加2.2%至1,771万港元,继续为集团提供稳定收入。在制造及销售塑料包装材料业务方面,集团计划将原拟建华信花园之部份地块改作扩建东莞南星塑料厂生产厂房之用,以扩大此业务之生产量。至于集团之证券经纪业务,由于香港股票市场交投淡静,本年度录得之经纪佣金下跌41.8%至只有1,256万港元。据披露,集团已与一家软件供货商订立协议,以租赁经纪自设系统交易设施,预期集团可于2003年3月止之年度内提供网上证券买卖服务。于2002年3月底,集团之总负债约1.176亿港元,其中8,914万港元为短期借款,将于一年内到期偿还。

【主要资产/投资(3/2002)】 位于香港之投资物业按公开市值约2.665亿港元;东莞南星塑料有限公司(95%);南星塑料厂有限公司(95%);常汇证券有限公司(100%);华信地产财务(找换)有限公司(75%);开瑞实业有限公司(28.6%);及Titan Dragon Properties Corp.(49%)。

顺豪资源集团有限公司

【公司概况】 股票代码0253,集团主席郑启文,发行股本(股)304M,票面值(港元)0.500,市价总值(港元)42M。

【公司业务】 该公司为一投资控股公司,主要业务为从事物业投资、物业租赁及酒店投资。于2001年12月止之年度,集团主要联营公司顺豪科技控股有限公司(顺豪科技)于华大地产投资有限公司(华大)之持股量由49%增加至51%,故华大自2001年10月起成为顺豪科技之附属公司。由于华大同时持有顺豪科技部份股权,故此,顺豪科技亦成为集团之附属公司,令集团享有顺豪科技超过50%之投票权。据披露,华大经营之酒店在调低房屋租金下之平均入住率约82%。至于集团之物业租赁业务,亦于年内维持约95%之出租率。

【主要资产/投资(12/2001)】 顺豪科技控股有限公司(49.7%)—持有华大地产投资有限公司51%股权;及忠港发展有限公司(12.4%)—从事物业投资业务。

光讯控股集团有限公司

【公司概况】 股票代码0254,集团主席孟晓苏,发行股本(股)2,868M,票面值(港元)0.200,市价总值(港元)34M。

【公司业务】 于年内进行一连串业务转型行动后,该集团已减低传统地产业务之投资,并集中投资以科技/电子商贸为主之项目。于2001年2月,集团与中国之国营房地产龙头企业中国房地产开发集团公司(中房集团)组成联盟,作为中房集团之策略伙伴及科技平台,共同开发两个与物业有关之科技项目:集团采购及数码社区。此外,集团亦投资多个科技项目，包括（1）Sky Citi－Link ATNT－亚洲卫星通讯服务供货商；（2）CRED. net－为中房集团旗下中国房地产网站提供网站设计及有关服务之供货商；及（3）珠海再创通信技术有限公司－宽频有线网络设备及外围设备制造商。于2001年11月，集团以现金代价约8,500万港元，出售位于上海之办公室/商业综合大楼，藉以减低其于中国之物业投资。集团将利用出售物业所得之款项投资其它高科技业务（例如建议投资沿中国铁路网络发展IC卡收费电话项目）。

【主要资产/投资（6/2001）】 物业组合按市值为1亿6,640万港元；Sky Citi－Link ATNT（Holdings）Ltd.（20%）；CRED. net Ltd.（20%）；及珠海再创通信技术有限公司（55%）。

龙记（百慕达）有限公司

【公司概况】 股票代码0255，集团主席邵铁龙，发行股本（股）487M，票面值（港元）0.100，市价总值（港元）1,351M。

【公司业务】 该集团主要从事制造及销售模胚，以及买卖金属及配件。集团大部份产品都在香港及中国上海、广州、河源及东莞制造。截至2002年3月止之年度，集团华南地区各厂之营业额维持持续增长，但由于市场竞争激烈，营业额及利益率则相对下降。此外，除日本业务有满意之表现外，东南亚整体经济停滞不前影响集团新加坡及马来西亚之业务表现不振。尽管现时市况不佳，集团之管理层预计广州模架出口业务会不断上升，而华东市场长远而言将会是集团一个潜力优厚之市场。有见及此，集团已在中国广州成立新公司专责向中国华南地区客户推广模具钢材。

【主要资产/投资（3/2002）】 东莞龙记五金制品有限公司（75.37%）；广州龙记金属制品有限公司（75.37%）；上海龙记金属制品有限公司（75.37%）；河源龙记金属制品有限公司（75.37%）；Lung Kee Metal Japan Co. Ltd.（75.37%）；Lung Kee Metal（Malaysia）Sdn. Bhd.（75.37%）；Lung Kee Metal（Singapore）Pte Ltd.（75.37%）；仕霸工业股份有限公司（70%）；及龙记五金有限公司（75.37%）。

中国光大科技有限公司

【公司概况】 股票代码0256，集团主席王明权，发行股本（股）1,545M，票面值（港元）0.100，市价总值（港元）417M。

【公司业务】 中国光大科技主要业务包括：（1）透过其全资拥有之－光大依波系列品牌有限公司经营钟表制造及分销集团之品牌依波表及其它品牌如adidas和精工，及同时为中国篮球协会之独家制造及代理经销CBA运动手表；（2）分销通讯产品；（3）投资物业；及（4）其它投资（例如：讯息系统软件、企业孵化器、网上图书馆、电子商务系统、中医药及基因工程等）。据披露，集团将继续重新定位为高新科技服务与产品的翘础，再者，中国光大科技将着重信息产业、软件、生物制药和健康护理等，同时亦会挑选较有上市潜质的项目作为投资目标。

【主要资产/投资（12/2001）】 现金结余约2.91亿港元；及光大依波系列品牌有限公司（100%）。

中国光大国际有限公司

【公司概况】 股票代码0257，集团主席王明权，发行股本（股）2,548M，票面值（港元）0.100，市价总值（港元）589M。

【公司业务】 中国光大国际之主要业务为制造及销售木材产品，基建投资，建筑业务及物业发展与投资。于二千零一年，中国光大国际之木材业务面对竞争激烈的经营环境，与此同时，集团亦实行多项成本控制措施，以维持竞争力。至于集团之基建投资，深圳妈湾电力有限公司经营良好，再加上福州青洲大桥的建造工程进度理想，主体结构工程已经完工，预计在二零零二年底前可以和高速公路连接通车。而中国光大国际之物业投资业务，于零零一年之财政年度仍然录得稳定的回报。于二零零一年年底，集团与一家在世界环保领域享有盛誉的技术服务公司签署了戰略合作意向书，及正在物色和挑选合适的绿色环保领域合作项目，以培育集团的品牌及竞争力。

【主要资产/投资（12/2001）】 香港建设（控股）有限公司（10.2%）；深圳妈湾电力有限公司（15%）；福州光闽路桥建设开发有限公司（合作合营公司）；港沪发展有限公司（25%）－主要持有上海港沪房地产有限公司99%股本权益；Newton Industrial Limited（44.12%）－持有深圳妈湾电力有限公司34%股本权益；光大木材工业（深圳）有限公司（77.12%）；及投资物业约2.37亿港元。

汤臣集团有限公司

【公司概况】 股票代码0258，集团主席徐枫，发行股本（股）1,085M，票面值（港元）0.500，市价总值（港元）857M。

【公司业务】 该集团之主要业务为（1）于上海（尤其在浦东）从事物业发展及投资；（2）于上海浦东从事款客及消闲业务（如经营酒店及高尔夫球会）；及（3）于上海从事工业制造业务，包括胶管及配件制造，以及预拌混凝土业务，作为其物业项目以外之辅助业务。截至2001年度止，物业发展及买卖占集团总营业额逾85%，亦占集团扣除负债之净资产约60%。于2001年度内，集团收购一幅位于中国浦东金桥－张江地区之土地权益，包括一部份面积约为80万平方米用作发展一个18个洞高尔夫球场之100%权益，以及另一部份面积约为68万平方米用作发展住宅之70%土地权益。除办公室大厦于未来数年之需求殷切外，集团相信优质住宅楼宇及高尔夫球场设施之需求将持续上升。由于上海交通运输系统已持续改善，集团对其手头上发展项目表现乐观。

【主要资产/投资（12/2001）】 发展中物业之账面净值约15.245亿港元；投资物业按公开市值约5.801亿港元；以及位于香港以外之租约土地及楼宇之账面净值约3.914亿港元。

亿都（国际控股）有限公司

【公司概况】 股票代码0259，集团主席方铿，发行股本（股），1,044M，票面值（港元）0.200，市价总值（港元）219M。

【公司业务】 该集团主要从事开发、制造及销售液晶体显示器，而蒙受亏损之电路板业务已终止经营。截至2002年3月止之年度，液晶体显示器之销售约占集团总营业额95%，而来自香港市场之收入则约占总营业额88%。于可见未来，集团拟减低对香港市场之依赖，故此，集团计划拓展海外市场，如南韩、台湾、日本及美国。截至2002年3月底，现金结余净额约1.714亿港元。

【主要资产/投资（3/2002）】 东莞亿都半导体有限公司（85%）；江门亿都半导体有限公司（80%）；亿都液晶片有限公司（100%）；及LCD Industries Ltd.（100%）。

丰泰集团国际有限公司

【公司概况】 股票代码0260，集团主席邝志成，发行股本（股）1,853M，票面值（港元）0.020，市价总值（港元）402M。

【公司业务】 随着近期收购一电通80%权益及出售吉联（吉林）石油化学有限公司（吉联（吉林））35%权益后，集团已将业务集中于电讯范畴。于2002年6月止之年度内，一电通之电讯业务在收购后九个月已为集团之营业额及分类利益分别带来1.433亿港元及2,060万港元之贡献。至于出售吉联（吉林）之权益，集团预期将会带来确认出售亏损约1,310万港元。展望将来，集团拟继续推行开发科技相关业务及保健服务之策略。

【主要资产/投资（3/2003）】 One. Tel Holdings Ltd.（80%）；北京帅府大厦发展有限公司（20%）；山东国际经济开发公司（60%）；及吉联（吉林）石油化学有限公司（35%）（注：于2002年8月30日，集团与吉林工业化学股份有限公司（吉林化工）订立有条件协议，据此，吉林化工同意收购集团于吉联（吉林）之35%权益，合共现金代价1.35亿元人民币，分两期支付）。

中建科技国际有限公司

【公司概况】 股票代码0261，集团主席麦绍棠，发行股本（股）10,838M，票面值（港元）0.010，市价总值（港元）238M。

【公司业务】 该集团之主要业务为开发、制造及销售电讯产品，包括无线电话产品及其它无线电讯产品。由于业务连续五年录得亏损，并连续四年录得资产亏绌，集团已未能按时偿还债务，并面对财务支持不足。集团之股份更由2001年2月12日起暂停买卖。于2001年9月，集团与另一家香港上市公司中建电讯集团有限公司（中建）订立重组协议。于2002年5月17日，集团成功完成重组，约1.6亿港元之负债总额中之绝大部份（包括集团三年期及七年期可换股票据）已根据重组协议解除。重组完成后，中建遂成为集团之主要股东，持有集团约41.5%权益（截至2002年9月5日）。集团之股份随后亦于2002年6月7日恢复买卖。随着分别于2002年6月及7月完成股份及可换股票据配售后，集团合共筹集资金约3,650万港元，令其流动资金回复至健康水平。除继续专注于制造及开发电讯产品之核心业务外，集团亦会借着中建注入集团之附属公司电子实业有限公司，将业务扩展至制造交换及线性模式供电器。

迪臣发展国际集团有限公司

【公司概况】 股票代码0262，集团主席王克端，发行股本（股）4,

792M,票面值(港元)0.010,市价总值(港元)105M。

【公司业务】 该集团之主要业务包括(1)作为总承包商从事建筑业务,以及主要于香港及中国承包高智能大厦之工程及机电工程服务;(2)物业投资及发展;及(3)透过集团之联营公司从事买卖及零售健身、消闲及医疗器材以及提供相关安装及承包服务。于2000年8月,集团完成收购基电控股有限公司(基电)之控制性权益。随着成功恢复于香港特区政府工务局认可公共工程物料供货商及专门承造商名册内之现有11个牌照,集团能够积极参与建筑业务发展。为将核心建筑相关业务之才能扩展至智能建筑系统方面,集团亦与日本、以色列及台湾之智能系统公司伙伴结盟,藉以巩固其于智能建筑系统方面之发展。据披露,集团购入毗邻上海植物园之土地,以发展高尚住宅物业,该土地可发展为楼面面积约五万平方米。集团预期该住宅项目在未来数年可带来超过3亿元人民币之销售总额。此外,集团位于海南省海口市之另一住宅项目亚洲豪苑第三期工程已动工,并将于2002年底完成。集团估计此项目之总销售收益将超过7,500万元人民币。

【主要资产/投资(3/2002)】 基电控股有限公司(55.6%);华胜国际置业开发(上海)有限公司(100%);宁波迪臣房地产建设有限公司(100%);北京长迪建筑装饰工程有限公司(60%);迪臣发展有限公司(100%);迪臣一智能电子系统工程有限公司(100%);及启康创建有限公司(44.1%)。

保兴投资控股有限公司

【公司概况】 股票代码0263,集团主席孙粗洪,发行股本(股)1,214M,票面值(港元)0.500,市价总值(港元)160M。

【公司业务】 该集团主要从事(1)制造及买卖化学纤维,包括涤沦短纤、粘胶长丝产品及锦纶长丝;(2)融资服务;(3)证券投资;及(4)投资物业等业务。截至2001年12月止之年度,集团仍录得净额亏损约2,610万港元(2000年度之亏损约为1,940万港元),而透过持有55%权益之杭州蓝孔雀化学纤维经营之制造业务继续成为集团之主要收入来源,占其总营业额约90%。然而,集团于年内录得之大部份亏损亦来自摊占此家附属制造业公司之亏损(即约2,870万港元)。展望将来,集团将继续物色具潜力之投资项目,藉以在香港及中国形成以制造业、商业及策略性投资为基础之资产结构。截至2001年底,集团拥有现金结余净额约2.236亿港元。

【主要资产/投资(12/2001)】 杭州蓝孔雀化学纤维(股份)有限公司(55%);上海虹桥友谊商城有限公司(30%);及元朗宏盛商业大厦 — 总楼面面积为42,665平方呎(100%)。

卓高国际集团有限公司

【公司概况】 股票代码0264,集团主席陈景康,发行股本(股)308M,票面值(港元)0.010,市价总值(港元)203M。

【公司业务】 该集团之主要业务为从事设计及生产著名品牌男女装皮革配饰品,包括皮带及小皮具(如钱包、钥匙环及记事簿)。集团之皮革配饰品均以原设备生产及原设计生产方式生产,并以世界品牌及私人品牌之名义销售予中高档之时装零售商。该等时装零售商主要位于日本、美国、香港、欧洲及其它国家,当中很多在本身国家经营大规模连锁店,销售多种于国际及当地均享负盛名之设计师品牌及私人品牌。另一方面,集团亦发展本身之品牌,以STRANGER品牌之名义生产及销售其皮具产品,该品牌已于2002年11月推出。于2003年2月,集团之数据库内存有逾2,000款皮带设计。为着提升产品之知名度,集团已首先开发香港本地销售市场,委任Bauhaus(在香港经营约20间配饰品连锁店)作为集团在香港之主要代理,在Bauhaus之店铺销售集团之皮具。于2002年7月,集团原有位于中国之来料加工厂迁至更大之厂房用地,藉以为海外市场扩充生产设施,新生产设施已于2002年8月开始运作。此外,集团亦已设立新生产设施以专注生产销往中国市场之产品,预期该生产设施将于2003年首季投入运作。经过扩充后,集团位于中国之两项新扩充生产设施,预期于全厂设备齐全时,集团之皮带及小皮具年产力可由约360万件提高至约1,080万件。

南华集团有限公司

【公司概况】 股票代码0265,集团主席吴鸿生,发行股本(股)1,823M,票面值(港元)0.025,市价总值(港元)343M。

【公司业务】 该集团主要从事贸易及制造、证券及期货经纪及买卖、开展融资、私人信贷、提供企业咨询服务及包销服务、信息科技相关业务、地产投资及发展、应用软件推行及推广、出版刊物与印刷业务、市场及推广服务、机票销售,以及提供其它旅游相关服务。此外,集团亦透过其合营公司从事药业业务,以及透过全资拥有、位于中国广东省、占地1,800公顷之荔枝园经营果园种植业务。

【主要资产/投资(12/2001)】 南华工业有限公司(74.7%) — 于香港联交所上市,持有南华信息科技有限公司(于香港联交所上市)之65.7%权益、Wah Sing Int'l Holdings Ltd.(于新加坡联合交易所上市)之52.8%权益、耐力国际集团有限公司(于香港联交所上市)之42.6%权益,以及华升电子有限公司之59%权益等;南华证券有限公司(74.5%) — 于香港联交所上市;南华传媒有限公司(100%);广东华兴果业发展有限公司(100%);沈阳津昌制药有限公司(35.7%);及天津南华房地产开发有限公司(51%)。

天德地产有限公司

【公司概况】 股票代码0266,集团主席钟辉煌,发行股本(股)475M,票面值(港元)0.250,市价总值(港元)774M。

【公司业务】 该集团为一投资控股公司,其附属公司主要从事持有及经营酒店、经营高尔夫球康乐会所,及投资控股等业务。现时,集团之业务主要透过旗下于香港联交所上市之附属公司凯联国际酒店有限公司(凯联酒店)进行。凯联酒店之主要资产包括香港凯悦酒店、凯悦酒店商场,以及位于马来西亚新山之Austin Hills Golf Resort。由于全球经济衰退,香港凯悦酒店之房间于2002年3月止年度内平均入住率只有约77.9%(上个财政年度则为79.3%)。此外,该酒店于年内之平均房租约为739港元,较上个财政年度下跌约15.5%。另一方面,于年内来自酒店商场之租金收入则约为9,880万港元,较上个财政年度上升约10.9%,主要由于以较高租金与若干现有租户续约及高出租率所致。在可见将来,集团将推行多种不同之推广组合,以增加旗下酒店之整体收入。

【主要资产/投资(3/2002)】 凯联国际酒店有限公司(50.01%)。

中信泰富有限公司

【公司概况】 股票代码0267,集团主席荣智健,发行股本(股)2,188M,票面值(港元)0.400,市价总值(港元)31,295M。

【公司业务】 中信泰富为本港一家红筹综合企业公司,其核心业务为基础建设(包括航空、基建设施、信息业及发电),并以贸易与分销汽车与消费品及物业投资与管理作支持业务。其它发展中业务包括特种钢材、研发生物制药、金融服务及遥距学习业务。集团之业务主要在香港及中国大陆进行。截至2002年12月止之年度,集团录得84.9%之理想纯利增长,增长主要来自航空业于2002年之突出表现。由于根据中国现行法规规定外资公司无法参与中国电讯业务,集团于2002年1月同意以总代价约16亿港元出售其于中国奔腾一号骨干网(中国全国全长32,000公里之光纤网络)之全部80%权益予母公司,但保留了以成本价购回该网络之权利。为受惠于航空业日益增加之货运量,集团已与中国国际航空公司及北京首都机场集团公司组建合营企业,接替中国国际航空集团经营其全部国际及国内航空货运及相关地面服务。此外,集团持有54.7%权益之特种钢制造业务江苏泰富兴澄特种钢股份有限公司建议分拆于上海证券交易所A股市场上市,而有关申请已递交予中国证券监督管理委员会。

【主要资产/投资(12/2002)】 国泰航空(25.8%);港龙航空(28.5%);香港空运货站(10%);中国国际货运(25%);中讯电讯1616(100%);CPCNet(100%);中信国安(50%);澳门电讯(20%);大昌行(100%);慎昌(100%);在上海持有45%权益之杨浦大桥、南浦大桥、徐浦大桥、打浦路隧道及沪嘉高速公路,以及持有50%权益之延安东路隧道;西区海底隧道(35%);东区海底隧道(公路:70.8%;铁路:50%);总装机客量达268.5万千瓦之发电厂;主要物业包括位于香港之中信大厦(40%)、又一城(50%)及愉景湾(50%),以及位于上海之老西门新苑(100%)、中信泰富广场(80%)及华山公寓(100%);中信资本市场控股有限公司(50%);江苏泰富兴澄特种钢股份有限公司(54.7%);及四川省泸州市科泰生物技术开发有限公司(31%)。

鹏利国际集团有限公司

【公司概况】 股票代码0268,集团主席周明臣,发行股本(股)3,344M,票面值(港元)0.100,市价总值(港元)2,408M。

【公司业务】 该集团是中国粮油食品进出口(集团)有限公司(中粮集团)负责物业及酒店业务之上市旗舰。现时,集团主要专注于中国物业投资及发展,以及酒店投资及经营业务。集团亦透过其香港上市联营公司中国粮油国际有限公司(中国粮油),从事粮油食品加工及制造业务。截至2001年12月止之年度,集团录得6.56亿港元之巨额亏损,主要原因是为集团物业及酒店组合作5.705亿港元之一次性拨备,以及集团于中国粮油之股权被摊薄所产生之1.623亿港元亏损。于2001年5月,中国粮油透过发行新股向中粮集团收购食用油及食品有关业务之行动已告完成,中国粮油因而成为中国最大食用油脂之生产商,而集团于中国粮油之股权亦由51.13%摊薄至21.52%。至于物业业务,集团之物业权益主要包括位于中国上海、北京、广州及深圳之商住物业。凭借母公司中粮集团之支持,集团将不断寻求机会,于中国主要城市发展中高文件住宅物业项目。

【主要资产/投资(12/2001)】 中国粮油国际有限公司(21.52%);发展中物业之账面值约9.539亿港元;酒店物业之账面净值约16.25亿港元;投资物业及租赁土地及楼宇之账面净值合计约17.94亿港元;深圳香格里拉大酒店(20.7%);深圳新安湖实业有限公司(占有100%股权,而应占利益则为40—45%);及北京前铁娱乐城有限公司(100%)。

海晖国际实业有限公司

【公司概况】 股票代码0269,集团主席蔡筱蕊,发行股本(股)1,547M,票面值(港元)0.050,市价总值(港元)42M。

【公司业务】 该公司之主要业务为仓储冷藏相关服务、冷藏仓库、物流管理、物业投资及提供财务服务。于二零零零年十月集团与美冷物流有限公司伙成策略联盟,美冷物流为美国最大冷藏及急冻分拨服务供货商。其后,集团在全球拥有超过一百六十个冷藏仓库及物流盟友,而在中国则拥有超过四十五个冷藏仓库及物流盟友。集团亦已建立一队特别小组以发展其在中国之基建及网络。展望未来,集团计划之策略包括:(1)分类集中发展之政策,发展冷藏仓库业务;(2)开发中国物流业务;(3)发展全球供应链管理及电子中枢业务;(4)发展增值物流管理服务;(5)开发科技信息/信息技术项目。于二零零一年之财政年度内,集团成立一个商业对商业平台www.iPowerB2B.com,以连系世界上两个最大市场,包括美国及中国之客户接触新市场及产品。

【主要资产/投资(3/2001)】 冷藏仓库之账面净值约HK$11.447亿;于印尼之持作发展之物业按账面净值约HK$5,350万;于香港及香港以外之投资物业按公开市值分别约HK$1.887亿及HK$1.352亿。

粤海投资有限公司

【公司概况】 股票代码0270,集团主席李文岳,发行股本(股)5,202M,票面值(港元)0.500,市价总值(港元)6,866M。

【公司业务】 粤海投资有限公司是广东省政府在香港之上市旗舰。目前,集团之主要业务为公用事业、基建业务、酒店物业、工业、零售及旅游服务。随着粤海企业提出的全面重组(包括业务重组、财务重组及管理重组)在二零零零年十二月完成后,粤海投资将继续加快实现资产出售计划,退出及出售非核心业务,尽快完成还债任务及重点发展两项主要业务:包括公用事业及基建业务。其中收购粤港供水(控股)有限公司百分之八十一股权便是重组的一部份,粤港供水主要持有东深供水项目,除此之外,广东控股有限公司向集团注入二千万美元。此外,集团于二千零一年第一季以2亿3,748万港元出售其所有粤海建业及粤海深圳之权益。于回顾年内,粤海投资已将其持有的丽江花园项目的55.2%权益出售。展望将来,集团会积极实施其专注于核心业务的策略计划及尽快完成还债任务。

【主要资产/投资(12/2001)】 粤港供水(控股)有限公司(81.75%);广东电力(国际)有限公司(51%);粤电投资有限公司(49%);广东交通投资有限公司(51%);新粤公路建设有限公司(50%);英德海英公路有限公司(70%);粤海啤酒集团有限公司(72%);深圳金威啤酒有限公司(95%);山东华中琥珀啤酒有限公司(50%);粤海制革有限公司(71.56%);及永顺泰发展有限公司(100%)。

互联控股有限公司

【公司概况】 股票代码0273,集团主席庄友衡,发行股本(股)246M,票面值(港元)0.100,市价总值(港元)290M。

【公司业务】 该集团主要从事物业投资及发展、投资控股、投资买卖证券、提供互联网及互联网相关服务,以及提供证券经纪及金融服务。于2001年度,集团仍旧录得亏损约3亿3,156万港元(2000年度之亏损为3亿6,906万港元),收益主要来自集团之金融服务旗舰公司Hennabun Management Inc.,占其总营业额约46.9%。鉴于现时经济环境困难,集团已为呆坏账作出拨备约1.195亿港元。固定资产方面(主要为物业),集团亦于年内作出约1.403亿港元之减值亏损。至于科技投资方面,集团已出售一间联营公司Cupac Investment Ltd.之投资。于未来,集团将专注于发展互联网买卖证券业务。

【主要资产/投资(12/2001)】 Hennabun Management Inc.(81.08%);主要位于香港之投资物业之公开市值约2.18亿港元;及租赁土地及楼宇按账面净值约1.559亿港元。

高宝绿色科技集团有限公司

【公司概况】 股票代码0274,集团主席刘劲玮,发行股本(股)660M,票面值(港元)0.100,市价总值(港元)785M。

【公司业务】 该集团主要从事开发、制造及销售(1)家居及个人护理产品(包括家用清洁剂、柔顺剂及个人清洁产品),尤其日渐强调产品之环保特性;(2)工业用表面活性剂;及(3)化妆及护肤品之业务。由于中国政府制定政策逐步取缔含磷质产品,集团不含磷质之清洁产品大受市场欢迎。于2002年12月止之年度内,家居及个人护理产品以及工业用表面活性剂仍为集团之核心业务。在核心业务之支持下,集团已扩充优质化妆品及护肤用品业务,此业务于年内取得骄人增长。集团之独特产品—人体表皮生长因子(rhEGF)产品备受市场热烈欢迎。此外,集团已成功开发及生产多种生物科技产品,以及展开多个科技项目之商品化计划,包括工业?及BMS生物科技污水处理系统。长远而言,业务多元化发展策略预期将加快集团之业务增长。

【主要资产/投资(12/2002)】 高宝化工(中国)有限公司(100%);东莞宝丽美化工有限公司(100%);高大生化技术有限公司(65%);金迪生物技术有限公司(8%);及Bio—Tech Pharm Group Ltd.(4.5%)。

锦兴集团有限公司

【公司概况】 股票代码0275,集团主席陈国强,发行股本(股)160M,票面值(港元)0.010,市价总值(港元)135M。

【公司业务】 该集团主要从事(1)生产、销售及分销资料储存媒体(主要为计算机磁盘、一次收录光盘及可重写光盘);(2)销售及分销计算机配件与储存媒体驱动器、扫描仪、录音带与录像带、微型唱碟、家庭电子产品及电讯设备配件;以及(3)证券买卖等业务。集团亦对科技(如信息科技、网络及网络相关)及传统业务作策略性投资。在集团Memorex品牌之计算机相关产品方面,该等产品成功地在各自之市场上保持领导地位(例如资料储存媒体之销售额高踞加拿大市场第一位、欧洲媒体市场第二位,以及稳占美国光学媒体市场领导地位)。为进一步扩大其产品组合,集团将于2003年第二季及第三季推出电池及可充电电池全系列产品,以及首项Memorex品牌消费电子产品。截至2002年3月止之年度,集团之净额亏损收窄至约1.025亿港元,较上年度5.894亿港元亏损大幅下降82.6%。于年内,集团约58.9%及26.0%之收入分别来自买卖计算机相关产品及消费电子产品。按地区划分而言,北美洲及欧洲为集团两大市场,分别占其总营业额83.2%及13.6%。随着于2001年10月以现金代价5.379亿港元出售Oxford PPT Group之小数权益后,集团已作出另一项新投资,于2002年3月订立协议,以代价约5,290万坡元收购于新加坡上市之食品及家庭产品供货商普威联营有限公司之27.45%权益。截至2002年3月止之年度,集团之总负债约为6.765亿港元,其中6.68亿港元将于一年内到期偿还,惟集团手头现金只有3.092亿港元。

【主要资产/投资(3/2002)】 锦兴磁讯有限公司(100%);威望(珠海)磁讯有限公司(100%);Memorex Int'l Inc.(52.18%);富联资源有限公司(100%);Cyber Business Network (Singapore) Pte Ltd.(54%);Asia V—Sat Co. Ltd.(40%);富联期货有限公司(40%);鼎营科技股份有限公司(26.17%);中策集团有限公司(17.45%);及成报传媒集团有限公司(13.56%)。

新世界数码基地有限公司

【公司概况】 股票代码0276,集团主席鲁连城,发行股本(股)5,825M,票面值(港元)0.020,市价总值(港元)186M。

【公司业务】 该集团为新世界发展有限公司之科技旗舰,向大中华市场各行业提供专业信息科技及软件解决方案。集团现时提供之服务分为三大类,分别为(1)软件产品,如工作流程及文件档案管理软件系列、地理信息系统(GIS)等;(2)专门行业信息科技解决方案,主要涉及金融、证券及保险、政府及企业三大行业;以及(3)外包服务,包括软件保养、软件开发及产品本地化及订制。截至2002年3月止之年度,集团之股东应占亏损大幅收窄至1.892亿港元(上年度之亏损为14.24亿港元)。于2002年2月,集团收购中国最大GIS数据及互联网服务供货商城市通之100%权益。新收购之公司不仅与集团已具稳健基础之GIS业务及业务流程管理软件核心技术相辅相成，而且更有助集团扩展于大中华区之无线定位服务及数字城市服务。外包服务方面，集团亦伙拍上海交通大学之上海分布计算技术中心，成立一家合营信息科技外包发展中心。

【主要资产/投资(3/2002)】 位于香港之投资物业之市值约3.8亿港元；上市投资之市值约1.33亿港元；集高科技有限公司(100%)；北京集高电子科技有限公司(100%)；上海集高电子科技有限公司(92%)；北京新世界数码科技有限公司(100%)；新世界数码科技(上海)有限公司(100%)；eHongKong.com (H.K.) Ltd.(51%)；New World CyberBase Solutions (HK) Ltd.(100%)；New World CyberBase Solutions (US) Ltd.(100%)；上海城市通网络信息技术有限公司(100%)；Asia V－Sat Co. Ltd.(20%)；eGuanxi (Cayman) Ltd.(25%)；及Cyber China Inc.(50%)。

太兴置业有限公司

【公司概况】 股票代码0277，集团主席陈海寿，发行股本(股)308M，票面值(港元)0.500，市价总值(港元)382M。

【公司业务】 该集团主要从事物业投资及证券投资。尽管本港经济状况疲弱，集团物业组合继续维持投资物业组合，主要为位于香港之商业大厦，出租物业于2002年3月止之年度达平均98%之租出比率。此外，集团位于尖沙咀中部区域之铺位及写字楼单位维持全部租出，主要原因为该等物业所处位置优越。由于香港市场气氛呆滞，集团之策略为集中投资于优越位置之商业物业。

【主要资产/投资(3/2002)】 投资物业按公开市值约6.192亿港元(主要位于香港)；及汇成发展有限公司(50%)－物业投资公司。

华厦置业有限公司

【公司概况】 股票代码0278，集团主席钟棋伟，发行股本(股)121M，票面值(港元)0.650，市价总值(港元)79M。

【公司业务】 该集团主要在香港从事物业投资、发展及管理；建筑承办；及投资控股之业务。截至2002年3月止之年度，集团录得之纯利上升24倍至874万港元，主要由于其投资物业之重估减值大幅减少约78.7%所致。展望将来，集团将继续加强其香港之核心业务，及严紧控制其营运开支，以进一步改善其整体边际利润。

【主要资产/投资(3/2002)】 现金结余净额约6,220万港元；于上市证券之短期投资按市值约4,700万港元；位于香港之投资物业按公开市值为1,915万港元；以及在主要从事物业投资及发展之联营公司之股本权益及应收款项净额合共约3.446亿港元。

恒盛东方控股有限公司

【公司概况】 股票代码0279，集团主席邝维添，发行股本(股)3,116M，票面值(港元)0.010，市价总值(港元)212M。

【公司业务】 于2002年3月止之财政年度内，该集团继续从事提供融资、证券买卖及投资、物业持有及投资，以及投资控股业务。另一方面，集团已终止经营医药、保健产品及食品业务。于年内，集团收购若干项新投资项目，包括一家在中国从事制造GPS社会安全系统及设备之公司之股本权益，以及位于深圳市汇港名苑之部份购物商场(总楼面面积约12,115平方米)。展望将来，集团拟继续出售部份表现未如理想之资产及实行节省成本措施。此外，国内之投资将占集团之资产组合中较大比重。

【主要资产/投资(3/2002)】 深圳市汇港名苑之部份购物商场(总楼面面积约12,115平方米)；陕西维光科技有限公司(66.7%)(两项资产均于年结后收购)。

景福集团有限公司

【公司概况】 股票代码0280，集团主席杨秉梁，发行股本(股)435M，票面值(港元)0.250，市价总值(港元)135M。

【公司业务】 该集团主要从事珠宝零售及金条买卖、珠宝及金饰制造、钟表零售、钻石批发及证券经纪业务。现时，集团之业务主要在香港进行。截至2002年3月止之年度，集团之珠宝及证券经纪业务面对非常困难之营商环境。集团之金饰、珠宝、钟表及礼品零售之营业额下跌11.4%，而金条买卖业务则下跌22.2%。由于全球各地之股市仍然疲弱，集团之证券经纪部于年内之收益亦下跌48.3%。据披露，集团正积极推销how品牌之珠宝，以迎合年青一族顾客之需求，并计划开设一系列以how品牌为主之概念零售店。为进一步开拓中国大陆市场，集团亦计划在国内其它主要城市开设特许经营零售店。

【主要资产/投资(3/2002)】 珠宝存货约值2.248亿港元；黄金首饰及金条存货约值2,730万港元；钟表及礼品存货约2.431值亿港元。

川河集团有限公司

【公司概况】 股票代码0281，集团主席汤君年，发行股本(股)2,609M，票面值(港元)0.050，市价总值(港元)639M。

【公司业务】 该集团之主要业务为于澳门从事物业发展及投资；以及投资证券。现时，集团最主要之资产为在一家香港上市公司汤臣集团有限公司(汤臣)之投资，汤臣之表现直接影响集团之整体业绩。于2001年6月，集团订立协议以现金代价约7,208万港元，收购一幅位于中国浦东张江高科技园区、面积约62,000平方米之发展用地，集团拟将该幅土地发展为总楼面面积达93,000平方米之低密度住宅项目。与此同时，集团以总代价约9,278万港元向其最大股东汤先生出售汤臣之9%权益，该笔代价款项以抵销(1)集团结欠汤先生之7,116万港元款项，及(2)集团向汤先生提取之现金额2,162万港元方式支付。出售事项有助集团减少对汤先生之欠债，并可为收购上海发展土地事项筹集资金。完成出售后，集团在汤臣之股权将由24.01%摊薄至15.01%。截至2001年度止，集团录得亏损净额约5.393亿港元，主要由于出售汤臣权益带来之亏损，以及按照会计政策将汤臣由联营公司重新分类为证券投资而出现持有证券未变现亏损所致，此等亏损合计约5.20亿港元。现时，汤臣之主要业务为(1)于上海(尤其在浦东)从事物业发展及投资；(2)于上海浦东从事款客及消闲业务(如经营酒店及高尔夫球会)；及(3)于上海从事工业制造业务，包括胶管及配件制造，以及预拌混凝土业务，作为其物业项目以外之辅助业务。

【主要资产/投资(12/2001)】 汤臣集团有限公司(15.01%)。

壹传媒有限公司

【公司概况】 股票代码0282，集团主席黎智英，发行股本(股)1,234M，票面值(港元)1.000，市价总值(港元)2,837M。

【公司业务】 该集团于2001年10月成功收购《苹果日报》及《壹周刊》、《忽然1周》及《饮食男女》三本杂志。此外，集团亦出版《壹本便利》，以及从事印刷及互联网业务(主要提供收费内容，该等内容主要来自集团之杂志报章)。现时，集团为本港最大上市中文印刷媒体集团之一，业务遍布香港及台湾。截至2002年3月止之年度，由于收购上述之杂志报章，集团转亏为盈。鉴于本港经济开始复苏，集团预期可于未来数年取得更佳业绩。据2002年3月份香港尼尔森媒体指数RARD报告显示，《苹果日报》于2001年10月至2002年3月期间在本港九大报章中雄踞第二位。此外，据《尼尔森》披露，《壹周刊》在周刊市场中读者人数排名首名。台湾市场方面，《台湾壹周刊》于年内为集团带来约1.01亿港元之营业额。《台湾壹周刊》可于2003年五月达到收支平衡。

【主要资产/投资(3/2002)】 《苹果日报》有限公司(100%)；《苹果日报》印刷有限公司(100%)；《苹果日报》发展有限公司(100%)；《壹本便利》有限公司(100%)；《饮食男女》周刊(100%)；《壹周刊》出版有限公司(100%)；《壹传媒》出版有限公司(100%)；《忽然1周》有限公司(100%)；《壹传媒》互动有限公司(100%)。

松日通讯控股有限公司

【公司概况】 股票代码0283，集团主席潘苏通，发行股本(股)848M，票面值(港元)0.010，市价总值(港元)246M。

【公司业务】 该集团主要从事报章及杂志出版及柯式印刷、衣饰贸易及零售，以及鱼类及水产(如鳗鱼鱼苗)贸易业务。自集团于2001年9月完成收购东周刊及东方新地两份具知名度之杂志及其官方网站后，连同集团原有之报章(新报)及周刊(经济一周、新假期及新Monday)，出版业务便成为集团之主要收入来源。然而，截至2002年3月止年度，集团仍然录得亏损约1.203亿港元(上年度之亏损为5,700万港元)，而大部份亏损乃来自报章及杂志出版业务。在衣饰贸易及零售业务方面，集团已获得两个法国著名男士服装品牌巴黎世家及Smalto在中、港两地之独家经销权。由于Courreges品牌之表现未如理想，集团已与Courreges品牌之特许权持有人就终止特许协议事宜发生争议。于2002年6月，Jade Forest Ltd.(由潘苏通先生拥有，潘先生为松日集团之创办人，松日集团主要在香港、中国及美国从事通讯产品业务)与英皇集团(国际)有限公司(英皇)订立协议，以现金代价约5,150万港元向英皇收购其持有集团之全部34.94%股权，同时，并以现金代价约7,820万港元向英皇出售集团之报章及杂志出版及印刷业务。该两项交易已于2002年7月22日完成。据集团2002年年报所披露，集团之新管理层拟保留集团原有之衣饰贸易与零售及鱼类与水产贸易业务，但不排除开拓其它新业务机会之可能性，其中包括（惟不限于）通讯相关业务。

中国特种纤维控股有限公司

【公司概况】 股票代码0285，集团主席陈顺利，发行股本（股）1，860M，票面值（港元）0.100，市价总值（港元）166M。

【公司业务】 该集团主要以品牌和顺生产及分销各种差别化纤维产品，例如各种涤纶差别化长丝及细旦；超细旦改性丙纶长丝。面对加工行业竞争激烈，集团长远策略是在今后减少加工业务，投入更多资源于销售集团的产品，保持将来更稳定的收入，从而增强集团的竞争力。于二零零一年十月，和顺开始聚酯切片的生产，该生产线的年产量为八万吨。另一方面，于二零零二年初，集团在国内最大氨纶的工厂开始动工，预期于二零零三年第三季试产。再者，集团于年内开发了新产品超细旦POY，超细旦POY为一种具有阻热、防水、轻柔等特点的优质纤维，主要用于生产高文件运动服装，超细旦POY的试产预期将于二零零三年中开始及计划年产量为一万三千吨。集团预期国内的经济将维持繁荣，再加上中国政府将继续在反倾销、卫生标准和环保方面规范国内化纤市场，因此董事会相信差别化纤维产品市场的前景亦会有进一步的增长空间。展望未来，集团预期氨纶项目及超细旦POY生产线的建成，将较国内其它生产厂商的竞争力必增强，及在未来数年里为集团带来良好的销售收入。

【主要资产/投资（12/2001）】 和顺（中国）实业集团有限公司（100%）；福建顺达涤纶有限公司（100%）；和顺（福建）氨纶有限公司（75%）；及顺凯集团有限公司（100%）。

金匡企业有限公司

【公司概况】 股票代码0286，集团主席陈鸿烈，发行股本（股）1，264M，票面值（港元）0.010，市价总值（港元）13M。

【公司业务】 随着收购主要从事制造及出租能源节省器业务之Legend Power合共50%权益后，集团现时主要从事经营能源节省器业务。于2002年3月止年度内，能源节省器业务只录得430万港元之营业额，惟管理层仍有信心其能源节省器将逐渐得到市场受落。据披露，集团之能源节省器于中国及美国市场获得良好反应，集团将继续邀请具潜力之伙伴合作发展此项业务。根据2002年年报所载，集团正就于中国设立合营公司之事项进行洽商工作，该合营公司计划将于2003年在中国珠海设厂。截至2002年3月止之年度，集团录得约1.593亿港元之资金亏绌。此外，在集团合共3.176亿港元之计息债项中，其中约2.856亿港元之可换股债券将于一年内到期。

【主要资产/投资（3/2002）】 Legend Power Ltd.（50%）。

永发置业有限公司

【公司概况】 股票代码0287，集团主席伍时华，发行股本（股）40M，票面值（港元）1.000，市价总值（港元）72M。

【公司业务】 该集团之主要业务为从事物业发展、物业投资及股票投资。

【主要资产/投资（3/2002）】 现金结余净额约3，600万港元；香港上市股票投资之市值约4，560万港元；位于香港之发展中及待发展物业之账面值约3，190万港元；及投资物业之公开市值约7，550万港元。

成功控股（香港）有限公司

【公司概况】 股票代码0288，集团主席陈国平，发行股本（股）591M，票面值（港元）0.200，市价总值（港元）48M。

【公司业务】 该集团之核心业务为从事物业投资及发展。集团之物业组合主要位于香港及中国大陆。截至2002年4月止之年度，集团之股东应占亏损由上年度之1，245万港元扩大至本年度之2，633万港元，主要原因由于撇减其它非上市投资、关连公司应收款撇账及重估固定资产亏细所致。

【主要资产/投资（4/2002）】 上海成功—惠通房地产发展有限公司（82%）。

永安国际有限公司

【公司概况】 股票代码0289，集团主席郭志梁，发行股本（股）295M，票面值（港元）0.100，市价总值（港元）1，270M。

【公司业务】 该集团之主要业务为经营百货公司、物业投资，以及透过联营公司Dah Chong Hong Trading Corporation从事汽车经销业务。于2001年度，集团在香港之百货业务仍旧面对恶劣市场环境。然而，集团百货业之营业额仍可录得轻微增长3.2%至14.7亿港元。本年度之营业额反映了于2000年7月开业、位于九龙弥敦道345号永安九龙中心之wing on Plus店之全年收入。至于国内百货业务方面，于年内仍持续表现失望。据披露，香港及国内之百货业务之整体亏损于2001年减少28.5%至1.183亿港元。现时，物业投资为集团最稳定之收入及盈利来源。截至2001年底，集团约半数之投资物业位于香港，而其余物业则主要位于澳洲。该等投资物业于年内之平均出租率达至90%。集团于年内之另一个主要收入来源来自旗下联营公司Dah Chong Hong Trading Corporation经营之汽车经销业务。于可见将来，集团将继续巩固业务，以维持其竞争力。

【主要资产/投资（12/2001）】 投资物业按市值约38.157亿港元；土地及楼宇之账面净值约5.128亿港元；WL Investments Ltd.（50%）；及Dah Chong Hong Trading Corporation（50%）。

泓通控股有限公司

【公司概况】 股票代码0290，集团主席韩明光，发行股本（股）224M，票面值（港元）0.100，市价总值（港元）313M。

【公司业务】 该集团为香港电气工程业内主要承建商之一，主要业务为从事电气工程承造及电气设备与物料贸易。在过去数年，集团亦积极为香港房屋委员会管理之多个公共屋苑提供电气系统维修保养服务。然而，由于香港市况持续不景，尤以建筑业为甚，集团于2002年3月止年度内录得之营业额及经营利益均大幅倒退。同时，香港特区政府近日更改之房屋政策，导致公营项目之建筑工程大幅减少，亦对集团带来额外之负面影响。为配合现时市况，集团已将业务发展重点转向私营项目，尤以中国市场为主。此外，集团亦获得新加坡制造商给予一项代理权，分销楼宇排污工程专用之各种优质非塑化聚氯乙烯导管系统及配件等建材产品，以扩展其业务范畴。于2002年5月，集团亦与独立之中方公司成立合营公司，预料该合营公司主要在中国从事提供各种建筑工程顾问及咨询服务及经营设备及材料贸易业务。除上述业务外，集团亦已成立若干公司从事企业与业务顾问及证券业务。于2002年6月，集团与大公国际资信评估有限公司订立若干协议，在中国成立合营公司大公信用信息服务有限公司。

【主要资产/投资（3/2002）】 耀生行有限公司（100%）；耀生行贸易有限公司（100%）；百达机电有限公司（100%）；耀生行屋宇设备（保养）工程有限公司（100%）；Yew Sang Hong（China）Ltd.（100%）；及耀生行投资服务有限公司（100%）。

华润创业有限公司

【公司概况】 股票代码0291，集团主席宁高宁，发行股本（股）2，080M，票面值（港元）1.000，市价总值（港元）14，147M。

【公司业务】 华润创业为华润（集团）有限公司（华润集团）于香港上市之企业，亦为本港最大综合企业之一，其多元化之业务遍布香港及中国大陆，包括物业、饮品、食品加工及经销、石油及化学品经销、建筑物料、零售及其它策略投资。自华润集团公布之重组计划后，集团锐意发展为一家全亚洲首要之分销公司，并透过进行多项行动以达至此目标，包括（1）向华润集团收购石油及化学品经销业务，以交换集团在华润创业有限公司及华润北京置地有限公司之权益；（2）私有化食品分销附属公司五丰行；（3）向华润集团收购纺织品制造及经销业务；以及（4）出售香港华人银行集团有限公司之35.23%股权。现时，集团之策略目标为整合其零售及制造业务，以形成一个综向整合之经销网络。为把握国内零散零售及分销市场商机，集团已确立中国大陆零售市场为其业务增长之推动力，并于五年内透过内部增长及收购活动（如向华润集团建议收购深圳超级市场万佳百货），令集团国内零售营业额达到500亿元人民币之目标。于未来五年，集团计划投资约50亿港元，拓展零售业务及重新设计整个供应链以配合集团本身之物流服务，令集团发展成一家以国内零售为主导之分销公司及国内最大之消费产品零售商。

【主要资产/投资（12/2001）】 经营合共27家酿酒厂，总年产量约达360万吨；五丰行有限公司（100%）；中港混凝土有限公司（100%）；华润零售（集团）有限公司（100%）；华润石油有限公司（100%）；及HIT Investment Limited（10%）。

泛海酒店集团有限公司

【公司概况】 股票代码0292，集团主席潘政，发行股本（股）5，052M，票面值（港元）0.020，市价总值（港元）859M。

【公司业务】 该集团于2000年7月成功由母公司泛海国际集团有限公司分拆出来。现时，集团主要于香港及加拿大经营酒店营运及管理服务。集团目前拥有及营运三间总面积合共为824,000平方呎之酒店。集团位于尖沙咀之新酒店九龙皇悦酒店已于2001年4月取得入伙证书,并于2001年9月启业,开放100间客房,直至2002年首季初期,315间客房全面启用。因此,预期该新酒店将于2003年3月止年度全面投入运作后为集团带来实际贡献。为加强其现有酒店业务之客户基础,集团于2001年4月以现金代价3,600万港元,收购于香港从事旅游代理及旅游业务之日本信用旅运有限公司全部权益。最近,集团亦收购于香港及上海两地经营特许连锁餐厅之美国星期五餐厅,以进一步为集团其它业务带来协同效益。

【主要资产/投资(3/2002)】 全资拥有三间酒店,分别为位于香港湾仔之香港皇悦酒店(楼面面积约184,000平方呎,拥有345间房间)、位于香港尖沙咀之九龙皇悦酒店(楼面面积约220,000平方呎,拥有315间房间),以及位于加拿大温哥华之The Empire Landmark Hotel(楼面面积约420,000平方呎,拥有358间房间)。

国泰航空有限公司

【公司概况】 股票代码0293,集团主席HUGHES Hallett James,发行股本(股)3,338M,票面值(港元)0.200,市价总值(港元)35,047M。

【公司业务】 国泰航空为太古集团成员之一,是一家以港为基之国际航空公司,提供定期客运及货运服务往来全球80多个城市。集团其它航空有关业务包括航空饮食、飞机维修及工程,以及地勤服务。集团为航空联盟"寰宇一家"之创办成员之一,该联盟之网络已为全球逾570个目的地提供服务。此外,集团持有19%权益之港龙航空有限公司,亦经营客运服务往亚洲28个目的地(其中18个位于中国内地),并提供货运航班往欧洲、中东、北亚及中国内地7个目的地。于2002年2月,香港华民航空有限公司(华民航空)成为集团之全资附属公司。华民航空为一家全货运航空公司,在亚洲区提供定期货运服务。另外,敦豪国际有限公司于2002年10月购入华民航空之30%权益,藉此将华民航空发展为速递货运航空公司。受惠于乘客需求增加及货运业务持续增长,截至2002年12月止年度,集团录得纯利39.83亿港元,较2001年度之6.57亿港元纯利劲升5倍。对于2003年之业务前景,面对现时环球政治不明朗因素及爆发非典型肺炎事件,集团相信要重获2002年之佳绩绝非易事。尽管如此,集团对其长远前景仍保持乐观,并深信集团仍能于竞争日趋激烈之市场中有出色表现。

【主要资产/投资(12/2002)】 一支拥有81架飞机之机队(拥有14架飞机,另外67架为租赁);物业接账面净值约为51.88亿港元;国泰航空饮食服务(香港)有限公司(100%);香港华民航空有限公司(70%);香港机场地勤服务有限公司(70%);香港飞机工程有限公司(27%);及港龙航空有限公司(19%)。

长江制衣厂有限公司

【公司概况】 股票代码0294,集团主席陈瑞球,发行股本(股)140M,票面值(港元)0.500,市价总值(港元)182M。

【公司业务】 该集团之主要业务为从事制造及销售成衣,包括男、女装梭织衣物及马球针织衬衫。集团目前之生产设施遍布东南亚地区,包括中国、香港、澳门、马来西亚、缅甸、斯里兰卡、孟加拉、柬埔寨及非洲莱索托。除成衣制造核心业务外,集团亦分别透过联营公司青海长青铝业有限公司及宝源基业有限公司从事熔铝业务及照相机与望远镜业务。截至2002年3月止之年度,集团之纯利下跌42.5%至只有2,760万港元(上年度之纯利为4,800万港元),主要由于世界多个地区成衣供应过剩令竞争剧烈导致销售价暴跌所致。于年内,集团约63.7%之收入来自英国、德国及其它欧洲国家,而北美洲及亚太市场则分别占20.6%及14.7%。据披露,集团了解到成衣行业困难之处,尤其在未来数年当世界大部份国家成衣出口至主要市场将不受配额限制。日后,集团将继续开招其它成衣相关业务,如成衣贸易、品牌成衣推广及零售等,并寻求商机投资于其它非成衣相关业务。

【主要资产/投资(3/2002)】 卓越织造(广州)有限公司(75%);香港织造有限公司(75%);依时针织厂有限公司(75%);Yangtzekiang Industries (Myanmar) Ltd.(100%);YGM (Cambodia) Ltd.(100%);无锡长江精密纺织有限公司(70%);H K Int'l Knitters (Proprietary) Ltd.(75%);无锡长新纺织有限公司(33.33%);新联兴纺织有限公司(28.125%);Hongkong Knitters Lanka (PVT) Ltd.(50%);Yangtzekiang S. A.(43.16%);Yangtzekiang Industries Sdn. Bhd.(49%);青海长青铝业有限公司(35.93%);及宝源基业有限公司(26.53%)。

江山控股有限公司

【公司概况】 股票代码0295,集团主席江禄森,发行股本(股)2,561M,票面值(港元)0.100,市价总值(港元)54M。

【公司业务】 该集团主要从事物业投资及发展、证券经纪、财务贷款、投资活动、提供信息科技培训及软件开发服务,以及环保业务。截至2001年12月止之年度,物业业务继续占集团之总营业额及经营利益之大部份。于2001年9月,集团与北京西城区住宅建设开发公司签订协议,成立合资公司,于北京西城区发展物业,预期发展项目成本约为3.6亿元人民币。集团之物业业务亦覆盖马来西亚及香港。除物业业务外,集团亦积极透过收购合并以分散业务至其它范畴,尤以香港及中国之环保业务为主。于年内,集团成功透过配售及认购股份方式集资2.05亿港元,用作集团收购合并所需之资金及日常营运资金。于2001年12月年结日后,集团于2002年2月透过配售及认购股份方式集资9,600万港元。

【主要资产/投资(12/2001)】 发展中物业之账面净值约2.12亿港元;投资物业之公开市场价值约2亿港元;Grandy Applied Environmental Technology Corporation(20.25%);中国防洪监察系统有限公司(50%);中国环境监察系统有限公司(50%);江山科技有限公司(100%);Human. Online Ltd.(30%);思宏(控股)有限公司(60%);涌金有限公司(80%);Genesis Strategic (Holdings) Ltd.(100%);及永中信投资有限公司(100%)。

英皇(中国概念)有限公司

【公司概况】 股票代码0296,集团主席陆小曼,发行股本(股)11M,票面值(港元)0.001,市价总值(港元)9M。

【公司业务】 该集团主要在国内从事物业投资发展,以及渡假村业务。在2000年3月止之年度内,完成以其在香港之全部物业组合权益与其母公司英皇集团(国际)有限公司在国内的全部物业组合权益行行互换后,集团止前正专注国内市场之物业发展项目及投资。现时集团在国内多个城市拥有物业发展权益,与厦门、新会、上海、北京、重庆、东莞等。截至2002年3月止之年度,集团之营业额较上年度增加20.8%,营业额上升主要来自厦门之物业销售及新会渡假村收入。然而,集团由2001年3月止年度录得利益约3,261万港元转为出现本年度之亏损约2,295万港元,转盈为亏主要由於欠缺出售及不再综合附属公司账目所产生之特殊必尽收益及来自确认物业之减值亏损所至。

【主要资产/投资(3/2002)】 英皇(厦门)地产发展有限公司(95%);新会英皇地少发展有限公司(100%);新会玉湖渡假村有限公司(100%);重庆英皇房地产发展有限公司(90%);英皇(上海)有限公司(90%);及东莞英皇鸿福山庄商住开发有限公司(58%)。

华德丰集团有限公司

【公司概况】 股票代码0297,集团主席朱幼麟,发行股本(股)3,654M,票面值(港元)0.100,市价总值(港元)190M。

【公司业务】 该集团主要从事物业投资、物业租赁,以及提供楼宇管理及代理服务。在过去,集团为一家专营乙级写字楼租售之公司。自亚洲金融风暴后,集团连年录得巨额亏损,且面对流动资金短缺问题,导致未能如期偿还债项。于2002年3月止之年度内,集团致力改善其业务运作,以及与往来银行商讨有关债务重组事宜。因此,集团之总负债由2001年度之4.711亿港元,大幅下降至2002年度之2.682亿港元。集团之资产净值亦由去年度之2.407亿港元亏绌,改善至本年度之2.078亿港元盈余。另一方面,集团截至2002年3月止年度之净额亏损收窄至1.741亿港元,较2001年3月止年度之3.233亿港元大幅下降46.1%。于年内,集团积极将业务多元化至发展亚洲地区(尤其中国)之广播通讯互联网卫星服务。继于2001年10月收购香港卫星科技控股有限公司(香港卫星)之1.99%权益后,集团亦已于2002年5月订立有条件协议,进一步收购香港卫星之1.95%权益。香港卫星之主要业务为开发卫星通讯平台,以及生产、装配、推销及销售新商业通讯卫星。然而,有关收购协议于2002年11月仍未完成。

【主要资产/投资(3/2002)】 位于香港之投资物业按公开市值约2.955亿港元(包括内在数值约1.762亿港元之物业,集团有责任于约2002年8月底将该等物业出售以偿还相关之银行贷款);位于香港之持有作出售物业之变现净值为6,500万港元;及香港卫星科技控股有限公司(1.99%)。

庄士中国投资有限公司

【公司概况】 股票代码 0298,集团主席黄鉴,发行股本(股)1,024M,票面值(港元)0.050,市价总值(港元)177M。

【公司业务】 该集团主要在香港及中国大陆从事物业投资及发展、证券投资及买卖、手表配件制造及印刷业务,以及科技相关发展及互联网业务。现时,集团之土地储备主要位于中国,尤其位于广东省,大部份仍处理发展或计划阶段。另一方面,集团之投资物业主要位于香港,而其余投资物业则位于上海。此外,集团亦透过全资附属公司远生金属制品,从事制造及销售表壳及表带,产品以出口欧洲及美国为主。而另一家持有 50% 权益之合营企业上海远生钟表,则主要以皮尔登品牌从事制造及销售钟表。至于集团于印刷业务之投资,主要透过旗下名为勤达集团国际有限公司(勤达)之联营公司进行,勤达现时为香港联交所上市公司。

【主要资产/投资(3/2002)】 广州市番禺庄士大都会(85%);广东省东莞庄士新都(100%);广东省惠州庄士新城(100%);香港中环庄士大厦(100%);远生金属制品(1988)有限公司(100%);上海远生钟表有限公司(50%);及勤达集团国际有限公司(16.43%)。

交大昆机科技股份有限公司

【公司概况】 股票代码 0300,集团主席岳华峰,发行股本(股)65M,票面值(港元)1.000,市价总值(港元)101M。

【公司业务】 该集团原来之主要业务为从事设计、开发、生产及销售机床、精密测量设备及精密位移传感器。主要产品包括卧式镗床、坐标镗床、加工中心、仿型铣床、精密测量设备及精密位移传感器。随着于 2002 年 3 月 29 日完成资产重组后,集团之业务已进一步扩展至设计、开发、生产及销售具有更先进技术之机床如数码控制机床、数码扫瞄机床等。于 2002 年 12 月止之年度内,集团大力调整产业结构、提升生产工序及加快先进科技之开发,以提高集团之整体利润。此外,集团亦引进四项新业务,分别为高效节能压缩机、智能电器、激光快捷成型机及计算机绣花与有关产品。展望将来,集团将继续开拓海外市场,提高产品市场竞争力。

【主要资产/投资(12/2002)】 西安交大思源智能电器有限公司(78.03%);昆明交大昆机自动机器有限公司(90.91%);西安赛尔机泵成套设备有限公司(80%);及陕西恒通智能机器有限公司(90%)。

新世界基建有限公司

【公司概况】 股票代码 0301,集团主席郑家纯,发行股本(股)952M,票面值(港元)1.000,市价总值(港元)695M。

【公司业务】 新世界基建为大中华地区具领导地位之基建投资者及营运商。该集团为新世界发展有限公司之基建投资旗舰,在中国 14 个省份、2 个直辖市及 2 个特别行政区投资超过 80 个项目组合,包括收费公路、桥梁、货物装卸、能源及食水处理等。除基本基建业务外,集团亦投资于电讯、媒体及科技行业,包括无线通讯、宽频、多媒体及科技公司及服务。截至 2002 年 6 月止之年度,集团之总负债约为 117.3 亿港元,而其持有之现金状况则只有 17.95 亿港元。于 2002 年 6 月止之年度内,集团斥资 14 亿港元以取得全中国八芯光纤骨干网络之 40% 期权,并拥有额外注资 11 亿港元以进一步拥有该网络之 30% 期权。该网络之容量达 12.8 Tbps,覆盖 32,085 公里,可用作数据及语音服务、互动有线电视解决方案、宽频 IP 及数码电视。于 2002 年 10 月,集团公布出售旗下基本基建资产(包括收费公路及桥梁、食水处理及电力项目)予其上市附属公司太平洋港口有限公司(太港),总代价为约 102.3 亿港元,将以现金 85 亿港元及发行太港之新股方式支付。集团其后亦会将其持有之所有太港股份分派予集团之股东。当建议资产出售及分派完成后,集团将成为一家专注于电讯、媒体及科技业务之公司,而其净资产负债比率亦将由目前之 72.23% 大幅降低至 15% 以下。尽管集团之科技投资仍处于发展阶段,其电讯及媒体之投资已趋成熟,其中大部份已作好准备于下一个财政年度在市场推出产品。

【主要资产/投资(6/2002)】 34 个收费公路项目(覆盖范围达 1,146 公里)、6 座桥梁(总长度达 7 公里)及 5 家发电厂(总发电量达 1,924 兆瓦);中法控股(香港)有限公司(50%) — 持有 15 间食水处理厂及沈阳公用发展股份有限公司 4.3% 股权之合营企业;太平洋港口有限公司(75%);中华网国际网络传讯有限公司(11.29%);中国国际网络传讯有限公司(31.66%);ITeX (3.51%);权智(国际)有限公司(8.43%);深圳新世界翔龙网络技术有限公司及深圳新世界翔龙科技发展有限公司(84.5%);Prediware Corp.(30%);byair Corp.(26.6%);及 LinkAir Communications, Inc.(20%)。

永亨银行有限公司

【公司概况】 股票代码 0302,集团主席冯钰斌,发行股本(股)294M,票面值(港元)1.000,市价总值(港元)8,337M。

【公司业务】 永亨银行主要从事提供企业银行、零售银行、外汇及金融服务。透过旗下附属公司,集团亦提供代理人、接受存款、离岸银行、租购贷款、私人贷款、保险承保、保险代理及顾问,以及股票经纪等服务。截至 2003 年首季,集团在香港、澳门及深圳分别设有 27 间、11 间及 1 间分行,并在广州市及上海市设立代表处。随着利率协议于 2001 年 7 月撤销,集团已积极拓展消费信贷业务及提供多元化产品,以扩大收费收入基础,近作包括与多家本地银行合作成立香港人寿保险有限公司提供多项人寿保险服务及推出一系列金融工具。鉴于本地经济持续放缓,集团之策略为进一步拓展财资及财富管理业务,扩大佣金收入,以减低对利息收入之依赖。截至 2002 年年底,集团之总资产及股东资金分别约值 571.08 亿港元及 63.56 亿港元。

【主要资产/投资(12/2002)】 澳门永亨银行有限公司(100%);永亨财务有限公司(100%);永亨信用财务有限公司(100%);永亨苏黎世保险有限公司(65%);永亨证券有限公司(100%);永亨银行(开曼)有限公司(100%);永亨银行信托有限公司(100%);永亨保险顾问有限公司(100%);永亨保险代理有限公司(100%);永亨银行(代理人)有限公司(100%);Cyber Wing Hang Ltd. (100%);银联控股有限公司(13%);及香港人寿保险有限公司(17%)。

伟易达集团有限公司

【公司概况】 股票代码 0303,集团主席黄子欣,发行股本(股)226M,票面值(港元)0.050,市价总值(港元)1,308M。

【公司业务】 伟易达现时为全球主要科技集团之一,透过其广泛之国际分销网络,将所设计、生产、推广及销售之电子学习产品及电讯产品,分销至全世界。此外,集团亦从事承包生产服务。现时,集团本身品牌之室内无绳电话在美国稳占领导地位,而其电子学习产品亦在全球各主要市场均占领先优势。随着 2000 年收购朗讯科技之消费电话业务资产后,集团获得用于电话产品上之 AT&T 品牌 10 年特许使用权。就该项收购之合理代价所引起之诉讼,朗讯科技同意将该项收购价调低 5,000 美元(该笔款项已于 2002 年 7 月 3 日前全数以现金支付)。除美国市场外,集团计划进一步开拓其它市场,例如欧洲市场。集团亦将扩展中国原设计生产业务,因无绳电话于中国仍处于起步阶段,所以中国市场极具增长潜力。

【主要资产/投资(3/2002)】 伟易达系统有限公司(100%);伟易达电子产品有限公司(100%);伟易达电讯有限公司(100%);伟易达通讯设备有限公司(100%);VTech Electronics Europe S. A. (100%);VTech Electronics Europe GmbH(100%);VTech Innovations, S. A. de C. V. (100%);VTech Industries, LLC. (100%);VTech Innovation L. P. (100%);VTech Electronics Europe B. V. (100%);及 VTech Electronics Europe plc(100%)。

宜进利(集团)有限公司

【公司概况】 股票代码 0304,集团主席周湛煌,发行股本(股)632M,票面值(港元)0.100,市价总值(港元)524M。

【公司业务】 该集团于 1983 年成立,现时为香港钟表业内具领导地位之制造商及分销商之一。集团之业务涉及原设计制造、原设备制造、客户自有卷标、特许权及所持商标。截至 2002 年 3 月止之年度,美国、欧洲及亚洲(包括中国)仍为集团之主要市场,分别占集团总营业额 54.3%、22.0%及 23.8%。另一方面,集团之原设计制造、原设备制造及特许权业务则分别占总营业额约 53%、42%及 5%。于过去数年,集团一直锐意改善其边际利润及扩展收入来源,并成功将业务由原设备制造扩展至原设计制造。展望将来,集团亦计划进一步拓展自有品牌制造业务。为节省创立新品牌之时间,集团已购入自 1919 年于瑞士创立之时计品牌〔Milus〕。集团估计〔Milus〕短期内不会对集团之业务作出明显贡献,惟在中长期而言,〔Milus〕将成为集团一项有价值之资产。随着中国加入世贸后,钟表入口配额及许可证制度将逐步取消,因此,集团计划成立为高档手表而设之售后维修及服务中心,并同时为运动型及时款手表(如 Umbro 及皮亚卡丹)开拓内地销售渠道。

【主要资产/投资(3/2002)】 宜进利有限公司(100%);易达环球有限公司(100%);嘉讯企业发展有限公司(51%);高财实业有限公司(100%);艺高实业有限公司(100%);及金百利实业(深圳)有限公司

(55%)。

万能国际集团有限公司

【公司概况】 股票代码0305,集团主席林中隆,发行股本(股)615M,票面值(港元)0.100,市价总值(港元)45M。

【公司业务】 继於1999年停止制造业务后,该集团现时专注於证券经纪及融资业务。於过去数年,集团之证券业务持续受到市况不景影响。集团之除税前亏损由2000年度之1,880万港元增加至2001年度之5,190万港元,大幅增加亏损之原因主要为停办菲律宾附属公司业务时变现之兑汇亏损2,270万港元所致。此后,集团之证券业务主要在香港进行。

【主要资产/投资(12/2001)】 万能国际证券有限公司(100%);及万能国际财务有限公司(100%)。

冠忠巴士集团有限公司

【公司概况】 股票代码0306,集团主席黄松柏,发行股本(股)394M,票面值(港元)0.100,市价总值(港元)319M。

【公司业务】 该集团主要从事(1)在香港提供非专利巴士服务(包括学童巴士、雇员巴士、屋村巴士、旅游巴士、中港过境巴士及合约租车服务);(2)在大屿山提供专利巴士服务;(3)透过位于中国内地之合作经营公司及合资经营公司提供指定路线巴士服务;及(4)透露于2000年6月收购重庆旅业(集团)有限公司60%权益,在中国从事投资经营一间酒店、一间旅行社、一间旅游车公司及一间水力发电厂。现时,集团为本港一家提供完善交通服务之公司及最具规模之非专利巴士经营商。此外,集团亦在十个中国主要城市经营巴士业务。截至2002年3月31日,集团经营合共4,070架巴士之车队,包括76辆专利巴士、581辆非专利巴士,以及中国内地之合营公司及合资公司旗下分别621辆及2,792辆巴士。

【主要资产/投资(3/2002)】 冠忠游览车有限公司(100%);冠忠(中国)发展有限公司(100%);冠忠(重庆)投资有限公司(55%);香港冠忠(湖北)交通发展有限公司(100%);香港冠忠(揭阳)巴士投资有限公司(100%);冠忠旅游有限公司(100%);香港冠忠(大连)巴士投资有限公司(100%);香港冠忠(哈尔滨)巴士投资有限公司(100%);及香港冠忠(鞍山)巴士投资有限公司(100%)。

阳光文化媒体集团有限公司

【公司概况】 股票代码0307,集团主席杨澜,发行股本(股)13,761M,票面值(港元)0.020,市价总值(港元)482M。

【公司业务】 阳光文化媒体为一家高品质之中文内容供货商,致力以娱乐传播教育,藉信息照亮生活。於2002年2月出售建筑业务后,集团已完全转型为一家拥有阳光卫视、京文及Jet TV等著名品牌之跨媒体企业,向大众提供多元化之娱乐性节目。现时,集团已取得於中国境内广播之批准,成为六个获批准之普通话频道之一。集团目前主要从事频度开发、节目分销、电视节目制作(于香港及中国拥有制作中心),及多媒体内容制作及分销等业务。作为有领导地位之专题节目内容供货商,拥有一批忠诚之观众群,集团已成功为大中货地区的观众提供高品质之历史人物传记节目。除了自制节目及与A&E及TechTV签订节目特许权外,集团最近收购营运Jet TV频道之(台湾卫星娱乐传播股份有限公司)(卫星娱乐)60%权益,Jet TV频道一直以提供游戏、娱乐、戏剧及连续剧等节目为主,于台湾拥有近460万户之覆盖率。另一方面,集团亦以代价9,000万港元收购中国顶尖之音像分销企业(北京京文唱片有限公司)100%权益,将业务扩展至中国出版及分销市场,并可于收购后第一年获取1,700万元人民币之利润保证。展望将来,集团将继续透过收购及自然增长以扩大其市场占有率,发展成为一个真正跨媒体服务企业,拥有广阔覆盖网络,遍及大中华地区、北美洲、澳洲及其它亚洲国家。

【主要资产/投资(3/2002)】 上海新文化广播电视制作有限公司(48%);苏州阳光新媒体有限公司(90%);澳门旅游卫星电视有限公司(51%);北京阳光岛广告有限公司(100%);阳光文化网络电视企业有限公司(100%);及阳光卫星电视有限公司(100%)。

香港中旅国际投资有限公司

【公司概况】 股票代码0308,集团主席车书剑,发行股本(股)4,223M,票面值(港元)0.100,市价总值(港元)5,152M。

【公司业务】 该集团之核心业务包括旅游、酒店、景区、休闲渡假村、客运及货运、高尔夫球会及基建投资。于2002年12月止之年度内,集团成功完成收购中远国际旅行社有限公司70%权益及以机票为主营业务之北京商泰航空服务有限责任公司100%权益。集团亦进行其它一系列股权并购及业务重整工作,包括向小股东购回深圳聚豪会高尔夫球会有限公司20%股权及中旅网络有限公司20%股权,以及出售中旅国际空运有限公司70%股权。于2002年4月,集团亦与珠海市政府订立协议,于珠海市平沙镇开发建设综合性之海洋温泉度假村项目。完成珠海温泉度假区之总体规划及单体设计后,集团将加快建设速度,使之成为集团之新利润资产。据集团解释,近期非典型肺炎之爆发已对集团2003年度之利润产生负面影响,但影响程度仍视乎事件尚会维持多久。然而,集团之管理层有信心当非典型肺炎受到控制后,营商环境将会迅速转好。

【主要资产/投资(12/2002)】 (1)旅游 — 香港中国旅行社有限公司(100%)、中旅国际旅行社有限公司(100%)、香港中旅港澳游管理有限公司(100%),及香港中国旅行网有限公司(100%);(2)景区 — 锦绣中华(51%)、中国民族文化(51%),及世界之窗(51%);(3)高尔夫球会 — 深圳聚豪会高尔夫球会有限公司(100%);(4)酒店 — 京港酒店(100%)、星港酒店(100%)、京华国际酒店(100%)、维景酒店(100%),及京澳酒店(100%);(5)休闲度假村 — 港中旅(珠海)海洋温泉有限公司(100%);(6)货运 — 香港中旅货运有限公司(100%)、深圳香港中旅货运有限公司(49%),及华贸国际货运有限公司(76%);(7)客运 — 香港中旅汽车服务有限公司(100%)、中旅快线有限公司(70%),及信德中旅船务投资有限公司(29%);以及(8)基建 — 渭河电厂(51%)。

金源投资国际有限公司

【公司概况】 股票代码0310,集团主席林世豪,发行股本(股)432M,票面值(港元)0.100,市价总值(港元)42M。

【公司业务】 该集团之主要业务为从事持有公司股份或与公司股份有关之投资,并向该等投资公司提供管理服务。现时,集团大部份投资项目均在国内从事不同种类之业务。该等投资或联营公司主要从事多类型业务,例如制造及销售药品、成衣制品、乳品、轴承及糖。

【主要资产/投资(12/2001)】 现金结余净额约5,640万港元;Dragon Fortune Ltd.(18%);香港上市股份证券市值约3,530万港元(注:证券组合之主要业务为从事制造及销售消费品);北京天安甜菊糖制品有限公司(30%);凯誉投资有限公司(25%) — 持有两幅分别位于丈量约91地段号码2419及2425号余段可供发展住宅或非住宅用途之农地;上海信谊药业有限公司(30%);上海恒泰纺织品有限公司(35%);上海永安乳品有限公司(25%);上海食品厂有限公司(35%);及上海天安轴承有限公司(30%)。

易通控股有限公司

【公司概况】 股票代码0312,集团主席郝建学,发行股本(股)611M,票面值(港元)0.010,市价总值(港元)152M。

【公司业务】 于2002年4月止之年度内,该集团透过收购易通新技术有限公司(易通新技术)合共90%实际权益,进军中国移动通讯行业。现时,集团主要从事买卖移动电话及零部件、制造及买卖办公室家具及建筑材料,以及供应厨柜之业务。收购完成后,移动通讯业务已经取代传统办公室家具业务,成为集团主要收入及利润之动力。于年内,集团录得亏损约2.546亿港元,主要原因为传统办公室家具业务录得亏损、出售附属公司及投资之亏损,以及为租约土地及土地使用权与楼宇减值所致。然而,透过易通新技术经营之移动通讯业务于年内则表现良好,分别录得17亿港元营业额及1.08亿港元纯利。由于中国庞大市场及对移动电话之需求持续增长,集团对中国移动分销市场深表乐观。此外,来自GSM及CDMA移动电话之双重收益将为集团带来更多商机。

【主要资产/投资(4/2002)】 Lamex China Ltd.(100%);及易通新技术有限公司(90%)。

德信集团控股有限公司

【公司概况】 股票代码0313,集团主席冯永茂,发行股本(股)562M,票面值(港元)0.100,市价总值(港元)24M。

【公司业务】 该集团之主要业务为从事(1)建筑、土木工程及保养工程(主要承接公营楼宇项目);以及(2)制造及买卖高精密机械配件及印刷电路版。截至2002年3月止之年度,集团建筑部门只录得3.39亿港元之营业额,较上年度下跌66.51%。据集团解释,营业额大幅下跌之主因为集团实际上于上一个财政年度已完成旗下大部份建筑项目。事实上,截至2002年7月底,集团持有之未完成合约总值达20亿港元,而手头上大部份合约均于年内取得。除与建筑相关之核心业务外，集团之高精密机械配件制造部门于年内表现理想。然而，印刷电路版制造业务却因市况恶化而饱受不利影响，并未能如期达致其争取市场占有率之目标。除此之外，集团亦将业务扩展至电子商贸范畴，伙同贸易通电子贸易有限公司合作推出 i－LegalService. com，为专业律师提供全面设施管理解决方案。于年内，集团亦将可换股票据转换为智能卡制造商及解决方案供货商锴联科技集团有限公司（锴联）之股权。锴联已于 2001 年 12 月于香港创业板上市，而集团于锴联之权益亦由 25％摊薄至约 18.3％。

【主要资产/投资(3/2002)**】** 德信建筑有限公司(100％)；德信土木工程有限公司(100％)；德信建筑（房屋）有限公司(100％)；东莞日联精钢有限公司(100％)；金达（珠海）电路版有限公司(34.43％)；深圳市新纪元实业股份有限公司(28.73％)；及 i－LegalService Ltd.（44.78％）。

数码通电讯集团有限公司

【公司概况】 股票代码 0315，集团主席郭炳联，发行股本（股）583M，票面值（港元）0.100，市价总值（港元）5,072M。

【公司业务】 数码通为香港主要流动通讯服务经营商之一，于 2002 年 6 月 30 日拥有 98.4 万名客户基础。尽管香港电讯市场经营环境竞争激烈，集团之业绩却由 2001 年 6 月止年度录得净亏损 2.833 亿港元，大幅改善至 2002 年 6 月止年度录得纯利 1.152 亿港元。据集团解释，业务转亏为盈主要由于经营成本及开支均大幅削减，以及缩减不明朗之互联网服务供货商业务所致。在每月客户流失率方面，已由 2001 年 6 月时之 5.9％ 大大改善至 2002 年 6 月时之 3.0％。于 2002 年 6 月止之年度内，集团已重整其核心流动通讯业务及大幅削减非核心业务，并为非核心业务作出充分之撇减。另外，集团亦为所有客户激活自动国际漫游服务，并豁免一切登记及按金之要求。除传统话音通讯服务外，集团亦把握新兴数据市场带来之商机，推出一系列增值数据服务，如短讯服务、多媒体信息服务、流动电邮服务等。至于互联网服务供货商业务方面，基于不明朗市况，此项业务已大幅缩减，而所有有关资产亦已全数撇减。随着于 2001 年推出 GPRS（2.5G 流动通讯）服务后，集团推出第三代流动通讯服务（3G）之时间，须待 3G 网络技术有足够稳定，以及市场上兼容 2.5G 及 3G 之双频流动通讯设备有足够选择时才作决定。集团现时已完成首阶段 3G 试行网络之安装工程，而该试行网络日后将成为商业运作网络其中一部份。

【主要资产/投资(6/2002)**】** 网络及测试仪器按账面净值约 14.3 亿港元；在建之网络按账面净值约 2.125 亿港元；现金结存净额约 29.4 亿港元；上市债券按市值约 3.683 亿港元；及非上市债券按账面值约 2.759 亿港元。

东方海外（国际）有限公司

【公司概况】 股票代码 0316，集团主席董建成，发行股本（股）517M，票面值（港元）0.100，市价总值（港元）4,551M。

【公司业务】 该集团主要从事两大业务：(1) 环球航运、物流及货柜码头业务；及 (2) 于中国之物业发展及投资。集团之航运、物流及货柜码头业务主要透过其全资附属公司东方海外货柜航运有限公司（OOCL）经营，OOCL 为世界具规模之综合国际货柜运输、物流及码头公司之一，亦为香港最为熟悉之环球商标之一。截至 2001 年 12 月 31 日，OOCL 拥有 47 艘船舶、运载量达 146,973 个标准箱之船队。为进一步增进用家及航运商之审查效益，OOCL 推出一个互联网接口开放软件平台 CargoSmart，令用家可透过一站式入门网站为寄运之货物进行订位、追踪、文件报关及航班查询。展望未来，集团将致力发展物流业务，目标成为全面性之物流服务供货商。

【主要资产/投资(12/2001)**】** 货柜轮及在建轮船之账面净值分别约 6.78 亿美元及 1.33 亿美元；货柜码头设备、货柜及车架之账面净值合共约 3.94 亿美元；香港以外之房地产之账面净值约 1.42 亿美元；及非上市公司 Hui Xian Holdings Ltd. 约 8％股权及所提供垫款。

广州广船国际股份有限公司

【公司概况】 股票代码 0317，集团主席胡国良，发行股本（股）157M，票面值（港元）1.000，市价总值（港元）176M。

【公司业务】 该公司是目前中国华南地区最大的现代化综合造船企业，该公司现时的业务可划分五个事部：(1)造船；(2)集装箱制造；(3)修船；(4)钢结构工程；(5)陆用机械产品及其它。

【主要资产/投资(12/2001)**】** 广州广船国际集装箱厂(100％)；新会市南洋船舶工业公司(70％)；广州广联集装箱运输有限公司(75％)；广州永联钢结构有限公司(51％)；及广东广船国际电梯有限公司(95％)。

金龙船集团有限公司

【公司概况】 股票代码 0318，集团主席黄治民，发行股本（股）91M，票面值（港元）0.250，市价总值（港元）41M。

【公司业务】 该集团主要透过以金龙船饼店品牌命名之饼店，从事生产、分销及销售面包糕饼及其它食品，包括应节食品、烤点心及甜品；透过连锁方式经营以金龙船海鲜酒家及金龙船潮州酒家品牌命名之中式酒家；及从事洋酒买卖业务。集团为本港提供时尚及湛新食品之市场先驱之一。截至 2002 年 4 月止之年度，酒家业务及面包糕饼与其它食品业务分别占集团总营业额 61.8％及 37.6％。另一方面，由于高昂之强积金成本、折旧增加及高租金成本，面包糕饼与其它食品业务于年内录得经营亏损约 590 万港元。截至 2002 年 8 月，集团在本港合共经营 6 间以金龙船海鲜酒家及金龙船潮州酒家品牌命名之中式酒家及 31 间以金龙船饼店品牌命名之饼店。除本身之零售门市外，集团之面包糕饼及其它应节食品亦会不时透过大型百货公司之流动摊位、超级市场及连锁便利店发售。为配合日益增加之市场需求，集团已在中国东莞增设生产工场，以扩大生产规模。此外，集团亦计划将市场覆盖扩展至中国及东南亚地区（例如日本）。至于将酒家业务扩展至中国市场方面，集团现正就深圳及广州等中国主要城市进行回报比较。

【主要资产/投资(4/2002)**】** 金龙船酒家有限公司(100％)；金龙船饼店有限公司(100％)；金龙船贸易有限公司(100％)；及东莞新联食品有限公司(100％)。

德永佳集团有限公司

【公司概况】 股票代码 0321，集团主席潘彬泽，发行股本（股）1,324M，票面值（港元）0.050，市价总值（港元）8,144M。

【公司业务】 该集团主要从事 (1) 产销及整染针织布及棉纱；(2) 主要以 Baleno 品牌零售和分销便服及饰物，及提供特许经营服务；以及 (3) 提供汽车及发电机之维修及保养服务，及销售发电机。截至 2002 年 3 月止之年度，集团在中国大陆共有 831 个销售点，其中约四成为自营店。另一方面，集团亦分别在香港、台湾及新加坡拥有 37、114 及 15 间门市分店。集团成功采用多牌子策略，以争取不同市场、多层面之顾客。集团知名品牌包括 Baleno、S&K、I. P. Zone、Bambini、Baleno Attitude 及 ebase。集团现时之生产厂房集中于东莞麻涌，占地约 600 万平方呎。于 2002 年 2 月，集团在东莞新一期面积约 70 万平方呎之厂房亦开始投入生产。目前，集团为全球最大针织布生产商之一。此外，集团预期于 2004 年后全球成衣配额制度取消后，零售客户采购方式将越趋集中于主要供货商，从而提供机会予集团进一步提高市场占有率。截至 2002 年 3 月止之年度，集团坐拥充裕现金储备约 4.976 亿港元。

【主要资产/投资(3/2002)**】** 东莞德永佳纺织制衣有限公司(97.6％)；Megawell Industrial Ltd. (50％)；永佳染厂有限公司(100％)；班尼路集团有限公司(54％)；广州友谊班尼路服饰有限公司(54％)；上海海文班尼路服饰有限公司(51.4％)；北京兴宇班尼路服装服饰有限公司(54％)；重庆大生班尼路服饰有限公司(54％)；及永佳（东莞）汽车维修服务有限公司(100％)。

康师傅控股有限公司

【公司概况】 股票代码 0322，集团主席魏应州，发行股本（股）5,589M，票面值（港元）0.005，市价总值（港元）8,383M。

【公司业务】 该集团为中国著名食品生产商及分销商。自 1992 年开始，集团成功凭借康师傅品牌进军国内方便面市场，并分别于 1995 年及 1996 年将业务扩展至糕饼及饮品业务。于 2002 年年底，集团之主要股东为顶新（开曼岛）控股有限公司及日本三洋食品株式会社，彼等分别持有集团 33.1889％ 股本权益。据 ACNielsen 2002 年 12 月/2002 年 1 月这一期之零售市场研究报告，调查结果显示在这期间集团于方便面、包装茶饮品及夹心饼干于销售额之市场占有率分别为 39.6％、53.7％ 及 28.6％（注：上年度之占有率分别为 40.6％、52.3％ 及 33.5％），同时处于领导地位。现时，康师傅品牌为国内最为消费者熟悉之品牌之一。截至 2002 年 12 月底，集团已在全国建立广泛之销售网络，该网络包括 353 个营业所及 82 个仓库，以服务 4,481 家经销商及 44,616 家直营零售商。经过两年多之规划，集团已于 2002 年 12 月开始正式投入台湾产销方便面。据集团披露，康师傅方便面供不应求，现时集团在台湾之方便面生产线已增加到三条，预期于2003年7月将达到六条生产线投产。为配合集团之扩充计划以满足日益增长之需求，集团于2003年将合共投资3,800万美元在杭州、广州、武汉及台湾，增加方便面生产线及相关设备。在糕点业务方面，集团已与台湾驰名巧克力饼干制造商台湾宏亚食品有限公司(宏亚)联盟，由宏亚负责生产巧克力夹心威化饼干，加上康师傅品牌，利用集团之销售网络进行销售。此外，集团亦与西班牙公司 Chupa Chups 采用联合品牌方式于2003年3月初推出珍宝珠产品。至于饮品业务方面，集团将继续扩大冷藏饮品每日C在华东地区之市场占有率，以及进一步打进包装茶饮品之潜在市场。

马鞍山钢铁股份有限公司

【公司概况】 股票代码0323，集团主席顾建国，发行股本(股)1,733M，票面值(港元)1.000，市价总值(港元)2,218M。

【公司业务】 该集团为中国冶金行业中十家最大钢铁企业之一，主要从事制造及销售四大类钢铁产品，包括线材、型钢、中厚板及火车车轮轮箍。此外，集团亦从事销售小部分生铁、钢坯及焦化副产品等。截至2002年12月止之年度，集团其中90%以上之产品在国内市场销售。据2002年年报所显示，集团追加投资21.6亿元人民币于12个项目，主要项目为第二条镀锌生产线、第二条H型钢生产线、新2#焦炉等。于年内，集团之钢材产品在中国市场之占有率约为3%。按地区销售而言，安徽占集团核心业务收入35%、江苏占16%、上海占15%、浙江占8%、中国其它省份占22%，而出口则占4%。

【主要资产/投资(12/2002)】 存货约值16.41亿元人民币；厂房、机器及设备合共约值44.30亿元人民币；位于中国之房屋、建筑物及土地使用权合共约值55.90亿元人民币；及在建工程约值26.59亿元人民币。

中国石化北京燕化石油化工股份有限公司

【公司概况】 股票代码0325，集团主席杜国盛，发行股本(股)1,012M，票面值(港元)1.000，市价总值(港元)1,133M。

【公司业务】 该集团主要从事制造及销售三类主要石化产品：(1)树脂及塑料、(2)合成橡胶，及(3)基本有机化工产品。集团为中国最大之乙烯、树脂及塑料生产商之一，亦为国内聚丙烯、顺丁橡胶、苯酚及丙酮主要生产商之一。截至2001年12月止之年度，集团录得亏损2亿8,336万港元(2000年度则录得纯利3亿4,776万港元)，主要为主要产品价格下降及装置停产检修以配合乙烯扩建项目所致。为维持集团于国内石化业内之领导地位，集团乙烯扩建项目已于2001年年底完成，使乙烯年设计产能从45万吨增至71万吨。展望将来，集团将继续透过调整产品结构，以及努力开发市场需求量大及高附加值之专用料产品。此外，集团亦将致力透过优化乙烯原料，搞好物料平衡，以生产符合市场需要之优质产品。

【主要资产/投资(12/2001)】 主要生产设施包括年设计产能达71万吨乙烯装置、高压聚乙烯装置、聚丙烯装置、低压聚乙烯装置、顺丁橡胶装置及丁基橡胶装置。

中国星集团有限公司

【公司概况】 股票代码0326，集团主席向华强，发行股本(股)229M，票面值(港元)0.050，市价总值(港元)105M。

【公司业务】 该集团主要于全球市场(例如香港、澳门、台湾、新加坡、马来西亚、南韩、澳洲、加拿大及美国等)从事制作及发行VHS、LD、VCD及DVD制式之家庭娱乐影视节目、电影及电视连续剧，以及转授影视节目发行权。截至2001年12月止之年度，香港市场仍为集团主要收入来源，占集团总营业额约48.4%。另一方面，美国及欧洲市场合共占其总营业额约24.9%，而东南亚市场(不包括中国)则约占16.4%。于2001年，集团成功收购业内两家享负盛名之制片商，分别为一百年电影有限公司(一百年)及于香港联交所上市之海岸集团有限公司(海岸集团)。策略性收购一百年可大幅提升集团之制作能力，而海岸集团拥有22年发行历史及数百部珍贵电影片库可有效地加强集团之能力，以应付大中华地区高增长之录像娱乐及多媒体市场。建立此稳固之基础后，集团对日后业务转亏为盈深表乐观。

【主要资产/投资(12/2001)】 一百年电影有限公司(100%)；海岸集团有限公司(38.64%)；苏州天地数码放映技术有限公司(70%)；北京创意星国际广告有限公司(49%)；中国星香港发行有限公司(100%)；中国星香港娱乐有限公司(100%)；China Star International Distribution Ltd.(100%)；中国星演艺管理有限公司(100%)；China Star Worldwide Distribution B. V.(100%)；及思域娱乐有限公司(100%)。

正中药业国际有限公司

【公司概况】 股票代码0327，集团主席侯丽萍，发行股本(股)2,250M，票面值(港元)0.020，市价总值(港元)36M。

【公司业务】 该集团主要从事(1)开发、生产及提供一系列中药产品(大部份为主治类风湿病及/或关节炎病症之医疗制剂及抗类风湿胶囊)；(2)在中国批发及零售中西药用品及保健产品；以及(3)经营专治类风湿之太原医院。截至2002年5月止之年度，制造中药产品仍为集团之主要收入及盈利来源。于年内，集团投资约1.65亿港元资金，与94家医院合组类风湿治疗中心。然而由于若干合作医院出现未能预期之营运效益不足，集团已终止或出售64间类风湿治疗中心。基于为该等中心之投资扣减开办成立费用及减值亏损共2,500万港元，集团于年内之纯利因而大幅下跌46.8%。尽管如此，集团仍对余下30家类风湿治疗中心之投资抱乐观态度，并预期该等投资将成为集团日后之主要收入来源。至于山西正中药业有限公司之厂房更新计划，已通过药品生产质量管理认证，而建造工程将于短期内展开。为进一步提升其产能，集团于2002年8月有条件地同意以现金代价2,000万港元收购一家中国医药企业之11%权益。

【主要资产/投资(5/2002)】 山西正中药业有限公司(99%)；山西太原科兴医药技术研究有限公司(100%)；太原市类风湿病医院(99.4%)；北京正中园医药技术开发有限责任公司(99.2%)；及北京正中三特医药药材有限责任公司(79.4%)。

爱高集团有限公司

【公司概况】 股票代码0328，集团主席梁剑文，发行股本(股)511M，票面值(港元)0.100，市价总值(港元)793M。

【公司业务】 该集团之主要业务为从事设计、制造及销售消费影音产品、电讯产品及塑料制品。截至2002年3月止之年度，北美洲、欧洲及亚洲市场分别占集团总营业额58.5%、24.5%及14.3%。以产品而言，集团大部份收益来自消费影音产品，如集团专利之五碟式激光音响组合系统，以及其它具备如微型磁盘(MD)录音机/唱机及杜比环回立体声音响效果之音响组合。集团亦继续与多名原设备制造商大客户合作发展高文件视听产品，如发展结合多项先进特别功能之新系列DVD唱机。过去数年，集团之影音产品已于北美洲及欧洲维持稳健之市场占有率。在电讯产品方面，除现有产品外(如900兆赫无线电话系列)，集团亦开发一系列高频率电讯产品，如数码欧洲无线电讯设备(DECT)。于未来，集团将继续开发及扩展一系列2.4千兆赫数码无线电话，以应付增长之高科技电话市场，尤其是北美洲市场。展望将来，集团将加强与现有原设备制造商/原设计制造商之策略性伙伴关系，并同时寻求其它具潜力之合作机会，以加强盈利能力。为进一步扩展现有市场，集团将继续透过开发其它数码产品，包括计算机周边产品、内置DVD播放机之液晶体电视，以及DVD+VCR二合一播放及录像机，藉以多元化其产品种类。此外，集团最近增设之防静电地板及洁净区，为制造高文件产品(尤其为计算机周边产品)提供先进环境。另外，集团最近增购之36台表面接合技术设备，有助提升集团之产能及生产效率。于2002年3月止之年度，集团拥有现金结余净额约1.269亿港元。

【主要资产/投资(3/2002)】 力行包装有限公司(100%)；爱高通讯有限公司(100%)；爱高数码有限公司(100%)；爱高电业有限公司(100%)；爱高电子(深圳)有限公司(100%)；爱高国际有限公司(100%)；爱高塑料制品厂有限公司(70%)；及迅达工业有限公司(100%)。

金龙集团(控股)有限公司

【公司概况】 股票代码0329，集团主席王彦宸，发行股本(股)584M，票面值(港元)0.100，市价总值(港元)175M。

【公司业务】 金龙集团为国内一家人参公司，主要业务为生产及销售一系列以人参及西洋参为材料之保健产品。为扩宽其产品组合，集团亦从事研究及开发其它保健产品及医药产品。现时，集团生产一系列以辰龙保龄参及辰龙保龄参(木糖醇型)为品牌之人参产品，以及以保龄多维洋参丸及保龄洋参含片为品牌之西洋参产品。集团新产品延龄舒可已于2001年12月推出市场，为集团于2001年12月止之年度带来500余万港元之销售额。拟购买或合作开发新产品转基因γ—tPA及抗衰老痴呆胶囊服肝宁，因转让技术研究开发障碍原因，未能完成申报立项，需暂缓执行。另外，匹格列酮及阿奇霉素微囊细粒剂均按合同进度正常进行。据集团2001年年报披露，匹格列酮预期将于2002年8月取得新药生产批文，2002年9月投入生产。此外，阿奇霉素现正进行生物利用度实验，集团预期将于2002年12月取得生产批文，并于2003年投入生产。截至2002年4月，另一种主要新产品香妃胶囊已获得生产批文。另一方面，纯中药新产品美诺平预计将于2002年9月取得生产批文，而核能元则还在审批中。

【主要资产/投资(12/2001)】 北京东方金龙生物保健品有限公司(100%)；集安新华龙参业有限公司(100%)；沈阳辰龙保龄参有限公司(100%)；沈阳金龙保健品有限公司(80%)；及沈阳金龙药业有限公司(100%)。

思捷环球控股有限公司

【公司概况】 股票代码0330，集团主席邢李源，发行股本(股)1，187M，票面值(港元)0.100，市价总值(港元)21，431M。

【公司业务】 该集团主要在欧洲、亚太区及北美从事国际知名之ESPRIT品牌优质时尚产品(包括男女装及童装、鞋具、配饰用品、贴身衣物、手表、眼镜和首饰等)及RED EARTH品牌化妆品及美容护肤产品之设计、批发及零售、采购及批授经营权业务，以及在亚太区经营Salon ESPRIT业务。截至2002年6月止之年度内，集团在营业额及纯利上均持续录得显着增长，两者分别较上年度增加约13.7%及61.2%。于年内，欧洲继续成为集团之主要市场，尤其是德国以及比利时及荷兰市场。至于产品销售方面，女装系列仍为集团之核心产品，占集团年内之总营业额56.7%。于2002年6月，集团在全球超过40个国家拥有596间直接经营店铺及逾2，100间专营商店(其中包括集团持有49%权益之中国联营公司位于中国大陆之101间直接经营店铺及491间专营商店)。在下一个财政年度，集团预算投入4亿港元资本开支开设38间新店，而大部份将在欧洲新添。此外，集团将继续集中在北美、比利时及荷兰、英国及中国大陆市场拓展增长。凭借与美国著名百货公司(如Macy's)建立伙伴关系，集团将采用批发策略进军庞大之美国消费市场，务求在全美国作出合理发展。截至2002年6月底，集团之财务状况稳健，拥有现金结余净额约1.526亿港元。

【主要资产/投资(6/2002)】 Esprit Europe (100%)；Esprit Asia Pacific (100%)；Esprit International (100%)；Esprit China (49%)；及Red Earth International (100%)。

毅力工业集团有限公司

【公司概况】 股票代码0332，集团主席林文灿，发行股本(股)793M，票面值(港元)0.100，市价总值(港元)1，764M。

【公司业务】 该集团主要从事(1)设计、制造及经销家用音响产品和其它数码产品(包括CD机、DVD机、家庭影院及数码相机)；以及(2)设计电单车引擎及销售电单车零件业务。截至2002年3月止之年度，集团之电子部门占其总营业额93%，而美国及欧洲市场则分别占电子部门营业额约60%及20%。于2001年9月，集团添置40台塑料注模机及推出多层印刷线路板业务，以进一步加强垂直综合生产。为进一步扩大生产能力，集团亦于2002年4月在广东省清远市动工兴建工业村。电单车部门方面，中国仍为集团之主要市场。自2002年2月位于广东省东莞市电单车厂房第一期竣工后，集团电单车部门之垂直综合生产线最近已开始投入运作。据披露，集团将继续发展第二期建筑面积约为23，000平方米之电单车厂房，该厂房预期将于2002年底落成。

【主要资产/投资(3/2002)】 东莞凤岗毅力电子有限公司(87%)；电科实业有限公司(100%)；Din Wai Electronics Ltd. (100%)；Shing Wai Ltd. (100%)；Ngai Wai Plastic Manufacturing Ltd. (100%)；及东泽工业股份有限公司(100%)。

黛丽斯国际有限公司

【公司概况】 股票代码0333，集团主席冯炜尧，发行股本(股)1，071M，票面值(港元)0.100，市价总值(港元)1，146M。

【公司业务】 该集团之主要业务为从事设计、制造、分销、批发及零售女装内衣，尤以胸围为主。截至2002年6月止之年度，集团录得近五年来首次销售额下降。然而，由于节省在中国生产货品之配额开支及出售一附属公司之40%权益而录得特殊收益1，040万港元，集团之纯利于年内大幅增加49.9%至7，140万港元。有见于自2002年初起由中国输出胸围产品至美国之两项主要配额已被取消，集团因此将泰国及菲律宾部份生产业务迁回中国，以节省配额开支。此外，集团位于中国江西省之新制造厂房经已施工，预期新厂房将于2004年第二季落成，届时制造业之生产量将提升20%。至于集团之品牌业务，由于全球消费市场不景气，此项业务于年内再次录得亏损。因此，集团已决定撤离台湾市场，并于2002年6月终止有关业务。日后，集团将集中扩展不继增长之中国消费市场，以及寻找在中国拥有良好分销网络之业务伙伴，藉以扩阔品牌产品之分销渠道。另一方面，集团亦正准备与一家零售公司进行一项试验性质之项目，如此举成功的话，可有一个全面性之业务发展计划出台。

【主要资产/投资(6/2002)】 龙南县黛丽斯内衣有限公司(100%)；Meritlux Industries Philippines，Inc. (100%)；南海市黛丽斯内衣有限公司(75%)；深圳黛丽斯内衣有限公司(70%)；Top Form Brassiere Co.，Ltd. (100%)；黛丽斯胸围制造厂有限公司(100%)；Twin Peak Brassiere Co. Ltd. (97%)；? 丽橡根带织品有限公司(100%)；龙南县建盈内衣有限公司(55%)；及营口鑫发工业园开发有限公司(30%)。

唯冠国际控股有限公司

【公司概况】 股票代码0334，集团主席杨荣山，发行股本(股)636M，票面值(港元)0.100，市价总值(港元)648M。

【公司业务】 该集团之主要业务为设计、制造及买卖CRT计算机显示器、液晶显示器及计算机显示器零件及配件。现时，集团拥有强大之全球销售及分销网络，以及著名品牌PROVIEW及EMC。截至2002年6月止之年度，集团之主要市场仍为亚洲、北美洲及西欧，分别占集团总营业额36%、26%及28%。以业务分类，CRT计算机显示器之销售倒退15.6%，而液晶显示器之销售则录得643%之显着升幅。尽管总营业额增加25.2%，集团于年内仍录得亏损净额约7，750万港元。亏损主要由于为一家台湾上市公司股份之长期投资作出约6，510万港元之非经常性减值、在巴西附属公司所录得之2，690万港元外汇损失及为应收账及库存作合共3，050万港元拨备所致。鉴于产品价格下跌之趋势及采购生产计算机显示器所需零件之成本上升，集团已采用高度垂直整合业务模式以减低生产成本及提高边际利润。在CRT计算机显示器方面，集团已成为主要之映像器偏转线圈生产商，偏转线圈为CRT计算机显示器之主要部件。集团拟于2002年底前将现时每月生产偏转线圈之产量由30个增加至55万个。为提高液晶显示器之边际利润，集团亦已决定将垂直整合概念引入液晶显示器生产，开始收购与LCM生产相关之方法及技术。集团预期此举可大大提升其市场之竞争力。

【主要资产/投资(6/2002)】 Hengguan Electronic (Wuhan) Co.，Ltd. (于2002年7月由51%股权增持至62%股权)；Proview Technology Inc. (100%)；纬冠科技有限公司(100%)；唯冠科技(深圳)有限公司(100%)；Yoke Technology (Shenzhen) Co.，Ltd. (100%)；Proview International (U.K.) Ltd. (100%)；及EMC Industria e Comercio Do Amazonas Ltda. (100%)。

美建集团有限公司

【公司概况】 股票代码0335，集团主席曾焯鎏，发行股本(股)1，120M，票面值(港元)0.010，市价总值(港元)560M。

【公司业务】 该集团主要从事提供各类金融服务，包括证券买卖、开展融资、贷款融资、企业融资顾问、期货买卖及资产管理。此外，集团之网站www.upbest.com亦包括网上交易平台服务。现时，集团之所有收入皆来自香港业务。以业务分类，集团大部份收入来自开展融资及贷款融资、证券买卖及期货交易。于2002年3月止之年度内，集团已进一步扩展其资产管理服务及企业融资之业务范畴。长远而言，集团之目标是成为全面之一站式经纪及金融服务供货商。

【主要资产/投资(3/2002)】 美建证券有限公司(100%)；美建期货有限公司(100%)；美建财务有限公司(100%)；美建金业有限公司(100%)；美建投资有限公司(100%)；及美建管理有限公司(100%)。

力特有限公司

【公司概况】 股票代码0336，集团主席INGRAM Wilton，发行股本(股)742M，票面值(港元)0.010，市价总值(港元)8M。

【公司业务】 随着于2000年11月出售电子产品业务后，该集团主要从事提供互联网相关服务，并专注于电子商务顾问及电子商务之投资。于2001年4月，具有五年信息科技行业管理经验之韩东强先生所持有之Leap Technologies Inc，以现金代价约5，960万港元向卢永仁博士收购集团之重大权益。收购完成后，集团转型为一家集电讯、多媒体制作及互联网技术之媒体服务公司。然而，集团仍持续受到经济倒退及市况不景所影响。集团之股东应占权益由上一个财政年度之5，910万港元进一步下降至2002年3月止年度之320万港元。据2002年年报所显示，集团之核数师德勤?关黄陈方会计师行亦作不发表意见之声明，并指出集团之持续经营基准存有不明朗因素。据集团所披露，其管理层正在检讨集团之重组计划，以决定继续发展现有业务或为集团引入新业务。此外，集团亦将致力物色投资者再为集团融资，以便开发新业务。

【主要资产/投资(3/2002)】 Leap Information Technologies (Shanghai) Ltd.(100%)；Leap Multimedia (Shanghai) Ltd.(100%)；及 Leap Telecommunications (Shanghai) Ltd.(100%)。

中国石化上海石油化工有限公司

【公司概况】 股票代码 0338，集团主席陆益平，发行股本(股)2，330M，票面值(港元)1.000，市价总值(港元)3，728M。

【公司业务】 该集团为中国最大综合石油化工企业之一，亦为国内最大乙烯生产商之一。作为一家高度综合性化工企业，集团主要将原油加工以制成多种合成纤维、树脂及塑料、中间石油化工产品及石油产品。集团大部份产品销往中国国内市场，尤以华东地区为主。由于全球石化行业不景气以致销售量下跌，集团 2001 年度盈利大幅下跌 86.5%至 1.446 亿元人民币(上年度之利益为 8.798 亿元人民币)。面对中国加入世贸组织后国内石化行业之竞争压力，集团已积极调整产品结构、不断改良现有产品之质量及品种、优化技术并提高关键性上游装置之能力。集团第四期扩建工程将于 2002 年上半年完成，预期可将集团之乙烯生产能力提升至 70 万吨，令集团之整体竞争力大大提高，可与国际性石化企业匹敌。此外，集团与母公司中石化及 BP 公司合资在上海兴建乙烯生产设施项目进展顺利，并预期该合营企业可于 2005 年建成。

【主要资产/投资(12/2001)】 上海化学工业区发展有限公司(38.26%)— 主要从事开发及经营位于上海之化学工业区；上海金阳青纶厂(100%)；上海金威石油化工有限公司(75%)；上海金昌工程塑料有限公司(50.84%)；上海金菲石油化工股份有限公司(60%)；浙江金甬青纶有限公司(75%)；上海石化江海弹力丝厂(100%)；上海金森石油树脂有限公司(40%)；及上海金浦塑料包装材料有限公司(50%)。

安利时投资控股有限公司

【公司概况】 股票代码 0339，集团主席李国梁(执行董事)，发行股本(股)360M，票面值(港元)0.020，市价总值(港元)6M。

【公司业务】 安利时为一间投资控股公司，其投资目标为透过投资于香港及中国之上市公司及非上市公司以取得中期资本增值。于 2001 年底，集团 19%投资于香港上市证券投资组合，另 23%为一间非上市公司之股本权益，57%为不同到期日之计息贷款，而余下 1%则为香港银行存款。据披露，集团于 2001 年 12 月就投资于一家业务为投资控股及提供电子商贸解决方案之非上市公司订立协议。

【主要资产/投资(12/2001)】 买卖证券约值 590 万港元；及应收可换股贷款约值 1，380 万港元。

创富生物科技集团有限公司

【公司概况】 股票代码 0340，集团主席唐乃勤，发行股本(股)1，435M，票面值(港元)0.100，市价总值(港元)172M。

【公司业务】 于 2000 年 5 月被航宇数码科技控股有限公司收购后，该集团已由原有之建筑业务转移至发展生物科技相关业务。于 2000 年 10 月，集团订立协议，以总代价 3，000 万港元收购细胞治疗技术中心有限公司(CTTC)之 100%权益，总代价以每股股份 0.3 港元价格发行 1 亿股股份方式支付。CTTC 为一家生物科技公司，主要从事分析、储存、配对及使用脐带血液干细胞，以及研究及商业发展干细胞治疗与科技应用。CTTC 为 cryoLIFE 商标之拥有人，并为亚洲最具规模之私人脐带血库中心之一。此外，CTTC 亦与一家新泽西脐带血银行 LIFEBANK U.S.A. 组成策略合伙经营关系，该合伙组营将为 CTTC 在有需要时提供另类扩展商业网络及储存办法。CTTC 与 LIFEBANK 之间之技术交流将有助加快开拓及发展干细胞内所储存之珍贵元素。

【主要资产/投资(12/2001)】 细胞治疗技术中心有限公司(100%)；及投资物业之账面净值约 1.76 亿港元。

大家乐集团有限公司

【公司概况】 股票代码 0341，集团主席陈裕光，发行股本(股)530M，票面值(港元)0.100，市价总值(港元)3，020M。

【公司业务】 该集团主要从事经营连锁式快餐餐饮业务、快餐厅、机构饮食业务、特式餐厅及食品制造业务。截至 2002 年 3 月止之年度，大家乐快餐业务仍占集团整体营业额及经营利益之大部份。然而，集团于过去数年积极多元化其业务组合，尤其特式餐厅及机构饮食业务。除香港市场外，集团自于 2000 年底收购以加拿大为基地之合营公司 Manchu Wok Enterprises，Inc. 48%权益后，成功开拓北美市场。此外，集团已计划进一步开拓其它具有潜力之市场，尤其集团已累积数年宝贵经验之中国大陆市场。集团预期香港以外市场可成为其未来增长动力。于 2002 年 7 月 9 日，集团在全球经营合共 411 间餐厅，包括(1)125 间大家乐快餐，119 间位于香港、5 间位于中国及 1 间位于澳门；(2)204 间位于北美之餐厅，如 183 间 Manchu Wok、17 间 China Inn(美国)、2 间 Oishii Kitchen(美国)、1 间 Fan Ting(美国)及 1 间 Dai Bai Dang(美国)；(3)46 间以泛亚饮食名义经营之机构饮食单位；以及(4)36 间特式餐厅，如 24 间意粉屋、2 间阿二靓汤、4 间 Bravo le Cafe、4 间一粥面、1 间千面亭及 1 间 Bistro M。除经营连锁式快餐厅外，集团亦经营北欧国际食品火腿加工业务，以及活力午餐学童膳食业务。

【主要资产/投资(3/2002)】 现金结余净额约 4.21 亿港元；位于香港之投资物业之公开市值约为 1.158 亿万港元；土地及楼宇(主要位于香港)之账面净值约 4.705 亿港元；家具及餐厅设备约值 3.012 亿港元；Manchu Wok Enterprises，Inc.(48%)；及 Manchu Wok Enterprises II Inc.(48%)。

新海环保能源集团有限公司

【公司概况】 股票代码 0342，集团主席岑少谋，发行股本(股)3，249M，票面值(港元)0.010，市价总值(港元)253M。

【公司业务】 自 2000 年开始致力进行业务重组后，销售及分销液化石油气业务已成为集团之核心业务及主要盈利来源。现时，集团所有环保能源业务皆在中国进行。截至 2002 年 12 月止之年度，集团之营业额大幅增加 528%至 4.177 亿港元，并录得纯利约 1，097 万港元(上年度录得亏损净额 1.436 亿港元)。至于集团之传统电子业务，由 2003 年 1 月开始已终止经营及发包予独立第三方经营，以换取每月固定收入。另外，集团亦为电子业务部份固定资产重估亏细及确认减值约 1，500 万港元，及就出售及撇销若干固定资产录得亏损约 630 万港元。目前，集团之瓶装民用液化气分销业务覆盖广西省桂林及梧州地区、广东省清远地区、江苏省及中国东北地区，而液化气批发业务则覆盖广东省、广西省及黑龙江省一带之城市。此外，集团与中国住房投资建设公司及中房集团数字社区委员会(中房)订立合作协议组成策略性合作伙伴，使集团享有优先选择权在中房进行房地产开发之小区及社区项目中，开发管道液化气供应项目。最近，集团正进行其它数个管道项目之研究及效益评估，约一至两个小区管道液化气项目计划在 2003 年发展。另一方面，集团已与梧州市公共汽车总公司合作在梧州建设车用液化气加气站业务，该项目预期可在 2003 年底分阶段投入营运。

【主要资产/投资(12/2002)】 大庆龙油环保能源有限公司(55%)；桂林绿环能源发展有限公司(100%)；桂林荔浦新海燃气有限公司(95%)；梧州绿环科技有限公司(100%)；梧州市新海燃气有限公司(60%)；海溢电子(深圳)有限公司(100%)；顺德新海电子有限公司(100%)；及能源动力科技有限公司(100%)。

文化传信集团有限公司

【公司概况】 股票代码 0343，集团主席张伟东，发行股本(股)3，014M，票面值(港元)0.100，市价总值(港元)714M。

【公司业务】 该集团主要从事开发及销售中文信息基建产品(包括中文计算机操作系统、处理器、电子书及应用软件)；出版漫画及相关业务；以及策略投资于其它科技相关业务。截至 2002 年 3 月止之年度，集团录得之股东应占亏损扩大至 1.956 亿港元(上年度之亏损为 1.119 亿港元)，过去两年录得重大亏损之原因主要由于集团过去专注于技术及产品之研发工作。由于该等技术及产品之研发工作已取得良好之成果，现时为集团获取收成之时候。集团以中文中央集成处理技术作为人教电子教科书之核心技术，与中国人民教育出版社共同推出符合国内中、小学生基本消费水平之电子教科书。目前人教电子教科书第一个版本将于 2002 年第三季于国内推出。此外，文传 3210 处理器之研发工作预期于 2002 年第二季完成，该处理器将作为中文 2000 网络计算机及安全数码信息中心(SNIIC)之核心技术，于中国提供一套廉价之硬件及信息服务之整体解决方案。获到之 Red Hat Linux 支持，集团得以发展与世界水平同步之中文 2000 Linux 软件。至于漫画业务方面，集团将继续致力开发中国漫画市场。最近，集团正与不同合作伙伴共同商讨各类型多媒体制作，针对国内市场，以集团漫画为体材，推出动画、电影、电视剧、网上游戏、手机游戏等。

【主要资产/投资(3/2002)】 九方科技控股有限公司(24%)— 于香港联交所创业板上市；中文 2000 科技有限公司(100%)；文化传信科

技有限公司(100%);安全数码科技有限公司(100%);北京红旗中文贰千软件技术有限公司(65%);北京中文贰千科技有限公司(100%);文化传信有限公司(100%);及文传漫画设计(深圳)有限公司(100%)。

维他奶国际集团有限公司

【公司概况】 股票代码 0345,集团主席罗友礼,发行股本(股)982M,票面值(港元)0.250,市价总值(港元)1,719M。

【公司业务】 该集团主要从事以其建立之品牌〔维他奶〕、〔维他〕、〔Nasoya〕、〔Azumaya〕及〔Balanz〕生产及销售多类型优质食品及饮品,如豆奶、柠檬茶、烤豆腐、蒸馏水、绿茶、健康饮品等。于年内,集团积极多元化其产品系列,推出〔维他? 然系〕系列果汁味饮品及〔维他〕系列绿茶及奶类。截至 2002 年 3 月止之年度,香港市场占集团大部份营业额,同时亦为集团最赚钱市场。于年内,北美市场仍然录得亏损,主要由于需要投入大笔资金于海外市场建立品牌所致。于可见将来,集团将加强美国东北部之市场推广工作,并选择性地开发其它分销渠道。中国大陆市场方面,集团之策略为继续专注于巩固集团在华南及华东豆奶市场之领导地位。现时,集团正将产品多元化发展至其它利润丰厚之即饮产品类别 — 塑料瓶装茶类、果汁及运动饮品。除此之外,集团亦在澳洲设有合营生产厂房,以开拓澳洲及新西兰等有潜力之市场。除食品及饮品制造外,集团亦透过旗下全资附属公司维他天地服务有限公司经营学校食物部业务。于 2001 年 5 月,集团成立一所新中央厨房香港美食,于集中及卫生之环境下制造饭盒。

【主要资产/投资(3/2002)】 Vita USA Inc.(100%);Nasoya Foods Inc.(100%);深圳维他(光明)食品饮料有限公司(70%);维他奶(上海)有限公司(100%);Vitasoy Australia Products Pty. Ltd.(51%);维他天地服务有限公司(100%);及索迪斯(香港)有限公司(40.35%)。

明伦集团(香港)有限公司

【公司概况】 股票代码 0346,集团主席周益明,发行股本(股)1,000M,票面值(港元)0.020,市价总值(港元)235M。

【公司业务】 该集团主要在香港及中国从事(1)分销多种聚氨基甲酸乙酯(聚氨酯)物料,如异氰酸盐酯、多元醇及各种聚氨酯催化剂;及(2)制造及销售模制及非模制之聚氨酯发泡及聚氨酯发泡产品,如枕头、玩具、装饰品及配饰。鉴于市场剧烈竞争导致聚氨酯物料之价格下调,集团销售产品所得之毛利已由 2001 年度之 10.5% 下跌至 2002 年度之 6.5%。因此,集团于截至 2002 年 3 月止之年度只录得纯利约 890 万港元,较上年度同期大幅下跌 78.8%。于 2002 年 3 月止之年度内,分销业务为集团之核心业务,占其总营业额约 78%,而余下 22% 则来自制造业务。现时,集团分销及制造业务所需之聚气酯材料,主要采购自日本、德国、美国及南韩之多家国际供货商。展望将来,集团将透过扩充制造业务及开拓产品种类,以加强其市场竞争能力。另一方面,集团亦会继续专注于开发下游产品、聚氨酯发泡及相关发泡产品。

【主要资产/投资(3/2002)】 吉旺晟树脂(深圳)有限公司(100%);奥特宝家饰(深圳)有限公司(100%);联大实业(香港)有限公司(100%);Wah Tat Industrial (HK) Ltd.(100%);及 Wah Tat Industrial Trading Ltd.(100%)。

鞍钢新轧钢股份有限公司

【公司概况】 股票代码 0347,集团主席刘　,发行股本(股)890M,票面值(港元)1.000,市价总值(港元)1,540M。

【公司业务】 该集团之主要业务为生产受销售钢坯、冷轧薄板、线材、厚板、重轨、管坯及大型材。此等产品广泛用于汽车、造船、建筑及铁路建设行业,以及用于家用电器及管道制造等领域。现时,集团之产品在中国市场均具有相当之竞争力。然而,随着中国加入世贸组织后,集团将面对更激烈之国际市场竞争。有见及此,集团将继续提升其生产线至国际认可之水平,藉以维持其产品在价格及品质方面之竞争力。日后,集团将巩固及扩大集中一贯制之生产管理体系,以及投资于科研以提升产品质素。

【主要资产/投资(12/2001)】 物业、厂房及设备约值 43.412 亿元人民币;厂房建设之在建工程约值 10.827 亿元人民币;及现金结余净额约 3.437 亿元人民币。

龙昌国际控股有限公司

【公司概况】 股票代码 0348,集团主席梁麟,发行股本(股)414M,票面值(港元)0.100,市价总值(港元)220M。

【公司业务】 该集团之主要业务为制造及销售多类型(1)无线电遥控车、(2)电子及塑料玩具、(3)互动产品及(4)消费及电子产品,该等产品截至 2002 年 3 月止年度分别约占集团总营业额 53%、34%、7% 及 6%。于年内,集团继续与多家大型玩具公司保持紧密之合作关系,藉以赚取稳定之收入。集团之五大客户合计占集团销售额 72%(与上年度相若),惟集团对最大客户 — 国际著名之无线电遥控产品公司大阳工业株式会社之依赖已进一步减少,由上年度占集团总营业额 34% 大幅下降至本年度之 22%。于年内,欧洲、美国及日本仍为集团之主要市场,分别占集团总营业额约 23%、36% 及 19%。除上述市场外,集团预期中国大陆市场将成为集团日后重要之增长市场,尤其是中国入世后将逐渐废除贸易限制。现时,集团之业务主要以原设备制造/原设计制造方式进行,其生产基地位于中国大陆及印尼。然而,集团计划继续发展本身特许产品业务。于 2002 年 1 月,集团收购拥有著名品牌 Bendos 玩具产品业务之美国 Kid Galaxy 公司。集团预期此项收购可使集团扩展其分销网络及渗透专门玩具及礼品市场。国内市场方面,集团将继续透过争取独家流行玩具系列,以开拓中国玩具市场(例如近期取得装甲特警玩具系列之独家制造权及分销权)。除传统玩具业务外,集团亦于 2002 年初伙同美国 Smart Trading Card 娱乐科技之发明者 StatCard 开拓新收入来源。透过投资 StatCard,集团获授予 StatCard 之智能咭、阅读器及游戏配件等之制造权及订单,亦同时取得 StatCard 产品在亚太区之独家分销权。

【主要资产/投资(3/2002)】 创艺精机有限公司(100%);Kid Galaxy Corporation(60%);龙昌资源有限公司(100%);Statcard Entertainment (Asia Pacific) Ltd.(100%);龙昌集团有限公司(100%);龙昌玩具有限公司(100%);及 Lung Cheong Overseas Corporation(100%)。

中国工商银行(亚洲)有限公司

【公司概况】 股票代码 0349,集团主席姜建清,发行股本(股)624M,票面值(港元)2.000,市价总值(港元)4,027M。

【公司业务】 中国工商银行(亚洲)为中国最庞大之商业银行中国工商银行在香港之上市旗舰,中国工商银行于中国拥有逾 30,000 间分行网络。集团透过位于香港 21 间分行网络,提供广泛之银行及财务服务,包括各类型存款及贷款、贸易融资、汇款、结算、工商业贷款、银团贷款、出入口押汇、中国业务咨询及融资、证券业务、期货、黄金买卖之经纪服务及保险代理等。集团亦透过设于开曼群岛之分行提供离岸存款服务。随着成立一家资产管理公司以追收巨额之中国不良贷款款项后,集团之不良贷款比例于 2002 年度大幅下降至 2.3%(2001 年度为 6.8% 及 2000 年度为 23.2%)。继 2001 年 12 月以 4.74 亿港元收购中保国际控股有限公司(中保国际)之 9.9% 权益后(现时则持有约 9.5% 权益),集团亦于 2002 年 3 月以约 1.745 亿港元代价向中保国际及其母公司收购太平保险有限公司之 24.9%权益,以助集团受惠于中国保险业之高增长潜力。展望将来,预期中国内地、香港及台湾之间之跨边界、跨海峡金融服务需求将急速增加,集团将凭借母公司之品牌及资源把握更多商机。

【主要资产/投资(12/2002)】 工银亚洲财务有限公司(100%);ICBC (Asia) Nominee Ltd.(100%);工银亚洲期货有限公司(100%);工银亚洲金业有限公司(100%);友联中国业务管理有限公司(100%);中国平安保险(香港)有限公司(25%);太平保险有限公司(24.9%);及中保国际控股有限公司(9.5%)。

经纬纺织机械股份有限公司

【公司概况】 股票代码 0350,集团主席张杰,发行股本(股)181M,票面值(港元)1.000,市价总值(港元)351M。

【公司业务】 该集团为中国大型纺织机械制造商之一,主要从事制造及销售一系列广泛之纺织机械产品,主要为天然纤维纺织机械及其配件与专件,以及消花、梳棉、并条、粗纱及细纱等绵纺成套设备。集团已注册于中国山西省太原高新技术产业开发区,属高新技术企业。截至 2001 年 12 月止之年度,集团录得纯利 8,269 万元人民币,较上年度下跌 38.2%,主要由于机器及设备减值为作 3,954 万元人民币之一次性拨备。于 2002 年 2 月,集团同意向母公司中国纺织机械(集团)有限公司收购宜昌纺织机械有限公司之 64.38%权益及常德纺织机械有限公司之 95%权益,以及向母公司出售化学纤维纺织机械生产业务及相关资产。此外,集团亦与母公司合组两家合营公司,分别为无锡纺织科技试验有限公司及宏大非织造布工程技术有限公司,从事生产技术研究开发。于 2002 年,集团将专注整合新收购业务,没有进行其它收购项目之计划,并承诺将集团建成经营国际化、产业多元化、管理现代化,以及具有国际竞争能力之企业集团。
【主要资产/投资(12/2001)】 郑州宏大新型纺机有限公司(98%);青岛宏大纺织机械有限公司(98%);沈阳宏大纺织机械有限公司(98%);天津宏大纺织机械有限公司(98%);北京经纬纺机新技术公司(98.4%);及上海经纬东兴精梳机有限公司(88%)。

中洲控股有限公司

【公司概况】 股票代码 0351,集团主席钟志成,发行股本(股)2,663M,票面值(港元)0.200,市价总值(港元)53M。
【公司业务】 继出售焦炭业务及汽车维修保养业务后,集团目前之核心业务集中于电讯基建及高科技相关项目。现时,集团主要联营公司之一河南中洲广电信息网络有限公司,于中国河南省拥有覆盖逾2,900千米之有线网络,提供广播及数据传送服务。于2001年上半年,集团收购 Sharpo Holdings Ltd. (Sharpo) 45%权益;于2002年3月,集团再以现金代价4,100万港元增持 Sharpo 余下 55%权益。Sharpo现时主要从事电子商贸顾问、软件开发、系统集成、网页设计及软件销售等业务,并正计划扩展旗下网络零售管理方案业务,透过个人数码助理提供无线上网服务。集团认为 Sharpo 已作好准备,趁着国内对流动零售管理系统需求殷切,抓紧各种市场机遇。至于集团投资于若干附有保证收入之项目,集团已为该等表现不济之投资作出大部份拨备。此外,集团将继续加紧采取必要之行动并循法律程序向该等项目追讨尚未收取之保证收入。
【主要资产/投资(12/2001)】 Sharpo Holdings Ltd.(于2002年3月增持55%权益后拥有100%权益);河南中洲广电信息网络有限公司(49%);思源(郑州)软件有限公司(100%);及濠达有限公司(100%)。

美吉利国际控股有限公司

【公司概况】 股票代码 0353,集团主席林日升,发行股本(股)1,245M,票面值(港元)0.100,市价总值(港元)374M。
【公司业务】 该集团主要从事设计、制造及销售一系列以美吉利为品牌之地毯。除了销售本身品牌之产品外,集团亦经销知名品牌 Interface、Bentley 及 Toli 等地毯。集团制造之地毯具有不同质感及视觉效果(如萤光),并具防水、防虫及防火等特别功能。此外,集团亦有应用丝网印花或辊筒印花技术,制造不同图案之地毯。现时,集团拥有逾八十名客户,当中包括三十五名分销商、十五名零售商及众多最终用家,如政府部门、酒店、酒楼餐厅及著名公司等。截至二零零一年十二月三十一日止之年度,集团约88%总营业额来自中国市场,而余下12%则源自本港。据二零零一年年中发行之招股书所披露,集团计划扩宽其现有之产品组合,将砌毯纳入其中,并计划以二零零三年年中为期,将集团年产力进一步提高至较现时增加11%。然而,碍于二零零一年第四季中国市场之需求下降,集团故此投资于厂房及机器以制造砌毯之计划暂且搁置。展望未来,集团将会继续提升美吉利品牌于中国地毯业之知名度及计划拓展产品至海外市场。
【主要资产/投资(12/2001)】 惠阳协凯晟地毯有限公司(51%);超越集团有限公司(100%);查尔维杰克国际贸易(上海)有限公司(100%)及凯晟(香港)有限公司(51%)。

世纪城市国际控股有限公司

【公司概况】 股票代码 0355,集团主席罗旭瑞,发行股本(股)3,817M,票面值(港元)0.100,市价总值(港元)76M。
【公司业务】 该集团为一投股公司,其主要附属公司主要从事物业投资及管理、物业发展、建筑及与建筑相关业务、酒店东主及管理及其它投资(包括有价证券之投资及买卖)等业务。于2001年度,集团录得之亏损进一步扩大至约16.507亿港元(2000年度之亏损为2.781亿港元)。据集团解释,于年内录得之巨额亏损主要来自集团之主要上市附属公司百利保控股有限公司(百利保)所录得亏损之应占部份约6.342亿港元,以及为百利保所持有之投资物业及百利保之上市酒店附属公司富豪酒店国际控股有限公司持有之酒店物业等之重估亏损合共约9.99亿港元。因此,集团截至2001年底止之资产净值出现约1.603亿港元之亏绌。据集团2001年年报显示,集团之债务重组活动现正进行中。展望将来,集团拟扩展参与信息科技及电讯业务及相关业务转型。
【主要资产/投资(12/2001)】 百利保控股有限公司(59.2%),持有富豪酒店国际控股有限公司之72.8%权益。

Incutech Investments Ltd.

【公司概况】 股票代码 0356,集团主席蔡伟贤,发行股本(股)60M,票面值(港元)0.010,市价总值(港元)56M。
【公司业务】 该公司为一家投资公司,其投资目标为透过多元化之投资组合投资于香港及/或中国之上市及非上市公司,以取得短线至中线(即少于一年至五年)资本增值之获益。该公司大部份资产将投资于香港及/或中国之上市及非上市公司所发行之股本证券、可换股票据、优先股、期权、认股权证、期货合约及债务证券,或符合该公司不时采纳之投资目标及政策和章程大纲、章程细则、上市规则及投资管理协议规定之其它类别投资。如有可能,该公司亦会作出可为其它被投资公司提供若干程度协同效应,以及合作会对双方产生互惠效益之投资。据招股书披露,该公司之投资管理人于任何单一投资项目可行使之投资限额为资产净值之20%或1,000万港元两者之中较低者,又或公司董事会不时议决之其它金额。此外,该公司在香港及中国以外地区之投资将不会超逾其资产之50%。作为该公司之投资管理人,美建管理有限公司将负责为该公司提供投资管理服务,惟不包括一般行政服务。该公司有关月份最后之每股股份资产净值将于每个月份完结后15日内于报章刊登。

海南美兰机场股份有限公司

【公司概况】 股票代码 0357,集团主席陈文理,发行股本(股)227M,票面值(港元)1.000,市价总值(港元)823M。
【公司业务】 海南美兰机场(该集团)在2000年12月成立,以经营位于中国海南省省会海口市东南面之美兰机场。现时,该集团在美兰机场从事航空业务(包括提供停机坪服务、航站楼设施、地勤服务、旅客及货物处理服务)及非航空业务(包括出租商业及零售铺位、机场相关业务特许经营、广告位、停车场、旅游服务及出售免税品及消费品)。根据民航总局2002年刊物,美兰机场于2001年在旅客吞吐量方面位列中国机场第八位、在飞机起降架次方面为第九位,而在货物吞吐量方面则为第十三位。于2002年度内,全年之飞机起降架次(扣除非运输飞机升降)由2001年之49,404架次上升7%至2002年之52,884架次。集团亦录得全年旅客吞吐量560万人次,较上年度同期上升10.2%。年内之货邮吞吐量亦上升4%至78,480吨。于2003年,集团预期在取得国际机场地位后正式开通国际航线,随着国际航线正式开通,海南美兰机场之国际航线起降架次将逐步增加。于2002年底,集团亦成功引入策略性投资者 一 哥本哈根机场,相信有助提升集团之企业形象、盈利能力及营运效率。
【主要资产/投资(12/2002)】 现金结余净额约3.898亿元人民币;以及土地使用权、楼宇及租赁物业改善工程合共约值7.291亿元人民币。

顺龙控股有限公司

【公司概况】 股票代码 0361,集团主席朱振民,发行股本(股)302M,票面值(港元)0.100,市价总值(港元)320M。
【公司业务】 该集团主要以原设备制造及原设计制造方式从事设计、开发、制造及销售高尔夫球棒,包括球头及球杆。集团之产品以高文件商品市场为目标,通常根据客户次订单及规格要求而制造产品,并以客户之品牌名称进行销售,其中若干为知名品牌,如 Cleveland Gold、Adams Golf、Bridgestone、PowerBilt、Crane、MacGregor、Spalding 及 Nicklaus。于2002年12月止之年度内,北美洲之地域所占比重仍然最大,占集团营业额71.9%,而欧洲、日本及其它亚洲市场则分别占总营业额9.8%、5.8%及6.8%。集团之目标是成为一站式设备及服务供货商,为高尔夫球行业提供更多元化及度身订造之服务。于2001年10月,集团扩展业务至高尔夫球相关业务,包括(1)收购一家从事高尔夫球袋业务之新公司51%权益;(2)成立一家中外合资企业(集团拥有62.5%权益),主要从事生产锻造钛合金高尔夫球头及压铸锌铝合金高尔夫球头;及(3)扩建研发大楼及成立行内最完善之高尔夫球棒所需之测试中心。日后,集团将继续于高尔夫球业务采取垂直整合之策略。集团在美国经营之物流及组装业务将获进一步巩固,并会扩展至包容更多有潜质商贩及入口商层级客户。为配合不断增长之高尔夫球袋业务,集团正在中国兴建一间新厂房,该厂房预期可于2003年年底投入生产。
【主要资产/投资(3/2002)】 Sino CTB Company, L.L.C.(51%);高球娱乐有限公司(85%);增城市顺龙高尔夫球制品有限公司(于1993年4月成立之中外合作合营企业,期限为15年,集团持有87%股权);广州顺兴高尔夫球制品有限公司(100%);顺德市顺兴隆高尔夫球制品有限公司(62.5%);及骏衡高尔夫球(香港)有限公司(51%)。

大庆石油化工集团有限公司

【公司概况】 股票代码 0362,集团主席汪丹辉,发行股本(股)873M,

票面值(港元)0.010,市价总值(港元)332M。

【公司业务】 该集团为中国一家石油精炼产品制造商,主要产品包括(1)工业用及汽车之润滑油及油脂;(2)饮用水、石油、原油及天然气之输送管所用之防腐涂料;及(3)添加剂。集团之润滑油脂及防腐涂料分别以黑鸟牌及H88品牌推销及销售往中国、亚洲、欧洲及北美洲。自1997年起,集团已获中国石油天然气总公司推荐为旗下中国13个油田之润滑油脂指定供货商。截至2002年6月止之年度,集团之营业额及纯利均录得显着增长,营业额及纯利分别较上年度大幅增加109.4%及91.9%。于年内,润滑油脂及防腐涂料之销售分别约占集团总营业额69.3%及29.5%,而中国则仍为集团产品之主要市场,约占其总营业额91.8%。于年度内,集团正式成为大庆市政府于海外之窗口机构,大庆市政府并正式委派集团协助大庆市企业于海外、香港及国内上市融资。集团现正积极与海外大型企业接触,介绍大庆市及推介市内优质项目。至于核心润滑油脂业务,集团正计划生产循环再造润滑油,并正与若干海外润滑油生产商及国内汽车生产商进行商讨。为进一步加强其竞争力,集团亦将收购若干与本身业务相关连项目,如化工原料生产线、销售网络等。截至2002年6月止之年度,集团拥有现金结存净额约5,700万港元。

【主要资产/投资(6/2002)】 大庆黑鸟有限公司(90%);及Ombudsman Developments Ltd.(100%)。

上海实业控股有限公司

【公司概况】 股票代码0363,集团主席蔡来兴,发行股本(股)936M,票面值(港元)0.100,市价总值(港元)10,253M。

【公司业务】 该集团为上海市政府的上市投资,旗下业务分为五个范畴:(1)基建及物流、(2)消费品/零售、(3)汽车零部件、(4)信息科技、(5)医药及生物技术及(6)其它投资如媒体及广告。在二零零一年之财政年度内,集团成功透过入股中芯国际集成电路制造有限公司("中芯国际")进入电子行业,并扩大投资至约一亿八千四百万美元。中芯国际所生产的0.25微米及以下的8英呎芯片已于年内进行试生产,并将进入规模生产。管理层认为集团持有百分之二十权益之上海市信息投资股份有限公司,在未来三年业务经营效益将会持续稳定增长及迅速发展。年内,集团积极部署发展现代物流业务,并逐步建立一个全国性的物流业务网络,据二零零一年年报所披露,集团正伺机发展与机场物流相关的项目投资,亦已签订意向书收购内地一家具规模的全国性物流运输服务集团,直接参与经营管理,形成发展现代物流行业的基础布局。至于基建业务,集团投资之上海浦东新区外高桥货柜码头第一期预计可于二零零二年中正式营业,总投资额为人民币三十亿元。展望未来,集团将继续分拆其重点业务,为集团提升更高的价值。

【主要资产/投资(12/2001)】 (1)基建及物流:上海延安路高架道路发展有限公司(50.2%)、上海新建设发展有限公司(35%)、上海浦东国际集装箱码头有限公司(10%)、上海实业外联发国际物流有限公司(50%)、及上海实业中外运国际物流有限公司(34%);(2)信息科技:上海市信息投资股份有限公司(20%)、中芯国际集成电路制造有限公司(17%)、上海光通信发展股份有限公司(24.9%)、上海通信技术中心(25%);(3)上海实业医药科技(集团)有限公司(64.3%);(4)消费品/零售:南洋兄弟烟草股份有限公司(100%)、永发印务有限公司(93.3%)、上海光明乳业有限公司(40%)、上海三维生物技术有限公司(49.8%)、上海三维制药有限公司(48%)、Mergen(50%)及上海东方商厦有限公司(51%);(5)汽车零部件:上海汇众汽车制造有限公司(50%)、上海万众汽车零部件有限公司(50%)及上海实业交通电器有限公司(30%);及(6)Compass Venture Partners, L.P.(66%)。

华丰环保纺织国际集团有限公司

【公司概况】 股票代码0364,集团主席蔡振荣,发行股本(股)640M,票面值(港元)0.010,市价总值(港元)429M。

【公司业务】 该集团最初为一家针织布料成衣制造商,现时已发展成为中国福建省一家较具规模之布料加工商。集团之主要业务为从事提供布料加工服务,包括漂白、染色,以至定型及后整理。截至2002年9月止之年度,集团营业额增加46.6%至约2.901亿港元,并录得纯利7,800万港元。现时,集团拥有稳固且广泛之客户基础,客户主要包括成衣制造商、批发商、布匹分销商及进口商。集团最大之市场为菲律宾,约占其年内收入63.7%,而其它主要市场则包括非洲、澳洲、北美洲、香港及其它亚洲国家。集团之主要生产设施位于福建省石狮市。于年内,集团进一步扩大其非纯棉布料之年生产能力,由约46,000吨扩充至约59,000吨,以取得更大之市场占有率。此外,集团亦已开始纯绵布料加工厂之第二阶段兴建工程,以使年加工能力达至约10,000吨。为保证有充足之水源(布料加工中之主要消耗品),集团经营一所自建水处理厂,以处理直接源自水库未经处理水以用于加工布料。于未来一年,集团将继续致力于纳米科技之研究及开发,藉以为其加工之布料引入新增值特色,如防油、防水、防紫外线及抗菌等。截至2002年9月止之年度,集团持有现金结余净额约5,580万港元。

【主要资产/投资(9/2002)】 福建省石狮市华丰针织有限公司(96%)。

日东科技(控股)有限公司

【公司概况】 股票代码0365,集团主席毕天庆,发行股本(股)312M,票面值(港元)0.100,市价总值(港元)59M。

【公司业务】 该集团主要从事为设计、制造及销售生产线、生产设备及电子消费品;分销及买卖品牌生产设备;以及提供加工分包服务。截至2002年3月止之年度,集团半数之收入来自生产线及生产设备业务,而中国及香港继续为集团之主要市场,合共约占其总营业额76.8%。于年内,集团建立项目项目责任制,将产品分类,例如SMT项目、日东标准机项目、线体非标系统项目、台湾客户项目等。集团亦已开发一系列如无铅焊接设备、全视觉锡膏印刷机等高科技产品。有见于中国电子业由从前之低廉劳工密集式加工转变为生产科技性行业,因而对精密度设备之需求将日益增加,集团已作好准备迎接此商机。截至2002年3月止之年度,集团持有现金结余净额约3,820万港元。

【主要资产/投资(3/2002)】 Suneast Electronics Development (Shenzhen) Co., Ltd.(100%);Fulvan Manufacturing Ltd.(100%);Pro—Tech Industries Corp.(100%);及Sun East Electronic Equipment Co. Ltd.(100%)。

陆氏实业有限公司

【公司概况】 股票代码0366,集团主席陆擎天,发行股本(股)319M,票面值(港元)0.010,市价总值(港元)325M。

【公司业务】 该集团主要从事制造及销售水泥、电子产品、夹板及其它木制产品;物业发展及投资;以及投资控股等业务。基于越南水泥业务之良好营商环境,集团于2001年度之水泥产量及销量达至预期之55万吨,即集团全年设计生产量之饱和点。为满足不断增长之需求,集团计划于2003年进一步扩充其越南水泥厂之生产设施至年产量80万吨。至于集团另一项投资,位于越南之60万平方呎商业大厦西贡贸易中心,预期可于2002年达致平稳之增长。该两项投资为集团主要收入及现金来源。

【主要资产/投资(12/2001)】 位于香港及香港以外(主要为越南)之投资物业分别约值8,240万港元及3.51亿港元:Luks—Vaxi Co. Ltd.(68.1%);Luks Land (Vietnam) Ltd.(100%);Luks—Lavi Co. Ltd.(71%);TCL国际控股有限公司(1.61%);深圳华发电子股份有限公司(已于结算日后以1.35亿港元代价出售全部10.97%股权);及东莞吉之城商业住宅开发有限公司(58.5%)。

庄士机构国际有限公司

【公司概况】 股票代码0367,集团主席庄绍绥,发行股本(股)1,328M,票面值(港元)0.250,市价总值(港元)183M。

【公司业务】 该集团主要从事物业发展及投资;证券投资及买卖;制造及销售喷胶棉布料、床上用品及手表配件;以及提供信息科技服务。现时,集团位于中国大陆之物业投资及发展业务、手表配件制造、印刷及信息科技相关业务主要透过旗下上市附属公司庄士中国投资有限公司进行。据2002年年报所披露,集团在港岛区拥有三个主要住宅项目。集团已将庄士维港轩及摘星阁项目推出销售,并快将开始推广庄士豪园。集团预期来自销售该等项目之现金流量可进一步增强集团之财政状况。日后,集团亦将会增补土地储备。另外,新物业项目将继续以位于优越地点之住宅发展项目为重点。尽管本地物业市道不景气,集团预期旗下位于中国大陆之物业组合仍可受惠于当地之稳步增长。此外,集团亦计划为其制造业务进一步开发内地市场。

【主要资产/投资(3/2002)】 庄士中国投资有限公司(59.36%);新的尼龙棉制厂(私人)有限公司(88.2%);投资物业:尖沙咀庄士伦敦广场(100%);红 庄士广场(100%);庄士城市大厦(100%);湾仔庄士企业大厦部份(100%);深水湾柏园(100%);马来西亚吉隆坡中央广场(100%);待售之发展中物业:北角庄士维港轩(100%);半山庄士豪园(100%);香港摘星阁(70%);香港中峡道九号(100%);及新蒲岗大

有街一号(30%)。

吉林化学工业股份有限公司

【公司概况】 股票代码0368,集团主席徐丰利,发行股本(股)965M,票面值(港元)1.000,市价总值(港元)868M。

【公司业务】 该集团为中国最大油气生产商中国石油天然气之附属公司。集团现时为中国最大之基本化工产品及化工原料生产商之一,亦为中国最大之综合性化工企业之一。集团主要从事生产及销售四大类产品,分别为(1)石油产品、(2)石化及有机化工产品、(3)合成橡胶,以及(4)化肥及无机化工。作为一家综合性化工企业,集团生产之部份产品亦供内部用作生产下游产品之用。由于存在较小装置规模、不合理产品结构、高成本费用及炼油装置深加工能力不足等方面之问题,以致集团自2000年起连续两年录得巨额亏损。集团于2001年度之业绩主要受到高利息支出(约5.99亿元人民币),以及为坏账及存货跌价提供拨备(合共约7.71亿元人民币)之影响。此外,集团亦拥有高度负债比率,于2001年底,集团之借款总额约为95.27亿元人民币。为提升盈利及竞争能力,集团将会全面调整产品结构,对现有资源进一步实施优化,并根据市场需求变化,增加高附加值产品之生产。集团亦会致力强化资金之预算管理,降低存货占用,努力强化资金,以及透过推广电子商务及实现网上集中采购以减低生产成本。

【主要资产/投资(12/2001)】 建修公司(99%);吉林兴化硝基氯苯有限公司(75%);吉林永晖化工储运有限公司(70%);吉林市淞美醋酸有限公司(66%);吉联(吉林)石油化学工业有限公司(65%);吉林省巴斯夫吉化戊二醇有限公司(40%);及吉林联力(47%)。

富联国际集团有限公司

【公司概况】 股票代码0369,集团主席郑维志,发行股本(股)518M,票面值(港元)0.500,市价总值(港元)326M。

【公司业务】 该集团主要从事成衣制造、贸易与零售,及品牌便服分销;物业租赁与管理、物业发展与投资活动;以及其它科技投资业务。现时,集团之成衣业务包括已在香港、中国大陆及东南亚成功建立稳固根基之成衣制造业务,以及经由本身拥有国际知名品牌(例如Gieves & Hawkes)之附属公司分销名牌产品。在物业业务方面,集团透过增加投资于优质住宅物业,以拓阔增强其在香港之投资物业组合。近期主要住宅发展项目包括位于尖沙咀机场铁路九龙站上盖之漾日居,以及位于小榄之涟山物业发展项目。至于通讯投资方面,集团共同创立、并于纳斯达克及香港联交所同时上市之SUNDAY Communications Ltd.(SUNDAY),已发展成为香港一家具创意之无线通讯及互联网相关服务发展商及供货商。

【主要资产/投资(12/2001)】 投资物业(主要位于香港)按市值约5.992亿港元;位于香港之发展中物业约值2.661亿港元;香港上市股份按市值合共约1.738亿港元,主要包括南联地产控股有限公司及SUNDAY之少数权益;民杰投资有限公司(50%);启域系统顾问有限公司(37.5%);Oneword Radio Ltd.(33.3%);运明企业有限公司(33.3%);Unimix Holdings Ltd.(86.4%);瑞兴纺织国际有限公司(100%);瑞熊织造制衣厂有限公司(100%);瑞明制衣有限公司(100%);Impact Textiles International Ltd.(100%);Gieves & Hawkes Group(71.2%);Lee Cooper Group Ltd.(29%);及Chivers Communications Group(71.2%)。

益华教育投资集团有限公司

【公司概况】 股票代码0370,集团主席王建华,发行股本(股)4,402M,票面值(港元)0.050,市价总值(港元)418M。

【公司业务】 在过去,集团之主要业务为从事国际航运及提供物流配套服务。于2001年3月止之年度内,集团透过投资于持有51%权益之联营公司南京益来基因医学有限公司将业务多元化至开发生物基因产品。于2002年3月止之年度内,面对全球经营萎缩,集团之航运业务经历沉重之打击。因此,集团进行业务重组,削减其航运业务,以及对未能提供盈利贡献或业务前景不明朗之附属公司予以清理。鉴于中国对教育之需求日益增长,集团遂将业务重心转移至中国之教育、培训及出版行业。于2002年10月,集团公布计划,伙同高等教育出版社于北京成立合营公司北京高教出版发行股份有限公司,在中国从事学术及教科图书及报刊之出版发行业务。集团将向该合营公司注入现金约6,930万港元,以持有49%权益。日后,集团将继续透过收购、联营及参股方式,与国内外著名教育出版及教育培训机构合作,以开拓国内快速增长之教育市场之商机。基于就集团若干附属公司存在审核范围之限制,集团之会计师德勤?关黄陈方会计师行对集团是年度之财务报表持保留意见。截至2002年3月止之年度,集团持有现金结余净额约5,990万港元。

【主要资产/投资(3/2002)】 Jet Dispatch Ltd.(100%);捷亚(新加坡)有限公司(93%);南京益来基因医学有限公司(51%);及北京北大青鸟环宇科技股份有限公司(1.53%)—于香港联交所创业板上市。

上华控股有限公司

【公司概况】 股票代码0371,集团主席周莉萍,发行股本(股)925M,票面值(港元)0.100,市价总值(港元)46M。

【公司业务】 该集团主要从事电话及计算机相关产品之贸易业务。截至2002年6月止之年度,集团之销售额主要来自香港市场。除香港外,集团亦积极开拓其它具发展潜力之市场,如中国大陆市场。于2001年,集团在上海成立一家附属公司,主要从事买卖计算机相关产品。截至本财政年度底,集团拥有现金结余净额约1,980万港元。

【主要资产/投资(6/2002)】 Wanon China MFG Ltd.(100%);运亮实业有限公司(100%);及Shanghai Classic Ltd.(100%)。

德祥企业集团有限公司

【公司概况】 股票代码0372,集团主席陈国强,发行股本(股)631M,票面值(港元)0.100,市价总值(港元)116M。

【公司业务】 德祥企业集团有限公司(集团)为一投资控股公司,直接或间接持有于多家具优厚增长潜力之香港、加拿大、澳洲及美国上市公司以及非上市投资项目之策略性投资。集团之主要投资项目包括保华德祥建筑集团有限公司(保华德祥)、锦兴集团有限公司、Burcon NutraScience Corp.、东方魅力集团有限公司及流动广告有限公司。截至2002年3月止之年度,集团录得之股东应占亏损净额收窄至约2.893亿港元,较2001年3月止年度之6.124亿港元大幅下降52.8%,主要由于年内来自摊占联营公司之业绩改善及2001年度包括出售东方红集团有限公司所有权益之亏损所致。于2002年10月,集团公布向保华德祥提出一项自愿有条件现金收购建议,以每股0.30港元之价格收购保华德祥股份。预期该现金收购建议可令集团于保华德祥之控制权根据一个较保华德祥之基本资产净值大幅折让之价格增加。

【主要资产/投资(3/2002)】 直接持有:—保华德祥建筑集团有限公司(42.6%)、锦兴集团有限公司(27.7%)、Burcon NutraScience Corp.(26.0%)、东方魅力集团有限公司(21.1%),及流动广告有限公司(18.8%);以及透过上述投资间接持有:—Downer EDI Ltd.(15.7%)、成报传媒集团有限公司(12.6%)、中策集团有限公司(12.3%)、China Enterprises Ltd.(6.8%)、中国置地集团有限公司(8.0%),及Australia Net.Com Ltd.(7.0%)。

联合集团有限公司

【公司概况】 股票代码0373,集团主席麦蕴利,发行股本(股)3,410M,票面值(港元)0.200,市价总值(港元)1,313M。

【公司业务】 该集团之主要业务为地产投资、地产发展,以及提供金融服务。集团在本港之地产业务主要透过其上市附属公司联合地产(香港)有限公司(联合地产)进行,而中国之地产业务则主要透过新鸿基有限公司(新鸿基)之上市联营公司天安中国投资有限公司(天安)进行。至于集团之金融业务,则主要透过亚洲联合财务有限公司(亚洲联合财务)及新鸿基(联合地产之上市附属公司)进行。截至2002年12月止之年度,集团录得亏损净额1.446亿港元(2001年则录得纯利1.034亿港元),业绩转盈为亏主要由于重占联合地产持有之香港物业而产生之减值亏损及亏绌所致。然而,金融服务业务于年内则为集团带来令人满意之利润。于2002年12月止之年度内,除世纪轩酒店第二期之地基工程在进行外,联合地产之多元化香港物业组合均已全部落成,并带来可观及经常性收入。在中国,天安继续为集团在地产相关业务之主要上市旗舰。受惠于华东地区畅旺之物业销情,天安于年内之营业额大幅增加261%。在金融服务方面,新鸿基于2002年仍能扩大其市场占有率及录得盈利。于2002年12月,新鸿基以总代价约1.42亿港元收购香港最大上市医疗机构卓健亚洲有限公司之28.53%权益。新鸿基亦于2003年1月出售新鸿基财务有限公司(私人贷款业务)之全部50%权益,以专注发展其它贷款业务。

【主要资产/投资(12/2002)】 亚洲联合财务(54.91%);联合地产(70.08%)—为新鸿基之最大股东,于2003年4月10日持有新鸿基74.27%权益;以及透过新鸿基持有天安43.27%权益、卓健28.

53% 权益及禹铬投资 21.36% 权益。

四洲集团有限公司

【公司概况】 股票代码 0374,集团主席戴德丰,发行股本(股)400M,票面值(港元)0.100,市价总值(港元)1,129M。

【公司业务】 该集团主要从事制造及销售明治、固力果、卡乐 B、桃哈多及本身四洲品牌之零食及糖果、百佳四洲饮料、四洲牌即食面、冷冻食品、金妹牌火腿及香肠产品;分销健康食品;以及经营百佳咖啡餐厅连锁店。截至 2002 年 7 月,集团在香港及中国经营合共 16 间食品生产厂房,并代理分销 4,000 多种入口自日本、台湾、韩国、澳洲、新加坡、泰国、马来西亚、斯里兰卡、美国、英国、加拿大、南非、荷兰及意大利等地之优质产品。此外,集团亦开设零食物语零食专门店出售最新之日本潮流食品。集团与日本 Pokka Corp. 合作经营之百佳咖啡餐厅连锁店,专门提供揉合日式及美式之美食,并深受年轻顾客爱戴。至于健康食品业务方面,集团与日本森下仁丹株式会社成立之合资公司四洲仁丹有限公司已开发及推出一系列健康食品,预期该等产品在市场上有庞大发展潜力。最近,集团筹备在汕头兴建卡乐 B 生产厂房,以配合国内之强大需求,该厂房预期于 2003 年初落成投产。

【主要资产/投资(3/2002)】 土地楼宇、机械及设备。账面尽值 1.34 港元;卡路 B 四洲有限公司(50%);吉百利四洲有限公司(30%);四洲仁丹有限公司(50%);广州明治制果有限公司(17.5%);四明燕塘乳业有限公司(21%);甘乐四洲食品(汕头)有限公司(30%);你口四洲(汕头)有限公司(35%);百佳四洲(苏州)食品有限公司(30%);百佳四洲有限公司(50%);深圳美奇思食品有限公司(25%);及旺旺四洲有限公司(30%)。

YGM 贸易有限公司

【公司概况】 股票代码 0375,集团主席陈瑞球,发行股本(股)155M,票面值(港元)0.500,市价总值(港元)557M。

【公司业务】 该集团主要从事生产、零售和批发国际名牌服饰,其主要生产线位于中国东莞之成衣生产厂房。集团之其它业务包括物业投资及买卖化妆品。于 2001 年 12 月 31 日,集团已完成出售 ILC International Corporation (ILC) 之 63.77%权益予 Hang Ten International Holdings Ltd. (Hang Ten),及收购 Hang Ten 之 25%已发行股本。于本财政年度内,大中华市场仍为集团主要收入及盈利来源。此外,集团于年内录得纯利 1.841 亿港元,获此佳绩主要由于出售 ILC 所得纯利约 7,210 万港元及来自于 2001 年 4 月至 12 月期间拥有 63.77%权益之 ILC 所应占之纯利所致。在完成 Hang Ten 资产重组后,集团计划为 Hang Ten 申请分拆于香港联交所上市。除 Hang Ten 品牌外,集团另一旗舰零售连锁店马狮龙继续成为集团之最大品牌,于香港、澳门、中国大陆及台湾共设有 100 间分店。此外,集团亦为 Aquascutum、Ashworth 及 Daniel Hechter 之特许经销商,现时于香港、澳门、中国大陆及台湾合共经营 110 间分店。截至 2002 年 3 月止之年度,集团拥有庞大现金结余净额约 3 亿 6,565 万港元。

【主要资产/投资(3/2002)】 Hang Ten International Holdings Ltd. (25%),持有 ILC 约 97%权益;马狮龙有限公司(100%);长江西服(东莞)有限公司(100%);广州长江贸易有限公司(100%);广州市扬子江贸易有限公司(100%);及通亿集团有限公司(60%)。

万胜集团有限公司

【公司概况】 股票代码 0376,集团主席吕瑞峰,发行股本(股)1,226M,票面值(港元)0.200,市价总值(港元)191M。

【公司业务】 该集团主要为公司企业、金融机构及个人投资者提供广泛之金融服务,业务包括股票经纪(香港、上海、深圳及所有地区性及国际性市场之股份)、网上股票买卖、大宗股票买卖、合并及收购、投资顾问、基金管理、研究服务、代理人及保管服务、金融期货及商品买卖、企业财务顾问、新股包销及房地产发展。于 2002 年 8 月,集团完成认购协议,中国联合电信有限公司自此成为集团最大单一股东,持有集团约 50.5% 权益。然而截至 2002 年 11 月,集团仍专注于债务重组活动,因此并未有任何具体业务方向或资产注入活动。

新洲印刷集团有限公司

【公司概况】 股票代码 0377,集团主席苏周艳屏,发行股本(股)223M,票面值(港元)0.100,市价总值(港元)134M。

【公司业务】 该集团之主要业务为印刷及制造高质素彩色包装产品、瓦通盒、图书、小册子及各类纸制品。截至 2002 年 3 月止之年度,受到市况不景影响,集团录得之股东应占利益大幅下跌 55% 至只有 835 万港元。于年内,集团约 65.7% 及 34.3% 之营业额分别来自香港及中国市场。至于集团位于东莞之生产基地,兴建仓库及厂房之首期工程已于 2002 年 4 月完成。而将位于香港元朗厂房之生产线迁往东莞新厂房之程序将会分期进行,预期于 2002 年底前全部完成。此外,集团亦已购入位于上海现有厂房旁边之一幅土地,用作扩建生产设施,此项扩建工程计划于 2003 年中完成。截至 2002 年 3 月止之年度,集团之总负债约为 2.174 亿港元,其中 1.455 亿港元将于一年内到期偿还。

【主要资产/投资(3/2002)】 东莞新洲印刷有限公司(100%);及上海新洲包装印刷有限公司(100%)。

金汇投资(集团)有限公司

【公司概况】 股票代码 0378,集团主席冯家彬,发行股本(股)572M,票面值(港元)1.000,市价总值(港元)143M。

【公司业务】 该集团主要为结构融资、收购及合并等活动提供投资银行服务,包括财务顾问、私人股票及资本市场筹资。此外,集团亦从事其它业务,包括:(1) 经纪服务;(2) 顾问、市场推广及科技服务;(3) 生物科技咨询服务;(4) 制造及管理营运服务(如透过永保时从事染料业务);以及 (5)直接投资。于 2000 年 11 月,集团推出一个将经纪及投资者连系起来之网上私人配售及认购首次公开招股之平台 OpenIBN 汇股网。于 2001 年 6 月,OpenIBN (现称为 OpenOffering) 宣布收购 GlobalOffering.com Ltd. 之 100% 权益。GlobalOffering.com Ltd. 为一家网上推广公司,透过应用最新之网络广播技术,主办网上首次公开招股/初次售股巡回推介活动,为投资银行界提供专业服务。于 2001 年度,集团与软库发展有限公司(软库)成立名为软库金汇有限公司之金融服务合营企业。此外,集团亦将旗下化管理顾问、市场推广及科技服务部门全面整合,并于 2001 年上半年组成名为汇智之一站式专业服务部门。随后于 2001 年下半年与软库发展进行一项策略性重组行动,将已重新包括之汇智业务售予软库,而集团则取得软库染料业务(染料公司)之全部权益及现金余额作为出售汇智业务之代价。展望将来,集团将继续于海外市场拓展有潜力之环节,如美国及日本等已成熟之市场及中国等新兴市场。

【主要资产/投资(12/2001)】 金汇地产发展有限公司(100%);永保时有限公司(38%);e2—Capital Venture Ltd. (100%);ebizal (Holdings) Ltd. (100%);资汇融资有限公司(100%);OpenOffering Technology Ltd. (70%),持有 GlobalOffering.com Ltd. 之 100% 权益;软库均益资本管理有限公司(24.5%);软库金汇融资有限公司(49%);软库汇港证券有限公司(49%);软库金汇期货有限公司(49%);SBI E2 — Capital Pte Ltd. (27.44%);软库金汇投资服务有限公司(49%);及微芯生物科技有限公司(6.5%)。

必美宜集团有限公司

【公司概况】 股票代码 0379,集团主席郑国和,发行股本(股)800M,票面值(港元)0.010,市价总值(港元)248M。

【公司业务】 该集团主要在中国从事生产本身品牌 Pme 之抛光腊及抛光辆,以及在香港及中国经销各类工业研磨产品。此外,集团亦提供技术顾问服务,协助客户应用集团之产品。截至 2001 年 12 月止之年度,制造业务、贸易业务及提供技术顾问服务分别占集团总营业额 38.8%、59.9% 及 1.3%。集团之抛光腊及抛光辆在中国广东省东莞市虎门镇之自设厂房生产,该等产品用于各类金属及非金属产品之工业抛光及磨光处理。抛光腊乃因应抛光不同金属及非金属精磨之不同需要按特定之本厂设计而制造,以达到所需之色泽及光泽度,而棉布抛光辆则由形状及大小各异之精选布料制成,适用于不同抛光用途。至于集团经销之研磨产品,主要包括黏合研磨产品、涂附研磨产品、不织布研磨产品及干式滚桶抛光材料。日后,集团将继续专注于在香港及中国工业研磨产品之制造及贸易。预期中国对研磨产品之需求不断增加,集团正初步计划在上海设立一间代表办事处,向中国客户推广其产品。此外,集团将透过宣传及参加展销会以进一步巩固其 Pme 品牌产品于中国及海外市场之知名度。

世贸彬记集团有限公司

【公司概况】 股票代码 0380,发行股本(股)242M,票面值(港元)0.100,市价总值(港元)278M。

【公司业务】 该集团主要从事在香港进口及销售不同物料、用途及品牌之各类型喉管、管件及其它相关配件。此外,集团亦经营仓储业务,为其它公司提供升降机、空调机、发电机、电缆、建材及其它设备等多类产品之储存服务。集团已为地产发展商及物业业主、地下铁路公司、九广铁路公司及其它政府部门各自进行之住宅及商用物业发展、酒店发展、土木工程、基建及维修项目供应喉管、管件及一系列相关配件。于2001年度内，批发业务占集团总营业额之94.2%，而零售业务则占5.8%。于可见将来，集团之目标为透过取得不同物料用途及品牌之新产品之分销权，以扩阔喉管、管件及其它相关配件之系列。为进一步扩大收益来源，集团已于北京、广东、广西、云南、四川及湖北等省市委聘独家经销商，并于上海委派代表。

【主要资产/投资(12/2001)】 彬记(国际)有限公司(100%)；时风建材有限公司(100%)；兴发货仓有限公司(100%)；纪严国际有限公司(100%)；及德诚行工程有限公司(100%)。

侨雄国际控股有限公司

【公司概况】 股票代码0381，集团主席许奇峰，发行股本(股)2，210M，票面值(港元)0.020，市价总值(港元)773M。

【公司业务】 该集团之主要业务为从事设计、制造及销售毛绒玩具及装饰礼品，有关业务以原设备制造及原设计制造基准进行，并以集团旗下品牌KCARE及KITECH行销。集团产品之主要市场为北美洲(42.7%)、中国(包括香港)(38.8%)及欧洲(15.2%)。受到美国911事件、西岸工潮及全球经济不景气之负面影响，截至2002年12月止之年度，集团录得之营业额及纯利分别下跌18.3%及13.3%。据集团披露，集团预期并业务于2003年将继续受到美伊战事及非典型肺炎爆发所影响。尽管如此，集团对于美国经济所呈现之实质回稳迹象感到审慎乐观，而销售相信将随着零售存货日渐沽清及经济转趋稳定而开始回升。另一方面，集团预期其国内业务将受惠于中国成功申办2008年奥运会及西部大开发之展开。展望将来，集团将继续开发更多崭新并融入科技元素之系列产品，以及积极与知名品牌及零售连锁店商谈合作商机，藉以扩大客户基础。

【主要资产/投资(12/2002)】 福建莆田市侨雄轻工有限公司(100%)；福建省莆田市侨雄玩具有限公司(100%)；福建奇嘉礼品玩具有限公司(100%)；福州正德福玩具有限公司(100%)；侨雄国际实业有限公司(100%)；侨雄澳门离岸商业服务有限公司(100%)；Jubilee Creations，Inc.(51%)；及Miracles for Fun (HK) Ltd.(30%)。

国信华凌集团有限公司

【公司概况】 股票代码0382，集团主席陈小石，发行股本(股)1，382M，票面值(港元)0.100，市价总值(港元)272M。

【公司业务】 该公司主要从事制造及销售家庭电器，包括冰箱，空调机及小冰箱，主要之品牌为华凌。截至二零零一年年底，集团之营业额其中69%是来自空调机业务，而余下的31%则来自冰箱业务。集团之策略将会巩固现有分销市场之网络，及不断开拓国内及海外市场网络(包括农村市场)，亦会再继续扩展及巩固集团在广东省市场。为了进一步拓展家电市场业务，集团于二零零零年十二月底，与中国一家主要家电分销商中国苏宁电器有限公司组成合作联盟，共同开拓中国华北一带的市场。与此同时，为了改良集团之核心产品质素及技术设备，集团将会加强与清华大学、日本三菱电机等国内外著名企业及大专院校之合作，据二零零一年年报所披露，集团之冰箱部门与日本三菱电机第三期技术合作协议已经达成，预期来年开发新产品数量将达到三十种。

【主要资产/投资(12/2001)】 广州华凌雪柜有限公司(100%)；广州华凌空调设备有限公司(100%)；合肥华凌电器有限公司(55%)；北京创源景家电网络信息科技有限公司(33%)；及西安东凌制冷压缩机有限公司(25%)。

中国网络(百慕达)有限公司

【公司概况】 股票代码0383，集团主席庄淑婉，发行股本(股)9，287M，票面值(港元)0.010，市价总值(港元)186M。

【公司业务】 该集团主要在香港从事分销流动电话及其它电讯相关电子产品；在中国从事买卖及投资财务工具；及投资控股等业务。目前，集团之全资附属公司星光电讯为本港主要流动电话及电讯相关产品分销商之一。于2002年12月之财政年度，星光电讯于香港及中国大陆市场之营运环境仍然受到激烈竞争，为了巩固其流动电话业务之地位，集团于香港实施一系列成本减省及重组措施，同时决定出售中国大陆之业务(包括中国流动电话分销业务及中国智能大厦系统集成业务)。另一方面，集团于年内完成变现其于丰泰集团国际有限公司之全部长期投资，代价约为三千八百万港元，变现亏损约为九百万港元。再者，集团亦于二零零三年三月七日，透过新鸿基有限公司提出之无条件收购建议，以每股1.3港元之价格购回最多325，600，000股新鸿基股份，将212，782，450股新鸿基股份变现，而集团于新鸿基之持股比例最终由17.99%下降至4.62%。继资产重组活动完成后，集团将会继续检讨及重整业务范围及投资策略。

【主要资产/投资(12/2002)】 新鸿基有限公司(于2003/03，由16.63%下降至4.62%)；联合集团有限公司(9.75%)；及星光电讯有限公司(星光电讯)(100%)。

中国燃气控股有限公司

【公司概况】 股票代码0384，集团主席李小云，发行股本(股)1，212M，票面值(港元)0.010，市价总值(港元)861M。

【公司业务】 该集团于过去主要从事零售时装及配饰、物业投资、金融及证券投资业务。由于本港零售市场疲弱，集团已大幅缩减其零售业务。集团现时主要透过于2002年5月收购北京翔科嘉华油气技术有限公司(翔科)之60%权益，于中国大陆从事天然气业务。据披露，翔科主要从事出售油气产品及相关化学产品、提供油气田采探技术服务，以及装置相关设施、设备及器材。翔科为中国大陆其中一家将压缩天然气应用于私人企业之先锋公司，其已就压缩天然气之技术取得及拥有由中国政府授予之专利权。于2002年5月，集团订立协议注入现金5，760万港元，收购中国一家合资企业之48%权益，该合资企业将与中国之策略伙伴订约，以投资于湖南省部份城市之天然气项目。于2002年6月，集团亦与海峡金融控股有限公司订立协议，投资490万港元收购中国天然气发展集团有限公司(中国天然气)之49%权益。中国天然气已订立三项协议支持成立三家合资企业，以在随州市、十堰市及宜昌市之城市进行天然气业务。展望将来，由于中国政府大力鼓励发展天然气此环保能源，集团对天然气市场深表乐观。

建联集团有限公司

【公司概况】 股票代码0385，集团主席王世荣，发行股本(股)3，306M，票面值(港元)0.010，市价总值(港元)33M。

【公司业务】 该集团主要从事买卖及制造塑料原料及化工原料产品；分销及安装建材、机电及电机产品；批发电器；承办空调工程及提供维修服务；以及物业持有及投资控股业务。

【主要资产/投资(12/2001)】 顺昌集团有限公司(23.5%)；Jiangxi Kaitong New Materials Co. Ltd.(24.9%)；建联工程设备有限公司(100%)；大马国际有限公司(100%)；建泰贸易有限公司(100%)；雅各臣(香港)有限公司(100%)；威高建业有限公司(100%)；及东莞大马胶粒有限公司(70%)。

中国石油化工股份有限公司

【公司概况】 股票代码0386，集团主席王基铭，发行股本(股)16，780M，票面值(港元)1.000，市价总值(港元)31，547M。

【公司业务】 该集团是一家综合石油和石化企业公司，其主要业务为(i)石油和天然气的勘探、开发、生产和贸易、(ii)石油的加工、石油产品的贸易及运输、分销和营销，以及(iii)石化产品的生产、分销和贸易。该集团之主要产品类别包括汽油、柴油、航煤、煤油、润滑油、液化石油气、燃油、中间石化产品、合成树酯、合成纤维单体及聚合物、合成纤维、合成橡胶及化肥。于二零零一年，该集团是中国第二大的石油和天然气生产商。

【主要资产/投资(12/2001)】 中国石化北京燕化石油化工股份有限公司(70%)；中国石化销售有限公司(100%)；中国石化胜利油田有限公司(100%)；中国石化福建炼油化工有限公司(50%)；中国石化湖北兴化股份有限公司(58%)；中国石化茂名炼油化工股份有限公司(99%)；中国石化齐鲁石油化工股份有限公司(82%)；中国石化上海石油化工股份有限公司(56%)；中国石化石家庄炼油化工股份有限公司(80%)；中国石化冠德控股有限公司(72%)；中国石化武汉石油集团股份有限公司(52%)；中国石化武汉凤凰股份有限公司(41%)；中国石化扬子石油化工股份有限公司(85%)；中国石化仪征化纤股份有限公司(42%)；中国石化石化镇海炼油化工股份有限公司(71%)及中国石化中原油气高新股份有限公司(75%)。

香港交易及结算所有限公司

【公司概况】 股票代码0388，集团主席李业广，发行股本(股)1，046M，票面值(港元)1.000，市价总值(港元)11，710M。

【公司业务】 香港交易所(港交所)拥有及经营本港唯一之股票交易所及期货交易所，以及其它相关之结算所。截至2002年12月止之年度，集团总收入约58%、27%及15%分别来自现货市场、结算业务及衍生产品市场。为成为环球证券及期货市场在亚洲时区之枢纽，港交所采取双管齐下之增长策略:(1)继续加强香港作为中国筹集资金主要渠道之角色;及(2)拓展香港及中国以外之业务。此外,集团亦会致力发展及推广新产品及服务。于2002年6月,港交所已宣布修订主板《上市规则》,容许更多种类之衍生产品(包括股票挂?票据,或称息股证)在联交所上市。于2002年4月,集团收购亚洲区首屈一指之定息证券交易平台邦盛亚洲14.47%权益。与邦盛亚洲组成策略伙伴关系可让港交所得以参与区内债券市场及其它定息证券及利率期货合约之发展。除此等定息证券市场外,港交所亦于2002年5月推出道琼斯工业平均指数期货。于2002年7月,港交所亦与标准普尔签订协议,增设一系列以联交所上市股份为成份股之新股票指数。为进一步扩阔收入来源及维持其于亚洲之领导市场地位,港交所将继续加强其产品及服务之质素及种类。

【主要资产/投资(12/2002)】 香港联合交易所有限公司;香港期货交易所有限公司;香港中央结算有限公司;香港期货结算有限公司;以及香港联合交易所期权结算所有限公司。

泰兴光学集团有限公司

【公司概况】 股票代码0389,集团主席马宝基,发行股本(股)442M,票面值(港元)0.500,市价总值(港元)1,756M。

【公司业务】 该集团为全球著名眼镜制造商之一,现时主要从事设计、制造、销售及零售优质眼镜框架及配件之业务。集团之光学产品主要包括金属镜架、塑料镜架、注塑镜架、隐形眼镜及其它配件。于2002年12月止之年度内,集团之收入来源主要来自欧洲、北美洲、中国大陆及亚太地区(包括香港),分别占集团总营业额48.3%、21.7%、20.3%及9.3%。目前,集团之业务可分为三大部门,分别为综合制造分销业务、OEM/ODM业务及中国综合业务。据披露,于2002年12月止之年度内,OEM/ODM业务对集团业绩之贡献约为33%。集团有意将源自此业务分类之营业额降至30%以下,而将来自综合制造分销业务及中国业务之营业额提升至70%以上。最近,集团已利用先进之信息科技,将制造及分销业务结合,形成具效益之供应链网络。于上一个财政年度内,集团成功将欧洲两家甚具规模之眼镜分销公司Metzler Optik Partner AG及Filos S.p.A.合并,成立新公司Metzler International AG(MIAG)。集团亦进一步将现有之美国及亚洲之分销业务注入MIAG。在中国零售业务方面,集团继续扩展国内之业务。截至2003年4月,集团在国内设有29间America's Eyes零售连锁店。此外,集团位于潮阳之新厂房(预期年产量为240万副眼镜框架)将于2003年5月开始投产。集团有信心其垂直综合策略将为集团带来更多特许经营商机,同时可令集团雄踞中价市场,成为长远之市场增长动力。

【主要资产/投资(12/2002)】 MIAG(78.22%);上海泰兴光学股份有限公司(76.8%);Creative Eyewear Ltd.(75%);潮阳市泰兴盛眼镜有限公司(80%);宝光(马氏)眼镜制造厂有限公司(100%);N.G.A. Optical Manufactory Ltd.(50%);及上海希文眼镜有限公司(82.5%)。

美亚娱乐信息集团有限公司

【公司概况】 股票代码0391,集团主席李国兴,发行股本(股)771M,票面值(港元)0.100,市价总值(港元)95M。

【公司业务】 该集团之主要业务为于香港以音像产品形式发行电影及节目、电影放映、转授电影版权,以及提供互联网及相关服务。现时,集团电影节目库拥有大量卖座华语电影、中国名著或历史人物之电视连续剧、日本知名导演系列,以及介绍自然、动物、中国文化习俗及医药食疗之教育节目及纪录片。截至2002年3月止之年度,集团录得之净额亏损由2001年3月止年度之860万港元扩阔至本年度之9,980万港元,年内之亏损主要由于为电影版权及应收账款呆账作减值亏损拨备约8,120万港元所致。除于2001年上半年推出亚太区卫星电影频道服务及获颁为期12年之非本地电视节目服务牌照外,集团亦已向中国国家广播电影电视总局

上海华博控股有限公司

【公司概况】 股票代码0401,集团主席丁志铭,发行股本(股)380M,票面值(港元)0.100,市价总值(港元)11M。

【公司业务】 该集团主要从事货运代理及物流服务,以及综合物业服务等业务。集团透过其持有60%权益之香港物流中心有限公司,为客户提供计算机化综合物流解决方案,包括一系列采购、计算机化库存与存货管理,以及本地与国际配送系统等综合服务。据2002年年报披露,集团订立协议收购拥有全球定位系统之上海联通实华移动信息网络有限公司46.67%权益,集团相信该项投资有助于其现有之物流及货运代理业务。此外,集团亦有投资于(1)根域有限公司— 主要在中、港、澳三地独家特许、制造及分销LA Gear产品;(2)千艺用品有限公司— 主要在香港从事窗帘及家具之设计及材料供应;以及(3)活水科技有限公司— 为Cuno Filtration Asia所制造之滤水器之独家分销商。据2002年年报进一步披露,集团正就多家陷于不良状况之公司进行评估,以作策略性投资。截至2002年3月止之年度,集团之股东应占权益出现约5,000万之亏绌,而核数师陈浩贤会计师事务所亦指出集团之有关持续经营基准存有基本不明朗因素。

星光集团有限公司

【公司概况】 股票代码0403,集团主席林光如,发行股本(股)416M,票面值(港元)0.100,市价总值(港元)304M。

【公司业务】 该集团主要从事印刷及制造包装材料、卷标、儿童图书、环保产品及其它纸类制品业务。于2001年3月止之年度内,集团获得著名日本多啦A梦及Sanrio品牌之特许经营产品权,以补偿终止若干西方卡通人物品牌之特许经营协议之影响。此外,集团亦已开始自行设计小兔亚比、Artifact及PC Buddy品牌,及推广其绿色工程品牌产品,包括利用再造纸浆技术制成之儿童组合玩具及工艺精品。然而,由于亚太区持续疲弱之消费市道,集团已于2002年3月止之年度内终止与多啦A梦及Sanrio产品之特许经营协议。另一方面,集团以其自创品牌小兔亚比为主力,由特许经营人转变为经营权授出人。为加强客户之忠诚度及吸引新客户,集团已于2002年1月在其深圳厂房成立星光创意中心。展望将来,集团将开设新厂房,重新激活位于苏州之附属公司,藉以扩展其中国业务。集团预期该等行动可有助其长期发展,尤其在中国市场方面。

【主要资产/投资(3/2002)】 星光印刷(远东)私营有限公司(100%);星华激光分色有限公司(100%);星光发展(中国)有限公司(100%);星辉纸品有限公司(100%);星光印刷有限公司(100%);星光印刷(深圳)有限公司(100%);深圳星光美精品有限公司(90%);星光印刷(苏州)有限公司(100%);及广州星光环保中心有限公司(100%)。

新昌营造集团有限公司

【公司概况】 股票代码0404,集团主席叶维义,发行股本(股)639M,票面值(港元)0.100,市价总值(港元)133M。

【公司业务】 该集团为提供建筑及一条龙项目发展服务之集团,以及香港少数具纵向业务性质之建筑公司之一,主要于香港、中国及东南亚地区从事私人及公共建造业务。集团之主要业务包括楼宇建筑、土木工程、打桩及地基工程、修葺及装修工程、楼宇维修及保养、建筑管理、物业投资及发展、物业租赁、建筑商融资及经营兴建、管理及移交模式之工程。截至2002年3月止之年度,由于缩减打桩及地基工程业务,以及为尚未出售之存货及投资物业减值作出拨备,集团转盈为亏。于2002年6月30日,集团总结未完成合约额共42.396亿港元(2001年3月31日之合约金额为55.866亿港元),套得之工程合约金额大幅下降原因为承办优质工程之机会愈来愈少。为使未来发展奠定持久之基础,集团将加强与重整核心业务、提升经营效率及精简成本控制措施。此外,集团将继续贯彻缔结策略性联盟之方针,于国内选定地区逐步建立信誉良好之市场定位。于年结日,集团拥有充裕之现金储备约3亿3,376万港元。

【主要资产/投资(3/2002)】 新昌营造厂有限公司(100%);新昌营造厂(亚洲)有限公司(100%);Hsin Chong — Taylor Woodrow JV No.1(60%);新昌专业营造厂有限公司(100%);新昌亚仕达屋宇设备有限公司(50%);新昌亚仕达屋宇设备(亚洲)有限公司(100%);新昌土木工程有限公司(100%);新昌土木工程(亚洲)有限公司(100%);繁能有限公司(92.8%);繁能(亚洲)有限公司(92.8%);广州丰裕房地产有限公司(42%);河北安能新昌建设有限公司(70%);新昌营造(天津)有限公司(95%);位于香港之投资物业及土地及楼宇之账面净值约3亿3,023万港元;发展中物业之账面值约8,685万港元。

有利集团有限公司

【公司概况】 股票代码0406,集团主席黄业强,发行股本(股)441M,票面值(港元)0.200,市价总值(港元)63M。

【公司业务】 该集团主要在香港从事楼宇承建、维修及装修工程;生产及供应建筑材料;以及物业投资业务。于2002年3月止之年度,集团完成四项合约,合约总值达28.11亿港元,而截至年结时之手头合约总值约达22.76亿港元。鉴于建筑业市道呆滞,集团以总代价约2.998亿港元于铜锣湾霎东街23—45号及耀华街11—13号购入一

幅合并地盘以作发展，藉以达至业务多元化。集团拟兴建一项综合写字楼及零售店铺之楼宇，并将之持有作长线投资。该幅约 10,500 平方呎之地盘将建成为一幢 26 层高之大厦，总楼面面积约 155,000 平方呎。

【主要资产/投资(3/2002)】 有利华建筑预制件(深圳)有限公司(100%)；Yau Lee Construction Ltd.(100%)；Yau Lee Technology Ltd.(100%)；顺德有利建筑构件有限公司(33.2%)；及新收购位于铜锣湾之一幅地皮。

叶氏化工集团有限公司

【公司概况】 股票代码 0408，集团主席叶志成，发行股本(股)459M，票面值(港元)0.100，市价总值(港元)804M。

【公司业务】 该集团主要事制造及买卖高分子化工产品及混合溶剂、漆油、单体溶剂、润滑油、油墨及散装溶剂仓储业务。主要自创产品包括紫荆花制漆产品及力士牌汽车润滑油。集团为进入中国市场较早之一批企业，并在国内市场具有良好之声誉。截至 2002 年 3 月止之年度，中国大陆仍为集团主要收入及盈利来源。现时，集团在国内拥有设备完善之生产厂房及广泛之销售及分销网络。于 2002 年 4 月，集团在惠阳市购入一幅占地 150 万平方呎之工业土地，作为兴建高分子化工产品及混合溶剂之生产基地。于未来两年，集团计划投入约一亿港元建成一所区内最具规模之化工厂，以作原布吉镇旧厂迁厂之用。至于单体溶剂业务方面，集团近期已购入相连厂地 10 万平方呎，以作短期扩厂之用。该生产厂房预期于 2002 年内将单体溶剂之产能增加至 10 万吨。于 2002 年 5 月，集团制漆部门推出一系列符合中国最新国家标准之环保产品。润滑油业务方面，集团位于天津之厂房已于 2002 年 3 月投入生产，预期在润滑油业内纳米技术应用方面可进一步取得良好进展。

【主要资产/投资(3/2002)】 现金结余净额约 8,520 万港元；存货约值 1.449 亿港元；及物业、厂房及设备之账面净值约 2.263 亿港元。

四通电子技术有限公司

【公司概况】 股票代码 0409，集团主席段永基，发行股本(股)1,199M，票面值(港元)0.100，市价总值(港元)635M。

【公司业务】 四通电子技术于年内完成重组资产组合，而目前之业务为(1)制造及分销电子产品(例如工业自控产品、票据打印机等)；(2)技术增值业务服务；及(3)媒体相关业务(主要透过投资新浪网及阳光文化网络电视控股有限公司经营)。据二零零一年年报所披露，集团已为部份投资作出了拨备，包括：(1) 2,580 万港元为电力产业；(2) 5,000 万港元为中广有线信息网络有限公司；(3) 3,860 万港元为新浪网(相比去年为 1.966 亿港元)。于二零零一年之财政年度，集团出售从事照明产品制造的四通松下电工有限公司 35% 股权，因此获得约 1.349 亿港元之现金及因松下电工珠式会社终止集团对其产品之分销权而获得赔偿 2,260 万港元。再者，集团收购从事组装及测试半导体集成电路之三菱四通集成电路有限公司 25% 股权，三菱四通于回顾年内为集团带来 350 万港元之摊占利益。展望未来，集团将继续其主营电子产品制造及分销业务之余，将致力发展技术增值服务之收费业务，包括卫星定位等。

【主要资产/投资(12/2001)】 北京四通电子技术有限公司(100%)；北京四通新技术产业有限公司(87.5%)；北京四通办公室设备有限公司(70%)；上海四通摩天计算器系统工程有限公司(71%)；新浪网(集团透过占 51% 权益之附属公司 — 阳光四通新媒体有限公司而持有 20.6% 权益)；及三菱四通集成电路有限公司(25%)。

南顺(香港)有限公司

【公司概况】 股票代码 0411，集团主席黄大桩，发行股本(股)243M，票面值(港元)1.000，市价总值(港元)669M。

【公司业务】 该集团之主要业务为(1)在中国大陆从事制造及分销面粉、食油、清洁剂及包装产品；(2)在香港从事买卖及分销面粉、清洁剂、烘焙食品、冷冻食品、饮料及代理产品；(3)在台湾从事制造及供应易拉盖及两片罐，供饮品工业使用，以及(3)在美国从事制造及买卖计算机配件。集团为华南地区具领导地位之食品公司，旗舰产品包括〔KNIFE〕及〔红灯牌〕品牌食油，以及〔斧头牌〕及〔劳工牌〕清洁系列。据 AC Nielsen 之调查报告显示，〔斧头牌〕及〔劳工牌〕清洁系列之销售继续稳踞香港清洁剂市场。截 2001 年 12 月 31 日止之财政年度，由于作出 3.5 亿港元之拨备，集团录得 2.19 亿港元之严重亏损(上年度之亏损为 8,660 万港元)。

【主要资产/投资(12/2001)】 南顺食品工业有限公司(65%) — 南顺集团在本港之另一家上市机构；Camintonn Corporation(60%) — 从事计算机配件业务(于 2001 年 12 月 31 日正进行申请破产程序)；Applied Precision Private Ltd.(33%) — 从事精确铸模及测试仪器业务；及佛山华顺信息系统有限公司(40%) — 从事计算机配件及软件开发业务。

汉基控股有限公司

【公司概况】 股票代码 0412，集团主席邝启成，发行股本(股)1,557M，票面值(港元)0.010，市价总值(港元)156M。

【公司业务】 该集团之主要业务为于中国从事物业发展及投资，以及投资高增值科技项目，例如信息科技及生化科技。由于全球互联网市场之逆转，集团自 1999 年起已连续四个财政年度录得严重亏损。于 2002 年 3 月止之年度，集团已全数撇销其持有之不明朗投资及投资证券，合共约 1.72 亿港元，而集团于本财政年度止之资产净值只有约 2,690 万港元。据 2002 年 3 月止年度之核数师报告披露，基于若干非上市投资之审核范围受到限制，核数师安永会计师事务所(安永)对集团之财务报表作出保留意见。此外，安永亦认为集团之财政状况存在基本不明朗因素。截至 2002 年 3 月止之年度，集团之短期债务约为 3.733 亿港元，而其资产则主要来自联营公司之权益，该等权益之账面值只有 3.391 亿港元。于 2002 年 6 月(年结后)，集团透过供股形式成功筹集约一亿港元，并正就清偿债务问题而与一名财务债权人进行磋商。

南华工业有限公司

【公司概况】 股票代码 0413，集团主席吴鸿生，发行股本(股)530M，票面值(港元)0.100，市价总值(港元)85M。

【公司业务】 该集团主要从事玩具、压缩机、鞋类、金属工具、皮革产品、微电机、机械设备、电容器及成衣各项制造及贸易、物业发展、信息科技相关业务，以及提供与旅游有关业务。截至 2001 年 12 月止之年度，集团录得约 1.37 亿港元之净亏损(2000 年度之净亏损为 2,410 万港元)，亏损原因主要由于摊分 Wah Shing International Holdings Ltd. 及南华信息科技有限公司之亏损所致。至于集团玩具及鞋类制造业务之业绩则于年内获得改善。于 2001 年度，制造业务仍占集团业务之大部份比额。此外，美国及欧洲市场亦继续成为集团两大主要市场。

【主要资产/投资(12/2001)】 南华信息科技有限公司(65.7%) — 于香港联交所上市；Wah Shing International Holdings Ltd.(52.8%) — 于新加坡联合交易所上市；耐力国际集团有限公司(42.6%) — 于香港联交所上市；South China Industries Investments Ltd.(100%)；华升电子有限公司(59%)；南华集团(天津)服装有限公司(60%)；天津南华制鞋有限公司(80%)；及天津南华皮革化工有限公司(80%)。

谢瑞麟珠宝(国际)有限公司

【公司概况】 股票代码 0417，集团主席谢达峰，发行股本(股)392M，票面值(港元)0.250，市价总值(港元)36M。

【公司业务】 该集团主要从事设计、制造、出口及销售珠宝首饰，以香港及中国大陆为主要目标市场。预期中国内地将成为集团最重要之市场，集团已于 2001 年 4 月在北京成立一家珠宝加工合资企业。于 2001 年度，集团继续精简业务运作及整固其财务状况。集团已成功出售 60%之非核心物业，变现约 3,980 万港元，以减少集团之债务水平。

【主要资产/投资(2/2002)】 谢瑞麟珠宝有限公司(100%)；谢瑞麟珠宝(马来西亚)有限公司(100%)；谢瑞麟珠宝商贸及分销有限公司(77.5%)；何龙珠宝铸艺有限公司(100%)；及 Impromptus Asia Pacific Ltd.(70%)。

方正控股有限公司

【公司概况】 股票代码 0418，集团主席张旋龙，发行股本(股)1,124M，票面值(港元)0.100，市价总值(港元)787M。

【公司业务】 该集团主要从事向媒体及非媒体行业提供软件开发及系统集成服务，以及分销信息产品。于 2001 年年度，集团推出多项新产品，包括方正飞鸿号簿排版系统、方正文采四溢期刊生产系统、方正天骄互联网视音频整体解决方案、方正天翼新闻业务管理系统及为多家出版公司推出管理系统。此外，集团亦推出网络出版解决方案方正阿帕比网络出版解决方案，获得多家著名中国出版商赞许。集团自行开发研制之方正 GB18030 字库及方正超大字库共收入 56,000 个成功通过国家新闻出版署、全面印刷字体工作委员会及国家语言文字工作委员会联合主持之国家级认证。该产品为中国颁布最新国家计算器汉字编码标准 GB18030－2000 后首个字库产品通过此项联合认证。非媒体业务方面，集团于年内已进行业务重组，以降低经营开支，以及收紧合约管理之控制。此外，集团亦已应用企业资源管理系统以监察存货及贸易应收账，以提高销售业务之效率。至于电子商务服务方面，主要由联营公司方正数码（控股）有限公司（方正数码）经营。方正数码已定位为一家软件解决方案及服务供货商，主要提供（1）网络安全信息产品及解决方案、（2）地理信息智能化服务、（3）电子金融解决方案，以及（4）企业/政府信息解决方案。于年内，集团已推出其专利网络保安产品方御防火墙及自行开发之地理信息智能化产品方正智绘。

【主要资产/投资(12/2001)】 PUC Founder(MSC) Berhad（于 8/4/2002 持有 35.9%股权）－马来西亚交易所上市公司；北京方正世纪信息系统有限公司(100%)；方正数码(控股)有限公司(39.45%)－香港联交所上市公司；方正(香港)有限公司(100%)；北京北大方正电子有限公司(100%)；北京方正奥德计算器系统有限公司(100%)；方正株式会社(78.8%)；北京方正国际有限公司(78.8%)；北京北大方正信息科技有限公司(55.2%)；方正信息股份有限公司（73.7%）。

友利控股有限公司

【公司概况】 股票代码 0419，集团主席高振顺，发行股本(股)2,774M，票面值(港元)0.010，市价总值(港元)72M。

【公司业务】 该集团之主要业务为（1）透过旗下上市附属公司天地数码(控股)有限公司(天地数码）在中国为有线电视营运商设计、整合及安装数码广播平台；(2）透过共同控制公司北京吉亚通信工程有限公司(北京吉亚）在中国提供电话银行及其它计算器电话集成解决方案，及附属公司北京易付网网络科技有限公司在中国经营 2855 互联网长途电话服务；以及（3）在香港零售及分销高级家用影音器材。现时，天地数码为少数仅有通过中国监管当局有线电视数字广播技术认证之外资公司。天地数码不仅在全中国铺设数码平台，同时亦为当地仿真广播服务用户提供数码电视服务。于 2002 年 4 月底，天地数码之数码广播系统已铺设全国 19 个省市，提供中国有线电视营运商专用之华语数码电视平台。集团之共同控制公司北京吉亚，已开发崭新模块电话银行系统，而更多新增值应用程序亦将设计以应付银行及其客户对方便电话银行服务与日俱增之需求。至于高级音响分销业务方面，由于中国市场对外国品牌之认受性已有所提高，集团将继续在不断增长之中国市场寻求分销机会。

【主要资产/投资(12/2001)】 天地数码(控股)有限公司(36.5%)；北京吉亚通信工程有限公司(51%)；北京易付网网络科技有限公司(70%)；皇亚有限公司(100%)；系亚有限公司(100%)；Webway Communications Holding Inc.(78%)；Entertainment Soundview Ltd.(100%)；及香港以外之上市股本投资按市值约 3,490 万港元。

福田实业(集团)有限公司

【公司概况】 股票代码 0420，集团主席夏松芳，发行股本(股)785M，票面值(港元)0.200，市价总值(港元)5,340M。

【公司业务】 该集团创立于 1969 年，为全球最大之圆筒针织布生产商之一，其业务高度垂直综合，包括棉纺、针织、漂染、印花、布疋整理服务，以及销售胚纱、色纱、缝纫线及成衣。集团在中国、斯里兰卡及印尼均设有生产设施。集团所生产之布疋供应予超过 20 个国家之成衣制造商，以制成国际知名品牌之成衣。截至 2002 年 8 月止之年度，色布、缝纫线及纱制造及销售业务继续成为集团之主要收入来源，占其总营业额 95.1%，而该业务之营运业绩贡献则增加 29.4% 至 4.489 亿港元（2001 年 8 月止年度之营运业绩贡献为 3.469 亿港元)。集团之主要市场包括香港、台湾、美国及其它亚洲国家。于年内，集团在新加坡、上海、汉城及纽约设立附属公司或代表处，以进一步扩展新市场及扩大客户基础。另一方面，集团亦同意在中国江苏省江阴市成立新针织漂染厂房，该项目将于未来五年按市场实际环境及需要分阶段进行。预期新厂房于 2003 年中投入生产，并有利于集团扩展中国大陆市场。至于集团之成衣业务方面，随着上年度录得首次盈利后，该业务于 2002 年 8 月止年度再次录得亏损。集团已开始重整成衣业务之架构，藉以改善印尼业务之生产效率及加强中国业务之生产力(尤其婴儿服装业务)。

【主要资产/投资(8/2002)】 新会汇联纺织有限公司(100%)；东莞沙田丽海纺织印染有限公司(90%)；江阴福汇纺织有限公司(100%)；Ocean Lanka (Private) Ltd.(60%)；东莞福安纺织印染有限公司(51%)；东莞海星服务有限公司(100%)；及金涟威(香港)有限公司(100%)。

亨亚有限公司

【公司概况】 股票代码 0428，集团主席利芳烈，发行股本(股)122M，票面值(港元)0.200，市价总值(港元)27M。

【公司业务】 该集团之主要业务为投资于在香港联交所上市之证券及具盈利增长及资本增值潜力之非上市投资项目。截至 2001 年 12 月止之年度，集团之业绩得到重大改善，由上年度亏损约 3,780 万港元，改善至本年度获得利益 1,350 万港元，主要原因为出售投资获得收益 2,413 港元之故。此外，集团于年内着重于传统业务之投资。展望将来，集团预期其股本投资组合将于中期内获得满意之回报。

【主要资产/投资(12/2001)】 非上市股本证券之成本值约 7,550 万港元；贷款予获投资公司之成本值约 4,680 万港元；上市证券之市值约 5,540 万港元（主要为香港上市之股本证券）。

东方网库控股有限公司

【公司概况】 股票代码 0430，集团主席刘志勇，发行股本(股)1,800M，票面值(港元)0.010，市价总值(港元)72M。

【公司业务】 该集团主要从事制造及买卖钢铁产品及电子产品业务。过去数年，中国大陆合营钢铁工厂所带来之亏损一直影响集团之整体业绩。据 2001 年年报所披露，集团已完成内部重组，而达成出售合营钢铁工厂之协议。集团预期完成重组后可移除所有阻挠及妨碍增长之障碍。于 2001 年底，集团拥有现金结余净额约 1.015 亿港元，以及市值约 6,750 万港元、于香港上市之短期股本投资。展望将来，集团将继续致力发展其钢铁买卖业务，从而达到成为亚太区内重点钢铁集团之目标。

【主要资产/投资(12/2001)】 能丰物料供应有限公司(100%)；Linkful Metal Trading Ltd.(100%)；东方电子(深圳)有限公司(75%)；及东宝电子有限公司(75%)。

大中华实业控股有限公司

【公司概况】 股票代码 0431，集团主席徐鹰，发行股本(股)138M，票面值(港元)0.005，市价总值(港元)41M。

【公司业务】 该集团主要从事皮包贸易及投资控股业务。截至 2000 年 6 月止之年度，集团之股东资金不足款额扩大至 3.358 亿港元。然而，完成一连串债务重组后，集团截至 2001 年 12 月止年度之股东资金已转为盈余约 6,630 万港元。为进一步减低财政负担，集团于 2002 年 2 月透过股份配售方式，筹集资金约 5,000 万港元。展望将来，集团计划发展成为海峡两岸上市公司之龙头，推动两岸经济合作及科技交流。据集团 2001 年年报内核数师报告披露，基于审核范围受到限制，集团之核数师德勤?关黄陈方会计师行对其核数之 2001 年财务报表作出保留意见。

东方燃气集团有限公司

【公司概况】 股票代码 0432，集团主席陈国鸿，发行股本(股)1,161M，票面值(港元)0.400，市价总值(港元)337M。

【公司业务】 该集团之传统业务为生产及买卖瓷砖及浴室用具。于 2002 年 3 月止之年度内，集团之瓷砖及浴室用具业务继续受到物业及建筑市场呆滞市况影响，令集团于年内录得巨额亏损 4.59 亿港元(上年度之亏损为 7.66 亿港元)。于年结时，集团之资产净值出现 1.481 亿港元之亏绌，而其总负债则达 2.735 亿港元，其中 2.675 亿港元将于一年内到期。预期本港物业市场未能于短期内复苏，集团计划将业务多元化至发展中国天然气或能源相关项目。另一方面，集团于 2002 年 9 月以每股 0.01 港元配售共 450 亿股股份，集资 4.5 亿港元。完成股份配售后，集团之财政状况得以改善，并计划将所得资金用作扩展业务。于 2002 年 11 月，集团订立协议，以现金代价 1.2 亿港元收购 WIT Int'l Group Ltd.(WIT) 之 63% 权益。WIT 持有南宁管道燃气有限责任公司(南宁燃气）之 49% 权益，南宁燃气主要在中国广西藏族自治区南宁市从事城市燃气管道之建设及营运，以及提供有关设备、仪器及其它配套服务。展望未来，集团将继续寻求进一步投资中国天然气或能源相关项目之商机。

新万泰控股有限公司

【公司概况】 股票代码 0433，集团主席钱永伟，发行股本(股)3,314M，票面值(港元)0.010，市价总值(港元)391M。

【公司业务】 该集团主要在香港及中国大陆从事物业投资及发展、发展高智能商业大厦之管理系统及有关信息科技业务。于 2001 年初，集团订立协议以代价约1.56亿港元收购上海泰古公寓管理有限公司(泰古)98%股权,泰古之90%股权由集团最终控股公司持有。然而,该收购项目未能于依时完成,故有关交易已于2001年9月终止。于2001年11月,集团与两位独立第三者合组中国万安集团有限公司(万安),并于其后持有万安50%股权。于2001年12月,万安与Charcon Assets Ltd订立股份购买协议,以代价1.12亿港元收购明珠兴业集团有限公司29.9%股权。集团预期透过该项收购可大大提升其物业基础及营运能力。

【主要资产/投资(12/2001)】 投资物业按公开市值约为1.408亿港元;物业投资按金、合营企业按金及代理人持有之按金合共约2.328亿港元。

太平协和集团有限公司

【公司概况】 股票代码0438,集团主席汪世忠,发行股本(股)3,248M,票面值(港元)0.100,市价总值(港元)1,916M。

【公司业务】 该集团在香港及中国从事多元化业务,主要业务包括物业投资及发展、经营及投资信息科技业务,以及批发和零售分销石油产品。于2001年度,集团之业绩由2000年度录得18.424亿港元之亏损改善至本年度录得1.207亿港元之纯利。在本地市场方面,集团已出售大部份位于荃湾之商住项目之住宅单位,而该项目楼面面积逾16万平方呎之商场部份,集团准备继续持有出租,以作为长期投资。集团在落马洲拥有可观之土地储备,其中一部份与新鸿基地产等发展商合作,发展一个楼面超过450万平方呎之大型住宅项目。鉴于泰国地产市道明显转好,集团现正积极发展位于泰国曼谷市中心约1,000万平方呎楼面之大型地产项目之第二期住宅项目。至于中国大陆市场方面,集团正专注于在上海发展商业及住宅物业。在未来数年,协和世界第二期将为集团最大型之地产项目,该地段占南京西路约一公里长。该项目建筑楼面约400万平方呎,将发展为一条在上海最有特色之商业购物街,同时,在该商业街之上盖,将兴建100万平方呎之四座上海最豪华住宅。集团在上海另一个大型住宅发展项目为位于浦西之上海康城第二至第六期发展项目。该住宅项目将提供约1,800平方呎之楼面面积。在广州天河,集团与新世界中国共同发展一个楼面约100万平方呎之商住项目之一半部份已推出发售,而余下部份则预期于2003年推出销售。于2002年上半年,集团已完成收购在上海上市之A股公司运盛(上海)实业股份有限公司之50.45%股权。据披露,集团计划在可见未来进行企业重组。

【主要资产/投资(12/2001)】 协和建设有限公司(100%)(注:于2001年5月进行私有化);Concord Telecommunications Holdings Ltd.(60%);迪力电讯有限公司(60%);顺霸发展(珠海)有限公司(60%);四川协和电子工业有限公司(60%);厦门华丰贸易有限公司(70%);北京雷蒙协和百货商场(100%);协和电子工业(珠海)有限公司(100%);天霸电子工业有限公司(50%);Zhuhai Micro－Net Works,Inc.(30%);及协和石油有限公司(33%)。

英发国际有限公司

【公司概况】 股票代码0439,集团主席简肇昌,发行股本(股)3,885M,票面值(港元)0.010,市价总值(港元)97M。

【公司业务】 该集团主要从事纸制产品(包括相簿、礼品及文具等)之设计、开发、生产及市场销售业务。于2001年1月,集团完成涉及资本重组及发行新股之认购协议,以及完成与26间银行债权人订立之债务重组协议。完成上述协议及转换新管理层后,集团之财务状况已大为改善。截至2002年3月止之年度,集团之业绩转亏为盈,由上年度录得3,277万港元亏损,大幅改善至本年度之1,215万港元纯利,而集团所有债务亦已于2002年7月11日完全偿还。原件装配纸品制造业务方面,鉴于集团与美国最重要客户沃尔玛(Wal－Mart)关系良好,集团已接获沃尔玛于2002/2003财政年度之订单,总值超过8,000万港元。为减低对美国市场(集团最大单一市场)过份依赖,集团已积极于亚太区(尤其为日本及澳洲)扩大客户基础,令其更多元化。至于自设品牌产品分销业务方面,由于香港及东南亚市场之割喉式减价战及客户对价格非常敏感,集团于此等市场之占有率仍然萎缩。于2002年3月,集团于北京设立销售分支办事处,于国内市场推广其纸制产品。展望将来,集团将积极寻求机会,与主要供货商、客户甚至竞争对手发展成策略性伙伴,以进一步加强其市场定位。

【主要资产/投资(3/2002)】 英发纸品制造(东莞)有限公司(100%);英发纸品制造厂有限公司(100%);及易事快国际有限公司(100%)。

大新金融集团有限公司

【公司概况】 股票代码0440,集团主席王守业,发行股本(股)247M,票面值(港元)2.000,市价总值(港元)9,250M。

【公司业务】 该集团主要从事提供商业、零售及私人银行服务、个人及一般保险服务,以及财资服务。截至2003年第一季,集团之主要附属公司大新银行有限公司在香港合共经营38家分行及3家销售及服务中心,以及中国深圳经营一家代表处。于2001年4月,集团成功推出一虚拟银行丰明银行,透过网上频道、小型分行网络及流动销售队伍多途分销策略,专注中产及零售客户市场。然而,由于丰明银行于2002年度内持续录得亏损,集团密切监察丰明银行之开支,并透过重整后勤操作,于年底期间将有关工序并入大新银行相类部门。集团预期推行此等措施后,丰明银行之营运表现将见改善。除一般银行业务外,集团将继续凭借其分行网络及现有客户基础以发展其保险业务。现时,集团之保险业务主要透过其全资附属公司大新人寿保险有限公司,以及持有51%权益之一般保险附属公司大新保险服务有限公司(与Aviva(前称CGNU)合组之合营企业)经营。

【主要资产/投资(12/2002)】 大新银行有限公司(100%);丰明银行有限公司(100%);大新人寿保险有限公司(100%);以及大新保险服务有限公司(51%)。

汉登集团控股有限公司

【公司概况】 股票代码0448,发行股本(股)27,200M,票面值(港元)0.001,市价总值(港元)381M。

【公司业务】 该公司为一投资控股公司,其附属公司之主要业务为制造,分销及零售消费耐用品,消费电子及缝纫机械;和物业发展.

【主要资产/投资】 Akai Electric (71%); Kong Wah Electronic (71%); Onwa Electronics (71%); ZhongshanKawa Electronics (53%); Sansui Electric(29.7%) and Tomei International (35.3%) — now known as Toyo Holdings.

鸿兴印刷集团有限公司

【公司概况】 股票代码0450,集团主席任昌洪,发行股本(股)572M,票面值(港元)0.100,市价总值(港元)3,146M。

【公司业务】 该集团由任昌洪先生于1950年在香港开设一家小型印刷公司开始,并于1992年在香港联交所上市。现时,集团为一家拥有全面垂直配套之制造商,从事彩盒印刷及制造、瓦通纸箱制造,以及纸张贸易业务。集团提供一系列种类广泛之产品,包括儿童益智图书及纸类制品。集团在业内历史悠久及良好声誉为其赢得众多客户,当中包括日本、欧洲和美国著名品牌之玩具及消费品之行家,以及中、港两地之公司。除海外订单续有增加外,集团预期来自美国及欧洲主要客户之业务亦会持续上升。此外,中国市场亦将发展成为集团主要收入来源。尽管面对全球经济衰退,其负面影响亦被快速增长之中国大陆市场及不少公司(尤其北美地区)将业务判予成本较低之生产地点(如中国)之行业趋势所抵销。为提高生产量及生产效率,集团已完成将剩余生产设备由香港迁移到中国内地。于深圳方面,全新之瓦通纸生产线经已完成装置,以增加瓦通纸箱制造部门之生产规模。集团并计划建设一座全新之纸张分销及物流仓库,可享有中国大陆市场内销之权利,有助提升纸张贸易部门之竞争力。于2002年5月,集团联营公司之一中山联兴造纸有限公司之第四条造纸生产线亦已投产。最重要地,集团计划在邻近上海之无锡一幅面积150万平方呎之土地上兴建印刷及瓦通纸箱厂房,预期可于2003年首季投产。截至2002年3月31日止之年度,集团拥有现金结余净额约2.447亿港元及可动用银行备有信贷约4.73亿港元。此等充裕之财政资源足以应付集团于无锡及深圳之资本投资。

【主要资产/投资(3/2002)】 鸿兴印刷(深圳)有限公司(100%);鸿兴纸品(深圳)有限公司(100%);中山鸿兴印刷包装有限公司(56%);中山鸿兴柯式印务有限公司(56%);中山联合鸿兴造纸有限公司(35%);中山联兴造纸有限公司(35%);宝兴包装(深圳)有限公司(100%);新兴洋纸有限公司(100%);及大兴纸品有限公司(100%)。

森泰集团有限公司

【公司概况】 股票代码0451,集团主席叶森然,发行股本(股)633M,票面值(港元)0.100,市价总值(港元)40M。

【公司业务】 该集团主要从事制造及销售印刷线路版及电子消费品,以及销售半导体之业务。截至2002年3月止之年度,集团录得净额亏损约2,070万港元(上年度录得纯利1,030万港元)。据集团解释,业绩转盈为亏主要由于为呆滞存货拨备及呆坏账撇销合共1,780万港元所致。于年内,印刷线路版业务仍为集团之主要收入来源,约占其总营业额76.5%,并成为集团年内唯一录得经营利益之业务。

按地区划分，集团之主要市场为欧洲、美洲、东南亚及中国（包括香港），分别占其总营业额 40.9%、32.6%、17.5% 及 9%。截至 2002 年 3 月止之年度，集团之总负债为 1.015 亿港元，其中约 7,620 万港元于一年内到期偿还，惟集团手持之现金只有 1,075 万港元。

【主要资产/投资(3/2002)】 森泰电子有限公司(100%)；红板有限公司(100%)；森泰电子(英属处女群岛)有限公司(100%)；泰福半导体有限公司(100%)；泰福实业有限公司(100%)；及 Same Time Development Ltd.(100%)。

云南实业控股有限公司

【公司概况】 股票代码 0455，集团主席柳万东，发行股本(股)459M，票面值(港元)0.100，市价总值(港元)198M。

【公司业务】 该集团为玉溪红塔烟草之进口代理之一，并获授权进口与卷烟生产有关之卷烟辅料、卷烟纸及其它相关物料至中国。集团之产品如红塔山、玉溪、阿诗玛及红梅等牌号已评为优质产品。此外，集团亦透过其持有 12.5% 权益之玉溪环球彩印纸盒有限公司从事印刷及销售香烟包装纸袋及纸盒，以及透过附属公司云南云玉经济技术咨询有限公司在中国为企业提供经济及科技咨询服务。于 2001 年 3 月止之年度内，集团透过收购深圳新鹏生物工程有限公司(新鹏)之 48% 权益，将业务扩展至生物科技范畴。新鹏主要在中国从事研发、制造及销售生物科技产品，主要产品为预防嗜中性白血球减少症及减低受化学治疗病人感染之机会之重要药物。于 2001 年 5 月，集团订立协议收购云南盟生药业有限公司之 49% 权益，其主要产品为促进脑神经细胞生长和脑功能恢复，尤其适合治疗肝脏疾病，如慢性迁移性肝炎、活动性肝炎、肝硬化等。于 2002 年 4 月，集团与其它合作方出资成立上海松力生物技术有限公司(松力生物技术)，占 25% 股本权益。松力生物技术在中国从事研发、制造及销售医用生物材料，其主导产品纤维蛋白胶系列为世界公认最有效之外科止血剂及组织封闭剂之一。

【主要资产/投资(3/2002)】 云玉贸易发展有限公司(100%)；深圳新鹏生物工程有限公司(48%)；云南盟生药业有限公司(49%)；上海松力生物技术有限公司(25%)；玉溪环球彩印纸盒有限公司(12.5%)；云南云玉经济技术咨询有限公司(100%)；及 Multifortune Holdings Ltd.(100%)。

新城市(北京)建设有限公司

【公司概况】 股票代码 0456，集团主席韩军然，发行股本(股)272M，票面值(港元)0.001，市价总值(港元)71M。

【公司业务】 该集团之目标乃晋身成为北京首屈一指之写字楼、酒店及高尚住宅物业发展商及投资者。集团尤其集中于北京金融街和中央商务区之物业兴建及发展。据 2001 年年报中披露，集团旗舰写字楼物业中国证券大厦已于 2002 年 3 月开始私人发售，于 2002 年 4 月 23 日，就中国证券大厦写字楼单位与买家达成之临时合约总值约达 6,240 万港元。中国证券大厦将于 2004 年落成，该项目预期将为集团带来稳定之现金流入及收入。

【主要资产/投资(12/2001)】 北京新协房地产开发有限公司(99%)；及北京中证房地产开发有限公司(100%)。

联亚集团有限公司

【公司概况】 股票代码 0458，集团主席汪建中，发行股本(股)269M，票面值(港元)0.100，市价总值(港元)443M。

【公司业务】 该集团为亚洲主要成衣制造商之一，主要业务为从事以顾客品牌制造广泛系统之时装，包括套装、外衣、大衣、外套及运动服，以及零售及买卖多种品牌男装轻便运动服及女装时装。截至 2001 年 12 月止之年度，成衣制造继续成为集团之主要收入来源，此业务占集团总营业额 70.8%，而余下 29.2% 则来自成衣零售及贸易业务。另一方面，美国仍为集团之最大市场，占其总营业额 66.9%，而另外两个主要市场则为亚洲 (17.3%) 及欧洲 (15.8%)。尽管美国市场于 2002 年上半年之销售依然疲弱，惟日本及欧洲市场之表现仍有稳健之增长。至于品牌及分销业务方面，集团将重续于中、港两地分销 Nautica 服装产品之长期特许合约，并于中国展开更全面及进取之市场推广策略。

【主要资产/投资(12/2001)】 现金结余净额约 7,780 万港元；存货之账面值约 1.629 亿港元；土地及楼宇之账面净值约 1.553 亿港元(大部份位于香港以外)；以及厂房设备及机器之账面净值约为 6,740 万港元。

东润拓展集团有限公司

【公司概况】 股票代码 0467，集团主席张宏伟，发行股本(股)960M，票面值(港元)0.100，市价总值(港元)60M。

【公司业务】 该集团主要从事制造及销售成衣，以及物业投资业务。截至 2002 年 3 月止之年度，美国市场仍为集团之主要市场，占其总营业额 97%。此外，集团大部份营业额来自成衣行业。然而由于全球市场不景气（尤其近期衰退之美国市场），集团不甚看好成衣制造及销售业务之前景。因此，集团已于 2002 年 3 月出售其成衣业务。此后，集团只保留持有物业及投资制造健康食品之业务。

【主要资产/投资(3/2002)】 投资物业按公开市值约 3,570 万港元；及现金净额约 2,400 万港元。

实力中国投资有限公司

【公司概况】 股票代码 0472，集团主席洪王家琪，发行股本(股)1,149M，票面值(港元)0.010，市价总值(港元)36M。

【公司业务】 该集团之主要业务为从事物业投资，以及以原设备制造及原设计制造方式制造及买卖电子产品（例如个人计算机连接器）及其它电子产品。最近，集团已积极进军中国大陆之保健产品市场。集团现正生产各类中草药保健品，例如灵芝、冬虫草、polygonum multiflorum thumb、营养草药及纳米技术之保健产品。此外，集团亦与中国伙伴组成合营公司，在深圳兴建纳米及草药生产厂房，该厂房将符合如 GMP 及 ISO 9000 等国际严格西药标准。在可见将来，集团计划透过连串宣传活动，提高旗下 NanoPro、BioQx 及 NanoBeaute 品牌之知名度。此外，集团将利用专营权以扩充其分销网络。

【主要资产/投资(6/2002)】 位于香港及中国之投资物业约值 1.776 亿港元；位于香港、中国及美国之租赁物业合计约值 4,550 万港元；及古董投资按面值约 5,410 万港元。

瑞源国际有限公司

【公司概况】 股票代码 0476，集团主席张韧，发行股本(股)17,666M，票面值(港元)0.010，市价总值(港元)177M。

【公司业务】 该集团主要从事制造、买卖及分销皮革服装与非皮革服装及皮具制品；买卖及加工皮革原材料；以及物业买卖业务。截至 2002 年 3 月止之年度，集团之营业额增加 18.8% 至 1.705 亿港元，增幅主要由于开始出售位于天津之物业，以及综合计算年内新收购之皮具制品及皮革原材料业务之业绩所致。然而，由于成衣业务之重点由零售转为批发经营，集团于年内之毛利率较上年度下跌 30%。现时，集团之皮革服装与非皮革服装以旗下两大品牌 GIOVANNI VALENTINO (Italy)及 DENNY 分别于高档及中档市场推广出售。至于集团位于天津之物业，物业单位已展开销售，并于年内为集团带来 5,000 万收入贡献。为进一步扩展业务范畴，集团于 2002 年 7 月以代价 3,600 万港元收购卓耀投资有限公司(卓耀)之全部权益。卓耀持有从事铁矿贸易业务之长源资源有限公司(长源) 60% 权益，而长源则持有 Terengganu Anshan Iron and Steel Sdn. Bhd. 之 24.01% 权益及 Terengganu Anshan Mining Sdn. Bhd. 之 35% 权益，两家公司均在马来西亚从事勘探及开采铁矿业务。

【主要资产/投资(3/2002)】 Brilliant Challenge (HK) Ltd.(60%)；Charmful Challenge (Asia) Ltd.(60%)；Crest Pearl Group Co. Ltd.(100%)；Gold Billion Ltd.(60%)；Shenzhen Shiqin Leather Products Co. Ltd.(45%)；及 HK Cable Services Co. Ltd.(40%)。

华建控股有限公司

【公司概况】 股票代码 0479，集团主席柯俊翔，发行股本(股)6,175M，票面值(港元)0.010，市价总值(港元)111M。

【公司业务】 该集团原先之核心业务为从事室内装修与翻新工程、楼宇建筑工程及电机工程。然而，高等法院已向集团之若干附属公司发出清盘令，集团于 2001 年 6 月止之年度内已无再订立任何新建筑合约。现时，集团只从事制造及买卖多媒体及数码通讯产品；以及透过于 2001 年 4 月收购之全资附属公司 Goldhill Merchandising Inc. 向 16 间位于菲律宾之连锁便利店提供零售场所、租借设施及设备，及独家批发供货商品。截至 2001 年 6 月止之年度，集团录得之净额亏损收窄至约 421 万港元，较 2000 年 6 月止年度之净额亏损 2.996 亿港元大幅减少 98.6%，年内之亏损主要由于为长期投资永久减值作出拨备所致。面对多年之财务困难，集团之核数师罗申美会计师行指出集团之持续经营取决于集团与财务债权人商讨债务重组之结果及集团能否成功施行其它措施而定，因此，该核数师对集团年内之财务报表持保留意见。在未来数年，集团将专注执行其重组计划，以及将香港欠佳之投资变现。

香港兴业国际集团有限公司

【公司概况】 股票代码0480，集团主席查济民，发行股本（股）1，157M，票面值（港元）0.250，市价总值（港元）1，609M。

【公司业务】 该集团主要从事（1）物业发展、投资及管理；（2）酒店持有及管理；（3）经营高级会所（包括游艇会及高尔夫球会）、海陆交通服务（渡轮及巴士）及其它服务；以及（4）其它投资，如提供专科医疗保健服务，及浴室洁具制造业务。集团大部份业务主要位于香港、中国大陆及亚太地区。截至2002年3月止之年度，集团之纯利下跌67.6%至1.388亿港元（2001年3月止之年度为4.278亿港元），主要为撇除基础建设成本及若干发展项目之已确认减值亏损所致。于2002年1月，集团成功为其建筑业务兴胜创建控股有限公司分拆于香港联交所之创业板上市。集团之住宅发展项目集中于优质屋苑，其中以愉景湾项目最享负盛名。有见于愉景湾第11期海澄湖畔一段之销售理想，第12期海澄湖畔二段可望于2002年第三季正式开售（若获得政府之有关批准），而第13期之地基工程已开始筹备于2002年下半年展开。在未来数年，集团计划在中国各地（尤其在上海及北京等主要城市）拓展业务范畴及物色更多具发展潜力之投资项目。

【主要资产/投资（3/2002）】 兴胜创建控股有限公司（49%）；机场渡轮服务有限公司（37.5%）；华联兴业有限公司（100%）；英陶洁具有限公司（100%）；Tung Chung Station Development Co. Ltd.（31%）—主要发展东涌站上盖第二期项目；位于香港之投资物业约值18.221亿港元；位于香港以外之酒店物业约值8.185亿港元；愉景湾发展项目之成本值/账面值约14.967亿港元；及其它位于香港及香港以外之物业之成本值/账面值约合共约4.231亿港元。

升冈国际有限公司

【公司概况】 股票代码0485，集团主席刘锡康，发行股本（股）2，680M，票面值（港元）0.100，市价总值（港元）410M。

【公司业务】 该集团之主要业务为从事设计、制造及销售范围广泛之电子消费产品（如MP3、DVD等）、证券买卖，以及物业投资及发展。截至2002年3月止之年度，电子消费部门仍为集团最主要收入来源。现时，集团电子业务之生产设施集中于番禺，以便增加生产效率。据2002年年报所披露，集团经已研制一系列高科技数码影音产品，例如附有译码及入码功能之新MP3机、可重写光驱及六碟可转换式雷射音响组合。该等产品极受市场欢迎，集团并已取得非常满意之订单，足够维持生产运作至本年底。为达到市场多元化，集团于2001年8月完成收购于美国纳斯达克市场上市之附属公司Cosmo Communications Corporation（Cosmo）之91%权益。凭借Cosmo于加拿大市场之销售网络，集团可进一步开拓加拿大市场。集团预期该收购对其在现有及新产品之市场推广方面产品协同效益，并将刺激集团于来年之营业额增长。

【主要资产/投资（3/2002）】 Cosmo（91.4%）；广州星辉电子制造有限公司（100%）；高力勤实业有限公司（100%）；番禺星辉电器制造有限公司（100%）；番禺恒敏塑料制品有限公司（80%）；深圳升冈电子有限公司（100%）；深圳永坚电子有限公司（100%）；星辉电子有限公司（100%）；升冈电子有限公司（100%）；珠海市升冈电子有限公司（100%）；六正发展有限公司（100%）；及投资物业及发展中物业合计约值7，430万港元。

中国发展集团有限公司

【公司概况】 股票代码0487，集团主席张如深，发行股本（股）149M，票面值（港元）0.010，市价总值（港元）17M。

【公司业务】 该集团之主要业务为（1）承建地基及土木工程；（2）租赁及维修船舶及建筑设备；（3）投资及开发基建项目；以及（4）互联网业务。截至2001年9月止之年度，集团之主要收入来源继续来自新加坡之建筑业务。然而，由于新加坡之建筑业录得负增长，集团之财务状况大受影响。在科技行业方面，集团之管理层预期中国市场之智能家居概念具有庞大业务潜力。因此，集团于2001年7月以现金代价3，800万港元收购一家智能家居管理软件公司之19%权益。至于在Marketspace Commerce International Holding Ltd.之投资，集团决定终止开发其互联网虚拟货币业务，并专注发展其软件解决方案及互联网顾问服务业务。据集团截至2001年9月止之年报披露，集团之核数师对其财务报表持保留意见，他们并表示集团在有关持续经营基准之事件存有基本不确定因素。

丽新发展有限公司

【公司概况】 股票代码0488，集团主席林建岳，发行股本（股）3，746M，票面值（港元）0.500，市价总值（港元）109M。

【公司业务】 丽新发展（集团）为丽新集团成员之一，主要从事物业发展及投资；酒店及餐厅营运；透过持有49.99%权益之上市联营公司丰德丽控股有限公司（丰德丽）从事多媒体及娱乐业务；以及策略性投资，如持有本港电视经营商亚洲电视有限公司（亚视）之37.25%权益及烟酒免税经营商天传有限公司之50%权益。截至2002年7月止之年度，集团继续录得巨额亏损约19.415亿港元。据集团解释，年内之亏损主要由于出售若干附属公司及联营公司录得亏损，以及就发展中物业、非上市投资、联营公司及有关之商誉作减值拨备所致。自1999年起连续四年录得严重亏损后，集团之股东权益已由2001年度之38.663亿港元进一步侵蚀至2002年度之7.664亿港元。截至2002年7月止之年度，集团之总负债（包括债券债项）约为56.436亿港元，其中41.506亿港元将于一年内到期。面对严重流动资金问题，集团已积极地就未偿还款项制定还款及/或再融资计划，并分别与债券持有人及主要往来银行就集团之新重组计划及再融资安排进行商讨。由于集团之持续经营基准取决于能否成功完成新重组计划/再融资安排及出售资产计划，故集团之核数师对集团年内之财务报表不表示意见。于2002年11月，集团订立协议，以总现金代价3.6亿港元将亚视之全数32.75%权益及HKATV.com之50%权益出售予由亚视行政总裁陈永祺先生控制之公司Dragon Goodwill Int'l Ltd.。为方便交易，于同一个月，集团同意以现金代价4，608万港元向丰德丽收购HKATV.com之50%权益。出售完成后，集团不再持有亚视及任何股权，而所得之部份净额款项将用作局部偿还尚欠债券持有人及贷款人之债项，余额则用作集团之营运资金。

兆晋国际科技有限公司

【公司概况】 股票代码0491，集团主席方荣生，发行股本（股）9，614M，票面值（港元）0.010，市价总值（港元）154M。

【公司业务】 自2000年年初起，该集团已由一家传统液晶体显示屏手提游戏机生产商转型为一家多媒体电子产品生产商。现时，集团从事生产及销售多媒体电子产品（如一系列数码相机及卡拉OK系统）及玩具及游戏机产品（如液晶体显示屏手提游戏机及彩色视像游戏机）。于2002年6月止之年度内，集团将业务分散至开发宽频CDMA及OFDM技术，并透过全资拥有之Quicky Technologies Ltd.（Quicky）销售有关系统网络及产品。Quicky于建寰科技股份有限公司及Widax Corporation具有投资。为改善财政状况，集团已于年内出售Welback International Investments Ltd.之49%已发行股本及股东贷款。此外，基于全球电讯市场放缓，集团已终止经营电讯产品买卖业务。

【主要资产/投资（6/2002）】 Welback International Investments Ltd.（51%）；及建寰科技股份有限公司（23.7%）。

中国鹏润集团有限公司

【公司概况】 股票代码0493，集团主席黄光裕，发行股本（股）1，618M，票面值（港元）0.100，市价总值（港元）231M。

【公司业务】 该集团之主要业务为设计、生产及销售计算机辅助设计（CAD）系统、商标织机及绣花机，以及物业发展。物业业务方面，集团已以代价约2，568万港元收购位于北京朝阳区之办公室物业，该等物业邻近2008年之奥运场馆。除物业相关业务外，集团计划抓紧其它市场商机，例如发展中、港两地之零售业务。

【主要资产/投资（3/2002）】 绍兴京华计算机机械制造厂有限公司（100%）；Citimate（Hong Kong）Ltd.（100%）；及京华机械代理有限公司（100%）。

利丰有限公司

【公司概况】 股票代码0494，集团主席冯国经，发行股本（股）2，890M，票面值（港元）0.025，市价总值（港元）28，467M。

【公司业务】 利丰为从事消费产品贸易业务之主要跨国企业集团，擅长运用供应链管理于付货期短且大量生产之消费产品。业务范围以成衣为主，其它产品包括时尚饰物、礼品、手工艺品、家具用品、宣传商品、玩具、运动用品、鞋类及旅行用品。集团透过遍布全球38个国家合共65个办事处之市场网络从事采购活动，而美国及欧洲分别为集团之两大主要市场。集团并没有自置生产设施，但透过管理众多以优质为本、且具成本效益之制造商，为客户提供快捷且准时之采购服务。

2002年为集团2002至2004年三年业务发展计划之首年，该计划是于三年内透过收购及扩展采购边际利润较高之耐用品业务而达致盈利倍增（如于2002年7月收购Janco Overseas Ltd. — 本地采购商，擅长为大型超级市场界别提供非成衣消费品）。连同过去数年成功收购英之杰采购服务集团、太古贸易、金巴莉及Colby，各收购项目皆对集团营业额及盈利增长作出重大贡献。另一方面，集团亦已于2002年初透过与日本大型贸易公司日棉集团组成联盟，进军日本市场。据2002年年报所披露，集团正不断评估及寻求合适之收购机会以加快增长。于2002年底，集团仍持有现金3亿美元，以具充分装备作未来收入行动之用。

【主要资产/投资(12/2002)】 现金净额结余约23.05亿港元；以及土地及楼宇按账面净值约10.74亿港元（逾95%位于香港）。

百利大有限公司

【公司概况】 股票代码0495，集团主席罗晃，发行股本(股)528M，票面值(港元)0.500，市价总值(港元)33M。

【公司业务】 该集团之主要业务为从事纺织贸易及重建宝云山寓所。据集团2002年年报所披露，该重建项目之工程仍在进行中，预期于2003年第四季完成。现时，集团正物色新投资机会。据集团2002年年报所显示，集团之股本账面净值只有240万港元。此外，集团之核数师德勤？关黄陈方会计师行认为集团之持续经营存有不明朗因素，而集团仍倚赖其往来银行及其它借款人提供之财政支持。

资本策略投资有限公司

【公司概况】 股票代码0497，集团主席朱耀铭，发行股本(股)1,534M，票面值(港元)0.010，市价总值(港元)123M。

【公司业务】 随着出售从事制造计算机相关产品及广告网络相关服务之附属公司后，集团现时主要从事提供房地产代理服务、物业投资及证券投资等业务。截至2002年3月止之年度，集团录得纯利1,390万港元（2001年3月止之年度则录得净额亏损3.209亿港元），业绩转亏为盈主要由于出售附属公司及联营公司之权益所产生收益净额约4,740万港元所致。除上述出售之项目外，集团亦已将其于香港上市之策略置地有限公司之投资全面变现。此外，集团亦透过收购世纪21香港有限公司之大部份股权，将业务扩展至专利房地产代理、房地产项目管理及相关业务。于年内，集团专注在各项金融工具作出策略投资，因此金融投资于年内成为集团之主要收入来源。集团绝大部份投资为具高信贷评级之债务证券及于多家本港上市公司之可换股债务证券。展望将来，除直接参与策略投资外，集团将继续开拓并酌情至提供投资相关服务。

【主要资产/投资(3/2002)】 上市证券之投资按市值约1.836亿港元；位于香港及中国之投资物业按公开市值为6,555万港元；现金结余净额约1.274亿港元；及世纪21香港有限公司(82.5%)。

保华德祥建筑集团有限公司

【公司概况】 股票代码0498，集团主席陈国强，发行股本(股)1,063M，票面值(港元)0.100，市价总值(港元)282M。

【公司业务】 该集团为德祥企业集团有限公司（德祥企业）之上市建筑旗舰，主要业务包括楼宇建筑工程、土木工程、特别项目工程、物业发展及投资、酒店管理及营运、餐饮业务，以及制造及买卖建筑材料。集团绝大部份业务皆在香港及中国进行。透过投资于澳洲上市之联营公司Downer EDI，集团亦为澳洲、纽西兰及亚洲之铁路、公私营道路、电讯、电力、矿务及资源行业提供工程及基建服务。此外，集团亦策略性投资于中策集团有限公司、装配及维修自动电梯及升降机业务，以及为建筑界提供专业解决方案。截至2002年3月止之年度，由于Downer EDI之营业额不再综合于集团之业绩内（现时只反映为摊占联营公司业绩），集团之营业额大幅下跌50.5%至只有53.438亿港元。然而，集团之业务成功转亏为盈，由2001年度录得4.544亿港元净额亏损，改善至2002年度录得7,070万港元纯利。于2002年3月31日，集团持有之工程合约价值约为145.99亿港元，而余下工程价值则约为60.55亿港元。于2002年7月，集团同意以现金代价2.5亿港元，向中国置地集团有限公司出售珀丽酒店集团（即酒店业务）之全部权益。于2002年10月，德祥企业公布将向集团提出一项自愿有条件现金收购建议，以每股0.30港元之价格收购集团之股份。预期该现金收购建议可令德祥企业于集团之控制权根据一个较集团之基本资产净值大幅折让之价格增加。

【主要资产/投资(3/2002)】 投资物业（主要位于香港）按公开市值为6.759亿港元；位于香港之酒店物业按账面净值为6.05亿港元；厂房及机器按账面净值约1.806亿港元；Downer EDI Ltd.(36.86%)；中策集团有限公司（年结后持有14.55%权益）；宝来德电梯（香港）有限公司(45%)；Icfox Int'l Ltd.(27.3%)；保华—中铁建筑有限公司(50%)；及深圳珠江均安水泥制品有限公司(50%)。

华脉无线通信有限公司

【公司概况】 股票代码0499，集团主席黎耀强，发行股本(股)2,823M，票面值(港元)0.100，市价总值(港元)186M。

【公司业务】 该集团主要从事物业投资、物业发展、物业管理、物业代理、建筑与装修服务，及通讯产品贸易等业务。截至2002年3月止之年度，集团录得亏损约9,780万港元，亏损主要源于折损准备及资产重估亏绌。现时，集团正逐渐将业务重心由物业投资及发展转移至与科技相关之业务，主要科技投资项目包括Hycomm Technology、数码库及CyberLiving。Hycomm之主要资产为其持有85%权益、从事设计、开发及装设有关无线数据及无线IP网络之软件及系统业务之广州华脉信息工程有限公司。数码库从事开发互联网软件及向企业、教育机构及政府提供有关应用软件、纵向入门网站及专业服务之整套承包方案，而CyberLiving则主要透过住宅资料网络系统从事设计、开发及装设个人化内容及电子服务于大中华区之家居网络。于2002年3月，集团订立协议，以发行其二亿股新股份收购在中国从事广告业务之美格集团有限公司约20%已发行股本。此外，集团亦于2002年5月订立协议，以发行其四亿股新股份收购香港泰信国际网络有限公司（香港泰信）约37.04%已发行股本，香港泰信将会参与提供有关短讯业务之支持服务予短讯服务及其它电讯服务持牌供货商。

【主要资产/投资(3/2002)】 位于香港及中国之投资物业分别约值1.139亿港元及5,520万港元；HyComm Technology Incorporated(26%)；数码库有限公司(10%)；CyberLiving Holdings Ltd.(15%)；及InphoMatch Asia, Inc.(57%)。

天地数码(控股)有限公司

【公司概况】 股票代码0500，集团主席高振顺，发行股本(股)377M，票面值(港元)0.100，市价总值(港元)320M。

【公司业务】 天地数码之主要业务为(1)有线电视经营商设计、整倚及安装平台，让经营商为订户提供互动收费电视服务；(2)提供内容汇集，例如视像、资料及文字（其主要策略性伙伴包括中国星集团；Discovery；迪士尼；Shanghai Film Production Works；The Fashion Channel及MTV）；及(3)提供增值服务服务，例如线上交易；线上购物及家居银行等。目前，天地数码除直接出售这些系统外，也与一些有线电视经营商订立租赁合约。不论是销售还是租赁，有线经营商都会出售天地数码机顶盒予希望接收数码广播之订户。天地数码是目前少数仅有的通过中国监管当局有线电视数字广播技术认证的外资公司。于二零零一年年底，集团已为中国十二个省市安装数码广播平台，其中五个地区是以租赁合约，另外于二零零二年计划与六个省市签署出售或租赁协议，而有线家庭用户数目已超过3,443万户。透过天地数码平台向用户提供之系列广播服务，包括基本数码服务、面向国内和外籍观众的专业收费电视数码服务以及数据服务。于二零零二年三月，集团获得在纳斯达克上市之消费者电子产品芯片供货商Zoran Corporation三千九百万港元的投资；于同年四月，天地数码与在上海股票交易所之上市公司江苏宏图高科技有限公司签订协议，建立一个投资额为人民币九千万元、双方各占50%权益的合营公司，用作发展数码广播服务，此两家合作伙伴与天地数码将共同建立一个完整的数码机顶盒供应链，由天地数码提供设计及技术研发，Zoran提供芯片及宏图进行制造。另一方面，中国仍是全球最大单一的有线电视市场及将会继续是集团之主要目标市场。除了中国大陆市场外，集团近期正在韩国、台湾、印度尼西亚、菲律宾及澳门洽商。

【主要资产/投资(12/2001)】 江苏宏图高科技有限公司(50%)；天地数码科技有限公司(100%)；天地数码技术（苏州）有限公司(70%)；天地数码科技（苏州）有限公司(100%)；天柏宽带网络科技（苏州）有限公司(100%)；Broad Communication Company Limited约9.9%权益及260万股可换股优先股股份。

庆丰金集团有限公司

【公司概况】 股票代码0501，集团主席陈发柱，发行股本(股)1,695M，票面值(港元)1.000，市价总值(港元)46M。

【公司业务】 该集团主要从事经营提炼、铸造、批发及买卖黄金；提供借贷及黄金融资；以及批发及零售黄金首饰、钻石及其它珠宝首饰业务。集团亦透过于创业板上市之附属公司卓施金网有限公司，提供先进互联网实时电子交易系统,以促进贵金属买卖、互联网内容供货商及相关业务。截至 2001 年 4 月 30 日止之年度,香港继续成为集团之主要市场,约占其总营业额 82%,而余下 15%及 3%之营业额则分别来自中国及马来西亚市场。继于 2001 年及 2002 年初完成一连串配售及新股认购事项后,添发庆丰(集团)有限公司已没持有集团控制性股权,而长江集团有限公司(长江集团)如全面行使可换股票据附带之换股权,长江集团将成为集团之单一最大股东。凭着于黄金业拥有丰富专业知识,集团已进一步探讨于中国黄金及珠宝业内发展制造及零售业务之机会。集团已获委任为中国深圳市黄金珠宝大厦之顾问,负责设计、建设、项目管理、营运管理咨询等方面之顾问服务,黄金珠宝大厦由深圳市欧瑞德珠宝首饰有限公司拥有,集团正考虑于黄金珠宝大厦成立庆丰金中国。此外,集团亦计划于中国建立珠宝零售网络。集团预期向深圳市黄金珠宝大厦提供顾问服务以及组建零售网络将成为其中国业务之骨干。

【主要资产/投资(4/2001)】 投资物业之公开市场价值约为 1.929 亿港元;庆丰金铺有限公司(100%);M. A. H. F. Precious Metal Refinery Sdn. Bhd.(56%);RNA Goldsmith And Refinery (M) Sdn. Bhd.(49%);常州庆丰珠宝有限公司(50%);及卓施金网有限公司(58.46%)。

中国粮油国际有限公司

【公司概况】 股票代码 0506,集团主席周明臣,发行股本(股)1,583M,票面值(港元)0.100,市价总值(港元)4,708M。

【公司业务】 该集团为中国粮油食品进出口(集团)有限公司(中粮集团)负责在食品及饮品业务之上市旗舰。于 2001 年 5 月完成收购中粮集团之油脂、酒业、贸易及糖果业务后,集团现时从事五大食品相关核心业务,分别为食用油、酒类、贸易、糖果及面粉制造业务。现时,集团为中国最大之食用油脂生产商,每年压榨大豆能力约为 330 万吨及每年精炼食用油脂能力约为 120 万吨。截至 2001 年 12 月止之年度,集团之纯利上升逾两倍至 2.118 亿港元(上年度之纯利为万港元)。坐拥巨额现金储备,集团将不断寻求新的收购及合并机会,以及整合其新收购业务及现有之业务,藉以将集团发展成为亚太区最具规模之食品及饮品企业之一。

【主要资产/投资(12/2001)】 东洲油脂工业(广州)有限公司(84%);东海粮油工业(张家港)有限公司(54%);黄海粮油工业(山东)有限公司(73%);莱阳鲁花浓香花生油有限公司(24%);莱阳鲁花特香纯正花生油有限公司(24%);北海粮油工业(天津)有限公司(43%);大海粮油工业(防城港)有限公司(40%);中国长城葡萄酒有限公司(50%);烟台中粮葡萄酿酒有限公司(60%);华夏葡萄酿酒有限公司(100%);中粮酒业公司(100%);深圳市华夏红酒业有限公司(80%);中国食品贸易有限公司(100%);中粮国际贸易服务有限公司(100%);中粮国际(北京)有限公司(100%);深圳金帝食品有限公司(86%);深圳金帝营销有限公司(77%);郑州海嘉食品有限公司(55%);及厦门海嘉面粉有限公司(60%)。

其士科技控股有限公司

【公司概况】 股票代码 0508,集团主席周亦卿,发行股本(股)171M,票面值(港元)0.500,市价总值(港元)123M。

【公司业务】 该集团主要从事销售计算机设备、电讯系统及办公室设备;提供信息科技及网络服务(包括由网络主干、区域网络/世界网络技术、服务器及软件应用、网页设计及电子商务技术至大厦设施,如光纤综合布线系统、保安系统及卫星通讯接收系统等一站式技术),及技术与保养服务;一般商品销售(透过 Q—Mart 店经营);以及证券投资;而传呼业务则于年内终止经营。截至 2002 年 3 月止之年度,集团转盈为亏,由上年度录得之 776 万港元盈利,转为本年度 943 万港元亏损。集团之信息科技及网络方案部门方面,于 2000 年成立之附属公司其士(网络科技)有限公司取得之合约包括电视广播批出一份为将军澳新电视城提供光纤网络及通讯系统之大型合约,以及香港金融中心二期一项智能大厦通讯及保安系统工程合约。面对电讯零售市场激烈之市场竞争,集团已将无利可图之其士店及流动电话特许经营店结束营业。截至 2002 年 7 月,集团合共经营 14 间其士店、26 间特许经营店及 8 间 Q—Mart 店。除继续重整及巩固其现有之业务外,集团将审慎发展业务,尤其会加强于中国大陆之投资。

【主要资产/投资(3/2002)】 现金结余净额约 1.70 亿港元;以及全资拥有物业,包括(1)位于泰国曼谷市之写字楼(楼面面积:21,300 平方呎),及位于中国广州市东山广场之写字楼(楼面面积:7,200 平方呎),(2)位于广州及上海之员工宿舍,楼面面积合共 3,200 平方呎,及(3)位于香港之两所维修站(楼面面积:3,670 平方呎)。

电视广播有限公司

【公司概况】 股票代码 0511,集团主席邵逸夫,发行股本(股)438M,票面值(港元)0.050,市价总值(港元)11,979M。

【公司业务】 电视广播为香港一家具有领导地位之电视广播公司,主要业务包括电视广播、节目发行及制作、动画制作、海外卫星收费电视业务、频道业务、杂志出版,以及其它广播相关业务。截至 2002 年 12 月止之年度,香港市场占集团总营业额 59.4% 及经营利益 66.3%。集团其它主要市场包括台湾、北美洲、马来西亚与新加坡、中国大陆、欧洲及澳洲。据集团披露,其位于本港之生产基地将于 2003 年第三季完成所有搬迁至将军澳新电视广播城。新电视广播城比清水湾之旧址更大及拥有更先进之数码设施,将可扩大及提升集团之制作能力及效率。于 2003 年 2 月,集团亦宣布与 Intelsat, Ltd.(Intelsat)签订协议,为无线电视之香港收费电视附属公司银河卫星广播有限公司(银河)提供资金。根据协议,Intelsat 将收购银河 51% 实际权益,而集团则保留 49% 之少数权益。集团预期银河将推出一项价格优惠之 24 个频道服务,当中包括 5 个由无线电视提供之中文核心频道,以及从外间购买之其它频道及节目。在启播后 18 个月内,集团计划将收费电视服务增加至 40 个频道。

【主要资产/投资(12/2002)】 银河卫星广播有限公司(据 2003 年 2 月之公告显示,集团于此公司之权益已由 100% 减至 49%);电视广播(国际)有限公司(100%);翡翠动画制作有限公司(100%);The Chinese Channel (Holdings) Ltd.(64%);联意制作股份有限公司(70%);TVB Holdings (USA) Inc.(100%);TVB (Australia) Pty. Ltd.(100%);Oriental Home Entertainment Inc.(100%);电视广播出版(控股)有限公司(77.78%);电视广播互联网有限公司(100%);翡翠多媒体设计(上海)有限公司(100%);及星际传播股份有限公司(40%)。

曼盛生物科技集团有限公司

【公司概况】 股票代码 0512,集团主席劳玉仪,发行股本(股)1,181M,票面值(港元)0.100,市价总值(港元)108M。

【公司业务】 该集团主要在中国从事研究发展、制造及销售保健功能产品、口服液、健康饮品及药品之业务。集团之主要产品包括甘菊口服液、猴头菇口服液、粉黛美容口服液、风暴减肥胶囊、多补钙、精彩减肥胶囊、清之颜胶囊及乳酸奶。截至 2001 年 12 月止之年度,口服液之销售仍为集团之主要收入来源,占集团总营业额约 56.4%。于年内,集团推出多种高质素及高毛利之保健产品,因而令集团之整体毛利率由 2000 年度之 60% 上升至 2001 年度之 63%。有见于国内人民之健康意识逐渐提升,集团计划与国内科研机构及外国药厂合作发展药物产品,进军中国庞大之生物制药市场。

【主要资产/投资(12/2001)】 广东太阳神(集团)有限公司(95%);广东太阳神集团荔城制药厂(100%);上海太阳神复旦高科技产业有限公司(70%);北京美联胚胎生物工程有限公司(40%);广州太阳神企业有限公司(25%);及 Data Logistics Ltd.(45%)。

恒和珠宝集团有限公司

【公司概况】 股票代码 0513,集团主席陈圣泽,发行股本(股)280M,票面值(港元)0.100,市价总值(港元)168M。

【公司业务】 该集团主要从事设计、制造、市场推广及买卖珠宝首饰及钻石产品之业务。集团被公认为珠宝首饰制造业内之翘楚,专注制造以钻石、红宝石、绿宝石、蓝宝石、珍珠及其它半宝石镶嵌之贵金属珠宝首饰产品。集团绝大部份之珠宝首饰产品以出口为主,并趋向迎合中高档市场。截至 2002 年 6 月止之年度,北美洲及欧洲仍为集团两大主要市场,分别约占集团总营业额 49.0% 及 35.6%。由于集团最大美国市场经营衰退,集团于年内之纯利大幅下跌 81.6% 至只有 384 万港元。现时,集团在中、港两地均有生产设施,该等厂房垂直结合珠宝设计、原石采购、宝石切割及打磨、雕琢、铸金及炼金各方面之能力。有见于集团之钻石产品获良好市场反应,集团正研究在中国开设新钻石切割及打磨厂房之可行性。除核心珠宝业务外,集团亦有投资于其它项目,包括物业发展、光纤连接器及木材制品制造业务。截至 2002 年 6 月底,集团拥有现金结存净额约 1.585 亿港元。

【主要资产/投资(6/2002)】 恒和珠宝首饰厂有限公司(100%);广州保税区恒和金银珠宝有限公司(60%);衢州弘基钻石有限公司(63%);致星贸易有限公司(63%);明秀钻石厂(番禺)有限公司(100%);上海吉利首饰有限公司(36%);正和珠宝首饰厂有限公司(50%);恒和环保科技(江门)有限公司(100%);Optik Technologies

Ltd.(80%);以及位于香港天后庙道 31 号、总楼面面积为 3,826 平方米之在建住宅物业项目。

和信致远股份有限公司

【公司概况】 股票代码 0516,集团主席辜濂淞,发行股本(股)2,400M,票面值(港元)0.100,市价总值(港元)120M。

【公司业务】 该集团之传统业务为 (1) 以总承建商之身份为香港房屋委员会及建筑署兴建公共房屋,并承办其它建造、保养及拆卸工程;以及 (2) 以香港房屋委员会之认可专门供货商身份,负责供应公共房屋所用之灶床、锌盆、预制墙及木门套件。然而,由于物业及建筑业市况呆滞,集团于 2002 年下半年以现金代价 5,000 万港元出售其物业及建筑业务之全部权益。现时,集团正专注于物色在通讯、媒体及金融服务业及相关技术方面具潜力之商机。据截至 2002 年 3 月止年度之核数师报告书披露,基于核数范畴之局限及于年内出售之部份附属公司之会计处理方法与披露意见不一,安永会计师事务所对集团之财务报表产生保留意见。截至本财政年度底,集团拥有现金结余净额约 1.277 亿港元。

【主要资产/投资(3/2002)】 松德投资股份有限公司(99.99%);VAR Management (C.I.) Ltd.(100%);KG NextVision Frontiers Ltd.(100%);及 Brightime International Ltd.(100%)。

中远国际控股有限公司

【公司概况】 股票代码 0517,集团主席魏家福,发行股本(股)1,394M,票面值(港元)0.100,市价总值(港元)662M。

【公司业务】 该集团之最终控股公司为中国远洋运输 (集团) 总公司(COSCO)。集团主要从事基建投资、房地产发展及投资、楼宇建造及土木工程、船舶买卖及供应服务、高科技及环保等业务。于 2001 年度,集团录得约 1.681 亿港元之亏损,主要由于为反映其资产之合理价格而作出 1.818 亿港元之巨额拨备所致。据披露,集团计划强化房地产业务作为其主业,并继续整固及发展其现有业务。此外,集团将积极开拓与最终控股公司 COSCO 之核心业务相关之船舶服务业。

【主要资产/投资(12/2001)】 香港中远大厦八层楼面(100%);上海君悦花园(五号楼)(100%);上海香港丽园(85%);香港美禾园 3 号(100%);北京远洋风景(49%);北京圣华原二期(49%);河南新中益电厂(48.6%);顺成建筑工程有限公司(100%);及深圳艾科创新微电子有限公司(51%) — 专注于设计集成电路芯片业务。

同得仕(集团)有限公司

【公司概况】 股票代码 0518,集团主席董华荣,发行股本(股)352M,票面值(港元)0.200,市价总值(港元)889M。

【公司业务】 该集团之主要业务为制造及销售成衣。截至 2002 年 3 月止之年度,成衣制造及销售业务占集团逾 90%之营业额及经营利益。此外,集团于年内约 87.5%销售额来自美洲市场出口销售。面对全球经济持续呆滞,集团将透过提升丝绸服装制衣业务之生产力以维持其竞争能力,以及凭借于泰国、马来西亚、越南、菲律宾及中国之配额资源及生产设施之支持下,进一步拓展非丝绸服装制衣业务。出口业务方面,集团将继续令产品组合更趋多元化,及扩大出口市场之地区分布。为减低因美国经济放缓而带来之负面影响,集团将继续加强设计及销售人员实力。集团近期更将业务扩展至中国零售市场,为其长远之多元化策略做好准备。于未来两年,集团计划每年完成增设不少于 15 家 Betu 品牌之零售店,以及将着重于第一线主要城市开设自行营运之零售店。于 2002 年 7 月中,集团共有 68 家零售店投入营运。此外,集团披露将于 2002 年 10 月推出一个新品牌,初步计划该新品牌于 2003 年 3 月前将开设 3 至 4 家零售店。

【主要资产/投资(3/2002)】 现金净额约 3.18 亿港元;及物业、厂房及机器之账面净值合共约 1.694 亿港元。

实力国际集团有限公司

【公司概况】 股票代码 0519,集团主席洪建生,发行股本(股)941M,票面值(港元)0.200,市价总值(港元)56M。

【公司业务】 该集团之核心业务为在香港及中国从事设计、制造、推广及分销电子消费品及保安产品,以及物业投资及发展业务。现时,集团之收入及资产主要来自目前在香港联交所上市之附属公司实力中国投资有限公司(实力中国)。实力中国主要从事 (1) 物业投资;(2) 以原设备制造及原设计制造方式制造及买卖电子产品 (如个人计算机连接器) 及其它电子产品;及 (3) 生产各类中草药保健品,例如灵芝、冬虫草、polygonum multiflorum thumb、营养草药及纳米技术之保健产品。

【主要资产/投资(6/2002)】 实力中国投资有限公司(74.99%);实力电子有限公司(100%);惠阳县淡水新阳城建设有限公司(60%);及江门实力发展(地产)有限公司(100%)。

首长科技集团有限公司

【公司概况】 股票代码 0521,集团主席曹忠,发行股本(股)803M,票面值(港元)0.250,市价总值(港元)385M。

【公司业务】 该集团之主要业务为 (1) 制造及销售电话线及配件、电源线、变压器及电子产品;(2) 制造及销售印刷电路版;(3) 制造及销售高度精密金属计算机部件;以及 (4) 提供货运代理及运输服务。截至 2001 年 12 月止之年度,集团整体业务受到全球经济衰退影响,录得约 6,270 万港元之亏损,包括合共 2,290 万港元之其它营运费用、940 万港元之过时存货拨备、1,960 万港元为出售澳洲附属公司亏损,以及 200 万港元为共同控制公司作出额外撇账。在此困难之经营环境下,集团已完成内部架构重组,及成立中央营运部门,以强化各业务部门之制造成本动态监控。

【主要资产/投资(12/2001)】 三泰实业有限公司(100%);Hop Cheong Holdings Ltd.(100%);普林集团有限公司(100%);SCT 电子有限公司(100%);及三泰集运有限公司(100%)。

ASM Pacific Technology Ltd.

【公司概况】 股票代码 0522,集团主席 PRADO H. del Arthur,发行股本(股)383M,票面值(港元)0.100,市价总值(港元)8,797M。

【公司业务】 该集团于 2001 年继续成为全球第二大半导体装嵌设备制造商。集团之主要业务为设计、制造及推广半导体工业所用之器材、工具及物料,其主要产品包括 (1) 金线及铝线焊接机、(2) 管芯焊机、(3) IDEALine 自动化设备、(4) 晶积度焊珠距阵分离系统、(5) 后塑封设备、(6) 高精准之激光二极管焊机,以及 (7) 全面的引线框架或金属性基板之(晶积度包装)包装方案—QFN 等。此外,集团于 2001 年推出之先进产品 AB339 Eagle 亦获得市场之赞赏。于 2002 年,集团已预算投入 1.5 亿港元作为研究发展开支,该笔款项主要用作添置分析设备、支持研究发展、物流及管理信息之软硬件、用于其它矩阵引线框架产品之冲压模具,以及提升 QFN 蚀片生产之机器。展望将来,集团将进一步进军光纤通讯配件业及扩阔其产品系列,研发光纤调准及有超微米准确度之焊接机。

【主要资产/投资(12/2001)】 现金结余净额约为 4.50 亿港元;存货之账面净值约为 6.072 亿港元;以及厂房及机器之账面净值约为 5.879 亿港元。

E—Kong Group Ltd.

【公司概况】 股票代码 0524,集团主席 Richard John Siemens,发行股本(股)471M,票面值(港元)0.010,市价总值(港元)107M。

【公司业务】 该集团为为业内一家独特之汇聚式供货商,借着互联网为媒体,透过汇聚式服务入门网站进军其它具庞大收入的基础行业,以开拓现有之收益来源。集团积极创造、经营及投资于互联网及电子商贸之发展,主要针对服务欠佳、透明度偏低,或以传统方式经营之行业。现时,集团创造及经营三个汇聚式服务入门网站,分别为 IDD 国际长途电话服务入门网站 ZONE、保险服务入门网站 speedinsure 及企业活动统筹服务入门网站 EventClicks。透过此等品牌之汇聚式服务入门网站,将销售、服务、交付、发单及结帐等程序完全整合,提供一个全面而理想之一站式服务给网上客户。截至 2001 年 12 月止之年度,集团录得之营业额约 2.64 亿港元,较上年度增长 164%。然而,集团仍于年内录得 6.81 亿港元之巨额亏损。集团于年内之经营亏损为 2.53 亿港元,而非经常性亏损则为 4.27 亿港元,大幅亏损乃主要由于集团投资减值拨备,以及商誉及无形资产撇账所致。于 2001 年,集团成功完成基准为每一股供两股之供股事项。完成供股后,Richard John Siemens、Kuldeep Saran 及 William Bruce Hicks 成为集团之股东。值得注意的是,彼等皆为 Sunday Communications Ltd. 之董事。集团之新管理层预期 ZONE 业务将成为集团主要收入增长之动力,而 ZONE1511 之香港及新加坡业务亦将为集团带来理想之现金流量。彼等亦打算划拨大部份可供动用资源于发展 ZONE 之美国业务上。

【主要资产/投资(12/2001)】 机械及设备之账面净值约 2.004 亿港元;及现金结余净额约 1.022 亿港元。

广深铁路股份有限公司

【公司概况】 股票代码 0525,集团主席江林洋,发行股本(股)1,

431M,票面值(港元)1.000,市价总值(港元)2,018M。

【公司业务】 该集团主要从事经营广州至深圳间之铁路车站客货运输业务,及与香港九广铁路公司合作经营广九直通车旅客运输业务。集团为广深铁路之独立经营者,广深铁路全长147公里,贯穿中国广东省经济高速增长之珠江三角洲,连接京广、京九、三茂、平南、平盐,以及香港九广铁路,为中国华南地区交通网络之重要组成部份。此外,广深铁路为中国铁路干线与港口连接紧密之铁路,分别与广州广州港及深圳盐田港、蛇口港、赤湾港、妈湾港连接,范围涵盖广州、珠海、中山、顺德、增城、东莞、番禺、深圳及香港等地。

【主要资产/投资(12/2002)】 现金结余净额约19.80亿港元;及其它固定资产按账面净额约81.28亿港元〔注:固定资产主要包括路轨、桥梁及维修服务道路、机车及车厢、国内之楼宇、在建工程,以及其它机器与设备〕。

通达工业(集团)有限公司

【公司概况】 股票代码0526,集团主席江益明,发行股本(股)869M,票面值(港元)0.100,市价总值(港元)91M。

【公司业务】 该集团主要从事制造、推广、买卖及分销广泛系列之塑料及五金日常家居用品、厨房用具、浴室用品及礼品予中国及海外市场。现时,集团之生产基地可提供原件生产及原件设计服务。此外,集团广受欢迎之樱樱品牌,畅销全中国,销售点超逾3,000个。截至2002年3月31日止之年度,日常家居用品及厨房用具之销售占集团总营业额之绝大部份,分别占去52%及36%。以地区计算,北美洲及中国大陆为集团之两大市场,分别占集团总营业额61.5%及30.5%。目前,集团之直接销售网络覆盖全中国29个主要城市。在过去数年间,集团之财政状况极受金融风暴影响。惟于2000年12月落实债务重组计划后,集团可专注于发展核心业务及按时减少负债。截至2002年3月止之年度,集团之业绩得到重大改善,录得纯利约1,569万港元。

【主要资产/投资(3/2002)】 金达塑料五金制品(深圳)有限公司(100%);励高(中国)有限公司(100%);江氏通达有限公司(100%);金达实业有限公司(100%);骄铭有限公司(100%);及Magicgrand Development Ltd.(100%)。

新龙国际集团有限公司

【公司概况】 股票代码0529,集团主席林森桂,发行股本(股)269M,票面值(港元)0.100,市价总值(港元)94M。

【公司业务】 该集团主要从事分销计算机产品及相关软硬件产品,以及提供相关顾问服务。现时,集团之分销网络集中于亚太地区,主要市场包括香港、中国、新加坡、泰国及马来西亚。截至2001年12月止之年度,集团已为旗下SiS Netrepreneur Ventures Corp.持有之投资组合作减值亏损。于年内,集团继续与其业务伙伴保持和谐关系。日后,集团亦将拓展其计算机分销业务,以及投资于计算机化之信息管理系统,藉以提升集团之整体营运。

【主要资产/投资(12/2001)】 投资物业约值6,980万港元;欧龙国际贸易(上海)有限公司(100%);创龙贸易(上海)有限公司(100%);SiS Technologies Pte. Ltd.(100%);SiS Distribution (M) Sdn. Bhd.(100%);Einfoasia.com (S) Pte. Ltd.(70%);Cable Media (Asia) Pte. Ltd.(60%);SiS Distribution (Thailand) Co. Ltd.(75%);Metier Career Management Pte. Ltd.(60%);SiS Netrepreneur Ventures Corp.(100%);Pericomp SisTech Sdn. Bhd.(20%);及Inchone.com Pte. Ltd.(24.13%)。

广益国际集团有限公司

【公司概况】 股票代码0530,集团主席KWEE Cahyadi Kumala,发行股本(股)3,993M,票面值(港元)0.010,市价总值(港元)52M。

【公司业务】 该集团主要从事生产及分销中国酒类产品,而电子配件业务及鸵鸟业务已分别于2000年初及2002年初终止经营。截至2001年12月止之年度,酒类业务及鸵鸟业务仍为集团之主要收入来源,分别占集团总营业额79%及21%。集团绍兴酒在中国及日本市场之销售量于年内均录取率满意之增长。集团将部份新推出之绍兴酒定位为健康饮料,以吸引消费者之接受。自与日本最大酒类分销商之一Suntory合作后,集团出口至日本之酒类产品销售量稳步上升。惟集团之鸵鸟业务,因全球鸵鸟皮革价格不断下降,导致集团在南非之附属公司出现现金周转问题。最后,集团在南非之附属公司已于2002年1月29日接获南非高等法院发出清盘令。至于持有11.4%股权、位于印尼之投资项目Pan Asia Sat Media,由于互联网市场持续疲弱,集团已于2001年12月止年度为此项投资作出1.547亿港元之减值亏损。

【主要资产/投资(12/2001)】 中国绍兴酒集团(香港)有限公司(100%);东风绍兴酒有限公司(49%);港荣行有限公司(100%);及益宝生物科技(韶关)有限公司(70%)。

王氏港建国际(集团)有限公司

【公司概况】 股票代码0532,集团主席王忠桐,发行股本(股)693M,票面值(港元)0.100,市价总值(港元)163M。

【公司业务】 该集团为一投资控股公司,主要从事买卖及分销用以制造印刷电路板及电子产品之化学品、物料及设备;以及为原产品客户制造电器及电子消费产品。截至2001年度,集团整体业务受到全球经营衰退影响,营业额及经营利益分别下跌2%及49%。尽管电子业之市况恶劣,集团预期原产品制造业务于来年将能维持与2000年相若之水平。此外,为提高生产效率及减低生产成本,集团已将生产设施迁移至位于中国东莞常平之王氏港建科技城。

【主要资产/投资(12/2001)】 台湾港建股份有限公司(84.93%);东莞王氏港建电子有限公司(100%);东莞港建摩顿光像薄膜有限公司(100%);王氏港建中国有限公司(100%);Wong's Kong King (Singapore) Pte Ltd.(100%);WKK PCB Trading Pte Ltd.(100%);王氏港建科技有限公司(100%);及Wong's Kong King (Malaysia) Sdn. Bhd.(100%)。

金利来集团有限公司

【公司概况】 股票代码0533,集团主席曾宪梓,发行股本(股)937M,票面值(港元)0.100,市价总值(港元)459M。

【公司业务】 该集团之主要业务为(1)制造、推广及分销金利来品牌之服装服饰及配件,主要市场包括中国大陆、香港及新加坡;(2)在中国大陆及香港从事物业投资;以及(3)发展以物业及网络为主体,集商务、零售、咨询服务、物业管理与电子商贸于一体之商业网络。截至2001年度止,集团约76.9%营业额来自中国市场,其次较重要之市场分别为香港(10.7%)及新加坡与马来西亚(11.9%)。在业务分类方面,服装服饰业务仍为集团之核心收入来源,占集团总营业额约92.5%,而其余则来自其商业网络业务。

【主要资产/投资(12/2001)】 现金结余净额约2.207亿港元;投资物业约值7.819亿港元;及其它物业约值6.033亿港元(其中约64%之物业位于中国大陆,而其余则位于香港)。

威新集团有限公司

【公司概况】 股票代码0535,集团主席蒋小明,发行股本(股)2,836M,票面值(港元)0.100,市价总值(港元)309M。

【公司业务】 该集团主要从事发展及管理商业园;物业投资、发展及管理;以及投资信息科技及发电厂基建项目。于2001年度内,集团已将业务重点转移至高增长之中国大陆市场,专门提供综合商业园及房地产解决方案,以及配套之高科技网络及商业支持服务。集团之旗舰商业园项目深圳威新软件科学园位于深圳市高新技术产业园区南区,为跨国公司及以香港为基地之外国高科技企业提供进入中国市场之理想商业门户。深圳威新软件科学园拟建之楼面面积约60万平方米,计划分三期完成。深圳威新软件科学园第一期(由两幢智能大厦组成)已于2001年3月竣工,而第二期则预期于2004年底前完成。于2002年4月,集团亦伙同清华大学在北京清华科技园二期内共同发展及管理商业园。据2001年年报披露,集团亦透过组成策略性联盟或与当地伙伴合作,在中国其它主要城市洽谈发展商业园机会,其目标为发展一个覆盖全国之商业园网络,为客户建造世界水平之基础商业园设施及提供相关之科技服务。至于集团之物业业务,其物业组合过去大部份皆位于香港。然而,本地物业市场持续表现疲弱对集团之物业业务之整体表现产生负面影响,而集团亦已于2001年度内为香港物业项目作出2.36亿港元之拨备。因此,集团遂进军中国房地产业务,展开其两大住宅发展项目,分别为北京蝶翠华庭及大连雅景华庭。于2002年中,集团亦出售其位于屯门海澄轩空置单位及泊车位予中国置地有限公司(中置),以交换中置位于北京之物业发展项目权益。日后,集团将在中国其它主要城市寻求发展商机,包括上海、深圳、广州及成都等。另一方面,集团于2002年5月以总代价1.404亿港元收购CyberCity Investments Ltd.(CCI)之全部权益。CCI已成立若干附属公司开发三项核心业务,分别为(1)教育及培训服务;(2)本地化及业务咨询服务;以及(3)信息科技基础设施及数据中心相关服务。

冠华国际控股有限公司

【公司概况】 股票代码 0539，集团主席李铭洪，发行股本(股)500M，票面值(港元)0.010，市价总值(港元)1,338M。

【公司业务】 该集团主要从事提供布料针织、漂染及整理服务，以及买卖成衣制品业务。截至 2002 年 3 月止之年度，集团之营业额主要来自香港（40.2%）、美国（28.6%）及中国（13.0%）。另一方面，布料针织、漂染及整理业务仍为集团主要收入来源，于年内占总营业额约 66.3%，而余下之 33.7%则来自成衣买卖业务。尽管全球经济衰退，集团之业务于年内仍录得稳定增长，主要由于在 2001 年 4 月收购成衣贸易附属公司福源国际有限公司(福源)之 51%权益。福源之客户包括美国、英国、加拿大及墨西哥等主要市场之知名百货公司/连锁店以及入口商。随着其美国及欧洲之现有知名客户及新客户之销售持续扩展，预期福源之业务将大幅增长。至于针织布料业务方面，于 2001 年底前竣工及投产之燃煤热电生产设施令集团进一步节省成本。为迎合不断增长之市场需求，集团将于来年投入约 6,000 万港元作资本开支，以扩充及改良生产设备。预期完成安装所有新机器后，新会厂房之生产能力将会倍增至每月 600 万磅。

【主要资产/投资(3/2002)】 新会市冠华针织厂有限公司(100%)；新会市扬名针织厂有限公司(90%)；冠华针织厂有限公司(100%)；福源国际有限公司(51%)；CSG Apparel Inc.(51%)；德臣实业有限公司(77.78%)；及 Winning Zone Inc.(100%)。

马联香港有限公司

【公司概况】 股票代码 0542，集团主席邱继炳，发行股本(股)2,415M，票面值(港元)0.200，市价总值(港元)121M。

【公司业务】 该集团主要从事提供旅游及旅游相关服务、酒店投资及酒店管理、物业发展及物业代理服务。于 2001 年度，旅游及旅游相关服务及物业发展及物业代理服务仍为集团主要收入来源，分别占集团总营业额约 75.7%及 20.7%。由于消费意欲呆滞及竞争激烈，旅游及旅游相关业务之营商环境于年内持续困难。相反地，集团之物业发展及物业代理业务继续表现良好，为集团最赚钱之部门。为于中国大陆开拓更多商机，集团已成立北京星晨方舟国际旅行社(星晨旅游(北京))，星晨旅游（北京）由星晨旅游拥有 49%权益及国营首旅集团拥有 51%权益。星晨旅游（北京）专注于国内及国际入境之旅游。物业相关业务方面，集团将继续巩固其主要品牌星晨，并加强其中国物业发展项目在设计、布置、装修、管理服务及会所设施等方面之竞争力。

【主要资产/投资(12/2001)】 待售物业及待售发展中物业分别约值 1.23 亿港元及 1.02 亿港元（为中山市星晨花园物业权益)；香港湾仔国卫中心 13 及 14 楼及四个泊车位(100%)；星晨财务有限公司(54.8%)；星晨旅游有限公司(100%)；Hyde Park(40%)；及 Morning Star Holdings (Australia) Ltd.(69.5%)—持有位于雅特莱之 Corus Grosvenor 酒店。

大同集团有限公司

【公司概况】 股票代码 0544，集团主席彭德忠，发行股本(股)3,000M，票面值(港元)0.010，市价总值(港元)165M。

【公司业务】 该集团主要从事（1）建筑工程合约及销售混凝土产品；(2) 制造及销售金属产品；(3) 销售钢产品；及（4）制造及销售混凝土桩及螺旋管。集团主要产品包括蒸压护养轻混凝土产品及工字桩。此外，于 2000 年 6 月完成收购高力金属制品厂有限公司之 100%权益后，集团已将业务扩展至钢筋网、冷轧钢筋及扩张金属产品予强化混凝土，作为楼宇建筑、铺路及预制混凝土产品之用途。于 2001 年 8 月，集团亦推出新投资、具有环保概念之建筑材料半预制混凝土板(大同超强板)。市场对该产品之反应非常良好，惟该产品仍处于开发阶段，故短期内未能为集团带来利益。集团对该产品之前景抱乐观态度。由于地产市道呆滞，尤其集团之前过份依赖公共房屋市场，集团蒸压护养轻混凝土产品之销售严重下跌。因此，为减低对公共房屋市场之依赖，集团已努力发掘新机会促销产品，以应用于私营及土木工程项目上。

【主要资产/投资(12/2001)】 大同亚洲有限公司(100%)；Daido Building Materials Ltd.(100%)；Daido Home International Ltd.(100%)；大同预制件有限公司(100%)；高力金属制品厂有限公司(100%)；及营通香港有限公司(100%)。

奥亮集团有限公司

【公司概况】 股票代码 0547，集团主席松田淹洲，发行股本(股)4,382M，票面值(港元)0.010，市价总值(港元)83M。

【公司业务】 该集团主要从事（1）消防系统之合约工程业务；(2) 消防系统之维修保养及服务业务；以及（3）消防系统所用之喉管、装备与其它零件之贸易及采购。为配合其现有之业务，集团于 2001 年 2 月以发行新股、现金 700 万港元及转让全资附属公司 Mansion China40%股权方式，收购美图集团 100%股权。美图集团为香港一家著名防火工程公司，从事防火系统之供应、安装及维修业务，并提供可循环再用及重新添置之环保灭火物料服务。由于香港合约工程不景气，集团正积极分散其业务至电机工程领域，藉以提升集团于竞投整项工程服务之竞争力。中国大陆市场方面，集团计划把握中国入世及即将举办 2008 年奥运会所带来之商机。有见及此，集团于 2002 年 1 月 11 日与浙江万安达消防设备有限公司合组一家名为浙江万安达民信消防系统有限公司之合资公司，为中国及海外市场之工商业消防工程提供优质之消防系统及产品。

【主要资产/投资(12/2001)】 投资物业及土地及楼宇合共约值 1.44 亿港元（注：大部份物业在香港作商业用途）。

深圳高速公路股份有限公司

【公司概况】 股票代码 0548，集团主席陈潮，发行股本(股)748M，票面值(港元)1.000，市价总值(港元)1,532M。

【公司业务】 该集团之主要业务为在中国深圳市内建造、经营及管理共七条收费公路及高速公路。由集团之高速公路及国道所构成之完整公路网在深圳市公路运输中扮演重要角色，将深圳之主要港口、机场、海关及工业区连成一体。该公路网构筑了连接深港两地，并成为珠江三角洲地区之公路主信道。截至 2002 年年底，集团拥有之收费公路总里长约为 200 公里。尽管 205 国道及机荷东段受到新开通之深圳水官高速公路（水官高速）之分流影响，集团其它收费公路（尤其为机荷西段）表现良好，于年内录得稳定之路费收入。于 2002 年 12 月，集团收购水官高速之 40% 权益，并继续发展水官高速之连接段，以接通深圳市中心城区。至于盐坝高速公路 B 段之兴建工程，预期将于 2003 年 7 月建成。另外，集团于 2003 年 3 月 18 日订立协议，以代价 19.3 亿元人民币转让 107 国道及 205 国道之产权予深圳市交通局。完成出售非高速公路资产后，集团余下之公路基建项目主要为收费高速公路。展望将来，集团将不断在深圳、珠江三角洲地区及中国其它地区发展及收购优质公路项目。据披露，集团最近正进行准备深圳盐排高速公路之工作项目，盐排高速公路为一条主要疏港快速干道。盐排高速公路之投资估算约 11.89 亿元人民币，预期于 2003 年首季动工兴建，于 2005 年建成。

【主要资产/投资(12/2002)】 107 国道(深圳段)(100%)；205 国道(深圳段)(100%)；深圳机荷高速公路(西段)(100%)；深圳市盐坝高速公路(100%)；深圳市梅观高速公路(95%)；深圳机荷高速公路(东段)(55%)；湖南省长沙市国道绕城高速公路(西北段)(51%)；龙岗二信道(40%)；深圳高速广告有限公司(60%)；深圳高速工程顾问有限公司(70%)；及深圳市梧桐岭索道有限公司(40%)。

裕元工业(集团)有限公司

【公司概况】 股票代码 0551，集团主席蔡其能，发行股本(股)1,595M，票面值(港元)0.250，市价总值(港元)31,895M。

【公司业务】 该集团为全球最大主要国际品牌运动鞋及便服鞋制造商，在品牌运动鞋及便服鞋国际市场约有 16% 市场占有率。集团之全球鞋类品牌客户包括 Nike、adidas、Reebok、New Balance、Asics、Timberland、Rockport 等。截至 2002 年 9 月止之年度，美国及欧洲为集团鞋类产品之两大主要市场，分别约占其总营业额 51.6% 及 27.2%，其它市场包括亚洲（13.8%）、南美洲（3.0%）及加拿大（2.0%）。现时，集团之生产设施主要位于中国大陆、越南及印尼，于 2002 年 9 月拥有合共 254 条生产线。于 2002 年度内，集团之总产量为 1.304 亿对，较 2001 年度之 1.135 亿对增加 14.9%。于 2002 年 2 月，集团收购于新澧集团有限公司之间接权益，该公司之主要业务为从事鞋类产品制造及贸易业务。此外，集团亦于 2002 年 4 月成立合资企业宝线物流有限公司，作为鞋业、成衣业及电子业之主导物流服务供货商。该合资企业旨在提供全面协作网络，建立流通信息服务，以提升集团之生产效率及竞争力。另一方面，集团于 2002 年 11 月以总代价 4.27 亿美元向母公司收购于 67 间从事上游制鞋材料生产公司（包括原材料、生产工具及制鞋配件）之权益，纵向拓展其鞋类制造业务。此项收购更令集团可独立生产鞋类材料及配件，减低对外之依赖。至于国内业务方面，集团已在广州、上海、北京、天津、深圳及珠海建立一个拥有 495 名批发经销商及 98 间销售品牌运动鞋及服饰产品之网络。

【主要资产/投资(9/2002)】 Pou Chen Vietnam Enterprise Ltd.(100%);Pou Yuen Vietnam Enterprise Ltd.(100%);P. T. Nikomas Gemilang(99.38%);P. T. Pou Chen Indonesia(90%);宝源工业(集团)有限公司(100%);Pou Yuen Fa Ta Ltd.(100%);Pou Yuen Int'l Ltd.(100%);Technic Holdings Corp.(100%);Yue Yuen Int'l Ltd.(100%);Solar Link Int'l Inc.(100%);Ka Yuen Rubber Factory Ltd.(50%);及 Rising Developments Ltd.(23%)。

南京熊猫电子股份有限公司

【公司概况】 股票代码 0553,集团主席李安建,发行股本(股)242M,票面值(港元)1.000,市价总值(港元)353M。

【公司业务】 该集团主要从事开发、生产及销售移动通信系统、卫星通信系统、信息科技及机电仪产品。集团之注册商标熊猫为中国电子信息产业内之著名商标。于 1999 年及 2000 年期间,集团进行重大资产重组,将原有之彩电核心业务出售予母公司熊猫电子集团有限公司。此后,集团已将业务从消费类电子转型至电讯与信息产业。为加强国际合作,集团已与爱立信、夏普等跨国公司建立策略性合作关系。于 2001 年度,集团持有 43% 权益之南京爱立信熊猫通信有限公司获得联通集团价格 17 亿元人民币之 CDMA 合约,为集团之通讯及信息科技业务带来一个好开始。集团预期在中国之通讯及信息科技业务将成为其重要之收益来源及增长动力。

【主要资产/投资(12/2001)】 南京爱立信熊猫通信有限公司(43%);南京爱立信熊猫终端有限公司(35%);南京夏普电子有限公司(30%);深圳市京华电子股份有限公司(38.03%);江苏省软件产业股份有限公司(35%);南京熊猫电子设备厂(99.11%);南京熊猫仪器仪表有限公司(70%);深圳市熊猫电子有限公司(95%);及南京熊猫信息产业有限公司(72%)。

智业控股有限公司

【公司概况】 股票代码 0554,集团主席戴伟,发行股本(股)990M,票面值(港元)0.100,市价总值(港元)644M。

【公司业务】 于 2002 年 3 月止之年度内,该集团进行连串重组,以及分拆其核心手袋及行李箱业务。紧随理文手袋国际有限公司于香港联交所独立上市后,集团概无经营手袋及行李箱业务。至于卡式录音带业务方面,由于集团对该业务之前景不表乐观,因此集团已于结算日后以代价 5,000 万港元出售该业务之全部权益。现时,集团主要在中国从事纸制包装业务。纸制包装业务方面,集团预期该业务将持续饱受业内激烈竞争之沉重打击。为变现纸制包装业务,集团亦于 2002 年中以代价 9,310 万港元出售纸制包装业务之 49%权益。据 2002 年年报披露,集团计划继续开拓新业务机会,以及分散业务至其它具业务潜力及增长前景之行业,包括石化产品贸易、向中国以至跨国电油及燃气公司提供石化产品储存设施及运输服务,以及投资中、港两地之物业市场。

【主要资产/投资(3/2002)】 理文实业有限公司(100%)。

御泰金融控股有限公司

【公司概况】 股票代码 0555,集团主席杜树辉,发行股本(股)600M,票面值(港元)0.100,市价总值(港元)276M。

【公司业务】 集团主要从事提供一系列金融服务,包括证券、购股权及期货买卖、证券保证金融资、放债事务、资料研究、企业融资及资产管理服务。证券、购股权及期货买卖业务为集团营业额作出主要贡献,该业务约占集团 2001 年度总营业额 67.7%。于年内在铜锣湾及元朗新增两家分行后,集团现时拥有四家分行网络,并将继续在主要地区争取开设其它分行,进一步吸纳该地区之客户。此外,集团亦会继续与六福证券有限公司(六福)保持紧密合作,透过于六福北角及旺角之分行共同发展证券交易业务。至于集团之网上交易平台,网上股票交易服务已于 2001 年 12 月推出市场,而安装具有网上交易功能之恒指期货电子交易系统亦已于 2002 年初着手进行。于 2002 年 3 月,集团现时最大股东马来西亚上市公司 OSK Holdings Berhad 同意以约 1.96 亿港元代价出售其持有全数之集团股权予 Kingly Profits Corporation(由台资鼎康御泰证券及御泰融资之主席陈孝聪先生持有 20%股权)。

【主要资产/投资(12/2001)】 现金结余净额约 1.856 亿港元;香港上市证券按市值计约为 2,090 万港元;非上市海外单位信托基金之账面值约为 1,948 万港元;及 I. T. &e Ltd.(7.48%)— 澳洲上市公司,主要从事提供信息科技及电子商贸服务之业务。

城市 e—Solutions 有限公司

【公司概况】 股票代码 0557,集团主席郭令明,发行股本(股)383M,票面值(港元)1.000,市价总值(港元)333M。

【公司业务】 随着于 2000 年 8 月转让 Millennium & Copthorne Hotels plc.(M&C)之全部股权予新加坡上市母公司城市发展有限公司后,该集团已转型成为酒店业提供全球商业对商业解决方案之供货商。于 2000 年度,集团已投资 2,800 万美元收购 SWAN Holdings Ltd.(SWAN)之 85% 权益(其余之 15% 权益由 M&C 所持有)。SWAN 为一综合商业及科技解决方案供货商,专门为客户提升其酒店之表现潜力。现时,SWAN 之核心业务单位主要包括:(1)酒店管理公司 Richfield;(2)订房服务供货商 Sceptre;(3)综合网上风险管理服务供货商 Shield;及(4)大批购货及电子采购工具 Source。据集团解释,全球酒店业受到全球经济放缓直接影响,尤其于美国九一一事件发生后。于 2002 年初完成业务回顾后,集团已决定缩减业务发展规模。此外,集团亦于 2002 年上半年产生一次过重组费用估计达 1,720 万港元。

【主要资产/投资(12/2001)】 现金结余净额约 5.02 亿港元。

精艺集团国际有限公司

【公司概况】 股票代码 0559,集团主席赖锦荣,发行股本(股)346M,票面值(港元)0.100,市价总值(港元)19M。

【公司业务】 该集团主要从事(1)设计、生产及销售用于装饰之仿真植物(主要包括仿真圣诞树、仿真花及其它素叶类产品);(2)提供多媒体服务;(3)提供汽车防盗及追踪服务;以及(4)透过互联网入门网站销售节目性产品。于 2001 年度,仿真圣诞树之销售仍为集团主要之收入来源,占集团总营业额约 59.3%。另一方面,仿真花及其它素叶类产品之销售约占 14.3%,而多媒体业务则约占 24.4%。于 2001 年内,集团已将第三代光纤圣诞树及其它外围圣诞产品推出市场,并获得良好之市场反应。据 2001 年年报所披露,集团现正开发另一种全新产品,此产品不单只领导塑料树市场,亦将为整个行业带来一个革命性之突破。在多媒体业务方面,集团已成功在中国国内超过 100 多家电视台发行 60 小时之电视剧集,并先后在台湾、新加坡、美国、加拿大及越南等地完成销售。尽管多媒体业务于年内表现未如理想,集团预期中国政府有关广播部门重组及电视台整合之工作完成后,将为集团带来更多商机。至于集团投资之广东永华新电子网络发展有限公司,其旗舰产品汽车防盗及追踪系统(CAS)已分别于 2001 年 8 月及 2002 年 1 月在西安市及广州市推出。集团对该市场深表乐观,并计划进一步开拓拥有庞大需求之中国大陆市场。

【主要资产/投资(12/2001)】 东莞联艺塑料制品有限公司(100%);威海精艺塑料制品有限公司(100%);精艺多媒体有限公司(60%);广东永华新电子网络发展有限公司(70%);陕西新盾安全科技有限公司(56%);及 e—Business Integrated Technology Ltd.(80%)。

珠江船务发展有限公司

【公司概况】 股票代码 0560,集团主席梁永久,发行股本(股)750M,票面值(港元)0.100,市价总值(港元)570M。

【公司业务】 该集团提供珠江三角洲港口与香港之间多类型之内河货物运输服务,为内河货物运输业内最具优势之企业。集团之核心业务包括(1)船舶代理、内河货物直接装运及转运;(2)码头货物处理、货物并装及仓贮服务;(3)货柜拖运;及(4)收费公路之策略性投资。于 2001 年度,集团持有 51% 权益之合营公司珠江海空联运有限公司(其余 49% 权益由香港空运服务有限公司持有),已于 2001 年 3 月正式开业运作,经营及管理香港国际机场及珠江三角洲之间之海运货柜码头,惟此项投资仍处于成长期。于年内,集团以总代价 5,228 万港元向珠江船务企业(集团)有限公司有条件收购南海、佛山、三埠、三水及高明五个合营码头之权益,该项收购预期可加强集团于内河货运业之竞争能力。

【主要资产/投资(12/2001)】 珠江中转联运有限公司(100%);珠江仓码运输有限公司(100%);珠江代理有限公司(100%);香港珠江货运有限公司(100%);珠江货箱运输有限公司(100%);珠江仓库物业有限公司(100%);珠江基建投资有限公司(100%);珠江内河货运码头有限公司(100%);珠江海空联运有限公司(51%);及深圳盐田港珠江集装箱运输有限公司(40%)。

保昌控股有限公司

【公司概况】 股票代码 0562,集团主席刘少荣,发行股本(股)302M,

票面值(港元)0.100,市价总值(港元)776M。

【公司业务】 该集团为以香港为基地之跨国货运及物流企业,所提供之服务包括航空及海路货运、第三者物流管理、海空联运、展品付运、航空包机、国际家居搬运服务、货运保险代理及大型项目运输等。集团提供之服务均有计算机化流程支持,货物资料可以电子数据联通标准传送,而付款人可在互联网上以 BALtrans 追查及跟踪系统实时查知货物运输情况。连同合营公司及代理,集团现时拥有超过 50 家办事处网络,为 50 多个国家逾 3,000 个客户提供服务。截至 2002 年 7 月止之年度,集团约 74.9% 及 17.0% 营业额分别来自空运及海运业务。按地区划分而言,香港继续为集团之主要市场,占其年内总营业额 62.0%,而另外两个主要市场则为北美洲 (25.0%) 及其它东南亚国家 (12.5%)。于年内,集团积极透过收购行动扩展其货运业务(例如加拿大之附属公司业务及新加坡若干较小规模之业务)。为进一步确立日益增长之国内市场之业务据点,集团已于 2002 年 3 月收购天丰国际空运有限公司(已改名 BALtrans Logistics (Qingdao) Ltd.)之重大权益,该公司活跃于青岛空运业,办事处遍及大连、天津及北京。此外,集团亦正洽商收购厦门一家货运公司之重大权益,该公司于福建省之福州及莆田均设有办事处。鉴于第三者物流管理业务预期将成为集团日后之高增长业务,集团将继续在此领域物色投资及收购机会,以进一步在第三者物流管理行业占一席位。

【主要资产/投资(7/2002)】 现金结存净额约 7,080 万港元;租约土地及楼宇(主要位于香港)之账面净值约 9,900 万港元;及于联营公司之投资按成本值约 1,460 万港元。

科建集团有限公司

【公司概况】 股票代码 0563,集团主席黎亮,发行股本(股)2,076M,票面值(港元)0.010,市价总值(港元)183M。

【公司业务】 随着一连串业务重组后,该集团已逐步将业务重心转移至从事中国大陆之物业投资及发展业务。现时,集团之主要物业权益位于上海及北京。从前,集团在互联网激活及相关科技业务方面均有重大投资,然而大部份项目已被出售、重组及重估至更合理价值。由于为该等资产作出减值及出售亏损,集团录得巨额股东应占亏损约 3.416 亿港元。据披露,集团拟进一步扩大于中国大陆物业投资之组合。

【主要资产/投资(4/2002)】 Shanghai Xin Yao Development Co. Ltd.(39%);及北京新松家园房地产开发有限公司(12.6%)。

红发集团有限公司

【公司概况】 股票代码 0566,集团主席叶润权,发行股本(股)368M,票面值(港元)0.100,市价总值(港元)846M。

【公司业务】 该集团主要从事设计、制造及销售玩具业务,产品包括以本身之红盒品牌、客户之私人商标及客户来样设计方式制造。截至 2002 年 12 月止之年度,集团之主要产品系列可分为三大种类,包括学前及婴儿玩具 (37%)、女童玩具组合 (15%),以及男童玩具组合 (44%);而集团之产品主要出口至欧洲 (36.2%)、美国 (43.6%)、加拿大 (7.3%),以及亚洲及其它地区 (12.9%)。于年内,因为玩具业之竞争仍然激烈,集团之原设备制造/原设计制造业务持续倒退,然而销售额之下降已为集团自设品牌产品之增长所抵销。鉴于现时竞争激烈及不断上升之生产成本,集团将继续实行进一步自动化并更密切监察机器及设备之运作,藉以提升生产效率。此外,由于产品开发将继续成为业务之主要动力,集团将继续加强其研究及开发活动。截至 2002 年 12 月止之年度,集团持有现金结余净额约 1.96 亿港元,手头上并无负债。

【主要资产/投资(12/2002)】 东莞大发玩具厂有限公司(100%);东莞东发玩具厂有限公司(100%);红发实业(深圳)有限公司(100%);红盒玩具厂有限公司(100%);大发玩具厂(中国)有限公司(100%);红发玩具厂有限公司(100%);骏发玩具厂有限公司(100%);RBI Distributors Ltd. (100%);及 RBI Toys Inc. (100%)。

秀华国际集团有限公司

【公司概况】 股票代码 0567,集团主席陈锡明,发行股本(股)466M,票面值(港元)0.100,市价总值(港元)137M。

【公司业务】 该集团主要从事制造及销售线路板业务。截至 2002 年 3 月止之年度,集团之线路板业务继续受到全球对电子及通讯产品之需求表现呆滞之影响。为改善边际利润,集团将增加生产多层线路板之比例。此外,集团亦于年内在中国惠州市成立一幢更大之新厂房,以加强线路板之生产能力及生产量。据披露,集团已为新厂房购买价值达 9,000 万港元之机器及设备。在投资一家从事发明及发展语音互动汽车导航系统之公司方面,集团已出售该项投资,并录得约 1,250 万港元之亏损。在未来,集团将集中资源于线路板业务。

【主要资产/投资(3/2002)】 寿幸科研有限公司(100%);大昌微线有限公司(100%);华锋微线电子(惠州)工业有限公司(100%);及寿华(惠州)电子工业有限公司(100%)。

荣山国际有限公司

【公司概况】 股票代码 0570,集团主席何浩昌,发行股本(股)829M,票面值(港元)0.100,市价总值(港元)315M。

【公司业务】 该集团主要在中国广东省佛山市从事发电及电力销售业务。于 2001 年 12 月止之年度内,由于广东省经济有较强劲增长,佛山市之电力需求维持理想增长。佛山市沙口发电厂之平均使用率大约为 52%。于可见将来,集团计划于 2003 年为其电力生产设施大维修期间进行一项升级工程。集团已与一家欧洲设备供货商订立一份总代价为 1,950 万美元之大修合同。为着减低集团受燃油价格高企潜在挑战之敏感性影响,集团可能会重新考虑其现有状况,拓展一项持久性业务计划。

【主要资产/投资(12/2001)】 佛山市沙口发电厂有限公司(80%)。

丰德丽控股有限公司

【公司概况】 股票代码 0571,集团主席连宗正,发行股本(股)571M,票面值(港元)0.500,市价总值(港元)100M。

【公司业务】 丰德丽控股有限公司(丰德丽)为丽新集团成员之一,该集团已将传统酒店及酒楼营运及物业投资业务转型至互联网及与科技有关之多媒体业务。现时,集团专注于透过互联网及其它电子方式发展、经营及投资于电讯、传媒、娱乐及其它相关业务。截至 2001 年 12 月止之年度,东亚卫视有限公司(东亚卫视)之电视节目制作中心已于 2001 年第二季启用,而位于澳门特别行政区路?城之东亚卫视影城,由于需时落实设计图则细节,建筑工程进度稍为延迟。由东亚卫视于香港香港仔制作中心制作之中文电视节目,亦已于 2001 年 7 月正式于东亚卫视生活台启播。于年内,集团亦增持 Media Asia Holdings Ltd. (MAH)之股权至 35.13%,以及收购影艺顾问国际有限公司(影艺)之 50% 股权。MAH 之核心业务为制作、提供及发行电影、电视及其它媒体相关客户产品,而影艺则专门提供娱乐圈之艺人经理人服务。集团预期此等性质之业务可互相配合旗下其它媒体业务。

【主要资产/投资(12/2001)】 富丽华酒店企业有限公司应付债务约 15 亿港元(目前以年息 5% 计息);东亚卫视有限公司(香港)(100%);东亚卫视有限公司(澳门)(100%);HKATV. com Ltd. (50%);Media Asia Holdings Ltd. (35%);东亚娱乐有限公司(100%);Eastweek. com. hk Ltd. (50%);丽星(香港)广告有限公司(100%);及丽星(广州)广告有限公司(90%)。

展鸿控股有限公司

【公司概况】 股票代码 0572,集团主席杨宗旺,发行股本(股)383M,票面值(港元)0.100,市价总值(港元)M。

【公司业务】 该集团为中国之优质马口铁罐制造商,就生产用于包装食品及饮料之马口铁罐提供一站式服务。集团之主要业务为在中国从事制造及销售包装食品及饮料之马口铁罐。此外,集团亦提供马口铁之涂黄及印刷服务。截至 2002 年 12 月止之年度,马口铁之销售及马口铁涂黄与印刷服务分别占集团总营业额 83.3% 及 16.7%。集团生产之马口铁罐通常指中国包装工业所采用之三片罐,一般由集团所制造之最常见马口铁罐由三个组件组成(即圆柱形罐身、涂黄底盖及涂黄易拉盖)。目前,集团制造罐身及底盖,而易拉盖则采购自外间供货商。集团之生产设施主要设于中国福建省福清市。此外,集团亦向独立第三方租用位于中国山西省汾阳市之一座厂房。截至 2002 年年底,集团之马口铁罐年产力为 5.20 亿个罐,而马口铁之涂黄及印刷之年产力则为 36,696 吨马口铁。现时,集团拥有逾 60 家中国食品及饮料生产商之客户基础,主要客户包括福建台福食品有限公司、温州市太裕食品实业有限公司、山西大寨饮品有限公司及晋江罗山味力食品有限公司。为进一步扩阔其产品种类,集团计划推出喷雾罐、礼盒,及其它以储存瓶装酒类、杀虫剂及空气清新剂之马口铁容器。另外,集团亦计划安装多条生产线(包括两片罐生产线、喷雾罐生产线、金属容器生产线及马口铁涂黄及印刷生产线),以进一步扩大其生产设施。

励晶太平洋集团有限公司

【公司概况】 股票代码 0575,集团主席 BAILLIEU Anthony Robert,发行股本(股)1,100M,票面值(港元)0.010,市价总值(港元)297M。

【公司业务】 随着于 2000 年一连串菜市场重组及收购后,集团现正专注发展为私人股本投资者及投资经理人。目前,集团之主要业务包括资产管理、提供投资顾问服务、企业融资及顾问服务、物业管理、企业投资及互联网相关零售业务。集团最大单一资产为 KoreaOnline (KOL),KOL 原先为韩国一间综合财经服务的公司。然而,KOL 其中一名股东牵涉于贷款诈骗案,导致 KOL 之银行旗舰 Regent Merchant Bank (RM Bank) 出现挤提,令 KOL 失去保险旗舰 Regent Insurance 及 RM Bank 之控股权,而 RM Bank 亦已于 2001 年 6 月与另一家韩国银行合并。尽管失去银行及保险两间旗舰公司,KOL 仍持有两家证券行,并有意以纯粹代理之形式继续网上保险销售业务。于 2002 年 3 月止之年度内,KOL 之业绩录得改善,主要由于 Ileun Securities 回购股份存库及 Regent Securities 与 Ileun Securities 合并为 Bridge Securities 所致。除于 KoreaOnline 之投资外,集团亦持有一间以创业资本基准经营之科技投资公司 Interman Holdings Ltd. (Interman) 之 100% 权益。于年结时,Interman 之组合共有 26 项投资,其投资组合覆盖网上教育、平面荧幕科技、电子零售、网上占星术及博彩等。

【主要资产/投资(3/2002)】 KOL(40.2%);Interman Holdings Ltd.(100%);励晶财务顾问有限公司(100%);及 Regent Pacific Corporate Finance Ltd.(100%)。

浙江沪杭甬高速公路股份有限公司

【公司概况】 股票代码 0576,集团主席耿小平,发行股本(股)1,434M,票面值(港元)1.000,市价总值(港元)4,552M。

【公司业务】 该集团为中国浙江省政府之上市基建企业,从事投资、修建、经营及管理浙江省境内收费高速公路及一级汽车专用公路。集团经营之两条主要高速公路为 248 公里之沪杭甬高速公路及 142 公里之上三高速公路。除收费公路业务外,集团亦提供若干配套服务,如高速公路沿线之汽车维修、加油设施及广告牌等业务。透过联营公司中恒世纪科技实业股份有限公司,集团亦从事计算机技术(如物流管理及防伪保真系统)之开发及应用业务。于 2002 年 12 月止之年度内,集团以总现金代价 2.452 亿元人民币,收购上三高速公路额外 8.625 股权,令集团持有上三高速公路之权益由 63% 增持至 71.625%。另外,沪杭甬高速公路红垦至沽渚全长 44 公里之路段从四车道扩充至八车道之拓宽工程之进度略有超前,预期于 2003 年年底完工。至于第二期拓宽工程(大井至枫泾全长 95 公里之路段)及第三期拓宽工程(沽渚至大朱家全长 84 公里之路段),则预期分别于 2003 年第四季及 2004 年中展开。整个沪杭甬高速公路之拓宽工程预期于 2007 年年底完工,总投资额约为 47.8 亿元人民币。尽管集团已延迟发行 A 股之计划,集团已于 2003 年初成功发行 10 亿元人民币之企业债券,募集资金用于沪杭甬高速公路之拓宽工程项目。展望将来,集团将会继续参与有潜力之发展项目,进一步扩展其于浙江省内之收费公路资产组合。

【主要资产/投资(12/2002)】 杭甬高速公路(100%);上三高速公路(71.625%);沪杭高速公路之嘉兴段(99.993%);沪杭高速公路之余杭段(51%);沪杭高速公路之杭州段(100%);杭州石大公路(50%);浙江高速广告有限责任公司(70%);浙江高速石油发展有限公司(50%);及中恒世纪科技实业股份有限公司(27.582%)。

天网(国际集团)有限公司

【公司概况】 股票代码 0577,集团主席骆志浩,发行股本(股)4,507M,票面值(港元)0.020,市价总值(港元)45M。

【公司业务】 该集团主要从事 (1) 加工及批发云石及花岗岩,及云石铺砌服务;以及 (2) 提供互联网内容及电子商贸服务。截至 2002 年 3 月止之年度,由于本港建筑及物业市道低迷以及科技泡沫爆破,集团两项业务之表现继续受挫。集团位于中国清溪之云石及花岗岩加工厂亦于年内终止经营。于过去两年,集团已为固定资产及其它科技投资之减值亏损作出巨额拨备。集团之账面资本亦由 7.057 亿港元之盈余大幅下降至本年度之 810 万港元亏绌。据 2002 年年报所披露,集团计划收购药剂相关资产,有关磋商于 2002 年 7 月仍在进行中,该收购行动可能涉及配售集团之新股。

【主要资产/投资(3/2002)】 友晖云石有限公司(100%);东莞友晖云石厂有限公司(100%);东莞友联建筑材料有限公司(100%);创博数码科技集团有限公司(27.5%);股坛追击有限公司(43.71%);及大中华交易网有限公司(50%)。

恒发世纪控股有限公司

【公司概况】 股票代码 0578,集团主席陈进强,发行股本(股)7,522M,票面值(港元)0.010,市价总值(港元)75M。

【公司业务】 该集团主要从事 (1) 销售皮革服装、买卖及分销皮革、皮草及服装辅料配件;及 (2) 投资位于中国福建省一家燃煤发电厂。截至 2002 年 3 月止之年度,由于管理层对现时困难市况采取审慎态度,集团之皮革服装及皮草与皮革贸易业务仍以浓缩规模维持运作。在能源投资方面,集团于 2001 年 7 月订立协议,以现金代价 9,000 万港元增持一家位于中国福建省之燃煤发电厂龙岩恒发电业有限公司(龙岩恒发)之 27% 权益。完成收购后,集团于龙岩恒发之权益将增加至 39.6%。截至 2002 年 3 月止之年度,该能源投资之表现如集团预期般理想,并成为集团主要收益来源。展望将来,集团将继续在中国大陆发掘合适之投资机会,以开拓多元化业务及加强盈利基础。

【主要资产/投资(3/2002)】 龙岩恒发电业有限公司(39.6%);璐仙奴(国际)皮具时装有限公司(100%);海港(国际)贸易有限公司(100%);及冠联实业有限公司(51%)。

其士建筑集团有限公司

【公司概况】 股票代码 0579,集团主席周亦卿,发行股本(股)249M,票面值(港元)0.100,市价总值(港元)14M。

【公司业务】 该集团主要在香港从事楼宇建筑与保养及土木工程。截至 2002 年 3 月止之年度,楼宇建筑及保养业务仍为集团主要收入及盈利来源,而土木工程业务则于年内录得亏损。集团于年来之业绩大大改善,由截至 2001 年 3 月止年度之 2,766 万港元亏损,改善至 2002 年 3 月止年度录得纯利 672 万港元。鉴于建筑行业仍饱受本港物业市场呆滞之打击,集团截至 2002 年 3 月 31 日止尚待完成之手头建筑合约及土木工程合约分别大幅减少至 7,900 万港元及 1.82 亿港元(截至 2001 年 3 月 31 日止之合约额分别为 6.06 亿港元及 3.03 亿港元)。至于混凝土供应业务,由于大部份供应混凝土之合约均属长期项目,集团之联营公司越秀混凝土有限公司于年内之表现稳定。

【主要资产/投资(3/2002)】 其士(建筑)有限公司(99.67%);其士(土木工程)有限公司(100%);联益建造有限公司(50%);联益承建有限公司(50%);Lam Woo/Chevalier JV (30%);越秀混凝土有限公司(25%)— 主要在香港从事混凝土供应之合营公司。

嘉辉化工控股有限公司

【公司概况】 股票代码 0582,集团主席原树华,发行股本(股)250M,票面值(港元)0.100,市价总值(港元)200M。

【公司业务】 该集团主要从事制造及销售应用于多个不同范畴之工业油漆产品。现时,集团生产逾 65 个系列之工业涂料,如金属烤漆、塑料涂料及风干涂料、移印油墨、粉末涂料、铁罐涂料、特殊图案涂料及表面处理剂及脱漆剂,所有产品均以集团本身之品牌万辉出售。集团出售之产品可分为液体涂料、粉末喷料及溶剂。该等产品广泛应用于各式各样之产品,如压铸玩具、家居用品、电单车、厨房用具、ABS 电器、塑料制品、蜡烛及蜡制品、铁罐及其它金属制品。集团之客户主要为在国内设有生产设施之香港或台湾制造商,集团董事相信,该等香港制造商之产品主要分销予欧美客户。集团之生产设施位于国内之松辉厂房,其年产量约达 12,000 公吨工业涂料。为扩宽其产品系列,集团伙同两家国际工业涂料制造商成立一家名为威堡万辉有限公司之合营企业,藉以开拓家居用品油漆涂料之市场。

SCMP 集团有限公司

【公司概况】 股票代码 0583,集团主席郭孔演,发行股本(股)1,561M,票面值(港元)0.100,市价总值(港元)4,683M。

【公司业务】 SCMP 集团为亚洲著名之英文报章出版商,旗舰报章〔南华早报〕及〔星期日南华早报〕为香港英文报章市场之翘楚(以销量及读者人数计)。透过集团旗下之收费网站 SCMP.com,新闻及信息亦可通过多种网上渠道传送予海外读者。为进一步巩固集团之广告市场,《Classified Post》每逢星期六已加添编辑版以吸纳非本报订户之求职人士,《Classified Post》现已于逾 500 个报摊及便利店以限量数目发售。另外,集团已于 2001 年 6 月推出一份双语招聘周刊《招职》,以迎合初求职及中层求职人士(为《Classified Post》之前未开拓之市场部份)。于 2002 年 3 月,集团获得在各地铁站免费派发分类广告杂志之合约,并将以《招职》作为此新杂志之蓝本。逢星期五刊载之全新分类环节《Classified Plus》亦已于 2002 年 11 月推出，以扩大分类广告基础及减轻对招聘广告之倚赖。现时，集团亦透过与英国 Haymarket Publishing Ltd. 及美国 Hearst Magazines International 合作成立之合营公司，出版流行中文杂志，例如《COSMOPOLITAN》中文版、《HARPER'S BAZAAR》中文版、《CosmoGIRL！》、《车主》、《轿车情报》、《科技产品博览》及关于会议及展览行业之英文月刊《CEI Asia Pacific》。除报章及杂志业务外，集团亦从事影像转录业务及物业投资，以及经营 83 间地利店及 18 间健怡坊店铺，该等连锁店址策略性分布于各大地铁及九广铁路车站，以及大型商场及屋苑。此外，集团亦在与 Dymocks Franchise Systems (NSW) Pty Ltd. 合作之一间合营公司占有 45% 权益，该合营公司之主要业务为在香港授出 Dymocks 连锁书店之特许经营权。

【主要资产/投资(12/2002)】 South China Morning Post Publishers Ltd.(100%)；SCMP. com(100%)；南华早报刊物出版有限公司(100%)；上海伯乐网络有限公司(97%)；博益出版(集团)有限公司(100%)；SCMP Hearst Publications Ltd.(70%)；华曦出版有限公司(51%)；南华早报零售有限公司(100%)；精华贸易(香港)有限公司(100%)；Retailcorp Ltd.(100%)；Dymocks Franchise Systems (China) Ltd.(45%)；香港影视制作有限公司(83%)；投资物业约值 7.56 亿港元；及长期投资股份按公平价值约 1.285 亿港元。

IMI Global Holding Ltd.

【公司概况】 股票代码 0585，集团主席高长昌，发行股本(股)138M，票面值(港元)0.500，市价总值(港元)179M。

【公司业务】 该集团原先从事设计、制造、推广及分销圣诞节日产品及悠闲家具。此等传统业务(尤其圣诞节日产品)为集团主要收入及盈利来源。然而，于 2002 年 8 月 19 日之股东特别大会上，投票议决建议出售集团之圣诞节日产品业务及悠闲家具业务正式通过。自此以后，集团将会只持有圣诞节日产品业务及悠闲家具业务之 25%少数权益，而一名国际性私人股本投资者凯雷投资则会持有余下之 75% 权益。该项出售交易之代价约为 10.6 亿港元，而大部份所得之款项(约 8 亿 9,438 万港元)将以特别股息方式分派予股东。出售传统业务后，集团将专注于由其创办人高长昌之子高伟豪创立之计算机动画业务。现时，集团正开发由 Imagi 集团进行之动画业务。Imagi 集团目前正将资产集中于制作立体计算机动画电视片集 Zentrix。此外，Imagi 集团正与一居全球领导地区之电子游戏及玩具生产公司就于日本发行 Zentrix 进行磋商，磋商范围包括广播、商品、DVD/录像带及电视游戏等方面之发行权。

【主要资产/投资(3/2002)】 Imagi Animation Studio Ltd.(100%)；传统圣诞节日产品及悠闲家具业务(25%)；及上述出售交易所得之现金净额约 1.656 亿港元。

科维控股有限公司

【公司概况】 股票代码 0586，集团主席刘学林，发行股本(股)1,062M，票面值(港元)0.100，市价总值(港元)616M。

【公司业务】 该集团主要在中国从事物业投资及策略投资业务。于 2002 年 3 月止之年度内，集团因玩具业务而饱受之严重亏损得以终止，这是由于集团已于 2001 年 8 月出售玩具业务所致。得到主要股东 Open Mission Assets Ltd. 之支持，集团已于年内偿还全部银行债款及利息。于 2002 年第四季，集团完成向和记黄埔有限公司(和黄)之全资附属公司和记酒店控股国际有限公司收购位于中国昆明省之昆明海逸酒店 95% 权益，总代价为 3.1 亿港元(注：其中 1.55 亿港元以现金支付，余数 1.55 亿港元则以发行可换股票据支付)。此外，集团亦向当地有关机构收购该酒店其余 5% 权益。据集团披露，倘若该可换股票据悉数兑换，和黄将成为集团第二大股东。除地产业务外，集团亦于 2001 年 12 月收购从事生产及销售覆铜层板产品之铜陵华瑞电子材料有限公司 33.36% 权益。

【主要资产/投资(3/2002)】 昆明海逸酒店(完成上述收购后，持有 100% 权益)；铜陵华瑞电子材料有限公司(33.36%)；德维森控股有限公司(17.66%)；及阿尔波地实业(深圳)有限公司(23%)。

华瀚生物制药控股有限公司

【公司概况】 股票代码 0587，集团主席张岳，发行股本(股)568M，票面值(港元)0.100，市价总值(港元)670M。

【公司业务】 该集团之主要业务为从事研究、开发、生产及销售供妇女及长者使用为主之中药产品。集团之中药产品以日舒安品牌推销，该等产品包括一系列贝不同疗效之妇女产品，如日舒安洗液、日舒安湿巾及日舒安妇康冲剂。另一方面，集团亦从事研究、开发、生产及销售天然来源抗肿瘤药物及西药产品。主要产品包括金喜素及强喜注射液(专门治疗癌症之天然来源抗肿瘤药物)及头孢羟氨苄伙粒(为减轻儿童上呼吸系统感染、口腔及消化管道感染之抗生素)。截至 2002 年 6 月止之年度，集团约 60.7% 收入来自中药产品，而天然来源抗肿瘤药物及西药产品则分别约占 29.2% 及 10.1%。中国为集团产品之主要市场。现时，集团广泛之分销药品门市网络遍布国内 29 个省市。集团之生产厂房位于中国贵州省，贵州省境内一向出产丰富之中国植物及中药材。除与多间研究所、大学及医院组成策略联盟外，集团将于 2003 年在中国贵阳市建设其本身之研发中心，藉以加强其研发能力。另一方面，集团亦计划在未来数年将其产品组合扩阔至包括生物制药产品(即生物科技及基因工程所生产之制药产品)，并进行从事研究及开新药及生物制药产品。

北京北辰实业股份有限公司

【公司概况】 股票代码 0588，集团主席李岩岭，发行股本(股)707M，票面值(港元)1.000，市价总值(港元)735M。

【公司业务】 该集团主要在中国北京从事物业投资及物业发展业务。集团之发展物业以亚运村周边地区为主，重点开发具有综合配套能力的居住小区；而投资物业组合则主要集中于酒店、公寓、写字楼、会议中心、购物中心及康乐设施等配套齐全之亚运村商住社区。除了物业投资及发展外，集团亦从事提供饮食服务，以及经营酒店及百货公司。展望将来，集团将继续竞投奥运村项目、增加土地储备及收购新项目。因此，集团已伙同国外有实力之企业竞投该等项目。为改善亚运村较为陈旧之现状，集团将继续把康乐宫改建为北辰大厦 — 一幢 180 米高之高档商务办公楼，并配以商业、餐饮、娱乐健身等设施，将北辰大厦发展成亚运村之标志性建筑。鉴于该等项目需要庞大资金，集团计划在国内发行 A 股筹集所需资金。

【主要资产/投资(12/2002)】 现金结余净额约 9.684 亿元人民币；投资物业约值 18.72 亿元人民币；发展中之投资物业约值 14.995 亿元人民币；待出售发展中土地及物业约值 8.778 亿元人民币；待销物业约值 3.229 亿元人民币；以及酒店物业及其它楼宇约值 6.897 亿元人民币。

六福集团(国际)有限公司

【公司概况】 股票代码 0590，集团主席黄伟常，发行股本(股)475M，票面值(港元)0.100，市价总值(港元)351M。

【公司业务】 该集团之主要业务为零售及批发金饰与黄金装饰品、镶石首饰与宝石及其它配饰。为配合其现有之珠宝业务，集团已成立 www.jewellworld.com(或 www.jw28.com)，为全球珠宝制造商、批发商及零售商提供一个企业对企业之珠宝交易平台。除了珠宝首饰业务外，集团亦与万信证券有限公司拓展证券业务。截至 2002 年 3 月止之年度，集团所有营业额皆来自香港。据 2002 年年报披露，集团在香港合共经营 21 间门市分店。为符合年青新一代市场需求，集团于年内推出新 Ice g. 系列。预期中国将逐渐开放黄金市场，集团为此正与国内珠宝商紧密合作，建立联系。现时，集团正以六福珠宝商标为约 70 名国内珠宝零售商提供技术支持及顾问服务。

【主要资产/投资(3/2002)】 存货约值约 3.722 亿港元；及现金结余净额约 1.355 亿港元。

堡狮龙国际集团有限公司

【公司概况】 股票代码 0592，集团主席罗家圣，发行股本(股)771M，票面值(港元)0.100，市价总值(港元)150M。

【公司业务】 该集团主要从事设计、零售及分销本身堡狮龙品牌之便服及饰物。截至 2002 年 3 月止之年度，集团之表现受到亚洲零售市场不景气影响，故此于年内录得净额亏损 3,880 万港元(2001 年 3 月止年度则录得纯利 1,670 万港元)。尽管市道欠佳，集团对其零售业务之前景仍充满信心，并会致力向消费者提供高质素及物有所值之潮流便服。于 2002 年 3 月止之年度，集团在中国大陆共有 175 间零售店，其中 103 间为直接管理店，而 72 间则为特许经营店。另一方面，集团亦在香港、新加坡及台湾分别经营 32 间、28 间及 68 间分店。按地区划分而言，香港仍为集团之主要市场，占其总营业额 53.6%，而中国大陆、台湾及新加坡则分别占 16.8%、18.8% 及 10.8%。集团计划在 2003 年 3 月底前增设 40 间直接管理店及 240 间特许经营店，以进一步扩展不断增长之中国大陆市场之销售网络。截至 2002 年 3 月止之年度，集团拥有现金结余净额约 5,840 万港元。

【主要资产/投资(3/2002)】 弘誉有限公司(100%)；堡狮龙企业有限

公司(100%);Bossini Garment Ltd.(100%);广州市堡狮龙实业有限公司(100%);J & R Bossini Fashion Pte. Ltd.(100%);朗志有限公司(100%);朗志时装(深圳)有限公司(100%);立启兴业有限公司(100%);及上美国际有限公司(100%)。

卓健亚洲有限公司

【公司概况】 股票代码0593,集团主席徐旺仁,发行股本(股)2,163M,票面值(港元)0.100,市价总值(港元)314M。

【公司业务】 该集团为香港最大之上市综合保健服务供称商。集团之业务分为三个部门,分别为(1)卓健医疗服务 — 透过旗下700间全资及特约中西医疗诊所提供医疗网络;(2)卓健护理服务 — 透过旗下46间中心提供牙科及物理治疗服务,并经营香港最悠久之国际护理服务社;以及(3)卓健耆老服务 — 经营九间护老院,为长者提供超过1,800病床位。截至2002年12月止之年度,集团之业绩转亏为盈,由2001年录得亏损净额1.836亿港元,扭转至2002年录得5,410万港元。据集团解释,录得理想业绩主要原因为终止未能提供相应回报之亏损合约,以及卓健医疗服务部门录得59.7%之可观利益增长。另一方面,集团于2002年10月出售其于从事保健交易处理业务之上市附属公司ehealthcareasia Ltd.之余下权益,令集团可专注于发展其核心业务。据2002年年报所披露,集团亦透过与全球最大医疗援助公司SOS International结盟,进军中国市场,在国内发展多项医疗服务整套方案。于2002年12月,新鸿基有限公司(新鸿基) — 香港主要金融服务集团 — 收购集团28.52%权益,收购完成后,新鸿基成为集团之最大股东。

【主要资产/投资(12/2002)】 现金结余净额约2,272万港元。

先思行有限公司

【公司概况】 股票代码0595,集团主席苏煜均,发行股本(股)362M,票面值(港元)0.100,市价总值(港元)127M。

【公司业务】 该集团主要从事市场推广及分销电子组件(如半导体),以及设计、制造及原设备制造电子产品(主要为音响产品)及互联网用品。集团之最新多媒体产品为SOULMP3/WMA CD随身播放器,可支持ID3 Tag及具有浏览及搜寻歌曲功能,兼可支持CD—R、CD—RW、CD—DA、WMA、MP3 CD等格式。另外,集团拟继续于新一代互联网媒体播放机(iMP)产品之内部工程及开发工作作出投资,并将若干资本密集之产品开发项目外判。于2001年8月,集团于其前联营公司兼iMP产品设计公司Reigncom Ltd.之权益由20.0%摊薄至19.4%。然而据集团披露,集团与Reigncom Ltd.之策略合作关系将继续维持。除开发iMP产品外,集团近期已重新专注非iMP原设备制造产品,如先进照相系统及商业网络电话。集团预期该等项目将提高整体制造业业务之盈利能力。

【主要资产/投资(3/2002)】 先卓电子工业有限公司(100%);先思行有限公司(100%);先思科技有限公司(100%);Bostex Electronics Pte Ltd.(100%);Reigncom Ltd.(19.4%);及广州新科商通网络技术有限公司(35%)。

中国外运股份有限公司

【公司概况】 股票代码0598,集团主席张斌,发行股本(股)1,787M,票面值(港元)1.000,市价总值(港元)3,932M。

【公司业务】 该集团为中国具领导地位之物流服务供货商,向客户提供全面之运输物流服务。集团所提供之核心服务包括海陆空及铁路货运代理、国际快递及船代服务,并以仓储及码头服务、汽车运输及海运服务作为支持业务。集团之控股股东为中国外运集团公司,该公司于2001年为全中国最大之国际货运代理及国际快递服务供货商,以及全中国两家最大船务代理服务供货商之一。集团拥有遍布全国之服务网络及国外代理网络。集团广泛之服务网络覆盖中国福建、广东、上海、浙江、江苏、湖北、连云港、山东、天津、辽宁等国内发展迅速之策略及沿海地区。此外,集团已在大连、福州、广州、宁波、连云港、青岛、上海、深圳、天津及厦门等多个国内主要港口建立规模相当之船务代理业务。另一方面,集团亦与DHL、UPS及Exel等多家跨国公司设立合营企业、建立联盟及合作关系,因而受惠于多个国际服务网络。在支持业务方面,于2003年1月19日,集团拥有105座仓库(总建筑面积:443,589平方米)及5个码头、堆场及集装箱装卸站(总建筑面积:321,173平方米),以及运作59艘船舶,总运载量达27,594个标准箱,在选定之泛太平洋及亚洲区内之贸易航线提供航运服务,服务范围包括北美洲、日本、南韩及香港。现时,集团之客户包括大型本地公司及跨国公司,如摩托罗拉、米其林、菲利普、德国巴斯夫化工厂、马士基航运、铁行渣华及明基计算机等。凭借其核心货运代理业务之实力及庞大之客户基础,集团之目标是发展成在中国具领导地位之一站式综合物流服务供货商。

怡邦行控股有限公司

【公司概况】 股票代码0599,集团主席谢新法,发行股本(股)200M,票面值(港元)0.100,市价总值(港元)49M。

【公司业务】 该集团为香港一家建筑五金供货商,主要从事进口及销售建筑五金(包括门销、合页、闭门器、门把手及与门有关之配件)及卫浴设备(包括卫生洁具及浴室配件)之业务。集团之整体业务与本港物业市场走势息息相关,故此,本港呆滞之物业市况直接影响集团之表现。截至2002年3月止之年度,集团纯利下跌至约130万港元(上年度纯利为1,520万港元)。于2001年5月,集团被委任为印有Bonco商标之产品在中国、香港及澳门之独家分销商。在未来,集团将继续致力发展香港之零售及分销业务,并积极拓展中国之业务网络。鉴于物业市场呆滞,集团计划拓展至其它潜在业务,如废水处理系统、生物医疗设备等。

【主要资产/投资(3/2002)】 邦高五金建材有限公司(100%);德保建材贸易有限公司(100%);水之健有限公司(100%);美富(香港)有限公司(100%);上海德保国际贸易有限公司(100%);厨之健有限公司(100%);德保(中国)有限公司(100%);怡邦行建筑材料有限公司(100%);港仲有限公司(100%);及新新装饰材料五金工具有限公司(100%)。

大华国际(集团)有限公司

【公司概况】 股票代码0600,集团主席孙秉枢,发行股本(股)757M,票面值(港元)0.050,市价总值(港元)38M。

【公司业务】 该集团主要从事制成革贸易、皮具制造、零售及分销皮具产品之业务。截至2002年3月止之年度,皮革贸易仍为集团之主要收入来源,约占其总营业额72.8%。集团在世界各国采购超过1,500款中档至高档、颜色多样化之软制成革。此外,集团亦以旗下品牌CAB55、(IN)CASE、Goldcrest及Joan Weisz从事制造及销售皮革及非皮革制品。凭借成功制造及销售2000年悉尼奥运会官方产品(包括手提袋、行李箱及相关饰物)之成功经验,集团将积极争取在2008年于北京举办奥运会之皮革用品之制造及分销权。

【主要资产/投资(3/2002)】 Paragold Distributors Pty Ltd.(100%);Inter Leather Ltd.(100%);大华皮革(上海)有限公司(100%);大亚制革有限公司(100%);中大手袋厂有限公司(100%);及深圳石化化纤有限公司(49%)。

权智(国际)有限公司

【公司概况】 股票代码0601,集团主席谭伟豪,发行股本(股)1,183M,票面值(港元)0.100,市价总值(港元)503M。

【公司业务】 随着淡出传呼机产品及充电性电池业务后,该集团现时主要从事设计、制造及销售各类型掌上电子信息产品,如个人数码助理(PDA)、电子辞典及原件设计生产(ODM)之电子产品(主要为掌上型无线通讯工具)。于过去数年,集团致力建立自身开发之快译通品牌,而该品牌之产品亦得到市场接纳。现时,集团大部份营业额来自中国市场,集团计划进一步在北京、上海、广州及深圳等中国主要城市增加销售门市;而其它主要市场则包括香港、欧洲及日本、南韩、泰国等其它亚洲市场。在电子辞典市场方面,集团将专注为产品加入更多增值功能。此外,集团亦会为其PDA产品加入特别功能,如彩色显示屏、内置摄录机及蓝牙通讯功能等,而旗下之无线电通讯产品亦已具备GPRS科技。另一方面,集团之ODM部门亦致力在南韩及欧洲扩阔其客户基础。据披露,集团已于2001年5月与三家投资者(包括Intel Capital、SB China及UTStarcom)组成策略性关系,三家公司合共投资1,050万美元,以换取集团PDA附属公司权智PDA控股有限公司(权智PDA)之16%股权。与此同时,权智PDA亦与Intel Semiconductor达成合作协议,在技术及产品开发上共同合作,该合作关系日后将令集团得益。随着为已终止之传呼机及电池业务进行拨备后,集团对其2002年至2003年年度之财政表现深表乐观。

【主要资产/投资(3/2002)】 权智PDA控股有限公司(63%);东莞长安权智电子厂(100%);Group Sense Singapore Pte Ltd.(100%);深圳科智语言信息处理有限公司(48%);郡智国际有限公司(40%);领高IT(控股)有限公司(33%);颖源科技控股有限公司(20%);及Net Plus Co. Ltd.(19.69%)。

中华城市燃气集团有限公司

【公司概况】 股票代码 0603,集团主席黄景兆,发行股本(股)8,686M,票面值(港元)0.025,市价总值(港元)321M。

【公司业务】 该集团原先为日本光通信集团(光通信)在香港之上市旗舰,从事投资于一系列互联网及信息科技相关业务(投资业务)。于 2001 年 12 月,光通信全数出售其于集团之股权,不再为集团之控股股东。另一方面,由于持续录得经营亏损,集团已于 2002 年 3 月出售制造及分销电子制品以及分销电子配件及零件业务。然而,集团继续从事投资业务,以及制造及分销电池及硅橡胶产品业务。截至 2002 年 7 月止之年度,集团录得之净额亏损进一步扩大至 4.518 亿港元(上年度之亏损为 1.56 亿港元),主要由于投资业务之亏损约 3.49 亿港元及终止经营电子业务亏损约 9,700 万港元所致。于 2002 年 4 月,集团以代价约 8,900 万港元收购中油中泰燃气有限责任公司(中油中泰)之 50% 权益,进军中国天然气行业。中油中泰为一中外合资企业,中方伙伴为中国石油天然气管道局(管道局),管道局在中国擅长于设计及兴建石油及燃气管道。截至 2002 年 11 月,中油中泰已于国内七个城市及地区,包括西宁、天津(滨海区)、醴陵、瑞安、惠民、庆云及滨州取得专营权。鉴于国内天然气业务尚有庞大拓展空间及已落实之西气东输计划,集团将继续投资于中国天然气业务,以及寻求于西气东输计划邻近地区之城市加强其市场占有率。截至 2002 年 7 月止之年度,集团仍持有现金结余净额约 1.993 亿港元。

【主要资产/投资(7/2002)】 中油中泰燃气有限责任公司(40.45%);金力实业有限公司(100%);江门金刚电池有限公司(70%);高礼国际有限公司(100%);及非上市股份投资按公平值约 1.067 亿港元。

深圳控股有限公司

【公司概况】 股票代码 0604,集团主席胡爱民,发行股本(股)2,434M,票面值(港元)0.050,市价总值(港元)2,410M。

【公司业务】 该集团之主要业务包括:(1) 主要在深圳物业发展及投资;(2) 主要在深圳及广东省提供运输服务;(3) 基建投资;(4) 信息科技 — 包括提供有线电视服务、于深圳投资开发深圳城市生活电子便利站及其它电子商贸业务(例如:深圳风采福利彩票投注和网上机票订购);(5) 于深圳的物流业务;及(6) 投资于深圳雷天动力电池股份有限公司的新型环保锂离子动力电池之高科技项目。最近,集团在深圳市区建设大型物流园区之规划方案已获得深圳市政府批准。此外,集团将积极参与基础设施及公用事业建设,如水、电、气、路等领域之投资项目。在可见将来,集团将继续争取更多之企业分拆上市,以进一步拓展融资及资本运作之渠道。

【主要资产/投资(12/2002)】 金地(集团)股份有限公司(26.08%);深圳妈湾电力有限公司(34%);深业物流集团股份有限公司(51%);深圳泰然实业有限公司(51%);深圳市天威视讯有限公司(31.1%);深圳市赛格中电彩色显示器有限公司(26.76%);深业集团(深圳)有限公司(100%);深圳深港实业有限公司(80%);深圳鹏基(集团)有限公司(100%);深圳龙电安防工程有限公司(63.46%);及深圳高发投资有限公司(50%)。

港佳控股有限公司

【公司概况】 股票代码 0605,集团主席张小林,发行股本(股)677M,票面值(港元)0.100,市价总值(港元)70M。

【公司业务】 该集团主要从事化学肥料及农产品贸易、零售(例如经营超级市场及便利店)及物业投资业务。于 2001 年度,集团之贸易量大幅下调,故此严重影响其主要收入来源。在工业投资方面,由于中国榨油业务亏损日益严重,集团已于 2001 年上半年为该业务作出全数拨备以反映实际情况。另一方面,集团在中国所投资之零售业务继续扩大。据集团 2001 年年报披露,在华东投资之大型超市已达至有经济效益之经营规模。集团亦正与投资伙伴计划进一步扩大经营之发展方针及资金等筹集方式。便利店方面,集团在广州面对激烈之市场竞争。在未来,集团将对每一新便利店之开设将持谨慎态度,并计划重新整顿在零售业务方面之投资。

【主要资产/投资(12/2001)】 K. P. A. Co. Ltd.(100%);港佳国际贸易有限公司(100%);港佳实业投资有限公司(100%);广州越秀倍顺便利连锁店有限公司(20.5%);上海华联集团经济发展有限公司(25.5%);上海闸北华联吉卖盛购物中心有限公司(25.2%);及太仓汇丰化学肥料有限公司(30%)。

东宁高科技(控股)有限公司

【公司概况】 股票代码 0606,集团主席黄仕灵,发行股本(股)15,917M,票面值(港元)0.100,市价总值(港元)159M。

【公司业务】 该公司主要从事电器及电子产品之制造及装配,及电器及电子消费产品零部件之贸易.于二零零零年五月,该集团收购中华在线网络有限公司之 55%股权,然而,该集团管理层以慎重为由已将发展互联网业务之步伐放缓.据年报所披露,该集团将专注研究开拓计算机制造及贸易业务.再者,该集团于中国所投资经营薄膜晶体管液晶体显示器组件制造业务之四家合营企业仍在试产阶段,预期于二零零一年第一季正式投产.于二千年一月,该集团及其联营公司,中华数码信息有限公司接获负责统筹财务债权人之住友银行口头确认,表示在 29 名财务债权人中,25 名合共占东宁高科技及东宁电器于一九九九年十二月三十一日尚欠债项总额约 1,040mn 港元,约 91%之财务债权人已原则上接纳重组方案之条款,预期有关之债务重组文件已签订.由于该集团持续经营基准之基本不明朗因素,该集团之核数师,陈叶冯会计师事务所有限公司拒绝对财务报告所作反映发表意见。

【主要资产/投资(6/2000)】 中华数码信息有限公司(于 12/2000 约 46.34%);中华在线网络有限公司(55%);TFT 合营企业(30%)。

汇多利国际控股有限公司

【公司概况】 股票代码 0607,集团主席杨渠旺,发行股本(股)375M,票面值(港元)0.010,市价总值(港元)326M。

【公司业务】 该集团之主要业务为从事设计、生产及销售家居电器用品(如电风扇、对流式电暖炉、暖风机、空气清新机、局炉及吸尘机)及其它电动产品(如踏板车及马达)。该等产品主要以客户品牌或集团本身品牌 Regent 售往海外贸易公司及家居电器用品零售商。集团产品之两大主要市场为欧洲及中国,分别约占其截至 2002 年 4 月止年度之总营业额 47.7% 及 22.7%。其它市场包括亚洲(不包括中国)、北美洲、南美洲、澳洲及纽西兰。另一方面,于 2002 年 4 月止之年度内,集团分别约 62.7% 及 29.7% 之收入来自电风扇及电暖炉之销售。现时,集团之生产设施位于中国广东省东莞市常平镇,其每月生产量约为 50 万件产品。由于集团现时之生产设施以约全面产量之 80% 营运,集团计划透过增购额外设备及机器,将生产设施之生产量提高 50% 至 75 万件产品。在产品研究及开发方面,集团已新开发充油式暖炉,并已于 2002 年 7 月进行试产。此外,集团亦获授权采用有关备有冷热空气调节产品发明。集团之冷热空气调节产品之三层专利过滤膜,计有前过滤膜、活性碳过滤膜及高效能微粒收集过滤膜。该等冷热空气调节产品主要为针对需要改善空气质素之国家,如美国、加拿大、法国、德国、其它欧洲国家及亚洲国家。

达利国际有限公司

【公司概况】 股票代码 0608,集团主席林富华,发行股本(股)325M,票面值(港元)0.100,市价总值(港元)299M。

【公司业务】 该集团为世界性全丝及混丝服装制造业领导者之一,并透过自有品牌进军消费者市场,尤其是中国大陆市场。集团现时之业务主要分为两部份:(1) 客户品牌与制造业务(主要厂房位于中国大陆);以及 (2)August Silk 与 Theme 品牌业务。截至 2002 年 12 月止之 15 个月,集团之主要收入仍然来自美国市场,占集团总营业额 73.2%,而大中华市场则占 17.8%。据披露,集团之核心制造及贸易业务之营业额及贡献百分比,在最后一季度均录得显着改善,并预期于 2003 年可持续改善。此外,集团协助 August Silk Inc. 扩大产品基础,以便掌握于美国出现之新业务机会。在零售业务方面,集团于 2002 年 9 月底前结束 U－campus 业务及终止娃哈哈项目后,最后一季度之营运亏损已减少。现时,集团已集中扩展 Theme 之网络及建立一个强大之市场拓展队伍,藉以推动 Theme 在国内之特许经营业务。

【主要资产/投资(12/2002)】 三商行国际集团有限公司(75%);August Silk Inc.(100%);浙江新昌达利发丝绸有限公司(100%);浙江新昌达利丝绸科技发展有限公司(100%);浙江达利凯地丝绸有限公司(100%);杭州西湖达利工业有限公司(100%);东莞达利威时装有限公司(100%);及东莞三粤时装有限公司(69%)。

惠记集团有限公司

【公司概况】 股票代码 0610,集团主席单伟豹,发行股本(股)784M,票面值(港元)0.100,市价总值(港元)572M。

【公司业务】 该集团主要从事土木工程及建筑、石矿场、经营高速公路及公路，以及生产及销售建筑材料业务。截至2002年3月止之年度，集团于中国之主要公路基建企业之一路劲基建有限公司仍为集团稳定及主要之收益来源。建筑业务方面，集团之附属公司利达土木工程有限公司及惠记（单氏）建筑运输有限公司均于年内获得新工程合约。此外，集团与合作伙伴成立之合营公司亦获得价值7.5亿港元之台湾高速铁路工程合约。由于受到沙田短桩事件之负面影响，集团建筑部门之业务于过去两年只录得轻微进展。然而，集团与政府有关部门就沙田短桩事件所进行之仲裁仍在进行中，预期仲裁结果最早可于2003年下半年获悉。因此，被仲裁之亚太土木工程有限公司将不会于仲裁完结前参与任何工程项目之投标。于2001年9月，集团完成出售鹤记营造有限公司之权益，总代价为4,300万港元。除内部重组外，集团于2002年3月伙同国际伙伴收购英国主要建筑公司Kier Group Plc于香港之旗舰Kier Hong Kong Ltd.之49.5%权益。于2002年3月底，集团建筑部门手头合约总值约为80亿港元，其中16亿港元之合约仍未完成。

【主要资产/投资(3/2002)】 路劲基建有限公司(49.082%)；利达土木工程有限公司(100%)；惠记中国投资有限公司(100%)；珠海市桂山港防波堤工程有限公司(80%)；及亚太建设有限公司(100%)。

德兴集团有限公司

【公司概况】 股票代码0611，集团主席陈树杰，发行股本(股)300M，票面值(港元)0.100，市价总值(港元)37M。

【公司业务】 该集团主要从事在香港经营食肆及物业投资业务。截至2002年3月止之年度，集团大部份营业额来自香港之酒楼业务。包括今年在内，集团已连续四年录得亏损。集团之食肆业务继续因本港消费疲弱而饱受不利影响。于2001年6月，集团结束经营表现不振、位于伦敦广场之澳门式地道餐厅。此外，集团亦于2002年1月将九龙城茶餐厅改营为点心专卖店，以迎合区内之点心市场。由于预计到客户需求会因工厂北移已成趋势而减少，集团已于2001年6月停止经营位于观塘之食肆分店。为维持其竞争力，集团将继续推出多元化食品，以及为顾客提供增值服务。

【主要资产/投资(3/2002)】 租约土地及楼宇约值2.549亿港元；及投资物业按公开市值约1.105亿港元（部份物业已抵押以获取集团之银行融资）。

中国投资基金有限公司

【公司概况】 股票代码0612，集团主席俞一平，发行股本(股)80M，票面值(港元)0.010，市价总值(港元)16M。

【公司业务】 中国投资基金为一家投资公司，其投资目标为透过投资组合中期（持有一年以上）资本增值、股息及利息争取盈利，以及由投资组合（包括在中国及/或香港成立或经营重大业务之企业所发行之股本、股本相关及债务证券）赚取股息及利息收入。该公司亦会在董事会相信可取得可观收益时在中国及香港以外地区不时作出其它投资（投资资产不超过20%）。此外，该公司亦有意对具潜力在香港联交所或其它国际认可证券交易所上市之非上市公司作出中短期投资。为平衡该公司在不同行业之投资风险，该公司将投资于（但不限于）信息科技、电讯、制造业、医药、服务、地产、基建、人寿保险及环保业内之非上市及上市公司。作为该公司之投资经办人，建勤资产将负责向该公司提供投资管理服务（不包括一般行政服务）。该公司之资产净值将于每月底完结起计15日内在报章上刊登。

渝港国际有限公司

【公司概况】 股票代码0613，集团主席张松桥，发行股本(股)8,453M，票面值(港元)0.010，市价总值(港元)304M。

【公司业务】 该集团主要从事经销汽车部件、制造及分销包装礼盒、物业投资及其它投资业务。现时，集团之包装业务主要透过香港联交所上市公司确利达国际控股有限公司(股份编号：1224)进行；而地产业务则透过联营公司渝太地产集团有限公司（前称彩星地产集团）(股份编号：75)进行，渝太地产亦为香港联交所上市公司。截至2001年12月止之年度，集团拥有现金净额约3.22亿港元。集团计划继续发掘各种商机，在香港以及海外地区进行股权策略收购。

【主要资产/投资(12/2001)】 渝太地产集团有限公司(34.25%)—持有港通控股有限公司约27.6%权益；及确利达国际控股有限公司(51.48%)。

东强电子集团有限公司

【公司概况】 股票代码0615，集团主席潘嘉雄，发行股本(股)445M，票面值(港元)0.100，市价总值(港元)262M。

【公司业务】 该集团之核心业务为开发、制造及销售家居及汽车信息及娱乐产品；开发及提供网络技术服务；以及提供有线电视业务适用之综合解决方案及服务。集团之产品主要以原设备制造/原设计制造方式及自有品牌方式生产。截至2002年12月止之年度，欧洲及美国继续成为集团之主要市场，分别约占集团总营业额40.3%及39.6%。面对全球大部份消费者日渐下降之需求，集团之策略为将重点放在原设备制造/原设计制造业务上，藉以为集团提供稳定之边际利润。此外，集团亦投入大量资源以巩固研发新产品之能力，包括满足不时转变之消费者对新功能/技术之需求，如MPEG、JPEG、MP3 Pro、SACD、DVR等。集团相信，由于数码娱乐产品（如游戏机、具备特别效果之电影及可从互联网下载之音响及影视节目）日益普及，因此家居影音产品及汽车电子产品部门之消费电子产品将有正面增长。为满足中国大陆市场具潜力之巨大需求，集团将继续加强其于国内市场之地位。集团在南京（汽车影音产品）及无锡（家居影音产品）合营公司之投资，有助集团在国内之经济增长中获益。

【主要资产/投资(12/2002)】 (1)家居娱乐：东强电子有限公司(100%)、东视电子有限公司(100%)，及东声音响有限公司(100%)；(2)汽车电子：Orient Power Mobile Electronics Ltd.(100%)，及西安东强电子导航有限公司(51%)；以及(3)网络信息/娱乐解决方案：北京朝歌宽带网络信息技术有限公司(51%)。

I100 Limited

【公司概况】 股票代码0616，集团主席官永义，发行股本(股)1,102M，票面值(港元)0.010，市价总值(港元)32M。

【公司业务】 该集团主要透过由一系列部门组成之业务网络，从事投资及营运信息科技公司。该等部门包括数码方案供货商、多媒体服务商、出版及内容管理解决方案供货商、在线专业网站、垂直交易平台及从事其它有关光纤网络之策略性投资。另一方面，集团保留传统贸易业务，包括进口、推销、零售及分销洁具装置与设备及各类五金制品、工业及消费产品。此外，集团亦专门在香港承办设计及安装水管与排水系统，并提供有关之工程服务。面对科技行业市况持续不景，尤其电讯及互联网行业，集团已大幅缩减Ask100及OnAir100之营运规模。据披露，该两家公司之现有资源已重新导入及结合于新无线数据业务。在solution100业务方面，集团正专注于提供多媒体平台。solution100将利用现有资源去建立一个综合性多媒体平台，将语音入门应用程序、新一代影像串流及全面化传讯及数据产品融为一体。有见于无线数据之需求与日俱增，集团已建立一项由GPRS驱动、以娱乐为主之无线数据服务。于2001年6月，集团公布领先韩国无线业之The Leadcorp于集团作出策略性投资，持有集团8%股权。此外，集团及The Leadcorp已联手与韩国两大无线娱乐公司订立联盟关系，并有意收集此等韩国公司之游戏，连同从全球其它各地采集之游戏，一同分销至中国大陆市场。

【主要资产/投资(12/2001)】 i100 Wireless Ltd.(100%)；solution100 Corporation(100%)；Vector Entertainment Corporation(45%)；AsiaWeb ASP Ltd.(49%)；ask100.com Ltd.(66.67%)；及Acme Landis Operations Holdings Ltd.(100%)。

百利保控股有限公司

【公司概况】 股票代码0617，集团主席罗旭瑞，发行股本(股)3,778M，票面值(港元)0.010，市价总值(港元)276M。

【公司业务】 该集团主要从事物业投资及管理、物业发展、建筑及与建筑相关业务、酒店东主及管理、金融票据及其它投资（包括有价证券之投资及买卖）等业务。于2001年度，集团录得之亏损扩大至约10.71亿港元（2000年度之亏损为7.302亿港元），亏损主要由于地产业及酒店业市况不景、就物业及应收账降值及减值所作之巨额拨备，以及为其巨额未偿还债项付出沉重财务成本所致。为加强盈利能力及减轻债务负担，集团之附属公司富豪酒店国际控股有限公司（富豪酒店）将专注发展其于香港之酒店业务。至于位于加拿大及美国之酒店业务，集团计划于短期内出售此等业务。此外，富豪酒店亦可能考虑出售开封亚太啤酒厂之权益。据2001年年报所披露，集团现正与其借贷银行及债权人就债务重组进行磋商。集团拟出售部份具质素之资产及/或减低集团及/或其附属公司（如富豪酒店）之持股量，以减轻其所欠债项。

【主要资产/投资(12/2001)】 富豪酒店国际控股有限公司(72.8%)。

方正数码(控股)有限公司

【公司概况】 股票代码0618，集团主席张兆东，发行股本(股)821M，票面值(港元)0.100,市价总值(港元)202M。

【公司业务】 集团主要从事(1)设计、制造及销售电子产品(如量重器及半导体);以及(2)软件解决方案及电子商务业务。继2000年9月被方正控股有限公司(方正控股)收购后,集团出售了照明产品业务,转型为方正控股之电子商务旗舰,并邀得Yahoo!,Ricwinco及新意网成为策略股东。集团主要软件产品包括自行开发之网络保安产品方御防火墙及地理信息智能化产品方正智绘。现时,集团亦为金融业提供技术支持服务。集团所提供之电子金融软件技术及服务主要包括为从事金融业务有关之机构提供实时信息化之软件技术及服务平台。此外,集团亦为企业/政府提供信息化软件服务平台,以透过单一平台服务连系各部门间之讯息交流及数据交换。至于表现不济之电子零件业务,集团已公布订立有条件出售协议,以出售其电子零件业务,惟电子产品业务将会继续经营。

【主要资产/投资(12/2001)】 荣文科技有限公司(100%);北京方正数码有限公司(100%);Founder Data Corporation Int'l Ltd.(100%);北京方正互动网络技术有限公司(100%);及方正流动电子商务有限公司(40%)。

南华证券有限公司

【公司概况】 股票代码0619,集团主席吴鸿生,发行股本(股)4,862M,票面值(港元)0.025,市价总值(港元)102M。

【公司业务】 该集团之主要业务为从事证券、金银与期货经纪及买卖、开展融资、私人信贷、企业咨询及包销服务、物业投资及投资控股。为适应废除最低佣金及推出第三代自动对盘终端机运作,该集团成立其网站〔sctrade.com〕,客户可透过该网站更方便地买卖股票及接收市场每分钟之最新信息及投资推介。面对股票及期货市场交投疏落,集团之股票及期货佣金收入、包销佣金及股票开展融资利息大幅减少。因此,集团已致力将业务多元化至私人信贷业务。据集团2001年年报披露,私人信贷业务已达收支平衡,并开始为集团带来收益。

【主要资产/投资(12/2001)】 南华证券投资有限公司(100%);南华期货有限公司(100%);南华财务有限公司(100%);南华互动金融网有限公司(100%);南华信贷财务有限公司(95%);及南华资料研究有限公司(100%)。

太元集团有限公司

【公司概况】 股票代码0620,集团主席梁余爱菱,发行股本(股)908M,票面值(港元)0.010,市价总值(港元)20M。

【公司业务】 该集团之主要业务为在香港从事海事工程业务。于2002年7月止之年度内,集团专注于就七间附属公司之协议计划涉及之终审法院上诉进行抗辩,并继续推行集团(包括旗下24间计划附属公司)债务重组计划。在此情况下,集团只可以维持进行若干小型海事工程项目。基于将大部份资源投入诉讼抗辩,集团现正面对严重之流动资金问题。另一方面,截至2002年7月止之年度,集团之营业额大幅下跌约68.9%至只有3,120万港元,并且录得净额亏损约7,600万港元。集团之净资产更出现5,197万港元之亏绌。据集团2002年年报所披露,集团之核数师均富会计师行对集团年内之财务报表拒绝发表意见,并指出集团之持续经营取决于集团能否成功出售若干船舶以减低偿债责任,以及集团就重组未偿还有抵押贷款与有抵押借款人磋商之结果。

【主要资产/投资(7/2002)】 UDL Marine Assets (HK) Ltd.(100%);UDL Marine Assets (Singapore) Pte Ltd.(100%);及太元船厂有限公司(98.75%)。

中保永兴国际集团有限公司

【公司概况】 股票代码0621,集团主席张小舒,发行股本(股)288M,票面值(港元)0.100,市价总值(港元)32M。

【公司业务】 该集团之主要业务为在香港从事上盖建筑、地基打桩、基层建筑工程、斜坡修护工程及室内装修。预期私人物业市场在可见未来之发展仍然缓慢,集团将集中于争取公共及机构建筑工程。于2002年3月止之年度内,集团逾九成之营业额、业绩及资产来自香港之客户及业务。然而,有见于香港目前物业及建筑业市况疲弱,集团最近在中国寻求更多商机,尤其在云南省、江苏省及广东省。最近,集团亦与澳洲Design Landscape Pty Ltd.及振华工程有限公司合组一家合营公司,以开拓香港及中国有关景观工程之商机。

【主要资产/投资(3/2002)】 现金结余净额约4,700万港元;以及厂房及机器按账面净值约2,880万港元。

威华达控股有限公司

【公司概况】 股票代码0622,集团主席孙强,发行股本(股)227M,票面值(港元)0.010,市价总值(港元)186M。

【公司业务】 由于经过一连串集团重组及分别于2000年5月及8月出售Giovanni Valentino及San Dino零售业务后,集团截至2001年12月止年度之营业额大幅下跌至67万港元(上年度之营业额为1.074亿港元)。然而,自向百仕达控股有限公司(百仕达)收购Sinolink Industrial Ltd.全部权益及其股东贷款约1.379亿港元后,集团之业务重心已转移至能源行业。该项收购之代价为3.604亿港元,主要以现金及百仕达提供贷款之方式支付。Sinolink Industrial Ltd.间接持有深圳福华德电力有限公司(深圳福华德)70%权益,深圳福华德在深圳经营大鹏发电厂。据集团2001年年报所披露,该发电厂预期可于2003年前赚取不少于1.35亿元人民币之纯利。集团其它主要投资项目包括:(1)eGoChina.com之52%权益,eGoChina.com为一家在国内提供管理及技术顾问服务,及网上商务旅游服务之公司;(2)Xinhua Control Engineering (Xinhua)之41%权益,Xinhua为一家专为发电及供水等工业提供所需之大规模数码控制系统制造商及系统整合商;(3)一项收购Guanghuan之49%权益之购股权,Guanghuan为北京一家数码网络供货商兼数据中心营运商(注:该项投资于2002年4月收购);以及(4)国内一家科技服务供货商酒乡网,为酒类交易市场提供商业对商业电子商务平台。

【主要资产/投资(12/2001)】 深圳福华德电力有限公司(于年结日后收购70%权益);Xinhua Control Engineering Co. Ltd.(41%);及E-gochina Holdings Ltd.(52%)。

利丰雅高印刷集团有限公司

【公司概况】 股票代码0623,集团主席杨士成,发行股本(股)403M,票面值(港元)0.100,市价总值(港元)552M。

【公司业务】 该集团主要从事各类型产品之印刷业务,包括精装书、儿童图书、包装物料及杂志,以及财经印刷。截至2002年12月止之年度,集团之营业额主要来自中国(55%)、香港(11%)、美国(25%)及英国(7%)。于2001年,集团向Jefferson Smurfit Group之全资附属公司发行总值1.66亿港元之新股(占扩大后股本约25%)。Jefferson Smurfit Group在包装业内向以先进技术驰名,将有助集团开拓更多商机。于2002年12月止之年度内,集团致力加强控制营运及功能层面,尤其是采购纸张、资本开支及出售资产等方面。集团亦在中国进行一连串业务单位之重组。与此同时,集团决定专注于杂志、书籍及包装印刷,而其它非核心活动及业务将会终止或出售。由于实行该等措施,集团于2002年录得纯利4,010万港元(2001年录得亏损净额9,520万港元)。此外,集团之净负债比率亦由2001年之33%降低至2002年底之15%。

【主要资产/投资(12/2002)】 利丰雅高印刷(深圳)有限公司(100%);利丰雅高包装印刷(东莞)有限公司(100%);深圳利丰雅高印刷有限公司(90%);深圳利丰雅高电分制版有限公司(90%);北京利丰雅高长城印刷有限公司(47%);及上海纺印利丰印刷包装有限公司(25%)。

日本信用保证集团有限公司

【公司概况】 股票代码0626,集团主席郑鸿标,发行股本(股)708M,票面值(港元)0.100,市价总值(港元)2,548M。

【公司业务】 日本信用保证集团为香港一间投资控股公司。透过其两家主要附属公司日本信用保证财务有限公司(日本信用保证财务)及运通泰集团(百慕达)有限公司(运通泰),集团主要从事接受客户存款、提供个人及商业贷款、信用咭、按揭贷款、证券经纪服务、投资物业租赁、向的士及公共小型巴士之买家提供融资、买卖的士车辆及的士牌照,以及出租的士业务。日本信用保证财务目前拥有40间分行网络,为本港最大接受存款公司之一。于2003年2月,集团成功私有化运通泰成为其全资附属公司,并取消运通泰在香港联合交易所之上市地位。管理层预期高企之失业率及个人破产数字将令香港之经营环境持续困难及富挑战性。展望将来,集团将继续集中向特选市场推广其消费融资业务,藉举办市场推广活动以吸引优质客户。除现有之40间分行外,集团将会继续寻求机会扩展其分行网络,以维持日本信用保证财务以分行网络而言香港最大接受存款公司之地位。此外,运通泰将继续专注于发展其的士融资及的士贸易业务。

【主要资产/投资(12/2002)】 日本信用保证财务有限公司(100%);及运通泰集团(百慕达)有限公司(于2003年2月成功私有化后持有

100% 权益)。

佑威国际控股有限公司

【公司概况】 股票代码 0627,集团主席梁鄂,发行股本(股)1,107M,票面值(港元)0.100,市价总值(港元)321M。

【公司业务】 该集团主要在中国市场(包括香港)以自身开发之 U－RIGHT 品牌从事设计、制造、分销及销售男女休闲服饰。现时,集团大部份产品均外判予独立承包商生产,而非自行生产,为集团维持充分之灵活度。截至 2002 年 3 月止之年度,集团在中国大陆之业务录得约 54%之出色增长,该业务占集团总营业额之份额亦由上年度之 65.3%增加至本年度之 73.2%。于 2002 年 3 月,集团在中国大陆拥有约 230 间特许店铺,遍布全国 18 个省份,覆盖 92 个城市。据披露,集团已成功在华南市场建立分销网络。于可见将来,集团计划进一步开拓华北市场。香港市场方面,集团亦引入瑞典 Texcote 技术于休闲服饰上,获得市场良好之反应。除成衣业务外,集团透过收购 Consumer Holdings Ltd. 合共 75%权益及 Direct Sales Enterprises Ltd. 合共 51%权益,进军科技行业。前者拥有瑞典 Texcote 技术于中国及香港之纺织及成衣商品之独家使用权及代理权,后者则拥有瑞典 Texcote 技术之全球知识产权。据披露,集团于 2002 年 7 月与中国科技技术中学(中国科大)订立技术顾问协议,并委任中国科大提供对纳米技术之研究、发展及应用,以改良及提升瑞典 Texcote 技术之应用范畴(如纸张、玻璃、瓷砖、油漆、乳胶漆及木料等)。

【主要资产/投资(3/2001)】 顺德市佑威服装有限公司(100%);佑威服装有限公司(100%);天方投资有限公司(100%);U－Right Macau Commercial Offshore Ltd.(100%);佑威纳米纺织(中国)有限公司(于年结日后增持 30%权益后,现持有 75%权益);Direct Sales Enterprises Ltd.(于年结日后增持 3%权益后,现持有 51%权益);及 U－Right Evergrow Co., Ltd.(49%)。

浩基集团有限公司

【公司概况】 股票代码 0628,集团主席朱志明,发行股本(股)672M,票面值(港元)0.100,市价总值(港元)645M。

【公司业务】 该集团主要于香港从事提供及安装防火级数木门组合,以及提供室内装修与翻新服务及其它木工工程。集团承接公共房屋、私人住宅、商业大厦及学校建筑物之室内装修工程项目,包括花岗石平板、木工及细木工工程;另外,集团亦承接公共房屋之翻新工程项目,涉及外墙覆盖层重铺、不锈钢气窗及覆盖层。就提供及安装防火级数木门组合之项目而言,集团亦会协助客户设计符合香港特区政府发出之监管规定之木门规格及装置。集团就防火级数木门组合及室内装修与翻新业务所采用之主要物料包括门框、门心板、头线条板及其它建筑材料,该等材料采购自香港、中国及英国之多个供货商。截至 2002 年 3 月止之年度,防火级数木门组合业务及室内装修及翻新业务分别占集团总营业额 43%及 57%。于 2002 年 4 月 30 日,集团手上持有 12 份未竣工合约,合约价值合共约 9,151 万港元,其中约 36%(约 3,271 万港元)已于截至 2002 年 3 月止之年度确认。据披露,集团已积极物色适合其项目使用之新而具成本效益之建筑方法及物料。集团计划开发具备更高级数耐火性及安装成本较低之新型防火级数木门组合及其它室内装修与翻新设定。此外,集团亦将会积极开拓中国国内市场,以从中国入世后对优质室内装修与翻新服务日益上升需求中获益。

悦达控股有限公司

【公司概况】 股票代码 0629,集团主席胡友林,发行股本(股)200M,票面值(港元)0.100,市价总值(港元)108M。

【公司业务】 该集团主要从事管理及营运中国 204 国道江苏省新阜路段及 106 国道河北省文安路段。204 国道新阜路段为非分隔 4 车道之一级公路,全长约 47.4 公里,而 106 国道文安路段则为分隔 2 车道之一级公路,全长约 28.9 公里。204 国道新阜路段及 106 国道文安路段分别由盐城通达及廊坊通达管理及营运,盐城通达及廊坊通达均为集团与当地交通局成立之合营企业,集团分别拥有盐城通达及廊坊通达之 66.67%及 51%权益。现时,集团在 204 国道新阜路段经营两个公路收费站,以及 106 国道文安路段经营一个公路收费站。展望将来,集团亦计划拓展其它具吸引力之基建发展项目,例如收费桥梁、水厂、城市煤气管道供应系统、天然气贮存设施、港口及码头项目等。

【主要资产/投资(12/2001)】 盐城通达公路有限公司(66.67%);及廊坊通达公路有限公司(51%)。

辉影国际集团有限公司

【公司概况】 股票代码 0630,集团主席何燕琼,发行股本(股)358M,票面值(港元)0.100,市价总值(港元)67M。

【公司业务】 辉影国际之主要业务为生产及销售空白信息储存媒体产品(包括磁盘、只读光盘及视像光盘),提供全套软件及供应链管理服务,及软件程序业务。于二零零一年十二月之财政年度,凭借外币贬值的影响,集团因此就光盘生产线减值约七千万港元。另一方面,由于大量产品供应来自全球供货商,令需投入庞大投资的空白光盘以低于其它光盘的平均价格发售,集团认为于可见的未来,空白光盘生产将不会为集团带来任何利益,因此,集团出售一家从事空白光盘生产的附属公司。在经济不景气的环境下,磁盘市场的整固淘汰了竞争力较弱的公司,而减低市场的竞争性,故此,数个在市场具影响力的知名品牌是集团的主要客户,这些客户的销售订单为集团带来磁盘产品的需求。辉影国际于年内努力将业务由媒体产品制造转至分销业务,直接为客户提供服务。为了配合业务上的策略,集团于二零零一年收购鸿运发展有限公司全部权益及开始其分销及物流业务。而集团之全套软件业务也基于美国的经济疲弱而受到牵连,辉影国际亦因此将重点市场转移至亚洲,以中国及香港市场为甚。展望未来,集团旨在将业务发展多元化,并扩展至提供服务业务,集中投资在分销及软件程序业务,致力争取各类产品的分销权,并透过其分销网络销售不同的产品。

【主要资产/投资(12/2001)】 鸿运发展有限公司(100%);辉电磁讯(深圳)有限公司(100%);艺必达科技有限公司(100%);创科信息科技(上海)有限公司(100%);大连华录像音实业限公司(36%);及辉影光学科技有限公司(100%)。

招商迪辰(亚洲)有限公司

【公司概况】 股票代码 0632,集团主席范棣,发行股本(股)4,537M,票面值(港元)0.010,市价总值(港元)640M。

【公司业务】 随着一连串债务重组及 DiChain Systems Ltd.(DSL)借壳上市后,该集团已将业务重心转移至物流相关业务。集团拟与 DSL 在仓储业务、物流操作及供应连锁管理方面作进一步合作。日后,集团将集中资源发展物流相关业务,并出售其它非核心资产。据披露,DSL 为招商局集团旗舰之一。现时,DSL 为中国物流操作及供应连锁管理软件应用系统之主要供货商,现可提供一应俱全之平台以供应多项总解决方案,例如 (1) 适用于各管理及监管机构之管理信息系统;(2) 适用于第三方物流供货商、货柜码头、货物代理、客运及货运公司之操作系统;及 (3) 适用于制造商之供应连锁管理解决方案。展望将来,集团将寻求其它策略伙伴,及在相关范畴中考虑合适之收购项目。

彩星集团有限公司

【公司概况】 股票代码 0635,集团主席陈俊豪,发行股本(股)1,221M,票面值(港元)0.100,市价总值(港元)842M。

【公司业务】 该集团之主要业务为从事创作、设计、开发、市场推广及分销三大类别之玩具产品,分别为动作人物、洋娃娃及具创意之新奇玩具。集团已获得多个巨星主角、一系列卡通主角及其它玩具主角成为其玩具产品之主题,如迪士尼、水娃娃、亚森一族、魔界三部曲、Amazing Little Friends、Little Cousins、Z－Keez、Whirl Top Wonders、P.O.D.Z.、Real Heroes 等。由于北美洲为集团产品之最大市场,美国 911 恐怖份子袭击事件及其后之经济放缓大大影响集团之整体表现。因此,集团截至 2001 年 12 月止年度之业务转盈为亏,由 2000 年 12 月止年度之 1.14 亿港元纯利,倒退至本年度之 8,680 万港元亏损。据披露,集团其中一名主要客户(一家大型美国零售商)已于 2001 年度后提出破产保护申请。展望将来,集团将继续与多媒体娱乐业及专业玩具发明社群维持紧密之合作关系,以掌握尖端科技及互动产品概念之应用。最近,集团计划重新推出历年来最成功之玩具品牌之一隐者龟之全线产品系列。

【主要资产/投资(12/2001)】 位于香港之投资物业按公开市值约 5.382 亿港元;及香港上市股本证券按市值约 4,860 万港元。

港基国际银行有限公司

【公司概况】 股票代码 0636,集团主席亚里明翰,发行股本(股)1,172M,票面值(港元)1.000,市价总值(港元)3,165M。

【公司业务】 港基国际银行(港基)透过其 34 家办事处之网络(包括 24 间分行、6 家荟晋理财中心及 4 家港基财务私人贷款中心),从事提供广泛之一般银行服务及理财服务，如多种货币存款、私人贷款、信用卡发行及商户服务、贸易融资、住宅按揭、营运资金贷款、消费租购及设备租赁、股票买卖、单位信托基金投资及保险产品。于2002年12月31日，阿拉伯银行集团(B.S.C.)及中国光大控股有限公司分别持有港基约55%及20%之股份权益。于2002年6月，港基获香港金融管理局委任为市场庄家。于2002年12月止之年度内，港基活跃于外汇基金、香港按揭证券有限公司及香港地下铁路有限公司票据第一手及二手市场。此外，港基为首家发行零售可赎回存款证之本地银行之一。最近，港基亦推出更多存款产品，如外汇挂?存款及股票高息定存。于年内，港基透过在特选分行内开设迷你荟晋理财中心，进一步拓展其非利息收入。展望将来，港基将继续推出更多崭新之金融产品以扩阔其收入来源。

【主要资产/投资(12/2002)**】** 港基国际财务有限公司(100%)；港基国际银行(信托)有限公司(100%)；港基国际证券有限公司(100%)；港基国际资金管理有限公司(100%)；Mars (Nominees) Ltd.(100%)；及IBA Bank Ltd.(100%)。

建溢集团有限公司

【公司概况】 股票代码0638，集团主席郑楚杰，发行股本(股)405M，票面值(港元)0.100，市价总值(港元)595M。

【公司业务】 该集团主要从事设计、生产及销售玩具，以及生产及销售家庭电器用品及摩打业务。现时，集团之玩具部门仍为其主要收益来源。另一方面，摩打部门亦成为集团业务增长动力，该部门占集团整体业务之份额将日渐提升。截至2002年3月止之年度，集团玩具部门之营业额下跌11%，惟该部门之分类业绩仍录得11%之增长，增长原因主要由于集团近期将生产基地由中国深圳北移至韶关所致。除继续扩阔收入来源外，集团将集中生产具备精密电子功能及较高毛利之高档玩具。摩打业务方面，营业额及分类业绩于年内分别录得22%及30%之显着增长。现时，集团摩打部门之策略为专注玩具及个人护理产品市场。据2002年年报披露，于2002年底完成韶关生产设施第三期拓展计划后，集团之产能将由目前每月2,000万个单位上升至2,600万个单位。该产能提升可使集团进一步开拓其它需使用打之行业服务之商机。至于光盘业务方面，计划中之生产设施将于2002年下半年开始由香港迁移往韶关，首六条生产线预期于2002年8月装置就绪，并可正式投产。集团预期中国加大之生活规模可改善该部门之整体业务表现。

【主要资产/投资(3/2002)**】** 标准微型摩打有限公司(于2002年5月增持20%后，共拥有90%权益)；建溢实业集团有限公司(100%)；满溢(海外)实业有限公司(100%)；五福企业有限公司(100%)；始兴县德宝玩具实业有限公司(100%)；始兴县智能木业有限公司(100%)；新发电器实业有限公司(100%)；深圳新发电器实业有限公司(100%)；建泽科技(深圳)有限公司(100%)；及康美科技有限公司(50%)。

福山控股有限公司

【公司概况】 股票代码0639，集团主席王力平，发行股本(股)2,081M，票面值(港元)0.100，市价总值(港元)562M。

【公司业务】 该集团主要从事销售及市场推广黄金及珠宝首饰业务。于2001年度，该集团录得纯利约4,836万港元。然而，集团录得之纯利主要来自债务重组后及不综合一家正在清盘中之附属公司所产生之合共6,510万港元收益。完成重组后，集团继续扩大于中国之销售网络。为捕捉中国具潜力之商机，集团已决定于2002年3月透过按配售价每股0.15港元发行2.3亿新股份以换取现金。据集团披露，约3,450万港元之净额款项将作未来投资之用。

【主要资产/投资(12/2001)**】** 福辉珠宝金行有限公司(100%)；及福利珠宝有限公司(64%)。

立信工业有限公司

【公司概况】 股票代码0641，集团主席方寿林，发行股本(股)563M，票面值(港元)0.100，市价总值(港元)2,435M。

【公司业务】 该集团主要从事(1)制造及销售自有品牌ECOTECH系统之染整机械；(2)不锈钢材及机械零件贸易；(3)制造及销售不锈钢铸件产品；及(4)物业持有。现时，集团大部份营业额均来自香港及中国大陆。于2002年2月，集团在泰国设立销售及服务中心，务求提高泰国及亚太地区之销售额及增强为当地客户提供之售后服务。为改善染整机械之质素，集团亦与香港科技大学合作进行一项名为纺织业创新环保技术发展计划，目的为增长迅速之市场提供环保染整技术。此外，集团亦开发ViewTEX，一套专为控制染整生产策划及工序之中央计算机系统之崭新软件。于2002年9月，集团收购瑞士公司Xorella AG之80%权益，Xorella AG拥有先进技术，在纺织品汽蒸及调湿系统方面居领导地位。在可见将来，集团将继续致力开拓新市场及新产品。

【主要资产/投资(12/2002)**】** 立信染整机械(深圳)有限公司(100%)；立信染整机械有限公司(100%)；立信钢材供应有限公司(100%)；泰钢合金(深圳)有限公司(100%)；泰钢合金(香港)有限公司(100%)；纱力拉香港有限公司(80%)；Xorella AG (80%)；佛山东亚股份有限公司(30%)；及立信门富士纺织机械有限公司(50%)——主要于中国生产及销售MONFONGS品牌之拉幅定型机。

恒富控股有限公司

【公司概况】 股票代码0643，集团主席RUSLI Hendrawan，发行股本(股)360M，票面值(港元)0.100，市价总值(港元)256M。

【公司业务】 恒富控股主要从事制造、出口及买卖针织上衣，包括马球衫、便装衬衫、短袖汗衫及女装上衣等。同时，亦有制造、出口及买卖梭织衬裤，如长裤及牛仔裤，以及毛衫，包括毛衫，套头毛衣及对襟毛衣。目前，集团之生产基地遍布世界各地，包括印尼、中美洲的萨尔瓦多及非洲南部的莱索托。截至二零零一年十二月三十一日止年度，集团之产品主要输往美国(83.6%)，欧洲(7.9%)，东南亚(2.9%)及加拿大(4.7%)。现时，集团相信在全球各地设立生产基地能为客户提供更多不同款式的成衣产品、带来规模经济效益，兼善用各生产基地的独特地理优势，为把握及受惠于美国二零零零年贸易与发展法赋予的贸易优惠，集团于年内收购中美洲萨尔瓦多及非洲撒哈拉附属地区莱索托的新生产基地，再者，集团于印尼的生产设施主要位于雅加达北部Tanjung Priok及Cakung的保税区，于保税区内为出口制成品而进口的材料母须缴付任何关税、货物税或政府其它征费。据二零零一年年报所披露，管理层认为当美国受到袭击后向阿富江的塔利班政权宣战，而引起印尼伊斯兰教徒之示威，均没有对集团之营运造成任何不利影响。展望未来，董事会仍抱审慎观望的态度和并不会计划进行重大资本开支。

【主要资产/投资(12/01)**】** 耀晴有限公司(100%)；博光集团有限公司(100%)；Charter, S. A. de C. V. (100%)；PT Aneka Garmentama Indah (95%)；PT Caterindo Garment Industri (95%)；PT Kater Busanacemerlang (95%)；近旺有限公司(100%)；及保万德有限公司(100%)。

港台集团有限公司

【公司概况】 股票代码0645，集团主席李志强，发行股本(股)341M，票面值(港元)0.010，市价总值(港元)341M。

【公司业务】 该集团主要以原设备生产方式制造运动及体育鞋类产品。截至2002年3月止之年度，美国、欧洲、亚洲(不包括中国大陆及香港)及中国大陆为集团之主要市场，分别占集团总营业额46.9%、17.2%、19.9%及8.6%。于年内，集团之销售业务受到其主要市场之疲弱经营严重影响，尤其呆滞之美国市场，其营业额大幅下跌39%。欧洲市场之销售额亦下跌36%。相反地，亚洲市场之销售额却因日本新客户之加入而录得正面之增长约15%。于2001年底完成管理层收购后，新管理层计划利用集团健全之机制及稳定客户之条件，重塑集团之形象。新管理层明白到集团于过去数年缺乏优秀之领导，没有明确、清晰之发展方向及规划蓝图，引致集团生产效率偏低及业绩持续不振。新管理层正准备于可见将来改善其企业文化及重套其失去之市场占有率。至于集团两家附属公司印尼港台制鞋有限公司及印尼好世界实业有限公司，已分别于1999年10月及1998年1月停止营运，集团亦已于往年为两家公司作出全数拨备。然而，鉴于现时印尼之经营状况及集团对上述两家公司已失去控制权，因此集团预期不能够在短期内解散及出售该等公司。

【主要资产/投资(3/2002)**】** 港台制鞋有限公司(100%)；东莞宏业制鞋有限公司(100%)；勇荣实业有限公司(100%)；及财丰实业有限公司(100%)。

启帆集团有限公司

【公司概况】 股票代码0646，集团主席方杰华，发行股本(股)280M，票面值(港元)0.100，市价总值(港元)59M。

【公司业务】 该集团为香港及中国运输相关设备之分销商，专营铁路维修保养设备、机场地勤设备、旅游车及货车。此外，集团亦为旅游车及货车提供工程服务。集团为大中华地区内多种世界知名品牌之运输相关设备之独家分销商。现时，集团为 Neoplan 单层及双层巴士及机场摆渡车在大中华地区之独家分销商，亦为 Iveco 货车及其它 Iveco 商用车辆在香港之独家分销商以及在国内之非独家分销商。另外，集团亦与多家供应铁路维修保养设备之跨国供货商（包括 Palfinger、Partner、Plasser & Theuer、Reeves、Rotamag、Sagen 及 Speno）及多家供应机场地勤设备之跨国供货商（包括 BFGoodrich、Electricars、Fresia、Neoplan、Rohr 及 Trepel）订立分销协议。于 2002 年 3 月 12 日，集团拥有逾 200 个客户，其分销旅游车及货车方面之客户主要以香港为基地（如拥有专营权之巴士公司），而铁路维修保养设备及机场地勤设备之客户则主要以国内为基地（如中国铁路部之采购代理及国内主要航空公司）。截至 2002 年 3 月止之年度，集团拥有现金结余净额约 4,338 万港元。

【主要资产/投资(3/2002)】 启帆有限公司(100%)；启帆货车有限公司(100%)；启帆机械有限公司(100%)；及启帆游艇有限公司(100%)。

Joyce Boutique Holdings Ltd.

【公司概况】 股票代码 0647，集团主席马景华，发行股本(股)1,600M，票面值(港元)0.100，市价总值(港元)173M。

【公司业务】 该集团主要从事经营名牌时装及家居物品之零售及经销，以及经营美容护理及餐厅业务。于 2000 年 1 月，集团已终止出版设计师时装杂志。集团与 Armani 之专营权协议已于 2001 年 1 月底届满。因此，集团截至 2002 年 3 月止年度只录得 4.878 亿港元之营业额，较上年度同期下跌 33.3%。为减低失去 Armani 专营权之影响，集团已进一步拓展由旗下设计师推出之新产品系列，计有 Hugo Boss 集团之 Boss Woman 及 Hugo 系列。此外，集团亦拓展旗下部份设计师产品之业务，以及致力栽培新设计师之产品品牌。于年内，由于中下档年青潮流便服分部竞争非常激烈，集团预期 Ad Hoc 分部业务于未来将难以出现令人满意之好转。因此，集团已决定结束经营无利可图之 Ad Hoc 业务。另一方面，集团已利用其品牌进军美容护理市场，并录得理想之进展。自 2000 年 4 月开设第一间美容分店后，于 2002 年 6 月，Joyce Beauty 在香港及台湾之零售分店数目已增加至六间。展望将来，集团将继续专注于零售业务。为减低对香港市场之依赖，集团亦会在大中华地区内创造一个更平衡之业务组合。

【主要资产/投资(3/2002)】 现金结余净额约 2.08 亿港元；及存货按账面值约 9,800 万港元。

软库发展有限公司

【公司概况】 股票代码 0648，集团主席北尾吉孝，发行股本(股)2,440M，票面值(港元)0.100，市价总值(港元)190M。

【公司业务】 该公司于二零零零年三月被日本软库收购，及于二零零一年四月策略性收购金汇投资(集团)有限公司的金融服务部门后，组成软库金汇。而该公司的业务已由原来的染料分销及成衣制造转型为互联网及与相务相关业务。现时该公司的互联网相关业务由其投资控股部门负责，而该部门则由业务发展部门（投资及提供资金和管理服务予互联网相关/高科技公司）及 Net－Trans 部门（协助传统非网上业务转型为网上业务）专责进行。至于其金融服务部门（业务包括投资银行服务及金融产品、经纪服务、资本管理及证卷研究）则由 SBI E2－Capatal 进行。在二零零一年五月，该公司与 D－Fashion Inc 达成合营企业协议，以经营 Upepo. C. Maji Limited (UCM)。UCM 的主要业务将包括在香港及亚洲(日本除外)推广、销售及出租数码印刷系统，以及针对使月 D－Fashion 先进数码印刷科技和技术的市场需求，生产成衣及相关产品。

【主要资产/投资(6/2001】 SBI E2－Capital (51%)；Sumoton Investment (100%)；佛山禅德针织企业有限公司(51%)；南海桃源乡村俱乐部有限公司(57.89%)；及 Softbank Asia Net－Trans Fund，合纵连网控股有限公司，China Travel Net 及 Morningstar Asia。

世茂中国控股有限公司

【公司概况】 股票代码 0649，集团主席许荣茂，发行股本(股)828M，票面值(港元)0.100，市价总值(港元)331M。

【公司业务】 该集团主要在香港及中国大陆从事物业投资及发展业务。据披露，集团之管理层对福州海峡科技城、中国财富网、高容量电能质量综合补偿装置及宽频网络业务之前景并不乐观。集团于 2001 年底易手后，新主席许荣茂先生将采取新策略，专注投资香港、中国等地区之高收益优质物业发展项目，以及陆续出售其它未能为集团带来实际收益之非核心业务。于 2001 年 12 月，集团以 2.3 亿港元购入香港豪宅物业创世纪作为投资用途。于 2002 年 2 月，集团亦透过一家全资附属公司与上海 A 股公司上海世茂股份有限公司之附属公司以各占一半权益之方式，购入一幅位于上海市浦东金洋生活园区之土地。该土地将用作发展上海世茂湖滨花园项目，而整个项目之总投资额约为 4.21 亿港元。据许荣茂先生透露，集团将物色第三方合作，共同开发超顶级豪宅屋苑。于 2002 年 1 月及 4 月，集团已透过供股形式，为其物业相关项目及收购活动筹集合共约 3.156 亿港元之资金。

【主要资产/投资(12/2001)】 创世纪(100%)；发展中物业之账面值约为 1.657 亿港元；待售物业之账面值约为 7,250 万港元。

顺昌集团有限公司

【公司概况】 股票代码 0650，集团主席王世荣，发行股本(股)464M，票面值(港元)0.100，市价总值(港元)32M。

【公司业务】 集团主要从事 (1) 承办多元化楼宇设施工程，包括电力工程、水泵及消防装置、空气调节系统安装、水管及渠务、环境工程、超低电压系统工程及项目管理；以及 (2) 买卖电子及电机工程物料及设备。于 2002 年 3 月止之年度内，由于本地物业市场呆滞及竞争激烈，集团之楼宇设施工程业务一直放缓。截至本财政年度底，集团手上未竣工之合约总值约为 5.58 亿港元。鉴于经营市况持续艰难，集团已终止经营宽频接驳业务。此外，集团于 Binary KOD 集团之权益亦已由约 45.76% 摊薄至只有 22.3%（截至 2002 年 3 月）。展望将来，集团将继续专注于在香港及大中华地区发展其楼宇设施工程核心业务。

【主要资产/投资(3/2002)】 顺昌电器工程有限公司(100%)；Shun Cheong Automation Systems Ltd. (85%)；天鹰有限公司(90%)；环保科技工程有限公司(89.99%)；顺昌机电有限公司(100%)；顺昌电业有限公司(100%)；威高冷气工程有限公司(100%)；及顺昌广明有限公司(70%)。

和成国际集团有限公司

【公司概况】 股票代码 0651，集团主席赵渡，发行股本(股)6,837M，票面值(港元)0.010，市价总值(港元)191M。

【公司业务】 该集团主要从事买卖黑色及有色金属、证券投资及投资控股业务。于 2000 年 11 月，集团以完成收购香港上市物业投资及证券投资公司宝福集团有限公司(宝福集团) 之 34.87%权益，代价为 2 亿 9,815 万港元。现时，宝福集团为集团最大之资产，并于 2001 年度为集团带来理想回报。然而，集团金属贸易业务持续疲弱，而通讯产品贸易则有放缓迹象。

【主要资产/投资(12/2001)】 宝福集团有限公司(34.87%)；沁阳华懋铝业有限公司(29.4%)；及投资证券市值约 5,080 万港元。

香港华人有限公司

【公司概况】 股票代码 0655，集团主席李文正，发行股本(股)1,347M，票面值(港元)1.000，市价总值(港元)1,158M。

【公司业务】 继于 2002 年 1 月完成出售香港华人银行有限公司（华人银行）后，集团现时主要从事证券经纪、包销、借贷、投资顾问及基金管理之业务。面对银行界（尤其小型银行）之激烈竞争，集团以总代价 42 亿港元出售华人银行之全部 100%股权予中信嘉华银行有限公司。截至 2001 年 12 月止之年度，集团录得 1.925 亿港元之亏损（上年度之纯利为 3.618 亿港元）。鉴于大中华地区涌现着良好投资机会，集团有意成立新投资银行部，以扩大其香港证券业务之市场占有率，及扩充其于亚洲其它地区（尤其中国内地）之证券业务及投资银行业务，其近作包括收购从事提供有关香港及亚洲互惠基金之投资及管理咨询服务 Impac Asset Management (Holdings) Ltd. 之 85%权益，及收购澳门持牌信贷机构富利银行之 85%权益，富利银行现拥有澳门制造业多名工业客户。集团相信收购富利银行可为其提供一个平台，有助集团于珠江三角洲口岸之重要交通及商业中心扩展金融服务。拥有足够现金储备，集团将继续在大中华地区内之金融及投资业方面寻找合适投资机会。

【主要资产/投资(12/2001)】 力宝证券控股有限公司(100%)；香港华人财务有限公司(100%)；香港建屋信贷有限公司(100%)；力宝投资管理有限公司(100%)；力宝证券有限公司(100%)；力宝期货有限公司(100%)；L. S. Finance Ltd. (100%)；及华人信诚保险有限公司(50%)。

环科国际集团有限公司

【公司概况】 股票代码 0657，集团主席郑合辉，发行股本(股)485M，票面值(港元)0.100,市价总值(港元)13M。

【公司业务】 该集团之主要业务为于香港及中国经营专门提供潮州菜之中式连锁酒楼,并于中国经营一间酒店。面对之香港饮食零售市场之不景气,集团于2002年3月止年度继续录得净额亏损约3,080万港元(上年度之亏损为560万港元)。因此,集团已分别于2001年10月及2002年3月结束两家位于荃湾及湾仔之亏蚀酒楼。有见于全球对环保日益关注,集团遂把握此商机,于年内将业务多元化至之经营环保餐具之买卖。该环保餐具之生产厂房位于中国东莞,已于2002年3月开始投产。展望将来,预期该环保餐具业务将会为集团带来长期业务增长。至于位于深圳之文锦广场之投资,集团与发展商已完成有关之诉讼。集团已于2001年8月按收该物业及取得有关房产证,并已计划将文锦广场作出租用途。

【主要资产/投资(3/2002)】 潮州城酒楼有限公司(100%);鸿城企业有限公司(100%);潮濠城酒楼有限公司(100%);惠州君豪大酒店(90%);潮州城酒楼(汕头)有限公司(25%);绿科环保制品(东莞)有限公司(100%);及位于中国之投资物业按公开市值为6,750万港元。

新创建集团有限公司

【公司概况】 股票代码0659,集团主席郑家纯,发行股本(股)1,781M,票面值(港元)1.000,市价总值(港元)6,589M。

【公司业务】 该集团主要从事投资及管理拖柜及仓储设施业务,以为船公司及货主提供物流运输网络,以及于中国及香港从事港口发展及散货装卸业务。截至2002年6月止之年度,集团之纯利较上年度大幅下跌47.9%,主要由于为出售投资项目及资产减值亏损作合共约1.936亿港元计入所致。于年内,香港业务仍为集团之主要营运收益来源,而大部份国内业务亦录得显着增长,尤其为天津之货物装卸业务及已合并之厦门港口业务。据集团表示,由于加入世贸带来贸易流量、中台关系缓和及进行象屿合并事项,预期天津及厦门于2003年将会继续保持强劲增长。继新世界基建有限公司(新世界基建)于2000年向集团注入港口及货物装卸业务后,集团于2002年10月公布向新世界基建及新世界创建有限公司进一步收购基本基建资产(包括收费公路、桥梁、电力、食水处理项目及交通服务),总代价约为211.4亿港元。当建议收购完成后,集团之业务将向连环及合纵两大方向拓展,使集团成为中、港、澳三地具领导地位之基建、港口发展及服务公司之一。此外,新世界发展有限公司将成为集团之控股股东,持有集团约52%权益,而新世界基建则将不再持有集团任何股权。

【主要资产/投资(6/2002)】 环球货柜码头香港有限公司(33.34%);亚洲货柜物流中心香港有限公司(55.67%);亚洲货柜码头有限公司(23.34%);天津东方海陆集装箱码头有限公司(24.5%);新海安(天津)国际货物分拨有限公司(100%);怡集亚洲(盐田)有限公司(40%);厦门新远货柜储运有限公司(70%);厦门新世界象屿仓储加工区有限公司(100%);厦门象屿码头有限公司(92%);厦门象屿保税区惠建码头有限公司(60%);及苏州惠苏国际集装箱码头有限公司(75%)。

耐力国际集团有限公司

【公司概况】 股票代码0660,集团主席冯申铨,发行股本(股)268M,票面值(港元)0.100,市价总值(港元)142M。

【公司业务】 耐力国际集团之主要业务为制造及销售运动鞋及运动型轻便鞋,主要客户为Fila、Reebok及Sprandi。于二零零一年之财政年度,集团之主要市场为欧洲、美国及加拿大、东南亚,分别占该集团之总营业额50.8%、36.7%和12.5%。为了抓紧中国加入世界贸易组织后所带来之业务商机,集团已于中国设立新公司并正于中国内地寻找商机,望为集团带来稳定的发展。

【主要资产/投资(12/2001)】 现金结余5,010万港元;于台湾的永久业权土地及楼宇之帐面净值约4,480万港元;于中国介乎十年至五十年的土地使用权及楼宇之帐面净值约4,140万港元;厂房和机器约值3,200万港元,及存货之帐面净值约6,170万港元。

添发庆丰(集团)有限公司

【公司概况】 股票代码0661,集团主席陈发柱,发行股本(股)1,288M,票面值(港元)0.050,市价总值(港元)406M。

【公司业务】 该集团之主要业务为从事物业投资及管理顾问、公司投资及金融服务。据集团2002年年报所披露,集团就其建议重组计划与承付票据持有人(即向集团提出清盘之呈请人)及一名投资者订立重组协议,重组建议乃经于2002年9月24日订立之补充建议所补充。截至2002年10月4日,建议重组计划仍在进行中。据年报进一步披露,基于持续经营基准之不明朗因素、审核范围可得凭证之限制及与集团就会计处理方法观点不同之影响性质重大,集团之核数师丁何关陈会计师行对集团之财务报表不发表意见。

亚洲金融集团有限公司

【公司概况】 股票代码0662,集团主席陈有庆,发行股本(股)1,058M,票面值(港元)1.000,市价总值(港元)1,312M。

【公司业务】 亚洲金融集团为一家以香港为基地之金融服务公司,提供各类型银行、保险及投资服务。于2002年12月止之年度内,集团录得43.8%纯利增长,主要盈利来源来自旗下两间主要附属公司亚洲商业银行有限公司及亚洲保险有限公司。据集团解释,2002年之盈利增长主要因为经过2001年投资市场波动,部份策略性及长期性之上市公司股份投资市值下降后,集团在投资方面之表现得到重大改善。于2002年中,集团另一附属公司亚洲投资服务有限公司之证券业务已并入亚洲商业银行,而其它投资服务亦已进行重组。此后,集团可为其优质客户提供交易额度,容许于交易日两天后才作交收。此项服务令集团成为本地银行业之先锋,因过往只有非银行系统之证券公司才可提供此项服务。在保险业务方面,集团已成为本地专业责任保险市场之其中一位领导者。在未来数月,集团将作出多方面投资,包括(1)在越南与Industrial & Commercial Bank of Vietnam合资组成Incombank—Asia Insurance Co. Ltd.;(2)与柬埔寨政府组成Cambodia Reinsurance Co.;及(3)投资于PT Sompo Japan Insurance Indonesia。展望将来,集团认为企业金融服务之前景较零售业务为佳,因此银行及保险业务之策略为专注于发展与企业客户之业务关系。最近,集团已重新整合企业银行服务,并将人员分布到零售银行之服务网络之中。另一方面,亚洲商业银行已得到批准于中国九个主要城市与港资、外资及合资企业开展进行人民币业务。至于保险业务方面,集团将继续看重个人保险产品,并在预见将来着重对企业之生意。

【主要资产/投资(12/2002)】 亚洲商业银行有限公司(100%);亚洲保险有限公司(100%);亚洲投资服务有限公司(100%);银联控股有限公司(13.3%);卡联有限公司(33.3%);网联(香港)有限公司(15%);香港人寿保险有限公司(16.6%);及银和再保险有限公司(21%)。

恒光行实业有限公司

【公司概况】 股票代码0663,集团主席,发行股本(股)2,232M,票面值(港元)0.200,市价总值(港元)22M。

【公司业务】 该集团之主要业务为从事制造及销售视光产品,包括镜片、太阳镜及眼镜框架。于2002年3月,另一家于香港联交所上市公司明日国际集团有限公司(明日国际)(股份编号:760)以总代价6,800万港元收购集团大部份权益,并向银行债权人收购2.50亿港元银行贷款。因此,集团可集中于经营业务,而毋须担忧偿还银行贷款。于2002年12月止之年度内,集团已大致达成年度内之营运目标,包括大幅削减固定成本以降低盈亏平衡点、取消非必要职位以缩减人手及重组、精简架构。连同撇销应计银行贷款利息之收益1,690万港元,集团之业绩已成功转亏为盈,由2001年度录得净额亏损5,889万港元改善至2002年度录得纯利1,014万港元。于2003年3月4日,集团、明日国际及Probest Holdings Inc.(Probest)订立协议,以重整结欠Probest之2.50亿港元贷款本金。由于大部份业务基本元素已有显着改进,集团将继续保持其于眼镜业内之领导地位。

【主要资产/投资(12/2002)】 东莞德宝光学有限公司(50%);东莞恒惠眼镜有限公司(83%);深圳横岗恒光光学实业有限公司(81%);东莞粤恒光学有限公司(50%);恒光眼镜行有限公司(100%);及东莞粤恒光学(香港)有限公司(50%)。

大福证券集团有限公司

【公司概况】 股票代码0665,集团主席郑家纯,发行股本(股)475M,票面值(港元)0.100,市价总值(港元)380M。

【公司业务】 该集团主要从事证券及期货合约经纪及买卖;提供开展及其它财务供贷;提供企业咨询、配售及包销等服务;基金管理;提供代理人及保管服务;以及提供储蓄计划之经纪及代理服务。现时,集团已能为客户提供全面性之科技导向服务。运用集团之网上电子交易系统,客户可透过互联网、流动电话、互动音频电话、掌上计算机、电子手帐及无线应用协议等途径进行买卖。此外,集团亦透过网上频道,为客户提供更多增值服务,例如创富会。由于预期中国将会开放其金融市场而带来无限商机，集团已积极在国内市场建立联系。最近，集团已在北京及上海设立代表办事处，而位于深圳之办事处亦将于 2002 年下半年投入运作。此外，集团已与国内著名之财经信息供货商和讯签订管理合约，共同发展及运作服务当地投资者之电子交易平台。为扩展其全球业务网络，集团亦已在美国、欧洲及日本等主要投资市场设立国际销售点及建立策略联盟。

【主要资产/投资(3/2002)】 大福证券有限公司(100%)；大福期货有限公司(100%)；大福资料研究有限公司(100%)；大福财务有限公司(100%)；大福融资有限公司(100%)；大福电子网上服务有限公司(100%)；大福资产管理有限公司(100%)；大福基金管理有限公司(100%)；大福投资咨询顾问(上海)有限公司(100%)；及意盛有限公司(100%)。

禹铭投资有限公司

【公司概况】 股票代码 0666，集团主席冯永祥，发行股本(股)1，691M，票面值(港元)0.100，市价总值(港元)399M。

【公司业务】 该集团之主要业务为在香港持有上市及非上市证券，而不是经营一系列公司。现时，集团之主要投资为债务证券、上市证券、欧罗及美元存款，以及透过持有 33.3% 权益之联营公司持有旺角中心之权益。截至 2002 年 12 月止之年度，集团为多项资产及投资之减值/未变现亏损作出约 7，640 万港元之拨备。尽管如此，集团亦可于 2002 年度转亏为盈，录得纯利 1，838 万港元（2001 年度则录得亏损净额 8，664 万港元）。于 2002 年，巨川国际(集团)有限公司（巨川）(集团曾投资其可换股票据）已完成债务重组计划。因此，集团已从拯救巨川之投资者获取现金及巨川股份，以抵销巨川应付集团之款项。另一方面，添发庆丰(集团)有限公司（添发）（集团为其主要之债权人）之重组计划亦已于 2003 年初完成，而集团从添发之拯救投资者获取现金及添发之股份以抵销添发结欠之债务将于 2003 年度入账。据披露，集团亦为其持有 33.3% 权益之联营公司所结欠尚未偿还债务其中之 33.33% 向一家银行提供担保（于 2002 年 12 月 31 日，尚未偿还债务合共约 4.21 亿港元）；以及为一家附属公司所获一家财务机构提供不超逾 1，500 万美元之信贷额提供担保。

【主要资产/投资(12/2002)】 现金结余净额约 3.024 亿港元；债务证券之账面值约 3，227 万港元（主要包括公司债券及可换股票据）；投资证券约 1.626 亿港元（主要上市证券投资包括壹传媒有限公司及南顺(香港)有限公司，而非上市证券投资则包括中银中国基金有限公司及 Alpha Innovation Ltd.）；及康恩发展有限公司(33.3%)。

香港饮食管理有限公司

【公司概况】 股票代码 0668，集团主席陈伟彰，发行股本(股)313M，票面值(港元)0.100，市价总值(港元)157M。

【公司业务】 该集团主要从事经营及管理食肆及物业投资；以及透过旗下持有 60.15% 权益之上市附属公司圣安娜控股有限公司(圣安娜）经营两家以圣安娜饼屋及面饱廊为名之连锁式饱饼店，及以小城知味为名之食肆业务。截至 2002 年 3 月止之年度，集团之纯利下跌 34.6% 至 1，982 万港元。据集团解释，纯利下跌主要由于集团将 2000 年 11 月所进行之重组（涉及分拆及分派圣安娜股份）之全年影响综合入账所致。面对香港饮食业市道疲弱，集团于年内关闭两家展期亏蚀之食肆。于 2002 年 3 月止之年结后，集团亦已关闭与格兰酒店集团成立之合营企业之三家食肆，将资源集中于其全资拥有之食肆。为摆脱以往老式经营之形象，集团已预算投入 1，480 万港元作翻新若干食肆店铺之用，藉以吸引大量年青一辈客户。日后，集团将在扩充食肆方面采取谨慎态度，并以开设一应俱全之小巧店铺为重点。至于集团之上市附属公司圣安娜，现正重新评估中国这个潜力优厚之消费市场。另一方面，圣安娜亦将继续精简业务，以及将更多生产线迁移至深圳厂房，以进一步提高边际利益。截至 2002 年 3 月止之年度，集团持有庞大现金储备约 2.40 亿港元，且并无任何债务负担。

【主要资产/投资(3/2002)】 圣安娜控股有限公司(60.15%)；碧云天饮食有限公司(100%)；万纳投资有限公司(100%)；Tin Fook Caterers Ltd.(100%)；坚景有限公司(95%)；上海绿杨村酒家(香港)有限公司(45%)；及雅致饮食有限公司(50%)。

创科实业有限公司

【公司概况】 股票代码 0669，集团主席 PUDWILL Horst Julius，发行股本(股)651M，票面值(港元)0.200，市价总值(港元)8，824M。

【公司业务】 该集团主要从事设计、开发、生产及销售太阳能及电子产品、电动工具、牙齿护理用品、地板护理产品及消费者户外产品（如链锯、汽油修剪机等）。近年，集团成功由原件设备制造商及原件设计制造商转型为全球具有自有品牌之领先生产商之一。继于 2000 年 8 月成功收购 Ryobi 在北美洲之电动工具业务后，集团于 2001 年 8 月及 2002 年 3 月分别收购 Ryobi 旗下欧洲及澳洲与新西兰之业务，包括 Ryobi 电动工具及户外产品之市场推广及分销业务。Ryobi 在全球第二大电动工具市场 — 欧洲 — 早已为有名品牌，并在澳大拉西亚地区之市场处于领先地位。与 Ryobi 业务整合后，集团能充份利用其北美洲电动工具产品之技术、亚洲区之生产设施加以及包商网络，向 Ryobi 之销售市场源源不绝提供新产品。据披露，集团已与全球最大之家居装修连锁集团 — Home Depot — 订立主要分销协议，该协议不仅可于日后为集团带来稳定收入来源，同时亦为 Ryobi 产品在北美洲提供一个重要销售渠道及市场推广支持。于 2001 年年底，集团亦透过收购 Homelite 品牌之户外产品（包括汽油修剪机、链锯及鼓风机），以拓展此项具盈利潜力之业务，集团之管理层相信此业务将会为集团提高盈利能力。透过以上一连串收购活动，集团可分散其投资市场及产品分类，同时亦可进一步加强在国际市场之占有率。

【主要资产/投资(12/2002)】 Ryobi Technologies France S. A.(100%)；Ryobi Technologies Canada，Inc.(100%)；Ryobi Technologies，Inc.(100%)；Ryobi Technologies (UK) Ltd.(100%)；Ryobi Technologies Australia Pty Ltd.(100%)；Ryobi Technologies (New Zealand) Ltd.(100%)；Ryobi Technologies GmbH(100%)；Homelite Consumer Products Holdings，Inc.(100%)；One World Technologies Ltd.(100%)；Royal Appliance International GmbH(51%)；Santo Industries Ltd.(100%)；创广实业有限公司(75.7%)；Techtronic Appliances Holdings Co. Ltd.(100%)；Vax Ltd.(100%)；Vax Appliances (Australia) Pty Ltd.(100%)；Gimelli International (Holdings) Ltd.(40.8%)；及 Precision Technology Industries Ltd.(25%)。

中国东方航空股份有限公司

【公司概况】 股票代码 0670，集团主席叶毅干，发行股本(股)1，567M，票面值(港元)1.000，市价总值(港元)1，520M。

【公司业务】 中国东方航空（集团）为中国三家最大航空公司之一，同时亦为服务于上海之首要航空公司，主要业务为提供国内、香港及国际客货空运服务。于 2002 年 12 月止之年度内，集团共经营 228 条航线，其中包括 179 条国内航线（当中 14 条为香港航线），以及 49 条国际航线（包括 7 条国际货运航线），完成总周转量 26.52 亿吨公里。于 2002 年年底，集团共运营 78 架飞机，包括 75 架喷气式客机及 3 架喷气式货机，以及每周经营定期航班约 3，130 架次，服务于国内外共 77 个城市。由于为固定资产作重估减值，集团录得之纯利由 2001 年度之 5.417 亿元人民币大幅下跌 84.1% 至 2002 年度只有 8，640 万元人民币。于年内，集团开辟北京—德里、北京—东京及上海—鹿儿岛等多条客运航线，形成局部之国际航线优势。此外，集团亦透过打造东航快线品牌以提升上海市场之占有率，以及与国泰航空公司联合推出上海—香港—台北快捷中转服务。于 2002 年 10 月，集团前控股公司东方航空集团公司完成与中国西北航空公司及联合云南航空公司之合并，组建中国东方航空集团公司，并取代成为集团之控股股东。集团预期中国东方航空集团公司之成立将对集团日后航空运输业务之扩展带来正面之效益。

【主要资产/投资(12/2002)】 中国东方航空江苏有限公司(55%)；中国货运航空有限公司(70%)；东航实业有限公司(86%)；上海东方飞行培训有限公司(95%)；及中国东方航空武汉有限责任公司(40%)。

科达集团(控股)有限公司

【公司概况】 股票代码 0673，集团主席李重远，发行股本(股)111M，票面值(港元)0.100，市价总值(港元)95M。

【公司业务】 随着于 2001 年 6 月完成集团重组及债务重组后，科达集团（控股）有限公司（集团）便成为恒利集团之控股公司，并于 2001 年 6 月 18 日以介绍方式在香港联交所主版上市。集团之传统业务为制造、采购及分销电子零部件。截至 2002 年 3 月止之年度，集团之业绩大为改善，由 2001 年 3 月止年度录得净额亏损 2，750 万港元扭转为本年度录得纯利 1.106 亿港元，转亏为盈主要由于录得财务重组收益 1.582 亿港元所致。现时，集团之核心业务已转型至知识型经济为主之投资控股，集中于物色及投资于具高价值及最优质之知识产权资产，尤其为该等涉及生物科技、生命科学、信息科技及此等科技于医疗、农业及其它行业上之交互应用。于 2001 年下半年，集团已投入约 2，100 万港元资金于 Hamilton Apex Technology Ventures，L. P. (Hamilton)，Hamilton 为以加州圣地亚哥为基地之美国科技创业资金公司。日后，集团将继续寻求其它投资机会，务求在太平洋区内（尤其在中国大陆）建立科技及资本交流之渠道及平台。截至2002年3月止之年度，集团之总负债约为5,420万港元，其中4,150万港元为未行使债券及可换股票据，而其现金状况则只有1,150万港元。

【主要资产/投资(3/2002)】 非上市投资约值2,850万港元（主要为于Hamilton之投资）；东莞森信电子有限公司(100%)；恒利科技有限公司(100%)；及森信国际有限公司(100%)。

友力投资(控股)有限公司

【公司概况】 股票代码0674，集团主席马淑金，发行股本(股)1,096M，票面值(港元)0.050，市价总值(港元)79M。

【公司业务】 该集团主要于香港从事经营酒楼及物业投资业务，而旗下位于中国大陆之亏蚀酒楼业务已于2001年6月终止经营。现时，集团只经营星光行分店之酒楼业务，该分店之业务平稳并录得盈利。随着于过去两年结束所有亏蚀之酒楼后，集团录得之净额亏损由2001年3月止年度之8,320万港元大幅收窄至2002年3月止年度之320万港元。据集团2001年年报早前所披露，由于Opal Technologies, Inc. (Opal) 未能提交截至2002年12月止年度之经审核账目而于纳斯达克公告板暂停买卖，以及未有履行责任支付集团持有之可换股票据之利息，集团已为Opal之投资作出全数拨备7,800万港元。集团已向Opal提出法律诉讼，而法院亦已判决Opal须向集团支付1,030万美元，即票据之本金及截至2002年1月7日之应计利息。然而，截至2002年7月16日，集团于法院判决后仍未收到Opal任何款项。

【主要资产/投资(3/2002)】 投资物业按公开市值为7,400万港元；及租约土地及楼宇按账面净值为7,200万港元。

坚宝国际(控股)有限公司

【公司概况】 股票代码0675，集团主席赖培和，发行股本(股)250M，票面值(港元)0.100，市价总值(港元)29M。

【公司业务】 该集团之业务可分为两大类：(i)制造及销售电子及相关零部件(其中包括按键、合成橡胶及塑料零部件、及液晶体显示器)；(ii)设计、制造及销售电子消费品(包括电子计数机、闹钟及液晶体显示器产品)。于二千年财政年度，集团收购TQL (BVI) Limited，TQL主要从事制造及销售液晶体显示器。再者，集团新投资之合成橡胶零部件业务及精密塑料业务在年内已投产。该等等业务专门制造精密零部件供高价消费品使用(例如：流动电话、个人电子手帐、计算机及其配件等)，以强化集团的业务。于二零零一年财政年度，集团欣然报告集团的销售及市场推广队伍已成功扩阔集团海外客户的基础，以及稳夺一些知名跨国公司的订单。至于电子消费品业务，集团已于欧洲市场建立良好的基础，特别是德国市场，集团亦发展了一些以美国市场为目标的新产品，以及就这些产品于该区开始了对潜在客户的市场推广。

【主要资产/投资(12/01)】 柏城电子有限公司(100%)；深圳坚城电子有限公司(合营企业)；Mars Field(100%)；中颖精密塑料有限公司(100%)；中颖实业有限公司(100%)；Hi－Tech Investment (100%)；宝仕达实业有限公司(100%)；西城时计有限公司(100%)；Technology Trend(100%)及冲浪平台软件国际有限公司(6.6%)—在中国Linus软件发展公司之领导者，并于香港交易所创业版上市。

创信国际控股有限公司

【公司概况】 股票代码0676，集团主席吴振山，发行股本(股)731M，票面值(港元)0.100，市价总值(港元)658M。

【公司业务】 该集团主要从事制造及销售鞋类产品，专注于原设备生产业务。截至2002年12月止之年度，集团之产品种类包括运动凉鞋(27%)、休闲鞋(30%)、运动鞋(39%)及其它鞋类(4%)。另一方面，北美、欧洲及亚洲继续成为集团最大之出口市场，分别占集团总营业额66%、10%及19%。集团之主要客户包括Nike、K. Swiss等。据集团解释，美国现时经济仍未复苏，而输往欧洲之产品销售额仍然受到欧盟对中国制造鞋类实施进口配额管制(注：欧洲进口配额于2005年初解除)。相反地，得到国内约120个经营点之支持，集团中国内销市场之业务继续稳定地增长。另外，集团于2002年7月以代价500万美元收购一日本上市鞋类分销商Secaicho Corporation (Secaicho)之23.83%权益。Secaicho已有逾80年历史，拥有自有品牌Topaz，及授权销售之品牌如Elle、Champion USA等。集团预期与Secaicho之策略关系有助集团开拓日本之鞋类市场。此外，集团亦将与Secaicho共同代理国外之品牌在日本及亚洲区销售。

【主要资产/投资(12/2002)】 番禺丰群鞋业有限公司(100%)；番禺创信鞋业有限公司(100%)；台湾松邺国际有限公司(99.92%)；C. P. L. International Co. Ltd. (30%)；Hi－Tech Pacific Ltd. (40%)；及Secaicho Corporation (23.83%)。

金源米业国际有限公司

【公司概况】 股票代码0677，集团主席LAM Kwing Chan David，发行股本(股)1,293M，票面值(港元)0.100，市价总值(港元)401M。

【公司业务】 该集团主要从事搜购、入口、批发、精细加工、包装、市场推广及销售食米；经营货仓；物业投资；证券投资；及投资控股等业务。现时，集团为全港唯一之食米加工厂。此外，集团拥有广受消费者欢迎之品牌，包括金象、袋鼠及樱城牌等。截至2002年3月之年度，食米销售仍为集团之主要收入来源，占集团总营业额78.6%。按地区而言，集团之收入主要来自香港，占总营业额88.2%，而集团第二大市场则为中国大陆，约占其年内总营业额8.5%。展望将来，集团将进一步开拓中国大陆具潜力之市场，尤其是珠江三角洲地区。

【主要资产/投资(3/2002)】 现金结余净额约2.497亿港元；证券投资合共约值1.355亿港元；位于香港之土地及楼宇按账面净值约1.701亿港元；金源投资国际有限公司(28.45%)—在香港联交所上市；超然制品厂有限公司(33.25%)；及Siripattana Rice Co., Ltd. (49%)。

丽星邮轮有限公司

【公司概况】 股票代码0678，集团主席林国泰，发行股本(股)4,946M，票面值(港元)0.100，市价总值(港元)10,634M。

【公司业务】 该集团主要从事以旗下三个主流品牌丽星邮轮、挪威邮轮及东方邮轮以及一个新推出品牌邮轮客运经营由港口出发之定期邮轮旅游。集团在自选海上假期方面经验丰富，自选海上假期为一种创新之邮轮旅游，为乘客在饮食选择及船上活动方面提供更大的弹性。尽管受到美国911事件及全球经济衰退影响，集团录得之股东应占亏损由2000年12月止年度之4,400万美元收窄至2000年12月止年度之1,600万美元。现时，集团以丽星邮轮、挪威邮轮及东方邮轮品牌经营合共19艘邮轮（截至2002年2月22日）。丽星邮轮品牌以亚太区之港口为基地，在亚太区拥有逾70%之市场占有率，提供以活动为主之邮轮旅程，而挪威邮轮及东方邮轮品牌则在美洲及欧洲提供较长路线之邮轮旅程。于2001年9月，集团推出邮轮客运品牌（现时包括华莎皇后），藉以进军香港客轮市场，为首次享用邮轮之人士提供入门经验，预期华莎皇后将于2002年上半年提供中港邮轮服务。集团旗下四个品牌之邮轮到访亚太区、北美洲、南美洲、欧洲、百慕达、加勒比海、地中海、南极洲及阿拉斯加等全球200多个停泊港，提供豪华及多元化之邮轮服务。

【主要资产/投资(12/2001)】 邮轮之账面净值约30.18亿美元；建造中邮轮之账面净值约6,620万美元；设备及汽车之账面净值约1.341亿美元；以及土地、租赁土地、登船码头、码头大楼及其它工程之账面净值约5,310万美元。

亚洲联网科技有限公司

【公司概况】 股票代码0679，集团主席蓝国恩，发行股本(股)5,529M，票面值(港元)0.010，市价总值(港元)55M。

【公司业务】 该集团主要从事设计、制造及销售因应客户要求之电镀机械及湿式处理设备；提供卫星通讯服务；舞台建造工程及娱乐制作服务；以及木材贸易业务。截至2002年3月止之年度，制造及销售电镀机械及湿式处理设备业务为集团两大主要收入来源，分别占集团总营业额约48.6%及33.2%，而娱乐制作及卫星通讯业务则分别只占约15.6%及0.87%。展望将来，集团将继续减低直接成本及经营成本，以维持其竞争能力。

【主要资产/投资(3/2002)】 北京金朋电镀器材有限公司(52%)；亚智科技股份有限公司(51%)；北京浩源设备有限公司(52%)；亚洲电镀器材有限公司(100%)；Asia Vigour (Holdings) Ltd. (100%)；及喜富有限公司(100%)。

南海控股有限公司

【公司概况】 股票代码0680，集团主席于品海，发行股本(股)29,932M，票面值(港元)0.010，市价总值(港元)299M。

【公司业务】 该集团主要从事物业发展及投资，以及设计、制造及市场销售电子学习玩具产品。自中国数码信息有限公司(中国数码)于2000年9月收购集团之控股权益后，集团已推行一系列企业及财务重组活动。于 2001 年 7 月,位于深圳及南京之主要物业资产,连同购置位于广州及北京之物业发展项目之购买选择权,已一并注入集团。该等获注入之物业组合共超过 300 万平方米之住宅总楼面面积。自此,集团已转型为中国数码之主要上市物业分支,而集团之生产及推销电子消费产品则仍会继续经营。在未来数年,集团之主要物业项目包括六湾项目及广州项目。六湾项目将发展成为一个约 100 万平方米之优质住宅、写字楼及零售设施之迷你城市。据披露,有关城市规划批文已获政府部门签发,预期落成年份将约为 2009 年。集团另一个主要物业项目位于广州,邻近广州新机场,提供逾 100 万平方米之实用面积。据 2002 年年报披露,集团拥有该项目之 49% 权益,并计划于下一个财政年度行使购买选择权去购买余下 51% 权益。

【主要资产/投资(3/2002)】 位于中国深圳蛇口六湾之物业发展项目,落成时总建筑面积约 124 万平方米(100%);广州项目之 49% 权益,并拥有可于 2003 年 1 月前向其控股公司购买余下 51% 权益之购买选择权;及天一工业有限公司(65%)。

基电控股有限公司

【公司概况】 股票代码 0681,集团主席王克端,发行股本(股)862M,票面值(港元)0.070,市价总值(港元)83M。

【公司业务】 继于 2000 年 8 月完成债务重组后,该集团已不断就私营及公营部门之机电工程及保养项目递交标书。于 2001 年 5 月,于香港特别行政区政府工务局之认可公共工程物料供货商及专门承造商名册内所有之 11 个牌照均已恢复。凭借控股公司迪臣发展国际集团有限公司(迪臣)之支持,集团之屋宇装备(单项工程)项目占总营业额超过 50%。于 2001 年 11 月,集团之股东批准集团之建议与迪臣订立持续关连交易,以提供机电工程及保养服务予迪臣。

【主要资产/投资(3/2002)】 坚稳工程有限公司(100%)。

超大现代农业(控股)有限公司

【公司概况】 股票代码 0682,集团主席郭浩,发行股本(股)1,915M,票面值(港元)0.100,市价总值(港元)2,279M。

【公司业务】 该集团为一家综合性及现代化之农业企业,主要于中国从事培植及销售优质农产品(包括蔬菜、水果及米),以及繁殖及销售畜牧业务。现时,农产品种植及销售仍为集团之主要收入及利益来源。据集团管理层所解释,中国为全球最大农业国家之一,惟其农业运作却极之分散。目前,将农地整合为由大型农业公司运营之趋势为推动中国农业改革之一股力量。同时,由于化学农药及化学肥料被滥用而令中国更关注食品安全,现时更多民众倾向于进食有机、绿色及健康食品。此等趋势对集团之发展极为有利。据年报所披露,于 2002 年 6 月止年度内,集团之农地由 62,429 亩大幅增至 120,725 亩。集团增加之农地主要位于南京、北京、陕西及福建。截至 2002 年 6 月止之年度,集团共有 36 个生产基地。凭借中国低廉之生产成本,集团将以快速开拓出口市场为目标。最近,集团已在东京设立日本附属公司,以作为其开发日本市场之基地。日后,集团将进一步开拓其它出口市场,如美国、加拿大、英国、法国、意大利等。截至 2002 年 6 月止之年度,集团仍持有庞大现金结存净额约 8.318 亿港元。

【主要资产/投资(6/2002)】 Newasia Global Ltd.(49%);福州超大现代农业发展有限公司(100%);福州超大绿色农业发展有限公司(100%);福州超大畜牧业有限公司(100%);及星愿(福建)发展有限公司(100%)。

嘉里建设有限公司

【公司概况】 股票代码 0683,发行股本(股)1,171M,票面值(港元)1.000,市价总值(港元)10,945M。

【公司业务】 嘉里建设为一投资控股公司,其附属公司之主要业务包括于香港、中国及亚太区从事物业发展及投资;拥有及经营物流、货运及货仓业务;及于香港及中国参与多个基建项目之策略性投资。截至 2001 年 12 月止之年度,由于为大埔涤涛山豪华住宅物业项目作出 3.6 亿港元之特定拨备,集团录得纯利 3 亿 9,575 万港元,较上年度下跌46%。现时,集团持有庞大及多元化物业组合,包括住宅(主要包括香港半山大型、高质之豪宅物业)、商业楼宇、货仓及综合性物业。于 2001 年度,物流及货仓业务为集团主要收入来源之一。集团现为全港最庞大之货仓业主兼营运商。透过旗舰公司嘉里物流联网有限公司,集团向客户提供一站式之综合供应链管理解决方案。为成为亚洲首屈一指之第三方物流服务供货商,集团将进一步扩展其物流网络至亚洲其它国家,尤以中国为重点发展目标。基建业务方面,西区海底隧道已开始为集团带来实际贡献,而于亚洲航空货运站及赤湾集装箱码头(前称深圳凯丰码头)之投资亦继续为集团带来盈利。

【主要资产/投资(12/2001)】 香港物业投资组合之应占总建筑面积合共约 663 万平方尺;中国物业投资组合之应占地盘面积合共约 1,699 万平方尺;货仓物业及物流中心投资组合之应占总建筑面积合共约 713 万平方尺;国际物业投资组合之应占总建筑面积合共约 257 万平方尺;西区海底隧道(15%);亚洲航空货运站(15%);及赤湾集装箱码头(25%)。

亚伦国际集团有限公司

【公司概况】 股票代码 0684,集团主席张伦,发行股本(股)335M,票面值(港元)0.100,市价总值(港元)460M。

【公司业务】 该集团为一家历史悠久之企业,主要从事设计、制造及销售各种类型之家庭电器及个人护理产品。截至 2002 年 3 月止之年度,家庭电器销售占集团总营业额约 70.7%,而个人护理产品则占总营业额 29.3%。以地区划分,欧洲、美洲及亚洲市场继续成为集团之主要收入来源,分别占集团总营业额 45.6%、39.8% 及 11.2%。据 2002 年年报所披露,集团正开发多款新型号之榨汁器、食物处理器、电炸锅、水力按摩器、足浴器及美容护理产品。最近,集团亦已扩充其研究与开发部门及推行企业资源计划系统,以提高其竞争能力。截至 2002 年 3 月,集团拥有庞大现金结余净额约 1.798 亿港元。

【主要资产/投资(3/2002)】 惠阳亚伦塑料电器实业有限公司(100%);亚伦电业制造有限公司(100%);亚伦工模制造有限公司(100%);亚伦塑料厂有限公司(100%);雅美工业(惠阳)有限公司(100%);雅美工业有限公司(100%);康伦电业制造有限公司(100%);嘉伦电业制造有限公司(100%);及艺成(远东)塑料五金厂有限公司(100%)。

明报企业有限公司

【公司概况】 股票代码 0685,集团主席张晓卿,发行股本(股)392M,票面值(港元)0.100,市价总值(港元)494M。

【公司业务】 该集团为香港上市中文印刷媒体集团之一,主要从事出版中文报章、期刊与书籍业务。集团主要刊物包括《明报》、《明报海外版》(在多伦多、温哥华及纽约销售)、《明报周刊》、《明报月刊》、《亚洲周刊》、及《儿童周刊》。除核心出版业务外,集团亦透过明报网站〔Mingpao.com〕从事互联网事业,以及透过〔翠明假期〕提供旅游及旅游有关服务。截至 2002 年 3 月止之年度,由于核心业务受到全球经济衰退及市场气氛低沉影响,集团转盈为亏。根据香港中文大学一项有权威之调查显示,《明报》获公众选为本港最具公信力之媒体机构,压倒所有中文及英文报章及电子传媒。此外,根据 2002 年《亚洲工商行政人员阅读习惯调查》,《亚洲周刊》(集团持有 48.5%权益及 TOM.COM 持有 50%权益)被选为最受亚洲工商行政人员欢迎之中文周刊。互联网业务方面,明报网站〔Mingpao.com〕继续提供实时新闻及实时财经新闻。现时,明报网站每月浏览人次已超过 220 万。至于旅游业务方面,〔翠明假期〕于来年将重点推广暑期国际游学团,以捕捉暑期学生出外游学市场之发展潜力。

【主要资产/投资(3/2002)】 现金结余净额约 7,650 万港元;位于香港及香港以外之物业组合之账面净值分别约 2.359 亿港元及 5,410 万港元;明报网站(88.2%);翠明假期有限公司(100%);翠明网络旅游有限公司(94.1%);Delta Tour & Travel Services (Canada), Inc.(99.82%);Delta Tour & Travel Services, Inc.(99.9%);Yazhou Zhoukan Holdings Ltd.(48.525%);及广州南华高尔夫球俱乐部有限公司(30%)。

Gay Giano International Group Ltd.

【公司概况】 股票代码 0686,集团主席,发行股本(股)200M,票面值(港元)0.100,市价总值(港元)18M。

【公司业务】 该集团主要从事零售及分销以集团本身之〔Gay Giano〕、〔Cour Carre〕及〔Due G〕品牌设计及/或制造之女士及男士时尚服装及配衬饰物。截至 2002 年 3 月止之年度,集团之业绩由 2001 年 3 月止年度录得之 836 万港元净额亏损,轻微改善至本年度之 89 万港元净额亏损。现时,集团已被认定为香港受欢迎之时尚优雅及名牌优质服装市场之供货商及设计师。〔GayGiano〕及〔Cour Carre〕已在行政人员服务市场建立一定之地位,并稳占相对较高之市场占有率;而〔Due G〕则为较年青之品牌,专为年青客户而设。截至 2002 年 7 月,集团在香港合共经营 24 间零售分店。另一方面,集团已独家授权新兴光学集团控股有限公司以〔Cour Carre〕品牌制造及销售眼镜产品,并取得可观之专利费收入。日后,集团将继续采用此种品牌授权策略,以更有效益地善用其本身品牌去进军国际市场。
【主要资产/投资(3/2002)】 Gay Giano Holding Ltd.(100%);Cour Carre (Asia) Ltd.(100%);Due G Co. Ltd.(100%);及深圳隆威时装有限公司(100%)。

泰升集团有限公司

【公司概况】 股票代码0687,集团主席张舜尧,发行股本(股)732M,票面值(港元)0.100,市价总值(港元)114M。
【公司业务】 该集团主要从事地基打桩;机器租赁及贸易;物业投资及发展;机电工程;以及楼宇建筑等业务。截至2002年3月止之年度,地基打桩仍为集团之主要收入来源,约占其总营业额67.8%。另一方面,机电工程及楼宇建筑则占集团总营业额19.6%。于年内,集团约30%之合约来自公营部门,而其余则来自私人机构。在中国市场方面,集团主要物业投资位于上海及天津。另一方面,集团继续以一名中型发展商之取向,专注发展上海之住宅市场。据集团所披露,最近推出之泰荣苑销售成功,该项目将于2002年12月全面落成,而大部份盈利将于截至2003年3月止之年度反映。此外,集团亦已于普陀区购入一块土地,用作发展为一个18万平方米之住宅项目。该项目之第一期工程预期于2003年初开始,并将于2004年推出预售。
【主要资产/投资(3/2002)】 位于中国大陆及香港之投资物业分别约值7.847亿港元及6,060万港元;及设备与机器约值2.676亿港元。

中国海外发展有限公司

【公司概况】 股票代码0688,集团主席孙文杰,发行股本(股)5,407M,票面值(港元)0.100,市价总值(港元)4,487M。
【公司业务】 该集团主要从事物业发展、楼宇及土木建筑、基础工程及项目管理、物业租赁、基建项目投资,以及房地产代理及管理等业务。管理层预期未来数年集团之经营地点仍将以中、港两地为主,核心业务则为中国房地产、香港承建及国内实业投资。在未来三年,管理层预计每年新增土地储备将不少于1,000万平方呎。据2002年年报所披露,集团持有79%股本权益之中海地产股份有限公司(中海地产)已于2002年8月进入国内A股市场上市前之辅导期。中海地产之未来发展对集团能否在国内住宅开发业务确立领导地位有关键作用。在香港地产市场方面,集团估计需要较长时间才能复苏。在可见将来,集团将继续争取将手头上账面值约8亿港元之库存于两年内出售,并积极推动赤柱项目之发展及销售。
【主要资产/投资(12/2002)】 待售物业按账面净值约44.723亿港元;投资物业按公开市值约17.415亿港元;发展中物业按账面净值约15.408亿港元;以及基建项目投资及合营地产项目按账面值约11.882亿港元。

长城数码广播有限公司

【公司概况】 股票代码0689,集团主席吴少章,发行股本(股)8,076M,票面值(港元)0.010,市价总值(港元)81M。
【公司业务】 该集团之主要业务为以自有品牌乐华牌及彩星牌制造及销售电子消费产品,如电视机、冷气机及影音产品。截至2002年3月止之年度,集团录得之净额亏损由上年度之1.711亿港元大幅扩大至本年度之9.592亿港元。同时,集团之股本亦大幅削减至只有约4.644亿港元。据截至2002年3月止年度之核数师报告所显示,基于核数师有关态证之限制范围可能产生之影响及集团持续经营之不确定因素均有重大影响,集团之核数师安永会计师事务所不发表任何意见。有见于现今中国电器市场之经营环境困难及竞争激烈,集团已计划透过与市场上具规模之经营者组成业务伙伴,以削减经营开支。据披露,集团已集中经营流动电话及冷气机业务。于2002年首季季尾,集团已透过一家管理流动电话业务之新成立合营企业在中国大陆推出乐华牌流动电话。此外,集团将继续把目标市场由国内转移至海外,以提高边际利润。与此同时,集团亦会终止或出售不良业务及闲置资产。
【主要资产/投资(3/2002)】 广东乐华空调器厂有限公司(40.1%);广东乐华电子有限公司(60%);Great Wall France SA(100%);长城工业村(惠州)有限公司(90%);威达世纪电子(惠州)有限公司(100%);太原彩星电器有限公司(37.5%);及长城生化科技有限公司(83.33%),持有合营医药公司武汉华龙生物制药有限公司42.5%实际股权。

新高准控股有限公司

【公司概况】 股票代码0690,集团主席吴文灿,发行股本(股)180M,票面值(港元)0.100,市价总值(港元)155M。
【公司业务】 该集团主要按照客户之设计及规格,制造及销售包装产品(例如包装香烟、洋酒、小食、玩具、家庭电器用之纸盒及其它包装礼品之物料)及纸制礼品(包括相簿、相架、首饰盒、购物袋、信笺套装、其它文具及礼品),以及印刷纸制宣传物料(例如宣传单张、产品操作说明书、产品目录、小册子、月历、海报、广告传单等)。截至2002年3月止之年度,包装产品、纸制礼品及纸制宣传物料之销售分别约占集团总营业额54.9%、22.9%及22.2%。据2002年年报披露,集团拥有逾350名客户之稳固及多元化客户基础,其中主要包括香港之经销商、消费品制造商及广告代理商。为减低对香港客户之依赖及扩宽市场覆盖范畴,集团最近将业务扩展至中国大陆市场,该市场于集团总营业额之份额亦成功由上年度之3.1%攀升至本年度之16.6%。为进一步提升其于包装及印刷业内之市场地位,集团计划开拓海外市场,尤其北美洲及欧洲市场,而非局只限于国内市场。
【主要资产/投资(3/2002)】 新高准集团有限公司(100%);力新时纸制品(深圳)有限公司(100%);视域产品有限公司(60%);天艺印刷有限公司(51%);新协丰(力福)印刷制品有限公司(100%);及新时制版有限公司(100%)。

腾达智能科技有限公司

【公司概况】 股票代码0691,集团主席许培新,发行股本(股)404M,票面值(港元)0.010,市价总值(港元)121M。
【公司业务】 该集团为中国智能建筑项目顾问及管理服务供货商,业务集中于上海。集团提供之顾问及管理服务包括(但不限于)根据客户要求及限制编选有关整体解决方案之建议书、给予咨询意见、项目实施之整体管理及监督,以及采购与供应项目所需之设备、软件及配件。该等服务提供予各式各样之智能建筑项目,包括写字楼、工厂、酒店、医院、学校、购物中心及住宅小区。集团透过全资附属公司上海腾达(作为分包商)及/或其它独立分包商,于国内提供顾问及管理服务,惟有关采购及供应各项目所需设备、软件及配件之事宜则由集团本身进行。现时,集团已订约为其提供顾问及管理服务之智能建筑项目之主要智能建筑系统包括楼宇管理系统、结构化布线系统、楼宇自动化系统、通信自动化系统及办公自动化系统。集团之客户基础包括政府机构(如地区法院、检察院、公安局及地方政府)、国有企业、物业发展商及承包商、工厂业主、国际公司及财务机构。截至2002年3月31日止,集团取得为17个待完成之智能建筑项目提供顾问及管理服务,合约总值约为2.773亿港元,其中约1.582亿港元为已确认之营业收入。

正兴(集团)有限公司

【公司概况】 股票代码0692,集团主席姚正安,发行股本(股)320M,票面值(港元)0.050,市价总值(港元)35M。
【公司业务】 该集团从事提供布料加工服务(包括印染及整理),以及销售生产各类型古典及时尚便服所需之印染布料。为加强其竞争优势,集团已在纽约、洛杉矶、萨尔瓦多、孟加拉、柬埔寨、印度、上海、中山等主要城市设立生产基地及销售办事处。销售布料方面,集团于可见将来之策略为与本地及海外布料贸易商合作。至于布料加工业务方面,集团有意于中国另行成立销售队伍,以及进行业务合作及建立策略联盟,藉以提升当地订单数量。为满足集团成衣制造及贸易业务日益增长之需求,集团已于中国中山建立本身之成衣制造厂,该制造厂之年产量约达80万件衣物。此外,集团已登记凯顿及法卡斯顿两个品牌名称,于中国若干百货公司进行时装贸易及批发业务。
【主要资产/投资(12/2001)】 正兴纺织印染厂有限公司(100%);中山正兴纺织厂有限公司(100%);及中山市盈通服饰制衣有限公司(100%)。

陈唱国际有限公司

【公司概况】 股票代码0693,集团主席陈金火,发行股本(股)2,013M,票面值(港元)0.500,市价总值(港元)2,295M。
【公司业务】 该集团为日产汽车在新加坡之独家分销商,及Subaru汽车在新加坡及香港之独家分销商。此外,集团亦为日产柴油重型商用车和工业机械在新加坡及文莱之唯一分销商。除核心分销业务外,集团亦从事物业投资及发展;制造汽车零件;销售Motorola及其它品牌之流动电话及配件;以及提供连接无线电话网络服务。于2001年度,集团约90.6%总营业额来自汽车分销业务,而96.3%之总营业额则来自新加坡。最近,集团致力于扩展业务至其它亚洲国家。于2001年3月,集团透露收购一家汽车服务公司World Hi－Tech Car

Service，将业务拓展至泰国。于 2002 年 10 月初，集团亦宣布以代价 3,500 万美元收购日产柴油汽车公司之泰国生产业务。该项收购为集团之一项重要里程，以进一步开拓亚洲市场。

【主要资产/投资(12/2001)】 土地及楼宇之账面净值约 4.01 亿港元；投资物业按公开市值约 7.081 亿港元；成品及贸易存货约值 3.564 亿港元；上市及非上市债券合共约值 4.78 亿港元；及现金结存净额约 7.87 亿港元。

北京首都国际机场股份有限公司

【公司概况】 股票代码 0694，集团主席王战斌，发行股本(股)1,346M，票面值(港元)1.000，市价总值(港元)2,544M。

【公司业务】 该集团于 1999 年 10 月成立，拥有并经营位于中国北京市之北京机场。北京机场为中国内地唯一拥有两条跑道之 4E 级国际机场。集团主要经营（1）航空性业务（如提供飞机起降及旅客服务设施等）；以及（2）非航空性业务（如在航站楼内经营免税店及其它零售店、航站楼物业出租、出租航站楼内、外之广告位，及经营停车设施）。于 2002 年 12 月止之年度内，北京机场全年飞机起降总数达 242,338 架次，旅客吞吐量达 27,159,665 人次，而货邮吞吐量则达 669,347 吨，为国内最为繁忙之机场。为进一步扩大北京机场之旅客处理能力，一号航站楼将进行翻修，并于 2004 年重新投入使用。此外，集团将对远机位停机坪进行扩容，并对航站楼内之若干业务流程及设施进行改造，以舒缓现有设施所承受之营运压力。另一方面，集团计划在 2007 年之前在北京机场新建一条新跑道、一座新旅客航站楼及其它附属设施，以应付 2008 年北京奥运会及北京地区未来交通流量增长对北京机场之功能需求。据 2002 年颁布之中国民航业重组方案，中国国内机场之管理权将由民航总局向地方政府移交。因此，集团投资国内若干其它机场之计划被延迟。尽管如此，集团将继续与这些机场讨论合作方式（包括直接投资、提供管理服务等），目的是为北京机场之枢纽建设提供支持。

中国民航信息网络股份有限公司

【公司概况】 股票代码 0696，集团主席马铁生，发行股本(股)311M，票面值(港元)1.000，市价总值(港元)1,616M。

【公司业务】 该集团为中国航空及旅游行业信息技术解决方案之主要供货商。集团主要提供电子旅游分销系统（ETD）、机场旅客处理（APP）及航空货运处理系统，以及中国民航行业大型之实时数据网络服务。集团开发之应用程序及服务可供整个航空及旅游行业（包括航空公司、机场、非航空产品服务供货商、旅行社、机构客户、民航旅客及货运商）进行电子交易及管理与旅游相关之信息。截至 2002 年 12 月止之年度，集团之主要股东为中国民航信息集团公司，持有集团 22.3% 股本权益，而集团合共 42.7% 之股本权益则由 20 家中国商营航空公司持有，其中包括南方航空（集团）公司、东方航空集团公司及中国国际航空公司三个最大之中国商营航空公司。展望将来，集团将大力开发新一代 ETD 及 APP 系统之产品及服务。此外，集团将广泛地采用开放平台、开放技术及网络开放化、互连化及无线化等新技术。据披露，集团之策略为大力开拓包括航空人身意外伤害保险、酒店房间在内之旅游业务电子分销市场。同时，集团将进一步发展基于互联网之旅游平台业务，以及开发适合商营航空公司、机场等行业参与者需要之产品及服务，寻求新增长机会。

【主要资产/投资(12/2002)】 现金结存净额约 24.329 亿元人民币；国债投资约值 1 亿元人民币；以及计算机系统及软件约值 2.906 亿元人民币。

首长国际企业有限公司

【公司概况】 股票代码 0697，集团主席王青海，发行股本(股)2,296M，票面值(港元)0.200，市价总值(港元)643M。

【公司业务】 该集团之主要业务为（1）透过 Shougang Concord Steel Holdings Ltd 从事钢材产品贸易，及制造及销售厨房及洗衣房设备；（2）透过 Shougang Concord Shipping Holdings Ltd 从事运输及船务业务；（3）透过 Firstlevel Holdings Ltd 从事制造及销售钢材产品；（4）透过首长四方(集团)有限公司从事房地产投资、发展及管理业务；（5）透过首长宝佳集团有限公司从事制造及销售金属产品，及铜及黄铜材料加工贸易；以及（6）透过首长科技集团有限公司从事制造及销售电器、电子及电讯产品。紧随 2001 年 12 月止之年度后，集团推行一系列内部架构重组活动。截止 2002 年中，该重组活动仍在进行中。

【主要资产/投资(12/2001)】 于香港上市之首长四方(集团)有限公司(63%)— 持有另一家香港上市公司首长科技集团有限公司 46% 权益；于香港上市之首长宝佳集团有限公司(37%)；Shougang Concord Steel Holdings Ltd.(100%)；Firstlevel Holdings Ltd.(100%)；及 Shougang Concord Shipping Holdings Ltd.(100%)。

通达集团控股有限公司

【公司概况】 股票代码 0698，集团主席王亚南，发行股本(股)3,020M，票面值(港元)0.010，市价总值(港元)362M。

【公司业务】 该集团主要以原设备制造/原设计制造方式从事设计、制造及销售电器及电子产品之组件及配件，旗下产品可分为：(1) 电器及电子产品之五金部件；(2) 装饰面板、水晶滴注商标、薄膜键盘开关、家电控制板及模内镶件注塑（IMD）产品；及（3）碳膜固定电阻。集团之客户包括三洋、夏普、飞利浦及三星等国内跨国公司之生产分部，以及海尔、康佳及长虹等国内著名公司。集团之产品主要在国内销售，以及销往印尼、马来西亚、菲律宾及新加坡。于 2001 年 6 月，集团透过其持有 80% 权益之附属公司通达光纤科技有限公司订立协议，以现金代价约 1,668 万港元收购一合营企业厦门通达光缆有限公司之 75% 已发行股本权益。该合营公司主要从事制造及经销光纤电缆及数控电缆，此等电缆为电子通讯设备及电器用品之主要组件。

【主要资产/投资(12/2001)】 福建省石狮市通达电器有限公司(100%)；福建省石狮市通达五金有限公司(100%)；及福建省石狮市通达电子有限公司(100%)；厦门通达光缆有限公司(75%)；通达(深圳)有限公司(100%)；及名实通达(香港)有限公司(50%)。

北海集团有限公司

【公司概况】 股票代码 0701，集团主席林定波，发行股本(股)1,518M，票面值(港元)0.100，市价总值(港元)193M。

【公司业务】 该集团主要从事制造及经销油漆及涂料，其它业务则包括物业发展及投资、矿石开采及贸易（如花岗岩及云石），以及信息科技及环保项目等其它策略性投资。截至 2001 年 12 月止之年度，制漆仍为集团之主要收益来源，占集团总营业额大部份。此外，香港及中国大陆仍为集团之两大主要市场，占集团总营业额绝大部份。由于全球经济不景气及市场竞争日趋激烈，集团于年内只录得纯利约 676 万港元（2000 年度之纯利为 2,390 万港元），主要由于出售联营公司而获得 1,051 万港元收益所致。

【主要资产/投资(12/2001)】 投资物业约值 1 亿 5,783 万港元；发展中物业约值 1.62 亿港元；中华制漆(深圳)有限公司(100%)；湖北中鄂制漆有限公司(90.5%)；及贝格工业中华制漆有限公司(49%)。

捷美能源控股有限公司

【公司概况】 股票代码 0702，集团主席朱家甄，发行股本(股)3,032M，票面值(港元)0.010，市价总值(港元)503M。

【公司业务】 该集团原先从事方便食品业务，继于 2001 年 4 月转换控股股东后，集团已于 2001 年 11 月以现金 1.6 亿元人民币出售其方便食品业务，专注投资于石油运输业务。于 2001 年间及 2002 年初，集团收购多项于中国国内从事原油及天然气为主之能源投资项目，包括（1）新疆星美石油管道有限公司（星美）80%权益，星美主要经营采自中国新疆塔河油田之原油运输及贮存设施；(2) 位于新疆库尔勒市利捷天然气有限公司（利捷）72%权益；以及（3）位于吉林省吉林市吉美天然气有限公司（吉美）30.87%权益（利捷及吉美主要从事天然气之分销网络工作）。除研究提高星美运输石油能力之可行性及巩固其现有之国内各投资项目，集团亦会继续物色投资机会，以巩固其原油、天然气及能源相关业务。据披露，集团可能向母公司中国捷美收购位于四川省、湖北省及吉林省之三个城市之天然气分销网络之股本权益及其它能源相关项目。展望将来，集团将致力拓展其能源相关业务，目标为使集团成为区内前列之能源项目发展公司之一。

【主要资产/投资】 新疆星美石油管道有限公司(80%)；利捷天然气有限公司(72%)；及吉林市吉美天然气有限公司(30.87%)。

盈新游乐控股有限公司

【公司概况】 股票代码 0703，集团主席李达庭，发行股本(股)600M，票面值(港元)0.010，市价总值(港元)55M。

【公司业务】 该集团主要在中国广州番禺区经营名为森美反斗乐园之主题公园。森美反斗乐园坐落于番禺两块毗邻土地，为一露天主题公园，总面积约为 397,948 平方米，内设机动游戏、主题展品及嘉年华会游戏。森美反斗乐园之游乐设施主要可分为六大类：(1) 水上活动；(2) 机动游戏；(3) 室内游戏及机动游戏；(4) 综合表演；(5) 儿童乐园;及(6)消闲娱乐设施。根据广州市统计局之报告,于2000年以经营收入而言,森美反斗乐园位列广州市十大主要旅游景点之一。此外,森美反斗乐园亦获番禺区南村镇人民政府提名为番禺旅游景点。为提升森美反斗乐园之吸引力,集团将以森美反斗乐园作为成立中国游乐园联盟之基地以落实Dreamland in Reality之概念。集团计划安排与其组成联盟之游乐园内,展出及安装由UEG开发之主题展品及其它主题展品及机动游戏。此外,集团亦委任来自澳洲之世界主题乐园顾问及建筑专家,为森美反斗乐园重新设计整体概念及开发主题。该翻新及扩建计划分两期进行,第一期翻新及扩建计划已于2002年4月竣工,总成功约为990万港元。翻新及扩建计划之第二期将会装设新机动游戏及景点,并已于2002年7月动工,预期将于2002年9月竣工,预期成本约为2,070万港元。集团董事相信,当分两期进行之翻新及扩建计划完成后,森美反斗乐园将成为华南独特之西式主题公园,与美国及澳洲之主题公园类似。

嘉利美商国际有限公司

【公司概况】 股票代码0704,集团主席林普桂,发行股本(股)478M,票面值(港元)0.100,市价总值(港元)70M。

【公司业务】 该集团的主要业务为从事多类型家庭消费品之设计、制造及销售,与经营一般商品店铺业务。由于年内消费意欲持续低迷及并无改善其零售竞争优势的恶劣情况下,该集团已于二零零一年三月停止其在新都会广场的百货经营。在二零零一年十二月之财政年度,股东应占纯利录得602万港元,而二零零零年则亏损1,154万港元,然而,集团之经营利益由去年之4,763万港元大幅下跌1,347万港元,主要是非全资拥有之附属公司所提供之利润大幅减少,物业、厂房及设备减值损失,停止经营一般商品店铺的巨大支出及证券投资减值损失所致。管理层对在二零零二年集团之前景抱审慎乐观态度,与此同时,凭借集团约90%之营业额是来自欧美市场,所以集团之业绩将会依赖该两个市场的经济表现。

【主要资产/投资(12/2001)】 嘉利美商(集团)有限公司(100%);镇坚金科集团有限公司(62.5%);及乾坤烛国际控股有限公司(18.81%)。

实达科技控股有限公司

【公司概况】 股票代码0706,集团主席史伟,发行股本(股)441M,票面值(港元)0.100,市价总值(港元)62M。

【公司业务】 该集团主要在中国从事软件开发、提供系统集成及系统增值服务,及制造及销售计算机相关产品业务,其客户基础包括公共安全、社会保障及医疗保健行业之机构。于2001年度,集团之核心业务录得健康之增长,其股东应占利益亦获得显着增长,较上年度上升126.3%至2,125万港元。集团持有40%权益之实达富通科技有限公司(实达富通)仍为IBM在中国及亚太地区最大之增值服务商,为银行、电讯公司、政府部门、中小型企业及系统集成商等客户提供IBM主机、数据库、服务器及应用系统软件。于年内,实达富通亦与Nortel签订协议,自2001年1月起开始代理Nortel网络产品。在软件开发及系统集成业务方面,集团已策略性地专注于社会保障行业。于年内,集团之市场覆盖率已由福建省扩展至广东、湖南、内蒙古及江西等省份。现时,集团对连接医保系统之多个末端如银行、医院及药房之运作都有较透彻之了解。在其它通用软件业务方面,集团持有40%权益之共同控制公司已引入上海交通大学作为策略性股东,此新股东阵容预期为集团之软件业务带来协同效益。展望将来,集团计划收购及合并国内具实力之医院信息管理系统软件商,务求进一步扩大于此业务市场之占有率。至于公安行业方面,集团将随着中国政府对出入境作业模式落实后,全面推广其出入境管理系统。此外,集团之旅店治安管理系统预期于2002年推出市场。

【主要资产/投资(12/2001)】 厦门实达巨龙信息技术有限公司(51%);实达富通科技有限公司(40%);北京实达铭泰计算机应用技术开发有限公司(40%);及福清福捷塑料有限公司(65%)。

大众食品控股有限公司

【公司概况】 股票代码0708,集团主席明金星,发行股本(股)1,133M,票面值(港元)0.500,市价总值(港元)4,902M。

【公司业务】 该集团主要在中国从事生产及分销金锣品牌肉制品,产品包括肉类加工产品(分为高温肉制品及低温肉制品)、冻肉、猪副产品(供多种工业/商业用途)、保鲜肉及冷冻鸡肉。以品牌知名度、产品商誉及市场份额计算,集团之金锣品牌于1999至2000年荣登中国肉制品十大品牌之列,并于2002年9月获中国国家质检总局选为中国名牌。集团之屠宰场于2000年及2001年猪只屠宰量称冠,而火腿肠更在中国其它同类肉制品中销量第一。据2002年年报所披露,集团分别在中国临沂、通辽、湘潭、眉山、大庆、商丘及兴隆合共经营7座生产厂房,最后两座生产厂房均于2003年1月新租赁的。现时,集团主要透过逾400间经销商向全国多个城市之众多零售商分销高温肉制品,而其低温肉制品及保鲜肉则主要透过遍布全国之销售门市及专卖店分销。至于冻肉、冷冻鸡肉及猪副产品,则透过销售人员直接向中国饭店及商店分销。据披露,集团本身没有饲养牲畜,主要靠独立供货商供应牲畜。

【主要资产/投资(12/2002)】 现金结余净额约7.35亿元人民币;存货约值4.358亿元人民币;机器设备约值5.549亿元人民币;租赁之土地房屋约值2.884亿元人民币;以及租赁物装修约值1.669亿元人民币。

佐丹奴国际有限公司

【公司概况】 股票代码0709,集团主席刘国权,发行股本(股)1,441M,票面值(港元)0.050,市价总值(港元)3,638M。

【公司业务】 佐丹奴国际之主要业务为从事经营零售及分销Giordano、Giordano Ladies、Giordano Junior及Bluestar Exchange等品牌之便服及配衬用品。此外,集团亦经营成衣制造业务,以供应集团零售业务需求,及向集团以外之人士销售原设备制造产品。于2002年底,集团在全球拥有共1,256间分店之零售网络(截至31/12/2002),业务遍布香港、中国大陆、台湾、新加坡、马来西亚、澳洲、泰国、印尼、韩国及中东等多个地区。截至2002年12月止之年度,中国大陆、香港及台湾仍为集团之三大主要市场,分别约占集团总营业额24.0%、21.9%及18.9%,而新加坡、南韩及日本则分别约占营业额10.4%、5.6%及5.6%。据集团披露,位于德国之合营企业已终止运作,同时Bluestar Exchange连锁店全线23间门市已于2002年9月30日关闭。然而,德国市场之业务为集团带来开拓欧洲市场之宝贵经验,而集团亦成功与欧洲多家零售商及供货商建立良好关系,有助集团日后之发展。在可见将来,集团有意进一步开拓日本、南韩及中东市场。惟中期而言,集团之主力仍为国内市场(预期为集团之主要收入来源之市场)。集团之管理层披露,集团将透过于一级重点城市开设自营之门市,并于二级及三级重点城市设立特许专卖门市,不断拓展Giordano Core Line之分销网络。集团计划于2003年增加约30间Giordano Core Line门市,及开设40间或以上之Bluestar Exchange店铺。

【主要资产/投资(12/2002)】 现金结余净额约6.05亿港元。

精电国际有限公司

【公司概况】 股票代码0710,集团主席张树成,发行股本(股)304M,票面值(港元)0.250,市价总值(港元)1,733M。

【公司业务】 该集团之主要业务为设计、制造及销售液晶体显示器及相关产品。尽管全球经济衰退,集团在过去数年亦继续投资于研发工作。近期部份产品包括:(1)反射式彩色STN显示器;(2)双稳态胆醇晶显示器;(3)反射式硅面液晶微型显示器;(4)宽广操作STN温度模块;(5)彩色TFT显示器;及(6)有机发光二极管显示屏(OLED)。于2001年度内,集团受到电子业市场不景气所影响。跨国机构客户业务之不足导致集团出现巨额存货撇账及其它会计拨备。然而,集团成功于2002年12月止之年度改善业绩,录得纯利1.11亿港元,较上年度上升157.3%。据披露,集团汽车产品之销售较上年度有大幅之增长,而电讯业之销售亦已于2002年下半年开始逐渐改善。于年内,欧洲市场继续成为集团之最大市场,占其总营业额50.6%,而香港/中国市场之比重亦由11.7%增加至26.0%。此显着增幅部份原因为部份北美客户将生产基地迁往中国,从而要求中国国内交收,部份原因亦有赖于集团之合作伙伴清华大学企业集团之鼎力支持,协助集团扩展业务网络及提供策略性指引。最近,集团已与柯达公司签订专利协议,授权集团可利用柯达之有机小分子技术,制造及销售被动数组有机发光二极管显示屏模块。此外,集团亦与英国ZBD Display Ltd.达成合作协议,发展零电源显示屏之制造工艺,并与杜邦显示器部门结盟,组装及参与分销有机发光二极管显示屏组件。据披露,集团已成功完成单色及彩色有机发光二极管显示屏产品。集团预期当产品日趋成熟时,此等策略性发展可为集团带来庞大之潜在收入。为扩大集团之生产力及效率,河源新厂房预期于2003年下半年度开始运作。

【主要资产/投资(12/2002)】 现金结余净额约3.732亿港元;债务证券约值2.634亿港元(大部份为上市证券);上市及非上市股本证券合共约值4,800万港元;土地及楼宇按账面值约为2.59亿港元;

以及其它固定资产（如厂房、机器等）按账面值约 1.39 亿港元。

俊和集团有限公司

【公司概况】 股票代码 0711，集团主席彭锦俊，发行股本（股）725M，票面值（港元）0.100，市价总值（港元）199M。

【公司业务】 该集团主要从事土木工程、机电工程安装及装修工程，以及地基及楼宇建筑工程，其业务主要在香港进行。于 2002 年 7 月 15 日，集团之手头工程合约总值为 82 亿港元，其中未完成工程合约总值约为 51 亿港元。该等合约包括公营及私营工程。于 2001 年，集团积极将业务由核心建筑业务扩展至物业发展业务。于 2001 年 7 月，集团成功夺得合约价值 8 亿港元、位于地下铁路辖下彩虹站泊车转乘公共交通工具住宅物业发展项目，该项目将提供住宅楼面 184,398 平方呎、商业楼面 25,833 平方呎、公众停车位 450 个、私人停车位 51 个及两层公共运输交汇设施。集团预期政府增加投资于基建及城市重建项目将为集团提供更多商机。

【主要资产/投资（3/2002）】 发展中物业约值 17.511 亿港元（主要包括位于元朗之私人机构参建居屋计划辖下物业发展项目及位于九龙之地下铁路辖下彩虹站泊车转乘公共交通工具物业发展项目）；投资物业及租约土地及楼宇之账面净值合共约 7,810 万港元；及设备及机械之账面净值约 2.455 亿港元。

世界（集团）有限公司

【公司概况】 股票代码 0713，集团主席李达兴，发行股本（股）676M，票面值（港元）0.100，市价总值（港元）210M。

【公司业务】 该集团之主要业务为从事设计、制造及推广 PVC 及布制家用产品与 PVC 管材及管件。集团预期中国在道路、房屋、集体运输建设等投资急剧增加，为集团各类型塑料建筑材料带来无限商机。据披露，集团已制订出经营商策略与中国各大省市殷实商人设立品牌经营店，由该等商人自资经营、自负盈亏，专销集团附属公司南塑建材塑料制品（深圳）有限公司所生产之〔皇冠〕、〔金皇冠〕、〔万通〕、〔南塑〕等品牌之塑料建筑材料。随着中国加入世贸后，集团将藉美国及西欧国家对中国绵产品解除配额限制之际，扩大其西欧及美国之市场份额。为配合其扩展计划，集团于 2001 年 12 月投资 570 万港元于中国江苏省常熟市王庄镇购买一幅总面积约为 11.3 万平方米之工业用地。未来三年，集团将投资合共 8,000 万港元于该工业用地。据披露，半数土地将用作兴建配备高科技毛巾布疋纺织机及漂染印花机等设施之新型厂房。另一半数土地将计划兴建生产更优质塑料管材管件等建筑材料之厂房，安装生产机器。为进一步增加销售额，集团已于年内在深圳、江苏及上海设立办事处。

【主要资产/投资（12/2001）】 誉东南实业（深圳）有限公司（100%）；丰宝实业有限公司（100%）；合满塑料制品（深圳）有限公司（100%）；南塑建材塑料制品（深圳）有限公司（100%）；世界家庭用具制品厂（中国）有限公司（100%）；世界塑料餐垫（宝安）有限公司（100%）；合满实业有限公司（100%）；合满塑料制品有限公司（100%）；南塑建材塑料制品有限公司（100%）；及世界家庭用具制品厂有限公司（100%）。

和记港陆有限公司

【公司概况】 股票代码 0715，集团主席霍建宁，发行股本（股）6,705M，票面值（港元）0.100，市价总值（港元）4,559M。

【公司业务】 该集团主要从事玩具制造与买卖，以及地产投资业务。截至 2002 年 12 月止之年度，集团录得纯利 1.051 亿港元（2001 年度之纯利为 6.806 亿港元），收入主要来自美国及欧洲市场，分别约占集团总营业额 59% 及 13%。据集团之财政年报显示，其于 2001 年度录得之巨额盈利主要来自一次过回拨有关玩具及物业附属公司之拨备约 9.676 亿港元。撇除此项特殊拨备项目，集团于 2002 年度之业绩则较 2001 年度增长 3.921 亿港元。于年内，集团继续巩固其玩具部门之市场占有率及扩阔其产品类别。此外，集团亦成立科技业务部门制造高质素科技产品，进军日益增长之科技产品市场。科技业务部门之产品组合包括手提电话配件、手提电话用之数码相机、计算机配件、MP3 机及 FM 收音机。至于集团之地产投资业务方面，随着于 2002 年 12 月出售绍兴之地产投资组合后，集团现时所有地产投资皆位于上海。由于市场对上海办公室需求增加，集团之地产投资组合于 2002 年度表现理想，并于年内录得未扣除利息及税项前盈利 4,320 万港元。

胜狮货柜企业有限公司

【公司概况】 股票代码 0716，集团主席张允中，发行股本（股）519M，票面值（港元）0.100，市价总值（港元）1,649M。

【公司业务】 该集团主要从事货柜制造、货柜堆场/码头运作，以及中流作业等业务。截至 2002 年 12 月止之年度，货柜制造仍为集团之主要收入来源，占集团总营业额 78%，而中流作业业务及货柜堆场/码头运作业务则分别占 13% 及 9%。现时，集团为全球具领导地位之货柜制造商及物流服务经营商之一。另外，集团亦于中国拥有覆盖范围最广之货柜制造及货柜堆场业务网络。据 2002 年年报所披露，集团之制造业务共设有 9 间货柜制造厂，其中 8 间设于中国，另一间则设于印度尼西亚共和国之泗水。该等厂房生产之产品包括干货柜、可折迭式平架货柜、开顶式货柜、柏油柜、冷冻货柜、其它特种货柜及货柜配件等。另一方面，集团共经营 11 个货柜堆场/码头，其中 8 个位于中国重点港口、2 个位于香港及 1 个位于泰国曼谷。此外，集团亦在香港经营中流作业业务，以及在中国厦门设有一家物流公司。

【主要资产/投资（12/2002）】 上海太平国际货柜有限公司（上海太平）（60%）；上海现代集装箱制造有限公司（74%）（公司直接持有 35%，余下 65% 透过上海太平持有）；顺德顺安达太平货柜有限公司（60%）（于 2001 年第三季完成收购 40% 权益，再于 2003 年 1 月增持 20%）；上海胜狮冷冻货柜有限公司（原先持有 52.4%，其后再增持之 36.17% 权益预期于 2003 年 8 月完成）；天津太平货柜有限公司（分别于 2001 年 11 月及 2002 年 9 月收购 55% 及 35% 权益）；Singamas Container Holdings Ltd.（100%）；厦门太平货柜制造有限公司（40%）；P. T. Java Pacific Container Factory（72%）；青岛太平货柜有限公司（55%）— 与新华锦集团有限公司合作成立之新合资企业；及 Singamas Terminals Holdings Ltd.（100%）。

第一太银控股有限公司

【公司概况】 股票代码 0717，集团主席李国宝，发行股本（股）1,248M，票面值（港元）1.000，市价总值（港元）4,337M。

【公司业务】 该集团为一间投资控股公司，其主要附属公司乃持牌银行第一太平银行有限公司，在香港经营 24 间分行。集团的数据中心运作交由国际商业机器中国香港有限公司（"IBM"）管理后，集团便集中资源扩展其"iFirst Banking"网上银行服务。于二千年三月，集团与银联通宝携手推出网上自动柜员机。同年八月，集团亦与志鸿科技国际（香港）有限公司合作推出全面的 InterTrade 综合证券交易系统，此系统可以让客户通过互联网买卖证券。于二千年年底，集团与第一太平有限公司签订一项协议，以成本值（约港币二百一十六万）转让集团持有之 China Investment（香港中国会的控股公司）之全部权益。此外，于二千年十二月，东亚银行以现金代价 3,280,000,000 港元收购集团 75%之股权后，集团便成为东亚银行之附属公司。当东亚银行于二零零一年三月完成强制性收购集团余下之股份后，集团于联交所之上市地位将会被撤消。于现阶段，东亚银行有意维持集团为一个独立运作的单位，而东亚银行之长远目标是将集团之业务运作全面融合于东亚银行本身的业务当中。

【主要资产/投资（12/2000）】 第一太平银行有限公司（100%）。

百威国际控股有限公司

【公司概况】 股票代码 0718，集团主席唐贯健，发行股本（股）2,851M，票面值（港元）0.010，市价总值（港元）51M。

【公司业务】 该集团主要在中国从事制造胶布及胶地板业务。于 2002 年 3 月止之年度内，由于沉重银行债务负担及持续录得经营亏损，集团之业务继续受资金周转问题所牵制。基于营运资金所限，集团位于东莞之两间厂房只能维持三分之二之最理想产能，致令集团之边际毛利率大幅受损。据披露，集团于 2002 年 5 月 30 日与其香港债权银行签订债务重组契约。在可见将来，集团将继续进行减省成本及业务重组活动。由于有关持续经营基准之基本不明朗因素性质重大，集团之核数师安永会计师事务所对集团于 2002 年 3 月止年度之财务报表放弃发表意见书。

【主要资产/投资（3/2002）】 东莞百威塑料制品厂（97.65%）；北京威廉顺塑料制品有限公司（100%）；东莞百信塑料制品有限公司（100%）；百吉塑料制品有限公司（100%）；百威塑料制品有限公司（100%）；及汕头经济特区华昌塑料包装材料有限公司（40%）。

山东新华制药股份有限公司

【公司概况】 股票代码 0719，发行股本（股）150M，票面值（港元）1.000，市价总值（港元）275M。

【公司业务】 该集团主要从事制造及销售化学原料药、制剂（如针剂及片剂）、化工及其它产品之业务。于 2001 年度，集团合共取得国家药品监督管理局颁发之五个新药证书及生产批文,该等新药包括美洛昔康原料药及其胶囊、克林霉素磷酸脂葡萄糖注射液,以及格列美尿原料药及其片剂。此外,集团亦获得乙氧苯柳胺原料药及其软膏之正式生产批文。据披露,集团新产品之销售额约为1.118亿元人民币,较上个财政年度增加10.95%。现时,集团之主要市场为中国大陆(包括香港)、欧洲及美国。最近,集团已重组其营销队伍,将他们分为普遍制剂产品、固体制剂新产品、注射制剂新产品及其它产品之四个部门。为进一步扩大销售量,集团亦计划开展与医药商业公司之合作,扩展批发及零售业务。截至2001年底,集团拥有现金结余净额约2.851亿元人民币。

【主要资产/投资(12/2001)**】** 淄博新华大药店有限公司(88%);及德州新华泰康大药店有限公司(52.8%)。

和记行(集团)有限公司

【公司概况】 股票代码0720,集团主席李永森,发行股本(股)852M,票面值(港元)0.100,市价总值(港元)49M。

【公司业务】 和记行主要经营入口,推广及代理(1)以商业客户为主的空调及冷冻产品(持有香港;澳门及中国大陆市场之三菱重工的独家代理权);(2)汽车音响及电子产品(如自身品牌英国乐爵士及日本先力,以及其它品牌之分销权,如:阿尔派);及(3)汽车及汽车配件(例如:市场高档品牌法拉利;玛莎拉蒂等);(4)其它电子电器产品(例如:LG电器产品)。除了以上业务外,集团成功在香港以买家仓命名的大型优惠市场直接出售消费电子及电器产品予零售顾客。

【主要资产/投资(12/2001)**】** 投资物业按公开市值约1.319亿港元;于香港之土地及楼宇按公开市值约1.828亿港元;三菱重工金羚空调器有限公司(24.5%)及金羚电器有限公司(50%)。

Prime Investments Holdings Ltd.

【公司概况】 股票代码0721,集团主席赵金卿,发行股本(股)40M,票面值(港元)0.100,市价总值(港元)5M。

【公司业务】 该公司为一家投资公司,其投资目标为透过投资于香港及中国成立及/或经营之上市公司及非上市公司,以取得高盈利及中期资本增值。截至2002年6月止之年度,集团除于2001年8月缴付500万港元之定金,以收购一项于中国从事开发医疗产品之非上市股本投资之权益外,集团已投资于四家非上市公司,该等公司之业务分别为(1)在中国开发提供法律信息之网站、(2)在中国开发提供网上专业顾问服务之网站、(3)在中国生产及分销窗框,以及(4)在香港及中国开发及装设家居自动化监视系统。日后,集团将继续物色具有理想回报之合适投资项目。

【主要资产/投资(6/2002)**】** China Link Investment Group Ltd. (22%);Auto System Ltd.(2.5%);Zhongshan Chinese Standard Building Materials Co. Ltd.(5%);China Legal Network.com Ltd. (30%);及 Sunlock Development Ltd.(于年结后收购20%权益)。

安历士国际控股有限公司

【公司概况】 股票代码0723,集团主席郭汉青,发行股本(股)458M,票面值(港元)0.100,市价总值(港元)29M。

【公司业务】 随着出售/终止媒体分销及商户对客(B2C)之网站等非核心业务后,该集团现时专注于设计及生产家庭电器及商品买卖(如汽车附件、美容产品、照明设备、家居保安及安全产品)等核心业务。于2002年3月止之年度内,欧洲仍为集团产品之主要市场,约占其总营业额45.5%,而另外两个重要市场分别为北美(24.3%)及亚太区(13.8%)。尽管集团家庭电器部门于年内之营业额减少,惟商品买卖部门在营业额及盈利贡献方面均录得大幅增长,足以弥补家庭电器部门之跌幅。在下一个财政年度,集团将继续开发新产品型号,以及推出一系列时款产品,例如电动牙刷、甜筒皮烙饼机、垂直蒸气熨斗及炸锅等。

【主要资产/投资(3/2002)**】** 安历士电业有限公司(100%);Anco Industrial Co. Ltd.(100%);Anex USA Products, Inc.(100%);Anex Germany Products GmbH(95%);Anex Japan Corporation(95%);马威(香港)有限公司(100%);安历士实业有限公司(100%);及安生置业有限公司(40%)。

千禧智能控股有限公司

【公司概况】 股票代码0724,集团主席畲德志,发行股本(股)150M,票面值(港元)0.100,市价总值(港元)15M。

【公司业务】 该集团主要从事设计、制造及销售各类型香烟打火机及与打火机相关之配件。截至2002年6月止年度,美国仍为集团之主要市场,约占其总营业额40.6%。由于广东省一家烟花厂在2001年年中发生大爆炸,当地政府遂下令其它厂房(包括集团之东莞厂房)禁止在全省生产危险产品。为处理此等状况,集团已将其生产基地迁移至江西省,并已关闭东莞厂房。此暂时之扰乱为集团于年内录得亏损之主要原因之一。据集团解释,由于其产品在市场上已很具竞争力,该等产品之价格将渐趋稳定。此外,集团最近与一家法国之上市公司组成策略伙伴,就产品开发、生产技术改进、市场销售等方面进行合作。该法国公司为全球最大打火机设计及制造厂商。集团预期双方之合作将有助提高其生产技术、增加生产定单及扩大市场销售。

【主要资产/投资(6/2002)**】** 龙南县万德精密塑料五金工业有限公司(100%);Eversun Corporation Ltd.(100%);宝利时实业有限公司(100%);PT. Magastand Industries(100%);及山东鲁能塑料五金制品有限公司(50%)。

恒都集团有限公司

【公司概况】 股票代码0725,集团主席孟振雄,发行股本(股)199M,票面值(港元)0.100,市价总值(港元)78M。

【公司业务】 该集团主要从事制造及买卖电线及导线产品业务。于2001年度,交流电电源线之销售额仍为集团主要收益来源,占总营业额64%,而组合线束及导线之销售额则分别约占22%及14%。集团之主要市场为北美、欧洲、澳洲及日本,而其两个生产基地均位于中国深圳市。为增加收益,集团已成功透过接洽日美两地甚具声誉之跨国公司及开拓南非、华北及南美等新市场,以扩大其客户基础。据2001年年报披露,集团对可发挥循环再造功能之环保设备作出重大投资,以致制造过程所产生之废料得以大大减低,生产效率亦提高约50%。此外,集团亦已转用无铅塑料等环保物料来提高客户产品之质素。展望将来,集团将继续降低成本,以及推行平行整合之营运模式。

【主要资产/投资(12/2001)**】** 恒亚电线(深圳)有限公司(100%);新科电线有限公司(100%);恒都电线(香港)有限公司(100%);恒都塑料(香港)有限公司(100%);及 Perennial Cable Ltd.(100%)。

东南国际集团有限公司

【公司概况】 股票代码0726,集团主席陈元寿,发行股本(股)331M,票面值(港元)0.100,市价总值(港元)15M。

【公司业务】 该集团之主要业务为以本身品牌或其它品牌制造及销售磁讯媒体产品及相关设备;在中国及澳洲从事物业发展及投资业务;以及其它策略性投资(如在中国青岛经营酒厂)。截至2002年3月止之年度,磁讯媒体产品之销售仍为集团之主要收入来源,约占其总营业额98.3%,而中国则为集团磁讯媒体产品之主要市场。集团之销售网络现时覆盖中国约23个省份、自治区及城市。于年内,集团精简磁讯媒体业务,将位于广东省英德市化生产设施合并至江苏省常州市之生产基地。至于集团之物业业务,其物业权益包括位于上海浦东之发展项目及澳洲约1,548公顷之农场物业。该上海项目将发展为12幢总楼面面积约40,550平方米之住宅大厦,建筑工程预期于2002年下半年展开。于2002年7月,集团以代价约2,900万港元出售位于澳洲悉尼之住宅物业项目。展望将来,集团将继续研究于澳洲物业买卖业务之商机。截止之年度,集团持有现金结余净额约2,180万港元。

【主要资产/投资(3/2002)**】** 佳利国际电子有限公司(100%);佳利(远东)有限公司(100%);位于中国上海浦东之住宅发展项目(楼面面积为47,900平方米);Diamond Land Pty ltd.(100%);及青岛富狮王葡萄酒酿造有限公司(于2002年7月持有44%权益,并承诺增加资本权益至55%)。

金英控股(香港)有限公司

【公司概况】 股票代码0727,集团主席李胡秀妍,发行股本(股)72M,票面值(港元)0.200,市价总值(港元)216M。

【公司业务】 继以总现金代价1.595亿港元出售金英证券(香港)有限公司、金英期货(香港)有限公司及 Kim Eng Nominees (HK) Ltd. 之全部直接或间接股权予集团旗下之附属公司 Kim Eng Investment Ltd. 后,集团现时从事企业融资及企业顾问服务。(该交易已于2002年5月22日完成。)

【主要资产/投资(3/2002)**】** 流动资产净值(主要包括现金)约3.23亿港元(并不包括上述交易之影响)。

中国电信股份有限公司

【公司概况】 股票代码0728,集团主席周德强,发行股本(股)8,

027M，票面值(港元)1.000，市价总值(港元)14，690M。

【公司业务】 中国电信为中国四个经济最发达地区（分别为上海市、广东省、江苏省及浙江省）之固定电话、数据、互联网及网元出租服务之主导电信营运商。集团所提供之全面固定电信服务包括本地及长途电话服务、数据及互联网服务、网元出租服务，以及话音及信息增值服务。现时，集团在服务区内拥有及经营广泛且先进之主干线网络及绝大部份本地接入网络。该等网络系统连同集团母公司中国电信集团有限公司(中国电信集团)之网络系统，形成覆盖全中国最大之完整且可靠网络系统。于2002年年底，集团之固定电话服务录得25.7%之普及率。目前，集团所提供之本地固定电话服务在其服务区内占有主导地位，于2002年年底共有5，690万条接入线路。据披露，中国电信集团仍持有及经营17个中国省市之固定电信网络，而集团正计划将部份集资款项作为向中国电信集团收购其中若干省市网络资产之用。除继续开发固定电信服务外，集团亦计划专注发展高速增长之互联网及数据服务，尤其宽带互联网服务。

【主要资产/投资(12/2002)】 广东省电信有限公司(100%)；浙江省电信有限公司(100%)；江苏省电信有限公司(100%)；及上海市电信有限公司(100%)。

协里控股有限公司

【公司概况】 股票代码0729，集团主席张连兴，发行股本(股)7，329M，票面值(港元)0.010，市价总值(港元)147M。

【公司业务】 该集团原先之主要业务为从事设计、制造及推销天线及汽车消费品，以及进行策略发展、投资及一般贸易。自1999年起，集团已出现财务困难，若干附属公司更于2002年3月止之年度内被接管。现时，集团只透过其持有51%权益之中国附属公司天津光盈汽车镜有限公司从事汽车倒后镜制造业务。在过去四年，集团合共录得约17.15亿港元之巨额亏损，而股东资金亏绌更由2000年3月止年度之7，290万港元扩大至2002年3月止年度之7.859亿港元。集团之股份亦已由2001年10月19日起暂停于香港联合交易所（联交所）买卖。尽管集团曾于2001年7月与其财务债权人订立债务重组及重订还款期协议，然而由于未能达成若干条件，该协议于2001年10月作废失效。另一方面，基于审核范畴面对之限制而可能出现之影响深远，集团之核数师马施云会计师事务所遂不对集团年内之财务报表发表意见。于2002年7月，集团及其接管人与Power Assets Enterprises Ltd.订立若干重组协议，为集团落实涉及股本重组、资产及股份转让、债务重组及认购新股份之重组协议。该等重组协议已成功于2002年12月20日完成。其后，集团之股份亦于2002年12月31日起在联交所恢复买卖。

【主要资产/投资(3/2002)】 天津光盈汽车镜有限公司(51%)。

首长四方(集团)有限公司

【公司概况】 股票代码0730，集团主席王青海，发行股本(股)858M，票面值(港元)0.010，市价总值(港元)498M。

【公司业务】 该集团之主要业务为（1）于香港从事物业投资；(2)透过合营公司北京东直门国际公寓有限公司从事国内之物业发展及投资；以及（3）透过联营公司首长科技集团有限公司从事生产印刷电路板、电子组合产品及精密五金。

【主要资产/投资(12/2001)】 北京东直门国际公寓有限公司(44%)—在中国物业持有及提供服务或住宅公寓；首长科技集团有限公司(46.3%)；及投资物业按公开市值约2.403亿港元（现作为抵押约1亿港元之银行借贷）。

森信纸业集团有限公司

【公司概况】 股票代码0731，集团主席岑杰英，发行股本(股)429M，票面值(港元)0.100，市价总值(港元)296M。

【公司业务】 该集团为香港主要优质纸品供货商之一，主要业务为从事各类型纸品贸易及经销。集团为不同层面之印刷商及出版社提供各种印刷用纸及包装用纸，以及提供完整系列之书纸及粉纸、粉灰纸及粉咭等。截至2002年3月止之年度，销售予香港客户之业务仍为集团最主要收入来源，占其总营业额75.3%。至于销售予国内客户之业务，则占集团总营业额约24.7%（上年度为13.7%）。于来年，集团将致力开拓有潜力之国内市场。近期，集团已透过策略性地于深圳、北京、重庆及佛山设立代表办事处，采取积极之扩展策略以刺激销售。为配合发展计划，集团于深圳增设一个占地10万平方呎之仓库，同时亦把切割纸张之工序迁移至深圳。现时，集团之仓库网络覆盖中国多个重点城市，如深圳、北京、重庆、天津及佛山。集团认为该等策略性位置可改善其物流控制及缩短整体贸易周期。

【主要资产/投资(3/2002)】 普德有限公司(100%)；基信洋纸有限公司(100%)；森信洋纸(中国)有限公司(100%)；信兴纸业有限公司(100%)；建成(天津)国际贸易有限公司(100%)；及天韵国际贸易(深圳)有限公司(100%)。

信利国际有限公司

【公司概况】 股票代码0732，集团主席林伟华，发行股本(股)444M，票面值(港元)0.100，市价总值(港元)1，522M。

【公司业务】 该公司主要从事制造及销售液晶体显示器，各类电子消费品产品，包括计算器及传呼机及电子组件。于二零零一年十二月三十一日止，液晶体显示器和电子消费品产品的销售额分别占该公司总营业额79.8%和20.2%。集团之电子消费产品部门仍在继续开拓全新业务领域，最新动向是就开发和制造电动牙刷产品而成立了一间合营企业。于回顾年内，液晶体显示器业务进一步巩固其于集团业务的核心位置，并预期会于未来三至五年为集团带来理想业绩及可观的投资回报。除传统的扭曲向列型和超扭曲向列型型液体显示器已为集团在显示器行业内确立了优质形象外，信利品牌现更获得紧密的业务伙伴认定为开发新产品及无限量供应增值服务（如轻触式屏幕、芯片装贴玻璃技术及彩色显示器）的得力助手。据二零零一年年报所披露，集团现正与信誉昭著的主要液晶体显示器相关机器供货商进行持续的会谈和磋商，务求作出最准确、合时的新资本投资决定。

【主要资产/投资(12/2001)】 广东省汕尾市信利电子有限公司(100%)；Truly Semiconductors (Europe) GmbH (100%)；信利半导体有限公司(100%)；信利工业有限公司(100%)；信利电讯有限公司(100%)；及Truly (USA) Inc.(100%)。

东成控股有限公司

【公司概况】 股票代码0735，集团主席黎亮，发行股本(股)1，920M，票面值(港元)0.100，市价总值(港元)173M。

【公司业务】 该集团主要从事生产及销售以齐翔及元福为品牌之优质加工鳗鱼，及以三华为品牌之鳗鱼饲料。集团于2000年透过策略联盟所引入之最先进生物技术对改善集团鳗鱼饲料质素取得了良好之效果。现时，集团为全球之最大加工鳗鱼生产商之一，所生产之加工鳗鱼主要出口往日本。截至2002年4月止之年度，集团约91.6%之总营业额来自加工鳗鱼生产及销售业务，而其余则来自鳗鱼饲料生产及销售业务。按地区分类，集团91.4%及8.6%之总营业额分别来自日本及中国市场。除中国及香港市场外，集团正考虑将业务拓展至其它市场，例如东南亚、北美洲及欧盟。于2002年6月止之年度后，集团与一名独立第三方订立合作协议，在中国成立一家从事零食分销之公司。根据该协议，集团负责注入现金2，100万港元，占该新成立公司注册资本总额42%。此外，集团亦与另一名独立第三方订立投资协议，在中国成立一家从事环保业务投资之公司。集团负责注入现金1，320万港元，占该新公司注册资本之60%。

【主要资产/投资(4/2002)】 福清齐翔食品有限公司(70%)；Fuzhou Development Zone Sanhua Feed Co. Ltd.(100%)；龙岩三华饲料有限公司(100%)；及桂林三华饲料有限公司(100%)。

北方兴业控股有限公司

【公司概况】 股票代码0736，集团主席庄声元，发行股本(股)4，544M，票面值(港元)0.010，市价总值(港元)45M。

【公司业务】 该集团主要从事制造及销售电子产品、家居用品及玩具。于2001年1月2日，集团宣布以总代价4，500万港元收购之塑料分段界刀业务交易已告完成，该项交易之代价以每股3.075仙港元发行12亿股新股方式支付。是次交易使集团获得1，000万港元之利益，集团之主席庄声元先生于是次交易内拥有实际权益。于2002年3月止之年度内，集团之界刀业务继续表现良好。至于集团之电子消费品业务，多种新推出之原设备产品（主要为美容产品）及原设计产品（主要为计算机周边产品）已成功开发，准备随时投产。

【主要资产/投资(3/2002)】 北方实业(番禺)有限公司(100%)；同兴制品(番禺)有限公司(100%)；同兴制品有限公司(100%)；及高杰工业有限公司(100%)。

利信达集团有限公司

【公司概况】 股票代码0738，集团主席李子彬，发行股本(股)449M，票面值(港元)0.100，市价总值(港元)99M。

【公司业务】 该集团之业务为（1）于香港及中国大陆以品牌利信达

生产及销售皮鞋业务；(2) 于中国大陆以品牌 Right Angel 从事化妆品业务；及 (3) 于中国大陆经营地产发展业务。为了引入新特许经营者加盟以提高旗下利信达品牌的知名度及市场之渗透率，集团计划于现财政年度内在香港开设不少于十三间新店，并于两年内实现在香港零售店数目超过四十间的目标。至于国内市场，尤其是二线城市，继续寻找特许经营合作伙伴加盟。于二零零二年二月之财政年度，集团成功在国内推出新品牌 Comfort & East 日本风格女装皮鞋及手袋。除了香港及中国大陆市场，集团将继续扩阔其亚洲市场之覆盖面，如菲律宾、印尼及泰国。

【主要资产/投资(2/2002)】 在香港及中国之持有物业的帐面净值约为 9,160 万港元；存货的帐面净值约为 8,070 万港元；顺德双强房地产开发有限公司(50%)；顺德市陈村镇碧桂园物业发展有限公司(25%)；及持作发展土地的帐面净值约为 5,270 万港元及于二零零二年七月动工。

浙江玻璃股份有限公司

【公司概况】 股票代码 0739，集团主席冯光成，发行股本(股)179M，票面值(港元)1.000，市价总值(港元)247M。

【公司业务】 该集团之主要业务为从事制造及销售各种级别、厚度由 4.5 毫米至 15 毫米之无色浮法玻璃产品。除无色浮法玻璃产品外，集团亦生产少量优质制镜级平板玻璃、有色平板玻璃及超厚平板玻璃。由于平板玻璃在国内市场上供过于求以致集团平板玻璃之平均售价下跌，集团截至 2002 年 12 月止年度之纯利下跌 59.3% 至只有 8,630 万元人民币。在销售当中，汽车级玻璃约占集团年内之总营业额 79%，而建筑级玻璃及制镜级玻璃则分别占余下 14% 及 7%。当完成第一条生产线在停产冷修及第三条生产线投产后，集团现时每日之玻璃总熔量达 1,650 吨。于 2003 年初，集团深加工玻璃生产开始试产钢化玻璃、夹层玻璃、中空玻璃及制镜玻璃，并预期将于 2003 年第二季投入商业生产。鉴于全球对特种玻璃产品之需求日益增加，集团计划生产低幅射镀膜玻璃、导电玻璃及弯钢化玻璃，而一合资企业浙江工程玻璃有限公司(集团持有 85% 权益) 已于 2003 年 3 月成立以从事生产及销售该等特种玻璃产品。另一方面，集团与一独立第三方签订一份谅解备忘录，成立一家新公司在青海省生产纯碱（生产平板玻璃之必要材料）。然而，新公司之成立须待取得中国相关机关之一切所需批文及许可证后方可作实。

【主要资产/投资(12/2002)】 现金结余净额约 3.24 亿元人民币；熔、机器及设备、厂房及楼宇合共约 6.763 亿元人民币；以及在建工程约 2.015 亿元人民币。

理文手袋国际有限公司

【公司概况】 股票代码 0746，集团主席卫少琦，发行股本(股)825M，票面值(港元)0.100，市价总值(港元)1,064M。

【公司业务】 该集团主要从事制造及销售手袋，包括女装手袋、手提袋、化妆袋、童装袋、背囊、公文袋及软行李箱产品。该等产品以不同材料制成，例如 PVC、仿制皮革、尼龙及多种不同纺织物料。现时，集团所有产品均于中国制造，其产品乃以原设备制造方式代若干品牌之拥有人或认可持有人制造，或依照集团本身设计而制造。集团从事设计及向其客户提供其本身品牌之产品，包括 Lashakier, Bag Kingdom and SuperSpeed。集团拥有广阔及多元化之客户层面，遍布美国、欧洲、香港、日本及南美洲，其产品通常出售予海外进口商及多个地区之连锁店。截至 2002 年 3 月止之年度，美国及欧洲为集团两大主要市场，分别占集团总营业额约 70.1%及 24.5%。集团之主要生产设施位于中国东莞。为提升其主要市场之占有率，集团计划进一步加强其设计及产品开发能力，以生产更多原设计产品，并进一步专注于设计及推销高文件手袋产品，藉以得到更佳之边际利润。

【主要资产/投资(3/2002)】 理文洋行有限公司(100%)；理文手袋厂有限公司(100%)；及理文手袋(泰国)有限公司(100%)。

沈阳公用发展股份有限公司

【公司概况】 股票代码 0747，集团主席徐二会，发行股本(股)420M，票面值(港元)1.000，市价总值(港元)391M。

【公司业务】 该集团为沈阳市政府之上市旗舰。集团主要在沈阳市从事生产及销售城市净化水、开发及销售房地产，及透过合资公司从事生产与销售电与热之业务。据集团 2001 年年报披露，由于沈阳市自来水总公司（自来水总公司）之水费收缴工作成效极不理想，没有实现应收尽收，因而导致自身资金状况十分困难，未能按时全额支付水费予集团持有 99.37%股权之沈阳水业。故此，沈阳水业于 2001 年度之应收款项中提计约 1.31 亿元人民币之坏账准备金。截至 2001 年 12 月止之财政年度，集团约 86.5%之营业额及 88.2%之税前利益来自净化水销售业务。有见及此，集团计划适度扩大房地产投资规模及进行多元化投资项目，以减低过份依重净化水销售业务之局面。

【主要资产/投资(12/2001)】 沈阳发展房产开发有限公司(99%)；沈阳水业有限公司(99.37%)；沈阳沛海热电有限公司(22.5%)；及清华紫光科技创新投资有限公司(8%)。

创维数码控股有限公司

【公司概况】 股票代码 0751，集团主席黄宏生，发行股本(股)2,139M，票面值(港元)0.100，市价总值(港元)1,561M。

【公司业务】 该集团为国内最大彩色电视机生产商之一，主要在中国从事以著名品牌创维设计、制造及销售彩色电视机与数码视听产品。现时，集团之业务主要分为六个单位，分别专注于电视机、多媒体产品、显示产品、计算机及网络产品、宽频技术产品，以及信息科技相关方案。截至 2002 年 3 月止之年度，集团转亏为盈，由上年度录得亏损 6,100 万港元，改善至本年度之 6,200 万港元盈利。电视销售业务仍为集团主要收益来源，该业务于 2002 年 3 月止年度占集团总营业额 78%。于 2001 年底，集团于国内市场电视销售之增长率为国内电视机行业之冠。面对激烈竞争及配件价格不稳，集团已关闭个人计算机业务，以将资源放在较高毛利之电视机及视听产品业务上。现时，纯平电视为集团最畅销之产品项目。于 2002 年 8 月，集团计划在国内市场推出新数码产品及高端电视机，如背投影电视机、HDTV 电视机、等离子电视机及液晶体显示电视机，成为国内首家大规模推出有关产品之制造商。至于海外市场方面，集团已开拓至日本、韩国及西欧等新市场。

【主要资产/投资(3/2002)】 深圳创维 RGB 电子有限公司(75.5%)；新创维电器（深圳）有限公司(100%)；Skyworth Multimedia Int'l Ltd. (100%)；创维集团香港销售有限公司(100%)；创维多媒体(深圳)有限公司；创维显示技术有限公司(100%)；Skyworth Information Technologies Holdings Ltd. (100%)；Skyworth Computer & Network Co. Ltd. (66.7%)；Skyworth Broadband Technology Ltd. (70%)；及江苏国安创维信息产业有限责任公司(45%)。

笔克远东集团有限公司

【公司概况】 股票代码 0752，集团主席谢松发，发行股本(股)556M，票面值(港元)0.100，市价总值(港元)167M。

【公司业务】 该集团为亚洲主要展览及项目市场推广服务供货商，专门为各大企业及政府机构提供市场推广及广告传讯服务。透过位于全球遍布亚洲、澳洲、中东、欧洲及美国等 19 个国家之营业及生产办事处之国际网络，集团主要从事五项互相配合之业务，分别为：(1) 展览及项目市场推广（包括设计、项目管理、舞台制作、巡回展览及产品推出市场）；(2) 招牌广告制作；(3) 永久展览品（如博物馆展览品、美术馆展览品及主题游乐场展览品）；(4) 国际会议；及 (5) 多媒体服务。现时，集团之业务集中于亚洲，并以中国为主。于 2001 年年底收购 Meeting Partners 之行动为集团取得于未来两年管理中国约六个会议及展览合约。尽管美国 911 恐怖袭击事件对集团之业务产生负面影响，但集团预期中国入世后对一条龙项目市场推广方案服务之强大需求将会为集团业务前景带来改善。以集团合营伙伴澳洲之 Albert Smith 来自 2000 年悉尼奥林匹克运动会之业务经验，集团亦预期市场对其合营公司 Shanghai Albert Smith 于 2008 年北京奥林匹克运动会中所提供之服务需求相当殷切。

【主要资产/投资(10/2001)】 土地及楼宇之账面净值约为 2.9 亿港元。

合生创展集团有限公司

【公司概况】 股票代码 0754，集团主席朱孟依，发行股本(股)1,002M，票面值(港元)0.100，市价总值(港元)1,303M。

【公司业务】 该集团主要在中国广州市及广东省南部地区从事物业发展及投资业务。作为广州市具领导地位之物业发展商，集团在市内发展迅速之地区兴建规模庞大、质素优良之住宅项目而享负美誉。除住宅发展项目外，集团亦在广州拥有大型投资物业组合，该等物业主要为商业、零售及停车场物业。预期中国加入世贸后导致外商投资涌现，集团已于 2002 年 1 月踏出在广州以外之第一步，宣布参与在北京及天津地区之四个大型项目，总投资额约为 8.20 亿港元。截至 2001 年 12 月 31 日止之年度，集团之销售集中于帝景苑、华景新城及骏景花园等现有项目，并成功售出总数约 2,834 个住宅单位，总楼面面积约为 285,803 平方米。截至 2001 年底，集团在广州之总土地储备约为 421.5 万平方米。于 2002 年 1 月，集团在北京及天津地区进一步增购约 303 万平方米之土地储备。于 2001 年底，集团兴建中之总楼面面积约达 120 万平方米。

【主要资产/投资(12/2001)**】** 位于广州之投资物业约值 17.10 亿港元；位于中国大陆、并持作长期投资之发展中物业约值 7.169 亿港元；及持作销售之发展中物业约值 17.518 亿港元。

上海世纪控股有限公司

【公司概况】 股票代码 0755，集团主席戴志康，发行股本(股)4,331M，票面值(港元)0.020，市价总值(港元)1,031M。

【公司业务】 该集团之传统业务为从事旅游相关业务及物业投资。随着转换主要股东及出售原有四海互联网之旅游业务后，集团现时之核心业务为在中国上海及邻近地区从事房地产开发及旅游相关业务。集团在上海之主要房地产发展项目包括水清木华花园及证大家园，两个均为集团与上海证大集团(证大集团)合作发展之项目。水清木华花园位于上海浦东，为大型之高级住宅物业，分为多层公寓及独立别墅两部份，预期整个项目于 2004 年年底兴建完成。至于证大家园方面，该项目为浦东北区另一个大型住宅物业项目，整个发展项目分三期完成，预期整个项目将于 2006 年 10 月完成。有见于证大集团稳建之业务基础及在上海房地产市场发展之丰富经验，集团将会视乎实际情况于未来继续与证大集团合作发展高质素及具潜力之房地产项目。于 2002 年 12 月止之年度内，集团亦透过成立合营企业上海证大高尔夫旅游度假村有限公司，在国内从事度假村、酒店管理营运及高尔夫球场周边别墅项目之业务，将集团之业务多元化至中国旅游相关业务。展望将来，集团将继续寻求与在中国拥有若干旅游景点及旅游网络之著名机构之合作及共同投资商机，以及拓展商业购物中心、艺术文化中心、酒店及旅游景点等，藉以巩固集团之旅游相关业务。

【主要资产/投资(12/2002)**】** 水清木华花园(25%)；证大家园(65%)；及上海证大高尔夫旅游度假村有限公司(91%)。

中联系统控股有限公司

【公司概况】 股票代码 0757，集团主席卢哲群，发行股本(股)422M，票面值(港元)0.100，市价总值(港元)175M。

【公司业务】 该集团主要从事系统集成、软件开发及相关服务、电讯系统集成、提供以互联网为基础之电子商贸解决方案、分销计算机系统及宽频网络应用服务等业务。集团现时拥有多元化客户基础，包括银行、金融机构、邮电业、公用事业、大型企业及政府机构。在过去数年，集团已在东南亚地区建立强大之销售网络，并在银行界(尤其在中国)之系统集成业务方面建立稳健之基础。最近，集团得到和记黄埔有限公司(和黄)及 DBS Private Equity(DBS)之强大支持，与双方订立可换股债券协议。根据协议，集团以每股股份 0.85 港元之兑换价向和黄及 DBS 发行本金额分别为 1.98 亿港元及 1.36 亿港元之可换股债券。此等可换股债券将于三年后到期，并可顺延多两年。假设双方均悉数兑换可换股债券，和黄及 DBS 将分别持有集团约 28.6% 及 19.7% 股权。展望将来，集团计划加强及专注于系统集成及分销之核心业务，并出售非核心业务。

【主要资产/投资(3/2002)**】** NetStar International Holdings (BVI) Ltd.(4.96%)；非上市股本及债券投资按公平价值合共约 5,900 万港元；北京大唐中联系统集成有限公司(25%)；中联计算机(国际)有限公司(100%)；中联软件工程有限公司(100%)；中联信息科技有限公司(100%)；中联计算机服务(香港)有限公司(100%)；宏景信息科技有限公司(100%)；中联计算机(澳门)有限公司(100%)；北京中联宏达软件工程有限公司(100%)；中联宏达计算器系统集成(深圳)有限公司(100%)；中联永达软件(深圳)有限公司(100%)；长春中联软件工程有限公司(100%)；中联云达系统集成(上海)有限公司(100%)；及 Vanda Systems (Singapore) Pte Ltd.(91.7%)。

德信控股(亚太)有限公司

【公司概况】 股票代码 0758，集团主席蔡维谦，发行股本(股)358M，票面值(港元)0.100，市价总值(港元)42M。

【公司业务】 该集团主要从事一般建筑业务，尤其为中国、香港两地之室内装饰及机电工程。此外，集团亦于中国从事物业发展、投资及管理业务。建筑业务方面，集团主要目标项目为中港两地之商界行业，如银行、酒店、购物中心、餐厅、写字楼及娱乐中心。集团对于中国市场及业务方面抱乐观态度，于 2001 年度内亦毋须为任何建筑工程作出大幅拨备。于 2001 年年报披露，集团之核数师因不同意集团对武汉投资物业估值之会计处理法而产生保留意见。核数师所接纳之独立专业估值应为约 3 亿 534 万港元，有别于综合资产负债表上显示董事所获得之估值约 3 亿 4,534 万港元。

【主要资产/投资(12/2001)**】** 德信物业发展(武汉)有限公司(100%)；及武汉华信房地产开发有限公司(100%)。

CEC 国际控股有限公司

【公司概况】 股票代码 0759，集团主席林伟骏，发行股本(股)693M，票面值(港元)0.100，市价总值(港元)74M。

【公司业务】 该集团主要从事设计、开发、生产及销售各类线圈、电溶器及其它电子组件，包括铁氧体材料、电感、变压器及电源滤波器。集团之产品一般用作生产不同类型之电子及电器产品，如电讯及信息科技设备、数据网络及电压转换技术、办公室自动化设备、影音产品，以及家居电器及电子产品等。预期电子市场将于可见未来复苏，集团已安装新自动化生产线，以生产铁氧体磁芯锰锌系列、电源滤波器及电磁干扰滤波器。此外，集团将扩充其生产线至推出征型多层式片状电感，以照顾各类需要不同响音频度之电子产品。为维持市场领导地位及减低生产成本，集团将继续致力开发铁氧体材料(电感器、滤波器及电磁干扰滤波器等电子装置之核心部份)。展望将来，集团计划进一步开拓中国大陆及欧洲市场。

【主要资产/投资(4/2002)**】** CEC — Coils Singapore Pte Ltd.(100%)；高雅电解电溶器有限公司(100%)；高雅电气有限公司(100%)；高雅骏升企业有限公司(100%)；高雅线圈制品有限公司(100%)；高雅联科电子有限公司(100%)；厦门高雅线圈制品有限公司(100%)；中山市东日电磁性材料制品有限公司(100%)；及中山高雅金属制品有限公司(100%)。

明日国际集团有限公司

【公司概况】 股票代码 0760，集团主席邱德华，发行股本(股)2,861M，票面值(港元)0.100，市价总值(港元)177M。

【公司业务】 该集团主要从事设计、发展、制造及销售电子产品；制造及销售印刷线路板；以及买卖及分销电子配件及部件。随着于 2002 年 3 月收购恒光行实业有限公司(恒光行)大部份权益后，集团将业务扩展至视光产品制造及销售业务。截至 2002 年 12 月止之年度，集团录得纯利增长 102.0%，其主要盈利来源仍然来自电子产品业务。除时钟、温度计及定时器等主要产品外，集团亦开发一系列新产品，如无线装置、遥控时钟及太阳能产品，此等产品正配合市场之变动及不断转变之消费者口味。据披露，集团将进行拥有无线装置之电子产品之开发工作，以进一步扩大其产品系列。于年内，集团之电子配件及部件买卖及分销业务依然暂无营业，而线路板业务则继续面对激烈之市场竞争，然而线路板业务年内之经营亏损已大幅减少。至于集团持有 58% 权益之上市附属公司 — 恒光行，其业绩已成功转亏为盈，由 2001 年度录得净额亏损 5,889 万港元改善至 2002 年度录得纯利 1,014 万港元。于 2003 年 3 月 4 日，集团与恒光行订立有条件出售资产协议及有条件贷款重组协议。截至 2002 年年底，集团仍拥有强大现金结余约 3.224 亿港元。日后，集团之目标为进一步开拓原设备制造业务，以减轻因欧美市场需求减少而令出口销售萎缩之影响。此外，集团将寻求机会与国际知名之电子制造商合作生产不同种类之电子产品/组件。

【主要资产/投资(12/2002)**】** 恒光行实业有限公司(58%)；东莞怡富线路板厂(55%)；及高劲电子(深圳)有限公司(100%)。

北京时装(集团)有限公司

【公司概况】 股票代码 0761，集团主席贾安民，发行股本(股)317M，票面值(港元)0.100，市价总值(港元)32M。

【公司业务】 该集团之主要业务为从事制造及销售皮革成衣、裘皮成衣及纤维成衣，以及销售制成革及毛皮。于 2002 年 3 月止之年度内，裘皮业务仍为集团之主要收入来源，占集团总营业额 53.4%。面对全球疲弱之消费市场，集团截至 2002 年 3 月止年度之总营业额下跌 34.9% 至约 7,570 万港元，而纯利则只有 83,000 港元。尽管集团在美国市场之皮革成衣业务及中国市场之贸易业务于年内表现不理想，然而日本市场之销售成绩却录得显着增长，来自该市场之总销售额较上年度劲升七倍。此外，集团之毛利率亦由 2001 年度之 10.2%，改善至 2002 年度之 13.9%。预期美国及南美洲之经济状况将逐渐改善，集团将继续在该等市场从事其核心皮革成衣业务，以及寻求业务伙伴在该等市场开拓裘皮成衣业务。

【主要资产/投资(3/2002)**】** 港京裘革厂(深圳)有限公司(100%)；嘉

艺时装(深圳)有限公司(100%);及北京皮草厂(香港)有限公司(100%)。

中国联通股份有限公司

【公司概况】 股票代码0762,集团主席杨贤足,发行股本(股)12,553M,票面值(港元)0.100,市价总值(港元)67,159M。

【公司业务】 中国联通为中国内地第二大移动通讯运营商,亦为国内最大之寻呼服务运营商。现时,集团为国内唯一一家综合电信运营商及境内独家CDMA后付费移动通讯经营商。于2002年底,集团拥有3,862万户GSM用户及499万户CDMA用户,在其服务地区占有32.6%市场份额,而寻呼用户数量则继续下滑,由2001年之3,291万户降至1,768万户。除移动通讯及无线寻呼服务外,集团亦提供国际及国内长途服务(如电路交换长途电话、IP电话及电路出租服务),以及数据通讯及互联网服务(如专线、拨号及电子商务与应用服务)。于2002年12月止之年度内,集团移动通信、国际国内长途通信、数据通信、互联网等各项业务快速发展,因此,集团年内之营业额录得约38%之显着增长。另一方面,由于2002年以CDMA业务为重点,集团成功实现发展CDMA用户之年度目标。作为支持集团不同运营网络之共同平台,集团已建成国内第二大之宽带光纤传输网络,该光纤传输网络总长度扩展至48.6万公里,通达全国330个地市,其中光纤骨干传输网络长达11万公里。于2002年12月31日,集团完成向母公司联通集团收购额外9个省、市、自治区之GSM移动通信资产及业务及CDMA业务,令集团现时之GSM及CDMA服务范围覆盖全国21个省、市、自治区。据2002年年报所披露,集团将择机向母公司进一步收购10个未上市省份分公司之GSM移动通信资产及业务。

【主要资产/投资(12/2002)】 通信设备按账面尽值752.6亿元人民币;及在建工程按账面尽值约194.0亿元人民币。

丰采多媒体集团有限公司

【公司概况】 股票代码0764,集团主席向华强,发行股本(股)475M,票面值(港元)0.100,市价总值(港元)1,461M。

【公司业务】 该集团主要在香港及澳门发行VHS、LD、VCD及DVD制式之家庭娱乐影视节目,以及转授影视节目发行权,其它市场包括台湾、新加坡、马来西亚、南韩、澳洲、加拿大及美国等。截至2001年12月止之年度,影视节目发行业内之激烈割价战大大影响集团之发行影视节目业务。此外,由于北美及澳洲经济衰退使电视及影视节目需求下降,集团之转授影视节目发行权业务亦因而受到影响。因此,集团于年内之营业额较上年度下跌80.6%。于2001年度,集团被中国星集团有限公司收购,且进行一连串转型工作。新管理层计划应用集团宝贵之电影发行权库存量去开拓中国大陆市场,此项收购相信可成为集团业务增长之新推动力。日后,集团将开始透过中国有线电视频道等其它媒体发行信息内容,该行动可助集团进一步变现其内容之价值。

【主要资产/投资(12/2001)】 海岸发行有限公司(100%);Ocean Shores Licensing Ltd.(100%);海岸录像有限公司(100%);及多彩投资有限公司(100%)。

威发国际集团有限公司

【公司概况】 股票代码0765,集团主席潘少忠,发行股本(股)273M,票面值(港元)0.100,市价总值(港元)194M。

【公司业务】 该集团之核心业务为(1)制造及销售奇趣精品及装饰品;(2)制造及销售包装产品;及(3)买卖PVC胶片及塑料。截至2001年12月止之年度,集团之营业额主要来自香港(57.6%)、欧洲(22.6%)及美国(14.1%)。集团于年内之营业额减少19%至3.363亿港元,而纯利则只下跌3%至2,880万港元。据集团解释,营业额大幅下跌主要由于全球经济放缓及集团对放账客户采取紧缩政策所致。展望将来,集团将继续专注于其核心业务。紧随年结日后,集团已购买及/或签约购买合共500万港元之机械设备,以增加奇趣精品与节日装饰品及包装产品之产能。

【主要资产/投资(12/2001)】 正利包装材料有限公司(75%);安发包装制品有限公司(100%);威发颜色中心有限公司(100%);志发塑料制品有限公司(100%);威发国际包装制品有限公司(100%);嘉发纸品有限公司(99%);威发塑料有限公司(100%);及威发印刷有限公司(90%)。

中盈控股有限公司

【公司概况】 股票代码0766,集团主席梁毅文,发行股本(股)800M,票面值(港元)0.010,市价总值(港元)640M。

【公司业务】 该集团主要在中国辽宁省大连(国内高速发展之沿海城市)从事发展待售及持作投资之住宅及商用物业。作为大连优质住宅及商用物业发展商,集团已完成两项物业发展项目,分别为丽都花园(集团首项完成之物业,当中包括168个住宅及商用单位)及大连亚太国际金融中心(集团旗舰发展项目,为一栋28层高之商住大厦)。除上述两项物业发展项目外,集团另外两项发展项目为位于大连之高尔基路项目及金石滩项目。高尔基路项目之物业为一栋商用及办公大厦,预期于2002年年底竣工;而金石滩项目则为一项住宅物业发展项目(截至2002年4月25日止仍处于规划阶段)。为应付未来发展活动之需要,集团会藉收购活动在大连补充及维修一幅足够之土地备用区,以补充集团之现有物业组合。此外,集团将积极寻求机会,透过策略投资于不同类别之物业及国内除大连以外之其它主要城市,如北京及上海,以达致业务多元化之目标。

太平洋实业控股有限公司

【公司概况】 股票代码0767,集团主席黄进益,发行股本(股)5,581M,票面值(港元)0.025,市价总值(港元)73M。

【公司业务】 该集团主要从事制造、分销及销售普通合板、结构胶合板、地板、防水合板、线板、单板及其它有关产品。截至2001年止之年度,集团录得之股东应占亏损扩大至6,100万美元,主要由于为若干资产减值约5,560万美元所致。若撇除此项因素,集团在业务上之表现应与去年相若。据披露,集团于年内已加强日本、欧洲及美国之市场地位。此外,于2001年度,日本市场仍为集团主要收益来源,占集团总营业额54.5%。于可见将来,集团将继续专注于日本市场,与此同时,集团亦会进一步开拓其它新市场,如泰国及韩国。展望将来,集团预期合板价格将向上调整。另外,集团亦正寻求合适之策略联盟,以改善集团之利润。

【主要资产/投资(12/2001)】 长春荣福木业有限公司(82.25%);大连环球木业有限公司(100%);大连益志木业有限公司(100%);佳富贸易有限公司(100%);吉林新合木业有限公司(75%);马合板工业(砂)私人有限公司(100%);及SMI Global Corporation(100%)。

开明投资有限公司

【公司概况】 股票代码0768,集团主席,发行股本(股)1,060M,票面值(港元)0.010,市价总值(港元)125M。

【公司业务】 开明投资之主要投资目标为透过投资于香港及中国之上市及非上市公司以获取中线资本增值。据招股书披露,公司管理层拟将超过80%之资产投资于香港及中国之上市及非上市公司所发行之股本证券、可换股票据、优先股、购股权、认股权证、期货合约及债务证券,或符合该公司不时采纳之投资目标及策略。

【主要资产/投资(3/2002)】 现金结余约750万港元;应收投资公司款项约2,350万港元;联合地产(香港)有限公司(0.099%);联洲国际集团有限公司(0.86%);联洲珠宝有限公司(2.64%);东力实业控股有限公司(1.58%);电讯盈科有限公司(0.016%);宜进利(集团)有限公司(0.54%);卓思财务有限公司(2.57%);及非上市可换股债券IT Star Ltd.(本金额为990万港元,及利率为每年6%),主要业务为互联网及高科技投资。

中国稀土控股有限公司

【公司概况】 股票代码0769,集团主席蒋泉龙,发行股本(股)814M,票面值(港元)0.100,市价总值(港元)554M。

【公司业务】 集团之主要业务为制造及销售各类稀土产品及耐火材料,稀土产品的特点为高密度、高熔点、优良的导电及导热体,可作为广泛工业上的原材料,如传统工业 冶金业、石油及化学工程业务、玻璃及陶瓷业务以至高科技工业如电子设备、信息科技、计算机及办公室文仪用具等。而同时耐火产品则为多种轻工业及重工业的重要材料,如钢铁业、冶金业、有色金属业务、石油及建筑工业等。于二零零一年十二月之财政年度,各类稀土产品及耐火材料分别占该集团的总营业额61%及39%,出口方面,出售予日本及中国之耐火材料类分别占营业额16%及84%,而出售稀土产品予欧洲及韩国;美国;日本和中国亦分别占营业额13%;22%;31%和34%。截至二零零二年第一季,集团的稀土产品及耐火材料产品年产量分别达6,500吨(REO)及50,000吨。目前,中国拥有约占全球八成的稀土矿储存量,由于劣质产品以低价充斥市场,中国政府相继推出资源开采保护措施及出口许可证的限制,同时亦会调节市场供求,考虑整个行业的宏观整合及组织稀土集团公司作管理,因此,管理层预期中国政府所推行之政策将会对整个稀土市场及集团会有所效益。

【主要资产/投资(12/2001)】 新威利成稀土(95%);宜兴新威利成耐火材料有限公司(100%);无锡新威荧光材料有限公司(71%);及龙科国际贸易(上海)有限公司。

沪光国际上海发展投资有限公司

【公司概况】 股票代码0770,集团主席,发行股本(股)9M,票面值(港元)0.100市价总值(美元)26M。

【公司业务】 该公司为一投资公司,首要目标为透过投资于大上海地区之非上市投资及与中国关系密切之上市证券,以争取长期资本增值。集团之投资策略为优先投资于大上海地区。于2001年12月31日,集团投资组合中之11%为香港上市证券(主要为国企股、红筹股及蓝筹股)、58%为国内多元化非上市投资组合,而其余31%则为银行存款。于年结时,集团主要非上市投资包括Concord Greater China(14.45%)、上海联吉合纤有限公司(15%)、中芯国际集成电路制造(上海)有限公司(0.603%)等。

【主要资产/投资(12/2001)】 现金结余净额约1,882万美元;上市证券按市值约655万美金;及国内非上市证券按账面值约3,544万美元。

自动系统集团有限公司

【公司概况】 股票代码0771,集团主席PATHMARAJAH Allen Jo,发行股本(股)291M,票面值(港元)0.100,市价总值(港元)384M。

【公司业务】 该集团主要从事销售计算机产品,以及提供工程及软件服务。现时,集团主要收益来源来自香港。除香港外,集团亦正策略性地开拓其它市场,如澳门、台湾及泰国等。截至2002年3月止之年度,集团之收益继续来自教育、商业、金融及银行、政府、电讯、交通运输及公共行业。集团现正分享母公司新加坡CSA Holdings ltd.、亚洲其它相关公司及最终母公司美国Computer Sciences Corporation之广泛客户网络、丰富之经验及资源。此稳健之背景可令集团扩大客户基础及提供集团更多商业机会。集团部份国际知名合作伙伴包括太阳计算机、IBM、甲骨文、英特尔、Compaq、HP、微软及Computer Associates。于2002年3月止之年度内,集团前联营公司鼎新计算机股份有限公司(鼎新)成功于台湾证券交易所上市。集团已于鼎新上市后套现部份投资(由24.36%减持至17.39%),并于年内获取收益。最近,集团亦成立自动系统数码影像中心,主要负责香港特别行政区政府之土地注册处之彩色图则影像合约。集团计划利用自动系统数码影像中心已建立之资源,以准备应付政府其它部门之需要及其它商业机会。

【主要资产/投资(3/2002)】 鼎新计算机股份有限公司(17.39%);现金结余净额约1.932亿港元;租赁土地及楼宇约值8,340万港元;及计算机及办公室设备约值5,720万港元。

大成生化科技集团有限公司

【公司概况】 股票代码0809,集团主席刘小明,发行股本(股)1,956M,票面值(港元)0.100,市价总值(港元)4,498M。

【公司业务】 该集团为中国最大亦是唯一之综合一体化生产玉米生化产品制造商。集团之产品可分为上游玉米提炼产品及下游以玉米为原料之生化产品。上游产品包括玉米淀粉、玉米蛋白、玉米油及饲料,而玉米淀粉作为中间原料,会被进一步提炼或加工成多种之高附加值下游产品,包括氨基酸系列、玉米甜味剂系列及变性淀粉系列。集团之产品主要供应予中国及其它亚洲国家(包括韩国、马来西亚及菲律宾)之制造商。为提供足够玉米淀粉予下游产品之迅速扩充,集团已开始兴建一座预期年产量约达60万公吨之玉米提炼厂。此外,一间新赖氨酸制造厂亦将于2002年上半年投入生产,将集团赖氨酸之年产量由15,000公吨提高至40,000公吨。除扩充现有产品之产量外,集团亦积极纵向扩展新下游产品。集团之变性淀粉年产量将由3万公吨扩充至23万公吨,该项扩充将分两阶段进行。另外,集团计划兴建一座年产力预期达10万公吨之新谷氨酸厂,以满足谷氨酸制造商需求之增加。集团将继续增加高边际利润、高附加值之下游玉米生化产品之比重,以及扩宽其高附加值产品种类及扩充生产能力,藉以维持其增长动力。

【主要资产/投资(12/2001)】 长春大成生化工程开发有限公司(90%);长春大成玉米开发有限公司(80%);长春大成特用玉米变性淀粉开发有限公司(90%);长春大成淀粉开发有限公司(90%);长春金成玉米开发有限公司(90%);上海好成食品发展有限公司(100%);及大成嘉吉高果糖(上海)有限公司(50%)—与嘉吉合组之合营公司,以建立及经营一家高果糖浆提炼厂,高果糖浆为软饮料广泛使用之玉米之一。

华宝(大中华)投资有限公司

【公司概况】 股票代码0810,集团主席焦素芬,发行股本(股)103M,票面值(港元)0.100,市价总值(港元)32M。

【公司业务】 华宝(大中华)为一投资公司,其首要投资目标为透过投资于主要在中国拥有庞大业务之大中华上市及非上市公司,以达致中期至长期之资本增值。为平衡该公司在不同行业投资所承担之风险,该公司将以股本相关证券及/或债务证券形式投资于大中华从事各行各业之上市公司及非上市公司,包括但不限于制造、生物科技、科技、电讯、服务、基建、药品及地产行业。该公司亦会依循与该公司不时采纳之投资目标及政策,以及章程大纲、章程细则、上市规则及临时投资管理协议或投资管理协议(视情况而定)之规定,投资在其它类别项目。在华汇资本管理有限公司注册成为该公司之投资经办人,以为该公司提供投资管理服务前,南亚投资管理有限公司将负责向该公司提供临时投资管理服务。该公司之资产净值将于每月完结后15日内公布。

敦沛金融控股有限公司

【公司概况】 股票代码0812,集团主席叶民勋,发行股本(股)200M,票面值(港元)0.100,市价总值(港元)110M。

【公司业务】 该集团为香港一家提供多元化金融服务之供货商,专注于在东京谷物商品交易所及东京工业品交易所市场提供买卖日本商品期货之代理商服务。集团为买卖东京谷物商品交易所期货市场之翘楚。据招股书所披露,截至2001年6月止之年度,集团TGE期货之成交量占于香港买卖之TGE期货之总成交量约90.8%,而来自买卖TGE期货及TOCOM期货则占集团总营业额约79.1%。截至2002年6月止之年度,集团之期货业务继续成为主要收入来源,占其总营业额约91%。除日本商品期货代理商服务外,集团亦(1)为于香港期交所买卖之恒指期货及日转期汇合约、于联交所上市之证券及于美国买卖之衍生产品包括期货及期权提供经纪服务;(2)提供企业融资服务、证券开展及个人贷款服务;(3)分销单位信托;及(4)提供个人财务企划服务。此外,集团亦有以坐盘方式买卖于香港期交所交易之恒指期货及日转期汇合约,但所占比例较少。

【主要资产/投资(6/2002)】 敦沛证券有限公司(100%);敦沛期货有限公司(100%);敦沛资产管理有限公司(100%);及敦沛财务有限公司(100%)。

高阳集团有限公司

【公司概况】 股票代码0818,集团主席张玉峰,发行股本(股)333M,票面值(港元)0.010,市价总值(港元)190M。

【公司业务】 该集团主要从事设计、供应及安装玻璃幕墙系统及铝窗。集团主要承接之工程为香港薄扶林宝翠园第二项工程。于2001年完成集团重组及管理层变动后,集团新管理层计划增辟及开招集团之业务,尤以提供顾问服务及信息科技解决方案为重点范畴。于2002年1月,集团订立一项关连交易,以现金代价960万港元收购高阳科技控股有限公司(高阳科技)全部已发行股本。高阳科技及其附属公司主要从事提供特定之企业顾问及信息科技解决方案予中国内地、香港及亚太其它地区之银行、保险业及电讯业客户。

【主要资产/投资(12/2001)】 高阳科技控股有限公司(于年结日以后收购100%权益);高阳咨询有限公司(100%);富艺工程有限公司(100%);上海富艺幕墙工程有限公司(60%);丹丽国际实业有限公司(100%);艺美建材有限公司(100%)。

Ehealthcareasia Ltd.

【公司概况】 股票代码0835,集团主席陈伟东,发行股本(股)5,442M,票面值(港元)0.010,市价总值(港元)708M。

【公司业务】 随着被卓健亚洲有限公司收购后,该集团现时主要专注于处理保健行业之信息交流及与付款有关之交易、联系保健供货商有关病人之保健计划是否符合资格,并为保健供货商设定/处理向保健服务付款人(包括保险公司、保健护理公司、雇主机构及政府)之申索。于2002年3月止之年度内,集团已出售及终止经营建筑及电话行销推广业务。展望将来,集团将检讨技术平台策略以及于大中华以外地区推广LEON/REACH软件。据2002年年报披露,集团正与有兴趣投资于集团之多位第三者进行商讨。

【主要资产/投资(3/2002)】 eheatlhasia.com Ltd.(100%);及科力

企业有限公司(100%)。

永成化工控股有限公司

【公司概况】 股票代码0850，集团主席潘森，发行股本(股)408M，票面值(港元)0.010，市价总值(港元)97M。

【公司业务】 该集团主要以本身之永成及加丽色品牌从事制造及销售油漆及混合溶剂；制造及销售塑料着色剂；以及化工原料贸易等业务。现时，集团制造超过30类油漆产品及两类塑料着色剂(分别为合成塑料着色剂及色母着色剂)，而集团买卖之主要化工原料则包括丙烯酸树脂、乙烯酸树脂、流平剂及附着力促进剂，大部份用于制造各式油漆。截至2002年3月止之年度，油漆及混合溶剂之销售约占集团总营业额81%。集团绝大部份产品出售予生产基地设于珠江三角洲地区之香港客户，其余则销售予中国客户。现时，集团之生产活动皆在油漆厂综合大楼(集团之主要生产基地，以生产油漆及混合溶剂)、着色厂(生产塑料着色剂)及加工厂(进行油漆及混合溶剂之加工程序)内进行，所有生产厂房均位于中国东莞长安。为进一步扩阔其产品组合，集团已于2002年4月与一名策略性伙伴成立关西化工，扩展业务至以一家日本油漆制造商之品牌生产及分销汽车修补油漆用之溶剂及相关产品。集团亦计划扩展产品系列至包括粉末喷涂、厨具、汽车涂料及相关产品。此外，集团亦会开发优质且环保之新产品，以应付市场需要。另一方面，集团将迁移其现有之员工宿舍，以腾出土地扩大其现有之油漆厂综合大楼之产能及引入新产品线。

建美集团有限公司

【公司概况】 股票代码0851，集团主席罗伟承，发行股本(股)2，903M，票面值(港元)0.010，市价总值(港元)70M。

【公司业务】 该集团主要从事制造及销售开关式电源、线圈、先进及传统变压器、环形线圈变压器、EI变压器及换能器、塑料模具、手提电话充电器及其它电器产品与原设备制造(OEM)产品。集团之电器产品包括真空吸尘机、浴室清洁装置、专业音乐器材及汽车电子机械配件等。于2002年4月止之年度内，集团之新类型电子变压器产品已正式打入欧洲及北美洲市场，而向松下销售真空吸尘机及浴室清洁装置之销售额亦有理想之增长。此外，集团亦成功与一家世界最大音乐器材及具领导地位之专业音响产品生产商建立业务关系，以制造其一系列之产品。为进一步在中国发展其家用电器产品业务，集团亦与一名有中国华东地区销售网络之上海最大分销商之一，订下从事分销集团之节能灯及其它电器产品。展望将来，集团计划进一步由原设备制造商发展成为电子制造服务(EMS)供货商，向客户提供全面之设计、工程及制造服务。

【主要资产/投资(4/2002)】 百美勤电器(深圳)有限公司(100%)；美亚电器工业(香港)有限公司(100%)；美亚照明工业有限公司(100%)；美亚塑料模具有限公司(100%)；美亚科技有限公司(100%)；特美电子有限公司(100%)；天网家居有限公司(40%)；及艺明有限公司(50%)。

易达兴业电子(集团)有限公司

【公司概况】 股票代码0855，集团主席段传良，发行股本(股)3，063M，票面值(港元)0.100，市价总值(港元)31M。

【公司业务】 该集团主要从事设计、制造及销售以液晶体显示为基础之电子产品(包括计算器及欧罗兑换器)及电子零件。面对全球电子市场之激烈竞争及严重之价格压力，集团之业绩受到不利影响，截至2002年3月止之年度，录得亏损约6,340万港元(上年度录得纯利759万港元)。于年内，集团曾进行四次新股配售，合共筹集现金净款约9,800万港元，大部份净款用作偿还银行债务。为改善整体盈利能力，集团已终止生产无利可图之产品，并致力开发其它可增强集团毛利率之新产品。诚如集团2001年年报所披露，集团有意将业务扩展至卫星通讯领域，而与若干熟悉卫星通讯并有兴趣之伙伴之磋商则仍在进行。然而，集团截至2002年7月仍未就该等磋商达成任何正式协议。

【主要资产/投资(3/2002)】 东莞易达兴业电子有限公司(94%)；易达兴业电子有限公司(100%)；Electronics Tomorrow Manufactory Inc.(结算日后持有35%权益)；东莞怡富线路板厂(结算日后持有29.4%权益)。

伟仕控股有限公司

【公司概况】 股票代码0856，集团主席李佳林，发行股本(股)700M，票面值(港元)0.100，市价总值(港元)85M。

【公司业务】 该集团主要从事向原设备制造商、个人计算机及其它消费电子制造商、当地分销商、区域分销商及系统集成商分销多种信息科技产品，包括数据储存装置、中央处理器、多媒体产品、个人计算机及伺机器主机板。现时，集团为五家国际知名之信息科技产品制造商，包括AMD、Aztech、Guillemot、Seagate及Supermicro之授权代理商。有关其代理业务，集团为其供货商提供全面增值服务，包括透过其分销渠道搜集有关当地市场动向之资料，及与供货商推行联合市场推广计划，并向客户及集团分销信息科技产品之最终用户提供技术支持及售后服务。为改善集团之市场推广渠道及促进其为于中国经营业务之客户及最终用户提供技术支持服务，集团已在中国六个城市，分别为北京、上海、深圳、成都、广州及沈阳，开设六家代表处。为扩宽其产品种类，集团将继续物色有信誉之供货商，透过其覆盖全面之分销网络，代理其新种类之讯科技产品，如绘图卡、数码影机盘、只读光盘及液晶体显示屏显示器等。

中国石油天然气股份有限公司

【公司概况】 股票代码0857，集团主席马富才，发行股本(股)17，582M，票面值(港元)1.000，市价总值(港元)38，681M。

【公司业务】 中国石油为中国最大油气生产商，广泛从事与石油及天然气相关之各项业务，包括：(1)原油及天然气之勘探、开发及生产及销售；(2)原油及石油产品之炼制、运输、储存及销售；(3)基本石油化工产品、衍生化工产品及其它化工产品之生产及销售；以及(4)天然气之输送及销售。于2001年度，勘探及生产业务之原油销售仍为集团之主要利润来源。截至2001年止年度，集团拥有之探明原油储量估计约为109.6亿桶，而探明天然气储量约为36.1万亿立方英尺。同年，集团共生产约7.635亿桶原油及约5,635亿立方英尺商品天然气。天然气与管道业务为集团重点发展之业务，并预期将成为集团未来盈利增长之动力。集团计划加快实施西气东输工程为重点工程之长输管道基础设施建设。此外，集团亦通过海外收购以改善及优化其上游业务。于2002年4月，集团同意以2.16亿美元代价收购Devon Energy公司于印尼之油气业务。集团预计该印尼业务于2002年之日产量为17,100桶原油，而2003年之日产量则为22,200桶原油。在未来，集团将继续物色机会进行海外收购活动，以改善其上游业务及保持在上游业领域之优势地位。

【主要资产/投资(12/2001)】 大庆油田有限责任公司(100%)；锦州石化股份有限公司(80.95%)；吉林化学工业股份有限公司(67.29%)；甘肃三星石化(集团)股份有限公司(51.6%)；大庆榆树林油田开发有限责任公司(88.16%)；辽河金马油田股份有限公司(81.82%)；中油龙昌(集团)股份有限公司(35.9%)；及大连西太平洋石油化工有限公司(22.9%)。

精优药业控股有限公司

【公司概况】 股票代码0858，集团主席毛裕民，发行股本(股)2，290M，票面值(港元)0.010，市价总值(港元)394M。

【公司业务】 该集团主要在中国从事推广及经销药品、保健及营养产品、医疗仪器及设备；以及在中国开发、制造及销售药品。截至2002年3月止之年度，经销进口产品仍为集团之主要收入来源。集团之一种主要进口药品，主要用于中枢神经系统及帕金森氏症对血管损伤之药品，占集团总营业额57%。其它主要收入来源则来自集团三种主要自行研制药物：P—转移因子、洲邦及脑安泰。现时，集团为一家已取得生产质量管理规范证书之制药商。于2001年6月，联合基因科技(集团)有限公司(联合基因)透过其附属公司收购集团之权益，成为集团之最大股东。联合基因一家生物科技公司，拥有超过20家附属公司，专门从事基因译码科技、基因开发及基因芯片制造。于2002年3月止之年度内，联合基因以9,500万港元注资公司，为集团引进19项基因发明权。

【主要资产/投资(3/2002)】 吉林精优长白山药业有限公司(60%)；长春精优药业有限公司(68%)；South Asia Pharmaceutical (China) Ltd.(100%)；Austcow Ltd.(90%)；及Best—Bio Developments Ltd.(100%)。

华基计算机科技有限公司

【公司概况】 股票代码0859，集团主席张忠华，发行股本(股)188M，票面值(港元)0.100，市价总值(港元)37M。

【公司业务】 该集团主要从事设计、开发、制造及销售其名下品牌〔TOMATOBOARD〕之个人计算机主机板、个人计算机系统及相关零件。集团现时设计及制造之产品包括各种应用于工作站、互联网应用及个人计算机之全集成主机板及定制主机板。展望将来，集团将专注于发展研发 Pentium 4 相关产品上之主机板。除针对教育市场之产品外，集团亦致力开拓主机板之特殊应用功能，如应用于活动广告系统及免费电话系统等。至于网络产品方面，集团已推出发展高端之有线及无线网络产品，包括支持 SNMP 功能之网络交换机及路由器。此外，集团亦将于日后开发更多有关办公室网络连系、流动网络连接网络游戏及教育多媒体之应用方案。为进一步开拓中国具潜力之个人计算机市场，集团已于 2001 年 6 月在香港及中国区建立其名下之品牌 VCTnet，VCTnet 主要从事开发、设计及制造网络产品。

【主要资产/投资（3/2002）】 深圳华基粤海科技有限公司（100%）；华基工业有限公司（100%）；华基信息科技有限公司（100%）；维特科技有限公司（100%）；华基科研有限公司（100%）；及网基科技有限公司（100%）。

明丰珠宝集团有限公司

【公司概况】 股票代码 0860，集团主席王志明，发行股本（股）650M，票面值（港元）0.010，市价总值（港元）90M。

【公司业务】 该集团之主要业务为以原设计制造或原设备制造方式设计、制造及销售各式各样之镶嵌宝石珠宝产品。另外，集团亦从事钻石及宝石买卖。集团之主要产品包括钻石产品、宝石产品及其它无镶嵌宝石之珠宝相关产品，如金、铜及银制之戒指、耳环、胸针、垂饰、手镯、镯环、项链、踝环及皮带扣。截至 2002 年 12 月止之年度，美国为集团产品之主要市场，约占集团总营业额 57.3%，其它重要市场包括欧洲、中东及东南亚。于年内，由于美国经济放缓，集团已将更多市场推广资源投放于欧洲、中东及东南亚市场。现时，集团之生产设施位于中国广东省顺德市，按集团、侨福金饰厂（作为加工代理）与广东万家乐（作为侨福金饰厂之服务代理）订立之加工协议经营。据披露，集团将提升其生产设施，以应付日益增长之需求及提升其产品质素。此外，集团亦将增加产品种类至镶嵌各种贵金属之无镶嵌宝石珠宝产品，以及于现有及潜在市场开拓新商机。截至 2002 年底，集团拥有现金结余净额约 6,349 万港元。

【主要资产/投资（12/2002）】 安赖珠宝金行有限公司（100%）；Magfrey Co. Ltd.（100%）；及 Brilliant Jewellery Trading Ltd.（100%）。

神州数码控股有限公司

【公司概况】 股票代码 0861，集团主席李勤，发行股本（股）859M，票面值（港元）0.100，市价总值（港元）1,975M。

【公司业务】 神州数码主要从事分销信息科技产品；提供系统集成服务；及开发及分销网络产品。现时，集团为中国最大之信息科技产品分销商及最大之专业系统集成商，其网络产品更位列国内市场前三名。截至 2002 年 3 月止之年度，集团之分销业务、系统集成业务及网络产品业务分别约占集团总营业额 77%、17%及 6%。分销业务方面，集团成功以代理多款科健、阿尔卡特及诺基亚品牌之流动电话，开拓国内中高档次手机市场。于 2002 年 2 月，集团与台湾鼎新计算机股份有限公司合组联营公司，进军企业资源系统市场，该联营公司在正式开业仅两个多月之时间里，营业额已突破 1,000 万元人民币。至于网络产品业务方面，由于与合资方台湾友讯科技股份有限公司（友讯）于合资公司未来发展策略及产品定位方面存有不同见解，集团计划洽购友讯手持合资公司之股份。展望将来，发展信息科技业务将会为集团未来之重点目标。集团确定以发展行业应用软件，并以软件为核心之服务业务模式。于来年，集团计划投资约 2 亿港元用作收购项目，主要收购目标为从事金融、税务及电讯服务之应用软件供货商。至于集团传统之分销业务，将逐步转变为提供供应链管理之新服务型业务模式。

【主要资产/投资（3/2002）】 神州数码（中国）有限公司（100%）；广州神州数码有限公司 100%）；神州数码（深圳）有限公司（100%）；上海神州数码有限公司（100%）；成都神州数码有限公司（100%）；沈阳神州数码有限公司（100%）；西安神州数码有限公司（100%）；武汉神州数码有限公司（100%）；南京神州数码有限公司（100%）；济南神州数码有限公司（100%）；安？亚有限公司（100%）；奥得利有限公司（100%）；及 Digital China Networks，Ltd.（56.1%）。

亚洲物流科技有限公司

【公司概况】 股票代码 0862，集团主席鲁连城，发行股本（股）3,642M，票面值（港元）0.010，市价总值（港元）193M。

【公司业务】 随着于 2000 年出售重大部份保龄球业务后，集团已将业务重心转移至开发及提供物流科技解决方案及物流服务。于 2001 年度，集团继续为企业开发承包式解决方案及应用服务。另外，集团主要附属公司汉普国际咨询有限公司亦继续提供顾问、专业服务及软件解决方案，包括业务流程重组、企业资源计划及供应链管理解决方案。于 2001 年 11 月，集团公布与印尼大型软件解决方案供货商 Zen-Sar Technologies Ltd. 成立合营企业。该合营企业之目标业务为提供优质顾问服务、软件蓝图及为中小型企业提供企业资源计划解决方案。于 2002 年 3 月，集团亦引入联想集团有限公司作策略股东，藉以进一步扩展其销售网络。截至 2001 年底，集团拥有现金结余净额约 9,400 万港元。

【主要资产/投资（12/2001）】 汉普国际咨询有限公司（57.1%）；新世界数码基地有限公司（18.5%）（在年结日后之股权增加至约 27.5%）；及 Cyber Pilot Ltd.（在 2002 年初将可换股票据兑换为普通股而持有 100% 权益），该公司间接持有 Compass E－Commerce Ltd.（Compass）之 52% 权益，而 Compass 则持有中国一家第四方综合物流及供应链科技及顾问服务供货商新干线之 100% 权益。

Sunday Communications Ltd.

【公司概况】 股票代码 0866，集团主席卫斯文，发行股本（股）2,990M，票面值（港元）0.100，市价总值（港元）511M。

【公司业务】 SUNDAY 为香港一家创新之无线通讯及数据服务发展商及供货商，在业界享负盛名。集团致力推行的策略是透过区分消费者市场及建立品牌，提供别具一格的产品。作为第三代流动电话服务牌照的持有者之一，集团积极发展以〔SUNDAY〕为品牌的先进无线数据服务，同时，亦获政府拨发额外频谱，增加了网络容量，以应付客户人数的增长及提升服务质素。截至二零零二年十二月之财政年度，每月每客户平均收益大致平稳，总用户收量较二零零一年上升百分之九至六十万三千人，此外，无线数据服务之增长亦令人鼓舞，短讯服务量大幅飙升，另一方面，集团于年内推出之多媒体短讯服务，使用量亦见攀升。于 2002 年，SUNDAY 以减少客户流失为首要目标，成功将流失率由年初百分之七点八减少至年结时百分之三点五。而在第三代流动电话市场，集团预期于二零零四年前也未会在市场被接受，要在第三代流动电话服务取得成功，关键在于有否具成本效益之平台，提供既新颖先进又切合需要之服务，然而，SUNDAY 相信第三代流动电话牌照日后之业务成功，至于以其它方法透过旧有技术或流动通讯虚拟网络经营提供无线通讯服务将不再具竞争力。

【主要资产/投资（12/2002）】 汇亚通讯有限公司（100%）－持有 Sunday 3G（HK）Ltd.（100%）；及汇亚通讯服务（深圳）有限公司（100%）。

恒丰金业控股有限公司

【公司概况】 股票代码 0870，集团主席林世荣，发行股本（股）469M，票面值（港元）0.100，市价总值（港元）366M。

【公司业务】 该集团主要从事设计、制造、批发、买卖及零售各类型金饰、其它贵重金属产品及珠宝之业务。集团庞大之分销网络覆盖世界各地，主要市场包括香港、中国大陆、东南亚、美国及欧洲。除于 2001 年初在香港开设金至尊旅游展览厅以展览多个别具特色之珠宝金饰景点外，集团现时亦共有 30 间销售金至尊及银河明星品牌珠宝产品之特许加盟零售店。于 2002 年 3 月止之年度，集团录得股东应占利益约 3,460 万港元，而上年度则录得净额亏损约 1.36 亿港元。然而，除去上年度为联营公司作商誉减值 1.88 亿港元，集团于年内之纯利则较上年度下跌 33.8%。为应付金至尊旅游展览厅不断增加之参观人数，集团在展览厅现址额外购置 30,000 多平方呎地方以作扩充之用，扩展部份预期于 2002 年 9 月竣工。预料中国市场将成为未来之增长动力，集团计划于下一个财政年度在国内以特许专营加盟店、合作、合资或独资等经营模式，以进一步将零售店数目增加至约 100 家。展望将来，集团将考虑为金至尊旅游展览厅引入其它国际知名品牌钟表及皮具产品，以及在澳门及国内大城市以不同主题设立金至尊旅游展览厅。另一方面，集团亦投资于若干从事贸易及经营促进中国商贸之互联网入门网站之联营公司，然而该等联营公司之业务仍处于投资期。截至 2002 年 3 月止之年度，集团之总负债约为 4.601 亿港元，其中 4.125 亿港元将于一年内到期偿还。

【主要资产/投资（3/2002）】 恒丰珠宝首饰有限公司（100%）；恒丰珠宝首饰（深圳）有限公司（100%）；佳恒珠宝首饰有限公司（100%）；及新纪元讯息有限公司（49.9%）。

广州药业股份有限公司

【公司概况】 股票代码 0874，集团主席蔡志祥，发行股本（股）220M，票面值(港元)1.000,市价总值(港元)431M。

【公司业务】 该集团之主要业务为制造及销售中成药,以及批发、零售及进出口中药、西药及医疗器械。以销售额计,集团为中国最大之中成药制造商,并为国内三大医药贸易企业之一。集团H股股票于1997年10月30日在香港联合交易所上市,而A股股票则于2001年2月6日在上海证券交易所上市。于2001年度,集团已投入部份发行A股所筹募之资金于若干投资项目,包括重点产品技术改造及新产品产业化项目、中药新技术产业化基地项目、黄金围现代化商业物流中心技术改造项目、商业ERP系统技术改造项目,以及生物医药研究开发中心建设项目。此外,集团亦新增100家零售网点,截至2001年底,集团之医药零售网点共有273家,其中173家为主营中药之连锁店,100家为主营西药之连锁店。为加强产品研发工作,集团于2002年将积极申报建立国家中药制药工程研究中心。集团亦将重点抓好广州中一药业有限公司、广州星群(药业)股份有限公司迁厂等大型技改工程实施工作,争取于2003年底前全面完成制造企业之GMP改造及认证。此外,集团亦将建立其电子商务平台,积极探索电子商务技术之推广应用。

【主要资产/投资(12/2001)】 广州中一药业有限公司(96.54%);广州羊城药业股份有限公司(92.48%);广州医药有限公司(96.99%);及广州奇星药业有限公司(75%)。

第一龙浩农业策略控股有限公司

【公司概况】 股票代码0875,集团主席韩方明,发行股本(股)1,737M,票面值(港元)0.010,市价总值(港元)106M。

【公司业务】 于二零零一年十二月初,龙浩集团成功成为集团之第一大股东,并将集团的业务定位由生产经营的鳗鱼饲料业逐步转向资本经营型的高科技、大规模、产业化农业策略投资,未来发展方向就是为农业产业寻求新的利润增长点。再者,集团将采取与国家级科研机构、国内行业领先企业合作的方式,获取领先技术和市场地位,并逐步拓展国际化经营,不断壮大公司资产。据二零零一年年报所披露,集团也将在已确定的针对中国北方干旱及沙尘暴地区天气的优选林木种苗行业及针对禽流感、口蹄疫等的动物生物制药领域取得实质性的投资进展。

【主要资产/投资(12/2001)】 Fishtail Investments Ltd.(49%);琼海市聚华饲料有限公司(100%);莆田县聚华饲有限公司(100%);福清聚华饲料有限公司(100%);建瓯市聚华饲料有限公司(100%);桂林聚华饲料有限公司(100%);漳州市聚华饲料有限公司(100%);港冠国际有限公司(100%);深圳华龙农业高新技术研究与开发有限公司(70%);and 福建省聚华饲料有限公司(100%)。

永利控股有限公司

【公司概况】 股票代码0876,集团主席周德雄,发行股本(股)42M,票面值(港元)0.500,市价总值(港元)106M。

【公司业务】 该集团主要从事设计、制造及销售电源开关及插座,以上产品均为电器及电子产品(如影音产品及电讯器材、玩具及计算机)常用之基本组件。香港为集团之主要市场(占集团总营业额72.8%),而另一个重要市场则为新加坡。由于集团现有客户市场及新客户市场之占有率增加及集团新产品型号受欢迎程度与日俱增,集团之业绩成功地转亏为盈,由2001年9月止年度录得净额亏损2,490万港元,扭转为2002年9月止年度录得纯利2,360万港元。此外,将香港之生产业务迁往位于中国东莞之主要厂房亦有助集团降低经营成本。除与若干著名消费电器品牌持有人紧密合作以作为该等持有人在中国之策略性原设备制造商外,集团亦与Sony Chemicals Corp.(SCC)进行合作,SCC将提供技术支持及批准集团以SCC之品牌名称生产及出售高密度电线排线。预期新产品将可以扩大集团之市场及提升其现有基础。然而基于落实计划方面出现整体延误,投产时间已押后至2003年3月。展望将来,集团计划在国内设立销售办事处,以争取及进占华中及华南市场(如上海及深圳等)。截至2002年9月止之年度,集团持有现金结余净额约4,290万港元。

【主要资产/投资(9/2002)】 星辰实业有限公司(100%);星辰(东莞)电子有限公司(100%);及Morning Star Electronics (S) Pte Ltd.(70%)。

金朝阳集团有限公司

【公司概况】 股票代码0878,集团主席传金珠,发行股本(股)62M,票面值(港元)0.100,市价总值(港元)91M。

【公司业务】 该集团之核心业务为在香港从事物业发展及投资。于2001年度,集团之营业额增加222%,主要原因为出售霎东街地皮及罗素街写字楼部份,故物业销售增加339%。此外,由于罗素街38号之扩建及罗素街8号之工程完成,故集团之租金收入亦增加17%。然而,集团于年内仍录得2.378亿港元之巨额亏损(2000年度亏损为2.747亿港元),主要由于巨额融资成本约1.454亿港元及商誉减值亏损约1.2亿港元所致。集团之核数师摩斯伦会计事务所对集团就评估商誉所采用之基准及假设持保留意见。截至2001年底,集团仍录得就收购一家从事电讯有关设备制造及买卖之附属公司所产生之商誉约1.512亿港元。

【主要资产/投资(12/2001)】 投资物业按公开市值约19.803亿港元;及深圳泱海威光电通信有限公司(63%)(注:截至2001年底,集团拥有长期债务合共约16.565亿港元)。

天津发展控股有限公司

【公司概况】 股票代码0882,集团主席王广浩,发行股本(股)678M,票面值(港元)0.100,市价总值(港元)1,440M。

【公司业务】 该集团为一家综合企业,经营广泛业务,包括(1)制造及分销消费产品,如酿酒及碳酸饮料(百事可乐);(2)基建业务,包括集装箱处理、港埠及公路营运;(3)制造及分销升降机及扶手电梯;(4)一般贸易;(5)住宅物业发展;(6)供应气体燃料;以及(7)开发生物医药产品。于可见未来,集团将透过收购合并、分拆、重组等方式,对核心产业扩充发展,对生物医药、空港物流等项目作出投资。

【主要资产/投资(12/2001)】 华燃气控股有限公司(25.14%);Santa Resources Ltd.(100%);天津泰康实业有限公司(82.74%);奥的斯电梯(中国)投资有限公司(40.3%);天津港集装箱码头有限公司(100%);天津港第二港埠有限公司(100%);天津津政交通发展有限公司(83.93%);唐津高速公路(6.62%);Team Resources Ltd.(100%);天津天宫葡萄酿酒有限公司(100%);中法合营王朝葡萄酿酒有限公司(61.9%);开颜东方资源有限公司(100%);天津天阳葡萄榨汁有限公司(100%);天津百事可乐饮料有限公司(44%);天津港宁房地产发展有限公司(51%);Jetsome Holdings Ltd.(100%);中国沃芬医药有限公司(51%);及天津发展贸易有限公司(100%)。

中国海洋石油有限公司

【公司概况】 股票代码0883,集团主席卫留成,发行股本(股)8,214M,票面值(港元)0.100,市价总值(港元)94,052M。

【公司业务】 中海油为中国最大之海上石油及天然气生产商,亦为全球最大之独立油气勘探及生产公司之一。中海油之主要业务为从事勘探、开发、生产及销售海上石油及天然气。截至2002年底,中海油拥有净探明储量超过20亿桶油当量,全年平均日净产量达346,639桶油当量。截至2002年12月止之年度,中海油之营业额及纯利均录得稳定增长,分别较上年度增加26.7%及16.0%。除于中国海上拥有四个主要产油地区(分别为渤海湾、南中国海西部、南中国海东部及中国东海)外,中海油于2002年度亦透过三次大型收购活动扩大其油气资产组合至海外市场。该三项收购之总代价达12.3亿美元,包括(1)5.85亿美元收购西班牙瑞普索 — YPF公司在印尼之部份油气资产;(2)2.75亿美元收购印尼东固LNG项目之12.5%权益;以及(3)约3.66亿美元收购澳洲西北大陆架天然气项目不多于5.56%权益及中国液化天然气合营公司25%权益(此收购于2003年3月尚未最终完成)。据2002年年报所披露,收购西班牙瑞普索 — YPF公司在印尼之油气资产令中海油成为印尼海上最大之石油生产商。另外,印尼之东固LNG项目及澳洲之西北大陆架天然气项目将向位于中国沿海省份福建及广东之LNG项目提供天然气资源。截至2002年底,中海油仍持有庞大现金结余净额约72.2亿元人民币。

【主要资产/投资(12/2002)】 中海石油(中国)有限公司(100%);中国海洋石油(新加坡)国际有限公司(100%);CNOOC ONWJ Ltd.(100%);CNOOC SES Ltd.(100%);CNOOC Poleng Ltd.(100%);CNOOC Madura Ltd.(100%);CNOOC Blora Ltd.(100%);上海石油天然气总公司(30%);及印尼东固项目(12.5%)。

福方国际控股有限公司

【公司概况】 股票代码0885,集团主席刘振伟,发行股本(股)442M,票面值(港元)0.100,市价总值(港元)1,159M。

【公司业务】 该集团为一家重型商用车辆分销商,拥有大中华地区内Scania货车、拖头车、旅游巴士底盘及巴士以至该等车辆之零件及配件之独家经销权。除了分销重型车辆外,集团亦为Scania车辆提供维修保养服务及销售零件及配件。此外,集团亦为若干向集团购买车辆之客户提供融资服务，或介绍财务公司予客户。为配合其现有业务，集团亦于香港提供任我行连锁服务，为任我行会员提供多项与车辆有关之服务及优惠。于2001年12月止之年度，台湾仍为集团之最大市场，占集团总营业额约58.6%，而香港市场则约占37.7%。预期中国加入世贸后对重型商用车辆之需求增长，集团将积极于中国扩展其分销业务及建立强大服务中心网络。据2001年年报披露，集团现正开发一种智能卡，该智能卡可作多种用途，如高速公路及火车旅行、泊车、购物及娱乐用途。

【主要资产/投资】(12/2001) 福方国际汽车股份有限公司(100%)；任我行有限公司(95%)—全资拥有V-Guard Technology Ltd.；福方汽车服务有限公司(100%)；福方财务有限公司(95%)；福方(香港)有限公司(100%)；福方澳门汽车有限公司(100%)；及深圳福联通汽车修配有限公司(51%)。

路讯通控股有限公司

【公司概况】 股票代码0888，集团主席陈祖泽，发行股本(股)997M，票面值(港元)0.100，市价总值(港元)858M。

【公司业务】 路讯通—九龙巴士控股有限公司(九巴)之多媒体分支—为香港一家具领导地位之户外媒体销售公司。路讯通之主要业务为在香港(1)营销客运车辆上流动多媒体系统之广告时间，向乘客推销广告；(2)管理及销售客运车辆车身、候车亭及户外之广告位；以及(3)商品销售业务。截至2002年12月止之年度，路讯通之业绩受到本港经济及业务疲弱影响。因此，其年内之营业额及纯利分别较上年度大幅下跌46.3%及65.2%。于2002年底，路讯通已在香港建立稳固之市场地位，装上流动多媒体系统之客运车辆总数达2,600部九巴及城巴巴士以及200部公共小型巴士，覆盖层面每日约有275万名乘客。于年内，路讯通已成功透过成立若干合营公司进军中国大陆市场，包括(1)与人民日报社之全资附属公司大业影视传播公司组建合营公司，取得为期30年之全面性、可于各种媒体平台经营之广告牌照；(2)投资上海一合资公司，拥有上海灯光隧道之广告经营权；及(3)在广州组建合资公司，有权在广州之公共汽车候车亭、广告牌、公共汽车车身及公用电话亭投放广告。此外，路讯通亦与信德集团有限公司签订协议成立合资公司，共同扩展澳门及珠江三角洲之媒体销售业务。展望未来，集团将继续参与全球定位系统及流动显示科技之测试，藉以提升流动多媒体系统，以提供实时新闻/交通信息及在特定地点投放广告。

【主要资产/投资】(12/2002) 现金结余净额约4.810亿港元；及影音设备按账面净值约1.032亿港元。

连达科技控股有限公司

【公司概况】 股票代码0889，集团主席SIU Yin Tong Paul，发行股本(股)320M，票面值(港元)0.100，市价总值(港元)262M。

【公司业务】 该集团主要从事设计、制造及销售电子消费产品、电讯设备、数据处理器及其它电子系统所普遍使用之磁性件，并以本身Datatronic之品牌销售，以作联结、隔离、过滤、界面及时间控制等用途。其产品之主要原料(包括高频亚铁盐、铁粉心、磁线、环氧及绕线筒)主要采购自美国、欧洲及亚洲。截至二零零一年十二月三十一日止年度，产品销售至美国及欧洲市场分别占集团之总营业额约51%及41%，而超过50%之营业额来自销售磁性件予电讯业。据二零零一年六月发行之招股书所披露，集团约有三百名客户，包括若干国际电讯及数据处理仪器之制造商，例如Alcatel、GE Industrial Systems、Ericsson Microelectronics AB、Xerox Corporation等。于回顾年来，集团已增加产品在新市场之占有率，尤是是军事/航空应用、高可靠度磁性件、电讯、直流/直流转换器及汽车应用之产品开发，同时，数字用户线路市场也是集团近年来产品开发之重点，再者，管理层相信凭借其数字用户线路产品组合而得享优势。展望未来，集团计划透过内部增长措施及收购(包括从事以太网交换器及资料撷取路由器，以及工业控制产品之公司)扩展至新市场。

【主要资产/投资】(12/2001) 连达(顺德)电子有限公司(100%)；Datatronic Ltd(100%)；Datamax S. A. R. L.(100%)；Datatronic Distribution, Inc.(98.8%)；及Pulse Tek Trading Ltd(100%)。

万裕国际集团有限公司

【公司概况】 股票代码0894，集团主席陈浩成，发行股本(股)373M，票面值(港元)0.100，市价总值(港元)71M。

【公司业务】 该公司之主要业务包括制造及买卖电子组件(占总营业额约百分之九十)、买卖电器产品、买卖原材料及买卖生产机械。于回顾年内，集团终止了电子商贸业务，并且将业务重新专注于制造电容器及电阻器，尤其是利益率较高之高文件次产品，同时，为了扩展在中国大陆市场之占有率，集团增持了前共同控制公司无锡和利电子有限公司之股权，由48.4%增至71.1%。于二零零一年财政年度，万裕国际成功将业务扩展至其它市场及增加客户订单，而香港及中国大陆仍然是集团之主要目标市场，在地区业务分布方面，香港及中国以外地区之销售额由约13.2%增至34.8%；而香港客户之销售额则由约68.3%减至47.3%。至于香港及中国以外地区或其它亚洲市场，例如台湾、马来西亚及日本亦是集团的重要市场。展望未来，集团将加强与世界知名品牌OEM业务，以及继续开发本身品牌Samxon之各类产品。

【主要资产/投资】(12/2001) 万裕三信电子(东莞)有限公司(100%)；无锡和利电子有限公司(71.1%)；万裕电子(东莞)有限公司(100%)；万裕电子有限公司(100%)；贵州新裕电子有限公司(49%)；佛山日丰电子有限公司(21.8%)；及重庆庆康电子有限公司(25%)。

兴胜创建控股有限公司

【公司概况】 股票代码0896，集团主席查懋声，发行股本(股)284M，票面值(港元)0.100，市价总值(港元)105M。

【公司业务】 该集团为透过介绍上市方式从母公司香港兴业国际集团有限公司分拆出来。现时，集团为本港全面之建筑及建筑相关服务供货商，主要从事三大业务：(1)楼宇兴建(担任主要承建商，并提供全面服务，该等服务涉及挑选分包商、物料采购，以及项目之整体协调与监督)；(2)室内及装修工程(包括机构、公营及私人楼宇之维修、装饰、装修及翻新)；以及(3)建筑材料供应及安装(专营室内产品之供应及安装、喉管之供应及混凝土之生产及销售)。集团在本港从事建筑业务大约已有12年，负责楼宇兴建与设计及施工项目。除主要兴建住宅、办公室及工业楼宇及工厂，集团亦同时兴建购物商场、康乐设施及高尔夫球会及基建设施，以及相关之地盘平整工程(包括码头、道路及水渠等)。至于设计及施工业务方面，集团将继续加强此方面之专才，以提升其市场占有率。

【主要资产/投资】(3/2002) 兴胜建筑有限公司(100%)；兴胜营造有限公司(100%)；兴胜室内及维修有限公司(100%)；华高达建材有限公司(100%)；泰记有限公司(100%)；及兴港混凝土有限公司(50%)。

位堂药业有限公司

【公司概况】 股票代码0897，集团主席邓清河，发行股本(股)15,790M，票面值(港元)0.010，市价总值(港元)158M。

【公司业务】 该集团主要从事(1)设计、制造及装嵌手表及手表零件(原设备制造业务)；及(2)在中国零售制成之手表及袋。于2002年3月止之年度内，集团开设28家新TimeZone零售店及17家新Q—Bags零售店，并结束19家TimeZone零售店及27家Q—Bags零售店。截止本财政年度底，集团共经营112家TimeZone零售店及37家Q—Bags零售店，遍布中国逾20个城市。在原设备制造业务方面，此业务于年内仍为集团之主要收入来源。最近，集团于2001年8月被另一家香港联交所上市公司宏安集团有限公司(宏安)收购后，从而进军保健行业。于2002年5月22日，集团与宏安及康健国际控股有限公司订立协议，以代价2.2亿港元收购位堂药厂有限公司约99.79%实际权益。该项收购于2002年7月9日完成，并以每股0.01港元之价格发行136亿股普通股及8,400万港元之可换股票据，以支付收购之代价。展望将来，集团预期此项保健业务将逐渐发展成为集团之主要业务。

【主要资产/投资】(3/2002) 位堂药厂有限公司(于年结日后收购99.79%权益)；得利钟表制品厂有限公司(100%)；及东莞得利钟表有限公司(95%)。

万事昌国际控股有限公司

【公司概况】 股票代码0898，集团主席刘志勇，发行股本(股)4,001M，票面值(港元)0.010，市价总值(港元)496M。

【公司业务】 该集团主要在香港及中国大陆从事物业投资及发展、项目管理、酒吧经营，以及提供服务式住宅及物业管理服务。作为拥有及经营上海顶级和最佳表现之服务式住宅之其中一间最优秀公司，集团目前在上海管理逾400个服务式住宅及房屋，截至2001年度止之整体出租率接近98%。至于集团位于香港之投资物业，仍然维持接近85%之出租率。现时，集团正集中发展位于上海54,550平方米优质住宅土地储备。于2002年底前完成整个项目后，集团预期可为其上海物业组合增加120间一流酒店水准之独立房屋，以及带来每年额外租金约为7,500万港元。在可见将来,集团计划挑选其它新项目及在上海寻找合适地皮作未来发展之用。

【主要资产/投资(12/2001)】 位于香港及中国大陆(主要在上海)之投资物业按公开市值分别约4.051亿港元及9.70亿港元;位于香港之待售物业之账面净值约2亿8,185万港元;及东方网库控股有限公司(28.21%)— 为本港一家从事制造及销售钢铁产品之上市公司。(注:于2001年底,集团拥有合共约6.879亿港元之持息负债,其中6.282亿港元为非流动负债。)

亚洲资源控股有限公司

【公司概况】 股票代码0899,集团主席Zhang Cheng,发行股本(股)1,036M,票面值(港元)0.050,市价总值(港元)269M。

【公司业务】 该集团主要从事提供旅游相关服务,包括售卖机票;食肆经营;及提供运输相关服务,包括直接船运、货物转运、货物拖运及包租货船。于2001年3月止之年度内,集团已透过出售年旧之内河航运船只、集装箱及结束没有利润之业务及低效率之中国办事处等,藉以精简业务架构。然而,由于经营环境困难,尤其在包租货船、售卖机票及本地食肆经营方面,集团于2002年3月止之年度继续录得巨额亏损约1.364亿港元(上年度之亏损为1.096亿港元)。最近,集团亦与中国具规模之医药产品制造商四平巨能药业有限公司成立合营公司,以进军制药市场。日后,集团计划终止或出售无利可图之业务,以及继续寻求医药行业方面或中国其它具有增长潜力之投资。

【主要资产/投资(3/2002)】 拖船、趸船及货船之账面净值约5,190万港元。

AEON信贷财物(亚洲)有限公司

【公司概况】 股票代码0900,集团主席森美树,发行股本(股)419M,票面值(港元)0.100,市价总值(港元)1,152M。

【公司业务】 该公司乃AEON Credit Service Co. Ltd. 之附属公司,其控股股东为Jusco Co., Ltd,并为东京证券交易所主板上市公司。目前,该公司从事提供消费信贷融资服务,包括签发信用咭、提供汽车贷款、租购融资及私人贷款融资。于二零零二年之财政年度内,信用咭业务仍是该公司之主要业务,占总营业额85.13%,而截至二零零二年二月二十日,信用咭持有人亦由723,000人增加至800,000人。在香港,集团是首间可以同时发出三种著名品牌信用咭(包括:VISA咭;万事达咭和美国运通咭)之非银行机构,同时,AEON持咭人可透过联网二千三百台自动柜员机之网络享有更方便的服务,再者,集团以AEON-SPOT网上交易付款保安系统,主要提供消费融资产品予互联网用户及商户,亦提供另一个安全付款方法,能真正解决网上商户及用户之安全问题。年内,集团以客户关系管理机制储存客户数据,为客户提供更优质快捷之服务。面对香港个人破产个案上升,集团现正收紧批核条件,加强信贷额评估及催讨账款行动,此外,亦将采纳以最新信息科技运作的自动审批系统,审批信用咭、租购及私人贷款申请。至于香港以外的市场,集团将继续密切留意中国市场的发展,同时,亦就当地市场的业务环境及制度进行可行性研究,以不同模式开展中国消费融资业务。

莱福资本投资有限公司

【公司概况】 股票代码0901,集团主席钟育麟,发行股本(股)1,020M,票面值(港元)0.020,市价总值(港元)418M。

【公司业务】 该公司为一投资公司,其首要投资目标主要为透过多元化之投资组合在香港及/或中国成立及/或经营之上市或非上市企业所发行之股本、与股本相关或债务证券,以争取中短期(即少于一年至五年不等)资本升值以作盈利。该公司亦会在公司董事认为能提供具吸引力之回报时,在香港及中国以外地区作出不多于30%之项目投资。据招股书披露,该公司之主要股份为Hennabun,而Hennabun则由三家本港上市公司,分别为互联控股、恒盛东方控股及香港药业集团共同持有。为平衡该公司在不同行业之投资风险,该公司将投资于从事各行业之上市公司及非上市公司,包括但不限于信息科技、电讯、生物科技、制造、服务、地产、互联网相关行业、金融服务、娱乐及酒店饮食事业。作为该公司之投资经办人,亚洲资产管理有限公司负责向该公司提供投资管理服务,而渣打银行则负责向该公司提供托管服务。该公司之资产净值将于每月完结后15日内公布。

华能国际电力股份有限公司

【公司概况】 股票代码0902,集团主席李小鹏,发行股本(股)1,500M,票面值(港元)1.000,市价总值(港元)12,452M。

【公司业务】 该集团为中国大陆最大之独立发电商,拥有权益发电装机容量为14,363兆瓦,另受托管理权益发电装机容量为10,629兆瓦(注:撇除在建及规划电厂总装机容量5,070兆瓦)。截至2003年首季,集团全资拥有13家电厂、控股3家电厂及参股1家电厂。现时,集团之发电厂及业务广泛分布于辽宁、河北、山东、江苏、浙江、福建及广东等沿海七省市。据集团解释,国内电力工业进入新稳定发展时期,预期电力需求之增长将好于去年。此外,电力体制改革及监管机制之深化将使集团处于有利位置以抓住机遇、扩大规模。日后,集团将继续遵循开发及收购并重,新建及扩建并重,煤电及其它可行能源并重,国内及国外资金并重之原则。

【主要资产/投资(12/2002)】 上安电厂(100%);德州电厂(100%);南京电厂(100%);汕头燃煤电厂(100%);济宁电厂(100%);长兴电厂(100%);丹东电厂(100%);大连电厂(100%);南通电厂(100%);汕头燃机电厂(100%);上海石洞口一厂(100%);上海石洞口二厂(100%);福州电厂(100%);威海电厂(60%);太仓电厂(75%);及山东日照发电厂(25.5%)。

冠捷科技有限公司

【公司概况】 股票代码0903,集团主席宣建生,发行股本(股)1,350M,票面值(港元)0.010,市价总值(港元)3,644M。

【公司业务】 该集团主要从事生产及买卖一系列映像管监视器、液晶显示器及其它个人计算机周边产品。现时,集团为很多著名个人计算机公司主要原设计制造合约生产商之一。于2002年,集团付运约220万台液晶显示器(连同北京联营公司生产之20万台计算),其付运量约占全球7%市场份额,成为全球第四大液晶显示器生产商。据集团解释,尽管液晶显示器市场将成为集团日后增长动力,然而映像管监视器业务(至少在短期内)将继续成为集团稳定之主要收入来源及合理利润(与现时竞争激烈之液晶显示器市场比较)。据披露,集团计划多设两条生产线,将液晶显示器产能进一步提升至每年600万台(集团现时之液晶显示器年产能只有360万台)。至于映像管监视器生产线方面,因为现有之1,100万台年产能足以应付未来增长故集团预期不须进一步投资扩产。于2003年,集团有意进一步提升市场份额至约8—9%。除中国显示器市场外,集团亦继续在部份有潜力之市场开发及推广其个人计算机周边产品。最近,集团已将旗下于美国之零售品牌Envision引入中国,以应专业人士及企业之商档次市场需求。新品牌Topview亦已推出以有效针对对价格极为敏感之组装计算机市场。此外,集团已重新包装AOC品牌以迎合中价市场口味。于2002年第三季,集团已推出其第一代液晶电视,而新一代液晶电视亦将于2003年第三季开始陆续登场。同时,集团亦计划同步推出少量42寸等离子电视。

【主要资产/投资(12/2002)】 冠捷投资有限公司(100%);捷联电子股份有限公司(100%);冠捷电子(福建)有限公司(100%);AOC International (Europe) GmbH (100%);AOC do Brasil Monitores Ltda (90%);TVC International (USA), Inc. (100%);北京东方冠捷电子股份有限公司(41.74%);及Envision Peripherals Inc. (24%)。

希域投资有限公司

【公司概况】 股票代码0905,集团主席王方剑,发行股本(股)144M,票面值(港元)0.010,市价总值(港元)11M。

【公司业务】 该集团之主要业务为投资于香港及中国之上市及非上市公司。于2001年12月31日,集团投资组合中,约50%为三项可换股债券,该三项可换股债券之发行人分别从事香港物业发展业务、中国国内生物科技生产,以及公共关系、金融情报、投资及娱乐之网上信息服务;40%为中国国内一家建筑材料制造厂之股本权益;及余下10%为现金结余约464万港元。于未来,集团仍会注意任何投资良机,尤其为与国内有关之投资机会。

【主要资产/投资(12/2001)】 现金结余约464万港元(撇除透过配售股份及认购协议所筹集之660万港元净额款项);非上市股本证券按公平价值约1,750万港元;及非上市可换股债券票据按公平价值约2,200万港元。

高雅国际集团有限公司

【公司概况】 股票代码0907,集团主席许亮华,发行股本(股)324M,票面值(港元)0.100,市价总值(港元)615M。

【公司业务】 该集团之主要业务包括(1)以原设计制造方式制造及买卖眼镜架、太阳镜及眼镜盒,以及(2)物业投资。于2002年3月止之年度内,集团之主要市场为北美洲、欧洲及中国(包括香港),分别占集团总营业额39.74%、32.77%及21.47%。因此，集团之业绩与该等市场之经济环境有密切关系。集团预期已发展国家之客户对优质、价格相宜之眼镜产品之需求将于未来数年继续稳步增长。于未来，集团将透过产品多元化及分散销售地域分布（尤其北美洲及欧洲市场），继续进一步拓展业务。此外，为应付生产能力增大之需要，集团现正于深圳金泉之现有厂房毗邻兴建新厂房，该新厂房之生产线将于2003年投入运作。

【主要资产/投资(3/2002)】 现金结余净额约1.658亿港元；厂房及机器约值6,390万港元；租约土地及楼宇约值8,240万港元；及存货约值5,880万港元。

珠光发展有限公司

【公司概况】 股票代码0908，集团主席欧阳国梁，发行股本（股）799M，票面值(港元)0.100，市价总值(港元)228M。

【公司业务】 该集团为得到珠海市政府支持而又在香港联合交易所上市之唯一综合企业，主要业务为从事管理度假村、主题公园及一个游乐场，以及在珠海提供港口设施及订票服务。于2000年3月，集团以总代价3亿2,971万港元，收购珠海九洲港客运服务有限公司（在珠海提供港口设施及服务）之90%股权及珠海高速客轮有限公司（提供珠海与香港及珠海与蛇口之间之客轮服务）之49%股权，以扩大其客运交通服务。于2002年4月止之年度内，集团之圆明新园及梦幻水城之入场人数分别约为66万人次及24万人次，较上年度分别减少约24%及20%。在客运交通业务方面，其整体表现理想，经营利益亦录得轻微增长。另一方面，由于珠海之酒店房间供过于求，集团之酒店业务因而大受影响，管理层亦预期此负面因素于日后将继续影响集团业务。据2002年年报披露，集团进行中之项目中药谷计划于2002年第四季展开营运，预期推出此项目后将有助集团增加入园游客数量及改善其整体业务。

【主要资产/投资(4/2002)】 珠海渡假村酒店有限公司(100%)；珠海经济特区圆明新园旅游有限公司(100%)；珠海水上娱乐有限公司(100%)；珠海九洲港客运服务有限公司(90%)；及珠海高速客轮有限公司(49%)。

中大国际控股有限公司

【公司概况】 股票代码0909，集团主席徐连国，发行股本（股）400M，票面值(港元)0.100，市价总值(港元)118M。

【公司业务】 该集团为国内之主要汽车设备生产商（以市场占有率比较），主要从事开发、制造及销售汽车设备，并向汽车、飞机工程及军工等行业提供工业表面处理工程设备。集团生产之汽车设备及表面处理工程设备主要用于汽车维修、测试及保养，主要产品包括喷烤漆房、汽车举升机及工业涂装生产线。此外，集团亦生产其它汽车设备，例如计算机化洗车系统、轮胎平衡机、轮胎拆装机、计算机化引擎检测仪、车架矫正仪及工具、四轮定位仪及汽车废气检测仪等。集团之喷烤漆房均以中大及路华品牌出售，而其它产品则以中大品牌出售。据二零零一年十月招股书所披露，集团喷烤漆房之年产量约为二千台。根据中国汽车保修设备行业协会于二零零一年四月十三日发出之通告，集团之喷烤漆房于二千年取得中国当地市场约50%占有率。

【主要资产/投资(12/2001)】 Zhongda Group (USA) Inc. (100%)；中大汽车机械制造有限公司(86.7%)；盐城大生汽车装备有限公司(43.4%)；江苏中大工业涂装环保有限公司(90%)；及盐城中大工业装备制造有限公司(95.7%)。

金威集团控股有限公司

【公司概况】 股票代码0910，集团主席吴良好，发行股本（股）2,372M，票面值(港元)0.100，市价总值(港元)664M。

【公司业务】 该集团主要从事设计、制造及销售成衣，尤其集中于高级男女仕西服及制服系列。为提升产品质素，集团最近生产一系列应用纳米科技之产品。现时，集团为服装行业中之制服制造及销售市场领导者之一。截至2002年6月止之年度，集团之主要收入来源主要来自中国大陆（约88.1%），其余收入则来自香港市场（约11.9%）。除成衣业务外，集团亦透过收购Hi－Tech集团60%股权，将业务扩展至软件及资料科技范畴。Hi－Tech集团持有中科院联营公司北京九州网络有限公司（九州网络）之36%股权，九州网络主要在中国从事应用软件及网络开发，以及提供数据压缩服务。集团另一项高科技产业之投资项目为与中国科学院化学研究所合资之中科纳米技术工程中心有限公司（中科纳米）。据披露，中科纳米主要为将纳米科技之科研成果产业化应用推广在纺织及建筑行业，并将应用范围伸延至医疗、通讯、计算机、信息处理、器材及宇航等领域上。

【主要资产/投资(6/2002)】 金威服装（福建）有限公司(100%)；莆田市华通服装有限公司(100%)；及福建盈富实业有限公司(100%)。

信佳国际集团有限公司

【公司概况】 股票代码0912，集团主席吴自豪，发行股本（股）200M，票面值(港元)0.100，市价总值(港元)316M。

【公司业务】 该集团为一家电子制造服务供货商，主要从事以原设备制造及原设计制造方式制造及销售三大类型电子产品，分别为消费电子用品、电讯产品及办公室自动化产品。集团制造之消费电子用品包括动物训练器、手提电视、CDRW驱动器、手提多媒体娱乐中心、空气净化器、抽湿机、干燥机、空气清新机、风扇及电源转换器之印刷电路板。电讯产品包括有线电话及网络设备，而办公室自动化产品则包括安装于打印机、复印机及传真机之印刷线路板。消费电子用品之销售为集团之主要收入来源，占集团截至2002年3月止年度之总营业额约52.2%，而电讯产品及办公室自动化产品之销售则分别占28.7%及18.0%。集团之产品为在中国深圳市龙岗区布吉镇两家相距不远之生产厂制造。集团大部份产品为根据客户之规格制造，并以客户指定之品牌出售（例如Citizen、NEC、Radio Systems、PetSafe及National）。美国及日本为集团两大主要市场，分别占其截至2002年3月止年度之总营业额约34.1%及41.3%。现时，集团拥有逾40名之客户基础，包括制造商及贸易商。有见于消费电子用品之强劲需求，集团将改良现有之生产线及增加产品种类，以进一步开拓此项业务。另一方面，集团亦计划在中国深圳市西乡镇设立新生产设施，以制造网络设备。此外，集团亦会致力开发新产品，如可供上网之个人数码助理。

合一投资有限公司

【公司概况】 股票代码0913，集团主席颜文杰，发行股本（股）200M，票面值(港元)0.100，市价总值(港元)36M。

【公司业务】 该集团主要从事投资上市及非上市公司，而投资目标为透过投资香港及中国之上市及非上市公司以达致中期之资本增值。于2001年底，集团65.3%之资产净值为现金及银行存款，而余下之大部份则为香港上市买卖及投资证券。非上市投资项目方面，包括(1)以互联网为基础之物流交易平台项目公司，以及(2)将第三代流动通讯用芯片生产技术商业化之项目，集团已完成出售前者之全部权益，并录得微利。据2001年年报披露，由于市场情况日益改善及上市公司估值较为吸引，集团计划增加投资上市公司。

【主要资产/投资(12/2001)】 现金结余净额约7,360万港元；在香港上市之投资证券之市值约1,920万港元，当中包括寰宇国际控股有限公司之3.15%权益；及上市买卖证券之市值约1,550万港元，当中主要包括泰兴光学集团有限公司之股份权益。

安徽海螺水泥股份有限公司

【公司概况】 股票代码0914，集团主席郭文三，发行股本（股）361M，票面值(港元)1.000，市价总值(港元)1,615M。

【公司业务】 该集团主要从事生产、销售及开发各类型高标号水泥及商品熟料。该等产品供应予华东沿江沿海省市，包括上海、安徽、江苏、浙江、江西及福建。集团之水泥产品主要用于道路、桥梁、房屋等各类建筑工程，而商品熟料则主要出售予各水泥粉磨站。于2002年12月止之年度内，集团之市场覆盖面及市场份额显着提高，因此年内营业额大幅增加45.8%。于2002年，集团透过并购以扩大其业务规模，包括扩建张家港、南通、南京、建德、长丰、蚌埠等地之粉磨站，以及收购中国水泥厂及庐山水泥厂。于来年，集团将继续做好熟料及粉磨生产线之工程项目建设，包括池州海螺、枞阳海螺、谷铜陵海螺日产万吨大型熟料生产线，荻港海螺、建德海螺年产150万吨熟料生产线，以及分宜海螺年产75万吨熟料生产线等项目之建设。据披露，集团于2003年之资本支出预计约为27亿元人民币，主要用于技改扩建集团之熟料及水泥粉磨生产能力。

【主要资产/投资(12/2002)】 机器设备按账面净值约29.2亿港元；租赁土地及房屋建筑物按账面净值约27.5亿港元；及在建工程按账面净值约13.6亿港元。

林麦集团有限公司

【公司概况】 股票代码0915，集团主席王禄，发行股本（股）647M，票面值(港元)0.020，市价总值(港元)1,554M。

【公司业务】 该集团为一站式供应链管理解决方案供货商，精于为多个国家之连锁式零售店营运商、品牌、批发商、邮购公司及百货公司采购各类成衣物品及杂货。集团所采购之成衣物品包括成衣、鞋类以及相关配衬品,而杂货则包括玩具、家具、运动用品、家居装饰、家用器皿、季节性用品、家居纺织品、礼品、五金制品、电子家庭电器、餐具以及园艺产品。集团透过遍及15个国家及地区,覆盖约1,900个供货商之全面及充分协调之全球采购网络采购产品,而北美及欧洲为集团两大主要市场。集团主要客户包括Hudson's Bay Co.、Brylane L. P.、Oxford Industries, Inc、Mothercare UK、J. C. Penny Purchasing Corp.、Federated Department Stores Inc.、Jockey Int'l Inc.、Calvin Klein Jeans and Kids、Chaps by Ralph Lauren、Speedo及Virginware等。除提供供应链管理解决方案,集团亦同时提供切合个别客户需要之个别模式增值服务。为使集团之客户与供货商之间沟通无阻,集团已开发LOGON系统以提供网上订单跟进及监控功能,该系统预期于2002年6月起在集团之所有采购办事处采用。此外,集团将继续扩充服务范围至包括经营守则监查、市场情报,以及布料及辅料之采购业务。

富昌国际控股有限公司

【公司概况】 股票代码0916,集团主席何咏昌,发行股本(股)1,200M,票面值(港元)0.010,市价总值(港元)46M。

【公司业务】 该集团主要于中国从事制造及销售印刷线路板,其客户为于国内设有生产设施之香港电子消费品制造商。集团之印刷线路板产品包括碳油灌孔双面纸板、单面碳桥纸板、双面沉铜纸板、精密线路纤维板(电路线宽及穿孔大小分别缩小至8微米及30微米之双面板)及线路软胶片(碳/银屑)等,该等产品主要用于计算器、遥控器、手提游戏机、手表、数据库及高科技设备,如个人数码助理、MP3机、数码摄影机及电讯产品等。截至2001年9月30日止之九个月,碳油灌孔双面纸板、单面碳桥纸板、双面沉铜纸板、精密线路纤维板及线路软胶片(碳/银屑)之销售额分别占集团总营业额约53%、19.3%、11%、15%及1.7%。预期全球对精密线路纤维板之需求增长(以容许高科技设备容纳更多电子电路),集团计划将首次公开招股所得之部份款项用以提高其精密线路纤维板之生产力,将生产力增加至现有之五倍或以上,相当于集团传统印刷线路板产品现有之生产力。

新世界中国地产有限公司

【公司概况】 股票代码0917,集团主席郑家纯,发行股本(股)1,482M,票面值(港元)0.100,市价总值(港元)1,867M。

【公司业务】 新世界中国地产(该集团)为新世界发展有限公司在中国物业发展及投资之旗舰。受惠于国内物业市场之强劲房屋需求及开放按揭政策,集团截至2002年6月止之年度之营业额及纯利均录得显着增长,分别较上年度增加约60.0%及155.8%。集团多元化之物业组合包括住宅社区、酒店、写字楼、购物商场及渡假村,遍布国内19个高增长城市,如北京、广州、天津、沈阳、上海、武汉、珠江三角洲、大连、南京及合肥。截至2002年10月,集团持有之土地储备约达1,870万平方米(可提供之楼面面积),该等土地储备预期足够供应集团未来七至十年发展之用。在该等土地储备中,其中约1,750万平方米为集团37项作出售之主要发展项目,大部份位于北京、广州及珠江三角洲。在投资物业方面,集团现持有10项已落成投资物业,该等物业为集团带来稳定之经常性收入,而四项新投资项目亦将于2003财政年度落成。集团于过去数年专注于土地收购,而未来数年将会是投资之收成期。预期在未来数年增加落成之出售及投资物业,应可为集团提供雄厚之现金流入及利益。截至2002年6月止之年度,集团之总负债约为58.476亿港元,其中15.135亿港元将于一年内到期偿还。

【主要资产/投资(6/2002)】 在联营公司及合资合营企业(主要在中国从事地产发展及投资业务)上之投资约值115.223亿港元;发展中待完成物业/发展中将完成物业约值55.122亿港元;及投资物业按公开市值约15.384亿港元。

第一德胜控股有限公司

【公司概况】 股票代码0918,集团主席黄德顺,发行股本(股)390M,票面值(港元)0.100,市价总值(港元)72M。

【公司业务】 该集团主要从事采购、加工、市场推广及销售客户品牌及本身品牌之外衣,主要产品包括外套、夹克及滑雪服装。截至2002年3月止之年度,美国、欧洲及加拿大仍为集团之主要市场,分别占集团总营业额83.9%、7.3%及6.8%。为控制生产成本及确保稳定之纺织品配额供应,集团每年都预先支付纺织品配额订金予纺织品配额供货商。据集团2002年年报披露,2002/2003年度之秋冬季订单数目较上年为多。此外,集团于2001年12月与HEAD Sport AG(HEAD)订立商标特许协议,据此集团获授予独家权利于大中华地区使用HEAD品牌从事设计、制造及销售HEAD服装。一系列专为中国市场而设之全新HEAD产品将于日后推出市场,该等产品将集中于羽绒外衣及滑雪服装。于2002年5月,集团亦与一家第三者公司订立协议,于武汉成立一家中外合资企业,作为销售特许产品之中国经销公司。集团亦计划在2002年底前合共开设8家专卖店(武汉及哈尔滨各占4家)。

【主要资产/投资(3/2002)】 上海国邦制衣有限公司(100%);Takson Down Manufacturing, Inc.(100%);Takson Garment Manufacturing (Malaysia) Ltd.(100%);及德胜制衣有限公司(100%)。

广东科龙电器股份有限公司

【公司概况】 股票代码0921,集团主席顾雏军,发行股本(股)460M,票面值(港元)1.000,市价总值(港元)717M。

【公司业务】 该集团为中国规模最大之白色制冷家电生产商之一,在国内冰箱及空调市场均占有领导性地位。现时,集团之冰箱是以〔科龙〕及〔容声〕品牌出售,而空调则以〔科龙〕及〔华宝〕品牌出售。于2001年,〔科龙〕及〔容声〕两个品牌价值合计超过150亿元人民币,分别位列国内家电市场第三及第五位。截至2001年12月止之年度,集团仍旧录得15.7亿港元之巨额亏损(上年度亏损为8.46亿港元)。于2001年底,具有高科技及国际化背景之顺德市格林柯尔企业发展有限公司收购集团20.64%权益,成为集团第一大股东。于新管理层之领导下,其首要任务为带领集团于新一年实现盈利,加快培育集团之企业核心竞争力,实现盈利目标。于2002年3月,集团推出两种创新产品,分别为(1)分立多循环冰箱及(2)高效节能之双效王冷暖空调,两种产品均受到市场欢迎。利用其本身强大之技术基础,集团将继续开发高科技、高附加值及高利润产品。原设备生产及出口市场方面,集团计划于2002年在美国及欧洲增设两个分公司,并与世界著名电器制造商及经销商建立紧密合作关系,以形成稳固之网络基础。

【主要资产/投资(12/2001)】 顺德容声塑料制品厂有限公司(70%);广东科龙模具有限公司(70%);广东科龙冰箱有限公司(100%);广东科龙空调器有限公司(60%);成都科龙冰箱有限公司(70%);营口科龙冰箱有限公司(78.79%);广东科龙配件有限公司(100%);北京恒升新创科技有限公司(80%);及顺德市嘉科电子有限公司(100%)。

金科数码国际控股有限公司

【公司概况】 股票代码0922,集团主席边陈之娟,发行股本(股)365M,票面值(港元)0.100,市价总值(港元)18M。

【公司业务】 该集团主要从事(1)于香港及中华人民共和国两地销售及经销影音电子产品,其中包括较大型彩色电视机、DVD、影碟机、摄录机、DVD影碟机主要组件及其它中至高文件电子产品;及(2)透过其中国生产厂房装配及经销背面投影彩色电视机及DVD影碟机。在该财政年度内,摄录机、DVD影碟机及其主要组件、背面投影彩色电视机及MP3机的销售额分别占该集团之总营业额42%、41%、11%及4%。现时该集团拥有可于中港两地经销三星若干型号及于中国经销新力与建伍若干型号之电子影音产品独家代理权。该集团并为JVC摄录机及其它电子产品于中港两地之特许经销商。为了进一步加强垂直整合,该集团于北京及番禺兴建了两座厂房。北京厂房主要从事装配背面投影彩色电视机,而番禺厂房则主要从事数码影碟机之装配。在未来,该集团将继续发展其自身品牌产品,主要名为金科及Bright Blue。

【主要资产/投资(3/2001】 德宝科技有限公司(100%);德宝机械有限公司(100%);德宝洋行有限公司(80%);以及北京得宝宇昌电子有限公司(95%)。

元升国际集团有限公司

【公司概况】 股票代码0925,集团主席林春癸,发行股本(股)614M,票面值(港元)0.100,市价总值(港元)58M。

【公司业务】 该集团为美国最大之桌上喷泉供货商,主要业务为从事设计、制造及销售广泛系列之装饰礼品、家居及庭园装饰产品、喷泉及水泵。集团之产品主要出口至北美洲、欧洲及亚洲。目前,原设备制造业务仍为集团之主要收入来源。然而,集团正积极开拓海外销售网络,其中包括美国、澳洲、意大利、德国及其它欧洲地区。集团日后对原设备制造业务之依赖将逐渐减低,并将致力建立本身元升品牌之产品。除于澳洲成立分销公司及于中山建立水泵制造业务外,集团于2001年2月同意收购一家以德国为基地之贸易公司之51%权益,以及若干专利权、版权、商标及商品名称。于2001年度，集团已关闭位于德国之生产线，并将生产线迁移至中国大陆及意大利新成立之水泵生产线。为加强其市场竞争力，集团已于2000年底推出一系列揉合石蜡与有机棕榈蜡制成之蜡烛专门产品，以扩阔其产品种类。其它制造中之新产品则包括户外喷泉及塑料文具。于2001年11月底，集团已与LR Nelson Corporation合作成立一家美国合资公司Sunterra，LLC，专门于北美地区提供一站式之销售方式售卖及推广集团所设计及生产之水池园艺产品。现时，集团正在美国、欧洲及澳洲等各海外据点，发展水池园艺产品之专柜业务。

【主要资产/投资(12/2001)】 福清元升轻工制品有限公司(100%)；福清康利轻工制品有限公司(100%)；深圳元升轻工实业有限公司(100%)；元华电器(中山)有限公司(100%)；Silkroadgifts，Inc.(100%)；Heissner AG (99.1%)；Waterwerks Pty Ltd.(90%)；及Peaktop Technologies (100%)。

联洲珠宝有限公司

【公司概况】 股票代码0926，集团主席史璧加，发行股本(股)310M，票面值(港元)0.500，市价总值(港元)574M。

【公司业务】 该集团为另一家香港上市公司联洲国际集团有限公司之上市附属公司。集团采用垂直综合之商业模式，现时主要从事(1)珠宝产品之设计、制造、分销及贸易，及(2)授权第三者特许使用或向第三者转让其品牌以设计、制造及/或分销时计以外之珠宝及消费者产品。截至2002年5月止之年度，欧洲仍为集团之主要市场，占集团总营业额81%，而亚太区及美国市场则分别占余下之6%及13%。现时，集团旗下产品组合之品牌包括duNouveau、Goldpfeil、Jacquelin、Kazto、Pierre Cardin、Speidel、Yamato、Mexx、Esprit、Abel & Zimmermann、Katarina Witt等。此外，集团已在德国、泰国、香港、中国及美国成立产品发展及/或生产设施，以应付其分销网络。集团亦与一间以色列钻石供货商集团合作，为销售到美国市场之高级珠宝产品之生产提供进一步支持。在中国，集团新开设一所拥有生产技术之珠宝厂房，以应付预期扩张之亚洲市场对纯银、时款精巧珠宝之需求。

【主要资产/投资(5/2002)】 Abel & Zimmermann GmbH & Co KG (85%)；加丽宝首饰(深圳)有限公司(100%)；Egana Schmuck und Perlen GmbH (100%)；Egana Juwelen & Perlen Handels GmbH (100%)；Egana Jewelry & Pearls (America) Corp. (100%)；Egana Speidel GmbH (100%)；Jacquelin Designs Enterprises，Inc.(100%)；Keimothai Ltd. (100%)；Oro Design Ltd. (100%)；及Tonga Group Holdings Ltd. (25%)。

富士高实业控股有限公司

【公司概况】 股票代码0927，集团主席杨志雄，发行股本(股)368M，票面值(港元)0.100，市价总值(港元)515M。

【公司业务】 该集团主要以原设备制造及原设计制造方式设计、制造及销售各式各样之电声产品，包括音响耳机、麦克风、通讯耳机、多媒体音箱及多媒体耳机。另外，集团亦制造及销售电子产品及配件，例如变压器、电力转接器及精密金属插头。集团大部份产品乃按原设计制造方式出售，其余则按原设备制造方式向海外入口商及制造商出售。现时，集团之生产基地位于中国东莞、宁波及苏州。截至2002年3月止之年度，北美洲仍为集团之主要市场，占集团总营业额约56.7%。另一方面，音响产品于年内继续成为集团主要收益来源，占集团总营业额约46.4%。于年内，集团亦成功获得多间新原设计制造/原设备制造客户，例如Sanyo、MTV及Packard Bell等。为把握在美国市场更多原设计制造及原设备制造业务商机，集团已于2002年6月在硅谷开设美国首间办事处。日本市场方面，集团已与日本大型连锁店Naniwa International Ltd.组成合作伙伴，以进一步巩固及扩展其市场地位。通讯产品方面，预期全球需求不断增长可为集团带来更多销售额，集团并预料通讯产品将于两至三年内可占营业额之35%。至于多媒体产品方面，集团预期计算机需求之持续增长将间接带动外围产品之销售量，因此，多媒体产品将于日后重拾对集团之贡献。截至2002年3月底，集团拥有现金结余净额约1.264亿港元。

【主要资产/投资(3/2002)】 中名(东莞)电子有限公司(100%)；佛山富士高电器有限公司(60%)；富士高实业有限公司(100%)；盈富(东莞)电器制品有限公司(100%)；宁波富舜电业材料有限公司(70%)；及富士高电声(苏州)有限公司(100%)。

德发集团国际有限公司

【公司概况】 股票代码0928，集团主席郭荣，发行股本(股)1，336M，票面值(港元)0.100，市价总值(港元)922M。

【公司业务】 该集团主要从事以原设备制造及原设计制造方式设计及制造各款男、女及童装便服(如牛仔裤、长裤及短裤)、泳装及运动服装。以年产量计，集团为香港最大泳装制造商之一，亦为柬埔寨最大牛仔裤、长裤及短裤制造商之一。集团接近一半产品按原设备制造方式销售，其客户包括Sears、Union Bay、JC Penney、Karstadt Quelle、Lee、Wrangler、Reebok、Arena及Mexx等国际知名品牌之特许商。北美及欧洲为集团产品之两大主要市场，分别占集团总营业额约70%及25%。现时，集团有三座生产设施，其中一座位于中国广东省，其余两座则位于柬埔寨。除了海外市场，集团计划透过投资其持有5%股权之Blue Cat Development在中国开拓新商机。于2002年3月，Blue Cat Development与湖南三辰影库卡通节目发展有限责任公司订立19年独家特许权协议，Blue Cat Development获授权制造蓝猫系列服务(蓝猫为中国深受欢迎卡通人物)。此外，Blue Cat Development亦获授权于中国主要城市开设蓝猫分销及展销店，预期到2002年12月底，Blue Cat Development可在国内开设约60家蓝猫分店。

亚洲铝业控股有限公司

【公司概况】 股票代码0930，集团主席邝汇珍，发行股本(股)2，511M，票面值(港元)0.100，市价总值(港元)2，386M。

【公司业务】 该集团主要从事制造及销售铝型材及不锈钢产品；提供铝型材产品之设计及测试服务；以及在互联网上经营网站业务及买卖铝型材产品相关之电子商贸业务。截至2002年6月止之年度，制造及销售铝型材及不锈钢产品业务仍为集团之两大核心业务，分别占其销售总额91.9%及6.8%。于年内，集团之销售额较上年度下跌4.7%，而纯利亦下跌35.9%，主要由于为收购若干业务数据库作若干非经常开支约7，360万港元所致。为长远地提升其竞争力及边际利润，集团与鹰都(全球三大铝型材生产商之一)签订三年供应价值2.20亿美元铝型材产品之协议，并引入鹰都作为旗下铝材业务之策略股东。现时，集团联同鹰都之生产力为全亚洲之冠，在全球亦高居第二位。此外，集团于2001年8月在中国成立两家合营公司，并持有每家合营公司之60%股权，以收购中国南海两家制造铝型材产品之厂房。当两家厂房设施在2001年底全面投入生产后，集团之铝型材产品年产量将达至12万吨。在可见将来，集团将进一步扩展其产品及市场组合。有见及此，集团将致力在建造/非建造及涂漆/阳极化产品比例之销售达致平衡，与此同时，在日本及北美洲等其它市场争取更多合约。

【主要资产/投资(6/2002)】 Asia Aluminum Group Ltd.(69.05%)；及环球金属网有限公司(85%)—专门买卖有色金属之商业对商业入门网站。

宏通集团控股有限公司

【公司概况】 股票代码0931，集团主席游本宏，发行股本(股)1，600M，票面值(港元)0.010，市价总值(港元)560M。

【公司业务】 该集团主要从事(1)分销计算机组件及信息科技产品，包括盒装中央处理器(盒装CPU)、盒装主机板、网络产品及服务器及其它计算机接口设备；以及(2)提供电子激活方案及技术协助服务。集团为中、港两地著名英特尔盒装CPU分销商之一，该等产品主要售予中国境内无自我品牌之个人计算机制造商及顾客自行安装市场。集团自1997年起已获英特尔委任为盒装CPU、盒装主机板及网络产品之中、港两地授权总代理之一。此外，自2002年1月起，集团亦获英特尔授予在中国境内分销英特尔工业包装CPU，目标客户为在中国之地区性及小型个人计算机原设备生产商。电子激活方案业务方面，集团现正专注提供无线及流动解决方案，并正与若干中国机场及电讯公司商讨合作项目。为改善其品牌知名度，集团与台湾一家主要主机板生产商合作，于2002年1月开始分销集团本身品牌Arcon之主机板。预期流动及无线业务将成为企业经营之最新趋势，集团已与英特尔及其它流动业务应用方案系统开发商建立业务联盟，就无线应用方面进行合作，藉以为企业提供全面之流动解决方案。

【主要资产/投资(12/2001)】 亚邦计算机国际贸易(上海)有限公司(100%)；宏恩国际有限公司(100%)；泓磊国际科技有限公司(100%)；及宏硕科技有限公司(100%)。

欧亚农业(控股)有限公司

【公司概况】 股票代码0932，集团主席陈军，发行股本(股)1，660M，票面值(港元)0.100，市价总值(港元)631M。

【公司业务】 该集团为国内一家工业化之花卉及农业企业，其主要业务为利用先进之生物科技供进行植物杂交及克隆繁殖，以及采用计算机化温室栽培技术生产花卉及农产品。集团的花卉产品以蝴蝶兰及大花蕙兰的兰花苗为主，其它产品包括兰花、郁金香、仙客来及非洲菊。集团超过 58% 的花卉产品出口销售至位于荷兰、日本及南韩的三名指定海外批发商。再者，集团计划生产切花（如菊花、玫瑰、百合花等）和果菜（如蕃茄、青瓜及甜椒等）。截至二零零一年六月三十日止，集团于国内拥有七个总面积约十七公顷的计算机化温室设施的生产基地，以及三个最高年产量为五百三十万枝试管数目的杂交及植物组织培养实验室。在上市筹集资金后，集团更扩展四十公顷计算机化温室。于二零零一年十一月，欧亚农业与星加坡上市公司复发中记签订合作意向，共同合作温室栽培项目。

【主要资产/投资(12/2001)】 EAG（100%）；亚太国际投资集团有限公司（100%）；沈阳欧亚农业发展有限公司（100%）；及投资于四十公顷计算机化温室。

先来国际控股有限公司

【公司概况】 股票代码 0933，集团主席刘东海，发行股本（股）1,218M，票面值（港元）0.100，市价总值（港元）244M。

【公司业务】 该集团主要从事（1）设计、生产（通过分包商）及批发成衣、皮革制品及配衬品；及（2）开发健康及草本产品。于 2000 至 2001 年之年度内，集团已将其成衣贸易业务、产品开发部门及生产设施转移至中国。此外，集团亦于 2001 年 3 月在广州成立新生产设施，以生产优质高文件之之针织品。该生产设施主要用作生产集团本身 IXESSE 品牌之幼针针织品，集团预期该生产设施之营运效率将于 2003 年 6 月止之年度达至理想水平。由于本地及全球证券市场持续疲弱，集团已于 2002 年 5 月底停止经营证券经纪业务。另一方面，集团在中国健康及草本产品方面之开发仍在进行中。据披露，集团将在香港之有关健康及草本产品生产设施中采用良好之生产质量管理规范。

【主要资产/投资(6/2002)】 上市债券约值 3.664 亿港元；非上市债券约值 2.035 亿港元；广州先来服饰有限公司（100%）；广州粤来织染有限公司（100%）；及盈弘有限公司（42.5%）。

中石化冠德控股有限公司

【公司概况】 股票代码 0934，集团主席洪志铭，发行股本（股）1,037M，票面值（港元）0.100，市价总值（港元）1,037M。

【公司业务】 该集团之主要业务为（i）原油、石油及化工产品贸易；（ii）经营及运作惠州码头；以及（iii）经营原油码头服务及其周边设施和油站。该集团仍会使用人所共知的 GPC 油站油站商标之独家使用权以及继续扩展在广东省之油站业务。展望未来，中石化冠德划增加建立四个加油站，使集团在广东省的加油站总数共有五十二个；同时，亦计划于明年投资一亿四千万港元把油库储量由目前六十万立方米增加至八十万立方米。

【主要资产/投资(12/01)】 惠州市大亚湾华德石化有限公司（70%）；冠德石油有限公司（100%）；及经贸冠德发展有限公司（100%）。

民生国际有限公司

【公司概况】 股票代码 0938，集团主席郑松兴，发行股本（股）752M，票面值（港元）0.100，市价总值（港元）102M。

【公司业务】 该集团为全球最大之中国海水养珠加工商及供货商之一，主要从事采购、加工、镶嵌、买卖及批发分销珍珠及珍珠首饰产品，包括中国海水养珠、中国淡水珍珠、日本海水养珠、大溪地黑珍珠及南洋珍珠。集团之产品主要售予全球之珠宝制造商、珠宝批发分销商及大型珠宝采购公司。集团之主要珍珠加工设施位于深圳民生工业城。现时，集团亦为客户提供增值服务，其中包括珠宝设计。此外，集团已成立与核心业务相关之电子商贸业务，长远而言，可提高集团之营运效益。

【主要资产/投资(3/2002)】 深圳民生工业城 24 幢大楼（总楼面面积约 55 万平方呎）；位于香港之投资物业按公开市值约 4,340 万港元；存货按账面值约 1,185 亿港元；及盈创数码有限公司（79%）。

中国移动(香港)有限公司

【公司概况】 股票代码 0941，集团主席王晓初，发行股本（股）19,672M，票面值（港元）0.100，市价总值（港元）364,909M。

【公司业务】 中国移动（香港）（集团）为全球最大移动电话营运商（以用户数目计），拥有全球最大之一体化连续覆盖全数字网络。在 2002 年 7 月完成向母公司收购其它八个省市之移动通信业务后，集团稳居中国内地市场之领先地位。截至 2002 年底，集团拥有市场占有率约 67% 及用户总数约 1 亿 1,768 万户（包括签约及预缴卡用户）。现时，集团合共在中国内地二十一个省市及自治区提供移动通信及有关增值服务，包括广东、浙江、江苏、福建、河南、海南、北京、上海、天津、河北、广西、辽宁、山东、安徽、江西、重庆、四川、湖北、湖南、陕西及山西。2002 年集团以短讯息服务（SMS）为主之新业务持续高速增长。截至 2002 年 12 月止之年度，SMS 收入约占集团一半之新业务收入。目前，集团正集中对新收购之八家子公司进一步实施资源整合及治理改革，所以并没有具体之向母公司收购余下十省移动通信公司之时间表。据 2002 年年报所披露，集团新订之 2003 年至 2005 年资本开支计划总额为 150 亿美元，三年之资本开支主要用于 GSM 网络（45%）、支撑系统（13%），以及新技术新业务之发展（15%）。

【主要资产/投资(12/2002)】 电讯收发机械设备、交换中心及其它网络设备之账面净值约 1,413 亿元人民币。

意科控股有限公司

【公司概况】 股票代码 0943，集团主席梁松山，发行股本（股）1,934M，票面值（港元）0.050，市价总值（港元）580M。

【公司业务】 该集团从事制造及销售保健及家庭用品，以及开发及销售企业应用软件业务。于 2000 年初，集团完成财务重组，并于 2000 年 3 月与瀛海威信息通信有限责任公司成立一家各占 50% 权益之合营企业，在香港及中国提供及管理互联网相关服务。于 2000 年 4 月，集团亦购入一家互联网内容供货商及网站发展科技公司昶骏有限公司（以 Chinacon.Net 进行业务运作）之 100% 股权。于 2000 年 7 月，进一步收购一条核心长度 440 芯公里、覆盖中国广州至珠海段之两心光纤电缆。于同年 12 月，集团成功收购北京瀛海威信息技术有限公司（北京瀛海威）之间接 90% 权益，北京瀛海威在中国之网络基建及互联网服务供货商、互联网内容供货商、应用软件供货商（尤其智能大厦项目）顾问服务方面具备专业知识及技术。然而，由于市况欠佳，集团已逐步收缩此方面之业务。据集团解释，目前互联网及多媒体相关业务之市况持续不景，因此，集团决定专注于制造业务及软件开发业务。于 2001 年 10 月，集团完成收购从事企业应用软件开发及销售业务之珠海天心商用软件有限公司全部权益，总代价 4,800 万港元以配发 2,170 万股普通股方式支付。集团日后将积极开拓其它崭新业务商机，尤其在中国市场。截至 2001 年底，集团未偿还债务约有 1.995 亿港元，惟其手头现金则只有约 8,360 万港元。集团已于 2002 年 6 月以供股方式筹集资金约 7,500 万港元，以偿还其债务。

【主要资产/投资(12/2001)】 东莞威煌电器制品有限公司（100%）；辉煌家品有限公司（100%）；珠海天心商用软件有限公司（100%）；北京瀛海威信息技术有限公司（90%）；香港瀛海威有限公司（100%）；及 Cyber Info Management Ltd.（100%）。

宏利金融有限公司

【公司概况】 股票代码 0945，集团主席 SAWCHUK R Arthur，发行股本（股）463M，票面值（港元）0.000，市价总值（港元）100,412M。

【公司业务】 宏利金融为一家以加拿大为基地之跨国金融保险及资金管理公司，主要从事人寿保险业务。集团于 1999 年 9 月于香港联合交易所挂牌作第二上市。现时，集团拥有庞大雇员、经纪及分销伙伴网络，为全球多个国家及地区过百万名顾客提供服务。基于集团健全之财政状况，很多信贷评级公司都给予集团优良评级。于 2000 年度，集团成为首家收入净额突破 10 亿加元之加拿大保险公司，而集团于 2001 年度之纯利更达到 9.3%之增长。另一方面，集团在本港之强积金业务亦占有一定之市场占有率（约有 30 万强积金成员）。透过与中国中化集团组成之合营公司，集团已在上海成为官方批准之保险公司。集团已有充份准备在中国其它地区开拓保险业务。集团预计中国加入世界贸易组织后，有关当局将发牌予集团于上海地区以外之其它城市经营保险业务。

华富国际控股有限公司

【公司概况】 股票代码 0952，集团主席包利华，发行股本（股）106M，票面值（港元）0.010，市价总值（港元）32M。

【公司业务】 于 2001 年 1 月，该集团成功完成收购香港知名金融网站之一 Quamnet 之全部权益，自此，Quamnet 便成为集团之核心业务。收购完成后，集团进行一连串业务重组。为将资源集中于提供金融服务，集团已出售在东莞之行李袋及公文袋生产设施。据 2002 年年报披露，作为信息供货商之收益模式令公司架构成本高昂，并为集团带来不利影响。因此，集团管理层决定改变业务，由信息供货商转变为财富管理入门网站。于2002年3月止之年度内，集团收购APC Capital (Holdings) Ltd.（APC）在香港之金融及证券营运业务，并将APC在嘉洛控股有限公司（嘉洛控股）下进行重组。集团希望该行动可为集团提供离线证券经纪、资产与投资管理及企业融资与咨询营运，以扩大网站之业务范畴，尤其在财富管理方面。现时，Quamnet持有有限制证券交易商、投资顾问、可刊登法律/官方公布之报章及政府宪报之牌照。嘉洛控股亦给予集团额外之牌照及注册登记，可成为证券交易商、商品交易商、商品买卖顾问、投资顾问、放债人及香港联合交易所及香港期货交易所之交易参与者。

【主要资产/投资(3/2002)】 嘉洛证券有限公司(100%)；嘉洛资产管理有限公司(100%)；嘉洛证券融资有限公司(100%)；嘉洛财务有限公司(100%)；宽网（香港）有限公司(100%)；及宽网投资顾问有限公司(100%)。

奥玛仕控股有限公司

【公司概况】 股票代码0959，集团主席吴惠芳，发行股本(股)17,780M，票面值(港元)0.001，市价总值(港元)178M。

【公司业务】 在2001年下半年及2002年进行业务重组前，集团主要从事设计、制造及销售（1）便携式电子消费产品，例如可应用于Linux操作系统之个人数码助理；（2）液晶体显示屏模块（主要应用于流动电话之显示组件）及液晶体显示屏；及（3）电讯产品。然而，于2001年5月，集团因大量投资两条新生产线 — 液晶体显示屏及电讯产品 — 而出现严重流动现金紧绌。集团已聘用专业财务顾问，与银行磋商订立暂缓偿债安排、物色有意投资者注入新资金，并聘用法律顾问进行债务重组。于2002年4月，集团宣布与裕丰国际集团控股有限公司（裕丰）（股份编号：0965）共同进行重组计划，该业务重组已于2002年8月成功完成。此后，裕丰成为集团之最大股东，而新管理层亦已组成，以重新投入及恢复集团之营运，并预期于2002年9月中开始大规模生产。展望将来，集团拟专注于其核心业务，即制造及开发具较佳利润之液晶体显示屏业务，并终止经营该等亏蚀业务。

【主要资产/投资(3/2002)】 东莞佳宝有限公司(100%)。

裕丰国际集团控股有限公司

【公司概况】 股票代码0965，集团主席李荣根，发行股本(股)24M，票面值(港元)0.010，市价总值(港元)26M。

【公司业务】 该集团主要以原设备制造及原设计制造方式制造及销售电子计算器、个人数码助理、数码相机及其它电子产品（如欧罗换算器）。截至2002年5月止之年度，由于个人数码助理业务之盈利贡献及积极研发其它副线产品如欧罗换算器，集团之营业额上升25.7%至4.257亿港元。然而基于市况不景，集团之毛利率由2001年之22.4%下跌至2002年之16.0%。于2002年5月止之年度内，电子计算器仍为集团之主要收入来源。集团已与全球知名品牌计算器生产商之一组成策略联盟，该生产商已将部份生产外判予集团，预期该生产商最终會将极大部份生产转移予集团。在数码相机业务方面，集团正致力发展全新多功能数码相机产品（如1.3M型号），目标客户为美国及欧洲客户。此外，集团亦正研究推出英语及简体中文版电子教学产品系列之可行性。于2002年4月，集团与奥玛仕控股有限公司（奥玛仕）（股份编号：0959）进行重组计划，奥玛仕主要从事生产及销售数码相机、液晶体显示屏幕（LCD）、LCD组件、LCD仪表板及一系列电讯产品。有关业务重组已于2002年8月完成，集团遂成为奥玛仕之控股股东，并预期奥玛仕将成为集团未来增长之主要动力。集团与奥玛仕现正积极发掘在个人数码助理业务上之合作机会，集团将主攻较大众化市场，而奥玛仕则会集中发展高档次市场。

【主要资产/投资(5/2002)】 奥玛仕控股有限公司（截至2002年10月18日持有61.33%权益）；裕丰（兄弟）发展有限公司(100%)；Supercam Cybertech Ltd.(100%)；Selected Choice Investments Ltd.(100%)；东莞港升电子有限公司(100%)；及I. World Ltd.(30%) — 持有Score One, Inc.之82%权益，而Score One, Inc.则持有香港上市公司富昌国际控股有限公司之58%权益。

中保国际控股有限公司

【公司概况】 股票代码0966，集团主席杨超，发行股本(股)1,326M，票面值(港元)0.050，市价总值(港元)5,138M。

【公司业务】 该集团为中国当地历史最悠久、隶属中国国务院管辖之保险集团中国保险股份有限公司（中国保险）之成员，亦为中国保险唯一于中国境外上市旗舰。集团之核心业务为透过附属公司中国国际再保险有限公司承接各类一般再保险及长期业务，以及透过另一家附属公司华夏再保险顾问有限公司从事保险经纪业务。此外，集团亦持有证券、货币市场投资与物业投资等投资组合以配合再保险业务。于2001年4月，集团收购华泰保险经纪有限公司（华泰）之25%权益，华泰为一家获准于中国经营保险及再保险经纪业务之公司。为使集团打进中国庞大之人寿保险及一般保险市场，集团于2001年下半年收购太平人寿保险有限公司（太平人寿）之62.5%权益及太平保险有限公司（太平保险）之42.5%权益。随后，集团分别于2001年11月出售太平人寿之12.45%权益予富通国际，以及于2002年3月出售太平保险之12.45%权益予中国工商银行（亚洲）。于2001年12月，中国工商银行（亚洲）收购集团约9.9%权益。透过是次与中国工商银行组成之策略性关系，集团相信可借助中国工商银行之广泛银行网络，在中国发展其保险业务。随着中国加入世贸组织后，中国保险市场将进一步开放予外国大型保险公司，从而加剧市场竞争。除继续于中国扩展其再保险业务外，集团将利用太平人寿及太平保险之专长，于中国人寿保险及一般保险市场争取重大市场机会及增值潜力。

【主要资产/投资(12/2001)】 中国国际再保险有限公司(100%)；华夏再保险顾问有限公司(100%)；华泰保险经纪有限公司(25%)；太平人寿保险有限公司(50.05%)；及太平保险有限公司(30.05%)。

华联国际（控股）有限公司

【公司概况】 股票代码0969，集团主席蔡礼任，发行股本(股)686M，票面值(港元)0.100，市价总值(港元)439M。

【公司业务】 该集团主要从事制造及销售皮革，其产品主要售予鞋类及手袋等皮革产品制造商及皮革贸易商。截至2002年12月止之年度，美国及中国为集团两大主要市场，分别约占集团总营业额75.3%及19.5%。据集团之管理层解释，集团之营业额较上年度增加5.9%主要由第三个生产单位新会嘉联皮革工业有限公司（新会嘉联）业务增长所带动。新会嘉联成功推出一系列新产品，深受客户欢迎。集团纯利下降28.9%主要由于折旧开支上升23.7%及行政开支上升14.3%所致。于年内，集团在美国市场录得之销售增长，乃由于成功推出全新系列时尚皮革产品，而中国市场之销售下降则由于竞争激烈及市场焦点转移至高回报之市场。面对2003年持续严峻及充满竞争之市场环境，集团将集中于改良现有产品及开发新产品，以维持市场占有率及提高竞争力，从而在竞争对手中脱颖而出。

【主要资产/投资(12/2002)】 新会华联制皮工业有限公司(70.5%)；西安华联制皮工业有限公司(51%)；及新会嘉联皮革工业有限公司(100%)。

玉皇朝饮食文化集团有限公司

【公司概况】 股票代码0970，集团主席陈港生，发行股本(股)357M，票面值(港元)0.002，市价总值(港元)91M。

【公司业务】 该集团主要在香港经营食肆业务，当中包括（1）合共18间名为元绿寿司之回转寿司连锁店；（2）名为水车屋日本料理之高级日本餐厅；及（3）名为环球欣叶台湾料理之高级台湾餐厅。面对饮食业内日益激烈之竞争，集团已分别于2001年9月及2002年4月结束名为元绿美食大本营之日式自助餐食肆及渔人码头中式海鲜酒家。随着结束亏蚀之业务及出售若干与核心食肆业务无关之物业，集团之业绩由2001年3月止年度录得净额亏损7,810万港元，轻微改善至2002年3月止年度之净额亏损4,910万港元。于2002年7月，由黄玉朗先生控制之Super Empire Investments Ltd.（Super Empire）完成收购集团之大部份权益，且成为集团之控股股东。据披露，Super Empire现时无意更改集团之核心食肆业务或向集团注入任何重大资产/业务。然而，市场传闻黄玉朗先生可能将旗下漫画及相关业务注入集团，藉以借壳上市。

【主要资产/投资(3/2002)】 元绿寿司（香港）有限公司(100%)；水车屋日本料理（九龙）有限公司(100%)；启田有限公司(100%)；及耀邦有限公司(100%)。

东力实业控股有限公司

【公司概况】 股票代码0978，集团主席凌少文，发行股本(股)635M，票面值(港元)0.100，市价总值(港元)184M。

【公司业务】 该集团主要从事设计、制造及销售消费音响及视像产品及家庭电器产品业务。截至2001年3月止及2002年3月止之两个年度，集团合共作出约2.50亿港元之资本开支。现时，集团拥有18条高速全自动插件机生产线、6台重油发电机及位于唐厦主要生产电子消费产品厂合共150万平方呎之生产用地。集团预期其生产能力于2003年3月止年度将最少提高50%。于未来，集团之策略为逐步将业务由原来生产较低文件之传统仿真音响产品转为较高文件之数码产品，如视像电话、数码光驱、数码卫星接收器、数码扩音机等高增长需求之产品。于此转型策略下，该等产品之销售额由去年度之1.69亿港元大幅上升至本年度之5.39亿港元。至于家庭电器业务方面，于年内亦录得良好之销售表现。该业务之产品包括咖啡机、空气净化机、多士炉、蒸气机及电水壶。

【主要资产/投资(3/2002)**】** 东力电子有限公司(100%)；东莞金莱电子有限公司(100%)；东莞东力电子有限公司(100%)；东力商务发展有限公司(100%)；东力数码产品有限公司(100%)；及东力科技有限公司(100%)。

中国南峰集团有限公司

【公司概况】 股票代码0979，集团主席，发行股本(股)1,940M，票面值(港元)0.100，市价总值(港元)45M。

【公司业务】 该集团主要从事建筑服务及科技投资业务。于2001年度，集团专注于精简整体营运，以及出售部份无利可图之投资。于2001年中，集团出售在台湾从事电视节目及广告制作之Reach Video Production Co. Ltd.。于年内，集团亦以总代价约6,400万港元出售多项投资，产生出售亏损约8,400万港元。于2001年8月，集团订立协议，以代价2.038亿港元向Potential Energy Inc.收购Cyber Energy Inc.之全部权益。于2001年7月，Cyber Energy订立协议，向深圳宏网收购合营公司深圳安网达网络技术有限公司之60%权益，该合营公司主要从事开发、生产及销售计算机软硬件、互联网保安系统、计算机网络解决方案及相关技术、设备、设施及产品，如网络安全计算机、网络安全隔离卡等。此项收购将有助集团分散业务至保安相关业务及高科技行业。于2001年年结后，集团以总代价3,600万港元收购Great Win International Ltd.(Great Win)之50%权益。Great Win之全资附属公司Intwell Technology (S) Private Ltd.主要从事计算机硬件及软件之开发、生产及销售、计算机软件集成，以及提供培训及售后服务。于可见将来，集团并不预期建筑业市场将会复苏，惟对Cyber Energy及Great Win之前景则深表乐观。

【主要资产/投资(12/2001)**】** Great Win International Ltd.(于年结后收购50%权益)；深圳安网达网络技术有限公司(60%)；盛业装饰有限公司(100%)；盛业建筑工程(香港)有限公司(100%)；及盛业建筑(香港)有限公司(100%)。

瑞安建业有限公司

【公司概况】 股票代码0983，集团主席罗康瑞，发行股本(股)265M，票面值(港元)1.000，市价总值(港元)1,218M。

【公司业务】 该集团主要从事建筑及承建、楼宇翻新及装修、建筑材料制造及销售，以及以私人机构参建居屋计划为主之物业发展项目。由于本港建筑业持续不景气及公营房屋建屋量之锐减，集团之股东应占利益由2001年3月止年度之5.083亿港元大幅下跌至2002年3月止年度之1.043亿港元。因此，集团已策略性地将业务重点转移至具高增长潜力之中国大陆市场。现时，集团专注五大类业务，分别为(1)在中国内地开发优质房地产项目(如位于上海大型中产住宅发展项目瑞虹新城)；(2)中国内地中西部之水泥业务(年产量约600万吨)；(3)香港及珠江三角洲地区之建筑及建材业务(如预拌混凝土、海石等)；(4)环球建筑及家居装饰材料贸易；以及(5)策划、发展及推广中国内地大型房地产项目。至于集团建筑系业务方面，于2002年6月30日之手头合约总值72亿港元，当中未完成之工程合约总值约为40亿港元，为未来两年提供足够之工作量。

【主要资产/投资(3/2002)**】** 瑞安承建有限公司(100%)；瑞安建筑有限公司(100%)；德基设计工程有限公司(94%)；重庆腾辉水泥有限公司(40%)；重庆腾辉地维水泥有限公司(40%)；重庆腾辉特种水泥有限公司(40%)；重庆腾辉白水泥有限公司(30%)；贵州顶效腾辉水泥有限公司(89%)；贵州凯里腾辉水泥有限公司(89%)；贵州习水腾辉建材水泥有限公司(89%)；贵州遵义腾辉水泥有限公司(79%)；南京江南水泥有限公司(60%)；建安混凝土有限公司(100%)；AsiaMaterials.com Ltd.(100%)；及瑞虹新城 — 位于上海之优质房地产发展项目(99%)。

吉之岛(香港)百货有限公司

【公司概况】 股票代码0984，集团主席常盘敏时，发行股本(股)260M，票面值(港元)0.200，市价总值(港元)702M。

【公司业务】 吉之岛(香港)百货隶属于AEON集团，于一九八七年在香港开设第一间分店，截至二零零二年五月，公司共于香港经营八间综合购物百货公司，在中国广州亦设有三间分店。于二零零二年二月之财政年度，香港消费者的购买力仍然薄弱，使集团的$10 Plaza提供一个扩展及巩固市场地位的黄金机会，于二零零一年，集团于综合购物百货公司内开设了三间$10 Plaza，亦计划在二零零二年第二季开设两间新店。于回顾年内，集团引进不同种类的Top Valu货品，包括食品、服装、家庭用品，以合理的价格为顾客提供全面货品系列。至于中国大陆之业务市场，吉之岛与深圳中洲城市广场有限公司及深圳现代友谊股份有限公司签订合作协议，于深圳共同发展合资企业，而东莞店已在二零零二年五月八日开业，再者，集团计划于本年底在珠海开设另一分店及于华南地区开设最少十间综合购物百货公司。

【主要资产/投资(2/2002)**】** 在香港经营八间综合购物百货公司，在中国广州亦设有三间分店，约拥有现金3.55亿港元。

中国科技集团有限公司

【公司概况】 股票代码0985，集团主席赵渡，发行股本(股)5,807M，票面值(港元)0.010，市价总值(港元)116M。

【公司业务】 该集团为一家投资控股公司，其主要资产及运作均透过旗下联营公司中国网络(百慕达)有限公司(中国网络)进行。透过中国网络，集团间接从事：(1)分销流动电话及电讯产品，例如个人数码助理、智能电话、数码室内无线电话、无线及数码外围器材、电讯配件等；(2)在中国大陆提供智能大厦系统集成服务；以及(3)持有长期投资组合。然而，于2002年3月结算日后，集团以代价约2,345万港元出售中国网络已发行普通股约5.34%。上述出售完成后，集团亦订立买卖协议，以现金代价2.69亿港元进一步出售于中国网络余下之28.97%权益。日后，集团计划得到现金款项后减少负债水平，以及将资源集中于地产业务。据披露，集团于江苏成立以高科技为主题之科学院发展项目已得到当地机关之批准。该项目之建筑工程已开始进行，集团亦已为该项目作出减值拨备约2,000万港元。

【主要资产/投资(3/2002)**】** 江苏科学院之开发项目(100%)；及中国网络(百慕达)有限公司(34.31%)(注：集团已于年结日后订立协议出售中国网络)。

南兴集团有限公司

【公司概况】 股票代码0986，集团主席刘桂，发行股本(股)372M，票面值(港元)0.100，市价总值(港元)99M。

【公司业务】 该集团之主要业务为制造及经销积层板、印刷线路板及铜箔。现时，集团拥有可互相支持之综合垂直生产线。于2002年3月止之年度内，集团无可避免地受到全球转弱之经济气候影响。由于业内需求下跌及竞争激烈，集团之整体毛利率由24%下跌至只有11%。于年内，集团亦录得净额亏损约2,010万港元。为维持产品之竞争力，集团将继续把资源集中在铜箔之研究及开发工作，并为此项产品在亚太区开拓新市场。此外，集团计划为其位于东莞之印刷线路板厂房取得QS 9000质量认证，以助集团开拓更多新市场，尤其汽车行业。据2002年年报所显示，集团在中山现有厂房推出之一条新纸积层板生产线将于2002年8月完成，积层板之生产量将因而增加三成。此外，待中国苏州之积层板新厂房落成后，集团可进一步拓展至华北市场。预期中国经济持续强劲，尤其加入世贸组织后，集团日后定必因而受惠。

【主要资产/投资(3/2002)**】** 南兴积层板有限公司(100%)；南兴电路板有限公司(100%)；恒然有限公司(100%)；中山南兴绝缘材料有限公司(100%)；南兴电子电路板(东莞)有限公司(100%)；苏州南兴积层板有限公司(100%)；及盘谷积层板有限公司(100%)。

J.I.C Technology Company Limited

【公司概况】 股票代码0987，集团主席古川清太郎，发行股本(股)183M，票面值(港元)0.010，市价总值(港元)59M。

【公司业务】 该集团主要从事买卖及制造液晶体显示屏及变压器。集团大部份业务为原设备制造业务。现时，集团可生产TN液晶体显示屏(适用于计算器及手表等静态驱动液晶体显示屏及低复合讯号液晶体显示屏之器材)及STN单色液晶体显示屏(适用于手提游戏机及个人数码助理等高复合讯号液晶体显示屏器材)，而集团迄今所制造最大尺寸之显示屏为149毫米乘152毫米。液晶体显示屏经销业务方面，集团采购液晶体显示屏半制成品，经过加工后提价转售予客户。集团生产之近乎所有液晶体显示屏均为客户特别设计，集团之主要客户包括Nanox Ltd.及National Electronic & Watch Co.。目前，集团已向独立第三者租用深圳一所液晶体显示屏厂房，以生产液晶体显示屏。为使集团可生产更高质素及更精密之STN显示屏，集团已设立一条全新STN显示屏生产线，预期于2002年4月投产。至于变压器业务，集团已租用深圳两所变压器厂房，以生产变压器，而部份业务亦交由独立第三者承包，以配合客户所需。据披露，集团正物色与其它制造商生产玻璃面芯片及晶粒软膜显示屏，两者皆较集团现时生产之STN显示屏更光更薄，可用于无线电话及个人数码助理。

新银集团有限公司

【公司概况】 股票代码0988，集团主席魏武，发行股本(股)22，408M，票面值(港元)0.001，市价总值(港元)224M。

【公司业务】 该集团主要从事物业投资及发展，以及金融服务业务。于2001年12月止之年度内，集团终止经营中国之所有互联网站及香港之干线通讯业务。此外，集团亦已出售于股坛追击有限公司及大中华交易网有限公司之投资，进一步减少于电讯及互联网业务方面之投资。于年结日后，集团已终止经营所有电讯及互联网业务。至于集团截至2001年12月止之财务报表，基于集团持续经营之基本不明朗因素，其核数师安达信公司拒绝作出意见。于2002年中，集团已向债权人呈交债务重组计划，当中包括豁免债项及以发行新股方式取代偿还债项。展望将来，集团将继续精简业务及运作。集团西区酒店项目及天比高项目之兴建工程亦已分别于2002年4月及2002年2月复工。

润迅通信国际有限公司

【公司概况】 股票代码0989，集团主席侯东迎，发行股本(股)525M，票面值(港元)0.750，市价总值(港元)268M。

【公司业务】 该集团原先主要从事三大核心业务：(1)网络通信服务，包括集群无线电服务、国际长途电话服务及移动电话相关服务；(2)分销及连锁销售服务 — 主要透过旗舰零售连锁店润迅概念经营；以及(3)综合信息服务，如传呼、信息服务及电话商务。然而，由于移动电话之普及，导致香港传呼市场持续萎缩，集团自2002年6月起全面撤出本港传呼市场。连同于2001年12月出售无利可图之电话商务及互联网业务，以及获得本港移动虚拟网络营运商牌照，集团现时专注于开发及推出高增值国际长途电话及移动电话相关服务，尤其着重跨境通信服务，令集团成为大中华区一家移动电话增值服务营运商及国际长途电话服务供货商。集团之国际长途电话业务方面，仍为其主要收益及增长来源。网络覆盖层面亦由现有之大中华市场扩展至北美洲及其它亚洲国家，如新加坡及南韩。此外，集团亦选用北电网络之DMS全球服务平台及相关设施，包括Passport * 7480 ATM多功能交换机，以应付急速上升之国际长途电话业务之话务量。至于移动电话相关服务，集团正准备于2002年第三季推出标榜一站式跨境便利之移动电话相关服务。集团预期移动电话相关服务将成为其未来业务之主要动力。分销及连锁销售业务方面，集团预期消费者购买及更换新手机之意欲将持续强大，因而对集团润迅概念之零售连锁业务带来好处。

【主要资产/投资(3/2002)】 深圳润迅移动技术服务有限公司(90%)；润迅网络通信(亚洲)有限公司(100%)；润迅电话(香港)有限公司(100%)；CM Tel (USA) LLC(100%)；润迅移动通信(香港)有限公司(100%)；润迅概念(香港)有限公司(100%)；润迅概念控股(中国)有限公司(100%)；广州润迅科技服务有限公司(70%)；及深圳润迅科技服务有限公司(70%)。

三商行国际集团有限公司

【公司概况】 股票代码0990，集团主席林富华，发行股本(股)2，508M，票面值(港元)0.010，市价总值(港元)68M。

【公司业务】 该公司之主要业务为成衣制造，零售及贸易。从二零零零年八月，集团已成为世界性全丝及混丝服装制造业领导者 — 达利国际有限公司之附属公司。截至二零零二年一月十四日止，集团于中国主要城市(包括：北京、上海及广州)共有二十三间自营店铺及三十七间特许经营店铺。集团将会以特许经营模式为主，在首一百间店铺的计划中，自营店铺与特许经营店铺之组成比例目标为3:7。至于台湾及香港，零售店数目分别为三十九间及十二间。展望未来，集团继续集中在经济增长强劲的中国拓展业务。在二零零一年十一月，集团和母公司达利国际有限公司与娃哈哈集团订立合营协议，计划以娃哈哈品牌在中国生产及经销童装及休闲服装。娃哈哈为中国家传户晓之饮品品牌，其销售网络遍布全中国各地，经销能力十分强大，而母公司达利国际则主要负责生产管理、成本质量控制和产品设计。

北京大唐发电股份有限公司

【公司概况】 股票代码0991，集团主席于洪基，发行股本(股)1，431M，票面值(港元)1.000，市价总值(港元)4，793M。

【公司业务】 北京大唐为中国大型独立发电公司之一，主要从事建设及经营电厂、销售电力、提供电力设备之检修调试及电力技术服务。截至2003年首季，集团拥有四家运营中之发电厂、控股两家营运中之发电公司及八家在建中之发电公司，截至2002年年底已并网发电设备容量合共6，170兆瓦。于2002年12月止之年度内，集团共投入3.30亿元人民币于技改工程。此外，于年内，大唐盘山发电两台600兆瓦机组及河北华泽水电两台10兆瓦水电机组已相继投入商业运作，另有五项建设工程亦已相继开工建设。中国电力体制改革现时已拉开帷幕，标志着电力工业进入一个新发展时期，亦为集团之发展提供良好之经营环境。凭借在电力市场之优势，集团将继续拓展区内及区外发展，立足京津唐地区，以及在全国成本优势地区开发新发电项目。另外，集团将继续坚持水电与火电并举、新建与收购并举之发展策略。

【主要资产/投资(12/2002)】 陡河发电厂(100%)；高井发电厂(100%)；下花园发电厂(100%)；张家口发电厂(100%)；天津大唐盘山发电有限责任公司(75%)；内蒙古大唐托克托发电有限责任公司(60%)；河北华泽水电开发有限公司(90.43%)；山西大唐神头发电有限责任公司(60%)；山西大唐平旺热电有限责任公司(80%)；云南大唐红河发电有限责任公司(70%)；甘肃大唐连城发电有限责任公司(55%)；河北大唐唐山热电有限责任公司(80%)；云南大唐李仙江流域水电开发有限公司(70%)；及云南大唐那兰水电开发有限公司(51%)。

联想集团有限公司

【公司概况】 股票代码0992，集团主席柳传志，发行股本(股)7，468M，票面值(港元)0.025，市价总值(港元)19，230M。

【公司业务】 联想集团(集团)为中国最大之个人计算机制造商，及国内最大之信息科技企业。于2003年4月，集团宣布更换品牌卷标，将品牌英文名称从Legend更换为lenovo。据管理层解释，原有品牌英文名称Legend在许多国家已被注册之情况，成为集团扩展国际市场时之一大障碍。是次品牌更换被视为集团国际化策略之先行部署。现时，集团经营六大业务，分别为企业IT、消费IT、手持设备、IT服务、互联网及合同制造业务。于2003年3月止之年度，集团面对困难之经营环境，以及来自国内外之市场竞争。然而，集团仍可维持与上年度相若之盈利水平。于2002年第二季度，集团台式计算机销量首次进入全球前五名，其中消费计算机世界排名第三。服务器产品之销售亦录得可观增长，于年内冲入全球前十排行榜，位居世界第七。此外，集团之消费打印机在国内品牌位居第一。至于数码相机及移动电话业务方面，销售及经营业绩亦超出集团之预期。为促进长远之持续增长，集团将采取三层业务划分之经营策略。第一层为核心业务，包括商用、家用台式计算机等；第二层为成长业务，包括笔记本、服务器、移动电话、接口设备、信息安全、数码业务等；而第三层则为种子业务，包括IT服务、高性能服务器、存储产品等。

【主要资产/投资(3/2003)】 现金结余净额约28.083亿港元；及有形固定资产(主要包括土地及楼宇、厂房机械、办公室设备等)按账面净值约8.46亿港元。

天行国际(控股)有限公司

【公司概况】 股票代码0993，集团主席张人龙，发行股本(股)413M，票面值(港元)0.010，市价总值(港元)29M。

【公司业务】 该集团之主要业务为从事黄金、期货及证券经纪及买卖业务、提供开展及货款融资、金属及废金属付运销售、金属仓货销售、持有物业投资，及以在中国大陆之开采业务。截至2002年3月止之年度，集团已为证券投资、商誉储备、无形资产及土地楼宇之减值亏损提拨合共4.006亿港元。由于股票市场淡静，集团之证券经纪业务于年内大受拖累。此外，集团已停止为此业务投放额外资金，并缩减网上股票交易业务之规模。在贵金属业务方面，集团将业务策略由实金买卖转为经纪及代理买卖，结果证明成功。另一方面，金属制造及买卖业务之盈利表现仍可保持平稳。为舒缓紧绌之资金问题，集团已分别于2002年4月及9月以配售新股方式筹得资金合共约2，600万港元。

【主要资产/投资(3/2002)】 成都高赛尔金银有限公司(49%)；广西德鑫铝业有限公司(50%)；鑫成商品有限公司(49%)；无线数码科技

有限公司(35%);及中国在线网上证券交易服务有限公司(39.1%)。

安徽皖通高速公路控股有限公司

【公司概况】 股票代码 0995,集团主席王水,发行股本(股)493M,票面值(港元)1.000,市价总值(港元)947M。

【公司业务】 该集团为中国安徽省唯一之公路上市公司,主要业务为持有、经营及开发中国安徽省境内外之收费高速公路及公路。集团经营之收费公路在相当程度上获保护免受其它公路之竞争,并在安徽省未来兴建其它二级或以上汽车专用之公路项目上将予以优先考虑。于 2002 年 12 月,集团透过在上海交易所发行 A 股筹集 5.50 亿元人民币资金,该笔款项将用作收购连霍公路安徽段,实现控制安徽省境内最重要之两条东西方向国道主干线(包括上海至成都公路安徽段、连霍公路安徽段)之目标。在合宁高速公路之大修改造工作方面,预期于 2003 年年底完成路面改造 60 公里。展望将来,集团将加强公路沿线增值服务,如发展沿线公路之广告业务、成立连锁式综合服务区、建设加油站等项目。此外,集团将致力使旗下高科技产业(如皖通科技及康诚药业)成为集团新利润增长动力,从而进一步提高集团之盈利能力。

【主要资产/投资(12/2002)】 合宁高速公路(100%);205 国道天长段新线(100%);宣广高速公路(51%);安徽高界高速公路(51%);安徽皖通科技发展有限公司(皖通科技)(75.5%);北京海威投资有限公司(85.79%);天津信息港甲子科技有限公司(52.85%);安徽高速公路广告有限责任公司(38%);安徽康诚药业有限公司(65%);及合肥信息投资有限公司(18%)。

实惠集团有限公司

【公司概况】 股票代码 0996,集团主席关百豪,发行股本(股)104M,票面值(港元)0.100,市价总值(港元)119M。

【公司业务】 该集团主要经营以实惠为名之连锁店,专门从事家具及家居用品零售。截至 2002 年首季,集团于香港共有 43 间分店。为配合其零售业务,集团于 2000 年 6 月推出香港其中首个 clicks—and—mortar 模式经营的商业对消费者双语网站 www.pricerite.com.hk,在网上销售家具及家居产品。除了商业对消费者电子商贸外,该集团将进一步拓展商业对商业电子商贸领域,并以机构客户为主要对象。继于 2001 年 7 月透过配售新股筹得约 2,520 万港元及于 2001 年 11 月透过供股筹得约 1 亿 3,845 万港元后,集团拥有稳健之财务状况。展望将来,集团计划进军亚洲市场,尤以中国内地为主。据集团 2001 年年报披露,集团计划开设门市之目标城市包括广州、上海、北京及深圳。集团预期在国内开设之每家店铺面积约 4 万平方尺,并计划分别在上海及广州成立物流中心,覆盖华东及华南地区,以支持在国内之零售发展。

【主要资产/投资(12/2001)】 现金结存净额约为 1.45 亿港元;在香港之租约土地及楼宇之账面净值约为 7,100 万港元。

达艺控股有限公司

【公司概况】 股票代码 0997,集团主席曾志雄,发行股本(股)200M,票面值(港元)0.100,市价总值(港元)144M。

【公司业务】 该集团为香港及中国大陆具领导地位、专门从事建筑装饰木工制品公司之一,其主要业务为(1)制造订做木制家具、装置及装饰;(2)提供室内装饰工程;以及(3)分销高档办公室家具及品牌产品。在过往数年,集团已建立其本身之品牌产品,分别为 HBF、Svoboda 及 Overtures。截至 2002 年 3 月止之年度,香港及中国仍为集团之主要市场,合计约占集团总营业额 86%。此外,豪华酒店仍为集团之最主要客源,约占集团总营业额 64%。据管理层解释,年内营业额增加 42% 之主因为由于集团手上之大型项目(包括北京东方广场装饰合约)相继完成。然而,由于竞争日益激烈及市道疲弱,集团之边际利润进一步受压。因此,集团已暂缓开设新陈列室之计划,并已采取措施以减低其经营成本。此外,集团拟进一步开拓欧美市场,以及将于美国推出以 Boiler & Co. 为品牌之高文件家具系列。

【主要资产/投资(3/2002)】 东莞达艺家具有限公司(100%);及东莞益新家具装饰有限公司(100%)。

万顺昌集团有限公司

【公司概况】 股票代码 1001,集团主席姚祖辉,发行股本(股)311M,票面值(港元)0.100,市价总值(港元)442M。

【公司业务】 万顺昌集团主要从事(1)买卖及存销建筑钢材产品(如钢筋、工字桩及工字钢、水闸板、续接器及泥钉)、洁具及厨柜,以及厨柜安装;(2)制造及买卖工业产品,包括加工卷钢板材产品、系统设备外壳及电讯业相关产品、工程塑料树脂及注塑机;以及(3)投资于提供网上钢材贸易服务之电子商贸纵向入门网站 iSteelasia.com。此等建筑材料及工业产品主要供应予香港、澳门及华南市场。于年内,由于本港房地产市场交投淡静,导致建筑钢材需求萎缩,以及若干建筑项目之延迟以至与建筑产品及塑料业务之若干主要供货商之分销关系终止,令集团之建筑材料及工业产品业务大受影响。因此,集团截至 2002 年 3 月止年度之纯利出现历史新低,跌至约 1,011 万港元,较上年度同期大幅下跌 96.5%。展望将来,凭借建筑材料业务于服务建筑界之稳健基础及提供多元化产品组合予客户,集团对其建筑材料业务日后继续录得良好表现感到乐观。此外,配合集团之建筑材料业务之稳固基础,预期工业产品业务将可成为集团业务日后之发展动力。

【主要资产/投资(3/2002)】 亚洲钢铁电子交易所有限公司(17.8%);东莞万顺昌钢铁制品有限公司(100%);上海宝顺昌国际贸易有限公司(66.7%);顺德市万骏塑料有限公司(100%);万嘉源通讯设备(深圳)有限公司(100%);万顺昌行有限公司(100%);万顺昌建筑材料有限公司(100%);万顺昌钢铁有限公司(100%);东莞联通港口码头有限公司(30%);及广州保税区广保电厂燃料有限公司(57.5%)。

威铖国际集团有限公司

【公司概况】 股票代码 1002,集团主席马金龙,发行股本(股)820M,票面值(港元)0.050,市价总值(港元)246M。

【公司业务】 该集团为家用电器整合制造解决方案供货商,主要从事生产及销售塑料注塑产品及零件、装配电子产品,以及模具设计及制模。集团为马来西亚上市之电子产品制造商威城工业之附属公司。集团可就生产家用电器如遥控器、家庭音响设备、打印机、计算机扫描仪、复印机控制板、计算机相关配件、印刷电路板及其它家用电器,为客户提供整合制造解决方案。截至 2002 年 7 月止之年度,塑料注塑成型业务及装配电子产品业务分别约占集团总营业额 37.8% 及 58.5%,而余下之 3.8% 则来自模具设计及制模业务。于年内,集团之主要市场为香港(61.07%)及中国大陆(20.69%)。现时,集团于中国三个城市(分别为深圳、珠海及青岛)设有生产设施,为国内及海外客户提供服务。其中一个生产设施为与国内一家著名家用电器生产商海尔集团合组之合营企业,该合营企业生产及提供海尔集团生产所需之塑料注塑产品及零件。

【主要资产/投资(7/2002)】 威士茂集团(香港)有限公司(100%);威士茂电子塑料(深圳)有限公司(100%);威士茂科技工业园(珠海)有限公司(100%);海士茂电子塑料(青岛)有限公司(100%);及海尔威城电子塑料制品(青岛)有限公司(80%)。

兴旺行有限公司

【公司概况】 股票代码 1003,集团主席朱耀铭,发行股本(股)712M,票面值(港元)0.010,市价总值(港元)61M。

【公司业务】 该集团主要从事设计、制造、销售及分销婴儿产品,主要包括音乐玩具及组件、塑料及电子玩具、儿童座车及机动玩具车。截至 2001 年 12 月止之年度,北美洲(主要为美国)仍为集团之主要市场,占集团总营业额约 74.6%,而亚洲及欧洲市场则分别约占 19.1% 及 4.7%。为避免过份依赖任何单一 OEM 客户之玩具产品,集团透过加强项目销售小组以争取更多 OEM 客户,从而扩宽客户基础。于 2001 年,集团已引入两名新 OEM 客户,占其总销售额约 10%。预期中国入世后将有强劲之增长潜力,集团计划透过内部销售人员及负责代理销售之中国代理加强中国市场之销售实力,进一步开拓中国内销市场。预期于中国进行代理销售可避免承担重大开支以及减少租赁物业装修成本、租赁成本及宣传开支等间接开支。

【主要资产/投资(12/2001)】 深圳乐家玩具有限公司(100%);三阳精机(香港)有限公司(100%);乐家实业有限公司(100%);乐家玩具厂有限公司(100%);Rockasport Ltd.(100%);及 Rockapetta International Ltd.(100%)。

丽盛集团控股有限公司

【公司概况】 股票代码 1004,集团主席吴银龙,发行股本(股)398M,票面值(港元)0.100,市价总值(港元)175M。

【公司业务】 该集团主要从事制造及销售皮草成衣,以及毛皮销售业务。集团之皮草成衣以〔法德迪斯〕及〔皇家迪斯〕品牌销售。截至 2002 年 3 月止之年度,皮草成衣销售及毛皮销售分别占集团总营业额 68.1% 及 31.9%。集团产品之主要市场为香港及中国大陆、日本及北美洲。于年内，集团已缩减在激烈竞争之中国大陆市场分销业务。尽管如此，由于来自其它市场（尤其为韩国及俄罗斯）之订单增加，集团于年内录得之总营业额仍保持稳定。日后，集团将继续加强其核心毛皮业务，以及在高回报及高效益之行业寻求商机以达至业务多元化。

【主要资产/投资(3/2002)】 丽盛工业有限公司；丽盛发展有限公司；Cassaya Trading Ltd.(100%)；及丽盛工业澳门离岸商业服务有限公司(100%)。

美力时集团有限公司

【公司概况】 股票代码1005，集团主席郑榕彬，发行股本(股)323M，票面值(港元)0.100，市价总值(港元)487M。

【公司业务】 该集团主要从事制造及销售礼品及精品业务。于2000年12月止之年度，集团完成债务重组并录得特殊利益约1.89亿港元，主要由于该年度内获豁免债项所致。于2001年初，集团已恢复营业，以原设备制造方式为新客户生产若干产品。最近，集团亦投入大量资源，成立设计部以推广品牌产品，务求开发创新之原设计制造业务。于未来，集团将继续专注于核心业务，并将利用其于资本市场之有利位置，以进一步加强其财务状况。

【主要资产/投资(12/2001)】 美力时塑料制品厂(中山)有限公司(100%)；柏基企业有限公司(100%)；及建恒物料有限公司(100%)。

弘茂科技控股有限公司

【公司概况】 股票代码1010，集团主席司徒汝奂，发行股本(股)337M，票面值(港元)0.100，市价总值(港元)155M。

【公司业务】 该集团主要从事设计、分销及买卖集成电路产品及物业投资业务。于2001年度，半导体业市况不景，因此，集团半导体业务之营业额下跌约22%，并录得经营亏损约1,520万港元。于年内，台湾为集团之主要市场，占集团总营业额约82.1%。集团所持之另一项主要投资为于纳斯达克上市之南茂科技股份有限公司之股份。据披露，集团已于年内就此项投资作出约5,230万港元之未变现拨备。在未来，集团计划集中于大中华地区之销售市场。另一方面，集团亦会专注于开发高需求及高边际利润之MCU及闪存。

【主要资产/投资(12/2001)】 SyncMOS Technologies, Inc.(100%)；上海新茂半导体有限公司(70%)；百慕达南茂科技股份有限公司(5%)；及新茂国际科技股份有限公司(55%)。

普纳集团有限公司

【公司概况】 股票代码1013，集团主席翁先定，发行股本(股)1,271M，票面值(港元)0.100，市价总值(港元)114M。

【公司业务】 随着债务重组完成后，该集团已放弃其传统之电子及玩具产品业务。最近，集团已将业务集中于信息科技范畴。集团从事信息科技之附属公司主要从事买卖通讯产品、提供系统集成、设计及开发IP应用及解决方案以及顾问服务。此外，集团亦于2002年3月止之年度内开始研究及开发超高数据传输速率数字用户线。据2002年年报所披露，集团于2002年7月就合作发展深圳保利城相关项目及深圳西丽湖渡假村相关项目分别与保利南方集团有限公司及深圳西丽湖渡假村订立意向书。两个项目将为多用途发展，包括商场、办公室、酒店及消闲设备。

【主要资产/投资(3/2002)】 北京合力金桥系统集成技术有限公司(51%)；普纳网络(深圳)有限公司(100%)；广州保利网络科技有限公司(50%)；北京畅然信息技术有限公司(100%)；达力集团有限公司(6.87% — 香港联交所之股份编号为29)；及普纳管理顾问(深圳)有限公司(100%)。

迈特科技集团有限公司

【公司概况】 股票代码1031，集团主席张力中，发行股本(股)4,039M，票面值(港元)0.010，市价总值(港元)40M。

【公司业务】 该集团主要从事制造及销售手表及手表组件；提供电镀服务；投资控股及物业持有等业务。最近，集团将业务扩展至科技相关项目。于2000年度内，集团专注于解决其资金问题，而有关之债务重组计划亦告完成。截至2001年度，集团仍然录得股东应占亏损约2,106万港元，业绩不佳之主要原因为市场竞争剧烈，以及为收购附属公司摊销商誉所致。

【主要资产/投资(12/2001)】 东莞确时表业有限公司(100%)；Stime Watch Manufacturing Ltd.(100%)；1024120 Ontario Ltd.(100%)；及环宇计算机(亚洲)有限公司(100%)。

中国石化仪征化纤股份有限公司

【公司概况】 股票代码1033，集团主席傅兴堂，发行股本(股)1,400M，票面值(港元)1.000，市价总值(港元)1,554M。

【公司业务】 该集团为中国最大之现代化化纤及化纤原料生产基地，主要从事生产及销售聚酯切片和涤纶纤维业务。以2001年底聚酯聚合装置产能计，集团亦为全球第5大聚酯生产商，以及具备全球最大一地聚酯聚合产能。截至2001年底止，集团具备111.1吨/年聚酯聚合能力、6.4万吨/年瓶级切片固相缩聚能力、65.1万吨/年涤纶纤维抽丝能力、8.8万吨/年涤纶长丝加弹能力及32.5万吨/年精对苯二甲酸(PTA)氧化精制能力。随着全球经济缓慢复苏及纺织业出口增长加快，集团预期2002年整体经营环境将大大改善。面对内地化纤市场激烈竞争，集团将透过进一步开发适应市场之差别化品种产品及附加值产品，以提高整体竞争能力。于来年，集团计划开发全消光纤维及各种功能性纤维等35个新品种，而计划生产聚酯产品137.66万吨。此外，具备45万吨PTA装置项目将于2003年首季投产，该装置将向上增加集团原料配套能力，实现聚酯成本最低化。

【主要资产/投资(12/2001)】 佛山化纤联合总公司(100%)；仪化佛山聚酯有限公司(100%)；及仪化康祺化纤有限责任公司(100%)。

南联地产控股有限公司

【公司概况】 股票代码1036，集团主席郑维志，发行股本(股)260M，票面值(港元)0.010，市价总值(港元)610M。

【公司业务】 该集团之主要业务为在香港及中国从事物业投资及发展，其现时之物业组合主要集中于香港工业界。

【主要资产/投资(3/2002)】 投资物业约值18.505亿港元(主要为香港工业大厦/货仓)；位于观塘之待发展物业约值4.53亿港元(注：该幅约95,940平方呎之土地计划作工业/写字楼用途)；租约土地及楼宇约值6,490万港元；待售物业约值1.43亿港元；新达城市发展私人有限公司(5.14%)；及新达私人投资有限公司(10.06%)(注：于年结时之持息负债总额约7.592亿港元)。

台和商事控股有限公司

【公司概况】 股票代码1037，集团主席刘得还，发行股本(股)159M，票面值(港元)0.100，市价总值(港元)86M。

【公司业务】 该集团主要从事(1)制造硅晶圆片扩散、二极管、三极管、混频器、扬声器、五金、电线、微调电阻、可变电阻、电子消费产品(例如CD/MP3/VCD播放机)及其它电子元器件；以及(2)经销电子元器件。截至2002年3月止之年度，集团之营业额主要来自电子元器件经销(44.26%)、电子元器件制造(20.5%)、电子消费产品制造(20.13%)、本身品牌元器件经销(6.05%)及其它元器件贸易(9.06%)。按地区划分而言，香港及中国大陆仍为集团之主要市场，合共占其总营业额63.6%，而集团其它主要市场包括美洲(17.65%)、欧洲(7.27%)及其它亚洲国家(11.48%)。截至2002年3月止之年度，集团持有稳健之现金状况。

【主要资产/投资(3/2002)】 东莞伟华半导体有限公司(100%)；合益电业有限公司(80%)；中联电子有限公司(100%)；台和制造有限公司(100%)；新柏电子有限公司(100%)；台和电子有限公司(100%)；宏标实业有限公司(100%)；台和计算机有限公司(100%)；气密工业有限公司(100%)；台和骰达科技有限公司(80%)；台和(肇庆)电子工业有限公司(61%)；及广东肇庆台和南方元器件精密工业有限公司(60%)。

长江基建集团有限公司

【公司概况】 股票代码1038，集团主席李泽钜，发行股本(股)2,254M，票面值(港元)1.000，市价总值(港元)35,955M。

【公司业务】 长江基建为一家多元化之基建企业，在香港、中国大陆、澳洲、加拿大及菲律宾等地投资多元化基建业务。截至2002年12月止之年度，在香港电灯集团有限公司之投资仍为长江基建之核心利益来源。在澳洲之投资组合方面，新收购之墨尔本电力输送商CitiPower I为长江基建带来额外之收益。于年度内，长江基建出售增城荔新公路及汕头电厂之投资，该两项投资内部回报率分别为20%及10%。此外，有关南海公路网之出售安排亦大致完成，为长江基建带来约14亿港元之进账。于2002年12月，长江基建亦正式签约落实兴建悉尼跨城隧道项目，该投资为长江基建于内地及香港以外之首个海外交通基建项目。凭借稳固资源根基，长江基建将持续把握环球新机遇，以及适时扩充业务及精简营运。

【主要资产/投资(12/2002)】 (1)能源:香港电灯集团有限公司(港灯)(38.87%);长江基建及港灯之 50—50 合资企业包括 CitiPower I、ETSA Utilities(南澳洲唯一电力输送商)及 Powercor Austrialia(在维多利亚省之电力输送商);Envestra(19%)— 新南威尔斯之天然气供货商;位于加拿大之 Stuart Energy(9.2%)— 氢燃料技术之翘楚;及在中国内地之电厂组合总装机容量约 1,860 兆瓦;(2)交通:香港东区海底隧道有限公司(50%);澳洲悉尼跨城隧道(50%);分布于广东、湖南、河南、河北及辽宁等省份、总长度约 500 公里之收费道路及桥梁;以及(3)基建材料及基建有关业务:青洲英泥及安达臣大亚(100%);及加拿大上市之 Polyphalt Inc(63.5%)— 发展及经营高性能改良沥青产品及科技。

福邦控股有限公司

【公司概况】 股票代码 1041,集团主席杨丁元,发行股本(股)9,134M,票面值(港元)0.001,市价总值(港元)164M。

【公司业务】 福邦控股之主要业务为制造及销售木材产品,如木芯板和其它板、中密度纤维板及地板、装饰板及家俱等。目前,集团之业务分散至高科技相关项目,例如分销无线 LAN 产品。于二零零一年,木材业务仍然为集团的主要收益来源,但随着在二零零一年第二季完成的债务及集团重组,该公司将业务作多元化之发展至科技范畴。于二零零一年七月,该公司之附属公司福邦与台资智捷科技签订协议,以福邦品牌销售智捷的无线 LAN 产品,主要市场为大中华、东南亚及澳洲等地。于二零零一年十月,集团认购优网通国际信息股份有限公司约 13% 股份,优网通主要透过互联网提供信息科技的外判服务,包括信息软件设计、数据及数据处理、信息系统管理及相关服务。展望未来,集团仍会以木材产及科技业务为主。

【主要资产/投资(12/2001)】 优网通国际信息股份有限公司(13%);吉林福敦木业有限公司(72%);湖北福江木业有限公司(51%);吉林省福春木业有限公司(55%);敦化福敦木业有限公司(60%);保定福河木业有限公司(69.95%);廊坊福洋木业有限公司(51%);沈阳福升中密度板有限公司(51%);沈阳福阳人造板有限公司(40%);天津福津木业有限公司(49.5%);湖北福汉木业有限公司(48%);及天津福家家具有限公司(46.47%)。

光宇国际集团科技有限公司

【公司概况】 股票代码 1043,集团主席宋殿权,发行股本(股)399M,票面值(港元)0.100,市价总值(港元)918M。

【公司业务】 该集团主要在中国从事充电池及电池相关配件(尤其是阀控密封式铅酸蓄电池及锂离子电池)之研究与发展、制造及销售。该集团专门生产主要适用于电话、电信机楼及电力控制站之后备电力供应的固定型阀控密封铅酸蓄电池。该集团之主要客户包括中国电信、中国网通、中国移动,中国联通及中国铁通。除了中国大陆市场外,集团计划进一步扩展其海外销售市场,如在俄罗斯、美国及德国等地区成立分支机构。据管理层披露,蓄电池之需求于年内下降,主要由于中国电信集团进行重组,然而,预计重组后的中国电信及中国网通在通讯网络建设会加大资本投入。至于锂离子电池业务,集团计划于二零零三年五月开始,由现有每天五万枚锂子电池生产能力增加至每天八万枚,以应付国内手机产厂家的大量订单,同时,集团亦计划于二零零四年第一季开始将总产量提升到每天十六万枚。除了阀控密封式铅酸蓄电池及锂离子电池,集团于二零零二年八月与一中方伙伴合组沈阳东北蓄电池有限公司,占 67% 权益,该合营公司主要生产及制造传统汽车电池,合资前占中国市场份额约为 5%。

【主要资产/投资(12/2002)】 哈尔滨光宇电源有限公司(98.69%);哈尔滨科斯莱特实业有限公司(100%);哈尔滨光宇蓄电池有限公司(100%);沈阳东北蓄电池有限公司(50.2%);及哈尔滨光宇电气自动化有限公司(80%)。

恒安国际集团有限公司

【公司概况】 股票代码 1044,集团主席施文博,发行股本(股)1,040M,票面值(港元)0.100,市价总值(港元)3,068M。

【公司业务】 该集团为中国一家具规模、集生产、销售、市场推广于一身之个人卫生用品企业。集团主要从事生产、分销及销售个人卫生用品包括女性卫生巾及护垫(其品牌为安乐及安尔乐)、婴儿及成人纸尿裤(其品牌分别为安儿乐及安而康),以及其它家庭卫生用品,如女士用洗液及喷剂。现时,集团在中国女性卫生巾及婴儿纸尿裤市场具有领导地位。截至 2001 年 12 月止之年度,卫生巾(包括护垫)仍为集团营业额之主要来源,占集团总营业额 70.8%,而婴儿纸尿裤之销售则占其总营业额 22%。由于跨国公司之品牌进取之促销手法,以及小厂商充斥市场,集团在高档及低档卫生巾市场均面对激烈竞争,因此,集团积极多元化及推出一系列新产品,例如针对大城市及特大城市之年轻职业女性之卫生巾系列。坐拥庞大现金储备,集团将继续透过收购个人卫生用品相关之业务拓展新商机,以扩宽集团之产品种类。此外,集团亦会专注产品之研发,并朝着特色产品之路线发展,全面提升各地区主打产品之市场占有率,提高产品之竞争力。

【主要资产/投资(12/2001)】 现金结余净额约 5.47 亿港元;库存之账面值约 2.88 亿港元;租赁土地及楼宇之账面净值约 2.38 亿港元;机器设备之账面净值约 4.44 亿港元;及上海家化联合股份有限公司(4.62%)— 一家于上海证券交易所上市、在中国从事个人护理产品之生产商。

亚太卫星控股有限公司

【公司概况】 股票代码 1045,集团主席刘纪原,发行股本(股)413M,票面值(港元)0.100,市价总值(港元)887M。

【公司业务】 该集团为亚太地区之综合卫星服务供货商,主要提供卫星转发器租赁、卫星电视广播及对外电讯服务。于卫星转发器租赁业务,集团现时透过位于大埔之卫星测控中心经营三枚在轨卫星:包括亚太 I 号卫星、亚太 IA 卫星及亚太 IIR 卫星。由于亚太卫星 I 号预期于 2004 年第二季终结寿命,集团将以亚太 V 号卫星取代,亚太 V 号卫星预期于 2003 年第 3 季发射。为确保能及时取代亚太 I 号卫星,集团与 Alcatel Space Industries 就建造亚太 VB 号卫星订立采购协议,倘若亚太 V 号卫星未能如期付运及成功发射,亚太 VB 号卫星可作其备份星,亚太 VB 号卫星亦可作为亚太 IA 卫星之替代卫星,因亚太 IA 卫星预期于 2006 年年底终结寿命。除核心卫星转发器租赁业务外,集团亦透过其附属公司亚太卫视发展有限公司获得卫星电视广播牌照,以提供卫星电视广播服务。集团亦设立卫星电视广播服务平台,令其卫视节目播放能力于 2002 年达至 18 个频道。随着集团之共同控制企业亚太卫星电讯有限公司获颁海缆及卫星对外电讯设施服务牌照后,集团已积极展开对外电讯服务,而综合性电讯服务电讯港亦正在兴建,预期于 2003 年年中开始营运对外电讯业务。为配合亚太 V 号卫星及亚太 VB 号卫星之运作及控制,并提供卫星电视广播服务及电讯服务,集团已兴建第二期卫星控制中心(包括全新数据中心),集团亦正陆续于该中心安装卫视广播设施,以进一步配合卫星电视广播平台之发展。

【主要资产/投资(12/2001)】 现金结余净额约 16.197 亿港元;及通讯卫星之账面净值约 7.84 亿港元。

寰宇国际控股有限公司

【公司概况】 股票代码 1046,集团主席林小明,发行股本(股)956M,票面值(港元)0.020,市价总值(港元)182M。

【公司业务】 该集团之主要业务为从事以不同制式(如 VHS、LD、VCD 及 DVD)发行电影、授权出版及转授版权、电影制作及影片发行,以及复制光盘。集团庞大之节目库拥有不同种类之影视娱乐节目,包括本地及外地电影、信息娱乐及教育节目、动画、纪录片、舞台表演、卡拉 OK、电视连续剧及成人节目。展望将来,集团将加强与国内电影制作公司合作摄制电影(如五月八月),及成立合营公司专注拓展中国录像发行市场,藉以不断扩展中国市场。集团亦会进行产品及市场多元化策略,以及不断投资摄制电影。此外,集团将继续于日本、韩国及中国大陆物色策略伙伴合作摄制电影。集团预期中国逐渐开放娱乐事业及改革有关法例将进一步刺激集团之业务增长。

【主要资产/投资(6/2002)】 电影版权及制作中电影约值 1.248 亿港元;租赁土地及楼宇约值 4,520 万港元;以及机械及设备约值 4,540 万港元。

毅兴行有限公司

【公司概况】 股票代码 1047,集团主席许世聪,发行股本(股)300M,票面值(港元)0.100,市价总值(港元)282M。

【公司业务】 该集团主要在香港及中国从事制造、买卖及销售着色剂及着色合成树脂;买卖塑料原料及色粉;以及买卖、市场推广及推销工程塑料产品。于 2002 年 6 月止之年度内,集团之生产业务录得大幅增长,主要由于市场对着色剂及工程塑料之需求甚股,以及该业务录得高毛利率所致。鉴于工程塑料业务之理想表现,集团会继续积极发展针对客户需要之产品。在塑料贸易业务方面,集团将积极争取高增值产品之代理权,藉此提升集团之竞争力。现时,集团广泛之分销网络遍布中国主要城市,如东莞、广州、上海、青岛、成都及天津。为扩充产能、节省运输成本及更迅速将产品交付本港客户，集团已租用香港大埔工业村一座厂房。为应付日益增加之市场需求，集团亦在上海兴建新厂房取代现时租用之厂房，藉以扩大其产能，该新厂房预期于2002年底前落成。据2002年年报进一步披露，集团现正与国内之大型建筑材料商洽谈合作，为塑料原料及着色剂在建筑原材料之应用上进行开发，预期此业务市场将为集团开拓新收入来源。

【主要资产/投资(6/2002)】 东莞毅兴塑料原料有限公司(100%)；颜色专业有限公司(100%)；上海毅兴塑料原料有限公司(100%)；青岛毅兴塑料原料有限公司(85%)；及毅兴工程塑料有限公司(76.2%)。

时富投资集团有限公司

【公司概况】 股票代码1049，集团主席关百豪，发行股本(股)305M，票面值(港元)0.100，市价总值(港元)260M。

【公司业务】 时富投资成功由一家金融服务集团转型为服务企业，主要业务为(1)透过时富金融服务集团提供网上及传统之证券、期货、商品及期权之经纪业务及交易服务、保证金融资、企业融资、分销网上及传统基金及保险产品；(2)透过实惠集团提供家居用品及家具零售；(3)科技发展项目；及(4)其它投资控股。于二零零一年年内，集团成功完成一连串重组活动，包括收购实惠集团之控股权益及将传统金融业务注入旗下之时富金融服务集团。至于集团之科技业务，时富投资于二零零一年八月成立高富集团，主要向企业提供最新信息科技解决方案，藉以提高流程效益。集团之另一项以科技之策略性投资项目为从事光纤生产之合营企业高科桥集团，预期二零零二年上半年进行试产，目标为发展成一间以香港为基地，计划每年能生产125万公里高品质可作电讯用途之单模光纤的生产商。

【主要资产/投资(12/01)】 于香港上市之公司包括时富金融服务集团有限公司(50.08%)和实惠集团有限公司(66.18%)；高富系统有限公司(100%)；及高科桥光纤有限公司(46.25%)。

嘉利国际控股有限公司

【公司概况】 股票代码1050，集团主席何焯辉，发行股本(股)383M，票面值(港元)0.100，市价总值(港元)891M。

【公司业务】 该集团主要从事制造及销售五金及塑料产品，包括计算机外壳、办公室文仪产品、录像带外壳、模具及其它塑料及金属部件。以地域而言，集团之营业额多元化分布于以下市场：日本(27%)、西欧(38%)、北美洲(17%)及其它亚洲国家(18%，不包括日本)。最近，集团亦将业务多元化至电子专业代工业务，并录得显着之发展成绩。该新发展业务正好填补因美国经济放缓对集团带来负面影响之缺口。于2002年7月，集团所有之电子专业代工业务均会归入一家新成立之全资附属公司嘉利环球科技有限公司。据集团管理层披露，尽管电子专业代工业务毛利率较其现有五金及塑料业务低，惟此业务并不需要大量资本性投资，因此为集团提供更高弹性，可随时于市况不佳时减低生产规模。集团预期此业务可成为其日后新增长动力。

【主要资产/投资(3/2002)】 嘉利环球科技有限公司(100%)—于年结日后成立；东莞雁讯电子有限公司(85%)；雁田嘉辉塑料五金厂有限公司(100%)；嘉辉磁电工模厂有限公司(100%)；嘉辉塑料五金有限公司(100%)；香港雄兴金属制品有限公司(100%)；嘉利产品有限公司(100%)；及嘉运机械工程有限公司(100%)。

信用卡防盗系统(控股)有限公司

【公司概况】 股票代码1051，集团主席黄金富，发行股本(股)5，216M，票面值(港元)0.010，市价总值(港元)83M。

【公司业务】 该集团原先从事食品制造及销售业务。随着于2000年中完成业务整顿后，集团已将业务分散至高科技及生物科技相关范畴，包括制造及销售电子产品(例如财经传呼机)、销售健康产品，以及提供财经信息及互联网顾问服务。然而近期，集团计划将核心业务由生物科技转移至集中于用于信用卡交易之高科技防盗系统及软件开发。在可见将来，集团将继续拓展及开发信用卡及记账卡防盗系统业务市场，以及开发一套经持卡人授权使用之付款闸门软件基础设施(尤其在中国大陆市场)。

【主要资产/投资(6/2002)】 Star Cyber DNA Ltd.(100%)；富煜基因全通保健有限公司(100%)；星传通讯科技(深圳)有限公司(80%)；星光国际网络财经信息服务有限公司(100%)；及思维集团有限公司(70%)。

越秀交通有限公司

【公司概况】 股票代码1052，集团主席区秉昌，发行股本(股)1，052M，票面值(港元)0.100，市价总值(港元)1，599M。

【公司业务】 越秀交通为中国广东省主要收费公路经营商，主要从事投资及发展、营运及管理收费公路、高速公路及桥梁。现时，集团持有多元化投资组合，该等收费公路及桥梁项目主要位于广东省珠江三角洲及国内其它某些省份，应占长度约为304.1公里。集团之收费公路及桥梁项目主要连接广东省省内交通，以及广东与湖南及江西等华东省份之省际交通。该等项目大多与地方交通部门合作，以发挥其当地关系及竞争优势。据管理层解释，集团于2002年之业绩受多项暂时性因素如出售新丰及东阳公路、广园东路交通分流及广州市北二环高速公路于通车初期产生亏损等影响。集团预期该等不利因素全部将于2003年出现较大好转。此外，于2002年中收购之汕头海湾大桥于2003年将有全年盈利贡献。

【主要资产/投资(12/2002)】 西临高速公路(100%)；虎门大桥(25%)；广州市北环高速公路(24.3%)；广州市北二环高速公路(46%)；汕头海湾大桥(30%)；广深公路(80%)；广汕公路(80%)；广从公路第一段(80%)；湘江二桥(75%)；广花公路(55%)；广从公路第二段及1909省道(51%)；及清连公路(23.63%)。

重庆钢铁股份有限公司

【公司概况】 股票代码1053，集团主席唐民伟，发行股本(股)414M，票面值(港元)1.000，市价总值(港元)683M。

【公司业务】 该集团为中国一家大型钢铁企业，以及国内最大中厚钢板生产商之一，主要产品包括中厚钢板、型材、线材、商品钢坯及非钢铁副产品(如焦化副产品及炼铁副产品)。该等产品以集团之三峰商标出售，并在中国同类产品中享负盛名，部份产品更获得国际质量认证。据披露，集团全年生产优质钢产量占总产量逾七成。截至2001年止之年度，中厚钢板之销售量仍为集团之主要收入来源，此产品占集团总营业额约45.1%，而型材及商品钢坯则分别占19.3%及17.7%。集团所有产品皆在中国销售，其中六成以上之产品销售予重庆市及中国中西部地区。于年内，集团继续以微合金化、系列化及高附加值为产品开发准则，并成功开发10项新产品。此外，集团亦将于2002年创造一个新重庆市名牌产品热轧盘圆。展望将来，集团将从中央政府于中国西北区之策略性基础建设开发中获得更多商机。

【主要资产/投资(12/2001)】 厂房及机器之账面净值约14.506亿元人民币；及位于国内之物业之账面净值约9.829亿元人民币。

中国南方航空股份有限公司

【公司概况】 股票代码1055，集团主席颜志卿，发行股本(股)1，174M，票面值(港元)1.000，市价总值(港元)2，554M。

【公司业务】 中国南方航空(集团)为中国三大航空公司之一，拥有比任何其它国内航空公司更为广泛之国内航线网络。现时，集团从事经营航空运输业务(包括提供国内、香港地区及国际客运、货运及邮运服务)、飞机维修及航空配餐服务。截至2002年12月止之年度，集团录得纯利增长约69.2%。截至2002年12月底，集团拥有共122架飞机之机队，平均每周4，282起降架次，通航城市88个，其中64个为国内城市，包括北京、上海、广州、天津、武汉、深圳、长沙、郑州、厦门、西安及成都。于2002年，集团经营共349条航线，其中国内航线286条、国际航线43条及香港地区航线20条。于2002年10月，集团之母公司—南方航空(集团)公司(现已更名为中国南方航空集团公司)与中国北方航空公司(北方航)及新疆航空公司(新疆航)进行联合重组，成立中国南方航空集团。为提升市场竞争力及形成规模经营，北方航及新疆航之航空运输业务将被注入集团之业务内。预期该重组建议将为集团之网络拓展、市场占有率之提高提供发展机遇及空间。在此前，集团已在与北方航及新疆航共飞之航线上签订航线联营协议。另一方面，集团已就发行A股于上海交易所上市之计划向中国有关机构提出申请，现时该项工作正按部就班的进行中。建议中之A股发行计划不仅能拓展集团之融资渠道，而且亦能为集团日后之发展注入新动力。

【主要资产/投资(12/2002)】 中国南方航空(集团)深圳公司(100%)；厦门航空有限公司(60%)；南航集团汕头航空有限公司(60%)；珠海航空有限公司(60%)；广西航空有限公司(60%)；贵州航空有限公司(60%)；四川航空股份有限公司(39%)；中国邮政航空有限责任公司(49%)；中国南方航空(集团)公司珠海直升机公司(100%)；广州南联航空食品有限公司(51%)；广州白云国际物流有限公司(61%)；广州飞机维修工程有限公司(50%)；海南凤凰信息系统有限公司(45%)；珠海保税区摩天宇航空发动机维修有限公司(50%)；珠海翔翼航空技术有限公司(51%)；南航集团财务有限公司(46.86%)；及广州航空大酒店(90%)。

粤海制革有限公司

【公司概况】 股票代码 1058，集团主席熊光阳，发行股本(股)524M，票面值(港元)0.100，市价总值(港元)116M。

【公司业务】 该集团主要在中国大陆及香港从事加工及销售皮革半制成品及制成品，以及设计、制造及销售皮具产品之业务。现时，集团之皮革产品以国内鞋革市场为主。自 2000 年 12 月与粤海企业落实债务重组后，集团与债权人签订协议，须于 2003 年底前偿还合共 1.97 亿港元之债项。于 2001 年度，集团成功筹集足够资金以偿还香港债权银行债务，并于 2002 年 1 月全数偿还截至 2001 年 12 月 31 日止之贷款余额。该等资金包括向国内一家银行贷款 5,000 万港元，以及集团致力透过关闭亏损企业、出售资产、清收应收账款、压缩存货等方式自行挤出资金约 1.47 亿港元。

【主要资产/投资(12/2001)】 南海皮厂有限公司(100%)；青岛南海皮厂有限公司(100%)；徐州港威彩色包装有限公司(100%)；徐州南海皮厂有限公司(100%)；番禺国颖皮具手袋有限公司(60%)；及番禺协联皮具有限公司(60%)。

看通集团有限公司

【公司概况】 股票代码 1059，集团主席简文乐，发行股本(股)2,221M，票面值(港元)0.100，市价总值(港元)129M。

【公司业务】 该集团为冠军科技集团有限公司之附属公司，主要从事设计、制造及分销多语言无线电及以互联网为基础之通讯系统及器材，以及投资电子商贸系统。截至 2002 年 6 月止之年度，中国市场(包括香港及澳门)仍为集团之主要收入来源，尤其是不断增长之中国大陆市场，该市场之增长有助抵销集团另一主要欧洲市场所面对之不景市况。目前，集团已建立一群以政府机构及蓝筹企业为主之客户基础。在过去十年，集团已策略性地参与特定市场方面之综合无线电网络解决方案之开发工作，尤其在紧急服务市场方面。现时，集团在英国健康护理市场及消防服务队市场方面分别占有约 60% 及 85% 之市场占有率。除保安行业外，集团亦提供按客户特有需要而设计之通信解决方案及系统，可广泛应用于各类私人商业网络，如零售、制造、航空、能源、旅馆、食品加工业等。此外，集团已成功开发不同协议模式以兼容 PSTN、ISDN、GSM、TETRA 及其它无线电网络。据披露，集团亦已开发不同接口，藉以在互联网接口上配合其它供货商之系统使用，并已展开与无线互联网整合有关之工作。在可见将来，集团之新产品及服务将集中于拥有高边际利润之客户特定通信软件业务，例如可提供车辆位置及地理资信系统科技之流动数据系统。

【主要资产/投资(6/2002)】 Multitone Electronics PLC (100%)；Kantone Asia Ltd. (100%)；Parsons Industrial Corporation (100%)；及 Zonal Care Inc. (100%)。

上海联合水泥股份有限公司

【公司概况】 股票代码 1060，集团主席许业荣，发行股本(股)729M，票面值(港元)0.250，市价总值(港元)379M。

【公司业务】 集团主要从事生产及分售高标水泥、熟料及瓷砖；销售石材及其它建筑材料；工程设计及施工业务。自 2000 年起，集团面对严重之财政困难，但于 2001 年 5 月完成财务重组及由天安中国投资有限公司注入上海联合水泥有限公司(上海水泥)后，集团已逃离被清盘之命运，净资产亦由 2001 年 3 月止年度之 11.22 亿港元亏绌，改善至 2001 年 12 月止年度之 2.66 亿港元盈余。作为重组计划之一部份，集团结欠约 10.36 亿港元之款项已透过 4,600 万港元现金及发行股份之方式偿还，而有问题之附属公司亦已进行清盘或出售，集团之财政状况及营运环境从而得到重大之改善。至于集团核心水泥业务，上海水泥之销售额及现金收入创三年新高。集团亦租用山东省一条水泥生产线，以进一步拓展其水泥业务。此外，集团在佛山两家瓷砖生产厂已进行改造，以准备重建赛华品牌，而新产品会透过上海水泥之广泛网络推出市场。

【主要资产/投资(12/2001)】 上海联合水泥有限公司(60%)；山东上联水泥发展有限公司(100%)；佛山市亨达陶瓷有限公司(60%)；及佛山市三联陶瓷有限公司(48%)。

ING 北京投资有限公司

【公司概况】 股票代码 1062，集团主席刘晓光，发行股本(股)540M，票面值(港元)0.100，市价总值(港元)59M。

【公司业务】 该集团之主要业务为持有公司或其它机构之股权，而该等公司或机构于中国或香港拥有重大业务权益或参与经营。集团预期中国经济持续增长可加速国内消费品行业之复苏，而由于集团投资组合中有过半数投资于消费品行业，管理层对投资组合之表现抱乐观态度。于 2001 年 12 月止年度结束后，集团透过投资于两项物业项目，将投资扩展至北京物业范畴。首个项目为投资 4,268 万元人民币，购入北京西郊之高级住宅发展项目西山八达处 30% 股本权益。第二个项目为投资 4,000 万元人民币，购入北京东北部之高级住宅发展项目太阳宫新区 F 组团 30% 股本权益。

【主要资产/投资(12/2001)】 创维数码控股有限公司(5.016%) — 国内影音产品生产商及销售商；北京亚太首星通信技术有限公司(18%) — 于国内提供全国传呼、全球定位系统及物流网络服务；ChinaGo Ltd. (10.44%) — 从事非网上杂志印刷，以及提供软件、信息科技解决方案及收费电邮服务；深圳光大木材工业有限公司(22.87%) — 国内最大木材加工企业之一；北京远东仪表有限公司(35%) — 国内科学计量及工业控制设备之主要生产商之一；北京北辰现代管道有限公司(28%) — 从事管道制造业务；及现金结余净额约 6,790 万港元(包括于 2002 年 3 月因出售可换股贷款所得之现金代价约 4,750 万港元)。

新确科技有限公司

【公司概况】 股票代码 1063，集团主席区沛达，发行股本(股)268M，票面值(港元)0.100，市价总值(港元)183M。

【公司业务】 该集团主要从事设计、制造、推广固网及无线电讯产品，该等产品以本身品牌、客户之品牌及按订约生产安排方式制造。集团现有之产品包括有线电话、无线电话、数码室内无线电话(DECT)及其它电讯通讯产品。于 2001 年度，撇除 2001 年及 2000 年之非经常项目之影响(例如为获免除银行借贷而进行回拨)，集团之整体业绩无论在销售额及经营利益方面均获得显着改善。于年内，集团将客户基础扩展至欧洲及亚太区市场，并推出一系统新产品，尤其 DECT 系列产品。此外，中国一家主要上市集团四川托普软件股份有限公司(四川托普软件)收购集团生产部门(即深圳托普国威电子有限公司)之 24%权益。此后，四川托普软件成为集团策略性伙伴，并为集团提供 GSM 电话之订约生产业务客户。

【主要资产/投资(12/2001)】 深圳托普国威电子有限公司(46%)；万达铃通讯有限公司(100%)；Mondial Communications (Europe) Ltd. (100%)；SunCorp Communications (Europe) Ltd. (100%)；新确通讯有限公司(100%)；及 T Diese(100%)。

中华国际控股有限公司

【公司概况】 股票代码 1064，集团主席何湛雄，发行股本(股)2,980M，票面值(港元)0.020，市价总值(港元)364M。

【公司业务】 该集团为一投资控股公司，主要在中国大陆从事物业发展及投资业务。于 2001 年度，集团之业绩有所改善，主要由于预售海珠半岛花园第三期单位之成绩理想所致(注：截至 2001 年年底已售出逾五成住宅单位)。除核心业务外，集团亦已扩展至其它业务范畴。例如，集团于 2000 年 12 月以现金代价 3,500 万港元，收购 Ever Brian Inc. 之全部股权，Ever Brian 主要从事向一间提供线上英语学习课程公司 GlobalEnglish 提供中国地区(包括香港及澳门)之独家代理服务。于 2001 年 4 月，集团亦订立有条件协议，以代价 3.2 亿港元收购 I—Action Agents Ltd. 之全部股权，该代价透过出售集团所持 Ample Dragon Ltd. 之 49% 权益支付，而 Ample Dragon 之主要资产为位于中国之物业发展及投资项目。至于 I—Action 方面，其间接附属公司世联汇通科技有限公司主要从事为计算机网络系统提供技术顾问服务(例如为电话银行系统服务建立及开发传呼中心及数据管理系统)。

【主要资产/投资(12/2001)】 广州市东迅房地产发展有限公司(集团有权获得全部利益/亏损之合作经营企业)；I—Action Agents Ltd. (100%)；东迅房地产发展有限公司(51%)；及重庆超霸房地产开发有限公司(100%)。

天津创业环保有限公司

【公司概况】 股票代码 1065，集团主席马白玉，发行股本(股)340M，票面值(港元)1.000，市价总值(港元)592M。

【公司业务】 该集团原本从事制造及销售化工产品业务。继 2000 年 12 月完成资产置换后，集团成为天津市政府从事环保产业及基础设施之唯一一家境外上市公司。现时，集团主要从事(1)天津市两座城市污水处理厂(东郊污水处理厂及纪庄子污水处理厂)及相关配套设施之建设、设计、管理、经营、技术咨询及配套服务；(2)天津市中环线东南半环城市道路，天津市贷款道路建设车辆通行费收费站及相关配套设施之建设、设计、收费、养护、管理、技术咨询及配套服务；以及(3)开发及经营环保科技及环保产品。于2001年度，集团投资1,800万元人民币收购从事生产及销售中水之天津中水有限责任公司90%股权。为进一步扩展其污水处理业务，集团于2001年9月开始污水处理厂建设业务，包括纪庄子污水处理厂扩建项目、咸阳路污水处理厂建设项目及北仓污水处理厂建设项目，该三项建设项目预计分别于2003年、2004年及2005年完成。集团建议发行不超过12亿元人民币之A股可转换公司债券，以筹募资金资助以上三项污水处理厂建设项目。

【主要资产/投资(12/2001)】 现金结余净额约为2.434亿港元；位于天津之东郊污水处理厂及纪庄子污水处理厂；天津市中环线东南半环道路；及天津中水有限责任公司(90%)。

TCL国际控股有限公司

【公司概况】 股票代码1070，集团主席李东生，发行股本(股)2,650M，票面值(港元)0.100，市价总值(港元)4,478M。

【公司业务】 该公司主要从事设计，制造，装嵌及于国内和海外销售多种电子消费产品，包括彩色电视机，其它影音产品，白色家庭电器，个人计算机及互联网接入产品。TCL国际已成为中国大陆彩电市场之王者及于彩电业的市场占有率于二零零一年达至20%(于二零零零年为17%)。集团凭借制造及分销彩色电视机，白色家庭电器及空调产品之业务优势，TCL国际控股拓展至信息科技产品及服务领域。于二零零一年二月，集团完成收购TCL计算机科技有限责任公司全部权益。于二零零二年年内，集团亦增加持有惠州TCL移动通信有限公司之权益至30%；集团预期此移动电话业务将能成为重要增长之业务。于二零零二年集团将推出如画彩电、一键飞上网机顶盒、DVB—S数字电视卫星接收机、LCD显示器和PDA等，并成立了特种显示设备研发小组，负责PDP(等离子)、LCD背投电视、LCOS电视的开发。

【主要资产/投资(12/2001)】 惠州市TCL计算机科技有限责任公司(100%)；惠州TCL移动通信有限公司(30%)；TCL王牌电器(惠州)有限公司(100%)，TCL王牌电子(深圳)有限公司(100%)，河南TCL—美乐电子有限公司(52%)，TCL通力(100%)；和TCL空调(中山)(75%)。

山东国际电源开发股份有限公司

【公司概况】 股票代码1071，集团主席贺恭，发行股本(股)1,431M，票面值(港元)1.000，市价总值(港元)3,041M。

【公司业务】 该集团为山东省内最大型之独立发电集团，亦为中国最大型独立发电集团之一。集团主要从事建设、经营发电厂及其它与发电相关之产业。截至2002年年底，集团拥有权益总装机容量达5,494.5兆瓦，占山东全省总装机容量21.84%。截至2003年4月15日，集团拥有权益总装机容量达5,647兆瓦，管理总装机容量为6,542.5兆瓦。于2002年12月止之年度内，集团遵循地域相对集中，远期近期结合之发展项目选择原则，实施面向全国，放眼国际之区域发展策略．展望将来，集团将继续抓住国家西部大开发及西电东送策略之历史机遇。此外，集团将积极探讨多渠道之融资方式，降低资金成本，合理调查资本结构，满足集团业务加速发展之资金需求作融资上之积极准备。

【主要资产/投资(12/2002)】 邹县发电厂(100%)；十里泉发电厂(100%)；莱城发电厂(100%)；青岛发电厂(55%)；潍坊发电厂(30%)；淄博山国电热电有限公司(100%)；山东章丘发电有限责任公司(70%)；山东滕州新源热电有限责任公司(54.49%)；及山东鲁能泽矿业开发有限公司(18.4%)。

东方电机股份有限公司

【公司概况】 股票代码1072，集团主席朱元巢，发行股本(股)170M，票面值(港元)1.000，市价总值(港元)247M。

【公司业务】 该集团之核心业务为从事制造及销售水力发电设备、汽轮发电机、交直流电机及控制设备。现时，集团为中国大型发电设备制造商之一，亦为全国最大型制造水力及火力发电设备之重点企业。集团之产品年产量占国内同类产品之30%以上。据披露，集团现正以较大投入进行技术改造，目标为使集团(1)水电年生产能力达到200万千瓦，火电年生产能力达到360万千瓦；及(2)具备三峡机组生产条件及30万千瓦、60万千瓦汽轮发电机批量生产能力。

【主要资产/投资(12/2001)】 东方电机设备工程有限公司(99.21%)；东方电机动力设备有限公司(98%)；东方电机工模具有限公司(99.32%)；东方电机控制设备有限公司(96.15%)；乐山市东乐大件吊装有限公司(49%)；及四川东方佳信工程建设监理有限责任公司(40%)。

浩伦农业科技集团有限公司

【公司概况】 股票代码1073，集团主席吴少宁，发行股本(股)352M，票面值(港元)0.100，市价总值(港元)165M。

【公司业务】 该集团为中国首屈一指之调节型植物生长剂(植物生长剂)生产商，主要于中国从事生产及销售植物生长剂，以及经营农资仓储超市业务(即农药、肥料及其它农产品之贸易)。于2002年6月止之年度内，集团来自植物生长剂业务之营业额及经营利益较上年度分别增长16%及21%，增长主要由于花卉及食用菌专用型植物生长剂于2001年6月投产后全年为集团带来盈利贡献，以及蔬菜及果树专用型植物生长剂销量稳步增长所致。于2002年10月，集团共有九个植物生长剂之生产线，全年生产量共2,520公吨。在农资业务方面，集团已于2001年初开始在福建省建立市场推广网络。自2002年起，集团之农资销售网络已伸展至其它省份，如山西省、江西省、湖南省及江苏省等。于年内，农资业务所录得之营业额较上年度大幅增加581%，约占集团总营业额45%。然而，由于农资业务仍处于前期开发阶段，并需要投入相当时间及金额以扩充及整固业务，因此该业务尚未能提供可观之盈利贡献。据披露，集团现正致力于研发新产品，并与不同之科研机构合作研发数种专用型植物生长剂，如棉花、茶叶、大豆、中草药、高油玉米及鲜食玉米植物生长剂。集团预期该等新产品将于2003年至2004年陆续推出市场。于2002年8月，集团亦与福建省农业科学院生物技术中心订立协议，以总代价约4,526万港元收购有关一种名为BtA生物农药之知识产权(注：约1,700万港元之按金已于2000年9月支付，而余额亦已于2002年8月悉数清偿)。日后，集团将继续提升其产品质素与多样化及市场地位(尤其在中国加入世贸组织以后)，藉以建立一个可与国际市场竞争且更具策略性之地位。

【主要资产/投资(6/2002)】 福建超大浩伦植物生长剂有限公司(100%)；福州浩伦植物生长剂有限公司(100%)；厦门根本精细化工有限公司(100%)；及平和县超大浩伦锦溪生产数据有限公司(90%)。(备注：由2002年1月14日起，集团之上市地位已由创业板转往香港联交所主板上市。)

第一天然食品有限公司

【公司概况】 股票代码1076，集团主席杨宗龙，发行股本(股)800M，票面值(港元)0.050，市价总值(港元)356M。

【公司业务】 该集团为国内冷冻天然食品加工商，旨在满足消费者对营养及健康之需求，其业务策略乃成为增值制造平台，为冷冻兼便利天然及营养食品加工。集团加工各式农业及海产食品，并致力发展天然及健康之功能性食品及天然食品。集团主要经营三大食品部门，分别为冷冻海产食品、冷冻功能性食品及冷藏肉类。日本及美国为集团两大出口市场，分别占集团截至2002年12月止年度之营业额74.1%及24.7%。于年内，集团与韩国一家大型贸易公司海珍贸易有限公司组成联盟，成功打入韩国市场。于2003年2月，集团已进行欧盟注册手续，以满足欧洲市场对各种冷冻水产品及其调理制品日益增长之需求。当集团申请欧盟注册成功后(预期于2003年下半年取得注册)，集团之产品将透过集团现有客户Panapesca Corporation(总部位于意大利)之销售网络分销至欧洲市场。集团亦正考虑进军中国消费水平较高之繁荣市场，如北京及上海。在产品领域方面，集团将继续研制新冷冻海产食品，如低卡路里贝类食品、贝类罐头及以低温处理之罐头食品。此外，集团亦计划推出一系列常温下可储存之高温处理海产食品。于2002年年底，集团持有庞大现金结余净额约2.170亿元人民币。

【主要资产/投资(12/2002)】 福清隆裕食品开发有限公司(100%)。

中国制药企业投资有限公司

【公司概况】 股票代码1093，集团主席蔡东晨，发行股本(股)1,502M，票面值(港元)0.100，市价总值(港元)4,131M。

【公司业务】 该集团主要从事制造及销售三大系列之原料药产品，包括青霉素系列、7—ACA系列及维生素C系列。截至2001年12月止之年度，集团录得之股东应占利益增长74%至1.40亿港元。青霉素系列占集团2001年度总销售额约43.7%，为集团之主要收入来源，而7—ACA系列及维生素C系列则分别约占30.2%及24.5%。于

2001年度,集团已出售非核心、并铍得亏损之柯柯豆？业务。于2002年4月,集团订立协议向母公司收购若干制剂生产线,将产品组合多元化至覆盖制剂产品,该收购已于2002年7月完成。有关收购将大为扩大集团之市场领域,并对集团日后开发新产品极为有利。在7－ACA生产线之扩产工程方面,有关工程已于2001年度内完成。自此,集团成为亚洲最大之7－ACA生产商,并为中国、东亚及印度市场之主要供货商。展望将来,集团将继续物色其它收购机会,以将集团转型为一家拥有开发、生产及销售原料药及成药业务之综合制药企业。

【主要资产/投资(12/2001)】 河北中禾制药有限公司(99%);河北丰华制药有限公司(99%);河北中抗制药有限公司(99%);河北中润制药有限公司(99%);石家庄佳利制药有限公司(99%);维生药业(石家庄)有限公司(100%);中兴药业(石家庄)有限公司(100%);及河北华荣制药有限公司(50%)。

新怡环球控股有限公司

【公司概况】 股票代码1094,集团主席李文化,发行股本(股)400M,票面值(港元)0.100,市价总值(港元)122M。

【公司业务】 该集团之主要业务为从事设计、制造及销售各类型之休闲鞋及运动鞋。集团生产之休闲鞋主要分为步行鞋、户外鞋、户外凉鞋及室内拖鞋,而运动鞋则包括网球鞋、跑步鞋、篮球鞋、步行鞋、多功能鞋、足球鞋、爬山鞋、棒球鞋、健身鞋、健身舞鞋、榄球鞋及一般功能运动鞋。集团生产自行设计之产品,并以原设计制造方式或以集团自有品牌耐美舒销售。截至2002年9月止之年度,集团之营业额大幅增加39.7%至约4.335亿港元,且录得纯利约3,430万港元。按地区划分而言,欧洲仍为集团之主要出口市场,约占集团年内总营业额80.4%,而另外两个主要市场则为美国(7.8%)及中国(2.8%)。现时,集团之生产设施位于中国福建省晋江市,该生产设施年产量约达220双鞋履。于2003年,集团将在现有厂房物业毗邻兴建新生产设施,预期于新生产设施投入运作后,集团现有之生产将提升约50%。此外,集团将继续扩展其休闲鞋及运动鞋系列,为客户提供更多选择,并将透过发掘新市场及客户,藉以进一步扩阔其客户基础。截至2002年9月止之年度,集团持有现金结余净额约4,180万港元。

【主要资产/投资(9/2002)】 晋江市华意鞋业有限公司(100%);Streaks Worldwide Ltd.(100%);及Vento Group Ltd.(100%)。

德胜集团有限公司

【公司概况】 股票代码1095,集团主席王文荣,发行股本(股)850M,票面值(港元)0.100,市价总值(港元)33M。

【公司业务】 该集团主要从事制造供饮料、食品及化工业用之铁罐及胶樽,以及提供马口铁处理、涂黄及彩印服务,而二片罐生产线自2000年度起已几乎完全停产。于2000年度,由于位于中国福建、东莞及天津之四间附属公司之所有资产几乎已被没收及由若干该集团之债权人拍卖或使用以偿还部份该等附属公司久彼等之债项,集团位于福建、东莞及天津之生产基地已全部停止运作。由于中国市场营商环境欠佳,集团自1998年开始已连续四年录得亏损。面对严重之流动资金问题及股东资金不足,集团已就其本港最大债权人JHY向集团索偿合共5.67亿港元之未偿还欠款而进行法律诉讼。基于集团有关持续经营基准之主要不明朗因素,集团新聘任之核数师浩华会计师事务所对其年内核数之财务报表不作出意见。据披露,集团在现时困难情况下能否继续经营,将视乎重组计划能否成功,以及依赖将集团业务转亏为盈之其它措施。

有线宽频通讯有限公司

【公司概况】 股票代码1097,集团主席吴天海,发行股本(股)2,019M,票面值(港元)1.000,市价总值(港元)3,938M。

【公司业务】 该集团为香港一家综合通讯服务机构,主要业务为拥有及经营先进之宽频通讯网络、制作多媒体内容,以及提供收费电视及互联网服务。截至2002年年底,集团之收费电视订户已成功超逾60万户。此外,由于集团推行之打击盗看措施见效,令其每月平均客户流失率降至1.6%。在互联网及多媒体业务方面,集团宽频订户之数目录得强劲增长,客户数目于年底已超越22.5万户。于2002年4月,集团推出全数码新闻中心,为其传送服务作出另一次突破。面对日后银河卫星及Yes TV等收费电视所带来之竞争,集团将继续透过其于新闻及体育节目之优势,以及推出优惠之服务套装,藉以加强其竞争力及捕捉更大之市场份额。在互联网及多媒体业务方面,集团会继续拓展多媒体内容,推出更多优质之收费网上频道。利用旗下收费电视之节目内容,集团现时可在多个多媒体内容网站上提供每天160小时之新节目及2,800小时之库存数码节目。与此同时,集团亦积极将多媒体内容推广至其它服务供货商(如流动电话服务营办商),以配合即将面世之第三代流动通讯服务。

【主要资产/投资(12/2002)】 香港有线电视有限公司(100%);有线卫星电视有限公司(100%);有线宽频网络有限公司(100%);i－CABLE WebServe Ltd.(100%);香港有线电视企业有限公司(100%);i－CABLE Ventures Ltd.(100%);及丽的卫星服务有限公司(100%)。

路劲基建有限公司

【公司概况】 股票代码1098,集团主席单伟豹,发行股本(股)573M,票面值(港元)0.100,市价总值(港元)2,634M。

【公司业务】 路劲基建(路劲)为一家以香港为基地之基建公司,其核心业务为于中国从事投资、发展、经营及管理收费道路及高速公路。截至2002年年底,路劲在中国八个省份(包括广东、江苏、广西、山西、海南、安徽、河北及湖南)参与逾20个收费公路及桥梁项目,经营60多个公路收费站,公路总里程达1,000公里,投入资金逾50亿港元。于2002年,路劲之公路项目车流量及收入分别为1亿380万辆次及12.78亿元人民币,较2001年分别增长9.7%及14%。于年内,路劲若干公路获准提高收购标准,以助路劲增加路费收入。于2002年5月,路劲签订投资、经营及管理河北省保定至天津高速公路之有条件协议。于2002年12月,安徽省蚌埠市朝阳路淮河公路桥如期完成。于同一个月,路劲签署协议将其于山西省省道黄古线小店汾河桥项目之权益转让予内地合作伙伴。于年内,路劲亦已出售非核心之内地中医药业务。展望将来,持续增加之汽车数目以及内地经济发展所诱发之物流及人流交往活动将使公路上之车流大幅增加。此等市场发展将有利于收费公路行业及路劲之基建项目。于2003年,路劲将继续精简其现有业务,以及积极促成具吸引力之公路投资机会。

【主要资产/投资(12/2002)】 合作企业权益(主要从事公路基建及经营业务)按账面值约39.62亿港元;及Chai－Na－Ta Corp.(62%) 为多伦多上市公司,主要从事产销西洋参。

飞达帽业控股有限公司

【公司概况】 股票代码1100,集团主席颜禧强,发行股本(股)281M,票面值(港元)0.100,市价总值(港元)710M。

【公司业务】 该集团之主要业务为从事制造及销售休闲帽品。集团之休闲帽品皆印有国际知名卡通及电影人物、举世驰名之制片商、赛车制造厂、著名棒球、曲棍球及美式足球队之徽号及/或设计,以及主要运动品牌如Reebok、Wrangler、Fila及Ellesse。集团亦供应各式各样之礼帽与针织帽以及制服帽。截至2002年12月止之年度,美国及棒球帽继续分别成为集团之主要市场及主要产品,分别约占集团总营业额91.4%及80.2%。于年内,集团成功取得著名品牌包括AFL、Mudd及一家著名太阳眼镜及运动服装品牌之专利权。此外,集团亦已推出为现有客户而设之电子商贸平台,务求以方便之渠道及快速之付运争取更多新业务商机。为应付客户对产品日益增长之需求,集团已在中国深圳现有之厂房毗邻兴建一座八层高面积约达20万平方呎之新厂房。该扩展计划可将集团之生产力提升达80%。于2003年,集团将进一步扩阔其帽品种类至高尔夫球、狩猎及钓鱼运动范畴。此外,集团亦计划于2003年下半年成立运动服装部门,以套装形式提供T恤及帽品,务求迎合集团部份客户之需求。

【主要资产/投资(12/2002)】 臻翰工艺刺绣(深圳)有限公司(100%);飞达帽业制造有限公司(100%);Summerville Trading Ltd.(100%);United Crown Int'l Macao Commercial Offshore Ltd.(100%);Drew Pearson Marketing, Inc.(85.72%);及Drew Pearson Int'l, Inc.(80%)。

上海商贸控股有限公司

【公司概况】 股票代码1104,集团主席毛玉萍,发行股本(股)413M,票面值(港元)0.100,市价总值(港元)107M。

【公司业务】 该集团主要在中国从事胚布加工及布疋买卖业务,而制造及销售消闲食品业务已于2002年初出售。由于布疋加工行业存在不利经营环境,集团于2001年度继续录得亏损净额4,560万港元(2000年度之亏损为1,360万港元)。继于2002年3月出现主要股东变动后,新管理层将为集团制定长远业务计划及策略。因此,集团已将业务扩展至基本金属贸易,而此新业务已于2002年上半年为集团带来经营利益。另一方面,集团于2002年透过三次股份配售活动,共集资约 4,180 万港元,以扩大其股本基础。日后,集团将继续寻求其它商机,以及扩展业务范畴至一般商品贸易,如纺织品、基本金属、机械设备、农业副产品、茶叶、高科技产品等。

【主要资产/投资(12/2001)】 潮阳市华龙纺织染整有限公司(100%);及盈荣(香港)有限公司(100%)。

泛华集团控股有限公司

【公司概况】 股票代码 1105,集团主席何柱国,发行股本(股)1,818M,票面值(港元)0.100,市价总值(港元)682M。

【公司业务】 该集团主要从事:(1)传媒及信息服务,透过旗下新华在线、泛华汇讯及星岛集团成立之报章和杂志旗舰星岛日报和 Hong Kong iMail 进行;(2)宽频技术及服务,主要由百灵有限公司经营;(3)软件开发,主要透过联成互动软件有限公司及北京泛华汇通软件科技有限公司提供服务;(4)教育及企业培训;及(5)以尼康摄影产品的贸易。于二零零一年九月,星岛集团将 Hong Kong iMail 重新定位为主攻大中华地区财经新闻的英文报章,以抢占仍有开拓潜力空间的英文报章市场。另一方面,星岛集团亦成立杂志集团,并于二零零二年首季收购两份香港知名杂志东 Touch 及 Teens,这些杂志将作为集团进一步拓展杂志出版业务的踏脚石。星岛集团于二零零二年四月完成卖买协议出售商业印刷业务,包括南华印刷(一九八八)有限公司、洛文财经印刷有限公司、卓越印刷有限公司,未经调整的总代价为港币四亿二千八百万港元,集团仍持有出版之友印务集团的百分之五十权益。透过母公司泛华科技集团有限公司的支持,星岛将会继续推广其本身品牌于大中华媒体市场。至于集团之新华在线业务,主要是提供媒体与金融业信息,同时,凭借新华社具备丰富的讯息库、庞大的分销渠道及网络联盟,将可为集团带来可观之回报。于二零零零年九月,集团透过与三联集团公司在山东省成立合营企业百灵有限公司,而于山东省一带从事为开发先进宽频技术及提供多媒体内容服务。截止二零零一年年底,百灵在山东省济南市的宽频用户已经突破 15,000 名(二千零一年六月时为 8,500 名),展望未来,百灵将继续提供更多高增值服务(例如:硕士遥距学位)。再者,集团亦有投资软件开发项目,如联成互动软件有限公司,为北京市第一个客户关系管理软件供货商。

【主要资产/投资(12/2001)】 星岛集团有限公司(74.5%);新华在线信息技术有限公司(55%);联成互动软件有限公司(20%);百灵有限公司(40%);泛华汇讯有限公司(81%);北京泛华汇通软件科技有限公司(100%);Beijing Xinhua TV Broadcasting (49%);北京美天英孚网络有限公司(55%);及泛华财务顾问有限公司(100%)。

洛阳玻璃股份有限公司

【公司概况】 股票代码 1108,集团主席刘宝瑛,发行股本(股)250M,票面值(港元)1.000,市价总值(港元)240M。

【公司业务】 该集团主要从事生产及销售浮法平板玻璃及加工汽车玻璃之业务。集团为中国玻璃行业最大之浮法玻璃生产商及经销商,其产量及销售额均居行业首位。于 2001 年度,玻璃行业面对扩张过猛、市场无序竞争、价格下跌及效益下滑之严峻形势。展望将来,集团将继续重点做好规范完善区域销售网络建设、强化服务、重视营销策划及加快技术进步,藉以整固其现有业务。

【主要资产/投资(12/2001)】 洛阳集团龙门玻璃公司(79.06%);郴州八达玻璃股份有限公司(52.25%);洛阳晶鑫陶瓷有限公司(49%);洛阳集团仰韶玻璃有限公司(54%);及中国洛阳浮法玻璃集团财务有限责任公司(40%)。

华润置地有限公司

【公司概况】 股票代码 1109,集团主席宁高宁,发行股本(股)1,503M,票面值(港元)0.100,市价总值(港元)1,217M。

【公司业务】 该集团主要在中国从事物业发展及投资业务,旗下大部份物业发展项目及投资物业皆位于北京市。据 2001 年年报披露,集团拥有 28 个物业发展项目之权益,以及拥有建筑面积约 470 万平方米之土地储备。在土地储备中,约 300 万平方米来自 2001 年度政府之行政划拨及集团之自行购入。集团预期该等土地储备可供其未来五至六年发展之用。除北京物业市场外,集团亦拟于中国其它主要城市开拓业务商机。有见及此,集团已预留足够资源去开发新地区市场。据披露,集团将在该等新地区筹组附属公司,藉以配合其扩展计划。

【主要资产/投资(12/2001)】 北京华威大厦有限公司(50%);北京华中原房地产开发有限公司(50%);北京华南大厦有限公司(20%);华润置地(北京)股份有限公司(70.4%);北京华远京通房地产开发有限责任公司(100%);北京华远曙光房地产开发有限责任公司(100%);北京华远健翔物业开发有限公司(100%);及北京中诚信物业开发有限公司(80%)。

中航兴业有限公司

【公司概况】 股票代码 1110,集团主席孔栋,发行股本(股)3,313M,票面值(港元)0.100,市价总值(港元)3,810M。

【公司业务】 于 2002 年初,集团以总代价 6.65 亿港元向控股公司中国航空(集团)有限公司(中航集团)收购中国航空(澳门)有限公司(中航澳门)之全数权益。在收购前,集团主要从事航空相关业务及物业投资。集团已其所有投资物业权益转归予中航集团,以作为收购中航澳门事项之部份代价。自此以后,集团转型为专注于航空业务之企业,并将已有之投资扩展至珠江三角区另一个重要之航空枢纽。中航澳门拥有以澳门为基地之独家专营特许航空公司澳门航空股份有限公司(澳门航空)之 51% 权益、明捷澳门机场服务有限公司(明捷澳门)之 26% 直接权益,以及澳门飞机维修工程有限公司之 20% 直接权益。现时,集团透过(1)澳门航空及港龙航空有限公司(注:集团为港龙之最大单一股东)提供航空运输服务;(2)怡中航空服务有限公司及明捷澳门提供机场地勤服务;以及(3)透过香港商贸港有限公司提供物流服务(其位于香港国际机场之物流中心已于 2003 年 3 月中开始营运)。于 2002 年 10 月,集团之最终控股公司已成功与中国国际航空公司及中国西南航空公司合并,组成新控股公司中国航空集团公司。中国航空业通过重组,将国内之主要航空公司组合成三个航空集团(中国航空集团公司将成为其中之一),藉以巩固国内航空事业,进一步提高中国在国际航空业之竞争力。凭借本身于国际航运及机场相关服务业所取得之丰富经验,集团将受惠于更强大之母公司集团背景及发展计划所带来之机遇。于 2002 年底,集团仍持有庞大现金结余约 11.71 亿港元。

【主要资产/投资(12/2002)】 中国航空(澳门)有限公司(100%);港龙航空有限公司(43.29%);怡中航空服务有限公司(50%);及香港商贸港有限公司(25%)。

廖创兴银行有限公司

【公司概况】 股票代码 1111,集团主席廖烈文,发行股本(股)435M,票面值(港元)0.500,市价总值(港元)3,545M。

【公司业务】 廖创兴银行主要从事提供(1)企业及零售银行服务,包括对客户提供贷款、贸易融资、客户融资、支票往来、定期存款及活期储蓄户口服务,以及全面计算机化之电话银行及网上银行服务;(2)财资及外汇服务;及(3)其它有关之金融服务,包括汇款、外币找换、保险箱、强积金服务、人寿保险及互惠基金代理、证券交易、股票经纪、商品及期货经纪、其它投资顾问服务及物业投资等。集团目前在香港经营 36 间分行(包括总行),以及分别在汕头、澳门及三藩市经营 3 间分行,并分别于深圳及广州设有 2 家办事处。于 2003 年中,集团之总行将拆卸重建,而总行有关部门将迁往皇后大道中新世界大厦办公。原址将改建为楼高 27 层共有楼面面积 11 万平方呎之新型商业大厦。于 2006 年中完成后,银行即迁回该新厦继续营业。

【主要资产/投资(12/2002)】 廖创兴财务有限公司(100%);创兴证券有限公司(100%);创兴商品期货有限公司(100%);及雅贤有限公司(47.37%)。

华晨中国汽车控股有限公司

【公司概况】 股票代码 1114,集团主席吴小安,发行股本(股)3,666M,票面值(港元)0.010,市价总值(港元)7,607M。

【公司业务】 该集团为中国首屈一指之小型客车制造商及分销商。以产量、销售量及市场占有率计,集团为国内中国轻型客车制造商之最,其主要产品包括豪华小型客车及中价小型客车。于 2002 年,集团售出合共 65,000 余辆轻型客车。集团最近更成功进军国内轿车市场,其中华牌轿车已于 2002 年 8 月正式推出市场,并于 2002 年售出 8,800 余辆。另一方面,与宝马建立之合营公司亦为集团带来更多创新科技,以及为集团建立一个正面之策略地位,藉以进一步巩固其作为国内一名全面发展之汽车生产商之市场地位。展望将来,集团将专注于维持于轻型客车领域之领导地位、塑造品牌形象及建立中华牌轿车之市场占有率,以及为与宝马组建之合营公司设置及其有关本地零配件及分销网络。因此,集团将继续向市场推出更多新款式及型号之轻型客车及中华牌轿车。此外,集团将于 2003 年第二季推出海狮型号轻型客车之全新款式,并于 2003 年底推出 GRANVIA 型号之本地款式（在国内称为阁瑞斯）。集团亦预期由宝马合营公司生产之3系轿车将于2003年底开始投产。

【主要资产/投资(12/2002)】 沈阳华晨金杯汽车有限公司(51%)；沈阳兴远东汽车零部件有限公司(100%)；宁波华晨瑞兴汽车零部件有限公司(100%)；绵阳华晨瑞安汽车零部件有限公司(100%)；沈阳华晨东兴汽车零部件有限公司(100%)；沈阳建华汽车发动机有限公司(100%)；绵阳新晨动力机械有限公司(50%)；沈阳新光华晨汽车发动机有限公司(50%)；及沈阳航天三菱汽车发动机制造有限公司(12.77%)。

高力集团有限公司

【公司概况】 股票代码1118，集团主席彭德忠，发行股本(股)567M，票面值(港元)0.100，市价总值(港元)218M。

【公司业务】 该集团之主要业务为从事生产及买卖建筑材料、钢材及金属产品。于2000年10月，集团在大埔工业村开设新卷钢中心，以进一步拓展香港之增值钢材及金属产品及服务。于2001年12月止之年度内，集团之附属公司鹤山恒基钢丝制品有限公司成功通过长江三峡工程供电钢缆供货商之预审资格。于2001年8月，集团在香港之上市分支大同集团有限公司开设超强板厂，生产半预制钢筋桁架混凝土楼板。于2001年10月，集团策略性收购主要从事预制混凝土水管及混凝土产品业务之大华混凝土有限公司，该项收购预期有助集团将业务扩展至土木基建工程。由于香港物业市场表现疲弱，尤其在公营房屋方面，集团将继续在私营房屋及土木工程市场寻求商机。为配合现今市场需要，集团将继续发展中国高增值钢材产品市场，以及在香港推广环保建筑材料。为进一步开拓国内市场，集团于2001年底与天津钢线钢缆集团有限公司成立天津高力一绳钢丝绳有限公司。

【主要资产/投资(12/2001)】 大同集团有限公司(61.11%)；鹤山恒基钢丝制品有限公司(60%)；富鸿五金厂有限公司(77%)；及大华混凝土有限公司(100%)。

雅视光学集团有限公司

【公司概况】 股票代码1120，集团主席吴海英，发行股本(股)374M，票面值(港元)0.100，市价总值(港元)768M。

【公司业务】 该集团之主要业务为设计、制造及销售眼镜产品，包括金属银镜架、手制塑料眼镜架、钛金属镜架及塑料注模眼镜架。截至2002年12月止之年度，集团约41%、40%及13%营业额分别来自欧洲、美国及亚洲。现时，集团大部份营业额仍然来自原设计制造业务。据披露，集团之原设计制造部门面对其产品价格下调之压力，尤其为于年内向中型客户作出之销售。然而，集团继续朝高边际利润之钛金属眼镜架作多元化发展，抵销部份影响。除原设计制造业务外，集团继续拓展其分销及零售业务。最近，集团取得意大利时装品牌Fiorucci在整个亚洲地区（不包括日本）之独家制造及分销权，有关权利由2003年4月起计，为期五年。据披露，集团计划透过收购或争取更多时尚品牌专营权，藉以物色其它巩固其组合之商机。至于零售部门方面，集团继续扩充在中国大陆之雅视一仟及艺术镜界连锁零售店业务。截至2002年底，集团在国内各大城市（如北京、上海、南京、广州及深圳）经营合共73家零售门市。然而，零售业务之销售额对集团之总营业额并无产生重大贡献，集团预期此业务在短期内亦将不会产生重大收益。据2002年年报所显示，集团仍持有庞大现金结余净额约2.141亿港元，为其业务扩充奠下稳固基础。

【主要资产/投资(12/2002)】 雅视光学有限公司(100%)；雅骏眼镜制造厂有限公司(100%)；雅视一仟眼镜有限公司(100%)；深圳北方光学实业有限公司(51%)；Fone Ltd.(100%)；及善得实业有限公司(100%)。

庆铃汽车股份有限公司

【公司概况】 股票代码1122，集团主席吴云，发行股本(股)1,239M，票面值(港元)1.000，市价总值(港元)1,474M。

【公司业务】 该集团主要从事生产及销售五十铃轻型商用车、皮卡车、多功能车、重型车、其它汽车及汽车零部件。集团绝大部份生产设备及销售均来自中国。截至2002年12月之年度，集团汽车之产销量为32,787台，较上年度增加8%。于年内，集团坚持技术质量领先方针、顺应市场发展潮流及对模仿产品之不规范竞争采合适应对，取得可喜之阶段性成果。N、T两系列轻型商用车均录得可观之增长，F系列重型商用车亦呈现良好市场前景。据披露，集团全年销售总量增长8%，2002年下半年较2002年上半年增长12%。此外，2003年首三个月销售亦较上年度同期增长18%。展望将来，集团透过抓好分销商之培育及直接客户之开发，扩大五十铃轻、重型商用车市场。此外，集团将继续定期提升产品之商品性能，拉开模仿产品之差距，形成新独有优势。

【主要资产/投资(12/2002)】 现金结余净额约13.837亿元人民币；存货按账面净值约14.794亿元人民币；及物业、机器及设备按账面净值约39.574亿元人民币。

中港照相器材集团有限公司

【公司概况】 股票代码1123，集团主席孙大伦，发行股本(股)1,164M，票面值(港元)0.100，市价总值(港元)605M。

【公司业务】 该集团主要在香港、中国及澳门推广及经销照相冲印产品、录像带及录音带、医疗影像系统及信息系统产品，以及经营照相冲印零售门市。自1968年起成为日本富士在香港及澳门之唯一认可经销商，及自1980年起成为日本富士在中国之唯一认可经销商后，集团已透过富士数码激光冲印及富士影像服务在香港、澳门及中国建立广泛之分销网络。为进一步扩大其销售网络（尤其在中国市场），集团于2001年8月以代价8,750万港元向利丰（零售）有限公司购入全港最大零售冲印服务连锁店快图美，收购代价以发行新股方式支付。此项收购配合集团在大中华地区（尤其在中国市场）将分销网由批发业务扩展至零售业务层面之计划。连同现有之富士联属店铺，预期收购完成后集团将在本港相纸冲印市场拥有逾50%之占有率。此外，集团亦于2002年3月获得授权于香港、中国及澳门分销富士印刷器材。此后，集团已接近取得富士全线产品之经销权。

【主要资产/投资(3/2002)】 富士摄影器材有限公司(100%)；富士印刷器材有限公司(100%)；富士摄影器材（中国）有限公司(100%)；富士美彩色中心有限公司(100%)；真料化工有限公司(100%)；Fuji Photo Products (China Market) Co. Ltd.(100%)；及中港照相零售有限公司(100%)。

沿海物业集团有限公司

【公司概况】 股票代码1124，集团主席曾文仲，发行股本(股)1,024M，票面值(港元)0.100，市价总值(港元)133M。

【公司业务】 该集团主要在中国从事物业发展及投资，以及提供物业管理服务。集团之土地储备主要位于鞍山、上海及武汉。集团之整体业务策略为专注于发展高质素及配备智能家居设施之住宅小区，并以合理价钱出售予国内之中产阶级家庭。于2002年3月止之年度内，集团历年遗留下来之项目持续出现市价下滑之情况，严重打击集团之整体业绩。据2002年年报所披露，集团于年内录得之净额亏损主要来自为待发展物业、发展中物业及已竣工待售物业所作之合共约5.1亿港元减值拨备，其中约有3.8亿港元乃由于武汉土地之置换而产生，而约有9,500万港元则由于最近为若干物业发展项目之规划作出修改而产生。于年内，集团与武汉当地有关政府部门就将七块土地置换为位于武汉一个新区之1,950亩（约130万平方米）地块完成置换手续，约125亩之新置换土地已被用作开发武汉丽水佳园一期，其计划建筑面积约为108,334平方米。截至2002年3月止之年度，集团拥有之土地面积合共约为150万平方米，而估计开发后之总建筑面积则约为270万平方米。

【主要资产/投资(3/2002)】 位于中国之持有待发展物业约值12.619亿港元；及位于中国之投资物业约值3.804亿港元。

丽丰控股有限公司

【公司概况】 股票代码1125，集团主席林百欣，发行股本(股)4,606M，票面值(港元)0.100，市价总值(港元)502M。

【公司业务】 该集团为丽新集团在中国内地之物业发展及投资旗舰。集团绝大部份之物业位于上海及广东省主要城市（尤其是广州），主要作商业及住宅用途。截至2002年7月止之年度，集团继续录得净额亏损约9,400万港元，较上年度之1.646亿港元亏损减少42.9%。据集团解释，年内之亏损主要由于摊占联营公司亏损，以及为应收一间联营公司款项及共同控制实体之减值亏损合共约1.077亿港元所致。于2001年12月，丽新集团之控股公司丽新制衣国际有限公司（丽新制衣）同意收购丽新发展有限公司持有集团之全数25.4%权益。交易完成后，丽新制衣遂成为集团最大单一股东，而丽新集团于集团之投资已全部由丽新制衣所持有。鉴于中国主要城市之物业市场以合理步伐复苏，集团将于适当时候考虑于该等城市增购土地储备。截至2002年7月止之年度，集团总负债约为9.885亿万港元，其中约1.38亿港元将于一年内到期。

【主要资产/投资(7/2002)】 投资物业及持作投资用途之发展中物业

按公开市值分别为 29.524 亿港元及 24.754 亿港元;持作投资以外用途之发展中物业按成本值约 7.346 亿港元;及于联营公司之权益(全部皆从事物业发展及投资业务)按账面值约 6.0 亿港元。(注:集团大部份物业已抵押予银行以取得银行信贷。)

德林国际有限公司

【公司概况】 股票代码 1126,集团主席 CHOI Kyoo Yoon,发行股本(股)650M,票面值(港元)0.010,市价总值(港元)1,053M。

【公司业务】 该集团主要从事以原设备制造及原设计制造形式设计、开发、制造及销售各类毛绒玩具(包括传统玩具及时款玩具,如角色造型特许产品),以及金属及塑料玩具(包括骑驶玩具,如供年龄介乎 12 个月至 6 岁儿童使用之三轮车,以及模型汽车收藏品,如适合各类年龄儿童之金属玩具货车)。于 2002 年 12 月止之年度,集团拥有强大之国际客户网络,139 名客户遍布于超过 13 个国家。于年内,美国及日本仍为集团两大主要市场,分别占集团总营业额 49% 及 33%。据集团 2002 年年报所披露,C & H Co., Ltd(C & H Korea)为集团最大客户、最大供货商及最终控股公司。另外,Gina World Co., Ltd. 亦为集团五大客户之一,且为 C & H Korea 之附属公司。集团之其它主要客户包括华纳兄弟、Bandai、迪士尼、世嘉及 Funrise Toys 等。展望将来,集团将减少对母公司 C & H Korea 之依赖,直接向品牌客户推销产品及销售毛绒玩具产品予品牌客户。此外,集团正物色纺纱方面之投资机会,拓展美国、日本及欧洲市场之推广能力,收购角色特许使用权业务,以及发展研发能力。

【主要资产/投资(12/2002)**】** C & H Toy of America, Inc.(100%);香港正润玩具有限公司(100%);J. Y. International Co. Ltd.(100%);正润玩具(上海)有限公司(100%);希安琦玩具(苏州)有限公司(100%);及 Sung Won Industries Inc.(36%)。

中国石化镇海炼油化工股份有限公司

【公司概况】 股票代码 1128,集团主席孙伟君,发行股本(股)724M,票面值(港元)1.000,市价总值(港元)2,135M。

【公司业务】 该集团主要从事生产及销售石油产品(包括汽油、柴油、煤油、燃料油、航空煤油、石脑油及溶剂油)、中间石化产品(包括苯、甲苯、混二甲苯、邻二甲苯、丙烯及聚丙烯)、尿素以及其它石化产品(如液化石油气、沥青及石油焦)。于 2001 年,集团三大产品(分别为汽油、柴油及航空煤油)之总销量居国内炼油企业前列位置。自 2001 年 5 月完成延迟焦化等项目改造后,集团便成为国内最大之炼油企业,拥有 1,400 万吨/年原油综合加工能力。尽管年内国内化工市场经营环境十分困难,惟集团截至 2001 年度止之纯利仍录得 10.27%之增长,达 4.337 亿港元,利润总额为同业之冠。由于新的成品油定价机制及中国政府继续坚持扩大内需之策略,国民经营有望持续稳定增长,而集团将可受惠于上升之成品油价格及边际利润。于 2002 年,集团之资本支出预算为 15 亿元人民币以上,部份资金将投资于第二期炼油扩建工程项目,而余下之金额将用作建设规划中之二甲苯及聚丙烯等化工项目,以及化肥装置原料改造项目。

【主要资产/投资(12/2001)**】** 机器及设施之账面净值约为 41.186 亿港元;以及建筑物及在建工程之账面净值约为 21.422 亿港元。

天鹰计算机集团控股有限公司

【公司概况】 股票代码 1129,集团主席王加进,发行股本(股)415M,票面值(港元)0.100,市价总值(港元)31M。

【公司业务】 该集团为一家台资个人计算机接口设备生产商,主要从事生产及经销(1)中、高文件个人计算机接口设备,包括个人计算机机箱、多媒体音箱、键盘、鼠标及个人计算机电源供应器;(2)网络产品,包括工业专用计算机机箱、服务器机箱、网络系统电源供应器、以太网络交换器及 UPS;及(3)计算机配件,包括 CPU 散热扇、硬盘散热装置、数据线、计算机数据交换器及多埠 USB 集线器。集团之主要产品乃替多家生产商以原设备制造方式生产制造,或以〔SKY HAWK〕、〔EAGLE〕、〔SKY LINK〕品牌经销。自 1992 年成立至今,个人计算机接口设备一直为集团之主要产品。截至 2001 年 6 月 30 日止之 6 个月,个人计算机接口设备占集团总营业额约 75.7%,而网络产品及计算机配件则分别占 21.7%及 2.6%。于 2001 年 8 月,集团开始将工业网络服务器准系统(网络系统之骨干)推出市场出售。据招股书披露,集团在中国深圳拥有一贯作业生产及装嵌线,而欧洲、北美及亚洲太平洋则为集团之主要市场。现时,集团并无在中国进行任何销售,但集团有意在中国成立销售及推广渠道,藉以开发中国之计算机接口设备及网络产品市场。

奋发国际控股有限公司

【公司概况】 股票代码 1130,集团主席陈星洲,发行股本(股)962M,票面值(港元)0.010,市价总值(港元)70M。

【公司业务】 随着于 2001 年 9 月出售香港所有投资物业后,该集团现时主要在中国以 Fun 品牌从事制造、零售及经销服装业务。集团旗下之 Fun 品牌具备高档、怡人及悠闲之便服品牌形象,广受国内中上阶层年轻一族欢迎。现时,集团于国内拥有 132 间时装零售店网络,其中 80 间为自行经营,另外 52 间则以特许方式经营。截至 2002 年 6 月止之年度,集团仍录得净额亏损 3,890 万港元(2001 年 6 月止之年度为 2,620 万港元)。展望将来,集团将致力扭转业务表现,并会进一步开拓国内市场,尤其以繁盛之外围城市为发展重点。此外,集团亦将于来年推出名为 Fun－G 之新时装品牌系列,以迎合中国紧贴潮流及勇于创新之年青一族之需求。另一方面,集团正在中国参与数个物业发展项目,以在服装零售及出口等核心业务以外开辟新收入来源。

【主要资产/投资(6/2002)**】** 厦门奋发(FUN)企业有限公司(100%);安溪奋发企业有限公司(100%);安溪星兴服饰有限公司(100%);及 Danco Group Ltd.(49%)。

广兴国际控股有限公司

【公司概况】 股票代码 1131,集团主席李万程,发行股本(股)387M,票面值(港元)0.100,市价总值(港元)356M。

【公司业务】 该集团主要从事制造及销售针织布匹及染纱,以及提供漂染、定型、加工整理服务。现时,集团之生产线皆位于中国大陆。截至 2002 年 3 月止之年度,由于毛利率下跌及为持有 40% 权益之联营公司 Global Network Holdings Ltd. 分担约 2,000 万港元之亏损,集团继续录得净额亏损 2,030 万港元(上年度之净额亏损为 1,610 万港元)。于年内,针织布及色纱销售仍为集团之主要收入来源,占集团总营业额逾九成,而大部份销售皆源于来自香港之客户。随着于 2002 年 3 月完成供股后,集团截至 2002 年 3 月底拥有现金结余约为 1.435 亿港元,且并无任何债务负担。

【主要资产/投资(3/2002)**】** 广兴针织贸易有限公司(100%);广大染业有限公司(100%);南海市恒星染整厂有限公司(100%);及 Global Network Holdings Ltd.(40%)— 持有中国医疗网有限公司之 8% 权益。

嘉禾娱乐事业(集团)有限公司

【公司概况】 股票代码 1132,集团主席邹文怀,发行股本(股)801M,票面值(港元)0.100,市价总值(港元)208M。

【公司业务】 嘉禾为亚洲享负盛名之华语娱乐事业集团,从事全球性电影发行之核心业务,并以香港、中国内地、马来西亚及新加坡经营戏院、香港经营电影冲印、电影及电视剧集制作以及影碟发行业务作为配合。于 2002 年 6 月止之年度内,集团之电影及娱乐业务仍受到市况不景气影响,并于年内继续录得净额亏损 8,640 万港元(2001 年 6 月止年度之亏损为 7,380 万港元)。年内所录得之亏损包括结束台湾录像带租赁业务及搁置音乐/公关部门等表现未如理想及无利可图之业务所产生之非经常性亏损 4,120 万港元。于年内,集团共发行 23 出华语电影及 43 出非华语电影,分别占市场占有率 21% 及 19%。为减低制作风险及更有效地利用资金,集团已将业务方式由直接制作转而向其它制片商提供电影制作资金以换取地区性发行权。在戏院经营方面,集团目前在香港、中国内地、新加坡及马来西亚共有 38 间戏院,经营 215 间影院。在中国内地,集团位于上海和平 IMAX 三维立体电影城再加入四个影院之相连影城,令其位于上海之影院总数增至 11 间(截至 2002 年 10 月底)。日后,集团将集中开发国内市场,尤其珠江三角洲地区。

【主要资产/投资(6/2002)**】** 现金结存净额约 3,820 万港元;联营公司之投资按账面值约 1.595 亿港元;及商标按账面值约 7,910 万港元,该商标为永久性可用嘉禾品牌之准许。

哈尔滨动力设备股份有限公司

【公司概况】 股票代码 1133,集团主席耿雷,发行股本(股)469M,票面值(港元)1.000,市价总值(港元)530M。

【公司业务】 该集团为中国国内规模最大之发电设备制造商,亦为国内目前唯一一间同时具备生产、销售发电设备火电三大主机、水电主机,以及承揽电站工程总包及服务项目之资产一体化企业。据 2001 年年报所披露,集团现时每年设计生产能力已达至 6,000 MW,其中火电为4,000 MW、水电为2,000 MW。根据中国实施十五及西部大开发计划,预计电力于该段时期之需求平均增长百分之五至六。为适应市场之不定变化及改善其经营业绩,集团继续调整内部结构、加快技术开发、技术引进及技术改造步伐。于2001年度,集团共投入约2亿2,574万元人民币作资本开支,主要用于增加大型水电设备制造能力项目、超临界、抽水蓄能、大型轧机电动机技术改造项目及汽轮机叶片加工中心项目。

【主要资产/投资(12/2001)】 哈尔滨锅炉厂有限责任公司(100%);哈尔滨汽轮机厂有限责任公司(100%);哈尔滨电机厂有限责任公司(100%);及哈尔滨电站工程有限责任公司(100%)。

亚洲卫星控股有限公司

【公司概况】 股票代码1135,集团主席秘增信,发行股本(股)390M,票面值(港元)0.100,市价总值(港元)4,995M。

【公司业务】 该集团为亚洲区内为广播及电讯市场提供优质卫星服务之主要经营商,拥有三枚在轨卫星:亚洲一号卫星、亚洲二号卫星及亚洲三号S卫星。现时,集团之卫星队伍提供点对多点及发送服务,服务接近全球70%之人口。于2001年12月31日,亚洲二号卫星及亚洲三号S卫星之整体转发器使用率为65%。透过持有36.5%权益之联营公司Speedcast,集团透过卫星转发器提供高速互联网、多媒体内容传送及企业广播服务。继2000年6月获发广播卫星服务牌照后,集团可向香港公众人士提供直接入户电视服务。现时,集团卫星队伍中最大一枚卫星 — 亚洲四号卫星正在建造中,预期于2002年较后时间发射升空。亚洲四号卫星除具备广阔之C波段覆盖范围及高功率之区域性波束外,并载有广播卫星服务转发器,可为香港提供直接入户电视服务。为配合未来增长及添置新卫星,集团现正于香港大埔工业村兴建新卫星控制中心,以提供上行链路、技术支持及其它增值服务,新控制中心预期于2003年下半年落成。

【主要资产/投资(12/2001)】 现金结余净额约1.364亿港元;运作中及建造中之卫星及追踪设施之账面净值合计为29.117亿港元;及Speedcast Ltd.(36.5%)。

台泥国际集团有限公司

【公司概况】 股票代码1136,集团主席辜成允,发行股本(股)777M,票面值(港元)0.100,市价总值(港元)653M。

【公司业务】 台泥国际是台湾水泥股份有限公司在香港之上市旗舰。该集团的业务已由其传统之建筑材料供货商,转变成为以发展高增长业务的企业,如电讯及互联网业务。台泥国际为亚洲一家主要之楼宇建材供货商,主要业务包括在香港经营水泥进口及分销业务,以及在中华人民共和国其它地方经营水泥制造及分销业务〔注:由于过去汇率大幅波动及更严苛之水泥入口限制的政策,使集团终止于菲律宾入口分销水泥〕。凭借中国加入世界贸易组织所带来之商机,集团将会继续拓展在国内之建筑材料业务之投资机会。于二零零二年四月,集团已获得政府批准,于福建省福州成立全资拥有之水泥研磨厂,该厂年生产量高达一百五十万吨。除了传统业务外,集团亦于香港及中国大陆从事生产及分销混凝土水泥业务,和于台湾透过其联营公司提供流动电话服务。于二零零零年四月下旬,该集团已完成收购台湾最大流动电话服务供货商和信电讯股份有限公司之10.02%股本权益。再者,于二零零一年二月底,NTT DoCoMo成为了和信电讯股份的策略性股东,此项结盟行动将强化了和信电讯股份及使台湾引入在日本已非常成功之i-mode服务,而和信电讯股份的业务策略重点将为提供以GPRS为基础之igogo服务及i-mode like的服务,以期扩大客户数目。

【主要资产/投资(12/2001)】 安徽朱家桥水泥有限公司(60%);Hong Kong Cement Company Limited(100%);TCC Cement Corporation(100%);港九混凝土有限公司(31.5%);港兴混凝土有限公司(35%);和信电讯股份有限公司(9.87%);KGEx.com(5.1%)(注:KGT亦持有该公司50%权益);及同宏科技股份有限公司(51%)。

城市电讯(香港)有限公司

【公司概况】 股票代码1137,集团主席王维基,发行股本(股)605M,票面值(港元)0.100,市价总值(港元)1,173M。

【公司业务】 作为一家综合电讯服务供货商,该集团之主要业务为在香港、日本及加拿大提供国际电讯服务,以及在香港及加拿大提供固定电讯网络服务(包括拨号及宽频上网服务及本地IP电话服务)。集团之股份于香港联交所主板上市,并以美国预托证券形式于美国纳斯达克市场上市。截至2002年8月止之年度,集团录得之纯利约为9,110万港元,较上年度纯利5,390万港元大幅增加69%。于年内,国际电讯服务仍为集团之主要收入来源,约占集团总营业额79%,而其余21%则来自固定电讯网络业务。现时,集团为本港对外国际电讯市场之第二大供货商,于2002年度拥有114.8万名登记客户。截至2002年8月底,集团处理共9.16亿分钟对外长途电话,市场占有率达24%。中国仍为集团主要之国际电讯服务供应市场,占年内总通讯量63%。在固定电讯网络服务方面,集团自建之固网服务范围已覆盖全港2,400幢住宅大厦之95万个住户及440幢商业大厦。至于宽频上网服务方面,集团截至2002年8月底已拥有13万名住宅客户及6,000名商业客户。于2002年4月,集团已升格为有线固网服务持牌商,且正式推出其本地电话服务。日后,除继续加强于国际电讯市场之占有率外,集团亦将进一步发展其固网业务,以及研究于同一固定网络提供其它新服务(如收费电视业务)之可行性。截至2002年8月止之年度,集团仍持有庞大现金结余净额约2.7亿港元。

【主要资产/投资(8/2002)】 香港宽频网络有限公司(100%);城市电讯(国际)有限公司(100%);城市电讯(美国)(100%);城市电讯(加拿大)(100%);城市电讯(日本)(100%);及广州城电客户服务有限公司(100%)。

中海发展股份有限公司

【公司概况】 股票代码1138,集团主席李克麟,发行股本(股)1,296M,票面值(港元)1.000,市价总值(港元)3,532M。

【公司业务】 该集团为一家大型航运企业,业务主要覆盖沿海、远洋、长江货物运输、船舶租赁、货物代理、代运业务务,船舶买卖、集装箱修造及船舶技术转让。于2001年度,煤炭及石油运输仍为集团之主要收入来源。截至2001年底,集团拥有各种船舶160艘,总载重吨为420.9万吨,此等船舶之账面净值约68.749亿元人民币。现时,集团为远东地区拥有最大油船、干散货船及集装箱船之航运企业之一。为进一步巩固其沿海运输之市场占有率,集团于2001年与华能集团成立合资公司上海时代航运有限公司。集团另一合资公司上海友好航运有限公司亦于上海投入运作。据2001年年报披露,集团已向中国证券监督管理委员会提交增发3.5亿股A股之申请,以加强其资金实力。

【主要资产/投资(12/2001)】 中海发展(香港)航运有限公司(100%);中海集装箱运输有限公司(25%);中海发展股份有限公司货运公司(100%);海南海翔实业公司(95%),持有上海时代航运有限公司50%权益;上海友好航运有限公司(50%);珠海新世纪航运有限公司(50%);及上海宝江航运有限公司(10%)。

华多利集团有限公司

【公司概况】 股票代码1139,集团主席陈进财,发行股本(股)265M,票面值(港元)0.010,市价总值(港元)11M。

【公司业务】 该集团主要从事(1)在中国推广及分销左汽车;以及(2)持有物业以收取租金。集团分销之日本轿车多为三菱、丰田、本田及日产品牌。面对国内市场激烈之竞争及高昂之入口关税,集团自1998年起已连续四年录得亏损。然而,预期中国加入世界贸易组织后,汽车入口关税将会下降及入口数量将会放宽,集团于国内分销汽车之业务将会得以改善。于2001年7月,集团完成资本重组,包括股份合并、削减已发行股本、法定及未发行合并股份之股份分拆、注销累积亏损之股本重组。基于集团有关持续经营准则之基本不肯定因素,其核数师尚德会计师行对其核数报告拒绝表示意见。

正奇投资有限公司

【公司概况】 股票代码1140,集团主席张志平,发行股本(股)100M,票面值(港元)0.100,市价总值(港元)52M。

【公司业务】 该公司为一投资公司,其投资目标为主要透过投资于大中华地区之上市及非上市公司,从而取得中期至长期(即一年至五年)之资本增值。该公司之大部份资产将投资于大中华区内之上市及非上市公司发行之股本及与债务有关之证券,或根据该公司不时采纳之投资目标、政策及限制,以及大纲、细则、上市规则及投资管理协议等规定之其它类别投资。该公司将主要投资于具有高增长潜力之小型至中型公司。在可能之情况下,该公司之董事会及投资经理亦会物色可与其它所投资公司业务相辅相承,以及可从合作中彼此受惠之投资项目。东英基金管理有限公司为该公司之投资经理,将负责为该公司提供投资管理服务(惟不包括一般行政服务)。该公司有关月份最后之资产净值将于每个月份完结后15日内于报章刊登。

新创综合企业有限公司

【公司概况】 股票代码 1141，集团主席劳明智，发行股本(股)216M，票面值(港元)0.010，市价总值(港元)35M。

【公司业务】 该集团之主要业务为以其本身品牌或原设备生产制造方式设计、制造及销售玩具，如儿童座车、学前玩具、单车及三轮车、毛绒玩具及电池操控玩具。在过去数年，集团因过度扩充其贸易业务而导致经营困难。截至 2002 年 3 月止之年度，集团继续录得净额亏损约 5,930 万港元，主要由于往来银行及及债权人终止向集团批授信托融资而导致营业额及毛利率大幅下跌及近期市况不景所致。截至 2002 年 3 月底，集团之股本已由 2001 年 3 月止年度之 6,960 万港元，进一步扩大至本年度之 1.284 亿港元。截至 2002 年 7 月，集团仍与其往来银行及债权人进行商讨，以解决其财务困难。

朗迪国际控股有限公司

【公司概况】 股票代码 1142，集团主席张镜清，发行股本(股)200M，票面值(港元)0.010，市价总值(港元)290M。

【公司业务】 该集团之主要业务为从事采购、制造及销售男装成衣往南美洲国家，以智利及秘鲁为主。集团销售之成衣产品主要为男装梭织衣物、针织衣物及毛衣，该等产品包括缓步跑裤、梭织外衣、梭织长裤、运动装、运动衫及 T 恤。除成衣业务外，集团亦从事多种礼品贸易业务，包括婴儿用品、派对用品及皮带，销往智利、阿根廷、巴西、巴拉圭、秘鲁、哥伦比亚及厄瓜多尔等南美洲国家及加拿大。截至 2002 年 3 月止之年度，成衣业务约占集团总营业额 90%，而余下 10% 则来自礼品贸易业务。在成衣采购业务方面，集团出口至智利及秘鲁之绝大部份成衣产品皆采购自中国市场。除向其它供货商采购外，集团亦于 2001 年开始经营制衣业务。现时，集团之制衣业务主要透过宁波朗迪及其投资于中国两家名为宁波佳云及北京朗迪之制造公司进行。北京朗迪以日本为目标市场，集团相信与北京朗迪之业务伙伴关系有助集团发展日本市场。由于制衣业务提供较高边际利润，集团计划增设两条生产线，包括生产订制男装西服及男、女装开斯米羊毛衫，藉以扩充制衣业务及扩展其生产设施。

泰盛实业集团有限公司

【公司概况】 股票代码 1159，集团主席唐锡麟，发行股本(股)551M，票面值(港元)0.100，市价总值(港元)88M。

【公司业务】 该集团之主要业务为从事制造及买卖印制电路板、导电硅橡胶按键、电子记事簿、电子计算器及其它电子产品（如电子手帐）。集团拥有逾 300 名客户基础，分布日本、欧洲、美国、台湾、中东、香港、中国及其它亚洲国家。于 2001 年度，集团耗资约 3,400 万港元购入若干机器，作为生产电子计算器、电子记事簿及数码无线电话之用。由于印制电路板之制作复杂化，由单层或双层转为多层，集团之印制电路板业务于年内有所改善。于 2002 年完成收购东莞德钜电子有限公司之全部权益后，集团之导电硅橡胶按键业务预期得到改善。于可见将来，集团将推出其它产品，如 2.4 千兆赫兹无线电话及设有短讯服务之无线电话。

【主要资产/投资(12/2001)】 东莞虎门泰达电子有限公司(100%)；东莞沙田德盛硅橡胶制品有限公司(100%)；东莞泰山电子有限公司(85%)；康盛实业有限公司(100%)；东莞德钜电子有限公司(于 2002 年收购 100%权益)；及卡西通讯设备有限公司(100%)。

奥思集团有限公司

【公司概况】 股票代码 1161，集团主席，发行股本(股)322M，票面值(港元)0.100，市价总值(港元)138M。

【公司业务】 该集团为于大中华地区独家代理～H2O＋品牌护肤品之美容护肤集团。集团之主要业务为透过旗下零售专门店销售～H2O＋品牌护肤品。截至 2003 年 1 月，集团在大中华地区共经营 57 间零售专门店（香港 17 间、台湾 17 间及中国 23 间）。除零售业务外，集团亦以水之屋品牌于香港经营两间水疗美颜中心（提供美容及纤体修身、水疗及按摩服务），以及经营五间水磨坊美容中心（提供大众化及价格相宜之美容护理服务）。截至 2002 年 9 月止之年度，香港、台湾及中国市场分别约占集团总营业额 68.3%、28.9% 及 2.8%。尽管香港仍为集团之主要市场，集团亦已积极在中国及台湾市场扩大其市场占有率。预期中国可为集团带来新重要商机，集团将继续在中国市场采取迅速及积极之扩展策略，把零售点之数目增加至 2003 年 2 月时约 30 个。此外，集团正准备在国内多个城市发展特许经营计划，以进一步扩大～H2O＋产品之分销业务，并将审慎挑选特许经营店之营运商。在香港市场方面，集团将继续建立其水磨坊业务，于大众化市场为集团带来稳定之营业额及盈利贡献。截至 2002 年 9 月止之年度，集团持有现金储备约 8,870 万港元。

【主要资产/投资(9/2002)】 Water Oasis Co. Ltd.(100%)；水之屋有限公司(100%)；水磨坊有限公司(100%)；Oasis－Beauty.com Co. Ltd.(100%)；水贝儿股份有限公司(90%)；奥思(澳门)有限公司(100%)；奥思美容品(上海)有限公司(90.1%)；及奥思美容品(深圳)有限公司(90.1%)。

莹辉集团有限公司

【公司概况】 股票代码 1163，集团主席徐振森，发行股本(股)491M，票面值(港元)0.100，市价总值(港元)544M。

【公司业务】 该集团主要从事设计、制造及销售住宅照明产品及商业照明产品，而住宅照明产品共分为四个类别，分别为（1）户外照明装置、（2）吸顶灯、（3）多头吊灯及单吊灯，以及（4）室内灯饰及浴室灯。截至 2001 年 12 月止之年度，美国继续成为集团最大之出口市场，约占其总营业额 90.35%。为减低对美国市场之依赖及多元化其市场分布，集团已开拓中国商业照明市场，成功争取多个商业照明项目，如大型商场、豪华酒店、高级住宅区及高速公路等。集团亦将与房地产开发商合作，承接大型工程项目，将商业照明产品配合住宅艺术灯饰同步推广。至于美国 DIY 市场，集团主要客户包括两家世界性之大型 DIY 零售连锁店，提供逾 1,800 家零售分销店之销售渠道，令集团 DIY 业务回复增长。除保持住宅照明产品之市场分额外，集团计划大力宣传商业照明产品，期望令该两项业务在五年时间内各占集团总营业额五成。此外，中国灯饰照明市场为集团主力拓展之市场，集团计划于三至五年内陆续成立超过 200 家连锁加盟店，以销售其住宅照明产品。集团亦将与欧美各大百货商场、连锁店及专卖店进行洽商，以进军国际大型 DIY 市场。

【主要资产/投资(12/2001)】 现金结余净额约 1.372 亿港元(已扣除拟派发之末期股息)；以及位于中国东莞虎门的生产基地，占地 57,000 平方米，拥有 17 条生产线。

荣盛科技国际控股有限公司

【公司概况】 股票代码 1166，集团主席周礼谦，发行股本(股)190M，票面值(港元)0.010，市价总值(港元)42M。

【公司业务】 该集团之主要业务从事制造及买卖电缆与电线、铜杆及接插件。透过投资于联营公司及共同控制实体，集团在福州之光纤电缆工厂、多项高科技/互联网业务及食品制造业务方面亦持有权益。于 2002 年 3 月止之年度内，集团之业绩由 2001 年 3 月止年度录得之 4.926 亿港元净额亏损改善至本年度之 7,950 万港元净额亏损。电缆及电线业务继续为集团年内之主要收入来源，约占其总营业额 62.1%。按地区划分而言，中国仍为集团产品之最大市场，占其总营业额 58.6%，而另外两个主要市场则为北美洲（20.2%）及其它亚洲地区（12.5%）。至于集团所投资之单酣脂精油化工厂，已于 2002 年初试产。该化工厂生产高纯度单酣脂，主要作为塑料、化妆品、食品及日用品之添加剂。集团预期该化工厂之投资将为其带来长远实质贡献。

【主要资产/投资(3/2002)】 东莞华艺铜业有限公司(95%)；东莞桥梓周氏电业有限公司(75%)；上海周氏电业有限公司(65%)；Todaiji Electronics (M) Sdn. Bhd.(100%)；华艺铜业有限公司(100%)；周氏电业有限公司(100%)；通福(香港)集团有限公司(47.5%)；常州柏涛楼宇智能有限公司(40%)；及东莞新宝精化有限公司(55%)。

百仕达控股有限公司

【公司概况】 股票代码 1168，集团主席欧亚平，发行股本(股)1,849M，票面值(港元)0.100，市价总值(港元)1,054M。

【公司业务】 百仕达为一投资控股公司，主要在中国大陆从事物业发展、电力供应及液化石油气业务。现时，集团之物业权益主要包括位于中国广东省深圳市之住宅及商用物业。于 2001 年 12 月，集团以 7.8 亿元人民币成功投得深圳红树湾填海区之三块土地以发展红树西岸项目，该项目预期于 2004 年 12 月竣工。于 2001 年 4 月，集团成功分拆其液化石油气业务，以百江燃气控股有限公司（百江燃气）为控股公司于联交所创业板上市。百江燃气正不断在中国西南部及长江流域地区扩充批发及零售网络。于 2001 年 12 月 31 日，百江燃气拥有 26,000 立方米之液化石油气储存能力，及以 PANVA 为品牌经营 198 家液化石油气零售店，其业务营运范围已覆盖中国湖南省、安徽省、江苏省、贵州省、云南省及四川省。至于电力供应业务，集团已为深圳福华德电力有限公司（福华德）之发电机组进行重大技术改造，以可采用重油或天然气之蒸汽联合循环机组取代原来之老机组，该技术改造既可提升福华德之生产量，亦可减低其燃料消耗量。继2002年5月完成收购银网集团有限公司（银网集团）之29.99%股权及计划将福华德注入银网集团后，于同一个月，集团以现金代价1.25亿港元出售百江燃气之6.4%股权予和记黄埔，同时，集团亦发行可换股票据予和记黄埔，当票据转换后，和记黄埔在百江燃气之权益将增加至12.8%。展望将来，集团将密切留意在国内资本市场发行A股机会，为其业务筹集额外资金。

【主要资产/投资(12/2001)】 百江燃气控股有限公司（于2002年5月完成出售后之股权为71.53%）；银网集团有限公司（年结后收购29.99%股权）；深圳福华德电力有限公司（100%，其中70%由银网集团持有）；以及物业存货之账面净值约为16.02亿港元。

海尔中建集团集团有限公司

【公司概况】 股票代码1169，集团主席麦绍棠，发行股本（股）9,962M，票面值（港元）0.100，市价总值（港元）2,789M。

【公司业务】 于2001年底，集团购入中建电讯及海尔集团合营之移动电话业务。在此项业务重组前，集团是从事幼儿护理用品及多媒体业务。该两项业务其后出售予中建电讯，令集团可将资源集中发展移动电话业务。于2002年10月，集团进一步向中建电讯及海尔集团收购在国内从事移动电话制造及分销业务之合营企业飞马通讯（青岛）有限公司（飞马青岛）之64.5%权益。此后，移动电话业务成为集团之主要收入来源。截至2002年12月止之年度，集团之营业额录得123%之大幅增长。然而，集团亦于年内录得亏损净额6,690万港元。据集团解释，如果扣除因收购移动电话业务所产生之商誉摊销费用约7,480万港元，集团应可录得纯利约800万港元。另一方面，由于2002年之业绩只反映购入飞马青岛之三个月贡献，故并未能完全显示移动电话业务之整体表现。因此，集团相信移动电话业务在往后数年之盈利将会相当可观。现时，集团为少数既拥有足够产品，而又有自行研发设计能力及生产高品质移动电话技术之国产移动电话生产商之一。凭借海尔于国内广泛之分销网络及信誉超着之品牌，以及中建电讯在室内无线电话之科研优势，集团之移动电话业务定可从中建电讯及海尔之合作关系所产生之协同作用中得益。于2003年2月，集团宣布海尔有意向集团进一步注入其国内之白色家电业务。然而，拟注入资产项目将需按国内及香港之监管部门审批而定。于2002年底，集团仍持有现金结余净额约2.347亿港元。

【主要资产/投资(12/2002)】 飞马通讯（青岛）有限公司（64.5%），并持有可购入余下35.5%权益之认购权。

信星鞋业集团有限公司

【公司概况】 股票代码1170，集团主席陈敏雄，发行股本（股）654M，票面值（港元）0.100，市价总值（港元）1,652M。

【公司业务】 该集团之主要业务为制造、买卖及经销豪迈型户外鞋、便服鞋、婴儿及小童鞋、运动服及运动鞋。集团之品牌客户包括五位主要客户，分别为Skechers、Timberland、Stride Rite、Wolverine、Caterpillar/Cat及Elefanten等。截至2002年3月止之年度，婴儿及小童鞋仍为集团之增长动力，占集团总营业额约40.4%（上年度约为32.8%）。Stride Rite计划自1997年推出以来成绩彪炳，而与Clarks、Timberland及最近增加之Elefanten合作推出之计划亦令集团产品组合更多元化。此外，鉴于顾客需求及全球时装潮流，集团之便服鞋成为其头号产品，占集团截至2002年3月止年度之总营业额约31.6%（上年度约为26.0%）。于2001年2月，集团在越南开设并投产之新制造设施令整体生产量提高20%。由于越南具备有利劳工条件及进入欧洲市场之有利条件，集团已开始计划兴建第二期越南厂房，以应付其增长潜力。新一期越南厂房预期于2003年上半年试营运。中国大陆方面，集团位于中山之新建设施已于2002年5月投产（注：该新建设施属于分两期落实之增长计划之一部份）。据披露，该新中山设施旨在专门生产一种需求特殊环境之品牌。中山计划之总资本开支预算约为2亿港元至2.5亿港元，其中主要用于中山厂房计划之1.15亿港元已于2002年3月止之年度投入。集团于年底拥有现金净额约2.78亿港元，该充裕之现金储备为集团未来两年预期之投资项目立下稳健之基础。

【主要资产/投资(3/2002)】 Kingmaker (Vietnam) Footwear Co., Ltd.（100%）；皇星鞋业（中山）有限公司（100%）；美星制鞋有限公司（100%）；及Lightening Star Corporation（100%）。

兖州煤业股份有限公司

【公司概况】 股票代码1171，集团主席莫立崎，发行股本（股）1,020M，票面值（港元）1.000，市价总值（港元）3,876M。

【公司业务】 该集团主要从事地下煤炭开采、洗选加工、销售及煤炭铁路运输业务。集团之主要产品为优质低硫煤，客户主要来自日本、南韩、中国华东及台湾。于2002年，集团为华东地区最大之煤炭生产企业（以产量计），亦为中国最大之煤炭出口商之一（以出口量计）。集团之综采放顶煤技术处于国际领先水平，并已在中国、澳洲等国家获得专利。于2002年12月止之年度内，集团之业绩大幅改善，并录得25.9%纯利增长。集团于2002年初向母公司收购之铁路资产亦为集团作出1.318亿元人民币之纯利贡献。据2002年年报所显示，集团力求于2003年透过改进及完善综采放顶煤技术实现原煤产量4,000万吨。日后，集团将继续在境内及海外市场寻求收购优质煤矿及开发新煤矿之投资机会，从而提高集团之盈利能力及扩大经营规模以增强发展后劲。

【主要资产/投资(12/2002)】 现金结余净额约3.70亿港元；土地使用权及采矿权按账面净值分别约为5.778亿港元及1.114亿港元；及物业、机器及设备按账面净值约为77.356亿港元。

勤达集团国际有限公司

【公司概况】 股票代码1172，集团主席陈相照，发行股本（股）390M，票面值（港元）0.100，市价总值（港元）190M。

【公司业务】 该集团之主要业务为（1）书版印刷（如盒装书、精装及平装书、礼品及文仪用品如挂墙及座台月历、记事簿及明信片，以出口美国及欧洲为主）；（2）商业印刷（如商业印刷刊物、财务报告、招股书等）；（3）包装印刷（如包装纸盒、卡帖及纸袋，而客户主要为中国内地之生产商）；以及（4）物业投资及发展。集团逾90%之产品均销往外地，主要客户包括美国、欧洲、澳洲及纽西兰之跨国出版商及综合企业。于2002年度内，集团在旗下之圆洲厂房添置两台计算机制版系统，深受客户欢迎。此外，随着计算机制版系统之投产，集团现时可提供省却菲林制作工序之数码制版技术，以减省印刷前之工序成本及缩短完成订单之生产周期。据2002年年报所披露，集团正在圆洲厂房进行第一期扩建工程，以容纳新添之印刷设备及创意图书之人手装配工序。第一期扩建工程预期于2003年第二季完工，而圆洲厂房之印刷生产力将提升超过30%。此外，集团亦计划购入圆洲厂房相连之一幅面积450,000平方呎土地，以进一步提高其生产力。有见于本地印刷需求持续下降，集团最近已决定将旗下设于荃湾租赁厂房之印刷设备及资源迁往东莞。另一方面，集团将扩建其东莞厂房，使生产楼面面积由410,000平方呎增至660,000平方呎。为减轻侧重产制包装纸盒对集团生产资源之季节性影响，集团将继续扩阔其产品组合。

【主要资产/投资(12/2002)】 投资物业约值3.827亿港元；东莞勤达印刷有限公司（100%）；勤达印刷有限公司（100%）；及广东省博罗县圆洲勤达印务（100%）。

威高国际控股有限公司

【公司概况】 股票代码1173，集团主席郑钟文，发行股本（股）1,656M，票面值（港元）0.010，市价总值（港元）132M。

【公司业务】 该集团主要以本身品牌Wanko及Veeko从事设计、制造及零售女装服饰。截至2002年3月止之年度，集团之营业额主要来自香港及澳门（65.8%）、台湾（24.6%）及新加坡（6.0%）。于2002年3月31日，集团在香港及澳门共设有62间分店，而台湾及新加坡则分别有41间及8间分店。除该等市场外，集团亦已进军中国市场，将旗下Wanko及Veeko品牌以特许经营之模式，在中国经营16间分店，遍及深圳、广州、北京及重庆等大城市。

【主要资产/投资(3/2002)】 东莞迪高时装有限公司（75%）；汕头盈高时装有限公司（100%）；Boutique Veeko Macao, Limitada（100%）；盈时装有限公司（100%）；盈时装澳门有限公司（100%）；威高时装有限公司（100%）；Veeko Fashion (Singapore) Pte Ltd.（100%）；Veeko Fashion Far East Co. Ltd.（100%）；及威高贸易时装有限公司（100%）。

太平洋恩利国际控股有限公司

【公司概况】 股票代码1174，集团主席黄垂丰，发行股本（股）711M，票面值（港元）0.100，市价总值（港元）754M。

【公司业务】 该集团为全球主要冷冻海产食品加工商及供货商之一，

拥有全面综合业务，从事鱼类海上加工、全球采购、岸上加工及国际分销多类型冷冻海产食品、海上燃料买卖、提供船务与代理服务及贸易有关之融资。现时，集团在全球36个国家拥有多元化客户基础及世界性之采购及分销网络。截至2002年3月止之年度，中国大陆、北美洲、西欧及日本仍为集团之主要市场，分别占其总营业额51.2%、24.5%、18.5%及4.4%。于过去十年，集团已由一家冷冻海产贸易公司转型为全面综合全球海产加工及分销商。为配合该发展策略，集团加工业务从1996年仅占总销售额17%，大幅增加至2002年3月止年度之41%。为进一步巩固及扩展其加工能力，集团正于中国青岛红岛设立现代化加工中心，预期于2003年中投入运作。该中心总投资成本预算为3,000万美元。待第一期建筑工程完成后，新生产厂房将设有30,000公吨冷藏设施及每年产量达45,000公吨之冷冻鱼柳及鱼切块加工厂房。近期，集团亦扩展蔬菜业务，以配合其现有业务及进一步扩宽其产品组合。透过扩充蔬菜业务规模，集团相信该业务日后将带来显着之贡献。展望将来，集团预期中国大陆市场将继续成为其主要之增长动力。

【主要资产/投资(3/2002)】 太平洋恩利(控股)有限公司(63%)—为一家新加坡上市公司；裕富食品(青岛)有限公司(100%)；Pelican Food Ltd.(100%)；National Fish & Seafood, Inc.(60%)；青岛罐头食品厂有限公司(70%)；及欣兴食品(青岛)有限公司(100%)。

南方国际控股有限公司

【公司概况】 股票代码1176，集团主席佟世均，发行股本(股)1,360M，票面值(港元)0.100，市价总值(港元)45M。

【公司业务】 该集团之主要业务为于中国从事物业发展、物业投资及物业管理。截至2001年度，集团之亏损扩大至4.729亿港元(2000年度之亏损为8,720万港元)，亏损主要原因为物业市场持续呆滞(尤其香港市场)，从而导致营业额、经营利益及物业组合价值下跌所致。于年内，集团已为其持有作发展/发展中物业减值约3.549亿港元。据2001年年报显示，集团正面对沉重债务负担及流动资金问题。截至2001年底，集团之流动负债净额约为11.742亿港元，而其核心资产则只包括非流动之投资物业及持有作发展/发展中物业。此外，集团之核数师罗申美会计师行认为集团正面对有关持续经营基准之基本不明朗因素，并同时对其财务报表作出保留意见。

【主要资产/投资(12/2001)】 投资物业约值9.623亿港元；及持有作发展/发展中物业按账面净值约5.876亿港元。

天年生物控股有限公司

【公司概况】 股票代码1178，集团主席洪继苏，发行股本(股)665M，票面值(港元)0.025，市价总值(港元)153M。

【公司业务】 该集团主要透过其于中国之特许营销网络，以本身品牌Vitop在国内从事开发及营销保健产品业务。集团所开发之保健产品分为两大系列，分别为天年素产品(大多为含有天年素复合物之微元生化纤维(MBF)制造之功能纺织品)及Polypeptide产品。集团之天年素复合物及微元生化纤维均为已取得专利权之产品，并获多家大学及研究所证实能促进血液之微循环，而Polypeptide产品则已获证实能加强人体之免疫能力。现时，集团自行制造其产品含有之天年素复合物，并将微元生化纤维(MBF)最终产品之制造外判予原设备制造商。截至2002年第三季，集团遍布中国之广泛营销网络有特许经营商174名，而经营商旗下之特许营销店已达345家。集团行销之天年素产品包括健康睡眠系统、护身系列、内衣系列及新推出之家电离子水生成器，而Polypeptide产品则包括白蛋白Polypeptide胶囊及核酸营养片。截至2002年6月止之年度，健康睡眠系统继续成为集团之主要收入来源，占集团总营业额约84.1%。于2002年初，集团与中国最具名望国家级研究所Polypeptide研究所组成策略联盟，共同研究集团自行开发之灵芝/冬虫草复合月太在减低人体血脂及胆固醇方面之效用。此外，集团亦于2002年5月与国家体育总局体育科学研究所建立长期合作关系，携手研究集团之天年素复合物产品对缓解运动后疲劳之作用，冀能于2008年在北京举办之奥运会上派上用场，供参赛运动员使用及应用。截至2002年6月止之年度，集团拥有现金结余净额约4,830万港元。

【主要资产/投资(6/2002)】 天年生物工程科技有限公司(100%)。(备注：由2003年2月10日起，集团之上市地位已由创业板转往香港联交所主板上市。)

美丽宝国际控股有限公司

【公司概况】 股票代码1179，集团主席邓伟林，发行股本(股)255M，票面值(港元)0.100，市价总值(港元)262M。

【公司业务】 该集团为香港及澳门最大鞋类产品零售连锁店之一，主要从事零售、批发及制造鞋类产品业务。集团之零售连锁店以三个旗舰品牌经营，分别(1)Mirabell—零售一系列知名品牌鞋类，以迎合年青及爱好名牌之市场；(2)Joy & Peace—产品专为青年专业人员及行政人员而设；(3)teenmix—专营款式新颖独特之鞋类产品，以迎合年轻及追求时尚之消费者。集团将继续奉行品牌多元化策略，以针对不同之市场。截至2002年2月止之年度，集团继续成为香港最大之鞋类产品连锁店。于2002年5月底，集团以Mirabell、Joy & Peace、teenmix及Inshoesnet四个不同品牌于香港及澳门经营90家门市。中国内地市场方面，集团之零售门市数目于年内增加26家。集团现时于深圳、广州、上海及北京经营65家自营门市，包括Mirabell、Joy & Peace、teenmix、Inshoesnet及K. Swiss。此外，集团亦于国内逾24个省份分别设有49家及142家Joy & Peace及teenmix特许经营门市。除香港及中国内地市场外，集团现正发掘韩国及台湾等其它亚洲地区市场之商机，以分散集团零售业务地区基础。

【主要资产/投资(2/2002)】 现金结余净额约3,690万港元；Best Quality Investments Ltd.(30%)；投资物业之账面净值约6,510万港元；及其它物业之账面净值约3,420万港元。

生命科技集团有限公司

【公司概况】 股票代码1180，集团主席陈捷，发行股本(股)2,577M，票面值(港元)0.010，市价总值(港元)281M。

【公司业务】 该集团之主要业务为(1)透过附属公司威海赛洛金药业有限公司(赛洛金)从事研发、生产及销售生化医药产品；(2)一般贸易及仿皮业务；以及(3)透过联营公司LT3000 Online从事开发及买卖计算机软硬件。截至2001年12月止之年度，集团之亏损净额由上年度之9,260万港元收窄至本年度之5,730万港元，而毛利率亦由2000年之9.3%增加至2001年之31.2%。此等改善主要由于赛洛金之业务出现令人鼓舞之增长，以及于年内进行业务重组所致。据早前2000年年报所披露，集团已取得赛洛金之控股权益，赛洛金主要从事开发用于治疗严重肝炎之处方药物威佳。鉴于威佳获得良好之市场反应，集团现正建设计划最高年产量达2,000万瓶之新生产线，新生产线之建设工程预期于2002年第三季前完成。现时，赛洛金与中国及美国之科学家正积极研究第二代威佳，一种具有更佳药性之脱氧核数核糖重组药物。日后，集团会将业务重心放于生化制药方面，并将以中国市场作为其技术开发平台，藉以扩展至其它亚洲地区。因此，集团将逐渐缩减贸易及仿皮业务及LT3000 Online等非核心业务，并可能最终出售贸易及仿皮业务及于LT3000 Online之权益。另一方面，基于就应付款项及应计费用对审核范围之限制，集团之核数师德勤·关黄陈方会计师行对集团之财务报表提出保留意见。

【主要资产/投资(12/2001)】 威海赛洛金药业有限公司(57.12%)；LT3000 Online Ltd.(49%)；龙口旭达仿皮有限公司(68%)。

东联控股有限公司

【公司概况】 股票代码1182，集团主席王正平，发行股本(股)1,522M，票面值(港元)0.100，市价总值(港元)58M。

【公司业务】 该集团主要从事(1)货运业务及船东运作船队；(2)经营集装箱堆场及提供物流管理服务；(3)透过卫星及互联网发展教育服务；及(4)证券买卖等业务。于2001年7月，集团订立协议，以总代价3,500万港元收购东迅发展有限公司(东迅)20%权益，及进一步收购东迅43.64%权益之认购权。东迅之主要资产为其持有90%权益之北京东讯网耀科技有限公司，该公司为中外合资企业，其业务为透过卫星及互联网向中国医疗及制药行业提供遥距专业教育服务。于2001年11月，集团亦收购Independent Islands Ltd.之45%权益，Independent Islands Ltd.持有北京沃和赛腾网络技术有限公司之80.65%权益，该公司亦为中外合资企业，以遥距方式在中国向执业医生提供持续教育。上述该两项投资项目仍处于初步阶段，然而由于中国医生及药师人数众多，加上目前规定所有医生必须透过持续教育获取规定学分，因此集团对该市场表现乐观。除多元化业务外，集团将继续精简旗下之货运业务及船东运作船队，以及集装箱堆场经营及物流管理业务。在可见将来，集团将致力提升往来中国港口及外地之支线船货运服务之市场占有率。为提高其竞争力，集团将进一步增加使用高负载量支线船，以取代本身拥有之支线船。

【主要资产/投资(3/2002)】 东迅发展有限公司(20%)；Independent Islands Ltd.(45%)；上海联亚集装箱服务有限公司(合作合营企业)；中进内河海运有限公司(100%)；及中进海运有限公司(100%)。

时捷集团有限公司

【公司概况】 股票代码 1184，集团主席严玉麟，发行股本(股)230M，票面值(港元)0.100，市价总值(港元)122M。

【公司业务】 该集团之主要业务包括 (1) 分销电子零件；(2) 制造及分销电子产品；(3) 开发及分销电讯软件；(4) 分销体育用品 (如高尔夫球产品)；以及 (5) 分销时装服饰、皮革产品及配件。于 2001 年度，亚太区疲弱之电子市场大大影响集团之业绩。为专注发展电子组件经销业务，集团决定终止经营于年内表现未如理想之电子产品及时装产品制造及经销业务。得到策略伙伴鸿海集团支持，集团 2001 年相关业务表现稳步上扬。预期流动电话市场将被第三代流动电话取代，集团正准备推出新一代电讯产品及其它相关全新功能，如蓝牙、数码相机及颜色显示等。有见及此，集团已与 Agere 公司合作，开发崭新光学组件、集成电路及电讯产品。此外，作为 NMS Communications 之亚洲销售策略伙伴，预期集团之通讯产品将带来稳定及可观之收入。

【主要资产/投资(12/2001)**】** 东莞龙向电子制品有限公司(75%)；龙向有限公司(100%)；时保电子有限公司(70%)；时捷(中国)发展有限公司(100%)；亚太哥尔夫有限公司(100%)；时捷电子有限公司(100%)；时捷发展有限公司(100%)；及时博有限公司(100%)。

航天科技通讯有限公司

【公司概况】 股票代码 1185，集团主席芮晓武，发行股本(股)877M，票面值(港元)0.100，市价总值(港元)232M。

【公司业务】 为达成目标成为高科技电讯基建之全面解决方案供货商，集团已将业务组成三个策略单位，分别为 (1) 管理宽带无线接入产品业务；(2) 智能交通系统 (ITS) 业务 (以全球卫星定位系统(GPS) 为基础，并加以扩展)；以及 (3) 通讯及电话产品及原设备制造业务。于 2001 年度，集团录得约 2.537 亿港元之严重亏损，大部份亏损乃由于就应收联营公司款项作出减值亏损 1.98 亿港元所致。据披露，集团计划向往来银行、机构投资者及策略伙伴寻求额外融资，以加强其流动资金状况。于 2000 年初，集团与美国纳斯达克上市之安达普集团达成合作协议，成功取得技术授权许可证，在中国生产 CB－ACCESS 宽带无线接入产品。集团预期随着电讯管理局于 2003 年进一步开放固网牌照后，CB－ACCESS 产品将于香港被广泛使用。此外，集团亦利用其宽带无线接入产品在中国设立试网，而当地有关机构亦对该等产品态度明确。集团预期其 CB－ACCESS 科技将继续为宽带接入于大中华区之普及化作出贡献。在智能交通系统业务方面，集团已于 2000 年 8 月透过收购航通奇华高科技投资有限公司之 88% 权益，进军中国球卫星定位系统出租车及汽车调度以及智能交通系统相关业务。在未来，集团将继续在香港及中国开拓商机，以拓展智能交通系统及全球卫星定位系统业务。至于通讯产品业务方面，集团于年内在有线及无线电话市场均面对激烈竞争，惟集团将继续其原设备制造业务，以及制造及销售功能电话及其它通讯产品业务，尤其多媒体及宽带通讯产品。

【主要资产/投资(12/2001)**】** 航通奇华高科技投资有限公司(88%)；鸿年电子有限公司(100%)；航通宽带通信(深圳)有限公司(100%)；秦皇岛鸿力电子有限公司(51%)；山东康威电子有限公司(46%)；及南方通信(惠州)实业有限公司(41%)。

Value Partners China Greenchip Fund Ltd.

【公司概况】 股票代码 1186，集团主席，发行股本(股)31M，票面值(港元)0.100，市价总值(港元)393M。

【公司业务】 该公司为一家闭端式投资公司，其投资目标为透过投资于大中华地区成立之上市及非上市公司，或从与大中华地区有关之业务 (不论以直接投资或贸易之形式) 赚取大部分收益之公司实现中期资本增值。该公司将通常以股本或债务相关证券之形式作出投资，并寻求主要以投资于低于 2 亿美元或其等值之小型市值公司，以及专注投资于主要国际机构投资者并无研究之公司。如有可能，该公司亦会作出可为其它被投资公司提供若干程度协同效应，以及合作会对双方有利之投资。作为该公司之管理人，Value Partners Ltd.(或其继任人) 将根据投资管理协议为该公司管理及监督投资，并提供多项行政管理服务。该公司有关历月最后营业日之每股股份资产净值将于每个历月完结后 15 日内于报章刊登。

珠江轮胎(控股)有限公司

【公司概况】 股票代码 1187，集团主席洪源成，发行股本(股)105M，票面值(港元)0.200，市价总值(港元)74M。

【公司业务】 该集团主要以珠江 Pearl River 注册商标于中国从事设计、制造及销售斜交轮胎。集团生产之斜交轮胎主要供应轻型及重型商用车辆及农业车辆之用，其产品大部份于中国市场内销售，尤以广东省为主。

【主要资产/投资(12/2001)**】** 广州珠江轮胎有限公司(70%) — 从事制造及销售商用车辆用斜交轮胎之合资企业；及 Omega Semiconductor Sdn. Bhd.(25%) — 从事分包集成电路及半导体之装嵌工程。

圆通控股有限公司

【公司概况】 股票代码 1188，集团主席仰融，发行股本(股)1,264M，票面值(港元)0.100，市价总值(港元)379M。

【公司业务】 该集团主要从事 (1) 策略投资科技业务，及 (2) 在中国经营户内家庭娱乐游乐机中心 (游乐中心)。随着于 2000 年底收购 Daiweldo Group 之重大权益后，集团之财务状况已大为改善。Daiweldo 为一投资控股公司，主要在亚洲从事发展互联网相关业务及高科技业务。在获得 Daiweldo 之支持下，集团会继续考虑将现有业务扩展至于国内从事高科技及电子商贸范畴之可行性。然而，鉴于现时经营市况困难，集团将采取保守态度去挑选任何可行之科技项目。于 2001 年度内，由于市场状况疲弱，集团已关闭两间游乐中心，现只有七间游乐中心仍在经营。据披露，有见于中国政府可能对经营游乐中心业务之法则及条例作出修改，集团将会谨慎制定其业务计划。于 2001 年 1 月，集团伙同美国纽约哥伦比亚大学之信托人 (哥伦比亚)，进行研究使用于免疫学诊断及功能基因学应用之抗原/抗体生物芯片。集团以总值 250 万美元 (于五年内分五期缴付) 之财务支持作为代价，获取哥伦比亚不时提供有关披露发明及研究资料之报告。此外，集团亦授予选择权，为每项披露发明及研究资料与哥伦比亚达成独家特许协议。

【主要资产/投资(12/2001)**】** 现金结余净额约 1.878 亿港元。

辰达永安旅游(控股)有限公司

【公司概况】 股票代码 1189，集团主席陈若伟，发行股本(股)18,317M，票面值(港元)0.010，市价总值(港元)183M。

【公司业务】 该集团主要从事提供境内及境外旅行团、旅游、客运 (如往来香港及中国直通巴士服务)，及其它相关服务。集团为香港外游渡假行业中之翘楚，拥有遍布全球之旅游营运网络。截至 2002 年 3 月止之年度，集团录得巨额亏损约 6.538 亿港元，而上年度则录得纯利 8,270 万港元。据集团解释，业务转盈为亏主要由于摊占联营公司亏损 1.377 亿港元、为有形/无形资产减值亏损 3.744 亿港元，以及为不可收回贸易债项及垫款予一名服务供货商拨备合共 5,714 万港元所致。截至 2002 年 3 月止年度，集团之总负债约为 2.744 亿港元，其中 2.339 亿港元将于一年内到期。于年度结束后，集团发行面值 3.7 亿港元之可换股票据予和记黄埔、中策集团、资本策略及百仕达控股。此外，集团亦于 2002 年 4 月及 6 月以配售新股方式集资约 3.696 亿港元。于 2002 年 7 月，集团公布计划，向中国置地有限公司 (中置) 出售其于一附属公司 (持有收购位于中国之洛阳金水湾大酒店 60% 权益之权益) 之全部股本权益，代价约 1.1 亿港元将以发行中置新股形式支付。日后，集团会继续将业务重心放在旅游业务上。为进军具优厚潜力之中国市场，集团正与中国有关当局商讨，申请于国内经营外游及港澳游之经营权。

【主要资产/投资(3/2002)**】** 租赁土地及楼宇按账面净值约 1.003 亿港元；汽车按账面净值约 9,960 万港元；所占联营公司权益按账面值约 1.182 亿港元 (主要从事旅游及相关服务，以及酒店营运业务)；及付予一合作伙伴一笔为数 7,050 万港元之款项，作为合作开发位于中国成都一幅土地之代价，使之成为一处旅游观光点。

倍可集团国际控股有限公司

【公司概况】 股票代码 1190，集团主席陈文川，发行股本(股)533M，票面值(港元)0.100，市价总值(港元)19M。

【公司业务】 该集团主要从事 (1) 林木开拓及木材贸易，以及 (2) 在香港及中国提供广泛之建筑工程服务，如防止山泥倾泻/修补工程、道路及渠务、楼宇建筑、拆卸与装修及地盘平整等。于 2001 年 5 月止年度内，集团在建筑业内面对非常严峻之营商环境，管理层预期本港物业及建筑行业未能于短期内复苏。由见及此，集团计划致力扩展中国大陆市场之建筑业务。除建筑业务外，集团于 2001 年 8 月收购东辉投资有限公司，该公司从事木材贸易业务，并拥有位于南美洲苏里南 Brownsweg 森林带 (总面积达 27,975 公顷) 一个森林特许区之可自由转让土地使用权。于2002年3月1日,集团获苏里南共和国自然资源部授予该等地区之10年开采权。据集团2001年年报披露,根据苏里南一间著名之森林估值处按来自业务之未来现金流量净额进行之专业估值,该等特许区价值19,507,900美元。据集团之年报进一步披露,集团面对财务困难,并正与债权人商讨有关债务重组方案。此外,集团之核数师罗申美会计师行亦对其核数之2002年5月止年度之财务报表持有保留意见。

【主要资产/投资(5/2001】 一项于2002年3月1日获得之10年林木开采权,该开采权为临时性伐木许可证,覆盖面积为27,975公顷;东明阳船务有限公司(100%);联昌泰建筑有限公司(100%);及i. Solution Inc.(100%)。

中富控股有限公司

【公司概况】 股票代码1191,集团主席叶光,发行股本(股)2,257M,票面值(港元)0.100,市价总值(港元)187M。

【公司业务】 该集团主要在中国从事物业发展;提供医疗及保健服务;及经营高尔夫球渡假村、休憩公园及退休人士俱乐部之业务。此外,集团亦策略性投资于在创业板上市之大中华科技(集团)有限公司及广州通富工程顾问有限公司。由于香港地产及建筑业市道疲弱,集团已于2002年4月出售永辉附属公司,终止在香港按建筑合约从事土木工程建设及楼宇之维修保养业务。截至2002年7月止之年度,集团仍录得净额亏损约1.386亿港元(上年度之亏损为1.663亿港元)。大部份亏损来自集团固定资产之重估及减值6,420万港元、出售终止业务所致亏损4,550万港元及呆坏账拨备净额1,420万港元。基于就已出售之永辉附属公司之有关款项之核数范围受限制,集团之核数师德勤?关黄陈方会计师行对集团年内之财务报表持保留意见。展望将来,集团将继续透过收购及策略性联盟方式,以在中国物色新投资机会。

【主要资产/投资(7/2002)】 广东省顺德市之置富花园(100%);广东协和高级医疗中心(98%);高明银海高尔夫球渡假村(100%);广州市紫霞山庄(51%);大中华科技(集团)有限公司(38%);及广州通富工程顾问有限公司(33%)。

泰山(集团)控股有限公司

【公司概况】 股票代码1192,集团主席蔡天真,发行股本(股)3,537M,票面值(港元)0.010,市价总值(港元)1,185M。

【公司业务】 随着完成一连串业务重组及近期收购两艘运油船后,该集团已将核心业务由传统服装制造业务转变为石油运输业务。于2002年7月,集团透过配售新股,筹得净额款项约1.376亿港元。其后,集团以代价5,616万港元购入一艘名为亚洲虎之油轮,以及作价约5,974万港元收购另一艘名为M/TKarvounis之油轮。展望将来,集团将持续经营服务业务,并发展其石油运输及贸易业务。此外,集团亦计划发展全面整合之石油及石油化工产品下游业务,包括仓储、船运转口、分销及其它方面。

【主要资产/投资(12/2001)】 于年结日后收购名为M/TKarvounis及亚洲虎之油轮船舶;金犀宝(中国)投资有限公司(100%);石狮市开发企业服装有限公司(100%);福建斯特兰体育用品有限公司(100%);及嘉荣有限公司(100%)。

华润励致有限公司

【公司概况】 股票代码1193,集团主席宋林,发行股本(股)2,618M,票面值(港元)0.100,市价总值(港元)1,361M。

【公司业务】 于二零零一年初,集团成功完成重组,继而成为华润(集团)有限公司的上市旗舰,在该重组计划中,华润成功注入三项科技业务,分别(i)压缩机业务;(ii)半导体业务;及(iii)信息科技业务,使集团由办公室具制造商及分销商摇身一变成为专注压缩机及半导体业务且以科技及工业为主的公司实体。于二零零一年之财政年度内,压缩机业务录得营业利益2.37亿港元及销售量达1,636,000台。管理层预期住宅空调无论是新购或替换方面的潜在需求均十分庞大,使压缩机业务的发展潜力增加。于二零零一年十月,压缩机业务透过沉阳华润三洋压缩机有限公司订立协议,向其伙伴三洋电机株式会社及丰田通商株式会社购入两条额外生产线,代价为29.8亿日圆,以生产C-R20F系列旋转式压缩机("生产线1")及C-R25F/C-R33F系列旋转式压缩机产品("生产线2"),预期生产线1将于二零零二年年中投产,而生产线2将于二零零三年年中投产,同时,集团亦预期空调压缩机生产量将可每年增加约九十万台,达至每年约三百一十万台。至于其半导体业务,集团于二零零二年二月收购一间于中国内地注册成立的合营企业无锡华润硅科微电子有限公司55%股本权益,无锡华润硅科是一间集成电路设计公司,其主要业务是设计、测试和销售集成电路产品和芯片〔注:中国最大半导体企业之一 — 中国华晶电子集团公司持有余下的45%权益〕。展望未来,集团计划专注发展压缩机业务及半导体业务,亦不排除出售其信息科技业务和各样办公室及居室家具的可能性。

【主要资产/投资(12/2001)】 沉阳华润三洋压缩机有限公司(63.75%);沈阳盛润三洋压缩机有限公司(63.75%);无锡华润硅科微电子有限公司(于二零零二年二月收购55%权益);深圳华润达实智能科技有限公司(60%);深圳科鹏微电子有限公司(51.07%);及华润励玫洋行家私(珠海)有限公司(100%)。

华翔微电子控股有限公司

【公司概况】 股票代码1195,集团主席林万强,发行股本(股)403M,票面值(港元)0.100,市价总值(港元)399M。

【公司业务】 该集团为中国一站式电子制造服务供货商,主要为电子原设计制造商及合约制造商提供有关印制线路板生产过程之一系列解决方案,包括售前工程服务、原理图计算机输入及印制线路板布线设计、快件样品制作、生产前服务以及批量生产、印制线路板之装配及子系统设立及测试。截至2002年6月止之年度,多层印制线路板之销售占集团总营业额57.5%,而其余则来自单层及双面印制线路板之销售。集团于年内仍保持50.9%之高水平毛利率,而上年度则为51.8%。于2002年6月止之年度内,集团从德国引入MLV检测设施及先进生产设备,使其制造印制线路板之技术能力及每月生产量分别提升至30层及约18,000平方米。集团亦将装配服务从外判模式改为合作或租用形式,以降低生产成本及提升监控力,保持良好质量。于2002年8月,集团订立协议以现金代价约4,460万港元收购Floret Industries Ltd.(Floret)49%权益。Floret唯一之资产为持有Fuzhou Tin Fong之83%股本权益,Fuzhou Tin Fong主要从事研发、制造及销售产品,以及提供有关电子供应系统自动化及智能化之配套服务。除专注于巩固其电子制造服务之核心业务外,集团亦会积极在其它高潜力之电子产品及相关市场推广其产品。截至2002年6月止之年度,集团持有现金结余净额约8,540万港元。

【主要资产/投资(6/2002)】 福建福强精密印制线路板有限公司(90%);及Artic Hong Kong Ltd.(100%)。(备注:由2003年1月20日起,集团之上市地位已由创业板转往香港联交所主板上市。)

昌明投资有限公司

【公司概况】 股票代码1196,集团主席雷志,发行股本(股)432M,票面值(港元)0.100,市价总值(港元)151M。

【公司业务】 随着于2001年7月完成出售网上联机游戏业务予Sega.com,以及向Sega.com回购集团之股份后,集团已终止发展网上联机游戏业务,并将业务转回至原有之彩盒及包装纸盒、儿童趣味性图书、签条、卷标、恤衫衬底纸板、胶袋及商业印刷之核心业务。为加强现有之商业印刷业务,集团已引入数码化印刷技术及投资于计算机转光盘系统,以配合市场上对无菲林印刷之殷切需求。此外,集团亦计划将产品类别多元化,为本地及海外市场提供优质纸制产品。

【主要资产/投资(3/2002)】 昌明印刷厂有限公司(100%);昌明纸品胶品印刷厂有限公司(100%);振明印刷厂有限公司(100%);东莞昌明印刷有限公司(100%);Captial Financial Press Ltd.(100%);32 Print.com Ltd.(68%);及Harvest King Ltd.(100%)。

中华数码信息有限公司

【公司概况】 股票代码1197,集团主席黄仕灵,发行股本(股)19,414M,票面值(港元)0.100,市价总值(港元)194M。

【公司业务】 该公司主要从事电器及电子产品之制造及装配,及电器及电子消费产品零部件之贸易.于二千年一月,该公司及其母公司东宁高科技(控股)有限公司,接获负责统筹财务债权人之住友银行口头确认,表示在29名财务债权人中,25名合共占东宁高科技及东宁电器于一九九九年十二月三十一日尚欠债项总额约1,040mn港元,约91%之财务债权人已原则上接纳重组方案之条款,预期有关之债务重组文件已签订.于同年八月,该集团伙同广东新邮科技发展有限公司成立一家合营企业,主要研究,开发及生产能使用WAP之视像流动电话.为应付市场需要,该集团仍然继续研发高质素之高科技产品如WAP视像流动电话及数码电视机.由于该集团持续经营基准之基本不明朗因素,该集团之核数师,陈叶冯会计师事务所有限公司拒绝对财务报告所作反映发表意见。

【主要资产/投资(6/00)】 江门市东宁线路板厂有限公司(70%);广东高路华电视机有限公司(90.96%);江门市东宁洗衣机厂有限公司(88.04%);江门市东宁空调器有限公司(91%)及江门江宁电器厂有限公司(91%).

中意控股有限公司

【公司概况】 股票代码 1198,集团主席谢锦鹏,发行股本(股)233M,票面值(港元)0.100,市价总值(港元)405M。

【公司业务】 该集团主要从事设计、制造及销售各类型中档次至高级之家居家具,包括睡房家具、饭厅家具及客厅家具,该等家具产品均以〔皇朝〕及〔金骑士〕品牌出售。〔皇朝〕产品系列以各种年龄人士中有较高消费力之中产客户为对象,而以〔金骑士〕产品系列则以较年青一代之中产客户为对象。于 2002 年 12 月止之年度内,集团推出〔黑胡桃〕崭新家具系列,及〔金骑士(新一代)〕及〔黑坛〕两个系列之家具。集团大部份家居家具产品均销往中国,而其余则销往其它亚洲国家(包括日本、台湾及中东)、澳洲、美国及英国。现时,集团已在中国建立广泛之分销网络,遍及中国 29 个省份及/或直辖市。据建设部之资料显示,中国于 2010 年之市区人口将达 6.3 亿,都市化比率为 45%。因此,家具及其它相关配套之需求预期将配合未来数年国内主要城市之商业及住宅楼宇迅速发展而不断攀升。于 2002 年 10 月,集团已利用于 2002 年 5 月上市集资款项中约 900 万港元在广州兴建新生产设施,此资本投资令集团之年产量上升 20%。展望将来,集团将继续利用上市集资款项,策略性地于国内扩展分销网络及加强产品开发能力。

【主要资产/投资(12/2002)】 中意家俱有限公司(100%);万利宝(广州)家具有限公司(100%);Umbrella Group Ltd.(100%);及 Coralview Ltd.(100%)。

中远太平洋有限公司

【公司概况】 股票代码 1199,集团主席魏家福,发行股本(股)2,147M,票面值(港元)0.100,市价总值(港元)17,820M。

【公司业务】 中远太平洋是世界集装箱市场的一家领先企业及拥有全球第六大集装箱班轮公司,在全球集装箱租赁行业中的市场份额至 8.4%,集团主要提供多元化经营集装箱租赁;集装箱码头及集装箱相关行业。于二零零一年年底,集装箱箱队增加至 610,019 标准箱,全部由其全资拥有的附属公司佛罗伦货箱控股有限公司负责经营及管理,箱队之平平均箱龄只有 4.3 年,整体平均出租率为 91.4%,比市场平均出租率为高。在集装箱码头业务方面,集团拥有一个资产素质良好的集装箱码头投资组合,该组合包括五个分别位于香港、上海、青岛、深圳及张家港之集装箱码头。于二零零一年内,该五个集装箱码头之总吞吐量达 7,425,188 标准箱。

【主要资产/投资(12/2001)】 (1)集装箱租赁:佛罗伦货箱控股有限公司(100%)及佛罗伦货箱服务有限公司(100%);(2)集装箱码头及相关业务:中远 — 国际货柜码头(香港)有限公司(50%),上海集装箱码头有限公司(10%),青岛远港国际集装箱码头有限公司(50%),张家港永嘉集装箱码头有限公司(51%),盐田国际集装箱码头有限公司(5%),River Trade Terminal Holdings Limited(10%),上海浦东国际集装箱码头有限公司(20% — 待审批),大连港集装箱股份有限公司(8%),双桥发展有限公司(30%),Plangreat Limited(100%);(3)集装箱相关业务:上海中集冷藏箱有限公司(20%),上海中集远东集装箱有限公司(20%),天津中集北洋集装箱有限公司(22.5%),上海关西涂料化工有限公司及天津关西涂料化工有限公司(20%);和(4)其它投资:中远太平洋(中国)投资有限公司(100%)及廖创兴银行有限公司(20%)。

美联物业(集团)有限公司

【公司概况】 股票代码 1200,集团主席黄建业,发行股本(股)689M,票面值(港元)0.100,市价总值(港元)372M。

【公司业务】 该集团之主要业务为从事住宅物业代理服务(主要收入及盈利来源)、工商业物业代理服务及地产项目推广服务。于 2001 年度,集团继续在香港主要住宅市场取得突出表现。此外,集团亦努力在中、港两地争取更多物业招标及独家代理。在中国方面,集团成功囊括七成优质外销楼盘之独家代理权。现时,集团为豪宅市场最成功之代理商之一。为进一步提升效率及盈利,集团已在旗下分行装设处理楼盘资料之美联物业管理系统。于未来,集团将利用美联数码网及经络集团加强转介业务。

【主要资产/投资(12/2001)】 现金结余净额约 1.325 亿港元;及物业组合约值 2.81 亿港元。

侨威集团有限公司

【公司概况】 股票代码 1201,集团主席许经振,发行股本(股)266M,票面值(港元)0.100,市价总值(港元)885M。

【公司业务】 该集团主要从事(1)制造及批发高品质多色印刷包装产品(如烟卷、酒类、药品、健康产品及其它消费产品),以及(2)买卖电子零件。截至 2001 年度,印刷包装业务占集团总营业额约 52.6%,其中 94.8%来自香烟之印刷包装产品;余下之 47.4%之营业额则来自分销及其它业务,其中 94.3%源自电子零件分销业务。该等电子零件种类包括计算机及电子通讯零件、周边产品及大宗货物。以地域分布而言,集团约 14.2%营业额来自香港市场,而 82.1%则来自中国大陆市场,尤其云南省及广东省。为巩固其在烟卷印刷包装产品业内之领导地位,集团已应用多种新技术及工艺,包括紫外线上光、双面印刷、颜色层次渐变印刷及印后工序再印刷等,以增加其包装印刷之质素。基于国内伪装香烟严重,集团已与中国防伪科技供货商海南国科兆信防伪科技合作,为客户提供印刷电码防伪技术,应用于所有的香烟包装上。

【主要资产/投资(12/2001)】 哈尔滨高美印刷有限公司(55%);云南侨通包装印刷有限公司(60%);及侨威电子有限公司(100%)。

成都普天电缆股份有限公司

【公司概况】 股票代码 1202,集团主席徐名文,发行股本(股)160M,票面值(港元)1.000,市价总值(港元)144M。

【公司业务】 该集团为中国最大之电讯电缆生产制造商之一,主要从事生产及销售各类通讯电缆(包括各类铜缆及光缆)、光纤、电缆套管及制造电缆使用之设备、生产配件及材料等。于 2001 年度,集团转亏为盈,由上年度录得亏损 7,815 万港元,改善至本年度之 6,442 万港元盈利。此重大之业绩改善主要原因为集团准确地预测到全球面临光纤及光缆之短缺,因而及时购入相关生产设施以扩大产能所致。于年内,集团产品组合之销售主要包括(1)铜缆及相关产品(53.8%)、(2)光纤及相关产品(30.6%),以及(3)电缆套管及相关产品(11.3%)。

【主要资产/投资(12/2001)】 邮电部成都电缆厂供应公司(100%);邮电部成都电缆厂销售部(100%);邮电部成都电缆厂双流热缩制品分厂(66.67%);东莞 CDC 电缆厂有限公司(75%);成都中住光纤有限公司(75%);成都中菱无线通信电缆有限公司(70%);邮电部成都电缆厂盘具分厂(50%);成都中康光缆有限公司(50%);成都高新电缆有限责任公司(33.14%);成都八达接插件有限公司(30%);及四川天信 CDC 电缆有限公司(29.96%)。

广南(集团)有限公司

【公司概况】 股票代码 1203,集团主席梁江,发行股本(股)8,998M,票面值(港元)0.100,市价总值(港元)1,134M。

【公司业务】 该集团于 2000 年 12 月成功完成重大债务重组计划,剥离重组前产生之所有银行贷款及可换股债券合共约 31.7 亿港元之巨额债务。2001 年,为集团重组后首个营运年度。现时,集团专注于鲜活食品代理分销业务,而禽畜冰鲜肉类经营则成为集团新业务增长点。撇除 2000 年及 2001 年之重组收益因素,截至 2001 年 12 月止之年度,集团录得股东应占利益 310 万港元,较上年度股东应占亏损 5.672 亿港元,有显着改善。由于市场竞争激烈及不断录得亏损,集团已于 2001 年上半年终止经营广南(KK)超级市场及广州超市业务。于 2001 年 12 月,集团成功重新回购两间于 2000 年出售之合营企业,分别为中山中粤马口铁工业有限公司(从事马口铁及其它用于罐头食品及饮料包装物料相关产品之生产及销售)及中山市山海实业有限公司(为中山之主要工业物业发展商及租赁商)之优质资产。集团预期该两项合营企业将成为其未来数年之主要盈利贡献。除继续扩展鲜活食品代理分销业务外,集团亦将发掘能够增强其整体业务之优质投资商机。

【主要资产/投资(12/2001)】 广南贸易发展有限公司(100%);东莞金皇食品有限公司(100%);东莞广南畜牧发展有限公司(51%);高要广南畜牧发展有限公司(51%);广南鲜活食品有限公司(100%);广州(湛江)家丰饲料有限公司(100%);兴龙国际有限公司(100%);中山中粤马口铁工业有限公司(95%);中粤材料有限公司(100%);及中山市山海实业有限公司(95%)。

中信资源控股有限公司

【公司概况】 股票代码 1205,集团主席郭炎,发行股本(股)3,296M,

票面值(港元)0.050,市价总值(港元)2,340M。

【公司业务】 中信资源控股有限公司(该公司)及其附属公司(统称该集团)主要在中国从事制造及销售胶合板、装饰用胶合板及切锯木材,以及买卖木材及木材产品业务。于2002年12月止之年度内,集团从中国国际信托投资公司(中信)之一间集团成员公司进一步取得资金,导致中信于该公司之最终股权增至该公司已发行股本总额41.26%。坐拥充裕手头现金,集团已作好投资及发展准备,尤其为天然资源项目,如林木业及铝业。

【主要资产/投资(12/2002)】 现金结余净额约11.23亿港元;及东莞新联木业制品有限公司(100%)。

上海置业有限公司

【公司概况】 股票代码1207,集团主席施建,发行股本(股)1,355M,票面值(港元)0.100,市价总值(港元)657M。

【公司业务】 该集团主要从事住宅物业发展及物业投资;电信住宅宽频网络建设及运营;上海住宅网之互联网内容供应服务;以及高新光电子产品之研究及开发业务。透过电信住宅宽频网络建设和运营业务、上海住宅网项目及光电子产品之开发,并以著名绿洲(Oasis)品牌为旗帜,发展优质智能化住宅小区,集团已实现现代住宅小区之智能化、网络化、信息化。于2001年底,集团已于上海市中心区域及待开发建设之城郊结合部地区增加土地储备,合计新增土地储备逾1,000万平方米,可供集团未来5—8年之物业发展需要。

【主要资产/投资(12/2001)】 上海佳境置业有限公司(98%);上海信东实业有限公司(98%);瀚阳(上海)城市建设发展有限公司(97.5%);瀚翔(上海)置业发展有限公司(95%);上海瀚洋住宅科技发展有限公司(95%);上海电信住宅宽频网络有限公司(38%);上海奥达光电子有限公司(23.52%);及上海五金一店瀚洋连锁经营有限公司(48.25%)。

东方鑫源(集团)有限公司

【公司概况】 股票代码1208,集团主席高德柱,发行股本(股)1,320M,票面值(港元)0.100,市价总值(港元)288M。

【公司业务】 该集团主要从事国际有色金属、矿石及半制成品贸易,以及与有色金属有关之工业投资,包括铝、铜加工业务及铜冶炼业务。据披露,集团最终控权股东中国有色金属工业总公司及国家有色金属工业局已于1998年4月及2001年2月相继被解散及撤销。此外,集团之控权股东中国有色金属(香港)集团有限公司于2002年5月8日亦被香港法院宣判清盘。集团亦面对其它困难,包括于国内之应收款拖欠严重、工业投资项目效益较差、银行逾期债务沉重等。此外,有色金属供过于求亦令集团产品之价格不断下跌。于2001年度,集团作出7.17亿港元之大额拨备,并录得合共8.63亿港元之亏损。因此,集团于2001年底已处于负资产状况,资金不足合共约3.634亿港元。于2002年5月14日,集团亦已收到香港高等法院第一审法庭发出之传票,向集团追讨一笔约1,400万美元之银团贷款,该笔贷款已于2001年12月31日到期。据披露,集团已委任法律顾问处理有关事项。

比亚迪股份有限公司

【公司概况】 股票代码1211,集团主席王传福,发行股本(股)150M,票面值(港元)1.000,市价总值(港元)2,497M。

【公司业务】 该集团主要从事研究、开发、制造及销售二次充电电池,为全方位之便携式能源解决方案供货商,产品大多应用于便携式电子设备之上。集团之主要产品为各款型号之锂离子及镍二次充电电池,可应用于手提电话、无线电话、电动工具及其它便携式电子产品上。于2002年12月止之年度内,集团超过90%营业额来自中国市场,而其逾90%资产亦位于国内。现时,集团为全球首屈一指之二次充电电池生产商,其三大核心电池产品:镍镉、镍氢及锂离子,分别于全球市场名列第一、第二及第三位。据集团2002年年报所披露,其现有客户包括本地及国际客户,如摩托罗拉、TTI、乐声、伟易达、菲利浦、京瓷、博世、波导、TCL及康佳等,及部份新客户如Black and Decker、诺基亚、索尼爱立信、牧田、UT斯达康、Symbol及AEG。集团预期手提电话及电动工具将成为集团主要增长动力,而锂离子电池亦相信将成为充电电池市场之主要增长来源。于2003年1月22日,集团宣布以总现金代价约2.70亿元人民币订立协议,收购西安秦川汽车有限责任公司(西安秦川)合共77%权益,代价将以集团经营现金流量拨付。西安秦川之主要产品为福莱尔品牌之800c.c.小型轿车。据集团之管理层解释,该收购有助集团进军国内电动汽车市场,并为集团提供一个与国际性大型汽车生产商合作之平台。于2002年底,集团仍持有现金结余净额约12.401亿元人民币。

【主要资产/投资(12/2002)】 比亚迪锂电池公司(90%);比亚迪电子公司(94%);比亚迪上海公司(100%);比亚迪欧洲公司(100%);比亚迪美国公司(100%);比亚迪香港公司(100%);及西安秦川汽车有限责任公司(于年结后完成收购77%权益)。

万保刚集团有限公司

【公司概况】 股票代码1213,集团主席洪剑峰,发行股本(股)200M,票面值(港元)0.100,市价总值(港元)190M。

【公司业务】 该集团之主要业务为从事分销及采购(1)电子零件及组件,如半导体、石英晶振、电容器及电阻器;以及(2)计算机内存模块及接口设备,如内存模块及计算机主板。集团部份产品以本身之品牌销售,其余产品则以无任何指定品牌或以原设计制造商之品牌出售。截至2002年3月止之年度内,集团将旗下卫星公司拨归三大品牌,分别为分销电子零件及组件之万保刚、以零售业务为主之IC博士,以及提供一站式计算机服务之毅进。据2002年年报所披露,集团于年内已获得多个著名国际品牌之代理权,如台湾之TSC、MDT、Cheng Home;韩国之Kodenshi Auk、SLS、LG Cable;美国之Thermometric;英国之AVO;意大利之HT及瑞士之Leica Geosystems。

【主要资产/投资(3/2002)】 存货约值7,000万港元。

国新集团有限公司

【公司概况】 股票代码1215,集团主席张扬,发行股本(股)3,747M,票面值(港元)0.100,市价总值(港元)420M。

【公司业务】 随着于2001年完成重组后,截至2002年6月止之年度,该集团已成功扭转为一家无负债之公司,拥有1.622亿港元之净资产值(上一个财政年度之净负债为1.83亿港元)。现时,集团之核心业务包括贸易及旅游相关业务。据披露,集团亦将拓展至零售、科技及娱乐等业务。于年内,集团在香港从事分销消费品,包括体育用品、摄影器材、名牌影音等产品。集团亦开拓中国之商品期货贸易业务,藉以提升其贸易业务之整体回报。

【主要资产/投资(6/2002)】 存放于一间在中国注册成立并从事资产管理之公司(资产管理公司)之存托款项(注:信托金可为集团带来每年6%之投资回报)。

中国创新投资有限公司

【公司概况】 股票代码1217,集团主席罗秀卿,发行股本(股)200M,票面值(港元)0.010,市价总值(港元)192M。

【公司业务】 该公司为一家投资公司,其首要投资目标为透过投资于主要位于香港及中国之上市及非上市公司,以取得中期(即三至五年)资本增值。该公司最少有七成投资将于香港及中国进行。该等投资通常会投资于从事包括(但不限于)信息科技、电讯、制造、服务、物业、基建、生命科学及环境等不同行业之上市及非上市公司之股权相关证券及债务票据,使该公司于不同行业之风险取得平衡,从而将任何个别行业表现下滑时对该公司造成之影响减至最低。如有可能,该公司亦会物色与其它被投资公司相辅相成,以及可使该等公司从合作中彼此受惠之投资项目。华禹投资管理有限公司为该公司之投资经理,将负责为该公司提供投资管理服务。该公司有关月份最后之每股股份资产净值将于每个月份完结后15日内于报章刊登。

永义国际集团有限公司

【公司概况】 股票代码1218,集团主席官永义,发行股本(股)882M,票面值(港元)0.100,市价总值(港元)101M。

【公司业务】 该集团主要从事采购及出口女士、儿童及婴儿棉织成衣,成衣漂染,以及物业投资及发展业务。据2002年年报披露,集团截至2001年3月止之年度所录得之1.433亿港元利益净额,主要由于于21世纪通有限公司(21世纪通)之投资未获变现之利益约1.31亿港元所致。另一方面,集团截至2002年3月止年度所录得之亏损净额主要由于于21世纪通之投资未获变现之亏损约2,840万港元所致。据集团披露,集团于21世纪通之大部份权益已于年结日后出售。于2002年3月止之年度内,出口至美国之成衣业务仍为集团之主要收入来源,约占集团于年内之总营业额91.3%。展望将来,集团将继续在美国提高竞争力,以及进一步开拓其它具潜力之市场,例如中国大陆。有见及此,集团计划扩充在中国东莞之漂染工厂,以增加其生产能力。

【主要资产/投资(3/2002)】 位于香港之投资物业按公开市值约3.

282 亿港元；位于旺角花园街之发展中物业按账面值约 7,200 万港元；及 21 世纪通有限公司(13.27%)(注：截至 2002 年 10 月，集团已经以总代价约 4,600 万港元出售 21 世纪通约 10% 之股权，现只余下约 3% 股权)。

海域集团有限公司

【公司概况】 股票代码 1220，集团主席叶剑波，发行股本(股)399M，票面值(港元)1.000，市价总值(港元)546M。

【公司业务】 该集团为一家综合工业集团，总部设于香港，主要从事制造及销售铝型材产品、电镀用化学品及不锈钢产品。截至 2002 年 12 月止之年度，集团之营业额录得 40% 增长，全赖其铝型材业务及贵金属原料业务增长所致。然而，集团就视作出售一家上市联营公司蓝帆科技控股有限公司而确认一次性亏损 3,575 万港元。于年内，铝型材业务继续成为集团之主要收入来源。为提升集团供应全面优质铝材产品之能力，其位于南海之铝型材生产基地已新增喷涂生产线、深加工车间及铝合金锭生产线。在未来数年，集团将针对海外市场(尤其是美国及欧洲市场)进行市场推广活动。至于热轧不锈钢钢带业务，则透过集团之联营公司亚太控股(中国)有限公司(亚太控股)进行。于 2002 年 12 月，集团进一步增持其于亚太控股之权益由 40% 上升至 49%。据披露，集团对此业务之前景表现乐观，并正着手研究多项有关增加亚太控股厂房之生产能力。于 2003 年 6 月 30 日，集团分拆其电镀用化学品业务，以海域化工集团有限公司(海域化工集团)为控股公司在香港联交所创业板上市。随着珠海厂房落成并于 2003 年 1 月投入运作后，海域化工集团目前为国内最大之电镀化学品生产商，每年最高生产量达 7,000 公斤金盐、160,000 公斤银盐、6,000 公斤钯盐及 200 公斤硫酸铑。集团预期海域化工集团之电镀化学品业务将会是集团未来数年之焦点。

【主要资产/投资(12/2002)】 海域化工集团(分拆上市后，集团将持有 75% 权益)，侨立精细化工有限公司 93.75% 权益；南海兴业铜铝型材有限公司(93.75%)；亚太控股(49%)；及蓝帆科技控股有限公司(18.17%)。

信和酒店(集团)有限公司

【公司概况】 股票代码 1221，集团主席黄志祥，发行股本(股)808M，票面值(港元)1.000，市价总值(港元)1,067M。

【公司业务】 该集团主要在香港从事酒店经营以及酒楼及会所经营业务。现时，集团经营之三间酒店为位于北角之城市花园酒店、位于金钟之港丽酒店及位于尖沙咀之皇家太平洋酒店，该三间酒店截至 2002 年 6 月止年度之平均房间入住率分别为 90.8%、73.8% 及 89.5%。于年内，集团为城市花园酒店进行大型翻新工程，而顾客对翻新工程亦感到满意。为进一步提高酒店之服务质素，集团计划为港丽酒店及皇家太平洋酒店之商务楼层及行政贵宾廊进行翻新及扩建工程，并增设多间新餐厅食肆。截至 2002 年 6 月底，集团之总负债约为 13.907 亿港元，其中约 1.847 亿港元将于一年内到期偿还。

【主要资产/投资(6/2002)】 城市花园酒店 — 共有 611 间客房(100%)；港丽酒店 — 共有 513 间客房(50%)；皇家太平洋酒店 — 共有 673 间客房(25%)；及香港上市证券按市值约 1.82 亿港元。

宏安集团有限公司

【公司概况】 股票代码 1222，集团主席邓清河，发行股本(股)118M，票面值(港元)0.100，市价总值(港元)71M。

【公司业务】 该集团主要从事 (1) 管理及分租街市、商场及停车场；(2) 制造及销售中药、草药咳药水及其它药剂产品；(3) 提出项目管理及代理服务；以及 (4) 物业投资等业务。于 2003 年 3 月止之年度，管理及分租街市业务仍为集团之主要收入来源，约占集团半数总营业额。集团现时为全港最大之单一街市经营商。截至 2003 年上半年，集团共经营 12 个街市(总面积约 26 万平方呎)，以及管理 7 个商场(总面积逾 103 万平方呎)及逾 4,500 个泊车位。据披露，集团将继续寻求机会扩展其街市业务，包括拓展至中国市场之业务。于 2003 年 3 月止之年度内，集团成功将位堂业务注入其上市联营公司位堂药业控股有限公司(位堂)。现时，位堂主要从事 (1) 销售中药产品；(2) 手表装嵌及表壳制造；及 (3) 在中国零售手表及袋。于 2003 年，集团将继续协助位堂整顿业务及寻求新商机。于 2003 年 3 月，集团于卢森堡大药厂有限公司之权益由 47.53% 增持至 99.79%，总代价 7,050 万港元以 150 万港元现金及位堂股份支付。是次出售位堂股份为集团带来约 5,980 港元之收益。

【主要资产/投资(3/2003)】 现金结余净额约 1.38 亿港元；投资物业按公开市值约 1.288 亿港元；位堂药业控股有限公司(30.87%)；卢森堡大药厂有限公司(99.79%) — 从事以佩夫人品牌销售咳药水及其它片剂及胶囊剂保健产品；及中富企业有限公司(49%) — 持有合营企业湖南湘雅制药有限公司 80% 权益。

新洋集团有限公司

【公司概况】 股票代码 1223，集团主席李国麟，发行股本(股)208M，票面值(港元)1.000，市价总值(港元)874M。

【公司业务】 该集团之核心业务为鞋类产品之制造及贸易、持有物业及投资控股。据披露，集团正扩展悠闲鞋系列，将产品系列推向多元化，以配合消费者将消费由高价鞋转移至质素佳之中低价鞋履。集团目前之鞋类产品包括运动鞋、便鞋、雪靴、凉鞋、婴儿鞋、工作安全鞋及马靴。截至 2002 年 12 月止之年度，北美及欧洲市场仍为集团主要收入来源，分别约占其总营业额 70% 及 18%。于 2002 年底，集团同意购买原为租用之中山工厂设施。该收购包括四块土地，总面积约为 108,171 平方米。该工厂土地之总楼面面积为 81,242 平方米，包括鞋类工厂、员工宿舍及其它附属房屋及建筑物。据集团解释，根据协议，全部预付租赁款项将被视为购买价 1.08 亿元人民币之部份款项，故所需之现金款项仅为 4,830 万元人民币，以分期支付。集团预期在国内扩展其生产能力可满足更多美国及欧洲品牌对生产服务日益增长之需求。截至 2002 年底，集团仍持有现金结余净额约 1.27 亿港元。

【主要资产/投资(12/2002)】 Union Overseas Holdings Ltd.(50%)；中山精美鞋业有限公司(100%)；广州番禺兴泰鞋业有限公司(92.78%)；及投资物业约值 6,550 万港元。

确利达国际控股有限公司

【公司概况】 股票代码 1224，集团主席林孝文，发行股本(股)2,377M，票面值(港元)0.010，市价总值(港元)328M。

【公司业务】 该集团主要从事制造及买卖手表盒、礼品盒、眼镜盒和文具。集团为另一上市公司渝港国际有限公司(股份编号：613)之附属公司。于 2001 年度，疲弱之消费意欲令集团之表现大受影响，尤以奢侈品为甚。由于欧洲及美国占集团之销售 57%，故直接影响集团于年内之业绩。为提高生产量及生产效率，集团继续扩充及整合业务运作。于年内，集团已提升木器厂房之设计及生产量。至于集团位于中山三角镇之生产设施，亦已于 2001 年下半年投产。展望将来，集团将继续探求多元化发展及扩展业务机会。

【主要资产/投资(12/2001)】 非上市债券按成本约值 5,300 万港元；现金结余净额约 8,960 万港元；及租赁物业之账面净值约 7,840 万港元。

隆成集团(控股)有限公司

【公司概况】 股票代码 1225，集团主席黄英源，发行股本(股)716M，票面值(港元)0.100，市价总值(港元)931M。

【公司业务】 该集团主要业务为设计、制造及销售一系列之婴儿及学前产品，包括婴儿车、婴儿床、软类制品、电动骑行车、婴儿围栏、婴儿服装、奶瓶及其它配套产品。大部份产品以原设计制造或原设备制造。截至二零零二年四月止，该集团拥有超过 150 种产品功能逾 340 项注册专利权。该集团积极扩阔产品范围，包括婴儿必需品和电动骑行车等，以迎合初生婴儿至六岁儿童的需要。截至二零零一年十二月止，美国和欧洲分别为该集团最主要之市场，各占该集团总营业额 59.4% 和 24.0%。为分散其盈利的来源和拓展国内的市场，该集团专为中国市场开发之小天使品牌现已于中国各大城市之百货公司发售。展望未来，管理层相信欧洲婴儿及学前产品制造业务外判的趋势将会继续上升，将成为集团未来两年之主要增长动力，再者，集团亦看准婴儿用品在中国市场之庞大发展潜力，丰富其产品种类及扩展中国销售网络，更努力开拓国内市场。

【主要资产/投资(12/2001)】 小天使婴儿用品(中山)有限公司(100%)；上海隆成日用制品有限公司(100%)；Shanghai Lerado Nursery Products(100%)；中山隆顺日用制品有限公司(100%)；中山市隆成日用制品有限公司(100%)；中山飞龙服饰用品有限公司(51%)；国宏(52%)；金和信股份有限公司(100%)；Lerado (USA) Inc.(80%)；隆成香港有限公司(100%)；及 Link Treasure Ltd(100%)。

富泰大中华投资有限公司

【公司概况】 股票代码 1226，集团主席，发行股本(股)80M，票面值

(港元)0.010,市价总值(港元)27M。

【公司业务】 该公司为一家投资公司,主要投资于大中华地区之上市及非上市公司。该公司之首要投资目标为透过投资组合赚取中长期(一般超过一年)资本增值、股息及利息收益,而投资组合包括于大中华地区成立或经营重大业务之企业所发行之股本、股本证券及债务证券。该公司亦有意投资于具潜力于中短期内在香港联交所或其它国际认可证券交易所上市之非上市公司。该等投资将会投资于从事不同行业之上市及非上市公司,包括(但不限于)信息科技、电讯、制造业、医药、服务、地产、基建、人寿保险及环保行业,以平衡该公司于不同行业之投资风险。于可行情况下,该公司亦会物色可与其它被投资公司产生协同效益及互惠互利之投资项目。富泰投资顾问有限公司为该公司之投资经理,将负责为该公司提供投资管理服务,但不包括一般行政服务。该公司有关月份最后之资产净值将于每个月份完结后15日内于报章刊登。

第一亚洲资本投资有限公司

【公司概况】 股票代码1227,集团主席利仕腾,发行股本(股)50M,票面值(港元)0.010,市价总值(港元)68M。

【公司业务】 该公司为一家投资公司,其首要投资目标为透过投资于香港及中国之上市及非上市公司为主之多元化投资组合,从而获得短至中期(一年以内至五年)之资本增值。该公司亦有意投资于具潜力在香港联交所或任何海外证券交易所上市之非上市公司。该公司会将不少于五成之资产投资于由香港及中国之上市及非上市公司所发行及管理之股本证券、可换股票据、优先股、购股权、认股权证、期货合约、债务、单位信托以至互惠基金。该等投资一般将会投资于从事不同行业之上市及非上市公司,包括(但不限于)信息科技、制造、医药、服务、物业、电讯、生活与环境及基建等行业。亨达资产管理有限公司为该公司之投资经理,负责为该公司提供投资管理及监察服务,但不包括一般行政服务。该公司有关月份最后之资产净值将于每个月份完结后15日内于报章刊登。

德信科技集团有限公司

【公司概况】 股票代码1228,集团主席林平基,发行股本(股)1,440M,票面值(港元)0.010,市价总值(港元)562M。

【公司业务】 该集团之主要业务为从事设计、生产及销售自有品牌卡迪奥及德信之计算器及其它电子产品。集团所生产之主要计算器包括袋装计算器、座台计算器、语音计算器及科学计算器,而其它电子产品包括环球时间日历、电子时钟及欧罗兑换机等。截至2002年12月止之年度,印度及亚洲地区为集团两大主要市场,分别占集团总营业额27%及29%,而其它主要市场则包括美洲、中东、非洲、西欧、俄罗斯及香港。于年内,集团成功推出针对高档市场之爱信计算器,深受市场欢迎,预期爱信计算器于未来两三年时间内可为集团作出盈利贡献。另外,集团亦于年内将产品系列多元化至家用电话及多功能手表产品。据披露,集团三层高新厂房及办公大楼之工程预期于2003年6月底竣工。于2003年,集团计划斥资约4,000万港元添置新产品生产线,其中约3,000万港元为投资于STN液晶体显示屏专用之生产线。日后,集团之策略为将未来盈利之新增长点投放于新研制之电话、手表及STN液晶体显示屏等产品上。

【主要资产/投资(12/2002)】 莆田德信电子有限公司(100%);福建省莆田县德基电子有限公司(100%);及莆田德荣电子有限公司(100%)。

雅域集团有限公司

【公司概况】 股票代码1229,集团主席梁金友,发行股本(股)241M,票面值(港元)0.100,市价总值(港元)132M。

【公司业务】 该集团主要从事制造及推销行针钟、照明产品、液晶显示产品及其它办公室相关产品;金属买卖;以及提供电镀服务。现时,集团在其所有制造程序中采用垂直综合化之长远策略。截至2002年3月止之年度,集团约半数收入来自时钟业务,而中国(包括香港)仍为集团之主要市场,约占其总营业额50%,另外两个主要市场则为北美洲(28.2%)及欧洲(19.4%)。面对全球市道不景气,集团之业绩转盈为亏,由2001年3月止年度录得纯利433万港元,扭转为2002年3月止年度录得净额亏损281万港元。现时,集团分别以Klik、雅达时及Wehrle品牌推广低、中及高档之行针钟,该等行针钟包括座台钟、旅行闹钟、挂墙钟及响铃闹钟。至于照明产品部门(集团另一重要业务),集团计划于2002年内在中国兴建一间新厂房,以增加节能灯管及成品灯之生产量。日后,集团将考虑其它扩展业务之商机,收购或投资极具潜力之业务,例如香港与中国之物流及分销业务。

【主要资产/投资(3/2002)】 雅域实业(深圳)有限公司(100%);Ferdinand Int'l (Marketing) Ltd.(100%);Wehrle Uhrenfabrik GmbH(100%);特佳电镀有限公司(79.75%);Right Time Group, Inc.(100%);Precision Group Ltd.(100%);雅域实业(高明)有限公司(100%);及上海申雅漆木制品有限公司(48%)。

科铸技术集团有限公司

【公司概况】 股票代码2302,集团主席刘鋆鸿,发行股本(股)220M,票面值(港元)0.010,市价总值(港元)183M。

【公司业务】 该集团之主要业务为制造及销售铝及锌压铸部件,其制造工序分为三大阶段,分别为(1)铸件设计及制造;(2)涉及以压铸机生产金属铸模之前期制造工序;及(3)涉及切削加压、攻丝、精密机械加工及表层加工之后期加工工序。为可提供综合服务予压铸客户,集团亦从事销售螺丝机械黄铜部件,包括柱杆、梢子、压环、接头及套管。集团向供货商采购未经加工之螺丝机械黄铜部件,而该等已采购部件之后期加工工序则分包予一名独立第三方。集团所制造、加工及贸易之部件均属定制,且并非可供实时使用之最后制成品。该等部件出售予从事各行业之集团制造商客户(主要为汽车、电子及家用器皿等行业)。集团所有制造及加工业务均于中国东莞市樟木头镇经营。截至2001年12月止之年度,集团约79.4%收入来自铝及锌压铸部件之销售,而19.4%则来自螺丝机械黄铜部件之销售。按地区划分而言,中国、北美洲及欧洲为集团之主要市场,分别占集团年内总营业额约42.3%、35.5%及19.9%。除继续扩大铝及锌压铸制造业务外,集团亦将引入镁作为压铸之原材料,专注于发展镁压铸造业务。另一方面,集团计划成立一家外商独资企业,以经营本身之锌及镁压铸生产业务,以取代原先与独立第三方所订立之加工安排。

泓锋国际控股有限公司

【公司概况】 股票代码2309,集团主席萧国建,发行股本(股)240M,票面值(港元)0.010,市价总值(港元)660M。

【公司业务】 该集团之主要业务为向在香港及或中国设有生产设施并以美国为主要出口市场之香港成衣及时装制造商提供市场推广及企业社会责任监察服务及销售支持服务。截至2002年3月止之年度,市场推广及企业社会责任监察服务约占集团总营业额84.5%及纯利94.4%,其余则来自销售支持服务。为使集团之制造商客户取得美国买家之采购订单,集团向该等客户提供市场推广及企业社会责任监察服务,以符合与集团有联系之多家美国买家对企业社会责任之要求,并不时知会该等美国买家有关集团之制造商客户已符合对企业社会责任之要求。至于集团所提供之销售支持服务,包括顾问服务、作出订单、行政支持/配额使用、物流管理及收账服务。采用集团之销售支持服务之香港成衣及时装制造商之主要业务为制造以棉质及人造纤维制成之纺织品及成衣。为吸纳华北地区之潜在制造商客户,集团计划在2003年首季在哈尔滨、北京及沈阳设立地区办事处。集团亦将透过修订其现有之企业社会责任监察审核程序,将业务范畴扩展至玩具及鞋履等其它行业。此外,集团亦计划开招其它亚洲发展中国家之市场,如柬埔寨、泰国及越南等。

金丰21投资控股有限公司

【公司概况】 股票代码2312,集团主席,发行股本(股)105M,票面值(港元)0.100,市价总值(港元)132M。

【公司业务】 该公司为一投资公司,其首要投资目标为主要透过投资于亚太区内(主要指大中华地区、东南亚国家联盟成员国及日本)上市及非上市公司为主之多元化投资组合,以取得短期至中期(即少于一年至五年)之资本增值。该公司约45%资产将投资于上市公司发行之股本证券、可换股票据、优先股、期权、认股权证或债务证券,约45%将投资于亚太区内非上市公司发行之股本证券、可换股票据、优先股、期权、认股权证或债务证券,而余下约10%则将以现金或现金等值物形式保留。为减少因某一个行业营商环境逆转对该公司造成之影响,集团之投资一般将会投资于从事不同行业之上市及非上市公司,包括(但不限于)信息科技、制造、生活科学及环保服务、电讯、基建、制药及地产等行业。该公司之投资经理为金荣资产管理有限公司,会负责为该公司提供投资管理服务。该公司有关月份最后之资产净值将于每个月份完结后15日内于报章刊登。

三和集团有限公司

【公司概况】 股票代码2322,集团主席刘振明,发行股本(股)300M,

票面值(港元)0.100,市价总值(港元)207M。

【公司业务】 该集团为香港地基工程业内首屈一指之承建商之一,业务根基稳固。集团之主要业务为从事地基工程相关业务,专营打桩工程,其中以土地钻孔桩工程占极大比重,其余则包括海事钻孔桩工程及其它打桩工程,如岩石套接工字桩工程。其它业务包括买卖二手地基工程相关机械设备及租赁地基工程相关机械设备。集团承接公营及私营部门地基工程相关项目,当中公营部门项目大多与基建及楼宇相关工程有关,私营部门项目则以楼宇相关工程为主。在集团所承接之公营部门项目中,集团只在有关项目中担任分包承建商,并无与政府机关有任何直接合约关系。截至 2003 年 3 月 26 日,集团手头合约(按整份合约金额计)总值约 5.124 亿港元,分别包括已入账之合约总值约 4 亿港元及将入账之合约总值约 1.124 亿港元。为扩大集团本身在地基工程以至土木建筑两方面之市场占有率,集团计划策略性地拓展业务领域至承接香港政府所推展基建项目之土木工程,此等土木工程项目主要包括道路及运输基建工程,其中很大部份为地基工程。除香港地基工程业外,集团亦拟在其它亚洲地区(包括中国)拓展业务据点,以及与当地政府部门及私人发展商建立业务关系。集团将在适当时候就进军该等亚洲市场之地基工程行业所需规定进行研究。

至卓国际(控股)有限公司

【公司概况】 股票代码 2323,集团主席卓可风,发行股本(股)640M,票面值(港元)0.100,市价总值(港元)461M。

【公司业务】 该集团主要从事制造及分销各种双面及多层印刷线路板(线路板)予香港、台湾、中国、其它亚洲国家、北美及欧洲等地之客户。集团可制造多达 14 层之线路板,及 0.003 至 0.006 寸线路间距/宽之线路板,并已开发多至 26 层之线路板原型。现时,集团之主要客户包括从事生产个人计算机及个人计算机相关产品、电讯、办公室设备、仪表设备、保安及消费产品等各类电子制造服务及原设备制造公司。按现时以 2 至 14 层线路板为主之产品组合及位于中国深圳蛇口之现有制造设施计算,集团每月生产能力约为 130 万平方呎(截至 2002 年 6 月 4 日)。由于多层线路板一般可获得较高边际利润,集团计划增加多层线路板(如 10 层或以上线路板)之产量比例以改良产品系列。集团已不断扩充生产能力,以及投资更先进之设备,以为日后增长建立稳固基础。除计划改良现有厂房之设备,于 2002 年 7 月将每月产量提升至约 150 万平方呎外,集团已开始于深圳蛇口兴建新厂房,该厂房之每月产量将约为 80 万平方呎,预期将于 2002 年底落成。

百灵达国际控股有限公司

【公司概况】 股票代码 2326,集团主席陈达,发行股本(股)240M,票面值(港元)0.010,市价总值(港元)163M。

【公司业务】 该集团之主要业务为从事设计、制造及销售家庭电器产品,包括热水壶、熨斗(如家用蒸气熨斗及旅行熨斗)、电暖炉(如暖风机及暖炉)、磨咖啡豆机、多士炉及三文治机等。集团产品之主要市场为欧洲及北美洲,分别约占集团截至 2002 年 3 月止年度之总营业额 65.1% 及 19.7%,而其它主要市场则包括亚洲、中东、澳洲及纽西兰。以产品销售而言,集团大部份收入来自销售热水壶及熨斗,分别约占集团截至 2002 年 3 月止年度之总营业额 53.7% 及 40.1%。现时,集团之生产设施位于中国深圳宝安西乡黄麻布村。为维持较高之毛利率,集团之主要对象为愿意为时尚及优质产品支付较高价格之欧洲原设计制造客户。另一方面,集团亦将其部份生产工序外判予多家于国内设有生产设施之香港制造商,以提升集团生产之灵活性。该等生产工序或包括热水瓶瓶身及若干塑料部件及配件塑造,但非整件制造。截至 2002 年 9 月 30 日止之六个月,集团于旺季时将熨斗及热水壶之生产工作外判予 24 位主要分包商。鉴于市场对集团产品之需求增加(尤以北美洲市场为甚),集团计划透过添置机械以进一步增强其生产能力。此外,集团亦将会调配更多资源发展产品开发队伍,藉以加强其产品开发能力及增加产品型号及丰富产品种类。

德维森控股有限公司

【公司概况】 股票代码 2330,集团主席史 ,发行股本(股)350M,票面值(港元)0.100,市价总值(港元)203M。

【公司业务】 该集团之主要业务从事设计、供应及整合供工业自动化及楼宇自动化行业使用之自动及控制系统,旗舰产品为自行开发之柔性控制系统。柔性控制系统为一套以个人计算机操作之开放式自动化及控制系统,采用通用通讯平台 TCP/IP,使系统之现场之控制站与控制中心之间可交换数据。截至 2002 年 6 月止之年度,楼宇自动化及工业自动化服务分别占集团总营业额 65.7% 及 34.3%。于年内,集团以 4,900 万港元代价收购中国合营公司铜陵华瑞电子材料有限公司(铜陵华瑞)之 18.52% 权益,铜陵华瑞主要从事制造及分销多层印制电路用覆铜层板。此外,集团亦已进军 OEM 配套业务,与一家采购公司签订合同以 OEM 形式为该公司生产之大型注塑机供应专用控制器。为进一步拓展市场之道路奠基,集团已将其产品向下游如针对各个特性行业用之工业设备之专用控制系统延伸形成专门化产品,如地铁、轻轨、电力行业等。尽管集团未能投得深圳地铁第一期自动化工程,惟集团计划伙同国外知名自动化设备及系统制造商罗克韦尔于 2003 年初竞投深圳地铁之第二期自动化工程。日后,集团将继续透过开发其它新兴行业之自动化应用以增加其于中国本土市场之占有率,并就上游产品如仪器仪表、传感器及控制产品专用电子材料进行研发,探讨提高硬件生产之毛利率之可行性。截至 2002 年 6 月止之年度,集团拥有现金结余净额约 4,620 万港元。

【主要资产/投资(6/2002)】 德维森实业(深圳)有限公司(100%);德维森企业有限公司(100%);及铜陵华瑞电子材料有限公司(18.52%)。(备注:由 2003 年 1 月 29 日起,集团之上市地位已由创业板转往香港联交所主板上市。)

科浪国际控股有限公司

【公司概况】 股票代码 2336,集团主席王树永,发行股本(股)400M,票面值(港元)0.100,市价总值(港元)73M。

【公司业务】 该集团为一家具相当规模之半导体分销商,在香港及中国为客户分销消费电子与电讯产品、计算机及接口设备之半导体。集团分销之两大类半导体为标准半导体(嵌入集团供货商所提供之基本软件)及客户专用半导体(嵌入集团自主知识产权之软件)。除半导体分销业务外,集团亦从事开发及提供按项目计之电子整套装置方案服务,为其客户之最终产品(主要为玩具及家庭电器产品)装嵌可实时使用之电子整套装置方案。每当接到一个项目时,集团将根据客户要求,设计及开发电子模块之电路及格式,然后将生产该等电子模块分包予第三者制造商。截至 2001 年 12 月止之年度,半导体分销业务及电子整套装置方案业务分别约占集团营业额 88.1% 及 11.9%。现时,集团为香港、中国及台湾约 15 家半导体供货商(如盛群半导体(香港)有限公司及瑞昱半导体股份有限公司)之认可非独家供货商。集团之半导体业务已拥有逾 600 名客户,其中不乏香港及中国著名之消费电子与电讯产品、计算机及接口设备制造商及供货商。目前,集团之主要营业地点位于香港,而旗下设计、工程及开发中心则位于中国深圳。日后,集团将进一步扩大其电子整套装置方案业务,尤其扩充至为目标产品类别(如信息家电及全球定位系统产品)提供电子整套装置方案。

中银香港(控股)有限公司

【公司概况】 股票代码 2388,集团主席肖钢,发行股本(股)10,573M,票面值(港元)5.000,市价总值(港元)83,525M。

【公司业务】 中银香港为香港第二大商业银行集团(以资产及客户存款计),于 2002 年 12 月 31 日共有资产总值 7,355 亿港元。另外,中银香港为本港三大发钞银行之一。中银香港之三大主要业务为(1)零售银行、(2)企业银行,及(3)资金业务。现时,中银香港在香港设有 300 多家分行、400 多部自动柜员机及其它服务与销售渠道(如智达银行服务、客户中心等),为其零售及企业客户提供全面之金融产品及服务。除香港业务外,中银香港亦于国内主要城市设有 14 家分行及支行,以切合其香港及中国内地客户对跨境银行服务之需求。此外,借着与母公司中国银行之关系,中银香港可充分利用中国银行设于全国 13,000 家内地分行网络,拓展内地之金融服务市场。于 2002 年 12 月止之年度内,集团录得 141.1% 之纯利增长,此突出之表现主要由于年内计提呆坏账拨备净额较 2001 年度大幅减少 61.5%。此外,中银香港之不履约贷款对总体客户贷款之比率亦由 2001 年度之 10.99% 改善至 2002 年度之 7.99%。尽管 2002 年个人破产率大增,中银香港至 2002 年年底之信用卡撇账率仍低于业内平均水平。中银香港将充足利用其庞大客户基础及广泛销售网络,致力扩展产品及服务范围,以及采取更有效之交叉销售,拓展自身业务及增加收入。中银香港将整合、改进现有产品,提供全新之独有产品,并与其联属公司及第三方合作,藉以提供日趋完善之产品及服务以赚取非利息收入。

【主要资产/投资(12/2002)】 中国银行(香港)有限公司(100%);南洋商业银行有限公司(100%);集友银行有限公司(70.49%);中银信用卡(国际)有限公司(100%);宝生期货有限公司(100%);及浙江商

业银行有限公司(25%)。

旺城国际控股集团有限公司

【公司概况】 股票代码2389,集团主席陈慧钰,发行股本(股)336M,票面值(港元)0.100,市价总值(港元)208M。

【公司业务】 该集团之主要业务为从事生产及分销于中国采购之电动工具。集团可因应客户需要及喜好而供应彼等所需之电动工具,其主要产品包括电钻、电锤、切割机、打磨机、电锯、台式工具及园艺工具。截至2002年12月止之年度,欧洲(尤其德国)为集团之主要市场,约占其总营业额71.8%。于2002年8月,集团与Barth Und Schoenemann GdbR(B&S)订立协议,以代价1,140万港元收购德国电动工具分销商SBW Technische Gerate GmbH(SBW)之50%权益。根据协议,B&S承诺于两年内将旗下一个德国著名品牌TIP所有电动工具业务转予SBW。该收购不但让集团取得TIP著名品牌之分销权,同时更拥有SBW及TIP于欧洲电动工具市场之分销网络。于2002年12月止之年度内,集团已由以往倚重外判生产及承包生产之生产模式转移至加强自行生产之比例,务求于三至五年内将自行生产及外判生产之比例调整至80:20。据披露,集团目前在国内拥有两个生产基地及已建立逾50个供货商之网络。位于江苏省海安县之新生产基地已于2002年11月开始投产,预期整个项目工程将于2003年年底完成。为提供更多元化之电动工具,集团正积极从事开发气动工具及手动工具。集团期望可于2003年推出自有品牌之气动工具。由于审核范围受到限制,集团之核数师对集团年内之财务报表持保留意见。

【主要资产/投资(12/2002)】 江苏鑫港企业有限公司(100%);江苏鑫城企业有限公司(100%);苏州东欣工具有限公司(91%);及旺城国际有限公司(100%)。

中国铝业股份有限公司

【公司概况】 股票代码2600,集团主席郭声琨,发行股本(股)2,750M,票面值(港元)1.000,市价总值(港元)4,840M。

【公司业务】 该集团为中国唯一之氧化铝生产商及规模最大之原铝生产商。以生产量计,集团亦为全球最大氧化铝生产商之一。集团之主要业务为铝土矿之采矿、氧化铝之提炼及原铝之精炼,主要产品包括氧化铝、原铝、镓及碳素。于2002年12月止之年度内,集团生产约541万吨氧化铝产品及约75万吨原铝产品,分别较上年度增长15.1%及5.6%。据披露,集团已优先发展氧化铝,加大加快氧化铝之投入,如建设平果氧化铝二期工程及山西三期氧化铝项目、建设选矿拜尔法项目,以及建议成立合资企业在广西西部建设氧化铝厂。此外,集团已适当调整原铝发展形式,有条件及多方式地扩大原铝生产能力。集团亦将会利用电力体制改革政策,积极推进电解铝项目及与发电商之合作或合资项目(如签订三峡电力之优惠直供电项目之意向书)。展望将来,集团将继续捕捉中国西部大开发策略及2008年奥运会所带来之市场机会。

【主要资产/投资(12/2002)】 主要设施包括四家一体化之氧化铝及原铝生产厂、两家氧化铝厂、一家电解铝厂及一家研究院。

百德国际有限公司

【公司概况】 股票代码2668,集团主席郑慈太,发行股本(股)236M,票面值(港元)0.100,市价总值(港元)111M。

【公司业务】 该集团主要从事制造及出口不同种类之男装、女装及童装机织及手织成衣。该类针织成衣主要按OEM基准,透过集团本身位于泰国之生产设施或以分包予中国制衣厂之形式生产。集团之主要客户包括Sag Harbor(Kellwood旗下一个部门)及Talbots。除针织成衣业务外,集团亦为国际航空公司生产睡衣等非针织成衣,并为美国零售连锁店Target生产服装。截至2002年3月止之年度,针织成衣之销售约占集团总营业额89%,而美国仍为集团主要市场,占总营业额90.7%。现时,集团逾九成产品皆透过加工安排形式,由国内五家成衣承包商在中国东莞百德工业城制造及部份制造。于2002年3月止之年度,集团已在泰国及中国加建工厂楼宇。于2002年6月,集团亦在越南胡志明市建设新生产线。该等新设施预期将集团年产力提高至约100万打成衣。此外,集团亦于委派一位中介代表,以方便直接连系集团现有及准海外客户及欧美两地之国际名牌时装设计公司。

【主要资产/投资(3/2002)】 普宁市百德针织有限公司(100%);Pak Tak Knitting & Garment Factory (Thailand) Co. Ltd.(60%);百德针织制衣厂有限公司(100%);及百德(广泰)针织有限公司(49%)。

新奥燃气控股有限公司

【公司概况】 股票代码2688,集团主席王玉锁,发行股本(股)737M,票面值(港元)0.100,市价总值(港元)1,861M。

【公司业务】 该集团为中国首批非国有管道燃气分销商之一,主要在中国从事(1)投资、经营及管理燃气管道基础设施,以及销售及分销管道燃气;(2)销售燃气器具及设备;(3)生产储值卡燃气仪表;以及(4)提供维修、保养及其它与燃气供应有关之服务。截至2002年年底,集团已共为210,850个住宅用户及502个工商业用户(即为已装置日设计供气量365,113立方米之燃气器具设施)接驳天然气,较2001年度增加102,849个住宅用户及147个工商业用户(即增加日设计供气量95,366立方米之燃气器具设施)。集团对国内日益增长之天然气市场持乐观态度。于2002年12月,中国国家建设部公布要求各地根据实际情况,开放市政公用行业投资建设、运营、作业市场。西气东输管道工程全长约4,200公里,设计年输气量120亿标准立方米,预期于2004年正式全面投入运行。此等市场发展及政府政策对集团该区域内项目公司之发展大为有利。据2002年年报所披露,集团预期于2003年可获得6至8个有质量之中大型城市之新项目。

【主要资产/投资(12/2002)】 土地及楼宇按账面净值约2.568亿元人民币;管道约值4.443亿元人民币;机器、设备及汽车约值6,900万元人民币;以及在建工程约值1.267亿元人民币。(备注:由2002年6月3日起,集团之上市地位已由创业板转往香港联交所主板上市。)

中海油田服务股份有限公司

【公司概况】 股票代码2883,集团主席傅成玉,发行股本(股)1,535M,票面值(港元)1.000,市价总值(港元)2,671M。

【公司业务】 中海油田服务(集团)为中国近海油田服务市场之主要供货商,提供各个阶段海洋油气勘探、开发及生产之一体化综合服务。集团之业务分为四大类,分别为(1)钻井服务;(2)油气井技术服务,包括测井及井下服务;(3)近海工作船服务及运输服务;及(4)物探勘查服务,包括搜集海上地震资料、海洋物探勘查及数据处理。截至2002年12月止之年度,该四类业务分别占集团总营业额39.0%、24.7%、22.1%及14.2%。于2002年底,集团共拥有及操作12艘钻井船(包括9艘自升式钻井船及3艘半潜式钻井船)、54艘工作船及6艘油轮,该船队为一支最庞大及功能最广泛之钻井船及工作船队。于年度内,集团成功开发新一代测试地面数据采集处理系统,该系统可提高测试作业生产之准确性,减少由于测试产量不够准确而造成之后续配套投入浪费。据2002年年报所披露,近海工作船服务及运输服务预期将成为集团业务增长之主要来源及动力。来年,集团计划购买7艘新工作船以扩充近海工作船服务及运输业务,令其船队增加至总共67艘船舶。

【主要资产/投资(12/2002)】 现金结余净额约26.556亿元人民币;钻井按账面净值约17.63亿元人民币;油轮及船舶按账面净值约16.30亿元人民币;中国南海一麦克巴泥浆有限公司(60%);中法渤海地质服务有限公司(50%);海洋石油一奥帝斯完井服务有限公司(50%);中国石油测井一阿特拉斯合作服务有限公司(50%);中海达雷斯地学服务(天津)有限公司(50%);及天津市金龙化工公司(50%)。

渣打集团有限公司

【公司概况】 股票代码2888,集团主席PATRICK Gillam,发行股本(股)1,170M,票面值(港元)0.500,市价总值(港元)115,272M。

【公司业务】 渣打银行为一家特别专注于亚太、中东及南亚及非洲等新兴市场之主要国际银行及金融服务集团,其总部设于伦敦。于2002年,渣打成为于香港新取得双重第一上市地位之首间富时100指数公司。现时,渣打在50多个国家拥有500多间分行及办事处网络。亚太地区现时为集团业务所在之最大地区市场,约占截至2002年12月止年度之未计商誉摊销及税项前利益总额60%,而以收入计,香港则为集团之单一最大市场。渣打亦为香港三家发钞银行之一,截至2002年底,渣打在本港共设有74间分行及办事处。渣打两大经营业务部门为个人银行及商业银行业务。个人银行业务为向主要市场(包括香港、新加坡、马来西亚、印度、泰国、台湾及阿拉伯联合酋长国)之个人及中小型企业客户提供银行服务、存款服务、信用卡、私人贷款、按揭、汽车融资及财富管理服务。商业银行业务则向不同类型之公司及机构客户(主要在香港、新加坡及马来西亚)提供债务资本市场、财资、顾问服务、结构贸易服务、现金管理及托管服务,以及借贷及贸易融资等较为传统之服务。至于在增长中之中国及印度市场方面，渣打现时可于中国部份城市与中国公民进行外币业务交易及与海外进驻国内人员进行人民币业务交易。于 2002 年底，渣打亦为印度以资产值计之最大国际银行，而印度已为集团之利益提供重大贡献。

龙发制药集团有限公司

【公司概况】 股票代码 2898，集团主席焦家良，发行股本(股)600M，票面值(港元)0.050，市价总值(港元)342M。

【公司业务】 该集团主要从事市场推广、经销及研发本身已确立之品牌龙发制药下之中成药。集团旗舰产品排毒美颜宝自 1999 年 1 月在香港推出，有助排出及清除积聚于人体内之废物及毒素，以保持健康及达致整体平衡。于 2002 年 5 月，集团推出另一种专为女性开发之全新产品补气养血宝，具有加快病后复原、调理肝肾功能、养血等功效。现时，排毒美颜宝以龙发制药之品牌名称透过集团之分销网络(主要包括香港之大型连锁药房、保健商店、超级市场、百货公司及化妆品店及集团位于东南亚及其它亚洲地区(包括马来西亚、台湾及日本)之海外分销商)推销及售卖，而补气养血宝则以龙发制药之品牌名称透过集团位于香港之分销网络推销及售卖。除排毒美颜宝及补气养血宝外，集团亦有两项开发中之产品，分别为活血降脂宝及填精生力宝，该两项产品将于 2002 年底前在市场上推出。据披露，集团中成药产品之生产目前外判予位于中国云南省之两家医药制造商盘龙云海及天紫红。为使生产中成药所需之中药材原料供应稳定，集团计划设立/租用/收购一个天然及抗污染之中药材原料生产基地。此外，集团亦计划于 2003 年年底前在香港设立合共两家中医服务中心。

威华达控股有限公司

【公司概况】 股票代码 2934，集团主席孙强，发行股本(股)227M，票面值(港元)0.010，市价总值(港元)200M。

【公司业务】 由于经过一连串集团重组及分别于 2000 年 5 月及 8 月出售 Giovanni Valentino 及 San Dino 零售业务后，集团截至 2001 年 12 月止年度之营业额大幅下跌至 67 万港元(上年度之营业额为 1.074 亿港元)。然而，自向百仕达控股有限公司(百仕达)收购 Sinolink Industrial Ltd. 全部权益及其股东贷款约 1.379 亿港元后，集团之业务重心已转移至能源行业。该项收购之代价为 3.604 亿港元，主要以现金及百仕达提供贷款之方式支付。Sinolink Industrial Ltd. 间接持有深圳福华德电力有限公司(深圳福华德)70%权益，深圳福华德在深圳经营大鹏发电厂。据集团 2001 年年报所披露，该发电厂预期可于 2003 年前赚取不少于 1.35 亿元人民币之纯利。集团其它主要投资项目包括：(1) eGoChina.com 之 52%权益，eGoChina.com 为一家在国内提供管理及技术顾问服务，及网上商务旅游服务之公司；(2) Xinhua Control Engineering (Xinhua) 之 41%权益，Xinhua 为一家专为发电及供水等工业提供所需之大规模数码控制系统制造商及系统整合商；(3) 一项收购 Guanghuan 之 49%权益之购股权，Guanghuan 为北京一家数码网络供货商兼数据中心营运商(注：该项投资于 2002 年 4 月收购)；以及 (4) 国内一家科技服务供货商酒乡网，为酒类交易市场提供商业对商业电子商务平台。

【主要资产/投资(12/2001)】 深圳福华德电力有限公司(于年结日后收购 70%权益)；Xinhua Control Engineering Co. Ltd.(41%)；及 E-gochina Holdings Ltd.(52%)。

汉国置业有限公司

【公司概况】 股票代码 2935，集团主席王世荣，发行股本(股)334M，票面值(港元)1.000，市价总值(港元)377M。

【公司业务】 该集团主要从事物业发展及投资业务。于 2001 年 3 月止之年度内，集团因终止并出售其投资于互联网及科技业务而录得 1.085 亿港元之净额利益。然而，集团仍录得 3.971 亿港元之净额亏损，亏损主要由于为持有之发展及投资物业进行减值拨备约 3.024 亿港元，此乃集团之物业组合于结算日经每年重估后得出。截至 2002 年 3 月止之年度内，集团转亏为盈，主要由于集团于深圳之物业发展项目已于年内录得利益贡献，其数额足以抵销于香港发展项目之经营亏损、财务费用及集团营运费用。

【主要资产/投资(3/2002)】 位于香港之投资物业按公开市值约 6.80 亿港元；位于马来西亚之投资物业按市值约 2.132 亿港元；位于香港、中国及加拿大之发展中物业分别约值 2.864 亿港元、3.396 亿港元及 9,860 万港元；及待出售物业(主要位于香港)按可变现净值约 7.594 亿港元。(注：截至年结日，集团之持息非流动债务合共约 8.533 亿港元。)

恒丰金业控股有限公司

【公司概况】 股票代码 2937，集团主席林世荣，发行股本(股)469M，票面值(港元)0.100，市价总值(港元)375M。

【公司业务】 该集团主要从事设计、制造、批发、买卖及零售各类型金饰、其它贵重金属产品及珠宝之业务。集团庞大之分销网络覆盖世界各地，主要市场包括香港、中国大陆、东南亚、美国及欧洲。除于 2001 年初在香港开设金至尊旅游展览厅以展览多个别具特色之珠宝金饰景点外，集团现时亦共有 30 间销售金至尊及银河明星品牌珠宝产品之特许加盟零售店。于 2002 年 3 月止之年度，集团录得股东应占利益约 3,460 万港元，而上年度则录得净额亏损约 1.36 亿港元。然而，除去上年度为联营公司作商誉减值 1.88 亿港元，集团于年内之纯利则较上年度下跌 33.8%。为应付金至尊旅游展览厅不断增加之参观人数，集团在展览厅现址额外购置 30,000 多平方呎地方以作扩充之用，扩展部份预期于 2002 年 9 月竣工。预料中国市场将成为未来之增长动力，集团计划于下一个财政年度在国内以特许专营加盟店、合作、合资或独资等经营模式，以进一步将零售店数目增加至约 100 家。展望将来，集团将考虑为金至尊旅游展览厅引入其它国际知名品牌钟表及皮具产品，以及在澳门及国内大城市以不同主题设立金至尊旅游展览厅。另一方面，集团亦投资于若干从事贸易及经营促进中国商贸之互联网入门网站之联营公司，然而该等联营公司之业务仍处于投资期。截至 2002 年 3 月止之年度，集团之总负债约为 4.601 亿港元，其中 4.125 亿港元将于一年内到期偿还。

【主要资产/投资(3/2002)】 恒丰珠宝首饰有限公司(100%)；恒丰珠宝首饰(深圳)有限公司(100%)；佳恒珠宝首饰有限公司(100%)；及新纪元讯息有限公司(49.9%)。

实惠集团有限公司

【公司概况】 股票代码 2938，集团主席关百豪，发行股本(股)104M，票面值(港元)0.100，市价总值(港元)130M。

【公司业务】 该集团主要经营以实惠为名之连锁店，专门从事家具及家居用品零售。截至 2002 年首季，集团于香港共有 43 间分店。为配合其零售业务，集团于 2000 年 6 月推出香港其中首个 clicks-and-mortar 模式经营的商业对消费者双语网站 www.pricerite.com.hk，在网上销售家具及家居产品。除了商业对消费者电子商贸外，该集团将进一步拓展商业对商业电子商贸领域，并以机构客户为主要对象。继于 2001 年 7 月透过配售新股筹得约 2,520 万港元及于 2001 年 11 月透过供股筹得约 1 亿 3,845 万港元后，集团拥有稳健之财务状况。展望将来，集团计划进军亚洲市场，尤以中国内地为主。据集团 2001 年年报披露，集团计划开设门市之目标城市包括广州、上海、北京及深圳。集团预期在国内开设之每家店铺面积约 4 万平方尺，并计划分别在上海及广州成立物流中心，覆盖华东及华南地区，以支持在国内之零售发展。

【主要资产/投资(12/2001)】 现金结存净额约为 1.45 亿港元；在香港之租约土地及楼宇之账面净值约为 7,100 万港元。

恒锋集团有限公司

【公司概况】 股票代码 2939，集团主席陈恒辉，发行股本(股)60M，票面值(港元)6.250，市价总值(港元)67M。

【公司业务】 该集团主要从事经营信用卡业务；证券买卖及投资；库存债券投资；时装及配饰零售；物业投资；及医疗保健业务。于 2002 年 3 月止之年度内，集团因被视为出售上市附属公司中国燃气控股有限公司(中国燃气)之权益而录得收益约 3,100 万港元。然而，集团于年内仍录得净额亏损约 3,970 万港元，主要由于就有关商誉之已确认减值亏损约 2,890 万港元及就物业组合确认重估亏细及减值约 620 万港元所致。随着于 2000 年 4 月完成收购联网信用卡有限公司(联网信用卡)及联网优惠卡有限公司后，集团现时为万事达卡及 Countdown 折扣卡之非银行独立发卡机构及服务供货商。于 2002 年 4 月，集团同意转让联网信用卡之 18% 权益予马来西亚主要信用卡发行机构 MBf Asia。集团预期引入 MBf Asia 作为策略股东后，将有助联网信用卡寻求 VISA 认可为许可信用卡发行机构之一。于 2002 年初，集团完成收购 Global Med Technologies, Inc. (Global Med) 及 eBanker USA.com, Inc. (eBanker)，总代价以减少集团之主要联营公司 eVision Int'l, Inc. 所发行之债券数目之方式偿付。Global Med 为健康护理业提供信息管理软年产品及服务之供货商，而 eBanker 则为较少人涉足之独特金融市场提供高利润产品及服务之供货商。至于集团之上市附属公司，中国燃气已大幅缩减其时装零售业务，专注投资于经营天然气项目之合营企业，将业务扩展至中国能源行业。

【主要资产/投资(3/2002)**】** 中国燃气控股有限公司(52.9%)；联网信用卡有限公司(98.6%)；联网优惠卡有限公司(98.6%)；eBanker USA.com，Inc.(40.3%)；Global Med Technologies，Inc.(58.4%)；及 Keng Fong Foreign Investment Co. Ltd.(100%)。

香港创业板上市公司

Tom. com limited

【公司概况】 股票代码 8001，集团主席陆法兰，发行股本（股）3，354M，票面值（港元）0.100，市价总值（港元）7，965M。

【公司业务】 TOM.COM（TOM）为和记黄埔有限公司、长江实业有限公司及其它策略投资者（如 Handel 及 Schumann）共同组成之合营企业。TOM 最初只为一家纯入门网站经营商，其后成功透过收购及内部增长，进化成大中华区首屈一指之中文跨媒体企业。经过过去两年之积极收购以扩大其媒体资产基础，TOM 截至 2002 年 12 月止年度之营业额进一步增加 159% 至 16.24 亿港元，其中 15.8% 来自互联网业务，其余 84.2% 则来自网下业务。年内互联网业务收入增长 77.8% 至 2.56 亿港元，而网下业务收入则增加三倍至 13.68 亿港元。另一方面，TOM 年内之净额亏损亦收窄至 4.096 亿港元，较上年度之 6.359 亿港元净额亏损减少 35.6%，并且取得全年正现金流 5，200 万港元。TOM 多元化媒体业务横跨四大领域 — 互联网、出版、户外传媒及体育与娱乐，并分别在四个媒体领域上取得领导地位。现时，TOM 互联网业务为大中华区芸芸中文入门网站中规模最大及增长最快之电讯增值服务营运商。截至 2002 年年底，TOM 已有 1，000 万名短讯登记用户，每日发出 350 万条短讯，以及 70 万名流动及收费电邮用户。TOM 出版部门持有 50 多个杂志品牌及 18，000 个图书书目，集团现时为台湾盈利最高之出版集团。在中国大陆方面，TOM 为第一家外资企业获正式批准全面参与国内之出版业务，并成为 300 百本中国大陆刊物之广告代理。在户外传媒方面，TOM 已成立一家控股公司 TOM 户外传媒集团，管理中国大陆最大、覆盖全国 25 个主要城市之大型广告牌及单立柱网络。至于体育与娱乐方面，TOM 现时为中国大陆本地体育推广市场公司之首。此外，收购鸿翔亦为 TOM 增添一个包罗万象之电视剧、电影及音乐之内容库及与遍布全国 3，000 多个零售点之发行网络建立起之商业合作关系。日后，TOM 将会继续整合在娱乐事业价值链上之各种机会，将重点放在环绕电视之周边业务，并藉此踏脚石更广泛及深入地涉足国内之广播媒体领导（如正与美国在线时代华纳洽购入股华娱电视，华娱电视为四家在珠江三角洲拥有落地广播权之电视台之一）。

凤凰卫视控股有限公司

【公司概况】 股票代码 8002，集团主席刘长乐，发行股本（股）4，932M，票面值（港元）0.100，市价总值（港元）4，340M。

【公司业务】 该集团为全球首屈一指之华语卫星电视台，为亚太区（以中国为主要目标市场）、北美及欧洲之华人观众提供娱乐及信息电视节目。由单一频道之电视台开始，集团现时已发展成为一家媒体企业，拥有电视、出版及互联网等媒体之多频道平台。目前，凤凰频道包括凤凰卫视中文台、凤凰卫视电影台、凤凰卫视信息台、凤凰卫视欧洲台及凤凰卫视美洲台。此外，集团亦从事非广播业务，包括出版凤凰周刊杂志及经营凤凰网站 www.phoenixtv.com。截至 2002 年 6 月止之年度，集团之业绩转盈为亏，由 2001 年录得之 5，400 万港元净额利益转为本年度之 1.997 亿港元净额亏损。据集团解释，录得之业务亏损主要来自推出三个新频道所致之高经营成本及为收购 Phoenix Chinese News & Entertainment Ltd. 所产生之商誉作 4，470 万港元之拨备。于年内，集团之旗舰频道凤凰卫视中文台，以及凤凰卫视电影台，成为首两个境外频道获批准正式落地珠江三角洲。此外，集团之凤凰卫视信息台亦于 2002 年第一季在香港之有线电视及日本之乐乐中国电视台落地播放，为香港及日本观众提供全球时事及财经信息。至于位于深圳之制作中心，由于当地有关政府部门建议更改地积比率及地盘面积，建筑工程因而延期。坐拥庞大现金储蓄约 4.513 亿港元（截至 2002 年 6 月底），集团将继续为其三个新推出之频道（分别为凤凰卫视信息台、凤凰卫视欧洲台及凤凰卫视美洲台）建立品牌及增加它们之观众层。

【主要资产/投资（6/2002）】 凤凰卫视中文台有限公司（100%）；凤凰卫视电影台有限公司（100%）；凤凰卫视信息台有限公司（100%）；Phoenix Chinese News & Entertainment Ltd.（70%）；植桐制作股份有限公司（100%）；凤凰影视（深圳）有限公司（60%）；深圳市梧桐山电视广播有限公司（54%）；香港凤凰周刊有限公司（77%）；PHOENIXi，Inc.（100%）；及深圳凤凰置业有限公司（90%）。

大诚电讯科技有限公司

【公司概况】 股票代码 8003，集团主席刘士凯，发行股本（股）282M，票面值（港元）0.100，市价总值（港元）23M。

【公司业务】 该集团主要为中国、香港及澳门之固网及流动电讯经营商组装、分销及集成电讯产品（包括先进维护及监控系统、专有监控软件及数码接入设备等）。此外，集团亦透过其持有 45%权益之合资公司哈尔滨东安大诚机电有限公司，于中国从事制造及组装燃气涡轮电机组。于 2000 年 6 月，集团推出其先进环境监控系统 PowerCom BMS，该系统为流动基站，设法保证流动电话系统之服务质素。自推出以来，集团已成功与中国联通信有限公司及中国移动通信公司旗下多家分支签订销售合约。于 2001 年下半年，集团积极进行燃气涡轮发电机推销及宣传活动，尤其于中国大陆市场。于 2002 年 3 月止之年度，集团与 Sparton Technology，Inc. 订立协议，取得于澳洲、新西兰及东南亚（台湾除外）等地电缆监控系统之独家分销权。此外，集团亦与纳斯达克上市公司合作，于大中华地区分销该等公司之小型涡轮发电机组。于 2001 年底，集团为更多目标客户进行实地测试，试行将光纤网络监控系统推出市场。集团预期光纤网络设备及光电零件在未来数年将成为集团其中一项主要业务。截至 2002 年 3 月 31 日止之年度，集团拥有现金结余净额约 5，450 万港元。

【主要资产/投资（3/2002）】 英之讯通讯设备（深圳）有限公司（100%）；大诚电讯（深圳）有限公司（100%）；北京康大奈特通讯设备有限公司（75%）；哈尔滨东安大诚机电有限公司（45%）；及上海华诚通信器材有限公司（30%）。

国际融资控股有限公司

【公司概况】 股票代码 8004，集团主席许尊健，发行股本（股）320M，票面值（港元）0.010，市价总值（港元）42M。

【公司业务】 该集团为本港一家业务发展及企业顾问服务供货商，并专注于为具备重大增长潜力之中小型企业提供服务。集团为其客户在制定业务发展策略、改善表现、公司重组、首次公开招股前之企业管理及其它企业财务顾问工作及事项提供意见，并协助其客户就市场机会及其业务扩展作出评估。随着于 2002 年 1 月获得放债人牌照后，集团进一步扩展其服务范畴至包括放债及保证金融资业务。为提供更多元化之金融服务，集团将于 2002 年 11 月递交证券交易商牌照之申请。截至 2002 年 7 月止之年度，集团持有现金结余净额 4，156 万港元，然而，于 2002 年 11 月 20 日，集团之现金结余大幅下降至只有约 360 万港元。据集团解释，该笔款项主要应用于在中国开设办事处，及作为贷款借予一名独立第三方。于 2002 年 8 月，集团之一名主要股东对集团向高等法院提出清盘呈请书。由于在预备集团之财务报表时仍无可能预测呈请书之聆讯结果，集团之核数师遂指出其财务报表已按持续经营基准编制。另一方面，高富民证券有限公司于 2002 年 9 月公布计划，向集团提供一项自愿有条件收购建议，藉以收购集团之全部已发行股份，代价将以现金选择权（每股 3 仙港元）或证券交换选择权（以每股上市公司江山控股有限公司股份换取 8 股集团股份）方式支付。

【主要资产/投资（7/2002）】 国际融资股份有限公司（100%）；及顶富（香港）有限公司（100%）。

裕兴计算机科技控股有限公司

【公司概况】 股票代码 8005，集团主席祝维沙，发行股本（股）400M，票面值（港元）0.100，市价总值（港元）92M。

【公司业务】 该集团主要在中国从事研发、设计、推广及销售信息家电产品。集团销售之信息家电产品为以裕兴为品牌之计算机 VCD、教育计算机，以及相关应用软件。现时，中国大陆为集团产品之主要市场。于 2001 年度，由于集团在中国面对强劲之市场竞争，消费电子市场之产品价格下跌很快，令集团产品之毛利率较以前为低。有见于全球DVD机市场正在快速发展，集团将继续以DVD技术为基础，作为集团未来业务发展。集团亦将致力发展信息家电、数码影音产品及教育电子产品三大主要市场。信息家电产品方面，集团将继续推出网络炒股机及宽带网视通；而数码影音产品方面，集团已于2002年2月推出多功能DVD播放机产品，并将推出一系列DVD产品，以满足不同市场需要。至于教育电子产品方面，集团将继续Zida5平台之研发工作，以及与教育信息供货商及教育软件开发商紧密合作。

【主要资产/投资(12/2001)】 于中国上市之债务证券约值2.53亿港元；及现金结余净额约1.42亿港元。

香港网国际网络公司

【公司概况】 股票代码8006，集团主席钱果丰，发行股本(股)4,133M，票面值(港元)0.100，市价总值(港元)2,728M。

【公司业务】 香港网为亚洲首屈一指之媒体、通讯及各项网上互动服务供货商，提供广泛之增值社群内容服务及电子商贸功能配套。集团之母公司为纳斯达克上市之chinadotcom。现时，集团管理最多浏览人次之双语入门网站www.hongkong.com，及以新加坡为基地之旅游出版及展览会主办公司亚洲博闻有限公司。此外，集团亦有投资于中铁时代一 为运输业提供专用票务保安解决方案之供货商。截至2002年12月止之年度，集团之营业额下跌约37%，然而其年内之纯利只轻微下跌至2,714万港元（2001年度之纯利为2,844万港元）。于年度内，集团成为本港首个提供收费电邮服务之入门网站，为互联网社群提供增值功能及额外储存空间，该服务订购比例更超出预期。集团将继续透过网上业务，运用其稳固之用户基础，创造更多崭新之订购服务，以成为收入来源之一。坐拥充裕现金储备，集团一直寻求其它投资机会。于2003年3月，集团收购掌中万雄(中国)信息科技有限公司(掌中万雄)之100%权益，掌中万雄为国内经营流动增值服务供货商，服务以短讯及WAP技术为基础。该收购之总代价为不多于5,500万美元，其中1,400万美元之代价以现金支付，余数则以未来两年之实际收入净额作基础计算。收购行动为集团提供黄金机会进军庞大及日益增长之中国市场。另一方面，鉴于网上游戏日益流行，集团将继续与韩国、台湾及美国等多个网上游戏发展商积极磋商，并于短期内推出游戏平台作出充份准备。展望将来，集团将专注于更具创意之业务，如流动服务、网上游戏及娱乐媒体。

【主要资产/投资(12/2002)】 海外上市及非上市债务证券按公平价值约19.7亿港元，其中约9.442亿港元已抵押银行贷款。

数码香港有限公司

【公司概况】 股票代码8007，集团主席简文乐，发行股本(股)150M，票面值(港元)0.100，市价总值(港元)14M。

【公司业务】 该集团为冠军科技集团有限公司之附属公司。该集团最初为一家商贸服务供货商，为在线商贸提供电子付款外判服务，集团现时已开发一个安全稳健的电子付款处理平台，藉以接合不同付款系统及各种商业对商业（B2B）及商业对客户（B2C）应用付款选项。鉴于电子商贸之起动力受全球经济放缓影响，集团已放慢电子付款平台之发展，将业务焦点转移至网络及电子业务保安产品及解决方案、系统开发（例如开发影像通，一项能够支持无线电及宽频通讯之崭新多媒体广告展示解决方案）及提供信息科技顾问服务。集团设计及开发之首个项目为流动自动售卖站，该流动自动售卖站为整合软硬件之独有解决方案，让用者透过流动电话进行B2C流动付款应用，而Phone－a－Drink则为该流动自动售卖站之第一项产品，消费者只需一拨流动电话，即可在30秒内获取饮品。此外，更多其它流动应用亦正在开发中。另一方面，集团之独家多媒体广告播放解决方案影像通已准备作商业用途，影像通整合互联网、无线电信通及平面播放科技，为新一代之户外广告注入力量。在可见将来，集团将专注于出售特许权予潜在客户，并提供特设专用之软件管理及全面解决方案。

【主要资产/投资(6/2002)】 DIGITALHONGKONG.COM INC.(100%)；DIGITAL COMMERCE LTD.(100%)；及数码香港国际有限公司(100%)。

新意网集团有限公司

【公司概况】 股票代码8008，集团主席郭炳联，发行股本(股)2,026M，票面值(港元)0.100，市价总值(港元)2,695M。

【公司业务】 新意网之主要业务为（1）透过互联优势经营互联网服务中心及提供系统管理服务；（2）透过新意网科技及Super e－Network从事安装SMATV保安监察系统及提供信息科技基建网络及相关维修服务；（3）透过旗下若干入门网站（如www.superhome.net、地产街、保险街、银行街、点点红等）提供消费辅强服务；以及（4）创业基金投资。于2002年6月止之年度内，集团已精简旗下运作业务及结束亏损业务。因此，集团录得净额亏损6.339亿港元，主要由于科技投资减值亏损3.559亿港元、重估投资物业之亏绌1.395亿港元及重组开支约1.314亿港元所致。然而，集团之财务状况仍然稳健。展望将来，集团将继续发展其数据基建及供应服务业务。此外，集团亦计划开拓与信息科技相关之新核心业务，务求为集团带来实时及可靠之业务收益。

【主要资产/投资(6/2002)】 互联优势有限公司(100%)；北京中科互联优势数据有限公司(75%)；新意网科技服务有限公司(100%)；Super e－Network（100%）；Commercial Press（Hong Kong）Cyberbooks Ltd.（25%）；SuperHome.net（100%）；地产街(100%)；保险街(100%)；银行街(100%)；点点红(100%)；投资物业及土地楼宇合共约值12.052亿港元；及债券约值10.772亿港元（主要在香港以外上市）。

菱控电子商业有限公司

【公司概况】 股票代码8009，集团主席孔令远，发行股本(股)1,161M，票面值(港元)0.100，市价总值(港元)110M。

【公司业务】 该集团为向亚洲各类业务提供互联网科技方案之先驱供货商之一，透过互联网科技及经营服务站协助企业更有效率地使用互联网及电子商贸。现时，集团正针对金融服务业及政府进行产品及市场开发工作，因该等行业相信为具潜力市场，将需要不断投资于信息科技。为配合其目标，集团已开发一系列针对行业性之软件解决方案，如互惠基金系统、网上企业银行系统及网上零售银行系统。于2001年7月，集团亦正式推出网联银行服务站，该服务站为集团与四间本地银行合作发展之项目，使银行可利用该服务分享应用软件。除自行开发软件外，集团亦透过与国际软件供货商（如IBM、Spectra Securities Software等）组成业务伙伴，扩大向其目标客户提供解决方案之种类。鉴于中国市场具发展潜力，集团之附属公司菱控拓展科技（北京）有限公司亦于2002年4月在北京中关村开设办事处。据披露，集团将专注于在国内市场为金融服务业提供服务。

【主要资产/投资(3/2002)】 现金结余净额约1.818亿港元（包括长期银行存款约2,340万港元）；以及在海外上市之债务证券投资按市值约5,490万港元。

现代旌旗出版集团有限公司

【公司概况】 股票代码8010，集团主席吴征，发行股本(股)518M，票面值(港元)0.050，市价总值(港元)337M。

【公司业务】 该集团原先为一个纯粹提供网上内容之供货商，拥有一个纵向整合娱乐信息入门网站之网络（包括旗舰入门网站www.stareastnet.com）。随着于2001年12月以代价2.10亿港元收购成报、广角镜及互联网入门网站www.cyol.net后，集团现时从事网上互联网业务及传统印刷媒体业务，进一步加强集团作为区内多媒体娱乐内容及跨媒体娱乐市场推广服务供货商之地位。基于全球之互联网业务持续放缓，集团截至2002年3月止之年度继续录得净额亏损1.489亿港元（上年度之亏损为1.743亿港元）。展望将来，预期成报及广角镜将有助整顿集团之印刷及多媒体出版业务，从而达至减低内容制作成本。此外，集团亦可具备提供更多种类及更优质信息之条件。于2002年10月，阳光文化媒体集团有限公司（阳光文化）（股份编号：307）公布计划以换股形式收购集团之大部份权益，并计划将近期收购之以中国为基地之音像分销企业京文娱乐集团注入集团，以换取上市地位。然而，截至2002年11月，集团之主要股东就与阳光文化就有关收购事件仍处于初步阶段，并未达成任何正式协议。

【主要资产/投资(3/2002)】 成报(100%)；广角镜(100%)；北京中青在线网络信息技术有限公司(60%)；及STAREASTnet.com(100%)。

建星环保科技控股有限公司

【公司概况】 股票代码8011，集团主席詹剑峤，发行股本(股)800M，票面值(港元)0.010，市价总值(港元)648M。

【公司业务】 该集团主要从事研究及开发造纸填料，以及制造及销售浆板及纸品。集团开发之造纸填料名为利物得，用于制浆造纸之添加剂，可减少造纸时所耗用之木材，并改善纸质。以集团之造纸填料取代木材，较传统之纸张耗用较少木材。现时，集团开发之造纸填料，可取代多达30%之制浆造纸木材，而加有利物得之特制浆板及纸品之生产成本可较传统之全木浆板及纸品约低10%。除造纸填料之研究及开发外，集团亦已于中国云南省昌宁县收购一家纸厂，以生产加有利物得之特制浆板及纸品。集团现时所销售为特制浆板及纸品，包括销往云南、四川及广东各省之木浆板（作为环保产品推出市场），以及销往云南省多个城市及销往缅甸之多种建星品牌之书写及复印纸（主要以100%木材制造）。于2002年6月28日，集团之造纸填料及浆板与纸品之年生产能力分别为1,000吨及10,000吨。为进一步扩展生产力，集团计划增设新造纸填料生产线，将其年生产力由现时之1,000吨增至2004年年底前之25,000吨。此外，集团亦计划于现有制浆造纸生产设施内加装设备，将年生产力增至2003年年初之20,000吨。

远东化聚工业股份有限公司

【公司概况】 股票代码8012，集团主席徐旭东，发行股本（股）410M，票面值（港元）1.000，市价总值（港元）665M。

【公司业务】 该集团主要在中国从事生产及销售聚酯产品，包括瓶级聚脂切片、涤纶长丝、涤纶短纤维及成品织物。集团生产之聚酯产品可进一步加工制成各式各样之制成品。集团为台湾大型综合企业远东集团于中国经营聚酯业务之旗舰公司。现时，集团为中国最大之瓶级聚脂切片生产商，以及主要的涤纶长丝生产商。集团同时亦为获准供应瓶级聚脂切片予可口可乐中国有限公司生产汽水瓶之两家生产商之中规模较大型之一家。截至2001年12月止之年度，该集团之纯利约为2.05亿万港元，为创业板上市公司中最赚钱公司之一。于2001年9月，集团之一所年产量逾41,400公吨之涤纶短纤维多功能新厂房已开始投入生产，另中所专为生产非纺织用或工业用之聚脂切片而加设之聚合设施亦已完成，而兴建中之一所年产量达500万件之聚脂瓶胚厂房亦预期于2002年4月完成。该等生产设施之扩建工程将有利集团应付中国大陆市场对聚酯产品之庞大需求。于未来数年，集团将继续集中开发高附加值、高边际利益及特殊规格之聚脂产品，而生产汽水及热充填瓶之聚脂切片、海岛长丝及实心纤维则为集团未来开发之主要产品。

【主要资产/投资(12/2001)**】** 远纺工业（上海）有限公司（100%）。

松景科技控股有限公司

【公司概况】 股票代码8013，集团主席赵亨泰，发行股本（股）683M，票面值（港元）0.100，市价总值（港元）48M。

【公司业务】 该集团主要从事设计、开发、制造及分销计算机零件、计算机相关通讯产品及互联网相关数码音响消费产品（如MP3机、MP3 CD机等）。此外，集团现正评估扩大分销产品组合，加入高利润率及高增长类别，如LCD投射器、路由器、无线及蓝芽装置等。为加强在主机板业务之研发经验，集团亦收购台湾主机板制造商Pro Team Computer Corporation。最近，集团亦成为NVIDIA认证供货商。截至2002年6月止之年度，北美洲仍为集团之主要市场，占集团总营业额62.9%，而集团自家品牌PINE、Retail Plus及D'music之产品销售及分销其它制造商之产品则分别约占集团总营业额38%及62%。于年内，集团亦已伙同若干具规模之零售连锁店在北美市场分销其产品，如Best Buy、Sam's Club及Wal－Mart等。

【主要资产/投资(6/2002)**】** 东莞业荣电子有限公司（100%）；Eastcom，Inc.（100%）；Pine Laboratory Korea Inc.（100%）；Pine Technology Korea Ltd.（100%）；Pine Technology Ltd.（100%）；Pine Technology Netherlands B.V.（100%）；Pine Technology Pte. Ltd.（100%）；PNS Technology Ltd.（100%）；Pro Team Computer Corporation（90.08%）；品嘉电子（东莞）有限公司（100%）；Samtack Computer Inc.（100%）；Westcom Technology Ltd.（100%）；及松景科技有限公司（55.4%）。

千隆科技国际控股有限公司

【公司概况】 股票代码8015，集团主席陈森田，发行股本（股）211M，票面值（港元）0.100，市价总值（港元）58M。

【公司业务】 该集团主要在中国从事研究、开发及销售证券分析软件产品、提供相关之保养及顾问服务，以及投资信息科技公司。集团提供之证券分析软件包括网络版及个人版，该等产品之主要目标用户分别为证券商及个人客户。由于中国股票市场呆滞及市场竞争激烈，集团截至2001年度止录得亏损约1,490万港元（2000年度则录得盈利505万港元），转盈为亏之主因为证券分析软件个人版于2001年之销售额下跌约80%所致。鉴于Intelligent Box I（可接驳安装有线/无线网络之电视机，以提供证券分析工具）推出后市场反应热烈，集团遂于2001年9月推出Intelligent Box II。展望将来，集团将为主要附属公司上海千隆高科技有限公司物色业务合作伙伴，以提升其研发能力。此外，集团亦会开发新证券分析软件产品（如互联网版、兼具技术分析、基本信息及财经新闻之软件等），以提升其市场竞争力。截至2001年底，集团持有现金结余储备6,068万港元。

【主要资产/投资(12/2001)**】** 上海千隆高科技有限公司（100%）；宁波千隆计算机软件有限公司（100%）；通陆科技咨询（上海）有限公司（100%）；及千隆投资股份有限公司（100%）。

中华数据广播控股有限公司

【公司概况】 股票代码8016，集团主席寇纪淞，发行股本（股）318M，票面值（港元）0.025，市价总值（港元）1,185M。

【公司业务】 该集团主要从事研究、开发及销售数据广播硬件及软件，以及相关系统整合；提供技术支持及顾问服务；规划、采购及生产数据广播多媒体内容；及销售软件等业务。面对数据广播业内之激烈竞争及国内电视网络经营商之重组活动，集团整体业绩于年内大受影响。集团截至2001年12月止年度之营业额下跌76.1%至只有604万港元，而录得之亏损亦由2000年之599万港元扩大至2001年之1,129万港元。据集团解释，亏损主因由于为应收账款及存货提取进行拨备及撇销无形资产所致。于2001年度内，集团已开发动态加密数据广播系统，此系统可透过加密渠道，以极安全及可靠方式传送私人信息/数据。截至2002年第一季，已有32家电视网络经营商采用此动态加密系统广播数据。至于为中国股票市场提供实时股份报价服务方面，由于未能为相关官方机构所提供之官方认可股票信息获得足够用户基础，集团可能就有关事项承担负债。展望将来，集团将专注于开发精巧产品，包括高速宽带数据广播系统及相关多媒体产品及机具，如易？多媒体音视频记录装置。截至2001年底，集团拥有现金结余净额约2,850万港元。

【主要资产/投资(12/2001)**】** 天津天财网络软件有限公司（70%）。

美域数码国际（控股）有限公司

【公司概况】 股票代码8017，集团主席刘超沛，发行股本（股）250M，票面值（港元）0.100，市价总值（港元）38M。

【公司业务】 该集团主要在香港及中国从事（1）开发订制软件及销售相关计算机设备；（2）销售套装软件；及（3）提供技术支持及维修服务。旗舰产品包括商贸易、校园通计划、美容业专业管理系统及无线解决方案。截至2002年3月止之年度，集团之股东应占亏损扩大至约1,222万港元（上年度之亏损为315万港元）。于年内，集团继续集中开发以方便用家、具成功效益、切合香港中小型企业（中小企）需要之套装软件产品。在中国市场方面，集团正与一业务伙伴（一家数据库供货商）进行磋商，共同向中小企推广旗下产品。至于台湾市场方面，由于该地市况未见起色，进军台湾市场之计划已被搁置。另一方面，集团仍继续审慎挑选开发商业对商业企业入门网站之行业，以丰富之内容提供一站式信息中心。现时，集团正从事研究GPRS（General Packet Radio Service）技术之应用，藉以提升其产品之功能及向客户提供更多增值服务。

【主要资产/投资(3/2002)**】** 美域信息科技有限公司（100%）；美域（广州）信息科技有限公司（100%）；美域电子商贸有限公司（100%）；及Schoolplus Ltd.（100%）。

上海实业医药科技（集团）有限公司

【公司概况】 股票代码8018，集团主席吕明方，发行股本（股）620M，票面值（港元）0.100，市价总值（港元）1,287M。

【公司业务】 该集团为现代中药及生物医药制造商，主要从事制造及销售以植物原料为基础之中成药及保健品。集团之主要产品包括参麦注射液及青春宝抗衰老片。截至2001年12月止之年度，集团录得纯利约2.327亿港元，较上年度大幅上升两倍以上，主要原因为于2001年3月上海家化联合股份有限公司（集团旗下一家个人护理产品和化妆品生产商）在国内以A股上市而带来逾1.55亿港元特殊收益所致。为开拓海外市场，集团已于2001年11月与德国一家植物药商就于欧洲市场推出枸杞鲜果产品达成初步合作意向。此外，集团亦与日本一家销售公司磋商，于2002年在日本推出一种符合日本市场之降脂茶。于2001年底前，集团以代价1,200万元人民币收购杭州胡庆余堂国药号有限公司（胡庆余堂国药号）之24%权益，胡庆余堂国药号为传统中药界之知名品牌，已有百多年历史，并拥有药品零售跨省连锁经营企业资格，是项收购标志着集团正式进军医药零售领域。为进一步强化于医药医疗一体化之地位，集团亦于2001年度内收购一家专门从事生产高科技医疗设备之公司广东宝莱特医用科技股份有限公司38%权益，以及一家医学影像系统及医学信息系统开发商及供货商珠海友通科技有限公司11%权益。

【主要资产/投资(12/2001)】 正大青春宝药业有限公司(55%)；上海家化联合股份有限公司(28.15%)；宁夏上实保健品有限公司(59%)；正大青春宝(鹤岗)药业有限公司(60%)；上海医创中医药科研开发中心有限公司(55%)；北京上实中药有限公司(100%)；上实医药数码保健有限公司(66.67%)；广东宝莱特医用科技股份有限公司(38%)；及珠海友通科技有限公司(于2002年5月增持13.35%权益后，现持有24.35%权益)。

中远威生物制药有限公司

【公司概况】 股票代码8019，集团主席钟志孟，发行股本(股)600M，票面值(港元)0.100，市价总值(港元)159M。

【公司业务】 该集团主要在中国从事制造及销售一种名为溶栓胶囊之非处方中药，溶栓胶囊之主要疗效为溶解血栓，并适用于治疗心脑血管疾病。现时，溶栓胶囊之生产工序已外判予国内三家加工方负责，而集团将于其自设厂房落成后自行生产。由于溶栓胶囊为国家二级中药保护品种，因此于行政保护期内(1999年至2006年)，集团于生产溶栓胶囊时所使用之配方及生产技术均受保护，且概无其它国内生产商可于国内生产或仿制中药产品溶栓胶囊。集团之营业额全部来自溶栓胶囊之销售，截至2001年12月止之年度之营业额约为1.003亿港元(上年度之营业额约为1.347亿港元)。基因工程药品葡激莓项目方面，临床应用样本及相关材料已呈送国家药监局以待审批，待得到国家药监局批准后随即开始临床测试。至于位于山西省太谷县之生产厂房，主要生产厂房基本上已告落成，而其它辅助生产设施则仍在施工当中。于2002年2月，集团就收购独家生产及销售一种新药盐酸氨基葡萄糖之权利签订一项合作协议，预期将于2002年8月取得新药证书及生产批文。

【主要资产/投资(12/2001)】 山西中远威药业有限公司(100%)；及中远威药业(香港)有限公司(100%)。

威伦堡控股有限公司

【公司概况】 股票代码8020，集团主席尹志强，发行股本(股)508M，票面值(港元)0.010，市价总值(港元)76M。

【公司业务】 该集团主要从事分销一系列以Wanasports为品牌之高尔夫球服装(包括外套、Polo恤、毛线衫及衬裤)及高尔夫球及其它配件(包括高尔夫球、高尔夫球展示架、皮带、手套、鞋袋、护目镜、高尔夫球架、球袋、记分咭套、高尔夫球杆套、吊带、袜、毛巾、打球用水壶及雨伞)。集团之产品由集团内设计小组或原设计制造商设计，而产品则交由原设计制造商或于香港、韩国、澳门、台湾及意大利之原设备制造商负责制造。现时，集团之服装产品包括Elegance、Challenge、Confidence及Michelle四个时装系列。每一个时装系列之对象消费者之年龄组别及生活风格各有不同，而四个服装系列皆邀请名人担任代言人。集团之产品现透过位于香港之旗舰店、香港高尔夫球会所若干专门店之寄卖摊位及位于香港及中国之加盟店销售。截至2002年3月，集团于香港及中国经营合共15家加盟店。集团并与5家专门店订立协议，于寄卖摊位分销集团之产品。中国市场方面，集团主要发展经济增长迅速之中国沿海城市市场。为进一步扩宽其中国地域覆盖范围，集团将继续挑选合适之商家加盟其特许经销网络。待服装及配件业务建立稳固之客户基础后，集团亦将逐步推出其它产品系列，如健康食品、化妆品及卫生用品等个人护理产品。

汇隆控股有限公司

【公司概况】 股票代码8021，集团主席苏汝成，发行股本(股)458M，票面值(港元)0.010，市价总值(港元)48M。

【公司业务】 该集团主要在香港为建筑及楼宇工程供应棚架，该等建筑及楼宇工程包括(1)公共房屋之建筑工程；(2)私人住宅及商业楼宇之建筑工程；(3)公共房屋、私人住宅物业及商业楼宇之维修保养及翻新工程；及(4)斜坡及护土墙之预防山泥倾泻及修补工程。除搭建棚架核心业务外，集团亦从事出租吊船工作台，以及提供技术操作员及有关棚架之顾问服务。集团采用之三种主要棚架系统为传统竹棚、金属棚架及竹通混合棚，竹通混合棚为集团开发之竹杆及金属管混合系统棚架。现时，集团在香港及英国为竹通混合棚专利之所有人。为拓展至其它海外市场，集团与马来西亚首屈一指之建筑工程承建商MKP Holdings Sdn Bhd成立合营项目，在亚洲及非洲推广促销竹通混合棚及其它棚架系统。另外，集团亦于2002年3月获得Altrex吊船产品在中国上海、北京及广州之独家经销权。展望将来，集团将更注重提供山泥倾泻预防工程方面之棚架，较诸于传统楼宇建筑工程，应可提供更大之边际利润。此外，集团亦会继续专注发展潜力优厚之吊船工作台业务，以及在其它发展潜力优厚之亚洲市场促销其专利混合棚技术。

【主要资产/投资(4/2002)】 汇隆棚业有限公司(100%)；汇隆系统棚架有限公司(100%)；佳晋实业有限公司(100%)；天隆国际有限公司(100%)；汇隆顾问有限公司(100%)；及天丰运输贸易有限公司(100%)。

雅高企业(集团)有限公司

【公司概况】 股票代码8022，集团主席王华生，发行股本(股)180M，票面值(港元)0.010，市价总值(港元)20M。

【公司业务】 该集团之主要业务是于国内提供公车运输及有关服务，包括公交路线服务、旅游路线服务、租赁公车及雇员服务、观光门票销售及旅游，以及出租车身作广告用途。集团现时大部份业务均以中国南京为基地。截至二千年十二月三十一日止之年度，集团之客流量约为1.16亿人次(一九九八年之客流量约为3,400万人次)。除了南京之业务外，集团有意于另外中国三个城市(分别为万州、芜湖及泰州)经营公车服务。于二零零一年之财政年度内，雅高企业现正与中国多个城市的政府官员洽商成立合营公司，及于国内拓展更多具潜质的投资项目，以发展集团的主要业务，再者，雅高集团拟针对业务之规模及范畴扩展业务以达致迅速增长。管理层预期中国加入世界贸易组织后，未来之竞争将会相对提高。

【主要资产/投资(12/01】 重庆市万州区雅高公交巴士有限公司(60%)；泰州雅高公交巴士有限公司(60%)；及南京公交雅高巴士有限公司(60%)— 持有南京公用事业IC卡有限公司3%权益、南京公场站建设发展有限责任公司3%权益及Nanjing Argos Scenery Travel Service之95%权益。

恒基数码科技有限公司

【公司概况】 股票代码8023，集团主席李兆基，发行股本(股)5,000M，票面值(港元)0.100，市价总值(港元)1,120M。

【公司业务】 该集团为恒基兆业地产有限公司之科技旗舰。现时，集团之业务可分为五大类：(1)透过名气佳经营之互联网服务；(2)透过恒基数据库有限公司营运之数据中心；(3)透过裕基科技有限公司营运之本地无线固网服务；(4)透过智能居有限公司开发智能大厦网络基建系统；及(5)策略性投资于与信息科技相关之公司。除无线传送服务外，于香港电讯管理局宣布全面开放本地固定电讯网络服务市场后，集团拟进一步踏足本地固网电讯市场。日后，集团可能策略性地结合无线及有线科技，以为其传送服务取得更高效率。截至2002年6月止之年度，集团录得净额亏损约1.364亿港元(上年度之净额亏损为8,430万港元)，亏损主要来自5,890万港元之经营亏损、1,130万港元之存货撇除及7,130万港元之数据中心、网络设备及其它信息科技投资之减值亏损拨备。截至2002年6月止之年度，集团仍拥有稳健之财务状况，其现金结余净额约为2.979亿港元，而其持有之债券则合共约值3.64亿港元。

【主要资产/投资(6/2002)】 裕基科技有限公司(92.2%)；智能居有限公司(100%)；恒基数据库有限公司(100%)；及名气佳网上业务有限公司(100%)。

亚洲讯息(控股)有限公司

【公司概况】 股票代码8025，集团主席谢暄，发行股本(股)476M，票面值(港元)0.100，市价总值(港元)17M。

【公司业务】 该集团之主要业务为从事提供网上信息、信息科技及顾问服务，以及策略投资于以科技为主及商业对商业之项目。截至2001年12月止之年度，集团之营业额大幅下跌65%至只有400万港元，而其亏损亦进一步扩大至约1.299亿港元(2000年度之亏损约为5,920万港元)。据集团解释，由于科技泡沫于2000年爆破后，互联网业务之市况持续不景，以致集团之业绩表现未如理想。另一方面，由于市场反映欠佳，集团已解散本身品牌之研究报告小组。于2001年度，集团已结束旗下投资组合内部份并无前景之投资项目。据2001年年报所披露，集团已制定策略计划运用其行业研究及统计数据库，藉以为集团提供稳定之收入。

【主要资产/投资(12/2001)】 现金结余净额约3,404万港元。

长达科技控股有限公司

【公司概况】 股票代码8026，集团主席叶醒民，发行股本(股)511M，票面值(港元)0.100,市价总值(港元)63M。

【公司业务】 该集团为中国一家具有领导地位之网络及基建应用解决方案供货商,主要业务为向电讯公司及企业提供宽频数据网络及互联网主干线解决方案、应用软件、信息科技及网络服务及大型整合服务。截止2002年3月之年度,集团录得股东应占亏损约1.654亿港元(上年度则录得纯利1,397万港元),转盈为亏之主因乃为呆账及一项长期投资减值作出拨备。集团提供之软件产品及解决方案以自有品牌kiNETic推出,主要软件解决方案包括业务操作支持系统(BOSS)、以IP为主信息应用系统及电子商贸基建平台。在产品研发方面,集团计划生产揉合其早期收购之CTI(计算机及电话集成)及IVRS(互动话音响应及识别系统)两项先进技术后开发之营运级传呼中心应用程序。至于解决方案整合及信息科技及网络服务方面,两项业务均为集团于大型网络整合核心业务之重要资产。集团已获得中国联通第三期VoIP话音网络扩展合约,为遍布全国8个省逾240个城市提供咨询及网络集成服务,此网络现时被视为全球最大型之VoIP主干服务。此外,集团亦为上海主要互联网数据中心及互联网系统供货商263.net提供服务,并为Novartis提供全方位之端对端网络服务。截至2002年3月止年度,集团拥有现金结余净额约1.247亿港元。

【主要资产/投资(3/2002)】 结信网络技术服务(上海)有限公司(100%);长达科技有限公司(100%);上海万通计算器技术有限公司(100%);和益利计算器(北京)有限公司(100%);及Broadband Internet Co. Ltd.(100%)。

中国生物制药有限公司

【公司概况】 股票代码8027,集团主席谢炳,发行股本(股)332M,票面值(港元)0.100,市价总值(港元)747M。

【公司业务】 该集团为中国一家具领导地位之生物制药及中药现代制剂开发商之一,主要从事研发、生产及销售一系列生物药品、中药现代制剂及西药。集团之产品主治肝病、眼病、老年病、皮肤病、心脑血管疾病等。主要产品包括主治眼疾之润舒滴眼液及润洁滴眼露,以及主治肝病之甘利欣及主治老年病前列腺肥大之泽桂癃爽胶囊。现时,集团所有形式之产品,包括药丸、胶囊、眼药水、软膏剂、大容量及小容量注射液均已获中国国家药品监督局之GMP证书。于2001年8月,集团与江苏农垦及金康合作在南京高新技术区成立合资企业南京正大天晴制药有限公司,用以开发、生产及销售治疗心脑血管和抗癌类轮液药物及其它药品、保健品。目前厂房之主体工程已封顶,集团预计定购之美国产非PVC共挤膜输液生产设备于2002年5月到货。于产品研发方面,集团两家主要附属公司山东正大福瑞达制药有限公司及江苏正大天晴药业股份有限公司之研发中心将分别迁至北京及南京两地,此举预期有助集团进一步增强集团之科研能力,以开发新生物制剂及中药现代化制剂。

【主要资产/投资(12/2001)】 山东正大福瑞达制药有限公司(55%);江苏正大天晴药业股份有限公司(60%);南京正大天晴制药有限公司(51%);山东正大福瑞达包装新材料有限公司(55%);及杭州正大青春宝药业有限公司(5%)。

天时软件有限公司

【公司概况】 股票代码8028,集团主席郑健群,发行股本(股)949M,票面值(港元)0.050,市价总值(港元)143M。

【公司业务】 该集团为一家以香港为基地之主要科技企业公司,主要从事软件开发、提供计算机顾问服务、转售计算机硬件及软件,以及出版杂志。截至2002年3月止之年度,集团录得约3.38亿港元之巨额亏损(2001年3月止年度之纯利约为3,739万港元),亏损之原因主要为商誉及计算机软件开发成本减值作出拨备及投资证券及其它投资作出拨备所致。于年内,集团专注于加快其综合平台之建设。经过六年时间开发综合平台,集团已成功建成天时综合平台之第一版本(TCP.VI)。据集团2002年年报披露,天时综合平台为集团资产不可缺少及重要之部份。于结算日后,集团同意以代价920万港元收购Grenashe Group Ltd.之12%权益,该交易已于2002年5月完成。于2002年3月31日,集团手头之合约为7亿港元。由于当中为大量中国大陆合约,集团预计未来在中国大陆之业务将会逐渐增加。

【主要资产/投资(3/2002)】 租赁土地及楼宇约为1.826亿港元(主要为香港中环中心79楼全层);三原则计算机服务有限公司(100%);智群系统顾问有限公司(100%);泛讯出版有限公司(100%);天时软件(广州)有限公司(100%);天时软件(北京)有限公司(100%);China Lake Int'l Ltd.(70%);天津信息港互联网数据有限公司(33.3%);珠海南方软件园发展有限公司(28.5%);贵州中湖计算器科技有限公司(31.5%);宁夏教育信息技术股份有限公司(25%);及西部电子商务股份有限公司(25.04%)。

丰裕兴业国际有限公司

【公司概况】 股票代码8029,集团主席庞维仁,发行股本(股)800M,票面值(港元)0.020,市价总值(港元)11M。

【公司业务】 该集团之主要业务为向大中华区(尤其在香港及中国)之中小型企业合并与收购市场提供商务中介人服务及商业顾问服务。于年内,全球经济环境转坏严重影响集团之业绩,集团录得之亏损由2001年3月止年度之462万港元增加至2002年3月止年度之1,051万港元。另一方面,商务中介人服务仍为集团之主要收入来源,占集团总营业额约92.8%。一直以来,集团所服务之顾客当中包括位列财富杂志500家大公司之列之公司、纳斯达克上市之公司、本地蓝筹公司及私营公司。为进一步扩大客户基础,集团已与香港及中国之专业团体(如执业会计师行)、政府团体、商企及中小企社群、商业及私人银行等建立联盟。集团借着商业转介计划及协办以研讨会形式为主之宣传活动,与各盟友衷诚合作。此外,集团计划在中国成立合营公司,并计划在与IBBA International之合作关系上,开拓与海外中介人及投资者之全新业务关系,藉以把握由中国入世后所带来之大量跨境合并与收购活动。据2002年年报披露,集团已放弃多项拟定进行之投资计划,例如在伦敦或其它国家设立代表办事处及实行特许经销制度。

【主要资产/投资(3/2002)】 丰裕兴业有限公司(100%);及LPL Group Ltd.(100%)。

数通集团有限公司

【公司概况】 股票代码8030,集团主席李传碧,发行股本(股)1,141M,票面值(港元)0.100,市价总值(港元)154M。

【公司业务】 该集团之主要业务是为香港及中国之公用事业及服务供货商,提供宽频多媒体通讯网络之系统集成及工程。此外,集团亦从事互联网业务,主要包括网络应用程序服务、为客户度身订造之解决方案服务及互联网服务供货商服务。于2001年度内,电讯及互联网业务之市况持续不景,严重影响集团之整体业绩。集团于年内之营业额大幅下跌45.1%至7,390万港元,而整体毛利率更由2000年之52%大幅缩减至2001年之只有4%。于年内,集团已将资源集中于核心系统集成业务,并放慢互联网服务之发展。集团现时之业务模式建基于集团成为全面通讯解决方案供货商之目标,以网络开发为核心业务,逐渐融合互联网业务作为箭头带动增长。日后,集团将继续与华南其中一省之电力局评估有关在中国建立最后一公里接入网络(即光纤网络)项目之可行性。另外,集团亦会开拓节省能源项目及发电厂服务方面之商机,以及致力将客户基础由电力行业扩展至中国其它电讯公司及大型机构。截至2001年底,集团之手头现金只有约230万港元,惟其总债务则约有5,980万港元,其中4,500万港元将于一年内到期。

【主要资产/投资(12/2001)】 数字通讯(亚洲)有限公司(100%);商机网有限公司(100%);力昌数字通讯有限公司(100%);寰宇网有限公司(100%);亚细亚科技有限公司(49%);Asiasoft HK Ltd.(20%);及Netpolis Communications HK Ltd.(17%)。

健诺国际生化科技药业有限公司

【公司概况】 股票代码8031,集团主席谭润球,发行股本(股)521M,票面值(港元)0.010,市价总值(港元)39M。

【公司业务】 该集团最初为一家向制药公司及生物科技公司提供顾问服务以及有关药动学及药效学之临床前及临床研究之公司,专长为药动学/药效学,其主要技术创新项目及开发中之旗舰产品为仿真生物分解及吸收系统(人造肠技术)。人造肠技术(一般称为人造肠脏)为一项体外筛选系统,计划用作预测人体肠道对药物化合物之吸收情况,在可接受误差幅度内取得一致之结果,而该技术亦为唯一使用一般人体细胞囊,进行吸收筛选测试之技术。现时,人造肠系统由人手操作,并拟发展为自动化系统。集团致力透过人造肠技术以缩短药物开发时间,有助提早决定候选药物作进一步研究,从而减少临床前药品开发过程所需之成本及资源,惟人造肠技术(截至2002年5月16日)仍未经独立测试以证实其效用。目前,集团预期于加拿大之业务将专注于利用人造肠技术以研发及提供药物筛选服务,以及发展西方草药产品及为其配方,而香港之业务则涉及运用集团之技术平台发展与传统中药有关之产品及为其配方。至于长远业务目标,集团计划能提供成药产品,包括初步以食物营养补充产品作推广之以传统中药为基础之产品及草本产品,倘策略成功,则将会发展至具医药或保健疗效之产品。

大中华科技(集团)有限公司

【公司概况】 股票代码 8032,集团主席郑洁贤,发行股本(股)814M,票面值(港元)0.010,市价总值(港元)161M。

【公司业务】 该集团为一家网上提供互动保健及时尚生活内容之供货商,透过旗下旗舰入门网站 www.greaterchinaherbs.com,以中、英及日文形式提供综合式保健内容,尤其集中推广传统中医药、治疗法及中草药产品。此外,集团亦透过入门网站 www.ladiesasia.com,向主要目标 — 亚洲妇女提供时尚生活内容,并且提供电子商贸平台 www.sensesshop.com,供客户在网上购买各类型优质时尚生活产品。最近,集团已将业务开拓至有关研究及开发、制造、推销及分销传统中医药产品之新系列之非网上业务。集团首批之旗舰中药产品草苓香冬虫草,已透过其网上概念店及其它保健产品销售渠道在香港及美国多个城市推出。现时,集团已外判制造传统中医药产品,受委托公司必须为取得 GMP 之制药及制造营养保健食品公司。除一般网站营运外,集团亦伙同香港中文大学联合举办网上传统中医中药教育课程,日后亦将会与其它遥距学习机构组成类似之联盟。

【主要资产/投资(7/2002)】 草苓香健康产品有限公司(100%);Greaterchinaherbs.com Ltd.(100%);Ladiesasia Ltd.(100%);iBusiness Ltd.(100%);大中华生物化学研究有限公司(100%);及 iSolutions Development Ltd.(100%)。

爱达利网络控股有限公司

【公司概况】 股票代码 8033,集团主席 Jose Manuel Dos Sant,发行股本(股)614M,票面值(港元)0.100,市价总值(港元)252M。

【公司业务】 该集团为中国一家主要网络解决方案供货商,专门从事数码数据网络、帧中继、异步传输模式(ATM)及互联网通讯协议(IP)技术。集团为公共电讯服务供货商(如中国电信及中国移动)及中国与澳门两地之企业用户(如有线电视经营商)提供全面之集成服务,包括网络规划、设计、安装、测试、开通、维修及售后技术支持。尽管中国电讯业内进行重组,截至 2002 年 6 月止之年度内,集团在营业额及净额利益方面均继续录得健康之增长。然而,基于市场竞争日趋激烈,集团之整体毛利率由 2001 年度之 27.2% 下跌至 2002 年度之 25.3%。在公众数据网络基建核心业务方面,集团成功扩展客户群至西部之广西藏族自治区及北部之河北省,令集团遍布中国之足迹由 16 个增加至本年度之 18 个省份、直辖市及自治区。至于网络设备分销业务,集团已引入 Alcatel、Juniper、Extreme、Riverstone、Packereer、Mirapoint 及 Inktomi 等全球知名网络设备生产商之最先进网络设备。另一方面,集团亦投资于流动数据解决方案(例如与以韩国为基地之 LG 集团组合营公司及投资于 MTel),令集团在无线通讯市场方面更具优势。而在集团自行开发产品方面,Vodalmage 已推广予广东中国移动,并取得广东中国移动辖下七个分局之合约。此外,集团亦已完成 VodaMax 监察系统之研发工作,以及开始于中国销售 VCMS 网络管理系统。截至 2002 年 6 月止之年度底,集团拥有高现金水平约 1.861 亿港元。

【主要资产/投资(6/2002】 广州市爱达利发展有限公司(54%),持有广州市图文信息有限公司之 51.82% 权益;万讯计算机科技有限公司(100%);Vodatel Holdings Ltd.(100%);Vodatel Systems Inc.(100%);广州新科爱达利电讯技术有限公司(49%);及 Vodatel Crossland Technology Holdings Ltd.(40%)。

华燊燃气控股有限公司

【公司概况】 股票代码 8035,集团主席沈家华燊,发行股本(股)2,163M,票面值(港元)0.010,市价总值(港元)1,990M。

【公司业务】 该集团主要从事兴建燃气管道、零售及批发液化石油气及管道燃气,以及销售燃气用具(如液化石油气设备)。集团提供之供气系统为兼用式的,包括天然气、压缩天然气及代天然气。现时,集团之主要目标市场为中国大陆之具有发展潜力的中小型城市。集团之业务范围已覆盖天津、北京、河北、山东、江苏、浙江及湖南各省份。此外,华荣燃气所订立之所有合同均为 50 年之独奏经营合同,令集团于该等地区内享有天然垄断性。基于中央政府正推行中国西气东输之工程,集团在设计及安装燃气站之设备及管网时已考虑到不同燃气之兼容性问题,预期该工程将造就更多输管道基建项目机会。此外,集团亦受中国政府对环境保护问题之大力宣传而获益。集团之燃气分销业务将会进一步研究环保问题,以配合中国政府之中央政策及使集团之现有业务得以获益。

【主要资产/投资(12/2001)】 燃气管道之资产净值约为 2.14 亿港元;土地及楼宇之资产净值约为 1.13 亿港元;机器及设备之资产净值约为 5,050 万港元;及在建工程之资产净值约为 6,220 万港元。

流动广告有限公司

【公司概况】 股票代码 8036,集团主席杨颖欣,发行股本(股)1,061M,票面值(港元)0.002,市价总值(港元)19M。

【公司业务】 继于 2002 年 4 月收购 Mobile Media 集团后,该集团已转型为一户外视听媒体广告公司;其后,集团亦易名为流动广告有限公司。完成收购后,集团旧有之管理层已改变,而新管理层亦已出售集团非核心资产,如杂志出版及广告业务。现时,集团主要从事于巴士、小型巴士等交通工具及固定地点安装及营运多媒体广告系统(显示屏及电视广播设备)。于 2001 年底前,集团已为新世界第一巴士旗下 700 辆以上巴士及绿色公共小型巴士之其中 1,000 辆小型巴士完成安装多媒体电视广播系统。据披露,流动广告亦已接达屈臣氏旗下约 120 间商铺及其它连锁快餐店。中国内地市场方面,集团将服务覆盖至北京、广州及哈尔滨等各大城市逾 1,500 辆巴士。于未来,集团将继续透过伙拍更多香港及香港以外之策略性伙伴以扩展业务。

楼兰控股有限公司

【公司概况】 股票代码 8039,集团主席邬行龙,发行股本(股)400M,票面值(港元)0.010,市价总值(港元)90M。

【公司业务】 该集团之主要业务为于中国(尤其西北省份)以旗下楼兰品牌酿制、分销及销售葡萄酒产品。集团所销售之葡萄酒产品主要对象为国内中至高文件市场。据披露,集团在中国新疆吐鲁番鄯善县拥有合共约 150 万平方米种植葡萄园。根据香港贸易发展局于 2000 年进行之一项调查显示,楼兰干红、干白酒产品于中国新疆所占之市场占有率高踞首位。截至 2002 年 12 月止之年度,集团录得亏损净额约 1,377 万元人民币。据集团解释,亏损主要由于年内之行政开支大幅增加及上年度出售未装瓶葡萄酒业务带来利益所致。除中国西北省份(尤其新疆)之主要市场外,集团计划将其市场扩展至中国南部及东部各省(尤其沿海城市)及其它海外市场。于 2003 年 3 月,集团同意以现金代价约 1,415 万港元收购上海申虹粮油酒食品有限公司(申虹)之全部权益。申虹为国内葡萄酒及啤酒之批发商及分销商,向上海之超级市场、酒楼、酒店及零售商提供分销服务。集团预期收购申虹不仅为集团引入更多葡萄酒及啤酒品牌之批发业务,并有助集团发展及扩展上海之市场。

【主要资产/投资(12/2002)】 新疆楼兰酒业有限公司(90%)。

长远电信网络集团有限公司

【公司概况】 股票代码 8040,集团主席刘小鹰,发行股本(股)302M,票面值(港元)0.100,市价总值(港元)208M。

【公司业务】 该集团为香港及中国大陆之移动电话、个人数码助理及无线宽频通讯方案著名分销商、零售商及增值服务供货商之一。截至 2001 年 3 月 31 日止之年度,移动电话分销业务仍占集团绝大部份之营业额及经营利益。现时,中国大陆为集团之主要市场。据 2002 年年报披露,集团于中国及香港之主要客户及业务伙伴包括中国移动、中国电信、中国联通、电讯盈科 CSL、香港和记电讯、Sunday 等著名网络营运商、批发商、零售商、互联网内容供货商、各政府机构及企业客户。此外,集团代理国际级电讯及科技公司,如摩托罗拉、诺基亚、朗讯、海讯、Agere、阿尔卡特、3Com、飞利浦、Acer、HandEra(TRG)、AudioVox、NCR、NEC、Netgear、Pretec、Socket、TDK、Ubinetics、O2、Palm、Sony 及 Handspring 之产品。于 2002 年 6 月,集团拥有完善之分销及服务网络,于香港及上海、北京、广州、成都及于逾 20 个省市设有销售机构,覆盖全中国。另外,集团亦拥有逾 1,000 名活跃客户,并为香港及中国逾 6,000 家零售店直接提供产品。

【主要资产/投资(3/2002)】 Sybergy Pacific(51%);长远有限公司(100%);长远(上海)国际贸易有限公司(100%);Fortune E-Commerce Ltd.(100%);长远多媒体(国际)有限公司;电讯港国际集团有限公司(100%)。

大陶精密科技集团有限公司

【公司概况】 股票代码 8041,集团主席成清波,发行股本(股)723M,票面值(港元)0.010,市价总值(港元)98M。

【公司业务】 该集团主要从事制造及销售光通讯被动组件,主要产品包括陶瓷素材及陶瓷套圈。集团目前为台湾唯一一家,亦为全球九家主要制造商之一,能够以陶瓷粉末生产成陶瓷素材及陶瓷套圈之制造商。于 2001 年度，集团之表现因市场对套圈之需求放缓而大受影响，故其营业额下跌 26% 至 2,760 万港元，而亏损净额亦由 2000 年之 2,630 万港元扩大至 2001 年之 1.636 亿港元。据集团解释，于年内之大额亏损主要由于为资产减值拨备约 1.013 亿港元所致。于年内，集团约 52%、24% 及 24% 之销售来自台湾、欧洲及中国市场。至于新开发之微型陶瓷套圈，现正以相对而言之较小规模生产，而商业生产计划已因市况欠佳而被延迟。而已于 2001 年中准备就绪之中国生产设施，其原定于 2001 年下半年生产素材已暂缓直至 2003 年初。截至 2001 年底，集团之现金结余只有 160 万港元。面对紧绌流动资金状况，集团正与若干有关各方就各种融资方法进行商讨。截至 2002 年第一季，集团已获一位股东提供一笔 1,600 万港元之备用贷款融资额。于 2002 年 5 月，集团亦以供股方式筹集资金约 2,000 万港元。

【主要资产/投资(12/2001)】 光联股份有限公司(100%)；大陶精密科技股份有限公司(100%)；及大陶精密科技(香港)股份有限公司(100%)。

玖源生态农业科技(集团)有限公司

【公司概况】 股票代码 8042，集团主席李洧若，发行股本(股)420M，票面值(港元)0.100，市价总值(港元)248M。

【公司业务】 该集团之主要业务为在中国从事研究与开发、生产、推广及分销化学肥料(包括尿素、氯化铵与 BB 肥料)及化学制品(包括碳酸钠与氨)，并以(湖光)、(湖辉)及(玫源)为产品品牌推出市场发售。集团之所有产品均在中国销售。集团已与 40 间独立农业资源公司、土壤及肥料中心、植保站及农业技术促进中心订立分销协议，委任它们为集团之 BB 肥料分销商。集团之碳酸钠、氯化铵及氨透过集团之营销队伍主要销售及分销予工业最终用户，而尿素产品则透过农业资源公司销售及分销予农民及其它最终用户。现时，集团之销售网覆盖全国 19 个省份及 2 个自治区。截止 2002 年 12 月止年度，BB 肥料、碳酸钠、尿素、氯化铵及氨之销售分别占集团总营业额 34.9%、27.2%、22.1%、13.8%及 2.0%。集团之生产设施位于中国四川省成都市新都县，配备四条生产线。据披露，集团估计每年最多合共生产 200,000 吨 BB 肥料、90,000 吨碳酸钠、80,000 吨尿素、100,000 吨氯化铵及 80,000 吨氨。日后，集团将发掘与主要之研究所、化肥生产商、分销商或供货商组成策略性联盟之机遇，推动集团在中国之业务继续向前发展。此外，集团将凭借其于中国建立销售网之经验协助其于越南及泰国等海外市场推出旗下产品。

年代信息影视有限公司

【公司概况】 股票代码 8043，集团主席梁宗柱，发行股本(股)320M，票面值(港元)0.010，市价总值(港元)32M。

【公司业务】 该集团为本港及澳门之外语家庭影视产品发行商，主要从事家庭影视产品发行、影院及电视版权发行及网上业务。截至 2001 年 12 月止之年度，家庭影视产品发行为集团之主要收入来源，占其总营业额约 92.7%。集团发行之外语家庭影视产品（大部份以 DVD 及 VCD 制式发行）大多数从荷里活主要电影公司（如环球、梦工场及派拉蒙等）及日本东映购入。此外，集团亦获得年代网际事业股份有限公司(年代网际)（台湾一家主要综合娱乐公司及集团之主要股东）授予在亚洲（不包括台湾）独家发行由年代网际拥有之全部或若干电视节目之权利，并与电讯盈科互动多媒体有限公司合作，以互联网规约基准独家向 NOW.com.hk 提供该等节目。除了外语家庭影视产品外，集团亦从事发行主要由海外电影公司制作之电影。自一九九八年以来，集团已为迪士尼旗下公司 Miramax 所有版权（包括影院放映权、家庭影视产品及电视播映权）之主要发行商。为扩展至具发展潜力之中国电影发行市场，集团计划透过于 2002 年在中国若干主要城市兴建及经营多厅式电影院及电影发行等影院业务。预期此项新业务倘实现，在中线及长线而言将成为集团之新收入及盈利来源。

【主要资产/投资(12/2001)】 年代影视有限公司(100%)；年代电影(香港)有限公司(100%)；Era Communications Ltd.(100%)；年代数码媒体有限公司(100%)；及胜利娱乐有限公司(22.73%)。

江苏南大苏富特软件股份有限公司

【公司概况】 股票代码 8045，集团主席谢立，发行股本(股)234M，票面值(港元)0.100，市价总值(港元)108M。

【公司业务】 该集团为中国国内一家领先网络安全解决方案供货商之一，主要业务为开发、生产及销售网络安全软件、互联网应用软件、教育软件及商业应用软件。此外，集团亦提供系统集成服务及信息科技顾问服务，以及出售计算机硬件及产品与设备。集团之旗舰产品南大苏富特网络安全系统为一套整体安全网络解决方案软件，该软件包括苏富特网络防火墙、苏富特安全操作系统、苏富特入侵检测系统、苏富特虚拟专用网及苏富特单机保密系统。其中，苏富特网络防火墙更为国内唯一一家通过了化性能测试之网络安全产品。于 2001 年 12 月止之年度，集团承接多个政府机构之大型、具有行业影响力网络安全项目，巩固了集团于江苏省之领先地位。遍布全国之近百家包销商及合作伙伴网络亦设立于中国全国范围，以推广集团之网络安全产品。集团亦与一些具有国际影响力之原厂商，如 Cisco、Nortel、IBM、HP、微软等建立合作关系，以及与日本 SCC 公司签订合作协议，以帮助集团日后于国际市场之发展。此外，集团亦成立电子商贸事业部、数字地球事业部、海外事业部及邮电事业部，于不同领域各自进行行业之软件开发工作。于来年，集团之研究重点仍定位于整体网络安全解决方案上，而虚拟专用网、入侵检测系统及千兆防火墙等一系列新网络安全产品亦会推出市场。

【主要资产/投资(12/2001)】 南京南大苏富特系统集成有限责任公司(95%)；江苏省南大苏富特新易软件有限公司(51%)；南京共创苏教科技有限公司(51%)；及南京南大苏富特信息处理有限责任公司(35%)。

老虎科技(控股)有限公司

【公司概况】 股票代码 8046，集团主席胡栋良，发行股本(股)400M，票面值(港元)0.010，市价总值(港元)560M。

【公司业务】 该集团之主要业务为从事研究、开发、销售及实施企业瘦客户机解决方案、有线网络瘦客户机解决方案及定制瘦客户机应用程序解决方案。集团向大中华区内客户提供一站式瘦客户机解决方案，包括瘦客户机网络架构设计、开发及提供操作及应用软件及硬件、系统集成及顾问服务。在瘦客户机计算模式中，应用程序安装及留驻于一台中央服务器或一组服务器。透过有线网络、互联网或内联网由服务器存取所有应用程序，而毋须在客户计算机或终端用户设备上安装应用程序。商界透过瘦客户机可降低硬件、维护及支持成本，而采用应用程序中央安装及保养亦可显着地减少行政管理时间。现时，对于企业客户，集团主要提供企业瘦客户机解决方案及定制瘦客户机应用程序解决方案，而有线网络瘦客户机解决方案及定制瘦客户机应用程序解决方案则主要提供予有线电视经营商。集团之核心业务建基于瘦客户机技术及于各类网络平台，即有线网络及以太网运行之应用程序。为保证有线网络及以太网之性能，集团将继续提升其应用软件，以性能、稳定性及安全性为重点。此外，集团将进行瘦客户机应用软件及服务配置至个人数码助理（PDA）之可行性研究，及网上商品交易及有关 3G 金融软件之研究及开发。另一方面，集团亦将继续集中力量建立 TIGER TECH & Device 品牌及形象，藉以获取更多市场份额及维持合理边际利润。

毅兴科技国际控股有限公司

【公司概况】 股票代码 8047，集团主席赵定山，发行股本(股)300M，票面值(港元)0.050，市价总值(港元)123M。

【公司业务】 该集团主要从事研究、开发及提供一按即知信息系统解决方案，以及提供相关产品及服务（例如供应一系列之互联网工具，包括机顶盒、互动 DVD 机、汽车 DVD 机及互动电视机）。截至 2002 年 3 月止之年度，集团之营业额全部来自互联网工具之销售。另一方面，美国及中国（包括香港）为集团两大主要市场，于年内分别占总营业额 49.5%及 45.4%。集团提供之一按即知信息系统解决方案可让互联网用户可透过互联网取得及阅览资料，该系统包含两个相互关联之部份：(1) 电子商贸平台，具备增强安全功能特色，且可透过专有界面协议连接互联网工具；以及 (2) 由本集团开发之互联网工具，可让用户阅览储存于特制 DVD 内之内容。据披露，集团初期将集中开发电子商贸平台所需之应用程序，提供以教育及娱乐两方面为主之服务。在电子税务平台方面，该平台大致上已完成开发，并自 2001 年底起开始进行试运。集团已连同深圳市电子商务中心，与建基于深圳之业务伙伴会面，开始电子税务平台之宣传活动。

【主要资产/投资(3/2002)】 深圳毅兴科技企业有限公司(90%)；及毅兴科技企业(香港)有限公司(100%)。

志鸿科技国际控股有限公司

【公司概况】 股票代码 8048，集团主席徐陈美珠，发行股本(股)985M，票面值(港元)0.100，市价总值(港元)79M。

【公司业务】 该集团为本港银行界及金融界之主要商业应用软件服务供货商，主要从事三大业务：(1) 开发、销售及提供企业软件网上应用服务（包括应用软件服务供货商）；(2) 转销配套计算机硬件及软件；以及 (3) 信息科技顾问、电子商贸解决方案及订制应用系统开发。目前，集团之主要目标市场为香港及中国大陆。集团之目标市场现时集中于金融界，客户覆盖金融机构、证券行、保险公司等。主要产品/服务包括 (1) 银行及金融产品 — 司库管理系统、联网证券交易系统、证券集中交易结算系统、个人理财系统、基金管理系统、网上银行对公系统、网上银行对私系统、信贷资质核准系统、信贷管理系统、银团信贷系统、信用卡申请资质核准系统及通用保险系统；(2) 物流/ERP 产品 — 分销管理系统、电子执行系统及电子商务解决方案；以及 (3) 一般应用软件产品 — 电子文文件图像及管理系统、供应链管理系统、人力资源管理系统支薪及强积金管理系统。

【主要资产/投资(12/2002)**】** i21 Ltd.(80.1%)；Excelink Technology Pte Ltd.(100%)；深圳志鸿联汇计算器系统有限公司(66%)；互联应用有限公司(40%)；Camelot Information Systems Inc.(21.5%)；北京志鸿英华科技有限公司(65%)；志鸿软件(深圳)有限公司(100%)；及安利科技(上海)有限公司(100%)。

吉林省辉南长龙生化药业股份有限公司

【公司概况】 股票代码 8049，集团主席张弘，发行股本(股)173M，票面值(港元)0.100，市价总值(港元)48M。

【公司业务】 该集团主要在中国从事制造及分销其本身品牌〔长龙〕和〔神迪〕之生化药品。集团在中国市场之主要产品为复方活脑素胶囊，该产品已获当地医疗保险机关批准自 1998 年起供上海、天津、新强及厦门之公共医院及诊疗所使用。于 2001 年底，集团将两种新产品复方联苄唑溶液及格列齐特片推出市场。借着最新健美热潮，集团亦于香港推出两种新健美产品，分别为排毒净肠丸及丰姿绰约。于 2001 年中，集团已就车间无尘化之理念引入全厂遥控电视监控系统，大大减低制造车间与空气微尘接触之机会，从而保障产品质素。在新产品开发方面，除利用本身之研发队伍研发新产品外，集团亦会从其它研发公司寻找具备潜力之新药制品。截至 2001 年底，集团已就六项产品签订技术转让合同，该六项产品分别为栀子西红花原料及其注射剂、通脉片、银杏叶冻干粉针、头孢甲肟、胸腺肠溶胶囊及依达拉酮原料及其注射液。据披露，栀子西红花原料及其注射剂及通脉片将会为集团独家开发之产品，亦将会为集团 2002 年之重点研发产品。为扩展其市场覆盖层面，集团计划透过长龙品牌，将药品打进其它具开拓潜力之市场，如马来西亚及日本等。

【主要资产/投资(12/2001)**】** 现金结余净额约 6,084 万港元；厂房及机械之账面净值约 2,536 万港元；及租赁土地及楼宇之账面净值约 1,600 万港元。

FlexSystem Holdings Limited

【公司概况】 股票代码 8050，集团主席骆伟文，发行股本(股)600M，票面值(港元)0.100，市价总值(港元)60M。

【公司业务】 该集团主要在香港、中国及其它亚洲国家（如台湾及新加坡）从事开发及销售企业软件产品及应用服务供货商业务。集团之旗舰软件产品 FlexAccount 能支持不同行业内各种规模之公司之会计、财务、物流管理及经销、生产、工资及其它行政工作。除自有拓展之产品外，集团已收购及/或投资于若干公司，该等公司各自已开发本身之行业特定应用程序。同时，集团会将该等公司所发展之解决方案结合于其本身产品上，藉以垂直及横向地扩大集团之产品系列。截至 2002 年 3 月止之年度，集团录得净额亏损约 6,670 万港元。据 2002 年年报所显示，集团录得之大额亏损主要由于商誉减值、长期投资减值及为应收受资公司款项拨备合共约 5,130 万港元所致。展望将来，集团将继续其企业解决方案业务，并将会更致力为其旗舰会计产品及若干垂直市场解决方案作销售及市场推广。此外，集团亦计划于 2002 年底推出新一代企业计算解决方案及决策支持工具。

【主要资产/投资(3/2002)**】** 现金结余净额约 5,080 万港元。

千里眼控股有限公司

【公司概况】 股票代码 8051，集团主席陈作基，发行股本(股)180M，票面值(港元)0.010，市价总值(港元)21M。

【公司业务】 该集团为本港一家遥距监察系统供货商，提供一系列以 TeleEye、千里眼及 CAMERIO 为品牌之影像及语音监察系统，适用于全球遥距管理应用市场。集团开发之 TeleEye 系统结合数码录像及录音、遥距控制摄录机及智能警报等功能，可让用户随时随地查看遥距地区，影像可透过电话线、互联网或流动电话网络传送。该系统适用于各行各业，如零售业、制造业、银行、建造业、公共设施、运输、物流、教育、军事及政府等。现时，集团已透过其庞大代理及分销网络将 TeleEye 系统推广至全球 22 个国家，主要用户包括和记环球电讯有限公司、汇丰控股有限公司、太古可口可乐香港有限公司、英国航空公司、六福集团有限公司、FANCL House 等。为扩展全球分销网络，集团亦在英国、新加坡及中国成立海外推广/销售办事处。此外，集团亦与大型电子通讯公司及有关设备之制造商共同举办宣传活动，向客户提供集团之配套方案。截至 2002 年 6 月底，集团拥有现金结余净额约 2,250 万港元（2001 年 6 月止年度之现金结余净额约为 3,440 万港元）。

【主要资产/投资(6/2002)**】** 讯研科技有限公司(100%)；TeleEye Europe Ltd.(100%)；TeleEye (S) Pte. Ltd.(51%)；及 CAMERIO Japan, Inc.(49%)。

利亚零售有限公司

【公司概况】 股票代码 8052，集团主席冯国经，发行股本(股)668M，票面值(港元)0.100，市价总值(港元)1,196M。

【公司业务】 该集团主要从事以 Circle K 商标在香港经营规模数一数二之连锁便利店，提供众多食品及非食品类货品之选择，以及一些专为方便顾客而设之辅加服务。于 2001 年开设 23 家新店铺后，集团于 2001 年底在香港合共拥有及经营 146 家 OK 便利店。除香港之便利店业务外，集团亦透过其附属公司 Web－Logistic (HK) Ltd. 提供电子配送及物流服务。于整个 2001 年度内，集团共翻新逾 40 家 OK 便利店，并在门前装置鲜明悦目之红白商标设计，以配合多家店铺续租事宜。集团于年内推出多个市场推广及推销活动（如购买一份报章杂志即免费获得一包纸巾及优惠？促销计划）深受市场欢迎，并为集团有效地增加销量。现时，集团正准备进军中国市场，而广州正是集团拓展业务之首个目标市场。集团已于 2001 年 12 月与广州市粮食集团有限责任公司订立一项合营企业协议，使广州连锁店能顺利开办。在获得中国有关中央政府机关批出牌照后，集团预期首家 OK 便利店可于 2002 年中在广州开办。广州设立之首批店铺将用作测试市场接受程度，其后，集团将考虑于珠江三角洲地区更积极实行拓展计划。

【主要资产/投资(12/2001)**】** 现金结余净额约 3.546 亿港元；OK 便利店有限公司(100%)；Circle K Convenience Stores Ltd.(100%)；OK 便利店中国投资有限公司；及 Web－Logistic (HK) Ltd.(82%)。

乾坤烛国际控股有限公司

【公司概况】 股票代码 8055，集团主席李政平，发行股本(股)420M，票面值(港元)0.010，市价总值(港元)9M。

【公司业务】 该集团主要在本港从事开发、生产及分销金融软件产品。集团分销之产品可分为两类：(1) 供投资者使用之金融工具分析软件产品，及 (2) 供银行及证券行等金融机构使用之营运应用软件产品。集团分销之主要金融工具分析软件产品为乾坤烛，乾坤烛为集团根据过往成交数据及及模式开发之技术图表分析工具。集团已根据证券条例取得投资顾问牌照，以透过乾坤烛提供金融工具趋势突破点及止蚀与止赚价位建议。另外，集团亦根据乾坤烛原理开发多种软件产品，如乾坤智能系统。除透过互联网向用户提供分析工具外，集团亦开发出一套以个人计算机为基础之乾坤烛软件产品，并出版一系列书籍及辅助报告。此外，集团亦提供营运应用软件产品，例如外汇开展交易系统、股票、期权及期货综合交易系统及库务自动化系统，并提供系统集成及执行服务。为进军中国市场，集团将在北京成立代表办事处，并会积极探求与声誉良好之中国软件机构之业务合作机会。

格林柯尔科技控股有限公司

【公司概况】 股票代码 8056，集团主席顾雏军，发行股本(股)1,000M，票面值(港元)0.100，市价总值(港元)620M。

【公司业务】 格林柯尔主要在中国从事 (1) 将制冷及空调系统内之氯氟化碳 (CFC) 及低效能之无 CFC 制冷剂替换为无 CFC 格林柯尔制冷剂（格林柯尔制冷剂）；以及 (2) 销售格林柯尔制冷剂。集团之替换业务的主要对象为拥有或经营大型制冷及空调系统之工商业客户，至于分销业务方面，集团则向授权替换工程单位供应格林柯尔制冷剂（截至 2001 年 12 月 31 日，授权替换工程单位之数目为 92 个），该等单位将承接小型制冷及空调系统。在 2002 年首季，集团主要在北京、天津、广东省、海南省和湖北省经营业务。为将其业务网络扩展至中国近海地域之富庶市场，集团计划于 2002 年在安徽、福建及江西省建立新单位。基于中国承诺于 2010 年前全面淘汰 CFC 物质，集团相信该承诺将对集团 CFC 替换及分销业务带来莫大好处。以目前集团于中国所占之些微市场占有率之言，集团在当中还存在很辽阔之发展空间。

【主要资产/投资(12/2001)】 现金结余净额约7.7亿港元。

迪斯数码科技集团有限公司

【公司概况】 股票代码8057,集团主席丁伟明,发行股本(股)800M,票面值(港元)0.100,市价总值(港元)200M。

【公司业务】 该集团为中国一家信息科技解决方案供货商,主要从事开发及配置(1)能源行业及政府行政行业专用信息科技软件,以及(2)独立信息科技软件,包括办公室自动化及资产管理软件。此外,集团亦向不同层面之优质客户(包括电力局及发电厂、政府部门、国内及跨国公司)提供系统集成及信息科技顾问及培训服务。现时,集团之总部设于北京,于广州及上海设有两间分行,并于成都及香港设有两个代表办事处。集团提供之行业专用信息科技软件涉及向客户提供交钥匙项目项目,服务包括准则研究、设计、软件开发及编程、集成及执行特选硬件及软件。为补充其一站式行业专用之信息科技软件,集团亦为客户开发专有独立信息科技软件,包括一个资产管理系统及一个办公室自动化系统,该等独立信息科技软件为公司管理工具,可透过系统管理、财务管理、人力资源及项目管理促进业务程序之效率及效益。于2001年底,集团已开发及设置一个应用广泛、具可扩充性及可重复使用之数据库,该数据库本身之信息科技应用软件约有2,140套软件模块及210个类程(软件模块之基本单位)。据招股书披露,集团将专注于透过提供增值服务以维持及发展其客户基础,以及寻求集团现有产品(如发电厂信息管理系统、电力交易系统、电力地理信息系统及办公室自动化系统)之标准化。

金泽超分子科技控股有限公司

【公司概况】 股票代码8059,集团主席刘胜平,发行股本(股)1,700M,票面值(港元)0.050,市价总值(港元)161M。

【公司业务】 该集团主要从事研究与开发、销售及推广应用分子推进剂技术之产品,分子推进剂技术为根据现代超分子理论研发而成。集团主要将分子推进剂技术应用于名为靶向新型农药之化学农药,使用靶向新型农药可免除了大型重之施药设备,以及大幅降低农药毒性及残留量,从而减少对农民健康及环境造成之损害。由于集团专注于分子推进剂技术及新产品之研发工作,故将以分子推进剂生产农药之工序外判予一家名为福州一化精细化工有限公司之合资格农药生产商。现时,集团为国内唯一一家应用分子推进剂技术之农药供货商。除销售应用分子推进剂技术之水稻农药杀虱霸外,集团亦于2001年度推出针对杀灭稻瘿蚊之新产品稻瘿蚊净。此外,集团亦伙同哈尔滨工业大学就应用分子推进剂技术之新产品1.2%锐劲特?展膜油剂(象甲净)进行研发工作,预期于2002年初完成毒性试验后提出申请登记。为配合日后之发展,集团已就于其它类别产品应用分子推进剂技术展开研发工作,例如肥料、除草剂、灭蚊剂、除真菌剂及浮油溶剂等。集团未来发展目标将为改善及开发分子推进剂技术之应用,以及设立综合生产、销售及服务系统。

【主要资产/投资(12/2001)】 福建金泽精细化工有限公司(100%);及泉州泉港金泽精细化工有限公司(100%)。

国联通信控股有限公司

【公司概况】 股票代码8060,集团主席马远光,发行股本(股)650M,票面值(港元)0.010,市价总值(港元)1,001M。

【公司业务】 该集团主要从事为新兴电信服务及增值电信服务之研究与开发及提供电信软件解决方案,以及提供其它通信网络解决方案。根据其拥有之核心技术 — 专有之MAGPlus Tserver,集团已开发MAGPlus系列电信解决方案,分别为MAGPlus综合业务平台、MAGPlus大容量IVR系统及MAGPlus智能公共电话管理系统。MAGPlus Tserver为集团MAGPlus系列解决方案之引擎,支持开放式可编程交换平台,如Excel及以个人计算机为基础之插卡。除主要MAGPlus系列解决方案外,集团亦提供其它通信网络解决方案,如有关ATM技术、微波数据通信及交换系统网络等通信解决方案。现时,集团之客户主要包括中国及亚太其它地区中、小型虚拟电信营运商、增值电信服务供货商及其它企业客户。凭借其于电信业内之专业知识,集团计划为新兴及增值电信服务提供业务分析及顾问服务,以协助营运商解决在业务模式上遇到之问题。另外,集团目前正在开发之解决方案包括网络电话解决方案及下一代网络商业应用软件。日后,集团将继续专注于电信解决方案应用软件及整体解决方案之研发工作。为进一步提升其市场竞争力,集团已与朗讯科技在业务发展方面进行合作,并将发掘与其它知名跨国信息科技大型企业建立策略联盟及业务合作关系之可能性。

光亚科技有限公司

【公司概况】 股票代码8061,集团主席WOOLCOTT Richard,发行股本(股)5,065M,票面值(港元)0.100,市价总值(港元)501M。

【公司业务】 该集团为一通信服务供货商,在印度尼西亚有主导市场地位。於2001年度内,集团已重组所有表现欠佳之非核心业务部门,而有关重组工作已于2001年底完成。现时,集团之业务分为四个核心业务部门,分别为(1)宽频服务—主要透过(Broadband Multimedia)经营,该公司为印度尼西亚唯一一家拥有双向光纤同轴混合宽频网络之营运商,为企业及住宅消费客户提供宽频服务,包括有线电视(以kabelvision)品牌、宽频互联网接入其它增值网络服务;(2)无线通讯服务—主要透过(Natrindo)经营,该公司以(Lippo Telecom)品牌在东爪哇推出GSM1800无线通讯服务,于2001年底拥有64,000用户基础;(3)信息科技方案—为金融服务行业首屈一指之信息科技系统集成及解决方案服务供货商,并正拓跨行业之业务,包括电讯、天然气及石油开采、零售及制造业务;以及(4)零售—主要透过持有44%权益之联营公司(Matahari)经营。Matahari为印度尼西亚顶尖零售品牌,并为印度西亚最大之现代化零售上市公司,于逾36个城市经营81间百货公司及66间超级市场。

【主要资产/投资(12/2001)】 PT Broadband Multimedia Tbk (66%);PT Link Net (97%);PT Natrindo Global Telekomunikasi (88%);PT Natrindo Telepon Seluler (87.7%);PT Natrindo Kartu Panggil (88%);PT Multipolar Corporation Tbk (50.1%);PT Lippo On Line (97%);KeyTrend Group (43.08%);及PT Matahari Prima Putra Tbk (22.04%)。

卓施金网有限公司

【公司概况】 股票代码8063,集团主席薛俊士,发行股本(股)2,779M,票面值(港元)0.010,市价总值(港元)36M。

【公司业务】 该集团主要在香港从事提供及经营以互联网为基础且促进贵金属(如黄金、白银、白金、钯金等)贸易之卓施电子交易系统。此外,集团亦透过g9999.com贵金属信息网站向投资者提供综合性最新市场信息。透过集团之卓施交易平台,贵金属实时报价、其它市场消息及评论均特许予若干著名及受欢迎之财经信息供货商使用。截至2001年12月止之年度,经卓施买卖之成交量为1,240盎司黄金及2,810盎司白银,相等于超过34亿美元。在2001年度内,集团完成开发一个黄金交收系统,可为买卖伦敦金银及港金提供文收服务。另一方面,集团亦与其它金融供货商及入门网站组成业务联盟,如www.thebulliondesk.com、www.etnet.com.hk、www.hkmoney.net、www.852001.com、www.lanhwa.com、www.cjsquare.net、www.platts.com及www.iab.gov.tr(由伊斯坦布尔黄金交易所营运之网站),特许它们使用旗下贵金属市场之实时价格及市场资料。为配合即将开放之中国贵金属,集团将透过与部份策略性伙伴组成业务联盟及投资于拥有优厚增长潜力之公司(尤其与黄金相关之电子商务),继续寻求投资机会。此外,集团拟寻找与金融产品相关之合适电子商务伙伴,扩展可于卓施交易之产品系列。

【主要资产/投资(12/2001)】 黄金网上交易有限公司(100%);黄金网有限公司(100%);及永盛隆金铺有限公司(100%)。

华智控股有限公司

【公司概况】 股票代码8065,集团主席曾汉中,发行股本(股)375M,票面值(港元)0.010,市价总值(港元)141M。

【公司业务】 该集团为智能大厦系统方案供货商,提供(1)智能大厦系统设计、供应及安装服务,包括楼宇管理系统、通讯自动化系统及办公室自动化系统;(2)智能大厦系统保养服务;(3)智能大厦系统咨询服务之广泛系列服务。集团提供之服务之特点在于其擅长之就一系列超低压电子装置提供顾问、设计、供应、集成、安装及整理,可形成高效率之自动化楼宇。集团现时主要在香港提供智能大厦系统方案服务。该等智能大厦系统应用于商业大厦、住宅大厦、医院、学校、酒店及购物中心等。集团已就其所有香港业务获授政府规定之相关牌照,并且为政府认可承办商之一,可承办各种安装工程。日后,集团将增加竞投收费道路及政府楼宇等智能大厦系统相关政府项目,以及专注旧式楼宇之翻新工作,藉以扩展其业务。在中国市场方面,集团现时并无于中国进行智能大厦系统供应、安装及保养业务之有关执照及许可证。尽管如此,集团拟透过与持有该等有关执照及许可证之中国伙伴成立合营企业,进军中国智能大厦市场。集团已于2002年初订立协议，为其策略伙伴深业所开发之所有智能大厦系统业务提供独家技术支持顾问服务。据披露，集团计划于可见将来在中国成立合营公司，提供全面之智能大厦系统服务。

锴联科技集团有限公司

【公司概况】 股票代码 8066，集团主席黄志明，发行股本(股)320M，票面值(港元)0.100，市价总值(港元)40M。

【公司业务】 该集团自 1995 年创立以来，最初为一家塑料卡印刷制造商，现时已发展为一家智能卡方案供货商，以供应订制智能卡应用系统为主。集团已采用其于智能卡方案开发过程中几乎每一个环节之技术知识，包括制造智能卡及其相关周边硬件，开发出一个纵向集成平台。该平台使集团根据客户之特定需要，提供既独特、有创意度身订制及本地化之智能卡应用系统。集团设有一个智能卡应用链接库，收录系统所需之主要智能卡应用系统，包括进出控制、电子付款、保安管理、智能设施管理及生产过程实时监控。除设计智能卡应用系统外，集团亦从事智能卡制造及塑料卡（如 PVC/ABS 卡及塑料优惠卡）印刷业务。于 2001 年 10 月，集团申请成为 VISA 卡特许制造商。现时，集团之客户包括香港之政府部门及各行各业之私营企业。为进军中国智能卡市场，集团计划在深圳及上海等中国主要城市设立销售代表办事处。

长春达兴药业股份有限公司

【公司概况】 股票代码 8067，集团主席冯振文，发行股本(股)161M，票面值(港元)0.100，市价总值(港元)45M。

【公司业务】 该集团主要于中国从事生产及销售集团本身品牌春燕牌之中药及西药，并从事研究及开发中药、西药及生化药物。集团之主要产品为颈痛灵，一种主治颈椎病之中药，截至 2001 年 12 月止之年度，颈痛灵之销售额约占集团总营业额 74.4%。于 2002 年 6 月，集团已取得有关中国法例及规则所规定之各项批文及许可证，就 95 项产品取得生产权，包括 12 项中药、80 项西药及 3 项生化药，均以 5 种形式生产，即输液、胶囊、片剂、颗粒剂及酒剂。于该 95 项产品当中，3 项由集团独自开发、3 项由集团与其它人士共同开发，而余下 89 项则按照公开药方生产。现时，集团生产及销售 34 项产品，而余下之 61 项产品则并无生产及销售，理由为竞争激烈，集团生产该等产品属无利可图。据招股书披露，集团打算集中研究及开发生化药物。集团目前正研究及开发两种新生化药物，分别为注射用尿胰蛋白？抑制剂（主治胰腺炎及休克）及注射用蚓激？（主治脑血栓及心肌梗塞），该两种生化药物预期分别于 2003 年及 2005 年取得生产批文。此外，集团亦筹备兴建本身之研发中心，预期将于 2003 年底落成。

新宇国际集团有限公司

【公司概况】 股票代码 8068，集团主席华志祥，发行股本(股)764M，票面值(港元)0.050，市价总值(港元)34M。

【公司业务】 该集团为一家高精准模具及塑料产品制造商，专门为需要工程及机械服务支持之公司提供设计、绘图、草拟及仿真制造等全面解决方案服务。至于在 2001 年 1 月收购之数据中心营运业务，由于安装非法建筑工程可能会被有关当局饬令清拆，集团已于 2002 年初终止数据中心业务。面对市况不景，集团之工具及模具业务大受影响，截至 2001 年度止，集团录得亏损 7,762 万港元(2000 年度之亏损为 1,012 万港元)。据集团解释，亏损主要来自数据中心业务产生亏损净额约 3,500 万港元及各种拨备合共约 2,800 万港元所致。另一方面，基于集团持续经营基准之不明朗因素，而其有效性则视乎集团资金计划及与其银行就有关债务重组之磋商是否成功而定，故核数师安永会计师事务所遂对集团于年内之业绩不表示意见。为解决集团现时流动资金问题，集团分别于 2002 年 5 月及 6 月获得免息股东贷款 1,500 万港元及银行批发融资 1,000 万港元。该笔资金将用作进一步加强集团之核心模具及塑料产品制造业务。

【主要资产/投资(12/2001)】 东莞汇科模具塑料制品有限公司(100%)；及汇科制品有限公司(100%)。

北京同仁堂科技发展股份有限公司

【公司概况】 股票代码 8069，集团主席殷顺海，发行股本(股)73M，票面值(港元)1.000，市价总值(港元)943M。

【公司业务】 该集团为一家中药企业，主要从事医药技术开发、技术咨询、研究生物制剂，以及制造及销售以颗粒剂(冲剂)、水蜜丸剂、片剂和软胶囊剂四种为主之中成药。集团之主要产品包括感冒清热颗粒、六味地黄丸、牛黄解毒片及感冒软胶囊等。截至 2002 年 12 月止之年度，集团之营业额达人民币 6.629 亿元，较 2001 年度上升 33.28%；净利润人民币 1.472 亿元，较 2001 年度上升 47.53%。为满足日益增长的市场需求，集团继续扩大生产规模，加快实施中药现代化。据二零零二年之年报披露，集团进一步落实招股章程中三个新产品的研制工作(例如：抗感冒新药、心血管疾病新药及更年期综合症新药等)。再者，集团通过对药材生产区种植地进行考察，对十余种药材品种的质量、土壤和综合环境进行研究后，结合集团五年内的原料需求情况进行分析，陆续投资在浙江杭州、河南南阳、湖北武汉、河北玉田设立了四个合资公司，分别负责在上述地区建设原料生产基地。另一方面，虽然爆发非典型肺炎，但集团预期于结算日后营业额及利润仍会继续提升。

【主要资产/投资(12/2002)】 现金结余净额约 2.802 亿人民币；固定资产包括建筑物、厂房、机器及设备和位于国内之在建工程约值 1.981 亿人民币。

MRC Holdings Limited

【公司概况】 股票代码 8070，集团主席何国坚，发行股本(股)405M，票面值(港元)0.010，市价总值(港元)24M。

【公司业务】 该集团主要在香港及中国从事开发及分销以 MRC 为品牌之人力资源管理软件系统。除解决方案业务外，集团亦提供有关之咨询服务，包括项目管理、执行及维修 MRC 人力资源管理系统。MRC 人力资源管理系统为一窗口数据包装软件，以超过 20 种模件方式设计，覆盖资薪统计、税务、利息津贴、人事资料、休假管理系统、申请纪录、贷款、报表自定义、支出款项分配、强积金及 360 度表现评估等模件。在可见将来，集团将继续在研究及开发方面进行投资，覆盖范围包括新客户服务器、MRC Code 及插座数据传送方法。

【主要资产/投资(6/2002)】 晋兴人力资源系统有限公司(100%)；MRC Human Capital Services Ltd.(77.77%)；及晋兴计算机软件开发(东莞)有限公司(69.99%)。

光彩未来集团有限公司

【公司概况】 股票代码 8071，集团主席蔡冠明，发行股本(股)754M，票面值(港元)0.050，市价总值(港元)60M。

【公司业务】 该集团为一家网上贸易展览会主办者，其主要业务为于香港提供网上贸易展览服务，以及于香港和中国提供互联网相关应用技术及设计服务。此外，为确保参展商及其客户能够从网上展览会上获取更大收益，集团会定期向他们提供国际商贸信息服务。现时，集团拥有及经营一个国际性商业对商业网上展览入门网站"www.expo24hrs.net"，该入门网站为计算机及信息科技、电子、时装及成衣、礼品及家庭用品、珠宝、皮革制品、玩具及钟表八大行业提供网上贸易展览设施。为向客户提供全面服务，集团亦提供互联网相关应用技术及设计服务，包括网业设计及建立、域名及搜寻器登记、网站寄存及保养、以及计算机设计及实行。由于国外投资者不获准于中国从事任何与互联网有直接关系之业务，集团遂与中山金科合作，将集团于中国之互联网相关业务转介与中山市金科信息网络有限公司(简称为中山金科)，并向中山金科提供技术支持服务，而集团则向中山金科收取中介费及服务费。

媒体伯乐集团有限公司

【公司概况】 股票代码 8072，集团主席陈乐宗，发行股本(股)854M，票面值(港元)0.100，市价总值(港元)151M。

【公司业务】 媒体伯乐集团为一家以中国为基地之户外媒体公司，在中国及香港两地经营一个全覆盖、多渠道之媒体网络。集团主要股东为陈氏家族于一九八六年在香港成立的晨兴集团，陈氏家族亦为香港恒隆集团的创办人。集团于香港的户外广告业务始于一九九零年及于一九九四年把业务拓展至中国内地。现时，集团在中国致力于交通工具之广告，及在香港致力于广告牌及街道设施之广告。连同其合营公司，集团借着与中国运输经营商建立之策略性联盟，获得北京、上海、南京等中国主要城市之主要巴士路线，以及上海及广州之地铁路线之媒体使用权，集团亦在中国内地五十三个城市建立广告代理关系。至于香港之业务，集团之广告牌及街道设施主要位于三条海底隧道、大老山隧道、铜锣湾、旺角、金钟、中环及尖沙咀等黄金地点。此外，集团于 2001 年 10 月获授独家权利，于机场快线及机场快线穿梭巴士提供广告服务。集团建立之媒体网络有两大原素：(1) 透过与媒体拥有人组成策略性联盟（包括合营企业）而获得媒体；及 (2) 透过代理或特许权安排而获得媒体。

【主要资产/投资(12/2002)】 梅迪派勒广告有限公司(100%)；香港

媒体伙伴有限公司（100%）；及POAD Group Ltd（49%）。

才库媒体集团有限公司

【公司概况】 股票代码8073，集团主席刘竹坚，发行股本（股）2，725M，票面值（港元）0.010，市价总值（港元）33M。

【公司业务】 该集团为香港主要招聘广告媒体经营商，透过其出版支持互联网招聘广告方案（将出版及互联网两种媒体合并），为求职者及招聘广告客户提供多媒体招聘及职业服务。在出版媒体方面，集团出版及派发一份免费双语招聘广告刊物Recruit，以白领求职者为目标对象；而在互联网方面，旗下之双语网站pandaplanet.com（由Recruit提供支持）则为求职者及招聘广告客户提供一站式及独家网上招聘服务。截至2001年12月止之年度，香港业务仍为集团之业务支柱。然而，集团录得之亏损净额由2000年度之2，100万港元扩大至2001年度之5，840万港元。据集团解释，业绩变差主要由于在2001年初于中国开展业务涉及庞大营运前开支金额所致。当检讨中国投资完成后，集团决定暂时停止支持在广州出版之熊猫贤才，而招聘网站pp11.com则继续维持经营。继地铁协议于2002年7月2日届满后，集团已再没有拥有于地铁沿线各站免费派发招聘刊物Recruit之独家派发权。此后，集团开始在其它人流畅旺之地点免费派发Recruit，包括全港报档、九广铁路六个主要火车站、部份7－11及OK便利店，以及愉景湾渡轮码头。除在中国之广州业务外，集团已在上海成立办事处，以便决定开展上海业务之最佳时机，并在华东地区物色发展机遇。

【主要资产/投资（12/2001）】 Hong Kong Transit Publishing Co. Ltd.（100%）；文化特区出版有限公司（100%）；Central Publisher Ltd.（100%）；宇宙熊猫网有限公司（100%）；广州市鹏达网络技术有限公司（100%）；宇宙熊猫网信息技术（北京）有限公司（100%）；及PPG Investments Ltd.（20%）。

Rojam Entertainment Holdings Limited

【公司概况】 股票代码8075，集团主席小室哲哉，发行股本（股）1，555M，票面值（港元）0.100，市价总值（港元）155M。

【公司业务】 该集团为小室哲哉创立之一家亚洲综合音乐制作公司，以日本、南韩、香港、澳门、中国及台湾为主要市场，其多元化之业务分为七大类，分别为（1）音乐制作、（2）音乐发行、（3）唱片分销、（4）艺人管理及节目筹办、（5）商标特许权批授、（6）音乐娱乐入门网站，及（7）音乐学习中心。截至2002年3月止年度，集团只录得4，876万港元之营业额，较上年度下跌63.86%。另一方面，集团之业绩亦转盈为亏，由2001年止年度录得之1，970万港元盈利，逆转为本年度之8，290万亏损。在音乐制作核心业务方面，除传统唱片公司外，集团已将服务领域扩展至覆盖更广泛之音乐内容需要，如戏剧、电影、动画及游戏软件等。于年内，集团亦与早稻田实业学校、Sony Music Entertainment及R&C Japan订立监制服务合约。此外，集团已完成位于东京之Rojam Studio之扩建及软硬件升级工程，Rojam studio全面投入运作后，集团之音乐制作能力得到相应提升。于2002年1月，集团收购（上海智鸿娱乐有限公司）（上海智鸿）之九成权益，首次进军中国大陆市场。上海智鸿在上海经营（罗杰娱乐宫）（18至25岁年青人之的士高及卡拉OK热门消闲地方），预期此项收购可为集团现有业务提供协同效益，因该等年轻顾客为集团及音乐相关产品及服务之潜在客户。

【主要资产/投资（3/2002）】 Rojam Entertainment Ltd.（100%）；Rojam Japan Ltd.（100%）；及Rojam Management Ltd.（100%）。

新利软件（集团）股份有限公司

【公司概况】 股票代码8076，集团主席熊融礼，发行股本（股）603M，票面值（港元）0.010，市价总值（港元）289M。

【公司业务】 该集团为中国金融业信息、网络科技及服务之主要发展商及供货商之一，主要业务为（1）为商业银行开发银行应用软件及提供相关电子产品及解决方案作为全面应用方案；（2）为中国的经纪行开发证券应用软件及提供相关计算机系统方案作为全面应用方案；以及（3）为客户提供维护及升级服务。于中国银行业，集团之客户均为国内大中型商业银行总行及各地分支机构。于2001年，集团成功推出银行卡委托交易系统及无线POS支付理财系统。于年内，集团亦于湖北省宜昌市与中国人民银行及多家商业银行共同完成该市多行POS共享系统。随着新产品ALLWEB企业级证券交易系统研发完成及推出市场，原有之交易系统正被逐渐取代，新系统现时已开始占领市场份额。此外，集团预期两项新产品新一代证券综合业务平台及区域集中平台将为其带来可观之回报。于2001年底，集团拥有现金结余净额约4，910万港元。

【主要资产/投资（12/2001）】 杭州新利软件有限公司（100%）；及杭州新利科技有限公司（100%）。

英普达信息科技公司

【公司概况】 股票代码8077，集团主席蔡政录，发行股本（股）575M，票面值（港元）0.010，市价总值（港元）30M。

【公司业务】 该集团为一家提供通讯以及互联网接驳及相关服务之供货商，服务对象主要为五个亚洲市场（分别为台湾、香港、中国、日本及新加坡）及美国之中小型企业。集团提供多种综合解决方案，分别为（1）通讯服务，包括图文传真、话音及其它基本通讯服务；（2）互联网接驳及相关服务，包括因应客户对互联网接驳之需要提供多种拨号及专线互联网接驳服务以及数据中心及数据中心相关服务；（3）VPN及其它解决方案服务，包括以IP及MPLS为基础之VPN服务、网络及设施管理委外服务以及电子商贸应用服务。截至2001年12月，集团主要在台湾市场提供服务。现时，集团位于台湾、香港、日本、新加坡及美国之私人管理IP网络共有21个POP，而集团之网络与中国两家国内电讯网络经营商联网。集团亦提供技术支持及顾问服务，协助中国之互联网服务供货商于国内提供VPN及其它解决方案服务。此外，集团计划透过与中国、东南亚及世界其它地方之业务伙伴联网，扩大其私人管理IP网络及提升其网络主干之能力，将服务扩展至中国、东南亚及世界其它地区。

英皇娱乐集团有限公司

【公司概况】 股票代码8078，集团主席陆小曼，发行股本（股）260M，票面值（港元）0.010，市价总值（港元）153M。

【公司业务】 该集团主要在大中华地区（主要为香港）从事（1）音乐制作及经销；（2）影片及电视节目制作、经销及特许；（3）艺人管理；以及（4）节目制作业务。截至2002年3月止之年度，集团录得亏损约2，740万港元（上年度录得纯利约870万港元），转盈为亏之原因主要由于新收购之影片及电视节目业务仍处于投资阶段所致。于2001年8月，集团透过以代价约5，280万港元收购Emperor Movie Holdings Ltd.（EMH）之全部已发行股本及未偿还贷款，进军影片及电视节目制作及经销业务。完成收购后，集团于2002年6月19日之艺人阵容增强至29名。尽管EMH于本财政年度录得亏损，预期待与海外合作伙伴及国际协作机构联合制作之作品发行及全力投入营运后，此业务之业绩将会有所改进。至于台湾分公司方面，经过2001年6月暂停业务后，由于集团计划将旗下艺人、歌曲与歌词库及后期制作大部份转移往台湾市场，以备日后发行国语唱片，因此台湾分公司已于2002年2月重开。为迎合不同歌迷层面之口味，集团已于2002年6月增辟Music Icon商标之独立娱乐业务，为集团于本地乐坛以外缔造另辟市场空间。展望将来，集团将继续寻求拓展大中华地区内其它市场（除香港及台湾外）之可能性。

【主要资产/投资（3/2002）】 英皇娱乐（香港）有限公司（100%）；英皇音乐版权有限公司（100%）；英皇多媒体（香港）有限公司（100%）；英皇多媒体有限公司（100%）；及Golden Port Productions Ltd.（100%）。

彩虹国际控股有限公司

【公司概况】 股票代码8079，集团主席李雅君，发行股本（股）2，450M，票面值（港元）0.010，市价总值（港元）184M。

【公司业务】 该集团主要在本港从事品牌美容产品（如护肤品、香水及化妆品、护发及个人护理产品及配件等）之零售及批发业务，并同时提供全面之美容护理服务。于2001年10月30日，集团在本港主要商业地区（如旺角、铜锣湾及中环）经营8间以〔彩虹化妆品〕为商号之连锁零售门市及3间以〔Nutriplus〕为商号之美容中心。截止2001年10月31日止之年度，零售业务、批发业务及美容服务业务分别占集团总营业额69.4%、24.7%及5.9%。为提升其企业形象，集团已推出以〔Nutriplus〕为品牌之全新独家美容产品系列，包括11种护肤品及8种护发产品（主要针对25岁或以上之顾客），并已取得〔Helvance〕及〔Bicosmetic〕护肤美容产品。为使集团成为一家首屈一指之美容产品及服务供货商，集团将进一步在香港及澳门扩展零售业务，并将其批发业务拓展至中国市场，以及继续于香港建立专业美容中心，为男女宾提供面部、身体护理及头发护理等全面美容服务。

亚洲钢铁电子交易所有限公司

【公司概况】 股票代码8080，集团主席姚祖辉，发行股本（股）1，

565M，票面值(港元)0.100，市价总值(港元)117M。

【公司业务】 该集团之业务始创于其最大股东 — 万顺昌集团（股份编号：1001）。万顺昌主要从事买卖及储存钢材、加工板材产品、财务、买卖洁具及厨具以及工程塑料树脂等业务。得到万顺昌传统业务之支持，集团因而推出iSteelAsia.com网站，为买家采购钢材产品及卖家出售钢材产品提供另一渠道，并于网上提供钢材业之资料及一系列增值服务，如保险及贸易融资。现时，集团专注于经营高增值产品，主要供应建筑业以及用于生产计算机外壳及系统设备外壳等大型家电及高科技产品之用。尽管业内市况低迷，惟全球散乱之纲铁业内仍未能提供有效率之信息交流及较低之交易成本，集团之管理层相信iSteelAsia.com网站可因而受惠。另一方面，集团将继续加强其在亚洲钢材市场的地位，积极扩展中国市场，并扩大客户服务范围。

骏科网络讯息有限公司

【公司概况】 股票代码8081，集团主席李文龙，发行股本(股)240M，票面值(港元)0.100，市价总值(港元)58M。

【公司业务】 集团主要从事研究、开发及销售银行业组合软件产品，提供软件相关顾问及技术支持服务及系统集成服务。集团之主要顾客为中国之商业银行，包括中国人民银行、中国银行、中国工商银行、中国建设银行及中国农业银行。截至2001年12月止之年度，集团在营业额及利益净额方面均录得显着增长。集团于年内之营业额约增加四倍至1.21亿港元，而利益净额则约为455万港元。于2001年度内，集团推出两套新软件组合产品，以加强其于中国外汇市场之竞争力。此外，集团亦于2002年初引入著名大型国际信息科技公司Hitachi作策略性股东。在获得Hitachi之强大支持下，预期集团成功竞投新合约化机会将会增加。此外，Hitachi将有助集团进一步于中国银行软件及相关市场开发其商业潜力。日后，集团将继续透过渗入其它金融相关行业，如保险及证券（不仅专注于商业银行市场），以及与国际软件公司合作，以按顾客之要求改良其产品及于中国市场推出该等产品，藉以扩展其业务范畴。

【主要资产/投资(12/2001)】 日达计算器系统(北京)有限公司(100%)；骏科系统(亚洲)有限公司(100%)；及World Master Resources Ltd.(4%)。

讯通控股有限公司

【公司概况】 股票代码8082，集团主席梁天富，发行股本(股)801M，票面值(港元)0.010，市价总值(港元)28M。

【公司业务】 该集团为一家以香港为基地之一站式展览筹办商，专注于在香港及中国华南地区筹办工业范畴之展览，包括金属、塑料及包装、纺织及制衣机械、设备、组件及物料。此外，集团亦提供多种增值宣传及市场推广服务及出版各种行业之杂志，以增强集团客户产品之宣传效益。截至2002年3月止之年度，筹办展览业务为集团之主要收入来源，约占集团总营业额87.7%，而宣传及市场推广服务则约占12.1%。集团筹办展览之目的为拉拢潜在买家及供货商，让彼等面谈并实际检视产品、建立业务关系及交流最新之市场消息、科技及趋势。多年来，集团积极扩展其展览筹办业务所覆盖之产品范畴，由工业机械伸展至健康食品、药品及辅助产品、美容及护肤产品、鞋履以至信息科技产品。为扩大其盈利基础，集团亦投资于Inforchain Digital Technology Co., Ltd.(Inforchain)之19.5%股权，Inforchain经营提供与集团离线展览业务相辅相成之在线展览服务入门网站www.machinenet.com.tw。除现有香港、东莞及广州市场外，集团将于2003年3月止之财政年度内在顺德、上海及武汉筹办展览会，并将于2002年底前将其制造业展览业务扩展至越南。

【主要资产/投资(3/2002)】 讯通出版有限公司(100%)；Global Challenge Ltd.(100%)；及Inforchain(19.5%)。

硅感科技控股有限公司

【公司概况】 股票代码8083，集团主席张伟，发行股本(股)1,024M，票面值(港元)0.100，市价总值(港元)43M。

【公司业务】 该集团主要从事设计、研究、开发、制造及分销光学影像摄取器材及相关部件，包括光学影像摄取模块、影像感应器芯片及其它光学产品。集团在全球影像模块及影像移动摄取技术方面具领导地位。截至2001年度止，集团仍继续录得亏损6,030万港元(2000年度止之亏损为3,990万港元)，业绩不佳之部份原因由于为存货及应收账款作出约2,700万港元拨备所致。于年内，光学影像摄取器材及光学影像摄取模块之销售分别占集团总营业额约52.3%及42.7%。中国(包括香港)为集团之主要市场，占其总营业额30.3%，另外两个重要市场为马来西亚(23.4%)及台湾(19.9%)。为进一步提升高文件模块及系统产品生产能力，集团已于2002年第四季购置两套压模贴装系统及两套线路接合系统。至于位于深圳之全新制造基地SYSCAN高科技园，第一期建造工程已于2002年6月底完成，集团计划与其它业务伙伴完成第二及第三期建造工程。日后，集团将继续开发高科技数码影像技术及光电产品，包括开发低成本且低风险CIM感应器及模块。

【主要资产/投资(12/2001)】 深圳旭感数码影像系统有限公司(100%)；硅感微讯光电科技(深圳)有限公司(100%)；硅感科技(深圳)有限公司(100%)；硅感数码科技有限公司(100%)；及SYSCAN Inc.(100%)。

新医药控股有限公司

【公司概况】 股票代码8085，集团主席黄齐富，发行股本(股)469M，票面值(港元)0.100，市价总值(港元)19M。

【公司业务】 该集团主要从事市场推广及分销14种中成药，该等中成药以汉方药堂品牌透过位于香港红之零售店、邮购服务及互联网促销。此外，集团亦从事研究及开发中成药及保健产品。集团之产品主要针对日本人曾罹患之若干常见疾病及症状，如慢性肝炎、慢性肾炎、前列腺肥大、动脉硬化、花粉症及子宫内膜炎等。为进一步扩展产品系列，集团已研制了八种含中草药成份之新保健产品，并预期于2002年第三季推出市场。现时，集团之中成药产品乃外判予一家符合中国《药品生产质量管理规范》之著名制药商胡庆余堂。除香港之零售店外，集团计划于中国杭州、北京及西安设立三家分销店，以捕捉日渐增长到中国旅游之外国游客，而杭州分销店预期于2002年7月中试行开业。此外，集团亦会在日本开设多家会员中心，增强品牌之忠诚度，而首家日本会员中心将位于东京，预期于2002年9月开幕。作为扩充邮购服务业务，集团成立21世纪创富会，推出电子客户介绍计划。另外，集团亦建设医药街，藉以开发互联网批发业务。为增强竞争优势及提升研发能力，集团将继续寻求机会，收费或从事合适生物制药/生物科技计划，以发展集团独有之生物制药技术。

【主要资产/投资(3/2002)】 新中药(香港)有限公司(100%)；及晖富有限公司(100%)。

易宝有限公司

【公司概况】 股票代码8086，集团主席黄少康，发行股本(股)1,104M，票面值(港元)0.100，市价总值(港元)50M。

【公司业务】 该集团主要从事提供系统集成服务、信息科技专业服务、信息科技开发外判服务及全套物流解决方案，而计算机设备分销业务已于2001年12月终止经营。现时，集团支持电子商贸解决方案之主要覆盖范围包括(1)电子物流(针对供应链管理之全面电子物流解决方案)；(2)电子交易ASP(在联交所第三代自动对盘系统下进行证券买卖之电子交易系统)；(3)电子计费(一套内置顾客服务功能之全面电子计费解决方案)。据披露，集团在开发及提升物流管理解决方案方面已投入大量资源。最近，集团亦推出物流管理产品 — WarehousePRO，预期该产品之市场需求将不断增长。展望将来，随着成功完成业务重组及加入新管理层，集团对前景保持审慎乐观。

【主要资产/投资(6/2002)】 易宝计算机系统(广州)有限公司(100%)；易宝计算机系统(北京)有限公司(100%)；易宝计算机系统(上海)有限公司(100%)；EPRO Systems (S) Pte. Ltd.(90%)；ERPO Guangzhou Software Technology Ltd.(100%)；EPRO Sistemas Informaticos (Macau), Limitada(100%)；TRS信息技术有限公司(36%)；同济易宝信息技术有限公司(49%)；易高科技有限公司(47.49%)；上海海物物流软件有限公司(30%)；及高怡网络有限公司(33.3%)。

亚科资本有限公司

【公司概况】 股票代码8088，集团主席区伟贤，发行股本(股)2,503M，票面值(港元)0.001，市价总值(港元)88M。

【公司业务】 该集团为一家以香港为基地之投资银行、私募投资基金管理及投资集团，旗下代表办事处遍及中国大陆、韩国、日本、新加坡、澳洲、英国、中东及亚洲其它地区。现时，集团之业务分为三个主要部门，分别为(1)企业融资 — 主要透过Crosby Ltd.进行，为亚太地区客户提供资本及债务资本筹集活动、合并与收购、重组、企业融资及策略性顾问服务；(2)创业资本 — 管理两个以科技为本之创业资本基金，其中一个为6,600万美元之Nirvana基金，主要投资于亚洲初创企业，另一个为2.50亿港元之香港特别行政区应用研究基金，该基金透过集团与软库组成之合营企业软库亚科网投资管理有限公司管理;以及(3)数码服务主要透过Spike Ltd.进行,Spike为一家以澳洲为基地之全面综合市场推广通讯公司,为其遍布亚洲及澳洲之区内及国际大型企业客户提供各行各业之数码及传统通讯解决方案(不论是在线及离线)。截至2001年底,集团拥有现金结余净额约1.538亿港元。

【主要资产/投资(12/2001)】 Crosby Ltd.(99.9%);Crosby Advisory (Singapore) Pte Ltd.(95%);techpacific.com Venture Capital Ltd.(75.1%);软库亚科网投资管理有限公司(50%);Spike Ltd.(54.82%);以及可供出售投资之账面值约1,805万港元。

宝讯科技控股有限公司

【公司概况】 股票代码8089,集团主席曾志谦,发行股本(股)232M,票面值(港元)0.100,市价总值(港元)11M。

【公司业务】 该集团为提供增值电讯及计算机电话解决方案之供货商,其目标为成为亚太区内电讯商贸行业之领导者。集团设计及开发一系列侧重于商业应用之增值电讯服务及计算机电话方案。集团已与多家信息科技界之翘楚企业建立长远之合作关系,包括朗讯科技、Agere System、北方电讯、英特尔、微软、甲骨文、Rockwell FirstPoint Contact、Captaris、GN Netcom及Altitude Software等。现时,集团正积极扩宽现有服务行业之覆盖网,由原来之银行、财经、保险、航空及运输业、电讯业务、政府及公共机构等,扩展至教育、娱乐及中小型企业。在产品研发方面,集团成功开发GlobalCall IN产品下之服务创造环境工具。于2001年度,GlobalCall IN推出市场后深受香港主要电讯流动电话商所欢迎,并成为电讯市场上之主流产品。为减少资本支出,集团已将拟于马来西亚、泰国、菲律宾,以及其它亚洲城市设立之计划搁置。展望未来,大中华地区将为集团未来发展重点(尤其中国市场),集团将继续透过与领导企业策略性之结盟及合作,以扩大规模及巩固集团于中国内地市场占有之地位。

【主要资产/投资(12/2001)】 宝讯科技有限公司(100%),主要持有宝缙科技股份有限公司60%权益及盈创互动数码科技有限公司33.33%权益(盈创互动数码为上海盈联互动数码有限公司及怡和科技(中国)有限公司之合资公司);Proactive e-Commerce (Australia) Pty. Ltd.(100%);及Proactive Technology (Asia) Pte Ltd.(100%)。

EVI教育亚洲有限公司

【公司概况】 股票代码8090,集团主席庞维新,发行股本(股)4,000M,票面值(港元)0.010,市价总值(港元)136M。

【公司业务】 该集团为香港互联网教育供货商,专门为幼儿园、教师、家长及学前儿童及幼儿提供中英文学前教育服务。集团为每所幼儿园度身订造教育平台,提供网上教学、学习及教育相关管理工具,并且提供其它增值离线支持服务,包括课外培训课程、产品推广、研讨班、电子媒体制作及信息科技相关服务。截至2002年9月止之年度,集团约38.1%、33.3%及24.2%之收入分别来自网上教育、计算机软硬件销售及安装,以及计算机培训业务。现时,集团提供之EVI网上系统分别由校园天地、家长天地、儿童天地及免收费网页组成。该系统目前已拥有超过18,000名用户基础,当中包括来自逾150所幼儿园之师生及家长。于2002年3月,集团收购思进计算机香港有限公司(思进)80%权益,思进为本港具规模之教育服务供货商,在教育界拥有逾10年经验,为超过150所幼儿园、小学及中学提供服务。为进一步扩阔服务范畴,集团自2002年5月推出新入门网站I-Cube,为小学生及其家长提供服务,该网站已成功获超过100所小学参与。另一方面,集团亦计划于2003年推出新的会员天地,藉以扩阔其用户群。日后,集团将继续透过业务收购或合营企业方式,从以开拓海外商机(尤其是中国市场)。截至2002年9月止之年度,集团持有现金结余净额约2,510万港元。

【主要资产/投资(9/2002)】 EVI Services Ltd.(100%);Web Work Industries Ltd.(100%);EVI MP Ltd.(100%);及思进计算机香港有限公司(80%)。

环球实业科技控股有限公司

【公司概况】 股票代码8091,集团主席,发行股本(股)644M,票面值(港元)0.010,市价总值(港元)82M。

【公司业务】 该集团为一家以网上付款及物流为重点之解决方案供货商,主要为中国企业客户提供以网上付款及物流为重点之企业解决方案,协助该等企业处理电子商贸营运所需而产生之付款及物流问题。最近,集团亦已成立两家新合资企业,分别专门提供移动支付及与媒体业务相关之技术解决方案。于2001年8月,集团已就网上付款服务之专利软件版权向中国有关当局注册。结合其技术及应用软件专业知识、自行开发之软件组件及其它第三方之产品(以套装软件为主),集团为客户提供咨询、系统设计、系统集成、执行及保养等服务。据披露,集团已与三家海外物流软件开发商SLI Co. Ltd.、EXE Technologies Korea Ltd.及Qiva Inc.组成联盟,并获授权作为它们于中国之软件套装增值转销商。集团部份著名客户包括上海辉联物流有限公司、东方海外集运服务(中国)有限公司及中海集装箱运输有限公司。截至2002年3月止之年度,集团仍持有现金结余净额约4,370万港元。

【主要资产/投资(3/2002)】 中国物流网络发展有限公司(60%);中国金网(集团)有限公司(95.83%);环影媒体(中国)有限公司(60%);及环领移动通信科技国际有限公司(60%)。

ITE (Holdings) Limited

【公司概况】 股票代码8092,集团主席刘汉光,发行股本(股)908M,票面值(港元)0.010,市价总值(港元)50M。

【公司业务】 该集团为香港一家具领导地位之智能卡及射频识别方案供货商及系统集成商,提供智能卡系统服务、信息科技顾问服务及机电安装工程。集团设计及推行之大部份智能卡系统(接触式及非接触式)可透过智能卡个人化用于电子付账及智能设施管理。于2001年12月,集团透过现金代价1,150万港元收购捷科控股有限公司(捷科)之全部权益,以加强其专业信息科技服务。捷科为本港领导信息科技服务供货商,为香港多家大型公司、政府及政府有关机构提供服务。为使集团可快速进军发展迅速之中国市场,集团之全资附属公司上海阿艾依智控系统有限公司(上海阿艾依)已于2002年2月与上海交通智能卡服务供货商上海公共交通卡股份有限公司(上海公交)组成策略联盟,以采用上海公交之卡平台为上海交通运输市场开发及推广增值应用方案、方案及服务。此后,上海阿艾依已从多名上海领导智能房地产系统集成商取得多份合约,并与中国各地其它交通卡服务供货商就类似业务模式进行磋商。至于香港市场方面,集团于年内已获香港教育学院及香港浸会大学授予校园智能卡实行服务合约,并已为香港房屋协会完成首个智能卡方案。尽管未能投得香港特区政府之第一阶段之智能身份证项目,但集团将继续为其后各个阶段(如出入境控制及自动旅客控制系统)之投标工作作出准备,预期有关项目将于2003年推出。

【主要资产/投资(3/2002)】 智能系统有限公司(100%);上海阿艾依智控系统有限公司(100%);捷科系统顾问有限公司(100%);及ITE Engineering Ltd.(100%)。

北大青鸟环宇科技有限公司

【公司概况】 股票代码8095,集团主席许振东,发行股本(股)264M,票面值(港元)0.100,市价总值(港元)172M。

【公司业务】 该集团为中国嵌入式产品设计及制造之领导者之一,拥有发展嵌入式系统产品之软件应用及设计集成电路之专业技术。集团亦从事设计、制造、市场推广、分销及销售由集团研发之五种嵌入式系统产品,分别为专用集成电路(ASIC)、网络安全产品、聪明咭应用系统、GPS应用系统及无线火灾警报系统(WFAS)等。此外,集团亦透过应用现有嵌入式系统产品,为客户提供全面解决方案,切合各客户之特定需求。为提供机会予集团作出可配合其现有业务之投资,集团已进行多项业务收购活动,如(1)于2001年9月以6,000万美元现金代价收购从事制造及推销先进技术半导体业务之中芯国际集成电路制造有限公司5.29%股权;(2)于2001年11月以300万元人民币现金代价收购成都健邦科技有限责任公司之数码录像机业务;(3)于2002年2月以1,000万元人民币现金代价收购从事设计、生产及销售远程低压抄表系统业务之北京青鸟浩迪电气系统有限公司51%股权。尽管目前中国国内软件行业竞争剧烈,而中国入世后竞争将更为激烈,集团将继续通过整合企业技术之优势,以调整及拓宽其产品之应用领域。

【主要资产/投资(12/2001)】 北大青鸟环宇(开曼)发展有限公司(100%);河北北大青鸟环宇消防设备有限公司(75%);及中芯国际集成电路制造有限公司(5.29%)。

博软(控股)有限公司

【公司概况】 股票代码8096,集团主席DRISCOLL Michael,发行股本(股)501M,票面值(港元)0.050,市价总值(港元)180M。

【公司业务】 该集团主要从事瘦客户机解决方案产品,包括软硬件配件之研究、开发、销售及市场推广,并提供相关度身而设之工程服务。紧随首次招股后,从事电子及通讯产品业务之新加坡上市公司 IPC Corporation Ltd. 将持有集团 75%股权。集团集中研发瘦客户机解决方案产品,该产品之主要功能是为各用户集中各类应用程序之处理步骤、管理及数据储存,以有效减低个人计算机之总拥有成本。现时,BeTwin 及 WinConnect 为集团推出市场销售之两项旗舰产品,该等产品已于超过 50 个国家出售。BeTwin 为一种软件,可让两至五个用户共享单独一台计算机(即一台主计算机)之功能;而 WinConnect 则为一种嵌入式软件解决方案,使以 Linux 为本之个人计算机及瘦客户机装置(如一般并无配备足够处理功能之终端机、互联网工具及个人数码助理)可与 Windows 服务器连接,在网络或透过互联网运作 Windows 应用程序。于可见将来,集团计划致力维系原设备制造商与个人计算机制造商之关系,并同时针对教育界及以及小型/家居办公室(SOHO)市场,以扩宽及扩大其市场份额。

恒科创业有限公司

【公司概况】 股票代码 8097,集团主席蔡兆清,发行股本(股)820M,票面值(港元)0.100,市价总值(港元)142M。

【公司业务】 该集团为一家独立供货商,专为广泛系列 3C 产品(通讯产品、消费者电子产品及计算机接口设备)提供半导体应用的解决及创新方案。集团主要从事设计、开发软件及工程方案,包括销售半导体及定位技术装置及应用(GPS)。集团之主要收入来自向产品最终用户或原设备/原设计制造商出售该集团所发展之经嵌入专用软件方案的第三方半导体产品。为把握珠江三角洲及长江三角洲未来发展之商机,集团已于 2001 年 9 月于上海设立一个市场推广办事处及研发中心。于 2002 年 3 月,集团成功分拆其定位技术之应用及解决方案业务,以卫科创业有限公司为控股公司于联交所创业板上市。鉴于全球卫星定位系统之装置及应用具有庞大业务潜力,预期卫科创业将为集团未来数年之利益作出贡献。于 2002 年 4 月,集团与 Shanghai Hong Sheng (Norcent) Technologies Co. Ltd. 订立有关供应视听产品之解决方案及电子零部件之协议。展望未来,集团将继续生产具有创新设计、科技进展与应用、具实用功能及市场价值之整套装置解决方案。

【主要资产/投资(3/2002)】 卫科创业有限公司(67.34%);恒昌信息科技有限公司(100%);及恒星威信息技术(深圳)有限公司(100%)。

郑州燃气股份有限公司

【公司概况】 股票代码 8099,集团主席闫国起,发行股本(股)551M,票面值(港元)0.100,市价总值(港元)413M。

【公司业务】 该集团主要从事向住宅用户、商业用户及工业用户销售管道天然气及罐装液化气,以及提供燃气管道建设服务及燃气设备销售,如燃气灶具、热水器、壁挂式炉等。集团全部业务皆于中国河南省郑州市进行。现时,集团为郑州市唯一之管道天然气供货商。集团所销售之天然气全部采购自中石化中原油气,通过集团拥有之长输管道及市区管网,经过集团进行之调压、净化、加臭等工序后输送至最终用户。管道天然气业务为集团之主要收入来源,截至 2002 年 12 月止之年度,该业务约占集团总营业额 46.6%,而住宅用户为集团目前管道天然气销售最主要之客户。至于罐装液化气业务,集团销售之罐装液化气主要采购自中国石油化工股份有限公司之洛阳分公司,并透过集团设于郑州市内之销售点进行批发及零售。于 2002 年 1 月获郑州市市区天然气管网之特许经营权后,集团目前在郑州市现有市区之市区天然气管网具有垄断地位。

【主要资产/投资(12/2002)】 机器及设备按账面净值 6,380 万元人民币;燃气管道按账面净值 5,840 万元人民币;在建工程按账面净值 9,470 万元人民币;及现金结余净额约 1.67 亿元人民币。

活力世界控股有限公司

【公司概况】 股票代码 8100,集团主席许达利,发行股本(股)579M,票面值(港元)0.010,市价总值(港元)28M。

【公司业务】 该集团主要从事经营系统解决方案供货商之业务,为客户提供广泛之系统解决方案服务,包括(1)信息科技咨询及基建项目;(2)互联网应用软件;(3)网页设计及开发;(4)横额设计及广告;以及(5)网站寄存。集团协助客户确定他们之电子商务策略、开发按客户要求构造之电子商贸系统及利用他们现有信息系统或计算机应用软件,整合网络应用软件以及向他们提供电子商贸应用软件及平台服务。集团已开发三项专有应用软件,分别为 Inworld WAP System、Inworlde-Stock System 及 Inworld Marketplace System。集团之整体业务目标是成为主要系统解决方案供货商,以亚洲区内之中小型企业为对象,主要专注于发展香港、中国及新加坡市场。截至 2002 年 6 月止之年度,集团手头上之现金结余净额约为 1,640 万港元。

【主要资产/投资(6/2002)】 Inworld (Hong Kong) Ltd. (100%);Inworld System (HK) Ltd. (100%);Inworld Internet Singapore Pte. Ltd. (100%);Sunny World Co. Ltd. (72%);及活力世界(上海)网络技术有限公司(100%)。

汇盈控股有限公司

【公司概况】 股票代码 8101,集团主席何鸿燊,发行股本(股)238M,票面值(港元)0.100,市价总值(港元)95M。

【公司业务】 该集团为向亚洲区内之证券行及金融机构提供实时网上交易服务及相关系统之供货商,提供多种类型之产品及服务,范畴覆盖所有金融工具,包括由证券、外汇、基金至保险。集团所提供之产品由完善之前台及后勤办公室解决方案组合而成,包括实时网上交易平台、市场交易数据预测及分析、直入落盘程序,以及自动化借贷监管及交易结算。主要产品包括 iAsia Broker Supplied System、iAsia Trading & Account System、iAsia Futures Automated Trading System、iAsia Mutual Fund Settlement System、iAsia Insurance Broking System 及 iAsia Foreign Exchange Margin Trading System。除提供网上交易平台及相关系统顾问服务外,集团矢志成为区内金融服务界之表表者。除早前收购 CFN HK Ltd. 及 CFN (UK) Ltd. 以增加于欧洲市场之占有率,集团亦于 2002 年 12 月收购三家分别为加怡证券经纪有限公司、加怡期货有限公司及加拿大怡东融资有限公司(统称加怡公司)之全部权益,总代价为 1.26 亿港元现金,以于 2003 年 1 月完成之供股所得之款项净额及内部资源拨付。收购该等加怡公司令集团将业务拓展至证券经纪、商品买卖及公司财务顾问服务。凭借该等加怡公司已建立之市场地位,集团将致力成为于中国、香港及澳门等市场提供多元化服务之国家优质投资银行,服务范围包括投资银行、企业融资、证券及期货交易及经纪、财富管理、保险及其它相关服务。

【主要资产/投资(9/2002)】 iAsia Online Systems Ltd. (100%);iAsia Solutions Ltd. (100%);iAsia Network Solutions Ltd. (100%);CFN HK Ltd. (100%);CFN (UK) Ltd. (100%);御想集团有限公司(77.5%);及御想集团(澳门)有限公司(77.5%)。

上海复旦微电子股份有限公司

【公司概况】 股票代码 8102,集团主席蒋国兴,发行股本(股)249M,票面值(港元)0.100,市价总值(港元)175M。

【公司业务】 该集团主要从事设计、研发及销售工业应用之应用专门集成电路,以及提供应用专门集成电路之测试服务。集团主要产品包括各类型聪明卡、通讯产品、摩托车/汽车电子产品、电力电子产品及消费电子产品之集成电路。集团为一无工厂化设计公司,只负责设计产品,生产则委托原设备制造商负责。为应付日后业务增长及扩大产品范围,集团于 2001 年年度进行多项活动,包括(1)成立上海华岭集成电路技术有限责任公司,提供集成电路测试软件之开发、集成电路芯片及集成电路产品之测试、探针卡制造、集成电路技术之开发及咨询等业务;(2)收购国内浙江京昌电子股份有限公司 10%权益,浙江京昌从事宽、窄带通讯电子产品、汽车电子产品、功率模块、微波电路、电源电子产品及其它微电子产品设计及生产业务之;及(3)成立复旦大学集成电路工程技术中心,及建立中国科学技术大学集成电路与系统实验室。由于预期今后片上系统之应用将越见普及,集团已于国内成立一家由集团拥有 39%股权之联营公司,发展通讯产品 IC 芯片业务,以增强集团于整体 IC 设计方面之优势。

【主要资产/投资(12/2001)】 上海华岭集成电路技术有限责任公司(90%);及浙江京昌电子股份有限公司(10%)。

讯泰科技(控股)有限公司

【公司概况】 股票代码 8103,集团主席杜祖基,发行股本(股)1,036M,票面值(港元)0.100,市价总值(港元)17M。

【公司业务】 该集团为一家互联网技术供货商,从事设计、开发及制作互联网软件解决方案,以及向商业机构及政府机构提供信息科技顾问及电子商业创新服务。现时,集团之业务大致可分为四大策略业务单位,分别为(1)金融科技部门业务 — 产品包括香港联交所的第三代自动对盘多工作平台系统及证券买卖解决方案;(2)互联网互动科技部门 — 产品包括提供 XML 技术及一种易于使用及可同时让多位用户透过多种互联网信息工具沟通的互联网互动协同系统,如可配合有文本及话音交流、共享文档及应用等功能使用；(3) 互联网及信息保密部门 — 产品包括信息保密软件及以软件为基础的发送程序；以及 (4) 电子商业创新服务部门 — 提供全面一站式信息技术顾问、开发及支持服务。截至 2002 年 3 月止之年度，集团只录得营业额 3,530 万港元，而录得之净额亏损则约为 5,420 万港元，业绩倒退主要由于本地及全球在科技方面之资本投资放缓所致。基于本年度录得之亏损，集团之股本由上年度之 1.156 亿港元大幅下降至本年度之 6,110 万港元。截至 2002 年 3 月止之年度，集团约半数之资产净值来自无形资产，该等无形资产主要为源于资本化之产品开发成本之价值。

【主要资产/投资(3/2002)】 讯泰信息科技(上海)有限公司(100%)；讯泰科技有限公司(100%)；Systek Information Technology (Pte) Ltd. (100%)；讯泰信息技术(上海)有限公司(100%)；Telecare Ltd. (80%)；SYSTEKIT Innovations Inc. (100%)；及 WinClient Technologies (HK) Ltd. (100%)。

浙江浙大网新兰德科技股份有限公司

【公司概况】 股票代码 8106，集团主席陈平，发行股本(股)112M，票面值(港元)0.100，市价总值(港元)32M。

【公司业务】 该集团为国内一家电信方案供货商，核心业务为于国内十九个省份及三个直辖市向电信营运商、互联网服务供货商及互联网内容供货商提供数据通信方案及电信运营方案。集团目前为首批于国内经营无线增值服务系统供货商之一，主要客户包括中国联通(约占集团总营业额之一半)及中国移动等国内主要流动电话营运商，以及中国电信集团等固网电信营运商。集团提供之方案包括软硬件销售，而各方案及产品均会再进一步按客户之要求作出改进，以确保系统集成时之兼容性。集团提供之数据通信方案包括无线通信系统、数据交换平台、无线增值服务系统及大容量电邮系统；而电信运营方案则包括一个宽带网客户关系管理系统及一个电信办公室自动化系统。浙江大学为集团主要股东之一，持有集团约 10.5%股权。透过与浙江大学之紧密关系，集团已与浙江大学合作成立一间研究机构，作为集团之首要测试设施，以进行电信方案之研究及开发。

合纵连网控股有限公司

【公司概况】 股票代码 8107，集团主席钟楚义，发行股本(股)5,267M，票面值(港元)0.020，市价总值(港元)121M。

【公司业务】 合纵连网为一家主要数据中心之经营者，主要提供连接互联网基干、专用服务器代管及托管服务、其它增值服务(如应用软件服务供货商)及售卖设备及软件。于二零零一年之财政年度内，集团第三间数据中心于二零零一年四月在北京开始运作，当工程完工后，于香港及北京之代管容量已分别达至约 1,300 支及约 650 支机架。除此之外，集团亦与其它城市建立策略性伙伴网络，使集团现在的服务范围遍及香港、北京、上海、深圳、广州、东京、新加坡、马尼拉、曼谷、汉城、台北、吉隆坡及圣何塞。

【主要资产/投资(12/01)】 现金结余约 2.168 亿港元；数据中心及有关设备之账面净值约 8,390 千万港元。

盛创企业系统有限公司

【公司概况】 股票代码 8108，集团主席吴铭华，发行股本(股)1,440M，票面值(港元)0.010，市价总值(港元)16M。

【公司业务】 该集团之主要业务为向香港各制造商及贸易商提供制造决策支持系统及计算机化顾问服务，及以授权方式销售会计及数据应用系统。此外，集团亦提供信息科技顾问服务、专用软件开发服务、计算机系统集成及系统配置支持服务。截至 2001 年度，由于 ERP 市场之市况不景及竞争激烈，集团之业务表现大受影响。因此，集团之营业额于 2001 年度内大幅下跌 71.6% 至只有 330 万港元，并继续录得亏损净额约 2,232 万港元(2000 年度之亏损为 1,075 万港元)。于 2001 年度内，集团与全球第五大 ERP 供货商 IFS AB 成立合营公司 IFS Grandmass Ltd.，进军大、中型企业市场，提供几乎涉及所有行业及业务范畴之服务。另外，集团亦收购 Clever Investment Inc. 之 50% 权益，藉以进一步加强其研发能力，以及开拓具潜力之华南地区市场。在产品开发方面，集团已将整条生产线综合为一套多功能产品套装 — 一套名为 Intuitive Open Manufacturing System (iOMS) 之全面集成预先包装网上商务应用软件。原先之 iOMS 产品之主要目标客户为小型自营企业，而新版本之 iOMS 产品亦将推出，以迎合香港及华南之大、中型自营企业市场。于 2002 年 3 月，集团以供股方式筹集资金约 3,000 万港元，所得之款项净额将用作收购计算机软年业内之潜在投资对象。

【主要资产/投资(12/2001)】 盛创科技有限公司(100%)；盛创企业管理系统(上海)有限公司(100%)；IFS Grandmass Ltd. (90%)；智科信息(深圳)有限公司(50%)；及实时盛创企业系统有限公司(50%)。

科瑞控股有限公司

【公司概况】 股票代码 8109，集团主席沈方中，发行股本(股)415M，票面值(港元)0.100，市价总值(港元)108M。

【公司业务】 该集团为一家能源管理系统(EMS)解决方案供货商，主要从事设计、管理及实施 EMS 解决方案，包括向中国国内各式各样中央空调改造项目提供顾问服务，如商业楼宇及城市集中供热系统。集团之 EMS 解决方案乃根据能源效率及自动化控制技术而创建，目的为提高中国现有商业楼宇之中央空调系统及国内集中供热系统之能源效率。集团提供之两种专有 EMS 解决方案分别为赛灵 2000 I 及赛灵 2000 II。赛灵 2000 I 主要用于商业楼宇之中央空调系统，而赛灵 2000 II 则主要用于减少国内集中供热系统在寒冷季节之能源消耗。据集团 2002 年年报披露，专为工业用水循环系统而设之赛灵 2000 III 已于福建一家化工厂试推。展望将来，集团将扩展海外市场，主要集中发展香港及其它东南亚国家。

【主要资产/投资(6/2002)】 福建创新节能科技发展有限公司(100%)；北京科瑞易联节能发展有限公司(100%)；及海南科瑞易联节能发展有限公司(100%)。

第一电讯集团有限公司

【公司概况】 股票代码 8110，集团主席 NG Kok Hong，发行股本(股)1,946M，票面值(港元)0.100，市价总值(港元)409M。

【公司业务】 该集团主要在亚太区透过设于中国、香港、马来西亚、菲律宾、澳洲、英国、日本及印度之分销网络，从事分销各种品牌之流动电话及相关配件。现时，集团为亚太区最大之流动电话分销商之一，拥有庞大之客户基础，主要包括分布于亚太区及欧洲两地之网络商、经销商、批发商及零售商。于 2000 年初，集团拥有 10 个着名流动电话品牌之分销权，包括西门子、三星、京瓷、阿尔卡特、萨基姆、飞利浦、Sewon、三洋、Sendo 及 Tresor。作为中国大陆 14 个认可 CDMA 流动电话及 R—UIM 卡分销商之一，集团自 2002 年 2 月起开始分销三洋及京瓷品牌产品。为成为一家综合增值流动电话分销商，集团已伙同安全电子交易解决方案供货商 Euronet Worldwide, Inc. 翘楚组成合资企业，提供 Mobile Bill Pay 及 Electronic Recharge 服务，流动电话用户可透过其 GSM 流动电话、销售点终端机、互联网或自动柜员机缴付公用服务费用及增值流动电话预缴通话时间。该合资企业亦会向所有流动电话网络商提供以 SMS、SIM Toolkit 及无线上网协议(WAP)为基础之缴费解决方案，推出全面外判及无线应用软件服务(ASP)解决方案。

【主要资产/投资(12/2001)】 第一电讯国际有限公司(100%)；First E—Pro Ltd. (100%)；First Mobile Group Sdn. Bhd. (100%)；First Mobile Japan Co., Ltd. (100%)；First Mobile India Private Ltd. (100%)；及 Mobile Distribution Inc. (100%)。

英君技术有限公司

【公司概况】 股票代码 8112，集团主席阎晓东，发行股本(股)192M，票面值(港元)0.100，市价总值(港元)58M。

【公司业务】 该集团为一家以香港为基地之交通运输技术解决方案供货商，主要按全部承包基准提供交通运输技术解决方案，涉及中国公路及高速公路之收费、交通监察、光纤公路网络通讯及供电系统。集团已为国内收费公路及高速公路开发了一套可按客户要求订制之收费系统计算机软件，并以 B&A 高速公路收费系统品牌于国内推销。该计算机软件具备非接触聪明卡技术、电子图像稽查技术及决策支持分析等功能，并已推行于国内之哈尔滨 — 大庆高速公路、深圳 — 汕头高速公路、广州 — 华南高速公路、广州 — 珠海高速公路、昆明 — 玉溪高速公路及湘潭三桥收费等。除了 B&A 高速公路收费系统外，集团亦一直进行有关货运物流管理信息系统之研究及开发项目，该系统为网上管理信息系统，有助运输公司、货场及货主彼此间互相传递运输及货物运送信息。于二零零一年之财政年度，集团与广州市新市鹤南客货运有限公司订立一份合作协议，以于广州白云区之货场内进行货运物流管理信息系统。据二零零一年年报披露，该系统将于年内在广东深汕高速公路试点，除了交通相关之系统及软件发展外，集团计划致力开发一体化的综合业务管理信息系统，如楼宇自动控制系统。

【主要资产/投资(12/2001)】 英君工程技术有限公司(100%)；英君智能交通系统(广州)有限公司(100%)；及北京安卓思通信技术发展

有限公司(100%)。

优能数码科技(控股)有限公司

【公司概况】 股票代码8116,集团主席蔡祖平,发行股本(股)564M,票面值(港元)0.100,市价总值(港元)44M。

【公司业务】 该集团为中国之主要无线电集群系统供货商,主要从事无线电集群系统集成及提供电话信息技术服务。截至2001年度止,集团之营业额上升59%至3,190万港元,主要为无线电集群系统集成业务录得强劲增长所带来之贡献。然而,集团之亏损净额由2000年之800万港元扩大至2001年之1,610万港元。据集团解释,亏损主要由于收购优能华典电子技术(深圳)有限公司(华典)所产生之商誉撇销所致。于2001年度内,集团在开发及付运政府专用无线电集群产品方面保持良好进度。此外,集团亦将客户基础扩展至城市轻轨运输、港口运输及铁路系统方面。另一方面,集团透过在老过项目中与上海贝尔有限公司(其销售及分销网络遍及东南亚地区)合作,成功开拓海外市场。至于透过华典经营之个人数码助理业务,集团正寻求机会将个人数码助理技术应用于无线电集群系统方面。而集团就有关收购从事无线电发射设备生产及销售业务之深圳市佳讯实业发展有限公司55%股本权益之事项,现正出现法律问题,截至2002年8月,此问题仍未解决。

【主要资产/投资(12/2001)】 北京优能金脉信息技术有限公司(100%);北京优能天际网络技术有限公司(100%);杭州优能通讯设备有限公司(80%);优能科电子技术(北京)有限公司(100%);优能华典电子技术(深圳)有限公司(100%);及深圳市佳讯实业发展有限公司(55%)。

霹雳啪喇控股有限公司

【公司概况】 股票代码8117,集团主席郑家成,发行股本(股)440M,票面值(港元)0.005,市价总值(港元)229M。

【公司业务】 该集团主要从事在大中华地区提供互联网上之街机自选游戏服务,透过将现有街机电子游戏转换为在线版,并具有自选及多人玩功能。集团之街机自选游戏平台为大中华地区其中一个最先进推出之在线街机自选游戏平台,可供大批玩者在互联网上同时参与互动在线街机自选电子游戏。现时,集团仅在本港提供街机自选游戏服务,该服务是透过电讯盈科互动多媒体有限公司与集团营运之共同品牌网址billybala.now.com.hk提供给玩者,截至2001年12月31日,该街机电子游戏库包含62款不同游戏。所有该等电子游戏均透过集团于互联网上之独特街机自选游戏平台Billybala传送予游戏玩者。集团并在香港两家街机电子游戏机中心提供两台个人计算机模块街机自选游戏机。为将业务拓展至大中华地区内其它地区,于2001年8月,集团已与一家南韩互联网游戏服务供货商签署合约,及与一家中国房地产发展商签署备忘录,分别在南韩及中国提供在线街机自选游戏服务。此外,集团将开发个人计算机自选游戏平台,此举将使个人计算机游戏可移植至互联网上,而该平台服务预期将于2002年下半年推出。

创博数码科技集团有限公司

【公司概况】 股票代码8118,集团主席鲁连城,发行股本(股)83M,票面值(港元)0.010,市价总值(港元)4M。

【公司业务】 该集团主要从事提供网上多媒体内容之供货商。自从以8,000万港元代价收购Cyber On—Air Group Ltd.(COA)后,集团已将业务扩展至提供无线及宽频应用、无线及多媒体、互联网接驳及系统集成服务。COA已获领导国内电讯业之中国电讯委任为独家指定代理商,负责为中国电讯于国内21个省市之同步网络时钟设备提供维修保养服务。此外,COA亦开发了Oaxis,一套有效之无线软件及智能组件,为开发人员提供优越之环境及工具,透过不同渠道,开发及采用最妥善之流动解决方案,例如无线应用协议(WAP)、短讯息(SMS)及J2ME。于2002年1月,集团亦透过成立合资公司安博信息服务有限公司(安博),进一步拓展其于中国市场之多媒体业务。安博透过服务中心及在线入门网站,以多媒体应用技术提供全方位服务。据披露,集团亦与广东锡安组成合作伙伴,以开拓中国招聘服务市场。于未来,集团将在安博进行策略投资,提供专业之一站式服务,包括业务咨询、公司秘书服务、工商登记、税务登记、培训及招聘服务。此外,集团亦将继续针对中国市场之特点,开发专用应用软件,尤其供金融、证券及保险业以及电讯业使用之软件。

【主要资产/投资(3/2002)】 Cyber On—Air Group Ltd.(100%)。

实时科研集团有限公司

【公司概况】 股票代码8119,集团主席林建新,发行股本(股)1,646M,票面值(港元)0.010,市价总值(港元)54M。

【公司业务】 该集团为首家为个人计算机用户开发Linux解决方案之供货商,专门为个人用户、中小型企业、教育机构、计算机硬件制造商及政府机关提供一系列Linux解决方案,包括Linux操作系统、在Linux上操作之应用系统,以及软件安装、培训及教学等相关服务。为配合其Linux相关业务,集团亦提供其它辅助服务,包括运作具备多种功能及特色之互联网入门网站,并将于日后开发为可供在Linux平台上使用之网上应用系统;运作电子商贸平台,以推广及销售集团之Linux产品;以及提供在Linux平台以兼容软件进行网页设计及网站开发及网络存置等服务。为迎合世界各地不同用户之需要,集团已就实时Linux桌面系统及实时全能办公室开发了英语、华语、葡萄牙语、德语、法语、俄语、西班牙语、日语及韩语等共12种版本。集团亦透过与精英计算机及承启计算机、恒昌电子、台湾IBM公司等国际知名企业及计算机主机板制造商建立联盟,以巩固其市场地位。为达成进一步打开增长迅速之中国市场之目标,集团现与在全国拥有逾1,000个销售点之软件分销商进行磋商,在中国分销集团之Linux软件。此外,集团亦已伙同北京师范大学成立合营企业,为中国之校长及教师开发遥距教育教学学位课程。

【主要资产/投资(3/2002)】 实时软件(深圳)有限公司(100%);英属维京群岛商实时利尼克斯有限公司台湾分公司(100%);北京实时利克尼斯软件有限公司(100%);实时系统科研有限公司(100%);Thiz Design Group Ltd.(100%);Thiz.Com(Hong Kong)Ltd.(100%);实时贸易网有限公司(100%);及实时电子科技有限公司(100%)。

中华药业有限公司

【公司概况】 股票代码8120,集团主席汪世忠,发行股本(股)500M,票面值(港元)0.050,市价总值(港元)103M。

【公司业务】 该集团主要在中国从事开发、生产、分销及销售人体用输液药、动物用药及输液药组合盖之业务。截至2002年7月止之年度,人体用输液药之销售仍为集团之主要收入来源,占其总营业额52.6%,而动物用药及药用组合盖之销售则分别占18.4%及30.0%。于年内,成都维尔京元亨药业有限公司及四川飞奇实业有限责任公司之生产车间进行重整及改进工作,以配合中国之生产质量管理规范标准。据集团解释,该两个车间之暂缓生产为集团年内营业额及纯利减少之主要原因。为提升其输液药之产能,集团已与客户建立策略性委托加工合作关系,以大幅提升市场占有率。此外,集团亦成立合营企业生产PVC软袋药用注射液,藉以进一步扩展其产品之市场范畴。另一方面,集团预期收购四川兽药厂将于2002年底前完成,而其生产厂房亦计划于2003年投入生产。在药用组合盖业务方面,集团之新高分子涂层材料铝塑组合盖及纳米新技术彩色透明铝塑组合盖广受市场欢迎。集团预期该纳米新技术之彩色透明铝塑组合盖将具有庞大之市场潜力,并将为集团带来巨额利润。

【主要资产/投资(7/2002)】 成都青山制药有限责任公司(91%);成都维尔京元亨药业有限公司(91%);四川飞奇实业有限责任公司(91%);及成都青山利康医药技术有限公司(30.94%)。

时富金融服务集团有限公司

【公司概况】 股票代码8122,集团主席关百豪,发行股本(股)126M,票面值(港元)0.100,市价总值(港元)19M。

【公司业务】 继母公司时富投资集团有限公司("时富投资")注入资金后,集团由一家电子金融服务供货商转型为经营传统证券业务之金融集团。目前,集团之主要业务是提供金融服务,范围遍及(i)网上及传统之证券、期货、商品及期权之经纪业务及交易服务;(ii)保证金融资;(iii)企业融资。截至二零零二年十二月之财政年度,集团完成整合集团的电子及传统销售业务,并在各分行设置电子交易平台,为客户提供更广泛的服务。再者,集团采用严厉的成本控制和结束原有的两家Cyber Cafe数码金融专门店。为了进一步分散收入的来源,集团继续透过与地区及国际经纪伙伴的结盟,使集团发展为国际交易的枢纽。除股票及衍生产品外,集团亦透过其它结盟,提供多种定息金融产品交易服务,包括美国国库债券、永久企业债券、及港、美等地的企业债券等。目前,集团之新交易平台,使投资者不仅可买卖香港的期货及期权产品,亦可买卖美国、德国、英国、法国、新加坡、韩国及澳洲等十二个海外市场的期货及期权产品。

【主要资产/投资(12/2002)】 时富证券有限公司(100%);时富(国

际)金融投资有限公司(100%);时富财务有限公司(100%);时富商品有限公司(100%);时富融资有限公司(100%);时富转帐易有限公司(100%);时富电子交易有限公司(100%)。

金融社控股有限公司

【公司概况】 股票代码8123,集团主席司徒振中,发行股本(股)765M,票面值(港元)0.010,市价总值(港元)37M。

【公司业务】 该集团为一家以商业对商业模式替香港证券业提供服务之供货商,其现有及将推出之核心服务包括(1)电子交易引擎SMNonline;(2)金融入门网站stockmartnet.com;(3)包销及配售;(4)保证金贷款融资;及(5)后勤办公室支持服务。集团现时及计划提供之服务可分为集团须承担重大信贷风险之业务(即业务(3)及(4)),以及集团毋须承担重大信贷风险之业务(即业务(1)、(2)及(5))。现时,集团只从事经营stockmartnet.com金融入门网站(向公众提供金融市场及上市公司信息,信息来源自Quamnet)及试行SMNonline电子交易引擎(于2002年1月1日共有7位用户使用)。据招股书披露,集团现时致力服务联交所参与者,包括177位创办可换股票据持有人,惟于适当时候集团或会拓阔服务范围,将服务对象伸延至证券市场参与者。集团并无直接向证券市场之零售用户招揽业务,其业务模式亦无计划与联交所参与者争夺商业对客户市场。集团之整体业务目标乃成为证券业内独一无二利用商业对商业模式运作及提供全面金融及后勤办公室服务之供货商。

G. A. 控股有限公司

【公司概况】 股票代码8126,集团主席吴志伟,发行股本(股)400M,票面值(港元)0.100,市价总值(港元)60M。

【公司业务】 该集团为中国一家客车分销商,主要业务为(1)分销宝马、本田及其它客车(包括路虎、丰田及平治等)予以中国客户为最终销售对象之香港及中国经销商;(2)向集团于中国之经销商及业务伙伴北方安华提供市场推广及技术支持;(3)于中国提供售后服务,例如汽车维修保养;以及(4)于香港及中国买卖汽车零件及配件。集团之总部设于新加坡,并于香港、中国天津及厦门设有办事处。现时,集团为中国福建省之宝马客车、汽车零件及配件之特约分销商。为配合其汽车分销业务,集团将业务分散至中国租赁汽车业务。集团与全球最大出租汽车公司Hertz订立一项特许协议,作为使用Hertz系统之主要特许商,并鼓励三个分特许商使用Hertz系统。此外,集团亦向该等分特许商提供彼等于中国经营汽车租赁业务之管理顾问、财务协助及技术专业知识。集团将透过维持及发展客车分销代理网络,以及提供优质增值之售前及售后服务,使集团成为豪华客车之主要指定分销商及中国Hertz系统汽车出租服务之主要推广人。

山河控股有限公司

【公司概况】 股票代码8127,集团主席何小锋,发行股本(股)415M,票面值(港元)0.100,市价总值(港元)44M。

【公司业务】 该集团为国内一家地理信息服务供货商,主要从事(1)研究、开发及按合约基准利用3S(即地理信息系统GIS、遥感技术RS及全球定位系统GPS)、虚拟现实、互联网及网络工程技术提供商业化综合应用系统及解决方案;及(2)销售制图及GIS之软件及硬件。于2002年6月止之年度内,集团已成功将销售网络扩展至深圳、武汉、西安、长沙、荆州及上海。为扩大市场渗透率,集团致力开拓业务市场至环保、铁路与交通、石油开发及其它领域。此外,集团亦在西安、武汉、长沙及荆州投资四家公司,以发展提供公众地理信息服务之网络。据披露,该四家公司已分别获得当地政府之批准,在所属城市成立及经营GIS信息亭。最近,集团扩展业务至覆盖北京各大酒店及主要景点之触摸屏式GIS信息终端,并与一家北京公众交通公司之相关公司合作,在北京市内公交点设立GIS信息终端。于年内,集团亦成功在运输及物流业内建立声誉。于2001年8月及12月,集团分别赢得为中国铁道部设计及开发铁路地理信息平台之合约,以及一家在中国北部经营并拥有逾100辆货车之运输公司建立全球定位系统监控中心之项目。于来年,集团将继续开发其无线通讯科技及进一步开发于个人数码助理市场之服务。为使集团在3S科技及网络技术开发方面与时并进,集团已跟国内著名大学(如北京大学)组成策略性联盟。

【主要资产/投资(6/2002)】 北京时空港科技有限公司(100%);西安嘉和信息信息产业有限公司(52%);长沙通贝时空科技有限公司(80%);北京城际在线网络科技有限公司(35%);湖北省荆州市荆楚时空科技有限公司(37.5%);及武汉市集尔思信息产业有限责任公司(25%)。

国讯国际有限公司

【公司概况】 股票代码8128,集团主席吴树民,发行股本(股)1,437M,票面值(港元)0.010,市价总值(港元)65M。

【公司业务】 该集团为一家网络解决方案供货商,专为中国电信服务供货商提供网络解决方案,包括电信网络基建解决方案及网络管理解决方案。集团最大之客户为中国电信辖下之省电信公司及市电信分公司。截至2002年9月止之年度,集团之营业额大幅下跌77.4%至只有5,950万港元,并录得净额亏损5,440万港元(截至2001年9月止年度则录得纯利4,850万港元)。据集团解释,业绩转坏主要由于中国电信重组令中国整体电信市场消费放缓所致。于2002年9月止之年度内,集团收购湖南新时科技有限公司(新时)之全部权益,新时于2000年获认可为湖南省信息技术行业之十大系统集成商之一。该收购可令集团多元化至湖南省政府部门之电子政务工作(尤其为于省级工商行政管理局之电子政务系统方面),及湖南省有线电视、广播行业及电信行业之宽频网络方案工程。于2002年12月,集团完成收购Future Frontier Ltd.之100%权益,总代价5,960万港元以发行新股及现金4,600万港元方式支付。Future Frontier之唯一资产为吴江市胜信光电科技有限公司(胜信)之51%权益,胜信主要从事制造及推销通讯电缆及光缆。集团相信收购胜信有助进一步巩固集团在中国电信业之地位,且提供机会予集团作上游纵向扩展业务,以捕捉基建及传输市场之商机。

【主要资产/投资(9/2002)】 湖南国讯网络技术工程有限公司(100%);湖南国讯银河软件园有限公司(97%);湖南国讯国际网络有限公司(97%);湖北国讯银河网络有限责任公司(80%);北京国际讯通数据网络技术有限公司(60%);湖南省国讯教育信息有限公司(49.5%);及湖南新时科技有限公司(100%)。

九方科技控股有限公司

【公司概况】 股票代码8129,集团主席梁立人,发行股本(股)1,246M,票面值(港元)0.010,市价总值(港元)56M。

【公司业务】 九方科技为中文文字输入软件及系统研发商,主要股东为汇汉控股及文化传讯两家上市公司。集团之主要科技发明项目为全方位对应搜索系统,该系统可以利用数字键输入系统输入任何象形文字或语音文字于计算机及其它等小型手提设备(例如流动电话)。集团之旗舰产品九方字型输入法(九方)为首个以文字为基础开发之语言系统,该系统是采用集团之全方位对应搜索系统开发而成的。除了九方外,快码中文输入法为集团另一产品,该系统使用传统Qwerty键盘之中文输入法。现时,集团正开发九方英文、日文及韩文版。此外,集团亦计划研制可输入其它语言(例如阿拉伯文、泰文、俄罗斯文、德文及法文等)之系统。根据招股书所载,集团已与五间国内流动电话商签订许可牌照协议,并与三间国际流动电话商订立开发及市场推广九方协议。集团之业务目标为将九方发展为一个中文及其它语言均可使用之流动资料平台,令九方藉使用全方位对应搜索系统成为流动设备及其它电子设备之操作系统。

银河映像控股有限公司

【公司概况】 股票代码8130,集团主席杜琪峰,发行股本(股)627M,票面值(港元)0.010,市价总值(港元)53M。

【公司业务】 该集团为香港主要电影制作公司之一,由杜琪峰先生创办,主要从事向本港电影公司提供专业电影制作服务,包括前期制作、拍摄期及后期制作。截至2002年8月6日,集团合共制作26部港产片,全部均为华语片,并曾获得本地及海外机构颁发30多个奖项殊荣。集团曾制作之卖座电影包括瘦身男女、孤男寡女、钟无艳、全职杀手、我左眼见到鬼、呖咕呖咕新年财、暗战、辣手回春、暗花等,大部份电影之票房收入均成绩骄人。为增加其电影制作量,集团已分别与嘉禾、一百年及天幕电影订立三项总制作协议,据此,集团于协议生效日期起至2004年12月31日止期间会为上述三家电影公司制作及/或开始制作合共19部电影,制作预算总额约2.73亿港元。除本地电影市场外,集团亦将发掘与海外电影制作公司携手合作制作之机会,从而确立其本地及国际电影市场地位(尤其美国电影市场)。此外,集团将透过设立自家之剪接及录音室,并安装先进之剪接及录音器材,以进一步提升其电影制作质素及提高其电影程序效率,及减低集团对任何分判商之倚赖程度。

辰罡科技有限公司

【公司概况】 股票代码8131,集团主席许知仁,发行股本(股)1,

606M，票面值(港元)0.010，市价总值(港元)16M。

【公司业务】 该集团主要为客户关系管理、电子商贸及电子金融设计及销售计算机软件，以及为该等软件提供专业及维修服务。于2001年第二季，集团已完成开发Octo Straight Through Processing (Octo STP)证券软件，并为Octo STP证券软件开发增值产品，包括全球证券买卖软件之窗口版本、投资组合对冲一篮子买卖及业务表现管理层分析之利润中心。集团初期之业务重心为本地证券行，由于考虑到来自国际银行及国际证券商较大之合约价值及集团之证券软件扩展到亚太区其它国家之潜力，集团现时已将业务重心转移至国际银行及国际证券商。目前，集团在亚太区之分销网络遍布香港、澳洲、新西兰、中国、马来西亚、印度、印尼及韩国等国家内100名转售商。于2001年11月30日，集团拥有价值约980万港元之进行中合约，该等合约预期将于2002年第二季完成。于未来一年，集团将利用策略伙伴及分销商，以加强集团于中国客户关系管理市场之参与。

百江燃气控股有限公司

【公司概况】 股票代码8132，集团主席欧亚平，发行股本(股)605M，票面值(港元)0.100，市价总值(港元)2,118M。

【公司业务】 该集团为国内一家石油气分销商，主要营运地区为中国长江沿岸之湖南省、安徽省及江苏省及中国西南部之贵州省。集团之核心业务包括(1)分销及销售散装批发及罐装石油气；(2)提供管道气；及(3)销售石油气家庭用品，如煮食炉具及石油气压力罐。为配合其石油气业务，集团亦经营石油气储存及充气、运输设施、以及各种机器及设备(如气泵及混合气体之机器)等业务。由于预期管道气之需求将会增加，集团将建设更多管道设施，继续发展其管道气业务。于2002年内，集团在中国四川省内之天然气策略布局已基本成形。另外，集团已顺利运行资阳百江，并成功于年内透过成立三家附属公司，分别蓬溪百江、威远百江及遵义百江，扩展其零售及管道天然气业务。展望将来，集团将继续加强其液化石油气业务，同时重视整合现有资源，以并购方式为主进一步拓展天然气管网市场，并不断向相关上下游业务领域延伸。

【主要资产/投资(12/2002)】 管道气网按账面净值约1.519亿港元；厂房及设备按账面净值约1.185亿港元；以及土地及楼房约值7,070万港元。

金蝶国际软件集团有限公司

【公司概况】 股票代码8133，集团主席徐少春，发行股本(股)441M，票面值(港元)0.100，市价总值(港元)838M。

【公司业务】 该集团为中国信息科技软件业内具领先地位之企业信息化整体解决方案供货商。集团主要从事开发及销售企业管理软件(包括财务软件及ERP软件)、ASP平台产品及系统基建软件(如中间件产品)，以及提供相关之咨询及服务。为辅助其软件业务，集团亦从事销售硬件，如计算机中央处理器、服务器及其它网络连接设备。截至2001年度止，企业应用软件及硬件销售为集团之主要收入来源，占集团总营业额约83.6%。于2001年度内，集团已将核心软件产品由财务软件转型为ERP软件，而ERP软件之销售更占其总营业额约56.2%。集团现时拥有逾600家销售代理及经销商之广泛销售及分销网络，覆盖中国绝大部份地区。此外，集团亦与全球顶尖信息科技公司建立策略及技术联盟，包括微软(中国)、北京甲骨文软件系统、Hyperion Solutions等。另一方面，集团于2001年底透过收购北京开思软件有限公司之90%权益及新亚赛邦(香港)科技有限公司之25%权益，将业务范畴扩展至新兴之企业电子商务平台方面。展望将来，集团将向各类行业，包括制造、商业流通、政府、金融、电力及能源、电信、房地产等，提供度身订制、分行业之企业信息化整体解决方案。此外，集团将致力拓展解决方案顾问及支持服务，尤其为实施及咨询业务。

【主要资产/投资(12/2001)】 金碟软件(中国)有限公司(100%)；金碟国际软件集团(香港)有限公司(100%)；北京开思软件有限公司(90%)；及新亚赛邦(香港)科技有限公司(25%)。

成都托普科技股份有限公司

【公司概况】 股票代码8135，集团主席李正彬，发行股本(股)169M，票面值(港元)0.100，市价总值(港元)85M。

【公司业务】 该集团为向中国政府相关机构提供信息技术方案之供货商，主要集中于政府信息化项目。集团主要从事提供系统方案服务及技术咨询、售后支持、于工程用材料上安装专用信息技术方案及培训等其它增值服务；以及提供政务管理系统信息技术方案之研究、开发、生产及分销业务。集团之主要产品包括TS'98税务信息管理系统、TPHMIS房改软件综合管理信息系统、LED显示控制系统及政务管理系统，截至2001年12月止之年度，该等产品分别占集团总营业额约38.4%、23.1%、20.4%及14.5%。于年内，集团合共投资1,900万元人民币成立两家附属公司，并于2002年首季在上海成立另一家附属公司。至于开设海外研发中心方面，由于国内外汇管制政策及有关手续需要审批，有关项目仍在审批中。现时，集团正研发生物信息指纹识别系统及嵌入式操作系统。该两项系统预期可于2002年内完成，并于将来成为集团主要收入来源之一。展望将来，集团将继续专注于软件模块之开发，并以政务多层体系框架系统、信息安全技术及嵌入式操作系统三个领域为开发重点。截至2001年底，集团拥有充裕之现金结余净额约1.139亿港元。

【主要资产/投资(12/2001)】 成都托普华西信息系统有限公司(100%)；及成都托普华西电子科技有限公司(100%)。

丰盛创意国际控股有限公司

【公司概况】 股票代码8136，集团主席吴柏涛，发行股本(股)400M，票面值(港元)0.010，市价总值(港元)73M。

【公司业务】 该集团是以香港为基地之皮袋及配饰零售商，主要从事零售〔FX CREATIONS〕品牌皮袋(主要包括公文包、旅行袋、背囊、手袋及钱包)以及配饰(包括皮带、手表、眼镜及雨伞)之业务。集团亦负责旗下皮袋及配饰产品之市场推广、设计、开发、质量控制及生产过程监督工作。集团将产品之生产工序外判予国内配备生产设施之原设备制造商。为确保产品质量，集团已成立生产及质量控制部门，每星期前往原设备制造商之生产设施视察、查察及抽样检查原材料及集团之产品。现时，集团透过三个主要渠道进行销售，分别为零售、销售予代理商及销售予分销商。于2002年5月3日，集团在香港设有11间零售门市，当中包括7间零售店及4个百货公司专柜，以及在台湾设有9个百货公司专柜。此外，集团亦将产品分销予代理商及分销商，在中国、新加坡、韩国、日本、马来西亚、印尼、澳洲、新西兰及欧洲市场分销及转售。为纵向合并旗下业务，集团计划透过国内加工代理商自设生产设施。此外，集团会致力将〔FX CREATIONS〕推广为流行皮袋及时尚消费品之国际知名品牌。

Jessica Publications Limited

【公司概况】 股票代码8137，集团主席吴鸿生，发行股本(股)506M，票面值(港元)0.001，市价总值(港元)91M。

【公司业务】 该集团为一家香港女性杂志出版商，主要从事出版两份专为女性读者而设名为《Jessica》及《味道Lisa》之中文月刊。该两份杂志主要在香港销售，而《Jessica》也在台湾透过一名独立发行商发售。集团每份杂志在市场上之读者对象各有不同，且内容各异。《Jessica》杂志主要针对年龄介乎25至35岁之事业女性，为她们提供时装、美容、理财、提升工作表现、生活时尚、健康生活、人际关系及性知识等方面之信息，以迎合她们之口味；而《味道Lisa》杂志(一书两册，刊名分别为《味道Lisa》及《味道好煮意》)则针对年龄介乎25至45岁享受家庭生活之现代女性读者，为她们提供烹饪、饮食、健康生活及家居等方面之信息。除香港市场外，集团将扩展其出版业务至中国及台湾等其它华语市场，以助集团开拓其它地区市场。此外，集团亦计划扩展其出版之刊物范围至不同读者群及市场部份，如即将出版针对年龄介乎18至25岁较年轻女性读者之《Jessica Girl》杂志。

康健国际控股有限公司

【公司概况】 股票代码8138，集团主席曹贵子，发行股本(股)900M，票面值(港元)0.100，市价总值(港元)48M。

【公司业务】 康健国际的主要业务为提供医疗及牙医服务，矢志为香港以至其它亚洲地区的广大市民提供高质素、一般人士可负担及全面的私家保健服务，提供基层、中层及第三层的药物性治疗、社会性治疗及心理性治疗，达到预防疾病及保持健康的目标。截至二零零三年三月三十一日止，康健网络共有三十九间医务中心及牙科诊所，于该财政年度，集团新推出多项医疗相关业务，例如听力评估(包括销售助听器)及传统中药零售等。再者，集团以策略方式投资于从事尖端分子基因诊断技术的研究、开发及商业化业务的公司，分子基因技术可应用于早期诊断及测试若干类型癌症。除了分子基因技术外，集团亦投资于装置在本港一家私家医院的磁力共振影像扫描仪。于回顾年度内，集团出售其在位堂药厂有限公司的全部权益予联交所主板上市公司 — 位堂药业控股有限公司(前称得利集团有限公司)，而集团收取位堂控股的新股份及可换股票据作为代价。另一方面，集团亦出售其于卢森堡大药厂有限公司的全部权益予宏安集团有限公司，而集团从宏安收取位堂控股的股份作为代价。展望未来，集团将专注在提升及扩大其收入基础，透过向新市场环节作多元化发展，并向其客户推广高边际利润的服务。

【主要资产/投资(3/2003)】 位堂药业控股有限公司(29.84%)；康健辅助医疗服务有限公司(100%)；康健牙科有限公司(100%)；康聆听觉护理(香港)有限公司(100%)；康聆听觉护理(沙田)有限公司(70%)；及嘉滔有限公司(100%)。

昌兴国际控股(香港)有限公司

【公司概况】 股票代码 8139，集团主席黄炳均，发行股本(股)480M，票面值(港元)0.010，市价总值(港元)33M。

【公司业务】 该集团主要从事生产及买卖装饰板（正式名称为高压层板）业务。以生产力计，集团为中国三大国内装饰板制造商之一。集团生产之高压层板可分为三类，分别为标准板、金属面板及可弯曲板；该等产品以集团本身品牌珍珠牌及爱民家牌销售，分别针对中低档市场及高档市场。集团所有精装层板均防水、防火及耐热，适用于室内设计、乐器及家具制造。截至 2002 年 3 月止之年度，中国（尤以广东省为主）为集团产品之主要市场，占集团总营业额超过 90%。于年内，市场上激烈之竞争大大影响集团之业绩。面对业内割喉式减价战，集团已决定设立一个可就大型及独特项目商议价格之机制，以及将某几项畅销产品以优惠价出售，藉以增加销量。在中国大陆市场方面，除原有之广东省外，集团已在浙江及江苏两省扩展销售业务。另外，集团亦计划在中国策略地区建立连锁销售店，例如北京、虎门、沈阳、天津、上海、广州及深圳。至于海外市场方面，集团已在台湾、南韩、菲律宾及印尼等地吸纳新客户。未来，集团将继续壮大经营业务，积极于亚太及中东地区发掘新商机。

【主要资产/投资(3/2002)】 香港兴达装饰板有限公司(100%)；广州兴达装饰板有限公司(100%)；及 Golden Tapestry Profits Ltd.(100%)。

泓迪应用环保科技有限公司

【公司概况】 股票代码 8143，集团主席徐棣海，发行股本(股)872M，票面值(港元)0.010，市价总值(港元)29M。

【公司业务】 该集团为全方位环保服务供货商，主要从事生产、采购、销售及推广环保产品，以及提供配套服务，以解决能源浪费、废物处理及水与空气污染所产生之问题。于 2003 年 3 月止之年度内，香港、马来西亚及中国市场分别占集团总营业额 41.4%、36.4% 及 22.2%。于 2002 年 12 月，集团推出旨在协助大专院校及学校发展绿色校园之全新服务系列。据披露，集团与北京师范大学订立协议，为该大学规划及开发位于珠海之新绿色校园。在污水处理项目方面，集团已在华南地区之办事处设计及建造一个污水处理平台，该平台为一个综合沉淀物薄膜过滤系统，可按需要调校，设计灵活。此外，集团亦于 2003 年 4 月推出臭氧室内消毒服务以对付传染病。另一方面，集团正评估以厌氧消化系统转化都市垃圾为能量及肥料产品之技术。此垃圾发电系统将有助减轻堆填区负担，并提供除焚化以外一种有益环境，又具成本效益之另类选择。日后，集团将继续进一步在中国大陆及东南亚市场拓展其业务。

【主要资产/投资(3/2003)】 泓迪环保(香港)有限公司(100%)；珠海市紫云星环保科技有限公司(100%)；北京泓远迪绿色技术有限公司(65%)；及泓惠厨余科技有限公司(60%)。

东光集团有限公司

【公司概况】 股票代码 8150，集团主席廖连山，发行股本(股)600M，票面值(港元)0.100，市价总值(港元)45M。

【公司业务】 该集团为中国一家于坚硬物质所用之高精度抛光技术之主要供货商，其宗旨为发展成为全球主要高精度抛光技术供货商之一，为消费行业、工业及高科技行业之客户提供服务。集团主要业务为制造及销售供应钟表制造业使用之订制合成蓝宝石水晶表片。于 2001 年下半年，集团拥有逾 230 名客户之多元化客户基础，包括表壳或腕表批发商、进口商、交易商及制造商。截至 2001 年 12 月止之年度，集团之主要市场为香港（22.1%）、欧洲（69.3%）及台湾（8.6%）。现时，瑞士客户为集团欧洲市场之主要客户基础。鉴于集团可成熟地掌握抛光技术，集团已扩充其产品系列至制造光学电子零件，如套圈及轴套，该两项产品均为广泛用于光学电讯网络系统之光纤接驳器之主要及基本零件。集团预期套圈将于 2002 年 4 月展开大规模生产，其每月生产量可于 2002 年 6 月达 30 万件之最高水平。

【主要资产/投资(12/2001)】 东光实业有限公司(100%)；东光精密钟表(福清)有限公司(100%)；Fast Systems Ltd.(100%)；及 Fujian Superjet Technologies Co., Ltd.(100%)。

亿胜生物科技有限公司

【公司概况】 股票代码 8151，集团主席严名炽，发行股本(股)555M，票面值(港元)0.100，市价总值(港元)56M。

【公司业务】 该集团为中国一家以基因工程为技术之生物药品开发商，主要从事研发、制造及销售治疗体表创伤、器官损伤、神经系统损伤及疾病之生物药品。旗舰产品包括贝复济（液体剂型及冻干粉剂型）及贝复舒（滴眼液），分别用以治疗体表创伤和角膜损伤。除了生物药品外，集团亦从事开发护肤产品作商业销售，并于 2001 年度内成功开发一系列以 bFGF 为主要成份之护肤产品。现时，集团拥有一个覆盖国内逾 100 个城市之广阔分销网络。在深圳新建成之研发中心，集团已为该中心加强进行生化药品及传统中药之研发工作，藉以配合集团于珠海之基因工程研发中心。集团贝复济及贝复舒两项旗舰产品方面，两产品之凝胶剂型已于 2001 年第四季开始临床试验。在产品研发方面，两项新医疗项目，分别为宫环止血片及丹龙醒脑胶囊已完成临床前研究，而结果已呈交国家药品监督管理局作审批。此外，集团已完成 rh－GDNF 之基础研究，并正筹备进行临床前研究。至于中国一项有关基因工程之共同研究开发项目，集团已伙同上海仕创共同以基因重组技术开发一种名为降钙素之基因工程药品。展望将来，集团将继续透过寻找与中外研究机构进行合作，以增加研发项目之数量，以及扩展市场覆盖至泰国、缅甸及越南等亚洲国家。于 2001 年底，集团拥有现金结余净额约 3,340 万港元。

【主要资产/投资(12/2001)】 珠海亿胜生物制药有限公司(84.69%)；深圳亿胜医药有限公司(66%)；及亿胜生物制药有限公司(100%)。

广平纳米科技集团有限公司

【公司概况】 股票代码 8152，集团主席冯照，发行股本(股)500M，票面值(港元)0.100，市价总值(港元)18M。

【公司业务】 该集团主要在中国从事制造及销售 PCC 纳米粉体及陶瓷超细粉业务，其产品是应用纳米科技，将原料的粒子缩减至纳米。集团制造之 PCC 纳米粉体主要用作生产不同工业（如塑料及橡胶产品）之填料，而陶瓷超细粉则用作生产工程配件，如封剂及活门。截至 2001 年 12 月止之年度，集团所有营业额及经营利益均来自于中国销售 PCC 纳米粉体。为迎合市场需要及扩阔产品种类，集团于年内已推出一条新生产线，生产适用于中国油墨及油漆业之沉淀碳酸钙纳米材料，以及设立一条新生产线，生产以沉淀碳酸钙纳米材料作为填料之聚丙烯纳米复合材料，用作生产优质塑料家庭产品。最近，集团正与香港科技大学合作，开发可应用于整个塑料工业、以沉淀碳酸钙纳米材料作为填料之聚合纳米复合材料。在陶瓷超细粉方面，为着要确保制成品之质素而物色最优质之原材料供货商，导致不可预计之延误，有关产品之生产日期遂更改至大约 2002 年 6 月。至于新二氧化锡纳米物料及新气体感应装置方面，产品样本已向有关牌照部门递交，而产品生产线亦已准备就绪，待取得有关生产牌照后（预期约为 2002 年 3 月发出）便可实时大量投产。

【主要资产/投资(12/2001)】 广平化工实业有限公司(100%)；广平纳米复合材料有限公司(70%)；及广平纳米科技集团有限公司(100%)。

智库科技有限公司

【公司概况】 股票代码 8153，集团主席唐庆枝，发行股本(股)313M，票面值(港元)0.010，市价总值(港元)94M。

【公司业务】 该集团为本港一家母版前期制作及母版制作服务商，主要从事（1）生产及销售视听产品之压模；（2）提供母版前期制作及其它媒体服务，包括影音数据处理之编辑、编写及数码化服务；以及（3）研究、开发及销售互联网通讯协议编码器（iP 编码器）及数据压缩技术。截至 2002 年 3 月止之年度，母版制作业务为集团主要收入来源，占集团总营业额约 77.6%，而母版前期制作业务则约占 22.4%。另一方面，香港为集团之主要市场，占其年内总营业额约 86%，而余下之 14%则来自中国、泰国及印度市场。于 2001 年 12 月底，集团之压模生产基地已迁移至将军澳工业村，新址所有设施均专为压模生产而设计及建造，且具备充裕之扩展空间。此外，集团于 2002 年 2 月收购一批数码设备，并安装于将军澳之生产基地，使集团将其母版前期制作业务垂直拓展至具备后期制作设施之数码平台，从而开拓影音内容传输业务。该升级数码平台之目标客户包括主要位于香港之宽频经营商、影视生产商及分销商、制片商，以及地面、有线及卫星电视经营商。由于该数码平台可整合其它与数码讯息兼容之视听设备，相信集团iP编码器之压缩技术及传输技术可进一步优化该平台，使其可于互联网或第三代流动电话网络上传输高质素之影音内容。

【主要资产/投资(3/2002)】 智库视讯科技有限公司(100%)；及智库科研发展有限公司(100%)。

资本出版有限公司

【公司概况】 股票代码8155，集团主席吴鸿生，发行股本(股)506M，票面值(港元)0.010，市价总值(港元)53M。

【公司业务】 该集团为一家以香港商人及专业人士为对象之杂志出版商，主要从事出版及向市场推广《资本杂志Capital》。《资本杂志Capital》为一本于香港销售之中文财经月刊杂志，主要以介乎25至45岁、中收入至高收入，且受过良好教育之专业人士、企业智囊团、高级及领导层管理人员、银行家及金融界杰出人士为对象。该杂志之内容主要包括金融报导及分析、与商人及政府官员访问、主题分析、专栏及高档消闲情报。为维持《资本杂志Capital》之竞争优势，以及不时紧贴读者兴趣与需要及市场动态，集团于2002年2月成立由香港金融/商界成功人士组成之编辑顾问委员会。集团亦会利用电话推销及订购活动，以扩宽《资本杂志Capital》现有之订阅基础。此外，集团亦会提供增值服务，包括特别广告套餐以至一篮子服务、公共关系支持及举办市场推广活动，以增加其广告收益。除香港市场外，集团计划扩展业务至其它华语市场，并确认了一些中国主要城市，包括北京、上海及广州为首期目标市场，在可行情况下，即会将业务拓展至该等地区。集团之使命为将《资本杂志Capital》确立为香港及大中华地区其中一本最有影响力之中文金融期刊，并成为该等地区之出版商及媒体平台之翘楚之一。

蜂蜂天然生命产品有限公司

【公司概况】 股票代码8156，集团主席张桂兰，发行股本(股)400M，票面值(港元)0.010，市价总值(港元)180M。

【公司业务】 该集团之主要业务为在中国及香港从事分销、研发及制造天然生命食品，包括燕窝、蜂蜜酒及蜂蜜。集团所分销之燕窝直接从印尼燕窝供货商进口，而蜂蜜则采自中国黄山及佛教圣地九华山。在蜂蜜酒方面，集团现时制造甜蜂蜜酒及干蜂蜜酒，估计其蜂蜜酒年产量约达400万公斤。截至2002年10月，集团广泛之分销网络覆盖中国及香港等28个城市，其客户主要为食肆、超级市场/零售店或批发商。截至2002年6月止之年度，蜂蜜酒之销售为集团之主要收入来源，约占其总营业额70.7%，而燕窝及蜂蜜之销售则分别约占26.6%及2.7%。在地区市场方面，中国及香港分别占集团于年内之总营业额73.4%及26.6%。利用其现有产品系列之优势，集团将继续研究方便食用且不含防腐剂之产品。全新产品（如燕窝蜂蜜酒及蜂蜜饮品）亦计划于2003年推出。此外，集团将扩大在中国其它未有销售之城市之市场占有率，藉以令其产品愈趋普及。除主要之中国市场外，集团亦计划扩大其市场覆盖面，进军日本、韩国、美国及其它欧洲国家等市场。

首都信息发展股份有限公司

【公司概况】 股票代码8157，集团主席陈信祥，发行股本(股)774M，票面值(港元)0.100，市价总值(港元)287M。

【公司业务】 首都信息为一家互联网技术及网络解决方案供货商，其主要业务位于中国北京市。集团建设、拥有及经营首都公用信息平台—北京市多项重大信息化应用工程之基础电子信息交换平台。截至2001年12月31日，集团已敷设完成光缆近千公里，接入北京市政府单位39个。现时，集团透过三个互相关连及协同之部份：(1)电子政务技术服务（营运及维护有关北京市政府信息化系统之工作，该系统目的为把北京市政府之工作信息化）；(2)电子商务技术服务（为中国电子商务客户提供网上付款、CA认证及网上物流配送服务）；及(3)互联网专业技术服务（提供一系列技术支持及后端服务），为中国之政府机构、企业及其它组织提供全面整合及集中之互联网解决方案组合。集团已获北京市政府承诺于未来三年给予8亿元人民币之工作信息化合约。于未来一年，集团将增强自主开发能力、推出自有品牌之软硬件产品，以及探索无线、多语言服务、信用评估等新业务领域。

邦盟汇骏国际有限公司

【公司概况】 股票代码8158，集团主席卢华威，发行股本(股)341M，票面值(港元)0.010，市价总值(港元)24M。

【公司业务】 该集团为一家业务顾问服务供货商，专门在香港及中国提供业务、会计、公司发展顾问服务及其它专业服务，包括评估、企业传讯服务、资产管理服务及专业翻译服务。截至2002年4月止之年度，集团之营业额及纯利均录得显着之增长，分别较上年度增加142%及94.7%，增加之原因主要由于取得若干企业发展项目及来自中国市场之客户基础增加所致。于年内，业务、会计、公司发展顾问服务仍为集团之主要收入来源，占集团总营业额约84.5%。集团已将其市场覆盖范围扩展至中国，在深圳、上海、成都及北京四个城市设立代表办事处。除提供业务、会计、公司发展顾问服务之核心业务外，集团亦透过持有45%权益之联营公司邦盟汇骏评估有限公司(邦盟汇骏评估)发展资产评估服务。现时，邦盟汇骏评估已取得逾20个与上市有关之项目，其中11个已向联交所提交申请。集团预期资产评估业务将成为其日后增长动力。展望将来，集团将透过建立新策略性联盟及合资经营，以进一步开拓其它商机，并寻找可为集团业务发展提供协同效益之投资机会。

【主要资产/投资(4/2002)】 邦盟顾问有限公司(100%)；邦盟汇骏商务咨询（上海）有限公司(100%)；邦盟汇骏顾问（深圳）有限公司(100%)；邦盟汇骏企业顾问(澳门离岸商业服务)有限公司(100%)；邦盟汇骏秘书顾问有限公司(100%)；邦盟汇骏基金管理有限公司(100%)；邦盟汇骏专业翻译服务有限公司(100%)；及邦盟汇骏评估有限公司(45%)。

辉煌科技(控股)有限公司

【公司概况】 股票代码8159，集团主席庞国玺，发行股本(股)320M，票面值(港元)0.100，市价总值(港元)67M。

【公司业务】 该集团主要从事设计、开发、生产及销售供给计算机通讯及计算机周边产品为主之接驳产品，包括计算机连接线、通讯设备连接线、数据讯号收集分享器、电子连接器、网络集线器及多媒体连接线。集团若干产品采用焊接集成电路板，以增进功能、传输速度及/或数据讯号收集分享功能。现时，集团之产品可分为三类，分别为显示屏连接线、传统I/O连接线及多功能/高速传输接驳计算机通讯产品，首两类产品占集团总营业额75%以上。集团接驳产品大部份售予原设备制造商及零售分销商，而他们其后则将集团之产品分别售予各主要计算机制造商及直接转售予最终用户。就地区而言，集团之产品主要输往海外市场，如日本、韩国、美国及台湾。集团之生产设施位于中国广东省东莞市塘厦镇。为增加现有产量及达至纵向一体化，集团计划兴建新厂房，新厂房将包括生产目前外购自其它制造商之连接线及连接器之焊接集成电路板及塑料铸模业务所需设施。

媒体世纪集团有限公司

【公司概况】 股票代码8160，集团主席孙强，发行股本(股)1,803M，票面值(港元)0.100，市价总值(港元)166M。

【公司业务】 媒体世纪（集团）为一家主要户外广告企业，在中国及香港建立了最大之公共交通广告网络之一。集团已与北京、上海、广州、武汉、天津、杭州、青岛及成都等中国大城市之公共交通机构订立合约。集团于国内15个大城市享有在约20,000辆巴士发布广告之独家权利，其客户讯息于香港三家最大巴士营运商之其中两家约4,900辆巴士上发布。此外，集团已与北京及上海之地下铁路订立合同。现时，集团正物色新广告机会，扩展至其它媒体形式，如书报亭及其它街道设施。于2002年1月，集团透过于创业板进行首次公开招股上市，共筹得款项约4.19亿港元。然而，据集团截至2002年12月止年度之年报所披露，集团于年内录得约2.528亿港元之巨额亏损，其余下之手头现金只有约3,060万港元。此外，集团于2002年底之流动负债净额为9,600万港元，而其大部份资产为广告权限（约2.981亿港元）。据集团之核数师罗兵咸永道会计师事务所披露，集团存在基本不确定因素，其持续经营视乎于从其股东取得之未来资金及其管理层队伍采取以改善集团之现金流量状况之措施达到预期效果。

金属电子交易所集团有限公司

【公司概况】 股票代码8161，集团主席刘婷，发行股本(股)1,000M，票面值(港元)0.010，市价总值(港元)109M。

【公司业务】 该集团主要从事提供互联网交易平台以促进网上金属交易进行，以及就该交易平台之营运提供顾问服务。此外，集团亦为网上交易网站之会员提供网上接连，并将彼等转介予配套增值服务供货商（例如提供第三方调查、船务、保险、法律意见、银行及贸易融资等服务之公司）。集团是从联交所上市公司创新发展集团分拆开来的，创新发展集团主要从事金属贸易（尤其是钢材贸易）及金属产品制造业务。为令集团在个别国家及国际市场上占一席位，集团已建立双层金属交易平台架构，WorldMetal.com上之国际交易平台可与集团经营之国家网站连系，迎合本地市场之需要。现时，集团专注于黑色金属贸易，其主要收入来源为向透过于其网站完成之交易收取佣金。此外，集团拟将其产品范围扩展至有色金属及相关原材料，并将业务由欧亚市场拓展至世界其它地区。

【主要资产/投资(3/2002)】 现金结余净额约4,050万港元。

数码库有限公司

【公司概况】 股票代码8162，集团主席邓翼，发行股本(股)600M，票面值(港元)0.100，市价总值(港元)34M。

【公司业务】 该集团为本港互联网科技及平台供货商，主要从事设计、开发及实行互联网科技解决方案，以协助政府部门、法定机构、各行业之商业实体、教育机构、电讯公司可在其日常营运中应用互联网技术。集团开发及建立之激活技术及产品以三个范围为主：(1)电子教育解决方案（提供电子教育平台、电子教育相关电邮服务及其它专业服务）、(2)电子商务解决方案（提供电子商务集成及其它相关专业服务）及(3)多途径切入平台（提供应用服务平台MAP－Village，该平台为无线及话音装置提供多途径切入渠道）。于电子商务解决方案业务方面，集团与纳斯达克市场上市公司中国世贸集团合作，为企业设立商业对商业平台，发掘中国投资及业务机会。至于其电子教育解决方案业务，集团伙同长城计算器软件与系统有限公司及重庆市渝北区电化教育中心，为中国中小学提供电子教育解决方案。此外，集团亦与eolasia.com Ltd.订立协议，开发音乐铃声下载平台Ringtone王。

易贸通集团有限公司

【公司概况】 股票代码8163，集团主席余立发，发行股本(股)400M，票面值(港元)0.010，市价总值(港元)9M。

【公司业务】 该集团为大中华地区为中小型企业促成贸易之服务供货商，主要提供网上及离线一站式综合市场推广解决方案及管理自动化服务，透过具成本效益、适时及有效之方法，协助中小型企业取得贸易线索及转为交易。集团为中小型企业提供一项专有端对端组合，利用结合了网上及离线服务及产品，搜寻及促使进行贸易程序。现时，集团在香港及中国设有12家办事处，可亲身与客户作出联系，并已建立了逾50,000名买家资料之丰富数据库。集团已开发了(1)电子交易平台tradeeasy.com及一系列配套市场推广服务（包括出版业务指南、参加展销会及制作产品目录受只读光盘），协助卖方成功兼有效地向买家推广产品；及(2)一个综合管理自动化系统e－IMS，专为处理贸易活动及进行网上客关系管理而设之应用服务供货商。此外，集团亦于中国成立两家附属公司，为其中国客户提供技术支持顾问服务。展望未来，集团将与海外国家建立联盟，以提供可加强现有业务模式之服务，以及研究其它贸易及制造相关软件（如存货及会计），以结合该等服务于集团现有系统上。

【主要资产/投资(3/2002)】 讯鸿有限公司(100%)；易贸通信息技术(广州)有限公司(100%)；及易贸通信息技术(北京)有限公司(100)。

华普智通系统有限公司

【公司概况】 股票代码8165，集团主席蒯英海，发行股本(股)400M，票面值(港元)0.050，市价总值(港元)676M。

【公司业务】 该集团主要在中国从事开发及经营一个后台电子收支及资料记录系统 —智通卡系统。配合华普智通卡、免触式智能卡读写器及其它硬件及软件，智通卡系统处理及记录资料，可(1)有助处理集团客户及华普智通卡持有人之间所进行交易之付款事宜；及(2)为华普智通卡持有人提供现金付款以外之另一方便选择，同时方便持有人在其华普智通卡上增值。截至2001年12月31日，流通于市场之华普智通卡约为94,000张。集团开发之路边泊车收费子系统已获中国八个城市委任在多个区内建立应用系统，该等城市包括武汉、广州、海口、北京、青岛、南宁、哈尔滨及南昌。此外，集团亦与永和豆浆武汉市七家分店建立快餐业务零售电子系统（使用智通卡系统之零售电子付款子系统）并开始运作。集团最近亦与武汉中国农业银行结成策略联盟，该银行将利用其广泛之分行网络，分销华普智通卡，并提供华普发卡仪及华普充值机服务。

蓝帆科技控股有限公司

【公司概况】 股票代码8166，集团主席徐文伯，发行股本(股)929M，票面值(港元)0.010，市价总值(港元)30M。

【公司业务】 该集团为一家香港及中国企业软件应用及技术供货商，主要从事知识管理系统之销售、开发与实施，以及提供系统整合及信息科技相关之服务。集团之产品可分为两大类：(I)非结构化知识整合系统产品，包括(1)蓝帆全能信息检索系统 — 多功能知识管理工具；(2)蓝帆企业信息特工 — 智能型知识取阅系统；(3)蓝帆中文目录搜索引擎及蓝帆网络搜索引擎 — 彼等均为互联网搜索引擎；(4)蓝帆知识管理平台 — 全面之全方位知识管理解决方案（预期于2002年第2季推出市场）；(5)蓝帆电子媒体采编发管理系统，以及(6)统一身份验证系统((5)及(6)均为发展中产品)；以及(II)具备通讯功能之知识管理相关网络应用系统，包括(1)蓝帆网页式邮件系统；(2)蓝帆网站式社区服务系统；及(3)蓝帆网站自动发布系统。与传统只能搜寻、搜索及标示信息之搜索引擎相比，集团之知识管理系统可在内部及外部信息源中取阅、分析、比较、过滤、自动分类、自动提取、储存及传送知识。集团之主要客户包括香港及/或中国尝试使用及改善基于网络之应用软件及信息处理技术之商营企业及/或政府部门，如莱科思、联想、IBM、太古可口可乐等。

中大娱乐控股有限公司

【公司概况】 股票代码8167，集团主席萧联发，发行股本(股)400M，票面值(港元)0.010，市价总值(港元)220M。

【公司业务】 该集团主要从事(1)在香港制作华语电影；(2)发行集团制作之电影之版权/电影版权至海外各地及香港；及(3)在香港转授有关从海外制片商购入之电影之电影版权。集团制作之电影为采用近年制片业新兴之DV制片技术，及制片业传统之35米厘电影摄制技术。集团采用DV器材之技术制作电影，可使用较少制作器材及减少菲林处理费用，从而降低每出电影制作成本超过50%及提高制片效益。现时，集团为香港DV电影制作业之主要推动者之一。集团将制作之DV电影发行至海外各地，包括亚洲多个国家、北美、澳洲及新西兰及/或香港一间名为新京都电影院之电影院放映。集团售卖/授权予客户之电影版权，通常包括以不同影像模式（如VCD、DVD及录像带）放映之权利。除专注于发展海外市场以加强收入基础外，集团亦计划与香港电影院组成联盟，合作投资购置放映DV电影之设备，用于放映DV电影，以扩大集团在香港市场之占有率。

环康集团有限公司

【公司概况】 股票代码8169，集团主席蒋丽莉，发行股本(股)553M，票面值(港元)0.010，市价总值(港元)163M。

【公司业务】 该集团主要从事研究及开发、市场推广、销售及保养工业环保产品（如液压过滤器）及其它相关零件，以及环保相关产品及配套服务。截至2002年10月止之年度，工业环保产品之销售为集团之主要收入来源，约占其总营业额81%。按地区划分而言，中国大陆及香港市场分别占集团总营业额约65.7%及34.3%。集团之主要产品为环康保，该产品为一种汽车废气微粒过滤器，可有效地收集四吨以下轻型柴油车辆燃烧燃油时所排放之三成微尘粒子。凭借环康保之经验，集团亦已研制了白金净气王微粒消灭装置，利用废气净化技术，减少四吨以上欧盟标准前车辆所排放之废气微粒。最近，集团更以此技术成功投得政府安装微粒消灭装置合约。另一方面，集团已完成开发及测试环康净水系统，并已将其商品化及推出市场。此外，集团亦已分别引入崭新之液压过滤器技术（专为使应用于工业机器所安装之液压系统更为持久耐用而设）及隔声屏障技术（将噪音完成消灭）。于年内，集团已分别在北京设立代办事处及在宁波设立外资全资企业。展望将来，集团会继续积极将其环保业务由华南扩展至华北地区。

【主要资产/投资(10/2002)】 现金结余净额约3,580万港元。

思拓通讯科技控股有限公司

【公司概况】 股票代码8171，集团主席罗昌柱，发行股本(股)406M，票面值(港元)0.010，市价总值(港元)248M。

【公司业务】 该集团主要从事提供切合客户需要之无线电话解决方案，包括开发无线电话软件及/或采购无线电话配件及提供技术支持服务。现时，集团主要向中国无线电话公司提供CDMA及GSM解决方案，并正开拓亚太区客户基础。集团主要业务重心为向CDMA 95A/B网络及更先进之CDMA2000 1x网络提供无线电话解决方案，因为该等网络在讯号及数据传送速度方面均较GSM网络优胜。由于中国之CDMA2000 1x网络尚在发展初期，故此同时提供GSM无线电话解决方案可维持及保障集团之盈利能力，亦可协助集团现时之客户建立CDMA2000 1x无线电话制造业务。为专注于开发CDMA软件，集团并无生产有关硬件，同时亦分别借助深圳技术服务公司及南韩之硬件公司向客户提供技术支持服务及采购无线电话配件。据披露，集团计划于北京、新加坡及美国设立销售办事处，以提高销售及市场推广能力。此外，集团亦计划于深圳及上海成立代表办事处，以扩充其技术支持实力。集团之使命在于采用崭新意念及2.5G与3G电讯技术，争取成为亚太区之流动通讯设备解决方案主要供货商之一。

卫科创业有限公司

【公司概况】 股票代码8172，集团主席蔡兆清，发行股本(股)591M，票面值(港元)0.100，市价总值(港元)21M。

【公司业务】 该集团为定位技术解决及创新解决方案之独立供货商，运用四种核心成份之技术，分别为(1)全球卫星定位系统(GPS)、(2)地理信息系统(GIS)、(3)无线通讯及(4)推测航行技术，来实施其定位技术解决方案及产品。集团主力设计及开发定位技术创新及解决方案，及将全球GPS芯片制造商提供之第三方核心半导体芯片与其专用装置嵌入式软件及外界用户软件互相揉合，为用户提供多种定位技术应用，惟集团并无经营任何资本密集之制造厂房。集团提供之产品及方案包括流动定位设备、车队管理系统(或车辆追踪系统)、自动导航系统、智能运输系统、流动电子商贸及定位广告系统，以及个人追踪系统。此外，集团为一名香港GIS/数码城市地图之政府承包商之分包商。集团已与多家同业(包括TCL、Chubb、Wilson Group、MVA及Asia V－Sat)组成合伙或制定合作计划，以在香港及中国宣传及扩阔集团之定位技术项目。由于计划于2003年推出定位广告系统，集团现时正研究定位广告系统于手提通讯装置市场之潜力，以及与多家交通公司磋商使用定位广告系统。此外，集团将继续发展中国主要城市之GIS，预期华中及华北主要城市之GIS将于2002年年底完成。

【主要资产/投资(3/2002)】 卫星导航设备有限公司(100%)；新时代智能运输系统有限公司(49%)；及遥测系统有限公司(40%)。

激光国际控股有限公司

【公司概况】 股票代码8173，集团主席冯懿卿，发行股本(股)400M，票面值(港元)0.010，市价总值(港元)35M。

【公司业务】 该集团主要透过其广泛之既有发行网络，于香港及新加坡、台湾、南韩、印尼、马来西亚及泰国等其它亚洲国家发行VCD及DVD家居娱乐制式影像节目。集团亦于香港及上述之亚洲国家分授发行权。现时，就动画、音乐及成人影像节目而言，集团相信已稳居本港家居娱乐业内影像节目发行商之领导地位，亦稳居亚洲多个国家领导位置之发行商之一。集团拥有广泛之发行网络，其影像发行网络覆盖影像及唱片店、连锁便利店、书籍与杂志代理公司以及连锁超级市场，而分授版权业务则覆盖有线电视经营商及自选影像经营商。截至2002年4月，集团拥有丰富之影片库，搜罗逾1,700套片目，片种包罗万有，包括剧情、动作、喜剧、动画、惊悚、体育、成人、探险、记实及音乐片目。鉴于互联网被大众广泛应用，集团于2002年5月推出互联网入门网站www.panorama.com.hk，提供全面电影相关内容，而该互联网入门网站内亦将设立电子商贸平台，于网上提供VCD及DVD销售，并向用户提供网上影像节目播送服务。

看汉科技集团有限公司

【公司概况】 股票代码8175，集团主席巫伟明，发行股本(股)486M，票面值(港元)0.010，市价总值(港元)105M。

【公司业务】 该集团之主要业务为从事开发及销售供其实时在线中国语言通讯软件平台使用之专利服务器字体科技。集团开发之服务器字体科技使中文字及其它语言字符可实时转译为图形显示，在多种互联网设备上阅览。该软件向个人计算机、无线个人电子手帐、2G及3G流动电话、电视机顶盒内置之网络浏览器用户及传统电话用户提供服务。集团两个主要系列产品为汉网在线出版服务器及汉网语音转译服务器。现时，汉网在线出版服务器应用于实时在线简体中文字及繁体中文字之互相转译，其准确度相信较现时其它个人计算机常用之转译软件为高。至于汉网语音转译服务器方面，该产品为汉网在线出版服务器之伸延，它有利企业将商务网页信息以可听取之语音(广东话、普通话及英语)发送予传统电话及流动电话用户。于2002年9月，香港特区政府通过一家系统整合商，向集团批出一项约400万港元之合约，使用集团之汉网在线出版服务器，为约220个网域之所有政府网站提供简体中文界面。除香港特区政府外，集团产品之用户亦包括台湾外交部、北京市政府、香港上海汇丰银行有限公司、KGI Hong Kong Limited、香港城市大学、商务网上书店、南方航空、香港生产力促进局及刘德华官方网站。现时，集团之主要目标市场为香港、中国及台湾，而未来目标市场则为日本及南韩。

富丽花·谱控股有限公司

【公司概况】 股票代码8176，集团主席，发行股本(股)607M，票面值(港元)0.010，市价总值(港元)7M。

【公司业务】 该集团主要从事开发、推广及分销一系列种类繁多之植物个人护理产品、护理及服务。集团率先开拓美容及休闲之整全生活格调概念，因应这个概念为消费者提供产品及健美护肤护理及服务。集团之产品专为年龄介乎16至55岁崇尚潮流之都市消费者及生活繁忙、崇尚生活品味之都市顾客而设。现时，集团之产品可分为八个系列，分别为抗菌、香薰疗法、全身护理、颜色化妆品、面部护理、头发护理、男仕系列及牛奶蛋白特别护理，以〔BLU'SPA〕品牌提供约300种植物美容产品及化妆品，以迎合今日现代消费者不断转变之生活方式及护肤需要。该等产品含有植物精华、植物油、海洋精华及以天然资源提炼而成之成分，并不含任何矿物油、石油或动物副产品。目前，集团主要位于亚太区(尤其大中华区市场)通过特选之分销商分销及售卖其一系列种类繁多之产品。

【主要资产/投资(6/2002)】 Blu Spa (Hong Kong) Ltd.(100%)；Blu Spa International Ltd.(100%)；Beachgold Assets Ltd.(100%)；Cla Pton Holdings Ltd.(100%)；Blu Spa Management Services Ltd.(100%)；及Blu Spa Canada Inc.(100%)。

中程科技集团有限公司

【公司概况】 股票代码8177，集团主席周哲，发行股本(股)1,084M，票面值(港元)0.010，市价总值(港元)325M。

【公司业务】 该集团为国内系统集成解决方案供货商，主要从事于中国开发及提供系统集成解决方案。集团之业务主要透过营业总部位于中国浙江省杭州市之浙江中程进行。集团旗舰产品为建筑智能化系统集成解决方案及计算器网络系统集成解决方案。此外，集团亦开发及销售系统软件，如电子医院信息系统软件及数字化政府系统软件。集团之客户包括政府机构、医疗卫生机构、金融机构、酒店及房地产发展商。据中国建筑协会智能建筑专家网于2001年所进行之调查显示，以业务规模、技术强度、经营业绩及市场占有率计，浙江中程位列浙江省各建筑智能化系统集成解决方案供货商之首，并位列中国建筑智能化系统集成解决方案供货商前五名。据披露，集团已与全球性综合工程集团Singapore Technologies Engineering Ltd.之旗舰电子机构新加坡科技电子组成策略性联盟，双方同意于中国大型项目(如城市交通控制系统及城市地下铁路系统集成)进行合作。为扩大地区覆盖范围，集团将于中国其它省份及主要城市开拓业务机会，该等省份及主要城市包括西安、哈尔滨、武汉、重庆、云南省、江西省及新疆维吾尔自治区。此外，集团将继续研究及开发新技术及产品，尤其于电子医院信息系统软件、数字化政府系统软件及城市交通系统集成方面。

艾克国际控股有限公司

【公司概况】 股票代码8179，集团主席胡兴民，发行股本(股)630M，票面值(港元)0.100，市价总值(港元)18M。

【公司业务】 该集团主要从事设计、开发、销售及执行一系列标准化电子客户关系管理(eCRM)软件方案，及向亚洲(即台湾、中国、香港及新加坡)之商业企业提供信息科技相关咨询及培训服务。集团源自台湾台北，并已在北京、上海、广州、成都、香港及新加坡设立办事处。集团所开发之全面标准化eCRM软件方案(包括CT－Ware、CT－Approach、CT－Web、Web Personalizer、E－mail Master、One to One Analyzer及Enterprise Analyzer)整合计算机电话学综合、互联网应用、数据寄存及发掘及前端，以及前端及后端客户关系，为公司用户提供客户简历及行为之有用资料，促进具成本效益之系统化销售方式。集团已与香港城市大学订立合作协议，根据协议，香港城市大学利用集团之eCRM软件产品，提供CRM培训课程。此外，集团亦在2001年年底透过收购北京综艺达之6%权益及与华厦证券建立之策略联盟，进一步扩大其客户基础及加强其于中国之营运。

金卫医疗科技有限公司

【公司概况】 股票代码8180，集团主席甘源，发行股本(股)485M，票面值(港元)0.100，市价总值(港元)703M。

【公司业务】 金卫医疗科技现时主要生产及销售之血液回收机及一次性使用血液回收罐。于二零零二年，集团在中国推出首个国内制造之自体血液回收系统。于二零零二年十二月，集团又取得国家药品监督管理局批准，于中国生产及销售其新产品便携式自体血液回收系统。相对于其它已发展国家，由于文化传统及对献血之误解，中国正面对严重血源短缺问题，再者，为鼓励市民献血，目前中国政府会提供奖励，这些奖励成本高昂，为政府带来沉重财政负担，因此管理层相信集团之 ZITI－2000 自体血液回收系统可为病人提供一个安全可靠与便直的选择，同时，亦舒缓中国大陆对血液日益上升之需求。该系统将病人自身在手术期间流失之血液清洗并回输给病人，代替传统利用异体输血方法中采用他人捐出之血液，可大大减低病人因异体输血而感染爱滋病及肝炎等血液传染疾病之危险。除了核心业务以外，于二零零三年三月，集团与美国通用电气公司之 GE Medical Systems Division 合伙完成集团首项投资，即投资于北京源德生物医学工程股份有限公司(北京源德)。北京源德从事制造及销售高能聚焦超声肿瘤治疗机，该设备用于无创治疗癌症病人，消灭癌症病人之肿瘤细胞，该项投资为集团向并非与血液治疗相关之医疗设备业务作多元化发展之首项投资。另一方面，位于北京经济技术开发区之生产基地已于二零零二年十月正式投产，预期可为推出新产品打下稳固基础及可充裕地满足未来两至三年销售订单之增长 。

【主要资产/投资(3/2003)**】** 北京京精医疗设备有限公司(100％)及北京源德生物医学工程股份有限公司(25％)。

软迅科技控股有限公司

【公司概况】 股票代码 8182，集团主席林志城，发行股本(股)385M，票面值(港元)0.010，市价总值(港元)123M。

【公司业务】 该集团为一家综合信息科技解决方案供货商，主要业务为在香港及中国上海及广东省提供网络基础设施解决方案及服务。集团设计、安装、实施及保养各类型之网络基础设施解决方案及服务，包括基础设施之建设、基础设施之保养及强化，以及其它辅助专业增值解决方案及服务。现时，集团之客户基础包括香港及/或中国之银行及其它金融机构、专业团体、物流公司、成衣经销商、保险公司、印刷公司、电讯服务供货商以及其它信息科技解决方案供货商。集团秉承以客为本之原则为客户提供服务，锐意于客户预算金融内，定制一套切合各客户需要之网络基础设施解决方案及服务。为能紧贴最新之网络基础设施应用技术及其它先进之信息科技技术，集团已与若干知名之全球性信息科技公司（如微软、SSH Communications Security K. K. 及升阳）建立业务伙伴关系/合作关系。于 2002 年 4 月，集团与从事石油化工业务之中国公司北京燕山订立一份有关成立一家中外合营企业之意向备忘录，以在中国北京提供网络基础设施强化及保养服务，以及研发及分销软件产品。集团拟投资约 1,000 万港元成立该合营企业。集团目前仍就合营企业之条款与北京燕山进行商讨，然而于 2003 年 1 月 27 日仍未落实任何条款。此外，集团亦计划为中国广州之中学进行有关建造网络基础设施之项目。

丽辉国际控股有限公司

【公司概况】 股票代码 8183，集团主席李胥，发行股本(股)128M，票面值(港元)0.100，市价总值(港元)90M。

【公司业务】 该集团为香港珠宝产品零售商，主要服务对象为各大访港日本团旅行社所安排之日本旅行团游客。集团所提供之产品包括以翡翠及彩色宝石、钻石及贵重金属制造之珠宝产品、配饰及装饰品，所有设计皆以富裕之日本顾客为对象。集团大部份之珠宝产品均零售予由香港之访港日本团旅行社转介之客户，若干珠宝产品亦会出口予日本批发商。截至 2001 年 12 月止之年度，零售业务约占集团总营业额 97.4％，而其余 2.6％ 则来自批发业务。集团采用一站式业务模式为顾户提供服务，包括设计、制造、销售及推广产品。集团在位于九龙土瓜湾之门市经营业务（集团之零售门市、工场及行政办事处皆设于该门市内)，透过能操流利日语之内部销售人员在零售门市内推销集团之珠宝产品。为保证门市购物之顾客人流稳定，集团与五家主要访港日本团旅行社订立业务合作协议，该等访港日本团旅行社会转介旗下之日本旅行团游客到集团之门市购物。于 2002 年 9 月，集团与 Softbank Finance 及 Softbank Investment 订立 Softbank 协议大纲，目的在于开拓日本、香港及中国三地在买卖及分销珠宝首饰方面之商机。另一方面，集团亦与北京市文物公司组成策略联盟，北京市文物公司在零售中国艺术品及工艺品方面具有丰富经验，在北京拥有超过十家零售店。集团预期与北京市文物公司之策略联盟使集团可借助北京市文物公司在北京当地经营零售业务之专长进军中国市场。

神州医疗科技有限公司

【公司概况】 股票代码 8186，集团主席李雅谷，发行股本(股)835M，票面值(港元)0.010，市价总值(港元)75M。

【公司业务】 该集团主要在中国从事治癌医疗仪器（包括 RFAS 及立体腹腔镜）之研究、开发及供应，以及推广抗癌药物。集团现时为 RFAS 之中国及香港独家分销商。RFAS 为主要用作治疗癌症之医疗设备，该医疗设备由射频机、LeVeen 电极、超声波扫描仪、个人计算机及系统软件组成。集团并不是向医院出售 RFAS，而是向医院提供 RFAS（因此 RFAS 依然为集团之资产)，可供设立 RFAS 医疗中心，藉以换取与医院分享自 RFAS 治疗中心所得之部份利润作为医疗服务费。于 2001 年 12 月 31 日，集团已在中国成功与 49 家医院建立规模广泛之 RFAS 治疗中心网络。凭借于中国成功建立之广泛 RFAS 治疗中心网络而可获得之资本，集团计划 (1) 利用 RFAS 治疗其它癌症，如肝癌、乳癌及胰腺癌等；(2) 分销集团正开发之立体腹腔镜；及 (3) 促销抗癌药物，即由其它制造商开发及生产之 IP6（具抗癌、治心脏病、肾结石及肝病功效）及纽适迪（加速重整化疗后之免疫系统)。

牡丹汽车股份有限公司

【公司概况】 股票代码 8188，集团主席孙敏彪，发行股本(股)89M，票面值(港元)1.000，市价总值(港元)77M。

【公司业务】 该集团为中国规模最大之客车生产商之一，主要从事以牡丹品牌生产及销售轻型、中型及大型客车。集团将其所生产之客车车身与购自供货商之底盘或其它汽车零部件一并组装，同时亦提供全面售后服务，以巩固客户对牡丹品牌之信心。集团之生产设施座落于中国江苏省张家港市。为提升其生产之客车之质素，集团将继续把现有生产设施现代化，并计划与国外及/或国内汽车生产商组成策略联盟，藉以引进先进生产客车技术。集团生产之客车之需求主要来自城市公共运输及旅游业。现时，集团所生产之客车大部份均透过遍布全国之庞大销售网络在国内销售。据 2002 年年报所披露，集团之主要产品包括六大系列之轻型、中型及大型客车，分别为 MD6601、MD6701、MD6800、MD6901、MD6100 及 MD6121，该等系列再细分为逾 200 种型号。集团 2002 全年各类客车之总销售量达 10,554 台，其中大中型客车占 2,424 台，较上年度增长 86.7％。展望将来，集团计划大力开拓大中型客车市场。为成为全球主要客车生产商，集团正寻求中国大陆市场外之销售机会。于 2002 年度内，集团有少量客车出口至南亚、欧洲、南美、北美、南非、北非、地中海、中东、加勒比海等地区。据集团所披露，集团已为牡丹汽车进入俄罗斯及蒙古市场奠定了基础。

天津泰达生物医学工程股份有限公司

【公司概况】 股票代码 8189，集团主席王书新，发行股本(股)100M，票面值(港元)0.100，市价总值(港元)17M。

【公司业务】 该集团主要于中国从事研究及开发采用生物医学工程规范技术之医疗及保健产品，及随后之产业化，务求医治及/或令病患者康复。集团以生物医学工程规范技术为基础，开发本身之医疗及保健产品，包括医疗仪器、药物及具糖尿病疗效之保健产品。截至 2001 年 12 月 31 日止之年度，具糖尿病疗效之保健产品之销售约占集团总营业额 79％，而余下之 21％则来自半制成电生理仪之销售。截至 2002 年 5 月，集团共有 6 种新开发之医疗及保健产品正等候批发生产证书，该 6 种产品分别为透明质酸钠（可缓冲组织之间之机械摩擦，具有润滑保护作用)、表面修饰人工晶体（人工塑料晶体，以治疗白内障)、医用导管（治疗及/或替补人体器官)、血液净化（人工肾)、电生理仪（提供实时持续或间歇性量度重要生理参数）及姜黄素（治疗乙型肝炎之另一种有效且更符合经济效益之选择)。据招股书披露，集团已与建议合营伙伴签订不具约束力之意向书，并计划运用配售新股所得之款项其中一部份约 3,520 万元人民币，作为透过投资建议合营企业，加快将其产品产业化。

金鼎软件有限公司

【公司概况】 股票代码 8190，集团主席李佳辉，发行股本（股)1,000M，票面值(港元)0.010，市价总值(港元)60M。

【公司业务】 该集团为中国国内提供原设计制造及专利套装商业应用软件先驱之一，服务对象主要为北美地区之海外客户及中国客户。另外，集团亦运用本身开发之技术，提供全面商业管理系统解决方案，尤以提供软件工程及软件开发等高增值服务为主。集团采用重点业务模式，其中包括三类相互联系且相辅相成之业务：(1) 提供原设计制造软件；(2) 提供专利套装软件；以及 (3) 提供系统解决方案，该等业务以大量可根据特定行业之需要订制之软件模块为基础。现时，集团拥有 Ezacc 及金鼎软件国际品牌，并已在北美及中国建立广泛之优质客户基础，包括跨国公司、国内公司至政府实体。为满足日益殷切之市场需求,集团已与多家著名中国院校及大学建立策略性伙伴关系,以提高集团对其产品及服务之研发能力。截至2002年6月止之年度,集团集中开发崭新具体应用软件产品,其中包括(1)供药店使得之GSP为基础管理系统软件;及(2)供百货公司使用之具体软件产品。最近,集团亦投入开发存取跨国企业远程办公室之不同数库系统并连接至应用软件系统之中间件。截至本财政年度底,集团仍持有现金结余净额约8,000万港元。

【主要资产/投资(6/2002)】 江西金鼎信息系统有限公司(100%);Golding Software (HK) Ltd.(100%);及北京泰莱投资咨询有限公司(100%)。

艺立媒体科技控股有限公司

【公司概况】 股票代码8192,集团主席陈迪源,发行股本(股)480M,票面值(港元)0.010,市价总值(港元)403M。

【公司业务】 该集团为香港在线多元媒体及信息发布方案供货商,运用本身开发之工具或方案,将业务专注于开发在线多元媒体及信息发布所用之产品及技术。集团所开发之信息发布技术涵盖前端(即信息传送)及后端(即信息管理及创作)技术,可于发布过程中使用最少计算机内存,令信息传送及管理在速度、灵活性、功能及兼容性各方面均更有效率及有效。集团之产品包括在线广告方案、流动广告方案及信息管理方案。在线广告方案之范畴包括专为在线创作、管理及发布多元媒体信息而设计之产品,集团应用信息发布技术开发之在线广告方案产品包括电子贺卡、i—tvc.net、i—tvServe.net及CDMatrix等产品。流动广告方案用作在流动连接装置传送多元媒体信息,而信息管理方案则用作管理多元媒体信息及入门网站或小型/中型企业网站之其它数码信息。截至2002年6月止之年度,在线广告方案、流动广告方案及信息管理方案分别约占集团总营业额72.7%、27.0%及0.3%。展望将来,集团之目标是成为亚洲主要之在线多元媒体及信息发布方案供货商,并以香港为主要市场。为提升其市场竞争力,集团将继续开发信息管理方案及i—tvc.net技术,以及为连接流动装置开发新应用程序,尤其为支持第三代流动电话及可在不同操作系统运作之电子手帐应用程序。此外,集团将透过与各国公司及业务伙伴建立策略及业务联盟,藉以扩大在亚洲市场之地域据点。

维奥生物科技控股有限公司

【公司概况】 股票代码8193,集团主席高世英,发行股本(股)1,277M,票面值(港元)0.010,市价总值(港元)581M。

【公司业务】 该集团主要从事生物药品及传统药品之研究及开发、生产及分销工作,专注于下游增值之生物技术加工工艺系统。集团为蛋白质稳定技术及各种送药技术方面之发展商,该两项技术均具有广泛用途。集团以商业方式推出市场及改良之两项平台技术为(1)蛋白质稳定技术和送药系统(PSD)— 利用生物微囊包衣程序,使生物蛋白质产生室温稳定及黏膜送药效果(经非注射途径);及(2)皮层送药系统(SDDS)技术 — 透过皮肤表面,将各种化学药物输送至系统性循环系统。利用该两项技术,集团已研发出两种产品,分别为可治疗慢性子宫颈炎之奥平及保护伤口之喷雾胶布。PSD及SDDS仅为制造技术,并无特定之药物治疗或效力证明,有关证明只为使用该技术之产品之证明。现时,集团已按照策略在中国各大城市设立22个市场推广及联络办事处。集团位于中国成都市之生产设施已于2001年12月取得中国质量管理规范(GMP)批文,并预期于2002年首季投产。

深圳市元征科技股份有限公司

【公司概况】 股票代码8196,集团主席刘新,发行股本(股)110M,票面值(港元)0.100,市价总值(港元)151M。

【公司业务】 该集团为国内一家汽车售后市场及汽车行业技术、产品及服务方案供货商。集团提供之产品主要分为三大类,分别为(1)计算机化汽车诊断及测试系统;(2)汽车服务信息系统;及(3)汽车电子配套系统及其它汽车保养产品。现时,集团从事研发、市场推广及分销上述产品及技术,以及透过其国内分销渠道向国内汽车服务中心及汽车维修站提供相关服务。集团为国内汽车售后市场中首批研发计算机化汽车诊断及测试系统之国内开发商。集团大部份收入来自中国,截至2001年12月止之年度,约占其总营业额81.2%,余下则来自海外市场,如欧洲、台湾、美国及香港。于2002年9月20日,集团之国内分销渠道主要包括逾100家非独家经销商、29家元征专卖店及13家元征Global Drives,而海外销售网络则包括30家经销商及代理商,遍布巴西、俄罗斯、南非、美国及全球其它19个国家。集团之客户亦包括国内15家汽车制造商。另一方面,集团亦与上海通用、天津汽车、北京吉普、摩托罗拉中国及Delphi组成策略合作伙伴。在可见将来,集团将致力发展LAUNCH为国际汽车市场之领导品牌。

东北虎药业股份有限公司

【公司概况】 股票代码8197,集团主席徐哲,发行股本(股)207M,票面值(港元)0.100,市价总值(港元)32M。

【公司业务】 该集团主要从事在中国生产及销售东北虎品牌中药;在中国分销其它药品公司所拥有品牌之普通药品;以及进行医药科研及开发。现时,集团生产及销售12种自制药品(其中两种正在试产中),以及拥有101种药品之生产批文号(该101种药品全部已完成临床试验)。集团亦已取得于中国生产及分销药品之所有批文及许可证。路路通注射液及通脉颗粒(医治血管阻塞)、石龙清血颗粒(医治轻、中度脑中风)及辛芳鼻炎胶囊(医治慢性鼻炎及鼻窦炎)为集团4种主要产品,该4种主要产品之销售额占集团总营业额逾85%。现时,集团之产品已推广及分销至中国28省份、直辖市及自治区。除了位于中国吉林市之生产设施外,集团计划建立一座设有另一条主要生产石龙清血颗粒生产线之新《药品生产质量管理规范》厂房。

威发系统有限公司

【公司概况】 股票代码8198,发行股本(股)290M,票面值(港元)0.010,市价总值(港元)38M。

【公司业务】 该集团为香港及中国提供网络基建解决方案及服务之著名供货商之一,主要从事提供(1)网络基建,涉及于客户网络上进行安装及优化工序之业务;(2)专业服务,涉及为客户网络提供管理服务;及(3)网络软件,涉及为客户网络提供管理及优化服务。集团拥有多元化股东基础,包括香港政府创投基金投资机构应用研究局及上市公司品质国际集团有限公司。现时,集团已直接与逾300名客户订立合约,当中包括香港及中国之通讯服务供货商、大型跨国及国内大型企业、银行、政府机构以至教育机构,例如中国四川联通、电讯盈科、可口可乐、应用材料、Sun Microsystems、Sony、摩托罗拉、法国巴黎百富勤、香港政府机电工程处、香港大学、香港科技大学及新华社等。集团亦与思科、诺基亚、NetScout、NAI、Check Point、Radvison及PictureTel等主要国际性科技生产商建立业务联盟关系。于2002年5月8日,集团已在北京、上海、成都及广州设有4个区域销售及市场推广据点,分别负责华北、华东、华西及华南地区提供服务。集团计划进一步扩展其国内服务网络至长沙、苏州及南京,以及将销售及市场推广据点推展至亚太地区,例如新加坡及台湾。

万友消防科技控股有限公司

【公司概况】 股票代码8201,集团主席江雄,发行股本(股)2,000M,票面值(港元)0.010,市价总值(港元)620M。

【公司业务】 该集团为中国之消防系统整体解决方案供货商,专门设计、开发、生产、销售、施工安装及维护保养消防系统。现时,集团为中国少数能集消防系统设计、制造及施工安装服务供货商于一身之公司。截至2002年9月,集团已在中国取得16项消防设备系统之专利。集团亦已拥有证书,可为各种建筑工程(包括商业、住宅、工业、政府及公营机构之工程)提供施工安装服务,并获批准在全国负责每年检查及维护各类消防系统。截至2001年12月止之年度,集团约74%、25%及1%之营业额分别来自产品销售、施工安装服务及维护保养服务。在集团产品销售方面,该等产品包括火灾警报系统、应急灯及感烟探测器。中国福建省为该等产品之最大市场,占2001年总销售约66%,而另外两个主要市场为北京(13%)及上海(14%)。至于集团之施工安装服务,现时全部皆在中国福建省内进行,尤其在福州市。由于市场缺乏竞争,加上国内加紧执行有关之消防法律及法规,故相信施工安装服务在未来数年将成为集团之主要收入来源。据招股书所披露,集团已获国家质量技术监督局邀请参与制定全国适用之紧急照明系统标准。

汇创控股有限公司

【公司概况】 股票代码8202,集团主席黄婉儿,发行股本(股)480M,票面值(港元)0.010,市价总值(港元)122M。

【公司业务】 该集团为一中国物业市场应用软件方案供货商,专注于向中国物业发展商就于中国开发电子物业管理系统项目提供住户内联网设计及应用软件咨询服务。集团之主要业务包括(1)住户内联网设计,包括网络规划推荐建议、硬件采购建议及软件应用评估;以及(2)提供电子物业管理应用软件咨询服务,包括电子物业管理应用软件设计、开发、安装、保养及升级。集团设计之住户内联网为一开放平台，个别住户可通过此平台联系社区内其它住户，组成区内网络。至于集团之电子物业管理应用软件，则旨在提供度身订造之物业及住户管理方案，以助物业发展商将物业管理工作自动化及让住户透过住户内联网获取有关电子商贸、电子通讯及电子便利之各项讯息及服务。于2003年3月止之年度内，集团已完成自身开发之互动终端i－Panel 3.0版之开发阶段并已投入生产。为减低对住宅社区客户之依赖，集团计划将客户基础多元化至包括学校及医院。展望将来，集团将继续开拓与中国（尤其位于珠江三角洲地区）之大型物业发展商合作之机会。

【主要资产/投资(3/2003)】 现代数码网络有限公司(100%)；现代数码服务有限公司(100%)；现代数码管理有限公司(100%)；及现代数码(香港)有限公司(100%)。

上海交大慧谷信息产业股份有限公司

【公司概况】 股票代码8205，集团主席许晓鸣，发行股本(股)132M，票面值(港元)0.100，市价总值(港元)42M。

【公司业务】 该集团为中国商业应用解决方案开发商，中国著名大学上海交通大学为集团其中一个创办者。集团之主要业务包括（1）按个别项目开发及提供商业解决方案；(2) 开发及销售应用系统作为现成产品，分别为网络及数据保安产品；及（3）销售笔记簿型计算机及计算机相关产品等分销产品。凭借上海交通大学于信息技术方面之经验及研究实力，集团得以发展出于商业应用解决方案中之核心技术。集团之商业解决方案开发集中为中国之司法、教育及公安等方面服务。尽管现时销售分销产品占总营业额之大部份，集团相信利润较高之业务，即提供商业解决方案及销售应用系统业务，将成为集团日后之主要利益来源。至于集团之网络及数据保安产品，个别部份及零件乃由计算机硬件商生产，而产品最后装配及镶嵌操作软件（如需要）则由集团之装配设施进行。据披露，集团已与计算机设备供称商及分销商建立联系网络，该网络可使集团按有利之条款（包括付运时间及付款条款）采购其商业应用解决方案客户所需之计算机硬件设备。

骏陆控股有限公司

【公司概况】 股票代码8206，集团主席陈丹蕾，发行股本(股)400M，票面值(港元)0.010，市价总值(港元)52M。

【公司业务】 HK6为一家多媒体财经信息服务供货商，提供包罗万有之财经信息服务，包括（1）透过多媒体提供实时财经新闻及最新之金融市场评论及推介；(2) 财经节目及录像制作服务；及（3）有关香港金融市场之投资者教育。集团起初于2000年透过网站www.hk6.com晋身成为财经信息内容供货商，由香港著名金融市场评论员及分析员陈永陆及邓声兴等人创办。现时，集团本身拥有一支记者队伍，负责搜罗实时财经信息及新闻，并向其它独立第三方搜罗全球财经市场之信息。此外，集团已与超过30名财星建立关系，令集团可获得专业财经内容及独到之财经市场评论。为提供更多金融增值信息，集团亦制作财经节目及企业录像，以供透过不同媒体播放及用作加强企业及公众关系用途。目前，集团之实时财经信息及财经节目透过香港及中国之不同媒体渠道发布，包括股票机营运商（如亚富)、互联网（如www.hk6.com及阿斯达克网络信息)、电视网络（如亚洲电视)、户外广告媒体（如路讯通）及其它流动装置（如和记电话及无线数码)。在投资者教育方面，集团举办以投资者之金融市场教育为重点之讲座及课程，并邀请财星担任讲者，加强投资者对投资于金融市场之知识及了解。日后，集团将致力在中国发展策略性联盟及业务伙伴，目标为在香港透过媒体渠道提供中国当地财经信息服务，以及在国内透过媒体渠道提供有关香港及全球金融市场之财经信息服务。

【主要资产/投资(3/2003)】 现金结余净额约1,670万港元。

常茂生物化学工程股份有限公司

【公司概况】 股票代码8208，集团主席新生，发行股本(股)184M，票面值(港元)0.100，市价总值(港元)64M。

【公司业务】 该集团主要从事生产及销售有机酸产品，该等产品主要用作药品中间体及/或食品添加剂。现时，集团生产及销售6种主要产品，包括L－苹果酸、DL－苹果酸、L(＋)－酒石酸、L－天冬氨酸、富马酸及马来酸，全部均以集团在生产过程中所用之主要原材料马来酸酐或粗酐提炼而成，而马来酸酐或粗酐则可以以苯制成。集团之有机酸产品几乎全部已达到若干国际认可产品品质或成份标准。集团大部份产品出口至海外市场，包括英国、日本、澳洲、德国等，占集团总营业额逾80%，而余下则于中国国内市场销售。现时，集团之研究及开发工作由集团与中国科学院成都有机化学研究所共同成立之手性技术中心负责进行。于2002年6月14日，集团共以6条生产线进行生产，其生产设施位于中国江苏省常州市，有机酸之年产量为14,500吨。据披露，集团已开始于江苏省常州市江边开发区化工西区兴建新生产厂房。新生产厂房第一期于2002年9月全面展开运作后，集团之总年产量预期可增加约10,000吨。此外，集团亦计划于现有技术基础上，增加产品种类，将产品系列扩及其它种类之化学品，如甜剂及保健营养食品。

浙江永隆实业股份有限公司

【公司概况】 股票代码8211，集团主席孙利永，发行股本(股)250M，票面值(港元)0.100，市价总值(港元)63M。

【公司业务】 该集团主要在中国从事研究与开发、制造及销售梭织布（即混合布料及弹性布料)。集团半数以上之产品乃先行出售予特许授权出口贸易商，而贸易商则继而将集团之梭织布产品出口往海外国家销售，如杜拜、伊朗、美国、欧洲、日本、南非、香港及若干阿拉伯国家等，而其余则出售予国内纺织批发商及制造商。随着获授权进行直接海外销售后，集团自2002年7月起无需再透过持牌照出口贸易商，便可将产品售予海外国家。截至2002年12月止之年度，集团录得纯利增长404%，此大幅增长主要因为出售之高级产品之比例上升、原材料价格下跌，以及因规模经济而使生产成本得以整体下降。于年内，集团额外购买并安装了300台织机，令集团之年产力达7,500万米布料。集团正计划自身安装染布设施，以提高产品质量及节省承包成本。在产品研发方面，集团已与杜邦中国合作开发新织物，目前集团每年可开发至少八种新织物产品。为加强国内及国外销售，集团已分别在杭州、上海及香港设立三个销售办事处，于2003年首季投入运作。展望将来，集团将旗下产品建立成为浙江省之名牌产品，藉以进一步提升公众对集团布料产品之认识。

【主要资产/投资(12/2002)】 厂房及机器按账面净值约为1.70亿元人民币；及土地使用权与楼宇按公平价值约为4,750万元人民币。

问博控股有限公司

【公司概况】 股票代码8212，集团主席陈维立，发行股本(股)618M，票面值(港元)0.010，市价总值(港元)247M。

【公司业务】 该集团为中国一家产品商业化服务供货商，专为中国之国际及国内制药公司及保健公司提供服务。此外，集团亦从事药物产品贸易业务。集团提供之商业化服务包括直接市场推广、产品顾问及销售队伍管理顾问服务。集团大部份客户为以中国为基地及跨国之药品生产商，其余客户包括医院、药品分销商、药品连锁店及医疗顾问等。截至2002年9月30日止之年度，商业化服务及贸易业务分别占集团总营业额60.5%及39.5%。于年内，集团已发展多元化之产品组合以包括Dae Hwa Pharmaceutical Co. Ltd.（韩国排名前20位之制药公司）之五项韩国药物产品在中国市场之独家市场推广及分销权业务，以及上海天贸集团所分销之药物产品在中国市场之营销业务。此外，集团亦已与纳斯达克上市之美国公司Artificial Life Inc.组成联盟，集团会将Artificial Life有关生命科学应用及生物计算解决方案之技术服务伸延至其中国客户。于2002年底，集团透过收购一种名为金莲花传统中药在全球之独家市场推广、销售及分销权，以进一步扩宽其产品组合。日后，集团将继续在其核心之产品商业化顾问业务方面寻求其它投资机会，藉以拓宽其服务范围。

【主要资产/投资(9/2002)】 北京问博网信息技术有限公司(80%)；北京问博网管理顾问有限公司(80%)；Albatross Overseas Ltd.(100%)；Aptus Medical Group Ltd.(100%)；及Peaceford International Ltd.(100%)。

万达信息科技控股有限公司

【公司概况】 股票代码8213，集团主席李信汉，发行股本(股)750M，票面值(港元)0.010，市价总值(港元)698M。

【公司业务】 该集团为一家本地信息解决方案及应用软件开发商及供货商，目标客户为本港之商业客户与公营部门及国内之商业企业。集团之主要业务为从事提供信息解决方案，以及销售集团开发之专利应用软件及第三方应用软件。集团提供之信息解决方案包括按照客户之规格开发及执行系统，并可能涉及项目管理、支持、维修与升级服务、系统整合、咨询及按客户之特定要求订制专利及第三方应用软件。至于集团所提供之专利应用软件，则包括在中国销售之酒店管理应用软件千里马，以及在香港及中国销售之企业资源规划应用软件AIMS及在香港销售之KONTO 21。截至2002年3月止之年度，香港为集团之主要市场，约占集团总营业额86%。现时，集团拥有四间研究及开发中心，其中一间位于香港、一间位于深圳、两间位于广州。此外，集团亦在香港设有一间客户支持中心，并分别在北京、上海、成都及武汉成立销售办事处。据招股书所披露，集团已与著名系统集成商（Fujitsu 及 Unisys）、应用软件开发商（IFS 及 Datastream）及数据库系统开发商（甲骨文）组成策略性合作关系，使集团能依靠彼等之实力及专业知识，从而提供优质服务及推广集团之产品及服务。在研究及开发方面，集团将继续致力开发及提升软件模块 Adapter（使多个政府部门可在作出最少修改之情况下采用）及 e－Frame（以迎合网络基准应用软件开发商之需求）。

中软国际有限公司

【公司概况】 股票代码 8216，集团主席陈宇红，发行股本（股）640M，票面值（港元）0.050，市价总值（港元）314M。

【公司业务】 该集团为中国一家电子政务解决方案及客户化软件开发商及供货商，主要服务对象为政府机构及其有关信息科技服务供货商。集团所提供之电子政务解决方案包括采购自第三方之基础设施、集团各种软件产品及部件，按照客户需要而设计之信息科技系统，可让政府机构及其各自之信息科技供货商透过或借着计算机化或互联网，以电子方式管理各相关职能及服务。集团现时提供之五种电子政务解决方案包括数字化经济技术开发区解决方案、金审工程解决方案、金盾公安综合业务系统解决方案、社会保险信息化建设解决方案及金农信息化建设解决方案。集团亦专为企业（其所需信息科技解决方案在规模及广泛性方面不及政府机构所需者）提供切合所需之客户化软件产品。该等客户化软件产品乃以集团之现有软件产品为基础，透过改良及调较相关部件及模块，以符合客户本身之系统及应用所需。除提供电子政务解决方案及按所需而制造之软件外，集团亦提供信息科技咨询及培训服务、信息科技外包服务及独立销售之软件产品（如中间件产品及可应用软件产品）。为进一步加强整体竞争能力，集团计划丰富其软件组件库存以开发新解决方案，以及装置新功能项目及模块以提升现有解决方案。集团亦会致力进行可独立销售软件产品之研发工作，以及改良其现有中间件及可独立销售软件。另一方面，集团将透过在广东省、杭州、大连及重庆设立销售办事处，以扩大其于中国之销售及市场推广网络。

华索国际控股有限公司

【公司概况】 股票代码 8220，集团主席安川义宏，发行股本（股）520M，票面值（港元）0.010，市价总值（港元）98M。

【公司业务】 该集团主要从事为中档市场开发、设计及销售数码视听产品，包括 IC 录音机、MP3 播放机及 DVD 播放机。截至 2002 年 10 月，集团提供三种 IC 录音机型号、四种 MP3 播放机型号及两种 DVD 播放机型号。该等产品销售予日本及香港之进口商、出口商及分销商，香港之客户其后通常将产品再分销至中国及其它亚洲国家（分别为台湾、新加坡、马来西亚及印尼），而日本之客户则通常再分销往东京、横滨、大阪、名古屋及广岛市场。现时，集团之生产活动皆分包予两家在中国广东省设有生产设施之原设备制造商。截至 2002 年 3 月止之年度，IC 录音机、MP3 播放机及 DVD 播放机之销售分别占集团总营业额 52.1%、35.5% 及 12.4%。为使其业务垂直综合化，集团计划于 2003 年 3 月底前在广东省设立本身之制造设施以制造旗下所有产品，藉以向客户提供由设计及开发至生产之一站式服务。集团亦将继续扩展其现有之数码视听产品组合至包括数码相机，并将设计新颖之新功能（如压缩内存、内置式记忆卡等）融入其产品中。在地理上，集团将透过接触如中国、美国、英国、法国、新加坡及台湾等新市场之潜在分销商，以扩大其分销网络。此外，集团亦计划于 2003 年中前在深圳及东京设立其分办事处。

李氏大药厂控股有限公司

【公司概况】 股票代码 8221，集团主席李小芳，发行股本（股）289M，票面值（港元）0.050，市价总值（港元）106M。

【公司业务】 该集团为中国一家结合研究主导及市场导向之生物制药集团，主要业务为开发、制造及销售以对抗心血管疾病及病毒性性病为主之优质生物制药产品。集团业务主要透过其持有 70%股权、于中国成立及位于安徽省合肥市之合资企业兆科经营。现时，集团所有产品均以兆科之品牌于中国销售。于 2002 年 6 月 28 日，集团制造及销售三种自行开发之生物制药产品，分别名为降纤酶、立迈青及尤靖安，分别用作治疗中风、心血管疾病及病毒性性病（例如生殖器疣）。截至 2002 年 6 月，兆科开发了三个技术平台，名为（1）蛇毒纯化技术；（2）低份子量肝素技术；及（3）透明水凝胶型基质传送系统。目前，兆科设有两家全面投产及符合药品生产质量管理规范要求之车间，作为生产（1）注射用原料药及冻干粉针剂及（2）凝胶剂。集团之销售及分销网络分为三个主要地区，覆盖中国 28 省市或地区，以及逾 500 所主要之医院及诊所。据招股书披露，集团有 3 种生物制药产品已递交临床试验申请，有关临床试验预期于 2002 年及 2003 年进行，而另外五种产品亦正在研发之中，旨在最终实现商品化。以兆科三个自行开发之技术平台为基础，集团将继续专注药物研究及创新，进一步开发新生物制药产品。

长江生命科技集团有限公司

【公司概况】 股票代码 8222，集团主席李泽钜，发行股本（股）6，407M，票面值（港元）0.100，市价总值（港元）11，148M。

【公司业务】 长江生命科技为长江集团之生物科技业务旗舰，就迫切及普遍之环境污染及人类健康问题提供解决方案。集团主要从事研究及开发、商品化、市场推广及销售生物科技产品。集团开发之生物科技产品分为五大范畴，分别为生态农业、环境治理、医药、保健食品及护肤用品。现时，集团拥有稳健之财务支持，为长远之科研需要提供充裕资金。于 2002 年 12 月止之年度内，集团已成功扩展其生态肥料之销售网络，先后在澳洲、美国、泰国、马来西亚、印尼、香港、澳门及中国内地委任分销商，并并拓缅甸、南韩及菲律宾三国之出口市场。目前，集团之生态肥料业务主要以 NutriSmart 经营。此外，环境治理产品 WonderTreat 已先后在中国内地、澳洲、香港及加拿大等地进行售前试验。截至 2003 年 3 月，集团已有 7 项由美国专利及商标注册处批出之专利权，2 项专利权批准通知书，另有 30 项申请正在审批中。据集团 2002 年年报所载，集团之爱滋病产品亦已在中国内地进行应用试验。集团并已成立长江生命科技爱滋病研究所，初步拨出 3.7 亿港元起动资金，以加快科研步伐。

【主要资产/资产（12/2002）】 现金结余净额约 2.702 亿港元；海外上市证券约值 6.387 亿港元；非上市证券约 13.111 值亿港元；北京？思生态科技有限公司（100%）；北京绿先机生态科技有限公司（100%）；Biocycle Resources Ltd.（100%）；长江生化科技研究所有限公司（100%）；CK Life Sciences Int'l.，Inc.（100%）；长江生命科技有限公司（100%）；PTFar East Agritech（60%）；及 Ultra Biotech Ltd.（100%）。

上声国际控股有限公司

【公司概况】 股票代码 8226，集团主席杨祖颖，发行股本（股）320M，票面值（港元）0.010，市价总值（港元）115M。

【公司业务】 该集团主要从事以原设备制造及原设计制造之方式设计、制造及销售汽车用及家庭影院用之扬声器系统。截至 2002 年 7 月，集团共设计及制造逾 250 种汽车用扬声器系统及逾 50 种家庭影院用扬声器系统，彼等扬声器系统之质量水平、大小、设计及/或功能均各有不同，更有专门为不同客户度身订造。截至 2001 年 12 月止之年度，汽车用及家庭影院用扬声器系统之销售分别占集团营业额 64% 及 36%，逾 95%之销售来自中国。集团之汽车用扬声器系统主要售予中国汽车制造商，包括上海大众、上海通用汽车、东风－雪铁龙、江铃汽车及起亚汽车，而家庭影院用扬声器系统则售予中国著名客户，包括健伍及声宝。现时，集团拥有 8 条生产线，年产量最高可达约 400 万套汽车用扬声器系统；另外 5 条生产线，年产量最高可达约 60 万套家庭影院用扬声器系统。为多元化其现有产品种类，集团于 2002 年 5 月与中国南京大学订立协议，共同研究及开发实时 OLMIS（线上扬声器能力测试及智能监察系统）。此外，集团亦会继续进行先进技术及新模型之研究及开发工作，例如超薄扬声器、可接驳数码产品之扬声器，以及于百货公司、政府大楼、机场及火车站用之商业公布扬声器及歌舞厅、音乐厅及剧场用之专业扬声器系统。

慧峰集团有限公司

【公司概况】 股票代码 8228，集团主席潘国濂，发行股本（股）492M，票面值（港元）0.010，市价总值（港元）172M。

【公司业务】 该集团主要从事（1）提供通讯基建服务、（2）内容传送技术应用及开发，以及（3）内容制作、采购及传送业务。截至 2002 年 6 止之六个月，上述三项业务分别占集团总营业额约 69%、11% 及 20%。集团专门融合传统媒体及通讯技术，成为一种技术崭新之媒体，利用多种通讯基础及传统媒体传播渠道，向大中华地区用户提供内容。截至 2002 年 10 月，集团已为主要网络经营商完成约 453 项通讯基建项目，此等项目涉及有线及无线固网固定电讯网络及流动通讯网络之设置。现时，集团获本地一家主要网络经营商聘用，将其现有网络转换为第三代网络。在内容传送技术应用及开发方面,集团向客户提供全面解决方案服务,包括网站设计、网站设置、顾问服务、内容传送技术应用软件开发及安装后服务。至于内容制作、采购及传送业务方面,集团传送之内容包括网上媒体内容及杂线媒体内容。网上媒体内容透过集团两间位于香港及上海之内部多媒体内容制作室开发,及从其它内容供货商处采购(如上海图书馆),而杂线媒体内容则包括与 Newsweek 订立一项特许权协议,以印刷方式制作、推广及传播中文版新闻周刊特辑。另一方面,集团已开发 i—Home 解决方案,将智能社区网络引进中国住宅物业,向订户传送网上多媒体内容。此外,集团亦将运用其内容传送技术,与其传统媒体伙伴合作开发电子出版平台。

东大新材料照明控股有限公司

【公司概况】 股票代码 8229,集团主席朱展东,发行股本(股)888M,票面值(港元)0.010,市价总值(港元)266M。

【公司业务】 该集团之主要业务为于欧洲、香港及中国从事其它制造商所制造之节能照明光源产品之贸易业务。该等照明光源产品包括紧凑型萤光灯、卤素灯、高强放电灯、萤光灯及白炽灯。除其它品牌之照明产品之贸易外,集团亦从事研发、并以本身品牌制造及分销多种照明光源产品,包括无极萤光灯及紧凑型萤光灯。在集团所制造之照明光源产品中,就销售额及利益贡献而言,以应用独特无电极照明技术之无极萤光灯增长最快。现时,集团已在中国及香港两地建立具效率之分销渠道,并已在欧洲及中东奠定出口地位。于 2003 年 3 月止之年度内,集团研发之新产品及第二代产品已进入最后阶段,且开始投入批量生产。在生产制造方面,集团已投入 5,400 万港元在中国福建省设立新生产基地,供集团未来数年发展计划所需,初步阶段设计之产量能可达到原产量之七倍。

【主要资产/投资(3/2003)】 光之力照明(深圳)有限公司(100%);东大照明(福建)有限公司(100%);及东大电业有限公司(100%)。

深圳市东江环保股份有限公司

【公司概况】 股票代码 8230,集团主席张维仰,发行股本(股)178M,票面值(港元)0.100,市价总值(港元)75M。

【公司业务】 该集团为中国境内跨区域性之综合环保管理集团,主要从事(1)工业废料之收集、无害化处理及资源化利用,及销售资源化利用产品;(2)提供及实行环保建设工程服务及环保相关咨询服务;以及(3)开发相关产品及设备。截至 2003 年 1 月,集团已在深圳、惠州、上海及成都建立业务/作出投资。集团之客户分为两大类,分别为(1)集团为其提供工业废料处理、环保建设工程及/或环保咨询服务之上游客户(主要以从事电子行业之工业企业为主),以及(2)购买集团之资源化利用产品之下游客户。截至 2001 年 12 月止之年度,资源化利用产品销售(包括废料处理费)、环保系统建设工程及环保相关顾问服务分别占集团总营业额约 79.8%、19.1% 及 1.1%。现时,集团之生产设施位于中国深圳宝安区,其处理量每年约为 38,000 吨工业废料,而含铜产品则为集团之主要资源化利用产品。为进一步提升其废料处理能力至能够处理其它有机及无机工业废料及扩大提取资源化利用产品之种类,集团将分别于上海、成都及惠州设立新废料处理中心。在上述三个地区成功发展业务后,集团亦计划进一步在中国其它策略性地区设立据点,以扩展其废料处理网络。另一方面,集团已与多家环保机构与学院组成策略性联盟,其中包括法国农业科学研究院、天津大学及中南大学。该等策略性联盟为集团于环保管理方面提供稳固之技术支持、扩张集团服务及产品之渠道,以及为集团提供最新之行业发展信息。

赛迪顾问股份有限公司

【公司概况】 股票代码 8235,集团主席庄行方,发行股本(股)209M,票面值(港元)0.100,市价总值(港元)50M。

【公司业务】 该集团为在中国经营与信息产业相关之咨询顾问服务供货商,为国内外企业提供咨询顾问服务,包括为制定关于中国信息产业之政策提供深入之分析。集团提供之服务包括(1)市场咨询(包括常规性市场研究及专项咨询服务);(2)数据信息管理(提供数据信息产品与服务以及数据信息管理解决方案);及(3)管理信息科技咨询(惟不涉及软件开发及销售以及硬件安装)。截至 2002 年 4 月 30 日止之四个月,集团约 54.83% 及 44.93% 之收入来自市场咨询及数据信息管理业务,而管理信息科技咨询业务则只占 0.24%。根据中国新闻社及中国日报出版之文章,集团被评为中国信息科技产业最大之信息服务供货商,以及被称为权威性信息科技市场咨询公司,为国内外信息科技企业提供第一流服务。集团之控股股东为中国电子信息产业发展研究院(CCID)。CCID 将旗下集团成员来自媒体及互联网之所有数据及信息整合,并将该等数据独家提供予集团。连同集团本身拥有之 35 个大型之专业电子信息产业数据库(分为计算器、网络、通讯及半导体四个主要系列,记录条数超过 2,000 万条),集团可向国内外企业提供全面服务。为可供应高质素、准确及及时之数据资料以支持业务运作,集团计划进一步在中国建立不同科技行业之数据库、仿真信息平台及演示中心。

深圳市宝德科技股份有限公司

【公司概况】 股票代码 8236,集团主席李瑞杰,发行股本(股)220M,票面值(港元)0.100,市价总值(港元)98M。

【公司业务】 该集团为中国一家具领导地位之国内服务器供货商,主要在国内从事设计、制造、集成及销售英特尔架构(IA)服务器及相关产品,以及提供相关售后服务。集团提供之 IA 服务器主要包括连接英特尔中央处理器及主机板、RAID 应用技术、英特尔认可硬件及应用软件,以及提供英特尔服务器管理。根据赛迪信息顾问之资料,以 2001 年之销售量计算,集团为中国第五大国内服务器供货商,于国内外服务器供货商中名列第九位。现时,集团之产品分为通用服务器及功能服务器。被视为国内最大之功能服务器供货商,集团提供多种具内置功能之功能服务器,主要用于处理复杂之事务性应用技术。另一方面,集团亦为各行业提供行业特定服务器方案,客户对象为电讯服务供货商、互联网数据中心、教育机构、证券公司及其它信息科技公司。于 2002 年 11 月 25 日,集团在中国拥有一个 26 间分支机构及代办处及 353 家服务器联合中心之销售及服务网络,遍布国内 26 个主要省市。据披露,集团已与英特尔组成策略联盟,共同于中国开发 IA 网络服务器。于 2002 年初,集团与英特尔签订协议,在深圳成立英特尔电子商务解决方案中心。除英特尔外,集团亦与数家专门于不同范畴之软件开发商订立合作协议,如亚信科技(电邮服务器设施)、东软软件(应用软件能力),以及红旗 Linux(Linux 应用程序)。展望将来,集团会进一步将业务伸展至其它信息科技及网络产品。

MP 物流国际控股有限公司

【公司概况】 股票代码 8239,集团主席黄光国,发行股本(股)300M,票面值(港元)0.010,市价总值(港元)423M。

【公司业务】 该集团之主要业务为从事协调客户所需之各种物流服务,其总部设于香港。集团所提供之物流服务包括水路货运、陆路货运、航空货运,以及其它相关物流服务,如清关报关、代客投购保险、货物重新包装及存仓等。每项委托所需提供之服务或会包含上述各项服务。截至 2002 年 3 月止之年度,水路货运、陆路货运、航空货运及其它相关物流服务分别占集团总营业额 39.3%、31.7%、17.1% 及 11.9%。集团之客户主要为在中国成立或经营之跨国公司之联号公司。集团为有关客户处理入口货运及出口货运。集团处理之入口货运路线是由香港到中国,而出口货运之路线则是由中国经香港或中国到亚洲各国、澳洲、加拿大、中东、南美、荷兰及美国。截至 2002 年 10 月,集团已在中国、台湾、北美洲、德国及英国委聘海外市场推广代理宣传集团之服务。为进一步其营运网络,集团将接洽美国及其它亚洲及欧洲国家等地市场之有意代理。集团亦会新购三辆卡车及约 2,000 平方呎之货仓,以扩充其营运设施。此外,集团拟透过收购一家在中国领有牌照可经营国际货运代理业务之中外合资经营企业,持股权益不超过 49%,藉以拓展其目前之服务范畴。

金利通科技(控股)有限公司

【公司概况】 股票代码 8256,集团主席洪集怀,发行股本(股)380M,票面值(港元)0.010 ,市价总值(港元)467M。

【公司业务】 该集团为一长途电话服务供货商,主要为菲律宾、印尼、新加坡、南韩、台湾、日本等亚太地区及美国提供长途电话服务。集团透过以互联网协议为基础之分封交换系统及以传统电话为基础之电话交换系统相结合之集成网络基建提供长途电话服务。另一方面,集团亦从事销售互联网语音协议网关及相关设备。截至 2002 年 5 月止之年度,集团约 98% 总营业额来自提供长途电话服务,而其余 2% 则来自设备销售。集团旨在通过其本身之网络基建向客户提供经由传统公用电话系统或互联网拨出长途电话及发出传真之服务。基于集团之集成网关可同时支持公共交换电话网络及互联网语音协议功能,集团可提供批发服务,使其它电讯服务供货商透过集团之互联网语音协议集成基建路由话音讯息。此外,集团亦与外国电讯服务供货商订立互惠安排以结成联盟,据此,集团将安排透过该等外国网关对外传送国际电话服务，使该等对外国际电话可接入该等国家之通话目的地，反之亦然。至于零售网络业务方面，集团提供不同品牌之预付电话卡，可分为国别卡及尊贵卡两类。该等预付电话卡透过约750间独立分销商、交易商及其名为Lotus Club之自营店铺于香港发售。展望将来，集团将继续透过研发实现技术进步，以及投资于其本身之网络基建及扩大产品及服务之应用性及市场覆盖率，藉以提升其市场竞争力及扩大市场占有率。

烟台北方安德利果汁股份有限公司

【公司概况】 股票代码8259，集团主席郑跃文，发行股本(股)38M，票面值(港元)1.000，市价总值(港元)139M。

【公司业务】 该集团主要从事生产及销售浓缩苹果汁及苹果香精。集团所生产之浓缩苹果汁是从苹果压榨、杀菌、浓缩而来，可用于生产苹果汁及于生产不同类型之果汁时与其它果汁混合；而集团所出产之苹果香精可于浓缩苹果汁生产过程之真空环境之下抽取及收集，可用于食品、饮料及化妆品之添加剂。现时，集团逾90%产品出口到美国市场，其中少量最终出售予法国、日本、韩国、澳洲及以色列之客户。据披露，于2002年就出口量而言，集团为中国浓缩苹果汁行业具领导地位之出口企业之一。另外，集团亦为首家获豁免美国反倾销法令之中国企业，据此，集团就本身所生产之若干非冷藏浓缩苹果汁出口到美国，可豁免缴付反倾销关税。集团现有生产基地及办事处策略性位于中国山东省?台市。于2003年4月9日，集团之三个生产厂房分别位于山东省?台、陕西省白水及山东省龙口，浓缩苹果汁总生产能力达每个榨季100,000吨。此外，集团另一个新生产厂房将于江苏省徐州设立，目标为将集团每个榨季浓缩苹果汁之总生产能力推高至125,000吨。除浓缩苹果汁外，集团拟透过生产种类更广泛之产品（如梨汁、果胶及苹果精华）以多元化其产品种类。另一方面，集团有意将市场开拓至全球其它地方如英国等，藉以减低对美国市场之过份依赖。

速达软件控股有限公司

【公司概况】 股票代码8263，集团主席岑安滨，发行股本(股)400M，票面值(港元)0.010，市价总值(港元)126M。

【公司业务】 该集团为国内软件产品开发商，主要业务为于中国从事开发及销售中小型企业使用之综合商管软件。集团提供之软件产品可协助客户有效管理日常业务运作，包括销售、采购、会计、银行账务、工资单、客户关系、存货控制、物料管理及业务分析。该等软件产品为现成套装软件，出售予高级商业合作伙伴、专业服务伙伴及其它零售商等认可零售商，再由认可零售商转售予最终客户。另一方面，集团亦会按客户个别需要而开发及销售客户订造软件产品，所涉工序基本上包括改良集团现成套装软件或为该等软件增添特别功能以满足特定行业客户之需要。截至2002年12月止之年度，集团绝大部份之收入（约96.0%）来自套装软件产品之销售，而客户订造软件产品之销售则只占4.0%。现时，集团拥有逾1,000家认可零售商之广泛分销网络，覆盖国内各大城市。集团亦考虑将分销网络扩展至国内其它省份及自治区，如黑龙江、内蒙古等。除与Intuit订立之独家联合品牌特许权安排协议外，集团计划进一步与Intuit合作开发Intuit之中小型企业管理及会计软件QuickBooks本地化版本。此外，集团亦会致力开发及推广更多应用软件，包括供医药、建筑及批发等特定行业专用之中小型企业管理软件，以及个人财务软件及税务软件。

流动电讯网络(控股)有限公司

【公司概况】 股票代码8266，集团主席陈聪，发行股本(股)440M，票面值(港元)0.010，市价总值(港元)128M。

【公司业务】 该集团主要为中国、香港、澳门、台湾及新加坡之个人数码助理及流动电话使用者提供流动数据解决方案，专长于数据及网络科技，包括数据路径选择、压缩、加速、专有设备再格式化、保安及多项应用整合。集团所提供之无线数据平台及无线解决方案可充分利用现有及未来电讯网络，透过各类不同之无线终端机（如便携式个人计算机、流动电话及个人数码助理）传送数据。移动冲浪及GloDAN为集团两大主要流动数据解决方案。移动冲浪为一项无线数据解决方案，专为发挥无线终端机之最高效用而设计，以解决流动电讯营办商、硬件制造商、软件/应用开发商及企业面对之问题，包括带宽、硬件、应用、内容传送及使用者接口之限制。至于GloDAN方面，该产品为连接亚太地区之流动电讯营办商网络之连接网关系统，让企业可直接接触目标客户，并传送流动数据，以供物流、银行、娱乐及广告等企业使用。据披露，集团已开发互动科技，利用现有无线2G或2.5G网络（如GSM、GPRS、CDMA及TDMA），加快无线终端机之内容传送速度及应用。此外，集团亦将开发先进流动数据解决方案及产品之应用，如安全无线通讯频道、遥远监察及控制系统、无线多媒体内容管理程序、流动办公室及智能楼宇系统，藉以提升集团之市场竞争力。另一方面，集团初步以国内电讯相关公司为对象，执行其投资策略。集团已与Vodatel Holdings Ltd、图文信息有限公司及中国联合通信有限公司合作，使其用户可分别在广州、上海及深圳使用集团之移动冲浪服务。

新意科技(控股)有限公司

【公司概况】 新意科技(控股)有限公司，股票代码8270。集团为中国证券结算软件之主要供应商之一。集团之主要业务为从事提供（1）一级结算系统结算应用软件；(2)二级结算系统之结算及综合证券管理应用软件；以及（3）技术支援及客户服务。於2003年7月30日，所有一级结算系统叁与者（即中国结算上海分公司、中国结算深圳分公司、结算银行及证券公司）均使用集团与中国结算上海分公司或中国结算深圳分公司共同开发之产品。此外，集团之二级结算产品分销至中国逾90家证券公司及约2,000家分行，占国内证券公司分行总数逾70%。

【公司业务】 截至2002年12月止之年度，集团之二级结算产品，即新意证券管理系统4.0版及新意证券综合管理平台，约占集团软件销售总额逾90%。日後，集团将继续改良现有证券结算产品，令该等产品更能迎合市场需要及为集团带来持续利润。为迎合中国证券业多方面之需求，集团计划於未来三年内推出新系列之企业级解决方案，包括综合投资管理及业务支援解决方案、证券客户关系管理/投资者关系管理解决方案，以及证券集中交易平台。集团预期此等新解决方案将为成为其日後收益增长之动力。据披露，集团计划按阶段开发及推广综合投资管理及业务支援解决方案，而集团亦将开发证券投资管理系统及基金公司业务及管理平台作为此产品线之首个解决方案。在客户关系管理产品方面，若干主要模块已完成开发，并正进行评估及测试；而集团亦计划於2003年为中国证券业推出全新之投资者关系管理产品。

环球数码创意控股有限公司

【公司概况】 环球数码创意控股有限公司，股票代码8271。集团为亚洲电脑图像创作及制作以及数码内容发行及展示行业之从业者，其业务活动整合数码内容业务之整条价值链。集团之主要业务包括（1）其本身项目（包括开发其本身之知识产权及承包自第三方之产品）之电脑图像创作及制作；及（2）数码内容（包括娱乐及教育内容）之发行及展示，以及透过数码影院及高清视像压缩、加密及衍生技术之图像应用程序。

【公司业务】 集团自行开发之数码影院技术带领转离以胶片为本之发行样式，并独特地将集团定位为发行链之从业者。在电脑图像创作及制作业务方面，集团以全球市场为目标，而在数码内容发行及展示业务方面，则首先专注中国（如上海及北京）及亚太区市场（如印度、香港及新加坡）。为於高档高价值上取胜，集团已设立培训设施，专为持续供应技能纯熟及价值合理之人力予电脑图像制作而设。集团亦已兴建制作室，该制作室已大致完成一部高清晰度电脑图像三维动画展片，片名为Thru the Moebius Strip。现时，集团已与中国深圳大学合作在深圳筹办电脑图像培训课程。此外，集团亦与上海新长宁就（其中包括）於上海提供电脑图像培训订立一项协议，并已於2003年3月开始在上海筹办电脑图像培训课程。

百富国际有限公司

【公司概况】 股票代码8272，集团主席齐圣康，发行股本(股)200M，票面值(港元)0.010，市价总值(港元)112M。

【公司业务】 该集团之主要业务为以Byford品牌从事采购、销售及分销男装内衣裤及织袜。Byford品牌一直生产男装内衣裤及织袜逾80年，为著名之男装内衣裤及织袜品牌。集团并无拥有任何生产设施，但拥有主要以亚洲为基地（包括韩国、马来西亚、中国、香港及泰国）之独立制造商采购网络。集团之采购包括男装内衣裤织袜及服饰之制成品。现时，集团共有11名环球授权使用者，在马来西亚、新加坡、香港、英国及美国等30个国家/地区分销Byford产品。集团按地区给予使用者授权，而该等授权使用者则会将Byford产品分销予批发商、百货公司及其它零售店。为进一步扩大Byford产品之市场渗透率（尤其是亚洲市场），集团已对Byford产品两个目标市场——埃及及菲律宾——进行研究。于2002年，集团已向菲律宾目标业务伙伴出售若干系列Byford产品以测试市场反应。集团相信开拓新品牌授权地区可让集团日后取得更多专利权收入及提高 Byford 产品之销售额。另一方面，集团计划在香港、上海及伦敦等国际城市之主要机场开设新零售店。集团亦计划逐步开设销售 Byford 产品之新零售店，首间店铺计划于 2003 年 10 月在马来西亚吉隆坡开幕，而另外两间零售店亦计划于 2004 年上半年及 2004 年下半年分别在新加坡及伦敦开幕。

浙江展望股份有限公司

【公司概况】 浙江展望股份有限公司，股票代码 8273。集团主要业务是生产和销售汽车万向节。集团主要有三大系列产品，分别为万向节十字轴、翼型万向节十字轴及差速器十字轴系列，包括 80 多种主要型号规格。集团生产设施主要位於中国浙江省绍兴县杨汛桥镇，总地盘面积约 60,739 平方米，总建筑楼面面积合共约 15,626 平方米。集团拥有的固定资产设备，主要有万向节的锻加工、车加工、热处理及磨加工的生产设备。根据中国汽车工业协会传动轴委员会发表的统计资料，该委员会估计於 2002 年，集团之万向节产品销量於该委员会研究的八家中国万向节生产企业中名列第二位，而该八家万向节生产企业的总销量达 2002 年中国万向节总销量约 98%。首三大生产企业在八家生产企业中分别约占 79.8%、10.9%及 5.0%的市场份额。集团的销量约为 337 万套，在上述八家生产企业的总市场份额中约占 10.9%。

【公司业务】 集团已於中国建立客户基础，遍及 19 个省份及自治区。集团的产品通过其销售队伍销售至国内的传动轴厂以及汽车装配维修厂。截至 2003 年 9 月 30 日止 9 个月，对传动轴厂及汽车维修厂的销售额分别占集团营业总额约 31.2%及 5.6%。此外，集团亦销售其产品予国内进出口公司，此等产品转而销售至包括美国、日本、意大利、德国、荷兰、南非、加拿大、巴西、南韩、泰国、印度、伊朗、印尼、马来西亚、委内瑞拉及巴拿马等国家和地区。然而，集团在销货予此等进出口公司方面，与最终的海外客户并无直接联系。截至 2003 年 9 月 30 日止 9 个月，对进出口公司的销售额占集团营业总额约 48.2%。集团於 2003 年 1 月开始直接自营出口至国家及地区包括英国、台湾、南韩、印度、伊朗、新加坡及以色列。截至 2003 年 9 月 30 日止 9 个月，直接对海外客户的销售额占公司营业总额约 3.8%。

集团配售所得款项净额估计约为 2,151 万港元并将作下列用途：约 1,832 万港元用作万向节生产线技术改造项目；约 75 万港元用作研究开发；约 100 万港元用於市场推广及宣传活动；约 25 万港元用於招聘及培训员工；及约 100 万港元用於扩展销售及分销网络。徐下 19 万港元将用作一般营运资金。

第十编

拟上市公司

2000/2024

拟上市公司

包头铝业股份有限公司

【概况】 包头铝业股份有限公司是经内蒙古自治区人民政府批准，由包头铝业（集团）有限责任公司作为主发起人，联合内蒙古电力（集团）有限责任公司、贵阳铝镁设计研究院、深圳北方投资开发公司、北京轻工供销有限公司、中国有色金属工业华北供销公司、内蒙古远源科贸有限公司六家发起人于2001年6月28日共同发起设立的股份有限公司。包铝股份公司注册资本29100万元，总股本为29100万股。截止2002年底，公司资产总额为191596.61万元，为国家十大铝冶炼企业之一。公司控股股东为包头铝业（集团）有限责任公司，为国家大型一档企业。该企业多次被列为全国500家最大工业企业，也是国家重点扶持的520户重点企业之一。

【经营业绩】 公司经营范围为：铝、铝合金及其加工产品、炭素制品、机电五金交化；经营本企业自产产品及技术的出口业务；经营本企业生产所需的原辅材料、仪器仪表、机械设备、零配件及技术的进口业务；经营进料加工和“三来一补”业务。

包铝股份公司目前总生产能力为年产原铝16.3万吨，炭素制品6.3万吨。主要产品有“包铝”牌重熔用铝锭、稀土铝应用合金、6063铝合金挤压用圆铸锭、稀土电工圆铝杆、A356合金、铸造铝合金锭以及铝电解用炭素制品。产品质量及企业的经营管理在国内同行业中享有较高的信誉，其中“包铝”牌重熔用铝锭为国家优质产品，阳极糊为部优产品，稀土铝应用合金为国家级新产品。公司铝加工产品在全部铝系列产品中所占比例已接近70%以上，稀土电工圆铝杆、A356合金的产量、质量、市场占有率居同行业之首。成为国内最大的稀土电工圆铝杆和铝合金生产基地。企业已取得ISO9002质量体系认证、英国国家质量保证公司NQA认证和中国国家出入境检验检疫实验室评审即ISO/IEC17025认证。企业品牌“BTL”在伦敦金属交易所注册。2002年通过国家技术监督局质检中心和地方质检部门的抽检，产品抽检合格率为100%。产品品质优良，售后服务完善，行销全国各地，并出口美国、日本、俄罗斯及东南亚各国、深受用户青睐，产品年出口创汇6000万美元以上。

包铝股份公司自设立以来共生产铝系列产品19.66万吨，实现利润总额13361.47万元，净利润11946.95万元，目前公司的经营性现金流状况良好，财务状况稳健，资产回报率较高.包铝股份公司认为：人的价值高于物的价值；集体价值高于个人价值；社会价值高于利润价值；用户价值高于生产价值。公司加快技术改造，拓展产品市场，依靠技术开发，优化产品结构，提高产品质量，强化科学管理，增加经济效益，促进公司发展；以打造包铝驰名品牌，构筑中国一流企业为目标。

地址：内蒙古自治区包头市东河区毛其来

邮编：014046

电话：0472－4149665　　**传真**：0472－4149667

通化钢铁股份有限公司

【概况】 通化钢铁股份有限公司（以下简称“公司”）是经吉林省经济体制改革委员会以吉改股批（1999）12号文批准，于1999年7月1日发起设立的股份有限公司。为提高企业的竞争能力，规范企业运作，达到上市要求，公司于2002年7月进行了增资扩股。公司现有股东：通化钢铁集团有限责任公司、吉林新华能源集团有限公司、五矿贸易有限责任公司、广州市黄埔区南贸发展有限公司、哈尔滨市利民金属材料有限公司，公司注册资本为108001.5万股。迄今公司已成为具有烧结、焦化、炼铁、炼钢、轧钢、动力、运输、机械制造等综合配套生产能力的大型钢铁联合企业，形成了规格齐全、品种配套的建筑用材和机械加工用材产品体系，具备了年产210万吨钢的综合生产能力和规模。

【经营业绩】 公司的经营范围为钢铁冶炼、金属及压延加工、冶金材料、原料、燃料（国家限制品除外）、工程机械零部件、建筑材料（木材除外）、机械加工、电气制造、修理、运输（凭资质证书经营）。公司主要产品有“长白山牌”角钢、槽钢、弹簧扁钢、轮辋钢、UII钢、热轧圆钢、带肋钢筋、执轧圆盘条、硬线圆盘条、焊条圆盘条、无缝钢管、预应力钢绞线、连铸方坯、鱼尾板坯、铸造生铁、炼钢生铁、焦碳及化工产品等。“长白山牌”系列产品，广泛用于高层建筑、高速公路、桥梁遂道、电力、水利枢纽工程及机械加工等行业，在国内外享有较高的知名度，并通过了GB/T19002—IS09002标准2000版质量体系认证。截止到2002年，公司有6种产品获得了国家冶金产品的最高奖——金杯奖，6种产品获得了省名牌称号。与此同时，公司的产品以其优良的性能、精确的尺寸、良好的质量，出口到韩国、新加坡、马来西亚、朝鲜、越南、泰国、古巴等十几个国家，赢得了国外用户的广泛信赖。

公司2003年1—6月份铁、钢、材产量分别达到105万吨、109万吨和77万吨，实现利税53983万元，实现利润30623万元，可比产品成本在消化上游产品涨价的基础上降低幅度达2.97%。6月末公司总资产49.4亿元，总负债29.1亿元，净资产总额20.3亿元。

公司于2003年1月进入上市辅导期，经过近几个月的规范整改，减少和规范了关联交易，避免了同业竞争，进一步完善了法人治理结构，基本满足上市验收条件。

面对入世后的新环境和新变化，公司把“务实创新，只求最好”作为企业精神；“健全市场机制，创新经营理念，快速滚动发展，提升综合实力”，作为企业的生产经营工作方针，不断调整自己的经营思路，加强对形势的科学分析和市场的准确把握，坚持不懈地深化改革，持续不断地强化管理，大力实施技术改造，使企业核心竞争能力以及融资能力全面增强。

几年来，公司先后获得全国售后服务优秀企业、全国质量无投诉企业、全国质量效益型先进企业、“质量兴企、争创名牌”示范企业、质量管理先进企业、中国质量服务信誉AAA

级企业、诚信经营单位等荣誉称号。

湖南郴电国际发展股份有限公司

【概况】 2000年12月，由原郴州市电力公司作为主发起人，联合宜章县电力总公司、临武县水利电力有限责任公司、汝城县水电总公司、永兴县水利电力有限责任公司及联合国国际小水电中心等六家单位共同发起设立的股份有限公司，简称“郴电国际”。公司注册资本为14,026.77万元。

【经营业绩】 “郴电国际”是以地方电网、以小水电为其主要电源的电网经营企业。主要业务为：电力供应，中小水电综合开发，并参与国际间小水电的开发、应用、技术培训、交流与合作，是我国首批依照《公司法》，将地方电力企业资产进行重组和股份制改造，率先完成厂网分开、组建股份公司和积极向资本市场融资等各项工作的独立配电公司。公司网内发电装机容量46万千瓦，电网除覆盖郴州市七个县（区）外，与衡阳、永州两地区的地方电网连接，还以三条110千伏通道与广东省电网联网，电网规模、售电量、销售收入和利润等在全国800余个县级地方电网和40余个跨县、市的地方区域电网中名列前茅。现有110千伏变电站6座，35千伏变电站27座，主变总容量46.4万千伏安；拥有110千伏线路438.71公里，35千伏线路664.46公里，10千伏线路2,031.67公里，10千伏以下线路近6,000公里。

近几年来，公司不仅在电力经营、电网建设管理、国际水电开发合作和企业文化建设等方面取得了突出成绩，而且在技术装备、内部管理和制度创新方面达到了全国地方电力行业的先进水平。2000年，基于公司致力于小水电事业及所取得的突出成绩，经联合国工发组织国际小水电中心批准，以郴电国际为承办单位在郴州设立了全球第一个国际小水电示范基地，向全世界进行小水电的建设管理示范和开展国际合作、交流。2001年度，公司被水利部评为“全国水利系统先进集体”、“全国水利系统优秀电网”，2002年5月，全国水利系统地方电力现代化建设与管理现场会在公司召开，并确立郴电国际在现代化企业管理、现代化技术应用中的全国地方电力“郴州模式”，向全国推广。公司法定代表人、董事长邓中华于2001年被授予“全国五一劳动奖章”，“湖南省劳动模范”，2003年当选为第十届全国人民代表大会代表。

公司的发展思路是：以上市为契机，进一步促进公司严格依照现代企业制度进行规范管理；加强电网建设和改造，提高现有电网的盈利能力；加大收购兼并力度，不断扩大经营规模和市场份额；加快国际小水电业务、合作的步伐，积极推进高附加值的国际化经营。我们的目标是尽快发展成为业务规模化、管理科学化、经营国际化的大型配电公司。

贵州久联民爆器材发展股份有限公司

【概况】 贵州久联民爆器材发展股份有限公司是经省人民政府黔府函（2002）258号文和国防科工委委爆字（2002）83号文批准，以贵州久联企业集团有限责任公司为主要发起人，联合贵州思南五峰化工有限责任公司、贵州兴泰实业有限责任公司、南京理工大学、贵州黔鹰五七零八铝箔厂等4家单位共同发起设立的股份有限公司。于2002年7月18日在贵州省工商行政管理局办理注册登记，注册资本为7000万元，净资产9946万元。截至2002年12月31日止，公司资产总额为1.9361亿元，其中净资产为1.137亿元，资产负债率为41.27%。公司的主营业务范围：民爆器材的生产、销售、研究开发；爆破工程技术服务，化工产品（不含化学危险品）的批零兼营。

【经营业绩】 公司的主要产品现有生产能力为工业炸药年产3.55万吨，工业雷管、工业索类火工品年产1.147亿米发，爆破工程及土石方挖运施工能力为1亿元/年。公司下设9844生产分公司、9855生产分公司、思南分公司和营销分公司（兼供销保障部）四个生产经营性分公司；投资控股贵州新联爆破工程有限公司、贵阳久联化工有限责任公司和贵州联合民爆器材经营有限责任公司共3个控股子公司和正在申请组建省级民爆技术中心。公司本部机构目前设置为五部一技术开发中心。公司2002年末职工人数为2643人，其中各类专业及管理人员657人。

股份公司成立后，在未加入新组建的联合经营公司、贵阳久联的情况下，2002年完成主营业务收入1.98亿元，全年实现利润总额2787.54万元，实现净利润2215.38万元，全年实现税金总额为1773.6万元（含实现增值税1476万元）。全年实现利税合计4561.15万元。在全国民爆行业排名中，现价生产总值、实现利税总额均排名第一，实现利润总额（不含爆破公司业绩）排名第二。

2002年股份公司经批准顺利进入贵阳国家高新技术产业开发区，贵州省科技厅批复成为区内高新企业，获得了税收优惠政策。公司着手自行完成管类电子延时器开发、设计、以跟踪国际、国内民爆行业管类产品先进技术，拟在高新区建设中试生产线，形成年产100万件批量生产，实现高精度电子延期雷管产品开发和延时器市场开发，为进一步提升公司业绩增砖添瓦。

2002年8月6日，公司正式进入上市辅导期，按照中国证监会《首次公开发行股票辅导办法》的有关规定，在中介机构的指导和久联集团公司董事会的支持下，按照有关规定初步建立了符合现代企业要求的公司治理基础，并于今年2月6日通过了第二期辅导并报中国证监会贵阳特派办备案。

安徽鑫龙电器股份有限公司

【概况】 安徽鑫龙电器股份有限公司系经安徽省人民政府批准，由始创于1988年的芜湖市电器设备厂、芜湖市电缆桥架厂等共同发起设立的高新技术企业，公司位于芜湖市经济技术开发区九华北路118号，公司占地面积512亩，建筑面积42000平方米。现有正式员工786人，其中中高级职称以上65人，本科以上学历82人，享受国务院津贴的专家3人，中专以上学历占员工总数85%，员工平均年龄为27岁。公司具有年产约50000台（套）新型电控及输配电设备和工业自动化系统装置能力，连续两年进入国家经贸委全国城乡电网建设改造推荐目录。公司产品已通过“3C”认证和ISO9001质量认证，拥有自营进出口权。并连续五年获中国农业银行“AAA”级资信，先后多次获得芜湖市“纳税大户”、安徽省“明星企业”、省市“诚信纳税企业”、芜湖市“优秀企业”等称号。企业自行研制开发的JGN－40.5，GZS1高压开关柜，连续三年“鑫龙牌”高低压开关柜获安徽省名牌产品称号；绝缘母线槽产品、“垃圾处理计算机系统控制装置”、“消失模自动控制系统”、“智能化永磁式真空断路器”等产品荣获国家级新产品称号。目前公司又有九个新产品通过省级专家鉴定。

【经营与管理】 企业始终坚持“以质量求生存，以效益求发展；信誉至上，服务一流”经营宗旨，建立了规范的“三会一层”

治理结构和现代化管理模式，从企业管理、产品研制开发、产品设计、生产工序、质量控制和产品出厂检验，售后服务等全过程实行了先进的计算机网络管理，并实施了企业资源计划系统(ERP)。同时公司拥有较强的技术力量和硬件基础，其中拥有较高水平的省级“企业技术中心”和两个研究所等研发机构，以及从日本、芬兰进口的具有世界先进水平的智能型自动化柔性生产线等先进的生产设备和一流的检测设备，确保了公司产品在国内具有领先水平。公司为在竞争中取得主动，在结构调整上狠下功夫。一方面，继续强化内部质量管理和成本管理，完善市场销售网络，加速产品技术升级和产品结构调整的步伐，用高新技术改造主业产品，确保近年来开发的多种高新技术产品迅速产业化，满足国内外市场需求；另一方面，按照“主业做精、多品种开发”的思路，向高科技领域发展，进行产业结构的调整，投资市场前景看好的高科技行业，于2002年、2003年分别投资设立了安徽森源电器有限公司、安徽鑫龙低压电器有限公司、安徽鑫龙自动化有限公司、安徽鑫龙变压器有限公司、安徽鑫龙电器元件销售有限公司、北京杰欣鑫龙科技有限公司、芜湖市钢构机柜厂等子(分)公司。

公司始终坚持以人才为中心，注重人才的引进和培养以及在宽松环境中加之利用，并与清华大学、中国科技大学、西安电气研究所、天津电气传动设计研究所等国内知名大学和院所建立了长期合作关系。多次荣获芜湖市“科教兴企”典范企业等称号。随着公司规模和业务的不断扩大，企业还将引进大批具有高学历、高水平、高素质的人才，为企业的进一步发展打下坚实的基础。

公司为了更进一步地加大科技投入，开发新品种，提高实力、扩大知名度、拓展市场，于2001年初开始筹划资本运作，计划在国内上市，并于2003年8月份顺利通过了中国证监会合肥特派办上市辅导调查评估工作，公司将以上市为契机，夯实基础，把握机遇，与时俱进，把鑫龙电器推向更加辉煌的二十一世纪工业电气时代。

地址：芜湖市九华北路118号

邮编：241008

电话：(86—553)5312688　5312668

传真：(86—553)5312688

贵州黔源电力股份有限公司

【概况】 贵州黔源电力股份有限公司简称“黔源电力”。1993年经批准由贵州省电力投资公司、国投电力公司(原国投中型水电实业公司)、贵州新能实业发展公司、贵州省普定县资源开发公司联合发起，以定向募集方式设立的贵州省电力行业第一家股份制企业。公司成立以来，严格按照《公司法》规范运作。公司“三会”制度健全：股东大会是公司最高权力机构；董事会是公司常设权力机构；监事会代表股东行使监督职能。实行董事会领导下的总经理负责制。使“黔源电力”在经营规模上有了长足发展，在经济效益上得到了较大提高。

【经营业绩】 “西电东送”、“黔电送粤”给“黔源电力”的发展提供了更广阔的发展空间。贵州省政府已明确由黔源公司控股开发北盘江流域水力资源，目前，北盘江流域装机104万千瓦的光照水电站前期施工正紧张有序地进行，工程预计2008年投产发电；光照水电站上游的善泥坡(24万千瓦)水电站已进入可研阶段，下游的董箐(60万千瓦)、马马崖(60万千瓦)水电站正进行预可研工作，力争与光照水电站同步建成发电；公司还控股开发贵州芙蓉江流域鱼塘、沙阡等中型水电站。鱼塘水电站预计2005年10月投产发电，沙阡水电站争取2006年投产。

公司奉行“团结、勤奋、实效、自律”的工作方针，按照“大力开发水电，加快发展火电，实现股票上市，以建成水火互济的大型发电公司”为我们的发展目标。坚持科学管理，层层落实经营责任，经济技术指标明确到位，有一套经营管理制度保证公司高效运转。公司目前拥有的两个发电分公司，即普定发电公司、水城发电厂，装机容量19.9万千瓦，年发电量10亿千瓦时。2000年开工建设的“西电东送”的首批启动项目之一引子渡水电站，于2003年12月，三台机组全部投产发电。值此，公司总装机容量达55.9万千瓦，年发电量20亿千瓦时以上。

截止到2003年末，公司总资产17.48亿元，净资产2.25亿元，主营业务收入2.5亿元，利润总额0.52亿元，净利润0.44亿元，每股收益0.48元/股。

面对电力企业改革与发展的新形势，坚持“发展才是硬道理”，公司本着“稳健经营，规范运作”的方针，以经营资本为重点，以优质高效为目标。争取“黔源电力”股票尽早上市，以增加更强的投融资能力，拓展更大的经营空间，为全体股东的利益最大化而努力。

江西洪城水业股份有限公司

【概况】 江西洪城水业股份有限公司是经江西省人民政府赣股(2001)4号文件批准，并在江西省工商行政管理局登记注册，主要从事自来水供应的企业。公司由南昌水业集团有限责任公司为主发起人，以其主业突出、效益稳定的青云水厂、朝阳水厂、下正街水厂、长陵水厂全部生产经营性资产作为投入，联合北京市自来水集团有限责任公司、泰豪信息技术股份有限公司、南昌市煤气公司、南昌市公用信息技术有限公司共同发起设立的股份公司。全公司拥有各类专业技术人员90名，其中：具有高级职称人员7名，中级职称人员32名。公司现有总资产2.58亿，净资产1.45亿，主要经营：自来水、纯净水、水质净化剂、水表、给排水设备、节水设备、仪器仪表、环保设备的生产、销售、城市污水处理。公司拥有国内外先进的制水工艺设施和自动化控制系统，拥有一流的水质监控手段和完善的质量保证体系，其水质稳定达到和超过国家生活饮用水标准，并顺利通过了ISO9001:2000国际质量体系认证。现公司日供水能力90万立方米，保证了南昌市工业生产和市民正常用水的需求。

公司将在国家产业政策指导下，严格按照《公司法》、《证券法》的规定和现代企业制度的要求，以追求利润最大化为公司目标，规范运作，拓宽经营领域，依托资本市场，强化资本运营，壮大企业实力，逐步成为经济效益显著、具有竞争力的规范的上市公司。

董事长：郑明坦　　**总经理**：刘忠

地址：南昌市沿江南路292号

邮编：330001

电话：0791—5218115

传真：0791—5227726

大同煤业股份有限公司

【概况】 大同煤业股份有限公司是由大同煤矿集团有限责任公司作为主发起人，联合中国中煤能源集团公司、秦皇岛港务集团有限公司、中国华能集团公司、上海宝钢国际经济贸易有限公司、煤炭科学研究总院、大同铁路多元投资管理中心、大同市地方煤炭集团有限责任公司等七家其他发起单位共同发起设立，其八家发起单位均为国内知名大企业，涉及煤电路港科工贸等各领域，其控股母公司——大同煤矿集团有限责任公司(原大同矿务局)是国家512户重点企业和120家大型企业集团试点单位之一，是山西省人民政府授权经营的大型企业，同时也是山西省区域经济发展具有带头作用的龙头企业。

【经营业绩】 大同煤业股份有限公司于2001年7月25日在山西省工商行政管理局核准登记注册成立，注册资本55685万元人民币，公司主要产品为煤炭，所生产的"大友牌"煤炭是中国境内少有的多用途优质烟煤。2003年，公司预计实现利润总额2.91亿元，税后净利润1.95亿元，每股税后利润0.35元。公司拥有总资产26.7亿元，净资产12.4亿元。

宁波康强电子股份有限公司

【概况】 宁波康强电子股份有限公司(以下简称"康强电子")是由宁波普利赛思电子有限公司、中国普天宁波电子信息集团有限公司、英属维尔京群岛杰强投资国际有限公司、宁波经济技术开发区康盛贸易有限公司、台湾籍公民刘俊良、江阴市新潮科技有限公司等六家股东出资组建的一家专门从事各类半导体引线框架的开发、生产、销售的国家级高新技术企业。公司性质为中外合资股份有限公司，注册地为宁波市鄞州区潘火工业区，注册资本为7210万元人民币，总资产2.2亿元，净资产1亿元。康强电子产品覆盖国内著名的半导体行业的后封装企业，在全国覆盖率高达60%左右，为全国最大的半导体分立器件引线框架生产企业。

股份公司的前身宁波康强电子有限公司创建于1992年6月，由宁波沪东无线电厂(已于2001年改制为宁波普利赛思电子有限公司)和香港捷邦科技有限公司共同投资成立。创立十年来，经过不断地追求技术创新，不断地增加有效的科技投入，经营业绩不断上升，公司已从成立时的一个名不见经传的小企业发展到今天全国同业中规模最大、效益最好的知名企业。公司于2002年10月正式改制成为股份制企业，并且于同年12月正式进入辅导期，展开上市前的各项准备工作，目前辅导期已经过半。

【经营业绩】 康强电子生产各类引线框架120余个品种，主要有TO系列、表面贴装引线框架、IC引线框架等，并正在开发生产片式钽电容所用框架，现在生产各类引线框架150亿只的能力。公司现有高精度的冲压设备35台套，模具开发及维修设备37台套，检测设备12台套，高速选镀性电镀流水线24套(61条)，17MΩ高纯水生产线3套，自动废水处理设备3套。康强电子厂区面积35000M2，厂房面积25000M2。现在员工600余人，其中专业技术人员45人，研究开发人员15人。

半导体行业存在着明显的规模经济，康强电子的管理层比较清醒地把握到了行业发展的态势，从公司成立就一直执行总成本领先的战略，每年均投入大量的资金进行技术改造，通过不断扩大规模来降低成本，产生市场优势，提高市场占有率，目前国内主要的后封装企业康强基本上都有供货，覆盖率达60%以上，而且康强是目前国内唯一有规模、有实力能同国外大型企业相抗衡的民族企业。同国内其他企业相比，康强电子具有较明显的品牌优势、技术优势、研发优势和管理优势。

康强电子一直将客户，特别是大客户的需求摆在公司考虑的首位，随着下游行业竞争的进一步加剧，康强电子认真研究供应链管理。生产计划与主要客户生产计划实现对接，同时不但在公司内部为主要客户设立了专门的仓库，而且在主要客户的工厂周围设立专人负责的仓库，实现了仓到仓服务(Warehouse to warehouse)，帮助客户实现零库存。

康强电子是民营企业起家，机制较为灵活。虽然11年来不断发展壮大，但是既保持了小企业的灵活，最近几年来通过股权结构的优化又逐步建立了大企业的规范管理机制。股权结构的分散化形成了对企业重大决策的制约机制，同时各股东对经营团队在信任的基础上又充分授权，因此在市场竞争中，康强电子既比国有企业、外资企业决策快，对市场反应灵敏，又比一般民营企业决策过程规范，降低了决策失误风险。在过去的11年中，企业能够一直保持高速增长而又没有出现大的失误与波折，与此不无关系。

康强电子于1996年通过ISO9002:1994质量体系认证，2002年完成了向ISO9001:2000的转版工作，并在同年年底通过了QS9000质量体系认证。1998年公司被批准为宁波市高新技术企业，2000年被批准为浙江省高新技术企业，2001年被批准为国家级高新技术企业，现为宁波市6家规模排名全国第一的国家级高新技术企业之一。公司的质量方针是：以最优惠的价格，向顾客提交技术先进、质量可靠的产品，持续改进我们的流程，并提供优良的服务。

过去康强电子一直将国内作为主要市场，和江阴长电、明昕微电子、佛山蓝箭、吉林华微等产业链下游企业结成了紧密的战略伙伴关系。随着全球经济一体化格局的逐步形成，现在公司正在着力开拓海外市场，目前已经向飞利浦半导体(广东)批量供货，预计未来几年中，仅该客户销量就可达到400亿只SOT框架。此外，同乐山菲尼克斯，NEC，意法半导体(ST)，摩托罗拉等著名国际大企业的业务合作都在洽谈之中。为了企业的进一步发展，当前康强电子重点在开发档次高、技术含量高、市场效益好的产品，重点就是大规模集成电路引线框架(该市场预计未来几年将会以40%以上的速度增长)和表面贴装器件引线框架。公司期望未来几年中，这些新产品能够占据企业销售的半壁江山。此外，康强电子积极对产业进行横向整合，为客户提供全面的、一体化的产品和服务。公司已签约从日本引进全套生产线，进入市场发展空间大，竞争对手少，产值、附加值双高的金丝生产，该举动已经引起业内瞩目。

地址：宁波市鄞州区潘火工业区
邮编：315105
电话：0574－88231777　　**传真**：0574－88235553

内蒙古金川保健啤酒高科技股份有限公司

【概况】 内蒙古金川保健啤酒高科技股份有限公司座落于阴山南麓、黄河北岸，素有"塞外小江南"和"金色米粮川"美称的河套平原上。公司现有总资产1.3亿元，年生产保健啤酒能力为6万吨。公司成立于2001年12月，是由内蒙古金川保健啤酒总厂作为主发起人，联合鄂尔多斯羊绒集团股份有限公司等八个发起人共同发起设立的，公司总股本为4150万元。公司的主营产品金川保健啤酒，是采用优质医、饮两用矿泉水，经特殊的工艺精酿而成。其保健功能已经经过了中国医学科学院、中国预防医学科学院、北京医科大附属人民医院、上海瑞金医院等医学权威部门的实验验证。

【经营与管理】 1999年9月，金川保健啤酒被中国绿色食品发展中心评为“绿色食品”；99年11月，金川保健啤酒被国家科学技术部、国家税务总局、国家对外贸易经济合作部、国家质量技术监督局、国家环境保护总局五部局认定为国家重点新产品。2000年6月，企业顺利通过ISO9002质量体系认证。

在经营业绩方面，2001年实现净利润743万元，较上年增长92.5%；2002年实现净利润1277万元，较上年增长71.8%，吨酒利润在全国啤酒行业居第三名、实现利润总额在全国453家啤酒企业中列第26名。

地址：内蒙古临河市团结路25号

邮编：015000

电话：0478－8252016

包头北方创业股份有限公司

【概况】 包头北方创业股份有限公司（以下简称公司），是经国家经贸委批准，以内蒙古第一机械制造（集团）有限公司为主发起人，联合包头浩宇等四家发起人共同发起设立的股份有限公司。注册地为包头稀土高新技术产业开发区，总股本8000万元，截止至2002年底，净资产12033万元，人员1393人，拥有各种先进机械、动力设备720台（套），科技力量雄厚，现代管理手段齐全。2001年被内蒙古自治区认定为高新技术企业。

【经营业绩】 公司主要生产经营铁路车辆、专用汽车、冶金机械、车辆配件和压力容器等产品，具有大批量铁路车辆、专用汽车、冶金定径机、车辆配件和压力容器的生产能力。铁路车辆产品包括敞车、罐车两大系列二十多个品种，产品质量稳定，具有良好的品牌形象，被中国质量管理协会授予“全国用户满意产品”和内蒙古质量协会授予“内蒙古自治区用户满意产品”。

专用汽车产品有采用北方—奔驰底盘改装的厢式、罐式专用车20余种车型，应用先进的兵工装甲防护技术，研制出国内首台“C级防护”防弹运钞车，率先通过公安部打靶试验，并获得国家实用新型专利。冶金机械在吸收、消化德国先进技术的基础上，自行开发、研制并国产化了定径机三大系列产品及干熄焦罐车等产品，在同行业中品种、销量均名列前茅，属于国家替代进口产品，并被列入国家火炬计划项目。

2001年公司实现销售收入28886万元，利润2065万元；2002年实现销售收入35209万元，利润2865万元，同比增长21.9%和38.7%；今年公司经营将保持较高的增长速度。

公司确保发展铁路车辆这一核心业务，拓展专用汽车和冶金机械这两项战略业务，积极培育以高新技术改造传统产业为主要内容的新兴业务，形成以铁路车辆产品为主导，专用汽车和冶金机械系列产品协同发展的格局。公司以“超越自我、追求卓越”为企业精神，就是要求公司每位员工树立“永不满足”的信念，这是公司超越他人、超越自我、超越未来，使自己立于不败之地的驱动力。其信念体系就是无论干什么工作，都要做出十分突出的成绩，并且把这个成绩作为奋发进取的起点。

地址：包头市2号信箱北创公司

电话：0472－3117903　　0472－3116791

安徽国祯环保节能科技股份有限公司

【概况】 安徽国祯环保节能科技股份有限公司是由安徽国祯集团股份有限公司联合合肥高新技术产业开发区科技实业发展公司、淮北万里电力实业总公司、安徽省环境保护科学研究所、安徽省环境保护产业开发服务中心等五家股东发起的全省第一家集污水治理、大气粉尘治理、固体废物资源化等为一体的大型环保高科技股份制企业，注册资本5418万元，信用等级AAA。公司是国家火炬计划重点高新技术企业、安徽省高新技术企业和全国环保产业骨干企业，已通过ISO9001质量认证。

【经营业绩】 公司主要从事环保节能设备、产品、技术、工艺的研究开发；污水处理设备、产品的生产制造与工艺技术的推广应用；污水处理工程总包建设和污水处理设施托管运营；固体废物、粉尘综合治理；煤矸石综合利用和集中供热供电等。

公司所属的安徽中联环保设备厂是中国最早生产环保设备的厂商之一，拥有近30年的污水处理设备生产经验，特别是曝气机的技术水平一直居国内领先地位。已为国内700余座污水处理厂（站）提供了近4000台套环保设备，部分产品还出口俄罗斯、泰国、越南、老挝、埃塞俄比亚等国家和地区。公司通过实施5—40万吨/日城市污水处理成套设备国产化国债项目已使公司污水处理设备生产能力、配套能力和技术水平提升到一个新的高度，部分产品已达到世界先进水平。公司已承建了20多项污水处理工程，参与建设的污水处理厂已达100多个。2000年公司以总承包身份承建的亳州市8万吨/日污水处理厂工程是国家环保总局国产化设备的示范工程。2001年11月通过招投标获得深圳市龙田、沙田两污水处理厂15年的托管运营权。公司在城市生活污水和工业废水的治理方面形成了集方案设计、工程总承包、设备成套供应、安装调试、人员培训、托管运营为一体的客户服务体系。安徽国祯环保节能科技股份有限公司将一如既往地坚持“产业报国、奉献社会”的企业宗旨，坚持“以客户为中心”的服务宗旨，弘扬“诚信、勤俭、竞争、创新”的企业精神，为治理环境污染、保护碧水蓝天做出更大的贡献。

鞍山利迪股份有限公司

【概况】 鞍山利迪股份有限公司是中国最具规模的车用化工生产企业之一，主导产品为车用润滑油、制动液、防冻液和金刚烷。公司生产的利迪牌高级汽车制动液，技术水平和产品质量挤身世界前例，通过了国家有关部门的检测，是我国唯一通过国际权威机构美国西南检测中心（SRI）的68项指标检测和十万次高、低温刹车台架试验，得到德国大众的技术认可的国产制动液，成为“奥迪”、“捷达”、“解放”、“金杯”等汽车生产线的指定装车用油，又被“上海大众”等厂商认可，结束了高级制动液依赖进口的历史。先进的检测设备和完备的质量保障体系，使利迪制动液成为免检产品，被中国汽车工程学会确定为行业制动液的标准液。

随着公司实力的增强，企业持续发展的需要，利迪股份研制了高附加值产品金刚烷，通过了中试，进行了小批量生产和销售。金刚烷应用医药、高分子材料等领域，国内生产厂家的产品收率普遍低于30%，日本也仅有40%。利迪股份采用自行研发的催化技术，使金刚烷的大批量工业生产成为现实，收率达到70%以上。

高级制动液、绿色环保型防冻液、金则烷产品均获辽宁省科技成果奖，并取得了9项发明专利。高级制动液、金刚烷产品还被列入2000年度国家重点新产品计划，被科学技术部、国家税务总局、对外贸易经济合作部、国家质量技术监督局、国家环保总局联合授予《国家重点新产品》证书。三年来，利迪股份围绕汽车化工行业，主营制动液等车用油品，销售量年均增长30%，主营业务利润增长50%。公司设有研究开发中心，并与中国科学院大连化物所、大连理工大学等科研机构进行技术合作，为企业充电、蓄能。研发投入的资金逐年提高。

利迪股份是省级高新技术企业，省科技成果奖获奖单位，国家火炬计划实施单位，国家重点新产品实施单位，国家高技术产业化项目实施单位，德国VDA质量标准认证单位。利迪股份本着"把真诚与创造献给社会"的企业理念，靠企业家和专家，运用先进的科学技术，采用有效的科学管理，有了高技术产品，有了多年的运营经验，铸造"利迪"这一民族品牌。

鞍山荣信电力电子股份有限公司

【概况】 鞍山荣信电力电子股份有限公司是专业从事高压电网动态无功补偿装置(SVC)、电力滤波装置(FC)、智能瓦斯排放装置及其他现代电力电子自动化装置的设备制造、系统设计及研究开发的高科技企业。本公司的前身是为执行国家重点工业性试验项目——国家级SVC工业性示范生产线的建立(现名为:国家高技术产业化示范工程)，于1998年组建的产权明晰，执行现代企业制度的有限责任公司，是辽宁省首批认定的高新技术企业，中国银行的AAA级企业。公司于2000年11月整体变更为股份有限公司，建立了完善的法人治理机构。

公司座落于国家级高新技术产业开发区——辽宁鞍山经济开发区内，占地14000平方米，建筑6000平方米，注册资金4000万元，总资产8000万元，拥有66KV高压变电站，标准厂房，现代化的办公科研大楼，国内第一个具有国际先进水平的SVC高压全载试验中心及完备的生产、检测、试验及设计手段，并在北京设有研发中心及销售中心，在乌克兰设有国外专家研究机构，公司员工均为大专以上学历，执行ISO9001质量体系。公司拥有员工63人，均为大专以上学历，中高级专业技术人员三十余名，其中拥有电网无功补偿技术、煤矿井下瓦斯自动排放技术、电力电子变流技术等领域内的国内高级专业人员十余名，具有丰富的经验。

【经营业绩】 荣信公司研发力量雄厚，二个产品事业部负责相关产品的研制开发工作，除此之外还在北京设立了研发中心，在乌克兰建立了国外研究机构，充分利用国内外一流的技术人才和研究环境，跟踪并掌握世界上相关专业技术的发展方向，不断开发研究现代电力电子新技术及产品，始终保持技术的领先地位，降低成本，提高质量，服务用户。

荣信是中国最大的SVC厂商，专业研制开发并向国内外用户提供TCR及TSC型SVC产品，规格品种齐全，技术指标达国际先进水平，拥有国内唯一的SVC高压全载试验中心，集中了国内外经验丰富的专业工程技术人员，特有先进的全系列自冷及风冷结构，与国际同类进口产品相比具有最优性能价格比，产品在国内已取得广泛应用，全面替代进口，为用户节省了大量投资。1998年，国家发展计划委员会为加快中国在SVC领域的产业化和国际化进程，立专项在荣信建立国内第一条SVC重点工业性试验示范生产线(现名为:国家高技术产业化示范工程)SVC技术同时被列入《当前国家优先发展的高技术产业化重点领域》及《中国高新技术产品目录》之列。

电力滤波装置 电网电压质量通常用稳定性、对称性及正弦性等指标衡量，随着现代电力电子设备等非线性负荷大量接入电网，使电网供电质量受到严重影响，其中各种电力电子开关器件的大量应用导致了有害高次谐波的产生，进而导致电网电压畸变，使电力设备误动作、发热、损耗、不稳定、过负荷、损坏、降低生产效率并干扰通迅信号，为清除有害高次谐波，必须在系统中加装滤波装置，滤波装置除用于消除谐波外，还可向系统提供容性无功，用于改善功率因数。荣信公司在滤波系统的选型、设计、制造、安装、调试运行等一系列工程中具有丰富的经验，采用电力系统设计软件及专业测量分析工具，可以完善地解决任何复杂系统所面临的难题，制定并实施最优化最经济的方案，在解决问题的同时为用户最大限度地节省投资。

MABZ智能瓦斯排放装置 MABZ智能瓦斯排放装置是采用先进的SPWM变频调速技术、快速CPU模糊控制技术及超导热管散热技术开发研制而成的一种新型全自动瓦斯排放装置，主要应用于控制煤矿井下掘进工作面局部风机，通过智能调节风量，实现安全、高效、自动地快速排放瓦斯的目的，彻底消除瓦斯爆炸事故，在正常通风时，还可调节局部扇风机的风量，改善工作面的工作环境，并达到显著节能的效果。该产品大大提高了煤矿工业的安全生产水平，技术水平世界领先，填补了国内外井下瓦斯实时自动排放领域的空白。现已广泛应用于国内各大矿务局，取得了良好效果，受到广大用户的一致欢迎。该产品已被列入国家高技术产业化推进项目及国家级火炬计划，并被国家煤炭监察局发函推广。

北京三维力控科技有限公司

【概况】 北京三维力控科技有限公司是三维集团的核心成员之一，是以管控一体化技术为核心发展方向的高新技术企业，是国家认证的软件企业。1999年通过ISO9001质量体系认证。力控监控组态软件及实时数据库源于公司承担的国家"九五"双加项目，在同类产品中惟一被确认为"国家重点新产品"，也是国家"十五"863计划"先进制造与自动化技术"领域的重点产品(2001AA413020)。

力控产品已经应用于石油、化工、电力、楼宇、水利、冶金、机械、交通、食品等多个领域，北京三维力控公司已经成为国内具有广泛影响力的自动化及软件企业。经过长期的现场应用考验，力控拥有同行业中最复杂、最庞大的SCADA应用案例，代表了国产监控组态软件和实时数据库的先进水平。

三维公司以持续的创新获得了高速成长，得到了社会和用户的认可。每年公司将销售收入的10%用于科研开发和基础研究，以保持在技术上的领先。公司以最快的速度将最新的研发技术成果转化为商品并交付用户，实现公司的价值。公司独特的价值理念和团队精神使其产品保持长久优势。

公司设有研发中心，拥有一批博士、硕士及高级开发人员组成的开发队伍，占公司总人数的40%，中心下设三个研究所(工控平台软件研究所、CIMS系统研究所、电子技术研究所)和四个实验室(力控？自动化技术实验室、MIS实验室、电子技术实验室、CIMS实验室)，其中力控？自动化技术实验室被黑龙江省科学技术厅列为省重点实验室。中心装备有科研设备320多台套，每年有多项科研成果荣获省级奖励。公司自成立以来共承担国家"九五"、国家火炬、省重点科技攻关项目十余项，取得了丰硕成果，多个产品被列为国家重点新产品，为国家科技创新做出了应有贡献。

公司与国内外知名大学、科研院所和企业间展开了广泛的交流与合作，与清华大学、中科院软件研究所、中国科学技术大学、哈尔滨工业大学、英国曼彻斯特大学等建立了长期、稳固的合作关系。

长城须崎铸造股份有限公司

【概况】 长城须崎铸造股份有限公司(CSMF)为1994年组建的中日合资企业;1999年改组为股份公司。长城须崎目前生产的产品有:机床类铸件、发电设备类铸件、压缩机类铸件、内燃机类铸件,通用机械及其它类铸件。长城须崎下属3三个铸造工厂,年生产能力为25000吨,可生产高强度灰铸铁、球墨铸铁铸件,铸件最大单重20吨。公司占地面积24万平方米,建筑面积5.3万平方米,员工900余人,其中专业技术人员144人。

【经营业绩】 长城须崎铸件产品生产能力、技术和装备处于本行业世界先进水平。自1991年起,长城须崎铸件质量连续6届获得行业评比和北京国际铸锻件及工业炉窑展览会一等奖,连续10余年位居中国同行业之首。1996年,长城须崎全面贯彻ISO9000国际标准并获英国MCW公司颁发的ISO9000证书。使工厂成为全国同行业首家通过来自ISO9000标准发源地(英国)的专业认证公司审核发证企业。1999年被美国通用电气动力系统授予全球最佳供应商称号;2001年被中国质量协会授予全国质量效益型先进企业称号,被中国工业经济联合会、中国机械工业联合会、中国机电日报社联合评为2001年中国机械工业企业核心竞争力100强企业之一。

目前长城须崎已成为机床铸件产量、出口量全国第一,出口占总产量80%以上的国际化公司。在开展铸件出口业务的10余年间,其铸件产品远销日本、韩国、新加坡、欧美等40余家公司,目前拥有的客户中多为国际知名的大公司,如:日本马扎克、大限、牧野、中村留、松下,韩国大宇、新加坡马扎克、英国马扎克、意大利新比隆、德国GEEPE、美国通用电器等。公司年创汇额超过1300万美元,为宁夏回族自治区的利税和创汇大户;公司主要经济指标1995年以来一直位居全国同行业第一名。

长春高新华康制药股份有限公司

【概况】 长春高新华康制药股份有限公司位于长白山之麓、牡丹江之畔,是吉林省重点制药企业。公司占地95000平方米、员工940名,下辖5个分公司,可生产人用药、农药和兽药。长春高新华康制药股份有限公司是1998年平均月由长春高新技术产业(集团)股份有限公司、敦化市华康制药总厂等法人共同发起组建的股份有限公司总投资8000万元,全部为法人股。公司前身敦化市华康制药总厂始建于1990年7月,在坚持“科学技术是第一生产力”的指导思想下,以人为本、通过8年的拼搏,使企业的产品遍布国内市场,主导产品“血栓心脉宁”、“冠脉宁”深受广大患者好评,“护肝胶囊”、“脑复素”、“祖师麻片”、“返魂草冲剂”、“消炎王”、“铃虫净”等四十三个品种在市场小有名气。血栓心脉宁等产品被吉林省评为名牌产品、消费者满意产品等殊荣。公司注重产品开发,培养企业后续能力,建厂几年来共投资5600万元用于产品工发,现共开发生产储备及研制阶段的品种56个,其中规模5亿元品种2个(低分子肝素等),规模1亿元的品种3个(镇敏特等)其余为5000万元以下品种。日后开发的方向定位在一、二类新药领域,为企业的发展提供强有力的前提条件。

长春高新华康制药股份有限公司,拥有按GMP要求设计的现代化厂房设施,具有生产冲剂、片剂、胶囊、针剂、酊剂等多种剂型能力,现投资8500万元进行的园区三期改造,将使华康的硬件水平基本上达到国家GMP要求标准。因企业严格管理、质量有可靠保证,经中国质量保证中心评审,企业于98年通过ISO9002国际质量体系认证,先进的生产条件与可靠的质量保证体系将使企业在未来的市场中占有优势地位。公司注重企业形象宣传与文化建设,导入CI策化,使企业竞争能力日趋加强,在全国制药行业享有美誉,数年来,公司(含前身)被评为“吉林省明星企业”、“吉林省医药行业‘八·五’期间优秀制药企业”、“省级三好企业”、“优秀企业”、“省级精神文明单位”、“省级纳税先进单位”、“国家科委星火计划实施十周年先进集体”等诸多光荣称号。公司拥有强大的销售网络,遍布全国21个省、4个直辖市、4个自治区,有专职营销人员295名,与全国医药公司、药材公司、医院等部门密切合作,遵守国家医药政策,市场份额逐年提高。

长春轨道客车股份有限公司

【概况】 长春轨道客车股份有限公司是由长春客车厂改制而来的,是由中国北方机车车辆工业集团公司为主发起人,以原长春客车厂的优良经营资产为主体,联合北亚实业股份有限公司、吉林省金豆实业集团有限公司、武进市剑湖铁路客车配件厂、中铁科学技术开发司、吉林敦化丹峰林业有限公司共同发起设立的股份有限公司。公司股本总额53000万元,注册资本为人民币53000万元。公司主营业务是铁路客车和轨道车辆制造。

长客股份公司的前身长春客车厂始建于1954年,是国家一五期间的156个重点建设项目之一。公司是我国最大的轨道客车生产基地,有铁路客车和轨道车辆两大生产系统,年新造铁路客车和集中、分散动力型动车组1500辆以上,新造轨道客车950辆以上(其中碳钢车350辆,铝合金车350辆,不锈钢车250辆)。迄今为止,长客已经新造铁路客车两万四千余辆,占全路在用运营铁路客车的一半以上,年产量一直稳定在国内总需求量的48%左右;新造轨道车辆一千余辆,产品遍布北京、天津等大都市和朝鲜的平壤、伊朗的德黑兰等著名城市。企业共有员工八千多名,其中技术管理人员2000多名。有较先进适用的机械设备三千多台(套);有保证车辆制造水平和质量的冷加工、热加工、木材加工及车辆组装的诸多专业,门类齐全,工艺水平居国内同行业领先地位。经过“九五”技术改造和引进后,长客不仅能够生产碳钢车体的各类轨道车辆,而且还可以生产国际先进的碳与不锈钢混合车体车辆、全不锈钢车体车辆和铝合金车体车辆等。

长春鸿达高技术集团有限公司

【概况】 长春鸿达高技术集团有限公司是集信息技术和生物技术为一身的高技术集团,是中国优秀民营企业之一。2000年建设的鸿达工业园设在中国北方著名的科学、文化城市——长春市的高新技术产业开发区内。自1990年成立以来多次获得国家及省、市有关部门的奖励。截止到今年十月,集团公司已拥有固定资产2.3亿,10年间资产增长了100多倍,拥有建筑面积四万多平方米的科研、生产、办公综合楼。

公司被评为吉林省高技术企业十强之一,被誉为“吉林省计算机行业排头兵”,2000年被国家科技部认定为国家火炬计划软件产业基地"长春软件园"骨干企业，2001年经国家人事部全国博士后管理委员会批准在集团公司设立博士后科研工作站，获得国家专利证书及计算机软件登记证书二十余项，并通过了ISO9001质量体系认证。目前，鸿达集团承担着十几个大型软硬件项目，其中国家级火炬计划项目两项，国家重点软件工程四项。并与国外SUN、HP、IBM、Microsoft等公司结成战略合作伙伴。

【经营业绩】 长春鸿达高技术集团有限公司下设长春鸿达信息科技股份有限公司、长春鸿达光电子与生物统计识别技术有限公司、长春鸿达信息处理研究发展中心，在中国的北京、广州、重庆、南京、深圳及德国的汉堡设有分公司。

鸿达集团坚持科研、生产、贸易一条龙的方针，走院校、企业、用户相结合的道路。集团下设研发、制造、营销及质量管理等职能部门，共有员工425人，其中工程技术人员357人，本科以上学历占70%，有博士17人，硕士46人；有教授(含研究员、正高级工程师)15人，其中博士生导师3人，副教授(含副研究员、副高级工程师)32人，中级职称技术人员140人。研发部分包括软件开发中心和产品开发中心：一、软件开发中心设有系统分析、结构设计、代码编写、程序测试四部分，承担着人口综合信息管理系统、公安部治安管理信息系统、户政办公系统、社会保险管理信息系统、养老保险管理信息系统、交通车辆管理系统、交通违章管理系统、全国公民身份查询服务系统、全国二代证信息检验系统、人像高速比对系统等大型软件项目；二、产品开发中心设有基础算法研究实验室、电子工程实验室、光机实验室、新产品研究实验室和工程实验室等，以开发生物识别系列产品为主，其中指纹系列产品被列为1999年国家火炬计划项目和2000年度国家重点新产品。

鸿达集团的主要业务之一是大型计算机应用软件的开发、销售及计算机网络系统集成，并提供相关的技术服务。公司的计算机应用软件的主要产品公安人口综合信息管理系统，自1990年问世至今已更新六个版本，在全国占有68%的市场份额，在此基础上，公司一直在公安办公自动化的各领域及电子商务领域进行开拓研究。公司主导产品公安人口综合信息管理系统国家信息产业部已接受我公司进行计算机系统集成国家一级资质认证的申报，公司的软件开发部已通过CMM软件能力成熟度模型二级评估，导入先进的软件开发过程，做好向国际市场进军的准备。集团公司的另一主导业务是指纹识别系列产品及相关软件的研究、开发、生产及销售，目前已成功开发出指纹锁系列产品、指纹复合系列产品、指纹采集识别系统、指纹社保系统、指纹银行系统、指纹考试系统、指纹血库系统、指纹通道系统、人脸照片自动识别系统等三十余种软硬件产品，到2001年已实现规模化生产。鸿达指纹产品是集光学、电子、计算数学、计算机科学、生物学及人机工程等多学科为一体的高科技产品，属国际先进水平。产品在2001年中国第八届专利技术博览会上获得三项金奖。经测试表明，具有识别速度快、准确性高、系统软件可扩充性强、使用方便、安全可靠等优点。

鸿达集团与吉林大学计算数学系合作建立的鸿达信息处理研究发展中心，主要承担指纹、人像等基础算法理论研究工作。拥有全国第一的百万标准人像数据库，近百万指纹数据库。所开发的指纹比对算法在国家公安部近期对国内外二十多家研究机构的算法进行的综合测试中名列第二。依托于高、精、尖的专业人才，鸿达光电子公司已成为国内最大的指纹产品生产基地，将致力发展成为世界上优秀的指纹识别模块供应商。公司陆续从德国、日本、南韩等地引进了先进的生产设备，拥有光学加工生产线、机械加工生产线、电子元器件表面贴装生产线及装配流水线，在信息技术、生物技术领域中飞速发展，规模、产值、利税攀升吉林省同行业之首。

长春精优药业股份有限公司

【概况】 长春精优药业股份有限公司是由香港精优企业有限公司与吉林省医药保健品进出口公司合资兴建的制药企业。公司致力于开发、生产、经营药品和保健品，可生产口服液、冲剂、注射剂、冻干粉针、胶囊、片剂和人参等多种中药材的提取物和原药材粉末(如：人参浸膏、人参茎叶皂甙等)。在全国设立6个综合办事处，31个代表处，销售网点达600余个，分布在27个省、市、自治区，部分产品销往日本等国。公司下设品质部、研发部、推广部、商务部、财务部、制造部、行政部、采购部、仓管部等九个职能部门。

公司技术力量雄厚，专业技术人员占全体员工的91%，制药专业技术人才占全部员工的60%。近年来公司发展迅速，许多应届医学、药学专业毕业生来我公司应聘生产第一线的工作，致力于生产技术的学习和积累，为公司的日益壮大出谋划策。

公司自1992年8月成立以来，在总经理领导和全体员工的共同努力下，现已成为制药企业中发展快、品种新、技术好、人员素质高、经济效益好的企业之一。1994年以来，曾获"外商投资明星企业"、省医药局颁发的"质检机构AA级认证"等称号；以及被列为"医药行业重点发展企业"之一和"高新技术企业"等等。

公司将质量作为企业的命脉，从国外引进先进的设备仪器进行加工和检测，生产车间严格按照GMP标准要求的空气洁净等级进行合理布局，从原料入厂至成品出厂的每一环节都严格监控，使每一批出厂的产品都做到最优，让患者放心。

长春旭阳工业(集团)股份有限公司

【公司概况】 长春旭阳工业(集团)股份有限公司成立于1999年7月，是一家国有控股的集团型股份制企业。公司总部坐落在长春经济技术开发区，下属1个分公司、4个控股子公司、1个合资企业和1个直属的技术发展中心。职工2800人，厂区占地面积18.2万平方米，生产建筑面积近10万平方米。公司具有国家外经贸部批准的A类进出口经营权，自营和代理各类商品技术的进出口业务。公司被长春市科委认定为高新技术型企业；被吉林省质量管理协会授予用户满意企业称号；被评为长春市先进企业、吉林省明星企业和吉林省交通运输设备制造业50强企业。

【产品简介】 集团所属企业主要产品有：轿车座椅骨架、轿车座椅总成、轿车地毯、各种汽、轿车橡胶密封件、密封条、遮阳板等汽车内饰产品。企业均通过了ISO9000、QS9000、VDA6.1质量体系认证，是一汽集团、一汽大众公司、沈阳金杯，北汽福田等汽车厂家的主要供货商。公司主导产品：汽(轿)车零部件，为一汽、一汽大众配套的奥迪A6、宝来A4、捷达轿车座椅骨架，拥有100%配套份额；奥迪、红旗、宝来、捷达轿车成型地毯拥有100%配套份额；汽车橡胶制品拥有30%－50%配套份额，其中捷达轿车橡胶密封条拥有100%配套份额。

公司拥有年产15万辆套轿车座椅骨架生产能力，年产15万辆套轿车成型地毯和年产15万辆套汽(轿)车橡胶制品生产能力；具有阴极电泳涂漆生产线，机器人焊接工作站、超声波焊接机、水切割机、微波硫化、静电植绒线等国外引进先进生产线与设备。

【经营与发展】 集团公司成立三年多来，经济持续稳定发展，工业总产值、产品销售收入、利润总额成倍增长，目前，集团公司汽车零部件产品年销售收入达6亿多元人民币，实现利税近7千万元，年出口创汇200多万美元，资产负债率61%；净资产利润率、总资产报酬率等经济效益指标，在全市20家国有大型企业和企业集团中排名榜首。最近市政府决定旭阳集团从轻化国有资产经营公司剥离，交由国资委管理，成为市直属的国有控股集团公司。为加快发展步伐，公司要在搞好内部整合的基础上，实现产品结构、组织结构、工厂布局"三个调整"和机制、技术、管理"三个创新"。到2005年，做好六件大事，一是要发行股票，A股主板上市；二是要建设占地30万平方米的旭阳工业园区，旭阳集团汽车零部件企业全部进入园区；三是汽车地毯总成，座椅总成实现模块化供货；四是完成汽车内饰平台开发项目，建成国内最大的汽车座椅滑轨出口生产基地；五是要提高以自主知识产权为主的技术开发能力，掌握和控制主导产品的关键技术，形成与主机厂同步开发设计配套产品的技术优势。六是兴办2～3个合资企业，进一步提高集团实力，使座椅、地毯、密封条等主产品达到30～40万辆份配套能力。

潮州三环(集团)股份有限公司

【概况】 潮州三环(集团)股份有限公司始建于1970年，1992年由原国营企业改革成为股份制企业。集团一直致力于电子元件及材料制造、生产规模的壮大和新型元件的研发工作，成果斐然。公司目前占地面积18万平方米，厂房面积11万平方米，员工2500名，各类技术人员200名，总资产人民币4.5亿元。三环公司地处中国广东省潮州市，交通十分便利。公司还在香港、深圳、上海、广州等地设立了办事处和分公司。

【经营业绩】 三环公司作为一家电子元器件生产厂商，专业生产片式多层陶瓷电容器(MLCC)；HIC和片式电阻用氧化铝陶瓷基片，光纤连接器陶瓷插芯，微波介质陶瓷器件，塑封片式电感器，各种膜类固定电阻器，电阻陶瓷基体等电子元器件。产品50%销往世界各地。形成新型电子元器件产业化基地。其中，电阻瓷基体年销售量达到1200亿只，超过全球份额的50%，稳居业内第一位。各种规格电阻年产量到80亿只，为业内高端产品的主要协作商。研发成功并批量投入市场的产品还有多层片式陶瓷电容、片式电感、射频电感用瓷芯、微波介质器件等，为TV、IT、通讯提供品种齐全的元件配套。

三环集团坚持质量第一、以生产用户满意的产品为方针，按ISO9000系列标准的要求建立质量管理体系，并取得了国际IECQ和中国QCCECC的ISO9000体系认证合格证书。集团拥有从事质量控制的检验与试验人员153人，配备一大批精密的试验与分析仪器，始终贯彻以预防为主，从原材料、制造、检验和试验、计量检定与其他各环节均实施全过程控制，并做到持续改进，确保产品的质量和服务满足顾客的要求。

三环集团十分注重研发投入，培育新品。97年经广东省科技厅批准，成立了广东省电子陶瓷工程技术研究开发中心。目前，中心从事研究开发的中高级工程技术人员78人，配备了美国、日本及国产先进设备和仪器，有扫描电子显微镜(SEM)、0.1μm级的粒度分析仪、HP网络分析仪、高低温试验设备等120台套试验分析仪器设备。中心先后完成科技部"BME高积层片式陶瓷电容器"和"超小型表面贴装元件用氧化铝陶瓷基片"两项国家863计划和国家移动通信产品国产化专项"氧化铝陶瓷基片产业化"项目。自主研发具有国际先进水平的多层陶瓷片式电容器、微波介质陶瓷器件。

凭借完善的质量管理体系作支持，集团公司销售团队已经在国内外建立起广泛的销售网络，在国内有深圳分公司，香港、上海、广州办事处；国外有美国、日本、韩国代理商，评估用户的需求，为客户提供满意的产品和便捷的服务。目前，三环已成为全球最大被动电子元件及材料的供应商之一。产品出口美国、加拿大、墨西哥、英国、德国、俄罗斯、以色列、捷克、印度、日本、韩国及东南亚国家。

广东北大新世纪生物工程股份有限公司

【概况】 广东北大新世纪生物工程股份有限公司创建于1996年。公司从创办开始就着眼于高科技兴业，以生物技术作为企业发展方向，迈出高起点步伐，提出适合自我发展目标，按照高标准的要求，一步一个台阶往前走，经过几年的艰辛努力，从一个小作坊生产，逐步发展壮大企业经济技术实力，现已初具规模，成为承担国家产业化示范项目的高新技术企业和民营科技企业。2001年经广东省人民政府批准变更设立为股份制企业，现有注册资本为5100万元，至目前公司总资产已达到8000万元。公司2001年5月开始接受广东证券股份有限公司辅导，同年12月份分别在《南方日报》、《梅州日报》刊登了"关于拟公开发行股票，并上市的公告"接受社会各界和公众的舆论监督。2002年11月26日向广东南方股权托管有限公司申报办理股权登记，2003年1月14日统一核发股权证。企业秉承务实、创新、发展、服务的经营理念，力争做好、做强、做大企业。

【经营与管理】 公司主要从事微生物农药的研究、开发和生产经营。1999年经国家计委批准承担国家高新技术产业化推进项目——"年产3000吨生物农药产业化推进项目"。2001年承担了国家科技部组织的"十五"国家重点科技攻关项目课题——"发酵工程关键技术研究与重点产品开发"项目。2002年公司年产3000吨Bt生物农药项目被国家计委列为高技术产业化发展项目。

公司各项管理健全，制度比较完善，生产技术不断改进和创新，是目前我国采用深层固态发酵新工艺生产Bt生物农药最大规模的专业公司。公司的管理架构和专业技术人才结构比较完整，技术实力比较雄厚，与北京大学和中山大学合作走科技兴业的路子。公司主导产品为苏云金芽孢杆菌系列生物杀虫剂，是高效、低毒、无残留、无公害的生物农药。公司研究开发的深层固态发酵反应装置和深层固态生产Bt生物农药新工艺为国内首创。公司的生物农药产品已列入国家农业部农技推广中心重点推广、示范产品。在全国17个省、市(城市)建立了市场，以北京和广州两个全资子公司作为南北市场管理中心，以辽宁和四川两个分装厂为市场供应中心，以行业市场和农药企业为市场重点，建立了完善的产、供、销网络和售后服务系统。

公司决策层对企业的未来，作出了总体策划，按照市场经济规律和我国加入WTO后的规则，规划公司未来五年发展计划：一是要建立一支高素质队伍，以适应高技术产业的需求；二是要在生物技术领域开发更多产品满足市场需求；三是要完成好国家下达的科研重点攻关项目；四是利用现有技术，扩建一个微生物农药固态发酵工程中心，在广东省计委立项并向国家计委申报作为国家级高新技术工程研究中心；五是要把企业建设成为国内具领先水平的企业，并努力争取成为具有国际竞争能力跨国公司。

广东东鹏陶瓷股份有限公司

【概况】 广东东鹏陶瓷股份有限公司成立于2001年，其前身为佛山市石湾东平陶瓷厂，具有20多年的历史。广东东鹏地处历史悠久的南国陶都石湾镇，是佛山地区乃至全国规模最大、品种规格最齐全、产品信誉最好的专业生产墙地砖及洁具的陶瓷企业之一，其属下有佛山华盛昌陶瓷有限公司、佛山东鹏洁具有限公司、东盛陶瓷分公司、顺德乐从分公司、金鹏艺术砖分公司、东平装饰砖分公司以及山东东鹏陶瓷有限公司、佛山陶瓷城发展有限公司等近10家企业。固定资产6亿元。管理先进，设备优良，技术力量雄厚。东鹏公司由1996年组建迄今，从小到大，由弱到强，走过了一段光辉历程。仅仅用6年时间就由以前的一个小厂发展到如今近10家企业；由当初销售额不足5000万元，发展到今天的10亿元；不断兼并，大胆改革，上演了“小鱼吃大鱼”的奇迹。东鹏也由当初一个名不见经传的品牌发展为今天国内知名品牌；生产中高档次产品，并有力地拉升了国内陶瓷市场向中高档发展。广东东鹏目前已成为中国陶瓷行业中知名企业之一，在行业内享有较高声誉。

【经营与管理】 东鹏公司自成立以来，非常重视生产工艺设备的调整和改造，陆续从德国、意大利引进世界先进技术和设备，其中，从意大利引进的7200吨压机及1800mm×1200mm抛光线均为世界一流设备。主要生产“东鹏牌”健康瓷质渗花抛光砖、大颗粒梦幻抛光砖、银河系列超微粉抛光砖、多管布料抛光砖、仿古砖、外墙砖、广场砖、艺术拼花砖、脚线砖及环保节水卫生洁具、卫浴系列配套产品等。砖类年生产能力达1500万m2，洁具年产100多万套。

东鹏公司以科技兴企为经营宗旨，结合古代陶瓷工艺和现代高新技术，融入现代生活艺术，创造出了一系列畅销国内外的高品质产品。在产品开发方面，强调返璞归真，回归自然。不断开发出一系列绿色环保仿石材产品和环保节水卫生洁具。东鹏产品在广大消费者心目中享有较高的知名度和美誉度，深受广大消费者欢迎。从1996年至今，公司先后研制开发的“大规格梦幻晶莹瓷质砖”、“大颗粒梦幻抛光砖”、“大规格银河系列抛光砖”等墙地砖新产品均通过省级技术鉴定，不少属国内首创新产品，其中大颗粒梦幻抛光砖被评为国家重点新产品。1998年研制成功的“健康瓷质砖”更首家通过国家建材测试中心检测，耐污染性能达到目前国际先进水平。值得一提的是，由东鹏公司率先研制开发的“金花米黄”系列抛光砖自投放市场以来，引起巨大反响，引领抛光砖消费潮流达数年之久，曾创造出“全国一片黄”的抛光砖产销奇迹，至今经久不衰。

2000年，东鹏公司又研制出1.6×0.8m的超大规格抛光砖被誉为“中国砖王”，2002年，再次创先研制出了1.8×1.2m的世界级“中国砖王”，据目前所知资料，其规格为世界之最。同年，东鹏公司又推出了“比雪白，更抗污”的天山石新一代超白砖产品，在国内率先解决了超白砖的抗污和放射性技术难题，强调绿色环保，在市场上掀起了一股超白砖旋风，影响至今。同时，在卫生洁具方面，东鹏公司研制出的WSHB321节水型座便器通过了国家建筑卫生陶瓷检测中心检测，冲水量仅为4升，在冲水功能和节水方面均属国内领先水平，被誉为“节水王”。2001年创新推出的02A型压力式洁具更是以其高效的冲刷功能和节水功能享誉国内外，专利技术获独家使用。2002年，东鹏公司不负重望，又推出了第二代“节水王”洁具、第二代压力式洁具“大力神”系列以及极富特色的儿童洁具，再次领跑洁具潮流。绿色、环保、节水是东鹏洁具永恒的主题。目前，东鹏洁具已被中国建筑卫生陶瓷协会推荐为“中国绿色环保产品”和“全国节水型卫生洁具知名品牌”，标志着东鹏洁具已跻身国产洁具一线品牌行列。2002年8月，东鹏洁具又顺利通过欧洲标准检测，成为可以在欧洲市场大张旗鼓销售的产品，成为能与洋洁具一决高低的少数国产洁具品牌之一。

此外，东鹏公司还与德国合作，研制开发了纳米易洁陶瓷，在陶瓷行业中首家将纳米技术应用在陶瓷上，该产品目前已纳入2002年国家重点新产品计划。在服务领域，东鹏公司在行业内率先全面导入TCS（全面顾客服务）体系，不断开创企业新格局。2002年，东鹏公司更大刀阔斧改革，企业全面实施事业部制，目前已建立瓷砖、洁具、金意陶、国际贸易四个事业部，焕发出企业新的活力。

在资本运营领域，东鹏公司成功投资中国陶瓷城，在2002中国佛山陶瓷博览会上正式开业。东鹏公司还斥资2亿，大手笔投资山东设厂，这是迄今为止佛山陶瓷行业首次北拓的最大一笔投资项目，同时也是广东东鹏继投资中国陶瓷城后又一次战略性的大投资，兴建的陶瓷墙地砖自动生产线首期工程已正式投产，标志着企业发展进入新的阶段。目前，东鹏公司已形成了一整套较为完善的生产管理、质量管理和服务管理体系，产品质量稳定，服务优良，处于同行业先进水平。东鹏公司已先后通过ISO9002和ISO9001国际质量体系认证，为全国单一品牌销售额最大的陶瓷企业。“东鹏陶瓷”已被评为广东省著名商标和广东省名牌产品，正向着中国驰名商标和中国名牌产品大步迈进。2003年，东鹏陶瓷又被评定为“国家免检产品”，正日益成为广大消费者和建筑装饰行业人士推崇的品牌。

广东湛江港股份有限公司

【概况】 广东湛江港股份有限公司是湛江港务局以属下原第二作业区部分经营性资产和第一作业区散化（401#泊位）、散粮（404#泊位）、木片（407#泊位）三个专业化码头及对应的经营性资产进行重组和股份制改造，并作为主发起人联合深圳市盐田港股份有限公司、中国湛江外轮代理公司、广东恒兴集团有限公司、深圳市盐田港同运实业有限公司等四家法人单位共同发起设立的现代港口企业。公司成立于2000年9月6日，注册资本为人民币71,380,000.00元，其中湛江港务局持股比例为79.97%，深圳市盐田港股份有限公司持股比例为1.82%，广东恒兴集团有限公司持股比例为1.82%，深圳市盐田港同运实业有限公司0.91%。

公司现有生产性泊位7个，其中万吨级以上泊位5个，总占地面积44.28万平方米，公司拥有港口专用机械设备433台（套），油罐24.2万立方米及完备的配套设施，年货物吞吐量超过1000万吨。公司的主营业务为码头开发与经营、货物装卸、堆存、中转、仓储、散货包装、货运服务、码头相关的配套服务；同时兼营进出口业务、转口贸易、信息咨询与开发（不含限制项目）。股份公司的设立以未来上市后可持续发展为目的，严格按《中华人民共和国公司法》及中国证监会的有关规定，做到人员独立、财务独立、资产独立，成为自主经营、自负盈亏、自我发展的独立法人主体。股份公司采用事业部制，公司总部为管理及决策中心，负责投资决策、战略规划和监督控制；事业部为公司的成本、利润和成本控制中心，负责公司的生产操作。本公司设立了股东大会、董事会、监事会。股东大会为公司的权力机构，董事会和监事会对股东大会负责，董事会常设机构为董事会秘书室。根据行业特点和生产经营需要，本公司设置了办公室、财务部、业务部、人力资源部、技术部发展部、审计部、石化事业部和散装事业部等部，其中石化事业部负责石油化工品（原油、成品油、液化工品等）装卸与仓储业务，散货事业部负责散装化肥、粮食类、桉木片的装卸与仓储业务。

【经营业绩】 广东湛江港股份有限公司所处行业属水路交通运输港口行业。港口业是入世受益行业，目前港口业的发展日益呈现深水化、专业化、集装箱化、信息化和物流中心化的新趋势。公司目前主要业务为石油化工类、粮食、散装化肥、木片的装卸、中转及仓储等业务，设有石化事业部和散货事业部：石化事业部现有专业化泊位 4 个，10 万吨级油轮可乘潮直接靠泊码头作业，拥有 39 座总罐容达 24.2 万立方米储油罐，是华南地区重要的石油化工品中转基地之一；散货事业部主要经营散化、粮食、木片三种货类，拥有 3 个万吨级专业化泊位。

公司以规范为前提，以效益为中心，以改革为手段，以上市为目标，在控股股东的大力支持和关心下，公司积极开拓，顽强拼搏，各项主要业务发展良好：散化、木片增量大，石油稳步增加，液体化工品发展势头较好。

2002 年，公司生产经营稳定运行，经济效益稳步增长，完成吞吐量 895.35 万吨，实现主营业务收入 21,499.73 万元（占营业收入 21,764.74 万元的 98.78%），实现净利润 3975.88 万元（本年度所的税减半征收）。公司主要货种吞吐量及收入情况为：原油 389.82 万吨，占吞吐量比重 43.54%，收入占主营收入比重 34.72%；成品油 216.17 万吨，占吞吐量比重 24.15%，收入占主营收入比重 13.75%；散化 135.3 万吨，占吞吐量比重 15.11%，收入占主营收入比重 28.15%；粮食 93.95 万吨，占吞吐量 10.49%，收入占主营收入比重 11.25%；木片 48.28 万吨，占吞吐量比重 5.39%，收入占主营收入比重 11.40；液体化工 11.83 万吨，占吞吐量比重 1.32%，收入占主营收入比重 0.73%。

广东中大亿达洲生物科技股份有限公司

【概况】 广东中大亿达洲生物科技股份有限公司成立于 1998 年 12 月，由广东亿达洲集团有限公司和中山大学联合发起设立，系具有自营进出口权的省高新技术企业。被评为省优秀民营企业、科技工作先进集体。主要生产经营海马养殖、海（淡）水动物养殖及深加工，海洋生物科技开发等。分支机构有：亿达洲海马养殖基地；中大亿达洲海马酒厂；中大亿达洲生物制品厂等。

【经营与创新】 公司充分利用当地沿海资源优势和国际知名的专家团队优势，走产学研的道路，建成了全国独一无二的海马人工养殖基地，生产规模为年产海马 1134 万条（约 50 吨），产值 10000 万元，建设规模载入大世界基尼斯之最。公司海马养殖是国家级星火计划项目、国家高技术（863）计划项目、省中药材重点扶持项目。“海马健康养殖技术研究与开发”项目通过了国家级海洋界专家组的鉴定验收，技术居国际先进水平，技术的系统性与产业化程度世界罕见，荣获广东省科技进步奖二等奖。

公司与中山大学生命科学学院合作，以现代生物技术为依托，进行高精尖海马生物技术研究，成功研制出了“海马胶囊”、“海马养生液”和“海马酒”系列保健品，总投资 22900 万元，年产规模 55000 万元。沁阳春海马酒已全面投放市场，使海马这一传统的珍稀药材在现代生物技术的衬托下更加熠熠生辉，为人类健康做出更大的贡献。广州宝龙特种汽车股份有限公司

【概况】 广州宝龙特种汽车股份有限公司属专用汽车制造行业，是经原国家机械工业局和公安部审定的防弹运钞车定点生产企业之一，主营业务为防弹运钞车及其他专用汽车的制造和销售，其产品囊括了公安部 GA164－1997《专用运钞车防护技术条件》标准中 A、B、C 三个级别的 21 个型号，其中代表目前我国最高防护级别的 C 级大型防弹运钞车（TBL5190XYCF）于 1999 年 12 月在同行业率先一次性通过公安部运钞车防护检验。针对国内专用汽车生产中广泛存在的专用车底盘开发滞后的现状，公司在国内同行业中较早同配套厂家联合开发专用底盘，其技术处于国内领先水平。公司承担的"大型防弹运钞车"项目已通过科技部火炬中心组织的专家评审，拟列入 2002 年国家级火炬计划项目。TBL5042XYCF 型防弹运钞车获得了广东省科技厅“2001 年度广东省级重点新产品”证书。作为主要国有商业银行定点采购供应厂家之一，公司产销量连续多年在国内同行业中名列前茅。

【经营与管理】 公司成立以来，坚持以人为本，以科技为先导，以质量和服务占领市场。通过加大技术开发投入，不断进行产品创新。截止 2002 年 3 月 31 日，公司共完成新产品开发 40 多项并取得专利 6 项，产品市场适应能力始终保持在国内前列。公司在产品设计、产品定位和市场拓展方面掌握较丰富的实践经验，为公司向多领域专用车市场发展并逐步进入国际专用车市场奠定了基础。同时，公司致力于建立严谨、科学、规范的内部管理体系，全面实现了电脑网络管理。2000 年 5 月公司通过了 ISO9001 英国 BSI 和中国商检双重认证。2000 年 7 月被评为广州市高新技术企业，还先后荣获"中国质量、服务、信誉 AAA 级企业"、"全国用户产品质量满意、售后服务满意十佳企业"等称号。目前，公司总资产为 26,525.81 万元，净资产为 9,785.76 万元，具有年产 1,200 辆专用汽车的生产能力。

广州金发科技股份有限公司

【概况】 广州金发科技股份有限公司成立于 1993 年 5 月，是一家从事改性塑料研发、生产和销售的民营股份制高科技企业，1999 年被国家认定为国家重点高新技术企业。公司坐落于广州高新技术产业开发区天河科技园高唐工业区内，占地 80 余亩，环境优美，具备年产 20 万吨的生产能力，是目前国内最大的改性塑料生产基地。

【经营与管理】 公司现有阻燃树脂（Flame retardant resin）、增强增韧树脂（Reinforced and toughness resin）、塑料合金（Plastics alloy）和功能母粒（Master batch）四大系列产品，产品子目多达一千余种。其中部分产品获省、市科技成果奖，部分产品获国家重点新产品证书，部分项目被列为国家级火炬

计划项目，部分产品还申请了国家专利。公司多种产品为国内首创，技术达到当前国际先进水平，完全可以取代进口同类产品。产品可广泛应用于空调、电视、电饭煲等家用电器，电脑、复印机等办公器材，圣诞灯饰和汽车、建筑、军工等行业。

公司注重技术创新，通过年薪制和股份制等激励机制吸引、吸收和培养了一大批素质精良的高科技人才。公司现有博士16人，硕士31人，工程师数十名。同时公司还投入大量资金从美、日、德等国引进了一批先进的专业分析与检测仪器，如热失重分析仪、燃烧仪、电子万能试验机、测配色仪、红外分析仪、氙灯老化箱、冲击仪等，确保每批原材料和成品都能得到全面的性能检测。公司自成立以来，坚持走技术创新和市场开拓相结合的道路，依照"市场调研，资金投入，新产品研制开发，市场推广，再投入研制新产品"的模式滚动发展，使技术创新的推动力和市场的拉动力紧密结合，大大缩短了技术成果向生产力转化的周期。公司2000年12月经认定成为广东省重点工程技术研究开发中心。

公司从创立之初就信奉"质量是企业的生命"，始终把质量管理作为企业管理的重中之重，对原材料、生产流程、最终产品进行全过程的质量监控，使制造工序始终处于最佳状态。公司1998年12月通过了ISO9001质量体系认证，2001年7月又通过了德国莱茵公司TüV ISO9001:2000版的换版认证，公司所生产的主要产品均获得了美国UL认证，为产品出口提供了质量保证。公司还十分重视售后服务，及时为客户排忧解难，在客户中树立了良好的口碑。

公司以"依靠科技力量，为社会提供最优质的产品和最满意的服务"为宗旨满足不断变化的市场需求，在稳步发展国内市场的基础上，不断开拓国际市场，销售额逐年递增。公司现有总资产5.6亿元，其中固定资产逾亿元。公司2001年10月份还在上海市青浦区控股设立了上海金发科技发展有限公司，并计划投资1亿元将上海金发科技发展有限公司建设成为改性塑料领域的样板项目，以图大力开拓华东地区改性塑料的市场，确保公司业绩的稳步增长。

贵州钢绳股份有限公司

【概况】 贵州钢绳股份有限公司是由贵州钢绳(集团)有限责任公司联合四家企业发起并于2000年10月成立的股份有限公司。属中国最大的钢丝绳专业生产厂之一。占地总面积100万平方米，建筑面积40万平方米，现有职工2880人。年生产能力钢丝绳6万多吨，商品钢丝7万多吨，从1980年至今年年赢利，是贵州省冶金行业优秀企业。

【经营与管理】 贵州钢绳拥有高水平的整体装备，先进的生产工艺和完善的质量保证体系。主体生产设备由德国和日本引进，拥有目前国内最大的8/1600成绳机、SK－2300跳绳式合股机和同行业最大的400吨整绳破断拉力试验设备，能生产Φ6.2mm－Φ107mm各种结构规格的钢丝绳和Φ0.60mm－Φ7.0mm各种用途的商品钢丝，具有生产高强度、高韧性、特粗、特长、特殊结构和特殊用途钢丝绳的突出优势，在全国率先研制和采用高性能的聚丙烯绳芯材料。公司各种规格和型号产品享誉国内外市场，按国家标准、国际标准及国外先进标准生产的巨龙牌圆股、异型股、三角股、多层股、线接触、满充式、面接触光面、镀锌和涂塑钢丝绳，胎圈用钢丝、弹簧钢丝、预应力混凝土用钢丝、预应力钢绞线、钢丝帘线、伞骨钢丝、钢芯铝绞线用镀锌钢丝、镀锌钢绞线、光缆用磷化碳素钢丝等产品，广泛使用于煤炭、石油、冶金、化工、船舶、桥梁、电力、邮电、橡胶、军工、旅游、水利、轻工等行业。形成了矿用钢丝绳、船舶用钢丝绳、桥梁用钢丝绳、石油用钢丝绳、索道用钢丝绳、特大直径钢丝绳、特殊用途钢丝绳、镀锌钢绞线、回火胎圈钢丝九大系列拳头产品。生产的Φ107mm海洋打捞用镀锌钢丝绳；Φ48.5mm海洋工程用钢丝绳，长3500米，重33吨；Φ74mm挖泥船用三捻钢丝绳；Φ42mm八股线接触金属芯军事工程用钢丝绳；Φ30mm海军气象平台用多层股涂塑钢丝绳；Φ58mm大型电铲用涂塑钢丝绳、四股不旋转提升用钢丝绳、满充式钢丝绳等特殊结构、特殊规格的钢丝绳填补了国内空白，大量代替了进口。一批高难度钢丝绳产品先后用于葛洲坝水利枢纽工程、龙羊峡水电站、武钢、宝钢、广州虎门大桥、汕头海湾大桥、长江西陵大桥、厦门海沧大桥以及海上石油钻井、著名旅游区载人索道等国家重点工程上。产品获得了采用国际标准产品标志证书，可按ISO、BS、DIN、JIS、RR－W－410D、AS、LR等国际和国外先进标准生产出口到美国、加拿大、英国、德国、丹麦、荷兰、澳大利亚、东南亚等国家或地区。公司在保持现有优势的情况下，还不断加大新产品的开发力度，研制开发了不锈钢钢丝绳等一批新产品投放市场，深受用户欢迎。

以质量求生存是贵州钢绳的一贯方针，产品的高质量多年来为顾客所公认。巨龙牌钢丝绳和回火胎圈钢丝为名牌产品；在中质协组织的用户调查中，钢丝绳产品质量和服务质量多次获得产品质量和服务质量双满意荣誉称号。1985年公司通过中国船级社工厂认可，1988年在全国同行业中率先通过英国劳埃德船级社工厂认可，1997年通过中国船级社质量认证公司GB/T19002－ISO9002质量体系认证，1998年通过美国石油学会(API)认证，同年成立省级技术中心，逐步规划创建国家级技术中心；2000年矿用钢丝绳、床具用钢丝等多项产品又获得了冶金产品实物质量金杯奖证书，2002年获得挪威船级社质量认证和全国质量稳定合格产品，顺利通过中国船级社质量认证公司GB/T19001－2000－ISO9001:2000质量体系换证。分布在全国各地的二十多个销售分公司随时为顾客提供细致周到的服务。

贵州万达客车股份有限公司

【概况】 贵州万达客车股份有限公司(以下简称公司)位于贵州省贵阳市花溪区，占地面积为14.5万平方米，建筑面积6.5万平方米。现有员工1100余人，其中高中级管理人员和技术人员210余人。公司始建于1958年，前身为贵州万达旅行车制造厂。1987年前主要从事铁路基建机械修理及汽车修理，1987年后转向客车制造。公司由中铁二局集团有限公司作为主发起人，联合南方汇通股份有限公司、贵州创伟机动车附件厂、江苏秦龙轿车灯具有限公司、贵阳花溪通达机械制造有限公司、林敏智先生等五家企业和个人于2000年10月17日发起设立。主营：客车制造及销售。

【经营与管理】 公司建有冲压、焊接、喷涂、总装、检测等主要生产线及配套设施，形成单班年产6000辆客车综合生产能力。主要生产车长为6米、7米、8米、10米、11米、12米等六大系列内的普通级、中级、高级客车、城市公交车及部分系列内的专用车。目前公司产品WD6120C1、WD6120C2分别被交通部评定为大型高二级、大型高一级客车。WD6840HC、WD6796HC被交通部评定为中型高一级客车；WD6120C3被评定为大型中级客车；WD6796HC1、WD6796HC2、WD6791HC1、WD6791HC3、WD6750C、WD6705C1、

WD6705C2、WD6840HC1 被评定为中型中级客车；WD6606C3、WD6600C、WD6600C3 被评定为小型中级客车。2002 年 1 月，WD6604、WD6605、WD6703、WD6720、WD6790、WD6850、WD6890 等产品被贵州省人民政府评为贵州省名牌产品，万达商标被评为贵州省著名商标。产品畅销国内 20 多个省、市、自治区，并出口东南亚地区老挝、缅甸、泰国、越南和南美洲智利及秘鲁。

公司于 1998 年 12 月通过 GB/T19002－1994 与 ISO9002－1994 国际标准质量体系认证，2001 年 8 月 26 日通过 GB/T19001－2000 与 ISO9001－2000 标准的转版工作。在生产规模化、质量标准化、产品系列化、服务规范化方面已迈上新的台阶，成为集整车、专用车为一体的客车制造专业企业。系国家客车定点生产企业，贵州省客车生产骨干企业。企业资信得到银行、工商部门的认可，取得中国建设银行系统最高信用等级 AAA 级，并给于一个亿的授信额度。自 1993 年起连续十年被贵州省工商行政管理局评为“重合同守信用单位”。2002 年 2 月，被国家工商行政管理总局首批命名为全国“重合同守信用”单位。2002 年 5 月被贵州省经贸委认定为国家鼓励类企业。2002 年 6 月被贵州省监察厅、财政厅、审计厅确定为第一批进入贵州省政府采购市场的供应商。2003 年 3 月经国家认证认可监督管理委员会质量认证中心审查，公司生产的 6 米、7 米、8 米、10 米、11 米、12 米六大系列、14 个单元、共 39 型客车产品顺利通过国家强制性产品认证，获得了“中国国家强制性产品认证证书”。

贵州益佰制药股份有限公司

【概况】 贵州益佰制药股份有限公司始建于 1995 年 5 月，属股份有限公司，是新型的药品生产、高新技术企业。公司以弘扬、提高和发展中医药传统，并以提高和发展人类健康水平为己任，以新产品开发为核心，求实创新，开拓进取，发展中国的民族制药工业。公司实行董事会领导下的总经理责任制，设有总经办、人力资源部、证券部、销售部、生产部、质保部、财务部等。现有员工 827 人，其中大专文化以上 495 人。公司建有系统的培训制度，本着“百年树人”的思想，全面提高全员素质。公司高级管理人员送往国家重点院校清华大学等进行 3 个月以上的 MBA 管理培训，旨在提高高层管理人员的综合素质；专业人员，送药学院专业培训，全面提高公司技术力量，培养创新精神；工人培训制度，不断加强工人文化素质、修养、技术技能的提高，促进公司发展。全公司员工严格按每年 300 个以上学时进行相应的文化知识、技术技能培训，为公司配备了良好的管理队伍、技术队伍和其他后备人才，为企业发展奠定了坚实的基础。

公司生产基地位于贵阳市郊。占地面积 126216.71 平方米，建有符合国家药品生产质量管理规范的生产厂房 3200 平方米，厂区绿化面积达 5600 平方米，现有胶囊车间、辅料车间、口服液车间、水针生产线、胶囊生产线、片剂生产线、药物研究所、化验室、理化室、质监室等生产线，均达到国内先进水平。并于 2000 年 8 月通过了胶囊、小剂量针剂等生产线的 GMP 验证。

【经营与管理】 公司目前的主要产品有：艾迪注射液、康赛迪胶囊、银杏达莫注射液（杏丁注射液）、克咳胶囊、六味木香胶囊、灵芝胶囊、痔疾宁、天麻头风灵胶囊等，已形成企业优势系列产品。其中，艾迪注射液和康赛迪胶囊为双相抗肿瘤新药；复方中药针剂——艾迪注射液的研究已达到基因水平，获国家医药科技进步三等奖；第四代银杏制剂——杏丁注射液，是心、脑血管及外周循环障碍的有效治疗药物，获贵阳市优秀新产品奖。另现正在生物医学技术上进行新的研发及探索，其开发投产将为公司注入新的活力。公司设有以总经理负责的全面质量督导组，督促生产质量高素质建设；设有质保部，配备本科以上专业技术人才及先进的检测设备，为产品的研发、生产、销售全过程进行质量监控、监测，以高质量的产品造福于人民。公司现有各省市重点城市办事处 31 个，市场业务人员 424 人，其中专业人员 110 人，大专文化以上 220 人，本科文化以上 180 人，所有业务人员均通过中、短期专业培训，在全国市场建立了良好的营销网络及训练有素的销售队伍，实施从产品生产到患者服务全过程的质量跟踪服务。

哈尔滨新中新电子股份有限公司

【概况】 哈尔滨新中新电子股份有限公司创建于 1988 年，注册资金 5000 万元，总资产 1 亿 2000 万元，是一家专业从事电子、计算机系统产品的开发、生产、销售、服务以及与此相关的代理、系统集成、项目工程承揽与安装、机房工程设计、施工、维修业务的高科技企业。公司在哈尔滨与北京设有 3 个研究开发中心，在国内设有 7 个工程分公司及 100 余家售后服务机构，形成了遍布全国的销售与服务网络，公司主导产品已经覆盖除香港、澳门、台湾以外的中国所有省市自治区。公司技术实力雄厚，与国际、国内著名行业企业具有较为密切的合作关系和业务往来，具有丰富的人才储备和一支高水平的研究开发、项目工程整体策划、管理及工程实施队伍。公司十年的成功经验，在国内 IT 业享有盛誉，拥有一支善于把握市场与用户需求、为用户利益着想的、具有丰富市场经验的、年轻敬业的专业营销队伍。

公司一直实行产品研发、生产、销售与服务一条龙整体化经营模式，营销环节与其他部门信息畅通，配合协调，有能力依据市场与用户需求对系统产品快速做出调整，满足用户要求。公司于 2000 年 11 月获得 ISO9001 质量管理体系认证，并于 2001 年开始与北京瑞诚管理集团合作，引入现代管理思想，提升企业的管理水平，以适应企业进一步快速发展的需要。

“合作双赢”是新中新公司的企业理念。10 余年来，正是这一理念使公司与企业内、外的合作伙伴始终风雨同舟。秉承“紧随时代步伐，推动社会进步”的产业宗旨，新中新公司将高新科技引入防雷接地领域，在全国范围内与有识企业家共同缔造系统防雷工程专业化服务连锁机构——“安地”产业联盟。新中新公司已经引发了集团小额电子现金交易系统的一场革命性创新，并开创出一个全新的产业领域。新中新公司也必将在防雷工程这一关系重大财产安全的传统领域掀起新的产业浪潮。

哈尔滨志阳汽车电气股份有限公司

【概况】 哈尔滨志阳汽车电气股份有限公司是通过国家科技部和中国科学院“双高”认证的高新技术企业，总部设在哈尔滨，厂区占地面积三万平方米。公司成立以来，以汽车点火线圈、电喷系统中曲轴位置传感器、碳罐电磁阀、节气门位置传感器等部件为主营业务，不断开发新产品，业绩持续增长，成为一家具有高科技、高成长、高效益特点的汽车电气企业。产品已成为国内著名汽车发动机厂的配套产品。

【经营业绩】 公司经过多年发展，在哈尔滨与哈尔滨东安发动机（集团）有限公司合资建立了东安志阳汽车电气有限公司，在重庆与长安汽车（集团）有限责任公司公司合资建立了重庆长安志阳汽车电气有限公司，在上海与上海永红汽车电气股份公司合资建立上海永红汽车电气有限公司，形成了区域配套的战略布局。各生产基地引进了德国、美国、日本等国家专业设备制造厂的关键生产设备，使汽车点火线圈、电喷系统中曲轴位置传感器、碳罐电磁阀、节气门位置传感器等部件的制造能力达到了国际同行业先进水平，成为现代化的汽车零部件配件的生产基地。

在技术竞争日益激烈的今天，公司不断加大对研发技术的投入和研发体系的建立。目前，在北京、上海、哈尔滨建有三个技术研发中心。依照“原理引进、部分克隆、关键创新，实验第一，最终实现具有自主知识产权的创新科技”的思路，先后开发了汽车干式点火线圈总成系列产品、发动机管理系统等50多种产品。截止2002年底，公司获得了42项专利，掌握了35项核心技术，初步形成了具有自主知识产权的核心技术体系。其中一项获国家级火炬计划，三项获国家级重点产品。技术含量正大幅提高，为公司的发展和腾飞奠定了坚实的基础。

公司坚持以质量为中心，引进国际质量管理理念，并与国际质量管理惯例接轨。1998年通过了ISO9002国际质量体系认证及国际电工委员会IECO制造厂认可，2000年2月又通过了QS9000（美国三大汽车公司质量体系要求）和ISO9001国际质量体系认证。通过自主开发与引进相结合，公司的质量检测手段已实现了现代化、数字化和自动化。通过采用有效的质量管理措施，公司的主要产品质量指标居国内领先水平，四种产品获国家技术监督局授予的“采用国际标准产品标志证书”，达到国际同行业厂家的标准。

公司采取以高技术为基础，以质量为标准，以资本为纽带，以市场为目标的“四位一体”的市场切入战略，即把技术含量高，可以替代进口的专利产品源源不断地送上市场的同时，又和汽车或发动机制造厂紧密联营，在汽车行业中牢牢建立了自己稳固的市场。公司在全国主要城市借助合资对方厂家的售后服务网络体系，建立公司完整的营销网络，并将该网络转化为产品质量服务网络。在各地区设立技术支援人员，以保证售后服务网络在技术培训、安装调整、售后保养、定期检查等方面发挥整体功能，使我们的用户可享受到快捷、专业的优质服务。

合肥荣事达三洋电器股份有限公司

【概况】 合肥荣事达三洋电器股份有限公司是经国家外经贸部批准改制的外商投资股份有限公司，其前身合肥三洋荣事达电器有限公司是合肥荣事达集团和日本三洋电机株式会社、丰田通商株式会社等六家企业于1994年2月28日组建的合资企业，新改制的股份有限公司总股本2.48亿元，位于合肥高新技术产业开发区，拥有国际标准厂房4万多平方米，员工700多人。主营人工智能模糊控制洗衣机、超级簇射波微波炉、系列小家电及相关产品的生产销售维修服务。公司2002年实现销售收入23182万元，上缴国家利税2414万元，出口创汇369.58万元。

公司是国内第一家能自主开发研制全自动洗衣机电脑板和离合器的企业。公司非常注重RD投放，已实现CAD/CAM，并应用了计算机虚拟装配软件系统。在生产手段上，公司引进了日本、美国、德国等国家的先进设备和工艺，如电脑插件机、波峰焊、不锈钢桶生产线、喷涂机、电脑检测设备等，均为国内一流水平。公司现拥有独立灵活的营销和服务体系，已在全国建立了20多个分公司，建成800多个销售网点，产品进入全国各大城市综合商场、家电专营店和大型超市，并出口到国外，广受消费者欢迎。公司一直致力于“让最好的产品为人类服务”的宗旨，采用日本三洋和荣事达公司先进技术和管理经验，并以“三洋”国际品牌作品质保证。合肥三洋正以不断创造领导潮流的独特技术，开发充满个性的新产品，为人们提供更加舒适便利的生活环境。

黑龙江省完达山乳业股份有限公司

【概况】 黑龙江省完达山乳业股份有限公司拥有4家控股公司，14家分公司，38条乳品生产线，10条豆粉、米粉等生产线，可生产乳制品、豆制品、保健品、饮料、麦片、矿泉水、等六大系列70多个品种的产品，日处理鲜奶能力达1000吨以上。奶源基地辐射黑龙江省22个市县、43个农场，有优质荷斯坦奶牛22万头。其"完达山"牌商标被国家工商总局认定为中国驰名商标，是黑龙江省首枚中国驰名商标，经北京名牌资产评估事务所评估，"完达山"品牌价值达8.2亿元。企业经国家绿色发展中心批准，成为中国唯一一家绿色食品乳品生产基地，23种产品获得绿色食品；被国务院列为全国151家农业产业化龙头企业之一；被国家科技部列为首批国家级星火龙头企业；黑龙江省十二家高新技术龙头企业之一；被国家工商总局评为重合同守信用单位。企业通过ISO9001国际质量保证体系认证；并获黑龙江省质量管理奖，被国家技术监督总局评为全国质量管理先进企业。企业产品产量、销售收入和利税总额每年快速递增，成为全国知名的乳品企业。完达山牌系列奶粉被国家质量监督检验检疫总局评为中国名牌产品，其中有四种产品被列为国家免检产品。

黑龙江中超纳米产业股份有限公司

【概况】 黑龙江中超纳米产业股份有限公司是我国唯一能用激光法批量生产高性能硅基纳米粉的高科技企业，主要生产硅基纳米系列粉体，有硅、碳化硅、氮化硅、碳氮化硅复合粉。硅基纳米粉项目是国家“863”高科技成果，是1996年国家级火炬计划项目，1997年在中超公司建成纳米粉生产线，实现了产业化。它的产业化使我国成为继美、日之后第三个能生产该粉体的国家，标志着我国在高性能纳米材料制造上跻身于世界先进行列。产品特点：高纯、超细、粒度均匀、无硬团聚、一步法获得，被广泛应用于航天航空、机械冶金、生物工程、微电子、石油化工、核工业等高科技领域。公司已于2000年11月通过ISO9002质量体系认证。公司开发的下游产品有纳米复合生物医用陶瓷、纳米复合陶瓷轴承、纳米复合精密部件等十几个新产品，有的在中试，有的在立项建设。总之，企业正在可持继发展上，逐步形成技术含量高、门类齐全、质量一流、竞争力强、服务领域宽的强大产品优势，为在国际材料界占有一席之地而努力。

吉大正元信息技术股份有限公司

【概况】 吉大正元信息技术股份有限公司是中国最大的数字证书厂商之一，是伴随着中国电子商务的发展而产生、发展和壮大的专业化信息安全技术公司。公司成立于1999年2月，吉林大学为主要发起人和技术依托，注册资本为人民币5000万元。公司总部位于长春市高新技术产业开发区，在北京、上海等地设有分公司和办事机构。吉大正元汇聚了一批信息和网络安全方面的软件开发人才和优秀的管理人才，国家重点基础研究项目首席科学家裘式纶博士担任董事长，国际著名信息安全专家留美学者崔维力博士担任公司总经理，技术骨干包括多名参与开发了世界上第一代电子证书应用系统的留美博士。公司现有员工189人，其中博士研究生21人，硕士研究生41人，本科学历以上的占97%。此外，公司还从中国科学院等科研机构特聘院士、研究员等5人担任顾问。国家人事部、全国博士后管理委员会在吉大正元设立了企业博士后科研工作站。公司自主开发的数字证书认证系统处于国内领先地位，通过了国家密码管理委员会办公室、中国国家信息安全测评认证中心和公安部计算机信息系统安全产品质量监督检验中心的检测，并取得销售许可证，在2001年度被国家经贸委评为重点新产品。该系统是1999年10月国务院颁布《商用密码管理条例》以来，我国第一个通过国家级鉴定的拥有自主知识产权的数字证书认证系统。吉大正元是国家密码管理委员会办公室批准的首批商用密码产品生产和销售定点单位，是国家火炬计划软件产业基地骨干企业。吉林省人民政府确定的十大重点高新技术企业之一，"十五"期间技术改造重点培育的大企业集团。公司通过了ISO9001质量体系认证。

【主营业务】 公司的主营业务是信息和网络安全系统产品的开发、生产和销售，包括信息安全通用基础技术产品，信息安全技术在电子商务、电子政务、移动通信、网络安全、信息家电、远程教育和金融业务中的应用、开发和销售。主要产品包括JIT SRQ05吉大正元数字证书认证系统、JIT SSL吉大正元安全信息传输系统、JIT eTrade吉大正元电子商务安全交易中心系统、JIT CryptoLib吉大正元加密库系统、JIT SmartOffice通用办公资源与业务管理系统、JIT Keeper吉大正元网络文件监控系统、JIT DS吉大正元桌面安全系统等。产品在国家级、省级项目和一些大中型企业中得到良好的应用，公司将利用自己的技术和产品为中国企业提供ASP服务。

公司的发展目标是迅速成为中国数字证书技术和应用领域领先的公司，逐步建成以信息和网络安全技术为中心，以信息产品、软件工程、网络系统集成为支柱的高新技术产业集团。

吉林新元木业股份有限公司

【概况】 吉林新元木业股份有限公司是由吉林延边林业集团有限公司作为主发起人，联合铁道部长春客车厂等五家企业作为共同发起人，采取发起设立方式，经吉林省人民政府依照《中华人民共和国公司法》批准按上市标准设立的规范的股份有限公司。公司拥有净资产15000万元，总股本10000万元。公司地处中国东北长白山腹地，森林资源丰富，交通十分便利，距延吉机场150km，并与国铁专用线相连，互联网等现代化通讯设施齐备。公司技术力量雄厚，拥有一大批20世纪90年代国际一流的木材加工设备。

【经营业绩】 新元木业牢牢锁定木制品深加工的主营定位。股份公司拥有一个复合地板厂、三个家具厂、一个动力厂，设备、技术、工艺的先进程度均属二十世纪九十年代水平，年产复合地板50万平方米，实木地板20万平方米，家具25万件，木制楼梯立柱500万根，集成材5000立方米，500辆客车厢装饰品及客车家具，钢琴部件的生产能力。公司充分发挥聚集于公司的全自动生产线、电脑加工中心、数控机床等精良资产的优势，使传统产业与现代技术在产品升级上得以高度融合。新元木业坚持企业效益最大化，股东收益最大化的经营宗旨，以市场为导向，构筑产品布局，优化产品结构，提升产品质量，做到原料、产品两头在外，闯出一条靠产品提高效益，靠市场扩大效益，靠质量赢得效益的最大化之路。

公司产品已通过ISO9001国际质量标准体系认证，以"新元"牌商标在工商行政部门统一注册登记。公司拥有国家外经贸部批准的自营产品进出口权，目前公司产品已销往欧美、东南亚等十多个国家和地区，年创汇1500万美元。公司牢牢抓住加入世贸组织的难得机遇，将复合地板、家具、高档实木节能门窗、木制楼梯、客车厢装饰等最终产品做大做强，巩固已形成的国际市场，用活用好拥有的进出口权，使其成为伴随入世大潮走向国际经贸舞台的龙头。

锦州锦恒汽车安全系统股份有限公司

【概况】 锦州锦恒汽车安全系统股份有限公司位于辽宁省锦州市经济技术开发区的东部，面对渤海湾，毗邻笔架山，风景优美，风光秀丽，依山傍海，人杰地灵。公司占地66000平方米，其中建筑面积8000多平方米，厂区座落渤海大街与贵阳路交叉处，距锦州港3公里，距102国道11公里，距京沈高速公路15公里，地理位置优越，交通运输便捷。公司成立于1996年12月，原名为锦州锦恒汽车安全气袋有限公司，是生产汽车安全气囊的专业厂家，注册资金为500万元人民币，是辽宁省高新技术企业。2000年4月，锦恒公司增资扩股为1500万元人民币；同年10月，公司进行股份制改造，注册资本为3000万元人民币。经过两次增资扩股和股份制改造，公司按照现代企业管理机制运行，完成了一期技术改造，实力不断增强。几年以来，公司始终瞄准国外先进的技术，走引进、消化、吸收，逐步实现国产化的方向。目前，公司已成为全国惟一一家形成生产规模的安全气囊生产基地。

锦恒公司具有一批高素质的技术人才和管理人才，拥有一支具有强烈创新精神，不断开发进取的产品研发队伍。公司领导层均为高级工程师，组织过多项国家重大课题的立项和研发，具有丰富的科学研发、产品开发和市场开拓经验，有的曾获国家科技成果，破格提升为青年专家。公司聘请国外技术顾问和国内一流专家，定期对工程技术人员进行专业技术培训，使公司的核心技术始终与国外的先进技术发展同步。公司积极推行持续再教育计划，与吉林工业大学联合开办汽车工程硕士班，全面提升工程技术人员研发能力和技术水平，为公司的持续发展奠定了良好基础。

【经营业绩】 锦恒公司自1997年为红旗轿车配套第一套安全气囊以来，先后与美国BREED公司、德国西门子公司进行技术合作，引进国外先进的模块生产线，建成具有国际先进水平的研发中心和碰撞实验中心，建成18000平方米、7条特殊路面试验车道，购进国内品种最为齐全的假人，已形成单班年产10万套安全气囊的生产能力。

锦恒公司生产的SRS－40型机械式和DKD－2型双侧电子式汽车安全气囊为美国BREED公司专有技术，各项技术指标均能满足美国FMVSS－208、欧洲ECER94以及中国CMEDR294法则要求，其性能已达到国外同类产品水平，取得了国家经贸委颁发的国家重点产品证书。从1998年第4季度以来，在十几起撞车事故的保护反馈中，未发现任何产品质量问题。目前，锦恒公司已为一汽集团、东风集团、重庆长安、天津夏利、长安铃木等10个主机厂的15个车型进行配套，已形成大规模独立开发和大批量生产的能力。锦恒公司与国内外同行保持了广泛的接触，同一些国际水平的汽车安全气囊生产厂家、研发机构进行密切合作，积累了大量的技术资料，参与了我国机动车安全法规的讨论和调研工作，促进和推动了国内汽车安全气囊产业的形成和发展。SRS—40机械式产品针对原设计未安装安全气囊的轿车，采用自包含系统，只需用新的方向盘总成代替原方向盘，选择不同车型的相应参数对传感器进行调整，很容易在各车型中推广。DKD－2双侧电子式产品通过辽宁省经贸委主持的新产品鉴定会，并与RSR－40S机械式产品一道获得国家经贸委颁发的国家重点新产品证书，已转入批量生产。2002年，锦恒公司为重庆长安、长安铃木、江苏悦达、郑州日产、浙江豪情、宁波美日、一汽佳宝、哈飞赛马、江西昌河、北京吉普等十几个主机厂的二十几个车型签订开发合同或批量供货。

辽宁华孚石油高科技股份有限公司

【概况】 辽宁华孚石油高科技股份有限公司成立于1995年，座落于新兴的石油工业城市——盘锦市，是国家科技部认定的国家火炬计划重点高新技术企业。主要从事稠油综合开采、稠油污水深度处理等领域新技术项目和产品的研制开发及生产应用。公司的主导产品及技术智能式中频电热采油技术装置、稠油污水深度处理及回用技术等分别达到了国际先进或国际领先水平。1998年，公司通过了ISO9001国际质量体系认证。2000年6月，公司的智能式中频电热采油技术装置被国家科技部、国家税务总局、国家质量技术监督局等五部门评为“国家重点新产品”。该项目于2001年3月被列入国家科技部“科技型中小企业技术创新基金项目”，并于2002年11月通过国家验收。

【经营业绩】 公司的重点产品有智能式中频电热采油技术装置。该装置为国家“火炬”计划优秀项目。自1996年起，累计在油田现场安装使用近千口井，电缆工作最大井深3170米，已成为特、超稠油开发的关键技术之一。2000年，该装置被国家科学技术部、国家税务总局、国家环保总局、国家技术监督局、国家对外贸易经济合作部五部委评为“国家级重点新产品”，该装置的研制成功是重油开采史上的一大突破，是电加热采油技术的又一次重要革命。公司研究的稠油污水深度处理及回用技术已经达到国际先进水平。该技术已获得发明专利1项、实用新型专利5项，并获辽宁科技成果三等奖。2002年大连国际专利技术博览会上喜获金奖。辽河油田的冷家污水处理站、金马公司洼一联污水处理站均采用该技术设计。目前均在正常运行，合计日处理稠油污水近万方。2002年，中国石油天然气股份公司“十五”重点工程——“辽河油田欢三联20000m3/d稠油污水处理站”，采用该技术设计，于2003年初投入正常运行。

辽宁庆阳化工(集团)有限公司

【概况】 辽宁庆阳化工(集团)有限公司简称庆阳化工，是中国领先的大型综合性化工企业集团，亚洲最大的特种化工生产企业，国家级含能材料研究和生产基地。公司股东包括中国兵器工业集团公司等国家级大型企业集团和金融企业。现有员工近万人，其中，工程技术和管理人员近3000人。公司始建于1937年，50年代更名为国营庆阳化工厂，1997年，更名为辽宁庆阳化学工业集团公司，2001年，企业改制为有限责任公司。几十年来，一直是中国民用爆破器材和含能材料的主要生产和研发基地，为中国国防工业和民爆产业的发展做出了特殊的贡献。改革开放后，公司发展更为迅猛，产品领域向多元化拓展，现已发展成为集生产、贸易、科研为一体的大型综合性化工企业。公司总部位于辽宁省辽阳市，北依沈阳，南靠鞍山，东临本溪，占地面积36km2，与哈大线铁路和沈大高速公路、沈营公路相连，距离鲅鱼圈港95km、大连港330km、沈阳桃仙国际机场45km。

【经营范围】 公司拥有有机中间体及精细化工、民爆器材、聚氨酯制品等三大民用产品系列，近200个品种。产品除满足国内市场需求外，还远销世界近40个国家和地区。基于严格的管理机制、优秀的人力资源和丰富的专业经验，公司利用成熟的研发体系、生产体系、质量管理体系、营销体系和售后服务系统，为用户提供高品质的产品和专业化的服务。公司尊崇“报效国家、实现自我”的精神理念，奉行“讲诚信、保质量、重服务、求双赢”的经营宗旨，致力于产品创新和创造客户价值。公司通过了ISO9002质量体系认证，是辽宁省政府授予的“重合同、守信誉”单位，产品商标“庆阳牌”被评为辽宁省著名商标。

公司确定了产品多元化，产业多角化，争创中国驰名企业的阶段性发展目标。公司将以"创新、务实、合作、自强"的企业精神，整合各种自有优势资源和合作资源，稳步向前发展。

龙元建设集团股份有限公司

【概况】 龙元建设集团始创于1980年，前身为浙江象山二建集团股份有限公司，1983年进入上海建筑市场，1993年集团总部迁址上海。集团拥有房屋建筑工程总承包一级资质、市政公用工程总承包一级资质、机电安装工程总承包一级资质、地基与基础工程专业承包一级资质、建筑装修装饰工程专业承包一级资质和园林古建筑工程专业承包一级资质，是浙江省唯一一家拥有国家六个一级资质的大型企业。集团母公司注册资金8000万元，资产总额超过10亿元。集团年施工能力超过30亿元，能独立承担工业、民用、市政、交通、水利及大体量、高标准、精装饰等各类复杂的建筑施工任务。集团1995年至2001年完成施工总产值110亿元，连续六年居浙江省同行业之冠。

【经营业绩】 集团通过ISO9002质量体系认证，已创鲁班奖、全国优质样板工程、白玉兰奖、钱江杯、浦江杯、上海市优质结构等优质工程200多项，获安康杯、市文明工地、标化样板工地、创安工地等荣誉250多项，连续七年13次荣获QC(质量管理)成果"国优"称号，年年被评为浙江进沪施工企业先进单位(其中十次第一)，次次名列上海市进沪施工企业综合考评前二名。现为浙江省重点骨干企业、信誉AAA级企业、上海市优秀企业、上海市立功竞赛优秀公司、全国质量管理优秀企业、全国用户满意企业、全国质量效益型特别奖企业、全国优秀建筑企业。

集团以服务社会为宗旨，坚持“奉献、务实、诚信、奋进”的企业精神和"管理上一流、质量出精品、服务创信誉"的质量方针，坚持“人才是企业的资本、学习是一种生活方式、创新是生命之源”，以质量拓市场，以管理求发展。公司坚持以人为本，坚持企业共同目标，坚持社会责任，提倡员工追求协作创新和发挥个性,实现企业和个人的良性互动。公司倡导员工追求有兴趣的工作、志趣相投的同事、健康的体魄、开放的心态和乐观向上的精神。公司为员工提供可持续发展的机会和空间,努力创造公平竞争的环境,坚持工作和家庭、健康、物质、精神生活协调一致。

宁波锦纶股份有限公司

【概况】 宁波锦纶股份有限公司是中国金轮集团的紧密层成员企业之一,国家大型一档企业。公司专业生产作为轮胎的骨架材料的各种规格的汽车胎和力车胎帘子布。自1987年开辟锦纶6浸胶帘子布项目以来,开拓进取,迅速发展壮大,至今已经拥有六个分厂,近万名员工,拥有国内最大容量的VCZ1600mm、1400mm聚合管和一整套纺丝、牵伸、加捻、织布、浸胶等国内、外先进设备,帘子布生产能力达6.5万吨/年,是亚洲最大、世界第二帘子布生产基地。

公司生产的主要品种为930dtex－2100dtex的各种单股、双股浸胶帘子布。生产的"金轮"牌浸胶帘子布分别被评为宁波市、浙江省、农业部名牌产品,国家"星火"科技二等奖,国内市场占有率45%,产品远销韩国、朝鲜、菲律宾、印尼、土耳其、泰国、日本、德国、香港、台湾等十多个国家和地区。

公司技术力量雄厚,科学技术人员占10%,中级以上职称技术人员占5%。公司建立了完备的质量保证体系,并于1998年初通过了ISO9002质量保证体系认证。1999年,开始全面运用世界领先的ERP计算机管理软件——SAP4.0B系统。测试设备有美国孟山都T—10电子拉力试验机,产品测试手段先进、完善。具有国内先进水平的,自行设计制造的Φ1600加压聚合管。1996年引进了瑞士Rieter公司纺丝卷绕3条流水线。

宁波摩士集团股份有限公司

【概况】 宁波摩士股份公司的前身镇海特种微型轴承厂。它创建于一九九二年七月,开始每月仅能生产2—3万套微型轴承。而当时国际市场对微型轴承需求量很大,企业以优质的产品和良好的商业信誉,很快占领了市场,形成了产品供不应求的局面。公司迅速扩大了生产规模,轴承每月产量很快升到50万套,140万套,300万套,600万套,企业的规模和生产能力就象滚雪球一样快速地越滚越大。"MOS"原是镇海特种微型轴承厂产品的商标,是"MECHANICAL OPERATION STAR"(机械行业之星)每个单词的字头,一九九六年创立股份公司便以"摩士"来命名集团公司。

宁波摩士集团股份有限公司注册资金为5100万元,由宁波市任命政府批准的股份制公司。集团股份有限公司下属有:宁波轴承技术开发工程中心、销售中心、办公室、财务中心。集团公司包括5家核心企业、5家紧密企业、3家半紧密企业。5家核心企业分别是:宁波摩士合普轴承有限公司、宁波摩士轴承有限公司、宁波保税区摩士轴承实业有限公司、宁波微型轴承有限公司、宁波摩士机械进出口有限公司;5家紧密企业分别是:上海摩士紧密轴承有限公司、宁波合普微型轴承有限公司、鄞州区摩士电机有限公司、宁波镇海摩士轴承配件有限公司、宁波弘罡轴承厂;3家半紧密企业分别是:甬升轴承厂、建业轴承厂、热处理一厂(庄市);尚有企业五家。它们分别分布在上海、鄞州区高桥、镇海、慈溪、宁海、等地,大多数是生产轴承产品或轴承配件的企业。

【经营业绩】 集团公司厂区占地63882平方米,拥有各种主要设备1100台,各种检测仪器、仪表2261台(件),现有员工1600人,其中有中、高级职称的70人,公司现具有生产9000万套微型轴承和2500万套小型轴承的生产能力。年销售额35100万元,集团公司现有资产25000万元。

全厂职工都十分明确,质量是企业的生命;质量就是市场,为巩固和提高企业的产品质量与保证能力,公司为此做了不懈的努力,集团公司已于一九九七年六月、十二月分别通过了微型轴承和小型轴承的ISO9002体系认证工作,在一九九九年十一月取得美国贝尔国际验证机构认证的QS－9000证书。我们的质量及质量管理工作,经美国百得国际集团对外协客户的评审,我们是经他评审的国内众多厂家中名列前茅,并被百得(苏州)电动工具公司评为2000年优秀供应商,但质量和质量管理工作是无止境的,集团公司在2000年12月取得ISO14001环境管理体系认证证书,及取得ISO9001—2000版质量管理体系证书。目前公司正推行"6S"及"6E"的管理。轴承是机械基础件产品,是机械产品的配角,我们就要甘当配角,但我们要为名牌产品当配角,更要为名牌产品当好名配角。经过我们多年的努力,现在我们已为意大利及美国多家电动工具公司等一系列世界知名公司的知名产品配套。

公司的产品主要外销,约占公司销量的70%左右,销售的国家和地区有美国、意大利、加拿大、德国、韩国及港、台等地,集团拥有自营进出口权,可为广大客户提供各种方便。

集团公司在近期发展的思想是:以人为本,广招天下英才,全面提高全员素质,逐步实施十大管理工程。加大计算机的软件开发和使用力度;全力开发汽车轴承,高速、长寿命电机轴承,进入中档轴承国际市场。到2005年,公司的固定资产达2.5亿元。具有年产微型轴承1.16亿套,小型轴承6100万套的生产能力。销售收入超过5亿元,届时宁波摩士集团股份有限公司将跻身于中国轴承行业的大型企业之中。并逐步将摩士建设成一个立足宁波,辐射全国,走向世界的现代化、国际化的企业集团公司。

宁夏北方淀粉股份有限公司

【概况】 宁夏北方淀粉股份有限公司是以宁夏西吉傻傻(集团)有限责任公司为主要发起人发起设立的股份有限公司。公司创立于1999年4月19日,注册资本8582.5万元。现辖6个子(分)公司、13个对外营销办事处;年加工鲜薯40万吨,生产马铃薯生粉6万吨,预糊化淀粉1.5万吨,为国内最大的马铃薯淀粉加工企业。先后被农业部、国家经贸委、国家计委、中国证监会等8部委联席审定为国家农业产业化经营重点龙头企业,被国家人事部、轻工业局授予"全国轻工系统先进集体"称号,被宁夏回族自治区消费者协会评为"全区诚信单位",被国家经贸委确定为重点扶持做大做强的农产品加工转化十大龙头企业之一,被中国地区开发促进会授予"中国地区开发优秀企业"荣誉称号。

【经营业绩】 公司为同行业首家通过ISO9002国际质量保证体系认证企业,引进国际先进的生产设备和工艺技术,并通过消化创新,拥有了多项独享的专有技术,使之技术实力与国际先进水平同步;公司研发中心聚集了一批高素质专业科研人员;拥有配套齐全的先进科研设备,并聘请国内著名专家学者组成专家委员会,为马铃薯系列产品的研制开发提供了强劲的科研保证。

公司通过多年的发展,在国内同行业中具有较为显著的的发展优势。一是原料优势。生产基地的马铃薯种植面积大、品质优,原料供应充裕;二是客户优势。十多年的发展使公司已经拥有一批稳定的大客户,并与其建立了长期、稳定的合作关系;三是技术优势。公司引进的生产设备和工艺技术较为先进,并在发展过程中培养了一支技术队伍,他们在数年的马铃薯淀粉生产中积累了丰富的技术创新、设备改造和生产管理经验,使生产工艺不断合理化,生产成本和能耗不断降低,在实践中研究形成了自己独有的技术,保证了公司产品的高质量;四是品牌优势。公司生产的"银鸥"牌马铃薯生粉和预糊化淀粉已稳定占据了全国用量最大的京津唐地区、长江三角洲和珠江三角洲等地区。据中国淀粉工业协会提供的资料表明,"银鸥"品牌马铃薯系列产品市场份额位居国内第一,连续四次被评为"宁夏回族自治区著名商标"。曾获"第九届中国西部技术交易会金奖"。

公司目前生产经营两大类产品:即马铃薯生粉和马铃薯预糊化淀粉。公司的马铃薯生粉、预糊化淀粉产品的生产制造、服务全程导入ISO9002国际质量认证体系,质量稳定,品质优良。公司生产的"银鸥"牌马铃薯精淀粉质量达到国颁GB8884—88特级标准,产品广泛用于石油、纺织、造纸、医药、食品等行业,曾获"第九届中国西部技术交易会金奖"和"宁夏回族自治区著名商标"等奖项。预糊化淀粉用于食品加工的增稠剂、高档水产饲料粘结剂及纺织、造纸产品上光剂以及石油钻探作业中的保水剂。公司产品销售以全国各大区域性市场为中心,在主要城市设立办事处并划分营销区域范围,将批发商、零售商和主要客户联系起来,形成辐射面和覆盖面广泛的营销网络,产品市场份额居国内第一,并出口到韩国、日本、台湾、香港等东南亚国家和地区。

宁夏博尔泰力药业股份有限公司

【概况】 宁夏博尔泰力药业股份有限公司是在宁夏绿谷制药有限公司的基础上于2000年10月由宁夏药物研究所、上海绿谷伟业生态工程有限公司、北京君益润泰投资咨询有限公司、上海北融资产管理有限公司、临河兴科药业有限公司共同发起设立的现代化高新技术制药企业。主要从事中西药品研制及原料药生产和销售,并已形成了以苦豆子、甘草、枸杞等特色系列产品为主导的产品结构。公司注册资本金为3800万元。法人代表王忠效研究员为国家级有突出贡献中青年专家、自治区劳动模范、国务院特殊津贴获得者,公司具有中高级以上科研人员占公司人员总数的40%,具有执业药师资格的人员占21%。公司现有一控股子公司为宁夏绿谷药业有限公司,注册资金1000万元,该公司在全国建立了29个办事处,已形成国内营销网络,为宁夏博尔泰力药业股份有限公司的产品市场营销提供了保证。

【经营与管理】 宁夏博尔泰力药业股份有限公司在特色医药研究和开发领域中积累了丰富的实践经验,拥有对苦豆子系列产品工业化规模生产的专有技术,是目前国内从事苦豆子、研究与开发达到国家标准生产苦参素的唯一厂家,苦参碱生产工艺居国内领先水平。本公司承担建设的"年产40吨苦参素系列生物碱原料药及5400万支苦参素注射液"国家重点工业性试验项目现已全面竣工,形成年产苦参素12吨、苦参碱3吨、苦豆子总碱25吨和苦参素注射液5400万支的生产能力。该项目按GMP规范要求建设的原料生产车间、针剂车间、固体制剂车间以及各项配套设施性能先进、功能齐全,为苦豆子、枸杞等系列产品产业化开发的现代化生产基地。

宁夏博尔泰力药业股份有限公司"年产12吨苦参素原料药及5400万支博尔泰力(苦参素)注射液"被国家科技部、国家质量技术监督局等五部委授予国家重点新产品证书。博尔泰力(苦参素)注射液被我国医学界权威学术团体中华医学会列入重点推广工程项目,这是迄今为止在治疗乙型肝炎领域中唯一获此殊荣的药物。在苦豆子的药用研究开发中,苦豆子原料残源,促进本地区畜牧业的发展。有利于鼓励农户人工种植,合理开发,改善宁夏局部地区荒漠的自然生态环境,有利于调动当地农民退耕还林(草)的积极性,从而防止水土流失和土壤沙化。苦豆子生态工程被列为宁夏自治区"两个一工程"成为宁夏医药产业的重中之重。

宁夏博尔泰力药业股份有限公司以科技为先导,以科技创新为依托,在苦参素原料药生产质量控制技术中取得了突破性进展,使产业化生产苦参素中有效成份氧化苦参碱含量高达98%以上,产品质量稳定,并形成一套完善成熟的生产工艺路线。目前,宁夏博尔泰力药业股份有限公司具有生产批准文号的主要产品有:苦参素、苦参碱、苦豆子总碱、苦参总碱和枸杞精。苦豆子系列生物碱是具有抗病毒、抗肿瘤、抗心率失常、抗炎、抗变态性反应以及升高白细胞的作用,能够治疗皮肤病、调节白细胞、治疗乙肝等多种疾病并具有多种保健功效,产品符合国家产业政策要求,科技含量高,具有极高医疗药用价值和广阔市场发展前景,成为宁夏医药经济可持续发展的新的增长点。

宁夏博尔泰力药业股份有限公司被宁夏科技厅和经贸委分别认定为高新技术企业与东西部合作企业,所承担的"苦参素系列原料药及制剂"建设项目已被列入1999年国家火炬项目和2000年重点国家级火炬计划项目。"苦豆碱抗炎、抗变态反应一类新药研究"被国家科技部批准列入1035工程(全国仅批准10项),由该公司申报的"苦参素原料药地方标准上升为部颁标准"被授予国家经贸委医药科学技术进步奖。为构筑宁夏医药经济的硅谷,加快实施优势名牌发展战略,提高新药开发创新和成果转化能力,变资源优势、科技优势为经济优势,宁夏博尔泰力药业股份有限公司目前正积极筹建创业板上市公司的准备工作已进展到一定阶段。

宁夏宏兴农业生物工程股份有限公司

【概况】 宁夏宏兴农业生物工程股份有限公司前身是宁夏宏兴生物工程有限公司,主营产品"双微二氧化碳气肥"是总经理蔡志国自行研制的专有技术成果,由宁夏农业技术推广总站于1997年10月至1998年3月在宁夏全区19个县市、六个国营农场进行试验、示范。1998年4月4日,自治区科委主持专家评审通过了成果鉴定,建议进行工业化生产,在全国进行推广应用。1998年元月,宁夏宏兴生物工程有限公司在银川高新技术开发区登记注册,联合个人投资者,共投资100万元,并与宁夏高新技术创业服务中心签订了孵化项目协议书,主要任务是实现产品的工业化生产。上半年集中精力进行生产设备选型和工艺流程设计。下半年转入工业性中试,共生产产品108吨,期间荣获98年全国最新技术与企业交流会金奖;荣获98年第七届中国专利新技术新产品博览会金奖。自治区计委将产品列为工业性试验项目。1998年10月至1999年3月,农业部全国农业技术推广中心在全国23省(区)市布130个试验点,对双微二氧化碳气肥进行大面积试验示范,均取得成功,被全国农技推广中心列为向全国推广的四项物化新技术产品之一。1999年6月,宁夏汇通实业(集团)公司对宏兴公司增资扩股，注册资金扩大为510万元，在银川西部良田工业区建设生产基地，将生产规模由原来不足500吨扩大至2000吨，积极营造企业生产环境，扩大外部宣传，同年六月，产品项目被自治区科委列入全区1999年“火炬计划”。1999年8月经银川高新技术开发区主持审定，自治区科委批准认定宏兴公司为自治区高新技术企业；1999年11月，国家科技部、国家税务总局、国家外经贸部、国家技术监督总局、国家环保局联合颁发了双微二氧化碳气肥为国家级重点新产品证书；1999年12月，国家科技部、财政部通告双微二氧化碳气肥列为全国首批中小企业科技创新基金项目，无偿支持基金50万元。2000年宏兴公司借助国家西部大开发战略契机，再次向社会和个人进行增资扩股，并申请企业股份改制，2000年3月28日，自治区体改委下达同意成立宁夏宏兴生物工程股份有限公司筹委会的批复；2000年4月，国家科技部审定双微二氧化碳气肥产品为2000年国家级火炬计划；2000年6月，宏兴公司与宁夏石化总公司供销公司以企业优势互引、合作方式联合成立销售委员会，加大市场营销运作，2000年8月15日，自治区体改委下达《同意变更宏兴公司为股份制公司的批复》，8月18日，宁夏宏兴农业生物工程股份有限公司创立大会首届股东大会在银川召开，注册资金3217.6万元。

齐重数控装备股份有限公司

【概况】 齐齐哈尔第一机床厂始建于1950年10月，在50年的发展历程中，经过五次大规模扩建和技术改造，具备了以立、卧式重型车床为主的6大类、26个系列、420多种机床产品的生产能力，可为用户提供精密型、数控型、加工中心型、各种专机及生产线等不同档次产品，有50多个产品先后荣获国家、部、省优质产品奖、新产品奖和科技进步奖，140多种产品填补了国内空白，特别是改革开放以来，工厂坚定不移地走“科技兴企”之路，依靠一只具有雄厚实力的科研队伍和先进的生产制造手段，形成了以引进德国瓦德力希·济根公司DH系列数控重车设计制造技术而形成的D系列数控重车、引进德国多列士公司VCE系列数控立车制造技术而形成的D系列数控立车、引进意大利茵塞公司先进制造技术而形成的ZYT系列数控深孔钻镗床为代表的主导产品系列，形成了数控重车技术领域的战略转移，成为我国机床行业规模最大的重点骨干企业之一，1989年荣获国家质量管理奖企业称号，是我国知名的重型、精密、数控机床生产和出口基地。

【经营与管理】 齐齐哈尔第一机床厂技术力量雄厚，拥有一支以政府特殊贡献专家、国内机床行业学科带头人、高级工程师为代表的，以国家二类研究所——齐齐哈尔重型车床研究所为主体的科研开发队伍，形成了开发研制重型数控技术装备的技术体系。主要生产设备具有九十年代国际先进水平，拥有从德国进口的卧式加工中心，数控镗铣床，精密导轨磨床，从匈牙利进口的卧式加工中心，从瑞士进口的数控齿轮磨床及从美国进口的双频激光干涉仪、从德国进口的齿轮测量机和超声波探伤仪，从日本进口的三座标测量机等高精度把关设备和测试仪器，建成了近5800平方米的恒温装配车间和4600平方米的超重型装配车间及年产4000吨铸件的树脂砂生产线。

为适应市场经济的需要，齐齐哈尔第一机床厂作为主发起人，以下属的科研开发系统和主体生产单位的优良经营性资产为主体，依据建立现代企业制度的原则，联合中国机电出口产品投资公司，黑龙江省经济贸易开发集团总公司、武汉华中数控系统有限公司等6个社会法人共同发起组建了齐重数控装备股份有限公司，公司人员、资产、财务与控股股东齐齐哈尔第一机床厂完全分开，实现了人员独立、资产完整和财务独立。公司依法建立了股东大会、董事会和监事会，法人治理结构健全。公司现有员工560人，其中工程技术人员204人。股份有限公司注册资本7255万元，资产总额16617万元，资产负债率44%。齐齐哈尔第一机床厂各专业厂为齐重数控装备股份有限公司提供专业化流程的配套服务，确保了企业长远发展所必须的技术物质基础。

齐重数控装备股份有限公司在市场经济新形势下高瞻远瞩，依托具有世界先进水平的D系列数控重车的技术优势，创新开发了具有世界领先水平的多轴控制，五轴联动重型卧式加工中心，并被确定为全国机床行业唯一一个国家高新技术产业化示范工程项目，体现了一个国家机床行业重点骨干企业的雄厚实力，正向着国家数控重型机床产业化基地的宏伟目标迈进。

沈阳都市通网络通信股份有限公司

【概况】 沈阳都市通网络通信股份有限公司成立于1998年，在沈阳浑南产业开发区注册，是专业从事公用通信系统和信息终端产品的研发、制造和销售的高科技企业。2000年公司整体转制为股份制公司，注册资金3200万元。公司成立以来，实施了富于前瞻性的决策，以独创的产品，领先的技术以及优质的服务，在竞争中独树一帜，开创出一条服务于中国通信产业发展的新路，获得了稳健和快速的发展。在成立不到五年的时间里，公司的资产规模、人员队伍、经济效益连续高速增长，为促进我国社会公用通信事业建设做出了较大贡献。公司现有员工180人中，有16位博士、30位硕士和100多位行业精英的诚心加盟，共举馨荣，使公司在科技领域里不断创新、开拓，精心打造的产品及品牌，不断超越自我、超越非凡。

【生产及质量体系】 2001年初，公司顺利通过了由中国方圆认证中心组织的ISO9001：2000版标准质量体系认证，确定了“视质量为生命，始终重视并不断改进产品质量，以满足用户需求为最高标准”的质量目标。每种新产品都经过设计过程中的所有质量检查和生产前的完全测试后，才投入生产。在制造过程中，公司的产品还要经过更加严格的质量测试以确保向用户提供优质可靠的产品。为了更好的满足市场需求，扩大生产能力，公司在沈阳、广州、济南建立了设备、工艺先进的生产基地，终端话机生产规模达30万台。

【产品及技术】 公司自成立以来，不断加大科技投入，技术水平一直处于同行业领先。成功开发和推广了ST2000智能公用电话系统、终端及配套产品，取得了多项科技成果，并率先实现了产业化。“ST2000智能公用电话系统及终端”改变了原有公用电话落后的管理模式和水平，杜绝了盗打和伪卡现象，具有较强的业务增值能力，为运营商带来了较高的投资回报。2000年，公司参与信息产业部智能公话标准的起草，为信息产业部终端设备进网检测中心提供了该类产品的技术标准。公司的主导产品荣获十多项国家发明专利，二十余项系统软件注册版权。先后获得过国家重点火炬计划项目、国家重点技术创新项目、国家级重点新产品、省市重点新产品，并获沈阳科技进步奖等荣誉。1999年，国家计委将都市通公司列入高新技术产业化示范企业，国家科技部将公司列入国家重点火炬计划实施企业。2002年，都市公司与美国新思公司合作，独家引进指写汉字输入识别技术，研制开发了新一代在线式多业务平台与终端—都市视窗。此产品缩短了人机交互的距离，适应了我国新时期公话发展的需求，促进我国城市信息化的发展。目前都市通公司已在广州、北京、深圳、沈阳建立了产品研发中心。

【市场】 先进的产品与技术、丰富而有成效的业务方案，为电信运营商带来了较高的投资回报，同时也使都市通公司的产品得到了广泛的应用。“ST2000在线智能公用电话系统及终端产品”先后在广东、黑龙江、山东、河南、辽宁等省的三十几个市应用，且已有的市场份额正在不断扩大，目前国内产品的市场占有率达25%以上。2002年在山东省同时开通十六个应用局，总容量达11万线。开通万门平台的大连局已稳定运行了三年之久。为了更有效地扩大市场占有率，公司已在北京、上海、广州等地成立了分公司，形成了辐射全国的销售网络。

沈阳久利化学建材股份有限公司

【概况】 沈阳久利化学建材股份有限公司是以生产UPVC给水管材和PVC型材而闻名的股份制企业，前身沈阳市塑料九厂始建于1958年，至今已有四十余年的塑料加工历史。1999年公司通过ISO9002质量体系认证，2000年又被辽宁省认定为高新技术企业。1983年国内第一根UPVC扩口给水管材在久利公司诞生，填补了我国UPVC管材应用于供水领域的空白。同年公司又与国家科委、建设部等部门及科研院所共同承担了国家“六五”科技攻关项目“寒冷地区住宅双层塑料节能窗的研究设计”工作，并于1988年通过了“三部一委”组织的科技成果鉴定，为我国塑料门窗的生产、应用和发展开创了新纪元。

公司一贯秉承“科技创新、卓越品质”的经营理念，为进一步提高产品质量，加大科研投入，2000年初，公司又利用现有的3000平方米建筑，投资四百多万元，建立了目前国内同行业中颇具规模与实力的技术中心和检测中心，并与辽宁省质量技术监督局联合组建了门窗框用PVC型材、塑钢门窗检测基地。

十几年来，久利人以脚踏实地、开拓进取的精神不断发展和完善自我，并取得了不斐成就。产品连续多年获省、市名牌产品称号，1999年门窗框用异型材又获省、市科技进步奖，同年年末，公司采用新技术、新材料，再次提高产品质量及档次，使型材各项性能，尤其是耐老化性能及焊角强度处于国内领先水平。

为了满足不断提高的市场要求，公司又开发了适宜各种高档五金件的系列型材，提高型材保温性能，进一步满足各种高档建筑的需求。公司有能力也有信心为我国化学建材事业的发展做一些极具积极意义的工作，同时也为广大顾客及各界朋友提供更高质量的产品和服务。

沈阳三生制药股份有限公司

【概况】 沈阳三生制药股份有限公司成立于1993年。经过不懈的努力，沈阳三生制药股份有限公司已经发展成为具有国际水平的基因工程制药基地。公司厂区占地30000平方米，严格按照GMP管理要求设计施工，年生产能力达到500万支以上。公司现有300多名员工，其中科技人员的比例超过80%，一个年轻化、专业化、知识化的领导集体构成了公司的管理中坚，“以人为本，尊重知识，尊重人才”蔚然成风。目前，公司已有基因工程干扰素α－2a（商品名：因特芬，国家二类新药），基因工程白细胞介素－2（商品名：英路因，国家二类新药），重组人红细胞生成素（商品名：益比奥，国家二类新药）三个产品上市销售。三生公司自行研制开发的国家一类新药——重组人血小板生成素（rhTPO），正在进行Ⅱ、Ⅲ临床试验。

【管理与创新】 三生公司在追求规模效益、不断降低生产成本和产品价格的同时，实施了全方位的市场培育和开发策略，在国内，由位于北京的市场营销中心负责全面监控整个公司的营销状况，在全国设立了二十多个销售办事（代表）处，建立了一支专业化、高素质的营销队伍，构筑起以大中城市、经济发达地区为主体的、高效有序的市场营销网络；在国际市场方面，由美国的海外营销中心统一管理，目前已多个国家和地区签定了销售合同，随着国际市场的日益拓展，三生公司将逐步成为国际知名的生物技术企业。

为了及时、准确地掌握世界生物技术领域最新的发展动态，科学、合理地决策新产品的研究方向，三生公司在美国华盛顿地区设立了海外研究中心——LinfeGen Inc.，负责上游技术的开发。同时在国内组建了生物技术研究所，负责下游技术的研究和生产的转化，籍此创建出了“生产一代、报批一代、研究一代和准备一代”的产品开发体系。

作为一家制药企业，三生公司不仅仅是生产和销售基因工程药物，更担负着唤起人们康复信心和生命意识的重任。面对全球一体化的浪潮，尤其是跨国生物技术公司的强大竞争，作为中国基因制药工业的一员，三生人的心中充满了紧迫感、危机感和使命感。为此，公司将以基因药品为核心向相关产业渗透，充分发挥科研优势，不断开发新产品，并通过融资优势与技术优势的互补，力争把三生公司逐步建设成为国际知名的生物技术公司。

沈阳新松机器人自动化股份有限公司

【概况】 沈阳新松机器人自动化股份有限公司是由中国科学院沈阳自动化所为主发起人投资组建的高技术公司。新松公司是“机器人国家工程研究中心”，“国家八六三计划智能机器人主题产业化基地”和国家科技部命名 的“国家高技术研究发展计划成果产业化基地”。公司开发生产了多个系列的机器人产品。完成的机器人自动化应用工程已超过300项。

【经营与创新】 公司主导产品包括弧焊机器人系统、点焊机器人系统、搬运机器人系统、特种机器人、高压水切割机器人、冲压线柔性自动化系统、物流与仓储自动化工程、自动导引车（AGV）、装配机器人以及各种与机器人配套的周边设备、智能卡接口设备及系统应用等，已形成了市场开拓、研究开发、设计制造、工程实施、质量保证、售后服务的完整体系，可为客户提供完整的技术解决方案和交钥匙工程。

作为国家级机器人技术研发中心，公司技术实力雄厚、设施优良，具有极强的设计开发和创新能力，公司在机器人机构、机器人控制器、机器人视觉、人工智能等领域进行了大量的工作，取得了一大批科研成果。这里创造出了中国机器人发展史上的18项第一，拥有专利技术几十项，获得的国家科技进步奖、特等奖以及省部级科技成果奖等多达200余项。公司在发展技术同时，十分注重产品质量，于98年末在机器人行业率先通过了ISO9001国际质量认证，并与俄、美、韩、日等国的研究机构或公司建立了正式合作关系，同其他十几个国家有着广泛的技术、贸易往来。

公司研制出了国内第一个自主版权、全中文界面的SIA

—ARC弧焊机器人控制系统和点焊机器人SIA—GRC控制系统，以及具有国际先进水平SIA—GRC通用机器人控制器；采用优化设计技术，开发出了从二自由度到六自由度的系列机器人操作机。综观整个行业，新松公司机器人自动化技术整体水平已处于国内领先地位，进入了国际先进行列。

新松公司作为机器人技术国家工程研究中心，是我国机器人研究开发和产业化的龙头单位。现拥有各类专业技术人员400多人，是国内专业从事机器人、自动化产品开发与工程服务的主导力量。产品和服务占据国内机器人市场三分之一，质量保证体系多年顺利通过ISO9001国际标准的审核认证。

奉行"追求卓越、创造完美、诚信敬业、报效祖国"的企业精神，追求"以人为本，共同发展"的经营理念，新松机器人自动化股份有限公司将充分发挥国家级机器人技术研发基地的作用，广泛研究市场需求，致力于成果技术转化及机器人产业化工作。不断提高我国自制高技术装备和自制高技术产品的能力，更愿与社会各界同仁携手，为打造高技术强国的梦想做出更大的贡献。

铁法煤业股份有限公司

【概况】 铁法煤业（集团）有限责任公司的前身是创建于1958年的铁法矿务局，位于辽宁省北部，东距铁岭37公里，南距沈阳90公里，近邻沈哈高速公路，交通便利。矿区由铁法、康平、康北三个煤田组成，总含煤面积618.43平方公里，已探明工业储量22.59亿吨，占辽宁省煤炭总储量的1/3以上，煤种以长焰煤为主，低硫低磷，属优质工业动力用煤。已探明煤层气储量293亿立方米。集团总体设计年生产能力1455万吨，年洗选加工能力1165万吨。现有8对生产矿井，1对在建矿井，子公司、分公司27个，在册职工4.5万人，另有集体职工2.2万人，总资产75.6亿元。1996年以来，企业利润连续6年保持在3000万元以上水平，2001年实现利润6826万元，原煤全员效率达到7.611吨/工，原煤单产达到15万吨，所有矿井连续10年消灭了瓦斯、煤尘等重大恶性事故，连续7年矿井百万吨死亡率控制在0.5以下。

铁煤集团1997年被辽宁政府命名为"全省工业企业管理十二面红旗单位"；1994年、1997年获中国煤炭工业"金石奖"；1994年被原煤炭工业部命名为质量标准化矿务局；1994年、1996年被原煤炭工业部命名为中国煤炭工业优秀企业；1995年、1998年获全国"五一"劳动奖状；从1996年起连续6年被评为全国煤炭行业科技进步十佳企业。企业信誉等级为AAA级，1999年12月通过ISO9002质量体系认证。

1999年10月矿务局改制为铁法煤业（集团）有限责任公司的同时，为探索国有煤炭企业改革途径，盘活存量资产，增强企业发展后劲，提高企业资本运营能力与创利水平，铁煤公司就积极策划对资产进行重组，组建铁法煤业股份有限公司。经过近一年的紧张运作，在各有关部门的大力支持下，以铁法煤业（集团）有限责任公司作为主发起人，以其所属的晓明矿、晓南矿、大隆矿和煤炭销售公司及相关管理部门的经营性优良资产投入股份公司，并联合张家口煤矿机械有限责任公司、鸡西煤矿机械厂、吉林省通用机械厂、佳木斯煤矿机械厂等4家发起人，以共同发起设立方式设立了铁法煤业股份有限公司。该公司注册资本为22632万元人民币，股权设置为全部国有法人股。该公司将按有关规定运作，向中国证监会申请上市发行股票。

面向未来，铁煤集团将继续实施以煤为主，多种经营的可持续发展战略，在建设东北最大的动力煤生产基地的同时，实施多元化发展，努力建成煤层气开发利用基地、新型建材基地，构建集煤炭、电力、煤层气开发利用、建材、高新技术、机械加工、建筑安装于一体，极具竞争力的跨地区、跨行业、跨所有制和跨国经营的大型国有控股的综合性煤炭企业集团，实现更快的发展。

永新光学股份有限公司

【概况】 永新光学股份有限公司是中国制造光学显微镜的专业公司之一，前身宁波光学仪器厂已有三十多年研究、制造光学仪器的历史。1997年2月宁波光学仪器厂与香港嵘光投资有限公司合资组建宁波永新光学仪器有限公司，2000年12月又改组成立了宁波永新光学股份有限公司。公司注册资本3050万元人民，现有职工412人，其中大专以上学历专业技术人员100余人，拥有一大批专门从事产品研究、开发和工艺研究的工程人员。目前公司坐落于宁波市高科技园区，厂房占地面积18600平方米，建筑面积16000平方米。显微镜产量4万对，各类光学元件800万件，各项经济指标在同行中名列前茅。

公司自成立以来，为适应国内外市场的激烈竞争，从传统光学着手，大力发展高新技术，在不断完善传统产品——光学显微镜同时，开发了CCD镜头、条形码扫描器镜头、多层膜滤光片、DVD镜头等信息产业及新型光电信息领域的高科技产品，形成光学仪器、医疗仪器和光学元件三大系列产品共同发展的良好格局。开发的新产品取得了多种奖项，其中XS—2100荣获第十一届全国发明展览会优秀新产品金奖、省科技进步三等奖、市科技进步二等奖；XYL—1型落射荧光显微镜获"九五"国家技术创新优秀新产品奖、国家级新产品、市新产品一等奖。有二个产品被列宁波市火炬计划同时报批国家级火炬计划，有五个产品获得了专利权。由于企业生产的产品科技含量高，分别被省市列为高新技术企业，企业获得了省技术进步优秀企业、市百家重点企业、"双二十工程"企业等荣誉称号。

浙江海越股份有限公司

【概况】 浙江海越股份有限公司坐落在西施故里——风景旖旎的浙江省诸暨市浣纱江畔，公司成立于1993年7月，注册资本1.38亿元人民币，由海口海越经济开发有限公司作为主发起人，联合浙江省经济协作公司和诸暨市银达贸易公司共同发起，以定向募集的方式设立的国有控股股份有限公司，总股本13800万股。公司是一家主要投资经营交通、能源等基础产业、并从事国内外贸易的现代综合性企业。公司在快速、高效发展的七年中，始终不渝地坚持公司创始人、现任董事长兼总经理吕小奎同志确立的"建设浙江，服务家乡"的经营宗旨，在实现较大经济效益的同时，创造了可喜的社会效益。各项经济指标均居浙江省同行业前列，至99年底，海越拥有总资产4.9569亿元人民币，净资产2.1091亿元人民币，年均税后利润4,000万元左右。即便是在全国经济紧缩低迷、同行业大多数亏损倒闭的96、97年，公司仍然取得较好的收益。公司具有很强的抗风险能力，是全省屈指可数的优质规模企业之一。

健全的体制、严格的管理和"团结、拼搏、开拓、创新"的企业精神造就了海越的成功，而当人类已经进入以高科技为主导社会的时候，具有敏锐市场经济经营意识的海越人也开展了二次创业，海越将利用自己的资金优势和市场优势以及长期积累的资本市场运作经验，适时加大对高科技领域的投资经营，实现行业结构的调整和优化，以分享高科技文明给我们带来的机遇！

浙江精工科技股份有限公司

【概况】 浙江精工科技股份有限公司创建于1992年，2000年整体改制，发起人为精功集团有限公司、自然人孙建江、邵志明、中国科技开发院浙江分院、浙江省科技开发中心，注册资本5000万元，主要从事机电一体化的建筑、建材(工程)专用设备及轻纺专用设备等高新技术产品的研制开发、生产制造、经营销售和技术服务，属于专用机械行业。公司系国家重点高新技术企业、全国CAD应用工程示范企业、浙江省专利示范企业，2003年6月，公司首次公开发行股票所有申请文件已通过中国证监会核准。

【经营业绩】 公司集中了精功集团有限公司的先进产品技术和优良资产，融入了现代企业经营管理机制，拥有国际先进水平的全自动机械加工生产线和检测能力，科研开发力量雄厚，设有省级高新技术开发中心，具有自营进出口权，通过了ISO9001—2000国际质量管理体系的认证，产品质保体系完善，先后实施完成了三十多项国家级、省级新产品开发试制项目和十五项国家级、省级技改、扩建项目，相继成功开发了100多种机电一体化的建筑建材、钢结构、轻纺专用设备新产品。产品品牌优势突出，具有自主知识产权的核心技术，已有17项技术获得了国家专利，主要技术经济指标均达到或接近国际九十年代同类产品水平，11次获国家级重点新产品证书，28次获国家、部、省、市、县科技进步奖，系行业协会向用户重点推荐的高新技术产品，在行业中具有较高的质量优势、服务优势、性能价格比竞争优势。到目前为止，企业已具有年产各类建筑、建材专用设备1200台套、轻纺专用设备1500台套的生产能力。

公司坚持“高新技术产业化、主导产业高新化”的产品发展方针和“内联外合”的产业发展战略，寻求局部领域的突破和跨越式发展，在与国内北京理工大学、同济大学、东华大学、浙江大学及北京机床研究所密切的“产学研”合作基础上，为确保产品水平能始终保持与国际同步，还与美国THE BRADBURY GROUP、意大利(SAIP)公司 、意大利(MAE)公司、德国GERGEN公司等国际著名公司就钢结构、建材生产线及工程机械领域进行了广泛的技术合作。

2002年，根据中国建材机械工业协会、中国纺织机械器材工业协会出具的证明，主导产品建筑建材专用设备及轻纺专用设备在国内同类产品的市场中占有率平均达40%以上，主要经济指标雄居国内同行业首位，系当前国内高速成长的科技型中小高新技术企业。

目前，公司生产的主导产品有：一、建筑建材专用设备：主要有XBJ型轻质隔热夹芯板复合机、HV型彩钢琉璃瓦机、HV型墙面板压型机、HG型高层建筑钢承楼面结构板机、钢结构抛丸除锈机、大跨度拱壳成型机、C、Z型檩条机、JZW型多角度数控折边机、JXW型型材弯圆机、H型钢组焊一体机、H型钢数控三维钻等十一大系列六十多个品种。二、轻纺专用设备：主要有机械包覆丝机、空气包覆丝机、花式捻线机、精密络筒机、倍捻机等五大系列五十多个品种。三、工程机械：主要有混凝土搅拌输送设备、混凝土输送泵车等。

浙江森禾种业股份有限公司

【概况】 浙江森禾种业股份有限公司以浙江林业种苗服务中心为主发起人，联合浙江省物产集团公司、衢县林场、金华县赤松佛手开发有限公司、萧山市新街镇农业技术推广服务站等五家单位组建而成，经省人民政府证券委员会批准，于二000年六月十八日在杭州成立。总股本3650万股，总资产3959万元。该公司是一家以花卉和观赏林木种苗为主业、蔬菜种子和园林绿化工程为两翼，产品覆盖中国大部分地区的“省级骨干农业龙头企业”和“浙江高新技术企业”，承担着浙江省“花卉与林木种苗工程”建设任务和对传统的花木业进行现代化改造的历史使命，是浙江省种业史上第一家规范化的股份制企业、银行AAA级信用企业和浙江省商业承兑汇票再贴现试点企业，具有“自营产品进出口权”和“二级城市园林绿化企业资质”。

【经营与管理】 公司的主要经营范围为：花卉、林木、瓜果蔬菜和草坪草种的生产和销售；花卉和林木种苗专用肥，农林园林机械，农具，温室大棚，遮阳棚；农膜，花盆及天然、人造景石，农林品的生产、加工和销售；园林绿化工程和农林业工程规划、设计、施工；花卉和林木种苗的科研开发、咨询、服务、培训等。

公司成立三年来，以“科技引导产业，服务创造市场”为理念，以“理念决定一切”为文化内核，依托人才与科技，以观念创新为先导，以机制创新为动力，以品种创新为基础，以技术创新为核心，以服务创新为保障，以市场创新为目标，对产品实行了“工业化改造，商业化定位，专业化生产，规模化经营”的现代化变革，迅速发展成花卉与林木种苗、园艺业的领跑者。

公司现有正式员工220多人，75%的员工为大专以上学历，43人具有中高级技术职称，13人拥有博士、硕士学位。公司下设杭州、河北、四川、北京、金华、衢州、上虞、富春江、嘉善、海宁、余杭11家分公司和虹越花卉、金禾酒业2个子公司，拥有现代化花卉和苗木生产基地5500亩和合作生产基地近5000亩。其中杭州、金华分公司是“全国花卉生产示范基地”，衢州分公司是“国家级名特优经济林良繁中心”、“全国林木良种建设十大标兵单位”、“全国质量信得过苗圃”，上虞分公司是“全国特色种苗基地”。主要生产开发花卉、景观绿化树种、名特优新经济林和F1代蔬菜等4大类100多个品种的种苗、种子及其成品，并从事园林绿化工程和信息网络建设业务。

公司设有研究开发中心和金华佛手研究所两家研究机构，现有高级研究人员12名，助理研究人员15名，在花卉和林木的育种、组培、快繁、环境控制等多个领域开展研究工作。研究开发中心还广泛开展横向技术合作，与中国林科院亚林所、浙江林学院、浙江大学、南京林业大学等高校和研究机构有着密切的合作关系；同时还与发达国家知名的专业公司如美国的Speedling种苗公司、日本Sakada种子公司开展技术交流，取得了丰硕的成果。先后自主或联合开发了50多个科技项目，其中获国家成果5项，省部级25项。

公司拥有杭州、上虞、金华和衢县等近4000亩花卉和林木种苗生产基地，具有园林绿化工程施工二级资质和花卉、林木种苗进出口权。杭州与金华生产基地是"全国花卉示范基地"，衢县生产基地是"国家级名特优经济林良种繁育中心"。公司是浙江省人民政府命名的首批省级农业龙头企业、浙江省区外高新技术企业。

公司以市场为导向,依靠高新技术,坚持技术创新和机制创新,以生产花卉和林木种苗为主导,开发优质高效新品种及生产新技术,致力于我国种子种苗业的产业化发展,积极参与国内、国际两大市场的竞争,在为企业创造效益的同时,带动千家万户农民致富奔小康。面对即将加入WTO后农业领域面临的严峻挑战,森禾种业的企业理念是:科技引导产业,服务创造市场。公司确立了自己的战略目标:积极组建强大的营销网络,面向市场自主开发与引进消化吸收国外先进技术相结合,通过若干年的努力,成为浙江省花卉和林木种子种苗方面的龙头企业,成为国内花卉和林木种子种苗方面的名牌企业,能够与进入国内市场的种苗跨国公司相抗衡。

浙江升华云峰新材股份有限公司

【概况】 浙江升华云峰新材股份有限公司系浙江省高新技术企业,主要以生产各种高、中档贴面板、细木工板、多层胶合板、实木地板、工艺木门、门套、木线条、白乳胶、801建筑胶、包装物、甲醛捕捉剂等环保型家装系列产品而享誉全国,目前已成为全国规模最大的环保型装饰材料生产企业之一。

公司前身是浙江云峰绿色新材股份有限公司,创建于1995年,是升华集团下属的控股企业,实力雄厚,资产数亿元。公司现有员工千余人。面对激烈的市场竞争,云峰公司以建设"品牌工程、管理工程"的战略思想为指导,始终秉持"云峰新材、健康生活空间"的品质理念,不仅充分发挥自身的科技优势,还与多所著名院校密切协作组建了"科研开发中心",同时聘请木业界权威、中国工程院院士张齐生教授为名誉董事长。公司先后通过ISO9001国际质量管理体系认证、ISO14001国际环境管理体系认证,其产品在国内同行业中首家全部通过中国环境标志产品认证。

【经营与管理】 公司主要产品"莫干山"、"森泉"品牌系列产品选料精良,做工精细,品质精湛,曾荣获"第八届中国专利新技术新产品博览会金奖"、"优质轻工产品质量满意品牌"、"浙江省建筑材料协会推荐品牌"、"中国国际农业博览会名牌产品"、"上海市建材行业名优产品"、"浙江名牌"、"浙江省著名商标"、"浙江省建材业首批放心消费满意产品"、"国家重点新产品"等荣誉称号。

公司为克服未来人造板生产所用原木紧缺的困难,确保优质原木的供应,努力降低生产成本,将速生林建设当作一个产业,投入大量的资金进行扩大规模,以"公司+农林户+速生林基地"的模式,培育建造速生林近万余亩,为公司可持续发展奠定了扎实的基础,同时也为保护生态环境做出了巨大的贡献。

浙江苏泊尔炊具股份有限公司

【概况】 浙江苏泊尔炊具股份有限公司是中国最大炊具制造商,是集研究开发、生产、营销为一体的股份制民营企业和省级高新技术企业。公司地处台州市玉环县大麦屿经济开发区,占地面积200亩,总资产4亿多;目前在职员工1500余人,其中工程技术人员150余名,拥有450多个新品种新产品,年生产能力达到压力锅系列350万口、合金和不锈钢系列产品600万口、电炊具系列产品280万口。

【经营与管理】 公司重视国内外市场的开拓,已在全国建立起巨大的营销网络和售后服务系统,在各大、中城市的销售网点就有160多个,产品行销全国25个省、(市)自治区。产品连续五年在国内市场占有率第一,据国家统计局1999年统计,苏泊尔压力锅市场占有率达48.65%;2000年据中华全国商业信息中心市场监测部统计,在全国市场排名前10名的品牌中,苏泊尔遥遥领先,压力锅市场销售份额高达52.11%,2001年达到53.11%;压力锅产品被轻工总会誉称为"中国压力锅第一品牌"。同时,公司重视开拓国外市场,产品出口欧美、日本、中东、东南亚等国,外销份额逐年扩大,取得了较好的业绩。

公司是全行业首家通过了"ISO9002"质量认证体系及美国UL安全认证体系认证、德国GS认证等国内外权威机构认证。几年来,公司"苏泊尔"牌压力锅市场销量第一,不粘锅系列荣获2002年全国不粘锅首批最佳信得过产品,公司连续被评为"AAA级"资信企业、"五星级工业企业"。"苏泊尔"商标在2002年3月被国家工商行政管理总局商标局评为中国驰名商标。

浙江亚太高科股份有限公司

【概况】 浙江亚太高科股份有限公司(原浙江亚太轻纺集团公司)是一家以纺织、印染、服装一条龙生产为主体,融科、工,贸为一体的国家大型一档企业。公司已跻身全国百强企业行列,被评为"中国明星企业"、"全国印染行业十佳企业"、"全国最高利税乡镇企业"、"银行资AAA级信用企业"和"全国乡镇企业出口创汇先进企业"等称号,被列入浙江省"五个一批"重点骨干企业、国家重点高新技术企业。公司座落于江南水乡千年古镇绍兴安昌,毗邻中国轻纺城,地理环境优越,交通十分便捷。

【经营业绩】 公司下属有纺织分厂、印花分厂、特宽幅印染厂、一家进出口公司(下属八个外贸进出口公司)、一家科研开发中心。公司占地40万平方米,建筑面积25万平方米,拥有固定资产10亿元。公司荟萃了德、意、澳、比、瑞士、荷、日、韩、台等国家和地区当今国际一流的先进设备,掌握与之相应的精湛技术。专业生产棉、麻、化纤、混纺等原料组成的不同规格的高中档服饰面料、装饰用布,床上用品等轻纺产品。年产量达2.5亿米。

公司始终坚持"质量第一"的方针,在全省印染行业中首家通过ISO9002国际标准质量体系认证。公司生产的"亚太"牌棉、麻、涤纶仿真丝等印花面料和人棉印花绉布花型精细、地色丰满、手感柔软,被评为"中国名牌"产品,法国科技质量评价委员会评为高质量科技产品,并列入向欧洲市场推荐产品,美国亚洲经济贸易合作委员会列为向美国市场推荐产品,在国内外市场独领风骚。公司主导产品服饰面料、装饰用布及床上用品面料等远销北美、欧洲、中东、南美、非洲等区域的50多个国家和地区。

珠海金山软件股份有限公司

【概况】 金山软件创建于1988年,是中国领先的应用软件产品和服务供应商。十五年来,金山一直不断地为客户带来创新性的技术和产品,树立了中国软件产业最耀眼的品牌。今天,金山软件已经运行在全世界超过5000万台个人、政府、企业的电脑上。其产品线覆盖了桌面办公、信息安全、实用工具、游戏娱乐和行业应用等诸多领域,自主研发了适用于个人用户和企业级用户的WPS Office、金山词霸、金山毒霸、剑侠情缘等系列知名产品。金山在应用软件领域的技术实力和市场营销能力方面一直保持着领先地位，营业规模持续高速增长。

1998年8月，中国最大的IT企业联想集团入股金山，IT界最知名的软硬件厂商的联姻使金山软件的发展有了腾飞的基石。

【经营业绩】 2002年，金山通过了世界权威的CMM2级认证，建立了标准的软件开发流程和质量体系，同年也通过ISO9001质量体系认证，建立起科学规范的供应链质量、生产、商务管理体系。这标志着金山向规模化软件企业的转变。

2003年初，金山软件在WPS办公软件事业部、金山毒霸信息安全事业部、金山词霸工具软件事业部的基础上，又新成立了金山行业应用软件事业部，并以原西山居事业部为基础组建金山数字娱乐有限公司。在事业部和子公司的体制下，金山软件每项业务都将拥有更强的自主性和持续发展空间。

目前，金山软件的研发总部和营销总部分别设立在珠海和北京，营销网络已经遍布全国乃至世界各地。公司与北美、日本、香港、台湾等数十家代理商和全国数千家代理分销网点拥有良好合作关系。公司通过OEM方式与联想、方正、同方、TCL、IBM、DELL、HP、NOKIA等国际、国内知名IT企业建立了紧密的合作伙伴关系。金山已经发展成为具有国际影响力的大型专业化软件公司。

内蒙古蒙牛乳业股份有限公司

【企业概况】 内蒙古蒙牛乳业股份有限公司是于1999年7月由蒙牛有限责任公司改组，经内蒙古政府股份办批准成立的，公司地址在呼和浩特市和林格尔盛乐经济园区，占地面积33万平方米。目前，公司已拥有总资产1.455亿元，在资金上已初具规模，在管理上建立起了现代企业的管理模式和现代企业文化氛围。目前，公司下设三个办公室、五个中心、三个分公司、两个子公司，现有员工2980人，其中技术人员100O多名。

【经营情况】 公司通过两年多的运行，已形成了一套具有蒙牛特色的、完善的、科学的管理制度和激励机制及管理理念，具备了稳定的、更具市场发展前景的销售网络和一支过硬的、熟悉业务的经营管理队伍。目前，公司已建立了全国性的营销网络，产品市场覆盖率达91%(以省为单位)全国有30个省、市、自治区，160多个城市在销售蒙牛产品，并深受消费者的欢迎。公司已在国内树立起了良好的商业信誉和产品质量信誉，在2001年“3·15”全国市场抽检调查中，蒙牛公司纯牛奶以其产品质量优势及整体服务优势，在全国乳品业中排名第三。

一九九九年，公司通过虚拟联合，投入品牌、技术、配方，采用托管、承包、租赁、合作生产等形式，运作了国内8个乳品企业，盘活了近7.8亿元的资产，当年，公司实现销售收入4365万元，利税125万元。同年公司生产基地一期工程建设于年底竣工投产，2000年，二期工程也投入使用，通过两期工程建设，公司形成冰期淋、液体奶各十万吨的加工能力。该年度公司实现销售收入2.94亿元，纳税2509万元，被自治区列为“亿元工程企业”和“重点保护单位”，公司总裁被自治区评为“发展乡镇企业功臣”。

为保证企业经营目标的实现，加强对管理过程的控制，公司自成立之初开始逐步按照IS09000族标准运行，并于2000年6月底正式通过了IS09002质量体系认证和英国本土NQA质量保证审核；7月份，公司获得了“中国市场知名企业”和“中国市场知名品牌’的荣誉；到年底，公司生产的雪糕、冰淇淋、液体奶系列产品全部取得了国家绿色食品发展中心颁发的绿色食品标志，并被世界名牌产品交流中心和中国名优、名牌产品推广中心评为“消费者信得过产品”。

【社会效益】 蒙牛公司在和林县盛乐经济园区投资建厂后，不仅为企业自身带来了经济效益，同时也产生了很大的社会效益。

(一)公司入驻盛乐园区两年以来，共向和林县上交税金3200万元。增加了和林县的财政收入。

(二)两年来，在和林县地区先后共招收2500名员工，解决了和林县地区闲散劳动力的就业问题，而且员工年劳动工资平均都在5000元以上，增力了和林县地区人民的经济收入。

(三)蒙牛公司入区后，扶持和发展了养牛户口5000个，使和林县地区增加了奶牛8000多头，每头奶牛年收益可达3000—5000元。激发了奶户养牛致富的积极性，推动了和林县地区奶牛养殖业和饲养种殖业的发展。促进了和林县地区农业产业化的进程。

(四)蒙牛公司生产基地投入生产后，组织了社会上冷藏车、奶灌车等各种车200多辆，总价值6000万元，为公司服务，运输各种产品。可以说，蒙牛公司的入区推动了和林县地区运输业的发展。

(五)随着大批员工的进厂和本地区人民经济收入的增加，人们的消费水平明显提高，拉动了本地区餐饮业、商业、运输业、出租房屋等服务业的发展，从而带动了地区经济的发展。

【发展战略】 进入新世纪，公司将继续本着稳固基础、强化管理、确保质量、拓宽市场、扩大规模、提高效益的原则，立足内蒙，面向全国，走向世界，进一步完善现代化管理体制，引进先进管理手段，营建“杠铃型企业”，提高“蒙牛”品牌的知名度和美誉度，增强消费者对“蒙牛”的信赖。

公司的经营目标是：2001年实现销售收入5亿元，2002年销售收入不低于8亿元，2005年销售收入达到26个亿。

公司今后的发展目标是成为全国乳品业的知名企业，利用自治区的资源优势和特色，同时辅以质量优势、服务优势、信誉优势，去赢得市场优势，争取把内蒙古品牌推向全国，把蒙牛名牌推向全国。

盼盼安居股份有限公司

【公司概况】 盼盼安居股份有限公司是以生产盼盼牌高级安全门、防火门、安全窗、彩色钢质夹层墙体板、全自动车库门、防爆散热器、自行车变速器、钢结构等产品为主业，以开发新型建筑材料为主导，集工、商、贸为一体的多功能、多元化、外向型的现代化企业。

【经营业绩】 公司拥有20家成员企业，占地面积60多万平方米，建筑面积40多万平方米，员工4800人，总资产12亿元。生产制造公司拥有雄厚的技术力量和现代化的生产设备，先进的质检系统及科学的管理体系。公司产品形成8大系列、100多个品种。2001年生产销售安全门75万樘，不锈钢防护窗7.9万平方米，全自动车库门9,900套，实现工业总产值16亿元，销售收入21亿元，利税1.6亿元。2002年实现产值18亿元，销售收入23亿元，利税1.8亿元。同时，企业被辽宁政府命名为十大名牌企业及44户重点保护企业之一；被辽宁省科委认定为高科技企业;被国家工商总局评为全国重合同、守信用单位;被国际门业协会吸收为会员单位;企业通过ISO9002质量体系认证。盼盼商标被国家工商局认定为中国驰名商标,获10项国家专利金奖的主导产品盼盼牌安全门、防火门严格按GB/17565标准生产,并通过公安部和省级技术检测。

从1999年下半年至今,企业陆续投入2.6亿元人民币,引进国际最先进的安全门、防火门生产线、彩色钢质夹层墙体板与自动车库门生产线,形成年产安全门150万樘,安全窗25万平方米,彩色钢质夹层墙体板130万平方米,车库门10万套的生产能力。与此同时,企业紧紧围绕新型建筑材料开发,加大技术创新力度,开发新产品,引进新项目,做强产业,拉长产业链。新项目盼盼晶晶散热器可年产100万片,盼盼创想变速减震自行车可年产50万台套,盼盼大阅兵钢结构可年产5万吨。

目前,盼盼产品全国主要品牌占有率为20%,产品覆盖全国并连续位居全国同行业产销量前例,被誉为"门业之王"。产品同时出口俄罗斯、韩国、日本、意大利、马来西亚、尼日利亚等二十几个国家和地区。

盼盼始终坚持发展才是硬道理,不断向更高的目标迈进,"十五"期末计划实现产值66.4亿元,销售收入70亿元。

公司决策人以创建中国系列安居产品为已任,以"爱用户就是爱自己"为经营理念,以"为您设计、为您服务、创意无限、尽善尽美"为承诺,不断开拓创新,完善企业法人治理结构和产品结构,不断提高企业的管理水平,提高产品高新科技含量,参与竞争,服务国内外市场,向国际化、现代化企业集团迈进。

电话:0417—5179777
传真:0417—5179078
Http://www.panpangroup.com
E—mail:pansecuritydoor@sohu.com

内蒙古恒通金安股份有限公司

【公司概况】 内蒙古恒通金安股份有限公司于2000年9月1日改制成立,注册资本7428万元,是国家定点生产专用防弹运钞车的专业厂家。公司前身是内蒙古第二机械制造总厂恒通北方专用车有限公司,内蒙二机总厂是国家大型军工企业,在97年按国家"军转民"方针,组织军工技术人员及管理人员组建起专用车公司,经过四年的发展,为建立现代企业制度,提高管理水平,增强竞争能力,改制成为规范的股份有限公司。公司生产的HT系列"银盾"牌防弹运钞车被中国银行总行,中国建设银行总行,中国工商银行总行,中国农业银行总行,邮政总局和人民银行金局等各大金融机构列为首选防弹运钞车。

【经营业绩】 恒通金安股份有限公司位于中国稀土之乡——内蒙古包头市稀土高新技术产业开发区,建有一万平方米的生产厂房,配备各类先进的防弹钢板处理,加工,焊接设备和齐全的组装,喷漆几检测设备,现已具备年产各类型号的运钞车2000辆的能力,HT系列"银盾"牌防弹运钞车现已遍布全国除西藏以外的所有省,市,自治区,是国内规模最大的防弹运钞车制造商之一。截止2000年底,恒通金安股份有限公司已有28个品种的运钞车上了国家汽车工业产品目录,其中包括了达到公安部A,B,C全部3个防护级别检测标准的大,中,小各类车型,所选用的底盘厂家均是目前国内中,高档商务车,重型车的制造厂商,如:一汽越野车厂,南京依维柯,江铃福特,江西五十铃,三江雷诺,东南汽车,武汉现代万痛及北方奔驰等。

考虑到改装后车身自重加大,公司所采用的底盘均为加强型特种底盘,并对车门,车顶,线路,空调管路等做了特别处理,以适应改装的要求,大大的提升了车辆的行驶安全性,增加了车辆的使用寿命。

按公安部公共安全行业标准GA164—1997《专用防弹运钞车防护技术条件》的要求,改装时除对驾驶舱(押运舱)和货舱进行有效防护外,还对其他重要部位如:水箱,油箱,电瓶等均加装了按B级防护设计的防弹钢板。公司采用的防弹玻璃系美国技术制造,达到B级防护水平的厚度仅16.8毫米,重量轻,光学性能优越。

改装后的车辆基本保持原车风格,乘员的座位数大都设计为5人,运钞舱前隔墙按B级防护设计制造,后隔墙按暴力抢劫标准设计制造,各推拉门走轮均采用先进的军工技术精致而成,运行平稳,无噪音。为了方便驾驶,确保安全,所有防弹车型都设有自动语言报警装置,后监视系统,强制通风天窗和豪华电动天窗,射击孔,升降递票口,前防撞保险杠(中型,大型车)等基本配置。根据不同用户的要求,还可选装防弹内胎,车载电话,GPS卫星定位系统,ABS防抱死系统等设施。

恒通金安股份有限公司在2000年进行了资产重组并收购了山东荣成华泰汽车公司,目前在北京设立了销售总公司,在二十多个省,市,自治区设立了办事处,建立了比较完善的销售网络。在不断扩大销售业务的同时,公司更加注重企业的售后服务工作,在组织机构,建立制度,建设网点等各方面投入了大量的人力才力,至今已拥有并建立了70多家遍布全国26个省的汽车销售,售后服务,零部件供应,信息发馈,"四为一体"的专卖店及售后服务网络,售后服务部外派人员定期对用户巡回走访,上门提供技术服务和技术咨询,解决故障和疑难问题,确保车辆的正长运行。为了适应金融企业网点多,遍布全国城乡的特点,恒通金安股份有限公司采用与各底盘厂家共同建立售后服务网点的办法,各类车型遍布全国的特约直接为"银盾"运钞车的用户提供优质服务,排除了用户买车的后顾之忧。

恒通金安股份有限公司秉承了军工企业先进的技术工艺和严谨的工作作风,在防弹材料研究选用,整体焊接技术,防弹钢板热处理技术等很多方面均有独到之处,在业内堪称一流。97年试制出的第一台样车,就一次性通过了公安部的防弹性能检测。由于产品性能稳定,质量上乘,在那之后就一直保持着高速发展,几年来的销售业绩及市场占有率始终在同行业中名列前茅。

恒通金安股份有限公司改组更名后,将不断致力于现代企业制度的建设和管理制度的创新,并开始着手进行股票公开上市工作,志在成为运钞车制造行业的第一家上市公司。如果上市成功,企业实力,知名度将迈上一个更高的台阶。恒通金安股份有限公司的目标是不断提高改装生产线的机械化程度,提高改装车辆的技术含量,彻底消除国家改装车行业中普遍存在的做工粗糙,使用寿命短,技术水平低等缺陷,使企业逐步与国际市场接轨,待我国加入WTO后,仍保持旺盛的生命力,在于国际产品的竞争中立于不败之地。

NEWONE牛网® WWW.NEWONE.COM.CN

2000年2月25日，我国第一家由券商创办的专业证券网站——国通证券牛网(www.newone.com.cn)诞生。2002年7月11日，国通证券正式更名为招商证券，招商证券牛网亦更为现名。

招商证券牛网的创新受到了广大网民的热烈欢迎，也得到了社会各界的广泛认同。2000年，招商证券牛网受中国证监会的委托，在中国证券业协会举行的"经纪业务发展与创新研讨会"上，向全国400多家营业部独家演示网上交易；2000年10月，在深圳举行的"第一届中国国际互联网展览会"上，招商证券牛网荣获"最佳网站奖"和"最佳现场活动奖"两项荣誉。2000年至2002年，在已经举办的三届"最受股（网）民喜爱的'中国优秀证券网站'评选"中，招商证券牛网连续三届获得"最佳券商网站"称号，并先后获得"最佳论坛网站"、"最佳个性化服务网站"、"最佳投资顾问网站"称号，特别是在今年举行的第三届评选中，招商证券牛网更是以丰富全面的资讯、量身定做的贴身服务、方便快捷的咨询而一举夺得"最佳券商网站"及"最佳证券论坛"、"最佳个性化服务"、"最佳投资顾问"四项大奖，成为今年获得这项评比获奖最多的券商，展示了招商证券牛网绚丽的风采。2002年9月，招商证券获得由《证券市场周刊》、《财经时报》等单位组织的"中国优秀券商网站评选"最佳优秀网站奖、最佳财经资讯网站奖两项大奖。2003年，招商证券牛网再次获得"最佳券商网站"称号。为进一步加强牛网的服务功能，2004年新一轮的牛网改版工作也在紧锣密鼓的进行之中。

证券交易服务只有起点没有终点，网络时代的证券交易服务更是只有第一，没有唯一。招商证券牛网将秉承优良传统，在网站内容建设上求新、求快，在咨询服务上求准、求真，在系统功能上求稳、求全，使之成为国内一流的、最具影响力的专业证券交易网站！

以客户为中心，坚持技术领先和服务创新并举，坚持专业化的发展方向，努力为网络用户提供高水平的服务，创建一个高效率的平台，是招商证券牛网发展的出发点和成功的秘诀。

网

稳定的网上交易平台
实时行情
网上交易
页面交易
代办股份转让
专业化的资讯体系
资讯中心
股评荟萃
投资研究
帮助中心
客服中心
个性化的互动栏目
专家在线
天同路演
营业部在线
我的天同
天同家园
新体验
理财

华夏证券网
www.csc108.com
首创网上经纪人制度
创新网上交易产品与服务
建立完善的客户服务体系
提供高质量的网上信息服务
以技术创新推动业务创新
建立规范稳健的运行体系
www
csc108.com
csc108.com

平安证券综合研究所
PINGAN SECURITES INSTITUTE

市场运作离不开理性的思考，股市搏击需要智慧的指引。作为公司的经营与服务的智囊，平安证券综合研究所具备这样雄厚的实力。

一批素质优良、经验丰富的专业人士在这里汇聚，形成了一个在业内具有较强整体实力的证券行业专家群体。平安研究所近二十位研究员均拥有研究生以上学历，其中博士占两成
强大的人才优势保证了研究成果的专业性、权威性与前瞻性。

综合研究所下设的行业与上市公司研究部、投资策略研究部、政策研究部及研究产品推广部等四个部门，使研究领域更加细化，分工更为明确，以保证每一位专家在各自的领域更
专心地探索。

我们积极对宏观经济政策及国内外资本市场的趋势与动态进行分析，在重点行业（包括能源电力、石油化工、交通运输、汽车、钢铁、机械、金融、地产等传统行业和电子信息、
物医药、新材料等新兴行业）及上市公司研究、基金研究、债券分析、企业购并、金融工程、金融产品创新及证券市场其他相关专题和市场研究方面，努力提供专业、准确、优质和前
性的研究服务，不断将最新的成果奉献给我们的服务对象。同时，研究所还配备了功能完善的金融信息资料库和上市公司数据库，为各项研究工作的开展提供了强有力的保障。

研究所提供的研究产品强调实用价值，其中公司调研报告全部由行业研究员实地调研完成，并且作跟踪研究。研究报告全部采用统一的CI设计，并实施严格的品质管理。

目前，研究所已形成了针对不同客户需求的多层次、高水平的研究产品体系，主要产品包括：《平安证券研究丛书》、《平安证券研究》（月刊）、《上市公司调研报告》、《上
公司调研跟踪报告》、《新股定价分析报告》、《上市公司点评》、《行业研究报告》、《行业动态跟踪》、《专题研究报告》、《平安证券（年度或半年度）投资战略报告》、《平
每日快讯》、《平安研究精粹》、《平安证券季度投资策略报告》、《基金研究》（周刊）、《债券研究》（周刊）及其它针对性强的快速反应研究产品，并通过有纸化或无纸化（如
过NOTES系统、OA系统或邮件发布等）方式提供给基金等机构客户及其他各类投资者。

与此同时，我们还通过专家巡回股评、基金推介、举办业内高层次论坛的方式与广大客户共同分享我们的研究成果，平安研究所的专业服务使客户感受到一个优秀券商的业务品质。

2002年度，在国内近70家券商研究机构争夺基金分盘服务市场的竞争中，平安研究所的排名位列第8位，市场占有率占4.36%，充分反映出我们在国内研究领域的综合竞争实力。

综合研究所推崇“专业、信誉、责任、职业精神”的研究理念，重视研究规范化管理，确立“以研究为基础、以服务为导向，向一流证券研究所迈进”的发展战略，力争在未来的二、
三年内成为国内外具有相当影响力和知名度的国内一流证券研究机构。

专业致力领先

西南证券研发中心

业务建设蒸蒸日上

2002年，西南证券研发中心继续坚持以专业化为基础，以市场化为导向的发展思路，在业务建设方面成绩显著。

金融产品研究和专题研究方面成果丰硕。10月25日在京举行的第八届亚洲证券论坛上的《中国资本市场报告》，由西南证券研发中心撰写。这是西南证券研发中心首次受托代表中方起草高规格的国际会议报告。中国证券业协会为此发来感谢信。5月份，西南证券研发中心与金鹏期货经纪有限公司共同主办股指期货研讨会。中国期货业协会副会长常清等参加会议。研究员刘孝红等《可转换债券及其绩效评估》（中国人民大学出版社2002年7月版）公开发行。刘孝红等《现有上市金融工具间的套利分析》获2002年中国证券业协会科研课题三等奖；研究员魏刚等《可转换债券定价的理论与实证研究》获深圳证券交易所第四届会员研究成果二等奖；研究员孟辉等《地方政府与地方信托投资公司关系变迁的制度分析》获重庆市金融学会2002～2003年优秀论文三等奖；刘孝红等《股指期货在投资组合中的应用》获重庆市金融学会第三届优秀金融科研成果二等奖；研究员张刚《2001年证券市场特征及2002年市场分析》被编入二十一世纪大型文集《走向新世纪》（新世界出版社2003年4月第一版），并获新华丛书评审委员会颁发的一等奖。

行业公司研究继续受到业内重视。11月，成功组织中国石油化工股份有限公司（600028.SH，0386.HK）2002年第三季度业绩推介会。这是注册地在境内的规模最大的上市公司，第一次在西南证券研发中心举行业绩推介会。证券投资基金等数十家机构投资者参加会议。研究员张鹏有关石油加工及炼焦业、化学原料及化学制品制造业的报告，受到市场的关注。其他较为出色的研究领域包括房地产业及下列制造业：黑色金属冶炼及压延加工业、有色金属冶炼及压延加工业，交通运输设备制造业，医药制造业、生物制品业等。由于研究产品质量的提高，2002年实现的证券投资基金分仓佣金收入约排名全国第十四，金额同比增长1倍以上。向全国社会保障基金提供服务，获得认可。

市场研究影响日益扩大。9月份，西南证券研发中心与《上海证券报》社共同举办2002年证券市场秋季高级研讨会。该次会议的规格超过以往历次证券市场季度高级研讨会。西南证券董事长张引、《上海证券报》社总编辑张持坚出席会议。研究员周兴政《B股公司业绩预测报告》被2002年12月12日《证券时报》头版报道，成为研发中心2002年度唯一被指定媒体专门报道的报告。该报告同时还被《China Daily》、《经济日报》、《国际金融报》、香港《大公报》等多家媒体转载，一些券商研究部门甚至认为西南证券研发中心的这份预测报告是支撑2002年12月中旬B股市场走红的重要因素之一。证券投资基金评级产品受到基金管理公司的重视。研究员田磊被《证券市场》周刊评为2002年度十佳作者之一；张刚在安邦集团研究总部《我国证券公司研究实力评估》（载2003年1月4日《财经时报》）中排名国内券商优秀分析师第四，并被聘为北京证券业协会研究员；高级研究员周到被聘为中国证券业协会证券史研究室高级研究员、中国中央电视台《中国证券》特邀顾问。

国际同业交流有新的突破。西南证券研发中心与路透集团合作，通过路透上海记者站，借助路透全球咨询系统向全球发布西南证券研发中心研究报告。西南证券研发中心还与日本东洋证券（toyo）、台湾日盛证券有限公司分别合作证券研究期刊、互换研究报告。此外，有5名分别来自香港、澳门、台湾、格鲁吉亚和阿根廷的英国剑桥大学MBA学生到西南证券研发中心实习。

据安邦集团研究总部《我国证券公司研究实力评估》，西南证券研发中心2002年度综合实力排名全国第九。

主席台左起：
西南证券常务副总裁、研发中心总经理范剑，上海证券报社总编辑张持坚，
西南证券董事长张引，上海证券报社副总编辑曹士忠

研发中心总经理 范剑

秋季业务讨论会

员工外出旅游活动集体照

西南证券

新意科技 SHINETECH

SHINE SCIENCE & TECHNOLOGY (HOLDINGS) LIMITED

董事长—顾云

SHINE SCIENCE & TECHNOLOGY (HOLDINGS) LIMITED（新意科技）于2003年8月12日在香港联合交易所创业板上市，股票代码8270。新意科技是一家专注于金融证券业应用软件开发的专业软件公司。

新意科技凭借一支来自券商、银行的资深人士组成的管理团队，多年来潜心研究证券业务和信息技术的应用以及两者之间的互动关系，秉持利用信息技术推动证券行业的发展，规范业务管理的理念，致力于应用先进的管理思想开发证券业务管理系统软件，让信息技术和新的业务管理思想在产品中得以有机的融合、集成，使新意产品具有思想性、前瞻性、系统性的特点。

新意科技是中国证券一级、二级清算系统软件提供商的领导者，其清算领域的系列产品起到连接中央登记结算公司与市场参与者的纽带作用，而正大力推广及构建中的新一代新意产品将涵盖券商业务流程再造、客户关系管理、知识管理、风险管理、金融工程等领域。截至目前，新意科技产品在一级清算领域的客户占有率达到100%，二级清算领域达到70%以上。新意科技的目标是成为中国金融证券业的整体解决方案及服务的主要提供商。

新意科技主要产品包括：

1、参与人远程操作平台**Participant Remote Operating Platform**：协助中央登记结算公司上海分公司建立以PROP为载体的证券电子数据交换系统。**PROP2000**实现证券公司法人－中登公司上海分公司－清算银行间资金划拨以及证券登记、托管、质押、开户、存管以及结算数据交换等功能。**PROP**(上市公司版)及持续开发中的**PROP**(个人版)分别建立上市公司及投资者与中登公司上海分公司的安全数据通道。

2、资金结算系统**CSST**，及升级后的深圳交易所综合结算平台－－**IntergratedSettlement Terminal(IST)**：建立法人资金结算系统，实现证券公司交易保证金与资金头寸的电子化划拨，证券公司法人与深圳交易所各项数据交换等功能。

3、新意证券综合管理平台：国内证券行业统一的电子结算网络，确保全面指定交易和法人结算体制的实施。它包含了多种品种的证券交易结算；以及多币种的资金结算和管理、资金划拨电子化业务、各种法人存管业务、个性化操作用户管理、文件服务功能等。平台还提供多样化的证券交易结算(如：集中交易结算、区域集中交易结算、分散交易结算）和各种模式的资金管理。

公司上市仪式

4、新意证券投资管理系统：一套融证券投资交易和资产管理于一体的综合类管理系统。该系统通过广域网联通技术把券商总部、营业部以及各业务部门有机地联接起来，实现对证券公司自营业务、受托资产管理业务进行集中统一操作、管理和实时风险监控。

5、新意证券经纪业务管理平台（**E-SIMS**）：在数据仓库的基础上架构经纪业务、风险控制、决策支持等应用。E-SIMS（总部级）面向证券公司的经纪业务相关管理、决策支持部门的综合管理工作平台，实现对客户和客户经理（经纪人）的有效管理。**E-SIMS**（营业部级）面向营业部建立一套实用的经纪人管理、客户管理及客户服务系统。

公司管理团队

6、新意证券风控稽核管理系统：基于数据仓库技术构造公司级的数据中心，实现证券公司各项业务的稽核和事前、事中、事后风险监控系统．为配合证监会的监管要求，系统特别设置"投资风险管理、债券风险管理、与结算银行相结合的客户保证金风险管理"三个专项风险管理模块．该系统为证券公司及时有效地控制经营风险．促进各种业务规范经营，提高证券公司风险经营管理水平，最终建立以净资本为核心的风险监管和评价体系奠定基础。

新意科技自有软件著作权26项，并取得相应的8个软件产品登记证书及计算机系统集成三级资质。新意科技已通过**ISO9001**质量管理体系认证，同时还是中国证券协会信息技术应用委员会观察员。

新意科技拥有三家控股子公司：上海新意新科技有限公司、福州新意新网络有限公司、上海兴意识管理咨询有限公司。上海新意新是新意科技设在国际都市上海的一个窗口，主要负责市场、销售、技术研发以及向客户提供相应的技术支持服务；福州新意新网络有限公司主要从事网络服务及系统集成；上海兴意识咨询有限公司主要向金融、证券行业提供业务、管理专业咨询。同时，新意科技还设立华北、华南两个区域管理部，服务网络覆盖了全国大部分地区。

公司地址：福建省福州市鼓屏路95号4#楼
邮　　编：350003
电　　话：0591-7838148
传　　真：0591-7834090
网　　址：www.shinetechnology.com
E-mail：mail@shinetechnology.com

云晨期货经纪有限公司

云晨期货经纪有限公司是经中国证监会批准，由云南铜业（集团）有限公司为主要发起人，联合云南铜业股份有限公司、云南冶炼厂、云南楚雄矿冶股份有限公司、云南金沙矿业股份有限公司五家国有大型企业共同出资成立的期货经纪公司。公司位于云南省昆明市金融密集区人民东路111号，注册资本人民币五千万元。期货经纪业务是公司的主营业务，同时兼营期货投资咨询、信息服务和期货业务培训。

公司遵循“公开、公平、公正、诚实信用”的原则代理国内商品期货交易，接受客户委托，按照客户的指令为客户进行期货交易并按规定收取交易手续费。公司采用先进的计算机网络及通讯技术建立公司期货交易管理应用系统、网上交易系统、财务内部核算管理应用系统、OA自动化管理等一系列信息技术应用系统，并通过数据专网与上海期货交易所、大连商品交易所、郑州商品交易所实现远程互联，使交易更为快速、准确、通畅、安全。为更好地向客户提供国内外经济风云变化及交易中的实时行情信息，公司引进了“路透资讯信息”、“桥讯资讯信息”、“世华金融资讯信息”及“新华财经”等知名信息源，建立了一套完整的信息收集整理及发布系统。为客户提供一流的信息和一流的服务。

倡导理性投资和套期保值是公司的经营特色，公司将发挥大股东云南铜业（集团）有限公司特有的优势，深入研究分析国内外有色金属交易品种的供求关系、价格趋势，为客户提供更为丰富的参考资料。另外，公司不仅提供商品期货的宣传普及、市场开发、交割、结算财务等期货经纪服务，而且还将提供策划、制定、实施与企业需求相吻合的期货投资计划，多层面为客户服务。公司将以“规范经营、理性投资、先进管理、客户至上”为指导思想，为每一个客户做好期货投资服务，把公司建设成为高度专业化的期货经纪公司。

上海金信证券研究所有限责任公司

董事长：李康

上海金信证券研究所是经中国证监会批准的证券投资咨询专业研究机构，由1996年10月15日成立的金信证券研究发展部而来，1998年1月18日定名为金信证券研究所，1999年8月2日，经上海市工商行政管理局批准，改制为“上海金信证券研究所有限责任公司”，成为国内三大独立证券研究机构之一。2002年7月，金信证券研究所当选为中国证券业协会监事单位。2002年12月，研究所所长连任中国证券业协会证券分析师委员会副主任委员。目前研究所下设的主要业务部门有：财务顾问与专题研究部、综合信息部、行业与公司研究部、市场咨询部、汇集了许多学历高、实践经验丰富的研究人员，硕士以上学历者达90%，分别来自国内各著名高等院校，并聘请全国著名的专家学者担任本所顾问和特邀研究员。

金信研究所的研究人员为社会各界提供了大量高质量的研究成果，内容涉及宏观经济、国民经济产业与行业、上市公司研究、金融前沿理论研究、国际国内资本市场、企业经营与管理、资产重组与收购兼并、投资策略与投资方案、产业投资基金理论与实务以及企业诊断与管理咨询等，其研究水平已达到国内同行业领先地位。定期出版的《金信证券研究》已在证券界乃至经济界产生广泛影响。

1997年以研究所人员为核心的金华信托证券管理总部作为中国证券市场上首家“独立财务顾问”，创造了资产重组经典案例和模式，即“钢运模式”。此外，研究所还曾先后为多家上市公司提供财务顾问服务，主要项目包括：青岛海尔、泰山旅游等公司中长期资本运作规划、联合实业产业构架与资本运作设想、浙江富润管理咨询报告、宁波联合投资战略规划、上海大唐电信职工持股会试点等，并已经为包括申通地铁、福州大通、农垦商社、泰山旅游等在内的多家集团公司、上市公司担任财务顾问，并策划了多起资产重组与买壳上市案例。研究所还多次参与上市公司企业形象整体策划活动，并得到了所服务上市公司的一致赞扬。

研究所在专题研究方面也颇有建树，先后在中国证券业协会、深交所等证券研究专业评选中屡获大奖。至今为止，研究所已出版多部专著，充分体现了研究所研究水平的深度与广度。上海金信证券研究所的目标是力争跻身国内外一流的证券研究机构行列，成为在国内外资本市场研究中具有良好声誉与一定影响力的研究机构之一。在证券市场的长远发展过程中，上海金信证券研究所将发挥其独特的作用。

海通证券

务实 开拓 稳健 卓越

海通证券股份有限公司是中国注册资本金规模最大的综合类证券公司之一，它以稳健规范经营、资产质量优良、净资本、净利润、资产规模和交易量位居全国券商前列以及诚信、专业、优秀的研究品牌享誉中国证券市场。

海通证券股份有限公司成立于1988年，是中国最早成立的证券公司之一，目前注册资本为87.34亿元。海通证券经纪业务实力雄厚，在全国46个城市设有92个经营网点，总交易量连续四年排名全国第一，开户数达160余万，截至2002年底，公司累计创利48.7亿元。日前被《亚洲金融》杂志评为2002年度中国"最佳经纪行"。

海通证券股份有限公司

长江证券有限责任公司研究所

所长：聂祖荣

公司自创立以来，就认为研究能力是形成公司核心竞争力的关键因素，高水平的研究是公司对客户、对市场有责任感的表现。公司一直高度重视研究工作，在国内券商中率先设立研究所，是国内首批获得证券投资咨询资格的机构之一。

著名专家、学者刘鸿儒、陈耀先、董辅礽、李扬、张维迎、邹恒甫、姜波克、戴根有、聂庆平先生均为公司发展战略咨询委员会委员。

研究所积极贯彻公司领导提出的”服务经济、服务股东、服务客户“的核心理念，工作目标是为公司创造商誉并培养高素质人才；为公司决策和业务提供支撑；为公司和客户提供信息平台和咨询服务；公司业务创新孵化器的职能。

研究所拥有一批高学历、高素质的专业人才，并取得一批具有相当价值和专业水准的研究成果。研究所鼓励和支持研究人员成为所研究领域的专家；要求研究人员成为研究工作的组织者和联络人，更多地利用社会资源进行联合研究；同时要求研究人员的成果必须面向业务、面向客户、面向市场。研究所每年根据资本市场发展的状况，对中国资本市场中的热点和重点问题进行研究，尤其是在证券公司发展战略研究、高科技产业的金融支持、并购资产重组、风险投资、股票期权、中西部资本市场以及湖北上市公司等领域的研究有突出成就，树立了自己的品牌。研究所在各大媒体具有一定影响力。研究成果先后获中国发展研究奖，湖北省政策研究奖，多次获中国证监会、中国证券业协会奖项，在连续三届深圳证券交易所会员单位研究成果评比中取得好成绩，在同行中享有较高的声誉。

研究所运用科学分析方法对市场运行规律进行定量和定性分析。研究推出的市场投资策略已系列化，有年度报告、半年报告、季度报告和月度报告。近几年对市场的判断都得到了市场验证，在同行和客户中具有巨大影响力。研究所长期坚持行业公司基本面分析，特别是在化工、医药、电力、通信、钢铁、有色金属、汽车、商业、房地产、金融、基础设施等十余个行业具有优势。近年来为客户推出投资组合和投资产品，投资方向和理念始终领先于市场，给客户带来良好收益。

研究所代表公司多次与国内部分省、市人民政府和国务院有关部委联合举办研讨会，从而为政府决策提供相应支持。公司协办并参与策划的由国家科技部、湖北省人民政府等主办的"中国高新技术产业与资本市场国际论坛"已成为一年一度的高新技术企业的盛会，在业内具有广泛的影响，研究所每次都为论坛提供高质量的主题报告。研究所组织长江证券有限责任公司发展战略咨询委员会年会，2000年、2001年、2002年成功组织了以"长江证券有限责任公司2001－2005年发展战略规划"、"宏观经济形势和证券公司经营策略"、"证券公司转型与创新"为主题的高级研讨会，为公司决策提供支持。

目前，研究所系列研究成果包括《投资策略》（日刊）、《每日投资参考》（日刊）、《长江证券研究》系列报告(不定期)、《宏观研究》（不定期）、《行业研究》（不定期）、《公司研究》（不定期）、《市场研究》（不定期）、《专题研究》（不定期）、《专题参考》（不定期）、《研究年报》（年刊）、《金融业动态》（月刊）。

所长：郭来生

在中国证券市场大发展的背景下，东北证券有限责任公司励精图治、锐意进取，已从一个地方性的券商成长为全国性大券商。为顺应证券业的“大研究、大业务”的发展趋势，公司在原研究发展中心基础上，在上海组建“金融与产业研究所”。目前研究所已初具规模，内设产业研究部、资本市场部、投资策划与金融工程部，拥有一支高学历、高素质、专业化的研究队伍。在近40名研究人员中有博士10人、硕士20人，分别来自国内著名高等院校，其中大部分具有中国证监会批准的证券投资咨询资格。

金融与产业研究所以“诚信、勤勉、务实、创新”为工作理念，以金融与产业的融合研究为优势，积极培育产业经济、区域经济、金融创新的特色研究，将服务层次提升至公司整体战略发展高度，使研究所与公司战略发展和业务拓展紧密配合，同时立足公司，服务社会，与政府主管部门、国内著名院校与研究机构、证券业同行及相关媒体建立了广泛的业务交流及成果共享机制。

东北证券研究所的研究人员为社会各界提供了大量高质量的研究成果，在一类专业报刊发表有影响力的研究报告和论文共计百余篇，其中在《中国证券报》“产经纵横专版”、《上海证券报》“长线是金专版”发表的大量电力、医药、通讯等产业及上市公司深度剖析报告获得了较强的市场反响；定期出版的《新投资》月刊，获得了投资者及业界的关注及好评；研究所为中央电视台、上海电视台、东方电视台、东方广播电台等媒体定期提供深度市场咨询；主持的

东北证券金融与产业研究所

十余项研究课题分别获中国证券业协会、上海证券交易所和深圳证券交易所中标资助或参选获奖，如《开放式基金的流动性风险评估及管理研究》、《中国证券市场制度缺陷与风险防范》、《上市公司流动性管理、绩效与企业价值的实证研究》、《上市公司购并动因的理论研究与实证分析》等。研究所还出版了多部研究专著，其中由经济科学出版社出版的《可持续发展下的产业发展》、《经济发展中的资本市场深化》等专著充分体现了研究所广泛的研究视野及专精的研究水平。

金融与产业研究所已初步建立了一套科学、规范、严密的市场分析、行业研究和资本市场及金融创新理论的研究体系，形成了“严谨、务实、专业、超前”的研究风格，在产业经济、企业价值评估及证券市场前沿研究领域创立了独特的研究特色，未来研究所将进一步提升自身的市场化、专业化、社会化、特色化、国际化水平，力争使综合实力进入国内证券研究行业的前列。

国信证券综合研究所

国信证券有限责任公司为全国性大型综合类证券公司，注册地在深圳市，注册资本20亿元人民币。截止2002年底，公司总资产87亿元，净资产31亿元。公司股东由极具实力的大型企业深圳国际信托投资有限责任公司、深圳市投资管理公司、深圳市机场股份有限公司、云南红塔投资有限责任公司、中国第一汽车集团公司和北京城建投资发展股份有限公司共6家公司组成。

公司现有员工800多人，本科以上学历人员占71%，硕士以上学历人员占23%，其中公司本部员工300多人，本科以上学历人员占85%，硕士、博士学历人员占41%。公司在经营、管理和业务方面都有一批优秀的人才，建立起了一支高素质的人才队伍，成为公司进一步发展壮大的基石。

国信证券拥有一支高水平的证券投资研究队伍，设有综合研究所，专门从事宏观经济与政策导向研究、资本市场与行业公司研究、投资品种研究、资产配置与投资策略研究等等。凭借研究人员的专业素养、研究的深度和广度、产品与服务的适用性，为各类投资者、公司企业、政府部门提供具有预见性的、客观的、可操作的、多层次、全方位的金融信息、发展战略和投资咨询服务。

国信证券综合研究所在“国有资产改革”和“市场投资策略与理念”方面有独到的研究，曾在多个大型研讨会和主流媒体上发表有关国资改革对证券市场影响的研究报告，还于2003年初在主要证券媒体上呼吁投资者关注价值投资、注重行业增长趋势，获得市场关注和一致好评。所里研究人员专业知识深厚，并拥有高学历，三分之二人员具有博士学位，其余均具有硕士学位。综合研究所多次主持、参加中国证监会、中国证券业协会等部门和机构的科研课题，并不定期与政府有关部门合办或独立举办高层次的国内、国际研讨会，还经常在《经济研究》、《人民日报》、《中国证券报》、《证券时报》、《上海证券报》、《证券日报》、《证券市场周刊》、《证券市场导报》、《财贸经济》等主要经济、金融刊物上发表专业研究文章。

东 方 证 券 研 究 所

所长：陶晋

东方证券股份有限公司证券研究所成立于1998年，原名东方证券研究发展总部，2002年正式更名为证券研究所，是中国证监会首批核准的具有证券投资咨询资格的研究机构之一。

研究所是东方证券总部级业务部门和专业性的研究机构，下设行业公司部、金融工程部、投资咨询部和综合信息部四个子部门，它以支持公司投资银行、资产管理和市场经纪等各项业务的开拓以及为客户提供一流的服务为根本宗旨，目前已形成了宏观经济政策与证券业务创新研究、行业与上市公司研究、投资咨询服务、信息资讯等四大支柱业务。

研究所自成立以来，不仅为公司的发展出谋划策，同时为政府部门、机构投资者和广大中小投资者提供经济发展顾问、专项研究报告和市场咨询等各个层次的专业服务，并与银川市政府、华安基金、国泰基金、大成基金等建立了长期的良好合作关系。研究所提供的《每日财经要闻》、《每日快讯》、《东方证券研究》、《行业与公司研究》和《专题研究报告》等多个不同系列的研发产品，受到了广泛的市场好评。

研究所拥有一支朝气蓬勃、学有卓识的研究队伍，现有员工31人中80%以上具有硕士以上学历，其中25%具有博士学历，他们平均年龄在30岁以下，80%以上来自国内外名牌院校，专业背景涵盖金融、管理和理工农医等多个学科，同时具有较为丰富的证券市场研究经验。

2002年是东方证券研究所发展历史上具有特殊意义的一年，乘着公司改革和自身更名的契机，研究所将逐步探索证券研究的产业化、社会化发展道路，争取为公司、为社会做出更大的贡献。

办公区

第十一编

证券经营机构

2042/2080

栏目协办

天同证券有限责任公司

证券经营机构

中国银河证券有限责任公司

【公司概况】 中国银河证券有限责任公司(以下简称中国银河证券)是目前国内最大的综合类证券公司之一,公司经中国证监会批准,在国家工商行政管理局注册登记,注册资本金为45亿元人民币。中国银河证券是经国务院同意,由中国工商银行、中国农业银行、中国银行、中国建设银行、中国人寿保险公司全资的中国华融信托投资公司、中国长城信托投资公司、中国东方信托投资公司、中国信达信托投资公司、中国人保信托投资公司等5家公司所属的证券业务部门及证券营业部合并基础上组建的。与各大金融机构有着长期的历史联系和密切交流。银河证券总部设在北京,在全国29个省、直辖市和自治区的56个城市设有2个管理总部、22个城市管理部、177家证券营业部,代理股票基金交易量全国排名第一。中国银河证券拥有一只高素质的员工团队,现有员工5000余人,其中总部员工中80%具有3年以上的证券从业经历,本科学历占39.6%,硕士博士占35.3%。

【业务范围】 根据中国证券监督管理委员会和有关部门的规定,中国银河证券的业务范围是:证券代理买卖;代理还本付息、分红派息;证券代保管、鉴证、代理登记开户;证券的自营买卖;证券的承销和上市推荐;企业重组、收购与兼并;投资咨询、财务顾问;资产管理;发起设立证券投资基金和基金管理公司。

公司现有250多万客户,包括机构客户和个人投资客户。此外,在北京注册的国家各大公司,在华投资的大型跨国公司以及在中国具有影响的民营企业、大的上市公司等500多家企业,是中国银河证券最有活力的客户群体。广泛和开放性的合作,是中国银河证券吸取各方优势文化和管理经验的途径。目前除与国内同行及其它金融机构、大学、研究团体进行合作外,还与境外的机构,如施罗地集团、美林证券、富邦证券等签署了一系列交流、合作协议。

地址:北京市西城区金融大街35号国际企业大厦C座
邮编:100032
电话:010—66568888　　**传真**:010—66568532

南方证券股份有限公司

【公司概况】 南方证券股份有限公司是经中国人民银行批准,在中华人民共和国财政部的大力支持下,由中国工商银行、中国农业银行、中国银行、中国建设银行、交通银行和中国人民保险公司联合发起,并由国内43家著名企业出资组建的全国性证券公司。成立于1992年12月21日。2002年1月19日经中国证监会批准公司增资扩股更名为南方证券股份有限公司,注册资本金从10亿元增加到34.58亿元,包括深圳投资管理公司、首创股份、上海汽车在内的56家国内著名企业和实力雄厚的上市公司成为公司的股东。

【经营业绩】 公司在全国设有7家分公司和74家证券营业部,现在员工2100余人。到2003年9月底,公司资产总额为263.1亿元。

公司成立以来,始终坚持"立足南方、面向全国、走向世界"的发展战略,遵循"安全性、创造性、效益性"的经营方针,发扬"竭诚服务、客户至上、团结友爱、开拓进取"的企业精神,规范经营,强化管理,积极开拓各项证券业务,取得了良好的经营业绩。截止到2003年9月底,公司累计实现各种有价证券交易额38528.3亿元,累计完成A、B股主承销293家,为企业筹集资金904.6亿元。

公司曾两度被美国权威杂志,《机构投资者》评选为中国最有前途的十家机构投资者之一;在同行业经营实力,经营业绩和主要业务排行榜中,多次获得多项第一,在我国证券市场的发展史上,创造了一系列新记录。

未来几年,公司将以集团化的管理、专业化经营、规范化运作为指导思想,建立现代企业制度和健全企业法人治理结构,按照国际标准和国际惯例规范公司的业务流程和管理,努力培育核心竞争力,成为真正的现代投资银行。

海通证券股份有限公司

【公司概况】 海通证券股份有限公司(简称海通证券公司,下同)的前身是上海海通证券公司,成立于1988年,是新中国最早成立的证券公司之一。1994年改制为有限责任公司,并发展成全国性的证券公司——海通证券有限公司,注册资本为人民币10亿元(含1500万美元)。

2000年,经中国证监会批准,公司资本金增至37.46亿元。2001年底,经中国证监会批准,公司整体改制为股份有限公司。同时,中国证监会核准公司注册资本为人民币40.06亿元。2002年11月4日,经中国证监会批准,公司资本金增加至87.34亿元。

【经营业绩】 海通证券公司遵循"务实、开拓、稳健、卓越"的经营理念和"规范管理、积极开拓、稳健经营、提高效益"的经营方针,近六年来连续取得了显著的经济效益和社会效益。截止2002年12月底,累计创利48.7亿元。目前,公司拥有一批博士、硕士以及具有丰富实践经验的经营管理和研究人才,在全国46个城市设有90多家经营网点。业务经营涉及证券承销、代理、自营、投资咨询、投资基金、资产委托管理等诸多领域,已经发展成为中国国内资本规模最大、整体竞争实力最强的综合性证券公司之一。

海通证券公司在长期的证券市场运作中形成了一套科学、规范、严密的经营管理体系和风险监控体系,形成了稳健开拓的经营风格,在中国证券市场上创立了独特的公司品牌,始终保持着良好的公司信誉和较高的服务水准,企业形象稳步提高。目前正在积极争取上市,并致力于走国际化的金融控股集团的发展道路。

国泰君安证券股份有限公司

【公司概况】 国泰君安证券股份有限公司由原国泰证券有限公司和原君安证券有限责任公司于1999年8月18日通过新设合并、增资扩股组建成立。现公司注册资本为37.00亿元，员工近4000名，1家子公司、5家分公司、112家营业部分布于全国28个省、自治区、直辖市、特别行政区。截止2001年底，公司净资产达41.65亿元，总资产为498.05亿元，共向国家上缴各类税金13亿元，名列全国第一。2001年公司综合实力在券商中排名第一，募集资金总额、主承销家数、B股交易额、债券承销总金额排名全国第一。国泰君安证券股份有限公司是目前国内规模最大，经营范围最宽，机构分布面最广的证券公司之一。公司以客户为中心，为客户提供综合性证券业务服务，全方位满足客户的需求。公司的经营范围包括：证券的代理买卖；代理证券的还本付息和分红派息；证券的代保管、鉴证；代理证券登记开户；证券的自营买卖；证券的承销和上市推荐；证券投资咨询；资产委托管理；发起设立证券投资基金和基金管理公司；中国证监会批准的其他业务。

【经营业绩】 经纪业务　国泰君安拥有国内券商中最为先进和齐全的交易手段，包括现场委托、电话委托、远程终端委托、网上交易、手机炒股等，拥有上交所、深交所A、B股交易席位417个，能够为客户提供最快速的交易通道。5家分公司、112家营业部以及众多的证券服务部遍及全国28个省、自治区和直辖市，已经建立起庞大的客户服务网络，率先开通了银证通、电话转帐等业务，突破了营业网点的限制，使客户无论身在何处都能得到便捷的服务。公司依靠分布均匀、规模庞大的销售网络，为客户提供包括A股、B股、债券、基金等多元化的交易品种，全面满足客户"一站式"服务的要求。公司率先在国内推行经纪人制度，变坐商为行商。依托研究所雄厚的研究实力，经纪业务总部还建立了规模宏大、组织严密的上市公司资讯网和资料详实、数据丰富的信息仓库，营业部近200余名分析师贴身跟踪，全方位了解A、B股上市公司最新动态，即时提供上市公司第一手资讯，为客户提供及时、量身定制的投资建议与咨询服务。公司对分支机构实行集中统一的管理体制，制订了严格的授权管理制度和规范的业务流程，并实行交易清算资金的集中管理，提高了风险防范能力，确保了客户资产的安全性。凭借优良的服务和公司整体资源优势，国泰君安证券经纪业务市场份额一直稳居券商前列。公司2001年获得首批代办股份转让业务资格，并取得了海南华凯股份公司、恒通集团股份有限公司、北京鹫峰科技开发股份有限公司等三家企业的转让业务主办券商资格，代办股份转让业务市场份额达到21.8%。

企业融资和收购兼并业务　国泰君安汇集了近200名在企业融资和收购兼并业务领域独具专长的业务人才，其中56%的员工拥有硕士以上学位，65%的员工拥有三年以上投资银行业务工作经验，是目前国内券商中实力最强的业务部门之一。公司依托强大的研究力量、雄厚的融资实力、广泛的信息渠道、精湛的运作技巧、不断创新的工作风格及认真、求实、负责的服务精神，为客户提供多层次、全方位的服务。公司2001年共完成A股公发和增发主承销项目13个，配股主承销项目6个，共为企业筹集资金156.94亿元，募集资金总额和主承销家数两项指标在全国券商中排名第一。公司积极拓展投资银行业务新领域，主动介入国有企业改制和重组业务，积极推进上市公司产业升级和结构调整。

固定收益证券业务　国泰君安是全国银行间市场记帐式国债承销团甲类承销商、中国国债协会会员、中央登记结算公司结算成员、银行间同业拆借市场成员、国家开发银行及中国进出口银行金融债承销团成员。公司积极介入中国国债市场，拓展企业债券业务领域，成立了目前国内最大、业务最全的固定收益证券业务部门——固定收益证券总部，并建立了以固定收益证券总部为业务中心，以中心城市营业部为结合点，以非中心城市营业部为延伸覆盖全国的固定收益证券营销网络。2001年共完成国债承销金额184.4亿元，金融债承销金额88.92亿元，企业债承销金额10.8亿元，债券承销总金额在全国券商中排名第一。

国际业务　公司在境外组建了全资子公司——国泰君安金融控股有限公司，成立于1995年6月，下设七家子公司，业务范围包括：经纪业务、企业融资、资产委托管理、期货买卖和证券投资顾问等。国泰君安金融控股有限公司旗下附属公司现拥有香港联合交易所三个证券交易权、一个期货交易权，为香港注册投资顾问，具备资产管理和联交所主板、创业板保荐人资格和放债人牌照。在投资银行业务方面，完成主承销项目7个，上市保荐人项目1个，承销总金额达到4.9亿港元。2001年，在香港联交所的经纪业务交易量排名第35名。

地址：上海市延平路135号

邮编：200042

电话：021－62580818

中信证券股份有限公司

【公司概况】 中信证券股份有限公司的前身系中信证券有限责任公司，于1995年10月25日在北京成立。1999年10月27日经中国证券监督管理委员会批准，同年12月29日经国家工商行政管理局变更注册，增资改制为中信证券股份有限公司，注册资本为20.815亿元人民币，注册地为深圳市。1999年10月27日经中国证券监督管理委员会批准，同年12月29日经国家工商行政管理局变更注册，增资改制为中信证券股份有限公司，注册地为深圳市。

2002年12月13日，经中国证券监督管理委员会核准，向社会公开发行4亿股普通A股股票，并于2003年1月6日在上海证券交易所挂牌上市交易，股票代码为600030。现公司股份总数达到24.815亿股。中信证券股份有限公司2002年末净资产超过50亿元。在北京、上海、深圳、天津、宁波、南京、青岛、重庆、大连、武汉、杭州、沈阳、烟台、西安、徐州、如皋、苏州、福州、淄博、成都、合肥、昆明、广州、常州、南通等地，拥有四十家分支机构，并设立了上海、山东管理总部。经中国证券监督管理委员会批准，中信证券股份有限公司开展的业务包括：证券的代理买卖；代理还本付息和分红派息；证券的代保管、鉴证；代理登记开户；证券的自营买卖；证券的承销和上市推荐；证券投资咨询和财务顾问业务；资产管理；发起设立证券投资基金和基金管理公司。

【经营业绩】 股票承销　2002年证券发行市场在实施发行核准制后，又推出了股票发行通道制，随着股票市场的调整，股票发行节奏明显放缓，同时，证券公司的法律责任显著增加，承销风险凸现。面对严峻的市场挑战，公司的股票承销业务依然取得了良好的业绩，2002年共完成海油工程、中远航运等6家主承销业务，承销家数列证券公司排名第三，其中首次公发3家，配股1家，可转债2家；通过证券市场募集资金46.49亿元，在证券公司排名中名列第三。

债券承销及固定收益业务　2002年是中信证券债券业务高速发展的一年。首先,公司的企业债承销业务迅速扩张。全年共参与了11只债券的承销工作,其中主承销6只、副主承销4只、分销1只;承销涉及金额累计达227.95亿元;主承销量占市场发行总量的53.85%。同时,公司加大了对债券市场的研究力度,在债券发行方面进行了一系列的创新:一是适时推出了第一只超长期品种——20年期的02三峡债券,并在发行中获得极大成功,进一步推动了债券市场的发展。二是公司在承销上海金茂债券时,第一次提出了募集资金用于改善企业的财务结构以及由国有商业银行提供担保的发行方案,并最终获准发行,取得了企业债券发行业务方面的两项重要突破。其次,在基金承销方面,公司承销基金1只,承销规模30亿元。第三,在国债、金融债承销方面,公司作为交易所和银行间债券市场的国债承销团成员,积极参与国债承销业务,综合排名位居前列。全年共承销国债16只,承销额为88.3亿元;同时,积极争取加入了2002年国开行金融债承销团,并承销了14亿元该行发行的金融债,实现了银行间市场债券承销业务的新突破。第四,在销售交易方面,中信证券进一步强化销售网络,加强场内及场外交易的队伍建设和客户服务,逐渐形成债券业务从发行、销售、交易到债权管理的良性互动。在发展传统业务的同时,公司还对资产证券化、次级债券、外币债券和信托产品进行了探索,力争在固定收益业务领域为客户提供全方位的优质服务。

财务顾问与收购兼并　2002年公司企业购并和财务顾问业务取得全面发展,业务总量增长迅速,共承担各类收购兼并和财务顾问项目28个,其中13个项目在年度内如期全面完成。在客户数量、交易规模和业务收入等方面名列境内证券公司前茅。公司担任中国华润、天创置业、攀钢股份等15家公司的并购财务顾问,为其顺利完成上市公司收购、重组和整合工作提供专业服务,完成项目数量和资产整合规模位居国内同行前列;担任中国航空公司重组、青藏铁路公司设立、信远控股重组等6家公司战略财务顾问,在工作中用我们的智慧和经验为客户提供富有见地的专家意见和顾问服务;担任长春光机所、成都生物所、永新同方等多家企业战略发展和企业改制融资财务顾问,为这些企业的长远发展和进入资本市场提供富有见地的专家意见和顾问服务,并首次完成了长春光机所控股公司6000万元的私募融资财务顾问业务;继续担任瑞士信贷银行等多家境外公司的财务顾问,为其国内投资和并购提供财务顾问和咨询服务。

经纪业务　2002年,公司代理交易总额为3645.50亿元,市场份额为2.92%,其中股票基金交易额921.90亿元,其市场份额为1.58%。公司代理交易额在沪市(交易总额)排名中名列第6位,与2001年持平;在深市(股票基金交易额)排名中名列第16位,比2001年进步一位。2002年,公司经纪业务网上交易的交易总额为214.30亿元,比2001年增加174.70%;其中股票基金交易额为126.40亿元,比2001年增加83.70%。2002年公司新设立营业部两家,即北京复外大街和南通工农路营业部,营业部总数达到了40家。经过中国证监会批准,2003年,公司将在长沙、绍兴、佛山、中山、东莞五座城市按照新的运营模式设立5家新营业部。

基金管理　公司主发起设立的长盛基金管理有限公司,目前共管理基金同益、同盛、同智、同德四只封闭式基金和一只开放式基金(即长盛成长价值证券投资基金),基金份额总规模超过80亿(截止2002年12月31日)。长盛基金管理有限公司秉承诚信、稳健的理念,继续以优良的业绩回报社会,受到投资者的青睐。2002年12月,长盛基金管理有限公司顺利通过审批,成为首批获得全国社保基金管理资格的六家基金公司之一。公司作为主发起人和控股方,联合上海久事公司、国家开发投资公司和中海信托投资有限责任公司发起设立中信基金管理有限责任公司。经过一年的筹备,中信基金管理有限责任公司的筹建申报工作取得了实质性进展,于2002年11月28日顺利通过证监会基金公司筹建审核专家评议会的评议。

资产管理　公司坚持审慎经营和服务创新的原则开展资产管理业务。2002年5月8日获得了中国证监会核准的受托投资管理业务资格。2002年公司累计接受133家客户委托投资管理,平均受托规模为41.51亿元。公司资产管理业务以风险控制和稳健投资为特色,在账户管理上严格执行监管部门的有关规定,分户管理,账目明晰;投资运作中,通过稳健型资产配置方案,严格控制风险。以重视本金安全、收益预期适度的客户群作为资产管理业务的主要服务对象,依靠业绩、信誉和服务赢得客户的信任。严格执行中国证监会有关规定,努力打造稳健的资产管理市场形象和品牌。

资金运营　为适应不断变化的市场,中信证券的资金业务定位也随之不断调整,目前的侧重点是提高公司日常资金头寸的综合效益。资金运营部秉承"安全、高效、灵活"的原则,统筹管理公司资金的融通和运用。通过综合运用债券、回购、拆借等金融工具,在满足公司各业务资金需求的同时,提高公司自有资金和融入资金的使用效率。2002年,通过银行间市场累计完成同业拆借179.93亿元,通过交易所累计完成国债正回购84.49亿元、逆回购172.03亿元。

研究与咨询　研究咨询部主要从事宏观经济与政策、行业与上市公司、金融产业与公司发展战略、投资产品与策略、二级市场咨询与资讯等方面的研究,定期向客户及公司各业务部门提供多种研究成果与产品。2002年,研究咨询部对公司各业务部门的配合上了一个新台阶,对外部机构客户的服务形成了相当的基础,在公司整体战略的服务方面也起到了比较积极的作用。通过完成行业背景、发行定价分析、公司发展战略设计、企业投资价值分析等,参与并支持三峡电力等30多个融资、并购项目。并以电力、交通运输、通讯、汽车和金融等重点行业的前瞻性研究报告引导融资项目的开展。2002年建立的财经数据库成为公司各项业务开展的一个基础性平台。与经纪业务部合作,完成客户经理资讯平台和客户经理产品平台,为中信证券经纪和资产管理业务设计五大类23种不同风险特征的投资账户产品。应用行业配置和指数化投资思路,已经完成汽车板块优化等7个组合类投资产品,在公司内及客户中形成较大反响。接受证监会、证券业协会等单位委托,完成《全球化背景下的跨境证券交易——发展动力、基础设施及运行模式选择》、《金融控股公司组织管理模式研究》《2000年、2001年业绩"变脸"上市公司案例分析》等10个课题研究,并获得2002年证券业协会研究课题三等奖一项。

金融创新　2002年公司金融创新服务取得了突破性进展。金融创新服务开始市场化、规模化,为公司赢得了声誉,提升了公司盈利能力。完成7只基金的产品设计工作,为10余家基金公司提供金融工程的专门服务。多家基金公司的20余只基金及部分保险公司采用相应的中信指数作为业绩评价基准。中信系列指数已为广大投资者知晓,成为当前最知名的非交易所指数。今年又新增了中信交易所国债指数、交易所企业债指数、中信银行间国债指数以及中信全债指数。现在中信系列指数包括风格指数群、特征指数群、行业指数群、基金指数和债券指数、银行间债券指数，日趋完备。指数的发布渠道基本稳定，通过上海证券信息公司的天汇卫星系统向全国非会员单位发送中信指数实时行情；通过"中信指数网"(www.citicindex.com)、新浪网、和讯网等网络媒体发布实时行情。中信系列指数因其科学性、实用性和完备性，逐步受到业界关注和重视。金融创新为公司业务发展提供有力的技术支持。金融平台、指数生成系统、指数化投资交易系统已在公司相关业务部门安装；资产类分析月报、周报、日报和各种金融创新专题研究报告定期分送公司业务部门。同时，公司金融创新为相关业务部门在投资操作、市场研判、客户开拓和产品设计方面提供重要的技术支持。公司在金融工程技术的深度开发方面成效显著。实现资产类研究的规范化，对股票风格资产类、行业资产类、基金、债券和新股资产类进行定期跟踪研究；深入开展资产配置、风险模型、投资策略方面的研究；在基金业绩评价和基金投资策略研究方面形成特色，基金评级体系即将推出，有望形成最有影响的品牌。

网络开发　2002年，公司的互联网业务实现了高速发展，网上交易开户数达到9.8万户，通过网上交易进行的股票基金交易额占到公司股票基金交易额的13.71%，领先于全国8.99%的市场平均水平。在2002年由和讯网、海融网、《证券市场》周刊、《财经时报》共同主办的"中国优秀券商网站评选"活动中，我们的网站获得最佳优秀券商网站第三名的好成绩！其中获得最佳页面、最佳财经资讯网站第一名；最佳投资理财顾问网站第二名；最佳行情系统的网站第四名。2002年11月，公司对网上交易和网站系统进行了全面升级，新系统采用了UNIX平台，在系统容量、稳定性、安全性和效率等方面进一步得到了保障，从而提高了公司网上业务的市场竞争力。

地址：北京朝阳区新源南路6号京城大厦3层

邮编：100004

电话：010－84864818　　**传真**：010－84865567

申银万国证券股份有限公司

【公司概况】　申银万国证券股份有限公司(简称：申银万国)。由原上海申银证券公司和原上海万国证券公司于1996年7月16日合并组建而成，是国内第一家股份制证券公司。申银万国的220家股东大都是国内著名的大中型企业，其中第一大股东单位是中国光大(集团)总公司，拥有员工3000余名。申银万国是目前国内规模最大，经营范围最宽，机构分布面最广的证券公司之一，在国内设有108家营业网点，业务网络、分支机构遍及中国主要大中城市，并在香港特别行政区设有集团公司、合资基金公司、上市公司及全资子公司。公司以客户为中心，为客户提供综合性证券业务服务，全方位满足客户的需求。公司的经营范围包括：发行和代理各种有价证券、自营和代理买卖各种有价证券、基金和资产管理、企业重组、收购与兼并、投资咨询、财务顾问以及其它与证券有关的业务。

【经营业绩】　申银万国为中国证券市场的发展作出了卓越的贡献。至2000年底共主承销A股172家，占全国A股上市公司总数的16%；主承销B股38家，占全国B股上市公司总数的33%，并创造了9个第一的辉煌记录，包括代理发行了第一个A股(飞乐音响)，主承销了第一个B股(真空B)，首次采用交易所竞价方式发行股票(哈岁宝)，第一家作为主办券商开办股份转让业务(杭州大自然)等。1996－1999年连续四年被《国际金融杂志》评为"中国国内最佳证券机构"并连续四年获卓越奖；2000年被《亚洲金融杂志》评选为2000年度"中国最佳证券公司"称号。

2001年是申银万国合并成立5周年的一年，我国证券市场亦将从初创时期迈向市场化、规范化、国际化、法制化发展的新阶段。申银万国将秉承"开拓奉献、追求卓越"的企业宗旨，坚持"集团化、国际化、规范化"的发展方向，以振兴民族经济为己任，争取早日实现公司"国内最好、国际知名、三年上市"的战略目标。

地址：中国上海常熟路171号

邮编：200031

电话：0086－21－54033888

上海证券有限责任公司

【公司概况】　上海证券有限责任公司是根据国务院有关规定，经上海市人民政府同意和中国证监会批准，在对原上海财政证券公司和上海国际信托投资公司证券部整合重组的基础上，按规范化要求组建成立的证券公司。公司注册资本金十五亿元人民币，其中上海国际集团有限公司出资十亿元，上海国际信托投资公司出资五亿元。公司总资产近一百亿元，拥有各类专业人员八百多人，营业网点三十四家，正在形成以上海为中心，北京、深圳、南京等发达城市为主体的经营网络。

【业务范围】　公司的经营范围是：证券的代理买卖；代理证券的还本付息和分红派息；证券的代保管、鉴证；代理证券登记开户；证券的自营买卖；证券的承销和上市推荐；证券投资咨询；资产管理；发起设立证券投资基金和基金管理公司；中国证监会批准的其他业务。

经纪业务　上海证券有限责任公司自成立以后，经纪业务本着"立足上海，服务全国"的战略定位，营业网点从上海向全国快速拓展，逐步形成以上海、北京、深圳为核心，以长三角、珠三角主要发达城市为两翼的全国性经营网络。同时，公司积极推行安全化、多元化、网络化、个性化的服务方式。公司取得多项经纪业务资格，可接受国内证券市场全部交易品种的代理买卖，并能为投资者提供柜台委托、热键委托、划卡委托、电话委托、远程可视委托、网上委托等多种现场和非现场的交易方式；公司营业网点已经实现通买通卖、集中清算，并同工、农、中、建等八家银行联合开通了银证转账服务。通过已经形成的集在线咨询、视频广播、每日传真、现场股评四位一体的咨询服务网络，公司能随时为投资者提供全方位、个性化的咨询服务。维护投资者资产的合法权益，保障投资者交易的安全实施是公司经纪业务自始自终追求的目标。为此，公司强化了经纪业务的规范操作，建立了一整套行之有效的风险防范监控体系，加强了经纪业务重要环节事前、事中和事后监控，同时进一步加大了信息系统安全性建设的投入，努力为投资者营造一个良好、安全的投资环境。

投资银行　上海证券投资银行业务范围涵盖股票、国债、企业债的发行承销、兼并收购、资产重组、政府财务顾问、发起产业投资基金等服务领域，具备较强的业务协同效应。投资银行总部依托上海市计委和上海国际集团有限公司等控股股东的大力支持，同时充分利用集团内部银行(上海浦东发展银行等)、证券、信托(上海国际信托投资公司)等金融机构协同配合的作用，以及本公司作为国内金融中心——上海的本地券商的先发优势，在稳健中求发展，在发展中求创新。投资银行总部从1989年成立至今已参与几十家企业股票发行，积累了丰富的项目经验。公司主承销、副主承销、分销公司股票、公司债券累计四十三家，累计承销总额超过两百多亿元，并数次担当国债承销的副主承销商。多年来国债发行的承销量和国债流通的交易量均名列国内券商前茅。企业债券承销在市场上成绩卓然，近年来陆续承销了申能金华企业债券、97浦东建设债券、97市政债券等十几家企业债券。

投资银行总部与上海市国有资产管理机构、云南省人民政府和江西省人民政府等政府机构建立了良好的互信机制和战略合作关系，已与云南省政府签署了战略合作协议，为沪滇两地经济领域的合作，尤其是资本运作方面提供专业化的中介服务。投资银行总部现有三十余名业务人员和研究人员，全部具备了证券从业人员资格，熟知金融证券、财务、法律等知识。上海证券投资银行总部将以稳健为原则，创新为重点；以市场为导向，效益为中心；以行业公认的职业准则和道德规范与广大客户真诚合作；立足上海，服务全国。

资产管理总部 上海证券有限责任公司于2001年7月正式设立了资产管理总部，专门负责公司受托投资管理业务。2002年7月，取得中国证监会颁发的受托投资管理业务的资格。上海证券资产管理总部的主要职责是客户资源开发与后续服务、投资方案的制定与实施、投资策略研究与投资产品的设计及创新、业务统计、财务管理与风险监控。上海证券资产管理总部的服务宗旨是坚持客户利益至上的原则，依托科学的投资管理、决策体系和较完善的内部风险控制体系，以最大限度的实现客户资金的保值增值为己任，与客户谋求共同发展。

地址：上海市九江路111号

邮编：200002

电话：021—63231111

天同证券有限责任公司

【公司概况】 天同证券的前身是于1991年5月成立的“山东证券公司”。1997年6月增资改制为有限责任公司，注册资本增至5.08亿元。2001年7月11日，经中国证监会核准，注册资本金增至20.36亿元，名称变更为“天同证券有限责任公司”，并被划定为综合类证券公司。2003年7月，公司再次增资扩股，资本金达到24.48亿元。

【经营业绩】 天同证券业务经营范围：证券（含境内上市外资股）的代理买卖；代理证券的还本付息、分红派息；证券代保管、鉴证；代理登记开户；证券的自营买卖；证券（含境内上市外资股）的承销（含主承销）；证券投资咨询（含财务顾问）；受托投资管理；中国证监会批准的其他业务。

天同证券经纪业务交易量连续多年位居全国券商前列，2002年共实现股票基金交易总量1140.34亿元，市场占有率1.954%，名列全国券商第10名。天同证券在A股发行、配股、上市推荐等方面成绩突出，自1998年获主承销资格以来至2002年底，共完成主承销39家，副主承销32家，分销82家，为25家上市公司担任上市推荐人，为23家企业进行了财务顾问，股票主承销家数连续三年进入全国前十位。2002年共完成主承销6家，主承销家数排名并列全国券商第4名。天同证券拥有一支作风稳健、经验丰富的投资理财专家队伍，证券投资和受托资产管理业务取得较好收益。

地址：济南市泉城路180号齐鲁国际大厦5层

电话：0531—5689888

传真：0531—6029668

网址：http://www.ttstock.com.cn

泰阳证券有限责任公司

【公司概况】 泰阳证券的前身，是创建于1988年的湖南省证券公司。作为湖南省第一家证券公司，其经纪业务在1996年以前一直占据省内证券市场的主导地位。然而，由于种种原因，自1997年，泰阳证券经纪业务占全国经纪业务的市场份额出现了连续三年大幅下滑的趋势。作为泰阳证券的基础业务，经纪业务的滑坡严重地制约了公司的发展空间，成为泰阳证券进一步发展的“瓶颈”。面对内忧外患，泰阳人审时度势，牢牢地把握住了机遇，选准大力发展网上交易作为突破口，成功地把危机化成了转机。

【经营管理与业务创新】 长期以来，泰阳证券在电脑信息系统、集中交易模式、咨询服务三个方面，与国内同行相比又具有较强的优势。这正是发展网上经纪业务所必须具备的先决条件。可以说，发展网上经纪业务可以最大限度地发挥泰阳证券的优势。同时，泰阳人还认为，公司要想有较大的发展，必须突破作为一家地域性券商的局限，要走向全国，要与国内大券商竞争，必须在短时间内迅速创立自己的特色优势，建立自己的"王牌"业务。这是公司最为明智的选择！

为了适用网上交易的快速超常规的发展，泰阳证券进行了多次组织结构的大调整，2000年公司组建了网上经纪业务总部，2002年又设立银证通部，专门从事经纪创新业务工作。

传统经纪业务以有形营业部为基础，采用的基本上是"坐等客户上门"的业务模式。网上经纪业务突破了时空的限制，其营销模式自然也要寻求突破。在实践中，泰阳证券创造了"宣传、培训＋服务，人人都是营销员"的全员营销措施，取得了良好的效果。在营销过程中，针对如何准确地选择目标市场，泰阳证券也几经反复，他们及时总结调整，很快在县城、乡镇和边远地区的工矿企业取得了突破性进展，走出了一条"农村包围城市"的网上经纪业务发展之路。

经纪业务的本质是服务，其核心竞争力主要体现在服务效率和服务质量两个方面。为此，泰阳经纪人团队、分析师团队，总部监控系统、客户呼叫中心、客户信息分析系统等各种手段就应运而生了。他们在公司经纪业务统一的平台上，针对不同客户的不同状况，提供满足其需要的、高水平的个性化咨询服务，帮助客户实现资产保值增值，成为了提高服务质量的关键。

泰阳证券网上交易开办近四年来，从无到有，从小到大，以惊人的速度成长，后来居上，异军突起，网上交易比率连年保持全国第一。

四年来，在巨大的成绩和荣誉面前，泰阳人不敢有丝毫懈怠，反倒有一种危机感，他们深知不与时俱进，就有可能从颠峰滑落，因此，他们继续加大在技术、服务、营销等方面的投入，进一步扩大了网上交易的领先优势，加速经纪业务由传统的粗放型向现代的集约型的经营模式转型。

泰阳证券开展网上交易，技术上采用总部模式，建立交易集中报盘系统；制定统一的网上交易帐号编码规则，以总部的委托主站作为统一入口；行情主站和委托主站通讯系统互为备份，系统自动切换。一举确立了全行业的技术领先优势，网上交易的速度和安全性领跑同行。泰阳网站服务追求个性化服务。个性化服务以客户为导向，变被动服务为主动服务。2000年，泰阳证券率先建立客户资讯大平台，组建分析师团队，开展巡回式的咨询服务。目前，又借用移动短消息技术，推出了短信第五媒体的主动推送式服务，并在此基础上将进一步推出“手机炒股”新业务。同时，建立了一套以公司员工为主导的有竞争力的客户经纪人的制度，大大提高了服务的档次和水平。在准确市场细分基础之上，加强差异化服务。

泰阳证券网上交易变被动营销为主动营销。根据不同营销地域和时段，推出“我的经纪人”“泰阳网站＋银证合作＋地区业务代表”、“百人营销团”、“分析师团队”、“人人都是营销员”等营销计划。在此基础上，建立服务型营销的新理念，领导经纪业务营销新潮流。

2003 年上半年，“非典”肆虐，泰阳证券网上交易等非现场交易的比例迅速提高，泰阳网站再一次彰显出强大的综合优势，头五个月，泰阳证券网上交易的比例一直稳定在 40% 附近震荡盘升。2002 年，泰阳证券网上交易的相对比例为 34.98%，是全国平均水平的四倍。2003 年前五个月数值与去年平均数相比在高水平上提高了大约 5 个百分点，比去年同期提高了将近 9 个百分点，网上交易的比例持续创造新高。截至 2003 年 10 月底，累计实现交易总量 640 亿元，总开户数达到 39.4 万户，表明这种交易手段已经得到了投资者的真正认可！

在经纪业务转型的大趋势面前，网上交易等非现场交易的黄金时期将提前到来，现场交易正在被新兴的网上交易等非现场交易取代。网上交易也必将加速证券经纪业务从粗放成本型向现代集约营的全面转型。在这场转型浪潮热潮中，泰阳证券牢牢地抓住了机遇，处于了网上交易领跑的位置，率先实施从经纪业务的组织形式、服务模式、营销方式和内部监管等方面全面转型。

财富证券有限责任公司

【公司概况】 财富证券有限责任公司成立于 2002 年 8 月，是由湖南省信托投资公司和湖南省国有资产投资经营总公司共同发起设立的综合类证券公司，注册资本金 5.36 亿元，总部设于长沙。

公司业务架构完备，目前设有总裁办公室、董事会秘书处、计划财务部、人力资源部、法律稽核部、经纪业务部、投资银行部、资产管理部、证券投资部、研究发展中心、信息技术部、增资扩股办、基金筹备办、投资控股公司、北京总部、党群办等十六个部室。业务触角延伸全国，在北京、上海、天津、深圳、温州、长沙、湘潭、郴州、邵阳等地设有 15 家营业网点。现有的业务范围包括证券承销和上市推荐、证券自营、代理证券买卖业务、证券投资咨询、资产管理、发起设立证券投资基金和基金管理公司、以及中国证监会批准的其他业务。

公司成立后就致力于完善法人治理结构，加强公司内部管理，并建立了科学的经营决策机制和完善的内部控制制度，完成了人员的整合和各项业务平台的搭建；公司的受托理财资格、网上经纪资格、B 股代理资格、外汇经营资格、股票主承销资格等均已取得；受托管理期货公司、筹建基金管理公司、加强与境外同行的交流等工作也都在顺利进行中。根据公司“集团化、多功能、全方位”的战略发展目标，公司正在进行首次增资扩股。增资扩股后，公司的注册资本金将达到 107073 万元。同时，公司通过“待遇聘人、感情留人、事业激励人”的人力资源政策，引进了一大批业内精英，优化了人才结构，提高了员工的整体素质，公司现有员工 420 人，其中本科以上学历者占总人数的 65%，取得证券从业资格者占总人数的 75%。这一切，为公司下一步的做优做强和快速发展打下了良好的基础。

面对新经济的挑战，财富证券将秉承“信用财富、人本财富”的理念，以增资扩股为契机，做大公司规模；以经纪业务转型为突破口，带动公司其他业务的发展；通过实施资本规模化、治理职业化、服务特色化、经营创新化、运作规范化及业务国际化等战略，全方位构筑财富证券的核心竞争力，为股东和社会创造越来越多的财富！

东方证券股份有限公司

【公司概况】 东方证券股份有限公司是一家经中国证券监督管理委员会批准的综合类证券公司，其前身是成立于 1998 年 3 月的东方证券有限责任公司，公司注册资本金为 21.39 亿元人民币（含 1500 万美元），员工 800 余人。

公司以上海为大本营，在北京、深圳、成都、广州、杭州、长沙、抚顺等地共设有 37 个分支机构，形成了依托上海、立足中心城市、辐射全国的大型证券公司的业务网络。公司业务品种齐全，涵盖了证券承销、自营买卖、交易代理、投资咨询、财务顾问、企业并购、基金和资产管理等众多领域。

公司以“开拓创新，规范经营，持续发展”为理念，以卓越的专业水准和诚信的行业精神为根本，锐意进取，经营能力逐年提高，行业地位大幅上升，各项主要业务指标位居全国同行业前列。公司将致力于成为一家由资产管理公司、基金管理公司、投资银行公司、经纪业务公司、期货公司、研究所等分支机构组成的金融控股集团。

【经营业绩】 经纪业务　公司经纪业务努力构建“有形网点与无形网络相结合”的全国性经营网络，大力优化营业网点布局，积极发展电子商务，顺利建成营业部联网的资讯系统和全国性客户服务中心，可为客户提供便捷的交易手段、及时的市场信息和优质的增值服务。2003 年，经纪业务市场占有率稳步提高，共完成 A 股基金交易量 843 亿元，同比增加 31.2%。

投资银行业务　公司投行业务以“诚信、规范、创新”为宗旨，大力拓展 IPO、股权再融资、债权融资等承销业务，积极涉足重组并购、财务顾问、管理咨询等领域，为客户提供一揽子解决方案。

公司成功地帮助包括复星实业、交大昂立、光明乳业、通宝能源等多家国内知名的高科技企业、民营企业上市融资及再融资，在高科技企业、民营企业重组上市方面积累了丰富的专业经验，并在通讯、电力、生物医药、食品等领域形成了自己的品牌，凝聚了一批在行业内处于领先地位、成长性突出的一流客户群体。公司完成了白猫集团入主 PT 双鹿重大资产重组的财务顾问工作并成功推荐其恢复上市。公司担任财务顾问的浦东不锈重大资产重组项目，其交易金额、企业规模均为迄今为止国内所有重组业务之翘楚。

2003 年，公司主承销增发 1 家（九芝堂），上市推荐 2 家。

资产管理业务　公司以客户需求为导向，以客户利益为己任，提供专业的投资理财服务。公司大力开发与设计多种理财产品，积极培养多种投资风格的投资经理，认真探索资产管理业务的创新与转型，以诚信服务和较高的投资回报，树立了良好的市场品牌，受托资金规模不断增加，客户网络日益扩大。

公司资产管理业务内部风险控制制度日益健全，形成了公司投资决策委员会、部门决策小组、投资经理三级投资决策机制，以及市场开发、研究、投资、交易和清算相对分离的管理体制，投资流程更加规范，各级的权利与责任更加清晰，内部信息沟通更加快捷，能够切实有效地保护客户的利益。

证券投资业务　公司自营业务始终坚持“深入研究、精选品种、价值投资、稳健操作”的投资理念和“价值评估、组合投资与波段性操作相结合”的运作模式，发掘价值低估的优质股和具有良好行业背景的成长股，组合投资，灵活运作，取得了较高的投资收益。

固定收益业务　公司积极开展国债、金融债、企业债等固定收益产品的承销和分销工作，已在全国形成一定规模的销售网络；同时积极参与交易所市场和银行间债券市场的投资与交易，探索和开拓跨市场套利、可转债投资等新的业务模式，寻求新的投资机会。2003年，作为财政部交易所国债承销团成员，公司参与了6次国债分销，累计完成15亿元；并参与分销华能集团企业债；在银行间市场中表现活跃，市场形象良好。

研究咨询业务　公司证券研究所是中国证监会首批核准的具有证券投资咨询资格的研究机构之一，具有行业与上市公司研究、金融工程研究、投资咨询服务、信息资料支持四大支柱业务，为公司各业务部门提供强大的咨询服务，并为政府部门、机构投资者和广大中小投资者提供多层次的专业服务。研究所努力打造自身优势的产品系列，其中包括宏观经济研究报告、行业分析报告、投资策略报告等，为客户提供优质及时的研究报告。作为探索研究产业化道路的突破口，研究所通过开拓基金分仓业务和财务顾问服务，为公司创造了良好的经济效益。

信息技术支持系统　公司建有行业内一流的交易机房，交易机房与营业部之间建立了2M的DDN地面通信网，股市行情及交易信息为卫星及DDN网天地双跑道，最大限度地保障了证券交易系统的安全、高效。公司整体网络架构以DDN和卫星网为主干，以总部为中心连接所有营业部，并以总部为出口接入因特网。各营业网点积极运用高新技术，全部采用先进的电脑网络，实现了证券经纪业务的全面自助化、远程化和无钞化。

公司采取集中管理的模式，先后自主开发、集成、推广使用了一批技术水平高、实用性强、安全可靠性好的电脑软硬件系统，建立了技术先进、功能齐全、安全可靠的信息技术平台，为业务拓展与内部管理提供了坚强有力的支撑，实现了办公自动化、远程稽核、总部集中银证通、手机炒股、通买通卖及网上交易、法人清算等多项功能。

公司规划建设一个统一共享的技术支持平台，提供包括服务层、业务层、管理层、决策层在内的四位一体的业务支持体系，目前已建立了总部管理系统与多媒体客户呼叫中心等管理与服务系统，并开始实施集中交易系统的建设。

公司信息技术中心引入先进的管理理念，率先在业界贯彻执行ISO9001质量体系认证标准，以科学的管理手段推动全公司信息系统的良性运作与发展。

国元证券有限责任公司

【公司概况】　国元证券有限责任公司是根据国务院关于信证分业、信托业清理整顿的要求，以安徽省国际信托投资公司、安徽省信托投资公司所属证券营业部和证券类经营性资产为基础，联合其他有资格的法人单位按照现代企业制度共同发起设立的，经中国证监会批准、工商行政管理部门注册登记的综合类证券公司，注册资本20.3亿元人民币。国元证券公司的经营范围包括：证券经纪；证券自营；证券的承销和上市推荐；证券投资咨询；发起设立证券投资基金和基金管理公司；资产管理；经中国证监会批准的其他业务。

【经营业绩】　国元证券公司的主发起人安徽国投、安徽信托是上海证券交易所的发起人会员和深圳交易所会员，是全国最早在上海、深圳设立证券营业部的券商之一，她们伴随中国证券市场一起发展和成长，取得了良好的社会和经济效益。公司自1993年以来，先后参与了57家企业股票的发行工作，其中担任主承销商15家，上市推荐人17家，同时还承销企业债券29次、国债14期；近三年来股票和基金的代理交易额占市场总量均在2.5%左右。

截止2002年底，国元证券公司总资产为60.07亿元，净资产20.7亿元，净资本额17.19亿元，在全国27家综合类券商中排名第9位；2002年实现利润总额4495.61万元（经华普会计师事务所审计），在全国27家综合类券商中排名第5位；全年实现证券交易量709.49亿元，在沪深交易所排名位居前列。2002年末公司在职员工950人，其中90%以上具有大专以上文化程度。

国元证券公司董事会下设三个专门委员会，公司内设投资银行部、投资管理部、资产管理部、国际业务部、经纪业务管理部、网上经纪业务部、固定收益部、收购兼并部、资金清算部等业务经营部门以及战略规划部、综合行政部、人力资源部、计划财务部、风险监管部、信息技术部等综合管理部门，36家证券营业部覆盖北京、上海、深圳、广州等金融中心城市及全省，是一个资产质量高、综合实力强、经营范围广的综合类证券公司。拥有一支经验丰富、技术精湛、富于创新的高素质专业队伍。

随着我国证券市场的日益规范，国际化进程的不断加快，国内资本市场与国际资本市场的逐渐接轨，证券业的竞争将愈加激烈，国元证券公司将严格遵照“法制、监管、自律、规范”八字方针，弘扬“规范、自律、求实、创新”的企业精神，着力培育核心竞争力和持续发展能力，开拓创新，追求卓越，积极参与国内外市场的竞争和合作，力争在五至十年内逐步把公司建设成为资产规模大、市场占有率高、金融品种丰富、市场竞争力强、风险防范机制好，居国内一流水平的综合类证券公司。

地址：合肥市寿春路179号
邮编：230001
电话：0551－2634400转2835
传真：0551－2645709

华龙证券有限责任公司

【公司概况】　华龙证券有限责任公司成立于2001年5月，是由甘肃省人民政府组织筹建，经中国证券监督管理委员会批准，通过合并重组甘肃内原四家信托投资公司的证券业务和证券资产并增资扩股而组建的证券经营机构，是全国性综合类证券公司。目前注册资本53589.48万元人民币。公司总部设在兰州，同时设立了北京、上海、深圳三个地区业务管理部，在地域上已经形成了以兰州为中心，以北京、上海为两翼的业务开拓基地。以华龙证券公司为主发起人联合长源电力公司、济南钢铁公司等企业法人筹备设立的华商基金管理有限公司已通过中国证监会的批准，准备发行开放式证券投资基金。公司目前在全国各大中城市设有24家证券营业部。

【经营业绩】　华龙证券公司成立以来，坚持规范管理，守法经营，累计完成主承销与上市推荐项目9家，累计承销股数近4.33亿股，累计承销金额约27亿元，其中2002年主承销筹集资金10亿元；经纪业务方面，公司累计完成各类有价证券交易量554亿元。华龙证券公司作为进入全国跨市场国债承销团的10家券商之一,2001年、2002年分别承销国债50亿元和63.1亿元,在全国券商中名列前茅。

2002年初华龙证券公司获得了中国证监会和中国证券业协会核定的可同时报4家企业发行股票的资格,在全国券商中处于中上水平,在西北五省区券商中名列第一。公司取得主承销商资格后,以主承销身份承销的4只股票全部通过发审会,其中已有3家发行上市。2003年上半年股票承销业务获全国承销业务第五位。

华龙证券公司和海通证券公司、华夏证券公司于2002年9月同时获得国家人事部批准设立博士后科研工作站,成为证券业中仅有的几家可设博士后科研工作站的证券机构之一。

华安证券有限责任公司

【公司概况】 华安证券是由11家国有大型企业和上市公司投资,于2000年12月经中国证监会核准,并于2001年1月正式成立的综合类证券公司,注册资本金17.05亿元。公司经过十多年艰辛拼搏和深厚积淀,现已发展为一家资产状况良好、业务品种齐全、市场地位稳固、管理规范稳健,并具有较强竞争能力和较大发展潜力的证券经营机构。

公司前身是1991年1月经中国人民银行总行批准设立并于1991年5月正式成立的安徽省证券公司,初始注册资本金2150万元,隶属于中国人民银行安徽省分行,是安徽省唯一的证券专营机构,经批准先后在合肥、上海、深圳等地设有证券营业部。

1995年5月,公司归口管理中国人民银行安徽省分行所属二级分行的证券营业部。1997年,公司收购中国建设银行安徽省分行所属的上海、巢湖、六安等证券营业部。1998年6月,公司正式与中国人民银行安徽省分行脱钩。1999年9月,公司吸收合并安徽证券交易中心,并增设合肥蒙城路证券营业部。

2000年10月,公司开始增资扩股,吸收省内外11家国有大中型企业和上市公司作为股东,改制并更名为华安有限责任公司。2000年12月,中国证监会核准华安证券有限责任公司为综合类证券公司。2001年1月8日,华安证券有限责任公司正式登记注册。

【业务发展】 不断开拓业务,市场地位稳固　华安证券经营网点遍及安徽全省并已向全国大中城市延伸,以其安全快捷的交易设施和不断丰富的个性化服务,赢得了新老客户的充分信赖,率先开发了96518集中电话委托平台成为行业效仿的典范,代理证券交易额一直位居同级证券公司的前列。公司在北京、上海等金融前沿城市设有专业部门,拥有一批具有实践经验和创新精神的专业人才,可以实现客户多元化的金融需求。公司先后承销股票50多只,其中担任A股和B股主承销的22次,担任H股财务顾问1家。公司还努力开拓受托投资管理、网上证券经纪、基金管理等新兴业务,探索进入其他金融领域的途径,以增加新的利润增长点,不断提高公司的盈利能力和竞争能力。

持续快速发展,资产状况良好　公司总资产由1991年的0.38亿元增长到2002年末的43.48亿元;净资产增长由1991年的0.22亿元增长到2002年的17.44亿元;1996年来连续7年保持盈利记录;净资产、净资本指标已连续三年在全国证券公司中位居前20名。由于坚持规范经营的原则,公司经受了历次市场风波的考验,也没有涉足其他风险投资领域,资产流动性很好,资产质量优良。

坚持规范经营,狠抓风险防范　华安证券贯彻"法制、监管、自律、规范"的方针,在长期经营管理中形成了具有特色并且合乎证券业规范的管理机制,特别是坚持财务、清算、计算机的集中统一管理等措施,成为公司持续健康发展的重要保障。由于制度严密,管理严格,十多年来公司没有出现重大风险事故和违规经营问题,在业界赢得良好信誉。2000年以来,公司以增制改制为契机,以中国证监会《证券公司内部控制指引》为指导,进一步完善内部控制机制,健全内部管理制度,为公司进一步发展壮大提供良好的管理环境。

追求与时共进,努力应对未来竞争　公司按照"规范化、集团化、国际化"的发展战略,致力于业务创新、技术创新和管理创新。公司在全国券商中率先实现了法人集中清算;较早地获得了中国证监会核准取得网上证券委托业务资格;积极与银行、电信等机构建立广泛的业务联盟,抢占市场先机。公司坚持以效益为中心、以业务为主线来配置组织资源,充分调动了专业人才的积极性和创造性。公司着眼于未来发展,增资扩股,建立现代企业制度,并对有关业务部门实行内部市场化管理,为向集团化发展创造条件。

【网络创新】 网络与证券的无缝结合,使得网上委托迅速成为海外证券经纪业务的主流委托方式。网络的边际成本递减效应能够有效降低经纪业务经营成本,而网络的增值信息服务更能够充分体现券商的差异化竞争策略。华安证券一直致力于网上经纪业务的拓展,不断改进和完善网上交易服务系统,并对华安证券网先后进行了多次全面改版,增强了网络的安全性、稳定性,增加了开放的个性化设置、特色化服务和在线咨询等内容。按照"整合资讯资源,构建咨询体系,全面服务客户"的工作思路,华安证券以网站和内部通讯系统为载体整和了公司全部咨询研究力量,建立了在线咨询、实时股评和现场报告为手段的多渠道立体式信息咨询服务体系,为投资者提供宏观经济分析、行业和公司研究、组合投资策略等综合理财服务。

地址:安徽省合肥市阜南路166号
邮编:230069
电话:0551—5161666
传　真:0551—5161600
网　址:http://www.huaans.com.cn
电子信箱:bgs@mail.huaans.com.cn

西南证券有限责任公司

【公司概况】 西南证券有限责任公司成立于1999年12月28日,是在重庆市原四家证券经营机构基础上经资产重组和增资扩股组建而成的全国性证券公司。公司注册所在地为重庆市,注册资本16.3亿元,股东25家。公司的经营范围包括综合类券商的全部业务:证券代理买卖代理、还本付息、分红派息、证券代保管、鉴证、代理登记开户、证券自营买卖、证券的承销和上市推荐、资产管理、发起设立证券投资基金和基金管理公司等。

【经营与管理】 公司自成立以来,按照现代企业制度的要求,建立、健全和不断完善公司治理结构。股东会、董事会、监事会及经营班子均严格按照《公司法》和公司《章程》运行,为公司的规范管理和健康发展起到了重要的作用。

为适应证券业发展需要、有针对性地拓展各项业务,公司设立了投资银行总部、经纪业务管理部等五个业务部门;证券研究发展中心、电脑中心等两个业务及技术支持部门;行政办公室、人力资源部、计划财务部、审计稽核部等9个职能部门;并在全国主要经济中心城市设有27家证券营业部及8家证券服务部;在北京、上海、深圳、重庆设有投资银行业务部,在长沙、兰州设有投资银行办事处(代表处)。

公司成立以来,各项业务发展良好,经营业绩迅速提升。投行业务连续四年进入全国承销"十强",并在钢铁、交通运输等领域形成了自身特色和优势,奠定了在中盘股市场的领先地位。证券研究发展中心综合实力2002年被权威评估机构评定为全国第九名。首创的"客户关系小组"服务模式为投资者提供专业化、个性化的服务。公司飞虎网站连续两年荣获了"全国十佳优秀证券网站"称号。公司成立四年来,共上缴税收2.8亿元,人均累计创税35万元。并向社会各界累计捐款逾1000万元,如在"非典"期间,员工就自发捐款10万元,充分体现出西证人的社会责任感。

在努力建立现代企业制度和大力拓展业务的同时,西南证券积极致力于内部管理的规范和优化,大力塑造优秀的企业文化。公司继2001年在国内券商中率先引进麦肯锡先进管理经验后又于2003年在全公司范围内推行ISO9000质量管理体系,成为了国内首家整体通过英国皇家标准协会认证并获得ISO9000国际质量管理体系证书的券商,表明公司在基础管理、流程优化、风险控制、客户服务、质量管理等方面又迈上了新台阶,为公司未来向国际资本市场发展迈出了重要一步。公司秉承"诚信、稳健、创新、求精"的经营理念,把为社会、为投资者、为员工创造最大价值作为企业使命,遵循"客户至上、质量优先、诚信固本、发展为重"的质量方针和"用心创造价值"、"认认真真做人、踏踏实实做事"的企业精神,积极构建具有时代气息和自身特点的企业文化体系,精心打造一支主体精干、结构合理、素质精良的职业化员工队伍,为公司飞速发展提供了强大的源泉和动力。

地址:重庆市渝中区临江支路2号合景国际大厦A幢22—25层

邮编:400010

电话:(023)63786633　　63786699

传真:(023)63786001

网址:http://www.swsc.com.cn

世纪证券有限责任公司

【公司概况】 世纪证券有限责任公司是由北京首都旅游集团等12家颇具实力和社会影响力的大型企业出资,在重组江西省证券公司的基础上成立的一家全国性综合类证券公司。注册资金10.05亿元人民币,拥有营业网点21个,遍布全国18个大中城市。

【经营业绩】 世纪证券作为新券商,拥有得天独厚的后发优势。具有包袱轻、资产优、理念新、机制活、法人治理结构合理等诸多特点。通过广纳贤才、积极进取、锐意创新,世纪证券各项业务取得了巨大的发展。2003年1月份在上交所证券营业部交易量排行榜中,公司深圳营业二部以106.76亿元的成交量位列全国第3名,公司2月在上交所经纪业务的排名上升至第22名。

世纪证券建立了以客户为中心,以市场为导向的营销体系,在业内率先完成了由坐商到行商的转变。同时建立了以市场细分为基础的产品服务体系,为客户提供一站式综合金融服务,根据客户的不同需求,提供个性化的解决方案。

世纪证券的资产管理业务可为客户提供包括股票资产管理、债券资产管理、现金流资产管理、开放式基金资产管理、混合资产管理等品种多样的服务。公司的投资银行业务除股份制改造、上市前辅导、发行承销、上市推荐等传统业务外,还可为企业客户提供包括国际收购兼并的各种收购兼并业务的咨询与服务。

世纪证券研究力量雄厚,对金融、旅游、生物医药、媒体等行业的研究处于业内领先地位。综合研究所定期为客户投资分析报告,行业研究报告等专门研究报告。

【未来展望】 世纪证券将努力打造一支具有强大资源整合能力、专业特色突出的团队;创造领先市场的盈利模式和品种齐全的综合业务平台;在全面推进各项业务的同时集中优势资源,把握重点机会实现利润。在未来5年内,公司的发展战略是"一年全面整合、三年快速发展、五年具备国际竞争力"。世纪人将以"金融报国"为已任,努力将世纪打造成一个有突出专业优势、有强大国际竞争力、具备知名品牌的一流金融集团,将世纪证券塑造成中国证券市场名副其实的百年老店。

德恒证券有限责任公司

【公司概况】 德恒证券有限责任公司于2002年3月经中国证监会批准,由重庆证券经纪有限责任公司吸收金新信托投资股份有限公司证券资产并增资扩股而更名成立。金新信托成立于1993年6月。1994年4月上海周家嘴路证券营业部设立,开始从事证券业务。1997年成立证券管理总部,证券营业部逐渐增加至9家,证券业务规模大幅度拓展。2001年元月,作为信、证分业的准备,证券分公司成立并模拟法人运作,汇集并锻炼了公司的管理团队。重庆证券是在重庆商品期货交易所改制基础上于2000年6月正式成立的,注册资本金1亿元,下辖重庆一家证券营业部。2002年3月,重庆证券与金新证券分公司重组并增资扩股至7.66亿,更名为德恒证券有限责任公司,注册地为重庆市。

德恒证券目前设有战略购并部、承销代理部、投资管理部、资产管理部、经纪业务部、债券交易管理部、重点客户服务部等业务部门和电脑管理中心、财务管理部、稽核管理部、计划管理部、人事行政部、总裁办公室和期刊编委等职能部门,下辖上海、重庆、深圳等全国15个城市17家证券营业部。公司证券承销、证券经纪、收购兼并、国际业务以及资产管理代理等业务板块,分别涵盖了极为广泛的业务内容。客户的任何金融需求,均可在德恒证券及其战略联盟的业务平台上得到满足。

【经营理念与管理模式】 "以德做人,以恒做事"是德恒的司训。德恒人一贯从这样三个方面要求自己:首先是先做人后做事。其次是以德为本,以德为略,以法为术,德化人心。再次着眼长远、持之以恒、持续发展。德恒之德首推"诚信",这包括对外的以德为本、以信为要和对内的诚实正直、前后一致和相互信任。德恒之恒意指着眼长远、持之以恒、持续发展。其中着眼长远是战略,持之以恒是执行,持续发展是追求。

"经营关系企业的生死存亡,管理关系企业的得失多少"是德恒的理念。"客户的成功是德恒的使命",在经营方面,以客户为中心是我们的行为准则,企业的持续成长是我们的目的。关注客户的需求和他们所关心的问题,通过不断的创新为他们提供"一站式"的综合金融服务,与客户共同实现可持续成长,是德恒始终如一的追求。在管理方面,德恒实行"规范化、轻型化、精细化"的管理模式，从而降低运营成本，提高企业效益。而把德恒建设成学习型的企业是实现这一切的保证。

德恒证券实行"规范化、轻型化、精细化"的管理模式，为公司的发展奠定了坚实的基础。规范化是指在中国证监会政令的指导下，加强对下属证券营业部和其他分支机构的集中管理，建立健全各种风险控制体系和制度，防患于未然。轻型化包括两层含义：一是指固定资产的轻型化，二是指人员的轻型化。证券公司是人才密集、资金密集型的金融机构，固定资产不应该占太大的比重，所以，德恒证券尽力通过各种手段减少固定资产，如通过金融租赁的方式实现公司的业务用车和其他一些固定资产的购置，这样可以间接提高股东的投资回报率。人员的轻型化是指不着意扩大员工数量，而是尽量使用精干人员，招一个人就用好一个人，对每个员工的发展负责。人员的轻型化可使公司员工充分发挥潜能，提高工作效率，从而提高员工的各种福利待遇。精细化是指加强核算，对成本、费用和实现的收益进行精确配比，以降低运营成本。"规范化、轻型化、精细化"的管理模式为德恒证券实现未来的发展愿景提供了有力的管理保证。

【未来展望】 经过未来5年的努力，借助于购并、联盟等手段，将德恒证券发展成为具有先进的管理队伍、优秀的业务团队、良好的盈利能力、有效的抗风险体系、鲜明的业务特色、较强的核心竞争力、优质的客户资源和较高的投资回报的业内知名综合性大券商。届时，公司综合实力进入行业前列。

汉唐证券责任有限公司

【公司概况】 汉唐证券有限责任公司是一家经中国证监会批准的全国性综合类证券公司。自成立以来，公司秉承"盈利、求实、服务、创新"的企业精神，以富有激情的激励机制，凝聚一流的证券精英，按照国际化的管理标准，科学运用证券创新工具，构筑以深圳为基地，以长江、珠江三角洲为两翼，以北京为战略制高点，以上海为龙头的机构平台。为海内外客户提供专业化、优质化的资产管理、证券承销、财务顾问、信息咨询等金融增值服务，追求与客户共成长。

【经营业绩】 2002年汉唐证券以一种新锐券商的姿态，顺利完成了区域战略布点，树立了品牌，在综合实力、经营业绩、规模管理等方面取得了长足的进步。2002年，汉唐证券在全行业亏损的情况下，获得了盈利400多万元的好成绩，盈利水平在126家券商中名列前茅。

汉唐经纪业务在基本完成网点布局、扩大经纪业务规模的同时，加大交易技术的创新力度，从硬件设备和软件服务两个方面改善交易环境。同时，还建立了客户服务中心，统一协调全公司的客户服务工作，通过对基金、上市公司、保险公司等机构投资者的服务，提高了公司整体服务水平。2002年股票基金成交额在深交所230家会员中排名第39位，较2001年上升12位；在上海交易所187家会员中排名第31位，较2001年上升31位。

汉唐证券债券业务取得了快速的发展，尤其在国债业务方面取得了令人瞩目的成绩。2002年汉唐证券债券交易总量达641亿元，较上年增长近十倍。其中国债现券交易量在深沪交易所会员排名中分列第5位和第13位。同时还积极参加了江苏交通控股、上海轨道企业债分销工作。

2002年中国证券市场募集资金总额较上一年下降36%，证券发行市场竞争更加激烈。汉唐证券迅速调整投行业务工作策略，加强了股权融资项目的工作力度，积极推进财务性并购与战略性重组项目的拓展并取得了一定的成效。公司凭借着优质的服务，在各项业务中均取得优异的成绩，并为今后的发展打下了良好的基础。

汉唐证券作为全国性综合类券商，2002年成为首批获得受托投资管理业务资格的券商之一。依托雄厚的研究力量与勇于创新的企业文化，根据客户至上和稳健投资的原则，严格遵守防火墙体系，积极开发"度身定做"的理财产品，不断提高投资管理运作水平。业务发展迅猛而健康，在社会上树立了良好的品牌。

地址：深圳市南山区华侨城汉唐大厦24、25层

邮编：518053

网址：www.ehantang.com

天元证券经纪有限公司

【公司概况】 天元证券经纪有限公司是中国证券监督管理委员会批准设立的全国性证券公司，由原黑龙江省国际信托投资公司证券部、黑龙江省财政证券公司、伊春市证券公司及齐齐哈尔市信托投资公司证券部重组而成，是伴随中国证券市场共同成长的全国首批证券经营机构之一。

公司总部坐落于冰雪之乡哈尔滨市高新技术开发区，现有8个职能管理部门、21个证券经营网点，营业场所遍布在北京、上海、深圳、厦门、沈阳、大连、哈尔滨、齐齐哈尔、伊春等地，是我国由南到北跨度最大的证券公司。

【经营与管理】 天元证券经纪有限公司主要经营证券代理买卖，代理还本付息、分红派息，证券代保管、鉴证、代理登记开户及中国证监会批准的其他业务。交易品种涵盖了目前我国证券市场沪、深两市A股、B股、基金、债券6等各种有价证券，交易手段突破了原有的空间制约，形成了自助委托、网上交易、电话委托、远程可视委托、机顶盒委托及智能小区自助委托等方便、快捷、安全的现代化交易方式。每天为客户提供全面、及时、准确的专业咨询服务，定期举办股票知识讲座及全国著名股评报告会。

公司成立以来，本着"强化管理、规范经营、优势服务、稳健发展"的经营理念，坚持"诚信、高效、创新、卓越"的企业精神，以"一流的环境、一流的设备、一流的服务、一流的管理"赢得了广大投资者的信赖。公司将继续发挥多年积累的丰富经营，广泛吸收高质人才，充分发挥自身优势，不断提升管理水平，并通过增资扩股进一步增强公司资本实力，拓展新业务领域，为广大投资者提供更加完善的证券产品与服务，为中国证券市场的繁荣和发展做出更大贡献。

万联证券有限责任公司

【公司概况】 万联证券有限责任公司(以下简称"万联证券")是在广州市政府的领导和支持下，对原广州国际信托投资公司、广州经济技术开发区国际信托投资公司、广州对外经济贸易信托投资公司和广州科技信托投资公司所属证券经营机构进行重组，并吸收实力雄厚的国有控股公司出资而设立，经中国证监会证监机构字(2001)148号文件批准，于2001年8月23日成立，目前注册资本5亿元，在全国120家证券公司中排名第70位左右。

【组织结构】 万联证券公司总部设在广州市东风东路836号东峻广场34—35层。在北京、广州、上海、湖南、湖北、四川等省市设立了20家证券营业部，下设证券服务部5家。目前，公

司营业部共拥有营业面积 47,400 平方米,客户 23.59 万户,公司现有在编员工 440 人(含下属营业部在编人员),平均年龄 29.6 岁,其中研究生以上学历 42 人,大学学历 367 人,大学以上学历人数占员工总人数的 85%。

公司已设立股东会、董事会、监事会,实行董事会领导下的总裁负责制。公司现任法定代表人、董事长由陆景烽同志担任,公司现任总裁由黄晓钢同志担任。公司总部组织机构包括:办公室、人力资源部、计划财务部、经纪业务部、投资银行部、投资管理部、资产管理部、研究发展中心、资金清算中心、信息技术中心、稽核监察部等部门。

【经营范围】 公司目前的经营范围包括:证券(含境内上市外资股)的代理买卖;证券自营;证券投资咨询(含财务顾问);资产管理;证券(含境内上市外资股)的承销(含主承销)和上市推荐;代理证券的还本付息、分红派息;发起设立证券投资基金和基金管理公司;中国证监会批准的其他业务。

【未来展望】 公司成立以来,秉承"诚信、严谨、开拓、创新"的宗旨,凭借高素质的人才优势和精诚团结的创业拼搏精神,科学规划战略部署,坚持规范经营,严格管理,坚定不移地朝着专业化、规模化、市场化、国际化的方向稳步发展。

万联证券作为一家新兴的证券公司,有其独特的经营优势。公司是在广州市市政府、计委、广州市地方金融工作办公室等领导部门主持下经过重组而设立的,在重组和开业后的业务发展过程中,得到了有关领导部门的指导和大力支持,这是万联证券得以发展的根本。其次,公司已初具规模,注册资本已达到申报综合类券商资格的最低标准,并拥有相当数量规模的证券营业部,业务发展的基本平台业已初步构建。第三,原有证券营业部的不良资产负债在政府部门的支持下已经彻底剥离,公司目前没有历史包袱,资产质量优良。第四,公司具有较好的区位优势。广州作为华南地区的经济金融中心,截止 2001 年末,城市综合实力居全国第三位,人均 GDP 已达 4586 美元。2001 年末,全市共有金融机构营业网点 2640 家,外资金融机构分行和办事处 33 家。而广州目前的深沪上市公司仅 15 家。随着广州地区国企改革的进一步推进,广州地区资本市场发展的潜力十分巨大,这为万联证券的成长提供了广阔的空间。

地址:广州市东风东路 836 号东峻广场三座 34-35 层
邮编:510080
电话:020-87692563,87692565
传真:020-87692563,87692565

兴业证券股份有限公司

【公司概况】 兴业证券股份有限公司是一家全国性综合类证券公司,是《证券法》颁布后全国首批获准增资扩股的 10 家证券公司之一,也是首批第九家被中国证券监督委员会核准为综合类的证券公司。公司经营范围涵盖证券自营和代理买卖、证券承销和上市推荐、证券投资咨询、委托资产管理、网上证券委托业务、发起设立证券投资基金等。兴业证券注册资本金 9.08 亿元,公司总部在福建省福州市。

【经营业绩】 自 1990 年创业以来,兴业证券严格遵照"法制、监管、自律、规范"监管方针,孜孜不倦致力于建设专业化的服务体系、营销体系和管理体系,证券承销和交易业务稳步增长,市场份额不断上升,各项主营业务指标进入行业 20 强,从地方性券商迅速成长为在业界具有相当影响力的全国性证券公司。成立以来,公司在一级、二级市场上的份额不断增长,共主承销股票发行 39 家,累计筹资 113 亿元,为 40 多家地方政府机构和企事业单位提供财务顾问服务,2002 年股票主承销金额业内排名第七,是唯一一家 IPO、增发、配股和可转债主承销金额均进入 10 强的公司,同时是国内少数具备特大型发行项目承销能力的公司之一。

兴业证券在全国 24 个城市设立营业部网点,截至 2002 年底累计办理各类证券交易额达 14264 亿元,证券交易量曾连续四年进入上海证券交易所排行榜前 10 名,2002 年营业部平均股票基金交易量位居全国第四。同时,公司积极拓展证券研究、证券投资基金、资产管理、国际业务、企业顾问等服务。

在长期的证券市场运作中,兴业证券始终如一坚持"市场化、规范化、专业化"的经营方针,逐步形成特色鲜明的稳健的经营管理风格。公司把合规经营、加强自律、防范风险放在十分突出地位置上,自觉遵守各项法律、法规和行业公约。

兴业证券倡导"提升员工价值,创造客户价值"和"以人为本、专业立司"的经营管理核心理念,致力于建设一支稳健、理性、团结、敬业、拚搏的高素质专业化队伍,全司现有职员 723 人,平均年龄 30 岁,其中博士 15 人,硕士 109 人,硕士以上职员占 17 %。目前公司 91%的职员通过证券从业资格考试并获得证券从业资格。面对入世带来机遇和挑战并存的新形势,兴业证券与全球著名的人力资源咨询机构华信惠悦(Watson Wyatt)合作,全面建设一整套科学的、与国际接轨的专业化人力资源管理体系,提高团队的专业化能力和综合素质。

在中国证券市场新的发展时期,公司提出"适应变化要求,推动公司转型,致力于将兴业证券打造成优质的金融服务公司"的发展目标,在未来的发展中,兴业证券将继续为投资者提供更多更好的专业服务,与广大客户相互依托,携手共进,继续为促进我国证券市场的发展做出应有的贡献。

山西证券有限责任公司

【公司概况】 山西证券有限责任公司的前身是成立于 1988 年的山西证券公司;1998 年改制为山西证券有限责任公司,2002 年经中国证监会批准,在与山西省信托公司证券类资产重组的基础上增资扩股,注册资本达到 10.25 亿元人民币,是山西省内唯一一家综合性券商。公司董事长:吴晋安;党委书记、总裁:张广慧。

【经营业绩与管理实践】 山西证券一贯秉承"诚信、稳健、规范、创新、高效"的经营宗旨,遵循"低成本、低风险、低收益、大容量"的业务拓展思路,诚实守信,凭借良好稳定的经营业绩得到监管机构、同行和广大投资者的认可,具备了综合类券商的所有业务资格。具体包括:股票主承销资格、证券投资咨询资格、网上证券委托业务资格、经营外汇业务资格、经营外资股业务资格、受托投资管理业务资格、财政部交易所国债承销团甲类成员资格、全国债券市场成员资格、全国银行间同业拆借市场融资资格和开放式基金代理销售业务资格。2002 年,在市场普遍不景气的情况下,山西证券实现利润 1495 万元,在全国交易所 124 家会员单位中处于前列。

经纪业务　公司现有营业网点 53 家,其中山西内 46 家、省外 7 家、基本形成了覆盖山西、辐射北京、上海、深圳、西安等主要城市的证券代理业务战略架构,为近 30 万投资者提供服务。公司营业部管理科学,服务周到,技术设施先进。近年来,公司不断扩大银证合作,积极探索智能型服务,拓展网上交易业务，不断提升服务层次。山西证券金典证券网（网址i618）凭借稳定的网络支持和便捷的服务受到广大投资者的欢迎，2002年完成交易额11亿，取得了良好开端，公司全年累计实现A股、基金交易量808.53亿元。

研究咨询业务　高质量的研究咨询业务始终是公司经营发展的基础与核心。公司研究工作坚持“以市场为导向、以业务发展为中心”的原则，建立有山西证券特色的研究咨询业务。目前，公司除在宏观经济领域加强研究外，重点放到支持公司投资银行业务、自营业务、资产管理业务、国债业务和客户咨询上来，公司研究部门与客户服务部门直接链接，实现了资源充分利用。

国债承销业务　2002年公司成为财政部交易所国债承销团成员，全年共承销24.5亿元，在50家成员中排名第16位。由于良好的承销业绩和信誉，2003年公司成为国债承销团甲类成员。

资产管理业务　资产管理业务是证券业未来发展重点，公司于2001年获得受托资产管理业务资格，建立起符合证券市场发展规律的投资理念，开发、引进先进的风险控制系统，建立起科学的资产管理决策体系。2002年公司经过奋力拼搏，受托资产达到7亿元，为客户取得良好收益。

投资银行业务　2002年取得通道后，公司确立了“确保项目质量，加快通道周转”的投行工作方针。投行人员积极抓住契机，迅速出击，先后与两家企业签订了主承销协议，目前正在审核过程中。此外公司加大了与券商、上市公司、拟上市公司的业务合作，全年完成股票、基金和债券承销金额近8亿元，并储备项目28家，有力地保障了公司投行业务的持续发展。

制度建设　公司在抓好业务发展的同时，积极推行的强化规范化管理，健全和完善内部机制，全年共出台40余项目制度，近30万字的内容涵盖了公司人事、薪酬、财务、经纪、投行、资产管理、融资管理、行政管理、审计等各个环节，基本上形成了公司内部决策管理和风险控制的制度体系，有力地保障和规范了公司的经营管理和运作。

人力资源　山西证券在发展过程中，一直十分注重人才队伍的建设和培养。公司700余名员工中具有经纪业务资格的有483人，具有代理发行业务资格的有243人，具有投资咨询资格的有177人，有297人通过了证券投资基金资格考试，公司员工博士、硕士占有很大比例，大多数人从业年限在3年以上，汇集了一批素质较高、专业性强的研究人员，对宏观经济、产业发展、企业经营和基金业的发展均有广泛而深入的研究，为各级政府部门、上市公司、投资者及业务部门提供了多项研究成果。

2002年，为强化公司激励机制，公司对薪酬、人事制度进行了全方位改革。根据上届董事会通过的《人力资源管理办法》，公司完成了突出“重贡献、重业绩”的薪酬体系的设计与推行，实行工资与董事会确定的目标利润挂钩的薪酬管理办法，同时干部任用严格采用考试、竞聘的公开选拔方法，真正体现“能者上、庸者让”的科学用人机制。

山西证券经过十多年发展，已形成独具特色的业务格局。公司将继续以充当政府的财务顾问、企业的战略合作伙伴、投资者的助手与益友为基本定位，倡导投资新理念，借助中国新兴资本市场的发展良机，与新老客户携手并肩，共谋发展，共创辉煌。

地址：山西省太原市府西街69号山西国际贸易中心东塔25—30层
邮编：030002
电话：0351—8686888
传真：0351—8686918
网址：www.sxzq.com
邮箱：sxzq@i618.com

众成证券经纪有限公司

【公司概况】　众成证券经纪有限公司是经中国证券监督管理委员会核准，由山东、河南、湖南、西安、沈阳五大证券交易中心及平顶山信托投资公司改组成立的一家全国性的证券公司。注册地为深圳市福田区，法定代表人李兵，注册资本6250万元，实收资本12050万元，是上海证交所、深圳证交所和深圳市证券业协会的会员单位。现在证券营业部9家，分布在济南、郑州、平顶山、西安、上海、沈阳、长沙等地，有各类交易席位19个。

【经营业绩】　公司本着“立足深圳，辐射全国，网点布局合理，经营规模适度”的战略思想，以“高效、诚信、稳健、创新”为宗旨，采取内涵与外延并重的发展模式，全面推行现代企业制度。决策体系科学而民主，内控机制健全而有效，严格管理，审慎经营，规范运作。在2002年证券市场持续低迷、佣金下调、竞争激烈、全行业经纪业务亏损的恶劣环境下，认清形势，统一思想，迎难而上，努力创新，向管理要效益，靠创新求发展。在较短的时间内，以较快的速度进行了规模扩张和布局扩展，完成了机构的统一、人员的统一和业务的统一。逐步形成了“走众成之路，创众成特色，塑众成强人”的公司理念。公司以规范的管理、优质的服务和先进的技术为依托，加强风险控制，积极拓展各项业务，使公司实力在竞争日趋激烈的证券市场中不断发展壮大。

【公司优势】　公司秉承五大证券交易中心、平顶山信托证券业务的良好基础，充分利用业已形成的业务优势、人才优势、资源优势和管理优势，通过对市场和人力资源的有效组合，形成更具合理性的业务网点布局，造就更为充实的经营拓展实力。企业精神：我们将始终秉承“诚信、如一”的企业精神，着力培育核心竞争力和持续发展能力，开拓创新，追求卓越，做强做大，集众人之力，成就中国证券市场的共同繁荣。

营业部名称	地址	联系电话
济南经七路营业部	济南市经七路338号	0531— 7037377
郑州丰产路证券营业部	郑州市丰产路100号	0371— 5721810
郑州文化路证券营业部	郑州市文化路115号	0371— 3862811
西安兴庆南路证券营业部	西安市兴庆南路28号	029　2666678
沈阳文艺路证券营业部	沈阳市沈河区文艺路33号	024—24156525
平顶山建设路证券营业部	平顶山市建设路286号	0375— 2930407
平顶山建设中路证券营业部	平顶山市建设中路南58号	0375— 2921438
上海中山西路证券营业部	上海市中山西路1505号	021—62199141
长沙人民路证券营业部	长沙市人民路芙蓉区工商局综合大楼	0731—4766454

地址：深圳市福田区百花四路长怡花园A座2楼
邮编：518028
电话：0755—83619500，83619506
传真：0755—83619500

财通证券经纪有限责任公司

【公司概况】　财通证券经纪有限责任公司是经中国证监会批准，以浙江财政证券公司为主体，联合部分市县国债服务中介结构，经过增资扩股而转制设立的经纪类证券公司。公司注册资金为5.008亿元，资产总额11亿元，法定代表人、董事长陈海晓先生。公司的主要经营范围为：证券的代理买卖，代理还本付息、分红派息，证券的代保管、鉴证，代理登记开户，经中国证监会批准的其他业务。

财通证券现有十五家营业网点遍布全省各地。公司拥有一支业务素质较高、职业道德素养良好的员工队伍。现在从业人员196人，91%的员工具有一种或多种证券从业资格，80%以上具有大专以上学历，其中，博士、硕士和中级以职称人员占40%以上。多年来，公司坚持"规范经营、稳健发展"的经营原则，以服务浙江经济建设为宗旨，坚持不挪用客户保证金，不给客户透支，在省内券商和投资者中享有良好的信誉，取得了良好的社会效益和经济效益。同时公司已建立起一套适合证券发展的管理制度和内部风险控制制度。

在中国资本市场发展的新纪元中，财通人将优化服务质量、改善投资环境、增加交易方式，致力于客户服务、市场开拓和业务创新，力求实现客户利益最大化。

财通证券公司营业部一览表

营业部名称	地址	联系电话
杭州解放路营业部	杭州市解放路111号	0571－87828104
杭州文二路营业部	杭州文二路328号B座	0571－85112815
杭州体育场路营业部	杭州体育场路580号二号楼	0571－88912972
杭州湖墅路营业部	杭州市湖墅南路483号	0571－88390953
杭州西大街证券营业部	余杭临平西大街13号	0571－86233237
富阳市心北路证券营业部	富阳市心北路东成大厦	0571－63346545
温州人民东路营业部	温州人民东路中侨大楼	0577－88814718
玉环广陵路证券营业部	玉环城关财税大楼东裙房	0576－7250198
台州卖芝桥路营业部	台州路桥区卖芝桥路30号	0576－2410880
江山县河东路营业部	江山市县河东路1号	0570－4032071
兰溪人民南路营业部	兰溪人民南路103号	0579－8825006
嘉兴勤俭路营业部	嘉兴勤俭路548号	0573－2010871
海宁证券服务部	海宁干河路18号	0573－7023627
淳安证券服务部	淳安新安大街92号中国银行2楼	0571－6481867

广发证券股份有限公司

【公司概况】 广发证券股份有限公司是国内首批综合类券商之一，是一家与中国资本市场一同成长起来的新型投资银行，公司以"知识图强、求实奉献"为核心价值观，以使命感、事业心和专业追求致力于为客户提供创造性的服务，现注册资本为20亿元人民币，有员工1776人，在全国各地拥有76家证券营业部、20家证券服务部，另托管了19家证券营业部。

2001年7月，由广发证券控股的锦州证券增资扩股为1亿元，并更名为广发北方证券经纪有限公司。这标志着我司向金融集团化迈出了关键的一步。2002年9月由广发证券股份有限公司作为主发起人设立的广发基金管理公司获中国证监会批准筹建，注册资本为人民币1亿元。

【经营业绩】 根据中国证券业协会的排名，自1994年开始，广发证券已连续九年进入全国十大券商行列。2002年广发证券主承销新股6只，主承销配股1只，主承销增发股票1只，承销家数在国内券商中名列第一位，承销总金额在国内券商中名列第二位；证券交易总额为3281.13亿元，在上海证券交易所排名全国第八位，股票、基金交易总额在深圳证券交易所排名全国同业第三位。

在十一年的发展过程中，广发证券形成了自己鲜明的特色。首先是经营稳健，管理规范。"稳健经营，规范管理，在管理方式上稳健与开拓并重"是广发证券的总体发展战略思想，公司高度重视健全内部管理体制和完善风险防范机制，已制订出各类规章制度350多项，初步形成了一套具有自身特色的、合乎证券业规范运作要求的制度化管理体系。2002年公司企业资源管理系统(ERP工程)上线，通过这个系统，提高了公司各部门和各分支机构的管理效率，为公司成本管理、资金管理、预算管理、采购管理、资产管理、人力资源管理提供规范、有效的决策信息，强化公司的三级管理体系，规范和提高了公司的管理水平。有效的管理措施保证了公司的规范运作，使公司不仅获得了国家主管部门和评估机构的肯定，还获得国际金融组织的认可。近年来，公司先后被推选为上海证券交易所会员理事单位、中国企业家协会常务理事单位、中国证券业协会副理事长单位，并成为世界时代金融研究所亚洲首家会员单位。其次是风险控制得当，资产状况良好。广发证券成立十多年来，由于管理规范，公司具有完善的风险控制机制以及对发展战略有正确的把握，广发证券没有涉足国债回购、国债期货、违规代客理财等业内重大风波及房地产实业投资热潮。三是以人为本，人才优势明显。广发证券现有员工总数1849人，平均年龄31岁，其中博士、博士后及在读博士55人，硕士研究生328人，公司以集中的人才优势享有中国证券行业"博士军团"的美誉，是中国金融行业首批获得国家人事部批准设立博士后流动站的企业。四是服务客户，不断创新。广发证券公司在全国首创了"全额预缴、比例配售、余额即退"、"免费预约、限量申购、抽签分配"等被广泛使用的发行方法和"A股推介路演"这一全新方式，2000年又在闽东电力的发行过程中首次在国内采用"荷兰式招标法"。在二级市场上，公司推出的"理性投资北京行、深沪行"等系列活动开创了中国券商组织客户走访上市公司、倡导客户理性投资的先河。广发证券推出"VIP客户2002年增值服务"，使不同的客户享受到真正的个性化服务。

目前，广发证券正按照与国际接轨的要求，积极调整和规范企业内部管理体制和运作机制，以建立现代化的企业资源管理流程系统，不断提升公司的管理水平，实现公司"成为国内优秀的、具有专业特色的跨国投资银行"的战略目标，争取为中国资本市场的发展做出更大贡献。

地址：广州市天河北路183号大都会广场42楼
邮编：510075
电话：020－87553636　　**传真**：020－87553600

福建省闽发证券公司

【公司概况】 福建省闽发证券公司成立于1988年5月，是福建省内首家证券专营机构。1991年5月，公司改制为有限责任公司，注册资本1530万元。1996年1月，公司正式定名为"闽发证券有限公司"，注册资本金增至1.09亿元。

公司成立以来，闽发证券坚持"稳健经营、规范发展、开拓创新"的经营方针，积极、稳妥地进行经营品种、业务规模和营业网点的综合性扩张。至1999年底，公司资产总额逾25亿元，净资产达2.52亿元人民币，下设北京、上海、武汉、成都、三明、泉州六个管理总部(代表处)以及省内外19个证券营业部。一个以福州为中心、北京、上海、武汉、成都为支撑的全国性证券业务网络已经形成。2000年11月将增资扩股至8亿元，并挤身于综合类券商行列。

【业务范围】 闽发证券的范围为发行和代理发行各种有价证券，自营、代理证券买卖业务，代理支付证券本息和红利，办理证券的代保管、鉴证和过户业务，证券贴现和抵押融资业务，基金和资产管理业务，企业重组、收购与兼并业务，投资咨询、财务顾问业务,以及中国证券监督管理委员会规定的其他业务。

证券经纪业务　经纪业务是闽发证券最主要的业务之一。公司现有营业网点29个,市场占有率在福建省连续多年名列首位。2002年,闽发证券完成证券交易额2,285.13亿元,列全国券商综合排名第10位,其中,沪市总交易量排名第9位。作为福建省第一家证券专营机构,闽发证券创下了福建省经纪业务的许多个第一。但是成绩只是历史,闽发人将以服务与创新塑造品牌,致力于为证券投资者提供亲情、高效、专业、安全和多元化的服务。闽发证券各营业网点积极运用高新技术,先后自主开发、集成、推广使用了一批技术水平高、实用性强、安全可靠性好的电脑软硬件系统。公司下属营业网点全部采用先进的电脑网络,实现了证券经纪业务的全面自助化、远程化和无钞化。1997年4月,闽发证券在全国率先开通了互联网证券经纪业务系统,开创了中国证券电子商务的先河。2002年,闽发证券的INTENET网上客户已达1.3万余户,实现成交量逾120亿元。2000年12月,闽发公司推出了与银行间强强合作、资源整合、优势互补的"银证通"商业合作模式,极大地提高了客户的资金使用效率,大大降低了客户的交易成本。1998年以来,公司大部份营业网点相继搬迁、改造,统一了对外形象,更新了电脑设备,大大改善了营业部的交易环境,从而为广大证券投资者营造了便利、整洁、舒适的投资环境。闽发证券贯彻"客户的需要就是我们的需要,客户的问题就是我们的问题"的经营理念,秉承"没有最好,只有更好"的服务精神,根据现代市场营销理论进行市场细分,针对不同客户需求,提供个性化服务。闽发证券为客户提供多种委托方式,包括柜台委托、磁卡委托、电话委托、自助委托,INTRNET网上交易等。除了代理A、B股经纪业务外,公司还为客户提供代办转让业务、国债现货、国债回购、企业债券投资、代保管、兑付等综合性证券投资服务。为进一步实现市场化、优化各项资源配置,公司在浮动佣金制的总体框架下,对不同交易渠道、不同交易方式下的佣金执行标准进行了重新的设计和制定,为客户提供了更加细致入微的贴心服务。为了提高客户的证券投资水平,公司还充分利用信息研究部门的力量,为客户及时提供股票咨询和市场信息,定期举行股市沙龙、股评讲座,提供宏观形势、微观动态、行业发展、公司业绩、技术分析等服务。

投资银行业务　作为综合类券商,公司一直重视发展投资银行业务。闽发证券现有40多名投资银行业务人员,其中70%具有硕士以上学位,熟知股份经济、证券事务和相关法律法规,有丰富的业务经验和很强的协调能力。投资银行部提供的主要服务有各种证券发行承销,融资财务顾问,产业整合购并顾问。各种证券发行承销包括公司分拆上市融资方案策划和方案组织实施,公司上市融资辅导,公司融资工具和发行方案设计,公司IPO、配股、增发、恢复上市等推荐,公司证券发行推介和销售,为因担任主承销商而发生巨额包销的券商提供解决方案等。融资财务顾问主要是为拟私募公司提供私募方案策划推介材料制作服务、私募推介和承销服务;为拟LBO的投资者提供目标企业商业价值评估服务、杠杆收购(LBO)方案策划服务、LBO融资方案设计和组织实施服务。产业整合购并顾问的主要业务为提供公司整合的战略咨询、作为收购方代理人寻找合适的目标企业、为收购方设计收购方案并提供定价咨询、代表收购方参与购并谈判、代表收购方组织落实收购方案、作为出售方代表寻找合适的收购方、作为出售方代表参与购并谈判。继福建省内首家承销、推荐福耀、福联两家公司上市以来,迄今公司已先后主持或参与承销近140次,并与众多优秀企业建立战略伙伴关系。目前,公司的投行业务已形成了以上海为中心辐射全国的战略格局。

投资咨询业务　闽发证券是全国首批获得证券投资咨询业务资格的证券经营机构。适应公司以京、沪、闽为依托,面向全国发展的战略格局,公司分别在福州、上海、北京三地设有专职研究咨询机构,三地研发机构拥有一支近40人的实战经验丰富、学历层次较高的专业团队,他们与各业务部门和营业部配备的总数达近200人的专兼职研究咨询人员紧密配合,依托强大的研发平台和CRM网络系统,为广大客户尤其是核心客户提供及时、多样、个性化的优质咨询服务和咨询产品,在投资大众中享有很高的声誉。

地址:福建省福州市五四路158号环场广场28—29层
邮编:350003
电话:0591—7801005　　**传真**:0591—7801003

大鹏证券有限责任公司

【公司概况】 大鹏证券有限责任公司成立于1993年7月,目前注册资本15亿元人民币,是全国性综合类证券公司。在公司44家行业、地域分布均十分广泛的股东中,不乏实力雄厚的上市公司或集团公司,高度分散化的股权结构为大鹏证券的长期稳定发展打下了坚实的基础。公司目前在全国各大中城市设有30家证券营业部。

【经营业绩】 九年来,公司规模不断壮大,总资产、净资产同步增长,截止2001年12月31日,公司总资产133.5亿元,净资产22.58亿元;2001年,公司完成各项营业收入9.41亿元,实现利润总额1.5亿元,在全国百余家券商中排名第9。与此同时,公司的资产质量保持了良好状态,流动资产比重一直保持在80%以上;1998年,国家审计部门对全国券商进行全面审计后,认为大鹏证券资产和经营状况良好,公司亦成为第一批解决融资渠道的七家券商之一,获准首批进入全国银行间同业拆借市场。

大鹏证券以振兴民族经济为己任,努力学习国外投资银行成功的经营管理模式。公司致力于与中国优秀企业建立战略伙伴关系,为客户提供从发行承销、项目融资、资产管理,到收购兼并、财务顾问、企业重整、管理咨询等全方位深层次服务。九年来,大鹏证券累计完成A股主承销与上市推荐项目近百家,累计承销股数近20亿股,累计筹集资金约200亿元人民币。2001年,公司完成4家新股和3家配股主承销,主承销股数4.12亿股、主承销金额32.63亿元,主承销金额和家数分别排名全国第12和第5,主承销筹资额市场占有率为3.12%。

研究先导、技术领先、组织变革、营销提升,是大鹏证券经纪业务稳步发展的信心所在。大鹏证券将客户资产增值作为经纪业务服务的方向。九年来,公司完成各类交易量超过1万亿元,2001年,公司实现综合交易额2181.38亿元,市场占有率1.7819%;完成股票基金交易额1180.86亿元,市场占有率1.4449%。

面对日益激烈的竞争环境,2001年,公司提出了经纪业务战略转型的思路,通过建设以营业部FC团队为基础的销售平台、以研究所为中心的产品平台和以大鹏网络公司为支撑的技术平台,构建全新的经纪业务营销模式;借鉴国际券商的成功经验,对营业部员工进行重新配置,划分为FC营销团队及后台支持两大部门,利用专业化的FC团队为客户提供全方位服务；同时，经纪业务总部也作出相应调整，将主要职能定位为销售与交易中心，并与研究所和网络公司协作，共同构建FC资讯平台。

“创新发展、研究先行”，大鹏证券的研究水平在全国同行中名列前茅。2001年，作为公司董事会确定的三个重点改革部门之一，研究所从传统的、包罗万象的研究模式转向以市场为导向、以创利为目的、面向客户的实证研究模式，按重点研究方向组建了金融工程、IT行业、化工行业、医药行业、房地产等小组。在研究方法上，从以往过分依赖定性研究，转向定性与定量相结合的方式，并成立质量控制小组，在研究过程的各个节点设立质量控制点，加强质量控制，为一些重大项目提供了必要的研究支持。

为适应公司经纪业务转型的需要，研究所设计了资产组合、股票评级、市场趋势（中长期趋势）等新型组合产品，涉及股票、基金、保险、期货等多个品种，实现了产品设计理念由传统短线投机型向理性投资型的转变。

入世后的中国证券市场，受经济全球化及金融混业趋势的影响，在未来一段时期内将陷入“内外交困”的境地：一方面，依赖牌照经营的垄断格局正在被打破，银行、保险、甚至IT业都在窥视证券市场这块蛋糕；另一方面，国外著名的投资银行纷纷与国内同行寻求合作，以分享中国资本市场高速成长的收益。在此背景下，公司确定2002年的工作目标是：重塑业务发展战略，调整管理框架，突出以金融销售为核心的成本领先的竞争力，全方位与国际资本融合。

为抵御市场的系统性风险和适应混业经营趋势，公司将在大鹏控股层面下调整业务重点和战略目标，做到有所为、有所不为。公司拟逐步缩减证券投资业务，经纪业务和投行业务则分别按金融销售公司和融资服务公司模拟化运作。资产管理除拟设立的证券投资基金管理公司外，其余业务逐步压缩剥离。在完成上述战略转型后，公司将形成以金融销售、融资服务和固定收益业务为主、附带权益投资的盈利模式，并尽量压缩后台与行政费用，所有资源向业务倾斜。步入新的千年，全体大鹏人将继续秉承“知识报国、实现自我、善待客户、回报股东、信誉、协作、勤勉、高效”的经营理念，加快“管理信息化、决策透明化、业务国际化、客户全球化、服务品牌化”的“五化”建设，为客户提供多元化、个性化、系统化的金融增值服务，努力发展成为国内一流、国际知名的大型投资银行。

地址：深圳深南东路5002号地王大厦8楼

邮编：518008

电话：0755－2463388　　**传真**：0755－2462986

亚洲证券有限责任公司

【公司概况】 亚洲证券有限责任公司是一家全国性的综合类证券经营机构，上海证券交易所、深圳证券交易所、中国证券业协会等单位的正式会员。公司总部位于上海，目前在全国拥有48家证券营业部和11家证券服务部，营业网点数量在全国100多家专业券商中位居前10名。公司前身是创立于1993年5月18日的三峡证券有限责任公司。2002年5月，公司更名为“亚洲证券有限责任公司”，并将注册地由湖北宜昌迁至上海。2002年9月，经中国证监会批准，公司完成新一轮增资扩股工作，注册资本金达到10.329亿元。

10年来，在中国证监会和社会各界的支持下，公司已发展壮大为集证券承销、证券经纪、证券自营、资产重组、企业并购策划、资产管理、财务顾问等业务于一体，在业界有一定知名度和影响力的证券公司，资产规模达到近100亿元。公司现有员工1200多人，其中40岁以下人员占90%；具有经纪类、咨询类、承销类和期货类从业资格人员比例接近80%；公司总部多人曾在国际机构或海外公司就职。

地址：上海市九江路399号

邮编：200001

电话：021－63518989　　**传真**：021－63525833

招商证券股份有限公司

【公司概况】 招商证券与中国资本市场一起成长壮大，创建于1991年，迄今已经走过了十余年的发展之路。公司是在招商银行证券业务部的基础上发展壮大起来的，十多年来，经过了三次大的历史性飞跃：1994年4月，招商银行证券业务部改制为具有独立法人资格的招商银行的全资子公司——招银证券公司，注册资本1.5亿人民币，实现了第一次飞跃。1998年10月，公司成为首家经中国证鉴会批准改制增资的证券公司，并更名为“国通证券有限责任公司”，实现了第二次飞跃。新千年伊始，公司再次增资扩股，资本金增至22亿元人民币，并被中国证鉴会核准为综合类券商。2001年，公司致力于现代化企业制度建设，完成了股份制改造，资本金为24亿元。2002年7月，为谋求国际化之路，公司更名为招商证券股份有限公司，实现了第三次飞跃。

【经营业绩】 目前，公司共设有14个部门、在19个城市拥有营业网点31家证券营业部，员工近1000人。十多年来，广大招商证券人奋力拼搏，锐意创新，形成了较为明显的比较优势。十多年来，公司一直坚持“诚信、稳健、服务、创新”的经营宗旨，加强内部管理，成功地防范了各类大的金融风险，在十多年的时间里，公司没有受到证监会任何大的处罚和通报批评，经形成了稳健的经营风格，坚持以稳健取胜，在证券市场中赢得了良好的信誉，也正因为如此，公司得到了监管部门的大力支持，公司是第一批综合类券商、第一批取得进入银行同业折借市场资格的券商、第一批能够上市的券商等等。

截止2002年末，公司总资产达到91.62亿元，公司流动资产占总资产的比例为86.17%，流动比率为1.77，资产流动性很强，达到国际同业先进水平；公司资产质量不断提高，目前优良资产比率达到95%；十多年来，公司累计实现利润20多亿元，2000年，公司实现利润8.03亿元，特别是公司的人均创利水平一直很高，每年均在50万元以上，稳居同业前列；2001年，公司综合竞争实力居业内第九位。

公司一直把人才作为立业的根本，以才兴业。在人力资源开发上，公司致力于为员工创造良好的工作氛围和提供施展才华的场所。目前，公司有近1000名员工，其中硕士以上学历的员工占三成，其中博士8人。公司的员工队伍，尤其是核心业务骨干、管理骨干非常稳定。

经纪业务　经纪业务快速增长，市场排名稳步前移。十多年来，公司累计完成交易量8000多亿元，市场占有率呈稳定增长态势，市场排名稳定在前十位。2001年，公司营业部平均业绩位居业内第一名。公司顺应信息技术的发展，大力开拓以网上交易和银行卡/折为主要内容的无形市场业务，取得了良好的效果。

投资银行业务　十年来，公司共承销各类有价证券206只，承销总额220亿余元人民币，其中A股主承销、上市推荐与配股主承销项目共计80余家。公司在B股承销方面颇具实力，是深圳首家B股的国内主承销商，共帮助18家企业发行了B股，筹措资金近30亿港元。资产管理业务在重视上市公司投资价值及稳健规范运作的前提下稳步发展，并与一批较有实力的知名企业建立了战略合作关系。

证券业研究　公司坚持研究先行的战略，一直重视研究工作。目前拥有研究人员近60名，其中90%有硕士以上学历，累计撰写各类研究报告2000多篇，在国内外证券刊物上公开发表近1000篇。公司的研究水平与成果得到各基金公司的广泛认可，公司是业内唯一一家与所有基金管理公司签约的券商。公司拥有在业内领先的研究领域：交通行业研究是公司的传统研究品牌，网络行业研究、生物医药行业研究、电力及电力自动化研究是公司近年来形成的新兴研究品牌。

电子化技术　1997年，公司与招商银行合作，在业内率先推出了一卡通证券保证金转帐业务。1999年，公司推出了中国证券业第一张多功能卡——招商证券牛卡，实现了各营业部之间证券的通买通卖、24小时电话委托咨询、多家银证自助转帐。2000年初，公司推出了支持网上交易的证券专业网站——招商证券牛网，并获得国内首批网上证券交易资格。2000年8月，在深圳举行的"第一届中国国际互联网网站展览会"上，"牛网"荣获"最佳网站"和"最佳现场活动奖"；同年11月，在《证券时报》举办的全国股民评选证券类网站活动中，牛网又荣获"中国优秀证券网站奖"。2001年，在第二届"最受股(网)民喜爱的'中国优秀证券网站'评选"中，牛网荣获"最佳券商网站奖"及"最佳论坛奖"。2002年，在第三届"最受股(网)民喜爱的'中国优秀证券网站'评选"中，牛网荣获"最佳券商网站奖"及"最佳个性化服务奖"、"最佳投资顾问奖"、"最佳论坛奖"四项奖励。2002年9月，在由《证券市场周刊》、《财经时报》等单位组织的"中国优秀券商网站评选"中，牛网获得"最佳优秀网站奖"、"最佳财经资讯网站奖"两项奖励。公司率先使用小型计算机，实施全公司集中清算及集中交易。2001年7月，公司又推出了业内第一个多媒体客户服务中心——证券e号通。2002年—2003年上半年，证券e号通进行了数次重要改版，目前已发展成为深受投资者喜爱的公司著名服务品牌。

地址：深圳市福田区益田路江苏大厦38—45层
邮编：518026
电话：0755—82943666　　**传真**：0755—82943100

华泰证券有限责任公司

【公司概况】　华泰证券有限责任公司于1990年12月30日经中国人民银行批准设立，1991年5月26日在南京正式开业，是中国证监会首批批准的综合类券商之一。自成立以来，华泰证券一贯秉承"高效、诚信、稳健、创新"的核心价值观，总资产、净资产规模同步增长，2002年4月，经中国证监会核准，公司注册资本增至22亿元，公司总资产达135.47亿元，净资产增加到32.38亿元。与此同时，公司资产质量一直保持良好的状态，为2001年中国证监会机构监管部首次披露的没有挪用客户交易结算资金和净资本符合要求的证券公司之一，2002年3月，公司成为全国银行间债券市场成员。

【经营业绩】　公司管理严格、经营审慎、运作规范，各项业务取得长足发展，沪市证券交易量、净资产收益率等项业务指标连续多年居全国券商前列，网上证券交易量连续三年居全国券商之首。"华泰证券网"在业界和广大投资者中一直享有较高的声誉和知名度。华泰证券网在2000年、2001年和2002年连续三届获得由《证券时报》主办的最受股(网)民喜爱的"中国优秀证券网站"评选第一名。另外，2001年同时获得了"最佳投资顾问网站"第一名，2002年同时获得了"最佳证券网站CEO奖"和"最佳营销成就网站"等两个单项奖。

2002年，在中国证券市场整体滑坡的情况下，公司各项业务仍取得了业内较好成绩，据《21世纪经济报道》报道，在2002年全国券商营业部股票、基金平均交易量排行榜上，公司名列第三位。2002年，华泰证券A、B股网上交易量314.22亿元，占公司A、B股总交易量的30.76%。该年投行业务获得长足发展，共完成6个主承销项目，主承销金额达20亿多元，主承销家数(并)列全国第三名，首发项目完成家数(并)列全国第二名，首发项目主承销金额全国第八名，配股项目主承销金额全国第四名。由公司担任财务顾问的"湖北兴化"资产置换项目，为证监会2001年105号文《关于上市公司重大购买、出售、置换资产若干问题的通知》发布后，首家受理并经过证监会重大重组审核工作委员会审核通过的上市公司资产重组项目，在业内具有重要的影响。

目前华泰证券在北京、上海、深圳设有三个地区总部，在全国大中城市设有34家营业部和15家证券服务部，在南京、上海设有投资银行业务总部，在北京、深圳、沈阳、成都设有投资银行业务机构。

历经我国证券市场的动荡与发展，华泰证券在开拓创新和规范自律方面均积累了丰富的经验，造就了一支高素质的员工队伍，形成了完善的内部控制和风险防范体制。公司证券从业人员逾千人，大学本科以上的员工占总人数的51%，目前公司已有80%以上的员工通过了证券从业资格考试，居全国券商领先水平。

步入新世纪，中国证券市场进入了新的时期，华泰证券也迈开了新的步伐。面对国内外变化的新形势，华泰证券有着强烈的创新意识，公司及时提出了"二次创业"，激励广大员工继续开拓进取，不断提升公司的核心竞争能力和持续发展能力，为中国证券市场的繁荣和国民经济的持续、健康发展作出更大贡献。

地址：江苏省南京市中山东路90号华泰证券大厦
邮编：210002
电话：025—4457777　　**传真**：025—4579929

平安证券有限责任公司

【公司概况】　平安证券有限责任公司是的前身是平安保险公司证券业务部就在中国深圳成立于1991年8月22日，是国内最早的券商之一。1995年10月23日，经中国人民银行批准，平安证券有限责任公司正式成立，公司注册地为北京，总部设在深圳。同时，公司也成为业内唯一一家具有保险背景的证券公司，平安证券以良好的经营业绩跻身于全国性综合类券商行列。公司现有员工700多名。在总部，硕士以上学历员工占员工总人数50%以上。2001年5月28日，平安证券有限责任公司经中国证监会核准，资本金由1.5亿增加至10亿元人民币。资本金的扩张，为公司整体发展实现质的飞跃、经营迈上更高的层次打下了稳固的基础。经过公司的努力和股东的支持，截至2001年5月末，公司总资产达79亿元，净资产12.5亿元，净资产收益率位居行业前列。

【经营业绩】　公司一贯奉行"保客户资金安全"的核心经营理念，处处以客户为中心，在服务领域不断追求完美的境界，公司能为客户提供证券发行承销、资产管理、经纪代理和研究咨询等全方位的服务。公司以稳健务实的作风在业内受到赞誉，规范的运作为客户的资产增值做出不懈的努力。

在一级市场方面已成功为南油物业、大连友谊、深万科、招商局A、巢东股份等数十家公司担任A、B股新发、增发、配股及企业债券发行的主承销商、副主承销商、分销商、上市推荐及财务顾问,公司在承销过程中的业务创新和专业服务赢得客户的信任,为客户的发展提供全新的视野和思路。在二级市场方面,公司在全国13个重点城市设立了20家营业部,在深沪交易所近60个交易席位,能为客户提供畅通无阻的交易通道。平安证券在注重维护传统交易手段的同时,也将关注的目光投向新领域。作为国内首批经中国证监会核准具备开展网上证券委托业务资格的券商,平安证券拥有PA18网站开展网上证券交易,以全新的"一站式"个人理财综合服务将证券交易的时代感演绎的尽善尽美。

此外,公司具有前瞻性的研究咨询使我们的服务体系更加完善,专门的机构和一流专家队伍不仅使客户受益,而且还为中国证券市场的理性发展助力。公司的研究定位是:以研究为基础,以服务为导向,以客户满意为目标。

中国即将成为WTO的成员,入关后的全新背景必将带来新一轮机遇和挑战,平安证券未来所面临的将是一个全新的市场格局,竞争的国际化将使我们的角色定位发生变化。为此,公司及时制定了新的发展战略,提出了超常规、突破性发展的战略目标和构想,引进了国际高级管理人才,强化我们的核心技能和竞争优势,在新世纪打造出平安证券的专业品牌。

地址:深圳市福山区八卦岭八卦三路平安大厦三楼

邮编:518029

电话:0755－2262888　　**传真**:0755－2400862

国信证券有限责任公司

【公司概况】 国信证券有限责任公司为全国性大型综合类证券公司,注册地在深圳市,注册资本20亿元人民币。国信证券有限责任公司是中国证券市场拓荒者之一。公司前身为1989年9月成立的深圳国际信托投资公司证券业务部,是中国改革开放后最早设立的券商之一。1994年10月,为适应证券经营机构分业管理和自身业务发展的要求,正式成立深圳国投证券有限公司,注册资本为1亿元,成为全国信托投资公司中首家分业设立的证券公司;1997年7月,公司完成第一次增资扩股工作,注册资本增至8亿元,并于同年12月正式更名为"国信证券有限责任公司";1999年11月,公司完成第二次增资扩股工作,注册资本增至20亿元。公司股东由深圳国际信托投资公司、深圳市投资管理公司、深圳市机场股份有限公司、云南红塔实业有限责任公司、中国第一汽车集团公司和北京城建股份有限公司6家公司组成,全部为极具实力的大型企业。

【经营业绩】 国信证券有限责任公司自成立以来,先后承担了160多家企业股票的主承销和上市推荐工作,参与了历次国债发行的承销,为促进我国国企改革和资源优化配置发挥了积极作用。公司坚持服务至上的宗旨和稳健经营的方针,管理严格,动作规范,在证券市场中赢得良好的声誉的同时,取得了显著的经济效益。公司资产质量、人均创利、净资产报酬率等各项指标名列全国证券业前茅,自1996年以来,连续5年实现利润超过4亿元,连续5年缴纳税收名列深圳证券业第一,从而成为全国具有良好发展前景的大券商之一。

在不断的发展和摸索当中,国信证券逐步形成了带有鲜明特色的"国信理念",她是国信人的立身之本,是指导和支配国信经营管理行为的思想观念,体现了国信人的智慧和追求,蕴藏着巨大的力量,是国信进一步发展的法宝。

国信人确立以"信"为核心的价值观念,注重"信念、诚信、自信、信誉",即树立干事创业的坚定信念,坚持以诚心取信于人,凭借公司实力和个人才华对事业充满成功的信心,并通过优质服务在市场上建立良好的信誉;以提高经营效益为中心,在经营中坚持"规范、稳健、开拓、创新",依法经营,在规范前提下不断寻求市场开拓,在稳健基础上不断寻求业务创新;以人为本,管理工作、管理政策、管理程序都要坚持公正、公平、公开的"三公"原则;坚持用是否有利于提高经营效益和工作效率,是否有利于提高员工的积极性、创造性,是否有利于促进公司持续健康发展的"三个有利于"作为衡量和判断是非好坏的标准;坚持推行目标管理,以客观的、可衡量的、可操作的绩效目标和管理目标、个人发展目标的考核结果作为分配和用人的依据,造就国信事业一流的人才队伍。

地址:深圳市罗湖区红岭中路1012号国信证券大厦

邮编:518001

电话:0755－2130833－2519　　**传真**:0755－2130570

光大证券有限责任公司

【公司概况】 光大证券有限责任公司成立于1996年,是由中国光大集团投资控股的全国性综合类证券公司。五年来,公司始终坚持"诚信稳健、服务客户"的经营理念,积极致力于国内、国际资本市场的拓展,从以依靠经纪业务为主,发展到涵盖证券承销、资产和基金管理、财务顾问、投资咨询、公司理财等多层次、多领域,并已形成现代投资银行的雏型。公司各项业务均在业内保持领先地位,资产质量和盈利水平每年都保持着大幅度的增长。五年间,公司累计实现营业收入46.25亿元,年均增长率达95.34%;累计实现利润19.26亿元,年均增长率达168%;公司资产规模从16亿元上升到120亿元,净资产从2.19亿元上升到17.8亿元,公司已跻身国内十大券商之列,并成为国内成长最快,资产质量最好,也是最具竞争力的券商之一。

【经营业绩】 公司以诚信可靠的服务态度,先进快捷的交易设施和全面准确的信息资讯,透过遍布全国的47家营业网点,为投资者提供综合性的理财服务,公司经纪业务交易额以年均36.5%的速度增长,累计实现股票、基金交易总额2,236.56亿元,排名已位居深、沪两市第八位。公司紧扣国民经济发展重点,为企业资本、资产的良性运作提供全方位、持续性的各类组合型金融服务,协助客户实现多元化的金融需求,公司累计承销企业总数达77家,推荐上市企业总数达51家,为企业募集资金243.14亿元。按综合指标排名,公司已进入同业前五名,配股承销指标位居全国第一。

作为上海证交所、深圳证交所的会员,光大证券开通了沪深A股、B股、基金、债券等有价证券的经纪业务,并为投资者提供柜台委托、电话委托、磁卡委托、热键委托、网上交易等委托手段;现有开户投资者逾50万人。公司始终遵循"客户利益永远放在首位"的宗旨,以诚信可靠的服务态度、先进快捷的交易设施、全面准确的信息资讯,通过遍布全国的43个营业网点,为投资者提供独树一帜的优质服务。公司建立了完善的规章管理制度和标准化的业务操作程序;建立了全国联网的证券交易实时风险监控系统;建立了营业部联网的信息资讯系统和客户服务中心,为客户提供全方位的咨询服务和及时的市场信息,在国内证券经纪业务中享有良好的声誉。公司还试行了经纪人制度，建立了全国性的网上交易系统，以满足各类客户的需求，率先跨入经纪业务的个性化服务时代。光大证券拥有一支对中国证券市场变化具有敏锐洞察力，在投资技巧和风险控制方面拥有丰富经验的资深人才队伍，建立了规范、稳健、安全的投资决策机制和风险控制机制，帮助客户有效规避市场风险，时刻确保资产安全。光大证券为客户资产量身定制理财方案和各类组合性投资品种，有与境内外众多知名的基金管理公司及投资机构良好的业务联系和卓有成效的合作业绩，并引进了国际上先进的风险管理系统和投资组合分析系统。公司凭借深入透彻的市场分析和目标明确的投资策略，在有效规避市场风险的前提下，为客户获得了持续且远高于同期证券市场综合收益率的丰厚回报，公司接受委托管理的客户资产逐年增加。

自成立以来，光大证券致力于构建适应市场竞争环境的科学、规范的管理架构和符合现代企业制度运作要求的法人治理结构，逐步建立起了与国际接轨的投资决策、绩效评估及风险监控体系。公司财务管理健康规范，已经连续五年通过安达信会计师事务所按国际会计准则进行的年度财务审计，在国内证券业首屈一指。

光大证券重视信息时代IT技术与证券业的结合，建立了全公司联网的营业网点交易系统、实时风险监控系统、网上证券交易系统和中央财务数据库管理系统，在此基础上，公司还建成了覆盖全公司及各营业网点的广域网络，实现了公司范围内的管理信息、业务数据交换和风险实时监控，以及从最前端业务处理到最高端管理决策支持的信息化管理网络。

公司“以人为本”的人才理念和科学严谨的考核与激励机制，汇聚了一批素质优良、勤奋敬业的证券专业人才和资深管理精英。公司员工平均年龄30岁，其中本科以上学历的占44.21%；硕士和博士学历的占13.67%，同时具有中级以上专业技术职称的占32%。优秀而富有朝气的人才队伍成为公司事业成功的根本保证。

联合证券有限责任公司

【公司概况】 联合证券有限责任公司设立于一九九七年十月，由上海宝山钢铁集团公司、中国广东核电集团有限公司、中国国际航空公司、四通集团公司等40家实力雄厚的大型企业集团共同出资组建，注册资本10亿元，实收资本11.18亿元。公司总部位于深圳，设有北京、上海两个地区管理部，在全国范围内设有40家营业部，营业网点遍及全国十四个省、市，共二十五个地区，员工总数近千人，属全国大型综合类券商。

“联手联心、合力合智”是公司文化的精髓。它代表了公司所提倡的团队协作精神。联合证券的核心竞争力在于拥有一支精诚团结、善打硬仗的人才队伍。员工的成长就是公司的成长，公司从激励机制、薪酬福利到培训体系为员工的发展提供了全方位的环境和机制。公司从99年开始推行“公司、部门、员工”三级阶梯式培训体系，制订了完善的人员培训计划，建立了针对不同岗位、不同层次的人员培训制度，尤其是建立了“一对一，传帮带”的辅导员制度和内部讲师制度，不仅将"全面培训"的观念落到了实处，而且将人员培训全面导入公司的考核体系，建立了人才“引进、培养、选拔、任用”的良性循环。培训活动一直在公司的各个层面开展得有声有色。从新员工入职起，公司使员工在其职业发展的每一个阶段，在专业知识、现代技能及业务水平上都能得到全面的提高。

联合证券成立五年来，一贯坚持“稳健经营、规范管理、创新服务”的经营方针，在证券市场上取得了良好的业绩，树立了良好的信誉和品牌。在中国加入WTO，全球经济一体化的新时期里，面对新的历史机遇和挑战，联合证券将凭借雄厚的股东实力、高素质的人才队伍和精诚团结的创业精神，继续向着规范化、市场化、国际化的方向发展。

【业务范围】 联合证券的主要业务为证券的承销，证券交易的代理，证券的自营买卖，证券抵押融资，基金与资产管理，企业重组、收购和兼并，证券投资咨询，公司财务顾问及中国证监会批准的其他业务。

投资银行业务　联合证券的投资银行业务包括公司上市推荐及保荐、证券发行承销、上市公司配股承销、上市公司新股增发承销、资产重组、收购兼并财务顾问、代理销售证券投资基金单位、证券投资基金推荐上市、中国证监会规定的其它投资银行业务。作为大型综合类券商，联合证券具有证监会核准的主承销资格。公司建立了以“投资银行业务管理委员会”为决策和风险控制中心的投资银行业务体系，下设若干投资银行部、并购顾问部以及技术部、资本市场部，在深圳、北京、上海三地办公，拥有一支近百人、富于进取精神的专业队伍。联合证券投资银行是国内最具创新意识和风险意识的投资银行之一，被证券业协会授予“信誉主承销商”的称号，注重与客户的长期合作，为客户提供全面、优质的融、投资服务。在证券界、企业界树立了过硬的品牌形象。1997年以来，公司投行累计完成主承销38家，上市推荐项目24家，累计新股主承销金额63亿元，配股主承销金额50亿元，增发和承销金额34亿元，连续数年市场排名位于同业前列。

经纪业务　公司拥有40家证券营业部，10家证券服务部及6家技术服务站，遍布全国25个地区。依托分布广泛、布局合理的有形服务网络，连结公司雄厚的研发力量及无形的信息网络，编织成一张广阔紧密的服务大网，为各地投资者提供独树一帜的优质服务。联合证券利用先进的技术手段，不断地突破时空的限制，大力发展非现场交易，让客户随时、随地与市场保持最紧密的联系。目前公司为投资者提供多种委托交易服务手段，如电话委托、磁卡委托、小键盘委托、自助委托、可视电话委托、网上交易、STK卡手机炒股、GPRS手机炒股、证券短消息炒股等，公司还与多家商业银行开通了银证通、银证转帐业务，使证券投资更加方便快捷。联合证券大力推行区域集中交易，建立地区乃至于全国范围内的业务管理中心、客户服务中心、咨询服务平台、客户信息管理系统。并在全国范围内推行ISO9001质量体系认证，让客户在瞬息万变的市场中感受到最便捷的服务。公司拥有强大的研究咨询队伍，贴近市场的研究、资讯力量和产品，遍布全国的有形、无形资讯服务网络，为客户资产的增值提供强有力地保障。

资产管理业务　联合证券是首批获得证监会从事受托投资管理业务资格的券商之一，理财业务注重把握客户的投资需求和理财目标，借助规范的管理、严谨的投资决策制度、严格的风险控制体系和丰富的投资经验；发挥多渠道的信息网络、专业化操作的业务优势，思辨求新的团队合作优势，为客户提供多元化、创新化的理财服务。资产管理业务通过一系列规范的操作程序、法律文件和管理制度，保障了客户资金在存取、投资、结算等各个环节的安全。专业服务使客户资产获得稳定持续的回报，籍此与广大客户一起分享中国资本市场高速成长的硕果。

证券投资业务　自营是公司的核心业务之一。经过几年的探索，公司自营业务形成了符合市场发展规律的投资理念，建立了集中领导、科学决策、分级管理、严格监督的投资决策体系和风险管理制度，以高效、严密的内部专业分工体系为依托，借助现代投资分析手段，力求以高超的投资策略，构造出科学、高效的投资组合，实现公司投资收益最大化。

固定收益证券业务　几年来，公司的固定收益证券业务取得了长足的发展，并培育起了一个运作高效、分布广泛的客户网络，取得了良好的成绩。国债的承销总金额已达到近50亿元。在主承销98云南公路（二期）建设债券过程中，首次在国内推出的3年期、附5期选择权的创新债券品种，即将期权与债券的固定期限相结合，兼顾债券发行人与投资者两方面的利益，获得了广大投资者的追捧，并在债券市场业内人士中引起关注。

地址：深圳市深南东路5047号发展银行大厦24层

邮编：518010

电话：0755－2492000　　**传真**：0755－2493000

广东证券股份有限公司

【公司概况】　广东证券股份有限公司前身"广东证券公司"是经中国人民银行批准于1989年6月正式成立的，组建时注册资本金为3000万元人民币，是广东省成立最早的专业证券公司之一。1998年11月，经中国证监会批准，公司改制为"广东证券股份有限公司"，注册资本金增至8亿元人民币，资产总额近68亿元，净资产10多亿元。经过十年的发展，公司已发展成为集证券发行与承销、证券经纪、证券投资咨询、财务顾问、证券投资基金与资产管理等业务于一体的大型专业证券公司；公司拥有一大批博士、硕士以及有着丰富实践经验的管理人才；设有以华南为中心、辐射全国的48个证券营业网点。公司自成立以来，经济效益逐年提高，至目前为止公司总资产已达140多亿元，净资产达12多亿元，公司各项业务排名均在全国券商的二十名以内。公司1995年至1999年连续5年位居全国券商深沪股票交易量排行榜前十名；先后承销和推荐了73家公司股票上市，主承销企业家数连续3年进入全国十强；公司还曾发起设立并管理了"广证基金"和"广证受益"两家基金，参与了大成基金管理公司的设立和管理，同时，国债、理财、证券自营等业务也得以迅速发展。

【规范管理和业务创新】　在以知识经济、虚拟经济和网络经济为特征的新经济时代，广东证券具有强烈的危机感和责任感，我们强调"以人为本"的人才发展战略，重视知识、尊重人才，通过富有活力的激励机制和竞争机制，发掘人才、培养人才，目前公司拥有博士毕业生20多名、硕士毕业生近100名，已培养出一支在企业财务顾问、经纪业务、行业研究、信息技术等方面的高素质专业队伍。

中国资本市场快速膨胀，广东证券适应民间投资、国有企业、国有控股企业都迫切需要提供更优质的投资咨询顾问服务的要求，投资银行业务强调质量与创新，积极参与企业兼并收购、资产重组、财务顾问与策划、资产证券化、融资工具组合应用、风险投资等有前景的现代投资银行业务，在同行中已建立起自己的优势和品牌。

信息产业革命决定了技术创新的发展战略，广东证券适应传统产业信息化、经营方式网络化的当今世界经济发展趋势，高度重视信息网络的建设，通过收购盛润stock2000财经网站并更名为"广东证券中天网"，发展自己具有强大信息化、智能化、个性化、社区化、知识化和安全快速的电子商务平台和证券分析软件——stock2000，把公司传统业务与新技术结合起来，朝着"虚""实"结合的管理模式和经营模式逐步迈进。

通过广证人的积极拼搏，广东证券必将能站在新经济大潮的浪尖，引领中国资本市场走进辉煌灿烂的未来！

地址：广州市解放南路

邮编：510120

电话：020－83270538　　**传真**：020－83270537

长江证券有限责任公司

【公司概况】　长江证券有限责任公司是一家全国性的证券公司，创建于1991年，总部位于武汉，在全国20多个城市布有营业网点或分支机构。

公司具备所有证券业务经营资格：在全国同业首批获得A、B股股票主承销、外汇经营、证券投资咨询以及受托资产管理业务资格，是首批沪深证券交易所会员，取得网上证券委托业务资格、代办股份转让主办券商业务资格和开放式证券投资基金代销业务资格，并为财政部指定的银行间和交易所跨市场国债承销团成员。

公司注册资本金为人民币20亿元，总资产近百亿元。公司股东结构合理，不仅有来自能源、电力、交通等国家支柱性产业的大型企业，亦有来自其它产业的海内外知名企业。青岛海尔投资发展有限公司、上海海欣集团股份有限公司、上海新亚集团股份有限公司、湖北清江水电投资公司、天津津滨发展股份有限公司、湖北省经济开发总公司、中国土畜产进出口总公司、湖北省电力公司、葛洲坝股份有限公司以及武汉钢铁集团公司等众多大型企业和上市公司入股。覆盖各个产业领域的股东结构成为公司稳步发展的重要支撑。

经过数年发展，公司集聚了一大批在业内享有声誉的专家，造就了一支年轻化、专业化、高素质的职员团队。公司现有员工1000余人，本科以上学历占85%，其中博士占比为4%，硕士占比为27%。公司还在业内建立了第二家博士后科研工作站。著名经济学家刘鸿儒、董辅礽为公司独立董事，且担任公司发展战略咨询委员会成员。

公司旗下包括长信基金管理有限责任公司和长江巴黎百富勤证券有限责任公司（筹），公司分别持有两子公司49%和67%的股份。此外，公司同其它三家金融机构发起设立长盛基金管理有限责任公司，且分别持有25%的股份。

经过十余年的发展，今天的长江证券正站在一个新的起点之上。一方面，经过多年的摸索和积累，公司已具备成熟的发展理念，公司资产质量优良，管理科学，经营规范，有着良好的业绩表现和市场形象。2001，公司不仅创造了税后利润总额居全国同行业前列的良好业绩，而且完成增资扩股工作，一批知名的大型企业和上市公司参股长江证券，公司资本实力增强，法人治理结构进一步完善。另一方面，随着中国加入世界贸易组织，以及国内经济改革的逐步深化，我国证券业已进入向规范化、市场化、国际化转型的重要时期。今后中国券商的发展必将在经济全球化的国际环境中进行。这给券商带来严峻考验的同时，也给券商带来巨大的发展机遇。

面对时局变化，站在新起点之上的长江证券顺应时势，全力以赴，为迎接新一轮的跨越式发展，正做着思想上及经营策略上的各项准备工作。未来三到四年的时间里，公司要进一步将自身融入到整个经济转型的过程中去，要实现由粗放式经营向集约化经营的转变，要根据市场细分的需要，采取目标集聚的发展战略，使公司在进行规模扩张的基础上，成为具有核心竞争力的一流券商。

地址：武汉市新华下路特8号　　**邮编**：430015

电话:027—65799980(总机)
客户服务热线:027—65799883
传真:027—65799827

北京证券有限责任公司

【公司概况】 北京证券有限责任公司(以下简称北京证券)是经中国证监会批准成立的全国性综合类证券公司,于1997年底由北京证券有限公司和北京财政证券公司合并而成。北京证券有限公司的前身是1988年4月27日成立的北京市证券公司;北京财政证券公司是1993年由北京市财政局出资设立的国债中介机构。1999年末,北京证券经过增资扩股,注册资本金增至15.15亿元,股东单位有北京市国有资产经营有限责任公司、首都钢铁工业集团总公司等21家。公司经营部门由总经理办公室、人力资源部、计划财务部、证券结算部、研究发展中心、电脑工程部、综合行政部、创新发展部、资产保全部、投资银行总部、投资银行业务质量控制部、投资银行北京部、投资银行华东部、投资银行南方部、债券业务部、证券投资部、资产委托管理部、经纪业务部、网上服务部组成,并在北京、天津、上海、深圳、武汉、成都、福州、南宁、桂林、柳州、玉林、杭州、苏州、昆明、西安等地设有27家营业部。公司现有员工873人,其中博士、硕士152人,占公司员工总数的17.4%,大专以上学历员工占公司全体员工的85%以上,公司汇集了一大批金融、证券、法律、财务、经济管理以及相关专业的高素质的人才,并通过各种渠道进行人才储备,为公司的各项工作提供了有力的人才保障。

【经营范围】 公司自1997年重组以来,经主管部门批准先后取得国债一级自营商资格、股票主承销商资格、股票质押贷款融资资格、进入全国银行间同业拆借市场融资资格、网上证券委托业务资格、综合类证券公司资格、经营外汇业务资格和经营外资股业务资格,是全国少数几家同时具有以上几项业务资格的证券公司之一,并被推选为中国证券业协会副理事长单位。公司的主要业务有:证券的代理买卖;代理证券的还本付息和分红派息;证券的代保管、鉴证;代理证券登记开户;证券的自营买卖;证券的承销和上市推荐;证券投资咨询;资产管理;发起设立证券投资基金和基金管理公司;中国证监会批准的其他业务。

公司本着规范运作、稳健经营、优质高效、开拓创新的经营宗旨,形成了以投资银行、证券经纪、证券自营、基金业务、资产管理等协调发展的主营业务体系;以业务创新、客户服务和电子信息系统为主要内容的业务支持体系;以资金计划和清算相结合的资金运用体系;以稽核审计和财务监督为核心的风险监控体系;行政、人事、业务管理分工协作的管理服务体系。

公司自1997年重组以来,经过四年的基础建设和业务开发,已开始逐步进入快速发展时期。截止2001年12月31日,公司共主承销及参与承销股票80余只,1999年,公司承销新股数量达到全国第六位。公司还参加和筹备了兴华证券投资基金等四只证券投资基金的设立、发行以及大量的企业债券发行工作,经纪业务和自营业务不断扩大。

北京证券以"为客户创造价值,为股东增加财富,为人才提供空间"为永恒宗旨,始终秉承"诚信、高效、服务、进取"的企业精神,继续完善管理体制和运行机制,广泛吸收专业人才,不断提高管理水平,进一步提高公司投资银行业务和证券经纪业务的市场份额,提升自营业务和资产管理业务的经营效益;同时,要加强与外资经营机构的合资、合作,并力争在未来几年内改制发行股票上市,进一步做大、做强、做出特色,从而发展成为有实力、有特色、有品牌的全国一流大型综合类证券公司。

地址:北京市海淀区车公庄西大街乙19号华通大厦B座10—16层
邮编:100044
电话:010—88018697　　**传真**:010—88018697

渤海证券有限责任公司

【公司概况】 渤海证券有限责任公司(简称渤海证券)是经中国证监会批准设立的具有股票主承销资格的全国性大型证券公司。公司注册资本金为23.17亿元人民币。公司总部设在天津,下设北京、上海两个管理总部,以及遍布全国的31家证券营业部。公司业务范围包括:证券的承销和上市推荐;证券的代理和自营买卖;证券的代保管、鉴证和过户;代理还本付息、分红派息等权利分派业务;基金业务;资产委托管理业务;证券抵押融资业务;企业重组、收购兼并业务;投资咨询、财务顾问业务以及外币证券业务。渤海证券是在天津市国际信托投资公司、天津信托投资公司、天津北方国际信托投资公司、天津滨海信托投资公司等四家信托机构的证券业务部门和天津证券有限责任公司合并重组的基础上,吸收国内30余家有影响、有实力的企业共同参股组建的大型证券公司。伴随着中国加入世界贸易组织,一个以科技进步和资本市场的高速发展为核心动力的全球经济一体化的新时代已经来临。中国证券市场的进一步市场化与国际化给渤海证券带来了全新的机遇和挑战。"客户至上,服务领先",渤海证券秉承稳健与进取有机结合的经营理念,为股东和员工创造更多价值;同时公司也坚持社会导向,不为一己之利损害社会公众的利益,积极回馈社会。通过规范经营,公司增强自身的经营实力、抗风险能力和业务拓展能力。渤海证券立足天津,面向全国,积极培育国际视野,力争在资产规模、业务开拓、管理水平、技术手段、市场占有率等方面实现跨越式发展,成为具备较强的核心竞争力与综合竞争力的国际一流证券公司。

【经营业绩】 **投资银行业务**　渤海证券投资银行总部的主要业务包括:担任股份有限公司首次公开发行、上市公司发行新股的主承销商及上市推荐工作;为上市公司策划并承销可转换公司债券;为企业改制重组、规范运作、海外融资跨境资本运作、收购兼并等提供专业化的辅导及财务顾问工作;承销基金;承销企业债。渤海证券投资银行总部下设天津分部、北京分部、上海分部、质量控制部、综合管理部。投资银行业务为渤海证券的核心业务之一,对公司的发展至关重要。近年来,公司曾先后以主承销商、上市推荐人、副主承销商、财务顾问等身份完成了津国商、天津磁卡、天水股份、圣雪绒、特精股份、中新药业、天药股份、先锋股份、天大天财、津滨发展、清华同方、首创股份等50余家公司的股票承销、上市推荐工作以及9家企业债券的发行工作。渤海证券将投资银行业务作为公司业务发展的重点,吸收了一大批具有硕士以上学位,并具备证券代理发行从业资格,注册会计师、注册律师、注册资产评估师以及其他国际认证的执业资格的,具有国内和海外从业经历的投资银行专业人才,完成了知识多元化、人才多样化、员工年轻化、操守职业化的队伍建设。目前渤海证券已经建立了广泛的客户网络,而且与国内多家著名的会计师事务所、律师事务所建立了密切的合作关系。渤海证券的投资银行队伍将以全新的面貌出现在资本市场上，以良好的专业素质和严谨的敬业精神为广大客户提供优质的服务。

受托投资管理业务　受托投资管理即受人之托，代人理财，系根据委托人的意愿，代理委托人从事股票、债券等金融工具的组合投资，以专业化手段加强资金运作效率，实现资产收益最大化的业务行为。渤海证券受托投资管理业务依托严谨的投资决策、严格的风险控制体系，借助雄厚的研究力量、专业化的资产管理人才，仰仗成熟、理性的投资理念，以谨慎和勤勉为原则，以最大限度的实现客户资金的保值增值为己任，与客户谋求共同发展。渤海证券拥有一批经验丰富、素质全面，既通晓国际惯例及运作模式，又深谙中国国情的资深研究分析人员及基金经理人员。现有员工16人，其中博士4人，硕士8人，大本4人。渤海证券受托投资管理队伍自成立伊始即坚持走规范发展之路，并逐步形成了自己独特的高效、安全适应市场发展的投资理念及投资决策程序，为客户带来了较好的回报，赢得了广泛的信赖与赞誉。为让客户充分分享我国证券市场发展的成果，在控制风险的前提下获取尽可能高的投资回报，公司还针对客户的不同偏好，设计了各具特色的服务品种，为客户提供个性化服务。

证券经纪业务　渤海证券经纪业务起步较早，基础雄厚，共有28家证券营业部分布于天津、上海、北京、广州、深圳、郑州、西安、广州等地，近期还将在其它经济发达地区增开或置换多家证券营业部。各营业部均已开通沪、深证券交易所A股、B股、基金、债券以及其他有价证券的代理买卖业务，为客户提供交易卡自助、热键自助、电话自助、远程自助、网上自助等多种委托方式。渤海证券已全面开通网上交易，和多家商业银行开展了广泛的银证合作。客户服务中心和电子商务总部的设立，使渤海证券构建成了证券交易、市场咨询、理财服务等具有品牌价值的综合性业务平台，为广大投资者提供迅捷简便、多层次的个性化服务。

新华证券有限公司

【公司概况】 新华证券有限公司是经中国证监会批准，在原长春证券有限责任公司的基础上，通过收购兼并原重庆新华信托投资股份有限公司、吉林国际信托投资公司及江苏联合信托投资公司所属十四家证券营业部并经增资扩股更名而来。经中国证监会核定，公司目前的主要业务范围包括：代理证券发行业务，证券自营业务，代理证券买卖业务，代理证券还本付息和红利的支付业务，证券的代保管和鉴证业务，办理证券的登记和过户业务。1997年公司获得中国证监会颁发的股票承销商资格，2001年10月获得经营外资股业务资格证书。

公司现有注册资金2亿元人民币。目前公司核心业务已逐步转移至上海。随着公司经营规模的逐步扩大以及新生力量的不断介入，新华证券有限公司正抓紧时间进行下一轮的结构调整和规模扩张，已开始进行第二次拟增资扩股至10亿元人民币的申报工作，目前正在等待中国证监会的批复。

公司现有证券营业部二十二家。多年来，公司坚持德才兼备的原则选拔任用员工，目前已拥有高素质管理人员50余人和训练有素的业务人员400余人，其中绝大多数具有大专以上学历。员工已获证券从业人员资格为402人，占公司总人数的75%。

在经营方面，新华证券有限公司正以“规范中求发展”的经营思想为指导，逐步向全方位的经纪业务、投资银行业务以及新的金融创新业务拓展，力争在最短的时间内，跻身于强者的行列。

大通证券股份有限公司

【公司概况】 大通证券股份有限公司是经中国证券监督管理委员会批准的证券经营机构，公司注册资本为11.18亿元。经营范围包括：证券的代理买卖；证券的自营；证券的承销和上市推荐；资产管理；投资咨询；发起设立证券投资基金和基金管理公司；中国证券监督管理委员会批准的其他业务。

【经营方针】 公司面对国内市场的激烈竞争和经济全球化的历史考验，在经营上坚持“稳健经营、规范发展”的方针，坚持以规范促发展，在发展中进一步规范的原则，按照与国际接轨的要求，调整和规范公司管理体制和运作机制，实现集约化经营。同时，公司还将采取有效措施，不断开拓创新，在严格控制风险的前提下追求规模和利润的持续增长，以回报股东和社会。

大通证券以现代人力资源管理理念为标准，建立了规范的吸引、保留、激励的人力资源管理体系。公司员工中40%以上拥有博士、硕士、MBA学位及各种高级职称。他们有多年从事证券承销、证券投资和证券研究的经验，对国内、国际证券市场有着深刻的认识，这些年轻、充满活力的业务骨干和复合型管理人才是公司的中坚力量。公司建立了一整套科学的管理方法和考评体系，构建了一个面向市场、顺应时代发展的“教育＋培训”体系。同时聘请国际知名咨询公司设计薪酬激励机制和福利制度，真正使员工在工作中成长，体现了员工与公司共同发展的理念。

面向未来，公司制定了人才的国际化战略，在引进和培养国际化专业人才方面与国外证券公司、投资银行建立战略合作关系，努力培养一支具有国际水准的专业化、高素质的人才队伍。我们相信，以高素质的人才队伍为依托，大通证券必将跻身于全国一流证券公司之列。

地　址：大连市中山区人民路24号平安大厦26层
邮　编：116001
电　话：0411－2539686　　**传　真**：0411－2539606

东吴证券有限责任公司

【公司概况】 东吴证券有限责任公司前身为苏州证券公司，1992年经中国人民银行批准组建，1997年进行了增资扩股，并改制为苏州证券有限责任公司。2001年12月份，经中国证监会批准，公司在合并、收购有关证券业业务资产的同时，吸收其他企业法人，共同组建了东吴证券有限责任公司。公司注册资本金10亿元，注册地苏州，业务总部设在上海浦东，目前下属证券营业部近20家，分布在上海、北京、江苏、浙江、广东、福建等经济发达地区。东吴证券一贯秉承“待人忠、办事诚、以德兴业”的理念，不断开拓创新，服务投资者。经过多年的发展，公司已经全面实现了证券交易“五个通”即：磁卡委托“一卡通”、电话委托“一号通”、网上交易“二线通”(电信线路及有线电视线路)、手机炒股“无线通”、乡镇交易“远程通”。公司的客户服务中心(callcenter)领先国内，是江苏省内第一家证券类人工电话咨询中心，设有专家坐席，可对客户进行全天候、全方位服务。同时为方便B股投资者，公司下属各营业部间已实现了B股交易的通买通卖功能。截止2002年6月底，公司投资者达30.5万，交易网点达到100多家(包括营业部、服务部、辅导站），经纪业务交易量占市场交易比重 1.7%，各项主要经纪业务指标均位列前 30 名。

【经营业绩】 经纪业务　东吴证券将充分把握增资扩股的发展机遇，全方位发展各项业务。目标成为以苏州为大本营，以江、浙、沪长江三角洲为基地，经纪业务覆盖全国。东吴证券固定收益部是东吴证券下属专门进行债券承销、交易、研究等业务的专业部门。部门实行公司领导下的总经理负责制，业务模式规划为交易研究和市场发行两个部分。具体从以下四个方面开展工作：一、交易：主要负责各类债券、基金的买卖以及国债的回购交易；二、研究：主要负责国内外债券市场动态、宏观经济形势和利率走势的分析以及债券新品种的开发等基础性研究工作，同时，也负责为客户提供咨询、融资策划以及投资理财服务；三、市场：主要负责机构客户的开发、债券的销售以及债券相关业务的宣传等市场营销工作；四、发行则主要负责国债和企业债券的发行承销。东吴证券投资银行部正式成立于二00一年，成立以来，业务飞速发展，目前，已获得股票主承销资格，业务范围涉及证券主承销、上市推荐、企业改制、上市前辅导、企业资产重组、收购兼并等多方面。迄今，东吴投资银行共担任主承销商 1 家，副主承销商 9 家，参与承销股票 18 家，为众多的企业提供了优质的改制和融资财务顾问服务。东吴投资银行有一支杰出的员工队伍，这支队伍是东吴投资银行的核心竞争力所在，他们都毕业与中国人民大学、中央财经大学等国内知名学府，其中有硕士学历的占 60%，大多数人员独立或参与完成过 2 个以上的投行项目，且大都具有注册会计师、注册评估师、会计师、经济师、律师等专业技术职称，专业基础扎实、工作能力突出，深受众多享受过东吴投资银行服务的公司的好评。在投资银行担任企业财务顾问、为企业进行股份制改制及担任拟上市公司首次发行股票、上市公司新股增发和配股承销商的过程中，在审慎的基础上，东吴证券为客户提供了一系列的特色服务。

自营业务　固定收益部的自营业务包括了国债现券买卖和国债回购交易，同时也包括了企业债券、可转换公司债券和基金的自营买卖。目前，固定收益部已针对自营业务建立了科学合理的投资管理制度。根据这一制度，在重要投资决策做出之前，经风险控制委员会、分管领导授权后召开决策小组会议，制定投资策略、做出投资决策、确定投资原则、投资规模、持仓比例等。投资决策做出之后，固定收益部根据这些决策设计相应的投资方案并予以有效实施，同时反馈所有重要信息。此外，该投资管理制度还就投资授权、相机决策等方面作了非常明确的规定。

国债承销业务　东吴证券是交易所间债券市场的承销团成员。作为承销团成员，东吴证券固定收益部一直十分重视客户资源的开发。目前，固定收益部已拥有了自己强大的客户网络，这些客户遍及北京、上海、辽宁、苏州、武汉等地，为东吴证券各期国债的顺利承销铺平了道路。截止到目前，财政部于 2002 年在交易所间债券市场发行了四期国债，东吴证券固定收益部顺利完成了自己的承销任务，并在 2002 年交易所债券市场发行的第 10、13 期国债承销工作中获得了全国承销排名第 16 位和第 15 位的可喜成绩。

企业债券承销业务　东吴证券对企业债券承销业务一直十分重视，早在 1996 年，东吴证券就涉足了企业债券的承销业务，并在当年成功销售了吉化集团 1500 万元的企业债券。

近年来，东吴证券固定收益部进一步加强了这方面的工作，目前已介入了三峡、中移动、武钢等多个企业债的发行，并正积极设法争取介入一些较好的企业债券承销项目。

研究咨询业务　东吴证券固定收益部拥有自己专职的研究人员，他们具有扎实的理论基础和丰富的实践经验，专门从事宏观经济形势、宏观经济政策的分析研究，以及交易所上市债券短、中、长期的走势研判。

目前，固定收益部正将自己的部分研究成果在东吴证券自己的网站上逐步推出，并通过电子邮件、传真、电话等方式不定期向客户提供有价值的市场信息和投资建议。

地址：苏州市十梓街 298 号

电话：0512－65158018

国都证券有限责任公司

【公司概况】 国都证券有限责任公司是在国家信托与证券实施分业经营的部署下，对中煤信托和北京国投原有证券资产和证券业务进行充分整合，于 2001 年 12 月 28 日正式成立的。国都证券是一家专业化、全国性的综合类证券公司。公司注册地为广东省深圳市，注册资本金为人民币 106965.9 万元。国都证券由资产质量优良、资金实力雄厚的股东出资而成。前两大股东之一的中煤信托因其资产质量优良、经营业绩突出，在《中华人民共和国信托法》实施后，成为按中国人民银行的要求在国内首家完成重新登记的信托投资公司；北京国投也凭借其突出的业绩，良好的声誉成为隶属北京市政府、获准保留的唯一一家信托投资公司。公司员工专业知识功底深厚、专业技能精湛、证券从业经验丰富；拥有广泛的客户资源和卓越的地域优势；经营管理方法先进、方式灵活。公司从业人员 75%以上为财经、会计、法律及计算机专业人士，30%总部员工具有硕士以上学历；70%以上员工具有 5 年以上证券从业经历。丰富的从业经验、多元化的专业背景加上以人为本的用人理念、精诚团结的企业氛围，构造出一支极具活力和竞争力的高素质团队

【业务范围】 公司的经营范围是：证券的代理买卖、代理还本付息和分红派息；证券代保管、鉴证；代理登记开户；证券的自营买卖；证券的承销和上市推荐；证券投资咨询和财务顾问业务；资产管理；发起设立证券投资基金和基金管理公司等。

经纪业务　国都证券的经纪业务源于中煤信托和北京国投，已有十余年的历史，树立了稳健规范的市场形象。目前 11 家证券营业部分布于北京、上海、深圳等城市，共拥有沪、深交易所席位 33 个。公司在实现证券营业部集中管理的同时，拟在全国各大行政区域增设营业网点，构建辐射全国的业务经营网络。现有营业部均能为客户提供 A 股、B 股、基金、国债现货及回购等多样化的交易品种；能够为客户实时开立沪深 A、B 股证券账户；拥有网上委托等先进且安全的交易手段；并按有关规定收取较为低廉的交易佣金。经纪业务在注重风险防范基础上，专注客户服务，通过建立 CRM（客户关系管理）系统，有针对性地为客户提供个性化的全方位服务；高素质的客户经理团队，可及时为客户提供量身定制的理财咨询。

网上交易　国都证券网以客户需求为导向，以“稳定、安全、快捷、方便”为原则，推出基于网络的综合证券交易系统。系统采用 PKI 公开密钥体系结构及 128 位对称高强度加密技术、安全证书双向认证方式和多重密码确认体系，确保投资者的使用安全；信息传递采用先进的双向卫星系统配以光纤主干网络，委托信息传递稳定、快捷。系统支持多币种、多市场的证券买卖，使用同一交易软件即可进行沪深 A、B 股、基金、债券等多品种交易。

投资银行业务　国都证券具有主承销商资格，并拥有多

家发行推荐通道。业务范围包括：证券发行、承销、交易、企业重组、并购、投资分析、风险投资和项目融资。主要发起人中煤信托和北京国投从事该项业务已有近10年的历史，积累了丰富经验，培养了大批业务精英。自1994年至2002年底，公司先后参与了81家上市公司的股票发行上市和国家级企业债券的承销工作，并一直担任多家企业的资本运营顾问。投资银行总部下设企业融资部、资本市场部、债券承销部和海外业务部。已形成了一支具有较高业务水平、良好职业操守、强烈进取精神的投资银行专业队伍。公司将依托强大的研究力量和广泛的信息来源，构建客户与资本市场之间的桥梁。公司为主承销商成功完成国内煤炭行业第一股（郑州煤电）的上市工作，以副主承销商身份参与北京地区首批企业（王府井、北旅股份）改制上市工作。

河北证券有限责任公司

【公司概况】 河北证券有限责任公司成立于1988年6月。2000年6月由中国证监会核准公司注册资本金增至5.3亿，实收资本金53925万元，总资产47.81亿元。全国各地现有证券交易营业部32家，2000年底，在深圳设立了深圳总部，形成了覆盖河北、辐射全国主要金融中心城市的网络体系。公司本着稳健经营、踏实做事的原则，竭诚为投资者提供全方位的优质服务，在证券经纪业务、投资银行业务以及资产管理业务等方面取得了骄人成绩。公司交易总额从1994年的22.4亿元迅速增加到2000年的1075亿元，连续数年占河北省交易总量的70%以上，在全国省级券商排名中始终保持第5名左右的水平。1999年在全国证券公司A股交易总额中列第19位，在新股发行、配股、增发主承销家数排名中列第18位。

【业务范围和管理创新】 公司一贯坚持“以人为本”的经营理念，始终把客户的利益放在第一位，并不断推出新的服务措施，提高服务质量，完善服务功能，多方位、多层次的为投资者提供优质服务。自公司成立以来，经纪业务量每年都呈跨式增长。

公司拥有先进的证券实时交易系统，千兆的局域网和深、沪交易所双向卫星通讯系统，保证了交易数据的安全准确的实时传输。另外，公司还积极开发和建设网上交易业务。同时，公司在努力提高经纪业务服务质量和服务手段方面也取得了不错的成绩。从2000年5月开始公司和招商银行合作推出了“一卡通”证券买卖服务，通过网上交易、电话委托、手机炒股等全新方式进行委托交易，受到了广大投资者的欢迎。到2001年7月底，陆续开通了深圳、广州、西安、重庆、成都、南昌、杭州、大连、沈阳、丹东、青岛、福州、天津、济南、兰州、长沙、宁波、温州、上海等全国19个城市。

公司的投资银行拥有一批年轻、高效、创新的业务骨干，其中博士6名，硕士30名，同时还拥有一批注册会计师、律师等专业人士。1996年，公司首批获得中国证监会“十券商主承销资格证书”，投资银行业务以同年主承销和上市推荐河北华玉股票为标志获得较快发展，此后相继担任华联商城、东方热电、许继电器、天威宝变、保定天鹅、唐钢股份、新兴铸管、葛洲坝等近40家公司的股票发行和上市推荐工作。2000年成为中国证监会重新审核确定的首批26家具有主承销资格的证券公司，并获综合类券商待遇。

公司资产管理人员凭藉对证券市场的深刻领悟，几年来傲立市场潮头，取得了一系列优异的成绩。在1999年和2000年的行情中，资产管理人员在资产重组、高科技、网络等概念股预热阶段准确把握住先机，并理性地适时退出，取得了丰厚的回报。投资理财能力也在客户中有口皆啤，深得委托人信赖。

河北证券是1998年首批通过中国证监会“证券投资咨询资格”认证的证券机构之一。公司具有雄厚的研发力量，所有的骨干研究员都具有中国证监会认定的“证券投资咨询资格”，近年来，在宏观经济、行业分析、市场研究以及投资咨询等方面取得了丰硕成果。公司研发部还与国内及地方的主要新闻媒体广泛合作，并多次为中央电视台《证券之夜》栏目提供资讯服务。2000年3月公司研发部承担中国证券业协会2000年重点科研课题，其研究成果《我国证券公司管理模式研究》荣获二等奖。

地址： 石家庄市裕华东路81号冶金大厦15层
邮编： 050011
电话： 0311－6076608　　**传真：** 0311－6982188

甘肃证券有限责任公司

【公司概况】 甘肃证券有限责任公司是由原甘肃证券公司改制成立的股份制专业化证券公司。目前，甘肃证券有限责任公司注册资本金为1亿元人民币，资产总额近10亿元。公司成立10年来，各项业务稳步增长，是西北地区最早的专业化证券公司之一。公司业务面向全国，主要集中在西北五省及北京、上海、深圳等内陆地区和沿海发达地区。公司现有员工396人，其中大学本科以上的占52%，大专、中专的占40%，平均年龄26岁。总部下设办公室、财务部、稽核部、清算部、经纪业务管理部、电脑工程部、国债部、北京办事处等职能部门和业务部门，并在全国各地开设有兰州西津西路营业部、兰州武都路营业部、兰州和政路营业部、兰州东岗东路营业部、兰州天水路营业部、上海天山西路营业部、上海鲁班路营业部、深圳营业部、金昌长春路营业部、6家证券服务部等分支机构。

【业务范围】 甘肃证券的主要业务为代理各类有价证券发行业务；自营、代理证券买卖及投资业务；代理证券还本付息和红利的支付业务；证券的代保管业务；接受客户委托代收证券本息、红利和代办过户业务；经中国证监会批准的其他业务。面对西部大开发带来的机遇和挑战，公司董事会将携全体员工一如既往地在规范管理、稳健经营中不断求创新、求发展，努力在日趋规范的证券市场上扩大市场占有份额，提高公司知名度，促进公司各项业务稳步发展。同时公司将积极吸纳、培养一批具有敬业精神和开拓创新能力的优秀人才，为公司在两年内完成增资扩股创造良好的条件，打下坚实的基础，把公司发展成为一个大型的综合类券商。甘肃证券信奉“贡献、服务、稳健、创新”的经营宗旨，坚持“立足西北、面向全国”的战略方针；公司追求卓越的管理，一流的服务，并将为之进行不懈的努力；公司愿与所有证券行业同仁们一道，为推动证券市场跨世纪的发展，作出更大的贡献。

地址： 甘肃兰州市庆阳路285号民安大厦B塔楼25层
邮编： 730030
电话： 0931－8440228　　**传真：** 0931－8440269

国海证券有限责任公司

【公司概况】 2001年在广西区人民政府的大力支持下，原广西证券有限责任公司通过增资扩股，并更名为国海证券有限责任公司，成为现今广西区内成立的第一家经中国证监会批准可从事综合业务的全国性证券公司。

【规范管理与业务创新】 增资扩股后，国海证券实力得到明显增强。一方面注册资本金由原来的1亿元人民币增至8亿元人民币，业务范围由单一的经纪业务扩展到涵盖证券承销发行、受托资产管理、证券投资、网上交易、投资咨询、财务顾问及国际业务等多项业务的综合性主营业务体系，并仅用了半年多的时间内相继获得了投资银行业务、网上交易、受托资产管理、证券投资咨询等一系列业务资格；另一方面，公司遵循"以人为本"的指导思想，加大了引进人才的力度，引进了一大批高素质的优秀人才。目前，公司拥有博士5人，硕士研究生32人，大学本科生191名，具有证券从业资格的专业人员已达400多名。高素质的优秀人才的引进，使得公司人才结构有了明显改善，员工素质得到了大幅度提升，公司的实力得到明显增强。

法人治理结构在规范中完善。按照现代企业制度的要求，增资扩股后的国海证券建立起了较为完善的法人治理结构。股东数由原来的6家增加到15家，多元化的投资主体改变了原来一股独大的局面，为规范的公司法人治理结构的打下了良好的基础。股东会、董事会、监事会、公司的经营班子严格按照公司法和公司章程的要求，各司其责，规范运作。为有效防止内部人控制，公司对董事会人员构成及董事会内部机构的设置进行了完善，建立起了独立董事制度，提高了外部董事的占比。目前，公司聘用独立董事1名，外部董事在董事会全体成员中的占比高达85%。董事会下设薪酬与考核、财务与风险控制、业务发展三个专门委员会，为董事会的正确决策提供了强有力的支持。

经营机制在竞争中更显灵活、有效。为了建立起与市场经济相适应的经营机制，公司在人事制度、劳动分配制度等各方面都进行了大刀阔斧的改革，打破了原来的旧机制。在用人制度上，从高级管理人员到普通员工一律面向社会公开招聘，打破地域限制，不论资排辈，并通过2002年中期考核工作，将不能胜任本职工作的6名人员分别采取降职、调离、辞退等方式进行处理，其中有高级管理人员、中层管理干部和普通员工，实现优胜劣汰，真正做到"能者上、平者让，庸者下"；在分配制度上，实行职级工资＋浮动工资制度，将个人收入与个人的绩效及公司的效益挂钩，充分激发了全体员工的工作积极性和创造性。

内部管理在自律中加强。在业务开展过程中，公司领导班子坚持"法制、监管、自律、规范"八字方针，抓制度建设，在半年多的时间内相继出台了经营决策、风险管理、业务操作、财务管理、人事管理、行政管理等诸多方面的50多套规章制度，并以制度管理为主线，有效地防范和控制风险，公司的内控制度和内控机制不断完善。在成本控制方面，公司积极倡导"节约一分钱就是赚取一分钱"的经营理念，公司领导带头厉行节约，并通过每月公开公司高级管理人员费用，相互督促，公司总部的费用控制卓有成效，公司克勤克俭的良好风气逐渐形成。截止到2002年10月底，与去年同期相比总部费用减少了7.35%，各营业部的费用控制更为突出，比去年同期减少了21%。

员工的思想观念在转轨中发生根本性转变。由于新员工的大量进入，各种思想观念交织在一起，为了统一思想认识，缩短磨合期，公司领导首先根据公司实际情况，提出"忠诚、勤俭、专业、创新"的企业精神和经营理念，一方面要求全体员工真正领会"八字"精神的深刻内涵，以加强全体员工的凝聚力；另一方面在全体员工中开展学习讨论《谁动了我的奶酪》一书，要求员工深刻领会"适应变化，转变观念，在变化中求发展"的社会发展趋势，从而使公司员工在思想上和观念上实现了统一。其次，通过中期考核，在广大员工中产生了巨大震憾力，使每个人深切地感受到竞争的压力和发展的动力，树立了"求变、求发展、求创新"的意识。

经营业绩在困境中提升。增资扩股后，公司的投资银行业务、受托资产管理业务、证券投资咨询业务、网上交易等多项新业务齐头并进，资产管理业务稳健起步并已具备一定的规模；投资银行业务已全面展开：共签署了1家新股主承销项目，36家副主承销和分销项目，8家财务顾问和上市辅导项目，合同收入约为1450万元；传统的经纪业务更是获得了长足发展：2002年公司成功收购了原广西信托投资公司和广西国际信托投资公司的11家证券营业部，公司的证券营业部由此增加到24家，证券服务部25家，营业网点遍布北京、上海、深圳以及广西区内各大中城市，拥有50多万户投资者；在今年市场行情持续低迷以及全行业证券交易量下降的情况下，公司的股民开户数较去年同期增加1.2万户，全国市场份额占比也较去年同期增加22%。截止2002年10月底，尽管今年由于经纪业务佣金下调、市场低迷，全国不少券商出现亏损，但公司仍实现了盈利。根据上海交易所会员部反馈的信息，截止10月，公司累计营业利润、净利润和净资产收益率分别在全国27家综合类券商中位居第6第7和第7名。增资扩股后的国海证券实现了一次跨越式的发展。

面对日益激烈的市场竞争，面对新的网络经济时代，面对中国加入WTO的严峻考验，国海证券将秉承"忠诚，勤俭，专业，创新"的精神，并严格按照中国证监会的要求，坚持"法制、监管、自律、规范"方针，服务全国，走向世界。国海人将利用现有的核心管理体系和专业团队，进一步优化营业网络布局，完成全国性业务平台的搭建，在经纪、投行、资产管理、研究咨询、财务顾问、业务创新等各项业务均接近或达到全国同类券商先进水平，同时加强与境外券商的业务合作，积极引进外资股东，迈出国海证券的国际化步伐。在3—5年内，设立境外分支机构，引进国际化人才，加强国际合作，积极拓展国际业务，实现一流的国际化、集团化券商的长远目标，努力把公司建设成为机制灵活，管理先进，富有活力的现代投资银行。

地址：广西南宁市教育路7—1号
邮编：530022
电话：0771—5316849　　**传真**：0771—5310622

国联证券有限责任公司

【公司概况】 国联证券有限责任公司前身是无锡证券有限责任公司，成立于1992年9月。2001年5月经中国证监会批准，进行增资扩大股重组，注册资本10亿人民币，主要大股东有无锡国联发展（集团）有限公司、无锡市信托投资公司、无锡市地方电力公司等。2002年增资扩股完成后，公司在管理体制、经营手段、业务拓展等领域进行了全方位的改革、创新。2002年度证券交易总额365.68亿元，市场占有率为1.26%。在2002年度行业统计数据中，净资产收益率排名第17位，利润总额排名第19位。

公司设有办公室、人力资源部、财务会计部、证券投资部、投资银行部、电脑技术部、电子商务部、研究发展部、稽核审计部、经纪业务部10个职能部门；无锡地区设有中山路、汤巷、人民东路、梁溪路、湖滨路、县前东街、宜兴宜城、江阴青果路

8家证券营业部和钱桥、洛社2家证券服务部;上海地区设有邯郸路、漕宝路2家证券营业部,合计营业面积达35000多平方米。截止2001年底公司员工人数285人。

历史上国联证券曾取得出色的业绩,利润指标和获利能力名列全国券商前茅,为推动地方经济发展写下了浓重的一笔。继往开来,资本金的扩大为企业快速发展注入了新的活力,公司将发挥自身优势,秉承"诚信、稳健、卓越、奉献"的企业宗旨,走"专业化、集团化、国际化、的发展之路,在巩固提高经纪业务的同时,大力拓展投资银行、资产管理、基金管理、证券自营和投资咨询等证券业务,力争用三年左右的时间,把国联证券建设成一个国内一流的有影响力的综合性券商。

面对加入WTO的机遇和挑战,国联证券将积极参与全球化的进程,积极开展对外合资、合作,增强抵御风险能力,不断提升企业的核心能力和竞争优势,用国联人的智慧和努力,为国联证券的二次创业续写辉煌。

东北证券有限责任公司

【公司概况】 东北证券有限责任公司是在吉林省证券有限责任公司与吉林省信托投资公司证券总部合并的基础上,通过增资扩股而组建的一家证券公司。东北证券现有注册资本金为10.1022亿元,共有吉林信托、吉林亚泰、吉林炭素、通化金马等10家股东。目前,东北证券是东北地区资本规模最大、实力最强的证券公司。

公司主要从事主要经营证券的承销,证券的自营买卖,证券交易的代理,证券抵押融资,证券投资咨询,公司财务顾问,企业重组、收购和兼并,基金与受托投资管理等业务。公司下设15个业务和管理部门、22家证券营业部和1个研究所。现有员工623人,其中,具有大学本科以上学历的员工362人,占员工总数的58%,有博士和在读博士生15人,占员工总数的2%;具有高、中级职称的员工185人,占员工总数的30%。另外,公司有证券登记公司、吉证电子公司、顺源经济发展公司等3家全资子公司和北方万盛投资咨询公司、上海万盛投资咨询公司等2家控股咨询公司。

自1998年起,公司先后承担了吉林炭素新股主承销,担任欧亚集团、湖南海利、通化金马、长春兰宝、通程控股、华联商城、吉林化纤、吉林敖东等8家配股主承销,承担了长春经开、大连金牛、吉林敖东、通海高科等9家新股或配股副主承销商或上市推荐人。

公司前身之一吉林省信托投资公司证券管理总部成立于1987年,隶属于吉林省信托投资公司,是经中国人民银行吉林省分行批准成立的国有非银行金融机构。为适应中国证券业的发展,吉林信托证券总部于1991年加入中国国债协会并成为正式会员;于1992年6月加入中国证券业协会并成为正式会员;分别于1992年7月和1995年5月成为上海证券交易所和深圳证券交易所会员,并于1992年7月在上海设立首家证券营业部。吉林信托证券总部拥有A股经纪业务、主承销业务、自营业务资格和B股经纪业务资格,是东北三省首家开通沪、深B股经纪业务的证券经营机构。在证券总部成立至今的14年间,按照公司"开拓进取、稳中求进"的经营方针,不断扩大经营规模与业务范围,依靠自身实力,凭借公司优势,在交易、投行、自营各方面都取得了较大的发展,证券经纪业务交易量与年利税总额近三年连续在吉林省兼营券商中名列第一。1997年列全国信托投资公司A股交易总量排名第17位,1998年列第13位。经吉林省人民政府同意、中国证券监督管理委员会批准,1999年9月开始吉林省证券有限责任公司和吉林省信托投资公司证券管理总部正式进行合并重组工作,并在此基础上吸收亚泰集团等新股东加入并增资扩股,注册资本扩大到目前的10.1亿元。

【经营方针】 公司成立以来,按照"稳健经营,规范运作,加快发展"的工作思路,采用内涵与外延式并重的发展模式,建立和完善了现代公司管理体制,加强科学管理,切实防范风险;积极开拓市场,不断扩大业务范围,全面开展包括A股、B股、基金、债券在内的证券经纪业务和包括收购、兼并、投资管理、财务顾问和发行承销在内的多种投资银行业务,积极稳健地扩大证券自营和受托投资管理业务规模;发起设立了证券投资基金管理公司,积极开展证券投资基金等业务,并大力增强公司发展研究与证券研究的力量。公司在培育资本市场、促进社会经济发展方面发挥了重要作用,同时也取得了较好的经营业绩和经济效益。为更好地整合公司各项资源,调动各方面的积极性,提高管理效率,增强创利能力,提升各项业务的专业化管理水平,公司本着"以人为本,效率优先,关爱资本,富足社会"的经营理念,按照"统一调控,强化责任,增强活力,提高效益"的指导思想,对公司运营体制进行改革,逐步形成了以创利部门为主体,管理职能部门和研究所为辅助支撑的管理科学、运营高效、规范灵活、责权利相统一的公司运营体制。经过几年的发展,公司经营规模和市场占有率明显提高,盈利能力和核心竞争力显著增强,已成为国内一家管理规范、业务全面、服务上乘、业绩优良的证券公司。

地址:长春市人民大街138—1号长春紫荆花饭店19—21楼

邮编:130021

电话:0431—5680057　　　**传真**:0431—5680032

巨田证券有限责任公司

【公司概况】 巨田证券有限责任公司创建于1987年9月,其前身为深圳经济特区证券公司,是新中国第一家专业性综合类证券公司。2001年,经中国证券监督管理委员会批准增资扩股,由中国华能集团公司等实力雄厚的国内知名企业入股增资,增强了公司的经营实力。公司主要从事证券承销、证券自营买卖、证券交易代理、证券投资咨询、公司财务顾问、企业重组、收购和兼并、基金和资产管理、网上证券委托等多项业务。

公司成立十六年来,始终坚持"客户至上"及"公开、公平、公正、公信"的原则,以优质服务赢得客户的信任,树立了良好的市场形象。2001年增资扩股以来,公司各项业务稳步发展,综合实力显著提高。目前,公司在深圳、北京、上海、武汉、成都、沈阳、珠海、杭州、无锡等全国主要中心城市设有16个证券营业部,且均已开通网上交易业务。2002年底,公司以主发起人资格发起设立了巨田基金管理有限公司,以积极的姿态拓展新的业务领域。截止2002年底,公司总资产规模为32亿元人民币,净资产规模为8.7亿元人民币。公司的经营战略是:以股东利益最大化和客户利益最大化为宗旨,稳健经营、规范管理、开拓创新,充分发挥公司的人才、资金、技术优势,锐意进取,以市场为导向,以不断满足客户需求为目标,为广大客户提供高质量、全方位的服务。

【业务范围】 投资银行业务　投资银行总部拥有高素质的专业人才和一流的运行机制,凭借优良的信誉和高质量的服务建立稳定的客户群体,为客户提供多层次、全方位的服务。截至2002年底,公司投资银行部先后参与了上百家企业的股份制改造,为60多家公司办理了股票发行和推荐上市工作,为近百家上市和非上市公司及有关政府机构担任投资顾问或财务顾问。

资产管理业务　巨田证券是最早开展资产管理业务的券商之一,拥有丰富的业务经验和优秀的理财专家,先后为五十余家大中型客户提供了优质服务,在市场上赢得了广泛的声誉。公司资产管理部根据客户的特点和需求为客户提供专业的理财方案,与客户共同分享资产增值的喜悦。

经纪业务　巨田证券秉承"客户至上"以及"公开、公平、公正、公信"的原则,始终坚持以优质服务赢得客户的信任。公司各部门鼎力配合,建立了高效灵活的管理运转体制,确保为客户提供有价值的服务。先进的电脑配置和完善的交易系统,高质量的研究资讯服务,快速有力的行政体系保证,大大增强了客户抵御风险的能力,使客户在瞬息万变的证券市场上运作自如。公司现有营业网点十六家,辐射全国各大区主要中心城市。为拓展业务,公司还将在部分大中城市增设网点,进一步实现营业网点的合理布局。

网上交易业务　公司在传统证券业务蓬勃发展的同时,瞄准信息时代互联网加速扩张带来的巨大潜力,开创了安全、快速的网上证券交易新业务。客户可以通过公司的"每日证券网"(http://www.24stocknet.com),第一时间获取巨田证券研究所、咨询部的研究成果和最新资讯信息,通过网站进行高效安全的证券交易。网站集证券交易业务、理财业务、投行业务、研究咨询成果于一体,为客户提供全方位的服务。同时,还开通了国内首创的总部级客户服务中心(Call Center),客户可以通过电话、互联网等多种接入方式,随时随地享受到个性化的互动交流和服务。公司以领先的技术走在网上交易的最前列,曾最早在国内首家推出WAP手机证券业务,向移动互联网用户提供新闻、无线交易、股票实时行情、股票专家点评、娱乐等综合服务,实现了WAP手机上网交易的突破。

研究资讯业务　高质量的研究资讯工作是巨田证券经营发展的基础,也是为客户提供优质服务的核心。公司将提高研究资讯质量作为重要的发展战略之一,正在不断加大对研究资讯领域的投资力度。公司现已拥有阵容强大的研究人员、对外咨询人员;拥有一流的研究软硬件;初步形成了分工明确的研究资讯网络。多年来,公司的研究成果受到客户的广泛好评。目前,公司的资讯服务质量正在取得日新月异的进展,新的资讯产品、服务正在不断推出。

电脑技术支持系统　巨田证券注重电脑网络的安全与建设,公司分布在全国各地的所有营业部均建设了NOVELL网和Internet有机、安全的网络体系,为客户提供迅速、顺畅的传统交易和漫游Internet网上交易服务。高效、安全、快捷的网络系统,突破了网点和营业面积的限制,以有限的空间服务于无限的客户,为客户的交易提供了有力的技术保障。用不断的技术开发带来业务的创新,提高了公司的整体经营优势。此外,依托全国联网系统,进一步建立了相应的交易、清算和办公自动化等系统,使总部可以实施集中清算和监管,实现了无纸化办公。

地址:深圳市滨河路5020号证券大厦
邮编:518033
电话:0755—83163333

北方证券有限责任公司

【公司概况】　北方证券有限责任公司成立于1987年,2002年春季迁址到上海浦东陆家嘴,从而植根于中国证券业阳光最充足的沃土。伴随着我国证券市场的蓬勃发展,北方证券也在不断发展壮大。2002年,经中国证监会核准增资扩股至10亿元人民币,正式跻身于全国性综合类券商行列。

【经营范围】　公司的经营范围包括:证券的代理买卖;代理证券的还本付息和分红派息;证券的代保管、鉴证;代理证券登记开户;证券的自营买卖;证券的承销和上市推荐;证券投资咨询;资产委托管理;发起设立证券投资基金和基金管理公司;中国证监会批准的其他业务。

企业融资与收购兼并业务　北方证券的理念是:"永远将客户的长期利益放在第一位,致力于同客户建立长期战略伙伴关系。"北方证券追求对客户的终身服务,力求将最适合的资源整合到最合适的平台上去,使客户的资本结构与自身使命相契合,提升客户的终极价值。公司根据客户在成长发展过程中的需要,提供包括管理咨询、财务顾问、企业融资、企业重整、兼并收购、资产证券化和发行承销在内的全套服务;通过构造完整的业务营销网络,采取以研究为先导的主动型项目开发模式,凭借科学的专业分工和紧密的团队合作,优化业务流程,完善项目评审制度,加强内部控制机制,使客户受益于北方证券富有创造性的智慧。

证券投资与资产管理业务　北方证券坚持"稳健、务实、追求客户利益最大化"的原则,将资产管理和自营业务严格分开运作。北方证券秉承理性投资理念,加强风险控制,按客户的风险偏好和收益需求设计相应的产品。通过精心设计的投资组合,向客户提供授权资产管理、有价证券管理、现金帐户管理和投资理财顾问等服务;借助先进的信息技术,通过"运行高效、内控体系健全"的运作模式,严格执行关键指标控制,以坚实的资产基础和卓著的信誉确保客户资产实现收益性、安全性和流动性的有机统一。

固定收益业务　北方证券秉承"低风险、多元化专业管理,提供个性化服务"的理念,始终保持对债券市场的发展方向和金融创新的深刻理解,始终保持与客户的互动交流。北方证券全方位地开展国债、金融债券、企业债券、可转换债券等固定收益证券的承销、投标、托管、自营买卖、代理买卖、兑付、低风险的资产组合管理与咨询等服务。依托公司整体营销平台,北方证券在银行间债券市场和交易所债券市场中建立了广泛的联系网络。

经纪业务　北方证券以"客户资产增值"作为服务宗旨,提供安全、方便、快捷的交易通道。根据不同层次客户的需求和偏好,度身定制"一站式"咨询服务。北方证券在20家营业部中,提供包括A股、B股、债券和基金等多元化的交易品种。凭借遍布全国的交易网络,依托先进的信息网络系统和雄厚的研究咨询实力,通过金融创新,尽力满足客户对各类金融产品的投资需求。

国际业务　北方证券本着"开拓创新,多元化发展"的宗旨,立足于国内资本市场,重点开展跨境财务顾问业务,以期在日益开放的资本市场领域获得先发优势。北方证券的业务包括:向境外投资者提供B股交易和咨询服务、境内企业海外上市财务顾问、跨境并购重组咨询、引入战略投资者、境内企业海外募集业务、QFII业务等。北方证券凭借丰富的境内外资源与境外金融机构开展多方位、多层次的合作,架设融通境内外资本市场的桥梁。

研究咨询业务　北方证券遵循"求实、创新"的理念,以"创造公司声誉,支持业务开拓、为客户提供一流服务"为宗旨,开展基础性、前瞻性的研究,为不同层次的客户提供更多、更新、能真正满足客户需求的研究产品和增值服务。

北方证券及时为客户提供有价值的研究成果，主要有：中国资本市场分析报告、专题研究报告、投资价值分析报告、投资组合设计、金融工程产品设计、投资咨询、企业发展战略研究和收购兼并项目策划等。北方证券立足于全国经营网络的行业分析与上市公司调研确保了高质量的研究成果；面向业务、面向市场的研究风格保证了北方证券对市场的快速反应能力；通过全公司信息资源共享与团队协作，形成了研究与实务的良性互动。

地址：上海市浦东南路500号13楼
邮编：200120
电话：021－58887333　　**传真**：021－58889111

西北证券有限责任公司

【公司概况】 西北证券有限责任公司地处黄河之滨的银川平原，是宁夏回族自治区惟一一家证券业务专营机构。前身是成立于1971年11月的宁夏回族自治区证券公司。1997年，经中国人民银行批准，改制为宁夏证券有限责任公司。2000年，经中国证券监督管理委员会批准，宁夏证券有限责任公司与宁夏伊斯兰国际信托投资公司、宁夏回族自治区信托投资公司、银川市信托投资公司的证券类资产进行了重组合并，在此基础上又进行了增资扩股，更名为西北证券有限责任公司。公司的经营范围是证券的代理买卖；代理还本付息和分红派息；证券代保管、鉴证；代理登记开户；证券的自营买卖；证券的承销和上市推荐；证券投资咨询；资产管理；发起设立证券投资基金和基金管理公司。

【经营业绩】 面对激烈的市场竞争，西北证券自成立以来，始终以"以法经营、规范运作、诚实守信、开拓进取"为指导原则，秉承"责任、成就、危机意识、团队精神"的经营理念，注重符合自身实际的企业文化建设，实施超常规、跳跃式、高速度发展的经营战略，严格遵照国家有关法律、法规，以建立健全法人治理结构、规范公司运营机制为中心，积极开拓业务，合法经营，建立了行之有效的财务、稽核监督管理机制，制定了严格的经营管理和财务管理规章制度，以防范金融金融风险，使公司各项业务在稳健、安全、高效的轨道上运行。经过几年的奋力拼搏，西北证券不断发展壮大，经营业绩逐年攀升，呈现出良好的发展态势，焕发出勃勃生机。

在组织机构建设方面，公司根据业务发展的需要，设置了投资银行总部、投资管理总部、资产管理总部、证券交易管理总部、财务部、结算中心、稽核部、人力资源部、总裁办公室、企划部等14个部门，在全国共设有15个个证券营业部和5个证券服务部，营业网点已覆盖全省及部分外省区，实现了管理机构设置科学化、规范化。为快速提高整体竞争能力，公司制定了"立足西北，面向全国"的业务拓展战略，将业务向纵深领域推进，最终形成辐射全国的经营网络。

在人才队伍建设方面，公司建立起了一套科学的人力资源管理和开发体系，形成了较为完善的用人机制。制定了以"追随人才"为宗旨的人力资源规划及发展战略，重视人才的储备和培养，坚持在市场的前沿吸纳人才，不断为公司注入新的活力。目前，公司拥有一支年龄、知识、专业结构合理，素质较高的员工队伍。在400余名员工中，具有大专以上学历的员工占总人数的72%，平均年龄31岁，其中，硕士9人，博士2人，具有初、中、高级专业技术职称的员工有93人，截至2000年底通过证券从业人员资格的有155人。这支经过创业的磨练，具备丰富从业经验和良好业务素质的人才队伍，已具备了使公司向证券行业更深层次发展的人才需求，为西北证券进一步发展奠定了坚实的基础。西北证券还将面向未来，力求吸纳和培养一批适应时代发展、知识全面、业务过硬的高、精、尖人才。

在证券承销业务方面，公司于1999年首次作为主承销商，成功发展了宁夏东方钽业股份有限责任公司股票6000万股，并在深圳证券交易所顺利上市。改变了公司投行业务无证券主承销业务的历史，对公司及宁夏资本市场而言都具有划时代的重要意义。此外，公司自1999年以来，先后作为副主承销商代理发行了宁夏圣雪绒股份有限公司、宁夏恒力钢丝绳股份有限公司等上市公司的股票，以及宁夏美利纸业股份有限公司、宁夏机电集团公司的企业债券等，为企业充分运用资本市场融通资金，缓解我区建设资金不足，推动国企改革发展做出了自己的贡献。

在经纪业务方面，公司的经纪业务以"服务"为切入点，坚持客户至上，努力提高服务质量。各营业部配备了先进的通信设备和计算机网络系统，以先进的硬件设施吸引客户；公司研究发展部以其较强的综合研究分析能力和技术力量为各营业部提供高效、有价值的投资信息，通过管理创新、服务创新、技术创新，为投资者提供个性化、专业化、具有西北证券特色的系统服务，使公司经纪业务具有较强的竞争实力和盈利能力。

自营业务是公司主营业务之一，也是一项风险很大的投资业务，对其风险控制的好坏直接影响着公司的业务收入和健康发展。为此，公司严格遵守国家的有关政策法规，坚持合规经营，防范风险，稳健投资的原则，树立理性的投资理念，严格内控制度，规范业务程序，实行集体决策，使资金管理、业务操作、会计核算、内部稽核等各项工作环节均符合中国证监会的要求。正因为如此，公司的自营业务多年来未发生过重大风险，为公司收入稳定增长和健康发展做出了积极贡献。

公司自成立以来，始终坚持依法经营，不断挖掘业务潜力，以优质的服务积极开拓各项业务，业务量稳步攀升，经济效益成倍增长。良好的经营业绩不仅没有辜负自治区党委、政府以及有关部门领导的关心和支持，也给了各股东单位以满意的回报。截至2000年底，公司资产总额为20.52亿元，净资产为7.69亿元，实现利润1.63亿元，上缴税金达9222万元，在上海证券交易所九十六家专业证券公司会员年检评比中荣获第八名。公司在获取经济效益的同时不忘回报社会，奉献爱心，截至2000年底，公司共向社会捐赠、赞助885.91万元。1991年1月，公司发起成立了"光明助学促进会"，精心运作助学基金，每年以其增值的部分资助南部山区贫困大学生顺利完成学业，截止2000年底，受到资助的银南山区贫困大学生总数已超过1659名。这一举措不仅为银南山区贫困学生提供了经济上的援助，也为他们安心学习，早日成材报效祖国注入了强大的精神动力。同时，也受到了社会各界，尤其是教育部门的一致好评，得到了自治区党委、政府的充分肯定和赞扬，赢得了社会的普遍赞誉。

2001年公司在全国劳模白春兰的家乡营建了"西北证券生态林"，为支持劳模，改善宁夏生态环境尽了自己的微薄之力。

公司还通过电视、报纸、刊物、广告栏和上街宣传等多种方式开展了投资者素质教育，向投资者讲授投资技巧，倡导正确的投资理念，引导投资者进行理性投资，提高了投资者收益，受到了投资者的一致好评，同时也推动了证券市场的规范发展，提高了公司声誉和知名度，极大地丰富了公司企业文化的内涵。

面对未来，西北证券将以更加积极的态度，敏锐的眼光，抢抓机遇，以经济效益为中心，以稳健经营为基础，以规范管理为保障，以改革创新为动力，不断提升公司在证券市场上的竞争力，力争将西北证券建设成为资本雄厚、管理规范、业务全面、人力资源充足、经济效益良好、业务网络遍及宁夏辐射全国重要城市的一流券商。

地址：宁夏银川市民族北街1号

邮编：750001

电话：0951－6013192

中关村证券股份有限公司

【公司概况】 中关村证券股份有限公司是经中国证监会批准（证监机构字（2001）281号），通过对原汕头证券股份有限公司增资扩股、更名迁址而设立的一家全国性综合类证券公司，公司注册资本15.4亿人民币。股东包括“中关村科技”、“清华紫光”等数十家国内知名企业。公司注册地址设在北京中关村科技园区内。中关村证券目前拥有14家证券营业部，其网络占据了全国重要的沿海城市。其中，新建的北京和广州证券营业部已于2002年初相继开业。

中关村证券有着完善的公司法人治理结构，拥有实力较强的中高级管理人员。作为一家科技投资银行，中关村证券的目标是通过科技和资本的融合，提供资本市场的全程全方位服务，力争专业化程度及服务水准达到业内领先地位。中关村证券的自我定位是一个永远创新的企业，公司对创新的理解是前瞻的、未来的、独特的、高效的、创造性的，并通过创新，凭借“中关村”强大的技术资源优势为高科技及高成长企业提供创新的业务产品和服务。

中关村证券将利用先进的和人性化的管理和激励机制，营造年轻健康的企业文化，建立和完善一支对科技产业和资本市场具有深刻理解的专业管理团队，在充分总结和借鉴十年来中国证券市场成长经验的同时，积极开展国际交流与合作，遵循国际最佳投资管理实践，致力于在全球资本市场树立中国科技投资银行的典范，打造资本市场的综合服务商品牌。

地址：北京市朝阳区裕民路12号中国国际科技会展中心中段11层

邮编：515041

电话：010－82029888　　**传真**：010－82254321

江南证券有限责任公司

【公司概况】 江南证券有限责任公司经中国证监会批准，于2002年10月18日正式挂牌成立成为综合类证券公司。原郑州信托嵩山南路证券营业部、郑州信托中原东路证券营业部也正式更名为江南证券郑州嵩山南路证券营业部、江南证券郑州中原东路证券营业部。

江南证券有限责任公司系以江西江南信托投资股份有限公司、郑州市信托投资公司原有证券业务为基础，联合中国航空技术进出口总公司、中国航空技术进出口深圳公司、深圳中航物业公司、洪都航空工业集团有限责任公司以现金出资，共同组建而成。公司注册地江西省南昌市象山北路208号江南金融大厦，注册资本54142万元，法定代表人：吴光权。公司在北京、上海、深圳、天津、武汉、郑州、重庆等地及江西省内各主要地市设有16家证券营业部。

新的公司、新的机制、新的发展。在实现新一轮跨越式发展的新起点上，公司遵循“我们关心客户、员工、社会”、“顾客的需要就是我们的承诺”的理念，以“诚信、尊重、敬业、服务、创新”为基本行为准则，竭诚为广大客户提供优质的金融中介服务；坚持“集约化经营，差异化服务”的经营特色，追求一流机制、一流管理，谋求规范持续快速发展；致力于追求公司与客户双赢格局，力争在最短的时间内把公司建成在江西有优势、在中部有影响、在全国有特色的一流券商！

公司以客户需求为中心，为客户提供综合性证券业务服务，全方位满足客户需求。公司的经营范围包括：证券的代理买卖；代理证券的还本付息和分红派息；证券的代保管、鉴证；代理证券登记开户；证券的自营买卖；证券的承销和上市推荐；证券投资咨询；资产委托管理；发起设立证券投资基金和基金管理公司；中国证监会批准的其他业务。

地址：江西南昌市象山北路208号

邮编：330008

电话：0791－6776133　　**传真**：0791－6776103

南京证券有限责任公司

【公司概况】 南京证券有限责任公司成立于1990年10月，是江苏省第一家专业证券公司。公司成立之时，注册资本金为1000万元。1996年底经央行同意将资本金增至1.047亿元，1998年12月获中国证监会核准。2002年11月经中国证监会核准，资本金增至65859万元，营业部增至17家，员工总数达430人，比照综合类证券公司开展业务。

【经营业绩】 南京证券有限责任公司随着中国证券市场的发展而茁壮成长，取得了令人满意的经济效益和社会效益。公司先后参与了南京新百、栖霞建设、高淳陶瓷等49只股票、基金、可转换债券的承销工作，其中担任副主承销商19次，合计承销金额21.3亿元；参与56家企业债券的发行，合计承销金额17.28亿元，并担当多家企业重组、改制、并购的财务顾问；投资者开户总数20多万户；证券业务量累计1772亿元，实现利税7.88亿元。公司自1992年起，保持对股东单位高额分红，11年来平均每年的分红回报率约18%（含送配），为地区经济的发展和企业资本运作做出了积极贡献。公司先后荣获“江苏省文明单位”、“南京市文明单位”和“建设新南京有功单位”等光荣称号。

公司坚持“立足江苏，面向全国；注重创新，面向未来”的方针，竭诚为投资者服务。17家营业部分布于南京、上海、张家港、连云港、南通、镇江、常熟、江阴等地，4家服务部深入郊县，网上交易（www.NJZQ.com.cn）、银证通等交易手段广泛使用，A股、B股、基金、国债等交易品种全面开通，以优美的环境、优良的服务、优质的管理吸引了广大投资者，共有10家营业部被评为全国、省、市级“青年文明号”（其中全国一家、省级四家、市级五家）。

南京证券经过十多年风雨兼程，如今又迈入一个新的发展时期。公司将在继承中创新、在巩固中提高、在坚持中发展，充分发挥已有业务资格的优势，并争取尽快获得银行间同业拆借市场资格、受托资产管理业务资格、国债承销团资格，设立中外合资基金管理公司，进一步拓展业务范围，寻求新的发展空间，与广大投资者携手共创美好的明天！

地址：南京市大钟亭8号

邮编：210008

电话：025－3359425　　**传真**：025－3367377

富成证券经纪有限公司

【公司概况】 富成证券经纪有限公司简称富成证券是经中国证监会批准，由华宝信托投资有限责任公司及福建、汕头两家证券交易中心联合改组发起设立，依法注册登记，具有独立法人资格，实行自主经营、独立核算、自负盈亏的有限责任公司。公司于2002年3月8日开业，注册地在上海，注册资本为人民币1.6294亿。公司经营范围包括：证券的代理买卖，代理还本付息、分红派息，证券代保管、鉴证，代理登记开户以及经中国证监会批准的其他业务。公司分设行政人事部、财务部、业务管理部、研发中心、稽核部、电脑部等职能部门，下辖若干家证券营业部。

新世纪诞生的富成证券，面临着新世纪的新机遇和新挑战。富成证券以"诚信、效率、规范、进取"为经营宗旨，以稳健为原则，服务为核心，创新为重点；以市场为导向，效益为中心；规范经营，积极进取；立足上海，服务全国，为促进证券市场繁荣稳定而努力。公司正致力于提高经纪业务技术含量，发展网上交易，设立集中交易平台，稳步推进证券营业部的网点布局，形成公司核心竞争能力。公司将通过建立合理的资源配置机制和分配激励机制，完善公司法人治理结构，健全风险控制制度，鼓励和提倡业务创新与机制创新，强化人才培养和发展计划等措施，使富成证券真正成为具有经纪类竞争实力的证券市场新军。富成证券将以专业、优质的服务回报社会，以良好的经营业绩回报股东。力争在三、五年发展成为一家综合类券商，为中国资本市场的健康作出应有的贡献。

公司总部地址：上海东方路800号宝安大厦30层

邮政编码：200122

蔚深证券有限责任公司

【公司概况】 蔚深证券有限责任公司于1995年10月23日经中国人民银行银复(1995)374号文件批准，1996年4月15日在深圳市工商行政管理局登记成立，注册资本1亿元人民币，其中深圳蔚深投资财务公司投资7000万元，占有股权70%，深圳鸿波通信投资控股公司、深圳宝安金饰品服务公司和深圳安阜投资公司分别投资1000万元，各占股权10%。蔚深证券有限责任公司是全国首批23家获得网上证券委托业务资格的证券公司之一(证监信息字(2001)3号；1999年，按照中国证券监督管理委员会的指示精神，蔚深证券公司进行了股权规范化改造。通过股权协议转让，公司新的股东由五家组成，其中济南英大国际信托投资有限责任公司持股40%，广州市鹏达集团有限公司持股20%，宏利实业有限责任公司持股20%，深圳市鸿波通信投资控股有限公司持股10%，深圳市国通电信发展股份有限公司持股10%。

2002年1月23日，中国证监会就公司股权变更事宜正式批复，同意我司的股权变更方案。变更后的公司股东及出资额为：.济南英大国际信托投资有限责任公司4000万元；湘财证券有限责任公司2000万元；华侨城集团公司2000万元；.深圳市深业投资开发有限公司2000万元。目前，在中国证监会和深圳证管办的积极支持下，公司正在进行有关增资扩股的准备工作，公司注册资本将扩增至8—10亿元，将于2002年内完成。

【经营和投资情况】 公司自成立以来，一直全面开展各项证券业务，包括证券经纪、证券承销和证券自营业务等。公司下设投资银行部、证券投资部、资产管理部和债券经营部等四个业务部门，公司还在深圳、上海、天津、武汉、沈阳、南昌、长沙、兰州等全国大中城市设立了16个证券经纪业务网点。在股票一级市场上，公司担任多家上市公司的新股发行主承销商和上市推荐人。

民生证券有限责任公司

【公司概况】 民生证券有限责任公司是全国综合类券商，其前身可以追溯到1986年11月成立的郑州市证券公司，是全国最早成立的专业性证券公司之一。公司注册资本金12.82亿元，净资本11.40亿元，主要从事证券自营买卖、证券承销、受托投资管理、证券代理买卖等各项业务。公司股东实力雄厚，分布于北京、山东、河南等地，既有国内外知名的大中型国有企业，又有享誉全国的民营企业，合理的股权结构成为公司持续稳定发展的坚强后盾。民生证券有限责任公司注册地由郑州市迁至北京市，北京为公司总部所在地。深圳、郑州为公司管理总部所在地。公司下设15家证券交易营业部、9家证券交易服务部，主要分布于上海、深圳、郑州等地。北京、广州、杭州、成都、西安等地营业部正在筹建之中，设立之后，营业部的地区分布将更为合理，从而形成覆盖全国的交易网络。公司已引入ISO9001国际质量认证的服务体系，致力于为客户提供全面、系统、专业、个性化的服务。民生证券网具有强大的网上交易、信息技术支持功能。高素质的研究团队、先进的软硬件设施和广泛的信息来源，为向客户提供全面的证券金融服务业务和高质量的信息、投资咨询产品创造了条件。

地址：北京市西城区复兴门内大街158号远洋大厦13层

邮编：100031

电话：010—66493978　　**传真**：010—66493977

恒泰证券有限责任公司

【公司概况】 恒泰证券有限责任公司的前身是内蒙古证券有限责任公司。2002年经中国证监会批准，内蒙古证券有限责任公司增资扩股，注册资本0=94亿元增至6=6亿元，注册地为呼和浩特市，并更名为恒泰证券有限责任公司，跨入全国综合类券商行列。截止2002年底公司资产总额达17=4亿元，净资产总额7=4亿元。公司在内蒙古及北京、上海、深圳、广州等大中城市设有33家证券营业网点，现有员工400余人，98%以上获得证券从业资格。公司内设资银行部、经纪业务管理部、证券投资部、资产管理部、研究发展中心、信息技术中心等13个部门，在北京设立业务管理总部并筹组基金管理公司和网上证券经纪公司。

【业务范围】 公司依法可经营如下业务：证券的承销和上市推荐；证券的自营买卖；代理证券买卖(含外资股、大宗交易)；网上证券委托；代理证券还本付息和红利的支付；证券投资咨询和财务顾问；资产管理；发起设立证券投资基金和基金管理公司；代理登记开户；经中国证监会批准的其他业务。经中国人民银行批准的进入全国银行间同行拆借市场及全国银行间债券交易市场等业务。

【经营业绩】 公司成立以来，秉承"稳健、诚信、务实、创新"的经营理念和"全心全意为客户服务"的经营宗旨，以繁荣和服务证券市场、促进地方经济发展为已任，依法经营、规范运作、科学管理、锐意进取，各项事业都取得了长足发展，成为在内蒙古实力最强、影响力最大，在国内具有一定业务规模和竞争优势的专业证券公司。

多年来，公司代理证券交易量占内蒙古地区的市场份额始终保持在60%以上，并先后承担了内蒙华电、伊利股份等区内外40多家公司股票的发行、上市、配股的承销，上市推荐和财务顾问工作，还先后代理内蒙古电力总公司、包头钢铁集团等近20家大中型企业发行企业债券10=6亿元，为培育和发展内蒙古资本市场，拓宽企业融资渠道，壮大企业实力，促进地方经济发展做出了突出贡献。

面对快速发展、日益开放且充满机遇与挑战的中国证券市场，恒泰证券将满怀与时俱进、追求卓越、创造辉煌的信念和勇气，抓住机遇，迎接挑战，采取人才为本、研发立足、全面拓展、他步实施、重点突破、科学管理、创新创优的发展战略，形成经纪、自营、承销、资产管理、基金管理、研发与咨询等各项业务及其他创新业务全面、持续、健康发展的局面，在全国证券行业具有较强竞争优势和品牌优势，力争跨入中国一流的集团化、股份化、国际化综合类券商行列，实现与中国证券市场同步发展、共繁荣的奋斗目标，以优良的业绩和丰厚的收益回报社会、回报股东。

地址：内蒙古呼和浩特市新城区东风路111号

邮编：010010

电话：0471－4918355

电子邮箱：baosy2008@sina.com

中国国际金融有限公司

【公司概况】 中国国际金融有限公司(中金公司)成立于1995年，是由国内外著名金融机构和大型公司共同投资、具有战略伙伴关系的国际投资银行，总部设在北京，股东总资产逾5800亿美元。中金公司是中国第一家提供投资银行服务的国际金融机构。中金公司的股东分别为：中国建设银行(占42.5%)、摩根士丹利国际公司(占35%)、中国经济技术投资但保公司(7.5%)、香港名力集团(占7.5 %)。经政府有关部门批准，中金公司从事的业务范围包括：企业重组、收购与合并，顾问项目、融资顾问、投资顾问及其它相关顾问业务，人民币普通股票、人民币特种股票、境外发行股票、境内外政府债券的承销，人民币特种股票、境外发行股票、境内外政府债券的自营买卖，基金的发起与管理，外汇买卖，境外企业、境内外商投资企业的外汇资产管理同业拆借。

【经营业绩】 自成立以来，中金公司领导并参与完成了数十个项目，包括股本融资、收购兼并、债务融资等。股本融资项目包括国内与国际融资(A股、B股、H股和红筹股以及可转换债券等)。中金公司完成的重要项目包括中国电信(香港)在纽约和香港的成功上市，一共筹集资金42.2亿美元，这是有史以来除日本外亚洲地区最大的一个首次公募项目。中金公司是在这一里程碑性的项目中担任联席全球协调人、簿记管理人、主承销商以及保荐人。中金公司在《国际金融评论》97亚太(不含日本)地区股本项目帐簿管理人的排名中名列第二；中国电信(香港)上市项目被《国际股本概览》评选为“1997年最佳亚洲股票发行”。1997年中金公司还在香港设立了子公司，为中外客户提供投资银行、销售与交易以及研究服务。目前香港子公司已正式获得香港联交所的会员资格。中金公司1997年度合并后的收入总额为4900万美元，税前利润为3000万美元。

中金公司的股东具有国际资本市场运作的丰富经验。中国建设银行与中国经济技术投资担保公司为中金公司的执行项目提供遍布全中国的网络性支持，并在加快政府部门审批方面提供咨询意见；摩根士丹利公司给中金公司带来其集团公司全球资本市场的专业经验和广泛的证券分销网络，并使中金公司的客户享受到摩根士丹利公司遍布全球的分支机构所提供的大力支持；新加坡政府投资公司和香港名力集团都具备雄厚的经济实力，他们为中金公司提供了许多直接投资的管理经验，并与中金公司一起选择直接投资机会进行共同投资。中金公司独特的股东组成，为开展各项业务提供了理想的支持结构。

中金公司的业务宗旨之一是引进国际先进的投资银行技术，在中国的经济发展和金融改革中发挥重要的推动作用。中金公司与各级政府主管部门建立了良好的关系，保持着密切的联系。对于国家经济政策的深刻理解与把握，保证了中金公司为客户所提供的金融顾问服务能够顺应国民经济发展的整体需要，并符合国家经济政策的指导方向。

中金公司拥有一支由国内和国际金融专家组成的队伍，其中本地雇员占95%。他们来自国际和国内的著名公司和机构，具有创新精神和业务能力，能够根据客户的需要设计各种高质量的金融产品，分析行业和市场，帮助客户在较短的时间内进入国内和国际资本市场，实现投资与发展目标。通过提供一流的投资银行服务，中金公司致力于发展长期的客户关系，把客户的利益放在首位。作为中国第一家中外合资的投资银行，中金公司以其独特的优势，协助客户实现目标。

地址：北京市复兴门外大街6号光大大厦23层

邮编：100045

电话：010－68561166－1211

万通证券有限责任公司

【公司概况】 万通证券有限责任公司是青岛市唯一一家专营证券业务的专业证券经营机构。公司始建于我国证券市场处于萌芽状态的1988年，经中国人民银行总行批准，由青岛市人民银行独家出资1000万元设立，定名为青岛证券公司，主要经营债券的柜台转让业务。1992年，在邓小平同 志南方讲话和社会主义市场经济热潮的推动下，公司经批准后进行增资和改制。包括人民银行在内的9家金融机构共出资5000万元，将公司更名改制 为万通证券有限责任公司。1997年11月，根据国家“银证分离”的有关规定，在市委、市政府的关怀和支持下，顺利地完成了公司改制工作和 股权置换。由青岛市财政局出资4500万元，保留的一家500万元出资由原股东青岛弘诚信托投资有限公司持有。公司更为万通证券有限责任公司。与此同时，市委、市政府决定，调整公司的领导班子，任命和聘任了公司的行政领导成员，为公司进入一个新的发展时期奠定了坚实的基础。

公司自改制复业5年来，在中共青岛市委、青岛市政府的正确领导下，在中央和省、市有关部门及社会各界的大力支持下，弘扬“团结、开拓、务实、高效”的企业精神，遵循“树形象、上水平、争一流”的工作宗旨，奉行依法经营、文明服务、强化管理、稳健发展方针，一手抓开拓业务，增收增效；一手抓强化管理，风险防范，取得了长足的发展和良好的效益。曾跻身全国500家最大服务业行业企业、省十佳券商。公司的营业收入、利润等指标曾多 次列入全国同行业前20名，获得青岛市文明单位等多项荣誉称号，在国内同行业有一定的知名度和影响力。

地址：青岛市市南区东海路28号

邮编：266071
电话：0532－5022301　　**传真**：0532－5022301

东莞证券有限责任公司

【公司概况】 东莞证券有限责任公司于1988年6月批准成立，1993年6月30日正式开业代理沪深上市股票买卖业务，成为东莞地区成立最早的证券公司，也是目前东莞地区唯一具有独立法人资格的券商。东莞证券成立十年以来，开拓进取，与时俱进，公司业务规模一直稳居东莞证券市场榜首。2001年12月，经中国证监会批准，注册资本由原来的5000万元增资扩股至5.5亿元。2002年9月，经中国证监会批准，成为综合类证券公司。目前，公司拥有10家证券营业部、10家证券服务部，证券投资者累计开户数已经超过了20万户，托管市值近百亿元，经营网点覆盖东莞市各经济发达镇区以及上海、深圳等城市。股票交易量约占全国交易总量的1%，占东莞地区市场份额的70%，东莞证券经纪业务在全国同行业中占重要的地位。随着公司实力的不断增强，以及综合类券商资格的确立，公司经营范围由以前单一的证券经纪业务扩展到证券承销、资产管理、自营等证券综合业务，交易品种涉及沪市A股、B股，深市A股、B股，基金、国债、企业债券等。交易手段由原来的柜台交易过渡到电话交易、网上交易、远程点对点交易；服务手段由公众辅导过渡到贴身式的专家理财服务。东莞证券发起成立了证券研究会，并创办了《东莞证券》报、东莞证券网站和呼叫服务中心，还在《东莞日报》、东莞电台、东莞电视台等各大媒体开辟了证券专门栏目或节目，全日制为广大投资者提供证券投资信息、指导服务。

【业务范围】 东莞证券的主要业务为代理证券发行业务；自营、代理证券买卖业务；代理证券还本付息和红利的支付业务；证券的承销和上市推荐；证券投资咨询和财务顾问；资产管理；发起设立证券投资基金和基金管理公司；以及中国证监会批准的其他业务。公司通过柜台委托、场内自助委托、电话委托、远程大户室、网上交易等交易方式为沪市A股、沪市B股、深市A股、深市B股、基金、国债、企业债券、企业债回购、国债回购等。

投资银行业务　2001年底，经中国证监会批准，公司顺利地完成了增资扩股工作，实现了由经纪类券商向综合类券商的业务扩展。投资银行业务成为公司的重点发展业务。作为一个新生力量，公司树立"客户第一、质量第一"的服务理念，致力于为企业服务的同时打造投资银行部"诚信、勤勉、专业、高效"的品牌。本部汇集了具有企业融资和收购兼并业务领域丰富经验的高素质人才，其中50%的员工拥有硕士学位，70%的员工拥有三年以上投资银行业务工作经验，是公司实力最强的业务部门之一。本部依托公司的研究力量、信息渠道、运作经验、务实精神，愿意为客户提供多层次、全方位的服务，并拓展投资银行业务新领域。一、企业股份制改造、辅导。协助企业进行股份制改造，明确设立股份有限公司的条件和方式、企业股份制改组的基本要求、拟发行上市公司改制重组的一般程序，对拟公开发行股票并上市的公司依法进行辅导。二、股票承销、上市推荐和保荐。为企业上市融资（首次发行股票）和再融资（配股和增发新股）提供配套服务。包括企业股票的发行和上市咨询、价值评估、方案的策划和设计，项目的全过程的策划、跟踪（保荐）、建议和配套服务。三、外资股的发行。为外资公司在境内和境外融资（B、H、N股和香港创业板股票等）提供咨询、策划与操作服务，利用我们与香港、台湾、新加坡和美国等中介机构的广泛联系和地缘优势，起到桥梁和纽带的作用。四、转债和基金的承销和上市推荐。为上市公司发行可转换公司债券以及基金组织发行证券投资基金提供承销和上市推荐服务，协助进行可转换公司债券的按期兑付、赎回和回购。五、国债和企业债券的承销和上市推荐。参与国债承销，负责和协助企业债券的承销和上市推荐，为企业发行企业债券制作材料、上报批复、印制债券、承销，负责或协助国债和企业债券的按期兑付、赎回和回购。六、公司并购与资产重组。利用我们的渠道和网络，寻找目标企业，协助企业进行项目策划与可行性研究，提供企业并购和资产重组的咨询和意见，制订并购与资产重组方案，与目标企业进行前期接触，协助目标企业进行资产评估，制订合理价格，设计融资渠道，协助与相关中介机构、主管部门联系，制作有关材料等。买壳上市策划，包括买壳上市方案的制定，壳资源的搜索和选择，资产置换的过程跟踪服务，买壳成本的预算和监控。协助企业进行反敌意并购策划，实施反并购措施。七、其他业务。为企业提供投资顾问、财务顾问、业务咨询、企业的发展战略和产业结构调整等其他管理咨询，利用我们的人才优势和信息优势，为企业制定管理计划，包括提供管理改进建议和行之有效的解决方案，促进企业流程再造，进行财务和管理等流程的设计，为企业提供增值服务。担当企业改制、结构调整、资产重组、兼并收购财务顾问，帮助企业建立现代企业制度，增强资本运营能力。提供常年财务顾问服务，为企业"量身定做"，帮助企业制定中长期发展战略，设计最适合企业运营的资本结构，使企业充分利用财务杠杆、税收杠杆，更加有效地进行筹资、投资和日常经营活动。

地址：莞城区可园南路1号金源中心30楼
邮编：523000
电话：0769－2100888　　**传真**：0769－2116999

广州证券有限责任公司

【公司概况】 广州证券有限责任公司前身为广州证券公司。公司于1988年3月经中国人民银行批准成立，是全国最早成立的证券公司之一，1997年11月经中国人民银行批准增资改制为广州证券有限责任公司。经营范围包括：证券的代理买卖；代理还本付息和分红派息；证券代保管、鉴证；代理登记开户；证券的自营买卖；证券的承销和上市推荐；证券投资咨询和财务顾问业务；资产管理；发起设立证券投资基金和基金管理公司。2001年2月24日经中国证监会批准增资扩股，公司注册资本由原来的1.5亿元增加至8.17亿元。增资后，众多大型国企和民营集团成为本公司股东，其中广州越秀集团、城建集团、富力集团、粤泰（城启）集团各持有本公司19.58%股权，民营资本占公司注册资本高达42%。公司严格依据《公司法》和《证券法》建立经营决策机制，建立了符合股份制要求的内部管理体制，公司决策系统、业务操作系统、激励系统、监控系统均已形成并有效运作。公司战略发展目标是将广州证券建设成为国内一流的综合类证券公司。公司董事均具备长期从事财务和金融和大型企业管理经验，大部分拥有高级职称。经营班子年轻博学，稳重扎实，积极进取，以专业服务和特色经营参与市场竞争，取得了卓越成效。

地址：广州市先烈中路69号东山广场主楼5楼
邮编：510095
电话：20－87322668　　**传真**：020－87325030

红塔证券股份有限公司

【公司概况】 红塔证券股份有限公司是在云南省三家信托投资公司信、证分业，证券机构整顿重组基础上，联合国内知名企业及优势企业共13家股东共同发起、经中国证监会批准设立的比照综合类证券公司。公司注册资本138,651.04万元人民币。总部位于云南省昆明市北京路155号附1号红塔大厦。公司于2002年1月19日获中国证监会同意开业的批复（证监机构字（2002）27号）。2002年1月28日获中国证监会颁发的《经营证券业务许可证》。2002年1月31日公司在云南省工商行政管理局领取了《企业法人营业执照》。2002年3月23日公司在昆明市举行了开业庆典。

【组织结构与经营理念】 公司现有员工347人，平均年龄32岁，其中：博士2人；硕士20人；研究生学历22人；本科学历100人。公司坚持以人为本，通过吸引国内外高素质人才，利用集中的人才优势，建立具有自身特色的业务体系。公司以证券经纪业务、投资银行业务、证券自营业务三大传统业务为基础，以为客户提供收购、兼并、代客理财、基金管理、国际业务等服务为拓展方向，并通过服务创新、金融产品创新和管理机制创新，发展完善业务经营体系。公司依托分布于云南省内外的证券营业部，大力开拓经纪业务，以客户为中心，以提供投资咨询、采用先进交易系统、开展网上交易、深化投资顾问个性化服务为手段，努力拓展服务体系的深度和广度。

公司坚持“诚信——创造价值”的经营理念，稳健经营，规范管理，开拓创新。秉承以人为本，以服务资本市场为己任，竭诚为企业和投资者提供一流服务。立足云南，面向全国，树立品牌战略，通过不断拓展服务内涵，增强创新能力，提高公司核心竞争力。

公司将以与时俱进、奋发有为的精神风貌，扎实工作，努力进取，力争在较短的时间内跻身全国一流券商行列，积极参与国际资本市场竞争，为西部大开发战略的实施，进一步繁荣我国资本市场作出贡献。

红塔证券的战略目标是追求企业的可持续发展，并立志成为国内首屈一指的、具有专业特色的跨国投资银行。其实现目标的战略途径是：股份化、集团化、国际化、规范化。股份化的最终目标是让公司自身上市，让员工成为公司的股东；集团化的目标是围绕证券业务进行拓展，组建具有行业主导力量的金融企业集团；国际化的目标是实现资源配置、业务范围和机构设置的全球性，并促使内部管理达到国际标准；规范化的目标是实现业务流程标准化、管理手段制度化和公司行为合法化。公司的战略原则是：立足自身、不断完善、稳健发展。立足自身意味着公司的发展将主要依靠公司内部的人才优势和管理优势；不断完善意味着我们将永不满足于现状，在业务品种、市场范围以及管理机制诸方面进行不懈的改革和创新；稳健发展意味着我们追求的是长期均衡利润，而不是短期暴利。

红塔证券发展的外在动源包含了规模动源、利益动源和机制动源。红塔证券发展的内在动源包含知识动源、协同动源和使命动源。公司的最高行为准则是合法经营、公平竞争、规范管理、客户至上、市场导向、追求卓越。红塔承诺将自觉遵守政府制订的各项法律、法规和行业公约，并以最高的标准和最严格的职业道德准则来约束企业自身的行为。在激烈的行业竞争中，红塔强调公平竞争，绝不诋毁竞争对手，也不以低劣手段参与竞争。红塔强调制度化管理，以此来规范组织和员工的行为，防止可能出现的各种履职疏忽和个人权力膨胀。强调对员工的教育和引导，要求全体员工自觉遵守证券从业人员职业道德规范，做到遵纪守法、廉洁自律、正直诚信、勤勉尽责。客户的利益永远被红塔摆在第一位，在瞬息万变的金融市场，为满足客户不断变化的需求，红塔总是努力提供新的优质服务。客户满意就是红塔的成功。只有得到市场认可的企业才能生存，以市场需求为导向是红塔的工作出发点。红塔追求服务的卓越以及与客户共同成长的喜悦。在公司规模上，我们不求最大；但在服务质量上，我们力求最佳。

地址：昆明市北京路155号附1号红塔大厦7—11楼
邮编：650011
电话：0871—3577888　　**传真**：0871—3577922

第一创业证券有限责任公司

【公司概况】 第一创业证券有限责任公司是经中国证监会批准，由国有大型企业北京首都创业集团等多家实力雄厚的跨地区、跨行业的股东投资设立的综合类证券公司。公司注册于深圳市，注册资本金为人民币7.47亿元，业务范围涵盖证券的承销和上市推荐、证券自营、代理证券买卖业务、代理证券还本付息和红利的支付、证券投资咨询、资产管理、发起设立证券投资基金和基金管理公司以及中国证监会批准的其他业务。

第一创业实行董事会领导下的总裁负责制，构造了垂直式、扁平化的组织架构，建立了良好的经营机制，完善了内部管理与风险控制制度，培育了一支素质过硬、业绩卓著的经营团队。公司坚持倡导金融创新，擅长国企重组、民企上市和企业并购，精通于政府及大型企业财务顾问工作，拥有与国际资本市场长期合作的经验，具备了立足全国、服务海外的实力。第一创业恪守一流的机制、一流的人才和一流的服务造就一流的品牌的经营理念，遵循市场化、国际化和规范化经营原则，坚持“以经纪业务为基础，以购并和财务顾问业务为核心，致力于金融创新”的发展战略，精心维护专业、诚信的品牌形象，始终将广大客户的利益放在首位，为客户提供全方位、专业化的金融服务，成为具有较强核心竞争力、在国内外有影响力的投资银行。

【经营业绩】 第一创业在企业并购重组、买壳上市以及国内企业香港上市方面拥有独特的优势，特别是在上市公司收购兼并财务顾问业务方面，公司凭借娴熟的专业技巧、细致的个性化服务，成功地策划并完成多个经典案例，在上市公司并购市场上享有相当的声誉。主要业务内容有上市公司并购顾问、管理层收购顾问、产业整合性顾问、常年财务顾问业务、专项顾问、私募与改制顾问、国内企业香港及新加坡上市。公司曾策划北京经济发展投资公司收购宁波中百（600857）更名为首创科技，实现了民营企业和上市公司的优势互补；协助北京新富投资有限公司完成收购处于财务危机之中的ST渝万里（600847），当年即成功摘除ST帽子；策划广州新太新科技研究设计有限公司收购远洋渔业（600728），并更名为新太科技，帮助上市公司介入了高成长性的行业，推动了上市公司的产业升级；参与策划阳光房地产有限公司收购广西虎威（000608），并更名为阳光股份，并对上市公司进行整体资产置换，彻底转换上市公司的产业类型；担任中国计算机与微电子发展中心的财务顾问，成功募集1.46亿元人民币，发起设立北京赛迪时代股份有限公司；作为国内财务顾问和总协调人，成功推荐京卫医疗股份有限公司香港创业板发行上市。此外，第一创业还先后担任过咸阳步长制药有限公司、北京新奥特集团、四川辉阳生命工程有限公司、北京医学之星高科技创业有限公司、北京绿伞化学有限责任公司和信息产业部计算机与微电子发展研究中心等近百余家公司的重组、购并及融资财务顾问。

地址:深圳市笋岗路12号中民时代广场25、26楼

邮编:518028

电话:0755—25832583

首创证券经纪有限责任公司

【公司概况】 首创证券经纪有限责任公司是自《证券法》颁布实施以来经中国证监会批准于新千年开业的第一家规范化经纪类证券公司,公司注册资本2.3亿元人民币,是以实力雄厚的北京首创集团为发起人,联合其他六家股东共同出资设立的,目前主要从事证券经纪业务。

2001年6月份,首创证券公司获得了中国证监会增资扩股的批文,资本金将增至15亿元并转为综合类证券公司,具备证券经纪、承销、自营、资产管理、投资咨询业务资格的综合类证券公司。短短两年多的时间里公司由一家营业部迅速扩展到十三家营业部和四家证券服务部,先后在北京、深圳、上海、成都、苏州、无锡、济南和石家庄等几大区域经济中心城市设立和收购了一批营业网点,业务品种和客户数量都有了很大扩展。2001年2月5日公司获证监会批准,成为首批取得开展网上证券委托业务资格的证券公司之一。公司依据《证券法》建立了规范的法人治理结构,建全了各项规章制度和内部监管体系,保证规范化经营的同时有效地防范各种经营风险。

首创证券经纪有限责任公司成立以来,在董事会和社会各方的大力支持下,通过全体员工的努力奋斗,各项工作都取得了可喜的成绩,成功地实现了第一阶段的创业目标,经营业绩迅速提升,在中国证券市场崭露头角,展示了一个新兴证券公司的后发优势,也充分证明了公司经营团队的敬业精神和出色的专业素质与能力。

首创证券将立足北京,依托首创,面向国内外,秉承诚实信用原则,遵循专业化、规模化的经营方针,积极引进先进的投资理念,不断地推行业务创新和机制创新,以优质、高效的专业化服务协助广大投资者获取更大的投资回报。首创证券的发展目标是在五年之内,将公司成功上市,使净资产规模和利润总额进入全国证券公司前十名的行列,在国内证券市场具有较大竞争优势和较高知名度。在十年之内,通过与国内外券商的竞争与合作,全面提升净资产规模、盈利能力及综合实力,并成为在全球资本市场具备一定市场竞争能力的国际化证券公司。

地址:北京市东城区东中街29号东环广场B座4层H—M号

邮编:100027

电话:010—64181155　　**传真**:010—64182425

金元证券有限责任公司

【公司概况】 金元证券有限责任公司(以下简称金元证券)是经中国证监会批准设立,以海南省国际信托投资公司、海口市信托投资投资公司所属9家证券营业部证券类净资产为基础,经联合海南金元投资控股有限公司、北京首都机场集团公司等共同出资成立、注册资本5亿元人民币的一家综合类证券公司。

【业务范围】 金元证券有限责任公司的主要业务为证券的承销和上市推荐、证券自营、代理证券买卖业务、代理证券还本付息和红利的支付、证券投资咨询、资产管理、发起设立证券投资基金和基金管理公司及中国证券监督管理委员会。

【组织结构】 运用与国际市场对接管理模式来调整和规范内部管理体制和运作机制,建立了一套较为完善的现代企业制度和风险控制制度,在多年的业务经营中探索出了一条规范运作、开拓创新的发展道路,在国内同行业和投资者中树立了良好的形象。

秉承"以人为本"的宗旨,金元证券拥有一支团结进取、锐意开拓、业务精湛的投资管理团队。公司董事长具有深厚的证券理论知识、丰富的经营管理经验和良好的金融证券市场运作业绩,对国内外金融证券业务操作有深入的研究,对证券投资风险控制具有很强的驾驭能力。公司总裁是金融学博士,师从国内著名经济学家——中国证监会首任主席刘鸿儒教授,曾在美国哈佛大学深造,近期学成回国,具有渊博、扎实的金融理论知识和较强的市场实践操作能力。

公司总部现有人员共76人,本科以上学历的人员达到90%以上,其中具有硕士研究生以上学历的人员就有36人,业务骨干均具有多年的证券从业经验。

金元证券将在有效利用现有市场资源的基础上,积极拓展国际、国内业务,实现超常规发展,成为境内外上市的集团化、国际化大型综合类券商。同时通过对业务进行专业化组合,组建证券投资咨询公司、中外合资的证券投资基金管理公司等专业化子公司,最终发展成为一家涉足资本市场各领域的金融企业集团。"安全、收益、流动、组合"是金元证券市场投资的永恒追求,金元人本着与生俱来的风险意识,恪守投资理念,坚持规范运作,严格管理,在股市低迷,证券行业全面亏损的2002年,依然成绩斐然,成为中国证券公司中一道亮丽的风景线。

地址:海南省海口市龙昆北路2号洙江广场帝都大厦19层

邮编:570125

电话:0898—68583069　　**传真**:0898—68583077

广发北方证券经纪有限责任公司

【公司概况】 广发北方证券经纪有限责任公司是中国第一家由券商控股的证券子公司,其前身为锦州证券。增资扩股后,经中国证监会批准,在2001年7月成为具有独立法人资格的经纪类证券经营机构,并更名为广发北方证券经纪有限责任公司。公司以"知识图强、求实奉献"为核心价值观,以使命感、事业心和专业追求致力于为客户提供创造性的服务,现注册资本为1亿元人民币,目前有8家营业部和4家证券服务部,分别位于上海、天津、沈阳、大连、温州、锦州及辽阳等地,员工二百余人。公司注册地位于锦州,在大连(人民路71号2、3楼)和锦州设管理总部。

重组后的广发北方证券将依托总公司这个坚强后盾,秉承广发证券的核心价值观和经营理念,立足自我,扎实工作,通过充分整合资源、发展特色经纪业务以及中外合作等来寻求自身的发展和壮大,使广发北方成为广发证券集团化框架下的重要力量,并为中国证券市场的发展做出应有的贡献。

大同证券经纪有限责任公司

【公司概况】 大同证券经纪有限责任公司是1988年5月经中国人民银行总行批准成立的股份制非银行金融机构，是中国证券史上最早成立的34家证券公司之一。十四年来，公司秉承"诚信立业、稳健经营、规范发展、求实创新"的经营宗旨，在充满风险和激烈竞争的证券市场中，科学管理、正确决策，逐步成为一家颇具实力的中型券商。

公司现为上海证券交易所、深圳证券交易所、中国证券业协会、中国国债协会的会员，目前拥有上海证券交易所15个席位、深圳证券交易所4个席位，下辖17个外设机构，各营业部均开通深沪两地股市行情，并配备有目前最先进的电脑网络系统。内设机构12个：总裁办公室、行政管理部、财务管理中心、电脑管理中心、经纪业务管理部、营销企划部、资产管理部、零售业务部、机构业务部、稽核监察部、电子商务部、安全保卫部。证券从业人员296人，116人通过中国证监会2000年证券从业人员资格考试，取得160个证券从业人员资格证书。

【经营业绩】 公司在"法制、监管、自律、规范"的方针指导下，健全内部制度、加强风险控制、规范稳健经营，各项业务顺利发展，经营效益大幅提高。公司先后为大同市第一热电厂、同风肉制品厂、新荣区水泥厂等企业代理发行了8000余万元企业债券，筹措了大量资金。93年就开始参与了山西汾酒、山西焦化、大同水泥、南风化工、太原刚玉等十几家公司股票的发行工作，取得了不俗的业绩。在二级市场上，公司采用最先进的交易方式，努力为客户提供完善的证券经纪及投资咨询服务，各项业务的迅猛发展，使公司取得了良好的经营业绩，为证券市场建设和地方经济发展做出了贡献。

2000年初，公司的增资扩股得到了中国证监会批复，注册资本金达1亿元，名称变更为"大同证券经纪有限责任公司"，为公司的加速发展奠定了基础。同时，公司还不失时机地积极开拓场外交易，大力发展网上证券委托及证券咨询业务。与中国建设银行、中国农业银行等多家商业银行签署了银证通和银证转账协议。为广投资者提供了更方便、更快捷的证券投资服务。

地址：山西省大同市大北街13号证券大厦

邮编：030001

电话：(0351) 4192813　　**传真**：(0351) 4192803

恒信证券有限责任公司

【公司概况】 恒信证券有限责任公司是在原长沙证券公司的基础上，经中国证券监督管理委员会批准，通过增资扩股并更名设立的一家专业证券经营机构。公司注册资本58000万元，法定代表人为董事长周兆达先生。

【经营范围】 公司的业务范围主要为证券经纪；证券自营；证券承销；证券投资咨询；资产管理；发起设立证券投资基金和基金管理公司；中国证监会批准的其他业务。

【组织机构】 本公司严格按照《公司法》运作，设股东大会、董事会和监事会。董事会下设风险控制委员会和投资决策委员会。总裁为公司日常经营管理负责人，公司下设总裁办公室、人力资源部、稽核法务部、资金财务部、经纪业务部、网上证券部、研究发展部、国际业务部、资产管理部、投资自营部、投资银行部和信息中心。目前，公司共有10家证券营业网点，即上海崂山东路证券营业部、常德武陵大道证券营业部、长沙五一西路证券营业部、长沙劳动西路证券营业部、长沙芙蓉中路证券营业部、长沙韶山北路证券营业部、株洲证券服务部、益阳证券服务部、娄底证券服务部和衡阳证券服务部。公司拟在京津地区、长江三角洲和珠江三角洲新设数家证券营业部，以实现公司营业网点的科学性合理布局，奠定业务发展基础。公司现有员工156人，平均年龄27岁，其中硕士研究生以上学历占25%，其余员工均具有大专以上学历。公司具有证券从业资格的员工占公司全部员工的85%。公司还将招募一批高素质人才，建立一支精干、专业化的员工队伍。

【企业理念】 恒信证券郑重承诺"让股东放心、让客户放心、让管理部门放心"，以"三个放心"为公司经营理念，把"敬业"精神作为对公司全体员工核心的要求，突出"贵在诚信、利在恒远"的企业形象，不断拼搏，锐意进取，将恒信证券建设成为一家优质、专业的证券公司，为股东谋求最大的投资回报。

【未来展望】 在新世纪的晨曦中，中国成功取得了2008年奥运会的申办权，顺利加入了WTO，中国的经济持续稳定增长，在这样有利的经济环境下，证券公司既面临着前所未有的发展机遇，也有不容忽视的挑战。恒信证券将在未来3—4年内，努力争取使公司成为一家上市证券公司，并积极借鉴国际经验，和境外证券机构合作组建投资银行公司。

地址：湖南省长沙市韶山北路149号

邮编：410005

电话：0731—4120558　　**传真**：0731—4130992

厦门证券有限公司

【公司概况】 厦门证券有限公司成立于1988年7月，是厦门市唯一的专业性证券公司，注册资本金为人民币1310万元。1996年10月经中国人民银行总行批准增资扩股，注册资本金增加到人民币5000万元。公司股东变更后于1997年2月28日在厦门市工商行政管理局重新登记注册为"厦门证券有限公司"。成立11年来，厦门证券本着"求实、创新、进取"的企业精神，立足厦门，面向全国，致力于开拓直接融资和证券交易市场，推进企业股份制改造，帮助企业完善管理体制等方面做了大量工作，公司业务日益扩大，人员素质不断提高并吸引大量优秀人才加盟到公司的队伍中来，公司盈利水平稳定增长。为推动特区证券市场的发展，促进股份制改革，公司率先在厦门特区探索股份制改革和股票发行工作，并致力于帮助试点股份制企业转换机制。在1992年厦门特区首批股票发行中，公司承担全市股票认购申请表的财务总代理，并被推荐担任股票承销团主干事，为开拓厦门特区股票发行市场积累了宝贵的经验。公司较早加入了上海、深圳两地股票交易的行列。94年增设了投资发展部，开始开展股票的发行业务，95年担任"厦华电子"股票发行副主承销商，为公司以后的股票发行承销业务奠定了基础。96年公司担任"厦门国贸"股票发行副主承销商，"厦华电子"配股主承销商，96年12月担任厦门海洋集团主承销商和上市推荐人；97年3月公司推荐"北海招商"在深交所上市，担任"成都商场"配股主承销商，担任厦门厦新电子股份有限公司A股发行主承销商；98年担任"厦门国贸"配股主承销商，并作为"厦门建发"A股股票发行的主承销商和上市推荐人，将其股票于98年6月16日在上交所顺利挂牌上市；99年担任"厦门大洋"新股发行的主承销商及上市推荐人，"厦新电子"配股的主承销商。几年来，厦门证券共为上市公司募集资金近20亿元，在全国地方性券商主承销业务排名中一直比较靠前。公司所属的交易部、厦门东明路(原槟榔)营业部、厦门湖滨西路(原鹭江)营业部、成都星辉中路营业部、上海陆家浜路营业部以其先进的技术设备,优质高效的服务赢得广大股民称赞,公司一贯以投资者交易的方便、快捷、高效和安全为己任,倾听客户意见,努力提高营业部的交易设施、技术档次和服务品质,公司的股票交易量、硬件水平和软件服务在厦门地区同行业中一直处于先进行列,公司还连续四年被福建省企业评价中心评为"福建省最佳形象企业"称号。

公司现有员工157名,正式职工106名,其中硕士研究生以上学历8名,大中专以上学历者占80%,其中80%以上职员具有三年以上从事金融证券业务经验。公司多年来一直把加强内部管理,建立健全各种规章制度作为头等大事来抓,制定了公司"三防一保"安全责任制,形成了一整套较完善的规章制度,同时严格遵守国家有关证券市场法规和政策,认真执行中国证券监督管理委员会下达的各种有关文件,在防范金融风险和保护投资者利益方面在厦门证券界有着良好的声誉,在厦门地区的股票发行和交易工作中发挥着日益重要的作用。

地址:福建厦门市莲前西路2号莲富大厦十七楼

邮编:361009

电话:0592—5161816　　**传真**:0592—5161102

内蒙古日信证券经纪有限责任公司

【公司概况】 内蒙古日信证券经纪有限责任公司(以下简称日信证券经纪公司)是经中国证监会(证监机构字(2002)100号)批准设立的经纪类证券公司,在深、沪两个证券交易所拥有独立的交易席位,是证券交易所的会员单位。日信证券经纪公司是《中华人民共和国证券法》颁布后内蒙古自治区成立的第一家证券公司,它的设立填补了内蒙古地区经纪类证券公司的空白,对内蒙古自治区资本市场的发展具有重大的意义。

日信证券经纪公司注册资本6000万元人民币,股东为内蒙古日信投资(集团)有限责任公司和兴安盟国有资产管理部门。公司经营业务包括:证券的代理买卖、代理还本付息、分红派息、证券代保管、鉴证、代理登记开户。

日信证券经纪有限责任公司秉承"服务地方资本市场"的优良传统,以"客户需求为导向",为投资者提供安全先进的交易手段和满意周到的各项服务;公司本着"诚信、稳健、务实、创新"的经营理念,着力培育企业的核心竞争力,继续为地方经济乃至中国证券市场的繁荣与发展继续作出应有的贡献。

地址:内蒙古呼和浩特市锡林南路40号

邮编:010020

电话:0471—6292465

川财证券经纪有限公司

【公司概况】 川财证券经纪有限公司是经中国证监会批准成立的、全国首家由财政国债中介机构整体转制而成的专业证券公司。公司前身四川省川财证券公司是1988年经四川省人民政府批准,由四川省财政出资兴办的全省最大的国债中介机构,主要从事国债代理发行、兑付及国债转让等业务。2001年,经中国证监会批准,以原四川省川财证券公司的国有资产代表单位四川省国有资产经营投资管理有限责任公司为主体,联合射洪县、乐山市五通桥区、南充市顺庆区、犍为县的国有资产授权管理单位共同发起设立了川财证券经纪有限公司。新公司是以原四川省川财证券公司为主,在整合省内多家财政国债中介机构的基础上设立而成,注册资本为人民币9291万元,拥有沪、深交易席位5个,是中国证券业协会和中国国债协会会员,在省内不同区域拥有6家证券营业部,分布在成都、射洪、南充、乐山和犍为五地,初步构建了辐射全川、面向全国的业务经营机构网络。

【经营业绩】 作为省内首家由原财政国债中介机构转制而成的证券经纪公司,川财证券经纪有限公司在证券经纪代理业务方面有得天独厚的优势:经营业绩卓著 公司自开展代理买卖业务以来,严格依法经营、规范运作,以服务于客户为本,不断提高服务质量。1998年被《四川日报》、《华西都市报》联合评选为四川地区"投资者最满意券商"。公司成立十多年来,年年赢利,创造了良好的经济效益和社会效益,为四川省国债、股票市场的繁荣与发展作出了应有的贡献。

专业优势明显,经营证券业务经验丰富 公司由从业多年的财政证券中介机构重组整合而成,多年的发展积累了许多的经营证券业务的经验,公司研发部还配备有专业的国债研究咨询人员,能为客户提供良好的服务及投资建议。同时,多年的发展还使公司积累了大量的有形和无形资产,公司作为财政证券服务机构,方便群众做了大量的工作,在广大投资者心目中有良好的形象,各营业部经营各类证券业绩良好,在证券市场中有重要的影响。经过多年的发展,公司已拥有一批高素质的人才队伍。截止2002年2月,公司在册职工180人,绝大多数具有五年以上证券从业经历,其中博士、硕士研究生20余人,占员工总数的11%左右。所有业务人员均参加了各类培训和从业资格考试,拥有中高级职称的员工10人,占员工总数的5.6%,获得各类证券从业资格的人数已达135人,占总人数的75%。其余大多具有大学本科以上学历。全体员工敬业精神极强,具有较高的职业道德水准和较强的竞争意识、管理意识和服务意识。这样高素质的人才队伍为公司发展壮大和确立竞争优势提供了强有力的保证。

布点合理,方便客户 公司现有六个营业部,都分布在四川省经济发达,机构投资者众多的地区,各营业部都在当地繁华闹市地段,交通方便,信息通畅。能保证客户方便、及时、快速的进行各种交易相关活动。公司还拟在重庆、宜宾等地新设数家证券服务部,以实现公司营业网点的科学合理布局,奠定"立足四川、面向全国"的业务发展模式。

舒适的营业场所及先进的交易设施 公司六个营业部总营业面积有12400平方米,营业环境清洁舒适。各营业部营业场所均有完善的防火、防盗系统和健全的安全保障制度。各营业部均有500平方米以上的散户交易大厅,并安装有大型显示屏、小键盘自助委托机。大中户室设施齐全,环境优雅,为投资者提供了安全、舒适的交易场所。电话委托数字中继线路和可视电话委托中继线路均完全能满足其业务发展需要,除犍为外,都拥有深、沪高速单向卫星接受系统;成都的两个营业部还拥有深、沪双向卫星系统。机房按有关部门的要求配备了先进的硬件设备和健全的安全保障系统。

先进的计算机信息系统和业务资料报送系统 公司制定了完善的电脑管理制度;在个营业部建立了运行高效、控制严密的计算机信息系统与科学合理、切实有效的业务资料报送系统。系统软件和应用软件均达到C2级安全标准。各营业部根据中国证监会"三分离"的要求,采用金证科技公司金证柜台1.0系统,对前台行情数据与后台交易数据进行了分离,保证了交易数据的安全性。公司总部还与各营业部通过广域网

联网，建立了基于 Lotus Domino 平台的办公自动化系统、金证中央监控系统 2.0 和法人清算系统，对营业部进行实时的电子化监控和清算，严格监控各营业部的营业状态。先进、高效的计算机信息系统和业务资料报送系统能充分保障公司及各营业部的正常运行。公司多年经营证券业务的经验和大量的专业人才，加之先进安全的计算机信息系统、舒适的营业场所，这些优势从各个方面保障了公司业务活动的开展，也保证了我们能为客户提供优质高效的国债代理及投资咨询服务。

地 址：成都市中新街 68 号

邮 编：610016

电 话：028—6658067　　**传 真**：028—6658067

东海证券有限责任公司

【公司概况】 东海证券有限责任公司是经中国证监会批准的比照综合类的全国性证券公司，注册资本为 10.1 亿元，注册地为江苏省常州市，总部办公地为上海市浦东新区。作为专业金融服务机构，公司秉承“用微笑传递智慧，让事实缔造杰出”的理念，致力于建立一套科学、规范、严密的经营管理体系和风险监控体系，形成稳健开拓的经营风格，创立独特的公司品牌，与社会各界谋求共同发展。

东海证券与中国证券市场一起成长壮大。公司创建于 1993 年 1 月 16 日，前身为常州市证券公司和常州证券有限责任公司，迄今已经走过了十一年的发展之路。2003 年，公司经历了历史性飞跃：增资与重组，遍布全国多个省市的 16 家企业集团以现金出资入股，公司以崭新面貌扬帆前进。成立以来，广大东海人奋力拼搏，锐意创新，形成了较为明显的后发优势。

公司以客户为中心，为客户提供综合性证券业务服务，全方位满足客户的需求。公司的经营范围包括：证券的代理买卖；代理证券的还本付息、分红派息；证券的代保管、鉴证；代理登记开户；证券的自营买卖；证券的承销；证券投资咨询（含财务顾问）；中国证监会批准的其他业务。

东海证券有限责任公司

上海总部：上海市浦东新区东方路 989 号中达广场 17、22 层

邮编：200122

客户投诉电话：(021)50585609

常州总部：常州市延陵西路 59 号投资广场 18、19 楼

邮编：213003

网上交易技术支持电话：(0519)8122206

河北财达证券经纪有限责任公司

【公司概况】 河北财达证券经纪有限责任公司是根据国务院、中国证监会、财政部关于财政国债中介机构转制的有关文件精神，经中国证监会审核批准（证监机构字〔2002〕81 号），以原河北财达证券公司为主体、吸收保定和秦皇岛信托投资公司所属证券营业部于 2002 年 4 月重组设立的一家证券专营机构。

公司的前身——河北财达证券公司，创建于 1995 年，几年来恪守证券监管“八字方针”，规范经营，稳健发展，从最初的艰苦创业发展到转制前的初具规模，累计实现利税 3 亿元，网上交易比例位居全国前列，综合竞争实力不断增强，以优质的客户服务和良好的经营业绩，创立了为广大投资者认可和信赖的"财达证券"品牌，为公司今后的飞跃发展奠定了坚实的基础。

公司按照中国证监会要求，以原财达证券公司的优良资产与其他股东共同组建了河北财达证券经纪有限责任公司，注册资本 2.3 亿元，下设总经理办公室、人力资源部、计划财务部、交易管理部、稽核监察部、电脑工程部、网络业务部、安全保卫部等职能部门，在石家庄、保定、沧州、唐山、秦皇岛、涿州等地设有 10 个证券营业部，交易设施齐备、安全，交易系统通畅、迅捷，咨询服务完善，环境舒适，是广大投资者开启财富之门的首选之地。同时，公司设立了目前省内唯一一家专业证券咨询公司——河北源达证券投资咨询有限公司，拥有一批执业证券分析师。

面对二十一世纪中国证券市场的机遇与挑战，公司将秉承“开拓、求实、诚信、卓越”的企业精神，充分发挥多年积累的服务优势、人才优势、信息优势、品牌优势和管理经验优势，吸取业内先进的经营理念和管理模式，努力形成自身的竞争策略和个性化服务特色，为推动证券市场的繁荣和健康发展做出新的贡献。

深圳市金牛证券经纪有限责任公司

【公司概况】 深圳市金牛证券经纪有限责任公司（以下简称金牛证券）是中国证监会批准成立的证券经纪公司。金牛证券是在原深圳有色金属期货联合交易所基础上改制而成，主要从事证券的代理买卖、代保管、鉴证和过户；代理还本付息和分红派息；代理登记开户和与证券交易相关的咨询及相关业务。

【经营概况】 金牛证券拥有最先进的高科技设备和交易系统；为适应证券行业飞速发展的要求，保证客户资金及交易的安全可靠和高效，金牛证券采用了业界一流水平的具有容错性能的网络系统，而先进的千兆网的应用则为客户提供了更加高效的交易通道，从而构筑了国内领先的、最安全可靠的真三层结构的交易系统。此外，从宏汇、钱龙到电话委托等一系列的委托方式及多种行情分析咨询系统，将使客户可以更加方便、快捷地参与交易。金牛证券拥有最丰富最全面的信息咨询：国内外证券市场的动态速递；及时的香港恒生指数、美国道琼斯指数及那斯达克指数收盘情况；国内主要期货品种实时行情；国内外最新财经要闻。

金牛证券拥有宽敞舒适的交易环境：金牛证券华富路证券营业部面积近 4000 平方米，三层的营业区域共拥有 25 间大户室及机构室；一层散户厅及四层中户厅共拥有 600 多间电脑工作台，宽松的环境可满足任何一位股民的操作要求。

金牛证券拥有能为客户提供全防方位、系统的服务机制：“全心全意为客户服务”是我们的经营理念，尽一切可能为客户提供准确的信息服务，为客户创造财富增值的合法环境和条件。

新的金牛证券将以新的交易手段、新的交易环境、新的服务理念、新的管理机制为客户创造优质的经营环境，以活力、朝气辉煌于深圳乃至中国的证券市场。

地址：深圳市华富路海外装饰大厦 A 座十一楼

邮编：518031

电话：0755—83217439　　**传真**：0755—83217469

四川省天风证券经纪有限责任公司

【公司概况】 四川省天风证券经纪有限责任公司（以下简称

天风证券公司)是《证券法》实施后四川省首家严格按照规定程序设立并已获中国证监会批准正式开业的证券经纪公司。天风证券公司是以成都联合期货交易所为基础改组而成,根据国务院关于合并缩减国内期货交易所的指示精神,经中国证监会批准,成都联合期货交易所在省委省政府的支持下,改组为四川省天风证券经纪有限责任公司。

天风证券公司专门从事证券经纪业务,其具体的业务范围为证券的代理买卖、代理还本付息 、分红派息、证券代保管、鉴证、代理登记开户和与证券交易有关的咨询及相关业务。天风证券公司成都走马街证券营业部位于成都市走马街55号友谊广场B座6楼和19楼,营业面积3600平方米,可容纳大户60余位,中户400余位,散户若干。营业部采用千兆以太交换网,交易服务器和行情服务器均采用双机热备份,实现了信息系统的高安全性和高可靠性。营业部还拥有沪、深两地的双线和单线卫星系统及地面备份系统,同时具备80条电话中继线用于电话委托,使用DDN实现银证联网营业部同时采用钱龙、汇金行情分析系统及港澳、万得咨询系统 ,各系统之间的切换方便、快捷、安全,能满足客户的不同要求。

天风证券公司有一支思想素质和业务素质良好的员工队伍,公司90%以上员工具有大专以上文化程度,公司内部管理严格,制度健全,有一套适应证券市场规范发展的内部管理机制。能为广大投资者提供良好的咨询服务,帮助客户最大限度的避免市场风险。天风证券公司将始终把全心全意为证券市场广大投资者服务放在首位,以协助证券市场广大投资者最大限度地规避投资风险和取得投资效益为根本宗旨。

地址:四川省成都市走马街55号友谊广场B座6楼

邮编:610021

电话:028—86712451　　**传真**:028—86712441

西安华弘证券经纪有限责任公司

【公司概况】 西安华弘证券经纪有限责任公司是经中国证监会核准、西安市工商局注册设立的经纪类证券公司。华弘证券的前身是久负盛名的西安财政证券,根据国务院办公厅、财政部及中国证监会有关文件精神,按照陕西省、西安市人民政府的部署,西安财政证券转制为经纪类证券公司。中国证监会已于2002年8月22日向公司颁发了《经营证券业务许可证》。公司的经营范围:代理证券发行,代理证券买卖,代理证券还本付息及支付红利,代理证券保管、鉴证、登记、开户。

华弘证券总部位于西安市太白北路3号,是西安市属唯一具有法人资格的证券专营机构,公司下设直属营业部、西安南大街、西安太白路、西安电子二路、阎良人民路等5个营业部,营业面积3800平方米,设有特、大户室,条件优越,有专门的交易席位,营业大厅内设大屏幕行情显示,卫星行情接收,既时成交回收和先进的计算机网络系统等传输通讯设备,公司拥有网上交易、远程委托、营业部间通买通卖、通存通兑、多家银证转帐等多种先进的交易委托方式和转帐系统,是实力雄厚的专业证券公司。

【规范管理】 公司按照精干高效的原则,设有总经理办公室、计划财务部、电脑中心、清算(稽核)部、网上交易发展部及远程客户发展部等6个管理部室。公司现有员工93人,大学本科及其以上学历占63.5%;65%的员工具有证券从业资格。经过多年发展,公司已形成了一支专业化、年轻化、富有凝聚力、战斗力和发展潜力的员工队伍。

【组织结构】 华弘证券按照《公司法》等有关法律、法规和现代企业制度规范运作,形成了比较规范的法人治理结构。公司将根据未来市场变化的要求,继续改进完善管理模式,构建科学、规范的组织结构,引进优秀的人才提供发挥聪明才智的平台,使华弘证券在中国资本市场超速发展的时期,快速成长,不断走向成熟。西安华弘证券经纪有限责任公司依照"服务、信誉、创新、效益"的宗旨,不断开拓创新,规范化、现代化、专业化、持续健康的经营和发展。与此同时,我们将一如既往,不断开发新的服务项目,尽善尽美地向投资者提供最优质的服务。

地址:西安市太白北路3号华弘大厦

电话:029—8497232　　**传真**:029—8497466

中山证券公司

【公司概况】 中山证券公司是经中国证券监总行批准设立,面向全国经营的股份制专业性证券经营机构。注册地在广东省中山市。公司经营范围为证券业务及相关的投资业务,主要包括:代理证券买卖,开展投资基金业务,代理有价证券还本付息、分红和保管业务,接受委托办理证券的登记和过户,提供有价证券的金融咨询服务。公司奉行"天下为公"的企业精神,以"求实、创新、稳健、卓越"为经营理念,以争创国内一流证券商为奋斗目标,积极贯彻国家经济、金融方针及政策,运用市场机制,导入现代管理理念,力争做到规范经营和争创效益的有机结合,从而为广大的资本市场参与者提供完善优质的服务。经过多年的辛苦努力,公司已经形成了立足广东、辐射全国、网点布局合理、经营规模适度的战略格局,建立完善了内部经营管理体制,并锻炼塑造了一支高素质的专业人才队伍。

公司现有从业人员200余人,其中博士、硕士15人、本科78人。高、中级以上职称的35人,平均年龄29岁,大都来自国内知名高等学府或实际工作部门,是一支有潜力、充满活力的队伍。

【经营状况】 中山证券公司自成立以来,运用灵活的经营机制和有效的管理模式,积极拓展业务,勇于探索,努力创新。在极短的时间里得到了迅速的发展。目前已将业务拓展到全国各地,并取得了一定的业绩。公司依托良好的服务、先进的设备和优质的服务手段,经纪业务方面的成交量已达到相当的规模。

【发展前景】 公司现拟增资扩股,在资本扩大后,公司将进一步拓展业务,努力扩大代理成交量,积极拓展国内外市场,大力拓展新的业务领域,力争以优异的成绩跻身全国优秀证券商的行列。

地址:广东省深圳市福田区益田路江苏大厦B栋15层

邮编:518026

电话:0755—82943769

中银国际证券有限责任公司

【公司概况】 中银国际证券有限责任公司(以下简称"中银国际证券")由中银国际控股有限公司联合中国境内五家大型企业——中国石油天然气集团公司、国家开发投资公司、玉溪红塔烟草(集团)有限责任公司、中国通用技术(集团)控股有限责任公司以及上海国有资产经营有限公司共同投资设立。中银国际控股有限公司(以下简称"控股公司")是中国银行在香港设立的全资子公司,注册资本10亿美元,在全球拥有11

家附属机构，地域横跨欧亚。同时它也是中国成立最早的投资银行，在海外规范经营二十余年，同时接受中国、香港、英国等国家和地区监管机构的监管，对国际资本市场的运作规则非常熟悉，现已成为中国在海外拥有最强投资银行专业队伍、最大独立国际配售网络、管理资产最多、最为国际化的全功能投资银行。

中银国际证券与控股公司之间实行“一体化”运作模式，共同分享品牌资源、技术与管理资源以及人力资源与客户资源。中银国际证券以高起点、国际化定位起步，借鉴国际投资银行的管理及运作模式，发挥多元客户资源与跨境市场资源的特有优势，通过投资银行与商业银行的服务组合，为客户提供全方位、高标准、一站式的全球资本市场服务。

目前公司已开展的业务有：境内发行的人民币普通股票（A股）、人民币特种股票（B股）、境内政府债券、公司债券和企业债券的承销业务及经纪业务；投资顾问、财务顾问、企业重组购并顾问、项目融资顾问等顾问业务以及投资咨询业务；即将开展资产管理、委托理财、债券自营等业务。在中银国际全球业务一体化的基础上，还可以开展境外发行股票、债券等跨境业务。

中银国际证券的经营宗旨是：为客户提供最佳投行服务；为股东提供良好投资回报；为中国资本市场发展贡献全力。

【组织结构】 依据现代公司治理原则，中银国际证券建立了在董事会及其三个专业委员会决策领导下由执行委员会进行直接经营管理的组织架构。董事会是公司的最高决策机构，内设风险管理、审计及人力薪酬三个专业委员会。执行委员会由公司高级管理人员组成，通过运营委员会行使管理职能。同时，借鉴国际投行的模式，结合中银国际的经验，对公司各职能部门按照业务和管理支持职能的不同分为前、中、后线进行管理，显著提高了专业化水平及工作效率。

地址：上海市浦东新区银城中路200号中银大厦39F

邮编：200120

电话：021－68604866　　**传真**：021－58883554

中原证券股份有限公司

【公司概况】 中原证券股份有限公司是一家全国性综合类证券公司。公司总部位于河南省郑州市经三路15号广汇国际贸易大厦。中原证券是在河南财政证券公司、安阳信托投资公司证券营业部合并重组的基础上，联合其他符合条件的公司增资扩股组建而成，同时重组河南证券有限责任公司，完成省内大部分证券资源的整合。公司注册地为河南省郑州市，注册资本10.33亿元，属中等规模券商。公司业务范围包括：证券的承销和上市推荐、证券自营、代理证券买卖业务、代理证券还本付息和红利的支付、证券投资咨询、资产管理、发起设立证券投资基金和基金管理公司，中国证监会批准的其他业务。

公司现有9家股东单位，分别是：许继集团有限公司、河南省经济技术开发公司（河南财政证券公司出资人）、河南省建设投资总公司、安阳钢铁集团有限责任公司、安阳市经济技术开发公司、安阳市信托投资公司、河南神火集团有限公司、焦作市经济技术开发有限公司、鹤壁市经济发展建设投资公司。公司拥有投资银行、经纪业务、证券投资、资产管理、信息技术、研究所等11个总部。证券营业部27家、证券服务部12家，分布在河南省内和上海、深圳等地，股票交易量占全国市场的6.339‰，占河南省市场的1/3，投资者开户数50万户。

地址：郑州市经三路15号

邮编：450003

电话：0371－5585018　　**传真**：0371－5585118

中国民族证券有限责任公司

【公司概况】 中国民族证券有限责任公司是经国务院批准，由中国民族国际信托投资公司作为主发起人，联合东方集团股份有限公司、北京首都机场集团公司、新产业投资股份有限公司和北方财务有限责任公司共同出资发起设立的全国性、股份制综合类证券公司，注册资本104845.64万元人民币，注册地北京。

业务经营范围：证券经纪、证券自营、证券承销和上市推荐、证券投资咨询、资产管理、发起设立证券投资基金和基金管理公司，以及中国证监会批准的其他业务。

【经营业绩】 目前公司已获准各项业务资格有：证券经纪业务、证券投资咨询、股票主承销、受托投资管理业务、网上证券委托业务、证券业务外汇经营许可证、保险兼业代理许可证、证券交易所系统国债承销团成员、国家开发银行金融债券承销团成员、银行间债券市场及交易所债券市场成员等。

公司总部设有17个业务和职能部门，在全国各大中城市及民族地区设有证券经营机构52家，已形成规范化、专业化、规模化经营格局。

公司有着良好的股东背景，股东之间在行业、地域和企业文化等方面有着很强的互补优势，具有丰富的经营管理和投资金融企业的经验。在国际知名专业咨询公司的支持帮助下，公司严格按照现代金融企业制度的要求，建立了科学制衡的法人治理结构和完善的内部控制体系，组建了一支业务精湛、勇于创新、勤勉尽职的专业人才团队，为公司健康快速发展奠定了坚实的基础。

公司的发展将继续坚持客户至上、开拓创新、诚实守信、稳健规范、团结协作的经营理念，主动适应市场形势新变化，不断提升公司核心竞争力，努力为中国证券市场的发展做出更大贡献。

方正证券有限责任公司

【公司概况】 方正证券有限责任公司成立于1988年，原名浙江证券有限责任公司，注册资本5.13亿元，公司注册地杭州，在上海设有综合管理部。目前公司以浙江为中心、以上海、深圳、北京、天津、武汉等国内中心城市为重点，在全国设有15家证券营业部和7家证券服务部。

【经营业绩】 方正证券有限责任公司是新中国证券市场的开拓者和探索者之一，很长一段时间以来，都充当着国内证券市场引领者的角色，创造了多项浙江乃至全国证券业务方面的"第一"，积累了丰富的一、二级市场经验和专业人才。公司是上海、深圳证交所最早的会员之一，并获得了上海证交所极具象征意义的001号红马甲；公司还是全国首批具有证券主承销资格和国债一级自营商资格的公司之一、全国最早开展B股业务的公司之一、全国首批获得证券投资咨询资格的券商之一。

2002年8月，经中国证监会批准，北大方正集团公司通过分别受让原浙江证券18家股东各51%股权的方式入主浙江证券，经过彻底的重组与整合，公司拥有了全新的经营理念和一流的经营机制，吸引了众多业内英才的加盟，为公司再创辉煌奠定了的坚实基础。

国盛证券有限责任公司

【公司概况】 国盛证券有限责任公司是经中国证券监督管理委员会批准设立的全国性综合类证券公司，系以江西省国际信托投资公司、江西省发展信托投资股份有限公司、赣州地区信托投资公司现有证券业务为基础，吸收其他单位现金出资，共同发起组建。公司注册地江西南昌市，注册资本金 50,228 万元人民币，法定代表人：管荣升。公司股东为江西省出版总社、江西省财政投资管理公司、江西教育出版社、江西省国际信托投资公司、江西省发展信托投资股份有限公司、江西赣粤高速公路股份有限公司、江西高速公路投资发展（控股）有限公司、江西省投资公司、赣州地区信托投资公司、江西省地质矿产勘查局、北京清华大学企业集团、江西省煤炭集团公司、江西煤炭实业有限责任公司、江西有色地质勘查局、江西江中药业股份有限公司、中国烟草总公司江西省公司、江西省医药集团公司等 17 家单位。公司设有 13 个职能和业务部门，在上海、深圳及江西省内各主要地市设有 18 家证券营业部。

【经营范围】 公司以客户需求为中心，为客户提供综合性证券业务服务，全方位满足客户的需求。公司经营范围包括：证券的代理买卖；代理证券的还本付息和分红派息；证券的代保管、鉴证；代理证券登记开户；证券的自营买卖；证券的承销和上市推荐；证券投资咨询；资产委托管理；发起设立证券投资基金和基金管理公司；中国证监会批准的其他业务。

宏源证券股份有限公司

【公司概况】 宏源证券股份有限公司是我国第一家上市证券公司，前身是新疆宏源信托投资股份有限公司；1994 年 2 月在深圳证券交易所上市，成为新疆第一家上市公司。1997 年中国建设银行和中国信达资产管理公司入主宏源以后，公司加快了发展步伐，建立了完善的法人治理结构，健全高效的经营管理机制和较为完备的内控体系；确立了“规范管理、稳健经营、以人为本、不断创新、防范风险、提高效益”的方针和“立足新疆、走向全国、面向世界、稳步发展”的发展战略，保证了各项业务的持续健康发展。经过几年的努力，公司实现了三大转变：实现了以信托业务为主向以证券业务为主的转变；实现了传统管理经营体制向现代企业法人治理体制的转变；实现了区域性金融机构向全国性金融机构的转变。

2000 年 9 月，中国证券监督管理委员会批准新疆宏源信托投资股份有限公司整体改组为宏源证券股份有限公司，宏源证券成为中国第一家上市证券公司。2001 年 8 月，国家外汇管理局和中国证监会批准宏源证券股份有限公司经营外汇业务和外币证券业务，宏源证券成为国际性的上市证券公司。

第十二编

中介机构

2082/2102

栏 目 协 办

华安证券有限责任公司

中介机构

中国证券登记结算有限责任公司

中国证券登记结算有限责任公司(简称"中国结算公司")是依据《中华人民共和国证券法》和《中华人民共和国公司法》组建,在国家工商行政管理局注册登记的境内证券登记结算机构。经国务院同意,中国证监会批准,中国结算公司于2001年3月30日正式成立。公司为永久存续的有限责任公司,注册资本为人民币6亿元,资本总额为人民币12亿元,上海、深圳证券交易所各出资50%。这是我国证券登记结算体制朝着集中统一、规范化和国际化方向变革迈出的重要一步。公司实行董事会领导下的总经理负责制。公司总部设在北京,设有上海、深圳两个分公司。中国证监会是公司的主管部门,公司业务接受中国证监会监管。

公司成立后,即着手将原沪、深证券交易所的登记结算公司改制为中国结算公司上海、深圳分公司。经过充分沟通与协商,公司与沪、深证券交易所就资产评估、划分和资本投入、业务划分、人员分离和清理历史遗留问题等达成一致,并以框架协议和备忘录的形式,明确双方业务往来主要内容、责任、权利和义务。在沪、深证券交易所的大力支持和配合下,2001年9月中下旬,中国结算公司上海、深圳分公司正式成立。2001年9月20日,中国结算公司分别与上交所和上海证券中央登记结算公司、深交所和深圳证券登记结算公司联合发表公告,宣布从2001年10月1日起,中国证券市场的证券登记结算业务全部由中国证券登记结算公司承接,这标志着全国集中统一的证券登记结算体制的组织架构已经基本形成。

公司的宗旨是,建立一个符合规范化、市场化和国际化要求,具有开放性、拓展性特点,有效防范市场风险和提高市场效率,能够更好地为我国证券市场未来发展服务的集中统一的证券登记结算体系。公司的经营范围是:证券账户和结算账户的设立和管理、证券登记与过户、证券托管与转托管、证券和资金的清算与交收、受发行人委托办理证券权益分配等代理人服务以及中国证监会批准的其他业务。

按照中国证监会的要求和公司发展战略,公司研究拟定了证券登记结算业务整合和未来发展规划,主要目标是:

一、在业务制度建设方面,形成以证券账户管理、登记、托管及结算四大规则为核心,包括业务规则、业务流程和具体操作手册三个层次的、有机衔接的完整的制度体系。

二、在业务整合方面,实现沪深分公司按照统一、完善的业务标准运作,计算机系统相互连通,形成统一业务平台。

三、在基础技术建设方面,一是要建立公司广域网系统,实现京、沪、深三地网络互联;二是要建立证券登记结算数据处理中心;三是要加强完善集中统一的登记结算计算机系统。

四、在风险控制方面,建立一套切实可行的风险控制体系,对风险实行事前防范、事中监控及事后化解,确保证券登记结算系统安全平稳运行。

五、在新系统建设方面,建立一个开放的,能为不同证券及衍生品种和不同交易系统服务的,符合规范化、国际化要求的,集中统一的证券登记结算系统,以适应证券市场未来发展需要。

六、在组织体系建设方面,建立公司总部及上海、深圳分公司三地一体的组织架构,由公司对分公司实行授权经营,规范公司总部对分公司的行政管理和业务管理,建立一整套完善的办公、财务、稽核、人事等内部管理制度。

七、日常业务运行管理工作目标是在保证日常业务安全平稳运行的基础上,配合并保证中国证监会有关证券市场重大改革措施的贯彻落实,满足证券市场发展对登记结算系统的功能需求。

北京京都会计师事务所

北京京都会计师事务所成立于1981年,作为有着二十余年历史的会计公司,北京京都会计师事务所有限责任公司始终致力于协助客户在市场中取得成功。北京京都会计师事务所是国内大规模会计师事务所之一,具有证券业、金融业审计资格,拥有300余名高素质员工,是浩华国际在中国的成员所,并拥有资产评估公司及税务公司和多家分所,能提供审计、会计、税务、金融、法律、商业策划、咨询、工程技术、电脑等专业化服务。

北京京都会计师事务所一贯恪守诚信原则,重视客户利益。作为客户的战略合作伙伴,北京京都会计师事务所将以勤勉的工作、增值的服务协助客户在商业竞争中不断取得成功。

优良的团队

北京京都是浩华国际会计公司(国际排名第七位)中国成员所。事务所拥有300余名员工,其服务范围涉及各行各业及相关方面——审计、验资、税务咨询与代理、评估、管理咨询、会计服务、专业培训等。其中拥有CPA百余人;具有证券、期货相关业务执业资格的注册会计师近40人;注册评估师20余人;注册税务师近70人;房地产、土地估价师10余人。

为拥有一流网络规模,北京京都以北京为中心,在全国重要城市逐步建立起分支机构,实现北京京都的网络服务。现已在吉林、四川、武汉建立了北京京都分支机构,同时在上海、大连、深圳、广西等地建立了合作关系。

北京中洲光华会计师事务所

北京中洲光华会计师事务所是由原北京中洲会计师事务所与原大连光华会计师事务所于2000年7月新设合并设立的大型会计专业服务机构。合并前的中洲会计师事务所,由财政部一批老专家于1989年创建并经财政部批准成立,是当时国内拥有注册会计师最多、第一批获准从事证券相关业务审计资格、证券业评估资格的会计师事务所;合并前的大连光华会计师事务所，由著名会计学专家教授于1988年创建，隶属于东北财经大学，是一家较早具有证券从业资格的会计师事务所。合并后，事务所以有限公司形式依法进行了工商登记，注册资本金为200万元人民币，总部设在北京。为满足业务发展的需要，经批准，陆续设立了大连分所、江苏分所、河南分所。目前，北京中洲光华会计师事务所拥有专业人员近300人，其中具有证券资格的注册会计师30余人，注册会计师150余人，资产评估师20余人。

北京中洲光华会计师事务所目前具有证券相关业务审计、金融相关业务审计、大型企业年度审计、资产评估、工程造价等多种中介服务资质与资格。为提高执业水平和质量，我所于2002年4月将工程咨询部独立，成立了"北京中洲光华工程造价咨询事务所有限公司"，专门聘用了十余名资深工程造价方面的专家和技术人员，取得了建设部颁发的"工程造价乙级资质证书"。事务所除认真提供中介服务外，还积极投身财会及相关领域的理论研究，成果显著，现为中国成本研究会、中国中青年财务成本研究会理事单位。为了推动我国财务成本学术创新工作，出资数十万元设立了"中国中青年财务成本研究会'中洲光华杯'学术创新奖励基金"，自2001年开始，每年对我国在财务成本领域取得优秀科研成果的数名专家教授予以奖励。由于具有很强的专业能力和政策水平，经严格挑选，多名专业人员受聘 担任了中央大型企业工委和中央金融工委监事会监事助理或工作人员。作为国内专业服务的佼佼者，客户遍布除台湾、西藏、和香港、澳门特别行政区外的30个省、市、自治区，涉及机械、轻工、冶金、电力、石油、化工、汽车、造船、电子、电器、仪表、建材、建筑、农业、交通、航空、高科技、金融、房地产、旅游、内外贸易、证券、投资等国民经济各个行业，其中很多为大型集团企业及跨国企业。

北京中洲光华会计师事务所作为一家资深的会计中介服务机构，积累了丰富的工作经验，服务内容也十分广泛，主要包括：审计与验资业务、管理咨询业务、资产评估业务、工程造价咨询业务等。审计业务包括上市公司、外商投资企业、大中型国有企业、金融企业和其它各类企业的中期、年度会计报表审计；企业股份制改组与上市审计；企业合并、分立、清算的会计报表审计；清产核资等法律、法规规定的审计业务。管理咨询业务包括企业改制的方案设计；企业收购、合并的专业咨询服务；企业上市的可行性研究与前期准备；设计、评价企业内部控制制度；管理咨询；担任企业常年会计顾问；市场调查；会计制度设计；培训财会人员等。资产评估业务包括企业重组、购并过程中的资产评估业务及无形资产、房地产等单项资产评估业务。工程造价咨询业务包括建设项目投资估算的编制审核及项目经济评价、项目建议书、项目可行性研究和编审、组织招投标、标底及投标报价的编审、工程概预算和工程结算的编制审核与审计、工程变更及合同价款的调整和索赔费用计算、建设项目各阶段的工程造价控制、工程造价计价依据的编审等专业服务。

北京中洲光华会计师事务所在1998年改制过程中顺利完成了从业人员新老交替，随着业务的不断发展和队伍壮大，我们不仅注重总结经验，而且注重队伍建设，凝聚了一大批年富力强的专家和学者，一线工作人员实现了年轻化、专业化。在业务开展过程中始终遵循"以质量求信誉，以信誉求发展"的宗旨，依靠丰富的经验、卓越的能力以及广泛的工商业财务资源，按照《中国注册会计师独立审计准则》的要求，恪守独立、客观、公正原则，坚持廉洁、高效、实事求是，依法充分维护客户权益，为客户提供优质服务。

福建华兴有限责任会计师事务所

福建华兴有限责任会计师事务所原由福建华兴会计师事务所更名，于1999年元月正式成立。现拥有从业人员138多名，其中，注册会计师、从事证券、期货相关业务注册会计师、注册资产评估师、工程造价师、注册税务师、房地产估价师、土地估价师等具有各类专业资格的员工占从业人员的75%以上；本所为各类客户提供服务中，以为证券、期货、金融企业、股份制企业、外资企业和其他中型企业提供审计、资产评估和会计顾问服务见长。服务对象遍布省内外和港澳地区，是一家具有较大影响的会计师事务所。

事务所从诞生至今已走过了二十年不平凡历程，在工作中积累了丰富经验，业务建设中集中了一批高素质、高学历的高级人才，本所138多名员工中大专以上学历的占90%以上，其他业务人员都具有大专以上学历。具有经济、会计、工程类的专业高级人才50%以上，并与境外、国外会计公司建立了长期的业务合作关系。1993年以来，经中华人民共和国财政部、中国证券监督管理委员会确认具有证券业务审计资格，2001年3月经中华人民共和国财政部、中国人民银行获准从事金融相关审计业务资格，还具有国有大中型企业审计、资产评估、基建预决算审计、房地产评估等相关执业资格。事务所服务范围包括：会计审计服务、工商登记服务、税务咨询服务、资产评估服务、基本建设项目审计、工程造价咨询服务、管理咨询服务。

在多年的工作中，事务所一贯恪守以质量求信誉、以信誉求发展的建所方针，认真执行财政部、中注协制定的各项执业规范，不断完善业务工作质量控制制度，严格遵守《中国注册会计师职业道德准则》，在社会上和客户中牢固树立了"独立、客观、公正"的良好形象。目前事务所正在贯彻实施《中国注册会计师独立审计准则》，以不断提高执业质量为突破口，推动业务的快速发展。事务所十分珍惜已取得的业绩和信誉，在成绩面前，居安思危，力争把本所建设成为让客户满意的会计师事务所。

福建华兴有限责任会计师事务所将通过建立有效的经营管理机制和科学的执业规范体系，使事务所规模水平不断发展和提高，以适应改革开放和建立社会主义市场经济的需要，充分发挥注册会计师、注册资产评估师在经济活动中的鉴证和服务作用，维护社会公共利益和投资者的合法权益。

公信中南会计师事务所

公信中南会计师事务所是经上海市财政局批准的第一家由注册会计师持股的股份合作制会计师事务所，实行"自主经营、自我管理、自我发展"，是独立的中介机构。自1987年成立至今，规模不断发展，业务领域遍布各行各业，向社会各界提供了各种类型优质、高效、周到的服务，获得广大客户的充分信任和良好信誉。

事务所有享有上海市财政局颁发的从事大型企业和国有企业年度会计决算的审计资格和上海市建设委员会颁发的工程预决算审计的一级资质，本所控股单位上海大同资产评估有限公司亦具备有形资产，无形资产及企业整体资产评估的专业资格。

事务所现有工作人员130名，其中注册会计师50名，税务师28名，资产评估师16名，房地产估价师14名，选价工程师 8 名，具有审价资质的审价人员 14 人，各类中高级职称专业技术人员占总人数的 85%。各类专业人员在会计、审计、经济、税务、工程等方面具有丰富的专业知识和工作经验，是一个富有朝气充满进取精神的群体。

华证会计师事务所

华证会计师事务所（以下简称“华证”）是根据《中华人民共和国注册会计师法》于 1995 年组建、经中华人民共和国财政部批准并在国家工商行政管理局登记注册、具有独立法人资格的有限责任会计师事务所。华证在北京设立服务总部，并在深圳、合肥设有分支机构，为遍及全国各地的客户提供优质服务。华证具有财政部和证监会联合颁发的证券、期货相关业务许可证，拥有特大型国有企业审计资格证书和资产评估资格证书。华证成立以来，全体员工恪守“独立、客观、公正”的原则，遵循“客观公正，依法办事，求实高效，服务社会”的宗旨，秉承“诚信为本、勤勉尽责”的理念，为国内外客户提供完善的服务，在业内树立了良好的专业形象。

华证所现有各类专业人员近 200 人，其中注册会计师 86 人（证券特许资格注册会计师 26 名），注册资产评估师 46 人，注册税务师 8 人，造价工程师 8 人。这些由会计专家、税务专家、法律专家和教授、学者等方面优秀人才组成的专业队伍凭借自身良好的专业经验，精深的专业知识和严谨的工作作风为国内外客户提供全面的审计、税务、管理咨询服务。

利安达信隆会计师事务所有限责任公司

利安达信隆会计师事务所有限责任公司（简称利安达信隆），是按照财政部关于会计师事务所上规模、上档次、上水平的要求，经中华人民共和国财政部批准，国家工商行政管理局注册登记，由利安达会计师事务所（原挂靠对外贸易经济合作部）与黑龙江龙源会计师事务所（原挂靠黑龙江省财政厅）、珠海经济特区嘉信达会计师事务所（原挂靠珠海市审计局）的中国注册会计师发起设立。

利安达信隆坚持集团化、规范化、国际化的发展战略，经过多年的努力奋斗，目前已具有财政部和中国证监会批准的执行证券、期货相关业务资格、财政部和中国人民银行批准的从事金融相关审计业务资格及承担大型国有企业审计资格，并且加入德豪国际（BDO）成员所，在中国各大城市设有 14 个分支机构和成员所，已发展成为能够为广大客户提供审计、会计、税务、评估、咨询、培训等全方位服务的大型综合性中介机构，以雄厚的实力跻身于中国知名会计师事务所的行列。遍布国内各大城市的利安达网络及其与之紧密联系的国际网络，将便利地满足客户在全国范围乃至全球范围拓展业务的需要。

山西天元会计师事务所

山西天元会计师事务所（有限公司）是根据财政部财协字（2000）27 号《关于印发〈会计师事务所合并审批管理暂行办法〉的通知》要求，经山西省财政厅晋财会协字（2000）49 号文批准由山西中元会计师事务所（原山西会计师事务所）、山西晋元会计师事务所（原太原会计师事务所）合并新设。

山西天元会计师事务所（有限公司）是山西省唯一经财政部、中国证监会批准独立具有执行证券、期货相关业务执业资格的会计服务中介机构。经批准具有为国有大、中型企业、上市公司、银行、非银行金融机构、外商投资企业、中央企业提供各类审计、验资；各类资产评估；各类基建工程预（结）算；工程造价咨询；财会人员培训；财务制度设计；各类会计代理等专业服务能力。

全所现有员工一百余名，平均年龄 34 岁，具有证券、期货相关执业资格人员 23 人，注册会计师 75 人，注册资产评估师 19 人，注册税务代理师 20 人，注册造价工程师等 25 人，高级会计师 20 人，高级工程师 12 人。

作为山西省大型事务所的山西天元会计师事务所，将立足山西，面向全国，以财政、税务及财经院校为依托，可为不同行业、不同类型的社会各界提供优质、高效的经济鉴证、会计专业服务。

合并新设，带来的不仅是业务领域的不断拓展，我们还将在继续加强与国内同行交往、合作、交流的同时，继续加强与美国、英国、德国、瑞士等国同行及亚太区我国香港、台湾等同行在业务交流、资料交换、人员等方面的合作。

上海立信长江会计师事务所有限公司

上海立信长江会计师事务所有限公司由朱建弟、李德渊、周 琪、戴定毅、郑帼琼、王德霞、钱志昂、施国梁、孟荣芳等人于 2000 年 6 月发起设立，经国家批准，依法独立承办注册会计师业务，具有从事证券期货相关业务的资格。事务所服务对象为国营企业、股份制企业、外商投资企业、集体企业、私营企业、事业单位、国家机关、团体法人等。

事务所继承和发扬潘序伦先生倡导的“信以立志、信以守身、信以处事、信以待人“的准则，一贯注重职业道德、服务质量、立信于社会。客户遍及十余个省、市和经济特区。其中股份有限公司有 50 余家，外商投资企业有 1,000 多家。事务所总机构设在上海，共设有 13 个审计业务部以及管理咨询部、工程审价部、资产评估部、法律服务部、行政部、培训部。事务所现有专职人员近 400 人。其中有注册会计师近 200 人，有中国证券业从业资格的注册会计师 60 人。在专业人员中，有多名资历深、经验丰富，在会计界有影响的会计专家，还有一批既有专长，又有实践经验的各类专业人员，机构健全，人才荟萃。在改革开放的新形势下，事务所将一如既往地坚持公正、客观、实事求是的原则，重视职业道德和执业质量，竭诚为国内、外客户提供优质服务。

深圳南方民和会计师事务所有限责任公司

深圳南方民和会计师事务所有限责任公司（以下简称事务所）是由原深圳南方会计师事务所和原深圳民和会计师事务所于 2000 年合并设立的具有法人资格的会计师事务所。原深圳南方会计师事务所于 1990 年 9 月经中华人民共和国审计署和深圳市人民政府批准成立，原深圳民和会计师事务所于 1993 年 6 月经广东省财政厅批准成立。事务所为马施云国际会计公司成员所。

事务所由 12 名合伙人发起设立，从业人员 308 人，其中：中国注册会计师 103 人，中国注册评估师 35 人，具有证券期货相关业务资格的注册会计师近 40 人，中国注册税务师 28

人，造价工程师13人，房地产估价师、土地估价师5人，从业人员中具有会计、审计、法律、经济、工程技术等高级技术职务的20人，具有中级专业技术职务的占81%。

事务所除经营法定的会计审计业务外，还取得了如下执业资格：一、经财政部、证监会批准，取得了证券、期货相关业务审计资格(A股)；二、经财政部、证监会批准，取得了上市公司B股审计资格；三、经财政部、中国人民银行批准，取得了金融类企业审计查证资格；四、经国有资产管理局部门批准，取得了国有资产评估资格；五、经国土资源管理部门批准，取得了房地产估价资格；六、经建设部门批准，取得了建设工程造价审计咨询资格；七、经国家审计署批准，取得了国有企业审计查证资格；八、经财政部门批准，取得了企业电算化审计资格。

事务所为适应会计、审计、评估及咨询市场的需求，配置了各类别专业资深人才，建立了专家网络系统和信息咨询系统，可为客户同时提供A、B股审计服务。自1990年建所以来，事务所对机关(如国家质检总局等)、社会团体(中国妇联等)、国有大中型企业(如中石油等)、上市公司(如中兴通讯、盐田港等)、证券期货单位(如湘财证券、国信证券等)、外商投资企业(如麦当劳等)、民营企业(如日海电讯等)等进行过审计、评估、改组、咨询等工作。

事务所拥有一批较高素质的专业队伍，从业资质齐全，执业经验丰富，内部管理严格，实行统一管理，不搞分灶吃饭。在湖南设有分所、北京设置办事机构，可协调证监会、财政部等政府部门的关系，是全国为数不多的大型会计师事务所之一，深得客户单位和财政部、证监会等机关单位的信赖与好评。事务所自建所以来尚未受到有关部门的投诉与处罚。因上市公司数量不多，潜在风险较小。事务所为中注协秘书长李勇先生亲自为银河证券公司选定的会计师事务所之一，亦为深交所唯一指定上市公司资本验证单位。为对客户单位负责，事务所率先向保险公司投保，购买执业保险，增强抗风险能力。

天健会计师事务所有限公司

天健会计师事务所有限公司是为了顺应会计师事务所大型化发展的要求，在财政部、证监会等部门的大力支持下，于1998年9月注册成立，是具有法人资格的有限责任公司，注册地为北京市西城区金融街27号投资广场A座17层，法定代表人为陈建明，注册资本为人民币叁佰贰拾万元整。

天健会计师事务所成立时，即因合伙人及各所已有的良好声誉和业绩获得财政部和中国证券监督管理委员会联合批准，授予执行证券及期货相关业务资格，资格证书号：009。其后又取得了国有大型企业审计资格和金融相关审计业务资格。

事务所现有专业人员三百余人，专业领域遍及会计、财务、管理、金融、工程技术、法律等诸多行业。本所员工中，学历结构：博士比例为1%，硕士比例为17%，学士比例为78%，其他比例为4%；资格状况：现有注册会计师116人，证券业注册会计师41人，注册评估师41人，注册税务师19人，矿业权评估师7人，房地产估价师5人，造价工程师4人，土地估价师3人。

天健会计师事务所于2000年6月与深圳天健(信德)会计师事务所、浙江天健会计师事务所、厦门天健会计师事务所、重庆天健会计师事务所、辽宁天健会计师事务所等联合组建为天健会计师事务所集团，总部设在北京。

事务所下设审计一部、审计二部、审计三部、管理咨询部、综合管理部、行政事务部、人力资源部、财务部7个部门。各部门的职责如下：审计部：年度会计报表审计、公司改制及重组审计、公司融资审计、任期经济责任审计、清算审计、司法审计、管理审计、验证投入资本 、特殊目的审计 、盈利预测审核 、内部控制审核 、审慎性调查 、商定程序、清产核资审核。管理咨询部：公司治理、公司战略、公司组织结构、业务流程重组(BPR)、公司财务管理、全面预算管理、关键业绩指标(KPI)、薪酬计划及激励机制、内部控制、融资咨询、企业并购、会计调查、税务咨询。综合管理部：专业标准；政府法令法规；公共关系；内部刊物；培训等。行政事务部：后勤服务；行政管理等。人力资源部：人力资源管理。财务部：财务管理。

天职孜信会计师事务所

天职孜信会计师事务所是我国最早获得从事证券、期货相关业务审计，证券、期货相关业务资产评估许可证双重资格，及工程造价(甲级)咨询单位资质的会计师事务所之一，并首批取得财政部、中国人民银行颁发的金融相关审计业务资格，是具有国际会计公司背景的大型会计师事务所集团，集团管理总部和业务总部设在北京。天职孜信经过十多年的发展历史，依靠各行业客户的支持、广泛的公共关系资源、优秀的企业文化价值取向和诚信意识，完成了规范化、集团化和国际化三大跨越，成为以北京为中心，以全国中心城市为重点，覆盖全国的一流的会计师事务所，并成为目前国内规模最大、执业资格最全的会计师事务所之一。

天职孜信目前拥有员工300余人，其中，注册会计师116人，具有证券资格的注册会计师40人，注册资产评估师33人，造价工程师24人以及多名土地估价师、房地产评估师、律师等各类专业人才。大学本科以上学历员工占80%，具备中、高级专业技术职称的人士占90%。

十几年来，天职孜信已为不同行业1000多家客户提供多元化优质服务，积累了丰富的执业经验，这些宝贵经验为我们赋予客户更多增值服务提供了坚实基础。天职孜信作为数十家已上市A股、近30家拟上市公司，以及数十家中央工委、金融工委所属企业集团的主审会计师，一直致力于以高度专业化的服务水准，秉承诚信执业的价值理念为客户提供审计、资产评估和管理咨询等服务。天职孜信拥有充足的工程造价专业人才，已累计为800多项大中型工程项目提供造价咨询和审计报告，创造了较好的经济效益和社会效益。

天职孜信深谙与各方建立良好关系是成功开展业务的关键因素，多年来一直致力于与国内政府部门、金融及证券管理部门有着良好的关系，其中包括财政部、中国人民银行、中国证监会、审计署、建设部及国家税务机关等。这些公共关系资源保证我们的客户在设立和经营企业时，能够得到有价值的指导和建议。

天职孜信不断注重扩展计算机在会计和审计工作中的运用，通过建立完备的计算机局域网络和INTERNET网络工程，再加上本所业已具备的电脑专业知识和经验，使我们现今高度计算机化的工作环境更加胜人一筹，信息来源渠道更加畅通、高效、便捷。并且，我所独立研制开发的资产评估软件已经成功进入市场，开始了商业化进程。

信永中和会计师事务所

信永中和会计师事务所的发展历史最早可追溯到原中信

会计师事务所（中信所），中信所成立于一九八一年，是中国成立最早、规模最大并最具影响的会计师事务所之一，其客户遍布全国主要城市和地区。由于中信所拥有一支经验丰富、作风严谨、年富力强的专业人员队伍，在国内外客户和有关政府部门中享有良好信誉。

1993 年 4 月中信会计师事务所与永道国际会计公司合作共同组建了中外合作的中信永道会计师事务所。作为永道国际会计公司成员事务所，中信永道不断引进更新永道国际会计公司的国际审计程序、专业标准和技术规范，以及先进的管理经验，并且每个年度都投入大量人力物力对员工进行培训，从而确保为中外客户提供高质量的各类专业服务。在中信永道期间，员工人数多达三百余人，年收入超过八千万人民币。

1998 年 7 月 1 日，永道国际会计公司与另一家“六大”之一的普华国际会计公司实现了全球范围内的合并。1999 年 9 月 1 日，中信永道董事会决定重组和终止中信永道会计师事务所。中信永道中方合伙人及资深注册会计师按照财务部有关中外合作会计师事务所脱钩改制的要求，经财政部批准后改制成立了信永中和会计师事务所，信永二字取自中信永道的中间二字，意在对中信永道的继承和延续。

信永中和秉承了中信永道会计师事务所的管理系统、执业标准、专业规范以及质量控制系统。我们设立了技术标准与风险管理委员会，我们组织了大量的人力并投入了较多的时间对永道国际及普华永道的执业系统与标准，以及质量与风险控制系统进行了整理，全面吸收了国外的先进管理执业规范和管理模式，严谨的业务评价、监控和复核系统，严格的内部管理机制，以及国际通行的人力资源结构模式，并对专业和非专业人员持续地进行培训。

信永中和目前是国内规模较大的会计师事务所之一，在与中和会计师事务所合并后将实现法定业务资格提升，不仅拥有证券审计、证券评估、国有大型企业审计资格、土地 A 级评估资格等所有专业从业资格，明显拓宽业务发展空间。同时，合并后的事务所将提升为国内规模最大的会计师事务所之一。

岳华会计师事务所

岳华会计师事务所是我国首家集团化会计师事务所，总部设在北京，是中国注册会计师协会和中国资产评估协会的理事单位，具有财政部、中国证监会和国有资产管理局授予的证券业务审计、评估资格，国家审计署授予的大中型企业审计验证资格，以及中国人民银行首批推选的金融机构审计资格等全方位执业资格。

岳华经过十年的发展，立足北京，面向全国，客户囊括了国民经济中航空、金融、电子、电力、旅游、房地产、电信、交通、运输、能源、机械、农业、林业、餐饮、酒店、医药等诸多领域，为上市公司、国有大中型企业、金融机构、民营高科技企业等提供年报审计、专项审计、上市审计、验资、评估、咨询等专业服务，并多次受财政部、国家计委、中国证监会、国防科工委、信息产业部等委托，承担包括国防工程在内的多项大型专项审计，具有丰富的专业经验。

岳华共有除总部、北京本部外七家分所，两家成员所，分布在北京、天津、深圳、武汉、西安、沈阳、南京、成都、郑州、哈尔滨等十个城市。截至 2001 年 12 月 31 日，共有执业人员 1008 名，其中证券特许会计师 68 名，注册会计师 422 名，注册评估师 168 名。由教授、高级工程师、博士后、博士等组成的专家团涉及税收、金融、土木工程、机械制造、高新技术、信息产业等众多方面。

中瑞华恒信会计师事务所

中瑞华恒信会计师事务所是由原隶属于财政部、国家税务总局、国家电力公司、中国石化集团公司的四家大型会计师事务所组建而成的。它是我国目前最大的会计师事务所之一。

中瑞华恒信会计师事务所现有员工 400 多名，其中具有注册会计师、注册资产评估师、注册税务师等各类资格的专业人才近 300 名；常年财会、税务顾问及审计、评估客户 1000 余家；具有从事证券、期货相关业务审计和评估双重资格，同时还具有从事金融相关业务审计资格。

中瑞华恒信会计师事务所将恪守独立、客观、公正的原则，坚持"服务第一、信誉至上"的执业宗旨，依法承办查帐验证、资产评估、管理咨询、税务代理、培训和信息服务等各项业务，优质高效地为社会各界服务。

中兴宇会计师事务所

中兴宇会计师事务所（以下简称“中兴宇”）是经财政部批准成立，具有从事证券期货相关业务的审计和资产评估资格及金融审计资格，是国内大型会计师事务所之一。现有从业人员 202 人，其中注册会计师 104 人，具有证券相关业务资格的注册会计师 32 人，资产评估师、工程师 34 人，大学本科、研究生、硕士生占 89%，中高技术职称占 74%，中兴宇拥有一批高素质的审计人员和经验丰富的资产评估师、工程师，从事过众多的企业股份制改制、股票上市审计、大型企业审计、基建预决算审计和规模较大的资产评估业务。

目前，业务网络由北京延伸至全国 20 多个省、市、自治区，涉及机械、轻工、冶金、电力、石油、化工、汽车、造船、电子、电器、仪表、建材、建筑、农业、交通、航空、高科技、金融、房地产、旅游、内外贸、证券投资等各个行业。

中兴宇始终遵循“以质量、信誉求发展”的宗旨，按照《中国注册会计师独立审计准则》要求，恪守独立、客观、公正原则，坚持高效、求实，遵守国家法律、法规，维护客户和投资者权益。

中兴宇从业人员经过多年的工作实践和努力，积累了丰富的执业经验，富于创新和敬业精神，善于根据国家的法律、法规及独立审计准则，结合不同行业的特点，提供全面的专业服务，致力于与客户建立长久的合作关系。

中兴宇是经财政部批准成立的国内大型会计师事务所之一，具有执行证券、期货相关业务审计及资产评估、金融相关审计业务等资格。

中审会计师事务所

中审会计师事务所原系国家审计署直属的中国审计事务所，成立于 1988 年 8 月，在国家工商行政管理局登记注册。1999 年 6 月，经财政部批准脱钩改制为中审会计师事务所有限公司。为了贯彻财政部、中注协关于会计师事务所上档次、上规模、上水平的精神，于 2000 年 8 月经财政部财会（2000）1018 号文批准，由事务所吸收合并了原辽宁兴华、四川华西、山西华晋、天津华北、河南中州、山东华鲁、湖北华中等八家跨省市、跨地区的资深会计师事务所组建而成。

事务所总部设在北京，总部下设办公室、规划发展部、质量监管部、工作协调部、审计一部 、审计二部 、基建工程部、评估部、咨询服务部，各分所也建立了相应的部室或明确了相应的主管人员。现有从业人员525人。其中注册会计师229人，证券期货注册会计师36人，注册评估师72人，注册税务师60人，造价工程师29人，土地估价师、律师等8人。同时拥有各类技术职称的专家、教授、高级会计师、高级审计师等专业人才；从业人员中具有博士、硕士、大学本科学历的人员438人，占总人数的92%。

事务所从事各类审计、资产评估、基建工程审核及企业管理咨询等业务，并具备证券期货相关业务审计、评估双重资格；基本建设工程审核甲级资质；大型企业年度会计报表和金融业务审计执业资格；经最高人民法院批准具有审计、评估等司法鉴证业务资格；经财政部批准具备承担财政投资评审资格，并进入财政部投资评审中介机构库。

经过十几年的不懈努力，事务所已发展成为人数多、素质高、资质全、规模大，在全国名列前茅的大所。近几年来，主要完成的业务如下：

审计业务 事务所审计过的大型企业和企业集团如有：中国海洋石油(集团)公司、彩虹显像管(集团)公司、中国粮油食品进出口(集团)公司、神华集团、中国诚通(控股)集团、中国储备粮总公司系统、新疆石油管理局系统、四川石油管理局、中国电力总公司、天津华能杨柳青电厂、四川华能康定水电有限公司、吉林长山华能热电厂、中国移动通讯总公司、国管局所辖宾馆、云南曲靖卷烟厂、海南烟草公司、白银有色金属公司以及江苏悦达投资股份有限公司、珠海格力空调股份有限公司等上市公司和中国国际期货经纪有限公司、龙电期货经纪有限公司、经易期货经纪有限公司等。审计过的金融企业有：中国银行、中国农业银行、中国人寿保险公司、招商银行、新联商业银行、世界银行贷款项目、中国国际旅游信托投资公司、中国电子租赁信托投资公司、重庆国际信托投资公司、中昊财务公司、信达资产管理公司和华融资产管理公司项目等。审计过的外资企业和中外合资企业有：菲利浦斯中国有限公司、阿科中国有限公司、丹文能源中国有限公司、阿莫科东方石油公司、新南海石油开发株式会社、中国石油测井－阿特拉斯合作服务公司、宁波普罗强生半导体有限公司、绍兴科强半导体有限公司等。审计过的改制企业有：彩虹彩色显像管总厂、北京卫星电子股份有限公司、海南富岛化工有限公司、上海华山康健有限公司、河北冀衡化学股份有限公司、河北冀澳有限公司、天津德塔有限公司、兰州明珠电力有限公司、四川成都铝箔厂、河南四通电力设备有限公司、华润机械五矿广西红水河水电股份有限公司等。审计过破产清算的企业有：中国建筑材料总公司、中国有色金属材料总公司、中国黑色材料总公司、中国机械材料总公司等。对企业清产核资、财产清查进行过审计的有：新疆石油管理局、诚通(控股)集团系统等单位。国际仲裁机构委托的主要业务有：合肥荣兴实业有限公司仲裁案、合肥花园大酒店仲裁案、锦西ASP钢管仲裁案、中国光彩集团公司与港商荟园房地产仲裁案、连云港恒利房地产开发有限公司仲裁案。法院委托的主要业务有：协助执行中国租赁有限公司还款案、协助执行佳程技术协作公司还款案、协助执行北京房地产有限公司还贷案、猴王集团与猴王股份有限公司资金往来司法鉴定、上海乐都饮料公司北京天正市场货款纠纷案司法鉴定、国家地震局投资资金来源司法鉴定、湖南刘大喜涉嫌贪污案和黑龙江铁力满江红木器厂财产纠纷案司法鉴定。

近几年的主要评估项目有：西卓子山水泥厂、宁城老窖股份有限公司、林西电线厂、青岛沥青厂、国家计委培训中心、中盛粮油公司、大华无线电厂、山西华宇购物中心有限公司、广西红水河水泥有限公司、山东中创软件工业有限公司、深圳三九医药连锁有限公司、中盛粮油工业(天津)有限公司、河南思念食品速冻有限公司。

近几年来审核过的主要基本建设预、结、决算项目有：天生桥水电站基建结算、决算、国家行政学院工程结算、中水大厦工程结算、井冈山电厂结算、杨柳青电厂决算、国家电力总公司西单综合楼结算、南方电力公司天广直流输变电等多项工程结算决算、国家民委翻译中心结决算、国家会计学院工程结算、北京印钞厂工程结算、上海中粮大厦工程结算、北京语言文化大学宿舍楼工程结算、国家开发银行清算中心改造工程结算、中国人寿保险大厦工程结算、民族宫改造工程结算、总工会职工之家工程结算、社科院解困宿舍工程结算审核等。

此外，事务所还对许多家企业进行过验资、税务鉴证、外汇年检、咨询等业务。

广东恒信德律会计师事务所有限公司

广东恒信德律会计师事务所有限公司是经广东省财政厅批准设立的具有证券相关业务审计资格和证券相关业务评估资格的会计师事务所，也是全国首批取得从事金融相关审计业务资格的会计师事务所之一，是珠海市最大的一家会计师事务所，也是珠海市唯一一家具有法人资格并具有证券审计和金融审计资格的会计师事务所。事务所是根据国家财政部财协字(2000)26号关于《会计师事务所扩大规模若干问题的指导意见》的有关精神，并经广东省财政厅批准，由江西恒信会计师事务所有限公司与珠海市德律有限责任会计师事务所以新设合并方式设立，客户遍布全国各地。

事务所在江西省南昌市、广东省广州市、东莞市等地设有分所，事务所有注册会计师77人，其中具有证券许可证的注册会计师38人，以及注册资产评估师、房地产估价师、造价工程师、土地估价师和其他专业人员100多人。事务所的专业人员具有丰富的专业知识和经验，为国内外各类客户提供包括审计、验资、评估、税务代理及咨询、管理咨询以及上市业务，积极协助优质企业在国内上市。

事务所的服务范围是：从事证券相关业务(包括审计与评估)；审计，验资，咨询，培训，企业整体评估，会计电算化，设计财务管理制度，会计顾问，税务代理，办理建设工程预决算编制及工程造价审查，设计、销售会计管理软件。

恒信德律以良好的职业操守严谨的工作作风和较高的专业水准，赢得了中外客户、各级政府部门和业内同行的信赖和赏识。恒信德律继续“以质量求信誉，以信誉求发展”为宗旨，与新老客户合作并提供优质专业服务。

湖南开元有限责任会计师事务所

湖南开元有限责任会计师事务所是于1998年11月在原湖南省会计师事务所的基础上脱钩改制，由注册会计师等专业人士出资组建成立的专门从事审计、评估、咨询工作的中介机构。其前身一湖南省会计师事务所成立于1985年2月，是经国家财政部批准成立的湖南省首家会计师事务所。事务所奉行“正直、勤勉、诚信、进取”的宗旨，经过近二十年的精心运作，其规模由小到大，市场竞争力由弱到强，执业范围不断扩大，目前是全国具有证券资格的会计师事务所之一，也是湖南省规模最大的会计师事务所。在2002年度全国证券会计师事务所上市公司审计业务收入中，事务所排名第11位；2002年度发行审计数量，名列全国第5位。

事务所具有以下的执业资格：从事证券、期货相关业务财务审计资格；从事证券、期货相关业务资产评估资格；从事金融相关审计业务甲级资格；承办大型企业年度会计报表的审计资格；承办注册资本在5000万元以上的外商投资企业、对外经济合作企业、大型工交企业及大型商品流通企业年度会计报表的审计资格；房地产中介服务资格；工程造价咨询甲级资格；湖南省高级人民法院、长沙市中级人民法院司法鉴定、审计、评估等专项业务资格。

事务所具有一支专业门类齐全、专业素质精良的执业队伍，现有员工150余人，其中大专以上学历人员占95%。注册会计师77人（其中具有证券特许资格的27人），注册资产评估师34人，注册房地产估价师4人，造价工程师14人，注册税务师16人，律师2人。

事务所一直坚持“独立、客观、公正”的审计原则，坚持“质量第一、客户第一”的服务理念，为近10000家客户提供了审计、评估、咨询等服务，特别是为省内外近30家已上市公司和20多家拟上市公司提供了股份制改造和融资上市服务，为国家的经济体制改革，特别是为湖南的经济和社会发展作出了巨大的贡献，获得了有关主管部门和社会各界的一致好评。

湖南湘资有限责任会计师事务所

湖南湘资有限责任会计师事务所（以下简称湘资所）是具有法人资格的可以独立承办注册会计师业务，资产评估和工程审计等业务的综合性中介机构。其前身“湖南资产评估事务所”成立于1992年10月，1993年3月在原基础上又设立了“湖南湘资会计师事务所”，1995年8月成立工程审计部，1999年12月完成了脱钩改制工作，对外服务正式启用“湖南湘资有限责任会计师事务所”名称。

湘资所具有如下执业资格：证券业务资产评估资格；森林资源资产评估资格；国家大型企业年度会计报表审计资格；注册资本5000万元以上的外商投资企业审计资格；从事城市商业银行，城市信用合作社及其联社，农村信用合作社及其联社，人民银行监管的信托投资公司，企业集团财务公司，金融租赁公司金融相关审计业务资格；工程造价咨询单位甲级资格；房地产估价资质四级。湖南湘资有限责任会计师事务所发起设立长沙湘资招标代理有限公司，该公司获得省建设厅核定招标代理资格，省财政厅授予政府采购业务代理资格。

经省司法厅批准，湘资所发起设立湖南湘资司法鉴定所，并获得湖南省高级人民法院和长沙市中级人民法院司法技术鉴定资格。财政部投资评审中介机构资格。

湘资所接受国内外各类经济组织、企事业单位、社会团体及其他单位和个人的委托，承办下列业务：审查会计帐目，鉴别经济案件，承办会计咨询，基建财务审计，受理资产评估，协助拟订合同，培训财会人员，代拟会计制度，验证注册资金，担任会计顾问，办理破产清算，注册会计师相关业务，编审基建预决，注册资产评估师相关业务。

湘资所以诚实信用、优质高效竭诚为广大客户服务，恪守“独立、客观、公正、廉洁”的工作原则，力求达到“服务第一、质量第一、信誉第一”的境界，这就是湘资事业的服务宗旨。湘资所要求每一位员工严格执行国家的有关政策、法规，奉公守法，自觉遵守职业道德和行业行为准则，信守合同，讲究信誉，努力维护委托人的合法权益，对所出具的执业报告书内容的真实性、合法性和公允性承担责任，确保客户都能得到最佳的服务。

湘资所现有业务一、二、三、四、五、六、七部、工程审计部，并设督导室和综合管理部，现有业务人员80余人，其中：注册会计师25人，注册资产评估师20人，国家注册造价工程师22人，湖南省造价工程师2人，高中级工程技术人员30人。为拓展业务渠道，湘资所在完善内部管理的基础上，建立了各类信息数据资料库，基本上实现了信息检索，业务咨询办公自动化，随时掌握国内外经济动向，同时能更快捷、更高效地为广大客户服务，满足客户业务方面的需求。

湘资所自成立以来到2002年12月，先后承办了各类审计查帐验证项目4600余项，其中，基建财务审计项目310余项，工程审计项目624余项，评估值约600亿元，我省90%以上的上市公司评估业务均由湘资所承办。工程审定金额16余亿元。湘资所从创业到今天，业已承办的各类业务已得到了社会各界的广泛认同，在同行业中具有较高的声誉。

北京北方亚事资产评估有限责任公司

北京北方亚事资产评估有限责任公司（原北方亚事无形资产评估事务所）是由财政部授予资产评估资格并具有证券从业资格的中央级评估机构。其诞生、发展、壮大的历程与中国资产评估业同步而行，是中国第一家专业从事无形资产评估的集人才、技术、经验于一体的资深评估机构。公司的主要业务为：

一、整体资产评估：适用于设立公司，企业股份化改制，发行股票上市，股权转让，企业兼并、收购或分立，联营，组建集团，中外合作、合资，租赁，承包，融资，抵押贷款，法律诉讼，破产清算等目的整体性企业资产评估。

二、单项资产评估：机器设备、专业生产线、建筑物、房地产、长期投资等各类实体资产的评估。

三、无形资产评估：商标，专利技术，专有技术，商誉，计算机软件，著作权，特许经营权，探矿权和采矿权，土地使用权，资源性资产，集成电路布图设计权等无形资产价值评估以及品牌评价。

四、市场调查：新技术开发应用调查，商标产品、新产品、进口产品等市场调查，市场研究，市场预测。

五、培训与交流：举办评估及相关专业的培训，理论研讨，信息服务，业务交流等活动。

几年来，公司为千余家企事业单位开展了以资产重组、作价入股、特许经营、质押贷款、转让购买为目的的无形资产评估。成功地与天津磁卡、山西焦化、前锋电子、厦华电子、鲁抗医药、北人股份等数十家上市公司进行了合作。为“露露”、“星”牌、“格兰仕”、“蓝天六必治”、“旭日升”、“富贵鸟”、“扬子”、“甲天下”、“黄河”等数百个中国驰名商标、省级著名商标进行了评估，并为数百项专利技术、非专利技术进行了评估，有力地推动了品牌战略，极大地支持了技术创新与技术转让。

公司为中国企业以改制、上市、合资合作、联营等为目的的整体资产、单项资产评估进行了卓有成效的工作，积累了丰富的经验。几年来，为桂东电力、北海新力等公司上市进行了资产评估。多次接受中外合资双方委托进行评估，并同时得到较好的评价。

公司采用国际上先进的评估方法，保持着国内领先地位。公司聚集了大批行业精英，近百位法律、经济、会计、工程技术领域的中国注册资产评估师、高级专业人员，精通评估理论，熟悉国内企业实际，同时与国外著名的评估机构保持着密切的合作关系。公司同时拥有数十位国内知名学者、专家担任顾问、特约研究员。拥有完善的评估调查手段和先进的评估设施。

北京京都资产评估有限责任公司

北京京都资产评估有限责任公司是具有证券业资产评估资格和房地产评估资格的综合性资产评估机构，也是全国成立最早的资产评估机构之一，其前身是北京资产评估公司，后改组为北京京都资产评估有限责任公司，与北京市财政局在财务、人员、职能和名称上实现了完全"脱钩"，成为严格按照《公司法》设立起来的有限责任公司。

经过近几年的发展，公司先后在河北、湖北、湖南、广西、深圳、上海、大连设置了七家分支机构（含成员所），并在积极筹备覆盖全国各省会或中心城市的成员所，届时北京京都资产评估有限责任公司将成为全国最大的资产评估机构之一。其在人员组合、业务标准、质量控制、服务水平等方面拥有独到的优势。

目前，公司本部（不含分公司）拥有在职员工 72 人，其中博士、硕士（MBA）等高学历人才和高级会计师、高级经济师、高级工程师等高技术人才 27 人；注册资产评估师 57 人，注册会计师 22 人；同时，拥有数百人组成的专家顾问网络，覆盖了多种学科，包括宏观经济、财政金融、法律咨询、投资预测、企业管理等社会科学和冶金、化工、医药、电子、机械制造、土木工程、装饰工程等自然科学两大门类，能够满足企业流动资产、长期投资、固定资产、无形资产等单项资产评估、企业整体资产价值评估以及特种资产评估要求。

根据工作需要，公司设置了以下职能部门：综合财务部。主要负责公司的行政管理、人员管理、资产管理、财务管理和档案管理等项工作。资产评估一、二、三、四、五部。主要负责企业流动资产、固定资产、长期投资、递延资产、无形资产（含土地使用权）等单项资产和整体资产的评估工作。投资顾问部。负责了解和研究中国经济领域和评估行业相关的政策法规，为企业制定产权管理、资本管理、资产重组、可行性研究的项目建议书。技术支持部。负责对分所成员所的业务指导和业务培训，对相关企业、资产管理部门的评估咨询及培训，并负责审核评估报告和对公司评估项目质量和风险进行稽核，提高评估质量，化解执业风险。分公司。主要负责本区域内的市场开发和业务操作，配合总公司完成其各项工作指标。

公司在资产评估中坚持独立性、客观性、科学性的工作原则，"严格、严谨、求实、高效"的工作作风，遵纪守法，遵守职业道德和行业行为准则，信守合同，讲求信誉。几年来，公司积极探索服务质量上档次、执业标准与国际资产评估行业通用准则看齐的新路子，曾多次应中国资产评估协会的邀请派出专家赴国外考察学习，在公司内部实行科学的人力资源配置、开放式的竞争机制、三级质量监控体系相结合的管理模式，充分、科学、合理、准确地运用现有资产评估的法律、法规，最大限度地为企业解决实际问题，收到了显著的效果。

靠高素质的人才和良好的职业形象，公司几年来取得了一定的业绩。截止 2002 年 6 月，公司累计完成资产评估项目 2000 余项，评估资产总值逾 1200 亿元。包括上市公司的资产评估，股份制改造的资产评估，中外合资、国内联营的资产评估，抵押贷款的资产评估，以及企业兼并、破产、整体改制的资产评估。除此之外，我们还为企业投资项目的可行性研究，基本建设项目的预决算审计提供咨询服务，出具咨询报告。几年来，公司出具的评估报告经受住了各级监管部门的严格审查，未出现任何纰漏，在中国证监会和财政部具有良好的口碑。

公司针对目前我国资产评估准则操作规范与实际工作脱节甚至出现空白的现实，在总结国内外资产评估经验的基础上，结合不同资产类型资产的特点，推出了《证券业资产评估标准规范》、《不良资产评估标准规范》、《拍卖、清算资产评估标准规范》、《纳税资产评估标准规范》、《期权、控股权价值评估标准规范》、《抵押、融资租赁类资产评估标准规范》，针对目前评估法规中存在的众多问题，制定了《资产评估操作规范标准》。新制定的标准规范脱离了原八股文式的僵化教条，更真实、客观地反映评估资产的价值；减少了不必要的工作程序和过多的评估判断，使资产评估结果更具有客观性；提高了工作效率、确保工作质量、有效控制了评估执业风险，为向客户提供高质高效的服务打下了坚实的基础。

广州中天衡评估有限公司

广州中天衡评估有限公司的前身是广州资产评估公司，成立于 1989 年，是国内第一批组建的资产评估专业机构之一，1999 年按照国家的要求进行脱钩改制，由原公司法人代表和全体注册资产评估师出资设立，并依法继承了原公司的所有执业资格。2001 年根据建设部的要求分立了广州中天衡房地产评估有限公司，继承了原广州中天衡评估有限公司的房地产评估资格。

公司具备完备、全面的执业资格：1991 年首批获得资产评估资格；1993 年首批获得从事证券业务评估资格；具有一级房地产评估资格；具有在全国范围内从事土地评估业务资格；具有甲级信息咨询服务企业资格。

公司真诚为客户提供 独立、公正、优质、高效的服务，在社会上赢得了良好的信誉。十四年来累计完成资产评估近 8000 项，业务范围遍及广东省和华南地区，并向全国发展。评估的资产涉及石油、交通、航空、金融、证券、保险、房地产、贸易、电子、信息、自动控制、电力、机械、化工、冶金、医药、宾馆酒店、学校等各行各业。公司曾独立完成中国南方航空股份有限公司等 30 多家大型企业在境内外公开发行股票的资产评估；独立完成 400 多项包括上市公司在内的大型企业收购兼并、资产重组的资产评估；独立完成多家银行、信托投资公司、证券公司等大型金融、证券企业的资产评估；独立完成包括珠江啤酒、乐华等知名商标，多项专利和专有技术等无形资产评估；被广东省高级人民法院列为可评估涉案项目的评估机构；受理过大量长城、东方、华融等资产管理公司委托的各类资产评估项目。

公司拥有一支广博理论基础和丰富实践经验的各类评估师队伍，其中：中国注册资产评估师 35 人；中国注册房地产估价师 34 人；中国土地估价师 20 人；中国注册会计师、中国注册税务师、国际注册内部审计师等执业资格共 16 人；此外，尚拥有一大批资深的高级财会、经济、房地产、工程技术等专家队伍。公司领导层尊重人才，14 年来培养了一支具有丰富执业经验和良好执业道德的员工队伍；在转制过程中，把握改革政策，团结全体员工，使公司实现了平稳过渡，业务进一步发展。培养员工严格的质量意识，设立技术委员会、考核委员会定期对员工工作质量进行考核监督，考核结果与工资、奖金挂钩；制定了完善的评估操作规范和严格的质量控制标准；建立了以严格的三级审核制度为核心的质量管理体系；具有各部门分工协作的高效率的项目管理系统。

上海长信资产评估有限公司

上海长信会计师事务所诞生于1987年6月，伴随着中国改革开发的深化而茁壮成长，是上海地区组建较早、规模较大的会计师事务所。地处上海市中心市区，拥有一幢建筑面积1000平方米的楼房，并在上海浦东陆家嘴金融贸易区租有写字楼。为适应社会主义市场经济体制进一步发展的需要，以更好的姿态迎接我国加入WTO后会计市场的进一步开放，上海长信会计师事务所与1999年底顺利完成了脱钩改制。现上海长信会计师事务所有限公司是由注册会计师、注册资产评估师、造价工程等各类专业人员发起和设立的社会中介机构。根据财政部《资产评估机构管理暂行办法》和上海市国资办的有关文件精神，上海长信会计师事务所有限公司评估部分设。并与上海宏浦资产评估有限公司合作，组建了上海长信资产评估有限公司。公司具有经国家国有资产管理局和中国证监会批准具有从事证券业务的资产评估资格、经上海市国有资产管理办公室批准具有评估资格等级A级、经上海市房屋土地资源管理局批准具有上海市房地产价格评估机构B级资质等级。

公司实行总经理负责制，全体出资人组成股东会，并产生董事会和监事会，内部设置五部一室(即五个评估部和一个行政财务管理部)的专业组织结构和三级复核的业务管理结构。建立了人事、财务、业务、执业标准、质量控制、人员培训等方面业务、执业标准、质量控制、人员培训等方面的内部管理制度。优化的管理行为，专业的管理模式，充分发挥了资产评估机构的组织效能。

上海长信资产评估有限公司坚持拓展多领域多层次的业务，旨在为客户和社会提供更加周到的服务产品，尽力将自身的专业素质融入变革中的经济环境，以塑造日新月异的经济成果。公司提供服务的行业包括：能源、电子、机械、化工、轻工、纺织、建筑、建材、商业、宾馆、旅游、交通、运输、金融证券、事业团体等。服务对象的企业类型涉及外商投资企业、港澳台投资企业、各类内资企业、上市公司等。

在激烈的市场竞争中，上海长信资产评估有限公司以特有的品牌优势、精诚的服务意识，建立了庞大的社会服务网络和良好的公共关系，已拥有长期稳定的客户群络。

上海长信资产评估有限公司目前可提供的主要服务项目有：一、资产评估。包括证券业务的资产评估(含上市公司)：企业投资、改组、合并、清算、产权交易中所涉及的资产评估；资产的交易、租赁、抵押评估等。二、房地产估价。上海长信资产评估有限公司具有综合服务的优势，除了本身经营资产评估，房地产估价业务之外，还可以依托上海长信会计师事务所有限公司的综合业务人才优势，为客户提供与此相关的会计、审计、工程造价咨询等相关的服务。上海长信资产评估有限公司业务领域的广度、深度和精度仍在不断的拓展和深化之中。

公司目前拥有各类做从业专业人员50余人，其中注册资产评估师28人，注册房地产估价师11人，还拥有注册会计师、注册税务师、注册造价工程师、设备工程师、土建工程师等门类齐全的各类专业人员，是一个专业人员配备齐全、专业业务素质高、凝聚力强的专业群体。“以人为本”，是上海长信资产评估有限公司得以健康成长和稳步发展的基石。为适应社会的发展和客户的需求，全体人员不断加强后续教育和执业训练，努力调整知识结构，致力提高专业技能，以在新时期中不折不扣地承担国家和社会赋予的重任。

上海东洲资产评估有限公司

上海东洲资产评估有限公司自一九九九年九月率先完成机构脱钩改制后，已建立健全了符合市场经济运行规则和行业规范的组织机构、工作秩序和行为准则。作为专业的资产评估机构，东洲公司具有以下执业资质：中国证券监督委员会和中华人民共和国联合颁发——从事证券业务资产评估许可证；上海市国有资产管理办公室颁发——A级资产评估机构资格证书；上海市房屋土地管理局颁发——B级房地产价格评估机构资格证书。此外，东洲公司还具有以下咨询资质：上海市外商投资工作委员会颁发——从事外商投资项目咨询代理机构资格证书；上海市产权交易所颁发的会员证书——可从事企业产权交易咨询代理业务、上海市技术产权交易所颁发的会员证书——可从事各类技术产权交易咨询代理业务。拥有以上专业资质的东洲资产评估公司，依托东洲集团强大的专业咨询服务力量，在为客户进行资产评估的同时，还能就与评估相关的财务、法律、资产重组等问题为客户进行咨询和策划，从而提供超值服务，创造客户价值，并实现与客户的共同成长。

东洲公司是目前上海地区评估收入最高、拥有雇员人数最多、公司营业场地最大的专业评估机构，拥有一支具有良好职业道德、专业水准和敬业精神的员工队伍。公司现共有专职评估从业人员80名，其中专职执业注册资产评估师35名，占44%；专职的注册房地产估价师及土地估价师18名，占23%；具有各类中高级职称专业人员30名，占38%；具有硕士以上学历的专业人员5名，占6.3%

以优秀的员工队伍为保证，公司在行业内的执业水平和信誉度不断提高，业务收入和市场占有率也连年成倍增长，到1997年即名列沪上资产评估机构前茅，到1999年即跃居榜首，达1700万，勇执牛耳；2000年营业收入更持续增长达2200万，位列全国同行业前三名。根据上海市资产评估协会统计资料，目前东洲公司在上海评估业的市场占有率已达20%，亦居行业首位。

过去数年间，东洲公司在上市公司资产重组、中外合资、国有企业改制、企业破产等方面的资产评估工作中一直保持优势，主要客户遍布上海各大企业集团；在上海本地的上市公司中，已有三分之二的企业成为东洲公司的客户。东洲公司以优质的评估和咨询服务，取得了客户的信任和一致好评。

进入新世纪，公司在企业主板上市、高科技企业、民营企业创业板上市、外商投资企业股份制改造、债转股、各大银行资产管理公司资产处置等领域的业务开拓方面取得了骄人的业绩。与又一批企业集团和新兴企业成为愉快的合作伙伴。

公司立足上海，面向全国，近年来为全国各地客户提供了各类资产评估服务，其中大量是涉及上市公司，资料需报中国证监会的评估项目。目前已完成和正在进行的项目遍布北京、辽宁、新疆、云南、贵州、内蒙古、青海、陕西、宁夏、山西、安徽、湖南、湖北、山东、江苏、浙江、福建、广东、海南等省市。2001年4月，公司还首次走出国门，远赴非洲，主办了中国尼日尔纺织印染联合股份公司的资产评估工作。

作为沪上评估行业一流资质，一流规模的评估机构，东洲公司也十分重视与业内同仁的交流和协作，积极参与行业内各项研讨活动，并在发展评估技术方面身体力行，勇于创新，善于解决资产评估工作中遇到的新问题。在具体评估项目操作中，东洲公司十分注意与监管部门及时沟通，遇有新、奇、难的问题在立项时及出具报告前就尽快请示汇报，取得监管部门的支持和理解，从而加快了工作后期评估报告的审核和确认过程，也为客户赢得了宝贵的时间。东洲公司还十分重视了解和学习资产评估的国际惯例，并与安达信、美国评值公司、西门远东公司等知名的评估和咨询公司建立了良好的合作关系，为中外合资企业和独资企业提供资产评估服务，在合作中开阔了眼界，提高了业务水平。

上海东洲资产评估有限公司在经营活动中不断加强自身的管理体系建设，努力提高质量、风险和服务意识，于2001年11月15日通过了英国SGS（英国雅斯利国际认证服务有限公司）对本公司的ISO9001:2000国际质量保证体系认证，并获得了英国质量标准认可证书。

通诚资产评估有限责任公司

通诚资产评估有限责任公司（以下简称“通诚”）原系中华人民共和国交通部部属一级企业，具有国家国有资产管理部门认证的资产评估资格，是在北京市工商行政管理局注册登记的企业法人，注册资金30万元。通诚就下列经济行为承担单项资产评估和企业整体资产评估，并提供财务、技术方面的可行性研究以及资产评估技术培训等：资产拍卖、转让；企业兼并、出售、转让股权；企业以实物资产对外投资、联营；中外合资或合作经营；组建集团，进行有限责任公司、股份有限公司改制；企业清算；企业租赁、承包；资产抵押及其担保；其他产权变动、改组与产权界定；组织承办资产评估业务培训；其他。

通诚自1993年7月成立以来，始终坚持“独立、客观、公正、科学”的资产评估原则，以″诚信、务实、以人为本、客户至上″作为通诚通诚的经营理念，坚持立足交通、服务社会的宗旨，以″严格、严谨、求实、高效″的工作作风和诚信、热情、优质的服务精神，先后承担了120多个大中型资产评估项目，评估值总计超过了500多亿元，受到广大客户和业内人士的一致好评。

自成立至今，通诚除依托交通行业外还与全国各行各业建立了密切的联系，并在此基础上发挥通诚独特的专业技术特点，在港口、船舶、公路等评估业务方面创新了评估方法，丰富了评估内容。在公路资产评估方面通诚率先提出公路收费权属于无形资产范畴，将收益现值法成功地运用到公路项目评估实践当中去，并与其他单位共同承担了《收费公路资产评估及作业规范研究》这一部级软科学研究课题；在港口评估方面，通诚首创中外合资双方共同委托评估的模式，并成功地运用于大连港、青岛港、福州港等合资项目，通诚的足迹遍布北起大连，南到防城港等广大沿海港口；在船舶评估方面，通诚是中国船舶价格信息网成员单位，并针对从事沿海、内河和远洋运输的各类船型建立了技术档案。在实现评估手法现代化的方面，通诚还开发运用了各种专业评估软件。

通诚受聘于国内多家著名大型企业集团，作为他们的资产评估顾问全面负责处理企业所遇到的各项资产评估业务并对其资本运作等相关工作提供咨询服务。帮助企业强化资产管理意识，妥善快捷的处理资本运作过程中所涉及到的资产评估相关问题。随着经验的积累，通诚目前不但有能力为广大客户提供从评估立项到评估报告确认的一条龙服务，而且有能力为企业提供从投资项目可行性分析，到企业重组、整体包装、收购、租赁和转让等各方面的咨询业务服务。

通诚的业务实力源于自身多年来不断壮大的整体素质过硬的专业人才队伍。通诚拥有一支思想素质好、业务能力强的专业评估队伍。通诚现有注册资产评估师9名，注册会计师2名，高中级技术人员28名，包括了经济、财务会计、房地产、机械设备、船舶、公路以及港口等方面的专业人才。通诚的专业配制能适应各行各业的评估工作，而且在上海、广州、武汉设有分支机构。通诚除了注重壮大自身队伍，还充分借助与其关系密切的各科研院所的技术力量，建立了一支专业化的专家队伍。通诚在与券商、会计师、律师等其他中介机构的默契配合中，凭借自身良好的业务素质赢得了好评，建立起了良好的合作关系。目前，通诚人的竭诚服务已得到了社会各界的通力合作和大力支持，并在评估界享有较高的声誉。今后通诚人愿在社会各界的支持下，为资产评估业的兴旺发达贡献自己的全力。

西安正衡资产评估有限责任公司

西安正衡资产评估有限责任公司创建于一九九二年，一九九三年，经原国家国有资产管理局和中国证券监督管理委员会联合评审，我公司成为西北地区第一家，西安市唯一一家从事证券业务资产评估资格的专业评估机构（资格证号：0000041号）；是西安市政府确定的唯一一家拥有破产清算业务资格的评估机构，同时还拥有土地评估、工程造价审计、投资咨询等资格；是中国资产评估协会理事单位。一九九九年改制为有限责任公司，注册资本100万元人民币。

公司主要从事证券业务资产评估和股份制改造、资产转让、企业兼并、出售、联营、破产清算、抵押、担保的资产评估业务，基建预决算、审计业务及咨询业务，拥有注册资产业务师、注册会计师及财政、经济、金融、法律、土建、机电等专业人员40余人，其中，注册资产评估师26人；拥有位于西安市核心商务区标准写字楼600多平方米，业务操作全部采用权威部门主持开发的评估软件系统。

公司内设评估一部、评估二部、高新技术产业开发区分部、基建造价咨询部、市场部、综合监管部等部门。我公司与具有百年历史的国际评估机构——威格斯（香港）有限公司具有较为密切的合作，可为国内企业到境外上市及境外资产评估业务提供相关服务。

公司严格按照国家有关部门颁布的关于资产评估操作的要求，遵守国家法律、法规，审慎从业，本着″客观、独立、公证、科学″的原则，竭诚为客户提供全面专业的服务。

中锋资产评估有限责任公司

中锋资产评估有限责任公司是国内大型专业评估机构。其前身是中洲会计师事务所资产评估部，原隶属财政部。1991年3月经原国家国有资产管理局批准取得资产评估资格，1993年4月经中国证监会和原国家国有资产管理局审查批准，取得从事证券业务资产评估资格。1994年5月经国家土地管理局批准，取得A级土地估价资格。1999年11月根据全行业统一要求改制为有限责任公司，注册资金100万元。2000年9月经国土资源部批准取得探矿权、采矿权评估资格。公司现有员工40人，中高级职称占一半以上，拥有博士2名、硕士6名，中国注册资产评估师30人，土地估价师9人，房地产估价师5人，中国注册会计师6人。评估师累计完成资产评估项目500余项，评估资产额4000多亿元人民币。

公司的业务网络遍布全国30个省市自治区及香港特别行政区，作为国内专业服务的佼佼者，客户包括国内大型重要企业及美国、德国、日本等二十余个国家，业务涉及机械、轻工、冶金、电力、石油、化工、铁路、汽车、造船、电子、电器、仪表、建材、建筑、农业、交通、航空、高科技、金融、房地产、旅游、内外贸、证券、投资等国民经济各个行业领域。

公司积极参与我国评估业行业标准和规范的制订工作，有数位在评估行业有相当知名度的专家，参与了资产评估标准和规范的起草和讨论，还多次为国内大型企业进行资产评估、资产重组、中外合资的培训。他们是中国注册会计师协会（中国资产评估师协会）资产评估师后续教育的核心教员，原国家国有资产管理局评估中心重大项目评审专家会主要专家。

中锋资产评估有限责任公司十分重视按照国际评估规范进行执业，公司评估师受国内外客户和国际组织的聘请，曾先后赴美国、德国、英国、瑞典、日本、韩国、也门、肯尼亚、塞拉利昂、巴基斯坦、新加坡、香港等十几个国家和地区进行资产评估执业工作，积累了大量的国际评估经验；与此同时，还先后派出评估师赴美国、日本、加拿大、香港等国家和地区研修，多次参加在中国举办的国际评估论坛和其他研讨活动，促进了中国资产评估与国际的接轨。

此外，公司受国际大型知名企业和众多国内企业的委托，为这些企业提供了编制项目建议书、预可行性研究报告、可行性研究报告，以及企业改制策划、法律咨询等多方面的服务。

中联资产评估有限公司

中联资产评估有限公司创立于1994年，是国内大型的资产评估专业服务机构。具有财政部和中国证监会颁发的证券业资产评估资格，A级资质，以及探矿权、采矿权的评估资格。中联评估公司可以提供包括设备、房产、土地、无形资产、矿业权等多种类型资产的一揽子评估服务。

公司恪守独立、客观、公正、信用的原则，正确体现资产的价值量，促进资源的优化配置。以至精至诚的敬业精神，精益求精的工作态度，为客户提供优质高效的服务。

中联资产评估有限公司现已完成各类资产评估项目涉及企业股份制改造、A股、H股、N股上市、配股、增发新股、资产重组、置换等多种经济行为，涉及的评估资产价值达1.4万亿元，评估业绩居全国评估机构前列。主要评估业绩项目包括：酒泉钢铁公司改制设立酒钢宏兴股份有限公司并发行A股；中国石油化工股份有限公司设立并境内外发行股票上市；信息产业部邮科院重组设立新唐股份有限公司；航天科技集团长峰集团公司改制设立长峰数控机床有限公司；清华大学企业集团出资设立清华博奥生物科技有限公司；中国铝业总公司重组及境外上市；大唐电信科技股份公司设立大唐微电子、大唐软件技术公司；中国银行香港分行银行重组境外上市评估；北京燕化石油化工股份有限公司中外合资资产评估等。

企业整体或改建为有限公司或股份有限公司的资产评估；公司上市发行股票、转让、置换、及企业价值评估；中外合资合作、企业联营等的资产评估；企业资产租赁、抵押、保险、拍卖、破产清算的资产评估；专利及其他无形资产出资及投资价值的资产评估；基准地价评估、出让和国家收回土地的地价评估；矿产资源探矿权、采矿权评估。

中企华资产评估公司

中企华资产评估公司原为国家体改委系统下属企业，1999年脱钩改制后成为以注册评估师为股东的有限责任公司。中企华具有各政府部门颁授的正式资产评估资格、证券业务资产评估资格、房地产评估资格、探矿权和采矿权评估资格。据有关部门最新统计数字表明，自1997年起，中企华公司的经营业绩连续5年在全国3600多家资产评估机构中位居榜首。北京市国资局2000年公布的按业绩排序的北京地区评估机构（含中央级评估机构）名单中，中企华名列第一位。

中企华主要从事改制上市及与其相关项目的资产评估，服务对象遍布全国31个省市自治区及境外，多为中央直属大型国有企业，每年平均承办100多个项目，评估报告确认率100%，公司的服务涉及到各行各业，如：邮电、纺织、石化、航空、旅游、电子、制药、造船、汽车、食品、化工、造纸、金融、高科技、农业等行业，范围十分广泛。其业务范围主要是：一、整体资产评估。适用于设立公司，企业股份化改制，发行股票上市，股权转让，企业兼并、收购或分立，联营，组建集团，中外合作、合资，租赁，承包，融资，抵押贷款，法律诉讼，破产清算等目的的整体性企业资产评估。二、单项资产评估。机器设备、专业生产线、建筑物、房地产、流动资产、长期投资等各类实体资产的评估。三、无形资产评估。商标，专利，专有技术，探矿权和采矿权，资源性资产，计算机软件，著作权，特许权，土地使用权等无形资产价值评估。四、咨询服务。为企业提供投资咨询与发展战略咨询。发展战略咨询包括管理咨询、市场营销、营运管理、人力资源等；投资咨询包括并购重组、项目投融资、财务顾问、尽职调查等多方面。根据企业情况为企业量身定作适合的方案，提供专业的咨询服务。五、市场调查。新技术、专利技术等开发应用调查，新产品、进口产品等市场调查，市场研究，市场预测。六、培训与交流：举办评估及相关专业的培训，理论研讨，信息服务，业务交流等活动。组织赴境外培训。

中企华公司为中国企业在境内外上市的资产评估进行了卓有成效的工作，积累了丰富的经验。每年完成近百个项目的评估，其中上市公司评估占80%，评估报告确认率100%。部分报告被国家国有资产行政管理部门评定为优秀报告并作为典型推广。至2001年底，公司评估资产的总值突破15000亿元。

中企华资产评估公司受聘完成了被称为“巨无霸”的中国石油、1997年国内最大的境外上市电信企业中国移动等项目的资产评估。成功进行了拥有资源性资产、高新技术资产的企业及众多拟在二板上市的企业的资产评估。多次接受中外合资企业双方委托进行评估，并同时受到双方满意的评价。受托编制的多种语言投资项目可行性研究报告，成功地帮助客户企业招商引资。

中企华跻身于国内一流评估机构之前列，是中企华人努力奋斗的成果，表现了中企华人的业务水平、团队精神、严谨作风和服务质量。

中水资产评估有限公司

中水资产评估有限公司的前身——中水资产评估事务所，成立于1996年，是经中华人民共和国财政部、国家工商行政管理局批准登记注册的具有国有资产评估资格、可以在全国范围内执业的专业资产评估机构，直属于中华人民共和国水利部的事业单位。2000年经改制变更为中水资产评估有限公司。

公司的业务为：整体资产评估、单项资产评估，包括固定资产、流动资产、无形资产等；产权交易、企业承包、联营、转让、兼并、财产租凭、资产抵押、财产担保及中外合资、股份制经营的资产评估；企业改制和战略收购财务顾问；改制主体的财务审计、资产评估、改制方案论证、资产重组、资产移交等重大事项的专业报告的编制，协助委托方顺利完成改制和战略收购；企业日常财务咨询、财务调查和内部审计，协助企业发现问题，为企业完善内部控制环节、提高工作效率提供支持；项目经济评价及其相关的资产评估；基本建设项目方案设计、项目实施及项目后评价、基建项目预(决)算、竣工决算审计；水利资产评估方法和水利经济研究；其他与资产评估相关的财务、投资和工程咨询服务。

几年以来，中水资产评估有限公司凭借跨系统、多学科的技术经济综合优势，通过运用现代化手段和建设项目评估数据库、设备产品数据库和高层次专家人才库，为广大国内客主憎爱分明提供了高水平、高效率、高质量的资产评估及相关服务，尤其在水利资产评估和企业财务咨询方面卓有成效。

中水资产评估有限公司经过多年的实践，积累了丰富的资产评估、水利资产研究和企业改组、投资、融资、合资合作的业务经验，组成了一支精于开拓、业务熟练、作风优良的专业队伍，并与国家国有资产管理行政主管部门和和国家有关部委建立了良好的工作关系。业务涉及广泛，特色鲜明。

此外，中水资产评估有限公司专家委员会，拥有一支敬业、实干的专家队伍，直接参与公司水利资产评估、水利项目评价、基建项目预(决)算、竣工决算审计的工作，其中不乏在水利工程项目评价和水利经济研究方面具有相当影响力的资深顾问和高级专家，他们均具有深厚的理论造诣、丰富的实践经验，使公司在为水利系统提供专项服务的工作中得到了强大的技术和人力支持。

中水资产评估有限公司拥有具有执业资格的注册资产评估师、注册会计师、注册房地产估价师、注册土地估价师、注册税务师，以及金融、经济、财务、房地产、机械设备、法律等多学科背景的专业人员。他们不但具有丰富的业内运作经验，而且具备丰富的水利工程、金融资产、房地产、无形资产等专项资产的评估经验，可以为企业在股份制改造、资产重组、企业购并、中外合资、投资、清算、出售、转让等方面提供资产评估、企业策划、财务顾问、专业咨询等全方位的服务。

中证评估公司

中证评估公司成立于一九九三年，是中国最早专门从事资产评估咨询服务的公司之一。公司成立以来已为中国石油化工集团公司、江西铜业公司、首都国际机场以及EXXON-MOBIL、BP、SHELL、OTIS等国内外知名的大公司提供过资产评估服务。中证评估公司总部位于北京，并在江苏南京市、安徽合肥市、广东深圳市、吉林省长春市设立了分公司，具有从事证券及相关业务评估资格证书。这是中国最高的评估资格等级，可以从事所有类型的资产评估业务。

中证评估公司拥有一大批从事评估多年的业务骨干，有各类评估及会计专业人员近200名，其中注册评估师32人，注册会计师60余人。他们中有不少人曾服务于全球知名的评估公司。这些专业人士是高质量地完成评估工作的保证。

此外，为了更好地服务国内外客户，开拓境外评估业务，完善服务网络，2001年12月，中证公司在香港设立了中证(香港)评估有限公司。中证(香港)公司的主要专业人员皆系香港评估界知名人士，董事总经理甄仲慈先生曾任美国评值公司(American Appraisal Hongkong Ltd.)主管专业的副总裁，甄先生在美国评值公司服务长达13年。这些专业人员大多具有国际认可的执业资格，熟知国际惯例。中证(香港)公司可以为客户提供需香港联交所或香港证券及期货监察委员会认可的所有交易的评估服务。

中证公司曾提供过许多大型项目的评估服务。1998—1999年中国证券业最大的两间证券公司国泰、君安公司合并的评估工作即是由中证公司独家完成。国泰、君安资产总额达400多亿元，分布于全国各地除新疆、西藏、青海、宁夏以外的所有省(市)、自治区的独立法人及分支机构有四百五十余家。在1999年，首都国际机场重组并在海外成功发行H股的资产评估工作由中证评估公司独家完成。此次评估涉及资产额约80亿人民币，下属单位28家。在1999—2000年中国石油化工集团公司改制并成功实现股票在香港、纽约、伦敦上市的工作中，中证公司完成了其下属的中原油田、河南油田、江汉油田、齐鲁石化、洛阳石化、上海石化、天津石化、广州石化、金陵石化、北京石油公司、河南石油公司、天津石油公司、广东石油公司等16家石油、石化企业800亿的资产评估工作。其中河南石油公司、广东石油公司下属县市的加油站近1000座，广泛分布于上述两省的城市和乡镇。在整个中石化资产评估项目中，中证公司组织了近300人的评估队伍，历时4个月，纵横8个省、自治区、直辖市、50余个市、县，涉及到了从上游企业的油井、中游企业的炼化装置，到下游企业的加油站的几乎是所有资产类型。没有较强的组织管理能力、深厚的专业知识，没有一只过硬的专业队伍，圆满完成上述工作是很难想象的。2001年，中国铁路建筑总公司、中国非金属材料(集团)总公司改制评估工作由中证评估公司完成。评估涉及资产额达220亿人民币，下属单位近80家。2002年，中国石化集团与中国石化股份公司进行资产置换评估项目中，中证评估公司承办了其1300余座加油站的评估工作。

在中证公司近10年的从业实践中，为数百家国有企业的合资、兼并、企业改制、收购等各种经济行为提供了资产评估服务，每一个项目无论在评估立项、确认，还是与评估目的相关的后期工作，公司都积极配合、协助客户以最快的速度和的最有效方式完成任务，评估报告确认率100%。中证公司同时也曾多次为有关政府管理部门如何提高资产评估的管理水平，规范行业的健康发展，提出建设性的咨询意见。也正因为此，中证公司无论在客户当中，还是在国有资产行政管理部门之中，均形成了较好的信誉，真正的起到了桥梁、纽带、参谋的中介作用。

中资资产评估有限公司

中资资产评估有限公司，始创于1992年12月，其前身为中咨资产评估事务所。中咨资产评估事务所是经国家计划委员会以“计投资(1992)1429号”文批准成立，隶属于中国国际工程咨询公司的全民所有制企业，专业从事资产评估业务。1999年6月，根据根据财政部“财评字(1999)119号”《关于资产评估机构脱钩改制的通知》的要求，中咨资产评估事务所实行脱钩改制，组建为以中国注册资产评估师为投资主体，专业从事资产评估业务的有限责任公司。2000年6月，中咨资产评估事务所完成脱钩改制工作，并正式更名为“中资资产评估有限公司”。该公司是以中国注册资产评估师为投资主体，按照《中华人民共和国公司法》在北京市工商行政管理局注册登记，专业从事资产评估业务的有限责任公司，注册资金为人民币100万元。

公司具有财政部颁发的《资产评估资格证书》和原国家国有资产管理局、中国证券监督管理委员会共同颁发的《从事证券业务资产评估许可证》，是中国资产评估协会常务理事单位。同时，公司具有国土资源部颁发的《土地评估机构资格证书》、《探矿权、采矿权评估资格证》，国家发展计划委员会颁发的《工程咨询资格证书》。

公司现设行政办公室、财务会计部、事业开发与管理部、资产评估一部、资产评估二部、资产评估三部、资产评估四部、房地产评估部、质量管理部、信息部等十个部门。另外，公司设有两个专业委员会：专业技术委员会负责公司评估技术工作；专业标准委员会负责评估标准的制定工作。

公司拥有一批高学历、高素质、有志于资产评估事业的优秀人才，目前从业人员已近60人，分布于经济管理、财务会计、建筑工程、机械设备等各个专业，其中中国注册资产评估师26名，均具有大学本科以上学历。公司评估人员年龄结构合理，工作积极努力，通过一大批大型项目的锻炼，已经成为一只经验丰富、可以克服各种困难、能打硬仗的队伍。公司对业务建设极为重视，除定期进行理论培训外，还为评估人员提供了现代化的工作手段，为高效率、高质量完成客户委托的评估业务提供了必要的条件。另外，公司还聘任部分具有资产评估理论基础和丰富实践经验的高级专家做顾问，并得到一大批具有实干精神和评估经验的各行业兼职专家的支持。公司专家委员会拥有各行业专家200余人，为公司从事各行业评估工作提供专业技术支持。

公司成立以来，本着“客观、公正、精益求精、热情周到”的态度，为国内外广大客户提供了大量高质量、高效率、高水平的资产评估服务，服务范围包括：境内外上市、企业重组、中外合资、兼并破产、产权转让等资产评估服务，尤其在承办大型企业评估项目上积累了丰富的实践经验，。截止2000年底，评估的资产价值高达人民币7000多亿元；公司已为400多家企业提供了各种目的的资产评估服务，其中包括为120余家企业境内外上市提供了资产评估服务，并得到了上市企业、政府主管部门以及其他中介机构的普遍好评。

北京市海拓律师事务所

北京市海拓律师事务所是经国家司法行政主管部门批准设立的综合性合伙制律师事务所。根据《中华人民共和国律师法》的规定，事务所合伙律师对事务所的行为、债务承担无限连带责任。

事务所现有专、兼职律师30余人，大部分律师毕业于国内外著名学府法律学或经济学专业，并曾在国家行政机关、司法部门、大型国有企业供职多年，具有较高的政策法律水平，丰富的司法实践经验、企业管理运作经验。所有执业律师均有良好的从业经历，办理过大量诉讼和非诉讼业务，拥有高、中级专业技术职称和硕士以上学历的12人。为确保服务质量，事务所实行严格的专业化分工，每名律师均有其擅长的业务领域，所有业务均由事务所酌情指定专业律师办理，以保证每宗个案处理完善，效率卓然。

事务所业务涵盖众多法律领域，重点是经济类及涉外类法律事务，其中尤为擅长投资金融、公司法律事务、股票上市、房地产、资产重组、招投标、国际商事海事仲裁及经济诉讼代理等。此外，事务所对企业所遇到的诸如商务调查、交易安全、债务追索等能够提供一系列有力的对策和服务。

事务所与国内十多个大、中城市及国外的有关律师事务所建立了密切的业务协作关系，可以十分便捷地为客户在国内外提供高效的法律服务。

事务所先后为美国时代国际集团、美国CWS Financial Services Ltd、法国兴业银行、瑞士大昌洋行、以色列溴品有限公司北京代表处、国家开发银行、中国银行、中国工商银行、中国建设银行、中国农业银行、中银信托投资公司、中国五矿石油器材贸易有限公司、中国粮食贸易公司、中国水产总公司、中国建筑工程总公司、中国诚成进出口公司、长城国际经济技术合作有限责任公司、中国三优科技实业集团公司、中国新兴矿化公司、全国库存商品调剂中心、北新建材有限公司、隆奥置业有限公司、北京中新房地产开发有限公司、北京普尔斯马特会员购物企业集团等提供法律服务，办理了大量的投资、合资、合作、房地产开发、融资、股份制改造等法律事务，以及各类仲裁、诉讼案件，其中有些业务和案件在国内具有较大的影响。

诚合律师事务所

诚合律师事务所是贵州省司法厅直属律师事务所，从一九九八年成立以来，连续三年均实现了业务创收全省第一的佳绩，获得了主管机关、司法部门和社会各界良好赞誉。诚合律师事务所的成功在于追求法律效果和社会效果相统一的服务宗旨，科学而合理的内部管理机制、严谨而务实的办事作风、团结而综合素质较高的律师队伍。

诚合律师事务所从中国特色的法律制度，当代中国改革开放的大政方针以及律师法律服务的历史特点三维关系出发，确定了律师中介服务的宗旨就是为客户委托事项谋求法律效果与社会效果的统一，改变了普遍存在的仅仅追求法律效果的片面观念和脱离法律保障追求社会效果的简单的、高风险的做法，使其提供的法律服务普遍具有优质、高效的等级和合法、安全的品质，受到最高人民法院，贵州省各级人民法院的高度评价和广大客户的充分信任。在成立后短短的几年，诚合律师事务所即担任了清镇市人民政府、中国建设银行贵州省分行、中国银行贵州省分行、中国工商银行遵义、都匀分行，贵州省国际信托投资公司等政府机关和银行、非银行金融机构以及二十余家省内外企业集团的法律顾问。

科学而合理的内部管理机制，是诚合律师事务所提供优质高效法律服务的保障。定期合伙人会议，是实现民主集中制管理的决策机构，其定期履行管理职责，以保证诚合律师事务所始终是团结向上并富有战斗能力的律师群体；行政主管是事务所管理职能的执行机构，合理而严格的行政管理制度，使诚合律师事务所能够全方位、多功能地协调运转，各种事务的安排杂而不乱，繁而不紊，能够保障事务所全体律师最大限度地发挥其服务效能；严格的财务管理预算，真实的帐务记录，定期的业绩报告制度和财务监测制度，能够有效地使诚合律师事务所及其客户实现效益最大化和成本最低化；电脑及其网络的运用，实现了文本材料的系统管理，资源的共享和空间换取时间的方法最大化地提高工作效率；严格执行律师错案赔偿制度和服务客户的定期回访制度以及执业律师业绩评价制度是委托方得到最优质法律服务的坚实基础，同时也是全所执业律师知识不断更新、素质不断提高的制度保障。

诚合律师事务所从建所时起，即对全所人员严格要求和训练，在很短的时间内就形成了自己的办事风格——严谨而务实，使之在众多律师事务所中异军突起，独树一帜。对当事人委托的事项，无论繁简巨细均从利弊两方面作全面的分析，制定出系统的实施方案、备选方案以及工作日程，以保证工作内容的正确性，工作方法的灵活性和工作步骤的计划性。而所有这些，都是服务于、服从于正确有效地为客户解决实际问题。诚合律师事务所作为中国银行贵州省分行选择的法律顾问，在办理该行向贵州电力公司转贷西班牙政府贷款三千多万美元的法律事务中，认真运用国际、国内金融法律和规则，作了大量仔细的分析和建议，参与谈判并制作了许多涉外法律文件，使这笔不同国家的政府贷款高效、安全地落到了实处。诚合律师事务所为此获得了国内外金融、法律专家们的称赞。诚合律师事务所在中国信达公司重庆办事处债转股工作中发挥了重要的作用，受到中国信达公司重庆办事处、债转股企业、当地政府的普遍好评。直至目前为止，诚合律师事务所已办理涉及政府机关、企业、国有公司的行政、经济、金融债权案件千余件。实际为委托方挽回和减少损失7亿多元，名列全省第一。参与办理各类债权转股权、资产转让、资产重组、盘活和国企现代企业制度改造等法律事务项目近六十件，处置资产三十余亿元。

律师服务的中介性质与涉及领域的多样性和复杂性，决定了律师能力的高低集中表现在律师的综合素质上。诚合律师事务所由十七名综合素质较高的律师组成，平均年龄虽只有三十四岁，但有十年以上律师工作经历的为十一人，占65%；其律师绝大多数为重点大学法律本科毕业生，其中正高级、付高级职称和研究生以上学历9人，占55%。绝大多数律师不仅精通民事普通法及诉讼法，还精通行政管理法、行政诉讼法、金融法、企业法及公司法、票据法及证券法、投资法及经营管理方面的规则，在政府机关法律服务及现代企业制度的改造、企业重组、联营、转让等方面有丰富的操作经验，同时对WTO的一揽子文件也有深入研究。诚合律师事务所已取得了国家财政部和司法部批准的从事国有资产产权法律服务、在中型基本建设项目招标等法律服务的从业资格，所内律师还出版了《怎样打好金融官司》、《银行官司致胜案典》、《怎样用好信用卡》等专著。同时，所内律师均具有熟练地运用电脑及其网络处理各种律师事务的能力，这是省内其他律师事务所尚未达到的水平。

福建厦门联合信实律师事务所

福建厦门联合信实律师事务所于一九八九年初创立，是迄今福建省执业律师最多、实力最雄厚的律师执业机构之一。事务所现有执业律师、实习律师和助理人员一百零八人，其中执业律师八十八人，实习律师七人。律师队伍中，汇聚中国政法大学、北京大学、复旦大学、厦门大学、武汉大学、华东政法学院、西南政法大学、西北政法大学等全国各高校及留学海外学府人才，现有博士七人、硕士二十三人、双学士三人、学士尚四十七人，事务所同时聘请了数十名各行业权威担任顾问。事务所律师大多为复合型人才，如有十八名教授和副教授、十五名仲裁员、三名证券律师、五名注册税务师、三名注册会计师及多名建筑工程师、计算机专家、航海专家等。全所能熟练运用英、日、法、韩、德、俄等语种熟练开展律师业务。

事务所在公司及证券法律事务部的业务范围为：企业在境内主板或创业板改制、上市的发行人法律顾问；企业在境内主板或创业板改制、上市的主承销商法律顾问；企业在香港主板上市或发行H股的发行人法律顾问；上市公司增发、配股的发行人及主承销商法律顾问；根据《上市规则》为上市公司股权转让、重大资产重组、关联交易等出具法律意见；企业改制设立方案、建立现代企业制度法律顾问；企业内部职工持股及企业股份期权、管理层持股方案设计；企业收购兼并、资产重组方案设计及法律顾问；企业其他有价证券发行顾问；根据《上市公司股东大会规范意见》对上市公司股东大会出具法律意见；根据两个交易所的《上市规则》见证新任董事和监事的承诺书；证券、期货法律纠纷诉讼及非诉讼代理；国有资产产权界定及国有资产产权纠纷专项顾问；其他公司及证券法律业务。

事务所依托厦门大学法学院强大的教学科研力量，及时把最新的法学科研成果应用于司法实践，在研究、开拓、创新各方面走在同行前列。事务所已具备证券法律业务、税务代理、基本建设项目招投标法律业务、国有资产产权界定法律事务等专门的执业资格和业务专长，是一家集投资、贸易、房地产、金融证券、期货交易、海事海商、税务代理、知识产权、股份制改造、基建项目招投标等方面法律事务的诉讼代理、仲裁代理及非诉讼律师服务为一体的大型综合性律师事务所。全所律师长期担任两百多家政府机关、中外企事业单位、社团的常年法律顾问，年均承办各项业务两千多件。事务所追求专业服务，全所设立了涉外法律事务部、金融法律事务部、刑事法律事务部、公司及证券法律事务部、海商海事法律事务部、税务代理法律事务部、房地产法律事务部、台湾事务法律事务部、知识产权法律事务部、综合法律事务部及研究与编辑部。除总部外，还在厦门大学、湖里工业区、杏林台商投资区3个分部，并在泉州设立了一个分所，总办公面积逾1700平方米。事务所与公证、会计、审计、资产评估、拍卖、专利、商标等中介机构、国内各券商及外资委、房地产管理等政府部门建立了固定协作关系，并与台湾、香港、澳门、新加坡、美国、西欧等地律师建立了固定的业务合作关系。事务所定期出版《信实律师》内刊，并与《中国律师》、《律师与法制》、《福建律师》、《厦门日报》、《厦门晚报》、厦门电视台等媒介建立广泛的联系。

多年来，事务所律师多人次获得省市先进工作者、厦门市十佳律师、福建省十佳律师、福建省十大杰出青年律师、厦门市优秀仲裁员等称号，事务所先后荣膺"福建省律师行业优质服务窗口"、厦门市"先进集体"、厦门市首届"法律援助工作先进集体"和福建省司法厅"文明单位"等表彰，二000年十一月被司法部授予律师执业机构的最高奖——"部级文明律师事务所"。

广东保信律师事务所

广东保信律师事务所现有律师11名(其中包括3名创始合伙人)，律师助理、秘书及其他工作人员14名。据中山市司法局统计，保信律师事务所是中山目前20多家律师事务所中唯一全部律师具备本科学历以上的律师所。保信律师事务所自2002年4月搬迁至自购及新装饰的兴中道新兴花园900余平方米的办公室，实现办公条件现代化。保信律师事务所11位执业律师的执业年限均在3年以上，而3位创始合伙人在中山地区更有10年以上执业经验；因此，事务所的数十家常年客户包括政府及其职能部门、媒体、上市公司、跨国公司、外商投资企业等均与本所保持常年顾问关系，其他业务亦有新的开拓。近年来，事务所响应政府的号召，全过程介入国企改制、转制事务，总计完成了40多家企业的股权及债权重组的法律事务。

事务所的11位执业律师分别取得了中国证监会和司法部授予的证券法律从业特许资格、国家计委和司法部授予的招投标法律业务的特许资格、国家外经贸部授予的股份制改组主协调律师资格。另外，事务所拥有中山市最年轻的高级律师和中级律师，还有2名律师取得广东省企业专利工作证、1名律师取得会计师资格、1名律师取得企业法律顾问资格。上述专业资格使事务所在开展传统法律服务的同时，具备了开拓证券、招投标、知识产权服务、公司并购、上市公司服务等新兴领域的人才基础；而事实上，事务所已凭他们的专业服务和特许资格在这些新兴法律服务领域取得了良好的业绩。

鉴于法律知识的迅速更新、新兴法律服务市场的出现对律师提出的高要求，保信律师事务所适应时代要求，秉承专业分工、团队协作、规模发展的宗旨成立，而保信律师事务所自成立之日起没有停止专业分工、团队协作、规模发展的前进步伐。目前，保信律师事务所对本所人才资源进行合理配置，优化组合，组建成房地产部、公司业务部、刑事诉讼部、知识产权部、专类诉讼部等几个专业部门。

事务所的执业律师和律师助理已根据案件需要配置到各个专业部门办理该领域的诉讼和非诉讼案件。对于重大的跨学科、跨领域的法律事务，事务所要求各个专业部门在合伙人会议的协调下，开展专业部门联合办案，甚至必要时抽调专业部门的精英律师成立专案组以适应重大、疑难、新颖案件的高要求，同时也是事务所对客户负责的做法。事务所的专业分工和团队协作工作方法已经取得并正在取得良好的效果，事务所的执业律师正逐步成为处理该领域法律事务的专业律师。

作为中山市目前唯一所有律师均达到本科以上学历的律师事务所，事务所的人才层次、人才结构已形成一个复合型且层层推进的人才梯队，这为事务所律师事务所的长远发展打下良好的基础。

广东法制盛邦律师事务所

广东法制盛邦律师事务所成立于1983年，由原广东法制律师事务所和广东盛邦律师事务所（即原广东对外经济律师事务所）合并，按国际通行的合伙制形式设立，直属广东省司法厅，在深圳、东莞设有分所。现有执业律师110名，其中合伙人50名，专职律师60名，约30%具有研究生学历（其中博士2名），3名律师曾在海外留学从业，近10名律师具有高级职称，8名律师有证券从业资格，8名律师被聘为仲裁员。此外，还有律师助理30名、行政人员12名。事务所还特聘广州地区高校的十二名法学教授为高级顾问。自购高级办公楼，地处新广州中轴线体育东路的羊城国际商贸中心东、西塔七层，办公面积2000平方米，交通便利，环境优雅，每位律师配备独立办公室、智能办公设备。

凭着强大的实力、优质的服务，事务所深得当事人的信赖及同行的瞩目，多年来承接办理过许多重大、疑难、复杂案件，不少案件创下了多项全国之最。事务所注重学习和研究，事务所律师发表了大量学术论文并经常出现在各种讲座、论坛的讲台上。事务所坚持与时俱进，开拓创新，不断建立和完善科学的管理制度，建设先进的事务所文化，树立共同的价值观，吸纳和培养高素质人才，志在建成国内一流、国际知名的大型律师事务所。

事务所实行专业化分工，设有基础设施及重点工程建设项目部、房地产部、诉讼仲裁部、公司事务部、金融证券部、国际商务部、知识产权部、海商海事部、私人法律顾问部、商务调查部等十大专业部门。根据客户的需要以及案件或项目的具体情况，可以集中不同专业特长的律师组成跨部门的专案小组，还可以从我们的专家库中选取高级会计师、高级建筑师、高级经济师、高级工程师等非法律专业的专家参加，力求在各个层面上都达到最高的专业水准。

怀着对法律工作的热爱，事务所全体律师和员工勤勉尽责，精益求精，注重实效，服务及时，以良好的职业道德和敬业精神，向社会提供全方位、多领域、高质量的法律服务。

广州经纶律师事务所

广州经纶律师事务所，成立于我国全面推行律师体制改革的1994年3月，是广州地区第一家按国际惯例组建的合伙制形式的律师事务所。

经纶律师事务所在建所之初，就树立了在中国建立一家具有先进管理水平、一流服务质量的现代化的大型综合性法律服务机构的办所宗旨。以精湛、快捷、忠实、周全的高标准服务，实现客户合法权益的最大化，是经纶律师事务所追求的最高境界。创办五年来，经纶律师事务所以此为目标，诚恳踏实、开拓进取、精益求精，赢得了境内外广大客户的赞许和信赖，在社会各界声誉卓著。曾多次荣获广州司法行政系统先进集体和文明单位称号。五年的不懈努力，经纶律师事务所已成为华南地区最大规模的律师事务所之一。

经纶律师事务所注重律师队伍建设，聚集了一大批具有法学博士、硕士和学士学位的专业素质优秀、从业经验丰富的资深律师，并拥有一批较高素质的法律辅助人员，人力资源充沛。全体员工恪守律师执业纪律、崇尚职业道德，以勤勉的工作服务社会。经纶律师事务所建立了由法学界、司法界和经济界的专家组成的顾问团，为解决各类专业及法律疑难问题提供支援，以确保广大客户的利益。

经纶律师事务所已取得证券业务资格、国家大型建设项目招标投标业务资格和税务代理资格，业务范围涵盖所有法律领域，并在海事海商、金融房地产、引进外资、项目融资等方面有独特建树。

经纶律师事务所创顾问小组和定期回访服务方式，以确保为常年法律顾问单位提供及时和全面的服务，并且定期编辑发送《经纶通讯》，向三百多家法律顾问单位提供最新的法律和政策信息。

汇元律师事务所

汇元律师事务所是经青海省司法厅批准设立的一家合作制律师事务所。“公平、民主”是事务所设立的理念，“诚信、敬业、道义、责任”是事务所对社会各界的郑重承诺。激励和约束相结合是事务所的基本管理模式，资源共享、知识共享、效益共享，是事务所合作并赖以发展的人文条件，规模化、专业化、现代化和大市场、全方位的服务是事务所追求发展的目标。其宗旨是：全力维护客户的合法权益，全所律师以才能、智慧、知识和经验为国内外客户提供全方位、高层次的法律服务。

事务所律师大多数毕业于法律专业院校，有二分之一的律师为法学研究生，其中有从事金融证券资格的律师多名，具有水文工程地质、基础工程地质、岩土工程、地质灾害等工程建设法律事务专业律师。事务所律师成功办理了省内有重大影响的诉讼案件数件，事务所服务的客户有：青海省对外贸易厅、青海省经贸委、青海省工商行政管理局、青海三普药业有限责任公司、青海数码网络股份有限公司、青海省广播电视局、西海都市报、青海神力房地产有限责任公司、青海省高等级公路管理局、青海（东湖）世纪大酒店、信达资产管理公司、青海省盐业股份有限公司、青海火电工程公司、青海省格尔木市大型民贸市场等数十家。提供服务的内容既包括参与大型投资、融资、合资项目的策划、谈判、签订，先后参与省内十余家较大公司的改制重组，参与西宁特钢、青海明胶、青海白唇鹿股份有限公司的股票发行上市。

在为社会公益服务方面，为了广泛开展"四五"普法教育，推进我省法制化建设的进程，我所协办的由青海省政法委、青海省依法治省办公室主办的青海卫视《法制时空》栏目，得到了社会的广泛关注和好评。

江苏国泰新华律师事务所

江苏国泰新华律师事务所属江苏省司法厅直属律师事务所，是由江苏新华律师事务所整所转制设立的合伙律师事务所，成立于1993年，是当时司法厅直属的少数综合性律师事务所之一。经过不断地发展，目前已发展成为江苏省地区规模较大、知名度高、业务广泛的综合性律师事务所。现有执业律师25人，其中具有法律硕士以上学位的律师10人。执业律师均毕业于著名高等法律院校，已形成一个业务水平高，办案经验丰富的律师队伍。

多年来，全所律师本着"诚实守信，优质高效"的服务宗旨和忘我的敬业精神，先后承接了一批有影响的重大的民事、经济、行政、刑事案件，参与多起项目投资和公司改制的法律事务，担任数十家政府部门和大中型企业事业单位的法律顾问。全所律师在办案及代理各类法律事务过程中，勤勉敬业，严格依法办事，尽职尽责为当事人提供法律服务。为当事人挽回巨额经济损失，深受各界人士的好评。

事务所律师成功办理了许多重大、复杂、疑难的各类案件和非讼法律事务。其中标的额在千万元以上的经济民事案件就达数十件；如中江公司诉南京市市政工程总公司海外工程承包案诉讼标的1.5亿元。为更好地实现债权人的合法权益，事务所已和拍卖机构、评估审计机构等多家中介组织建立紧密的合作关系，而快捷、有效是事务所律师办理法律事务的特点，如南京机电公司与梅山冶金公司某建筑安装公司追索货款一案、上海晋生电脑与江苏汽车工业公司欠款纠纷案等，承办律师从接受法律事务到全部执结，不到二个月，受到委托人的交口称赞。事务所已成功的为江苏鑫苏投资公司、建设银行南京分行、江苏省国际信托投资公司、铁道部第十四局、南京市市政工程总公司、江苏省中程建设工程总公司等数十家单位追索应收债权，均获得圆满结果，并以探索出有效实现债权的法律途径。

事务所在服务经济改革，促进依法治国的精神鼓舞下，大胆探索，锐意进取，继94年取得企业股份制改造从业资格后，又于1999年通过司法部证券委的评审，获得了从事证券法律业务的资格，成为江苏省为数不多的具有从事证券业务资格的律师事务所之一。办理了江苏艺龙股份有限公司的股份制改制及南京众星集团、省国防科工办等多家单位的股份制改制、设立、并购工作。目前，事务所已在金融投资项目服务、企业股份制改造、证券法律事务、房地产、知识产权、公司法务等领域形成自己的专业服务特色。并积极拓展新的服务领域，为当事人提供更优质高效的服务。

上海市锦天城律师事务所

上海市锦天城律师事务所（"锦天城"）系国内多家律师事务所新设合并而成的综合性合伙制律师事务所。事务所以先进的合伙制体制和民主管理模式，聚集了一大批高素质的法律人才。事务所由前华东政法学院院长，中国国际律师培训中心主任史焕章先生任主任，二十余名资深律师组成合伙人管理层。事务所拥有近一百名律师，其中80%以上具有高、中级职称，50余名律师具有博士、硕士学位和教授、副教授职称，25名律师拥有在美国、英国、德国、加拿大、澳大利亚、日本、法国等地留学背景或律师从业经历，不少律师曾在政府部门、企业、大学及科研机构工作，拥有各方面的实际工作经验。同时，事务所还专门聘请了一批曾从事过中国对外贸易经济法规的起草、决策工作和有关国际公约改制的专业人士及证券法方面的权威人士作为事务所的特别顾问。因此，高层次的专业人才资源成为事务所向社会提供优质法律服务的根本保障。

锦天城具有的以下多种专业资格成为事务所可靠的资质保证：司法部、中国证券监督管理委员会颁发的从事证券法律业务资格证书；外经贸部批准的外商投资项目咨询代理资格；司法部、国家科委、国家国有资产管理局颁发的从事集体科技企业产权界定法律业务资格证书；上海市司法局批准的涉外见证法律事务资格；上海市工商行政管理局批准的企业登记代理资格等各项专业法律服务资格；司法部、国家计委颁发的从事基本建设大中型项目招投标法律业务资格。因此，事务所能够为跨国公司、跨国金融机构、外商投资企业、国家机关和国内外企事业单位和个人提供投资、贸易、知识产权、金融、期货、证券、技术转让、房地产、公司筹建、兼并、海商海事、国际融资、股权转让及民事、刑事等各方面的诉讼和非讼法律服务。

为了适应世界经济一体化、法律服务国际化的需求，事务所加盟了世界律师事务所联盟erralex，成为该世界联盟唯一的中国成员。同时，事务所已同包括美国、加拿大、英国、法国、荷兰、比利时、澳大利亚、新西兰、新加坡、香港、澳门、台湾等国家和地区的130多家律师事务所建立了良好的合作关系，并培训了一批来自国外的律师，他们回国后均从事与中国事务相关的法律方面的工作。此外，事务所系中国长江律师（业务）联盟上海地区唯一成员，该联盟由大陆、香港、台湾"两岸三地"各大城市二十二家著名律师事务所组成，构成跨地域的法律服务网络。因此事务所能够协调众多国内外专业机构和人士，为客户提供全方位、多领域的法律服务。

事务所办公场所分设浦东、浦西二处，总面积达二千余平方米。事务所内部电脑全部通过局域网络相互联接，拥有先进的文印系统、信息资料系统和网络通讯系统，并且在国际互联网上拥有自己的顶级网站。事务所拥有中、英、日三种文字的《中国法律政策动态》内部刊物一份，定期免费提供给事务所客户。现代化的办公场所和一流硬件设施为事务所带来完善的物质保证。

上海市锦天城律师事务所是一家能够为广大客户提供全方位法律服务的综合所。事务所尊重及接受来自不同语言、文化及政治背景的客户，我们的律师能以世界各主要语种，如英语、德语、法语、韩语、俄语、日语等,竭诚为您和您的公司提供各项法律服务。我们的服务宗旨是“优质、高效,诚信、敬业”。

事务所的业务范围宽广,涉及与法律有关的一切领域,在证券期货、金融银行、公司并购重组方面更具有丰富的执业经验:一、证券期货。为股份公司股票发行与上市,债券的发行、转让与兑现,以及为证券承销商投资银行业务提供各种相关法律服务,担任发行人律师或承销团律师,起草有关法律文件,提供法律咨询意见,出具法律意见书或验证笔录,事务所律师曾主编《律师金融业务》,参与编著《中国证券法教程》等数本有关证券法方面的书籍。在实务中,事务所律师以发行人律师或承销团律师的身份经办了上海陆家嘴股份有限公司,湖北华新水泥股份有限公司、上海棱光实业股份有限公司、上海异型钢管股份有限公司,中国第一铅笔股份有限公司、宁彼杉杉股份有限公司等股份有限公司的股票发行或配股法律事务,在证券法律业务方面赢得了广大客户的信赖和赞誉。二、金融银行。事务所代表银行、金融机构以及其他经纪人的利益,尤其为客户提供证券发行及国际贷款方面的服务。对于国际贷款、项目融资、融资担保法律问题以及信用证、商业票据的法律纠纷事务,拥有十分丰富的经验。事务所律师曾为国内企业向世界银行美元贷款项目提供专项服务,并为多家外资和中资银行提供包括咨询、代理诉讼、参与谈判、起草和审查合同,出具法律意见书等在内的法律服务。三、公司购并重组。为产权、股权交易等提供法律服务,如上市公司的收购及反收购;公司购并策划及其实施;资产流动与产权重组策划;非股份制公司的产权转让:股份制公司股权转让,集体科技企业的产权界定;企业的租赁。托管,承包的策划与实施。事务所熟悉公司资产重组,资产置换等方面的法律事务,业已经办多家上市公司和大中型企业的收购和转让项目、在资产置换,资产重组、股票回购等方面具有深厚理论和实践知识。

太平洋世纪律师事务所

太平洋世纪律师事务所于 1995 年 4 月 10 日经河北省司法厅批准成立,北京分所于 2002 年经北京市司法局批准成立,是一家从事金融投资、国际贸易、房地产、民事商务、知识产权、产权交易和刑事辩护等方面法律事务的省直属大型综合性合伙制律师事务所。

事务所现有毕业于国内各名校、具有博士、硕士、学士学位的执业律师、律师助理近百人。其中 9 名律师担任石家庄仲裁委员会仲裁员,8 名律师分别在全国律师协会、河北省政协、省人大常委会专家咨询委员会、省监察厅、省律师协会、石家庄市专家咨询委员会等单位任委员、常委、特邀监察员等职务,部分律师具有证券从业资格和招标投标从业资格。事务所具有“国有资产产权法律事务”等多项专门法律事务从业资格。

事务所下设金融投资部、国际业务部、房地产部、民商事务部、知识产权部、刑事诉讼部和商务调查部以及行政办公室、政策法律研究室等部门;事务所还设立了执业纪律监察小组、疑难案件指导小组、刑事辩护指导小组、形象建设领导小组等职能部门;成立了由资深退职法官和社会知名学者组成的专家顾问委员会。事务所在鼓励律师发挥个人能力的同时,更强调集体的智慧和经验,注重发挥团队作战能力,注重事务所品牌的铸炼和塑造。

事务所 1999 年 3 月被省司法厅授予首批“省级文明律师事务所”称号。同年 5 月又在司法行政系统政务公开法律服务活动中被确定为唯一的律师事务所试点单位,1999 年 11 月河北省政法委授予该所“创建人民满意的政法单位”先进集体荣誉称号,是全省唯一获此殊荣的律师事务所。2000 年 10 月又被司法部授予“部级文明律师事务所”称号。2001 年 6 月河北省政府残疾人工作协调委员会将该所评为“爱心助残律师事务所”。

事务所在金融投资、招标投资、企业改制、员工持股、产权交易、医疗事故等服务领域卓有建树。事务所《河北电视台》、《燕赵都市报》、《燕赵晚报》等共同创办的“原告被告”、“建设工程招标投标法律服务平台”、“周日律师”等栏目及活动,影响广泛。

事务所石家庄及北京两地办公面积 1500 余平方米,配备有现代化的办公设施、专业网站、图书资料室及档案室等。事务所律师先后担任数百家政府及大中型事业单位或专项法律顾问,法律服务领域逐年扩大。

众鑫律师事务所

众鑫律师事务所系国内大型综合性律师事务所,前身是中国法律事务中心,成立于 1985 年 2 月,由司法部批准设立并由其直接管理,1995 年 8 月更名改制后转变为合伙制,人员多为原中国法律事务中心律师组成,仍由司法部批准设立并监督管理。2001 年 7 月根据属地原则转为北京市司法局管理。事务所从业人员有 70 余名,总部设在北京新恒基国际大厦,另在上海,广州、深圳、武汉、成都等地设有或拟设分支机构。

事务所拥有宋扬之、王云杰为首的一大批具有十几年至几十年律师工作经历的社会资深律师和在国内有着卓著声誉的顾问,如原司法部副部长、中华全国律协常务副会长陈卓,原全国人大法律委员会副主任、民法学家江平,原中国法律事务中心主任任国钧等,在律师界和社会各界有着深远的影响。事务所具有高级律师多名,绝大部分律师具有法学博士、硕士学历,多名有海外留学经历,如出自美国耶鲁、哈佛、康奈尔,宾夕法尼亚、华盛顿等名校的精英,精通英、日等语言,一些律师具有注册会计师、税务师及国际仲裁员等资格。

事务所在从事诉讼、仲裁、法律顾问等传统法律事务中,代理国内外重大诉讼及国际经济仲裁事项数百件,累计为国家和企业挽回巨额经济损失数十亿元。九十年代以来,在金融类、公司法类、房地产类、知识产权、基建项目招投标以及国际金融、跨国收购、国际投资、外税咨询等方面作了大量的法律事务,积累了丰富的工作经验,具有很强的业务实力。

在金融类法律业务领域,事务所先后担任中国工商银行总行、中国银行总行、交通银行总行等单位的常年法律顾问,并一直为中国四大资产管理公司及部分商业银行、股份制银行及外资银行办理各项法律业务,在此有丰富的经验和实力。在事务所的参与策划下,中国银联股份有限公司已于 2002 年 4 月顺利设立,成为国内不同机构发行的银行卡所共享的高速通道。事务所已于 2002 年这美国货币监理署(即 OCC,美国财政部下属的联邦银行监管机构)的认可,成为能够办理美国金融机构在华法律业务的首家(也是目前唯一的)中国律师事务所。

在公司法类业务领域,证券方面,事务所是司法部和证监会批准从事证券业务资格和从事涉及境内权益的境外公司相关业务的资格的最早的律师所之一。在我国众多律师事务所中,事务所从事的证券业务名列前茅。先后从事境外证券业务八家，B股业务六家，A股及新设改制业务一百五十余家。也是我国最早开展办理企业发行债券法律事务的律师事务所。办理企业投资、并购等法律事务方面，事务所先后承办过几十宗国内外巨额投资、融资与企业收购、兼并项目的法律事务。特别是中石化齐鲁石化公司兼并山东淄博化纤总厂项目被有关部门列为兼并的样板模式。

在房地产类法律业务领域，事务所是从事房地产法律业务的几家主要律师事务所之一，介入房地产领域最早，主要从事：房地产预/销售法律业务，担任发展商法律顾问，处理公司日常法律事务，代理房地产开发各个阶段的法律诉讼业务等。仅房地产按揭贷款法律业务一项，事务所就与建设银行、中国银行、农业银行、光大银行、交通银行、招商银行等八家银行有长期业务合作关系。先后介入过二百余个内、外销楼盘，有着丰富的工作经验和业务实力。

事务所在从事项目招投标方面也有很强的业务实力和丰富的工作经验，参加了一批基本建设项目的法律事务，如首都机场扩建工程、国家大剧院及公路股权购并等。有五名律师取得了招投标律师资格证书，是获得资格为数最多、实力最强的律师事务所之一。

事务所还承办大量的涉外法律业务，为国外投资者在中国办理投资、贸易、知识产权、涉外仲裁、金融、保险、公司设立及跨国收购、反倾销、外税咨询等多项法律事务，并与美国、日本、德国、韩国、香港、台湾等国家和地区众多知名律师事务所和会计师事务所保持着良好的工作关系。

事务所的一批资深律师，与国内各界、中央各部委及上层法律界有着普遍的联系，和证监会、国家计委、经贸委、财政部及各大银行及四大资产管理公司等均有良好的工作关系，并注重与其他机构、部门合作，与海内外相关各类中介机构保持着良好的合作关系，尤其是与国际金融、证券、贸易、会计等领域的机构有良好的业务关系，可为客户提供更完善、更深入的相关法律服务，此点与其他律师事务所相比有明显优势。

深圳市万全智策商务咨询有限公司

作为国内最早从事专业咨询业务的财经公关公司之一，万全智策早在1994年即已为上市企业和基金管理公司提供市场宣传推广、企业形象策划及相关的咨询业务。目前，公司已为数十家企业和基金管理公司提供了专业的财经公关服务，除国内的新股发行、增发、基金募集、可转换债券、企业债券等业务外，还为国内企业在香港主板和创业板发行上市提供专业服务。公司总部设在深圳，并在上海设有办事处。

万全智策是由一批来自证券公司、投资机构、专业媒体、上市公司、广告公司等专业人士组建而成，还聘请了资深的品牌战略专家和海外专业人士。拥有丰富的市场经验和强大的市场资源，已与国内外数十家著名的证券公司、基金管理公司、投资机构和上百家媒体及主要网站建立了长期的战略合作关系。

凭借着对证券市场的深刻了解和长期的专业服务经验，以及对国内外经济政策、法律、法规熟悉掌握，我们将为企业度身订制个性化方案，借助我公司专业化的财经公关服务，企业得以以全新的形象走向市场，走近投资者，对企业高效率、低成本筹集发展资金起到事半功倍的效果。同时，我们更注重建立投资者与上市公司和基金管理公司之间长期的良性关系，强调维护企业在资本市场的形象，挖掘和培养投资者对上市公司和基金管理公司的忠诚度。

经过几年的努力，万全智策已在证券市场上树立了良好的口碑，特别是在近两年低迷的市场环境中为华能国际发行A股、中国广东核电集团企业债券发行、银河科技增发、大连冰山橡塑新股发行等项目提供了专业的财经公关服务，获得了市场的高度认同。与此同时公司还为深圳证券交易所、深圳高新技术产权交易所等机构提供咨询服务。

万全智策服务的独特优势还在于能协助上市公司引入企业战略管理方略，为企业上市提供完整的企业发展战略构架、企业品牌战略和企业文化战略管理。万全智策已经为湘计算机、银河科技等上市公司进行过完整的品牌战略、文化战略等策划，并取得了很好的效果。

目前，万全智策的服务涉及为上市公司和基金管理公司提供市场调研、价值分析、宣传定位、企业形象设计、投资者关系、新闻发布、路演推介及相关辅导、文稿讲词撰写以及二级市场维护等全方位高质量专业服务。并为上市公司、基金管理公司建立良好的投资者关系提供长期高效服务。

具有证券、期货相关业务许可证的会计师事务所名录

新证号	事务所	法定代表人	联系电话	传真	通讯地址	邮政编码
1	中天华正	梁春	010－68051740	010－68051737	北京市西城区阜成门外大街2号万通新世界广场B座18层	100037
2	中洲光华	宁有华	010－88091826	010－88091825	北京西城区金融街35号国际企业大厦B座1131	100032
3	中鸿信建元	濮良洪	010－66131996	010－66131954	北京市阜内宫门口三条一号	100034
4	中喜	张增刚	010－83915232	010－63510032	北京市西长安街88号首都时代广场422室	100052
5	中勤万信	胡柏和	010－68368080	010－68366060	北京市西城区文兴东街1号国谊宾馆	100044
6	中瑞华恒信	顾仁荣	010－88091188	010－88091199	北京西城区金融街35号国际企业大厦A座8层	100032
7	中磊	熊靖	010－68331952	010－68331948	北京市西城区西单中水大厦308室	100044
8	天华	夏执东	010－68569800	010－68569590	北京市西城区复兴门外大街A2号中化大厦17层	100045
9	天健	陈建明	010－66212130	010－66212110	北京市西城区金融街27号投资广场A座17层	100032
10	天职孜信	陈永宏	010－88018766	010－88018737	北京市海淀区车公庄西路乙19号华通大厦B座2层	100044
11	北京中兴宇	周均才	010－83915599	010－64209052	北京市西长安街88号首都时代广场818室	100031
12	北京永拓	吕江	010－65950511	010－65955570	北京市朝阳区东大桥路关东店北街1号国安大厦13层	100020
13	北京兴华	王全洲	010－68587588	010－68587589	北京市西城区阜成门外大街2号万通新世界广场708室	100037
14	北京京都	徐华	010－65227520	010－65227521	北京市朝阳区建外大街22号赛特广场5层	100004
15	华证	俞兴保	010－66211328	010－88091074	北京市西城区金融街27号投资广场A座12号	100032

16	华寅	柳协春	010—62378090	010—62378010	北京市西城区德外五路通街19号院2号楼	100011
17	安永华明	葛明	010—65246688	010—85188298	北京市东城区长安街1号东方广场东方经贸城东三办公楼16层	100738
19	毕马威华振	颜泽夔	010—65056300	010—65056306	北京朝阳区建外大街1号国贸中心2座1608	100004
20	利安达信隆	黄锦辉	010—65263760	010—65263767	北京建内大街8号中粮广场B1009	100005
21	岳华	李延成	010—84584402	010—84584428	北京市朝阳宵云路鹏润大厦B座1201—1203号	100016
22	信永中和	张克	010—65542288	010—65541612	北京市东城区朝阳门北大街8号富华大厦C座12层	100027
23	五洲联合	王福才	022—23559001	022—23559045	天津市和平区西康路33号康岳大厦6—10层	300051
24	河北华安	刘国忠	0311—7026827	0311—7028803	石家庄市裕华西路158号燕山大酒店22层	050000
25	山西天元	陈广清	0351—3180537	0351—3184102	山西省太原市水西门街国税大楼21层	030002
26	大连华连	张耀麟	0411—2819300	0411—2813033	大连市中山区同兴街67号邮电万科大厦24楼	116001
27	辽宁天健	高凤元	024—22515988	024—22533738	辽宁省沈阳市沈河区北京街16号人才大厦9层	110013
28	上海万隆众天	王晓鹏	021—63788398	021—63769001	上海市迎勋路168号17楼	200011
29	上海上会	刘小虎	021—52920000	021—52921369	上海市威海路755号文新报业大厦20楼	200041
30	上海东华	唐玉芳	021—64458590	021—64663920	上海市太原路87号(甲)	200031
31	上海立信长江	朱建弟	021—63606600	021—63501004	上海市南京东路61号新黄浦金融大厦4楼	200002
32	上海众华沪银	林东模	021—58799970	021—58872507	浦东大道288号7楼	200120
33	安永大华	汤云为	021—63252134	021—63243522	上海市昆山路146号	200080
34	德勤华永	郑树成	021—63350202	021—63350003	上海市延安东路222号外滩中心30楼	200002
35	普华永道中天	Kent watson	021—63863388	021—63863300	淮海中路333号瑞安广场12楼	200020
36	江苏公证	马惠兰	0510—5888988	0510—5885275	江苏省无锡市梁溪路28号	210461
37	江苏天衡	余瑞玉	025—4711188	025—4724882	江苏省南京市新街口正洪街18号东宇大厦8楼	210005
38	江苏天华大彭	印茂枫	025—3734348	025—3716000	南京市武夷路5号	210024
39	江苏苏亚金诚	詹从才	025—3235002	025—3235046	南京市云南路31—1号苏建大厦21—22层	210008
40	南京永华	杜文俊	025—3305054	025—3309819	南京市中山北路26号8—10层	210008
41	浙江天健	胡少先	0571—5178168	0571—5178268	浙江省杭州市体育场路423号	310006
42	浙江东方	胡建军	0571—87819695	0571—7819700	浙江省杭州市清泰街563号	310009
43	安徽华普	肖厚发	0551—2646805	0551—2652879	合肥市荣事达大道100号振信大厦B座8—9楼	230001
44	厦门天健华天	黄世忠	0592—2218833	0592—2217555	厦门湖滨南路57号金源大厦17、18层	361004
45	福州闽都	黄秀泉	0591—3312779	0591—3323577	福建福州南门古田路双福楼东四层	350005
46	福建华兴	刘久芳	0591—7827990	0591—7840354	福州市湖东路152号中山大厦B座7—9层	350003
47	山东天恒信	邱伟	0539—8311614	0539—8311614	山东临沂市新华一路65号	276004
48	山东正源和信	王传顺	0531—6966578	0531—6966278	济南市泺源大街5号良友富临四层	250063
49	山东汇德	王庆和	0532—5830810	0532—5722264	山东省青岛市东海路37号金都花园金海大厦14层	266071
50	山东乾聚	刘天聚	0535—6224381	0535—6224381	烟台市胜利路201—209号汇丰广场12F	264001
51	亚太(集团)	崔守忠	0371—5745911	0371—5747567	郑州红专路84号	450008
52	湖北大信	吴益格	027—82833521	027—82816985	武汉市中山大道1056号金源世界中心AB座7—8楼	430013
53	湖北中正	孙耀南	027—87277821	027—87896566	武汉市中南路中南大厦A座4—5楼	430071
54	武汉众环	黄光松	027—85426261	027—85424329	武汉市解放单洞路口武汉国际大厦B座16楼	430022
55	湖南开元	周重揆	0731—5165290	0731—5165291	湖南省长沙市芙蓉中路490号	410015
56	广东正中珠江	蒋洪峰	020—83859808	020—83800977	广州市东风东路555号粤海集团大厦27楼	510050
57	广东恒信德律	潘荣卿	0756—2116258	0756—2217643	广东省珠海市香洲康宁路16、18号	519000
58	广东康元	俞俊雄	020—83606070	020—83606299	广东省广州市东风中路509建银大厦三十楼	510045
59	广州羊城	陈雄溢	020—83486113	020—83486116	广州市东风中东路410号健力宝大厦25楼	510030
60	深圳大华天诚	邬建辉	0755—3777002	0755—3777627	深圳市华强北路3号深纺大厦C座西门4楼	518031
61	深圳天健信德	朱祺珩	0755—82903666	0755—82990751	深圳市福田区滨河大道5020号证券大厦16层	518026
62	深圳南方民和	谷杨	0755—3224036	0755—3259828	深圳市深南中路28号华南电力大厦8楼	518031
63	深圳鹏城	饶永	0755—2203222	0755—2237549	深圳市东门南路2006号宝丰大厦5楼	518002
64	海南从信	吴文平	0898—8534236	0898—8535584	海南海口市国贸大道CMEC大厦12楼	570125
65	四川华信(集团)	李武林	028—5560449	028—5592480	四川成都洗面桥街5号	610041
66	四川君和	尹淑萍	028—66585812	028—6712050	成都市走马街68号锦城大厦10楼	610016
67	重庆天健	付思福	023—63651145	023—63651161	重庆市渝中区人和街74号12楼	400015
68	云南亚太	杨守任	0871—3184387	0871—3184386	云南省昆明市拓东路23号	650011
69	西安希格玛	吕桦	029—8489083	029—8484956	西安市太白北路3号	710068
70	五联联合	焦点	0931—8897088	0931—8897315	甘肃省兰州市城关区民主东路249号移动通信大厦四楼	730030
71	天一	黄俊	010—66212115	010—66212117	北京市西城区金融街27号投资广场A座18层	100032
	中审	杨池生	010—88415996	010—88415997	北京市海淀区阜石路67号银都大厦6层	100036

具有证券、期货相关业务许可证的资产评估机构名录

序号	许可证编号	原机构名称	机构名称	法定代表人	地址	邮编	区号	电话
1	000143	北京中企华资产评估公司	北京中企华资产评估公司	孙月焕	北京朝外大街22号泛利大厦910	100020	010	65881818
2	000057	中咨资产评估事务所	中资资产评估公司	张宏新	北京市阜外大街甲28号京润大厦15层	100037	010	68042230
3	000110	攀枝花资产评估事务所	中联资产评估公司	王子林	北京阜外大街一号四川大厦东路22层	100037	010	68365066
4	000092 000091	宁夏资产评估公司(宁夏瑞衡) 陕西资产评估公司(陕西同盛)	中宇资产评估有限责任公司	王益龙	北京西城区安德路67号	100011	010	62072228
5	000122	中华财务会计咨询公司	中华财务会计咨询公司	傅继军	北京市西城区月坛北街2号月坛大厦709	100045	010	68081472
6	000148	北京中机审计事务所(信永中和)	中和资产评估公司	杨志明	北京朝阳门北大街8号富华大厦C座11层	100027	010	65542288
7	000042	陕西岳华会计师事务所	岳华会计师事务所	李延成	北京市朝阳宵云路鹏润大厦1201—1203号	100016	010	84584405
8	000060	南宁市资产评估事务所(广西无双、通诚)	中通诚资产评估公司	刘公勤	北京朝阳区樱花西街胜古北里27号楼1层	100029	010	64417689
9	000007	兴业会计师事务所	北京天健兴业资产评估公司	吴建敏	北京金融街27号投资广场A座17层	100032	010	66211006
10	000073 000105	河北省资产评估公司 北京资产评估公司	北京京都资产评估公司	郭兴海	北京建国门外大街22号赛特广场5层	10004	010	65227608
11	000108	汕头资产评估事务所	中天华资产评估事务所	李晓红	北京阜外大街甲28号京润大厦6层	100037	010	68041920
12	000130	北京中锋资产评估公司	北京中锋资产评估公司	张梅	北京西直门外大街168号腾达大厦609室	100044	010	88577598
13	000075	北京德威评估公司	北京德威评估公司	邓小丰	北京车公庄西路20号水科院泥沙中心8层	100044	010	68438528
14	000089 000106	邯郸会计师事务所 石家庄会计师事务所	中喜会计师事务所	张增刚	北京西长安街88号首都时代广场422室	100031	010	83915232
15	000103	中建资产评估公司	北京六合正旭资产评估公司	薛勇	北京复兴路12号恩菲科技大厦B309	100038	010	63965468
16	000085	哈尔滨市资产评估事务所(哈尔滨中盛)	北京德祥资产评估公司	李振华	北京东大桥路关东店北街1号国安大厦十二层	100020	010	65955310
17	000094	北京中正评估公司	北京中证评估公司	冯道祥	北京金融街27号投资广场A座12层	100032	010	66211199
18	000114	青海会计师事务所(青海兴华)	中科华会计师事务所	王恩艳	北京市海淀区苏州街78号	100080	010	62536723
19	000002	中华会计师事务所	中瑞华恒信会计师事务所	尹永利	北京金融大街35号国企大厦A座8层	100032	010	88091188
20	000118	陕西秦军会计师事务所(陕西华德诚)	中威华德诚会计师事务所	赵继平	北京丰北路甲79号冠京饭店6层601室	100073	010	63853713
21	000001	中发国际资产评估公司	中发国际资产评估公司	陈涛	北京中关村南大街乙56号方圆大厦1010室	100044	010	88026190
22	000080	南昌会计师事务所	中磊会计师事务所	熊靖	北京西城区西单商业区中水大厦307室	100032	010	88067056
23	000061	柳州市资产评估事务所	北京北方亚事资产评估有限责任公司	闫全山	北京崇文门西大街7号	100005	010	65137463
24	000059	海南大正会计师事务所(海南海正)	中保资产评估有限公司	杜传利	北京朝阳门北大街8号富华大厦F座17层	100027	010	65542719
25	000087 000139 000101	吉林市资产评估事务所 长春市资产评估事务所 吉林省资产评估事务所	中商资产评估公司(原吉林纪元)	王加春	北京中关村南大街甲56号方圆大厦B1303	100044	010	88026164
26	000138	宜宾资产评估事务所(四川新源)	中元国际资产评估有限责任公司	黄晓英	北京宣武门西大街甲129号	100031	010	66417407
27	000088	内蒙古中华会计师事务所	北京中天华正会计师事务所	梁春	北京阜外大街2号万通新世界广场B1806	100037	010	68051737
28	000005	中国投资咨询公司	北京市世纪智源资产评估公司	张星原	北京市复兴路丙12号	100038	010	63960702
29	000053	长城会计师事务所	城会计师事务所	施祥新	北京紫竹院路车道沟甲八号	100089	010	68768476
30	000040	成都资产评估事务所(成都鸿坤)	中水资产评估有限公司	曹言胜	北京市西城区前半壁街66号	100035	010	88119982
31	000146	北京国友大正资产评估公司	北京国友大正资产评估公司	王永禄	北京金融街27号投资广场B座1503	100032	010	66211636
32	000140	黑龙江省资产评估事务所(黑龙江龙源)	北京龙源智博资产评估有限责任公司	靳玉荣	北京王府井大街138号新东安写字楼2座808	100006	010	65263760
33	000128 000032	贵州会计师事务所 昆明会计师事务所	天一会计师事务所					
34	000054	中国审计事务所	中审会计师事务所	杨池生	北京市海淀区阜石路67号银都大厦	100036	010	68422248
35	000004	中信会计师事务所	中天信会计师事务所					
36	000079	天津市资产评估事务所	天津市津评协通会计师事务所	杨秀玲	天津解放南路256号泰达大厦6层	300042	022	23201488
37	000077	天津会计师事务所	天津中联会计师事务所	李金才	天津宾水西道333号万豪大厦十层	300381	022	23733333
38	000126 000127	天津华夏会计师事务所 天津中环会计师事务所	天津华夏松德有限责任会计师事务所	方文森	天津围堤道146号华盛广场B座19层	300201	022	88238268
39	000121	秦皇岛会计师事务所	秦皇岛嘉华会计师事务所	王振民	秦皇岛市河北大街292号	066000	0335	3028284
40	000145	山西省资产评估中心	山西中新资产评估公司	刘锋	太原市文源巷18号	030001	0351	4036273
41	000104	大连资产评估事务所	大连源正资产评估公司	丛达	大连市宏大路18号万达大厦2501室	116001	0411	2817789
42	000134	鞍山资产评估事务所	辽宁正和资产评估公司	陈晶	沈阳市和平北大街78号鸿运大厦1003	110001	024	23255216
43	000131	辽宁资产评估事务所	辽宁华诚信资产评估公司	关晓红	沈阳市北京街16号市人才大厦8层	110013	024	22524409
44	000133	沈阳中沈资产评估公司	沈阳中沈资产评估公司	周东明	沈阳和平北大街69号总统大厦C0702室	110003	024	22812205
45	000034	大连中华会计师事务所	大连众华资产评估公司	李妍	大连市宏大路18号万达大厦12层	116001	0411	2820377
46	000141	黑龙江国通资产评估公司	黑龙江国通资产评估公司	夏双实	哈尔滨市花园街235号东方大厦1202室	150001	0451	3666072
47	000086	黑龙江注册审计师事务所	黑龙江中龙会计师事务所	刘书亭	哈尔滨市南岗区三姓街45号	150001	0451	2517967
48	000144	哈尔滨华通资产评估公司	哈尔滨华通资产评估公司	苗福乾	哈尔滨市西八道街马迭尔大厦八层	150010	0451	4573026
49	000136	上海东洲资产评估公司	上海东洲资产评估公司	王小敏	上海定西路1279号名光大厦2楼	200050	021	62251997
50	000135	上海立信资产评估公司	上海立信资产评估公司	张美灵	上海市肇嘉浜路301号23楼	200032	021	64871125
51	000137	上海财瑞资产评估公司	上海财瑞资产评估公司	虞建华	上海延安西路1357号汇中商务楼	200050	021	62261357
52	000067	上海中华社科会计师事务所	上海众华资产评估公司	陈悦	上海虹桥路313号403室	200030	021	58204469
53	000066	上海长信会计师事务所	上海长信资产评估公司	顾洪涛	上海东方路818号众城大厦25楼	200122	021	62741963
54	000013	上海会计师事务所	上海上会资产评估公司	管文建	上海黄河路355号2号楼607室	200003	021	63586267
55	000014	上海大华会计师事务所	上海大华资产评估公司	李则兆	上海六合路98号港陆黄浦中心大厦17层	200001	021	63508098
56	000055 000071	中庆会计师事务所 黑龙江兴业会计师事务所	上海万隆资产评估有限公司(原北京中兴宇)	周羲	上海迎勋路168号16楼	200011	021	63768528
57	000132	辽宁第一资产评估事务所(辽宁东方)	上海汇业资产评估公司	张军	上海宛平南路381号宛经商务楼419室	200032	021	64647755
58	000095	常州资产评估事务所	江苏中天资产评估公司	何宜华	常州市博爱路72号博爱大厦12楼	213002	0519	8157878
59	000069	无锡公证会计师事务所	江苏公证会计师事务所	马惠兰	无锡市梁溪路28号	214061	0510	5888988
60	000125	苏州资产评估事务所	江苏仁合资产评估公司	张雨歌	苏州市竹辉路301—1号	215007	0512	65194850
61	000017	江苏会计师事务所	江苏天衡会计师事务所	余瑞玉	南京新街口正洪街18号东宇大厦8楼	210005	025	4711188
62	000024	南京会计师事务所	南京永华会计师事务所	杜文俊	南京市中山北路26号8—10楼	210008	025	3305054
63	000084	浙江资产评估公司	浙江天健资产评估公司	朱炳有	杭州市文三路388号	310012	0571	88216967
64	000119	杭州资产评估事务所	浙江东方资产评估公司	马超	杭州市清泰街563号	310009	0571	87819692
65	000096	绍兴资产评估事务所	绍兴天源资产评估公司	周应苗	绍兴市解放南路245号四楼	312000	0575	5130084
66	000129	宁波市资产评估事务所(宁波永德)	浙江万邦资产评估有限公司	梅芳	宁波江北槐树路36号港房大厦19楼	315040	0574	87322027
67	000028	安徽会计师事务所	安徽华普会计师事务所	肖厚发	合肥市容事达大道100号振信大厦B区9楼	230001	0551	2648722
68	000124	安徽资产评估事务所	安徽国信资产评估公司	杨皖林	合肥市益民街28号文采大厦7楼	230061	0551	2650041
69	000147	福建省资产评估中心	福建中兴资产评估公司	陈依航	福州市湖东路152号中山大厦B座11层	350003	0591	7822168
70	000070	福州资产评估事务所	福州联合资产评估公司	商光太	福州市六一中路110号4楼	350011	0591	3323575

71	000049 000051	厦门大学资产评估事务所 厦门资产评估事务所(联盟)	厦门大学联盟资产评估公司					
72	000033	青岛市资产评估事务所	青岛天和资产评估公司	高国轩	青岛市东海路37号金都花园C座15层	266071	0532	5830805
73	000036 000037	山东审计师事务所(申元) 山东会计师事务所(正源和信)	山东正源和信会计师事务所	王传顺	济南泺源大街5号良友富临大酒店4层	250063	0531	6461263
74	000097	山东烟台会计师事务所	山东乾聚会计师事务所	刘天聚	烟台胜利路201—209汇风广场12层	264001	0535	6628145
75	000115	山东淄博会计师事务所	山东博会会计师事务所	杨德宝	淄博市张店区潘南西路8号	255020	0533	3186484
76	000068	山东济南审计事务所	山东海天会计师事务所	韩春兰	济南市民生大街68号	250001	0531	2900154
77	000047	河南审计事务所	河南联华会计师事务所	周秀月	郑州市纬二路27号	450003	0371	5959587
78	000090	亚太资产评估事务所	亚太(集团)会计师事务所有限公司	崔守忠	郑州市红专路84号五楼	450008	0371	5713799
79	000026	湖北资产评估公司	湖北众联咨询评估公司	张国增	武汉市中北路津津花园B座12层	430071	027	87235991
80	000076	武汉市审计事务所	湖北大信竞江资产评估公司	徐建新	武汉民主路786号华银大厦9楼	430071	027	87339649
81	000025	武汉资产评估公司(武汉国咨民和)	湖北大信资产评估公司	周国章	武汉南京路135号金宝大厦6层C—G座	430014	027	82783507
82	000133	湖北万信会计师事务所	湖北万信资产评估公司	李银松	武汉市武昌东湖路7—8号	430071	027	87828357
83	000027	湖南资产评估事务所	湖南湘资会计师事务所	聂鑫	长沙市芙蓉中路486号	410015	0731	5165300
84	000046	湖南省会计师事务所	湖南开元会计师事务所	李双桂	长沙市芙蓉中路490号	410015	0731	5111140
85	000055	长沙会计师事务所	湖南天职孜信会计师事务所	陈永宏	北京车公庄西路乙19号华通大厦B座2楼	100044	010	88018735
86	000015	广州资产评估公司	广州中天衡评估公司	王兴中	广州府前路2号府前大厦8楼	510030	020	83126588
87	000030	广东资产评估事务所	广东大正联合资产评估公司	陈喜佟	广州东风路555号粤海集团大厦19楼	510050	020	83859728
88	000100	深圳维明资产评估事务所	深圳市中勤信资产评估公司	刘鸿玲	深圳深南中路2070号C座23层AB室	518031	0755	83683607
89	000031	珠海市资产评估事务所	珠海市正大新资产评估公司	赵炳伟	珠海市新香洲梅华东路487号	519000	0756	2511855
90	000045	羊城会计师事务所	广州羊城会计师事务所	陈雄溢	广州东风中路410号健力宝大厦25楼	510040	020	83486228
91	000062	深圳蛇口信德会计师事务所	深圳天健信德会计师事务所	朱祺珩	深圳滨河大道5020号证券大厦16楼	518033	0755	82903666
92	000078	江西会计师事务所	广东恒信德律会计师事务所	潘荣卿	珠海市香洲康宁路16、18号	519000	0756	2116258
93	000010	深圳资产评估事务所	深圳市德正信资产评估公司	李太奎	深圳市人民北路3146号永通大厦	518001	0755	82221352
94	000058	海南资产评估事务所(海南普诚华通)	海南中力信资产评估有限公司	孟兆胜	海口市德派斯大厦C座402室	570125	0898	68533173
95	000034	重庆审计事务所	重庆康华会计师事务所	朱秉义	重庆中山三路168号中安国际大厦22层	400015	023	63620933
96	000029	四川省资产评估事务所	四川华衡资产评估公司	唐光兴	成都天仙桥南路3号汇江楼5楼	610021	028	86654455
97	000083	东方资产评估事务所	东方资产评估事务所	魏铁冰	成都市清江东路198号	610071	028	87362727
98	000112	云南会计师事务所	云南亚太会计师事务所	杨守任	昆明市拓东路23号	650011	0871	3121203
99	000041	西安正衡资产评估公司	西安正衡资产评估公司	雷华锋	西安和平路108号佳腾大厦11层	710001	029	7436025
100	000048	甘肃第三会计师事务所	甘肃弘信会计师事务所	王东海	兰州市中山路349号桥门大厦16楼	730030	0931	8446313
101	000074	新疆审计事务所	新疆华信会计师事务所	蒋岩	乌鲁木齐市中山路49号	830002	0991	2811107
102	000111	新疆资产评估事务所	新疆华夏资产评估公司	邱四平	乌鲁木齐解放北路30号财联大厦11楼	830002	0991	2828007

第十三编

证券业研究

2104/2156

栏 目 协 办

上海申银万国证券研究所有限公司

证券业研究

上证联合研究计划研究报告

编制中国证券市场股票指数要切准国情

在高速扩容的市场上，全样本综合指数难以担当业绩评价的基准，也难以作为指数投资对象，因为投资者很难跟踪指数组合。这也部分解释了“赚了指数不赚钱”的现象。因此，市场需要样本较为稳定的成份指数。市场扩容速度快，上市公司的规模普遍不大，规模经济效益尚未很好地形成和表现，是造成我国证券市场市场集中度低的主要原因。随着一批规模大、效益好的国民经济骨干企业和行业龙头的陆续上市，我国市场的集中度将会逐步得以改善。如果我国市场的集中度逐步改善，上证 180 指数、全国统一指数等成份指数的市场覆盖率可能会逐步提高。届时，我国市场就可以编制一些样本数量更少、市场代表性较高、投资性较强的成份指数。

除了诸如小盘股指数、亏损股指数等特定群体的特征指数，小盘股、垃圾股都因为不符合指数编制理念而难以进入其他指数，特别是难以进入代表市场整体的基准指数和作为金融产品基础的投资指数。这样的结果，使得基准指数或投资指数基本上不会反映这一类股票的市场影响，从而造成指数跑不赢综合指数。再加上新股的影响，我们预计上证 180 指数以及全国统一指数都很难跑赢上证综指，至少在市场投资理念和投资热点没有根本地向理性投资转变之前会是这种情况。

因此，通过编制和发布上证 180 指数以及全国统一指数，并在此基础上积极推进指数基金、ETF、指数期货等金融产品，吸引市场资金向规模大、业绩好的上市公司转移，是引导理性投资、促使资源优化配置、促进市场健康规范发展的有效举措。

股价指数是衡量股票市场上股价综合变动方向和幅度的一种动态相对数，其基本功能是用平均值的变化来描述股票市场股价的综合动态演变。我国证券市场只有 10 多年的发展历史，而且是从计划经济向市场经济过渡过程中逐渐成长起来的，不仅具有典型的新兴市场特征，还具有很强的中国特色。

因此，中国证券市场的股价指数编制既要借鉴成熟市场股价指数的经验和方法，也要充分结合中国国情。本文总结和分析了中国股票市场影响指数编制的若干主要特征，包括上市公司股权结构分割、市场集中度较低、扩容速度较快、上市公司业绩稳定性差、投资者理性投资水平不高，等等，并通过大量的实证分析对指数编制的相应对策提出了一些建议，供指数编制者参考。报告同时对上证 180 指数的编制方法进行了比较分析。

一、我国证券市场指数核心功能的定位

确定指数的功能目标是指数编制的首要任务，也是进行指数设计和方案选择的基础。随着我国证券市场的迅速发展，特别是证券投资基金等机构投资者的快速壮大，市场迫切需要丰富投资品种和完善市场结构，金融产品创新的需求日益凸现。国外市场的品种创新经验表明，指数创新是产品创新的基础，指数产品创新则是金融创新的主题。因此，发展可以作为创新基础的股票指数，为指数基金、ETF、指数期货等指数衍生产品奠定基础，是市场发展的紧迫任务。

考虑到我国证券市场指数体系的现实情况，我们认为我国市场当务之急是发展具有较强投资功能的基准成份指数，使之能够作为表征市场整体表现的指标，能够可作为投资者绩效评估之标尺，能够作为投资对象，能够作为指数期货等金融衍生产品的标的物。

然而，对国内外市场的比较分析发现，我国证券市场股票指数的编制不是一件简单容易的事情，市场的许多根本性问题和现实性问题对指数标尺性和投资性的统一构成了矛盾，只能在综合平衡的基础上寻找较为优化的解决方案。下面我们就几个主要的方面进行分析和实证。

二、上市公司股份分割对指数编制的影响

上市公司股份分割是我国证券市场最具中国特色的国情。我国上市公司的股权结构极为复杂，同一公司往往具有许多不同性质的股份，如国有股、境内法人股、境外法人股、募集法人股、内部职工股、境内普通股，等等，这些性质不同的股份具有不同的流通特性：国有股和法人股不能上市流通，职工股、战略投资者持股、基金配售持股等都要在公司上市一段时间后才能上市流通，原先不能流通的转配股已经按计划分批上市，同时发行 A、B 股股票的上市公司，其股票则分别在分割的市场中、以不同价格和计价方式进行交易。海外大部分市场，特别是成熟市场，则没有这样复杂的股份结构和流通性分割，所有股票从理论上讲都是可以流通的，尽管在实际市场交易时某些股份也受到流通性限制。

如何处理上市公司股份流通性分割是我国证券市场股票指数编制最具挑战性的问题。可以选择的方案有三：总股本加权方法、流通股本加权方法、综合考虑总股本和流通股本的调整股本加权方法。

我们对 2000 年 1 月 4 日至 2002 年 8 月 30 日期间的上证 180 指数用三种方法进行了计算。结果表明，三个指数的走势非常接近，彼此之间的日相关系数都在 0.99 左右，它们与上证指数的相关系数也都高达 0.99。由此说明，从指数表现上看三种加权方法对指数本身没有显著的影响差异，而且都具有较强的表征功能，能够代表上海市场的整体走势。因而它们的差异主要是前面所述的经济代表性、投资性以及指数维护便利性等方面的差异。

考虑到我国证券市场的现状和发展前景，特别是考虑到上市公司 2/3 非流通股份的上市流通不能很快全部解决，我们认为调整股本加权方法是比较符合市场实际和发展方向的方法，因此上证 180 指数采用的加权方法是符合其功能定位的恰当方法。如果指数的编制目标是建立一个侧重于投资功能的交易性指数，那么用流通股本加权更为合适。

三、高速扩容易导致成份指数市场代表性下降

我国证券市场用10年的时间走过了发达市场几十年乃至上百年的历程，而今，上市公司超过1200家，市价总值接近5万亿元，流通市值1.5万亿元，投资者开户数达到6000万户，市场规模以年均50%的速度增长，扩容速度远远高于其他市场，高速扩容是我国市场另一典型特征。随着我国经济的持续高速增长和改革开放的深入，证券市场的发展空间还非常巨大。市场的快速扩容，特别是新股的不断上市，对我国市场的指数(特别是成份指数)编制也带来了挑战，其中的关键问题是如何保证在高速扩容背景下指数的市场代表性。

1、新股扩容对指数走势的影响度分析我们以沪市A股指数为例分析新股扩容对指数的影响。模型计算结果发现，无论采用总股本加权还是采用流通股本加权编制指数，新股对指数表现都会产生显著影响，尽管在不同的时间、不同的市场格局中新股上市的影响程度有所不同。比如，2000年新股对上证A股指数的指数影响度为2.2%，2001年达到15.8%。由此也说明，在高速扩容的市场上，全样本综合指数难以担当业绩评价的基准，也难以作为指数投资对象，因为投资者很难跟踪指数组合。这也部分解释了“赚了指数不赚钱”的现象。因此，市场需要样本较为稳定的成份指数。

2、高速扩容容易导致成份指数市场代表性的下降市值覆盖率是反映指数市场代表性的主要指标之一。成熟市场由于已经达到了相当的市场规模，扩容速度一般水平较低而且较为稳定，美国、英国、日本等市场的扩容速度基本保持在10%左右。因此，这些市场上编制固定数量的成份指数一般能保持水平较高而且较为稳定的市场覆盖率。

对于高速扩容的中国证券市场，要保持水平较高而且较为稳定的市场覆盖率就比较困难。上证30指数的历史就是一个例证，1996年7月该指数发布之初的市值覆盖率为33%，到2002年4月已经下降到10%。尽管指数长期未作调整是一个重要因素，但市场的高速扩容也是一个直接原因。

3、样本调整是保持指数代表性的重要手段在扩容速度较快的市场上，必须通过样本 的更新换代来保持指数的活力和代表性。即使在成熟的西方市场，标准普尔指数、伦敦金融时报指数、恒生指数等也都定期调整样本，以保证更具市场代表性的样本能及时进入指数。随着我国证券市场功能的逐步完善，一大批市场代表性和经济代表性更强的国民经济支柱企业陆续上市，成份指数样本更需要及时调整以使这些股票能够进入指数。但是，为保证成份指数的投资性，指数样本的调整又不宜过于频繁，调整幅度不能太大。因此我国市场的股票指数编制必须考虑二者的综合平衡。实证研究表明，上证180指数明确规定每半年调整一次样本，幅度不超过10%，确实是一个符合市场实际的较好选择。

四、市场集中度较低对指数编制的影响

市场集中度是衡量是否能用少量样本反映整体市场的基本要素，主要把市值集中度、成交集中度、利润集中度，等等。欧美、日本和香港等成熟市场的市场集中度较高，所以用少量样本股就能基本代表市场整体。

1.我国证券市场的市场集中度现状我们以2001年8月30日至2002年8月30日期间沪深两市所有A股股票每日的流通A股市值和成交金额为基础，计算各A股的日平均流通A股市值和日平均成交金额累计分布，并以2002年中期A股的净利润为准计算2002年中期A股净利润的累计分布。

结果发现，我国市场流通市值和成交金额的集中度较低。其中，前50家A股的日均流通市值占沪深两市比例为16.81%，前150家A股日均流通市值占沪深两市比例为32.70%，前300家A股日均流通市值占沪深比例为49.42%；前50家A股日均成交金额占沪深两市比例为22.43%，前150家A股日均成交金额占沪深两市比例为40.83%，前300家A股日均成交金额占沪深比例为57.52%。不过我国市场的净利润集中度相对高些。前50家A股上市公司的净利润占沪深两市比例为49.74%，前150家A股上市公司的净利润占沪深两市比例为71.25%，前300家A股上市公司的净利润占沪深两市比例为87.90%。市场扩容速度快，上市公司的规模普遍不大，规模经济效益尚未很好地形成和表现，是造成我国证券市场市场集中度低的主要原因。随着一批规模大、效益好的国民经济骨干企业和行业龙头的陆续上市，我国市场的集中度将会逐步得以改善。

2、市场集中度低对指数编制的影响从国际指数的分析看，50%的市场覆盖率是保证指数具备较好市场代表性和具备较好标尺功能的基本条件。因此，在我国市场集中度较低的情况下，必须以较多的样本量为代价才能保证指数较高的市场覆盖率。比如，要覆盖沪深市场流通市值70%，需要500只左右的股票，要覆盖沪深市场流通市值50%，需要300只左右的股票，要覆盖沪深市场流通市值25%，需要100只左右的股票。

对于我国市场成份指数的编制要求，由于市场集中度较低，指数的市场覆盖率不能要求太高，否则导致指数的样本数量较大，影响指数的投资性。比较分析发现，选择50%的标准是较为合理的。据此标准，全国统一指数需要300只左右的股票样本。由于覆盖上海市场流通市值和成交金额的50%需要180只左右的股票，这可能就是上证180指数的名称来由。

如果我国市场的集中度逐步改善，上证180指数、全国统一指数等成份指数的市场覆盖率可能会逐步提高。届时，我国市场就可以编制一些样本数量更少、市场代表性较高、投资性较强的成份指数。

五、上市公司业绩缺乏稳定性对指数编制的影响

我国证券市场上市公司缺乏稳定性既是影响上市公司质量的重要方面，也对指数编制带来了一定困难。上市公司的稳定性包括业绩稳定、主业稳定性、行业稳定性，等等。这里我们仅考虑业绩稳定性。有关研究表明，在不同的会计年度，上市公司业绩变化是股价涨跌的一个重要影响因素，因此我国上市公司业绩稳定性差还是导致指数波动的另一重要原因。

1、我国A股上市公司业绩稳定性分析“一年绩优、两年绩平、三年绩差”，人们常用此来形容我国上市公司的业绩。统计显示，沪深两市在1998年年底前已经上市并且1998年度盈利的739家A股公司中，以后三年持续盈利的有577家，所占比重为78.1%，以后三年中有一年亏损的有102家，占13.8%，以后三年中有两年亏损的有50家，占6.8%，以后三年连续亏损的有10家，占1.4%。我国上市公司要保持持续盈利已经不易，进而要保持较高盈利水平的公司就更少了。统计显示，同样的739家A股公司，连续两年业绩变动幅度均在50%以内并且未出现亏损的公司仅有361家，不到公司总数的一半。

2、上市公司业绩缺乏稳定性对指数选股的影响公司业绩无疑是指数选股的一个重要指标。特别是在编制蓝筹股指数或者绩优股指数时，业绩更是指数样本的主要选取指标。规模大、业绩优良而且稳定、成交活跃是普遍采用的蓝筹股标准。尽管我国证券市场已经有10多年的历史，但上市公司的蓝筹股群体尚未真正形成。有研究表明，按照规范标准我国上市公司中仅能选出20余只蓝筹股。

业绩缺乏稳定性是我国上市公司没有形成真正的蓝筹股群体的重要原因之一。业绩缺乏稳定性也对标尺指数和交易指数的样本选取造成了一定困难，尽管编制这些指数时业绩并不是样本选取的关键因素，但也是重要指标，比如标准普尔500等指数都将业绩作为一个“门槛”指标。我国上市公司稳定性较差使得业绩的“门槛”界定变得困难，今年合理的临界值在明年就可能不合理了。因此，我国市场成份指数的选样时，对业绩指标的考虑不能过于苛刻，否则，一方面将使得指数波动性加大，降低指数的基准指数功能，另一方面造成指数样本股的频繁更换，影响指数内部结构的稳定性和前后可比性，不利于指数的投资性。

六、垃圾股和小盘股效应对指数的影响

尽管小盘股效应和垃圾股效应在大部分市场都存在，但由于我国市场发展历史较短、市场结构尚不丰富和完善、投资者的理性投资水平不高、股价操纵成本不高等原因，小盘股效应和垃圾股效应在我国市场表现得更为突出，这对指数编制也带来了困难。

1、我国证券市场垃圾股效应和小盘股效应首先我们分析了亏损公司的市场表现。剔除PT股票，1998年年报亏损的公司在1999年5月1日至2000年4月30日期间平均涨幅为81.01%，比同期上证指数的涨幅65.17%高出15.84个百分点，1999年年报亏损的公司在2000年5月1日至2001年4月30日期间平均涨幅为32.15%，比同期上证指数的涨幅15.16%高出16.99个百分点，2000年年报亏损的公司在2001年5月1日至2002年4月30日期间平均跌幅为19.91%，而同期上证指数的跌幅21.99%。可见，我国证券市场存在明显的垃圾股效应，市场对亏损股的炒作较为严重。

我国股票市场近几年的另一个显著特点是小盘股交易活跃程度超过大盘股，其市场走势强于大盘股。我们模拟计算了沪深市场流通市值排名低于600位的小股票组成的小盘股指数。结果显示，小盘股指数一直走在上证指数之上，从1998年5月4日到2001年8月20日这段时间内，小盘股指数上涨113.5%，是同期上证指数涨幅43%的2.6倍，小盘股走势远强于市场平均水平。同期，小盘股指数日均换手率为1.98%，是同期上证指数日均换手率0.51%的近4倍，小盘股的交易活跃程度也远高于市场平均水平。

2、小盘股效应和垃圾股效应对指数的影响在我国股票市场中，长期以来小盘股、垃圾一直是市场的热点和资金追逐对象，炒“T”族、炒重组、炒小盘等非理性投资占据着相当的市场份额，而规模大、业绩好、市盈率低的股票却长期受到市场冷落，崇尚绩优的长期投资理念没有很好地发挥主导作用，使得市场的价值取向偏离了重心，对指数编制也带来了负面影响。除了诸如小盘股指数、亏损股指数等特定群体的特征指数，小盘股、垃圾股都因为不符合指数编制理念而难以进入其他指数，特别是难以进入代表市场整体的基准指数和作为金融产品基础的投资指数。这样的结果，使得基准指数或投资指数基本上不会反映这一类股票的市场影响，从而造成指数跑不赢综合指数。再加上新股的影响，我们预计上证180指数以及全国统一指数都很难跑赢上证综指，至少在市场投资理念和投资热点没有根本地向理性投资转变之前会是这种情况。因此，通过编制和发布上证180指数以及全国统一指数，并在此基础上积极推进指数基金、ETF、指数期货等金融产品，吸引市场资金向规模大、业绩好的上市公司转移，是引导理性投资、促使资源优化配置、促进市场健康规范发展的有效举措。

七、若干建议

编制多样化的指数体系。为了给投资者提供多层次的、全方位的指数信息，满足社会各界对中国股票市场股价动态信息的多方面需要，需要编制一系列的指数，包括基准指数、投资指数等等，丰富和完善我国证券市场的指数体系。

大力发展核心成份指数。综观当今世界各主要发达国家的股票市场，被投资者广泛接受的代表市场的指数基本上都是成份股指数。成份指数过滤掉了那些不能代表股票市场整体趋势的“噪音”，有利于更加科学准确地评价市场，真正反映市场的投资价值水平。

重视样本股的调整。在高速扩容的市场背景下，样本调整对指数编制非常重要。这既是保证指数生命力的有效手段，也有利于在指数样本中形成优胜劣汰的竞争机制，有利于蓝筹股的培育。

加快推进指数投资和指数产品。这既是促进机构投资者发展，引导理性投资的有效举措，也是推进我国证券市场金融创新的主要方向。

课题主要研究人员：茆诗松、庄东辰、强立、檀向球

杨国平、童驯

课题组协调人：上海证券交易所　刘忠

交易机制对市场质量影响不容忽视
——上海股票市场实证研究

证券市场的基本功能是通过证券交易促进资源的有效配置。在以往对证券市场及资产定价理论的研究中，绝大多数研究都把交易机制作为外生变量，认为交易机制在整个价格形成中无关紧要。而随着近年来市场微观结构理论的兴起，众多研究表明交易机制对于市场质量，即市场的流动性、波动性、透明性、有效性都会产生影响，交易机制的科学、合理和有序将极大地促进市场的规模发展和功能深化。

与欧美成熟证券市场自然演进的发展过程有所不同，上海股票市场是在政府积极推动下，通过上市公司和投资者在数量和空间上的拓展，迅速地实现了市场规模的扩大。在这种发展架构下，电脑竞价交易因具有高效、简单、低成本的特点而成为一种必然选择，并极大地推动了中国证券市场的发展进程。

本报告以2001年1月1日至2001年12月31日为研究期间，选取在上海证券交易所交易的A股股票(不包括PT股票)为研究样本，运用日内分时高频交易数据分析。交易数据包括日内分时的交易时间、交易价格、成交股数、累计委托数量、瞬时的三个最佳的买入价量、以及三个最佳的卖出价量等。鉴于上海股票市场的交易机制特点和国内研究现状，我们主要从市场流动性和波动性两个角度对上海股市的交易机制与运行质量的关系进行实证研究。

上海股市流动性较好　买卖报价价差和报价深度是衡量流动性的主要指标，也是证券市场微观结构研究的重要内容。Harris(1990)认为对一个市场流动性的考察，除了分析最明显的交易成本——买卖价差外，还要分析市场的深度，即在不改变价格或价格微小变动的情况下可能产生的交易量。为了便于与国际成熟市场相比较，我们采用价差指标和深度指标来分析上海市场的流动性水平和特点。

在以上指标中，相对价差与比例有效价差是无量纲的，可以用作比较各个交易所流动性和交易成本的指标。

上海股市的平均绝对价差为0.0264元，相对价差为0.169%，有效价差为0.0138元，比例有效价差为0.0882%，最优买价和最优买价形成的平均报价深度为14.71万元，前三档买价和前三档卖价形成的平均报价深度为53.44万元。

通过和全球主要证券交易所的流动性指标进行比较，我们发现：在采用竞价交易机制的交易所中，上海证券交易所的流动性处于领先水平，所有采用限价指令簿的交易所的平均相对价差是2.05%，平均比例有效价差是0.98%，远高于上海市场的价差水平。根据市场发育程度进行比较，上海股市的流动性在新兴市场中是最好的；即使与成熟市场相比（平均相对价差是0.93%，平均比例有效价差是0.47%）也处于领先水平，其价差水平和纽约证券交易所相当。

上述分析显示，上海股市具有较高的流动性，这主要是因为上海股市交投活跃，投资者的买卖委托量非常巨大，大量竞争性的买卖委托使买卖价差维持在较低水平。这也表明，目前的电子竞价交易机制符合中国股市的具体运行环境，是一种高效率、低成本的交易方式。

最小报价单位对买卖价差影响何在？最小报价单位是指证券交易时报价的最小单位，它规定了两个不同委托价格的最小距离。最小报价单位的大小对市场的影响主要表现在：(1)报价单位越大，买卖价差也就越大，在关于买卖价差的决定因素中，报价单位是一个重要的决定因素。(2)在交易者可以自由选择交易价格的条件下，大的最小报价单位可能排除一部分交易的发生。最小报价单位的存在使得价格产生了不连续性，Demsetz(1968)认为，如果最小报价单位太大，交易就不能完成。(3)报价单位太小也会降低市场的及时流动性，一个过小的最小报价单位会降低市场的深度。(4)不同的投资者对最小报价单位的偏好不同，交易量很小的个体交易者更愿意有较小的价差，而大额交易的机构投资者可能对良好的市场深度更感兴趣。如果一个很小的最小报价单位能导致一个很小价差，但同时却损害了市场深度，那么大额交易的投资者可能更加偏好较大的最小报价单位。

根据国外大部分证券市场的实践，最小报价单位的设计一般是与股票的价格水平联系在一起的，如香港交易所按不同的价格水平将股票分为10档，并根据不同的价格水平设置不同的最小报价单位，股票的价格越高，最小报价单位也越大。上海市场目前采用的最小报价单位是独立于价格水平的，统一规定为0.01元。目前上海股票的价格一般在10—20元之间，从价格水平和最小报价单位的比较看，上海市场目前采用的最小报价单位是很小的。

我们考察了不同价格水平下最小报价单位的表现。根据分析结果，随着股票价格的上升，买卖价差达到最小报价单位0.01元的频率越来越低(见图1)。对价格低于7元的低价股票来说，买卖价差达到最小报价单位0.01元的频率高达91.2%，而对价格高于30元的高价股票来说，买卖价差达到最小报价单位的频率只有13.8%，而价格高于30元的股票出现最多的买卖价差0.02元，出现的频率为20.54%。从报价深度的角度看，低价股的深度是最大的，这可能是由于：(1)低价股的流通股本比较大。(2)与其它高价格股票相比，最小报价单位相对而言比较大。我们知道大的最小报价单位可以提高股票的深度。

综合低价股在买卖价差和报价深度两方面的特征，我们认为这类股票的最小报价单位有过大的可能性，但鉴于样本数目很少（低价股和高价股分别只有19个和10个），而且其中存在象中国石化这样价格和股本都比较特殊的股票，我们的研究还很难对最小报价单位的合理性得出确定的结论。但通过上面的实证分析，我们可以对上海市场的最小报价单位对买卖价差和报价深度的影响有一定的认识。

开盘价格波动明显　交易活动的日内特征表明交易日内不同时期的价格包含了不同的信息，因为信息总是反映在价格之中，交易活跃的时间会反映更多的信息。

国际主要证券交易市场的日内流动性特征都已经有系统的研究。Jain和Joh(1988)对NYSE市场的研究发现，日内的交易活动(Tradingac－tivity)呈现明显的U形，即每天在开盘附近和收盘附近交易行为活跃，而在中间的时段交易活动较低。Handa(1992)发现NYSE和AMEX市场的日内买卖价差呈现U形，市场在早上开盘后和收盘前价差较大，中间时刻价差较小。

为了研究流动性在一天内随时间变化的规律，我们以十分钟为时间窗口，将股票一天的交易时间(240分钟)等分为24个时段，分别计算每一时段内各股票的平均买卖价差，报价深度和交易量。最后将样本股票在该时段的平均买卖价差、深度及交易量再进行平均计算，得到市场在这一时段内的平均流动性指标。

总体上看，我们可以归纳出日内流动性的如下几个特征：(1)上海股市的买卖价差大致呈"L"型曲线，在开盘后的一段时间内价差迅速下降，此后呈现出平稳的状态。(2)报价深度呈倒"L"型，在开盘后呈明显的上升状态，此后基本维持在一个相同的水平上，下午比上午略大。

更进一步的分析表明，标准差、绝对价格水平和买卖委托量对价差具有显著影响。其中，波动性越高的股票买卖价差也越大，这主要是因为高波动性意味着较高的价格变化频率和幅度，价格变化的连续性较差，从而导致买卖价差增大。价格水平对买卖价差具有负向影响，即高价股的买卖价差较小，而低价股的买卖价差较大，这是因为目前上海股市的最小报价单位均为1分钱，对低价股而言人为加大了买卖价差。此外，在竞价市场中，买卖委托数量越大，竞争程度越激烈，买卖价差将越小，因此委托数量对价差具有正向影响。

间歇性与连续性交易分析　我国股票市场交易采用中午休市的方式，也就是说，每天开盘以后到收盘结束，中间有一段时间的暂停，我们把这称为间歇性交易，下面我们考察间歇性交易对股市的波动有无影响。

我们把中午休市前后各15分钟的时间认为是反映间歇性交易效应的时间段，其余为连续性交易时间段，为了完整起见，我们再分出两个时间段，即上午开盘后15分钟和下午收盘前15分钟，分别反映开盘效应和收盘效应。因此，我们把每个交易日划分为6个时间段，分别为：

T1：上午开盘后15分钟，即9:30—9:45

T2：上午正常交易时间，即9:45—11:15

T3：上午收盘前15分钟，即11:15—11:30

T4：下午开盘后15分钟，即13:00—13:15

T5：下午正常交易时间，即13:15—14:45

T6：下午收盘前15分钟，即14:45—15:00

其中，T3和T4为被认为是间歇性交易时段，T2和T5是连续性交易时段。

研究结果表明：从交易量来看，上午的连续性交易时段波动性较大，而间歇性交易时段波动较小，下午的连续性和间歇性交易时段波动性差异不大。其原因可能是当天的信息交换以及信息在股价中反映的过程主要是在上午开盘及随后的连续性交易时段中完成，中午和下午时段影响股市的信息来源比较少。

从交易量标准差看，上午连续性交易时段波动性较大，而间歇性交易时段波动较小，下午连续性比间歇性交易时段波动性略小。其原因同上面的讨论也相似。从价格浮动水平看，连续性交易时段波动性较大，而间歇性交易时段波动性较小，其中上午的连续性交易时间段的波动性最大。

从价格对交易量的敏感度看，在上午以相对比较小的交易量就能造成股价比较大的波动，而到了下午，股价的惰性就比较大一些，需要比较大的交易量才推得动。

交易方式不同对股价影响各异 证券市场的交易方式决定了证券价格的形成过程，它关系着证券交易的顺利进行，并且对稳定市场，降低价格的波动性等方面都有不同的影响。一般在证券市场上常见的交易方式有集合竞价方式，连续竞价方式和做市商方式等三种。目前在我国两个证券市场——上海证券交易所和深圳证券交易所，每个交易日的 9:15 至 9:25 实行集合竞价方式，在 9:30 至 11:30 和下午 1:00 至 3:00 实行连续竞价方式。

在集合竞价方式下，一段时间内接受的买卖指令将进行一次性集中撮合，产生一个统一的成交价格。连续竞价是指对买卖指令逐笔连续撮合的竞价方式。一般情况下，在连续竞价方式下，投资者可以知道当前的市场交易情况和有关报价情况，因此透明度较高，但容易受到大额委托的影响；而在集合竞价方式下进行交易时，由于不能即时传达交易信息，市场透明度较差，但集合竞价下没有市场买卖价差，因而可以降低大额委托对市场的冲击。

我们的实证研究发现，集合竞价方式和连续竞价方式对证券价格波动性具有显著影响，基本结论如下：开盘价格收益率的方差大于收盘价格收益率的方差；从交易因素的角度分析，交易因素对集合竞价产生的影响大于对连续竞价产生的影响，而信息因素对集合竞价产生的影响小于对连续竞价产生的影响；从开盘价格与收盘价格的相互影响角度来看，集合竞价受前一交易日连续竞价结果的影响大于集合竞价对同一交易日连续竞价的影响；开盘价格收益率方差高的原因在于集合竞价的透明度差，这造成了在集合竞价方式下进行交易的高风险。

股价离散性及其对波动性的影响 由于最小变动价格单位的限制，我们在市场上观察到的市场价格都是离散的，即必须满足最小价格单位为 0.01 元，这样证券的价格在市场上是离散的而非连续的，我们称为市场价格的离散性。然而证券的真实价格并不能保证是离散的，这样，由于证券交易中对最小价格单位的限制，造成的离散性就使我们观察到的市场价格对真实价格发生了一定程度的偏离。

这样，离散化的市场价格可能带来更大的价格波动。在证券投资理论研究中，一般以证券收益率的标准差来度量证券风险和价格波动；此外，证券收益率的偏度和峰度在对证券收益率的概率描述中也是很重要的，前者对于对称性分析是比较重要的度量工具，而后者是对分布尾的厚度的度量。然而由于证券价格的离散性，这些对证券价格波动性度量的重要指标可能产生一定的偏差。

通过对上海股市价格离散性的实证研究，我们发现，我国证券市场上的交易价格存在比较明显的离散性，并产生了以下影响：离散的证券价格增加了股票价格的波动性，特别是使证券收益率的标准差增加。离散的证券价格对股票收益率的正态分布特征也有不同的影响，使其偏度和峰度都产生一定程度的下降。证券价格的离散性对证券收益率有一定的影响，使其时间段收益率图呈现出“发散的玫瑰”样式。上述影响中，低价股受到的影响要大于高价股。股价还存在一定程度的簇性，这进一步加剧了证券价格的离散性。

可见，由于证券交易规则的影响，造成不同价格的股票在交易过程中受到了不同的影响，从而使证券交易的公平无法实现。对此我们考察国外证券市场对于最小变动价格的规定，发现虽然国外证券市场上也存在最小价格变动规则，但这个最小价格的变动幅度一般都与证券价格有关。

研究结论与政策建议 总结本研究对上海市场流动性和波动性的一系列实证分析，我们主要得到以下结论：

上海市场的流动性水平良好，居于国际领先水平。对照国际五十多个国家的证券市场，我们发现，上海市场的价差指标和纽约股票交易所同处国际的领先水平，上海市场的流动性在新兴证券市场中是最好的。

单一的最小报价单位使得流动性指标和价格水平高度相关。本文研究的一系列实证分析表明，股票的流动性和价格水平高度相关，其深层原因是 0.01 元的单一最小报价单位限定了买卖价差的下限，因而会影响市场流动性和交易成本。综合低价格股票和高价格股票在买卖价差和报价深度两方面的特征，我们认为低价格股票的最小报价单位有过大的可能性，高价格股票的最小报价单位可能过小，但鉴于样本数目很少，我们的研究还很难对最小报价单位的合理性得出确定的结论。

开盘价格收益率的方差大于收盘价格收益率的方差。这一结果表明，交易因素对集合竞价产生的影响大于对连续竞价产生的影响，而信息因素对集合竞价产生的影响小于对连续竞价产生的影响。开盘价格收益率方差高的原因在于集合竞价的透明度差，这造成了在集合竞价方式下进行交易的高风险。

我国证券市场上的交易价格存在比较明显的离散性。离散的证券价格增加了股票价格的波动性，使证券收益率的标准差增加，并导致时间段收益率图呈现出“发散的玫瑰”样式。

基于上述研究结论，我们提出如下一些可供参考的政策建议：

关于最小报价单位。最小报价单位限定了买卖价差的下限，因而会影响市场流动性和交易成本。目前沪深股市采用 0.01 元的单一最小报价单位，在一定程度上人为增加了低价股票的买卖价差，降低了高价格股票的深度，因此可参考日本、香港等股市的做法，根据股票的不同价格水平来制定不同的最小报价单位，以改善低价股的流动性。

关于做市商制度。近年来，关于借鉴纳斯达克市场，在国内股市建立做市商制度的建议日渐增多。我们认为，引入做市商制度的最主要目的是增强市场流动性和交易的即时性。但本文的研究结果却表明，上海股市的买卖价差在全球处于较低水平，远低于目前一次交易的成本，因此做市商的引入必将人为地加大买卖价差，降低市场的流动性和市场效率。在上海股市建立起有效的大宗交易制度，保证大宗交易顺利进行的基础上，建立做市商制度的价值和意义可能不是很大。

关于信息披露机制。监管部门应进一步完善各方面的信息披露机制，降低整个市场的信息非对称的程度，以减少投资者的逆向选择成本，这是改善市场流动性，进而促进资源配置的有效手段。

关于开盘交易方式。我国证券市场存在开盘价格波动性大的缺陷，这与集合竞价过程中的透明度较差有关。因此，我国的证券交易所可考虑修改交易规则，在集合竞价过程中能够及时公布开盘指示价等相关信息，提高市场的透明性。

上海交通大学管理学院　复旦大学管理学院

建立财务危机预警系统
完善上市公司评价体系

中国证券市场历经十多年的发展，至2001年底，沪深两市A股上市公司的数量已达到1130家。面对这样一个规模日益庞大的市场，无论是对于作为监管者的中国证监会和证券交易所，还是对于广大的投资人来说，如果能借助某种方法，建立一套科学的上市公司财务状况评价体系，无疑就是把住了证券市场的命脉，握住了成功的机遇。

本课题的研究作为实现上述目标的一个重要步骤，意在通过建立一套上市公司财务危机的预警系统，向监管部门和广大投资者揭示，有哪些上市公司已经进入财务危机的预警区，或者说是投资者应该警觉的高危陷阱区。本文所说的财务危机包括上市公司突然出现亏损，或财务危机持续恶化导致连续两年亏损或连续三年亏损，或者出现每股净资产低于1元，极端情况下甚至出现资不抵债的情形等。本课题研究目的有两个，一是通过实证研究检验出若干预警能力强的财务指标，建立起一套行之有效的动态财务危机预警系统，并且能够根据已建立的财务危机预警系统，运用现有的公开数据，预测出下一年度出现财务危机的公司，为投资者的投资决策提供依据；二是对已面临财务危机的公司，通过实证研究检验出影响公司财务危机进一步恶化的因素，并建立动态财务危机恶化预警系统。

为了实现这两个目标，我们设计了样本A、样本B和样本C三个大的样本。具体而言，对于财务危机预警系统我们设计了A样本，该样本是由财务危机公司与其相对应的同行业、同规模的盈利公司组成；对于财务危机恶化预警系统，我们设计了B样本和C样本，B样本是由每股净资产介于0和1之间的公司和每股净资产小于0的公司组成，C样本是由亏损一年公司、连续亏损两年公司和连续亏损三年公司组成。我们运用Logistic回归分析作为主要建模方法，数据收集的时间延至样本公司出现财务危机的前五年或财务恶化的前三年。我们选取的财务指标共有37个，并按照财务指标的特性分为6个组。我们首先对样本A、样本B和样本C三个样本分别从行业和规模方面进行了分析，并根据t检验的p值大小在37个财务指标中筛选出若干指标，作为预测模型的初始输入变量。在此基础上，我们建立了上市公司动态财务危机预警系统以及三个监控上市公司财务危机恶化的预警系统。

通过对上市公司财务危机预警系统及上市公司财务危机恶化的预警系统的研究，我们有如下结论：

1、上市公司的财务危机是一个时期概念，有着开端和终止，从财务危机出现的那一时刻起，直至公司破产都属于财务危机过程，并且上市公司出现的财务危机有着程度之分。

2、对于出现财务危机的上市公司，我们运用Logis－tic回归分析作为主要建模方法，在t－1，t－2，t－3，t－4，t－5年分别建立了1998模型、1999模型和2000模型共15个模型。从上市公司发生财务危机的前五年来看，模型的稳定性和总判别率随着数据年份的后移而逐步降低。在上市公司出现财务危机的前两年，模型的稳定性强；在上市公司出现财务危机的前三年，模型的最低总判别率为71.50%。我们将t－1年数据所建立的1998模型、1999模型和2000模型三个模型作为财务危机预警系统，这三个模型的总判别率分别达到了85.2%、82.8%、80.9%。

3、在预测上市公司是否发生财务危机上，净利润比总资产、投资收益占利润总额比重、应收帐款周转率、营业利润增长率、净资产增长率、长期负债比总资产、净利润增长率、存货周转率等共八个财务指标有着显著的判别作用。

具体而言，上市公司的投资收益占利润总额比重和长期负债比总资产的两个指标越大，即投资收益占利润总额比重越大，长期负债占总资产的比重越大，上市公司亏损的可能性就越大，而对于其他6个财务指标，如净利润比总资产、应收帐款周转率、营业利润增长率、净资产增长率、净利润增长率、存货周转率，则意味着随着这6个财务指标越大，上市公司亏损的可能性就越小。

4、我们对建立的财务危机预警模型进行了预测检验，1998年模型和1999年模型的预测正确率分别达到68.8%和68.6%，预测出2001年有204家上市公司可能首次出现亏损。

从预测能力来看，我们建立的1998年和1999年财务危机预警模型可以将预测亏损公司的范围分别缩减为原来总数的18.1%和24.2%。这样，我们的模型在大幅度缩小预测范围的同时仍然正确预测了大部分(超过三分之二)的亏损公司，而且两年的结果基本一致，反映出我们建立的模型在预测能力方面既保持了相当高的精确度，也保持了相当高的稳定性。另外，我们也运用了2000年模型，预测了2000年的盈利公司是否会在2001年出现亏损。2000年度盈利公司共有935家，我们预测出的亏损公司有204家，预测亏损公司家数占盈利公司家数的21.8%。

5、对于财务危机恶化的上市公司，行业因素和规模因素并不是影响上市公司财务危机恶化的主要因素。我们的研究发现，债务因素是导致上市公司财务恶化成资不抵债情形或连续三年亏损的主要原因，对于由首次亏损变为连续两年亏损的上市公司而言，除了财务因素外，经营因素也是导致其财务状况恶化的重要原因。

对于财务危机恶化的上市公司，我们的描述性分析表明：制造业公司依然比重最大。在不同程度的财务危机公司进行比较时，我们发现财务危机程度最严重的公司(资不抵债公司和连亏三年的公司)在批发和零售贸易行业所占比重都比较大，仅次于制造业。我们也发现，随着财务危机恶化程度的加重，不同程度的财务危机公司的平均资产规模是递减的。并且，不论财务危机的程度如何，资产规模在1亿元到10亿元的公司最易出现财务危机。另外，我们发现资产规模在100亿元以上的公司出现连续两年亏损的概率很小，而资产规模在50亿元以上的公司出现连续三年亏损的概率很小，资产规模在20亿元以上的出现资不抵债情形较小。但是，我们的实证研究也表明：行业变量和规模变量在三个财务危机恶化预警系统中并不显著，反映出行业因素和规模因素并不是影响上市公司财务危机恶化的主要因素。

对比资不抵债公司和每股净资产界于0与1之间的公司，我们发现资不抵债公司债务负担沉重，净现金流和经营净现金流指标都出现负数，其现金状况要明显弱于每股净资产界于0与1之间的公司，并且亏损和负增长的幅度都大于每股净资产界于0与1之间的公司。我们也发现资不抵债公司的资产风险主要集中在公司的流动资产方面，尤其是集中在应收帐款上，并且公司的资金来源中对负债的依赖性很大。根据T检验的P值，我们筛选出18个财务指标，这18个指标主要集中在偿债能力和盈利能力、清偿资产/总资产三类指标中，现金流指标中有经营净现金流比流动负债入选，至于经营能力指标无一入选。

对于不同程度的亏损公司，我们发现在亏损两年后财务危机的恶化程度有加重趋势，并且亏损程度越严重的公司，其债务负担也越沉重，整体财务状况都呈下降趋势。我们也注意到，首次亏损公司在(t－1)年的投资收益占利润总额比重突然上升，而连续三年亏损公司和连续两年亏损公司的该项指标接近0，反映出上市公司通过投资收益来避免公司出现财务危机，而在财务危机出现后，投资收益对公司的盈利贡献不是很大。根据T检验的P值，我们筛选出19个C1C2和20个C2C3财务指标，分析筛选出的财务指标可以发现，在判断已经出现首次亏损的上市公司是否会出现连续两年亏损方面，盈利能力和成长性、经营能力指标的判别力强，清偿资产/总资产指标的判别作用弱，而现金流指标无判别作用。在判断连续两年亏损的公司是否会恶化成连续三年亏损方面，盈利能力和成长性、偿债能力、清偿资产/总资产指标的判别力强，而经营能力指标和现金流指标无判别作用。

6、对于资不抵债公司和每股净资产界于0与1之间的公司，我们建立了财务危机恶化预警系统，我们模型的判别率达到82.5%。资产负债率和货币资金比流动负债两个指标在判别公司每股净资产是否小于0时有着重要作用，货币资金比总资产、长期负债比总资产、留存盈余比总资产、经营净现金流比流动负债、净资产增长率等五个财务指标也有着一定的判别作用。

在监控每股净资产大于0的公司是否会出现资不抵债情形的财务危机恶化预警系统预警的建立过程中，我们的研究对象是每股净资产介于0与1之间的公司和资不抵债公司。我们选用的模型仍然是Logistic回归模型，以描述性分析中呈现出显著性的18个变量，以及行业变量(我们赋值制造行业为1，而非制造行业为0)和规模变量(总资产)作为建模的初始变量，对样本公司前1年、前2年、前3年的数据分别建立了财务危机恶化预警的模型，模型的判别率分别达到82.5%、96.6%、78.9%。我们的模型表明：资产负债率和货币资金比流动负债两个指标在判别公司每股净资产是否小于0时有着重要作用，而这两个指标都属于偿债能力指标，反映出债务负担过重是导致上市公司财务危机恶化的重要原因。另外，货币资金比总资产、长期负债比总资产、留存盈余比总资产、经营净现金流比流动负债、净资产增长率等五个财务指标也有着一定的判别作用。

7、我们建立了监控首亏公司是否继续亏损的财务危机恶化预警系统，模型的判别率达到98.7%。共有9个财务指标可以预警和判别亏损一年公司的财务危机是否继续恶化，他们分别是货币资金比流动负债、净利润比总资产、主业利润占利润总额比重、其他业务利润比利润总额、投资收益占利润总额比重、货币资金比总资产、主营业务收入增长率、营业利润增长率、净利润增长率。

在监控首亏公司是否继续亏损的财务危机恶化预警系统的建立过程中，我们的研究对象是首次亏损公司和连续两年亏损的公司。我们选用的模型仍然是Lo－gistic回归模型，以描述性分析中呈现出显著性的19个变量，以及行业变量(我们赋值制造行业为1，而非制造行业为0)和规模变量(总资产)一共21个变量作为建模的初始变量，对样本公司前1年、前2年、前3年的数据分别建立了财务危机预警模型，三个模型的判别率分别达到98.7%、77.4%、69.9%。我们的研究发现9个财务指标在亏损一年的公司的财务危机继续恶化过程中可以起到预警和判别作用。另外，我们也发现反映出投资收益占利润总额比重不仅在预测上市公司是否亏损有着重要作用，而且在预测上市公司是否会出现连续两年亏损上有着重要作用。总资产净利润率这个指标不仅在预测上市公司是否亏损有着长期预警作用，而且在预测上市公司是否会出现连续两年亏损上也有着长期预警作用。

8、我们建立了监控连续亏损两年的公司是否继续亏损的财务危机恶化预警系统，模型的判别率达到100%，有五个指标可以判别和预警连续亏损两年上市公司的财务危机是否继续恶化，它们分别是流动比率、净利润比总资产、主业利润占利润总额比重、投资收益占利润总额比重、净利润增长率。

在监控连续亏损两年的公司是否继续亏损的财务危机恶化预警系统的建立过程中，我们的研究对象是连续两年亏损的公司和连续三年亏损的公司，我们选用的模型仍然是Logistic回归模型，以描述性分析中呈现出显著性的20个变量，以及行业变量(我们赋值制造行业为1，而非制造行业为0)和规模变量(总资产)一共22个变量作为建模的初始变量。对样本公司前1年、前2年、前3年的数据分别建立了模型，三个年度模型的判别率分别达到100%、71.8%、80.8%。我们的研究发现五个指标在连续亏损两年的上市公司的财务危机继续恶化过程中可以起到判别和预警作用。另外，我们也发现主业利润占利润总额比重和投资收益占利润总额比重两个指标不仅在预测上市公司是否连续两年亏损有着长期预警作用，而且在预测上市公司是否会出现连续三年亏损上也有着长期预警作用。

结合我们以上的研究结论，我们对监管部门提出如下建议，这些建议对于上市公司本身也有很重要的参考作用：关注营业利润增长率和投资收益占利润总额比重两个指标，加强上市公司主业的监管。

我们的研究发现，尽管净资产增长率、净利润增长率和营业利润增长率三个财务指标在预测上市公司由盈利变为亏损的过程中有着重要作用，但营业利润增长率指标的预测意义更为明显。我们发现这三个指标分别依次出现在上市公司发生财务危机的前三年，并且在上市公司从盈利公司变为亏损公司的过程中，首先是净利润增长率大幅下降，接下来是净资产增长率大幅下降，再接下来是营业利润增长率大幅下降，营业利润增长率的大幅下降预示着上市公司将在下一年出现财务危机，由盈利公司变为亏损公司。由于营业利润增长率反映的是上市公司核心竞争力的增长，在评估上市公司的主业竞争能力方面应予以重点关注。

投资收益占利润总额比重这个指标反映的是上市公司通过非主营业务来获得利润，如目前上市公司通过买卖资产或股权获得的收益等都归属在投资收益中，由于投资收益的持续性不强，该指标越大，反映出上市公司利润构成的稳定性就差。我们的研究发现，投资收益占利润总额比重在判断上市公司是否出现财务危机上有着显著的判别作用，多出现在上市公司发生财务危机的前一年和前二年，并且该指标的预测能力随着上市公司发生财务危机年限的临近而加强。

尽管中国证监会在上市公司的年报披露上要求上市公司披露非经常性损益等指标，从揭示投资风险出发，我们建议在上市公司的年报披露中增加披露营业利润增长率和投资收益占利润总额比重两个指标，这有利于投资者迅速判断上市公司的主业竞争能力。在这两个指标的定量界定方面，我们的研究显示，上市公司的营业利润增长率若连续几年出现负增长，并且某一年的营业利润负增长达到50%以上，其下一年亏损的可能性很大。另外，上市公司的投资收益占利润总额比重每年在20%以上，并且某一年投资收益占利润总额比重迅速达到50%以上，则其下一年亏损的可能性很大。防范财务风险时，应关注经营能力指标和长期偿债能力指标，尤其是应收帐款周转率和长期负债/总资产指标。

我们的研究发现，在判别盈利公司与财务危机公司的财务差异时，偿债能力和经营能力指标有着中长期的判别作用，而盈利能力、现金流指标和成长性指标的短期判别能力强。这表明在防范上市公司的财务危机时，应侧重于偿债能力和经营能力指标。我们的研究也发现，财务危机公司的资产风险主要集中在公司的流动资产方面，而对占流动资产比重最大的应收帐款和存货进一步分析发现，应收帐款周转率和存货周转率两个指标有着长期预测能力。应收帐款周转率在上市公司发生财务危机的前三年中每一年都有着预测能力，并且随着上市公司发生财务危机年限的临近而加强，而存货周转率指标在上市公司发生财务危机的前四年有着预测能力，反映出上市公司在由盈利公司变为亏损公司的过程中，首先是上市公司的存货周转率迅速下降，接下来才是应收帐款周转率的迅速下降。故在预测上市公司是否在下一年度亏损时，投资者也更应关注的是应收帐款周转率。

我们的研究发现，财务危机公司在偿债能力资金来源中，对负债的依赖性很大，流动负债在总资产比重大。尤为突出的是，财务危机公司长期偿还能力差。长期负债比总资产在上市公司财务危机的判定上有着长期预测能力，该项指标在上市公司出现财务危机的前五年中的每一年都出现过，但是其预测能力随着上市公司发生财务危机年限的临近而逐步减弱。这也反映出中长期上市公司财务风险的防范的重点是在长期负债上。

对于已经出现财务危机的公司，在揭示风险时，应关注短期偿债能力指标和盈利能力指标，前者如资产负债率、流动比率、货币资金比流动负债，后者如总资产利润率。

我们的研究发现，对于已经出现财务危机的公司，在其财务状况继续恶化时，主要表现在偿债能力指标、盈利能力指标和成长性指标迅速下降，而上市公司的经营能力指标没有明显恶化迹象。故在揭示财务风险时，证券监管机构更应关注短期偿债能力指标和盈利能力指标。我们的研究发现资产负债率和货币资金比流动负债两个指标在判别公司每股净资产是否小于0时有着重要作用，并且货币资金比流动负债指标在判断首亏公司是否会继续亏损上有着重要作用，而流动比率在判断连续两年亏损的上市公司的财务危机恶化过程中可以起到判别和预警作用。

在盈利指标方面，证券监管部门应重点关注总资产利润率。我们的研究发现净利润比总资产不仅在预测上市公司是否出现财务危机上有着显著的判别作用，而且在上市公司的财务危机恶化过程中有着重要的判别作用。我们并没有发现净资产收益率有此显著作用，尽管净资产收益率指标是证券监管部门制定配股和增发等政策时的重要参考指标。总资产利润率反映的是公司整体资产的获利能力，由于上市公司资金来源包括股权资金和债务资金，并且在财务危机公司的资产结构中，债务比重比较高，总资产利润率显然比净资产收益率更能反映出公司的盈利能力。目前上市公司的信息披露中并没有要求披露总资产利润率，从财务危机风险提示的角度出发，我们建议增加总资产利润率的披露，以提高投资者对财务危机公司的判别能力。

加强对资不抵债公司的管理，建议对资不抵债的公司实施暂停上市处理。我们在监控上市公司财务危机恶化系统的建立过程中，发现每股净资产介于0与1的公司的财务状况逐步恶化成资不抵债公司时的财务状况，与连续两年亏损的上市公司的财务状况恶化成连续三年亏损的财务状况有着惊人的相似。两者的财务危机恶化过程都表现出债务问题突出，而上市公司的经营能力指标在财务危机的恶化过程中没有显著变化。目前证券监管部门对于连续亏损三年的上市公司实施暂停上市处理，并取消特别转让服务。而对于每股净资产低于0的公司，也就是资不抵债的公司并没有采取进一步的措施进行风险揭示和控制，仅仅是按照每股净资产低于1元的公司的规定实施特别处理，但从财务危机的恶化程度上来讲，这两类公司的财务危机程度是不同的，资不抵债公司的财务危机恶化程度已经雷同于连续三年亏损公司。我们建议，对于每股净资产低于0的公司，也就是资不抵债的公司，应视同连续三年亏损的公司进行处理，即，按照现行的制度规定，对于资不抵债的公司应实施暂停上市处理。根据我们对上市公司1993年报—2000年报的统计，每股净资产低于0的公司共有32家，除了6家公司外，其他26家公司都属于连续三年亏损的"PT"一族。对于这6家资不抵债公司，我们认为应实施暂停上市处理。

课题主持：长城证券张后奇

课题研究与协调人：上海证券交易所傅浩

课题研究员：刘月平、江明波、罗旭、柴力、韩延河

境外上市企业国内融资机制研究

研究对象界定及境外上市企业国内融资的基本情况

研究对象的界定境外上市也称海外上市，是指国内股份有限公司向境外投资者发行股票，并在境外证券交易所公开上市。中国企业境外上市有直接上市与间接上市两种模式。境外直接上市，是指企业作为境内法人，直接申请到境外证券交易所发行供境外投资者买卖的股票并上市。目前采取境外直接上市的，只能是经国务院证券委批准的境外上市预选企业，境外上市地点仅限于香港、纽约、伦敦和新加坡等与中国证监会签订了监管合作备忘录的国家和地区的证券交易所。境外间接上市，是指境内企业的境外关联人在境外发行股票并上市或者收购境外上市公司借壳上市，具体有附属实体公司上市、"买壳"上市、"造壳"上市、发行可转换债上市和存托凭证上市五种途径，但是是否构成境内企业利用其境外公司名义在境外发行股票上市，因关联人情况比较复杂而较难作出明确的界定。因此本课题主要讨论我国境外直接上市企业在国(境)内证券市场筹集资金问题，下文中所提到的境外上市企业除指明外均指境外直接上市企业。

我国企业境外直接上市情况现有资料显示，截至2001年12月1日，我国共有61家企业在境外直接上市。在全部境外直接上市企业中，仅在香港上市即只发行H股的企业41家，包括在香港主板市场上市35家，在香港创业板上市6家；仅在纽约上市即只发行N股的企业4家，包括在纳斯达克上市2家，在纽约主板市场上市2家；仅在伦敦上市即发行L股的企业1家；仅在新加坡上市即发行S股的企业1家。在全部境外直接上市企业中，同时发行H股和N股的企业9家，同时发行H股和L股的企业3家，同时发行H股和S股的企业1家；同时发行H股、N股和L股的企业1家。从1993年7月15日青岛啤酒在香港联交所成为首家境外直接上市企业以来，中国企业通过在境外证券市场发行上市筹集了大量资金，境外直接上市与沪深两大证券交易所上市一度被称为国有企业筹集资金的"三驾马车"。

境外上市企业国内融资的背景及动因分析

国际市场背景——国际股市的持续下跌严重地影响了境外上市企业的二次融资。2000年3月，美国股市结束了长达10余年长期上升的行情，开始大幅下跌。以技术股为主的纳斯达克指数的跌幅更是巨大，从2000年3月的高点5048至2001年9月17日的1579点跌幅达68.7%。2001年911恐怖事件更对美国经济的复苏造成了极大的负面影响，导致反映宏观经济全局的股市、投资、消费、失业等诸多环节的恶性循环，美国经济开始步入衰退。

从总体上看，美国经济的萧条、股市泡沫的破灭不可避免对全球经济和全球股市造成重大影响，2001年9月，全球各主要股市与去年同期相比均出现了大幅下挫的情况。股市的大幅下跌、交投的日趋萎缩严重地影响国际资本市场的筹资功能。通过对香港主板市场2001年1月至9月与上年同期市场发行与交易金额变化的研究，我们可以清楚地发现：筹资功能与市场交易活跃程度出现明显减弱的趋势，这一变化影响境外直接上市企业在境外证券市场的再融资能力。

国内市场环境——国内证券市场的发展为境外上市企业国内融资创造了条件。近年来，中国经济的增长基本保持着7%－8%左右的较快增长速度。2001年1－9月全国经济同比增长7.6%，高于年初的预期，充分说明了中国经济增长是稳健的、可持续的。经济的快速增长给中国资本市场的发展提供了强有力的保证。截至2000年底，沪深两地上市企业总市值达47456亿元，已经超过GDP的50%。2000年全国证券市场的股票成交金额达60826.66亿元人民币，股票交易活跃、流动性强，这是国外其他市场无法比拟的。国内资本市场的发展，使证券市场的筹资功能日趋强大。至2001年11月2日，中国A股上市公司总数已达到1121家。此外，三类国有企业入市、保险资金间接入市、全国居民城乡储蓄存款余额逐年提高，这些均为国内证券市场的进一步发展提供了重要的资金来源。同时，由于诸多因素的影响，我国证券市场股票的市盈率一直处于较高水平。

国内证券市场的市盈率居高不下，可以为新股发行取得相对较高的价格，这对筹资方有着巨大的吸引力。而且，国内外市场市盈率的差异反映到新股发行价格上，表现为国内新股发行价格可以比海外市场的发行价格高出一倍以上。在现行股票发行定价机制下，意味着同样价值的资产在境内可以融到更多的资金。比较最近中石化在内地和香港发行的价格，国内A股的发行价格是香港H股发行价格的2.62倍；又比如，无论从企业规模、主营业务、发展前景等方面看，还是在主导产品市场占有率、盈利能力等方面，用友和金蝶两家企业都极其相似。但是核准制下首例发行的用友软件，在国内的发行价高达36.68元，市盈率达64.35倍，净筹资额近8.8亿元；而在港上市的金蝶发行价才1港元左右，净筹资额9000多万港元，并在上市当日就跌至0.7港元左右。两者融资效果的巨大反差，正是吸引境外上市企业回国融资的主要动因。

企业自身因素——境外上市企业业绩滑坡、二次融资举步维艰。目前注册地在中国大陆、上市地在香港的内地企业共有55家。这些企业近年来经营业绩普遍不佳，相当多企业业绩出现负增长，其中青岛啤酒、马钢股份、昆明机床、洛阳玻璃四家公司的净利润连续两年大幅度下降，与市场的预期和公司招股书中的盈利预测形成了较大差距。上述情况使内地上市公司在香港市场的形象将深受打击，并给在港上市内地企业的再融资带来很大的负面影响，大大削弱其在香港市场的持续筹资能力，从而迫使这些境外上市企业另寻融资渠道。很显然，国内市场是一个很好的选择。

此外，一些境外上市企业经营活动中的不规范运作也影响了其在国际资本市场的声誉。如同国内上市公司一样，许多境外上市企业也将募集资金挪作它用。根据里昂证券1996年8月的一项统计，H股上市公司中将募集资金投入生产、改造或建设的不到全部H股上市公司总数的1/3，相当一部分企业上市后集资运用状况很不理想。这些情况经过境外媒体披露，极大地损害了我国境外上市企业形象，也影响了其再融资能力，使之不得不回到国内证券市场筹集资金。

境内外再融资机制的差异——国内市场再融资渠道丰富而国外市场配股、增发难处多多。通过统计分析可以发现，A股市场每年再融资家数和金额随着股市规模的不断扩张而逐年增加，2000年共有166家配股，募集资金达到500亿元。另外，平均每家融资金额呈现逐年上升趋势，由1994－1995年的每家7000－9000万元上升到2000年的每家3亿多元，2001年前三季度平均达到3.4亿元。平均募集资金额不断增加的一个重要原因是配股价定得越来越高，并且越来越接近市场价。据统计，2000年上半年，深沪两市配股加权平均价为7.98元，2001年同期达到10.13元。由此可以看出，在国内市场，参与再融资的上市公司几乎均能如愿以偿地完成筹资计划。

反观国际证券市场，其再融资机制与国内市场差别显著。上市公司普遍对再融资慎之又慎。有关数据反映，美国上市公司平均18.5年才配股一次，而增发的数量也极少，时间间隔也相当长。而就大多数我国境外上市企业而言，由于市场价格长期低迷，超过半数股票的价格低于其净资产，直接导致了上市公司再融资功能的丧失。以当前香港以及国际金融市场的形势，境外市场已不再是我国境外上市企业有吸引力、可操作的再融资场所。我国61家境外上市企业在完成境外上市以后，几乎没有再在境外市场进行配股和增发。也就是说，这些企业中的绝大多数都只能完成境外市场的IPO，而几乎没有海外再融资的渠道。在这种情况下，对境外上市企业再融资而言，实现国内增发就成为其首选。

相关政策环境的变化——境外上市企业国内融资重获政策认可。1998年3月17日，中国证监会发布证监[1998]8号文件，原则上规定发行B股或H股的企业不再发行A股，发行A股的企业不再发行B股或H股。此后，在很长一段时间内，中国证监会对于境外上市公司实施"一企一股"的政策，严重地限制了境外上市企业国内融资的空间。2000年4月底，中国证监会颁布的《上市公司向社会公开募集资金股份暂行办法》将可增发公司原则上限定于"既有A股又有B股或境外上市外资股"。这项政策规定的提出意味着H股、N股、S股已经恢复了其在国内股票市场的融资功能。随之，管理层先后核准了宁沪公路、广州药业、中新药业等境外上市公司国内增发A股的方案，尤其是2001年6月中石化成功发行A股，更增加了许多境外上市企业国内融资的信心。在扫除了H股、N股、S股回内地融资的法律和政策障碍后，境外上市企业国内融资已重新成为现实。

境外上市企业国内上市的主要障碍

在我国证券市场还没有正式对外开放的情况下，境外上市企业在国内上市后，实际上是将企业股权以不同的方式在不同的地点出售给不同的投资者，在实施过程中的各种障碍主要来自于有关企业股权所涉及的各个利益主体。这些利益主体包括：境外投资者、境外证券监管机构（如香港联交所）、国内投资者、国内监管部门、企业的原有股东等。除了各个利益主体可能构成境外直接上市企业发行A股的障碍外，境外直接上市企业能否在国内证券市场成功上市还与国内证券市场的运行情况有关,比如国内证券市场流动规模、国内宏观经济状况、可供国内居民选择的投资工具。

国内证券市场发展水平的制约以国内证券市场规模为例,在国内证券市场发行A股的境外直接上市企业境外平均上市规模为28888万股,最高发行规模为12.5亿股(华能国际),最低发行规模为890万股(鞍钢新轧)。还没有在国内证券市场发行A股的36家境外直接上市企业中,小型企业2家,中型企业23家,大型企业6家。也就是说,按照已经在国内证券市场发行A股的境外直接上市企业经验,属于中型的23家境外直接上市企业从发行规模上看是可以成功发行A股的,这些企业共占全部36家企业的64%。其余三分之一的企业属于大型企业和小型企业,小型企业在国内上市尚不满足《证券法》对公司发行股票的基本规定,大型企业在国内发行A股上市,市场容量将成为重要的制约因素。

我国境外上市企业要想在国内证券市场成功上市,本身必须满足国内证券市场的基本要求,即满足《证券法》的基本规定。此外,境外上市企业在国内证券市场能否成功上市还取决于其自身条件,比如企业规模、盈利水平、国家产业政策、企业公司法人治理结构、上市企业股票在境外证券市场的表现等。

境外直接上市企业在国际证券市场上融资前要通过国务院证券委员会的批准,在符合国外证券交易所上市条件的基础上,还附加了一系列的挑选标准,即这些企业必须符合国家的产业政策,属于国家政策重点支持的大中型企业,以能源、交通、原材料等基础设施、基础产业和高新技术产业为主,而且属于国家允许外商投资的行业;拟上市企业部分的净资产不少于4亿元人民币,税后净资产利润率达10%以上,税后净利润不少于6000万元人民币;企业有一定的创汇能力(一般需达到税后净利润额的10%),有一定的知名度和经营管理水平等等;募股后国有股一般应占控股地位,企业境外发行上市筹资额预计不少于4亿元人民币(折合约5000万美元)。企业境外直接上市的这些条件明显比国内上市条件要高,公司治理结构也比国内上市公司要完善,这些境外直接上市企业中除了少数规模较小的创业板公司外,均符合国内增发A股的条件。

境外上市的中国公司不少都是国内各行业最大、最具代表性的企业,其资产质量和盈利能力总体上也优于A股上市公司,尤其是这些公司境外上市以后,在企业改制、规范运作等方面都有了很大的进步。但是,这些企业却存在一个共同的问题:收入来源在国内而其股东却在国外。这势必造成这样一个结果:当上市公司收益好时,作为收益来源的国内消费者却享受不到好处;如果这些企业收益不理想时,国外投资者就会失去对这些公司的热情。加之信息沟通、信息披露等方面的障碍,国内公司很容易面临失去境外市场再融资的机会。因此,优秀的境外上市公司回国内融资,可以让国内的投资者有一个新的投资机会,同时也有利于国内投资者分享国企改革的成果。

然而,当前国内市场和海外市场的发行市盈率存在巨大差异。如果一些境外上市企业利用海内外市场再融资机制的这一差别,一味在国内市场高价发行,必然造成严重的“圈钱”效应。国内投资者在付出较高投资成本的情况下,反而加大了投资风险,市场投机性也会大大增加。如果这样,那么大型国企先境外上市再增发A股的模式将会受到投资者的冷落,甚至拖累国内证券市场的发展。

此外,值得我们深思和研究的是,国有股减持始终是境外上市公司国内增发时应考虑的一个现实问题。这一问题的直接障碍可能在于:若国外投资者届时在同股同权的最基本的法律保障前提下,效仿国有股市价减持的有关办法,也申请要求按国有股减持的价格和比例减持自己手中的股票,那么国有股的减持和国内增发都会遭遇尴尬。因此,在具体融资方案设计与选择时更应慎重考虑。

基本结论和政策建议鉴于上述分析,我们得到如下基本结论并提出相关政策建议。

一、近来境外直接上市企业国内IPO发行A股现象的不断升温,是在国际股市持续低迷、企业业绩滑坡和境内外股市再融资机制差异显著等背景下,我国境外上市企业为谋求新的融资渠道所作出的无奈选择。同时,境内外股市发行价格的巨大差异大大强化了境外上市企业国内融资的动机,使部分企业存在机会主义的倾向。因此,在境外上市企业国内融资政策安排上,既要积极帮助这些企业在国内市场解决直接融资渠道问题,又要在发行审核和IPO定价等诸环节限制部分企业的机会主义行为,防止利用境内外市场的割裂而大肆“圈钱”现象的发生。

二、国内股市规模的迅速发展、有关政策限制的解除和政策倾向的变化、境外上市企业自身素质较好等因素是境外上市企业国内发行A股得以顺利实施的基础。但是,国内股市现有的流通股规模已成为境外上市企业在国内市场大规模融资的重要制约,高密度的集中发行极有可能造成发行失败或拖累股指,打击投资者的投资信心。因此,在发行规模和节奏安排上,应充分考虑市场状态和承受能力,根据市场发展情况确定境外上市企业国内上市的时间和规模应成为处理上市公司“海归”问题的一项原则。

三、在境内外市场分割的状态下,两地上市股票IPO价差的存在有其内在的必然性和合理性,问题的关键在于对影响价差诸因素的理解和把握以及如何确定A股IPO的合理定价水平。通过深入的理论剖析和经济计量模型分析,我们提出了一些具体的机制设计原则和操作建议:如为了减少同一企业在境内外证券市场IPO价格之间的不合理差异,应尽可能对同一个企业股票的首次公开发行采用相同的发行机制;境外上市企业回国融资IPO定价的基本出发点应该是:通过明确和逐步消除形成境内外IPO价差的非理性因素,在保证发行成功的基础上,尽可能减少境内外市场的价格差异。境外上市企业国内市场A股IPO定价目前通行的两种模式适用于不同的企业,首次发行A股规模较大的企业应采取累积询单发行定价模式,比如发行规模超过1亿股的企业;首次发行规模低于1亿股的企业则可以考虑选择加权市盈率发行定价模式。

四、我们认为,目前我国境外上市企业国内融资的国际监管协作工作重心应放在调和并建立证券多国发行和上市的统一信息披露及会计标准上,从而降低发行与上市的运行成本和管制成本,促进资本在全球范围内的有效配置。多国(多市场)发行和境外上市的迅猛增长是证券市场日趋国际化的显著特征。信息披露及会计标准的国别差异成为阻碍国际资本流动的额外的管制壁垒。因此,监管制度对上述标准的统一和协调将直接有助于减少成本、促进进入机会和信息共享,并提高国际市场领域中的资本形成和资本配置效率。

课题主持:史晋川　浙江大学经济学院副院长
陶　晋　东方证券有限公司研发中心总经理
课题协调人:上海证券交易所　张卫东

课题研究员：浙江大学史晋川、汪炜、李兴建、成琳、桂昭君

东方证券陶晋、李峰、田素华、何仁科

可投资性是成份指数的灵魂

在编制成分股指数时，为实现其可投资性功能和表征股票市场总体的结构，必须进行行业分类，挑选具有行业代表性的样本股。对世界上主要的行业分类标准进行了比较研究发现，行业分类一般分为管理型和投资型两类，其中管理型以联合国 ISIC 为代表，投资型以摩根斯坦利和标准普尔共同推出的 GICS 为代表，其中 GICS 是现有最适合中国证券市场的投资型行业分类标准。实证结果显示，中国证券市场编制成分股指数时采用 GICS 作为行业分类标准是恰当的，但需要结合市场实际情况对该标准进行一定的修正。

可投资性是成份指数的主要功能随着股价指数系列的不断发展与完善，各种股价指数进行了特殊分工与定位。综观当今世界各发达国家股票市场，股价指数原始的代表性功能主要由综合指数所承担，成份股指数则由于其有别于综合指数的优势特征而主要承担了可投资性这一功能，并且日益成为证券市场商品创新与投资策略发展的基础动力源。

由于以所有股票为样本，包容了一些非市场主体的成分，也容易受新股上市等扩容因素的影响，从而无法准确表征某一固定投资组合的收益率，在实践中不可能作为组合投资的模板。而成份股指数样本股选定后不会频繁变动，具有稳定性和连续性，消除了综合指数的缺陷。

管理型与投资型分类标准的比较分类标准的定性比较分析分类的目的。管理型分类标准的目的是反映国民经济内部的结构和发展状况，而 GICS、FTSE 均明确说明分类目的是为投资者的投资分析、业绩评价、资产配置或指数跟踪基金服务以及在银行或经纪人的衍生工具活动中应用。两种分类标准在细类的划分上，仍都以产品同质性为基础，但在大类的划分、内容与结构方面差别很大，管理型基本上是站在生产者的立场进行分类；投资型则考虑行业的投资价值同一性，从生产者立场向消费者立场转移。从结构层次上看，管理型基本上以三次产业的划分为依据，而投资型将消费特征作为分类的主要依据，淡化了商品和服务的区别，也淡化了三次产业的概念。在分类的数量上，前者也比后者详细得多。从管理的角度看，详细的分类有利于统计和管理的方便，因为分类的对象是数十万计的产业活动单位；但从投资的角度看，过细的分类会造成行业内公司数太少，从而对经济状况的波动以及个别公司不同业务的波动过于敏感，公司子行业归属易变，行业缺乏稳定性，同时增加投资者使用的成本和复杂性。

管理型是对所有以赢利为目的或不以赢利为目的的产业活动单位分类，而投资型仅对上市公司进行分类，是以赢利为目的的经营活动单位。管理型分类关注的主要是宏观的行业总量，计算时是把跨行业经营的公司的产值利润等分拆后进行的；而投资型分类关注的是微观的公司个体的投资价值，由于证券都是每个公司作为一个整体发行的，所以投资型分类在计算时是将每个上市公司都作为一个整体进行。因此相比而言，按管理型标准划分的行业比较单一，包括各种部门在该行业的产出结果；而投资型分类的行业是主要从事该行业领域的公司的聚合，该行业的公司也可能从事其他领域的活动，所以它的行业概念不是单一的。管理型基本按照产出特征划分，主要考察其主营收入；而投资型在考虑收入因素的同时，也考虑其盈利来源特征，这反映了其为投资者服务的目的，因为上市公司的投资价值归根到底取决于其为股东创造利润的能力。

GICS 可作为中国投资型行业分类标准的基本依据综合以上各种因素考虑，在现有权威的投资型行业分类标准中，我们认为 GICS 最适合作为中国投资型行业分类标准的基本依据：对公司进行行业归类时，收入和利润两种因素中，以收入为主更适合中国国情。中国不少上市公司主业亏损，如果仅考虑利润，极易被归于非主业行业。

采用 GICS 是中国投资行业与国际接轨、吸引国外投资的需要。GICS 更适合现代投资分析的需要，反映经济发展的最新特征。GICS 一定程度上反映了中国产业结构未来发展的趋势。因此采用 GICS 具有前瞻性，一段时期内不需要进行频繁调整，同时有利于引导中国的产业发展方向和证券市场的投资理念。

中国上市公司根据 GICS 进行分类的实证研究判别行业分类方法优劣的标准和指标的选取衡量一种投资型行业分类标准的优劣，在于其是否能够将同行业的具有相似投资价值的上市公司归为一类，而将不同行业的具有不同投资价值的上市公司区分为不同的类。

我们对沪深两市上市公司分别根据 GICS 和证监会《指引》作了行业分类，使用单因素方差分析对分类后各行业上市公司 ROE 的均值进行了统计分析，剔除了 ROE 绝对值大于 100%的公司。对市盈率进行统计分析时，剔除了市盈率大于 300 和市盈率小于 0 的公司。根据《指引》进行分类的 ROE 统计分析结果如下：我国上证 180 指数由于采用了 GICS 作为行业分类标准，能够更明确区分上市公司行业投资价值，更有利于引导中国证券市场投资理念，更有利于中国证券市场与国际接轨。

对 GICS 进行修改的若干建议中国的产业结构、经济发展水平与美国等发达国家差别较大，而且证券市场尚在高速发展中，上市公司存在一些与国外成熟股票市场上市公司不同的特点，因此在应用 GICS 对中国证券市场上市公司进行行业分类时，应结合中国市场的实际情况对 GICS 做适当的修正。

我国上市公司行业特征不明显，多元化经营公司比比皆是。要解决这个问题，必须对 GICS 标准的具体分类方法进行适应性调整。比如，GICS 规定，如果公司跨两个行业，归于提供了其收入 60%以上行业，或者同时提供了收入和利润的 50%的行业，如果不满足两个条件之一则根据历史和未来趋势进行分析；如果公司跨三个行业，归于提供了收入或者利润 50%以上的行业，如果不满足条件，则归于工业部门的综合性工业或金融部门的跨部门持股公司。这样的行业归属进入准则完全照办至我国市场则不太合适，需要根据我国上市公司收入和利润情况制定符合实际的准则。

上证 180 指数公布的分类准则就规定，如果公司某项主营业务的收入占公司总收入的 50%以上，则该公司归属该项业务对应的行业；如果公司没有一项主营收入占到总收入的 50%以上，但某项业务的收入和利润均在所有业务中最高，而且均占到公司总收入和总利润的 30%以上，则该公司归属该业务对应的行业；如果公司没有一项业务的收入和利润占到 30%以上，则由专家组进一步研究和分析确定行业归属。

我国上市公司稳定性差，改变主业或资产置换较为频繁。对于这种情况，我们认为，可以适当减少分类标准中子行业的数目，将某些相近的子行业进行适当合并，使分类标准“粗化”，从而可以降低公司的行业敏感性，减少公司行业变更的

频率。

根据我国上市公司的行业分布特点可以对GISC的行业进一步调整，有的应进一步细分，有些应该去掉。比如，我国上市公司比较集中的可选消费品、工业和原材料三个经济部门，应该进行进一步的细分，而对于赌博、电视直销、邮购等我国根本没有或者没有上市公司的行业，在制订行业分类标准时就应去掉。

成分股指数行业权重确定。在应用GICS行业分类标准于成指编制时，必须进一步确定各行业在成分股选择中的权重，而在设计权重框架时，最首要的问题是明确权重所对应的目标。

成分股指数行业权重应代表股票市场总体。成份股指数作为一种具有可投资性的股票价格指数，它所代表的首要目标应该是股票市场总体。成分股指数抽样母体的要求成份股指数作为一种样本股指数，是对股票市场总体的抽样，因此它首先要反映的是母体的总量与结构状况。成份股指数可投资性功能的要求成分股指数的可投资性要求其行业权重代表股票市场而不是国民经济。国民经济部门中存在着一些非市场化的部门，因此在确定成份股指数行业权重时，仅需要考虑可投资的行业，而不是国民经济整体。从美国的情况看，其市场成熟程度很高，整个股票市场的行业结构能够逼近国民经济产业结构，成分股指数中各行业的权重比例与美国的经济组成和产业结构非常接近。但是，这并不是由于成分股指数中各行业的权重比例是根据美国国民经济的产业结构来确定的，而是由于股票市场对国民经济代表性强，同时成分股指数对股票市场也具有很强代表性，因此成分股指数的行业结构就间接代表了国民经济的产业结构。

可投资性要求成份股指数代表可流通股市场。成份股指数的可投资性要求它所代表的主体必须是可以交易的，而我国股市存在着大量的非流通股，它们通常是通过场外协议实现交易的，使得非流通股和流通股的交易成为两个相互割断的市场。若成份股指数中的行业权重代表行业总市值的权重，将有悖于可投资性这一原则，因此成份股指数行业权重应代表流通市值行业权重。

由于沪深股市流通市值与总市值不平衡，流通市值与总市值结构的不一致导致以总市值为基础的指数存在被操纵的危险。操纵的策略与杠杆率存在必然的关系。

绝对杠杆率表明，一定的流通市值相对总市值的撬动效应，相对杠杆率表明一定的总流通市值比例撬动总市值的比例。如果用总市值来构造指数，在极端的情况下，投资者可以通过操纵较少的流通股来操纵指数。例如，可以用杠杆率最大的7家公司1.1%的流通市值撬动10.23%的总市值。因此，在确定行业权重以选择样本股时，为实现成分股指数的可投资性功能并减少其被操纵的可能性，应采用流通市值作为权重。上证180指数在确定行业权重时，即采用了流通市值作为权重。从公布以后运行的实践来看，上证180指数对市场总体具有很强代表性，效果良好。

课题组组长：杨朝军

课题组成员：沈思炜、陶亚民、郭鹏飞等

课题协调人：上海证券交易所　李萌

深交所综合研究所研究成果

证券律师与上市公司信息披露

一、我国证券律师资格的由来与取得

1993年1月，证监会和司法部联合颁布行政规章，创设了证券律师许可证制度。按照规定，从事证券法律服务，除取得律师资格外，还须取得“律师从事证券法律业务资格证书”；获得个人许可证的律师还不能单独执业，必须加入一个律师事务所，至少有三名证券律师的律师事务所才有资格申请机构许可证（正式名称为“律师事务所从事证券法律业务资格证书”）。此后，在证监会制定的众多规范性文件中，但凡涉及法律服务，均指定由“具有从业资格的律师事务所和律师”承接。

从历时的角度看，证券律师资格的取得方式经历了三次变化。最初，即1993年，在确认证券律师从业许可的规章颁布2个月之后，首批35家律师事务所和大约120名律师取得了机构和个人的执业许可。但是这批律师既没有经过培训，也没有经过考核。

1995－96年间，各地司法厅（局）遴选律师参加培训，考核通过者取得资格。当时的做法是，由司法部门负责确定参训的人员，证监会负责培训事宜。具体而言，先由司法部向各省发放参训“指标”（比如1995年是每个省都是30个名额），各省司法厅（局）再向下分配给各个律师事务所（最初大都是其直属的律师事务所）或者直接指定律师。培训和考试是按照7个大区来进行的，比如东北三省是一个区，培训在沈阳进行；湘鄂赣是一个区，在武汉培训。证监会和司法部依据学员成绩，择优确定若干名名学员授予从业资格。

1999年，司法部、证监会联合举办全国证券律师资格考试，由执业律师自愿报名，审核通过后取得考试资格，再根据考试成绩限额确定入围者，经司法部、中国证监会审查确认后，颁发律师从事证券法律业务资格证书。经过这次考试又有约800名律师获得了证券法律从业资格。此后至今没有再举办过类似的统一考试。这样，截止到2001年4月27日，全国共有406家律师事务所、1541名律师得到了从事证券法律业务的许可。

这三种许可证的取得方式中，第一种方式实际上是在秘密状态下颁发许可证。只有那些接近监管机关或者律师主管机关的人才有机会获得首批许可，而率先获得准入许可则意味着巨大的商业利益。第二种方式提供了有限的公开性和竞争机制，但是一个律师取得许可的关键在于他所在的地区获得多少参加“培训”的配额以及主管当局是否将配额分给他所在的律师事务所。这方面，各省司法厅（局）有很大的“自由裁量”权。公开、平等的竞争程序的缺乏，使得资格授予的公正与公平性受到一定的影响。第三种方式向行业准入公开、平等的方向迈出了重要一步，但是，仅仅在1999年实施过一次，并无定期考试制度。随着上市公司数量的增加和证监会指定的法律服务范围不断扩大，证券律师的客户与可以收费的法定项目也都不断增加。因此，维持证券律师特许制度的效用只能是限制竞争，而使已经获得许可的律师获得固定利益。

二、设立证券律师资格的政策判断与实际效果

创设证券律师资格许可制的目的是多元的：一方面，最初的制度设计者认为，中国律师的质量不高，对证券业务又缺乏经验，因此需要在初始阶段限制进入证券市场的律师人数；另一方面，也希望通过规范律师对证券法律业务的介入，提升信息披露文件的真实准确与合法性。换句话说，就是要让证券律师充当证券发行的“经济警察”，分担监管机关的部分职能。然而行业特性决定了律师要靠为客户提供法律服务、维护客户的利益来获得收入维持生存。其地位也总是与聘任他的客户相一致的：或者是发行人的律师，或者是主承销商的律师，或者是监管者的律师。相应的，他们在职能上也存在着重大差异（见表I）。如果按照设计者的要求，律师在从被监督者那里接受聘用报酬的同时，还要去完成监管者安排的监督任务，其位置将是十分尴尬的。而在资格许可制下，律师及其所在的事务所同时也是受监管的对象。在一次专业服务过程中要面临着如此之多的角色转换，其间的定位取舍对每一位证券律师来说都是不小的考验。

表I：证券律师类型与主要业务

律师类型	主要业务
发行人律师	法律意见书、律师工作报告
主承销商律师	验证笔录
监管者律师	监督检查上市公司、证券公司等

按照规定，在股票发行过程中，发行人律师要对各种书面文件和资料进行审查并出具法律意见书。这些文件包括大量关于公司的发行行为是否获得政府有关部门、行业主管机关、证券监管机构的审核和批准，发行人是否具备发行的主体资格、本次发行的授权和批准、发行上市的实质条件、承销协议和招股说明书、筹集资金的运用是否已经获得批准等内容的政府批文和行政机关出具的证明。比如，某律师事务所1999年9月的一份律师工作报告显示，该所律师为某公司首次发行股票出具的法律意见书所审查的106份文件中，政府批文就占了34%，如果将行政部门的证明文件也计入，则政府部门出具的文件占所有审查的文件的40%。然而在股票发行配额制下，一个企业能否成功发行上市，往往并不取决于它是否符合法定条件，而是看它是否取得了发行配额。因此律师的关注点自然集中于那些与配额有关的政府批文。而对于这些批文的合法性与真实性，律师又无权提出异议、进行审查。

此外，证监会先后制定的几个信息披露指引均对法律意见书的格式甚至审查项目做了强制性规定。律师必须依照规定的格式和内容出具法律意见书，否则将面临申报材料被监管机关驳回，甚至连同其所在的事务所被处罚的风险。这在实际上造成律师主要注意那些在指引中被要求发表意见的事项和问题——无论是否与本次发行无关、是否会对申请结果造成影响，律师都必须按照规定的格式甚至顺序逐一描述。相反，那些往往会对发行申请成功与否产生实质性影响但有关规定未做要求的事项，则一般被放在法律意见书最后一节“律师认为需要说明的其他问题”中进行说明。

过度细致的强制性要求使律师在法律审查中的主动性大

为降低。被动的对法定内容进行审查而忽视那些可能产生实质性影响的信息，又使法律意见书的实益大打折扣。

三、证券律师的义务和责任

从理论上说，律师应对其客户负有勤勉尽职义务。它主要包括两个方面，一是诚实信用（fiduciary），二是业务能力（competency）。诚信义务要求律师在提供法律服务时必须尽到最大注意（utmost care），充分而正当地向客户披露所有的利益信息，使其清楚自己所处的状况，以便自主地作出决定。在为特定的客户处理具体的法律问题时，律师必须视客户利益为自己利益，对所有涉及客户的信息保密并且忠实代表和维护客户的利益，但同时他又必须恰当地处理利益冲突问题，既不能将自己个人的利益置于客户利益之上，也不能同时为两个有利益冲突的客户服务。对律师业务能力的要求，其实是一种标准和假设，它首先设定了一个理性的具有合格业务能力的律师的模式或范本，要求被雇佣的律师运用法律技能时必须达到这个标准。当然，律师并不能对所有的法律都了如指掌，也不可能对于任何法律问题都给予完美精确的解答，但是律师必须清楚如何研究一个法律问题并且承认表明自己法律知识的局限。在这里，遵从行业标准具有重大的意义。如果律师的行为符合本行业的行为标准或者本行业人员的通常做法，那么即使他没有完成有关工作，那么也不负责任。因此，遵守行业标准实际上构成了律师的免责条件。

在我国，虽然各种规范文件对证券律师的资格要求、业务范围，甚至行文格式都有非常具体的规定，但是对律师的勤勉尽职义务的规定却并不详尽。就现有规定来看，我国法律对律师勤勉尽职义务的规定主要体现在以下三个方面：首先，律师在制作律师工作报告时要对上市公司涉及的事项逐项进行审查。其次，一些法律法规和规章中对证券律师进行了禁止性规定，对某些行为课以相应的责任。再次，中华全国律师协会制定了《律师职业道德和执业纪律规范》（1996），其中很多条文涉及到律师的诚实、尽职的要求，但是这个面向律师群体的规范尚不能含概律师涉足的所有领域，尤其在判断证券律师的行为是否属于勤勉尽职时还远远不够。

从近年来证监会对证券信息披露中违规律师的处罚案例来看，证券律师的违规行为主要表现为以下三个类型：

1．参与上市公司作假造假，在法律意见书等信息披露文件中虚假陈述欺骗投资者和证券监管部门，从而严重误导投资者。

2．未能勤勉尽职，违反高度注意义务，没有全面审查上市公司的材料使信息披露不真实或者不全面。

3．律师根本不具有此方面的专业能力，提供的法律服务明显存在瑕疵，出具的法律文件如法律意见书和工作报告不符合法律规定的格式。

如前所述，证券律师资格许可制度人为地限制了服务提供者的数量，但这种限制并没有消除证券律师群体内部的竞争，每个人实际上都面临着“如果自己不做就会有别人来抢着做”的生存压力，加之高额律师费的驱动，人们很容易忽略利益背后的责任和风险。在股票发行配额制下，企业只要获得了发行配额，其股票就能够发行和上市，因此政府的批文远较律师的法律文书更重要。所有这些客观上都促成了律师作假的发生。

从理论上讲，在信息披露中违反勤勉尽职义务的律师应当对其客户承担违约责任。因该虚假信息披露而受损的投资者也可以要求律师承担连带的侵权责任。但是，我国法律对律师违反勤勉尽责义务应承担的责任规定得很少。从表Ⅳ中可以看出，这方面的规定或者比较含糊，仅仅说“承担法律责任”；或者以行政责任为主；而对民事责任的规定则极少，只有《证券法》第202条提到了，但是该规定非常笼统，既没有归责原则，也没有免责事由，缺乏操作性；至于刑事责任，虽然《证券法》第202条有所涉及，但由于《刑法》中并没有相应的规定，因此实际上要追究律师虚假信息披露行为的刑事责任是很困难的。此外，作为律师行业基本法的《律师法》和律师自律性规范的《律师职业道德和执业纪律规范》对此都没有提及。

回顾我国证券市场近年出现的几桩大案可以发现，从琼民源、红光到银广夏案，弄虚作假互不相让，可谓“作假数额竞比高”。而在这几桩案件的处理过程中法院始终处身事外，没有介入。固然，琼民源案由于最后有国家出面“买单”，投资者获得不错的安置，所以少有诉讼出现。但红光案发后就有股东对做虚假陈述的上市公司提起诉讼，而法院却以“不能确定原告亏损是由被告虚假陈述直接造成的，上述被告在股票市场上的违法违规行为，应由中国证监会予以处理；原告所诉其股票纠纷案不属人民法院处理范围”为由拒绝受理。到了银广夏案时，最高法院先是发出一纸通知，中途叫停，而后又将行政程序闲先置，为民事诉讼设立诸多限制。受害人起诉为虚假信息披露的发行人尚且如此，更遑论追究发行人律师的责任了。而发行人既然相安无事，则对律师也就没有动力提起诉求了。

诉讼机制的缺乏，使得有关法律责任的规定成为“没有牙齿”的具文，也使追究作假者法律责任、救助受害人成为一个神话。这种缺乏又和前面所说的我国对律师勤勉尽职规定的薄弱、行业内部低层次竞争和巨大的利益驱动纠结在一起，成为律师参与作假的温床。要彻底铲除它，不仅需要消除行业准入的壁垒、界定律师勤勉尽职的行业标准，更重要的，还有赖于诉讼机制的应用。

四、美国律师在信息披露中的作用：参考与比较

在美国联邦体制下，律师要在某一州执业，必须在该州获得执业许可。美国没有通行全国的律师执业许可，若一个州的律师要到另一个州执业，或需要参加该州的律师资格考试，或有赖于两个州之间的承认协议而获得考试豁免。授予律师执业许可的机构是各州最高法院，但是，律师在联邦法院管辖范围内代理客户则不需要另行获得许可。律师取得执业许可通常需要具备以下条件：(1)大学本科毕业；(2)在美国律师协会认可的法学院获得JD学位；(3)通过律师资格考试；(4)经州律师资格委员会审查同意。律师取得执业许可之后，可以在一切领域提供法律服务，没有分门别类的律师业务许可制度。律师对发行人、承销商提供法律服务，并没有被认为是一个需要另行许可的法律服务领域。但是，律师大致会谨慎地避免承接自己难以胜任的委托事务，如果律师声称自己具备某种法律知识或经验而实际上并不具备，可能构成欺诈客户——不仅会招致诉讼、赔偿客户损失，而且可能被取消律师资格。总之，美国的联邦体制和律师的行业自治模式决定了那里不可能出现政府特许的证券律师制度，但是，诉讼风险、行业自律机制有效地阻挡那些不具备这方面专门知识的律师进入这一领域。

1933年之前，证券法一直是属于美国各州的管辖领域。这些早期的法律粗疏不一，无法有效规范往往是跨越州界的证券交易。1929年的市场大崩溃以及由此而引发的经济危机促成了30年代以“公开哲学(disclosure philosophy)”为终极追求的一系列证券法律的出台。这些法律虽然明确规定了证券发行人、承销商等主体的信息披露义务，却并未对律师介入披露事宜作出强制规定。但是由于“强制公开”原则对上市公司信息披露要求的范围很广，因而事实上几乎所有的公示文件都需要律师主持或帮助编制，律师介入其中就成为必然。繁重的事务性工作要求律师不得不花费大量的时间和精力，于是这类业务逐渐专业化，最终产生了证券律师这一事实上的分支。

正如美国的证券市场是自发形成的一样，美国律师介入证券发行与交易中的法律事务也是自发产生而非人为设计的。尽管有研究表明律师的加入可以使证券初次发行的信用度大大提高，但证监会从来没有设置单独的证券律师资格制度。不过，在发现特定情况后，证监会有权永久或暂时取消律师资格。总体来看，在美国，证券法律业务对任何律师和律师事务所都是开放的。

在美国的证券发行活动中，发行人和承销商双方都会聘请自己的律师事务所和律师。而规模较大的发行则可能有不止两家律师行的参与。如果发行人没有比较固定的为之服务的律师事务所，它往往会采取招标的方式来决定选择哪家律师事务所为本次发行服务。律师事务所的信誉、律师的水平和服务质量是获选的关键。而作为承销商的投资银行，则有比较固定的专门为其提供法律服务的律师事务所，这些律师事务所随承销商一起参与证券发行。双方律师从发行人与承销商首次谈判的时候就介入，并在整个发行过程中发挥着主导作用。

当律师违反信息披露义务时，他可能要承担对客户、投资者的双重赔偿责任。以招股说明书为例，如果其中存在虚假陈述或遗漏重大事实，发行人律师又对该虚假陈述负有责任，那么，可能出现以下几种情况：

(1)发行人向他的律师索赔。发行人可以基于律师的专业失职(malpractice)行为提出主张：如果律师当时尽到尽职调查义务，他本应发现虚假陈述或遗漏重大事实，并要求发行人补正。因为律师的疏忽，发行人失去了事先纠正错误的机会，因此，导致发行失败、导致投资者向发行人索赔、承销商向发行人索赔等等。

(2)承销商向发行人和发行人的律师索赔。承销商可以依据与发行人事先约定的承销协议主张："招股书的虚假陈述部分由发行人方面的专家编制或者鉴定。发行人律师的法律意见已经对该部分的合法性进行了确认，这种确认意味着承销商可以信赖发行人律师的专家意见；如果该部分招股书存在虚假陈述或遗漏重大事实，导致投资者对承销商的诉讼，那么，发行人的律师将对承销商由此造成的损失承担一切责任。承销商的律师经过合理调查之后没有理由怀疑：在该部分招股书生效的时候存在虚假陈述或遗漏重大事实。"

(3)投资者向发行人、承销商及其董事和相关专业人士索赔。按照美国证券法第11条，在招股书生效的时候，任何部分存在虚假陈述或遗漏重大事实，证券的善意取得人可向以下人士索赔：a. 在招股书上签名的所有人士，按照美国1933年证券法第6条规定，发行人、发行人的董事长、总裁、董事、财务主管、重要职员均应签署招股书；b. 因职业而使其陈述具有可信性，从而提升招股书可信性的专业人士，包括：会计师、工程师、资产评估师、律师和其他一切参与制作、签定或列名于招股书的专业人士；c. 上述人士的控制者。

一旦投资者提起诉讼，承销商、发行人和专业服务提供者之间的联盟通常都会瓦解。每一被告都不愿代人受过，都要竭力证明自己的清白，都要避免牵涉连带责任，因此，每一被告都有动因把责任推给其他被告而把自己说成是无辜的受害者。如果发行人律师在以上所有的诉讼中败诉，并且被锁定为唯一的责任人，他将被判赔偿发行人、承销商和投资者的全部损失——这是足以使大多数律师和律师事务所破产的赔偿，如果他们没有购买责任保险的话。

总之，如果律师存在欺诈，那么他就陷入了一个令人绝望的处境，除了赔偿受害人损失之外，他还可能成为刑事被告，可能被取消律师资格。因此，在美国，诉讼对包括律师在内的专业人士构成巨大的法律风险。律师欠缺注意义务、参与欺诈或者承接难以胜任的业务是非常不明智的行为。

五、结论性意见与建议

我国的证券律师是法律服务市场多重许可的产物。出于管制的考虑，制度设计者通过强制性的规定对证券律师的资格取得、业务范围等都作了详尽的安排，并试图把证券律师塑造成为监管者的助手。然而，这未必是对证券律师的正确定位。律师作为向客户提供法律服务的专业人士，必须向其客户而不是客户以外的第三人，履行勤勉尽职的义务。因此律师职业的性质决定了律师不可能是中立的，更不可能是监管者的助手。当一名律师受雇于某发行人或主承销商时，他很难站在监管者的立场来思考问题，何况此时他本身也处于被监管的地位。因此，脱离律师与其客户之间的关系，人为地给律师设定另类角色，这本身就是一种错位的安排。

律师介入证券法律业务，主要是围绕信息披露的要求提供有关法律文书，确保信息披露的真实合法。然而，在股票发行配额制下，企业能否发行股票、上市交易，往往不是看它是否符合法定条件，而是取决于是否取得了地方政府的发行配额。但律师又无权对批文内容的合法性、真实性提出异议和进行审查，因此实际上政府批文远比律师的意见更重要。这种情形下，律师的处境是比较尴尬的。

随着各种规定中关于证券律师业务的细化，不断拓展的业务空间和有限的从业人员造就了证券律师这样一种可以获得高收入的职业。潜移默化之中，人们越发看中证券律师资格这种紧俏的"壳"资源的获利功能，而渐渐淡忘了与之相连的巨大责任和风险。群体内部的竞争使每个人都面临着"如果自己不做就会有别人来抢着做"的生存压力。严格的行政管制又抑制了行业自律功能的养成。以至于现在我们还无法清楚地知道，在我国，证券律师行业判断勤勉尽职义务的标准是什么?在有限的几个律师被处罚的案例里，我们可以发现对于勤勉尽职义务的判断并不是由律师为之服务的客户作出，而是由监管者代替客户作出，因为监管者总是把律师作为自己的监管辅助人，勤勉尽职的对象变成了监管者而不是客户。这些客观上都促成了律师作假的发生。

以上种种都足以表明，监管者放弃对律师介入证券信息披露的管制，彻底废除证券律师资格制度，将是一个明智的选择。但是单纯废弃资格并不能解决全部问题。鉴于证券法律业务固有的专业性和技术性，完成由重"名"到重"实"的转变，加强对从业律师执业技能和业务水平的培训则是更为重要的。面对加入WTO后的挑战，适应核准制的要求，"把市场还给市场"，让当事人自主选择律师，恢复律师与客户之间本应具有的服务诚信关系，使最优秀的律师经受市场竞争的考验脱颖而出，让律师行业走出过度行政管制的阴影，渐沐行业自治的阳光则是可以想见的未来图景。相应的民事诉讼机制的建立也必将有助于对广大投资者的保护和对从业律师的监督。到那时，虽不再有所谓证券律师资格，但证券律师作为一种事实上的行业将焕发其应有的光彩。而在放松对律师管制的同时，监管者也面临着由原来的积极监管角色向消极监管角色转变的任务。已经有迹象表明，证券监管者正在考虑制定和实行执业律师谈话制度、发行审核污点记录制度以及冷淡对待机制。我们愿意相信这将是一个良好的转变和开端。

方流芳　姜朋　程海霞

独立审计有效性研究及分析

一、独立审计的本质及其在资本市场中的作用

在公开、公正、公平的资本市场中，投资者决策的主要依据是价格，而会计信息是外部投资者判断上市公司价格的主要依据。会计信息是由上市公司提供的，外部投资者无从判断其真伪虚实。为了提高会计信息的质量，增强其可信度，降低交易成本，客观上就需要有独立、客观、公正的第三方对会计信息发表见解，以合理保证会计信息在何种程度上可以被用作决策依据。在市场经济条件下，这个角色只能由独立审计来承担。由此可见，独立审计的本质就是公证，注册会计师作为独立审计的实施者要为其专业意见的真实性、合法性负责。在公开、公正、公平的资本市场中，中介机构的主要三方：承销商、律师和注册会计师所起的作用是各不相同而又相互补充的：注册会计师负责对上市公司的财务信息的合法性、公允性和一贯性发表意见；律师则要对公司的发行上市程序和材料的真实性、完整性和合法性出具法律意见书；承销商则要帮助上市公司确定在何时以何种价格将股权卖给何种顾客。它们共同努力，将上市公司推向资本市场，但最终以何种价格购买和是否购买的决策还是要由投资者自主决定的。

注册会计师的审计工作是依据独立审计准则进行的，独立审计准则是注册会计师职业规范体系的重要组成部分，是注册会计师在执行独立审计业务过程中必须遵循的行为准则，是衡量注册会计师审计工作质量的权威标准。注册会计师按照独立审计准则的要求执行充分、适当的审计程序，以便能够就上市公司财务报表的合法性、公允性和一贯性发表合理的意见。因此，独立审计准则是用来约束注册会计师的审计执业行为的；而会计准则是用来约束上市公司的财务报表编制行为的，也是注册会计师进行审计的主要依据。

由于受时间及其他条件的限制，我们无法对国内会计师事务所实际执行的审计程序和审计工作底稿进行分析和评价，因此，本部分研究无法对独立审计准则的执行状况进行研究和评价，而只能从审计实际效果的角度来分析审计的实际效果和预期效果之间的差异及其可能的成因。

二、中国独立审计准则和国际审计准则涵盖范围的比较

截止到 2002 年 7 月，我国已经颁布实施的独立审计准则体系包括 1 个独立审计准则序言、1 个独立审计基本准则和 3 个相关基本准则，27 项具体准则，10 项实务公告和 4 个执业规范指南。而由国际会计师联合会下设的国际审计及鉴证标准委员会所发布的国际审计准则共 52 项（包括 1 条审计研究）。从数量上看，我国的独立审计准则已经涵盖到国际审计准则所规范范围的绝大部分内容。与已经颁布的国际审计准则（ISA）相比较，我国独立审计准则有，而国际审计准则没有的准则包括：

独立实务公告第 1 号——验资

独立实务公告第 2 号——管理建议书

独立实务公告第 5 号——合并会计报表审计的特殊考虑

独立审计具体准则——存货监盘

其中验资是中国特有的业务类型，而合并会计报表的审计作为国际审计实务委员会的一个新的项目正在加紧展开，初稿将在 2002 年内出台。

根据对比，国际审计准则已有而我国审计准则尚未规范的内容有：

ISA 100 可信性认证业务

ISA 310 商务知识

ISA 402 对利用其他服务机构工作的企业的审计

ISA 501 审计证据—对特殊项目的考虑

ISA 545 对公允价值计量和披露的审计

ISA 710 对比信息

ISA 930 汇编财务信息的业务

ISA 1001 计算机信息系统环境下不联网的微机

ISA 1002 计算机信息系统环境下联网的计算机系统

ISA 1003 计算机信息系统环境下数据库系统

ISA 1004 银行主管与外部审计师的关系

ISA 1008 内部计算机信息系统的特征以及风险评价

ISA 1009 计算机辅助审计技术

ISA 1010 会计报表审计中对环境因素的考虑

ISA 1012 金融衍生工具的审计

ISA 1013 电子商务：财务报表审计的有效性

上述我国没有的准则可以分为以下几种情况：

第一种情况，关系到计算机信息系统环境的审计准则，如 ISA 1001—ISA 1003，以及 ISA 1008 和 ISA 1009。我国目前只有比较概括的准则对计算机信息系统环境下的审计作了规定，而没有象国际审计准则这样详细的内容。这主要是由于我国目前企业以及会计师事务所的会计、审计及管理软件的应用程度还不高，这样的现状下我们没有必要急于制定相应的准则。

第二种情况，有关金融工具的审计准则。国际审计准则今年新增加了 ISA 1012，关于金融衍生工具的准则。在我国对金融工具的发展一直持比较保守的态度，并给予比较严格的控制，相关的金融工具都比较简单或者没有，因此目前还没有制定相应审计准则的迫切要求。

第三种情况，有关鉴证业务的准则 ISA 100。在国际上，根据鉴证业务准则引入的鉴证业务的概念，注册会计师发表意见的对象不仅包括财务信息，还包括非财务信息、系统以及过程。而目前在我国审计界在这方面的认识尚不完善，虽然在审计准则体系以及实务中都包含了审计、审核、审阅等有关的鉴证业务内容，但缺乏相应的理论及规范体系，因此没有关于鉴证业务的规范性准则。

第四种情况，其他有关的审计准则，如 ISA 402，ISA 501，ISA 710 和 ISA 930 等。这些准则涉及的业务在我国现阶段并不具有普遍性，所以出台的时间会相对比较晚。

通过以上对比可以看到，目前我国独立审计准则以及相关的注册会计师职业规范体系中的其他准则已经涵盖了国际审计准则的大部分内容，而且还对具有中国特色的业务，如验资等进行了规范。国际审计准则所规范的内容，除了中国没有或者较少发生的业务外，都可以在我国找到相应的规定。

三、中国大陆地区独立审计效果研究

通过上述比较，我们有理由相信：在所涉及准则层面上，除了一些市场环境差异所造成的不同之外，中国独立审计准则与国际审计准则之间并不存在根本性的差异，因此必须进而分析其执行情况。我们首先从对 A、B 股差异进行比较着手研究，以确定会计准则差异与注册会计师专业判断差异对审计效果造成的影响。

（1）A、B 股利润差异分析

这一部分中，我们对 B 股年报中中国会计准则与国际会计准则之间利润差异的调整项进行了归类和统计，并进一步

分析其中主要的调整项目。

我们随机选取了部分深圳交易所上市的B股公司作为研究对象。其中选取了20家公司1999年的年报，以及28家公司2000年的年报。通过对中国会计准则向国际会计准则的利润调节表的调整项目的整理，我们发现1999年和2000年的利润调整共涉及20个项目。其中两年共有的是坏帐准备、存货减值准备、投资减值准备、待摊费用、固定资产折旧、收入费用确认、无形资产、资产处理、合并子公司利润、递延所得税、少数股东权益、职工福利、并购收益、递延资产调整、未分配利润等15项。1999年特有的项目是捐赠收益和增值税调整。2000年特有的项目是债务重组、固定资产在建工程减值准备、递延收入摊销。

我们对这些利润调整项目进行了具体的分析，发现在所列出的9个大类的AB股利润差异中，有约三分之二是属于准则之间不同规定所导致的差异，但有约三分之一的差异是由于国内注册会计师的专业判断水准较低而导致的差异调整。

(2)对出具标准无保留意见的财务报表的分析

自从1996年我国第一批独立审计准则施行起，注册会计师出具非标准无保留意见审计报告的比率越来越高：1996年为9.06%，1997年为13.29%，1998年为17.51%，1999年为19.7%，2000年为16.3%。这一比例是否越高越好？显然不是。那么多高的比例才能真实地反映企业信息披露地质量呢？为此，我们需要对出具标准无保留意见的财务报表进行分析，通过分析已经被注册会计师出具标准无保留意见的财务报表的财务信息质量，来判断它们是否值得作为投资者投资分析的依据，以此推断中国注册会计师进行独立审计的质量。因此，这部分研究主要分析注册会计师在执业过程中所实施的专业判断、会计准则等因素对会计信息使用者得到的财务报告的综合影响，以便认识我国目前市场条件下，注册会计师所提供的服务与投资者等会计信息信息使用者所要求的真实公允的会计信息之间的关系。

研究目标　本研究所采取的方法是在沪市和深市分别随机抽取了10家被出具标准无保留意见的上市公司1999、2000年报进行分析，以便对以下两方面进行研究：

1、财务报表是否存在重大披露不充分，在合法性、公允性、一致性方面是否存在问题；

2、按目前会计法律法规披露的信息还应在哪些方面进一步完善，以便更好地帮助投资者进行投资决策。

研究限定　我们对以上公司进行的研究是基于被研究对象已披露的年报及其他公开信息进行的，因此仅能就报表本身的逻辑关系及所披露的部分信息做出陈述，无法就更多具体会计信息发表意见，更不可能对会计信息的深层次内容发表完整的见解。研究所得出的所有判断和结论也都基于同样的基础。

本次研究抽样的方式与标准

为了保证研究对象具有客观性，我们在抽样时采用了随机方式。并对随机抽取的每份财务报表都进行了具体分析。

研究发现　根据我们对上述20家上市公司年报的分析，可以发现它们均在不同程度上存在着信息披露失真的情况，具体有以下表现：

a.上市公司对会计法律法规的遵循情况

从我们的分析中可以看出，虽然注册会计师已为上述20家公司的会计报告出具了标准无保留意见，但在已审计的会计报表中仍不乏会计处理方面的错误，下到几千元，上至几千万元。其中的问题主要集中在以下方面。

1）坏帐准备的计提不尽合理

2）预付帐款长期挂帐，可回收性难以判断

3）长期股权投资的核算不清

4）长期股权投资减值准备的计提明显不足

5）在建工程延期转入固定资产，少提折旧

6）新会计制度实施后，通过资产减值准备的计提消肿

7）收入的真实性值得怀疑

8）投资收益的真实性值得怀疑

9）长期待摊费用摊销政策不一致

10）财务费用与借款规模不符

11）会计政策与会计法规的规定不相符

另外，在上述公司的年报中还发现了一些如计算错误等不该发生的差错，这些差错也降低了会计信息的可信性。

b.信息披露情况

在分析过程中，我们发现几乎所有的被分析财务报表都存在着信息披露不充分乃至年报各部分之间的信息不吻合甚至矛盾的地方，具体表现在以下方面：

1）会计估计变更相关信息的披露不充分

2）关联交易披露不充分

3）对长期股权投资的披露不充分

4）对于存在大幅度增减变动情形的项目披露不充分

5）合并报表中，母公司的相关财务信息披露不足

综上所述，我国上市公司的信息披露，无论在对法律法规的遵循方面，还是在具体信息的披露方面，都有待进一步加强。在这一过程中，需要企业、注册会计师以及相关的监管部门的共同努力。

四、中国大陆地区独立审计问题分析

在过去的数年间，中国的独立审计工作取得了令人瞩目的成就。表现在以下方面：

建立了严格的注册会计师执业资格考试制度，为注册会计师队伍的持续、稳定增长创造了条件，同时也在社会上产生了重要影响；

以《注册会计师法》为核心的行业法规制度体系基本形成，这对指导和规范注册会计师行业、维护社会公共利益和投资者的合法权益、促进社会主义市场经济的健康发展发挥了积极作用；

以审计基本准则为中心的注册会计师独立审计准则执业规范框架体系初步形成，成为注册会计师提高执业质量、维护市场经济秩序的基石；

注册会计师后续教育和培训体系基本建立，为注册会计师队伍的人才培养、队伍素质的提高提供了较为可靠的支持体系；

行业监管工作不断加强，治理整顿、脱钩改制工作取得了较好效果，注册会计师行业逐步走向健康发展的道路；

注册会计师的执业范围逐步扩大，基本上遍及所有的企业，业务类型也正在从单一的审计、验资业务向管理咨询业务拓展，为我国市场经济的发展起到了积极的作用；

会计市场有序开放，国际会计师事务所在中国的执业对中国注册会计师行业的发展在相当程度上起到了积极的促进作用。

但是，我们也要清醒地看到，中国独立审计工作还存在较多问题，中国注册会计师行业的成熟还需要假以时日。这从我们在前面所做的两个研究中就可以看出。下面我们试图简单地分析这些问题的可能成因。

（一）独立审计的外部环境及基础

在成熟的资本市场中，独立审计是在经济发展到一定程度，经营权和所有权真正相分离的基础上自发的产生的。而在中国，情况并非如此。独立审计在新中国的发展是从80年代中期开始的，几乎同步于经济改革的发展状况，甚至早于中国资本市场的建立时间。这就导致了如下问题：

1）上市公司和投资者尚不成熟，对真实会计信息的有效需求不足。截至目前，中国上市公司的主体仍是国有控股公司，公司的治理结构尚不健全，委托代理机制尚未有效建立，出资者缺位现象突出，内部人控制问题十分严重。在此情况下，上市公司的股东大会、董事会往往被公司管理层所影响甚至操纵，因此，他们对高质量审计报告的需求较小。

从投资者的角度来看，大多数投资者仍停留在靠“消息”和技术分析进行投资决策的阶段，对上市公司的公允价值的认识较少，更缺乏对财务报表进行深入分析的意识和能力，财务报表对他们而言仅意味着几个常用数据和比率。

2）某些特殊规定助长了对不实会计信息的需求。对国有企业改制上市的剥离和模拟报表的有关规定直接损害了会计信息的真实性；有关股票发行价格、配股资格的确定方法直接构成了上市公司追求“包装”、“粉饰”的原动力；高市盈率对虚增利润的乘数效应带来了巨大财富；追溯调整法的使用为上市公司减轻包袱、消肿打开了方便之门。

3）市场条件变化迅速，监管难度大。由于我国目前处于经济转型过程中，市场体系和法律法规不健全，注册会计师在很多情况下不需要面对投资者的巨大压力，而且在违犯执业规则后有可能轻易逃避法律法规的制裁，违规成本极低。这些都助长了违规行为的发生。另外，违规的低成本还体现在执法和监管机构对违规乃至违法、犯罪行为的认定和处罚措施方面。

4）会计市场上的无序竞争情况严重。由于对高质量会计信息的需求不足和管制措施（例如要求提供审计报告）的存在，事务所之间竞争激烈，但这种竞争并非在成熟市场条件下的提供更卓越服务的竞争，而在更大程度上一种无序、混乱、藐视监管措施和市场博弈规则的竞争。部分会计师事务所靠出卖签字和盖章为生甚至牟取暴利；会计市场回扣和分成现象严重；低廉的不合理的收费标准使得提供完备审计意见的可能性降至最小。

5）社会公众对独立审计的期望值过高。独立审计的本质决定了独立审计只能为财务报表提供一个合理而非绝对的保证。这是因为财务报表中隐含了大量的假设、前提和估计，财务报表至多只能提供一个大致合理的对于企业财务状况、经营成果和现金流量变动情况的描述。只要这一描述与企业的实际状况的差异不是重大的，就可以合理认定财务报表“公允”地反映了企业的实际情况。而社会公众则认为经审计后的会计报表应该是没有任何差错的，已经将所有的欺诈、隐瞒和舞弊行为排除掉。由此产生了公众期望与执业现实之间的差异。

（2）独立审计人员状况

独立审计由注册会计师来实施。根据2001年度注册会计师年检统计，全国共有会计师事务所4287家，其中合伙制会计师事务所有606家，有限责任会计师事务所有3651家；共拥有执业注册会计师55897名，其中约有2万多名是考试通过的，另外3万名是考核通过的。从年龄构成上来看，中国注册会计师与国外成熟的会计组织的差别也很大。例如，与澳洲会计师公会香港分会相比：

年龄	中国注册会计师协会	澳洲会计师公会香港分会
＞50岁	47.7％	6％
40～50岁	13.4％	20％
30～40岁	28.6％	50％
＜30岁	10.3％	24％

从对中国注册会计师资格能力的要求来看，即使不考虑占执业注册会计师一多半的考核通过的注册会计师的能力问题，中国注册会计师的职业能力与国外同行相比，也存在着一定的差距。例如，从对注册会计师执业资格的入门要求来看，中国注册会计师资格考试的内容与国际成熟的注册会计师考试内容相比，仍然存在着较大的差距和不足。这些差距主要表现在缺乏对与注册会计师执业有关的商务、组织、管理、信息技术、职业道德等内容的要求方面。可以说与国际相比我国的注册会计师存在着“先天不足”。

由此对独立审计有效性所造成的影响主要表现在以下方面：

1）对执业能力的影响。注册会计师行业是一个类似于学徒制的行业，初入行者需要资深人士的言传身教、耳提面授，如此才能迅速培养作为注册会计师的执业素养和能力。反观国内，在考核通过的注册会计师中，整体来说，受过系统审计训练的并不占多数，再加上年龄一般较大，学习能力和理解能力较差，很难适应注册会计师行业的节奏快、强度大、需要持续不断的学习的要求，在对新入行者的审计理论和审计程序进行培训方面乏善可陈。而在考试通过的注册会计师中，由于考试特别是中国式考试的固有局限，通过者有相当部分是缺乏实践经验、擅长死记硬背的在校生，在缺乏良好的在职培训的情况下，他们即使经过2年的从业实践，也很难真正掌握审计的精髓，培养起应有的职业判断能力。而职业判断能力的高低是审计质量好坏的直接决定因素之一。

2）职业道德。注册会计师行业的需要在执业中时刻运用职业判断的特点，决定了职业道德是影响其执业水准的另外一个直接地决定性因素。如果执业的注册会计师缺乏职业道德，即使其职业判断能力再强，也不可能得出真实公允的结果。我们从以下几方面分析中国注册会计师职业道德的特点：

独立性　独立性是注册会计师的灵魂。没有独立性，注册会计师也就失去了立身之本。在上市公司治理结构欠缺、经营权和所有权没有真正分离、出资者缺位的情况下，注册会计师的聘任虽然要经过股东大会的批准，但由于内部人控制现象普遍存在，聘任注册会计师的权力实际还是掌握在管理层手中，注册会计师在执业时很难做到实质的独立。

遵守行业内公约的情况。注册会计师行业是一个竞争激烈的行业，同时也是一个需要同业间相互尊重、相互合作的行业，以维护本行业在社会公众中的形象和信誉。每一个成员都必须遵守一些行业内的公约，否则就会损害每一个正当执业的注册会计师的切身利益。这些公约包括：不得以不正当行为与同行争揽业务、不得以任何名义向帮助其取得委托业务的其他单位或个人支付佣金或回扣等、不得以降低收费的方式招揽业务，不得允许其他单位和个人借用本人或本所的名义承接、执行业务，等等。实际执行过程中，以上公约很少被遵守。从而呈现出无序竞争严重、竞相压价的状态。

是否具有超乎社会一般水平的道德水平。注册会计师在国外之所以被视为专业人士而倍受尊敬，其中的一个原因是国外注册会计师一般都非常珍惜自己的职业声誉和专业人士形象，自觉树立并遵守超乎社会一般水平的道德水平。而在国内，注册会计师生活在缺乏诚信的社会氛围中，受到各种虚假、大而不当的灌输、甚至反面事例的影响，对一般公认道德水准的认识和遵守程度尚不理想。相当部分人认为注册会计师应“在人格方面代表但不超越社会一般水平”。在这种认识的影响下，很难切实做到“坚持准则”。

后续教育方面。中国注册会计师的构成特点决定了其接受后续教育的必要性、紧迫性和困难性。从前面的分析中可以看出，考试通过和考核通过的注册会计师都有着鲜明的特点和弱点，因此接受后续教育对他们每个人来说都是非常必要的。目前在注册会计师的后续教育方面存在的一个很严重的问题就是很多会计师事务所对于后续教育的紧迫性和重要性认识不足。国内一些大的会计师事务所动用各方资源仿照国际会计公司的审计程序开发了自己的审计程序，却因为缺乏对员工的培训而使得员工在实际执行业务时只会机械的照抄照搬各个程序，不能真正地利用审计程序来发现风险和控制风险。更严重的是，由于对职业道德和执业技能培训的不足，使得审计证据的搜集效果不佳，并对建立在此基础上的专业判断构成了极大的威胁。

在后续教育方面存在的另外一个严重的问题在于注册会计师行业的培训主管机构很难切实把握住注册会计师的真实状况和需求。

(3)独立审计的方法

目前在中国，所施行的审计方法主要有以下三种：

1)帐项基础审计方法。帐项基础审计，是指审计人员主要根据对帐项、交易的实质性检查取得证据，形成审计意见。该方法的特点是不对内部控制的存在及有效性进行了解和测试，直接针对会计帐簿、凭证和有关资料进行实质性检查，故又称为“查帐”。该方法的优点是对缺乏内部控制或内部控制极度混乱的企业可以高效率地开展工作，验证有关凭证的真实性和合法性。缺点是无法验证帐项、交易的完整性，得出的审计意见很难真实。

尽管我国的独立审计准则是建立在企业内部控制基础良好的前提下的，也规定审计时采用制度基础审计，但是目前我国会计师事务所中大部分的注册会计师都在使用帐项基础审计方法。因此，审计结论普遍存在重大隐患。

2)制度基础审计方法。制度基础审计方法是指审计人员根据对客户内部控制的研究、评价，确定实质性测试的性质、时间和范围，收集审计证据、形成审计意见。制度基础审计方法的特点是首先评估企业整体的固有风险，然后对控制风险进行评价，如拟信赖控制风险就进行符合性测试，并综合评估控制风险和检查风险，据以确定检查风险的水平，实施实质性测试程序，以将检查风险降低到可接受水平。制度基础审计方法的实施前提有 3 个：管理层诚信无欺诈、内部控制完善和抽样总体分布在分层的前提下符合正态分布。如果不具备这 3 个前提则不能实施制度基础审计方法，而应代之以风险基础审计方法。制度基础审计方法的优点是可以详细了解和评价上市公司的内部控制情况，据以调整工作重点，提高工作效率。缺点是有时进行符合性测试并不能减轻实质性测试的工作量，工作效率并不能有效提高。国内某些大型的会计师事务所和少数管理规范的中型会计师事务所在采用此种审计方法。

3)风险基础审计。制度基础审计实施的前提是企业内控制度良好和管理层基本诚信。但是当前经济生活的具体形态瞬息万变、各种风险层出不穷，管理层的诚信面临重大考验，因此独立审计潮流开始转向以风险分析和控制评估为特征的风险基础审计。风险基础审计方法是指全面分析企业的内部控制情况，评价企业所面临的环境风险、过程风险和信息及信息处理风险，确定企业的内部控制的设计和执行能否有效将这些风险控制在可接受范围内。如这些风险超出可接受水平，采取风险控制建议和措施控制此类风险。风险基础审计的优点是主动发现和控制企业的各项风险，将风险降低到可接受范围。另外风险基础审计的一个优点是可以应用该审计方法和审计成果应用于对企业的咨询业务中。风险基础审计的缺点是对审计人员的素质要求较高，对风险的分析和评判需要有较高的判断能力。

国际大型会计公司在中国的成员所或合资所已经在采用风险基础审计方法，并在不断将此方法完善和成熟。

(4)增值服务能力

注册会计师的主要业务是提供鉴证服务，但仅仅提供鉴证服务并不能为其客户提供额外的增加其企业价值的服务，也即增值服务。因此，为了吸引和保留客户，一般应在提供鉴证服务的同时向客户提交诸如“管理建议书”之类增值服务项目，以增强与客户的密切合作关系。

但至少在目前，国内的注册会计师还没有充分认识到向客户提供增值服务所带来的巨大收益。同业竞争的措施还仅仅局限在压价竞争、回扣等低层次的、违规的做法上面。

国内注册会计师不能提供增值服务的原因 主要有两条：

1) 注册会计师的能力不足以发现客户在管理流程及各领域的薄弱环节并提出管理建议。

2) 注册会计师在执行审计时所采用的方法(如帐项基础审计方法)不能让注册会计师了解客户的管理流程 及其薄弱环节，并丧失了提供继续服务的可能。

(5)事务所的组织形式

2000 年左右的会计师事务所脱钩改制遗留下来一些影响事务所职业质量和业务发展的问题，最突出的体现是事务所资格要求在客观上所造成的“拉郎配”使得事务所高层很难做到“志同道合”，这直接影响着注册会计师事务所的未来发展，使得合伙制很难全面推行。注册会计师从保护个体利益的角度选择了“有限责任公司”的组织形式，尽管这种组织形式并不符合行业的整体利益。

(6)独立审计的管理

明确注协的职能是一个非常紧迫的任务。应尽早明确注协究竟是一个监管机构还是一个自律机构，并采取相应的整改措施。

五、研究结论与建议

独立审计是受到经济发展状况、市场成熟程度和社会平均道德水准等因素影响的。很难想象在一个普遍缺乏公信力的社会中注册会计师能独善其身，虽然注册会计师的职业道德要求它们要这样做。事实上，在某种程度上可以说，独立审计行业的发展水平虽然距应达到的水平尚有一定差距，但该行业从整体上来说已经领先于现有社会整体经济的发展水平。因此，要想进一步提高独立审计的质量，就必须把它纳入到整个社会和经济发展与治理的体系中综合考虑、全盘规划。那种认为独立审计的发展和提高可以带动经济治理和发展水平的提高的想法赋予了独立审计以其不能承受的压力，因而并不切合实际。

然而，从迎接国际同行的挑战和面向未来的角度出发，中国注册会计师的职业能力确实有待于提高，而且这种要求非常迫切。

为了提高独立审计的有效性，可以考虑从以下方面着手：

(1)由于注册会计师的执业能力和职业道德水平是构成资本市场会计信息真实性和公允性的基础之一，因此要进一步加强提高会计师职业能力和职业道德水平方面工作的力度。例如职业教育和培训。

(2)应以《注册会计师法》的修订为契机，明确注册会计师行业的管理形式、会计师事务所的组织形式和注册会计师的法律责任等影响注册会计师行业发展的重大问题。

(3)在经济有序健康发展和资本市场有效整顿的前提下，考虑提高投资者的风险意识，使得投资者更关注企业的内在价值，以此带动注册会计师的执业质量的提高。

(4)提高注册会计师的风险意识和职业能力，逐步扩大注册会计师的执业范围和服务领域，提高其服务质量。（需要说明的是，自安然事件爆发后，西方国家要求审计与咨询业务分离的呼声日渐高涨，国际会计公司迫于压力也纷纷将其咨询业务分离出去。但尚无足够证据表明在一家内部控制完善的事务所内，注册会计师在执行审计业务的同时向客户提供咨询业务就一定会对其独立性造成严重影响。在中国，由于其审计业务与国际审计业务相比处于不同的发展阶段，提供咨询服务并非是影响审计独立性的主要因素，相反会促进审计的效果。因此在中国现阶段应鼓励注册会计师提供咨询业务。）

(5)为了迎接会计市场全面开放后来自国际的竞争和信息及科技高速发展对注册会计师职业的要求，应考虑增加注册会计师对于信息技术和英语的能力要求。这是对注册会计师面向未来和走向国际的基本要求。

刘霄仑　冷冰　王学峰

银行跨营证券业的利弊分析与法律监管

由于各国政治、经济、文化背景的不同，对银行业与证券业关系的制度设计也存在差异，大体上可区分为两类制度模式：一是混业经营模式（亦称为银证融合模式），在此模式下，银行不仅可以经营传统的商业银行业务，而且可以跨营证券、保险、信托、金融衍生业务及其它新兴金融业务；二是分业经营模式（亦称为银证分离模式），即银行只能从事存贷款、信用交易等传统的商业银行业务，不能跨营证券、保险等其它业务。理论界有种意见认为，在实行严格分业管制的国家里，商业银行被禁止参与证券业务，因而也就不存在银行跨营证券业的问题。实际情况并非如此：即便是在实行严格分业经营的国家里，银行本身虽无法透过"防火墙"进入证券业，但它可以以直接或间接控股其附属公司的形式变相地绕过上述屏障，进入证券市场，参与证券业务，因此，在实行分业经营模式的国家中，同样也存在着银行跨营证券业务的法律问题。

一、银行跨营证券业的动因

在大多数国家中，银行资本是最强大也是最有政治"捕获力"的金融资本。近年西方主要国家的金融服务法律变革，如美国《金融服务现代化法》和英国《金融服务与市场法》的出台，很大程度上是由银行游说"院外集团"(lobby groups)所推动的。银行为何不满足其固有的存贷和授信业务，意图染指证券业务，并极力推动金融一体化的进程呢？深入分析起来，主要有如下几个原因：

1、出于规模经济和范围经济因素的考虑。经济学上的实证研究认为，金融行业的平均成本曲线比一般行业平缓，因而具有更大的规模经济潜力，同时金融行业的资产专用性在降低，这意味着金融行业的同一资产完全可适用于不同金融业务，说明金融业具有越来越明显的范围经济效应。作为金融业中资产规模最大、资力最雄厚的银行业，对规模经济和范围经济效应的追求，远甚于其它金融行业，因而对金融一体化和自由化的积极性最高。

2、出于竞争因素的考虑。银行跨营证券业所考虑的竞争因素有两个方面：一是市场竞争因素。银行的多元化经营为银行的金融产品开发和业务市场开拓提供了巨大的发展空间，从而使银行能够根据市场状况的变化及时调整经营策略，加强金融创新，拓展服务范围，增强其竞争力。另一是制度性竞争因素。银行业的竞争不仅是市场主体的竞争，还受制于各国的银行管理制度，各国在制度宽严上的差异，容易使银行业产生"制度性竞争扭曲"现象。以欧美国家为例，由于长期以来美国顽固的分业经营模式与欧陆的全能银行模式存在明显的制度性落差，致使美国银行的市场竞争力日渐衰微，国际排名一跌再跌，为了在制度性竞争上重现均势，美国银行业动用其政治影响力，自20世纪80年代以来一再游说国会，最终促成了1999年《金融服务现代化法》的出台。

3、出于分散风险的考虑。金融界有句格言"不要把所有的鸡蛋放在一个篮里"，银行业特有的高风险性使其对多元化经营，分散风险的需求尤为强烈。与其他行业或金融业的其他部门相比，银行的外部效应表现得尤为突出，这是由于银行将对全球各地分散存款人的流动性债务，转化为对借款人的非流动性债权，从而具有较高的负债比率，对外部资金来源和公众信任存在严重的依赖性。银行跨营证券业可以充分利用两个市场、两种资源，实现优势互用、劣势互补，从而缓冲或规避银行业日渐放大的风险因素。

此外，以计算机和互联网为标志的信息技术革命大大降低了金融通讯与金融数据处理成本，金融工程技术和金融衍生工具的发展为混业风险控制提供了新颖有效的手段，法律界传统分业管制"坚冰"的破除为银行跨营证券业提供了前所未有的机遇。正是基于上述诸多因素的合力作用，使银行一改以往小规模渗透证券业的谨慎作风，大规模地跨营证券业，一时间金融并购浪潮风起云涌，以银行资本为主的多元化金融集团的发展迎来了历史性的黄金时期。

二、银行跨营证券业的利益冲突及其危害

客观地说，银行跨营证券业实际上是一柄"双刃剑"，银行兼营证券业，固然有利于银行实施全能化和多样化经营，实现所谓"金融超市"的蓝图，但同时也使银行的风险来源增多，风险的预测力和评估效果下降，风险的破坏力剧增，更重要的是，由于银行业与证券业存在着利益冲突，银行跨营证券业实际上也打破了证券业固有的竞争秩序。

所谓利益冲突(conflicts of interest)，是指受托人在接受委托人委托时同时担任或嗣后担任某个人、某些人或某类利益集团的利益代表，而导致对委托人在忠诚和利害关系上发生矛盾的现象。混业经营体制下存在的利益冲突一直是分业经营的支持者反对银证融合的有力理由，跨国银行特有的国际背景则加剧了利益冲突的复杂性。力图建成所谓"金融超市"的跨国银行大力推行"一站式服务"(one-stop service)，广泛涉猎资金管理、证券经纪、证券发行与交易等诸多领域，这些领域中的证券业务可能与银行的传统业务产生潜在的利益冲突，导致银行客户的利益由此受损，并危及东道国的金融秩序和金融安全。

其实，归根到底，银行参与证券市场的利益冲突是由于信息不对称(asymmetric information)而引发的。这种信息不对称主要体现在两个方面：一方面，银行拥有强大的经济实力和资源优势，掌控着有关自身金融服务的全部信息，而其客户的信息供给渠道则完全受制于银行，因而强弱悬殊的信息差异可能诱使银行及其工作人员为牟取利益而滥用信息优势，从而损及客户的利益；另一方面，虽然监管当局对银行有资料申

报和信息披露的要求，但银行在资本觅利性的驱动下为了规避监管，牟取暴利，经常隐瞒或虚报信息资料，与监管当局玩起"猫鼠追逐"的博弈游戏，使"监管落空"的局面频频发生。

首先，银行、证券市场特质迥异，若银行过度介入证券业务，将会增加银行的经营风险，危及银行的安全稳健经营。若银行自行承销、买卖而持有的证券数额较大，在证券市场波动频繁时，银行的清偿能力及经营体系将处于不稳定状态，一俟股市暴跌，便会危及银行的自身安全，进而殃及整个信用体系。

其次，银行相对于其客户及监管当局的信息优势促使其肆无忌惮地从事内幕交易，从而损害了投资者的利益，危及金融安全。

再次，银行与其客户的利益冲突，客观上增加了证券市场的风险，危害了证券市场的健康发展。在混业体制下，银行为了增加承销收益或规避承销风险，往往利用优惠的融资条件或其它诱惑吸引投资者从事证券交易，从而产生银行信用扩张的效果。

最后，利益冲突的发生会损害银行在社会公众中的声誉，降低银行的信用，影响其筹资功能，尤其是跨国银行如果在多个东道国同时危害了当地投资者或存款人的利益，东道国监管当局可能基于金融安全的考虑而裁撤其准入资格，其余拟接纳该跨国银行准入的东道国也会以跨国银行有不良"前科"为由，拒绝跨国银行准入本国证券业务的申请。

三、银行跨营证券业的组织模式

银行采取何种模式进入证券市场，受各国经济状况、金融历史、文化观念及监管理念等因素的影响而存在差异。即使是银行业与证券业发展程度较高的发达国家，在准入形式上也往往根据本国的国情作出迥异的选择，概括起来，主要有以下三种组织模式：

（一）以美国为代表的银行持股公司模式

1933 年美国国会通过的《格拉斯—斯第格尔法》(Glass—Steagall Act，以下简称 G—S 法)，明确规定商业银行与投资银行在业务上必须严格分离，从而奠定了此后半个多世纪美国银行分业经营的基本模式。尽管有 G—S 法的严格限制，但试图寻求利润最大化的银行业并没有放弃进入证券市场的努力，它们一直伺机绕过 G—S 法所确立的"格拉斯—斯第格尔墙"(Glass—Steagall Wall)从事证券业务。在此情势下，银行持股公司便应运而生。根据美联储的定义，银行持股公司是指直接或间接地控制一家或多家银行 25%以上表决权股份的公司。在某些情况下，尽管公司持有的股权低于 25%，但它能通过其它方式有效控制银行董事会的选举，并有能力对银行经营管理决策施加决定性影响，这样的公司也可称之为银行持股公司。1956 年出台的《银行持股公司法》规定，银行持股公司可获准在其它金融业务中设立与银行业务"密切相关"(closely related)的子公司，如证券经纪人贴现公司、保险公司、财务公司等。持股公司的设立并非为了控制银行，它本身也并非经营实体，而是银行用于实现跨业经营和扩大经营地域的一种变通形式。

1999 年 11 月，在经历了漫长的辩论之后，美国国会最终通过了《金融服务现代化法》并经克林顿总统签署成为正式法律。《金融服务现代化法》对美国 20 世纪 30 年代以来有关银行分业管制的法律规范作了突破性修订，废止和修改了诸如《格拉斯—斯第格尔法》、《银行持股公司法》等一大批在美国金融体系中举足轻重的金融法律，在放弃分业走向混业的道路上"整合"了美国的金融法制。与人们预先的猜测不同，该法并没有废止银行持股公司这一分业经营模式下银行变相从事证券业务的组织形式，而是从法律上减少既往立法对银行持股公司在金融业务上的限制和要求，确立了银行业、证券业、保险业之间相互参股和业务渗透的合法性，将传统的银行持股公司升格为"金融控股公司"。

（二）以日本为代表的异业子公司模式

二战之后，日本长期实行银行业务与证券、信托、保险业务分离的分隔管制，日本监管当局的分业管制主要基于以下三个原因：(1)实现资金的有效利用和配置；(2)防止过度竞争，保持金融机构和金融市场的稳定性；(3)避免重蹈二战之前日本银行业过度集中和利益冲突的覆辙。日本 1981 年《银行法》将商业银行的经营行为限于存款、贷款、票据贴现和外汇交易，相应地日本的银行也被区分为三类：(1)承担商业银行业务及提供短期金融的一般银行；(2)从事 5—7 年期资本投资的长期信用银行；(3)提供长期资本投资服务的信托银行。其中，主要从事证券投资信托业务的只有信托银行。

随着金融服务国际化和自由化的发展，日本的银行业迫切需要使用多种金融工具，提供多样化服务，以增强其在国际市场上的竞争力，于是，跨业准入的放宽便成为日本金融改革的首要议题。1998 年 6 月，日本国会通过了被称为日本版"金融大爆炸"的标志性法律　　《金融体制改革法》对以往的证券交易法与银行法作了重要修订，该法的核心内容之一是允许银行、证券、信托三种不同形态的金融机构能够以"异业子公司"的形式相互渗透，实行业务交叉，即银行可设立一个从事证券业务的子公司；证券公司也可设立一家银行子行；银行或证券公司可设立信托子公司；但不允许保险公司参与其它金融业务。

1998 年《金融体制改革法》允许日本银行可以异业子公司的形式从事全能化金融业务，并对该模式作了详细的法律规定：

1、日本的异业子公司模式既不同于美国式的银行持股公司制，也有别于德国的全能银行制，是一项独特的银行跨业准入模式。母行须建立子公司并控制子公司 50%以上的股本方可参与其它业务。

2、新设异业子公司的业务活动范围须受一定限制。例如银行的证券子公司在设立之初不得从事证券经纪业务。

3、建立"防火墙"制度，例如要求银行与其证券子公司或证券公司与其银行子行在进行交易时贯彻"无关联"原则。

4、商业银行可从事资产抵押类的证券交易及私募发行业务。

5、扩大解释对"证券"的法律定义，以涵盖股票、公司债券、商业票据等诸多领域，适应资产证券化的发展需求。

（三）以德国为代表的全能银行模式

德国的全能银行最具开放性和自由性，它可以涉足几乎所有的金融业务，不仅包括商业银行的存、贷、汇业务，投资银行的债券、股票、外汇、期货、衍生性金融产品业务，还包括保险、项目融资、投资咨询、证券经纪、基金管理、抵押、租赁等金融业务。德国也因此成为混业经营体制的典范。德国的全能银行制具有深厚的经济、历史、文化背景。历史上德国重工业的诞生就得到银行强有力的业务支持，二者形成了难以分离的血肉联系。19 世纪时新统一的德国对证券转让征收转让税，为了逃避税负，股票所有人大多将股票存托于银行，由银行代其进行交易，从而形成根深蒂固的银证融合传统。

尽管德国银行法也允许银行通过设立子公司的形式参与证券业务，但德国银行显然认为这种作法既不经济又繁琐累赘，而宁愿自身直接从事证券业务。德国全能银行模式最大限度地拓宽了银行的利润来源，多元化经营客观上也有分散风险的作用，从而有助于银行"做大做强"，成为跨国银行普遍青睐的跨业准入形式。

四、我国银行跨营证券业的模式选择与法律监管

(一)我国商业银行跨营证券业的模式选择

如前所述，在商业银行跨营证券业的组织形式上，世界范围内存在着全能银行制、银行持股公司制、异业子公司制三种主要模式。三种模式各有利弊，并不存在孰优孰劣的问题，主要是看哪一种模式最契合中国的国情，最符合商业银行证券业务的发展特点。

我国现行的金融经营体制，实际上属于分业体制下的业务交叉，而非混业经营体制，这决定了以金融混业经营为生存环境的全能银行制在我国不可能有立足之地。首先，全能银行制不符合我国《商业银行法》关于银行不得向非银行金融机构或企业投资的禁止性规定，商业银行不可能以"联合型"的独立法人资格兼营传统商业银行业务与证券业务；其次，由我国现行的商业银行制演化为全能银行制，是一个剧烈的制度性变革，涉及金融资源重组、监管体制变革、社会观念更新等诸多方面，从中外的历史经验教训来看，体制性变革的风险是最大的金融系统性风险，对此应审慎行事；再次，全能银行制将非银行金融活动的高风险引入社会金融公共安全网中，为最终贷款人增加了负担，并增加了金融体系的脆弱性和传导性风险，在缺乏存款保险安全网的我国，全能银行经营失败或倒闭的风险造成的损害尤其严重；最后，根据WTO金融服务协议的规定及我国的入世承诺，我国对外资银行的业务范围在入世后5年内基本适用"国民待遇"，如果此时引入全能银行制，无疑外资银行是最大的受益者，国内银行无论在规模、资源还是经验上都难以与跨国银行相抗衡。

银行持股公司制与异业子公司制均属"机构分离型"模式，即主要从事证券业务的机构均与银行本身相分离，但二者的产权纽带却有很大的差异。银行持股公司是持有银行25%以上股权或对银行实施"事实上控制"的公司，是银行的持股母公司，而异业子公司是银行创立并注资的从事非银行金融业务的附属机构，是银行的子公司，二者与银行间持股与被持股的关系截然相反。这一区别决定了银行持股公司制是目前我国商业银行跨营证券业唯一可行的模式。因为我国《商业银行法》第43条禁止银行向非银行金融机构和企业投资，也就意味着在法律意义上商业银行不得创设从事非银行业务的子公司，直接堵塞了商业银行运用异业子公司开展证券业务的途径。但是，法律并未禁止银行的股东，即银行持股公司从事证券业务，作为银行的母公司，银行持股公司既可以自行从事证券业务，也可创设具有独立法人资格的证券子公司开展证券业务。在后一情形下，银行持股公司很可能升格为"金融控股公司"，甚至成为规模庞大，经营多种金融业务的多元化金融集团，目前我国的金融集团已初具雏形，其中一些多元化金融集团的跨国经营已初具规模。因此，虽然我国目前仍实行传统的金融分业经营、分业管理体制，但并不妨碍银行业以银行持股公司或是金融控股公司的形式参与证券业务。

(二)加强和完善我国对新兴金融集团的监管

与银行跨营证券业步伐加快，金融集团日渐兴起的趋势相对应，我国目前的监管模式和监管思路仍然停留在对单一金融机构的单一业务监管上，已经产生了明显的监管滞后和监管落空态势。因此，借鉴国际监管规则，完善我国金融集团监管体制，已是目前的当务之急。

首先，我国应确定对金融集团承担主要监管责任的主监管机构和进行信息协调的协调员。

从我国目前金融集团的发育情况来看，大多以银行资本为主体，且与其它监管机构相比，中国人民银行的监管经验和监管资源较为丰富，因此目前宜由中国人民银行承担对金融集团的主要监管责任，并且可由其兼任协调员之职，定期召集央行、证监会、保监会三大监管部门的联席会议，互通有无，实现对金融集团的协同监管。有论者曾建议仿效英、日等国，以一个统一的监管机构来管理全能化金融集团，笔者认为此模式在我国现阶段并不足取，理由有三：第一，此模式虽可改变"分别监管"带来的弊害，实现对金融集团的统一、综合监管，但涉及监管机构的新建和监管体制的变革，实现难度较大；第二，我国目前金融集团的发展尚处起步阶段，其风险因素尚不显著，没有必要以监管体制的根本性变革为代价对其进行金融监管；第三，对金融集团的监管虽有英、日模式，但也存在美国、法国的分离监管模式，二者各擅胜场，并不存在孰优孰劣的问题。只要借鉴国际监管规则，明确主监管机构的监管职责，再借助协调员的协调与中介，分别监管模式同样也能实现对金融集团的有效监管。

其次，参照国际惯例，建立和完善"两墙"制度，防患于未然。

"两墙"即"防火墙"和"中国墙"，一直被认为是防范银证融合利益冲突，阻隔金融集团风险蔓延的有力武器。我国目前仅有"法人防火墙"的原则性法律规定，"业务防火墙"和"中国墙"制度在立法上均付诸阙如。实践中虽有一些金融集团开始模仿发达国家的运营模式创设"两墙"制度，但并不完备，也不统一，严重阻碍了金融集团在我国的发展。

从西方国家的立法看，一项完善的"防火墙"制度必须包含两大构成"法人防火墙"和"业务防火墙"。后者又可细分为"资金防火墙"、"身份防火墙"和"管理防火墙"。"资金防火墙"是指禁止或限制资金在金融集团内的任意流动，除了法定的股权投资之外，禁止以关联交易的形式在集团内任意调配资金，如禁止将银行存款拆入股市；"身份防火墙"是通过办公场所、营销、设施上的分离实现集团内各个独立法人的隔离，避免公众的误判，导致非接触性风险传导；"管理防火墙"要求严格贯彻竞业禁止，分设账簿，实现管理机构和人员的分离。

"中国墙"是一种信息隔离制度，目的是为了防止金融集团各机构间有害的信息流动，杜绝滥用信息和内幕交易行为的发生。从英美银行集团的实践来看，一项有效的业务防火墙机制至少应满足如下一些条件：

1、金融集团各部门应制订和散发正式的行为守则。

2、集团内应设立专门的部门或人员负责该守则的执行。

3、上述专门机构与人员应定期、经常地监督、检查守则的执行情况。

4、应确定可能存在严重利益冲突和信息泄露风险的重点防范部门，备有突发性事件的应急处置方案。

5、对机构职员进行培训，教育和警诫他们不得滥用或泄露内幕信息。

6、应当制订跨部门信息流动的标准程序，并严格遵照执行。

7、应当对公司所有的交易、咨询及其它业务登记备案。

再次，以适宜性要求完善我国金融集团管理层和重要股东的任职资格审查制度。

对于金融机构高级管理层的任职资格，我国历来是较为重视的。央行下发的两份重要文件——2000年《金融机构高

级管理人员任职资格管理办法》和 2002 年《外资金融机构管理条例实施细则》分别从学历、资格证书、工作经验、违法犯罪记录、竞业禁止、个人操行、财务状况等方面对金融机构高级管理人员的任职资格作了详尽规定，其完备程度达到了甚至超过了金融集团监管的国际标准。但是，对于金融集团内重要股东的任职资格，不仅立法上付诸阙如，实践中也未引起监管当局足够的重视，成为我国金融集团适宜性要求的一项空白。许多不法公司利用上述漏洞，兼任多家金融机构的股东，大肆从事违法违规投机活动（如将信贷资金违规拆入股市等），严重危及金融集团的稳健性。因此，我国应尽快出台法规，从违法前科、商业信用和财务状况等方面，对金融集团重要股东的任职资格作出规定，以杜绝“害群之马”混入金融集团。

对管理层的处置可以通过辞退、解雇或执业资格限制等方式进行，但对不符合适宜性要求的股东如何处置，是一个非常棘手的问题。就此，笔者不揣冒昧，提出几种方案供监管实践中选择适用：(1)强制退股或强制股权转让，由于此种方式会改变金融机构的股权结构，并涉及公司法上的抽回投资和股权转让限制，故仅在极端情况（如大多数股东丧失了对该股东的信任感）下采用；(2)补齐任职资质，这种方式仅在情势尚有挽回余地时适用，如不符合财务状况要求的股东可寻求外部资金支持以改变财务状况，但在不符合品质条件的情况（如股东的商业信用不佳）下，这种措施便毫无用武之地；(3)以股东会决议的方式对股东权作出限制，这种方式有一定法理依据：不符合任职条件而成为金融机构股东，即股东资格有瑕疵，相应地，为了避免该瑕疵影响其决策或因滥用权力给金融机构带来危害，就其股东权（如表决权）作出一定限制是必要的，但这种作法似乎有违“同股同权”的原则，实践中易招致争议；(4)外部制裁措施，即由监管机关即予外部惩戒，如罚款等，这种措施的适用面广，但似乎对不合格股东的惩戒作用并不明显，也无法恢复金融集团的稳健性。

五、小结

考察世界各主要国家的立法和制度变革，混业经营已成为主流，这是不言而喻的。理论界关于银行必须实现多元化经营，跨营证券业务的共识越来越清晰，关键是如何在既有法律框架下付出最小的成本实现混业经营。在这一点上，不仅要借鉴国外的模式和先进经验，更重要的是要考察中国的现行法制框架、市场发育状况和金融业发展特点。我国现阶段正处于分业经营向混业经营的过渡时期，不宜一蹴而就地全面推行混业经营，而应有步骤有计划地进行改革试点。在立法未作出重大变更之前，不宜采用突破法律规范的形式进行混业经营，而应在现行法制框架内探索最适宜我国国情的混业模式。同时，过渡时期也对监管机构提出了更高的要求，监管者不仅要更新观念，积极努力地推进银行跨营证券业务，实现培育我国新型金融集团的任务，同时应借鉴国际监管惯例和国外监管经验，建章立制，加强合作，实现对风险因素的协同监督，如此方能稳健、高效、健康地推进我国的混业经营步伐。

深圳证券交易所博士后工作站　蔡奕

采用集团诉讼完善我国证券民事诉讼机制

最高人民法院准许受理证券民事诉讼已经半年，从半年以来的实践来看仅仅依靠单独诉讼和共同诉讼，我国的证券民事诉讼并没有到达保护投资者并遏制上市公司不正当行为的目标。本文将探讨传统诉讼模式在证券民事诉讼中面临的困境，介绍证券集团诉讼程序制度，为完善我国证券民事诉讼机制提供政策性建议。

一、证券民事诉讼在程序制度上面临的困难

（一）传统诉讼模式在证券侵权纠纷中面临的困境

随着资本市场的发展，上市公司通过资本市场侵犯投资者权利的问题变得日益突出。由于上市公司组织活动的复杂性，起诉上市公司侵权行为的诉讼成本很高，多数情况下，单个投资者受到损失的金额比较小，因此，单个投资者往往不愿意提起诉讼，固守“不告不理”的法院受理案件的原则，将使证券侵权纠纷面临十分尴尬的局面。美国一家律师事务所在形容这种情况时说，如果仅仅依赖传统的民事诉讼手段，“我向一千万人下手，每次盗取五元，这样我盗窃了五千万元之后仍然可以逍遥法外。”一个人想在短时间内盗窃成千上万人的财物的确不太可能，可是，违法行为人利用资本市场在短时间内侵犯成千上万人的合法权益、获取巨额非法利益，却是当代证券市场中常见的现实问题。

如果民事诉讼机制不能够有所创新，资本市场上的民事侵权将不能得到有效的司法解决，投资者权利得不到确实保护。这种状况最终将使理性投资者丧失对资本市场的信心，勉强维持的资本市场将异化为博彩市场，无法有效发挥资本市场配置社会资本的功能。

（二）证券违法行为的特殊性及其导致的后果与其他侵权行为相比，证券侵权行为的行为模式上并无特殊性，其特殊性主要表现在违法行为导致的后果：

1、受害人人数众多，受害人地域分布分散。

从深圳证券交易所对全国 6 大城市投资者的抽样调查研究显示，截止 2002 年年初在已经披露的“亿安科技”、“银广厦”、“东方电子”、“麦科特”、“三九医药”、“中科创业”和“蓝田股份”等几项重大违法事件中，涉及到的受害人人数高达 783—792 万，而且，这些受害人遍布全国各地。

2、证券违法行为造成的损失总额巨大。

我们尚不掌握有关我国证券违法行为造成的损失总额方面的数据，但从证券侵权行为受害人人数极多的特点分析，我国证券侵权行为造成的损失总额应该相当巨大。一项对 1995 年美国私人证券诉讼的研究(Martin et al.，1996)表明，作为该研究样本的当年联邦法院受理的 105 件私人证券诉讼，平均涉案金额高达 10，619，170 美元，总计涉案金额 1，115，013，250 美元；在美国斯坦福大学证券集团诉讼清算中心统计的案件中，单个证券集团诉讼的最高和解金金额达 35.25 亿美元。

3、与起诉证券侵权行为诉讼成本相比较，单个投资者受到的损失金额比较小。

我们没有证券侵权行为中单个投资者所遭受损失金额的统计数据。根据美国联邦司法中心(FJC)1996 年对四个联邦巡回审判区发生的集团诉讼的调查研究显示，受调查的集团诉讼中集团成员获得的赔偿金平均在 315—528 美元，而集团诉讼成员如果要单独起诉这些侵权行为，其诉讼成本将是他们获得赔偿数额的 10 倍以上。

由于诉讼收益不足以弥补诉讼成本和诉讼风险，证券侵权行为受害人没有动力单独起诉违法行为人；由于人数众多、分布极为分散，大范围的共同诉讼的联系费用极为高昂，同时，由于存在“搭便车心理”，受害的当事人不能自发形成有效的共同意志，因此，投资者不能形成共同意志，无法组织有效的共同诉讼。

（三）我国现行民事诉讼法规定无法满足证券民事诉讼要求

现行的《中华人民共和国民事诉讼法》（简称《民事诉讼

法》）明确规定的群体诉讼形式仅有共同诉讼，并没有规定集团诉讼形式。但《民事诉讼法》第54条和第55条以及《最高人民法院关于适用＜民事诉讼法＞若干问题的意见》第59至64条，又规定了共同诉讼中的“诉讼代表人”问题。其中，“人数不确定的代表人诉讼”与集团诉讼最为相似。但是，由“诉讼代表人”进行的共同诉讼仅仅是在人数众多时，由“诉讼代表人”进行的一种特殊形式的共同诉讼，它并不是集团诉讼。我国的共同诉讼形式无法满足证券民事诉讼的需要。

1、从诉讼经济的角度看，共同诉讼不能包容证券民事诉讼涉及的众多投资者。

在确定原告方当事人时，共同诉讼实际上采取的是“选择加入”规则。按《民事诉讼法》规定，在起诉时人数不确定的代表人共同诉讼中，人民法院在受理案件后，可以发出公告，在公告中说明案件情况和诉讼请求，通知尚未起诉的权利人在规定期间内到法院登记。只有经过明确登记的投资者才成为共同诉讼的当事人。在大庆联宜证券侵权纠纷中，已经着手准备的人数最多的共同诉讼行动仅仅结集到360多名投资者，但律师已经感到登记事务感到登记事务工作量巨大，如法院要一一审查这些登记材料，那么法院的审查工作的工作量将更加繁重。这种“选择加入”的登记方式无法集中处理人数规模达百万的证券侵权纠纷。

将证券侵权纠纷分割成若干起规模较小的共同诉讼处理，同样面临不可避免的法律矛盾。一般情况下，同一证券侵权事件中受害的当事人之间的诉讼标的属于“同类”标的，部分受害的投资者可以提起共同诉讼，但是，如果被告的可执行财产不能支付所有赔偿要求时，被告的可执行财产必然只能做比例偿还。这种情况下，每一个投资者的求偿分额都会影响到其他投资者的受偿数额，这样一来，该证券共同诉讼的众多当事人之间的诉讼标的已经不是“同类标的”，而应该是“同一标的”。对于涉及同一标的的诉讼，如果要按照共同诉讼处理，必须通知全部投资者进行登记以保证其获得赔偿的权利。当证券侵权案件的受害人达到上百万之众时，法院不可能在有限的审判时限内完成对当事人的通知和登记工作。即使不考虑审判时限，这种不经济的诉讼方式的可行性也值得怀疑。

2、将同一个证券侵权行为分割成为若干个共同诉讼处理，可能会带来执法公正的问题。

按照《民事诉讼法》对“人数确定的共同诉讼”的规定，针对同一证券侵权行为可以组织规模不等的共同诉讼，只要原告当事人人数预先锁定，法院理论上可以不考虑其他未起诉的投资者的情况，对本法院受理的证券共同诉讼做出独立的处理。但目前我国许多被曝光的违法上市公司的财务状况往往很差，公司可执行财产仅仅足够支付一小部分投资者的赔偿。在纠纷涉及事实和法律完全相同的情况下，如果先起诉的投资者获得了赔偿，而后起诉的投资者却得不到任何赔偿，将会不可避免地影响法院在裁判公平性，最后导致投资者对制度公正性产生质疑，不利于社会稳定。

二、证券集团诉讼程序规则

目前，在成熟证券市场上最常见的证券民事诉讼有两类，一是由证券监管机关提起的民事诉讼，另一就是证券集团诉讼。其中，证券集团诉讼在保护投资者、遏制证券侵权行为方面发挥着最突出的作用。证券集团诉讼制度的程序特点可以在很大程度上克服上述的证券民事诉讼在程序上面临的困难。以下我们对证券集团诉讼程序原理做一简要介绍。

所谓集团诉讼（class action，也译为“集体诉讼”或“团体诉讼”）是指诉讼一方当事人人数众多、不可能同时参加诉讼，他们之间有着共同的法律或事实问题，将他们视为一个集团更有利于实现法律的目的，因此，以一个或若干个集团成员作为集团代表人，代表整个集团成员提起并进行的诉讼。美国是最早以制定法形式规定集团诉讼制度的国家，其证券集团诉讼也最为发达，许多国家和地区都是借鉴了美国集团诉讼的制度。以下对证券集团诉讼基本程序的介绍，以美国联邦证券集团诉讼程序规则为原型。从理论上讲，诉讼当事人为数众多的集团一方既可以是原告方、也可以是被告方，这两种情况分别称为“原告集团诉讼”和“被告集团诉讼”，但在实践中一般是集团一方为原告。代表集团一方参与法庭诉讼过程的当事人是“集团诉讼代表人”（简称“集团代表人”）。其他众多当事人称为“集团成员”。集团诉讼被广泛运用于证券欺诈、产品责任、大范围的公民权侵犯、医药或健康纠纷、保险纠纷以及其他多种民事侵权纠纷。证券集团诉讼是最常见的一种集团诉讼。

（一）诉讼的提出及诉讼费用的负担

当投资者认为上市公司或其管理人员实施违法行为侵犯了自己以及与自己处于相同地位的人的合法权利时，该公司的任何一个投资者都可向法院提出证券集团诉讼，起诉公司、公司管理人员以及相关的证券中介机构。证券集团诉讼起诉人起诉前并不需要征得其他投资者的同意。当然，起诉人不一定成为集团诉讼代表人，集团代表人的确定最终由法官决定。法官一般会确定若干名具有充分代表性，并可以公平、充分维护其他成员利益的投资者作为集团诉讼代表人。

实践中，证券集团诉讼往往由律师发动。因为启动集团诉讼需要成本投入，投资者个人一般不愿意承担诉讼成本，而律师为获得代理业务不但可以暂不收取律师费、而且还愿意为集团一方垫付法院受理案件费用和其他诉讼开支。

（二）集团证明

法院收到集团诉讼起诉书后，决定是否以集团诉讼受处理该案件的过程就叫做“集团诉讼的证明”（class action certification），简称“集团证明”。美国《联邦民事诉讼规则》规定了集团诉讼的“先决条件”和“维持条件”，作为判断案件是否应作为集团诉讼处理的标准。

1、集团诉讼的“先决条件”：

①集团人数众多，要将全体成员合并诉讼实际上不可能；

②该集团有共同的法律或事实问题；

③当事人代表的请求或抗辩是集团中有典型的请求或抗辩；

④当事人代表能够公正和充分地维护集团成员的利益。

这四个条件是集团诉讼的必要条件，一项诉讼请求必须全部满足这四个条件，联邦法院才会考虑以集团诉讼的形式受理该案。

2、集团诉讼的“维持条件”：

①案件分别起诉或者抗辩可能产生风险：(A)将案件分别立案处理，可能对单个集团成员做出不一致或不同的判决，这类判决会形成不适当的行为标准，使得当事人用这些标准对案件处理的合理性提出质疑；(B)将案件分别处理，仅就其中个别当事人提起的诉讼做出判决，会对其他成员权利产生决定性的影响，对其他成员权利形成实质性的削弱或阻碍。

②案件处理结果将要求受判决拘束的所有当事人为某种行为或不作为，因而应该将案件作为一个整体，做出最终禁止令给予救济、确认所有相关当事人的权利、或以公开宣告权威解释的形式给以普遍的救济。

③在集团成员涉及的法律或事实问题，既有共同点又有

不同点时，法院认为共同点占主导地位，并且将案件作为集团诉讼处理，比其他可能的方式处理更加公平、有效。

任何已经满足集团诉讼"先决条件"诉讼请求，只要再满足上述一项"维持条件"的就应被作为集团诉讼处理。一项诉讼请求是作为集团诉讼处理，法官拥有重大的自由裁量权。当然，司法判例和司法习惯制约着法官的自由裁量，必要时法官需要在集团证明阶段上进行必要的证据开示甚至听证后，才能做出集团证明的裁定。

如果案件将以集团诉讼形式处理的，在集团证明阶段上，法院还将进行集团界定以确定集团成员的范围，确定集团诉讼代表人以及任命集团律师。

（三）集团诉讼通知

在集团诉讼中集团代表人和集团律师必须按照法院的要求，将法院指令或认可的通知发送到所有经合理努力可以确认的集团成员。集团通知名义上是法院通知，但通知一般是由集团律师拟订和发送，通知的目的是为了保障集团成员的知情权，进而保证集团成员自主决定如何行使自己的诉讼权利。

证券集团诉讼在集团证明的阶段上需要进行"集团证明通知"，将诉讼基本情况通知给集团成员，并告知集团成员可以选择不参加集团诉讼。当诉讼将以和解方式结案时，集团代表人和律师律师还必须向集团成员发出"和解通知"，告知集团成员拟议的和解协议的主要内容、和解金的分配和派送办法、拟议的律师费和其他诉讼费用情况。

在美国联邦法院处理的集团诉讼中，信件是最基本的通知形式。除信件之外，法官还会要求集团代表人及律师在全国性证券报刊或广播电视上公告作为补充通知。通知所需费用往往超过数万美元，通知费用的负担常常是诉讼双方争执的问题；费用具体由那一方负担或者由双方分担由法院裁定。

出于节省通知费用的考虑，在许多起诉后有希望在短期内达成和解的证券集团诉讼中，法官往往会同意推迟发出"集团证明通知"的时间，将"集团证明的通知"与"和解通知"合并作为一份通知发送，但合并后的通知不得省略两类通知分别应该通知的内容。

（四）选择退出规则

"选择退出"(opt out)有两方面的法律含义：一方面，准许集团成员在一定的时间内向法院通过向法院明确表示自己不愿意被包括在集团诉讼内，因而被法院排除在集团诉讼之外。被排除的当事人在该纠纷中的诉权尚未行使，在诉讼时效有效期内他随时可以提取诉讼。另一方面，如当事人不选择退出，法官进行集团界定时将自动将其纳入集团，集团诉讼后果将直接对其产生拘束力，他有权获得集团诉讼回复的权益，但失去了就该纠纷另行起诉的权利。

采用选择退出规则既扩大集团诉讼拘束力范围，又周密保护了集团所包括的当事人的诉讼自主权。在美国的证券集团诉讼实践中，在集团证明阶段选择退出的投资者的数量很少，在具体处理诉讼收益和解通知之后，选择退出的投资者相对多一些。在证券侵权事件中，所有的受害的投资者买卖股票的数量有据可查，减去选择退出的投资者持有的股票数后，按照一定的损失计量办法即可计算出侵权行为造成的损失总额。

（五）集团诉讼的和解

美国的证券集团诉讼往往以和解形式结案。集团诉讼和解与其他民事诉讼和解的法律效力相同，但是，集团诉讼的和解必须经过法院批准方可生效。

和解协议提出后，法院应对和解协议进行书面审查，对于形式上符合要求的和解提议，要求集团代表人和集团律师发出和解通知，将拟议的和解方案通知所有集团成员，告知和解的原因、通过和解可以得到的利益、和解金的分配和派送方式、以及集团律师费和诉讼费用支付的安排等主要和解协议事项；告知集团成员可对和解协议提出质疑，并通知法院对和解协议进行听证的时间；如果投资者原则上反对和解协议还可以选择退出；和解涉及诉讼收益分配的，和解通知中还应附送"权利登记表"供集团成员填写。

法院对和解协议举行的听证会是职权主义调查活动，听证会上法官不但必须对所有的质疑和异议进行质询，而且，在没有投资者提出异议的情况下，法官也必须按照其专业判断，要求集团代表人和集团律师对所有可能存在异议问题进行质证。在排除了一切可能损害集团成员利益的合理怀疑后，法院才能以裁定批准证券集团诉讼和解。

（六）和解协议的执行

证券集团诉讼和解协议的执行就是将和解得到的利益支付律师费和诉讼开支后，将其余部分利益分配给集团成员。法院负责和解协议执行的监督，和解协议由集团律师或者法院任命的专门人员具体组织实施。

和解协议执行中有两项重要的制度，在以判决结案时，集团诉讼判决的执行也采用这两项制度。

1、权利登记

案件和解后，希望获得诉讼收益的投资者必须填写"权利登记表"，说明自己的权利以及其他需要告知和解协议实施管理人的事项。"权利登记表"上一般要求填写人宣誓证明自己所登记的权利及事项的真实性，在登记表人签字即视为做出了宣誓证明。做虚假陈述，须承担伪证的责任。

"权利登记表"随和解通知分发给所有集团成员。当事人通过公告发现自己属于某一集团诉讼成员时，也可向集团律师主动联系索要和解通知、填写"权利登记表"，集团律师有义务向所有索要通知的人寄送通知。

和解通知中具体指明了填写"权利登记表"需要注意的事项、权利登记表寄回的时间和地址。如果集团成员对权利登记事项有任何疑问，可以按照和解通知上列出的集团律师的通讯地址向集团律师询问。在某些特殊情况下，集团成员需要提供发票或者经纪人登记材料等证明其权利的材料。集团律师和法院应确保集团成员填写《权利登记表》不过分复杂和烦琐，填写事项的多少应以满足和解金的适当分配和派送为度。在某些情况下，集团律师也可能不必要求集团成员进行权利登记，比如，被告人或者交易机构存有有关集团成员的可靠信息时，和解金的分发可按这些记载进行。

2、对和解金的管理

法院可以任命一个"权利主张委员会"或任命特定的专家作为管理人来管理和解金。和解金作为一个独立的基金由管理人进行分派。

管理人有责任对从集团得到的材料进行解释。如有必要，管理人可以要求另外举行听证会，对涉及和解金分派的有关材料进行听证，确保集团成员从和解基金中最终得到他们应得的分额。法院随时可对和解金管理人所做的任何决定进行审查，还可以要求和解金管理人分期提交和解金分派情况的报告，对和解金的分派做适当的监督，以保证和解金按照和解协议条款、公平地分配给集团成员。

和解金分派管理费用也从和解基金中支付，和解金的分派和管理费用开支情况，最后需要向法院报告，接受法院审查。如果和解金分配以及管理费用开支中存在违法问题，法院可以采取纠正措施。

（六）损害赔偿金额的计算

1、赔偿范围

在实际司法活动中，证券集团诉讼原告方提出的赔偿的范围一般在侵权行为发生的“集团期间”所买入或卖出的股票，减去“选择退出”的投资者持有的股票后，所有股票投资遭受的损失总额。

2、损失数额

证券集团诉讼中赔偿数额一般通过每股股票投资所受的损失数额加总计算得出。每股股票投资具体受到多少损失是原被告双方辩论的焦点。一般情况下，双方都会聘请经济学家和统计专家提出自己关于赔偿的计算办法和金额。法院也可以聘请专家进行计算，但法官一般不必要为损失数额的具体计算花费心思，法官只需要根据自己对法律的理解，在听取双方主张的基础上做出自己的主观判断。由法院聘请的专家以及由当事人聘请的专家，在接受法庭质询时将进行宣誓，以专家证人的身份提出他们的计算办法及计算结论。

损失数额的计算有很多方法，其中，Fama、Fisher、Jensen以及 Roll（1969）开创的“事件研究”（event study）方法在美国证券侵权和证券欺诈诉讼中得到比较广泛的运用，但是，美国最高法院并从来没有明确过应该使用哪种计算方法。

当前，证券交易数据在证券交易所或证券交易商那里有准确的电子文本记载，使用计算机辅助计算，精确计算损失数额成为了现实。但在实际证券集团诉讼中，所谓“损失数额”本身就带有一定的主观判断的性质，所有的计算方法都是相对的，各种计算往往只是原被告双方确定和解金时讨价还价的说辞。最终的和解金的确定，是诉讼双方综合各方面的考虑最终妥协的结果。

（七）集团律师费问题

在证券集团诉讼中，集团律师不仅采用风险收费，即不预收律师费，在诉讼获得收益后才从中收取律师费，如果没有获得诉讼所得，集团律师就不能获得任何报酬；而且，集团律师一般还要为集团一方垫付案件受理费和其他诉讼开支。集团诉讼一般旷日持久，可以说集团律师投入为集团诉讼投入的成本很高、承担的风险很大。这种律师费和诉讼费开支的安排，有利于克服证券侵权纠纷中诉讼成本负担的矛盾，同时，对律师形成约束机制、抑制律师滥用集团诉讼机制的冲动。

当然，美国的证券集团诉讼机制对律师也提供了足够的激励——如果诉讼获得收益，集团律师将获得丰厚的回报。根据美国联邦司法中心（FJC，1996）的调查研究显示，集团律师费占集团诉讼收益的比例的中位数是27%－30%。而一般的证券集团诉讼和解金数额都是以千万美金计、上亿的案件的比例也不在少数，因此，证券集团诉讼一旦成功，集团律师的收入相当丰厚。

对律师获得丰厚收入，尽管有各种各样的非议，但我们认为，与让非法所得留在违法行为人手中的做法相比，让律师从对非法所得的索赔中获得高额报酬是一种更好的制度选择。这种做法一方面可以鼓励律师发现可能存在的证券违法行为；另外一方面，鼓励律师在证券集团诉讼代理业务方面的竞争，提升服务水平。

三、股东衍生诉讼程序规则

衍生诉讼（derivative action）是指在公司或社团利益受侵害，而公司董事会或社团管理人不愿意通过法律手段维护公司或社团的合法利益时，由公司股东或其他社团成员，以公司的名义提出的集团诉讼。

股东衍生诉讼维护的是股东的公益权，通过诉讼回复的利益归属于公司，起诉的股东除了得到法院许可的费用补偿外，不能直接获得任何赔偿。与上市公司有关的衍生诉讼还包括董事衍生诉讼，由于董事衍生诉讼极为少见，同时，其程序要求与一般的股东衍生诉讼相同，本文不作专门介绍。

（一）股东衍生诉讼的必要性

股东提起衍生诉讼的权利很重要，当公司利益受到侵权时，许多情况下投资者的权利并没有直接受到侵犯，投资者不能直接对这类违法行为提起诉讼，而只能由公司来提起诉讼。但是，当公司的加害人就是公司的董事、公司高级管理人员或者控制公司的大股东时，期望公司管理层起诉加害人，实际上就时要求他们自己起诉自己，这无异于与虎谋皮。通过监管部门的监管来控制公司董事或高级管理人员的不法行为除社会成本过高外，将社会公共资源直接用于监督个别商业公司的内部管理也有失社会不公平，也与建设符合市场经济要求的政府管理体制背道而驰。并且，要有效监督数量庞大的上市公司的内部经营管理，是监管部门的监管资源力所不能及的。股东衍生诉讼实际上赋予了起诉的股东代位公司行使公司正当诉权的权利。

（二）股东衍生诉讼程序的特殊规定

股东衍生诉讼作为一种特殊的集团诉讼，除须遵守集团诉讼的一般要求外，法律对股东衍生诉讼还提出了一些特殊要求。

1、对起诉人的特殊要求

（1）股东身份

股东衍生诉讼的适格原告，必须是具备如下条件之一的股东：①在不法行为发生时就已经是公司的股东；②在不法行为发生后才成为股东的人，只有那些由于法律事件发生而成为股东的人，才可作为衍生诉讼的起诉人。例如，在不法行为发生后因买入股票而成为公司股东的人不是衍生诉讼的适格原告；而那些由于被继承人死亡、法院判决等法律事件，而通过继承或法律执行而得到股票的人，即使他们是在不法行为发生后才成为公司股东，也可以作为股东衍生诉讼的原告。

（2）起诉人的人格

起诉人不得滥用衍生诉讼，起诉人必须公平地代表其他股东的利益，这是对起诉人人格的特殊要求。首先，在诉讼前和诉讼中，起诉人不得与其他成员或其他诉讼参加人有共谋行为；其次，起诉人必须平等、正直地代表公司股东；第三，起诉人须具有必要的商务或法律经验，保证充分、适当地主张公司的权利。

法院认为起诉人不具备上述要求时，可以案件受理阶段驳回起诉，也可以在诉讼受理后取消诉讼。

2、股东衍生诉讼的前置程序

股东衍生诉讼原告人在诉诸法院之前，应该先向公司的管理层寻求对公司受到侵害的补救办法。具体说，起诉人应事先向公司董事会或者公司全体股东提出请求，要求公司董事会或者其他管理公司的人，以公司的名义向加害人提起诉讼，只有当这些请求行动无效，或者根本不存在通过公司内部渠道寻求救济的可能时，原告人才可以向法院提出衍生诉讼。这就是所谓的“用尽公司内部救济的原则”。

股东向公司董事会提出起诉请求后，经过一定期限，董事会不答复的，就构成了股东向法院起诉的理由。在特殊情况下，只要起诉人可以提出不可能得到公司内部救济的理由，法院可以豁免起诉人寻求公司内部救济的责任。

3、股东衍生诉讼的担保

为了防止股东滥用衍生诉讼，在法院认为必要时，无论在案件受理前还是在案件审理中，法院可随要求原告提供诉讼保证金或者增加诉讼保证金。

为了保证公司的独立人格，保证公司管理层依照商业原则独立管理公司，排除个别股东对公司正常经营的干扰，法院在处理股东衍生诉讼时往往会接受由公司提出的诉讼费用担保要求。如果起诉股东败诉，法院将从起诉股东提供的诉讼担保中支付被告的所有诉讼开支、并赔偿公司因诉讼而遭受的损失。按照纽约州《商业公司法》规定，股东衍生诉讼中公司可以随时要求衍生诉讼原告就被告可能发生的合理的诉讼费用提供担保，但在两种例外情况下衍生诉讼原告不必向被告提供诉讼费用担保：(1)原告持有的公司股份达到或者超过公司股份的5%；(2)原告持有的公司股票的价格超过5万美元。

4、法院拥有的广泛权力

法院在衍生诉讼中的权力，比法院在普通集团诉讼中的权力还要广泛。在股东衍生诉讼中，法院几乎在所有环节上拥有对诉讼双方实体权利做实质性处理的重大权力。在审查是否审理案件的阶段，法院可以决定诉讼是否可以进行；在诉讼进程中，如果法院认为，原告人不能公正和充分地代表公司其他股东的利益时，法院可以随时终止案件的审理。

与普通集团诉讼相同，在衍生诉讼进行中，法院有权要求衍生诉讼代表人及其律师，依照法院的要求，向公司股东或其他集团成员发出通知。在诉讼争议双方提出和解或撤诉时，法院有权决定是否可以和解或撤诉。

四、完善我国证券民事诉讼机制的建议

(一)由最高人民法院尽快制订证券集团诉讼的试行规则

由于集团诉讼规则的复杂性，完善证券集团诉讼制度需要一个过程，可以考虑由全国人大常委会授权最高人民法院，尽快拟订并颁行“证券集团诉讼程序试行规则”。规定在2—3年的试行期内，在最高人民法院的监督下，由特定的少数几个有条件的法院受理我国的证券集团诉讼。在总结试行期经验的基础上，条件成熟后由立法机关将集团诉讼规则纳入我国《民事诉讼法》或者制订单行法律。

(二)在拟订试行规则时高度重视程序规则的可操作性

证券集团诉讼程序规则的制订应该充分吸取国外的成功经验和做法，细致规定集团诉讼程序要求，对具体规范一定要充分考虑可其操作性。坚决避免按照“宜粗不宜细”原则制订一些掩盖矛盾、无法适用的含糊规则。

(三)接受符合证券市场要求的规则

应该吸取市场经济发达国家在证券集团诉讼方面的成功做法，接受集团诉讼的“选择退出”规则，为有效处理证券侵权纠纷提供制度基础，使证券民事诉讼成为保护投资者权利、威慑上市公司不正当行为的有效手段。试行规则应该同时规定证券集团诉讼和股东衍生诉讼，以有效维护投资者和上市公司的正当权益。

(四)完善有关的律师收费制度

集团律师是否勤恳尽职是证券集团诉讼成败的关键。应该在证券集团诉讼中确立律师风险收费的制度，要求律师垫付有关的诉讼费用，加大律师的诉讼成本，以防止律师滥用集团诉讼的冒险冲动。

同时，与其他律师法律业务比较，应保证律师可以通过证券集团诉讼获得丰厚回报，以加强证券集团诉讼律师服务的竞争，在充分竞争的环境下，保证高水准的律师服务。

(五)周密考虑证券集团诉讼可能带来的负面影响

应该充分考察已经采取证券集团诉讼国家该类诉讼中已经出现弊端及负面效应。充分考虑证券集团诉讼在我国可能产生的负面影响，在制订规则时应该周密考虑，在发挥证券集团诉讼正面作用的同时最大程度限制其负面影响。

深圳证券交易所博士后工作站　杜要忠

新股增发效应实证分析

很长时间以来，新股增发问题一直是市场热点之一，其利弊众说纷纭。本文就新股增发对上市公司业绩的影响、新股增发对股价行为的影响和新股增发倾向性等三个方面进行了实证检验，得到了一些初步的结论。

一、新股增发：趋势分析

我国证券市场从1998年6月开始正式试点实施增发新股融资方式，1998和1999年只有为数不多的几家上市公司实施了增发。在2000年4月30日证监会发布《上市公司向社会公开募集股份暂行办法》后，许多上市公司纷纷“弃配改增”，增发数量迅速增加。从1998年至2002年6月30日，共有203家公司提出并公告了拟增发预案。从2001年开始，提出拟增发预案的公司在急剧增多，特别是2001年达到了创纪录的127家。

上市公司提出的新股增发预案只有在得到证监会的批准之后才能实施。因此，实施的增发数量要远远小于公布的增发预案。从1998至2002年间，共有77家公司实施了新股增发，其中13家系原有A股和B股公司增发A股，55家系原有A股公司增发A股，8家系原有B股公司增发A股，1家系原有B股公司增发B股。考虑到A、B股市场之间股票价格的关系，本文只研究原有A股公司(包括同时发行B股的A股)增发A股的情况，这样共有68家A股公司增发了新股。

从增发的年度数据看，这68次新股增发的情况如表2所示。这里我们以增发发行日为标准来统计年度增发数量。

从1998年开始，新股增发数量呈不断增长之趋势。从增发家数看出，绝大多数的增发集中在2000年开始的2年半时间内。从总融资净额看，从1998年的30亿元上升到2000年的178亿元、2001年的153亿元再到2002年上半年的120亿元，增长也相当迅速。对比同期的首次发行筹资数量、配股筹资数量和增发筹资数量，我们可以发现，增发筹资数量不仅在总数上有了很大的增加，而且占总筹资额的比重也在不断上升：从1999年的6.24%上升到2001年的17.65%。从每次增发的融资净额看，2000年开始呈不断下降之势，平均每次增发融资额净额从9.34亿下降为8.06亿、6.69亿，但是，平均增发规模并没有显示出下降，而平均发行价格却是在不断下降。这可能与2000年以来的一直持续的市场低迷有关。

我们定义1与增发价格与该股票增发意向书公告日前一交易日收盘价的比率的差为股票的增发价格折扣率。我们计算了实施新股增发的68家公司的新股增发价格折扣率，并做了年度分析，我们发现，从1998年开始，新股增发价格折扣率基本呈逐年下降的趋势，从1998年的平均56.47%下降到2002年的平均13.52%，表明新股增发价格越来越接近市场价格。这可能是导致新股增发受到冷落的一个重要原因。从增发价格折扣率的变化情况看，最低为－3.62%，最高为83.09%，变化也很大，平均增发价格折扣率为20.29%，即增发价格基本是市场价格的80%左右。

二、新股增发对上市公司业绩的影响

对新股增发的主要批评之一是，新股增发并没有实质性地改善上市公司的经营业绩，在财务指标上表现为每股收益、净资产收益率、每股净资产、资产负债率等比率指标没有得到改善，甚至净利润、主营业务收入这样的规模指标也反而恶化了。

为了检验这一假设，本文考察上述六个主要财务指标的变化情况。对于净利润和主营业务收入这两个规模指标，我们比较各年度的均值是否存在显著差异，即检验均值是否显著相异。我们首先对各组规模指标做了正态检验，根据它们是否符合正态分布假设来决定是采用 T 检验还是 Wilcoxon 秩和检验来判断均值是否显著相异。对于净资产收益率、每股收益、每股净资产和资产负债率这四个比率指标，我们没有计算它们的算术平均均值，而是根据其经济意义计算了所有上市公司的这些比率的加权平均值。

为了比较新股增发对公司业绩的影响，我们考察了实施增发公司在实施增发前后五年财务数据的变化情况。我们分别计算了 1998 年至 2002 年上半年实施增发的 68 家上市公司在 1997 年至 2001 年的主要财务指标的加权平均值，其中年度新股增发家数是根据新股发行日确定的。作为对照，我们计算了 1997 至 2001 年主要财务指标市场平均值的变化情况。由计算结果看出，1998 年至 2001 年实施新股增发的上市公司的业绩变化情况并不是很一致。

就 1998 年增发新股的 7 家上市公司而言，由于在增发新股的同时进行了大规模注入优质资产等重组活动，因此，这些公司在增发后实现了公司经营情况和业绩的大幅度改善。在重组当年，净利润和主营业务收入两项指标的增长幅度非常高：平均净利润从 2192 万元上升到 13985 万元，平均主营业务收入从 67965 万元上升到 225778 万元。此外，每股收益、净资产收益率等也有非常大的改善，每股净资产也呈显著上升。这说明，增发所导致的摊薄作用在 1998 年实施增发的这 7 家公司中并不明显。但是，考虑到 1998 年实施增发的 7 家公司当年还实施了重大重组，即在增发的同时往往伴随着大规模的重组活动，因此业绩的大幅度改善可能是由于大规模重组所导致的。相应地，下面进行的分析中我们基本上剔除了这 7 家公司。

就 1999 年实施增发的 5 家公司而言，在重组当年，除净资产收益率外，各项指标都有了一定幅度的改善，但改变的幅度并未远远大于市场平均指标的改善程度。在实施增发后的两年之内，净利润、主营业务收入都有了大幅度的下降，每股收益、净资产收益率等指标都下降并且下降幅度远远大于市场所有上市公司平均指标的下降程度。这说明，1999 年实施增发的公司的业绩在实施增发后非但没有提高，反而有了急剧的下降。

2000 年实施增发的 19 家公司的业绩变化情况要比 1999 年实施增发的公司更差：公司业绩在增发当年就有非常明显的下降。在 2000 年，除了主营业务收入有所增长外，净利润、每股收益和净资产收益率这三个指标的下降幅度更大。这说明，2000 年实施增发公司的业绩恶化程度要大于 1999 年实施增发的公司。此外，对比 1998 年、1999 年和 2000 年实施增发的公司在增发之前的平均业绩和市场平均业绩之后，我们可以发现，1998 年实施增发公司的业绩要差于市场平均水平，这佐证了 1998 年实施增发的公司绝大部分是出于重组的需要，重组之前公司的业绩总体较差。而 1999 年实施增发公司的平均业绩要远远好于市场平均水平，但在增发之后，平均业绩迅速下降至远远低于市场平均水平。由于在 2000 年这些公司的业绩下降幅度还不是很明显，因此中国证监会没有对 2000 年实施增发公司的业绩提出要求。这导致 2000 年实施增发公司在增发前的平均业绩远远低于市场平均水平。不仅如此，在实施增发后，业绩也没有改善的痕迹。因此，可以认为，过宽的增发条件使得一些业绩本来就不佳的上市公司在 2000 年“搭便车”实施了增发。在 2001 年提高增发条件之后，在 2001 年实施增发公司的前 4 年平均业绩大大提高，要优于市场平均，并且在发行当年业绩下降幅度也不是很明显，如主营业务收入有所提高，净资产收益率虽有所下降但是下降幅度并没有远远大于市场平均净资产收益率的下降幅度。

对于 2002 年实施增发的 18 家公司，我们只能比较它们在增发实施之前的平均业绩和市场平均业绩之间的关系。比较结果显示，2002 年实施增发公司的平均业绩要大大优于市场平均水平，即实行增发的上市公司是所有上市公司中优秀的群体，其经营业绩在上市公司中处于较高水平。这是提高增发条件之后的必然结果。但是，这些公司在增发新股当年及以后能否继续保持优良的业绩则更引人注目。

综上所述，对于新股增发对上市公司业绩影响的比较结果表明了以下的几个结论。(1)新股增发并没有像想象的那样改上市公司的业绩。除 1998 年实施增发的公司因同时实施大规模重组而改善业绩之外，绝大部分的上市公司在实施增发之后业绩反而下降，部分公司在实施增发当年业绩就有大幅度的下降。因此，认为增发能够改善业绩的结论是得不到充分支持的。(2)较低的上市公司增发条件一定程度上导致增发公司在实施增发后业绩急剧变坏，即所谓的“变脸”。2000 年实施增发公司的业绩变化情况说明了这一点。(3)在提高和增发条件后，2001 年、2002 年实施增发公司在增发前的平均业绩水平有了很大的提高，并且 2001 年实施增发的公司在增发当年的业绩没有表现出明显的下降。

因此，关于新股增发对上市公司业绩影响的实证研究总体上表明：新股增发并不能使上市公司提升业绩，有些上市公司的业绩在公司实施增发后反而有大幅度的下降。但是，在提高增发条件后这种情况有所改善。

三、新股增发对股价行为的影响

从我国新股增发的市场实践来看，增发一般对市场股价产生负面影响，表现为增发意向书公告日股价有不同程度的下跌。本文尝试采用事件研究方法，用事件前后股价行为的变化来考察新股增发对股价的影响。本文定义增发意向书公告日为基准日(如果增发意向书公告日是非交易日，则以公告日后一个交易日为基准日)。本文随后以公告日(基准日)前 40 个交易日、后 80 个交易日为计算超额收益率的事件期。考虑到我国股票市场的实际情况，本文采用市场调整超额收益率(股票收益率与对应 A 股指数收益率的差额)来表示股票在事件期的超额收益率(这实际上意味着假设所有股票的系数都等于 1)，通过计算增发股票的平均超额收益率和累积超额收益率来考察增发对股价行为的影响。

1.增发公告日前后超额收益率的变化情况

本文首先选取了基准日前 40 个、后 20 个共 61 个交易日的情况。由结果可以看出，在新股增发意向书公告日或者是次日，超额收益率显著小于零，平均达－3.52%，显示在新股增发公告时，股价有迅速的反映。在增发公告前后的 61 个交易日内，只有一个交易日的平均超额收益率显著大于零，而 10 个交易日的平均超额收益率是显著小于零，其余交易日的平均超额收益率没有显著异于零，显示在新股增发公告前后超额收益率并没有显著异于零。换句话说，在公告日后并没有一致的超额收益率为负的情况出现。对各年度基准日前后平均超额收益率的检验也说明，绝大多数的超额收益率都没有显著小于零，因此，可以认为，在新股增发意向书公告日或者次一交易日，股价迅速反映了增发对股票价格的利空效应。

考虑到1998年实施增发公司在增发的同时进行了大规模的重组活动，因此，我们还计算了不包括1998年实施增发的7家公司后的累积超额收益率变化情况，得到的结果更能说明一些问题。其中，累积超额收益率的变化情况如图1所示，显示扣除1998年增发的7家公司后，累积超额收益率却基本呈现负值，即增发意向书公告日前后121个交易日的累积超额收益率基本小于零。

我们进一步发现，累积超额收益率的变化情况在1998至2002年实施增发的股票价格上表现并不一致，即各年度实施增发前后的股价行为并不一致。图2列示了1999年至2002年实施增发公司的股价累积超额收益率的变化情况。

从分年度的累积超额收益率变化情况看，我们可以发现两个规律。首先，在新股增发意向书公告日前，累积超额收益率已经开始下降，显示出新股增发的消息可能提前泄漏，或者市场有所预期并反映在股价中。其次，1999年和2000年实施增发股票的累积超额收益率在经历一定程度的下降后又有不同程度的上升，即有一段“填权”行情，而在2001年和2002年实施增发股票累积超额收益率在下降之后没有上升。

2.增发价格折扣率与股价行为的关系

我们也检验了增发价格折扣率与公告日前后累积超额收益率变化之间的关系。我们用公告日前后5个交易日共11个交易日的累积超额收益率来表示公告日前后的累积超额收益率变化，考察它与增发价格折扣率、增发数量之间的关系。

为了考察公告日超额收益率和增发价格折扣率之间的关系，我们建立回归方程，考察被解释变量(11个交易日的累积超额收益率)与增发价格折扣率、增发比率(增发数量与上一年末流通A股的比率)以及年度虚拟变量等解释变量之间的关系。我们得到了的回归结果显示，增发价格折扣率对基准日前11个交易日的累积超额收益率有一定的解释能力。这说明，基准日的超额收益率与增发价格折扣率相关：增发价格折扣率越高，累积超额收益率越低，表明投资者对增发价格折扣率实际上是非常敏感的。可以认为，投资者实际上对增发后的股价实施了“除权处理”。从这个意义上说，增发和“配股”一样具有“除权”效应。另外，回归结果还表明，2000年增发股票在公告日前后11个交易日的累积超额收益率要比1999年、2001年和2002年大6.062%。换句话说，在不同年度，市场对新股增发的反应是不一致的，1999年、2001年和2002年的反应要强于2000年。

3.增发股票上市后超额收益率分析

我们选择新股上市日为基准日，同样运用事件研究方法来考察上市后股价行为的变化情况。图3显示了增发新股上市后61个交易日的累积超额收益率变化情况。由图3可以看出，1999年和2000年实施增发股票在新股上市后的41个交易日内，累积超额收益率为正，即在新股上市后投资者可以从股价行为中获得超额收益率。但是，2001年和2002年实施增发的股票却没有这样。

我们还计算了1999年至2002年实施增发股票在增发新股上市日的超额收益率情况，以及新股增发公告日和新股上市日之间(但不包括这两天)的累积超额收益率，我们发现，1999年增发股票在上市日平均超额收益率虽然不显著小于零，但是在公告日和上市日间的累积超额收益率是显著为负的，这说明，1999年增发股票的正的累积超额收益率可能是在新股上市之后获得的。而2000年增发股票在公告日和上市日间的累积超额收益率没有显著为负，而其上市日超额收益率显著为负，说明2000年增发股票的累积超额收益率在上市之前就有了一定的上升。

四、新股增发倾向性分析

1.实施增发公司货币资金数量考察

关于我国新股增发的一个重要批评是，相当部分实施增发公司把增发新股作为募集大量资金的渠道，而不考虑利润最大化和股东利益最大化。也就是说，即使公司并不缺乏资金，也会千方百计通过增发来募集资金。因此，实施增发公司的货币资金数量不会明显小于市场平均水平。相反，如果货币资金存量较少的公司会倾向于通过新股增发筹集资金，则实施增发公司的货币资金应该是明显低于市场平均水平。通过验证增发公司的货币资金是否明显低于市场平均水平，我们可以分析新股增发倾向性与公司货币资金数量之间的关系。

我们按最常见的方法将货币资金定义为公司以现金和银行存款方式存在的货币资金。我们计算了增发公司实施增发在前一个年度财务报告公布的货币资金情况。作为比较，我们计算了整个市场所有公司的情况。

对新股增发公司货币资金的分析说明了以下几个方面的问题。第一，增发公司货币资金数量有显著增加的趋势。从货币资金数量占平均融资净额的比重来看，除1998年实施增发公司的比重较低外，其他年度都比较高，特别是在2001年提高新股增发的条件之后，2001年增发公司的货币资金数量要占到增发融资净额的一般左右。第二，增发公司货币资金的绝对数也要远远大于市场平均水平。从增发公司的平均货币资金数量与所有上市公司货币资金数量的比较可以看出，增发公司的货币资金绝对数要远远大于市场平均水平。按照发行日来统计年度，增发公司的平均货币资金数量分别为0.34亿元、9.05亿元、2.58亿元、4.02亿元和3.43亿元，而市场平均水平分别为1.41亿元、1.47亿元、1.94亿元、2.68亿元和3.27亿元，两者的差距还是比较大的。从平均值看，所有增发公司的平均货币资金数量为3.37亿元，而所有上市公司在5年中的平均货币资金数量为2.27亿元，前者超过后者49%。第三，从货币资金占流动资产的比重和占总资产的比重来看，增发公司的平均值和所有公司的平均值并没有很大的差异，显示出实施增发上市公司货币资金数量大的原因可能是因为公司的规模较大。

因此，总体上看，实施增发公司的货币资金数量没有显著小于市场平均水平，即实施增发公司的平均货币资金数量并没有低于市场平均水平，因此，很难认为上市公司因为缺乏货币资金才进行增发。它从侧面说明了中国上市公司并非因为缺钱才进行增发，而往往是因为它满足了增发的条件，所以不愿意放弃通过增发“圈钱”的机会。

2.新股增发提案与流通股股东比例的关系

中国证监会2002年7月24日颁布的《关于上市公司增发新股有关条件的通知》第五条规定，增发新股的股份数量超过公司股份总数20%的，其增发提案还须获得出席股东大会的流通股(社会公众股)股东所持表决权的半数以上通过。引入流通股股东单独表决机制的目的在于保护流通股股东的利益，体现了对中小投资者利益的保护。因此，在增发新股问题上，流通股股东普遍不认同，在非流通股大股东决议增发时，唯有“用脚投票”。那么，在1999年至2001年实施增发的61家公司中，流通股股东所占的比重有多少？如果流通股反对增发的假设成立，那么这些公司的流通股股东比重应该是很低的。我们计算了这些公司的流通股股数占总股数的比重，发现，在这61家公司中，比重超过50%的公司只有两家，比例为 3.23%。我们比较了各年度市场平均流通股比重,发现实施增发公司的平均流通股比重要小于市场平均水平。例如,在4个年度的总共3917家公司中,流通股比重大于50%的公司有402家,比例为10.26%,明显高于实施增发公司中流通股比重大于50%公司的比例。我们还对所有增发公司流通股比重的平均水平和剔除增发公司后市场总体平均水平做了Wilcoxon秩和检验,发现增发公司的平均流通股比重显著(在1%的水平下)小于市场平均水平。因此,可以认为实施增发公司的流通股比重低于市场平均水平。

为了考察流通股比重差异对上市公司增发倾向性的影响,我们还分析了所有提出预案公司的A股上市公司的情况。这是因为,不仅提出预案公司的数量明显大于实施增发的数量,而且实施增发公司经过了中国证监会的严格筛选,并不一定能够真实地反映上市公司的新股增发倾向性。我们发现,历年提出增发预案A股公司的平均流通股比重与剔除这些公司后其他公司的平均流通股比重相比存在显著的差异。除2000年提出增发预案的公司外,历年提出增发预案公司的流通股比重都要小于没有提出增发预案公司的平均水平,说明提出增发预案公司的流通股比重的确较低。

3.提出新股增发预案倾向性的二元选择回归(Probit)分析

我们采用二元选择回归(Probit)方法综合考虑资产负债比率、货币资金数量和流通股比重等因素对上市公司增发倾向性的影响。在该方法中,将上市公司分为提出新股增发预案和不提出新股增发预案两类。具体做法是:被解释变量(Y)为公司是否提出新股增发预案,提出为1,不提出为0;解释变量包括以下几个:行业(共分为12个行业)、资产负债率、流通股比重、每股收益和净资产收益率。本文选择在2001年上市公司为研究对象。由于2001年提出新股增发预案公司在进行新股增发决策时所参考的数据主要是2000年的财务数据和股权结构数据等,因此,我们主要考察2000年的年报数据以及2000年底的股权结构数据。

根据2000年4月30日中国证监会发布的《上市公司向社会公开募集股份暂行办法》的规定,我们假定提出增发预案公司近三年净资产收益率大于零并且近三个年度的平均净资产收益率必须达到2%以上,按照这个条件来确定有资格提出新股增发预案的公司家数,可以将2001年提出新股增发预案的公司包括在内。共有1059家A股上市公司公布了2000年的年报,其中要求近三年净资产收益率连续大于零且平均净资产收益率大于2%的公司家数有867家。这是Probit分析中总样本数。在这个样本中,2001年有120家公司提出了新股增发预案,占13.84%,而不提出增发预案的公司有747家,占86.16%。

关于样本公司的行业分布情况分析表明,提出新股增发预案公司的比重在金融、保险业达到最多,有28.57%,随后是信息技术业和传播与文化产业;提出增发新股预案公司比重最低的是农、林、牧、渔业和采掘业,为0,建筑业、电力、煤气及水的生产和供应业和批发和零售贸易的比重也很低,小于10%。

模型公式为,意味着在给定解释变量及其系数的条件下,公司提出新股增发预案的概率。从二元回归分析结果可以看出,行业G(信息技术业)对上市公司提出新股增发预案的概率有显著的负影响(在10%的显著水平),这意味着信息技术业中的上市公司提出新股增发预案的概率相对来说比较高一些。在四个主要财务指标中,资产负债率、流通股比重和净资产收益率具有显著的影响(在1%的显著水平),其中资产负债率和净资产收益率具有负影响,即资产负债率和净资产收益率越高,提出新股增发预案的概率越大,而流通股比例具有正影响,即流通股比例越高,提出新股增发预案的概率越小。这些与我们前面的分析是一致的:流通股比例越高的公司提出增发预案的可能性越小,而净资产收益率和资产负债比率越高的公司越倾向于提出新股增发预案。从这个角度看,中国证监会提高新股增发的净资产收益率和资产负债率要求是有道理的。而"增发新股的股份数量超过公司股份总数20%的,其增发提案还须获得出席股东大会的流通股(社会公众股)股东所持表决权的半数以上通过"这一要求,则明显有助于防止流通股比例越低公司越倾向于提出新股增发预案的情况发生。

4.新股增发预案获批准倾向性的二元选择回归(Probit)分析

在分析提出新股增发预案倾向性的基础上,我们进一步分析了提出新股增发预案公司获得中国证监会的批准并实施增发的情况。具体地,我们分析哪些因素会影响上市公司新股增发预案获得证监会地批准的概率。我们选择在1998年至2002年提出新股增发预案的上市公司为研究对象,将这些上市公司分为获证监会批准和不获证监会批准两类。具体做法是:被解释变量(Y)为提出新股增发预案公司是否获证监会批准,获批准为1,不获批准为0;解释变量包括以下几个:行业(共分为12个行业)、资产负债率、流通股比重、每股收益、净资产收益率和货币资金占流动资产的比重等。考虑到从提出新股增发预案到获得中国证监会批准大约要一年左右的时间,因此,本文选择这些公司在提出新股增发预案后一年的财务数据作为决定其获批准概率的依据。对于2001年和2002年提出新股增发预案公司,则使用该公司2001年年报数据。

根据前面关于提出新股增发预案公司和已实施新股公司的统计数据,1998年至2002年共有203家上市公司提出了新股增发预案,其中的191家公司提出了A股增发预案,这是Probit分析中总样本数。在这个样本中,1998年至2002年共有44家提出了新股增发预案,占23.04%,而不提出增发预案的公司有147家,占76.96%。

模型公式为,意味着在给定解释变量及其系数的条件下,公司的新股增发预案获批准的概率。从二元回归分析结果可以看出,除了每股收益之外,行业、资产负债率、流通股比重、净资产收益率和货币资金占流动资产的比重对新股增发预案获批准的概率不具有显著的影响(在10%的显著水平)。而每股收益率在1%的显著水平下对新股增发预案获批准的概率具有负影响,即每股收益越高,新股增发预案获批准的概率越大。这说明中国证监会在进行新股增发预案审批时对于拟增发新股的每股收益指标比较重视,每股收益高的公司所提出的新股增发预案较容易获批准。从新股增发条件的变化历史看,2000年之前对新股公司的基本没有明确的财务指标要求,2000年4月30日发布的《上市公司向社会公开募集股份暂行办法》所提出的新股增发条件较低,并且所有提出新股增发预案的公司基本都符合这一条件。因此,可以认为,实证结果表明每股收益对新股增发预案获批准的概率有一定的影响。

但是,从历史演变过程看,监管机构对上市公司净资产收益率而不是每股收益重视有加。在2002年7月24日发布的《关于上市公司增发新股有关条件的通知》中,明确提高了净资产收益率的标准,但并没有涉及每股收益。每股收益率而不是净资产收益率对新股增发预案获批准的概率有影响的原因有待于做进一步的分析。

五、关于新股增发效应的结论

根据对国内股市A股增发案例的实证研究，我们得到以下几个关于新股增发效应的初步结论：

1. 实施新股增发的公司在新股增发完成后并没有显著地改善业绩，有些甚至在实施增发后业绩有很大的下降；由于股本扩大，因此将导致了每股收益的下降，损害了长期持股老股东的利益。从1998年以后增发案例的结果来看，增发这种再融资行为并非提高上市公司业绩的有效手段。因此对于增发新股，不论是投资者或者是发行审核部门都应该采取更加审慎的态度。

2. 从增发对股价的影响来看，增发的确是对股票价格的"利空"消息：在增发意向书公告日前的超额收益率为负，现实市场提前就对这一利空消息作出反映，投资者通过用脚投票来表示对增发行为的否定；在公告日负的超额收益率为最大，并在此后相当长的时间内继续为负数。从这些数据来看，市场对增发事件持负面态度，因此如果增发股票行为过多过滥，那么将造成大面积的股票价格下跌，对股票指数有较大的负面影响。

3. 增发价格折扣率对公告日前后11个交易日累积超额收益率有一定的解释能力，并且不同年份对该累积超额收益率的影响也有差异。这显示出市场对新股增发的看法将很大程度上影响价格的下降程度。

4. 1999年和2000年实施增发股票在增发新股上市后股价的累积超额收益率曾经出现了上升的趋势，所以参与增发的投资者在增发前后可以获得了较大的价格差，存在着明显的套利机会。但是从2001年开始，在增发后的超额收益率没有显著为正，即这种套利机会开始逐步消失。

5. 关于增发公司存量资金的分析表明，增发公司拥有的平均货币资金没有明显低于市场平均水平；即上市公司并不是因为缺乏货币资金才要进行增发。实际上由于增发条件的限制，往往可以进行增发的公司其业绩和财务状况都比较好，所以增发公司的平均闲置资金高于市场平均水平也是必然的。分析其增发动机，可能有两种情况：一是为了公司业务和规模的扩张，通过增发募集资金投入新项目；二是由于增发融资的门槛越来越高，成功难度越来越大，为了不"浪费"宝贵的增发机会而进行增发。

6. 有关实施新股增发和提出新股增发预案公司的流通股比例的分析表明，提出新股增发预案和实施增发公司的流通股比例要小于没有实施增发或没有提出新股增发与预案的公司，说明中国上市公司不合理的股权结构会影响到上市公司进行新股增发的倾向性。虽然流通股比例较小的公司通过增发来改善股权结构无可厚非，但要注意在这过程中，应充分考虑流通股东的利益而不仅仅是大股东的利益，增发应以提高公司股票的内在价值为主要目的。尤其在增发过程中，股票价格的市场风险完全由流通股东承担，因此流通股东应在增发决策中拥有较大的发言权。

7. 有关提出新股增发预案倾向性的二元选择回归分析结果表明，提出新股增发预案倾向性在不同行业有差异：信息技术行业更倾向性于提出新股增发预案；而且重要的三个财务指标，净资产收益率、资产负债率和流通股比例会影响上市公司提出新股增发预案的概率：净资产收益率和资产负债率越高、流通股比例越低，上市公司越倾向于提出新股增发预案。

新股增发预案获批准情况的二元选择回归分析结果表明，每股收益高的公司所提出的新股增发预案更容易获得中国证监会的批准。这说明盈利能力较高公司的新股增发预案更能够得到发行审核部门的认可。　　谭峻　吴林祥

中国证券业协会科研课题

浮动佣金制下营业部发展模式

2002年4月4日，中国证监会、国家计委和国家税务总局联合发布了《关于调整证券交易佣金收取标准的通知》。通知要求对国内证券交易实行最高上限向下浮动佣金制度，证券公司向客户收取的佣金（包括代收的证券交易监管费和证券交易所手续费等）不得高于证券交易金额的3‰，也不得低于代收的证券交易监管费和证券交易所手续费等。此项制度于2002年5月1日开始实施。

依据国际经验，实行佣金浮动制必然导致佣金水平大幅下降。2001年以来，证券市场持续低迷，国内经纪业务规模持续萎缩。在市场低迷和浮动佣金制度的双重压力下，国内证券公司的经纪业务雪上加霜。本文试图从理论和实证两方面对目前状况下营业部的竞争决策、竞争状态、盈亏状况以及如何对经纪业务模式进行调整与构建进行了探讨。研究表明，在市场低迷的状况下推出浮动佣金制度，在事实上加速了营业部优胜劣汰的步伐。然而，令人遗憾的是，综合类证券公司在经纪业务上还是凭借着营业部数量的规模优势取胜，在单个营业部的竞争上，并未抓住浮动佣金制度的实施，结合综合竞争优势来达到竞争中的领先地位。我们认为，只有加快营业部组织模式的转变，加快经营模式的更新，才能真正实现优胜劣汰，实现业务集中，加强大型综合券商经纪业务的竞争力。

营业部竞争策略理论研究

浮动佣金制实施后，营业部由原来的固定价格竞争环境转变为自由价格竞争环境。竞争环境的转变彻底改变了原有营业部的竞争策略。

一、相同规模营业部竞争策略模型

1、模型构建　证券营业部主要提供证券交易的通道，所提供的服务本质上没有区别。投资者在选择营业部交易时除了佣金高低以外，还需要考虑地域、交通、交易和存取款方便、信息、财运等方面因素。因此，根据产业经济学理论，相同规模营业部的竞争可以利用豪泰林模型进行分析。豪泰林模型是研究产品具有一定差异性的产品决策模型。这种模型认为，不同的消费者对不同企业的产品有着不同的偏好，产品的价格不是消费者唯一感兴趣的变量。我们通过豪泰林模型，研究两个相同规模营业部的竞争情况。结果发现，投资者运输成本越高，投资者需求差异越大，营业部均衡价格和收益就越高。

2、模型修正　上述模型的假设中没有考虑新增投资者对原来投资者的影响。证券投资者，特别是喜欢现场交易的投资者，一般都喜欢选择人气较旺、信息灵通的营业部，而营业部也会由于投资者增多而增加各种投资、增加各种服务，原有投资者的消费效用会因这些投资和服务的增加而提高。证券投资者的这种行为偏好，又称为正网络效应，也称为需求方规模效应。我们对上述豪泰林模型进行改进，增加投资者偏好这一参数，即增加网络效应参数。结果发现，投资者偏好导致传统营业部的佣金价格竞争更加激烈，营业部的利润进一步减少。且投资者偏好越强，竞争越激烈，利润越少。

3、模型应用　在固定佣金制下，由于佣金价格固定不变，投资者选择营业部主要是考虑距离的远近和交易的方便程度，因此营业部基本不存在竞争，客户多少主要取决于营业部所处区域的投资者数量和营业部数量，营业部在服务和经营模式方面基本雷同，盈利能力相差不大，利润比较平均。营业部的盈利情况与证券市场成交量息息相关，我国证券市场近几年的牛市行情，成交量一直较大，加上固定的佣金费率和基本相同的投入成本，使营业部盈利情况一直良好。因此，券商提升经纪业务盈利的手段主要是增加营业部数量。这也就导致了前几年营业部转让价格非常高的现象。

在浮动佣金制下，根据前面竞争模型的结果，营业部竞争均衡价格等于营业部成本加上投资者运输成本减去投资者偏好。由于不同地区的投资者存在非常大的旅行成本，故不同地区的营业部佣金价格不具备竞争性；而同一地区由于旅行成本较低，佣金价格竞争激烈，故在营业部较少地区，由于投资者存在非常大的旅行成本，营业部佣金基本接近垄断价格（最高限价）。而发达地区由于营业部众多，佣金水平较低。而投资者喜好人气旺的这一偏好将进一步加剧营业部的佣金价格战。

二、不同规模营业部竞争策略模型

在上述模型中，假定投资者分布是均匀的，营业部规模相同，因此营业部竞争的结果是各营业部的客户需求是相同的。但现实中营业部规模不同，投资者分布也不同，因此我们再来研究两家不同规模的营业部竞争。结果发现，规模大的营业部会呈现成交量集中的趋势，并且投资者偏好程度越高，集中趋势越明显。

三、网上交易竞争策略

网上交易作为一种新型的技术革命，对传统的证券交易模式带来了很大的冲击。下面，我们从网上交易商之间的竞争和网上交易与营业部之间竞争这两个角度来探讨网上交易竞争策略。

1、网上交易商之间的竞争　同样，根据上面模型的结论可知，网上交易商之间的均衡价格为成本加上投资者运输成本减去投资者偏好。由于网上交易突破了投资者地域上的界限，从事网上交易的投资者主要的运输成本是来自于资金存取以及服务方面。随着我国银证通、银证转账和网上银行等服务的普及，投资者运输成本越来越低，因此，网上交易商之间的佣金价格竞争比传统营业部更加激烈，价格战的动机更强烈，佣金水平定价更接近运营成本，利润率更低。

2、网上交易商与营业部之间的竞争　我国互联网普及是近几年的事情。目前，从事网上交易的投资者大多为教育程度较高的中青年。由于网上交易的用户需要拥有计算机，且能上网，并且需要具备一定的计算机知识，因此网上交易对客户的要求相对比较高，这导致网上交易商与传统营业部之间的客户群定位有比较大的差异。而且证券交易与商品交易不同，佣金价格占交易总成本的比重是比较低的。投资者是否交易，主要原因不在于佣金的高低，而是考虑投资的收益和投资的便捷程度。

因此，可以将客户分为两类：一类为目前习惯去营业部交易的投资者和机构投资者；另一类为习惯非现场交易的投资者。在短时间内，营业部与网上交易的竞争焦点，主要集中在非现场交易的客户身上。根据上述竞争模型的结果可知，营业部非现场交易客户的佣金价格有向网上交易的佣金价格靠拢的趋势。而对于第一类传统客户，营业部的竞争对手主要还是其它营业部，佣金价格将视成本和投资者偏好程度而定。

从长期来看，随着我国互联网的普及和投资者教育程度的提高，网上交易的客户群越来越大，而传统营业部的客户群会逐步缩小。因此，随着互联网的不断发展，从事网上交易的客户会越来越多。由于网上交易存在佣金较低的优势，因此，将极大地冲击传统营业部的客户，特别是对传统营业部的非现场客户影响最大。

四、主要结论

通过模型分析，得出以下结论：(1)、在固定佣金制下，由于佣金价格固定不变，投资者选择营业部主要是考虑距离的远近和交易的方便程度，因此营业部基本不存在竞争。客户多少主要在于营业部所处区域的投资者数量和营业部数量。券商提升经纪业务盈利的手段，主要是增加营业部数量。(2)、在浮动佣金制下，营业部竞争均衡价格等于营业部成本加上投资者运输成本减去投资者偏好。由于不同地区的投资者存在非常大的旅行成本，故不同地区的营业部佣金价格不具备竞争性；而同一地区由于旅行成本较低，佣金价格竞争激烈，故在营业部较少地区，由于投资者存在非常大的旅行成本，营业部佣金基本接近垄断价格。而发达地区由于营业部众多，佣金水平较低。(3)、投资者偏好这一特性将进一步加剧营业部的佣金价格战。(4)、不同规模的营业部竞争结果表明，规模大的营业部会呈现成交量集中的趋势，且投资者偏好程度越高，集中趋势越明显。(5)、网上交易商之间的价格战比营业部更激烈，同时也导致营业部非现场交易客户的佣金价格大大低于现场交易的客户。网上交易对营业部客户的冲击主要集中在非现场客户方面，但随着网上交易的发展，营业部中传统现场客户也将受到影响。

营业部竞争状态实证研究

接下来，我们通过一系列的实证研究来验证上述的一些结论。实证研究数据来源于中国证监会、上海证券交易所和深圳证券交易所网站。我们共选取全国190家证券公司(包括兼营证券经纪业务的信托投资公司)，以及2165家证券营业部作为样本数据。统计方法包括相关分析、回归分析、单因子独立样本变异数分析。

实证研究发现：

1、浮动佣金制下，经纪业务集中度稳步增加。以证券公司为样本，前5家证券公司的市场占有率在浮动佣金制实施后5个月内从26.39%提升到了28.05%，增幅为6.29%；以证券营业部为样本，前10家营业部的市场占有率从5.49%上升到7.78%，增幅高达41%。

2、市场交投清淡加剧市场集中度的增加。相关分析表明，市场集中度与成交额呈显著负相关。2001年下半年以来，市场持续低迷。浮动佣金制在这样的状况下出台，成为加速和促进营业部优胜劣汰的因素。

3、证券公司营业部规模效应明显。从回归和相关性分析的结果来看：营业部数量规模大的证券公司，其每家证券营业部的经纪价值显著高于规模小的证券公司的营业部。

4、综合类证券公司并未充分利用浮动佣金制度获得显著优势。对营业部按照所属证券公司的分类进行分组，属于综合类证券公司的营业部746家；过渡期证券公司的营业部865家，经纪类证券公司的营业部144家。利用SPSS软件单因子独立样本变异数分析方法研究的结果显示：三类证券公司的营业部在浮动佣金制实施前后并未表现出显著的差异性。将三类证券公司的营业部进行两两分析，综合类证券公司和过渡期证券公司，综合类证券公司和经纪类证券公司，经纪类证券公司和过渡期证券公司，这三组营业部样本差异显著性检验也都未能通过。这表明，在经纪业务方面，综合类证券公司并未充分利用浮动佣金制度获得显著优势。

证券经纪业务市场集中度的逐步提高，表明大型综合类证券公司的规模效应正在发挥作用。但是，实证结果表明，综合类证券公司的品牌优势及综合能力并未能有效转化为经纪业务的竞争优势。这也从一个侧面说明，目前证券经纪业务是以相互分割、独立经营的营业部形态存在的。综合类券商要想充分发挥其综合优势，还需在资源整合、业务优势互补等方面加大力度。

在对营业部外部经营环境进行上述理论和实证研究后，我们又对营业部内部的经营状况进行了盈亏分析和敏感研究。通过分析营业部收入成本的构成结构和现状可知，2002年全国营业部总体盈亏基本相抵。但是，由于营业部经纪业务的非均衡分布，50%的市场份额是被不到22%的营业部所拥有，所以，大部分营业部处于亏损状态。

在敏感分析中，通过对影响营业部盈利能力的五大因素进行分析，结果表明：调整营业部盈亏的最有效的方法为减少全国营业部数量，其次为营业部投入成本的削减，尤其是固定成本，包括营业场所租金和固定资产折旧，佣金价格的增加或成交量的增加对营业部盈亏的影响能力位居第三。

综合上述的分析结果，可以得出以下结论：

1、营业部进入微利经营时代。上述理论探讨和实证研究表明，证券营业部在浮动佣金制实施后，整体经营环境和经营状况发生了巨大的变化。固定佣金制下的营业部盈利模式已彻底改变，浮动佣金制的实施和网上交易的兴起，彻底改变了原有的获取垄断利润的经营环境；市场份额的减少和竞争的激烈，将使营业部经营全面进入微利阶段。

2、营业部规模必须压缩，成本控制是目前最好的手段。几方面的因素导致了营业部必须压缩规模：首先，由于非现场客户的增加，必然导致现场客户的减少；其次，2002年全国大部分营业部处于亏损境地，而下半年成交量进一步萎缩，亏损面将进一步加剧；第三，营业部数量的减少是比较漫长的过程。因此，减少成本是目前营业部保持盈利能力最有效的手段。

3、营业部布局必须抓大放小。营业部经营一方面存在着规模经济效益，另一方面营业部经营规模必须压缩，因此证券公司在营业部布局上只有抓大放小，才能既保持重点营业部的规模效益，又能控制营业部的整体经营成本。尽可能增加经纪业务的利润。

根据以上的结论，营业部传统的经营模式已不适合目前所处的经营环境，到了必须改变的时候。故提出以下五点建议：

1、推行营业部分级管理模式。随着营业部集中度的增加，众多营业部将处于亏损状态，经纪业务的萎缩在所难免。营业部整齐划一的组织模式面临变革。业绩处于领先的营业部应当处于较高级别，而业绩处于下游的营业部应退居从属地位。营业部的管理以核心营业部为中心。次级营业部在管理上应减少层次，减少部门，减少部门经理。这样的差异化管理可减少券商席位费、卫星通讯、系统维护等电子设备费用和场地租赁的开销。同一区域的营业部还可以在功能上进行合并。比如，办公室行政功能、营销功能应当进行合并管理，以减少开支，提高整体经济效益。

2、加快营业部功能的重组。日本著名的产业组织理论权威马场正雄指出，产业发展放缓将会导致企业的兼并重组，从而促使行业集中度上升。而营业部的合并和撤消，将最大程度保持营业部的总体盈利能力。一直以来，证券公司的经纪业务都是以证券营业部为营运中心，证券营业部具有非常强的独立性。这种组织结构一直存续至今。在市场规模处于不断上升的阶段，营业部就是跑马圈地的阵地，这种模式起到了很好的积极作用。随着市场交易的逐步萎缩，浮动佣金制度的推出，营业部普遍处于亏损状态。这迫使营业部不得不从以交易为中心转向以客户为中心，从单一证券经纪为主转向综合性金融服务的发展方向。在市场竞争趋于激烈、生存环境严峻的今天，营业部的经营管理应当做到资源集中、管理集中、业务集中以及风险控制集中。营业部应当充分利用公司的各种优势，打通各个部门的交流障碍。

3、发挥营业部代理中介功能。目前，营业部的收入主要来源于证券交易这一单一交易品种，证券市场的活跃与否直接决定了营业部的经营状况。在证券市场低迷时期，如何增加营业部的其他收入，应是营业部必须考虑的问题。目前，国内金融服务业的混业经营还没有开放，营业部应在政策允许的范围内积极开拓新业务，比如，代销开放式基金、保险、信托产品等。营业部代理保险经纪业务、开放式基金发行业务等都是很好的尝试，而银行网点部分取代证券经纪业务网点的趋势将会越来越明显。综合类证券公司的经纪业务加强与投资银行、证券研究紧密合作将越趋重要，竞争优势离不开全方位的增值服务。同时，营业部要大力发展专业型的经纪人。国外证券公司相对于其他金融企业的优势之一，就在于其拥有许多专业化的经纪人。这些经纪人同时拥有各种保险、基金、股票以及其他证券的销售执照，可以根据不同客户的个性化需求，提供全面的理财服务。

4、上移客户管理和投资顾问功能。实证研究表明，在浮动佣金制实施前后，综合类证券公司的营业部并未能比其他类别的营业部取得更好的成绩。也就是说，综合类证券公司的各项综合优势，比如投资银行、证券研究等，并未能很好地与经纪业务相结合，从而使公司的品牌优势得以全面体现。营业部客户管理和投资顾问的集中管理，既有利于降低营业部的投资成本，为营业部转型提供条件，也有利于更好地发挥证券公司的其他业务优势。

5、加强非现场交易。网上交易、电话委托、远程交易等非现场交易方式，由于边际成本较低，在非现场交易的客户中具有很强的竞争优势。随着互联网的不断发展和普及，从事非现场交易的客户将急剧膨胀。券商应充分利用网上交易等非现场交易手段来扩大中小城市市场，以弥补营业部模式的不足，促进经纪业务在更大程度上成为一种规模经济。

课题单位：上海金信证券研究所有限责任公司

课题成员：李康　杨兴君　杨雄

股票指数基金与指数投资管理

现代金融学的基础

现代金融学的一个重要基础理论之一是 H markowitz 投资组合选择理论。markowitz 投资组合理论通过经济学中的效用函数的概念解决了投资组合中的证券选择问题，使得金融投资过程中的证券选择问题变成数学上的效用函数最优化问题。所谓的效用就是人们对拥有财富的满意程度。在 1952 的论文中，markowitz 指出投资者的效用函数是风险资产投资收益率的二次函数，在收益率满足统计学上的正态分布条件下，最优投资组合的解就是在给定风险水平前提下，收益率最大的投资组合；或者说，给定收益率水平前提下，风险最小的投资组合。在收益率与收益率的标准差（方差的平方根）所构成的坐标系中，所有可行的投资组合构成的集合称为可行集，图中曲线包含的部分；单位风险提供最高收益率的投资组合构成的集合称为有效集，也称为有效边界。

现代金融学的第二个重要基础理论是资本资产定价模型(CAPM)，分别是 WF Fharpe，J Lintner 和 J Mossin 于 20 世纪 60 年代中期独立研究的成果。模型假设：所有的投资者拥有相同的信息；拥有平等的机会进入市场；使用 markowitz 的均值一方差定理选择投资组合；每个投资者以相同的无风险利率 Rf 借贷无风险资产。在这样一些前提下，有效边界将变成一条直线，并且与 markowitz 的均值一方差定理选择的有效边界是相切的（有且只有一个交点），这样的一条直线称为资本市场线。资本市场线与 markowitz 的均值一方差定理选择的有效边界的交点被称为市场组合。CAPM 的重要结论是：市场组合是有效；无论投资者个人的风险收益喜好是什么样，均选择持有市场组合；投资者在市场组合和无风险资产（借或贷）之间分配其个人资产。其中结论 3 也被称为分离定理(Feparation Theorem)。

CAPM 另外一个重要的结论是推理出均衡状态下，投资组合或者单一证券的收益率与风险的关系式。

现代金融学的第三个重要基础理论是有效市场假设。这一理论可以归结为下列三点：由于任何证券的价格在任何时候等于其内在价值，所以定价不合理的证券不存在，因此投资者只能获取 CAPM 模型所描述的经风险调整后的平均回报；由于影响证券价格的信息是随机产生的，并且这种信息迅速反应在证券价格中，因此证券价格的变动是随机的；如果市场出现非有效状态或者某一证券的定价不合理，市场中成千上万的分析师和机构投资者会迅速发现这样的机会，投资者也会迅速采取买卖行为，因而市场会在很短时间内恢复到有效状态，定价高或低的证券也会恢复到内在价值附近。

上述三个理论是现代金融学的重要基础；但是在后来的研究中，一些学者发现实际投资过程中存在与上述理论相悖的地方。

股票风格投资策略的产生

经学者研究发现的与现代金融学相悖的现象正被投资者利用制定特殊的投资策略来获取超额收益。其中股票风格投资策略是基金采用最多的投资策略。所谓股票风格投资策略是指通过投资定价不合理的股票获取超过市场平均收益水平之上的超额收益的投资策略，股票定价不合理的依据是经验观察到的一些与现代金融学相悖的现象。目前，投资业界比较认同的三个影响股票风格的因素是：上市公司的成长性、上市公司的价值性、上市公司的规模。

成长型股票投资策略是通过投资盈利增长远远超过总体经济平均增长水平的上市公司，获取超出市场平均水平之上的超额收益的一种股票投资策略。上市公司预期盈利增长水平常用来定义成长型股票；盈利增长较快的上市公司预示着成长性较好。另外3—5年的历史盈利增长率、增长率的变动幅度、盈利价格比、股本回报率、资产回报率、负债率等财务指标也用来定义成长性股票。

价值型股票投资策略是通过投资价值被低估的股票获取超出市场平均水平之上的超额收益的一种股票投资策略。衡量股票被低估的指标包括:净值价格比、收入价格比、现金流价格比、盈利价格比、分红收益率等财务指标;这些指标数值偏大的股票存在价值被低估的可能。

衡量上市公司规模最常用的指标是总市值。如果上市公司规模仅分为大型和小型两种,国外通常以8亿美元市值为界限,市值大于8亿美元的上市公司被称为大型股票;小于8亿美元的上市公司被称为小型股票。如果上市公司的规模分为大型、中型、小型三种,则分界点分别是8亿美元市值和100亿美元市值;市值小于8亿美元的称为小型股票,市值介于8亿美元和100亿美元之间的称为中型股票,市值大于100亿美元的称为大型股票。

基于成长价值型风格和三种不同的上市公司规模,投资者创建了6种股票风格投资策略,大盘成长型股票投资策略、大盘价值型股票投资策略、中盘成长型股票投资策略、中盘价值型股票投资策略、小盘成长型股票投资策略、小盘价值型股票投资策略。

国内股市风格投资策略

有效性研究　早在二十世纪九十年代中期开始,就有学者开始研究中国股票市场的有效性问题。俞乔(1994)通过分析1990年12月29日至1994年4月28日其间上证综合指数和深圳综合指数的变动趋势,得出结论这段时期的沪深市场不具有弱有效性特征。杨朝军等(1997)和陈小悦等(1997)分别研究发现中国股票市场已具备了弱有效性,但是尚未达到半强有效性的特征。赵宇龙(1998)研究发现年度会计盈余信息的披露与股票非正常报酬率有显著的统计意义。宋颂兴和金伟根(1995)利用CAPM模型计算了上海股票市场29种股票的周收益率和风险值 以及经风险调整的收益率,并将股本分为大小不同的6组,从而证明了上海股票市场存在小公司效应。

华夏证券研究所利用1996和1999年沪深股票市场的数据进行了股票市场有效性的研究,研究结果表明上海深圳两地的股票市场已经具备了弱有效特征,但是仍然不满足半强有效性的假设。华夏证券研究所还进行了财务指标与股票价格关联性的研究。通过对1993—1999年的数据进行实证研究得到:每股盈余、每股净资产、净资产收益率三个指标对股票价格的解释能力较强,在股票定价中发挥着重要作用;不同行业、不同股本、不同业绩的公司在牛、熊、平衡市等股市的不同阶段表现出较大的差异性。上述实证研究结果为我们制定中国股票市场上的风格投资策略奠定了一定的基础。

实证研究　为了研究国内股票风格投资策略,我们编制了华夏大、中、小盘和成长、价值、平衡共九种风格股票指数。华夏风格股票指数的样本股是剔除ST、PT股票后所有正常交易的沪深A股;大、中、小盘的划分标准是按股票总市值的大小将所有备选样本股分成数量相等的三组;成长、平衡、价值的划分标准是按Ln P/B值的大小将所有备选样本股分成数量相等的三组;所有备选样本股票按照上述两种标准分成九组分别计算华夏大盘成长、华夏大盘平衡、华夏大盘价值;华夏中盘成长、华夏中盘平衡、华夏中盘价值、华夏小盘成长、华夏小盘平衡、华夏小盘价值。华夏风格股票指数以1997年12月31日为基期,基期点数为1000。华夏风格股票指数采用当前国际上流行的帕氏加权法,以流通市值加权计算。每年5月1日和10月1日对样本股进行两次调整。

从近三年的市场表现看(年化收益率),小盘股票的表现好于中盘股票,中盘股票好于大盘股票;价值型股票好于成长型股票。在近一年股票市场下跌过程中,大盘成长型股票和大盘价值型股票表现要好于上证系列指数和华夏300指数及华夏100指数,呈现出一定的抗跌性。

国外主要股票风格指数

股票风格指数是用来测量特定风格股票或者股票市场总体中特定部分的变动方向及大小的一个指标;股票风格指数是衡量采取特定风格投资策略的基金业绩的基准;各种股票风格指数也是投资者分析投资业绩贡献率的基础;对于机构投资者,股票风格指数还是进行风险管理和资产配置的工具。

F&P/BARRA风格指数　F&P/BARRA风格指数是Ftandard&Poor's Corporation和BARRA,Inc. 于1992年联合推出的指数系列,包括:F&P500/BARRA成长指数,F&P500/BARRA价值指数,F&P中盘400/BARRA成长指数,F&P中盘400/BARRA价值指数,F&P小盘600/BARRA成长指数,F&P小盘600/BARRA价值指数。F&P500、F&P中盘400和F&P小盘600的1500只样本股是美国股票市场全部股票的代表,分别代表大型上市公司、中型上市公司和小型上市公司。每种规模的股票按照净值价格比(B/P)由大到小排列,数值较大的股票定义为价值型股票;直到累计市值之和为每种规模上市公司市值总和的一半时为止,其余股票定义为成长型股票。指数计算时是按市值加权的方法计算。F&P/BARRA风格指数每年调整两次,时间是每年的1月1日和7月1日,调整依据的股票价格数据规定为上一年11月30日的收盘价格和5月31日的收盘价格。

MFCI风格指数　MFCI风格指数是Morgan Ftanley Capital Internationgal (MFCI)与Independence International Associates Inc.共同建立并维护的全球性股票风格指数。MFCI的全球股票指数覆盖全球51个国家或地区的股票市场,其中24个发达国家或地区的市场和27个新兴市常每个国家或地区的样本股票按照净值价格比由小到大排列,数值较小的股票定义为成长型股票;直到累计市值之和为每个国家或地区样本股市值总和的一半时为止,其余股票定义为价值型股票。按照市值加权的方法计算指数。MFCI风格指数每年调整两次以反映股票市值和净值价格比的变化,调整时间是每年的2月及8月的最后一个交易日。MFCI风格指数对哪些在全球股票市场上采用风格股票投资策略的机构投资者影响很大,特别是当MFCI宣布将对其指数的样本股进行调整时,往往会在全球股票市场引起反响。

主动型与被动型投资策略

所谓主动型投资策略是指,基金经理的投资目标是超越股票指数的表现或者在同类基金中争取业绩领先。主动型投资策略的实施可以通过从上到下的方法,先股票市场总体趋势研究,然后选择行业,在行业内选择股票进行投资;还可以通过从下到上的方法,直接选择股票,构建投资组合。主动型投资策略还可以通过资产配置的方法,在股票、债券、现金等不同资产类型上根据每个市场的变动前景进行合理的资产分配,以达到超越股票市场的目的。被动型投资策略,也被称为指数化投资策略,是指基金经理的投资目标是为了匹配追踪指数的投资收益和波动大校指数化投资策略可以采用完全复制的方法、分层抽样的方法和最优化的方法来追踪指数。为了与目标指数的表现一致，指数化投资策略必须满仓操作。

指数基金与指数存托凭证

采用被动型投资策略的基金被称为指数基金，指数基金与采用主动型投资策略的基金相比成本较低，首先是基金管理费较低，美国主动型基金的平均管理费水平是1%；而指数基金的平均管理费水平是0.5%。其次是交易费用较低，由于指数基金采取满仓操作的方式，基金的证券交易量远远小于为了超越指数频繁更换持仓品种的采用主动型投资策略的基金。再有指数基金买入并持有的投资策略大大降低了资本利得税赋。

指数存托凭证也是追踪指数采取被动型投资策略的基金，投资者可以象买卖开放式基金那样申购或赎回指数存托凭证，也可以按照指数的构成比例购买股票然后变换成基金单位，或者赎回时要求支付股票而不是现金。指数存托凭证是挂盘交易的，但是与封闭式基金相比溢价或折价的比例均较校

由于指数存托凭证和其所持有的股票都是挂盘交易的品种，受供求关系的影响指数存托凭证的价格可能与其所持有的股票的价值产生偏差，由于指数存托凭证有生成基金单位和赎回股票的机制，这就使得投资者有了套利机会；这也是指数存托凭证的溢价或折价幅度远远小于一般封闭式基金的原因。

增强型指数基金　增强型指数投资策略是在指数投资策略的框架内，有限度地使用主动型投资策略（增强的方法），以达到超越目标指数表现的目的。有两种进行增强的方法，一是选择股票投资进行增强的方法；在按目标指数结构进行部分资产分配（例如80%）的基础上，将剩余资产（例如20%）投向有升值潜力的个股、行业、板块进行适当比例的增仓；或者对没有升值潜力的个股、行业、板块进行适当比例的减仓。还可以在不同风格的股票上增减仓位以达到增强指数投资效果的目的。另一种增强的方法是进行金融衍生产品的投资，例如买入看多的股票指数期货，合约价值与基金的资产规模相当；由于股票指数期货的杠杆作用，只需要较少的资金就可以复制股票指数的表现。剩余的资金投资于固定收益证券或者货币市场工具，只要这部分投资的收益超过购买股票指数期货的成本，就达到了增强指数投资的效果。

国外主要股票指数　道琼斯工业股价指数是30只蓝筹股构成的、按价格加权计算的成份股指数，1896年5月开始发布。被选入的样本股一般有较好的声誉、表现出持续的增长能力、能够引起大多数投资者的投资兴趣、准确反映指数所覆盖行业的变动情况。

F&P500指数是美国最大的500家上市公司的股票，包括400只工业股、40只公共事业股、20只运输股和40只金融股构成的、按市值加权计算的成份股指数。F&P500指数的基期是1941—1943，这段其间样本股的平均总市值对应的指数值定义为10。1971年2月5日起，覆盖所有股票的、按市值加权计算的综合指数——Nasdaq综合指数诞生；基期指数值为100。目前Nasdaq综合指数包括4000多家上市公司的股票。

国内主要股票指数　上海股票市场综合指数包括了上交所上市的所有股票，按总市值加权的、算术平均的股票指数；基期为1990年12月19日，基期指数值定义为100。

上证180指数是1996年7月1日起正式发布的上证30指数的延续，基点为2002年6月28日上证30指数的收盘指数3299.05点，2002年7月1日正式发布。

深证综合指数包括了在深圳证券交易所上市的所有股票，以总市值加权经过算术平均而得到的综合股票指数；基期为1991年4月3日，基期指数值定义为100。

深证100指数从2003年第一个交易日开始编制和发布，以2002年12月31日为基准日，基日指数定为1000点。深证100指数选取在深交所上市的100只A股作为成份股，采用派氏综合法编制，以成份股的可流通A股数为权数。

股票指数的功能及种类

一般来说，股票指数有四种功能，第一表征功能，宏观地反映股票市场特定部分或者整体变动趋势的指标；第二投资功能，股票指数本身是被动式投资管理的投资对象，这种投资策略的目标就是模拟被追踪股票指数的表现；第三评价功能，股票指数是衡量投资业绩的相对指标，特别是用于衡量机构投资者的业绩；第四风险控制的工具，股票指数是开发许多金融产品的基础，例如股票指数期货和股票指数期权等，这些金融衍生产品是投资者进行风险控制的工具。

股票指数大体上可以分为两类：一类是包括股票市场所有股票的综合指数；另一类是包括股票市场部分股票的成份股指数。由于成份股指数仅包括股票市场的部分股票，所以编制成份股指数将面临如何选择样本股的问题；这也是指数设计中最敏感的问题。一般说来，选择成份股指数的样本股要考虑样本股的市场代表性、行业代表性、流动性等因素。

课题单位：华夏证券股份有限公司

课题成员：谢朝斌　张望　胡志光　孙庆

我国证券公司退出机制研究

我国证券公司退出存在的问题

纵观我国证券公司退出的历史和现状，可以发现存在以下问题：

一、缺乏系统完善的法律法规和操作程序。证券公司作为一类特殊的公司，具有与一般公司不同的特性，但我国并没有针对这些特性对其破产、解散、关闭等退出程序作出具体规定。1999年《公司法》第8章规范了公司的破产、解散、行政关闭等退出方式，但并未就公司退出程序作出具体阐述。而对破产还债等程序作出具体规定的法律法规有《中华人民共和国企业破产法（试行）》（1986）、《中华人民共和国民事诉讼法》，前者适用于全民所有制企业，后者适用于一般企业法人。因此，在实务中，企业退出往往是根据债务人的所有制性质选择相应法律中的程序，这与我国证券市场的市场化、国际化趋势不相符合。

二、对证券公司退出可能带来的风险缺乏完善的防范体系。证券公司不同于一般公司的最大特征在于其风险具有扩散性、放大性，证券公司破产或解散退出后往往对证券市场甚至整个金融体系和国民经济产生巨大的冲击。因此，对证券公司营运的监控和预警有待进一步加强。

三、我国证券公司退出以被动式退出为主。成熟市场中的证券公司退出大多表现为市场化并购方式的主动性退出，这种并购式退出有利于券商的规模扩张与业务整合、增强券商的竞争力。而在我国，无论是鞍山证券、大连证券等专营证券机构的退出，还是广国投、中经开等兼营证券机构的退出，几乎都是资不抵债后被动退出，惟有锦州证券是主动性并购退

出，这说明我国证券公司的退出还停留在较低层次。

四、管理层对证券公司退出过度干预。在证券公司退出的初期，管理层以法律和市场情势为依据进行适当干预有其积极意义。但从我国的现状来看，证券公司的退出基本以行政干预为主。证券公司是否退出、如何退出；证券兼营机构的整顿、合并重组等均由政府决定。这种行政主导的退出往往会造成交易成本的提高和效率的损失，有可能加剧系统性风险。

海外证券公司退出的主要特点

在国际成熟的市场上，证券公司通过破产、并购等方式退出市场的现象已非常普遍。发达国家对防范证券公司退出风险都非常重视，普遍建立了完备的券商退出机制。

一、完善的法规和合理的退出程序设计。首先，国际成熟市场在证券公司退出的各个环节都有完整的立法。一是针对券商的经营和财务状况制定一系列法规。二是一些国家对券商的破产专门立法，推进危机券商的自愿重组，保护与快速重组那些具有生存能力的企业，使之成为持续经营的实体；迅速完成对不具有生存能力企业的清盘。其次，各国政府在券商退出方式上也有多种选择。泰国关闭了全部金融公司；韩国关闭了一些小银行；印尼关闭了几家劣质银行；马来西亚则是对金融机构进行大规模的合并。此外这些国家还通过国有化、出售给外资、或通过控股制度实现集中等方式重组金融机构。实践表明，这些措施的实施及时控制了系统风险的爆发。最后，政府在证券公司退出程序中大力加强市场化处理力度。在亚洲，政府强化不良债权处理的具体方式有：冲销或将债务出售给第三者、移交给资产管理公司、执行企业债务重组计划等等。

二、确立了以监控流动性风险为核心的风险预警指标体系。为全面反映证券公司资产流动性和整体业务的经营风险，国际证券业基本形成了以防范流动性风险为核心的整体风险防范和预警体系，实现了风险管理内容指标化、风险管理技术数量化。其目的在于要求证券公司有充足的资本和净资本，以保护客户的利益，避免对市场产生过大的冲击。

三、普遍建立了中小投资者保护机制。从实践经验看，证券投资者保护制度不仅为合理解决证券公司的退出问题消除了障碍，在确保投资者正当权益、防止金融风险传播和扩散等方面发挥着与存款保险机制相同的作用。概括而言，投资者保护制度的主要特点为：大多数国家的投资者保护机制都建立在明确立法基础之上，并设有投资者保护机构；侧重保护中小投资者的权益；投资者保护基金的资金来源于会员交纳的会费及投资收益。

定　义

在本文中，证券公司退出是指证券公司作为法人退出证券业，不再存续。根据这一定义，证券公司退出可以分为主动式退出和被动式退出。

主动式退出也称自愿退出，它主要包括以下三种情形：(1)公司章程规定的营业期限届满或者公司章程规定的其他解散事由出现时；(2)股东会决议解散；(3)因公司合并或者分立需要解散的。被动式退出也称强制性退出，它主要包含两种情形：(1)公司因不能清偿到期债务，被依法宣告破产；(2)公司违反法律、行政法规被依法责令关闭。本文将重点探讨证券公司被动式退出时的有关法律法规、程序及相关配套措施。

证券公司退出机制是指，让满足一定条件的证券公司通过一定渠道而退出的一整套立法、制度安排、程序以及与之相应的保护投资者利益、防范风险扩散的配套措施等。

相关法规的完善及配套措施

相关法律法规的完善　进一步完善证券公司退出的有关法律法规是建立健全证券公司退出机制的重要环节。通过对我国有关法律法规的考察，我们提出以下几点建议：

建立临时财产管理人制度　为了确保债权人受偿权益，建议设立临时财产管理人制度，在债权人有充分理由说明财产存在损失可能的情况下，由法院出面会同管理层指定有资格的机构担当临时财产管理人。临时财产管理人的主要职能是接管危机证券公司的所有财产；接管或监控其经营活动。一待清算组成立进驻后，临时财产管理人将所接管的财产移交破产管理人或清算管理人。

设立监督人制度　监督人作为债权人会议的常设代表机关，负责召集债权人会议，代表债权人的共同利益监督破产程序的实施，维护债权人的利益。具体由债权人会议根据债权人的多少、破产财产价值的大孝破产财产处置程序的复杂程度决定是否设立监督人，确定相应的监督人人眩

依职权宣告破产。有必要对券商破产退出引入依职权宣告破产的法律规范。即法院在没有得到债权人或债务人申请破产的情况下，经查实券商(债务人)有不能清偿债务的事实时，在征得证监会的同意下，宣告券商破产退出。

设立投资者保护基金　成立投资者保护基金目的在于运用市场手段对投资者进行赔偿，一方面，作为保护投资者权益的最后补救措施，将有助于保护投资者利益、增强投资者信心；另一方面，有利于对会员公司运营状况进行持续监督，并在较大程度上化解单个券商破产风险。

投资者保护机构的组织模式。考虑到我国的实际情况，投资者保护基金可设为自律性组织，采取独立模式，由中国证券业协会、深圳证券交易所、上海证券交易所等发起成立。投资者保护基金内部设立管理委员会负责基金运营，委员会成员若干名，其中来自社会公众的比例不低于1/3。委员会定期召开会议，研究基金运作管理问题、制订基金投资政策。

考虑到我国证券市场尚不规范、证券公司风险防范能力差的现实，建议监管机构应强制所有证券交易商都必须接受投资者保护计划。

投资者保护基金的资金来源。投资者保护基金的资金来源主要包括会员会费及其投资收益。

(1)会员缴费。从证券市场发达国家惯例来看，会费的形式包括一次性会费、年度会费及临时性会费；会费金额根据会员营业规模、业务类别、经营管理水平或风险水平等因素确定。考虑到我国国情，我国的投资者保护基金会费应采取两部定价的方式。

(2)投资收益。积极对基金资产进行管理和运用并获取投资收益，是投资者保护基金运作的重要方面。我国的投资者保护基金也应对基金资产积极运用，但要坚持“在确保资产安全性、流动性的前提下追求一定的投资收益”原则。在具体运作上，可以选择资本运作水平较高的基金管理公司、资产管理公司作为委托人；在投资品种选择上，应以国债为主。

投资者保护基金的赔付机制。基金应制定严格的赔付条件和赔偿程序并限制最高赔付数额。

(1)赔偿条件。赔偿对象是会员机构的中小投资者；赔偿时机是在监管层确认会员公司确因经营失败而濒临破产、无法履行对利益相关者的偿债义务之后；赔偿范围应仅限于因会员机构破产引起的账户损失；实行限额赔偿原则，根据证券市场发展水平、投资者平均投资额等确定最高赔偿限额。

(2)赔偿程序。赔偿程序始于对会员机构赔偿条件的确

定，并包括清算、理赔及投资者上诉等几个阶段。

其他制度安排　除完善相关法律法规、建立投资者保护机制之外，监管层还应在监管机制、市场竞争机制和公司治理机制等方面进行一系列相关制度安排。

一、监管机制方面。实施风险目标管理。通过风险预警系统，对券商风险状态作出判断，对出现异动的券商实施现场检查和非现场监测，及时了解情况并实施相应的监管措施，将事后型监管变为预防型监管。强化并规范券商的信息披露。要求非上市证券公司以指定的方式向监管机构及相关利益者进行充分的信息披露；公开对券商的检查结果及券商违法违规事实真相；对于制造虚假信息危害投资者利益的，追究其高管人员的法律责任。二、公司治理机制方面。完善券商内控机制。要求券商内部建立专门的风险管理委员会，负责制定风险控制政策和实施办法、检查公司经营状况；同时，将风险管理的职能和指标细化，形成完善的风险控制系统。借助资本市场对券商实施外部监督。一是通过上市等方式扩大券商股本规模、改善股权结构，提高股权多元化程度和股权流通性。使股票市场的代理权竞争、股票期权等机制发挥效用。二是开放券商长期债权融资渠道，发挥债权人对券商运作的监督作用。推动金融控股公司的形成，实现资产规模化、经营多元化、并有效分散和隔离各种业务所带来的风险，从而大大增强公司竞争实力和抗风险能力。

三、市场竞争机制方面。制定优惠政策，积极鼓励市场化并购。

启　示

根据我国实际情况和国外成熟市场的经验，我们认为，建立我国证券公司退出机制已迫在眉睫，在设计券商退出机制时应重点考虑以下几点：

一是设计基于审慎性和市场化原则的退出程序，全程化监控和防范金融风险，同时提出与退出程序相配套的法律法规修改建议。二是设计科学而且富有操作性的风险预警体系，以监控流动性风险为核心，兼顾法律、信用、操作和市场风险等，便于及早并客观地揭示券商潜在危机，同时为选择券商退出途径打下基础。三是设立投资者保护基金，一方面为投资者提供一个监督券商的利益代言人，能够在平常实时监督券商行为；另一方面当出现券商破产危机时，能够及时保护中小投资者权益。

我国证券公司退出程序设计

证券公司退出机制的设计应包括风险预警系统的构建、退出程序的设计、相关配套措施的完善等过程。证券公司的退出应遵循市场化、审慎性和保护投资者利益原则。审慎性原则要求监管机构应给予危机证券公司一定宽限期、鼓励其寻求并购或整改，而破产程序中也应给予证券公司重整机会。保护投资者原则要求券商退出时应通过制度安排（如建立风险预警机制和投资者保护机制）优先保障投资者的利益。

根据退出的原则，在预警机制监督并发现问题证券公司的基础上，退出程序根据问题证券公司危机程度的不同采取不同的处理措施。

一、“存在问题较多、已影响到日常运营”的证券公司。监管层可鼓励其市场化并购，同时采取非正式的监管行动，如以信函等形式对经营业务限期整改：必须维持规定的资本充足率水平，如果资本充足率水平低于预警标准，必须限期补充资本金；实施任何可能影响资本充足率的并购等行为时，必须经监管机构同意；在经营状况改善之前，停止向高管人员支付任何形式的补贴或奖金；在限制期内，券商向监管层报送经营计划并分析实施计划对公司收益、资产质量及资本充足性的影响。若整改未达到预期目的，监管层应将券商定性为"存在严重潜在风险、破产可能性很大"的证券公司，并采取进一步的监管措施。

二、“存在严重潜在风险、破产可能性很大”的证券公司。监管层应促使券商寻求市场并购，同时采取正式监管行动：采取限制措施、限期整改。如对证券营业许可证强加有效期限或添加其他特定条件，限制证券公司的业务范围；限期补充净资本金；要求证券公司更换高管人员；以书面形式向监管层递交经营计划，对资产的增长和结构、收益数量和质量、流动性及筹资能力、预期的股息分配水平等进行分析。

三、“濒临破产”的证券公司。这类证券公司面临生存危机，很可能已经资不抵债，可根据进一步调查结果决定是否通过解散、撤消、破产等途径退出。

证监会撤销。当证券公司出现严重违反法律法规的情况时，证监会可依法关闭该证券公司：证监会向证券公司发布撤消命令；证监会组织相关人员对证券公司进行清算；在清算期间，若发现证券公司已经资不抵债，证监会可终止清算程序，向法院申请该证券公司破产；清算结束后，由工商部门注销登记、监管部门收缴许可证。

债权人、债务人向法院申请破产。当证券公司不能够偿还到期债务，债权人或债务人可直接向法院申请该证券公司破产。

1、重整：法院在受理申请后，指定临时财产管理人，代表债权人和股东利益，与危机证券公司制定重组方案。方案通过后，财产管理人需向证监会提交一份详尽的报告。证监会负责审核并确信公司将所有重要信息告知相关利益者。

2、任命临时管理人接管证券公司。若经过协商不能达成一致意见，相关利益者可向法院申请该证券公司破产。法院受理后，任命临时管理人接管危机证券公司的债权债务和经营活动，以防止其资产质量及经营情况进一步恶化。

3、决定破产前，法院应将有关事宜通知证监会，并征得证监会的同意。

4、在征得证监会同意后，法院宣布该证券公司破产，并立即组织人员组成清算组，进行清算。根据破产公司客户资产的规模，选择若干经营稳健的证券公司（这些公司必须事前提出申请），将该公司客户资产分批转移出去，若出现差额，则由投资者保护基金赔偿。对于证券公司资产，在全面核查的基础上，聘请权威资产评估机构进行评估后进行拍卖，收回资金首先用于补偿拖欠职工工资及欠缴养老保险金，然后按照规定顺序进行债务清偿。法院可以另行任命清算监督人对整个清算过程实施监督。

5、清算结束后，由法院和监管当局予以确认，并由工商部门注销登记、监管部门收缴许可证。、

寻求并购。若证券公司已陷入危机中，但债务人、债权人均未申请破产，相关利益者或证监会可通过适当的方式引导证券公司进行并购。首先推动证券公司进行市场化并购，若无并购方，则尝试引导证券公司进行援助性并购；若仍未果，则向法院申请破产：股东通过市场寻求并购、援助性并购（援助措施包括允许并购方进入新的业务领域、开辟新的市尝扩大分支机构网络、实施减免税政策及获得其他政策优惠等）。

实施退出机制的效应分析

建立健全我国证券公司退出机制的效应主要表现在四个

方面：强化证券公司的激励和自我约束机制，促使其稳健高效经营；有助于改进市场结构，提高证券业整体效率，降低系统性风险；保护投资者和债权人的利益，强化风险教育；有助于提高管理层监管和应对危机的能力。

对证券公司：强化激励机制和自我约束机制，促其高效稳健经营。退出机制的建立将激励公司管理层开拓业务、加强管理，提高经营效率；同时促进公司不断改善内部治理、强化风险控制，使公司步入高效稳健的发展轨道。

对证券业：改进市场结构，降低系统性风险。对整个证券业而言，实施券商退出机制有助于改进证券业市场结构，优化资源配置；有助于推动券商并购重组，丰富券商的成长模式；降低证券金融业系统性风险；提升整个证券业的竞争实力。

对投资者和债权人：强化风险教育，保护正当权益。在《客户交易结算资金管理办法》出台之前，缺乏进一步的实施细则，也没有对历史形成的客户交易结算资金存管体制进行调整，为券商挪用客户交易结算资金提供了可能，在实际运作中形成了较大的缺口。退出机制的建立和完善将有助于保护投资者尤其是增量投资者的利益，同时警醒投资者，强化风险教育。

对券商的债权人来说，退出机制本身便包含了使债权人公平受偿的制度和程序，而且对发生巨大亏损、资不抵债的券商及时宣告破产退出，可以防止其越做越空，最大限度地保障债权人的利益。

对管理层：提高监管和应对危机的能力。实施证券公司退出机制将对管理层监控和防范证券市场风险以及应对券商破产退出所带来的危机提出新的挑战，它将促使管理层调整自身定位，通过加快市场化、国际化、制度化的步伐引导证券业健康成长。

课题单位：国泰君安证券研究所

课题成员：伍永刚　梁　静　许立军

证券投资基金绩效评价研究

我国的证券投资基金虽起步较晚，但发展迅猛。从1998年至今，国内证券投资基金的数量和规模分别从零发展到今天的70多只、1300多亿元；以这样的发展速度，三五年后，国内开放式基金的数量很可能会达到一两百只，投资风格也会更加多样化。然而，国内基金业目前还没有一个完整有效的基金评估体系，这方面争议较大，已成了制约基金业发展的瓶颈。因此可以说，建立证券投资基金绩效综合评价指标体系，已经成为当前我国证券投资基金建设的一个关键性问题，具有十分重要的意义和现实紧迫性。

基金评价体系研究的前沿领域

1968年奥特曼(Altman)开创性地运用判别分析技术对企业的会计指标进行研究，建立了能够对企业是否破产做出预测的Z—Score模型，该模型对于评估业影响是巨大的。

判别分析之所以有效是因为相对于业绩糟糕的基金而言，业绩良好的基金会呈现出不同的业绩相关指标。通过判别分析模型选择适当的角度，将基金业绩相关指标投影到同一维度上进行排序，从而判断基金业绩优劣。

自上个世纪90年代起，人工神经网络(ANN)方法得到研究者和实践者的广泛关注。基金评级其实就是基于基金业绩特征而划分等级，但基金业绩相关指标之间往往表现出非线性的特征，而人工神经网络非常适于描述这种非线性特征。

最近，数据网络分析(DEA)被引入了基金评级中，其优点是无需对资本市场的有效性进行假设，无需对市场组合进行选择，克服了选择基准的不确定性。

国外基金评价体系的历史沿革与研究的热门领域

一、国外基金评价体系的历史沿革 1929年世界性经济危机的一个贡献是，风险的理解与控制开始进入人类经济活动。集中资金投资于风险资产的基金业评价受到关注，早期的基金业绩评估基本上完全以单位资产净值和基金收益率来刻画，现在看来这是非常简单原始的方法。二十世纪六十年代资产组合选择理论、资本资产定价模型和股票价格行为三大金融理论出现，为基金业绩评价创造出新的技术工具，从而开创了一个新时代。

1、基于基金收益率时间序列的基金评价体系。1965年特雷纳在《哈佛商业评论》上发表了《如何评价投资基金的管理》一文，首次提出风险调整收益概念，并创造特雷纳指数。风险调整收益的简单解释是，一个投资品种承担每单位系统风险所对应的收益。随后出现的夏普指数与之有异曲同工之效，不过在业绩评估中被广泛使用的是詹森指数，1969年由詹森首次提出。

这三种经典评价方法虽然被广泛使用，但同时在如CAPM的有效性、无风险收益率的确定、业绩归属的细分等方面因其缺陷，遭到了不少的批评和质疑。在近20多年中，又有一些新的单因素指标相继被提出，如信息率、M—2方法、M—3方法、衰减度等等。

信息率目前已成为国际金融市场评价投资管理者获取有关投资组合信息的一个指标，用以测量每单位非系统风险所带来的收益，是衡量积极型组合的业绩指标。

M—2方法是Modigliani(1997)和Franco Modigliani孙祖俩引入经改进的Sharpe比，使调整组合投资的风险与市场指数或设定组合的风险相等，在风险一致的基础上比较它们之间收益率的差异。Muralidhar(2000)认为，Sharp比、信息率、M—2法不足以有效地进行组合构建和基金业绩排序，问题的关键在于对组合和基准之间标准差的差异调整不够，并且忽略了"组合和基准的相关性"常导致错误排序和评估。鉴于此，Muralidhar出了M—3测度方法。

Stutzer(2000)在损失厌恶的理论基础上，假定投资者最大可能地回避风险，构建了一个新的评价指标，称之为衰减度(Probability of Decay Rate)，该指标最大的特点在于允许收益率收敛于各种分布。

2、基于基金投资组合的基金评价体系基于基金的投资组合，可以得到比基金的历史收益率更多的一些信息。根据这些信息评价基金的表现，可以减小基于基金收益率时间序列的基金评价方法中，基准投资组合和基金经理时机选择能力这两个因素的干扰。

Grinblatth和Titman(1989)指出，基金投资组合权重和投资组合中各股票收益率的协方差总和等于基金经理的时机选择和股票选择对收益率提高的总体贡献。采用此技术，他们研究了一系列共同基金的每季度投资组合，发现基金经理确实有预测未来变化的能力，而且在他们做出投资决策后，通常需要一个季度才能通过市场反映出来。

这类基金评价方法的研究始于上世纪80年代，由于这类评价方法对数据的要求较高，因此目前相关的研究文献相对较少。

二、国外基金评价体系研究的热门领域——证券选择和市场时机选择研究。

Treynor 和 Mazuy(1966)首先提出在 CAPM 模型中添加一个二次项来分析基金经理的选时能力(T－M 模型),Heriksson 和 Merton(1981)提出在 CAPM 模型中引入一个二项式随机变量(H－M 模型),将择时能力定义为:基金经理预测风险资产的收益高于或低于无风险利率的能力。Chang 和 Lewellen(1984)则提出一种基于套利定价理论(APT)的检验方法。为了避免由于基金经理的时机选择引起的偏差,Grinblatt 和 Titman(1989)提出正向期间加权的方法单独对基金的证券选择能力进行检验。由于基金经理的时机选择和证券选择能力很难准确区分开来,Grinblatt 和 Titman(1994)给出了基于 T－M 和 H－M 模型的择时选股能力的整体性检验。

国内研究现状与研究结果分析

目前,我国基金评价体系的理论研究仍处在借鉴国外研究方法,进行实证研究阶段,如国内关于基金业绩评价最初主要是应用基于风险调整的量化指标对基金进行排序分析,如徐涵江(2000)、陈学荣(2000)、黄学庭(2002)等;其后主要集中在基金时机选择和证券选择能力的研究上,如沈维涛(2001)和周晓华(2001)等。汪光成(2002)以中信指数作为市场基准,模拟构造了三因子组合,结合 T－M 模型、H－M 模型以及 GII 模型进行分析等。

国内研究结果显示:经理人不具备显著的时机选择能力(周晓华,2001),但具有一定的证券选择能力,不过对基金的收益贡献并不显著(汪光成,2002),且只有很少的基金经理通过了择时检验(沈维涛,2001)。

为何没有实现预期中的较好表现因可能是由于:(1)样本期间比较短,多数在 1 年到 1 年半左右,且样本期间集中在 2000 年至 2001 年之间,此期间内市场表现为明显的单边上升趋势;(2)我国证券投资基金的发展尚处于起步阶段,诞生也就不过区区几年的历史,与发达国家百年历史相比还显稚嫩,一时的市场表现还不足以表现其全貌;(3)价格扭曲,信用危机、目标迷失、行为失真等种种现象昭示市场可能处于失效状态(联合证券,2001);(4)基金现阶段较高的管理费和交易成本可能在很大程度上损害了基金的绩效表现等。

建立我国基金绩效评价体系的建议

一、基金绩效评价体系研究动态的理论借鉴。从国外基金评价体系的研究动态,结合国内的实际情况,本文以为在以下问题上,我们不必或必须耗费大量的精力:

1、评价方法并不是越先进越好,这是很多经济学理论反复讨论过的。Sharpe(1998)对 Morningstar 公司的风险调整的评级方法、Sharpe 比值、传统的均值－方差三种业绩评价方法进行了比较,发现后者较佳。在基金评价领域,再次验证了这个结论。

2、证券选择和市场时机选择能力是基金超额收益率的来源,此观点研究结论不乐观。一般认为,证券组合投资的收益由三部分组成:一是由于组合投资分散了风险,因承担相应的市场风险而获得的收益;二是由于市场时机选择能力而获得的收益,选择市场时机者总是试图通过测试市场收益,来决定对特定资产的投资策略,以使收益最大化;三是购买被认为是低估的股票来积极管理投资组合,并卖出被高估的股票,经理人的证券选择能力构成了投资收益的第三部分。这一部分,国外研究文献较多,争议较大,研究结论也不乐观。如 Jeffrey(1984)在一篇颇有影响的题为“愚蠢的证券市场时机选择”的文章中谈到把握市场走势不仅很难,而且极为愚蠢。

3、基金业绩评价的持续性无须怀疑国外的研究证明基金表现的延续性有限,基金的历史表现与未来表现不具有完全的一致性,但具有一定的相关性。比较有影响力的是 Hendricks,Patel 和 Zeckhauser(1993)对此进行的深入研究,发现过去一些收益相对较好或较差的共同基金均表现出了业绩的持续性;并首次将业绩的持续效应用“好手(HotHand)”定义,亦即“强者恒强”。Goetzmann 和 Ibbotson(1994)也讨论了“好手(HotHand)”现象,认为基金持有人可以通过抛售过去业绩不好的基金,并购买过去业绩表现较好的基金,从而获得一定的超额回报。同时,他们也发现了“臭手(IcyHand)”的存在:近年运营不良的基金近期表现仍然不好,尽管不能确定个别基金的优良业绩能否持续,但他们能够确认一些过去表现不好的基金一直表现不佳。

基金的历史表现和基金的未来表现是正相关的,选择过去表现好的基金总体上来说会更加合适。这些结论从不同程度有力地支持着人们的一种常识性观点:过去的业绩记录中隐含着基金经理人未来业绩的某种信息。

4、基金的投资风格分类方法虽然简单,却是基金评价的基础。投资风格确定和识别的重要性认为,如果经理人偏离了既定的风格,投资者就有可能产生错误的判断,并使投资组合面临不可预知的风险(StyleExposure),降低多风格投资策略的潜在收益。组合的风格与经理人的特点不吻合时,也可能实现不了风格分散化带来的降低风险。目前,我国的基金扎堆现象明显,经常偏离既定的风格,基金管理公司的投资操作具有相似性,给人一种"千人一面"的感觉,同一基金管理公司旗下基金的操作行为也有趋同的特征,投资者很少有选择余地。因此,创造宽松的竞争环境,促使基金的百花齐放、百家争鸣,力求基金的投资风格转变,以利于基金的健康发展,早日实现基金业绩的评估,这方面还有很多工作要做。

5、评价体系各有利弊,在现阶段我国基金评价应反映历史现状。就连享誉全球的美国 Morningstar 公司的基金评价体系,都存在评级方法与年限有关的生存偏差。如在研究评级系统本身科学性和合理性时,Warshawsky,Dicarlantonio 和 Mullan(2000),Morey(2002)通过研究发现:老基金的评级相对新基金有一定的优势,这源于 Morningstar 公司的评级方法与年限有关的生存偏差。再次说明,任何评价方法都不可能包治百病,我们千万不可因噎废食。且从世界范围来看,相对于基金业的发展,基金评级则滞后了许多,它属于历史阶段的产物。现阶段我国的基金评价体系,应立足于目前国内基金业发展的现状,反映现阶段的基金业绩情况,不能脱离实际,好高骛远。

二、构建基金绩效评价体系的基础工作基金评价体系是一个复杂的系统工程,从发达国家来看,已经历了从只看收益到考察风险调整收益,从詹森指数为代表的单因素绩效评估发展到多因素评估,从整体业绩评估到以基金业绩来源的角度进行业绩分解研究,近期的研究又转向基金风格、基金费用、基金规模、基金决策体系等领域,基金业绩评估思想正从单一走向全面。而我国的资本市场具有新兴资本市场的很多特征,基金的历史还很短,要对其进行评价,有很多前期工作要做。

1、建立完善的标准化信息披露制度根据国外经验,建立基金评估体系,首当其冲的是建立基金信息披露的统一标准。有了业界公认的标准,在同样的披露准则下,才可将多只基金放在一起进行比较,进而进行绩效评估。

当前，国内基金现行信息披露的法规依据，是中国证监会颁布的《证券投资基金管理暂行办法》实施细则第五号。这个披露标准是在基金业诞生之初制定的，虽然后面陆续做出过一定的修订，但是由于基金业发展迅速，基金的信息披露标准已经相当滞后。

要完善现在基金信息披露标准，不妨尝试引进国际上通用的基金信息披露准则：GIPS（Global Investment Performance Standards，全球投资绩效评估标准）。据介绍，GIPS是由北美投资分析师协会于1998年制定的基金信息披露准则，包括对数据的要求、计算方法的要求、信息披露的要求、报告演示的要求等五大部分。GIPS目前已为世界多个国家和地区广泛采用。世界上很多其他国家和地区，也都根据本地基金的投资范围、投资目标、当地的交易成本、税务环境等因素，对GIPS进行本土化的调整。比如，在德国就德国化为DVFA，在英国则变为UPIKS，在亚洲的一些地区，也同样引入了GIPS作为权威的规范准则。

我国即使不把GIPS复制过来，至少也可以引进类似的指标，以便为建立基金评价体系奠定基础。

2、明确基金分类标准，促使现有基金定性，对现有基金进行分类。

对于基金投资风格的研究，可以采用组合资产特征分析来进行。在研究当中，常用到两种风格分类方式，一种是基于组合组成部分的特征，如betas、P/E、股息率等（Christopherson1995），但这种方法过分详细且麻烦（Bailey和Arnott）。另一种方法是按被广泛认可的风险测定定量分类。Trzcinka（1995）认为这是一种简单、有效、客观的证券分类方法。此外，Gallo和Lockwood（1997）谈到如果用大盘股/成长、大盘股/价值、小盘股/成长、小盘股/价值对风险调整收益进行分类的话，效果会更好。

主要的基金投资风格类型有这几种：积极型和消极型，成长型、价值型和混合型，大盘型、中盘型和小盘型，技术分析型和基本面分析型，头下型和底上型。除以上主要的基金风格类型外，很多经理人还从自己特定的投资理念出发来构造自己的资产组合，如特定行业（IT、汽车等）基金、热点（Glamour）基金等。

实际上，由于目前我国在基金分类上没有明确的标准，基金对自己的定性存在一定的混乱现象。据此进行业绩评价，已引起业内人士的指责。因此，对基金业绩进行评估时，按照一定的标准，将相同投资类型或特征的基金进行比较，在目前有着重要的现实意义。

3、弄清基准组合的有效性问题难以有效测定，基准比模型对业绩更敏感，基金业绩很难战胜市场，构建基准投资组合时，建议不要耗时太多。

虽然Dybvig和Ross（1985）、Roll（1977）、Cumby和Glen（1990）、patro（2001）等在基准组合的有效性方面，做了大量的工作，但基准指数的有效性至今难以有效测定。

Coggin在实证中明确证明：基准相同，不同模型得到的证券选择和时机选择的排序完全相同；模型相同，改变基准时得到的排序结果差别可能很大，甚至会完全改变结论。因此，在模型和基准对业绩哪一个更敏感方面，人们已经形成了普遍的共识：基准的选取相比模型的选用对业绩具有更大的影响。

基金的业绩能否战胜市场，是否超过市场指数收益率是衡量业绩最基本的标准？西方大量学者经过研究发现：以共同基金为例，总的来说，绝大多数学者认为积极管理型基金的平均业绩比被动管理型基金要差。事实上，基金业很难证明业绩战胜了市场，于是专家们总建议投资者最好购买低费用的指数基金。

4、样本数据尽量统一选择周数据或日数据，数据时间间隔越短越好。

在样本数据的选取方面，国外研究起初大多选取基金的月度数据，Goetzmann、Ingersoll和Ivkovic（2000）（GII模型）认为这可能低估了基金经理的市场时机把握能力。他们使用相关指数的日收益率和无风险收益率构建了一个类似看跌期权的公式，对月度内的这种看跌期权价值进行累计来评估每日市场时机把握产生的月度价值。Bollen和Busse（2001）使用日数据发现基金具有一定的时机选择能力。不难理解，市场趋势有可能在某个月度内发生变化，选取月度数据自然不如日数据更能说明问题。

5、评价范围的界定由于国外开放式基金处于主流地位，基金的评价体系，基本上都是针对共同基金而展开。我国的基金目前虽都属于契约型基金，但开放式和封闭式共同存在。从世界范围来看，不管国内、国外，封闭式基金都存在折价率问题，只是国内折价现象较严重而已，通常采用基金净值作为基本数据来刻画，争议不大。因此，实际上基金绩效评价一般指的是开放式基金。

三、我国基金绩效评价方法的现实选择不难理解，评级高的公司将在未来获得更多新的资金流入，如美国基金市场上每年新增资金中有80%流向了评估达到4星级以上的基金，因此基金公司、投资人、社会公众、监管者都非常关心业绩评级。海外很多评级公司积极推出了关于证券投资基金的各种评价系统，其中最著名的评级公司是美国的晨星公司和标准普尔公司。

1、我国基金绩效评价方法选取的原则(1)适用性原则我国证券市场波动较大，宏观经济晴雨表的作用不明显，市场配套措施不够完善，具有新兴资本市场的明显特征，处于"新兴＋转轨"阶段，与发达国家的资本市场不可同日而语。证券投资基金在这种的市场环境当中，表现自然不会很完美，对它们还应以呵护为主，不要苛求太高。目前，实际运作时间满3个会计年度的基金还屈指可数，因此直接套用晨星评级等方法或模型来建立我国基金绩效评价体系是欠妥当的。

(2)公正性原则基金评估主要服务于投资者、社会公众和监管机构，这三者与基金在一些的特定层面上均处于对立状态，客观公正的评估结果最符合他们的利益。但对基金而言，由于评估结果对自身利益影响巨大，很难不试图干扰评估的客观性和公正性，因此，基金的评价不但要考虑评价方法的公正而且还要确保评价机构的公正。如单纯地将债券基金与股票基金放在一起进行净值比较，已引起多家基金公司的不满；国内少数券商在试图建立基金评估体系，但由于他们与基金多少有些裙带关系，并不是理想的评估人。

(3)全面性原则全面性原则至少应体现在以下几方面：不仅要加强对基金收益性的评估，更要注重对其风险水平的评估；不仅要分析基金的非系统风险（基金收益波动风险），而且要度量系统风险（市场波动风险）；不仅要考察基金在正常经营情况下的收益和风险，而且要考察投资基金可能遭受的信用风险；不仅要作出基金经营成果的绝对评价，而且要作出基金之间的相对评价，等等。

本文考虑到国内资本市场的现状，摒弃了规范化、先进性等原则。

2、我国基金绩效评价方法的现实选择鉴于我国证券市场处于"新兴+转轨"阶段，证券投资基金诞生又短，国内还缺乏完善的基金信息披露规范和风格分类标准，建议现阶段只对国内基金进行一级分类，把国内开放式基金从大的方面分为五大类是比较合适的，即纯股票型基金、偏股型基金、股债平衡型基金、偏债型基金与纯债券型基金等。在此基础上，考虑到我国证券市场系统风险较大，信用交易还缺乏生长的土壤，现阶段应注重对基金收益性水平、风险水平的评估；模型建议选取詹森单因素模型。

这是一种评价业绩的绝对指标，表示基金投资组合收益率与相同系统风险水平下市场基准组合收益率的差异，如果大于零表示基金业绩优于市场基准组合，反之亦然。建议市场基准组合选取 180 指数，无风险收益率选取一年期银行定期存款利率或一年期国债利率。这样不但满足了评价方法选取的原则，而且避免了无视现实而造成的太大争议，给投资者、监管者和社会公众提供了参考依据，力争给证券投资基金创造一个公平、健康的成长环境，从而促进证券市场的规范发展。

重庆大学：蒲勇健　何军耀

重庆交通学院：揭京

中国证券市场股票价格操纵的实证研究与政策建议

股票价格操纵是最常见和极具破坏性的市场操纵行为之一。由于其事后认定的困难及对证券市场造成的无法弥补的巨大损失，对股价操纵行为进行事前预警和防范是更为有效、成本更小的监管方法。

本文试图发展一套用于对股价操纵行为进行事前预警和监管的方法，其创新主要体现在三个方面：(1)首次从理论角度说明了股价操纵的内在机理及其表现；(2)首次以搜寻股价操纵行为为目的进行了大规模的样本分析；(3)首次指出持股数 5 万股以上帐户行为异常，是操纵者的主要工具，被这些帐户集中持有的股票最有可能被操纵。

为了揭示价格操纵的行为特征，本文首先构造了一个股票价格决定模型，指出股票价格变动有两个途径，一是改变其价值；二是改变其供求关系。如果股票价格由于价值变动而变动，那是投资者对股票投资价值作出的理性反应。除此之外，投资者还可以通过改变股票的供求关系影响股票价格。分析表明，在正常情况下，股权集中度，股价变化和基本面价值变化相会之间都表现为正的相关性，但变化的起因主要是基本面价值；并且股价变化与基本面价值之间的相关度要强于股权集中度与股价变化之间的相关度，也要强于股权集中度与基本面价值之间的相关度。但是存在恶意操纵的情况下，股票的集中持有成为变化的起因，股权集中度和股票价格的变动表现为强烈的相关度；而股权集中度和基本面价值之间，股票价格和基本面价值之间则表现为很弱的相关度，甚至基本不相关。因此，股权集中度可以作为发现股价操纵的重要线索，而股票价格操纵者为使"操纵成本最小化"所表现出的行为特征则可用于进一步缩小监管范围。

根据上述理论可以推断，在中国特殊的市场条件下，股价操纵者要想操纵股价并从中获利，必须满足三个基本的条件：一是控制一定比例的流通股，二是股价要有一定的涨幅，三是在一定时期内保证操纵行为的隐秘性。此外，操纵者在自身资源约束下，会通过一定的方法尽量减少相应的操纵成本。为此，操作者必须控制一定限额以上的流通股份，操纵者将更加偏爱小盘的流通股；也比较偏爱流动性相对较高的股票；还会偏爱基本面有潜在变化的股票；也青睐那些存在送转股可能的股票。此外，我们预期，在权衡泄密风险和操纵成本后，操纵者会选择较为适宜的帐户数目，并将所控制的股票较为均匀地分布于这些帐户中。

在随后的实证研究中，本文根据理论模型对深圳证券交易所特定时期的所有股票进行了全样本分析。据我们所知，这在同类研究中尚属首次。研究发现：

(1)股价涨幅与股权集中度存在明显的正相关关系。

(2)在各个持股区间中，只有持股数 5 万股以上帐户才能对股票价格上涨产生决定性的影响，而这种影响的结果是导致利润(只能由股价上涨带来)由持股区间 1 万股以下帐户向持股 5 万股以上帐户的转移。

(3)5 万股以上帐户对股票价格有相当的正向影响能力，随着持股率的增加，股权集中度增加，股票价格也逐步攀升。然而，5 万股以上帐户的持股率与相应股票业绩增长率并没有表现出显著的线性相关关系，股价涨幅与相应股票业绩增长率也没有表现为显著的线性相关关系。这说明，1998－2000 年的股价波动基本脱离股票的基本面，与 5 万股以上帐户的行为有密切的关系；而 5 万股以上帐户选择集中持有的股票，最近一两年在业绩上并没有显著的改善。也就是说，1998－2000 年间，市场上极有可能存在股票价格的操纵；并且，如果存在股价操纵的话，这种操纵行为很可能是通过持股数 5 万股以上的帐户进行的。

(4)进一步的实证分析表明，5 万股以上帐户的确对小盘流通股表现出了浓厚的兴趣；对换手率较高的流通股表现出强烈的偏好；对所持有的股票在当年或次年是否送转股也有强烈的正向偏好关系，与我们的预期完全一致。

(5)更进一步，我们对持股 5 万股以上帐户的持股率进行了分析，我们发现，持股数 5 万股以上帐户持股率达到 75% 以上的股票，其背后最有可能隐藏操纵行为。

(6)根据上述判断，我们挑出了符合条件的 38 只股票，进行具体分析。比较结果表明，在 1998 年—2000 年期间，这 38 只重点股票相对于 400 只样本股票而言，平均股东人数更少，并发生了更为剧烈的变化，这主要是 5 万股以上帐户持股率发生剧烈变动的结果。伴随着 5 万股以上帐户持股率的剧烈变化，38 只重点股票的平均股价涨幅达到 119.4% 和 348.5%，分别是 400 只样本股的 2.4 倍和 2.8 倍，差别十分显著；表现在股价上，即 38 只重点股具有更低的平均最低股价(但不显著)，而达到了更高的平均最高股价(显著)。但遗憾的是，在基本面上，无论是 1998 年—2000 年各年间还是整个期间，38 只重点股票的平均利润与 400 只样本股票的平均利润并没有显著的差异。这意味与 400 只样本股票相比，这 38 只股票股价的巨额涨幅无法得到基本面的有力支持，而与 5 万股以上帐户的持股率有密切关系。

(7)此外，这 38 只股票 2000 年的平均流通股规模基本与 400 只样本股一致，但标准差却小得多，说明这 38 只股票的流通股本基本在平均值附近，较为集中，都是中小盘股。而在 1998—2000 年期间，换手率在时间上发生了显著变化，不过 38 只股票的换手率与 400 只样本股的换手率相比并无显著差异，这与上面我们分析的换手率随大盘走势及控股率变化相关。在 1998—2000 年间，38 只股票总的送转股数平均为每股 0.59 股，较 400 只样本股的 0.349 要大得多，显示出了对送转股的明显偏好。这些的分析表明，与 400 只样本股相比，这 38 只股票的特点更加符合我们上面对股价操纵者行为的估计，具有极大被操纵嫌疑。

根据以上对可能存在股票价格操纵行为的股票的研究，我们建议监管部门在加强监管，防范可能存在的股票价格操纵时应着重把握以下几点：

(1)由于一个完整的股票价格操纵过程必须包括三个基本条件，为防范可能出现的股票价格操纵行为，监管部门可以根据这三个基本条件着力监管。如根据价格操纵者必须控制一定比例流通股的特点，关注拥有高比例流通股的股票交易帐户，特别是当几个有关联的帐户同时高比例拥有某一上市公司的流通股股票时，更应重点监控。根据股价必须要有一定涨幅的要求，对股价脱离基本面上涨的股票进行重点关注。

(2)由于单个持股5万股以上帐户相对于其他区间帐户表现异常，而且对股价上涨的影响能力最大，最有可能成为股价操纵的工具，因此该类帐户应该成为监管的重点。行为异常的帐户应该成为发现股价操纵嫌疑的重要线索。可以考虑对这些帐号实施实名制，要求重新进行登记，以查实其中的虚假帐号。由于这部分帐号数量仅占帐户总数不足0.5%的比例，监管要容易得多。监管成本的减少，也将增加股价操纵行为被发现的概率，加大了进行股价操纵的成本。

(3)对于5万股以上帐户持股率上升超过40%的股票实施监控，发现有交易异常行为，可对异常交易的重点帐户实施谈话提醒制度。对于5万股以上帐户持股率上升超过75%以上的股票进行重点监控，在其股价步入飚升期之前及时予以查处，避免给市场造成更大的损失，减少对市场造成的冲击，此为上策；在飚升末期或回落阶段介入查处应为次佳选择，该种情况下确定查处基调后，应立即对该股实施临时停牌处理，直至查清实施为止。

课题单位：海通证券研究所

课题成员：胡祖刚　袁国良　黄正红

证券研究所

上海申银万国证券研究所有限公司

上海申银万国证券研究所有限公司成立于1992年，是国内证券经营机构最早成立的、具有独立法人资格和中国证监会批准的证券咨询从业资格的综合性证券研究咨询机构。在十几年的发展过程中，上海申银万国证券研究所有限公司以其骄人的业绩，在中国证券市场上产生了广泛的影响，形成了较高的声誉，目前已发展成注册资本金两千万元，拥有近百人专业研究队伍的实力雄厚的专业证券研究咨询机构。其控股母公司申银万国证券股份有限公司曾连续四年被国际权威金融杂志《欧洲货币》评为"中国最佳证券公司"，是国内唯一获此殊荣的证券经营机构。

研究所现拥有近百名专业研究人员，具有硕士以上学位的占71%，大多数研究人员具有中级以上专业技术职称。所有研究人员均具有国内外知名高等院校的教育背景和丰富的从业经验，专业背景涵盖证券期货、财政金融、数理统计、企业管理、法律、计算机以及电子、汽车、医药、化工等多个学科，组成了实力雄厚、经验丰富、知识齐全的研究队伍。

研究所成立至今始终保持着业内的领先地位。对1999年"5.19"和2000年1月份开始的两轮行情的准确预测再次创造了证券研究咨询机构在分析、预测证券市场变动趋势的成功范例。99年初对网络板块的推介，99年底对电子商务板块的推介，更使申银万国证券研究所有限公司声名远扬。在为大型证券投资机构的服务方面，上海申银万国证券研究所有限公司的市场占有率一直名列前茅。

多年来，上海申银万国证券研究所有限公司把追求优质的研究咨询产品和优良超值的服务作为首要目标，为此而制定了严格的管理制度，同时不断引进优秀人才充实研究队伍。数年苦心孤诣的经营终使研究所赢得了良好的声誉。

为迎接新经济时代的到来，上海申银万国证券研究所有限公司开通了别具特色的专业证券咨询网站www.sw108.com，以崭新的姿态介入网络资讯领域。上海申银万国证券研究所有限公司将一如既往地秉承"以人为本，务实创新"的企业精神，以一流的服务与产品，一流的工作效率，竭诚为客户服务。

平安证券综合研究所

平安证券综合研究所是在平安证券原研究咨询部和上海管理总部研究咨询部的基础上于2000年3月改组成立的，新成立的研究所统一管理全公司的研究咨询业务。2000年11月，综合研究所转制为事业部。综合研究所下设的行业与上市公司研究部、投资策略研究部、政策研究部及研究产品推广部等四个部门，使研究领域更加细化，分工更为明确，以保证每一位专家在各自的领域更加专心地探索。积极对宏观经济政策及国内外资本市场的趋势与动态进行分析，在重点行业（包括能源电力、石油化工、交通运输、汽车、钢铁、机械、金融、地产等传统行业和电子信息、生物医药、新材料等新兴行业）及上市公司研究、基金研究、债券分析、企业购并、金融工程、金融产品创新及证券市场其他相关专题和市场研究方面，努力提供专业、准确、优质和前瞻性的研究服务，不断将最新的成果奉献给我们的服务对象。同时，研究所还配备了功能完善的金融信息资料库和上市公司数据库，为各项研究工作的开展提供了强有力的保障。平安研究所近二十位研究员均拥有研究生以上学历，其中博士占两成。一批素质优良、经验丰富的专业人士在这里汇聚，形成了一个在业内具有较强整体实力的证券行业专家群体。强大的人才优势保证了研究成果的专业性、权威性与前瞻性。

研究所提供的研究产品强调实用价值，其中公司调研报告全部由行业研究员实地调研完成，并且作跟踪研究。研究报告全部采用统一的CI设计，并实施严格的品质管理。目前，研究所已形成了针对不同客户需求的多层次、高水平的研究产品体系，主要产品包括：《平安证券研究丛书》、《平安证券研究》（月刊）、《上市公司调研报告》、《上市公司调研跟踪报告》、《新股定价分析报告》、《上市公司点评》、《行业研究报告》、《行业动态跟踪》、《专题研究报告》、《平安证券（年度或半年度）投资战略报告》、《平安每日快讯》、《平安研究精粹》、《平安证券季度投资策略报告》、《基金研究》（周刊）、《债券研究》（周刊）及其它针对性强的快速反应研究产品，并通过有纸化或无纸化（如通过NOTES系统、OA系统或邮件发布等）方式提供给基金等机构客户及其他各类投资者。与此同时，研究所还通过专家巡回股评、基金推介、举办业内高层次论坛的方式与广大客户共同分享我们的研究成果，平安研究所的专业服务使客户感受到一个优秀券商的业务品质。

2002年度，在国内近70家券商研究机构争夺基金分盘服务市场的竞争中，平安研究所的排名位列第8位，市场占有率占4.36%，充分反映出平安研究所在国内研究领域的综合竞争实力。

综合研究所推崇"专业、信誉、责任、职业精神"的研究理念，重视研究规范化管理，确立"以研究为基础、以服务为导向，向一流证券研究所迈进"的发展战略，力争在未来的二、三年内成为国内外具有相当影响力和知名度的国内一流证券研究机构。市场运作离不开理性的思考，股市搏击需要智慧的指引。作为公司的经营与服务的智囊，平安证券综合研究所具备这样雄厚的实力。

上海金信证券研究所有限责任公司

上海金信证券研究所是经中国证监会批准的证券投资咨询专业研究机构，由1996年10月15日成立的金信证券研究发展部发展而来，1998年1月18日定名为金信证券研究所，1999年8月2日，经上海市工商行政管理局批准，改制为"上海金信证券研究所有限责任公司"，成为国内三大独立证券研究机构之一。2002年7月，金信证券研究所当选为中国证券业协会监事单位。2002年12月，研究所所长连任中国证券业协会证券分析师委员会副主任委员。目前研究所下设主要业务部门有：财务顾问与专题研究部、综合信息部、行业与公司研究部、市场咨询部，汇集了许多学历高、实践经验丰富的研究人员，硕士以上学历者达90%，分别来自国内各著名高等院校，并聘请全国著名的专家学者担任本所顾问和特邀研究员。

研究所的研究人员为社会各界提供了大量高质量的研究成果，内容涉及宏观经济、国民经济产业与行业、上市公司研究、金融前沿理论研究、国际国内资本市场、企业经营与管理、资产重组和收购兼并、投资策略与投资方案、产业投资基金理论与实务以及企业诊断与管理咨询等，其研究水平已达到国内同行业领先地位。定期出版的《金信证券研究》已在证券界乃至经济界产生广泛影响。“没有夕阳产业，只有夕阳企业”、“证券研究是券商跨世纪腾飞的翅膀”、“长看基本，中看政策，短看技术”等论断已成为证券市场中人人皆知的名言，并作为一种投资理念深入人心。

1997年以研究所人员为核心的金华信托证券管理总部作为中国证券市场上首家“独立财务顾问”，创造了资产重组经典案例和模式，即“钢运模式”。此外，研究所还曾先后为多家上市公司提供财务顾问服务，主要项目包括：青岛海尔、泰山旅游等公司中长期资本运作规划、联合实业产业构架与资本运作设想、浙江富润管理咨询报告、宁波联合投资战略规划、上海大唐电信职工持股会试点等，并已经为包括申通地铁、福州大通、农垦商社、泰山旅游等在内的多家集团公司、上市公司担任财务顾问，并策划了多起资产重组与买壳上市案例。研究所还多次参与上市公司企业形象整体策划活动，并得到了所服务上市公司的一致赞扬。

研究所在专题研究方面也颇有建树，先后在中国证券业协会、深交所等证券研究专业评选中屡获大奖。《配股和增发的相关者利益分析和政策研究》一文荣获深圳证券交易所第四届会员单位研究成果评选证券市场类研究成果一等奖，并被《经济研究》2003年3月刊全文刊载；《浮动佣金制下证券营业部发展模式研究》和《证券公司购并动机与效应的定量研究》分获2002年度中国证券业协会科研课题评选公司业务经营类一等奖和公司盈利模式研究类三等奖；《我国非全流通股权结构下实施MBO与大比例分红的理论与实证研究》获深交所第五届会员、基金管理公司研究成果评选行业、上市公司研究类二等奖。

至今为止，研究所已出版多部专著，充分体现了研究所研究水平的深度与广度。其中《中国产业及行业上市公司分析》专题研究报告开创了我国上市公司产业与行业中观分析之先河；《中国资本市场实务运作指引》以中国资本市场为背景、实务运作为核心，系统地介绍了国内资产重组的操作程序和方法，是迄今为止专门涉及体内重组之首本。除此之外，《中国产业投资基金理论与实务》、《中国股市波动规律及其分析方法》、《创业板市场的做市商制度》等多本论著，涵盖了证券研究的方方面面，颇具参考、借鉴价值。

上海金信证券研究所的目标是力争跻身国内外一流的证券研究机构行列，成为在国内外资本市场研究中具有良好声誉与一定影响力的研究机构之一。在证券市场的长远发展过程中，上海金信证券研究所将发挥其独特的作用。

长江证券有限责任公司研究所

长江证券有限责任公司自创立以来，就认为研究能力是形成公司核心竞争力的关键因素，高水平的研究是公司对客户、对市场有责任感的表现。公司一直高度重视研究工作，在国内券商中率先设立研究所，是国内首批获得证券投资咨询资格的机构之一。著名专家、学者刘鸿儒、陈耀先、董辅礽、李扬、张维迎、邹恒甫、姜波克、戴根有、聂庆平先生均为公司发展战略咨询委员会委员。研究所下设投资策略研究一部、投资策略研究二部（上海）、信息咨询服务部、发展战略研究部、金融工程部、综合管理部。研究所设立学术委员会，负责研究课题的申报评审、课题成果考核评价，以提高管理的透明度，增强研究所的学术氛围。研究所实行研究员制，研究员系列分为核心研究员、高级研究员、研究员和助理研究员，研究所推行岗位责任制，并对研究人员进行履历考核。研究所与公司博士后科研工作站共同负责博士后研究课题的研究工作，根据公司的发展实际和业务发展要求提出博士后研究课题，并指导研究课题的实施。博士后科研工作站是由国家人事部审批的业内第三家工作站，是在证券业内实施“科教兴国”战略，建立“产、学、研”相结合的基地，将为证券业的高层次人才培养作贡献。

研究所积极贯彻公司领导提出的“服务经济、服务股东、服务客户”的核心理念，工作目标是为公司创造商誉，并培养高素质人才；为公司决策和业务提供支撑；为公司和客户提供信息平台和咨询服务；公司业务创新孵化器的职能。

研究所拥有一批高学历、高素质的专业人才，并取得一批具有相当价值和专业水准的研究成果。研究所鼓励和支持研究人员成为所研究领域的专家；要求研究人员成为研究工作的组织者和联络人，更多地利用社会资源进行联合研究；同时要求研究人员的成果必须面向业务、面向客户、面向市场。研究所每年根据资本市场发展的状况，对中国资本市场中的热点和重点问题进行研究，尤其是在证券公司发展战略研究、高科技产业的金融支持、并购资产重组、风险投资、股票期权、中西部资本市场以及湖北上市公司等领域的研究有突出成就，树立了自己的品牌。研究所在各大媒体具有一定影响力。研究成果先后获中国发展研究奖，湖北省政策研究奖，多次获中国证监会、中国证券业协会奖项，在连续三届深圳证券交易所会员单位研究成果评比中取得好成绩，在同行中享有较高的声誉。

研究所运用科学分析方法对市场运行规律进行定量和定性分析。研究推出的市场投资策略已系列化，有年度报告、半年报告、季度报告和月度报告。近几年对市场的判断都得到市场验证，在同行和客户中具有巨大影响力。研究所长期坚持行业公司基本面分析，特别是在化工、医药、电力、通信、钢铁、有色金属、汽车、商业、房地产、金融、基础设施等十余个行业具有优势。近年来为客户推出投资组合和投资产品，投资方向和理念始终领先于市场，给客户带来良好收益。

研究所通过对行业与上市公司的研究，对宏观政策变化和二级市场敏感性变化的分析，为公司各部门和客户提供公共信息服务平台，并提供投资咨询与策划服务。湖北板块研究历来是我们奉献给投资者的一道传统名菜，其中湖北上市公司资产重组的总体政策建议、围绕“中国光谷——武汉光电子产业基地”展开的研究，都受到辖区政府、企业的高度评价，并被业内著名投资机构引为权威参考。发展战略研究致力于为公司领导决策提供基础性支持和为公司业务发展提供战略性服务，目前的研究方向包括证券公司的外部生存环境、证券行业的发展趋势、国内外券商发展的经验与教训，以及本公司自身的生存与发展问题，如公司发展战略、业务发展模式、科学管理与决策等。研究所利用自身在高科技产业、风险投资、股票期权、并购重组等方面的品牌和组合优势，为北汽福田、长源电力、华工科技、烽火通讯、ST猴王、ST幸福等一批企业担当财务顾问，提供的资本运作和项目投资等方案策划获得了客户的好评，并积累了丰富的经验。

研究所代表公司多次与国内部分省、市人民政府和国务院有关部委联合举办研讨会，从而为政府决策提供相应支持。公司协办并参与策划的由国家科技部、湖北省人民政府等主办的“中国高新技术产业与资本市场国际论坛”已成为一年一度的高新技术企业的盛会，在业内具有广泛的影响，研究所每次都为论坛提供高质量的主题报告。研究所组织长江证券有限责任公司发展战略咨询委员会年会，2000年、2001年、2002年成功组织了以“长江证券有限责任公司2001—2005年发展战略规划”、“宏观经济形势和证券公司经营策略”、“证券公司转型与创新”为主题的高级研讨会，为公司决策提供支持。

目前，研究所系列研究成果包括《投资策略》(日刊)、《每日投资参考》(日刊)、《长江证券研究》系列报告(不定期)、《宏观研究》(不定期)、《行业研究》(不定期)、《公司研究》(不定期)、《市场研究》(不定期)、《专题研究》(不定期)、《专题参考》(不定期)、《研究年报》(年刊)、《金融业动态》(月刊)。

东北证券金融与产业研究所

在中国证券市场大发展的背景下，东北证券有限责任公司励精图治、锐意进取，已从一个地方性的券商成长为全国性大券商。为顺应证券业的“大研究、大业务”的发展趋势，公司在原研究发展中心基础上，在上海组建“金融与产业研究所”。目前研究所已初具规模，内设产业研究部、资本市场部、投资策划与金融工程部，拥有一支高学历、高素质、专业化的研究队伍。在近40名研究人员中有博士10人、硕士20人，分别来自国内著名高等院校，其中大部分具有中国证监会批准的证券投资咨询资格。

金融与产业研究所以“诚信、勤勉、务实、创新”为工作理念，以金融与产业的融合研究为优势，积极培育产业经济、区域经济、金融创新的特色研究，将服务层次提升至公司整体战略发展高度，使研究所与公司战略发展和业务拓展紧密配合，同时立足公司，服务社会，与政府主管部门、国内著名院校与研究机构、证券业同行及相关媒体建立了广泛的业务交流及成果共享机制。

研究所的研究人员为社会各界提供了大量高质量的研究成果，在一类专业报刊发表有影响力的研究报告和论文共计百余篇，其中在《中国证券报》“产经纵横专版”、《上海证券报》“长线是金专版”发表的大量电力、医药、通讯等产业及上市公司深度剖析报告获得了较强的市场反响；定期出版的《新投资》月刊，获得了投资者及业界的关注及好评；研究所为中央电视台、上海电视台、东方电视台、东方广播电台等媒体定期提供深度市场咨询；主持的十余项研究课题分别获中国证券业协会、上海证券交易所和深圳证券交易所中标资助或参选获奖，如《开放式基金的流动性风险评估及管理研究》、《中国证券市场制度缺陷与风险防范》、《上市公司流动性管理、绩效与企业价值的实证研究》、《上市公司购并动因的理论研究与实证分析》等等。研究所还出版了多部研究专著，其中由经济科学出版社出版的《可持续发展下的产业发展》、《经济发展中的资本市场深化》等专著充分体现了研究所广泛的研究视野及专精的研究水平。

金融与产业研究所已初步建立了一套科学、规范、严密的市场分析、行业研究和资本市场及金融创新理论的研究体系，形成了“严谨、务实、专业、超前”的研究风格，在产业经济、企业价值评估及证券市场前沿研究领域创立了独特的研究特色，未来研究所将进一步提升自身的市场化、专业化、社会化、特色化、国际化水平，力争使综合实力进入国内证券研究行业的前列。

东方证券研究所

东方证券证券研究所成立于1998年，原名东方证券研究发展总部，2002年正式更名为证券研究所，是中国证监会首批核准的具有证券投资咨询资格的研究机构之一。研究所是东方证券总部级业务部门和专业性的研究机构，下设行业公司部、金融工程部、投资咨询部和综合信息部四个子部门，它以支持公司投资银行、资产管理和市场经纪等各项业务的开拓以及为客户提供一流的服务为根本宗旨，目前已形成了宏观经济政策与证券业务创新研究、行业与上市公司研究、投资咨询服务、信息资讯等四大支柱业务。

研究所自成立以来，不仅为公司的发展出谋划策，同时为政府部门、机构投资者和广大中小投资者提供经济发展顾问、专项研究报告和市场咨询等各个层次的专业服务，并与银川市政府、华安基金、国泰基金、大成基金等建立了长期的良好合作关系。研究所提供的《每日财经要闻》、《每日快讯》、《东方证券研究》、《行业与公司研究》和《专题研究报告》等多个不同系列的研发产品，受到了广泛的市场好评。

研究所拥有一支朝气蓬勃、学有卓识的研究队伍，现有员工31人中80%以上具有硕士以上学历，其中25%具有博士学历，他们平均年龄在30岁以下，80%以上来自国内外名牌院校，专业背景涵盖金融、管理和理工农医等多个学科，同时具有较为丰富的证券市场研究经验。自1998年以来，研究人员先后在《中国证券报》、《上海证券报》、《证券时报》、《证券市场导报》等报刊、杂志上发表各类研究文章数千余篇，完成中国证监会、证券业协会、沪深交易所、上海市资产重组办委托的课题研究数十项，其中《证券公司创新业务研究》获“中国证券业协会2000年度重点课题一等奖”；《股票市场财富效应研究》获“深圳证券交易所第二届会员研究成果二等奖”。

2002年是东方证券研究所发展历史上具有特殊意义的一年，乘着公司改革和自身更名的契机，研究所将逐步探索证券研究的产业化、社会化发展道路，争取为公司、为社会做出更大的贡献。

西南证券研发中心

2002年，西南证券研发中心继续坚持以专业化为基础，以市场化为导向的发展思路，在业务建设方面成绩显著。

金融产品研究和专题研究方面成果丰硕。10月25日在京举行的第八届亚洲证券论坛上的《中国资本市场报告》，由西南证券研发中心撰写。这是西南证券研发中心首次受托代表中方起草高规格的国际会议报告。中国证券业协会为此发来感谢信。5月份，西南证券研发中心与金鹏期货经纪有限公司共同主办股指期货研讨会。中国期货业协会副会长常清等参加会议。研究员刘孝红等《可转换债券及其绩效评估》(中国人民大学出版社2002年7月版)公开发行。刘孝红等《现有上市金融工具间的套利分析》获2002年中国证券业协会科研课题三等奖；研究员魏刚等《可转换债券定价的理论与实证研究》获深圳证券交易所第四届会员研究成果二等奖；研究员孟辉等《地方政府与地方信托投资公司关系变迁的制度分析》获重庆市金融学会2002～2003年优秀论文三等奖；刘孝红等《股指期货在投资组合中的应用》获重庆市金融学会第三届优秀金融科研成果二等奖；研究员张刚《2001年证券市场特征及2002年市场分析》被编入二十一世纪大型文集《走向新世纪》(新世界出版社2003年4月第一版),并获新华丛书评审委员会颁发的一等奖。

行业公司研究继续受到业内重视。11月,成功组织中国石油化工股份有限公司(600028.SH,0386.HK)2002年第三季度业绩推介会。这是注册地在境内的规模最大的上市公司,第一次在西南证券研发中心举行业绩推介会。证券投资基金等数十家机构投资者参加会议。研究员张鹏有关石油加工及炼焦业、化学原料及化学制品制造业的报告,受到市场的关注。其他较为出色的研究领域包括房地产业及下列制造业:黑色金属冶炼及压延加工业、有色金属冶炼及压延加工业,交通运输设备制造业,医药制造业、生物制品业,等。由于研究产品质量的提高,2002年实现的证券投资基金分仓佣金收入约排名全国第十四,金额同比增长1倍以上。向全国社会保障基金提供服务,获得认可。

市场研究影响日益扩大。9月份,西南证券研发中心与《上海证券报》社共同举办2002年证券市场秋季高级研讨会。该次会议的规格超过以往历次证券市场季度高级研讨会。西南证券董事长张引、《上海证券报》社总编辑张持坚出席会议。研究员周兴政《B股公司业绩预测报告》被2002年12月12日《证券时报》头版报道,成为研发中心2002年度惟一被指定媒体专门报道的报告。该报告同时还被《China Daily》、《经济日报》、《国际金融报》、香港《大公报》等多家媒体转载,一些券商研究部门甚至认为西南证券研发中心的这份预测报告是支撑2002年12月中旬B股市场走红的重要因素之一。证券投资基金评级产品受到基金管理公司的重视。研究员田磊被《证券市场》周刊评为2002年度十佳作者之一;张刚在安邦集团研究总部《我国证券公司研究实力评估》(载2003年1月4日《财经时报》)中排名国内券商优秀分析师第四,并被聘为北京证券业协会研究员;高级研究员周到被聘为中国证券业协会证券史研究室高级研究员、中国中央电视台《中国证券》特邀顾问。

国际同业交流有新的突破。西南证券研发中心与路透集团合作,通过路透上海记者站,借助路透全球咨询系统向全球发布西南证券研发中心研究报告。西南证券研发中心还与日本东洋证券(toyo)、与台湾日盛证券有限公司分别合作证券研究期刊、互换研究报告。此外,有5名分别来自香港、澳门、台湾、格鲁吉亚和阿根廷的英国剑桥大学MBA学生到西南证券研发中心实习。

据安邦集团研究总部《我国证券公司研究实力评估》,西南证券研发中心2002年度综合实力排名全国第九。

国信证券综合研究所

国信证券有限责任公司为全国性大型综合类证券公司,注册地在深圳市,注册资本20亿元人民币。截止2002年底,公司总资产87亿元,净资产31亿元。公司股东由极具实力的大型企业深圳国际信托投资有限责任公司、深圳市投资管理公司、深圳市机场股份有限公司、云南红塔投资有限责任公司、中国第一汽车集团公司和北京城建投资发展股份有限公司共6家公司组成。

公司现有员工800多人,本科以上学历人员占71%,硕士以上学历人员占23%,其中公司本部员工300多人,本科以上学历人员占85%,硕士、博士学历人员占41%。公司在经营、管理和业务方面都有一批优秀的人才,建立起了一支高素质的人才队伍,成为公司进一步发展壮大的基石。

国信证券高度重视健全内部管理体制和完善风险防范机制,制定并实施、完善了涵盖投资银行业务、交易经纪业务、证券投资业务、资产管理业务和资金、财务、人事、行政、审计、信息技术及日常运作等各个方面的一整套规章制度,建立了集中统一与独立经营相结合、责权利分明、运转高效的事业部制业务管理体系和适应证券业竞争的流程管理、绩效管理、薪酬分配体系,以及科学的业务经营风险监控体系,形成了一套具有自身特色的、合乎证券业规范运作要求的制度化管理体系,为公司的持续稳定发展提供了制度保证。

国信证券是全国第一批综合类证券公司,是全国第一批进入同业拆借市场的证券公司,是全国第一批允许开展网上经纪业务的证券公司,并当选为中国证券业协会副会长单位和上海证券交易所理事单位。

国信证券的投资银行业务1998、1999、2000、2001、2002年连续5年名列全国主承销总家数排名前4名。在2000年全国主承销商信誉积分排序中名列第1名。国信证券坚持走"精品营业部"发展道路,公司单个营业部的平均交易额和平均盈利能力自1998年起连续5年全国排名第一。自1996年以来的7年时间,公司实现利润总计33亿元,税后利润总计28亿元。

2002年,在严峻的市场背景下,公司继续保持行业领先的市场地位。根据中国证券业协会统计,在2002年度证券公司的七项业绩指标中,国信证券全部进入前10名,也是全国120家参加排名的证券公司中惟一的一家。具体排名情况是:股票主承销家数排名第四,股票主承销金额排名第八,股票基金交易总金额排名第八,净资产排名第七,净资本排名第四,利润总额排名第七,人均利润总额排名第九。其中,公司在一、二级市场上的成绩尤为突出。全年完成股票主承销6家,股票主承销金额达28.08亿元;股票基金交易总额达1154.65亿元。

2003年,根据五年发展目标和市场形势,公司提出了"二次创业"的口号,并明确提出了任期内的发展目标,这就是"创立数一数二的市场品牌,形成数一数二的赢利能力"。根据这一目标,公司确定"两个提升,一个壮大"为2003年的经营管理思路:即采取"快半拍"的策略,加强业务创新,提升公司的赢利水平;采取"一步与国际接轨"的策略,全力推进绩效评估与流程优化,提升公司的管理水平;抓住机会,扩大资本规模,壮大公司实力,为公司"二次创业"开好头,起好步。2003年上半年,公司继续保持稳步发展的态势。上半年投行业务完成股票主承销6家,融资金额28.8亿,全国排名分别为第一和第二;股票基金交易总额为879.08亿元,全国排名第八。

国信证券拥有一支高水平的证券投资研究队伍,设有综合研究所,专门从事宏观经济与政策导向研究、资本市场与行业公司研究、投资品种研究、资产配置与投资策略研究等等。凭借研究人员的专业素养、研究的深度和广度、产品与服务的适用性,为各类投资者、公司企业、政府部门提供具有预见性的、客观的、可操作的、多层次、全方位的金融信息、发展战略和投资咨询服务。

国信证券综合研究所在"国有资产改革"和"市场投资策略与理念"方面有独到的研究,曾在多个大型研讨会和主流媒体上发表有关国资改革对证券市场影响的研究报告,还于2003年初在主要证券媒体上呼吁投资者关注价值投资、注重行业增长趋势,获得市场关注和一致好评。所里研究人员专业知识深厚,并拥有高学历,三分之二人员具有博士学位,其余均具有硕士学位。综合研究所多次主持、参加中国证监会、中国证券业协会等部门和机构的科研课题，并不定期与政府有关部门合办或独立举办高层次的国内、国际研讨会，还经常在《经济研究》、《人民日报》、《中国证券报》、《证券时报》、《上海证券报》、《证券日报》、《证券市场周刊》、《证券市场导报》、《财贸经济》等主要经济、金融刊物上发表专业研究文章。

国泰君安证券研究所

国泰君安证券研究所成立于1999年8月18日，隶属于中国最大的券商国泰君安证券股份有限公司。目前在国内同类机构中规模最大、研究力量最强、配套设施最完善。其研究范围广泛，工作作风深入细致，从国际到国内，从宏观到微观，从货币市场到资本市场，从上市公司到非上市公司，研究所都采取动态跟踪的方式予以有点有面的研究，分析深刻、见解独到、预测准确，研究成果在国内外有广泛影响。国泰君安研究所办公地址设在深圳，上海和北京三个中心城市。下设行业公司部、宏观研究部、市场研究部、金融工程部、发展研究部和信息支持部。行业公司部：主要从事行业、公司（包括上市公司与非上市公司）的分析研究，为客户担任财务顾问，提供购并重组、企业管理咨询等多方面服务。宏观研究部：主要针对与证券市场密切相关的宏观经济、政策、经济发展战略规划及国际经济情势进行时效性很强的分析。同时也向政府有关部门不定期提出宏观政策建议。市场研究部：主要从事证券市场趋势研究、政策效应分析及其预测，对深沪两地二级市场运行机理进行有点有面的分析。把握板块互动、解析投资者关心的热点问题等。同时为机构投资者提供专题研究服务。市场研究部主理的《财经快讯》在市场上久负盛名。金融工程部：主要从事金融创新研究，包括衍生工具与金融新产品的开发、投资组合的研究与运作策略，国际股市、汇市、债市的各种套利机制和风险对冲工具的研究；交易制度的研究等。以数理分析为工具，以量化资本市场各参数为目标，以严谨的逻辑思维追寻买卖行为中的规律。目前该部们推出的“国泰君安指数”等一系列产品对于在我国资本市场开展金融创新业务具有极高的参考价值。发展研究部：主要对公司发展战略、国内外资本市场、政策法规等方面进行专题性研究，为政府部门担任经济顾问。信息支持部：主要工作是信息的收集、整理、汇编；图书馆管理；对外资料交流等。统筹全所研究产品的编辑、发行，包括系列研究产品的编辑、研究专著的出版，以及其它产品的包装、对外发行及其推广应用。

目前国泰君安研究所拥有员工80多人，90%具有硕士以上学历，25%具有博士学历，研究人员中90%以上来自国内外名牌院校，研究所员工的平均年龄在30岁以下。经过几年的探索，研究所已经总结出一套行之有效的全景目标管理模式，在员工的职位级别、工资待遇与工作业绩挂钩的前提下，运用这套模式综合评判研究员的工作业绩，多角度、全方位地考核每一个员工，真正做到人尽其才。

国泰君安证券研究所一向以对行业、公司研究见长，研究水平居国内同行业领先地位，对上市公司的跟踪研究成效卓著，在宏观经济与金融市场分析等方面功力深厚。研究所有别于一般研究机构的特色是：尽可能保持研究工作的客观性，以最专业的手法去分析问题并提出解决问题的方案。研究所的研究工作在许多决策机构正发挥越来越大的作用，研究所所提出的很多方案、建议已被许多机构部门采纳；在新闻舆论界研究所更有广泛影响，大量研究成果经常见诸于报刊杂志和网络媒体。研究所还将进一步在视、听、网络等媒体上向投资者提供专业化、个性化的服务。根据客户不同的需要，研究所以研究小组或项目小组的方式进行综合服务，针对既定的任务进行最佳的人员组合，同时与客户保持紧密的业务联系，并对最终成果的质量负责。强调一点的是，无论研究所的研究工作多么深入细致，百密总有一疏，研究所深信，客户对研究所的批评和建议是研究所追求尽善尽美的永恒动力。研究所所开展的每一项工作都本着理论与实践相结合的原则，研究工作的“实效性”是研究所一切工作的灵魂，研究所愿尽最大努力，为客户提出有价值的研究成果，以确保客户的利益，创“金牌”服务的品牌。

从1996年开始，研究所高举“理性、绩优、成长”的投资理念，成功地挖掘出黔轮胎、泸洲老窖、深发展、深科技、四川长虹、风华高科、东方电子、华茂股份和振华科技等一大批黑马。此外，研究所还担任重庆、合肥、厦门、南宁等地方政府的经济发展顾问；担任粤美的、皖美菱、南京熊猫、西飞国际、广东福地、鞍山合成、深长城、深万科、中通客车、辽房天、西北化工、中纺机集团等数十家上市公司和非上市公司的财务顾问；与各大基金管理公司均签定了证券投资服务协议；与华泰财产保险公司、泰康人寿保险公司等保险公司签定了证券投资服务协议。与申能创投等大型企业性机构签定了证券投资服务协议；与西北证券公司等签定了证券投资服务协议。

国泰君安证券研究所将秉承公司“诚信、亲和、专业、创新”的经营理念，按照“贴近市场、贴近客户、贴近业务”的要求，努力钻研、勤奋实践，以更专业、更客观、更及时的研究成果，为各类客户提供多样化、个性化、高效率的服务，为推动证券市场的市场化进程贡献自己的力量。

华夏证券研究所

华夏证券研究所是华夏证券有限公司的子公司。目前各类专职研究人员已达60余名，绝大多数具有硕士以上学历，其中行业与上市公司分析师均具有相关行业的工程技术背景和相应的学历。华夏证券研究所利用设在北京的优势，建立起了与证券主管部门、各行业主管部门、综合经济管理部门、各类专业研究机构、同业之间及证券新闻媒体之间的信息交流渠道和合作关系，形成了把握宏观经济和证券市场所必须的强大信息网络。同时利用华夏证券遍布全国的分支机构，与当地政府部门及上市公司建立了良好的合作关系，并形成了以北京和上海为中心覆盖全国的调研网络。

目前华夏证券研究所的研究工作主要涉及以下几个方面：宏观经济及政策研究，包括宏观经济及证券市场的运行状况研判及走势预测；专题研究，包括证券市场建设、各类金融产品及创新研究、证券市场热点分析等；行业及上市公司研究，包括行业与上市公司动态跟踪分析、股票投资分析等；二级市场研究等。同时研究所还设立了功能完善的信息资料中心，开发了上市公司数据库，为各项研究工作提供了强有力的支持。华夏证券研究所目前拥有的主要信息和研究载体包括每日编发的《华夏证券快讯》、《华夏资讯信息系统》、《华夏证券研究周刊》和不定期编发的《宏观经济与证券市场》、《行业与上市公司研究》、《产业研究专题报告》以及《华夏证券研究所丛书》等。

华夏证券研究所组织与撰写的中国当前宏观经济分析预测、证券投资基金研究、可转换债券定价分析等系列专题报告，以及各行业与上市公司的研究报告，在业内已经引起了广泛关注。同时，研究所还与一些国际知名的证券公司建立起了长期友好的交流合作关系，紧握国际证券市场脉搏；1998年，研究所开创中国证券界之先河，与一些海内外证券经营机构多次共同举办了上市公司分析师系列培训活动，使得研究所研究人员的业务能力得以较大的提高。

南方证券有限公司研究所

南方证券有限公司研究所于一九九七年十月十六日正式成立。根据公司业务发展需要，研究所目前设立理论研究部、公司研究部、财务顾问部、市场研究部、信息管理部、网站运行管理部六个部门。主要职责为：以为公司增创利润和增加无形资产为中心，为公司领导决策服务，为公司业务发展服务，为公司内部管理服务。主要研究范围为：证券理论及金融创新研究、国家宏观经济及政策研究、国际金融市场研究、行业和公司调研、证券市场走势研判、政府和企业财务顾问、证券投资信息咨询服务等。

研究所现有各类专业研究人员近80人，90%以上具有硕士以上学位或中高级专业技术职称，其中博士占15%以上；研究人员专业背景涵盖经济、金融、企业管理、财务会计、法律以及电子、机械、建材、化工等多个领域。研究所下设理论研究部、公司研究部、市场研究部、财务顾问部、信息管理部、网站运行管理部等部门。其中，理论研究部的主要职能为宏观经济与政策研究；证券理论研究；国际金融市场研究；创新业务研究。公司研究部的职能是行业与公司研究；配合公司投行业务和自营业务的开展。市场研究部的主要职能是证券市场走势研判；证券投资咨询服务；国债、基金、B股、H股等研究；配合公司经纪业务的开展。财务顾问部的职能是政府与企业财务顾问；配合公司投行业务和自营业务的开展。

信息管理部主要是提供信息咨询服务、研究报告管理、《南方证券研究》月刊编辑、研究所内部管理和公司各分支机构证券投资咨询管理。网站运行管理部主要负责公司“搜股”网站(sostock.com.cn)的运行管理和网站信息资料的更新。

据不完全统计，研究所成立以来，共完成了各类研究报告1000余篇，近1000万字；其中，证券理论和宏观经济研究报告200余篇，行业和公司研究报告500余篇，市场研究200余篇，其他研究报告100余篇。在国内有影响的报刊上发表研究报告200余篇，其中数篇论文在《经济研究》等国内一流刊物上发表。通过中国金融出版社、经济科学出版社公开出版发行了《资产证券化》、《政府财务顾问探索》等12本专著；编辑出版《南方证券研究》月刊30余期。研究所先后被聘为湖南省、海南省、黑龙江省、江苏省、西安市、朝阳市、长春市等省市政府财务顾问；先后为湖南投资、兰陵陈香、哈医药、乐凯胶卷、浦东大众等50多家企业提供了多种形式的财务顾问服务。其中，为湖南投资、兰陵陈香等策划的资产重组方案已成为范例。此外，研究所配合投资银行业务部门完成了桂冠电力、哈医药等40余个新股和配股项目；配合投资理财业务部门进行了大量的项目策划，为公司创造了巨大的利润。《每日快讯》及大量研究报告与信息的发送、每日电视股评、与10家投资基金签订合作协议等，促进了经纪业务发展。

南方证券研究所还是国务院发展研究中心宏观经济论坛和产业经济论坛成员，是中国证券业协会证券分析师专业委员会主要成员。

招商证券研发中心

研发中心目前共有研究人员58人，从事宏观经济、市场、公司行业、投资策略等各方面的研究工作。97%的研究人员具有硕士以上学历；研究人员中，高级分析师比例达到30%，分析师占40%；大部分分析师具有多年的相关行业从业经历。2002年，研发中心根据公司转型的需要，调整了内部部门设置，增设了产品部、培训部，进一步明确了市场化、专业化的发展方向。招商证券研发中心凭借雄厚的研究实力，为客户提供9个系列28类研究产品，以全面、深入、及时的研究，全力满足客户的不同需求。

市场研究　证券市场日刊、周刊、月刊：回顾A、B股市场走势及重大事件，跟踪市场热点板块，点评异动个股，提供动态投资组合，研究市场运行趋势，贴近市场，指导投资。个股投资策略报告：通过市场特征研究，结合公司基本面变化，及时把握市场热点。债券市场周评：一周债券市场走势点评，政策动态分析，债市投资建议。基金市场周评：一周基金走势回顾，基金净值跟踪，基金重仓品种动态分析，基金投资建议。港股市场分析：香港股市动态，热门板块、热点公司研究。

宏观经济、政策研究　宏观经济分析：研究宏观经济政策、国内外经济运行趋势以及其他宏观经济影响因素，揭示股市运行的宏观背景，预测证券市场发展趋势；政策动态分析：深度研究重大的经济、产业、市场监管等政策，把握政策脉搏，发现投资机会；战略动态分析：剖析宏观经济、政策走向等影响证券市场的各种因素；快速反应报告：重大政策、突发事件深度研究，在第一时间提供市场研判和投资建议。

投资策略研究　投资策略报告：每半年提交的大型分析报告，覆盖A股、B股、H股、国债、基金，提供全面周到的投资建议。分类资产配置报告：根据客户不同的投资偏好，提供大类资产、行业资产配置报告，并建立模拟的保守型、平衡型等多种个性化的投资组合方案。债券发行定价分析及投资建议：即时提供新券定位研究、认购建议、投资建议。一级市场新股申购建议：新股申购建议、定价预测、投资价值分析，使客户在争取申购成功的同时尽量规避风险，获取最大收益。

行业研究　行业专题研究报告：具有专业背景的研究员提供的行业分析报告，使客户把握行业长期发展趋势，提前洞悉投资机会。行业月度、季度动态分析：提供行业政策、发展趋势的持续跟踪研究，行业及业内公司重大事件深度分析，提示投资机会和投资风险，提供中长期投资建议。

公司研究　公司研究及调研报告：注重公司长期发展趋势的研究，科学地进行盈利预测和估值分析，提供中长期投资建议，揭示市场风险。调研简报：最新、最快的公司调研成果，为及时把握投资机会提供重要参考。

基金研究　基金投资风格研究：运用完善的评价体系，对投资基金的风格进行科学的划分，帮助投资者选择出适合自己的基金。基金绩效研究：对各种类型和风格的基金进行科学的绩效评价，选出基金中的强者。组合：买卖基金的模拟组合，定期调整，帮助投资者把握基金市场的投资机会。

专题研究　政策及热点研究报告：研发中心的专题研究涵盖中国证券市场的最新政策、热点专题，为投资者制定正确的阶段性投资策略提供重要参考。创新研究：在证券市场上，不断地创新将为投资者带来新的利润。研发中心的创新研究立足前瞻性，为客户寻找新的投资机会。市场微观运行特征研究：通过数量化的分析，揭示市场运行规律，把握投资机会。

委托调研及课题研究　定制上市公司研究报告：按照客户的要求，对特定上市公司进行调研和深入分析。定制专题性的研究报告：按照客户的要求，度身定制的专题性内部报告，只为委托者开放。

金融工程　指数产品：各种分类指数，使您轻松把握各行业、板块的的变化情况。投资分析工具：市场统计分析工具、投资组合管理系统、行业财务综合分析系统等多种工具，使数量

化的研究变得简便、快捷。相关市场统计产品：不同行业、板块市场表现以及资金进出变化情况的定期统计分析，客观、准确的数据，是理性投资的重要参考。

研究实力来自研发中心的制度保障。几年来，研发中心逐步建立了一系列较为完善的规章制度，这些制度与中心研究体制的变革相联系，推动研发中心的研究直面国际竞争，跟上公司快速发展的需求，打造出招商证券的研究品牌。公司设立了分析师系列专业职称评审制度、建立公司内部研究信息网络和内部研究信息员制度、重点研究报告推介制度、研究产品质量评价体系，制订了客户服务流程。专业门类齐全、配置合理的研究团队形成了中心强大的协作能力。随着研究力量的进一步加强，中心在开创新优势、树立新品牌方面取得了较好的成效。研发中心在交通行业、IT、电力自动化、生物医药和金融行业方面的研究具有相当的权威性。IT 行业研究在同业中处于领先地位。招商证券是最早进行 IT 行业专门研究的券商之一。研发中心的 IT 行业研究具体分为：信息家电、电子商务、有线电视网络、系统集成、软件、电信六大部分，拥有多名有 IT 背景，对行业及公司的情况及发展前景有着专业而深刻的认识的专业研究员。中心紧紧抓住市场的脉搏，组成不同的跨部门的小组，形成了多样化的报告，使研究更加贴近市场、客户，从而使研究更加有效。研发中心建立起了由相关研究员组成的快速反应小组，对如国有股减持、新股发行等重大政策和重要信息可能给公司、市场造成的影响进行最及时客观的分析，向客户和市场提出招商证券的看法，为投资者提供最及时的帮助。研究的主动性、及时性得到了客户的充分肯定。

作为研究机构的主要客户，基金公司的评价基本上反映了券商研究水平的高低。因此，作为基金评价的一个标志，券商分盘基金的市场占有率历来受到业内各方的瞩目。自 99 年以来，公司证券基金交易量始终位居市场前列，充分证明了基金管理公司对中心研究水平的认可。2001 年，基金在公司分盘交易量达到 103 亿元、市场占有率 8.69%、佣金收入 833 万元，继续保持公司在基金服务市场的良好业绩；今年第一季度，又有 3 只基金与研发中心签定了合作协议，目前中心已经和 13 家基金管理公司、30 只基金签订了合作协议。

泰阳证券研究所

泰阳证券研究所隶属于泰阳证券有限责任公司，其前身是湖南证券投资咨询有限责任公司（简称湘证咨询），创建于 1994 年，是湖南省首家专业证券投资咨询机构，1998 年 3 月经中国证监会批准成为全国首批拥有证券投资咨询资格的专业机构。研究所 1994 年就开始开展股份制策划与改造业务，全过程介入了湘中意、湘火炬、张家界等企业的股份制改造工作，率先推出《中意集团股份有限公司投资价值研究报告》和《株洲火炬火花塞股份有限公司研究报告》两个大型投资价值研究报告，1996 年自行开发建立了完善的上市公司数据库，1997 年开始在全国权威媒体发表大型报告，1998 年度在《中国证券报》等国内权威证券刊物上发表的大型研究报告居全国券商研究机构首位，2000 年度在深交所研究成果评选中获得二等奖。目前，研究所与国内主要决策机构、研究机构、各大券商、各大媒体及基金公司等保持良好的合作关系，建立了畅通的信息渠道，在湖南省媒体上一直占有重要地位，深受社会各界和广大投资者的好评，拥有良好的声誉，具备强大的研究实力，尤其在实证研究上独树一帜。

目前，研究所下设行业公司研究部、综合研究部、信息管理部等三个部门，研究所现有人员 30 多人，研究人员绝大部分具有博士、硕士学位，大多具有复合专业知识背景，从业经验丰富，研究所研究领域深入而广泛，主要包括宏观经济金融走势及政策研究、行业与上市公司研究、证券市场状况及趋势研究、投资策略研究、金融工程研究及投资组合设计、创新业务研究等。

多年来，在泰阳证券有限责任公司领导的带领下，泰阳证券研究所秉承锐意进取、务实求真的精神，致力于卓越的研究和服务，研究成果丰硕。1994 年，在中国证券报推出《中意集团股份有限公司投资价值研究报告》、《株洲火炬火花塞股份有限公司研究报告》两个大型研究报告；1996 年，自行开始建立全国首家上市公司数据库系统；1997 年，在《中国证券报》连续推出 1997 中报业绩分析八大系列研究报告，在《中国证券报》、《证券时报》、《上海证券报》等全国性知名证券报刊杂志上发表大型研究报告近 20 篇，出版发行《上市公司数据库》、《1997 新上市公司分析》等专著；1998 年，经中国证监会批准成为全国首批专业证券投资咨询机构，证券投资咨询执业人员数量居全国专业咨询机构第二位，在《中国证券报》、《证券时报》、《上海证券报》等三大证券报刊上发表大型研究报告近 60 篇，居全国券商第一；1999 年，开发建立证券公司统一资讯信息共享平台《湖南证券资讯信息平台》，在《中国证券报》、《上海证券报》、《证券时报》等报刊杂志上发表大型研究报告 40 余篇，在《粤港信息报》、《中国改革报》、《信息早报》、《股市动态分析》等全国知名报刊杂志上开辟多个研究专栏，出版发行《千股之谜》一书；2000 年一至今，在《中国证券报》、《上海证券报》、《证券时报》、《资本市场》等证券报刊杂志发表研究报告近 400 篇，书面研究成果总字数 1000 多万字，开展大型投资咨询报告会 100 余次，接受中央电视台、湖南卫视、湖南经视、生活频道等多家媒体采访 800 多次，承接政府部门的研究课题 9 次。2001 年度，在深交所年度成果评比中，研究所提交的大型报告《构建多层次的债券市场》荣获二等奖。

世纪证券综合研究所

世纪证券综合研究所是世纪证券的研究支持部门，主要为公司决策和机构客户提供综合性研究服务。目前拥有各类专职研究人员已达 20 余名，全部具有硕士以上学历，其中行业与上市公司分析师均具有相关行业的技术背景。世纪证券综合研究所利用深圳紧邻国际市场、信息渠道多的优势和北京作为国家政治中心、政策来源地的优势，将研究所的职能部门分设在两地，与证券主管部门、各行业主管部门、综合经济管理部门、各类专业研究机构、海外同行、券商同业和证券新闻媒体之间建立了广泛的信息交流渠道和合作关系，形成了把握宏观经济和证券市场所必须的强大信息网络。同时，研究所也充分利用公司分布全国各地的营业机构的研究力量和信息渠道，建立了以深圳、北京和上海为中心覆盖全国的调研网络。

目前世纪证券综合研究所的研究工作主要涉及以下几个方面：宏观经济及政策研究，主要是对宏观经济趋势和主要经济政策的影响进行深度分析；市场策略研究，主要是对证券市场的运行状况和走势预测的研判；金融创新研究，主要是对各类新兴金融产品的跟踪及创新研究；行业与公司研究，主要是对行业与上市公司动态跟踪分析；专题研究，主要是对证券市场建设、券商动态和证券市场热点进行分析。同时，研究所还设立了功能完善的信息资料中心，为各项研究工作提供了强有力的支持。世纪证券综合研究所目前拥有的主要研究载体包括《世纪证券每日资讯》、《世纪证券研究月刊》、《世纪通讯》、《行业月度评述》和不定期编发的《宏观经济分析》、《行业分析报告》、《公司研究报告》、《投资策略专题报告》等。

世纪证券综合研究所作为一支新兴的研究力量，其撰写的宏观经济分析、投资策略报告、可转换债券分析以及行业分析报告、公司研究报告等，在业内引起了广泛关注，得到了多家基金经理的好评。同时，世纪证券研究所还与香港、美国的一些国际知名投行研究部门建立起长期友好的交流合作关系，拟将所有研究人员送到香港等地培训，尽快将自己的研究水平与国际市场接轨。

世纪证券综合研究所始终以提供优质、独立、迅捷、实用的研究成果为宗旨，为推动中国资本市场发展、树立百年世纪品牌而努力。

联合证券研究所

联合证券研究所是首批经中国证监会核准的具有证券投资咨询资格的研究机构，是由博士后工作站，首席经济学家、首席投资策略师及行业专家团队、投资顾问师构架下的全新券商研发模式，及与高校、社会研究机构共同构筑的智力联盟。麾下帅三十多名精兵强将，绝大多数具有理工科和经济学或管理学交叉知识背景及证券一、二级市场从业经验，对各自的领域都有独到而深入的研究。

联合证券研究所的宗旨是“为客户资产增值提供研究支持”，定位在于为客户提供深度证券资讯服务、为公司管理及各项业务的开拓提供决策支持、促进证券市场和区域经济的发展。研究范围涵盖宏观经济研究、金融工程与金融政策研究、行业与上市公司研究、公司内部管理与企业制度建设等方面，在行业研究、公司发展战略研究上尤具实力。

研究所建立了动态多元的信息网络，面向政府、上市公司、机构客户及广大投资者提供多层次、全方位的金融信息和研究咨询服务，并对多家上市公司予以财务顾问、发展战略支持。

联合证券研究所定期出版的《联证研究》、《机构投资者》以其丰富的内容和深层次的研究，树立了“严谨、专业、务实”的研究形象。不定期出版物包括《公司研究》、《专题研究》、《行业研究》。研究成果在同业评比中屡获殊荣，一批研究报告成果被政府及证券主管部门采纳。指明了全球及中国经济发展的主要动向，预见相关行业的发展前景，为企业提供战略咨询意见。

渤海证券研究所

渤海证券研究所现有研究人员50余人，所有人员均具有国内外知名高等院校的教育背景和丰富的从业经验，硕士、博士比例高达97%，专业背景涵盖财经金融、数理统计、企业管理、法律、计算机以及电子、汽车、医药、化工等多个学科，组成了实力雄厚、知识齐全的研究队伍。研究所下设宏观策略研究部、行业公司部、市场研究部、金融工程部、信息管理部等部门。渤海证券研究所以前瞻性的眼光、勤奋的敬业精神和不断创新、追求卓越的工作理念，全方位地为机构客户和广大投资者提供优质的专业化的服务。

研究所以其对证券市场深入研究和客观独立的立场，对公司各业务部门创造利润的项目给予直接的介入和专家意见支持；以产品和人才配合公司内部其他部门的业务创新。渤海证券研究所已经形成了从每日、每周到每月、年度，涵盖一级市场、二级市场的主要方面，从即时性分析到深入剖析，从理论到商业应用等多角度的三十多个研究报告体系。同时，研究所为大客户量身定做资产管理方案，为上市公司和非上市公司提供财务顾问，为公司重大业务提供直接业务支持。研究所的主要研究产品有一，《宏观经济报告》出版周期：每季出版：二，《经济动态快递》出版周期：根据形势的变化随时出版：三，《行业动态研究》，出版周期：不定期或半年期；四，《公司点评》，出版周期：中报或年报公布后出版；五，《业绩预测》，出版周期：中报或年报之前出版；六，《年度行情预测》，出版周期：年度和半年；七，《基金研究》，出版周期：季度出版；八，《新股投资价值报告》，出版周期：不定期；九，《基准投资组合》，出版周期：不定期；十，《券商竞争动态研究》，出版周期：不定期；十一，《渤海证券研究》，出版周期：每月或双月出版；十二，《机构投资者》，出版周期：月刊。

渤海证券研究所将秉承“市场导向、客户导向”理念，着重塑造发现价值、整合价值、创造价值、推广价值的核心能力，为公司和客户推出更具战略眼光、高深度、高价值的产品。

上海证券综合研究有限公司

上海证券综合研究有限公司是由上海证券报社控股投资建立的证券投资咨询公司，注册资本600万元。公司成立于1997年10月，主要业务是证券市场投资咨询、企业财务顾问服务和资本市场的运作及发展研究。1998年4月，公司成为中国证监会首批认证、具备专业执业资格的专业证券研究咨询机构。

公司自成立之日起就致力于建立现代化的公司管理制度和科学高效的经营决策机制。培养以“团结、务实、创新、高效”为公司精神的企业文化，将“创一流效益，做公司立足之本；以优质服务，树公司良好形象”做为自己的要求和对社会的承诺，经营中一贯注重公司信誉和成效。公司始终贯彻“以人为本”的经营理念，把人才作为最宝贵的财富。目前公司员工中70%以上具有高级技术职称或硕士、博士学位，涉及经济、管理、投资、金融、证券、财务会计等专业，为公司的长远发展奠定了坚实的人才基础。

公司下设财务顾问部、投资咨询部和研究发展部等部门。其中，财务顾问部的主要业务有融资(项目评估，融资方案设计、协助实施，股份制改造方案设计和辅导，公司上市资本市场形象策划、推介和维护)和企业购并重组(协助寻找目标企业，策划、制定购并重组方案及财务安排，购并重组后业务整合及再融资，上市公司关联交易独立财务顾问)。投资咨询部的主要业务是投资咨询和战略与管理咨询。投资咨询分为三种：券商的专业投资顾问——投资顾问俱乐部；机构投资者的专业投资顾问——提供投资组合建议，上市公司投资价值分析报告、上市公司二级市场定价报告；个人投资理财顾问——会员专项服务。战略与管理咨询的职责是帮助企业创造并保持竞争优势，为中国企业的成长与变革提供实效性的解决方案，包括企业战略目标体系建立、公司治理结构设计、企业管理体系重构、企业品牌和形象管理。研究发展部主要提供宏观经济及政策研究、行业及上市公司研究、证券市场分析与研究和国际资本市场比较研究等产品。成立以来，该部门公开出版发行了1996、1997、1998沪深股票市场数据总汇、中国证券市场大观、上证综研研究月刊(常年)、上证综研上市公司调研报告(常年)等。

在投资银行业务领域，公司依托一流的业务水准和广泛资源积累，构架有效的沟通渠道，先后成为20多家上市公司的并购及重组财务顾问，并开展战略发展咨询和市场形象策划，公司重要客户和合作伙伴有：真空电子、虹桥机场、清华同方、民生银行、北京巴士等。

在证券投资咨询领域，通过对证券市场各相关因素的系统分析和研究，引导树立理性正确的投资理念，给券商机构、上市公司、投资者提供投资、资本运作最佳方案。自1997年成立的投资顾问俱乐部目前已拥有高级会员及普通会员近30家，为公司与券商机构之间的合作提供了桥梁及纽带作用，同时公司还与中央电视台、东方电视台等媒体建立协作关系，这些长期、稳定的业务往来关系使公司赢得了券商、上市公司和投资者的信赖，并积累了丰富的资源储备。

上海证券综合研究有限公司作为中国证监会指定的权威证券信息披露媒体——上海证券报社的子公司，充分依托报社的强势媒体优势以及其辐射全国的分支网络，在证券咨询机构领域具有相当的影响离和独到之处。面对加入WTO后的中国证券市场，充满机遇与挑战，公司将充分发挥行业、信息、人才优势。在保持稳定增长的同时，公司还将不断创新，锐意进取，力争发展成为人才聚集，业务广泛，服务一流，管理先进的专业证券咨询公司。

中国人民大学金融与证券研究所

中国人民大学金融与证券研究所(FSI)是根据国家有关法律、法规，在原中国人民大学证券研究所的基础上，经有关部门批准，由中国人民大学与新疆金新信托投资股份有限公司、新疆屯河股份有限公司合作举办的专业研究机构。

FSI与中国资本市场共成长。秉承“产、学、研一体化”的原则，FSI从1993年设立至今，已经成为金融证券业界颇具实力的专业性研究机构。背靠中国著名学府，FSI建立了强大的核心专家群，他们中主要有：金融证券专家吴晓求、投资银行专家王明夫、管理咨询专家彭剑峰、风险投资专家刘曼红、国际金融专家陈雨露、投资基金专家马庆泉、证券法专家董安生、公司理财专家周新长、金融工程专家赵锡军、公司法专家叶林等。此外，还拥有近20位具有丰富操作经验的投资银行专业人员、管理咨询专家和公司理财专家。全所共有专业人员50人，其中19人获经济学、法学和管理学博士学位。

自FSI成立以来，已先后为摩托罗拉、清华同方、双鹤药业、新疆屯河、湘火炬等国内外知名上市公司提供了包括市场调研、项目策划、资产重组方案等在内的多项咨询服务；为南方证券、兴业证券、北京国投等著名券商和金融机构进行了专业人才培训。一流的方案设计能力、权威的技术论证和高水平的专业人才培训，得到了社会的高度评价。

FSI以准确把握金融业与证券市场基本走势为宗旨，融理论研究于金融、证券的业务之中，从宏观经济、财政与金融政策、公司和行业研究、市场分析等多角度全方位透视市场。每年一度的“中国资本市场论坛”更是汇集了国内理论界、实务界及政府主管部门的一流金融证券专家，成为中国资本市场峰会。在此基础之上完成的《中国证券市场年度研究报告系列》成为国内最具权威的市场分析及预测报告之一。

扩大后的FSI，牢固确立“拓展证券研究新视野、创造投资银行新概念、领导资本市场新潮流”的理念，依托中国人民大学雄厚的人力资源，在二十一世纪，与志同道合者一起，共同实现中国资本市场的繁荣与梦想。

作为金融证券业颇具实力的专业研究机构，不断创新的FSI，将始终站在理论前沿，并愿为业内外各界提供优质的服务，为中国资本市场的可持续发展不遗余力。关注FSI，透视资本市场

北京大学金融与证券研究中心

北京大学金融与证券研究中心于1996年1月成立，主要从事金融、证券和保险的理论、实务、政策及法律的研究。该中心是以北京大学光华管理学院在金融与证券方面的科研力量为主，联合北京大学其他院系在金融、保险、法律等领域的专家、教授，并借助于国家各部委、科研机构以及国内外商业银行、保险公司、证券公司、投资基金等方面的研究力量而组建的科研机构。

中心实行主任负责制，设主任一人，副主任五人。主任由北大光华管理学院前副院长曹凤岐教授一直担任至今，副主任由北大副校长吴志攀教授、北大经济学院副院长孙祁祥教授、北大光华管理学院财务与金融系副主任姚长辉教授、北大光华管理学院院长助理于鸿君教授、北大光华管理学院刘力教授兼任(同时作为中心的研究员)。中心同时还聘请了数十名在国内外享有名望的学者、专家作为顾问教授和特约研究员。中心采取项目负责制，主要由顾问教授、特约研究员负责研究项目。北大内部的经常性研究人员可以独立负责研究项目，也可以参与由顾问教授、特约研究员负责的研究项目。中心的研究领域主要集中在银行、保险、证券、信托、宏观经济政策、货币政策、金融市场发展与国际化、证券投资、企业重组与兼并、金融衍生产品、投资基金以及相关金融法律、法规的领域。

研究中心承担的主要研究项目有：一、金融债券研究。该课题由中国人民银行组织，南方证券公司资助，研究成果是研究报告《金融债券研究》，该成果对于我国制定债券发行与交易的管理有较大的借鉴作用。二、股票投资组合研究。该课题由华夏证券公司委托，研究成果为《投资组合理论及其在中国股票市场上的应用研究》。三、投资基金组合研究。课题由广发证券公司委托，研究成果为《投资基金投资组合研究报告》。四、高科技风险基金研究。由上海三新公司委托，研究成果为《高科技风险基金研究》。五、股份制理论研究。此课题是国家教委“八五”重点科研项目，由曹凤岐教授主持，中心人员参与，成果为《股份制与现代企业制度》一书。六、中国证券市场发展战略。由国家社会科学基金委托，曹凤岐教授主持，中心人员参与，成果为《中国证券市场发展、规范与国际化》一书。七、证券公司组建个案研究。课题由重庆国际信托投资有限公司委托，研究成果为《组建西南证券公司设计方案》。八、中国金融国际化研究。课题由日本中岛和平财团资助，研究成果为《中国金融改革与国际化》。九、中国资本市场发展与管理问题研究。课题为国家自然科学基金重点项目，由曹凤岐教授主持，中心人员参与，成果为《中国资本市场发展、管理与国际化》以及《中国资本市场前沿问题系列报告Ⅰ—Ⅲ》等。

复旦大学金融研究院

复旦大学是全国最早建立国际金融专业的高校之一，早在1983年就开始招收国际金融专业本科生，并先后于1993年和1994年增设了投资经济和保险学两个本科专业；复旦大学在国内较早开展研究生层次的金融人才教育，1992年设置国际金融硕士点，1994年获准设立国际金融博士点；1992年开始招收金融学博士后研究人员。复旦大学金融研究院是一个新构建的学术研究教育平台。金融研究院将原来分散在复旦大学经济学院、管理学院、数学系、计算机系等各院系中的金融研究力量，在一个新的平台上进行整合，研究范围涵盖了

国际金融，数学金融，金融市场，货币银行，金融工程，保险等领域，由学校直接领导，人员编制、财务单列，实行统分结合、专职研究人员与兼职研究人员并存的新型管理体制，从而获得在金融学科这一跨学科性质的学科群研究中的独特优势。研究院是在政府有关部门的直接支持下成立的，研究院名誉院长由原中国人民银行总行行长戴相龙担任，院长为复旦大学副校长郑祖康教授，常务副院长为复旦大学应用经济学博士后流动站站长姜波克教授。在合作机制上，既不同于计划经济下部委学校的直接隶属关系，也不同于目前通常的松散联系方式，而是力争在人材培养、政策咨询、课题攻关、国际交流等方面有实质意义的全面合作，为我国金融事业的发展做出贡献。

金融研究院设立名誉院长，由院长领导，常务副院长负责具体管理工作，秘书长负责日常行政管理，设有专职教学研究人员与行政管理人员。金融研究院设有院学术委员会，负责人才引进、学术成果鉴定、岗位津贴及职称评定等工作。金融研究院下设学科建设办公室，负责组织学科建设工作；学术研究办公室，负责组织科学研究工作；研究生办公室，负责研究生招生培养工作；发展办公室，负责金融研究院研究成果的产业化工作以及与社会机构之间的合作；行政办公室，负责日常行政与后勤工作。金融研究院根据国际金融、数学金融、货币银行、金融市场、金融工程、保险等学科的发展要求，设置相应的研究部和实验室。

研究院的基本职能有以下几种：一、组织协调——协调复旦大学内跨院系的金融学学科建设。二、科学研究——负责纵向科研经费的使用与分配，开展横向科研合作，坚实学术阵地。三、人才培养——招收培养博士研究生，为社会输送高级人才；在教育部和学校领导下，负责中外合作办学和社会办学的试点，探索新的的人才培养机制。四、学术交流——举办各种高层次研讨班，学术论坛及报告会，推进国内外金融领域的学术交流。五、服务社会——举办中短期培训班，提供政府及企业咨询，服务中国改革开放，服务上海国际金融中心的建设。

研究院科研力量雄厚，历史底蕴深厚，陈观烈等老一辈专家在国内金融领域声望卓著、影响深远。目前研究力量国内领先，拥有郑祖康、姜波克、雍炯敏、俞乔、周傲英、李训经、唐国兴、尚汉冀、薛向阳、陈学彬、甘当善、胡庆康、干杏娣、刘红忠、许少强等一批著名教授、博士生导师。教师队伍充满活力，具有良好的成长性，至 2001 年底获得博士学位的中青年教师达 30 人，其中有 8 人获得美国 Columbia 大学、美国 Purdue 大学、英国 Sussex 大学等国外著名大学博士学位，居国内高校金融学科第一。2002 年 1 月，复旦大学金融学科被评为国家级重点学科，这是国内综合排名前十位的高校中唯一获得此称号的单位。同时金融学科还被复旦大学列为学科建设中的“重中之重”学科，专门成立了校金融学科建设小组，由姜波克担任组长，陆德明、雍炯敏、芮明杰、周傲英担任副组长，对金融学科科研力量进行组织与协调。

复旦大学金融研究院将利用上海金融中心的独有条件，以市场化的思路，在推动复旦大学与金融机构合作、服务上海金融中心建设方面探索新的模式，在市场之中成长壮大，实现自身长期的可持续发展；建立既能反映最新国际学科动态又有复旦特色的金融学科研究体系；形成培养能在中外两个平台上自如转换的高层次人才基地；建立高水平的开放型国内国际学术交流平台；为中国金融改革和发展，上海金融中心的建设提供切实的智力支持。

中央财经大学金融证券研究所

中央财经大学金融证券研究所是由中央财经大学创办的金融类科研、咨询及培训机构，以中央财经大学的教学和科研队伍为基础和依托，并聘请国内外经济界著名专家学者兼任顾问及研究人员。

研究所以金融证券理论研究、政策咨询、人员培训、方案策划等为主要业务范围，现设有债券研究中心、基金研究中心、期货研究中心、保险研究中心、产权变现研究中心、南方研究中心、公司财务研究中心等多个部门，并设有一个学术委员会和专家顾问咨询系统，主要的研究项目为国有银行产权制度改革、地方性商业银行的出路与生机问题研究、中国金融市场结构问题研究与政策建议、经营型水利资产融资与上市公司可行性方案研究、基金效绩评价指标体系研究、上市公司投资价值评估体系研究等。从 1999 年 9 月设立至今，已经同国家有关宏观经济管理部门、经济政策研究机构、各类金融企业以及海内外相关机构建立了广泛的学术咨询及培训方面的合作和交流，逐步形成了较强的科研和培训能力。

自成立以来，研究所充分发挥自身优势，适应市场需求，主动开展面向社会的各项培训活动。从 2002 年开始，研究所引进美国 AIMR 组织的 CFA（注册金融分析师）课程培训，为国内参考人员提供考前辅导。2002 年，研究所承办了由中央财经大学金融学院与美国南哥伦比亚大学合作举办的“国际金融 MBA 班”。还陆续举办了纳税筹划培训、财务管理电算化培训、企业集团财务管理培训、国有资产管理体制改革培训、债券市场发展前沿问题研讨、企业股份制改造及发行上市等短期培训。此外，还积极进行金融领域相关问题研究，同时承担了一些大型课题，2003 年 8 月完成了上海证券交易所上证联合研究计划第八期课题报告——中国债券流通市场运行的实证分析。

研究所以“理论与实践相结合、科研与金融实务相结合”为宗旨，融理论研究于金融、证券的实务之中，以公司债券、资产证券化、政府债券市场的研究与咨询为重点，注重研究公司资本结构、融资结构，并致力于金融市场衍生产品的设计，为企业提供专业人才培训和多方位的咨询服务。

第十四编

证券业科技

2158/2180

证券业科技

上海万申信息产业股份有限公司

【公司概况】 上海万申信息产业股份有限公司是中国金融行业知名的系统集成商和应用软件服务商。公司成立于1993年，是国内最早从事证券业系统集成和应用软件服务的实体之一，目前有员工100余人，在上海、北京、深圳均设有分支机构。公司被评为国家火炬计划上海软件园骨干企业和软件认定企业，拥有国家系统集成二级资质、建筑智能化系统集成资质和ISO9001国际质量体系认证证书，是证券行业系统集成领域领先技术的开创者。

【经营业绩】 公司立足于证券、基金、信投、保险等金融领域，致力于以专业技术和服务推动客户业务发展，推进中国金融信息化进程，在上述领域已形成涵盖机房、布线、网络、主机、存储等全方位的成熟的系统集成解决方案，包括：证券、基金行业增值应用系统解决方案；证券、信托、基金、保险业弱电、网络、安全系统解决方案；基金行业IT信息平台整体解决方案；金融行业关键数据容灾备份系统解决方案；国家标准A、B类精密机房工程解决方案等等，曾开创了中国证券行业系统集成领域的多个第一，如：组建了国内第一个千兆快速以太网；完成了国内唯一一个全NT平台证券网络的建设等，始终走在行业之前列。近年来公司大力开拓基金行业系统集成市场，目前全国市场占有率已超过50%，上海市场占有率高达80%。

公司的应用软件服务业务包括证券投资领域的应用解决方案和金融领域的集团财务解决方案。前者包括面向机构投资者的金融行情分析系统、客户资产管理系统和面向证券行业公共领域的证券综合通讯系统（如TRANS2000高速行情传输系统、PART2000证券防火墙、UBConnection证券综合通讯系统等）、以及FIX网关等。同时通过联合国际知名ERP厂商JDEdwards，万申向证券总部、金融总部提供具有国际先进财务管理理念的财务集中解决方案，已有多家成功案例。

作为中国IT业的先行者，万申与Intel、Cisco、MICROSOFT、IBM、NAI、NOVELL、COMPAQ、RIT、ORACLE、JDEdwards及新华社、中国联想集团、台湾乾隆等国际著名IT企业开展了广泛的合作。凭借先进的网络解决方案和优秀的客户服务支持能力，先后成为IBM解决方案提供商、CISCO首选高级认证代理商、INTEL授权解决方案提供商、微软认证合作伙伴、PANDUIT结构化布线系统集成商、RIT电子化布线系统集成商、钱龙证券投资分析系统经销商、ORACLE产品解决方案提供商、3COM授权银牌代理商，公司在系统集成上获得INTEL华东地区唯一的IASP认证、网络产品INCP认证。

凭借对行业的深刻认识、对技术的深入研究、对客户需求的紧密结合，万申立足上海，面向全国，客户遍及全国30个省市的160多个城市，主要客户有：国泰君安证券、海通证券、光大证券、中信证券、齐鲁证券、世纪证券、爱建证券、恒远证券、久联证券、华福证券、泰阳证券、红塔证券、中银国际证券、西藏信托证券、上海国投、华安基金、国泰基金、富国基金、银河基金、国联安基金、华宝兴业基金、大成基金、申银万国巴黎基金、东方基金、中国人寿保险、中国再保险等。公司拥有完善的服务体系和强大的技术支持队伍，以"卓越品质，一流服务"为质量方针，为客户提供优质的软硬件产品和专业的项目管理服务，博得了客户的一致认同。

地址：上海市黄浦路108号(院内)闵行路1号3楼—5楼

邮编：200080

电话：021—63938893　传真：021—63939593

上海复旦金仕达计算机有限公司

【公司概况】 上海复旦金仕达计算机有限公司成立于1995年，专业从事证券、银行和期货领域的软件开发、网络集成以及技术服务等综合性服务，是国内四大证券软件开发商之一和国内最大的期货软件开发商。5年前起步于浦东一间民房里的复旦金仕达，今天已经成为国内最大的金融软件开发商之一、上海市软件产业的领头羊，资产和年收入均超亿元的现代化软件企业。在金仕达的旗帜下，汇聚了400余名软件及其他诸领域的人才英华，其中本科以上学历占85%以上，硕士、博士、高级工程师占35%，是国内最具实力的金融软件开发队伍之一。

【经营业绩】 秉承"优化、专注以致胜"的发展理念，复旦金仕达始终致力于为国内金融机构提供一流的解决方案和技术服务。在证券行业，复旦金仕达是国内资深的证券软件开发商和证券公司企业级解决方案的开创者和领导者，已经形成包括企业级业务通讯平台、证券公司总部集中管理系统、证券公司集中业务处理系统、营业部业务处理系统、网上交易和分析系统、客户服务中心系统、银证转帐系统和安全保障系统等产品为核心的全面解决方案，形成"一个网络、三个中心（业务中心、服务中心和决策中心）"的证券公司电子化的新格局。尤其是和IBM合作推出的"金仕达证券公司总部集中管理系统"和"金仕达证券公司集中业务处理系统"，采用IBM AS/400、RS/6000小型机和IBM DB2平台，开创了国内证券公司集中模式下企业级解决方案的先河，并已经和国通证券、光大证券、蔚深证券、国泰君安证券和中国民族国际信托等国内著名券商达成合作。

在银行行业，复旦金仕达凭借多年大型软件项目和证券软件开发的经验，成功切入银证合作等银行电子化领域，先后与交通银行总行、光大银行上海分行、农业银行上海分行以及中国银行总行达成技术合作，形成以"银证通系统、股票质押贷款系统、银行客户服务平台系统以及开放式基金管理系统"等系统为核心的银行软件产品。并充分利用上海金融中心的有利地位，加快拓展银行电子化市场。

在期货行业，复旦金仕达是中国期货电子化的开拓者和最大的期货软件开发商，形成了以"期货交易中心管理系统、期货结算管理系统、期货网上交易系统、期货交易厅远程异地交易系统、期货交易所计算机系统"等产品为核心的期货行业全面解决方案,拥有国内期货经纪公司电子化百分之六十以上的市场份额,同时国内三家期货交易所中的两家——上海期货交易所和大连商品交易所,以及华通白银有色金属市场、上海华油石油天然气化工交易中心、中国糖酒交易中心等均采用金仕达计算机交易管理系统。

在提高自身实力的基础上,复旦金仕达几年来一直与国内外著名IT厂商广泛合作,谋求以最新技术和理念为广大中国金融行业用户服务。1999年9月,复旦金仕达与IBM公司在深圳达成全球ISV(Independent Software Vendor)协议和应用开发商协议。在软件开发、网络集成、软件本地化等领域展开全面合作。1999年3月,复旦金仕达与微软公司在北京签署独立开发商合作协议,双方正式结成全方位战略伙伴关系。此外,复旦金仕达是Intel公司证券行业千兆网络解决方案供应商,是CISCO高级认证代理商,并与Orcale、HP、SGI、SUN等著名公司建立了广泛的合作关系。

复旦金仕达的飞速成长,赢得了各界广泛的关注和赞赏。1998年6月,美国总统克林顿访华,公司董事长乔志刚作为中国知识经济的杰出代表受到克林顿总统的亲切接见。今天,中国的金融企业正面临着市场化、国际化和网络化的多重机遇和挑战,复旦金仕达——中国金融电子化的领导企业,将一如既往地和广大金融用户紧密合作,创造性地运用最新理念和技术,帮助金融企业把握先机、赢得挑战。

北京精业胜龙信息系统有限公司

【公司概况】 北京精业胜龙信息系统有限公司属中外合资高科技企业,注册资金3050万元。公司总部位于北京中关村新技术开发区,通过了国家"双软"认证,享受国家对"软件企业"的优惠政策。公司主要产品有证券行情及投资分析系统、新一代证券经纪业务管理服务平台、国际化证券交易系统(支持QFII)等,产品皆居业内领先水平,且在海内外具有广泛应用实例。公司主要股东为台湾最大证券信息系统提供商精业股份有限公司(上市公司)及国内证券信息技术知名企业北京胜龙科技股份有限公司。精业胜龙公司把精业公司在台湾地区的先进技术和证券业务经验与胜龙公司在大陆广泛的客户基础和本地化的研发及服务优势结合起来,期望成为用先进的理念和技术推动中国证券业开放和发展的一支生力军。精业胜龙以"公司高效率、产品高水准、员工高境界"为追求目标,谋求员工、企业和社会共同进步与发展。

【业务范围】 精业胜龙公司成立后,继承了胜龙公司的原证券信息产品(如证券行情揭示与投资分析软件)的开发、销售、服务。同时,引进了精业公司在证券信息技术领域的先进经验和产品原型,结合大陆情况研发出具有前瞻性和业务引导型的产品,如新一代证券经纪业务管理服务平台、国际化证券交易系统(支持QFII)等,并针对券商的不同需求进行定制开发,提供适合目前市场竞争格局的个性化的企业管理与业务信息化完整解决方案。

在机构用户产品方面,公司采用业务国际化、系统整体化的策略,提供客户开放式、国际化 、全方位的产品与服务,立志成为机构用户最值得信赖的企业伙伴及最佳的信息科技服务厂商,创造双赢目标。在个人单机产品方面,精业胜龙公司将大力开发和拓展基于互联网的投资辅助决策软件,建立基于互联网和移动通讯网络的服务及沟通平台,使投资者得到更好的服务,促进证券商网上交易等非现场交易模式的发展。

精业胜龙公司还积极开拓证券行业之外的其他业务领域,如移动通讯增值业务、企事业单位数据通讯一揽子解决方案、企业信息化应用解决方案、系统集成等。

北京融汇兴业网络技术有限公司

【公司概况】 北京融汇兴业网络技术有限公司是国家高新技术企业,国家认定的软件企业。同时也是信息产业部认定的系统集成企业。公司成立于1999年8月。主要从事证券行业应用软件开发和系统集成业务。经过几年来的发展,融汇兴业公司成为向证券行业提供从网上交易系统、电子商务系统到客户关系管理系统及经纪人业务平台等多方位企业级应用产品的重要提供商、信息化建设优秀服务商。公司开发出国内目前通用的证券软件并率先推向市场。公司产品深得用户信赖。其中,自主开发的"ECSN服务平台(Electronic Commercial Service Network)已在证券行业得到广泛应用和好评。随着中国证券业的快速发展,公司的规模不断扩大,实力也不断增强,经营业绩保持高速成长。目前公司拥有近百人的专业队伍,包括长期从事证券行业信息系统建设的资深专家、高水平的应用软件设计、开发人员和经验丰富的项目实施管理人员。同时公司还具备了保证大型网络项目的有效实施和项目管理的优秀团队。公司通过了ISO9001质量管理体系认证,是北京市高新技术企业。融汇兴业公司建立了覆盖全国重要城市以北京为总部,在上海和深圳分别设有分支机构的销售服务体系。公司目前拥有金融证券领域包括证券公司总部、基金管理公司30多家长期稳定的客户。并通过与IBM、HP、SUN、Oracle、Intel、Cisco、Microsoft、Bea等世界IT巨人的合作,研究和借鉴国内外金融、证券行业的系统解决方案以及国内外领先的技术产品,潜心开发适合于证券机构使用的企业级应用软件产品,帮助客户建立从网络基础设施到应用软件系统的整体企业信息系统,深得客户的广泛赞誉。

【产品概况】 *融汇知识管理系统* 融汇知识管理系统是一个面向证券/基金行业的公司和个人的知识门户,实现知识创建、知识积累和知识传递的管理。它集中体现了证券公司/基金公司的业务人员的工作特点,囊括了工作中所需要的各种知识和数据,如行情信息、上市公司财务信息、各种研究报告和评论,使工作人员通过一个平台既可以开展日常工作,又可以方便快捷地检索所需要的数据,并能使每项工作成功成为知识积累。因此,可以成为各部门人员的工作平台。该系统是围绕证券机构中知识的产生、整理、存储、流转、共享、访问和检索过程建立的知识管理平台。不仅可以成为研究人员、营销人员、基金管理人等人员的工作平台,而且提供人员管理、任务安排、任务跟踪、目标管理、过程控制、成本控制、风险控制等一系列管理功能,可以清晰地反映出各部门人员的工作情况。同时提供知识成果的管理功能和业务交流和协作的手段。

融汇证券交易数据仓库 融汇证券交易数据仓库将分散在营业部端的交易信息汇总至总部,实现对数据的清洗、转换与整合处理,并通过联机分析技术,实现高效、灵活的数据展现,作为企业级的信息基础设施,为不同业务部门和应用系统提供服务。财务部:快速而准确的报表系统,自由定制报表内容,自动发布;监管部:及时掌握营业部客户数据,对交易行为进行监控与管理,规避风险;交易部:提供稳定的数据基础与辅助工具,在此基础上进行资金行为分析,资金变动分析,结合行情走势分析,获取证券买卖决策支持;经纪人:通过客户

行为分析,客户的持仓情况、客户的盈亏情况,挖掘潜在的高价值客户,并对不同级别的客户,提供不同的服务。管理者:及时掌握公司经营状况,利润分布,提供经营决策支持。

北京通软欣科技发展有限公司

【公司概况】 北京通软欣科技发展有限公司是一家专业从事金融、证券、保险等行业软件系统开发、销售及系统集成等工作的高科技公司。公司创立于1998年9月,凭借一支具有丰富经验的开发、维护团队,先进的管理,优秀的软件产品,完善的技术服务,良好的商业信誉和积极的进取精神,在金融证券软件业中迅速崛起,并获得用户的一致肯定和广泛好评。

公司以证券交易、通讯、CTI系统为核心软件产品,带动其它相关产品的发展。通软欣多功能电话委托系统是一套成熟、先进的IVR/IFR系统,多年来该系统一直在华夏、南方、银河、联合等近百家券商中安全、高效的运行,为这些券商在广大投资者心中创造良好的服务形象,同时带来了巨大的经济效益;此外,通软欣开发的远程/网上交易综合版系统、远程大户室系统、多点文件同步传输系统、电话录音系统、智能安全监控系统、交易数据实时备份系统、个性化信息发布系统等众多优秀软件产品,被全国数百家营业部广泛采用,早已成为这些券商提升服务水平、增强竞争力、建立良好客户关系、提高经济效益的最优手段。

自1999年以来,公司便组织专业的研发队伍进行CRM、Call Center等领域的开发与研究;当前推出的通软欣证券呼叫中心系统是一套应用最先进的CTI技术、融合通软欣多功能电话委托系统、远程/网上交易系统、个性化信息发布系统等多种系统于一体,融合通软欣与众多券商先进服务思想、服务经验于一身的综合性的、专为券商量身定做的经济的综合性客户服务中心系统。由于通软欣公司在CTI领域的杰出表现,公司现以成为Intel融合通讯系统全球合作伙伴。

【产品概况】 *通软欣家庭大户室综合版* 通软欣家庭大户室综合版集成了委托查询、资讯和行情三大类功能,采用TCP/IP通讯协议,不受通讯方式限制,可以用于拨号上网、互联网上网、小区局域网上网等各种途径与证券部连接,为全面解决股民在各种场所交易提供了强有力的手段。下面就三大类功能功能进行详细介绍。"通软欣家庭大户室综合版"的委托查询功能十分全面,涵盖了以前版本委托软件的所有功能,包括买卖委托、查撤委托、成交查询、资金股票查询、银行转帐、对帐单、交割单、股东选择、批量委托等功能。通软欣家庭大户室综合版不仅委托查询功能十分全面,同时也提供了完整的资讯功能。包括上"交所公告"、"深交所公告"、"证券部通知"、"股评"、"新闻"和"个股资料"。它们的操作方法都与交割单或对帐单的操作方法基本相同,在此不再复述。选择资讯功能的方法是先选择辅助功能,这时系统会弹出一菜单,投资者选择感兴趣的相应功能即可。另外个股资料需要输入股票代码。本系统最大的特点是融合了行情传送功能,与"分析家"分析软件配合得天衣无缝。首先投资者需要安装分析家分析软件,再按照大户模式安装本系统,在配置正确后,你只需要启动分析家,本系统就会被连带启动,并在后台执行,需要委托查询时按F12就可调至前台。行情数据委托查询数据都通过电话线或其他线路从证券部获得,数据绝对实时,这样行情分析和委托查询就可全部搞定。分析家的使用与"分析家+图文卡模式"的使用方法完全一样。

ISDN(30B+D)电话委托 ISDN(30B+D)电话委托是全新软件设计思想、开放式开发平台;系统运行速度极快、集成度高,结构紧凑合理;自动语音合成、语音清晰流畅;系统稳定、容错性好;委托查询功能强大;释放线路极快,线路利用率大大提高;热键功能;股评信息专栏;热线咨询等功能。

多功能电话委托系统 公司自主开发的电话委托系统采用国际流行的开放式平台化设计,实现执行部件与业务流程分离,证券部可根据自己的需要任意更改电话委托的流程。另外,模块化设计使得电话委托系统升级、扩充功能十分简单,在电话委托的基础上,可增开"一线通"功能,增加传真功能。

北京中润丰信息技术有限公司

【公司概况】 北京中润丰信息技术有限公司的创办者是金融IT行业的资深人士,公司具有丰富的业务能力与技术实施能力,其行业背景与市场基础,决定了公司在中国金融行业的独特地位。中润丰公司在金融计算机应用系统中的成功案例,得到众多金融机构的认可与信任。公司服务于银行、基金、证券、保险、财务公司等金融领域,面向金融机构的管理、市场、业务、软件和技术提供以业务创新为基础,集管理咨询顾问、软件产品或软件项目应用实施、系统集成、金融业务运营管理等服务,为金融客户提供全方位专业化的应用解决方案。

经过对国内、外金融业务的深入研究,中润丰公司对金融业务发展的趋势具有前瞻性的研发和判断能力。公司充分发挥其独到的设计能力和卓越的技术优势,在金融业务上敏锐地把握市场机遇,积极深入金融新产品及其衍生产品的开发与应用,为金融机构提供适合中国国情的具有自主知识产权的软件产品。中润丰公司与多家国际型大公司结成战略合作伙伴,为加速金融业务的电子化,推动金融行业积极适应知识经济与信息技术的飞速发展,带动金融行业的业务与信息系统的不断更新与进步做出应有贡献。

【产品概况】 *一户通* 一户通作为中润丰公司的创新产品,由产品的概念、理念、设计到产品的应用方法,中润丰均完善的产品规划。该产品本身拥有10个帐务观点,组合后发挥更强大的金融创新作用与业务能力,将适用于国内整个银行系统的各个银行机构。由于一户通的概念在国内银行比较容易接受,致使目前一户通的概念有一些银行自行效仿,但其实际只是采用了中润丰一户通10个帐务观点所推导出的一个具体的应用模式,使该产品的真正功能尚未发挥出应用有的作用。也正是一户通产品概念的易接受化,令产品在国内市场将有很大的市场空间与推广潜力,近几年之内将不会有同类竞争产品的出现。

金融理财系统 公司在金融理财概念下所设计的产品为混业平台系统,即将目前现有的金融业务或银行所能提供的金融业务加以合理的组合、融合,或形成组合型业务包、或形成新的业务项目,以达到充分利用金融机构的客户资源、最大限度的发挥出资金资源的再生价值等理财的目的。金融理财是具有先进业务性能的理财产品,系统较庞大,金融理财其目的是把金融领域各部分的业务综合管理和发展,形成银行、证券、基金、保险等业务的综合理财平台。

开放式基金系统 中润丰在开放式基金业务开展的初期即涉入到该业务的信息化建设与业务创新当中,承担了作为国内试点单位的开放式基金系统的全部业务功能的设计与开发项目,到目前为止该系统已经过多次联机测试,系统安全稳定,受到业界的好评,获得初步成功。

基金代销系统 中润丰公司基金代销系统采用IBM等

公司的软硬件设备，系统之间可以方便地实现集成，使用户无需花费过多的精力从事于系统平台的集成，而将精力集中到业务的实施和推广中，从时间和进度上保障开放式基金销售渠道的建立。集成的应用系统降低了系统维护的难度和要求，方便用户日后的应用和管理。基金代销系统分为四部分：①开放式基金代销业务管理中心系统；②开放式基金代销业务管理分中心系统；③开放式基金代销结算管理系统；④服务手段连接（柜台、Internet、CallCenter、查询终端）。

广东新宇金融电脑系统集成有限公司

【公司概况】 广东新宇金融电脑系统集成有限公司是一家以“行业为导向，应用为制导”的专业系统集成商，公司奉行“服务是产品 顾客是上帝 人才是基石”的宗旨。公司业务主要是为银行、保险和政府等领域提供最具适用性的全面解决方案和成熟的应用产品。广东新宇金融电脑系统集成有限公司成立于 1994 年初。从一开始就专门致力于金融行业，年产值平均按 30%速度增长。从早期的为金融行业提供输出打印的解决方案及成熟的相关设备到从事金融行业的系统方案设计、应用软件开发、网络系统集成等，公司的客户已涉及到金融银行业、保险业各政府机关等行业。

目前，新宇金融电脑系统集成有限公司设在广州，并设有“票打中心”、手提电脑专卖店、技术服务维修中心、政府投标部、系统集成部、软件开发部、市场拓展部等。新宇公司与北京华北技术研究所属下的北京太极融信信息系统工程公司合作成立北京太极广州办事处，共同建造华南地区的农村信用联社的地区性的网络系统。公司现有大学本科、硕士研究生以上学历占 80%以上，相当的技术开发人员来自专业银行的电脑科技部门，拥有多年的银行业务开发经验。

作为“票打中心”，新宇拥有多年的行业经验，极为熟识当今世界票据存折类打印机的发展历程、各种品牌的技术特点、市场动态及未来发展的方向。

【经营业绩】 几年来，广东新宇金融电脑系统集成有限公司外引世界著名厂商的先进产品（品牌有：IBM、HP、TOSHIBA、NEC、ACER、SHARP、CISCO、INTEL、3COM、AT&T、AMP、INFORMIX、SCO UNIX、Olivetti、FUJISTU、OKI 等），内靠坚实的技术和丰富的经验，针对国内近年来计算机技术发展的特点，推出：农村信用社综合业务处理系统、银行结算清算系统、商业银行业务监督稽核系统、电话银行系统、商业银行信贷决策支持系统、政府智能报表等系统。同时，在政府方面代理财政预算系统、会计软件等产品。此外，公司还为客户提供先进的计算机系统、智能大厦 PDS 结构化布线系统、网络通讯系统、政府及企业信息管理系统。其客户领域主要集中在政府、银行、社会保险等行业，并在近年项目投标中也取得显著的业绩，广东省信用社清算中心的异地网络工程即全省大联网工程的中标便是其中成功的一例（项目总额为 1400 多万人民币）。

人才是企业发展的重要因素，公司一直注重吸收和培养人才，以一批高精尖技术人才和复合型技术人才为主体组成公司各业务部。“英才计划”帮助每一位员工不断发展进步。在人事管理上始终保持竞争态势，实行每年 5%的淘汰率，真正做到“岗位效率最高，集体效能最佳，公司效益最好”。

公司相信“服务即产品”。公司不仅注重项目管理，而且追求卓越的服务。以总经理为组长的“服务质量督察小组”和以总工程师为组长的“工程项目管理小组”将以多种形式搜集客户意见，对工程进行全面的质量监督，来达到项目实施的最终目标，即客户满意，预算合理。使用户从售前到售后始终感受到新宇的温馨、新宇的坚实。

杭州金龙达电脑有限公司

【公司概况】 杭州金龙达电脑有限公司公司是一家专业从事股市软件的研究、开发、生产和销售的高科技企业。企业技术力量雄厚，拥有一支具有完善技术水平和高度敬业精神的技术开发和服务队伍。并以严格的管理、先进的技术、完善的服务体系赢得了用户的青睐。公司创始至今，已开发出的三大系列产品，具有强大的盘口功能，在盘口分析软件领域中占有领先地位。公司下设技术开发部、技术支持部、市场开发部及证券研究室。各部门均拥有多名高素质的专业人才，具有强大的科研开发实力，多年来，本公司以质量和服务求生存、以科技求发展的经营理念使公司的产品赢得了政府、社会和用户的好评。

【产品概况】 自 92 年推出《金龙股市分析系统》以来，目前本公司开发分析系列产品有：证券之星版、动态图文版、券商网络版、图文网络版及北极星系列分析软件。以其独特的盘口功能来研究股价与成交量有异常波动的个股，从中发现主力的真实意图，以达到跟庄的目的。如：大手笔自动报警追踪功能：能通过盘口本身即成交量的基础上，根据交易时量的放大来自动追踪大手笔拉台或打压的个股，以此来追踪市场主力；动态庄家强度功能：将所有个股的强度分为多与空两大阵营进行分析，盘中随着个股趋势强弱程度的转换来发现庄家实力；买卖盘明细：可以一览场内的主力的拉台、打压或对倒行为，以帮投资者获悉主力意图，为投资者的获利提供更全的信息、更大的保证；主力动向功能：根据每个股票入市的资金来分析是否有主力介入的盘口指标，其能量值显示的是介入股票的平均资金情况；持仓分析功能：根据个股仓量的增减情况来判断投资者的出货与入货情况；螺旋律功能：投资者可以推算大盘或个股后市的每一个转折点。选股系列产品有：猎豹 2000 选股器、世纪赢家黑马智能选股系统。它们具有操作简便，选股及时、准确，投资类型全面等特点，它是由专家根据以往的实战经验总结出的一套成功率很高的选股工具，即使投资者对股票市场不怎么了解，利用公司的选股器，也能让他轻松赚钱。特别指出的是每次选出的股票数量少，便于投资者的把握，并且成功率高。真正实现轻松炒股，理性炒股。公司最新推出的北极星 Windows 版系列软件分为专业投资版、标准分析版和证券普及版，充分满足了不同投资者的需要。其中专业投资版在原证券之星的基础上盘口跟庄功能进一步完善，指标分析更加强大，并推出最新的大底乾坤指示功能及指标平台，为投资者的投资提供高质量服务。

和讯信息科技有限公司

【公司概况】 和讯信息科技有限公司，是国内首批经中国证监会批准，获准从事证券投资咨询资格的咨询机构，是目前国内最大的在线财经资讯生产商和发布商。早在 1995 年 9 月，互联网概念在中国尚处于启蒙时期，由海外留学精英回国创办的“联办”（全称：中国证券市场研究设计中心，英文缩写 SEEC）高瞻远瞩，发起创建了基于互联网平台、专事财经资讯服务的高科技企业——和讯信息科技有限公司。经过多年的发展、积累与沉淀，和讯公司在一个全新的、发展迅速的领域也逐步探索出自己的生存和发展之道——打造财经电子媒体第一品牌，努力成为财经资讯营销领先者。现在，公司已经拥有了一批高素质的专业员工队伍和营销力量，并在上海、广州、深圳、天津、成都等地设立了自己的分支机构，300多家代理商遍布各省市，信息调研、产品销售和售后服务网络覆盖全国。和讯公司本着与时俱进的态度，紧密把握用户需求变化，努力加大技术投入，不断研发新的财经资讯产品，及时并最大限度地满足不同投资者需求。

【经营业绩】 目前，和讯公司下属的和讯财经网 www.homeway.com.cn（原名中金网）是中国最大的财经门户网站，以财经资讯专业深入、视角全面、观点独到而赢得广大投资者和财经人士的高度认同，并由此而先后多次摘得相关权威机构评选的"中国最佳财经网站"、"中国最具潜力的网站"等荣誉，在业界享有极高的知名度和良好的信誉度。

和讯下属的海融证券网 www.158china.com 是仅次于和讯网的中国第二大专业证券网站，是中国最早进入金融证券电子信息资讯服务的专业资讯公司，每日浏览量达到1000万以上，网上注册用户200万。两大财经网站的强强联合，使得和讯公司拥有了优势互补的网上财经资讯、网上证券交易、在线资讯软件及其相关电子产品资源，成为国内财经网络公司的第一品牌。

和讯公司凭借强大的新闻采编队伍和众多的财经专家，依靠技术和商务的双重优势，通过电子网络平台为全球大中华区用户提供及时、准确、丰富的中英文财经资讯的同时，建立了全国最具权威、规模最大、覆盖最全面、技术最完善的证券信息数据库。并通过先进的信息检索技术使用户能够方便的了解自己所需的信息。

与此同时，和讯公司依托同为联办旗下的、在金融证券业享有盛誉的《证券市场》周刊、《财经时报》、《财经》、《新地产》等传统传媒体，与和讯网、海融证券网等电子媒体的完美结合，构建了国内首屈一指的财经媒体组合"航母"，实时向用户提供具有和讯鲜明特色的国内外财经资讯。

目前，和讯能为各类机构客户，诸如券商、中间信息服务商（如传媒、短信增值运营商等）、投资机构等提供全面及个性化的各种财经资讯产品和解决方案，并可根据客户需求，通过不同技术手段和传输方式提供全方位的跨平台信息服务。

针对券商、INTERNET信息服务商、PDA信息服务商、短信息服务商及传统媒体等，和讯依托自有的强大的数据库和信息资源，先进的采编系统，以及联办下属的强大的媒体组合优势，推出了资讯通、财讯通、财经短信平台及其他众多极具个性化的数据库产品或服务，强力支撑券商、中间信息服务商有效开展增值运营，服务自有用户。

投资理财咨询服务 和讯公司、海融公司均为国内首批经中国证监会批准，获准从事证券投资咨询资格的咨询机构，其投资理财咨询服务在广大证券投资者中享有良好的口碑。围绕个人投资者，和讯、海融凭借自己多年证券行业的丰富经验与业内资源、强大的专家队伍，相继推出了会员理财、移动理财、专家理财等系列产品或服务，以及功能强大的彩虹版、阳光版等证券分析软件工具，并提供和讯海融及各大机构名家对大盘及个股的实时分析和相关点评，引导投资者理性分析，正确决策。尤其在提供会员理财和专家理财服务时，更是针对客户投资理念和风格的不同，为用户提供一系列完善、科学、合理的个性化投资方案。和讯人深知"功崇惟志，业广惟勤"，竭力为广大客户提供客观规范、准确及时、全面深入、独具特色的金融证券信息与投资咨询服务，全心帮助投资者全面把握全球财经资讯，进行理性投资，并为加快推进中国财经资讯行业发展的步伐，作出着自己的贡献。

华为技术有限公司

【公司概况】 华为技术有限公司成立于1988年，是由员工持股的高科技民营企业。华为从事通信网络技术与产品的研究、开发、生产与销售，专门为电信运营商提供光网络、固定网、移动网和增值业务领域的网络解决方案，是中国电信市场的主要供应商之一，并已成功进入全球电信市场。2002年，华为的销售额为220亿元人民币，目前有员工22000多人。华为在全球建立了30多个分支机构，在美国达拉斯、印度班加罗尔、瑞典斯德尔摩、俄罗斯莫斯科以及中国北京、上海等地建立了研究所。华为产品已经进入德国、西班牙、巴西、俄罗斯、埃及、泰国、新加坡、韩国等40多个国家。

华为每年将不少于销售额的10%投入研发。华为在坚持在自主开发的基础上进行开放合作，现在已经与TI、摩托罗拉、英特尔、AT&T、ALTERA、SUN、微软等世界一流企业广泛开展技术与市场方面的合作。

从1997年起，华为开始系统地引入世界级管理咨询公司，建立与国际接轨的基于IT的管理体系。在集成产品开发（IPD）、集成供应链（ISC）、人力资源管理、财务管理、质量控制等诸多方面，华为与Hay Group、PWC、FhG等公司展开了深入合作。经过五年多的管理改进与变革，以及以客户需求驱动的开发流程和供应链流程的实施，华为具备了符合客户利益的差异化竞争优势，进一步巩固了在业界的核心竞争力。

【经营与管理】 华为的追求是在电子信息领域实现顾客的梦想，并依靠点点滴滴、锲而不舍的艰苦追求，使华为成为世界级领先企业。为了使华为成为世界一流的设备供应商，华为将永不进入信息服务业。通过无依赖的市场压力传递，使内部机制永远处于激活状态。华为认为，为客户服务是华为存在的唯一理由。任何时候，不管是提供网络设备给运营商，还是探索一项新的技术、开发一项新的产品，不管是与客户交流、沟通，还是优化内部工作流程，华为公司总是不断地回到最根本的问题——客户的需求是什么。关注客户需求，是华为服务的起点，满足客户需求，是华为服务的目标。对华为来说，通过服务为客户创造价值，永远是第一位。

2002年，华为的合同销售额为221亿元，海外销售额5.5亿美元，交纳国税、地税19.5亿元，缴纳各项海关关税和增值税7.1亿元，研究与开发投入30亿元，资产负债率为48%。华为历年均被深圳市人民银行评估机构认定具有"AAA"银行资信。

深圳博隆信息技术有限公司

【公司概况】 深圳博隆信息技术有限公司是一家专业的金融证券资讯商。为金融机构、证券市场投资者和研究者提供全方位金融资讯服务。公司成立于2000年6月，注册资本为250万美元，坐落在深圳市福田区。公司最初由5名留学海外的博士联手创办，汇聚了一批具有高学历和丰富实际经验的专业人才。参照美国最权威的金融数据库CRSP和COMPUSTAT，自主开发了博隆中国 金融证券数据库（BCFSD），是目前关于中国证券市场的最完善最可靠的金融数据库之一。公司按照国际惯例、市场化要求建立企业内部治理结构，采用专业化、国际化的经营管理模式，信誉至上、质量第一，服务于社会。所有的数据库对研究者均是以开放非加密的结构提供电子化的数据，数据库能够灵活地以 SQL Server、FoxPro、Access、Excel、TXT 等格式输出，并可供 SAS、SPSS 等统计软件和 Fortran、C、Pascal 等高级语言直接调用。在为客户提供数据库服务的基础上，同时根据客户特殊的要求，提供"量体裁衣"的个性化服务，增加研究者特定的数据项，在客户做研究的过程中，博隆信息可以帮客户搜集、处理数据，汇集整理财经信息，使客户节省宝贵的时间，提高客户的研究效率。"客户满意"是公司生产经营的最终目标，公司坚信用户的成功是公司发展的保证。公司将不断追踪行业国际先进技术，追求完美和第一，期望着给各界用户提供最适宜的服务。

【产品介绍】 博隆中国证券市场数据库(BCSMD)主要包括以下几个部分：上市公司数据库：首发增发配股、分红派息、募资投向、财务报表、股本股东高管、新闻公告；债券数据库；基金数据库；证券交易数据库：深沪市行情、期货行情、香港股市行情；宏观经济数据库。其特点为：

专业、标准 在金融市场越来越专业化分工的今天，对数据简单堆砌处理已经远远不能满足市场需要，大量信息必须要以专业的眼光进行合理、规范的分类整理。博隆信息聚集了一批高学历的数据库专业人才和金融专业人才，凭借对行业的深刻认识，参照国外 CRSP 和 COMPUSTAT 数据库设计思想，以存储和应用相结合的视角，设计了一整套科学、实用、逻辑结构合理的金融数据库体系标准。提高了数据检索和调用的效率，拓展了数据研究和应用的深度和广度，提升了金融数据应用价值，必将对中国金融和证券市场的量化研究做出重大的贡献。

完善性 BCFSD 内容完整、信息容量大，涵盖了中国金融市场和证券市场所有重要信息，可以满足各类投资者和研究人员的需要。BCFSD 从内容上可分为 5 个子库，各子库又可进一步细分为 30 多个分类主题，但在逻辑结构上 BCFSD 是一个完美的整体，研究者可以考察研究各投资主体或投资工具之间的关联关系。这是其它同类金融数据库所不能达到了，他们要么没有一套完整的数据库，要么数据库在逻辑上不是一个整体，而是几个孤立的数据库。博隆信息目前数据库总容量为 30GB，并以每天 15MB 左右的速度增加。

准确性 数据的准确性是博隆信息最注重并全力以赴实现的目标。为保证准确性，博隆信息巨额资金购买权威数据、狠抓数据录入和校验。首先，数据都是来源于国家信息中心、交易所、中国证监会指定披露信息媒体等权威部门和出版物；其次，在数据入库过程中采用双人校验录入制度，每项数据都有两人同时采集录入，只有两人完全一致时，数据才会入库，有效地避免了错漏情况的发生。另外，公司质量控制与检测部专门负责审核数据库的质量，以保证采集的和发送给客户的数据不出现问题。

可比性 财华金融数据库借鉴美国最权威的金融数据库 CRSP 和 COMPUSTAT 的调整方法对相关财务、交易数据等数据进行了追溯调整，使得调整后的数据兼具横向和纵向可比性。

及时性 采集数据时采用计算机程序导入与人工录入相结合的办法。目前公司已经聚集了一批训练有素的、信息处理能力强的编辑队伍，全天不间断采编。本公司与深沪交易所、各证券公司以及财经媒体有着良好的关系和业务往来，可保证当天的各种信息和数据能够及时采集入库，最迟在下午 5:00 之前更新完毕，使得信息可以在最快时间内送达到客户。

可扩展性 BCFSD 以 SQL Server 为基础，在数据库结构上采用了灵活的设计方式，使 BCFSD 能够轻松应对金融和证券市场最新发展需要。

深圳巨灵信息技术有限公司

【公司概况】 深圳巨灵信息技术有限公司是国内最大的财经资讯服务商，是领先的金融信息服务及应用解决方案的供应商。自 94 年成立，九年以来一直致力于研究金融信息处理、加工技术与多种服务方式，注重金融信息的研发，并通过完备的电子化服务与通讯手段，让不同层面的金融信息消费者及时、方便地获得各自所需的信息。

目前，在中国大陆地区有千余家机构用户利用卫星、DDN 和 INTERNET 接受巨灵的服务。经过多年的发展，巨灵拥有最完善和全面的中国证券市场数据库，以及国内领先的信息处理和检索技术，建设了卫星通讯系统和电子商务平台，是国内唯一提供多平台、多媒体资讯以及金融信息应用全面解决方案的供应商。

【经营业绩】 经过九年的发展与积淀，巨灵不断提高自身对信息处理与服务的透彻理解，赢得了客户称赞，在行业内树立了卓越的地位和声誉。外资也十分关注巨灵的发展，香港第一上海融资有限公司、香港中国置业有限公司以及香港汇富集团的入资，为巨灵快速发展注入了新的活力。与此同时，巨灵密切关注海外证券市场，并逐步向海外市场进军。巨灵成长的过程就是一个探索与创新的过程，巨灵正在成为国际性的财经资讯先锋。

多年来巨灵形成的核心技术优势有：信息处理技术，信息应用技术，信息检索技术，卫星通讯与应用技术，电子商务应用技术。巨灵有一套完备的信息加工平台，将自有信息无缝接入数据源，形成个性化的独立数据库。经过几年的建设，巨灵拥有目前中国证券资讯业中，最全面、最完整、最准确、最先进的大型数据库。境内外建设的十多个镜像服务器站点，形成了巨灵全球性的网络体系。系统通过公司拥有的卫星通讯体系和 INTERNET 互联，形成一个高效、完善、快捷的巨灵信息网。销售与服务体系完备遍布全国的销售网络，优秀的营销队伍和良好的服务体系，是巨灵快速发展的基础，也是为客户提供优质服务的保障。

优秀的信息提供商不仅是为用户提供丰富、准确、及时的信息，优质的应用软件，全面的售后服务，更重要的是为用户提供一系列完善、科学、合理的解决方案。

对于营业部的个人投资者，巨灵提供的方案是：与行情结合为一体及时的上市公司信息与交易所信息，利用计算模型制作数据报表，揭示上市公司运作情况，资深分析专家实时解盘，各家咨询机构对大势与个股的研判；提供券商与投资者交流的平台，帮助投资者捕捉投资机会，帮助券商更好地为投资者服务；对于机构公司提供深入的信息统计分析工具与专业和行情及基本面挖掘工具，与此同时，巨灵还为券商提供先进的智能信息平台解决方案。

深圳市汇金软库科技有限公司

【公司概况】 深圳市汇金软库科技有限公司(简称汇金公司)是 1993 年 3 月经深圳市政府批准成立的重点高科技民营企业，主要从事金融证券咨询业技术系统的研究、开发和工程服务，是我国证券分析软件业的开拓者和创立者之一。随着我国证券市场的产生、发展和壮大，汇金证券分析软件产品得到了不断提高和广泛普及，成为投资者投资理财决策分析的重要技术工具。1993年中国证券市场刚刚起步，投资市场很不规范，投资者的投资行为随意性很强，技术分析还没有引起投资者的足够重视，汇金公司即以其敏锐的技术眼光和超前的市场意识，高起点的契入证券分析软件市场，为中国证券分析软件开创了一条里程碑式的技术创新道路，成为证券分析软件中无可争议的主力军。汇金公司拥有包括国内最早从事证券分析技术开发的高、精、尖技术人才，在深圳设有专门的研发机构，针对用户的需求和市场发展的前瞻性，不断推出新产品和新技术，始终处于证券技术市场的前沿。

【经营业绩】 汇金公司在证券技术领域拥有独特的技术优势，在多项产品上具有核心技术，汇金公司的全部产品依靠自身力量开发，拥有完全自主的知识产权：公司93年即第一个推出了集行情分析、委托买卖、查询回报于一体的实时股票分析软件，并由此创造、引导、满足了客户自助委托的需求。93年第一个率先推出远程自助式交易终端系统；93年第一个推出中国最大的证券用电视墙系统；93年第一个推出一拖多用户的散户自助交易系统；93年第一个推出家用图文可视电话委托系统。目前汇金公司的产品已从早期的单一分析软件发展到覆盖证券分析、通讯、资讯、多媒体等多领域综合性产品系统。

公司开发的“深圳市城市旅游信息查询台系统”，“铁布衫计算机免疫系统”，“图文电视广播式宽带数字通讯系统”，“智能声讯资讯系统”等产品，都具有技术领先性及良好的市场前景。经过几年的艰苦努力，公司的主导产品：DOS 汇金 3.5、DOS 汇金 4.0 证券行情分析资讯系统（图文版、网络版），家庭个人版 WINDOWS 汇金 3.5 和选股王证券行情分析资讯系统，“招财猫”可视电话委托系统，“虚拟证券”网上分析交易系统等成为证券业家喻户晓的知名产品。

通过几年的发展。汇金的用户涵盖遍布全国各地的证券商、投资机构、基金公司、上市公司、股市大户、家庭个人等投资市场多方面的参与者，机构客户数近千家，居行业市场占有率的前列。

公司总部统一管理指挥着遍布全国的产品直销队伍和遍布全国的几十家代理商，纵横交错的营销网络。牢牢掌握了上海、深圳、北京、南京、广州、武汉等重要中心城市的市场主动权，保证了公司产品能够迅速及时地推向市场并传递给客户终端用户，使汇金产品具有无限的市场扩张力。汇金的市场网络已成为汇金发展的强力支撑和巨大的无形资产。

为方便用户的使用和维护，提高产品的售后服务质量和效果，公司建立了全方位多元化的综合技术支持体系。用户使用汇金产品出现的问题随时可以通过汇金全方位的售后服务体系获得支持。必要时，公司随时可以派遣技术队伍奔赴客户现场进行技术指导和培训。另外，客户也可以通过电话、传真等通讯手段获得技术解疑，也可以通过汇金网站免费获取公司的有关信息和技术服务。

深圳市金证科技股份有限公司

【公司概况】 深圳市金证科技股份有限公司（以下简称金证公司），是深圳市软件龙头企业，深圳市政府认定的高新技术企业。公司注册资金为5072万元。

金证公司拥有一支由博士、硕士、学士组成的近600人的高科技人才队伍，其中技术人员占公司总人数的70%，软件技术人员占公司全部技术人员的75%。作为深圳市政府大力扶持的软件龙头企业，金证公司主要致力于证券业、银行业的计算机系统应用软件开发、系统集成、系统安装和增值服务。

公司的技术开发实力雄厚，在研究开发大型、复杂的计算机网络和证券交易软件方面，积累了许多成功经验，造就了一批技术过硬、服务全面、维护经验丰富的技术骨干和工程维护人员。国内目前通用的证券软件，绝大多数是由金证公司最早开发并率先推向市场。在国内同业中，金证公司处于突出的领先地位，市场占有率居同业前列，至今，金证公司年产值达三亿多元。多年来，公司服务了国内近千家证券机构，产品及信誉深得各用户信赖。公司在证券网络集成技术方面也处于国内领先水平，是目前业内规模最大的证券计算机系统集成商，并与IBM、CISCO、3COM、NOVELL、微软、INTEL等著名企业建立了密切的战略伙伴关系。随着事业的蓬勃发展，公司已在深圳、上海、北京、广州、成都、兰州、郑州、沈阳、海口、武汉、长春、哈尔滨、合肥、杭州、南京、重庆、昆明、贵阳、福州、南昌、长沙、济南、南宁等地设立了分支机构、办事处，营销网点及专业的技术服务网点遍布全国，为用户提供更加广泛、周到的优质服务。

金证公司坚持以人为本，注重员工个人与公司共同发展，共同进步。多年来，公司从薪酬、培训、提供创业机会与环境等多方面激发员工的创造潜能，促进员工职业生涯发展，形成了“学习、创新、成长、回报”的文化气氛。

深圳市深讯信息科技发展股份有限公司

【公司概况】 深圳市深讯信息科技发展股份有限公司（深讯信科），注册资本3528万元人民币，公司现有员工120多名，平均年龄26岁，其中85%具有本科以上学历，技术人员占职工总数88%。深讯信科公司前身——深圳市深讯电子有限公司是一九九五年成立的私营企业，一九九八年由市科技局认定的为深圳市高新技术企业，并于2001年4月完成股份制改造。

公司宗旨：汇集中外信息科技精英，跟进世界一流信息技术，以市场为导向，以技术为核心，以客户的利益为根本出发点，通过自主开发与技术合作相结合，为广大客户的信息化社会建设构建一流的软件平台，从而成为一个在推进中国信息化进程里永远充满活力和创造力并具有领导地位的优秀信息软件企业。深讯信科以发展高新技术为主，主要从事通信、金融等领域的计算机应用软件的研制、开发、集成和推广应用工作，公司开发的产品在通信（中国电信、中国移动、中国联通、中国网通等）、金融（证券、银行、基金、保险等）等领域得到广泛的应用。

【经营业绩】 信息产业部将网络软件和通信软件：基于IP的网络通信软件及系统、家庭网络控制器及系统、网络管理软件、通信综合信息交换平台作为今年软件产品投资重点。定位于基础网络软件开发集成商的深讯信科，敏锐地把握市场商机，从最初提供简单的软、硬件集成服务如产品选型、技术方案、设备安装、调试、技术培训到提供为行业定制的解决方案、开发应用软件系统、集咨询、管理、服务等于一身的系统服务，牢牢抓住移动通信与数据通信这两大通信发展方向，从寻呼平台到短信平台；从短信网关到统一综合业务（接入）平台；从CTI智能交换平台（IP交换）到呼叫中心和客户服务软件；从网络计费管理软件到互联网（INTERNET）企业应用一体化解决方案，企业在发展中壮大，在市场中成长。

近年来，随着金融证券对外开放步伐的加快，银行与证券公司面临越来越激烈的外来竞争，而作为资本市场的核心的证券投资银行面临的竞争尤为激烈。在国际经济全球化和市场竞争日益激烈的趋势下，投资银行业完全跳开了传统证券承销和证券经纪狭窄的业务框架，跻身于金融业务的国际化、多样化、专业化和集中化之中，努力开拓各种市场空间。这些变化不断改变着投资银行和投资银行业，对世界经济和金融体系产生了深远的影响，并已形成鲜明而强大的发展趋势。由此产生了投资银行对构建于现代通信手段之上的，包含先进管理理念的行业应用软件的需求。深讯信科公司抓住时机，适时的选择了证券公司投资银行作为金融证券软件开发的切入点。开发完成了以金融证券行业为主的企业资源管理和移动办公自动化为核心的一系列金融证券行业的应用软件。

深讯信科公司抓住时机，适时组织了专门研发队伍自行研制开发了符合国际先进管理理论与方法、适应企业实际需要、管理功能齐全、信息传递方式多样化、数据处理功能强大的企业资源管理信息系统(SXIT－ERP/MOA)，该系统包括了传统OA、人力资源管理、行政事务管理、成本控制、计划管理、项目管理、营销管理、商务管理等多种企业必备的管理与信息处理功能，受到了广大企业，特别是金融、证券、以及IT企业的好评与欢迎。

公司自成立到二零零一年底，科研开发经费已累计投入人民币5000万元以上。公司严格按照ISO9001质量管理标准，制定了适应本企业的产品质量保证体系、管理体系，对软件项目的开发以及项目的工程实施和公司经营运作均进行严格的管理与控制，九九年取得了信息产业部软件开发企业的质量认证，在2000年10月通过ISO9001的国家认证。公司目前正在准备进行采用SW－CMM模型(Capability Maturity Model for Software 软件能力成熟度模型)进行新的项目管理与开发，公司的发展目标：将企业发展成为国内一流的软件开发企业，建设国内较高水平的无线应用软件开发实验室，将产品推广到国外市场。

深讯信息科技2000年成立了深讯软件科学研究中心，该中心与国内外著名研究机构和高等院校积极合作，伙伴包括清华大学、南京邮电学院、北京邮电学院、长春邮电学院、摩托罗拉中国公司、微软中国研究所、诺基亚深圳研究中心等，研究中心还和SUN、Oracle、Broad Vision等国际著名软件公司建立了战略合作关系。深讯软件科学研究中心长期遵循国际软件行业最新科技，并与中国市场结合，能在最短的时间内开发出符合市场需求的产品。

思科系统公司

【公司概况】 思科系统公司是全球领先的互联网设备供应商。它的网络设备和应用方案将世界各地的人、计算设备以及网络联结起来，使人们能够随时随地利用各种设备传送信息。思科公司向客户提供端到端的网络方案，使客户能够建立起其自己的统一信息基础设施或者与其他网络相连。思科公司提供业界范围最广的网络硬件产品、互联网操作系统(IOS)软件、网络设计和实施等专业技术支持，并与合作伙伴合作提供网络维护、优化等方面的技术支持和专业化培训服务。思科的总部位于美国加利福尼亚州的圣何塞，在马萨诸塞州的Chelmsford和北卡罗来纳州研究三角园(Research Triangle Park)的分部负责思科公司部分重要的业务运作。

随着全球经济一体化进程的加快，网络在中国社会的各个领域正在得到广泛的应用，成为推动新经济发展的核心力量。作为全球网络界和应用方案的领导者，思科系统公司非常重视这一态势，及时进入中国市场，并先后在北京(1994年8月)、上海(1995年9月)、广州(1996年3月)和成都(1996年5月)设立了代表处。

【经营管理与服务】 1998年6月2日，思科系统公司总裁兼首席执行官约翰·钱伯斯先生宣布建立思科系统(中国)网络技术有限公司，统领思科在华各项业务；在北京建立网络技术实验室，为国内网络技术机构提供网络解决方案的性能测试、ATM宽带交换机的性能测试、千兆位路由光纤传输和虚拟局域网的性能评估测试。这是思科系统公司在全球的三个大型实验室之一，也是它在亚洲最大的网络实验室。

1999年1月14日，思科系统公司又投资数百万美元加强其在中国的客户支持体系，在北京建立技术支持中心。这个中心是思科系统公司全球四大技术支持中心之一，向思科系统公司在中国的合作伙伴和用户提供每周7天、每天24小时的软硬件维护及支持服务。

思科系统公司十分重视帮助中国教育和培养网络人才，先后与国内160多所著名高校合作成立了思科网络技术学院。思科每年在国内举办数十场技术报告会和研讨会，向国内介绍当今世界最新网络技术和产品。从1998年始，思科大学每季度都组织针对经销商和用户的不同主题的技术培训。

思科系统公司在中国的服务与支持日臻完善。目前，除已建成北京技术支持中心(TAC)和北京、上海、广州、成都备件库外，还提供中文3W服务与支持，包括24小时全球电话热线服务和中文电子邮件服务以及各种技术培训。经验丰富的思科工程师不仅为用户解决各种问题带来了极大方便，更重要的是加强了思科系统(中国)网络技术有限公司代理商的技术能力，使其能更好地在第一线为用户提供直接的支持。

在中国，思科系统公司积极谋求和其他厂商广泛的、全方位的、深层次的合作。面对不同的市场需求和用户群，思科系统中国公司有四种不同的合作伙伴体系－分销代理体系、认证合作伙伴体系、战略联盟合作伙伴体系、培训合作伙伴体系。这四种体系的完美组合与协调，使思科系统公司的用户可以享受全方位的技术支持、系统维护、人员培训等服务。

多年来，思科系统公司积极参与了中国几乎所有大型网络项目的建设，把最先进的网络技术和产品以最快的速度带给中国用户，使他们能够及时改善计算机网络及相关基础设施。这些项目既包括中国金融骨干网、中国教育科研网以及海关、邮政等系统网络的建设，也包括中国电信、中国联通和吉通公司等电信运营商的网络基础建设；既有全国范围的骨干网络建设，也有针对新兴电信增值业务的设备部署。

新太科技股份有限公司

【公司概况】 新太科技是一家以软件开发和系统集成为主要业务，并在国内A股上市的高科技企业(股票代码为600728)。其母公司新太集团自1986年创业以来，依托技术创新和稳健经营，已跻身于全国民营技、工、贸总收入百强企业第25名，广州民营高科技企业营业额第一名，2002年获广东省优秀民营企业称号。新太科技现有700多名员工，学士以上学位的专业技术与管理人才占80%以上，目前公司拥有完全自主的知识产权体系，已获得3项技术发明专利。

【经营业绩】 新太科技致力于与中国信息事业共同发展，为中国国民经济的信息化提供计算机、通信、信息源为主要内容的“三位一体”的综合解决方案。其开发的主要产品：NAP2000平台、IPS平台、电子商务平台、统一信息平台等多功能综合性平台，以及多媒体呼叫中心、固定电话短消息系统、“股神通”交易委托系统、城域网、个性化计费系统等，其中200/201系统、168/160系统、“视聆通”、112系统、114系统早已走进千家万户的生活。多种产品已在电信、证券、银行、企业、邮政等多个行业得到了广泛应用。

为顺应市场迅速发展，新太科技相继组建了广州新太数据技术有限公司、广州新太通讯技术有限公司、广州新时讯宽带技术有限公司，广州捷得通信技术有限公司，广州新太电子科技有限公司，收购增资深圳市新太网络通信技术有限公司，多年以来，新太科技始终以超前的技术、出色的管理和独树一帜的产品，在CTI、INTERNET等领域为众多的用户提供全方位的信息系统服务。

新太科技凭籍自身的科技实力和技术优势，于1997年通过了ISO9001认证；2000年9月，荣获信息产业部计算机信息系统集成一级资质证书，成为首批获此殊荣的高科技企业！2001年1月荣获中国电信集团公司颁发的电子商务应用开发单位证书；2001年4月取得了广东省信息产业厅颁发的“软件企业认定证书”，共有34种产品获得“软件产品登记证书”；2001年10月获评为AAA级信用企业；2002年12月获国家保密局颁发的“涉及国家秘密的计算机信息系统集成资质证书”，是广州市首批获得该资质的三家企业之一；2003年1月，获得国家发展计划委员会、信息产业部、对外贸易经济合作部、国家税务总局联合认定的2002年度国家规划布局内重点软件企业；2003年3月，通过了CMM3级认证，这标志着新太科技在信息科技领域的发展又上一个新台阶！

游龙科技

【公司概况】 游龙科技(DragonFlow Networks, Inc.)成立于2000年3月，总部设在美国。是由张泽军先生和张云飞博士创办，并得到世界著名投资机构IDG公司和美国投资专家的资本注入。是集中式信息平台运营维护故障监测及性能优化管理系统及解决方案的独立软件开发提供商(ISV)，也是网络监测及性能管理领域的倡导者和先行者，并将逐步成长为中国最大的网络监测、管理、优化专家。

游龙科技自主研发的SiteView(集中式信息平台运营维护故障监测及性能优化管理系统)和DragonWatch(Web应用性能监测服务)两个产品其技术均处于世界领先水平。游龙科技提供的符合中国国情的电信级系统运维网络性能优化解决方案，面向政府、电信运营商、电力、金融、媒体、教育科研机构及大中小型企业的关键网络应用，可广泛应用于对Internet、Intranet、LAN和WAN的服务器、网络设备的监测管理，帮助客户全面提高网络性能和系统运行的稳定性和可用性，降低网络运营成本，提高IT系统投资回报率。

【经营业绩】 目前，游龙科技的客户遍及电信、银行、网站和不断增长的企业。典型客户已拥有了21CN、263、网通、建设银行、交通银行、华夏证券、国泰君安证券、中石化、金山石化、中国上海政府网、河南省教委、能源一号网、腾讯、贝塔斯曼、Lycos、易趣网(eachnet.com)等上百家客户。本着先朋友后伙伴的理念，游龙科技认真倾听客户的心声，仔细研究客户的需求，并在相互信任、尊重的基础上实现双赢。

在对外合作方面，游龙科技充分发挥技术和资源优势，相继与一大批ISP、ASP、ICP、IDC等运营商建立了良好的战略联盟伙伴关系，并先后在全国各地发展了曙光公司、中软、华创力合、兆维晓通、济南新中天、上海因特奈、武汉创新恒通、厦门得成等数十家代理商。并在业界及大众传媒领域树立了健康的形象，如游龙科技同计算机世界、中国计算机报、网络世界、互联网世界、互联网周刊、网管员世界、软件世界等媒体都和游龙科技有保持着良好的合作。先后在市场上推出了游龙网速综合指数、六大邮箱评测、证券综合指数等活动，引起了业界的普遍关注和一致好评。

中创软件工程股份有限公司

【公司概况】 中创软件工程股份有限公司，创立于1991年4月，1998年完成股份制改造，是集系统软件开发、信息系统集成、信息技术服务于一体的大型高科技企业。2000年以来连续三年入选全国电子信息百强企业。2002年被确定为国家规划布局内重点软件企业。公司董事长兼总裁景新海2002年当选首届“中国软件企业十大领军人物”，2003年被加拿大里贾纳大学授予荣誉法学博士学位。中创软件高层管理团队2003年荣获“中国软件企业最佳团队奖”。

【经营业绩】 中创软件首批获得了“国家计算机信息系统集成一级资质”；首批获得了“涉及国家秘密的计算机信息系统集成资质”；获得了国家级“公路交通工程专业承包通信、监控、收费综合系统工程资质”；获得了国家级“安全技术防范产品生产资质”；首批通过了国家信息产业部“双软”认证；通过了CMM3国际认证；是国家“863计划”中间件技术课题承担单位、国家“863计划”信息安全技术课题承担单位，国家电子发展基金“中间件重点课题”承担单位，国家计委“中间件重大专项课题”承担单位；被国家科技部认定为国家“863计划”成果产业化基地；经国家人事部批准设有国家级企业博士后科研工作站，被联合国教科文组织授予产学研计划中国网点单位。

作为中国软件产业的拓荒者，中创软件以“振兴民族软件产业”为己任，积极探索和实践着中国软件产业的发展之路。中创软件承担了30多个国家及省部级科研项目，研发出了50多个拥有自主版权的软件产品，取得了一系列重要成就。中创软件与国防科技大学密切合作，在九十年代中期就积极介入中间件的研发，并在国家发展改革委员会、国家科技部、国家信息产业部、山东省政府的重点支持下取得了重大突破，形成了国内最齐全的中间件产品线，实现了我国从应用软件向基础系统软件的战略升级。中创软件基于“软总线 + 软构件”技术路线的系列中间件产品，以其强大的整合能力和构件化能力，为企业级的信息化应用和信息化建设提供了强大的技术支持。2002年12月，山东中间件产业基地在中创软件揭牌，成为国内第一个大规模的中间件产业基地。中创软件已成为我国最主要的中间件软件开发商和提供商。

中创软件经过十几年的积累，在金融、交通、电子政务、电子商务、广电媒体等行业领域形成了国内一流的产品、服务和解决方案。作为中国信息化建设的主力军，中创软件在全国30个省市区拥有了近6万用户单位，在交通、金融、电子商务、电子政务、广播电视媒体等行业领域，承担了一大批千万元级、亿元级、甚至十几亿元级的大型信息化建设项目，特别是拥有一大批国家交通部、国家铁道部、国家税务总局、中央电视台、山东省交通厅、山东省高速公路公司、上海第一百货公司这样有代表性的行业龙头客户，为推动我国的信息化建设做出了积极的贡献。

由中创软件作为总承包商承建的山东省高速公路信息管理系统，实现高速公路收费“一卡通”和全天候实时电子监控，成为国内规模最大、技术水平最高、运行质量最好、投资最省的高速公路信息管理系统，2003年7月31日在验收中被评为优良工程。系统应用以来，不但大大提高了高速公路的安全运行系数和服务质量，而且使车辆通行费收入提高了30%，取得了良好的经济效益和社会效益。这一投资十几亿元的大型信息化项目的成功建设，充分体现了中创软件强大的团队学习能力、项目管理能力和质量控制能力。2003年8月，中创软件顺利通过美国SEI主任评估师对其进行的CMM3级评估，成为中国第一家在CMM和项目管理方面与国际水平实现双接轨的软件企业。

经过十几年的发展，中创软件在人才、技术、市场、管理、品牌、企业文化等方面奠定了坚实的基础，已形成了一支近百人的中高层管理团队，具备了国际化、规模化扩张的实力。中创软件正加速品牌运营和资本运作，加速国际化发展步伐。目前与美国E5公司合作承担的美国软件外包业务进展顺利，2003年上半年影视通产品在北美、欧洲市场的出口又增长了330%，昆山软件出口基地建设正在顺利进行。2003年7月初，中创软件CEO景新海、CTO梁铨一行到澳大利亚进行考察，与eFunds、Mincom、ASK等公司进行了广泛的交流，探讨国际合作机会。2003年来，中创软件的美国分公司、加拿大分公司、澳大利亚分公司业务拓展顺利。在国际化进程中，中创软件正不断提升自己的核心竞争力。

中国网络通信有限公司

【公司概况】 中国网络通信有限公司于1999年8月6日成立，致力于新一代电信基础设施建设，提供全方位宽带电信服务。中国网通公司承担建设与运营的中国网通宽带高速互联网(CNCnet)是在中国国率先应用IP/DWDM技术建设的大型高速宽带网络。CNCnet将承载包括语音、数据、视频等在内的综合业务及增值服务，并实现各种业务网络的无缝连接。中国网通宽带高速互联网CNCnet一期工程于2000年开通，主要提供高速、大信息量的信息传输与转接。目前网络总传输带宽高达320Gbps，已完成建设13500公里。它标志着中国信息建设从窄带到宽带，同时也拉近了中国信息基础设施建设与国外的距离。2002年5月16日，中国网通公司成为中国网通集团公司的成员之一。

【业务概况】 网通证券服务是金融投资信息服务市场的参与者，网通证券服务面向全体具备上网条件的金融市场投资者。在服务推出的初始阶段，网通证券服务内容将主要面向证券市场投资者。

网通证券服务依托于宽带互联网资源，在具备宽带上网条件的电脑上具有最佳表现，但网通证券服务的用户不局限于宽带互联网用户。网通证券服务的绝大部分内容(除即时视频通讯以外的其他服务内容)都可在采取普通拨号方式上网的电脑上得以完整实现。网通证券服务依托于宽带互联网资源的特点，并非要求用户必须具备宽带接入条件，而是强调网通证券服务技术系统的服务器端和传输能力依托于网通公司强大的宽带互联网资源，可以轻松地通过互联网为海量用户提供高品质的金融市场行情、资讯、咨询与多媒体交流服务。

系统设计采用分布式系统，整个系统有一个中枢控制，中枢系统也是不同地域备份运行，对突发灾难具有很强的抵御能力。所有服务器都是不同地域分布的，客户对于每一个服务器都不存在必然的依赖，任何单个服务器的灾难，都不会导致整个系统的瘫痪。用户身份在中心服务器统一认证，中心服务器核实完帐号后根据各类信息服务器的剩余资源情况给用户端分配给类信息服务器登录地址。中心服务器智能选择最优化的资源配备给用户。用户登录以后不需要做任何判断选择，总是能分配到最优化的资源。系统体系结构的设计合理严谨，加上成熟的代码和丰富的经验以及合理的运行维护保障系统的稳定运行；信息内容的合理设计和高强度的压缩技术，使公司可以做到在信源收到信息后，小于1秒的时间内，将信息传输给客户。系统采用自定义帧结构，二进制传输，并实行特殊的认证机制，不是本系统的数据格式，严格剔除，确保系统安全稳定。

与传统的证券信息服务方式不同，网通证券服务是中国网通依托宽带互联网资源和强大运维保障系统推出的集行情、分析、资讯、咨询、多媒体通信于一体的互动金融信息服务平台。具有如下特点：一是行情数据快速、安全、稳定。网通证券服务依托中国网通公司丰富的宽带互联网资源和强大运维保障系统，行情数据最快速、最安全、最稳定。二是服务内容完整、全面。网通证券服务是一站式的金融投资信息服务平台，可为用户提供多品种投资所需的全系列金融信息产品。精选的会员基础服务内容可以满足国内广大证券市场投资者的全部基础信息服务需求，而丰富的高端服务内容可以进一步满足证券市场、外汇市场、期货市场专业投资者对高性能、个性化投资工具的使用需求。三是服务内容具有高度可定制性。网通证券服务平台采用开放的网络系统设计，随时可增加新的网络信息服务项目。面对众多的个性化服务产品，投资者拥有完全的主动权，可在试用后各取所需、自主定制。四是具备先进的多媒体通信功能。网通证券服务依托中国网通丰富的宽带互联网资源，不仅为用户提供了文字信息交流平台，还为用户提供了音频、视频的即时交流工具。用户与用户之间、用户与咨询机构之间的交流变得更为生动、便捷和高效。五是提供“送货上门”的售后培训。依托于多媒体通信平台的在线音频、视频售后培训是网通证券服务的亮点之一。资本市场的复杂性决定了投资工具如五花八门的分析软件和指标公式等都需要对用户提供一定的指导后才能做到物尽其用。网通证券服务多媒体通信平台使用户避免了参加现场培训的奔波之苦，用户在家中即可方便地接受由软件厂商或指标发明人等提供的音、视频培训，进行在线交流。

中联绿盟信息技术(北京)有限公司

【公司概况】 中联绿盟信息技术(北京)有限公司是中国第一家专业从事网络安全服务的高科技公司。公司总部设在北京，目前在广州、上海设有分公司，在湖南、沈阳设有办事处，公司现有员工120余人。绿盟科技致力于提高国内的信息安全水平，为客户提供强有力的安全保障。与提供一般性的网络安全产品不同，信息安全服务要求有精湛的专业技术水平、迅速的应急反应能力、丰富的解决问题经验，因而导致成功的信息安全服务公司凤毛麟角。绿盟科技正是凭借自身多年的从业经验、大量优秀的专业人才和成熟领先的技术在信息安全领域中独占鳌头。作为首家商业安全服务公司，绿盟科技在2000年就提出NSPS安全服务体系，为客户提供定制的安全支持服务。2002年基于国际公认的安全实施标准和评估标准，正式推行绿盟科技的DIEM系统安全工程实施模型，进一步提高了安全服务和安全集成的实施质量，更有效的保障了客户的网络安全。2003年初绿盟科技又首先提出超越单纯安全产品/集成概念的企业安全计划(ESP)概念，强调全面建设企业信息安全架构的思想，倡议联合同业协助企业共建ESP的共同发展理念。

【经营业绩】 绿盟科技成立后，其安全技术研究部门对国内外最新的网络系统安全漏洞一直进行着最及时和最紧密的跟踪，对重大安全问题更成立专项研究小组进行技术攻关，致力于分布式拒绝服务攻击(DDoS)、SUN—RPC远程溢出、Windows NetBIOS安全问题，Windows IIS安全问题、缓冲区溢出防护、网络入侵主动监测等多种危害极大的安全问题的防范研究。在探索最前沿的安全技术研究方面取得了一系列享誉国内外的优秀成果。

安全产品开发部门具有开发网络安全检测系统、网络/系统防火墙、入侵检测系统、内容过滤系统等高技术含量网络安全产品的技术实力和经验，已经推出包括入侵检测、安全扫描器、抗拒绝服务系统在内的具有国际领先水平的系列安全产品，以及具有新一代信息安全概念的企业安全计划软件平台。

作为中国领先的信息安全产品和服务提供商，绿盟科技创造了多项国内信息安全行业的众多第一：它是国内第一家专业信息安全服务公司，从此引发信息安全服务行业在国内的迅速发展；国内第一家提供专业信息安全月刊，三年四十余期不间断地发行，见证了绿盟人在信息安全行业专注跋涉的历程；国内第一家英文信息安全网站，代表了中国的信息安全漏洞研究和发布开始走上国际安全舞台；国内第一批通过CIW安全专家，之后为CIW中国培训了最初一批国内CIW讲师；国内第一家提出完整的专业服务体系的安全服务商，这个安全服务体系之后被多家同行引用。；拥有国家第一批通过认证的CISP安全专家，并受聘为CISP特聘讲师，为之后的CISP认证进行培训；2001年第一批经国家认可的安全服务试点企业，在数百家安全公司中脱颖而出成为国信安办十三家入选企业之一；2002年第一批获得国家正式认证的信息安全服务一级资质；第一家对国外安全产品厂商提供入侵检测技术出口的安全公司，证明了绿盟科技的安全研究能力已经得到国外安全同行的认可；国内第一家开放协议的IDS与防火墙互动接口，早在2001年，绿盟科技的入侵检测系统就已经定义并在网站上开放EOI协议进行防火墙联动设计。同时绿盟科技还是发布自主研究安全漏洞最多的国内安全公司，并维护国内最大的中文安全漏洞库和访问量最高的信息安全技术站点。

上海万得资讯科技有限公司

【公司概况】 上海万得资讯科技有限公司是一家大型民营高科技企业，最早成立于1994年10月，注册资金1000万元，目前共有员工150余人，其中技术人员70余人。公司总部位于浦东陆家嘴金融贸易开发区的中心地带，在香港、北京、深圳、成都、沈阳、武汉等地均设有销售服务中心。公司于1998年就成为上海市信息港建设首批重点建设单位，连续三年荣获上海市浦东新区先进文明单位，2000年列为上海市高新技术企业，国家认定的软件企业，上海市民营企业百强企业，同时由于管理规范被上海市列为税务免检企业。

【经营业绩】 Wind资讯是公司的产品注册商标，是国内金融资讯领域著名的信息服务品牌，也是国内最早从事电子金融财经及数据服务的公司，已经建立了全国性的金融资讯服务体系。Wind资讯是一个金融数据提供商，已建成国内最完整、最准确的以证券数据为核心、以其他金融数据为辅助一流的大型金融工程数据库，并在实时更新其内容。Wind金融工程数据库又是一座宝藏，适用于金融工程、研发、投资、咨询、网站、监管等各类专业机构多视角多层次的浏览、应用和挖掘；在加强监管、重视证券基本面分析、金融工程和实证研究、大力发展电子化服务的当今中国金融证券业，Wind金融工程数据库以其强大的实力和独特的魅力，在同行业的激烈竞争中脱颖而出，成为当之无愧的领跑者，同时也成为各大券商、基金管理公司、保险公司、投资公司、咨询机构、监管机构、教育学术机构和财经网站的首选金融数据库。

Wind资讯是一个数据分析工具提供商，围绕Wind金融工程数据库针对不同客户需要开发多种信息产品和金融分析应用系统，包括Wind证券导航系统、上市公司个股资料系统、行情技术分析、数理统计分析工具、数据仓库与数据挖掘、投资组合管理分析工具、风险控制系统、投资基金分析系统、债券分析系统和财务分析系统、指数化投资系统等应用，同时针对客户的个性化需求提供定制的应用系统开发。

Wind资讯是一个应用软件和解决方案提供商，面向证券、保险、银行等行业的客户服务、运营管理、业务管理提供强大的软件支持和综合解决方案。目前已有证券经纪人系统、保险代理人系统(展业)、银行客户经理服务平台等CRM行业应用产品。目前已与国内几家著名金融机构签订了合作实施协议，如中国人寿、海通证券等。

Wind金融工程数据库及数据分析工具和CRM行业应用产品等已经被国内外众多金融机构如证券公司、基金公司、投资公司、银行、保险公司、资产管理公司、金融研究学术机构等广泛引用，市场占有率居同行业之首。

证券业网络

中国银河证券网

中国银河证券网(chinastock.com.cn),是中国唯一一家国有独资的证券公司——中国银河证券有限责任公司开发建设的大型专业综合性理财网站。该网站自2000年5月8日诞生以来,经历了三年多的风风雨雨,经过多次从形式、内容到服务的调整和完善,正呈现出一个良好的发展态势。目前,在全国18个城市建立了行情镜像站点,可支持100万股民的使用,是目前全国规模最大的网上交易系统。

中国银河证券网集新闻资讯、研究咨询、行情发布、网上委托交易、投资理财等功能为一体,采用了国际流行的先进技术,其交易系统达到了国际领先的B1级安全级别。为方便用户,针对不同客户需求,中国银河证券还开发三种适合不同客户要求的网上交易分析软件:海王星软件、双子星、天王星。整个网上交易系统采用了独创的安全加密和数据压缩技术,具有专业、方便、快速、安全等特点。

中国银河证券已在全国56个城市,166个营业部开通了网上交易业务,并与中国工商银行合作,利用其网上银行为股民提供更加便捷的网上银证转帐和证券委托业务。目前,中国银河证券网在全球135个站点建立了指向链接与推荐,特别是在与新浪、搜狐等知名门户站点的合作中,实现了资源共享和互补。2002年中国银河证券网上交易总额突破300亿元,成为国内交易量最大的网上证券交易网之一。"中国银河证券网"不仅仅是公司对外形象宣传的窗口,也正逐步向一个拓展业务的营销平台、服务客户的服务平台发展。

针对客户的需求,按照目前国内的实际情况和中国证监会的有关规定,我们制定了"安全与高速"相结合的原则,在数据加密和数据压缩、数据传输方面下功夫,使系统既保证了安全可靠性,又能保证良好的访问速度。同时,中国银河证券网还为不同客户精心准备了三种不同特点的网上交易分析软件——海王星软件以简捷见长;双子星软件以技术分析为特色;天王星软件以专业财务分析领航。交易品种也从单一的A股交易,扩充到目前的A股、B股、开放式基金、三版交易等。

中国银河证券网正在从一个单纯的信息平台、交易平台,转变成为一个专业的、综合理财型的营销服务平台。我们的建站将遵循"稳健、务实、专业、简捷"的原则,为客户提供安全快速的交易通道和专业化的投资理财服务。

伴随着中国加入WTO,中国证监会新的政策出台,给银河人提出了新的竞争和挑战,银河人正在努力引入国外先进的管理和业务模式,摸索出一条适合于中国市场的道路,为中国的股民提供更加便捷、专业、有效的服务,并向世界金融市场迈进。我们有理由相信,中国银河网的未来一定会更美好。

海通证券网

海通证券股份有限公司是中国注册资本金规模最大的综合类证券公司之一,它以稳健规范经营、资产质量优良、净资本、净利润、资产规模和交易量位居全国券商前列以及诚信、专业、优秀的研究品牌享誉中国证券市场。

海通证券股份有限公司成立于1988年,是中国最早成立的证券公司之一,目前注册资本为87.34亿元。海通证券经纪业务实力雄厚,在全国46个城市设有92个经营网点,总交易量连续四年排名全国第一,开户数达160余万,截至2002年底,公司累计创利48.7亿元。目前被《亚洲金融》杂志评为2002年度中国"最佳经纪行"。

作为传统证券经纪业务领头羊的海通证券,同时也在网上交易、银证通等非现场交易类创新业务上保持了领先的优势,网上交易量占到了总交易量的20%(见表1)。海通证券不断对现有的行情交易系统进行升级改造,建立起一个支持WEB、PDA、手机等多种交易方式的"网上交易中心",提供先进、强大、安全、稳定、快捷的24小时委托服务。同时海通证券还开通了Call Center、手机短信等无线服务方式,并通过海通网站和Email等方式向客户提供One－to－One的个性化服务,海通证券网站(www.htsec.com)以其先进的平台架构、领先的技术、丰富的内容、优秀的设计、尤其是出色的个性化增值服务被列入中国CRM三大成功案例之一,并连续两年获得权威中介机构举办的优秀证券网站评选第一名,在投资者中享有信誉。

表1 海通证券网上交易发展趋势

网上交易	2000年	2001年	2002	2003上半年
网上交易客户(万人)	11	18.5	25.4	27
网上交易客户占比(%)	7.3	11	17.8	23
网上交易量(亿元)	100	203	238	260
网上交易量占比(%)	3.1	6.5	13	19

经纪业务总部通过实施"网点＋网络＋营销"和创新服务战略,为推进现场与非现场交易提供诚信、专业、增值的优质服务:

网上交易高效稳定:海通证券为网上交易提供多种低成本、高效、安全、强大、便捷的交易指令传输方式,已经建立了以网站、虚拟营业部、银证通、无线炒股、Call Center、手机短信以及技术服务站等方式为代表的先进的综合型交易指令传输系统,可方便地对接交易系统。目前,公司总部相继在上海、北京、深圳建立互为备份的网上交易系统,形成覆盖全国各地的交易网络,并已实现实时监控。

资金划转安全便利:公司与中国银行、建设银行、交通银行等签定了全面战略合作协议,与工商银行、华夏银行等14家银行签定了客户交易资金存管协议,银证合作业务的深入开展为客户资金划转提供了安全和便利,也有力地提升了公司经纪业务的竞争力。

诚信专业增值服务的研究品牌:经纪业务的竞争焦点在于服务。海通拥有一批博士、硕士及具有丰富实践经验的专家型研究理财团队,曾连续四年获得深圳证券交易所优秀研究成果评比的第一名。从1999年至今均超前准确地预测了大盘,曾先后挖掘和引导了外资并购、上海市上市公司资产重组、申博概念、大盘蓝筹股概念、价值投资理念和QFII概念等市场热点板块,提供的理财方案获利丰厚。以客户需求为依据生产的标准化与个性化的信息产品达二十九种之多,具备强大的专业研究服务实力。

资讯服务分级专业化:海通证券网向客户提供具有海通品牌的信息资讯服务,切实推进客户分级别服务和及时、准确地专业化服务。海通证券网将精品服务产品捆绑打包,客户通过网站就可以方便地获得定制的行业公司、理财方案系列、投资组合等研究产品和投资系列产品。

客服中心贴心服务:海通已建立面向全国网点服务的客户服务中心(021－962503),有关证券交易、帐户信息、市场咨询及海通现有产品等各类问题,都可在此咨询,同时该中心还担负着挖掘潜在客户、推广公司新产品等营销职能。

交易客户专享服务:海通证券网站开通了交易客户主页,客户可专享海通高级研究报告、投资理财建议,并能与海通分析师团队在线或离线咨询交流,同时还能查阅外购丰富的信息。

财富俱乐部增值体验:该俱乐部以海通证券公司名义,招收海通核心客户和非海通的大型客户为会员,依靠海通研究所强大研究资源,集合海通公司投资银行部、交易总部、投资管理部等专业资深理财人士,为会员提供专业研究产品和增值服务,并指定行业公司专家、理财专家等进行长期一对一服务和沟通,同时核心高端客户还能与公司高层领导及获得国务院有突出贡献享受政府特殊津贴的专家进行面对面的交流,体验深刻、超前的市场分析和权威信息。俱乐部致力于为所有会员提供全新的财富增值体验,并不断提高会员自身的财富管理水平和技能。

招商证券牛网

2000年2月25日,我国第一家由券商创办的专业证券网站——国通证券牛网(www.newone.com.cn)诞生。2002年7月11日,国通证券正式更名为招商证券,招商证券牛网亦更为现名。它早期所开设专家在线、模拟炒股、网上路演、个性化页面定制等多项具有网络特色的咨询服务栏目,无不成为我国证券网站内容建设的标准化栏目。

两年多来,招商证券牛网紧盯国内外证券网站发展的最新趋势,始终走在行业发展的最前沿,保持了行业领先地位。两年中,牛网先后经历了五次重大改版,在栏目建设、功能开发和系统稳定上逐步完善提高,并先后推出了智能选股、创业版等创新栏目。2000年7月,招商证券牛网通过国家信息安全测评认证中心的评审,2001年2月,招商证券牛网获得中国证监会核准,成为首批拥有网上交易资格的券商网站之一。

牛网建设之初,即开通了基于JAVA行情、CGI委托的网上交易。2001年9月,牛网在吸收国际证券网站先进经验的基础上,大胆创新,在我国证券网站中率先推出Web版网上交易系统,实现了网上交易与咨讯服务的的高度整合,开创了网上交易的新途径。几年来,招商证券牛网网上交易量呈现连年大幅度上升的势头:2000年建站当年实现网上交易98.5亿元,网上交易占比例接近7%,2001年完成交易量210亿元,网上交易占比提高到12.35%,2002年1——10月,招商证券网上交易占比再度大幅度提高,月均网上交易占比达到20.23%,其中5——10月网上交易占比达到26.8%,10月份单月占比达到28%,证券网上交易进入一个蓬勃发展的新时期。

招商证券牛网的创新受到了广大网民的热烈欢迎,也得到了社会各界的广泛认同。2000年,招商证券牛网受中国证监会的委托,在中国证券业协会举行的"经纪业务发展与创新研讨会"上,向全国400多家营业部独家演示网上交易;2000年10月,在深圳举行的"第一届中国国际互联网展览会"上,招商证券牛网荣获"最佳网站奖"和"最佳现场活动奖"两项荣誉。2000年至2002年,在已经举办的三届"最受股(网)民喜爱的'中国优秀证券网站'评选"中,招商证券牛网连续三届获得"最佳券商网站"称号,并先后获得"最佳论坛网站"、"最佳个性化服务网站"、"最佳投资顾问网站"称号,特别是在今年举行的第三届评选中,招商证券牛网更是以丰富全面的资讯、量身定做的贴身服务、方便快捷的咨询而一举夺得"最佳券商网站"及"最佳证券论坛"、"最佳个性化服务"、"最佳投资顾问"四项大奖,成为今年获得这项评比获奖最多的券商,展示了招商证券牛网绚丽的风采。2002年9月,招商证券再次获得由《证券市场周刊》、《财经时报》等单位组织的"中国优秀券商网站评选"最佳优秀网站奖、最佳财经资讯网站奖两项大奖。

2002年,中国证券市场发生了根本性变化,券商莫不将网站建设和网上交易作为低成本扩张的重要手段和客户服务的重要渠道,券商网站发展呈现群雄并起、百舸争流的局面。

面对激烈的竞争环境,招商证券牛网坚持技术领先和业务创新并举,逆流而上,加强资源整合,在信息源头、服务渠道建设上下工夫,先后进行了两次重大升级改版,奠定了新的竞争优势。

2002年5月,招商证券牛网实施了当年的第一次改版,推出了全新的专家在线咨询系统、VIP客户邮箱,完善了WEB版网上交易系统,同时推出了网上交易钻石版V5.2版,丰富和完善了网上证券服务内容,探索出了一条证券网站服务有形化、现实化的新路子。

2002年10月,招商证券牛网成功实施了当年的第二次升级改版,推出了新版牛网和牛网营业厅。

新版牛网新版牛网在栏目设计上充分满足客户需求,体现客户的个性化需求,新增了"营业部之窗"、"证券论坛"、"社区"、"模拟投资"等栏目,完善了网上路演系统,开办了一批由名家主笔的个人专栏,建立起了涵盖基金定购、国债买卖在内的交叉销售平台,使网上交易客户通过牛网即可以享受与现场客户一样的服务。

新版牛网一个重要内容是牛网营业厅的问世。牛网营业厅完全模拟证券营业部现场交易环境,为客户提供集资讯咨询、社区交流、资金划转、行情交易于一体的网上交易功能。客户在一个界面就可以全面了解招商证券的所有服务及产品,并可以根据自己的偏好自助选择需要的服务和产品。

牛网营业厅的设计始终贯穿"零起点设计、零专业术语、零业务障碍"的理念,页面设计采用活泼的游戏界面,配合生动的引导词,帮助客户了解网上交易各环节的知识,即使无上网经验的客户也可以通过牛网营业厅在10—30分钟内掌握网上交易技术,帮助没有上网经验的客户克服网上交易的技术"瓶颈"。

牛网营业厅具有强大的功能整合能力和业务实现能力。它整合了招商证券经纪业务、投资银行、资产管理、研究等优势资源,以及营业部柜台系统、电话委托系统、网上交易WEB版、网上交易专业版、客户邮箱系统、证券E号通、银证转帐系统,可以完全通过网络实现开户(预约)、资金划转、交易、查询、咨询、交流等各项功能，建立起了一个交叉销售的平台。

2002 年 12 月，招商证券牛网再次对网上交易专业版进行升级，推出了针对一般客户的"网上股票交易分析系统钻石版 V6.0 版"和针对核心客户的"网上股票交易分析系统 VIP 版"，致力于为一般客户提供标准化服务，对高端客户提供增值服务。该系统实行"高起点设计"，吸收了国内外证券交易软件的优势，拥有 10 大创新功能，25 项标准功能，预设了 100 多种技术指标，具有超强的理财功能，再次展示了招商证券技术创新的能力。

以客户为中心，坚持技术领和服务创新并举，坚持专业化的发展方向，努力为网络用户提供高水平的服务，创建一个高效率的平台，是招商证券牛网发展的出发点和成功的秘诀。

华夏证券网

华夏证券股份有限公司(简称华夏证券)的华夏证券网(www.csc108.com)自 2000 年 10 月 8 日正式开通以来，秉承"稳健发展，锐意进取"的经营理念，在新兴的网上交易领域不断开拓创新，创造了多项业内第一，网上交易已经成为推动公司整体业务发展的一支重要的新生力量。"建立安全、高效的交易体系，提供优质、个性化的网上交易服务"，是华夏证券网为之奋斗的目标。

由于网上交易系统采用集中模式，在网站开通后的不到三个月里，各营业部都陆续开通了网上交易，截止 2000 年底，全系统所有的营业部(含服务部)都已开通网上交易。2001 年 5 月 B 股对境内投资者开放后，电子商务部组织人员开发了 B 股网上交易系统，并于当月开通了全系统的 B 股网上交易。2002 年 7 月，我公司获得开放式基金的代销资格之后，华夏证券网同时开通了开放式基金的网上交易。

三年来，华夏证券网的知名度和影响力日益深入人心。截止到到 2003 年 5 月 CSC108 网站的注册用户数已超过了 33 万人，网站平均日访问人数超过 8 万人，日点击率超过 1400 万，日页面访问量达 473 万。三年来，华夏证券荣获首届最受股(网)民喜爱的中国优秀网站评选最佳页面设计奖、在第二届最受股(网)民喜爱的中国优秀证券网站评选中，华夏证券网被评为券商类中国优秀证券网站奖、在由新浪网和和讯网联合举办的 2001 中国优秀证券网站评选中，华夏证券网被评为最佳优秀证券网站第三名，并一举夺得最佳投资理财顾问网站奖和最佳财经资讯网站奖等多个单项桂冠、在由和讯网、财经时报和证券市场周刊举行的"2002 年中国优秀券商网站评选"中，华夏证券网一举获得最佳券商网站奖，最佳投资理财顾问奖，最佳投资资讯奖和最佳论坛奖等多项殊荣

首创网上经纪人制度　华夏证券的网上经纪人服务始于 2000 年 10 月 8 日，两年来，华夏证券网特别注重网上经纪人方面的建设，目前，130 多位华夏网上经纪人的辛勤工作，得到了广大网友和股民的一致好评，成为业内响当当的网上服务品牌，网站也因此获得最佳投资理财顾问网站奖和最佳财经资讯网站奖等多项荣誉。

创新网上交易产品与服务　在开展网上交易业务的过程中，华夏证券积极开发新的网上交易委托手段，为网上交易用户提供多样化的交易服务。在 2002 年华夏证券首批获得开放式基金代销资格后，又首家完成了开放式基金网上交易系统，使客户通过网上也可以进行开放式基金的委托，从而大大方便了基金投资者。

多样化的产品服务同样是电子商务部开发的重点。以网上行情系统为例，华夏证券网在短短两年时间里就形成了华夏亿融、华夏福星和华夏飞天 3 个各具特色的网上行情分析软件，系列化的行情产品有的以接入速度见长，有的以信息咨询为优势，有的则以技术分析为特点，从而很好地满足了不同类型的网上交易用户的需要。近期华夏证券网又在业内首家推出了专门针对老年投资者的行情软件—华夏飞天银发版，以及专门针对白领投资者的行情软件—华夏飞天白领版，以满足不同细分市场客户的要求。

建立完善的客户服务体系　华夏证券网在券商网站中率先开通了 8008200108 的全国免费咨询电话，华夏证券也已经于 2003 年 4 月 28 日开通了"呼叫中心客户坐席服务"，为网站和网上交易的用户提供随时的在线咨询，及时通过人工服务方式为网上交易用户解答各种问题。另外，在网站配套服务方面，华夏证券网特别为网上交易用户开通了专用通道，使交易客户可以方便、快速地进行网上 WEB 委托下单。同时在华夏证券网上还开辟了网上客户服务中心和客户意见反馈通道，通过电子邮件、手机短信、网上问答等形式为客户排忧解惑，并通过语音聊天室功能与客户进行在线语音交流，使有形化网络服务不再遥远。

提供高质量的网上信息服务　华夏邀您发俱乐部是华夏证券网为交易用户所度身定制的专业化社区，作为俱乐部会员可以享受到俱乐部提供的专门为交易用户设计的服务，它的推出充分体现了华夏证券网为网上交易用户提供差异化服务的理念。为提升网站的整体服务质量，充分体现当地营业部的区域化服务特色，华夏证券网专门制作了分支机构子站的后台系统模块，并相继推出了十几家营业部的网站子站，起到了良好的区域化服务效果。华夏证券网在业内首家推出了语音聊天室功能，方便客户在网上进行一对一、一对多的交流。另外，华夏证券网还推出了英文版 B 股致胜专题，解决了国外一些投资者浏览网站存在语言障碍的问题。华夏证券网同时也是公司各项业务的发表平台，继推出华夏研究所栏目后，网站又先后成功举行了沈阳金山热电、振华 B 股增发和山东基建发行的网上路演项目，充分展示了华夏证券网站所具备的综合技术能力。

以技术创新推动业务创新　华夏证券网两年来进行了连续的和卓有成效的系统建设和技术升级工作，新技术的应用有效地提高了网站和网上交易系统的各项性能。华夏证券网通过防火墙加强、安全监测、主机安全加强、入侵监测系统、登录安全密钥、网络身份认证等系统和服务的建设，大大加强了网上交易的安全性。

建立规范稳健的运行体系　网上交易和网站服务的特殊性决定了只有建立高标准的安全体系和管理制度才能从根本上确保业务的高速发展。华夏证券电子商务部在业内率先通过了 ISO9001:2000 版国际质量体系认证，在完善的质量控制体系保证下，确保网上交易用户的利益得到充分保障。

长城证券网

20 世纪末，国内券商开始将电子商务提升到经纪业务发展战略的高度，纷纷出资建设网上交易系统和为网上交易服务的券商网站。顺应时代的发展，长城证券网从此开始其发展历程。

2000 年 3 月 11 日公司组队考察美国网上交易发展状况，6 月公司网上交易筹备小组成立，年底营业部内部开始试用网上交易软件。2000 年 10 月长城证券派出由投行、研发、

经纪等部门组成的联合小组在深圳高新技术成果交易会上向客户推介cc168网站，客户反应热烈。

2001年3月长城证券网正式启用www.CC168.com.cn域名，4月初公司全面开通网上交易，2001年6月18日第一版cc168网站面世，8月到9月公司对所有营业部员工进行网站和网上交易的培训，2001年9月20日公司获得网上证券委托业务资格。

长城证券网开通伊始便充分考虑客户的个性化需求，设置了机构客户服务专栏、顾问工作室、理财中心、预约开户、客户投诉等特色栏目，在功能设计上实现了以网站为统一界面、投资顾问专家、客户服务中心、营业部等多部门在为客户提供差异化理财服务中各司其职。

同时，客户可按照自己的需要选择网上交易完全版、高速行情版或者繁体行情版查询行情，亦可选择网上交易完全版、快速通道和简易通道等多种方式委托下单，满足了交易客户对行情查询和委托下单的多样化需求。

由于长城证券网在设计理念上的新颖独到以及公司积极有效的市场策划活动，2001年《证券时报》和全景网络组织的第二届最受股(网)民喜爱的十佳优秀证券网站评选活动有幸将长城证券网评为“中国优秀券商网站”。

2002年随着经纪业务转型的需要，公司决定调整网站的职能定位和业务功能，6月业务部门提出新版网站需求，将网站定位为公司经纪业务、投资银行和资产管理客户的服务平台，公司内部员工的工作平台，公司整体对外形象展示窗口。具体讲新增投资银行专栏，充实今日长城和营业部之窗内容，将资讯信息细分为市场评论和财经资讯专栏，加大市场评论中自有信息的供给量，开通信息定制、网站寻呼等业务，由理财中心实现原有投资顾问工作室的股票追踪功能。2002年12月30日新版网站正式上线。

2001年长城证券网站推出至今已有两年，网上交易业务取得令人可喜的进展，2001年网上交易占公司总交易量3.04%，2002年上升到10.92%，今年1－4月又提升到16.51%，2003年目标是达到20%以上。

为了实现公司提出的网上交易业务发展目标，目前正在着手第三版改版工作，下一步主要是在业务流程设计、制度建设和资源整合上下功夫，切实满足公司交易客户个性化理财需求；在功能设计上引入“长城证券网营业厅”的概念，使网站成为客户享受公司各类资源服务的统一入口；做好网上交易软件升级工作，提高网上交易的稳定性和效率，强化盘后分析功能；丰富网站咨询信息，为客户提供专业化、特色化服务；加强网站的市场宣传和营销，提高网站知名度。

长城证券网的发展目标是成为客户理财的得力助手，并最终成长为长城证券经纪业务的盈利中心。我们希望通过自身的努力为客户提供“多、快、好、省e点通”的券商网络服务，使网站成为长城证券与客户双赢的有力支点。

湘财圆网

湘财圆网(www.eestart.com)，秉承湘财证券“人本立正、承诺是金”的企业文化精髓，依托高速、稳定、安全的网络运行环境和数据库系统，凭借自身权威快捷的资讯资源及雄厚的技术服务力量，顺应证券经纪业务个性化、网络化、远程化的发展趋势，遵循“证券＋银行＋IT”的战略思想，不断加强与商业银行及IT业界的合作，利用计算机及网络技术的迅捷，为客户打造全新的证券网上服务平台，提供专业、全面和个性化的投资理财服务，使客户能够真正享受到先进技术所带来的投资便利与实惠。

湘财圆网，致力于在证券业电子商务领域有新的开拓和创新。到目前为止，湘财圆网已经连续四届被评为“全国最受欢迎的证券网站”，并拥有“最佳网站CEO”、“最佳个性化服务网站”、“最佳品牌推广网站”称号。

湘财圆网提供以下特色服务：

圆网行情、交易(白金版)：第一版多帐号、五档行情报价的高速行情交易集成版。

圆网短信：全国首家全网开通的专业证券短信。

圆网宝典：专为您度身打造的个性化个人理财网页。

圆网邮箱：以人为本的个人电子邮箱，免费使用并附超值资讯。

圆网统计：股票市场投资信息的专家统计分析。

圆网速递：第一时间到达的专业资讯。

圆网在线：高朋满座的专业网上社区。

客户服务热线：021－68865111　　021－68865999

客户服务邮箱：service@mail.eestart.com

联系地址：上海市浦东新区银城东路139号华能联合大厦5层

邮政编码：200120

天同在线理财网

天同证券前身是于1991年5月成立的“山东证券公司”，2001年7月经中国证监会正式核准更名为“天同证券有限责任公司”，注册资本增至20.36亿元，并核准为综合类证券公司。天同证券自成立以来，秉承“依法稳健经营、改革创新发展”的经营理念和“允公允能、同心同德”的企业精神，全力服务于广大投资者，取得了显著的成绩。目前，公司网点77家，形成了覆盖山东，遍布上海、深圳、北京、南京、杭州、厦门、广州、天津、福州、武汉、沈阳、吉林、大连等全国大中城市的经营网络；2000年以来，公司经纪业务、投资银行业务连续三年排名全国前十位。2002年8月，以天同证券为主要发起人的天同基金管理有限公司获准正式开业。天同证券集团化发展模式正在逐步构建。2003年6月5日，经中国证券业协会批准，获得代办股份转让业务资格。目前，天同证券确立了第三次创业发展构想，制定了“集团化、国际化、多元化、科学化”发展战略，抢占市场竞争的制高点。天同证券努力拼博、追求卓越，为促进国民经济发展，繁荣中国证券市场做出更大的贡献。

天同在线理财网(www.TTstock.com)是天同证券有限责任公司的公司级网站，是集证券信息与网络技术优势于一体的新型综合业务平台。网站不仅致力于在证券交易、资讯、在线服务等诸多方面为客户提供安全、高效、便捷的服务，而且还是一个整合公司业务与展示公司风采的对外宣传和营销的窗口。

专业化的资讯服务体系　天同在线理财网不仅与巨灵、万德、全景等国内著名财经证券资讯供应商建立密切合作关系，将浩若烟海的国内外财经信息、基本资料、研究报告等数据信息进行科学的分类、精心的编排和深度的挖掘，打造出丰富、全面、实用的数字化金融信息平台，囊尽国内外重要财经资讯，供投资者随时、随地查阅。天同证券研究所有着高素质的专家研发力量，金融工程、基础研究、行业与公司研究以及证券咨询等部门以全新的分析视角、成熟的投资理念、完善的理财方略，不断为投资者提供一流的、独具天同特色的研发产

品。不论是初涉股市的新手，还是久经股海的老将，天同在线理财网设立的投资学园栏目所提供的证券、保险、期货等投资知识、实战技巧，让每个投资者都能在学中战，在战中学。代办股份转是天同为投资者提供的又一新的服务领域。这里有代办股份最新行情、最新公告、转让股份公司资料、投资指南、相关法律法规等，并提供天同证券代办股份转让业务服务网点一览表，参与该市场的投资者，可以尽情阅览。

稳定的网上交易平台　随着网上交易量的与日俱增，天同证券投入大量资金对网上交易平台进行开发和升级。天同在线深刻体察客户对网上交易安全性的要求，采用通过国家信息安全测评的网上交易系统，支持国内各认证中心发放的服务器和客户证书。对委托查询中的重要数据进行数字加密，对用户的所有委托查询活动做日志，系统具有良好的抗抵赖能力，最大程度保证投资者交易的安全。如果采用天同交易，只要在网站点击预约开户，选择附近的营业部，注册后便有营业部管理员跟客户联系，使客户可以足不出户。同时天同在线采用独创的页面交易方式帮助客户彻底摆脱了因为网管封锁端口而无法进行客户端网上交易的困境，也省却了下载安装客户端的繁杂程序。网站为投资者提供了核新、盛润、天亿等行情交易软件以及大福星、大智慧等行情分析软件，以满足不同地区、不同类型客户的最大需求。为了保证行情传输系统的高速稳定，天同在线配备专用卫星行情接收系统，通过专线发送行情到网站，确保行情与交易所同步；TTSTOCK.COM 采用硬件负载均衡系统，多台行情服务器并发服务，大量用户访问时仍然速度如飞；天同在线网上交易独享 10M 带宽，客户无须等待。

贴身的在线服务　一、营业部在线服务：61 家实体营业部网上服务厅全面开张，不仅有每个营业部的情况简介、特色服务、交易咨询电话，更有最新动态、客户服务等栏目，是反应区域特色，针对性很强的投资者之家。二、在线专家服务："在线专家"是投资者的在线贴身投资顾问，该栏目采用一问一答的方式及时解决股民在投资中遇到的问题，使您在委托买卖之前更具信心和更踏实。该栏目的"专家视点"和"专家荐股"也是投资者决策参考的好帮手。三、投资新干线理财服务：网站为适应市场新投资理念的出现而推出的又一强档特色栏目。由力量强大的天同证券研究所作其后盾，由研究所资深分析师主持，以新理念为指导，以价值发现为己任，致力于为广大客户的提供心贴心服务，以客户的不断增值为目标，精心挑选股票，每日为您提供切实可行的操作建议，并使您在操作中逐步掌握新的投资理念，从而在证券市场上更加如鱼得水。无论您是投资新干线的中心会员、天同会员还是大客户会员，在这里都能得到满意的贴身服务。四、帮助中心服务：当您在使用过程中遇到什么问题或困难时，请参考"帮助中心"。我们把各类问题分别作了整理，以方便您的查询。您可以在最短的时间内获取自己需要的答案。五、客服中心服务：服务中心旨在为客户提供完全交互式服务，分为"营业部客服中心"与"网站客户服务中心"，您的任何疑问、任何建议、任何投诉，在这里都会尽快得到解答。六、网站便捷服务："快速通道"直击精彩专栏；"行情检索"可以最快速度查询到你想要的行情信息、个股资料；"全文检索"输入关键字可查询到你想要任何信息。

国元证券网

国元证券网(www.gyzq.com.cn)成立于 2000 年 12 月，由国元证券网上经纪业务部负责管理、维护。为应对证券经纪业务网络化的趋势，2000 年 12 月国元证券尚处在重组筹建过程中，公司就建立了国元证券网(http://www.gyzq.com.cn/)，成为较早开展网上经纪业务的券商之一。2002 年 3 月经过中国证监会核准，国元证券正式取得网上证券委托业务资格。国元证券网建立以来一直以服务客户，满足客户交易、资讯和服务需求作为网站的根本出发点，同时也作为网友了解公司的窗口。为了紧跟网络技术的发展步伐，国元证券网进行了两次较大幅度的改版。2001 年 11 月，国元证券网进行了第一次改版，增加了信息和服务内容。2002 年 8 月，国元证券网进行了第二次改版，对服务内容进行了进一步充实、细化和完善，构建了个性化的服务平台。2003 年下半年计划进行第三次改版，以进一步提高服务水平。

国元证券网使用 FreeBsd＋windous2000 系统作为 web 服务器的操作系统，使用 Unix 系统作为数据库服务器的操作系统，同时设立了专用的邮件服务器和模拟炒股服务器，所有服务器均托管在合肥数据局的中心机房，有 100 M 带宽与公网连接，保证了网站的畅通。同时在网站前端设立了专门的防火墙，防止各种网络病毒和黑客的入侵，对于各类管理员的权限管理制定了严格的制度，对于绝大多数管理员均进行了 IP 控制，保证了网站数据库中各类资料的绝对安全。

为了使客户通过 Internet 能够方便快捷的完成证券交易，国元证券网建立了 WEB 版行情、交易系统，客户通过网站可以直接下单。同时为了满足不同偏好的客户的需求，国元证券设立了两套独立的网上交易客户端，网上交易 3.2 版和网上交易 2003 版。国元证券的网上行情显示速度每分钟 5—6 笔，与营业部基本同步；同时采用国内最高安全标准，交易数据多重加密，在通信协议上进行了特别处理，安全性已经通过了国家公安部的审批。同时国元证券还建立了 96888 客户呼叫中心，统一了公司的电话委托系统。网站的网上交易和呼叫中心的电话委托构成了完整的非现场交易体系，使客户摆脱了对营业部现场的依赖。

及时的信息对证券市场中各类投资者正确决策具有决定性的作用，互联网作为信息传播媒介，具有容量大、速度快等优势。国元证券网一直将为客户提供及时的信息作为自己的重要功能。在网站中设立了财经资讯、国元研发、市场纵横、数据中心等栏目向客户提供各类信息。同时提供了个性化定制页面，客户可以定制自己关注的证券品种，网站可以将相关品种的信息通过 E－MAIL 和手机短信等形式主动推送给客户，使客户准确、及时、动态的获得自己需要的信息。

经纪业务的核心竞争力是券商的服务能力，尤其是咨询服务水平。网站作为券商的一条重要服务通道可以发挥重要的作用。国元证券网把不断提高服务水平作为网站最重要的任务。在网站中设立了专家在线和客服中心两个栏目作为客户服务通道。客户的疑问可以通过专家在线随时提出，公司的咨询人员将及时的给予答复，使客户能时刻得到国元证券的咨询服务。客服中心提供短信、国元"E"报的定制，在线帮助等功能，使客户能选取自己需要的服务品种和方式。

国元证券网还利用互联网交互性强的优势，国元论坛和国元网上短信为客户提供了互相交流、取长补短的平台。

国元证券网不断跟踪互联网技术的最新发展，紧紧围绕公司经纪业务转型为中心进行栏目和页面调整，在短短三年时间内网站进行了三次规模较大的改版，不断提高网站的信息容量和服务水平。在 2002 年券商网站评比中获得了"最句发展潜力网站"称号。

2001 年，国元证券股票、基金网上交易量为 20.30 亿元，占公司全部交易量的 2.71%。2002 年，国元证券股票、基金网上交易量为 60.90 亿元，占公司全部交易量的 8.91%。2003 年 1—6 月，国元证券股票、基金网上交易量为 72.48 亿元，占公司全部交易量的 14.88%

东吴证券网

东吴证券网是东吴证券推出的财经类专业网站，它初建于 2000 年 7 月。起初它是以企业网的形式存在着，以企业宣传为主。随着网络科技的发展，网上证券交易业务的兴起，东吴证券网逐渐向业务型、功能型转变。期间，公司对网站也进行了多次改造、升级，现在的东吴证券网从形式到功能与早先的网站相比有着很大的差异。东吴证券网在公司增资扩股后，结合公司资源、管理流程，在发展的过程中，理顺了运作思路，逐渐探索出了一条适合中小券商网站的发展之路。

重新定义用户，为东吴证券网拓展了可发展空间

关于东吴证券网的用户，这里打破了常规意义上所指的给公司带来直接利益的“外部用户”，东吴证券网的用户更包含了公司的客户服务人员、营业部的客户经理及公司的业务部门、公司员工等“内部用户”。

为用户提供服务是东吴证券网的主要工作方向。然而网站本身并不具备服务能力，但是，它若被设计、规划成一个庞大的平台，一个可以随着公司业务拓展而拓展的工作平台，由它承载着公司的产品、技术、员工服务、客户等多种资源，那么，其服务对象将是多方位的，既包含内部用户也包含外部用户；其服务将是强大的，持续的。

公司在增资扩股后，随着公司业务品种的增多、业务区域的扩大，公司网站的业务功能将逐渐凸现出来，因为只有互联网能使多方面的资源得以跨地域、跨时空的整合在一个虚拟空间里，这样的网站完成的不仅仅是将业务产品、用户服务送到客户身边，它还可以是用户自主理财的作业平台，也可以是用户与客服人员间的工作平台，更可以是客户经理或客户服务人员的移动办公室。

建设一个多功能的数字化工作平台是东吴证券网的近期工作目标，重新定义用户使网站工作更具价值，使网站更具发展潜力。

网络营销：东吴证券各项业务发展的推进器

东吴证券网是东吴证券各项资源、产品的网络展台。通过对公司产品的整合，网站将公司产品以不同的方式演示给我们的客户，使客户能非常容易地得到我们的产品和服务；通过对公司战略合作伙伴资源的整合，网站将成为公司实现各项中间业务的宣传窗口。通过对技术资源的充分整合，网站使公司的技术手段得到充分利用，使之为业务部门服务，为客户服务。

网站作为公司主要的营销窗口，它担当着宣传企业文化、推介企业精神的职责，网站成为公司客户、公司的合作伙伴了解东吴证券，走近东吴证券便捷的途径。

搭建中间技术层，保障网站运行质量

作为网站运行的底层技术保障，网站采用了 COMPAQ 前端服务器，SQL Server 数据库，后端采用了 ASP 编写程序，这是当今最流行和成熟可靠、扩展性极强的系统解决方案。系统具备了高安全性、采用先进的防火墙设备、黑客入侵检测、网络与主机实时扫描等。公司制定并实施严格的安全策略和安全措施。

为保障网站信息的时效性，提高网站的运行效率、服务能力，东吴证券网在底层技术保障的基础上搭建了中间技术层：网站信息发布与管理系统，用户后台管理系统。

从用户出发，让数据说话

让统计数据说话是东吴证券网的建设依据。通过对网站页面浏览状况的分析及用户需求调查，公司对网站页面布局作了一次次的调整。

从方便用户出发，网站的页面眉头被整理成条理清晰的导航图。为方便用户交易，网站在每一页面中都设置了网上交易通道，包括：预约开户、委托下单、行情查询、个股资料查询等。

为达到集中资源，服务重点的目的。东吴证券网在今年四月作了一次较大规模的改版，完成了用户注册的基本分类，实现注册用户、VIP 用户、交易用户、东吴员工、客户经理等的用户分类及管理，对分类用户实行差异性服务。目前交易用户在网站用户中的占比达到了四分之一，随着分类服务的进一步推进，预计这个比例还将上升。

“专家在线”栏目是网站的品牌栏目，每天有三位实名投资专家为用户提供在线服务。为保障交易用户利益，网站将各类用户标以不同的标识作区分，以便专家优先、详细地回复交易用户。

邮件订阅系统最能体现全面服务概念。东吴证券网最近推出了邮件订阅系统，既服务于“外部用户”，也服务于“内部用户”。它建立在用户后台管理系统基础上，结合公司电子邮局系统而开发的，邮件订阅系统已集中了公司研究所的咨询产品，即将增加公司总部的期刊《东吴家园》等资源。它是东吴员工和客户共享的系统。用户可按类别订阅相应的电子咨询、杂志。

网站论坛功能化。东吴证券网一改以往网站论坛随便聊的状况，开设了“网上交易在线咨询”、“银券通在线咨询”、“债券投资”、“外汇投资”等功能性栏目，很受用户好评。目前网站针对公司各营业部在做客户经理转制的工作，尝试着在论坛中为营业部的客户经理、公司员工开设隐含论坛，架设沟通、交流的渠道。

网络是虚拟的，但东吴证券网的服务是真切的

如果将券商业务按其用户数量和作业方式划分，那么经纪类业务可以认为是零售业务，而投行、资产管理等业务可比作批发业务。目前，东吴证券网主要是针对零售业务中的经纪业务而展开的，随着公司其他业务的开展，东吴证券网将面对更多的零售客户。

在不久的将来，等各方面的条件成熟后，网站的服务功能将扩展到投行业务、资产管理业务等批发业务。网站将面临参差不齐的客户需求，其服务内容和方式的也将存在着很大的差异性，但是，通过东吴证券网这个作业平台，通过技术手段整合公司各项资源，客户将获得东吴证券全方位的服务。面对未来，东吴证券网任重而道远。

泰阳证券网

泰阳证券有限责任公司的前身，是创建于 1988 年的湖南省证券公司。创立之初，公司注册资本金仅 1650 万元；1992 年 12 月，改组为湖南证券股份有限公司，资本金增至 3500 万元；2000 年 2 月，改制为湖南证券有限责任公司，资本金增至 2.35 亿元；2000 年 11 月，湖南证券有限责任公司获准增资扩股至 12 亿元；2001 年 1 月，12 亿资本金足额到位。2001 年 4 月，湖南证券有限责任公司更名为泰阳证券有限责任公司。

在传统经纪业务领域里，泰阳证券有形营业网点相对较少，布局也不合理，市场份额呈逐年下降趋势，竞争力较低。但在电脑信息系统、集中交易模式、咨询服务三个方面，与国内同行相比又具有较强的优势。公司的电脑系统和集中交易模式，在全国券商中处于领先地位，是交易所向全国券商大力推广的主流模式；公司在计算机安全管理方面的经验和创新的理念，在全国券商中也是佼佼者；在咨询服务方面，所属的泰阳证券投资咨询公司是首批获取证券咨询资格的企业之一，在中国证券报、金融时报等全国性报刊杂志上发表了数百篇大型研究报告，具有良好的品牌效应。良好的计算机网络、先进的交易模式、高水平的咨询服务，正是发展网上经纪业务所必须具备的先决条件。可以说，发展网上经纪业务可以最大限度地发挥泰阳证券的优势。在西方发达国家，也不乏发展网上经纪业务的成功范例。从证券市场发展的趋势看，网上经纪业务代表了经纪业务的发展方向。泰阳证券如果在网上经纪业务发展上落后一步，就可能会面临步步落后的被动局面。

正是基于以上分析，2000 年初，公司董事会和经营班子决定，把网上经纪业务当作公司"创品牌、求发展"的一个突破口，当作公司的"王牌"业务来发展，并交由经营班子具体组织实施。2000 年 4 月 14 日，中国证监会颁布了《网上证券委托管理暂行办法》，有如一股春风吹遍了三湘大地。公司董事会和经营班子发展网上经纪业务的信心更足了，决心更大了。董事长谭载阳和总裁李选明当即指示：要人给人、要钱给钱、要物给物，全力以赴，加速发展网上经纪业务。而且一定要高起点，力争做到全国最好。并责成技术开发小组，以最快的速度推出泰阳证券网上经纪业务网站——泰阳证券网。短短半个月后，泰阳证券网 www.sunsc.com.cn 及网上证券委托系统，于 2000 年 5 月 8 日在泰阳证券所属 17 家营业部全面开通。

泰阳证券在刚刚发展网上经纪业务时，效果也并不理想。一些营业部就把责任往技术部门推，认为是技术方案不完善所致，而技术部门则认为主要是营销措施不得力，造成公司内部扯皮。为此，泰阳证券在不断将技术方案进行升级的同时，狠抓网上经纪业务的营销工作，并采取强制性的全员措施。其具体做法是：对所有营业部的从业人员进行网上经纪业务知识培训与考试，考试不合格者重新补考，补考不及格者作待岗处理。公司对每个营业部、营业部对每个员工都规定了营销指标。公司每月公布各营业部所有业务数据与排名，并对市场营销前后三名分别进行奖罚。尽管在推行这些措施之初，各种各样的议论和意见比较多，但很快网上经纪业务各项指标呈直线上升趋势，形成了一种强大的内在驱动力，出现了各营业部之间你追我赶的可喜局面，随之强制性的行政推动措施也就退居次要地位。

从本质上看，网上经纪业务能否成功的关键在于市场营销。谈到营销，人们常常想到宣传策划、巨额广告投入，但事实上泰阳证券在这方面的投入相比其它公司而言是很少的。应当说广告宣传是营销的一个重要组成部分，但不是其核心与主体。

在营销过程中，如何准确地选择目标市场，是营销能否取得突破的关键。在网上经纪业务开展之初，泰阳证券在目标市场定位上也曾出现过认识上的偏差。如认为沿海经经济发达地区会比经济落后地区更适宜推动网上经纪业务；大中户会更容易接受网上经纪业务等等。而实践的结果却恰恰相反，山区厂矿、湖区乡镇等有形证券营业部难以覆盖的边远地区，比大中城市和经济发达地区更易接受网上经纪业务。于是他们改变了主攻方向，并很快在县城、乡镇和边远地区的工矿企业取得了突破性进展，走出了一条"农村包围城市"的网上经纪业务发展之路。

网上委托系统使投资者委托下单无需再依靠营业部，但网上支付与资金结算问题仍没有解决。对于身处边远地区的投资者来说，如果不能解决证券交易保证资金的随时存取问题，那么，网上委托系统再先进，也是"美中不足"。为此，泰阳证券与四大国有商行携手合作，以技术创新为基础，推出了"银证通"业务。投资者只要在与证券营业部有合作协议的银行网点开设一个活期存折或在银行卡上增加证券投资功能，就可利用泰阳证券厅外延伸委托系统方便地进行证券交易。投资者的证券交易保证金，可以根据投资者的交易指令及时在证券营业部与银行之间划转，存取款也不再受到节假日限制和交易时间限制。

开户、证券交易保证金存取、交易方式突破了时空限制，投资者同样要求咨询服务也能突破时空的限制。为此，泰阳证券充分挖掘网络资讯容量大、传输速度快、交互能力强等优势，将泰阳证券网站的经营宗旨定位为服务、效率和效益。服务项目具体包括为客户提供日常资讯服务、深度研究报告和基础知识培训等，同时包括网上专家在线、客户呼叫服务等；效率则表现为通过不断地对泰阳网站进行技术升级，确保网站的运行效率，为客户提供更为方便、快捷的咨询服务；效益则体现为客户提供全方位、全天候、全媒体、标准化、个性化的咨询服务所带来的实际受益，是其经营和发展的最终目标。与传统营业部信息发布方式相比，网上资讯服务无论是从数量上还是从质量上，或从深度上还是从广度上，以及便捷性等方面，真不知提高了多少倍。

在网上资讯服务业务的发展过程中，泰阳证券把规范化和提高资讯服务水平放在特别重要的位置，当作网上经纪业务的一件大事来抓。泰阳证券网开通后不久，泰阳证券总裁助理粟新宇率领经纪业务总部一班人起草制定了《进一步加强客户服务工作管理(暂行)办法》，对网上资讯服务的规范管理做了详尽地规定，并制定了严格的奖惩条例。使网上资讯服务既做到了不断创新、提高水准，又做到了规范有序、健康发展，受到了广大投资者的普遍赞扬。

泰阳证券雄厚的技术实力，为网上经纪业务的发展提供了强有力的安全保障。2000 年 6 月 12 日，泰阳证券"网上证券委托系统"通过了"公安部计算机信息系统安全产品质量监督检测中心"的安全测评认证，成为我国第一套通过公安部安全认证的"网上证券委托系统"。

泰阳证券的网上证券委托系统，对投资者帐号、密码、交易情况、帐户信息等敏感数据，全部采用通过国家信息安全部门认证的拥有自主知识产权的 128 位的密钥加密传输。加密后的数据在互联网传输过程即使被窃取，窃取者也无法读出数据内容。为了加强系统的安全性，系统采用通讯密码、交易密码双重密码，连续 10 次输错锁定帐户的机制，防止黑客采用穷举方式盗取密码。军用 B2 级保密机防火墙，隔离证券内部网络与公众互联网，保证证券内部网络的安全。另外，系统支持中国电信 CA 证书，有效防止冒充事件的发生。

泰阳证券网上证券委托系统采用点对点的通讯协议，投资者在通过身份认证后，客户端将与委托主站建立一条可信的链路，作为数据传递的唯一通道。可信链路的建立，保障了数据传输的安全，而且避免投资者登录后每次操作都必须进行身份认证，从而提高了系统的速度。

泰阳证券网上证券交易采用的是集中交易、总部转发的模式。这种模式大大地简化了投资者的操作程序，总部的委托主站为投资者网上经纪业务的统一入口，投资者在进行网上经纪业务时无需针对所在的营业部进行委托主站地址的配置。在总部转发的模式下，泰阳证券统一了网上证券交易帐号的编码规则，所有投资者有唯一的网上证券交易帐号，系统可以根据帐号自动判断投资者所在的营业部而无需投资者自己选择。集中交易模式不但方便了投资者，也便于系统的集中管理维护、统一升级。总部设有专门的技术人员整理投资者的意见和提议，关注同行新技术的应用，及时对系统进行扩容和升级。保证交易系统的可靠性、安全性和适用性站在同行的前列。

为了保证网上经纪业务的畅通无阻，泰阳证券网不断地进行着扩容升级。目前，泰阳证券网上经纪业务总部总经理何亚刚正率领工程技术人员加班加点，日夜兼程地进行新一轮的扩容升级工程。该工程完成后，系统将达到支持4000人次同时下单的技术指标，安全性能也将迈上一个更高的台阶。

为投资者提供稳定高速的行情系统，也是网上纪业务发展的一个重要方面。泰阳证券所有行情主站的行情，均由当地营业部采用专用线路发送。而且各行情主站之间建立了良好的备份机制，当某个行情源出故障时，其对应的行情主站可及时从其它行情主站获取行情数据。为了方便各地市的投资者能获取快速稳定的行情，泰阳证券在湖南省内各地、上海、深圳设立了九个行情主站，最近还将在北京推出泰阳北斗星站。最新版本的客户端软件为投资者配置好了目前已开通的九个行情主站的网络地址，投资者可以按照自己的地理位置和喜好随意选择行情主站浏览行情。经过仅半年的运作，泰阳证券网 www.sunsc.com.cn 被评为"全国十佳优秀证券网站"之一。其安全可靠性与高运行效率，得到广大投资者的普遍认同。为了更好地为投资者服务，泰阳证券网站的系统平台移植工作正在进行。新一代的泰阳证券网站采用目前国际上流行的先进互联网技术，更加突出个性化服务特色，将以更加稳定安全、高效易用的面貌出现在投资面前。

华泰证券网

几年来，华泰证券在中国证监会的指导下，在社会各界和广大投资者的支持下，网上交易取得了突出的成绩。早在1998年12月，华泰证券就率先开通了网上交易并取得了持续的发展。1999年网上交易量约38亿元，占公司交易总量的5%；2000年网上交易量212.37亿元，占公司交易总量的12.5%，约占全国网上交易量的20%(2000年全国网上交易量约占总交易量的2.97%)，网上交易开户数达15万户。2001年，华泰证券网上交易量达326.18亿元，较2000年增长53.86%，网上交易量占公司总交易量的23.08%，约占全国网上交易总量的9.11%(2001年全国网上交易量约占总交易量的4.38%)，网上交易开户数达24.18万户，较2000年增长61.20%。网上交易量连续三年位居全国第一。2002年，华泰证券网上交易开户数28万户，网上交易量达314.22亿元，占公司总交易量的30.76%。

为配合公司网上交易业务的发展，为广大投资者提供一流的资讯服务，公司于1999年12月推出了华泰证券网。经过几年的努力，华泰证券网得到了广大投资者的认同，知名度日益提升。2000年10月，华泰证券网第一次大规模改版，形成了一批深受投资者喜爱的品牌栏目。2002年7月，华泰证券网再次全面改版，同时推出网上交易系统专业版和Web网上委托系统。目前，华泰证券网注册网民达30万，首页总点击数每天12万次左右，网站总点击数每天600—800万次，"专家门诊"客户每天提问量在800个以上。"个股点评"、"实时速递"、"专家门诊"、"投资者学院"、"华泰e友"等已经成为华泰证券网的品牌栏目和特色服务，深受投资者的喜爱。华泰证券网在2000年、2001年和2002年连续三届获得由《证券时报》主办的最受股(网)民喜爱的"中国优秀证券网站"评选第一名。另外，2001年还获得了"最佳投资顾问网站"第一名，2002年还获得了"最佳证券网站CEO奖"和"最佳营销成就网站奖"等两个单项奖。

华泰证券十分关注中国证券电子商务的发展，非常重视证券电子商务的研究。2001年7月，华泰证券策划并协办了由中国证券业协会信息技术应用委员会主办的"中国证券业电子商务国际研讨会"，周小川主席在会上对华泰证券在网上交易方面取得的成绩予以了肯定。同时，华泰证券承担了中国证监会2001年重点课题之一——"网上证券公司的设立与监管研究"，该项研究成果获得了"中国证券业协会2001年度科研课题评选"一等奖。

西南证券飞虎网

西南证券有限责任公司是于1999年12月经中国证监会批准开业的全国性大型证券公司，公司注册资本16.3亿元人民币，其业务范围比照综合类券商执行。公司总部设于重庆，目前在北京、上海、重庆、深圳、济南、成都、昆明、广州、徐州、杭州、太原等中心城市设有27家证券营业部及8家证券服务部，并在北京、上海、重庆、深圳、兰州、长沙等地设有投资银行办事处(代表处)。西南证券成立三年多来，合法经营、规范发展，在经纪业务及其他综合业务方面都有很大进步，其证券承销、证券经纪等多项业务指标都名列前茅。在此基础上，西南证券顺应中国证券经纪业务发展的趋势，投入了大量精力发展证券集中交易服务，并创立了"西南证券飞虎网"这一品牌，得到了业界的肯定。2001年3月，经中国证监会首批核准开展网上证券交易业务。

西南证券飞虎网采用安全、可靠、服务领先的全国集中证券交易业务体系。"规范、诚信、客户满意"是西南证券飞虎网的服务理念和服务宗旨。2000年、2001年连续两年被"证券时报"评为最受股(网)民喜爱的"十大优秀证券网站"。

目前西南证券飞虎网业务范围已覆盖北京、上海、深圳、广东、江苏、山东、四川、湖南、云南等省市，网上交易客户已遍布全国各地。

安全、可靠、便捷的集中交易技术体系　西南证券飞虎网集中交易体系安全方案在业内首批通过国家信息测评认证中心和公安部的认证。飞虎新干线多套股票分析交易软件、飞虎全国统一委托电话及本地委托电话，可随时随地满足投资者行情查询、交易的需求。

完善的客户服务体系　西南证券飞虎网推出了新股合作配售、联合申购、集合国债回购、E迅通、证券典当、期证通、信证通等各种产品和服务，满足投资者各种投资和交易需求。

通过"专家在线"、"客服论坛"等飞虎网上服务平台以及基于提供面对面咨询服务的分布于全国各地的西南证券营业部、飞虎客户服务中心，西南证券飞虎网构筑了一个全面、完善的客户服务体系，为投资者提供热情、周到、方便的客户服务。

江南证券网

深圳市江南天慧网络有限公司是江南证券有限责任公司下属的网络公司，于2000年8月创立，注册资金为1000万元人民币。公司目前现有员工20余人，全部为大专以上学历。公司于2000年8月18日推出江南证券网(http://www.SC-Stock.com)，并于同年11月底在江南证券所有营业部全面开通网上交易。

江南天慧致力于向投资者提供安全快捷的网上证券交易和专业投资理财服务。公司自创立以来，秉承江南信托证券全面深入服务客户的专业服务思想，结合江南证券多年证券服务经验，依托江南证券遍及国内的营业部与合作伙伴，在深刻研究不同类型投资者深层投资需求的基础上，对投资者的真正需要和网上交易的发展趋势进行了专门的研究，明确了“一切为了更好的交易”的服务宗旨和“技术支持系统＋网站咨询系统＋客户服务系统＋战略联盟合作”的公司架构与营运体系。

目前，公司建立起了技术开发、市场开拓、网络交易、网络管理、信息咨询、客户服务等完整的生产经营体系，能为客户提供高质量的服务。目前公司的业务呈现加速度发展趋势，网上交易比例已迅速突破行业平均水平。江南证券网已经形成了一定的品牌知名度，并具有以下明显优势：一、配备专用卫星行情接收系统，采用了硬件负载均衡系统，多台行情服务器并发服务，专用宽带高速接入，配备备用行情源，使交易更快捷。二、租用了目前国内最安全的金融数据网线路，该线路是全国所有大银行共同投资建设的金融数据传输网络，其安全性高于其他网络线路，为客户交易提供了更高的安全保证；采用由国内一流的网上交易系统开发商提供的网上证券委托系统，并由公司资深专家改进，其安全性大大提高。三、资讯更丰富。股民可以在江南证券网上查询江南信托证券及其众多合作伙伴提供的各类投资信息，如新闻快报、市场评析、专家投资咨询及研究成果等多方面的综合信息，投资理财更添保证。四、建立了专家在线、E客户经理、客户服务热线、服务中心体系。

在知识经济时代，公司充分重视创造性人才的重要作用，着力营造一个“以人为本、尊重个性、崇尚创新、平等竞争”的内部环境，为员工的发展提供广阔的空间。“客户增值、员工成长、公司发展、回馈社会”是公司的长远经营目标。公司坚持“我们关心客户、员工、社会”的服务宗旨，为客户提供优质服务，进而在全国范围的竞争中获得优势地位。

山西证券金典网

山西证券金典网www.i618.com.cn是由山西证券有限责任公司发起成立，是国内规模较大的网上证券交易和投资资讯专业服务网站之一。它以“雄厚的技术实力、客户至上的服务理念”赢得中国证监会和广大投资者的认可，是国内第一个证券类交易安全示范网站。

2001年2月被中国证监会批准成为全国首批23家具有网上委托资格的专业证券交易网站之一。

山西证券金典网技术上采用总部集中交易模式，网站构建基于SUN服务器、UNIX平台和大型ORANCLE数据库(国内大多数网站采用NT平台、SQL数据库)，软件开发采用三层应用模式；采用多层防火墙、并口隔离技术来保证系统安全；采用服务器群集、数据库磁盘阵列和数据流磁带机备份来保证系统不间断运行和迅速恢复；采用了流量均衡和负载均衡技术来保证系统的可扩充性。金典网技术上目前仍处于国内领先水平，是国内许多证券网站进行技术转型的模式和方向。

为了确保客户网上交易的安全性，金典网于2000年12月率先采用中国最具权威的金融安全认证体系，由中国人民银行下属的安全认证机构CFCA认证，并采用国际通用的PKI及双向加密(SSL)技术，为客户在因特网上传输的数据和口令提供加密保护，使客户的网上交易数据具有与银行数据同等的加密强度，为“网上证券交易”提供了充分的安全保障. 目前，在上海建立了网上镜像站点，晋、沪两地互为备份，保证了客户网上交易的安全、畅通。

成都证券China598证券网

1999年底，成都证券有限责任公司确定了在传统业务的基础上，向基于现代化信息网络的证券电子商务方向发展的思路，并设立了网络业务部。2000年7月正式推出成都证券China598证券网站、并开通了网上证券交易系统。公司将凭借向用户提供更为安全迅速、便捷优质的服务而获得高速的发展。

对网上交易的客户，成都证券主要有两个部门在为其服务，一个是客户开户的营业部，另一个是网络业务部。网络业务部通过成都证券China598证券网站和客户服务热线电话为客户服务。成证China598网是成都证券有限责任公司以先进的网络技术为基础、依托成证投研中心、各营业部强大的资讯力量，充分发挥互联网优势的证券服务方式。目前成都证券china598网站为网上交易客户提供的在线服务主要包括：在线交易、投资咨询、社区服务三大部分。

在线交易：提供WEB版的行情交易系统使用和客户端行情交易系统的下载，同时提供“网上预约开户”“网上交易开户指导”“网上交易系统介绍”、“交易常见问题”、“网上交易系统详细操作说明”等一切与网上交易有关的帮助内容。

投资咨询：为客户提供丰富、及时的财经资讯、以及成证专家的市场分析和个股推荐、网上投资培训课程等，为客户把握万变股海提供尽力的帮助。除此外，公司还为交易客户开通“专家在线”的特别通道和在线分析师栏目，客户可与投资咨询分析师进行网上的互动式交流。如果客户想更轻松一些，还可以选择公司的专家理财邮件服务，公司的分析师队伍将针对客户的情况，设计合身的、有效的投资组合计划。

社区服务：由于客户不常到营业部，缺少了和股友谈天说地的乐趣。因此网站特别在网站社区中为客户提供丰富多彩的社区活动来弥补网上炒股的枯燥。客户可以在论坛里发帖子与其他股民朋友交流炒股心得，也可通过“模拟炒股”提高自己的操作能力，还可通过“个人定制”、“我的分析师”、“我的邮件订阅”等获得更多个性化服务。

中证网

1996年1月，中国证券报社在全国率先推出专业证券报纸电子版，经过多年的积累与发展，现已成为我国最有影响力的金融证券网站之一。网站每天(除周六外)及时发布大量的财经资讯，内容涵盖国内宏观经济金融形势、产业动态、港澳台消息、国际财经等，新闻报道涉及证券、期货、基金、银行、货币、保险、外汇、黄金、房地产、邮币卡等广泛财经领域。同时，网站提供全面准确的上市公司新闻、信息、公告及证券市场的最新动态和评述。此外，网站还设有投资者的自由论坛——股市众议院。

依托新华通讯社的整体新闻采集能力与中国证券报社在金融证券领域的权威媒体地位，中证网已成为国内首选的财经新闻源泉之一，被众多财经/投资类网站、证券公司/基金公司网站及一些大型新闻网站列为重点链接对象。

在为上市公司、拟上市公司及基金管理公司提供网上推介、路演及直播等服务方面，中证网也已成为国内财经网站中的一支重要力量，正吸引越来越多的客户。中证网的目标是：建成国内影响力领先的金融证券站点，树立网上金融证券信息发布的权威地位，开展实用的网上金融社区服务，并集合证券市场的各个组成部分，为金融证券界人士提供一个全面即时的政策观象、市场评析、资料检索、理论研讨和发表观点的平台。在做好信息服务的基础上，网站还将开展网上信息订阅、网上广告、网上证券投资类产品与服务的销售等活动，并积极参与证券电子商务等有商业前途的新领域。

和讯网

和讯网是目前国内规模最大、最有影响力的财经网站，由和讯信息科技有限公司1996年创办并运营。和讯网奉行用户至上的原则，凭借强大的新闻采编队伍和众多的财经专家，24小时源源不断地滚动播出国内外重要财经新闻、财经专题报道以及投资咨询分析，投资资讯内容涵盖证券、期货、基金、外汇、保险等金融领域。经过不断的努力与创新，《财经新闻》、《股票频道》、《和讯大家谈》等栏目内容现已成为广大证券投资者和专业财经人士心目中权威财经资讯的主要来源。不断提升的影响力与权威性，使和讯网在多次专业机构组织的“优秀财经网站”评选中，名列前茅，从而确立了中国最大财经电子媒体的地位。网站主要有下列栏目：

财经报道　《财经报道》覆盖面广，栏目丰富多达18个：国内财经、国际财经、产业经济、市场背景、证券市场、相关市场、上市公司、数据精华等；专题报道则从背景分析到最新进展，全面报道热点问题台前幕后的新闻故事；还有方便易用的新闻检索功能，可以随心所欲地选择自己想要了解的财经信息。新闻信息获得国内多家新闻媒体机构鼎力支持，报道内容及时、准确。打开新闻频道，就打开了整个经济世界。

股票频道　主要包括股市直播、市场焦点、个股风云、信息点睛、后市预测、与庄共舞、研究报告、新股快讯、专家机构、投资专题、宏观视野、B股专栏、证券要闻等15个子栏目。《股票频道》股评信息资源及相关媒体合作资源几乎囊括业内所有精英，已和全国近百家证券研究机构以及60多位股评人士携手合作，独家类专稿文章占所有资讯文章的近70%，是业内同行里独家股评资讯最广泛、最全面的财经专栏。

和讯论坛　和讯网的《股市大家谈》创办于1996年，是最早的栏目之一。和讯论坛凭借自身独特的风格、平易近人的界面、实用的功能、良好的服务吸引了众多参与者，其中不乏国内财经界精英，民间投资高手，专业研究人员等；论坛中精炼的信息为业内各大券商、机构所关注，通俗易懂的投资心得助初学者快速提高，各类人士皆能各取所需，大量精品文章被各大财经报刊及专业网站收录；在国内财经领域享有"中国第一投资论坛"的美誉，被业界称为"网络股评家"的摇篮。截止2003年5月初，论坛注册人数已超过10万人，日访问量20多万次，每天新发文章3000多篇，讨论气氛热烈而有序，其中可读性极佳的精华文章达百篇之多。

此外，基金专栏、保险频道、债券专栏、期货频道、外汇频道等栏目，在及时报道业内新闻动态的同时，同样汇萃了各自行业内知名机构及专家的声音和视点，使之迅速赢得相关业内人士和投资者的青睐与关注，成为和讯网在内容上不可或缺的重要组成部分。

证券之星网站

证券之星网站1996年在上海开通，由上海美宁计算机软件有限公司投资经营，公司主要股东包括中国电信（上海）、上海联创投资基金等。它是中国国内第一家金融证券网站，是中国最大的金融证券类互联网站，同时也是目前国内金融证券业最重要的应用服务提供商（ASP）之一。作为中国最大的金融证券互联网站，证券之星以“理性、务实、创新、远见”为经营理念，结合强大的资源优势和专业化的证券网络运作经验，为拓展网上交易的券商提供包括网站规划建设、服务器托管、发展交易用户、市场拓展在内的“交钥匙”工程和全程营销服务，在更大程度上帮助券商突破大规模发展网上交易的技术、电信资源瓶颈。

网站目前提供即时行情、新闻、上市公司资料、市场及个股分析、BBS社区、智能选股、个性化服务、在线交易等内容。涵盖范围以国内股票市场为主，兼及全球其它市场和金融产品。特别是证券之星的行情数据已为国内多家门户网站使用，包括新浪、网易、东方网等大型网站，约占全国70%的市场份额。

2000年7月，证券之星网站在亚洲互联网站中，首家通过ISO9001认证；2000年10月公司斥资数千万元，创建国内金融证券类网站中首个双千兆带宽的商业数据中心；2000年12月 通过上海市高新技术企业认证；2001年03月 被上海市信息化办公室认定为上海市首批软件企业；2001年07月 注册用户突破300万，用户数位居国内同类网站之首。根据美国波士顿咨询公司（BCG）的调查，在这些用户中，75%集中在上海、广东和北京。男性占85%，25至45岁的占88%，大学及以上学历者占92%，证券之星用户的平均收入几乎是全国网民的两倍。2003年06月 注册用户突破600万，证券之星3.0行情分析软件闪亮登场。

作为证券之星的投资者、经营者，上海美宁计算机软件有限公司同时也是目前国内金融证券业最重要的电子商务基础设施服务（ASP）提供商之一，具有丰富的建设大型、特大型电子商务系统的成功经验和资源积累。美宁公司拥有目前全国唯一双千兆带宽的高品质电子商务数据服务中心（IDC），拥有国内最早开发、并具有完全自主知识产权的“电信宝”证券电子商务平台，拥有上海电子商务安全证书管理中心（CA认证中心）授予的行业安全审批中心的职责。2000年4月，证券之星进一步将相关业务拓展至无线领域（WAP）；同年8月，网站的北京行情服务镜像正式启用。

在电子商务领域，美宁公司与国际知名的IT厂商有着广泛、深入、长期的合作。从1997年至今，美宁公司一直名列IBM中国区十大应用开发伙伴之列，同时还是INTEL中国区最重要的独立软件开发商（ISV）。美宁公司其它的主要合作伙伴还包括：电讯领域的中国电信、中国移动、中国联通，金融证券领域的中国银行、国泰君安、广发证券、华夏证券等。同时，中国科学院、上海市政府、信息产业部、中国证监会等政府部门对公司的发展都给予了大力支持。

1998年11月12日,“证券之星”成为国内第一个访问人数累计突破1000万大关的专业网站。在CNNIC中国互联网络发展状况的历次调查中,证券之星都被评为中国优秀网站。

巨灵报刊网

巨灵报刊网,又称中国财经报刊数据库(http://www.cnnewspaper.com),是由巨灵公司负责筹建、维护和经营的中国证监会金融证券类报刊数据库项目,是国内唯一的金融证券类报刊信息阅览与查询系统。其特色在于:信息更新快,满足了报刊新闻的时效性;报刊资料收集规模庞大,种类繁多;数据库的规模庞大;检索的针对性、实用性强,检索手段先进,检索结果完善;实现了电子商务在新闻数据库检索系统中的运用。

《中国财经报刊数据库检索系统》是在中国证券监督管理委员会信息中心组织下,于1996年由深圳巨灵信息技术有限公司承建的一套以金融证券期货类报刊为主的电子检索系统。它由深圳市巨灵信息技术有限公司承建并负责日常的数据内容维护、软硬件系统运行维护和用户的使用安装与维护。该系统是我国证券发展史上,也是我国金融新闻资讯业发展史上的第一个以电子数据库方式建立的大型数据库检索系统。

该系统包括词表系统、信息录入标引、信息通讯、信息呈现四个子系统;数据结构涉及报刊库、词表库、标引库、信息来源库、股票情况库、基金情况库、债券情况库、经济政策法律法规库等十个数据库,一百多个表,十几个视图,五十多个存储过程,建设所采用的技术方案符合技术发展方向。

信息内容是以数据库方式存放的,以条为单位,并对所有各条信息作了标引,记录了该信息的来源、标题、作者、作者单位、刊载日期、版面、期次,和部分摘要处理。内容包含国内知名的专业证券报刊、综合报刊、权威研究报刊及重要的内部研究刊物,截止2001年1月1日,共收录报刊种类已达200多种,信息内容以G为单位,日更新新闻条目高达二千多条,2000年新增近30万条文章,并且还将不断扩充。在1999年4月由中国证监会组织的“报刊系统全国知名专家评审”会上获得了广泛的好评和一致通过,在2000年11月,该系统获得深圳市高新技术项目认定证书。

《中国财经报刊数据库检索系统》,是在中国证券监督管理委员会信息中心的主持下建设的一套以金融证券期货报刊的内容为主的数据库资讯系统,也是中国证监会中央数据库的重要组成子库,是第一个进入应用阶段的数据库。报刊系统是中国证券监督管理委员会信息中心首次组织的规模较大、建设周期较长的数据库建设项目。从1996年开始建设,至今已经经历了三个发展阶段:

1.0版建设阶段(1996年7月—1999年7月) 1996年8月"中国金融证券期货类报刊信息检索系统"的名称确定;1996年11月份项目正式启动;1997年11月在中国证监会信息中心投入试用;1998年10月拟定项目第一阶段验收报告准备验收。1999年4月顺利通过了专家评审小组的验收。在此建设阶段,系统收集处理主要的证券类报刊和重要综合报纸。在功能上比较单一,主要提供全文检索,分类检索和报刊阅读功能。

2.0版建设阶段(1999年4月—2001年1月) 为了提供更好的服务,报刊系统从1999年7月开始完全的改版设计与建设。首先,聘请国内情报检索界的专家做系统顾问,极大地完善了检索功能。系统在检索方式实现上主要采用了基于全文本检索技术的自由检索、基于计算机辅助标引数据实现的组配检索。系统并为组配检索提供了高性能的检索平台,大幅度提高了检全率和检准率。此外还提供定题、定期的以离线浏览方式实现的委托检索方式。同时,为了标引和检索技术的更好实现,研究所又编制了《金融证券期货类检索词词表》。该词表包括主题词、分类词、关键词等9个子表,三万多个经济词汇。第二,增加报刊的种类达180多种,范围涉及主要经济领域。第三,增加了更多栏目,使内容更丰富。2000年12月报刊系统2.0版顺利地通过了专家评审小组的验收,并得到一致的好评。

产品多样化建设阶段(2001年1月—至今) 2001年报刊系统建设的目标是:把报刊系统建设成为一个广而专的财经数据库的检索系统。具体建设以产品的多样化为基线。产品的多样化主要体现信息内容的多样化和服务方式多样化方面:首先,广泛扩展信息来源渠道,报刊种类预计达到300余种。重点是增加专业性较强的学术研究成果、内部研究、境外报刊等报刊种类。专业内容上更多地增加财政、银行、保险等领域的报刊。第二,开发报刊系统个性化系列产品。系列产品基于一个庞大的数据库平台,用户可以通过这样一个平台定制自己需要的信息和需要的服务。同时用户与用户之间也可以通过我们这个平台进行信息互动交流。

完整的数据库和强大的信息检索功能,使该系统受到证券市场参与者各方的欢迎,目前中国证监会、深圳证券交易所、国泰君安、华夏证券等全国有影响的大券商,长盛基金、富国基金等基金公司,南开大学、香港大学等高等院校,粤电力等上市公司都在使用这一系统,它正逐步成为金融证券市场参与者与研究者不可多得的得力助手。

中国财经信息网

中国财经信息网由中财信息产业有限公司创办,以网络为媒介面向全球用户提供全面及时、准确权威的中国财经证券信息服务的大型财经、证券信息发布平台。

中财网信息服务内容如下:一、财经新闻:每日24小时不间断更新多达50万字的国内、港台、国际财经新闻,同时对宏观经济发展动态、国际经济状况、企业行业信息进行及时报道。二、证券市场:为中财网的重点内容,主要提供国内交易所信息以及证券市场最新行情统计、每日证券市场描述与评论、上市公市及其行业动态、海外报刊中国特别报道,股市分析软件、股市分析数据,证券市场调查、大量的证券市场分析参考资料等服务。三、金融与投资:国内外资本市场、货币市场最新动态,人民币外汇牌价,国际汇市行情,银行利率;各类收藏品市场最新行情、市场状况描述;全面的投资学、经济学,教程等。

中财网建立以来,以信息量庞大,24小时即时更新的优点一举成为当前国内网上访问最大的财经站点之一。中财网凭借敏锐的市场洞察力和网络先进的尖端技术,在国内互联网络的专业服务中占有广阔的市场。中财网以内容的及时性、实用性、全面性的特点吸引了大量的网络用户,受到各界人士的广泛好评,自建立以来网站访问量呈几何增长,同时也成为各类金融研究机构、证券公司、市场管理机构的重要信息来源渠道。

中财网的服务方针是使用户能以最低廉的费用在第一时

间获得最完整的财经与证券市场信息。在WWW的飞速发展的趋势下，中财网以技术与服务为突破点，结合传统媒体的信息优势，已成为一个大型财经、证券信息发布平台。为了进一步拓展中国财经信息网利用的大量的发展机会，公司正与各大媒体建立战略伙伴关系，这些企业包括网络服务供应商(ISP)、IT公司和传统媒体。中财网未来将以网络财经信息服务、网络商务为主要发展方向，大力拓展信息源，提高信息的覆盖面，面向各类用户群体，提供更为完善的服务；的目标是成为一个财经与证券投资人士不可缺少的信息源与忠实顾问。同时成为一个访问最频繁的专业信息站点和各机构与企业走向世界的运营和宣传工具。

第十五编

证券业人物

2182/2187

证券业人物

【编者按】 为促进中国证券市场的规范化和国际化，加强交流与合作，提高证券业经营管理水平，编辑部决定从1996年起，在《中国证券业年鉴》中开辟证券业人物栏目，反映和介绍股份制企业、证券经营机构、期货经营机构、投资基金单位、产权交易机构、新闻出版、科技教育及理论研究等方面的有丰富管理经验和显著成就的专家学者，企业领导，每一年度推选几位证券业新闻人物。2002年度中国证券业年鉴编辑部推荐的十位证券业人物是：

马蔚华

【工作简历】 马蔚华，现年52岁，西南财经大学经济学博士，美国南加州大学荣誉博士，高级经济师，中国金融学会常务理事、中国企业家协会副会长，西南财经大学、哈尔滨工业大学、吉林大学等院校兼职教授。从1988年起，历任中国人民银行办公厅副主任、计划资金司副司长，1992年年底任中国人民银行海南分行行长兼国家外汇管理局海南省分局局长。1999年3月担任招商银行党委书记、行长至今。

【成就业绩】 马蔚华自1999年担任招商银行行长以来，面对我国入世给国内银行业带来的挑战以及国内金融市场不断变化的形势，提出并实施了一系列新的理念和战略，带领全行员工开拓进取，奋力拼搏，使招商银行在效益、质量、规模协调发展的轨道上跃上了新的台阶。

从1999年到2003年的五年间，在马蔚华行长的领导下，招商银行资产规模由1600亿增加到5000亿，年均增长速度保持在30%以上；机构网点由166家增加到370多家；不良贷款率从20%下降到目前的3.15%，资产质量大大提高；利润年均增长率达到73%，累计实现税利近300亿元，连续五年成为深圳市排名前三位的纳税大户。2002年4月9日，招商银行成功上市，成为国内第一家按照国际标准上市的，总股本、筹资额和流通盘最大的上市银行。同年，招商银行成功进入国际金融市场，在香港设立了分行，2003年在纽约设立美国代表处，迈出了国际化的第一步。

马蔚华行长坚持把创新作为招行的核心竞争力来抓，全面推进制度、管理、产品、技术、营销和服务等方面的创新，将"一卡通"和"一网通"打造成为国内著名金融品牌。到2003年底，"一卡通"累计发卡量超过2700万张，卡均存款余额超过4500元，居国内银行卡首位；"一网通"作为中国电子商务和网上银行的代表，2003年荣获国际计算机CHP组织授予的21世纪贡献大奖决赛提名奖，这是中国企业首次获此殊荣；2002年以来，招行新推出的"一卡双币"国际标准信用卡创亚太地区同业首年发卡新记录，"金葵花理财"品牌及服务体系营销案例获中国首届杰出营销奖银奖，"点金理财"作为国内第一个公司银行业务品牌在市场上引起热烈的反响。几年来，招商银行先后获得"中国本土最佳商业银行"、"亚洲最佳股本回报率银行"、"中国最受尊敬企业"等殊荣。

通过对招商银行十余年发展历史的总结与反思，结合我国入世和招行上市后的新形势，马蔚华行长提出了"一三五"的经营理念，即坚持效益、质量、规模协调发展的战略指导思想，理性地对待市场、同业和自己，正确处理管理与发展、质量与速度、长远利益与眼前利益、股东客户和员工利益、制度建设和企业文化等五方面的关系。这一理念在招行上下形成一致共识并得到全面贯彻，有力地促进了招行各项业务的稳健发展，得到了国内外监管机构、同业和有关方面的认可。与此同时，顺应现代银行业的发展趋势，马蔚华行长不遗余力地在招行推进以管理国际化为主线的国际化进程，从理念、体制、机制、技术等方面努力提高管理素质，推动招行管理水平向国际标准靠拢，有力地促进了招行核心竞争力的提升，为实现"百年招银"的宏伟目标创造了有利条件。

詹原竞

【工作简历】 詹原竞，天津中新药业集团股份有限公司董事长，高级工程师，中国医药企业管理协会、企业家协会理事，天津市企业管理协会、企业家协会理事。2000年4月，被天津市总工会授予"九五"立功优秀经营者称号，荣获"九五"立功奖章。2002年，被天津市政府授予"劳动模范"称号。他具有强烈的事业心，善于把握宏观经济形势，锐意改革，开拓创新，廉政勤政，克己奉公，带领公司员工努力做好生产经营和资本运营两大文章，使企业得到迅猛发展。1964年进入医药领域工作，先后从事并主管本公司销售、质管、科研、管理等诸多方面工作。

【成就业绩】 八十年代初，詹原竞先生曾作为项目负责人主持完成多项科研开发项目并曾荣获天津市科技成果二等奖。1985年进入天津市药材公司管理中层。1995年以后，先后担任本公司副总经理、总经理、董事长职务。在1997年，率领中新药业在新加坡主板成功上市，成为中国首家在新加坡上市的国有企业。

1997年伊始全面主持中新药业，他提出了全新的经济工作指导思想，积极稳妥地推进调整整合，以重点工作的有效开展带动经济的全面提升。公司主要经济指标连年大幅增长，净资产额、主营业务利润、销售收入都得到成倍增长。

2001年，在他的主持领导下，历经将近两年的时间，公司在上海交易所成功发行A股并上市，中新药业成为境内外两地上市企业。

以创造性思维，实现跨越式发展　随着全球经济一体化进程的加快，企业资本实力已经成为竞争中相当重要的因素。詹原竞董事长据此提出了“以创造性思维，实现跨越式发展”的思路。1999年以来，中新药业通过了一系列令人眼花缭乱的资本运营，先后完成了对新丰药业、中央药业的控股和对达仁堂集团及其核心层企业的购并重组，2001年公司A股成功上市后，中新药业在两年内资产总额翻了两番，企业资本规模迅速扩大。中药现代化的建设和公司信息化建设近两年也被摆在重要位置，在经济技术开发区建设了现代中药产业园和华立达生物工程园，在外埠建立标准中药材GAP基地，公司ERP系统已在销售中心运行，公司下属企业基本都通过了GMP、GSP认证。在市场开发上以“小投资控制大市场”的思路投资设立了多家外埠控股公司，成立了全国最大的直营医药连锁店，拥有了包括中成药制造、化学药品及原料药制造、生物工程制药在内的多个经营领域，企业竞争与发展能力极大增强。

锐意改革，打造现代企业　在进行资本运作的同时，针对企业实际，以打造现代企业为目标，詹原竞董事长提出了公司改革的整体构想。变直线职能制为统领各经营领域的事业部制管理体制；变传统的人事管理为面向公司未来发展的人力资源开发；变小规模、多层次的传统医药商业为统一规范的现代医药连锁经营；树立“天人同序，惠福民生”的企业经营理念，精心打造“中新药业”品牌。两年来，公司中药现代化进程明显加快，生物工程制药取得飞跃发展。

建立企业生态系统，保持系统良性循环　根据企业纵向一体化的特点，詹原竞董事长提出了“建立企业生态系统，提高经济运行质量”的企业管理工作方针。在经营管理中引入市场机制，注重市场经济中的计划管理，协调规范公司经济运行。使公司经营风险得以降低，经济运行质量和总体效益显著提高，产品销售大幅增长。

詹原竞董事长为中新药业的腾飞与发展做出了突出的贡献，深受广大员工的尊敬与爱戴。

李永安

【工作简历】　李永安，1942年10月出生，大专学历，高级经济师，享受政府特殊津贴专家，中国长江电力股份有限公司董事长。1961年至1966年，历任湖北省工业设备安装公司施工员、工长；1966年至1974年，任湖北省机械化施工公司团委书记、办公室副主任；1974年3月至1984年4月，任湖北省基本建设委员会科长、副处长、办公室主任；1984年至1986年，任湖北省人民政府办公厅处长；1986年至1993年6月，历任清江水电开发公司总经理、党委书记，兼任湖北省人民政府副秘书长；1993年6月至2002年1月，任三峡总公司副总经理；2002年1月起，任三峡总公司党组书记、副总经理；2003年4月，任国务院三峡工程建设委员会委员。2003年11月至今，任国务院三峡工程建设委员会副主任、中国长江三峡工程开发总公司(以下简称三峡总公司)总经理。

【成就业绩】　李永安同志长期从事水电开发建设工作，为我国水电行业的发展和流域经济的发展做出了重要贡献。他曾任湖北清江水电开发有限责任公司总经理、三峡总公司副总经理。2003年11月任国务院三峡工程建设委员会副主任、三峡总公司总经理，全面领导三峡三期工程建设和长江上游水力资源的滚动开发。

宋春雷

【工作简历】　宋春雷，男，1960年4月出生，中共党员，大学本科学历，高级会计师，河南省优秀专家、省级学术技术带头人，享受国务院政府特殊津贴。

宋春雷同志曾任河南省交通厅车辆购置附加费征收管理办公室主任、河南省地方铁路局计划财务处处长、河南省高等级公路建设指挥部财务处处长、河南省交通厅外资项目管理办公室常务副主任、商丘至开封高速公路建设指挥部副指挥长、河南省交通厅财务处副处长、河南省公路发展有限公司总经理等职务。现任河南中原高速公路股份有限公司董事长兼党委副书记、河南高速公路发展有限责任公司副董事长、中国企业联合会、中国企业家协会第七届理事会理事。

【成就业绩】　献身交通事业，稳健务实，成就显著　宋春雷同志自毕业至河南省交通厅工作以来，献身河南交通事业二十余载。在长期从事交通财务、经济管理工作过程中，他在经济与财务管理、组织、策划公司重组、改制，以及高速公路经营管理方面积累了丰富的经验，具有很强的组织能力和独特的领导艺术，形成了稳健务实，勇于开拓的工作作风，工作中取得了显著的成绩。

在主持河南省安新高速公路、洛三高速公路的招标文件编制工作中，宋春雷同志采用“模糊数学、优化比选”等新方法，大大提高了工作效率，科学有效地控制了工程投资。主持河南省交通厅财务处工作期间，他在资金运作、交通项目融资等方面成绩突出，其中为安新高速公路等项目融资10多亿元人民币，受到了省政府和交通厅领导的一致好评。在兼任省交通厅外资项目管理办公室常务副主任期间，他组织实施了河南省公路项目利用国际金融机构贷款的前期工作，利用外资总额超过10亿美元。在指导利用外资修建和改造省道、县道和农村道路工作中，改善里程约23,420公里，特别是贫困地区的路网改造工作获得了世界银行的好评。

打造现代化公路企业，为河南交通改革与发展做出积极贡献　2000年5月开始，在河南省委、省政府、省交通厅党组大力支持下，宋春雷同志主持了河南高速公路发展有限责任公司、河南中原高速公路股份有限公司(以下简称"中原高速"),以及新乡至郑州、商丘至开封、驻马店至信阳三个高速公路建设有限责任公司的具体组建工作,他殚精竭虑,尽职尽责,精心策划,周密安排,顺利完成了资产重组和改制等工作。当年,五家公司先后在省工商局注册成立,为河南省高速公路管理体制改革和规范化运作建立了良好的基础。

作为河南省第一家高速公路股份制企业——中原高速的董事长,宋春雷同志肩负重托,埋头工作,为实现企业尽快上市,实现河南交通企业上市零的突破,在重重压力和层层困难面前,他带领公司全体员工,团结一致,扎实工作,赶时间,抢进度,通过艰苦不懈的努力,圆满完成了股票发行和上市工作。2003 年 8 月 8 日,中原高速公开发行的 2.8 亿股 A 股股票在上海证券交易所上市交易,成为河南省首家高速公路上市公司。公司上市构建了河南省高速公路发展与资本市场的连接桥梁,同时通过上市工作,进一步规范了公司管理,建立了现代企业制度,为企业自身跨越式发展建立了良好的基础,也为河南省高速公路建设与管理体制、投融资体制改革作出了积极和有益的探索。

勤奋进取,与时俱进 作为一位富有战略眼光和卓越胆识的现代企业家,宋春雷同志面对深化改革和交通发展的新形势,及时提出"路桥为主、综合经营、规模发展、突出效益"的经营方针和以规范运作与稳健经营促进公司滚动发展和效益持续增长,将公司建设成为现代化大型公路企业的发展思路。同时积极推行改革措施,进行了公司内部管理体制、薪酬制度和公路养护体制改革,取得了良好的效果。公司成立短短三年间,管理进一步得到了规范,业务取得了显著的进展,企业实力迅速壮大,企业的核心竞争力和抗风险能力得到了明显的加强,经营业绩在同行业上市公司中名列前茅。

长时间的工作实践和扎实稳健的工作作风,塑造了宋春雷同志敢为人先、争创一流的拼搏精神。他大胆创新,奋力开拓,自我加压,迎难而上,在他的带领下,中原高速与时俱进,企业发展不断迈向科学化和现代化。

出版专著及所获荣誉 宋春雷同志在辛勤工作中,不间断学习和研究,在学术研究方面也取得了优异的成绩,先后出版了《交通财务会计手册》、《公路项目世行贷款实务》、《公路监理手册》、《基础会计学》、《现代会计概论》等专业著作,并主持了《公路建设与区域经济发展研究》(获 2003 年度中国公路学会科学技术三等奖)等多项科研项目,具有较高的理论价值和社会影响。

赵广义

【工作简历】 赵广义同志生于 1953 年 6 月,辽宁省盘山县人。1972 年 12 月参加工作,1975 年 1 月加入中国共产党,首都经济贸易大学工商管理专业研究生毕业,高级经济师。现任北京城建投资发展股份有限公司董事、总经理。

赵广义同志自 1972 年 12 月～1983 年 6 月,先后在铁十二师五十八团、铁道兵铁路工程技术学校、基建工程兵五十三团任材料员、学员、技术员;1983 年 7 月～1994 年 12 月,历任北京城建二公司劳资科技术员、副科长、科长、副总经济师、总经济师、副经理;1994 年 12 月～1998 年 8 月,任北京城建二公司经理。1998 年 9 月～1998 年 12 任北京城建集团总公司总经理助理兼重庆分公司经理。自 1998 年 12 月,北京城建股份有限公司(2001 年 6 月更名为北京城建投资发展股份有限公司)组建以来,任董事、总经理、党委副书记。

【成就业绩】 赵广义同志自担任企业领导工作以来,深化改革,锐意进取,严格管理,不断创新,善于团结,在拓宽经营领域以及提高经济效益和改善职工福利等方面工作业绩突出,使企业保持了健康持续发展的良好势头,物质文明和精神文明取得了双丰收。

为了给股份公司的发展创造一个更为良好的产业环境,2001 年上半年,股份公司与集团公司进行了标的额达 23.3 亿元的大规模资产置换,置出建筑类资产,置入房地产类资产,股份公司实现了主业转型和产业升级,成为一家房地产上市公司。2001 年 6 月北京城建股份有限公司更名为北京城建投资发展股份有限公司。

股份公司现拥有兴华公司、城建开发公司、东华公司、城和公司、汇和公司等 5 个房地产控股子公司,东湖公司、重庆燕城公司等 2 个股权托管公司,以及北京科技园建设股份有限公司等 8 个参股公司。

资产置换后,股份公司坚持整体运作、规范管理的原则,从项目筛选到物业管理的开发全过程管理,从项目管理、成本核算、资金管理、投资管理到信息化管理,初步建立起较为完善的管理制度,促进了房地产业务流程管理的形成。在富海中心、东华广场、世纪城市、望京二期等项目策划、规划设计过程中招标引入了具有国际背景的咨询、设计机构,提高了项目的营销策划水平。大力推进信息化建设,从机关做起,投资 60 多万元,建立了 OA 系统,搭建起办公自动化平台,为下一步实现资源共享奠定了基础。

股份公司大力整合资源,买断了西三期西二里项目,盘活了紫都金座项目;通过收购城和公司、汇和公司,公司直接运作花市枣苑和汇和综合楼项目,以及取得平房乡经济适用房项目和玉泉新城项目;购置北苑南区、德外 M 地块、海淀综合楼等项目,扩张了主业规模,储备了一批优质开发项目,进一步扩张了主业规模,保证了公司的发展后劲。

资产置换后,把打造"北京城建地产"品牌放到战略高度来对待。股份公司于 2001 年 12 月份举行了"北京城建地产"新闻发布会,紧接着参加了中国房地产业协会组织的"一会一坛"活动,即"新经济时代中国房地产高层峰会论坛"和"2002 年北京新年(品牌)房地产展示交易会",一次性推出了 576 万平方米的十大楼盘,起到了一定的轰动效应。2002 年 5 月份,公司整体推出了企业形象识别系统(CIS),启用了"北京城建地产"商标和"北京城建物业"商标,展示了企业形象。在中国房地产协会、中国房地产报社和北京市国土资源和房屋管理局等单位组织的"中国(北京)房地产成功经营模式推介"活动中,公司被评为"著名品牌成功经营模式"单位,北苑家园被评为"综合社区开发模式"小区。

【管理实践】 为改善人才结构,提高员工塑造,2002 年公司组织 7 天全封闭管理人员脱产培训;公司积极引进所缺乏的房地产专业人才,并出资 80 余万元,与中国人民大学合作举办了房地产经营与管理专业研究生班,从各单位选派 44 名员工参加学习。

公司利用上市公司的投融资功能，公司在大力发展房地产主业的同时，积极投资金融和高科技领域，“以房地产开发为主业，金融和高科技为两翼”的产业格局初步形成。通过资本经营获取收益，促进了主业和金融高科技互动增长，壮大公司综合经济实力。

股份公司上市以来，以优异的业绩，获得了资本市场和社会有关机构的好评，保持了良好的市场形象。

2001 年，在《财经时报.新地产》周刊推出的首届“全国房地产上市公司十强”评比中，公司名列第五。

2001 年，公司被中国企业文化研究会和中国资信评价中心评为“首届中国企业形象 AAA 级单位”。

在清华大学、搜房研究院组织的 2002 年度中国房地产上市公司十强评选中，公司综合实力排名第四。

2002 年，在上海东方广播电台举办的“我心中的蓝筹股”听众评选活动中，公司获“优胜企业”称号。

2002 年，中国房地产业协会等单位授予公司“中国房地产行业信誉百佳企业创建单位”称号。

在清华大学、搜房研究院组织的 2003 年度中国房地产上市公司十强评选中，公司综合实力排名第五。

2003 年，在北京市人民广播电台、北京电视台等单位组织的“首都十大诚信地产企业”评选活动中，公司名列首位。

赵广义同志以其出色的经营管理水平，务实的工作作风，突出的业绩，得到了公司员工的拥护，董事会和党组织的肯定，以及政府有关部门、社会有关机构的认可。2000 年赵广义同志被中国建筑业协会授予“第六届全国优秀建筑企业经理”称号；2002 年被推选为北京市第九次党员代表大会党代表；被北京市总工会评为“2002 年度经济技术创新标兵”；被中国企业家调查系统和卓越企业家俱乐部吸纳为终身会员。

李名岷

【工作简历】 李名岷先生，男，汉族，山东五莲人。1946 年 3 月出生，大学文化，高级经济师，山东省第九届人民代表大会代表，全国第十届人民代表大会代表。历任莱芜钢铁总厂机械厂副厂长、厂长，莱芜钢铁总厂副厂长，莱芜钢铁股份有限公司董事、副董事长，莱芜钢铁集团有限公司董事等职。现任莱芜钢铁股份有限公司董事长，莱芜钢铁集团有限公司副董事长、总经理。

【成就业绩】 主要奖励：1991 年 12 月被国家冶金工业部授予全国冶金系统老干部先进工作者；1994 年 9 月被山东省教委授予省尊师重教先进个人；1994 年 12 月被山东省委宣传部授予省优秀思想政治工作者；1999 年 1 月被山东省政府授予省关心下一代工作先进个人；2001 年 4 月被山东省总工会授予省富民兴鲁奖章；2001 年 4 月被中国冶金机械工会授予全国冶金行业节能工作先进个人；2003 年 5 月被山东省人民政府评为山东省劳动模范；2003 年 5 月被省企业家协会评为山东省优秀企业家。

石盛奎

【工作简历】 石盛奎先生，1949 年出生，硕士研究生，高级经济师。先后任原阳泉矿务局党委组织部办公室副主任，组干科科长，多种经营管理处副处长、处长，原阳泉矿务局副局长、阳泉煤业(集团)有限责任公司副总经理、副董事长兼党委副书记。现任山西国阳新能股份有限公司董事长，阳泉煤业(集团)有限责任公司党委副书记

【成就业绩】 石盛奎先生善于从全局角度上研究思考问题，战略上把握企业发展方向，2002 年荣获“山西省优秀企业家”称号。

与时俱进，锐意创新，圆满完成了上市申报工作，成功登陆资本市场 国阳新能是由阳煤集团部分改制而成的上市公司，存在着国有企业共有的问题和上市障碍。石盛奎先生上任后，以他特有的锲而不舍、锐意创新的工作作风，组织有关人员，完成了上市申报材料的制作，对证监会提出的 108 个方面近 300 个问题，一一进行了解决并形成书面意见予以答复，总字数含底稿在内约 8 百万字。针对审核过程中的一些关键问题，石盛奎通过强有力的协调工作予以解决，先后将 1 亿多元的采矿权价款、4000 多万元的收购项目土地价款转增国家资本金，并争取到 12379 万元的所得税返还，大大降低了上市成本。石盛奎先生还通过多方工作，使证监会对国阳新能原企业进行准确认定，促成了发行审核 6 号备忘录的修改，解决了发行上市的重大法律障碍。在 2002 年 7 月第一次发审会被否决后，于 10 月 29 日第二次上会通过，并以每股 8.2 元的价格于 2003 年 8 月 6 日在上海证券交易所公开发行人民币 A 股股票 15000 万股，8 月 21 日挂牌交易。

规范运作，科学管理，实施制度创新和管理创新工程 石盛奎先生认为，国阳新能从国有企业转变为社会公众公司，是一个脱胎换骨的过程。只有不断创新，加速发展，才能把国阳新能打造成为一只资本市场的蓝筹股，国阳新能才能成为国际化的大企业。他充分借鉴国内外先进企业文化和管理经验，结合企业实际，提出了“诚信创新”的企业精神，“驰骋大市场，运营大资本，成就大事业”的企业目标，“路在脚下，事在人为”的企业经营理念。并以企业文化为载体，实施治理结构创新和管理制度创新，形成了具有国阳新能特色的企业文化，管理理念和管理水平得到全面提高。在他主持下，国阳新能实现了业务、机构、资产、人员、财务“五分开”和销售、供应、生产“三独立”，为企业规范运作打下坚实基础；建立了完善的法人治理结构，先后制订修改完善了《公司章程》、《股东大会议事规则》、《董事会议事规则》、《监事会议事规则》、《总经理工作规定》、《关联交易决策制度》、《信息披露制度》等一系列旨在保护中小投资者利益的制度，并在公司 2000 年股东大会上选聘了三名独立董事，后又成立了董事会战略委员会、提名委员会、审计委员会、薪酬与考核委员会 4 个专门委员会，独立董

事在4个专门委员会均占到半数，大大提高了决策水平，强化了董事会制约机制和有效制衡机制，为保护中小投资者利益提供了有力的制度保障。

石盛奎先生提出，管理创新是企业发展的永恒主题。在他倡导下，国阳新能顺利通过了ISO9001质量/ISO14000环境管理体系认证审核和复审，尤其是ISO14000环境体系的认证通过，在全国煤炭企业也是为数不多的。国阳新能在管理战略方面又上了一个新台阶，企业管理进入了一个科学、规范的新阶段。国阳新能先后获得首届"中国煤炭工业优秀企业奖"、"煤炭工业优秀奖——金石奖"等荣誉，连续多年被评为"重合同守信用企业"、"AAA级信用度企业"。所属两个矿连续多年被评为全国"高产高效矿井"和"特级质量标准化、现代化矿井"。瓦斯管理全部实现了自动监控，连续24年杜绝了瓦斯、煤尘事故，被树为全国瓦斯治理的一面旗帜。

适应企业发展需要，大力开发人才资源 石盛奎先生上任后，大力改革人事管理工作的方式和途径，变消极被动为积极主动，把引进来、留得住、使用好人才作为国阳新能人力资源建设的一项重大战略任务。建立完善了机制健全、运行规范、服务周到、指导有力的内部人才市场体系，加强了与高校的联系，向社会和高等院校引进了经营管理、资本运营、专业工程技术等方面的高素质人才，并为他们扎根企业创造良好的工作和生活条件。采取的主要措施，一是外部引进一批。加强与高校的联系，实施引进人才政策。2000年到现在，国阳新能接收、引进了400多名大中专毕业生。二是培训提高一批。通过举办4000多人次的各级、各类培训班和技术比武，实施全员培训，涌现出了一大批岗位技术能手和杰出技术人才。三是择优培养一批。与南开大学、中国矿大联合办学，培养了100余名煤炭主体专业、经营管理、市场营销等方面的高级管理人才，为国阳新能的长远发展打下了坚实的人才基础。

大力开拓国内外市场，经济效益明显提高 石盛奎先生把提高企业经济效益和职工收入作为各项工作的重中之重。2002年，抓住煤炭市场转暖的有利时机，调整经营策略，加强组织管理，主要生产经营指标均创历史最好水平：矿井产量完成880万吨，比2001年提高了16.6%；总进尺完成59706米，比2001提高了14.7%；总发电量完成12658.3万千瓦时；总供热量完成62.7万百万千焦，比2001提高65.9%；安全指标，百万吨死亡率为0.38；产品销售收入完成140278万元，比2001提高40.1%；税后利润全年完成17206万元。各项经济指标均创出了历史新高，职工收入同比也有大幅提高。

崔根良

【工作简历】 崔根良，男，1958年5月出生于江苏省吴江市，1978年入党，大专文化，高级政工师。1977年至1981年在福建军区服役，1982年至1985年，在吴江市七都化纤厂负责销售，1986年至1987年担任吴江市七都织服厂厂长，1988年至1990年调任吴江市七都乳胶厂厂长。

【成就业绩】1991年崔根良先生受命组建吴江市光电通信线缆总厂并担任厂长，该厂成立以后，紧紧抓住国内信息产业大发展的良好机遇，积极推进技术创新和产品创新，扩大市场网络，公司各项业务以每年翻番的速度迅速增长。1994年底，在线缆总厂的基础上组建了亨通集团，1999年改制为股份制企业集团：亨通集团有限公司。截止到2002年底，亨通集团有限公司已经发展成为拥有包括江苏亨通光电股份有限公司、江苏亨通线缆有限公司、江苏亨通电力电缆有限公司等全资或合资公司12家，员工3500余名，其中25%以上具有大专以上学历。已形成以江苏(吴江、宜兴)、上海、北京、沈阳为主要生产基地，以上海高新技术产业开发为龙头、国家级高新技术密集的光电缆产业基地，是国内光电线缆行业产品门类最全、综合实力最强、最具影响和多元化的国家级企业集团。产品覆盖通信电缆、光纤光缆、同轴电缆、电力电缆、光器件以及通信工程、房地产和IT等各个领域。集团通信电缆产销量连续8年排名全国同行业第一；光纤光缆连续6年进入全国同行业前三名；同轴电缆排名全国同行业第二，以上三大类产品在国内市场占有率分别达到8%、14%和35.7%，综合实力排名全国同行业第一。

集团建立了国家级企业博士后科研工作站，拥有大批在国内外享有声誉的光电线缆专家和高级专业技术人才。近年来，亨通依托雄厚的实力和领先的技术，先后承担国家火炬计划项目15项，国债项目3项，成功开发出包括掺铒光纤放大器等国家级、省级高新技术产品30多项，绝大部分技术新品已产出巨大的经济效益和社会效益。

亨通集团是江苏省首批信息化试点企业和省级文明单位，完善了ISO9002质量管理体系，先后通过了ISO14001环境管理体系和OHSAS18001职业健康管理体系认证。基于数百余台计算机组成的企业局域网，实施了ERP企业资源管理规划系统、OA办公自动化系统和6S管理。

2003年4月，亨通集团有限公司排名信息产业部评定的全国电子信息百强企业第41名，中国电子元件行业协会电子百强企业第二名，居于全国光电缆行业之首。目前，亨通积极推进集团多元化发展战略，确立了未来十年七大发展战略规划，努力创建学习型企业，力争在5年内，实现销售额100亿元，成为国内著名企业和国际知名企业。

崔根良先生是中国企业联合会、中国企业家协会常务理事，荣获全国优秀乡镇企业家、江苏省劳动模范和全国优秀退伍军人等荣誉称号，是苏州市政协委员。

刘兴亮

【工作简历】 刘兴亮，男，汉族，1960年9月生，山东省潍坊市人，1982年2月参加工作，1985年6月加入中国共产党，东北工学院轻冶专业本科毕业，天津大学工商管理硕士(MBA)，高级工程师。现任山东铝业股份有限公司董事长。历任山东铝厂电解铝厂助理工程师、山东铝厂研究院助理工程师、山东铝厂电解铝厂厂长助理、山东铝厂电解铝厂副厂长、山东铝业公司电解铝厂厂长、山东铝业公司副总工程师兼生产技术处处长、山东铝业公司副经理、山东铝业公司经理、山东铝业股份有限公司副董事长等职务。

【成就业绩】 刘兴亮同志在工作中，认真实践“三个代表”的重要思想；不断改革企业的管理体制和运行机制，推行企业内部以全面内部市场合同化管理、全过程市场链管理、全员价值化管理为主要内容的“三全”管理运作机制，进行企业的业务流程再造，推行了以“一标三创三提高”为主要内容的标准化管理创新工程，组织创立了适合山铝发展的十大管理运行体系。2001 年，公司通过了国家 ISO10012 计量检测体系认证，主要厂矿全部通过了 ISO9000 质量体系认证并完成 2000 版换版工作，公司被中铝公司验收为首批安全生产标准化公司。加快企业技术改造步伐，大力实施产品结构调整，开展了经济技术指标创新工程，公司目前已建成全国最大的化学品氧化铝生产基地。刘兴亮同志曾被原中国有色金属工业总公司选拔为全国有色系统跨世纪学术和技术带头人，近年来先后获山东省富民兴鲁劳动奖章、山东省优秀企业家、淄博市杰出青年企业家、优秀青年知识分子标兵等荣誉称号。

汪永平

【工作简历】 汪永平，男，1969 年生，南京大学物理系毕业，高级工程师，曾任安徽省地震预报中心一室副主任、主任；人民银行安徽省分行科技处副处长、计算中心副主任；安徽省证券公司总经理、法定代表人。现任华安证券有限责任公司董事长、安徽省证券期货业协会会长、安徽省第九届政协常委及经济委员会副主任。

【经营业绩】 *学养深厚，善于钻研，是事业进步的阶梯* 汪永平同志通过长期学习和工作实践，获得了较为丰富的金融电子化、银行和证券等方面的知识和经验。在人民银行工作期间，主持和参与多项科研项目，曾获部级科技成果奖数次和国家级科技进步三等奖，享受国务院特殊津贴，并曾担任人民银行总行高级职称（工程类）评委。

善于抓住市场机遇，敢于争先进位，始终保持良好的经营记录 汪永平同志在任安徽省证券公司总经理期间，面对激烈的市场竞争，成功地完成了对原人民银行所属的地（市）营业部及其他营业网点的收购和整合，使安徽省证券公司的营业网点遍及安徽全省并已向全国大中城市延伸。在经营管理中，坚持发展与规范并重的原则，使各项业务取得长足的进步，主要表现在业务品种较为齐全、业务规模不断扩大，并保持连续的盈利。2000 年底，带领公司成功改制为华安证券有限责任公司，并跨入全国性综合类证券公司的行列，各项业务发展较好，到目前为止为省内企业直接融资达 100 多亿元，为安徽省经济发展做出突出贡献。

勇于创新但不失规矩，严格管理并不乏灵活，领导才能在实践中充分体现和不断提高 经过长期的探索和不断的总结，在业务创新、分支机构管理和内部管理上，形成了一套具有特色的经营思路和管理方法。公司一直致力于业务创新、技术创新和管理创新，在全国券商中率先实现了法人集中清算；较早地获得了中国证监会核准取得网上证券委托业务资格；积极与银行、电信等机构建立广泛的业务联盟，抢占市场先机。公司坚持以效益为中心、以业务为主线来配置组织资源，充分调动了专业人才的积极性和创造性。公司着眼于未来发展，适时增资扩股，确立现代企业制度，并对业务部门实行内部市场化管理，为向集团化发展创造条件。

行百里者半于九十，自信自厉自强不息。经历了证券市场发展中的曲折和坦途，品尝了事业奋斗中的艰辛与荣耀，把一个充满朝气的现代金融企业带向未来，是他孜孜以求的愿望。

搏击股海风云
赢取最大回报
中國證券業年鑒
CHINA SECURITIES YEAR BOOK

第十六编

证券业大事记

2190/2206

证券业十大新闻

中国十大经济新闻

一、十六大召开，更高水平小康社会将惠及十几亿人口

2002 年 11 月 8 日，中国共产党第十六次全国代表大会在北京胜利召开。江泽民同志在党的十六大报告中，进一步明确了今后二十年全面建设小康社会的任务，要在本世纪头二十年，集中力量，力争 2020 年的国内生产总值比 2000 年翻二番，全面建设惠及十几亿人口的更高水平的小康社会，使经济更加发展、民主更加健全、科教更加进步、文化更加繁荣、社会更加和谐、人民生活更加殷实。

国务院发展研究中心主任王梦奎：我认为这个目标是中国三步走发展战略走了前两步，20 年全面建设小康社会实际上是第三步的头 20 年的一个建设规划。如果这个实现的话，我们中国现代化我认为就胜利在望了。

中国经济体制改革研究会会长高尚全：这是个很鼓舞人心的目标，要达到这个目标，每年 GDP 要增长 7%以上，达到 7.2% 、7.18% 这样一个速度。

大会为中国的发展指明了方向，20 年翻两番的小康目标进入倒计时。这个目标展示了我国现代化建设的壮丽前景，具有极大的感召力和凝聚力，鼓舞人心，催人奋进。

北京大学光华管理学院常务副院长张维迎：我想这个非常重要，中国经济的潜力还是非常大的，我们有好多制度的潜力还没有发掘出来。那么有了这个目标，我想最重要的就是所谓一心一意搞建设，这时候我相信中国的经济会有更好的发展。

2002 年 12 月 9 日到 10 日，在北京召开的中央经济工作会议勾画了明年乃至今后几年中国经济发展的政策方向和基调，动员全党全国人民为实现十六大确定的小康目标和各项任务努力奋斗。这次中央经济工作会议还传达了一个明确的信息：在全球经济衰退的不利环境下，中国仍然有条件、有能力、有信心保持经济发展的良好势头。这不仅对中国人民，而且对周边国家乃至世界各国都是好消息。

二、中国经济跃上新台阶

2002 年中国国内生产总值首次突破 10 万亿元大关，人均国内生产总值首次达到 1000 美元，进出口总额有望达到 6000 亿美元，实际利用外商直接投资将超过 500 亿美元，创历史新高。被世界称为奇迹的中国经济连续多年保持 8%左右的高增长速度。

中国经济体制改革研究会会长高尚全：中国 2002 年 GDP 增长 8%的速度在世界上确实是了不起的一个成就，因为世界经济还是低迷，包括美国经济还在缓慢地增长，欧洲经济、日本经济都是在低迷的情况下面，中国 GDP 达到 8%的速度确实是了不起的。

目前，我国的经济总量已居发展中国家首位，综合经济实力从 1990 年的世界第十位上升到了第六位。在全球经济一片萧条的寒风中，中国经济一枝独秀，跃上了新台阶。

北京大学光华管理学院常务副院长张维迎：中国经济增长确实是最快的，中国经济的地位是越来越重要。我相信中国经济要再这么增长 10 年到 20 年，我们就是一个经济上非常强大的国家。那么这个时候，中国经济的变化就会影响世界经济的走向。

三、费改税扩大试点，《农村土地承包法》出台

2002 年 3 月，中国农村费改税试点范围扩大到 20 个省、市、自治区。积极的费改税政策使中央、地方、农民的关系进一步得到调整，从根本上减轻了农民负担，让农民休养生息。

2002 年 8 月 29 日，全国人大常委会审议通过的《农村土地承包法》被认为是 2002 年审议通过的最重要的法律之一，这部将于 2003 年 3 月起实施的新法，给予农村土地承包经营权以物权保护，并严格限制了承包土地的收回与调整，从而使农村土地承包经营较以往更能摆脱政策影响，第一次用法律保障了农民的土地承包经营权。

亚洲开发银行驻中国代表处首席经济学家汤敏：影响是非常非常重大的，大家都知道，农业、农村、农民这个三农问题是我们中国目前比较大的问题，一直到现在还没有很好的方法来解决。

这部法律不仅仅是给 8 亿农民经营承包农村土地的一颗“定心丸”，同时将对中国农村的土地所有制度，进而对整个中国经济产生深远影响。

亚洲开发银行驻中国代表处首席经济学家汤敏：这部土地承包法本身也就是鼓励农民怎么样更有效地、更好地利用土地资源，而且把一部分农民从土地里头解放出来，都有非常重大的意义。再过几年我们回头来看，可能会发现这个领域是一个非常非常重要的改革。

四、调整产业结构，国企重组波澜迭起

2002 年，是国企重组高潮迭起的一年。首先是中国电信一分为二。5 月 16 日，中国电信集团公司和中国网络通信集团公司正式成立，由此，我国电信运营市场的“5＋1”格局初步形成。这标志着中国电信市场全局性的战略重组基本完成，对于形成公平高效的竞争格局，加快我国通信事业的发展，推进国民经济和社会信息化，具有重大而深远的意义。

合作重组是 2002 年汽车业的主题，也使 2002 年中国的汽车业备受瞩目。6 月 14 日，中国汽车工业史上最大的一次重组宣告成功—— 一汽集团与天汽集团在北京签订了《股权转让协议》。这次重组在中国汽车界是具有震撼性的，专业人士认为这预示着中国汽车新时代的到来。

9 月 19 日，东风汽车与日产汽车签署了在中国建立全面的合作伙伴关系的协议。通过合资，东风和日产将协力打造这个国内首家拥有全系列的卡车、轻型商用车和乘用车产品的中外合资汽车公司。

10 月 8 日，从上海传出消息，上海汽车将投资约 5970 万美元，收购通用汽车在韩国的新合资企业 10%股份，接管大宇汽车轿车生产业务。兼并重组浪潮使我国汽车业形成北有一汽、南有东风、东有上汽，三强鼎立的竞争格局。

国务院发展研究中心研究员吴敬琏：汽车业今年的表现从来没有这么好过，当然你可以看到它背后的原因是因为改革和开放的力度加强了，这个行业要重组已经说了很多年了，但是在加入世界贸易组织后，在竞争的压力下，这个重组加快了。

2002年，中国的电力体制改革迈出了历史性的步伐。

10月15日，电力行业改革计划出台，明确实行厂网分开，竞价上网，成立新的行业监管机构“电监会”。

12月29日上午，随着11家中国电力新组建公司在京揭牌，备受瞩目的中国电力体制改革终于显露峥嵘。业内人士认为，此举实现了厂网分开，引入了竞争机制，是中国电力体制改革的重要成果，标志着中国的电力工业由此进入了一个崭新的发展时期。

国务院体改办经济体制与管理研究所研究员高世楫：这次电力行业的改革是我们国家十多年电力体制改革的一个深入、一个继续，这次改革的力度比较大，涉及的领域比较广，从企业层面、从产业的结构调整以及从政府的管理体制改革都有比较大的政策出台。

2002年10月11日，中国民航运输及服务保障六大集团公司宣布成立。六大集团与中国民航总局脱钩，民航总局将弱化市场职能，强化安全监管。至此，为世人所关注的中国民航体制改革终于取得实质性进展和根本性突破，标志着中国民航发展进入了新的阶段。重组后，中国民航竞争的总体实力将提高，行业竞争将变得有序，资源将得到优化配置，公众将从民航的规范发展中得到好处。

亚洲开发银行驻中国代表处首席经济学家汤敏：民航的改革跟中国电信的改革、跟铁路的改革，所有这些改革其实都是一个比较共同的主线，就是打破垄断。

五、长江导流明渠截流，南水北调工程开工

2002年11月6日，三峡工程导流明渠合龙成功，使得万里长江在著名的三峡地区被全部截断，“截断巫山云雨”的畅想变为了现实，雄峙了亿万年的长江三峡中将横亘起一道“西江石壁”，高峡出平湖奇景将初步展现。这次截流标志着三峡工程历经十年奋战即将进入收获期。

12月27日上午，南水北调工程开工典礼在北京人民大会堂和江苏省、山东省施工现场同时举行。这标志着“南水北调”工程进入实施阶段。“南水北调”工程包括分别从长江下游、中游和上游调水的东线、中线和西线3条调水路线。在今后50年间分3个阶段实施，总投资将达4860亿元人民币。

全国政协副主席经叔平：这些基础工作实际上对我们整个的国家的建设拉动相当大，另外对我们启动民间资金这方面也创造了条件。

良好的经济环境和不断增强的综合国力，为世纪工程创造了良好的建设环境，提供了坚实的经济基础。八方会战大工程的火热场景突现了我国经济建设的勃勃生机。

六、上海赢得2010年世博会主办权

2002年12月3日，经过四轮艰难的投票，上海从5个主办城市中脱颖而出，国际展览局将有“经济奥林匹克”之称的世界博览会的举办权赋予中国上海。这是继2008年奥运主办权及加入世界贸易组织之后，又一次“我们赢了”，标志着中国的繁荣稳定再次赢得了世界的信心。这同时也改写了世博会从未在发展中国家举办的历史。

国务院副总理李岚清：这是我们全中国人民的骄傲，是在我们的党中央领导下，全国人民振兴中华的决心信心的一个体现。

据估算，2010年到上海参观世博会的人数可能超过七千万人次。上海举办世博会所需的直接投资将超过三十亿美元，由此带动的交通、通信、供水等城市基础设施以及商业设施、旧区改造等延伸领域投资，将是直接投资的五至十倍。2010年世博会将给上海带来前所未有的发展机遇。

七、根据WTO规则和对外承诺中国政府清理相应法规

2002年是中国法治进程“稳步推进、渐入佳境”的一年。可以说，2002年在WTO大家庭刚满一周年的中国，不只是处于机遇与挑战并存的“经济进行时”，同时也处于前所未有的“法治进行时”。

截止到2002年11月，中国政府根据WTO规则和对外承诺，清理了涉外经济法律法规2300多件，其中废止830件，修订325件，各地19万件地方性法规、规章也得到清理、废止或停止执行，进一步完善了法律环境，以三大基本法律及其实施细则为主体的外商投资法律基本体系已经基本建成。

八、中国与东盟决定建立自由贸易区

2002年11月4日，朱镕基总理和东盟10国领导人签署了《中国与东盟全面经济合作框架协议》，决定到2010年建成中国——东盟自由贸易区。该协议的签署标志着中国与东盟的经贸合作进入了崭新的历史阶段。

中国——东盟自由贸易区建成后，将形成一个拥有十七亿消费者、近二万亿美元国内生产总值、一点二万亿美元贸易总额的经济区，从而成为世界上人口最多的自由贸易区，也是由发展中国家组成的最大自由贸易区。

九、国有股减持叫停，QFII制度正式实施

2002年6月24日，国务院决定，停止执行《减持国有股筹集社会保障资金管理暂行办法》中关于利用证券市场减持国有股的规定，并不再出台具体实施办法。同时，国家设立的全国社会保障基金通过国家财政拨款和海外上市时的上缴等形式目前已达到相当规模，近期社会保障资金基本平衡，每年需补充的现金量不大，没有必要通过国内证券市场减持套现来筹集资金。

全国人大财经委员会委员周道炯：国有股要减持的政策出来以后，各个方面大家都不大理解，所以股市突然出现了下跌的情况。后来中央国务院考虑这个问题要从长远方面来考虑，所以暂时就停下来了。

据统计，从2001年6月12日出台国有股减持暂行办法，到2002年6月24日叫停，股市大盘从2400多点跌到1500点左右，这项政策的出台抓住了证券市场的要害和关键，是市场的“及时雨”，对稳定和发展证券市场、增强投资者信心起到了四两千斤的作用。

全国人大财经委员会委员周道炯：到底国有股法人股怎么个减持法，这个要好好研究了。我觉得要兼顾到几方面的利益，国家的、法人的，特别是股民的三方面的利益都要兼顾到。

2002年12月1日，QFII制度即“合格境外机构投资者境内证券投资管理暂行办法”正式实施，外资即将正式进入中国市场，标志着我国境内证券市场大门向境外机构投资者正式开放。舆论认为QFII制度不仅启动了中国股市的股价结构和投资理念的调整，更意味着中国股市运行机制和力量对比格局的转变。随着QFII的启动，中国股市需要在多方面同国际市场接轨。

十、加强税收监管，坚决打击偷漏税

2002年7月24日，刘晓庆因涉嫌偷漏税被北京市人民检察院第二分院正式批准逮捕，由此引发的税收监管风暴有如七月流火引起了社会的广泛关注。

中央财经大学财经研究所研究员刘姝威：这件事可能是在某些方面对那些不依法纳税的人有一种震慑的作用。

刘晓庆创下的"纪录"是,第一个由警方介入而办理的明星纳税案件。舆论认为,这标志着中国在整顿市场经济秩序的斗争中迈出了重要一步。

中央财经大学财经研究所研究员刘姝威:我觉得现在来讲,我们在加强税收的方面是越来越强的。

国际金融十大新闻

一、欧元正式进入流通领域。今年1月1日起,欧元正式流通。欧元兑美元汇率从年初的0.8992美元上扬至1.0276美元(截至12月20日),涨幅高达14.28%。

二、惠普并购康柏。5月7日,惠普和康柏两大计算机公司合并案尘埃落定,新惠普公司宣告成立。原惠普公司首席执行官卡莉·菲奥莉娜出任新公司董事会主席兼首席执行官,原康柏公司首席执行官迈克尔·科普拉斯任新公司总裁。

三、金融危机令拉美持续衰退。6月份以来,巴西、智利、阿根廷和乌拉圭等国金融市场激烈动荡各国货币兑美元汇率急剧下跌国家风险指数飙升。这次金融风暴令多数拉美国家经济出现负增长。

四、世通丑闻暴露濒临破产。7月21日,美国第二大长途电话公司世界通信公司申请破产保护,从而成为美国历史上最大的公司破产案。该公司假账总额超过70亿美元,美国有关部门仍在对这家公司进行调查。

五、美国强化证券业管理制度。7月30日,由布什总统正式签署以起草人姓氏命名的"萨班斯——奥克斯利法案"。法案规定,公司首席执行官和首席财务官必须对财务报告签字担保,对参与欺诈行为的人将施以更加严厉的法律制裁,刑期最高达20年。

六、安达信被取消执业资格。8月31日,安达信因丑闻迭出丧失了为上市公司提供审计服务的资格,全球"五大"会计师事务所变成了"四大"。

七、美联邦基金利率创41年来新低。2002年11月6日,美联储再度下调50个基点的利率,这是自2001年以来第12次降息。美国联邦基金利率降到1.25%,创41年来新低。随后,欧洲央行在12月7日降息50个基本点,日本银行在零利率基础上,继续采取宽松货币政策。

八、国际金价迎来"黄金时代"。国际市场现货黄金价格由今年元旦开盘时的每盎司278.95美元一路震荡上行,年内多次出现大幅上涨行情。截至12月20日,金价高达每盎司341.15美元,创3年来新高。

九、全球十大券商被罚14亿美元。12月20日,华尔街十大证券交易商所罗门美邦、美林、瑞士信贷第一波士顿、高盛、摩根大通、摩根士丹利、雷曼兄弟、贝尔·斯第恩斯、德意志银行以及瑞士联合银行沃伯格,与美国司法及证券管理部门达成和解协议,同意支付总额14.35亿美元的罚款和其它费用,以了结执法部门对这些公司股市研究丑闻等问题的调查。这是美国证券监管历史上罚款数额最高的和解协议之一。

十、国际资本流动总量锐减。12月,联合国贸易与发展会议预计,今年全球外国直接投资将从2001年的7350亿美元下降至5340亿美元。中国吸引外资预计增加10%以上,超过500亿美元,取代美国成为全球最大的外商直接投资流入国。今年全球并购金额较去年下降47%,仅1万亿美元左右。

中国证券十大新闻

一、证券市场民事赔偿机制正式启动。1月15日,最高人民法院下发《关于受理证券市场因虚假陈述引发的民事侵权纠纷案件有关问题的通知》,标志着我国证券市场民事赔偿机制正式启动。随后,ST红光、ST同达、大庆联谊、ST嘉宝等证券虚假陈述民事赔偿案分别开庭或结案。

二、违规中介机构遭重罚。2月8日,财政部对中天勤会计师事务所作出行政处罚,正式吊销中天勤执业资格及两位签字会计师的会计牌照。5月24日,东方趋势投资顾问有限公司未通过年检,失去证券投资咨询资格。8月10日,鞍山证券因严重违规经营被撤销。9月7日,大连证券因违规经营被停业整顿。

三、券商佣金实行浮动制。4月4日,中国证监会、国家计委、国家税务总局发出通知,自5月1日起证券交易实行最高上限向下浮动的佣金收费标准。

四、新股发行恢复向二级市场投资者配售。5月21日,中国证监会发出通知,决定恢复向二级市场投资者配售新股的发行方式,配售比例在50%至100%之间确定。此后,发行新股公司大多采用了100%向二级市场投资者定价配售的方式。

五、周小川阐述我国证券市场特征。6月17日,中国证监会主席周小川在2002中国证券投资基金发展国际研讨会上指出,我国的资本市场,既是新兴市场,又属于转轨经济中的市场,从不成熟过渡到成熟这样一个历史阶段是不可跨越的,是要经过一段时间的。简单化地用成熟市场的标尺来衡量新兴市场及其中的投资价值是不实际的,是容易导致偏差的,也是容易丧失机遇的。但这个过渡过程是可以加速并缩短时间的。

六、国务院决定停止通过国内证券市场减持国有股。6月24日,国务院决定,除企业海外发行上市外,对国内上市公司停止执行《减持国有股筹集社会保障资金管理暂行办法》中关于利用证券市场减持国有股的规定,并不再出台具体实施办法。此举引起市场强烈反响。

七、证券市场对外开放步伐加快。10月17日,首家中外合资基金公司——国安基金管理公司正式获准筹建。11月8日,QFII制度正式启动。12月19日,首家中外合资证券公司——华欧国际证券有限公司获准设立。此外,有关部门还先后出台了一系列政策法规,允许证券公司申请设立或参股、收购境外证券公司,允许向外商转让上市公司国有股和法人股。

八、证券市场资金供给渠道拓宽。10月30日,银行间债券市场对非金融机构法人开放。12月,社保基金正式确定托管人和投资管理人。今年也是证券投资基金业超常规发展的一年。截至目前,国内证券投资基金净资产规模总额已达1300亿余元。

九、十六大报告提出推进资本市场改革开放和稳定发展。11月8日,江泽民同志在党的十六大报告中指出,要"推进资本市场的改革开放和稳定发展",要"正确处理虚拟经济和实体经济的关系","一切合法的劳动收入和合法的非劳动收入,都应该得到保护","确立劳动、资本、技术和管理等生产要素按贡献参与分配的原则"。

十、中信证券成为首家发行上市的证券公司。12月13日,中信证券成为中国首家通过IPO上市的证券公司。此前,中国第一家金融控股公司——中信控股有限责任公司成立,它是投资和管理中国中信集团公司所属境内外金融企业的控股公司。

中国期货十大新闻

一、新修订颁布实施的四个管理办法,进一步推动了我国期货市场法制化进程。2002 年 2 月，中国证监会重新修订并发布《期货从业人员管理办法》、《期货经纪公司高级管理人员任职资格管理办法》，2002 年 6 月，新的《期货交易所管理办法》和《期货经纪公司管理办法》颁布。四个新修订管理办法的颁布和实施为期货市场的稳步发展奠定了基础。与此同时，《期货交易管理暂行条例》的修订工作业已启动。

二、以诚信为核心的期货行业文化建设工作全面展开。2002 年初，中国期货业协会以《期货从业人员资格管理办法》和《期货经纪公司高级管理人员任职资格管理办法》的修改为契机，推出期货从业人员网上公示制度；12 月，中期协对首次取得执业资格的从业人员进行网上公示，标志着期货从业人员"白名单"制度正式启用；在中国证监会期货部的推动下，期货市场在全行业内展开了诚信大讨论，并组织了中国金融信用史实地考察、期货公司合规经营教育、公司高管人员培训等活动，使诚信逐步成为业内的共识和自觉行动。

三、交易规模继续保持稳步增长，上市品种呈现全面活跃局面。继 2001 年出现大幅度恢复性增长之后，2002 年我国期货市场交易规模继续保持稳步增长势头，全年共成交各类合约 13943 万手，同比增长 15.75%；总成交金额 3,948 万亿元，比上年增长 30.9%。主要上市品种普遍活跃，是 2002 年国内期货市场的一大亮点，其中，铝的交易金额比上年增长 59.78%，铜增长 41.55%，天然橡胶增长 7459.59%，小麦增长 22.7%，大豆也继续保持活跃，从而一改以往某个品种沉寂冷清、某个品种异常活跃的失衡状况。

四、中期协召开临时理事会，旗帜鲜明反对恶性竞争。9 月 27 日，中国期货业协会第一届理事会在北京召开临时会议，就当前行业中存在的手续费恶性竞争等问题进行了广泛深入的讨论，并形成决议。决议决定，充分发挥行业协会辅助监管、自律组织的作用，采取有效对策，确保中国期货市场健康发展。

五、期货从业资格考试首次面向社会自然人放开。2002 年，中国证监会资格考试办公室决定，放宽报考人员国籍、学历和工作经历等条件的限制，首次面向社会自然人开放。考试报名十分踊跃，达到 3 万人次、6 万多科次。

六、期货经纪公司电子化交易有了规范。在中国证监会的支持下，中国期货业协会于 12 月 30 日公布《期货经纪公司电子化交易指引》，对期货经纪公司开展期货电子化应遵循原则、基本业务管理规范和基本技术管理规范作了较详细的规定。《指引》的发布对引导期货公司电子化交易的规范发展，防范电子化交易的风险将发挥积极的作用，同时也将为今后监管部门出台规范性文件创造了有利条件。

七、黄大豆合约正式推出，5 月大豆合约巨量交割平稳过渡。与国家转基因政策相对应，大连商品交易所经中国证监会批准将大豆期货合约修改为黄大豆 1 号期货合约和黄大豆 2 号期货合约，3 月 15 日，黄大豆 1 号正式挂牌交易。大商所经受了大持仓量、大成交量和大交割量的考验，显示了交易所市场规则的完善和市场管理能力的提高。之后大豆新老合约平稳转换对接，大商所已成为世界最大的非转基因大豆期货市场。

八、以 LME 中国之行为标志，国际同行加大对中国期货市场的关注。10 月中旬，经过精心筹备，由 LME 与本报联合举办的"LME 有色金属期货交易实务讲座"分别在北京和上海召开。此次讲座得到了国内期货行业、有色金属行业及广大社会投资者的热情关注和积极响应。与此同时，国际期市的一些大的投资商如 REFCO 等也在纷纷通过各种形式加大对中国市场的关注力度。

九、上海期货交易所加入 FIA。11 月，上海期货交易所正式加入期货业协会(FIA)，这对提升中国期货市场地位、推动国内期货行业的对外交流将产生深远的意义。

十、我国首次举办国际期权研讨会。12 月 4 日，中期协与郑州商品交易所在京举办"2002 年中国国际期权研讨会"，这是我国首次举办国际期权方面的研讨会。会议探讨了国内期货交易机制创新等问题，对促进我国期货市场国际化将产生积极影响。

证券 IT 十大新闻

一、中国证券信息技术 2002 论坛召开在中国证监会、中国证券业协会的指导下，中国证券业协会信息技术应用委员会于 2002 年 4 月 18 日—20 日召开"中国证券信息技术 2002 论坛"。

二、IP 视频系统首次用于证券国通证券开通国内证券业第一个视频电话系统。

三、两大著名证券网站合并和讯、海融宣布合并，打造出国内网络财经资讯航母。

四、门户网站瞄上网上证券搜狐、国联证券携手成立证券技术服务公司，对外称注册资金 5000 万人民币。

五、证券信息服务外包被提出著名 IT 厂商惠普依仗其拥有的服务实力，建议中国证券业在证券信息服务中可以借鉴韩国成功的外包服务。

六、移动证券业务引起关注移动通信发展引发证券业移动新应用，证券公司移动应用新业务纷纷出台。

七、经纪人信息系统引入营业部华夏证券采用了一套证券经纪人系统，开始与国际金融市场接轨。

八、证券网上交易加速统计显示，国内网上交易开户和交易量上升显著。

九、证券行业信息化解决方案有了奖项首届中国信息化大赛上，联想证券解决方案获"证券行业专用系统类基础解决方案奖"。

十、数据备份需求加大国际灾难频发，诱发证券业对数据中心的关注。申银万国巨资兴建数据灾难备份中心。

中国股市十大案件

按据不完全统计，自 1999 年至今，证监会共立案 220 件，相当于 1993 年～1998 年六年的总和。结案 192 件，对 92 个案件作出了行政处罚，有 104 家机构和 270 名个人受到了警告、没收非法所得、罚款、暂停资格或撤销从事证券期货资格等各种行政处罚，罚没款总额达 14.9 亿元。今年以来，有中科创业、亿安科技、博时基金、银广夏、东方电子、蓝田股份等著名上市公司或基金被证监会立案调查，有的还被移送司法机关。本文涉及的 10 大案件中绝大部分目前还没有结案。

中科创业：头号大案

中科创业操纵股票价格案堪称"中国股市第一案"：涉案违规资金高达 54 亿余元，案件波及全国 20 余个省、自治区、直辖市，100 余家单位及个人、120 多家证券营业部卷入其中。

如今 A 股市场已经看不到"中科创业"的大名了，中科创业在收获了重组的果实之后被打回"康达尔"的原型。但中科创业的震荡还没有消失。自 2001 年初，中科创业连续跌停爆出惊天内幕后，中科创业就不断成为媒体追逐的对象：主角朱焕良出走美国，吕梁神秘失踪，康达尔董事长陈枫遭砍杀……

6月11日起，北京市第二中级人民法院连续3天审理了备受关注的中科创业操纵股票价格案。出现在法庭上的只是吕梁的几个操盘手而已。审理过去近6个月，法院依然没有对涉案人员进行宣判。

最新的消息是，主要嫌疑犯之一朱焕良的表弟朱水祥，因涉嫌中科创业股票价格操纵案被起诉，11月中旬在北京第二中级人民法院受理，涉案金额4000万元人民币。

亿安科技：操纵股票

引起社会广泛关注的"亿安科技案"被许多人认为是2002年1月16日最高法院《关于受理证券市场因虚假陈述引发的民事侵权纠纷案件有关问题的通知》出台的直接导火索。一年之内，亿安科技创造了3个第一：股价第一个过百元；跌幅也第一个达到了三位数；被验明正身的庄家被罚高达9.89亿元（至今未入账）。

今年1月10日证监会宣布，正在查处涉嫌操纵亿安科技股票案。当天，亿安科技股票以42.6元跌停开盘，至2002年1月28日，亿安科技股价最低达到8.52元的低位。就中国证监会披露的内幕来看，亿安科技股票的飙升纯属庄家操纵行为。涉及的这四家公司自1998年10月5日起至今年2月5日，通过控制股票账户共实现盈利4.49亿元，股票余额77万股。今年4月，证监会对违规操作亿安科技的4家公司进行了处罚。但董事局主席罗成出逃、亿安集团内部正在配合司法调查的传闻及投资者诉讼团的成立都显示，该案件没那么容易了结。

嘉宝实业：首例获赔案

上海投资者彭淼秋女士诉嘉宝实业公司等因虚假陈述引起的证券民事赔偿案于2002年11月11日以和解方式在上海市第二中级人民法院结案。这是最高人民法院今年初颁布司法解释以来，在各地法院受理893件案件中第一起结案的案件，也是上海市第二中级人民法院受理的24件诉嘉宝实业案件中第一个结案的案件，彭淼秋女士成为我国证券民事赔偿诉讼案中获得赔偿的第一人，该案也成为中国证券民事赔偿诉讼第一案。

1999年4月29日，嘉宝实业公布了1998年年报。2000年8月15日，中国证监会认定该年报存在严重的信息披露虚假陈述行为，对嘉宝实业公司、13名董事、两名注册会计师做出了行政处罚。

彭淼秋在虚假信息披露日和被揭露日之间的合理时间内买入嘉宝实业股票1000股，并在其后发现嘉宝实业公司情况并非如其1998年年报所称，并在知悉嘉宝实业被处罚后，将所持的股票先后全部抛出，合计损失1312.32元。

彭淼秋聘请律师于1月24日提起诉讼，2月22日上海市第二中级人民法院正式立案受理。在法院主持下，原被告双方两次举行庭前交换证据和听证，9月10日，双方签订了《和解协议书》。

浙江证券：券商要告证监会

因不服中国证监会对其作出的远高于4.5亿元注册资本的判罚，2002年3月，浙江证券一纸诉状将中国证监会告上了北京市高院。

2001年12月17日，证监会认定浙江证券在其经营活动中严重违反《证券法》。其中包括为客户融资4.6亿元买入证券；挪用客户交易结算资金6.3亿元；以及操纵"钱江生化"股票价格。为此，证监会对浙江证券处以警告，取消自营业务资格；没收浙江证券操纵"钱江生化"股票违法所得及罚款共计50312.68万元。

8月29日，北大方正集团公司以2.295亿元现金收购浙江证券51%股权的方案获中国证监会正式批准。作为大股东的北大方正集团承诺，"将及时与中国证监会进行协调沟通，并促使浙江证券股东会和董事会作出撤回浙江证券对中国证监会的起诉之决议，同时落实中国证监会处罚罚款的交纳方案"。

9月2日，有关媒体从北京市高级人民法院获悉，浙江证券诉中国证监会一案日前已被北京高院作出"中止审理"的决定。知情人士分析认为，这场第一起证券公司诉证监会案，或许不会等到开庭审理了。

郑百文："花瓶董事"不服罚

郑百文弄虚作假事件披露后，2001年9月27日，证监会对郑百文原独立董事陆家豪等10名董事处以10万元罚款。接到行政处罚决定书后，71岁的陆家豪向中国证监会提出了行政复议，要求免除罚款。今年4月8日，中国证监会作出答复，坚持认为，陆家豪作为董事，应当对董事会决议通过的有关上市申报材料、年度报告的真实性、完整性负责。陆家豪不服证监会处罚决定，一纸诉状把中国证监会主席周小川推上了被告席。5月13日，北京市第一中级人民法院正式立案。

此后，北京市第一中级人民法院以超过诉讼期限为由，裁定驳回陆家豪的诉讼请求。

博时基金：首家被立案调查的基金

3月24日晚，中国证监会宣布，依据《证券法》等法规的有关规定，决定对博时基金管理公司使用不正当交易手段进行股票买卖是否构成证券欺诈行为进行立案调查。对于在博时基金管理公司的异常交易活动中负有直接责任的基金从业人员和负有相关领导责任的基金从业人员，证监会已根据《基金从业人员资格管理办法》有关规定，视当事人的不同情况，对其分别做出暂停基金从业人员资格或者暂停基金高级管理人员从业资格的决定。

据介绍，证监会在检查中发现，博时基金管理公司的相关异常交易行为记录数量明显突出，其突出特点是：在一定的时间段内，通过行为人自己控制的同一个股票账户，在同一交易日内对同一只股票，频繁做出既买又卖的报单。经向博时基金多次调查询问原因，该公司未能就异常交易行为和现象做出合理解释。

东方电子：三名原高管受审

东方电子虚假财务报告案11月29日由山东烟台市中级人民法院在昌邑市异地开庭公开审理。东方电子原董事长、总经理隋元柏，原董事、副总经理、董事会秘书高峰，原财务总监、总会计师方跃等涉嫌提供虚假财务报告罪受到审判。

检察机关指出，2001年7月中国证监会对东方电子展开调查。经查验证实并经司法判定、司法审计、会计鉴定，东方电子于1997年至2001年共计虚增主营收入17.0475亿元。11月8日东方电子发布业绩下滑的风险预警公告，其股票价格连续下跌，市值大幅缩水。

检察机关认为，东方电子编制虚假财务报告并提供给社会公众，严重危害了投资者利益，扰乱了证券市场正常秩序。隋元柏、高峰、方跃作为公司主管人员和直接责任人员，对此负有重大责任。其行为均已触犯了刑法。

银广夏：遭千人集体诉讼

12月16日，银广夏重返A股市场，但其面临的众多民事诉讼仍然缠身。

据上海市锦天城律师事务所负责人介绍，共有1100多名上海中小投资者委托该所状告银广夏，索赔总额超过4000万元。状告理由是，银广夏公司在过去3年内虚构利润，在业绩报表上大幅造假，从而误导投资者，使得很多人高价买入银广夏，股价一路下滑，投资者损失惨重。

5月14日证监会认定，银广夏自1998年至2001年期间累计虚构销售收入10亿多元，虚增利润7.7多亿元，并要求银广夏对2001年及以往年度财务报告实行纠正。此外，银广夏公司还存在虚假披露配股资金使用情况等其他违规事实。按照证监会的处罚决定，将对银广夏处以罚款60万元，并责令改正。与此同时，银广夏的部分责任人员已经移送司法机关追究刑事责任。

起诉银广夏的投资者中，最少的损失1万多元，损失最多的更是亏掉了近2000万元。

大庆联谊：股市索赔第一案

“大庆联谊案”是最高院“1·16”通知下发后，首个被法院受理的证券市场因虚假陈述引发的民事诉讼案。其诉讼人数之多、涉及面之广，在同类诉讼案件中也极为罕见。目前该案仍在进展中。

今年春节前，哈尔滨市中级人民法院正式受理3位股民起诉大庆联谊等3个法人被告及12名自然人被告。3位股民索赔数额共144783.37元。其后又有近七百名股民委托律师向法院正式递交起诉状。大庆联谊案今年8月1日首次开庭，由于采用单独立案、单独审理的方式，根据法院原先的安排，首批开庭的案件陆续审理到9月29日。

蓝田股份：欲告别人反被人告

2001年12月13日，湖北省洪湖市人民法院向北京某财经大学研究员刘姝威下达了《应诉通知书》，称“湖北蓝田股份公司诉刘姝威侵害名誉权案”将于2002年1月23日开庭，要求刘作为被告出庭。然而事情突然陡起波澜。2002年1月12日，蓝田三名高管和七名中层干部被抓。

据证监会1999年10月公布的查处结果，蓝田股份在股票发行申报材料中作假。去年9月21日，证券监管部门再次对蓝田股份进行调查。已改名为"生态农业"的蓝田股份至今仍在停牌中。

蓝田告人不成，自己惹一身官司。工、农、中、建四大国有商业银行，以及民生、交通、中信、浦发等银行均起诉中国蓝田总公司及其关联公司。其中，以中国民生银行和工商银行北京朝阳支行为原告的4单总标的为3亿元人民币的讼案，已由北京市第二中级人民法院审结，无一例外地是“蓝田帮”败诉。

截止到5月中旬，北京市二中院共受理与蓝田相关案件11件，涉案标的为6亿余元，已审结6件，涉案标的4.4亿余元。审理中，被告无一例外地没有出庭。

大事记

一　月

4 日　□财政部对关联交易相关问题予以明确,《关联方之间出售资产等有关会计问题暂行规定》发布前,如关联交易实质上已完成,可按原计量原则计量。

7 日　□中国人民银行公布《股份制商业银行公司治理指引(征求意见稿)》和《股份制商业银行独立董事、外部监事制度指引(征求意见稿)》,公开向社会征求意见。

8 日　□中国证监会公布《证券公司管理办法》,对机构审批、业务监管、人员管理、风险控制等方面作出了规定。据此,综合类公司可申请设立专门从事某一证券业务的子公司;证券公司经批准可申请设立或参股、收购境外证券公司。

9 日　□国务院办公厅转发国家经贸委等 8 部门起草的《关于发展具有国际竞争力的大型企业集团的指导意见》。

10日　□中国证监会和国家经贸委共同发布《上市公司治理准则》。

11日　□国务院发展研究中心组织召开"国有股减持方案专家评议会"。

12日　□中国证监会起草《公开发行证券的公司信息披露编报规则第 X 号——外商投资股份有限公司在境内首次公开发行股票招股说明书特别规定》,并公开征求社会各方意见。

15日　□最高人民法院审判委员会第 1201 次会议通过的《关于受理证券市场因虚假陈述引发的民事侵权纠纷案件有关问题的通知》下发,规定今后凡由中国证监会及其派出机构作出生效处罚决定,因虚假陈述行为引发的民事侵权赔偿纠纷案件,人民法院可以受理和审理。这标志着我国证券市场民事赔偿机制正式启动。

17日　□时隔四年之后,1 元股再度出现。ST 九州报收于 1.96 元,至终盘时跌停板上仍堆积着 1000 余万股抛单。

21日　□深交所决定对成份股指数样本进行调整,更换 10 家成份股,剔除了银广夏、环保股份等公司,中集集团、佛山照明等新样本榜上有名,样本总量 40 家保持不变。这是深证成份股指数的第三次样本股调整。

23日　□沪深大盘强劲反弹,上证指数报收于 1444.96 点,升 86.27 点,深证成份指数报收于 2890.07 点,升 192.41 点,两市合计成交金额 137.89 亿元,两市 A、B 股有将近 200 只涨停。这是自 2001 年 10 月 23 日宣布暂停国有股减持以来最大的一次反弹。

□29 只基金公布了去年四季度投资组合,至此基金四季度投资组合已全部公布完毕。从投资组合来看,去年下半年陆续上市的基金基本呈增仓的态势,其股票持仓比例大幅提高;49 只基金中,股票持仓比例提高幅度超过 10 个百分点的多达 14 家。

26日　□中国证监会发出通知,对今年受理公开发行证券申请材料的事项作出规定,强调公司聘请的执行法定审计和补充审计的两家会计师事务所不应归属于同一集团,否则该公司申请材料将不被受理。

28日　□国务院办公厅转发了国家计委关于《"十五"期间加快发展服务业若干政策措施的意见》。

29日　□中国证监会发布通知,就可转债发行细则作出规定。

□中国注册会计师协会日前印发《注册会计师、资产评估行业谈话提醒制度(试行)》,规定注册会计师、注册资产评估师在一年内,因存在情节轻微的违规执业但不构成行政处罚而被谈话提醒累计达 3 次以上,并被口头警告的,将不能通过年检。

31日　□国家计委发布《关于促进和引导民间投资的若干意见》,规定凡鼓励和允许外商投资进入的领域,均鼓励和允许民间投资进入,在实行优惠政策的投资领域,其优惠政策对民间投资同样适用,证券监管部门和国有商业银行对民间投资者一视同仁,对处于创业阶段的民间投资者可以给予一定的减免税支持,尽快建立民间投资项目登记备案制度。

二　月

5 日　□全国金融工作会议在京举行。会议指出,银行、证券、保险等监管机构要切实把工作重心从审批事务转移到对企业和市场的监管上来;具备条件的国有独资商业银行可改组为国家控股的股份制商业银行,条件成熟的可以上市;加快国有独资保险公司股份制改革步伐,加强和改善保险监管,规范发展保险中介市场,积极培育再保险市场,进一步拓宽资金运用渠道;必须大力加强社会信用制度建设,增强信用观念,建立和维护良好的社会信用。

□中国证监会对《证券公司年度报告内容与格式准则》进行修订,要求各公司遵循谨慎性原则,对各项资产的减值准备进行充分计提,以进一步规范券商财务行为,提高其财务信息透明度及质量。

6 日　□沪深交所发出通知,要求上市公司认真执行,及时履行信息披露义务。

8 日　□全国证券期货监管工作会议在京召开,提出 2002 年证券期货市场监管工作要提升证券市场的透明度和公信力,增加程序性保证,推行高透明度的监管工作,对出台的各项重大政策,广泛听取意见,集中群众智慧,增强政策法规的科学性、可预见性和可操作性；加快发展机构投资者，切实保护中小投资者权益；积极稳妥地推动解决证券市场深层次结构性矛盾和历史遗留问题；探索建立多层次的市场体系，积极推动制度创新和金融产品创新，促进统一债券市场的形成，稳步推进期货市场的发展。

9日 □中国人民银行行长戴相龙在人行召开的工作会议上指出，今年将继续执行稳健的货币政策，改进金融服务，进一步加大金融对经济发展的支持力度；同时，把加强对银行业的监管作为重中之重，切实防范和化解金融风险，促进国民经济持续快速健康发展。

21日 □央行调低银行存贷款利率。

25日 □沪深证券交易所完成对《股票上市规则》原第十章的修订，并经中国证监会批准同意发布实施。

26日 □中国人民银行发布《稳健货币政策有关问题分析报告》，阐述稳健货币政策的由来、内涵、实施效果及取向，并对当前金融运行中的国有商业银行贷款少增等问题进行了分析。

□中国证监会发出通知，加强对通过发审会的拟发行证券公司监管，以督促其真实、准确、完整、充分和及时地进行信息披露，降低发行风险。

□财政部对中天勤作出行政处罚决定，认定中天勤存在重大审计过失，中天勤执业资格及两位签字会计师的会计牌照被正式吊销。

□《深圳证券交易所大宗交易实施细则》发布并正式实施。

三　月

1日 □中国证监会发出通知，布置2002年在部分A股公司进行补充审计的试点工作。

□央行公布公开市场业务买入现券操作工具表。

□上证所和中国证券登记结算公司上海分公司联合发布《关于调整和规范权益分派方法的通知》，该通知将于2002年4月1日起正式实施。

2日 □70家会计师事务所和1871名注册会计师通过2000－2001年度注册会计师、会计师事务所的证券、期货相关业务许可证年检。中天勤等5家事务所被收回许可证。

5日 □九届全国人大五次会议开幕。朱镕基在《政府工作报告》中指出，进一步规范和发展证券市场。

6日 □中国证监会主席周小川指出，证券市场的发展机遇非常好；完善法人治理结构仍是工作重点；支持海外上市公司回到国内发行；开设创业板证监会态度很积极；不断推出证券市场创新品种。

□本报推出的“记者能否采访股东大会”系列讨论受到了中国证监会的重视。有关人士表示，监管部门正在对《上市公司股东大会规范意见》进行重新修订，将对新闻记者采访股东大会的权利作出明确规定。

7日 □中国证监会副主席高西庆指出，证监会积极支持所有符合市场经济规律和发展方向的市场新品种。

11日 □沪深交易所发布《上市公司临时报告系列格式指引》，规定自2002年3月12日起正式施行。

□中国人民银行行长戴相龙在“两会”记者招待会上说，中央银行应该支持资本市场发展，希望八万多亿元储蓄更多地投向资本市场。

17日 □新股发行将按市值配售，相关技术准备工作正在紧张进行。

19日 □证券市场首笔大宗交易产生，1980万股罗牛山买卖方为上海金证投资和银河证券。

20日 □2002年中国证券市场高级论坛召开，证监会现任及历任主席出席了会议并发表演讲。周小川在演讲中着重阐述正确认识历史，更好把握未来。

24日 □中国人民银行行长戴相龙在“中国发展高层论坛”2002年年会上表示，分流储蓄发展资本市场，尽快扩大直接融资比重。

25日 □上证所对国债试行净价交易。

□上证所成立上市专家委员会。

26日 □沪深交易所发出通知，自4月1日起披露定期报告、临时公告由停牌半天改为停牌1小时。

□中国银联股份有限公司成立，各类银行卡将加速实现跨行异地通用。

29日 □中银国际证券公司开业。

四　月

1日 □中国证监会发布《公开发行证券的公司信息披露编报规则第17号——外商投资股份有限公司招股说明书内容与格式特别规定》。

2日 □中国证监会通报批评烟台万华、禾嘉股份在募集资金使用及相关信息披露中存在严重违规行为。

3日 □中国人民银行颁布并开始施行的《商业银行柜台记账式国债交易管理办法》。中、农、工、建四大国有商业银行率先试点记账式国债柜台交易。

4日 □中国证监会、国家计委、国家税务总局发出通知，自5月1日起证券交易实行最高上限向下浮动的佣金收费标准。

5日 □中央国债登记结算公司发布《债券柜台交易结算业务规则》。

7日 □中国人民银行行长戴相龙在复旦大学金融研究院成立暨中国金融改革与发展学术报告会上指出，金融理论界应该研究银行业的哪些资金可以流入资本市场、哪些资金不能流入资本市场等实际操作中亟待回答的问题。

9日 □中国人民银行发布公告，明确金融机构加入全国银行间债券市场实行准入备案制，并自今年4月15日起开始施行。

10日 □郑百文申请延长宽限期九个月。

□中央国债登记结算公司发布《债券托管账户开销户规程》，对债券托管账户开销户规程作出了明确规定。

12日 □中国人民银行网上银行发展与监管工作组在京成立。

14日 □中国证监会副主席史美伦在海南的一次会议上明确指出，QDII 和 QFII 出台目前还没有时间表。

16日 □财政部部长项怀诚表示，积极财政政策要逐步淡出。他还说，目前税制不宜大动；一季度 GDP 增长速度为 7.6%；一季度财政收入不理想，但有信心全年增长 10%。

17日 □中国注册会计师协会日前发出紧急通知，要求各具有从事证券、期货相关业务许可证的会计师事务所及会计师，保持注册会计师应有的独立性，诚守信用，进一步做好上市公司 2001 年度会计报表审计工作。

18日 □中国证监会主席周小川在“2002 中国企业高峰会”指出，要珍惜资本市场发展成就；应对现代经济中的风险，最重要的是发展资本市场。

19日 □拟发行公司国有股权的审核要求已明确：财政部和省级财政（国资）部门出具的关于公司国有股权（包括国家股及国有法人股）设置的批复文件，是公开发行股票申请的必备文件。

22日 □“公司治理与诚信责任国际研讨会”在京召开。周小川演讲时指出，今年公司治理工作的“重中之重”是加强诚信建设，强化诚信责任；证监会和经贸委将在 5 月份联合检查上市公司治理结构及控股股东行为规范；证监会将制定完善有关配套规则，加大检查力度，做好培训工作，依法制裁违反诚信者。

□央行发布《关于落实〈商业银行中间业务暂行规定〉有关问题的通知》，明确规定，商业银行不能代理股票买卖，中间业务开展情况须逐季报送。

23日 □中国证监会对拟发行股票的公司在报送申请文件后至股票未发行前更换中介的情况作出规定。

24日 □中国人民银行发出《关于中资商业银行市场准入管理有关问题的通知》。今后原则上不再受理各商业银行支行（不含支行）以下分支机构的增设申请。

25日 □中国证监会有关负责人就佣金改革问题答记者问。

□央行发布《贷款损失准备计提指引》，要求银行准备金须足额提取；今年 1 月 1 日起计提，可分年提但不得超过 2005 年。

26日 □中国证监会发布《股票发行审核标准备忘录》第 11 号，以妥善处理定向募集公司申请公开发行股票的有关问题，统一审核标准。

□证券交易所从即日起，不再为暂停上市公司的股票提供特别转让服务。“PT”制走入历史。

28日 □中国保监会主席马永伟在中国国际精算研讨会上表示，保监会决定在借鉴寿险精算制度建设经验的基础上，在一至两年时间内建立财产保险和再保险精算体系，完善精算报告制度，加强对信息披露的监管。

29日 □中国证券登记结算有限责任公司发布《中国证券登记结算有限责任公司证券账户管理规则》。自今年六月一日起正式施行。

30日 □年报季报披露落下帷幕。沪深两市共有 1173 家公司公布了 2001 年度经营业绩。加权平均每股收益为 0.136 元，同比下降 32.84%。

五　月

7 日 □中国证监会主席周小川指出，我国资本市场未来十年将获迅速发展，上市公司数目将达 2000 甚至 3000 家，市值超过 GDP 的 50%，甚至接近或超过 GDP。

8 日 □全国社会保障基金理事会副理事长冯健身在亚行年会上表示，目前社保基金运作的重要环节都已经确立了基本模式。全国社会保障基金作为一个新型的机构投资者，倡导理性投资的理念，特别注重投资的安全性、流动性和长期性，期望获得稳定的长期收益。理事会不会在证券市场上托市、救市。

10日 □中国证监会和国家经贸委决定，自 5 月起共同开展以公司治理为重点的上市公司建立现代企业制度检查。

15日 □中国证监会发行部发布《股票发行审核标准备忘录第五号》。

16日 □ST 银广夏发布公告说，中国证监会作出对银广夏处以罚款 60 万元，并责令改正等处罚决定。根据证监会的行政处罚决定书及会计师的纠正结果，公司股票将被暂停上市。

17日 □中国证券报和清华大学中国企业研究中心联合推出的 2001 年度中国上市公司综合绩效排序揭晓。排在前十位的上市公司分别是海螺型材、广汇股份、外运发展、国电电力、中联重科、四维瓷业、凯迪电力、粤电力 A、上港集箱和四环生物。

21日 □中国证监会发出《关于向二级市场投资者配售新股有关问题的补充通知》，决定恢复向二级市场投资者配售新股的发行方式。按照此通知，向二级市场投资者配售新股的基本原则是优先满足市值申购部分，在此前提下，配售比例在 50%至 100%之间确定。

22日 □上海证券交易所、深圳证券交易所、中国证券登记结算有限责任公司联名颁发了《新股发行市值配售实施细则》及三个附件。至此，有关市值配售的规定全部出台。

24日 □中国证监会公布《股票发行审核委员会重大重组审核工作委员会工作程序》。

□ST 银广夏发布公告，公司股票将于 5 月 29 日起停止交易。如果 2002 年半年度报告亏损，公司股票将可能被终止上市。

28日 □财政部决定在全国银行间债券市场发行 7 年期的 2002 年记账式（六期）国债。

29日 □经中国证监会核准，武汉精伦电子股份有限公司发行的 3100 万股 A 股 100%向二级市场投资者定价配售，从而成为市值配售发行方式恢复以来，第一家采用这种方式发行的公司。

31日 □中国证监会发布《股票发行审核标准备忘录第 12 号》，对拟发行公司对外投资比例等问题的审核作出规定。

六　月

3 日 □中国证监会发布《外资参股证券公司设立规

则》、《外资参股基金管理公司设立规则》。这两项《规则》定于7月1日起施行。

4日 □中国人民银行发布《股份制商业银行公司治理指引》和《股份制商业银行独立董事和外部监事制度指引》。

□中国人民银行发布《信托投资公司管理办法》。信托公司自有资金运用和运用信托资金的范围进一步扩大，但不得办理存款业务，不得发行债券，不得举借外债。

6日 □由国际经济合作与发展组织（OECD）和中国证监会共同举办的“第二届中国证券市场国际研讨会”在上海举行。周小川主席强调，未来中国证券市场的发展将不断总结以往的经验，以稳定为基础，在发展中规范。

10日 □中国证监会主席周小川在国际证监会组织（IOSCO）第27届年会上发表了题为《全球证券投资：新兴市场的机遇与障碍》的演讲。他指出，新兴市场证券投资的前景光明，中国将是外国投资者理想的投资场所。

11日 □涉案金额54亿元、广为市场关注的“中科创业股价操纵案”开庭审理。

15日 □深圳市国资办表示，在深圳市属国有企业战略改组方面，将使过分集中的国有股从上市公司中退出来，改变一股独大的局面，为此要加大重组力度。

17日 □中国证监会主办、中国证券业协会基金公会协办的“2002中国证券投资基金发展国际研讨会”在京举行。

19日 □2001年度券商经营业绩排名揭晓。数据显示，2001年券商总体资本实力有所加强，106家证券公司总资产额和净资产额已分别达到6314.57亿元和923.22亿元，比2000年分别增加了8.2%和26.49%；由于市场因素的影响，去年券商总体经营业绩下降，106家公司利润总额和纳税总额为64.99亿元和54.26亿元，分别比上年减少了70.86%和47.74%。国泰君安、银河证券、海通证券、中信证券、中金公司排名榜首。

20日 □上海证券交易所表示，将于7月1日起正式对外发布上证180指数，以取代原来的上证30指数。中国石化、宝钢股份、华能国际等大盘股及飞乐音响等交投活跃的股票入选。

□由上海证券交易所举办的“投资者保护国际研讨会”在上海召开。中国证监会主席周小川在讲话中指出，投资者保护这个议题关系到整个资本市场和经济的发展。

24日 □国务院决定，除企业海外发行上市外，对国内上市公司停止执行《减持国有股筹集社会保障资金管理暂行办法》中关于利用证券市场减持国有股的规定，并不再出台具体实施办法。

□为进一步规范上市公司增发新股的行为，保护投资者的合法权益，中国证监会制定了《关于进一步规范上市公司增发新股的通知》（征求意见稿）。《通知》从若干方面提高了上市公司增发的“门槛”，其内容包括，最近三个会计年度加权平均净资产收益率平均不低于10%，且最近一年加权平均净资产收益率不低于10%等。

25日 □为提高上市公司信息披露质量，保护投资者合法权益，中国证监会日前制定发布了《公开发行证券的公司信息披露内容与格式准则第3号——半年度报告》。

26日 □上证所发布了《关于上市公司股东大会会议资料上网披露事宜的通知》，要求上市公司在召开股东大会前，即将全部会议资料的电子文件登载于上证所的网站上，供投资者查阅，以更好地保护全体中小股东公平的知情权。

27日 □中国人民银行发布《信托投资公司资金信托管理暂行办法》，自2002年7月18日起施行。《办法》规定，信托公司办理资金信托业务时，不得以任何形式吸收或变相吸收存款，不得发行债券，不得举借外债。

□中国证监会与罗马尼亚国家证券委员会签署《证券期货监管合作谅解备忘录》。

七 月

1日 □湘财证券和法国里昂证券正式向中国证监会递交了设立合资证券公司的相关申请材料。这是《外资参股证券公司设立规则》生效后申请设立合资证券公司的第一起案例。

2日 □中国证券业协会第三次会员大会在京开幕。中国证监会周小川指出，强化自律组织职能，发挥其在行业自律和市场发展中的作用，越来越成为新兴市场政府监管部门面对的重要课题。

3日 □中国证券业协会第三次会员大会审议通过了《中国证券业协会章程》，选举庄心一为中国证券业协会会长。

5日 □由《中国证券报》社和亚商企业咨询股份有限公司共同主办的第四届中证亚商中国上市公司发展潜力论坛在京开幕。大会主题是“加入WTO后的中国企业管理和战略转型”。

5日 □ST东源（000656）发布公告称：公司2001年年度报告、董事会工作报告、监事会工作报告和利润分配议案，均未获公司2001年度股东大会审议通过。公司年度报告在股东大会上遭否决，这在我国证券市场上还是第一例。

9日 □升华拜克（600226）公布2002年半年度报告，成为沪深两市首家公布本年度该报告的上市公司。

11日 □国家统计局形势报告显示，我国上半年累计完成工业增加值14460亿元，同比增长11.7%。

□经中国证监会批复同意，湘财合丰基金管理有限公司正式开业。湘财合丰基金管理公司是“好人举手”制度实施以后第一批经中国证监会批准的基金管理公司。

□由国通证券更名的招商证券股份有限公司在深圳揭牌。

12日 □中国证监会发言人发表谈话指出，符合有关出资比例及其他规定、并经中外双方协商一致的外资机构可作为基金管理公司的最大持股人。无论内资或外资参股基金管理公司，一家机构参股的公司不超过两家，其中，控股（包括绝对控股和相对控股）的公司不超过一家。

□上海证券交易所开发完成了“国债远程招标系统”，表明筹划已久的交易所市场国债远程招标模式改革行将启动。

□中国证监会发布《关于证券公司办理开放式基金代销业务有关问题的通知》。

13日 □国家税务总局的最新统计数字显示，今年上半年全国税收收入累计完成8413亿元，比去年同期增长10.9%。但证券交易印花税同比大幅下降，减收123亿元。

□中国保监会透露，今年上半年国内保险公司累计实现保费收入1608.20亿元，同比增加590.42亿元，增幅为58.01%。

15日 □国家统计局副局长邱晓华宣布，今年上半年我国国内生产总值45536亿元，同比增长7.8%。其中，二季度增长8.0%。

17日 □中国证监会公布《证券业从业人员资格管理办法》（征求意见稿），向社会征集意见。

22日 □在“学习《中小企业促进法》座谈会”上，中国证监会主席周小川指出，要以创造性的、符合中国实际情况的思维方式，考虑解决当前中小企业面临的融资问题，更好地满足市场的需求。

□全国社会保障基金2001年度报告显示，社保基金累计实现收益9.84亿元，其中本年度实现收益9.67亿元，收益率为2.25%。

□中国保监会副主席李克穆表示，我国保险资金运用的渠道会逐步拓宽，具体做法正在研究之中。

23日 □中国人民银行货币政策委员会2002年第三季度例会提出，要逐步扩大直接融资的渠道和比例，进一步改善企业融资结构，增强中小企业融资能力。

□华宝信托投资公司与法国兴业资产管理公司正式签署协议，宣布双方将在中国发起设立中外合资华宝兴业基金管理公司。

25日 □中国证监会发布《关于上市公司增发新股有关条件的通知》。

□上海证券交易所和深圳证券交易所分别发布实施《境外特别会员管理规定》。

□上证所出台《境外证券经营机构申请B股席位暂行办法》。

□中银香港（控股）有限公司（中银香港）在香港交易所挂牌上市，成为首家在境外成功上市的国有商业银行。

□国内首只债券型开放式基金——南方宝元债券型基金，得到中国证监会的设立批复。

27日 □中国证监会制定《上市公司收购管理办法》（征求意见稿），向投资者和社会各界公开征求意见。

□国家外汇管理局发布《境内居民个人购汇管理实施细则》。

30日 □由原陕西信托投资有限公司和陕西省西北信托投资有限公司合并重组的“西部信托投资有限公司”正式成立。

八　月

1日 □中国证券登记结算公司与欧洲结算达成咨询服务协议。

□《外商投资民用航空业规定》实施。中国人民银行发布2002年二季度货币政策执行报告提出，下半年人行将采取各种货币政策措施，保持货币信贷适度增长；加大金融对经济发展的支持力度；支持资本市场建设，改革投融资体制。

□投资人陈志华诉大庆联谊“虚假陈述侵权赔偿案”，在哈尔滨市中级人民法院公开开庭审理。

□最高人民法院公布《关于审理企业破产案件若干问题的规定》。

7日 □内地市场首家专业从事指数化投资的基金公司——天同基金管理有限公司获准正式开业。

8日 □中国保监会决定，指定《中国证券报》为保险信息披露报纸。本报由此成为首家由中国证监会、中国保监会指定披露上市公司信息和保险信息报纸。

□中国进出口银行公布，全年计划发行金融债券470亿元，其中下半年安排发债295亿元。

9日 □中国平安保险公司投资连接保险2002年中报率先在本报独家披露。

13日 □湖北兴化（600886）发布公告，称公司重大资产置换方案现已经中国证监会发审委重大重组审核工作委员会审核有条件通过。湖北兴化从而成为首家通过重大重组审核工作委员会审核的进行重大重组的上市公司。

15日 □中国人民银行发布最新金融统计数据显示，我国居民外汇储蓄存款持续增长，7月末达868.5亿美元，同比增长12.3%。

□总额200亿元的2002年记账式（十期）国债，首次通过新近开发的“国债发行远程招标系统（证交所市场）”以非现场方式完成招标。

16日 □中央纪委、监察部通报了中国光大（集团）总公司原董事长朱小华严重违纪违法案件的查处结果。经党中央、国务院批准，中央纪委、监察部决定给予朱小华开除党籍、开除公职处分。

□PT郑百文（600898）公布2002年半年度报告，每股收益为0.0589元，实现扭亏为盈。

18日 □国泰基金管理公司和瑞士银行集团下属瑞银环球资产管理集团在上海签署备忘录。这是《外资参股基金管理公司设立规则》颁布实施以来，首家基金管理公司公开披露其合资改制方向。

□民生证券有限责任公司在京成立。

19日 □国内证券投资基金净资产规模已突破1000亿元大关，总额达1020亿余元。

20日 □外经贸部发出通知，允许含有B股的外商投资股份有限公司非上市外资股转在B股市场上流通。

□江苏省规模最大的金融投资集团——江苏省国信资产管理集团有限公司在南京成立。

21日 □中兴通讯召开临时股东大会，其H股发行计划最终以出席股东大会股权比例的90%赞成获得通过。

□国家外汇管理局发布新的《保税区外汇管理办法》,自今年10月1日起施行。

22日 □国家税务总局公布,全国部分省市税务机关上半年共征收社会保险费583.66亿元,预计今年全年征收的各项社会保险费收入将突破1000亿元大关。

□海南省内唯一的综合类券商金元证券正式挂牌开业。

23日 □《证券投资基金法(草案)》和《保险法修正案(草案)》今天提交九届全国人大常委会第二十九次会议审议。

□《保险法修正案(草案)》二次审议稿提交九届全国人大常委会第二十九次会议审议。

24日 □国家外汇管理局与中国证监会联合发布《关于进一步完善境外上市外汇管理有关问题的通知》,从5方面对境外上市外汇管理政策作出规范与调整。《通知》自今年9月1日起施行。

26日 □爱建证券正式收到来自证监会的开业批复。

27日 □国务院提交人大常委会审议的《关于今年以来国民经济和社会发展计划执行情况的报告》明确提出:要继续引导和支持证券市场和保险业的健康发展;积极探索和采用风险投资、重组并购等方式吸引外资;继续推进规范的股份制改造,做好上市公司检查工作。

□财政部部长助理冯淑萍指出,合伙制是注册会计师、注册资产评估师行业执业机构发展的方向。

28日 □国内首只纯债券开放式基金——华夏债券投资基金,日前获得证监会的设立批复。

□深圳市市长于幼军宣布深圳市能源集团等5家企业拟转让的股权比例。

29日 □金信证券有限责任公司今日开业。该公司注册资本为5.2亿元人民币,注册地设在杭州。

□深中浩代办股份转让的股份确权、转托管工作正式启动。

30日 □中国保监会取消了陕西国安保险代理有限公司(筹)等8家保险中介机构的筹建资格。

31日 □2002年半年报公布完毕。上市公司加权平均每股收益0.08元,同比下降19.59%;加权平均净资产收益率3.23%,同比下跌20.43%。

九 月

2 日 □半年报披露落下帷幕。沪市693家上市公司加权平均每股收益为0.085元,加权平均净资产收益率为3.353%;深市512家上市公司加权平均每股收益为0.076元,加权平均净资产收益率为2.96%。已披露半年报的上市公司中,沪市亏损74家,深市亏损93家。

4 日 □2002年世界华人论坛在京召开,金融业改革开放步伐明显加快。

6 日 □中国证监会发行部修订第4号股票发行审核标准备忘录,明确了公开发行证券公司发行申请文件中关于申报财务资料的若干要求。

7 日 □中国证监会发言人、吉林省政府发言人就“通海高科”股票公开发行核准被依法撤销发表谈话。

9 日 □国家计委、人民银行、国家外汇管理局联合发布《国有和国有控股企业外债风险管理及结构调整指导意见》。

10日 □证监会发布一项股票发行审核新标准,提高重大关联交易信息披露要求。

□国家税务总局发出通知,明确开放式基金税收问题。

11日 □外经贸部官员表示,今后3年内所有外企都将获得外贸经营权。

13日 □代办股份转让步伐加快,STAQ及NET系统遗留问题基本解决。

14日 □上证指数计算有变化,新股上市首日计入指数。

□前8月居民消费价格下降0.7%,到8月末,外汇储蓄达874.7亿美元。

□前8月使用外资增长逾25%,8月份商品价格微升。

16日 □中国证券业协会负责人就退市公司重组有关问题答记者问。

□国务院法制办有关人士透露,《公司法》修改将着重公司法人治理结构、方便公司再融资、加强中小股东保护等5个方面。

17日 □中国联通A股获准发行,发行价每股2.30元,预计募集资金112.6亿元。

□中国证监会有关负责人指出,主板市场没有全流通考虑。

19日 □中外汽车业巨头再度牵手,东风与日本组建合资公司,日本出资85.5亿元获得新“东风汽车”50%股权。

24日 □中国证监会发布《主承销商执业质量考核暂行办法》,给主承销商记分。

25日 □基金销售将走向规范,中国证监会发布《证券投资基金销售活动管理暂行规定》。

26日 □中国保监会主席马永伟指出,重点监管法人机构。

27日 □上市银行外资并购第一案初见分晓,深发展花落美国新桥投资集团。

28日 □沪深交易所布置季报披露工作。

十 月

8 日 □中国证监会发布《上市公司收购管理办法》及《上市公司股东持股变动信息披露管理办法》,自12月1日起施行。这两个《办法》将极大地推动并购重组市场的发展。

□国务院任命屠光绍为中国证监会副主席。

□财政部发布《企业会计准则—财务报告的列报》。

9 日 □首次发行上市公司审核将更趋规范,中国证监会发布第15号审核标准备忘录,明确拟发行公司三年连续盈利发审标准。

10日 □中国保监会发布《再保险公司设立规定》。

□最高人民法院副院长李国光透露，证券民事诉讼司法解释有望年内颁布。

12日 □国务院副总理温家宝强调，开放资本帐户必须循序渐进。

□第四届高交会在深圳开幕。

14日 □中国证监会副主席高西庆指出，要下大力气抓好从业人员道德教育。

□中国保监会副主席李克穆指出，保险公司要积极面对上市。

□上证所成立指数专家委员会。

15日 □中国证监会出台《关于发行人的控股股东或实际控制人存在巨额债务或出现资不抵债情况时的审核标准》备忘录，防范大股东转稼债务风险。

□财政部发布《关于国有股持股单位产权变动涉及上市公司国有股性质变化有关问题的通知》。

16日 □据海关统计，9月外贸创月新高，出口首次跃过300亿美元。

□中国人民银行最新统计显示，货币信贷总量增速加快，企业存款、居民储蓄、外汇储备快速增长。

□国家税务总局发出《关于清理检查企业所得税优惠政策及执行情况的通知》。

17日 □国家统计局副局长邱晓华宣布，前三季度GDP增长7.9%，全年GDP总量将跃上10万亿元的新台阶。

□首家合资基金公司获准筹建，国泰君安联手德国安联集团打造国安基金公司。

□前9月证券交易印花税大幅下降，比去年同期下降62.3%，减收152亿元。

18日 □国家外汇局预计，全年国际收支将保持双顺差，上半年是外汇储备历史上增速最快的时期。

□郑百文案开庭审理。

19日 □国家统计局形势报告显示，9月消费品零售额增长9.1%，居民消费价格同比下降0.7%，外汇储蓄持续增长，国家外汇储蓄余额为2586.3亿美元，三季度企业商品价格环比下降0.2%。

□中国人寿保费突破1000亿元。

□央行有关负责人说，希望大陆银行能尽早到台湾设立机构。

21日 □前三季券商经纪业务龙虎榜出炉，前三名为银河、海通、国泰君安。

□上证所推出1天国债回购品种。

22日 □经贸委发布《近期工业行业发展导向》，11个行业发展重点敲定。

□《外资收购国有大中型企业管理暂行办法》已起草完毕。

23日 □中美经贸合作项目签约，中国石化、中国联通、青岛啤酒等中外13家企业签约合同总金额达47亿美元。

□保监会颁发首张中外合资寿险分公司牌照，中加合资中宏人寿保险获准在广州开设分公司。

□中央国债登记结算公司发出通知，明确债券利息归属。

24日 □由于市场需求不足，2002年记账式(十四期)国债利率招标出现招募不足的结果。

□中央银行票据上市交易。

□在美国纳斯达克市场上市的中国网络概念股搜狐开始赢利。

25日 □央行三季度货币执行政策报告指出，货币供应量增速逐月加快。

28日 □《期货交易管理暂行条例》正在积极修改中，12个期货新品种已获批进入筹备。

29日 □保险法修正案获通过。

□最新统计数据显示，目前全国共有证券公司124家，券商资本金已达1040亿元。

30日 □国家外汇管理局和中国保监会联合发布《保险业务外汇管理暂行规定》，我国企业和个人可向境内保险公司投保外汇保险。

□日本野村证券株式会社成为深交所首家境外会员。

31日 □上海黄金交易所正式开业。戴相龙表示，这标志着我国黄金管理体制的重大突破，条件成熟时，经国务院批准，将开展个人黄金买卖及期货交易。

十一 月

1日 □据统计，三季度沪市上市公司加权每股收益为0.135元，净资产收益率为5.25%。深市上市公司前三季度平均每股收益为0.11元，加权平均净资产收益率为4.28%。

□重庆东源遭深交所公开谴责。

□财政部公布《企业会计准则——政府补助和政府援助》(征求意见稿)。

2日 □英国标准人寿保险公司、美国利宝互助保险公司和日本财产保险公司3家外国保险公司获准进入中国市场筹建营业性机构。

□ST银广夏恢复上市申请获深交所上市委员会审核通过。

4日 □经国务院批准，中国证监会、财政部和国家经贸委联合发布《关于向外商转让上市公司国有股和法人股有关问题的通知》。

□《上海证券交易所可转换公司债券上市规则》和《深圳证券交易所可转换公司债券上市规则》发布实施。

5日 □海通证券方案获准增资扩股，资本金将增至87.34亿元。

6日 □国务院任命吴定富为中国保险监督管理委员会主席。

8日 □中国共产党第十六次全国代表大会在人民大会堂开幕。江泽民代表第十五届中央委员会向大会作了题为《全面建设小康社会，开创中国特色社会主义事业新局面》的报告。

□中国证监会和中国人民银行联合发布《合格境外机构投资者境内证券投资管理暂行办法》。

11日 □国家经贸委、财政部、国家工商总局、国家外汇管理局联合发布《利用外资改组国有企业暂行规定》。

□上海投资者彭女士诉嘉宝实业公司等证券虚假陈述民事赔偿案以和解方式结案。

12日 □大成价值增长证券投资基金成立。

13日 □中国证监会网站公布的最新证券市场主要指标显示，截至10月底，我国境内上市公司数（A、B股）已达1215家，投资者开户数增加到6860.42万户，而市价总值、流通市值有所缩水，股票成交额、印花税收入，出现大幅下降。

14日 □中国共产党第十六次全国代表大会在选出新一届中央委员会、中央纪律检查委员会，并通过关于十五届中央委员会报告等决议后胜利闭幕。

□财政部起草《企业会计准则——每股收益》和《企业会计准则——终止经营》，并分别对这两项会计准则征求意见。

15日 □中国共产党第十六届中央委员会第一次全体会议举行。全会选举了中央政治局委员、候补委员，中央政治局常务委员会委员，中央委员会总书记。

18日 □北京市高级人民法院终审裁定：驳回郑百文原董事陆家豪的上诉，一审法院裁定驳回陆的起诉符合法律规定，应予维持。

□上海期货交易所近日正式加入“期货业协会”（FuturesIndustryAssocition，FIA）。

□财政部部长项怀诚在香港指出，我国财政赤字和债务余额占国内生产总值的比重目前分别为2.7%和16.3%，都处在国际公认的安全线以内。

19日 □第十六届世界会计师大会在香港会议展览中心隆重开幕，国务院总理朱镕基出席开幕式并发表演讲。

□中国人民银行决定自今日起，下调境内商业银行小额（300万美元以下）外币存款利率。

20日 □国家开发银行发行2002年第17期6个月期金融债券100亿元。

21日 □中国证监会主席周小川在第十六届世界会计师大会上指出，QDII（合格的国内机构投资者）、CDR（中国存托凭证）的推出，及国内二板市场的建设等相关问题都在研究之中，但目前仍没有出台的时间表。

23日 □据初步统计，截至目前，今年市场已完成22只基金累计约568.3235亿元的首发或扩募，创造了5年来基金年募资额的最高记录。

26日 □中国证监会主席助理桂敏杰在由中国证券登记结算公司召开的“开放式基金登记结算系统推介会”上表示，中国证监会明年将从推进注册登记（TA）系统的专业化、推动建立基金评价体系、建立和完善销售系统等三个方面着手，促进证券投资基金业的发展。

□ST红光（600083）公告，张玲培、吴振扬等十一位自然人诉国泰君安证券股份有限公司及成都福地科技股份有限公司虚假陈述民事赔偿纠纷案达成了调解协议。

27日 □中国证券登记结算公司发布《开放式基金结算备付金管理暂行办法》及《开放式基金结算保证金管理暂行办法》。

28日 □国家外汇管理局发布《合格境外机构投资者境内证券投资外汇管理暂行规定》。

□财政部决定发行总额600亿元的2002年记账式（十五期）国债。

29日 □东方电子（000682）虚假财务报告案由山东省烟台市中级人民法院在昌邑市异地开庭审理。

30日 □中国证监会出台《公开发行证券的公司信息披露内容与格式准则第15号、第16号、第17号、第18号、第19号》。

□由海通证券和比利时富通集团为发起人的海富通基金管理公司、由招商证券和荷兰国际集团等发起的招商基金管理有限公司获准筹建。

十二　月

2日 □中共中央政治局召开会议，分析当前经济形势，研究明年经济工作。

□中国证监会公布《合格境外机构投资者境内证券投资申请表》和《合格境外机构投资者托管人申请表》文本格式。

□经中国证监会批准，中国证券登记结算公司颁布《合格境外机构投资者境内证券投资登记结算业务实施细则》。海证券交易所、深圳证券交易所分别发布《合格境外机构投资者证券交易实施细则》。

□中国证券业协会证券经纪业委员会近日宣告成立。

□首只标准指数开放式基金——“天同180指数基金”正式获中国证监会批复设立。

□华融资产管理公司与摩根斯坦利投标团和高盛公司分别设立第一联合和融盛资产管理公司的申请已获批准。

3日 □中国证监会相继与南非、荷兰、比利时的有关监管机构签署了《证券期货监管合作谅解备忘录》。

□中国上海市赢得2010年世博会主办权。

4日 □由上证所主办的“首届中国上市公司投资者关系管理论坛”举行。

5日 □中国证监会主席周小川重申，证监会作为证券市场监管者的定位，是当好“裁判员”，在一般情况下，要坚持“不偏向、不下场”。但在紧急情况下，也应作特殊处理。

□河南省首家综合类证券公司中原证券股份有限公司开业。

□国内第一家金融控股公司——中信控股有限责任公司成立。

7日 □中注协发布《注册会计师、注册资产评估师行业诚信建设纲要》。

9日 □中国证券业协会证券投资基金业委员会在深圳成立。

□中国证券业协会投资银行业委员会在京成立，并召开第一次工作会议。

10日 □中共中央、国务院召开的中央经济工作会议12月9日至10日在北京举行。

12月9日中国保监会公布了首批取消的58项行政审批项目。

11日 □最高人民法院副院长李国光在全国法院民商事审判工作会议上表示，随着证券市场上各种侵权行为频繁出现和行政监管力度加强，建立和完善证券侵权民事责任制度迫在眉睫。

13日 □全国计划会议召开。

□中国证监会在调查投资者信息需求的基础上，对《年报准则》及《季报规定》作出修改，并于日前公开向社会征求意见。

□中信证券股份有限公司发布《招股说明书》，并在近期申请上市，从而将成为我国证券市场第一家通过公开发行股票上市的证券公司。

14日 □温家宝在全国计划会议上强调，保持宏观经济政策连续性稳定性。

16日 □中国证券业协会分析师委员会正式成立。

□经深圳证券交易所许可，深圳证券信息有限公司将从明年起正式对外发布深证100指数。

17日 □上市公司信息披露监管国际研讨会举行。

□深圳证券信息有限公司公布深证100指数编制方案及100家成份股名单。

□银行间市场实行信息披露制度。

18日 □上证180样本股将调整，新样本股名单公布。

19日 □中国证监会发布《证券投资基金管理公司内部控制指导意见》。

□第一家中外合资证券公司——华欧国际证券有限公司正式获准设立。

20日 □交通银行和中国银行被确定为全国社会保障基金托管银行，南方、博时、华夏、鹏华、长盛、嘉实六家基金管理有限公司被确定为全国社会保障基金投资管理人。

□中国证监会公布《证券业从业人员资格管理办法》。

□上海证券交易所与东京证券交易所签署了合作谅解备忘录。

23日 □深交所将于2003年1月2日正式推出AAA级企业债券回购交易，同时大幅调低债券交易费率。

□新中国第一部民法典提请九届全国人大常委会第31次会议初次审议。

24日 □中国证监会发布《中国证券监督管理委员会关于第一批取消行政审批项目(32项)的通告》。

25日 □财政部部长项怀诚在全国财政工作会议上指出，明年全国财政收入按照略高于经济增长的速度安排；财政支出安排突出保证重点，控制赤字规模。

27日 □中国证监会和国家经贸委联合召开上市公司现代企业制度建设经验交流暨总结大会。

□首家中外合资基金公司——招商基金管理有限公司成立。

28日 □九届全国人大常委会任命周小川为中国人民银行行长，中组部宣布尚福林任中国证监会主席、党委书记。

30日 □中国证监会发出通知，规范基金公司股权转让。

□国家统计局局长朱之鑫表示2002年我国国内生产总值达102000多亿元，增长8%。

□中国保监会正式公布航意险改革方案。

31日 □中国证监会发布《关于证券投资基金设立审核有关问题的通知》和《证券公司年度报告内容与格式准则(2002年修订)》。

中国银行业大事记

1月1日 □2001年12月24日，中国人民银行发出《关于全面推行贷款质量五级分类管理的通知》，决定从2002年1月1日起，在我国各类银行全面推行贷款风险分类管理。

2月1日 □《中华人民共和国外资金融机构管理条例》施行。《条例》规定，独资银行、外国银行分行、合资银行按照中国人民银行批准的业务范围，可以部分或全部经营吸收公众存款，发放短期、中期和长期贷款等种类的业务。独资财务公司、合资财务公司按照人行批准的业务范围，可以部分或全部经营吸收每笔不少于100万元人民币或其等值的自由兑换货币，期限少于3个月的存款等种类的业务。

2月21日 □中国人民银行颁布《商业银行设立同城营业网点管理办法》，对银行机构的网点扩张形成一定制约。

2月5、7日 □全国金融工作会议召开，推进国有独资商业银行的综合改革是整个金融改革的重点。

3月 □南京爱立信事件。

4月11日 □中国人民银行成立网上银行发展与监管工作组，加强网上银行业务风险管理，提高国内商业银行对网上银行的风险管理能力。

4月15日 □中国人民银行发布公告，金融机构进入银行间债券市场将实行准入备案制，该公告为银行资金进入交易所债券市场铺下了管道。

4月25日 □浙江省8家城市商业银行发布《共同打造民营企业主办银行品牌》的行动宣言。声明：在3年内，8家城市商业银行将逐步发展成为民营资本为投资主体、以民营企业为服务主体的地方性商业银行。

4月25日 □央行发布《关于落实〈商业银行中间业务暂行规定〉有关问题的通知》，就商业银行开展股票代理、财务顾问等中间业务做了具体规定明确提示了商业银行中间业务的市场准入形式和申报方法，同时还对已开办的中间业务进行了清理和分类。

5月1日 □《股份制商业银行公司治理指引》和《股份制商业银行独立董事、外部董事制度指引》开始实施，重点是规范公司运作与信息披露，保护投资者利益。

5月21日 □《商业银行信息披露暂行办法》公布。规定自《办法》公布之日起，除城市商业银行 以外的商业银行按规定披露财务会计报告、各类风险管理状况、公司治理、年度重大事项等信息。应将信息披露的内容以中文编制成年度报告，于每个会计年度终了后的四个月内披露。商业银行应将年度报告置放在商业银行的主要营业场所，确保公众能方便、及时地查阅。中国人民银行鼓励商业银行通过媒体向公众披露年度报告的主要信息。

9月3日 □人民银行行长助理李若谷在"2002年世界华人论坛"上表示，央行鼓励外资作为战略投资者进入中小银行。

9月4日 □央行在其网站(www.pbc.gov.cn)发布由银行监管课题组撰写的《进一步发挥现有中小商业银行的作用》，指出：要通过充分引进民间资本和适度引进外资来增强中小商业银行资本实力。

9月18日 □《商业银行内部控制指引》公布，该《指引》共141条，目的在于促进商业银行建立和健全内部控制，防范金融风险，保障银行体系安全稳健运行。

12月1日 □广州、珠海、青岛、南京、武汉开始向外资金融机构开放人民币业务。

中国基金业大事记

2月28日 □马年首只封闭式基金——科瑞证券投资基金上网定价发行，拉开了2002年中国基金业大扩容的序幕。

4 月 □南方稳健成长基金首次分红，成为中国基金业发展史上的第一只分红的开放式基金。

6月3日 □中国证监会管理委员会令第9号发布《外资参股基金管理公司设立规则》。

8月1日 □国内首家代销封闭式基金的商业银行——中国建设银行正式代销封闭式基金——银丰证券投资基金。

8月14日 □中国证监会发布《关于证券公司办法开放式基金代销业务有关问题的通知》。

8月23日 □证券投资基金法草案首次提交全国人大常委会审议。

9月2日 □国内首只具有"安全型"概念的开放式基金——博时价值增长基金正式发行。

9月24日 □中国证监会发布《证券投资基金销售活动管理暂行规定》。

9月27日 □首家由信托投资公司作为主发起人的基金管理公司——泰信基金管理有限公司获准筹建。

10月17日 □经中国证监会批准，我国第一家合资基金管理公司——国安基金管理公司正式获准筹建。

10月23日 □我国首只开放式纯债券型基金——华夏债券投资基金正式成立。

11月8日 □我国首只开放式指数型基金——华安上证180指数增强型证券投资基金正式成立。

11月18日 □中国证券监督管理委员会与对外经济合作部联合发布《关于实施(外资参股证券公司设立规则)和(外资参股基金管理公司设立规则)有关问题的通知》。

11月27日 □国内首只标准化指数开放式基金——天同180指数基金经中国证监会批准获准设立。

12月9日 □中国证券业协会证券投资基金业委员会在深圳成立。

中国保险业大事记

1 月 □中国人民保险公司与中国人寿保险公司先后宣布：经过一年多的积极探索，这两家公司的股份制改造工作将于年内启动。在明确国有资本占控股地位的同时，还将引进一定数量的外资股东。

□中国平安保险与美国丘博保险集团推出我国首例公司董事及高级职员责任保险，万科企业股份有限公司成为首家投保这个保险产品的公司。

4 月 □我国接连发生"4·15"、"5·7"空难，全国各家保险公司对事件反应迅速、理赔积极。

□自经济学家茅于轼向媒体公开置疑航空人身意外保险存在700%暴利后，中国保监会有关人士公开出面表示，国内航意险利润在10%左右，比其它意外险高，但并非暴利。

5 月 □华泰财产保险公司宣布，经过1年多的谈判，美国ACE集团旗下的3家保险公司斥资1.5亿美元，通过股权受让获得了华泰22.13%的股权，成为华泰的大股东之一。

6 月 □京城首家外资保险公司——美国国际集团旗下的友邦保险公司闪亮登场。

7 月 □中国保监会在北京召开全国保险工作座谈会。会议重点研究了解决保险业发展、保险中介市场发展、国有保险公司体制改革、车险条款费率管理制度改革和保险市场整顿工作等重要问题。

9 月 □中国保险监督管理委员会(CIRC)与韩国金融监管委员会(FSC)在北京共同签署了中韩保险监管合作谅解备忘录。

10月 □经国务院同意，中国保监会批准，新疆兵团财产保险公司正式更名为中华联合财产保险公司。

□国务院决定，任命吴定富为中国保险监督管理委员会主席。

□《中华人民共和国保险法》经第九届全国人民代表大会常务委员会第三十次会议修正通过。

□汇丰集团与中国平安保险公司在上海签署协议，汇丰集团以6亿美元认购中国平安保险股份有限公司股份，持股比例为10%。在此之前，美国著名投资银行摩根斯坦利和高盛已于1993年参股平安。此次增资后，平安的净资产将达到人民币120亿元。

□中国人寿保险公司2002年保费收入顺利突破1000亿元，实现了历史性跨越。

11月 □由泰康人寿保险公司研制开发，通过实时互联技术，在农行与泰康人寿保险公司的柜台联网销售，国内第一个引入国际流行的保底基金模式，在银行销售的保险投连产品"放心理财"得到中国保监会的批准，在全国推广销售。

□经中国保监会批复，英国标准人寿保险公司、美国利宝互助保险公司和日本财产保险公司3家外国保险公司获准进入中国市场筹建营业性机构。

12月 □中国人民保险公司自主制定的机动车辆保险改革方案，获得中国保险监督管理委员会批准，该公司将从2003年1月1日起正式实施新的车险条款费率，这是自全国车险条款费率改革以来，首家获得中国保监会批准实施的车险条款费率。

□根据新《保险法》的规定，中国保监会决定改革现行机动车辆保险条款费率(简称车险条款费率)管理制度，自2003年1月1日起，凡投保机动车辆保险的消费者可以选择由保险公司自行制定、经保监会批准的车险条款费率，由保监会统一制定的现行车险条款费率停止使用。

□中国保监会公布首批取消的58项行政审批项目，其中包括保险公司投资证券投资基金资格审批、保险公司在境外运用资金审批、保险公司购买中央企业债券额度审批、保险公司投资证券投资基金的投资比例核定等。

□中国保监会就航空意外险改革向社会广泛征求意见。随后，保监会有关负责人透露，我国即将推行的航空意外保险改革将从条款、费率、业务管理与客户服务四个方面进行，新航意险产品由各家公司自主制订并报保监会备案。保监会现正组织中国人寿、中国平安寿险、太平洋寿险三家公司牵头制订航意险行业指导条款，没有精算能力的小公司，可直接使用经保监会备案后的行业指导条款。

第十七编

市场统计资料

2208/2252

市场统计资料

表 1　上证综合指数历年数据

年份	开盘	最高	日期	最低	日期	收盘
1990	96.05	127.61	12/31	95.79	12/19	127.61
1991	127.61	292.75	12/31	104.96	05/17	292.75
1992	293.74	1492.01	05/26	292.76	01/02	780.39
1993	773.89	1558.98	02/16	750.46	12/20	833.80
1994	837.70	1052.94	09/13	325.89	07/29	647.87
1995	637.72	926.41	05/22	524.43	02/07	555.29
1996	550.26	1258.69	12/11	512.83	01/19	917.02
1997	914.06	1510.18	05/12	870.80	02/20	1194.10
1998	1200.95	1422.95	06/04	1043.02	08/18	1146.70
1999	1144.89	1756.18	06/30	1047.83	05/17	1366.58
2000	1368.69	2125.72	11/23	1361.21	01/04	2073.48
2001	2077.08	2245.44	06/14	1514.86	10/22	1645.97
2002	1643.49	1748.89	06/25	1339.20	01/29	1357.65

表 2　上证 180 每日收盘指数

日期	1月	2月	3月	4月	5月	6月	7月	8月	9月	10月	11月	12月
1		2815.78	2831.70	2948.51			3260.33	3109.11			2821.36	
2				2905.62			3280.49	3123.12	3125.50			2617.40
3				2917.26		2727.32	3279.20		3137.57			2643.48
4	3016.94	2858.30	2869.12	3005.94		2732.79	3242.34		3117.74		2863.35	2650.50
5		2886.77	2934.80	2984.33		2687.77	3249.60	3109.82	3078.60		2908.59	2632.42
6		2824.99	2955.86			2788.68		3143.48	3060.66		2897.38	2632.78
7	2992.38	2873.76	3031.54			2805.69		3140.74			2897.24	
8	2972.45	2855.54	3085.91	2987.76	2998.37		3269.07	3124.99		2923.63	2840.25	
9	2937.66			3051.33	3004.76		3258.16	3102.38	3036.41	2869.64		2624.32
10	2959.65			3079.03	2980.12	2787.11	3200.07		3038.26	2856.73		2594.02
11	2891.81		3138.19	3026.27		2805.38	3193.38		3025.50	2842.34	2804.26	2582.81
12			3099.93	3033.54		2796.68	3195.88	3078.28	3032.58		2775.90	2594.04
13			3068.57		2951.40	2778.92		3082.63	3035.56		2784.99	2615.17
14	2789.16		3130.90		2919.61	2757.88		3101.05		2856.47	2732.93	
15	2736.09		3036.01	3013.97	2897.52		3173.74	3076.53		2843.23	2738.68	
16	2776.11			3007.33	2808.82		3181.33	3098.13	2995.36	2868.38		2636.76
17	2664.07			3001.94	2851.01	2764.35	3204.15		3000.23	2823.17		2651.07
18	2663.84		3033.60	2970.60		2803.10	3211.78		2979.86	2833.17	2715.18	2641.49
19			3089.27	2974.78		2778.86	3228.86	3092.74	3028.40		2734.08	2642.90
20			3127.07		2810.94	2788.86		3145.62	2998.90		2668.49	2668.49
21	2584.98		3132.88		2901.27	2868.51		3149.60		2837.71	2605.68	
22	2593.61		3100.80	2964.06	2864.36		3171.48	3174.04		2881.73	2612.96	
23	2751.51			2951.29	2882.95		3157.77	3170.17	2994.68	2883.26		2673.48
24	2755.36			2930.32	2833.92	3145.02	3153.81		2982.63	2856.37		2674.17
25	2762.36	2890.44	3106.12	2938.71		3171.43	3138.92		2982.86	2833.39	2618.94	2656.37
26		2885.11	3040.49	2979.60		3209.49	3129.62	3139.51	2966.56		2569.64	2585.16
27		2890.58	3040.34		2855.68	3235.77		3149.65	2953.91		2581.46	2586.07
28	2578.98	2869.65	3036.25		2853.25	3299.06		3143.91		2806.42	2658.88	
29	2651.08		2941.43	3019.11	2796.56		3142.36	3129.58		2822.49	2689.83	
30	2647.59			3028.49	2803.92		3151.64	3124.83		2818.14		2561.45
31	2828.96				2773.90		3117.08			2817.64		2549.60
最高	3016.94	2890.58	3138.19	3079.03	3004.76	H3299.06	3280.49	3174.04	3137.57	2923.63	2908.59	2674.17
最低	2578.98	2815.78	2831.70	2905.62	2773.90	2687.77	3117.08	3076.53	2953.91	2806.42	2569.64	L2549.60

表 3 上证综指每日收盘指数

日期	1月	2月	3月	4月	5月	6月	7月	8月	9月	10月	11月	12月
1		1485.77	1502.54	1608.51			1713.71	1653.01			1510.76	
2				1582.88			1724.95	1661.87	1668.77			1395.68
3				1594.51		1483.35	1730.92		1674.07			1408.84
4	1611.39	1511.33	1526.80	1641.70		1490.51	1713.14		1663.97		1531.84	1414.45
5		1518.28	1560.08	1634.64		1462.00	1722.19	1653.96	1641.81		1558.24	1404.88
6		1485.80	1569.21			1521.26		1670.62	1631.38		1552.56	1405.53
7	1596.76	1515.39	1613.00			1529.51		1668.07			1554.24	
8	1583.46	1506.62	1640.26	1640.65	1652.37		1732.93	1659.80		1562.99	1522.19	
9	1561.35			1667.52	1650.58		1729.99	1647.05	1621.58	1535.37		1400.87
10	1576.44			1677.66	1638.20	1517.23	1701.82		1625.11	1530.41		1383.84
11	1535.59		1664.09	1649.53		1530.96	1696.94		1620.36	1524.05	1504.40	1379.20
12			1643.69	1658.98		1524.84	1698.30	1634.57	1624.56		1485.91	1383.91
13			1623.43		1623.94	1511.71		1636.63	1625.76		1490.46	1396.90
14	1485.11		1665.15		1616.23	1494.25		1646.72		1531.68	1460.80	
15	1459.65		1620.98	1649.50	1598.35		1687.95	1634.37		1524.73	1463.69	
16	1479.62			1640.29	1549.50		1691.62	1646.79	1604.08	1537.39		1408.52
17	1419.52			1644.40	1567.50	1496.24	1701.72		1604.88	1513.10		1416.10
18	1415.44		1623.88	1628.14		1524.07	1704.91		1594.58	1519.54	1451.29	1411.72
19			1665.36	1635.17		1507.67	1713.86	1644.30	1619.35		1462.17	1413.60
20			1682.51		1541.53	1516.15		1671.35	1604.91		1425.84	1427.94
21	1366.97		1685.02		1588.11	1562.72		1673.55		1524.93	1390.63	
22	1358.69		1669.69	1627.48	1564.49		1681.01	1686.11		1548.10	1395.50	
23	1444.97			1624.55	1571.61		1673.86	1683.21	1602.59	1548.97		1430.20
24	1456.40			1611.05	1549.47	1707.31	1672.40		1596.73	1536.52		1430.83
25	1451.48	1530.28	1675.29	1615.92		1706.59	1665.11		1597.84	1520.31	1398.44	1421.52
26		1531.43	1649.48	1640.59		1712.91	1657.50	1670.69	1587.65		1371.17	1384.15
27		1538.32	1654.23		1555.05	1723.55		1679.69	1581.62		1378.75	1382.97
28	1359.55	1524.70	1650.67		1558.52	1732.76		1676.77		1502.72	1417.53	
29	1392.78		1603.91	1665.81	1524.81		1665.67	1667.32		1510.88	1434.18	
30	1396.61			1667.75	1523.52		1669.00	1666.62		1509.71		1366.36
31	1491.67				1515.73		1651.59			1507.50		1357.65
最高	1611.39	1538.32	1685.02	1677.66	1652.37	1732.76	H1732.93	1686.11	1674.07	1562.99	1558.24	1430.83
最低	1358.69	1485.77	1502.54	1582.88	1515.73	1462.00	1651.59	1634.37	1581.62	1502.72	1371.17	L1357.65

表 4 上证 A 股每日收盘指数

日期	1月	2月	3月	4月	5月	6月	7月	8月	9月	10月	11月	12月
1		1548.61	1566.84	1677.40			1790.19	1725.02			1578.49	
2				1650.63			1801.20	1734.38	1741.72			1459.33
3				1662.86		1548.09	1806.63		1747.31			1472.89
4	1676.30	1575.19	1592.36	1712.55		1555.27	1788.04		1736.82		1600.35	1478.67
5		1582.75	1626.75	1705.26		1525.22	1797.08	1726.12	1713.64		1627.73	1468.62
6		1548.97	1636.38			1587.32		1743.64	1702.60		1621.68	1469.21
7	1660.75	1579.91	1682.17			1596.11		1740.92			1623.67	
8	1648.48	1571.12	1710.68	1711.71	1725.90		1808.51	1732.26		1631.38	1590.48	
9	1626.16			1739.96	1724.01		1805.89	1718.81	1692.31	1602.29		1464.20
10	1641.45			1750.78	1711.10	1583.27	1776.20		1696.02	1597.24		1446.54
11	1599.04		1735.63	1721.19		1597.77	1770.81		1691.00	1590.57	1571.90	1441.68
12			1714.85	1731.49		1591.45	1772.25	1705.69	1695.34		1553.18	1446.45
13			1693.71		1696.22	1577.62		1707.86	1696.66		1557.79	1459.78
14	1546.43		1737.06		1688.06	1559.34		1718.44		1598.48	1526.75	
15	1519.58		1691.07	1722.84	1668.44		1761.59	1705.42		1591.25	1529.64	
16	1539.82			1713.45	1616.59		1765.48	1718.38	1674.04	1604.49		1471.80
17	1476.95			1717.54	1635.63	1561.56	1775.60		1674.95	1579.27		1479.66
18	1472.35		1693.90	1701.58		1590.78	1779.15		1664.11	1585.96	1516.56	1475.11
19			1737.42	1708.65		1573.47	1788.42	1715.80	1689.95		1527.56	1477.08
20			1755.66		1608.27	1582.35		1744.38	1674.87		1489.96	1492.02
21	1422.36		1758.57		1657.37	1631.02		1746.74		1591.59	1453.42	
22	1416.08		1742.48	1700.84	1632.52		1754.09	1759.88		1616.01	1458.55	
23	1506.64			1697.43	1640.09		1746.54	1756.87	1672.50	1617.01		1494.50
24	1518.84			1683.08	1616.89	1781.80	1745.03		1666.29	1603.97		1495.21
25	1513.61	1595.98	1748.45	1688.06		1781.54	1737.21		1667.43	1587.95	1461.80	1485.49
26		1597.64	1721.37	1713.26		1788.33	1729.81	1743.69	1656.75		1433.60	1446.65
27		1604.87	1726.09		1622.97	1799.71		1753.13	1650.48		1441.78	1445.38
28	1418.28	1590.18	1721.83		1626.65	1809.96		1750.06		1570.06	1482.12	
29	1453.07		1672.64	1739.64	1591.42		1738.38	1740.15		1578.46	1499.36	
30	1456.88			1742.02	159		1741.80	1739.34		1577.29		1428.15
31	1555.08				1581.82		1723.56			1574.93		1419.12
最高	1676.30	1604.87	1758.57	1750.78	1725.90	H1809.96	1808.51	1759.88	1747.31	1631.38	1627.73	1495.21
最低	L1416.08	1548.61	1566.84	1650.63	1581.82	1525.22	1723.56	1705.42	1650.48	1570.06	1433.60	1419.12

表 5　上证 B 股每日收盘指数

日期	1 月	2 月	3 月	4 月	5 月	6 月	7 月	8 月	9 月	10 月	11 月	12 月
1		143.50	142.01	151.81			148.59	150.92			129.28	
2				149.59			152.71	151.27	151.31			114.53
3				150.24		134.94	156.72		151.51			116.58
4	169.02	146.17	143.43	152.67		136.85	155.21		150.38		131.87	117.42
5		145.57	147.83	151.74		135.53	157.79	150.55	148.57		135.04	116.82
6		142.14	148.23			139.83		151.48	148.33		135.07	117.24
7	168.82	144.62	151.86			139.78		151.47			134.12	
8	161.01	142.30	154.06	151.50	144.20		157.84	150.91		141.42	130.05	
9	155.89			153.09	144.13		155.61	150.32	147.67	140.03		117.51
10	159.12			152.98	142.94	138.79	154.35		147.91	139.02		115.43
11	154.51		155.92	151.44		139.33	155.17		147.70	138.61	128.53	115.08
12			151.95	150.40		138.46	155.19	149.60	148.29		124.24	116.18
13			150.08		141.65	137.82		149.73	148.10		125.25	118.40
14	149.58		154.68		141.44	136.47		150.42		139.53	122.92	
15	148.44		150.20	144.20	143.99		153.63	149.84		138.79	123.78	
16	152.74			142.38	143.29		153.75	151.03	146.14	139.81		119.95
17	147.85			143.62	143.78	136.03	156.44		145.88	137.04		120.86
18	148.88		151.29	137.79		137.81	155.82		145.33	137.75	123.26	120.36
19			154.09	139.61		137.16	156.91	150.70	147.64		125.90	120.50
20			154.23		142.53	137.81		151.64	146.35		121.14	121.89
21	142.02		153.25		144.65	141.74		151.58		138.20	116.99	
22	131.53		152.23	138.00	143.37		154.12	152.55		139.29	117.23	
23	137.23			139.21	143.43		153.87	152.24	145.92	138.88		121.61
24	137.21			139.14	141.81	155.44	153.68		145.80	138.00		121.40
25	137.14	143.79	152.22	140.02		153.24	153.94		145.98	132.49	116.64	120.55
26		141.98	150.47	144.61		152.99	150.88	151.57	145.23		113.00	116.46
27		142.44	151.89		141.23	152.70		152.20	144.58		112.48	116.55
28	126.23	143.15	153.85		141.31	150.79		152.05		128.72	116.58	
29	128.78		151.19	146.68	138.43		151.44	151.39		130.04	118.75	
30	129.93			145.28	138.64		152.01	151.64		129.66		114.54
31	142.71				138.17		150.72			129.70		113.51
最高	H169.02	146.17	155.92	153.09	144.65	155.44	157.84	152.55	151.51	141.42	135.07	121.89
最低	126.23	141.98	142.01	137.79	138.17	134.94	148.59	149.60	144.58	128.72	L112.48	113.51

表 6　上证基金每日收盘指数

日期	1 月	2 月	3 月	4 月	5 月	6 月	7 月	8 月	9 月	10 月	11 月	12 月
1		1089.75	1114.19	1171.08			1198.31	1157.64			1051.02	
2				1164.36			1203.01	1159.58	1156.88			958.95
3				1163.43		1080.70	1196.69		1161.59			968.46
4	1154.04	1101.97	1127.12	1173.88		1085.24	1192.96		1155.00		1059.39	971.02
5		1111.59	1146.55	1167.46		1071.84	1194.09	1154.52	1147.75		1075.73	964.76
6		1092.08	1147.51			1095.88		1161.92	1149.54		1069.62	962.44
7	1157.24	1105.71	1166.53			1091.66		1158.35			1068.42	
8	1144.07	1107.11	1177.00	1166.72	1154.42		1196.04	1155.11		1110.71	1055.99	
9	1136.12			1180.92	1152.58		1198.15	1151.12	1143.42	1099.57		958.89
10	1126.99			1181.74	1149.01	1087.77	1184.43		1141.08	1092.35		951.87
11	1108.65		1200.33	1170.45		1090.20	1184.43		1138.73	1086.24	1051.83	951.42
12			1179.84	1173.11		1111.74	1183.78	1149.01	1139.79		1041.57	954.37
13			1170.74		1142.10	1094.84		1149.82	1138.49		1038.86	958.59
14	1089.20		1190.27		1137.98	1088.32		1156.63		1086.09	1026.88	
15	1081.39		1172.96	1166.39	1127.57		1177.68	1149.98		1084.52	1026.82	
16	1092.04			1165.23	1113.26		1179.47	1154.46	1130.58	1091.99		963.10
17	1057.37			1151.12	1119.42	1094.51	1176.45		1128.62	1079.23		962.50
18	1043.95		1178.71	1145.67		1109.86	1181.35		1127.26	1082.69	1020.50	959.64
19			1193.46	1151.60		1102.30	1179.95	1151.28	1135.33		1025.92	959.04
20			1197.90		1112.19	1112.13		1160.62	1130.52		1001.21	966.11
21	1021.93		1198.15		1129.09	1130.49		1158.90		1080.58	975.35	
22	1028.99		1192.55	1141.19	1110.83		1166.56	1166.14		1090.60	976.65	
23	1063.57			1143.95	1111.70		1164.22	1165.17	1124.19	1088.56		968.46
24	1063.18			1137.78	1104.73	1227.21	1162.44		1122.54	1081.33		969.30
25	1059.67	1120.55	1188.76	1142.65		1196.85	1162.18		1123.83	1075.61	974.69	966.95
26		1119.25	1180.19	1155.07		1201.72	1157.21	1162.57	1118.84		956.69	952.48
27		1132.70	1185.41		1105.44	1208.85		1167.93	1118.78		949.53	956.09
28	1030.55	1125.51	1179.25		1105.77	1216.51		1163.87		1067.70	967.83	
29	1044.37		1161.82	1161.98	1098.05		1161.69	1157.92		1067.85	986.46	
30	1049.91			1160.04	1096.52		1163.80	1161.92		1061.98		943.21
31	1093.69				1093.44		1156.40			1057.58		942.33
最高	1157.24	1132.70	1200.33	1181.74	1154.42	H1227.21	1203.01	1167.93	1161.59	1110.71	1075.73	971.02
最低	1021.93	1089.75	1114.19	1137.78	1093.44	1071.84	1156.40	1149.01	1118.78	1057.58	949.53	L942.33

表 7 上证国债每日收盘指数

日期	1月	2月	3月	4月	5月	6月	7月	8月	9月	10月	11月	12月
1		96.47	97.00	97.82			100.29	100.40			98.55	
2				98.01			100.37	100.44	100.53			99.19
3				98.25		100.66	100.42		100.52			99.24
4	95.40	96.41	97.08	98.31		100.66	100.48		100.54		98.67	99.34
5		96.40	97.10	98.37		100.69	100.68	100.48	100.52		98.92	99.46
6		96.38	97.09			100.63		100.53	100.50		98.90	99.52
7	95.39	96.39	97.04			100.67		100.53			98.94	
8	95.51	96.46	97.00	98.48	99.38		100.75	100.41		100.09	98.94	
9	95.61			98.54	99.38		100.74	100.34	100.42	100.06		99.57
10	95.71			98.83	99.43	100.82	100.71		100.24	10		99.54
11	95.77		96.92	98.76		100.87	100.62		100.18	100.06	99.03	99.55
12			96.91	98.81		100.90	100.68	100.31	100.15		99.05	99.58
13			96.91		99.45	100.92		100.38	100.13		99.09	99.59
14	95.71		96.91		99.60	100.94		100.41		99.95	99.14	
15	95.69		97.02	98.84	99.58		100.54	100.50		99.90	99.37	
16	95.90			98.90	99.74		100.38	100.50	100.02	99.87		99.50
17	96.11			98.96	100.07	100.80	100.34		99.96	99.74		99.52
18	96.13		97.17	98.88		100.72	100.20		99.85	99.62	99.41	99.51
19			97.27	98.85		100.69	100.33	100.57	99.90		99.35	99.51
20			97.27		100.17	100.63		100.55	99.90		99.30	99.61
21	96.27		97.34		100.17	100.50		100.53		99.61	99.23	
22	96.12		97.37	98.94	100.49		100.25	100.56		99.52	99.32	
23	96.03			99.03	100.44		100.19	100.60	99.78	99.25		99.70
24	96.06			99.06	100.65	99.84	100.22		99.87	99.10		99.72
25	96.13	96.66	97.46	99.11		99.87	100.19		99.90	99.06	99.33	99.73
26		96.79	97.51	99.10		100.02	100.16	100.54	99.87		99.27	99.77
27		96.90	97.61		100.64	100.12		100.57	100.12		99.09	99.77
28	96.17	96.92	97.64		100.97	100.33		100.50		98.86	99.17	
29	96.32		97.84	99.13	100.99		100.23	100.50		98.78	99.20	
30	96.37			99.31	100.90		100.39	100.56		98.48		99.89
31	96.41				100.72		100.40			98.55		100.00
最高	96.41	96.92	97.84	99.31	H100.99	100.94	100.75	100.60	100.54	100.09	99.41	100.00
最低	L95.39	96.38	96.91	97.82	99.38	99.84	100.16	100.31	99.78	98.48	98.55	99.19

表 8 2002 年上交所股票每日成交量

单位:亿元

日期	1月	2月	3月	4月	5月	6月	7月	8月	9月	10月	11月	12月
1		124.98	53.51	68.39			144.10	46.98			31.49	
2				75.93			126.93	40.67	37.20			56.63
3				64.22		50.63	132.63		42.61			42.19
4	32.11	77.97	53.70	91.08		43.03	128.57		41.01		43.42	65.04
5		89.42	117.35	98.49		41.14	108.23	40.86	61.44		105.28	39.77
6		76.83	157.13			84.54		64.27	52.70		61.51	33.09
7	30.33	85.16	161.04			91.91		36.10			55.51	
8	37.53	65.86	228.07	65.82	51.79		110.99	40.62		26.60	75.41	
9	42.44			166.60	59.60		104.45	48.57	41.53	75.74		27.87
10	55.30			125.65	64.07	42.70	119.50		37.55	35.88		43.42
11	45.16		195.31	97.60		47.09	92.82		44.28	46.45	38.56	36.43
12			212.64	85.64		37.36	83.91	43.43	37.22		62.13	37.92
13			152.92		61.57	37.02		31.57	33.62		53.24	46.21
14	54.22		123.92		61.09	36.28		30.83		40.97	49.54	
15	51.12		149.15	72.05	66.81		80.26	32.72		29.74	52.76	
16	57.90			63.72	82.14		69.46	53.67	46.18	40.13		52.47
17	49.94			59.79	77.54	27.74	62.53		42.14	34.07		47.66
18	68.56		113.28	74.67		52.09	81.10		36.83	35.42	37.01	52.87
19			140.85	83.58		29.04	74.54	35.15	56.83		37.10	42.09
20			194.63		49.57	37.20		74.30	38.92		48.12	53.49
21	47.82		142.30		101.68	118.48		60.19		29.47	54.83	
22	58.72		107.74	55.34	59.37		82.74	94.49		55.64	54.03	
23	85.03			51.34	68.43		66.94	62.00	27.68	41.66		54.74
24	117.32			50.85	51.57	494.80	52.97		33.28	42.08		46.05
25	68.84	79.34	94.27	49.51		392.77	51.82		38.54	44.38	34.16	46.80
26		63.62	98.16	72.83		228.50	48.61	53.67	44.17		41.74	70.55
27		65.72	76.03		37.09	195.28		70.74	41.88		53.33	56.91
28	86.73	62.41	88.65		40.05	273.19		64.40		40.87	62.09	
29	58.78		117.72	108.74	49.44		48.24	44.72		42.14	122.68	
30	47.21			106.83	52.90		61.17	42.61		33.83		53.28
31	171.19				40.65		53.25			31.54		58.34
最高	171.19	124.98	228.07	166.60	101.68	H494.80	144.10	94.49	61.44	75.74	122.68	70.55
最低	30.33	62.41	53.51	49.51	37.09	27.74	48.24	30.83	27.68	L26.60	31.49	27.87

表9　2002年上交所A股每日成交量　　单位:亿元

日期	1月	2月	3月	4月	5月	6月	7月	8月	9月	10月	11月	12月
1		115.92	52.38	66.76			141.60	46.17			30.89	
2				73.94			121.29	40.09	36.80			55.46
3				62.91		49.41	123.99		42.19			41.20
4	29.82	73.62	52.55	88.73		42.04	118.01		40.20		42.56	63.50
5		85.64	112.07	96.69		40.57	101.94	40.30	60.01		103.07	39.14
6		73.59	150.46			82.75		62.99	52.00		60.60	32.24
7	27.99	82.10	155.56			90.29		35.64			54.68	
8	31.38	62.74	219.27	64.78	50.94		105.22	40.09		25.72	73.70	
9	35.07			164.22	58.63		100.27	47.98	40.85	74.70		27.21
10	49.90			124.45	63.19	42.15	115.57		37.17	34.97		42.64
11	42.09		188.59	96.26		46.46	89.20		43.75	45.71	37.76	35.70
12			205.46	84.39		37.00	80.50	42.82	36.82		60.38	36.94
13			149.06		60.60	36.44		31.17	33.33		51.90	44.87
14	49.98		119.68		60.21	35.70		30.46		40.31	48.77	
15	47.47		143.72	66.14	63.90		78.31	32.36		29.30	51.35	
16	54.47			60.74	79.74		67.98	52.85	45.39	39.38		50.83
17	46.82			58.27	75.97	27.24	60.18		41.25	33.21		46.20
18	64.23		110.37	71.97		51.30	78.18		36.34	34.64	36.43	50.98
19			137.90	79.73		28.72	71.09	34.73	55.82		36.08	41.05
20			190.77		48.63	36.49		72.91	38.52		46.90	52.22
21	43.68		140.13		99.81	115.28		59.47		29.07	53.26	
22	51.50		105.86	54.00	58.45		79.78	92.69		54.69	52.59	
23	75.32			50.11	66.63		65.37	61.34	27.42	41.18		53.46
24	109.96			49.79	49.41	478.32	51.62		33.00	41.67		45.24
25	65.10	76.52	93.10	48.66		381.19	49.99		38.23	42.83	33.34	46.12
26		61.72	96.16	69.65		224.48	45.82	53.15	43.56		40.70	69.08
27		64.48	74.04		35.70	192.32		70.18	41.15		51.71	55.89
28	80.82	60.01	84.70		39.25	267.95		63.79		39.05	60.56	
29	55.11		114.54	105.64	48.03		46.82	44.30		40.89	119.41	
30	44.98			104.84	51.99		60.23	42.19		33.21		52.36
31	158.75				39.99		52.36			30.88		57.52
最高	158.75	115.92	219.27	164.22	99.81	H478.32	141.60	92.69	60.01	74.70	119.41	69.08
最低	27.99	60.01	52.38	48.66	35.70	27.24	45.82	30.46	27.42	L25.72	30.89	27.21

表10　2002年上交所B股每日成交量　　单位:亿元

日期	1月	2月	3月	4月	5月	6月	7月	8月	9月	10月	11月	12月
1		9.07	1.13	1.63			2.50	0.81			0.60	
2				1.99			5.64	0.59	0.40			1.17
3				1.31		1.22	8.63		0.42			0.98
4	2.29	4.35	1.15	2.35		0.98	10.56		0.81		0.87	1.54
5		3.78	5.28	1.80		0.58	6.29	0.56	1.43		2.21	0.63
6		3.23	6.67			1.79		1.28	0.70		0.91	0.84
7	2.34	3.06	5.48			1.62		0.47			0.83	
8	6.14	3.12	8.80	1.04	0.86		5.77	0.54		0.88	1.71	
9	7.36			2.39	0.97		4.18	0.59	0.67	1.04		0.67
10	5.40			1.20	0.88	0.54	3.93		0.38	0.90		0.78
11	3.07		6.71	1.34		0.62	3.63		0.53	0.74	0.80	0.73
12			7.18	1.25		0.37	3.41	0.61	0.40		1.74	0.98
13			3.86		0.96	0.58		0.40	0.29		1.34	1.35
14	4.23		4.23		0.88	0.59		0.37		0.66	0.77	
15	3.66		5.43	5.91	2.91		1.95	0.35		0.45	1.40	
16	3.43			2.98	2.39		1.48	0.82	0.79	0.75		1.64
17	3.11			1.53	1.57	0.50	2.35		0.88	0.86		1.45
18	4.33		2.90	2.70		0.79	2.92		0.50	0.78	0.58	1.89
19			2.95	3.86		0.32	3.44	0.42	1.01		1.03	1.04
20			3.86		0.94	0.71		1.39	0.40		1.22	1.27
21	4.14		2.17		1.88	3.20		0.72		0.41	1.58	
22	7.23		1.88	1.34	0.91		2.96	1.80		0.95	1.44	
23	9.72			1.23	1.80		1.57	0.67	0.26	0.48		1.28
24	7.36			1.06	2.17	16.48	1.35		0.28	0.42		0.81
25	3.75	2.82	1.17	0.85		11.58	1.83		0.31	1.55	0.82	0.68
26		1.90	2.00	3.18		4.02	2.79	0.52	0.61		1.05	1.47
27		1.24	2.00		1.38	2.96		0.57	0.72		1.62	1.02
28	5.91	2.40	3.96		0.80	5.25		0.61		1.82	1.53	
29	3.67		3.18	3.10	1.41		1.42	0.42		1.25	3.27	
30	2.23			1.99	0.91		0.94	0.42		0.63		0.91
31	12.44				0.66		0.89			0.66		0.81
最高	12.44	9.07	8.80	5.91	2.91	H16.48	10.56	1.80	1.43	1.82	3.27	1.89
最低	2.23	1.24	1.13	0.85	0.66	0.32	0.89	0.35	L0.26	0.41	0.58	0.63

表 11　2002 年上交所基金券每日成交量　　单位:亿元

日期	1月	2月	3月	4月	5月	6月	7月	8月	9月	10月	11月	12月
1		4.65	1.60	2.75			5.35	1.13			2.19	
2				3.21			1.82	1.22	1.18			1.60
3				2.89		0.95	1.58		2.41			0.90
4	2.31	3.05	2.03	4.61		0.89	3.20		1.07		1.93	1.30
5		4.23	7.03	3.25		0.93	2.69	0.63	2.20		3.37	0.63
6		3.43	5.01			2.01		1.24	1.54		1.47	0.50
7	2.40	3.07	5.91			1.47		0.71			1.52	
8	2.72	2.23	10.09	1.17	0.57		1.59	1.00		0.83	2.42	
9	2.40			2.71	0.92		1.13	0.84	1.15	2.02		0.61
10	6.90			2.52	0.97	0.89	3.33		3.25	1.97		0.69
11	2.20		17.57	2.32		0.73	2.09		1.89	1.92	1.08	0.65
12			10.27	3.17		7.40	0.94	0.91	1.57		1.50	1.77
13			4.95		1.06	2.06		0.77	0.45		1.41	1.04
14	2.88		4.74		0.97	1.41		1.12		0.98	1.01	
15	1.65		3.67	3.33	1.70		1.60	1.24		0.86	1.09	
16	1.67			1.44	2.33		0.86	2.08	1.93	1.27		0.87
17	2.34			3.16	1.21	1.44	1.08		1.68	0.86		0.71
18	2.48		3.56	2.23		2.80	1.38		0.88	0.90	0.44	0.72
19			4.09	1.92		1.27	0.87	0.64	1.60		0.64	0.61
20			8.49		1.14	1.56		2.54	0.70		1.15	0.71
21	1.93		5.20		2.59	5.13		1.12		0.39	1.68	
22	2.24		3.52	1.08	1.84		1.83	3.25		0.80	1.44	
23	3.01			1.31	0.91		0.86	1.44	1.01	0.47		1.54
24	3.40			1.85	0.68	37.18	0.80		1.02	0.67		0.79
25	1.49	3.32	2.38	1.18		10.77	1.30		0.77	1.09	0.73	1.06
26		2.69	4.72	1.96		5.26	0.82	1.03	1.65		1.17	3.11
27		4.66	2.13		0.80	4.11		1.30	2.22		1.26	1.12
28	3.15	2.64	1.67		0.84	10.94		1.88		1.32	1.33	
29	1.28		3.08	2.26	1.34		1.30	1.33		1.95	5.34	
30	1.02			1.55	1.11		1.51	0.70		3.99		1.14
31	8.63				0.59		1.29			3.48		2.72
最高	8.63	4.66	17.57	4.61	2.59	H37.18	5.35	3.25	3.25	3.99	5.34	3.11
最低	1.02	2.23	1.60	1.08	0.57	0.73	0.80	0.63	0.45	L0.39	0.44	0.50

表 12　2002 年上交所国债现货每日成交量　　单位:亿元

日期	1月	2月	3月	4月	5月	6月	7月	8月	9月	10月	11月	12月
1		19.60	17.26	16.21			14.03	13.46			38.47	
2				18.67			19.68	16.62	40.54			18.03
3				32.72		39.30	20.15		35.99			41.73
4	29.90	21.17	12.09	37.89		32.86	21.36		26.62		15.20	43.59
5		17.55	24.45	13.55		33.52	23.31	14.73	18.09		30.07	33.82
6		19.90	27.87			23.51		16.88	23.08		25.66	29.16
7	22.13	25.56	25.10			17.97		16.88			25.44	
8	12.99	19.80	30.33	24.36	30.84		25.04	30.57		18.60	16.69	
9	21.08			32.98	25.20		18.23	10.53	19.50	30.78		29.61
10	34.02			29.51	25.31	36.01	9.81		24.05	22.31		30.65
11	17.68		28.39	46.39		36.69	21.93		15.90	16.14	22.88	18.60
12			11.44	27.42		26.34	21.35	8.01	14.18		22.19	23.93
13			24.39		33.05	29.99		12.80	10.54		23.29	18.65
14	18.76		16.76		26.39	23.73		13.01		17.67	30.63	
15	12.81		27.30	20.42	31.57		17.33	31.02		21.78	43.48	
16	25.53			21.35	36.19		16.65	14.47	14.90	17.88		87.30
17	39.07			28.04	58.21	31.71	14.90		10.08	22.67		48.01
18	36.37		31.93	19.92		38.86	26.41		13.66	22.07	41.00	53.05
19			33.07	20.37		21.76	17.57	12.07	21.59		35.86	48.96
20			22.72		37.29	33.29		21.12	7.88		27.42	50.23
21	33.67		51.71		33.03	47.26		9.84		14.10	23.98	
22	27.76		24.34	19.25	42.00		21.30	17.41		20.32	29.68	
23	16.34			26.21	61.07		20.52	11.97	25.34	32.36		53.99
24	18.05			33.48	51.69	85.95	9.60		26.35	18.98		53.58
25	28.52	51.78	17.58	24.66		37.42	12.63		26.82	24.90	14.65	55.59
26		23.11	21.63	28.86		32.39	20.97	14.50	31.49		24.20	39.12
27		17.79	24.25		34.15	44.90		14.50	17.53		34.39	29.01
28	20.99	24.50	30.76		48.07	25.54		20.47		19.92	26.66	
29	39.96		18.48	54.38	45.45		17.10	21.24		23.56	29.20	
30	14.15			44.14	41.76		16.22	15.29		28.79		36.52
31	41.00				44.66		43.55			23.57		29.90
最高	41.00	51.78	51.71	54.38	61.07	85.95	43.55	31.02	40.54	32.36	43.48	H87.30
最低	12.81	17.55	11.44	13.55	25.20	17.97	9.60	8.01	L7.88	14.10	14.65	18.03

表 13　2002 年上交所国债回购每日成交量　　单位:亿元

日期	1月	2月	3月	4月	5月	6月	7月	8月	9月	10月	11月	12月
1		94.63	40.31	122.15			96.46	94.63			103.53	
2				53.92			52.30	39.61	120.08			149.69
3				184.59		84.72	71.26		56.20			180.12
4	157.88	197.12	137.60	114.84		55.33	101.04		59.11		157.22	113.01
5		33.18	29.53	29.99		79.67	33.86	98.04	101.33		191.69	168.19
6		23.40	35.99			90.50		59.94	45.79		109.66	117.52
7	114.40	113.00	130.47			43.76		64.81			169.39	
8	28.61	30.44	31.28	101.08	181.92		97.49	97.50		278.43	105.93	
9	28.12			55.95	78.28		54.87	36.33	137.59	64.95		177.37
10	118.37			30.34	36.28	100.01	48.28		64.99	64.00		174.33
11	64.21		150.29	98.02		57.24	97.30		61.24	67.57	154.31	107.22
12			51.24	128.14		63.77	29.94	109.97	125.30		181.19	155.32
13			14		274.73	97.25		61.04	47.53		86.13	127.11
14	126.28		136.41		49.04	40.58		51.70		78.01	156.22	
15	77.89		28.78	103.86	163.07		107.22	92.43		172.51	106.60	
16	124.67			35.27	105.84		55.41	39.37	140.17	59.10		217.32
17	98.87			36.24	130.15	121.56	49.60		143.53	78.68		362.57
18	77.80		103.74	133.15		51.39	94.94		172.23	70.95	151.38	148.58
19			43.87	183.16		69.08	39.45	110.75	136.19		178.45	160.40
20			34.31		122.51	108.74		63.75	64.39		108.79	121.14
21	209.93		97.06		39.76	45.89		67.05		101.84	147.68	
22	42.00		30.59	161.33	114.17		121.61	87.03		181.85	108.62	
23	33.82			93.84	168.96		60.75	34.80	142.81	111.08		221.69
24	141.01			36.98	78.64	163.56	45.24		79.63	142.88		211.78
25	65.01	240.83	156.11	135.01		53.37	101.94		112.58	107.76	159.10	156.68
26		44.55	71.30	95.27		64.07	45.30	97.54	150.57		172.06	195.32
27		61.47	134.94		132.23	117.78		48.88	38.81		106.74	135.80
28	224.61	203.17	152.05		68.00	38.41		64.67		158.58	169.20	
29	36.48		41.54	143.01	60.18		118.89	103.77		155.70	111.23	
30	40.99			24.64	84.19		65.12	41.40		97.65		250.98
31	103.23				34.18		84.99			158.25		140.93
最高	224.61	240.83	156.11	184.59	274.73	163.56	121.61	110.75	172.23	278.43	191.69	H362.57
最低	28.12	L23.40	28.78	24.64	34.18	38.41	29.94	34.80	38.81	59.10	86.13	107.22

表 14　2002 年上交所债券每日成交量　　单位:亿元

日期	1月	2月	3月	4月	5月	6月	7月	8月	9月	10月	11月	12月
1		0.16	0.10	0.05			0.39	0.16			0.98	
2				0.04			0.16	0.08	0.09			0.05
3				0.12		0.64	0.40		0.10			0.11
4	0.05	0.24	0.13	0.16		0.38	0.18		0.19		0.12	0.06
5		0.17	0.22	0.04		0.51	0.41	0.11	0.24		0.16	0.08
6		0.18	0.41			0.34		0.11	0.17		0.21	0.09
7	0.08	0.09	0.21			0.27		0.11			0.33	
8	0.17	0.14	0.22	0.05	0.14		0.42	0.11		0.14	0.53	
9	0.08			0.28	0.15		0.25	0.09	0.18	0.11		0.17
10	0.07			0.09	0.44	0.91	0.44		0.11	0.13		0.20
11	0.05		0.23	0.29		0.76	0.30		0.19	0.10	0.34	0.22
12			0.19	0.14		0.26	0.25	0.10	0.10		0.41	0.13
13			0.15		0.63	0.21		0.15	0.07		0.48	0.19
14	0.09		0.15		0.27	0.57		0.14		0.23	0.29	
15	0.17		0.14	0.18	0.16		0.11	0.07		0.18	0.13	
16	0.09			0.22	2.08		0.19	0.11	1.82	0.15		0.18
17	0.08			0.13	0.51	0.63	0.19		0.23	0.12		1.25
18	0.27		0.34	0.06		0.39	0.19		0.67	0.15	0.21	0.35
19			0.23	2.78		0.21	0.26	0.22	0.21		0.29	0.78
20			0.46		0.69	0.16		1.80	0.12		0.15	0.11
21	0.32		0.81		0.71	0.47		0.29		0.26	0.15	
22	0.36		0.46	0.53	1.10		0.08	0.10		0.42	0.19	
23	0.17			0.20	0.39		0.10	0.08	0.16	0.14		0.12
24	0.24			0.17	0.31	3.17	0.13		1.11	0.08		0.19
25	0.43	0.19	0.12	0.59		1.05	0.06		0.28	0.07	0.17	0.18
26		0.23	0.10	0.30		0.24	0.25	0.16	0.30		0.63	0.16
27		0.24	0.14		0.23	0.40		0.08	0.08		0.49	0.64
28	0.43	0.11	0.09		0.43	0.44		0.91		0.13	0.18	
29	0.23		0.32	0.39	1.17		0.06	0.95		0.27	0.16	
30	0.30			0.29	0.56		0.11	0.18		0.10		0.23
31	0.21				0.84		0.14			0.54		0.12
最高	0.43	0.24	0.81	2.78	2.08	H3.17	0.44	1.80	1.82	0.54	0.98	1.25
最低	0.05	0.09	0.09	L0.04	0.14	0.16	0.06	0.07	0.07	0.07	0.12	0.05

表15　2002年度上市公司股份变动

股票代码	股票简称	总股本	A股流通股	B股	变动原因	变动日期
600000	浦发银行	1205000000	200000000	0	送股	2002.08.23
600008	首创股份	0	35000000	0	战略投资人配售上市	2002.04.11
600009	上海机场	163000	163000	0	债转股	2002.10.10
600009	上海机场	22800	22800	0	债转股	2002.04.04
600009	上海机场	118500	118500	0	债转股	2002.07.03
600011	华能国际	0	3395000	0	基金配售上市	2002.03.06
600011	华能国际	0	100000000	0	战略投资人配售上市	2002.06.06
600016	民生银行	337398433	68250000	0	送股	2002.06.20
600026	中海发展	3326000000	350000000	0	A股新上市	2002.05.23
600028	中国石化	0	570000000	0	战略投资人配售上市	2002.04.08
600036	招商银行	5706818030	600000000	0	A股新上市	2002.04.09
600036	招商银行	0	53655400	0	一般法人配售上市	2002.07.10
600036	招商银行	0	133791005	0	一般法人配售上市	2002.08.12
600036	招商银行	0	282753595	0	一般法人配售上市	2002.12.10
600037	歌华有线	81000000	24000000	0	送股	2002.10.16
600038	哈飞股份	90000000	36000000	0	送股	2002.05.17
600050	中国联通	19696596395	2750000000	0	A股新上市	2002.10.09
600061	中纺投资	86103600	28080000	0	送股	2002.07.18
600062	双鹤药业	101786700	42892200	0	送股	2002.05.14
600067	福州大通	63006995	40754561	0	送股	2002.11.01
600070	浙江富润	9860000	9360000	0	配股上市	2002.07.19
600072	江南重工	54916160	24960000	0	送股	2002.07.26
600074	南京中达	45000000	45000000	0	A股增发上市	2002.02.08
600074	南京中达	151680000	77760000	0	送股	2002.11.19
600076	青鸟华光	28800000	28800000	0	配股上市	2002.01.21
600079	人福科技	19266000	19266000	0	配股上市	2002.07.04
600081	东风科技	40200000	10050000	0	送股	2002.11.15
600091	明天科技	110000000	110000000	0	A股增发上市	2002.06.17
600100	清华同方	0	25421906	0	吸收合并	2002.08.05
600102	莱钢股份	51091092	46800000	0	配股上市	2002.07.30
600105	永鼎光缆	22500000	22500000	0	配股上市	2002.05.28
600110	中科英华	148499464	61189489	0	送股	2002.05.10
600119	长江投资	42900000	13728000	0	送股	2002.11.12
600119	长江投资	49500000	15840000	0	送股	2002.05.10
600120	浙江东方	90263117	37478765	0	送股	2002.04.29
600145	四维瓷业	99000000	35640000	0	送股	2002.04.16
600149	邢台轧辊	50940000	13500000	0	送股	2002.07.12
600149	邢台轧辊	0	43200000	0	职工股上市	2002.08.09
600170	上海建工	119883000	39000000	0	送股	2002.08.01
600171	上海贝岭	130330200	46800000	0	送股	2002.04.24
600173	牡丹江	0	21515500	0	职工股上市	2002.03.21
600175	宝华实业	0	14000000	0	职工股上市	2002.03.25
600182	桦林轮胎	0	50000000	0	职工股上市	2002.04.12
600183	生益科技	147234375	44697656	0	送股	2002.07.15
600185	海星科技	19800000	6800000	0	送股	2002.07.22
600186	莲花味精	204000000	84000000	0	送股	2002.07.12
600190	锦州港	0	138000000	0	职工股上市	2002.05.09
600196	复星实业	88128000	33750000	0	送股	2002.06.19
600200	江苏吴中	0	4500000	0	职工股上市	2002.03.11
600202	哈空调	22339200	9161600	0	送股	2002.07.10
600202	哈空调	0	31616000	0	职工股上市	2002.04.26
600208	中宝股份	41806716	17200000	0	送股	2002.07.25
600208	中宝股份	0	21000000	0	职工股上市	2002.07.10
600212	江泉实业	65707266	39394747	0	送股	2002.07.23
600212	江泉实业	0	80901600	0	职工股上市	2002.07.08
600212	江泉实业	35169600	16500000	0	配股上市	2002.05.27
600215	长春经开	0	75360000	0	职工股上市	2002.07.29
600216	浙江医药	0	19047200	0	职工股上市	2002.08.13
600219	南山实业	0	60000000	0	职工股上市	2002.09.10
600221	海南航空	0	64800000	0	职工股上市	2002.11.25

600221	海南航空	0	85757765	0	其他股本变动	2002.11.25
600223	万杰高科	0	68315000	0	职工股上市	2002.09.13
600225	天香集团	0	18998250	0	职工股上市	2002.10.18
600226	升华拜克	16872021	16800000	0	配股上市	2002.09.10
600231	凌钢股份	93000000	30000000	0	送股	2002.10.16
600233	大连创世	55000000	17500000	0	送股	2002.07.25
600236	桂冠电力	0	48000000	0	战略投资人配售上市	2002.03.25
600238	海南椰岛	0	24000000	0	职工股上市	2002.09.20
600239	红河光明	78816960	33600000	0	送股	2002.07.04
600239	红河光明	0	18930240	0	职工股上市	2002.09.02
600252	梧州中恒	12671760	4500000	0	送股	2002.07.24
600253	天方药业	210000000	60000000	0	送股	2002.10.30
600256	广汇股份	120286284	34000000	0	送股	2002.09.13
600259	兴业聚酯	0	21366100	0	战略投资人配售上市	2002.05.27
600269	赣粤高速	0	5000000	0	战略投资人配售上市	2002.05.20
600270	外运发展	60975200	15400000	0	送股	2002.06.21
600275	武昌鱼	73374270	21000000	0	送股	2002.05.15
600276	恒瑞医药	42512000	12800000	0	送股	2002.05.22
600286	国光瓷业	19000000	7000000	0	送股	2002.03.26
600286	国光瓷业	0	33120000	0	职工股上市	2002.12.09
600287	江苏舜天	50399547	13200000	0	送股	2002.06.11
600288	大恒科技	70000000	25000000	0	送股	2002.07.22
600290	苏福马	41500000	15000000	0	送股	2002.05.27
600293	三峡新材	63300000	16500000	0	送股	2002.07.04
600308	华泰股份	38494662	18000000	0	送股	2002.07.09
600309	烟台万华	144000000	48000000	0	送股	2002.04.16
600317	营口港	250000000	100000000	0	A股新上市	2002.01.31
600326	西藏天路	80000000	32000000	0	送股	2002.03.28
600327	大厦股份	108689961	40000000	0	A股新上市	2002.06.25
600333	长春燃气	167395200	42000000	0	送股	2002.05.24
600337	美克股份	18416000	8000000	0	送股	2002.06.25
600339	天利高新	119000000	42000000	0	送股	2002.09.17
600345	长江通信	33000000	9000000	0	送股	2002.06.14
600350	山东基建	3363800000	505000000	0	A股新上市	2002.03.18
600351	亚宝药业	115000000	40000000	0	A股新上市	2002.09.26
600353	旭光股份	82600494	30000000	0	A股新上市	2002.11.20
600355	精伦电子	123022300	31000000	0	A股新上市	2002.06.13
600357	承德钒钛	380333520	100000000	0	A股新上市	2002.09.06
600358	国旅联合	70000000	25000000	0	送股	2002.09.17
600362	江西铜业	2664038200	230000000	0	A股新上市	2002.01.11
600363	联创光电	82401500	30000000	0	送股	2002.05.21
600366	宁波韵升	95325000	26250000	0	送股	2002.05.21
600367	红星发展	30000000	9000000	0	送股	2002.04.17
600371	华冠科技	100000000	40000000	0	A股新上市	2002.09.16
600373	鑫新股份	125000000	45000000	0	A股新上市	2002.03.04
600376	天鸿宝业	64950000	24000000	0	送股	2002.05.21
600378	天科股份	45132321	17550000	0	送股	2002.05.17
600379	宝光股份	158000000	50000000	0	A股新上市	2002.01.16
600380	太太药业	135540000	35000000	0	送股	2002.06.04
600389	江山股份	30000000	8000000	0	送股	2002.05.29
600397	安源股份	220000000	80000000	0	A股新上市	2002.07.02
600398	凯诺科技	49317423	22950000	0	送股	2002.04.17
600415	小商品城	104030009	29152099	0	A股新上市	2002.05.09
600416	湘电股份	195000000	75000000	0	A股新上市	2002.07.18
600426	华鲁恒升	167000000	60000000	0	A股新上市	2002.06.20
600428	中远航运	360000000	130000000	0	A股新上市	2002.04.18
600456	宝钛股份	200080000	60000000	0	A股新上市	2002.04.12
600458	时代新材	85148000	35000000	0	A股新上市	2002.12.19
600486	扬农化工	100000000	30000000	0	A股新上市	2002.04.25
600488	天药股份	44702665	13500000	0	送股	2002.04.12
600496	长江股份	110000000	40000000	0	A股新上市	2002.06.05
600499	科达机电	55300000	20000000	0	A股新上市	2002.10.10
600500	中化国际	186325000	60000000	0	送股	2002.09.17
600501	航天晨光	64314375	32000000	0	送股	2002.08.06

600503	宏智科技	110000000	40000000	0	A股新上市	2002.07.09
600505	西昌电力	165000000	55000000	0	A股新上市	2002.05.30
600509	天富热电	169085000	60000000	0	A股新上市	2002.02.28
600510	黑牡丹	146123600	38000000	0	A股新上市	2002.06.18
600511	国药股份	133000000	53000000	0	A股新上市	2002.11.27
600512	腾达建设	159735164	60000000	0	A股新上市	2002.12.26
600515	第一投资	154160000	50000000	0	A股新上市	2002.08.06
600516	海龙科技	200000000	80000000	0	A股新上市	2002.08.30
600519	贵州茅台	25000000	7150000	0	送股	2002.07.26
600520	三佳模具	62800000	25000000	0	A股新上市	2002.01.08
600522	中天科技	208310000	70000000	0	A股新上市	2002.10.24
600525	长园新材	99540000	25000000	0	A股新上市	2002.12.02
600526	菲达环保	100000000	40000000	0	A股新上市	2002.07.22
600529	山东药玻	82407448	32000000	0	A股新上市	2002.06.03
600531	豫光金铅	126816200	45000000	0	A股新上市	2002.07.30
600532	华阳科技	90000000	40000000	0	A股新上市	2002.10.31
600533	栖霞建设	140000000	40000000	0	A股新上市	2002.03.28
600535	天士力	190000000	50000000	0	A股新上市	2002.08.23
600536	中软股份	84172824	30000000	0	A股新上市	2002.05.17
600548	深高速	0	60521000	0	基金配售上市	2002.03.25
600549	厦门钨业	120000000	30000000	0	A股新上市	2002.11.07
600550	天威保变	110000000	30000000	0	送股	2002.05.20
600551	科大创新	75000000	25000000	0	A股新上市	2002.09.05
600552	方兴科技	90000000	40000000	0	A股新上市	2002.11.08
600553	太行股份	190000000	50000000	0	A股新上市	2002.08.22
600557	康缘药业	91800000	40000000	0	A股新上市	2002.09.18
600559	裕丰股份	140000000	40000000	0	A股新上市	2002.10.29
600560	京自天正	76460000	30000000	0	A股新上市	2002.09.19
600561	江西长运	92862000	30000000	0	A股新上市	2002.07.16
600563	法拉电子	150000000	50000000	0	A股新上市	2002.12.10
600565	迪马股份	80000000	20000000	0	A股新上市	2002.07.23
600571	信雅达	58460000	18000000	0	A股新上市	2002.11.01
600577	精达股份	60000000	20000000	0	A股新上市	2002.09.11
600578	京能热电	573360000	100000000	0	A股新上市	2002.05.10
600579	黄海股份	180000000	60000000	0	A股新上市	2002.08.09
600579	黄海股份	36000000	12000000	0	送股	2002.12.04
600580	卧龙科技	109104261	35000000	0	A股新上市	2002.06.06
600581	八一钢铁	409427850	130000000	0	A股新上市	2002.08.16
600582	天地科技	75000000	25000000	0	A股新上市	2002.05.15
600583	海油工程	250000000	80000000	0	A股新上市	2002.02.05
600585	海螺水泥	1183480000	200000000	0	A股新上市	2002.02.07
600586	金晶科技	96850000	35000000	0	A股新上市	2002.08.15
600587	新华医疗	61300000	21000000	0	A股新上市	2002.09.27
600590	泰豪科技	133056828	40000000	0	A股新上市	2002.07.03
600591	上海航空	721000000	200000000	0	A股新上市	2002.10.11
600592	龙溪股份	150000000	50000000	0	A股新上市	2002.08.05
600593	大连圣亚	92000000	32000000	0	A股新上市	2002.07.11
600595	中孚实业	135282720	50000000	0	A股新上市	2002.06.26
600597	光明乳业	651182850	150000000	0	A股新上市	2002.08.28
600598	北大荒	1469960000	300000000	0	A股新上市	2002.03.29
600599	浏阳花炮	56000000	17600000	0	送股	2002.07.15
600602	广电电子	63210393	31815638	0	送股	2002.06.20
600606	金丰投资	57200000	57200000	0	A股增发上市	2002.04.23
600606	金丰投资	32959006	14683844	0	送股	2002.08.07
600616	第一食品	63465205	22827018	0	送股	2002.10.24
600628	新世界	53150561	23228566	0	送股	2002.08.22
600635	大众科创	70000000	68956176	0	配股上市	2002.11.25
600636	三爱富	31130338	13728681	0	送股	2002.11.12
600636	三爱富	16374866	13478400	0	配股上市	2002.02.28
600636	三爱富	23212825	10237007	0	送股	2002.05.13
600637	广电信息	74528408	18527742	0	送股	2002.07.3
600639	浦东金桥	49335000	11715000	0	送股	2002.05.27
600641	中远发展	80000000	78598034	0	A股增发上市	2002.03.01
600641	中远发展	0	1401966	0	一般法人配售上市	2002.06.03

600642	申能股份	160000000	141260100	0	A股增发上市	2002.03.05
600642	申能股份	0	18739900	0	一般法人配售上市	2002.06.05
600650	新锦江	35505461	3801600	0	送股	2002.07.26
600653	申华控股	646807525	646807525	0	送股	2002.07.02
600654	飞乐股份	44000184	33301738	0	送股	2002.08.09
600660	福耀玻璃	44831894	14318833	0	送股	2002.03.27
600664	哈药集团	106154314	69256377	0	送股	2002.07.15
600675	中华企业	116242516	53093354	0	送股	2002.05.23
600679	凤凰股份	99696845	7920004	0	送股	2002.05.22
600692	亚通股份	12639920	5292003	0	送股	2002.07.15
600699	辽源得亨	2866267	1457790	0	送股	2002.06.04
600705	北亚集团	0	9240130	0	基金配售上市	2002.12.23
600716	耀华玻璃	24300000	24300000	0	A股增发上市	2002.09.19
600737	新疆屯河	191810530	96734530	0	送股	2002.07.19
600741	巴士股份	207461600	96000000	0	送股	2002.06.18
600744	华银电力	66528000	66528000	0	配股上市	2002.01.08
600747	大显股份	163592936	75477370	0	送股	2002.05.22
600773	西藏金珠	51522874	19809504	0	送股	2002.10.25
600773	西藏金珠	11709744	4502160	0	送股	2002.06.05
600774	汉商集团	4723360	1730560	0	送股	2002.05.22
600777	新潮实业	0	47168399	0	吸收合并	2002.08.21
600779	全兴股份	44413245	17392080	0	送股	2002.06.24
600780	通宝能源	75285714	75285714	0	A股增发上市	2002.12.03
600784	鲁银投资	22573352	17182802	0	送股	2002.07.05
600795	国电电力	577414656	144919757	0	送股	2002.09.11
600796	钱江生化	10580850	9747000	0	配股上市	2002.06.13
600797	浙大网新	136645966	66466234	0	送股	2002.09.27
600811	东方集团	57408675	40179690	0	送股	2002.07.17
600815	厦工股份	149804600	39900050	0	送股	2002.06.05
600820	隧道股份	53738976	24224858	0	送股	2002.07.29
600827	友谊股份	37000000	37000000	0	A股增发上市	2002.05.27
600827	友谊股份	30259685	12256413	0	送股	2002.07.30
600828	成商集团	33858004	8514004	0	送股	2002.06.04
600829	天鹅股份	85909422	21628777	0	送股	2002.10.24
600829	天鹅股份	39650502	9982512	0	送股	2002.07.03
600835	上菱电器	42429730	16992000	0	送股	2002.08.14
600837	都市股份	13048984	3276000	0	送股	2002.06.28
600846	同济科技	0	0	0	其他股本变动	2002.03.11
600851	海欣股份	67033302	30613156	0	送股	2002.07.18
600868	梅雁股份	101233733	77623889	0	送股	2002.05.21
600883	富邦科技	88080000	28080000	0	送股	2002.05.28
600884	杉杉股份	136952749	75994940	0	送股	2002.05.08
600887	伊利股份	48961424	48961424	0	A股增发上市	2002.09.10
600895	张江高科	467565000	165950310	0	送股	2002.05.20
900901	上电B股	21083037	0	21083037	送股	2002.06.25
900911	金桥B股	20449000	0	20449000	送股	2002.05.31
900914	新锦B股	14640912	0	14640912	送股	2002.07.31
900916	凤凰B股	39600000	0	39600000	送股	2002.05.27
900917	海欣B股	33554756	0	33554756	送股	2002.07.23
900923	友谊B股	18598661	0	18598661	送股	2002.08.02
900925	上菱B股	11376000	0	11376000	送股	2002.08.19
900939	汇丽B股	16500000	0	8000000	送股	2002.07.26

表16　2002年股票发行情况

证券代码	证券简称	注册地	所属行业	发行日期	发行数量(股)	发行价	发行市盈率	筹资金额(元)
600012	皖通高速	安徽	公用事业	2002.12.23	250000000	2.200	12.22	550000000
600026	中海发展	上海	综合	2002.05.13	350000000	2.360	20.00	826000000
600030	中信证券	广东	综合	2002.12.17	400000000	4.500	15.00	1800000000
600030	中信证券	广东	综合	2002.12.19	0	4.500	15.00	0
600036	招商银行	广东	综合	2002.03.27	1500000000	7.300	21.00	10950000000
600050	中国联通	北京	公用事业	2002.09.20	5000000000	2.300	20.23	11500000000
600074	南京中达	江苏	工业	2002.01.23	45000000	8.760		394200000
600091	明天科技	内蒙古	工业	2002.05.30	110000000	8.820		970200000
600317	营口港	辽宁	公用事业	2002.01.16	100000000	5.900	20.00	590000000
600327	大厦股份	江苏	商业	2002.06.10	40000000	9.400	19.96	376000000
600350	山东基建	山东	公用事业	2002.02.28	505000000	2.600	19.85	1313000000
600351	亚宝药业	山西	工业	2002.09.11	40000000	4.800	20.00	192000000
600353	旭光股份	四川	工业	2002.11.05	30000000	7.800	19.02	234000000
600355	精伦电子	湖北	工业	2002.05.29	31000000	16.180	19.99	501580000
600357	承德钒钛	河北	工业	2002.08.22	100000000	5.400	20.00	540000000
600371	华冠科技	黑龙江	工业	2002.08.29	40000000	3.470	20.00	138800000
600373	鑫新股份	江西	工业	2002.02.04	45000000	2.680	20.00	120600000
600397	安源股份	江西	工业	2002.06.17	80000000	5.990	16.64	479200000
600416	湘电股份	湖南	工业	2002.07.03	75000000	5.600	16.97	420000000
600426	华鲁恒升	山东	工业	2002.06.05	60000000	6.280	20.00	376800000
600428	中远航运	广东	工业	2002.04.03	130000000	7.390	19.83	960700000
600456	宝钛股份	陕西	工业	2002.03.28	60000000	5.400	20.00	324000000
600458	时代新材	湖南	工业	2002.12.04	35000000	6.600	20.00	231000000
600486	扬农化工	江苏	工业	2002.04.12	30000000	6.750	20.00	202500000
600496	长江股份	安徽	工业	2002.05.22	40000000	3.610	19.97	144400000
600499	科达机电	广东	工业	2002.09.18	20000000	14.200	20.00	284000000
600503	宏智科技	福建	综合	2002.06.24	40000000	8.680	20.00	347200000
600505	西昌电力	四川	公用事业	2002.05.15	55000000	4.360	20.00	239800000
600509	天富热电	新疆	公用事业	2002.01.28	60000000	7.000	20.00	420000000
600510	黑牡丹	江苏	工业	2002.06.03	38000000	14.490	18.00	550620000
600511	国药股份	北京	商业	2002.11.12	53000000	5.000	20.00	265000000
600512	腾达建设	浙江	工业	2002.12.11	60000000	5.000	20.00	300000000
600515	第一投资	海南	商业	2002.07.24	50000000	4.600	20.00	230000000
600516	海龙科技	甘肃	工业	2002.08.15	80000000	6.060	20.00	484800000
600522	中天科技	江苏	工业	2002.10.10	70000000	5.400	20.00	378000000
600525	长园新材	广东	工业	2002.11.18	25000000	7.600	20.00	190000000
600526	菲达环保	浙江	工业	2002.07.08	40000000	7.200	20.00	288000000
600529	山东药玻	山东	工业	2002.05.17	32000000	12.180	15.82	389760000
600531	豫光金铅	河南	工业	2002.07.15	45000000	7.340	19.84	330300000
600532	华阳科技	山东	工业	2002.10.16	40000000	6.260	20.00	250400000
600533	栖霞建设	江苏	地产	2002.03.14	40000000	8.300	19.99	332000000
600535	天士力	天津	工业	2002.08.08	50000000	14.700	20.00	735000000
600536	中软股份	北京	工业	2002.04.24	30000000	11.100	19.97	333000000
600538	北海国发	广西	工业	2002.12.27	45000000	6.690	18.08	301050000
600549	厦门钨业	福建	工业	2002.10.24	30000000	11.600	17.06	348000000
600551	科大创新	安徽	工业	2002.08.21	25000000	4.000	20.00	100000000
600552	方兴科技	安徽	工业	2002.10.23	40000000	5.600	20.00	224000000
600553	太行股份	河北	工业	2002.08.07	50000000	5.730	19.98	286500000
600557	康缘药业	江苏	工业	2002.09.05	40000000	7.000	20.00	280000000
600559	裕丰股份	河北	工业	2002.10.14	40000000	4.360	20.00	174400000
600560	京自天正	北京	工业	2002.09.04	30000000	9.000	19.78	270000000
600561	江西长运	江西	公用事业	2002.07.01	30000000	4.780	19.91	143400000
600563	法拉电子	福建	工业	2002.11.25	50000000	8.040	20.00	402000000
600565	迪马股份	重庆	工业	2002.07.10	20000000	15.800	20.00	316000000
600571	信雅达	浙江	综合	2002.10.17	18000000	13.870	20.00	249660000
600577	精达股份	安徽	工业	2002.08.28	20000000	9.900	19.80	198000000
600578	京能热电	北京	公用事业	2002.04.19	100000000	5.000	20.00	500000000
600579	黄海股份	山东	工业	2002.07.25	60000000	5.000	20.00	300000000
600580	卧龙科技	浙江	工业	2002.05.23	35000000	8.280	20.00	289800000
600581	八一钢铁	新疆	工业	2002.08.01	130000000	7.380	22.58	959400000

600582	天地科技	北京	工业	2002.04.23	25000000	12.480	20.00	312000000
600583	海油工程	天津	工业	2002.01.21	80000000	9.600	19.60	768000000
600585	海螺水泥	安徽	工业	2002.01.24	200000000	4.100	19.90	820000000
600586	金晶科技	山东	工业	2002.07.31	35000000	9.580	12.95	335300000
600587	新华医疗	山东	工业	2002.09.12	21000000	9.200	20.00	193200000
600590	泰豪科技	江西	工业	2002.06.19	40000000	4.760	19.99	190400000
600591	上海航空	上海	公用事业	2002.09.19	200000000	5.330	20.00	1066000000
600592	龙溪股份	福建	工业	2002.07.22	50000000	6.000	20.00	300000000
600593	大连圣亚	辽宁	综合	2002.06.26	32000000	7.710	20.00	246720000
600595	中孚实业	河南	工业	2002.06.12	50000000	8.300	16.90	415000000
600597	光明乳业	上海	工业	2002.08.14	150000000	6.500	20.00	975000000
600598	北大荒	黑龙江	综合	2002.03.13	300000000	5.380	19.93	1614000000
600606	金丰投资	上海	工业	2002.04.05	57200000	11.550		660660000
600641	中远发展	上海	地产	2002.01.30	80000000	8.870		709600000
600642	申能股份	上海	公用事业	2002.02.01	160000000	10.500		1680000000
600716	耀华玻璃	河北	工业	2002.09.04	24300000	7.300		177390000
600780	通宝能源	山西	工业	2002.11.20	75285714	7.000		526999998
600827	友谊股份	上海	商业	2002.05.10	37000000	14.500		536500000
600860	北人股份	北京	工业	2002.12.31	22000000	7.000		154000000
600887	伊利股份	内蒙古	工业	2002.08.21	48961424	16.850		824999994

注:发行数量指同一股票不同发行方式的发行总量。

表 17　2002 年度上市公司配股

股票代码	股票简称	股权登记日	除净日	配股上市	收盘价	配股价	除净价	配股比例
600070	浙江富润	2002.06.21	2002.06.24	2002.07.19	14.500	13.000	14.150	0.3000
600079	人福科技	2002.06.07	2002.06.10	2002.07.04	9.930	9.090	9.740	0.3000
600102	莱钢股份	2002.07.05	2002.07.08	2002.07.30	8.270	7.700	8.140	0.3000
600105	永鼎光缆	2002.04.25	2002.04.26	2002.05.28	11.690	10.500	11.420	0.3000
600212	江泉实业	2002.04.22	2002.04.23	2002.05.27	13.090	11.000	12.610	0.3000
600226	升华拜克	2002.08.16	2002.08.19	2002.09.10	22.850	17.700	21.960	0.2083
600269	赣粤高速	2002.12.11	2002.12.12	2003.01.10	10.290	10.200	10.270	0.3000
600635	大众科创	2002.10.25	2002.10.28	2002.11.25	7.920	6.180	7.550	0.2680
600636	三爱富	2002.01.15	2002.01.16	2002.02.28	18.450	8.000	16.040	0.3000
600796	钱江生化	2002.05.13	2002.05.14	2002.06.13	13.900	12.100	13.480	0.3000

表 18　2002 年度上市公司送股

股票代码	股票简称	股权登记日	除净日	送股上市	收盘价	除净价	送股比例
600000	浦发银行	2002.08.21	2002.08.22	2002.08.23	18.400	12.130	0.500
600016	民生银行	2002.06.18	2002.06.19	2002.06.20	11.820	10.220	0.150
600037	歌华有线	2002.10.14	2002.10.15	2002.10.16	25.340	19.490	0.300
600038	哈飞股份	2002.05.15	2002.05.16	2002.05.17	26.300	16.380	0.600
600061	中纺投资	2002.07.16	2002.07.17	2002.07.18	9.680	7.430	0.300
600062	双鹤药业	2002.05.10	2002.05.13	2002.05.14	16.380	12.520	0.300
600067	福州大通	2002.10.30	2002.10.31	2002.11.01	15.270	9.510	0.600
600072	江南重工	2002.07.24	2002.07.25	2002.07.26	11.410	9.510	0.200
600074	南京中达	2002.11.15	2002.11.18	2002.11.19	13.090	7.230	0.800
600081	东风科技	2002.11.13	2002.11.14	2002.11.15	19.310	16.090	0.200
600110	中科英华	2002.05.08	2002.05.09	2002.05.10	14.570	8.070	0.800
600119	长江投资	2002.05.08	2002.05.09	2002.05.10	17.080	13.140	0.300
600119	长江投资	2002.11.08	2002.11.11	2002.11.12	13.140	10.950	0.200
600120	浙江东方	2002.04.25	2002.04.26	2002.04.29	20.010	14.220	0.400
600145	四维瓷业	2002.04.12	2002.04.15	2002.04.16	12.300	8.750	0.400
600149	邢台轧辊	2002.07.10	2002.07.11	2002.07.12	12.470	10.390	0.200
600170	上海建工	2002.07.30	2002.07.31	2002.08.1	12.510	10.340	0.200
600171	上海贝岭	2002.04.22	2002.04.23	2002.04.24	18.940	14.450	0.300
600183	生益科技	2002.07.11	2002.07.12	2002.07.15	11.230	8.580	0.300
600185	海星科技	2002.07.18	2002.07.19	2002.07.22	13.300	12.090	0.100
600186	莲花味精	2002.07.10	2002.07.11	2002.07.12	12.630	9.480	0.300
600196	复星实业	2002.06.17	2002.06.18	2002.06.19	14.260	10.850	0.300
600202	哈空调	2002.07.08	2002.07.09	2002.07.10	9.700	8.730	0.100
600208	中宝股份	2002.07.23	2002.07.24	2002.07.25	11.640	9.660	0.200
600212	江泉实业	2002.07.19	2002.07.22	2002.07.23	12.390	9.780	0.259
600231	凌钢股份	2002.10.14	2002.10.15	2002.10.16	8.210	6.320	0.300
600233	大连创世	2002.07.23	2002.07.24	2002.07.25	16.640	11.030	0.500
600239	红河光明	2002.07.02	2002.07.03	2002.07.04	17.780	9.820	0.800
600252	梧州中恒	2002.07.22	2002.07.23	2002.07.24	15.200	13.770	0.100
600253	天方药业	2002.10.28	2002.10.29	2002.10.30	15.040	7.520	1.000
600256	广汇股份	2002.09.11	2002.09.12	2002.09.13	15.770	13.100	0.200
600270	外运发展	2002.06.19	2002.06.20	2002.06.21	20.870	17.230	0.200
600275	武昌鱼	2002.05.13	2002.05.14	2002.05.15	16.440	12.600	0.300
600276	恒瑞医药	2002.05.20	2002.05.21	2002.05.22	15.910	13.220	0.200
600286	国光瓷业	2002.03.25	2002.03.26	2002.03.26	18.760	15.590	0.200
600287	江苏舜天	2002.06.07	2002.06.10	2002.06.11	18.710	14.200	0.300
600288	大恒科技	2002.07.18	2002.07.19	2002.07.22	21.660	14.370	0.500
600290	苏福马	2002.05.23	2002.05.24	2002.05.27	24.030	15.970	0.500
600293	三峡新材	2002.07.02	2002.07.03	2002.07.04	15.510	11.910	0.300
600308	华泰股份	2002.07.05	2002.07.08	2002.07.09	16.450	13.670	0.200
600309	烟台万华	2002.04.12	2002.04.15	2002.04.16	24.520	15.200	0.600
600326	西藏天路	2002.03.27	2002.03.28	2002.03.28	25.480	14.100	0.800
600333	长春燃气	2002.05.22	2002.05.23	2002.05.24	19.780	11.580	0.700
600337	美克股份	2002.06.21	2002.06.24	2002.06.25	19.230	15.940	0.200
600339	天利高新	2002.09.13	2002.09.16	2002.09.17	19.540	13.030	0.500
600345	长江通信	2002.06.12	2002.06.13	2002.06.14	22.900	18.960	0.200
600358	国旅联合	2002.09.13	2002.09.16	2002.09.17	19.750	13.170	0.500
600363	联创光电	2002.05.17	2002.05.20	2002.05.21	19.340	12.850	0.500
600366	宁波韵升	2002.05.17	2002.05.20	2002.05.21	20.510	13.570	0.500
600367	红星发展	2002.04.15	2002.04.16	2002.04.17	33.070	25.280	0.300
600376	天鸿宝业	2002.05.17	2002.05.20	2002.05.21	26.140	16.210	0.600
600378	天科股份	2002.05.15	2002.05.16	2002.05.17	14.880	11.390	0.300
600380	太太药业	2002.05.31	2002.06.03	2002.06.04	22.870	15.050	0.500
600389	江山股份	2002.05.27	2002.05.28	2002.05.29	16.860	14.010	0.200
600398	凯诺科技	2002.04.15	2002.04.16	2002.04.17	19.260	14.800	0.300
600488	天药股份	2002.04.10	2002.04.11	2002.04.12	23.680	18.060	0.300
600500	中化国际	2002.09.13	2002.09.16	2002.09.17	14.850	9.900	0.500
600501	航天晨光	2002.08.02	2002.08.05	2002.08.06	28.430	15.780	0.800
600519	贵州茅台	2002.07.24	2002.07.25	2002.07.26	36.400	32.550	0.100

600550	天威保变	2002.05.16	2002.05.17	2002.05.20	14.420	9.580	0.500
600579	黄海股份	2002.12.02	2002.12.03	2002.12.04	11.830	9.830	0.200
600599	浏阳花炮	2002.07.11	2002.07.12	2002.07.15	36.200	20.030	0.800
600602	广电电子	2002.06.18	2002.06.19	2002.06.20	9.110	8.270	0.100
600606	金丰投资	2002.08.05	2002.08.06	2002.08.07	12.290	10.700	0.149
600616	第一食品	2002.10.22	2002.10.23	2002.10.24	17.180	11.450	0.500
600628	新世界	2002.08.20	2002.08.21	2002.08.22	11.250	9.330	0.200
600636	三爱富	2002.05.09	2002.05.10	2002.05.13	16.760	14.110	0.175
600636	三爱富	2002.11.08	2002.11.11	2002.11.12	13.860	11.550	0.200
600637	广电信息	2002.07.01	2002.07.02	2002.07.03	14.980	13.530	0.100
600639	浦东金桥	2002.05.23	2002.05.24	2002.05.27	11.830	10.750	0.100
600650	新锦江	2002.07.24	2002.07.25	2002.07.26	13.480	12.250	0.100
600653	申华控股	2002.06.28	2002.07.01	2002.07.02	7.920	4.400	0.800
600654	飞乐股份	2002.08.07	2002.08.08	2002.08.09	8.550	7.770	0.100
600660	福耀玻璃	2002.03.26	2002.03.27	2002.03.27	11.800	10.510	0.110
600664	哈药集团	2002.07.11	2002.07.12	2002.07.15	15.620	12.930	0.200
600675	中华企业	2002.05.21	2002.05.22	2002.05.23	10.540	8.780	0.200
600679	凤凰股份	2002.05.20	2002.05.21	2002.05.22	22.450	17.270	0.300
600692	亚通股份	2002.07.11	2002.07.12	2002.07.15	15.740	14.260	0.100
600699	辽源得亨	2002.05.31	2002.06.03	2002.06.04	7.510	7.370	0.016
600737	新疆屯河	2002.07.17	2002.07.18	2002.07.19	26.060	17.360	0.500
600741	巴士股份	2002.06.14	2002.06.17	2002.06.18	8.520	6.010	0.400
600747	大显股份	2002.05.20	2002.05.21	2002.05.22	10.670	7.080	0.500
600773	西藏金珠	2002.06.03	2002.06.04	2002.06.05	15.060	13.690	0.100
600773	西藏金珠	2002.10.23	2002.10.24	2002.10.25	15.270	10.910	0.400
600774	汉商集团	2002.05.20	2002.05.21	2002.05.22	14.020	13.340	0.050
600779	全兴股份	2002.06.20	2002.06.21	2002.06.24	8.580	7.750	0.100
600784	鲁银投资	2002.07.03	2002.07.04	2002.07.05	10.570	9.610	0.100
600795	国电电力	2002.09.09	2002.09.10	2002.09.11	16.580	9.750	0.700
600797	浙大网新	2002.09.25	2002.09.26	2002.09.27	15.060	10.760	0.400
600811	东方集团	2002.07.15	2002.07.16	2002.07.17	8.090	7.330	0.100
600815	厦工股份	2002.06.03	2002.06.04	2002.06.05	13.690	9.090	0.500
600820	隧道股份	2002.07.25	2002.07.26	2002.07.29	9.810	8.870	0.100
600827	友谊股份	2002.07.26	2002.07.29	2002.07.30	18.510	15.770	0.174
600828	成商集团	2002.05.31	2002.06.03	2002.06.04	10.720	8.930	0.200
600829	天鹅股份	2002.07.01	2002.07.02	2002.07.03	19.310	14.840	0.300
600829	天鹅股份	2002.10.22	2002.10.23	2002.10.24	16.150	10.770	0.500
600835	上菱电器	2002.08.12	2002.08.13	2002.08.14	13.150	11.820	0.100
600837	都市股份	2002.06.26	2002.06.27	2002.06.28	21.280	17.710	0.200
600851	海欣股份	2002.07.16	2002.07.17	2002.07.18	18.060	14.970	0.200
600868	梅雁股份	2002.05.17	2002.05.20	2002.05.21	4.820	4.290	0.100
600883	富邦科技	2002.05.24	2002.05.27	2002.05.28	15.650	8.680	0.800
600884	杉杉股份	2002.04.29	2002.04.30	2002.05.08	11.950	7.830	0.500
600895	张江高科	2002.05.16	2002.05.17	2002.05.20	16.240	8.120	1.000
900901	上电B股	2002.06.21	2002.06.19	2002.06.25	0.715	0.649	0.100
900911	金桥B股	2002.05.29	2002.05.24	2002.05.31	0.806	0.733	0.100
900914	新锦B股	2002.07.29	2002.07.25	2002.07.31	0.815	0.741	0.100
900916	凤凰B股	2002.05.23	2002.05.21	2002.05.27	0.916	0.705	0.300
900917	海欣B股	2002.07.19	2002.07.17	2002.07.23	1.004	0.827	0.200
900923	友谊B股	2002.07.31	2002.07.29	2002.08.02	1.100	0.937	0.174
900925	上菱B股	2002.08.15	2002.08.13	2002.08.19	1.028	0.918	0.100
900939	汇丽B股	2002.07.24	2002.07.22	2002.07.26	0.922	0.838	0.100

表19　2002年度上市公司派发现金红利　　单位：元人民币

红利代码	红利简称	发放日期	每股红利(含税)	每股红利(除税)	代发总股本	代发红利总额
720000	浦发红利	2002 8 27	0.200	0.160	400000000	64000000.00
720001	邯钢红利	2002 6 21	0.150	0.120	490000000	58800000.00
720003	东北红利	2002 7 12	0.050	0.040	300000000	12000000.00
720005	武钢红利	2002 6 7	0.280	0.224	320000000	71680000.00
720006	东风红利	2002 5 30	0.200	0.160	300000000	48000000.00
720007	国贸红利	2002 6 28	0.104	0.087	160000000	13920000.00
720008	首创红利	2002 5 16	0.360	0.288	300000000	86400000.00
720009	机场红利	2002 8 1	0.150	0.120	512603500	61512420.00
720010	钢联红利	2002 6 26	0.100	0.080	350000000	28000000.00
720011	华能红利	2002 6 28	0.300	0.240	250000000	60000000.00
720016	民生红利	2002 6 26	0.070	0.026	455000000	11830000.00
720019	宝钢红利	2002 6 25	0.125	0.100	1877000000	187700000.00
720028	中石化利	2002 8 8	0.080	0.064	2800000000	179200000.00
720033	闽高速利	2002 7 10	0.120	0.096	200000000	19200000.00
720037	歌华红利	2002 7 12	0.250	0.200	80000000	16000000.00
720038	哈飞红利	2002 5 23	0.100	0.040	60000000	2400000.00
720051	联合红利	2002 6 26	0.100	0.080	85397858	6831828.64
720052	广厦红利	2002 7 26	0.114	0.091	255528000	23253048.00
720054	黄山红利	2002 7 4	0.030	0.024	52000000	1248000.00
720055	万东红利	2002 6 26	0.100	0.084	39000000	3276000.00
720056	中技红利	2002 6 21	0.100	0.080	39000000	3120000.00
720058	龙腾红利	2002 6 28	0.300	0.240	120000000	28800000.00
720059	古越红利	2002 7 12	0.200	0.160	106469998	17035199.68
720061	中纺红利	2002 7 24	0.020	0.016	93600000	1497600.00
720062	双鹤红利	2002 5 17	0.100	0.080	142974000	11437920.00
720063	皖维红利	2002 5 16	0.300	0.240	99000000	23760000.00
720066	宇通红利	2002 4 19	0.600	0.480	93723141	44987107.68
720067	大通红利	2002 6 18	0.150	0.120	67924268	8150912.16
720068	葛洲坝利	2002 6 10	0.030	0.024	345800029	8299200.70
720070	富润红利	2002 5 27	0.160	0.128	31200002	3993600.26
720074	中达红利	2002 7 15	0.100	0.080	97200000	7776000.00
720075	天业红利	2002 7 18	0.050	0.040	97200000	3888000.00
720076	青鸟红利	2002 7 26	0.053	0.042	124800000	5241600.00
720078	澄星红利	2002 7 11	0.050	0.040	66276720	2651068.80
720079	人福红利	2002 5 31	0.100	0.080	64220000	5137600.00
720080	金花红利	2002 2 7	0.021	0.016	99840478	1597447.65
720081	东风红利	2002 6 28	0.250	0.200	50250000	10050000.00
720084	新天红利	2002 6 19	0.060	0.048	89232000	4283136.00
720085	同仁堂利	2002 7 19	0.250	0.200	99616608	19923321.60
720086	多佳红利	2002 6 27	0.010	0.008	128220120	1025760.96
720087	水运红利	2002 5 29	0.300	0.240	72800000	17472000.00
720088	中视红利	2002 7 26	0.070	0.056	78000000	4368000.00
720089	特变红利	2002 6 28	0.100	0.080	130416000	10433280.00
720090	啤酒花利	2002 8 12	0.050	0.040	174120960	6964838.40
720091	明天红利	2002 11 22	0.060	0.048	206200000	9897600.00
720092	精密红利	2002 6 18	0.050	0.040	133099200	5323968.00
720094	华源红利	2002 7 18	0.050	0.040	110400000	4416000.00
720098	控股红利	2002 5 15	0.300	0.240	234000002	56160000.48
720100	清华红利	2002 6 21	0.200	0.160	247608627	39617380.32
720100	清华红利	2002 6 21	0.200	0.160	25421906	4067504.96
720101	明星红利	2002 7 26	0.200	0.160	95004050	15200648.00
720102	莱钢红利	2002 5 28	0.060	0.048	156000000	7488000.00
720103	青山红利	2002 6 21	0.060	0.048	446420000	21428160.00
720104	上汽红利	2002 6 21	0.150	0.120	755999790	90719974.80
720105	永鼎红利	2002 6 27	0.137	0.110	97500000	10725000.00
720106	路桥红利	2002 6 18	0.100	0.080	90000000	7200000.00
720108	亚盛红利	2002 7 26	0.050	0.040	276822000	11072880.00
720108	亚盛红利	2002 7 26	0.050	0.040	52343200	2093728.00
720110	热缩红利	2002 5 17	0.050		76486861	

720111	稀土红利	2002 6 6	0.100	0.080	145600002	11648000.16
720115	东航红利	2002 7 18	0.020	0.016	300000000	4800000.00
720116	三峡红利	2002 7 22	0.030	0.024	57992000	1391808.00
720120	东方红利	2002 5 14	0.100	0.040	93696912	3747876.48
720122	宏图红利	2002 8 20	0.040	0.032	144000000	4608000.00
720123	兰花红利	2002 6 14	0.060	0.048	144000000	6912000.00
720126	杭钢红利	2002 7 25	0.150	0.120	165750000	19890000.00
720128	弘业红利	2002 7 26	0.050	0.040	74123100	2964924.00
720129	太极红利	2002 7 5	0.200	0.160	74999979	11999996.64
720130	波导红利	2002 6 21	0.200	0.160	40000000	6400000.00
720132	渝啤红利	2002 6 25	0.260	0.208	52000000	10816000.00
720133	东湖红利	2002 7 10	0.080	0.064	83200000	5324800.00
720135	乐凯红利	2002 5 30	0.400	0.333	126000000	41958000.00
720136	道博红利	2002 7 24	0.050	0.040	40924000	1636960.00
720138	青旅红利	2002 6 14	0.150	0.124	117000000	14508000.00
720141	兴发红利	2002 6 5	0.100	0.080	40000000	3200000.00
720145	四维红利	2002 4 22	0.050		89100000	
720148	离合器利	2002 6 13	0.037	0.030	42000000	1260000.00
720151	航天红利	2002 7 31	0.130	0.104	141440000	14709760.00
720152	维科红利	2002 4 30	0.100	0.080	110975000	8878000.00
720153	建发红利	2002 7 12	0.050	0.040	80000000	3200000.00
720155	宝硕红利	2002 5 15	0.100	0.080	120000000	9600000.00
720156	益鑫泰利	2002 7 31	0.030	0.024	136000000	3264000.00
720158	中体红利	2002 9 17	0.010	0.008	76050000	608400.00
720160	巨化红利	2002 5 28	0.100	0.080	114400000	9152000.00
720161	天坛红利	2002 5 21	0.100	0.080	48000000	3840000.00
720166	福田红利	2002 5 17	0.100	0.080	80000000	6400000.00
720168	控股红利	2002 5 27	0.250	0.200	127500000	25500000.00
720170	建工红利	2002 8 5	0.100	0.080	195000000	15600000.00
720171	贝岭红利	2002 4 29	0.150	0.120	156000000	18720000.00
720173	牡丹江利	2002 7 9	0.100	0.080	101515500	8121240.00
720177	雅戈红利	2002 5 22	0.200	0.160	225086558	36013849.28
720178	东安红利	2002 5 28	0.200	0.160	138580000	22172800.00
720181	云大红利	2002 7 26	0.053	0.042	168000000	7056000.00
720183	生益红利	2002 7 18	0.075		148992188	
720186	莲花红利	2002 7 17	0.300	0.240	280000000	67200000.00
720187	黑龙红利	2002 6 6	0.100	0.080	97500000	7800000.00
720188	兖煤红利	2002 6 28	0.100	0.080	180000000	14400000.00
720189	森工红利	2002 6 5	0.200	0.160	110500000	17680000.00
720195	中牧红利	2002 6 6	0.092	0.074	120000000	8880000.00
720196	复星红利	2002 6 21	0.150	0.120	112500000	13500000.00
720197	伊力特利	2002 8 27	0.100	0.080	75000000	6000000.00
720199	金牛红利	2002 7 12	0.025	0.020	130000000	2600000.00
720200	吴中红利	2002 5 13	0.060	0.048	125100000	6004800.00
720201	金宇红利	2002 7 30	0.130	0.104	50313250	5232578.00
720202	哈空调利	2002 7 17	0.100	0.060	91616000	5496960.00
720203	福日红利	2002 8 26	0.050	0.040	70000000	2800000.00
720205	鲁铝红利	2002 5 24	0.247	0.198	160000000	31680000.00
720207	安彩红利	2002 6 27	0.200	0.160	180000000	28800000.00
720208	中宝红利	2002 7 31	0.050	0.040	86000000	3440000.00
720209	罗顿红利	2002 6 27	0.080	0.064	75000000	4800000.00
720210	紫江红利	2002 5 21	0.300	0.240	171350913	41124219.12
720211	藏药红利	2002 7 22	0.050	0.040	45000000	1800000.00
720212	江泉红利	2002 7 26	0.086	0.069	152401600	10515710.40
720213	亚星红利	2002 8 12	0.120	0.096	60000000	5760000.00
720215	经开红利	2002 7 29	0.100	0.080	90000000	7200000.00
720215	经开红利	2002 7 29	0.100	0.080	75360000	6028800.00
720216	浙医红利	2002 7 23	0.030	0.024	113100000	2714400.00
720216	浙医红利	2002 7 23	0.030	0.024	19047200	457132.80
720217	秦岭红利	2002 5 31	0.063	0.051	140000000	7140000.00
720218	全柴红利	2002 6 26	0.050	0.040	101400000	4056000.00
720219	南山红利	2002 7 26	0.150	0.120	75000000	9000000.00
720219	南山红利	2002 7 26	0.150	0.120	60000000	7200000.00
720220	阳光红利	2002 5 31	0.050	0.040	119000000	4760000.00

720221	海航红利	2002 6 21	0.060	0.048	85757765	4116372.72
720221	海航红利	2002 6 21	0.060	0.048	221400000	10627200.00
720221	海航红利	2002 6 21	0.060	0.048	64800000	3110400.00
720222	众生红利	2002 5 31	0.150	0.120	35000000	4200000.00
720227	赤天化利	2002 5 15	0.100	0.080	70000000	5600000.00
720228	昌九红利	2002 6 18	0.030	0.024	96000000	2304000.00
720229	碱业红利	2002 7 12	0.180	0.144	90000000	12960000.00
720229	碱业红利	2002 7 12	0.180	0.144	34445373	4960133.71
720230	大化红利	2002 6 25	0.050	0.040	80000000	3200000.00
720231	凌钢红利	2002 7 22	0.150	0.120	100000000	12000000.00
720231	凌钢红利	2002 7 22	0.150	0.120	26500000	3180000.00
720232	金鹰红利	2002 5 20	0.100	0.080	58500000	4680000.00
720233	创世红利	2002 7 29	0.100	0.080	35000000	2800000.00
720233	创世红利	2002 7 29	0.100	0.080	15000000	1200000.00
720235	民丰红利	2002 5 14	0.200	0.160	52000000	8320000.00
720236	桂冠红利	2002 7 11	0.170	0.136	110000000	14960000.00
720236	桂冠红利	2002 7 11	0.170	0.136	33333333	4533333.29
720237	铜峰红利	2002 5 17	0.100	0.080	40000000	3200000.00
720238	椰岛红利	2002 8 12	0.060	0.048	50000000	2400000.00
720238	椰岛红利	2002 8 12	0.060	0.048	24000000	1152000.00
720239	红河红利	2002 7 9	0.100	0.080	42000000	3360000.00
720239	红河红利	2002 7 9	0.100	0.080	10516800	841344.00
720241	时代红利	2002 7 26	0.090	0.072	30000000	2160000.00
720242	华龙红利	2002 7 12	0.020	0.016	60000000	960000.00
720242	华龙红利	2002 7 12	0.020	0.016	27959800	447356.80
720243	华鼎红利	2002 7 26	0.050	0.040	55000000	2200000.00
720246	先锋红利	2002 7 8	0.080	0.064	30000000	1920000.00
720247	物华红利	2002 5 15	0.050	0.040	35000000	1400000.00
720247	物华红利	2002 5 15	0.050	0.040	12000000	480000.00
720248	秦丰红利	2002 7 5	0.100	0.080	48000000	3840000.00
720250	南纺红利	2002 6 21	0.150	0.120	55000000	6600000.00
720250	南纺红利	2002 6 21	0.150	0.120	1941600	232992.00
720252	中恒红利	2002 7 29	0.050	0.020	45000000	900000.00
720252	中恒红利	2002 7 29	0.050	0.020	11984500	239690.00
720253	天方红利	2002 5 24	0.120	0.096	60000000	5760000.00
720255	鑫科红利	2002 7 31	0.100	0.080	30000000	2400000.00
720256	广汇红利	2002 9 17	0.050		170000000	
720257	洞庭红利	2002 7 26	0.050	0.040	40000000	1600000.00
720258	首旅红利	2002 6 10	0.200	0.160	70000000	11200000.00
720260	凯乐红利	2002 7 25	0.200	0.160	55000000	8800000.00
720260	凯乐红利	2002 7 25	0.200	0.160	24176000	3868160.00
720261	阳光红利	2002 6 26	0.125	0.100	40000000	4000000.00
720262	北方红利	2002 7 5	0.040	0.032	55000000	1760000.00
720263	路桥红利	2002 6 20	0.030	0.024	115000000	2760000.00
720266	城建红利	2002 8 28	0.130	0.104	150000000	15600000.00
720267	海正红利	2002 6 13	0.100	0.080	64000000	5120000.00
720268	国电红利	2002 5 29	0.120	0.096	40000000	3840000.00
720269	赣粤红利	2002 5 31	0.200	0.160	120000000	19200000.00
720270	外运红利	2002 6 26	0.200	0.140	77000000	10780000.00
720272	开开红利	2002 8 21	0.100	0.080	45000000	3600000.00
720272	开开红利	2002 8 21	0.100	0.080	15000000	1200000.00
720275	武昌鱼利	2002 5 21	0.060	0.008	70000000	560000.00
720276	恒瑞红利	2002 5 27	0.050		64000000	
720277	亿利红利	2002 7 12	0.100	0.080	58000000	4640000.00
720278	创业红利	2002 6 11	0.150	0.120	80000000	9600000.00
720279	港九红利	2002 6 20	0.100	0.080	86000000	6880000.00
720280	中商红利	2002 7 5	0.100	0.080	35000000	2800000.00
720280	中商红利	2002 7 5	0.100	0.080	5956584	476526.72
720280	中商红利	2002 7 5	0.100	0.080	31680000	2534400.00
720281	太化红利	2002 6 28	0.028	0.022	105000000	2310000.00
720282	南钢红利	2002 5 31	0.200	0.160	144000000	23040000.00
720283	钱江红利	2002 7 5	0.150	0.120	85000000	10200000.00
720285	羚锐红利	2002 7 10	0.100	0.080	40000000	3200000.00
720286	国光红利	2002 3 29	0.050		35000000	

720287	舜天红利	2002 6 14	0.250	0.140	44000000	6160000.00
720288	大恒红利	2002 7 29	0.100	0.080	50000000	4000000.00
720289	亿阳红利	2002 7 15	0.200	0.160	40000000	6400000.00
720290	苏福马利	2002 5 30	0.080	0.064	30000000	1920000.00
720291	西水红利	2002 6 7	0.035	0.028	60000000	1680000.00
720292	九龙红利	2002 7 1	0.200	0.160	60000000	9600000.00
720293	三峡红利	2002 7 9	0.025		55000000	
720293	三峡红利	2002 7 9	0.025		28080000	
720295	鄂尔红利	2002 6 18	0.240	0.192	80000000	15360000.00
720296	兰铝红利	2002 6 12	0.100	0.080	110000000	8800000.00
720297	美罗红利	2002 5 28	0.150	0.120	40000000	4800000.00
720298	安琪红利	2002 6 18	0.100	0.080	35000000	2800000.00
720299	星新红利	2002 7 19	0.100	0.080	80000000	6400000.00
720300	维维红利	2002 5 29	0.260	0.208	100000000	20800000.00
720301	南化红利	2002 6 21	0.100	0.080	72890345	5831227.60
720302	标准红利	2002 8 19	0.025	0.020	90000000	1800000.00
720303	曙光红利	2002 6 17	0.200	0.160	72000000	11520000.00
720303	曙光红利	2002 6 17	0.200	0.160	20250000	3240000.00
720305	恒顺红利	2002 7 5	0.180	0.144	40000000	5760000.00
720306	商业城利	2002 6 14	0.050	0.040	58500000	2340000.00
720306	商业城利	2002 6 14	0.050	0.040	4945235	197809.40
720307	酒钢红利	2002 6 20	0.170	0.136	200000000	27200000.00
720308	华泰红利	2002 7 11	0.050		90000000	
720308	华泰红利	2002 7 11	0.050		25650000	
720309	万华红利	2002 4 25	0.200	0.140	80000000	11200000.00
720310	桂东红利	2002 5 24	0.300	0.240	45000000	10800000.00
720311	荣华红利	2002 7 5	0.100	0.080	80000000	6400000.00
720312	平高红利	2002 7 5	0.150	0.120	60000000	7200000.00
720313	中农红利	2002 6 26	0.012	0.010	80000000	800000.00
720315	家化红利	2002 7 17	0.100	0.080	80000000	6400000.00
720316	洪都红利	2002 7 9	0.100	0.080	90000000	7200000.00
720318	巢东红利	2002 6 24	0.080	0.064	80000000	5120000.00
720319	亚星红利	2002 6 26	0.060	0.048	80000000	3840000.00
720320	振华红利	2002 7 18	0.200	0.160	88000000	14080000.00
720321	国栋红利	2002 6 18	0.200	0.160	70000000	11200000.00
720321	国栋红利	2002 6 18	0.200	0.160	12500000	2000000.00
720322	天房红利	2002 7 22	0.040	0.032	121000000	3872000.00
720323	南海红利	2002 6 24	0.200	0.160	64350000	10296000.00
720323	南海红利	2002 6 24	0.200	0.160	65000000	10400000.00
720323	南海红利	2002 6 24	0.200	0.160	3069660	491145.60
720326	天路红利	2002 4 4	0.100	0.080	40000000	3200000.00
720328	兰太红利	2002 6 6	0.070	0.056	60000000	3360000.00
720329	中新红利	2002 7 29	0.170	0.136	40000000	5440000.00
720330	天通红利	2002 5 31	0.100	0.080	60000000	4800000.00
720331	宏达红利	2002 6 20	0.150	0.120	50000000	6000000.00
720332	穗药业利	2002 6 28	0.060	0.048	78000000	3744000.00
720333	燃气红利	2002 5 30	0.100	0.080	60000000	4800000.00
720333	燃气红利	2002 5 30	0.100	0.080	35136000	2810880.00
720336	澳柯玛利	2002 6 26	0.100	0.080	90000000	7200000.00
720337	美克红利	2002 6 28	0.100	0.080	40000000	3200000.00
720338	珠峰红利	2002 7 26	0.050	0.040	50000000	2000000.00
720339	天利红利	2002 7 8	0.150	0.120	84000000	10080000.00
720345	通信红利	2002 6 20	0.150	0.080	45000000	3600000.00
720346	冰山红利	2002 7 19	0.100	0.080	38500000	3080000.00
720356	恒丰红利	2002 6 13	0.050	0.040	20000000	800000.00
720356	恒丰红利	2002 6 13	0.050	0.040	40000000	1600000.00
720360	华微红利	2002 7 16	0.100	0.080	50000000	4000000.00
720362	江铜红利	2002 7 5	0.050	0.042	230000000	9660000.00
720363	联创红利	2002 5 23	0.060	0.048	60000000	2880000.00
720366	韵升红利	2002 5 24	0.150	0.120	52500000	6300000.00
720367	红星红利	2002 4 25	0.200	0.140	30000000	4200000.00
720368	五洲红利	2002 6 28	0.090	0.072	80000000	5760000.00
720368	五洲红利	2002 6 28	0.090	0.072	22000000	1584000.00
720369	长运红利	2002 7 8	0.050	0.040	70000000	2800000.00

720369	长运红利	2002 7 8	0.050	0.040	2557500	102300.00
720372	昌河红利	2002 6 25	0.160	0.128	110000000	14080000.00
720373	鑫新红利	2002 7 1	0.020	0.016	45000000	720000.00
720376	天鸿红利	2002 5 24	0.200	0.040	40000000	1600000.00
720377	宁沪红利	2002 6 21	0.125	0.100	150000000	15000000.00
720378	天科红利	2002 5 27	0.070	0.046	58500000	2691000.00
720380	太太红利	2002 6 7	0.300	0.240	70000000	16800000.00
720381	白唇鹿利	2002 7 16	0.065	0.052	35000000	1820000.00
720382	粤明珠利	2002 6 7	0.150	0.120	60000000	7200000.00
720383	金地红利	2002 6 28	0.180	0.144	90000000	12960000.00
720386	京巴士利	2002 8 6	0.180	0.144	80000000	11520000.00
720388	龙净红利	2002 6 28	0.070	0.056	65000000	3640000.00
720389	江山红利	2002 6 5	0.050	0.040	40000000	1600000.00
720390	金瑞红利	2002 7 18	0.150	0.120	40000000	4800000.00
720391	成发红利	2002 5 17	0.210	0.168	50000000	8400000.00
720395	盘江红利	2002 8 5	0.100	0.080	120000000	9600000.00
720398	凯诺红利	2002 4 23	0.015	0.002	76500000	153000.00
720399	抚钢红利	2002 5 29	0.030	0.024	120000000	2880000.00
720400	红豆红利	2002 7 24	0.080	0.064	50000000	3200000.00
720418	江汽红利	2002 6 21	0.200	0.160	88000000	14080000.00
720419	天宏红利	2002 6 26	0.050	0.040	30000000	1200000.00
720422	昆制药利	2002 6 12	0.270	0.216	40000000	8640000.00
720448	华纺红利	2002 8 6	0.100	0.080	93500000	7480000.00
720466	迪康红利	2002 6 19	0.100	0.080	50000000	4000000.00
720468	特精红利	2002 7 5	0.050	0.040	30000000	1200000.00
720488	天药红利	2002 4 17	0.200	0.140	45000000	6300000.00
720498	烽火红利	2002 7 19	0.120	0.096	88000000	8448000.00
720500	中化红利	2002 7 11	0.250	0.200	120000000	24000000.00
720501	晨光红利	2002 8 9	0.030	0.004	40000000	160000.00
720506	香梨红利	2002 6 12	0.060	0.048	50000000	2400000.00
720508	能源红利	2002 5 24	0.300	0.240	110000000	26400000.00
720509	天富红利	2002 8 22	0.100	0.080	60000000	4800000.00
720515	一投红利	2002 9 12	0.200	0.160	11426175	1828188.00
720518	康美红利	2002 7 10	0.200	0.160	18000000	2880000.00
720519	茅台红利	2002 7 30	0.600	0.480	71500000	34320000.00
720520	三佳红利	2002 11 20	0.100	0.080	25000000	2000000.00
720523	贵航红利	2002 6 14	0.020	0.016	70000000	1120000.00
720528	中铁红利	2002 5 22	0.380	0.304	110000000	33440000.00
720529	药玻红利	2002 7 19	0.200	0.160	32000000	5120000.00
720529	药玻红利	2002 7 19	0.200	0.160	13463762	2154201.92
720530	昂立红利	2002 6 26	0.200	0.160	50000000	8000000.00
720539	狮头红利	2002 6 28	0.020	0.016	88000000	1408000.00
720548	深高速利	2002 6 25	0.100	0.080	165000000	13200000.00
720550	天威红利	2002 5 24	0.050		60000000	
720555	茉织华利	2002 7 29	0.200	0.160	81000000	12960000.00
720556	北生红利	2002 7 3	0.100	0.080	45320000	3625600.00
720556	北生红利	2002 7 3	0.100	0.080	85000	6800.00
720558	大西洋利	2002 7 1	0.150	0.120	45000000	5400000.00
720566	洪城红利	2002 5 30	0.100	0.080	44000000	3520000.00
720567	山鹰红利	2002 5 29	0.060	0.048	60000000	2880000.00
720569	安阳红利	2002 7 8	0.187	0.150	275000000	41250000.00
720578	京能红利	2002 8 19	0.166	0.132	100000000	13200000.00
720579	黄海红利	2002 12 9	0.030	0.004	60000000	240000.00
720582	天地红利	2002 7 25	0.100	0.080	25000000	2000000.00
720583	海油红利	2002 10 24	0.200	0.160	80000000	12800000.00
720588	用友红利	2002 5 28	0.600	0.480	25000000	12000000.00
720589	榕泰红利	2002 6 14	0.150	0.120	40000000	4800000.00
720592	龙溪红利	2002 11 6	0.200	0.160	50000000	8000000.00
720596	新安红利	2002 7 4	0.050	0.040	44000000	1760000.00
720596	新安红利	2002 7 4	0.050	0.040	16680000	667200.00
720599	花炮红利	2002 7 18	0.150	0.110	22000000	2420000.00
720600	青啤红利	2002 8 23	0.110	0.088	200000000	17600000.00
720602	电子红利	2002 6 28	0.010	0.008	318156381	2545251.05
720607	上实红利	2002 7 11	0.150	0.120	132932010	15951841.20

720611	交通红利	2002 7 9	0.260	0.208	142323426	29603272.61
720616	食品红利	2002 8 16	0.180	0.144	45654036	6574181.18
720619	海立红利	2002 7 25	0.090	0.072	20280269	1460179.37
720620	天宸红利	2002 8 23	0.030	0.024	80465487	1931171.69
720626	申达红利	2002 7 4	0.200	0.160	140481600	22477056.00
720628	新世界利	2002 8 26	0.050	0.040	116142831	4645713.24
720631	一百红利	2002 7 26	0.020	0.016	188313380	3013014.08
720632	华联红利	2002 7 3	0.120	0.096	124467083	11948839.97
720633	白猫红利	2002 7 19	0.010	0.008	13200012	105600.10
720634	海鸟红利	2002 8 12	0.020	0.016	39809737	636955.79
720635	科创红利	2002 6 10	0.210	0.168	257299166	43226259.89
720635	科创红利	2002 6 10	0.210	0.168	2400000	403200.00
720636	三爱富利	2002 5 16	0.175	0.140	58406400	8176896.00
720637	广电红利	2002 7 8	0.100	0.080	185277419	14822193.52
720638	新黄浦利	2002 8 23	0.080	0.064	170152134	10889736.58
720640	国脉红利	2002 7 25	0.070	0.056	55335771	3098803.18
720641	中远红利	2002 5 30	0.165	0.132	1401966	185059.51
720641	中远红利	2002 5 30	0.165	0.132	177664274	23451684.17
720642	申能红利	2002 7 26	0.350	0.280	410992000	115077760.00
720643	爱建红利	2002 7 15	0.150	0.120	308352666	37002319.92
720644	乐山红利	2002 9 4	0.050	0.040	128759452	5150378.08
720649	原水红利	2002 8 29	0.050	0.040	560851462	22434058.48
720651	音响红利	2002 8 29	0.120	0.096	424165123	40719851.81
720655	豫园红利	2002 6 10	0.080	0.064	149079457	9541085.25
720656	华源药利	2002 6 26	0.040	0.032	50959989	1630719.65
720657	天桥红利	2002 7 30	0.060	0.048	102996054	4943810.59
720660	福耀红利	2002 4 4	0.135	0.086	130171206	11194723.72
720661	南洋红利	2002 6 19	0.150	0.120	25455375	3054645.00
720664	哈药红利	2002 7 18	0.100	0.080	346281883	27702550.64
720665	沪昌红利	2002 6 5	0.025	0.020	147000002	2940000.04
720668	尖峰红利	2002 7 12	0.100	0.080	144838378	11587070.24
720671	天目红利	2002 7 30	0.010	0.008	63415685	507325.48
720672	英豪红利	2002 6 21	0.020	0.016	256000000	4096000.00
720674	川投红利	2002 5 23	0.020	0.016	154740608	2475849.73
720676	交运红利	2002 7 5	0.100	0.080	73400000	5872000.00
720677	中汇红利	2002 8 28	0.100	0.080	170745684	13659654.72
720680	邮通红利	2002 7 3	0.070	0.056	27040000	1514240.00
720681	诚成红利	2002 9 3	0.020	0.016	108523800	1736380.80
720682	新百红利	2002 6 21	0.150	0.120	152880000	18345600.00
720686	厦汽红利	2002 7 4	0.150	0.120	57600000	6912000.00
720690	海尔红利	2002 6 28	0.300	0.240	449897074	107975297.76
720692	亚通红利	2002 7 18	0.050	0.040	52920025	2116801.00
720694	大商红利	2002 7 1	0.200	0.160	156171380	24987420.80
720697	欧亚红利	2002 5 30	0.200	0.160	64912299	10385967.84
720699	辽源红利	2002 6 6	0.016	0.010	89987040	899870.40
720704	中大红利	2002 7 18	0.100	0.080	128383875	10270710.00
720705	北亚红利	2002 6 27	0.035	0.028	15840130	443523.64
720705	北亚红利	2002 6 27	0.035	0.028	343075070	9606101.96
720707	彩虹红利	2002 8 23	0.169	0.135	143644801	19392048.14
720708	东海红利	2002 12 4	0.100	0.080	86592001	6927360.08
720710	常林红利	2002 6 12	0.035	0.028	74399999	2083199.97
720711	雄震红利	2002 8 16	0.050	0.040	15120000	604800.00
720712	宁百红利	2002 7 19	0.060	0.048	39540000	1897920.00
720713	宁医药利	2002 7 17	0.100	0.080	83097399	6647791.92
720716	耀华红利	2002 7 3	0.080	0.064	81000001	5184000.06
720717	津港红利	2002 6 21	0.080	0.064	215221406	13774169.98
720718	东软红利	2002 7 8	0.200	0.160	113258293	18121326.88
720719	热电红利	2002 7 19	0.080	0.064	76050000	4867200.00
720720	祁连山利	2002 5 23	0.050	0.040	163160266	6526410.64
720723	西单红利	2002 7 9	0.100	0.080	185919370	14873549.60
720725	云维红利	2002 4 19	0.200	0.160	37500000	6000000.00
720726	黑龙红利	2002 6 7	0.120	0.096	168000191	16128018.34
720726	黑龙红利	2002 6 7	0.120	0.096	21333333	2047999.97
720728	新太红利	2002 6 28	0.050	0.040	81120000	3244800.00

720729	渝百红利	2002 8 6	0.130	0.104	51000003	5304000.31
720731	海利红利	2002 6 12	0.020	0.016	74643075	1194289.20
720736	苏高新利	2002 6 24	0.100	0.080	150930000	12074400.00
720737	屯河红利	2002 7 25	0.025		193469060	
720739	成大红利	2002 6 25	0.050	0.040	97812000	3912480.00
720740	焦化红利	2002 7 1	0.100	0.080	84500000	6760000.00
720741	巴士红利	2002 6 21	0.100	0.080	240000000	19200000.00
720742	四环红利	2002 6 24	0.250	0.200	103194000	20638800.00
720744	华银红利	2002 7 31	0.100	0.080	288288000	23063040.00
720747	大显红利	2002 5 24	0.050		150954739	
720750	江中红利	2002 5 31	0.100	0.080	62400000	4992000.00
720754	新亚红利	2002 8 15	0.100	0.080	98360000	7868800.00
720756	浪潮红利	2002 8 14	0.050	0.040	68702400	2748096.00
720757	华源红利	2002 8 15	0.050	0.040	140400000	5616000.00
720761	合力红利	2002 6 17	0.200	0.160	94220318	15075250.88
720764	三星红利	2002 5 31	0.075	0.060	58985630	3539137.80
720770	综艺红利	2002 8 23	0.050	0.040	99000000	3960000.00
720774	汉商红利	2002 5 28	0.012		34611200	
720776	通信红利	2002 7 8	0.200	0.160	118000024	18880003.84
720777	新潮红利	2002 7 15	0.200	0.160	50370928	8059348.48
720777	新潮红利	2002 7 15	0.200	0.160	47168399	7546943.84
720778	友好红利	2002 7 10	0.080	0.064	171312867	10964023.49
720779	全兴红利	2002 6 27	0.050	0.020	173920800	3478416.00
720780	通宝红利	2002 7 26	0.125	0.100	93567247	9356724.70
720782	新华红利	2002 6 19	0.110	0.088	56160000	4942080.00
720785	新华红利	2002 6 6	0.100	0.080	64642511	5171400.88
720787	中储红利	2002 6 21	0.065	0.052	126164986	6560579.27
720789	鲁抗红利	2002 7 5	0.080	0.064	158097945	10118268.48
720795	国电红利	2002 4 15	0.250	0.200	207028224	41405644.80
720796	钱江红利	2002 7 22	0.182	0.146	42237000	6166602.00
720797	浙大红利	2002 6 20	0.080	0.064	166165584	10634597.38
720798	海运红利	2002 5 31	0.125	0.100	141449995	14144999.50
720801	华新红利	2002 6 21	0.035	0.028	48000000	1344000.00
720803	威远红利	2002 9 6	0.120	0.096	66096000	6345216.00
720808	马钢红利	2002 7 10	0.020	0.016	600000000	9600000.00
720809	汾酒红利	2002 8 27	0.060	0.048	76684133	3680838.38
720810	神马红利	2002 8 30	0.050	0.040	141570000	5662800.00
720811	东方红利	2002 7 22	0.025		401796896	
720812	华药红利	2002 8 23	0.050	0.040	469268566	18770742.64
720815	厦工红利	2002 6 12	0.050	0.040	79800099	3192003.96
720819	耀皮红利	2002 7 25	0.220	0.176	31250052	5500009.15
720820	隧道红利	2002 7 31	0.050	0.040	242248577	9689943.08
720822	物贸红利	2002 8 20	0.020	0.016	13310000	212960.00
720823	世茂红利	2002 8 30	0.073	0.058	113159027	6563223.57
720824	益民红利	2002 8 13	0.150	0.120	89865492	10783859.04
720825	超市红利	2002 8 16	0.030	0.024	38568998	925655.95
720826	兰生红利	2002 7 3	0.100	0.080	95139998	7611199.84
720829	天鹅红利	2002 7 8	0.020	0.016	33275041	532400.66
720830	大红鹰利	2002 6 27	0.100	0.080	102628813	8210305.04
720832	明珠红利	2002 8 22	0.240	0.192	156886776	30122260.99
720834	申通红利	2002 8 16	0.100	0.080	80040000	6403200.00
720835	上菱红利	2002 8 19	0.150	0.120	169920000	20390400.00
720837	都市红利	2002 7 3	0.030	0.024	16380001	393120.02
720841	上柴红利	2002 7 11	0.055	0.044	21600000	950400.00
720849	沪医红利	2002 8 1	0.090	0.072	190708402	13731004.94
720851	海欣红利	2002 7 23	0.100	0.080	153065780	12245262.40
720854	春兰红利	2002 7 18	0.300	0.240	198241871	47578049.04
720857	工大红利	2002 8 12	0.050	0.040	91508797	3660351.88
720859	王府井利	2002 8 13	0.050	0.040	198378626	7935145.04
720860	北人红利	2002 7 31	0.120	0.096	50000000	4800000.00
720861	城乡红利	2002 7 16	0.060	0.048	167310000	8030880.00
720863	蒙电红利	2002 7 24	0.120	0.096	197730013	18982081.25
720864	岁宝红利	2002 8 21	0.110	0.088	45375000	3993000.00
720865	百大红利	2002 7 29	0.090	0.072	135340088	9744486.34

720866	星湖红利	2002 6 28	0.100	0.080	194380454	15550436.32
720868	梅雁红利	2002 5 24	0.100	0.060	776238886	46574333.16
720871	仪征红利	2002 7 29	0.020	0.016	200000000	3200000.00
720874	创业红利	2002 6 12	0.080	0.064	112495000	7199680.00
720879	火箭红利	2002 6 26	0.100	0.080	137141235	10971298.80
720880	博瑞红利	2002 5 30	0.100	0.080	41877450	3350196.00
720881	亚泰红利	2002 5 10	0.050	0.040	275515620	11020624.80
720882	大成红利	2002 7 30	0.030	0.024	96829622	2323910.93
720883	富邦红利	2002 5 30	0.030	0.024	35100000	842400.00
720884	杉杉红利	2002 5 15	0.200	0.160	151989880	24318380.80
720887	伊利红利	2002 8 2	0.360	0.288	79893931	23009452.13
720888	众和红利	2002 7 2	0.100	0.080	29250004	2340000.32
720889	宁化纤利	2002 8 13	0.030	0.024	66818544	1603645.06
720890	长铃红利	2002 7 19	0.030	0.024	205095495	4922291.88
720894	广钢红利	2002 7 30	0.040	0.036	161690265	5820849.54
720896	海盛红利	2002 6 25	0.100	0.080	156078044	12486243.52
720897	厦机红利	2002 7 9	0.150	0.120	67500000	8100000.00
720899	信联红利	2002 6 28	0.050	0.040	54305509	2172220.36
721028	中石化利	2002 9 26	0.020	0.016	2800000000	44800000.00
721067	大通红利	2002 11 6	0.050		67924268	
721074	中达红利	2002 11 25	0.080	0.004	97200000	388800.00
721080	金花红利	2002 8 1	0.020	0.016	99840478	1597447.65
721161	天坛红利	2002 9 12	0.080	0.064	48000000	3072000.00
820001	金泰红利	2002 4 11	0.016	0.016	2000000000	32000000.00
820003	安信红利	2002 4 11	0.230	0.230	2000000000	460000000.00
820005	汉盛红利	2002 4 10	0.003	0.003	2000000000	6000000.00
820006	裕阳红利	2002 4 10	0.007	0.007	2000000000	14000000.00
820008	兴华红利	2002 4 12	0.091	0.091	2000000000	182000000.00
820009	安顺红利	2002 4 11	0.110	0.110	3000000000	330000000.00
820011	金鑫红利	2002 4 11	0.068	0.068	3000000000	204000000.00
820013	安瑞红利	2002 4 11	0.070	0.070	500000000	35000000.00
820016	裕元红利	2002 4 10	0.036	0.036	1500000000	54000000.00
820018	兴和红利	2002 4 12	0.076	0.076	3000000000	228000000.00
820038	通乾红利	2002 8 28	0.030	0.030	2000000000	60000000.00
820056	科瑞红利	2002 9 12	0.012	0.012	2970000000	35640000.00

表 20　会员公司概貌

会员公司	2002 年	2001 年	增减%
会员公司数量	195	255	−23.53
本地会员	14	10	40.00
异地会员	181	245	−26.12
席位数量	5325	5312	0.24
A 股有形	2587	2752	−6.00
A 股无形	2738	2560	6.95
B 股证券商	111	101	9.90
境内	68	61	11.48
境外	43	40	7.50
会员公司交易金额			
合计	86184.13	80235.13	7.41
本地会员	19457.67	19882.06	−2.13
异地会员	66726.46	60353.07	10.56
股票	33297.46	44685.53	−25.48
本地会员	7497.96	9841.03	−23.81
异地会员	25799.50	34844.50	−25.96
基金	943.10	2410.61	−60.88
本地会员	243.19	529.06	−54.03
异地会员	699.91	1881.55	−62.80
国债现货	11275.74	8065.18	39.81
本地会员	2340.62	2204.10	6.19
异地会员	8935.12	5861.08	52.45
国债回购	40667.83	25073.81	62.19
本地会员	9375.90	7307.87	28.30
异地会员	31291.93	17765.94	76.13

表 21　会员交易　　　　单位:万元

会员公司	名次	总计	股票	基金	国债现货	国债回购	金融债、企业债、可转债	其他
中国银河证券	1	56064268.53	22778524.63	690112.42	4311265.41	28179140	43346.42	61879.66
海通证券	2	53276649.10	15428405.61	327493.25	7740282.12	29600810	53114.95	126543.15
南方证券	3	47473241.29	14483681.81	268885.13	2985071.11	29681330	30835.01	23438.24
国泰君安证券	4	46155807.15	18854772.05	874223.48	5454923.93	20693920	55246.75	222720.95
华夏证券	5	41197609.78	11617466.45	261692.34	2330851.86	26839880	81780.06	65939.06
中信证券	6	40191873.81	6139272.74	406915.33	3284019.42	30231330	93379.47	36956.89
申银万国证券	7	36104272.98	17449636.68	383635.91	2951288.97	15179370	79588.24	60753.16
广发证券	8	24669462.61	8494784.29	197027.67	5289207.58	10616600	25991.71	45851.35
福建省闽发证券	9	20207635.09	3849601.98	100785.50	12161195.61	4066990	5219.06	23842.96
辽宁东方证券	10	18093253.59	419170.04	63558.50	3497505.30	14099010	929.53	13080.24
湘财证券	11	16295158.36	3805726.77	80055.76	3020085.19	9303680	5686.37	79924.28
大鹏证券	12	15412510.79	3874928.22	99315.50	2140637.32	9232960	31466.98	33202.80
天同证券	13	14747415.32	6427379.97	158197.01	1232463.85	6904830	15063.19	9481.27
亚洲证券	14	14714152.25	4118885.94	99460.31	1656050.34	8780730	10526.38	48499.30
招商证券	15	13328443.30	5633252.98	279497.62	1763443.79	5533330	55778.50	63140.36
华泰证券	16	13274229.03	6638788.29	150842.44	1484385.57	4938560	45089.98	16562.75
平安证券	17	12943868.50	3267279.68	133869.04	2765094.56	6693820	44899.01	38906.18
国信证券	18	12689969.63	5660513.74	122996.98	1115351.52	5726300	9560.54	55246.85
西南证券	19	11978537.07	3231848.85	52674.64	1980374.20	6683230	15622.33	14787.05
光大证券	20	11956135.91	5376825.83	255443.54	1563095.19	4675050	24818.86	60902.50
兴业证券	21	11025605.91	4334559.13	241151.11	1224164.58	4949330	241573.00	34828.11
东方证券	22	10752756.92	4765989.57	179106.45	1124320.89	4669300	10685.57	3354.45
长城证券	23	10703620.81	3803832.80	202365.01	2346672.09	4184710	14728.32	151312.57
联合证券	24	10447570.51	4630055.63	81363.25	1182456.76	4522390	15430.58	15874.29
上海证券	25	10422667.09	3628698.01	160528.42	802804.49	5747430	28282.00	54924.16
广东证券	26	10330627.59	3856326.02	86072.88	772003.35	5565400	5230.31	45595.03
宏源证券	27	9827949.02	1977612.90	35580.91	1133947.70	6413740	5824.16	261243.36
金信证券	28	9697884.69	3079336.85	80461.12	1679524.90	4852110	5272.19	1179.64
长江证券	29	9048061.90	3105550.53	66632.73	3336458.62	2505210	18018.58	16191.41
汉唐证券	30	8320053.33	2743897.96	154258.88	2722943.63	2669980	6171.63	22801.25
金通证券	31	8302398.54	4658782.47	86693.06	1359177.77	2183090	3730.59	10924.59
辽宁省证券	32	7321326.77	3047386.70	65492.55	1241138.50	2941010	7580.76	18718.25
北京证券	33	7110871.04	3284570.59	48716.71	563888.06	3196720	14621.28	2354.43
山西证券	34	6962363.19	1595557.16	112397.44	1545720.93	3563080	1533.50	144074.15
渤海证券	35	6333274.97	3091633.71	72304.30	1084338.83	2058100	20597.91	6300.23
国元证券	36	6120412.73	3738644.84	175597.89	1043666.37	1140310	16482.95	5710.73
长财证券	37	5334246.72	553804.43	10284.62	373113.55	4395220	960.27	863.84
中国科技证券	38	5133631.57	1455094.28	24712.33	72834.67	3569140	3315.70	8534.60
德恒证券	39	5086749.44	1344393.76	21413.26	1467734.49	2249670	1249.32	2288.64
华西证券	40	4842520.51	2739339.96	49878.85	171078.55	1868970	2948.35	10304.83
华安证券	41	4805688.58	2982847.79	168230.28	605730.19	918300	4411.16	126169.16
中国民族证券	42	4686667.96	1842429.38	65808.53	858312.38	1893220	5211.39	21686.29
新华证券	43	4659044.79	1609905.88	28786.67	517617.79	2493640	6863.20	2231.29
大通证券	44	4613032.10	1610956.87	37522.66	816102.86	2076530	7401.80	64517.88
华鑫证券	45	4429198.94	1610541.80	44112.19	417256.50	2345430	4565.13	7293.34
天和证券	46	4398488.27	2361781.42	70330.50	555344.73	1404150	3685.93	3195.67

东吴证券	47	4264163.15	3057123.05	56179.06	657669.70	472270	13032.25	7889.13
泰阳证券	48	4166971.74	3296034.14	73515.15	229199.44	533600	1420.27	33202.73
国都证券	49	4163359.88	1252930.38	36174.04	422727.74	2392720	3031.06	55776.68
新疆证券	50	4123366.93	1930542.36	20127.11	760930.64	1407110	3269.97	1386.87
河北证券	51	4016510.09	2726550.87	52003.63	346704.61	882830	1667.05	6753.90
甘肃证券	52	4005128.32	702632.80	89850.29	1176721.37	2020390	4668.32	10865.55
天一证券	53	3881440.27	2059797.62	34253.01	312306.87	1444770	6107.18	24205.61
国海证券	54	3780159.37	2610444.37	36203.10	306491.45	806530	4103.82	16386.63
国联证券	55	3708994.25	2226718.35	48942.75	210418.57	1191700	3552.82	27661.75
东北证券	56	3611961.97	2543828.33	62254.65	485803.16	505580	2786.32	11709.53
武汉证券	57	3420084.05	1319022.92	31582.12	860130.69	1206720	1747.53	880.75
健桥证券	58	3079033.53	733290.12	24855.84	454503.13	1861460	245.79	4678.65
爱建证券	59	2886663.73	1177083.02	28590.87	478497.79	1196610	3690.63	2191.40
海南港澳国际信托	60	2688263.32	2034332.13	43138.96	66891.27	533620	7017.50	3263.45
巨田证券	61	2675902.67	1629364.69	34199.51	114850.67	883490	13484.55	513.22
福建省华福证券	62	2614051.23	1298118.93	28648.54	56164.14	1228470	692.53	1957.10
世纪证券	63	2602531.21	1008986.65	12807.13	189057.31	1390320	943.64	416.44
大连证券	64	2592940.39	1531351.70	31586.50	546559.14	478510	3342.01	1591.01
北方证券	65	2579289.30	1040478.40	25616.72	281296.34	1224720	785.00	6392.85
西部证券	66	2557038.93	2065607.07	49903.47	126900.70	311810	1632.52	1185.15
西北证券	67	2554803.00	1016467.73	10319.17	352631.48	1171230	3756.15	398.48
浙江省证券	68	2492194.42	1924827.59	29534.05	127318.54	404740	2312.72	3461.51
中关村证券	69	2463120.51	1003507.54	16907.95	118350.22	1322230	1473.42	651.39
山东省齐鲁证券	70	2460419.89	1372696.44	36242.91	550854.06	494570	1012.86	5043.60
江南证券	71	2435451.41	1118792.50	12779.91	123465.90	1176510	2979.99	923.11
信泰证券	72	2395365.73	1347539.72	30365.36	224322.25	788690.00	2823.60	1624.76
富友证券	73	2298815.53	1077564.20	20449.92	956487.45	242210	1537.70	566.26
河南证券	74	2187257.16	1715849.06	32206.31	78021.65	357270	3006.93	903.21
广东民安证券	75	2098545.43	967793.32	30351.20	175253.41	917520	4291.31	3336.21
兴安证券	76	2098251.45	1453608.58	26406.01	104552.45	510830	1719.31	1135.10
南京证券	77	2059109.46	1630852.22	35466.29	30684.69	355780	3328.20	2998.06
富成证券	78	2036340.82	599385.52	39417.37	136007.91	1241220	5400.45	14909.58
蔚深证券	79	2009312.02	1512356.56	23049.41	91031.30	380840	970.13	1064.64
民生证券	80	1914955.04	1657384.87	34318.40	134483.64	85940	815.55	2012.54
华龙证券	81	1728599.91	1298240.52	28121.16	176112.89	170970	2242.23	52913.07
万联证券	82	1691576.42	1153458.57	33210.42	71107.70	432180	948.61	671.15
江西省发展信托	83	1653554.69	157611.75	8682.14	128011.43	1359060	71.17	118.19
恒泰证券	84	1630034.62	1070475.17	28666.67	138200.99	389270	1433.29	1988.50
中国国际金融有限公司	85	1612785.72	13554.95	0	449113.84	1147540	1545.18	1031.75
万通证券	86	1482140.35	1012711.45	43430.17	93041.74	326820	1667.41	4469.56
东莞证券	87	1426466.49	1105883.18	14357.74	45282.36	235220	12012.59	13710.57
沈阳财政证券	88	1398716.33	288073.63	6032.96	238899.86	842290	148.69	23271.20
中兴信托	89	1341087.86	741501.58	20751.19	164971.93	412400	1169.12	294.03
中富证券	90	1323388.04	1052396.66	23179.48	49495.45	196350	1628.20	338.25
鞍山证券	91	1298371.43	967406.20	18150.94	97485.41	213600	929.48	799.42
广州证券	92	1289004.34	990859.05	28537.42	33417.13	233750	1904.67	536.06
常州证券	93	1282481.16	1151893.45	18885.52	10521.44	97860	2620.30	700.40
红塔证券	94	1227180.52	908510.85	30045.37	46220.11	238170	1322.05	2912.12

成都证券	95	1221331.80	937275.42	18522.99	6749.82	254760	3490.08	533.52
和兴证券	96	1152453.26	963946.59	36035.95	58514.56	91790	1372.43	793.71
第一创业证券	97	987650.10	313278.55	6430.72	550.35	666070	1139.49	180.97
首创证券	98	977527.20	840806.83	15723.69	65942.52	53160	1232.43	661.72
浙江省信托	99	952349.75	828361.17	20318.45	62592.71	38350	696.67	2030.74
上海久联证券	100	948342.84	409372.56	14894.14	211784.99	311440	747.22	103.91
天元证券	101	944517.50	897859.24	16635.81	8041.10	19800	1391.92	789.43
青海证券	102	921262.68	517100.69	11829.98	45427.38	345950	725.53	229.11
金元证券	103	915327.15	639844.60	13929.63	27092.01	233400	537.37	523.58
华创证券	104	914096.48	313996.74	4989.91	41525.78	550610	2697.88	276.21
航空信托	105	899752.97	655798.16	9610.51	37112.55	196610	380.86	240.86
中山证券	106	858103.94	531953.24	9823.11	61470.77	253550	941.94	364.88
福建省闽南侨乡信托	107	766139.36	247489.36	19070.89	201.36	499070	147.51	160.22
北京恒通信托	108	758580.71	279107.22	9627.54	224791.87	242590	153.24	2310.83
江西省国际信托	109	718120.04	646302.09	10866.04	19633.26	37820	1098.87	2399.81
成都工商信托	110	703787.21	100079.38	2107.23	23729.07	554670	70.31	23131.24
财富证券	111	703001.49	463801.50	10340.03	30035.53	198280	319.72	224.68
广发北方证券	112	698929.66	650389.23	16093.25	16485.14	8790	765.76	6406.27
中国旅游国际信托	113	648248.38	475120.99	10402.58	74582.39	78940	847.07	8355.35
江门证券	114	647688.13	461276.70	10878.82	351.56	174530	396.56	254.47
大同证券	115	609459.00	547082.41	8955.13	29537.18	20180	2985.75	718.55
中国金谷国际信托	116	597526.68	468829.23	11281.00	19957.44	97030	276.86	152.12
哈尔滨国际信托	117	593835.95	352762.08	2758.34	10116.48	227180	951.90	67.20
恒信证券	118	576433.61	258376.97	3170.39	162585.91	150580	1579.77	140.57
云南证券	119	569060.25	502200.62	8765.24	538.57	56600	498.84	456.95
海南省证券	120	529540.85	498713.73	12370.82	17165.93	60	690.15	540.21
洛阳市证券	121	511779.64	495299.54	11272.65	4338.03	30	458.48	380.95
厦门证券	122	498426.19	425275.29	12493.24	8108.94	51370	375.15	803.59
辽宁信托	123	456061.35	442264.15	11715.47	1070.60	0	768.28	242.81
鞍山市信托	124	451759.24	383519.94	5644.65	27417.82	34470	174.72	532.11
珠海证券	125	437619.30	421502.09	9499.96	5117.89	0	944.45	554.93
山西华康信托	126	406825.29	236865.11	4027.27	114531.53	51000	141.76	259.61
济南英大国际信托	127	406365.40	272240.34	6358.46	49304.10	77660	536.84	265.64
沈阳市信托	128	401454.88	220773.35	5450.39	20952.40	153340	635.36	303.38
广东华侨信托	129	389457.90	298455.34	6266.25	38704.45	44460	1125.72	446.15
齐齐哈尔市证券	130	382565.59	376637.35	5253.31	376.46	0	118.46	180.00
恒远证券	131	369707.45	329336.57	6540.78	14404.76	17880	1434.58	110.74
惠州证券	132	362742.05	134363.50	1663.58	116694.69	109760	144.74	115.52
河北财达证券	133	361111.72	262444.35	3431.22	4883.56	89880	78.76	393.82
青岛市弘诚信托	134	355078.55	229888.14	5270.25	4942.15	114520	250.51	207.54
西藏证券	135	351818.98	243027.50	3025.02	102633.33	2720	229.88	183.29
辽宁省国际信托	136	346365.91	337523.21	4751.27	791.48	2890	177.22	232.71
珠海国际信托	137	329118.20	319648.54	6934.44	1525.90	90	590.99	328.35
众成证券	138	316615.26	286939.92	8231.09	14211.19	6720	331.60	181.45
开封市信托	139	312649.65	297096.80	4895.61	976.47	8980	211.91	488.87
青岛国际信托	140	299581.35	108566.15	2254.89	226.05	188270	109.66	154.61
珠海中业信托	141	269257.23	184011.97	4517.85	11621.03	68530	377.75	198.61
佳木斯市证券	142	251885.96	237917.94	5026.68	1893.00	6700	202.27	146.08

万和证券	143	249994.48	172634.97	2283.23	5597.03	69110	218.27	151.02
航天信托	144	244986.67	88463.67	11.61	9495.58	146940	0	75.82
焦作市信托	145	225503.80	218745.52	5170.34	841.39	350	275.71	120.84
漳州市信托	146	209791.82	194876.38	4826.66	673.56	9220	118.78	76.42
深圳市金牛证券	147	209481.86	168481.30	1168.31	19067.81	20580	146.27	38.16
福州市信托	148	209170.70	49234.55	2333.96	561.85	156870	112.63	57.69
武汉市信托	149	208921.58	193889.96	4534.06	7101.98	2480	705.14	210.47
江西省赣州地区信托	150	207559.29	203579.94	3258.79	569.95	0	68.86	81.73
辽宁华盛信托	151	203963.76	196928.85	5568.76	742.78	0	598.30	125.05
海南赛格国际信托	152	196760.94	190335.66	4757.89	1376.52	0	248.54	42.35
包头市信托	153	189507.54	187369.50	2007.65	3.33	0	41.97	85.06
成都市信托	154	187866.17	183480.77	3385.50	575.95	0	283.58	140.39
福建省华侨信托	155	182460.63	168695.11	5323.42	2166.93	5000	1072.40	202.76
乐山市信托	156	178199.83	175174.90	2304.94	338.89	0	213.29	167.83
沈阳国际信托	157	174470.71	165003.92	6900.62	2052.38	20	345.53	148.26
吉林泛亚信托	158	171457.23	124445.96	1766.56	26933.12	18260	3.19	48.42
德阳市信托	159	170665.63	166877.40	2888.74	734.79	0	65.15	99.54
三亚中亚信托	160	167111.68	123304.30	6857.27	7386.37	29490	34.45	39.28
邯郸市信托	161	166716.91	161235.21	4948.24	431.63	0	30.90	70.92
川财证券	162	154439.65	149263.59	2754.17	665.90	700	275.38	780.59
哈尔滨财政证券	163	152375.49	147501.21	1718.68	2767.34	0	118.74	269.50
四川省信托	164	133803.88	86447.44	1273.50	46026.94	0	7.65	48.35
西安华弘证券	165	132107.85	129412.69	1831.96	550.26	0	65.62	247.33
海南华银国际信托	166	130336.03	116327.60	3776.57	4930.36	4940	287.09	74.42
陕西开源证券	167	118411.29	96457.57	1271.17	10461.56	9940	85.27	195.76
闽东福宁信托	168	114546.34	112654.63	1695.43	0	0	9.98	186.27
抚顺市信托	169	113380.93	109315.23	3301.23	580.73	0	96.17	87.66
镇江市信托	170	111487.71	103353.82	2442.80	587.34	4980	88.06	35.67
丹东国际信托	171	110156.19	106272.96	2270.56	279.48	1160	73.52	99.65
广州国际信托	172	107029.27	76062.57	1082.03	22086.16	0	7754.59	43.92
中原信托	173	93157.20	57100.27	539.81	19.97	35250	19.45	227.71
保定信托	174	84896.53	75703.77	1790.23	5279.07	0	788.38	1335.06
天津一德证券	175	84329.34	82635.58	1603.59	45.21	0	22.98	21.99
武汉国际租赁	176	75501.13	73742.42	877.74	625.76	0	237.06	18.15
河南省信阳地区信托	177	72054.85	70890.38	1015.23	3.41	100	24.05	21.80
四川省天风证券	178	62656.88	61773.26	604.29	141.23	0	111.57	26.50
海南省信托	179	59072.19	41829.39	536.05	125.65	16580	0	1.13
成都市金通信托	180	57407.49	56424.78	780.22	165.59	0	11.67	25.24
武汉科技信托	181	56997.02	55669.14	1004.17	179.72	0	123.87	20.11
河南省国际信托	182	47685.93	47132.45	440.55	91.64	0	10.58	10.73
三门峡市信托	183	37969.97	37178.60	727.63	37.97	0	0.92	24.84
福建省华兴信托	184	28383.85	27603.43	476.02	2.98	0	10.39	291.06
内蒙古日信证券	185	15956.29	15754.08	154.14	35.72	0	0.91	11.42
安阳市信托	186	739.51	737.97	1.54	0	0	0	0

表22 五十大会员公司交易 单位:万元人民币

会员公司	名次	交易金额总计	会员公司	名次	A股交易金额
中国银河证券有限责任公司	1	56064268.53	中国银河证券有限责任公司	1	21831331.76
海通证券股份有限公司	2	53276649.10	国泰君安证券股份有限公司	2	17965102.49
南方证券股份有限公司	3	47473241.29	申银万国证券股份有限公司	3	16035609.49
国泰君安证券股份有限公司	4	46155807.15	海通证券股份有限公司	4	14714637.99
华夏证券有限公司	5	41197609.78	南方证券股份有限公司	5	13985024.66
中信证券股份有限公司	6	40191873.81	华夏证券有限公司	6	11204132.76
申银万国证券股份有限公司	7	36104272.98	广发证券股份有限公司	7	7945758.48
广发证券股份有限公司	8	24669462.61	天同证券有限责任公司	8	6398816.63
福建省闽发证券公司	9	20207635.09	华泰证券有限责任公司	9	6370442.32
辽宁东方证券公司	10	18093253.59	中信证券股份有限公司	10	5728260.97
湘财证券有限责任公司	11	16295158.36	招商证券股份有限公司	11	5526075.45
大鹏证券有限责任公司	12	15412510.79	国信证券有限责任公司	12	5513210.39
天同证券有限责任公司	13	14747415.32	光大证券有限责任公司	13	5197158.69
亚洲证券有限责任公司	14	14714152.25	联合证券有限责任公司	14	4581639.09
招商证券股份有限公司	15	13328443.30	东方证券有限责任公司	15	4542077.01
华泰证券有限责任公司	16	13274229.03	金通证券股份有限公司	16	4404218.07
平安证券有限责任公司	17	12943868.50	兴业证券股份有限公司	17	4285236.93
国信证券有限责任公司	18	12689969.63	亚洲证券有限责任公司	18	4006307.28
西南证券有限责任公司	19	11978537.07	福建省闽发证券公司	19	3803543.75
光大证券有限责任公司	20	11956135.91	广东证券股份有限公司	20	3735422.03
兴业证券股份有限公司	21	11025605.91	长城证券有限责任公司	21	3716859.85
东方证券有限责任公司	22	10752756.92	大鹏证券有限责任公司	22	3701677.40
长城证券有限责任公司	23	10703620.81	国元证券有限责任公司	23	3677589.89
联合证券有限责任公司	24	10447570.51	湘财证券有限责任公司	24	3638176.60
上海证券有限责任公司	25	10422667.09	上海证券有限责任公司	25	3494895.98
广东证券股份有限公司	26	10330627.59	北京证券有限责任公司	26	3258915.13
宏源证券股份有限公司	27	9827949.02	泰阳证券有限责任公司	27	3237015.08
金信证券有限责任公司	28	9697884.69	西南证券有限责任公司	28	3162295.26
长江证券有限责任公司	29	9048061.90	平安证券有限责任公司	29	3157417.87
汉唐证券有限责任公司	30	8320053.33	金信证券有限责任公司	30	3079336.85
金通证券股份有限公司	31	8302398.54	东吴证券有限责任公司	31	3013099.99
辽宁省证券公司	32	7321326.77	长江证券有限责任公司	32	2967017.01
北京证券有限责任公司	33	7110871.04	辽宁省证券公司	33	2941529.40
山西证券有限责任公司	34	6962363.19	渤海证券有限责任公司	34	2883475.36
渤海证券有限责任公司	35	6333274.97	华安证券有限责任公司	35	2860830.84
国元证券有限责任公司	36	6120412.73	汉唐证券有限责任公司	36	2742223.50
长财证券经纪有限责任公司	37	5334246.72	河北证券有限责任公司	37	2723824.33
中国科技证券有限责任公司	38	5133631.57	华西证券有限责任公司	38	2711273.89
德恒证券有限责任公司	39	5086749.44	国海证券有限责任公司	39	2607038.88
华西证券有限责任公司	40	4842520.51	东北证券有限责任公司	40	2459447.21
华安证券有限责任公司	41	4805688.58	天和证券经纪有限公司	41	2361781.42
中国民族证券有限责任公司	42	4686667.96	国联证券有限责任公司	42	2209316.93
新华证券有限公司	43	4659044.79	西部证券股份有限公司	43	2062772.74
大通证券股份有限公司	44	4613032.10	天一证券有限责任公司	44	2040591.67
华鑫证券有限责任公司	45	4429198.94	宏源证券股份有限公司	45	1955706.86
天和证券经纪有限公司	46	4398488.27	新疆证券有限责任公司	46	1925425.36
东吴证券有限责任公司	47	4264163.15	海南港澳国际信托投资有限公司	47	1925202.44
泰阳证券有限责任公司	48	4166971.74	中国民族证券有限责任公司	48	1767339.37
国都证券有限责任公司	49	4163359.88	河南证券有限责任公司	49	1715849.06
新疆证券有限责任公司	50	4123366.93	浙江省证券有限责任公司	50	1636039.55

表23　50大会员公司交易一览表　　单位:万元人民币

会员公司	名次	国债现货交易金额	会员公司	名次	国债回购交易金额
福建省闽发证券公司	1	12161195.61	中信证券股份有限公司	1	30231330.00
海通证券股份有限公司	2	7740282.12	南方证券股份有限公司	2	29681330.00
国泰君安证券股份有限公司	3	5454923.93	海通证券股份有限公司	3	29600810.00
广发证券股份有限公司	4	5289207.58	中国银河证券有限责任公司	4	28179140.00
中国银河证券有限责任公司	5	4311265.41	华夏证券有限公司	5	26839880.00
辽宁东方证券公司	6	3497505.30	国泰君安证券股份有限公司	6	20693920.00
长江证券有限责任公司	7	3336458.62	申银万国证券股份有限公司	7	15179370.00
中信证券股份有限公司	8	3284019.42	辽宁东方证券公司	8	14099010.00
湘财证券有限责任公司	9	3020085.19	广发证券股份有限公司	9	10616600.00
南方证券股份有限公司	10	2985071.11	湘财证券有限责任公司	10	9303680.00
申银万国证券股份有限公司	11	2951288.97	大鹏证券有限责任公司	11	9232960.00
平安证券有限责任公司	12	2765094.56	亚洲证券有限责任公司	12	8780730.00
汉唐证券有限责任公司	13	2722943.63	天同证券有限责任公司	13	6904830.00
长城证券有限责任公司	14	2346672.09	平安证券有限责任公司	14	6693820.00
华夏证券有限公司	15	2330851.86	西南证券有限责任公司	15	6683230.00
大鹏证券有限责任公司	16	2140637.32	宏源证券股份有限公司	16	6413740.00
西南证券有限责任公司	17	1980374.20	上海证券有限责任公司	17	5747430.00
招商证券股份有限公司	18	1763443.79	国信证券有限责任公司	18	5726300.00
金信证券有限责任公司	19	1679524.90	广东证券股份有限公司	19	5565400.00
亚洲证券有限责任公司	20	1656050.34	招商证券股份有限公司	20	5533330.00
光大证券有限责任公司	21	1563095.19	兴业证券股份有限公司	21	4949330.00
山西证券有限责任公司	22	1545720.93	华泰证券有限责任公司	22	4938560.00
华泰证券有限责任公司	23	1484385.57	金信证券有限责任公司	23	4852110.00
德恒证券有限责任公司	24	1467734.49	光大证券有限责任公司	24	4675050.00
金通证券股份有限公司	25	1359177.77	东方证券有限责任公司	25	4669300.00
辽宁省证券公司	26	1241138.50	联合证券有限责任公司	26	4522390.00
天同证券有限责任公司	27	1232463.85	长财证券经纪有限责任公司	27	4395220.00
兴业证券股份有限公司	28	1224164.58	长城证券有限责任公司	28	4184710.00
联合证券有限责任公司	29	1182456.76	福建省闽发证券公司	29	4066990.00
甘肃证券有限责任公司	30	1176721.37	中国科技证券有限责任公司	30	3569140.00
宏源证券股份有限公司	31	1133947.70	山西证券有限责任公司	31	3563080.00
东方证券有限责任公司	32	1124320.89	北京证券有限责任公司	32	3196720.00
国信证券有限责任公司	33	1115351.52	辽宁省证券公司	33	2941010.00
渤海证券有限责任公司	34	1084338.83	汉唐证券有限责任公司	34	2669980.00
国元证券有限责任公司	35	1043666.37	长江证券有限责任公司	35	2505210.00
富友证券经纪有限责任公司	36	956487.45	新华证券有限公司	36	2493640.00
武汉证券有限责任公司	37	860130.69	国都证券有限责任公司	37	2392720.00
中国民族证券有限责任公司	38	858312.38	华鑫证券有限责任公司	38	2345430.00
大通证券股份有限公司	39	816102.86	德恒证券有限责任公司	39	2249670.00
上海证券有限责任公司	40	802804.49	金通证券股份有限公司	40	2183090.00
广东证券股份有限公司	41	772003.35	大通证券股份有限公司	41	2076530.00
新疆证券有限责任公司	42	760930.64	渤海证券有限责任公司	42	2058100.00
东吴证券有限责任公司	43	657669.70	甘肃证券有限责任公司	43	2020390.00
华安证券有限责任公司	44	605730.19	中国民族证券有限责任公司	44	1893220.00
北京证券有限责任公司	45	563888.06	华西证券有限责任公司	45	1868970.00
天和证券经纪有限公司	46	555344.73	健桥证券股份有限公司	46	1861460.00
山东省齐鲁证券经纪有限公司	47	550854.06	天一证券有限责任公司	47	1444770.00
大连证券有限责任公司	48	546559.14	新疆证券有限责任公司	48	1407110.00
新华证券有限公司	49	517617.79	天和证券经纪有限公司	49	1404150.00
东北证券有限责任公司	50	485803.16	世纪证券有限责任公司	50	1390320.00

表 24　会员公司交易一览表　　　　单位：万元人民币

会员公司	名次	基金交易金额	会员公司	名次	企业债、金融债、可转债交易金额
国泰君安证券股份有限公司	1	874223.48	兴业证券股份有限公司	1	241573.00
中国银河证券有限责任公司	2	690112.42	中信证券股份有限公司	2	93379.47
中信证券股份有限公司	3	406915.33	华夏证券有限公司	3	81780.06
申银万国证券股份有限公司	4	383635.91	申银万国证券股份有限公司	4	79588.24
海通证券股份有限公司	5	327493.25	招商证券股份有限公司	5	55778.50
招商证券股份有限公司	6	279497.62	国泰君安证券股份有限公司	6	55246.75
南方证券股份有限公司	7	268885.13	海通证券股份有限公司	7	53114.95
华夏证券有限公司	8	261692.34	华泰证券有限责任公司	8	45089.98
光大证券有限责任公司	9	255443.54	平安证券有限责任公司	9	44899.01
兴业证券股份有限公司	10	241151.11	中国银河证券有限责任公司	10	43346.42
长城证券有限责任公司	11	202365.01	大鹏证券有限责任公司	11	31466.98
广发证券股份有限公司	12	197027.67	南方证券股份有限公司	12	30835.01
东方证券有限责任公司	13	179106.45	上海证券有限责任公司	13	28282.00
国元证券有限责任公司	14	175597.89	广发证券股份有限公司	14	25991.71
华安证券有限责任公司	15	168230.28	光大证券有限责任公司	15	24818.86
上海证券有限责任公司	16	160528.42	渤海证券有限责任公司	16	20597.91
天同证券有限责任公司	17	158197.01	长江证券有限责任公司	17	18018.58
汉唐证券有限责任公司	18	154258.88	国元证券有限责任公司	18	16482.95
华泰证券有限责任公司	19	150842.44	西南证券有限责任公司	19	15622.33
平安证券有限责任公司	20	133869.04	联合证券有限责任公司	20	15430.58
国信证券有限责任公司	21	122996.98	天同证券有限责任公司	21	15063.19
山西证券有限责任公司	22	112397.44	长城证券有限责任公司	22	14728.32
福建省闽发证券公司	23	100785.50	北京证券有限责任公司	23	14621.28
亚洲证券有限责任公司	24	99460.31	巨田证券有限责任公司	24	13484.55
大鹏证券有限责任公司	25	99315.50	东吴证券有限责任公司	25	13032.25
甘肃证券有限责任公司	26	89850.29	东莞证券有限责任公司	26	12012.59
金通证券股份有限公司	27	86693.06	东方证券有限责任公司	27	10685.57
广东证券股份有限公司	28	86072.88	亚洲证券有限责任公司	28	10526.38
联合证券有限责任公司	29	81363.25	国信证券有限责任公司	29	9560.54
金信证券有限责任公司	30	80461.12	广州国际信托投资公司	30	7754.59
湘财证券有限责任公司	31	80055.76	辽宁省证券公司	31	7580.76
泰阳证券有限责任公司	32	73515.15	大通证券股份有限公司	32	7401.80
渤海证券有限责任公司	33	72304.30	海南港澳国际信托投资有限公司	33	7017.50
天和证券经纪有限公司	34	70330.50	新华证券有限公司	34	6863.20
长江证券有限责任公司	35	66632.73	汉唐证券有限责任公司	35	6171.63
中国民族证券有限责任公司	36	65808.53	天一证券有限责任公司	36	6107.18
辽宁省证券公司	37	65492.55	宏源证券股份有限公司	37	5824.16
辽宁东方证券公司	38	63558.50	湘财证券有限责任公司	38	5686.37
东北证券有限责任公司	39	62254.65	富成证券经纪有限公司	39	5400.45
东吴证券有限责任公司	40	56179.06	金信证券有限责任公司	40	5272.19
西南证券有限责任公司	41	52674.64	广东证券股份有限公司	41	5230.31
河北证券有限责任公司	42	52003.63	福建省闽发证券公司	42	5219.06
西部证券股份有限公司	43	49903.47	中国民族证券有限责任公司	43	5211.39
华西证券有限责任公司	44	49878.85	甘肃证券有限责任公司	44	4668.32
国联证券有限责任公司	45	48942.75	华鑫证券有限责任公司	45	4565.13
北京证券有限责任公司	46	48716.71	华安证券有限责任公司	46	4411.16
华鑫证券有限责任公司	47	44112.19	广东民安证券经纪有限责任公司	47	4291.31
万通证券有限责任公司	48	43430.17	国海证券有限责任公司	48	4103.82
海南港澳国际信托投资有限公司	49	43138.96	西北证券有限责任公司	49	3756.15
富成证券经纪有限公司	50	39417.37	金通证券股份有限公司	50	3730.59

表 25　债券一览表

债券代码	债券简称	发行数量(亿元)	年限	到期日	票面利率(%)	付息方式
000696	96 国债(6)	255.3000	10	2006.06.14	11.8300	按年付息
000896	96 国债(8)	201.1000	7	2003.11.01	8.5600	按年付息
009704	97 国债(4)	130.0000	10	2007.09.05	9.7800	按年付息
009905	99 国债(5)	160.0000	8	2007.08.20	3.2800	按年付息
009908	99 国债(8)	200.0000	10	2009.09.23	3.3000	按年付息
010004	20 国债(4)	140.0000	10	2010.05.23	2.6000	按年付息
010010	20 国债(10)	120.0000	7	2007.11.14	2.3600	按年付息
010103	21 国债(3)	120.0000	7	2008.04.24	3.2700	按年付息
010107	21 国债(7)	239.6000	20	2021.07.31	4.2600	按半年付息
010110	21 国债(10)	200.0000	10	2011.09.25	2.9500	按年付息
010112	21 国债(12)	200.0000	10	2011.10.30	3.0500	按年付息
010115	21 国债(15)	200.0000	7	2008.12.18	3.0000	按年付息
010203	02 国债(3)	200.0000	10	2012.04.18	2.5400	按年付息
010210	02 国债(10)	200.0000	7	2009.08.16	2.3900	按年付息
010213	02 国债(13)	240.0000	15	2017.09.20	2.6000	按半年付息
010214	02 国债(14)	224.0000	5	2007.10.24	2.6500	按年付息
010215	02 国债(15)	179.5400	7	2009.12.06	2.9300	按年付息
100001	南化转债	1.5000	5	2003.08.02	2.0000	到期一次付息
100009	虹桥转债	13.5000	5	2005.02.24	0.8000	到期一次付息
100087	水运转债	3.2000	5	2007.08.12	0.9000	按年付息
100220	阳光转债	8.3000	3	2005.04.18	1.0000	按年付息
120001	99 宝钢债	20.0000	5	2005.08.10	4.0000	按年付息
120101	01 中移动	50.0000	10	2011.06.17	4.0000	按年付息
120102	01 三峡债	30.0000	15	2016.11.08	5.2100	按年付息
120201	02 三峡债	39.6916	20	2022.09.20	4.7600	按年付息
120202	02 中移(5)	12.4590	5	2007.10.28	3.5000	按年付息
120203	02 中移(15)	33.1735	15	2017.10.28	4.5000	按年付息
129803	97 中铁(5)	16.0000	5	2003.06.10	8.6000	到期一次付息
129804	98 三峡(3)	10.0000	3	2002.01.17	5.6000	到期一次付息
129805	98 三峡(8)	10.0000	8	2007.01.17	6.2000	按年付息
129806	98 中铁(1)	16.0000	5	2003.12.23	6.9500	到期一次付息
129901	98 中铁(2)	10.0000	5	2004.10.12	3.8000	到期一次付息
129902	98 中铁(3)	24.0000	10	2009.10.12	4.5000	按年付息
129903	99 三峡债	30.0000	10	2010.07.25	4.0000	按年付息
129904	98 中信(7)	7.0000	7	2006.06.15	5.4800	按年付息
129905	98 石油债	13.5000	8	2007.09.08	4.5000	按年付息

表 26　A 股投资者开户地区分布

地区	名次	年内新增	所占比例	名次	总数	所占比例
上海	1	246101	18.66	1	4476360	12.90
广东	2	206881	15.68	2	3543369	10.21
江苏	3	97793	7.41	3	3302612	9.52
四川	4	75161	5.70	4	2377097	6.85
山东	5	72457	5.49	5	2174095	6.27
浙江	6	69416	5.26	7	1788924	5.16
福建	7	68311	5.18	9	1326532	3.82
北京	8	56892	4.31	8	1559581	4.49
辽宁	9	49687	3.77	6	2121303	6.11
河北	10	39639	3.01	16	802382	2.31
湖南	11	32030	2.43	13	915547	2.64
湖北	12	27756	2.10	10	1177753	3.39
安徽	13	26772	2.03	14	848653	2.45
河南	14	25939	1.97	11	1065055	3.07
海南	15	22419	1.70	23	429399	1.24
黑龙江	16	21819	1.65	12	976584	2.81
陕西	17	21767	1.65	15	838554	2.42
新疆	18	21451	1.63	22	457484	1.32
天津	19	19729	1.50	17	790934	2.28
广西	20	19095	1.45	21	457657	1.32
重庆	21	14412	1.09	29	141573	0.41
江西	22	14213	1.08	19	628425	1.81
山西	23	13771	1.04	20	566313	1.63
吉林	24	10976	0.83	18	639840	1.84
贵州	25	9809	0.74	28	168678	0.49
甘肃	26	9655	0.73	24	291654	0.84
云南	27	9555	0.72	25	277146	0.80
青海	28	5952	0.45	27	188529	0.54
内蒙古	29	5055	0.38	26	239217	0.69
宁夏	30	3210	0.24	30	108607	0.31
西藏	31	1304	0.10	31	22021	0.06
合计	0	1319027	100.00	0	34701878	100.00

表 27　2002 年末上市公司地区、行业公布

地区	仅发A股	A、H股	A、B股	仅发B股	合计	工业类	商业类	地产类	公用事业类	综合	合计
上　海	97	3	35	5	140	75	16	8	15	26	140
浙　江	46		1	1	48	28	7		4	9	48
北　京	43	3			46	19	6	1	5	15	46
江　苏	42	3		1	46	32	5	2	2	5	46
山　东	38	2	1		41	30	2		1	8	41
四　川	31	1			32	23	2		4	3	32
湖　北	28		1	1	30	21	1		2	6	30
辽　宁	26		1	1	28	13	2		6	7	28
福　建	25				25	14	1		2	8	25
广　东	21	3			24	15		3	3	3	24
黑龙江	23		1		24	15	1		2	6	24
吉　林	18				18	9	4		2	3	18
安　徽	14	2	1		17	15				2	17
河　南	16	1			17	15	1			1	17
新　疆	17				17	11	1		1	4	17
内蒙古	13		1	1	15	13			2		15
天　津	12	2	1		15	8	2	1	2	2	15
河　北	14				14	13	1				14
江　西	13	1			14	12			2		14
陕　西	13				13	9	1			3	13
重　庆	13				13	7	1		5		13
湖　南	11				11	7			1	3	11
甘　肃	10				10	9	1				10
云　南	9	1			10	8				2	10
山　西	9				9	8				1	9
贵　州	8				8	7	1				8
海　南	7		1		8	2	1		2	3	8
广　西	7				7	3	1		3		7
青　海	6				6	6					6
西　藏	6				6	2	1		1	2	6
宁　夏	3				3	2	1				3
合计	639	22	44	10	715	451	60	15	67	122	715

市场统计资料

表 28　2002 年深交所市场概况　　　　单位：百万元

	2002	比 2001 年变动	比 2000 年变动%
深证综合指数	388.7550	－87.1882	－18.32
深证成分指数	2759.3003	－566.3638	－17.03
上市公司数目	508		0.00
上市证券数目	615	17	2.84
A 股	494		0.00
B 股	57	1	1.79
基金	29	4	16.00
股票总发行股本	173514.77	6123.28	3.66
A 股	164815.35	7146.16	4.53
B 股	8699.41	－1022.90	－10.52
股票总流通股本	68740.56	4405.38	6.85
A 股	60824.83	3988.99	7.02
B 股	7915.73	416.40	5.55
股票市价总值	1296540.62	－296623.29	－18.62
A 股	1260513.64	－270591.28	－17.67
B 票	36026.98	－26032.01	－41.95
股票流通市值	501725.78	－106379.85	－17.49
A 股	469375.13	－92508.45	－16.46
B 股	32350.65	－13871.40	－30.01
平均市盈率	36.97	－2.82	－7.09
A 股	38.22	－2.54	－6.23
B 股	17.51	－7.79	－30.79
会员总数	237	－47	－16.55
席位总数	3424	194	6.01
总开户数(百万户)	33.17	0.96	2.98
总交易日	237	－3	－1.25
股票基金成交额	1164121.59	－516753.75	－30.74
A 股	1070033.05	－266487.20	－19.94
B 股	33103.18	－189956.11	－85.16
基金	60985.36	－60310.45	－49.72
日均成交金额	5923.92	－1339.61	－18.44
股票成交数量	123509.88	－9723.45	－7.30
股票集资金额	14245.65	－9226.95	－64.77

表 29　深交所各类证券每日成交金额表　　单位：百万元

日期	一月	二月	三月	四月	五月	六月	七月	八月	九月	十月	十一月	十二月
1		7462.74	3688.07	5160.31			8372.60	3451.92			4784.96	
2				6241.83			7637.47	2967.12	5585.49			7497.58
3				5490.22		3440.25	7653.53		5580.62			6732.65
4	2029.60	5204.61	3700.36	6696.20		3563.83	8733.18		3685.74		5915.28	7212.50
5		5840.36	8301.03	7042.35		3357.54	4386.54	2645.44	4721.77		8345.25	5641.08
6		4890.94	12598.16			6116.95		4497.81	4155.98		6163.55	5809.83
7	1917.23	5455.02	12059.01			7424.36		2808.19			6739.34	
8	1971.45	4625.54	17842.67	4679.96	3996.04		6893.98	2821.13		2315.19	7844.62	
9	2524.89			8578.38	5439.08		6737.55	3228.93	4013.87	3367.79		5239.76
10	3634.47			7773.91	6602.94	4100.14	7239.78		3174.45	3070.90		6912.59
11	2397.26		16619.21	7499.75		3971.97	5875.41		3680.27	4430.45	5961.13	6921.95
12			15644.23	6035.24		4477.32	4588.01	3037.63	3322.93		7319.71	7037.83
13			11604.74		6897.48	4143.10		2527.47	3257.29		6543.24	7639.83
14	3233.54		10245.41		6120.36	3474.97		2468.70		4729.61	6543.34	
15	2760.02		11773.24	5551.09	4090.00		4824.69	2269.36		3598.96	6693.05	
16	2811.46			5087.03	5948.36		4129.03	3516.00	4060.75	4386.93		5298.60
17	2832.68			4779.08	4950.18	2728.24	4424.86		4431.49	4094.47		5760.84
18	3726.25		8150.25	4863.79		5195.66	5639.81		4021.69	5371.22	6138.43	6181.04
19			8709.02	5953.40		3775.79	4963.45	2588.50	4462.54		6541.08	4316.76
20			11363.19		4148.69	4007.57		5520.68	4083.71		5678.83	5290.02
21	3037.39		9835.77		8940.63	13397.79		4616.72		4756.81	6012.64	
22	3527.01		8019.00	4500.36	5863.00		5405.55	7222.29		6663.79	3720.37	
23	4976.34			4047.09	4811.49		4860.40	4512.12	3830.38	4681.38		5650.63
24	7010.20			4011.46	4625.75	36656.23	4022.71		4298.28	5465.38		7626.03
25	4155.90	4951.08	6084.86	3724.21		30553.19	3918.86		4802.24	5608.40	4465.37	9958.35
26		4481.55	6807.80	5239.19		18298.10	3511.55	4521.76	4351.29		6008.84	15116.29
27		4416.44	6268.93		3303.30	13903.33		6048.05	4951.41		6335.13	15344.85
28	5118.69	4237.30	6262.07		4535.98	14717.70		4774.10		5647.63	7204.56	
29	3544.09		7280.44	7406.46	4191.02		3309.40	4356.87		5864.35	10111.55	
30	3092.73			7352.08	3728.96		3438.56	3085.82		5888.34		5319.95
31	10511.33				3109.27		4012.82			4814.34		3538.80
最高	10511.33	7462.74	17842.67	8578.38	8940.63	36656.23	8733.18	7222.29	5585.49	6663.79	10111.55	15344.85
最低	1917.23	4237.30	3688.07	3724.21	3109.27	2728.24	3309.40	2269.36	3174.45	2315.19	3720.37	3538.80

表 30　深交所各类证券每日成交笔数表　　单位：万笔

日期	一月	二月	三月	四月	五月	六月	七月	八月	九月	十月	十一月	十二月
1		87.11	52.42	64.28			81.12	34.88			26.70	
2				72.99			77.34	29.84	31.54			43.41
3				63.13		44.17	73.64		34.25			31.88
4	26.77	64.93	47.30	77.32		42.14	83.27		38.24		36.54	38.47
5		72.36	89.61	80.74		43.32	42.82	29.42	50.77		68.45	31.21
6		64.04	137.15			71.60		45.91	40.35		41.57	28.19
7	26.86	61.73	131.07			85.49		30.98			38.30	
8	23.73	55.42	178.75	53.06	47.41		68.79	31.74		22.23	49.49	
9	32.97			88.93	57.35		65.61	37.18	37.71	29.85		22.84
10	43.58			87.63	62.79	50.93	76.09		27.30	23.24		29.53
11	32.09		154.67	82.61		46.94	60.11		33.20	22.48	30.89	29.35
12			157.52	64.26		47.98	49.04	32.80	27.58		47.49	31.12
13			124.77		50.90	45.10		26.29	21.97		43.01	40.87
14	43.99		106.28		49.02	41.70		25.53		29.62	38.76	
15	38.08		122.54	63.43	51.99		51.48	25.21		24.62	40.87	
16	38.17			56.83	69.55		41.35	37.62	32.32	31.59		49.17
17	39.94			51.65	61.72	31.51	45.88		32.67	28.10		49.83
18	53.22		89.72	57.27		56.32	53.40		24.14	30.55	30.16	59.30
19			89.79	72.69		38.36	48.30	27.86	43.29		32.54	41.53
20			113.89		54.10	48.21		49.23	32.78		34.12	53.68
21	43.41		105.25		94.90	140.52		46.86		24.21	45.16	
22	50.76		90.69	51.78	69.59		57.09	69.02		41.04	46.68	
23	70.08			48.63	54.76		48.42	43.52	22.99	34.19		54.87
24	92.76			49.09	57.61	256.97	40.28		30.16	36.77		38.57
25	58.09	54.13	66.07	46.43		242.19	41.77		38.09	31.97	28.90	43.58
26		54.78	75.61	61.43		163.28	36.50	46.76	39.06		32.39	58.08
27		52.04	69.33		39.73	114.34		59.76	32.13		38.65	48.87
28	72.08	52.69	69.15		42.26	132.29		46.34		32.60	47.83	
29	51.04		91.46	79.73	50.02		34.03	45.88		32.68	85.92	
30	46.01			79.02	45.72		33.57	32.46		30.32		38.47
31	114.96				36.66		38.53			28.42		36.82
最高	114.96	87.11	178.75	88.93	94.90	256.97	83.27	69.02	50.77	41.04	85.92	59.30
最低	23.73	52.04	47.30	46.43	36.66	31.51	33.57	25.21	21.97	22.23	26.70	22.84

表 31　深证综合指数每日收市表

日期	一月	二月	三月	四月	五月	六月	七月	八月	九月	十月	十一月	十二月
1		418.64	426.87	469.37			502.11	487.23			440.35	
2				462.20			507.53	488.90	492.13			396.71
3				464.23		437.07	509.16		493.65			401.03
4	467.02	427.80	434.47	476.60		440.14	503.89		491.02		447.05	402.62
5		430.28	445.87	475.71		429.46	505.97	487.16	484.90		454.31	400.19
6		418.22	451.62			448.53		492.23	482.53		451.90	400.15
7	461.58	428.51	466.35			452.86		490.81			451.37	
8	457.07	427.30	476.21	476.77	481.61		510.14	488.09		457.8	439.39	
9	447.61			485.14	483.70		508.34	484.85	478.48	448.84		398.78
10	451.37			487.25	479.81	449.55	499.58		479.25	446.86		393.40
11	438.60		486.95	479.18		453.45	500.31		477.39	446.27	434.56	391.49
12			478.29	482.10		451.15	500.53	481.74	479.00		424.55	394.31
13			469.35		475.10	446.93		482.33	477.83		426.54	399.17
14	421.68		484.26		473.41	441.41		486.13		448.53	417.43	
15	413.63		470.93	479.62	469.08		496.42	482.79		447.31	419.35	
16	418.46			478.38	453.22		497.25	485.89	470.75	451.45		403.03
17	397.38			478.19	458.74	442.60	500.93		469.97	443.56		406.70
18	393.88		472.27	472.18		453.01	501.86		466.68	444.74	414.49	404.31
19			482.27	473.35		448.12	503.71	484.63	476.00		418.25	405.73
20			486.66		453.37	452.16		491.45	470.83		407.17	410.27
21	375.29		488.04		469.05	469.83		492.22		445.95	393.99	
22	371.79		482.95	471.58	462.77		495.90	496.94		452.63	394.59	
23	397.95			470.01	464.90		493.67	495.66	470.85	453.20		410.50
24	402.19			465.83	458.27	512.37	491.90		468.54	449.35		411.08
25	403.743	435.61	484.93	467.33		507.55	489.35		468.30	444.11	396.43	408.17
26		436.82	476.96	475.53		510.32	487.42	492.08	464.45		387.58	395.51
27		438.08	480.02		459.44	509.76		495.65	462.65		391.25	395.68
28	377.13	434.26	480.64		460.15	506.99		494.30		437.32	402.48	
29	388.12		466.54	484.27	450.04		490.18	490.59		440.01	408.57	
30	391.77			485.28	449.87		491.21	491.01		439.81		391.69
31	419.93				447.56		486.65			439.64		388.75
最高	467.02	438.08	488.04	487.25	483.70	512.37	510.14	496.94	493.65	457.80	454.31	411.08
最低	371.79	418.22	426.87	462.20	447.56	429.46	486.65	481.74	462.65	437.32	387.58	388.75

表 32　深证 A 股指数每日收市表

日期	一月	二月	三月	四月	五月	六月	七月	八月	九月	十月	十一月	十二月
1		440.66	449.40	494.61			529.83	513.21			465.12	
2				487.00			535.12	514.98	518.58			418.32
3				489.12		461.38	536.13		520.18			422.88
4	489.96	450.21	457.47	502.32		464.47	530.62		517.46		472.13	424.56
5		452.97	469.32	501.37		452.92	532.35	513.15	511.02		479.69	422.00
6		440.31	475.41			473.16		518.55	508.51		477.14	421.87
7	483.99	451.04	490.97			477.88		517.01			476.66	
8	480.05	449.74	501.38	502.55	508.16		537.05	514.12		482.47	464.11	
9	470.50			511.47	510.45		535.54	510.68	504.26	472.97		420.38
10	474.15			513.80	506.44	474.34	526.25		505.10	471.07		414.71
11	460.79		512.75	505.24		478.53	526.91		503.10	470.48	459.15	412.69
12			503.86	508.40		476.11	527.18	507.42	504.76		448.66	415.69
13			494.59		501.41	471.56		508.06	503.56		450.67	420.79
14	443.31		510.21		499.63	465.67		512.12		472.79	441.01	
15	434.77		496.25	506.30	494.81		523.09	508.54		471.53	442.92	
16	439.57			505.15	477.71		523.95	511.78	496.07	475.87		424.81
17	417.52			504.81	483.64	467.05	527.44		495.28	467.91		428.66
18	413.63		497.67	498.72		478.13	528.54		491.84	469.15	437.72	426.23
19			508.19	499.74		472.87	530.42	510.40	501.56		441.56	427.76
20			512.92		477.91	477.19		517.72	496.16		429.72	432.60
21	394.27		514.56		494.71	495.79		518.56		470.52	415.67	
22	391.10		509.20	497.92	488.01		522.40	523.53		477.60	416.22	
23	418.69			496.18	490.33		520.02	522.20	496.20	478.25		432.88
24	423.23			491.59	483.20	540.59	518.11		493.68	474.19		433.51
25	424.92	458.60	511.40	493.13		535.43	515.27		493.36	468.80	418.17	430.48
26		459.97	503.07	501.56		538.34	513.46	518.43	489.24		408.77	417.02
27		461.33	506.29		484.69	537.86		522.23	487.29		412.58	417.27
28	397.21	457.18	506.67		485.60	534.96		520.79		461.87	424.51	
29	408.97		491.69	510.87	475.14		516.37	516.86		464.67	430.95	
30	412.95			512.02	474.90		517.44	517.31		464.53		413.13
31	442.30				472.43		512.66			464.33		409.95
最高	489.96	461.33	514.56	513.80	510.45	540.59	537.05	523.53	520.18	482.47	479.69	433.51
最低	391.10	440.31	449.40	487.00	472.43	452.92	512.66	507.42	487.29	461.87	408.77	409.95

表 33　深证 B 股指数每日收市表

日期	一月	二月	三月	四月	五月	六月	七月	八月	九月	十月	十一月	十二月
1		213.69	216.64	231.08			235.76	243.46			199.66	
2				228.36			245.41	244.20	242.61			191.05
3				229.72		202.42	257.52		243.34			193.05
4	261.61	219.85	219.49	233.11		206.25	254.03		241.27		203.81	193.83
5		218.59	227.56	232.89		205.64	262.31	243.14	238.23		208.76	192.72
6		211.99	229.93			212.79		244.84	237.24		207.83	194.01
7	261.91	218.79	236.63			212.42		244.91			206.44	
8	249.11	218.70	241.17	232.37	226.70		259.56	243.87		224.62	199.28	
9	238.97			235.00	226.49		252.45	242.73	234.94	221.18		194.06
10	244.98			234.34	223.14	211.50	249.19		234.84	217.21		191.28
11	237.26		245.73	231.33		212.23	251.24		234.69	216.36	194.78	190.65
12			237.70	231.49		211.09	250.82	240.89	235.91		188.97	191.67
13			230.97		221.94	210.67		240.88	234.86		191.14	194.24
14	224.20		239.77		221.00	209.13		241.93		218.65	187.75	
15	220.90		231.96	222.21	223.01		244.91	241.12		217.68	190.44	
16	227.19			219.09	221.18		245.63	243.23	231.83	220.10		197.08
17	214.50			221.11	222.20	207.66	253.42		230.98	210.66		199.06
18	215.77		232.34	214.36		211.10	252.11		228.87	211.18	189.41	196.45
19			237.63	218.34		210.32	254.02	243.30	234.98		193.07	196.48
20			238.15		220.51	211.29		244.64	231.68		190.22	197.91
21	203.20		236.00		224.02	220.32		244.54		210.36	186.42	
22	193.50		233.44	216.72	222.20		246.86	246.92		212.91	188.02	
23	206.02			217.20	221.97		246.29	245.91	231.43	212.56		197.36
24	207.08			218.30	221.00	241.77	246.17		231.67	210.55		197.41
25	206.78	221.11	232.66	219.57		240.74	247.33		232.65	205.96	188.68	195.39
26		220.15	227.65	226.81		242.29	242.84	244.14	231.78		185.52	191.18
27		220.38	229.32		217.56	240.04		245.28	231.60		188.28	189.98
28	188.74	220.39	233.82		215.49	238.45		245.01		199.13	192.30	
29	191.34		228.74	229.66	207.55		244.22	243.37		201.06	194.84	
30	191.12			228.67	208.19		245.01	243.46		199.74		187.13
31	209.95				207.64		242.39			200.10		186.97
最高	261.91	221.11	245.73	235.00	226.70	242.29	262.31	246.92	243.34	224.62	208.76	199.06
最低	188.74	211.99	216.64	214.36	207.55	202.42	235.76	240.88	228.87	199.13	185.52	186.97

表 34　深证成份指数每日收市表

日期	一月	二月	三月	四月	五月	六月	七月	八月	九月	十月	十一月	十二月
1		2967.72	2991.25	3179.11			3519.30	3416.67			3050.56	
2				3124.46			3546.51	3420.57	3443.89			2837.98
3				3142.69		2978.96	3568.01		3452.72			2861.35
4	3265.87	3027.53	3037.51	3217.55		3010.45	3521.70		3437.85		3107.24	2870.32
5		3041.47	3113.06	3207.22		2964.01	3537.31	3401.46	3390.94		3161.54	2850.22
6		2961.79	3151.43			3073.67		3436.11	3374.31		3143.19	2854.58
7	3231.79	3030.38	3262.39			3083.29		3428.08			3148.12	
8	3201.56	3022.25	3318.92	3208.06	3227.92		3547.95	3407.69		3197.94	3075.17	
9	3419.30			3263.70	3249.01		3533.89	3385.09	3345.21	3141.26		2847.51
10	3159.45			3271.02	3216.69	3068.68	3460.20		3350.09	3115.62		2818.30
11	3065.98		3380.55	3216.97		3079.75	3456.78		3337.22	3107.03	3036.70	2796.80
12			3303.28	3231.38		3071.08	3454.43	3360.75	3344.58		2997.20	2806.01
13			3267.92		3175.66	3046.88		3367.40	3339.89		3015.36	2830.62
14	2934.38		3359.12		3153.15	3023.21		3393.59		3118.34	2971.27	
15	2893.01		3267.80	3198.25	3131.41		3423.98	3377.36		3114.86	2983.54	
16	2938.21			3193.78	3066.88		3423.92	3389.33	3276.57	3138.53		2859.53
17	2796.45			3192.76	3100.24	3022.01	3459.65		3280.54	3072.64		2878.57
18	2784.10		3283.79	3146.06		3076.09	3481.36		3258.31	3088.17	2938.09	2868.41
19			3334.75	3145.47		3045.52	3487.87	3393.99	3326.96		2952.31	2865.93
20			3356.71		3072.23	3062.74		3451.11	3287.14		2904.20	2905.00
21	2682.45		3357.01		3170.60	3180.94		3448.51		3088.93	2836.14	
22	2697.66		3312.76	3124.57	3133.52		3425.48	3480.54		3126.86	2833.49	
23	2890.06			3108.30	3127.13		3433.97	3476.66	3292.88	3123.79		2907.33
24	2898.45			3107.74	3080.78	3478.12	3425.82		3277.05	3093.73		2905.86
25	2896.85	3064.48	3312.10	3122.27		3496.39	3406.53		3286.07	3062.98	2840.48	2887.13
26		3048.74	3251.03	3174.88		3507.50	3398.78	3448.36	3265.64		2788.78	2809.93
27		3055.67	3257.62		3083.75	3522.94		3456.96	3243.92		2810.55	2802.95
28	2702.89	3029.49	3259.68		3102.26	3551.32		3454.26		3009.19	2876.88	
29	2770.22		3173.90	3228.41	3051.84		3427.94	3437.60		3037.30	2920.71	
30	2779.38			3253.46	3059.32		3431.45	3436.84		3037.93		2771.01
31	2982.69				3037.00		3405.70			3036.18		2759.30
最高	3265.87	3064.48	3380.55	3271.02	3249.01	3551.32	3568.01	3480.54	3452.72	3197.94	3161.54	2907.33
最低	2682.45	2961.79	2991.25	3107.74	3037.00	2964.01	3398.78	3360.75	3243.92	3009.19	2788.78	2759.30

表 35　深证成份 A 股指数每日收市表

日期	一月	二月	三月	四月	五月	六月	七月	八月	九月	十月	十一月	十二月
日期	一月	二月	三月	四月	五月	六月	七月	八月	九月	十月	十一朋	十二月
1		3249.72	3280.51	3498.51			3913.86	3781.14			3413.40	
2				3435.85			3931.82	3785.69	3815.60			3148.32
3				3456.76		3296.78	3940.79		3825.99			3174.20
4	3553.92	3315.68	3333.06	3547.12		3328.78	3892.73		3811.49		3475.75	3183.46
5		3336.83	3412.66	3535.00		3271.37	3899.23	3763.43	3758.34		3532.78	3159.95
6		3246.68	3459.19			3396.78		3803.58	3739.36		3511.77	3161.22
7	3509.72	3321.89	3587.223			3409.52		3794.42			3522.36	
8	3489.92	3312.57	3652.58	3535.80	3571.00		3918.48	3770.58		3543.06	3443.86	
9	3438.13			3601.00	3598.99		3912.16	3743.14	3707.26	3479.14		3150.28
10	3445.41			3612.49	3564.29	3392.32	3824.12		3713.57	3457.97		3119.58
11	3346.25		3723.35	3549.94		3404.01	3817.17		3696.90	3447.60	3403.60	3093.28
12			3641.99	3566.24		3394.57	3815.49	3714.68	3704.88		3363.16	3103.96
13			3608.42		3513.37	3365.03		3723.18	3700.78		3379.68	3128.04
14	3204.90		3709.07		3487.06	3337.05		3753.88		3456.94	3326.48	
15	3153.08		3609.17	3538.26	3456.54		3786.16	3733.98		3454.62	3336.54	
16	3197.89			3536.38	3380.81		3785.42	3745.61	3626.56	3478.58		3157.39
17	3044.01			3533.16	3419.72	3339.86	3817.37		3631.65	3418.30		3177.30
18	3024.66		3627.92	3485.98		3401.76	3847.44		3606.46	3435.63	3281.57	3169.88
19			3682.88	3479.96		3365.51	3853.81	3750.97	3681.94		3291.68	3167.06
20			3710.15		3387.11	3386.88		3820.43	3638.89		3235.17	3212.98
21	2916.27		3714.76		3500.94	3519.04		3817.60		3440.64	3155.15	
22	2945.83		3663.27	3457.20	3459.24		3787.72	3853.16		3482.19	3147.56	
23	3162.30			3438.97	3450.90		3799.37	3851.66	3646.50	3478.30		3219.72
24	3171.38			3433.59	3394.00	3845.10	3788.98		3626.03	3445.76		3216.71
25	3172.43	3362.67	3665.07	3451.68		3879.15	3764.30		3635.83	3416.64	3156.23	3197.83
26		3344.85	3595.93	3504.91		3893.58	3761.45	3820.03	3612.40		3097.15	3109.05
27		3353.74	3602.07		3403.77	3915.48		3828.19	3585.89		3118.77	3103.01
28	2963.96	3321.85	3597.29		3430.21	3951.10		3825.15		3361.48	3194.93	
29	3042.28		3496.92	3568.61	3378.48		3796.09	3807.44		3392.92	3246.43	
30	3055.50			3600.45	3388.06		3797.10	3806.43		3394.98		3070.01
31	3268.31				3360.78		3769.04			3394.32		3055.91
最高	3553.92	3362.67	3723.35	3612.49	3598.99	3951.10	3940.79	3853.16	3825.99	3543.06	3532.78	3219.72
最低	2916.27	3246.68	3280.51	3433.59	3360.78	3271.37	3761.45	3714.68	3585.89	3361.48	3097.15	3055.91

表 36　深圳成份 B 股指数每日收市表

日期	一月	二月	三月	四月	五月	六月	七月	八月	九月	十月	十一月	十二月
1		1342.03	1337.10	1383.94			1404.47	1419.69			1171.67	
2				1367.98			1452.86	1420.59	1417.82			1160.99
3				1373.27		1240.35	1506.96		1419.57			1170.67
4	1540.12	1367.63	1352.15	1381.11		1262.00	1477.99		1407.46		1196.18	1176.12
5		1355.67	1396.01	1378.94		1260.66	1517.29	1416.00	1391.73		1226.56	1171.11
6		1328.65	1399.37			1294.19		1424.94	1386.56		1220.77	1182.20
7	1553.19	1359.35	1429.26			1291.91		1422.41			1209.38	
8	1485.27	1356.96	1444.17	1379.70	1347.33		1498.58	1417.80		1317.96	1173.20	
9	1439.81			1391.61	1342.05		1464.07	1415.84	1374.17	1297.52		1187.43
10	1460.01			1384.16	1325.36	1288.94	1453.57		1373.41	1268.12		1170.99
11	1405.50		1461.84	1370.12		1295.25	1461.81		1375.43	1266.82	1151.12	1168.62
12			1416.81	1375.04		1291.17	1458.03	1410.36	1379.03		1126.15	1171.17
13			1384.85		1324.96	1290.23		1409.64	1373.75		1143.07	1189.69
14	1335.80		1423.66		1319.79	1286.29		1415.30		1279.77	1136.23	
15	1344.21		1382.07	1334.34	1330.29		1432.05	1414.48		1274.33	1150.54	
16	1383.44			1322.94	1316.46		1434.09	1424.34	1360.05	1289.90		1208.62
17	1315.01			1329.01	1324.35	1272.10	1472.10		1359.56	1230.16		1219.56
18	1333.40		1385.41	1295.61		1288.15	1462.66		1352.14	1236.23	1143.86	1205.36
19			1411.08	1312.02		1283.04	1467.93	1425.67	1382.16		1164.51	1204.52
20			1411.04		1317.53	1282.94		1430.40	1362.54		1153.02	1213.75
21	1278.37		1397.90		1342.97	1327.91		1429.18		1226.05	1137.01	
22	1245.22		1387.28	1302.18	1329.63		1432.99	1442.12		1242.85	1148.11	
23	1314.31			1296.12	1330.89		1429.65	1432.05	1361.63	1242.81		1203.81
24	1318.44			1310.63	1329.12	1460.45	1430.41		1362.71	1228.52		1206.83
25	1309.02	1364.09	1379.18	1310.59		1424.56	1432.57		1366.96	1203.41	1148.56	1194.23
26		1358.77	1358.57	1347.59		1422.48	1411.91	1421.23	1360.59		1131.93	1170.85
27		1357.88	1364.90		1310.92	1413.72		1428.92	1358.01		1147.43	1163.52
28	1209.13	1356.04	1387.63		1300.74	1412.31		1427.97		1170.07	1167.88	
29	1225.36		1368.81	1356.40	1267.58		1416.80	1418.83		1180.91	1178.26	
30	1219.61			1354.37	1266.81		1427.03	1419.02		1177.75		1144.11
31	1342.01				1265.18		1414.99			1173.80		1142.21
最高	1553.19	1367.63	1461.84	1391.61	1347.33	1460.45	1517.29	1442.12	1419.57	1317.96	1226.56	1219.56
最低	1209.13	1328.65	1337.10	1295.61	1265.18	1240.35	1404.47	1409.64	1352.14	1170.07	1126.15	1142.21

表 37　深证基金指数每日收市表

日期	一月	二月	三月	四月	五月	六月	七月	八月	九月	十月	十一月	十二月
1		1030.26	1058.25	1117.14			1145.09	1100.66			982.70	
2				1104.84			1146.17	1103.73	1097.83			890.65
3				1108.53		1019.45	1143.70		1097.54			903.55
4	1097.49	1044.78	1071.37	1120.67		1023.99	1138.25		1092.57		988.69	902.25
5		1055.07	1096.51	1111.01		1012.33	1139.97	1095.51	1087.51		1008.16	898.56
6		1034.30	1098.62			1032.82		1106.04	1081.72		1001.48	897.71
7	1096.60	1050.45	1117.30			1031.86		1102.59			1001.06	
8	1085.19	1051.68	1126.82	1109.13	1098.42		1141.97	1099.26		1034.75	986.97	
9	1074.22			1124.92	1096.88		1141.76	1096.19	1077.21	1020.57		895.41
10	1065.67			1125.22	1091.39	1020.83	1128.64		1072.87	1014.91		888.88
11	1046.12		1152.42	1110.35		1028.78	1124.43		1069.72	1012.73	982.42	884.31
12			1128.99	1118.40		1050.94	1124.92	1090.36	1071.42		971.21	886.46
13			1113.16		1080.38	1032.99		1092.69	1068.16		968.52	892.08
14	1022.74		1136.08		1079.10	1027.30		1099.32		1012.01	958.02	
15	1014.13		1122.13	1107.24	1069.03		1118.17	1092.36		1009.67	961.43	
16	1023.45			1106.85	1056.44		1115.78	1097.16	1058.08	1013.57		894.32
17	991.22			1096.39	1063.35	1035.08	1116.68		1057.80	1001.61		899.20
18	983.38		1126.07	1090.63		1054.91	1120.48		1053.19	1004.26	954.63	894.19
19			1144.82	1093.95		1046.02	1125.87	1090.09	1065.25		958.45	891.35
20			1145.31		1050.77	1056.61		1101.47	1058.23		940.67	899.40
21	966.45		1145.37		1066.44	1079.43		1097.60		1001.97	916.38	
22	970.91		1138.51	1085.14	1050.31		1108.35	1105.38		1013.76	914.72	
23	1006.87			1086.12	1049.15		1107.31	1105.36	1058.24	1011.88		903.12
24	1007.65			1080.11	1043.70	1167.44	1108.17		1052.15	1004.04		907.54
25	1006.35	1065.37	1139.32	1084.66		1137.92	1105.74		1052.51	996.34	912.22	904.64
26		1065.63	1127.92	1095.00		1142.17	1099.55	1100.32	1051.35		890.63	891.84
27		1074.96	1129.81		1047.52	1151.37		1106.18	1046.45		883.54	894.55
28	974.18	1067.71	1125.24		1046.79	1159.10		1099.67		989.23	898.49	
29	989.82		1116.53	1106.65	1039.20		1104.19	1098.20		992.22	916.71	
30	993.22			1104.36	1036.17		1106.83	1098.54		988.68		884.34
31	1029.15				1030.95		1098.57			985.89		876.97
最高	1097.49	1074.96	1152.42	1125.22	1098.42	1167.44	1146.17	1106.18	1097.83	1034.75	1008.16	907.54
最低	966.45	1030.26	1058.25	1080.11	1030.95	1012.33	1098.57	1090.09	1046.45	985.89	883.54	876.97

表 38　深交所股票每日成交股数表　　单位：百万股

日期	一月	二月	三月	四月	五月	六月	七月	八月	九月	十月	十一月	十二月
1		863.79	467.62	567.61			781.36	306.65			234.04	
2				653.53			782.55	268.30	264.04			380.18
3				586.36		372.64	814.16		296.96			297.04
4	207.10	638.67	474.53	708.06		379.96	914.54		326.18		345.30	372.31
5		696.80	869.50	742.78		370.49	454.03	244.55	432.94		693.86	289.47
6		572.52	1443.86			657.45		438.81	344.01		379.25	279.73
7	205.75	607.08	1389.92			817.38		265.84			351.56	
8	189.91	510.08	1954.56	474.41	421.41		723.58	278.42		184.29	456.12	
9	273.15			870.81	515.90		666.70	315.18	318.43	254.55		219.45
10	336.10			811.83	571.51	450.39	693.25		232.94	198.81		285.87
11	260.18		1599.12	763.50		428.25	565.52		274.94	196.78	265.79	268.35
12			1553.87	604.33		365.83	462.23	282.69	239.91		419.40	301.71
13			1242.68		442.32	397.80		227.35	188.95		375.07	391.58
14	348.52		1097.87		413.09	343.88		219.68		268.32	352.63	
15	304.54		1197.18	576.17	419.00		476.55	215.79		228.01	375.99	
16	312.91			523.25	564.99		383.02	326.84	270.99	292.92		517.64
17	320.41			455.20	514.01	265.29	422.38		307.13	254.35		528.53
18	447.22		854.05	502.16		504.54	553.17		208.48	282.81	270.84	569.13
19			884.72	627.66		325.97	476.78	235.31	394.39		292.52	386.87
20			1142.09		426.27	425.39		477.51	283.94		313.95	544.84
21	388.13		1007.52		866.38	1402.37		415.81		215.65	420.07	
22	448.16		809.71	460.02	564.78		531.05	625.09		384.37	426.31	
23	681.05			423.36	461.99		451.82	386.19	191.67	308.93		576.98
24	917.69			404.91	490.88	3349.23	362.09		222.26	320.20		375.28
25	550.33	531.02	619.16	403.80		3006.03	368.53		300.28	271.78	272.62	457.56
26		524.85	685.36	556.52		1788.67	332.88	386.79	368.92		304.69	560.56
27		497.11	685.92		334.48	1243.58		490.61	276.69		378.74	509.05
28	666.92	473.45	651.17		383.14	1333.08		390.52		278.54	474.73	
29	480.85		772.76	735.86	427.22		305.22	390.40		292.09	837.53	
30	437.47			731.84	385.12		312.39	276.54		287.53		403.57
31	1149.77				325.59		348.30			258.50		398.74
最高	1149.77	863.79	1954.56	870.81	866.38	3349.23	914.54	625.09	432.94	384.37	837.53	576.98
最低	189.91	473.45	467.62	403.80	325.59	265.29	305.22	215.79	188.95	184.29	234.04	219.45

表 39 深交所股票每日成交金额表 单位:百万元

日期	一月	二月	三月	四月	五月	六月	七月	八月	九月	十月	十一月	十二月
1		6885.18	3500.94	4930.87			7532.36	3107.25			2049.03	
2				5921.81			7225.95	2846.46	2738.47			2817.32
3				5316.79		3306.74	7212.98		3143.54			2171.40
4	1801.36	4803.46	3457.83	6374.78		3413.46	8165.44		3366.81		3132.20	2776.60
5		5189.96	7263.73	6705.62		3175.05	4120.75	2450.18	4279.21		6084.70	2085.58
6		4455.00	11792.88			5745.79		4226.89	3430.29		3464.60	2042.64
7	1776.19	5011.70	11384.62			7154.84		2666.66			3226.49	
8	1670.52	4310.08	16669.52	4543.17	3889.29		6575.17	2740.30		1710.31	3999.63	
9	2321.78			8215.23	4724.72		6077.66	3159.96	3119.69	2194.18		1614.92
10	3034.44			7540.70	5084.11	3896.35	6671.19		2336.54	1684.29		2118.02
11	2169.99		14332.83	7211.36		3826.05	5396.20		2701.57	1693.69	2326.25	1986.64
12			14405.45	5775.66		3376.18	4318.83	2801.97	2463.47		3480.94	2302.60
13			10904.22		3998.10	3676.21		2279.54	1922.90		3131.06	2846.08
14	2945.34		9765.14		3908.83	3061.83		2194.34		2233.47	2961.17	
15	2576.29		11174.02	5298.88	3960.06		4367.59	2172.88		1934.28	3229.26	
16	2607.42			4909.77	5134.60		3696.22	3193.79	2628.09	2501.72		3681.11
17	2603.86			4373.36	4775.95	2319.13	4067.59		2867.76	2137.78		3922.68
18	3469.41		7681.42	4583.56		4506.44	5261.60		1998.72	2370.00	2249.52	4312.54
19			8180.70	5525.56		2887.46	4612.70	2388.90	3721.26		2438.87	2933.10
20			10712.48		3952.42	3665.06		4866.10	2787.61		2523.62	4108.96
21	2819.70		9344.78		8598.92	12429.61		4303.63		1822.23	3192.43	
22	3302.99		7615.01	4283.46	5659.26		5113.85	6664.67		3319.67	3161.19	
23	4672.48			3865.18	4688.92		4539.61	4177.91	1964.13	2700.39		4300.81
24	6622.25			3734.67	4493.65	32587.17	3695.90		2231.27	2880.99		3066.63
25	3943.54	4516.37	5890.04	3589.64		29094.58	3552.07		3012.63	2441.31	1979.01	3570.90
26		4175.50	6394.49	4974.79		17728.39	3167.40	4274.53	3383.74		2265.88	4220.10
27		3950.60	5999.52		3163.44	12049.64		5604.25	2649.69		2622.56	3865.60
28	4681.50	3844.74	6119.98		3504.01	13082.25		4334.28		2398.03	3422.88	
29	3355.84		6947.77	7069.67	3969.24		2975.20	4067.76		2518.31	6333.58	
30	2957.52			7055.31	3571.53		3016.10	2821.43		2452.92		3162.83
31	9507.88				3001.37		3681.95			2269.69		3174.90
最高	9507.88	6885.18	16669.52	8215.23	8598.92	32587.17	8165.44	6664.67	4279.21	3319.67	6333.58	4312.54
最低	1670.52	3844.74	3457.83	3589.64	3001.37	2319.13	2975.20	2172.88	1922.90	1684.29	1979.01	1614.92

表 40 深交所股票每日成交笔数表 单位:万笔

日期	一月	二月	三月	四月	五月	六月	七月	八月	九月	十月	十一月	十二月
1		84.16	51.21	63.01			78.89	34.29			26.17	
2				71.61			76.01	29.43	30.17			41.87
3				62.02		42.29	72.34		33.30			30.90
4	25.41	62.83	46.23	75.42		41.48	81.98		37.56		35.81	37.26
5		69.02	85.61	79.33		42.59	42.02	29.05	49.72		67.10	30.53
6		61.71	133.83			69.98		45.21	39.45		40.90	27.66
7	25.79	59.97	128.47			84.38		30.65			37.56	
8	22.14	53.61	174.05	52.16	46.81		67.80	31.42		21.57	48.23	
9	31.32			87.40	56.65		64.33	36.84	36.84	28.90		22.26
10	40.58			86.62	61.76	50.23	74.77		26.70	22.40		28.59
11	30.36		145.27	81.31		46.31	58.95		32.35	21.63	30.13	28.47
12			151.53	63.15		41.46	47.84	32.31	27.03		46.42	30.29
13			121.39		49.88	42.59		25.93	21.48		42.00	39.96
14	41.68		103.73		48.18	40.06		25.11		28.78	37.99	
15	36.40		119.81	62.36	50.77		50.65	24.83		24.06	39.99	
16	36.68			55.88	67.77		40.56	36.92	31.57	30.85		48.42
17	38.08			49.87	60.64	29.81	45.16		31.89	27.51		49.09
18	50.82		87.67	56.02		53.18	52.62		23.53	29.72	29.52	58.67
19			87.50	70.54		37.01	47.63	27.29	42.45		31.82	40.96
20			111.39		53.02	46.93		48.13	32.23		33.30	53.01
21	41.80		102.63		93.16	136.61		46.40		23.61	43.93	
22	49.02		88.72	50.37	68.29		56.36	67.76		40.11	45.68	
23	67.86			47.37	54.00		47.53	42.91	22.49	33.64		53.77
24	90.22			47.44	56.73	243.48	39.64		29.31	36.23		37.85
25	56.71	52.11	64.87	45.42		236.60	41.01		37.30	31.31	28.31	42.64
26		53.28	73.70	60.19		160.75	35.91	46.22	38.28		31.53	56.66
27		50.24	67.99		39.02	112.07		58.80	31.24		37.33	47.60
28	69.86	50.98	68.26		41.44	126.10		45.55		31.83	46.59	
29	49.73		89.57	78.24	49.17		33.36	45.32		31.83	82.42	
30	45.08			78.04	44.93		32.94	31.98		29.68		37.55
31	109.72				35.99		38.01			27.85		35.93
最高	109.72	84.16	174.05	87.40	93.16	243.48	81.98	67.76	49.72	40.11	82.42	58.67
最低	22.14	50.24	46.23	45.42	35.99	29.81	32.94	24.83	21.48	21.57	26.17	22.26

表 41　深交所股票每日市价总值表　　单位:十亿元

日期	一月	二月	三月	四月	五月	六月	七月	八月	九月	十月	十一月	十二月
1		1394.57	1422.49	1565.16			1660.48	1606.98			1463.94	
2				1541.66			1678.19	1614.53	1625.85			1319.77
3				1548.28		1450.60	1683.55		1630.87			1334.20
4	1563.43	1425.08	1447.68	1588.29		1460.81	1667.21		1622.20		1486.36	1339.48
5		1433.27	1485.49	1585.18		1424.48	1673.47	1608.77	1601.98		1510.34	1331.76
6		1393.26	1504.55			1487.46		1625.41	1594.12		1502.81	1331.53
7	1545.30	1427.89	1553.32			1499.54		1620.74			1500.06	
8	1530.28	1423.89	1585.98	1588.66	1600.22		1686.94	1612.99		1516.62	1461.34	
9	1498.74			1616.09	1607.11		1680.25	1602.27	1580.93	1486.19		1327.00
10	1511.27			1623.16	1595.20	1490.63	1652.38		1581.53	1480.52		1309.50
11	1468.69		1621.82	1598.52		1502.57	1654.96		1577.28	1478.40	1444.75	1303.26
12			1593.38	1608.28		1494.13	1654.01	1591.99	1582.57		1409.40	1312.62
13			1563.85		1579.29	1480.42		1594.35	1578.04		1418.89	1328.83
14	1412.24		1613.66		1573.62	1460.52		1606.87		1488.75	1388.65	
15	1385.40		1569.19	1600.37	1559.30		1641.83	1595.77		1484.71	1395.03	
16	1401.51			1595.85	1506.40		1644.39	1605.40	1555.21	1496.03		1343.90
17	1331.37			1594.58	1525.00	1463.93	1655.82		1552.50	1472.39		1356.01
18	1312.57		1573.32	1574.07		1498.20	1658.89		1541.61	1477.77	1378.90	1348.07
19			1606.92	1576.42		1483.41	1664.90	1601.65	1572.32		1391.36	1352.77
20			1621.39		1504.88	1496.53		1623.92	1555.45		1354.57	1367.87
21	1250.99		1626.12		1558.69	1553.08		1626.64		1481.96	1310.83	
22	1239.38		1609.02	1571.89	1537.74		1638.98	1642.06		1503.34	1312.83	
23	1326.04			1561.80	1543.11		1631.08	1637.72	1554.28	1506.10		1368.63
24	1340.04			1549.08	1521.71	1694.42	1624.64		1546.77	1492.90		1370.57
25	1345.13	1451.47	1616.46	1552.50		1679.24	1616.62		1547.45	1475.53	1318.94	1360.84
26		1455.48	1589.90	1581.05		1685.96	1610.23	1625.87	1538.64		1289.56	1318.74
27		1459.67	1600.73		1524.41	1685.86		1637.53	1532.10		1301.73	1319.59
28	1256.95	1447.00	1602.75		1524.81	1675.80		1633.03		1453.92	1338.97	
29	1293.37		1555.71	1609.04	1493.91		1617.62	1618.63		1463.10	1359.09	
30	1305.47			1612.19	1493.92		1622.25	1622.16		1462.53		1306.33
31	1398.82				1485.93		1607.41			1461.95		1296.54
最高	1563.43	1459.67	1626.12	1623.16	1607.11	1694.42	1686.94	1642.06	1630.87	1516.62	1510.34	1370.57
最低	1239.38	1393.26	1422.49	1541.66	1485.93	1424.48	1607.41	1591.99	1632.10	1453.92	1289.56	1296.54

表 42　深交所基金每日成交单位数　　单位:百万

日期	一月	二月	三月	四月	五月	六月	七月	八月	九月	十月	十一月	十二月
1		610.58	196.62	219.70			467.79	213.54			64.93	
2				312.17			206.26	77.08	177.90			186.81
3				165.30		118.45	247.02		199.98			99.79
4	212.99	422.26	246.86	317.50		158.56	384.80		139.11		125.60	172.35
5		665.60	1079.39	312.99		182.27	195.98	85.35	282.22		261.58	95.00
6		459.43	799.94			332.11		238.52	164.77		123.79	53.78
7	127.90	465.26	646.30			255.32		93.18			122.05	
8	297.49	329.75	1166.13	128.92	104.47		211.78	58.95		111.50	263.07	
9	204.34			355.70	91.22		243.89	48.49	159.59	157.95		56.94
10	628.46			228.32	157.75	174.68	370.58		120.55	108.07		97.21
11	230.07		2214.33	273.48		134.21	284.61		137.85	152.26	108.53	89.46
12			1175.38	257.00		1155.07	161.99	78.86	98.23		136.88	108.51
13			668.25		173.00	353.01		59.90	108.15		105.78	97.99
14	309.77		463.97		94.49	291.48		86.62		140.09	67.52	
15	179.87		556.86	248.92	127.45		141.98	81.80		88.65	92.63	
16	209.78			170.86	274.82		133.39	172.54	197.66	161.43		86.80
17	227.96			365.56	178.40	245.18	151.47		178.30	113.12		80.61
18	274.37		452.72	227.14		569.31	222.61		110.10	135.44	61.00	52.48
19			508.81	368.57		265.09	140.03	157.79	175.44		59.08	57.66
20			634.99		203.93	323.80		359.78	104.60		130.68	77.59
21	240.86		462.76		336.56	962.58		117.82		68.51	168.63	
22	250.07		384.91	194.00	201.42		156.77	365.76		116.62	129.92	
23	326.52			165.56	96.90		183.37	151.40	52.80	66.18		156.23
24	418.17			251.98	136.75	3977.19	104.15		103.23	65.08		101.15
25	228.15	458.43	164.66	103.40		1408.43	162.74		117.92	78.87	74.15	166.06
26		283.47	394.70	239.28		561.16	174.41	97.99	194.47		125.65	272.90
27		468.70	254.33		116.75	519.13		262.06	250.26		202.65	179.65
28	463.83	399.43	117.34		123.30	1206.05		274.44		81.75	179.30	
29	206.26		322.07	280.13	144.61		199.93	147.39		102.52	701.58	
30	142.46			187.98	142.29		331.18	98.06		96.10		130.71
31	1073.92				89.36		150.23			96.44		310.33
最高	1073.92	665.60	2214.33	368.57	336.56	3977.19	467.79	365.76	282.22	161.43	701.58	310.33
最低	127.90	283.47	117.34	103.40	89.36	118.45	104.15	48.49	52.80	65.08	59.08	52.48

表 43　深交所基金每日成交金额表　　单位：百万元

日期	一月	二月	三月	四月	五月	六月	七月	八月	九月	十月	十一月	十二月
1		564.19	182.68	220.20			470.99	202.39			55.19	
2				309.34			206.68	74.83	178.88			146.42
3				168.45		105.18	247.24		195.40			77.11
4	210.17	389.03	237.82	313.89		141.40	379.81		133.40		106.10	135.70
5		626.08	1028.22	325.04		160.35	193.46	81.06	266.93		226.36	73.12
6		428.76	788.07			295.55		227.16	156.33		107.14	41.73
7	132.58	428.44	642.92			226.88		89.44			105.22	
8	294.92	306.42	1142.37	124.10	101.44		210.48	56.61		99.57	226.40	
9	193.80			343.22	87.59		247.73	46.51	149.79	139.22		44.48
10	585.80			222.11	153.81	153.24	367.62		111.94	94.38		76.61
11	219.01		2242.52	267.15		118.62	276.28		128.40	134.12	92.63	68.54
12			1186.78	250.91		1071.50	168.89	75.39	91.45		115.72	83.64
13			668.38		165.25	336.60		57.14	98.98		87.96	75.67
14	283.41		461.98		91.02	269.91		82.02		122.93	56.09	
15	165.30		556.84	240.38	122.75		140.29	78.36		78.07	76.57	
16	189.32			166.45	254.90		130.50	162.74	182.89	142.40		67.14
17	206.60			345.90	163.42	233.64	147.47		163.96	98.50		63.41
18	238.43		451.37	218.67		539.94	216.25		100.09	115.28	50.12	41.15
19			506.14	375.48		249.31	137.21	149.60	161.51		48.40	44.93
20			631.39		189.22	298.76		341.62	96.87		106.67	60.99
21	207.97		474.95		313.60	902.69		111.21		58.41	134.21	
22	216.51		387.76	193.15	188.14		152.31	352.15		102.38	102.53	
23	290.55			163.75	89.65		177.10	145.58	48.25	56.88		123.79
24	373.24			250.09	124.83	3983.97	100.45		93.52	56.18		80.72
25	204.23	425.72	166.22	102.11		1402.41	158.44		108.18	68.17	58.03	132.28
26		262.92	394.94	229.32		555.30	168.20	92.67	177.95		98.02	212.20
27		453.93	251.48		105.08	514.30		249.57	227.26		153.41	138.51
28	412.39	380.85	116.84		113.15	1221.68		263.09		70.59	137.19	
29	178.82		316.83	271.69	130.03		186.64	141.85		87.60	567.48	
30	123.28			182.27	126.70		315.49	94.04		82.48		99.33
31	975.09				80.37		143.71			82.45		236.37
最高	975.09	626.08	2242.52	375.48	313.60	3983.97	470.99	352.15	266.93	142.40	567.48	236.37
最低	123.28	262.92	116.84	102.11	80.37	105.18	100.45	46.51	48.25	56.18	48.40	41.15

表 44　深交所基金每日成交笔数表　　单位：笔

日期	一月	二月	三月	四月	五月	六月	七月	八月	九月	十月	十一月	十二月
1		28714	11842	12350			20565	5484			4467	
2				13294			12491	3852	13164			13318
3				10581		8226	12334		8954			7613
4	12560	20257	10467	18449		6184	12181		6462		6345	10027
5		32566	39497	13742		6841	7141	3289	10004		12725	5760
6		22947	32489			15062		6625	8347		5390	4100
7	10067	16814	25296			10337		3053			5215	
8	15582	17461	45605	8646	5702		9169	2957		5848	10044	
9	16024			14634	6612		11969	3043	8216	8062		4573
10	29331			9586	9767	6032	12481		5692	6396		6380
11	14150		92300	12312		5847	10999		7905	6551	5123	5929
12			57809	10602		64535	11572	4326	5109		8039	5936
13			31976		9524	24470		3168	4272		8127	6545
14	22601		24593		7938	15513		3918		6485	5654	
15	16017		26363	10177	11724		7613	3629		4864	6636	
16	14276			9057	17036		7394	6499	6573	6749		5869
17	17868			16533	10416	16449	6820		7010	5200		5539
18	22989		19670	11564		30887	7404		4716	6406	4224	4397
19			21777	20409		13027	6429	5083	7336		4847	3949
20			24055		10376	12483		9423	4450		6825	5237
21	15701		25322		16708	38542		3911		3984	11373	
22	16954		19067	13560	12481		6917	11680		6956	9298	
23	21482			12168	6982		8460	5663	3254	4646		8744
24	24461			16009	8400	132942	6054		5102	4091		5135
25	13391	19682	10771	9350		54635	7170		6109	5027	5217	6853
26		14485	18035	11873		24761	5389	4894	6533		6729	10429
27		17717	12516		6612	21960		9045	8018		11266	7851
28	21564	16612	7801		7488	56965		7547		5976	10413	
29	12653		18179	14345	7861		5903	5308		6659	32627	
30	8766			9219	7510		5300	4522		4478		6913
31	50870				5996		4691			4935		7814
最高	50870	32566	92300	20409	17036	132942	20565	11680	13164	8062	32627	13318
最低	8766	14485	7801	8646	5702	5847	4691	2957	3254	3984	4224	3949

表 45　深交所债券每日成交面值表　　单位：百万元

日期	一月	二月	三月	四月	五月	六月	七月	八月	九月	十月	十一月	十二月
1		11.93	3.93	8.03			360.21	139.44			2713.89	
2				9.34			200.67	44.97	2653.15			4506.52
3				4.32		26.61	189.48		2225.10			4453.81
4	15.92	10.72	4.18	6.54		8.09	183.89		178.11		2703.61	4281.21
5		21.34	7.91	10.16		20.71	70.70	111.77	167.83		2075.63	3516.54
6		6.35	14.93			71.98		42.73	558.42		2607.52	3755.48
7	7.33	13.01	27.49			40.62		49.85			3393.39	
8	5.52	7.97	26.96	11.12	4.86		105.61	23.60		477.92	3584.86	
9	8.38			17.40	622.96		398.80	21.35	733.85	977.70		3600.85
10	12.91			9.81	1358.34	47.35	196.31		716.94	1218.71		4695.19
11	6.56		37.79	18.57		26.34	195.25		832.74	2521.49	3498.79	4842.54
12			45.17	7.58		27.32	96.21	156.97	750.00		3674.96	4629.84
13			27.84		2719.45	125.06		186.75	1210.72		3300.88	4694.08
14	4.26		16.33		2110.72	134.41		188.14		2306.63	3493.74	
15	14.91		39.88	10.48	6.52		310.23	17.52		1579.82	3341.98	
16	13.61			9.44	555.11		292.67	154.65	1221.49	1742.76		1514.10
17	20.63			52.87	9.75	170.28	205.90		1377.75	1864.26		1725.59
18	16.34		15.84	54.41		144.97	158.75		1857.71	2838.25	3806.72	1787.52
19			18.98	48.87		625.74	208.77	47.64	521.25		4002.15	1303.52
20			16.65		6.37	40.68		290.34	1159.61		3050.00	1082.56
21	8.61		13.88		25.19	61.14		192.51		2831.49	2724.01	
22	6.68		13.87	22.26	14.46		136.68	192.30		3192.66	458.62	
23	11.83			16.34	30.40		140.78	180.39	1766.37	1928.11		1097.54
24	13.08			23.77	6.54	75.66	222.04		1916.11	2527.20		4522.14
25	7.43	7.97	24.58	29.10		49.54	202.52		1637.32	3092.78	2460.48	6311.36
26		38.17	15.88	31.00		12.71	172.72	147.84	745.56		3611.32	10620.52
27		11.00	15.53		30.88	1319.25		185.40	2072.63		3534.19	11425.50
28	22.11	10.55	21.88		886.60	404.82		168.79		3172.32	3607.05	
29	8.44		13.77	63.55	87.85		144.83	140.71		3250.84	3169.94	
30	10.97			110.55	29.80		104.27	163.27		3332.96		2054.75
31	25.05				25.97		183.07			2504.01		122.47
最高	25.05	38.17	45.17	110.55	2719.45	1319.25	398.80	290.34	2653.15	3332.96	4002.15	11425.50
最低	4.26	6.35	3.93	4.32	4.86	8.09	70.70	17.52	167.83	477.92	458.62	122.47

表 46　深交所债券每日成交金额表　　单位：百万元

日期	一月	二月	三月	四月	五月	六月	七月	八月	九月	十月	十一月	十二月
1		13.37	4.45	9.25			369.25	142.28			2680.73	
2				10.68			204.85	45.83	2668.14			4533.84
3				4.99		28.33	193.31		2241.67			4484.14
4	18.08	12.13	4.70	7.53		8.97	187.93		185.54		2676.98	4300.20
5		24.33	9.08	11.69		22.13	72.33	114.19	175.63		2034.19	3482.37
6		7.18	17.21			75.61		43.76	569.36		2591.81	3725.46
7	8.45	14.88	31.47			42.64		52.09			3407.62	
8	6.00	9.04	30.78	12.69	5.30		108.33	24.22		505.30	3618.59	
9	9.31			19.94	626.77		412.16	22.45	744.39	1034.39		3580.36
10	14.23			11.09	1365.02	50.54	200.97		725.97	1292.23		4717.96
11	8.26		43.86	21.23		27.30	202.92		850.31	2602.64	3542.25	4866.77
12			52.01	8.64		29.65	100.29	160.26	768.00		3723.05	4651.58
13			32.14		2734.12	130.29		190.79	1235.41		3324.22	4718.08
14	4.79		18.29		2120.52	143.24		192.33		2373.21	3526.08	
15	18.43		42.38	11.82	7.19		316.81	18.12		1586.60	3387.22	
16	14.72			10.81	558.87		302.30	159.48	1249.77	1742.81		1550.35
17	22.22			59.82	10.81	175.47	209.80		1399.76	1858.19		1774.76
18	18.42		17.46	61.55		149.28	161.95		1902.88	2885.94	3838.78	1827.34
19			22.19	52.36		639.01	213.53	50.01	559.77		4053.81	1338.74
20			19.32		7.05	43.75		312.95	1199.24		3048.55	1120.07
21	9.72		16.04		28.12	65.49		201.88		2876.17	2686.00	
22	7.51		16.23	23.75	15.61		139.39	205.47		3241.73	456.66	
23	13.31			18.16	32.93		143.69	188.63	1818.01	1924.11		1226.03
24	14.71			26.70	7.27	85.09	226.37		1973.49	2528.66		4478.68
25	8.13	8.99	28.60	32.45		56.20	208.35		1681.43	3098.92	2428.33	6255.17
26		43.12	18.38	35.08		14.41	175.94	154.57	784.60		3644.94	10684.00
27		11.91	17.92		34.78	1339.40		194.23	2074.46		3559.16	11340.74
28	24.80	11.70	25.25		918.82	413.77		176.72		3179.01	3644.49	
29	9.43		15.84	65.10	91.74		147.56	147.26		3258.44	3210.49	
30	11.93			114.50	30.74		106.97	170.35		3352.94		2057.79
31	28.36				27.53		187.15			2462.20		127.53
最高	28.36	43.12	52.01	114.50	2734.12	1339.40	412.16	312.95	2668.14	3352.94	4053.81	11340.74
最低	4.79	7.18	4.45	4.99	5.30	8.97	72.33	18.12	175.63	505.30	456.66	127.53

表 47　深交所债券每日成交笔数表

单位：笔

日期	一月	二月	三月	四月	五月	六月	七月	八月	九月	十月	十一月	十二月
1		775	231	386			1750	404			900	
2				443			810	244	511			2051
3				464		540	679		580			2260
4	1040	666	277	568		335	738		377		901	2117
5		923	513	417		465	836	371	495		804	1065
6		394	760			1092		367	626		1363	1166
7	574	794	747			718		302			2139	
8	316	544	1396	387	218		692	262		733	2520	
9	555			660	401		850	360	494	1442		1238
10	663			573	546	1006	649		390	1953		3114
11	418		1762	662		395	610		560	1963	2537	2806
12			2099	441		679	373	513	463		2684	2446
13			1746		685	676		464	657		1965	2526
14	414		954		464	902		362		1918	2033	
15	752		990	514	453		663	220		732	2182	
16	611			472	781		494	471	945	691		1620
17	747			1236	474	500	431		733	727		1847
18	993		885	867		501	428		1337	1851	2139	1867
19			1194	1095		485	341	601	1058		2389	1811
20			1001		370	315		1610	1033		1364	1454
21	443		874		679	637		645		1951	903	
22	475		676	496	486		403	916		2384	716	
23	782			490	592		441	496	1687	846		2315
24	894			492	362	2025	408		3382	1310		2034
25	482	566	1245	777		1248	440		1766	1615	670	2516
26		491	1093	483		512	494	498	1288		1906	3800
27		338	858		498	698		548	847		1951	4920
28	681	451	1035		799	4857		355		1722	2025	
29	512		694	613	635		821	336		1819	2346	
30	512			599	476		977	332		1926		2292
31	1491				743		510			755		1025
最高	1491	923	2099	1236	799	4857	1750	1610	3382	2384	2684	4920
最低	316	338	231	386	218	315	341	220	377	691	670	1025

表48　深交所上市公司增发

代码	股票名称	增发价	增发股数	集资金额	增发日	股份上市日
000821	京山轻机	5.60	36417449.00	203937714.40	01/17/2002	01/28/2002
000735	罗牛增发	4.99	100000000.00	499000000.00	01/18/2002	02/07/2002
00806	银河增发	11.70	50000000.00	585000000.00	03/06/2002	03/22/2002
000932	华菱增发	5.58	200000000.00	1116000000.00	03/11/2002/	03/27/2002
000619	海螺增发	21.50	30000000.00	645000000.00	03/20/2002	04/02/2002
000748	湘计增发	9.50	50000000.00	475000000.00	03/28/2002	04/11/2002
000807	云铝增发	10.10	54000000.00	545400000.00	03/26/2002	04/11/2002
000895	双汇增发	12.00	50000000.00	600000000.00	04/02/2002	04/16/2002
000839	国安增发	13.10	70000000.00	917000000.00	04/24/2002	05/20/2002
000517	甬成增发	17.26	28950000.00	499677000.00	05/13/2002	05/23/2002
000787	创智增发	9.40	51060000.00	479964000.00	05/17/2002	06/04/2002
000958	东热增发	11.60	49150000.00	570140000.00	05/28/2002	06/12/2002
000402	金融增发	19.58	21450000.00	419991000.00	08/06/2002	08/21/2002
000700	模塑增发	13.60	30000000.00	408000000.00	09/18/2002	10/11/2002
000032	桑达增发	13.98	18460000.00	258070800.00	10/16/2002	10/30/2002
000709	唐钢增发	6.06	150000000.00	909000000.00	10/21/2002	11/05/2002
000792	盐湖增发	12.20	35000000.00	427000000.00	10/30/2002	11/13/2002
000727	华科增发	6.00	45418737.00	272512422.00	11/28/2002	12/16/2002
000655	华陶增发	9.10	17240000.00	156884000.00	12/03/2002	12/17/2002

第十八编

政策与法规

2254/2494

政策与法规

中华人民共和国中国人民银行法

第一章 总 则

第一条 为了确立中国人民银行的地位，明确其职责，保证国家货币政策的正确制定和执行，建立和完善中央银行宏观调控体系，维护金融稳定，制定本法。

第二条 中国人民银行是中华人民共和国的中央银行。

中国人民银行在国务院领导下，制定和执行货币政策，防范和化解金融风险，维护金融稳定。

第三条 货币政策目标是保持货币币值的稳定，并以此促进经济增长。

第四条 中国人民银行履行下列职责：

（一）发布与履行其职责有关的命令和规章；

（二）依法制定和执行货币政策；

（三）发行人民币，管理人民币流通；

（四）监督管理银行间同业拆借市场和银行间债券市场；

（五）实施外汇管理，监督管理银行间外汇市场；

（六）监督管理黄金市场；

（七）持有、管理、经营国家外汇储备、黄金储备；

（八）经理国库；

（九）维护支付、清算系统的正常运行；

（十）指导、部署金融业反洗钱工作，负责反洗钱的资金监测；

（十一）负责金融业的统计、调查、分析和预测；

（十二）作为国家的中央银行，从事有关的国际金融活动；

（十三）国务院规定的其他职责。

中国人民银行为执行货币政策，可以依照本法第四章的有关规定从事金融业务活动。

第五条 中国人民银行就年度货币供应量、利率、汇率和国务院规定的其他重要事项作出的决定，报国务院批准后执行。

中国人民银行就前款规定以外的其他有关货币政策事项作出决定后，即予执行，并报国务院备案。

第六条 中国人民银行应当向全国人民代表大会常务委员会提出有关货币政策情况和金融业运行情况的工作报告。

第七条 中国人民银行在国务院领导下依法独立执行货币政策，履行职责，开展业务，不受地方政府、各级政府部门、社会团体和个人的干涉。

第八条 中国人民银行的全部资本由国家出资，属于国家所有。

第九条 国务院建立金融监督管理协调机制，具体办法由国务院规定。

第二章 组织机构

第十条 中国人民银行设行长一人，副行长若干人。

中国人民银行行长的人选，根据国务院总理的提名，由全国人民代表大会决定；全国人民代表大会闭会期间，由全国人民代表大会常务委员会决定，由中华人民共和国主席任免。中国人民银行副行长由国务院总理任免。

第十一条 中国人民银行实行行长负责制。行长领导中国人民银行的工作，副行长协助行长工作。

第十二条 中国人民银行设立货币政策委员会。货币政策委员会的职责、组成和工作程序，由国务院规定，报全国人民代表大会常务委员会备案。

中国人民银行货币政策委员会应当在国家宏观调控、货币政策制定和调整中，发挥重要作用。

第十三条 中国人民银行根据履行职责的需要设立分支机构，作为中国人民银行的派出机构。中国人民银行对分支机构实行统一领导和管理。

中国人民银行的分支机构根据中国人民银行的授权，维护本辖区的金融稳定，承办有关业务。

第十四条 中国人民银行的行长、副行长及其他工作人员应当恪尽职守，不得滥用职权、徇私舞弊，不得在任何金融机构、企业、基金会兼职。

第十五条 中国人民银行的行长、副行长及其他工作人员，应当依法保守国家秘密，并有责任为与履行其职责有关的金融机构及当事人保守秘密。

第三章 人民币

第十六条 中华人民共和国的法定货币是人民币。以人民币支付中华人民共和国境内的一切公共的和私人的债务，任何单位和个人不得拒收。

第十七条 人民币的单位为元，人民币辅币单位为角、分。

第十八条 人民币由中国人民银行统一印制、发行。

中国人民银行发行新版人民币，应当将发行时间、面额、图案、式样、规格予以公告。

第十九条 禁止伪造、变造人民币。禁止出售、购买伪造、变造的人民币。禁止运输、持有、使用伪造、变造的人民币。禁止故意毁损人民币。禁止在宣传品、出版物或者其他商品上非法使用人民币图样。

第二十条 任何单位和个人不得印制、发售代币票券，以代替人民币在市场上流通。

第二十一条 残缺、污损的人民币，按照中国人民银行的规定兑换，并由中国人民银行负责收回、销毁。

第二十二条 中国人民银行设立人民币发行库，在其分支机构设立分支库。分支库调拨人民币发行基金，应当按照上级库的调拨命令办理。任何单位和个人不得违反规定，动用发行基金。

第四章 业 务

第二十三条 中国人民银行为执行货币政策，可以运用下列货币政策工具：

（一）要求银行业金融机构按照规定的比例交存存款准备金；

（二）确定中央银行基准利率；

（三）为在中国人民银行开立账户的银行业金融机构办理再贴现；

（四）向商业银行提供贷款；

（五）在公开市场上买卖国债、其他政府债券和金融债券及外汇；

（六）国务院确定的其他货币政策工具。

中国人民银行为执行货币政策，运用前款所列货币政策工具时，可以规定具体的条件和程序。

第二十四条 中国人民银行依照法律、行政法规的规定经理国库。

第二十五条 中国人民银行可以代理国务院财政部门向各金融机构组织发行、兑付国债和其他政府债券。

第二十六条 中国人民银行可以根据需要，为银行业金融机构开立账户，但不得对银行业金融机构的账户透支。

第二十七条 中国人民银行应当组织或者协助组织银行业金融机构相互之间的清算系统，协调银行业金融机构相互之间的清算事项，提供清算服务。具体办法由中国人民银行制定。

中国人民银行会同国务院银行业监督管理机构制定支付结算规则。

第二十八条 中国人民银行根据执行货币政策的需要，可以决定对商业银行贷款的数额、期限、利率和方式，但贷款的期限不得超过一年。

第二十九条 中国人民银行不得对政府财政透支，不得直接认购、包销国债和其他政府债券。

第三十条 中国人民银行不得向地方政府、各级政府部门提供贷款，不得向非银行金融机构以及其他单位和个人提供贷款，但国务院决定中国人民银行可以向特定的非银行金融机构提供贷款的除外。

中国人民银行不得向任何单位和个人提供担保。

第五章　金融监督管理

第三十一条　中国人民银行依法监测金融市场的运行情况，对金融市场实施宏观调控，促进其协调发展。

第三十二条　中国人民银行有权对金融机构以及其他单位和个人的下列行为进行检查监督：

（一）执行有关存款准备金管理规定的行为；

（二）与中国人民银行特种贷款有关的行为；

（三）执行有关人民币管理规定的行为；

（四）执行有关银行间同业拆借市场、银行间债券市场管理规定的行为；

（五）执行有关外汇管理规定的行为；

（六）执行有关黄金管理规定的行为；

（七）代理中国人民银行经理国库的行为；

（八）执行有关清算管理规定的行为；

（九）执行有关反洗钱规定的行为。

前款所称中国人民银行特种贷款，是指国务院决定的由中国人民银行向金融机构发放的用于特定目的的贷款。

第三十三条　中国人民银行根据执行货币政策和维护金融稳定的需要，可以建议国务院银行业监督管理机构对银行业金融机构进行检查监督。国务院银行业监督管理机构应当自收到建议之日起三十日内予以回复。

第三十四条　当银行业金融机构出现支付困难，可能引发金融风险时，为了维护金融稳定，中国人民银行经国务院批准，有权对银行业金融机构进行检查监督。

第三十五条　中国人民银行根据履行职责的需要，有权要求银行业金融机构报送必要的资产负债表、利润表以及其他财务会计、统计报表和资料。

中国人民银行应当和国务院银行业监督管理机构、国务院其他金融监督管理机构建立监督管理信息共享机制。

第三十六条　中国人民银行负责统一编制全国金融统计数据、报表，并按照国家有关规定予以公布。

第三十七条　中国人民银行应当建立、健全本系统的稽核、检查制度，加强内部的监督管理。

第六章　财务会计

第三十八条　中国人民银行实行独立的财务预算管理制度。

中国人民银行的预算经国务院财政部门审核后，纳入中央预算，接受国务院财政部门的预算执行监督。

第三十九条　中国人民银行每一会计年度的收入减除该年度支出，并按照国务院财政部门核定的比例提取总准备金后的净利润，全部上缴中央财政。

中国人民银行的亏损由中央财政拨款弥补。

第四十条　中国人民银行的财务收支和会计事务，应当执行法律、行政法规和国家统一的财务、会计制度，接受国务院审计机关和财政部门依法分别进行的审计和监督。

第四十一条　中国人民银行应当于每一会计年度结束后的三个月内，编制资产负债表、损益表和相关的财务会计报表，并编制年度报告，按照国家有关规定予以公布。

中国人民银行的会计年度自公历1月1日起至12月31日止。

第七章　法律责任

第四十二条　伪造、变造人民币，出售伪造、变造的人民币，或者明知是伪造、变造的人民币而运输，构成犯罪的，依法追究刑事责任；尚不构成犯罪的，由公安机关处十五日以下拘留、一万元以下罚款。

第四十三条　购买伪造、变造的人民币或者明知是伪造、变造的人民币而持有、使用，构成犯罪的，依法追究刑事责任；尚不构成犯罪的，由公安机关处十五日以下拘留、一万元以下罚款。

第四十四条　在宣传品、出版物或者其他商品上非法使用人民币图样的，中国人民银行应当责令改正，并销毁非法使用的人民币图样，没收违法所得，并处五万元以下罚款。

第四十五条　印制、发售代币票券，以代替人民币在市场上流通的，中国人民银行应当责令停止违法行为，并处二十万元以下罚款。

第四十六条　本法第三十二条所列行为违反有关规定，有关法律、行政法规有处罚规定的，依照其规定给予处罚；有关法律、行政法规未作处罚规定的，由中国人民银行区别不同情形给予警告，没收违法所得，违法所得五十万元以上的，并处违法所得一倍以上五倍以下罚款；没有违法所得或者违法所得不足五十万元的，处五十万元以上二百万元以下罚款；对负有直接责任的董事、高级管理人员和其他直接责任人员给予警告，处五万元以上五十万元以下罚款；构成犯罪的，依法追究刑事责任。

第四十七条　当事人对行政处罚不服的，可以依照《中华人民共和国行政诉讼法》的规定提起行政诉讼。

第四十八条　中国人民银行有下列行为之一的，对负有直接责任的主管人员和其他直接责任人员，依法给予行政处分；构成犯罪的，依法追究刑事责任：

（一）违反本法第三十条第一款的规定提供贷款的；

（二）对单位和个人提供担保的；

（三）擅自动用发行基金的。

有前款所列行为之一，造成损失的，负有直接责任的主管人员和其他直接责任人员应当承担部分或者全部赔偿责任。

第四十九条　地方政府、各级政府部门、社会团体和个人强令中国人民银行及其工作人员违反本法第三十条的规定提供贷款或者担保的，对负有直接责任的主管人员和其他直接责任人员，依法给予行政处分；构成犯罪的，依法追究刑事责任；造成损失的，应当承担部分或者全部赔偿责任。

第五十条　中国人民银行的工作人员泄露国家秘密或者所知悉的商业秘密，构成犯罪的，依法追究刑事责任；尚不构成犯罪的，依法给予行政处分。

第五十一条　中国人民银行的工作人员贪污受贿、徇私舞弊、滥用职权、玩忽职守，构成犯罪的，依法追究刑事责任；尚不构成犯罪的，依法给予行政处分。

第八章　附　则

第五十二条　本法所称银行业金融机构，是指在中华人民共和国境内设立的商业银行、城市信用合作社、农村信用合作社等吸收公众存款的金融机构以及政策性银行。

在中华人民共和国境内设立的金融资产管理公司、信托投资公司、财务公司、金融租赁公司以及经国务院银行业监督管理机构批准设立的其他金融机构，适用本法对银行业金融机构的规定。

第五十三条　本法自公布之日起施行。

中华人民共和国商业银行法

第一章　总　则

第一条　为了保护商业银行、存款人和其他客户的合法权益，规范商业银行的行为，提高信贷资产质量，加强监督管理，保障商业银行的稳健运行，维护金融秩序，促进社会主义市场经济的发展，制定本法。

第二条　本法所称的商业银行是指依照本法和《中华人民共和国公司法》设立的吸收公众存款、发放贷款、办理结算等业务的企业法人。

第三条　商业银行可以经营下列部分或者全部业务：

（一）吸收公众存款；

（二）发放短期、中期和长期贷款；

（三）办理国内外结算；

（四）办理票据承兑与贴现；

（五）发行金融债券；

（六）代理发行、代理兑付、承销政府债券；

（七）买卖政府债券、金融债券；

（八）从事同业拆借；

（九）买卖、代理买卖外汇；

（十）从事银行卡业务；

（十一）提供信用证服务及担保；

（十二）代理收付款项及代理保险业务；

（十三）提供保管箱服务；

（十四）经国务院银行业监督管理机构批准的其他业务。

经营范围由商业银行章程规定，报国务院银行业监督管理机构批准。

商业银行经中国人民银行批准，可以经营结汇、售汇业务。

第四条 商业银行以安全性、流动性、效益性为经营原则，实行自主经营，自担风险，自负盈亏，自我约束。

商业银行依法开展业务，不受任何单位和个人的干涉。

商业银行以其全部法人财产独立承担民事责任。

第五条 商业银行与客户的业务往来，应当遵循平等、自愿、公平和诚实信用的原则。

第六条 商业银行应当保障存款人的合法权益不受任何单位和个人的侵犯。

第七条 商业银行开展信贷业务，应当严格审查借款人的资信，实行担保，保障按期收回贷款。

商业银行依法向借款人收回到期贷款的本金和利息，受法律保护。

第八条 商业银行开展业务，应当遵守法律、行政法规的有关规定，不得损害国家利益、社会公共利益。

第九条 商业银行开展业务，应当遵守公平竞争的原则，不得从事不正当竞争。

第十条 商业银行依法接受国务院银行业监督管理机构的监督管理，但法律规定其有关业务接受其他监督管理部门或者机构监督管理的，依照其规定。

第二章　商业银行的设立和组织机构

第十一条 设立商业银行，应当经国务院银行业监督管理机构审查批准。

未经国务院银行业监督管理机构批准，任何单位和个人不得从事吸收公众存款等商业银行业务，任何单位不得在名称中使用“银行”字样。

第十二条 设立商业银行，应当具备下列条件：

（一）有符合本法和《中华人民共和国公司法》规定的章程；

（二）有符合本法规定的注册资本最低限额；

（三）有具备任职专业知识和业务工作经验的董事、高级管理人员；

（四）有健全的组织机构和管理制度；

（五）有符合要求的营业场所、安全防范措施和与业务有关的其他设施。

设立商业银行，还应当符合其他审慎性条件。

第十三条 设立全国性商业银行的注册资本最低限额为十亿元人民币。设立城市商业银行的注册资本最低限额为一亿元人民币，设立农村商业银行的注册资本最低限额为五千万元人民币。注册资本应当是实缴资本。

国务院银行业监督管理机构根据审慎监管的要求可以调整注册资本最低限额，但不得少于前款规定的限额。

第十四条 设立商业银行，申请人应当向国务院银行业监督管理机构提交下列文件、资料：

（一）申请书，申请书应当载明拟设立的商业银行的名称、所在地、注册资本、业务范围等；

（二）可行性研究报告；

（三）国务院银行业监督管理机构规定提交的其他文件、资料。

第十五条 设立商业银行的申请经审查符合本法第十四条规定的，申请人应当填写正式申请表，并提交下列文件、资料：

（一）章程草案；

（二）拟任职的董事、高级管理人员的资格证明；

（三）法定验资机构出具的验资证明；

（四）股东名册及其出资额、股份；

（五）持有注册资本百分之五以上的股东的资信证明和有关资料；

（六）经营方针和计划；

（七）营业场所、安全防范措施和与业务有关的其他设施的资料；

（八）国务院银行业监督管理机构规定的其他文件、资料。

第十六条 经批准设立的商业银行，由国务院银行业监督管理机构颁发经营许可证，并凭该许可证向工商行政管理部门办理登记，领取营业执照。

第十七条 商业银行的组织形式、组织机构适用《中华人民共和国公司法》的规定。

本法施行前设立的商业银行，其组织形式、组织机构不完全符合《中华人民共和国公司法》规定的，可以继续沿用原有的规定，适用前款规定的日期由国务院规定。

第十八条 国有独资商业银行设立监事会。监事会的产生办法由国务院规定。

监事会对国有独资商业银行的信贷资产质量、资产负债比例、国有资产保值增值等情况以及高级管理人员违反法律、行政法规或者章程的行为和损害银行利益的行为进行监督。

第十九条 商业银行根据业务需要可以在中华人民共和国境内外设立分支机构。设立分支机构必须经国务院银行业监督管理机构审查批准。在中华人民共和国境内的分支机构，不按行政区划设立。

商业银行在中华人民共和国境内设立分支机构，应当按照规定拨付与其经营规模相适应的营运资金额。拨付各分支机构营运资金额的总和，不得超过总行资本金总额的百分之六十。

第二十条 设立商业银行分支机构，申请人应当向国务院银行业监督管理机构提交下列文件、资料：

（一）申请书，申请书应当载明拟设立的分支机构的名称、营运资金额、业务范围、总行及分支机构所在地等；

（二）申请人最近二年的财务会计报告；

（三）拟任职的高级管理人员的资格证明；

（四）经营方针和计划；

（五）营业场所、安全防范措施和与业务有关的其他设施的资料；

（六）国务院银行业监督管理机构规定的其他文件、资料。

第二十一条 经批准设立的商业银行分支机构，由国务院银行业监督管理机构颁发经营许可证，并凭该许可证向工商行政管理部门办理登记，领取营业执照。

第二十二条 商业银行对其分支机构实行全行统一核算，统一调度资金，分级管理的财务制度。

商业银行分支机构不具有法人资格，在总行授权范围内依法开展业务，其民事责任由总行承担。

第二十三条 经批准设立的商业银行及其分支机构，由国务院银行业监督管理机构予以公告。

商业银行及其分支机构自取得营业执照之日起无正当理由超过六个月未开业的，或者开业后自行停业连续六个月以上的，由国务院银行业监督管理机构吊销其经营许可证，并予以公告。

第二十四条 商业银行有下列变更事项之一的，应当经国务院银行业监督管理机构批准：

（一）变更名称；

（二）变更注册资本；

（三）变更总行或者分支行所在地；

（四）调整业务范围；

（五）变更持有资本总额或者股份总额百分之五以上的股东；

（六）修改章程；

（七）国务院银行业监督管理机构规定的其他变更事项。

更换董事、高级管理人员时，应当报经国务院银行业监督管理机构审查其任职资格。

第二十五条 商业银行的分立、合并，适用《中华人民共和国公司法》的规定。

商业银行的分立、合并，应当经国务院银行业监督管理机构审查批准。

第二十六条 商业银行应当依照法律、行政法规的规定使用经营许可证。禁止伪造、变造、转让、出租、出借经营许可证。

第二十七条 有下列情形之一的，不得担任商业银行的董事、高级管理人员：

（一）因犯有贪污、贿赂、侵占财产、挪用财产罪或者破坏社会经济秩序罪，被判处刑罚，或者因犯罪被剥夺政治权利的；

（二）担任因经营不善破产清算的公司、企业的董事或者厂长、经理，并对该公司、企业的破产负有个人责任的；

（三）担任因违法被吊销营业执照的公司、企业的法定代表人，并负有个人责任的；（四）个人所负数额较大的债务到期未清偿的。

第二十八条 任何单位和个人购买商业银行股份总额百分之五以上的，应当事先经国务院银行业监督管理机构批准。

第三章　对存款人的保护

第二十九条 商业银行办理个人储蓄存款业务，应当遵循存款自愿、取款自由、存款有息、为存款人保密的原则。

对个人储蓄存款，商业银行有权拒绝任何单位或者个人查询、冻结、扣划，但法律另有规定的除外。

第三十条 对单位存款，商业银行有权拒绝任何单位或者个人查询，但法律、行政法规另有规定的除外；有权拒绝任何单位或者个人冻结、扣划，但法律另有规定的除外。

第三十一条 商业银行应当按照中国人民银行规定的存款利率的上下限，确定存款利率，并予以公告。

第三十二条 商业银行应当按照中国人民银行的规定，向中国人民银行交存存款准备金，留足备付金。

第三十三条 商业银行应当保证存款本金和利息的支付，不得拖延、拒绝支付存款本金和利息。

第四章 贷款和其他业务的基本规则

第三十四条 商业银行根据国民经济和社会发展的需要，在国家产业政策指导下开展贷款业务。

第三十五条 商业银行贷款，应当对借款人的借款用途、偿还能力、还款方式等情况进行严格审查。

商业银行贷款，应当实行审贷分离、分级审批的制度。

第三十六条 商业银行贷款，借款人应当提供担保。商业银行应当对保证人的偿还能力，抵押物、质物的权属和价值以及实现抵押权、质权的可行性进行严格审查。

经商业银行审查、评估，确认借款人资信良好，确能偿还贷款的，可以不提供担保。

第三十七条 商业银行贷款，应当与借款人订立书面合同。合同应当约定贷款种类、借款用途、金额、利率、还款期限、还款方式、违约责任和双方认为需要约定的其他事项。

第三十八条 商业银行应当按照中国人民银行规定的贷款利率的上下限，确定贷款利率。

第三十九条 商业银行贷款，应当遵守下列资产负债比例管理的规定：

（一）资本充足率不得低于百分之八；

（二）贷款余额与存款余额的比例不得超过百分之七十五；

（三）流动性资产余额与流动性负债余额的比例不得低于百分之二十五；

（四）对同一借款人的贷款余额与商业银行资本余额的比例不得超过百分之十；

（五）国务院银行业监督管理机构对资产负债比例管理的其他规定。

本法施行前设立的商业银行，在本法施行后，其资产负债比例不符合前款规定的，应当在一定的期限内符合前款规定。具体办法由国务院规定。

第四十条 商业银行不得向关系人发放信用贷款；向关系人发放担保贷款的条件不得优于其他借款人同类贷款的条件。

前款所称关系人是指：

（一）商业银行的董事、监事、管理人员、信贷业务人员及其近亲属；

（二）前项所列人员投资或者担任高级管理职务的公司、企业和其他经济组织。

第四十一条 任何单位和个人不得强令商业银行发放贷款或者提供担保。商业银行有权拒绝任何单位和个人强令要求其发放贷款或者提供担保。

第四十二条 借款人应当按期归还贷款的本金和利息。

借款人到期不归还担保贷款的，商业银行依法享有要求保证人归还贷款本金和利息或者就该担保物优先受偿的权利。商业银行因行使抵押权、质权而取得的不动产或者股权，应当自取得之日起二年内予以处分。

借款人到期不归还信用贷款的，应当按照合同约定承担责任。

第四十三条 商业银行在中华人民共和国境内不得从事信托投资和证券经营业务，不得向非自用不动产投资或者向非银行金融机构和企业投资，但国家另有规定的除外。

第四十四条 商业银行办理票据承兑、汇兑、委托收款等结算业务，应当按照规定的期限兑现，收付入账，不得压单、压票或者违反规定退票。有关兑现、收付入账期限的规定应当公布。

第四十五条 商业银行发行金融债券或者到境外借款，应当依照法律、行政法规的规定报经批准。

第四十六条 同业拆借，应当遵守中国人民银行的规定。禁止利用拆入资金发放固定资产贷款或者用于投资。

拆出资金限于交足存款准备金、留足备付金和归还中国人民银行到期贷款之后的闲置资金。拆入资金用于弥补票据结算、联行汇差头寸的不足和解决临时性周转资金的需要。

第四十七条 商业银行不得违反规定提高或者降低利率以及采用其他不正当手段，吸收存款，发放贷款。

第四十八条 企业事业单位可以自主选择一家商业银行的营业场所开立一个办理日常转账结算和现金收付的基本账户，不得开立两个以上基本账户。

任何单位和个人不得将单位的资金以个人名义开立账户存储。

第四十九条 商业银行的营业时间应当方便客户，并予以公告。商业银行应当在公告的营业时间内营业，不得擅自停止营业或者缩短营业时间。

第五十条 商业银行办理业务，提供服务，按照规定收取手续费。收费项目和标准由国务院银行业监督管理机构、中国人民银行根据职责分工，分别会同国务院价格主管部门制定。

第五十一条 商业银行应当按照国家有关规定保存财务会计报表、业务合同以及其他资料。

第五十二条 商业银行的工作人员应当遵守法律、行政法规和其他各项业务管理的规定，不得有下列行为：

（一）利用职务上的便利，索取、收受贿赂或者违反国家规定收受各种名义的回扣、手续费；

（二）利用职务上的便利，贪污、挪用、侵占本行或者客户的资金；

（三）违反规定徇私向亲属、朋友发放贷款或者提供担保；

（四）在其他经济组织兼职；

（五）违反法律、行政法规和业务管理规定的其他行为。

第五十三条 商业银行的工作人员不得泄露其在任职期间知悉的国家秘密、商业秘密。

第五章 财务会计

第五十四条 商业银行应当依照法律和国家统一的会计制度以及国务院银行业监督管理机构的有关规定，建立、健全本行的财务、会计制度。

第五十五条 商业银行应当按照国家有关规定，真实记录并全面反映其业务活动和财务状况，编制年度财务会计报告，及时向国务院银行业监督管理机构、中国人民银行和国务院财政部门报送。商业银行不得在法定的会计账册外另立会计账册。

第五十六条 商业银行应当于每一会计年度终了三个月内，按照国务院银行业监督管理机构的规定，公布其上一年度的经营业绩和审计报告。

第五十七条 商业银行应当按照国家有关规定，提取呆账准备金，冲销呆账。

第五十八条 商业银行的会计年度自公历1月1日起至12月31日止。

第六章 监督管理

第五十九条 商业银行应当按照有关规定，制定本行的业务规则，建立、健全本行的风险管理和内部控制制度。

第六十条 商业银行应当建立、健全本行对存款、贷款、结算、呆账等各项情况的稽核、检查制度。

商业银行对分支机构应当进行经常性的稽核和检查监督。

第六十一条 商业银行应当按照规定向国务院银行业监督管理机构、中国人民银行报送资产负债表、利润表以及其他财务会计、统计报表和资料。

第六十二条 国务院银行业监督管理机构有权依照本法第三章、第四章、第五章的规定，随时对商业银行的存款、贷款、结算、呆账等情况进行检查监督。检查监督时，检查监督人员应当出示合法的证件。商业银行应当按照国务院银行业监督管理机构的要求，提供财务会计资料、业务合同和有关经营管理方面的其他信息。

中国人民银行有权依照《中华人民共和国中国人民银行法》第三十二条、第三十四条的规定对商业银行进行检查监督。

第六十三条 商业银行应当依法接受审计机关的审计监督。

第七章 接管和终止

第六十四条 商业银行已经或者可能发生信用危机，严重影响存款人的利益时，国务院银行业监督管理机构可以对该银行实行接管。

接管的目的是对被接管的商业银行采取必要措施，以保护存款人的利益，恢复商业银行的正常经营能力。被接管的商业银行的债权债务关系不因接管而变化。

第六十五条 接管由国务院银行业监督管理机构决定，并组织实施。国务院银行业监督管理机构的接管决定应当载明下列内容：

（一）被接管的商业银行名称；

（二）接管理由；
（三）接管组织；
（四）接管期限。
接管决定由国务院银行业监督管理机构予以公告。

第六十六条 接管自接管决定实施之日起开始。

自接管开始之日起，由接管组织行使商业银行的经营管理权力。

第六十七条 接管期限届满，国务院银行业监督管理机构可以决定延期，但接管期限最长不得超过二年。

第六十八条 有下列情形之一的，接管终止：

（一）接管决定规定的期限届满或者国务院银行业监督管理机构决定的接管延期届满；

（二）接管期限届满前，该商业银行已恢复正常经营能力；

（三）接管期限届满前，该商业银行被合并或者被依法宣告破产。

第六十九条 商业银行因分立、合并或者出现公司章程规定的解散事由需要解散的，应当向国务院银行业监督管理机构提出申请，并附解散的理由和支付存款的本金和利息等债务清偿计划。经国务院银行业监督管理机构批准后解散。

商业银行解散的，应当依法成立清算组，进行清算，按照清偿计划及时偿还存款本金和利息等债务。国务院银行业监督管理机构监督清算过程。

第七十条 商业银行因吊销经营许可证被撤销的，国务院银行业监督管理机构应当依法及时组织成立清算组，进行清算，按照清偿计划及时偿还存款本金和利息等债务。

第七十一条 商业银行不能支付到期债务，经国务院银行业监督管理机构同意，由人民法院依法宣告其破产。商业银行被宣告破产的，由人民法院组织国务院银行业监督管理机构等有关部门和有关人员成立清算组，进行清算。

商业银行破产清算时，在支付清算费用、所欠职工工资和劳动保险费用后，应当优先支付个人储蓄存款的本金和利息。

第七十二条 商业银行因解散、被撤销和被宣告破产而终止。

第八章　法律责任

第七十三条 商业银行有下列情形之一，对存款人或者其他客户造成财产损害的，应当承担支付迟延履行的利息以及其他民事责任：

（一）无故拖延、拒绝支付存款本金和利息的；

（二）违反票据承兑等结算业务规定，不予兑现，不予收付入账，压单、压票或者违反规定退票的；

（三）非法查询、冻结、扣划个人储蓄存款或者单位存款的；

（四）违反本法规定对存款人或者其他客户造成损害的其他行为。

有前款规定情形的，由国务院银行业监督管理机构责令改正，有违法所得的，没收违法所得，违法所得五万元以上的，并处违法所得一倍以上五倍以下罚款；没有违法所得或者违法所得不足五万元的，处五万元以上五十万元以下罚款。

第七十四条 商业银行有下列情形之一，由国务院银行业监督管理机构责令改正，有违法所得的，没收违法所得，违法所得五十万元以上的，并处违法所得一倍以上五倍以下罚款；没有违法所得或者违法所得不足五十万元的，处五十万元以上二百万元以下罚款；情节特别严重或者逾期不改正的，可以责令停业整顿或者吊销其经营许可证；构成犯罪的，依法追究刑事责任：

（一）未经批准设立分支机构的；

（二）未经批准分立、合并或者违反规定对变更事项不报批的；

（三）违反规定提高或者降低利率以及采用其他不正当手段，吸收存款，发放贷款的；

（四）出租、出借经营许可证的；

（五）未经批准买卖、代理买卖外汇的；

（六）未经批准买卖政府债券或者发行、买卖金融债券的；

（七）违反国家规定从事信托投资和证券经营业务、向非自用不动产投资或者向非银行金融机构和企业投资的；

（八）向关系人发放信用贷款或者发放担保贷款的条件优于其他借款人同类贷款的条件的。

第七十五条 商业银行有下列情形之一，由国务院银行业监督管理机构责令改正，并处二十万元以上五十万元以下罚款；情节特别严重或者逾期不改正的，可以责令停业整顿或者吊销其经营许可证；构成犯罪的，依法追究刑事责任：

（一）拒绝或者阻碍国务院银行业监督管理机构检查监督的；

（二）提供虚假的或者隐瞒重要事实的财务会计报告、报表和统计报表的；

（三）未遵守资本充足率、存贷比例、资产流动性比例、同一借款人贷款比例和国务院银行业监督管理机构有关资产负债比例管理的其他规定的。

第七十六条 商业银行有下列情形之一，由中国人民银行责令改正，有违法所得的，没收违法所得，违法所得五十万元以上的，并处违法所得一倍以上五倍以下罚款；没有违法所得或者违法所得不足五十万元的，处五十万元以上二百万元以下罚款；情节特别严重或者逾期不改正的，中国人民银行可以建议国务院银行业监督管理机构责令停业整顿或者吊销其经营许可证；构成犯罪的，依法追究刑事责任：

（一）未经批准办理结汇、售汇的；

（二）未经批准在银行间债券市场发行、买卖金融债券或者到境外借款的；

（三）违反规定同业拆借的。

第七十七条 商业银行有下列情形之一，由中国人民银行责令改正，并处二十万元以上五十万元以下罚款；情节特别严重或者逾期不改正的，中国人民银行可以建议国务院银行业监督管理机构责令停业整顿或者吊销其经营许可证；构成犯罪的，依法追究刑事责任：

（一）拒绝或者阻碍中国人民银行检查监督的；

（二）提供虚假的或者隐瞒重要事实的财务会计报告、报表和统计报表的；

（三）未按照中国人民银行规定的比例交存存款准备金的。

第七十八条 商业银行有本法第七十三条至第七十七条规定情形的，对直接负责的董事、高级管理人员和其他直接责任人员，应当给予纪律处分；构成犯罪的，依法追究刑事责任。

第七十九条 有下列情形之一，由国务院银行业监督管理机构责令改正，有违法所得的，没收违法所得，违法所得五万元以上的，并处违法所得一倍以上五倍以下罚款；没有违法所得或者违法所得不足五万元的，处五万元以上五十万元以下罚款：

（一）未经批准在名称中使用“银行”字样的；

（二）未经批准购买商业银行股份总额百分之五以上的；

（三）将单位的资金以个人名义开立账户存储的。

第八十条 商业银行不按照规定向国务院银行业监督管理机构报送有关文件、资料的，由国务院银行业监督管理机构责令改正，逾期不改正的，处十万元以上三十万元以下罚款。

商业银行不按照规定向中国人民银行报送有关文件、资料的，由中国人民银行责令改正，逾期不改正的，处十万元以上三十万元以下罚款。

第八十一条 未经国务院银行业监督管理机构批准，擅自设立商业银行，或者非法吸收公众存款、变相吸收公众存款，构成犯罪的，依法追究刑事责任；并由国务院银行业监督管理机构予以取缔。

伪造、变造、转让商业银行经营许可证，构成犯罪的，依法追究刑事责任。

第八十二条 借款人采取欺诈手段骗取贷款，构成犯罪的，依法追究刑事责任。

第八十三条 有本法第八十一条、第八十二条规定的行为，尚不构成犯罪的，由国务院银行业监督管理机构没收违法所得，违法所得五十万元以上的，并处违法所得一倍以上五倍以下罚款；没有违法所得或者违法所得不足五十万元的，处五十万元以上二百万元以下罚款。

第八十四条 商业银行工作人员利用职务上的便利，索取、收受贿赂或者违反国家规定收受各种名义的回扣、手续费，构成犯罪的，依法追究刑事责任；尚不构成犯罪的，应当给予纪律处分。

有前款行为，发放贷款或者提供担保造成损失的，应当承担全部或者部分赔偿责任。

第八十五条 商业银行工作人员利用职务上的便利，贪污、挪用、侵占本行或者客户资金，构成犯罪的，依法追究刑事责任；尚不构成犯罪的，应当给予纪律处分。

第八十六条 商业银行工作人员违反本法规定玩忽职守造成损失的，应当给予纪律处分；构成犯罪的，依法追究刑事责任。

违反规定徇私向亲属、朋友发放贷款或者提供担保造成损失的，应当承担全部或者部分赔偿责任。

第八十七条 商业银行工作人员泄露在任职期间知悉的国家秘密、商业秘密的，应当给予纪律处分；构成犯罪的，依法追究刑事责任。

第八十八条 单位或者个人强令商业银行发放贷款或者提供担保的，应当对直接负责的主管人员和其他直接责任人员或者个人给予纪律处分；造成损失的，应当承担全部或者部分赔偿责任。

商业银行的工作人员对单位或者个人强令其发放贷款或者提供担保未予拒绝的，应当给予纪律处分；造成损失的，应当承担相应的赔偿责任。

第八十九条　商业银行违反本法规定的，国务院银行业监督管理机构可以区别不同情形，取消其直接负责的董事、高级管理人员一定期限直至终身的任职资格，禁止直接负责的董事、高级管理人员和其他直接责任人员一定期限直至终身从事银行业工作。

商业银行的行为尚不构成犯罪的，对直接负责的董事、高级管理人员和其他直接责任人员，给予警告，处五万元以上五十万元以下罚款。

第九十条　商业银行及其工作人员对国务院银行业监督管理机构、中国人民银行的处罚决定不服的，可以依照《中华人民共和国行政诉讼法》的规定向人民法院提起诉讼。

第九章　附　则

第九十一条　本法施行前，按照国务院的规定经批准设立的商业银行不再办理审批手续。

第九十二条　外资商业银行、中外合资商业银行、外国商业银行分行适用本法规定，法律、行政法规另有规定的，依照其规定。

第九十三条　城市信用合作社、农村信用合作社办理存款、贷款和结算等业务，适用本法有关规定。

第九十四条　邮政企业办理商业银行的有关业务，适用本法有关规定。

第九十五条　本法自 1995 年 7 月 1 日起施行。

中华人民共和国银行业监督管理法

第一章　总　则

第一条　为了加强对银行业的监督管理，规范监督管理行为，防范和化解银行业风险，保护存款人和其他客户的合法权益，促进银行业健康发展，制定本法。

第二条　国务院银行业监督管理机构负责对全国银行业金融机构及其业务活动监督管理的工作。

本法所称银行业金融机构，是指在中华人民共和国境内设立的商业银行、城市信用合作社、农村信用合作社等吸收公众存款的金融机构以及政策性银行。

对在中华人民共和国境内设立的金融资产管理公司、信托投资公司、财务公司、金融租赁公司以及经国务院银行业监督管理机构批准设立的其他金融机构的监督管理，适用本法对银行业金融机构监督管理的规定。

国务院银行业监督管理机构依照本法有关规定，对经其批准在境外设立的金融机构以及前二款金融机构在境外的业务活动实施监督管理。

第三条　银行业监督管理的目标是促进银行业的合法、稳健运行，维护公众对银行业的信心。

银行业监督管理应当保护银行业公平竞争，提高银行业竞争能力。

第四条　银行业监督管理机构对银行业实施监督管理，应当遵循依法、公开、公正和效率的原则。

第五条　银行业监督管理机构及其从事监督管理工作的人员依法履行监督管理职责，受法律保护。地方政府、各级政府部门、社会团体和个人不得干涉。

第六条　国务院银行业监督管理机构应当和中国人民银行、国务院其他金融监督管理机构建立监督管理信息共享机制。

第七条　国务院银行业监督管理机构可以和其他国家或者地区的银行业监督管理机构建立监督管理合作机制，实施跨境监督管理。

第二章　监督管理机构

第八条　国务院银行业监督管理机构根据履行职责的需要设立派出机构。国务院银行业监督管理机构对派出机构实行统一领导和管理。

国务院银行业监督管理机构的派出机构在国务院银行业监督管理机构的授权范围内，履行监督管理职责。

第九条　银行业监督管理机构从事监督管理工作的人员，应当具备与其任职相适应的专业知识和业务工作经验。

第十条　银行业监督管理机构工作人员，应当忠于职守，依法办事，公正廉洁，不得利用职务便利牟取不正当的利益，不得在金融机构等企业中兼任职务。

第十一条　银行业监督管理机构工作人员，应当依法保守国家秘密，并有责任为其监督管理的银行业金融机构及当事人保守秘密。

国务院银行业监督管理机构同其他国家或者地区的银行业监督管理机构交流监督管理信息，应当就信息保密作出安排。

第十二条　国务院银行业监督管理机构应当公开监督管理程序，建立监督管理责任制度和内部监督制度。

第十三条　银行业监督管理机构在处置银行业金融机构风险、查处有关金融违法行为等监督管理活动中，地方政府、各级有关部门应当予以配合和协助。

第十四条　国务院审计、监察等机关，应当依照法律规定对国务院银行业监督管理机构的活动进行监督。

第三章　监督管理职责

第十五条　国务院银行业监督管理机构依照法律、行政法规制定并发布对银行业金融机构及其业务活动监督管理的规章、规则。

第十六条　国务院银行业监督管理机构依照法律、行政法规规定的条件和程序，审查批准银行业金融机构的设立、变更、终止以及业务范围。

第十七条　申请设立银行业金融机构，或者银行业金融机构变更持有资本总额或者股份总额达到规定比例以上的股东的，国务院银行业监督管理机构应当对股东的资金来源、财务状况、资本补充能力和诚信状况进行审查。

第十八条　银行业金融机构业务范围内的业务品种，应当按照规定经国务院银行业监督管理机构审查批准或者备案。需要审查批准或者备案的业务品种，由国务院银行业监督管理机构依照法律、行政法规作出规定并公布。

第十九条　未经国务院银行业监督管理机构批准，任何单位或者个人不得设立银行业金融机构或者从事银行业金融机构的业务活动。

第二十条　国务院银行业监督管理机构对银行业金融机构的董事和高级管理人员实行任职资格管理。具体办法由国务院银行业监督管理机构制定。

第二十一条　银行业金融机构的审慎经营规则，由法律、行政法规规定，也可以由国务院银行业监督管理机构依照法律、行政法规制定。

前款规定的审慎经营规则，包括风险管理、内部控制、资本充足率、资产质量、损失准备金、风险集中、关联交易、资产流动性等内容。

银行业金融机构应当严格遵守审慎经营规则。

第二十二条　国务院银行业监督管理机构应当在规定的期限，对下列申请事项作出批准或者不批准的书面决定；决定不批准的，应当说明理由：

（一）银行业金融机构的设立，自收到申请文件之日起六个月内；

（二）银行业金融机构的变更、终止，以及业务范围和增加业务范围内的业务品种，自收到申请文件之日起三个月内；

（三）审查董事和高级管理人员的任职资格，自收到申请文件之日起三十日内。

第二十三条　银行业监督管理机构应当对银行业金融机构的业务活动及其风险状况进行非现场监管，建立银行业金融机构监督管理信息系统，分析、评价银行业金融机构的风险状况。

第二十四条　银行业监督管理机构应当对银行业金融机构的业务活动及其风险状况进行现场检查。

国务院银行业监督管理机构应当制定现场检查程序，规范现场检查行为。

第二十五条　国务院银行业监督管理机构应当对银行业金融机构实行并表监督管理。

第二十六条　国务院银行业监督管理机构对中国人民银行提出的检查银行业金融机构的建议，应当自收到建议之日起三十日内予以回复。

第二十七条　国务院银行业监督管理机构应当建立银行业金融

机构监督管理评级体系和风险预警机制，根据银行业金融机构的评级情况和风险状况，确定对其现场检查的频率、范围和需要采取的其他措施。

第二十八条 国务院银行业监督管理机构应当建立银行业突发事件的发现、报告岗位责任制度。

银行业监督管理机构发现可能引发系统性银行业风险、严重影响社会稳定的突发事件的，应当立即向国务院银行业监督管理机构负责人报告；国务院银行业监督管理机构负责人认为需要向国务院报告的，应当立即向国务院报告，并告知中国人民银行、国务院财政部门等有关部门。

第二十九条 国务院银行业监督管理机构应当会同中国人民银行、国务院财政部门等有关部门建立银行业突发事件处置制度，制定银行业突发事件处置预案，明确处置机构和人员及其职责、处置措施和处置程序，及时、有效地处置银行业突发事件。

第三十条 国务院银行业监督管理机构负责统一编制全国银行业金融机构的统计数据、报表，并按照国家有关规定予以公布。

第三十一条 国务院银行业监督管理机构对银行业自律组织的活动进行指导和监督。

银行业自律组织的章程应当报国务院银行业监督管理机构备案。

第三十二条 国务院银行业监督管理机构可以开展与银行业监督管理有关的国际交流、合作活动。

第四章　监督管理措施

第三十三条 银行业监督管理机构根据履行职责的需要，有权要求银行业金融机构按照规定报送资产负债表、利润表和其他财务会计、统计报表、经营管理资料以及注册会计师出具的审计报告。

第三十四条 银行业监督管理机构根据审慎监管的要求，可以采取下列措施进行现场检查：

（一）进入银行业金融机构进行检查；

（二）询问银行业金融机构的工作人员，要求其对有关检查事项作出说明；

（三）查阅、复制银行业金融机构与检查事项有关的文件、资料，对可能被转移、隐匿或者毁损的文件、资料予以封存；

（四）检查银行业金融机构运用电子计算机管理业务数据的系统。

进行现场检查，应当经银行业监督管理机构负责人批准。现场检查时，检查人员不得少于二人，并应当出示合法证件和检查通知书；检查人员少于二人或者未出示合法证件和检查通知书的，银行业金融机构有权拒绝检查。

第三十五条 银行业监督管理机构根据履行职责的需要，可以与银行业金融机构董事、高级管理人员进行监督管理谈话，要求银行业金融机构董事、高级管理人员就银行业金融机构的业务活动和风险管理的重大事项作出说明。

第三十六条 银行业监督管理机构应当责令银行业金融机构按照规定，如实向社会公众披露财务会计报告、风险管理状况、董事和高级管理人员变更以及其他重大事项等信息。

第三十七条 银行业金融机构违反审慎经营规则的，国务院银行业监督管理机构或者其省一级派出机构应当责令限期改正；逾期未改正的，或者其行为严重危及该银行业金融机构的稳健运行、损害存款人和其他客户合法权益的，经国务院银行业监督管理机构或者其省一级派出机构负责人批准，可以区别情形，采取下列措施：

（一）责令暂停部分业务、停止批准开办新业务；

（二）限制分配红利和其他收入；

（三）限制资产转让；

（四）责令控股股东转让股权或者限制有关股东的权利；

（五）责令调整董事、高级管理人员或者限制其权利；

（六）停止批准增设分支机构。

银行业金融机构整改后，应当向国务院银行业监督管理机构或者其省一级派出机构提交报告。国务院银行业监督管理机构或者其省一级派出机构经验收，符合有关审慎经营规则的，应当自验收完毕之日起三日内解除对其采取的前款规定的有关措施。

第三十八条 银行业金融机构已经或者可能发生信用危机，严重影响存款人和其他客户合法权益的，国务院银行业监督管理机构可以依法对该银行业金融机构实行接管或者促成机构重组，接管和机构重组依照有关法律和国务院的规定执行。

第三十九条 银行业金融机构有违法经营、经营管理不善等情形，不予撤销将严重危害金融秩序、损害公众利益的，国务院银行业监督管理机构有权予以撤销。

第四十条 银行业金融机构被接管、重组或者被撤销的，国务院银行业监督管理机构有权要求该银行业金融机构的董事、高级管理人员和其他工作人员，按照国务院银行业监督管理机构的要求履行职责。

在接管、机构重组或者撤销清算期间，经国务院银行业监督管理机构负责人批准，对直接负责的董事、高级管理人员和其他直接责任人员，可以采取下列措施：

（一）直接负责的董事、高级管理人员和其他直接责任人员出境将对国家利益造成重大损失的，通知出境管理机关依法阻止其出境；

（二）申请司法机关禁止其转移、转让财产或者对其财产设定其他权利。

第四十一条 经国务院银行业监督管理机构或者其省一级派出机构负责人批准，银行业监督管理机构有权查询涉嫌金融违法的银行业金融机构及其工作人员以及关联行为人的账户；对涉嫌转移或者隐匿违法资金的，经银行业监督管理机构负责人批准，可以申请司法机关予以冻结。

第五章　法律责任

第四十二条 银行业监督管理机构从事监督管理工作的人员有下列情形之一的，依法给予行政处分；构成犯罪的，依法追究刑事责任：

（一）违反规定审查批准银行业金融机构的设立、变更、终止，以及业务范围和业务范围内的业务品种的；

（二）违反规定对银行业金融机构进行现场检查的；

（三）未依照本法第二十八条规定报告突发事件的；

（四）违反规定查询账户或者申请冻结资金的；

（五）违反规定对银行业金融机构采取措施或者处罚的；

（六）滥用职权、玩忽职守的其他行为。

银行业监督管理机构从事监督管理工作的人员贪污受贿、泄露国家秘密或者所知悉的商业秘密，构成犯罪的，依法追究刑事责任；尚不构成犯罪的，依法给予行政处分。

第四十三条 擅自设立银行业金融机构或者非法从事银行业金融机构的业务活动的，由国务院银行业监督管理机构予以取缔；构成犯罪的，依法追究刑事责任；尚不构成犯罪的，由国务院银行业监督管理机构没收违法所得，违法所得五十万元以上的，并处违法所得一倍以上五倍以下罚款；没有违法所得或者违法所得不足五十万元的，处五十万元以上二百万元以下罚款。

第四十四条 银行业金融机构有下列情形之一，由国务院银行业监督管理机构责令改正，有违法所得的，没收违法所得，违法所得五十万元以上的，并处违法所得一倍以上五倍以下罚款；没有违法所得或者违法所得不足五十万元的，处五十万元以上二百万元以下罚款；情节特别严重或者逾期不改正的，可以责令停业整顿或者吊销其经营许可证；构成犯罪的，依法追究刑事责任：

（一）未经批准设立分支机构的；

（二）未经批准变更、终止的；

（三）违反规定从事未经批准或者未备案的业务活动的；

（四）违反规定提高或者降低存款利率、贷款利率的。

第四十五条 银行业金融机构有下列情形之一，由国务院银行业监督管理机构责令改正，并处二十万元以上五十万元以下罚款；情节特别严重或者逾期不改正的，可以责令停业整顿或者吊销其经营许可证；构成犯罪的，依法追究刑事责任：

（一）未经任职资格审查任命董事、高级管理人员的；

（二）拒绝或者阻碍非现场监管或者现场检查的；

（三）提供虚假的或者隐瞒重要事实的报表、报告等文件、资料的；

（四）未按照规定进行信息披露的；

（五）严重违反审慎经营规则的；

（六）拒绝执行本法第三十七条规定的措施的。

第四十六条 银行业金融机构不按照规定提供报表、报告等文件、资料的，由银行业监督管理机构责令改正，逾期不改正的，处十万元以上三十万元以下罚款。

第四十七条 银行业金融机构违反法律、行政法规以及国家有关银行业监督管理规定的，银行业监督管理机构除依照本法第四十三条至第四十六条规定处罚外，还可以区别不同情形，采取下列措施：

（一）责令银行业金融机构对直接负责的董事、高级管理人员和其他直接责任人员给予纪律处分；

（二）银行业金融机构的行为尚不构成犯罪的，对直接负责的董事、高级管理人员和其他直接责任人员给予警告，处五万元以上五十万元以下罚款；

（三）取消直接负责的董事、高级管理人员一定期限直至终身的任职资格，禁止直接负责的董事、高级管理人员和其他直接责任人员一定期限直至终身从事银行业工作。

第六章　附　则

第四十八条　对在中华人民共和国境内设立的政策性银行、金融资产管理公司的监督管理，法律、行政法规另有规定的，依照其规定。

第四十九条　对在中华人民共和国境内设立的外资银行业金融机构、中外合资银行业金融机构、外国银行业金融机构的分支机构的监督管理，法律、行政法规另有规定的，依照其规定。

第五十条　本法自2004年2月1日起施行。

中华人民共和国保险法

第一章　总　则

第一条　为了规范保险活动，保护保险活动当事人的合法权益，加强对保险业的监督管理，促进保险事业的健康发展，制定本法。

第二条　本法所称保险，是指投保人根据合同约定，向保险人支付保险费，保险人对于合同约定的可能发生的事故因其发生所造成的财产损失承担赔偿保险金责任，或者当被保险人死亡、伤残、疾病或者达到合同约定的年龄、期限时承担给付保险金责任的商业保险行为。

第三条　在中华人民共和国境内从事保险活动，适用本法。

第四条　从事保险活动必须遵守法律、行政法规，尊重社会公德，遵循自愿原则。

第五条　保险活动当事人行使权利、履行义务应当遵循诚实信用原则。

第六条　经营商业保险业务，必须是依照本法设立的保险公司。其他单位和个人不得经营商业保险业务。

第七条　在中华人民共和国境内的法人和其他组织需要办理境内保险的，应当向中华人民共和国境内的保险公司投保。

第八条　保险公司开展业务，应当遵循公平竞争的原则，不得从事不正当竞争。

第九条　国务院保险监督管理机构依照本法负责对保险业实施监督管理。

第二章　保险合同

第一节　一般规定

第十条　保险合同是投保人与保险人约定保险权利义务关系的协议。

投保人是指与保险人订立保险合同，并按照保险合同负有支付保险费义务的人。

保险人是指与投保人订立保险合同，并承担赔偿或者给付保险金责任的保险公司。

第十一条　投保人和保险人订立保险合同，应当遵循公平互利、协商一致、自愿订立的原则，不得损害社会公共利益。

除法律、行政法规规定必须保险的以外，保险公司和其他单位不得强制他人订立保险合同。

第十二条　投保人对保险标的应当具有保险利益。投保人对保险标的不具有保险利益的，保险合同无效。

保险利益是指投保人对保险标的具有的法律上承认的利益。

保险标的是指作为保险对象的财产及其有关利益或者人的寿命和身体。

第十三条　投保人提出保险要求，经保险人同意承保，并就合同的条款达成协议，保险合同成立。保险人应当及时向投保人签发保险单或者其他保险凭证，并在保险单或者其他保险凭证中载明当事人双方约定的合同内容。

经投保人和保险人协商同意，也可以采取前款规定以外的其他书面协议形式订立保险合同。

第十四条　保险合同成立后，投保人按照约定交付保险费；保险人按照约定的时间开始承担保险责任。

第十五条　除本法另有规定或者保险合同另有约定外，保险合同成立后，投保人可以解除保险合同。

第十六条　除本法另有规定或者保险合同另有约定外，保险合同成立后，保险人不得解除保险合同。

第十七条　订立保险合同，保险人应当向投保人说明保险合同的条款内容，并可以就保险标的或者被保险人的有关情况提出询问，投保人应当如实告知。

投保人故意隐瞒事实，不履行如实告知义务的，或者因过失未履行如实告知义务，足以影响保险人决定是否同意承保或者提高保险费率的，保险人有权解除保险合同。

投保人故意不履行如实告知义务的，保险人对于保险合同解除前发生的保险事故，不承担赔偿或者给付保险金的责任，并不退还保险费。

投保人因过失未履行如实告知义务，对保险事故的发生有严重影响的，保险人对于保险合同解除前发生的保险事故，不承担赔偿或者给付保险金的责任，但可以退还保险费。

保险事故是指保险合同约定的保险责任范围内的事故。

第十八条　保险合同中规定有关于保险人责任免除条款的，保险人在订立保险合同时应当向投保人明确说明，未明确说明的，该条款不产生效力。

第十九条　保险合同应当包括下列事项：（一）保险人名称和住所；（二）投保人、被保险人名称和住所，以及人身保险的受益人的名称和住所；（三）保险标的；（四）保险责任和责任免除；（五）保险期间和保险责任开始时间；（六）保险价值；（七）保险金额；（八）保险费以及支付办法；（九）保险金赔偿或者给付办法；（十）违约责任和争议处理；（十一）订立合同的年、月、日。

第二十条　投保人和保险人在前条规定的保险合同事项外，可以就与保险有关的其他事项作出约定。

第二十一条　在保险合同有效期内，投保人和保险人经协商同意，可以变更保险合同的有关内容。

变更保险合同的，应当由保险人在原保险单或者其他保险凭证上批注或者附贴批单，或者由投保人和保险人订立变更的书面协议。

第二十二条　投保人、被保险人或者受益人知道保险事故发生后，应当及时通知保险人。

被保险人是指其财产或者人身受保险合同保障，享有保险金请求权的人，投保人可以为被保险人。

受益人是指人身保险合同中由被保险人或者投保人指定的享有保险金请求权的人，投保人、被保险人可以为受益人。

第二十三条　保险事故发生后，依照保险合同请求保险人赔偿或者给付保险金时，投保人、被保险人或者受益人应当向保险人提供其所能提供的与确认保险事故的性质、原因、损失程度等有关的证明和资料。

保险人依照保险合同的约定，认为有关的证明和资料不完整的，应当通知投保人、被保险人或者受益人补充提供有关的证明和资料。

第二十四条　保险人收到被保险人或者受益人的赔偿或者给付保险金的请求后，应当及时作出核定，并将核定结果通知被保险人或者受益人；对属于保险责任的，在与被保险人或者受益人达成有关赔偿或者给付保险金额的协议后十日内，履行赔偿或者给付保险金义务。保险合同对保险金额及赔偿或者给付期限有约定的，保险人应当依照保险合同的约定，履行赔偿或者给付保险金义务。

保险人未及时履行前款规定义务的，除支付保险金外，应当赔偿被保险人或者受益人因此受到的损失。

任何单位或者个人都不得非法干预保险人履行赔偿或者给付保险金的义务，也不得限制被保险人或者受益人取得保险金的权利。

保险金额是指保险人承担赔偿或者给付保险金责任的最高限额。

第二十五条　保险人收到被保险人或者受益人的赔偿或者给付保险金的请求后，对不属于保险责任的，应当向被保险人或者受益人发出拒绝赔偿或者拒绝给付保险金通知书。

第二十六条　保险人自收到赔偿或者给付保险金的请求和有关证明、资料之日起六十日内，对其赔偿或者给付保险金的数额不能确定的，应当根据已有证明和资料可以确定的最低数额先予支付；保险人最终确定赔偿或者给付保险金的数额后，应当支付相应的差额。

第二十七条　人寿保险以外的其他保险的被保险人或者受益人，对保险人请求赔偿或者给付保险金的权利，自其知道保险事故发生之日起二年不行使而消灭。

人寿保险的被保险人或者受益人对保险人请求给付保险金的权利，自其知道保险事故发生之日起五年不行使而消灭。

第二十八条　被保险人或者受益人在未发生保险事故的情况下，

谎称发生了保险事故，向保险人提出赔偿或者给付保险金的请求的，保险人有权解除保险合同，并不退还保险费。

投保人、被保险人或者受益人故意制造保险事故的，保险人有权解除保险合同，不承担赔偿或者给付保险金的责任，除本法第六十五条第一款另有规定外，也不退还保险费。

保险事故发生后，投保人、被保险人或者受益人以伪造、变造的有关证明、资料或者其他证据，编造虚假的事故原因或者夸大损失程度的，保险人对其虚报的部分不承担赔偿或者给付保险金的责任。

投保人、被保险人或者受益人有前三款所列行为之一，致使保险人支付保险金或者支出费用的，应当退回或者赔偿。

第二十九条 保险人将其承担的保险业务，以分保形式，部分转移给其他保险人的，为再保险。

应再保险接受人的要求，再保险分出人应当将其自负责任及原保险的有关情况告知再保险接受人。

第三十条 再保险接受人不得向原保险的投保人要求支付保险费。原保险的被保险人或者受益人，不得向再保险接受人提出赔偿或者给付保险金的请求。

再保险分出人不得以再保险接受人未履行再保险责任为由，拒绝履行或者迟延履行其原保险责任。

第三十一条 对于保险合同的条款，保险人与投保人、被保险人或者受益人有争议时，人民法院或者仲裁机关应当作有利于被保险人和受益人的解释。

第三十二条 保险人或者再保险接受人对在办理保险业务中知道的投保人、被保险人、受益人或者再保险分出人的业务和财产情况及个人隐私，负有保密的义务。

第二节 财产保险合同

第三十三条 财产保险合同是以财产及其有关利益为保险标的的保险合同。

本节中的财产保险合同，除特别指明的外，简称合同。

第三十四条 保险标的的转让应当通知保险人，经保险人同意继续承保后，依法变更合同。但是，货物运输保险合同和另有约定的合同除外。

第三十五条 货物运输保险合同和运输工具航程保险合同，保险责任开始后，合同当事人不得解除合同。

第三十六条 被保险人应当遵守国家有关消防、安全、生产操作、劳动保护等方面的规定，维护保险标的的安全。

根据合同的约定，保险人可以对保险标的的安全状况进行检查，及时向投保人、被保险人提出消除不安全因素和隐患的书面建议。

投保人、被保险人未按照约定履行其对保险标的的安全应尽的责任的，保险人有权要求增加保险费或者解除合同。

保险人为维护保险标的的安全，经被保险人同意，可以采取安全预防措施。

第三十七条 在合同有效期内，保险标的的危险程度增加的，被保险人按照合同约定应当及时通知保险人，保险人有权要求增加保险费或者解除合同。

被保险人未履行前款规定的通知义务的，因保险标的的危险程度增加而发生的保险事故，保险人不承担赔偿责任。

第三十八条 有下列情形之一的，除合同另有约定外，保险人应当降低保险费，并按日计算退还相应的保险费：

（一）据以确定保险费率的有关情况发生变化，保险标的的危险程度明显减少；

（二）保险标的的保险价值明显减少。

第三十九条 保险责任开始前，投保人要求解除合同的，应当向保险人支付手续费，保险人应当退还保险费。保险责任开始后，投保人要求解除合同的，保险人可以收取自保险责任开始之日起至合同解除之日止期间的保险费，剩余部分退还投保人。

第四十条 保险标的的保险价值，可以由投保人和保险人约定并在合同中载明，也可以按照保险事故发生时保险标的的实际价值确定。

保险金额不得超过保险价值；超过保险价值的，超过的部分无效。

保险金额低于保险价值的，除合同另有约定外，保险人按照保险金额与保险价值的比例承担赔偿责任。

第四十一条 重复保险的投保人应当将重复保险的有关情况通知各保险人。

重复保险的保险金额总和超过保险价值的，各保险人的赔偿金额的总和不得超过保险价值。除合同另有约定外，各保险人按照其保险金额与保险金额总和的比例承担赔偿责任。

重复保险是指投保人对同一保险标的、同一保险利益、同一保险事故分别向二个以上保险人订立保险合同的保险。

第四十二条 保险事故发生时，被保险人有责任尽力采取必要的措施，防止或者减少损失。

保险事故发生后，被保险人为防止或者减少保险标的的损失所支付的必要的、合理的费用，由保险人承担；保险人所承担的数额在保险标的的损失赔偿金额以外另行计算，最高不超过保险金额的数额。

第四十三条 保险标的发生部分损失的，在保险人赔偿后三十日内，投保人可以终止合同；除合同约定不得终止合同的以外，保险人也可以终止合同。保险人终止合同的，应当提前十五日通知投保人，并将保险标的的未受损失部分的保险费，扣除自保险责任开始之日起至终止合同之日止期间的应收部分后，退还投保人。

第四十四条 保险事故发生后，保险人已支付了全部保险金额，并且保险金额相等于保险价值的，受损保险标的的全部权利归于保险人；保险金额低于保险价值的，保险人按照保险金额与保险价值的比例取得受损保险标的的部分权利。

第四十五条 因第三者对保险标的的损害而造成保险事故的，保险人自向被保险人赔偿保险金之日起，在赔偿金额范围内代位行使被保险人对第三者请求赔偿的权利。

前款规定的保险事故发生后，被保险人已经从第三者取得损害赔偿的，保险人赔偿保险金时，可以相应扣减被保险人从第三者已取得的赔偿金额。

保险人依照第一款行使代位请求赔偿的权利，不影响被保险人就未取得赔偿的部分向第三者请求赔偿的权利。

第四十六条 保险事故发生后，保险人未赔偿保险金之前，被保险人放弃对第三者的请求赔偿的权利的，保险人不承担赔偿保险金的责任。

保险人向被保险人赔偿保险金后，被保险人未经保险人同意放弃对第三者请求赔偿的权利的，该行为无效。

由于被保险人的过错致使保险人不能行使代位请求赔偿的权利的，保险人可以相应扣减保险赔偿金。

第四十七条 除被保险人的家庭成员或者其组成人员故意造成本法第四十五条第一款规定的保险事故以外，保险人不得对被保险人的家庭成员或者其组成人员行使代位请求赔偿的权利。

第四十八条 在保险人向第三者行使代位请求赔偿权利时，被保险人应当向保险人提供必要的文件和其所知道的有关情况。

第四十九条 保险人、被保险人为查明和确定保险事故的性质、原因和保险标的的损失程度所支付的必要的、合理的费用，由保险人承担。

第五十条 保险人对责任保险的被保险人给第三者造成的损害，可以依照法律的规定或者合同的约定，直接向该第三者赔偿保险金。

责任保险是指以被保险人对第三者依法应负的赔偿责任为保险标的的保险。

第五十一条 责任保险的被保险人因给第三者造成损害的保险事故而被提起仲裁或者诉讼的，除合同另有约定外，由被保险人支付的仲裁或者诉讼费用以及其他必要的、合理的费用，由保险人承担。

第三节 人身保险合同

第五十二条 人身保险合同是以人的寿命和身体为保险标的的保险合同。

本节中的人身保险合同，除特别指明的外，简称合同。

第五十三条 投保人对下列人员具有保险利益：（一）本人；（二）配偶、子女、父母；（三）前项以外与投保人有抚养、赡养或者扶养关系的家庭其他成员、近亲属。

除前款规定外，被保险人同意投保人为其订立合同的，视为投保人对被保险人具有保险利益。

第五十四条 投保人申报的被保险人年龄不真实，并且其真实年龄不符合合同约定的年龄限制的，保险人可以解除合同，并在扣除手续费后，向投保人退还保险费，但是自合同成立之日起逾二年的除外。

投保人申报的被保险人年龄不真实，致使投保人支付的保险费少于应付保险费的，保险人有权更正并要求投保人补交保险费，或者在给付保险金时按照实付保险费与应付保险费的比例支付。

投保人申报的被保险人年龄不真实，致使投保人实付保险费多于应付保险费的，保险人应当将多收的保险费退还投保人。

第五十五条 投保人不得为无民事行为能力人投保以死亡为给付保险金条件的人身保险，保险人也不得承保。

父母为其未成年子女投保的人身保险，不受前款规定限制，但是死亡给付保险金额总和不得超过保险监督管理机构规定的限额。

第五十六条 以死亡为给付保险金条件的合同，未经被保险人书面同意并认可保险金额的，合同无效。

依照以死亡为给付保险金条件的合同所签发的保险单，未经被保险人书面同意，不得转让或者质押。

父母为其未成年子女投保的人身保险，不受第一款规定限制。

第五十七条 投保人于合同成立后，可以向保险人一次支付全部保险费，也可以按照合同约定分期支付保险费。

合同约定分期支付保险费的，投保人应当于合同成立时支付首期保险费，并应当按期支付其余各期的保险费。

第五十八条 合同约定分期支付保险费，投保人支付首期保险费后，除合同另有约定外，投保人超过规定的期限六十日未支付当期保险费的，合同效力中止，或者由保险人按照合同约定的条件减少保险金额。

第五十九条 依照前条规定合同效力中止的，经保险人与投保人协商并达成协议，在投保人补交保险费后，合同效力恢复。但是，自合同效力中止之日起二年内双方未达成协议的，保险人有权解除合同。

保险人依照前款规定解除合同，投保人已交足二年以上保险费的，保险人应当按照合同约定退还保险单的现金价值；投保人未交足二年保险费的，保险人应当在扣除手续费后，退还保险费。

第六十条 保险人对人身保险的保险费，不得用诉讼方式要求投保人支付。

第六十一条 人身保险的受益人由被保险人或者投保人指定。

投保人指定受益人时须经被保险人同意。

被保险人为无民事行为能力人或者限制民事行为能力人的，可以由其监护人指定受益人。

第六十二条 被保险人或者投保人可以指定一人或者数人为受益人。

受益人为数人的，被保险人或者投保人可以确定受益顺序和受益份额；未确定受益份额的，受益人按照相等份额享有受益权。

第六十三条 被保险人或者投保人可以变更受益人并书面通知保险人。保险人收到变更受益人的书面通知后，应当在保险单上批注。

投保人变更受益人时须经被保险人同意。

第六十四条 被保险人死亡后，遇有下列情形之一的，保险金作为被保险人的遗产，由保险人向被保险人的继承人履行给付保险金的义务：(一)没有指定受益人的；(二)受益人先于被保险人死亡，没有其他受益人的；(三)受益人依法丧失受益权或者放弃受益权，没有其他受益人的。

第六十五条 投保人、受益人故意造成被保险人死亡、伤残或者疾病的，保险人不承担给付保险金的责任。投保人已交足二年以上保险费的，保险人应当按照合同约定向其他享有权利的受益人退还保险单的现金价值。

受益人故意造成被保险人死亡或者伤残的，或者故意杀害被保险人未遂的，丧失受益权。

第六十六条 以死亡为给付保险金条件的合同，被保险人自杀的，除本条第二款规定外，保险人不承担给付保险金的责任，但对投保人已支付的保险费，保险人应按照保险单退还其现金价值。

以死亡为给付保险金条件的合同，自成立之日起满二年后，如果被保险人自杀的，保险人可以按照合同给付保险金。

第六十七条 被保险人故意犯罪导致其自身伤残或者死亡的，保险人不承担给付保险金的责任。投保人已交足二年以上保险费的，保险人应当按照保险单退还其现金价值。

第六十八条 人身保险的被保险人因第三者的行为而发生死亡、伤残或者疾病等保险事故的，保险人向被保险人或者受益人给付保险金后，不得享有向第三者追偿的权利。

但被保险人或者受益人仍有权向第三者请求赔偿。

第六十九条 投保人解除合同，已交足二年以上保险费的，保险人应当自接到解除合同通知之日起三十日内，退还保险单的现金价值；未交足二年保险费的，保险人按照合同约定在扣除手续费后，退还保险费。

第三章 保险公司

第七十条 保险公司应当采取下列组织形式：(一)股份有限公司；(二)国有独资公司。

第七十一条 设立保险公司，必须经保险监督管理机构批准。

第七十二条 设立保险公司，应当具备下列条件：(一)有符合本法和公司法规定的章程；(二)有符合本法规定的注册资本最低限额；(三)有具备任职专业知识和业务工作经验的高级管理人员；(四)有健全的组织机构和管理制度；(五)有符合要求的营业场所和与业务有关的其他设施。

保险监督管理机构审查设立申请时，应当考虑保险业的发展和公平竞争的需要。

第七十三条 设立保险公司，其注册资本的最低限额为人民币二亿元。

保险公司注册资本最低限额必须为实缴货币资本。

保险监督管理机构根据保险公司业务范围、经营规模，可以调整其注册资本的最低限额。但是，不得低于第一款规定的限额。

第七十四条 申请设立保险公司，应当提交下列文件、资料：

(一)设立申请书，申请书应当载明拟设立的保险公司的名称、注册资本、业务范围等；(二)可行性研究报告；(三)保险监督管理机构规定的其他文件、资料。

第七十五条 设立保险公司的申请经初步审查合格后，申请人应当依照本法和公司法的规定进行保险公司的筹建。具备本法第七十二条规定的设立条件的，向保险监督管理机构提交正式申请表和下列有关文件、资料：(一)保险公司的章程；(二)股东名册及其股份或者出资人及其出资额；(三)持有公司股份百分之十以上的股东资信证明和有关资料；(四)法定验资机构出具的验资证明；(五)拟任职的高级管理人员的简历和资格证明；(六)经营方针和计划；(七)营业场所和与业务有关的其他设施的资料；(八)保险监督管理机构规定的其他文件、资料。

第七十六条 保险监督管理机构自收到设立保险公司的正式申请文件之日起六个月内，应当作出批准或者不批准的决定。

第七十七条 经批准设立的保险公司，由批准部门颁发经营保险业务许可证，并凭经营保险业务许可证向工商行政管理机关办理登记，领取营业执照。

第七十八条 保险公司自取得经营保险业务许可证之日起六个月内无正当理由未办理公司设立登记的，其经营保险业务许可证自动失效。

第七十九条 保险公司成立后应当按照其注册资本总额的百分之二十提取保证金，存入保险监督管理机构指定的银行，除保险公司清算时用于清偿债务外，不得动用。

第八十条 保险公司在中华人民共和国境内外设立分支机构，须经保险监督管理机构批准，取得分支机构经营保险业务许可证。

保险公司分支机构不具有法人资格，其民事责任由保险公司承担。

第八十一条 保险公司在中华人民共和国境内外设立代表机构，须经保险监督管理机构批准。

第八十二条 保险公司有下列变更事项之一的，须经保险监督管理机构批准：(一)变更名称；(二)变更注册资本；(三)变更公司或者分支机构的营业场所；(四)调整业务范围；(五)公司分立或者合并；(六)修改公司章程；(七)变更出资人或者持有公司股份百分之十以上的股东；(八)保险监督管理机构规定的其他变更事项。

保险公司更换董事长、总经理，应当报经保险监督管理机构审查其任职资格。

第八十三条 保险公司的组织机构，适用公司法的规定。

第八十四条 国有独资保险公司设立监事会。监事会由保险监督管理机构、有关专家和保险公司工作人员的代表组成，对国有独资保险公司提取各项准备金、最低偿付能力和国有资产保值增值等情况以及高级管理人员违反法律、行政法规或者章程的行为和损害公司利益的行为进行监督。

第八十五条 保险公司因分立、合并或者公司章程规定的解散事由出现，经保险监督管理机构批准后解散。保险公司应当依法成立清算组，进行清算。经营有人寿保险业务的保险公司，除分立、合并外，不得解散。

第八十六条 保险公司违反法律、行政法规，被保险监督管理机构吊销经营保险业务许可证的，依法撤销。由保险监督管理机构依法及时组织清算组，进行清算。

第八十七条 保险公司不能支付到期债务，经保险监督管理机构同意，由人民法院依法宣告破产。保险公司被宣告破产的，由人民法院组织保险监督管理机构等有关部门和有关人员成立清算组，进行清算。

第八十八条 经营有人寿保险业务的保险公司被依法撤销的或者被依法宣告破产的，其持有的人寿保险合同及准备金，必须转移给其他经营有人寿保险业务的保险公司；不能同其他保险公司达成转让协议的，由保险监督管理机构指定经营有人寿保险业务的保险公司接受。

转让或者由保险监督管理机构指定接受前款规定的人寿保险合同及准备金的，应当维护被保险人、受益人的合法权益。

第八十九条 保险公司依法破产的，破产财产优先支付其破产费用后，按照下列顺序清偿：(一)所欠职工工资和劳动保险费用；(二)赔偿或者给付保险金；(三)所欠税款；(四)清偿公司债务。

破产财产不足清偿同一顺序清偿要求的，按照比例分配。

第九十条 保险公司依法终止其业务活动，应当注销其经营保险业务许可证。

第九十一条 保险公司的设立、变更、解散和清算事项，本法未作规定的，适用公司法和其他有关法律、行政法规的规定。

第四章 保险经营规则

第九十二条 保险公司的业务范围：(一)财产保险业务，包括财产损失保险、责任保险、信用保险等保险业务；

(二)人身保险业务，包括人寿保险、健康保险、意外伤害保险等保险业务。

同一保险人不得同时兼营财产保险业务和人身保险业务；但是，经营财产保险业务的保险公司经保险监督管理机构核定，可以经营短期健康保险业务和意外伤害保险业务。

保险公司的业务范围由保险监督管理机构依法核定。保险公司只能在被核定的业务范围内从事保险经营活动。

保险公司不得兼营本法及其他法律、行政法规规定以外的业务。

第九十三条 经保险监督管理机构核定，保险公司可以经营前条规定的保险业务的下列再保险业务：(一)分出保险；(二)分入保险。

第九十四条 保险公司应当根据保障被保险人利益、保证偿付能力的原则，提取各项责任准备金。

保险公司提取和结转责任准备金的具体办法由保险监督管理机构制定。

第九十五条 保险公司应当按照已经提出的保险赔偿或者给付金额，以及已经发生保险事故但尚未提出的保险赔偿或者给付金额，提取未决赔款准备金。

第九十六条 除依照前二条规定提取准备金外，保险公司应当依照有关法律、行政法规及国家财务会计制度的规定提取公积金。

第九十七条 为了保障被保险人的利益，支持保险公司稳健经营，保险公司应当按照保险监督管理机构的规定提存保险保障基金。

保险保障基金应当集中管理，统筹使用。

保险保障基金管理使用的具体办法由保险监督管理机构制定。

第九十八条 保险公司应当具有与其业务规模相适应的最低偿付能力。保险公司的实际资产减去实际负债的差额不得低于保险监督管理机构规定的数额；低于规定数额的，应当增加资本金，补足差额。

第九十九条 经营财产保险业务的保险公司当年自留保险费，不得超过其实有资本金加公积金总和的四倍。

第一百条 保险公司对每一危险单位，即对一次保险事故可能造成的最大损失范围所承担的责任，不得超过其实有资本金加公积金总和的百分之十；超过的部分，应当办理再保险。

第一百零一条 保险公司对危险单位的计算办法和巨灾风险安排计划，应当报经保险监督管理机构核准。

第一百零二条 保险公司应当按照保险监督管理机构的有关规定办理再保险。

第一百零三条 保险公司需要办理再保险分出业务的，应当优先向中国境内的保险公司办理。

第一百零四条 保险监督管理机构有权限制或者禁止保险公司向中国境外的保险公司办理再保险分出业务或者接受中国境外再保险分入业务。

第一百零五条 保险公司的资金运用必须稳健，遵循安全性原则，并保证资产的保值增值。

保险公司的资金运用，限于在银行存款、买卖政府债券、金融债券和国务院规定的其他资金运用形式。

保险公司的资金不得用于设立证券经营机构，不得用于设立保险业以外的企业。

保险公司运用的资金和具体项目的资金占其资金总额的具体比例，由保险监督管理机构规定。

第一百零六条 保险公司及其工作人员在保险业务活动中不得有下列行为：(一)欺骗投保人、被保险人或者受益人；(二)对投保人隐瞒与保险合同有关的重要情况；(三)阻碍投保人履行本法规定的如实告知义务，或者诱导其不履行本法规定的如实告知义务；(四)承诺向投保人、被保险人或者受益人给予保险合同规定以外的保险费回扣或者其他利益；(五)故意编造未曾发生的保险事故进行虚假理赔，骗取保险金。

第五章 保险业的监督管理

第一百零七条 关系社会公众利益的保险险种、依法实行强制保险的险种和新开发的人寿保险险种等的保险条款和保险费率，应当报保险监督管理机构审批。保险监督管理机构审批时，遵循保护社会公众利益和防止不正当竞争的原则。审批的范围和具体办法，由保险监督管理机构制定。

其他保险险种的保险条款和保险费率，应当报保险监督管理机构备案。

第一百零八条 保险监督管理机构应当建立健全保险公司偿付能力监管指标体系，对保险公司的最低偿付能力实施监控。

第一百零九条 保险监督管理机构有权检查保险公司的业务状况、财务状况及资金运用状况，有权要求保险公司在规定的期限内提供有关的书面报告和资料。

保险公司依法接受监督检查。

保险监督管理机构有权查询保险公司在金融机构的存款。

第一百一十条 保险公司未按照本法规定提取或者结转各项准备金，或者未按照本法规定办理再保险，或者严重违反本法关于资金运用的规定的，由保险监督管理机构责令该保险公司采取下列措施限期改正：(一)依法提取或者结转各项准备金；(二)依法办理再保险；(三)纠正违法运用资金的行为；(四)调整负责人及有关管理人员。

第一百一十一条 依照前条规定，保险监督管理机构作出限期改正的决定后，保险公司在限期内未予改正的，由保险监督管理机构决定选派保险专业人员和指定该保险公司的有关人员，组成整顿组织，对该保险公司进行整顿。

整顿决定应当载明被整顿保险公司的名称、整顿理由、整顿组织和整顿期限，并予以公告。

第一百一十二条 整顿组织在整顿过程中，有权监督该保险公司的日常业务。该保险公司的负责人及有关管理人员，应当在整顿组织的监督下行使自己的职权。

第一百一十三条 在整顿过程中，保险公司的原有业务继续进行，但是保险监督管理机构有权停止开展新的业务或者停止部分业务，调整资金运用。

第一百一十四条 被整顿的保险公司经整顿已纠正其违反本法规定的行为，恢复正常经营状况的，由整顿组织提出报告，经保险监督管理机构批准，整顿结束。

第一百一十五条 保险公司违反本法规定，损害社会公共利益，可能严重危及或者已经危及保险公司的偿付能力的，保险监督管理机构可以对该保险公司实行接管。

接管的目的是对被接管的保险公司采取必要措施，以保护被保险人的利益，恢复保险公司的正常经营。被接管的保险公司的债权债务关系不因接管而变化。

第一百一十六条 接管组织的组成和接管的实施办法，由保险监督管理机构决定，并予公告。

第一百一十七条 接管期限届满，保险监督管理机构可以决定延期，但接管期限最长不得超过二年。

第一百一十八条 接管期限届满，被接管的保险公司已恢复正常经营能力的，保险监督管理机构可以决定接管终止。

接管组织认为被接管的保险公司的财产已不足以清偿所负债务的，经保险监督管理机构批准，依法向人民法院申请宣告该保险公司破产。

第一百一十九条 保险公司应当于每一会计年度终了后三个月内，将上一年度的营业报告、财务会计报告及有关报表报送保险监督管理机构，并依法公布。

第一百二十条 保险公司应当于每月月底前将上一月的营业统计报表报送保险监督管理机构。

第一百二十一条 保险公司必须聘用经保险监督管理机构认可的精算专业人员，建立精算报告制度。

第一百二十二条 保险公司的营业报告、财务会计报告、精算报告及其他有关报表、文件和资料必须如实记录保险业务事项，不得有虚假记载、误导性陈述和重大遗漏。

第一百二十三条 保险人和被保险人可以聘请依法设立的独立的评估机构或者具有法定资格的专家，对保险事故进行评估和鉴定。

依法受聘对保险事故进行评估和鉴定的评估机构和专家，应当依法公正地执行业务。因故意或者过失给保险人或者被保险人造成损害的，依法承担赔偿责任。

依法受聘对保险事故进行评估和鉴定的评估机构收取费用，应当依照法律、行政法规的规定办理。

第一百二十四条 保险公司应当妥善保管有关业务经营活动的完整账簿、原始凭证及有关资料。

前款规定的账簿、原始凭证及有关资料的保管期限，自保险合同终止之日起计算，不得少于十年。

第六章 保险代理人和保险经纪人

第一百二十五条 保险代理人是根据保险人的委托，向保险人收取代理手续费，并在保险人授权的范围内代为办理保险业务的单位或者个人。

第一百二十六条 保险经纪人是基于投保人的利益，为投保人与保险人订立保险合同提供中介服务，并依法收取佣金的单位。

第一百二十七条 保险人委托保险代理人代为办理保险业务的，应当与保险代理人签订委托代理协议，依法约定双方的权利和义务及其他代理事项。

第一百二十八条 保险代理人根据保险人的授权代为办理保险业务的行为，由保险人承担责任。

保险代理人为保险人代为办理保险业务，有超越代理权限行为，投保人有理由相信其有代理权，并已订立保险合同的，保险人应当承担保险责任；但是保险人可以依法追究越权的保险代理人的责任。

第一百二十九条 个人保险代理人在代为办理人寿保险业务时，不得同时接受两个以上保险人的委托。

第一百三十条 因保险经纪人在办理保险业务中的过错，给投保人、被保险人造成损失的，由保险经纪人承担赔偿责任。

第一百三十一条 保险代理人、保险经纪人在办理保险业务活动中不得有下列行为：

（一）欺骗保险人、投保人、被保险人或者受益人；（二）隐瞒与保险合同有关的重要情况；（三）阻碍投保人履行本法规定的如实告知义务，或者诱导其不履行本法规定的如实告知义务；（四）承诺向投保人、被保险人或者受益人给予保险合同规定以外的其他利益；（五）利用行政权力、职务或者职业便利以及其他不正当手段强迫、引诱或者限制投保人订立保险合同。

第一百三十二条 保险代理人、保险经纪人应当具备保险监督管理机构规定的资格条件，并取得保险监督管理机构颁发的经营保险代理业务许可证或者经纪业务许可证，向工商行政管理机关办理登记，领取营业执照，并缴存保证金或者投保职业责任保险。

第一百三十三条 保险代理人、保险经纪人应当有自己的经营场所，设立专门账簿记载保险代理业务或者经纪业务的收支情况，并接受保险监督管理机构的监督。

第一百三十四条 保险代理手续费和经纪人佣金，只限于向具有合法资格的保险代理人、保险经纪人支付，不得向其他人支付。

第一百三十五条 保险公司应当设立本公司保险代理人登记簿。

第一百三十六条 保险公司应当加强对保险代理人的培训和管理，提高保险代理人的职业道德和业务素质，不得唆使、误导保险代理人进行违背诚信义务的活动。

第一百三十七条 本法第一百零九条、第一百一十九条的规定，适用于保险代理人和保险经纪人。

第七章 法律责任

第一百三十八条 投保人、被保险人或者受益人有下列行为之一，进行保险欺诈活动，构成犯罪的，依法追究刑事责任：（一）投保人故意虚构保险标的，骗取保险金的；（二）未发生保险事故而谎称发生保险事故，骗取保险金的；（三）故意造成财产损失的保险事故，骗取保险金的；（四）故意造成被保险人死亡、伤残或者疾病等人身保险事故，骗取保险金的；（五）伪造、变造与保险事故有关的证明、资料和其他证据，或者指使、唆使、收买他人提供虚假证明、资料或者其他证据，编造虚假的事故原因或者夸大损失程度，骗取保险金的。

有前款所列行为之一，情节轻微，尚不构成犯罪的，依照国家有关规定给予行政处罚。

第一百三十九条 保险公司及其工作人员在保险业务中隐瞒与保险合同有关的重要情况，欺骗投保人、被保险人或者受益人，或者拒不履行保险合同约定的赔偿或者给付保险金的义务，构成犯罪的，依法追究刑事责任；尚不构成犯罪的，由保险监督管理机构对保险公司处以五万元以上三十万元以下的罚款；对有违法行为的工作人员，处以二万元以上十万元以下的罚款；情节严重的，限制保险公司业务范围或者责令停止接受新业务。

保险公司及其工作人员阻碍投保人履行如实告知义务，或者诱导其不履行如实告知义务，或者承诺向投保人、被保险人或者受益人给予非法的保险费回扣或者其他利益，构成犯罪的，依法追究刑事责任；尚不构成犯罪的，由保险监督管理机构责令改正，对保险公司处以五万元以上三十万元以下的罚款；对有违法行为的工作人员，处以二万元以上十万元以下的罚款；情节严重的，限制保险公司业务范围或者责令停止接受新业务。

第一百四十条 保险代理人或者保险经纪人在其业务中欺骗保险人、投保人、被保险人或者受益人，构成犯罪的，依法追究刑事责任；尚不构成犯罪的，由保险监督管理机构责令改正，并处以五万元以上三十万元以下的罚款；情节严重的，吊销经营保险代理业务许可证或者经纪业务许可证。

第一百四十一条 保险公司及其工作人员故意编造未曾发生的保险事故进行虚假理赔，骗取保险金，构成犯罪的，依法追究刑事责任。

第一百四十二条 违反本法规定，擅自设立保险公司或者非法从事商业保险业务活动的，由保险监督管理机构予以取缔；构成犯罪的，依法追究刑事责任；尚不构成犯罪的，由保险监督管理机构没收违法所得，并处以违法所得一倍以上五倍以下的罚款，没有违法所得或者违法所得不足二十万元的，处以二十万元以上一百万元以下的罚款。

第一百四十三条 违反本法规定，超出核定的业务范围从事保险业务或者兼营本法及其他法律、行政法规规定以外的业务，构成犯罪的，依法追究刑事责任；尚不构成犯罪的，由保险监督管理机构责令改正，责令退还收取的保险费，没收违法所得，并处以违法所得一倍以上五倍以下的罚款；没有违法所得或者违法所得不足十万元的，处以十万元以上五十万元以下的罚款；逾期不改正或者造成严重后果的，责令停业整顿或者吊销经营保险业务许可证。

第一百四十四条 违反本法规定，未经批准，擅自变更保险公司的名称、章程、注册资本、公司或者分支机构的营业场所等事项的，由保险监督管理机构责令改正，并处以一万元以上十万元以下的罚款。

第一百四十五条 违反本法规定，有下列行为之一的，由保险监督管理机构责令改正，并处以五万元以上三十万元以下的罚款；情节严重的，可以限制业务范围、责令停止接受新业务或者吊销经营保险业务许可证：

（一）未按照规定提存保证金或者违反规定动用保证金的；（二）未按照规定提取或者结转各项责任准备金或者未按照规定提取未决赔款准备金的；（三）未按照规定提取保险保障基金、公积金的；（四）未按照规定办理再保险分出业务的；（五）违反规定运用保险公司资金的；（六）未经批准设立分支机构或者代表机构的；（七）未经批准分立、合并的；（八）未按照规定将应当报送审批的险种的保险条款和保险费率报送审批的。

第一百四十六条 违反本法规定，有下列行为之一的，由保险监督管理机构责令改正，逾期不改正的，处以一万元以上十万元以下的罚款：

（一）未按照规定报送有关报告、报表、文件和资料的；

（二）未按照规定将应当报送备案的险种的保险条款和保险费率报送备案的。

第一百四十七条 违反本法规定，有下列行为之一，构成犯罪的，依法追究刑事责任；尚不构成犯罪的，由保险监督管理机构责令改正，处以十万元以上五十万元以下的罚款；情节严重的，可以限制业务范围、责令停止接受新业务或者吊销经营保险业务许可证：

（一）提供虚假的报告、报表、文件和资料的；

（二）拒绝或者妨碍依法检查监督的。

第一百四十八条 违反本法规定，有下列行为之一的，由保险监督管理机构责令改正，处以五万元以上三十万元以下的罚款：（一）超额承保，情节严重的；（二）为无民事行为能力人承保以死亡为给付保险金条件的保险的。

第一百四十九条 违反本法规定，未取得经营保险代理业务许可证或者经纪业务许可证，非法从事保险代理业务或者经纪业务活动的，由保险监督管理机构予以取缔；构成犯罪的，依法追究刑事责任；尚不构成犯罪的，由保险监督管理机构没收违法所得，并处以违法所得一倍以上五倍以下的罚款，没有违法所得或者违法所得不足十万元的，处以十万元以上五十万元以下的罚款。

第一百五十条 对违反本法规定尚未构成犯罪的行为负有直接责任的保险公司高级管理人员和其他直接责任人员，保险监督管理机构可以区别不同情况予以警告，责令予以撤换，处以二万元以上十万元以下的罚款。

第一百五十一条 违反本法规定，给他人造成损害的，应当依法承担民事责任。

第一百五十二条 对不符合本法规定条件的设立保险公司的申请予以批准，或者对不符合保险代理人、保险经纪人条件的申请予以批准，或者有滥用职权、玩忽职守的其他行为，构成犯罪的，依法追究刑事责任；尚不构成犯罪的，依法给予行政处分。

第八章 附 则

第一百五十三条 海上保险适用海商法的有关规定；海商法未作规定的，适用本法的有关规定。

第一百五十四条 中外合资保险公司、外资独资保险公司、外国保险公司分公司适用本法规定；法律、行政法规另有规定的，适用其规定。

第一百五十五条 国家支持发展为农业生产服务的保险事业，农业保险由法律、行政法规另行规定。

第一百五十六条 本法规定的保险公司以外的其他性质的保险组织，由法律、行政法规另行规定。

第一百五十七条 本法施行前按照国务院规定经批准设立的保险公司继续保留，其中不完全具备本法规定的条件的，应当在规定的期限内达到本法规定的条件。具体办法由国务院规定。

第一百五十八条 本法自1995年10月1日起施行。

中华人民共和国证券投资基金法

第一章 总 则

第一条 为了规范证券投资基金活动，保护投资人及相关当事人的合法权益，促进证券投资基金和证券市场的健康发展，制定本法。

第二条 在中华人民共和国境内，通过公开发售基金份额募集证券投资基金（以下简称基金），由基金管理人管理，基金托管人托管，为基金份额持有人的利益，以资产组合方式进行证券投资活动，适用本法；本法未规定的，适用《中华人民共和国信托法》、《中华人民共和国证券法》和其他有关法律、行政法规的规定。

第三条 基金管理人、基金托管人和基金份额持有人的权利、义务，依照本法在基金合同中约定。

基金管理人、基金托管人依照本法和基金合同的约定，履行受托职责。基金份额持有人按其所持基金份额享受收益和承担风险。

第四条 从事证券投资基金活动，应当遵循自愿、公平、诚实信用的原则，不得损害国家利益和社会公共利益。

第五条 基金合同应当约定基金运作方式。基金运作方式可以采用封闭式、开放式或者其他方式。

采用封闭式运作方式的基金（以下简称封闭式基金），是指经核准的基金份额总额在基金合同期限内固定不变，基金份额可以在依法设立的证券交易场所交易，但基金份额持有人不得申请赎回的基金。

采用开放式运作方式的基金（以下简称开放式基金），是指基金份额总额不固定，基金份额可以在基金合同约定的时间和场所申购或者赎回的基金。

采用其他运作方式的基金的基金份额发售、交易、申购、赎回的办法，由国务院另行规定。

第六条 基金财产独立于基金管理人、基金托管人的固有财产。基金管理人、基金托管人不得将基金财产归入其固有财产。

基金管理人、基金托管人因基金财产的管理、运用或者其他情形而取得的财产和收益，归入基金财产。

基金管理人、基金托管人因依法解散、被依法撤销或者被依法宣告破产等原因进行清算的，基金财产不属于其清算财产。

第七条 基金财产的债权，不得与基金管理人、基金托管人固有财产的债务相抵销；不同基金财产的债权债务，不得相互抵销。

第八条 非因基金财产本身承担的债务，不得对基金财产强制执行。

第九条 基金管理人、基金托管人管理、运用基金财产，应当恪尽职守，履行诚实信用、谨慎勤勉的义务。

基金从业人员应当依法取得基金从业资格，遵守法律、行政法规，恪守职业道德和行为规范。

第十条 基金管理人、基金托管人和基金份额发售机构，可以成立同业协会，加强行业自律，协调行业关系，提供行业服务，促进行业发展。

第十一条 国务院证券监督管理机构依法对证券投资基金活动实施监督管理。

第二章 基金管理人

第十二条 基金管理人由依法设立的基金管理公司担任。担任基金管理人，应当经国务院证券监督管理机构核准。

第十三条 设立基金管理公司，应当具备下列条件，并经国务院证券监督管理机构批准：

（一）有符合本法和《中华人民共和国公司法》规定的章程；

（二）注册资本不低于一亿元人民币，且必须为实缴货币资本；

（三）主要股东具有从事证券经营、证券投资咨询、信托资产管理或者其他金融资产管理的较好的经营业绩和良好的社会信誉，最近三年没有违法记录，注册资本不低于三亿元人民币；

（四）取得基金从业资格的人员达到法定人数；

（五）有符合要求的营业场所、安全防范设施和与基金管理业务有关的其他设施；

（六）有完善的内部稽核监控制度和风险控制制度；

（七）法律、行政法规规定的和经国务院批准的国务院证券监督管理机构规定的其他条件。

第十四条 国务院证券监督管理机构应当自受理基金管理公司设立申请之日起六个月内依照本法第十三条规定的条件和审慎监管原则进行审查，作出批准或者不予批准的决定，并通知申请人；不予批准的，应当说明理由。

基金管理公司设立分支机构、修改章程或者变更其他重大事项，应当报经国务院证券监督管理机构批准。国务院证券监督管理机构应当自受理申请之日起六十日内作出批准或者不予批准的决定，并通知申请人；不予批准的，应当说明理由。

第十五条 下列人员不得担任基金管理人的基金从业人员：

（一）因犯有贪污贿赂、渎职、侵犯财产罪或者破坏社会主义市场经济秩序罪，被判处刑罚的；

（二）对所任职的公司、企业因经营不善破产清算或者因违法被吊销营业执照负有个人责任的董事、监事、厂长、经理及其他高级管理人员，自该公司、企业破产清算终结或者被吊销营业执照之日起未逾五年的；

（三）个人所负债务数额较大，到期未清偿的；

（四）因违法行为被开除的基金管理人、基金托管人、证券交易所、证券公司、证券登记结算机构、期货交易所、期货经纪公司及其他机构的从业人员和国家机关工作人员；

（五）因违法行为被吊销执业证书或者被取消资格的律师、注册会计师和资产评估机构、验证机构的从业人员、投资咨询从业人员；

（六）法律、行政法规规定不得从事基金业务的其他人员。

第十六条 基金管理人的经理和其他高级管理人员，应当熟悉证券投资方面的法律、行政法规，具有基金从业资格和三年以上与其所任职务相关的工作经历。

第十七条 基金管理人的经理和其他高级管理人员的选任或者改任，应当报经国务院证券监督管理机构依照本法和其他有关法律、行政法规规定的任职条件进行审核。

第十八条 基金管理人的董事、监事、经理和其他从业人员，不得担任基金托管人或者其他基金管理人的任何职务，不得从事损害基金财产和基金份额持有人利益的证券交易及其他活动。

第十九条 基金管理人应当履行下列职责：

（一）依法募集基金，办理或者委托经国务院证券监督管理机构认定的其他机构代为办理基金份额的发售、申购、赎回和登记事宜；

（二）办理基金备案手续；

（三）对所管理的不同基金财产分别管理、分别记账，进行证券投资；

（四）按照基金合同的约定确定基金收益分配方案，及时向基金份额持有人分配收益；

（五）进行基金会计核算并编制基金财务会计报告；

（六）编制中期和年度基金报告；

（七）计算并公告基金资产净值，确定基金份额申购、赎回价格；

（八）办理与基金财产管理业务活动有关的信息披露事项；

（九）召集基金份额持有人大会；

（十）保存基金财产管理业务活动的记录、账册、报表和其他相关资料；

（十一）以基金管理人名义，代表基金份额持有人利益行使诉讼权利或者实施其他法律行为；

（十二）国务院证券监督管理机构规定的其他职责。

第二十条 基金管理人不得有下列行为：

（一）将其固有财产或者他人财产混同于基金财产从事证券投资；

（二）不公平地对待其管理的不同基金财产；

（三）利用基金财产为基金份额持有人以外的第三人牟取利益；

（四）向基金份额持有人违规承诺收益或者承担损失；

（五）依照法律、行政法规有关规定，由国务院证券监督管理机构规定禁止的其他行为。

第二十一条 国务院证券监督管理机构对有下列情形之一的基金管理人，依据职权责令整顿，或者取消基金管理资格：

（一）有重大违法违规行为；

（二）不再具备本法第十三条规定的条件；

（三）法律、行政法规规定的其他情形。

第二十二条 有下列情形之一的，基金管理人职责终止：

（一）被依法取消基金管理资格；

（二）被基金份额持有人大会解任；

（三）依法解散、被依法撤销或者被依法宣告破产；

（四）基金合同约定的其他情形。

第二十三条 基金管理人职责终止的，基金份额持有人大会应当在六个月内选任新基金管理人；新基金管理人产生前，由国务院证券监督管理机构指定临时基金管理人。基金管理人职责终止的，应当妥善保管基金管理业务资料，及时办理基金管理业务的移交手续，新基金管理人或者临时基金管理人应当及时接收。

第二十四条 基金管理人职责终止的，应当按照规定聘请会计师事务所对基金财产进行审计，并将审计结果予以公告，同时报国务院证券监督管理机构备案。

第三章　基金托管人

第二十五条 基金托管人由依法设立并取得基金托管资格的商业银行担任。

第二十六条 申请取得基金托管资格，应当具备下列条件，并经国务院证券监督管理机构和国务院银行业监督管理机构核准：

（一）净资产和资本充足率符合有关规定；

（二）设有专门的基金托管部门；

（三）取得基金从业资格的专职人员达到法定人数；

（四）有安全保管基金财产的条件；

（五）有安全高效的清算、交割系统；

（六）有符合要求的营业场所、安全防范设施和与基金托管业务有关的其他设施；

（七）有完善的内部稽核监控制度和风险控制制度；

（八）法律、行政法规规定的和经国务院批准的国务院证券监督管理机构、国务院银行业监督管理机构规定的其他条件。

第二十七条 本法第十五条、第十八条的规定，适用于基金托管人的专门基金托管部门的从业人员。

本法第十六条、第十七条的规定，适用于基金托管人的专门基金托管部门的经理和其他高级管理人员。

第二十八条 基金托管人与基金管理人不得为同一人，不得相互出资或者持有股份。

第二十九条 基金托管人应当履行下列职责：

（一）安全保管基金财产；

（二）按照规定开设基金财产的资金账户和证券账户；

（三）对所托管的不同基金财产分别设置账户，确保基金财产的完整与独立；

（四）保存基金托管业务活动的记录、账册、报表和其他相关资料；

（五）按照基金合同的约定，根据基金管理人的投资指令，及时办理清算、交割事宜；

（六）办理与基金托管业务活动有关的信息披露事项；

（七）对基金财务会计报告、中期和年度基金报告出具意见；

（八）复核、审查基金管理人计算的基金资产净值和基金份额申购、赎回价格；

（九）按照规定召集基金份额持有人大会；

（十）按照规定监督基金管理人的投资运作；

（十一）国务院证券监督管理机构规定的其他职责。

第三十条 基金托管人发现基金管理人的投资指令违反法律、行政法规和其他有关规定，或者违反基金合同约定的，应当拒绝执行，立即通知基金管理人，并及时向国务院证券监督管理机构报告。

基金托管人发现基金管理人依据交易程序已经生效的投资指令违反法律、行政法规和其他有关规定，或者违反基金合同约定的，应当立即通知基金管理人，并及时向国务院证券监督管理机构报告。

第三十一条 本法第二十条的规定，适用于基金托管人。

第三十二条 国务院证券监督管理机构和国务院银行业监督管理机构对有下列情形之一的基金托管人，依据职权责令整顿，或者取消基金托管资格：

（一）有重大违法违规行为；

（二）不再具备本法第二十六条规定的条件；

（三）法律、行政法规规定的其他情形。

第三十三条 有下列情形之一的，基金托管人职责终止：

（一）被依法取消基金托管资格；

（二）被基金份额持有人大会解任；

（三）依法解散、被依法撤销或者被依法宣告破产；

（四）基金合同约定的其他情形。

第三十四条 基金托管人职责终止的，基金份额持有人大会应当在六个月内选任新基金托管人；新基金托管人产生前，由国务院证券监督管理机构指定临时基金托管人。基金托管人职责终止的，应当妥善保管基金财产和基金托管业务资料，及时办理基金财产和基金托管业务的移交手续，新基金托管人或者临时基金托管人应当及时接收。

第三十五条 基金托管人职责终止的，应当按照规定聘请会计师事务所对基金财产进行审计，并将审计结果予以公告，同时报国务院证券监督管理机构备案。

第四章　基金的募集

第三十六条 基金管理人依照本法发售基金份额，募集基金，应当向国务院证券监督管理机构提交下列文件，并经国务院证券监督管理机构核准：

（一）申请报告；

（二）基金合同草案；

（三）基金托管协议草案；

（四）招募说明书草案；

（五）基金管理人和基金托管人的资格证明文件；

（六）经会计师事务所审计的基金管理人和基金托管人最近三年或者成立以来的财务会计报告；

（七）律师事务所出具的法律意见书；

（八）国务院证券监督管理机构规定提交的其他文件。

第三十七条 基金合同应当包括下列内容：

（一）募集基金的目的和基金名称；

（二）基金管理人、基金托管人的名称和住所；

（三）基金运作方式；

（四）封闭式基金的基金份额总额和基金合同期限，或者开放式基金的最低募集份额总额；

（五）确定基金份额发售日期、价格和费用的原则；

（六）基金份额持有人、基金管理人和基金托管人的权利、义务；

（七）基金份额持有人大会召集、议事及表决的程序和规则；

（八）基金份额发售、交易、申购、赎回的程序、时间、地点、费用计算方式，以及给付赎回款项的时间和方式；

（九）基金收益分配原则、执行方式；

（十）作为基金管理人、基金托管人报酬的管理费、托管费的提取、支付方式与比例；

（十一）与基金财产管理、运用有关的其他费用的提取、支付方式；

（十二）基金财产的投资方向和投资限制；

（十三）基金资产净值的计算方法和公告方式；

（十四）基金募集未达到法定要求的处理方式；

（十五）基金合同解除和终止的事由、程序以及基金财产清算方式；

（十六）争议解决方式；

（十七）当事人约定的其他事项。

第三十八条 基金招募说明书应当包括下列内容：

（一）基金募集申请的核准文件名称和核准日期；

（二）基金管理人、基金托管人的基本情况；

（三）基金合同和基金托管协议的内容摘要；

（四）基金份额的发售日期、价格、费用和期限；

（五）基金份额的发售方式、发售机构及登记机构名称；

（六）出具法律意见书的律师事务所和审计基金财产的会计师事务所的名称和住所；

（七）基金管理人、基金托管人报酬及其他有关费用的提取、支付方式与比例；

（八）风险警示内容；

（九）国务院证券监督管理机构规定的其他内容。

第三十九条 国务院证券监督管理机构应当自受理基金募集申请之日起六个月内依照法律、行政法规及国务院证券监督管理机构的规定和审慎监管原则进行审查，作出核准或者不予核准的决定，并通知申请人；不予核准的，应当说明理由。

第四十条 基金募集申请经核准后，方可发售基金份额。

第四十一条 基金份额的发售，由基金管理人负责办理；基金管理人可以委托经国务院证券监督管理机构认定的其他机构代为办理。

第四十二条 基金管理人应当在基金份额发售的三日前公布招募说明书、基金合同及其他有关文件。

前款规定的文件应当真实、准确、完整。对基金募集所进行的宣传推介活动，应当符合有关法律、行政法规的规定，不得有本法第六十四条所列行为。

第四十三条 基金管理人应当自收到核准文件之日起六个月内进行基金募集。超过六个月开始募集，原核准的事项未发生实质性变化的，应当报国务院证券监督管理机构备案；发生实质性变化的，应当向国务院证券监督管理机构重新提交申请。

基金募集不得超过国务院证券监督管理机构核准的基金募集期限。基金募集期限自基金份额发售之日起计算。

第四十四条 基金募集期限届满，封闭式基金募集的基金份额总额达到核准规模的百分之八十以上，开放式基金募集的基金份额总额超过核准的最低募集份额总额，并且基金份额持有人人数符合国务院证券监督管理机构规定的，基金管理人应当自募集期限届满之日起十日内聘请法定验资机构验资，自收到验资报告之日起十日内，向国务院证券监督管理机构提交验资报告，办理基金备案手续，并予以公告。

第四十五条 基金募集期间募集的资金应当存入专门账户，在基金募集行为结束前，任何人不得动用。

第四十六条 投资人缴纳认购的基金份额的款项时，基金合同成立；基金管理人依照本法第四十四条的规定向国务院证券监督管理机构办理基金备案手续，基金合同生效。基金募集期限届满，不能满足本法第四十四条规定的条件的，基金管理人应当承担下列责任：

（一）以其固有财产承担因募集行为而产生的债务和费用；

（二）在基金募集期限届满后三十日内返还投资人已缴纳的款项，并加计银行同期存款利息。

第五章　基金份额的交易

第四十七条 封闭式基金的基金份额，经基金管理人申请，国务院证券监督管理机构核准，可以在证券交易所上市交易。

国务院证券监督管理机构可以授权证券交易所依照法定条件和程序核准基金份额上市交易。

第四十八条 基金份额上市交易，应当符合下列条件：

（一）基金的募集符合本法规定；

（二）基金合同期限为五年以上；

（三）基金募集金额不低于二亿元人民币；

（四）基金份额持有人不少于一千人；

（五）基金份额上市交易规则规定的其他条件。

第四十九条 基金份额上市交易规则由证券交易所制定，报国务院证券监督管理机构核准。

第五十条 基金份额上市交易后，有下列情形之一的，由证券交易所终止其上市交易，并报国务院证券监督管理机构备案：

（一）不再具备本法第四十八条规定的上市交易条件；

（二）基金合同期限届满；

（三）基金份额持有人大会决定提前终止上市交易；

（四）基金合同约定的或者基金份额上市交易规则规定的终止上市交易的其他情形。

第六章　基金份额的申购与赎回

第五十一条 开放式基金的基金份额的申购、赎回和登记，由基金管理人负责办理；基金管理人可以委托经国务院证券监督管理机构认定的其他机构代为办理。

第五十二条 基金管理人应当在每个工作日办理基金份额的申购、赎回业务；基金合同另有约定的，按照其约定。

第五十三条 基金管理人应当按时支付赎回款项，但是下列情形除外：

（一）因不可抗力导致基金管理人不能支付赎回款项；

（二）证券交易场所依法决定临时停市，导致基金管理人无法计算当日基金资产净值；

（三）基金合同约定的其他特殊情形。

发生上述情形之一的，基金管理人应当在当日报国务院证券监督管理机构备案。

本条第一款规定的情形消失后，基金管理人应当及时支付赎回款项。

第五十四条 开放式基金应当保持足够的现金或者政府债券，以备支付基金份额持有人的赎回款项。基金财产中应当保持的现金或者政府债券的具体比例，由国务院证券监督管理机构规定。

第五十五条 基金份额的申购、赎回价格，依据申购、赎回日基金份额净值加、减有关费用计算。

第五十六条 基金份额净值计价出现错误时，基金管理人应当立即纠正，并采取合理的措施防止损失进一步扩大。计价错误达到基金份额净值百分之零点五时，基金管理人应当公告，并报国务院证券监督管理机构备案。

因基金份额净值计价错误造成基金份额持有人损失的，基金份额持有人有权要求基金管理人、基金托管人予以赔偿。

第七章　基金的运作与信息披露

第五十七条 基金管理人运用基金财产进行证券投资，应当采用资产组合的方式。

资产组合的具体方式和投资比例，依照本法和国务院证券监督管理机构的规定在基金合同中约定。

第五十八条 基金财产应当用于下列投资：

（一）上市交易的股票、债券；

（二）国务院证券监督管理机构规定的其他证券品种。

第五十九条 基金财产不得用于下列投资或者活动：

（一）承销证券；

（二）向他人贷款或者提供担保；

（三）从事承担无限责任的投资；

（四）买卖其他基金份额，但是国务院另有规定的除外；

（五）向其基金管理人、基金托管人出资或者买卖其基金管理人、基金托管人发行的股票或者债券；

（六）买卖与其基金管理人、基金托管人有控股关系的股东或者与其基金管理人、基金托管人有其他重大利害关系的公司发行的证券或者承销期内承销的证券；

（七）从事内幕交易、操纵证券交易价格及其他不正当的证券交易活动；

（八）依照法律、行政法规有关规定，由国务院证券监督管理机构规定禁止的其他活动。

第六十条 基金管理人、基金托管人和其他基金信息披露义务人应当依法披露基金信息，并保证所披露信息的真实性、准确性和完整性。

第六十一条 基金信息披露义务人应当确保应予披露的基金信息在国务院证券监督管理机构规定时间内披露，并保证投资人能够按照基金合同约定的时间和方式查阅或者复制公开披露的信息资料。

第六十二条 公开披露的基金信息包括：

（一）基金招募说明书、基金合同、基金托管协议；

（二）基金募集情况；

（三）基金份额上市交易公告书；

（四）基金资产净值、基金份额净值；

（五）基金份额申购、赎回价格；

（六）基金财产的资产组合季度报告、财务会计报告及中期和年度基金报告；

（七）临时报告；

（八）基金份额持有人大会决议；

（九）基金管理人、基金托管人的专门基金托管部门的重大人事变动；

（十）涉及基金管理人、基金财产、基金托管业务的诉讼；

（十一）依照法律、行政法规有关规定，由国务院证券监督管理机构规定应予披露的其他信息。

第六十三条 对公开披露的基金信息出具审计报告或者法律意见书的会计师事务所、律师事务所，应当保证其所出具文件内容的真实性、准确性和完整性。

第六十四条 公开披露基金信息，不得有下列行为：

（一）虚假记载、误导性陈述或者重大遗漏；

（二）对证券投资业绩进行预测；

（三）违规承诺收益或者承担损失；

（四）诋毁其他基金管理人、基金托管人或者基金份额发售机构；

（五）依照法律、行政法规有关规定，由国务院证券监督管理机构规定禁止的其他行为。

第八章　基金合同的变更、终止与基金财产清算

第六十五条　按照基金合同的约定或者基金份额持有人大会的决议，并经国务院证券监督管理机构核准，可以转换基金运作方式。

第六十六条　封闭式基金扩募或者延长基金合同期限，应当符合下列条件，并经国务院证券监督管理机构核准：

（一）基金运营业绩良好；

（二）基金管理人最近二年内没有因违法违规行为受到行政处罚或者刑事处罚；

（三）基金份额持有人大会决议通过；

（四）本法规定的其他条件。

第六十七条　有下列情形之一的，基金合同终止：

（一）基金合同期限届满而未延期的；

（二）基金份额持有人大会决定终止的；

（三）基金管理人、基金托管人职责终止，在六个月内没有新基金管理人、新基金托管人承接的；

（四）基金合同约定的其他情形。

第六十八条　基金合同终止时，基金管理人应当组织清算组对基金财产进行清算。

清算组由基金管理人、基金托管人以及相关的中介服务机构组成。

清算组作出的清算报告经会计师事务所审计，律师事务所出具法律意见书后，报国务院证券监督管理机构备案并公告。

第六十九条　清算后的剩余基金财产，应当按照基金份额持有人所持份额比例进行分配。

第九章　基金份额持有人权利及其行使

第七十条　基金份额持有人享有下列权利：

（一）分享基金财产收益；

（二）参与分配清算后的剩余基金财产；

（三）依法转让或者申请赎回其持有的基金份额；

（四）按照规定要求召开基金份额持有人大会；

（五）对基金份额持有人大会审议事项行使表决权；

（六）查阅或者复制公开披露的基金信息资料；

（七）对基金管理人、基金托管人、基金份额发售机构损害其合法权益的行为依法提起诉讼；

（八）基金合同约定的其他权利。

第七十一条　下列事项应当通过召开基金份额持有人大会审议决定：

（一）提前终止基金合同；

（二）基金扩募或者延长基金合同期限；

（三）转换基金运作方式；

（四）提高基金管理人、基金托管人的报酬标准；

（五）更换基金管理人、基金托管人；

（六）基金合同约定的其他事项。

第七十二条　基金份额持有人大会由基金管理人召集；基金管理人未按规定召集或者不能召集时，由基金托管人召集。

代表基金份额百分之十以上的基金份额持有人就同一事项要求召开基金份额持有人大会，而基金管理人、基金托管人都不召集的，代表基金份额百分之十以上的基金份额持有人有权自行召集，并报国务院证券监督管理机构备案。

第七十三条　召开基金份额持有人大会，召集人应当至少提前三十日公告基金份额持有人大会的召开时间、会议形式、审议事项、议事程序和表决方式等事项。

基金份额持有人大会不得就未经公告的事项进行表决。

第七十四条　基金份额持有人大会可以采取现场方式召开，也可以采取通讯等方式召开。

每一基金份额具有一票表决权，基金份额持有人可以委托代理人出席基金份额持有人大会并行使表决权。

第七十五条　基金份额持有人大会应当有代表百分之五十以上基金份额的持有人参加，方可召开；大会就审议事项作出决定，应当经参加大会的基金份额持有人所持表决权的百分之五十以上通过；但是，转换基金运作方式、更换基金管理人或者基金托管人、提前终止基金合同，应当经参加大会的基金份额持有人所持表决权的三分之二以上通过。

基金份额持有人大会决定的事项，应当依法报国务院证券监督管理机构核准或者备案，并予以公告。

第十章　监督管理

第七十六条　国务院证券监督管理机构依法履行下列职责：

（一）依法制定有关证券投资基金活动监督管理的规章、规则，并依法行使审批或者核准权；

（二）办理基金备案；

（三）对基金管理人、基金托管人及其他机构从事证券投资基金活动进行监督管理，对违法行为进行查处，并予以公告；

（四）制定基金从业人员的资格标准和行为准则，并监督实施；

（五）监督检查基金信息的披露情况；

（六）指导和监督基金同业协会的活动；

（七）法律、行政法规规定的其他职责。

第七十七条　国务院证券监督管理机构依法履行职责，有权采取下列措施：

（一）进入违法行为发生场所调查取证；

（二）询问当事人和与被调查事件有关的单位和个人，要求其对与被调查事件有关的事项作出说明；

（三）查阅、复制当事人和与被调查事件有关的单位和个人的证券交易记录、登记过户记录、财务会计资料及其他相关文件和资料，对可能被转移或者隐匿的文件和资料予以封存；

（四）查询当事人和与被调查事件有关的单位和个人的资金账户、证券账户或者基金账户，对有证据证明有转移或者隐匿违法资金、证券迹象的，可以申请司法机关予以冻结；

（五）法律、行政法规规定的其他措施。

第七十八条　国务院证券监督管理机构工作人员依法履行职责，进行调查或者检查时，不得少于二人，并应当出示合法证件；对调查或者检查中知悉的商业秘密负有保密的义务。

第七十九条　国务院证券监督管理机构工作人员应当忠于职守，依法办事，公正廉洁，接受监督，不得利用职务牟取私利。

第八十条　国务院证券监督管理机构依法履行职责时，被调查、检查的单位和个人应当配合，如实提供有关文件和资料，不得拒绝、阻碍和隐瞒。

第八十一条　国务院证券监督管理机构依法履行职责，发现违法行为涉嫌犯罪的，应当将案件移送司法机关处理。

第八十二条　国务院证券监督管理机构工作人员不得在被监管的机构中兼任职务。

第十一章　法律责任

第八十三条　基金管理人、基金托管人在履行各自职责的过程中，违反本法规定或者基金合同约定，给基金财产或者基金份额持有人造成损害的，应当分别对各自的行为依法承担赔偿责任；因共同行为给基金财产或者基金份额持有人造成损害的，应当承担连带赔偿责任。

第八十四条　违反本法第四十五条规定，动用募集的资金的，责令返还，没收违法所得；违法所得五十万元以上的，并处违法所得一倍以上五倍以下罚款；没有违法所得或者违法所得不足五十万元的，并处五万元以上五十万元以下罚款；对直接负责的主管人员和其他直接责任人员给予警告，并处三万元以上三十万元以下罚款；给投资人造成损害的，依法承担赔偿责任；构成犯罪的，依法追究刑事责任。

第八十五条　未经国务院证券监督管理机构核准，擅自募集基金的，责令停止，返还所募资金和加计的银行同期存款利息，没收违法所得，并处所募资金金额百分之一以上百分之五以下罚款；构成犯罪的，依法追究刑事责任。

第八十六条　违反本法规定，未经批准，擅自设立基金管理公司的，由证券监督管理机构予以取缔，并处五万元以上五十万元以下罚款；构成犯罪的，依法追究刑事责任。

第八十七条　未经国务院证券监督管理机构核准，擅自从事基金管理业务或者基金托管业务的，责令停止，没收违法所得；违法所得一百万元以上的，并处违法所得一倍以上五倍以下罚款；没有违法所得或者违法所得不足一百万元的，并处十万元以上一百万元以下罚款；给基金财产或者基金份额持有人造成损害的，依法承担赔偿责任；对直接负责的主管人员和其他直接责任人员给予警告，并处三万元以上三十万元以下罚款；构成犯罪的，依法追究刑事责任。

第八十八条　基金管理人、基金托管人违反本法规定，未对基金财产实行分别管理或者分账保管，或者将基金财产挪作他用的，责令改正，处五万元以上五十万元以下罚款；给基金财产或者基金份额持有人造成损害的，依法承担赔偿责任；对直接负责的主管人员和其他

直接责任人员给予警告，暂停或者取消基金从业资格，并处三万元以上三十万元以下罚款；构成犯罪的，依法追究刑事责任。

基金管理人、基金托管人将基金财产挪作他用而取得的财产和收益，归入基金财产。但是，法律、行政法规另有规定的，依照其规定。

第八十九条 基金管理人、基金托管人有本法第二十条所列行为之一的，责令改正，没收违法所得；违法所得一百万元以上的，并处违法所得一倍以上五倍以下罚款；没有违法所得或者违法所得不足一百万元的，并处十万元以上一百万元以下罚款；给基金财产或者基金份额持有人造成损害的，依法承担赔偿责任；对直接负责的主管人员和其他直接责任人员给予警告，暂停或者取消基金从业资格，并处三万元以上三十万元以下罚款；构成犯罪的，依法追究刑事责任。

第九十条 基金管理人、基金托管人有本法第五十九条第一项至第六项和第八项所列行为之一的，责令改正，处十万元以上一百万元以下罚款；给基金财产或者基金份额持有人造成损害的，依法承担赔偿责任；对直接负责的主管人员和其他直接责任人员给予警告，暂停或者取消基金从业资格，并处三万元以上三十万元以下罚款；构成犯罪的，依法追究刑事责任。

基金管理人、基金托管人有前款行为，运用基金财产而取得的财产和收益，归入基金财产。但是，法律、行政法规另有规定的，依照其规定。

第九十一条 基金管理人、基金托管人有本法第五十九条第七项规定行为的，除依照《中华人民共和国证券法》的有关规定处罚外，对直接负责的主管人员和其他直接责任人员给予警告，暂停或者取消基金从业资格，并处三万元以上三十万元以下罚款；给基金财产或者基金份额持有人造成损害的，依法承担赔偿责任。

第九十二条 基金管理人、基金托管人违反本法规定，相互出资或者持有股份的，责令改正，可以处十万元以下罚款。

第九十三条 基金信息披露义务人不依法披露基金信息或者披露的信息有虚假记载、误导性陈述或者重大遗漏的，责令改正，没收违法所得，并处十万元以上一百万元以下罚款；给基金份额持有人造成损害的，依法承担赔偿责任；对直接负责的主管人员和其他直接责任人员给予警告，暂停或者取消基金从业资格，并处三万元以上三十万元以下罚款；构成犯罪的，依法追究刑事责任。

第九十四条 为基金信息披露义务人公开披露的基金信息出具审计报告、法律意见书等文件的专业机构就其所应负责的内容弄虚作假的，责令改正，没收违法所得，并处违法所得一倍以上五倍以下罚款；情节严重的，责令停业，暂停或者取消直接责任人员的相关资格；给基金份额持有人造成损害的，依法承担赔偿责任；构成犯罪的，依法追究刑事责任。

第九十五条 基金管理人或者基金托管人不按照规定召集基金份额持有人大会的，责令改正，可以处五万元以下罚款；对直接负责的主管人员和其他直接责任人员给予警告，暂停或者取消基金从业资格。

第九十六条 基金管理人、基金托管人违反本法规定，情节严重的，依法取消基金管理资格或者基金托管资格。

第九十七条 基金管理人、基金托管人的专门基金托管部门的从业人员违反本法第十八条规定，给基金财产或者基金份额持有人造成损害的，依法承担赔偿责任；情节严重的，取消基金从业资格；构成犯罪的，依法追究刑事责任。

第九十八条 证券监督管理机构工作人员玩忽职守、滥用职权、徇私舞弊或者利用职务上的便利索取或者收受他人财物的，依法给予行政处分；构成犯罪的，依法追究刑事责任。

第九十九条 违反本法规定，应当承担民事赔偿责任和缴纳罚款、罚金，其财产不足以同时支付时，先承担民事赔偿责任。

第一百条 依照本法规定，基金管理人、基金托管人应当承担的民事赔偿责任和缴纳的罚款、罚金，由基金管理人、基金托管人以其固有财产承担。

依法收缴的罚款、罚金和没收的违法所得，应当全部上缴国库。

第十二章 附 则

第一百零一条 基金管理公司或者国务院批准的其他机构，向特定对象募集资金或者接受特定对象财产委托从事证券投资活动的具体管理办法，由国务院根据本法的原则另行规定。

第一百零二条 通过公开发行股份募集资金，设立证券投资公司，从事证券投资等活动的管理办法，由国务院另行规定。

第一百零三条 本法自2004年6月1日起施行。

证券发行上市保荐制度暂行办法

第一章 总 则

第一条 为规范证券发行上市行为，提高上市公司质量和证券经营机构执业水平，保护投资者的合法权益，促进证券市场健康发展，根据有关法律、行政法规，制定本办法。

第二条 本办法适用于股份有限公司首次公开发行股票和上市公司发行新股、可转换公司债券。

第三条 证券经营机构履行保荐职责，应当具有主承销商资格，并依照本办法的规定注册登记为保荐机构。

第四条 保荐机构应当遵守法律、行政法规、中国证券监督管理委员会（以下简称"中国证监会"）的规定和行业规范，诚实守信，勤勉尽责，尽职推荐发行人证券发行上市，持续督导发行人履行相关义务。

保荐机构履行保荐职责应当指定保荐代表人具体负责保荐工作。

第五条 保荐机构负责证券发行的主承销工作，依法对公开发行募集文件进行核查，向中国证监会出具保荐意见。

保荐机构应当保证所出具的文件真实、准确、完整。

第六条 发行人及其董事、监事、经理和其他高级管理人员（以下简称"高管人员"），为发行人提供专业服务的律师事务所、会计师事务所、资产评估机构等中介机构（以下简称"中介机构"）及其签名人员，应当依照法律、行政法规和中国证监会的规定，承担相应的责任，并配合保荐机构履行保荐职责。

保荐机构及其保荐代表人履行保荐职责，不能减轻或者免除发行人及其高管人员、中介机构及其签名人员的责任。

第七条 中国证监会依照法律、行政法规和本办法的规定，对保荐机构及其保荐代表人、发行人及其高管人员、中介机构及其签名人员的相关活动进行监督管理。

中国证券业协会对保荐机构、保荐代表人进行自律管理。

第二章 保荐机构和保荐代表人的注册登记

第八条 经中国证监会注册登记并列入保荐机构、保荐代表人名单（以下简称"名单"）的证券经营机构、个人，可以依照本办法规定从事保荐工作。未经中国证监会注册登记为保荐机构、保荐代表人并列入名单，任何机构、个人不得从事保荐工作。

第九条 证券经营机构申请注册登记为保荐机构的，应当具有主承销商资格，并向中国证监会提交自愿履行保荐职责的声明、承诺。

第十条 证券经营机构有下列情形之一的，不得注册登记为保荐机构：

（一）保荐代表人数量少于两名；

（二）不能提供符合主承销商资格要求的证明文件；

（三）公司治理结构存在重大缺陷，风险控制制度不健全或者未有效执行；

（四）最近二十四个月内因违法违规被中国证监会从名单中去除；

（五）中国证监会认定的其他情形。

第十一条 个人申请注册登记为保荐代表人的，应当具有证券从业资格、取得执业证书且符合下列要求，通过所任职的保荐机构向中国证监会提出申请，并提供有关证明文件和声明：

(一)具备中国证监会规定的投资银行业务经历；

(二)参加中国证监会认可的保荐代表人胜任能力考试且成绩合格；

(三)所任职保荐机构出具由董事长或者总经理签名的推荐函；

(四)未负有数额较大到期未清偿的债务；

(五)最近三十六个月内未因违法违规被从名单中去除或者受到中国证监会行政处罚；

(六)未因犯罪被判处刑罚，或者刑罚执行期满已逾五年；

(七)中国证监会规定的其他要求。

第十二条 证券经营机构和个人应当保证申请注册登记文件真实、准确、完整。申请期间，文件内容发生重大变化的，应当自变化之日起五个工作日内向中国证监会提交更新资料。

第十三条 中国证监会自收到申请注册登记文件之日起一个月

内,对符合要求的,予以注册登记,将其列入名单,并予以公布;不符合要求的,不予注册登记,并告知不予注册登记的理由。

第十四条 保荐机构应当自保荐机构、保荐代表人注册登记或者前次备案届满十二个月之日起一个月内,向中国证监会报送年度备案表及相关资料,更新注册登记的内容。

第十五条 保荐机构、保荐代表人注册登记内容发生重大变化的,保荐机构应当自变化之日起五个工作日内向中国证监会报告。

第十六条 保荐机构有本办法第十条规定情形之一的,中国证监会将该保荐机构及其保荐代表人从名单中去除。

第十七条 保荐代表人有下列情形之一的,中国证监会将其从名单中去除:

(一)被注销或者吊销执业证书;

(二)不具备中国证监会规定的投资银行业务经历;

(三)保荐机构撤回推荐函;

(四)调离保荐机构或其投资银行业务部门;

(五)负有数额较大到期未清偿的债务;

(六)因违法违规被中国证监会行政处罚或者因犯罪被判处刑罚;

(七)中国证监会规定的其他情形。

第十八条 从名单中去除的保荐代表人符合注册登记要求的,可再次申请注册登记为保荐代表人。自去除之日起超过六个月的,应当重新参加保荐代表人胜任能力考试。

第三章 保荐机构的职责

第十九条 保荐机构应当尽职推荐发行人证券发行上市。

发行人证券上市后,保荐机构应当持续督导其履行规范运作、信守承诺、信息披露等义务。

第二十条 保荐机构在推荐发行人首次公开发行股票前,应当按照中国证监会的规定对发行人进行辅导。

保荐机构推荐其他机构辅导的发行人首次公开发行股票的,应当在推荐前对发行人至少再辅导六个月。

第二十一条 发行人经辅导符合下列要求的,保荐机构方可推荐其股票发行上市:

(一)符合证券公开发行上市的条件和有关规定,具备持续发展能力;

(二)与发起人、大股东、实际控制人之间在业务、资产、人员、机构、财务等方面相互独立,不存在同业竞争、显失公允的关联交易以及影响发行人独立运作的其他行为;

(三)公司治理、财务和会计制度等不存在可能妨碍持续规范运作的重大缺陷;

(四)高管人员已掌握进入证券市场所必备的法律、行政法规和相关知识,知悉上市公司及其高管人员的基本义务和法定责任,具备足够的诚信水准和管理上市公司的能力及经验;

(五)中国证监会规定的其他要求。

第二十二条 保荐机构推荐发行人证券发行上市,应当按照法律、行政法规和中国证监会的规定,对发行人及其发起人、大股东、实际控制人进行尽职调查、审慎核查,根据发行人的委托,组织编制申请文件并出具推荐文件。

第二十三条 保荐机构对发行人公开募集文件中无中介机构及其签名人员专业意见支持的内容,应当进行充分、广泛、合理的调查,对发行人所提供的资料和披露的内容进行独立判断,并有充分理由确信所作的判断与发行人公开募集文件的内容不存在实质性差异。

第二十四条 保荐机构对发行人公开募集文件中有中介机构及其签名人员出具专业意见的内容,应当进行审慎核查,对发行人所提供的资料和披露的内容进行独立判断。

保荐机构所作的判断与中介机构的专业意见存在重大差异的,应当对有关事项进行调查、复核,并可聘请其他中介机构提供专业服务。

第二十五条 保荐机构应当在推荐文件中就下列事项做出承诺:

(一)有充分理由确信发行人符合本办法第二十一条规定的要求,且其证券适合在证券交易所上市、交易;

(二)有充分理由确信发行人申请文件和公开募集文件不存在虚假记载、误导性陈述或者重大遗漏;

(三)有充分理由确信发行人及其董事在公开募集文件中表达意见的依据充分合理;

(四)有充分理由确信与其他中介机构发表的意见不存在实质性差异;

(五)保证所指定的保荐代表人及本保荐机构的相关人员已勤勉尽责,对发行人申请文件进行了尽职调查、审慎核查;

(六)保证推荐文件、与履行保荐职责有关的其他文件不存在虚假记载、误导性陈述或者重大遗漏;

(七)保证对发行人提供的专业服务和出具的专业意见符合法律、行政法规、中国证监会的规定和行业规范;

(八)自愿接受中国证监会依照本办法采取的监管措施;

(九)中国证监会规定的其他承诺事项。

第二十六条 保荐机构提交推荐文件后,应当主动配合中国证监会的审核,并承担下列工作:

(一)组织发行人及其中介机构对中国证监会的意见进行答复;

(二)按照中国证监会的要求对涉及本次证券发行上市的特定事项进行尽职调查或者核查;

(三)指定保荐代表人与中国证监会进行专业沟通;

(四)中国证监会规定的其他工作。

第二十七条 保荐机构推荐发行人证券上市,应当向证券交易所提交推荐书及证券交易所上市规则所要求的相关文件,并报中国证监会备案。

推荐书应当载明本办法第二十五条规定的承诺事项、对发行人持续督导工作的安排以及证券交易所要求的其他事项。

第二十八条 保荐机构应当针对发行人具体情况确定持续督导的内容和重点,承担下列工作:

(一)督导发行人有效执行并完善防止大股东、其他关联方违规占用发行人资源的制度;

(二)督导发行人有效执行并完善防止高管人员利用职务之便损害发行人利益的内控制度;

(三)督导发行人有效执行并完善保障关联交易公允性和合规性的制度,并对关联交易发表意见;

(四)督导发行人履行信息披露的义务,审阅信息披露文件及向中国证监会、证券交易所提交的其他文件;

(五)持续关注发行人募集资金的使用、投资项目的实施等承诺事项;

(六)持续关注发行人为他人提供担保等事项,并发表意见;

(七)中国证监会规定及保荐协议约定的其他工作。

第二十九条 首次公开发行股票的,持续督导的期间为证券上市当年剩余时间及其后两个完整会计年度;上市公司发行新股、可转换公司债券的,持续督导的期间为证券上市当年剩余时间及其后一个完整会计年度。持续督导的期间自证券上市之日起计算。

第三十条 持续督导期届满,如有尚未完结的保荐工作,保荐机构应当继续完成。

保荐机构在尽职推荐期间、持续督导期间未勤勉尽责的,持续督导期届满,保荐机构仍应承担相应的责任。

第四章 保荐工作规程

第三十一条 保荐机构应当建立健全保荐工作的内部控制体系。

第三十二条 保荐机构应当建立健全证券发行上市的尽职调查制度、对发行上市申请文件的内部核查制度、对发行人证券上市后的持续督导制度。

第三十三条 保荐机构应当建立健全对保荐代表人及从事保荐工作的其他人员的持续培训制度。

第三十四条 保荐机构应当建立健全档案制度,为每一项目建立独立的保荐工作档案。

保荐工作档案应当真实、准确、完整,保存期不少于十年。

第三十五条 存在下列可能影响公正履行保荐职责情形的,保荐机构不得推荐发行人证券发行上市:

(一)保荐机构及其大股东、实际控制人、重要关联方持有发行人的股份合计超过7%;

(二)发行人持有或控制保荐机构股份超过7%;

(三)保荐机构的保荐代表人和董事、监事、经理、其他高级管理人员拥有发行人权益、在发行人任职等可能影响公正履行保荐职责的情形;

(四)保荐机构及其大股东、实际控制人、重要关联方为发行人提供担保或融资。

第三十六条 保荐机构应当与发行人签定保荐协议,明确双方的权利和义务。

第三十七条 保荐机构应当按照行业规范与发行人协商确定履行保荐职责的相关费用。

第三十八条 刊登公开募集文件前终止保荐协议的,保荐机构和发行人应当自终止之日起五个工作日内分别向中国证监会报告,说明原因。

第三十九条 刊登公开募集文件后,保荐机构和发行人不得终止保荐协议,但发行人因再次申请发行新股或可转换公司债券另行聘请保荐机构、保荐机构被中国证监会从名单中去除的除外。

终止保荐协议的,保荐机构和发行人应当自终止之日起五个工作日内向中国证监会、证券交易所报告,说明原因。

第四十条 持续督导期间,保荐机构被中国证监会从名单中去除的,发行人应当在一个月内另行聘请保荐机构。

第四十一条 另行聘请的保荐机构应当完成原保荐机构未完成的持续督导工作,且持续督导的时间不得少于一个完整的会计年度。

另行聘请的保荐机构应当自保荐协议签定之日起开展保荐工作并承担相应的责任。原保荐机构应当承担其尽职推荐期间、持续督导期间相应的责任。

第四十二条 保荐机构应当指定两名保荐代表人具体负责一家发行人的保荐工作,并出具由董事长或总经理签名的专项授权书。

保荐机构还应指定一名项目主办人,保荐代表人可以担任项目主办人。

第四十三条 发行人证券发行后,保荐机构不得更换保荐代表人,但保荐代表人因调离保荐机构等情形被中国证监会从名单中去除的除外。

保荐机构更换保荐代表人的,应当通知发行人,并在五个工作日内向中国证监会、证券交易所报告,说明原因。原保荐代表人应当承担其具体负责保荐工作期间的相应责任。

第四十四条 保荐机构法定代表人、投资银行业务部门负责人、内核负责人、保荐代表人、项目主办人应当在推荐文件上签名,并列名于发行人公开募集文件。

第四十五条 保荐机构履行保荐职责发表的意见应当及时告知发行人,记录于保荐工作档案,并可依照本办法规定公开发表声明、向中国证监会或证券交易所报告。

第四十六条 保荐机构应当自持续督导工作结束后十个工作日内向中国证监会、证券交易所报送"保荐总结报告书"。

第四十七条 保荐代表人从事保荐工作受到非正当因素干扰,应当保留独立的专业意见,并记录于保荐工作档案。

第四十八条 保荐代表人及从事保荐工作的其他人员属于内幕信息的知情人员,应当遵守法律、行政法规和中国证监会的规定,不得利用内幕信息直接或间接为保荐机构、本人或他人谋取不正当利益。

第五章　保荐工作的协调

第四十九条 保荐机构履行保荐职责可对发行人行使下列权利:

(一)要求发行人按照本办法规定、保荐协议约定的方式,及时通报信息;

(二)对发行人的高管人员是否恰当履行职责等事项向发行人股东大会或董事会发表意见;

(三)按照中国证监会、证券交易所信息披露规定,对发行人违法违规的事项发表公开声明;

(四)中国证监会规定或者保荐协议约定的其它权利。

第五十条 发行人有下列情形之一的,应当及时通知或咨询保荐机构,并按协议约定将相关文件送交保荐机构:

(一)变更募集资金及投资项目等承诺事项;

(二)发生关联交易、为他人提供担保等事项;

(三)履行信息披露义务或者向中国证监会、证券交易所报告有关事项;

(四)发生违法违规行为或者其他重大事项;

(五)中国证监会规定或者保荐协议约定的其它事项。

第五十一条 证券发行前,发行人不配合保荐机构履行保荐职责的,保荐机构应当发表保留意见,并在推荐文件中予以说明;情节严重的,应当不予推荐,已推荐的应当撤销推荐。

第五十二条 证券发行后,保荐机构有充分理由确信发行人可能存在违法违规行为以及其他不当行为的,应当督促发行人说明、限期纠正;情节严重的,应当向中国证监会、证券交易所报告。

第五十三条 保荐机构应当组织协调中介机构及其签名人员参与证券发行上市的相关工作。

保荐机构可以通过与中介机构订立协议等方式,明确各方的权利和义务。

第五十四条 保荐机构对中介机构及其签名人员出具的专业意见存有疑义的,应当主动与中介机构进行协商,并可要求其做出解释或者出具依据。

第五十五条 保荐机构有充分理由确信中介机构及其签名人员出具的专业意见可能存在虚假记载、误导性陈述或重大遗漏等违法违规情形或者其他不当情形的,应当及时发表意见;情节严重的,应当向中国证监会、证券交易所报告。

第五十六条 中介机构及其签名人员应当保持专业独立,对保荐机构提出的疑义或意见进行审慎的复核判断,向保荐机构、发行人及时发表意见,并可依法向相关部门及中国证监会、证券交易所报告。

第六章　监管措施和法律责任

第五十七条 中国证监会建立保荐信用监管系统,对保荐机构和保荐代表人进行持续动态的注册登记管理,将其执业情况、违法违规行为、其他不良行为等记录予以公布。

第五十八条 自保荐机构向中国证监会提交推荐文件之日起,保荐机构及其保荐代表人承担相应的责任。

第五十九条 证券经营机构向中国证监会提交的保荐机构注册登记申请文件存在虚假记载、误导性陈述或者重大遗漏的,中国证监会不予注册登记;已注册登记的,从名单中去除。

保荐代表人注册登记申请文件存在虚假记载、误导性陈述或者重大遗漏的,中国证监会对个人不予注册登记;已注册登记的,从名单中去除,自去除之日起六个月内不再受理该保荐机构推荐的保荐代表人注册登记申请。

第六十条 保荐机构向中国证监会、证券交易所提交的与保荐工作相关的文件存在虚假记载、误导性陈述或重大遗漏,或者唆使、协助、参与发行人及其中介机构提供存在虚假记载、误导性陈述或重大遗漏的文件,中国证监会自确认之日起六个月内不再受理保荐机构的推荐;十二个月内不受理相关保荐代表人具体负责的推荐,已受理的责令保荐机构更换保荐代表人。情节严重的,中国证监会将保荐机构及相关保荐代表人从名单中去除。

第六十一条 保荐机构、保荐代表人违反法律、行政法规的规定,唆使、协助或参与发行人干扰中国证监会及其发行审核委员会的审核工作,中国证监会自确认之日起三个月内不再受理保荐机构的推荐;六个月内不受理相关保荐代表人具体负责的推荐,已受理的责令保荐机构更换保荐代表人。情节严重的,中国证监会将保荐机构及相关保荐代表人从名单中去除。

第六十二条 保荐机构违反本办法第三十四条的规定,未建立保荐工作档案或者保荐工作档案存在虚假记载、重大遗漏的,中国证监会自确认之日起三个月内不再受理保荐机构的推荐,六个月内不再受理相关保荐代表人具体负责的推荐。

第六十三条 保荐机构、保荐代表人因投资银行业务涉嫌违法违规处于立案调查期间的,中国证监会暂不再受理保荐机构的推荐;暂不再受理相关保荐代表人具体负责的推荐。

第六十四条 保荐代表人因投资银行业务或其具体负责保荐工作的发行人在尽职推荐期间、持续督导期间内受到证券交易所、中国证券业协会公开谴责的,中国证监会自公开谴责之日起三个月内不受理相关保荐代表人具体负责的推荐,已受理的责令保荐机构更换保荐代表人。

第六十五条 发行人出现下列情形之一的,中国证监会自确认之日起三个月内不再受理保荐机构的推荐,十二个月内不受理相关保荐代表人具体负责的推荐,已受理的责令保荐机构更换保荐代表人:

(一)公开募集文件等申请文件存在虚假记载、误导性陈述或重大遗漏;

(二)证券上市当年即亏损;

(三)因尽职推荐期间、持续督导期间违法违规受到中国证监会行政处罚;

(四)持续督导期间信息披露文件存在虚假记载、误导性陈述或者重大遗漏。

一个自然年度内发生二次以上前款情形的,中国证监会自确认之日将保荐代表人从名单中去除。

第六十六条 发行人在持续督导期间出现下列情形之一的,中国证监会自确认之日起三个月内不再受理相关保荐代表人具体负责的推荐:

(一)证券上市当年累计50%以上募集资金的用途与承诺不符;

(二)证券上市当年主营业务利润比上年下滑50%以上;

(三)证券上市之日起十二个月内大股东或实际控制人发生变更;

(四)首次公开发行股票之日起十二个月内累计发生50%以上资产额或主营业务收入的重组;

(五)上市公司发行新股、可转换公司债券之日起十二个月内累计50%以上资产或主营业务发生重组且未在公开募集文件中披露;

(六)中国证监会规定的其他情形。

一个自然年度内发生二次以上前款情形且排名前十位的,中国证监会自确认之日起十二个月内不受理相关保荐代表人具体负责的推荐,已受理的责令保荐机构更换保荐代表人。

第六十七条 发行人在持续督导期间出现下列情形之一的,中国证监会自确认之日起三个月内不再受理相关保荐代表人具体负责的推荐:

(一)实际盈利与盈利预测存在差异达20%以上;

(二)关联交易显失公允或程序违规,涉及金额超过前一年末经审计净资产5%或者影响损益超过前一年经审计净利润10%;

(三)大股东、实际控制人或其他关联方违规占用发行人资源,涉及金额超过前一年末经审计净资产5%或者影响损益超过前一年经审计净利润10%;

(四)违规为他人提供担保涉及金额超过前一年末经审计净资产10%或者影响损益超过前一年经审计净利润10%;

(五)违规购买或出售资产、借款、委托资产管理等,涉及金额超过前一年末经审计净资产10%或者影响损益超过前一年经审计净利润10%;

(六)高管人员侵占发行人利益受到行政处罚或被追究刑事责任;

(七)中国证监会规定的其他情形。

一个自然年度内发生二次以上前款情形且排名前十位的,中国证监会自确认之日起六个月内不受理相关保荐代表人具体负责的推荐,已受理的责令保荐机构更换保荐代表人。

第六十八条 发行人在持续督导期间出现下列情形之一的,中国证监会自确认之日起三个月内不再受理相关保荐代表人具体负责的推荐:

(一)未在法定期限内披露定期报告;

(二)未按规定披露业绩重大变化或者亏损事项;

(三)未按规定披露资产购买或出售事项;

(四)未按规定披露关联交易事项;

(五)未按规定披露对损益影响超过前一年经审计净利润10%的担保损失、意外灾害、资产减值准备计提和转回、政府补贴、诉讼赔偿等事项;

(六)未按规定披露有关股权质押、实际控制人变化等事项;

(七)未按规定披露诉讼、担保、重大合同、募集资金变更等事项;

(八)中国证监会、证券交易所规定的其他情形。

一个自然年度内发生二次以上前款情形且排名前十位的,中国证监会自确认之日起六个月内不受理相关保荐代表人具体负责的推荐,已受理的责令保荐机构更换保荐代表人。

第六十九条 在一个自然年度内,保荐机构指定的保荐代表人受到“不受理或不再受理”监管措施的次数超过三次,或累计时间超过十二个月,且累计时间与该保荐机构当年末所保荐的发行人家数之比排名前三位的,中国证监会自确认之日起三个月内不受理其推荐,已受理的责令其撤销推荐。

第七十条 对中国证监会采取的监管措施,保荐机构及保荐代表人提出申辩的,如有充分证据证明下列事实且认为理由成立,中国证监会应当予以采纳:

(一)发行人或其高管人员故意隐瞒重大事实,保荐机构和保荐代表人已履行勤勉尽责义务;

(二)发行人已在公开募集文件中做出特别提示,保荐机构和保荐代表人已履行勤勉尽责义务;

(三)发行人因不可抗力致使业绩、募集资金运用等出现异常或未能履行承诺;

(四)发行人及其高管人员在持续督导期间故意违法违规,保荐机构和保荐代表人主动予以揭示,已履行勤勉尽责义务;

(五)保荐机构、保荐代表人已履行勤勉尽责义务的其他情形。

第七十一条 发行人及其高管人员未遵守本办法规定,变更保荐机构后未另行聘请保荐机构,持续督导期间违法违规且拒不纠正,或者发生其他严重不配合保荐工作情形的,中国证监会予以记录、公布,并可采取下列监管措施:

(一)要求发行人每月向中国证监会报告接受保荐机构督导的情况;

(二)要求发行人披露月度财务报告、相关资料;

(三)指定中介机构进行核查;

(四)要求证券交易所对发行人证券的交易实行特别提示;

(五)二年至五年内不予受理其发行新股、可转换公司债券的申请。

第七十二条 中介机构及其签名人员出具的专业意见存在虚假记载、误导性陈述或重大遗漏,或者因不配合保荐工作而导致严重后果的,中国证监会自确认之日起六个月至三十六个月内不受理其文件,并将处理结果予以公布。

第七十三条 保荐机构及其保荐代表人、发行人及其高管人员、中介机构及其签名人员违反本办法规定的,中国证监会可以对其采取谈话提醒、重点关注、责令改正、认定为不适合担任相关职务者等监管措施。

第七十四条 保荐机构及其保荐代表人、发行人及其高管人员、中介机构及其签名人员违反法律、行政法规,依法应予行政处罚或刑事处罚的,依其规定进行处罚。

第七章 附 则

第七十五条 上市公司按照中国证监会规定进行重大资产购买、出售和置换,应当参照本办法规定聘请保荐机构进行保荐。保荐机构持续督导的期间不得少于一个完整的会计年度,自发行人董事会审议通过之日起计算。

第七十六条 中国证券业协会或者其他机构经中国证监会认可,可以组织保荐代表人胜任能力考试。

第七十七条 本办法自年 月 日起施行,中国证监会过去发布的有关规定,与本办法有抵触的,予以废止。

证券公司管理办法

第一章 总 则

第一条 为加强对证券公司的监督管理,规范证券公司行为,根据证券法和公司法的有关规定,制定本办法。

第二条 本办法适用于在中国境内注册的证券公司。

第三条 中国证券监督管理委员会(以下简称中国证监会)统一负责证券公司设立、变更、终止事项的审批,依法履行对证券公司的监督管理职责。

第二章 证券公司的设立、变更和终止

第四条 经纪类证券公司可以从事下列业务:

(一)证券的代理买卖;

(二)代理证券的还本付息、分红派息;

(三)证券代保管、鉴证;

(四)代理登记开户。

第五条 综合类证券公司除可以从事第四条所列各项业务外,还可以从事下列业务:

(一)证券的自营买卖;

(二)证券的承销;

(三)证券投资咨询(含财务顾问);

(四)受托投资管理;

(五)中国证监会批准的其他业务。

证券公司不得从事B股的自营买卖,中国证监会另有规定的除外。

第六条 设立经纪类证券公司,除应当具备证券法规定的条件外,还应当符合以下要求:

(一)具备证券从业资格的从业人员不少于十五人,并有相应的会计、法律、计算机专业人员;

(二)有符合中国证监会规定的计算机信息系统、业务资料报送系统;

(三)中国证监会规定的其他条件。

第七条 设立专门从事网上证券经纪业务的证券公司,除应当具备第六条规定的条件外,还应当符合以下要求:(一)证券公司或经营规范、信誉良好的信息技术公司出资不得低于拟设立的网上证券经纪公司注册资本的百分之二十;

(二)有符合中国证监会要求的网络交易硬件设备和软件系统;

(三)有十名以上计算机专业技术人员并能确保硬件设备和软件系统安全、稳定运行;

(四)高级管理人员中至少有一名计算机专业技术人员。

第八条 设立综合类证券公司除应当具备证券法规定的条件外,还应当符合以下要求:

(一)有规范的业务分开管理制度,确保各类业务在人员、机构、信息和帐户等方面有效隔离;

(二)具备相应证券从业资格的从业人员不少于五十人,并有相应的会计、法律、计算机专业人员;

(三)有符合中国证监会规定的计算机信息系统、业务资料报送系统;

(四)中国证监会规定的其他条件。

第九条 证券公司的股东资格应当符合法律法规和中国证监会规定的条件。直接或间接持有证券公司5%及以上股份的股东,其持股资格应当经中国证监会认定。有下列情形之一的,不得成为证券公司持股5%及以上的股东:

(一)申请前三年内因重大违法、违规经营而受到处罚的;

(二)累计亏损达到注册资本百分之五十的;

(三)资不抵债或不能清偿到期债务的;

(四)或有负债总额达到净资产百分之五十的;

(五)中国证监会规定的其他情形。

第十条 经纪类证券公司达到第八条规定条件的,可向中国证监会申请变更为综合类证券公司。

第十一条 证券公司可以根据公司法、证券法和中国证监会的有关规定申请设立分公司、证券营业部、证券服务部等分支机构。

第十二条 综合类证券公司需要设立专门从事某一证券业务的子公司的,应当在中国证监会核定的业务范围内提出申请。

设立子公司必须符合公司法及有关法律法规的规定,并经中国证监会批准。

综合类证券公司持有子公司股份不得低于百分之五十一,不得从事与控股子公司相同的业务,中国证监会另有规定的除外。

第十三条 设立受托投资管理业务的子公司必须具备下列条件:(一)注册资本不少于人民币五亿元;

(二)具备相应类别证券从业资格的从业人员不少于十人;

(三)符合综合类证券公司的相关条件。

第十四条 设立从事证券承销、上市推荐、财务顾问等业务的投资银行类子公司必须具备下列条件:

(一)注册资本不少于人民币五亿元;

(二)具备投资银行类证券从业资格的从业人员不少于十人;

(三)符合综合类证券公司的相关条件。

第十五条 境内证券公司申请设立或参股、收购境外证券公司,应当经中国证监会批准。

第十六条 境外机构可以在中国境内设立中外合营证券公司。

中外合营证券公司的业务范围以及外方股东的持股比例应当符合中国有关法律法规和中国证监会的规定。

第十七条 证券公司变更下列事项,应当经中国证监会批准:

(一)撤销或转让分支机构;

(二)变更业务范围;

(三)增加或者减少注册资本;

(四)证券营业部异地迁址;

(五)修改公司章程;

(六)合并、分立、变更公司形式以及解散或向人民法院申请破产;

(七)中国证监会认定的其他事项。

第十八条 证券公司变更下列事项,应当在五个工作日内向中国证监会备案:

(一)变更公司名称

(二)变更总公司、分公司的住所;

(三)证券营业部和证券服务部的同城迁址;

(四)中国证监会认定的其他事项。

第十九条 证券公司债权人依法向法院申请证券公司破产的,证券公司必须在得知该事实之日起一个工作日内报告中国证监会。

第三章 证券从业人员管理

第二十条 证券公司从业人员从事证券业务必须取得相应的证券从业资格。

中国证监会按照规定对证券公司高级管理人员实行任职资格管理。

第二十一条 申请证券从业资格应当具备下列条件:

(一)年满18周岁且具有完全的民事行为能力;

(二)品行良好、正直诚实,具有良好的职业道德,无不良行为记录;

(三)具有大学专科以上学历,或高中毕业并有二年以上工作经历;

(四)通过中国证监会或其认可机构组织的资格考试;

(五)法律、法规和中国证监会规定的其他条件。

第二十二条 有下列情形之一的,不能取得证券从业资格:

(一)有公司法第五十七条和证券法第一百二十六条规定的情形;

(二)在申请证券从业资格前一年受过与金融业务有关的行政处罚的;

(三)被中国证监会认定为证券市场禁入者,尚在禁入期内的;

(四)中国证监会认定的不适合从事证券业务的其他情形。

第二十三条 证券公司高级管理人员任职应当具备以下条件:

(一)取得一种证券从业资格,并从事证券工作3年以上。

未取得证券从业资格证书的,应从事证券或证券相关工作5年、或金融工作8年或经济工作10年以上;

(二)遵守法律法规和中国证监会的有关规定,诚实信用,勤勉尽责,具有良好的职业道德,无不良行为记录;

(三)熟悉有关证券法律、法规,具有履行高级管理人员职责所必备的经营管理知识和组织协调能力;

(四)法律、法规和中国证监会规定的其他条件。

第二十四条 有下列情形之一的,不得担任证券公司的高级管理人员:

(一)公司法第五十七条和证券法第一百二十五条规定的情形;

(二) 因从事非法经营活动受到行政处罚未逾3年的;

(三) 因涉嫌违法、违规行为处于接受调查期间的;

(四) 个人或家庭负有较大的债务且到期未清偿的;

(五) 对被证监会认定为证券市场禁入者,尚在禁入期内的;

(六) 中国证监会规定的不宜担任高级管理人员的其他情形。

第二十五条 中国证监会或其授权机构负责对证券公司从业人员进行注册及日常监督管理。

第四章 内部控制与风险管理

第二十六条 证券公司应当按照现代企业制度的要求,建立并健全符合公司法规定的治理结构。

第二十七条 证券公司应当建立独立董事制度。证券公司有下列情况之一时,独立董事人数不得少于董事人数的四分之一:

(一)董事长和总经理由同一人担任时;

(二)内部董事占董事人数五分之一以上时;

(三)证券公司主管部门、股东(大)会或中国证监会认为必要时。

前款所称独立董事是指不在公司担任除董事外的其他职务,并与公司及公司主要股东不存在可能妨碍其独立性关系的董事。

第二十八条 证券公司应当加强内部管理,按照中国证监会的要求,建立严格的内部控制制度。

第二十九条 证券公司应当建立有关隔离制度,做到投资银行业务、经纪业务、自营业务、受托投资管理业务、证券研究和证券投资咨询业务等在人员、信息、账户上严格分开管理,以防止利益冲突。

第三十条 综合类证券公司应当设立独立于业务部门的合规审查机构,证券经纪公司应当设立合规审查岗位,负责对公司经营的合法合规性进行检查监督。主要合规审查人员应当在中国证监会备案。

第三十一条 证券公司应当要求内部稽核部门对公司内部控制进行定期评审并聘请会计师事务所对公司内部控制进行年度评审,及时发现和改进存在的问题,防范和化解风险。

第三十二条 证券公司不得兴办实业,不得购置非自用不动产。

本办法颁布之前证券公司已有的非证券类资产应当依照有关法律法规和中国证监会的规定进行清理。

第三十三条 证券公司必须遵守下列财务风险监管指标:

(一)综合类证券公司的净资本不得低于两亿元。经纪类证券公司的净资本不得低于两千万元。

净资本是指证券公司净资产中具有高流动性的部分,有关净资本的计算规则由中国证监会另行制定。

(二)证券公司净资本不得低于其对外负债的百分之八。

(三)证券公司流动资产余额不得低于流动负债余额(不包括客户存放的交易结算资金和受托投资管理的资金)。

(四)综合类证券公司的对外负债(不包括客户存放的交易结算资金和受托投资管理的资金)不得超过其净资产额的九倍。

(五)经纪类证券公司的对外负债(不包括客户存放的交易结算资金)不得超过其净资产额的三倍。

第三十四条 证券公司出现下列情况,必须在三个工作日内报告中国证监会,并说明原因和对策:

(一)净资本低于中国证监会规定金额的百分之一百二十,或者比上月下降百分之二十的;

（二）净资本低于证券公司对外负债的百分之十的；

（三）综合类证券公司流动资产余额低于流动负债余额的百分之一百二十的；

（四）综合类证券公司对外负债超过净资产八倍的；

（五）经纪类证券公司对外负债超过净资产二倍的。

第三十五条 证券公司因突发事件无法达到第三十三条规定的要求时，应在一个工作日内报告中国证监会，并说明原因和对策。中国证监会可以根据不同情况，暂停其部分证券业务直至责令其停业整顿。

第三十六条 证券公司应按有关规定提取一般风险准备金，用于弥补证券交易等损失。

第五章 日常监管

第三十七条 证券公司及其分公司、证券营业部应当将《经营证券业务许可证》或者《证券经营机构营业许可证》正本放置在公司住所或者营业场所的显著位置，并妥善保管许可证副本。

证券公司及其分公司、证券营业部不得伪造、变造、出租、出借、转让许可证。

除中国证监会依照本规定注销许可证外，任何单位不得扣押或者收缴许可证。

第三十八条 证券公司应当每年至少一次在公众媒体上公布其合法分支机构名称、地址、电话及主要负责人的姓名。

第三十九条 证券公司从事证券业务应当遵循公平竞争的原则，其收费标准不得违反国家有关部门的规定。

第四十条 证券公司必须依照法律、法规和国家财政主管部门制定的财务、会计制度，建立健全的财务、会计管理办法，不得在法定会计账册外设立账册。

第四十一条 证券公司必须按照中国证监会的规定，聘请具有证券相关业务资格的会计师事务所对其财务报告进行审计。

证券公司必须将所聘请的具有证券相关业务资格的会计师事务所名单报中国证监会备案；证券公司更换聘请的具有证券相关业务资格的会计师事务所，必须在更换后的三个工作日内向中国证监会报告并说明原因。

中国证监会可以要求证券公司更换会计师事务所。

第四十二条 证券公司应当按照中国证监会的要求报送财务报表、业务报表和年度报告。

第四十三条 中国证监会对证券公司高级管理人员实行谈话提醒制度。中国证监会对证券公司在经营管理中出现的问题，可以质询证券公司的高级管理人员，并责令其限期纠正。

第四十四条 中国证监会可以对证券公司进行检查和调查，并可以要求证券公司提供、复制或者封存有关文件、帐册、报表、凭证和其他资料。

证券公司及有关人员对中国证监会的检查和调查，不得以任何理由拒绝或者拖延提供有关资料，或者提供不真实、不准确、不完整的资料。

第四十五条 证券公司必须按照中国证监会的规定，制定安全保密措施，妥善保存客户开户记录、交易记录等资料，防止资料与数据丢失、泄密或者被篡改。

第四十六条 中国证监会可要求证券公司聘请具有证券相关业务资格的会计师事务所，对证券公司进行专项审计或稽核，有关费用由证券公司支付；中国证监会也可以聘请具有证券相关业务资格的会计师事务所，对证券公司进行专项审计或稽核，有关费用由中国证监会支付。

第六章 附 则

第四十七条 本办法自2002年3月1日起施行。

期货交易所管理办法

第一章 总 则

第一条 为了加强对期货交易所的管理，明确期货交易所的职权和责任，维护期货市场的正常秩序，根据《期货交易管理暂行条例》，制定本办法。

第二条 本办法适用于在中华人民共和国境内设立的期货交易所。

第三条 期货交易所指依照《期货交易管理暂行条例》和本办法规定条件设立的，履行《期货交易管理暂行条例》和本办法规定的职能，按照其章程实行自律性管理的法人。

期货交易所的注册资本划分为均等份额，由会员出资认缴。

第四条 中国证券监督管理委员会（以下简称"中国证监会"）依法对期货交易所实行集中统一的监督管理。

第二章 设立、变更与终止

第五条 设立期货交易所，由中国证监会审批。未经批准，任何单位或者个人不得设立或者变相设立期货交易所。

第六条 申请设立期货交易所，应当向中国证监会提交下列文件和材料：

（一）申请书；

（二）章程和交易规则草案；

（三）期货交易所的经营计划；

（四）拟加入本交易所的会员名单；

（五）理事会成员候选人名单及简历；

（六）拟任用高级管理人员的名单及简历；

（七）场地、设备、资金证明文件及情况说明；

（八）中国证监会要求的其他文件、材料。

第七条 经中国证监会批准设立的期货交易所，应当标明商品交易所或者期货交易所字样。其他任何单位或者个人不得使用商品交易所、期货交易所或者近似的名称。

第八条 期货交易所除履行《期货交易管理暂行条例》规定的职能外，还应当履行下列职能：

（一）制定并实施期货交易所的业务规则；

（二）发布市场信息；

（三）监管会员期货业务，查处会员违规行为；

（四）监管指定交割仓库的期货业务；

（五）监督结算银行与本所有关的期货结算业务。

第九条 期货交易所章程应当载明下列事项：

（一）设立目的和职能；

（二）名称、住所和营业场所；

（三）注册资本及其构成；

（四）营业期限；

（五）会员资格及其管理办法；

（六）会员的权利和义务；

（七）对会员的纪律处分；

（八）会员大会、理事会等组织机构的组成、职权、任期和议事规则；

（九）管理人员的产生、任免及其职责；

（十）基本业务规则；

（十一）风险准备金管理制度；

（十二）财务会计、内部审计制度；

（十三）变更、终止的条件、程序及清算办法；

（十四）章程修改程序；

（十五）需要在章程中规定的其他事项。

第十条 期货交易所交易规则应当载明下列事项：

（一）期货交易、交割和结算制度；

（二）经纪和自营业务规则；

（三）风险控制制度和交易异常情况的处理程序；

（四）保证金的管理和使用制度；

（五）标准仓单的生成、流转、管理以及注销等规则；

（六）期货交易信息的发布办法；

（七）违规、违约行为及其处理办法；

（八）交易纠纷的处理方式；

（九）需要在交易规则中载明的其他事项。

第十一条 期货交易所的合并、分立或者联网交易等，由中国证监会审批。

期货交易所可以采取吸收合并和新设合并两种方式，合并前各方的债权、债务，由合并后存续或者新设的期货交易所承继。

期货交易所分立的，其债权、债务由分立后的期货交易所承继。

第十二条 期货交易所有《期货交易管理暂行条例》第十七条规

定的情形以及下列变更事项的，应当报中国证监会批准：

(一)变更名称；

(二)变更住所或者营业场所。

第十三条 未经中国证监会批准，期货交易所不得设立分所或者其他任何期货交易场所。

第十四条 期货交易所因《期货交易管理暂行条例》第二十条规定的情形以及合并或者分立而终止的，由中国证监会予以公告。

期货交易所终止，应当成立清算组，进行清算。清算组制定的清算方案，应当报中国证监会批准。

第三章 组织机构

第十五条 期货交易所设会员大会、理事会。

第十六条 会员大会是期货交易所的权力机构，由全体会员组成。

会员大会行使下列职权：

(一)审议通过期货交易所章程和交易规则及其修改草案；

(二)选举和更换会员理事；

(三)审议批准理事会和总经理的工作报告；

(四)审议批准期货交易所的财务预算方案、决算报告；

(五)审议期货交易所风险准备金使用情况；

(六)决定增加或者减少期货交易所注册资本；

(七)决定期货交易所的合并、分立、解散和清算事项；

(八)决定期货交易所理事会提交的其他重大事项；

(九)期货交易所章程规定的其他职权。

第十七条 会员大会由理事会召集，一般情况下每年召开一次。有下列情形之一的，应当召开临时会员大会：

(一)会员理事不足期货交易所章程所规定人数的三分之二时；

(二)三分之一以上会员联名提议时；

(三)理事会认为必要时。

第十八条 会员大会由理事长主持。理事长因特殊原因不能履行职权时，由理事长指定的副理事长或者其他理事主持。召开会员大会，应当将会议审议的事项于会议召开10日以前通知各会员。临时会员大会不得对通知中未列明的事项作出决议。

第十九条 会员大会必须有三分之二以上会员参加方为有效。会员大会应当对表决事项制作会议纪要，由出席会议的理事签名。

会员大会结束后10日内，期货交易所应当将大会全部文件报中国证监会备案。

第二十条 理事会是会员大会的常设机构，对会员大会负责。

理事会行使下列职权：

(一)召集会员大会，并向会员大会报告工作；

(二)选举理事长、副理事长；

(三)通过对理事会成员的不信任案，并提请有关机构审议批准；

(四)拟定期货交易所章程、交易规则及其修改草案，提交会员大会通过；

(五)审议总经理提出的财务预算方案、决算报告，提交会员大会通过；

(六)审议期货交易所合并、分立、解散和清算的方案，提交会员大会通过；

(七)决定专门委员会的设置；

(八)决定会员的接纳；

(九)决定对违规会员的处罚；

(十)决定期货交易所的变更事项；

(十一)审定根据交易规则制定的细则和办法；

(十二)审定风险准备金的使用和管理办法；

(十三)审定总经理提出的期货交易所发展规划和年度工作计划；

(十四)监督总经理组织实施会员大会和理事会决议的情况；

(十五)监督期货交易所高级管理人员和其他工作人员遵守国家有关法律、法规、规章、政策和期货交易所章程、业务规则的情况；

(十六)组织期货交易所年度财务会计报告的审计工作，决定会计师事务所的聘用和变更事项；

(十七)期货交易所章程规定和会员大会授予的其他职权。

前款有关职权，理事会可以授予专门委员会或者总经理行使。

第二十一条 理事会由会员理事和非会员理事组成；其中会员理事由会员大会选举产生，非会员理事由中国证监会委派。

第二十二条 理事会设理事长1人、副理事长1至2人。理事长、副理事长由中国证监会提名，理事会选举产生。理事长不得兼任总经理。

第二十三条 理事长行使下列职权：

(一)主持会员大会、理事会会议和理事会日常工作；

(二)组织协调专门委员会的工作；

(三)检查理事会决议的实施情况并向理事会报告。

副理事长协助理事长工作，理事长因故临时不能履行职权时，由理事长指定的副理事长或者理事代其履行职权。

第二十四条 理事会会议至少每半年召开1次。每次会议应当于会议召开10日前通知全体理事。

有下列情形之一的，应当召开理事会临时会议：

(一)中国证监会提议；

(二)三分之一以上理事联名提议；

(三)期货交易所章程规定的情形。

理事会召开临时会议，可以另定召集理事会临时会议的通知方式和通知时限。

第二十五条 理事会会议须有三分之二以上理事出席方为有效，其决议须经全体理事二分之一以上表决通过。

理事会会议结束后10日内，理事会应当将会议决议及其他会议文件报中国证监会备案。

第二十六条 理事会会议，应当由理事本人出席。理事因故不能出席的，应当以书面形式委托其他理事代为出席；委托书中应当载明授权范围。每位理事只能接受一位理事的授权。

理事会应当对会议表决事项作成会议记录，由出席会议的理事和记录员在会议记录上签名。

第二十七条 理事会可以根据需要设立监察、交易、交割、会员资格审查、调解、财务、技术等专门委员会，其职责由理事会确定，对理事会负责。

第二十八条 期货交易所设总经理1人，副总经理若干人。总经理、副总经理由中国证监会任免。总经理每届任期3年，连任不得超过两届。

总经理是期货交易所的法定代表人，总经理是当然理事。

第二十九条 总经理行使下列职权：

(一)组织实施会员大会、理事会通过的制度和决议；

(二)主持期货交易所的日常工作；

(三)根据章程和交易规则拟定有关细则和办法；

(四)拟定并实施经批准的期货交易所发展规划、年度工作计划；

(五)拟定期货交易所财务预算方案、决算报告；

(六)拟定期货交易所合并、分立、解散和清算的方案；

(七)拟定本办法第十二条规定变更事项的方案；

(八)决定期货交易所机构设置方案，聘任和解聘工作人员；

(九)决定期货交易所员工的工资和奖惩；

(十)期货交易所章程规定的或者理事会授予的其他职权。

总经理因故临时不能履行职责时，由总经理指定的副总经理代其履行职责。

第三十条 期货交易所中层管理人员的任免报中国证监会备案。

第四章 对会员的管理

第三十一条 期货交易所接纳的会员应当是在中华人民共和国境内注册登记的企业法人，并具有良好的资信。

第三十二条 期货交易所会员管理办法的内容应当包括：

(一)会员资格的取得条件和程序；

(二)会员资格的变更条件和程序；

(三)对会员的监督管理；

(四)会员违规、违约行为处理办法；

(五)其他需要在会员管理办法中规定的事项。

第三十三条 会员享有下列权利：

(一)参加会员大会，行使选举权、被选举权和表决权；

(二)在期货交易所内进行期货交易；

(三)使用期货交易所提供的交易设施，获得有关期货交易的信息和服务；

(四)按规定转让会员资格；

(五)联名提议召开临时会员大会；

(六)按照期货交易所章程和交易规则行使申诉权；

(七)期货交易所章程规定的其他权利。

第三十四条 会员应当履行下列义务：

(一)遵守国家有关法律、法规、规章和政策；

(二)遵守期货交易所的章程、业务规则及有关决定；

(三)按规定交纳各种费用；

(四)执行会员大会、理事会的决议；

(五)接受期货交易所监督管理；

(六)期货交易所章程规定的其他义务。

第三十五条 期货交易所应当制定席位管理规则。会员不得将席位全部或者部分以出租或者承包等形式交由其他机构和个人使用。

第三十六条 期货交易所每年应当对会员遵守期货交易所业务规则的情况进行抽样或者全面检查,并将检查结果上报中国证监会。期货交易所行使监管职权时,可以按照期货交易所章程和交易规则及其细则规定的权限和程序对会员进行调查取证,会员应当配合。

第三十七条 期货交易所可以根据交易、结算业务的需要,设立特别会员。特别会员的种类、资格条件以及权利、义务由期货交易所章程规定。

第五章 基本业务规则

第三十八条 期货交易所向会员收取保证金,用于担保期货合约的履行。期货交易所应当在其指定的结算银行开立专用结算帐户,专户存储保证金,不得挪用。

第三十九条 期货交易所保证金管理制度的内容应当包括:

(一)向会员收取保证金的比例和形式;

(二)专用结算帐户中会员保证金的最低余额;

(三)当会员保证金余额低于期货交易所规定最低余额时的处置方法。

第四十条 期货交易所应当按照手续费收入的20%的比例提取风险准备金,风险准备金必须单独核算,专户存储。

中国证监会可以根据期货交易所业务规模、发展计划以及潜在的风险决定风险准备金的规模。

第四十一条 期货交易实行每日无负债结算制度。

第四十二条 期货交易实行投资者交易编码制度。期货经纪公司会员和投资者必须遵守一户一码制度,不得混码交易。

第四十三条 期货交易实行套期保值头寸审批制度和投机头寸限仓制度。

非期货经纪公司会员或者投资者申请套期保值头寸的,应当向期货交易所提交经营范围和经营业绩资料、现货购销合同等,由期货交易所审核后确定其套期保值头寸;投资者申请套期保值头寸的,由期货经纪公司会员对其提交材料审核后报期货交易所审核。

期货交易所对会员和投资者在非交割月份和交割月份持有的投机头寸,分别制定最大持仓限制标准。

第四十四条 期货交易实行大户报告制度。

期货交易所可以根据市场风险状况制定并调整持仓报告标准。

第四十五条 有根据认为会员或者投资者违反期货交易所业务规则并且对市场正在产生或者将产生重大影响,为防止违规行为后果进一步扩大,期货交易所可以对该会员或者投资者采取下列临时处置措施:

(一)限制入金;

(二)限制出金;

(三)限制开新仓;

(四)提高保证金比例;

(五)限期平仓;

(六)强行平仓。

期货交易所按业务规则规定的程序采取前款第(四)、(五)、(六)项措施,应当及时报告中国证监会。

期货交易所对会员或者投资者采取临时处置措施,应当按照期货交易所业务规则规定的方式通知会员或者投资者,并列明采取临时处置措施的根据。

第四十六条 当期货价格出现同方向连续涨跌停板时,期货交易所可以采用调整涨跌停板幅度、提高交易保证金比例及按一定原则减仓等措施化解风险。

第四十七条 在期货交易过程中,出现以下情形之一的,期货交易所可以宣布进入异常情况,采取紧急措施化解风险:

(一)地震、水灾、火灾等不可抗力或者计算机系统故障等不可归责于期货交易所的原因导致交易无法正常进行;

(二)会员出现结算、交割危机,对市场正在产生或者将产生重大影响;

(三)出现本办法第四十六条情况并采取相应措施后仍未化解风险;

(四)期货交易所业务规则中规定的其他情况。

期货交易所宣布进入异常情况并决定采取紧急措施前必须报告中国证监会。

第四十八条 期货交易所宣布进入异常情况并决定暂停交易时,暂停交易的期限不得超过3个交易日,但经中国证监会批准延长的除外。

第四十九条 期货交易所应当以适当方式发布下列信息:

(一)即时行情;

(二)持仓量、成交量排名情况;

(三)标准仓单数量和可用库容情况;

(四)交易所业务规则规定的其他信息。

第五十条 期货交易所应当就其市场内的交易情况编制周报表、月报表和年报表,并及时公布。

第五十一条 期货交易所对期货交易、结算、交割资料的保存期限应当不少于20年。

第六章 监督与管理

第五十二条 期货交易所应当对违反交易所业务规则的行为制定查处办法,并报中国证监会批准。

期货交易所对其会员或者投资者与期货业务有关的违规行为,应当在前款所称办法规定的职责范围内及时予以查处;超出前款所称办法规定的职责范围的,应当向中国证监会报告。

第五十三条 期货交易所制定或者修改交易规则的实施细则,应当报中国证监会备案。

第五十四条 未经中国证监会批准,期货交易所的理事长、总经理、副总经理不得在任何营利性组织中兼职。

期货交易所的非会员理事和工作人员不得以任何形式在期货交易所会员单位及其他与期货交易有关的营利性单位兼职。

第五十五条 期货交易所工作人员应当自觉遵守有关法律、法规、规章和政策,恪尽职守,勤勉尽责,诚实信用,具有良好的职业操守。

期货交易所工作人员不得从期货交易所的会员、期货投资者处谋取利益,不得直接或者间接从事期货交易。

第五十六条 期货交易所应当向中国证监会履行下列报告义务:

(一)每一年度结束后3个月内提交经具有证券、期货相关业务资格的会计师事务所审计的财务会计报告;

(二)每一季度结束后15日内、每一年度结束后30日内提交有关经营情况和有关法律、法规、规章、政策执行情况的季度和年度工作报告;

(三)中国证监会要求的其他报告事项。

第五十七条 遇有重大事项,期货交易所应当及时向中国证监会报告。

前款所称重大事项包括:

(一)发现期货交易所工作人员存在或者可能存在严重违反国家有关法律、法规、规章、政策的行为;

(二)期货交易所涉及占其净资产10%以上或者对其经营风险有较大影响的诉讼;

(三)中国证监会规定的其他事项。

第五十八条 中国证监会认为期货市场出现异常情况时,可以决定采取延迟开市、暂停交易等必要的风险处置措施。

第五十九条 中国证监会认为有必要时,可以对期货交易所高级管理人员实施提示。

第六十条 中国证监会可以向期货交易所派驻督察员。督察员应当依照中国证监会的有关规定履行职责。

督察员履行职责,期货交易所应当予以配合。

第六十一条 期货交易所应当按照国家有关规定及时向中国证监会交纳期货市场监管费。

第七章 附 则

第六十二条 本办法所称业务规则指期货交易所交易规则及其实施细则。

第六十三条 本办法自2002年7月1日起施行,1999年8月31日发布的《期货交易所管理办法》同时废止。

期货经纪公司管理办法

第一章　总　则

第一条　为加强对期货经纪公司的监督管理，保护期货投资者的合法权益，促进期货市场健康发展，根据《期货交易管理暂行条例》，制定本办法。

第二条　在中华人民共和国境内注册的期货经纪公司，适用本办法。

第三条　中国证券监督管理委员会（以下简称"中国证监会"）依法对期货经纪公司进行监督管理。

中国证监会派驻各地的证券监管办公室、办事处、特派员办事处（以下简称"中国证监会派出机构"）依照本办法和中国证监会的授权对期货经纪公司及其分支机构进行监督管理。

第四条　期货经纪公司应当加入中国期货业协会。

中国期货业协会依照本办法和中国证监会的授权对期货经纪公司进行自律性管理。

第二章　设立、变更与终止

第五条　设立期货经纪公司，除应当符合《期货交易管理暂行条例》规定的条件外，还应当符合以下要求：

（一）有具备任职资格的高级管理人员；

（二）有符合现代企业制度的法人治理结构；

（三）中国证监会规定的其他条件。

第六条　期货经纪公司可以申请经营下列期货业务：

（一）期货经纪业务；

（二）期货咨询、培训业务；

（三）经中国证监会批准的其他业务。

第七条　期货经纪公司根据业务需要可以申请设立营业部、分公司以及中国证监会许可的其他分支机构。

期货经纪公司申请设立营业部，应当具备下列条件：

（一）申请人前一年度没有重大违法违规记录；

（二）拟设营业部的负责人及从业人员具备任职资格；

（三）期货经纪公司对拟设营业部有完备的管理制度；

（四）拟设营业部有符合经纪业务需要的经营场所和设施；

（五）中国证监会根据审慎监管原则要求的其他条件。

期货经纪公司分公司等其他分支机构的管理办法，由中国证监会另行规定。

第八条　期货经纪公司不得以"代表处"、"办事处"等名义变相设立营业部；不得以合资、合作、联营方式设立营业部；不得承包、出租营业部。

第九条　期货经纪公司的设立、合并与分立，由中国证监会派出机构初审，报中国证监会审批。

期货经纪公司营业部的设立，由营业部拟设立地中国证监会派出机构核准，报中国证监会备案。

第十条　期货经纪公司有《期货交易管理暂行条例》第二十六条第（一）、（二）、（四）、（五）、（六）项变更事项，以及变更持有期货经纪公司10%以上股权或者拥有实际控制权的股东的，由中国证监会派出机构核准，报中国证监会备案。但变更持有期货经纪公司10%以上股权或者拥有实际控制权的股东，该股东资格应当事先经中国证监会核准。

第十一条　期货经纪公司有下列变更事项之一的，在变更发生后10个工作日内应当向中国证监会派出机构备案：

（一）修改章程；

（二）变更10%以下股权；

（三）中国证监会规定的其他变更事项。

对于上述变更有不符合法律、法规、规章、政策规定的情形，中国证监会派出机构有权要求期货经纪公司纠正。

第十二条　期货经纪公司解散的，应当依法成立清算组，进行清算。清算组在清算期间负责制定清算方案，清理财产，编制资产负债表和财产清单，处理债权债务，清结纳税事宜以及处置剩余财产。

中国证监会派出机构应当监督清算组处理投资者持仓和保证金。

第三章　期货经纪业务的基本规则

第十三条　期货经纪公司应当遵循诚实信用原则，以适当的技能、小心谨慎和勤勉尽责的态度执行投资者的委托，维护投资者合法权益。

第十四条　期货经纪公司应当自觉避免与投资者的利益冲突，当无法避免时，应当确保投资者得到公平对待。

第十五条　期货经纪公司应当向投资者说明期货交易的风险，并在营业场所备置期货交易相关法规、期货交易所交易规则、经纪业务规则及其细则供投资者查阅。

第十六条　除中国证监会另有规定外，投资者开立账户，必须持有中国公民身份证明或者具有中国法人资格或者其他经济组织资格的合法证件。

第十七条　期货经纪公司在为投资者开立账户前，应当向投资者出示《期货交易风险说明书》，由投资者签字确认已了解《期货交易风险说明书》的内容，并签订期货经纪合同。期货经纪公司不得为未签订书面《期货经纪合同》的投资者开立账户。

《期货交易风险说明书》的格式和内容由中国证监会统一制定。

第十八条　投资者应当在期货经纪合同中明确为其办理下达指令、调拨资金等有关事项的受托人，约定联络方式、指令下达方式并预留受托人签字。

第十九条　当发生下列情形之一时，期货经纪公司可以解除与投资者的期货经纪合同，对投资者账户进行清算并予以销户：

（一）自然人投资者死亡、丧失民事行为能力或者法人投资者终止的；

（二）投资者被人民法院宣告进入破产程序的；

（三）期货经纪公司与投资者约定的并且不违反有关法律法规的情形；

（四）中国证监会认定的其他情形。

第二十条　投资者可以通过撤销账户的方式，终止与期货经纪公司的委托关系。投资者销户应当办理相关的销户手续。

第二十一条　除《期货交易管理暂行条例》第三十条规定的情形外，下列单位和个人不得从事期货交易：

（一）无民事行为能力或者限制民事行为能力的自然人；

（二）中国期货业协会、期货交易所、期货经纪公司的工作人员及其配偶。

第二十二条　期货经纪公司开展期货业务的人员应当具备期货从业人员资格。

期货经纪公司对外发布的广告宣传材料，应当报中国证监会派出机构备案。

第二十三条　期货经纪公司应当按照期货交易所规定的编码规则为投资者分配交易编码，并向期货交易所备案；期货经纪公司注销交易编码，应当向期货交易所备案。

第二十四条　期货经纪公司应当建立投资者开户资料档案，除依法接受检查外，应当保密；期货经纪公司应当建立错单记录，用以记录处理错单的情况。

第二十五条　期货经纪公司应当建立、健全投资者投诉处理制度，并将投资者的投诉及处理结果存档。

第二十六条　期货经纪公司可以在期货经纪合同中约定交易风险控制条件及处置措施。

第二十七条　期货经纪公司应当在期货交易所指定结算银行开立投资者保证金账户专门存放投资者保证金，与自有资金分户存放。

期货经纪公司划转投资者保证金，必须符合下列条件：

（一）依照投资者的指示支付保证金余额；

（二）为投资者向期货交易所交存保证金或者结算差额；

（三）投资者应当向期货经纪公司支付的交易手续费、税款及其他费用；

（四）双方约定的且不违反法律法规规定的条件；

（五）中国证监会认可的其他条件。

第二十八条　投资者可以通过书面、电话、计算机、网上委托等方式下达交易指令。

以书面方式下达交易指令的，投资者应当填写书面交易指令单；以电话方式下达交易指令的，期货经纪公司必须同步录音；以计算机、网上委托以及其他方式下达交易指令的，期货经纪公司应当保存能够证明交易指令内容的记录。

网上委托指期货经纪公司通过互联网，向在本公司开户的投资者提供的用于下达期货交易指令的委托方式。

第二十九条　期货经纪公司为投资者提供网上委托服务的，应当建立网上交易风险管理制度，并对投资者进行网上交易风险的特别提示。

第三十条 期货经纪公司应当按照时间优先的原则传递投资者指令。

第三十一条 期货经纪公司在每日交易闭市后应当为投资者准备交易结算报告。投资者有权按照期货经纪合同约定的时间和方式知悉交易结算报告的内容。

第三十二条 投资者对交易结算报告的内容有异议的，应当在期货经纪合同约定的时间内向期货经纪公司提出书面异议；投资者对交易结算报告的内容无异议的，应当按照期货经纪合同约定的方式确认。投资者既未对交易结算报告的内容确认，也未提出异议的，视为对交易结算报告内容的确认。

投资者有异议的，期货经纪公司应当根据原始指令记录和交易记录在期货经纪合同约定的时间内予以核实。

投资者未在约定的异议期间内提出异议的，不得再提出异议。

第三十三条 期货经纪公司之间或者期货经纪公司与投资者之间发生期货业务纠纷的，可以提请中国期货业协会调解处理。

第三十四条 交易结果不符合投资者交易指令，或者强行平仓不符合法定或者约定条件，期货经纪公司有过错的，应当在期货经纪合同约定的时间内重新执行投资者交易指令或者恢复被强行平仓的头寸，并赔偿由此产生的直接损失。

第三十五条 期货经纪公司应当将投资者的指令记录和交易结算记录按月汇编成月报。

第三十六条 开户资料、指令记录、交易结算记录以及其他业务记录应当至少保存5年。

第四章 日常监管

第三十七条 《期货经纪业务许可证》和《营业部经营许可证》由中国证监会统一设计和印制。

禁止伪造、涂改、出租、出借、转让、买卖《期货经纪业务许可证》和《营业部经营许可证》。

第三十八条 许可证正本或者副本遗失或者严重破损的，期货经纪公司应当在发现之日起30日内在中国证监会认可的报刊上声明作废，并持登载声明向中国证监会重新申领。

第三十九条 期货经纪公司或者期货经纪公司营业部的营业执照与许可证的相关内容必须一致。

第四十条 期货经纪公司不得以中国证监会的营业许可，作为其营业能力及财务健全的宣传或者保证。

第四十一条 期货经纪公司应当每年至少一次在公众媒体上公布其合法分支机构名称、地址、电话及主要负责人的姓名。

第四十二条 期货经纪公司应当设立风险管理部门或者风险管理岗位，建立并严格执行风险管理制度。

第四十三条 期货经纪公司应当设立合规审查部门或者合规审查岗位，定期或者不定期审核公司的财务、业务状况以及执行国家相关法律、法规、规章、政策和公司章程、业务规则的情况，制作合规审查报告书。

第四十四条 期货经纪公司应当按照中国证监会的规定建立、健全财务安全评估和管理体系，并按照中国证监会的要求报送有关资料。

期货经纪公司的财务会计工作和结算工作必须分设部门进行。

第四十五条 期货经纪公司向中国证监会及其派出机构提交的申请材料或者备案材料，必须真实、准确、完整。

第四十六条 期货经纪公司应当每年度聘请有相应资格的会计师事务所对期货经纪公司的经营财务情况进行审计，出具审计报告。

期货经纪公司必须将所聘请的具有相应资格的会计师事务所名单报中国证监会派出机构备案；期货经纪公司更换聘请的具有相应资格的会计师事务所，必须在更换后的三个工作日内向中国证监会派出机构报告并说明原因。

第四十七条 期货经纪公司不得对外提供担保或者成为承担 无限责任的投资人。

第四十八条 中国证监会制定监管报表体系，对期货经纪公司的财务安全性进行监管。

第四十九条 中国证监会及其派出机构随时可以对期货经纪公司及其营业部进行检查。

第五十条 中国证监会派出机构可以要求期货经纪公司或直接聘请具有相应资格的会计师事务所，对期货经纪公司进行专项审计或稽核。审计或稽核的有关费用由期货经纪公司支付，由中国证监会派出机构聘请所发生的费用由中国证监会支付。

第五十一条 中国证监会派出机构根据中国证监会的部署负责本辖区内期货经纪公司、期货经纪公司营业部年检。

中国证监会可以根据监管需要，规定每年度年检的条件、形式、范围和重点，并对年检进行检查。

年检报告书格式、年检标识样式和年检戳记样式由中国证监会统一制定。

第五十二条 期货经纪公司或者期货经纪公司营业部年检合格，由中国证监会在其《期货经纪业务许可证》或者《营业部经营许可证》上加贴年检标识或者加盖年检戳记。

对不符合年检条件的期货经纪公司或者期货经纪公司营业部，由中国证监会责令停业整顿或者注销其《期货经纪业务许可证》、《营业部经营许可证》。

第五十三条 期货经纪公司涉嫌严重违法违规，在被调查期间，中国证监会可以暂停其部分期货业务，并根据调查结论作出相应处理。

第五十四条 中国证监会可以根据需要设立专项期货投资者保障基金，用于在期货经纪公司出现保证金退付危机时补偿投资者的保证金损失。

期货投资者保障基金的来源、管理和使用办法，由中国证监会另行制定。

第五章 保证金退付危机的特别处理程序

第五十五条 期货经纪公司已经或者可能出现投资者保证金退付危机，严重影响投资者利益时，中国证监会有权决定对该公司进行特别处理。

中国证监会的特别处理决定应当载明下列内容：

（一）被特别处理的期货经纪公司名称；

（二）特别处理理由；

（三）特别处理期限。

第五十六条 期货经纪公司进入特别处理程序，应当由期货经纪公司股东单位组织特别处理工作组。必要时，中国证监会派出机构可以派代表或者委托中介机构参加特别处理工作组。

特别处理工作应当接受中国证监会派出机构的监督。

第五十七条 特别处理工作组可以根据情况采取下列措施：

（一）清查投资者持仓、投资者保证金余额以及出现保证金退付危机的原因；

（二）处置期货经纪公司的资产、回收到期债权；

（三）追回被挪用的投资者保证金；

（四）决定投资者持仓和保证金处理方案；

（五）制定并实施期货经纪公司的清理整顿方案；

（六）其他特别处理工作组认为必要的措施。

第五十八条 特别处理期间，特别处理工作组认为需要对期货经纪公司进行清算的，经股东会同意后，报中国证监会批准。

第五十九条 有下列情形之一，特别处理终止：

（一）特别处理决定规定的期限届满或者延期届满；

（二）特别处理决定期限届满前，期货经纪公司已恢复正常经营能力；

（三）特别处理期限届满前，期货经纪公司被合并或者被依法宣告破产。

第六章 罚 则

第六十条 期货经纪公司违反本办法规定，有下列行为之一的，根据《期货交易管理暂行条例》第五十九条处罚：

（一）接受未办理开户手续的投资者委托进行期货交易的；

（二）通过虚假宣传诱使投资者进行期货交易的；

（三）未按照规定履行报告或者备案义务的；

（四）违反中国证监会财务管理规定，经限期改正，仍未达到标准的；

（五）申报材料有虚假记载或者重大遗漏的；

（六）以合资、合作、联营方式设立期货经纪公司营业部的；

（七）将期货经纪公司营业部承包、出租给他人的。

第七章 附 则

第六十一条 本办法自2002年7月1日起施行，1999年8月31日发布的《期货经纪公司管理办法》同时废止。

信托投资公司管理办法

第一章 总 则

第一条 为了加强对信托投资公司的监督管理，规范信托投资公司的经营行为，促进信托业的健康发展，根据《中华人民共和国信托法》、《中华人民共和国中国人民银行法》等法律和国务院有关规定，制定本办法。

第二条 本办法所称信托投资公司，是指依照《中华人民共和国公司法》和本办法设立的主要经营信托业务的金融机构。

第三条 本办法所称信托，是指委托人基于对受托人的信任，将其财产权委托给受托人，由受托人按委托人的意愿以自己的名义，为受益人的利益或者特定目的，进行管理或者处分的行为。

委托人应是具有完全民事行为能力的自然人、法人或者依法成立的其他组织。受益人是在信托中享有信托受益权的自然人、法人或者依法成立的其他组织。受益人和委托人可以是同一人，也可以不是同一人；受托人可以是受益人，但不得是同一信托的唯一受益人。

第四条 本办法所称信托业务，是指信托投资公司以营业和收取报酬为目的，以受托人身份承诺信托和处理信托事务的经营行为。

第五条 本办法所称信托财产，是指信托投资公司因承诺信托而取得的财产。信托投资公司因信托财产的管理、运用、处分或者其他情形而取得的财产，也归入信托财产。法律、行政法规禁止流通的财产，不得作为信托财产；法律、行政法规限制流通的财产，依法经有关主管部门批准后，可以作为信托财产。

信托财产不属于信托投资公司的固有财产，也不属于信托投资公司对受益人的负债。信托投资公司终止时，信托财产不属于其清算财产。

第六条 信托不因信托投资公司依法解散、被宣告破产或者被依法撤销而终止，也不因信托投资公司的辞任而终止，但法律或者信托文件另有规定的除外。

第七条 信托投资公司从事信托活动，应当遵守法律、行政法规的规定和信托文件的规定，不得损害国家利益、社会公共利益和他人的合法权益。

第八条 信托投资公司管理或者处分信托财产，必须恪尽职守，履行诚实、信用、谨慎、有效管理的义务。

第九条 信托投资公司不得办理存款业务，不得发行债券，不得举借外债。

第十条 中国人民银行依照法律、行政法规和本办法对信托投资公司及其业务实施监督和管理。

第二章 机构的设立、变更与终止

第十一条 设立信托投资公司，应当采取有限责任公司或者股份有限公司的形式。

第十二条 设立信托投资公司，必须经中国人民银行批准，并领取《信托机构法人许可证》。

未经中国人民银行批准，任何单位和个人不得经营信托业务，任何经营单位不得在其名称中使用"信托投资"字样。法律、行政法规另有规定的除外。

第十三条 信托投资公司的设立应当具备下列条件：

(一)有符合《中华人民共和国公司法》和中国人民银行规定的公司章程；

(二)有具备中国人民银行规定的入股资格的股东；

(三)具有本办法规定的最低限额的注册资本；

(四)有具备中国人民银行规定任职资格的高级管理人员和与其业务相适应的信托从业人员；

(五)具有健全的组织机构、信托业务操作规则和风险控制制度；

(六)有符合要求的营业场所、安全防范措施和与业务有关的其他设施；

(七)中国人民银行规定的其他条件。

中国人民银行可以根据经济发展的需要和信托市场的状况对信托投资公司的设立申请进行审查。

第十四条 信托投资公司的注册资本不得低于人民币3亿元。

经营外汇业务的信托投资公司，其注册资本中应包括不少于等值1500万美元的外汇。

中国人民银行根据信托投资公司行业发展的需要，可以调整设立信托投资公司的注册资本最低限额。

第十五条 信托投资公司有下列情形之一的，应当经中国人民银行批准：

(一)变更名称；

(二)变更注册资本金；

(三)变更公司住所；

(四)改变组织形式；

(五)调整业务范围；

(六)更换高级管理人员；

(七)变更股东或者调整股权结构，但持有上市股份公司流通股份未达到公司总股份10%的除外；

(八)修改公司章程；

(九)合并或者分立；

(十)中国人民银行规定的其他变更事项。

第十六条 信托投资公司因分立、合并或者公司章程规定的解散的事由出现，申请解散的，经中国人民银行批准后解散，并依法组织清算组进行清算。

第十七条 信托投资公司因违法违规经营、经营管理不善等原因，不能支付到期债务，不撤销将严重损害社会公众利益、危害金融秩序的，由中国人民银行根据《金融机构撤销条例》予以撤销。

第十八条 信托投资公司不能支付到期债务，经中国人民银行同意，可向人民法院提出破产申请。

第十九条 信托投资公司设立、变更、终止的审批程序，按照中国人民银行的规定执行。

第三章 经营范围

第二十条 信托投资公司可以申请经营下列部分或者全部本外币业务：

(一)受托经营资金信托业务，即委托人将自己合法拥有的资金，委托信托投资公司按照约定的条件和目的，进行管理、运用和处分；

(二)受托经营动产、不动产及其他财产的信托业务，即委托人将自己的动产、不动产以及知识产权等财产、财产权，委托信托投资公司按照约定的条件和目的，进行管理、运用和处分；

(三)受托经营法律、行政法规允许从事的投资基金业务，作为投资基金或者基金管理公司的发起人从事投资基金业务；

(四)经营企业资产的重组、购并及项目融资、公司理财、财务顾问等中介业务；

(五)受托经营国务院有关部门批准的国债、政策性银行债券、企业债券等债券的承销业务；

(六)代理财产的管理、运用和处分；

(七)代保管业务；

(八)信用见证、资信调查及经济咨询业务；

(九)以固有财产为他人提供担保；

(十)中国人民银行批准的其他业务。

第二十一条 信托投资公司可以依照《中华人民共和国信托法》的有关规定，接受为下列公益目的而设立的公益信托：

(一) 救济贫困；

(二) 救助灾民；

(三)扶助残疾人；

(四)发展教育、科技、文化、艺术、体育事业；

(五)发展医疗卫生事业；

(六)发展环境保护事业，维护生态环境；

(七)发展其他社会公益事业。

第二十二条 信托投资公司管理、运用信托财产时，可以依照信托文件的规定，采取出租、出售、贷款、投资、同业拆放等方式进行。

第二十三条 信托投资公司可以根据市场需要，按照信托目的、信托财产的种类或者对信托财产管理方式的不同设置信托业务品种。

第二十四条 信托投资公司所有者权益项下依照规定可以运用的资金，可以存放于银行或者用于同业拆放、贷款、融资租赁和投资，但自用固定资产和股权投资余额总和不得超过其净资产的80%。

第二十五条 经中国人民银行批准，信托投资公司可以办理同业拆借。

第二十六条 信托投资公司的经营范围由公司章程规定，报中国人民银行批准。

第四章 经营规则

第二十七条 设立信托，应当采取书面的形式。书面形式包括信托合同、遗嘱或者法律、行政法规规定的其他书面文件。

第二十八条 以信托合同形式设立信托时，信托合同应当载明以下事项：

（一）信托目的；

（二）委托人、受托人的姓名或者名称、住所；

（三）受益人或者受益人范围；

（四）信托财产的范围、种类及状况；

（五）信托当事人的权利和义务；

（六）信托财产管理中风险的揭示和承担；

（七）信托财产的管理方式和受托人的经营权限；

（八）信托利益的计算，向受益人交付信托利益的形式、方法；

（九）信托投资公司报酬的计算及支付；

（十）信托财产税费的承担和其他费用的核算；

（十一）信托期限和信托的终止；

（十二）信托终止时信托财产的归属；

（十三）信托事务的报告；

（十四）信托当事人的违约责任及纠纷解决方式；

（十五）新受托人的选任方式；

（十六）委托人和受托人认为需要载明的其他事项。

以信托合同以外的其他书面文件设立信托时，书面文件的载明事项按照有关法律、行政法规规定执行。

第二十九条 信托投资公司应当以受益人的最大利益为宗旨处理信托事务，并谨慎管理信托财产。

第三十条 信托投资公司不得以经营资金信托或者其他业务的名义吸收存款。

第三十一条 信托投资公司经营信托业务，不得有下列行为：

（一）利用受托人地位谋取不当利益；

（二）将信托财产挪用于非信托目的的用途；

（三）承诺信托财产不受损失或者保证最低收益；

（四）以信托财产提供担保；

（五）将信托资金投资于自己或者关系人发行的有价证券；

（六）将信托资金贷放给自己或者关系人；

（七）将不同信托账户下的信托财产进行相互交易；

（八）以固有财产与信托财产进行相互交易；

（九）法律、行政法规和中国人民银行禁止的其他行为。

信托投资公司依据信托文件的规定，并以公平的市场价格进行交易的，不受前款第（四）至（八）项的限制。

第三十二条 前条所称关系人是指：

（一）持有信托投资公司10%以上股权的股东；

（二）信托投资公司投资控股的企业；

（三）信托投资公司的董事、监事、经理、信托业务人员及其近亲属；

（四）前项所列人员投资持股5%以上或者担任高级管理人员的公司、企业和其他经济组织。

第三十三条 信托投资公司应当自己处理信托事务，但信托文件另有规定或者有不得已事由的，可以委托他人代为处理。

第三十四条 信托投资公司应当为委托人、受益人以及处理信托事务的情况和资料保密，但法律、行政法规或者信托文件另有规定的除外。

第三十五条 信托投资公司应当将信托财产与其固有财产分别管理、分别记账，并将不同委托人的信托财产分别管理、分别记账。

第三十六条 信托投资公司应当妥善保存处理信托事务的完整记录，至少每年定期向委托人及受益人报告信托财产及其管理运用、处分及收支的情况。

委托人、受益人有权向信托投资公司了解对其信托财产的管理运用、处分及收支情况，并要求信托投资公司作出说明。

第三十七条 信托投资公司经营信托业务，依据约定以手续费或者佣金的方式收取报酬。

信托投资公司收取报酬的标准，除中国人民银行另有规定外，可与委托人协商确定。

第三十八条 信托投资公司违反信托目的处分信托财产、或者因违背管理职责、处理信托事务不当致使信托财产受到损失的，在恢复信托财产的原状或者予以赔偿前，信托投资公司不得请求给付报酬。

第三十九条 信托投资公司因处理信托事务而支出的费用、负担的债务，以信托财产承担，但应在信托合同中列明或明确告知委托人。信托投资公司以其固有财产先行支付的，对信托财产享有优先受偿的权利。因信托投资公司违背管理职责或者管理信托事务不当所负债务及所受到的损害，以其固有财产承担。

第四十条 信托投资公司违反信托目的处分信托财产、或者管理运用、处分信托财产有重大过失的，委托人有权依照信托文件的规定解任该信托投资公司，或者申请人民法院解任该信托投资公司。

第四十一条 信托投资公司终止时，其管理信托事务的职责同时终止。清算组应当妥善保管信托财产，作出处理信托事务的报告并向新受托人办理信托财产的移交，但信托文件另有规定的，从其规定。

第四十二条 信托投资公司依法终止其受托人职责的，新受托人依照信托文件的规定选任；信托文件未规定的，由委托人选任；委托人不能选任的，由受益人选任；受益人为无民事行为能力人或者限制民事行为能力人的，依法由其监护人代行选任。

第四十三条 信托投资公司经营信托业务，有下列情形之一的，信托终止：

（一）信托文件规定的终止事由发生；

（二）信托的存续违反信托目的；

（三）信托目的已经实现或者不能实现；

（四）信托当事人协商同意；

（五）信托期限届满；

（六）信托被解除；

（七）信托被撤销；

（八）全体受益人放弃信托受益权。

第四十四条 信托终止的，信托投资公司应当作出处理信托事务的清算报告。受益人或者信托财产的权利归属人对清算报告无异议的，信托投资公司就清算报告所列事项解除责任，但信托投资公司有不当行为的除外。

第四十五条 信托投资公司接受由其代为确定管理方式的信托资金，应当符合下列规定：

（一）信托期限不得少于一年；

（二）单笔信托资金不得低于人民币5万元。

第四十六条 中国人民银行根据防范金融风险的需要，可以规定由信托投资公司代为确定管理方式的信托资金的管理办法。

第四十七条 信托投资公司经营外汇信托业务，应当遵守国家外汇管理的有关规定，并接受外汇主管部门的检查、监督。

第四十八条 信托投资公司为他人提供担保或者拆入资金的余额不得超过其注册资本。

第四十九条 信托投资公司运用自有资金和信托资金从事同业拆借，应当遵守中国人民银行的有关规定。

第五十条 信托投资公司每年应当从税后利润提取5%，作为信托赔偿准备金，但该赔偿准备金累计总额达到公司注册资本的20%时，可不再提取。

信托投资公司的赔偿准备金应存放于经营稳健、具有一定实力的境内中资商业银行或者购买国债。

第五章 监督管理与自律

第五十一条 信托投资公司应当按规定制订本公司的信托业务及其他业务规则，建立、健全本公司的各项业务管理制度和内部控制制度，并报中国人民银行备案。

信托投资公司应当设立内部审计部门，对本公司的业务经营活动进行审计和监督。信托投资公司的内部审计部门应当至少每半年向公司董事会提交内部审计报告，同时向中国人民银行报送上述报告的副本。

第五十二条 信托投资公司应当依法建账，对信托业务与非信托业务分别核算，并对每项信托业务单独核算。具体财务会计制度应当遵守财政部的有关规定。

第五十三条 信托投资公司应当按照国家有关规定建立、健全本公司的财务会计制度，真实记录并全面反映其业务活动和财务状况。公司年度财务会计报表，应当经具有相应资格的注册会计师审计。

信托投资公司应当按照规定向中国人民银行及有关部门报送营业报告书、信托业务及非信托业务的财务会计报表和信托账户目录等有关资料。

第五十四条 信托投资公司的信托业务部门应当在业务上独立于公司的其他部门，其人员不得与公司其他部门的人员相互兼职，具体业务信息不得与公司的其他部门共享。

第五十五条 中国人民银行可以定期或者不定期对信托投资公司的经营活动进行检查。中国人民银行认为必要时，可以责令信托投资公司聘请具有相应资格的中介机构对其业务、财务状况进行审计。

信托投资公司应当按照中国人民银行的要求提供有关业务、财务等报表和资料，并如实介绍有关业务情况。

第五十六条 中国人民银行对信托投资公司的高级管理人员实行任职资格审查制度。未经中国人民银行任职资格审查或者审查、考核不合格的，不得任职。

信托投资公司对拟离任的高级管理人员，应当进行离任审计，并将审计结果报中国人民银行备案。信托投资公司的法定代表人变更时，在新的法定代表人经中国人民银行核准任职资格前，原法定代表人不得离任。

第五十七条 中国人民银行对信托投资公司的信托从业人员实行信托业务资格考试制度。考试合格的，由中国人民银行颁发信托从业人员资格证书；未经考试或者考试不合格的，不得经办信托业务。具体考试办法由中国人民银行另行制定。

第五十八条 信托投资公司的高级管理人员和信托从业人员违反法律、行政法规或中国人民银行有关规定的，中国人民银行有权取消其任职资格或者从业资格。

第五十九条 中国人民银行对信托投资公司监管中发现的重大问题，有权质询信托投资公司的高级管理人员，并责令其采取有效措施，限期改正。

第六十条 信托投资公司管理混乱，经营陷入困境的，由中国人民银行责令该公司采取措施进行整顿或者重组，并建议撤换高级管理人员。中国人民银行认为必要时，可以对其实行接管。

第六十一条 信托投资公司可以成立同业协会，实行行业自律。

信托投资公司同业协会开展活动，应当接受中国人民银行的指导和监督。

第六章 罚 则

第六十二条 未经中国人民银行批准，擅自设立信托投资公司或者擅自经营信托业务的，按照《非法金融机构和非法金融业务活动取缔办法》，予以取缔，并予以处罚。

第六十三条 中国人民银行在批准信托投资公司设立、变更、终止后，发现原申请事项有隐瞒、虚假的情形，可以责令补正或者撤销批准。

第六十四条 信托投资公司违反本办法第三十条规定办理资金信托的，由中国人民银行责令其限期退回存款，并停办部分或全部业务；对直接负责的主管人员和其他直接责任人员依法给予纪律处分，并由中国人民银行取消高级管理人员的任职资格和从业人员的从业资格。构成犯罪的，移送司法机关追究刑事责任。

第六十五条 信托投资公司违反本办法第三十一条规定的，按照《金融违法行为处罚办法》第二十八条规定进行处罚。

第六十六条 信托投资公司违反本办法其他规定的，由中国人民银行按照《金融违法行为处罚办法》及有关规定进行处罚。

第六十七条 信托投资公司对中国人民银行的处罚决定不服的，可以依法提请行政复议或者向人民法院提起行政诉讼。

第七章 附 则

第六十八条 本办法由中国人民银行负责解释。

第六十九条 本办法自公布之日起施行，中国人民银行2001年1月10日颁布的《信托投资公司管理办法》同时废止。

证券公司治理准则(试行)

第一章 总 则

第一条 为推动证券公司按照现代企业制度规范运作，保障证券公司股东、客户及其他利益相关者的合法权益，维护证券公司资产的独立和完整，根据《公司法》、《证券法》及其他法律、行政法规，制定本准则。

第二条 证券公司及其控股股东对客户负有诚信义务，不得侵犯客户的财产及其他合法权益。

第三条 证券公司应当按照《公司法》等法律、行政法规的规定，明确股东会、董事会、监事会、经理层之间的职责划分。

第四条 证券公司及其股东、高级管理人员应当遵守中国证券监督管理委员会(以下简称中国证监会)关于股东、高级管理人员等方面的监管规定。

第五条 证券公司应当按照法律、行政法规和中国证监会的规定建立完备的风险管理和内部控制体系。

第六条 本准则适用于中国境内设立的证券公司。

法律、行政法规或中国证监会对上市证券公司有特别规定的，从其规定。

第二章 股东和股东会

第一节 股 东

第七条 证券公司股东及其实际控制人应当具备法律、行政法规和中国证监会规定的资格条件。

证券公司股东转让所持证券公司股权的，应当确认受让方及其实际控制人符合法律、行政法规和中国证监会规定的资格条件。

证券公司股东及其实际控制人不具备资格条件时，证券公司董事会应在十个工作日内向公司注册地及主要办事机构所在地中国证监会派出机构报告。

第八条 证券公司应当以中国证监会的核准文件或在中国证监会备案的文件为依据对股东进行登记、修改公司章程，并办理工商登记手续。

证券公司应当确保公司章程、股东名册及工商登记文件所记载的内容与股东的实际情况一致。

第九条 证券公司股东应当严格按照法律、行政法规和中国证监会的规定履行出资义务。证券公司不得直接或间接为股东出资提供融资或担保。

证券公司股东存在虚假出资、出资不实、抽逃出资或变相抽逃出资等违法违规行为的，证券公司董事会应在十个工作日内向公司注册地及主要办事机构所在地中国证监会派出机构报告，并要求有关股东在一个月内纠正。

第十条 证券公司股东在出现下列情况时，应当及时通知证券公司：

(一)所持证券公司股权被采取诉讼保全措施或被强制执行；

(二)质押所持有的证券公司股权；

(三)决定转让所持有的证券公司股权；

(四)委托他人行使证券公司的股东权利或与他人就行使证券公司的股东权利达成协议；

(五)变更名称；

(六)发生合并、分立；

(七)解散、破产、关闭、被接管；

(八)其他可能导致所持证券公司股权发生转移的情况。

证券公司董事会应当自知悉上述情况之日起十个工作日内向公司注册地及主要办事机构所在地中国证监会派出机构报告。

第十一条 证券公司应当建立和股东沟通的有效渠道，确保股东享有法律、行政法规、中国证监会和公司章程规定的知情权。

证券公司有下列情形之一的，董事会应当立即书面通知全体股东，并向公司注册地及主要办事机构所在地中国证监会派出机构报告：

(一)公司或高级管理人员涉嫌重大违法违规行为；

(二)公司财务状况持续恶化，不符合中国证监会规定的标准；

(三)公司发生重大亏损；

(四)拟更换董事长、监事长或总经理；

(五)发生突发事件，对公司和客户利益产生重大不利影响；

(六)其他可能影响公司持续经营的事项。

第二节 股东会

第十二条 证券公司章程应当明确股东会的职权范围。

证券公司股东会授权董事会行使股东会部分职权的，应当在公司章程中做出规定或经股东会决议批准。授权内容应当明确具体。

第十三条 证券公司应当自每一会计年度结束之日起六个月内召开股东会年度会议。因特殊情况需要延期召开的，应当及时向公司注册地及主要办事机构所在地中国证监会派出机构报告，并说明延期召开的理由。

第十四条 证券公司章程应当规定股东会会议的召集和表决程序。

董事会应当依照公司章程制定内容完备的股东会议事规则，由股东会审议通过后执行。

第十五条 董事会、监事会、单独或合并持有证券公司5%以上股权的股东，可以向股东会提出议案。

单独或合并持有证券公司5%以上股权的股东，可以向股东会提名董事(包括独立董事)、监事候选人。

第十六条 证券公司任一股东推选的董事占董事会成员二分之一以上时，其推选的监事不得超过监事会成员的二分之一。

第十七条 鼓励证券公司在董事(包括独立董事)、监事的选举中采用累积投票制度。

证券公司股东单独或与关联方合并持有公司50%以上股权的，董事(包括独立董事)、监事的选举应当采用累积投票制度。

采用累积投票制度的证券公司应在公司章程中规定该制度的实施细则。

第十八条 证券公司章程应当规定，董事会、董事长不履行职责致使股东会会议无法召集的，持有一定比例股权的股东和监事会可以按照公司章程规定的程序召集临时股东会会议，并应将有关情况向公司注册地及主要办事机构所在地中国证监会派出机构报告。

第十九条 证券公司股东会应当进行会议记录。会议记录应真实、完整，会议记录自做出之日起至少保存十五年。

证券公司应当将股东会的决议及相关文件向公司注册地及主要办事机构所在地中国证监会派出机构备案。

第二十条 证券公司股东会在董事、监事任期届满前免除其职务的，应当说明理由；被免职的董事、监事有权向股东会、中国证监会或其派出机构陈述意见。

第三节 证券公司与股东之间关系的特别规定

第二十一条 证券公司的控股股东不得利用其控股地位损害证券公司、公司其他股东和公司客户的合法权益。

第二十二条 证券公司的控股股东不得超越股东会、董事会任免证券公司的董事、监事和高级管理人员。

证券公司的控股股东不得超越股东会、董事会干预证券公司的经营管理活动。

第二十三条 证券公司与其控股股东应在业务、人员、机构、资产、财务、办公场所等方面严格分开，各自独立经营、独立核算、独立承担责任和风险。

第二十四条 证券公司的控股股东及其关联方应当采取有效措施，防止与其所控股的证券公司发生业务竞争。

证券公司控股其他证券公司的，不得损害所控股的证券公司的利益。

第二十五条 证券公司的股东及其关联方与证券公司的关联交易不得损害证券公司及其客户的合法权益。

证券公司章程应当对重大关联交易及其披露和表决程序进行规定。

证券公司应当在重大关联交易发生之日起十个工作日内向公司注册地及主要办事机构所在地中国证监会派出机构报告有关情况。

第二十六条 证券公司与其股东(或股东的关联方，下同)之间不得有下列行为：

(一)向股东做出最低收益、分红承诺；

(二)持有股东的股权，但法律、行政法规或中国证监会另有规定的除外；

(三)向股东直接或间接提供融资或担保；

(四)股东占用公司资产或客户存放在公司的资产；

(五)证券公司通过购买股东大量持有的证券等方式向股东输送不当利益；

(六)法律、行政法规或中国证监会禁止的其他行为。

第三章 董事和董事会

第一节 董 事

第二十七条 证券公司董事应当符合《公司法》、《证券法》和中国证监会规定的条件，具备履行职责所必需的素质。

第二十八条 证券公司章程应明确规定董事的任职条件、任免程序、权利义务、任期等内容。

第二十九条 证券公司应当采取措施切实保障董事的知情权，为董事履行职责提供必要条件。

外部董事(包括独立董事)应确保有足够的时间和精力履行职责。

第二节 董事会

第三十条 证券公司章程应当确定董事人数。

内部董事不得超过董事人数的二分之一。

鼓励证券公司聘请外部专业人士担任董事。

第三十一条 证券公司章程应当就董事长不能履行职责或缺位时董事长职责的行使做出明确规定。

第三十二条 证券公司章程应明确规定董事会职责。董事会授权董事长在董事会闭会期间行使董事会部分职权的，授权内容应当明确具体。

涉及公司重大利益的事项不得授权董事长决定，公司章程应当对涉及公司重大利益的事项进行规定。

第三十三条 董事会应当制定规范的董事会召集程序、议事表决规则，经股东会表决通过，并向公司注册地及主要办事机构所在地中国证监会派出机构备案。

第三十四条 董事会每年至少召开两次会议。董事会会议记录应真实、完整，并应自做出之日起至少保存十五年。出席会议的董事和记录人应当在会议记录上签字。

第三十五条 证券公司董事会、董事长应当在法律、行政法规、中国证监会的规定和公司章程规定的范围内行使职权，不得越权干预经理层的经营管理活动。

董事会在审议有关关联交易时，关联方委派的董事在表决时应予以回避。

第三十六条 董事会决议违反法律、行政法规、中国证监会的规定或公司章程的，股东或监事会有权要求公司立即停止执行相关决议。

第三十七条 董事会应当就风险管理、审计等事项设立专门委员会。

审计委员会应当由独立董事担任召集人。

各专门委员会可以聘请外部专业人士提供服务，由此发生的合理费用由公司承担。

专门委员会应当向董事会提交工作报告。

第三十八条 证券公司应当设董事会秘书或专门机构，负责股东会、董事会、董事会专门委员会会议的筹备、会议记录和会议文件的保管、信息披露及其他日常事务，并负责将股东会、董事会、监事会会议文件报中国证监会派出机构备案等事宜。

第三节 独立董事

第三十九条 证券公司应当按照中国证监会的规定设置独立董事。

独立董事应掌握证券市场的基本知识及相关法律、行政法规，诚实信用，具有五年以上相关工作经验。

下列人员不得担任独立董事：

(一)在证券公司或其关联方任职的人员及其直系亲属、主要社会关系；

(二)在持有或控制证券公司5%以上股权的股东单位或在证券公司前五名股东单位任职的人员及其直系亲属和主要社会关系；

(三)持有或控制证券公司5%以上股权的自然人股东及其直系亲属和主要社会关系；

(四)为证券公司及其关联方提供财务、法律、咨询等服务的人员及其直系亲属和主要社会关系；

(五)最近一年内曾经具有前四项所列举情形的人员；

(六)在其他证券公司担任董事的；

(七)公司章程规定的其他人员；

(八)中国证监会认定的其他人员。

独立董事在任职期间出现上述情况的，证券公司应当及时解聘，并向公司注册地及主要办事机构所在地中国证监会派出机构报告。

第四十条 独立董事与公司其他董事任期相同，但是连任不得超过两届。证券公司应将独立董事的有关材料向中国证监会、公司注册地及主要办事机构所在地中国证监会派出机构备案。

第四十一条 独立董事在任期内辞职或被免职的，独立董事本人和证券公司应当分别向公司注册地及主要办事机构所在地中国证监会派出机构和股东会提供书面说明。

第四十二条 独立董事除具有《公司法》和其他法律、行政法规赋予董事的职权外，还具有以下职权：

(一)向董事会提议召开临时股东会。董事会拒绝召开的，可以向监事会提议召开临时股东会；

(二)提议召开董事会；

(三)基于履行职责的需要聘请审计机构或咨询机构；

(四)对公司董事、经理层人员的薪酬计划、激励计划等事项发表独立意见；

(五)对重大关联交易发表独立意见，必要时向公司注册地及主要办事机构所在地中国证监会派出机构报告。

证券公司董事会就关联交易或高级管理人员的薪酬事宜设立专门委员会的，应当由独立董事作为召集人。

独立董事应在股东会年度会议上提交工作报告。

独立董事未履行应尽职责的，应当承担相应的责任。

第四章　监事和监事会

第四十三条　证券公司监事应当符合法律、行政法规和中国证监会规定的条件，具备履行职责所必需的素质。

证券公司董事、经理层人员及其直系亲属和主要社会关系不得担任本公司监事。

鼓励证券公司聘请外部专业人士担任监事。

第四十四条　证券公司应当采取措施切实保障监事的知情权，为监事履行职责提供必要的条件。

第四十五条　证券公司应当设监事会。监事会对公司财务以及公司董事、经理层人员履行职责的合法合规性进行监督，并向股东会负责。

监事会应当制定规范的监事会议事规则，经股东会审议通过，并报公司注册地及主要办事机构所在地中国证监会派出机构备案。

第四十六条　证券公司监事会应当设监事长。监事长是监事会的召集人。监事人数为七人以上的，应当设副监事长。副监事长协助监事长开展工作。监事长或副监事长应当为专职人员。

监事会可下设专门机构，负责监事会会议的筹备、会议记录和会议文件的保管，并为监事履行职责提供服务。

第四十七条　监事会每年至少召开两次会议。监事会会议记录应当真实、完整，并应自做出之日起至少保存十五年。出席会议的监事和记录人应当在会议记录上签字。

第四十八条　证券公司监事会行使下列职权：

（一）检查公司财务；

（二）监督董事会、经理层履行职责的情况；

（三）对董事、经理层人员的行为进行质询；

（四）要求董事、经理层人员纠正其损害公司和客户利益的行为；

（五）提议召开临时股东会；

（六）组织对高级管理人员进行离任审计；

（七）法律、行政法规和公司章程规定的其他职权。

第四十九条　监事有权了解公司经营情况，并承担相应的保密义务。

公司应将其内部稽核报告、合规检查报告、月度或季度财务会计报告、年度财务会计报告及其他重大事项及时报监事会。

监事会应当就公司的财务情况、合规情况向股东会年度会议做出专项说明。

第五十条　监事会可要求公司董事、经理层人员及其他相关人员出席监事会会议，回答监事会所关注的问题。

监事会可根据需要对公司财务情况、合规情况进行专项检查，必要时可聘请外部专业人士协助，其合理费用由公司承担。

监事会对公司董事、经理层人员执行公司职务的行为进行检查时，可以向董事、经理层人员及涉及的公司其他人员了解情况，董事、经理层人员及涉及的公司其他人员应当配合。

第五十一条　对董事、经理层人员违反法律、行政法规或公司章程，损害公司、股东或客户利益的行为，监事会应要求董事或经理层人员限期纠正；如损害严重或董事、经

理层人员未在限期内纠正的，监事会应提议召开股东会，并向股东会提出专项提案。对证券公司董事会、经理层的重大违法违规行为，监事会应当直接向中国证监会或其派出机构报告。

监事明知或应知董事、经理层人员有违反法律、行政法规或公司章程、损害公司利益的行为，未履行应尽职责的，应承担相应责任。

第五章　经理层人员

第五十二条　本准则所称经理层人员，是指除董事长、副董事长、监事长、副监事长之外的其他证券公司高级管理人员。

经理层人员应当取得证券公司高级管理人员任职资格，证券公司不得授权未取得任职资格的人员行使管理层人员的职权。

第五十三条　证券公司章程应当明确经理层人员的构成、职责范围。

第五十四条　证券公司应当采取公开、透明的方式，聘任专业人士为经理层人员。

第五十五条　经理层人员应当为专职人员，但法律、行政法规或中国证监会另有规定的除外。

第五十六条　经理层人员不得经营与所任职公司相竞争的业务，也不得直接或间接投资于与所任职公司竞争的企业。

除公司章程规定或股东会同意外，经理层人员不得同所任职公司进行关联交易。

第五十七条　证券公司应当设总经理，总经理依据《公司法》、公司章程的规定行使职权，并向董事会负责。

证券公司通过管理委员会、执行委员会等形式行使总经理职权的，其组成人员应当取得证券公司高级管理人员任职资格。

第五十八条　证券公司应当制定总经理工作细则，报董事会批准后实施。

总经理工作细则应当包括下列内容：

总经理会议召开的条件、程序和参加人员；

总经理、副总经理及其他经理层人员的职责及其分工；

公司资产运用、签订合同的权限；

向董事会、监事会的报告制度；

董事会认为必要的其他事项。

第五十九条　总经理应当根据董事会或监事会的要求，向董事会或监事会报告公司重大合同的签订、执行情况，资金运用情况和盈亏情况。总经理必须保证该报告的真实性。

未担任董事职务的总经理可以列席董事会会议。

第六十条　证券公司经理层应当建立责任明确、程序清晰的组织结构，组织实施各类风险的识别与评估，并建立健全有效的内部控制制度和内部控制机制，及时处理或纠正内部控制中存在的缺陷或问题。

经理层人员应当对内部控制不力、不及时处理或纠正内部控制中存在的缺陷或问题承担相应的责任。

第六十一条　证券公司应按照中国证监会的有关规定，由专门的经理层人员负责监督检查部门的工作，并不得兼管其他业务部门。

经理层人员应当支持监督检查部门的工作。

第六章　激励与约束机制

第六十二条　证券公司应当建立有效的经理层人员激励与约束机制。

第六十三条　证券公司应当与经理层人员签订聘任协议，对经理层人员的任期、绩效考核、薪酬待遇、解聘事由、双方的权利义务及违约责任进行约定。

第六十四条　证券公司经理层人员的薪酬分配方案应获得董事会的批准。董事会应当向股东会就经理层人员履行职责的情况、绩效评价情况、薪酬情况做出专项说明。

第六十五条　证券公司经理层人员违反法律、行政法规或公司章程规定，损害公司或客户合法权益的，公司董事会、监事会应当追究其责任。

证券公司不得代董事、监事或经理层人员支付应由个人承担的罚款或赔偿金。

第六十六条　证券公司经理层人员、董事、监事或员工持有或控制本公司股权，应当事先取得中国证监会的批准，并向公司股东会报告。

第七章　证券公司与客户关系基本原则

第六十七条　证券公司对客户负有诚信义务，不得侵犯客户的财产权、选择权、公平交易权、知情权及其他合法权益。

第六十八条　证券公司不得挪用客户交易结算资金，不得挪用客户委托管理的资产，不得挪用客户托管在公司的证券。

第六十九条　证券公司对客户的资料负有保密义务。

对客户的资料，证券公司有权拒绝任何单位或个人的查询，但法律、行政法规或中国证监会另有规定的除外。

第七十条　证券公司在经营活动中应当履行法定的信息披露义务，保障客户在充分知情的基础上做出决定。

证券公司向客户提供产品或服务应当遵守法律、行政法规和中国证监会的规定，并对有关产品或服务的内容及风险予以充分披露，不得有虚假陈述、误导及其他欺诈客户的行为。

第七十一条　证券公司应当设专职部门或岗位负责与客户进行沟通，处理客户的投诉等事宜。

第七十二条　鼓励证券公司向社会公众披露本公司经审计的年度财务报告及其他信息，并保证披露内容的真实、准确。

第八章　附　则

第七十三条　证券公司应当按照《公司法》、《证券法》及其他法律、行政法规和本准则的要求，修改、完善公司章程及相关制度。

第七十四条　证券公司董事会应当按照法律、行政法规和本准则

的规定向股东会、中国证监会及派出机构报告公司治理情况。

中国证监会以证券公司的治理状况作为其市场准入的基本条件和日常监管的评价依据。

第七十五条 中国证监会可以授权证券业自律组织或中介机构对证券公司治理状况进行评价，并以适当方式公布评价结果。

第七十六条 释义：

(一)股权，是指有限责任公司股东的出资或股份有限公司的股份。

(二)关联方、关联交易，是指财政部《企业会计准则 &#0;&#0;关联方关系及其交易的披露》中所指的关联方和关联交易。

(三)实际控制人，是指能够在法律上或事实上支配证券公司股东行使股东权利的法人、其他组织或个人。

(四)控股股东，是指具备下列条件之一的股东：

1、持有和控制证券公司股权，成为最大股东；

2、可以决定证券公司半数以上的董事人选；

3、可以以其他方式控制证券公司。

(五)累积投票制度，是指股东会在选举董事(监事)时，公司股东所拥有的全部投票权为其所持有的股份数与应选董事(监事)人数之积；公司股东既可将其所拥有的全部投票权集中投票给一名候选董事(监事)，也可以分散投票给若干名候选董事(监事)；按得票数多少确定获选的董事(监事)。

(六)内部董事、外部董事、独立董事。内部董事是指在证券公司同时担任其他职务的董事；外部董事是指不在证券公司同时担任其他职务的董事；独立董事是指与证券公司及其股东不存在可能妨碍其进行独立客观判断关系的外部董事。

第七十七条 本准则由中国证监会负责解释。

第七十八条 本准则自 2004 年 1 月 15 日起施行。

上市公司治理准则

导　言

为推动上市公司建立和完善现代企业制度，规范上市公司运作，促进我国证券市场健康发展，根据《公司法》、《证券法》及其它相关法律、法规确定的基本原则，并参照国外公司治理实践中普遍认同的标准，制订本准则。

本准则阐明了我国上市公司治理的基本原则、投资者权利保护的实现方式，以及上市公司董事、监事、经理等高级管理人员所应当遵循的基本的行为准则和职业道德等内容。

本准则适用于中国境内的上市公司。上市公司改善公司治理，应当贯彻本准则所阐述的精神。上市公司制定或者修改公司章程及治理细则，应当体现本准则所列明的内容。本准则是评判上市公司是否具有良好的公司治理结构的主要衡量标准，对公司治理存在重大问题的上市公司，证券监管机构将责令其按照本准则的要求进行整改。

第一章　股东与股东大会

第一节　股东权利

第一条 股东作为公司的所有者，享有法律、行政法规和公司章程规定的合法权利。上市公司应建立能够确保股东充分行使权利的公司治理结构。

第二条 上市公司的治理结构应确保所有股东，特别是中小股东享有平等地位。股东按其持有的股份享有平等的权利，并承担相应的义务。

第三条 股东对法律、行政法规和公司章程规定的公司重大事项，享有知情权和参与权。上市公司应建立和股东沟通的有效渠道。

第四条 股东有权按照法律、行政法规的规定，通过民事诉讼或其他法律手段保护其合法权利。股东大会、董事会的决议违反法律、行政法规的规定，侵犯股东合法权益，股东有权依法提起要求停止上述违法行为或侵害行为的诉讼。董事、监事、经理执行职务时违反法律、行政法规或者公司章程的规定，给公司造成损害的，应承担赔偿责任。股东有权要求公司依法提起要求赔偿的诉讼。

第二节　股东大会的规范

第五条 上市公司应在公司章程中规定股东大会的召开和表决程序，包括通知、登记、提案的审议、投票、计票、表决结果的宣布、会议决议的形成、会议记录及其签署、公告等。

第六条 董事会应认真审议并安排股东大会审议事项。股东大会应给予每个提案合理的讨论时间。

第七条 上市公司应在公司章程中规定股东大会对董事会的授权原则，授权内容应明确具体。

第八条 上市公司应在保证股东大会合法、有效的前提下，通过各种方式和途径，包括充分运用现代信息技术手段，扩大股东参与股东大会的比例。股东大会时间、地点的选择应有利于让尽可能多的股东参加会议。

第九条 股东既可以亲自到股东大会现场投票，也可以委托代理人代为投票，两者具有同样的法律效力。

第十条 上市公司董事会、独立董事和符合有关条件的股东可向上市公司股东征集其在股东大会上的投票权。投票权征集应采取无偿的方式进行，并应向被征集人充分披露信息。

第十一条 机构投资者应在公司董事选任、经营者激励与监督、重大事项决策等方面发挥作用。

第三节　关联交易

第十二条 上市公司与关联人之间的关联交易应签订书面协议。协议的签订应当遵循平等、自愿、等价、有偿的原则，协议内容应明确、具体。公司应将该协议的订立、变更、终止及履行情况等事项按照有关规定予以披露。

第十三条 上市公司应采取有效措施防止关联人以垄断采购和销售业务渠道等方式干预公司的经营，损害公司利益。关联交易活动应遵循商业原则，关联交易的价格原则上应不偏离市场独立第三方的价格或收费的标准。公司应对关联交易的定价依据予以充分披露。

第十四条 上市公司的资产属于公司所有。上市公司应采取有效措施防止股东及其关联方以各种形式占用或转移公司的资金、资产及其他资源。上市公司不得为股东及其关联方提供担保。

第二章　控股股东与上市公司

第一节　控股股东行为的规范

第十五条 控股股东对拟上市公司改制重组时应遵循先改制、后上市的原则，并注重建立合理制衡的股权结构。

第十六条 控股股东对拟上市公司改制重组时应分离其社会职能，剥离非经营性资产，非经营性机构、福利性机构及其设施不得进入上市公司。

第十七条 控股股东为上市公司主业服务的存续企业或机构可以按照专业化、市场化的原则改组为专业化公司，并根据商业原则与上市公司签订有关协议。从事其他业务的存续企业应增强其独立发展的能力。无继续经营能力的存续企业，应按有关法律、法规的规定，通过实施破产等途径退出市场。企业重组时具备一定条件的，可以一次性分离其社会职能及分流富余人员，不保留存续企业。

第十八条 控股股东应支持上市公司深化劳动、人事、分配制度改革，转换经营管理机制，建立管理人员竞聘上岗、能上能下，职工择优录用、能进能出，收入分配能增能减、有效激励的各项制度。

第十九条 控股股东对上市公司及其他股东负有诚信义务。控股股东对其所控股的上市公司应严格依法行使出资人的权利，控股股东不得利用资产重组等方式损害上市公司和其他股东的合法权益，不得利用其特殊地位谋取额外的利益。

第二十条 控股股东对上市公司董事、监事候选人的提名，应严格遵循法律、法规和公司章程规定的条件和程序。控股股东提名的董事、监事候选人应当具备相关专业知识和决策、监督能力。控股股东不得对股东大会人事选举决议和董事会人事聘任决议履行任何批准手续；不得越过股东大会、董事会任免上市公司的高级管理人员。

第二十一条 上市公司的重大决策应由股东大会和董事会依法作出。控股股东不得直接或间接干预公司的决策及依法开展的生产经营活动，损害公司及其他股东的权益。

第二节　上市公司的独立性

第二十二条 控股股东与上市公司应实行人员、资产、财务分开，机构、业务独立，各自独立核算、独立承担责任和风险。

第二十三条 上市公司人员应独立于控股股东。上市公司的经理人员、财务负责人、营销负责人和董事会秘书在控股股东单位不得担任除董事以外的其他职务。控股股东高级管理人员兼任上市公司董事的，应保证有足够的时间和精力承担上市公司的工作。

第二十四条 控股股东投入上市公司的资产应独立完整、权属清晰。控股股东以非货币性资产出资的，应办理产权变更手续，明确界定该资产的范围。上市公司应当对该资产独立登记、建帐、核算、管理。控股股东不得占用、支配该资产或干预上市公司对该资产的经营管理。

第二十五条 上市公司应按照有关法律、法规的要求建立健全的财务、会计管理制度，独立核算。控股股东应尊重公司财务的独立性，不得干预公司的财务、会计活动。

第二十六条 上市公司的董事会、监事会及其他内部机构应独立运作。控股股东及其职能部门与上市公司及其职能部门之间没有上下级关系。控股股东及其下属机构不得向上市公司及其下属机构下达任何有关上市公司经营的计划和指令，也不得以其他任何形式影响其经营管理的独立性。

第二十七条 上市公司业务应完全独立于控股股东。控股股东及其下属的其他单位不应从事与上市公司相同或相近的业务。控股股东应采取有效措施避免同业竞争。

第三章 董事与董事会

第一节 董事的选聘程序

第二十八条 上市公司应在公司章程中规定规范、透明的董事选聘程序，保证董事选聘公开、公平、公正、独立。

第二十九条 上市公司应在股东大会召开前披露董事候选人的详细资料，保证股东在投票时对候选人有足够的了解。

第三十条 董事候选人应在股东大会召开之前作出书面承诺，同意接受提名，承诺公开披露的董事候选人的资料真实、完整并保证当选后切实履行董事职责。

第三十一条 在董事的选举过程中，应充分反映中小股东的意见。股东大会在董事选举中应积极推行累积投票制度。控股股东控股比例在30%以上的上市公司，应当采用累积投票制。采用累积投票制度的上市公司应在公司章程里规定该制度的实施细则。

第三十二条 上市公司应和董事签订聘任合同，明确公司和董事之间的权利义务、董事的任期、董事违反法律法规和公司章程的责任以及公司因故提前解除合同的补偿等内容。

第二节 董事的义务

第三十三条 董事应根据公司和全体股东的最大利益，忠实、诚信、勤勉地履行职责。

第三十四条 董事应保证有足够的时间和精力履行其应尽的职责。

第三十五条 董事应以认真负责的态度出席董事会，对所议事项表达明确的意见。董事确实无法亲自出席董事会的，可以书面形式委托其他董事按委托人的意愿代为投票，委托人应独立承担法律责任。

第三十六条 董事应遵守有关法律、法规及公司章程的规定，严格遵守其公开作出的承诺。

第三十七条 董事应积极参加有关培训，以了解作为董事的权利、义务和责任，熟悉有关法律法规，掌握作为董事应具备的相关知识。

第三十八条 董事会决议违反法律、法规和公司章程的规定，致使公司遭受损失的，参与决议的董事对公司承担赔偿责任。但经证明在表决时曾表明异议并记载于会议记录的董事除外。

第三十九条 经股东大会批准，上市公司可以为董事购买责任保险。但董事因违反法律法规和公司章程规定而导致的责任除外。

第三节 董事会的构成和职责

第四十条 董事会的人数及人员构成应符合有关法律、法规的要求，确保董事会能够进行富有成效的讨论，作出科学、迅速和谨慎的决策。

第四十一条 董事会应具备合理的专业结构，其成员应具备履行职务所必需的的知识、技能和素质。

第四十二条 董事会向股东大会负责。上市公司治理结构应确保董事会能够按照法律、法规和公司章程的规定行使职权。

第四十三条 董事会应认真履行有关法律、法规和公司章程规定的职责，确保公司遵守法律、法规和公司章程的规定，公平对待所有股东，并关注其他利益相关者的利益。

第四节 董事会议事规则

第四十四条 上市公司应在公司章程中规定规范的董事会议事规则，确保董事会高效运作和科学决策。

第四十五条 董事会应定期召开会议，并根据需要及时召开临时会议。董事会会议应有事先拟定的议题。

第四十六条 上市公司董事会会议应严格按照规定的程序进行。董事会应按规定的时间事先通知所有董事，并提供足够的资料，包括会议议题的相关背景材料和有助于董事理解公司业务进展的信息和数据。当2名或2名以上独立董事认为资料不充分或论证不明确时，可联名以书面形式向董事会提出延期召开董事会会议或延期审议该事项，董事会应予以采纳。

第四十七条 董事会会议记录应完整、真实。董事会秘书对会议所议事项要认真组织记录和整理。出席会议的董事、董事会秘书和记录人应在会议记录上签名。董事会会议记录应作为公司重要档案妥善保存，以作为日后明确董事责任的重要依据。

第四十八条 董事会授权董事长在董事会闭会期间行使董事会部分职权的，上市公司应在公司章程中明确规定授权原则和授权内容，授权内容应当明确、具体。凡涉及公司重大利益的事项应由董事会集体决策。

第五节 独立董事制度

第四十九条 上市公司应按照有关规定建立独立董事制度。独立董事应独立于所受聘的公司及其主要股东。独立董事不得在上市公司担任除独立董事外的其他任何职务。

第五十条 独立董事对公司及全体股东负有诚信与勤勉义务。独立董事应按照相关法律、法规、公司章程的要求，认真履行职责，维护公司整体利益，尤其要关注中小股东的合法权益不受损害。独立董事应独立履行职责，不受公司主要股东、实际控制人、以及其他与上市公司存在利害关系的单位或个人的影响。

第五十一条 独立董事的任职条件、选举更换程序、职责等，应符合有关规定。

第六节 董事会专门委员会

第五十二条 上市公司董事会可以按照股东大会的有关决议，设立战略、审计、提名、薪酬与考核等专门委员会。专门委员会成员全部由董事组成，其中审计委员会、提名委员会、薪酬与考核委员会中独立董事应占多数并担任召集人，审计委员会中至少应有一名独立董事是会计专业人士。

第五十三条 战略委员会的主要职责是对公司长期发展战略和重大投资决策进行研究并提出建议。

第五十四条 审计委员会的主要职责是：(1)提议聘请或更换外部审计机构；(2)监督公司的内部审计制度及其实施；(3)负责内部审计与外部审计之间的沟通；(4)审核公司的财务信息及其披露；(5)审查公司的内控制度。

第五十五条 提名委员会的主要职责是：(1)研究董事、经理人员的选择标准和程序并提出建议；(2)广泛搜寻合格的董事和经理人员的人选；(3)对董事候选人和经理人选进行审查并提出建议。

第五十六条 薪酬与考核委员会的主要职责是：(1)研究董事与经理人员考核的标准，进行考核并提出建议；(2)研究和审查董事、高级管理人员的薪酬政策与方案。

第五十七条 各专门委员会可以聘请中介机构提供专业意见，有关费用由公司承担。

第五十八条 各专门委员会对董事会负责，各专门委员会的提案应提交董事会审查决定。

第四章 监事与监事会

第一节 监事会的职责

第五十九条 上市公司监事会应向全体股东负责，对公司财务以及公司董事、经理和其他高级管理人员履行职责的合法合规性进行监督，维护公司及股东的合法权益。

第六十条 监事有了解公司经营情况的权利，并承担相应的保密义务。监事会可以独立聘请中介机构提供专业意见。

第六十一条 上市公司应采取措施保障监事的知情权，为监事正常履行职责提供必要的协助，任何人不得干预、阻挠。监事履行职责所需的合理费用应由公司承担。

第六十二条 监事会的监督记录以及进行财务或专项检查的结果应成为对董事、经理和其他高级管理人员绩效评价的重要依据。

第六十三条 监事会发现董事、经理和其他高级管理人员存在违反法律、法规或公司章程的行为，可以向董事会、股东大会反映，也可以直接向证券监管机构及其他有关部门报告。

第二节 监事会的构成和议事规则

第六十四条 监事应具有法律、会计等方面的专业知识或工作经验。监事会的人员和结构应确保监事会能够独立有效地行使对董事、经理和其他高级管理人员及公司财务的监督和检查。

第六十五条 上市公司应在公司章程中规定规范的监事会议事规则。监事会会议应严格按规定程序进行。

第六十六条　监事会应定期召开会议，并根据需要及时召开临时会议。监事会会议因故不能如期召开，应公告说明原因。

第六十七条　监事会可要求公司董事、经理及其他高级管理人员、内部及外部审计人员出席监事会会议，回答所关注的问题。

第六十八条　监事会会议应有记录，出席会议的监事和记录人应当在会议记录上签字。监事有权要求在记录上对其在会议上的发言作出某种说明性记载。监事会会议记录应作为公司重要档案妥善保存。

第五章　绩效评价与激励约束机制

第一节　董事、监事、经理人员的绩效评价

第六十九条　上市公司应建立公正透明的董事、监事和经理人员的绩效评价标准和程序。

第七十条　董事和经理人员的绩效评价由董事会或其下设的薪酬与考核委员会负责组织。独立董事、监事的评价应采取自我评价与相互评价相结合的方式进行。

第七十一条　董事报酬的数额和方式由董事会提出方案报请股东大会决定。在董事会或薪酬与考核委员会对董事个人进行评价或讨论其报酬时，该董事应当回避。

第七十二条　董事会、监事会应当向股东大会报告董事、监事履行职责的情况、绩效评价结果及其薪酬情况，并予以披露。

第二节　经理人员的聘任

第七十三条　上市公司经理人员的聘任，应严格按照有关法律、法规和公司章程的规定进行。任何组织和个人不得干预公司经理人员的正常选聘程序。

第七十四条　上市公司应尽可能采取公开、透明的方式，从境内外人才市场选聘经理人员，并充分发挥中介机构的作用。

第七十五条　上市公司应和经理人员签订聘任合同，明确双方的权利义务关系。

第七十六条　经理的任免应履行法定的程序，并向社会公告。

第三节　经理人员的激励与约束机制

第七十七条　上市公司应建立经理人员的薪酬与公司绩效和个人业绩相联系的激励机制，以吸引人才，保持经理人员的稳定。

第七十八条　上市公司对经理人员的绩效评价应当成为确定经理人员薪酬以及其它激励方式的依据。

第七十九条　经理人员的薪酬分配方案应获得董事会的批准，向股东大会说明，并予以披露。

第八十条　上市公司应在公司章程中明确经理人员的职责。经理人员违反法律、法规和公司章程规定，致使公司遭受损失的，公司董事会应积极采取措施追究其法律责任。

第六章　利益相关者

第八十一条　上市公司应尊重银行及其它债权人、职工、消费者、供应商、社区等利益相关者的合法权利。

第八十二条　上市公司应与利益相关者积极合作，共同推动公司持续、健康地发展。

第八十三条　上市公司应为维护利益相关者的权益提供必要的条件，当其合法权益受到侵害时，利益相关者应有机会和途径获得赔偿。

第八十四条　上市公司应向银行及其它债权人提供必要的信息，以便其对公司的经营状况和财务状况作出判断和进行决策。

第八十五条　上市公司应鼓励职工通过与董事会、监事会和经理人员的直接沟通和交流，反映职工对公司经营、财务状况以及涉及职工利益的重大决策的意见。

第八十六条　上市公司在保持公司持续发展、实现股东利益最大化的同时，应关注所在社区的福利、环境保护、公益事业等问题，重视公司的社会责任。

第七章 信息披露与透明度

第一节　上市公司的持续信息披露

第八十七条　持续信息披露是上市公司的责任。上市公司应严格按照法律、法规和公司章程的规定，真实、准确、完整、及时地披露信息。

第八十八条　上市公司除按照强制性规定披露信息外，应主动、及时地披露所有可能对股东和其它利益相关者决策产生实质性影响的信息，并保证所有股东有平等的机会获得信息。

第八十九条　上市公司披露的信息应当便于理解。上市公司应保证使用者能够通过经济、便捷的方式（如互联网）获得信息。

第九十条　上市公司董事会秘书负责信息披露事项，包括建立信息披露制度、接待来访、回答咨询、联系股东，向投资者提供公司公开披露的资料等。董事会及经理人员应对董事会秘书的工作予以积极支持。任何机构及个人不得干预董事会秘书的工作。

第二节　公司治理信息的披露

第九十一条　上市公司应按照法律、法规及其他有关规定，披露公司治理的有关信息，包括但不限于：(1)董事会、监事会的人员及构成；(2)董事会、监事会的工作及评价；(3)独立董事工作情况及评价，包括独立董事出席董事会的情况、发表独立意见的情况及对关联交易、董事及高级管理人员的任免等事项的意见；(4)各专门委员会的组成及工作情况；(5)公司治理的实际状况，及与本准则存在的差异及其原因；(6)改进公司治理的具体计划和措施。

第三节　股东权益的披露

第九十二条　上市公司应按照有关规定，及时披露持有公司股份比例较大的股东以及一致行动时可以实际控制公司的股东或实际控制人的详细资料。

第九十三条　上市公司应及时了解并披露公司股份变动的情况以及其它可能引起股份变动的重要事项。

第九十四条　当上市公司控股股东增持、减持或质押公司股份，或上市公司控制权发生转移时，上市公司及其控股股东应及时、准确地向全体股东披露有关信息。

第八章　附　则

第九十五条　本准则自发布之日起施行。

中国证券监督管理委员会

国家经济贸易委员会

二○○二年一月七日

上市公司收购管理办法

第一章　总　则

第一条　为规范上市公司收购活动，促进证券市场资源的优化配置，保护投资者的合法权益，维护证券市场的正常秩序，根据《公司法》、《证券法》及其他法律和相关行政法规，制定本办法。

第二条　本办法所称上市公司收购，是指收购人通过在证券交易所的股份转让活动持有一个上市公司的股份达到一定比例、通过证券交易所股份转让活动以外的其他合法途径控制一个上市公司的股份达到一定程度，导致其获得或者可能获得对该公司的实际控制权的行为。

第三条　收购人可以通过协议收购、要约收购或者证券交易所的集中竞价交易方式进行上市公司收购，获得对一个上市公司的实际控制权。

收购人进行上市公司收购，应当遵守本办法规定的收购规则，并按照本办法的规定及时履行报告、公告义务。

第四条　上市公司收购活动应当遵循公开、公平、公正的原则，相关当事人应当诚实守信，自觉维护证券市场秩序。

第五条　上市公司收购活动相关当事人所报告、公告的信息，必须真实、准确、完整，不得有虚假记载、误导性陈述或者重大遗漏。

任何人不得利用上市公司收购散布虚假信息，扰乱市场秩序或者进行其他欺诈活动。

第六条　上市公司收购可以采用现金、依法可以转让的证券以及法律、行政法规规定的其他支付方式进行。

第七条　收购人不得利用上市公司收购损害被收购公司及其股东的合法权益。

禁止不具备实际履约能力的收购人进行上市公司收购，被收购公司不得向收购人提供任何形式的财务资助。

第八条　上市公司的控股股东和其他实际控制人对其所控制的上市公司及该公司其他股东负有诚信义务。

收购人对其所收购的上市公司及其股东负有诚信义务，并应当就

其承诺的具体事项提供充分有效的履行保证。

第九条 上市公司的董事、监事和高级管理人员对其所任职的上市公司及其股东负有诚信义务。

被收购公司在收购期间有更换董事或者董事辞任情形的，公司应当说明原因，并做出公告。

第十条 中国证券监督管理委员会（以下简称中国证监会）依法对上市公司收购活动实行监督管理。

证券交易所和证券登记结算机构根据中国证监会赋予的职责及其业务规则，对上市公司收购活动实行日常监督管理。

第十一条 中国证监会可以设立由专业人士组成的专门委员会，就具体交易事项是否构成上市公司收购、当事人应当如何履行相关义务、具体交易事项是否影响被收购公司的持续上市地位以及其他相关实体、程序事宜提出意见。

第二章 协议收购规则

第十二条 以协议收购方式进行上市公司收购的，收购人应当在达成收购协议的次日向中国证监会报送上市公司收购报告书，同时抄报上市公司所在地的中国证监会派出机构，抄送证券交易所，通知被收购公司，并对上市公司收购报告书摘要做出提示性公告。

中国证监会在收到上市公司收购报告书后十五日内未提出异议的，收购人可以公告上市公司收购报告书，履行收购协议。

第十三条 以协议收购方式进行上市公司收购，收购人所持有、控制一个上市公司的股份达到该公司已发行股份的百分之三十时，继续增持股份或者增加控制的，应当以要约收购方式向该公司的所有股东发出收购其所持有的全部股份的要约；符合本办法第四章规定情形的，收购人可以向中国证监会申请豁免；获得豁免的，可以以协议收购方式进行。

第十四条 以协议收购方式进行上市公司收购，收购人拟持有、控制一个上市公司的股份超过该公司已发行股份的百分之三十的，应当以要约收购方式向该公司的所有股东发出收购其所持有的全部股份的要约；符合本办法第四章规定情形的，收购人可以向中国证监会申请豁免；获得豁免的，可以以协议收购方式进行。

第十五条 被收购公司收到收购人的通知后，其董事会应当及时就收购可能对公司产生的影响发表意见，独立董事在参与形成董事会意见的同时还应当单独发表意见。被收购公司董事会认为有必要的，可以为公司聘请独立财务顾问等专业机构提供咨询意见。被收购公司董事会意见、独立董事意见和专业机构意见一并予以公告。

管理层、员工进行上市公司收购的，被收购公司的独立董事应当就收购可能对公司产生的影响发表意见。独立董事应当要求公司聘请独立财务顾问等专业机构提供咨询意见，咨询意见与独立董事意见一并予以公告。财务顾问费用由被收购公司承担。

第十六条 涉及国家授权机构持有的股份的转让，或者须经行政审批方可进行的股份转让，协议收购相关当事人应当在获得有关主管部门批准后，方可履行收购协议。

第十七条 协议收购相关当事人应当按照证券交易所和证券登记结算机构的业务规则和要求，申请办理股份转让和过户登记手续。

未按照规定履行报告、公告义务或者未按照规定提出申请的，证券交易所和证券登记结算机构不予办理股份转让和过户登记手续。

第十八条 以协议收购方式进行上市公司收购，相关当事人应当委托证券登记结算机构临时保管拟转让的股票，并将用于支付的现金存放于证券登记结算机构指定的银行账户。

第十九条 以协议收购方式转让一个上市公司的挂牌交易股票，导致受让人获得或者可能获得对该公司的实际控制权的，应当按照以下程序办理：

（一）公告上市公司收购报告书后，相关当事人应当委托证券公司申请办理股份转让和过户登记手续；接受委托的证券公司应当向证券交易所和证券登记结算机构申请拟收购部分的暂停交易和临时保管；予以暂停交易和临时保管的，应当做出公告；

证券交易所可以根据证券市场管理的需要，做出被收购公司挂牌交易股票暂停交易的决定；

（二）受让人应当在提出股份转让申请的次日，就转让协议事宜以及接受委托的证券公司名称做出公告，并通知该上市公司；

（三）证券交易所在收到股份转让申请后三个工作日内完成审核，对所申请的股份转让做出予以确认或者不予确认的决定；

（四）证券交易所对所申请的股份转让予以确认的，由接受委托的证券公司代表转让双方向证券登记结算机构申请办理股份过户登记手续，受让人在过户登记手续完成后二个工作日内做出公告；

证券交易所不予确认的，接受委托的证券公司应当在收到证券交易所通知的当日，将不予确认的决定通知转让双方和被收购公司，并代表转让双方向证券登记结算机构申请解除对该部分股票的临时保管；出让人应当在获悉不予确认决定后二个工作日内做出公告；

（五）股份转让过户登记手续完成后，由接受委托的证券公司代表受让人向证券登记结算机构申请解除该部分股票的临时保管，受让人在提出解除保管申请后的二个工作日内做出公告，该部分股票在证券交易所恢复交易。

第二十条 上市公司控股股东和其他实际控制人在转让其对一个上市公司的实际控制权时，未清偿其对公司的负债，未解除公司为其负债提供的担保，或者存在其损害公司利益的其他情形的，被收购公司董事会应当为公司聘请审计机构就有关事项进行专项核查并出具核查报告，要求该控股股东和其他实际控制人提出切实可行的解决方案，被收购公司董事会、独立董事应当就其解决方案是否切实可行分别发表意见。被收购公司应当将核查报告、解决方案与董事会和独立董事意见一并予以公告。

前款控股股东和其他实际控制人拒不提出解决方案的，董事会、独立董事应当采取充分有效的法律措施维护公司利益。

第二十一条 经中国证监会和证券交易所同意，上市公司股东通过公开征集方式出让其所持有的上市公司股份的，应当委托证券公司代为办理，具体程序和要求执行证券交易所的相关业务规则。

第二十二条 收购人通过国有股权行政划转、法院裁决、继承、赠与等合法途径持有、控制一个上市公司的股份，导致其获得或者可能获得对一个上市公司的实际控制权的，按照本章规定办理。

第三章 要约收购规则

第二十三条 收购人持有、控制一个上市公司的股份达到该公司已发行股份的百分之三十时，应当在该事实发生的次日向中国证监会报送上市公司收购报告书，同时抄报上市公司所在地的中国证监会派出机构，抄送证券交易所，通知被收购公司，并做出公告。未按照本办法的规定履行报告、公告义务的，收购人不得继续增持股份或者增加控制。

前款收购人继续增持股份或者增加控制的，应当以要约收购方式向该公司的所有股东发出收购其所持有的全部股份的要约；符合本办法第四章规定的，可以向中国证监会申请豁免。

前款收购人持有、控制一个上市公司的股份达到该公司已发行股份的百分之三十之前，已经报告、公告过上市公司收购报告书的，可以仅就本次报告书与前次报告书不同的部分做出报告、公告。

第二十四条 持有、控制一个上市公司的股份低于该公司已发行股份的百分之三十的收购人，以要约收购方式增持该上市公司股份的，其预定收购的股份比例不得低于百分之五，预定收购完成后所持有、控制的股份比例不得超过百分之三十；拟超过的，应当向该公司的所有股东发出收购其所持有的全部股份的要约；符合本办法第四章规定的，可以向中国证监会申请豁免。

第二十五条 以要约收购方式进行上市公司收购的，收购人应当向中国证监会报送要约收购报告书，同时抄报上市公司所在地的中国证监会派出机构，抄送证券交易所，通知被收购公司，并对要约收购报告书摘要做出提示性公告。

证券交易所可以根据证券市场管理的需要，做出被收购公司挂牌交易股票暂停交易的决定。

第二十六条 要约收购报告书应当载明下列事项：

（一）收购人的名称、住所；

（二）收购人关于收购的决定；

（三）被收购的上市公司名称；

（四）收购目的；

（五）收购股份的详细名称和预定收购的股份数额；

（六）收购的期限、收购的价格；

（七）收购所需的资金额及资金保证；

（八）报送要约收购报告书时所持有被收购公司股份数占该上市公司已发行的股份总数的比例；

（九）收购完成后的后续计划；

（十）中国证监会要求载明的其他事项。

第二十七条 收购人应当在要约收购报告书中说明有无将被收购公司终止上市的意图；有终止上市意图的，应当在要约收购报告书的显著位置做出特别提示。

收购人应当在要约收购报告书中说明收购完成后，被收购公司股权分布发生变化是否影响该公司的持续上市地位；造成影响的，应当就维持公司的持续上市地位提出具体方案。

第二十八条 收购人应当聘请律师对其要约收购报告书内容的

真实性、准确性、完整性进行核查,并出具法律意见书。

收购人应当聘请财务顾问等专业机构对收购人的实际履约能力做出评判。财务顾问的专业意见应当予以公告。

第二十九条 收购人向中国证监会报送要约收购报告书后,在发出收购要约前申请取消收购计划的,在向中国证监会提出取消收购计划的书面申请之日起十二个月内,不得再次对同一上市公司进行收购。

第三十条 中国证监会在收到要约收购报告书后十五日内未提出异议的,收购人可以公告其收购要约文件;提出异议的,收购人应当就有关事项做出修改或者补充。收购人修改、补充的时间不计入上述期间。

第三十一条 被收购公司董事会应当为公司聘请独立财务顾问等专业机构,分析被收购公司的财务状况,就收购要约条件是否公平合理、收购可能对公司产生的影响等事宜提出专业意见,并予以公告。

管理层、员工进行上市公司收购的,被收购公司的独立董事应当为公司聘请独立财务顾问等专业机构,分析被收购公司的财务状况,就收购要约条件是否公平合理、收购可能对公司产生的影响等事宜提出专业意见,并予以公告。财务顾问费用由被收购公司承担。

第三十二条 被收购公司董事会应当在收购人发出收购要约后十日内,将被收购公司董事会报告书与独立财务顾问的专业意见一并报送中国证监会,同时抄报上市公司所在地的中国证监会派出机构,抄送证券交易所,并予以公告。

被收购公司董事会报告书应当就是否接受收购要约向股东提出建议,被收购公司的独立董事应当单独发表意见,一并予以公告。

收购人对收购要约条件做出重大更改的,被收购公司董事会应当就要约条件的更改情况报送补充报告书,独立董事应当发表补充意见,一并予以公告。

第三十三条 被收购公司的董事、监事、高级管理人员针对收购行为所做出的决策及采取的措施,不得损害公司及其股东的合法权益。

收购人做出提示性公告后,被收购公司董事会除可以继续执行已经订立的合同或者股东大会已经做出的决议外,不得提议如下事项:

(一)发行股份;

(二)发行可转换公司债券;

(三)回购上市公司股份;

(四)修改公司章程;

(五)订立可能对公司的资产、负债、权益或者经营成果产生重大影响的合同;但是公司开展正常业务的除外;

(六)处置、购买重大资产,调整公司主要业务;但是面临严重财务困难的公司调整业务或者进行资产重组的除外。

第三十四条 收购人确定要约收购价格,应当遵循以下原则:

(一)要约收购挂牌交易的同一种类股票的价格不低于下列价格中较高者:

1、在提示性公告日前六个月内,收购人买入被收购公司挂牌交易的该种股票所支付的最高价格;

2、在提示性公告日前三十个交易日内,被收购公司挂牌交易的该种股票的每日加权平均价格的算术平均值的百分之九十;

(二)要约收购未挂牌交易股票的价格不低于下列价格中较高者:

1、在提示性公告日前六个月内,收购人取得被收购公司未挂牌交易股票所支付的最高价格;

2、被收购公司最近一期经审计的每股净资产值。

特殊情况下需要对上述价格确定原则做调整执行的,收购人应当事先征得中国证监会同意。收购人提出的收购价格显失公平的,中国证监会可以要求其做出调整。

第三十五条 收购人以现金进行支付的,应当在做出提示性公告的同时,将不少于收购总金额百分之二十的履约保证金存放在证券登记结算机构指定的银行账户,并办理冻结手续。

收购人以依法可以转让的证券进行支付的,应当在做出提示性公告的同时,将其用以支付的全部证券交由证券登记结算机构保管;但是根据证券登记结算机构的业务规则不在保管范围内的除外。

收购人取消收购计划,未涉及不当行为调查的,可以申请解除对履约保证金的冻结或者对证券的保管。

第三十六条 收购要约的有效期不得少于三十日,不得超过六十日;但是出现竞争要约的除外。

在收购要约有效期限内,收购人不得撤回其收购要约。

第三十七条 收购人在收购要约有效期限内更改收购要约条件的,必须事先向中国证监会报送书面报告,同时抄报上市公司所在地的中国证监会派出机构,抄送证券交易所,通知被收购公司;经中国证监会批准后,方可执行,并予以公告。

第三十八条 收购要约期满前十五日内,收购人不得更改收购要约条件;但是出现竞争要约的除外。

出现竞争要约时,初始要约人更改收购要约条件距收购要约期满不足十五日的,应当予以延长,延长后的有效期不应少于十五日,不得超过最后一个竞争要约的期满日。

第三十九条 要约收购报告书所披露的基本事实发生重大变化的,收购人应当在该变化发生之日起二个工作日内,向中国证监会做出书面报告,同时抄报上市公司所在地的中国证监会派出机构,抄送证券交易所,通知被收购公司,并予以公告。

第四十条 收购人应当委托证券公司向证券登记结算机构申请办理预受要约股票的临时保管。

证券登记结算机构临时保管的预受要约股票,在要约收购期间不再进行任何形式的转让。

第四十一条 预受要约的股东有权在要约期满前撤回预受,证券登记结算机构应当根据预受要约股东的申请解除对预受要约股票的临时保管。

在收购要约有效期间,收购人应当每日在证券交易所网站上公告预受要约股份的数量以及撤回预受要约股份的数量。

第四十二条 要约收购期满,收购人应当按照收购要约规定的条件购买被收购公司股东预受的全部股份;预受要约股份的数量超过预定收购数量时,收购人应当按照同等比例收购预受要约的股份。

收购要约期满后三个工作日内,接受委托的证券公司应当向证券登记结算机构申请办理股份转让结算和过户登记手续,解除对超过预定收购比例的股票的临时保管。

第四十三条 收购要约期满后三个工作日内,收购人应当向中国证监会报送关于收购情况的书面报告,同时抄报上市公司所在地的中国证监会派出机构,抄送证券交易所,通知被收购公司,并予以公告。

第四十四条 收购人做出提示性公告后至收购要约期满前,不得采取要约收购以外的形式和超出要约的条件买卖被收购公司的股票。

第四十五条 出现竞争要约时,被收购公司董事会应当公平对待所有要约收购人。

第四十六条 拟发出竞争要约的收购人,最迟不得晚于初始要约期满前五日向中国证监会报送要约收购报告书,同时抄报上市公司所在地的中国证监会派出机构,抄送证券交易所,通知被收购公司,并就要约收购报告书摘要做出提示性公告;中国证监会收到要约收购报告书后十五日内未提出异议的,收购人可以公告其收购要约文件。

第四十七条 收购人拟向同一上市公司的股东连续公开求购其所持有的该上市公司股份,导致其在收购完成后持有、控制该上市公司已发行的股份达到或者超过百分之五的,构成要约收购行为,应当遵守本办法规定的要约收购规则。

第四章 要约收购义务的豁免

第四十八条 符合本办法第四十九条、第五十一条规定情形的,收购人可以向中国证监会申请下列豁免事项:

(一)免于以要约收购方式增持股份;

(二)免于向被收购公司的所有股东发出收购要约;

(三)免于要约收购被收购公司的全部股份。

第四十九条 有下列情形之一的,收购人可以向中国证监会提出豁免申请:

(一)上市公司股份转让在受同一实际控制人控制的不同主体之间进行,股份转让完成后的上市公司实际控制人未发生变化,且受让人承诺履行发起人义务的;

(二)上市公司面临严重财务困难,收购人为挽救该公司而进行收购,且提出切实可行的重组方案的;

(三)上市公司根据股东大会决议发行新股,导致收购人持有、控制该公司股份比例超过百分之三十的;

(四)基于法院裁决申请办理股份转让手续,导致收购人持有、控制一个上市公司已发行股份超过百分之三十的;

(五)中国证监会为适应证券市场发展变化和保护投资者合法权益的需要而认定的其他情形。

第五十条 收购人向中国证监会提出豁免申请,其所报送的申请文件符合规定要求,并且已经按照规定履行信息披露义务的,中国证监会做出予以受理的决定;不符合规定要求或者未按照规定履行信息披露义务的,中国证监会不予受理。

中国证监会在受理豁免申请后三个月内,就收购人所申请的具体事项做出是否予以豁免的决定;获得豁免的,收购人可以继续增持股份或者增加控制。

第五十一条 有下列情形之一的，相关当事人可以向中国证监会报送豁免申请文件：

(一)合法持有、控制一个上市公司百分之五十以上股份的股东，继续增持股份、增加控制后不超过该公司已发行股份的百分之七十五的；

(二)因上市公司减少股本导致其持有、控制一个上市公司已发行股份超过百分之三十的；

(三)证券公司因开展正常的股票承销业务导致其持有一个上市公司已发行股份超过百分之三十，但无实际控制该公司的行为或者意图，并且提出在合理期限内向非关联方转让超出部分的解决方案的；

(四)银行因开展正常的银行业务导致其持有一个上市公司已发行股份超过百分之三十，但无实际控制该公司的行为或者意图，并且提出在合理期限内向非关联方转让超出部分的解决方案的；

(五)当事人因国有资产行政划转导致其持有、控制一个上市公司已发行股份超过百分之三十的；

(六)当事人因合法继承导致其持有、控制一个上市公司已发行股份超过百分之三十的；

(七)中国证监会为适应证券市场发展变化和保护投资者合法权益的需要认定的其他情形。

中国证监会自收到符合规定的申请文件之日起五个工作日内未提出异议的，当事人可以向证券交易所和证券登记结算机构申请办理股份转让和过户登记手续。

第五十二条 收购人发出的收购要约应当适用于被收购公司的所有股东；但是存在主体资格、股份种类限制或者法律、行政法规、规章规定的特殊情形的，收购人可以向中国证监会提出豁免申请。

第五十三条 收购人提出豁免申请的，应当聘请律师事务所就其所申请的具体豁免事项出具专业意见；依据本办法第四十九条第(二)项、第(三)项的规定申请豁免的收购人，应当聘请财务顾问等专业机构出具专业意见。

第五章 监管措施及法律责任

第五十四条 收购人违反本办法的规定，持有、控制被收购公司的股份超过该公司已发行股份的百分之三十的，应当主动改正；未能改正的，证券交易所依据业务规则进行处理；拒不改正的，中国证监会责令改正。收购人在改正前不得向被收购公司选派董事、监事、高级管理人员；在整改期间，中国证监会不受理任何专业机构为其出具的文件。

第五十五条 收购人未按照本办法的规定履行报告、公告义务的，应当主动改正；未能改正的，证券交易所依据业务规则进行处理；拒不改正的，中国证监会责令改正、停止收购活动。收购人在改正前不得向被收购公司选派董事、监事、高级管理人员；在整改期间，中国证监会不受理任何专业机构为其出具的文件。构成证券违法行为的，依法追究法律责任。

第五十六条 收购人的报告、公告等文件中有虚假记载、误导性陈述或者重大遗漏的，应当主动改正；未能改正的，证券交易所依据业务规则进行处理；拒不改正的，中国证监会责令改正、停止收购活动。收购人在改正前不得向被收购公司选派董事、监事、高级管理人员；在整改期间，中国证监会不受理任何专业机构为其出具的文件。构成证券违法行为的，依法追究法律责任。

第五十七条 上市公司控股股东和其他实际控制人在转让其对一个上市公司的实际控制权时，未清偿其对公司的负债，未解除公司为其提供的担保，或者未对其损害公司利益的其他情形做出纠正的，应当主动纠正；未能纠正的，被收购公司董事会、独立董事应当采取充分有效的法律措施促其纠正，证券交易所依据业务规则进行处理；拒不纠正的，中国证监会责令改正、停止收购活动。构成证券违法行为的，依法追究法律责任。

被收购公司董事会、独立董事未能采取前款措施的，证券交易所依据业务规则进行处理；拒不采取措施的，中国证监会责令改正。构成证券违法行为的，依法追究法律责任。

第五十八条 为上市公司收购出具资产评估报告、审计报告、法律意见书和提供财务顾问意见等文件的专业机构和专业人员，其出具、提供的文件中有虚假记载、误导性陈述或者重大遗漏的，应当主动改正；未能改正的，证券交易所依据业务规则进行处理；拒不改正的，中国证监会责令改正。在整改期间，中国证监会不受理其出具的文件。构成证券违法行为的，依法追究法律责任。

第五十九条 任何知悉上市公司收购信息的人员在有关收购信息未经依法公开之前，泄露该收购信息、买卖该上市公司证券或者建议他人买卖该上市公司证券，或者利用上市公司收购散布虚假信息或者进行欺诈活动的，依法追究法律责任。

利用上市公司收购进行其他不当活动的，当事人应当主动改正；未能改正的，证券交易所依据业务规则进行处理；拒不改正的，中国证监会责令改正。构成证券违法行为的，依法追究法律责任。

第六章 附 则

第六十条 进行上市公司收购的股份持有人、股份控制人、一致行动人，其所持有、控制被收购公司已发行的股份数量应当合并计算。

第六十一条 收购人有下列情形之一的，构成对一个上市公司的实际控制：

(一)在一个上市公司股东名册中持股数量最多的；但是有相反证据的除外；

(二)能够行使、控制一个上市公司的表决权超过该公司股东名册中持股数量最多的股东的；

(三)持有、控制一个上市公司股份、表决权的比例达到或者超过百分之三十的；但是有相反证据的除外；

(四)通过行使表决权能够决定一个上市公司董事会半数以上成员当选的；

(五)中国证监会认定的其他情形。

第六十二条 本办法下列用语的含义：

(一)"收购要约"是指收购人向被收购公司股东公开发出的、愿意按照要约条件购买其所持有的被收购公司股份的意思表示。

(二)"预受"是指受要约人同意接受要约的初步意思表示，在要约期满前不构成承诺。

(三)"股份持有人"、"股份控制人"、"一致行动人"的含义与《上市公司股东持股变动信息披露管理办法》中"股份持有人"、"股份控制人"、"一致行动人"的含义相同。

第六十三条 上市公司收购报告书、要约收购报告书、被收购公司董事会报告书、要约收购豁免申请文件的格式与内容，由中国证监会另行制定。

第六十四条 本办法自2002年12月1日起施行。

合格境外机构投资者境内证券投资管理暂行办法

第一章 总 则

第一条 为了规范合格境外机构投资者在中国境内证券市场的投资行为，促进中国证券市场的发展，根据有关法律、行政法规，制定本办法。

第二条 本办法所称合格境外机构投资者(以下简称合格投资者)，是指符合本办法规定的条件，经中国证券监督管理委员会(以下简称中国证监会)批准投资于中国证券市场，并取得国家外汇管理局(以下简称国家外汇局)额度批准的中国境外基金管理机构、保险公司、证券公司以及其他资产管理机构。

第三条 合格投资者应当委托境内商业银行作为托管人托管资产，委托境内证券公司办理在境内的证券交易活动。

第四条 合格投资者必须遵守中国的法律法规和其他有关规定。

第五条 中国证监会和国家外汇局依法对合格投资者在中国境内进行的证券投资活动实施监督管理。

第二章 资格条件和审批程序

第六条 申请合格投资者资格，应当具备下列条件：

(一)申请人的财务稳健，资信良好，达到中国证监会规定的资产规模等条件，风险监控指标符合所在国家或者地区法律的规定和证券监管机构的要求；

(二)申请人的从业人员符合所在国家或者地区的有关从业资格的要求；

(三)申请人有健全的治理结构和完善的内控制度，经营行为规范，近三年未受到所在国家或者地区监管机构的重大处罚；

(四)申请人所在国家或者地区有完善的法律和监管制度，其证券监管机构已与中国证监会签订监管合作谅解备忘录，并保持着有效的监管合作关系；

（五）中国证监会根据审慎监管原则规定的其他条件。

第七条 前条所指的资产规模等条件是：

基金管理机构：经营基金业务达五年以上，最近一个会计年度管理的资产不少于一百亿美元；

保险公司：经营保险业务达三十年以上，实收资本不少于十亿美元，最近一个会计年度管理的证券资产不少于一百亿美元；

证券公司：经营证券业务达三十年以上，实收资本不少于十亿美元，最近一个会计年度管理的证券资产不少于一百亿美元；

商业银行：最近一个会计年度，总资产在世界排名前一百名以内，管理的证券资产不少于一百亿美元。

中国证监会根据证券市场发展情况，可以调整上述资产规模等条件。

第八条 申请合格投资者资格和投资额度，申请人应当通过托管人分别向中国证监会和国家外汇局报送下列文件：

（一）申请书（包括申请人的基本情况、拟申请投资额度、投资计划等）；

（二）符合本办法第六条规定条件的证明文件；

（三）与托管人签订的托管协议草案；

（四）最近三年经审计的财务报表；

（五）资金来源说明书及批准时间内不撤资承诺函；

（六）申请人的授权委托书；

（七）中国证监会和国家外汇局要求的其他文件。

前款规定的文件，凡用外文书写的，应当附有中文译本或中文摘要。

第九条 中国证监会自收到完整的申请文件之日起十五个工作日内，作出批准或者不批准的决定。决定批准的，颁发证券投资业务许可证；决定不批准的，书面通知申请人。

第十条 申请人在取得证券投资业务许可证后，应当通过托管人向国家外汇局申请投资额度。

国家外汇局自收到完整的申请文件之日起十五个工作日内，作出批准或者不批准的决定。决定批准的，书面通知申请人批准的投资额度并颁发外汇登记证；决定不批准的，书面通知申请人。

申请人取得证券投资业务许可证后一年内未取得外汇登记证的，其证券投资业务许可证自动失效。

第十一条 为引入中长期投资，对于符合本办法第六条规定的封闭式中国基金或在其他市场有良好投资记录的养老基金、保险基金、共同基金的管理机构，予以优先考虑。

第三章　托管、登记和结算

第十二条 托管人应当具备下列条件：

（一）设有专门的基金托管部；

（二）实收资本不少于八十亿元人民币；

（三）有足够的熟悉托管业务的专职人员；

（四）具备安全保管基金全部资产的条件；

（五）具备安全、高效的清算、交割能力；

（六）具备外汇指定银行资格和经营人民币业务资格；

（七）最近三年没有重大违反外汇管理规定的纪录。

外资商业银行境内分行在境内持续经营三年以上的，可申请成为托管人，其实收资本条件按其境外总行的计算。

第十三条 取得托管人资格，必须经中国证监会、中国人民银行和国家外汇局审批。

第十四条 境内商业银行申请取得托管人资格的，应当向中国证监会、中国人民银行和国家外汇局报送下列文件：

（一）申请书；

（二）金融业务许可证副本；

（三）有关托管业务的管理制度；

（四）拥有高效、快速的信息技术系统的证明文件；

（五）中国证监会、中国人民银行和国家外汇局要求的其他文件。

中国证监会会同中国人民银行和国家外汇局审核申请文件，作出批准或者不批准的决定。

第十五条 托管人应当履行下列职责：

（一）保管合格投资者托管的全部资产；

（二）办理合格投资者的有关结汇、售汇、收汇、付汇和人民币资金结算业务；

（三）监督合格投资者的投资运作，发现其投资指令违法、违规的，及时向中国证监会和国家外汇局报告；

（四）在合格投资者汇入本金、汇出本金或者收益两个工作日内，向国家外汇局报告合格投资者的资金汇入、汇出及结售汇情况；

（五）每月结束后五个工作日内，向中国证监会和国家外汇局报告合格投资者的人民币特殊账户的收支情况；

（六）每个会计年度结束后三个月内，编制关于合格投资者上一年度境内证券投资情况的年度财务报告，并报送中国证监会和国家外汇局；

（七）保存合格投资者的资金汇入、汇出、兑换、收汇、付汇和资金往来记录等相关资料，其保存的时间应当不少于十五年；

（八）中国证监会、中国人民银行和国家外汇局根据审慎监管原则规定的其他职责。

第十六条 托管人必须将其自有的资产和受托管理的资产严格分开。

托管人必须为不同的合格投资者分别设置账户，对受托管理的资产实行分帐管理。

每个合格投资者只能委托一个托管人。

第十七条 合格投资者应当委托托管人，在证券登记结算机构代其申请开立一个证券账户。托管人在代为申请开立证券账户时，应当持合格投资者的委托书及其证券投资业务许可证等有效文件，并在开立证券账户五个工作日内将有关情况报中国证监会备案。

合格投资者应当委托托管人在证券登记结算机构代为开立人民币结算资金账户，用于与证券登记结算机构进行资金结算。托管人负责合格投资者在境内证券投资的资金结算，并在开立人民币结算资金账户五个工作日内将有关情况报中国证监会和国家外汇局备案。

第四章　投资运作

第十八条 合格投资者在经批准的投资额度内，可以投资下列人民币金融工具：

（一）在证券交易所挂牌交易的除境内上市外资股以外的股票；

（二）在证券交易所挂牌交易的国债；

（三）在证券交易所挂牌交易的可转换债券和企业债券；

（四）中国证监会批准的其他金融工具。

第十九条 合格投资者可以委托在境内设立的证券公司，进行境内证券投资管理。

每个合格投资者只能委托一个投资机构。

第二十条 合格投资者的境内证券投资，应当遵守下列规定：

（一）单个合格投资者对单个上市公司的持股比例，不超过该上市公司股份总数的百分之十；

（二）所有合格投资者对单个上市公司的持股比例总和，不超过该上市公司股份总数的百分之二十。

中国证监会根据证券市场发展情况，可以调整上述比例。

第二十一条 合格投资者的境内证券投资，应当符合《外商投资产业指导目录》的要求。

第二十二条 证券公司保存合格投资者的成交记录、交易活动等资料的时间应当不少于十五年。

第五章　资金管理

第二十三条 合格投资者经国家外汇局批准，应当在托管人处开立一个人民币特殊账户。

托管人应当在开立人民币特殊账户五个工作日内，将有关情况报中国证监会和国家外汇局备案。

第二十四条 人民币特殊账户的收入范围包括：结汇资金（外汇资金来源于境外，且累计结汇的外汇资金不得超过已批准的投资额度）、卖出证券所得价款、现金股利、活期存款利息、债券利息。人民币特殊账户的支出范围包括：买入证券支付价款（含印花税、手续费等）、境内托管费和管理费、购汇资金（用于汇出本金及收益）。

人民币特殊账户的资金不得用于放款或者提供担保。

第二十五条 合格投资者应当自中国证监会颁发证券投资业务许可证三个月内汇入本金，全额结汇后直接转入人民币特殊账户。合格投资者汇入的本金应当是国家外汇局批准的可兑换货币，金额以批准额度为限。

合格投资者自取得外汇登记证起三个月内未足额汇入本金的，以实际汇入金额为批准额度；已批准额度和已实际汇入金额的差额，在经批准取得新的投资额度前不得汇入。

第二十六条 合格投资者为封闭式中国基金管理机构的，汇入本金满三年后，可委托托管人持规定的文件向国家外汇局申请分期、分批购汇汇出本金。每次汇出本金的金额不得超过本金总额的百分之二十，相邻两次汇出的时间间隔不得少于一个月。

其他合格投资者汇入本金满一年后，可以委托托管人持规定的文件向国家外汇局申请分期、分批购汇汇出本金。每次汇出本金的金额不得超过本金总额的百分之二十，相邻两次汇出的时间间隔不得少于三个月。

上述汇款的境外收款人应为合格投资者本人。

第二十七条 投资额度的本金汇入不满一年但超过三个月的合格投资者，在提交转让申请书和转让合同并经中国证监会和国家外汇局批准后，可以将投资额度转让给其他合格投资者或符合本办法第六条规定的其他申请人。

受让方在获得国家外汇局额度批准和证券投资业务许可证后，受让资产值低于外汇局批准额度的，可以按差额汇入本金。

第二十八条 合格投资者汇出部分或全部本金的，如需重新汇入本金，应当重新申请投资额度。

第二十九条 合格投资者需购汇汇出上一会计年度经中国注册会计师审计的已实现税后收益，应当委托托管人提前十五个工作日持下列文件向国家外汇局提出申请：

(一)汇出申请书；

(二)收益实现年度财务报表；

(三)中国注册会计师出具的审计报告；

(四)收益分配决议或者其他有效的法律文件；

(五)纳税证明；

(六)国家外汇局要求的其他文件。

前款汇款的境外收款人应当为合格投资者本人。

第三十条 国家外汇局可以根据国家外汇收支平衡的需要，对合格投资者汇出本金及已实现收益的期限予以调整。

第六章 监督管理

第三十一条 中国证监会和国家外汇局应当对合格投资者的证券投资业务许可证、外汇登记证进行年检。

第三十二条 中国证监会、中国人民银行和国家外汇局可以要求合格投资者、托管人、证券公司、证券交易所、证券登记结算机构提供合格投资者境内投资活动提供有关资料；必要时，可以进行现场检查。

第三十三条 证券交易所、证券登记结算机构可以根据情况，对合格投资者境内证券投资制定相应的业务规则或者对原有业务规则进行修订，报中国证监会批准后施行。

第三十四条 合格投资者有下列情形之一的，应当在其发生后五个工作日内报中国证监会、中国人民银行和国家外汇局备案：

(一)变更托管人；

(二)变更法定代表人；

(三)其控股股东变更；

(四)调整注册资本；

(五)涉及诉讼及其他重大事件；

(六)在境外受到重大处罚；

(七)中国证监会和国家外汇局规定的其他情形。

第三十五条 合格投资者有下列情形之一的，应当重新申领证券投资业务许可证：

(一)变更机构名称；

(二)被其他机构吸收合并；

(三)中国证监会和国家外汇局规定的其他情形。

第三十六条 合格投资者有下列情形之一的，应当将证券投资业务许可证和外汇登记证分别交还中国证监会和国家外汇局：

(一)本金已全部汇出；

(二)已转让投资额度；

(三)法人机构拟解散、进入破产程序或者由接管人接管其资产；

(四)中国证监会和国家外汇局规定的其他情形。

证券投资业务许可证、外汇登记证未通过本办法第三十一条规定的年检的，自动失效，合格投资者应当依照前款规定分别交还证券投资业务许可证和外汇登记证。

第三十七条 合格投资者、托管人、证券公司等违反本办法的，由中国证监会、中国人民银行、国家外汇局按照各自的职权予以警告、罚款；但是，对同一违法行为，不得给予两次以上的行政处罚。

第七章 附 则

第三十八条 香港特别行政区、澳门特别行政区、台湾地区设立的机构投资者到内地从事证券投资的，适用本办法的规定。

第三十九条 本办法自2002年12月1日起施行。

合格境外机构投资者境内证券投资外汇管理暂行规定

第一章 总 则

第一条 为了规范合格境外机构投资者(以下简称合格投资者)在中国境内证券市场的投资行为，维护中国外汇市场的稳定和国际收支的平衡，根据《中华人民共和国外汇管理条例》以及《合格境外机构投资者境内证券投资管理暂行办法》(以下简称《暂行办法》)，制定本规定。

第二条 合格投资者应当委托其托管人代为办理本规定所要求的各项手续。

第三条 合格投资者和托管人应当遵守中国外汇管理有关法规和规章的规定。

第四条 国家外汇管理局(以下简称国家外汇局)依法对合格投资者在中国境内进行的证券投资活动实施外汇管理。

第二章 托管人管理

第五条 境内商业银行申请托管人资格，除向国家外汇局报送《暂行办法》第十四条规定的文件外，还应提供最近三年外汇业务经营情况报告和国家外汇局要求的其他文件。

第六条 托管人在外汇管理方面应履行下列职责：

(一)办理合格投资者的有关结售汇、收付汇和人民币资金结算业务；

(二)监督合格投资者的投资运作，发现其投资指令违反外汇管理规定的，及时向国家外汇局报告；

(三)在为合格投资者开立人民币特殊账户，以及办理合格投资者汇入本金、汇出本金或者收益手续时，应在合格投资者外汇登记证(以下简称外汇登记证)上准确填列；

(四)在合格投资者汇入本金、汇出本金或者收益两个工作日内，向国家外汇局报告；

(五)每月结束后五个工作日内，向国家外汇局报告上个月合格投资者人民币特殊账户的收支情况和投资损益情况；

(六)每个会计年度结束后三个月内，编制关于合格投资者上一年度境内证券投资情况的年度财务报表，经中国注册会计师审计后报送国家外汇局；

(七)保存合格投资者的资金汇入、汇出、兑换和人民币资金往来记录等相关材料，保存的时间应当不少于十五年；

(八)根据国家有关外汇管理规定进行国际收支统计申报；

(九)国家外汇局根据审慎监管原则规定的其他职责。

第三章 投资额度管理

第七条 合格投资者申请投资额度，除向国家外汇局报送《暂行办法》第八条规定的文件外，还应提供中国证券监督管理委员会(以下简称中国证监会)颁发的证券投资业务许可证复印件和国家外汇局要求的其他文件。

第八条 单个合格投资者申请的投资额度不得低于等值五千万美元的人民币，不得高于等值八亿美元的人民币。

国家外汇局根据资本市场和国际收支情况，可以调整单个合格投资者上述申请投资额度的上下限。

第九条 合格投资者在获得外汇登记证三个月内未汇足本金而需在原批准额度以内汇足本金的，或汇出部分本金后再汇入本金的，或增加投资额度的，应持下列文件向国家外汇局提出申请：

(一)申请书(包括拟申请投资额度、投资计划等)；

(二)外汇登记证；

(三)资金来源说明书及批准时间内不撤资承诺函；

(四)申请人的授权委托书；

(五)申请人境内证券投资情况报告；

(六)国家外汇局要求的其他文件。

国家外汇局自收到完整申请材料之日起七个工作日内作出批准或不批准的决定。决定批准的，出具批复文件并通过托管人向申请人转送；决定不批准的，通过托管人向申请人转送不批准的书面通知。

第十条 合格投资者投资本金在境内的停留期间自合格投资者

第一次汇入本金之日起计算。

第十一条 投资本金汇入不满一年但超过三个月的合格投资者，经中国证监会和国家外汇局批准后，可以将投资额度转让给其他合格投资者或符合《暂行办法》第六条规定的其他申请人。

第十二条 合格投资者申请将全部投资额度或部分投资额度转让给其他合格投资者的，应由转让方和受让方各自持下列文件向国家外汇局提出转让申请：

(一)转让申请书；

(二)转让合同；

(三)外汇登记证；

(四)国家外汇局要求的其他文件。

国家外汇局自收到转让方和受让方完整的申请文件之日起十五个工作日内，商中国证监会后作出批准或不批准的决定。决定批准的，国家外汇局出具同意转让的批复文件，通过转让方和受让方托管人分别向转让方和受让方转送。决定不批准的，通过转让方和受让方托管人分别向转让方和受让方转送不批准的书面通知。

第十三条 国家外汇局批准合格投资者将全部投资额度转让给其他合格投资者的，相应调整受让方的投资额度。转让手续完成后五个工作日内，转让方应关闭其在托管人处开立的人民币特殊账户，并将外汇登记证交还国家外汇局。

国家外汇局批准合格投资者将部分投资额度转让给其他合格投资者的，相应调整转让方和受让方的投资额度。

第十四条 合格投资者申请将全部投资额度或部分投资额度转让给符合《暂行办法》第六条规定的其他申请人的，受让方应当先获得中国证监会颁发的证券投资业务许可证和国家外汇局批准的投资额度，再按照本规定第十二条和第十三条的规定提出转让申请。

第四章 账户管理

第十五条 经国家外汇局批准，合格投资者应当而且只能在托管人处开立一个人民币特殊账户。

合格投资者申请开立人民币特殊账户，应持下列文件向国家外汇局提出申请：

(一)开立人民币特殊账户申请书；

(二)外汇登记证；

(三)与托管人签订的正式托管协议；

(四)托管人按规定监督人民币特殊账户资金使用的书面承诺；

(五)国家外汇局要求的其他材料。

国家外汇局自收到完整的申请文件之日起五个工作日内出具批复文件，托管人可以凭国家外汇局的批复文件为合格投资者开立一个人民币特殊账户。托管人应在为合格投资者开立人民币特殊账户五个工作日内将有关情况报国家外汇局备案。

第十六条 合格投资者人民币特殊账户的收支范围应当符合《暂行办法》第二十四条的规定，该账户的资金不得用于其他用途。

第十七条 合格投资者有下列情形之一的，应关闭其在托管人处开立的人民币特殊账户，并将外汇登记证交还国家外汇局：

(一)本金和收益已全部汇出；

(二)已全部转让投资额度；

(三)法人机构解散、破产并完成清算程序；

(四)由接管人接管其资产；

(五)证券投资业务许可证已自动失效或已交还中国证监会；

(六)国家外汇局规定的其他情形。

第五章 汇兑管理

第十八条 合格投资者日汇入本金超过等值五千万美元(含五千万美元)的，应提前三个工作日通知国家外汇局。

国家外汇局根据国际收支情况，可以建议合格投资者在其投资额度有效期内调整本金汇入的时间。

第十九条 合格投资者汇入本金为非美元可自由兑换货币的，汇率应根据汇入当天中国人民银行公布的基准汇率或其托管人当天挂牌汇率的中间价进行套算。

第二十条 合格投资者汇出本金应提前五个工作日持下列文件向国家外汇局提出申请：

(一)汇出本金申请书；

(二)外汇登记证；

(三)国家外汇局要求的其他文件。

国家外汇局自收到完整的申请文件之日起五个工作日内，经审核同意其汇出的，出具核准文件，并相应调减合格投资者的投资额度。托管人凭国家外汇局的核准文件为合格投资者办理购汇及本金汇出手续。

第二十一条 合格投资者需购汇汇出经中国注册会计师审计的已实现税后收益，除向国家外汇局报送《暂行办法》第二十九条规定的文件外，还应向国家外汇局提供外汇登记证和国家外汇局要求的其他文件。

国家外汇局自收到完整的申请文件之日起十五个工作日内，经审核同意其汇出的，出具核准文件。托管人凭国家外汇局的核准文件为合格投资者办理购汇及收益汇出手续。

合格投资者收益实现年度按中国会计年度计算。

第六章 监督管理

第二十二条 国家外汇局对合格投资者的外汇登记证实行年检制度。

年检时间为每年的4月1日至4月30日，年检的主要内容包括：

(一)人民币特殊账户收支情况；

(二)合格投资者资金汇入、汇出情况；

(三)结汇和售付汇情况；

(四)合格投资者遵守有关外汇管理法规的情况。

第二十三条 合格投资者在年检时应向国家外汇局报送下列材料：(一)合格投资者上一年度投资情况说明；

(二)托管人编制的、经中国注册会计师审计的关于合格投资者上一年度境内证券投资情况的年度财务报表；

(三)外汇登记证；

(四)国家外汇局要求的其他文件。

国家外汇局应将外汇登记证的年检情况通报中国人民银行和中国证监会。

第二十四条 在年检中发现合格投资者有下列情形之一的，由国家外汇局按照本规定予以处罚。限期不改正或拒不执行的，其外汇登记证不能通过年检：

(一)超过国家外汇局批准的投资额度汇入本金或超过投资额度有效期汇入本金的；

(二)未经国家外汇局批准擅自汇出本金或收益的；

(三)人民币特殊账户收支范围超过《暂行办法》第二十四条规定范围的；

(四)违反中国的法律法规或其他有关规定。

合格投资者外汇登记证未能通过年检的，由国家外汇局商中国人民银行和中国证监会后决定合格投资者资金的退出方案。

第二十五条 国家外汇局可以对合格投资者、托管人、证券公司、证券交易所、证券登记结算机构进行现场检查。被检查的机构应当接受并配合检查。国家外汇局应当将检查情况通报中国人民银行和中国证监会。

第二十六条 合格投资者超过国家外汇局批准的投资额度或超过投资额度有效期汇入本金的，或托管人为合格投资者办理超过国家外汇局批准的投资额度或超过投资额度有效期汇入本金的，由国家外汇局予以警告，限期改正，并处以不超过3万元人民币的罚款。

第二十七条 合格投资者未经国家外汇局批准汇出本金和收益的，或托管人未经国家外汇局批准为合格投资者办理本金和收益汇出手续的，由国家外汇局责令改正，并处以逃汇金额30%以上5倍以下人民币的罚款。

第二十八条 合格投资者或托管人未经国家外汇局批准开立人民币特殊账户，或开立多个人民币特殊账户，或超出《暂行规定》规定的范围使用人民币特殊账户的，由国家外汇局责令改正，通报批评，并处以5万元以上30万元以下人民币的罚款。

第二十九条 托管人未按规定向国家外汇局报送报表和有关资料的，由国家外汇局责令改正，通报批评，并处以5万元以上30万元以下人民币的罚款。

第三十条 托管人拒不改正违规行为，或违规情节严重的，由国家外汇局、中国人民银行和中国证监会联合作出取消其托管人资格的决定。

第三十一条 合格投资者或托管人违反其他外汇管理规定的，由国家外汇局根据有关外汇管理规定进行处罚。

第七章 附 则

第三十二条 本规定所要求向国家外汇局报送的材料应具有中文文本。同时具有外文和中文译文的，应当以中文文本为准。

第三十三条 本规定由国家外汇局负责解释。

第三十四条 本规定自2002年12月1日起施行。

关于修订《公开发行证券的公司信息披露内容与格式准则第1号——招股说明书》的通知

各具有主承销商资格的证券公司、金融资产管理公司，拟首次公开发行股票的公司：

为进一步提高信息披露质量，降低信息披露成本，现对《公开发行证券的公司信息披露内容与格式准则第1号——招股说明书》修订如下：

一、第二条"申请在中华人民共和国境内首次公开发行股票并上市的公司(以下简称"发行人")应按本准则编制招股说明书，并按本准则第三章的要求编制招股说明书摘要，作为向中国证监会申请首次公开发行股票的必备法律文件，经中国证监会核准后按规定披露。"修改为"申请在中华人民共和国境内首次公开发行股票并上市的公司(以下简称"发行人")应按本准则编制招股说明书及其摘要，作为向中国证监会申请首次公开发行股票的必备法律文件，并按规定披露。"

二、第九条"招股说明书的有效期为三个月，自中国证监会下发核准通知之日起计算。"修改为"招股说明书的有效期为六个月，自中国证监会下发核准通知前招股说明书最后一次签署之日起计算。"

三、第十条第一款"发行人申请文件经核准后"修改为"发行人报送申请文件后"。

第二款"经中国证监会核准后"修改为"发行人公开发行股票的申请经中国证监会核准后"；在该款最后增加："必要时发行人公开发行股票的申请应重新经过中国证监会核准。"

四、第十二条后增加一条内容：

"招股说明书摘要的编制和披露，还须符合以下要求：

(一)招股说明书摘要的目的仅为向公众提供有关本次发行的简要情况，无须包括招股说明书全文各部分的主要内容；

(二)招股说明书摘要中要尽量少用投资者不熟悉的专业和技术词汇，尽量采用图表或其他较为直观的方式准确披露公司及其产品、财务等情况，做到简明扼要，通俗易懂；

(三)招股说明书摘要必须忠实于招股说明书全文的内容，不得出现与全文相矛盾之处；

(四)招股说明书摘要刊登于中国证监会指定的信息披露报刊，篇幅不得超过一个版面。在指定报刊刊登的招股说明书摘要最小字号为标准小5号字，最小行距为0.35毫米。

五、第十三条"文字应简洁、通俗、平实和明确"移到第十二条(五)"不得刊载任何有祝贺性、广告性和恭维性的词句"之前，第十三条其他内容删除。

六、第十七条"拟上市的证券交易所"删除。

七、第二十条"确认招股说明书及其摘要不致因法律意见书和律师工作报告的内容出现虚假记载、误导性陈述和重大遗漏引致的法律风险，并承担相应的责任。"修改为"确认招股说明书及其摘要引用的法律意见真实、准确，并承担相应的责任。"

八、第二十六条增加两款内容："公司负责人和主管会计工作的负责人、会计机构负责人保证招股说明书及其摘要中财务会计报告真实、完整。"

"投资者若对本招股说明书及其摘要存在任何疑问，应咨询自己的股票经纪人、律师、专业会计师或其他专业顾问。"

九、第三十六条"本准则所指的风险因素是与发行人相关的所有重大不确定性因素"修改为"本准则所指的风险因素是可能对发行人业绩和持续经营产生不利影响的所有因素"。

十、第五十二条(三)、(四)删除，并增加以下内容：

"(三)在改制设立发行人之前，主要发起人拥有的主要资产和实际从事的主要业务；

(四)发行人拥有的主要资产和实际从事的主要业务；

(五)在发行人成立之后，主要发起人拥有的主要资产和实际从事的主要业务。"

十一、第五十三条"发行人应充分披露设立以来股本结构变化、重大资产重组的行为"修改为"发行人应充分披露设立以来股本结构的形成及其变化和重大资产重组行为"。

十二、第五十九条"首次托管及历次托管的情况"修改为"历次托管的情况"。

十三、第六十七条"主要包括行业管理体制、行业竞争状况、市场容量、投入与产出、技术水平以及以上因素的发展趋势。"修改为"主要包括行业管理体制、行业竞争状况、市场容量、技术水平等。"

十四、第六十八条"如产业政策、产品特性、技术替代、消费趋向、购买力与国际市场冲击等因素"修改为"如产业政策、技术替代与国际市场冲击等因素"。

十五、第七十一条(六)"每种主要产品的主要原材料和能源供应及成本构成"修改为"每种主要产品的主要原材料和能源供应情况"；第八项中的"产品或服务的平均价格及定价策略"删除。

十六、第七十二条"成新度"修改为"成新率"。

十七、第七十七条(二)"对前5名客户的销售额占年度营业额或销售总额的百分比"修改为"对前5名客户合计的销售额占年度销售总额的百分比"。

十八、第八十一条"或所采取的先进生产工艺或技术诀窍、运用的新材料及新的生产手段、节能技术、新的生产组织方式等"删除。

十九、第九十五条(二)"其他股东"修改为"持有发行人股份5%以上的其他股东"。

二十、第一百零一条第二款"对于需要由独立董事、监事会等发表意见的关联交易，是否由其签名表达对关联交易公允性的意见。"修改为"对于需要由独立董事、监事会等发表意见的关联交易，应披露其对关联交易公允性的意见。"

二十一、第一百一十条(二)"家属持股，即上述人员的配偶或未满十八岁的子女持有的股份"修改为"家属持股，即上述人员的父母、配偶或子女持有的股份"。

二十二、第一百二十六条"应全文披露审计报告及经审计的利润表"修改为"应全文披露审计报告及经审计的财务报表"。

二十三、第一百四十一条"说明近三年业务的进展及盈利能力"修改为"结合发行人主要产品的平均价格和销售量及其变动趋势说明近三年业务的进展及盈利能力。"

二十四、第一百四十二条"发行人对可能对投资者理解公司资产负债状况、经营业绩和现金流动情况有障碍的，应加以必要的说明"修改为"对投资者理解公司资产负债状况、经营业绩和现金流动情况可能有障碍的，发行人应加以必要的说明。"

二十五、第一百五十条"未披露盈利预测的，应详细披露上述情况的影响"删除。

二十六、第一百五十一条(九)"未披露盈利预测的，应详细披露上述指标"删除。

二十七、第一百五十三条(四)"合作方的基本情况及与发行人是否存在关联关系"修改为"合作方的基本情况及与发行人是否存在关联关系或竞争关系"。

二十八、对第三章内容进行了全面修改，以简化招股说明书摘要的内容，并就披露要求作了较为具体的规定。具体修改内容详见《招股说明书准则》(2003年修订)第三章。

上述修订完成后，《招股说明书准则》中相关条目编号发生变化，在《招股说明书准则》(2003年修订)中已做相应调整。

中国证券监督管理委员会

二〇〇三年三月二十四日

公开发行证券的公司信息披露内容与格式准则第2号——年度报告的内容与格式(2002年修订)

第一章　总　则

第一条　为规范上市公司年度报告的编制及信息披露行为，保护投资者合法权益，根据《中华人民共和国公司法》(以下简称"《公司法》")、《中华人民共和国证券法》(以下简称"《证券法》")等法律、法规及中国证券监督管理委员会(以下简称"中国证监会")的有关规定，制订本准则。

第二条　凡根据《公司法》、《证券法》在中华人民共和国境内公开发行股票并在证券交易所上市的股份有限公司(以下简称"公司")应当按照本准则的要求编制和披露年度报告。

第三条　本准则的规定是对公司年度报告信息披露的最低要求。凡对投资者投资决策有重大影响的信息，不论本准则是否有明确规定，公司均应披露。

第四条　本准则某些具体要求对公司确实不适用的，经证券交易所批准后，公司可根据实际情况在不影响披露内容完整性的前提下做出适当修改。

第五条　由于商业秘密等特殊原因导致本准则规定的某些信息确实不便披露的，公司可向证券交易所申请豁免，经证券交易所批准后，可以不予披露。

第六条　在不影响信息披露完整性和不致引起阅读不便的前提下，公司可采取相互引征的方法，对相关部分进行适当的技术处理，以避免不必要的重复和保持文字简洁。

第七条　公司年度报告的全文应按本准则第二章的要求编制，年度报告摘要的编制和披露应遵循本准则第三章的要求，并按照附件二的格式进行。

第八条　同时在境内和境外证券市场上市的公司，若境外证券市场对年度报告的编制和披露要求与本准则不同，应遵循报告内容从多不从少，报告要求从严不从宽的原则，并应当在同一日公布年度报告。

已发行境内上市外资股及其衍生证券并在证券交易所上市的公司，应当同时编制年度报告的外文译本。

第九条　公司年度报告中的财务会计报告必须经具有证券期货相关业务资格的会计师事务所审计，审计报告须由该所至少两名具有证券期货相关业务资格的注册会计师签字。已发行境内上市外资股及其衍生证券并在证券交易所上市的公司，还应进行境外审计(指会计师依据国际审计准则或境外主要募集行为发生地审计准则，对公司按照国际会计准则或境外主要募集行为发生地会计准则调整的财务会计报告进行审计)。

第十条　公司在编制年度报告时还应遵循如下一般要求：

(一)年度报告中引用的数字应当采用阿拉伯数字，有关货币金额除特别说明外，指人民币金额，并以元、千元、或百万元为单位。登载于网站的年度报告财务数据应精确到人民币元。

(二)公司可根据有关规定或其他需求，编制年度报告外文译本，但应努力保证中外文文本的一致性，并在外文文本上注明："本报告分别以中、英(或日、法等)文编制，在对中外文文本的理解上发行歧义时，以中文文本为准。"

(三)年度报告印刷文本应采用质地良好的纸张印刷，幅面为209X295毫米(相当于标准的A4纸规格)。年度报告封面应载明公司的名称、"年度报告"的字样、报告期年份，也可以载有公司的外文名称、徽章或其他标记、图案等。年度报告的目录应编排在显著位置。

(四)年度报告可以刊载宣传本公司的照片和图表，但不得刊登任何祝贺性、恭维性或推荐性的词句或题字，不得含有欺诈和误导的行为。

第十一条　公司应当在每个会计年度结束之日起四个月内将年度报告刊登在中国证监会指定的网站上，将年度报告摘要刊登在至少一种中国证监会指定报纸上。在指定报纸上刊登的年度报告摘要最小字号为标准6号字，最小行距为0.02。

公司可以将年度报告刊登在其他网站和其他报刊上，但不得早于在中国证监会指定的网站和报刊上披露的时间。

第十二条　在年度报告披露前，任何当事人不得泄露与其有关的信息，或利用这些信息谋取不正当利益。

第十三条　公司应当在年度报告公布后，将年度报告原件或有法律效力的复印件备置于公司办公地点、证券交易所，以供股东和投资者查阅。

第十四条　公司应在年度报告公布后，会计年度结束之日起四个月内，将年度报告各两份分别报送公司所在地的证券监管派出机构和证券交易所。并应在会计年度结束之日起六个月内，将年度报告印刷文本两份报送中国证监会。

第十五条　公司董事会及其董事应当保证年度报告内容的真实性、准确性、完整性，承诺其中不存在虚假记载、误导性陈述或重大遗漏，并就其保证承担个别和连带的法律责任。如个别董事对年度报告内容的真实性、准确性、完整性无法保证或存在异议的，应当单独陈述理由和发表意见。未参会董事应当单独列示其姓名。

第十六条　特殊行业公司，除执行本准则规定外，还应执行中国证监会就该行业信息披露制定的特别规定。

第二章　年度报告正文

第一节　重要提示及目录

第十七条　公司应在年度报告文本扉页刊登如下(不限于)重要提示：

本公司董事会及其董事保证本报告所载资料不存在任何虚假记载、误导性陈述或者重大遗漏，并对其内容的真实性、准确性和完整性承担个别及连带责任。

如个别董事对年度报告内容的真实性、准确性、完整性无法保证或存在异议的，应当声明：××董事无法保证本报告内容的真实性、准确性和完整性，理由是：……，请投资者特别关注。如有董事未出席董事会，应当单独列示其姓名。

如果执行审计的会计师事务所对公司出具了有解释性说明、保留意见、拒绝表示意见或否定意见的审计报告，重要提示中应增加以下陈述：

××会计师事务所为本公司出具了有解释性说明(或保留意见、拒绝表示意见、否定意见)的审计报告，本公司董事会、监事会对相关事项亦有详细说明，请投资者注意阅读。

公司负责人、主管会计工作负责人及会计机构负责人(会计主管人员)应当声明：保证年度报告中财务报告的真实、完整。

第十八条　年度报告目录应标明各章、节的标题及其对应的页码。

第二节　公司基本情况简介

第十九条　公司应披露如下内容：

(一)公司的法定中、英文名称及缩写。

(二)公司法定代表人。

(三)公司董事会秘书及其证券事务代表的姓名、联系地址、电话、传真、电子信箱。

(四)公司注册地址，公司办公地址及其邮政编码，公司国际互联网网址、电子信箱。

(五)公司选定的信息披露报纸名称，登载年度报告的中国证监会指定网站的网址，公司年度报告备置地点。

(六)公司股票上市交易所、股票简称和股票代码。

(七)其他有关资料：

公司首次注册或变更注册登记日期、地点；

企业法人营业执照注册号；

税务登记号码；

公司聘请的会计师事务所名称、办公地址。

第三节　会计数据和业务数据摘要

第二十条　公司应披露本年度实现的利润总额、净利润、扣除非经常性损益后的净利润、主营业务利润、其他业务利润、营业利润、投资收益、补贴收入、营业外收支净额、经营活动产生的现金流量净额、现金及现金等价物净增减额。

已发行人民币普通股(指A股)，又发行境内上市外资股或境外上市外资股的公司，应披露按不同会计准则、制度计算的净利润并说明其差异。

公司在披露"扣除非经常性损益后的净利润"时，还应同时说明扣除的项目、涉及金额。

第二十一条　公司应采用数据列表方式(可以附有图形表)，提供截至报告期末公司前三年的主要会计数据和财务指标，包括以下各项：主营业务收入、净利润、总资产、股东权益(不含少数股东权益)、每股收益、每股净资产、调整后的每股净资产、每股经营活动产生的现金流量净额、净资产收益率等。计算公式(不须披露)如下：

每股收益＝净利润/年度末普通股股份总数

每股净资产＝年度末股东权益/年度末普通股股份总数

调整后的每股净资产＝(年度末股东权益－三年以上的应收款项净额－待摊费用－长期待摊费用)/年度末普通股股份总数

每股经营活动产生的现金流量净额＝经营活动产生的现金流量净额/年度末普通股股份总数

净资产收益率＝净利润/年度末股东权益×100%

上述公式中的应收款项包括应收帐款、其他应收款、预付帐款、应收股利、应收利息、应收补贴款。

第二十二条 公司主要会计数据和财务指标的计算和披露应遵循如下要求：

（一）因会计政策及会计差错更正追溯调整以前年度会计数据的，应同时披露调整前后的数据。

（二）应按照《公开发行证券的公司信息披露规范问答第1号—非经常性损益》的要求，确定和计算非经常性损益。

（三）除按照第二十一条所列公式披露净资产收益率指标外，还应同时披露以报告期扣除非经常性损益后净利润为基础计算的加权平均净资产收益率。该指标的计算方法参照《公开发行证券的公司信息披露编报规则第九号》的规定。

（四）报告期末至报告披露日，公司股本发生变化的，还应披露按新股本计算的每股收益。

（五）编制合并财务报表的公司应以合并财务报表数据填列或计算以上数据和指标。

（六）如公司成立未满三年，应披露公司成立后完整会计年度的上述会计数据和财务指标。

（七）公司也可以采用数据列表方式或图形表方式，提供与上述会计数据相同期间的其它业务数据和指标，例如，产品销售量、市场份额（需注明资料来源）等。

（八）数据的排列应该从左到右，左边起是报告期的数据。

第二十三条 公司应按下表列示报告期内股东权益变动情况，并逐项说明变化原因。

第四节 股本变动及股东情况

第二十四条 公司应按以下要求披露股本变动情况：

（一）股份变动情况表（依照附件一的格式进行披露）

（二）股票发行与上市情况

1、介绍到报告期末为止的前三年历次股票发行情况，包括股票及衍生证券的种类、发行日期、发行价格、发行数量、上市日期、获准上市交易数量、交易终止日期等。

2、对报告期内因送股、转增股本、配股、增发新股、吸收合并、可转换公司债券转股、减资、内部职工股或公司职工股上市或其他原因引起公司股份总数及结构的变动，应予以说明。

3、介绍现存的内部职工股的发行日期、发行价格、发行数量等。

第二十五条 公司按以下要求披露股东情况：

（一）报告期末股东总数。

（二）持有本公司5%以上（含5%）股份的股东的名称、年度内股份增减变动的情况、年末持股数量、所持股份类别及所持股份质押或冻结的情况。若持股5%以上（含5%）的股东少于10人，则应列出至少前10名股东的持股情况。如所持股份中包括已上市流通股份和未上市流通股份，应分别披露其数额。

如前10名股东之间存在关联关系或属于《上市公司股东持股变动信息披露管理办法》规定的一致行动人的，应予以说明。

如果有战略投资者或一般法人因配售新股成为前10名股东的，应予以注明，并披露约定持股期间的起止日期。

以上列出的股东情况中应注明代表国家持有股份的单位，外资股东。

（三）对公司控股股东（包括公司第一大股东，或者按照股权比例、公司章程或经营协议或其他法律安排能够控制公司董事会组成、左右公司重大决策的股东），若控股股东为法人的，应介绍名称、单位负责人或法人代表、成立日期、注册资本、主要经营业务或管理活动等；若控股股东为自然人的，应介绍其姓名、国籍、是否取得其他国家或地区居留权、最近五年内的职业及职务。如报告期内控股股东发生变更，应列明披露相关信息的指定报纸及日期。

公司还应比照上述内容，披露该股东的控股股东或实际控制人的情况。

（四）其他持股在10%以上（含10%）的法人股东，应介绍其法人代表、成立日期、主要经营业务或管理活动、注册资本等情况。

第五节 董事、监事、高级管理人员和员工情况

第二十六条 公司应披露董事、监事和高级管理人员的情况，包括：

（一）基本情况

现任董事、监事、高级管理人员的姓名、性别、年龄、任期起止日期、年初和年末持股数量、年度内股份增减变动量及增减变动的原因。如为独立董事，需单独注明。董事、监事如在股东单位任职，应说明职务及任职期间。

（二）年度报酬情况

董事、监事和高级管理人员报酬的决策程序、报酬确定依据。现任董事、监事和高级管理人员的年度报酬总额（包括基本工资、各项奖金、福利、补贴、住房津贴及其他津贴等），金额最高的前三名董事的报酬总额、金额最高的前三名高级管理人员的报酬总额。独立董事的津贴及其他待遇应分别单独披露。

公司应按自己的实际情况划分年度报酬数额区间，披露董事、监事、高级管理人员在每个报酬区间的人数。

公司应列明不在公司领取报酬、津贴的董事、监事的姓名，并注明其是否在股东单位或其他关联单位领取报酬、津贴。

（三）在报告期内离任的董事、监事、高级管理人员姓名及离任原因。

聘任或解聘公司经理、副经理、财务负责人、董事会秘书等高级管理人员的情况。

第二十七条 公司应披露员工情况，包括在职员工的数量、专业构成（如生产人员、销售人员、技术人员、财务人员、行政人员）、教育程度及公司需承担费用的离退休职工人数。

第六节 公司治理结构

第二十八条 公司应对照中国证监会发布的有关上市公司治理的规范性文件，说明公司治理的实际状况与该文件要求是否存在差异，如有差异，应明确说明。

第二十九条 公司应介绍独立董事履行职责情况。

第三十条 公司应说明其与控股股东在业务、人员、资产、机构、财务等方面是否做到分开，并说明公司是否具有独立完整的业务及自主经营能力。如做到分开，应明确说明；如不能完全独立于控股股东，应具体说明这种状况对公司产生的影响，并提出改进措施。

第三十一条 公司应披露报告期内对高级管理人员的考评及激励机制、相关奖励制度（如有）的建立、实施情况。

第七节 股东大会情况简介

第三十二条 公司应介绍报告期内召开的年度股东大会和临时股东大会的有关情况，包括：

（一）股东大会的通知、召集、召开情况。

（二）股东大会通过或否决的决议，决议刊登的信息披露报纸及披露日期。

（三）选举、更换公司董事、监事情况。

第八节 董事会报告

第三十三条 公司董事会报告中应当对财务报告与其他必要的统计数据以及报告期内发生或将要发生的重大事项，进行讨论与分析，以有助于投资者了解其经营成果、财务状况（含现金流量情况）。

讨论与分析不能只重复财务报告的内容，应着重于其已知的、可能导致财务报告难以显示公司未来经营成果与财务状况的重大事项和不确定性因素，包括已对报告期产生重要影响但对未来没有影响的事项，以及未对报告期产生影响但对未来具有重要影响的事项等。

第三十四条 公司董事会报告中应介绍报告期内的经营情况，包括：

（一）主营业务的范围及其经营状况。

1、分别按行业、产品、地区说明报告期内公司主营业务收入、主营业务利润的构成情况。

2、介绍生产经营的主要产品或提供服务及其市场占有率情况。应说明占公司主营业务收入或主营业务利润10%以上的业务经营活动及其所属行业。对占主营业务收入或主营业务利润总额10%以上的主要产品，应分项列示其产品销售收入、产品销售成本、毛利率。

3、如报告期内主营业务或其结构、主营业务盈利能力较前一报告期发生较大变化的应予以说明。报告期内产品或服务发生变化，应介绍已推出或宣布推出的新产品及服务，并说明对公司经营及业绩的影响。

（二）主要控股公司及参股公司的经营情况及业绩。应详细介绍主要控股子公司的业务性质、主要产品或服务、注册资本、资产规模、净利润。如来源于单个参股公司的投资收益对公司净利润影响达到10%以上，还应介绍该公司业务性质、主要产品或服务和净利润等情况。

（三）主要供应商、客户情况：介绍公司向前五名供应商合计的采购金额占年度采购总额的比例，前五名客户销售额合计占公司销售总额的比例。

（四）在经营中出现的问题与困难及解决方案

（五）若公司曾公开披露过本年度盈利预测，且实际利润实现数较盈利预测数低10%以上或较利润预测数高20%以上，应详细说明造成差异的原因；若公司曾公开披露过本年度经营计划（如收入、成本费用计划等），且实际发生额较已披露的计划数低10%以上或高20%以上，应说明变动原因。若公司对该计划进行了调整，应说明履行了何种内部决策程序，有关决议刊登的信息披露报纸及日期。

第三十五条　公司董事会报告中应介绍报告期内的投资情况，分析报告期内公司投资额比上年的增减变动数及增减幅度，被投资的公司名称、主要经营活动、占被投资公司权益的比例等。

（一）在报告期内募集资金或报告期之前募集资金的使用延续到报告期内的，公司应就如下几方面对资金的运用和结果加以说明：

1、列表说明募集资金时承诺投资项目、项目进度与实际投资项目、进度的异同（尚未使用的募集资金，应说明资金用途及去向）。

2、实际投资项目没有变更，公司应介绍项目资金的投入情况、项目的进度及预计收益；若项目已产生收益，应说明收益情况；未达到计划进度和收益的，应当解释原因。

3、实际投资项目如有变更，公司应介绍项目变更原因、变更程序及其披露情况，项目资金的投入情况，项目的进度及预计收益；若项目已产生收益，应说明收益情况；未达到计划进度和收益的，应说明原因。同时还需说明原项目的预计收益情况。

（二）对报告期内非募集资金投资的重大项目、项目进度及收益情况进行说明。

第三十六条　公司董事会报告应分析报告期内的财务状况、经营成果，包括（但不限于）报告期内总资产、股东权益、主营业务利润、净利润、现金及现金等价物净增加额等比上年同期或年初数相比发生的重大变化及其原因。如利润构成发生变动，应分析变动原因。

第三十七条　如果生产经营环境以及宏观政策、法规发生了重大变化，已经、正在或将要对公司的财务状况和经营成果产生重要影响，公司董事会报告中须明确说明。

第三十八条　对会计师事务所出具的有解释性说明、保留意见、拒绝表示意见或否定意见的审计报告的，公司董事会报告应就所涉及事项做出说明。

第三十九条　公司董事会报告中可以披露新年度的经营计划，包括（但不限于）收入、费用成本计划，及新年度的经营目标，如销售额的提升、市场份额的扩大、成本升降、研发计划等，为达到上述经营目标拟采取的策略和行动。

公司可以编制新年度的盈利预测，凡公司在年度报告中披露新一年度盈利预测的，该盈利预测必须经过具有从事证券相关业务资格的注册会计师审核并发表意见。

第四十条　公司应披露董事会日常工作情况，包括：

（一）报告期内董事会的会议情况及决议内容。

（二）董事会对股东大会决议的执行情况（包括董事会对股东大会授权事项的执行情况，报告期内公司利润分配方案、公积金转增股本方案执行情况，报告期内配股、增发新股等方案的实施情况）。

第四十一条　公司应披露本次利润分配预案或资本公积金转增股本预案。

第四十二条　公司还应披露其他需要披露的事项，如选定信息披露报纸的变更等。

第九节　监事会报告

第四十三条　公司应披露报告期内监事会的工作情况，包括召开会议的次数，各次会议的议题等。监事会应对下列事项发表独立意见：

（一）公司依法运作情况。公司决策程序是否合法，是否建立完善的内部控制制度，公司董事、经理执行公司职务时有无违反法律、法规、公司章程或损害公司利益的行为。

（二）检查公司财务的情况。监事会应对会计师事务所出具的审计意见及所涉及事项作出评价，明确说明财务报告是否真实反映公司的财务状况和经营成果。

（三）公司最近一次募集资金实际投入项目是否和承诺投入项目一致，实际投资项目如有变更，变更程序是否合法。

（四）公司收购、出售资产交易价格是否合理，有无发现内幕交易，有无损害部分股东的权益或造成公司资产流失。

（五）关联交易是否公平，有无损害上市公司利益。

（六）如果会计师事务所出具了有解释性说明、保留意见、拒绝表示意见或否定意见的审计报告的，或者公司报告期利润实现数较利润预测数低10%以上或较利润预测数高20%以上的，监事会应就董事会对上述事项的说明明确表示意见。

第十节　重要事项

第四十四条　公司应披露重大诉讼、仲裁事项。包括发生在编制本年度中期报告之后的涉及公司的重大诉讼、仲裁事项，应陈述该事项基本情况、涉及金额。已在本年度中期报告中披露，但尚未结案的重大诉讼、仲裁事项，应陈述其进展情况或审理结果及影响。对已经结案的重大诉讼、仲裁事项，还应说明其执行情况。

如报告期内公司无重大诉讼、仲裁事项，应明确陈述"本年度公司无重大诉讼、仲裁事项"。

第四十五条　公司应披露报告期内收购及出售资产、吸收合并事项的简要情况及进程，说明上述事项对公司业务连续性、管理层稳定性的影响，对财务状况和经营成果的影响，说明所涉及的金额及其占利润总额的比例。

第四十六条　公司应披露报告期内发生的重大关联交易事项。若对于某一关联方，报告期内累计关联交易总额高于3000万元或占上市公司最近一期经审计净资产值5%以上或占本年度净利润的10%以上的，须披露详细情况。如果发生的交易属不同类型，应按以下要求分别披露：

（一）购销商品、提供劳务发生的关联交易，至少应披露以下内容：关联交易方、交易内容、定价原则、交易价格、交易金额、占同类交易金额的比例、结算方式及关联交易事项对公司利润的影响。可以获得同类交易市场价格的，应披露市场参考价格，实际交易价格与市场参考价格差异较大的，应说明原因。大额销货退回需披露详细情况。公司还应对关联交易的必要性和持续性作出说明。

（二）资产、股权转让发生的关联交易，至少应披露以下内容：关联交易方、交易内容、定价原则、资产的帐面价值、评估价值、转让价格、结算方式及获得的转让收益，转让价格与帐面价值或评估价值差异较大的，应说明原因。

（三）公司与关联方（包括未纳入合并范围的子公司）存在债权、债务往来、担保等事项的，应披露形成的原因及其对公司的影响。

（四）其他重大关联交易。

第四十七条　公司应披露重大合同及其履行情况。包括（但不限于）：

（一）托管、承包、租赁其他公司资产或其他公司托管、承包、租赁上市公司资产的事项，且该事项为上市公司带来的利润达到上市公司当年利润总额的10%以上（含10%）时，应详细披露有关合同的主要内容，如有关资产的情况、涉及的金额和期限、收益及其确定依据等。同时还应披露该收益对上市公司的影响。

（二）重大担保。披露报告期内履行的及尚未履行完毕的担保合同，包括担保金额、担保对象、担保类型（一般担保或连带责任担保）、担保的决策程序等。对于未到期担保合同，如有明显迹象表明有可能承担连带清偿责任，应明确说明。

（三）在报告期内或报告期继续发生委托他人进行现金资产管理事项，公司应披露委托事项的具体情况，包括：受托人名称、委托金额、委托期限、约定收益，以及当年度实际收益或损失和实际收回情况等；公司还应说明该项委托是否经过法定程序，未来是否还有委托理财计划；公司若就该项委托计提投资减值准备的，应披露当年度计提金额。若公司有委托贷款事项，也应比照上述委托行为予以披露。

（四）其他重大合同。

第四十八条　公司或持股5%以上股东如在报告期内或持续到报告期内有承诺事项，公司董事会应说明该承诺事项在报告期内的履行情况。

第四十九条　公司应披露聘任、解聘会计师事务所情况，报告年度支付给聘任会计师事务所的报酬情况，及目前的审计机构已为公司提供审计服务的连续年限（年限从审计机构与公司首次签订审计业务约定书日开始计算）。

第五十条　公司、公司董事会及董事如在报告期内有受中国证监会稽查、中国证监会行政处罚、通报批评、证券交易所公开谴责的情形，应当说明接受稽查及处罚的次数、原因及处罚结论。如中国证监会及其派出机构对公司检查后提出整改意见的，应简单说明整改情况，披露整改报告书的信息披露报纸及日期。

第五十一条　公司还应披露其它在报告期内发生的《证券法》第六十二条、《公开发行股票公司信息披露实施细则》（试行）第十七条所列的重大事件，以及公司董事会判断为重大事件的事项。

如前款所涉重要事项已作为临时报告在指定报纸披露，只须说明信息披露报纸及披露日期。

第十一节　财务报告

第五十二条　公司应披露审计意见全文、经审计财务报表及其附注。

第五十三条　会计报表包括公司报告期末及其前一个年度末的比较式资产负债表、该两年度的比较式利润表及利润分配表、该年度的现金流量表。

编制合并会计报表的公司，除提供合并会计报表之外，还应提供母公司已审计的会计报表以及未予合并的特殊行业子公司的已审计的会计报表。被合并企业的会计报表必须经有从事证券相关业务资格的注册会计师审计。

第五十四条　会计报表附注是财务报告中不可缺少的一个组成

部分，它应对比较式报表的两个日期或期间的数据均作出说明。会计报表附注应当按照《企业会计准则》、《企业会计制度》和中国证监会发布的相关规定。

第十二节　备查文件目录

第五十五条　公司应当披露备查文件的目录，包括：

(一)载有法定代表人、主管会计工作负责人(如设置总会计师，须为总会计师)、会计机构负责人(会计主管人员)签名并盖章的会计报表。

(二)载有会计师事务所盖章、注册会计师签名并盖章的审计报告原件。

(三)报告期内在中国证监会指定报纸上公开披露过的所有公司文件的正本及公告的原稿。

(四)在其它证券市场公布的年度报告。

公司应当在办公场所备置上述文件的原件。当中国证监会、证券交易所要求提供时，或股东依据法规或公司章程要求查阅时，公司应及时提供。

第三章　年度报告摘要

第一节　重要提示

第五十六条　公司应在年度报告摘要显要位置刊登如下(不限于)重要提示：

本公司董事会及其董事保证本报告所载资料不存在任何虚假记载、误导性陈述或者重大遗漏，并对其内容的真实性、准确性和完整性负个别及连带责任。本年度报告摘要摘自年度报告全文，投资者欲了解详细内容，应阅读年度报告全文。

如个别董事对年度报告内容的真实性、准确性、完整性无法保证或存在异议的，应当声明：××董事无法保证本报告内容的真实性、准确性和完整性，理由是：……，请投资者特别关注。如有董事未出席董事会，应当单独列示其姓名。

如果执行审计的会计师事务所对公司出具了有解释性说明、保留意见、拒绝表示意见或否定意见的审计报告，重要提示中应增加以下陈述：

××会计师事务所为本公司出具了有解释性说明(或保留意见、拒绝表示意见、否定意见)的审计报告，本公司董事会、监事会对相关事项亦有详细说明，请投资者注意阅读。公司负责人、主管会计工作负责人及会计机构负责人(会计主管人员)应当声明：保证年度报告中财务会计报告的真实、完整。

第二节　公司基本情况简介

第五十七条　公司应按下表披露基本情况：

(一)公司董事会秘书及其证券事务代表的姓名、联系地址、电话、传真、电子信箱。

(二)公司注册地址，公司办公地址及其邮政编码，公司国际互联网网址、电子信箱。

(三)公司股票上市交易所、股票简称和股票代码。

第三节　会计数据和业务数据摘要

第五十八条　公司应披露本年度实现的利润总额、净利润、扣除非经常性损益的净利润、经营活动产生的现金流量净额。

已发行人民币普通股(指A股)，又发行境内上市外资股或境外上市外资股的公司，应披露按不同会计准则、制度计算的净利润并说明其差异。

第五十九条　公司应采用列表方式，提供截至报告期末公司前三年的主要会计数据和财务指标，包括以下各项：主营业务收入、净利润、总资产、股东权益(不含少数股东权益)、每股收益、每股净资产、调整后的每股净资产、每股经营活动产生的现金流量净额、净资产收益率等。计算公式同第二十一条所列公式。

第六十条　公司主要会计数据和财务指标的计算和披露应遵循如下要求：

(一) 因会计政策及会计差错更正追溯调整以前年度会计数据的，应同时披露调整前后的数据。

(二)应按照《公开发行证券的公司信息披露规范问答第1号一非经常性损益》的要求，确定和计算非经常性损益。

(三)除按照第二十一条披露指标外，还应同时披露以报告期扣除非经常性损益后净利润为基础计算的加权平均净资产收益率。该指标计算方法参照《公开发行证券的公司信息披露编报规则第九号》的规定。

(四)报告期末至报告披露日，公司股本发生变化的，还应披露按新股本计算的每股收益。

(五) 编制合并财务报表的公司应以合并财务报表数填列或计算以上数据和指标。

(六) 如公司成立未满三年，应披露公司成立后完整会计年度的上述会计数据和财务指标。

(七) 数据和指标的排列应该从左到右，左边起是报告期的数据。

第四节　股本变动及股东情况

第六十一条　公司应披露股份变动情况表(依照附件一的格式进行披露)

第六十二条　公司应披露股东情况。应按照第二十五条(一)(二)(三)所列内容披露。

第五节　董事、监事和高级管理人员

第六十三条　公司应按照第二十六条(一)(二)所列内容披露。

第六节　董事会报告

第六十四条　公司董事会应在其报告中，按照第三十三条的要求对公司报告期内整体经营情况进行讨论与分析。

第六十五条　公司董事会报告中应介绍报告期内经营情况，包括：(一)主营业务的范围及其经营状况。

应当说明占公司主营业务收入或主营业务利润10%以上的业务经营活动及其所属行业。对占主营业务收入或主营业务利润总额10%以上的主要产品，应分项列示其产品销售收入、产品销售成本、毛利率。

如报告期内主营业务及其结构、主营业务盈利能力较前一报告期发生较大变化的，应予以说明。报告期内产品或服务发生变化，应介绍已推出或宣布推出的新产品及服务，并说明对公司经营及业绩的影响。

(二) 如来源于单个参股公司的投资收益对公司净利润影响达到10%以上，应介绍该公司业务性质、主要产品或服务和净利润等情况。

(三) 主要供应商、客户情况：介绍公司向前五名供应商合计的采购金额占年度采购总额的比例，前五名客户销售额合计占公司销售总额的比例。

(四) 若公司曾公开披露过本年度盈利预测，且实际利润实现数较盈利预测数低10%以上或较利润预测数高20%以上，应详细说明造成差异的原因；若公司曾公开披露过本年度经营计划(如收入、成本费用计划等)，且实际发生额较已披露的计划数低10%以上或高20%以上，应说明变动原因。若公司对该计划进行了调整，应说明履行了何种内部决策程序，有关决议刊登的信息披露报纸及日期。

第六十六条　公司董事会报告中应介绍报告期内投资情况。

应按照第三十五条所列内容披露。

第六十七条　公司董事会报告应分析报告期内的财务状况、经营成果，包括(但不限于)报告期内总资产、长期负债、股东权益、主营业务利润、净利润比上年增减变动的主要原因。如利润构成发生变动，应分析变动原因。

第六十八条　如果生产经营环境以及宏观政策、法规发生了重大变化，已经、正在或将要对公司的财务状况和经营成果产生重要影响，公司董事会报告中须明确说明。

第六十九条　对会计师事务所出具的有解释性说明、保留意见、拒绝表示意见或否定意见的审计报告的，公司董事会报告应就所涉及事项做出说明。

第七十条　公司董事会报告中可以披露新年度的经营计划，包括(但不限于)收入、费用成本计划，及新年度的经营目标，如销售额的提升、市场份额的扩大、成本升降、研发计划等，为达到上述经营目标拟采取的策略和行动。

公司可以编制新年度的盈利预测，凡公司在年度报告中披露新一年度盈利预测的，该盈利预测必须经过具有从事证券相关业务资格的注册会计师审核并发表意见。

第七十一条　公司应披露本次利润分配预案或资本公积金转增股本预案。

第七节　监事会报告

第七十二条　公司应披露报告期内监事会的工作情况，包括召开会议的次数，各次会议的议题等。监事会应对下列事项发表独立意见：

(一)公司依法运作情况。公司决策程序是否合法，是否建立完善的内部控制制度，公司董事、经理执行公司职务时有无违反法律、法规、公司章程或损害公司利益的行为。(如果监事会认为公司决策程序合法，建立完善的内部控制制度，公司董事、经理执行公司职务时无违反法律、法规、公司章程或损害公司利益的行为，本条可免于披露。)

(二)检查公司财务的情况。监事会应对会计师事务所出具的审计意见及所涉及事项作出评价，明确说明财务报告是否真实反映公司的财务状况和经营成果。(如果监事会认为财务报告真实反映公司的财

务状况和经营成果,本条可免于披露。)

(三)公司最近一次募集资金实际投入项目是否和承诺投入项目一致,实际投资项目如有变更,变更程序是否合法。(如果监事会认为公司最近一次募集资金实际投入项目和承诺投入项目一致,以及实际投资项目有变更时,变更程序合法,本条可免于披露。)

(四)公司收购、出售资产交易价格是否合理,有无发现内幕交易,有无损害部分股东的权益或造成公司资产流失。(如果监事会认为公司收购、出售资产交易价格合理,未发现内幕交易,未损害部分股东的权益或造成公司资产流失,本条可免于披露。)

(五)关联交易是否公平,有无损害上市公司利益。(如果监事会认为关联交易公平,未损害上市公司利益,本条可免于披露。)

(六)如果会计师事务所出具了有解释性说明、保留意见、拒绝表示意见或否定意见的审计报告的,或者公司报告期利润实现数较利润预测数低10%以上或较利润预测数高20%以上的,监事会应就董事会对上述事项的说明明确表示意见。

第八节　重要事项

第七十三条　公司应按照第二十九条、第四十四条、第四十五条、第四十六条、第四十七(二)(三)条、第四十八条所列内容披露。

第九节　财务报告

第七十四条　公司至少应披露合并及母公司的资产负债表、利润表和现金流量表。

第七十五条　会计报表附注至少应包括以下内容:

(一)如果与最近一期年度报告相比,会计政策、会计估计和核算方法发生了变化,应予以说明。

(二)如果与最近一期年度报告相比,合并范围发生了变化,应予以说明。

第七十六条　如果上市公司被出具了拒绝表示意见或否定意见的审计报告,则在披露年度报告摘要时须公布完整审计报告、财务报表及附注全文。如果上市公司被出具了有解释性说明或保留意见的审计报告,应当披露完整审计报告、财务报表及解释性说明或保留意见涉及事项的有关附注。

第四章　附　则

第七十七条　本准则由中国证监会负责解释

第七十八条　本准则自发布之日起施行。

公开发行证券的公司信息披露内容与格式准则第3号——半年度报告的内容与格式(2003年修订)

第一章　总　则

第一条　为规范在中华人民共和国境内公开发行股票并在证券交易所上市的股份有限公司(以下简称公司)的信息披露行为,保护投资者的合法权益,依据《中华人民共和国公司法》、《中华人民共和国证券法》等法律法规,制定本准则。

第二条　半年度报告是中期报告的一种类型。公司应当遵循本准则的规定,编制半年度报告。

第三条　本准则的规定是对半年度报告信息披露的最低要求。凡对投资者决策可能产生重大影响的信息,不论本准则是否有明确规定,公司均应当披露。

第四条　本准则的某些规定对公司确实不适用的,经证券交易所批准后,公司可以根据实际情况,在不影响披露内容完整性的前提下做出适当修改。因涉及商业秘密等特殊原因,公司确实不便遵循本准则某些规定的,可以向证券交易所申请豁免,并保证该豁免不会导致对投资者利益的实质性损害。经证券交易所批准后,公司可不予披露相关信息。

第五条　为避免不必要的重复和保持文字简洁,在不影响信息披露的完整性和不致引起阅读不便的前提下,公司可以采用相互引征的方法,对各相关部分的内容进行适当简化。

第六条　公司半年度报告的全文应当按本准则第二章的要求编制,摘要的编制应遵循本准则第三章的要求,并按照附件的格式进行披露。

半年度报告的报告期是指年初至报告期期末。

第七条　同时在境内、境外证券交易所上市的公司,如果境外证券监管部门对半年度报告的要求与本准则不一致,应当遵循报告披露内容从多不从少,披露时限从短不从长,其他要求从严不从宽的原则办理,并应在同一时间公布半年度报告。

第八条　半年度报告中的财务报告可以不经审计,但中国证券监督管理委员会(以下简称中国证监会)和证券交易所另有规定的除外。

第九条　半年度报告中的财务数据可以以人民币元、千元或百万元为单位。

第十条　半年度报告的封面应当载明公司法定名称、"半年度报告"字样和报告期间。半年度报告印刷文本应采用质地良好的纸张印制,幅面应为209毫米×295毫米(相当于标准的A4纸规格)。

第十一条　公司应当在每个会计年度上半年结束之日起两个月内编制半年度报告,并在该期限内将报告全文刊登于中国证监会指定的互联网网站,将半年度报告摘要刊登于至少一种中国证监会指定的报纸上。在指定报纸上刊登。

半年度报告摘要最小字号应为标准六号字,最小行距为0.02。

公司可以将半年度报告刊登于公司自己或其他互联网网站、其他报刊上,但不得早于在中国证监会指定的互联网网站或报刊上披露的时间。

第十二条　公司应当在半年度报告披露后及时将半年度报告原件或有法律效力的复印件及备查文件备置于办公地点和证券交易所,以供投资者查阅。

第十三条　公司应当在半年度报告披露后,上半年度结束之日起两个月内,将半年度报告各两份分别报送中国证监会、公司所在地的证券监管派出机构和证券交易所。

第十四条　公司董事会及董事应当保证半年度报告内容的真实性、准确性与完整性,承诺其中不存在虚假记载、误导性陈述或重大遗漏,并就其保证承担个别和连带责任。

如有董事对半年度报告内容的真实性、准确性、完整性无法做出保证或存在异议,或有董事未出席董事会会议,公司应作特别提示。

第十五条　已发行境内上市外资股及其衍生证券且已在证券交易所上市的公司,应当参照执行本准则。国家另有规定的,从其规定。

已发行境内上市外资股及其衍生证券且已在证券交易所上市的公司,应同时编制半年度报告外文译本。公司应保证两种文本内容的一致性,并在外文文本上注明:"本报告分别以中、英(或日、法等)文两种文字编制,在对两种文本的理解发生歧义时,以中文文本为准。"

第十六条　特殊行业公司除应当遵循本准则的规定外,还应执行中国证监会关于该行业信息披露的特别规定。

第二章　半年度报告全文

第一节　重要提示、释义及目录

第十七条　公司应当在半年度报告全文的显要位置刊登如下重要提示:"公司董事会及董事保证本报告所载资料不存在虚假记载、误导性陈述或者重大遗漏,并对其内容的真实性、准确性和完整性承担个别及连带责任。"如有董事对半年度报告内容的真实性、准确性、完整性无法做出保证或存在异议,公司应披露如下声明:"××董事无法保证本报告内容的真实性、准确性、完整性,理由是:...."。

公司还应单独披露未出席董事会会议董事的姓名。

公司负责人、主管会计工作负责人及会计机构负责人(会计主管人员)应当声明:保证半年度报告中财务报告的真实、完整。

第十八条　财务报告已经会计师事务所审计并被出具标准无保留意见的审计报告的,公司应当明确表述"公司半年度财务报告已经××会计师事务所审计并出具标准无保留意见的审计报告"。

财务报告已经审计并被出具有解释性说明、保留意见、拒绝表示意见或否定意见的审计报告的,公司应说明审计意见涉及事项的披露位置,并作以下提示:"公司半年度财务报告已经××会计师事务所审计并出具有解释性说明(或保留意见、否定意见、拒绝表示意见)的审计报告,本公司管理层对相关事项已作详细说明,请投资者注意阅读"。

第十九条　公司应当对半年度报告中投资者理解有障碍及有特定含义的术语做出解释。

第二十条　半年度报告的目录应当标明各部分的标题及对应页

码。

第二节　公司基本情况

第二十一条　公司应当披露如下事项：

（一）法定中、英文名称及缩写；

（二）股票上市证券交易所，股票简称和股票代码；

（三）注册地址，办公地址及其邮政编码，互联网网址，电子信箱；

（四）法定代表人；

（五）董事会秘书及董事会证券事务代表的姓名、联系地址、电话、传真及电子信箱；

（六）选定的中国证监会指定报纸，指定互联网网址，半年度报告备置地点；

（七）其他有关资料。

第二十二条　公司应当遵循如下规定，披露主要财务数据和指标：

（一）公司应采用列表方式，提供报告期期末和上年末（或报告期和上年相同期间）主要财务数据与指标：

流动资产、流动负债、总资产、股东权益（不包含少数股东权益）、净利润、扣除非经常性损益后的净利润、经营活动产生的现金流量净额、净资产收益率、每股收益、每股净资产和调整后的每股净资产。

公司在披露"扣除非经常性损益后的净利润"时，应说明扣除的项目及相关金额。

同时按国际会计准则编制财务报告的公司，还应披露分别按国内、国际会计准则编制的财务报告在报告期净利润并说明其差异。

（二）第（一）项中的财务数据与指标应按照《公开发行证券的公司信息披露内容与格式准则第2号——年度报告的内容与格式》（以下简称《年度报告准则》）以及中国证监会颁布的其他有关信息披露规范的相关规定填列或计算。

第三节　股本变动和主要股东持股情况

第二十三条　报告期内因送股、转增股本、增发新股、可转换公司债券转股或其他原因引起股份总数及结构变动的，公司应当按照《年度报告准则》的附件《公司股份变动情况表》要求的格式及其他相关要求予以披露。

第二十四条　公司应当披露报告期期末股东总数。

第二十五条　公司应当披露报告期期末持有公司股份达5%以上（含5%）股东的全称、报告期内股份的增减变动及期末余额、所持股份类别以及所持股份被质押、冻结或托管的情况。持股5%以上（含5%）的股东少于10名的，公司应披露至少10名最大股东的持股情况。

公司在遵循前款规定时，还应披露如下信息：前10名股东所持股份中包括已上市流通股份和未上市流通股份的，应分别披露其数量；前10名股东之间存在的关联关系；因作为战略投资者或一般法人参与配售新股成为前10名股东的，应予以说明，并披露约定持股期间的起止时间；前10名股东中代表国家持股的单位以及外资股东。

第二十六条　公司控股股东或实际控制人报告期内发生变化的，应当列明披露相关信息的指定报刊及日期。

第四节　董事、监事、高级管理人员情况

第二十七条　公司应当披露报告期内董事、监事、高级管理人员持有公司股票的变动情况。

第二十八条　公司应当披露报告期内董事、监事、高级管理人员的新聘或解聘情况。

第五节　管理层讨论与分析

第二十九条　公司管理层应当对财务报告与其他必要的统计数据以及报告期内发生或将要发生的重大事项，进行讨论与分析，以有助于投资者了解其经营成果、财务状况（含现金流量情况，下同）。

管理层的讨论与分析不能只重复财务报告的内容，应着重于其已知的、可能导致财务报告难以显示公司未来经营成果与财务状况的重大事项和不确定性因素，包括已对报告期产生重要影响但对未来没有影响的事项，以及未对报告期产生影响但对未来具有重要影响的事项等。

第三十条　公司管理层应当介绍报告期内经营情况，分析公司报告期内经营活动的总体状况，至少包括：

（一）主营业务的范围及经营状况，对占报告期主营业务收入或主营业务利润10%以上（含10%）的行业或产品，应分别列示其主营业务收入、主营业务成本、毛利率。

（二）若报告期内利润构成、主营业务或其结构、主营业务盈利能力发生重大变化的，应予以说明。

（三）对报告期利润产生重大影响的其他经营业务活动。

（四）如来源于单个参股公司的投资收益对公司净利润影响达到10%以上（含10%），应介绍该公司业务性质、主要产品或服务和净利润等情况。

（五）经营中的问题与困难。

第三十一条　公司管理层应当说明报告期投资情况，包括：

（一）在报告期内募集资金或以前期间募集资金的使用延续到报告期的，公司应披露有关投资项目的实际进度及收益情况；未达到计划进度和收益的，应解释原因；尚未使用募集资金的用途；募集资金用途发生变更的，应说明变更原因、是否已履行变更程序、新的用途、实际进度与收益情况；

（二）重大非募集资金投资项目的实际进度和收益情况。

第三十二条　公司管理层应当将报告期实际经营成果与招股上市文件或定期报告披露的盈利预测、有关计划或展望进行比较，说明完成预测或计划的进度情况。

第三十三条　公司对上年年度报告中披露的本年度经营计划做出修改的，应说明调整的内容。

第三十四条　公司管理层如果预测本年至下一报告期期末的净利润可能为亏损或者与上年同期相比发生大幅度变动，应当予以警示。

第三十五条　财务报告经注册会计师审计，并被出具非标准无留意见的审计报告的，公司管理层应当对审计意见涉及的事项予以说明。

上年年度报告中的财务报告被注册会计师出具非标准无保留意见的审计报告的，公司管理层应对审计意见涉及事项的变化及处理情况予以说明。

第六节　重要事项

第三十六条　公司的公司治理实际状况与中国证监会有关文件的要求存在差异的，应当披露差异的内容及报告期内已采取的整改措施及整改情况。

第三十七条　公司应当披露以前期间拟定、在报告期实施的利润分配方案、公积金转增股本方案或发行新股方案的执行情况。中期拟定的利润分配预案、公积金转增股 本预案。

第三十八条　公司应当披露在报告期内发生及以前期间发生但持续到报告期的重大诉讼、仲裁事项，包括进展情况或审理结果，及对经营成果与财务状况的影响（包括由此产生的损益占报告期净利润的比例等，本节下同）。

第三十九条　公司应当披露在报告期内发生及以前期间发生但持续到报告期的重大资产收购、出售及资产重组事项的简要情况，重点说明自资产重组报告书或收购出售资产公告刊登后，该事项的进展情况及对报告期经营成果与财务状况的影响。

第四十条　公司应当遵循如下规定，分类披露在报告期内发生的重大关联交易事项：

（一）购销商品、提供劳务交易应披露：交易总金额及占同类交易总金额的比例；在前一定期报告或临时报告披露过的有关协议在报告期内的履行情况；交易方、交易内容、定价原则、交易价格、交易金额、占同类交易金额的比例、结算方式及关联交易事项对公司利润的影响。可以获得同类交易市场价格的，应披露市场参考价格，实际交易价格与市场参考价格差异较大的，应说明原因；关联方之间存在大额销货退回的，应予说明。

（二）资产收购、出售交易应披露：交易方、交易内容、定价原则、资产的账面价值、评估价值（若有）、市场公允价值（若有）、交易价格、结算方式，交易对公司经营成果与财务状况的影响。交易价格与账面价值、评估价值或公允价值差异较大的，应说明原因。

（三）公司与关联方存在债权、债务或担保事项的，应披露期末余额、发生额、形成原因、清偿情况、对经营成果与财务状况的影响以及有关承诺（若有）。

（四）其他重大关联交易信息。

第四十一条　公司应当披露如下重大合同及其履行情况信息：

（一）在报告期内发生或以前期间发生但延续到报告期的重大托管、承包、租赁其他公司资产或其他公司托管、承包、租赁公司资产事项的信息，包括交易金额、期限以及对经营成果与财务状况的影响。

（二）在报告期内发生或以前期间发生但延续到报告期的重大担保合同信息，包括担保金额与担保期限。对有明显迹象表明可能承担连带清偿责任的担保事项，公司应予明确说明。

（三）在报告期内发生或以前期间发生但延续到报告期的重大委托他人进行现金资产管理的信息，包括受托单位、委托金额、起止时间、约定收益、实际收益、期末余额以及该项行为是否履行了必要的程序。

第四十二条　公司或持有公司股份5%以上（含5%）的股东在报告期内发生或以前期间发生但持续到报告期的对公司经营成果、财务

状况可能产生重要影响的承诺事项的，公司应当披露该承诺在报告期内的履行情况。

第四十三条 财务报告已经审计的，公司应当披露会计师事务所的名称、注册会计师的名字以及审计费用。

更换会计师事务所的，公司应披露解聘原会计师事务所的原因，以及是否履行了必要的程序。

第四十四条 公司应当披露在报告期内其他对公司产生重大影响的重要事项，包括：公司、公司董事会及董事受中国证监会稽查、中国证监会行政处罚、通报批评、被其他行政管理部门处罚及证券交易所公开谴责的情况，说明接受稽查及处罚的次数、原因及处罚结论；公司董事、管理层有关人员被采取司法强制措施的情况。

第四十五条 对上述第三十六条至四十四条规定之外，且已在前一定期报告或临时报告中披露过的在报告期内发生以及在以前期间发生但持续到报告期的其他重要事项信息，公司应当编制索引，注明有关事项的名称，有关报告刊载的报刊名称、日期及版面，刊载的互联网网站名称及检索路径。其中，对多次发生的同类重大事项，公司应注明涉及金额的合计数。

第七节 财务报告

第四十六条 公司应当在半年度报告中披露利润及利润分配表、资产负债表、现金流量表及报表附注。其编制应当按照财政部发布的《企业会计准则一中期报告》的要求进行。

第四十七条 财务报告未经审计的，公司应当注明"未经审计"字样。财务报告经过审计的，若注册会计师出具的审计意见为标准无保留意见，公司应明确说明注册会计师出具标准无保留意见的审计报告；若注册会计师出具的审计意见为非标准无保留意见，公司应披露审计报告全文。

第三章 半年度报告摘要

第一节 重要提示

第四十八条 公司应当在半年度报告摘要的显要位置刊登如下重要提示："公司董事会及董事保证本报告摘要所载资料不存在虚假记载、误导性陈述或者重大遗漏，并对其内容的真实性、准确性和完整性承担个别及连带责任。"

"本半年度报告摘要摘自半年度报告全文，报告全文同时刊载于……。投资者欲了解详细内容，应当仔细阅读半年度报告全文。"

其他重要提示内容应按照第十七、十八条的规定披露。

第二节 公司基本情况

第四十九条 公司应当按照第二十一条第(二)、(五)项的规定披露有关信息。

第五十条 公司应当按照第二十二条的规定，披露主要财务数据和指标。

第三节 股本变动和主要股东持股情况

第五十一条 公司应当按照第二十三、二十四、二十五、二十六条的规定，披露股东变动和主要股东持股信息。

第四节 董事、监事、高级管理人员情况。

第五十二条 公司应当按照第二十七条的规定，披露报告期内董事、监事、高级管理人员的有关持股变动情况。

第五节 管理层讨论与分析

第五十三条 公司应当披露第三十、三十一、三十三、三十四、三十五条的内容。

第六节 重要事项

第五十四条 公司应当按照第三十七、三十八、三十九、四十、四十四条的规定披露重要事项信息。

报告期内发生或以前期间发生但延续到报告期的其他重大事项，若对本报告期或以后期间的公司财务状况、经营成果产生重大影响，应披露该重大事项，并说明其影响和解决方案。

第七节 财务报告

第五十五条 公司应当披露合并及母公司的利润表。

第五十六条 财务报表附注至少应当包括以下内容：

(一)会计政策、会计估计变更与会计差错更正的内容、原因及影响数；

(二)财务报表合并范围的重大变化、原因及影响数；

(三)非标准无保留审计意见(如有)涉及事项的有关附注。

第五十七条 公司应当按照第四十七条的规定，披露财务报告是否经过审计及审计报告的有关信息。

第四章 备查文件

第五十八条 公司的备查文件应当包括：

(一)载有董事长签名的半年度报告文本；

(二)载有单位负责人、主管会计工作的负责人、会计机构负责人签名并盖章(如设置总会计师，还须由总会计师签名并盖章)的财务报告文本；

(三)载有会计师事务所盖章、注册会计师签名并盖章的审计报告文本(如有)；

(四)报告期内在中国证监会指定报刊上公开披露过的所有文件文本；

(五)公司章程文本；

(六)在其它证券市场披露的半年度报告文本；

(七)其他有关资料。

第五章 附 则

第五十九条 本准则由中国证监会负责解释。

第六十条 本准则自颁布之日起施行。中国证监会此前发布的《公开发行股票的公司信息披露的内容与格式准则第3号——中期报告的内容与格式(2002年修订稿)》同时废止。

关于修订《公开发行证券的公司信息披露内容与格式准则第11号——上市公司发行新股招股说明书》

各具有主承销商资格的证券公司、金融资产管理公司，各上市公司：

为进一步提高信息披露质量，降低信息披露成本，现对《公开发行证券的公司信息披露内容与格式准则第11号——上市公司发行新股招股说明书》(以下简称《上市公司发行新股招股说明书准则》)修订如下：

一、第二条"应按照本准则编制招股说明书并公开披露。"修改为"应按照本准则编制招股说明书和招股说明书摘要，并按规定披露。"

"发行人向原股东配售股票(以下简称"配股")应编制配股说明书，发行人向社会公众发售股票(以下简称"增发")应编制增发招股意向书及增发招股说明书。"修改为"发行人向原股东配售股票(以下简称"配股")应编制配股说明书及其摘要，发行人向社会公众发售股票(以下简称"增发")应编制增发招股意向书及其摘要、增发招股说明书。"，并在此前增加"本准则所称招股说明书摘要包括配股说明书摘要和增发招股意向书摘要。"

二、第三条"招股说明书"修改为"招股说明书及其摘要"。"发行人公开披露的招股说明书须经中国证监会核准"删除。

三、第六条"以免重复"前增加"对于曾在招股说明书、上市公告书、定期报告、临时报告中披露过的信息，如事实未发生变化，发行人可采用索引的方法进行披露"。

四、第七条第一款"经核准的招股说明书披露之前"修改为"招股说明书披露之前"；"必要时须重新报经中国证监会核准"修改为"必要时发行新股的申请应重新经过中国证监会核准"。

五、第八条之后增加一条：

招股说明书摘要的编制和披露，还须符合以下要求：

(一)招股说明书摘要的目的仅为向公众提供有关本次发行的简要情况，无须包括招股说明书全文各部分的主要内容；

(二)招股说明书摘要中要尽量少用投资者不熟悉的专业和技术词汇，尽量采用图表或其他较为直观的方式准确披露公司及其产品、财务等情况，做到简明扼要，通俗易懂；

(三)招股说明书摘要必须忠实于招股说明书全文的内容，不得出现与全文相矛盾之处；

(四)招股说明书摘要刊登于中国证监会指定的信息披露报刊，篇幅不得超过一个版面。在指定报刊刊登的招股说明书摘要最小字号为标准小5号字，最小行距为0.35毫米。

六、第九条"应在承销开始前五个工作日将配股说明书刊登在中国证监会指定的至少一种报刊及互联网网站上，"修改为"应在承销开始前五个工作日将配股说明书摘要刊登在至少一种中国证监会指定的报刊，同时将配股说明书全文刊登于中国证监会指定的互联网网站。"

七、第十条第二款"发行人应将增发招股意向书刊登在中国证监会指定的至少一种报刊及互联网网站上，"修改为："发行人应将增发招股意向书刊登在中国证监会指定的互联网网站"。

第十条增加一款内容："发行人应将增发招股意向书摘要刊登在至少一种中国证监会指定的报刊。已编制和在指定报刊刊登增发招股意向书摘要的，不必制作增发招股说明书摘要。"

八、第十一条"在指定报刊刊登的招股说明书最小字号为标准6号字，最小行距为0.02。"删除。

九、第十三条"证券交易所"删除。

十、第十七条"确认招股说明书不存在虚假记载、误导性陈述或重大遗漏的法律风险"修改为"确认招股说明书引用的法律意见真实、准确"。

十一、第二十二条增加两款内容："公司负责人和主管会计工作的负责人、会计机构负责人保证招股说明书及其摘要中财务会计报告真实、完整。"

"投资者若对本招股说明书及其摘要存在任何疑问，应咨询自己的股票经纪人、律师、专业会计师或其他专业顾问。"

十二、《上市公司发行新股招股说明书准则》中增加"招股说明书摘要"一章。招股说明书摘要按照《公开发行证券的公司信息披露内容与格式准则第1号——招股说明书》的相关章节披露，并根据上市公司发行新股的实际情况进行了调整，具体修订内容详见《上市公司发行新股招股说明书准则》(2003年修订)第三章。

上述修订完成后，《上市公司发行新股招股说明书准则》中相关条目编号发生变化，在《上市公司发行新股招股说明书准则》(2003年修订)中已做相应调整。

中国证券监督管理委员会
二○○三年三月二十四日

关于修订《公开发行证券的公司信息披露内容与格式准则第13号——可转换公司债券募集说明书》的通知

各具有主承销商资格的证券公司、金融资产管理公司，各上市公司：

为进一步提高信息披露质量，降低信息披露成本，现对《公开发行证券的公司信息披露内容与格式准则第13号——可转换公司债券募集说明书》(以下简称《募集说明书准则》)修订如下：

一、第二条"应按本准则的要求编制可转换公司债券募集说明书(以下简称"募集说明书")，并按本准则第三章的要求编制募集说明书摘要，作为向中国证监会申请发行可转换公司债券的必备法律文件，经中国证监会核准后按规定披露"修改为"应按本准则的要求编制可转换公司债券募集说明书(以下简称"募集说明书")及其摘要，作为向中国证监会申请发行可转换公司债券的必备法律文件，并按规定披露。"

二、第六条"以避免重复和保持文字简洁"前增加"对于曾在招股说明书、上市公告书、定期报告、临时报告中披露过的信息，如事实未发生变化，发行人可采取索引的方法进行披露"。

三、第八条"募集说明书的有效期为三个月，自中国证监会下发核准通知之日起计算。"修改为"募集说明书的有效期为六个月，自中国证监会下发核准通知前募集说明书最后一次签署之日起计算。"

四、第九条"发行人申请文件修改后"修改为"发行人报送申请文件后"，"经中国证监会核准后"修改为"发行人公开发行可转换公司债券的申请经中国证监会核准后"。

五、第十一条后增加一条的内容：

"募集说明书摘要的编制和披露，还须符合以下要求：

(一)募集说明书摘要的目的仅为向公众提供有关本次发行的简要情况，无须包括募集说明书全文各部分的主要内容；

(二)募集说明书摘要中要尽量少用投资者不熟悉的专业和技术词汇，尽量采用图表或其他较为直观的方式准确披露公司及其产品、财务等情况，做到简明扼要，通俗易懂；

(三)募集说明书摘要必须忠实于募集说明书全文的内容，不得出现与全文相矛盾之处；

(四)募集说明书摘要刊登于中国证监会指定的信息披露报刊，篇幅不得超过一个版面。在指定报刊刊登的募集说明书摘要最小字号为标准小5号字，最小行距为0.35毫米。"

六、第十二条"文字应简洁、通俗、平实和明确"移到第十一条(五)"不得刊载任何有祝贺性、广告性和恭维性的词句"之前，第十二条其他内容删除。

七、第十六条"拟上市的证券交易所"删除。

八、第十九条"确认募集说明书及其摘要不致因法律意见书和律师工作报告的内容出现虚假记载、误导性陈述或重大遗漏引致的法律风险"修改为"确认募集说明书及其摘要引用的法律意见真实、准确"。

九、第二十四条增加两款内容："公司负责人和主管会计工作的负责人、会计机构负责人保证募集说明书及其摘要中财务会计报告真实、完整。"

"投资者若对本募集说明书及其摘要存在任何疑问，应咨询自己的证券经纪人、律师、专业会计师或其他专业顾问。"

十、对第四章内容进行了修改，以简化募集说明书摘要的内容，并就披露要求作了较为具体的规定。募集说明说明书摘要按照《公开发行证券的公司信息披露内容与格式准则第1号——招股说明书》的相关章节披露，并根据上市公司发行可转换债券的实际情况进行了调整，具体修订内容详见《募集说明书准则》(2003年修订)第三章。

上述修订完成后，《募集说明书准则》中相关条目编号发生变化，在《募集说明书准则》(2003年修订)中已做相应调整。

中国证券监督管理委员会
二○○三年三月二十四日

公开发行证券的公司信息披露内容与格式准则第15号——上市公司股东持股变动报告书

第一章 总 则

第一条 为规范上市公司股东持股变动活动中的信息披露行为，保护投资者合法权益，维护证券市场的正常秩序，根据《证券法》、《上市公司股东持股变动信息披露管理办法》(以下简称《披露办法》)及其他相关法律、法规及部门规章的有关规定，制订本准则。

第二条 根据《证券法》、《披露办法》须履行信息披露义务的自然人、法人 或其他组织(以下简称信息披露义务人)，应当按照本准则的要求编制和披露上市公司股东持股变动报告书(以下简称持股变动报告书)。

第三条 信息披露义务人是多人的，可以推选其中一人以共同名义统一制作并报送持股变动报告书，公告股份持有人、股份控制人、一致行动人依照《披露办法》及本准则应当披露的所有信息，但各信息披露义务人及其各自的法定代表人(或者主要负责人)应当在持股变动报告书上签字、盖章。

第四条 本准则的规定是对上市公司股东持股变动信息披露的最低要求。不论本准则中是否有明确规定，凡对投资者做出投资决策有重大影响的信息，信息披露义务人均应当予以披露。

第五条 本准则某些具体要求对信息披露义务人确实不适用的，信息披露义务人可针对实际情况，在不影响披露内容完整性的前提下做适当修改，但应在报送时作书面说明。

第六条 在不影响信息披露的完整性和不致引起阅读不便的前提下，信息披露义务人可以采用相互引证的方法，对各相关部分的内容进行适当的技术处理，以避免重复和保持文字简洁。

第七条 信息披露义务人在编制持股变动报告书时，还应当遵循以下一般要求：

（一）引用的数据应当提供资料来源，事实应有充分、客观、公正的依据。

（二）引用的数字应当采用阿拉伯数字，货币金额除特别说明外，应指人民币金额，并以元、千元或百万元为单位，财务会计报告数据应精确到人民币元。

（三）信息披露义务人可以根据有关规定或其他需求，编制持股变动报告书外文译本，但应当保证中、外文本的一致性，并在外文文本上注明："本持股变动报告书分别以中、英（或日、法等）文编制，在对中外文本的理解上发生歧义时，以中文文本为准"。

（四）持股变动报告书文本应当采用质地良好的纸张印刷，幅面为209×295毫米（相当于标准的A4纸规格）。

（五）在报刊刊登的持股变动报告书最小字号为标准6号字，最小行距为0.02。

（六）不得刊载任何有祝贺性、广告性和恭维性的词句。

第八条 信息披露义务人如在持股变动报告书中援引律师等专业机构出具的专业报告或意见的内容，应当说明相关专业机构已书面同意上述援引。

第九条 信息披露义务人在报送持股变动报告书的同时应当提交有关备查文件。该备查文件应当为原件或有法律效力的复印件。

第十条 信息披露义务人应当按照本准则第二章的规定编制持股变动报告书，在《披露办法》规定的期限内将持股变动报告书刊登于至少一种中国证监会指定的报刊、提示查询该报告的网址，并按照证券交易所的要求刊登于指定网站。

信息披露义务人应当将持股变动报告书和备查文件备置于上市公司住所和证券交易所，以备查阅。

第十一条 信息披露义务人董事会及其董事或者主要负责人，应当保证持股变动报告书内容的真实性、准确性、完整性，承诺其中不存在虚假记载、误导性陈述或重大遗漏，并就其保证承担个别和连带的法律责任。

第二章 上市公司股东持股变动报告书

第一节 封面、扉页、目录、释义

第十二条 持股变动报告书全文文本封面应标有"XX上市公司股东持股变动报告书"字样，并应载明以下内容：

（一）上市公司的名称、股票上市地点、股票 简称、股票代码；

（二）信息披露义务人的姓名或名称、住所、通讯地址、联系电话；

（三）股份变动性质；

（四）持股变动报告书签署日期。

第十三条 信息披露义务人应当在持股变动报告书的扉页刊登如下声明：

（一）编写本报告书所依据的法律、法规；

（二）信息披露义务人签署本报告书已获得必要的授权和批准；

（三）依据《证券法》、《披露办法》的规定，本报告书已全面披露了信息披露义务人及其控制人、关联方、一致行动人所持有、控制的XX上市公司股份。

截止本报告书签署之日，除本报告书披露的持股信息外，上述信息披露义务人没有通过任何其他方式持有、控制XX上市公司的股份。

（四）涉及的股份信息披露义务人应当声明本次持股变动生效的条件。

第十四条 持股变动报告书目录应当标明各章、节的标题及相应的页码，内容编排也应符合通行的中文惯例。

第十五条 信息披露义务人应就投资者理解可能有障碍及有特定含义的术语做出释义。持股变动报告书的释义应在目录次页排印。

第二节 信息披露义务人介绍

第十六条 信息披露义务人是法人或者其他组织的，应当披露如下基本情况：

（一）名称、注册地、注册资本、工商行政管理部门或者其他机构核发的注册号码及代码、企业类型及经济性质、主要经营范围、经营期限、税务登记证号码、股东或者发起人的姓名或者名称（如为有限责任公司或者股份有限公司）、通讯方式；

（二）信息披露义务人（包括一致行动人）应当披露其实际控制人的有关情况，并以方框图或者其他有效形式，全面披露其相关的产权及控制关系，列出股份持有人、股份控制人及各层之间的股权关系结构图，包括自然人、国有资产管理部门或者其他最终控制人；

在判断是否构成前述实际控制时，应当以《上市公司收购管理办法》第六十一条的有关规定作为判断标准；

如果信息披露义务人本次持股变动为减持上市公司股份或者减少对上市公司股份的控制的，可以免于披露本项内容；

（三）信息披露义务人董事的姓名、身份证号码（可以不在媒体公告）、国籍、长期居住地及是否取得其他国家或者地区的居留权、在公司任职或在其他公司兼职情况；

（四）信息披露义务人还应当简要披露其持有、控制其他上市公司百分之五以上的发行在外的股份情况。

第十七条 信息披露义务人是自然人的，应当披露以下基本情况：

（一）姓名、国籍、身份证号码、住所、通讯地址、通讯方式以及是否取得其他国家或者地区的居留权等；其中，信息披露义务人的身份证号码、住所可以不在媒体公告；

（二）信息披露义务人还应当简要披露其持有、控制其他上市公司百分之五以上的发行在外的股份情况。

第十八条 信息披露义务人为多人的，除应当分别按照本准则第十六条和第十七条披露各信息披露义务人的情况外，还应当披露：

（一）各信息披露义务人之间在股权、资产、业务、高级管理人员等方面的关系，并以方框图的形式加以说明；

（二）信息披露义务人为一致行动人的，应当说明一致行动的目的、达成一致行动协议或者意向的时间、一致行动协议或者意向的内容（特别是一致行动人行使股份表决权的程序和方式）、是否已向证券登记结算机构申请临时保管各自持有、控制的该上市公司的全部股票以及保管期限。

第三节 信息披露义务人持股变动情况

第十九条 信息披露义务人应当按照本节的规定计算并披露其持有、控制上市公司股份的详细名称、数量、占上市公司已发行股份的比例、所持股份性质及性质变动情况，股东持股变动达到规定比例的日期及方式。

第二十条 《披露办法》及本准则有关持股变动比例按照本次持股变动事实发生之日的持股比例减去前次持股变动报告书披露的持股比例予以计算。

第二十一条 信息披露义务人应当合并计算以下持股变动数量、比例（重复部分除外）：

（一）各信息披露义务人持有的上市公司股份的详细名称、数量、比例；

（二）各信息披露义务人控制的上市公司股份的详细名称、数量、比例；

（三）各信息披露义务人如持有、控制同一上市公司发行的可转换公司债券的，其持有、控制该上市公司股份比例的计算方法为：

（信息披露义务人持有、控制的股份数量＋可转换公司债券有权转换的股份数量）/（上市公司已发行股份总数＋上市公司发行的可转换公司债券有权转换的股份数量）

第二十二条 前条第（一）项所述各信息披露义务人持有的上市公司股份数量和比例应当包括各信息披露义务人及其关联方持有的股份数量、比例。前条第（二）项所述信息披露义务人控制的上市公司股份数量和比例，应当包括信息披露义务人以本准则第二十五条、第二十六条规定的方式控制上市公司的股份数量、比例。

第二十三条 通过证券交易所的集中竞价交易导致股东持股变动达到规定比例的，信息披露义务人应当披露以下基本情况：

（一）其持有、控制股份达到或者增减变动达到规定比例的日期；

（二）在该日期所持有、控制股份的详细名称、数量、比例。

第二十四条 通过协议转让导致股东持股变动达到规定比例的，信息披露义务人（包括出让人和受让人）应当披露以下基本情况：

（一）转让协议的主要内容，包括协议当事人、转让股份的数量、比例、股份性质及性质变动情况、转让价款、股份转让的支付对价（如现金、资产、债权、股权等）、协议签订时间、生效时间及条件、特别条款等；

（二）本次股份转让是否附加特殊条件、是否存在补充协议、协议双方是否就股权行使存在其他安排、是否就出让人持有、控制的该上市公司的其余股份存在其他安排；

（三）如本次股份转让需经有关部门批准的，应当说明批准部门的名称。

第二十五条 通过资产管理方式导致股东持股变动达到规定比例的双方当事人，应当披露资产管理合同或者类似安排的主要内容，包括资产管理的具体方式、管理权限（包括上市公司股份表决权的行使等）、涉及的股份数量及占上市公司已发行股份的比例、合同的期限及变更、终止的条件、资产处理安排、合同签订的时间及其他特别条款等。

第二十六条 通过股权控制关系及其他方式控制上市公司股份达到规定比例的，信息披露义务人应当披露取得控制的时间、与控制关系相关的协议（如取得对上市公司股东的实际控制权所达成的协议）的主要内容及其生效和终止条件、控制方式及权限、控制关系结构图及各层控制关系下的各主体及其持股比例、以及是否存在其他共同控制人及其身份介绍等。

第二十七条 因国有股权行政划转导致股东持股变动达到规定比例的，信息披露义务人（包括划出方和划入方）应当披露股权划出方及划入方的名称、划转股权的数量、比例及性质、批准划转的日期、批准划转的机构，如需进一步取得有关部门批准的，说明其批准情况。

第二十八条 因执行司法裁决对上市公司股份采取拍卖措施的，申请执行人应当披露作出裁决的法院或者仲裁机构名称、裁决的日期、案由、申请执行人收到判决的时间、判决书或裁定书的主要内容、拍卖机构名称、拍卖事由、拍卖结果。

第二十九条 通过公开征集受让人方式导致股东持股变动达到规定比例的，信息披露义务人除应当按照第二十四条的规定披露相关信息外，还应当披露有关公开征集行为是否事先报有权部门同意、有关本次公开征集行为的信息披露文件所刊载的报刊名称、日期等。

第三十条 因继承取得上市公司股份达到规定比例的，信息披露义务人应当披露其与被继承人之间的关系、继承开始的时间、是否为遗嘱继承、遗嘱执行情况的说明等。

第三十一条 因取得上市公司发行的股份而导致持股变动达到规定比例的，信息披露义务人应当披露有关股东大会决议的情况、发行方案及结果。

第三十二条 信息披露义务人为上市公司管理层（包括董事、监事、高级管理人员）、员工或者上述人员所控制的法人或者其他组织的，信息披露义务人应当披露如下基本情况：

（一）上市公司管理层及员工持有上市公司股份的数量、比例，以及管理层个人持股的数量、比例；如通过上市公司管理层及员工所控制的法人或者其他组织持有上市公司股份的，还应当披露该控制关系、股本结构、内部组织架构、内部管理程序、章程的主要内容、所涉及的人员范围等；

（二）取得上市公司股份的时间及定价依据；

（三）支付方式及资金来源，如就取得股份签有融资协议的，应当披露该协议的主要内容，包括融资的条件、金额、还款计划及资金来源；

（四）除上述融资协议外，如就该股份的取得、处分及表决权的行使与第三方存在特殊安排的，应当披露该安排的具体内容；

（五）如果该股份为通过赠与方式取得的，应当披露赠与的具体内容及是否附加条件；

（六）上市公司实行管理层持股的目的及后续计划，包括是否将于近期提出利润分配方案等；

（七）上市公司董事会、监事会声明其已经履行诚信义务，有关本次管理层及员工持股符合上市公司及其他股东的利益，不存在损害上市公司及其他股东权益的情形。

第三十三条 股份协议转让的出让人和国有股权行政划转的划出方还应当披露以下基本情况：

（一）说明其是否为上市公司前五名大股东；

（二）如为第一大股东或者实际控制人的，还应当说明本次股权转让或划转后是否失去对上市公司的控制；在本次转让控制权前，是否对受让人的主体资格、资信情况、受让意图等已进行合理调查和了解，说明相关调查情况；

（三）出让人或者划出方及其实际控制人是否存在未清偿其对公司的负债，未解除公司为其负债提供的担保，或者损害公司利益的其他情形；如有前述情形，应披露具体的解决方案。

第三十四条 信息披露义务人应当披露其持有、控制的上市公司股份是否存在任何权利限制，包括但不限于股份被质押、冻结等。

第三十五条 按照《披露办法》规定仅需就持股变动予以公告，但无须编制持股变动报告书的，信息披露义务人应当披露以下情况：

（一）信息披露义务人的姓名或者名称；

（二）信息披露义务人持有、控制上市公司股份的详细名称及股份性质、股份数量及占上市公司已发行股份的比例；

（三）本次持股变动数量、比例、日期及方式。

第三十六条 如信息披露义务人已经编制并披露持股变动报告书，信息披露义务人除按照本节要求就股份变动情况予以披露外，还应当简要披露前次持股变动报告书的相关内容，包括编制的日期、前次持股数量、信息披露义务人的名称或者姓名。

第四节 前六个月内买卖挂牌交易股份的情况

第三十七条 信息披露义务人在提交报告之日前六个月内有买卖上市公司挂牌交易股份行为的，应当披露如下情况：

（一）每个月买卖股份的数量（按买入和卖出分别统计）；

（二）交易的价格区间（按买入和卖出分别统计）。

第五节 其他重大事项

第三十八条 信息披露义务人应当披露为避免对报告内容产生误解而必须披露的其他信息，以及中国证监会或者证券交易所依法要求信息披露义务人提供的其他信息。

第三十九条 各信息披露义务人的法定代表人（或者主要负责人）应当在持股变动报告书上签字、盖章、签注日期，并载明以下声明："本人（以及本人所代表的机构）承诺本报告不存在虚假记载、误导性陈述或重大遗漏，并对其真实性、准确性、完整性承担个别和连带的法律责任"。

第四十条 具有从事证券业务资格的财务顾问（如有）及其法定代表人、具体负责人员应当在持股变动报告书上签字、盖章、签注日期，并载明以下声明："本人及本人所代表的机构已履行勤勉尽责义务，对持股变动报告书的内容已进行核查和验证，未发现虚假记载、误导性陈述或者重大遗漏，并对此承担相应的责任"。

第四十一条 具有从事证券业务资格的律师及其律师事务所（如有）应当在持股变动报告书上签字、盖章、签注日期，并载明以下声明："本人及本人所代表的机构已履行勤勉尽责义务，对持股变动报告书的内容已进行核查和验证，未发现虚假记载、误导性陈述或者重大遗漏，确认本次股权变动合法有效，并对此承担相应的责任"。

第六节 备查文件

第四十二条 信息披露义务人应当将备查文件的原件或有法律效力的复印件报送证券交易所及上市公司。备查文件包括：

（一）各信息披露义务人的法人营业执照；信息披露义务人为自然人的，应提供其身份的证明文件；

（二）各具有证券业务资格的专业人员及其机构出具的专业意见（如有）；

（三）本报告书所提及的有关合同、协议以及其他相关的文件；

（四）中国证监会或证券交易所要求报送的其他备查文件。

第三章 附 则

第四十三条 本准则由中国证监会负责解释。

第四十四条 本准则自 2002 年 12 月 1 日起施行。

公开发行证券的公司信息披露内容与格式准则第 16 号
——上市公司收购报告书

第一章 总 则

第一条 为规范上市公司收购活动中的信息披露行为，保护投资者合法权益，维护证券市场的正常秩序，根据《证券法》、《上市公司收购管理办法》（以下简称《收购办法》）及其他相关法律、法规及部门规章的有关规定，制订本准则。

第二条 通过上市公司收购活动取得或者可能取得对该公司的实际控制权、根据《证券法》和《收购办法》应当履行上市公司收购信息披露义务的自然人、法人或其他组织（以下简称收购人），应当按照本准则的要求编制和披露上市公司收购报告书（以下简称收购报告书）。

第三条 收购人是多人的，可以推选其中一人以共同名义统一制作并提交收购报告书，公告各收购人依照《收购办法》及本准则应当披露的所有信息，但各收购人及其各自的法定代表人（或者主要负责人）应当在收购报告书上签字、盖章。

第四条 本准则的规定是对上市公司收购信息披露的最低要求。不论本准则中是否有明确规定，凡对上市公司投资者做出投资决策有重大影响的信息，收购人均应当予以披露。

第五条 本准则某些具体要求对收购人确实不适用的，收购人可针对实际情况，在不影响披露内容完整性的前提下做适当修改，但应在报送时作书面说明。

第六条 由于商业秘密（如核心技术的保密资料、商业合同的具体内容等）等特殊原因，本准则规定的某些信息确实不便披露的，收购人可以向证券交易所申请豁免，经证券交易所批准后，可以不予披露。

第七条 在不影响信息披露的完整性和不致引起阅读不便的前提下，收购人可以采用相互引证的方法，对各相关部分的内容进行适当的技术处理，以避免重复和保持文字简洁。

第八条 收购人在编制收购报告书时，还应当遵循以下一般要求：

（一）引用的数据应当提供资料来源，事实应有充分、客观、公正的依据。

（二）引用的数字应当采用阿拉伯数字，货币金额除特别说明外，应指人民币金额，并以元、千元或百万元为单位，财务会计报告数据应精确到人民币元。

（三）收购人可以根据有关规定或其他需求，编制收购报告书外文译本，但应当保证中、外文本的一致性，并在外文文本上注明："本收购报告书分别以中、英（或日、法等）文编制，在对中外文本的理解上发生歧义时，以中文文本为准"。

（四）收购报告书全文文本应当采用质地良好的纸张印刷，幅面为209×295毫米（相当于标准的A4纸规格）。

（五）在报刊刊登的收购报告书最小字号为标准6号字，最小行距为0.02。

（六）不得刊载任何有祝贺性、广告性和恭维性的词句。

第九条 收购人在收购报告书中援引律师、注册会计师、财务顾问及其他相关的专业机构出具的专业报告或意见的内容，应当说明相关专业机构已书面同意上述援引。

第十条 收购人在报送收购报告书的同时应当提交有关备查文件。该备查文件应当为原件或有法律效力的复印件。

第十一条 收购人应当按照《收购办法》的规定将收购报告书摘要及收购报告书刊登于至少一种中国证监会指定的报刊，并根据证券交易所的要求刊登于指定网站，或者提示刊登该报告的收购人或上市公司的网址。收购人应当将收购报告书和备查文件备置于上市公司住所和证券交易所，以备查阅。

第十二条 收购人董事会及其董事或者主要负责人，应当保证收购报告书内容的真实性、准确性、完整性，承诺其中不存在虚假记载、误导性陈述或重大遗漏，并就其保证承担个别和连带的法律责任。

如个别董事或主要负责人对报告内容的真实性、准确性、完整性无法做出保证或者存在异议的，应当单独陈述理由和发表意见。

第二章　上市公司收购报告书

第一节　封面、书脊、扉页、目录、释义

第十三条 收购报告书全文文本封面应标有"XX上市公司收购报告书"字样，并应载明以下内容：

（一）上市公司的名称、股票上市地点、股票简称、股票代码；

（二）收购人的姓名或名称、住所、通讯地址、联系电话；

（三）收购报告书签署日期。

第十四条 收购报告书全文文本书脊应标明"XX上市公司收购报告书"字样。

第十五条 收购报告书扉页应当刊登收购人如下声明：

（一）编写本报告所依据的法规；

（二）依据《证券法》、《收购办法》的规定，本报告书已全面披露了收购人（包括股份持有人、股份控制人以及一致行动人）所持有、控制的XX上市公司股份；

截止本报告书签署之日，除本报告书披露的持股信息外，上述收购人没有通过任何其他方式持有、控制XX上市公司的股份；

（三）收购人签署本报告已获得必要的授权和批准，其履行亦不违反收购人章程或内部规则中的任何条款，或与之相冲突；

（四）涉及须经批准方可进行的收购行为，收购人应当声明本次收购在获得有关主管部门批准后方可进行；涉及触发要约收购义务的，应当声明尚须取得中国证监会豁免要约收购义务；涉及其他法律义务的，应当声明本次收购生效的条件；

（五）本次收购是根据本报告所载明的资料进行的。除本收购人和所聘请的具有从事证券业务资格的专业机构外，没有委托或者授权任何其他人提供未在本报告中列载的信息和对本报告做出任何解释或者说明。

第十六条 收购报告书目录应当标明各章、节的标题及相应的页码，内容编排也应符合通行的中文惯例。

第十七条 收购人应就投资者理解可能有障碍及有特定含义的术语作出释义。收购报告书的释义应在目录次页排印。

第二节　收购人介绍

第十八条 收购人为法人或者其他组织的，应当披露如下基本情况：

（一）收购人的名称、注册地、注册资本、工商行政管理部门或者其他机构核发的注册号码及代码、企业类型及经济性质、经营范围、经营期限、税务登记证号码、股东或者发起人的姓名或者名称（如为有限责任公司或者股份有限公司）、通讯方式；

（二）收购人（包括股份持有人、股份控制人、一致行动人）应当以方框图或者其他有效形式，全面披露其相关的产权及控制关系，列出股份持有人、股份控制人及各层之间的股权关系结构图，包括自然人、国有资产管理部门或者其他最终控制人；

收购人应当以文字简要介绍收购人的主要股东及其他与收购人有关的关联人的基本情况，以及其他控制关系（包括人员控制）。

（三）收购人在最近五年之内受过行政处罚（与证券市场明显无关的除外）、刑事处罚、或者涉及与经济纠纷有关的重大民事诉讼或者仲裁的，应当披露处罚机关或者受理机构的名称，处罚种类，诉讼或者仲裁结果，以及日期、原因和执行情况；

（四）收购人董事、监事、高级管理人员（或者主要负责人）的姓名、身份证号码（可以不在媒体公告）、国籍，长期居住地，是否取得其他国家或者地区的居留权；

前述人员在最近五年之内受过行政处罚（与证券市场明显无关的除外）、刑事处罚或者涉及与经济纠纷有关的重大民事诉讼或者仲裁的，应当按照本款第（三）项的要求披露处罚的具体情况。

（五）收购人持有、控制其他上市公司百分之五以上的发行在外的股份的简要情况。

第十九条 收购人是自然人的，应当披露以下基本情况：

（一）姓名、国籍、身份证号码、住所、通讯地址、通讯方式以及是否取得其他国家或者地区的居留权等，其中，身份证号码和住所可以不在媒体公告；

（二）最近五年内的职业、职务，应注明每份职业的起止日期以及所任职单位的名称、主营业务及注册地以及是否与所任职单位存在产权关系；

（三）最近五年内受过行政处罚（与证券市场明显无关的除外）、刑事处罚或者涉及与经济纠纷有关的重大民事诉讼或仲裁的，应披露处罚机关或者受理机构的名称，所受处罚的种类，诉讼或者仲裁的结果，以及日期、原因和执行情况。

（四）收购人持有、控制其他上市公司百分之五以上的发行在外的股份的简要情况。

第二十条 收购人为多人的，除应当分别按照本准则第十八条和第十九条的规定披露各收购人的情况外，还应当披露：

（一）各收购人之间在股权、资产、业务、人员等方面的关系，并以方框图的形式加以说明；

（二）收购人为一致行动人的，应当说明一致行动的目的、达成一致行动协议或者意向的时间、一致行动协议或者意向的内容（特别是一致行动人行使股份表决权的程序和方式），是否已向证券登记结算机构申请临时保管各自持有、控制的该上市公司的全部股票以及保管期限。

第三节　收购人持股情况

第二十一条 收购人应当披露其持有、控制上市公司股份的详细名称、数量、占该公司已发行股份的比例，并说明其是否可对被收购公司的其他股份表决权的行使产生影响及影响的方式、程度。

第二十二条 收购人应当合并计算其持有、控制的被收购公司股份数量、比例（重复部分除外）：

（一）各收购人持有的上市公司股份的详细名称、数量、比例；

（二）各收购人控制的上市公司股份的详细名称、数量、比例；

（三）各收购人如持有、控制同一上市公司发行的可转换公司债券的，其持有、控制该上市公司股份比例的计算方法为：

（收购人持有、控制的股份数量＋可转换债券有权转换的股份数量）/（上市公司已发行股份总数＋上市公司发行的可转换债券有权转换的股份数量）

第二十三条 前条第（一）项所述收购人持有的上市公司股份数量和比例应当包括收购人及其关联方持有的股份数量、比例。前条第（二）项所述收购人控制的上市公司股份数量和比例，应当包括收购人以本准则第二十六条、第二十七条规定的方式控制被收购公司的股份数量、比例。

第二十四条 通过证券交易所的集中竞价交易进行上市公司收购的，收购人应当披露以下基本情况：

(一)其持有、控制股份达到规定比例的日期；

(二)所持有、控制股份的详细名称、数量、比例。

第二十五条 通过协议转让方式进行上市公司收购的，收购人应当披露以下基本情况：

(一)转让协议的主要内容，包括协议当事人、转让股份的数量、比例、股份性质及性质变化情况、转让价款、股份转让的对价(现金、资产、债权、股权或其他)、协议签订时间、生效时间及条件、特别条款等；

(二)本次股份转让是否附加特殊条件、是否存在补充协议、协议双方是否就股权行使存在其他安排、是否就出让人持有、控制的该上市公司的其余股份存在其他安排；

(三)如本次股份转让需要有关部门批准的，应当说明批准部门的名称。

第二十六条 通过资产管理方式进行上市公司收购的双方当事人，应当披露资产管理合同或者类似安排的主要内容，包括资产管理的具体方式、管理权限(包括上市公司股份表决权的行使等)、涉及的股份数量及占上市公司已发行股份的比例、合同的期限及变更、终止的条件、资产处理安排、合同签订的时间及其他特别条款等。

第二十七条 通过股权控制关系及其他方式进行上市公司收购的，收购人应当披露取得控制的时间、与控制关系相关的协议(如取得对上市公司股东的实际控制权所达成的协议)的主要内容及其生效和终止条件、控制方式(包括相关股份表决权的行使权限)、控制的程度、是否存在其他共同控制人及其身份介绍等。

第二十八条 通过国有股权行政划转而进行上市公司收购的，收购人应当披露股权划出方及划入方的名称、划转股权的数量、比例及性质、批准划转的日期、批准划转的机构，如需进一步取得有关部门批准的，说明其批准情况。

第二十九条 因执行司法裁决对上市公司股份采取拍卖措施而取得上市公司实际控制权的，应当披露做出裁决的法院或者仲裁机构名称、裁决的日期、案由、申请执行人收到判决的时间、判决书或裁定书的主要内容、拍卖机构名称、拍卖事由、拍卖结果。

第三十条 通过公开征集受让人方式取得上市公司实际控制权的，收购人除应当按照第二十五条的规定披露相关信息外，还应当披露有关公开征集行为是否事先报有权部门同意、有关本次公开征集行为的信息披露文件所刊载的报刊名称、日期等。

第三十一条 属于上市公司管理层(包括董事、监事、高级管理人员)及员工收购的，收购人应当披露如下基本情况：

(一)上市公司管理层及员工持有上市公司股份的数量、比例，以及管理层个人持股的数量、比例；

如通过上市公司管理层及员工所控制的法人或者其他组织持有上市公司股份的，还应当披露该控制关系、股本结构、内部组织架构、内部管理程序、章程的主要内容、所涉及的人员范围、数量、比例等；

(二)取得上市公司股份的定价依据；

(三)支付方式及资金来源，如就取得股份签有融资协议的，应当披露该协议的主要内容，包括融资的条件、金额、还款计划及资金来源；

(四)除上述融资协议外，如果就该股份的取得、处分及表决权的行使与第三方存在特殊安排的，应当披露该安排的具体内容；

(五)如果该股份通过赠与方式取得的，应当披露赠与的具体内容及是否附加条件；

(六)上市公司实行管理层收购的目的及后续计划，包括是否将于近期提出利润分配方案等；

(七)上市公司董事会、监事会声明其已经履行诚信义务，有关本次管理层及员工持股符合上市公司及其他股东的利益，不存在损害上市公司及其他股东权益的情形。

第三十二条 因根据股东大会的决议向收购人发行股份而进行上市公司收购的，收购人应当披露有关股东大会决议的情况、发行方案及结果。

第三十三条 因继承取得上市公司股份而进行上市公司收购的，收购人应当披露其与被继承人之间的关系、继承开始的时间、是否为遗嘱继承、遗嘱执行情况的说明等。

第三十四条 收购人应当披露其持有、控制的上市公司股份是否存在任何权利限制，包括但不限于股份被质押、冻结。

第四节 前六个月内买卖挂牌交易股份的情况

第三十五条 收购人(包括股份持有人、股份控制人以及一致行动人)在提交报告之日前六个月内有买卖上市公司挂牌交易股份行为的，应当披露如下情况：

(一)每个月买卖股份的数量(按买入和卖出分别统计)；

(二)交易的价格区间(按买入和卖出分别统计)。

第三十六条 收购人(包括股份持有人、股份控制人以及一致行动人)及各自的董事、监事、高级管理人员(或者主要负责人)，以及上述人员的直系亲属在提交报告之日前六个月内有买卖上市公司挂牌交易股份行为的，应当按照第三十五条的规定披露其具体的交易情况。

前款所述收购人的关联方未参与收购决定、且未知悉有关收购信息的，收购人及关联方可以向中国证监会提出免于披露相关交易情况的申请。

第五节 与上市公司之间的重大交易

第三十七条 收购人(包括股份持有人、股份控制人以及一致行动人)应当披露各成员以及各自的董事、监事、高级管理人员(或者主要负责人)在报告日前二十四个月内，与下列当事人发生的以下交易：

(一)与上市公司、上市公司的关联方进行资产交易的合计金额高于3000万元或者高于被收购公司最近经审计的合并财务报表净资产5%以上的交易的具体情况(前述交易按累计金额计算)；

(二)与上市公司的董事、监事、高级管理人员进行的合计金额超过人民币5万元以上的交易；

(三)是否存在对拟更换的上市公司董事、监事、高级管理人员进行补偿或者存在其他任何类似安排；

(四)对上市公司有重大影响的其他正在签署或者谈判的合同、默契或者安排。

第六节 资金来源

第三十八条 收购人应当披露其为持有、控制上市公司股份所支付的资金总额、资金来源及支付方式，并就下列事项做出说明：(一)如果其资金或者其他对价直接或者间接来源于借贷，应简要说明以下事项：借贷协议的主要内容，包括借贷方、借贷数额、利息、借贷期限、担保及其他重要条款、偿付本息的计划，如无此计划，也须做出说明；

(二)收购人应当声明其收购资金是否直接或者间接来源于上市公司及其关联方，如通过与上市公司进行资产置换或者其他交易取得资金；如收购资金直接或者间接来源于上市公司及其关联方，应当披露相关的安排；

(三)上述资金或者对价的支付或者交付方式(一次或分次支付的安排或者其他条件)。

第七节 后续计划

第三十九条 收购人(包括股份持有人、股份控制人以及一致行动人)应当披露其收购上市公司的目的和计划，包括：

(一)是否计划继续购买上市公司股份，或者处置已持有的股份；

(二)是否拟改变上市公司主营业务或者对上市公司主营业务作出重大调整；

(三)是否拟对上市公司的重大资产、负债进行处置或者采取其他类似的重大决策；

(四)是否拟改变上市公司现任董事会或者高级管理人员的组成，如果拟更换董事或者经理的，应当披露拟推荐的董事或者经理的简况；

收购人与其他股东之间是否就董事、高级管理人员的任免存在任何合同或者默契；

(五)是否拟对上市公司的组织结构做出重大调整；

(六)是否拟修改上市公司章程及修改的草案(如有)；

(七)是否与其他股东之间就上市公司其他股份、资产、负债或者业务存在任何合同或者安排；

(八)其他对上市公司有重大影响的计划。

第八节 对上市公司的影响分析

第四十条 收购人(包括股份持有人、股份控制人以及一致行动人)应当就本次收购完成后，对上市公司的影响及风险予以充分披露，包括：

(一)本次收购完成后，收购人与上市公司之间是否人员独立、资产完整、财务独立；上市公司是否具有独立经营能力，在采购、生产、销售、知识产权等方面是否保持独立；收购人与上市公司之间是否存在持续关联交易，如对收购人及其关联企业存在严重依赖的，应当说明拟采取减少关联交易的措施；

(二)本次收购完成后，收购人与上市公司之间是否存在同业竞争或者潜在的同业竞争；如有，应当说明为避免或消除同业竞争拟采取的措施。

第九节 收购人的财务资料

第四十一条 收购人为法人或者其他组织的，收购人应当披露其最近三年的财务会计报表，注明是否经审计及审计意见的主要内容；其中最近一个会计年度财务会计报表应经审计，并注明审计意见的主要内容及采用的会计制度及主要会计政策、主要科目的注释等。会计师应当说明公司前两年所采用的会计制度及主要会计政策与最近一年是否一致，如不一致，应做出相应的调整；

如截止收购报告书摘要公告之日，收购人的财务状况较最近一个会计年度的财务会计报告有重大变动的，收购人应提供最近一期财务会计报告并予以说明；

如果该法人或其他组织成立不足一年或者是专为本次收购而设立的，则应当比照前款披露其实际控制人或者控股公司的财务资料；

收购人为上市公司的，可以免于披露最近三年财务会计报告；但应当说明刊登其年报的报刊名称及时间。

第十节　其他重大事项

第四十二条　收购人应当披露为避免对报告内容产生误解而必须披露的其他信息，以及中国证监会或者证券交易所依法要求收购人披露的其他信息。

第四十三条　各收购人的法定代表人（或者主要负责人）应当在收购报告书上签字、盖章、签注日期，并载明以下声明：

"本人（以及本人所代表的机构）承诺本报告及其摘要不存在虚假记载、误导性陈述或重大遗漏，并对其真实性、准确性、完整性承担个别和连带的法律责任"。

第四十四条　具有从事证券业务资格的财务顾问（如有）及其法定代表人、具体负责人员应当在上市公司收购报告书上签字、盖章、签注日期，并载明以下声明："本人及本人所代表的机构已履行勤勉尽责义务，对收购报告书的内容进行了核查和验证，未发现虚假记载、误导性陈述或者重大遗漏，并对此承担相应的责任"。

第四十五条　具有从事证券业务资格的律师及其律师事务所（如有）应当在上市公司收购报告书上签字、盖章、签注日期，并载明以下声明：

"本人及本人所代表的机构已按照执业规则规定的工作程序履行勤勉尽责义务，对收购报告书的内容进行核查和验证，未发现虚假记载、误导性陈述或者重大遗漏，并对此承担相应的责任"。

第十一节　备查文件

第四十六条　收购人应当将备查文件的原件或有法律效力的复印件报送证券交易所及上市公司。备查文件包括：

（一）收购人（包括股份持有人、股份控制人、一致行动人）的工商营业执照和税务登记证；

（二）各具有证券业务资格的专业人员及其机构出具的专业意见（如有）；

（三）收购人的董事、监事、高级管理人员（或者主要负责人）的名单及其身份证明；如收购人为自然人的，应当提供身份证明；

（四）收购人关于收购上市公司的相关决定；

（五）收购人最近三年财务会计报告及最近一个会计年度经审计的财务会计报告；最近一年经审计的财务会计报告应包括审计意见、财务报表和附注；

如截止收购报告书摘要公告之日，收购人的财务状况较最近一个会计年度的财务会计报告有重大变动的，收购人应提供最近一期财务会计报告并予以说明；

若收购人设立不到三年的，应提供自其设立之日至报送本报告当年最近一期的财务会计报告及最近一个会计年度经审计的财务会计报告；

如果该法人或其他组织成立不足一年或者是专为本次收购而设立的，则应当按照前述要求提供该公司的实际控制人或者控股公司的财务资料；

（六）涉及收购资金来源的协议，包括借贷协议、资产置换及其他协议；

（七）收购人与上市公司、上市公司的关联方之间在报告日前二十四个月内发生的相关交易的协议、合同；

收购人与上市公司、上市公司的关联方之间已签署但尚未履行的协议、合同，或者正在谈判的其他合作意向；

（八）与本次收购有关的法律文件，包括股份转让协议、行政划转的决定、司法判决（裁定）、仲裁裁决的有关判决或裁决书、公开拍卖、遗产继承、赠与的有关法律文件；

收购人（包括股份持有人、股份控制人以及一致行动人）就上市公司股份的转让彼此达成或与其他人达成的其他交易合同或做出其他安排的书面文件，如质押、股份表决权行使的委托或其他安排等；

通过协议方式进行上市公司收购的，有关当事人就本次股份转让事宜开始接触的时间、进入实质性洽谈阶段的具体情况说明；

（九）报送材料前六个月内，收购人（包括股份持有人、股份控制人以及一致行动人）及各自的董事、监事、高级管理人员（或者主要负责人）以及上述人员的直系亲属的名单及其持有或买卖该上市公司股份的说明及相关证明；

收购人还应当以软盘的形式报送上述机构和个人在报送材料前六个月内的证券交易记录；

（十）收购人就本次股份协议收购应履行的义务所做出的承诺（如有）；

（十一）中国证监会及证券交易所要求的其他材料。

第四十七条　收购人应列示上述备查文件目录，并告知投资者备置地点。备查文件上网的，应披露网址。

第三章　上市公司收购报告书摘要

第四十八条　收购人应当在收购报告书摘要的显著位置，按照本准则第十三条的规定披露有关本次收购的重要事项。

第四十九条　收购人应当按照本准则第十五条规定在收购报告书摘要中披露有关声明。

第五十条　收购报告书摘要应当至少包括本准则第二章第二节、第三节的内容。

第四章　附　则

第五十一条　本准则由中国证监会负责解释。

第五十二条　本准则自2002年12月1日起施行。

公开发行证券的公司信息披露内容与格式准则第17号
——要约收购报告书

第一章　总　则

第一条　为规范要约收购活动中的信息披露行为，保护投资者合法权益，维护证券市场秩序，根据《证券法》、《上市公司收购管理办法》（以下简称《收购办法》）及其他相关法律、法规及部门规章的规定，制订本准则。

第二条　以收购要约方式增持被收购上市公司股份的收购人（以下简称收购人）应当按照本准则的要求编制要约收购报告书。

收购人应当自公告收购要约文件之日起三十日内就本次要约收购在中国证监会指定报刊上至少做出三次提示性公告。

第三条　收购人属于一致行动人或者实际控制人的，参与一致行动或存在实际控制关系的各成员可以推选其中一名成员以全体成员的名义统一编制并提交要约收购报告书，按照《收购办法》的要求披露相关信息，各成员的法定代表人（或者主要负责人）均应在报告上签字、盖章。

第四条　本准则的规定是对要约收购报告书有关信息披露的最低要求。不论本准则是否有明确规定，凡对上市公司投资者做出投资决策有重大影响的信息，均应当予以披露。

第五条　本准则某些具体要求对收购人确实不适用的，收购人可针对实际情况，在不影响披露内容完整性的前提下做适当修改，但应在报送时作书面说明。收购人认为无本准则要求披露的情况，必须明确注明无此类情形的字样。

第六条　由于商业秘密（如核心技术的保密资料、商业合同的具体内容等）等特殊原因，本准则规定某些信息确实不便披露的，收购人可向中国证监会申请豁免，并在要约收购报告书中予以说明。

第七条　在不影响信息披露的完整性和不致引起阅读不便的前提下，收购人可采用相互引证的方法，以避免重复和保持文字简洁。

第八条　要约收购报告书还应满足以下一般要求：

（一）引用的数据应提供资料来源，事实应有充分、客观、公正的依据；

（二）引用的数字应采用阿拉伯数字，货币金额除特别说明外，应指人民币金额，并以元、千元或万元为单位；

（三）收购人可根据有关规定或其他需求，编制要约收购报告书外文译本，但应保证中、外文本的一致性，并在外文文本上注明："本要约收购报告书分别以中、英（或日、法等）文编制，在对中外文本的理解上发生歧义时，以中文文本为准"；

（四）要约收购报告书全文文本应采用质地良好的纸张印刷，幅面为209×295毫米（相当于标准的A4纸规格）；

（五）不得刊载任何有祝贺性、广告性和恭维性的词句。

第九条 要约收购报告书全文应按本准则有关章节的要求编制。文字应简洁、通俗、平实和明确，格式应符合本准则的要求。在指定报刊刊登的要约收购报告书最小字号为标准6号字，最小行距为0.02。

第十条 收购人应当按照《收购办法》的规定将要约收购报告书摘要及要约收购报告书刊登于至少一种中国证监会指定的报刊，并根据证券交易所的要求刊登于指定网站，或者提示刊登该报告的收购人或上市公司的网址。

收购人应当将要约收购报告书和备查文件备置于上市公司住所和证券交易所，以备查阅。

第十一条 收购人可将要约收购报告书或摘要刊登于其他网站和报刊，但不得早于在中国证监会指定报刊和网站的披露。

第十二条 收购人董事会及全体董事（或者主要负责人）应保证要约收购报告书内容的真实性、准确性、完整性，并承诺其中不存在虚假记载、误导性陈述或重大遗漏，并就其保证承担个别和连带的法律责任。

第十三条 收购人的律师受收购人委托编制要约收购报告书，应对要约收购报告书及相关文件进行核查和验证，并出具法律意见书，并就其负有法律责任的部分承担相应的责任。

第十四条 收购人聘请的律师、注册会计师、财务顾问及其所服务的专业机构应书面同意收购人在要约收购报告书中引用由其出具的专业报告或意见的内容。

第二章 要约收购报告书

第一节 封面、书脊、扉页、目录、释义

第十五条 要约收购报告书全文文本封面至少应标有"XX上市公司要约收购报告书"字样，并应载明收购人的名称和住所及签署要约收购报告书的日期。

第十六条 要约收购报告书全文文本书脊应标明"XX上市公司要约收购报告书"字样。

第十七条 要约收购报告书全文文本扉页应当刊登如下内容：

（一）被收购公司的名称、股票上市地点、股票简称、股票代码、股本结构；

（二）收购人的姓名或者名称、住所、通讯方式；

（三）收购人关于收购的决定；

（四）要约收购的目的；

（五）要约收购的股份的详细名称、要约价格、要约收购数量、占被收购公司已发行股份的比例；

（六）要约收购所需资金总额及存放履约保证金的银行，或者委托保管收购所需证券的机构名称及证券数量；

（七）要约收购的有效期限；

（八）收购人聘请的财务顾问及律师事务所的名称、通讯方式；

（九）要约收购报告书签署日期。

第十八条 要约收购报告书扉页应当刊登收购人如下声明：

（一）编写本报告所依据的法律、法规；

（二）依据《证券法》、《收购办法》的规定，本报告书已全面披露了收购人（包括股份持有人、股份控制人以及一致行动人）所持有、控制的XX上市公司股份；

截止本报告书签署之日，除本报告书披露的持股信息外，上述收购人没有通过任何其他方式持有、控制XX上市公司的股份；

（三）收购人签署本报告已获得必要的授权和批准，其履行亦不违反收购人章程或者内部规则中的任何条款，或与之相冲突；

（四）本次要约收购是否以终止被收购公司的上市公司地位为目的；

（五）本次要约收购是根据本报告所载明的资料进行的。除本收购人和所聘请的财务顾问外，没有委托或者授权任何其他人提供未在本报告中列载的信息和对本报告做出任何解释或者说明。

第十九条 收购人应对可能对投资者理解有障碍及有特定含义的术语做出释义。要约收购报告书的释义应在目录次页排印。

第二节 收购人的基本情况

第二十条 收购人为法人或者其他组织的，应当披露如下基本情况：

（一）收购人名称、注册地、主要办公地点、注册资本、工商行政管理部门或者其他机构核发的注册号码及代码、企业类型及经济性质、经营范围、经营期限、税务登记证号码、股东或者发起人的姓名或者名称（如为有限责任公司或者股份有限公司）、通讯方式；

（二）收购人应当披露其实际控制人的有关情况，并以方框图或者其他有效形式，全面披露其相关的产权及控制关系，列出股份持有人、股份控制人及各层之间的股权关系结构图，包括自然人、国有资产管理部门或者其他最终控制人；

在判断是否构成前述实际控制时，应当以《上市公司收购管理办法》第六十一条的有关规定作为判断标准。

收购人应当以文字简要介绍收购人的主要股东及其他与收购人有关的关联人的基本情况，以及其他控制关系（包括人员控制）；

（三）收购人最近五年内受过行政处罚（与证券市场明显无关的除外）、刑事处罚或者涉及与经济纠纷有关的重大民事诉讼或者仲裁的，应当披露处罚机关或者受理机构的名称，所受处罚的种类，诉讼或者仲裁的结果，以及日期、原因和执行情况；

（四）收购人董事、监事、高级管理人员（或者主要负责人）的姓名、身份证号码（可以不在媒体公告）、国籍，长期居住地，是否取得其他国家或者地区的居留权；

前述人员在最近五年之内受过行政处罚（与证券市场明显无关的除外）、刑事处罚或者涉及与经济纠纷有关的重大民事诉讼或者仲裁的，应当按照本条第（三）项的要求披露处罚的具体情况。

（五）收购人持有、控制其他上市公司百分之五以上的发行在外的股份的简要情况。

第二十一条 收购人是自然人的，应当披露如下基本情况：

（一）姓名、国籍、身份证号码、住所、通讯地址、通讯方式、是否取得其他国家或者地区的居留权，其中，身份证号码和住所可以不在媒体上公告；

（二）过去五年内的职业、职务，应当注明每份职业的起止日期以及所任职的单位名称、主营业务及注册地以及是否与所任职单位存在产权关系；

（三）最近五年之内受过行政处罚（与证券市场明显无关的除外）、刑事处罚或者涉及与经济纠纷有关的重大民事诉讼或者仲裁的，应当披露处罚机关或者受理机构的名称，所受处罚的种类，诉讼或者仲裁的结果，以及日期、原因和执行情况。

（四）收购人持有、控制其他上市公司百分之五以上的发行在外的股份的简要情况。

第二十二条 收购人为多人的，除应当分别按照本准则第二十条和第二十一条披露各收购人的情况外，还应当披露：

（一）各收购人之间在股权、资产、业务、人员等方面的关系；如果各收购人之间存在相互控制关系的，应以方框图形式列示并做出说明；

（二）收购人为一致行动人的，应当说明一致行动的目的、达成一致行动协议或者意向的时间、一致行动协议或者意向的内容（特别是一致行动人行使股份表决权的程序和方式）、是否已向证券登记结算机构申请临时保管各自持有、控制的该上市公司的全部股票及保管期限。

第二十三条 收购人为法人或者其他组织的，应当披露其做出本次收购决定所履行的相关程序及具体时间。

第三节 要约收购方案

第二十四条 收购人应当详细披露要约收购的方案，包括：

（一）被收购公司名称、收购股份的详细名称、预定收购的股份数量及其占被收购公司已发行股份的比例；涉及多人收购的，还应当注明每个成员预定收购股份的数量及其占被收购公司已发行股份的比例；

（二）收购目的；

（三）要约价格及其计算基础：

1、收购人在最近六个月内购买被收购公司挂牌交易股票所支付的最高价；及被收购公司挂牌交易股票在收购要约报告书摘要公告前三十个交易日的每日加权平均价格的算术平均值的百分之九十；

2、收购人在收购要约报告书公告前六个月购买被收购公司非挂牌交易股份所支付的最高价；上市公司最近一个会计年度经审计的每股净资产值；

（四）收购资金总额及支付方式；

（五）要约收购期限；

（六）受要约人预受要约的方式和程序；

（七）受要约人撤回预受要约的方式和程序；

（八）受要约人委托办理要约收购中相关股份预受、撤回、结算、过户登记等事宜的证券公司名称及其通讯方式；

（九）本次要约收购是否以终止被收购公司的上市地位为目的。

不以终止被收购公司的上市地位为目的的，如本次要约收购导致被收购公司向社会公开发行的股份比例低于《公司法》规定比例的，收购人应当就维持被收购公司的上市地位提出具体方案。

第四节 收购人持股情况及前六个月内买卖挂牌交易股份的情况

第二十五条 收购人（包括股份持有人、股份控制人以及一致行动人）应当如实披露各成员在报告日的如下持股情况：

（一）各成员共同持有、控制被收购公司股份的详细名称、数量和占被收购公司已发行股份的比例；

（二）各成员单独持有被收购公司股份的详细名称、数量和占被收购公司已发行股份的比例。

第二十六条 收购人应当如实披露各成员及其董事、监事、高级管理人员（或者主要负责人），以及上述人员的直系亲属，在报告日各自持有被收购公司股份的详细名称、数量及占被收购公司已发行股份的比例。

前款所述关联方未参与要约收购决定、且未知悉有关要约收购信息的，收购人及关联方可以向中国证监会提出免于披露相关交易情况的申请。

第二十七条 收购人根据本准则第二十五条、第二十六条的规定披露持股情况的同时，收购人应当披露其持有、控制的上市公司股份是否存在任何权利限制，包括但不限于股份被质押、冻结。

第二十八条 收购人在提交报告之日前六个月内有买卖被收购公司挂牌交易股票和未挂牌交易股份行为的，应当披露交易的起始期间、每月合计交易的数量、价格区间（按买入和卖出分别统计）。

第二十九条 收购人各成员及其董事、监事、高级管理人员（或者主要负责人），以及上述人员的直系亲属，在提交报告之日前六个月内有买卖被收购公司股份行为的，应按照第二十八条的规定披露具体的交易情况。

前款所述关联方未参与要约收购决定、且未知悉有关要约收购信息的，收购人及关联方可以向中国证监会提出免于披露相关交易情况的申请。

第三十条 收购人应当如实披露其与被收购公司股份有关的全部交易。如就被收购公司股份的转让、质押、表决权行使的委托或者撤消等方面与他人存在其他安排，应当予以披露。

第三十一条 收购人在指定媒体公告要约收购报告书时，可以不公告具体交易记录，但应将该记录报送证券交易所备查，并在公告中予以说明。

第五节 收购资金来源

第三十二条 收购人应当披露要约收购的资金来源，并就下列事项做出说明：

（一）收购资金是否直接或者间接来源于被收购公司或者其关联方；

（二）如果收购资金或者其他对价直接或者间接来源于借贷，应当简要说明以下事项：借贷协议的主要内容，包括借贷方、借贷数额、利息、借贷期限、担保、其他重要条款；偿付本息的计划，如无此计划，也须说明。

（三）采用现金支付方式的，应当声明收购所需资金的20%已存放于证券登记结算机构指定的商业银行的专项帐户，并注明存放金额、该银行的名称。同时，将下列文字载入要约收购报告书：

"收购人已将XX元（相当于收购资金总额的20%）存入XX银行XX帐户作为履约保证金。收购人承诺具备履约能力。要约收购期限届满，收购人将按照XX证券公司根据XX证券登记结算机构临时保管的预受要约的股份数量确认收购结果，并按照要约条件履行收购要约。"

（四）采用证券支付方式的，收购人应当提供相关证券的估值分析，并做出如下声明："收购人已将履行本次要约所需的证券（名称及数量）委托XX证券登记结算机构保存。收购人承诺具备履约能力。要约收购期限届满，收购人将按照XX证券公司根据XX证券登记结算机构临时保管的预受要约的股份数量确认收购结果，并按照要约条件履行收购要约。"

第六节 要约收购完成后的后续计划

第三十三条 收购人应当如实披露要约收购完成后的后续计划，包括：

（一）是否计划继续购买上市公司股份，或者处置已持有的股份；

（二）是否拟改变上市公司主营业务或者对上市公司主营业务作出重大调整；

（三）是否拟对上市公司的重大资产、负债进行处置或者采取其他类似的重大决策；

（四）是否拟改变上市公司现任董事会或者高级管理人员的组成，如果拟更换董事或者经理的，应当披露拟推荐的董事或者经理的简况；

收购人与其他股东、股份控制人之间是否就董事、高级管理人员的任免存在任何合同或者默契；

（五）是否拟对被收购公司现有员工聘用计划作重大变动及其具体内容；

（六）是否拟对上市公司的组织结构做出重大调整；

（七）是否拟修改上市公司章程及修改的草案（如有）；

（八）是否与其他股东、股份控制人之间就上市公司其他股份、资产、负债或者业务存在任何合同或者安排；

（九）其他对上市公司有重大影响的计划。

第三十四条 收购人应当对前条所述后续计划完成后上市公司的发展前景做出说明；收购人可就此编制盈利预测报告，但应当由具有证券从业资格的注册会计师出具审核报告。

第七节 与被收购公司之间的重大交易

第三十五条 收购人应当披露各成员以及各自的董事、监事、高级管理人员（或者主要负责人）在报告日前二十四个月内，与下列当事人发生的以下交易：

（一）与被收购公司、被收购公司的关联方进行的合计金额超过3000万元或者高于被收购公司最近经审计净资产值5%以上的交易的具体情况（前述交易按累计数额计算）；

（二）与被收购公司的董事、监事、高级管理人员进行的合计金额超过人民币5万元以上的交易；

（三）是否存在对拟更换的上市公司董事、监事、高级管理人员进行补偿或者其他任何类似安排；

（四）对被收购公司股东是否接受要约的决定有重大影响的其他已签署或正在谈判的合同、默契或者安排。

第八节 专业机构报告

第三十六条 收购人应当披露以下情况：

（一）参与本次收购的所有专业机构名称；

（二）各专业机构与收购人、被收购公司以及本次要约收购行为之间是否存在关联关系及其具体情况；

（三）收购人所聘请的财务顾问在其财务顾问报告书中就收购人是否具备实际履行收购要约的能力所发表的明确的结论性意见；

（四）律师在法律意见书中就本要约收购报告书内容的真实、准确、完整性所发表的明确的结论性意见。

第九节 财务资料

第三十七条 收购人为法人或者其他组织的，收购人应当披露其最近三年的财务会计报表，注明是否经审计及审计意见的主要内容；其中最近一个会计年度财务会计报告应经审计，并注明审计意见的主要内容、采用的会计制度及主要会计政策、主要科目的注释等。会计师应当说明公司前两年所采用的会计制度及主要会计政策与最近一年是否一致，如不一致，应做出相应的调整；

如截止要约收购报告书摘要公告之日，收购人的财务状况较最近一个会计年度的财务会计报告有重大变动的，收购人可以提供最近一期财务会计报告并予以说明；

如果该法人或其他组织成立不足一年或者是专为本次上市公司收购而设立的，则应当比照前述规定披露其实际控制人或者控股公司的财务资料；

收购人是上市公司的，可以免于披露最近三年财务会计报告；但应当说明刊登其年报的报刊名称及时间。

第十节 其他重大事项

第三十八条 收购人应当详细说明其实际控制人或者其他关联方是否已经采取或者拟采取对本次要约存在重大影响的行动，或者存在对本次要约产生重大影响的事实。

第三十九条 除上述规定应当披露的有关内容外，收购人还应当披露：

（一）为避免对本报告内容产生误解而必须披露的其他信息；

(二)任何其他对被收购公司股东做出是否接受要约的决定有重大影响的信息；

(三)中国证监会或者证券交易所依法要求披露的其他信息。

第四十条 收购人各成员的法定代表人(或者主要负责人)应当在本报告上签字、盖章、签注日期,并载明以下声明：

"本人(以及本人所代表的机构)已经采取审慎合理的措施,对本要约收购报告书及其摘要所涉及内容均已进行详细审查,报告内容真实、准确、完整,并对此承担个别和连带的法律责任"。

第四十一条 财务顾问及其法定代表人应当在本报告上签字、盖章、签注日期,并载明以下声明：

"本人及本人所代表的机构已按照执业规则规定的工作程序履行尽职调查义务,经过审慎调查,本人及本人所代表的机构确认收购人有能力按照收购要约所列条件实际履行收购要约,并对此承担相应的法律责任"。

第四十二条 对要约收购报告书出具法律意见的律师事务所及签字律师应当在本报告上签字、盖章、签注日期,并载明以下声明:"本人及本人所代表的机构已履行勤勉尽责义务,对要约收购报告书的内容进行核查和验证,未发现虚假记载、误导性陈述或者重大遗漏,并对此承担相应的责任"。

第十一节 备查文件

第四十三条 收购人应当将备查文件的原件或有法律效力的复印件报送证券交易所及上市公司。备查文件包括：

(一)具有证券从业资格的专业人员及其机构出具的专业意见；

(二)收购人(包括股份持有人、股份控制人以及一致行动人)的工商营业执照和税务登记证；

(三)收购人(包括股份持有人、股份控制人以及一致行动人)及其董事、监事及高级管理人员、以及上述人员直系亲属的名单及身份证明文件;如收购人为自然人的,应当提供其身份证明文件；

(四)收购人就要约收购做出的相关决定；

(五)收购人最近三年财务会计报告及最近一个会计年度经审计的财务会计报告；

若收购人成立不到三年的,自其成立日之日至报送本报告当年最近一期的财务会计报告及最近一个会计年度经审计的财务会计报告；

除股权投资外,收购人没有其他具体业务的,应提供其母公司或者实际控制人符合上述要求的财务会计资料；

(六)如以现金支付要约对价的,有关资金来源及相关协议,包括借贷协议、资产置换或其他交易协议；

(七)收购人与上市公司、上市公司的关联方之间在报告日前二十四个月内发生的相关交易的协议、合同；

收购人与上市公司、上市公司的关联方之间已签署但尚未履行的协议、合同,或者正在谈判的其他合作意向；

(八)报送要约收购文件前六个月内,收购人(包括股份持有人、股份控制人、一致行动人)及其关联方、各方的高级管理人员(或者主要负责人)、以及上述人员的直系亲属的名单及其持有或买卖被收购公司、收购公司(如收购人为上市公司)股票的说明及相关证明;收购人还应当以软盘的形式报送上述机构、个人在报送材料前六个月内的证券交易记录；

(九)收购人应当按照前款规定提供其所聘请的专业机构及相关人员在报送要约收购文件前六个月内持有或买卖被收购公司、收购人(如收购人为上市公司)股票的情况；

(十)收购人将履约保证金存入并冻结于指定商业银行的存单或者收购人将用以支付的全部证券委托证券登记结算机构保管的证明文件；

(十一)任何与本次要约收购有关的合同、协议和其他安排的文件；

(十二)中国证监会或者证券交易所依法要求的其他备查文件。

第四十四条 收购人应当列示上述备查文件目录,并告知投资者备置地点。备查文件上网的,应披露网址。

第三章 要约收购报告书摘要

第四十五条 收购人应当在要约收购报告书摘要的显著位置做出如下声明：

"本要约收购报告书摘要的目的仅为向公众提供本次要约收购的简要情况,本次要约收购文件尚须报中国证监会审核,本收购要约并未生效,具有相当的不确定性。

如中国证监会对要约收购文件未提出异议,要约收购报告书全文将于×年×月×日刊登于×××。投资者在做出是否预受要约的决定之前,应当仔细阅读要约收购报告书全文,并以此作为投资决定的依据。"

第四十六条 收购人在要约收购报告书摘要中,应当按照本准则第十七条的规定披露有关本次要约的重要事项,以及本准则第二章第二节的内容、收购人持股情况、专业机构出具的结论性意见。

第四章 附 则

第四十七条 本准则由中国证监会负责解释。

第四十八条 本准则自 2002 年 12 月 1 日起施行。

公开发行证券的公司信息披露内容与格式准则第 18 号
——被收购公司董事会报告书

第一章 总 则

第一条 为规范上市公司收购活动中的信息披露行为,促使上市公司董事会切实履行诚信义务,保护投资者合法权益,根据《证券法》、《上市公司收购管理办法》(以下简称《收购办法》)及其他相关法律、法规及部门规章的规定,制订本准则。

第二条 被收购公司董事会(以下简称董事会)应当按照本准则的要求编制被收购公司董事会报告书(以下简称董事会报告书)。

第三条 本准则的规定是对董事会报告书信息披露的最低要求。不论本准则是否有明确规定,凡对投资者做出投资决策有重大影响的信息,均应披露。

第四条 本准则某些具体要求确实不适用的,董事会可针对实际情况,在不影响披露内容完整性的前提下做出适当修改,但应在报送时作书面说明。董事会认为无本准则要求披露的情况的,必须明确注明无此类情形的字样。

第五条 在不影响信息披露的完整性和不致引起阅读不便的前提下,董事会可采用相互引证的方法,以避免重复和保持文字简洁。

第六条 董事会在董事会报告书中披露的所有信息应当真实、准确、完整,尤其要确保所披露的财务会计资料有充分的依据。

第七条 董事会报告书还应满足如下一般要求：

(一)引用的数据应提供资料来源,事实应有充分、客观、公正的依据；

(二)引用的数字应采用阿拉伯数字,货币金额除特别说明外,应指人民币金额,并以元、千元或万元为单位；

(三)董事会可根据有关规定或其他需求,编制董事会报告书外文译本,但应保证中、外文本的一致性,并在外文文本上注明:"本董事会报告书分别以中、英(或日、法等)文编制,在对中外文本的理解上发生歧义时,以中文文本为准"；

(四)董事会报告书全文文本应采用质地良好的纸张印刷,幅面为 209×295 毫米(相当于标准的 A4 纸规格)；

(五)不得刊载任何有祝贺性、广告性和恭维性的词句。

第八条 董事会报告书全文应按本准则有关章节的要求编制。文字应简洁、通俗、平实和明确,格式应符合本准则的要求。在指定报刊刊登的董事会报告书最小字号为标准 6 号字,最小行距为 0.02。

第九条 董事会应在《收购办法》规定的期限内将董事会报告书刊登于至少一种中国证监会指定的报刊,将董事会报告书全文刊登于证券交易所指定的网站,并将董事会报告书全文文本及备查文件备置于董事会住所、证券交易所,以备查阅。

第十条 董事会可将董事会报告书刊登于其他网站和报刊,但不得早于在中国证监会指定报刊和网站的披露。

第十一条 董事会及全体董事(或者主要负责人)应保证董事会报告书内容的真实性、准确性、完整性,并承诺其中不存在虚假记载、误导性陈述或重大遗漏,并就其保证承担个别和连带的法律责任。

第十二条 董事会在董事会报告书中援引律师、注册会计师、财务顾问及其他相关的中介机构出具的专业报告或意见的内容,应当说明相关中介机构已书面同意上述援引。

第二章 被收购公司董事会报告书

第一节 封面、扉页、目录、释义

第十三条 董事会报告书封面至少应标有"XX 公司董事会关于 XXX(收购人名称)收购事宜致全体股东的报告书"字样,并应载明公司的名称和住所及签署日期。

第十四条 董事会报告书扉页应当刊登如下内容:

(一)上市公司(指被收购公司)的名称、地址、联系人、通讯方式;

(二)收购人的姓名或名称、通讯方式;

(三)独立财务顾问的名称、地址、联系人、通讯方式;

(四)董事会报告书签署日期。

第十五条 董事会报告书扉页应当刊登董事会如下声明:

(一)本公司全体董事确信本报告不存在任何虚假记载、误导性陈述或重大遗漏,并对其内容的真实性、准确性、完整性负个别的和连带的责任;

(二)本公司全体董事已履行诚信义务,向股东所提出的建议是基于公司和全体股东的整体利益、客观审慎做出的;

(三)本公司全体董事没有任何与本次收购相关的利益冲突,如有利益冲突,相关的董事已经予以回避。

第十六条 董事会报告书目录应当标明各章、节的标题及相应的页码,内容编排也应符合通行的中文惯例。

第十七条 报告人应对可能对投资者理解有障碍及有特定含义的术语做出释义。董事会报告书的释义应在目录次页排印。

第二节 被收购公司的基本情况

第十八条 董事会应当披露被收购公司的如下基本情况:

(一)被收购公司的名称、股票上市地点、股票简称、股票代码;

(二)被收购公司注册地、主要办公地点、联系人、通讯方式;

(三)被收购公司的主营业务及最近三年的发展情况,并以列表形式介绍其最近三年主要会计数据和财务指标,包括:总资产、净资产、主营业务收入、净利润、净资产收益率、资产负债率等,注明最近三年年报刊登的报刊名称及时间;

(四)被收购公司在本次收购发生前,其资产、业务、人员等与最近一期披露的情况相比是否发生重大变化。

第十九条 董事会应当披露与被收购公司股本相关的如下情况:

(一)被收购公司已发行股本总额、股本结构;

(二)收购人持有、控制被收购公司股份的详细名称、数量、比例;

(三)收购人公告收购报告书之日的被收购公司前十名股东名单及其持股数量、比例;

(四)被收购公司持有、控制收购人的股份数量、比例(如有)。

第二十条 被收购公司如在本次收购发生前未就前次募集资金使用情况做出说明的,应当披露前次募集资金的使用情况及会计师所出具的专项核查报告。

第三节 利益冲突

第二十一条 董事会应当说明被收购公司及其董事、监事、高级管理人员是否与收购人存在关联方关系。

第二十二条 董事会报告书中应当说明公司董事、监事、高级管理人员在收购报告书或者要约收购报告书公告之日是否持有收购人股份,持有股份的数量及过去六个月的交易情况;上述人员及其家属是否在收购人及其关联企业任职等。

第二十三条 董事会应当说明公司董事、监事、高级管理人员是否存在与收购相关的利益冲突,该利益冲突的重要细节,包括是否订有任何合同以及收购成功与否将对该合同产生重大影响。

董事会应当披露收购人是否存在对拟更换的上市公司董事、监事、高级管理人员进行补偿或者其他任何类似安排。

第二十四条 董事会应当说明公司董事、监事、高级管理人员及其直系亲属在收购报告书或者要约收购报告书公告之日是否持有被收购公司股份,如持有被收购公司股份的,应当披露其最近六个月的交易情况。

第二十五条 如果本准则要求披露的交易情况过于复杂,董事会在指定媒体公告本报告时,无须公告具体交易记录,但应将该记录报送证券交易所备查,并在公告时予以说明。

第二十六条 董事会应当对下列情形予以详细披露:

(一)被收购公司的董事将因该项收购而获得利益,以补偿其失去职位或者其他有关损失的;

(二)被收购公司的董事与其他任何人之间的合同或者安排,取决于收购结果的;

(三)被收购公司的董事在收购人订立的重大合同中拥有重大个人利益的;

(四)被收购公司董事及其关联方与收购人(包括股份持有人、股份控制人以及一致行动人)及其董事、监事、高级管理人员(或者主要负责人)之间有重要的合同、安排以及利益冲突的。

第四节 董事建议或声明

第二十七条 在要约收购中,被收购公司董事会应当按照下列要求就收购人的要约提出建议或者发表声明:

(一)就本次收购要约向股东提出接受要约或者不接受要约的建议;

董事会确实无法依前款要求发表意见的,应当充分说明理由;

(二)披露董事会表决情况、持不同意见的董事姓名及其理由;

(三)独立董事应当就本次收购单独发表意见;

(四)董事会做出上述建议或者声明的理由。

第二十八条 在协议收购中,被收购公司董事会应当就收购可能对公司产生的影响发表意见,并应当说明:

(一)是否已对收购人的资信情况、收购意图、后续计划等进行必要的调查及有关调查的情况;

(二)原控股股东和其他实际控制人是否存在未清偿对公司的负债、未解除公司为其负债提供的担保或者存在其他损害公司利益的情形;

(三)如存在前项所述情形的,原控股股东和其他实际控制人是否已经提出切实可行的解决方案;董事会对该方案的意见及是否已经聘请审计机构就有关事项进行专项核查并出具核查报告;独立董事应当对此单独发表意见。

第二十九条 管理层、员工进行上市公司收购的,被收购公司的独立董事应当就收购的资金来源、收购条件是否公平合理、是否存在损害上市公司和其他股东利益的行为、对上市公司可能产生的影响等事项发表意见。

第五节 独立财务顾问意见

第三十条 在要约收购及管理层、员工进行上市公司收购时,董事会应当披露独立财务顾问对本次收购出具的独立财务顾问报告的主要内容:

(一)独立财务顾问与本次收购无关联关系的说明;

(二)独立财务顾问对被收购公司的价值评估、收购条件是否公平合理的分析以及本次收购对被收购公司可能产生的影响;如收购人以证券作为收购对价,还应当包括独立财务顾问对收购人提供的对价所进行的评估;

(三)独立财务顾问在最近 6 个月内是否自己或通过他人持有或买卖被收购公司及收购人的股份等。

第六节 重大合同和交易事项

第三十一条 董事会应当披露被收购公司及其关联方在公司收购发生前 24 个月内发生的、对公司收购产生重大影响的以下事件:

(一)被收购公司订立的重大合同;

(二)被收购公司进行资产重组或者其他重大资产处置、投资等行为;

(三)第三方拟对被收购公司的股份以要约或者其他方式进行收购,或者被收购公司对其他公司的股份进行收购;

(四)正在进行的其他与上市公司收购有关的谈判。

第七节 其他

第三十二条 除上述规定要求披露的有关内容外,董事会还应披露以下信息:

(一)为避免对董事会报告书内容产生误解必须披露的其他信息;

(二)任何对被收购公司股东是否接受要约的决定有重大影响的信息;

(三)中国证监会或者证券交易所要求披露的其他信息。

第三十三条 董事会全体成员应当在本报告签字、盖章、签注日期,并声明:"董事会已履行诚信义务,采取审慎合理的措施,对本报告书所涉及的内容均已进行详细审查;

董事会向股东提出的建议是基于公司和全体股东的利益做出的,该建议是客观审慎的(本项声明仅限于要约收购);

董事会承诺本报告书不存在虚假记载、误导性陈述或重大遗漏,并对其真实性、准确性、完整性承担个别和连带的法律责任"。

第三十四条 独立董事除应当签字、盖章外,还应当声明是否与要约收购(或管理层收购)存在利益冲突,是否已履行诚信义务、基于公司和全体股东的利益向股东提出建议,该建议是否客观审慎。

第三十五条 为被收购公司出具独立财务顾问报告的专业机构及其法定代表人应当在独立财务顾问报告上签字、盖章,并声明:"本人及本人所代表的机构已履行勤勉尽责义务，对收购人提出的要约条件（或管理层提出的收购条件）进行充分分析，并按照执业规则规定的工作程序出具报告。

本人及本人所代表的机构承诺本报告的内容真实、准确、完整，并对此承担相应的法律责任"。

第八节　备查文件

第三十六条　董事会应当按照规定将备查文件的原件或有法律效力的复印件报送中国证监会，并备置于其住所或办公场所以及证券交易所等方便公众查阅的地点。备查文件包括：

（一）载有法定代表人签字并盖章的独立财务顾问报告；

（二）被收购公司的公司章程；

（三）报告中所涉及的所有合同及其它书面文件；

（四）中国证监会或者证券交易所依法要求的其他备查文件。

第三十七条　董事会应列示上述备查文件目录，并告知投资者查阅地点、联系人。董事会将上述备查文件在互联网上发布的，应披露网址。

第三章　附　则

第三十八条　本准则由中国证监会负责解释。

第三十九条　本准则自2002年12月1日起施行。

公开发行证券的公司信息披露内容与格式准则第19号——豁免要约收购申请文件

第一条　为规范上市公司收购活动中报送豁免要约收购申请文件的行为，根据《证券法》、《上市公司收购管理办法》（以下简称《收购办法》）及其他相关法律、法规及部门规章的有关规定，制订本准则。

第二条　根据《收购办法》的规定应当以要约收购方式增持上市公司股份、但符合《收购办法》有关豁免要约收购规定情形的收购人（以下简称申请人），向中国证券监督管理委员会（以下简称中国证监会）申请豁免要约收购时，应当按照本准则的要求制作豁免要约收购的申请文件（以下统称申请文件）。

第三条　申请文件是申请人请求豁免要约收购向中国证监会报送的必备文件。申请人未按照本准则的要求制作、报送申请文件的，中国证监会可不予受理或者要求其重新制作、报送。

对于符合本准则要求的申请文件，中国证监会做出予以受理的决定；中国证监会审核期限自正式受理之日起计算，中国证监会在审核期限内要求申请人对报送材料予以补充或者修改的，审核期限自收到公司的补充或修改材料后重新计算。

第四条　申请人为多人的，可以推选其中一人以共同名义统一制作并报送申请文件，但各申请人及其各自的法定代表人（或者主要负责人）应当在收购报告书上签字、盖章。

第五条　准则规定的申请文件目录是申请人豁免要约收购申请文件的最低要求，申请人可视实际情况增加。目录中的文件对申请人确实不适用的，可不必提供，但是应当向中国证监会做出书面说明。中国证监会可视审核实际需要要求申请人提供有关的补充文件。

第六条　请人按照《收购办法》的规定履行相关报告、公告义务后，方可提出豁免要约收购的申请。

第七条　中国证监会报送的豁免要约收购的申请报告，应当至少包括以下内容：

（一）申请人的名称、注册地；

（二）申请人的主营业务；

（三）以方框图或者其它有效形式，全面披露与申请人相关的产权及控制关系，包括自然人、国有资产管理部门或者其他最终控制人；并以文字简要介绍其主要股东及其他有关的关联人的基本情况，以及其他控制关系（包括人员控制）；

（四）上市公司收购方案；

（五）上市公司收购方案是否已经取得必要的授权及批准（如需要）

（六）申请豁免的事项及理由；

（七）本次收购前后的上市公司股权结构；

（八）申请人与上市公司之间是否存在同业竞争及持续关联交易的问题及其解决方案；

（九）申请人增持股份后是否有后续计划；

（十）中国证监会要求载明的其他内容。

第八条　申请人应当就收购中承诺的包括履行发起人义务在内的具体事项出具承诺书，并提供履行保证。

第九条　申请人通过协议转让方式收购上市公司的，如存在被收购公司原控股股东和其他实际控制人未清偿对被收购公司的负债、未解除被收购公司为其负债提供的担保或者其他损害公司利益情形的，应当提供原控股股东和其他实际控制人就上述问题提出的解决方案。

被收购公司董事会、独立董事应当对解决方案是否切实可行发表的意见。

第十条　为挽救出现严重财务困难的上市公司而进行收购的申请人，应当在报送申请文件的同时提出切实可行的重组方案，并提供上市公司董事会的意见及独立财务顾问对该方案出具的专业意见。

第十一条　申请人应当就上市公司收购方案公布前六个月申请人及其关联方、申请人及其关联方的董事、监事及高级管理人员是否有买卖被收购公司的股票、是否泄漏有关信息或者建议他人买卖被收购公司股票、从事市场操纵等禁止交易的行为提交自查报告。

第十二条　申请人应当提供有关本次股权变动的证明文件，表明本次受让的股份是否存在质押、担保等限制转让的情形。

第十三条　申请人应当聘请具有证券从业资格的律师，就本次申请豁免要约收购出具法律意见书，该法律意见书至少应当就下列事项发表明确的法律意见，并就本次申请发表整体结论性意见：

（一）申请人是否具有合法的主体资格；

（二）本次申请是否属于《收购办法》规定的豁免情形；

（三）本次收购是否已经履行法定程序；

（四）本次收购是否存在或者可能存在法律障碍；

（五）申请人是否已经按照《收购办法》履行信息披露义务；

（六）申请人在本次收购过程中是否存在证券违法行为等。

第十四条　根据《收购办法》的规定申请豁免要约收购，涉及须聘请财务顾问的，申请人应当提供财务顾问报告。

第十五条　涉及国家授权机构持有的股份或者必须取得相关主管部门批准的，应当按照国务院和有关部门的相关规定，提交相关批准文件。

第十六条　申请文件应当为原件，如不能提供原件的，应当由申请人的律师提供鉴证意见，或由出文单位盖章，以保证与原件一致。如原出文单位不再存续，可由承继其职权的单位或做出撤销决定的单位出文证明文件的真实性。

第十七条　申请人及负责出具专业意见的律师及其他专业机构应审慎对待所申报的材料及所出具的意见。

申请人全体董事（或者主要负责人）及有关中介机构应按要求在所提供的有关文件上发表声明，确保申请文件的真实性、准确性和完整性。上述文件均应由单位负责人签字，并加盖单位公章。

第十八条　申请文件的纸张应采用幅面为209×295毫米规格的纸张（相当于标准A4纸张规格）。

第十九条　申请文件的扉页应附有申请人的法定代表人、联系人、律师及其他专业机构的联系人姓名、电话、传真及其他方便的联系方式。

第二十条　申请文件章与章之间、章与节之间应有明显的分隔标识。

第二十一条　申请文件中的页码应与目录中的页码相符。例如，第四章4－1的页码标注为4－1－1，4－1－2，4－1－3，……4－1－n。

第二十二条　申请文件首次报送书面文件二份，其中一份按规定提供原件，其余一份可为原件的复印件。

第二十三条　本准则由中国证监会负责解释。

第二十四条　本准则自2002年12月1日起施行。

第四章　其他文件

4－1 股份转让协议（如为协议收购）

4－2 上市公司收购报告书

4－3 有关的股权权属证明文件

4－4 原控股股东和其他实际控制人债务清偿方案（如有）

4－5 重组方案（如为挽救严重财务困难的公司而进行的收购）

4－6 司法判决书或仲裁裁决书（如有）

4—7 在合理期限内将持有一个上市公司已发行股份超过百分之三十部分的股份向非关联方转让的解决方案(如申请人为银行或者证券公司)

4—8 申请人营业执照复印件

4—9 证券登记结算公司就申请人二级市场交易情况出具的证明文件

4—10 中国证监会要求报送的其他文件

公开发行证券的公司信息披露内容与格式准则第20号——《证券公司发行债券申请文件》

第一条 为规范证券公司报送债券发行申请文件的行为,根据《公司法》、《证券法》等有关法律、法规及《证券公司债券管理暂行办法》的规定,制定本准则。

第二条 申请发行债券的证券公司(以下简称"发行人"),应当按照本准则的要求制作申请文件。

第三条 申请文件是发行人为发行债券向中国证券监督管理委员会(以下简称"中国证监会")报送的必备文件。

第四条 发行人报送的申请文件应包括公开披露的文件和一切相关的资料。整套申请文件应包括两个部分,即要求在指定报刊或网站披露的文件和不要求在指定报刊或网站披露的文件(见附件一)。公开发行申请经中国证监会批准并且第一部分文件披露后,整套申请文件可供投资者查阅。

第五条 本准则规定的目录是发行申请文件的最低要求,发行人可视实际情况增加。有的目录对发行人确实不适用的,可不必提供,但应向中国证监会作出书面说明。中国证监会可视实际需要要求发行人提供有关补充材料。

第六条 发行申报是发行审批的法定程序,一经申报,未经中国证监会同意,不得随意增加、撤回或更换。

第七条 发行人、主承销商及负责出具专业意见的律师事务所、会计师事务所、资信评级机构等应审慎对待所申报的材料和所出具的意见。发行人全体董事及有关中介机构应按要求在所提供的有关文件上发表声明或签字,对申请文件的真实性、准确性和完整性做出承诺。

第八条 主承销商应按有关规定履行对申请文件的核查及对申请文件进行质量控制的义务,并出具核查意见。

第九条 发行人、主承销商及其他有关中介机构应结合中国证监会对发行申请文件的审核反馈意见提供补充材料,发行人全体董事应对补充内容出具书面回复函。有关中介机构应按中国证监会的规定履行尽职调查或补充出具专业意见的义务。

第十条 申请文件应为原件,如不能提供原件的,应由发行人律师提供鉴证意见,或由出文单位盖章,以保证与原件一致。如原出文单位不再存续,可由承继其职权的单位或作出撤销决定的单位出文证明文件的真实性。

第十一条 申请文件的纸张应采用幅面为209×295毫米规格的纸张(相当于标准A4纸张规格),双面印刷(需提供原件的历史文件除外)。

第十二条 申请文件的封面和侧面应标有"XXX公司公开发行债券申请文件"字样。

第十三条 申请文件的扉页应附发行人的法定代表人、债券事务代表,有关中介机构项目负责人、相关业务部门负责人及公司主管领导或法定代表人姓名、电话、传真及其他有效方便的联系方式。

第十四条 申请文件章与章之间、章与节之间应有明显的分隔标识。

第十五条 申请文件中的页码应与目录中的页码相符。例如,第四章4—1的页码标注为4—1—1,4—1—2,4—1—3,……4—1—n。

第十六条 申请文件首次报送书面文件五份,其中一份按规定提供原件,其余四份可为原件的复印件。

第十七条 发行人应提供与主承销商签订的承销协议。申报时可提供经签名的包括尚待确定事项的承销协议,在中国证监会批准前报送对前述未确定事项加以明确的补充协议。

第十八条 中国证监会批准前,发行人应按要求补充提供有关文件的原件及其复印件。

第十九条 发行人在每次报送书面文件(包括募集说明书、法律意见书、有关专项说明或报告等)的同时,应报送一份相应的标准电子文件(应为标准.doc或.rtf文件)。

第二十条 对未按本准则的要求制作和报送发行申请文件的,中国证监会可不予受理或要求重新制作或报送。

第二十一条 证券公司报送定向发行债券申请文件应参照本准则执行。具体内容与格式详见附件二。

第二十二条 本准则自2003年10月8日起施行。

公开发行证券的公司信息披露内容与格式准则第21号——《证券公司公开发行债券募集说明书》

第一章 总 则

第一条 为规范证券公司公开发行债券的信息披露行为,保护投资者合法权益,根据《公司法》、《证券法》等法律、法规以及《证券公司债券管理暂行办法》的有关规定,制定本准则。

第二条 申请公开发行债券的证券公司(以下简称"发行人"),应按本准则的要求编制债券募集说明书及其摘要,作为向中国证券监督管理委员会(以下简称"中国证监会")申请公开发行债券的必备法律文件,并按规定披露。

第三条 本准则的规定是对募集说明书信息披露的最低要求。不论本准则是否有明确规定,凡对投资者做出投资决策有重大影响的信息,均应披露。

第四条 本准则某些具体要求对发行人确实不适用的,发行人可根据实际情况,在不影响披露内容完整性的前提下做适当修改,但应在申报时作书面说明。

第五条 由于商业秘密(如核心业务的保密资料、商业合同的具体内容等)等特殊原因,本准则规定的某些信息确实不便披露的,发行人可向中国证监会申请豁免。

第六条 在不影响信息披露的完整性和不致引起阅读不便的前提下,发行人可采用相互引征的方法,对各相关部分的内容进行适当的技术处理,以避免重复和保持文字简洁。

第七条 发行人在募集说明书及其摘要披露的所有信息应真实、准确、完整、公平、及时,尤其要确保所披露的财务会计资料有充分的依据。所引用的财务报告应由具有证券期货相关业务资格的会计师事务所审计,并由二名以上具有证券期货相关业务资格的注册会计师签署。

第八条 募集说明书引用的经审计的最近一期财务会计资料在财务报告截止日后六个月内有效。特别情况下可由发行人申请适当延长,但至多不超过一个月。

第九条 募集说明书的有效期为六个月,自中国证监会下发批准通知前募集说明书最后一次签署之日起计算。发行人在募集说明书有效期内未能发行债券的,应重新修订募集说明书。在符合本准则第八条要求的前提下,发行人可在特别情况下申请适当延长募集说明书的有效期限,但至多不超过一个月。

第十条 发行人报送申请文件后,在募集说明书披露前发生与申报稿不一致或对投资本期债券有重大影响的事项,发行人应视情况及时修改募集说明书及其摘要并提供补充说明材料。

发行人公开发行债券的申请经中国证监会批准后,如发行人认为还有必要对募集说明书及其摘要进行修改的,应书面说明情况,并经中国证监会同意后相应修改募集说明书及其摘要。必要时,发行人公开发行债券的申请应重新经过中国证监会批准。

在募集说明书披露后至债券上市公告书刊登前发生上述事项的,发行人也应及时履行信息披露义务。

第十一条 发行人应针对实际情况在募集说明书显要位置做“特别风险提示”，并在“风险因素”一节详细披露。

第十二条 募集说明书及其摘要应满足下列一般要求：

（一）引用的数据应提供资料来源，事实应有充分、客观、公正的依据；

（二）引用的数字应采用阿拉伯数字，货币金额除特别说明外，应指人民币金额，并以元、千元或万元为单位；

（三）发行人可根据有关规定或其他需求，编制募集说明书外文译本，但应保证中、外文文本的一致性，并在外文文本上注明：“本募集说明书分别以中、英（或日、法等）文编制，在对中外文本的理解上发生歧义时，以中文文本为准”；

（四）募集说明书全文文本应采用质地良好的纸张印刷，幅面为209×295毫米（相当于标准的A4纸规格）；

（五）文字应简洁、通俗、平实和明确，不得刊载任何有祝贺性、广告性和恭维性的词句。

第十三条 募集说明书摘要的编制和披露，还应符合下列要求：

（一）募集说明书摘要的目的仅为向公众提供有关本次发行的简要情况，无需包括募集说明书全文各部分的主要内容；

（二）募集说明书摘要中要尽量少用投资者不熟悉的专业和技术词汇，尽量采用图表或其他较为直观的方式准确披露与投资本期债券相关的重要信息，做到简明扼要，通俗易懂；

（三）募集说明书摘要必须忠实于募集说明书全文的内容，不得有与全文相矛盾之处；

（四）募集说明书摘要刊登于中国证监会指定的信息披露报刊，篇幅不得超过一个版面。在指定报刊刊登的募集说明书摘要最小字号为标准小5号字，最小行距为0.35毫米。

第十四条 发行人应在发行前二至五个工作日内将募集说明书摘要刊登于至少一种中国证监会指定的报刊，同时将募集说明书全文刊登于中国证监会指定的网站，并将募集说明书全文文本及备查文件置备于发行人住所、拟上市证券交易所、主承销商和其他承销机构的住所，以备查阅。

第十五条 发行人可将募集说明书全文及摘要刊登于其他网站和报刊，但不得早于在中国证监会指定网站和报刊的披露。

第十六条 在募集说明书及其摘要披露前，任何当事人不得违反规定披露与募集说明书及其摘要有关的信息，或利用这些信息谋取利益。发行人、任何中介机构或人士利用与募集说明书及其摘要有关的信息进行推介宣传的，应遵守中国证监会的相关规定。

第十七条 发行人应在募集说明书及其摘要披露后十日内，将正式印刷的募集说明书全文文本一式五份，分别报送中国证监会及其在发行人注册地的派出机构。

第十八条 发行人董事会及全体董事应保证募集说明书及其摘要内容的真实性、准确性、完整性，承诺其中不存在虚假记载、误导性陈述或重大遗漏，并就其保证承担个别和连带的法律责任。

第十九条 主承销商应受发行人委托配合发行人编制募集说明书及其摘要，并对募集说明书及其摘要的内容进行核查，确认募集说明书及其摘要不存在虚假记载、误导性陈述或重大遗漏，并承担相应的责任。

第二十条 发行人律师可受发行人委托参与编制募集说明书及其摘要，并应对募集说明书及其摘要进行审阅，确认募集说明书及其摘要引用的法律意见真实、准确，并承担相应的责任。

第二十一条 发行人律师、注册会计师、信用评级人员、注册资产评估师等及其所在的中介机构应书面同意发行人在募集说明书及其摘要中引用由其出具的专业报告或意见的内容。

第二章 债券募集说明书

第一节 封面、书脊、扉页、目录、释义

第二十二条 募集说明书封面至少应标有“XXX证券公司公开发行债券募集说明书”字样，并应载明发行人及主承销商的名称和住所。

第二十三条 募集说明书书脊应标明“XXX证券公司公开发行债券募集说明书”字样。

第二十四条 募集说明书扉页应刊登下列内容：

（一）债券名称；

（二）发行总额及票面金额；

（三）期限；

（四）票面利率、付息方式和付息日期；

（五）发行价格；

（六）购回或提前偿付的提示性说明（如有）；

（七）信用级别及资信评级机构；

（八）担保；

（九）发行方式及发行期；

（十）主承销商；

（十一）债权代理人；

（十二）发行人债务事务代表；

（十三）正式申报的募集说明书签署日期。

第二十五条 募集说明书扉页应刊登发行人董事会的下列声明：“发行人董事会已批准本募集说明书及其摘要，全体董事承诺其中不存在虚假记载、误导性陈述或重大遗漏，并对其真实性、准确性、完整性承担个别和连带的法律责任。”

“公司负责人和主管会计工作的负责人、会计机构负责人保证本募集说明书及其摘要中财务报告真实、完整。”

“债券持有人根据法律法规的规定和本募集说明书的约定行使有关权利，监督发行人和债权代理人的有关行为。”

“投资者购买本期债券，应当认真阅读本募集说明书及有关的信息披露文件，进行独立的投资判断。中国证监会对本期债券发行的批准，并不表明其对本期债券的投资价值作出了任何评价，也不表明对本期债券的投资风险作出了任何判断。任何与之相反的声明均属虚假不实陈述。”

“凡通过认购、受让等合法手段取得并持有本期债券的，均视同自愿接受本募集说明书对本期债券各项权利义务的约定。”

“投资者认购本期债券视作同意债权代理协议”。

“债券依法发行后，发行人经营与收益的变化引致的投资风险，由投资者自行负责。”

“投资者若对本募集说明书及其摘要存在任何疑问，应咨询自己的证券经纪人、律师、专业会计师或其他专业顾问。”

第二十六条 发行人聘请的会计师事务所对其财务报告出具了非标准无保留意见的审计报告的，发行人还应提示：“XXX会计师事务所对本发行人财务报告出具了XXXX（审计报告类型）的审计报告，请投资者注意阅读该审计报告全文及相关财务报表附注。发行人董事会、监事会对相关事项已作详细说明，也请投资者注意阅读。”

第二十七条 募集说明书及其摘要的目录应标明各章、节的标题及相应的页码，内容编排也应符合通行的中文惯例。

第二十八条 发行人应对可能对投资者理解有障碍及有特定含义的术语作出释义，募集说明书及其摘要的释义应在目录次页排印。

第二节 概览

第二十九条 发行人应设置募集说明书概览并在本部分起首声明“本概览仅对募集说明书全文做扼要提示。投资者作出投资决策前，应认真阅读募集说明书全文。”

第三十条 发行人应在概览中简介发行人及其主要股东，发行人的主要财务数据，本次发行情况及募集资金主要用途等。

第三节 本次发行概况

第三十一条 发行人应披露本次发行的基本情况，主要包括：

（一）债券名称；

（二）发行总额及票面金额；

（三）期限；

（四）利率、付息方式和付息日期；

（五）发行价格；

（六）债权代理人；

（七）信用级别及资信评级机构；

（八）担保人或担保物；

（九）发行方式与发行对象、发行期；

（十）承销方式；

（十一）其他重要条款；

（十二）本次发行预计实收募集资金；

（十三）发行费用概算（主要包括承销费用、律师费用、评级费用、审计费用、发行手续费用、审核费等）。

第三十二条 发行人应说明本次发行后债券上市或转让方式的有关安排。

第三十三条 发行人应说明持续信息披露的方式。

第三十四条 发行人应披露下列机构的名称、住所、法定代表人、联系电话、传真，同时应披露有关经办人员的姓名：

（一）发行人；

（二）主承销商及其他承销机构；

（三）律师事务所；

（四）会计师事务所；

（五）债权代理人；

（六）资信评级机构；
（七）担保人；
（八）收款银行；
（九）登记、托管、结算机构；
（十）其他与发售债券有关的机构。

第三十五条 发行人应披露与本次发行有关的中介机构及其负责人、高级管理人员及经办人员之间存在的直接或间接的股权关系或其他权益关系。

第三十六条 发行人应针对不同的发行方式，披露有关重要日期，主要包括：
（一）发行公告刊登日期；
（二）发行日期；
（三）申购期；
（四）资金冻结日期；
（五）预计上市日期。

第四节 风险因素

第三十七条 发行人应参照《公开发行证券的公司信息披露内容与格式准则第1号——招股说明书》（证监发行字〔2003〕26号）、《公开发行证券的公司信息披露编报规则第5号——证券公司招股说明书内容与格式特别规定》（证监发〔2000〕76号）的有关要求披露本次发行的风险因素。

第三十八条 发行人应有针对地披露与本期债券相关的、可能影响债券本息偿付的具体风险因素，对这些风险因素能作出定量分析的，应进行定量分析；不能作出定量分析的，应进行定性描述。

第三十九条 发行人至少应披露下列风险因素：

（一）本期债券安排所特有的风险。重点分析说明本期债券有关约定潜在的风险，如专项偿债账户及其他偿债保障措施可能存在的风险、提前偿付安排可能对投资人利益的影响等。

（二）担保或评级的风险。重点分析说明担保人资信或担保物的现状及可能发生的重大变化对本期债券本息偿还的影响，分析说明信用评级结论的风险、信用评级级别变化可能对投资人利益的影响等。

（三）发行人的资信风险。重点分析说明发行人最近三年内资信状况及存在的问题和可能出现的资信风险。

（四）发行人流动性风险。应特别针对发行人现金流状况及变化说明存在的流动性风险。

（五）债券市场特有的风险，特别要说明利率风险，货币市场和资本市场波动的风险。

（六）政策性风险。分析说明因国家法律、法规、政策的可能变化对投资者产生的具体政策性风险，如因税收制度、经营许可制度、外汇制度、收费标准等发生变化而对证券公司的影响。

（七）发行人的其他财务风险。分析说明发行人因资产结构、负债结构和其他财务结构不合理而形成的财务风险，因整体业务结构和规模设计不合理（如自营规模过大、长期投资权重过高等）、对外担保等而导致公司整体变现能力差等风险。

（八）发行人的管理风险。重点分析说明发行人管理制度存在的问题及可能诱发的债券本息偿付风险，如因内部控制不健全、自身操作不当、职员道德水准不高等可能对公司产生直接和间接的经济损失，及其可能对债券本息偿付的影响。

（九）发行人的业务风险。重点分析由此可能诱发的债券本息偿付风险，主要包括证券经纪风险、证券承销风险、证券自营风险、受托投资管理风险、其他证券经营业务可能存在的风险、因技术因素而产生的操作风险和因同行业竞争而产生的风险，及其可能对债券本息偿付的影响。

第四十条 发行人应按重要性程度对风险因素进行排序。

第四十一条 发行人应明确指出报告期内是否因该等风险因素已发生损失或不利影响及影响程度。

第四十二条 对风险特别严重的，发行人应做“特别风险提示”。

第四十三条 除非发行人已经采取了具体的措施，否则不得披露风险对策。

第五节 发行条款

第四十四条 募集说明书应详细披露本期债券的全部发行条款，按照发行人、投资者及有关当事人权利、义务对等的原则，约定本期债券的有关重要事项，不得有不确定的表述。

第四十五条 发行人应披露本期债券的名称及票面金额。

第四十六条 发行人应披露本期债券的发行总额及其确定依据。

第四十七条 发行人应披露本期债券发行价格及其确定依据。

第四十八条 发行人应披露本期债券的期限、利率及年度、到期收益率的计算公式以及有关投资成本情况。

第四十九条 发行人应披露本期债券的起息日、利息登记日、付息日期、本金支付日、支付方式、支付金额及其他具体安排。

第五十条 发行人约定在债券到期之前购回或约定条件提前偿付的，至少应说明提前购回或偿付本息的条件、程序、价格、付款方法、时间及其他内容。发行人应披露公平对待和保护债券持有人的安排和措施。

第五十一条 发行人应披露变更发行条款的有关程序及信息披露的方式。

第五十二条 发行人应披露约定的其他发行条款。

第六节 发行人的资信状况

第五十三条 发行人应披露所聘请的资信评级机构及其对本期债券的信用评级情况。

第五十四条 发行人应披露信用评级报告的主要事项，至少包括下列情况：
（一）信用评级结论及标识所代表的涵义；
（二）提供担保的，应对比说明有无担保的情况下评级结论的差异；
（三）揭示的主要风险；
（四）跟踪评级的有关安排；
（五）其他重要事项。

第五十五条 发行人还应披露下列公司资信情况：
（一）近三年主要贷款银行及其对公司资信的评价（如有）；
（二）近三年与主要客户发生业务往来时，是否有严重违约现象；
（三）近三年发行的债券以及偿还情况；
（四）近三年的流动比率、利息倍数〔（利润总额＋利息费用）/利息费用〕、贷款偿还率（实际贷款偿还额/应偿还贷款额）、利息偿付率（实际利息/应付利息）等财务指标。

第七节 担保

第五十六条 发行人应披露本期债券的担保情况。

第五十七条 提供保证的，发行人应披露保证人的基本情况，至少包括下列事项：
（一）基本情况简介；
（二）净资产额、资产负债率、净资产收益率、流动比率、速动比率等主要财务指标，并注明是否经审计；
（三）资信状况；
（四）累计担保余额占其净资产额的比例；
（五）偿债能力分析。

第五十八条 发行人应披露债券担保协议或担保函的主要内容，至少包括下列事项：
（一）担保金额；
（二）担保期限；
（三）担保方式；
（四）担保范围；
（五）发行人、担保人、债权代理人、债券持有人之间的权利义务关系；
（六）各方认为需要约定的其他事项。

第五十九条 提供抵押和质押担保的，应披露担保物的名称、金额（账面值和评估值）、担保物金额与所发行债券面值总额和本息总额之间的比例。

第六十条 发行人应披露担保物的评估、登记、保管和相关法律手续的办理情况。

第六十一条 发行人应披露反担保和共同担保的情况（如有）。

第六十二条 发行人应披露保证人的资信或担保物发生重大变化时的持续披露安排。

第六十三条 发行人应披露债券持有人及债权代理人对担保事项的持续监督安排。

第八节 偿债计划及其他保障措施

第六十四条 发行人应披露所制定的具体偿债计划及保障措施。

第六十五条 发行人应披露董事会指定的债券事务代表，即具体负责债券事务的专门人员，披露偿付工作小组的构成和工作方式。

第六十六条 发行人应披露专项偿债帐户的资金来源、提取的开始时间、提取频度、提取金额等内容。

第六十七条 发行人应披露专项偿债账户的管理方式。应说明公司董事会是否指定了专人进行管理，或委托了独立非关联机构进行管理，是否对资金的提取、存储、动用建立了内部审批和风险控制制度。

第六十八条 发行人应披露专项偿债账户资金的用途范围，说明只能用于投资国债等低风险、高流动性的产品或按约定用于提前购回或偿付本期债券。

第六十九条 发行人应披露确保专项偿债账户持续符合规定及有关约定的措施。

第七十条 发行人应披露对专项偿债账户进行信息披露和报告的安排以及该账户的监督事项，应说明债券持有人及债权代理人对该账户的监督方式。

第七十一条 发行人应披露所约定的在债券存续期间提高任意盈余公积金的比例和一般风险准备金的比例的安排。

第七十二条 发行人应披露不能按时支付利息、到期不能兑付以及发生其他违约情况时，拟采取的具体偿债措施和赔偿方式。

第七十三条 发行人应披露其他已做出的承诺事项。发行人可根据实际情况作下列约定：

（一）本期债券存续期内最高借款余额不超过同一时点净资产的倍数；

（二）本期债券存续期内最高抵（质）押借款余额不超过同一时点净资产的倍数；

（三）本期债券存续期内发行人及其控股子公司再次发行债券或向金融机构借款的，不会损害本期债券持有人的利益。

在计算上述最高借款余额时，应包括发行人及其控股子公司对外担保等产生的或有负债。

第七十四条 发行人应披露在出现专项偿债账户未能按约定提取或者未能按期偿付债券本息时，须采取的措施，至少应包括：

（一）不向股东分配利润；

（二）暂缓重大对外投资、收购兼并等资本性支出项目的实施；

（三）调减或停发董事和高级管理人员的工资和奖金；

（四）主要责任人不得调离。

第九节　债券持有人会议

第七十五条 发行人应披露债券持有人根据法律、法规的规定和本募集说明书的约定行使有关权利的形式。

第七十六条 发行人应披露债券持有人会议的权利、召开程序以及决议的生效条件和效力。

第七十七条 发行人应披露债券持有人会议召开的情形。至少应包括：

（一）发行人提出拟变更募集说明书的约定；

（二）发行人不能按期支付本息；

（三）发行人减资、合并、分立、解散及申请破产；

（四）担保人或担保物发生重大变化；

（五）持有10%以上面值的债券持有人提出拟更换债权代理人。

第七十八条 发行人应明确披露债券持有人会议决议对未参加会议或明示不同意见的债券持有人的适用性，披露是否对全体债券持有人具有同等效力，披露债权代理人的督促义务。

第七十九条 发行人应明确披露，发行人、担保人、持有本期债券且持有发行人10%以上股权的股东及其他重要关联方可参加债券持有人会议，并提出议案，但没有表决权。

第八十条 发行人应披露债券持有人会议的其他事宜。

第十节　债权代理人

第八十一条 发行人应披露所聘任的债权代理人及其联系人和所订立的债权代理协议的情况。

第八十二条 发行人应再次明确提示投资者认购本期债券视作同意债权代理协议。

第八十三条 发行人应披露债权代理协议的主要事项，至少包括下列事项：

（一）债权代理人的名称及基本情况；

（二）债权代理人的聘任情况，与发行人是否有利害关系；

（三）发行人、债券持有人和债权代理人之间的权利、义务和违约责任；

（四）债权代理人行使权利、履行义务的方式、程序等；

（五）债权代理人的报酬情况；

（六）变更、解聘债权代理人的条件及程序；

（七）其他重要内容。

第八十四条 发行人应披露债权代理人保护债券持有人合法权益的主要措施，说明债权代理事务的主要程序和方式，说明如何出具债权代理事务报告。

第八十五条 发行人应披露债权代理人应履行的义务，至少应包括：

（一）当出现未能及时偿付本息及其他可能影响债券持有人重大利益的情形时，及时督促提醒发行人，并告知债券持有人；

（二）依照约定监督专项偿债账户、募集资金的使用以及担保事项；

（三）依据本募集说明书的约定，代理债券持有人与发行人之间的谈判及诉讼事务；

（四）债券持有人会议授权的其他事项。

第十一节　发行人基本情况

第八十六条 发行人应参照证监发行字（2003）26号、证监发（2000）76号文件有关章节的要求简要披露其基本情况。

第八十七条 发行人应参照证监发行字（2003）26号、证监发（2000）76号文件有关章节的要求简要披露其业务情况。

第八十八条 发行人应参照证监发行字（2003）26号、证监发（2000）76号文件有关章节的要求简要披露同业竞争与关联交易情况。

第八十九条 发行人应参照证监发行字（2003）26号、证监发（2000）76号文件有关章节的要求简要披露董事、监事、经理及其他高级管理人员的情况。

第九十条 发行人应参照证监发行字（2003）26号、证监发（2000）76号文件有关章节的要求简要披露其公司治理结构的情况。

第九十一条 发行人是上市公司的，还应说明最近三年内信息披露是否符合规定，是否发生过虚假记载、误导性陈述或者重大遗漏的情况。

第十二节　财务会计信息及风险控制指标

第九十二条 发行人应参照证监发行字（2003）26号、证监发（2000）76号文件有关章节的要求简要披露财务会计信息，主要包括：

（一）最近三年及最近一期的简要利润表、最近三年及最近一期期末的简要资产负债表和最近一年及最近一期的简要现金流量表；

（二）最近三年及最近一期的主要财务指标，主要包括流动比率、速动比率、应收账款周转率、资产负债率等；

（三）为支付本期债券本息的现金流量分析报告摘要；

（四）公司管理层作出的与本条（一）规定时间一致的公司财务分析的简明结论性意见，重点说明发行人资产质量状况，资产负债结构、股东权益结构的合理性，现金流量、偿债能力、收入和盈利能力等的连续性、稳定性等。

第九十三条 发行人应重点说明已发行在外尚未到期的债券余额、主要负债情况及本次发行债券后公司资产负债结构的变化。

第九十四条 会计师事务所曾对发行人近三年财务报告出具非标准无保留意见的审计报告的，发行人应披露注册会计师就该事项是否已消除或纠正出具的补充意见，以及董事会、监事会就该事项处理情况作出的详细说明。

第九十五条 发行人对可能影响投资者理解公司资产负债状况、经营业绩和现金流量的信息，应加以必要的说明。对财务困难、或有损失、或有负债等应在“财务风险”栏目中加以具体披露。所有财务会计信息的披露应采用简洁、通俗、平实和明确的语言表述。

第九十六条 发行人应披露以报告期息税前利润（利润总额和利息费用之和）简单平均值与债券发行成功后公司利息费用总额计算的备考利息倍数比率。

第九十七条 发行人应披露中国证监会规定的有关风险控制指标。

第十三节　募集资金运用

第九十八条 发行人应参照证监发行字（2003）26号文件有关章节的要求简要披露其业务发展目标和营运模式，以及披露围绕业务发展目标所制定的发展规划。

第九十九条 发行人应参照证监发行字（2003）26号文件有关章节的要求简要披露其本次募集资金的用途和相应的使用计划及管理制度。

第一百条 发行人应披露前次募集资金的运用情况。

第十四节　董事及有关中介机构声明

第一百零一条 发行人和有关中介机构应参照证监发行字（2003）26号文件有关章节的要求披露董事及有关中介机构声明。

第十五节　附录和备查文件

第一百零二条 募集说明书的附录是募集说明书不可分割的有机组成部分，主要包括：

（一）近三年及最近一期的审计报告及财务报告全文

（二）发行人董事会、监事会关于报告期内被出具非标准无保留意见审计报告（如有）涉及事项处理情况的说明

（三）注册会计师关于报告期内非标准无保留意见审计报告（如有）的补充意见

（四）资信评级机构出具的信用评级报告全文及有关持续跟踪评级安排的说明

（五）债券债权代理协议

（六）担保协议或担保函及相关文件。采用抵（质）押担保的，应提供抵（质）押物的权属证明、资产评估报告及与抵（质）押相关的登记、保管、持续监督安排等方面的法律文件。

（七）发行人关于本期债券偿债计划及保障措施的专项报告

（八）发行人关于支付本期债券本息的现金流分析报告

第一百零三条 发行人应将整套申请文件及发行人认为相关的其他文件作为备查文件，列示其目录，并告知投资者查阅的时间、地点、电话和联系人。备查文件上网的，应披露网址。

第三章 债券募集说明书摘要

第一百零四条 发行人应在募集说明书摘要的显要位置声明：

“本募集说明书摘要的目的仅为向公众提供有关本次发行的简要情况，并不包括募集说明书全文的全部内容。募集说明书全文同时刊载于XXX网站。投资者在做出认购决定之前，应仔细阅读募集说明书全文，并以其作为投资决定的依据。”

“发行人董事会已批准本期债券募集说明书及其摘要，全体董事承诺其中不存在虚假记载、误导性陈述或重大遗漏，并对其真实性、准确性、完整性承担个别和连带的法律责任。”

“公司负责人和主管会计工作的负责人、会计机构负责人保证本期债券募集说明书及其摘要中财务报告真实、完整。”

“债券持有人根据法律法规的规定和本期债券募集说明书的约定行使有关权利，监督发行人和债权代理人的有关行为。”

“投资者购买本期债券，应当认真阅读本期债券募集说明书及有关的信息披露文件，进行独立的投资判断。中国证监会对本期债券发行的批准，并不表明其对本期债券的投资价值作出了任何评价，也不表明其对本期债券的投资风险作出了任何判断。任何与之相反的声明均属虚假不实陈述。”

“凡通过认购、受让等合法手段取得并持有本期债券的，均视同自愿接受本期债券募集说明书对本其债券各项权利义务的约定。”

“投资者认购本期债券视作同意债权代理协议”。

“债券依法发行后，发行人经营与收益的变化引致的投资风险，由投资者自行负责。”

“投资者若对本期债券募集说明书及其摘要存在任何疑问，应咨询自己的证券经纪人、律师、专业会计师或其他专业顾问。”

第一百零五条 发行人可针对实际情况编制募集说明书摘要，但应包括募集说明书全文的重要内容，不得出现在内容上不一致，或因遗漏重要信息而误导投资者的情况。

第四章 附 则

第一百零六条 本准则自2003年10月8日起施行。

公开发行证券的公司信息披露内容与格式准则第22号——《证券公司债券上市公告书》

第一章 总 则

第一条 为规范证券公司债券上市的信息披露行为，保护投资者合法权益，根据《公司法》、《证券法》等法律、法规以及《证券公司债券管理暂行办法》（以下简称“《暂行办法》”）的规定，制定本准则。

第二条 公开发行债券的证券公司（以下简称“发行人”）在债券上市前，应按本准则编制债券上市公告书。

第三条 本准则的规定是对发行人上市公告书信息披露的最低要求。不论本准则是否有明确规定，凡在公开发行债券募集说明书披露日至上市公告书刊登日期间所发生的对投资者投资决策有重大影响的信息，均应披露。

本准则某些具体要求对发行人确实不适用的，发行人可针对实际情况，在不影响披露内容完整性的前提下作出适当修改，并予以书面说明。发行人未披露本准则规定内容的，应以书面形式报告证券交易所同意，并报中国证监会备案。

第四条 由于商业秘密等特殊原因致使某些信息确实不便披露的，发行人可向中国证监会申请豁免。

第五条 发行人披露所有信息应真实、准确、完整、公平、及时，尤其要确保所披露的财务会计资料有充分的依据。所引用的财务报告应由有资格的会计师事务所审计。

第六条 在不影响信息披露的完整性和不致引起阅读不便的前提下，发行人可采用相互引征的方法，对各相关部分的内容进行适当技术处理，以避免重复和保持文字简洁。

第七条 募集说明书及其引用的财务资料尚未失效的，可适当简化刊登有关财务会计资料，但应作必要的附注说明。募集说明书失效的，或其引用的财务资料已失效的，应补充披露最近一期经审计的财务报告。特别情况下可申请适当延长，但至多不超过一个月。

第八条 在编制上市公告书时还应遵循如下一般要求：

（一）引用的数据应提供资料来源，事实应有充分、客观、公正的依据；

（二）引用的数字应采用阿拉伯数字，货币金额除特别说明外，应指人民币金额，并以元、千元或万元为单位；

（三）发行人可根据有关规定或其他需求，编制上市公告书外文译本，但应保证中、外文文本的一致性，并在外文文本上注明：“本上市公告书分别以中、英（或日、法等）文编制，在对中外文本的理解上发生歧义时，以中文文本为准”；

（四）上市公告书应载明发行人的名称、“XXX债券上市公告书”的字样、公告日期等，可载有发行人的外文名称、徽章或其他标记、图案等；

（五）上市公告书不得刊载任何有祝贺性、广告性和恭维性的词句。

第九条 发行人应在其债券上市前五个工作日内，将上市公告书全文刊登在至少一种由中国证监会指定的报刊及网站上，并将上市公告书文本备置于发行人住所、拟上市的证券交易所、有关证券经营机构住所及其营业网点，以供公众查阅。

第十条 发行人可将上市公告书刊载于其他报刊和网站，但其披露时间不得早于在中国证监会指定报刊和网站的披露时间。

第十一条 上市公告书在披露前，任何当事人不得违反规定泄露有关的信息，或利用这些信息谋取利益。

第十二条 发行人应在披露上市公告书后十日内，将上市公告书文本一式五份分别报送中国证监会及其在发行人注册地的派出机构、上市的证券交易所。

第十三条 发行人董事会应保证上市公告书内容真实、准确、完整，承诺其中不存在虚假记载、误导性陈述或重大遗漏，并承担个别和连带的法律责任。

第二章 债券上市公告书的内容

第一节 重要声明与提示

第十四条 发行人应在上市公告书的显要位置作如下声明与提示：

“本公司董事会保证上市公告书内容的真实、准确、完整，全体董事承诺上市公告书不存在虚假记载、误导性陈述或重大遗漏，并承担个别和连带的法律责任”。

“根据《公司法》、《证券法》等有关法律、法规的规定，本公司董事、监事、经理及其他高级管理人员已履行诚信和勤勉尽责的义务。”

“公司负责人和主管会计工作的负责人、会计机构负责人保证上市公告书中财务会计信息真实、完整。”

“证券交易所、中国证监会、其他政府机关对本公司债券上市及有关事项的意见，均不表明对本期债券的任何保证。任何与之相反的声明均属虚假不实陈述。”

“本公司提醒广大投资者注意，凡本上市公告书未涉及的有关内容，请投资者查阅XX年XX月XX日刊载于XX（报刊）的本期债券募集说明书摘要，及刊载于XX网站的本期债券募集说明书全文。”

“投资者若对上市公告书和本期募集说明书及其摘要存在任何疑问，应咨询自己的证券经纪人、律师、专业会计师或其他专业顾问。”

第十五条 会计师事务所对发行人财务报告出具了非标准无保留意见的审计报告的，发行人应作如下重要提示：

“XXX会计师事务所对本公司XXX年度的财务报告出具了XXX（审计报告类型）的审计报告，请投资者注意阅读该审计报告及相关财务报表附注。注册会计师和本公司董事会、监事会对相关事项已出具补充意见或作出详细说明，请投资者注意阅读本期债券募集说明书中的相关内容。”

第二节 发行情况

第十六条 发行人应披露本期债券发行的简况：债券名称、发行总额、票面金额、期限、利率、付息方式和日期、发行价格、募集资金总额、发行方式、最大10名债券持有人名称及持有量、发行费用总额及项目、债权代理人。

第十七条 发行人应披露本期债券上市前发行承销情况，包括：社会公众认购债券后，由承销商包销债券的数量；主承销商及承销团成员分销比例及数量等。

第十八条 发行人应披露注册会计师对本期债券募集资金的验资报告，以及募集资金入帐情况，包括时间、金额、帐号与开户银行等。

第三节 募集说明书的重要内容

第十九条 发行人应披露有关当事人的名称、法定代表人、住所、联系电话、传真，同时应披露有关经办人员的姓名：

（一）发行人及其债券事务代表；

（二）主承销商及其他承销机构；

（三）律师事务所；

（四）会计师事务所；

（五）债权代理人；

（六）资信评级机构；

（七）担保人；

（八）收款银行；

（九）登记、托管、结算机构；

（十）其他与发售债券有密切联系的机构。

第二十条 发行人应披露本期债券募集说明书“特别风险提示”的内容。

第二十一条 发行人应简介信用评级结果及跟踪评级安排。

第二十二条 发行人应简介担保情况。

第二十三条 发行人应简介本期债券的偿债计划及其他安全保障措施，重点说明为支付债券利息和本金所设立的专项偿债账户，并说明账户资金的来源、提取方式和账户的管理、披露、监督及有关事宜，以及不能按时支付利息、到期不能兑付以及发生其他违约情况时，拟采取的具体偿债措施和赔偿方式。

第二十四条 发行人应简介债券持有人会议的安排，重点说明债券持有人会议的权利、召开的情形、召开程序以及决议的生效条件和效力。

第二十五条 发行人应简介债权代理人的安排，简要说明债权代理协议的主要内容。

第二十六条 发行人应简介发行人基本情况，主要包括发行人的业务、公司治理及高级管理人员等情况。

第二十七条 发行人应简介发行人重要财务会计信息，简要说明资产负债状况、经营业绩和现金流情况，以及已发行在外尚未到期的债券余额、主要负债和重大或有负债情况及本次发行债券后公司资产负债结构的变化。

第二十八条 发行人应简介本期债券募集资金用途。

第四节 董事及有关中介机构声明

第二十九条 发行人应列示自债券上市之日起董事会作出的承诺。董事会应严格遵守《公司法》、《证券法》等法律、法规和中国证监会的规定，并自债券上市之日起做到：

（一）承诺真实、准确、完整、公平和及时地公布定期报告、披露所有对投资者有重大影响的信息，并接受中国证监会、证券交易所的监督管理；

（二）承诺发行人在知悉可能对债券价格产生误导性影响的任何公共传播媒体出现的消息后，将及时予以公开澄清；

（三）发行人董事、监事、经理及其他高级管理人员将认真听取社会公众的意见和批评，不利用已获得的内幕消息和其他不正当手段直接或间接从事发行人债券的买卖活动；

（四）发行人没有无记录的负债。

第三十条 发行人应说明上市推荐人的推荐意见。附上市推荐人的名称、法定代表人、住所、联系电话、传真、联系人等。

第三章 附 则

第三十一条 本准则自2003年10月8日起施行。

公开发行证券的公司信息披露编报规则第13号——季度报告特别规定（2003修订）

第一章 总 则

第一条 为规范在中华人民共和国境内公开发行股票并在证券交易所上市的股份有限公司（以下简称公司）的信息披露行为，保护投资者的合法权益，依据《中华人民共和国公司法》、《中华人民共和国证券法》等法律法规，制定本规则。

第二条 公司编制季度报告应遵循本规则。

第三条 公司应在会计年度前三个月、九个月结束后的一个月内编制季度报告，并将季度报告正文刊载于中国证监会指定的报纸上，将季度报告全文（包括正文及附录）刊载于中国证监会指定的互联网网站上。季度报告正文应按照本规则第二章要求编制，并按照附件的格式披露。

季度报告报告期系指季度初至季度末三个月期间。

第一季度季度报告的披露时间不得早于上一年度年度报告。

第四条 公司应在季度报告披露后十日内，将季度报告正式文本一式两份分别报送中国证券监督管理委员会、公司所在地的证券监管派出机构和股票挂牌交易的证券交易所。

第五条 公司季度报告中的财务资料无须审计，但中国证监会或证券交易所另有规定的除外。

第二章 正 文

第一节 重要提示

第六条 公司应在季度报告正文的显要位置刊登如下重要提示：

本公司董事会及其董事保证本报告所载资料不存在任何虚假记载、误导性陈述或者重大遗漏，并对其内容的真实性、准确性和完整性承担个别及连带责任。

如个别董事对季度报告内容的真实性、准确性、完整性无法保证或存在异议的，应当声明：××董事无法保证本报告内容的真实性、准确性和完整性，理由是：……，请投资者特别关注。如有董事未出席董事会，应当单独列示其姓名。

第七条 如季度财务报告经审计被出具有解释性说明、保留意见、拒绝表示意见或否定意见的审计报告，重要提示中应增加以下陈述：

××会计师事务所为本公司出具了有解释性说明（或保留意见、拒绝表示意见、否定意见）的审计报告，本公司董事会、监事会对相关事项亦有详细说明，请投资者注意阅读。

第八条 公司负责人、主管会计工作负责人及会计机构负责人（会计主管人员）应当声明：保证季度报告中财务报告的真实、完整。

第二节 公司基本情况

第九条 公司应披露如下内容：

（一）公司股票简称、股票代码（若报告期初至报告披露日期间公司股票简称发生变更，还应同时披露变更前的股票简称）。

（二）公司董事会秘书及证券事务代表的姓名、联系地址、电话、传真、电子邮箱。

第十条 公司应披露如下财务资料：

（一）公司应采用数据列表方式，提供截至报告期末公司主要会计数据和财务指标，包括以下各项：总资产、股东权益（不含少数股东权益）、经营活动产生的现金流量净额、每股收益、每股净资产、调整后的每股净资产、净资产收益率、扣除非经常性损益后的净资产收益率等。同时说明扣除的非经常性损益项目及其金额。

上述会计数据及财务指标应按照《公开发行证券的公司信息披露内容与格式准则第2号——年度报告的内容与格式》以及中国证监会颁布的其他有关信息披露规范计算填列。

（二）会计报表：利润表。利润表应当按照财政部《企业会计准则——中期财务报告》的要求予以编制。

第十一条 公司应披露报告期末股东总数。

第三节 管理层讨论与分析

第十二条 公司管理层应当简要介绍公司报告期内的经营情况，分析公司报告期内经营活动的总体状况，至少包括：

（一）公司对占主营收入或主营业务利润总额10%以上的主营行业或产品，应分别列示其销售收入、销售成本、毛利率。

（二）经营的季节性或周期性特征（如有）。

（三）若报告期内利润构成、主营业务及其结构、主营业务盈利能力较前一报告期发生重大变化的，应予以说明。

第十三条 报告期内发生或将要发生、或以前期间发生但延续到报告期的重大事项，若对本报告期或以后期间的公司财务状况、经营成果产生重大影响，应披露该重大事项，并说明其影响和解决方案。公司已在临时公告披露过的信息，可直接注明刊登的中国证监会指定报刊名称及日期，无需重复披露。

第十四条 若与前一定期报告相比，公司会计政策、会计估计以及财务报表合并范围发生变化，或报告期因重大会计差错而进行追溯调整，应予以披露，并对其原因和影响数进行说明。

第十五条 若季度报告经审计且会计师事务所出具有解释性说明、保留意见、拒绝表示意见或否定意见的审计报告，公司董事会和监事会应就所涉及事项做出说明。

第十六条 公司如果预测年初至下一报告期期末的累计净利润可能为亏损或者与上年同期相比发生大幅度变动，应当予以警示并说明原因。

第十七条 公司若对已披露的年度经营计划或预算作出滚动调整，应当说明有关调整的内容。

第三章　附　录

第十八条 公司应编制季度报告的附录部分。该部分包括资产负债表、利润表、现金流量表。报表编制应当符合《企业会计准则——中期财务报告》的要求。若季度报告经过注册会计师审计，则附录应披露审计报告全文。

第四章　附　则

第十九条 本规则由中国证监会负责解释。

第二十条 本规则自发布之日起实施。

公开发行证券的公司信息披露编报规则第17号——外商投资股份有限公司招股说明书内容与格式特别规定

第一条 为规范公开发行证券的外商投资股份有限公司（以下简称"发行人"）的信息披露行为，保护投资者的合法权益，依据《中华人民共和国公司法》、《中华人民共和国证券法》等法律法规，制定本规定。

第二条 发行人为公开发行股票而编制招股说明书时，除应遵循中国证监会有关招股说明书内容与格式准则的一般规定外，还应遵循本规定的要求。

第三条 发行人应详细披露以下可能存在的风险：

（一）依赖境外原材料供应商、境外客户以及境外技术服务的风险。

（二）国家有关外商投资企业税收优惠的法律、法规、政策可能发生变化的风险。

（三）外国股东住所地、总部所在国家或地区向中国境内投资或技术转让的法律、法规可能发生变化的风险。

（四）汇率风险。

第四条 发行人应披露持股5%（含）以上的外国股东的住所地、外国股东总部所在国家或地区对于向中国投资和技术转让的法律、法规。

若公司章程中对股东转让股份作出限制的，发行人应作出披露。

第五条 发行人应详细披露其与股东的关联交易情况，包括但不限于：

（一）发行人的业务与技术是否依赖外国股东，是否存在商标、专利及专有技术使用方面的限制。存在上述情况的，还应说明保护公众投资者利益的措施。

（二）过去三年与外国股东之间的关联交易情况，包括但不限于原材料供应、产品销售、技术转让费的提取、管理费用和销售费用的分摊情况及有关价格的确定标准、执行本次发行审计业务的会计师事务所对关联交易公允性出具的意见、保证关联交易公允的具体措施，并在管理层讨论与分析中，说明下一年的关联交易总量。属于生产加工型的发行人，还应披露原材料来源、产品销售渠道。

（三）发行人与其外国股东签定的市场分割协议的主要内容及具体执行情况。

第六条 发行人应详细披露董事和高级管理人员的国籍、境外永久居留权的情况，在境内、境外其他机构担任的职务。

第七条 香港、澳门、台湾地区投资者在大陆设立的股份有限公司，参照本规定执行。

第八条 本规定自发布之日起实施。

公开发行证券的公司信息披露编报规则第X号——外商投资股份有限公司在境内首次发行招股说明书特别规定

第一条 为规范外商投资股份有限公司（以下简称"发行人"）公开发行股票的信息披露行为，保护投资者的合法权益，依据《中华人民共和国公司法》、《中华人民共和国证券法》等法律法规及中国证监会的有关规定，制定本规定。

第二条 发行人为首次公开发行股票而编制招股说明书时，除应遵循中国证监会有关招股说明书内容与格式的一般规定外，还应遵循本规定的要求。

第三条 发行人应详细披露以下可能存在的风险：

（一）依赖境外原材料供应商、境外客户以及境外技术服务的风险；

（二）国家关于外商投资企业税收优惠政策可能发生变化的风险；

（三）外国股东所在国家或地区向中国境内投资或技术转让的政策可能发生变化的风险。

第四条 发行人应披露外国股东的住所地、外国股东所在国家对于向中国投资和技术转让的政策。若外资股东自愿作出股份锁定的承诺或公司章程中对股东转让股份作出限制，发行人应作出披露。

第五条 发行人应详细披露其与股东的业务关系、关联交易情况，包括但不限于：

（一）发行人的业务与技术是否依赖外国股东，是否存在商标、专利及专有技术使用方面的限制。存在上述情况的，还应说明保护公众投资者利益的措施；

（二）过去三年与外国股东之间的关联交易情况，包括但不限于原材料供应、产品销售、技术转让费的提取、广告费的分摊情况及有关价格的确定标准、执行本次发行审计业务的会计师事务所对关联交易公允性出具的意见、保证关联交易公允的具体措施，并在管理层讨论与分析中，说明下一年的关联交易总量。属于生产加工型的发行人，还应披露原材料来源、销售渠道；

（三）发行人与其外国股东签定的市场分割协议的主要内容及具体执行情况。

第六条 发行人应详细披露董事和高级管理人员的国籍、境外永久居留权的情况，在境内、境外其他机构担任的职务。

第七条 若发行人募集资金的使用项目在境外的，应披露以下事项：

（一）项目的具体实施计划；

（二）项目建成后的营运模式及管理方式；

（三）项目实施地所在国家对中国企业投资的政策。

第八条 香港、澳门、台湾地区投资者在大陆设立的股份有限公司，参照本规定执行。

第九条 本规定自发布之日起实施。

股票发行审核标准备忘录第13号
——关于税收减免与返还、政府补贴、财政拨款的审核标准

为了提高拟公开发行证券的公司的信息披露质量，更准确、清晰地反映公司生产经营活动的盈利能力，对拟发行公司存在的税收减免与返还、政府补贴、财政拨款等情况，应按以下要求审核：

一、关于税收减免与返还、政府补贴和财政拨款的合法性

1、根据国发(2000)2号文《国务院关于纠正地方自行制定税收先征后返政策的通知》，除经国务院审批的外，只有符合现行税收征管法律法规规定的税收减免与返还才是合法有效的。

2、对于公司享受的政府补贴、财政拨款，其批准文件中应当明确了该项政府补贴、财政拨款的资金渠道及其依据、补贴或拨款的权属、补贴或拨款的用途和今后的处置方法及会计处理。

3、发行人律师应对公司报告期内以及新股发行上市后所享受的税收减免与返还、政府补贴、财政拨款等政策是否有相应的法律依据，是否履行了相关批准程序进行核查，并对所享受的政策是否合法有效发表明确意见。

二、关于会计处理的依据及相应披露要求

税收减免与返还、政府补贴、财政拨款的会计处理，应遵循《企业会计制度》、财会函(2000)30号文《关于股份有限公司税收返还等有关会计处理的复函》等相关会计制度的规定。

1、税收减免与返还。

先征后返的增值税于实际收到时计入收到当期补贴收入，消费税、营业税等其他流转税于实际收到时冲减收到当期的"主营业务税金及附加"；先征后返的所得税于实际收到时冲减收到当期所得税费用。

公司同时应在"会计报表附注"的"税项"部分详细披露税收减免与返还的具体内容、法律依据和会计处理的依据等。

2、政府补贴和财政拨款。

如果政府补贴批准文件明确该补贴仅由公司代为管理并指定用途，不属公司全体股东享有，应将该部分政府补贴直接作为负债处理。

如果政府补贴批准文件明确该补贴由公司全体股东享有，属于国家财政扶持领域而给予的补贴，公司在实际收到时，计入补贴收入。

如果财政拨款批准文件明确该拨款具有专门用途，如用于技术改造、技术研究等，在该项拨款实际到位时应作为"长期应付款"核算，在项目完成后，应将其形成的资产转入固定资产，同时相应拨款转入资本公积。

公司应在招股说明书"财务会计信息"的"其他重要事项"中披露政府补贴批准文件的详细内容、取得该项补贴的附加条件、会计处理方法、对各期净利润的影响等情况。

3、如果公司报告期内各会计年度取得的税收返还、政府补贴占公司同期净利润的比例超过20%，公司应同时披露若无此项补贴收入对公司净利润的影响；此外，公司必须对此作特别风险提示；审核人员应在初审报告中提请发审委委员予以关注。

三、其他费用的减免与暂停计提

部分行业或地区存在行业性质或地方性质的各种应缴纳或提取的费用，如：矿产资源开采企业的维简费、水域地区的防洪费等。地方政府或行业主管部门往往以减免或允许暂停计提的方式减少公司此类费用的发生，增加公司当期净利润。对此，审核时应要求发行人律师对此项政策的合法性发表明确意见，并应参照"政府补贴"的信息披露要求执行。

中国证监会发行监管部
二零零二年九月四日

股票发行审核标准备忘录第14号
——关于公开发行证券的公司重大关联交易等事项的审核要求

在审核公开发行证券的公司(以下简称发行人)发行新股的申请文件时，除招股说明书准则、《股票上市规则》等有关规定要求的披露事项外，还应要求发行人及有关中介机构履行下列信息披露义务：

一、发行人在报告期内存在重大关联交易的，发行人独立董事应对关联交易的公允性以及是否履行法定批准程序发表意见；发行人律师应对关联交易的合法性发表法律意见；申报会计师应重点关注关联交易对发行人财务状况和经营业绩的影响，并对关联交易的会计处理是否符合《关联方之间出售资产等有关会计处理问题暂行规定》(财会【2001】64号)发表专项意见；主承销商应在尽职调查报告中对此类关联交易是否影响发行人生产经营的独立性发表意见，并提供充分依据；发行人应在招股说明书"同业竞争与关联交易"一节中充分披露上述独立董事及相关中介机构的意见。

前款所称"重大关联交易"是指发行人与其关联方达成的关联交易总额高于人民币3000万元或高于最近经审计净资产值的5%的关联交易。

二、发行人独立董事应对报告期内发行人资产减值准备计提政策是否稳健、是否已足额计提各项资产减值准备发表意见；申报会计师应重点关注发行人各项资产减值准备计提政策的稳健性和公允性；主承销商和申报会计师应对发行人是否已足额计提减值准备、是否影响发行人持续经营能力发表意见；发行人应在招股说明书"财务会计信息"一节中充分披露上述独立董事及相关中介机构的意见。

三、发行人存在重大或有事项的，发行人独立董事及主承销商应分别对其是否影响发行上市条件和持续经营能力发表意见；申报会计师应重点关注重大或有事项对发行人财务状况和经营业绩的影响；发行人应在招股说明书"其他重要事项"一节中充分披露上述独立董事及相关中介机构的意见。

前款所称"重大或有事项"是指涉及金额或12个月内累计金额占发行人最近经审计净资产值的10%以上的或有事项。

四、发行人最近一年一期非经常性损益占利润总额的比重超过20%的，发行人独立董事及主承销商应分别对发行人获取经常性收益的能力以及是否具备持续经营能力发表意见；申报会计师应重点关注非经常性损益计算是否准确；发行人应在招股说明书"其他重要事项"一节中充分披露上述独立董事及相关中介机构的意见，并在招股说明书首页中作特别风险提示。

中国证监会发行监管部
二零零二年九月五日

股票发行审核标准备忘录15号
——关于最近三年内连续盈利及业绩连续计算问题的审核指引

根据《公司法》、《股票发行与交易管理暂行条例》等法律、法规的规定，结合审核工作实践，现将首次公开发行股票公司最近三年内连续盈利及业绩连续计算问题的审核标准明确如下：

一、审核人员在审核发行人是否符合《公司法》第137条、152条规定的最近三年内连续盈利的条件时，按照下列标准掌握：

发行人扣除非经常性损益和不能合并会计报表的投资收益前后的净利润均为正数，且最近三年内发行人的经营业务、经营资产、管理层未发生较大变化，最近一年内发行人的股东结构未发生较大变化。

二、审核人员在审核开业时间不满三年、以发起设立方式成立的股份有限公司是否可以连续计算经营业绩时，按照下列标准掌握：

1、主要发起人为国有大中型企业或者实行企业化经营的国有事业单位；

2、主要发起人以具有经营业绩的经营性资产出资；

3、最近三年内发行人的经营业务、经营资产、管理层未发生较大变化，最近一年内发行人的股东结构未发生较大变化。

主要发起人和其他发起人均以经营性资产出资的，主要发起人的经营业绩可以连续计算，其他发起人的经营业绩不能连续计算。

发行人须提供其他发起人投入的经营性资产的经审计的财务报表，并提供包含所有发起人业绩的财务报表作为备考报表，备考报表须在招股说明书中摘要披露。

若作为主要发起人的国有大中型企业或实行企业化经营的国有事业单位在连续计算其经营业绩的会计年度内亏损，最近三年连续盈利问题还须符合《股票发行审核备忘录（第3号）》的要求。

本指引所称的主要发起人，是指股份有限公司第一大股东且持股比例在30%以上的发起人。

三、审核人员在审核开业时间不满三年、以有限责任公司整体变更为股份有限公司的方式成立且有限责任公司存续时间已满三年的发行人是否可以连续计算经营业绩时，按照下列标准掌握：

1、有限责任公司以变更基准日经审计的净资产额折合为股份有限公司的股份；

2、最近三年内发行人的经营业务、经营资产、管理层未发生较大变化，最近一年内发行人的股东结构未发生较大变化。

中外合资经营企业和具有法人资格的中外合作经营企业、外资企业，若其组织形式为有限责任公司，并按照《公司法》和《关于设立外商投资股份有限公司若干问题的暂行规定》的规定，整体变更设立股份有限公司的，比照前款执行。

四、审核人员在审核开业时间不满三年、先改制设立有限责任公司，再依法变更为股份有限公司且有限责任公司存续时间不满三年的发行人是否可以连续计算经营业绩时，比照本指引第二条的标准掌握。

五、审核人员在审核资产评估结果帐务处理对连续计算经营业绩的影响时，按照《股票发行审核备忘录（第2号）》的标准掌握。

中国证监会发行监管部

二零零二年九月二十七日

股票发行审核标准备忘录第16号
——首次公开发行股票的公司专项复核的审核要求

为提高股票发行核准工作的质量和效率，证监会发行监管部在审核首次公开发行股票的公司（以下简称发行人）的申请文件时，如发现其申报财务会计资料存在重大疑问，或其财务会计方面的内部控制制度有可能存在重大缺陷、并由此导致申报资料存在重大问题时，可以要求发行人另行委托一家具备证券执业资格、信誉良好的会计师事务所对申报财务会计资料的特定项目进行专项复核。专项复核的决定由证监会发行监管部作出。

专项复核应遵照以下程序和标准执行：

一、专项复核的目的

专项复核的目的是为发行人申报财务会计资料的可靠性提供重要依据。

二、专项复核的范围

确定专项复核范围的标准为：

1、专项复核的问题应明确且可操作；

2、专项复核仅针对特定期间的财务会计数据，原则上不涉及申报期间以外的事项。

三、专项复核事务所的选择

发行人在接到证监会发行监管部出具的要求专项复核的书面反馈意见后，应根据证监会会计部发布的《具备执行A股公司补充审计试点业务及首次发行证券过程中的专项复核业务资格的会计师事务所名单》（会计部便函【2002】25号，附后），自行选择拟委托的会计师事务所。

发行人的申报会计师事务所不能承担发行人的专项复核工作。

四、专项复核会计师事务所的工作要求

会计师事务所接受专项复核委托后，应遵照以下要求执行业务：

1、应当恪守独立、客观、公正的原则，以应有的职业谨慎态度独立开展专项复核工作，形成复核结论，出具专项复核报告。

2、在间隔专项复核报告出具日至少一个完整会计年度后，方可向同一发行人提供审计服务及相关服务。

3、应当按照财政部《企业会计准则》、《企业会计制度》及其他有关规定，中注协颁布的《中国注册会计师独立审计准则》及有关执业规范，以及证监会的信息披露要求，根据证监会发行监管部的书面反馈意见和发行人具体情况拟定专项复核工作计划、确定复核范围和程序，并应在实施之前将专项复核工作计划报证监会发行监管部备案。专项复核工作计划应包括复核程序、复核时间、出具专项复核报告时间等内容。

五、专项复核报告的要求

执行专项复核业务的会计师事务所应出具专项复核报告，该报告应由两名具有证券、期货从业资格的注册会计师签名、盖章（其中至少一名为合伙人或主任会计师或其授权的副主任会计师），并加盖事务所公章。

专项复核报告至少应包括四个部分：

1、复核时间、范围及目的；

2、相关责任；

3、履行的复核程序；

4、复核结论。

专项复核会计师应对复核事项提出明确的复核意见，不得以"未发现"等类似的消极意见代替复核结论。专项复核报告最迟应在发行人申报财务资料有效期截止前一个月送至中国证监会。

六、专项复核差异的处理

如果专项复核会计师就复核事项所出具的复核意见与原申报财务资料存在差异，发行人、主承销商及申报会计师应就该复核差异提出处理意见，审核人员应将该复核差异及处理情况向股票发行审核委员会汇报。

七、专项复核报告的使用

专项复核报告作为发行人申请文件的组成部分，供证监会发行监管部、股票发行审核委员会履行核准工作职责时使用。执行专项复核的会计师事务所应根据其履行的程序、出具的复核结论承担相应的法律责任。

具备执行首次发行证券过程中的专项复核业务资格的会计师事务所名单

1、天健会计师事务所有限公司

2、北京京都会计师事务所有限责任公司

3、毕马威华振会计师事务所

4、信永中和会计师事务所有限责任公司

5、上海立信长江会计师事务所有限公司

6、上海众华沪银会计师事务所

7、安永大华会计师事务所有限责任公司

8、德勤华永会计师事务所

9、普华永道中天会计师事务所

10、江苏天衡会计师事务所有限公司

11、浙江天健会计师事务所有限公司

12、厦门天健华天会计师事务所

13、广东正中珠江会计师事务所有限公司

14、深圳大华天诚会计师事务所

15、深圳天健信德会计师事务所有限责任公司

中国证监会发行监管部

二零零三年二月二十八日

证券投资基金信息披露编报规则第1号——主要财务指标的计算及披露

第一条　为规范证券投资基金（以下简称"基金"）的信息披露行为，提高基金各主要财务指标计算的合理性和可比性，特制订本规则。

第二条 基金信息披露义务人在基金定期报告等公开披露信息文件中披露相关财务指标时，应按本规则进行计算和披露；并保证计算财务指标所采用的数据真实、准确、完整。

第三条 加权平均单位基金本期净收益根据公式（略），其中：P为本期基金净收益，So为期初基金单位总份额，n为报告期内所含的交易天数，i为报告期内的第i个交易日，ΔSi＝i交易日基金单位总份额－(i－1)交易日基金单位总份额。

第四条 期末可供分配基金收益的计算公式如下：期末可供分配基金收益＝本期净收益＋期初未分配收益＋本期损益平准金（若有）－本期已分配收益－期末未实现利得损失（若有）其中，期末未实现利得损失为"未实现利得"科目期末借方余额。

第五条 期末可供分配单位基金收益的计算公式如下：期末可供分配单位基金收益＝期末可供分配基金收益÷期末基金单位总份额

第六条 期末单位基金资产净值的计算公式如下：期末单位基金资产净值＝期末基金资产净值÷期末基金单位总份额

第七条 基金加权平均净值收益率的计算公式（略）其中：P为本期基金净收益，NAVo为期初基金资产净值；n为报告期内所含交易天数，i为报告期内的第i个交易日，ΔNAVi＝i交易日基金资产净值－(i－1)交易日基金资产净值；w为报告期内所含交易周数，k为报告期内的第k个交易周数，ΔNAVk＝i交易周披露的基金资产净值－(i－1)交易周披露的基金资产净值。

第八条 本期单位基金净值增长率的计算公式如下：

本期单位基金净值增长率＝（本期第一次分红或扩募前单位基金资产净值÷期初单位基金资产净值）×（本期第二次分红或扩募前单位基金资产净值÷本期第一次分红或扩募后单位基金资产净值）×……×（期末单位基金资产净值÷本期最后一次分红或扩募后单位基金资产净值）－1 其中：

分红前单位基金资产净值按除息日前一交易日的单位基金资产净值计算

分红后单位基金资产净值＝分红前单位基金资产净值－单位分红金额

扩募前单位基金资产净值＝实收基金除权日前一交易日基金资产净值÷扩募前基金总份额

扩募后单位基金资产净值＝（实收基金除权日前一交易日基金资产净值＋扩募金额＋扩募期间冻结利息＋扩募费结余）÷扩募后基金总份额

计算期内成立基金的期初单位基金资产净值＝（成立日实收基金＋未折为基金份额的发行期间冻结利息＋封闭式基金的发行费结余）÷成立日基金单位总份额

第九条 单位基金累计净值增长率的计算公式如下：

单位基金累计净值增长率＝（第一年度单位基金资产净值增长率＋1）×（第二年度单位基金资产净值增长率＋l）×（第三年度单位基金资产净值增长率＋1）×……×（上年度单位基金资产净值增长率＋1）×（本期单位基金资产净值增长率＋1）－1

第十条 除基金契约或招募说明书另有规定外，期末可供分配单位基金收益、期末单位基金资产净值应当保留至小数点后第四位，以百分数形式表示的财务指标应保留两位小数，其他基金财务指标可保留至小数点后第二位。

第十一条 基金财务指标的计算方法在连续披露中应当保持一致，不得任意调整。如果法规要求确实需要调整相关财务指标的计算方法，应当说明调整原因。

第十二条 基金因会计政策及会计差错更正追溯调整以前年度财务指标中相关数据的，应当同时披露调整前后的财务指标。

第十三条 如果基金在某一披露时段中成立，其财务指标应按实际存续期计算，不能按整个时段进行折算。

第十四条 本规则是对基金财务指标计算及披露的最低要求。为使投资者充分了解相关指标的含义，信息披露义务人在认为必要时，可以浅显的语言对基金财务指标的计算方法进行补充说明，但该补充说明的内容或披露形式不得与本规则的其他要求相冲突．

第十五条 在列示涉及基金业绩表现的财务指标时，应当有费用提示条款，包括但不限于，"所述基金业绩指标不包括持有人认购或交易基金的各项费用（例如，封闭式基金交易佣金、开放式基金的申购赎回费、红利再投资费、基金转换费等），计入费用后实际收益水平要低于所列数字"。

第十六条 本规则由中国证监会负责解释。

第十七条 本规则自2004年1月1日起施行。

证券投资基金信息披露编报规则第2号——基金净值表现的编制及披露

第一条 为规范证券投资基金（以下简称"基金"）的信息披露行为，提高基金净值表现编制与披露的合理性和可比性，特制订本规则。

第二条 基金信息披露义务人在基金定期报告等公开披露信息文件中披露有关基金净值表现时，应按照本规则进行编制或披露，并保证净值表现编制所采用的数据准确、连贯和完整。

第三条 基金应当按照《证券投资基金会计核算办法》的估值原则，以及基金契约和招募说明书载明的估值事项，对资产进行估值。具体应符合以下要求：

（一）封闭式基金和开放式基金应于每个交易日当天进行估值。

（二）任何上市流通的有价证券须以估值日在证券交易所挂牌的市价估值（封闭式基金按平均价估值，开放式基金按收盘价估值）；估值日无交易的，以最近交易日的市价估值。配股和增发新股须以估值日在证券交易所挂牌的同一股票的市价估值。首次公开发行的股票，按成本估值。证券交易所市场未实行净价交易的债券按估值日收盘价减去债券收盘价中所含的债券应收利息得到的净价进行估值，估值日没有交易的，按最近交易日债券收盘价计算得到的净价估值。如有确凿证据表明按上述方法进行估值不能客观反映有价证券的公允价值，基金管理公司应根据具体情况与基金托管人商定后，按最能反映公允价值的价格估值。

（三）债券利息收入、存款利息收入、买入返售证券收入等固定收益的确认必须采用权责发生制原则。

（四）股利收入的确认必须采用权责发生制原则。

第四条 在编制和披露基金资产净值时，应当遵循以下原则：

（一）计算期基金净值变动数包括本期基金净收益、期末投资未实现利得变动数、本期向基金持有人分配收益产生的净值变动数，开放式基金计算期净值变动数还应包括本期因基金单位交易产生的基金净值变动数。

（二）计算期基金净收益应当在基金本期收入的基础上扣除本期基金管理费、基金托管费等基金运作过程中发生的各项费用。

（三）基金应只披露实际净值表现，而不能将实际净值表现与预计净值表现联系在一起不加区分地披露。

第五条 披露过往一定阶段单位基金资产净值增长率及其与同期业绩比较基准收益率的比较时，应参照如下例表格式进行列示：

基金XX历史各时间段净值增长率与同期业绩比较基准收益率比较例表

阶段	净值增长率①	净值增长率标准差②	业绩比较基准收益率③	业绩比较基准收益率标准差④	①－③	②－④
过去×个月						
过去×年						
自基金成立起至今						

历史各时间段净值增长率的计算参照《证券投资基金信息披露编报规则第1号〈主要财务指标的计算及披露〉》第八条。

例表中的年和月均指自然年度和月份。在计算净值增长率及净值增长率标准差时，封闭式基金采用周净值数据，开放式基金采用交易日净值数据。

在计算过去×个月的相关指标时，若倒推×个月的当日没有单位净值，则采用该日之前披露的最近单位净值。

标准差＝，其中，Xi为第i周（或第i个交易日）的净值增长率或业绩比较基准收益率，X为增长率或收益率的均值。

第六条 在披露基金自成立以来单位基金资产净值的变动情况，并与同期业绩比较基准的变动进行比较时，应参照如下例图进行列示：

基金XX累计净值增长率与业绩比较基准收益率的历史走势对比例图，基金累计净值增长率的计算参照《证券投资基金信息披露编报规则第1号〈主要财务指标的计算及披露〉》第八条。

如果基金契约对基金成立后特定期限内投资比例进行约定的，还应在走势对比图下注明契约的相关约定及其实际履行情况。

如果基金自成立起至披露时点不满一年，应作出说明或在图中列示。

走势对比图纵轴最高点与最低点间至少应有五个等分。

第七条 将基金每年的净值增长率与同期业绩比较基准的收益率进行比较时，应参照如下例图进行列示：

基金XX净值增长率与业绩比较基准历年收益率对比例图，如需列示基金成立当年的净值增长率，则应按当年实际存续期计算，不能按整个自然年度进行折算；基金应就上述情况作出说明或在图中列示。

第八条 将基金净值表现与同期业绩比较基准进行比较的，业绩比较基准的选择应当符合下列要求：

（一）基金业绩比较基准的选择必须符合基金契约、基金招募说明书的规定。

（二）根据基金契约、招募说明书约定采用自定义业绩比较基准的，必须简要说明该业绩比较基准的构建以及再平衡过程；业绩比较基准可以采用某一股票指数与某一债券指数按照一定比例合成的基准；所采用的指数应当是市场公开披露的指数。

（三）如果未能按要求列示业绩比较基准，必须说明原因。

（四）如果业绩比较基准发生变更，必须说明更改的日期、原因和内容。

第九条 本规则是对基金净值表现编制及披露的最低要求。为使投资者充分了解基金的净值表现，信息披露义务人在认为必要时，可提供本规则要求之外的关于基金净值表现的补充信息；例如，在披露过往一定阶段单位基金资产净值增长率及其与同期业绩比较基准的比较时，可补充披露跟踪误差、贝塔系数等指标。

第十条 只有在符合以下条件时，原有基金的净值表现可以被用作新基金净值的历史记录：

（一）基金仅更换名称，基金原有投资目标、投资范围、投资策略和选股标准等完全没有变化；

（二）基金更换基金经理或调整基金经理小组成员，基金原有投资目标、投资范围、投资策略和选股标准等完全没有变化；

（三）中国证监会认定的其他情形。

在引用原有基金的净值表现时，应对上述更换事项或情形作出说明。

第十一条 本规则由中国证监会负责解释。

第十二条 本规则自2004年1月1日起施行。

中国证券监督管理委员会股票发行审核委员会暂行办法

第一章 总 则

第一条 为了保证在股票发行审核工作中贯彻公开、公平、公正的原则，提高股票发行审核工作的质量和透明度，根据《中华人民共和国证券法》的有关规定，制定本办法。

第二条 中国证券监督管理委员会（以下简称中国证监会）设立股票发行审核委员会（以下简称发审委），依照《中华人民共和国公司法》、《中华人民共和国证券法》等法律、行政法规和中国证监会的规定，对发行人的股票发行申请文件和中国证监会有关职能部门的初审报告进行审核。

发审委以投票方式对股票发行申请进行表决，提出审核意见。

中国证监会在发审委审核意见的基础上，依照法定条件核准股票发行申请。

第三条 发审委通过发审委工作会议（以下简称发审委会议）履行职责。

第四条 中国证监会负责对发审委事务的日常管理以及对发审委委员的考核和监督。

第五条 股票发行核准程序应当公开，依法接受监督。

第二章 发审委的组成

第六条 发审委委员由有关行政机关、行业自律组织、研究机构和高等院校等推荐，由中国证监会聘任。

发审委委员为25名，部分发审委委员可以为专职。其中中国证监会的人员5名，中国证监会以外的人员20名。

发审委设会议召集人5名。

第七条 发审委委员每届任期一年，可以连任，但连续任期最长不超过3届。

第八条 发审委委员应当符合下列条件：

（一）坚持原则，公正廉洁，忠于职守，严格遵守国家法律、行政法规和规章；

（二）熟悉证券、会计业务及有关的法律、行政法规和规章；

（三）精通所从事行业的专业知识，在所从事的领域内有较高声誉；

（四）没有违法、违纪记录；

（五）中国证监会认为需要符合的其它条件。

第九条 发审委委员有下列情形之一的，中国证监会应当予以解聘：

（一）违反法律、行政法规、规章和发行审核工作纪律的；

（二）未按照中国证监会的有关规定勤勉尽职的；

（三）本人提出辞职申请的；

（四）2次以上无故不出席发审委会议的；

（五）经中国证监会考核认为不适合担任发审委委员的其他情形。

发审委委员的解聘不受任期是否届满的限制。发审委委员解聘后，中国证监会应及时选聘新的发审委委员。

第三章 发审委的职责

第十条 发审委的职责是：根据有关法律、行政法规和中国证监会的规定，审核股票发行申请是否符合公开发行股票的条件；审核保荐机构、会计师事务所、律师事务所、资产评估机构等证券中介机构及相关人员为股票发行所出具的有关材料及意见书；审核中国证监会有关职能部门出具的初审报告；依法对股票发行申请提出审核意见。

第十一条 发审委委员以个人身份出席发审委会议，依法履行职责，独立发表审核意见并行使表决权。

第十二条 发审委委员可以通过中国证监会有关职能部门调阅履行职责所必需的与发行人有关的资料。

第十三条 发审委委员应当遵守下列规定：

（一）按要求出席发审委会议，并在审核工作中勤勉尽职；

（二）保守国家秘密和发行人的商业秘密；

（三）不得泄露发审委会议讨论内容、表决情况以及其他有关情况；

（四）不得利用发审委委员身份或者在履行职责上所得到的非公开信息，为本人或者他人直接或者间接谋取利益；

（五）不得私下与本次所审核发行人及其他相关单位或者个人进行接触，不得接受发行人及相关单位或者个人提供的资金、物品及其他利益；

（六）不得有与其他发审委委员串通表决或者诱导其他发审委委员表决的行为；

（七）中国证监会的其他有关规定。第十四条发审委委员有义务向中国证监会举报任何以不正当手段对其施加影响的发行人及其他相关单位或者个人。

第十五条 发审委委员审核股票发行申请文件时，有下列情形之一的，应及时提出回避：

（一）发审委委员或者其亲属担任发行人或者保荐机构的董事（含独立董事，下同）、监事、经理或者其他高级管理人员的；

（二）发审委委员或者其亲属、发审委委员所在工作单位持有发行人的股票，可能影响其公正履行职责的；

（三）发审委委员或者其所在工作单位近两年来为发行人提供保荐、承销、审计、评估、法律、咨询等服务，可能妨碍其公正履行职责的；

（四）发审委委员或者其亲属担任董事、监事、经理或者其他高级管理人员的公司与发行人或者保荐机构有行业竞争关系，经认定可能影响其公正履行职责的；

（五）发审委会议召开前，与本次所审核发行人及其他相关单位或者个人进行过接触，可能影响其公正履行职责的；

（六）中国证监会认定的可能产生利害冲突或者发审委委员认为可能影响其公正履行职责的其他情形。

前款所称亲属，是指发审委委员的配偶、父母、子女、兄弟姐妹、配偶的父母、子女的配偶、兄弟姐妹的配偶。

第十六条 发行人及其他相关单位和个人如果认为发审委委员与其存在利害冲突或者潜在的利害冲突，可能影响发审委委员公正履行职责的，可以在发审委会议召开3日前，向中国证监会提出要求有关发审委委员予以回避的书面申请，并说明理由。

中国证监会根据发行人及其他相关单位和个人提出的书面申请，决定相关发审委委员是否回避。

第十七条 发审委委员接受聘任后，应当承诺遵守中国证监会有关对发审委委员的规定和纪律要求，认真履行职责，接受中国证监会的考核和监督。

第四章　发审委工作程序

第十八条　发审委通过召开发审委会议进行审核工作，每次参加发审委会议的发审委委员为7名。

第十九条　中国证监会有关职能部门应当在发审委会议召开5日前，将会议通知、股票发行申请文件及中国证监会有关职能部门的初审报告送达参会发审委委员，并将发审委会议审核的发行人名单、会议时间、发行人承诺函和参会发审委委员名单在中国证监会网站上公布。

中国证监会有关职能部门负责安排发审委会议、送达有关审核材料、起草发审委会议纪要、保管档案等具体工作。

第二十条　发审委会议召集人按照中国证监会的有关规定负责召集发审委会议，组织发审委委员发表意见、讨论，总结发审委会议审核意见和组织投票等事项。

第二十一条　发审委委员应依据法律、行政法规和中国证监会的规定，结合自身的专业知识，独立、客观、公正地对股票发行申请进行审核。

发审委委员应当以审慎、负责的态度，全面审阅发行人的股票发行申请文件和中国证监会有关职能部门出具的初审报告。在审核时，发审委委员应当在工作底稿上填写个人审核意见：

（一）发审委委员对初审报告中提请发审委委员关注的问题和审核意见有异议的，应当在工作底稿上对相关内容提出有依据、明确的审核意见；

（二）发审委委员认为发行人存在初审报告提请关注问题以外的其他问题的，应当在工作底稿上提出有依据、明确的审核意见；

（三）发审委委员认为发行人存在尚待调查核实并影响明确判断的重大问题的，应当在工作底稿上提出有依据、明确的审核意见。

发审委委员在发审委会议上应当根据自己的工作底稿发表个人审核意见，同时应当根据会议讨论情况，完善个人审核意见并在工作底稿上予以记录。

发审委会议在充分讨论的基础上，形成会议对发行人股票发行申请的审核意见，并对发行人是否符合公开发行股票的条件进行表决。

第二十二条　发审委会议对发行人的股票发行申请形成审核意见之前，可以请发行人代表和保荐代表人到会接受发审委委员的询问。

第二十三条　发审委会议表决采取记名投票方式。表决票设同意票和反对票，同意票数达到5票为通过，同意票数未达到5票为未通过。发审委委员不得弃权。发审委委员在投票时应当在表决票上说明理由。

中国证监会有关职能部门负责对发审委会议讨论情况进行记录。发审委会议结束后，参会发审委委员应当在会议记录、审核意见、表决结果等会议资料上签名确认，同时提交工作底稿。

第二十四条　发审委对发行人的股票发行申请只进行一次审核。

出现发审委会议审核意见与表决结果有明显差异或者发审委会议表决结果显失公正情况的，中国证监会可以进行调查，并依法做出核准或者不予核准的决定。

第二十五条　发审委委员发现存在尚待调查核实并影响明确判断的重大问题，经出席会议的5名发审委委员同意，可以对该股票发行申请暂缓表决一次。

暂缓表决的股票发行申请再次提交发审委会议审核时，原则上仍由原发审委委员审核。

第二十六条　发审委会议对发行人的股票发行申请表决通过后，中国证监会在网站上公布表决结果。

发审委会议对发行人股票发行申请提出的审核意见，中国证监会有关职能部门应当向发行人保荐机构进行书面反馈。

第二十七条　在发审委会议对发行人的股票发行申请表决通过后至中国证监会核准前，发行人发生了与所报送的股票发行申请文件不一致的重大事项，中国证监会有关职能部门可以提请发审委召开会后事项发审委会议，对该发行人的股票发行申请文件重新进行审核。会后事项发审委会议的参会发审委委员不受是否审核过该发行人的股票发行申请的限制。

第二十八条　发审委会议根据审核工作需要，可以邀请发审委委员以外的行业专家到会提供专业咨询意见。发审委委员以外的行业专家没有表决权。

第二十九条　发审委每年应当至少召开一次全体会议，对审核工作进行总结。

第三十条　发审委审核工作所需费用，由中国证监会支付。

第五章　对发审委审核工作的监督

第三十一条　中国证监会对发审委实行问责制度。出现发审委会议审核意见与表决结果有明显差异的，中国证监会可以要求所有参会发审委委员分别作出解释和说明。

第三十二条　发审委委员存在违反本办法第十三条规定的行为，或者存在对所参加发审委会议应当回避而未提出回避等其他违反发审委工作纪律的行为的，中国证监会应当根据情节轻重对有关发审委委员分别予以谈话提醒、批评、解聘等处理。

第三十三条　中国证监会建立对发审委委员违法、违纪行为的举报监督机制。

对有线索举报发审委委员存在违法、违纪行为的，中国证监会应当进行调查，根据调查结果对有关发审委委员分别予以谈话提醒、批评、解聘等处理；涉嫌犯罪的，依法移交司法机关处理。

第三十四条　中国证监会对发审委委员的批评可以在新闻媒体上公开。

第三十五条　在发审委会议召开前，有证据表明发行人、其他相关单位或者个人直接或者间接以不正当手段影响发审委委员对发行人股票发行申请的判断，或者以其他方式干扰发审委委员审核的，中国证监会可以暂停对有关发行人的发审委会议审核。

发行人股票发行申请通过发审委会议后，有证据表明发行人、其他相关单位或者个人直接或者间接以不正当手段影响发审委委员对发行人股票发行申请的判断，或者以其他方式干扰发审委委员审核的，中国证监会可以暂停核准；情节严重的，中国证监会不予核准。

第三十六条　发行人的保荐机构有义务督促发行人遵守本办法的有关规定。保荐机构唆使、协助或者参与干扰发审委工作的，中国证监会按照有关规定在3个月内不受理该保荐机构的推荐。

第六章　附　则

第三十七条　依照法律、行政法规，发审委审核可转换公司债券等其他证券的发行申请，适用本办法。

第三十八条　本办法自发布之日起施行。

二〇〇三年十二月五日

中国证券监督管理委员会股票发行审核委员会工作细则

为规范中国证券监督管理委员会股票发行审核委员会（以下简称发审委）的工作，更好地在发审委工作中贯彻公开、公平、公正原则，提高股票发行审核工作的质量和透明度，根据《中国证券监督管理委员会股票发行审核委员会暂行办法》（以下简称《暂行办法》），制定本工作细则。

一、发审委会议前的工作规程

（一）中国证券监督管理委员会发行监管部（以下简称发行监管部）具体负责股票发行审核委员会工作会议（以下简称发审委会议）的各项工作，其中发审委会议的准备工作主要包括确定发审委会议日期、发审委会议审核的发行人、出席发审委会议的发审委委员（以下简称委员）、向委员送达发审委会议通知、发行人的股票发行申请文件和发行监管部出具的初审报告（以下简称审核材料），以及将发审委会议的有关信息在中国证券监督管理委员会网站上公布。

（二）发行监管部应当在每月月底前制定下月发审委会议召开计划并告知全体委员，非专职委员应当在每月月底前将下月能参加发审委会议的时间安排报告发行监管部。发审委会议原则上应当在每周固定时间召开。

（三）发行监管部安排发审委会议审核发行人的顺序，原则上按照发行人向发行监管部报送审核材料的时间先后确定。

（四）发行监管部在发审委会议召开5天前，将会议通知及审核材料送达参会委员，并请委员签收。外地委员的审核材料可以采取委员认可的方式送达。

(五)发行监管部在将会议通知及审核材料送达参会委员后,应当将发审委会议审核的发行人名单、发行人承诺函、会议时间和参会委员名单在中国证券监督管理委员会网站上公布。

(六)委员若发现存在须回避情形的或者已确定出席发审委会议后又因特殊原因不能出席会议的,需在会议召开3天前通知发行监管部,并提出书面申请及理由。发行监管部经核实后对参会委员作相应调整。

(七)发行人及其他相关单位和个人依据《暂行办法》第十六条规定向发行监管部提出要求有关委员予以回避的书面申请时,应当就"利害冲突或者潜在的利害冲突"在书面申请中作出说明。

(八)委员收到审核材料后,应当按照《暂行办法》第二十一条规定,根据法律、行政法规和中国证券监督管理委员会有关规定,全面审阅审核材料,并按要求填写审核工作底稿。

(九)委员审核材料期间,经发行监管部登记后,可调阅履行职责所必需的与发行人有关的资料。

二、发审委会议的工作规程

(一)发审委会议议程如下:

1、出席会议委员达到规定人数后,委员填写本次发审委会议中国证券监督管理委员会股票发行审核委员会委员与发行人接触事项的有关说明,交由发行监管部工作人员核对后,召集人宣布会议开始并主持会议。

2、发行监管部预审人员向委员报告审核情况,并就有关问题提供说明。

3、召集人组织委员对初审报告中提请委员关注的问题和审核意见逐一发表个人审核意见,对委员发现的发行人存在初审报告提请关注问题以外的其他问题发表个人审核意见。

4、发行人代表和保荐代表人(不超过3人)到会陈述和接受询问。

5、召集人总结委员的主要审核意见,形成发审委会议对发行人股票发行申请的审核意见。

6、委员对发审委会议记录、审核意见记录确认并签名。

7、委员进行投票表决。表决方式采取封闭式记名投票,委员个人的投票意见不对外公布。

8、发行监管部工作人员负责监票及统计投票结果。

9、召集人宣布表决结果。

10、委员在发审委会议表决结果上签名,同时提交审核工作底稿。

(二)发行监管部工作人员负责发审委会议记录、审核意见记录和会议考勤记录,并对会议全过程进行录音。

(三)发审委会议依据《暂行办法》第二十五条规定对发行人的股票发行申请暂缓表决的,按以下规定办理:

1、发审委会议同意对发行人的股票发行申请暂缓表决后,发行人应当在收到有关审核意见之日起1个月内向发审委提出再审申请。

2、被暂缓表决的股票发行申请再次提交发审委会议审核时,原发审委委员如果无法参会,应当向发行监管部作出说明。

三、发审委会议后的工作规程

(一)发审委会议的次日,发行监管部负责将经发审委会议表决通过的发行人名单在中国证券监督管理委员会网站上公布。

(二)依据《暂行办法》第二十七条规定召开的会后事项发审委会议还应当遵守以下规定:

1、会后事项发审委会议应当对发行人完整的申请文件进行审核。

2、会后事项发审委会议不设暂缓表决。

3、会后事项发审委会议只召开1次。

4、中国证券监督管理委员会的其他规定。

四、发审委会议纪律

(一)委员应当遵守以下规定:

1、委员应当在规定时间内提出回避申请,不得拖延或者在发审委会议现场提出回避申请。

2、委员应当按时参加发审委会议,不迟到、不早退、不在会议期间无故离开会场。

3、审核材料应当由委员妥善保管,不得对外泄露,待发审委会议结束后由发行监管部工作人员收回。

4、发审委会议召开过程中,参会人员应当关闭手机、呼机及其他通讯工具。

5、委员不得与其他发审委委员串通表决或者诱导其他发审委委员表决。

6、委员不得泄露发审委会议讨论内容、表决情况及其他有关情况。

7、委员不得利用发审委委员身份从事与发行审核无关的活动。

(二)发审委会议召集人应当遵守以下规定:

1、主持发审委会议,维持发审委会议纪律,根据发行人的具体情况掌握发审委会议进度。

2、组织委员在发审委会议上发表个人审核意见。

3、集中归纳参会委员需向发行人代表和保荐代表人询问的问题。

4、对发审委会议讨论、关注的问题进行归纳和总结。

5、负责总结参会委员的主要审核意见,形成本次发审委会议对发行人股票发行申请的审核意见。

6、组织参会委员投票表决,宣读表决结果。

(三)委员任期届满,中国证券监督管理委员会将对委员遵守发审委纪律和履行职责的情况进行考核和评估。

(四)中国证券监督管理委员会发现发行人及其他相关单位或者个人以任何不正当手段影响委员或者干扰发审委审核的,发行监管部将暂停安排发审委会议对相关发行人股票发行申请的审核。

五、附则

本工作细则自发布之日起施行。2001年4月4日发布的《中国证券监督管理委员会股票发行审核委员会工作程序执行指导意见》(证监发(2001)54号)和2002年7月18日发布的《关于〈中国证券监督管理委员会股票发行审核委员会工作程序执行指导意见〉的补充通知》(证监发(2002)52号)同时废止。

二〇〇三年十二月十一日

上市公司股东持股变动信息披露管理办法

第一章　总　则

第一条　为规范上市公司股东持股变动信息披露行为,监督上市公司股东持股变动信息披露义务人按照规定要求履行信息披露义务,保护投资者合法权益,维护证券市场正常秩序,根据《公司法》、《证券法》及其他法律和相关行政法规,制定本办法。

第二条　本办法所称上市公司股东持股变动(以下简称持股变动),是指通过在证券交易所的股份转让活动,投资者持有的一个上市公司股份数量发生或者可能发生变化的情形;或者持股数量虽未发生变化,但通过在证券交易所的股份转让活动以外的其他合法途径,投资者控制的一个上市公司股份数量发生或者可能发生变化的情形。

第三条　持股变动信息披露义务人应当按照本办法规定严格履行信息披露义务,其所披露的信息应当真实、准确、完整,不得有虚假记载、误导性陈述或者重大遗漏。

信息披露义务人及其他知情人员,在有关持股变动信息依法披露之前,不得以任何方式泄露相关信息。

第四条　任何人不得利用持股变动损害上市公司及其股东的合法权益。

任何人不得利用持股变动进行内幕交易、操纵市场或者其他欺诈活动。

第五条　中国证券监督管理委员会(以下简称中国证监会)依法对持股变动的信息披露行为实行监督管理。

证券交易所和证券登记结算机构根据中国证监会赋予的职责及其业务规则,对持股变动信息披露行为实行日常监督管理。

第二章　持股变动信息披露义务人

第六条　本办法所称持股变动信息披露义务人(以下简称信息披露义务人),是指持有、控制一个上市公司的股份数量发生或者可能发生变化达到规定比例,按照本办法的规定应当履行信息披露义务的股份持有人、股份控制人和一致行动人。

第七条　股份持有人是指在上市公司股东名册上登记在册的自然人、法人或者其他组织。

第八条　股份控制人是指股份未登记在其名下,通过在证券交易所股份转让活动以外的股权控制关系、协议或者其他安排等合法途径,控制由他人持有的上市公司股份的自然人、法人或者其他组织。

第九条　一致行动人是指通过协议、合作、关联方关系等合法途径扩大其对一个上市公司股份的控制比例,或者巩固其对上市公司的控制地位,在行使上市公司表决权时采取相同意思表示的两个以上的自然人、法人或者其他组织。

前款所称采取相同意思表示的情形包括共同提案、共同推荐董事、委托行使未注明投票意向的表决权等情形；但是公开征集投票代理权的除外。

第十条 一致行动人自一致行动关系形成之日起，应当向证券登记结算机构申请临时保管各自持有、控制的该公司的全部股票，临时保管期不得少于六个月。

第十一条 信息披露义务人应当合并计算其所持有、控制的同一上市公司股份。

持有、控制一个上市公司已发行的可转换公司债券的信息披露义务人，在可转换公司债券的转换期间，应当将其有权转换部分与其所持有、控制的同一上市公司的股份合并计算。

第三章 持股变动报告书及公告

第十二条 信息披露义务人依照本办法规定履行信息披露义务，应当向证券交易所提交上市公司股东持股变动报告书（以下简称持股变动报告书）。

前款义务人在提交持股变动报告书的同时，应当报送中国证监会，抄报上市公司所在地的中国证监会派出机构，通知上市公司，并做出公告。

持股变动报告书的内容与格式由中国证监会另行规定。

第十三条 信息披露义务人为多人的，可以以书面形式约定由其中一人负责统一编制持股变动报告书，但各信息披露义务人应当在持股变动报告书上签字盖章。

各信息披露义务人应当对持股变动报告书中涉及其自身的信息承担责任；对持股变动报告书中涉及的与多个信息披露义务人相关的信息，各信息披露义务人对相关部分承担连带责任。

第十四条 持股变动报告书应当载明下列事项：

（一）信息披露义务人的名称、住所；

（二）上市公司名称；

（三）信息披露义务人持有、控制股份的变动情况；

（四）持股变动方式；

（五）信息披露义务人前六个月就该上市公司股份所进行的交易；

（六）中国证监会、证券交易所要求予以载明的其他事项。

第十五条 投资者持有、控制一个上市公司已发行的股份达到百分之五时，应当按照本办法规定履行信息披露义务，在该事实发生之日起三个工作日内提交持股变动报告书。

在上述规定的期限内，该投资者不得再行买卖该上市公司的股票。

新股发行市值配售实施细则

根据中国证监会"关于向二级市场投资者配售新股有关问题的补充通知"，现就本次配售方式的实施作如下说明：

一、配售发行

1、配售比例配售比例根据市值配售部分投资者的需求确定。当比例为100%时，市值配售申购放弃部分由主承销商包销；当比例不足100%时，采取向二级市投资者配售和上网公开发行相结合的方式。

2、市值计算投资者持有上市流通股票的市值，指按发行公告确定的交易日登记在投资者股票账户内的各已上市流通人民币普通股（即A股）的数量乘以该日各股票收盘价的总和，包括可流通但暂时锁定的股份的市值。

每持有1万元上市流通股票市值可申购1千股新股，不足1万元的部分不计入可申购市值。

深市投资者同一证券账户在不同营业部托管的上市流通股票市值合并计算。

交易所、结算公司计算两市投资者持有的上市流通股票的可申购数量，并于T－2日收市后向会员营业部发送。

3、投资者申购股票价格按现行定价方式确定后，两市投资者都可参加在上海证券交易所发行的新股的配售。配售时，分别使用其所持的沪、深两市的股票市值。投资者可依据其所持沪市的股票市值，用上海账户向上海证券交易所申购；并可同时依据其所持深市的股票市值，用深圳账户向深圳证券交易所申购。

同一只新股的配售申购，两个交易所分别使用各自的申购代码。上海证券交易所配售代码为"737＊＊＊"；深圳证券交易所的配售代码为"003＊＊＊"，后三位代码相同。

申购新股的数量最低为1000股，超过1000股的，应为1000股的整数倍。

除基金持有的股票账户外，每个股票账户只能申购一次。超额申购和重复申购部分，两所新股发行系统将自动剔除，只保留有效申购部分。

证券投资基金（包括开放式基金）可以其持有的上市流通股票市值参与配售，基金持有的沪市股票账户由于技术原因可按申购上限重复申购，深市的股票账户只需按其所持市值上限一次性申购，但累计申购总额不得超过基金按规定可申购的总额。

投资者申购新股时，无需预先缴纳申购款。申购一经确认，不得撤销。

4、配号有效申购总量，即两所有效申购量之和经确认后，按以下办法配售新股：

1）当有效申购总量等于拟向二级市场投资者配售的总量时，按投资者的实际申购量配售；

2）有效申购总量小于拟向二级市场投资者配售的总量时，按投资者实际申购量配售后，余额按照招股说明所或招股意向书所确定的方式处理；

3）有效申购总量大于拟向二级市场投资者配售的总量时，沪、深证券交易所按每1000股有效申购量配一个号的规则，对有效申购进行统一连续配号。

5、摇号抽签主承销商于T＋1日，根据总配号量组织统一摇号抽签。投资者每中签一个号配售新股1,000股。会员营业部应于T＋2日在显著位置公布摇号中签结果。

6、中签缴款配售新股中签后，投资者应确保资金账户中有足够的新股认购资金。若中签投资者因资金不足无法足额认购中签股票时，会员营业部应于T＋3日14:00时前，将其放弃认购部分向交易所、结算公司申报。因资金不足而放弃认购的新股，由主承销商包销。

深圳证券交易所原要求投资者在中签后就缴款认购部分进行二次申报，现改为就中签后放弃认购部分进行申报，申报的证券代码仍为"003＊＊＊"，委托价格为0。

放弃认购的数量为实际放弃的数量（可以不是1000的整数倍）。不作放弃认购申报，视同全部缴款认购。

7、登记过户结算公司于T＋3日进行清算交割和股东登记。两市投资者缴纳的新股认购资金，由证券公司分别与中国结算沪、深分公司办理结算交收。新股认购款集中由中国结算上海分公司划付给主承销商。

8、其他事项配售发行一般在正常交易时间内进行。自2002年8月1日起，账户资料中缺少持有人姓名（名称）或者身份证号码（营业执照注册号码）的证券账户，将不允许参加配售。

二、上市交易

1、持有深市账户的投资者获得配售的新股只能委托深圳证券交易所卖出。需要卖出时，与卖出深市其他证券一样，可委托会员营业部向深圳证券交易所进行卖出申报，深圳证券交易所接到卖出指令后向上海证券交易所进行转报，成交回报由上海证券交易所反馈给深圳证券交易所，再发送给会员营业部。

2、配售新股在上海证券交易所挂牌交易时，股票代码为"600＊＊＊"。为便于深市投资者卖出配售中签的股票，新股上市交易后，在深圳证券交易所也挂出对应的代理股票代码，深市的股票代码为"003＊＊＊"，两市股票代码的后三位一致。

3、配售发行的新股，不办理跨市场转托管。

4、市值配售的股票在实施配股时，上海证券交易所配股代码为"700＊＊＊"；以深圳账户持有该股票的投资者，按深圳证券交易所的有关规定，以"083＊＊＊"代码进行配股认购。

5、股票停牌期间，上海证券交易所系统按规则不接受该股票的申报，包括深圳证券交易所系统的转报。

6、持深市股票账户的投资者对市值配售股票的卖出委托，经深圳证券交易所系统转报，以上海证券交易所主机收到后方为有效。

7、深市将实时转发市值配售股票的交易行情，但以上海证券交易所发布的行情为准。

8、对按市值配售的股票，两市投资者在交易时，分别按照各自市场的收费标准缴纳相关交易、结算等费用。

三、登记结算

1、中国结算沪、深分公司分别负责两市投资者在市值配售股票时获配新股的股份登记，并按照两市规则办理结算交收业务。

2、两市同一市值配售股票的权益分派和配股的股权登记日和配股上市日应保持一致，现金红利的到账日按沪市规则统一确定。其他具体运作分别按两市规则执行。

3、市值配售新股的持有人名册由中国结算上海分公司统一提供。

附件1：以定价发行方式向二级市场投资者配售新股操作程序

附件2：新股同时向二级市场投资者配售和上网公开发行的流程

附件3：向二级市场投资者配售新股操作实例

附件1：

以定价发行方式向二级市场投资者配售新股操作程序

(一)T－2日或之前刊登招股说明(意向)书

发行公司披露新股发行价格或价格区间、发行方式和拟上市证券交易所。

交易所、中国证券登记结算公司根据发行公告确定的交易日的收盘价，统计并发送各投资者分别持有的两市上市流通股票的市值。

(二)T－1日或之前刊登发行公告

发行人及其主承销商根据市场情况确定发行价格并公告。

(三)T日投资者申购

投资者按照其可申购新股的数量，自愿委托申购新股。证券交易所确认有效申购，剔除无效申购，并按有效申购量连续配号后，将配号结果传输给各证券营业部。

(四)T＋1日摇号抽签

证券营业部在交易场所的显著位置向投资者公布配号结果。主承销商在中国证券监督管理委员会(以下简称中国证监会)指定报纸上公布中签率，并在公证机关的监督下组织摇号抽签。

证券交易所将中签号码分别传送给登记公司和证券营业部。

(五)T＋2日公布中签结果

证券营业部在交易场所的显著位置张贴中签结果公告。主承销商在中国证监会指定报纸上公布抽签结果。

(六)T＋3日收缴股款、清算、登记

证券营业部向中签投资者收取新股认购款，将股款集中划入登记结算公司的指定账户。

(七)T＋4日交割

证券登记公司将募集资金划入主承销商指定的账户。

(八)T＋5日划款

主承销商将募集资金划入发行公司指定账户。

附件2：

新股同时向二级市场投资者配售和上网公开发行的流程

日期	向二级市场投资者配售	上网公开发行
T－2或之前	刊登招股说明(意向)书	刊登招股说明(意向)书
T－1	刊登发行公告、发行价格	
T	投资者申购，无需缴款 交易所确认有效申购、配号	投资者申购，预先缴款
T＋1	公布配号结果，摇号抽签	冻结资金
T＋2	公布中签结果	验资
T＋3	收缴股款、清算、登记	公布配号结果 摇号抽签、清算、登记
T＋4	交割、划款	公布中签结果，交割、划款
T＋5	主承销商将募集资金 划入发行人帐户	主承销商将募集资金 划入发行人帐户

附件3：

向二级市场投资者按市值配售新股操作实例

假设江西XX股份有限公司定于2002年4月25日，在上交所按市值配售方式上网发行A股，发行量为8000万股，发行价格为6.55元/股，该股上市后的交易代码为600999，简称为"XX股份"。投资者张三所持上海股票账户号码为A123456789，所持深圳股票账户号码为0087654321。

一、市值计算

2002年4月22日收市后，沪、深交易所分别计算投资者拥有A股的可申购市值。经统计，投资者张三持沪市可申购市值为8万6千元，持深市可申购市值为6万8千元。根据市值计算办法，张三最多可向上交所申购8千股新股，向深交所申购6千股新股。

二、发行申购

2002年4月25日(T日)，张三在正常交易时间内以上海证券账户A123456789向上交所申购8千股新股，申购代码为737999，申购价格为6.55元/股；同日的正常交易时间内，张三又以深圳证券账户0087654321向深交所申购8千股新股(注意：已超过了6千股)，申购代码为003999，申购价格同为6.55元/股。

三、配号

2002年4月25日(T日)收市后，沪、深交易所根据2002年4月22日收市后计算的投资者拥有的股票市值，按每1万元上市流通证券市值可申购1千股XX股份，不足1万元的部分不计入可申购市值的原则，对有效申购进行统一连续配号。

张三因同时向两个交易所申购，可获得上交所8个配号，深交所6个配号(注意：并非是8个号，剔除了2个)。

四、中签认购

配售新股中签后，投资者应确保资金账户中有足够的新股认购资金。若中签投资者因资金不足无法足额认购中签股票时，会员营业部应于2002年4月30日(T＋3日)日14:00收市前，将其放弃认购部分向交易所申报。因资金不足而放弃认购的新股，由主承销商包销。

在2000年3月初次试行按市值配售新股时，深交所要求投资者在中签后就中签股份进行缴款认购申报，为同上海一致，现改为就中签后放弃认购部分进行申报，申报的证券代码仍为"003999"，委托价格为0，放弃认购的数量为实际放弃的数量(可以不是1000的整数倍)。如不申报视同全部缴款认购。

假定张三在沪、深两市各中了1000股，且在会员营业部有足够的资金，因而共获配售2000股"XX股份"新股，分别登记托管在结算公司的沪、深分公司。

五、上市交易

2002年5月31日，江西XX股份公司在上交所挂牌上市，其在上交所和深交所的挂牌代码分别为"600999"、"003999"，开盘参考价均为6.55元/股，证券简称统一为"XX股份"；

张三可以通过自己的深市证券账户0087654321向深交所报单，卖出"003999"，也能对自己的卖出委托进行撤单，但不能买入"003999"。

深交所交易系统发布的行情数据中，"003999""XX股份"的行情数据将实时转发上交所的"600999"的行情数据，为准确起见，深市投资者应根据"600999"的实时行情数据确定"003999"的卖出委托价格。

沪市的交易不变。

六、配股

2003年6月2日至6月13日，"XX股份"股票进行配股，配股比例为10配3，配股价格为3.8元/股。持有上海证券账户的投资者按上交所的有关规定，以"700999"代码进行配股认购，配股价格为3.8元/股。

假定张三届时仍以深圳证券账户0087654321持有"XX股份"500股，按深交所的有关规定，其可以"083999"代码向深交所认购150股配股，配股价格为3.8元/股。

认购确认后，其获配股份连同原有股份共650股，同样可通过深交所卖出。

上海证券交易所、深圳证券交易所
中国证券登记结算有限责任公司
二○○二年五月二十二日

关于上市公司增发新股有关条件的通知

各上市公司、各具有主承销商资格的证券公司：

为完善对上市公司增发新股行为的约束机制，现对上市公司增发新股的有关条件作出补充规定。上市公司申请增发新股，除应当符合《上市公司新股发行管理办法》的规定外，还应当符合以下条件：

一、最近三个会计年度加权平均净资产收益率平均不低于10%，且最近一个会计年度加权平均净资产收益率不低于10%。扣除非经常性损益后的净利润与扣除前的净利润相比，以低者作为加权平均净资产收益率的计算依据。

二、增发新股募集资金量不超过公司上年度末经审计的净资产值。

三、发行前最近一年及一期财务报表中的资产负债率不低于同行业上市公司的平均水平。

四、前次募集资金投资项目的完工进度不低于70%。

五、增发新股的股份数量超过公司股份总数20%的，其增发提案还须获得出席股东大会的流通股（社会公众股）股东所持表决权的半数以上通过。股份总数以董事会增发提案的决议公告日的股份总数为计算依据。

六、上市公司及其附属公司最近12个月内不存在资金、资产被实际控制上市公司的个人、法人或其他组织（以下简称"实际控制人"）及关联人占用的情况。

七、上市公司及其董事在最近12个月内未受到中国证监会公开批评或者证券交易所公开谴责。

八、最近一年及一期财务报表不存在会计政策不稳健（如资产减值准备计提比例过低等）、或有负债数额过大、潜在不良资产比例过高等情形。

九、上市公司及其附属公司违规为其实际控制人及关联人提供担保的，整改已满12个月。

十、符合《关于上市公司重大购买、出售、置换资产若干问题的通知》（证监公司字（2001）105号）规定的重大资产重组的上市公司，重组完成后首次申请增发新股的，其最近三个会计年度加权平均净资产收益率不低于6%，且最近一个会计年度加权平均净资产收益率不低于6%，加权平均净资产收益率按照本通知第一条的有关规定计算；其增发新股募集资金量可不受本通知第二条的限制。

本通知自发布之日起施行。2001年3月15日发布的《关于做好上市公司新股发行工作的通知》（证监发（2001）43号）第二条同时废止。

二〇〇二年七月二十四日

关于进一步规范股票首次发行上市有关工作的通知

各具有主承销商资格的证券公司、资产管理公司，拟首次公开发行股票的公司：

为贯彻落实《公司法》关于股份有限公司发行上市条件的基本精神，提高股票首次发行上市公司（以下简称"发行人"）的质量，促进证券市场结构调整，现就进一步规范股票首次发行上市有关工作通知如下：

一、自2004年1月1日起，发行人申请首次公开发行股票并上市，应当自设立股份有限公司之日起不少于三年。

国有企业整体改制设立的股份有限公司、有限责任公司依法整体变更设立的股份有限公司或经国务院批准豁免前款期限的发行人，可不受前款规定期限的限制。

二、发行人申请首次公开发行股票并上市，最近三年内应当在实际控制人没有发生变更和管理层没有发生重大变化的情况下，持续经营相同的业务。因重大购买、出售、置换资产、公司合并或分立、重大增资或减资以及其他重大资产重组行为，导致发行人的业务发生重大变化的，有关行为完成满三年后，方可申请发行上市。

三、发行人申请首次公开发行股票并上市，除需按照《关于对拟发行上市企业改制情况进行调查的通知》（证监发字（1998）259号）的要求，做到人员独立、资产完整和财务独立外，还应当符合下列要求：

（一）与控股股东（或实际控制人）及其全资或控股企业不存在同业竞争；

（二）具有直接面向市场独立经营的能力，最近一年和最近一期，发行人与控股股东（或实际控制人）及其全资或控股企业，在产品（或服务）销售或原材料（或服务）采购方面的交易额，占发行人主营业务收入或外购原材料（或服务）金额的比例，均不超过30%；

（三）具有完整的业务体系，最近一年和最近一期，发行人委托控股股东（或实际控制人）及其全资或控股企业，进行产品（或服务）销售或原材料（或服务）采购的金额，占发行人主营业务收入或外购原材料（或服务）金额的比例，均不超过30%；

（四）具有开展生产经营所必备的资产，最近一年和最近一期，以承包、委托经营、租赁或其他类似方式，依赖控股股东（或实际控制人）及其全资或控股企业的资产进行生产经营所产生的收入，均不超过其主营业务收入的30%；

（五）董事长、副董事长、总经理、副总经理、财务负责人、董事会秘书，没有在控股股东（或实际控制人）中担任除董事以外的其他行政职务，也没有在控股股东（或实际控制人）处领薪；

（六）在独立性方面不存在其他严重缺陷。

四、发行人应当参照《关于在上市公司建立独立董事制度的指导意见》，建立独立董事制度。在申请首次公开发行股票并上市时，董事会成员中应当至少包括三分之一独立董事，且独立董事中至少包括一名会计专业人士（会计专业人士是指具有高级职称或注册会计师资格的人士）。

五、发行人首次公开发行股票所筹集的资金，应当有明确的用途，投资项目应当经过慎重论证，筹资额不得超过发行人上年度末经审计的净资产值的两倍。

六、有关上市公司相关方面的要求另行制定。

本《通知》自2003年10月1日起施行，2003年10月1日前已通过中国证监会股票发行审核委员会审核的发行人，不适用本《通知》的规定。

中国证券监督管理委员会

二00三年九月十九日

关于进一步规范上市公司增发新股的通知（征求意见稿）

各上市公司、各具有主承销商资格的证券公司：

为进一步规范上市公司增发新股的行为，保护投资者的合法权益，根据有关法律、法规的规定，现就上市公司申请增发新股的有关问题通知如下：

一、上市公司申请增发新股，除应当符合《上市公司新股发行管理办法》规定的条件外，还须满足以下条件：

（一）最近三个会计年度加权平均净资产收益率平均不低于10%，且最近一年加权平均净资产收益率不低于10%。扣除非经常性损益后的净利润与扣除前的净利润相比，以低者作为加权平均净资产收益率的计算依据。

（二）增发新股募集资金量不得超过公司上年度末经审计的净资产值。资产重组比例超过70%的上市公司，重组后首次申请增发新股可不受此款限制。

（三）最近一期财务报表中的资产负债率不低于同行业上市公司的平均水平。

（四）前次募集资金投资项目的完工进度不低于70%。

（五）增发新股的股份数量超过公司股份总数20%的，其增发提案还须获得出席股东大会的流通股（社会公众股）股东所持表决权的半数以上通过。股份总数以董事会增发提案的决议公告日的股份总数为计算依据。

（六）最近一年内公司治理结构不存在重大缺陷（如资金、资产被具有实际控制权的个人、法人或其他组织及其关联人占用，原料采购或产品销售的关联交易额占同类交易额的50%以上等）、信息披露未违反有关规定。

（七）披露的最近一期会计报表不存在会计政策不稳健（如资产减值准备计提比例过低等）、或有负债数额过大、潜在不良资产比例过高等情况。

（八）最近两年内公司不存在擅自改变募集资金用途的情况。

（九）中国证监会规定的其他条件。

二、上市公司本次发行完成当年净利润较发行前一年下降幅度超过50%(含)的,扣减或暂停该公司主承销商的推荐通道。

三、本通知自发布之日起施行。对于本通知发布之日前增发新股申请已通过我会股票发行审核委员会审核的上市公司,如不符合本通知规定的增发条件,但符合配股条件的,可将增发新股申请改为配股申请,配股申请不再提交股票发行审核委员会审核。

中国证券监督管理委员会

二零零二年六月二十一日

主承销商执业质量考核暂行办法

为进一步规范主承销商的执业行为,提高执业质量,增强诚信意识,建立证券发行推荐和承销业务的良性竞争和优胜劣汰机制,制定本办法。

一、公开发行证券继续由具有主承销商业务资格的证券机构(以下称"证券机构")负责推荐,并履行推荐的责任,承担相应的风险。根据审核工作和市场的需要确定通道推荐的原则和总量,委托中国证券业协会(以下称"协会")对各证券机构的通道数量进行自律性管理。

二、中国证监会及有关单位对证券机构主承销执业不良表现进行动态跟踪记录并进行记分,并统一归口委托协会对记分进行累积,记分情况由协会通告有关证券机构。

二、证券机构在一年之内不良表现记分累积达12分的,暂停一个通道,暂停期为六个月。

暂停期满,证券机构可向协会提交恢复通道的申请,并说明暂停期内所采取的整改措施及收到的效果。

四、记分周期为一个自然年度,一个记分周期期满后,记分分值累计未达到12分的,该周期内的记分分值予以消除,不转入下一个记分周期。

五、对在一个自然年度内不良表现累记积分与通道总数之比最高的前5名证券机构,次年第1、2名扣减2个通道,第3—5名扣减1个通道。当两家以上证券机构上述比例相同,按"通道周转率孰低"原则处理。(通道周转率=当年推荐家数/拥有的通道总数)

六、一个自然年度内上述不良表现累记积分与通道总数之比最低且周转率在150%以上的前5名证券机构,次年第1名增加2个通道,第2—5名增加1个通道。当两家以上证券机构上述比例相同,按"通道周转率孰高"原则处理。

七、证券机构合并时通道合并计算,并可酌情增加1—2个通道。

八、证券机构主承销执业不良表现记分的具体标准如下:

(一)推荐函(或核查意见、尽职调查报告)遗漏所推荐公司前三年对发行上市有实质影响的违法违规记录,每发生一次记1分。

(二)提交的申请文件未按规定格式制作或存在缺件情况的,每发生一次记1分。

(三)因推荐原因被中国证监会发行监管部进行正式批评或监管谈话并记录在案(经谈话双方签字确认)的,记2分。

(四)所推荐的公司被终止审核或不予核准的,每发生一次记2分。

(五)在发行审核中发现未披露对发行上市条件构成实质性影响的重大风险隐患,每发生一次记1分。

(六)自申请文件反馈意见函发出后在规定期限内未能予以书面回复且无正当理由、并导致在法定期限内未能完成审核的,每发生一次记1分。

(七)有证据证明存在违反有关规定干扰发行初审及发审委工作的,每发生一次记1分。

(八)公司募集资金投向发生变更的,变更的资金额超过募集资金总额30%的记1分。第一个完整会计年度结束时,公司募集资金投入进度低于募集说明书计划50%的记1分。

(九)所推荐公司发行(上市)当年的主营业务利润比上年同期下滑50%以上的,每发生一次记6分;出现亏损的,每发生一次记12分。发行(上市)次年下滑50%以上的,每发生一次记2分;出现亏损的,每发生一次记5分。

由于不可抗力原因或其他系统性风险,且证券机构有证据表明系其不能预测且难以控制、并已尽勤勉尽责义务的,可适当从轻记分。

(十)未能尽责履行回访责任及其他承诺义务的,每发生一次记1分。

(十一)公开募集文件刊登后发现信息披露存在虚假、重大误导或重大遗漏的,每发生一次记5分。

(十二)因主承销业务违法违规受到中国证监会警告以上处罚的(需做出其他处分的从其他处分),每发生一次记5分。

(十三)因违反协会有关主承销业务的自律规则、行业规范受到协会书面批评以上处分的,每发生一次记1分。

九、中国证监会视证券机构不良表现的情况,可要求其另行聘请信用较好的证券机构进行协助推荐,并提出有关具体要求。

十、证券机构在从事主承销业务过程中,如存在以下重大违法违规事项的,即暂停受理其推荐行为,并移交有关部门处理。

(一)有证据证明协助发行人、律师、会计师制造虚假文件并导致严重后果。

(二)有证据证明故意欺骗监管机关逃避发行监管并导致严重后果。

十一、对涉及不良表现记分的有关当事人建立信用监管档案,并按以下方式处理:

(一)记分单位将涉及记分的项目负责人(签名于募集说明书的项目负责人)及投行部门直接负责人记录在案,并由协会告证券机构。

(二)协会建议证券机构对不良表现记分满5分的项目负责人,以及同一证券机构出现暂停通道达2次以上的投行负责人进行适当处理。证券机构应将处理结果报协会及中国证监会有关单位。

(三)协会在网站上设置专栏公布记分所涉及的项目负责人的名单及记分情况,以及出现暂停通道达2次以上的投行负责人,供公众随时查阅。

(四)对同一项目负责人涉及的不良表现积分达12分的,中国证监会在积分满12分之日起六个月内不受理其签字推荐的项目。已受理的,需另行确定项目负责人并经证券机构重新内核。

十二、协会对证券机构涉及记分的项目、记分累积情况及出现暂停受理推荐的情况,在网站设置专栏或其他公开媒体上进行公布。

十三、证券机构认为记分或有关处理意见不符合实际的,可自收到不良表现记分通知或有关处理通知之日起15日内提请申诉。

申诉由协会负责受理,中国证监会有关部门进行复核,协会依据中国证监会的复核结果作出申诉决定。

十四、协会根据本办法的规定制定相应的自律性规则,并报中国证监会批准后实施。

十五、本办法自发布之日起施行。

二〇〇二年九月十三日

关于公开发行证券的公司发行申请文件中申报财务资料的若干要求

一、关于《公开发行证券公司信息披露内容与格式准则第9号——首次公开发行股票申请文件》(以下简称"准则9号")第八章第七节发行人近三年及最近一期纳税情况的说明。

发行人提供的各年度纳税申报表和完税证明,指近三年及最近一期发行人(股份公司设立前为原企业)的所得税纳税申报表、增值税纳税申报表和营业税纳税申报表(应为年度纳税申报表、也可提供完整的月度纳税申报表或季度纳税申报表替代);完税证明是指中华人民共和国税收转帐专用完税证或税收缴款书。如果发行人(股份公司设立前为原企业)享受税收优惠或财政补贴,应提供相应的证明文件或收款凭证。对于发行人发行上市前享受的税收优惠或财政补贴,可以由税务部门提供证明;对于发行人发行上市后享受的税收优惠或财政补贴,必须提供相应的有效批准文件。

所得税纳税申报表的税前利润与原企业报表的利润总额应存在对应关系,增值税或营业税纳税申报表中的应税收入与原企业报表的相应收入也应存在对应关系。

二、关于准则9号第八章第十一节、第十二节要求提供的最近三年原企业或股份公司的原始财务报告和原始财务报告与申报财务报告的差异比较表。

最近三年原企业或股份公司的原始财务报告是指报告期各年度

提供给地方财政、税务部门的财务报告。

（一）最近三年内发起设立运行不满三年的股份公司提供的原始财务报告包括：

1、报告期股份公司设立当年及以后年度的原始财务报告及审计报告；

2、报告期股份公司设立之前的原始财务报告，该财务报告应包括各发起人（如有多个投入经营性资产的发起人）投入股份公司的经营性资产原所在法人单位的原始财务报告，如果该原始财务报告已经审计，一并提供其审计报告；如果未经审计，则应注明“未经审计”。

（二）定向募集公司或已经设立运行满三年的股份公司，提供的原始财务报告是指报告期内各年度公司的原始财务报告及审计报告。

（三）最近三年内发起设立运行不满三年的股份公司，提供的原始财务报告与申报财务报告的差异比较表包括：

1、报告期股份公司设立当年及以后年度原始财务报告与申报财务报告的差异比较表，包括资产负债表和利润表的差异比较表；

2、报告期股份公司设立之前原始财务报告与申报财务报告的差异比较表，该差异比较表包括各个以经营性资产出资的发起人（如为多个发起人）报告期各年度的原始利润表与其分帐进入股份公司申报利润表的基础利润表的差异比较表和各个发起人汇总的合并利润表与股份公司申报利润表的差异比较表。

（四）定向募集公司或已经设立运行满三年的股份公司，提供的原始财务报告与申报财务报告的差异比较表是指报告期内各年度经审计的公司原始财务报告与申报财务报告的差异比较表，包括资产负债表和利润表的差异比较表。

三、公开发行证券的公司（包括首发、增发和配股）应在发行申请文件“其他文件”一章中提供发行人大股东或控股股东最近一年又一期的原始财务报告。

四、发行人律师应对发行申请文件中提供的原始财务报告和纳税资料进行核查和验证，并发表如下明确的法律意见：“发行申请文件中提供的原始财务报告和纳税资料与发行人各年度报送地方财政、税务部门的一致”。

证券公司内部控制指引

第一章 总 则

第一条 为引导证券公司规范经营，完善证券公司内部控制机制，增强证券公司自我约束能力，推动证券公司现代企业制度建设，防范和化解金融风险，依据《中华人民共和国证券法》、《证券公司管理办法》和中国证券监督管理委员会（以下简称中国证监会）审慎监管的要求，制定本指引。

第二条 本指引所指证券公司内部控制是指证券公司为实现经营目标，根据经营环境变化，对证券公司经营与管理过程中的风险进行识别、评价和管理的制度安排、组织体系和控制措施。

第三条 内部控制应充分考虑控制环境、风险识别与评估、控制活动与措施、信息沟通与反馈、监督与评价等要素。

（一）控制环境：主要包括证券公司所有权结构及实际控制人、法人治理结构、组织架构与决策程序、经理人员权力分配和承担责任的方式、经理人员的经营理念与风险意识、证券公司的经营战略与经营风格、员工的诚信和道德价值观、人力资源政策等。

（二）风险识别与评估：及时识别、确认证券公司在实现经营目标过程中的风险，并通过合理的制度安排和风险度量方法对经营环境持续变化所产生的风险及证券公司的承受能力进行适时评估。

（三）控制活动与措施：保证实现证券公司战略目标和经营目标的政策、程序，以及防范、化解风险的措施。主要包括证券公司经营与管理中的授权与审批、复核与查证、业务规程与操作程序、岗位权限与职责分工、相互独立与制衡、应急与预防等措施。

（四）信息沟通与反馈：及时对各类信息进行记录、汇总、分析和处理，并进行有效的内外沟通和反馈。

（五）监督与评价：对控制环境、风险识别与评估、控制活动与措施、信息沟通与反馈的有效性进行检查、评价，发现内部控制设计和运行的缺陷并及时改进。

第四条 有效的内部控制应为证券公司实现下述目标提供合理保证：

（一）保证经营的合法合规及证券公司内部规章制度的贯彻执行。

（二）防范经营风险和道德风险。

（三）保障客户及证券公司资产的安全、完整。

（四）保证证券公司业务记录、财务信息和其他信息的可靠、完整、及时。

（五）提高证券公司经营效率和效果。

第五条 证券公司应按照本指引的要求，根据证券公司经营目标和运营状况，结合证券公司自身的环境条件，建立有效的内部控制机制和内部控制制度。

第六条 证券公司应当定期评价内部控制的有效性，并根据市场、技术、法律环境的变化适时调整和完善。

第二章 基本要求

第七条 证券公司内部控制应当贯彻健全、合理、制衡、独立的原则，确保内部控制有效。

（一）健全性：内部控制应当做到事前、事中、事后控制相统一；覆盖证券公司的所有业务、部门和人员，渗透到决策、执行、监督、反馈等各个环节，确保不存在内部控制的空白或漏洞。

（二）合理性：内部控制应当符合国家有关法律法规和中国证监会的有关规定，与证券公司经营规模、业务范围、风险状况及证券公司所处的环境相适应，以合理的成本实现内部控制目标。

（三）制衡性：证券公司部门和岗位的设置应当权责分明、相互牵制；前台业务运作与后台管理支持适当分离。

（四）独立性：承担内部控制监督检查职能的部门应当独立于证券公司其他部门。

第八条 证券公司应当树立合法合规经营的理念和风险控制优先的意识，健全证券公司行为准则和员工道德规范，营造合规经营的制度文化环境。

第九条 证券公司应采取切实有效的措施杜绝挪用客户交易结算资金、客户委托管理的资产及客户托管的证券等行为，确保客户资产的安全完整。

第十条 证券公司应根据经营环境的变化，建立动态的净资本监控机制，确保净资本符合有关监管指标的要求。

第十一条 证券公司应建立健全证券公司治理结构。证券公司治理结构包括科学的决策程序与议事规则，高效、严谨的业务运作系统，健全、有效的内部监督和反馈系统，以及有效的激励约束机制。证券公司监事会和独立董事应充分发挥监督职能，防范大股东操纵和内部人控制的风险。

第十二条 证券公司应与其股东、实际控制人、关联方之间保持资产、财务、人事、业务、机构等方面的独立性，确保证券公司独立运作。

第十三条 证券公司应建立清晰合理的组织结构，依据所处环境和自身经营特点设立严密有效的三道业务监控防线：

（一）建立重要一线岗位双人、双职、双责为基础的第一道防线，并加强对单人单岗业务的监控。

与资金、有价证券、重要空白凭证、业务合同、印章等直接接触的岗位和涉及信息系统安全的岗位，应当实行双人负责制。

（二）建立相关部门、相关岗位之间相互制衡、监督的第二道防线。不同部门应有明确的职责分工，不相容职务应适当分离。

（三）建立独立的监督检查部门对各项业务、各部门、各分支机构、各岗位全面实施监控、检查和反馈的第三道防线。

第十四条 证券公司应加强法人统一管理，建立具体、明确、合理的授权、检查和逐级问责制度，明确界定部门、分支机构的目标、职责和权限，确保其在授权范围内行使经营管理职能。

证券公司业务授权应当采取书面形式。

第十五条 证券公司应当根据不同的工作岗位及其性质，赋予其相应的职责和权限，各个岗位应当有明确的岗位职责说明和清晰的报告关系。

第十六条 证券公司主要业务部门之间应当建立健全隔离墙制度，确保经纪、自营、受托投资管理、投资银行、研究咨询等业务相对独立；电脑部门、财务部门、监督检查部门与业务部门的人员不得相互兼任，资金清算人员不得由电脑部门人员和交易部门人员兼任。

第十七条 证券公司应不断完善业务、财务、人力资源等综合信息管理系统，根据自身实际加强业务运作的后台管理，完善集中清算、集中核算、客户资料集中管理等制度;提高实时预警、监控、防范风险的能力。

第十八条 证券公司应建立业务风险识别、评估和控制的完整体系,运用包括敏感性分析在内的多种手段,对信用风险、市场风险、流动性风险、操作风险、技术风险、政策法规风险和道德风险等进行持续监控,明确风险管理流程和风险化解方法。

第十九条 证券公司应建立健全包括授权管理、岗位职责、监督检查、考核奖惩等在内的各项内部管理制度;对经纪、自营、投资银行、受托投资管理、研究咨询以及创新业务等制订统一的业务流程和操作规范,针对业务的主要风险点和风险性质,制定明确的控制措施。

第二十条 证券公司应大力加强自有资金和客户资金的风险控制,建立自有资金运用的决策、审核、批准、监控相分离的管理体系,加强资金额度控制和资金使用的日常监控,对资金异常变动和大额资金存取等行为重点监控。

第二十一条 证券公司应建立畅通、高效的信息交流渠道和重大事项报告制度,以及内部员工和客户的信息反馈机制,确保信息准确传递,确保董事会、监事会、经理人员及监督检查部门及时了解证券公司的经营和风险状况,确保各类投诉、可疑事件和内控缺陷得到妥善处理。

第二十二条 证券公司应真实、全面、及时地记载各项业务,充分发挥会计的核算监督职能,确保信息资料的真实与完整;应当建立完备的业务台账系统,并通过业务台账系统和会计核算系统交叉印证,防止出现账外经营、账目不清等问题。

第二十三条 证券公司应按照专人管理、相互牵制、适当审批、严格登记的原则,加强对合同、票据、印章、密押等的管理。

重要合同和票据应有连号控制、作废控制、空白凭证控制以及领用登记控制等专门措施。

证券公司公章、合同专用章、业务专用章、财务专用章、电子印签等的保管、审批、使用等应适当分离、相互牵制。

第二十四条 证券公司应当加强对各类档案包括各种会议记录与决议、经营协议、客户资料、交易记录、凭证账表、投诉与纠纷处理记录以及各类法规、制度等档案的妥善保管和分类管理。

第二十五条 证券公司应建立危机处理机制和程序,制订切实有效的应急应变措施和预案。

第一节 经纪业务内部控制

第二十六条 证券公司经纪业务内部控制应重点防范挪用客户交易结算资金及其他客户资产、非法融入融出资金以及结算风险等。

第二十七条 证券公司应加强经纪业务整体规划,加强营业网点布局、规模、选址以及软、硬件技术标准(含升级)等的统一规划和集中管理;应制定统一完善的经纪业务标准化服务规程、操作规范和相关管理制度。

第二十八条 证券公司应制定标准化的开户文本格式,制定统一的开户程序,要求所属证券营业部按照程序认真审核客户资料的真实性和完整性,关注客户资金来源的合法性。

第二十九条 证券公司应建立对录入证券交易系统的客户资料等内容的复核和保密机制;应妥善保管客户开户、交易及其他资料,杜绝非法修改客户资料;应完善客户查询、咨询和投诉处理等制度,确保客户能够及时获知其账户、资金、交易、清算等方面的完整信息。

第三十条 证券公司应当要求所属证券营业部与客户签定代理交易协议,协议中除载明双方权利义务和风险提示外,还应列示营业部可从事的合法业务范围及证券公司授权的业务内容,向客户明示证券公司禁止营业部从事的业务内容。

第三十一条 证券公司应针对账户管理、资金存取及划转、委托与撤单、清算交割、指定交易及转托管、查询及咨询等业务环节存在的风险,制定操作程序和具体控制措施。

第三十二条 证券公司对开户、资金存取及划转、接受委托、清算交割等重要岗位应适当分离,客户资金与自有资金严格分开运作、分开管理。

第三十三条 证券公司应在证券营业部采用统一的柜面交易系统,并加强对柜面交易系统的风险评估,严防通过修改柜面交易系统的功能及数据从事违法违规活动;证券公司应采取严密的系统安全措施,严格的授权进入及记录制度,并开启系统的审计留痕功能。

第三十四条 证券公司应当实行法人集中清算制度及客户交易结算资金集中管理制度,保证客户交易结算资金的安全,防范结算风险。

第三十五条 证券公司应建立对托管证券等的登记程序与独立监控机制,严防发生挪用客户托管的证券等进行抵押、回购或卖空交易及其他损害客户利益的行为。

第三十六条 证券公司应通过身份认证、证件审核、密码管理、指令记录等措施,加强对交易清算系统的管理,确保交易清算系统的安全。

第三十七条 证券公司应建立健全经纪业务的实时监控系统。证券公司的监督检查部门或其他独立部门负责对证券营业部资金划转、证券转移、交易活动进行实时监控,并对异常资金流转、异常证券转移、异常交易及违规行为实时预警。

第三十八条 证券公司应定期、不定期地对证券营业部交易系统、财务系统和清算系统进行检查,加强交易信息与财务信息、清算信息的核对,确保相关信息与证券交易所、登记结算证券公司、商业银行等提供的信息相符。

第三十九条 证券公司应建立交易数据安全备份制度,对交易数据采取多介质备份与异地备份相结合的数据备份方式,确保交易数据的安全完整。

第四十条 证券公司网上交易系统应采取有效的身份认证及访问控制措施,网上交易系统应详细记录客户的网上交易和查询过程。加强交易方身份识别,并对访问权限进行控制,确保交易的安全、可靠。

第四十一条 证券公司网上交易系统应采用防火墙、入侵检测等措施保障网络安全,采用高强加密等有效技术手段,防止客户数据被窃取、篡改。

第四十二条 证券公司对于网络中断、委托中断、客户数据丢失、银证转账故障、交易服务器故障以及出现供电中断、火灾、抢劫等紧急情况,应制定和定期修订灾难恢复和应急处理预案,建立应急演习机制,确保及时有效地处理各种故障和危机。

第四十三条 证券公司应建立投资者教育与信息沟通机制,向投资者充分揭示投资风险,加强与投资者信息沟通。

第四十四条 证券公司应建立交易清算差错的处理程序和审批制度,建立重大交易差错的报告制度,明确交易清算差错的纠纷处理,防止出现隐瞒不报、擅自处理差错等情况。差错处理应留审计痕迹。

第四十五条 证券公司应建立由相对独立人员对重点客户进行定期回访的制度。

第二节 自营业务内部控制

第四十六条 证券公司应加强自营业务投资决策、资金、账户、清算、交易和保密等的管理,重点防范规模失控、决策失误、超越授权、变相自营、账外自营、操纵市场、内幕交易等的风险。

第四十七条 证券公司应建立健全自营决策机构和决策程序,加强对自营业务的投资策略、规模、品种、结构、期限等的决策管理。

第四十八条 证券公司应通过合理的预警机制、严密的账户管理、严格的资金审批调度、规范的交易操作及完善的交易记录保存制度等,控制自营业务运作风险。

第四十九条 证券公司应建立健全自营业务的授权体系,确保自营部门及员工在授权范围内行使相应的职责。

第五十条 证券公司自营业务的研究策划、投资决策、交易执行、交易记录、资金清算和风险监控等职能应相对分离;重要投资要有详细研究报告、风险评估及决策记录。

第五十一条 证券公司应加强自营账户的集中管理和访问权限控制,自营账户应由独立于自营业务的部门统一管理,建立自营账户审批和稽核制度;采取措施防止变相自营、账外自营、出借账户等风险;防止自营业务与受托投资管理业务混合操作。

第五十二条 证券公司应建立完善的交易记录制度,加强电子交易数据的保存和备份管理,确保自营交易清算数据的安全、真实和完整,并确保自营部门和会计核算部门对自营浮动盈亏进行恰当的记录和报告。

第五十三条 证券公司应建立独立的实时监控系统,证券公司的监督检查部门或其他独立监控部门负责对证券持仓、盈亏状况、风险状况和交易活动进行有效监控并定期对自营业务进行压力测试,确保自营业务各项风险指标符合监管指标的要求并控制在证券公司承受范围内。

第五十四条 证券公司应加强对参与投资决策和交易活动人员的监察,通过定期述职和签订承诺书等方式提高其自律意识,防止利用内幕消息为自己及他人谋取不当利益。

第五十五条 证券公司应确保自营资金来源的合法性。

第三节 投资银行业务内部控制

第五十六条 证券公司应重点防范因管理不善、权责不明、未勤勉尽责等原因导致的法律风险、财务风险及道德风险。

第五十七条 证券公司应建立投资银行项目管理制度,完善各类投资银行项目的业务流程、作业标准和风险控制措施,加强项目的承揽立项、尽职调查、改制辅导、文件制作、内部审核、发行上市和保荐回访等环节的管理，加强项目核算和内部考核，完善项目工作底稿和档案管理制度。

第五十八条 证券公司应建立科学、规范、统一的发行人质量评价体系，应在尽职调查的基础上，在项目实施的不同阶段分别进行立项评价、过程评价和综合评价，提高投资银行项目的整体质量水平。

第五十九条 证券公司应建立尽职调查的工作流程，加强投资银行业务人员的尽职调查管理，贯彻勤勉尽责、诚实信用的原则，明确业务人员对尽职调查报告所承担的责任，并按照有关业务标准、道德规范要求，对业务人员尽职调查情况进行检查。

第六十条 证券公司应加强投资银行项目的内核工作和质量控制，证券公司投资银行业务风险（质量）控制与投资银行业务运作应适当分离，客户回访应主要由投资银行风险（质量）控制部门完成。

第六十一条 证券公司应加强证券发行中的定价和配售等关键环节的决策管理，建立完善的承销风险评估与处理机制，通过事先评估、制定风险处置预案、建立奖惩机制等措施，有效控制包销风险。证券公司应建立对分销商分销能力的评估监测制度。

第六十二条 证券公司应加强投资银行项目协议的管理，明确不同类别协议的签署权限；在承接投资银行项目时，应与客户签订相关业务协议，对各自的权利、义务及其他相关事项作出约定。

第六十三条 证券公司应加强投资银行项目的集中管理和控制，对投资银行项目实施合理的项目进度跟踪、项目投入产出核算和项目利润分配等措施。

第六十四条 证券公司应建立与投资银行项目相关的中介机构评价机制，加强同律师事务所、会计师事务所、评估机构等中介机构的协调配合。

第六十五条 证券公司应当杜绝虚假承销行为。

第四节 受托投资管理业务内部控制

第六十六条 证券公司应重点防范规模失控、决策失误、越权操作、账外经营、挪用客户资产和其他损害客户利益的行为以及保本保底所导致的风险。

第六十七条 证券公司应由受托投资管理部门统一管理受托投资管理业务。受托投资管理业务应与自营业务严格分离，独立决策、独立运作。

第六十八条 证券公司应针对业务受理、投资运作、资金清算、财务核算等环节制定规范的业务流程、操作规范和控制措施，有效防范各类风险。

第六十九条 证券公司应对委托人的资信状况、收益预期、风险承受能力、投资偏好等进行了解，并关注委托人资金来源的合法性。

第七十条 证券公司应当根据法律、法规和中国证监会的规定，制定规范的受托投资管理合同，公平对待委托人。

受托投资管理合同中不得有承诺收益条款。

第七十一条 证券公司应与委托人签订受托投资管理合同，严格合同审批程序。证券公司应在合同约定的权限内管理受托资产，严格控制风险。

第七十二条 证券公司应封闭运作、专户管理受托资产，确保客户资金与自有资金的分户管理、独立运作，确保受托资产的安全、完整。

证券公司应创造条件积极引入有资质的银行作为托管人托管受托资产。

第七十三条 证券公司应建立规范的风险预警机制，由独立的监督检查部门或风险控制部门监控受托投资管理业务的运作状况，进行定期或不定期的检查、评价。

第七十四条 证券公司应加强受托投资管理业务的合同、交易、投诉处理等档案资料的集中管理，确保对浮动盈亏进行恰当的记录，并向委托人及时提供受托资产估值和风险状况的信息。

证券公司应当制定明确、详细的受托投资管理业务信息披露制度，保证委托人的知情权。合同到期后，编制的结算报告应由委托人进行确认，必要时由中介机构或托管人审核。

第七十五条 证券公司应当根据自身的管理能力及风险控制水平，合理控制受托投资管理业务规模。

第五节 研究咨询业务内部控制

第七十六条 证券公司应重点防范传播虚假信息、误导投资者、无资格执业、违规执业、以及利益冲突等的风险。

第七十七条 证券公司应加强研究咨询业务的统一管理，完善研究咨询业务规范和人员管理制度，制定适当的执业回避、信息披露和隔离墙等制度，防止利益冲突。

第七十八条 证券公司应加强对客户的了解，及时为客户提供有针对性的证券投资咨询服务，与客户保持畅通的沟通渠道，及时妥善处理客户咨询和投诉。

第七十九条 证券公司应通过部门设置、人员管理、信息管理等方面的隔离措施，建立健全研究咨询部门与投资银行、自营等部门之间的隔离墙制度；对跨隔离墙的人员、业务应有完整记录，并采取静默期等措施；对跨越隔离墙的业务、人员应实行重点监控。

第八十条 证券公司应加强对各营业场所“工作室”（包括网上工作室）和集会性投资咨询活动的集中管理和风险控制，确保向公众提供证券投资咨询服务人员具备证券投资咨询人员执业资格，确保相关活动已履行报备手续，确保证券公司所辖营业场所没有非法投资咨询活动。

第八十一条 证券公司应当加强证券投资咨询执业人员的管理和执业资格（证书）的管理，确保不存在人员兼职和挂靠，对执业人员发生变动的应及时办理变更（包括离开咨询岗位）手续。

第八十二条 证券公司应当建立健全研究咨询业务档案和客户服务档案，包括客户服务记录、对公众荐股记录、研究报告及公开发表的研究咨询文章等，履行相关资料的备案义务。

第六节 业务创新的内部控制

第八十三条 证券公司对业务创新应重点防范违法违规、规模失控、决策失误等风险。

第八十四条 证券公司业务创新应当坚持合法合规、审慎经营的原则，加强集中管理和风险控制。

第八十五条 证券公司应建立完整的业务创新工作程序，严格内部审批程序，对可行性研究、产品或业务设计、风险管理、运作与实施方案等作出明确的要求，并经董事会批准。

第八十六条 证券公司应在可行性研究的基础上，及时与中国证监会沟通，履行创新业务的报备（报批）程序。

第八十七条 证券公司应对创新业务设计科学合理的流程，制定风险控制措施及相应财务核算、资金管理办法。

第八十八条 证券公司应注重业务创新的过程控制，及时纠正偏离目标行为。

第七节 分支机构内部控制

第八十九条 证券公司应重点防范分支机构越权经营、预算失控以及道德风险。

第九十条 证券公司应建立切实可行的分支机构管理制度，加强对分支机构的印章、证照、合同、资金等的管理，及时掌握分支机构业务状况。

第九十一条 证券公司对分支机构的授权应当合理、明确，确保分支机构严格在授权范围内经营，并制定防止越权经营的措施。

第九十二条 证券公司应明确分支机构业务发展目标和管理目标，加强分支机构的资金、费用、利润的预算管理和考核；证券公司对分支机构业绩的考核标准应当全面。

第九十三条 证券公司应当通过现场检查和非现场检查等手段，加强对分支机构的监督检查。

第九十四条 证券公司应要求分支机构向客户公布自身及证券公司的投诉电话、传真、电子信箱和其他相关信息，确保投诉得到及时处理。

第九十五条 证券公司应要求分支机构建立重大事件报告制度以及突发事件应急机制。

第八节 财务管理内部控制

第九十六条 证券公司应建立健全财务管理制度和资金计划控制制度，明确界定预算编制与执行的责任，建立适当的资金管理绩效考核标准和评价制度。

第九十七条 证券公司客户资金与自有资金应严格分开，强化资金的集中管理。

证券公司应由专门部门统一进行证券公司自有资金的计划、筹集、分配、使用，加强对自有资金运用风险、效益的监控与考核。

证券公司应集中负债管理权限，强化负债风险、成本、规模的控制。

第九十八条 证券公司应将客户债券和自有债券分开管理，加强自有债券回购业务的集中化管理和回购资金的计划管理，严格控制自有债券回购业务规模，严防挪用客户债券从事回购业务。

第九十九条 证券公司应制定明确的财务制度及资金管理流程，严格执行资金调拨、资金运用的审批程序，加强资金筹集的规模、结构、方式的计划管理；禁止分支机构从事资金拆借、借贷、担保以及自营债券回购。

第一百条 证券公司应制定并严格执行费用管理办法，加强费用的预算控制，明确费用标准，严格备用金借款管理和费用报销审批程序。

第一百零一条　证券公司应有专门部门负责证券公司客户交易结算资金的结算和头寸管理工作，防范挪用客户交易结算资金等风险。

第一百零二条　证券公司应加强银行账户管理。分支机构除根据授权在经批准的当地银行账户保留必要的资金外，其余资金应当及时划转证券公司总部。证券公司应严格控制业务部门、分支机构之间直接横向资金往来。

第一百零三条　证券公司应加强资金风险监测，严格控制流动性风险，特别防范营业部违规受托理财、证券回购和为客户融资所带来的风险。

第一百零四条　证券公司应建立大额资金筹集和使用的事前风险收益评估制度，重大资金的筹集、分配与运用以及对外担保、资产抵押、对外投资、重大资产购置等应进行集体决策。

第一百零五条　证券公司应定期对业务部门及分支机构的现金库存管理状况、资金结算情况、银行存款和内部往来、大额款项及资金使用效益进行跟踪检查或抽查。

第一百零六条　证券公司应实时监控资金余额及其变动情况，建立预警和异常情况的处理机制。

第一百零七条　证券公司应当合理分配利润，确保足额提取公积金和风险准备金，增强可持续发展能力。

第九节　会计系统内部控制

第一百零八条　证券公司应按照相关会计准则和会计制度的规定，结合实际情况，建立健全证券公司的会计核算办法，加强会计基础工作，提高会计信息质量。

证券公司应确保分支机构会计核算的一致性。

第一百零九条　证券公司会计核算应合规、及时、准确、完整，变更会计政策应经董事会批准，确保会计政策的一贯性。

第一百一十条　证券公司应强化会计监督职能，加强会计事前、事中和事后监督，加强对负债项目的管理、大额支出的跟踪考核、重大表外项目（如担保、抵押、托管证券、未决诉讼、赔偿事项等）的风险管理以及资产质量的监控。

第一百一十一条　证券公司应强化资产登记保管工作，采用实物盘点、账实核对、财产保险等措施，确保证券公司及客户资产的安全完整。

第一百一十二条　证券公司应完善会计信息报告体系，确保提供及时、可靠的财务信息。

第一百一十三条　证券公司应制定完善的会计档案管理和交接制度。

第十节　信息系统内部控制

第一百一十四条　证券公司应建立信息系统的管理制度、操作流程、岗位手册和风险控制制度，加强信息技术人员、设备、软件、数据、机房安全、病毒防范、防黑客攻击、技术资料、操作安全、事故防范与处理、系统网络等的管理。

第一百一十五条　证券公司应设立专门的信息技术部门，统一归口管理信息技术工作，加强对立项、设计、开发、测试、运行与维护等环节的管理，并定期对信息系统的可靠性和安全性进行检查。

证券公司信息系统的立项审批与开发、运行与维护、开发测试与日常运转之间应适当分离。

第一百一十六条　证券公司应严格系统进入控制以及信息系统的权限、密码管理，权限的审批、设置、变动以及密码的使用、修改应有严格的控制措施并保留完备的记录。

用户权限设置应当遵循权限最小化原则。

第一百一十七条　证券公司应保证信息系统日志的完备性，确保所有重大修改被完整地记录，确保开启审计留痕功能。

证券公司信息系统日志应至少保存15年。

第一百一十八条　证券公司应建立可靠完备的灾难备份计划和应急处理机制；数据和重要资料做到异地备份，条件允许应建设异地计算机灾难备份中心；制定详细的信息系统安全应急方案并定期修订、演练。

第一百一十九条　证券公司应建立系统安全和病毒防范制度，实时监控信息系统的安全，严防黑客或病毒入侵系统。

第一百二十条　证券公司与交易结算相关的技术系统应符合中国证监会、证券交易所及登记结算公司相关技术规范的要求。

第十一节　人力资源管理内部控制

第一百二十一条　证券公司应当高度重视聘用人员的诚信记录，确保其具有与业务岗位要求相适应的专业能力和道德水准。证券公司应当要求聘用人员以恰当形式进行诚信承诺。

第一百二十二条　证券公司应建立职能管理部门和派出人员的工作联络机制，强化对分支机构负责人及电脑、财务等关键岗位人员的垂直管理。

第一百二十三条　证券公司关键岗位人员应当实行定期或不定期的轮换和强制休假制度。

第一百二十四条　证券公司关键岗位人员任期届满、工作调动或离职，应当进行任期经济责任审计及专项审计。证券公司对高级管理人员、分支机构负责人的相关稽核审计报告应当向中国证监会及派出机构备案。

第一百二十五条　证券公司应当培育良好的内部控制文化，建立健全员工持续教育制度，加强对员工的法规及业务培训，确保所有从业人员及时获得充分的法律法规、内部控制和行为规范的最新文件和资料，确保员工书面承诺收到相关资料并理解其内容。

第一百二十六条　证券公司应当加强业务人员的从业资格管理，上岗人员应当符合相关资格管理的规定。

第一百二十七条　证券公司应当建立合理有效的激励约束机制，建立严格的责任追究制度。

证券公司对员工的绩效考核、评价制度应当达到鼓励员工守法经营的目的。

第一百二十八条　证券公司应当制定严谨、公开、合理的人事选拔制度，任免程序中应明确规定任免决定权的归属。人事任免应有完备的决策记录。

第一百二十九条　证券公司应建立高级管理人员、分支机构负责人及其他关键岗位人员的年度述职报告及定期谈话制度。

第一百三十条　证券公司应加强对高级管理人员、分支机构负责人及其他关键岗位人员的档案（包括外事档案）管理。

第一百三十一条　证券公司高级管理人员离职，证券公司应当向中国证监会及注册地派出机构和主要办事机构在地派出机构及时报告，并对离职原因作出说明。

分支机构负责人及其他关键岗位人员离职，证券公司应当向主要办事机构所在地中国证监会派出机构及时报告，并对离职原因作出说明。

第四章　监督、检查与评价

第一百三十二条　证券公司业务部门和分支机构的负责人负责对其业务范围内的具体作业程序和风险控制措施进行自我检查和评价，并接受证券公司上级管理部门和监督检查部门的业务检查和指导。

直接从事业务经营活动的业务部门和分支机构的相关人员有义务向证券公司报告内部控制的缺陷并及时加以纠正；相关人员应对违反职责范围内的内部控制导致的风险和损失承担首要责任。

第一百三十三条　证券公司应设立监督检查部门或岗位，独立履行合规检查、财务稽核、业务稽核、风险控制等监督检查职能；负责提出内部控制缺陷的改进建议并敦促有关责任单位及时改进。

监督检查部门对证券公司董事会负责，并应同时向经理人员和监事会报告证券公司内部控制的建设与执行情况。

第一百三十四条　证券公司应有高级管理人员专门负责证券公司内部控制的监督、检查与评价工作。该高级管理人员和监督检查部门负责人可列席证券公司任何会议。

证券公司负责监督检查部门的高级管理人员不得兼管业务部门。

第一百三十五条　证券公司应当为监督检查部门配备足够的具有法律、财会、计算机以及相关业务技能、经验的专业人员，确保监督检查部门的人员具有专业胜任能力，并为监督检查部门及人员履行职责提供必要的条件。

证券公司监督检查部门人员名单应向证券公司注册地的中国证监会派出机构备案。

第一百三十六条　证券公司监督检查部门应加强对内部控制执行情况的现场检查、非现场检查和常规稽核、非常规稽核，并将检查结果报证券公司注册地中国证监会派出机构。

证券公司监督检查部门应当对监督检查不力、发现问题隐瞒不报等承担相应责任。

第一百三十七条　证券公司所有部门和人员应当积极配合监督检查部门的工作，对拒绝、阻挠监督检查部门工作和打击、报复、陷害监督检查人员的行为应严肃处理。

第一百三十八条　证券公司应积极配合中国证监会及外部审计机构对证券公司内部控制情况的检查和评价，不得以任何形式干预、阻挠。

第一百三十九条　证券公司应明确董事会、监事会、经理人员的内部控制职责。

（一）董事会负责督促、检查和评价证券公司各项内部控制制度的建立与执行情况，对内部控制的有效性负最终责任；每年至少进行一次全面的内部控制检查评价工作，并形成相应的专门报告。

董事会应对中国证监会、外部审计机构和证券公司监督检查部门等对证券公司内部控制提出的问题和建议认真研究并督促落实。

（二）监事会应对董事会、经理人员履行职责的情况进行监督，对证券公司财务情况和内部控制建设及执行情况实施必要的检查，督促董事会、经理人员及时纠正内部控制缺陷，并对督促检查不力等情况承担相应责任。

（三）证券公司经理人员负责建立健全责任明确、程序清晰的组织结构，组织实施各类风险的识别与评估，建立健全有效的内部控制机制和内部控制制度，及时纠正内部控制存在的缺陷和问题，并对内部控制不力及不及时纠正内部控制缺陷等承担相应责任。

第一百四十条　证券公司应当建立健全内部控制缺陷的纠正与处理机制，应根据内部控制的检查情况和评价结果，提出整改意见和纠正措施，督促业务主管部门和分支机构落实，并对落实情况进行跟踪检查。

第五章　附　则

第一百四十一条　本指引适用于在中华人民共和国境内依法设立的证券公司。

第一百四十二条　本指引由中国证监会负责解释。

关于已通过发审会拟发行证券的公司会后事项监管及封卷工作的操作规程

根据《关于加强对通过发审会的拟发行证券的公司会后事项监管的通知》（证监发行字〔2002〕15号）（以下称“15号文”）的规定，现对会后事项监管及封卷工作的具体操作规程明确如下：

一、公司发行前，审核员应督促发行人提供会后重大事项说明，要求主承销商及发行人律师、会计师对公司在通过发审会审核后是否发生重大事项分别出具专业意见。

二、是否需要重新提交发审会审核的标准。

发行人如果满足以下全部条件，不再提交发审会审核。

1、注册会计师出具了无保留意见的审计报告。

2、主承销商出具的专项说明和发行人律师出具的法律意见书中没有影响公司发行新股的情形出现。

3、公司无重大违法违规行为。

4、公司的财务状况正常，报表项目无异常变化。

5、公司没有发生重大资产置换、股权、债务重组等公司架构变化的情形。

6、公司的主营业务没有发生变更。

7、公司的管理层及核心技术人员稳定，没有出现对公司的经营管理有重大影响的人员变化。

8、公司没有发生未履行法定程序的关联交易，且没有发生未在申报的招股说明书中披露的重大关联交易.

9、经办公司业务的主承销商、会计师和律师未受到有关部门的处罚，或未发生更换。

10、公司的盈利状况与盈利预测（如有）趋势基本相符。

11、公司及其董事长、总经理、主要股东没有发生重大的诉讼、仲裁和股权纠纷，也不存在影响公司发行新股的潜在纠纷。

12、没有发生大股东占用公司资金和侵害小股东利益的情形。

13、没有发生影响公司持续发展的法律、政策、市场等方面的重大变化。

14、公司的业务、资产、人员、机构、财务的独立性没有发生变化。

15、公司主要财产、股权没有出现限制性障碍。

16、上市公司不存在违反信息披露要求的事项。

17、公司不存在其他影响发行上市和投资者判断的重大事项。

三、拟发行公司若最近一年实现的净利润低于上一年的净利润或盈利预测数（如有），或净资产收益率未达公司承诺的收益率，由发行部决定是否重新提交发审会讨论。

四、拟发行公司若出现下列不符合发行上市条件的情况，中国证监会对发行人的本次发行申请作出不予核准的决定，无需提交发审会审核。

1、申请增发的上市公司申报时前三年加权平均净资产收益率低于6％，同时公司本次发行前最近三年加权平均净资产收益率低于6％，且本次发行前最近一年净资产收益率低于前一年净资产收益率。

2、申请配股的上市公司，招股说明书披露前最近三个会计年度扣除非经常性损益后的加权平均净资产收益率低于6％。

五、封卷时，审核员应要求公司在提供的招股说明书或招股意向书明确注明“封卷稿”字样及封卷稿提交时间，注明全体董事及相关专业中介机构签署意见的时间。

六、我会在公开发行前2周左右通知通过发审会的发行人和中介机构，要求其按照“15号文”第四条的要求将会后事项的有关材料报送我部。

七、发行公司在发审会通过后有重大事项发生或者需要重新上发审会审核的，我部将暂缓安排发行；无重大事项发生的，办理最终封卷手续。

八、在我会将核准文件交发行人的当日或者发行公司刊登招股说明书（招股意向书）的前一个工作日中午12:00以前，发行人和中介机构应向我部提交“承诺函”，承诺自提交会后事项材料日至提交承诺函日止（即最近二周左右时间内），无“15号文”所述重大事项发生。如有重大事项发生的，应重新提交会后事项材料。

九、按时提交承诺函、且无重大事项发生的，我会安排发行；未能按时提交承诺函、或有重大事项发生的，我会暂缓安排发行。

十、在招股说明书或招股意向书刊登后至获准上市前，如公司发生重大事项，有关说明提交我部后，经审阅无异议的，公司方能于第二日刊登补充公告。

关于加强证券公司营业部内部控制若干措施的意见

一、加强对证券营业部的人事管理

（一）证券营业部负责人、证券营业部电脑部、财务部负责人应当由证券公司总部直接委派、垂直管理，并建立公司总部与上述人员的直接、有效沟通渠道。

（二）证券营业部财务部、电脑部负责人对营业部的合规经营负有监督与约束责任。证券公司应加强对证券营业部负责人、证券营业部电脑部、财务部负责人的年度考核，并于次年4月底前将考核结果报证券营业部所在地的中国证监会派出机构备案。

（三）证券营业部负责人、证券营业部电脑部、财务部负责人应当在证券公司范围内实行定期岗位轮换，轮岗周期最长不得超过3年。对于已实行集中交易的证券营业部，经证券营业部所在地中国证监会派出机构同意后，轮岗周期可适当延长至5年。证券营业部其他重要岗位应根据具体情况有计划地在证券营业部范围内实行岗位轮换。首批轮岗应先行安排在上述岗位任职时间超过3年的人员。

对于跨省区证券营业部之间实行轮岗确有困难的证券公司，在征得证券营业部所在地中国证监会派出机构同意后，可以不实行轮岗，但必须每年对相关证券营业部进行全面的现场稽核，稽核报告应向公司总部和证券营业部所在地的中国证监会派出机构备案。

（四）证券营业部负责人、证券营业部财务部负责人离职，应由证券公司总部对其进行离任审计。在离任审计结束前，被审计人员不得离岗。离任审计内容包括但不限于证券营业部的下列事项：有无挪用客户交易结算资金情况；有无为客户透支情况；有无挪用客户债券的情况；有无非法融资情况；有无超范围经营情况；客户投诉及处理情况以及被审计人员在各审计事项中的责任情况。

（五）证券公司必须实行证券营业部负责人、证券营业部电脑部、财务部以及客户部负责人的强制休假制度。在强制休假期间，证券公司监督检查部门可对其负责工作进行现场稽核。对于未实行轮岗制的证券营业部，必须将强制休假和现场稽核相结合。

（六）证券公司应加强对证券营业部关键岗位负责人的外事档案管理。证券营业部负责人、证券营业部电脑部、财务部以及客户部负责人持有护照的复印件和身份证复印件必须向证券营业部所在地中国证监会派出机构备案。其有效联系方式（包括但不限于移动电话号码、固定电话号码和电子邮箱地址）、家庭住址等信息也应报证券营业部所在地中国证监会派出机构备案。

二、明确证券营业部的岗位设置和责任

（一）证券公司应建立完善的证券营业部岗位责任制度和规范的业务操作规程。应按照不同岗位，明确工作任务，赋予各岗位相应的责任和职权，建立相互配合、相互监督、相互制约的工作关系。

（二）证券公司应积极发展集中交易等模式，控制证券营业部风险，减少证券营业部需要人工直接介入的业务岗位。在证券营业部的关键岗位建立双人负责制度。直接与资金、有价证券、重要空白凭证、印章等接触的岗位及涉及信息系统技术安全的岗位，必须实行双人负责制；客户存取款、客户交易结算资金划转、转托管和撤销指定交易等岗位必须实行一人办理，一人复核的柜台双人负责制。

（三）证券营业部要实行恰当的责任分离制度，现金、有价证券等的保管应与账务记录相分离。

1、重要空白凭证、空白合同、空白授权书和重要印章的保管与登记、使用相分离。空白的凭证、合同、授权书等文书不得事前加盖印章，证券公司总部应定期检查证券营业部文书的使用、登记及管理情况。证券公司应明确各类印章的使用权限和程序，健全印章的保管和使用登记责任制度。

2、证券营业部的前台交易与后台结算相分离；

3、差错损失的确认与核销确认相分离；

4、电脑人员、会计人员之间及与其它业务人员之间职责不能交叉。

三、加强客户交易结算资金的集中统一管理

（一）每家证券营业部开设的客户交易结算资金专用存款账户不得超过5个。

（二）证券营业部必须将不低于70%的客户交易结算资金上划证券公司总部。

（三）证券公司总部应定期和不定期地对证券营业部的客户交易结算资金情况进行检查，并采取将证券营业部客户交易结算资金全额临时上划至公司总部等方式进行压力测试。对于未实行轮岗制的证券营业部，证券公司应当每月进行至少一次的压力测试。

四、建立健全证券营业部稽核制度，加大现场稽核力度

（一）证券公司应建立实时监控系统和风险预警体系，该系统应当能够实时监控证券营业部大额资金活动和交易业务活动，并能对异常资金流转和交易提出警示。

（二）证券公司稽核部门原则上应每年（最长不得超过2年，但未实行轮岗的证券营业部必须每年至少一次）对证券营业部的经营情况进行一次现场稽核。中国证监会派出机构可以根据证券公司合规经营的情况，要求证券公司增加稽核次数。

（三）证券公司应将在对证券营业部稽核中发现的问题报送相关证券营业部所在地中国证监会派出机构，将所有营业部的稽核报告在公司总部存档备查，并于每年4月底前将公司上一年度对证券营业部的总体稽核情况及发现的主要问题报送公司所在地中国证监会派出机构。

（四）证券公司应当将稽核结果与人员考核相结合，建立相应的处罚制度，对各种违法、违规行为严肃惩处。

五、其他要求

（一）证券公司应建立对证券营业部重大突发事件的应急机制。证券营业部如发生因技术故障、自然灾害、资金兑付困难或其他原因导致不能正常交易的重大事件，应立即向证券公司总部和证券营业部所在地中国证监会派出机构报告，并向当地有关政府部门报告。事故处理完毕应向上述部门报送处理报告。

（二）证券公司总部应建立由专门部门对重要客户的定期回访制度。

（三）证券营业部应在营业场所显著位置悬挂其《证券经营机构营业许可证》和《营业执照》；提供给投资者的风险揭示书和业务合同文本中明示证券营业部无权在《证券经营机构营业许可证》业务范围之外与投资者签订业务合同，并由投资者签字确认。

（四）证券营业部应在营业场所显著位置公示证券营业部和公司总部的投拆电话、传真、电子信箱和其它相关信息，以利于投资者的投诉能得到及时的反映和处理。

（五）证券公司应结合自身实际情况制定具体的证券营业部内部控制制度，并报证券公司注册地和营业部所在地中国证监会派出机构备案。

（六）证券公司应于每年末将所属证券营业部负责人、证券营业部电脑部、财务部负责人的委派和轮岗情况向注册地中国证监会派出机构备案。

六、尚未完成分业的证券经营机构，比照本意见的要求执行

七、对于全面实现集中交易的证券公司所属证券营业部的内部控制要求，中国证监会另行规定

各证券公司要根据本意见的要求，制定轮岗计划，于2004年2月29日前报注册地中国证监会派出机构。经公司注册地中国证监会派出机构审阅无异议后，证券公司应将其轮岗制度和轮岗计划在2004年3月31日前向中国证监会机构监管部报备，同时抄送所属证券营业部所在地的中国证监会派出机构。证券公司应当认真贯彻落实轮岗制度和轮岗计划。

证券公司客户资产管理业务试行办法

第一章　总　则

第一条　为规范证券公司客户资产管理活动，保护投资者的合法权益，维护证券市场秩序，根据《证券法》和其他相关法律、行政法规，制定本办法。

第二条　证券公司从事客户资产管理业务，应当遵守法律、行政法规和中国证券监督管理委员会（以下简称“中国证监会”）的规定，不得有欺诈客户行为。

第三条　证券公司从事客户资产管理业务，应当遵循公平、公正的原则，维护客户的合法权益，诚实守信，勤勉尽责，避免利益冲突。

第四条　证券公司从事客户资产管理业务，应当依照本办法的规定向中国证监会申请客户资产管理业务资格。未取得客户资产管理业务资格的证券公司，不得从事客户资产管理业务。

第五条　证券公司从事客户资产管理业务，应当依照本办法的规定与客户签订资产管理合同，根据资产管理合同约定的方式、条件、要求及限制，对客户资产进行经营运作，为客户提供证券及其他金融产品的投资管理服务。

第六条　证券公司从事客户资产管理业务，应当在公司内部实行集中运营管理，对外统一签订资产管理合同，并设立专门的部门负责客户资产管理业务。

第七条　证券公司从事客户资产管理业务，应当建立健全风险控制制度，将客户资产管理业务与公司的其他业务严格分开。

第八条　证券交易所、证券登记结算机构应当就证券公司客户资产管理活动相关事宜制定各自的专门业务规则，实行规范有序的自律管理。

第九条　中国证券业协会作为证券业的自律性组织，对证券公司客户资产管理活动进行协调指导，促进行业健康发展。

第十条　中国证监会及其派出机构依据法律、行政法规和本办法的规定，对证券公司客户资产管理活动进行监督管理。

第二章　业务范围和业务资格

第十一条　经中国证监会批准，证券公司可以从事下列客户资产管理业务：

（一）为单一客户办理定向资产管理业务；

（二）为多个客户办理集合资产管理业务；

（三）为客户办理特定目的的专项资产管理业务。

第十二条　证券公司为单一客户办理定向资产管理业务，应当与客户签订定向资产管理合同，通过该客户的账户为客户提供资产管理服务。

第十三条　证券公司为多个客户办理集合资产管理业务，应当设立集合资产管理计划，与客户签订集合资产管理合同，将客户资产交由具有客户交易结算资金法人存管业务资格的商业银行或者中国证监会认可的其他机构进行托管，通过专门账户为客户提供资产管理服务。

第十四条 证券公司办理集合资产管理业务，可以设立限定性集合资产管理计划和非限定性集合资产管理计划。

限定性集合资产管理计划资产应当主要用于投资国债、国家重点建设债券、债券型证券投资基金、在证券交易所上市的企业债券、其他信用度高且流动性强的固定收益类金融产品；投资于业绩优良、成长性高、流动性强的股票等权益类证券以及股票型证券投资基金的资产，不得超过该计划资产净值的百分之二十，并应当遵循分散投资风险的原则。

非限定性集合资产管理计划的投资范围由集合资产管理合同约定，不受前款规定限制。

第十五条 证券公司为客户办理特定目的的专项资产管理业务，应当签订专项资产管理合同，针对客户的特殊要求和资产的具体情况，设定特定投资目标，通过专门账户为客户提供资产管理服务。

证券公司可以通过设立综合性的集合资产管理计划办理专项资产管理业务。

第十六条 取得客户资产管理业务资格的证券公司，可以办理定向资产管理业务；办理集合资产管理业务、专项资产管理业务的，还须按照本办法的规定，向中国证监会提出逐项申请。

第十七条 证券公司从事客户资产管理业务，应当符合下列条件：

（一）经中国证监会核定为综合类证券公司；

（二）净资本不低于人民币两亿元，且符合中国证监会关于综合类证券公司各项风险监控指标的规定；

（三）客户资产管理业务人员具有证券从业资格，无不良行为记录，其中具有三年以上证券自营、资产管理或者证券投资基金管理从业经历的人员不少于五人；

（四）具有良好的法人治理结构、完备的内部控制和风险管理制度，并得到有效执行；

（五）最近一年未受到过行政处罚或者刑事处罚；

（六）中国证监会规定的其他条件。

第十八条 证券公司申请客户资产管理业务资格，应当向中国证监会提交下列材料：

（一）申请书；

（二）《经营证券业务许可证》和《企业法人营业执照》副本复印件；

（三）净资本计算表和经具有证券相关业务资格的会计师事务所审计的最近一期财务报表；

（四）负责客户资产管理业务的高级管理人员的情况登记表；

（五）客户资产管理业务人员、风险控制岗位人员的名单、简历、证券从业资格证书和身份证明复印件；

（六）申请人出具的客户资产管理业务人员无不良行为记录的证明；

（七）内部控制和风险管理制度文本及由具有证券相关业务资格的会计师事务所出具的内控评审报告；

（八）客户资产管理业务计划书和业务操作规程；

（九）中国证监会要求提交的其他材料。

第十九条 中国证监会依照法律、行政法规和本办法的规定，对证券公司的申请材料进行审查，做出是否批准的决定，并书面通知申请人。

第二十条 证券公司办理集合资产管理业务，设立集合资产管理计划，除应具备本办法第十七条规定的条件并取得客户资产管理业务资格外，还应当符合下列要求：

（一）具有健全的法人治理结构、完善的内部控制和风险管理制度，并得到有效执行；

（二）设立限定性集合资产管理计划的，净资本不低于人民币三亿元；设立非限定性集合资产管理计划的，净资本不低于人民币五亿元；

（三）最近一年不存在挪用客户交易结算资金等客户资产的情形；

（四）中国证监会规定的其他条件。

第二十一条 证券公司设立限定性集合资产管理计划，应当事先报中国证监会备案；设立非限定性集合资产管理计划，应当报经中国证监会批准。

第二十二条 证券公司申请设立集合资产管理计划，应当向中国证监会提交下列材料：

（一）备案报告或者申请书；

（二）集合资产管理计划说明书；

（三）集合资产管理合同的拟定文本；

（四）资产托管协议；

（五）推广方案及推广代理协议；

（六）关于集合资产管理计划运作中利益冲突防范和风险控制措施的特别说明；

（七）负责该集合资产管理计划投资管理的高级管理人员、主办人员的情况登记表；

（八）净资本计算表和最近一期经具有证券相关业务资格的会计师事务所审计的财务报表；

（九）中国证监会要求提交的其他材料。

第二十三条 中国证监会依照法律、行政法规、本办法的规定，对证券公司办理集合资产管理业务、设立集合资产管理计划的申请进行审查。中国证监会根据审慎监管原则，可以组织专家对办理集合资产管理业务、设立集合资产管理计划的申请进行评审。

第二十四条 中国证监会对设立限定性集合资产管理计划的备案材料进行合规性审核，并向证券公司出具是否有异议的书面意见；中国证监会无异议的，证券公司方可推广其所提交备案的集合资产管理计划。

第二十五条 中国证监会对设立非限定性集合资产管理计划的申请材料进行全面审核，做出予以批准或者不予批准的决定，并书面通知申请人。

第二十六条 证券公司向中国证监会提交客户资产管理业务资格申请材料和设立集合资产管理计划的备案、申请材料，应当同时抄送注册地中国证监会派出机构。

第三章 基本业务规范

第二十七条 证券公司开展客户资产管理业务，应当依据法律、行政法规和本办法的规定，与客户签订书面资产管理合同，就双方的权利义务和相关事宜做出明确约定。

资产管理合同应当包括下列基本事项：

（一）客户资产的种类和数额；

（二）投资范围、投资限制和投资比例；

（三）投资目标和管理期限；

（四）客户资产的管理方式和管理权限；

（五）各类风险揭示；

（六）客户资产管理信息的提供及查询方式；

（七）当事人的权利与义务；

（八）管理报酬的计算方法和支付方式；

（九）与客户资产管理有关的其他费用的提取、支付方式；

（十）合同解除、终止的条件、程序及客户资产的清算返还事宜；

（十一）违约责任和纠纷的解决方式；

（十二）中国证监会规定的其他事项。

第二十八条 集合资产管理合同除应符合前条规定外，还应当对集合资产管理计划开始运作的条件和日期、资产托管机构的职责、托管方式与托管费用、客户资产净值的估算、投资收益的确认与分派等事项做出约定。

集合资产管理合同由证券公司、资产托管机构与单个客户三方签署。

第二十九条 证券公司办理定向资产管理业务，接受单个客户的资产净值不得低于人民币一百万元。

第三十条 证券公司办理集合资产管理业务，只能接受货币资金形式的资产。

证券公司设立限定性集合资产管理计划的，接受单个客户的资金数额不得低于人民币五万元；设立非限定性集合资产管理计划的，接受单个客户的资金数额不得低于人民币十万元。

第三十一条 证券公司应当将集合资产管理计划设定为均等份额。客户按其所拥有的份额在集合资产管理计划资产中所占的比例享有利益、承担风险；但是按照本办法第三十三条第二款规定另有约定的除外。

第三十二条 证券公司设立集合资产管理计划，可以对计划存续期间做出规定，也可以不做规定。

集合资产管理合同应当对客户参与和退出集合资产管理计划的时间、方式、价格、程序等事项做出明确约定。

参与集合资产管理计划的客户不得转让其所拥有的份额；但是法律、行政法规另有规定的除外。

第三十三条 证券公司可以自有资金参与本公司设立的集合资产管理计划；在该集合资产管理计划存续期间，证券公司不得收回所投入的资金。

以自有资金参与本公司设立的集合资产管理计划的证券公司，应当在集合资产管理合同中对其所投入的资金数额和承担的责任等做出约定。

证券公司投入的资金，根据其所承担的责任，在计算公司的净资本额时予以相应的扣减。

第三十四条 证券公司可以自行推广集合资产管理计划，也可以委托其他证券公司或者商业银行代为推广。

客户在参与集合资产管理计划之前，应当已经是证券公司自身或者其他推广机构的客户。

第三十五条 证券公司设立集合资产管理计划的，应当自中国证监会出具无异议意见或者做出批准决定之日起六十日内，完成设立工作并开始投资运作。

集合资产管理计划设立完成前，客户的参与资金只能存入资产托管机构，不得动用。

第三十六条 证券公司进行集合资产管理业务投资运作，在证券交易所进行证券交易的，应当集中在固定席位上进行，并向证券交易所、证券登记结算机构备案。

集合资产管理计划资产中的证券，不得用于回购。

第三十七条 证券公司将其所管理的客户资产投资于一家公司发行的证券，按证券面值计算，不得超过该证券发行总量的百分之十。

一个集合资产管理计划投资于一家公司发行的证券不得超过该计划资产净值的百分之十。

第三十八条 证券公司将其管理的客户资产投资于本公司、资产托管机构及与本公司、资产托管机构有关联方关系的公司发行的证券，应当事先取得客户的同意，事后告知资产托管机构和客户，同时向证券交易所报告。

证券公司办理集合资产管理业务，单个集合资产管理计划投资于前款所述证券的资金，不得超过该集合资产管理计划资产净值的百分之三。

第三十九条 证券公司办理定向资产管理业务，由客户自行行使其所持有证券的权利，履行相应的义务。

证券公司将定向资产管理业务的客户资产投资于上市公司的股票，发生客户应当履行公告、报告、要约收购等法律、行政法规和中国证监会规定义务的情形时，证券公司应当立即通知有关客户，并督促其履行相应义务；客户拒不履行的，证券公司应当向证券交易所报告。

第四十条 证券公司代表客户行使集合资产管理计划所拥有证券的权利，履行相应的义务。

第四十一条 证券公司从事客户资产管理业务，不得有下列行为：

（一）挪用客户资产；

（二）向客户作出保证其资产本金不受损失或者取得最低收益的承诺；

（三）以欺诈手段或者其他不正当方式误导、诱导客户；

（四）将客户资产管理业务与其他业务混合操作；

（五）以转移资产管理账户收益或者亏损为目的，在自营账户与资产管理账户之间或者不同的资产管理账户之间进行买卖，损害客户的利益；

（六）自营业务抢先于资产管理业务进行交易，损害客户的利益；

（七）以获取佣金或者其他利益为目的，用客户资产进行不必要的证券交易；

（八）内幕交易或者操纵市场；

（九）法律、行政法规和中国证监会规定禁止的其他行为。

第四十二条 证券公司办理集合资产管理业务，除应遵守前条规定外，还应当遵守下列规定：（一）不得将集合资产管理计划资产用于资金拆借、贷款、抵押融资或者对外担保等用途；（二）不得将集合资产管理计划资产用于可能承担无限责任的投资。

第四章 风险控制和客户资产托管

第四十三条 证券公司开展客户资产管理业务，应当在资产管理合同中明确规定，由客户自行承担投资风险。

第四十四条 证券公司应当向客户如实披露其客户资产管理业务资质、管理能力和业绩等情况，并应当充分揭示市场风险，证券公司因丧失客户资产管理业务资格给客户带来的法律风险，以及其他投资风险。

证券公司向客户介绍投资收益预期，必须恪守诚信原则，提供充分合理的依据，并以书面方式特别声明，所述预期仅供客户参考，不构成证券公司保证客户资产本金不受损失或者取得最低投资收益的承诺。

第四十五条 在签订资产管理合同之前，证券公司应当了解客户的资产与收入状况、风险承受能力以及投资偏好等基本情况，客户应当如实提供相关信息。

证券公司设立集合资产管理计划，应当对客户的条件和集合资产管理计划的推广范围进行明确界定，参与集合资产管理计划的客户应当具备相应的金融投资经验和风险承受能力。

第四十六条 客户应当对其资产来源及用途的合法性做出承诺。客户未做承诺或者证券公司明知客户资产来源或者用途不合法的，不得签订资产管理合同。

任何人不得非法汇集他人资金参与集合资产管理计划。

第四十七条 证券公司及其他推广机构应当采取有效措施使客户详尽了解集合资产管理计划的特性、风险等情况及客户的权利、义务，但不得通过广播、电视、报刊及其他公共媒体推广集合资产管理计划。

第四十八条 证券公司应当至少每三个月向客户提供一次准确、完整的资产管理报告，对报告期内客户资产的配置状况、价值变动等情况做出详细说明。

证券公司应当保证客户能够按照资产管理合同约定的时间和方式查询客户资产配置状况等信息。发生资产管理合同约定的、可能影响客户利益的重大事项时，证券公司应当及时告知客户。

第四十九条 证券公司办理定向资产管理业务，应当保证客户资产与其自有资产、不同客户的资产相互独立，对不同客户的资产分别设置账户、独立核算、分账管理。

第五十条 证券公司办理集合资产管理业务，应当保证集合资产管理计划资产与其自有资产、集合资产管理计划资产与其他客户的资产、不同集合资产管理计划的资产相互独立，单独设置账户、独立核算、分账管理。

第五十一条 证券公司办理定向资产管理业务，应当按照中国证监会的规定对客户资产中的货币资金进行管理；客户有要求的，证券公司应当将客户资产交由资产托管机构进行托管。

第五十二条 证券公司办理集合资产管理业务，应当将集合资产管理计划资产交由资产托管机构进行托管。

证券公司、资产托管机构应当为集合资产管理计划单独开立证券账户和资金账户。证券账户名称应当注明证券公司、集合资产管理计划名称等内容。

第五十三条 资产托管机构应当由专门部门负责集合资产管理计划资产的托管业务，并将托管的集合资产管理计划资产与其自有资产及其管理的其他资产严格分开。

第五十四条 资产托管机构办理集合资产管理计划资产托管业务，应当履行下列职责：（一）安全保管集合资产管理计划资产；（二）执行证券公司的投资或者清算指令，并负责办理集合资产管理计划资产运营中的资金往来；（三）监督证券公司集合资产管理计划的经营运作，发现证券公司的投资或清算指令违反法律、行政法规、中国证监会的规定或者集合资产管理合同约定的，应当要求改正；未能改正的，应当拒绝执行，并向中国证监会报告；（四）出具资产托管报告；（五）集合资产管理合同约定的其他事项。

第五十五条 资产托管机构有权随时查询集合资产管理计划的经营运作情况，并应当定期核对集合资产管理计划资产的情况，防止出现挪用或者遗失。

第五十六条 定向资产管理合同约定的投资管理期限届满或者发生合同约定的其他事由，应当终止资产管理合同的，证券公司在扣除合同约定的各项费用后，必须将客户账户内的全部资产交还客户自行管理。

集合资产管理合同约定的投资管理期限届满或者发生合同约定的其他事由，应当终止集合资产管理计划运营的，证券公司和资产托管机构在扣除合同规定的各项费用后，必须将集合资产管理计划资产，按照客户拥有份额的比例或者集合资产管理合同的约定，以货币资金的形式全部分派给客户，并注销证券账户和资金账户。

第五章 监管措施和法律责任

第五十七条 证券公司因涉嫌违法违规被中国证监会调查的，中国证监会暂不受理其客户资产管理业务资格申请、集合资产管理计划设立备案或者申请；已经受理的，暂缓进行审核。

第五十八条 证券公司应当就客户资产管理业务的运营制定内部检查制度，定期进行自查。

证券公司应当按季编制客户资产管理业务的报告，报中国证监会及注册地中国证监会派出机构备案。

第五十九条 证券公司推广集合资产管理计划，应当将集合资产管理合同、集合资产管理计划说明书等正式推广文件，置备于证券公司及其他推广机构推广集合资产管理计划的营业场所，并报注册地和推广场所所在地中国证监会派出机构备案。

证券公司应当在集合资产管理计划设立工作完成后五个工作日内，将集合资产管理计划的设立情况报中国证监会及注册地中国证监会派出机构备案。

第六十条 证券公司进行年度审计，应当同时对客户资产管理业务的运营情况进行审计，并要求会计师事务所就各集合资产管理计划出具单项审计意见。

证券公司应当将审计结果报送中国证监会及注册地中国证监会派出机构备案，并将各集合资产管理计划的单项审计意见提供给客户和资产托管机构。

第六十一条 证券公司和资产托管机构应当按照有关法律、行政法规的规定保存客户资产管理业务的会计账册，并妥善保存有关的合同、协议、交易记录等文件、资料。

自资产管理合同终止之日起，保存期不得少于十五年。

第六十二条 中国证监会及其派出机构对证券公司和资产托管机构从事客户资产管理业务的情况，进行定期或者不定期的检查，证券公司和资产托管机构应当予以配合。

证券公司、资产托管机构的高级管理人员、直接负责的主管人员和其他直接责任人员违反本办法规定的，中国证监会及其派出机构根据不同情况，对其采取谈话提醒、暂停履行职务、记入诚信档案、认定为不适宜担任相关职务者等行政监管措施。

第六十三条 证券公司、资产托管机构及其直接负责的主管人员和其他直接责任人员违反本办法规定从事客户资产管理业务，中国证监会依照本办法进行行政处罚；法律、行政法规另有规定的，按照有关规定进行行政处罚；情节严重涉嫌犯罪的，依法移送司法机关，追究其刑事责任。

证券公司、资产托管机构及其直接负责的主管人员和其他直接责任人员从事客户资产管理业务，损害客户合法利益的，应当依法承担民事责任。

第六十四条 证券公司违反本办法规定，擅自开办客户资产管理业务的，责令改正，并处以警告、罚款。

对直接负责的主管人员和其他直接责任人员，处以警告、罚款，并依法取消其高级管理人员任职资格或者证券从业资格。

第六十五条 证券公司从事客户资产管理业务，有下列情形之一的，应当主动改正；未能改正的，责令改正；拒不改正的，暂停其客户资产管理业务，单处或者并处警告、罚款；情节严重的，依法取消其客户资产管理业务资格：

（一）未按照本办法的规定办理客户资产的托管；

（二）未按照本办法的规定将有关材料置备于营业场所或者向中国证监会及注册地中国证监会派出机构备案；

（三）违反本办法第三十四条的规定，委托其他机构或个人代为推广集合资产管理计划；

（四）违反本办法第三十五条的规定，未完成集合资产管理计划设立即动用客户参与资金；

（五）违反本办法第三十六条的规定，不通过固定席位进行交易或者将集合资产管理计划资产的证券用于回购；

（六）违反本办法第十四条、第三十七条的规定，超出投资范围和比例进行投资；

（七）违反本办法第三十八条的规定，未按照规定程序或者超比例从事关联交易；

（八）未按照本办法第三十九条的规定履行通知、报告义务；

（九）从事本办法第四十一条、第四十二条规定的禁止行为；

（十）违反本办法第四十六条的规定与客户签订资产管理合同；

（十一）违反本办法第四十七条的规定推广集合资产管理计划；

（十二）未按照本办法第六十一条的规定保存有关材料；

（十三）未按照本办法第六十二条的规定配合中国证监会及其派出机构监督检查；

（十四）其他违反本办法规定的行为。对直接负责的主管人员和其他直接责任人员，单处或者并处警告、罚款；情节严重的，依法取消其高级管理人员任职资格或者证券从业资格。

第六十六条 资产托管机构从事客户资产管理业务，有下列情形之一的，责令改正，单处或者并处警告、罚款：

（一）未按照本办法第五十三条、第五十四条的规定管理集合资产管理计划资产或者履行托管职责；

（二）未按照本办法第六十一条的规定保存有关材料；

（三）未按照本办法第六十二条的规定配合中国证监会及其派出机构监督检查。

对直接负责的主管人员和其他直接责任人员，单处或者并处警告、罚款；情节严重的，依法取消其证券从业资格。

第六十七条 其他推广机构违反本办法第四十七条的规定推广集合资产管理计划的，责令改正，并处以警告、罚款。

对直接负责的主管人员和其他直接责任人员，单处或者并处警告、罚款；情节严重的，依法取消其证券从业资格。

第六十八条 证券公司因违法违规经营或者有关财务指标不符合中国证监会的规定，被中国证监会暂停客户资产管理业务的，暂停期间不得签订新的资产管理合同；被中国证监会依法取消客户资产管理业务资格的，应当停止资产管理活动，依照本办法第五十六条的规定处理合同终止事宜。

第六章 附 则

第六十九条 本办法所称托管，是指资产托管机构根据证券公司、客户的委托，对客户的资产进行保管，办理权益登记、转账过户、资金划拨、监督运营等事务的行为。

本办法所指关联方关系的含义与财政部《企业会计准则——关联方关系及其交易的披露》中的关联方关系的含义相同。

第七十条 本办法实施前中国证监会已核准的证券公司受托投资管理业务资格继续有效，自本办法实施之日起自动变更为客户资产管理业务资格。

第七十一条 证券公司在本办法实施前开展的受托投资管理业务不符合本办法有关规定的，应当按照本办法进行规范。

第七十二条 经中国证监会批准从事客户资产管理业务的其他机构，遵照执行本办法。

第七十三条 本办法自2004年2月1日起施行。中国证监会《关于规范证券公司受托投资管理业务的通知》（证监机构字（2001）265号）、《关于证券公司从事集合性受托投资管理业务有关问题的通知》（证监机构字（2003）107号）同时废止。

二00三年十二月十八日

证券公司债券管理暂行办法

《证券公司债券管理暂行办法》已经2003年8月29日中国证券监督管理委员会第43次主席办公会议审议通过，现予公布，自2003年10月8日起施行。

第一章 总 则

第一条 为规范证券公司债券的发行和转让行为，保护债券持有人的合法权益，根据《公司法》、《证券法》及有关法律、行政法规的规定，制定本办法。

第二条 本办法所称证券公司债券是指证券公司依法发行的、约定在一定期限内还本付息的有价证券。证券公司发行债券适用本办法，但发行可转换公司债券的除外。

第三条 中国证券监督管理委员会（以下简称"中国证监会"）依法对证券公司债券的发行和转让行为进行监督管理。

第四条 证券公司发行债券必须符合本办法规定的条件，并报经中国证监会批准。未经批准不得擅自发行或变相发行债券。

第五条 证券公司债券经批准可以向社会公开发行，也可以向合格投资者定向发行。定向发行的债券不得公开发行或者变相公开发行。

第六条 发行债券的证券公司（以下简称"发行人"）应当制定到期还本付息的有效措施，保护债券持有人的合法权益。

第二章 发行与承销

第七条 证券公司公开发行债券，除应当符合《公司法》规定的条件外，还应当符合下列要求：

（一）发行人为综合类证券公司；

（二）最近一期期末经审计的净资产不低于10亿元；

（三）最近一年盈利；

（四）各项风险监控指标符合中国证监会的有关规定；

（五）最近两年内未发生重大违法违规行为；

（六）具有健全的股东会、董事会运作机制及有效的内部管理制度，具备适当的业务隔离和内部控制技术支持系统；

（七）资产未被具有实际控制权的自然人、法人或其他组织及其关联人占用；

（八）中国证监会规定的其他条件。

第八条 证券公司定向发行债券，除应当符合《公司法》规定的条件外，还应当符合前条第（四）、（五）、（六）、（七）、（八）项规定的要求，且最近一期期末经审计的净资产不低于5亿元。

第九条 定向发行的债券只能向合格投资者发行。合格投资者是指自行判断具备投资债券的独立分析能力和风险承受能力，且符合下列条件的投资者：

（一）依法设立的法人或投资组织；

（二）按照规定和章程可从事债券投资；

（三）注册资本在1000万元以上或者经审计的净资产在2000万元以上。

第十条 发行债券募集的资金应当有确定的用途和相应的使用计划及管理制度。募集资金的使用应当符合法律法规和中国证监会的有关规定，不得用于禁止性的业务和行为。

第十一条 发行人应当聘请证券资信评级机构对本期债券进行信用评级并对跟踪评级做出安排。证券资信评级机构对评级结果的客观、公正和及时性承担责任。信用评级报告的内容和格式应当符合有关规定。

第十二条 发行人应当为债券的发行提供担保。为债券的发行提供保证的，保证人应当具有代为清偿债务的能力，保证应当是连带责任保证；为债券的发行提供抵押或质押的，抵押或质押的财产应当由具备资格的资产评估机构进行评估。

公开发行债券的担保金额应不少于债券本息的总额，定向发行债券的担保金额应不少于债券本息总额的百分之五十。

第十三条 发行人应当为债券持有人聘请债权代理人。聘请债权代理人应当订立债权代理协议，明确发行人、债券持有人及债权代理人之间的权利义务及违约责任。

发行人应当在募集说明书中明确约定，投资者认购本期债券视作同意债权代理协议。发行人可聘请信托投资公司、基金管理公司、证券公司、律师事务所、证券投资咨询机构等机构担任债权代理人。

第十四条 发行人应当聘请律师事务所参照中国证监会证券发行的有关规定出具法律意见书和律师工作报告。律师应当针对债券的特点，重点对债券的发行条件、发行方案、发行条款、担保、信用评级、专项偿债账户、债权代理人、债券持有人会议等，明确发表法律意见。

第十五条 发行人应当聘请有主承销商资格的证券公司组织债券的承销。定向发行的债券，经中国证监会批准可以由发行人自行组织销售。

第十六条 证券公司发行债券应当由董事会制定方案，股东会对下列事项做出专项决议：

（一）发行规模、期限、利率；

（二）担保；

（三）募集资金的用途；

（四）发行方式；

（五）决议有效期；

（六）与本期债券相关的其他重要事项。

第十七条 证券公司申请发行债券，应当向中国证监会报送下列文件：

（一）发行人申请报告；

（二）董事会、股东会决议；

（三）主承销商推荐函（附尽职调查报告）；

（四）募集说明书（附发行方案）；

（五）法律意见书（附律师工作报告）；

（六）经审计的最近三年及最近一期的财务会计报告；

（七）信用评级报告及跟踪评级安排的说明；

（八）偿债计划及保障措施的专项报告；

（九）关于支付本期债券本息的现金流分析报告；

（十）担保协议及相关文件；

（十一）债权代理协议；

（十二）发行人章程和营业执照复印件；

（十三）与债券发行相关的其他重要合同；

（十四）中国证监会要求报送的其他文件。

第十八条 定向发行债券，拟认购人书面承诺认购全部债券且不在转让市场进行转让，经拟认购人书面同意，发行人可免于信用评级、提供担保、聘请债权代理人。

前款所述的债券只能通过协议转让的方式进行转让。转让双方应当在协议中就该债券的转让限制和风险分别作出明确的书面提示和认可。

第十九条 债券的承销可采取包销和代销方式。承销或者自行组织的销售，销售期最长不得超过90日。

第二十条 公开发行的债券，在销售期内售出的债券面值总额占拟发行债券面值总额的比例不足50%的，或未能满足债券上市条件的，视为发行失败。发行失败，发行人应当按发行价并加算银行同期存款利息返还认购人。

债券发行结束之前，发行人不得动用所募集的资金，主承销商和债权代理人负有监督义务。

第二十一条 公开发行的债券应当向社会公开发行，每份面值为100元。定向发行的债券应当采用记账方式向合格投资者发行，每份面值为50万元，每一合格投资者认购的债券不得低于面值100万元。

发行债券可按面值发行，也可采取其他方式发行，具体方式由发行人和主承销商协商确定。

第二十二条 债券的利率由发行人与其主承销商根据信用等级、风险程度、市场供求状况等因素协商确定，但必须符合企业债券利率管理的有关规定。

第二十三条 债券的期限最短为一年，最长不超过五年。

第三章 托管与转让

第二十四条 证券公司债券应当由中国证券登记结算有限责任公司负责登记、托管和结算。经批准，中央国债登记结算有限责任公司也可以负责证券公司债券的登记、托管和结算。

第二十五条 公开发行的债券应当申请在证券交易所挂牌集中竞价交易。经中国证监会批准的，也可采取其他方式转让。申请债券上市的证券公司应当与证券交易所订立上市协议，遵守证券交易所债券上市规则，接受证券交易所的监管。

第二十六条 债券申请上市应当符合下列条件：

（一）债券发行申请已获批准并发行完毕；

（二）实际发行债券的面值总额不少于2亿元；

（三）申请上市时仍符合公开发行的条件；

（四）中国证监会规定的其他条件。

第二十七条 上市债券到期前一个月终止上市交易，由发行人办理兑付事宜。债券上市的证券公司出现《证券法》第五十五条、第五十六条规定情形的，由证券交易所做出暂停交易或终止上市的决定。

第二十八条 定向发行的债券可采取协议方式转让，也可经中国证监会批准采取其他方式转让，最小转让单位不得少于面值50万元。债券的转让应当在合格投资者之间进行，且应当符合转让场所的业务规则。

发行人、主承销商、提供转让服务的证券公司、转让人均应当对合格投资者身份进行必要的审查和确认，非合格投资者不得参与定向发行债券的认购、受让活动。

第二十九条 定向发行债券的发行人、主承销商、提供转让服务的证券公司应当将经审查确认的合格投资者的相关资料向登记结算公司申报，并办理证券帐户的开立、注册手续。合格投资者只能使用在登记结算公司注册的证券帐户进行债券的申购、受让等投资活动，并填制债券的认购表或受让表。

第四章 信息披露

第三十条 证券公司发行债券，应当按照中国证监会的有关规定制作募集说明书和其他信息披露文件，保证真实、准确、完整、及时地披露一切对投资者有实质性影响的信息。但定向发行债券的募集说明书及相关资料不得在媒体上公开刊登或变相公开刊登。

发行人及有关当事人不得以任何方式误导投资者购买债券。

第三十一条 发行人应当在募集说明书的显著位置提示投资者：“投资者购买本期债券，应当认真阅读本募集说明书及有关的信息披露文件，进行独立的投资判断。中国证监会对本期债券发行的批准，并不表明其对本期债券的投资价值作出了任何评价，也不表明对本期债券的投资风险作出了任何判断”。

第三十二条 募集说明书、上市公告书、定期报告及重大事项公告等，应当符合中国证监会的有关规定和交易场所的业务规则。

第三十三条 募集说明书披露的发行条款应当具体明确，详细约定与债券当事人权利义务相关的条款。募集说明书至少应当包括下列内容：

（一）债券的规模、期限、利率；

（二）发行的起止时间；

（三）本息偿付的时间、程序、方式；

（四）专项偿债帐户及其他偿债措施；

（五）债券持有人会议的有关安排；

（六）债权代理人及债权代理协议；

（七）担保事项；

（八）评级报告及跟踪评级的安排；

（九）发行人的违约责任；

（十）承销机构及其责任。

第三十四条 发行人应当在债券存续期内向债券持有人披露经具有证券从业资格的会计师事务所审计的年度财务会计报告。

第三十五条 公开发行债券的发行人应当于本息支付日前10日内，就有关事宜在中国证监会指定的报刊上公告三次。

第三十六条 债券上市期间，发行人应当在每个会计年度结束之日后四个月内向中国证监会和证券交易所提交年度报告，在每个会计年度的上半年结束之日后两个月内向中国证监会和证券交易所提交中期报告，并在中国证监会指定报刊和互联网网站上披露。

第三十七条 定期报告应当详细披露报告期内与债券持有人利益相关的重要情况，至少应当包括下列内容：

（一）债券本息的支付情况；

（二）专项偿债帐户的有关情况；

（三）担保人和担保物发生重大变化的情况；

（四）发行人的负债变化情况；

（五）现金流量状况综述；

（六）跟踪评级情况；

（七）债权代理人代理事务报告的主要内容；

（八）重大事项公告的主要情况；

（九）债券持有人会议的召开情况；

（十）其他对债券持有人有重大影响的信息。

第三十八条 发行人出现下列情形之一的，应当及时予以公告或以有效的方式告知债券持有人：

（一）预计到期难以偿付利息或本金；

（二）专项偿债帐户出现异常；

（三）订立可能对还本付息产生重大影响的担保合同及其他重要合同；

（四）发生重大亏损或者遭受超过净资产百分之十以上的重大损失；

（五）发生重大仲裁、诉讼；

（六）减资、合并、分立、解散及申请破产；

（七）拟进行重大债务重组；

（八）未能履行募集说明书的约定；

（九）担保人或担保物发生重大变化；

（十）债券被证券交易所暂停交易、终止上市；

（十一）中国证监会规定的其他情形。

第三十九条 定向发行债券的，其持续信息披露的内容与方式，应当在募集说明书中约定，但应当符合中国证监会关于定向发行债券信息披露的有关规定。

第五章 偿债措施

第四十条 债券持有人根据法律、行政法规的规定和债券募集说明书的约定行使权利，监督发行人和债权代理人的有关行为。

第四十一条 发行人必须为支付债券的本金和利息设立专项偿债账户，明确账户资金的来源、提取方式及对账户的监督管理等有关事宜。该账户资金可用于投资国债等低风险、高流动性的产品，也可按约定用于债券的提前偿付。

第四十二条 发行人应当通过股东会形成决议，在债券存续期间提高任意盈余公积金的比例和一般风险准备金的比例，以降低偿付风险。

第四十三条 发行人应当通过股东会形成决议，在专项偿债账户资金未能按约定提取或者未能偿付债券本息期间，采取下列措施：

（一）不向股东分配利润；

（二）暂缓重大对外投资、收购兼并等资本性支出项目的实施；

（三）调减或停发董事和高级管理人员的工资和奖金；

（四）主要责任人不得调离。

第四十四条 发行人约定在债券到期之前购回或约定条件提前偿付的，不得损害债券持有人的利益，且须公平对待所有债券持有人。

第四十五条 发行人在债券存续期内，不得单方面变更募集说明书的约定。如因特殊情况需要变更的，应当及时通知债权代理人并取得债券持有人的同意。

第四十六条 债券持有人可单独行使权利，也可通过债券持有人会议行使权利。募集说明书应当约定债券持有人会议的权利、召开程序以及决议的生效条件。

第四十七条 出现下列情形之一的，应当召开债券持有人会议：

（一）发行人提出拟变更募集说明书的约定；

（二）发行人不能按期支付本息；

（三）发行人减资、合并、分立、解散及申请破产；

（四）担保人或担保物发生重大变化；

（五）持有10%以上面值的债券持有人提出拟更换债权代理人。

第四十八条 发行人、担保人、持有本期债券且持有发行人10%以上股权的股东及其他重要关联方，可参加债券持有人会议并提出议案，但没有表决权。

第四十九条 债权代理人应当恪尽职守，履行诚实、信用、谨慎、有效管理的义务，严格遵守代理协议的约定，并履行下列义务：

（一）当出现未能及时偿付本息及其他可能影响债券持有人重大利益的情形时，及时督促提醒发行人，并告知债券持有人；

（二）依照约定监督专项偿债账户、募集资金的使用以及担保事项；

（三）依照募集说明书的约定，代理债券持有人与发行人之间的谈判及诉讼事务；

（四）债券持有人会议授权的其他事项。

第五十条 债权代理人应当制定代理业务操作规则，采取有效措施保护债券持有人的合法权益，并定期出具债权代理事务报告。

第五十一条 发行人应当指定专人负责债券事务。在利息或本金偿付日之前十五个工作日内，发行人应当组成偿付工作小组，负责利息和本金的偿付及与之相关的其他事务。

第六章 法律责任

第五十二条 证券公司债券的发行、承销、转让以及信息披露行为，应当遵守《公司法》、《证券法》的有关规定。违反规定的，由中国证监会依法给予行政处罚。

第五十三条 定向发行债券，违反规定在媒体上公开刊登或者变相公开刊登募集说明书或发布相关信息的，由中国证监会责令改正，单处或并处警告、罚款；情节严重的撤销对其定向发行债券的批准，已发行的债券由发行人按照发行价加同期银行存款利息返还，三年内不再受理其发行申请。对直接负责的主管人员和其他直接责任人员，单处或并处警告、罚款、暂停或取消从事证券业务的资格。

第五十四条 定向发行债券的发行人或承销商，违反规定向合格投资者以外的投资者销售债券的，应当主动改正；拒不改正的，由中国证监会责令改正，单处或并处警告、罚款；对发行人可撤销定向发行债券的批准，已发行的债券由发行人按照发行价加同期银行存款利息返还，三年内不再受理其发行申请，对承销商可暂停或取消其证券承销业务资格。对直接负责的主管人员和其他直接责任人员，单处或并处警告、罚款、暂停或取消从事证券业务的资格。

第五十五条 为定向发行债券提供服务的中介机构，出具的专业意见存在虚假记载、误导性陈述或者重大遗漏的，应当主动改正；拒不改正的，由中国证监会责令改正，并可视情节单处或并处警告、罚款，暂停或取消从事证券业务的资格。对直接负责的主管人员和其他直接责任人员，单处或并处警告、罚款、暂停或取消从事证券业务的资格。

第五十六条 债权代理人未按规定履行义务的，由中国证监会对有关责任人员依法给予行政处罚；给债券持有人造成损失的，应当依法承担民事责任。

第五十七条 发行人到期未能偿还本息的，债券持有人可依法提起诉讼。对有偿债能力而拒绝履行偿债义务及其他违规行为，中国证监会可视情况采取下列措施：

（一）责令履行相关义务；

（二）对单位单处或并处警告、罚款、暂停部分证券业务；

（三）对直接负责的主管人员和其他直接责任人员，单处或并处警告、罚款、暂停或取消从事证券业务的资格。

第七章 附 则

第五十八条 证券公司发行次级债券的管理办法另行制定。

第五十九条 本办法自2003年10月8日起施行。

主席：尚福林

二00三年八月二十九日

证券公司债券登记结算业务办理规则

第一章　总　则

第一条　为适应证券公司债券管理的需要，根据《证券公司债券管理暂行办法》等有关法规及规章，制定本规则。

第二条　本规则适用于定向发行的证券公司债券的登记结算业务，本规则没有规定的，适用中国证券登记结算有限责任公司（以下简称本公司）其他业务规定。

公开发行证券公司债券的登记结算业务，按照证券交易所挂牌证券登记结算业务有关规定办理。

第三条　本公司根据合格投资者委托的证券公司的申请，办理证券公司债券发行转让过程中涉及的登记、托管、结算以及其他相关业务。

第四条　本公司对申请人提供的申请材料进行形式审核，申请人应当确保其提供的申请材料合法、真实、准确和完整。

第二章　债券账户

第五条　合格投资者参与债券的认购、转让等活动，应当通过提供转让服务的证券公司向本公司申请开立合格投资者专用债券账户（以下简称专用账户）。证券公司负责合格投资者的资格审查。

第六条　一个合格投资者原则上只能开立一个专用账户，国家法律、法规、行政规章等另有规定的除外。

第七条　专用账户的开立、注册资料查询与变更、注销、专用账户卡挂失与补办等业务比照本公司有关证券账户管理规定办理。

第三章　登记托管

第八条　发行人办理登记业务前，应当与本公司签订《证券登记服务协议》，并向本公司提供授权委托书，授权专人作为其与本公司的指定联络人，负责全权办理债券登记及其它相关事宜。

第九条　发行人办理证券公司债券初始登记前，应当向本公司申请债券简称及债券代码。

债券简称及债券代码的编制规则由本公司另行制定。

第十条　发行人申请债券简称及债券代码时，应当提供以下材料：

（一）债券简称及代码申请书；（二）中国证券监督管理委员会（以下简称中国证监会）关于证券公司债券发行的批复文件；（三）加盖发行人印章的发行人营业执照复印件；（四）指定联络人的有效身份证明文件原件及复印件；（五）本公司要求提供的其他材料。本公司自受理上述申请之日起两个工作日内，配发债券简称及债券代码。

第十一条　发行人变更债券简称时，应当提供以下材料：

（一）变更债券简称申请书；

（二）加盖发行人印章的发行人营业执照复印件；

（三）指定联络人有效身份证明文件原件及复印件；

（四）本公司要求提供的其他材料。本公司自受理上述申请之日起两个工作日内，变更债券简称。

第十二条　发行人向本公司申请办理证券公司债券初始登记时，应当提供以下材料：（一）初始登记申请；

（二）中国证监会关于证券公司债券发行的批复文件；

（三）债券募集说明书；（四）具有从事证券业务资格的会计师事务所出具的募集资金验资报告；

（五）债券持有人名册清单（应当包括但不限于：债券代码、持有人全称、持有人专用账户号码、持有债券数量、司法冻结状态、债券托管证券公司等内容，并在每页上加盖发行人印章）；

（六）承销协议或中国证监会关于发行人自行组织销售的批准文件；

（七）加盖发行人印章的发行人营业执照复印件；

（八）指定联络人有效身份证明文件原件及复印件；

（九）本公司要求提供的其他材料。本公司自受理上述申请之日起两个工作日内，完成初始登记，并向发行人出具债券登记确认书。

第十三条　本公司根据发行人的申请提供债券持有人名册。债券持有人名册服务业务按照本公司有关持有人名册服务业务的规定办理。

第十四条　合格投资者应当将持有的债券托管在提供转让服务的证券公司。发行人办理初始登记时，应当注明债券托管的证券公司名称，合格投资者通过证券公司受让的债券即托管于该证券公司。

证券公司应当将自营债券，以及合格投资者在其处托管的债券，存管到本公司。

第十五条　合格投资者需要变更债券托管的证券公司时，应当通过转出的证券公司向本公司申请债券转托管。证券公司不得无故拒绝合格投资者的转托管申请。

第十六条　本公司收到证券公司的债券转托管指令当日（T日）15:00以后办理债券转托管，并将转托管数据发送转出的证券公司和转入的证券公司。

合格投资者可于T+1日通过转入的证券公司查询债券余额，并可转让转托管的债券。

第十七条　合格投资者转让债券应当通过其托管的证券公司向本公司申请办理债券转让的过户登记，转受让双方应当通过各自委托的证券公司于同一个工作日（T日）9:30至15:00向本公司发送转让和受让申报。

第十八条　转让或受让申报内容应当包括转让编号、债券简称、债券代码、转受让双方名称、专用账户号码、转让或受让数量、金额、受托证券公司、是否通过本公司办理资金结算等。一个转让编号对应一笔转让。

第十九条　转受让双方对已经发出的转让申报在申报当日15:00前可以申报撤销。

第二十条　对于同一转让方或受让方申报重复转让编号的，本公司以最后一次申报为准，其他申报视为无效申报。

第二十一条　发行人委托本公司办理债券派息、兑付的，发行人应当在派息/兑付债权登记日五个工作日前向本公司提供以下材料：

（一）委托债券派息、兑付申请；（二）指定联络人有效身份证明文件原件及复印件；（三）本公司要求提供的其他材料。

第二十二条　本公司于受理上述申请的次一工作日，将代理派息兑付所涉及的债券数量、派息兑付金额所需金额、手续费等通知发行人。

第二十三条　发行人应当在派息/兑付日两个工作日前将派息兑付资金以及手续费划至本公司指定银行账户。

第二十四条　本公司收到相应款项后，通过资金结算系统将债券持有人本息划付给债券托管的证券公司，证券公司于收到债券本息款后于次一工作日将其划付给合格投资者。

第二十五条　发行人委托本公司进行债券派息兑付，不能在规定期限内划入相关款项的，应当及时通知本公司，并以公告或其他有效的方式告知债券持有人，说明原因。因发行人未履行及时告知义务所致的一切法律责任由该发行人承担。

第二十六条　债券持有人因解散、破产、被依法责令关闭等原因丧失法人资格，资产承继人应当向证券公司提供以下材料并通过证券公司向本公司申报办理法人终止引起的过户登记。

（一）过户登记申请；（二）工商行政管理部门出具的原法人注销登记证明；（三）主管部门的批复文件或清算组有关债券归属的证明文件或人民法院的生效法律文书等能够证明财产归属的文件；本公司认为必要时，还应提供有关债券受让情况的公证文件（公证内容应包括但不限于：申请人与原法人的名称、注册号、地址、债券受让依据）；（四）原法人及受让方的专用账户卡原件及复印件；（五）受让方营业执照副本原件及复印件；（六）受让方法定代表人授权委托书；（七）经办人有效身份证明文件原件及复印件；（八）本公司要求提供的其他材料。

第二十七条　合格投资者可以向其债券托管的证券公司或本公司查询其债券转让记录及持有数量等信息。合格投资者向本公司查询上述信息时，应当提供以下材料：

（一）查询申请；（二）合格投资者的专用账户卡原件及复印件；（三）合格投资者的有效身份证明文件原件及复印件；（四）合格投资者的法定代表人对经办人的授权委托书；（五）经办人的有效身份证明文件原件及复印件；（六）合格投资者因解散、破产、被依法责令关闭等原因丧失法人资格，清算组、资产承继人等申请查询时，需提供清算组或资产承继人成立的批准文件、清算组或资产承继人授权委托书、经办人有效身份证明文件原件及复印件；原股东申请查询的，需提供经公证的原全体股东（出资人）授权委托书、经办人有效身份证明文件原件及复印件；（七）本公司要求提供的其他材料。

第二十八条　执法机关要求对证券公司债券进行司法冻结/解冻及司法裁决过户，应当通过证券公司申请办理，并提供以下材料：（一）

生效法律文书；（二）执行公务证及介绍信；（三）协助执行通知书；（四）本公司要求提供的其他材料。

第二十九条 人民法院、人民检察院、中国证监会及其授权部门，以及国家其他有权机关向本公司或托管证券公司查询合格投资者债券转让记录及持有数量等信息时，应当提供以下材料：（一）协助查询文件（应当注明需查询的具体内容）；（二）执行公务证或工作证及介绍信；（三）本公司要求提供的其他材料。

第三十条 债券质押登记按照本公司有关质押登记的业务规定办理。

第四章 结 算

第三十一条 债券转让的资金结算可以委托本公司办理。本公司于每一交收日完成证券交易所市场的资金结算后，办理债券转让的资金结算。

第三十二条 本公司办理债券转让的资金结算采用逐笔全额方式，不提供交收担保。

第三十三条 本公司于每一工作日的15:00以后，对债券转让的每笔申报进行核查，对转让方和受让方相同转让编号的申报核查转受让双方专用账户号码、转让债券代码、数量、金额等信息是否一致，转让债券是否足够等内容，只有核查通过的申报才是有效申报，核查结束后，本公司将当日债券转让申报的核查结果发送相关证券公司。

第三十四条 对核查通过的申报，本公司进行清算处理，计算债券转让应支付的相关税费。委托本公司办理资金结算的，本公司对转让债券所需收付的资金一并计算，本公司在清算处理完成后，将当日债券转让申报的清算结果发送相关证券公司。

第三十五条 本公司对核查通过的待过户债券作锁定处理，直至T+1日本公司完成交收处理后解除锁定。债券锁定期间不得再次申报转让，也不办理转托管，锁定期间的孳息归转让方所有。

债券锁定期间如遇司法冻结、司法裁决过户，本公司自动解除锁定并协助执行，原转让申报无效。

第三十六条 证券公司收到本公司发送的清算结果后，应当与其合格投资者进行确认，并于T+1日15:00前，将确认结果发送本公司。

第三十七条 对于确认债券过户和支付资金的，证券公司应当于T+1日16:00前将每笔债券转让所需支付的资金及相关税费足额划入其在本公司的资金交收账户。

第三十八条 本公司对证券公司确认的每一笔债券转让申报按时间顺序于T+1日16:00以后办理债券过户手续，并在其资金交收账户内直接扣减相应税费，委托本公司办理资金结算的，本公司同时将相应资金从受让方证券公司资金交收账户划入转让方证券公司资金交收账户。

第三十九条 对于证券公司未确认的申报或者证券公司已确认但交收过程中资金交收账户中资金不足的转让申报，本公司不办理债券及资金的交收，其转让申报视为无效申报。

第四十条 本公司在交收完成后，将债券及资金交收的结果发送相关证券公司。

第五章 附 则

第四十一条 本公司办理债券登记结算业务，参照现行沪深证券市场企业债券相关业务收费标准，对于尚未开展过的业务参照非流通股相关业务收费标准，针对证券公司债券登记和转让的特殊情况制定具体的收费标准。

第四十二条 相关当事人不按规定缴纳有关登记结算费用的，本公司暂停为其提供相应的登记结算服务，直至其缴清相关费用为止。

第四十三条 本规则由本公司负责解释，修改时亦同。

第四十四条 本规则自中国证监会批准之日起实施。

证券公司定向发行债券信息披露准则

第一章 总 则

第一条 为规范定向发行债券的证券公司（以下简称“发行人”）及有关当事人履行信息披露义务的行为，根据有关法律、法规和《证券公司债券管理暂行办法》的规定，制定本准则。

第二条 证券公司定向发行债券的信息披露（以下简称“信息披露”），适用本准则。

第三条 信息披露应遵循诚实信用的原则，不得有虚假记载、误导性陈述或者重大遗漏。

第四条 发行人董事会及全体董事应对信息披露的真实性、准确性和完整性负责，并承诺其中不存在虚假记载、误导性陈述或者重大遗漏，并就其保证承担个别和连带的法律责任。

第五条 主承销商、律师事务所、会计师事务所、资信评级机构等应对所出具的专业报告和意见负责，并应对提供服务所涉及的信息披露文件进行认真审阅，确认不存在虚假记载、误导性陈述或重大遗漏，并承担相应的责任。

第六条 参与认购或者转让债券的合格投资者应对信息披露的真实、准确和完整进行独立分析，并据以独立判断债券的投资价值，自行承担债券的任何投资风险。

第七条 发行人应采取有效措施，确保参与认购、转让债券的合格投资者能够同等获得债券相关的信息。

第二章 定向发行债券的募集说明书

第八条 发行人应向参与认购债券的合格投资者提供募集说明书。

第九条 募集说明书应参照公开发行募集说明书的内容编制，保证真实、准确、完整、公平、及时地提供一切对合格投资者做出投资决策有重大影响的信息。

第十条 发行人向合格投资者补充与定向发行债券相关的信息，应确保所有参与认购的合格投资者有同等机会获取。

第十一条 募集说明书引用的经审计的最近一期财务会计资料在财务报告截止日后六个月内有效。特别情况下可由发行人申请适当延长。

第十二条 募集说明书的有效期为六个月，自中国证监会下发批准通知前募集说明书最后一次签署之日起计算。发行人在募集说明书有效期内未能发行债券的，应重新修订募集说明书。在符合本准则第十一条要求的前提下，发行人可在特别情况下申请适当延长募集说明书的有效期限。

第十三条 发行人报送申请文件后，在募集说明书披露前发生与申报稿不一致或对投资本期债券有重大影响的事项，发行人应视情况及时修改募集说明书并提供补充说明材料。

发行人定向发行债券的申请经中国证监会批准后，如发行人认为还有必要对募集说明书进行修改的，应书面说明情况，并经中国证监会同意后相应修改募集说明书及其摘要。必要时，发行人定向发行债券的申请应重新经过中国证监会批准。

第十四条 发行人应在募集说明书的显要位置提示投资者：

“发行人董事会已批准本募集说明书，全体董事承诺其中不存在虚假记载、误导性陈述或重大遗漏，并对其真实性、准确性、完整性承担个别和连带的法律责任。”

“公司负责人和主管会计工作的负责人、会计机构负责人保证本募集说明书中财务报告真实、完整。”

“债券持有人根据法律法规的规定和本募集说明书的约定行使有关权利，监督发行人和债权代理人的有关行为。”

“投资者购买本期债券，应当认真阅读本募集说明书及有关的信息披露文件，进行独立的投资判断。中国证监会对本期债券发行的批准，并不表明其对本期债券的投资价值作出了任何评价，也不表明对本期债券的投资风险作出了任何判断。任何与之相反的声明均属虚假不实陈述。”

“凡通过认购、受让等合法手段取得并持有本期债券的，均视同自愿接受本募集说明书对本期债券各项权利义务的约定。”

“投资者认购本期债券视作同意债权代理协议”。

“债券依法发行后，发行人经营与收益的变化引致的投资风险，由投资者自行负责。”

“投资者若对本募集说明书存在任何疑问，应咨询自己的证券经纪人、律师、专业会计师或其他专业顾问。”

第十五条 发行人应在募集说明书中明示，认购或转让定向发行债券的合格投资者应填写《合格投资者认购债券表》（见附表一）或《合格投资者转让债券表》（见附表二），承诺自行承担投资债券的所有风险，并不向非合格投资者转让所持债券。

填妥的《合格投资者认购债券表》或《合格投资者转让债券表》应由主承销商或提供转让服务的证券公司负责保存至债券依法清偿完毕。

第十六条 发行人向合格投资者提供募集说明书及其他债券发行的相关信息，应以非公开的方式披露，不得在媒体上公开刊登或变相公开刊登。发行人及有关当事人不得以任何方式误导投资者购买债券。

第三章 持续信息披露

第十七条 在债券存续期内，发行人应向持有债券的合格投资者及时披露对其做出投资决策有重大影响的信息。持续信息披露的内容与方式应在募集说明书中明确约定。

第十八条 发行人在约定持续信息披露的内容时，应参照公开发行债券持续信息披露的有关规定。

第十九条 发行人持续披露的信息至少应包括年度报告和重大事项报告。

第二十条 在债券存续期间，发行人应在每个会计年度结束之日后4个月内向持有债券的合格投资者披露年度报告，并报中国证监会备案。

披露半年度报告的，发行人应在每个会计年度的上半年结束之日后2个月内向持有债券的合格投资者披露，并报中国证监会备案。

第二十一条 定期报告应当详细披露报告期内与债券持有人利益相关的重要情况，至少应包括下列内容：

（一）债券本息的支付情况；

（二）专项偿债帐户的有关情况；

（三）担保人及担保物发生重大变化的情况；

（四）发行人的负债变化情况；

（五）现金流量状况综述；

（六）跟踪评级情况；

（七）债权代理人代理事务报告的主要内容；

（八）重大事项公告的主要情况；

（九）债券持有人会议的召开情况；

（十）其他对债券持有人有重大影响的信息。

第二十二条 发行人出现下列情况时，应当及时告知持有债券的合格投资者：

（一）预计到期难以偿付利息或本金；

（二）专项偿债帐户出现异常；

（三）订立可能对还本付息产生重大影响的担保合同及其他重要合同；

（四）发生重大亏损或者遭受超过净资产百分之十以上的重大损失；

（五）发生重大仲裁、诉讼；

（六）减资、合并、分立、解散及申请破产；

（七）拟进行重大债务重组；

（八）未能履行募集说明书的约定；

（九）担保人、担保物发生重大变化；

（十）中国证监会规定的其他情形。

第二十三条 定向发行的债券在经中国证监会批准的转让场所进行转让的，其持续信息披露还应遵从中国证监会及转让场所的规定。发行人应将信息披露文件置备于转让场所。

第二十四条 发行人未按照中国证监会或转让场所的要求履行持续信息披露义务的，中国证监会或转让场所可暂停或终止该债券在转让市场的转让。

第四章 附 则

第二十五条 本准则自2003年10月8日起施行。

证券公司财务报表附注编制的一般规定

第一条 《证券公司年度报告内容与格式准则》中披露的财务报表附注，其编制应当按照本附件的规定，对财务报表中需要说明的事项作出真实、完整、准确地说明。

第二条 公司应按照《企业会计准则》、《金融企业会计制度》和本规定的要求，编制和披露财务报表附注。

第三条 本规定是对财务报表附注的最低要求。不论本附件是否有明确规定，凡对投资者作出投资决策有重大影响的财务会计信息，公司均应予以充分披露。

第四条 公司财务报表附注应包括(但不限于)以下内容：

1、公司概况

2、财务报表编制的基准

3、公司采用的主要会计政策、会计估计和合并会计报表的编制方法

4、税项

5、控股子公司及合营企业

6、财务报表项目附注的要求

7、子公司与母公司会计政策不一致对合并会计报表的影响(如有)

8、净资本

9、客户资金的安全性

10、重要资产转让及其出售的说明

11、关联方关系及其交易

12、或有事项

13、承诺事项

14、资产负债表日后事项

15、其他重要事项

第五条 公司概况应简介公司历史沿革(包括改制情况、增资扩股等)、主要经营业务等。

第六条 财务报表编制的基准报告期内发生合并、分立事项的公司，应说明处理合并、分立事项的基本会计原则和作价依据。

第七条 公司在报告期内采用的主要会计政策、会计估计和合并会计报表的编制方法：

1、会计制度；

2、会计年度；

3、记账本位币；

4、记账基础和计价原则；

5、外币业务折算方法。说明发生外币业务时采用的折算汇率、期末对外币账户的外币余额进行折算所采用的汇率，以及汇兑损益的处理方法；

6、外币财务报表的折算方法。说明各主要财务报表项目的折算汇率，以及外币报表折算差额的处理方法；

7、现金等价物的确定标准。说明公司编制现金流量表时现金等价物的确定标准；

8、合并(或汇总)会计报表编制方法。说明合并范围的确定原则，并简要说明合并所采用的会计方法。子公司与母公司会计政策不一致且未进行调整的，应说明子公司所采用的特殊会计政策；

9、坏账核算方法。说明坏账的确认标准、坏账准备的计提方法和比例、坏帐损失的核算方法；

10、自营证券核算方法。说明自营证券分类、计价依据，以及自营证券成本结转方法，自营证券跌价准备的计提方法。

11、受托投资管理业务的会计核算方法。

12、长期投资核算方法。对于长期股权投资，应说明其计价、收(权)益确认方法和股权投资差额的摊销方法；对于长期债权投资，应说明其计价、收益确认方法以及债券投资溢价或折价的摊销方法；长期投资减值准备的确认标准、计提方法；

13、固定资产计价和折旧方法。说明固定资产的标准、分类、计价方法和折旧方法，各类固定资产的估计经济使用年限、预计净残值率和折旧率；固定资产减值准备的确认标准、计提方法；

14、在建工程核算方法，包括利息资本化的计算方法和在建工程结转为固定资产的时点；在建工程减值准备的确认标准、计提方法；

15、无形资产计价及摊销政策。说明各种无形资产的计价方法、摊销方法、摊销年限；无形资产减值准备的确认标准、计提方法；

16、交易席位费、长期待摊费用摊销方法、摊销年限；

17、收入确认原则。说明公司自营证券销售收入、利息收入、手续费收入、证券发行收入、受托投资管理等收入的确认方法，并说明各种手续费收取标准或依据；

18、所得税的会计处理方法。说明所得税的会计处理是采用应付税款法，还是纳税影响会计法。如果采用纳税影响会计法，还应说明是

采用递延法,还是债务法;

19、如本年度会计政策和会计估计发生变更,应当披露变更的内容、理由和变更对公司财务状况、经营成果的影响数,累计影响数如果不能合理确定或不易确定,应说明理由;说明公司重大会计差错的内容和更正金额、原因及其影响;

第八条 税项应披露主要税种和税率,如营业税、所得税等;若有税负减免的,应说明批准机关、文号、减免幅度及有效期限;如果各分公司、专业子公司异地独立纳税,其执行不同税率的,应予说明。

第九条 控股子公司及合营企业公司应披露其所控制的境内外所有子公司及合营企业的全称、注册资本、经营范围以及本公司对其投资额和所占权益比例等。未纳入合并会计报表范围的子公司,应明确说明原因及对财务状况的影响。

对纳入合并范围但母公司持股未达到50%以上的子公司,应说明纳入合并范围的原因。

合并报表范围如发生变更,应当披露变更内容、原因。按照比例合并方法进行合并的公司,应特别说明。

公司报告期内若发生购买股权而增加控股子公司、合营企业的情况,应说明每个新增企业的购买日及其确定方法。

第十条 财务报表项目附注的要求

1、报表附注的披露以母公司的报表项目为主,编制合并会计报表的公司,还应对合并会计报表的主要项目(如应收款项、长期投资、营业收入和营业支出、投资收益等)进行注释。

2、对资产负债表中的资产、负债项目注释期末期初比较数据,一般最左侧为期末数;利润表及利润分配表项目应按照比较财务报表列示本期数和上期数并说明变动情况,最左侧为本期数。

3、对资产负债表中的外币账项,应列示其原币、折算汇率、折算的记账本位币金额。

4、不常见的报表项目、名称反映不出其性质或内容的报表项目,应说明该项目的具体情况。金额异常或年度间变动异常的报表项目(如两个期间的数据变动幅度达30%以上,且占公司报表日资产总额5%或报告期利润总额10%以上的),应具体说明原因。

5、具体的报表项目应按以下内容进行注释:

(1)银行存款按币种分别列示客户存款和公司存款,客户存款还应同时区分代理买卖证券客户存款、受托投资管理客户存款分别列示;说明期末银行存款中有无短期拆入或临时存入的大额(1000万元以上)款项,若有,须分别披露此类款项性质和金额;说明期末银行存款中有无冻结或封存情况。若有,须详细披露被冻结或封存的原因及金额。

(2)清算备付金

按币种分别列示客户备付金和公司备付金,客户备付金还应区分代理买卖证券客户存款、受托投资管理客户存款分别列示。

(3)应收款项,应按下列格式披露:

①区分合同期内、超过合同期和无合同期三大类分类列示期末期初应收款余额及占总额的比例;

②超过合同期和无合同期的应收款统称逾期应收款项,应列示逾期买入返售证券、逾期拆出资金、逾期应收利息、逾期应收股利、股民透支款和其他逾期应收款等的明细情况,并说明本期内列作坏帐核销的情况;

③应按逾期帐龄列示不同逾期帐龄段(1年以内、1—2年、2—3年、3年以上)的逾期应收款项金额、占逾期应收款项总额的比例;

④详细披露应收款项中金额较大的前五大单位名称、欠款金额及款项性质;

⑤应收款项中如有持本公司5%(含5%)以上股份的股东单位的欠款,应披露该欠款股东单位名称、欠款金额和款项性质;

⑥应收款项中如有金额较大的(1000万元以上)应收拟上市或已上市公司款项,应披露该公司名称、款项性质与金额,并注明是否逾期;

(4)坏帐准备,应按下列格式披露:

①披露坏帐准备的期初数、本期计提、本期收回已转销数、本期核销和期末数;②说明某些金额较大的逾期应收款项不计提坏帐准备,或计提坏帐准备比例较低(一般为5%或低于5%)的理由;

③若计提坏帐准备的比例和金额均较大(计提比例超过40%,金额超过1000万元),应说明计提的标准和理由;

④以前年度已全额计提坏帐准备或计提坏帐准备比例较大的,但在本年度又全额或部分收回的,或通过重组等其他方式收回的,应说明原估计计提比例的理由及现收回的原因;

⑤如已批准转为坏帐损失的应收款项金额较大(1000万元以上),应说明此应收款项的性质和金额。若实际冲销的款项中有应收关联方款项,还应单独披露。

(5)自营证券应按照股票、基金、国债、企业债券等类别分别列示期末和期初的投资成本、市值和被质押(冻结)数等;

(6)自营证券跌价准备披露自营证券跌价准备的期初数、本期计提、本期冲转和期末数。本期某类自营证券跌价准备计提比例较大的,应解释其原因。

(7)代发行证券按承销方式披露代发行证券的期初未售出数、本期承购或代销数、本期已售出数、本期转出数和期末结存数。

(8)代兑付债券按兑付债券的方式披露代兑付债券的期初数和期末数,并说明有无逾期的代垫兑付债券资金。若有,须披露发债单位名称和代垫金额。

(9)买入返售证券按交易场所披露买入返售证券的期初数、期末数和到期约定返售金额。

(10)拆出资金,应披露金额最大的前五笔拆出资金的单位名称、金额和期限。若有拆放境外的资金,须单独列示单位名称、金额和期限。

(11)受托资产按受托资产的形态类别(如股票、基金、债券等)披露期末、期初的帐面金额和市值,以及未结算已实现资产管理盈亏的期末、期初帐面金额。

若未结算的已实现受托资产管理盈亏金额较大(超过受托资金额的20%),须单独披露,并说明造成资产管理亏损较大的主要原因或公司可能从受托资产管理收益中获得的业绩报酬。期末受托管理的资产(包括股票、债券、基金等)市值低于其帐面成本的90%的,应说明原因。

(12)交易保证金,按交易场所披露交易保证金的期初数和期末数。

(13)待摊费用,应披露金额较大的前五种待摊费用类别和金额。

(14)长期投资

①将长期投资划分为长期股权投资、长期基金投资和长期债权投资三大类,分类列示期初数、本期增加、本期减少和期末数,并说明本年度对外投资的清理情况,包括被清理单位名称、清理金额和清理损益;

②应披露长期股权投资中非证券投资所占的金额和比重;

③全资子公司,应披露被投资公司名称、行业、初始投资额、期初累计权益增减额、本期权益增减额和期末数;

④控股子公司,应按照工业、商业、金融、房地产等行业类别分别披露被投资公司数、初始投资额、期初累计权益增减额、本期权益增减额和期末数;有控股基金管理公司的,须单独披露公司名称和当期收益情况;

⑤分行业列示参股投资的期初数、期末数和投资项目数。

⑥对于长期投资中的证券投资,应按类别(如法人股、基金投资、债券投资和其他证券投资等)分别披露其期初数、期末数和被质押、冻结的情况等;长期债券投资还应披露持有债券的到期日及票面利率等情况;

⑦对股权比例在50%以上或具有实际控制权但未纳入合并会计报表范围的子公司,应披露这些公司的基本情况(如公司名称、持股比例、资产总额、净资产、本期净利润等)及未予合并的理由。

⑧若长期投资金额较大(超过1000万元),而且被投资单位不能持续经营、或发生重大亏损、或净资产为负数,应详细列示被投资单位的名称、期末净资产、当期净利润和公司的投资金额、投资比例、可能承担的投资损失等;

(15)披露长期投资减值准备的期初数、本期计提、本期冲销和期末数,并说明本期投资减值准备的计提方法和比例。本期冲销投资减值准备金额较大的,须披露具体投资项目、金额和动用依据。

(16)固定资产对固定资产和累计折旧应按类别分项列示期初余额、本期增加额、本期减少额及期末余额。固定资产中如有在建工程转入、出售、置换、抵押、担保或封存等情况,应予以说明。

融资租入固定资产原价应单独反映。

分项列示计提的固定资产减值准备金额、增减变动情况以及计提的原因。

(17)在建工程分项列示在建工程的名称、预算数、期初余额、本期增加额、本期转入固定资产额、其他减少额、期末余额、资金来源、完工进度,其中借款费用资本化金额的增减变动情况应单项列示;分项列示计提在建工程减值准备金额、增减变动情况以及计提的原因。

(18)无形资产按项目列示无形资产的取得方式、原值、期初余额、本期增加额、本期转出额、本期摊销额、累计摊销额、期末余额、剩余摊销年限;对本期增加的单项价值在1000万元以上的无形资产,若该资产原始价值是以评估值作为入账依据的,还应披露评估机构、评估方法；分项列示计提无形资产减值准备金额、增减变动情况以及计提的原因。

(19)按交易场所披露交易席位费的原始金额、本期摊销或转出数、累计摊销或转出数、期末数。

(20)长期待摊费用分项列示长期待摊费用的原始发生额、期初余额、本期增加额、本期摊销额、累计摊销额、期末余额、剩余摊销年限。

(21)其他长期资产若有因抵债而取得的房地产、长期冻结或封存的资产等应在此项目中分类反映。

(22)短期借款或质押借款应披露金额较大的前五笔借款的借出单位名称、本金、利率和期限，若属质押借款，还应注明被质押证券的种类、帐面成本和来源；对已到期未偿还的借款，应单独列示贷款单位、贷款金额、贷款利率、贷款资金用途、未按期偿还的原因及预计还款期，并在期后事项中反映报表日后是否已偿还。

(23)拆入资金应披露金额较大的前五笔拆入资金的单位名称、金额和期限，并注明有无境外单位拆入资金。

(24)应付款项按应付款项类别(如应付交易所配股款、应付承销费、逾期应付款项等)分别列示应付款项的期末数、期初数以及占总额的比例；

期末应付款项中如有欠持本公司5%(含5%)以上股份的股东单位的款项，应披露股东单位名称、金额和款项性质；

期末应付款项中如有金额较大的(1000万元以上)应付拟上市或已上市公司款项，应披露该公司名称、款项性质与金额，并注明是否逾期；

披露期末应付款项中金额较大的前五大单位名称、金额及款项性质。

(25)应交税金及附加，应按税种等分项列示期末应付未付的税额。

(26)代买卖证券款，分别按币种披露代买卖证券款的期末数和期初数。

(27)代发行证券款，按承销方式分别披露代发行证券款的期初数和期末数。

(28)代兑付债券款，按债券种类披露代兑付债券款的期初数和期末数。

(29)卖出回购证券款，应按交易场所披露期末、期初数和到期约定回购金额。

(30)受托资金，按币种分别列示受托管理的个人客户、上市公司和非上市公司法人客户的委托资金期初数和期末数。

(31)长期借款按币种、借款条件(信用借款、抵押借款、担保借款等)分项列示借款金额及其借款期限。对已到期未偿还的借款，应说明原因，并在期后事项中反映报表日后是否已偿还。

应披露金额较大的前五笔借款的借出单位名称、本金、利率、期末数和借款条件；

(32)应付债券，分项列示债券的种类、期限、利率、发行日期、面值、溢价(折价)额、应计利息总额、期末余额。

(33)长期应付款，分项列示长期应付款种类、期限、初始金额、应计利息、期末余额、借款条件等。

(34)实收资本或股本应按股东类别(如法人股东和个人股东、上市公司股东和非上市公司股东、金融机构股东和非金融机构股东等)分别披露期末期初的股东户数、股本金额和持股比例等情况；报告期内实收资本(股本)变动的，应披露变动情况及执行验资的会计师事务所名称和验资报告文号。

(35)资本公积，分项列示报告期资本公积的变动情况。若用资本公积转增资本、弥补亏损的，应说明其有关决议。

(36)一般风险准备，分别披露期初数、本期增加数、本期减少数和期末数。

(37)盈余公积，分项列示报告期盈余公积的变动情况。用盈余公积转增资本、弥补亏损、分派股利的，应说明有关决议或依据。

(38)未分配利润，说明报告期内利润分配情况以及未分配利润的增减变动情况。若本年度有发生调整以前年度损益的事项，且金额较大(影响年初未分配利润1000万元以上)，须详细披露该调整事项的内容、原因及影响金额。

(39)手续费收入按代理买卖证券手续费收入、代理兑付债券手续费收入、代理保管证券手续费收入和其他手续费收入分别披露手续费收入的本期数和上期数；公司还应披露设立营业部最多的前五个省级行政区域、各自的营业部家数和代理买卖证券业务手续费收入情况。

(40)证券发行收入，按承销项目类别(如A、B股票发行收入、国债发行收入、其他债券发行收入等)披露本年数、上年数及增减百分比。

(41)自营证券差价收入，按证券类别(如股票、国债、基金等)披露本年度和上年度自营证券收入成本和差价的构成，对股票自营的差价收入还应分别列示来自新股申购、余股包销售出及二级市场投资的收入情况。

(42)受托投资管理收益，应列示本年数、上年数和增减百分比。

(43)利息收入和金融企业往来收入，应按收入来源(如银行存款、清算机构存款以及其他机构等)分项列示本年数、上年数和增减百分比。

(44)买入返售证券收入，应按返售总价、买入总价及二者之差——买入返售证券收入分别列示本年数、上年数和增减百分比。

(45)其他业务收入，应按收入类别(如无形资产转让收入、咨询服务收入、租赁收入等)分项列示本年数、上年数和增减百分比。

(46)手续费支出，应披露占公司手续费支出最大的前五种手续费名称、上年和本年发生额、增减百分比。

(47)利息支出和金融企业往来支出，应区分客户支出和其他支出分开列示。

(48)卖出回购证券支出，应按回购总价、卖出总价及二者之差——卖出回购证券支出分别列示本年数、上年数和增减百分比。

(49)自营证券跌价损失，应披露本年数、上年数和增减百分比。

(50)营业税金及附加，应按税收的类别分别披露本年数、上年数和增减百分比。

(51)营业费用，应披露占公司营业费用较大的前十种费用名称、本年和上年发生额、增减百分比。

(52)其他业务支出，应按支出类别分项列示本年数、上年数和增减百分比。

(53)投资收益应分长期债券投资收益、自营证券持有期间的收益、参股公司分配来的利润、年末调整的被投资公司所有者权益净增减的金额等项目进行列示；若某项业务活动所获得的收益占报告当期利润总额的10%(含10%)以上的，应对该项业务内容、相关成本、交易金额等作出说明；应说明投资收益汇回的重大限制。若不存在重大限制，也应作出说明。

(54)营业外收入，应披露占公司营业外收入最大的前五种收入名称、本年和上年发生额。

(55)营业外支出，应按支出项目(如固定资产净损失、证券交易差错损失、捐赠支出、违约和赔偿损失、非常损失等)披露本年数、上年数。

第十一条 子公司与母公司会计政策不一致对合并会计报表的影响(如有)子公司与母公司会计政策不一致，在编制合并会计报表时又未按母公司会计政策进行调整的，应说明未调整的原因及其对合并会计报表中净资产和净利润的影响。

第十二条 净资本公司应按照《证券公司净资本计算规则》的要求计算净资本，并以净资本计算表的方式列示期初数和期末数，并对增减变动的情况进行分析说明。

第十三条 客户资金的安全性公司应按照《客户交易结算资金管理办法》(证监会3号令)、关于执行《客户交易结算资金管理办法》若干意见的通知(证监发[2001]121号)、《关于规范证券公司受托投资管理业务的通知》(证监机构字[2001]265号)以及其他相关规定，说明是否按规定完成对客户交易结算资金和受托资金的存管、是否存在挪用问题，并对客户资金的安全性与否进行说明。

第十四条 重要资产转让及其出售的说明应说明重要资产转让及其出售时的账面价值、转让金额和转让原因。

第十五条 关联方关系及其交易凡涉及关联方关系及其交易，应按《企业会计准则**k** 关联方关系及其交易的披露》的要求进行披露。

第十六条 或有事项对于资产负债表日存在的或有事项(如涉及诉讼、仲裁、担保、已贴现的商业承兑汇票等)，应在财务报表附注中说明项目的性质、金额及对报告期及报告期后公司财务状况和经营成果的影响。如果公司没有需要在财务报表附注中说明的或有事项，也应予以说明。

第十七条 承诺事项除按照第十四条要求披露或有事项外，对于资产负债表日存在的其他重大承诺事项，应说明其存在情况、金额及影响。如果公司没有需要说明的承诺事项，也应予以说明。

第十八条 资产负债表日后事项中的非调整事项

按《企业会计准则——资产负债表日后事项》的规定，应说明资产负债表日后(如股票和债券的发行、自营证券巨额亏损、对一个企业的巨额投资、自然灾害导致的资产损失、外汇汇率发生较大变动等)非调整事项的内容，估计对财务状况、经营成果的影响；如无法作出估计，应说明其原因。

第十九条 其他重要事项。

证券公司从事代办股份转让主办券商业务资格管理办法(试行)

第一章　总　则

第一条　为规范证券公司从事代办非上市股份有限公司(以下简称"股份转让公司")股份转让主办券商业务,促进代办股份转让业务发展,根据有关法律、法规,制定本办法。

第二条　证券公司从事代办股份转让主办券商业务,应当依据本办法,向中国证券业协会(以下简称"协会")申请证券公司从事代办股份转让主办券商业务资格(以下简称"业务资格")。未取得业务资格的证券公司不得从事代办股份转让业务。

第三条　本办法所称代办股份转让业务主办券商(以下简称"主办券商"),是指取得从事代办股份转让主办券商业务资格的证券公司。

第二章　业务范围

第四条　主办券商业务分为主办业务和代办业务。

第五条　主办业务包括:(一)对拟推荐在代办股份转让系统挂牌的公司全体董事、监事及高级管理人员进行辅导,使其了解相关法律、法规和协议所规定的责任和义务。

股份转让公司挂牌前,主办券商应完成初次辅导;(二)办理所推荐的股份转让公司挂牌事宜,包括向协会提交推荐文件,办理所推荐公司股权确认,确定及调整所推荐公司的股份转让方式等;(三)发布关于所推荐股份转让公司的分析报告,包括在挂牌前发布推荐报告,在公司披露定期报告后的10个工作日内发布对定期报告的分析报告,以及在董事会就公司股本结构变动、资产重组等重大事项作出决议后的5个工作日内发布分析报告,客观地向投资者揭示公司存在的风险;(四)指导和督促股份转让公司依照相关法律、法规和协议,真实、准确、完整、及时地披露信息;(五)对股份转让业务中出现的问题,依据有关规则和协议及时处理并报协会备案,重大事项应立即报告协会;(六)根据协会要求,调查或协助调查指定事项;(七)协会许可的其他业务。

第六条　代办业务包括:(一)开立非上市股份有限公司股份转让账户;(二)受托办理股份转让公司股权确认事宜;(三)向投资者提示股份转让风险,与投资者签订股份转让委托协议书,接受投资者委托办理股份转让业务;(四)根据协会或相关主办券商的要求,协助调查指定事项;(五)协会许可的其他业务。

第三章　业务资格申请条件

第七条　证券公司申请业务资格,应当同时具备下列条件:(一)具备协会会员资格,遵守协会自律规则,按时缴纳会费,履行会员义务;(二)经中国证券监督管理委员会(以下简称"中国证监会")批准为综合类证券公司或比照综合类证券公司后运营一年以上;(三)同时具备承销业务、外资股业务和网上证券委托业务资格;(四)最近年度净资产不低于人民币8亿元,净资本不低于人民币5亿元;(五)经营稳健,财务状况正常,不存在重大风险隐患;(六)最近两年内不存在重大违法、违规行为;(七)最近年度财务报告未被注册会计师出具否定意见或拒绝发表意见;(八)设置代办股份转让业务管理部门,由公司副总经理以上的高级管理人员负责该项业务的日常管理,至少配备两名有资格从事证券承销业务和证券交易业务的人员,专门负责信息披露业务,其他业务人员须有证券从业资格;(九)具有20家以上的营业部,且布局合理;(十)具有健全的内部控制制度和风险防范机制;(十一)具备符合代办股份转让系统技术规范和标准的技术系统;(十二)协会要求的其他条件。

第四章　业务资格申请程序

第八条　申请业务资格的证券公司(以下简称"申请人")应向协会提交下列文件:(一)代办股份转让主办券商业务资格申请;(二)证券公司申请从事代办股份转让主办券商业务资格基本情况申报表;(三)证券公司从事代办股份转让业务自律承诺书;(四)《经营证券业务许可证》复印件;(五)《经营股票承销业务资格证书》复印件、《经营外资股业务资格证书》复印件、中国证监会关于网上证券委托业务资格的批文复印件;(六)协会会员证书复印件;(七)最近年度经审计的财务报告原件;(八)公司章程;(九)公司前十名股东情况说明;(十)内部控制和风险控制制度说明;(十一)营业部家数和布局的说明;(十二)公司网上证券交易的情况说明;(十三)公司代办股份转让业务管理部门设置及人员配备方案;(十四)具备符合代办股份转让业务系统技术规范和标准的公司级计算机网络系统的说明;(十五)协会要求的其他文件。上述所提交材料中的有关复印件应加盖公司公章。

第九条　协会自受理申请文件之日起,根据本办法对申请文件进行复核。如协会在20个工作日内未提出异议,则申请人自动取得从事代办股份转让主办券商业务预备资格(以下简称"预备资格")。如协会认为申请文件内容不完整,申请人应提交补充材料,受理文件时间自协会收到补充材料的下一个工作日起重新计算。

第十条　取得预备资格的申请人,应根据要求做好机构设置、人员配备、业务培训、代办股份转让专用席位申请、股份登记结算安排以及技术系统测试等准备工作。

第十一条　申请人应逐项落实前条所列事项,完成准备工作后,向协会提交报告。协会对申请人的准备工作进行验收,验收合格的,授予业务资格,向其颁发证券公司从事代办股份转让主办券商业务资格证书(以下简称"资格证书")。

第十二条　协会对获得业务资格的申请人在协会网站进行公告。公告后,申请人方可开展代办股份转让业务。

第五章　业务资格管理

第十三条　资格证书有效期为两年。主办券商需要维持其从事代办股份转让业务资格的,应当在资格证书失效前三个月内,向协会提出申请并报送最近会计年度的审计报告、代办股份转让业务开展情况和协会要求的其他文件,经协会复核通过后换发资格证书。

第十四条　主办券商由于公司经营状况变化不再具备从事代办股份转让业务资格条件,但不影响正常经营的,协会给予六个月的宽限期,宽限期内主办券商应不再推荐公司挂牌、不再为投资者开立非上市股份有限公司股份转让账户。主办券商在宽限期内如重新具备从事代办股份转让业务资格条件的,可向协会提出申请,核准后可恢复全部业务。

第十五条　协会建立对主办券商的考核制度,对主办券商代办股份转让业务进行连续记录、定期和不定期检查,依据记录和检查结果评定主办券商信誉等级,评级结果报中国证监会备案并公告。

第十六条　主办券商存在下列情形之一的,协会终止其业务资格:(一)申请文件存在虚假内容;(二)依法被停业整顿、撤销、解散或宣告破产;(三)丧失本办法第七条规定的条件,但本办法第十四条规定情形除外;(四)宽限期内未能具备业务资格条件;(五)存在重大违法、违规或违反自律规则且情节严重的行为;(六)协会认定的其他情形。主办券商因存在上述第(一)项、第(五)项所列情形而被取消业务资格的,协会将在其被取消业务资格之日起的12个月内不再受理其申请。

第十七条　为保证代办股份转让业务正常进行,主办券商应与另一家具备业务资格的证券公司签订协议,约定其为副主办券商。当出现前条规定的情形时,主办券商代办股份转让业务转移至副主办券商。

第十八条　主办券商向副主办券商转移代办股份转让业务,应在出现本办法第十六条规定的情形后三个月内完成,特殊情况应在协会指定的时间内完成。

第十九条　主办券商存在下列情形之一的,不得从事该股份转让公司的主办业务:(一)主办券商持有股份转让公司百分之七以上的股份,或者是其前五名股东之一;(二)股份转让公司持有主办券商百分之七以上的股份,或是其前五名股东之一;(三)主办券商前十名股东中任何一名股东为股份转让公司前三名股东之一;(四)主办券商与股份转让。公司之间存在其他有重大影响的关联关系。

第六章　附　则

第二十条　本办法由协会负责解释。

第二十一条　本办法报中国证监会备案。

第二十二条　本办法自发布之日起实施。

证券公司年度报告内容与格式准则(2002年修订)

第一章　总　则

第一条　为适应证券市场发展的需要,规范证券公司年度报告的编制及信息披露行为,提高证券公司财务信息的质量,根据《中华人民共和国公司法》(以下简称《公司法》)、《中华人民共和国证券法》(以下简称《证券法》)等法律、法规及中国证券监督管理委员会(以下简称"中国证监会")的有关规定,制订本准则。

第二条　凡根据《公司法》、《证券法》规定经批准设立的从事证券经营业务的有限责任公司或股份有限公司(以下简称"公司")应当按照本准则的要求编制和披露年度报告。

第三条　公司原则上应当披露本准则列举的各项内容。但是本准则某些具体要求对公司确实不适用,或者公司尚有本准则未能包括的重大事宜的,公司可根据实际情况适当删除或增加编制内容。

第四条　在不影响信息披露的完整性和不致引起阅读不便的前提下,董事会可采用相互引征的方法,对各相关部分的内容进行适当的技术处理,以避免重复和保持文字简洁。

第五条　公司年度报告中的财务报表必须经具有证券期货相关业务资格的会计师事务所审计,审计报告须由该所至少两名具有证券期货相关业务资格的注册会计师签字。

第六条　公司必须在年度报告正文中全文转载注册会计师的审计意见,不得随意修改或删节会计师事务所和注册会计师已签发意见的财务会计资料(包括财务报表和财务报表附注)。公司有责任将年度报告材料在正式报送中国证监会之前递交所聘任的会计师事务所。

第七条　凡出具有解释性说明、保留意见、无法表示意见或否定意见审计报告的,注册会计师应当在每个会计年度结束后四个月内,向中国证监会作出书面报告,详细说明出具此类审计报告的理由及相关事项对公司财务状况和经营成果特别是净资本的影响等。

第八条　担任公司年度财务报表审计的会计师事务所应对公司内部控制进行测试和评价,出具内部控制报告。该评价过程是审计工作的一部分,不应当作为一项单独的业务。

报告应对公司内部控制的有效性进行客观评价,并提出相应的改进建议,对公司内部控制是否存在重大缺陷应有明确的评价意见。

第九条　注册会计师在审计过程中应该对公司的违法违规事项予以适当关注,并充分考虑违法违规事项对会计报表和审计报告的影响。对会计报表不直接构成重大影响的违法违规事项,如果公司未按照本准则第四十条和第四十二条的规定做出必要披露,或注册会计师对公司披露的内容存在异议时,注册会计师应以致函的形式直接向中国证监会报告,并提议召开由监管部门、公司和注册会计师参加的三方会议,讨论相关事宜。

第十条　年度报告全文按本准则第二章的要求编制,公司应当在每个会计年度结束后四个月内,将年度报告全文以电子文件格式报送至如下单位:证监会会计部 csrckjb@csrc.gov.cn、机构部 csrcdsi@csrc.gov.cn、沪、深证券交易所 memnb@sse.com.cn 和 hyz@sse.org.cn,将内部控制报告以电子文件格式报送至证监会会计部 csrckjb@csrc.gov.cn 和机构部 csrcdsi@csrc.gov.cn,并将上述报告的文本一式两份于会计年度结束后四个月内分别报送中国证监会会计部和机构监管部。

如有致中国证监会的函件,则应按照前款要求的时间和方式分别将电子文件和文本报送中国证监会会计部和机构监管部。

公司还应将年度报告的文本文件按照上述日期要求报送至如下单位:沪、深证券交易所、公司注册地证监会派出机构、中国证券登记结算公司和中国证券业协会。

第十一条　鼓励未上市的证券公司将年度报告摘要对外公开披露,年度报告摘要按本准则第三章的要求编制。

将年度报告摘要对外公开披露的公司,应当在每个会计年度结束后四个月内将年度报告摘要刊登在中国证监会指定的网站上和至少一种由中国证监会指定披露信息的报纸上。

年度报告摘要列举的各项内容均摘自年度报告全文,在不影响信息披露的整体性和不致引起阅读不便的前提下,披露的内容应力求精练、简洁,篇幅以中国证监会指定信息披露报纸的半个版面为宜。

第十二条　将年度报告摘要对外公开披露的公司,应当保持披露政策和披露内容的一贯性和有效衔接,履行持续披露义务。

第十三条　公司董事会负责年度报告的编制和报送工作,应指定专人负责,年报的编制需要各相关部门参与。公司董事会及其董事应当保证年度报告及摘要内容的真实性、准确性和完整性,承诺其中不存在虚假记载、误导性陈述或重大遗漏。

第十四条　中国证监会对公司年度报告的及时性、完整性和真实性进行事后检查。如发现公司未按本准则要求及时报送资料,或者所报资料中存在遗漏、虚假和欺诈的,或者会计师事务所未能勤勉尽责或未能独立、客观、公正发表审计意见的,中国证监会将视情节轻重,依据有关法律、法规的规定对公司、会计师事务所及相关责任人员予以处罚。

第十五条　已公开发行股票的公司、中外合资(合作)的证券公司除遵从本准则外,还应遵从相关的特别规定。

第二章　年度报告正文

第一节　重要提示

第十六条　公司应在年度报告显要位置做出如下重要提示:

"本公司董事会保证本报告所载资料不存在任何虚假记载、误导性陈述或重大遗漏,并对其内容的真实性、准确性和完整性承担个别和连带责任"。

公司如果在报告期内变更会计师事务所的,应做出如下重要提示:

"公司经×年×月××会议批准,聘任××会计师事务所担任本公司年度财务报表审计机构,解聘原审计机构××会计师事务所,有关的具体说明请见本报告＜其他重要事项＞部分"。

如果执行审计的会计师事务所对公司出具了有解释性说明、保留意见、无法表示意见或否定意见的审计报告,重要提示中应增加以下陈述:

"××会计师事务所为本公司出具了有解释性说明(或保留意见、无法表示意见、否定意见)的审计报告,本公司董事会对相关事项亦有详细说明,请注意阅读"。

第二节　公司概况

第十七条　公司应披露如下简介:

(一)公司的法定中、英文名称及缩写;

(二)法定代表人、总经理(或总裁);

(三)注册资本、各单项业务资格;

(四)公司注册地址,公司办公地址及其邮政编码,公司国际互联网网址、电子信箱;

(五)公司指定负责年度报告编制和报送工作的专门经办人员的姓名、职务、联系地址、电话、传真、电子信箱。

第十八条　公司应简介其历史沿革,主要包括以前年度经历的改制重组、增资扩股等情况。

第十九条　公司应简介其员工的有关情况,主要包括:员工人数、专业结构、年龄分布、受教育程度等。

第二十条　公司应采用图表或其他有效形式,简要介绍其组织机构,包括公司总部的主要职能部门、境内外分公司、境内外专业子公司等,应披露境内外分公司、专业子公司的地址、设立时间、注册资本(或营运资金)、负责人、联系电话等。

第二十一条　公司应披露其证券营业部、证券服务部和技术服务站点的数量和分布情况等。

第三节　会计数据和业务数据摘要

第二十二条　公司应采用数据列表方式,提供如下财务状况指标的年末数、年(期)初数和增减百分比:资产负债率、净资产负债率、净资本比率、流动比率、净资本、自营权益类证券比例、长期投资比例、固定资本比率、代买卖证券款、受托资金。

第二十三条　公司应采用数据列表方式,提供如下经营成果指标的本年数、上年数和增减百分比:利润总额、净利润、净资产收益率、总资产收益率、营业费用率。

第二十四条　公司主要会计数据和财务指标的计算和披露应遵循如下要求:

(一)资产负债率、流动比率、净资产负债率、净资本负债率、自营权益类证券比例、长期投资比例、固定资本比率、净资产收益率、营业费用率、总资产收益率等财务指标的计算公式如下:

资产负债率=负债总额/资产总额×100%

流动比率=流动资产总额/流动负债总额

净资产负债率=负债总额/年末净资产×100%

净资本负债率=净资本/负债总额×100%

自营权益类证券比例＝自营权益类证券帐面成本/年末净资产×100%

长期投资比例＝长期投资帐面价值/年末净资产×100%

固定资本比例＝(固定资产帐面价值＋在建工程帐面价值)/年末净资产×100%

净资产收益率＝报告期净利润/报告期加权平均净资产×100%

(报告期加权平均净资产按照证监发(2001)11号《公开发行证券的公司信息披露编报规则第9号－净资产收益率和每股收益的计算及披露》第五条公式分母的规则计算)

营业费用率＝营业费用/营业收入×100%

总资产收益率＝利润总额/(年初资产总额＋年末资产总额)/2×100%

(二)上述指标计算以母公司的报表数据为准,其中的帐面价值是指扣减折旧、减值(跌价)准备后的资产价值,其中的资产总额、负债总额、流动资产总额和流动负债总额是指扣除代买卖证券款和受托资金后的净额。

(三)公司因会计政策、重大会计差错更正追溯调整以前年度会计数据的,应披露其累计影响金额,在披露"主要会计数据和财务指标"的年(期)初数和上年数时应同时披露调整前后的数据。

(四)数据和指标的排列应从左到右,左边起是报告期的数据。

第四节　股本(资本)变动及股东情况

第二十五条　公司应详细披露其股本(或实收资本)在本报告期内的变动情况,包括增资扩股、重组合并等,应披露相应的批准文号、作价依据、合并的帐务处理方法、投资者投入或重组置换资产的概要描述等。

第二十六条　公司应披露如下股东情况:

(一)报告期末股东总数

(二)持有本公司5%以上(含5%)股份(股权)的股东的名称、年度内股份(股权)增减变动的情况、年末持股数量(出资金额)及百分比、所持股份(股权)的质押或冻结情况。若持股5%(含5%)以上的股东少于10名,则应列出至少前10名股东的持股情况。如前10名股东之间存在关联关系,应予以说明。

(三)对持股10%以上的前五名法人股东,应详细介绍股东单位的法定代表人、总经理、主营业务、注册资本。

第五节　董事、监事和高级管理人员

第二十七条　应披露现任董事、监事、高级管理人员的姓名、任期起始日期,独立董事应披露其在本公司以外所担任的职务。高级管理人员包括董事长、监事长、总经理、副总经理、财务总监、稽查总监、技术总监和合规检查官,或在公司担任上述相当职务的人员。

第二十八条　应披露报告期内离任的董事、监事和高级管理人员的姓名和离任原因,新任的董事、监事和高级管理人员的姓名、简要工作经历。

第二十九条　公司董事会下设各类专门委员会的,应披露委员会的组成人员姓名和简要工作经历。

第三十条　应披露董事、监事和高级管理人员在公司领取报酬分别在20万元以下、20万元－40万元、40万元－60万元、60万元以上等各个区间的总人数。上述人员在公司领取的报酬包括工资(含各种津贴、补贴等)、奖金及其他报酬等。

第六节　管理层报告

第三十一条　公司应对本报告期内经济环境和市场状况对主要业务及其经营业绩的重要影响进行分析,为应对这些影响,公司对证券承销、经纪、自营和受托投资管理等各项业务作出的重大战略性调整。

第三十二条　公司应披露其各项业务(如证券承销、经纪、自营和受托投资管理等业务)的行业内竞争状况、公司所处的市场地位和竞争优势等的分析,包括各项业务的市场份额、业务地位和竞争优势等。

第三十三条　公司应披露分部报告信息,如报告期内公司营业收入、营业利润的构成、相对于上一报告期的变化情况及其变动原因等情况。公司可以根据本企业的具体情况制定适合于本企业的业务和地区的分部原则。

第三十四条　公司应按如下要求披露证券经纪业务的经营情况:

(一)按证券种类(如股票、基金、国债、企业债券和其他证券等)披露报告期及上年代理买卖证券的金额和市场份额,其中股票应区分A、B股分别披露。

(二)按债券的种类(如国债、企业债券等)披露报告期及上年代理的已兑付债券金额。

(三)应披露网上交易的金额及所占公司交易额的比重。

(四)代理交易额包括新股发行、增发新股和配股认购额,不包括国债回购。

(五)市场份额是指该类证券交易额占沪深两市该类证券同一时期交易总额的比例。

第三十五条　公司应按如下要求披露证券承销业务的经营情况:

(一)按发行类别(如首次发行、公募增发、配股、债券发行等)分别披露本年和以前年度累计担任主承销、副主承销和分销的次数、承销金额和相应的承销收入。

(二)应披露本年和以前年度累计上市推荐次数、项目和收入情况。

(三)本年和以前年度累计担任财务顾问次数以及本年财务顾问收入情况。

(四)若涉及外币,应按承销期末汇率将外币折合成人民币。

第三十六条　应按自营证券种类(如A股、基金、国债、其他债券等)披露本年和上年度自营证券规模、自营证券收益总额和自营证券收益率。

自营证券规模＝报告期自营证券占用成本累计日积数/报告期天数

自营证券收益总额＝自营证券差价收入＋期末结存证券浮动盈亏－期初结存证券浮动盈亏

自营证券收益率＝自营证券收益总额/自营证券规模×100%。

第三十七条　应充分披露期末受托资产减值损失中应由公司承担的具体金额,以及报告期内已支付和应支付的承诺收益的具体金额,并简要说明对报告期损益的影响。

应披露本年和上年度平均受托投资管理规模、受托管理资产增值情况和平均受托管理资产增值率。

平均受托投资管理规模＝报告期受托资金累计日积数/报告期天数

受托管理资产增值额＝报告期已实现的受托资产增值额＋期末结存受托资产浮动盈亏－期初结存受托资产浮动盈亏

平均受托管理资产增值率＝受托管理资产增值额/平均受托投资管理规模×100%

第三十八条　公司应披露报告期内开展的新业务,营业部、服务部、分公司、专业子公司等的新设和处置情况,重大的资产处置、置换、剥离等情况,以及这些活动所采用的基本的会计处理原则和对本期业绩的影响。

应披露报告期内公司的重大资产委托他人承包经营或由他人租赁经营的有关情况,包括期限、价款、相应的权利义务等重要的协议条款等。

第三十九条　公司应对报告期内营业费用主要项目(至少前五项费用)进行分析,并说明比较上一报告期增减变动的原因。

第四十条　公司应披露在本报告期内是否存在表外负债、帐外资产和帐外经营等情况,是否有违反如下规定的行为:

(一)《证券法》第132条、第133条、第134条、第141条、第142条和第143条;

(二)证监发[2001]69号《关于证券公司担保问题的通知》中有关担保的规定;

(三)证监机构字[2001]59号《关于对证券公司参与风险投资进行规范的通知》中有关证券进行风险投资的规定;

(四)证监机构字[2001]265号《关于规范证券公司受托投资管理业务的通知》第四条第十八项中有关受托人的禁止行为;

(五)《证券公司管理办法》第三十二条有关禁止兴办实业的规定;

(六)其他如挪用客户国债进行回购、违规拆借资金、违规发债等。

第四十一条　公司应对报告期末资产负债表的流动性状况进行分析,并披露母公司和各专业子公司是否满足《证券公司管理办法》第三十三条有关流动性和净资本的要求。

第四十二条　公司应披露是否还存在尚未清理的柜台个人和机构债务问题,如存在,应明确说明其具体金额、性质、帐龄情况及偿付计划等。

前款所称柜台个人债务,是指证券公司及其分支机构通过本公司或其他机构的柜台以发行各种代保管单、超规模代理发行企业债券和国债等形式,向社会公众(不含机构)融资形成的债务。机构债务,是指证券公司及其分支机构以卖出回购证券、拆入资金等形式,向机构(商业银行除外)融资形成的债务。

对通过柜台发行国债保管单所形成的柜台个人债务,应单独披露。对机构债务,应分别披露逾期(包括没有合同期的债务)和未逾期的金额。

第四十三条　公司应披露其主要的融资渠道、长短期负债结构以及为维持流动性水平所采取的措施和相关的管理政策,同时分析其融资能力、或有事项及其对财务状况的影响，具体包括但不限于以下内容：

(一)现实和可预见未来的融资策略和计划；

(二)所采用和计划采用的融资工具；

(三)任何可预见的融资成本的重大变动；

(四)汇率和利率变动对公司财务状况影响的分析及对策；

(五)抵押担保等或有事项及财务承诺对公司财务状况的影响。

第四十四条 公司应分析本年度现金流转情况，包括经营活动、投资活动和筹资活动产生的现金流量的主要影响因素。

第四十五条 公司应详细分析影响其业务经营活动的各项风险因素，以及这些风险因素在本报告期内的具体表现情况。

第四十六条 公司应对其内部控制的有效性作出评价，并概要介绍报告期内注册会计师对内部控制的评价意见、公司对此所作的说明和相应的改进措施以及对前次内部控制报告提出问题的整改情况等。

第四十七条 应概要披露公司治理结构的现状、拟改进的方面和相关措施等。公司应说明是否按《证券公司管理办法》第二十七条、第三十条的规定建立独立董事制度和独立的合规审查机构，独立董事是否符合规定人数。

第四十八条 公司财务报表被会计师事务所出具有解释性说明、保留意见、无法表示意见或否定意见的审计报告的，应就相关事项作出详细说明，独立董事、监事会对此说明有不同意见的，还应披露其不同意见。

第七节 其他重要事项

第四十九条 报告期内股东会或股东大会、董事会会议、监事会会议情况简介。

第五十条 公司应按如下要求披露诉讼和仲裁事项：

(一)报告期内发生诉讼、仲裁事项所涉及的总金额，如报告期内无重大诉讼、仲裁事项，公司应明确陈述"本年度公司无重大诉讼、仲裁事项"；

(二)对以前年度和本报告期内发生的涉及金额超过1000万元的重大诉讼、仲裁事项，应披露其进展情况或审理结果及影响；

(三)已生效的判决或裁决，应披露其执行或中止执行的情况。

第五十一条 应披露报告期内收购、兼并或分立情况等。

第五十二条 应披露报告期内各单项业务资格的变化情况。

第五十三条 应披露可能影响其财务状况和经营成果的主要表外项目(如代保管证券、融资合约、重要的承销合同、担保、抵押、质押等)的总额及有关情况。

第五十四条 应披露公司本年度被处罚或公开谴责的情况，包括公司及其董事、监事和高级管理人员被证监会、证券业协会、证券交易所处罚或公开谴责，以及被财税、外汇和审计等部门做出重大处罚的记录等。

第五十五条 公司应披露报告期内聘任、解聘会计师事务所情况，并按照证监会计字[2001]67号《公开发行证券的公司信息披露规范问答第6号—支付会计师事务所报酬及其披露》的规定披露报告年度支付给聘任会计师事务所的报酬情况。

若有解聘会计师事务所的，应说明解聘的原因。

第五十六条 公司应披露如下重大期后事项：

(一)公司股东、董事、监事及高级管理人员变动情况；

(二)年度分配预案或决议；

(三)重大投融资行为；

(四)涉及金额超过1000万元的重大诉讼仲裁事项等。

第八节 财务报告

第五十七条 公司应披露审计意见全文、经审计财务报表及其附注。

第五十八条 财务报表的编制应遵守《企业会计准则》、《证券公司会计制度》和其他相关法律法规的规定。

第五十九条 财务报表包括公司报告期末及其前一个年度末的比较式资产负债表、该两年度的比较式利润表及利润分配表、该年度现金流量表。

第六十条 编制合并会计报表的公司，除提供合并会计报表之外，还应提供母公司已审计的财务报表以及未予合并的特殊行业子公司的已审计财务报表。被合并企业的财务报表必须经具有从事证券期货相关业务资格的注册会计师审计。

第六十一条 公司编制的财务报表之间、财务报表各项目之间、财务报表中本期与上期的有关数字之间，应当相互勾稽。

第六十二条 公司提供的财务报表中会计数据的排列应自左至右，最左侧为最近一期数据；表内各主要报表项目应标有附注编号，并与财务报表附注编号相一致；财务报表的金额单位应为人民币元。

第六十三条 财务报表附注是财务报告中必不可少的组成部分，它包括所有与公司财务状况、经营成果和现金流量有关的，有助于报表使用者更好地了解财务报表的重要信息，并应对比较式报表的两个日期或期间的数据均作出说明。财务报表附注应当按照附件《证券公司财务报表附注编制的一般规定》的规定编制。

第三章 年度报告摘要

第六十四条 公司应在年度报告摘要显要位置刊登如下重要提示：

"本公司董事会及其董事保证本报告所载资料不存在任何虚假记载、误导性陈述或重大遗漏，并对其内容的真实性、准确性和完整性承担个别和连带责任"。

如果执行审计的会计师事务所对公司出具了无保留意见的审计报告，应明确说明："××会计师事务所为本公司出具了无保留意见的审计报告"。

如果执行审计的会计师事务所对公司出具了有解释性说明、保留意见、无法表示意见或否定意见的审计报告，应作如下陈述：

"××会计师事务所为本公司出具了有解释性说明(或保留意见、无法表示意见、否定意见)的审计报告，意见内容概要和本公司董事会、监事会对相关事项所作的概要说明已作相应披露，请注意阅读"。

第六十五条 公司应披露如下简介：

(一)公司的法定中、英文名称及缩写；

(二)法定代表人、总经理(或总裁)；

(三)注册资本，公司注册地址，公司办公地址及其邮政编码，公司国际互联网网址、电子信箱；

第六十六条 公司应简介其历史沿革，主要包括以前年度经历的改制重组、增资扩股等情况。

第六十七条 公司应简介其员工的有关情况，主要包括：员工人数、专业结构、年龄分布、受教育程度等。

第六十八条 公司应采用图表或其他有效形式，简要介绍其组织结构，包括公司总部的主要职能部门、境内外分公司、境内外专业子公司等。

第六十九条 公司应概要披露其证券营业部、证券服务部和技术服务站点的数量和分布情况等。

第七十条 公司应采用数据列表方式，提供如下主要会计数据的本年数、年初(上年)数和增减百分比：银行存款、清算备付金、应收款项、坏帐准备、自营证券、自营证券跌价准备、受托资产、长期资产、资产总额、代买卖证券款、受托资金、流动负债合计、负债总额、实收资本(股本)、未分配利润、营业收入、手续费收入、证券发行收入、自营证券差价收入、受托投资管理收益、营业费用、营业税金及附加、利润总额、净利润。

第七十一条 公司应采用数据列表方式，提供如下主要财务指标和业务数据的本年数、年初(上年)数和增减百分比：净资本、净资本比率、净资产负债率、流动比率、资产负债率、自营权益类证券比例、长期投资比例、固定资本比例、净资产收益率、总资产收益率、自营证券收益率、营业费用率。

第七十二条 公司主要会计数据和财务指标的计算和披露应遵循本准则第二十四条的规定。

第七十三条 因会计政策变动、重大资产购置和处置等因素导致第二十二条和第二十三条披露的会计数据和财务指标受到重大影响的，应概要说明。

第七十四条 公司应按照《证券公司净资本计算规则》的要求计算净资本，并以净资本计算表的方式列示期初数和期末数。

第七十五条 公司财务报表被会计师事务所出具有解释性说明、保留意见、无法表示意见或否定意见的审计报告的，应披露审计意见内容概要和本公司董事会对相关事项所作的概要说明。

第七十六条 公司应概要披露其股本(或实收资本)在本报告期内的变动情况，包括增资扩股、重组合并分立等。

第七十七条 公司应披露如下股东情况：

(一)报告期末股东总数；

(二)持股前五名的股东名称、持股比例、所持股份(股权)的质押或冻结情况；

(三)如前10名股东之间存在关联关系，应予以说明。

第七十八条 公司应对其资产质量、流动性情况、负债状况以及重要的融资活动进行分析，并作概要披露。

第七十九条 公司应按《企业会计准则k 关联方关系及其交易的披露》的要求，披露报告期内发生的涉及金额在1000万元以上的关联交易。

第八十条 公司应概要披露其各项业务(如证券承销、经纪、自营和受托投资管理等)所处的市场地位、市场份额和排名等；

第八十一条 公司应概要披露报告期内各主要业务活动发生的重大变化及对本期业绩的影响，如开展的新业务，营业部、服务部、分公司、专业子公司等的新设和处置情况，重大的资产处置、置换、剥离等情况。

第八十二条 公司应对其内部控制的有效性作出简要评价，并概要介绍报告期内注册会计师对内部控制的评价意见。

第八十三条 公司应按照《客户交易结算资金管理办法》(证监会3号令)、《关于执行＜客户交易结算资金管理办法＞若干意见的通知》(证监发(2001)121号)、《关于规范证券公司受托投资管理业务的通知》(证监机构字(2001)265号)以及其他相关规定，说明是否按规定完成对客户交易结算资金和受托资金的存管、是否存在挪用问题，并对客户资金的安全性与否进行概要说明。

第八十四条 除前条所述的问题外，公司还应简要说明在本报告期内是否存在表外融资、帐外资产和帐外经营等情况，是否有违反如下规定的行为：

(一)《证券法》第132条、第133条、第134条、第141条、第142条和第143条；

(二)证监发[2001]69号《关于证券公司担保问题的通知》中有关担保的规定；

(三)证监机构字[2001]59号《关于对证券公司参与风险投资进行规范的通知》中有关证券进行风险投资的规定；

(四)证监机构字[2001]265号《关于规范证券公司受托投资管理业务的通知》第四条第十八项中有关受托人的禁止行为；

(五)《证券公司管理办法》第三十二条有关禁止兴办实业的规定；

(六)其他如挪用客户国债进行回购、违规拆借资金、违规发债等。

第八十五条 应概要说明如下重要事项：

(一)报告期内各单项业务资格发生的变化；

(二)按照涉诉债权和涉诉债务分别披露报告期内及以前年度发生诉讼、仲裁事项所涉及的总金额；

(三)重要的表外项目如担保、抵押等；

(四)公司本年度被处罚情况；

(五)聘任、解聘会计师事务所的情况；

(六)重大的期后事项等。

第四章 附 则

第八十六条 本准则由中国证监会负责解释和修订。

第八十七条 本准则自发布之日起施行，《证券公司年度报告内容与格式准则》(证监会计字[2002]2号)同时废止。

附件：

证券公司财务报表
附注编制的一般规定

第一条 《证券公司年度报告内容与格式准则》中披露的财务报表附注，其编制应当按照本附件的规定，对财务报表中需要说明的事项作出真实、完整、准确地说明。

第二条 公司应按照《企业会计准则》、《证券公司会计制度》和本规定的要求，编制和披露财务报表附注。

第三条 本规定是对财务报表附注的一般规定。不论本附件是否有明确规定，凡对投资者作出投资决策有重大影响的财务会计信息，公司均应予以充分披露。

第四条 公司财务报表附注应包括(但不限于)以下内容：

1、公司概况

2、公司采用的主要会计政策、会计估计和合并会计报表的编制方法

3、税项

4、控股子公司及合营企业

5、财务报表项目附注的要求

6、子公司与母公司会计政策不一致对合并会计报表的影响(如有)

7、重要资产转让及其出售的说明

8、关联方关系及其交易

9、或有事项

10、承诺事项

11、资产负债表日后事项

12、其他重要事项

第五条 公司概况应简介公司历史沿革(包括改制情况、增资扩股等)、主要经营业务等。

第六条 公司在报告期内采用的主要会计政策、会计估计和合并会计报表的编制方法：

1、会计制度；

2、会计年度；

3、记账本位币；

4、记账基础和计价原则；

5、外币业务折算方法。说明发生外币业务时采用的折算汇率、期末对外币账户的外币余额进行折算所采用的汇率，以及汇兑损益的处理方法；

6、外币财务报表的折算方法。说明各主要财务报表项目的折算汇率，以及外币报表折算差额的处理方法；

7、现金等价物的确定标准。说明公司编制现金流量表时现金等价物的确定标准；

8、合并会计报表编制方法。说明合并范围的确定原则，并简要说明合并所采用的会计方法。子公司与母公司会计政策不一致且未进行调整的，应说明子公司所采用的特殊会计政策；

9、坏账核算方法。说明坏账的确认标准、坏账准备的计提方法和比例、坏帐损失的核算方法；下转第11版

10、自营证券核算方法。说明自营证券分类、计价依据，以及自营证券成本结转方法，自营证券跌价准备的计提方法。

11、受托投资管理业务的会计核算方法。

12、长期投资核算方法。对于长期股权投资，应说明其计价、收(权)益确认方法和股权投资差额的摊销方法；对于长期债权投资，应说明其计价、收益确认方法以及债券投资溢价或折价的摊销方法；

13、固定资产计价和折旧方法。说明固定资产的标准、分类、计价方法和折旧方法，各类固定资产的估计经济使用年限、预计净残值率和折旧率；

14、在建工程核算方法，包括利息资本化的计算方法和在建工程结转为固定资产的时点；

15、无形资产计价及摊销政策。说明各种无形资产的计价方法、摊销方法、摊销年限；

16、交易席位费、长期待摊费用摊销方法、摊销年限；

17、收入确认原则。说明公司手续费收入、证券发行收入、自营证券差价收入、利息收入、受托投资管理等收入的确认方法；

18、所得税的会计处理方法。说明所得税的会计处理是采用应付税款法，还是纳税影响会计法。如果采用纳税影响会计法，还应说明是采用递延法，还是债务法；

19、如本年度会计政策和会计估计发生变更，应当披露变更的内容、理由和变更对公司财务状况、经营成果的影响数，累计影响数如果不能合理确定或不易确定，应说明理由；说明公司重大会计差错的内容和更正金额、原因及其影响；

第七条 税项 应披露主要税种和税率，如营业税、所得税等；若有税负减免的，应说明批准机关、文号、减免幅度及有效期限；如果各分公司、专业子公司异地独立纳税，其执行不同税率的，应予说明。

第八条 控股子公司及合营企业

公司应披露其所控制的境内外所有子公司及合营企业的全称、注册资本、经营范围以及本公司对其投资额和所占权益比例等。未纳入合并会计报表范围的子公司，应明确说明原因及对财务状况的影响。

对纳入合并范围但母公司持股未达到50%以上的子公司，应说明纳入合并范围的原因。

合并报表范围如发生变更，应当披露变更内容、原因。按照比例合并方法进行合并的公司，应特别说明。

公司报告期内若发生购买股权而增加控股子公司、合营企业的情况，应说明每个新增企业的购买日及其确定方法。

第九条 财务报表项目附注的要求

1、报表附注的披露以母公司的报表项目为主，编制合并会计报表的公司，还应对合并会计报表的主要项目(如应收款项、长期投资、营业收入和营业支出、投资收益等)进行注释。

2、对资产负债表中的资产、负债项目注释期末期初比较数据，一般最左侧为期末数；利润表及利润分配表项目应按照比较财务报表列示本期数和上期数并说明变动情况，最左侧为本期数。

3、对资产负债表中的外币账项，应列示其原币、折算汇率、折算的记账本位币金额。

4、不常见的报表项目、名称反映不出其性质或内容的报表项目，应说明该项目的具体情况。金额异常或年度间变动异常的报表项目(如占公司报表日资产总额5%或报告期利润总额10%以上，且两个

期间的数据变动幅度达30%以上的)，应具体说明原因。

5、具体的报表项目应按以下内容进行注释：

(1)银行存款 按币种分别列示客户存款和公司存款，客户存款还应同时区分代理买卖证券客户存款、受托投资管理客户存款分别列示；说明期末银行存款中有无短期拆入或临时存入的大额(1000万元以上)款项，若有，须分别披露此类款项性质和金额；说明期末银行存款有无使用受限制的情况，如冻结、封存等。若有，须详细披露受限制的原因及金额。

(2)清算备付金

按币种分别列示客户备付金和公司备付金，客户备付金还应区分代理买卖证券客户存款、受托投资管理客户存款分别列示。

(3)应收款项，应按下列格式披露：

①区分合同期内、超过合同期和无合同期三大类分类列示期末期初应收款余额及占总额的比例；

②超过合同期的应收款项，应列示逾期买入返售证券、逾期拆出资金、逾期应收利息、逾期应收股利、股民透支款和其他逾期应收款等的明细情况，并说明本期内列作坏帐核销的情况；

③应按逾期帐龄列示不同逾期帐龄段(1年以内、1－2年、2－3年、3年以上)的逾期应收款项金额、占逾期应收款项总额的比例；

④详细披露应收款项中金额较大的前五大单位名称、欠款金额及款项性质；

⑤应收款项中如有持本公司5%(含5%)以上表决权股份的股东单位欠款，应披露该欠款股东单位名称、欠款金额和款项性质；

⑥应收款项中如有金额较大的(1000万元以上)应收拟上市或已上市公司款项，应披露该公司名称、款项性质与金额，并注明是否逾期；

(4)坏帐准备，应按下列格式披露：

①披露坏帐准备的期初数、本期计提、本期收回已转销数、本期核销和期末数；

②说明某些金额较大的逾期应收款项不计提坏帐准备，或计提坏帐准备比例较低(一般为5%或低于5%)的理由；

③若计提坏帐准备的比例和金额均较大(计提比例超过40%，金额超过1000万元)，应说明计提的标准和理由；

④以前年度已全额计提坏帐准备或计提坏帐准备比例较大的，但在本年度又全额或部分收回的，或通过重组等其他方式收回的，应说明原估计计提比例的理由及现收回的原因；

⑤如已批准转为坏帐损失的应收款项金额较大(1000万元以上)，应说明此应收款项的性质和金额。若有实际冲销的款项中有应收关联方款项，还应单独披露。

(5)自营证券

应按照股票(A、B股)、基金、国债、企业债券等类别分别列示期末和期初的投资成本、市值和被质押(冻结)数等。因包销余股而转入的自营证券，应单独披露。

(6)自营证券跌价准备

披露自营证券跌价准备的期初数、本期计提、本期冲转和期末数。本期某类自营证券跌价准备计提比例较大的，应解释其原因。

(7)代发行证券

按承销方式披露代发行证券的期初未售出数、本期承购或代销数、本期已售出数、本期转出数和期末结存数。

(8)代兑付债券

按兑付债券的方式披露代兑付债券的期初数和期末数，并说明有无逾期的代垫兑付债券资金。若有，须披露发债单位名称和代垫金额。

(9)买入返售证券

按交易场所披露买入返售证券的期初数、期末数和到期约定返售金额。

(10)拆出资金，应披露金额最大的前五笔拆出资金的单位名称、金额和期限。若有拆放境外的资金，须单独列示单位名称、金额和期限。

(11)受托资产

按受托资产的形态类别(如股票、基金、债券等)披露期末、期初的帐面金额和市值，以及未结算已实现资产管理盈亏的期末、期初帐面金额。

若未结算的已实现受托资产管理盈亏金额较大(超过受托资金额的20%)，须单独披露，并说明造成资产管理亏损较大的主要原因或公司可能从受托资产管理收益中获得的业绩报酬。

期末受托管理的资产(包括股票、债券、基金等)市值低于其帐面成本的90%的，应说明原因。

(12)交易保证金，按交易场所披露交易保证金的期初数和期末数。

(13)待摊费用，应披露金额较大的前五种待摊费用类别和金额。

(14)长期投资

①将长期投资划分为长期股权投资、长期基金投资和长期债权投资三大类，分类列示期初数、本期增加、本期减少和期末数，并说明本年度对外投资的清理情况，包括被清理单位名称、清理金额和清理损益；

②应披露长期股权投资中非证券投资所占的金额和比重；

③全资子公司，应披露被投资公司名称、行业、初始投资额、期初累计权益增减额、本期权益增减额和期末数；

④控股子公司，应按照工业、商业、金融、房地产等行业类别分别披露被投资公司数、初始投资额、期初累计权益增减额、本期权益增减额和期末数；有控股证券公司、基金管理公司的，须单独披露公司名称和当期收益情况；

⑤分行业列示参股投资的期初数、期末数和投资项目数。

⑥对于长期投资中的证券投资，应按类别(如法人股、基金投资、债券投资和其他证券投资等)分别披露其期初数、期末数和被质押、冻结的情况等；长期债券投资还应披露持有债券的到期日及票面利率等情况；

⑦对股权比例在50%以上或具有实际控制权但未纳入合并会计报表范围的子公司，应披露这些公司的基本情况(如公司名称、持股比例、资产总额、净资产、本期净利润等)及未予合并的理由。

⑧若长期投资金额较大(超过1000万元)，而且被投资单位不能持续经营、或发生重大亏损、或净资产为负数，应详细列示被投资单位的名称、期末净资产、当期净利润和公司的投资金额、投资比例、可能承担的投资损失等；

(15)固定资产

对固定资产和累计折旧应按类别分项列示期初余额、本期增加额、本期减少额及期末余额。固定资产中如有在建工程转入、出售、置换、抵押、担保或封存等情况，应予以说明。

融资租入固定资产原价应单独反映。

(16)在建工程

分项列示在建工程的名称、预算数、期初余额、本期增加额、本期转入固定资产额、其他减少额、期末余额、资金来源、完工进度，其中借款费用资本化金额的增减变动情况应单项列示；

(17)无形资产

按项目列示无形资产的取得方式、原值、期初余额、本期增加额、本期转出额、本期摊销额、累计摊销额、期末余额、剩余摊销年限；

对本期增加的单项价值在1000万元以上的无形资产，若该资产原始价值是以评估值作为入账依据的，还应披露评估机构、评估方法；

(18)按交易场所披露交易席位费的原始金额、本期摊销或转出数、累计摊销或转出数、期末数。

(19)长期待摊费用

分项列示长期待摊费用的原始发生额、期初余额、本期增加额、本期摊销额、累计摊销额、期末余额、剩余摊销年限。

(20)其他长期资产

若有因抵债而取得的房地产、长期冻结或封存的资产等应在此项目中分类反映。

(21)短期借款或质押借款

应披露金额较大的前五笔借款的借出单位名称、本金、利率和期限，若属质押借款，还应注明被质押证券的种类、帐面成本和来源；

对已到期未偿还的借款，应单独列示贷款单位、贷款金额、贷款利率、贷款资金用途、未按期偿还的原因及预计还款期，并在期后事项中反映报表日后是否已偿还。

(22)拆入资金

应披露金额较大的前五笔拆入资金的单位名称、金额和期限，并注明有无境外单位拆入资金。

(23)应付款项

按应付款项类别(如应付交易所配股款、应付承销费、逾期应付款项等)分别列示应付款项的期末数、期初数以及占总额的比例；

期末应付款项中如有欠持本公司5%(含5%)以上股份的股东单位的款项，应披露股东单位名称、金额和款项性质；

期末应付款项中如有金额较大的(1000万元以上)应付拟上市或已上市公司款项，应披露该公司名称、款项性质与金额，并注明是否逾期；

披露期末应付款项中金额较大的前五大单位名称、金额及款项性质。

(24)应交税金及附加，应按税种等分项列示期末应付未付的税额。

(25)代买卖证券款，分别按币种披露代买卖证券款的期末数和期初数。

(26)代发行证券款，按承销方式分别披露代发行证券款的期初数和期末数。

(27)代兑付债券款，按债券种类披露代兑付债券款的期初数和期末数。

(28)卖出回购证券款，应按交易场所披露期末、期初数和到期约定回购金额。

(29)受托资金，按币种分别列示受托管理的个人客户、上市公司和非上市公司法人客户的委托资金期初数和期末数。

(30)长期借款

按币种、借款条件(信用借款、抵押借款、担保借款等)分项列示借款金额及其借款期限。对已到期未偿还的借款，应说明原因，并在期后事项中反映报表日后是否已偿还。

应披露金额较大的前五笔借款的借出单位名称、本金、利率、期末数和借款条件；

(31)应付债券，分项列示债券的种类、期限、利率、发行日期、面值、溢价(折价)额、应计利息总额、期末余额。

(32)长期应付款，分项列示长期应付款种类、期限、初始金额、应计利息、期末余额、借款条件等。

(33)实收资本或股本

应按股东类别(如法人股东和个人股东、上市公司股东和非上市公司股东、金融机构股东和非金融机构股东等)分别披露期末期初的股东户数、股本金额和持股比例等情况；

报告期内实收资本(股本)变动的，应披露变动情况及执行验资的会计师事务所名称和验资报告文号。

(34)资本公积，分项列示报告期资本公积的变动情况。若用资本公积转增资本、弥补亏损的，应说明其有关决议。

(35)一般风险准备，分别披露期初数、本期增加数、本期减少数和期末数。

(36)盈余公积，分项列示报告期盈余公积的变动情况。用盈余公积转增资本、弥补亏损、分派股利的，应说明有关决议或依据。

(37)未分配利润，说明报告期内利润分配情况以及未分配利润的增减变动情况。若本年度有发生调整以前年度损益的事项，且金额较大(影响年初未分配利润1000万元以上)，须详细披露该调整事项的内容、原因及影响金额。

(38)手续费收入

按代理买卖证券手续费收入、代理兑付债券手续费收入、代理保管证券手续费收入和其他手续费收入分别披露手续费收入的本期数和上期数；

公司还应披露设立营业部最多的前五个省级行政区域、各自的营业部家数和代理买卖证券业务手续费收入情况。

(39)证券发行收入，按承销项目类别(如A、B股票发行收入、国债发行收入、其他债券发行收入等)披露本年数、上年数及增减百分比。

(40)自营证券差价收入，按证券类别(如股票、国债、基金等)披露本年度和上年度自营证券收入成本和差价的构成，对股票自营的差价收入还应分别列示来自新股申购、余股包销售出及二级市场投资的收入情况。

(41)受托投资管理收益，应列示本年数、上年数和增减百分比。

(42)利息收入和金融企业往来收入，应按收入来源(如银行存款、清算机构存款以及其他机构等)分项列示本年数、上年数和增减百分比。

(43)买入返售证券收入，应按返售总价、买入总价及二者之差——买入返售证券收入分别列示本年数、上年数和增减百分比。

(44)其他业务收入，应按收入类别(如无形资产转让收入、咨询服务收入、租赁收入等)分项列示本年数、上年数和增减百分比。

(45)手续费支出，应披露占公司手续费支出最大的前五种手续费名称、上年和本年发生额、增减百分比。

(46)利息支出和金融企业往来支出，应区分客户支出和其他支出分开列示。

(47)卖出回购证券支出，应按回购总价、卖出总价及二者之差——卖出回购证券支出分别列示本年数、上年数和增减百分比。

(48)自营证券跌价损失，应披露本年数、上年数和增减百分比。

(49)营业税金及附加，应按税收的类别分别披露本年数、上年数和增减百分比。

(50)营业费用，应披露占公司营业费用较大的前十种费用名称、本年和上年发生额、增减百分比。

(51)其他业务支出，应按支出类别分项列示本年数、上年数和增减百分比。

(52)投资收益

应分长期债券投资收益、自营证券持有期间的收益、参股公司分配来的利润、年末调整的被投资公司所有者权益净增减的金额等项目进行列示；

若某项业务活动所获得的收益占报告当期利润总额的10%(含10%)以上的，应对该项业务内容、相关成本、交易金额等作出说明；

投资收益汇回若存在重大限制，应作出说明。

(53)营业外收入，应披露占公司营业外收入最大的前五种收入名称、本年和上年发生额。

(54)营业外支出，应按支出项目(如固定资产净损失、证券交易差错损失、捐赠支出、违约和赔偿损失、非常损失等)披露本年数、上年数。

第十条 子公司与母公司会计政策不一致对合并会计报表的影响(如有)

子公司与母公司会计政策不一致，在编制合并会计报表时又未按母公司会计政策进行调整的，应说明未调整的原因及其对合并会计报表中净资产和净利润的影响。

第十一条 重要资产转让及其出售的说明 应说明重要资产转让及其出售时的账面价值、转让金额和转让原因。

第十二条 关联方关系及其交易

凡涉及关联方关系及其交易，应按《企业会计准则k 关联方关系及其交易的披露》的要求进行披露。

第十三条 或有事项

对于资产负债表日存在的或有事项(如涉及诉讼、仲裁、担保、已贴现的商业承兑汇票等)，应在财务报表附注中说明项目的性质、金额及对报告期及报告期后公司财务状况和经营成果的影响。如果公司没有需要在财务报表附注中说明的或有事项，也应予以说明。

第十四条 承诺事项

除按照第十四条要求披露或有事项外，对于资产负债表日存在的其他重大承诺事项，应说明其存在情况、金额及影响。如果公司没有需要说明的承诺事项，也应予以说明。

第十五条 资产负债表日后事项中的非调整事项 按《企业会计准则——资产负债表日后事项》的规定，应说明资产负债表日后(如股票和债券的发行、自营证券巨额亏损、对一个企业的巨额投资、自然灾害导致的资产损失、外汇汇率发生较大变动等)非调整事项的内容，估计对财务状况、经营成果的影响；如无法作出估计，应说明其原因。

第十六条 其他重要事项。

证券投资基金管理公司内部控制指导意见

第一章 总 则

第一条 为了指导证券投资基金管理公司(以下简称"公司")加强内部控制，促进公司诚信、合法、有效经营，保障基金持有人利益，依据有关法律法规，制定本指导意见。

第二条 公司内部控制是指公司为防范和化解风险，保证经营运作符合公司的发展规划，在充分考虑内外部环境的基础上，通过建立组织机制、运用管理方法、实施操作程序与控制措施而形成的系统。

公司应当按照本指导意见的要求，结合自身的具体情况，建立科学合理、控制严密、运行高效的内部控制体系，并制定科学完善的内部控制制度。

第三条 公司内部控制制度由内部控制大纲、基本管理制度、部门业务规章等部分组成。

公司内部控制大纲是对公司章程规定的内控原则的细化和展开，是各项基本管理制度的纲要和总揽，内部控制大纲应当明确内控目标、内控原则、控制环境、内控措施等内容。

基本管理制度应当至少包括风险控制制度、投资管理制度、基金会计制度、信息披露制度、监察稽核制度、信息技术管理制度、公司财务制度、资料档案管理制度、业绩评估考核制度和紧急应变制度。

部门业务规章是在基本管理制度的基础上，对各部门的主要职责、岗位设置、岗位责任、操作守则等的具体说明。

第四条 公司董事会对公司建立内部控制系统和维持其有效性承担最终责任，公司经营层对内部控制制度的有效执行承担责任。

第二章 内部控制的目标和原则

第五条 公司内部控制的总体目标是：

(一)保证公司经营运作严格遵守国家有关法律法规和行业监管规则，自觉形成守法经营、规范运作的经营思想和经营理念。

(二)防范和化解经营风险，提高经营管理效益，确保经营业务的稳健运行和受托资产的安全完整，实现公司的持续、稳定、健康发展。

(三)确保基金、公司财务和其他信息真实、准确、完整、及时。

第六条 公司内部控制应当遵循以下原则：

(一)健全性原则。内部控制应当包括公司的各项业务、各个部门或机构和各级人员，并涵盖到决策、执行、监督、反馈等各个环节。

(二)有效性原则。通过科学的内控手段和方法，建立合理的内控程序，维护内控制度的有效执行。

(三)独立性原则。公司各机构、部门和岗位职责应当保持相对独立，公司基金资产、自有资产、其他资产的运作应当分离。

(四)相互制约原则。公司内部部门和岗位的设置应当权责分明、相互制衡。

(五)成本效益原则。公司运用科学化的经营管理方法降低运作成本，提高经济效益，以合理的控制成本达到最佳的内部控制效果。

第七条 公司制订内部控制制度应当遵循以下原则：

(一)合法合规性原则。公司内控制度应当符合国家法律、法规、规章和各项规定。

(二)全面性原则。内部控制制度应当涵盖公司经营管理的各个环节，不得留有制度上的空白或漏洞。

(三)审慎性原则。制定内部控制制度应当以审慎经营、防范和化解风险为出发点。

(四)适时性原则。内部控制制度的制定应当随着有关法律法规的调整和公司经营战略、经营方针、经营理念等内外部环境的变化进行及时的修改或完善。

第三章 内部控制的基本要素

第八条 内部控制的基本要素包括控制环境、风险评估、控制活动、信息沟通和内部监控。

第九条 控制环境构成公司内部控制的基础，控制环境包括经营理念和内控文化、公司治理结构、组织结构、员工道德素质等内容。

第十条 公司管理层应当牢固树立内控优先和风险管理理念，培养全体员工的风险防范意识，营造一个浓厚的内控文化氛围，保证全体员工及时了解国家法律法规和公司规章制度，使风险意识贯穿到公司各个部门、各个岗位和各个环节。

第十一条 公司应当健全法人治理结构，充分发挥独立董事和监事会的监督职能，严禁不正当关联交易、利益输送和内部人控制现象的发生，保护投资者利益和公司合法权益。

第十二条 公司的组织结构应当体现职责明确、相互制约的原则，各部门有明确的授权分工，操作相互独立。公司应当建立决策科学、运营规范、管理高效的运行机制，包括民主、透明的决策程序和管理议事规则，高效、严谨的业务执行系统，以及健全、有效的内部监督和反馈系统。

第十三条 公司应当依据自身经营特点设立顺序递进、权责统一、严密有效的内控防线：

(一)各岗位职责明确，有详细的岗位说明书和业务流程，各岗位人员在上岗前均应知悉并以书面方式承诺遵守，在授权范围内承担责任。

(二)建立重要业务处理凭据传递和信息沟通制度，相关部门和岗位之间相互监督制衡。

(三)公司督察员和内部监察稽核部门独立于其他部门，对内部控制制度的执行情况实行严格的检查和反馈。

第十四条 公司应当建立有效的人力资源管理制度，健全激励约束机制，确保公司人员具备与岗位要求相适应的职业操守和专业胜任能力。

第十五条 公司应当建立科学严密的风险评估体系，对公司内外部风险进行识别、评估和分析，及时防范和化解风险。

第十六条 授权控制应当贯穿于公司经营活动的始终，授权控制的主要内容包括：

(一)股东会、董事会、监事会和管理层应当充分了解和履行各自的职权，建立健全公司授权标准和程序，确保授权制度的贯彻执行。

(二)公司各业务部门、分支机构和公司员工应当在规定授权范围内行使相应的职责。

(三)公司重大业务的授权应当采取书面形式，授权书应当明确授权内容和时效。

(四)公司授权要适当，对已获授权的部门和人员应建立有效的评价和反馈机制，对已不适用的授权应及时修改或取消授权。

第十七条 公司应当建立完善的资产分离制度，基金资产与公司资产、不同基金的资产和其他委托资产要实行独立运作，分别核算。

第十八条 公司应当建立科学、严格的岗位分离制度，明确划分各岗位职责，投资和交易、交易和清算、基金会计和公司会计等重要岗位不得有人员的重叠。重要业务部门和岗位应当进行物理隔离。

第十九条 公司应当制订切实有效的应急应变措施，建立危机处理机制和程序。

第二十条 公司应当维护信息沟通渠道的畅通，建立清晰的报告系统。

第二十一条 公司应当建立有效的内部监控制度，设置督察员和独立的监察稽核部门，对公司内部控制制度的执行情况进行持续的监督，保证内部控制制度落实。

公司应当定期评价内部控制的有效性，根据市场环境、新的金融工具、新的技术应用和新的法律法规等情况，适时改进。

第四章 内部控制的主要内容

第一节 投资管理业务控制

第二十二条 公司应当自觉遵守国家有关法律法规，按照投资管理业务的性质和特点严格制定管理规章、操作流程和岗位手册，明确揭示不同业务可能存在的风险点并采取控制措施。

第二十三条 研究业务控制主要内容包括：

(一)研究工作应保持独立、客观。

(二)建立严密的研究工作业务流程，形成科学、有效的研究方法。

(三)建立投资对象备选库制度，研究部门根据基金契约要求，在充分研究的基础上建立和维护备选库。

(四)建立研究与投资的业务交流制度，保持通畅的交流渠道。

(五)建立研究报告质量评价体系。

第二十四条 投资决策业务控制主要内容包括：

(一)投资决策应当严格遵守法律法规的有关规定，符合基金契约所规定的投资目标、投资范围、投资策略、投资组合和投资限制等要求。

(二)健全投资决策授权制度，明确界定投资权限，严格遵守投资限制，防止越权决策。

(三)投资决策应当有充分的投资依据，重要投资要有详细的研究报告和风险分析支持，并有决策记录。

(四)建立投资风险评估与管理制度，在设定的风险权限额度内进行投资决策。

(五)建立科学的投资管理业绩评价体系，包括投资组合情况、是否符合基金产品特征和决策程序、基金绩效归属分析等内容。

第二十五条 基金交易业务控制主要内容包括：(一)基金交易应实行集中交易制度，基金经理不得直接向交易员下达投资指令或者直接进行交易。

(二)公司应当建立交易监测系统、预警系统和交易反馈系统，完善相关的安全设施。

(三)投资指令应当进行审核，确认其合法、合规与完整后方可执行，如出现指令违法违规或者其他异常情况，应当及时报告相应部门与人员。

(四)公司应当执行公平的交易分配制度，确保不同投资者的利益能够得到公平对待。

(五)建立完善的交易记录制度，每日投资组合列表等应当及时核对并存档保管。

(六)建立科学的交易绩效评价体系。

场外交易、网下申购等特殊交易应当根据内部控制的原则制定相应的流程和规则。

第二十六条 公司应当建立严格有效的制度，防止不正当关联交易损害基金持有人利益。基金投资涉及关联交易的，应在相关投资研究报告中特别说明，并报公司相关机构批准。

第二节 信息披露控制

第二十七条 公司应当按照法律、法规和中国证监会有关规定，建立完善的信息披露制度，保证公开披露的信息真实、准确、完整、及时。

第二十八条　公司应当有相应的部门或岗位负责信息披露工作，进行信息的组织、审核和发布。

第二十九条　公司应当加强对公司信息披露的检查和评价，对存在的问题及时提出改进办法，对信息披露出现的失误提出处理意见，并追究相关人员的责任。

第三十条　公司掌握内幕信息的人员在信息公开披露前不得泄露其内容。

第三节　信息技术系统控制

第三十一条　公司应当根据国家法律法规的要求，遵循安全性、实用性、可操作性原则，严格制定信息系统的管理制度。

信息技术系统的设计开发应该符合国家、金融行业软件工程标准的要求，编写完整的技术资料；在实现业务电子化时，应设置保密系统和相应控制机制，并保证计算机系统的可稽性；信息技术系统投入运行前，应当经过业务、运营、监察稽核等部门的联合验收。

第三十二条　公司应当通过严格的授权制度、岗位责任制度、门禁制度、内外网分离制度等管理措施，确保系统安全运行。

第三十三条　计算机机房、设备、网络等硬件要求应当符合有关标准，设备运行和维护整个过程实施明确的责任管理，严格划分业务操作、技术维护等方面的职责。

第三十四条　公司软件的使用应充分考虑软件的安全性、可靠性、稳定性和可扩展性，应具备身份验证、访问控制、故障恢复、安全保护、分权制约等功能。

信息技术系统设计、软件开发等技术人员不得介入实际的业务操作。用户使用的密码口令要定期更换，不得向他人透露。

数据库和操作系统的密码口令应当分别由不同人员保管。

第三十五条　公司应对信息数据实行严格的管理，保证信息数据的安全、真实和完整，并能及时、准确地传递到会计等各职能部门；严格计算机交易数据的授权修改程序，并坚持电子信息数据的定期查验制度。

建立电子信息数据的即时保存和备份制度，重要数据应当异地备份并且长期保存。

第三十六条　信息技术系统应当定期稽核检查，完善业务数据保管等安全措施，进行排除故障、灾难恢复的演习，确保系统可靠、稳定、安全地运行。

第四节　会计系统控制

第三十七条　公司应当依据《中华人民共和国会计法》、《金融企业会计制度》、《证券投资基金会计核算办法》、《企业财务通则》等国家有关法律、法规制订基金会计制度、公司财务制度、会计工作操作流程和会计岗位工作手册，并针对各个风险控制点建立严密的会计系统控制。

第三十八条　公司应当明确职责划分，在岗位分工的基础上明确各会计岗位职责，严禁需要相互监督的岗位由一人独自操作全过程。

第三十九条　公司对所管理的基金应当以基金为会计核算主体，独立建账、独立核算，保证不同基金之间在名册登记、账户设置、资金划拨、账簿记录等方面相互独立。基金会计核算应当独立于公司会计核算。

第四十条　公司应当采取适当的会计控制措施，以确保会计核算系统的正常运转。

（一）公司应当建立凭证制度，通过凭证设计、登录、传递、归档等一系列凭证管理制度，确保正确记载经济业务，明确经济责任。

（二）公司应当建立账务组织和账务处理体系，正确设置会计账簿，有效控制会计记账程序。

（三）公司应当建立复核制度，通过会计复核和业务复核防止会计差错的产生。

第四十一条　公司应当采取合理的估值方法和科学的估值程序，公允反映基金所投资的有价证券在估值时点的价值。

第四十二条　公司应当规范基金清算交割工作，在授权范围内，及时准确地完成基金清算，确保基金资产的安全。

第四十三条　公司应当建立严格的成本控制和业绩考核制度，强化会计的事前、事中和事后监督。

第四十四条　公司应当制订完善的会计档案保管和财务交接制度，财会部门应妥善保管密押、业务用章、支票等重要凭据和会计档案，严格会计资料的调阅手续，防止会计数据的毁损、散失和泄密。

第四十五条　公司应当严格制定财务收支审批制度和费用报销管理办法，自觉遵守国家财税制度和财经纪律。

第五节　监察稽核控制

第四十六条　公司应当设立督察员，对董事会负责，经董事会聘任，报中国证监会核准。

根据公司监察稽核工作的需要和董事会授权，督察员可以列席公司相关会议，调阅公司相关档案，就内部控制制度的执行情况独立地履行检查、评价、报告、建议职能。

督察员应当定期和不定期向董事会报告公司内部控制执行情况，董事会应当对督察员的报告进行审议。

第四十七条　公司应当设立监察稽核部门，对公司经营层负责，开展监察稽核工作，公司应保证监察稽核部门的独立性和权威性。

第四十八条　公司应当明确监察稽核部门及内部各岗位的具体职责，配备充足的监察稽核人员，严格监察稽核人员的专业任职条件，严格监察稽核的操作程序和组织纪律。

第四十九条　公司应当强化内部检查制度，通过定期或不定期检查内部控制制度的执行情况，确保公司各项经营管理活动的有效运行。

第五十条　公司董事会和管理层应当重视和支持监察稽核工作，对违反法律、法规和公司内部控制制度的，应当追究有关部门和人员的责任。

第五章　附　则

第五十一条　中国证监会有权对公司内部控制情况进行监督，公司应当将内部控制制度报中国证监会备案。

中国证监会在对公司内部控制情况进行监督时，会充分考虑各公司内外环境的因素和公司的自身特点，对公司内部控制作出实事求是的评价。

第五十二条　本指导意见由中国证监会负责解释。

第五十三条　本指导意见自2003年1月1日起施行。

证券投资基金销售活动管理暂行规定

第一条　为规范证券投资基金（以下简称"基金"）的销售活动，保护基金投资人的合法权益，促进基金市场健康发展，根据《证券投资基金管理暂行办法》、《开放式证券投资基金试点办法》及其他有关规定，制定本规定。

第二条　基金管理公司、基金代销机构及其工作人员，在基金的销售活动中，应当严格遵守法律法规和中国证券监督管理委员会（以下简称中国证监会）的有关规定，遵守本行业公认的行为规范和道德准则。

第三条　基金的设立申请获得中国证监会核准前，不得以任何形式宣传和销售该基金。

第四条　基金的设立申请获得中国证监会核准后，基金管理公司可以直接或者委托其他机构通过公开出版物、广播、电视、电影、互联网、宣传手册、海报等方式，向公众进行该基金的销售宣传。

基金的销售宣传资料应当事后报中国证监会备案。

第五条　基金管理公司应当确保基金销售宣传的内容真实、准确，并符合下列规定：

（一）不得有虚假记载、误导性陈述和重大遗漏；

（二）不得出现与基金契约、基金招募说明书内容相抵触的陈述；

（三）不得以任何形式向投资人保证获利或者承诺最低收益，经中国证监会批准设立的特殊品种的基金除外；

（四）引用的数据和统计资料应当真实、准确，并注明出处。

第六条　基金的销售宣传内容必须含有明确的风险提示和警示性文字，提醒投资人注意投资有风险，应仔细阅读基金的销售文件。引用基金过往业绩的，应同时声明过往业绩并不预示基金的未来表现。含有基金获中国证监会核准有关内容的，应同时声明中国证监会对基金的核准并不代表中国证监会对基金的风险和收益作出实质性判断、推荐或者保证。

单纯登载有关基金管理公司、基金代销机构企业形象而不涉及任何基金产品的销售宣传，无需含有风险提示和警示性文字。

第七条　基金管理公司、基金代销机构的工作人员接受采访的，其谈话内容应当符合本规定第五条的规定。

第八条　基金管理公司委托其他机构开展基金销售宣传的，基金管理公司应当确保基金的销售宣传符合本规定，并明确双方的法律责任。

第九条 在基金销售过程中，基金管理公司、基金代销机构及其工作人员禁止从事下列行为：

（一）向投资人作虚假陈述、欺骗性宣传，误导投资人买卖基金；

（二）违反法律法规和基金契约、基金招募说明书的规定，向投资人收取额外费用；

（三）向任何个人或者机构以强制、抽奖等不正当方式销售基金；

（四）通过基金销售从投资人处获取或者给予投资人与基金销售无关的利益；

（五）除基金契约、基金招募说明书规定的情形外，拒绝投资人的认购、申购或者赎回申请；

（六）中国证监会规定的其他行为。

第十条 基金管理公司、基金代销机构中向投资人提供专业基金投资咨询服务的工作人员应当具备相应的基金从业资格。

第十一条 基金管理公司、基金代销机构在销售基金时给予投资人折扣、给予中间人佣金的，应当予以明示，给予投资人的折扣、给予中间人的佣金必须如实记帐。

第十二条 基金管理公司、基金代销机构不得从事下列不正当竞争行为：

（一）捏造、散布虚假事实，诋毁竞争对手的商业信誉或者损害行业声誉；

（二）以排挤竞争对手为目的，恶意压低基金的服务收费；

（三）中国证监会规定的其他行为。

第十三条 基金管理公司、基金代销机构应当建立和健全与基金销售业务有关的内部控制制度、员工行为规范和激励约束机制，加强基金销售人员的岗位培训和职业道德教育，加强对基金销售业务合规运作和员工行为规范的检查和监督，积极研究不同基金产品的风险收益特征，了解投资人的不同风险承受能力，不断提高基金投资咨询服务水平。

第十四条 基金管理公司和基金代销机构应当遵守法律法规、基金契约和基金代销协议的规定，切实做好对基金销售活动的管理工作。

第十五条 基金管理公司、基金代销机构及其工作人员的行为构成证券违法行为的，由中国证监会依照有关规定予以行政处罚；给投资人造成损失的，依法承担民事责任；构成犯罪的，依法追究刑事责任。

第十六条 本规定自发布之日起施行。

证券业从业人员资格管理办法

第一章 总 则

第一条 为了加强证券业从业人员资格管理，促进证券市场规范发展，保护投资者合法权益，根据《中华人民共和国证券法》，制定本办法。

第二条 在依法从事证券业务的机构（以下简称"机构"）中从事证券业务的专业人员，应当按照本办法规定，取得从业资格和执业证书。

第三条 本办法所称机构是指：

（一）证券公司；

（二）基金管理公司、基金托管机构、基金销售机构；

（三）证券投资咨询机构；

（四）证券资信评估机构；

（五）中国证券监督管理委员会（以下简称"中国证监会"）规定的其他从事证券业务的机构。

第四条 本办法所称从事证券业务的专业人员是指：

（一）证券公司中从事自营、经纪、承销、投资咨询、受托投资管理等业务的专业人员，包括相关业务部门的管理人员；

（二）基金管理公司、基金托管机构中从事基金销售、研究分析、投资管理、交易、监察稽核等业务的专业人员，包括相关业务部门的管理人员；基金销售机构中从事基金宣传、推销、咨询等业务的专业人员，包括相关业务部门的管理人员；

（三）证券投资咨询机构中从事证券投资咨询业务的专业人员及其管理人员；

（四）证券资信评估机构中从事证券资信评估业务的专业人员及其管理人员；

（五）中国证监会规定需要取得从业资格和执业证书的其他人员。

第五条 中国证券业协会（以下简称"协会"）依据本办法负责从业人员从业资格考试、执业证书发放以及执业注册登记等工作。

第六条 中国证监会对协会有关证券业从业人员资格管理的工作进行指导和监督。

第二章 从业资格取得和执业证书

第七条 参加资格考试的人员，应当年满18周岁，具有高中以上文化程度和完全民事行为能力。

第八条 资格考试由协会统一组织。参加考试的人员考试合格的，取得从业资格。

第九条 从业资格不实行专业分类考试。资格考试内容包括一门基础性科目和一门专业性科目。

根据证券市场发展的需要，协会可在资格考试之外另行组织各项专业的水平考试，但不作为法定考试内容，由从业人员自行选择，供机构用人时参考。

第十条 取得从业资格的人员，符合下列条件的，可以通过机构申请执业证书：

（一）已被机构聘用；

（二）最近三年未受过刑事处罚；

（三）不存在《中华人民共和国证券法》第一百二十六条规定的情形；

（四）未被中国证监会认定为证券市场禁入者，或者已过禁入期的；

（五）品行端正，具有良好的职业道德；

（六）法律、行政法规和中国证监会规定的其他条件。

申请执业证券投资咨询以及证券资信评估业务的，申请人应当同时符合《中华人民共和国证券法》第一百五十八条，以及其他相关规定。

第十一条 申请人符合本办法规定条件的，协会应当自收到申请之日起三十日内，向中国证监会备案，颁发执业证书；不符合本办法规定条件的，不予颁发执业证书，并应当自收到申请之日起三十日内书面通知申请人或者机构，并书面说明理由。

第十二条 执业证书不实行分类。取得执业证书的人员，经机构委派，可以代表聘用机构对外开展本机构经营的证券业务。

第三章 监督管理

第十三条 取得执业证书的人员，连续三年不在机构从业的，由协会注销其执业证书；重新执业的，应当参加协会组织的执业培训，并重新申请执业证书。

第十四条 从业人员取得执业证书后，辞职或者不为原聘用机构所聘用的，或者其他原因与原聘用机构解除劳动合同的，原聘用机构应当在上述情形发生后十日内向协会报告，由协会变更该人员执业注册登记。

取得执业证书的从业人员变更聘用机构的，新聘用机构应当在上述情形发生后十日内向协会报告，由协会变更该人员执业注册登记。

第十五条 机构不得聘用未取得执业证书的人员对外开展证券业务。

第十六条 从业人员在执业过程中违反有关证券法律、行政法规以及中国证监会有关规定，受到聘用机构处分的，该机构应当在处分后十日内向协会报告。

第十七条 协会、机构应当定期组织取得执业证书的人员进行后续职业培训，提高从业人员的职业道德和专业素质。

第十八条 协会依据本办法及中国证监会有关规定制定的从业资格考试办法、考试大纲、执业证书管理办法以及执业行为准则等，应当报中国证监会核准。

第十九条 协会应当建立从业人员资格管理数据库，进行资格公示和执业注册登记管理。

第四章 罚 则

第二十条 参加资格考试的人员，违反考场规则，扰乱考场秩序的，在两年内不得参加资格考试。

第二十一条 取得从业资格的人员提供虚假材料，申请执业证书的，不予颁发执业证书；已颁发执业证书的，由协会注销其执业证书。

第二十二条 机构办理执业证书申请过程中，弄虚作假、徇私舞弊、故意刁难有关当事人的，或者不按规定履行报告义务的，由协会责令改正；拒不改正的，由协会对机构及其直接责任人员给予纪律处分；情节严重的，由中国证监会单处或者并处警告、3万元以下罚款。

第二十三条 机构聘用未取得执业证书的人员对外开展证券业务的，由协会责令改正；拒不改正的，给予纪律处分；情节严重的，由中国证监会单处或者并处警告、3万元以下罚款。

第二十四条 从业人员拒绝协会调查或者检查的，或者所聘用机构拒绝配合调查的，由协会责令改正；拒不改正的，给予纪律处分；情节严重的，由中国证监会给予从业人员暂停执业3个月至12个月，或者吊销其执业证书的处罚；对机构单处或者并处警告、3万元以下罚款。

第二十五条 被中国证监会依法吊销执业证书或者因违反本办法被协会注销执业证书的人员，协会可在3年内不受理其执业证书申请。

第二十六条 协会工作人员不按本办法规定履行职责，徇私舞弊、玩忽职守或者故意刁难有关当事人的，协会应当给予纪律处分。

第五章 附 则

第二十七条 本办法实施前，持有协会颁发的证券经纪资格证书、证券代理发行资格证书、证券投资咨询资格证书和基金从业人员资格证书的，可以直接申请取得执业证书。

持有上述两个或者两个以上证书的，可以根据协会规定，取得专业水平级别认证。

第二十八条 机构高级管理人员的资格管理由中国证监会另行规定。

第二十九条 本办法自2003年2月1日起施行。1995年发布的《证券业从业人员资格管理暂行规定》同时废止。

证券业从业人员资格管理实施细则（试行）

第一章 总 则

第一条 根据《证券业从业人员资格管理办法》（以下简称《办法》）的规定，制定本细则。

第二条 本细则所称机构是指《办法》第三条规定的从事证券业务的机构；专业人员和证券业务是指《办法》第四条规定的人员和业务。

第三条 中国证券业协会（以下简称协会）依据本细则规定，负责证券业从业资格取得及执业证书管理工作。

第二章 从业资格和执业证书

第四条 机构中从事证券业务的专业人员应当依据本细则规定，取得从业资格和执业证书。

第五条 符合《办法》第七条规定的人员，通过协会统一组织的基础科目和一门专业科目资格考试的，取得从业资格。

中国证监会另有规定的人员，按照中国证监会的有关规定取得从业资格。

第六条 取得从业资格的人员符合《办法》第十条规定条件的，可通过所在机构向协会申请执业证书。

申请从事证券投资咨询业务的，应当同时符合《证券法》第一百五十八条及《证券、期货投资咨询管理暂行办法》第十三条规定的条件。

申请从事证券资信评估业务的，应当同时符合《证券法》第一百五十八条及中国证监会有关规定的条件。

第七条 执业证书的申请通过协会执业证书管理系统进行。

第八条 申请人应当向所在机构提交下列申请材料：

（一）执业证书申请表；

（二）身份证复印件；

（三）学历证明复印件；

（四）协会规定的其他材料。

第九条 执业证书的申请程序是：

（一）申请人登录协会执业证书管理系统，填写执业证书申请表，连同打印的书面申请表及第八条规定的其他申请材料提交所在机构；

（二）机构资格管理员对执业证书申请表进行初审并确认，书面申请表由机构保管备查，电子申请表提交协会；

（三）协会对机构提交的执业证书申请表进行审核，必要时可要求机构提交书面申请表及有关证明材料，协会在收到完整申请材料后三十日内审核完毕。

第十条 对于符合条件的申请人，协会通过执业证书管理系统向中国证监会有关部门备案后，颁发执业证书，并在协会的互联网站公告。执业证书由所在机构向协会统一领取。

对不予颁发执业证书的人员，协会以书面方式通知所在机构并说明原因。

第三章 执业证书管理

第十一条 机构应当指定资格管理员负责本机构从业人员资格管理工作。资格管理员须向协会备案，代表所在机构行使下述职责：

（一）使用协会执业证书管理系统并对所在机构的系统用户进行管理；

（二）组织实施所在机构执业证书申请工作；

（三）负责所在机构执业证书申请人的申请材料的初审；

（四）按照协会的部署组织实施所在机构执业年检工作；

（五）协助协会的检查和调查；

（六）负责所在机构执业人员的备案事项；

（七）为所在机构人员提供相关咨询；

（八）保持与协会的日常联系。

机构更换资格管理员应当向协会备案。资格管理员不得擅自委托他人代其行使职责。

第十二条 执业人员受到所在机构、自律组织、监管部门奖励、处分、处罚的，以及离开所在机构的，所在机构应当于每月5日前向协会备案上月发生的上述情形。

第十三条 执业人员从其他证券业务岗位变换从事证券投资咨询和证券资信评估业务岗位的，应当按照本细则规定，另行申请执业证书。

第十四条 执业人员连续三年不在机构从事证券业务的，受到刑事处罚的，被市场禁入的，因违法或违纪行为被机构开除的，以及违反职业道德的，由协会注销其执业证书。

第十五条 机构应妥善保管申请人的书面申请表及有关材料。

第十六条 执业人员应当定期参加协会或其认可单位组织的后续职业培训。

第十七条 受到行政处罚的执业人员，应当参加强制培训。

第十八条 协会建立从业人员资格管理数据库，并通过其互联网站公告取得从业资格的人员。

第十九条 协会建立执业人员诚信信息库，对信息进行分级管理，供机构查询或应证券监管部门的要求提供有关信息。

第二十条 协会每月10日前，通过其互联网站公告上月取得执业证书的人员，执业证书年检情况，执业证书被注销、吊销及被暂停执业的人员。

第四章 年 检

第二十一条 协会对执业人员自取得执业证书之日起每两年检查一次。

第二十二条 年检的程序是：

（一）申请人登录协会执业证书管理系统，填写年检申请表，连同打印的书面申请表及执业证书原件提交所在机构；

（二）机构资格管理员对所在机构年检申请表进行初审并确认，书面申请表由机构保管备查，电子申请表提交协会；

（三）协会对机构提交的年检申请表进行审核，必要时可要求所在机构提交书面申请表及有关证明材料，协会在收到完整申请材料后十五日内做出是否通过年检的审核意见；

（四）协会通过执业证书管理系统，将年检结果通知所在机构，并在协会的互联网站公告；

（五）机构资格管理员办理执业证书年检记录。

第二十三条 有下列情形之一的，不予通过年检：

（一）执业证书申请材料或年检材料弄虚作假的；

(二)未按规定完成后续职业培训的；
(三)不再符合执业证书取得条件的；
(四)未按规定参加年检的；
(五)协会规定的其他情形。

第二十四条 因第二十三条第(一)、(三)款未通过年检的人员，由协会注销其执业证书。

第二十五条 因第二十三条第(二)、(四)、(五)款未通过年检的人员，由协会移交中国证监会暂停其执业。

第五章 检查和调查

第二十六条 协会对机构执行《办法》及本细则的情况进行检查，也可以根据投诉、举报等对机构、执业人员违反《办法》及本细则的行为进行调查。

第二十七条 协会可以委托相关单位对所在地机构、执业人员进行检查和调查。

第二十八条 协会对机构检查的内容包括：
(一)是否存在聘用未取得执业证书或执业证书被注销、吊销或被暂停执业的人员从事证券业务的情况；
(二)是否及时履行了规定的备案义务；
(三)执业证书申请过程中是否存在徇私舞弊、弄虚作假的情况；
(四)是否妥善保管了所属执业人员的书面申请材料。

第二十九条 对机构检查和调查的方式：
(一)与有关负责人谈话；
(二)查阅执业证书申请表及有关材料、年检申请表及有关材料；
(三)查阅人员聘用合同；
(四)调阅执业人员档案；
(五)约请执业人员谈话；
(六)其他合法而有效的方式。

第三十条 对执业人员的调查方式：
(一)与所在机构有关负责人面谈，了解有关情况；
(二)查阅被调查人的执业证书申请表及有关材料、年检申请表及有关材料；
(三)查阅被调查人聘用合同；
(四)调阅被调查人档案；
(五)与被调查人谈话；
(六)其他合法而有效的方式。

第三十一条 检查和调查人员在进行现场检查和调查时，应出示有效证明文件。

第三十二条 机构及执业人员对协会或协会委托单位进行的检查和调查应当予以配合。

第六章 罚 则

第三十三条 执业证书申请人提供虚假材料的，不予颁发执业证书并在三年内不受理其执业证书申请；已取得执业证书的，注销执业证书并在三年内不受理其执业证书申请。

第三十四条 执业人员不配合协会或其委托单位检查和调查的，由协会责令改正；拒不改正的，协会视情节轻重，给予相应处分。情节严重的，移交中国证监会处罚。

第三十五条 机构弄虚作假的，聘用未取得执业证书或执业证书被注销、吊销或被暂停执业的人员从事证券业务的，未履行规定的备案义务的，不配合协会或其委托单位组织的检查和调查的，由协会责令改正；拒不改正的，协会视情节轻重，给予机构下列处分：(一)批评；(二)通报批评；(三)暂停部分会员权利；(四)暂停会员资格；(五)取消会员资格；同时给予直接责任人下列处分：(一)批评；(二)通报批评。情节严重的，移交中国证监会处罚。

第七章 附 则

第三十六条 协会对取得从业资格的人员进行专业水平级别认证，通过基础科目和两门(含两门)以上专业科目考试的，取得一级专业水平认证证书；通过基础科目和四门(含四门)以上专业科目考试的，取得二级专业水平认证证书。

第三十七条 执业证书申请及年检等相关费用由机构向协会统一支付。

第三十八条 协会对从业资格和执业证书实行编码管理。

第三十九条 资格考试办法、培训办法及水平考试办法由协会另行制定。

第四十条 本细则已经中国证监会核准，自2003年7月1日起试行。

二〇〇三年四月二十九日

信托投资公司资金信托管理暂行办法

第一条 为了规范信托投资公司资金信托业务的经营行为，保障资金信托业务各方当事人的合法权益，根据《中华人民共和国信托法》、《中华人民共和国中国人民银行法》和中国人民银行《信托投资公司管理办法》的有关规定，制定本办法。

第二条 本办法所称资金信托业务是指委托人基于对信托投资公司的信任，将自己合法拥有的资金委托给信托投资公司，由信托投资公司按委托人的意愿以自己的名义，为受益人的利益或者特定目的管理、运用和处分的行为。

除经中国人民银行批准设立的信托投资公司外，任何单位和个人不得经营资金信托业务，但法律、行政法规另有规定的除外。

第三条 信托投资公司办理资金信托业务取得的资金不属于信托投资公司的负债；信托投资公司因管理、运用和处分信托资金而形成的资产不属于信托投资公司的资产。

第四条 信托投资公司办理资金信托业务时应遵守下列规定：
(一)不得以任何形式吸收或变相吸收存款；
(二)不得发行债券，不得以发行委托投资凭证、代理投资凭证、受益凭证、有价证券代保管单和其他方式筹集资金，办理负债业务；
(三)不得举借外债；
(四)不得承诺信托资金不受损失，也不得承诺信托资金的最低收益；
(五)不得通过报刊、电视、广播和其他公共媒体进行营销宣传。

信托投资公司违反上述规定，按非法集资处理，造成的资金损失由投资者承担。

第五条 信托投资公司办理资金信托业务可以依据信托文件的约定，按照委托人的意愿，单独或者集合管理、运用、处分信托资金。

单独管理、运用、处分信托资金是指信托投资公司接受单个委托人委托、依据委托人确定的管理方式单独管理和运用信托资金的行为。

集合管理、运用、处分信托资金指信托投资公司接受二个或二个以上委托人委托、依据委托人确定的管理方式或由信托投资公司代为确定的管理方式管理和运用信托资金的行为。

第六条 信托投资公司集合管理、运用、处分信托资金时，接受委托人的资金信托合同不得超过200份(含200份)，每份合同金额不得低于人民币5万元(含5万元)。

第七条 信托投资公司办理资金信托业务，应与委托人签订信托合同。采取其他书面形式设立信托的，按照法律、行政法规的规定设立。

信托合同应当载明以下事项：
(一)信托目的；
(二)委托人、受托人的姓名(或者名称)、住所；
(三)受益人姓名(或者名称)、住所，或者受益人的范围；
(四)信托资金的币种和金额；
(五)信托期限；
(六)信托资金的管理方式和受托人的管理、运用和处分的权限；
(七)信托资金管理、运用和处分的具体方法或者安排；
(八)信托利益的计算、向受益人交付信托利益的时间和方法；
(九)信托财产税费的承担、其他费用的核算及支付方法；
(十)受托人报酬计算方法、支付期间及方法；
(十一)信托终止时信托财产的归属及分配方式；
(十二)信托事务的报告；
(十三)信托当事人的权利、义务；
(十四)风险的揭示；
(十五)信托资金损失后的承担主体及承担方式；
(十六)信托当事人的违约责任及纠纷解决方式；
(十七)信托当事人认为需要载明的其他事项。

第八条 信托投资公司办理资金信托业务时，应当于签定信托合同的同时，与委托人签定信托资金管理、运用风险申明书。

风险申明书应当载明下列内容：

(一)信托投资公司依据信托文件的约定管理、运用信托资金导致信托资金受到损失的，其损失部分由信托财产承担；

(二)信托投资公司违背信托文件的约定管理、运用、处分信托资金导致信托资金受到损失的，其损失部分由信托投资公司负责赔偿。不足赔偿时，由信托财产承担。

第九条 受托人制定信托合同或者其他信托文件，应当在首页右上方用醒目字体载明下列文字：

"受托人管理信托财产应恪尽职守，履行诚实、信用、谨慎、有效管理的义务。依据本信托合同规定管理信托资金所产生的风险，由信托财产承担，即由委托人交付的资金以及由受托人对该资金运用后形成的财产承担；受托人违背信托合同、处理信托事务不当使信托资金受到损失，由受托人赔偿。"

第十条 信托文件有效期限内，受益人可以根据信托文件的规定转让其享有的信托受益权。

信托投资公司应为受益人办理信托受益权转让的有关手续。

第十一条 信托投资公司办理资金信托业务，应设立专门为资金信托业务服务的信托资金运用、信息处理等部门。

信托投资公司固有资金运用部门和信托资金运用部门应当由不同的高级管理人员负责管理。

第十二条 信托投资公司办理资金信托业务，应指定信托执行经理及其相关的工作人员。

担任信托执行经理的人员，应具有中国人民银行颁发的《信托经理资格证书》。

第十三条 信托投资公司违背信托文件的约定管理、运用、处分信托资金导致信托资金受到损失的，其损失部分由信托投资公司负责赔偿。信托投资公司由此而导致的损失，可按《中华人民共和国公司法》的有关规定，要求其董事、监事、高级管理人员承担赔偿责任。

第十四条 信托投资公司对不同的资金信托，应建立单独的会计账户分别核算；对不同的信托，应在银行分别开设单独的银行账户，在证券交易机构分别开设独立的证券账户与资金账户。

第十五条 资金信托终止的，信托财产归属于信托文件规定的人。信托投资公司应当按照信托文件的规定书面通知信托财产归属人取回信托财产。

未被取回的信托财产，由信托投资公司负责保管。保管期间，保管人不得运用该财产。保管期间的收益归属于信托财产的归属人。发生的保管费用由被保管的信托财产承担。

第十六条 信托财产的归属依据信托合同规定，可采取现金方式、维持信托终止时财产原状方式或者两者的混合方式。

采取现金方式的，信托投资公司应当于信托合同规定的分配日前或者信托期满日前(如遇法定节假日顺延)变现信托财产，并将现金存入信托文件指定的账户。

采取维持信托终止时财产原状方式的，信托投资公司应于信托期满后的约定时间内，完成与归属人的财产转移手续。

第十七条 资金信托终止，信托投资公司应当于信托终止后十个工作日内做出处理信托事务的清算报告，并送达信托财产归属人。

第十八条 信托投资公司办理资金信托业务，应当按季或者按照信托合同的规定，将信托资金管理的报告和信托资金运用及收益情况表书面告知信托文件规定的人。信托期限超过一年的，每年最少报告一次。

信托投资公司应当按照《信托投资公司管理办法》向中国人民银行报送资金信托业务经营的有关资料。

第十九条 信托资金管理的报告书应当载明如下内容：

(一)信托资金管理、运用、处分和收益情况；

(二)信托资金运用组合比例情况；

(三)信托资金运用中金额列前十位的项目情况；

(四)信托执行经理变更说明；

(五)信托资金运用重大变动说明；

(六)涉及诉讼或者损害信托财产、委托人或者受益人利益的情形；

(七)信托合同规定的其他事项。

第二十条 信托投资公司应当妥善保存资金信托业务的全部资料，保存期自信托终止之日起不得少于十五年。

第二十一条 信托投资公司违反本办法规定的，由中国人民银行按照《金融违法行为处罚办法》及有关规定进行处罚；情节严重的，暂停或者直至取消其办理资金信托业务的资格。对有关的高级管理人员，中国人民银行可以取消其一定期限直至终身的任职资格；对直接责任人员，取消其信托从业资格。

第二十二条 本办法由中国人民银行负责解释。

第二十三条 本办法自 2002 年 7 月 18 日起施行。

关于证券期货审计业务签字注册会计师定期轮换的规定

各证券监管办公室、办事处、特派员办事处，各省、自治区、直辖市财政厅(局)，深圳市财政局，各具有证券期货相关业务资格的会计师事务所，各上市公司：

为了维护证券期货相关机构审计工作的独立性，提高其经审计财务资料的质量，我们制定了《关于证券期货审计业务签字注册会计师定期轮换的规定》(以下简称《规定》)，现予印发，请遵照执行。执行中遇到问题，请及时反馈给我们。

截止 2004 年 1 月 1 日，签字注册会计师及《规定》第十二条所指审计项目负责人的审计服务期限达到或超过五年的，也应当按照第三条至第八条的规定执行。

第一条 为了维护注册会计师执行证券期货审计业务的独立性，提高证券期货相关机构(以下简称"相关机构")经审计财务资料的质量，根据《中华人民共和国证券法》、《中华人民共和国注册会计师法》及其他有关规定，制定本规定。

第二条 本规定所指相关机构，是指上市公司、首次公开发行证券公司、证券及期货经营机构、证券及期货交易所、证券投资基金及其管理公司、证券登记结算机构等。

第三条 除本规定第七条外，签字注册会计师连续为某一相关机构提供审计服务，不得超过五年。

第四条 签字注册会计师由于工作单位变动，在不同会计师事务所连续为同一相关机构提供审计服务的期限应当合并计算。

第五条 为首次公开发行证券公司提供审计服务的签字注册会计师，在该公司上市后连续提供审计服务的期限，不得超过两个完整会计年度。

第六条 相关机构发生重大资产重组，为其提供审计服务的签字注册会计师未变更的，该签字注册会计师在该相关机构重组前后提供审计服务的期限应连续计算。

第七条 两名签字注册会计师为同一相关机构连续提供审计服务的期限在同一年度达到五年的，可以由一名签字注册会计师延期为该相关机构提供审计服务，但延期不得超过一年。

第八条 签字注册会计师已连续为同一相关机构提供五年审计服务并被轮换后，在两年以内，不得重新为该相关机构提供审计服务。根据本规定第七条延期的签字注册会计师延期后被轮换的，在两年以内，不得重新为该相关机构提供审计服务。

第九条 会计师事务所应当在每年 5 月 15 日以前向中国证券监督管理委员会(以下简称"中国证监会")会计部、财政部会计司以及负责监管被审计相关机构的中国证监会派出机构报告证券期货审计业务签字注册会计师的轮换情况，并将有关信息填入中国证监会网站会计部"会计资产评估机构监管数据库"。

第十条 上市公司应当在定期报告中披露有关轮换签字注册会计师的事项。

第十一条 中国证监会派出机构应当检查辖区内会计师事务所执行本规定的情况，中国证监会、财政部可以对会计师事务所执行本规定的情况进行抽查。

第十二条 除签字注册会计师外，会计师事务所还设有相关机构审计项目负责人的，该审计项目负责人应按照以上有关签字注册会计师定期轮换的规定进行定期轮换。

第十三条 本规定自 2004 年 1 月 1 日起施行。

中国证券监督管理委员会

财政部

二〇〇三年十月八日

期货从业人员执业行为准则

第一章 总 则

第一条 为规范期货从业人员执业行为，促使其提高职业道德和业务素质，维护期货市场秩序，根据《期货交易管理暂行条例》、《期货从业人员资格管理办法》以及《中国期货业协会章程》的有关规定，制定本准则。

第二条 本准则是对期货从业人员的职业品德、执业纪律、专业胜任能力及职业责任等方面的基本要求和规定，是期货从业人员在执业过程中必须遵守的行为规范，是中国期货业协会(以下简称协会)对期货从业人员进行纪律处分的依据。

第三条 本准则适用于《期货从业人员资格管理办法》第三条除第(一)项和第(三)项外规定的从事期货业务的机构(以下简称’期货经营机构’)的期货从业人员。

期货经营机构的期货业务辅助人员及其他人员的业务行为参照适用本准则。

第二章 基本准则

第四条 (准则1)合规执业

期货从业人员必须遵守有关法律、法规、规章和政策，服从中国证券监督管理委员会(以下简称’中国证监会’)的监督与管理，服从协会的自律性管理，遵守期货交易所有关规则和所在期货经营机构的规章制度，严禁从事以下行为：(一)操纵期货交易价格；(二)欺诈投资者；(三)内幕交易；(四)协助或协同他人进行违法违规活动。

第五条 (准则2)公开、公平、公正

期货从业人员在执业过程中应当坚持期货市场的公开、公平、公正原则，维护期货交易各方的合法权益。

第六条 (准则3)诚实守信

期货从业人员在执业过程中应当对期货交易各方高度负责，诚实守信，恪尽职守，珍惜和维护期货业和从业人员的职业声誉，保障期货市场稳健运行。

第七条 (准则4)勤勉尽责

期货从业人员在执业过程中应当以适当的技能，以小心谨慎、勤勉尽责和独立客观的态度为投资者提供服务，维护投资者的合法权益。

第八条 (准则5)保守秘密

期货从业人员应当保守国家秘密、所在期货经营机构秘密、投资者的商业秘密及个人隐私，对在执业过程中所获得的未公开的重要信息应当履行保密义务，不得泄露、传递给他人，但下列情况除外：(一)有关法律、法规、规章等要求公布的；(二)政府监管部门、协会和期货交易所按照有关规定进行检查的；(三)期货从业人员在执业过程中，为保护自己的合法权益而必须公开的。

期货从业人员对投资者服务结束或者离开所在期货经营机构后，仍应当保守投资者或者原所在期货经营机构的秘密。

期货经营机构的期货业务辅助人员及其他人员，对知悉的投资者秘密信息等也负有保密义务。

第九条 (准则6)避免利益冲突

期货从业人员在执业过程中遇到自身利益或相关方利益与投资者的利益发生冲突或可能发生冲突时，必须及时向投资者披露发生冲突的可能性及有关情况，当无法避免时，应当确保投资者的利益得到公平的对待。

第三章 专业胜任能力

第十条 期货从业人员在从事期货业务前，应当经过专门的岗位学习和培训，具备相应的专业知识、技能和职业道德。

第十一条 期货从业人员应当加强业务知识更新，接受后续职业培训，保持并不断提高专业胜任能力。

第十二条 期货经营机构的管理人员应当对下属期货从业人员、期货业务辅助人员等工作进行指导、监督和支持，使其保持并不断提高专业胜任能力。

第四章 对投资者的责任

第十三条 期货从业人员在向投资者提供服务前，应当了解投资者的财务状况、投资经验及投资目标，并应谨慎、诚实、客观地告知投资者期货投资的特点以及在期货投资中可能出现的各种风险，不得向投资者做出不符合有关法律、法规、规章、政策等规定的承诺或保证。

第十四条 期货从业人员在进行投资分析或者提出投资建议时，应当勤勉尽责、独立客观，投资分析及投资建议要有合理、充足的依据，要严格区分客观事实与主观判断，并对重要事实予以明示。

第十五条 期货从业人员应当如实向投资者申明其所具有的执业能力，不得向投资者提供虚假文件、材料。期货从业人员应当保护投资者的合法利益，不得以损害投资者利益的手段谋取个人或者相关方利益。

第十六条 期货从业人员在向投资者提供服务时应当公平地对待投资者。

第十七条 期货从业人员不得疏怠履行应承担的义务：(一)期货从业人员应当严格按照有关期货业务规则规定或者与投资者约定的时间，办理相关期货业务；(二)期货从业人员应当及时告知投资者有关期货业务的情况，对投资者了解交易情况等合理的要求，应当在其职责范围内尽快给予答复；(三)期货从业人员应当在投资者的合法授权范围内从事期货业务。

第十八条 期货从业人员不得迎合投资者的不合理要求，不得为了投资者利益而损害国家利益、所在期货经营机构利益或者他人的合法权益。

第五章 竞业准则

第十九条 期货从业人员应当相互尊重、同业互助，共同维护本行业的职业道德，提高职业声誉。

第二十条 提倡同业公平竞争，严禁期货从业人员从事下列不正当竞争行为：

(一)采用虚假或容易引起误解的宣传方式进行自我夸大或者损害其他同业者的名誉；

(二)贬低或诋毁其他期货经营机构、期货从业人员；

(三)采用明示或暗示与有关组织具有特殊关系的手段招徕投资者，或利用与有关组织的关系进行业务垄断；

(四)在投资者不知情的情况下给投资者代理人或介绍人返还佣金；

(五)以排挤竞争对手为目的，低于经营成本或行业自律标准收取手续费；

(六)中国证监会或协会认定的其他不正当竞争行为。

第二十一条 期货从业人员不得阻挠或者拒绝投资者另外委托其他期货经营机构或者期货从业人员提供服务，共同服务的从业人员之间应当明确分工和协作。

第二十二条 期货经营机构的管理人员不得以不正当手段招徕其他期货经营机构在职期货从业人员，不得以不正当手段辞退本机构期货从业人员。

第六章 其他责任

第二十三条 期货从业人员在执业过程中不得获取不正当利益。获取不正当利益的，应当退还不正当利益。

第二十四条 除所在期货经营机构同意外，期货从业人员不得兼任导致或者可能导致与现任职务产生实际或潜在利益冲突的其他组织的职务。

第二十五条 期货从业人员应当严格自律、洁身自好：(一)认真选择期货经营机构。期货从业人员发现所在期货经营机构有欺骗投资者、对市场严重不负责任等行为时，应当坚持原则，并及时向有关部门反映或举报；(二)谨慎选择投资者。期货从业人员不能片面地强调业务的发展而忽视投资者信誉，更不能从个人利益出发与投资者恶意串通。发现投资者有不诚信、违法违规的行为时，应当及时向所在期货经营机构报告，并注意防范投资者的信用风险。

第二十六条 当期货从业人员存在利益冲突或因其他原因无法继续提供期货业务服务时，应当通过所在期货经营机构及时与投资者协商，采取更换期货从业人员或其他办法妥善予以解决。

第二十七条 期货从业人员因执业过错给期货经营机构造成损失的，应当承担相应责任。

第七章 监督管理及处分

第二十八条 期货经营机构的管理人员应当指导、监督下属期货

从业人员、期货业务辅助人员以及其他人员遵守有关法律、法规、规章及本准则。期货业务辅助人员或其他人员有违反本准则行为的，由所在机构进行处理，并应当在10个工作日内向协会报告。

第二十九条 期货从业人员有违反有关法律、法规、规章或本准则行为的，任何人都可以向协会进行举报。聘用期货从业人员的期货经营机构发现从业人员有违规行为的，应当在10个工作日内向协会报告。

第三十条 协会在接到对期货从业人员违规行为的举报或投诉后，按照规定的程序进行调查，并视违规事实及其后果做出相应的纪律处分。

协会对期货从业人员进行调查或者检查时，被调查人员应当积极配合。

协会受理投诉、进行调查以及裁决的程序和办法另行制定。

第三十一条 协会对违反有关法律、法规、规章及中国证监会有关规定或者本准则的期货从业人员，根据情节轻重，给予下列纪律处分：

(一)警告；

(二)公开通报批评；

(三)暂停期货从业人员资格6个月至12个月；

(四)撤销期货从业人员资格并在3年内拒绝受理其从业人员资格申请；

(五)撤销期货从业人员资格并永久性拒绝受理其从业人员资格申请。

第三十二条 期货从业人员违反本准则，情节轻微，且没有造成严重后果的，予以警告，警告以警告信的形式向个人发出。

第三十三条 期货从业人员违反本准则，情节严重，并造成严重后果的，予以公开通报批评。

第三十四条 期货从业人员有下列情形之一的，暂停其期货从业人员资格6个月至12个月；情节严重的，撤销其期货从业人员资格并在3年内拒绝受理其从业人员资格申请：

(一)本准则第二十条所禁止行为之一的；

(二)拒绝协会调查或检查的；

(三)获取不正当利益的；

(四)向投资者隐瞒重要事项的；

(五)违反保密义务，泄露、传递他人未公开重要信息的。

第三十五条 期货从业人员有下列情形之一，情节严重的，由协会撤销其期货从业人员资格并在3年内或永久性拒绝受理从业人员资格申请：

(一)有本准则第四条所禁止行为之一的；

(二)违反有关法律、法规、政策规定向投资者承诺或者保证的；

(三)违反有关从业机构的业务管理规定导致重大经济损失的；

(四)为了个人或投资者的不当利益而严重损害国家利益、所在期货经营机构或者他人的合法权益的。

第三十六条 期货从业人员违反本准则，情节显著轻微，且没有造成后果的，可免于纪律处分，由协会责成从业人员所在期货经营机构予以批评教育。

第三十七条 期货从业人员受到纪律处分的，协会将纪律处分信息录入协会从业人员信息管理数据库；期货从业人员受到本准则第三十一条中的第(三)项、第(四)项或第(五)项处分的，协会按照规定的程序在协会网站和指定媒体上进行公示，并向中国证监会报告。

第三十八条 期货从业人员受到警告、公开通报批评和暂停从业人员资格的纪律处分的，应当参加协会组织的专项后续执业培训。

第三十九条 期货从业人员对协会的纪律处分不服的，可向协会申诉。对协会的申诉决定不服的，可以按照有关规定向国家主管机关申诉或反映。

第四十条 期货从业人员与投资者或所在期货经营机构发生纠纷而无法自行合理解决的，可以按照规定的程序，提请协会进行调解。

第四十一条 期货从业人员违反国家法律、法规的执业行为，超出协会自律管理范围的，协会应向中国证监会报告；构成犯罪的，由司法机关追究刑事责任。

第八章 附 则

第四十二条 本准则由协会负责解释。

第四十三条 本准则的制定和修改由协会期货从业人员行为监察委员会负责，经协会理事会通过并报中国证监会核准后实施。

第四十四条 本准则自2003年7月1日起施行。

关于期货经纪公司接受出资有关问题的通知

各证券监管办公室、办事处、特派员办事处：

为了规范期货经纪公司接受出资的行为，促进期货市场规范发展，现将期货经纪公司接受出资的有关问题通知如下：

一、期货经纪公司的出资人应当符合下列条件：

(一)具有中国法人资格；

(二)注册资本、净资产的最低限额均为人民币1000万元；

(三)连续经营2年以上；注册资本、净资产均超过人民币5000万元的，连续经营1年以上；

(四)最近2年连续盈利；注册资本、净资产均超过人民币5000万元的，对盈利不作要求；

(五)在最近2年内无重大违法违规行为；

(六)出资人的法定代表人、总经理和自然人控股股东不存在公司法第五十七条规定的情形；

(七)中国证监会规定的其他审慎性条件。持股比例不满期货经纪公司股权的10%且不实际控制该期货经纪公司的出资人，对其注册资本、净资产、盈利和经营年限等不作要求。

二、下列组织不得成为期货经纪公司的出资人：

(一)未决诉讼标的金额达到净资产30%的组织；

(二)党政机关、部队、人民团体和国家核拨经费的事业单位法人；

(三)法律、法规禁止向期货经纪公司出资的其他组织。

期货经纪公司之间、期货经纪公司与其出资人之间不得相互交叉持股。

三、本通知自印发之日起生效。

1996年12月23日中国证监会发布的《关于规范期货经纪公司接受出资若干问题的通知》(证监期字(1996)16号)同时废止。2002年7月2日中国证监会发布的《关于期货经纪公司股东资格核准条件、程序和申报材料的通知》(证监期货字(2002)39号)第一条第(三)、(四)项的规定与本通知不一致的，以本通知的规定为准。

请各派出机构接到本通知后，转发各期货经纪公司，并督促其遵照执行。各派出机构在审核期货经纪公司设立和股权变更时，要切实按照本通知的要求，严格审核出资人的资格及其出资行为，促进公司的规范运作。

中国证券监督管理委员会

二OO三年一月十四日

关于《中国证券监督管理委员会股票发行审核委员会工作程序执行指导意见》的补充通知

为了保证股票发行审核工作的公开、公平、公正，提高发行审核工作的质量和效率，现对《中国证券监督管理委员会股票发行审核委员会工作程序执行指导意见》(证监发(2001)54号，以下简称《指导意见》)的有关内容补充规定如下：

一、除《指导意见》第二部分关于会议议程第7条规定的"在发审委委员对复审公司形成审核意见之前，请公司的有关负责人或其代表(不超过三人)到会向委员陈述公司的情况、回答委员提出的问题"之外，在股票发行审核工作会议(以下简称"发审会议")对公司发行申请进行初审、再审时，也请公司或主承销商代表（不超过三人）到会接受委员的询问。

二、未获发审会议通过的公司应及时落实发审委审核意见，并在收到审核意见之日起1个月内向发审委提出复审申请。未能按时提出复审申请的，中国证监会将直接对公司发行申请作出不予核准的决定。

三、通过发审会议的拟发行公司的会后事项监管按照《关于加强通过发审会的拟发行证券公司会后事项监管的通知》（证监发行字（2002）15号）及中国证监会的有关规定执行。《指导意见》附则第一款"发审会议表决通过的首次公开发行股票的公司，如果在财务会计资料有效期内未能发行股票，公司应当补充新的财务会计资料和其他信息并修订招股说明书，有关职能部门初审后提请发审会议重新审核表决"的规定废止。

四、根据《指导意见》附则第二款、《关于加强对通过发审会的拟发行证券的公司会后事项监管的通知》（证监发行字（2002）15号）和中国证监会的其他规定，对已通过发审会议审核但发生了重大变化的拟发行证券的公司，需提请发审会议重新审核。此类发审会议（以下简称"会后事项发审会"）将按照证监会关于召开发审会议的有关规定和程序执行，并遵守以下特别规定：

（一）会后事项发审会的参会委员不受是否审核过该公司的限制。

（二）会后事项发审会应对公司完整的申请文件进行审核。

（三）会后事项发审会上，如果召集人认为有必要，可请公司或主承销商代表（不超过三人）到会陈述公司情况、回答委员的询问。

（四）会后事项发审会对公司发行申请进行表决时，委员只投同意票和反对票，不设暂缓表决。公司获得的同意票达到出席会议委员人数2/3的为通过。

（五）会后事项发审会只召开一次，其结果为最终审核结果，证监会根据审核意见依法对公司发行申请作出是否核准的决定。

（六）证监会的其他规定。

本通知自发布之日起执行。

二〇〇二年七月十八日

关于2002年受理公开发行证券申请材料的通知

各派出机构、拟公开发行股票的公司、有主承销商资格的证券公司及其他相关机构：

为维护证券市场的平稳发展，保证我会公开发行证券核准工作的顺利进行，兹对我会2002年受理公开发行证券申请材料的有关事项函告如下：

一、根据《关于股票发行上市辅导政策有关问题的通知》（证监发（2001）111号文），1997年计划指标企业申请公开发行股票的，应聘请具有主承销商资格的证券公司进行辅导，辅导期为一年。

二、自2002年1月1日起向我会推荐发行可转换公司债券的，占用主承销商的推荐通道。

三、申请首次公开发行股票的公司和申请发行新股的上市公司，报送发行申请材料时，在财务资料的有效期内，应预留三个月的审核期间。

四、在2002年1月1日（含）后申请发行新股的上市公司，应提供已公告的2001年年度报告；在2002年2月1日（含）后刊登招股文件的上市公司，应在招股文件中补充披露2001年年度报告的有关财务会计数据。

五、根据《关于A股公司做好补充审计工作的通知》（证监发（2001）162号文），申请公开发行证券的公司应认真贯彻补充审计的有关规定。为维护审计业务的独立性，公司聘请的执行法定审计和补充审计的两家会计师事务所不应归属于同一集团，否则我会将不受理其申请材料（本通知发布之日前已聘请会计师事务所的金融企业、已上市外资股企业除外）。

中国证监会

二零零二年一月二十四日

关于定向募集公司申请公开发行股票有关问题的审核要求

为妥善处理定向募集公司申请公开发行股票的有关问题，统一审核标准，根据有关法律、法规和中国证监会规范性文件的规定，现对上述问题的审核要求明确如下：

一、关于定向募集公司的审批

1、根据1992年5月15日国家体改委等五部委发布的《股份制企业试点办法》及国家体改委发布的《股份有限公司规范意见》的规定，股份公司（包括定向募集公司）的组建，由国家体改委或省、自治区、直辖市体改部门牵头，会同有关部门审批。

2、根据1993年7月1日国家体改委发布的《定向募集股份有限公司内部职工持股管理规定》的规定，公司实行内部职工持股的，中央企业、地方企业分别向国家体改委或省、自治区、直辖市以及计划单列市政府的体改部门报送有关文件，经批准后方可实施。

3、定向募集公司应根据1995年7月3日国发（1995）17号《国务院关于原有有限责任公司和股份有限公司依照（中华人民共和国公司法）进行规范的通知》等文件的规定，在1996年12月31日前完成规范工作。股份公司在依照《公司法》进行规范后，应经省、自治区、直辖市人民政府确认，并依法进行重新登记。

4、定向募集公司的批准文件必须包含公司的股本结构等内容。

二、关于内部职工股的发行

1、内部职工股的发行依据 定向募集公司应根据1992年5月15日国家体改委颁布的《股份有限公司规范意见》及1993年7月1日国家体改委颁布的《定向募集股份有限公司内部职工持股管理规定》等的有关规定发行内部职工股。

2、内部职工股的发行比例

①1992年5月15日国家体改委发布《股份有限公司规范意见》至1993年4月3日《国务院办公厅转发国家体改委等部门关于立即制止发行内部职工股不规范做法意见的紧急通知》（国办发（1993）22号文）下发期间，发行内部职工股须经批准且比例不得超过总股本的20%。

②1993年7月1日国家体改委发布《定向募集股份有限公司内部职工持股管理规定》至1994年6月19日国家体改委发文禁止再批准设立定向募集公司期间，内部职工股占总股本的比例不能高于2.5%。

3、关于定向募集公司暂停审批和停止审批的规定

①1993年4月3日国务院办公厅下发国办发（1993）22号文至1993年7月1日国家体改委发文规范内部职工持股期间，暂缓审批有内部职工持股的定向募集公司。

②1994年6月19日国家体改委发布《关于立即停止审批定向募集股份有限公司并重申停止审批和发行内部职工股的通知》以后，停止审批定向募集股份有限公司。

三、关于违规内部职工股的处理

1、处理标准

①1992年5月15日至1993年4月3日，对于超比例发行内部职工股的公司，审核人员应审核省级人民政府出具的文件，该文件应说明内部职工股的发行和规范过程及公司在内部职工股发行中存在的问题，并承担相应责任。

②1993年4月3日至1993年7月1日，对于擅自批准成立的有内部职工持股的定向募集公司，审核人员应审核省级人民政府出具的文件，该文件应对内部职工股的发行及规范情况进行说明，对违规行为作出检讨，并承担责任。

③1993年7月1日至1994年6月19日发行的内部职工股，审核人员应要求对超过总股本2.5%的部分或未经批准发行的内部职工股进行清理，同时要求公司提供有关清理款项的发放凭证，注册会计师应对款项的发放情况进行验证。

④1994年6月19日以后审批的内部职工股，审核人员应要求公司全部清理完毕。

⑤个人以个人或法人名义认购的定向募集公司法人股，即使后来有关部门将其确认为内部职工股的，仍应视同为法人股。

2、清理方式

对未经批准擅自发行的内部职工股及93年7月1日后违反有关规定超比例发行的内部职工股，可采取发行人回购、法人收购等方式

进行清理。

3、托管

①根据1993年7月5日国家体改委发布的《关于清理定向募集股份有限公司内部职工持股不规范做法的通知》(体改生(1993)115号)的规定,内部职工股要由主管部门认可的证券经营机构实行集中托管,不得在社会上转让,进行交易。

②在申请股票发行上市时,证券经营机构应当出具托管证明,托管证明的内容至少应包括以下几项:

a、托管与被托管单位的名称、前十名个人股东名单、持股数量及比例、应托管股票数额及实际托管数额、托管完成时间。

b、未托管股票的数额及原因。

c、对未托管股票的处理办法。

d、法人股及国家股是否已进行了托管。

e、若股票已全部托管,托管证明中必须有"全部集中托管"的字样。另外,托管机构应在出具的托管证明中保证其所陈述的事实和数额真实准确,并对此承担法律责任。

③省级人民政府应对企业(包括中央企业)内部职工股的托管情况出具确认文件,保证内部职工股已全部集中托管。

4、申报及披露要求 定向募集公司在申请公开发行股票时应做到:

①提供清理内部职工股的相关法律文件,包括发行人股东大会决议、公告、股份过户登记证明及其他相关法律文件。

②发行人律师对有关内部职工股的审批、发行、托管、清理进行核查验证,并对发行和清理的真实性、合法性及是否存在潜在纠纷发表法律意见。

③公司应在招股说明书中按要求对内部职工股问题进行充分披露。

四、关于进行场外非法股票交易的"下柜企业"

对于曾进行场外非法股票交易的"下柜企业"的审核标准,根据国办发(1998)10号《国务院办公厅转发证监会关于清理整顿场外非法股票交易方案的通知》的规定处理。

关于发布《证券公司年度报告内容与格式准则(2002年修订)》及报送补充监管报表的通知

各证券公司、各有关会计师事务所:

一、为了进一步规范证券公司财务行为,提高证券公司财务信息的透明度和质量,适应证券市场发展的需要,结合近年各项政策法规和市场环境的变化,我会对《证券公司年度报告内容与格式准则》(证监会计字[2002]2号)进行了修改,现印发给你们,请认真遵照执行。

二、各公司必须严格按照《证券公司会计制度》的会计报表格式进行编制,除做下列调整外,不得进行其他调整:

1、资产负债表的"银行存款"和"清算备付金"项下分别增加两项:"经纪业务客户资金存款"、"受托管理客户资金存款"。

2、资产负债表增加"短期借款"一栏,将"质押借款"作为其中一栏。

3、利润表的"自营证券差价收入"栏下增加"受托投资管理收益"。

4、如公司已在2001年报中对固定资产、无形资产等计提了资产减值准备,可以在相应的资产项目下增加相应的资产减值准备项目。

三、公司应按如下要求编制和报送《净资本计算表》和《客户资金情况表》:

1、公司应按照《证券公司净资本计算规则》的要求计算净资本,并以净资本计算表的形式列示期初数和期末数,并对增减变动的情况进行分析说明。

2、公司应按照《客户交易结算资金管理办法》(证监会3号令)、《关于执行〈客户交易结算资金管理办法〉若干意见的通知》(证监发(2001)121号)、《关于规范证券公司受托投资管理业务的通知》(证监机构字(2001)265号)以及其他相关规定,按如下格式编制客户资金情况表,并说明是否按规定完成对客户交易结算资金和受托资金的存管、是否存在挪用问题,并对客户资金的安全性与否进行说明。

客户资金来源	期末数	期初数
代买卖证券客户资金		
受托投资管理客户资金		
来源小计		
客户资金占用		
银行存款一代理买卖证券客户存款		
银行存款一受托投资管理客户存款		
清算备付金一代理买卖证券客户和受托投资管理客户		
交易保证金		
受托资产(包括已实现未结算的损益)		
占用小计		
挪用客户资金(若来源和占用差额为正)		
为客户融资金额(若来源和占用差额为负)		

3、注册会计师在对公司年度财务报表实施审计时,应追加适当的审计程序对《净资本计算表》和《客户资金情况表》进行审计,并出具专项报告。

4、公司应将上述监管报表及注册会计师的专项报告意见,按照年度报告的报送时间和方式直接报送中国证监会。

中国证监会

二零零二年十二月二十七日

关于发行人报送申请文件后变更中介机构的处理办法

拟申请首发、增发、配股的公司(以下称"发行人"),在报送申请文件后股票未发行前更换主承销商、签字会计师或会计师事务所、签字律师或律师事务所(以下称"其他中介机构")的,按下列原则和要求处理:

一、更换主承销商的处理原则

1、更换主承销商的,应重新履行申报程序,并重新办理公司申请文件的受理手续。

2、更换后的主承销商应重新制作发行人的申请文件,并对申请文件进行质量控制,根据《公开发行证券公司信息披露内容与格式准则第9号一首次公开发行股票申请文件》,对需由主承销商出具意见的文件,应重新核查并出具新的意见。

3、发审会后更换主承销商的,原则上应重新上发审会。

二、更换其他中介机构的处理原则

1、换后的会计师或会计师事务所应对申请首次公开发行股票公司的审计报告,出具新的专业报告。

2、更换后的律师或律师事务所应出具新的法律意见书和律师工作报告。

3、发审会后更换其他中介机构的,且发行人未出现审核标准备忘录(2001)第五号《关于已通过发审会审核的拟发行公司会后发生事项的处理程序》所列情形的,原则上不需重新上发审会,但更换前的其他中介机构因经办发行上市业务受到中国证监会、相关行业主管机关或协会等机构处罚,或证监会另有规定的除外。

4、主承销商对更换后的其他中介机构出具的专业报告应重新履行核查义务。

三、不同阶段更换中介机构的其他要求

1、报送申请文件后股票未发行前更换的,更换前后的主承销商、其他中介机构及发行人应向证监会发行部分别说明更换原因。

2、反馈意见后更换的,更换后的主承销商、其他中介机构根据证监会发行部对发行人申请文件的审核反馈意见,在发行人出具正式回复意见基础上,对相关问题重新进行尽职调查,出具新的专业意见。

3、发审会后到招股书签署日期间更换的,更换后的其他中介机构除完成上述工作外,应根据发审委对发行人申请文件的审核意见,对发审委意见的落实发表意见,并对所发生的事项重新复核,出具新的报告。

4、已完成封卷工作的,需补充封卷。

四、责任承担

1、更换后的主承销商、其他中介机构承担核查申请文件或出具专业报告真实、准确、完整的责任。

2、被更换的主承销商、其他中介机构，不得免除其所辅导或更换前所保证的申请文件或专业报告真实、准确、完整的责任。

关于改进代办股份转让工作的通知

各主办券商：

代办股份转让系统试运行一年，在各方的关心支持下，取得了一定成效，积累了有益经验，同时运行过程中也逐步反映出一些需要解决的问题。为了适应新的要求，在多方征求意见的基础上，现将改进代办股份转让工作的有关事项通知如下：

一、调整代办股份转让方式

1、根据股份转让公司质量，实行区别对待，分类转让。

2、股份分类转让标准同时满足以下条件的股份转让公司，股份实行每周五次的转让方式：

(1)规范履行信息披露义务；

(2)股东权益为正值或净利润为正值；

(3)最近年度财务报告未被注册会计师出具否定意见或拒绝发表意见。

上述股东权益为正值是指最近会计年度经审计的股东权益扣除注册会计师不予确认的部分后为正值；净利润为正值是指最近会计年度经审计的扣除非经常性损益后的净利润为正值。

不能同时满足以上条件的股份转让公司，股份实行每周三次的转让方式。

3、股份分类转让实施要求股份分类转让可从2002年9月20日起实施，在实施股份分类转让前，主办券商应完成下列工作：

(1)公司提出申请，经主办券商审核并办完相关手续。

(2)完成与深圳证券交易所和中国证券登记结算有限责任公司深圳分公司的技术测试，系统运行安全可靠。

(3)制定当主办券商不能履行代办股份转让业务职责时，其职责能及时转移的预案。

(4)主办券商和股份转让公司在股份实施每周五次转让方式的三个工作日前，就调整股份转让方式事项进行公告。

4、建立股份转让方式的正常调整机制股份转让每周五次的公司出现下列情形之一，主办券商应将其股份转让调整为每周转让三次，并作出公告，说明调整的原因，同时报我会备案。如公告当日为股份转让日，当日暂停转让。

(1)股份转让公司拒不履行信息披露义务；

(2)最近年度经审计的股东权益为负值且净利润为负值；

(3)最近年度财务报告被注册会计师出具否定意见或拒绝发表意见。

二、退市公司列入代办股份转让试点范围

1、凡符合以下条件的退市公司，其股份可进行代办转让：

(1)公司依法完成退市手续，向主办券商正式提出代办股份转让申请。主办券商与退市公司签订代办股份转让协议。

(2)公司股东在主办券商营业机构开立非上市股份有限公司股份转让账户。

(3)符合《证券公司代办股份转让服务业务试点办法》规定的其他条件。

2、主办券商要根据退市公司股份数据集中、登记托管规范的特点，协助申请转让的退市公司加快股份转托管进度。

3、主办券商对提出申请在股份转让系统挂牌的退市公司，要积极指导其及时完成挂牌手续。

4、适当降低退市公司股份转让初费和年费。

三、加强对代办股份转让业务的自律管理

1、主办券商要严格遵守证券市场的法律、法规，健全内部控制制度和风险防范机制，应设置专门机构，配备必要的专职人员并由公司副总经理以上的高管人员负责该项业务日常管理。

2、股份转让公司在依法公开披露信息前，主办券商不得擅自公开或泄露有关信息的内容。主办券商及其工作人员不得利用股份转让公司的内幕信息直接或间接谋取利益。

3、主办券商要对股份转让公司的全体董事、监事及高级管理人员进行辅导，使其了解应遵守的法律、法规和应履行的委托代办股份转让协议所规定的责任、义务。主办券商应在公司挂牌前完成初次辅导。

4、主办券商对股份转让业务中出现的问题，应当依据有关规则和协议及时处理，重大事项当报备我会。

5、主办券商有义务按照我会的要求，对指定事项进行调查或协助调查。

6、主办券商须向我会提交《从事代办股份转让业务自律承诺书》。

四、强化主办券商督促股份转让公司履行信息披露义务的责任

1、主办券商要指导和督促股份转让公司依法、及时、准确、全面地进行信息披露。

2、主办券商对股份转让公司拟披露文件有审查的权力。对公司拟披露或已披露信息的真实性可提出合理性怀疑，并据此采取专项调查等必要措施。

3、按照股份转让方式分类，对股份转让公司的信息披露执行不同的标准。股份每周转让五次的公司，信息披露参照上市公司标准执行；股份每周转让三次的公司，在会计年度结束后的四个月内，必须公布经具有证券从业资格会计师事务所审计的年度报告。

4、股份转让公司披露的信息，应经该公司董事长本人签字确认。若有虚假陈述，董事长应承担相应责任。

5、主办券商有义务对不履行信息披露义务的股份转让公司股份的转让予以暂停，实施暂停转让事项应向市场公告，并报我会备案。

6、主办券商和股份转让公司的有关责任、义务及各自的权利，应在所签订的协议中予以明确。

五、加强对投资者的风险提示

1、投资者在开户前，主办券商应与其签订《股份转让风险揭示书》。提醒投资者对市场风险予以特别关注，充分了解股份转让公司存在的风险。

2、在与投资者签订的委托协议内，主办券商应要求投资者承诺自己承担投资风险，不从事内幕交易和操纵股价等行为，违反者承担相应责任。

3、主办券商要利用各种形式持续向投资者充分提示投资风险。

4、主办券商对投资者在股份转让时出现的违规行为，要依据委托协议，及时提出警示，并按双方的约定，采取必要措施。

从事代办股份转让业务，应遵守我会颁布的《证券公司代办股份转让服务业务试点办法》及《股份转让公司信息披露实施细则》。上述文件中与本《通知》内容不一致的，以本《通知》为准。

特此通知

中国证券业协会
二〇〇二年八月二十九日

关于进一步提高上市公司财务信息披露质量的通知

各上市公司、会计师事务所：

最近，上市公司财务信息披露暴露出一些较为严重的问题，为真实、公允地反映上市公司的财务状况和经营成果，促进证券市场健康发展，现就上市公司财务信息披露提出以下几点要求：

一、关于各项损失准备的计提

上市公司应建立、健全有关应收款项坏账准备、短期投资跌价准备、存货跌价准备、长期投资减值准备、委托贷款减值准备、固定资产减值准备、无形资产减值准备、在建工程减值准备等各项资产减值准备计提和损失处理的内部控制制度，对公司各项资产的潜在损失作出适当估计，并根据有关会计准则和制度的规定，计提必要的准备并作相应会计处理。公司经理层应按董事会的要求提供书面材料，详细说明损失估计及会计处理的具体方法、依据、数额；需要核销相关项目的，公司经理层还应向董事会提供被核销方的财务状况或法院裁决结果等具体核销依据，董事会应对上述事项做出专门决议，并在定期报告中公布所核销项目的催讨情况等。公司监事会应切实履行监督职能，对董事会的决议提出专门意见，并形成决议。损失准备和核销金额巨大的，还应按照证券交易所股票上市规则和公司章程对投资权限的有关规定提交股东大会批准。损失准备和核销涉及关联交易的，董事会或股东大会应按照证券交易所股票上市规则和公司章程对关联交易的有关规定履行决策程序。

上市公司不得为粉饰财务状况和经营成果，利用资产减值及会计估计变更调节各期利润。不得利用资产减值准备的机会“一次亏足”，在前期巨额计提后大额转回，随意调节利润；也不得不计提或少计提关联方欠款可能发生的坏账损失；不得随意变更计提方法和计提比例。如果公司滥用各项损失准备的计提、转回调节利润，有关责任人应承担相应的责任。

注册会计师在审计中应根据独立审计准则的要求，以应有的职业谨慎态度实施审计，获取充分、适当的审计证据，对上市公司所作的会计估计和处理是否适当作出实质性的判断，并恰当地表示审计意见。不能以强调事项代替发表意见，混淆会计报表错报与审计范围受到限制的概念。当公司计提减值准备的方法、比例发生变更时，应充分关注变更的理由及其对公司财务状况和经营成果的影响，并恰当地表示审计意见。当变更理由不合理或不充分，公司董事会又不接受纠正建议的，注册会计师应当考虑对审计意见的影响。

二、关于关联方关系及关联交易价格的公允性

上市公司关联交易的价格与交易对象的帐面价值或其市场通行价格存在较大差异，且对公司财务状况和经营成果产生重大影响的，董事会应对定价依据等作出充分披露，并按照证券交易所股票上市规则的有关规定履行必要的程序。

上市公司不得利用与关联方之间显失公允的交易调节利润，在核算时违背有关会计准则和制度的规定；不得将关联方交易非关联化，掩盖实质上的关联方关系及交易，逃避关联方关系及交易的披露，调节利润。如果公司存在利用关联方交易调节利润的情形，有关责任人应承担相应的责任。

注册会计师在审计中应对关联交易的真实性、合法性、有效性，交易价格的公允性，信息披露的充分性与准确性予以适当的关注，并恰当地表示审计意见。尤其要关注关联方关系非关联化问题，对于与非正常业务关系单位或个人发生的偶发性或重大交易，缺乏明显商业理由的交易，实质与形式明显不符的交易，交易价格、条件、形式等明显异常或显失公允的交易，应当考虑是否为虚构的交易、是否实质上是关联方交易、或该交易背后还有其他安排，并视其重要性程度考虑对审计意见的影响。

三、关于会计差错更正

为了保证经营活动的正常进行，上市公司应建立健全内部稽核制度，保证会计资料的真实、完整。对于日常会计核算中由于抄写错误、会计政策使用上的差错以及会计估计错误等原因造成会计差错，应当根据《企业会计准则－会计政策、会计估计变更和会计差错更正》的规定处理。公司经理层应向董事会提交有关书面材料，详细说明差错的原因、内容和对公司财务状况和经营成果的影响，董事会应对上述事项做出专门决议，并根据有关会计准则和制度的规定，恰当地进行会计处理。公司监事会应切实履行监督职能，对董事会的决议提出专门意见，并形成决议。公司存在会计差错情形的应当按中国证监会的有关规定，以重大事项临时报告的方式及时披露更正后的财务信息。

上市公司不得利用会计差错更正调节利润，如果公司滥用会计差错更正调节利润，有关责任人应承担相应的责任。

注册会计师在审计时应对公司作出的会计差错更正处理与披露，尤其是对会计差错更正的原因予以适当关注，并恰当地表示审计意见。如果发现公司存在滥用会计差错更正的情况，应当要求纠正，公司董事会不接受纠正建议的，注册会计师应当考虑其对审计意见的影响。

四、关于审计范围受到限制

上市公司不得限制注册会计师为确保经审计财务报告质量而依法实施必要的审计程序，不得以节省审计费用等理由限制注册会计师的审计范围。

注册会计师在接受上市公司审计委托时应充分考虑审计范围是否会受到限制。接受委托后，审计范围受到限制而且这种限制会对公司财务状况和经营成果造成较大影响时，注册会计师应根据审计准则和职业道德规范的要求，恰当地表示审计意见，或考虑采取撤出审计等措施。

注册会计师不得在明知公司财务报告严重不合法、不公允，或在未实施必要的审计程序，未取得必要的审计证据情况下，以审计范围受到限制为由，发表不恰当的审计意见。

五、关于重大不确定性

上市公司存在未决诉讼、仲裁、为其他单位提供债务担保、持续经营能力可能存在问题等重大不确定事项时，公司经理层及董事会应根据公司实际情况作出谨慎的判断，并根据有关会计准则和制度及其他法规的规定，进行相应会计处理并作充分披露。公司监事会应切实履行监督职能，对董事会的决议提出专门意见，并形成决议。

上市公司不得以存在重大不确定性为由，对可能承担的损失不予确认和计量，或限制注册会计师实施必要的审计程序。如果公司存在以上行为，导致所披露的财务报告不能如实反映公司的财务状况和经营成果，有关责任人应承担相应的责任。

注册会计师应根据审计准则和其他规范的要求，对公司会计处理和披露情况给予适当关注，并恰当地表示审计意见。不确定事项不等于审计范围受到限制，注册会计师不得为规避自身的风险，而在未实施必要的审计程序，未取得必要的审计证据情况下，以存在重大不确定性为由，发表不恰当的审计意见。

六、关于资产评估事项

拟上市公司和已上市公司对于因设立、变更、改制、资产重组等涉及资产评估事项时，董事会应对评估机构的选聘、评估机构的独立性、评估结论的合理性发表明确意见，并按照中国证监会有关规定披露资产评估事项。评估报告的用途应与其目的一致。资产评估机构和注册评估师应严格按照《资产评估操作规范意见（试行）》的有关规定，明确收益现值法的评估目的，慎重使用收益现值法。使用收益现值法评估的，董事会应对采用的折现率等重要评估参数、预期各年度收益等重要评估依据以及评估结论合理性发表意见，并予披露。独立董事也应对选聘评估机构的程序、评估机构的胜任能力、评估机构的独立性、评估结论的合理性单独发表明确意见，并予披露。上市公司在对各种会计要素进行初次和后续确认计量时，如涉及评估报告数据，应充分考虑评估报告所涉及交易的真实性和合法性、假设的合理性、各种数据的稳定性和可靠性、评估方法的科学性等因素对会计要素确认计量结果的影响，确保公司财务报告能真实反映其财务状况和经营成果。

上市公司不得出于不当动机，要求资产评估机构出具不实的资产评估报告。如果公司要求资产评估机构出具不实的资产评估报告，有关责任人应承担相应的责任。

资产评估机构应恪守职业道德，严格按照评估准则和程序，实事求是地出具评估报告，不得片面追求收入而出具与事实不符的评估报告。资产评估机构应对评估对象所涉及交易、收入、支出、投资等业务的合法性、未来预测的可靠性取得充分证据，充分考虑未来各种可能性发生的概率及其影响，禁止根据不切实际的各种简单假设进行随意的评估。

为防止公司和评估师高估未来盈利能力，并进而高估资产，对使用收益现值法评估资产的，凡未来年度报告的利润实现数低于预测数10%－20%的，公司及其聘请的评估师应在股东大会及指定报刊上作出解释，并向投资者公开道歉；凡未来年度报告的利润实现数低于预测数20%以上的，除要作出公开解释并道歉外，中国证监会将视情况实行事后审查，对有意提供虚假资料，出具虚假资产评估报告，误导投资者的，一经查实，将依据有关法规对公司和评估机构及其相关责任进行处罚。

注册会计师在审核上市公司各种会计要素进行初次和后续确认计量时，应对评估报告所涉及交易的真实性和合法性、假设的合理性，各项数据的稳定性和可靠性、评估方法的科学性，以及会计和披露的合规性等方面给予适当关注，并恰当地表示审计意见。

自本文发布之日起，中国证监会1999年10月10日发布的《关于提高上市公司财务信息披露质量的通知》（证监会计字（1999）17号）同时废止。

二〇〇四年一月六日

关于加强对通过发审会的拟发行证券的公司会后事项监管的通知

各具有主承销资格的证券公司（资产管理公司）、具有证券相关业务资格的律师事务所和会计师事务所：

为加强对通过发审会的申请首发、增发、配股公司会后事项的监管，确保拟发行公司符合发行上市条件，督促其切实按照《证券法》、《公司法》及信息披露准则的规定，做到信息披露的真实、准确、完整、充分和及时，降低发行风险，现对主承销商、律师事务所及会计师事务所提出如下工作要求：

一、对通过发审会的拟发行公司，在获准上市前，主承销商和相关专业中介机构仍应遵循勤勉尽责、诚实信用的原则，继续认真履行尽职调查义务，对拟发行公司是否发生重大事项给予持续、必要的关注。

所谓重大事项是指可能影响本次发行上市及对投资者做出投资决策有重大影响的应予披露的事项。

二、拟发行公司在发审会后至招股说明书或招股意向书刊登日之前发生重大事项的，应于该事项发生后2个工作日内向中国证监会书面说明并对招股说明书或招股意向书作出修改或进行补充披露，主承销商及相关专业中介机构应对重大事项发表专业意见。

中国证监会在收到上述补充材料和说明后，将按审核程序决定是否需要重新提交发审会讨论。

三、在对拟发行公司的申请文件进行封卷时，拟发行公司应提供经中国证监会审核、根据发审委意见修改并经全体董事签署的招股说明书或招股意向书(封卷稿)，其中发行价格、发行时间及发行方案待定。

四、拟发行公司在刊登招股说明书或招股意向书的前一工作日，应向中国证监会说明拟刊登的招股说明书或招股意向书与招股说明书或招股意向书(封卷稿)之间是否存在差异，主承销商及相关专业中介机构应出具声明和承诺。发行人律师还应出具补充法律意见书，说明已对所有与本次发行上市有关的事项进行了充分的核查验证，保证不存在虚假记载、误导性陈述及重大遗漏。中国证监会同时将上述文件归档。

五、招股说明书或招股意向书刊登后至获准上市前，拟发行公司发生重大事项的，应于该事项发生后第一个工作日向中国证监会提交书面说明，主承销商和相关专业中介机构应出具专业意见。

如发生重大事项导致拟发行公司不符合发行上市条件的，中国证监会将依照有关法律、法规及前述第二条第二款执行。

如发生重大事项后拟发行公司仍符合发行上市条件的，拟发行公司应在报告中国证监会后第二日刊登补充公告。

六、申请直接上市及发行可转换公司债券的公司的会后事项处理参照本规定执行。

七、本通知自发布之日起实施。

二零零二年二月三日

关于要约收购涉及的被收购公司股票上市交易条件有关问题的通知

上海、深圳证券交易所，各上市公司：

根据《公司法》、《证券法》及《上市公司收购管理办法》的相关规定，现就收购人要约收购所涉及的被收购公司股票上市交易条件有关问题通知如下：

一、要约收购的期限届满，被收购公司的股权分布不符合《公司法》规定的上市条件，且收购人以终止被收购公司股票上市交易为目的的，被收购公司的股票应当在证券交易所终止上市交易。

二、要约收购的期限届满，收购人不以终止被收购公司股票上市交易为目的的，被收购公司股票交易按以下情形分别处理：

(一)被收购公司的股权分布符合《公司法》规定的上市条件的，其上市地位不受影响；

(二)被收购公司的股权分布不符合《公司法》规定的上市条件的，收购人应当提出维持被收购公司上市地位的具体方案，并在要约期满六个月后的一个月内实施，使被收购公司股权分布重新符合上市条件；

要约收购的期限届满至前述方案实施完毕之前，证券交易所对被收购公司股票交易实行"警示存在终止上市风险的特别处理"(即"退市风险警示")；

(三)收购人持股比例超过被收购公司总股本90%的，收购人应当按照第(二)项的规定，提出并在规定的期限内实施维持被收购公司上市地位的具体方案；被收购公司应当向证券交易所提出被收购公司股票暂停上市交易的申请，证券交易所根据被收购公司股权分布及实际情况酌情做出决定；

(四)收购人按照前述方案实施完毕后，证券交易所根据被收购公司的申请及收购人实施方案情况，做出撤销退市风险警示或者恢复上市交易的决定；收购人未在规定期限内将前述方案实施完毕的，被收购公司应当依法终止上市。

三、收购人应当在要约收购报告书中完整披露其根据本通知所提出的方案并充分揭示相关风险。

收购人在规定的期限内实施其维持被收购公司上市地位方案后，应当及时履行信息披露义务。

四、其他法律、法规及中国证监会对外商收购上市公司有特殊规定的，收购人还须遵守其规定。

中国证券监督管理委员会

二〇〇三年五月二十日

关于已通过发审会拟发行证券的公司会后事项监管及封卷工作的操作规程

根据《关于加强对通过发审会的拟发行证券的公司会后事项监管的通知》(证监发行字(2002)15号)(以下称"15号文")的规定，现对会后事项监管及封卷工作的具体操作规程明确如下：

一、公司发行前，审核员应督促发行人提供会后重大事项说明，要求主承销商及发行人律师、会计师对公司在通过发审会审核后是否发生重大事项分别出具专业意见。

二、是否需要重新提交发审会审核的标准

发行人如果满足以下全部条件，不再提交发审会审核。

1、注册会计师出具了无保留意见的审计报告。

2、主承销商出具的专项说明和发行人律师出具的法律意见书中没有影响公司发行新股的情形出现。

3、公司无重大违法违规行为。

4、公司的财务状况正常，报表项目无异常变化。

5、公司没有发生重大资产置换、股权、债务重组等公司架构变化的情形。

6、公司的主营业务没有发生变更。

7、公司的管理层及核心技术人员稳定，没有出现对公司的经营管理有重大影响的人员变化。

8、公司没有发生未履行法定程序的关联交易，且没有发生未在申报的招股说明书中披露的重大关联交易。

9、经办公司业务的主承销商、会计师和律师未受到有关部门的处罚，或未发生更换。

10、公司的盈利状况与盈利预测(如有)趋势基本相符。

11、公司及其董事长、总经理、主要股东没有发生重大的诉讼、仲裁和股权纠纷，也不存在影响公司发行新股的潜在纠纷。

12、没有发生大股东占用公司资金和侵害小股东利益的情形。

13、没有发生影响公司持续发展的法律、政策、市场等方面的重大变化。

14、公司的业务、资产、人员、机构、财务的独立性没有发生变化。

15、公司主要财产、股权没有出现限制性障碍。

16、上市公司不存在违反信息披露要求的事项。

17、公司不存在其他影响发行上市和投资者判断的重大事项。

三、拟发行公司若最近一年实现的净利润低于上一年的净利润或盈利预测数(如有)，或净资产收益率未达公司承诺的收益率，由发行部决定是否重新提交发审会讨论。

四、拟发行公司若出现下列不符合发行上市条件的情况，中国证监会对发行人的本次发行申请作出不予核准的决定，无需提交发审会审核。

1、申请增发的上市公司申报时前三年加权平均净资产收益率低于6%，同时公司本次发行前最近三年加权平均净资产收益率低于6%，且本次发行前最近一年净资产收益率低于前一年净资产收益率。

2、申请配股的上市公司，招股说明书披露前最近三个会计年度扣除非经常性损益后的加权平均净资产收益率低于6%。

五、封卷时，审核员应要求公司在提供的招股说明书或招股意向书明确注明"封卷稿"字样及封卷稿提交时间，注明全体董事及相关专业中介机构签署意见的时间。

六、我会在公开发行前2周左右通知通过发审会的发行人和中介机构，要求其按照"15号文"第四条的要求将会后事项的有关材料报送我部。

七、发行公司在发审会通过后有重大事项发生或者需要重新上发审会审核的，我部将暂缓安排发行；无重大事项发生的，办理最终封卷手续。

八、在我会将核准文件交发行人的当日或者发行公司刊登招股说明书（招股意向书）的前一个工作日中午12:00以前，发行人和中介机构应向我部提交"承诺函"，承诺自提交会后事项材料日至提交承诺函日止（即最近二周左右时间内），无"15号文"所述重大事项发生。如有重大事项发生的，应重新提交会后事项材料。

九、按时提交承诺函、且无重大事项发生的，我会安排发行；未能按时提交承诺函、或有重大事项发生的，我会暂缓安排发行。

十、在招股说明书或招股意向书刊登后至获准上市前，如公司发生重大事项，有关说明提交我部后，经审阅无异议的，公司方能于第二日刊登补充公告。

中国证监会发行监管部

二零零二年五月十日

关于执行《亏损上市公司暂停上市和终止上市实施办法（修订）》的补充规定

为保护投资者合法权益，现就《亏损上市公司暂停上市和终止上市实施办法（修订）》执行中的有关问题补充规定如下：

一、因财务会计报告存在重大会计差错或虚假记载，公司主动改正或被责令改正，对以前年度财务会计报告进行追溯调整，导致最近两年连续亏损的，如公司追溯调整行为发生当年继续亏损，证券交易所应自公司发布该年度报告之日起十个工作日内，作出暂停其股票上市的决定。

二、证券交易所在作出暂停上市、恢复上市或终止上市决定时，如果所依据的定期报告中的财务会计报告被注册会计师出具带解释性说明段的无保留意见、保留意见、否定意见或拒绝表示意见的审计报告（以下统称"非标准无保留意见审计报告"）的，证券交易所可以组织专家委员会，对非标准无保留意见审计报告中所涉及的、影响盈利真实性的重大会计处理问题，作出独立的专业判断，证券交易所可以依据专家委员会的意见作出相应决定。

三、已出现最近两年连续亏损的公司，或者根据本补充规定第一条规定进行追溯调整后出现最近两年连续亏损的公司，其年度财务会计报告继续显示亏损，或者虽然显示盈利但被出具非标准无保留意见审计报告的，公司董事会在审议年度财务会计报告时，应就以下事项作出决议，并提交最近一次股东大会审议：

（一）如果公司股票暂停上市，公司将与一家具有资格的证券公司签订协议，协议约定（包括但不限于）：公司聘请该证券公司作为股票恢复上市的推荐人；如果股票终止上市，则委托该证券公司提供代办股份转让业务服务，并授权其办理证券交易所市场登记结算系统股份退出登记，办理股份重新确认及代办股份转让系统股份登记结算等事宜。

具有资格的证券公司是指具有"代办股份转让服务业务"资格和具有"上市推荐人"资格的证券公司（以下简称"主办证券公司"）。

（二）如果公司股票暂停上市，公司将与中国证券登记结算有限责任公司签订协议。协议约定（包括但不限于）：如果股票终止上市，公司将委托中国证券登记结算有限责任公司作为全部股份的托管、登记和结算机构。

（三）如果公司股票终止上市，公司将申请其股份进入代办股份转让系统转让，股东大会授权董事会办理公司股票终止上市以及进入代办股份转让系统的有关事宜。

四、公司董事会应在股东大会审议通过本补充规定第三条所述议案后，尽快完成与中国证券登记结算有限责任公司和主办证券公司的协议签订工作，报告中国证券业协会、公司注册地的中国证监会派出机构、证券交易所并公告。"

五、公司股票终止上市的，主办证券公司应当在证券交易所作出终止上市决定后五个工作日内，在中国证监会指定的上市公司信息披露报刊和互联网网站登载《代办股份转让有关事项公告》，公告以下内容：

（一）办理股份终止上市的情况；

（二）办理股份重新确认手续的时间和方式；

（三）代办股份转让的条件和安排。

六、主办证券公司应当在证券交易所作出公司股票终止上市决定后的二十个工作日内，完成终止上市的股份退出登记等前期准备工作，为股东办理股份重新确认手续及开立非上市公司股份转让账户。

七、公司董事会不履行与公司股票恢复上市、终止上市相关的义务，使股东合法权益受到损害的，股东可以依法要求公司履行上述义务并追究相关责任。

公司委托的主办证券公司不履行协议，使公司和股东的合法权益受到损害的，公司可以依法要求主办证券公司履行上述义务并追究相关责任。

八、上市公司在法定期限内未依法披露年度报告或者半年度报告的，或者在规定期限内未对虚假财务会计报告进行改正的，证券交易所应依照有关法律法规及《股票上市规则》的规定，作出公司股票暂停上市、恢复上市或者终止上市的决定。

九、证券交易所依法作出上市公司股票暂停上市或恢复上市决定后，应当向中国证监会作出报告；作出股票终止上市的决定后，应当向中国证监会备案。

十、本补充规定自发布之日起施行。

关于做好第二批行政审批项目取消及部分行政审批项目改变管理方式后的后续监管和衔接工作的通知

各证券监管办公室、办事处、特派员办事处，各证券、期货交易所，上海、深圳证券监管专员办事处，中国证券业、期货业协会，中国证券登记结算公司，会内各部门：

2003年2月27日，国务院发布了《关于取消第二批行政审批项目和改变一批行政审批项目管理方式的决定》（国发（2003）5号）（以下简称《决定》）。为贯彻落实《决定》的精神，做好有关行政审批项目取消及部分行政审批项目改变管理方式后的后续管理和衔接工作，现就有关事项通知如下：

一、对于《决定》中取消的行政审批项目（见附件），自《决定》发布之日起，证监会及派出机构不再受理，已经受理的，不再审批。

二、有关行政审批项目取消后的后续管理和衔接工作，请按附件中确定的后续管理方式执行。

三、对改变管理方式的行政审批项目，要做好向行业组织的移交工作，提出由行业组织自律的原则，指导行业组织制定操作规程，建立自律性运行机制。

四、请根据《决定》及本通知的有关要求，研究并及时处理有关行政审批项目取消和改变管理方式后可能出现的情况和问题，认真做好有关后续监管和衔接工作，防止出现管理脱节。如有重大情况，要及时报告中国证监会。

附件：中国证监会第二批行政审批项目取消后的后续管理方式和工作衔接

中国证券监督管理委员会

二○○三年四月一日

附件：

中国证监会第二批行政审批项目取消后的后续管理方式和工作衔接

序号	被取消的行政审批项目名称	后续管理和工作衔接
1	A股结算银行资格核准	证券登记结算公司应当制定A股结算银行资格标准

2　证券公司与存管银行、主办存管银行签定的合同备案　证券公司与具备资格的存管银行、主办存管银行签订存管合同后七个工作日内，应当将有关合同文本的复印件报送证监会和证券公司所在地证监会派出机构

3　结算公司与结算银行签定的合同备案　证券登记结算公司应当将其与结算银行所签订合同的样本格式向证监会报告

4　证券交易所会员大会文件备案　证券交易所会员大会结束后十个工作日内，证券交易所应当将全部文件及有关情况向证监会报告

5　证券登记结算机构与证券交易所业务协议备案　证券登记结算机构与证券交易所签订或修改的业务协议应当向证监会报告

6　证券交易所暂停或恢复上市证券的交易备案　证监会不再审批此项行政审批项目，将加强对证券交易所停牌、复牌工作的检查

7　证券交易所暂停或恢复上市证券的交易批准　具体衔接办法同上

8　上市协议备案　证监会不再审批此项行政审批项目

9　证券登记结算机构业务、财务、安全防范等内部管理制度和工作程序备案　证券登记结算机构制定的内部管理制度及风险控制制度应当向证监会报告

10　证券登记结算机构制定的原始业务凭证保存期批准　按《证券法》第153条执行

11　证券交易所为非本所上市的交易品种提供服务审批　证券交易所为非本所上市的交易品种提供服务，证券交易所应当将有关情况向证监会报告

12　证券公司筹建验收　证监会不再审批此项行政审批项目

13　境内非证券类机构在境外设立证券类机构审批　证监会不再审批此项行政审批项目

14　外国证券类机构驻华代表处更换或增减代表、副代表、外籍和港澳台工作人员核准　外资证券类机构驻华代表处更换或增减代表、副代表、外籍和港澳台工作人员后，应将上述人员的名单、身份证明和简历告知证监会和代表处所在地的证监会派出机构

15　外国证券类机构驻华代表处雇用中国公民担任一般工作人员备案　具体衔接办法同上

16　外国证券类机构驻华代表处代表、副代表核准　具体衔接办法同上

17　境内非证券类机构在境外设立的证券类机构撤销审批　证监会不再审批此项行政审批项目

18　进入银行间同业拆借市场的证券公司推荐　证券公司可自行向中国人民银行或其他主管机关提出申请。中国人民银行或其他主管机关需要证监会出具意见时，证监会将予以配合

19　证券从业人员培训机构指定　按中国证券业协会的有关规定办理

20　证券中介机构聘任人员备案　按中国证券业协会的有关规定办理

21　证券从业人员改变受聘机构备案　按中国证券业协会的有关规定办理

22　基金管理公司高级管理人员、基金经理在非经营性机构兼职备案　基金管理公司应当向证监会报告其高级管理人员、基金经理在非经营性机构的兼职情况

23　基金管理公司和基金托管部总经理助理、部门经理任免备案　基金管理公司和基金托管部的总经理助理、部门经理的任免情况应当在报送基金监管数据库信息时一并报告

24　基金管理公司在境内设立办事处有关材料备案　基金管理公司在境内设立办事处后，应当在十五个工作日内书面报告证监会，内容包括办事处的设立时间、地点、负责人员及联系方式；办事处的行为由基金管理公司负责，作为证监会对基金管理公司监管的一部分内容

25　期货投资咨询机构设立审批　证监会不再审批此项行政审批项目，仅核准期货投资咨询机构的期货投资咨询业务资格，并颁发《期货投资咨询业务资格许可证》。拟申请期货投资咨询业务资格的机构，其从业人员须先取得中国期货业协会颁发的期货投资咨询执业资格证书。

26　中国律师出具的关于涉及境内权益的境外公司在境外发行股票和上市的法律意见书审阅　证监会不再审批此项行政审批项目

27　可转换公司债券上市协议备案　证监会不再审批此项行政审批项目

关于证券投资基金设立审核有关问题的通知

各基金管理公司、基金托管银行：

为积极稳妥地推进证券投资基金(以下简称"基金")审核制度的改革，规范基金设立行为，根据《证券投资基金管理暂行办法》(以下简称《暂行办法》)、《开放式证券投资基金试点办法》(以下简称《试点办法》)及其他有关规定，现将基金设立审核有关问题通知如下：

一、申报材料的报送

符合《暂行办法》规定条件、拟申请设立封闭式基金的发起人，应当签署基金发起设立协议，授权基金管理人负责向中国证券监督管理委员会(以下简称"中国证监会")报送申报材料；符合《试点办法》规定条件、拟申请设立开放式基金的，由基金管理人直接向中国证监会报送申报材料。

基金管理人及相关当事人应根据本通知附件规定的内容与格式，向中国证监会报送基金设立申报材料，并提交承诺函，保证向中国证监会报送的所有申报材料真实、准确、完整、合规。

二、申报材料的受理

中国证监会收到基金设立申报材料后，在7个工作日内对申报材料进行齐备性审查，依据有关规定作出受理或不受理的决定，并书面通知基金管理人。

基金管理人有下列情形之一的，中国证监会不受理其基金设立申报材料：

(一)因涉嫌违法、违规行为正在受到国家有关部门调查；

(二)因违反法律、法规及基金契约，被中国证监会责令整改，正在整改期间；

(三)因公司高级管理层变动、与公司有关的诉讼、仲裁等重大事件，可能或已经对所管理的基金运作造成不良影响；

(四)前只获准设立募集的基金未达到成立条件，已募集资金全部退还投资人后未满十二个月；

(五)中国证监会根据审慎性原则认定的其他情形。

三、申报材料的审核

中国证监会受理基金设立申报材料后，对申报材料的合规性进行审核。审核重点是申请设立基金的法律文件，包括风险揭示情况以及基金持有人利益的保护机制等。

基金管理人有下列情形之一的，中国证监会暂停申报材料的审核：

(一)已有一只基金在审核期间，尚未批准设立；

(二)拟设基金运作各环节(包括销售推广、投资管理、后台服务等)的主要业务人员不具备基金从业资格；

(三)审核期间，出现违法违规行为；

(四)中国证监会根据审慎性原则认定的其他情形。

中国证监会对暂停审核的，在作出恢复审核的决定后，书面通知基金管理人；完成审核后，认为符合条件的，组织专家评议会对基金设立申报材料进行评议。参加评议会的委员由中国证监会从熟悉证券投资基金运作的专业人士中聘请。评议委员将根据国家有关法律、法规审阅基金设立申报材料，并重点就基金类型、品种、目标规模、目标客户、设立可行性、投资人服务及相关的公司制度安排等内容提出专业咨询意见，供基金管理人、相关当事人及中国证监会参考。

中国证监会自受理基金设立申报材料之日起60个工作日内(不包括相关当事人修改、补充申报材料的时间)作出批准或者不予批准的决定。决定批准的，出具批复文件；不予批准的，书面通知基金管理人，并说明理由。基金管理人应当将相关通知内容告知相关当事人。

四、基金销售自查与备案

基金成立后7个工作日内，基金管理人和基金代销机构应对基金销售情况进行自查，并分别向中国证监会提交自查总结报告并将基金销售的广告宣传资料报中国证监会备案。开放式基金增加基金代销机构的，基金管理人应当在代销协议生效后7个工作日内报中国证监会备案。

五、其他

本通知自发布之日起施行。中国证监会1997年12月12日发布的《关于申请设立证券投资基金有关问题的通知》(证监基字(1997)2号)同时废止。

二〇〇二年十一月二十六日

关于证券投资基金参与股票发行申购有关问题的通知

各基金管理公司：

为进一步加强证券投资基金(以下简称"基金")监管，促进证券市场规范发展，根据《证券投资基金管理暂行办法》及其他有关规定，现就基金参与股票发行申购的有关问题通知如下：

一、基金管理公司应当以取信于市场，取信于社会投资公众为宗旨，遵循诚实信用原则，按照基金契约的规定，运用基金资产参与股票发行申购。

二、基金管理公司运用基金资产参与股票发行申购，单只基金所申报的金额不得超过该基金的总资产，单只基金所申报的股票数量不得超过拟发行股票公司本次的股票发售总量。

三、基金管理公司应采取切实有效的措施，保证基金申购股票后，单只基金持有1家公司发行的股票，不得超过该基金资产净值的10%；同一基金管理公司管理的全部基金持有1家公司发行的股票，不得超过该公司总股本的10%。

四、各基金管理公司应当完善内控制度和各项决策程序，严格遵守上述规定。

二零零二年三月十二日

关于证券公司及证券营业部申请新增、变更机构编码及报备程序的通知

各派出机构，中国证券登记结算公司，各证券公司、有证券业务的信托投资公司、财政证券公司，各存管银行：

近期，随着证券公司及证券营业部新增、变更情况的增加，机构编码也随之发生较大的变化，但部分证券公司仍对如何申请增加、变更机构编码及相关报备程序不甚了解；此外，我们在核查中发现，部分证券公司及存管银行在我们给出新的机构编码后，并没有及时注销与已经作废的机构编码对应的客户交易结算资金和自有资金专用存款帐户，造成一个证券营业部在同一家存管银行开设有两个专用帐户的情形，违背了《客户交易结算资金管理办法》(中国证券监督管理委员会令第3号)(以下简称"3号令")的有关规定。

为更好落实机构编码工作，有效执行"3号令"有关规定，现就证券公司及证券营业部申请增加、变更机构编码及相关报备程序通知如下：

一、新设证券公司的，应在领取经营证券业务许可证后申请新增机构编码。

二、一家证券公司吸收信证分业或财政转制的证券营业部后变更名称、几家证券公司合并后变更名称的，在领取新的经营证券业务许可证后，由新设证券公司重新申请公司法人及证券营业部机构编码，合并各方原机构编码全部作废。

三、信证分业、财政转制时几家已有机构编码的公司合并为一家证券公司的，在统一法人结算前，可暂以原名称及机构编码运作，并尽快统一法人结算；在统一法人结算、领取新的经营证券业务许可证后，由新设证券公司重新申请公司法人及证券营业部机构编码，合并各方原机构编码全部作废。

四、一家证券公司吸收信证分业或财政转制的证券营业部后不变更名称、一家证券公司吸收合并另一家或几家证券公司后不变更名称的，仍沿用吸收方法人机构编码，但应及时申请变更营业部机构编码，被吸收方原机构编码全部作废。

五、新增证券营业部的，各证券公司在获得我会各派出机构的开业批复并领取许可证后，及时向机构部申请增加营业部机构编码。

六、证券营业部因转让等原因所有权发生变更的，例如甲证券公司把下属一营业部转让给乙证券公司，则乙公司在获得批复并把该营业部纳入统一结算后及时申请变更该营业部机构编码，原机构编码作废。

七、证券公司法人或证券营业部因各类原因而停止营业的，应在收到我会批复后，及时申请注销相应的机构编码及客户交易结算资金和自有资金专用存款帐户。

八、证券公司法人或营业部发生非上述情形的变更(如一家证券公司或证券营业部发生跨派出机构迁址、改变名称等)机构编码不变，但在领取新营业许可证后，应及时申请变更该证券公司或证券营业部基本信息。

九、证券公司申请新增或变更机构编码，应及时提供完整的申请文件，申请文件宜简短；申请文件可先以传真方式和电子邮件方式传至我部，但应尽快将原件递交我部。

属于新增机构编码的(如上述一、五情形)，提供材料包括：新增机构编码的申请报告，证券公司法人及营业部经营证券业务许可证复印件或开业批复，基本情况表(包括：证券公司法人及营业部地址、经营证券业务许可证号、联系人、联系电话等)。

属于变更机构编码的(如上述二、三、四、六情形)，提供材料包括：变更机构编码的申请报告，新设的证券公司法人及营业部经营证券业务许可证复印件，基本情况表(包括：原证券公司法人及营业部地址、原证券公司法人及营业部机构编码、新设证券公司法人及营业部许可证号、新设证券公司法人及营业部联系人及联系电话)。

不变更机构编码但基本资料发生变更的(如上述八情形)，应及时将变更前后的对比基本信息报备我部。

十、属于变更机构编码情形的，我部在给出新的机构编码后(我部一般口头通知证券公司，并定期在我会公共网站公布)，将通过客户交易结算资金专户数据报备系统将作废的机构编码及需注销的客户交易结算资金和自有资金专用存款帐户同步通知相关存管银行。

证券公司和存管银行必须在我部给出新的机构编码后五个工作日内将原作废的机构编码对应的专用帐户通过客户交易结算资金专户数据报备系统申请注销；否则，7个工作日后，我部将从客户交易结算资金专户数据报备系统中将作废的机构编码及相应专用帐户强行注销，并依据"3号令"对相关证券公司和存管银行给予处罚。

十一、在机构编码或基本信息发生变更后，各证券公司、证券营业部应及时通知有客户交易结算资金存放关系的存管银行以及结算公司。

关于证券公司从事集合性受托投资管理业务有关问题的通知

各证券公司：

近一时期，部分证券公司开展了对业务创新特别是受托投资管理业务创新的研究，少数证券公司还与商业银行合作，向特定或不特定的投资者募集资金，设立集合投资计划，开展了集合性受托投资管理业务。为加强对证券公司从事的集合性受托投资管理业务的监督管理，维护证券市场的正常秩序，保护证券投资者的合法权益，现就有关问题通知如下：

一、集合性受托投资管理业务，是证券公司受托投资管理业务的一种新形式。与传统的受托投资管理业务相比，这一形式涉及的当事人较多，当事人之间的权利义务关系比较复杂，管理要求较高、难度较大，如处理不当，极易引发金融风险和社会风险。为此，中国证监会正在加紧制定规范证券公司集合性受托投资管理业务的管理办法。在新办法实施前，证券公司不得向特定或不特定的多数投资者募集资金设立集合投资计划，从事集合性受托投资管理业务；自本通知发布之日起，正在募集的集合投资计划，必须立即停止募集。

二、本通知发布前已经开展集合性受托投资管理业务的证券公司，应当自本通知发布之日起五日内，将与集合投资计划有关的合同、产品说明书、宣传材料等报送中国证监会审查(同时抄报注册地中国证监会派出机构)，并立即按照以下规定，对已经开展的集合性受托投资管理业务中的不规范做法进行纠正：

(一)证券公司不得以书面或者口头、明示或者暗示的方式向委托人承诺承担投资损失、保证投资收益；向委托人提供投资收益预测的，应当有充分的根据，并以书面方式明确说明所作预测仅供委托人参考，投资风险由委托人自行承担。

(二)集合投资计划使用的证券账户和资金账户，应当由具有证券投资基金托管人资格的商业银行托管。

（三）集合投资计划的投资范围、投资比例、关于委托人与受托人权利义务关系的约定，应当符合中国证监会《关于规范证券公司受托投资管理业务的通知》(证监机构字(2001)265号)的规定。

三、中国证监会各派出机构应当加强对辖区内证券公司开展的集合性受托投资管理业务的监督管理，督促证券公司按照证监机构字(2001)265号文件和本通知的规定规范运作。对违反规定从事集合性受托投资管理业务的证券公司，要严格依照有关规定予以处理，并将有关情况及时报告中国证监会。

二〇〇三年四月二十九日

关于第一批取消行政审批项目(32项)的通告

根据《国务院关于取消第一批行政审批项目的决定》(国发(2002)24号)的要求，现就我会第一批取消行政审批项目(32项)的有关事宜通告如下：

一、自2002年11月1日国务院决定发布之日起，中国证监会取消第一批行政审批项目(32项，具体项目名称及设定依据见附件)。

二、中国证监会及其派出机构不再受理当事人依据被取消行政审批项目提起的有关申请；已经受理的，不再审批。

三、与被取消行政审批项目有关的工作衔接及后续管理方式，中国证监会将专门发布通知。本通告附件所列第29项、第30项、第31项行政审批项目取消后的相关事宜，中国证监会与司法部商定后另行通告。

四、中国证监会目前正在着手清理与被取消的第一批行政审批项目(32项)有关的部门规章和规范性文件，清理的结果将对外予以公布。

五、第一批行政审批项目取消后，中国证监会将根据审慎监管的原则，通过制定管理规范和标准，完善监管手段，加大事中检查、事后稽查处罚力度等措施，进一步加强对投资者的保护和有关业务活动的监督和管理。

附件：

中国证监会第一批取消
行政审批项目目录(32项)

1、证券公司申请新设服务部初审
2、证券公司分支机构开业核准
3、外国证券机构驻华代表处设立初审
4、外国证券机构驻华代表处首席代表、总代表初审
5、外国证券机构驻华代表处展期核准
6、境内证券公司的外资股业务资格证书核准
7、境内证券公司的外资股业务资格初审
8、境内证券公司的外资股业务资格展期核准
9、境内证券公司的外资股业务资格展期初审
10、境外证券公司的外资股业务资格展期审批
11、证券公司股票承销业务资格证书核准
12、证券公司股票承销业务资格初审
13、证券公司自营业务资格证书核准
14、证券公司股票主承销业务资格初审
15、证券公司主承销业务资格展期核准
16、证券公司证券投资咨询业务资格核准
17、证券公司营业部转让、互换初审
18、证券公司承销企业债券核准
19、证券公司承销企业债券初审
20、证券投资咨询机构设立审批
21、证券投资咨询机构迁址审批
22、证券投资咨询机构设立初审
23、证券投资咨询机构迁址初审
24、专业证券投资咨询机构名称、营业场所变更审批
25、专业证券投资咨询机构注册资本、出资人、出资比例变更审批
26、专业证券投资咨询机构业务范围、业务内容、业务方式变更审批
27、境外中资证券类机构外派人员审批
28、证券公司高级管理人员任职资格初审
29、律师事务所从事证券法律业务资格审批
30、律师从事证券法律业务资格审批
31、外国律师事务所协助中国企业到境外发行股票和股票上市交易备案
32、证券从业律师事务所从事涉及境内权益的境外公司在境外发行股票及上市业务资格审批

中国证券监督管理委员会
二〇〇二年十二月二十一日

关于取消第二批行政审批项目及改变部分行政审批项目管理方式的通告

根据《国务院关于取消第二批行政审批项目和改变一批行政审批项目管理方式的决定》(国发(2003)5号)的要求，现就我会取消第二批行政审批项目及改变部分行政审批项目管理方式的有关事宜通告如下：

一、自2003年2月27日国务院决定发布之日起，中国证监会取消第二批行政审批项目(27项，具体项目名称及设定依据见附件)。

二、中国证监会及其派出机构不再受理当事人依据被取消行政审批项目提起的有关申请，已经受理的，不再审批。

三、与被取消行政审批项目有关的后续管理方式和衔接工作，中国证监会将专门发布通知。

四、中国证监会将着手清理与被取消的第二批行政审批项目有关的部门规章和规范性文件，清理的结果将对外予以公布。

五、中国证监会决定改变7项行政审批项目的管理方式，分别是："证券从业人员从业资格核准"、"证券投资咨询从业人员执业资格核准"、"股票承销商材料备案"、"基金从业人员资格审核"、"期货从业人员资格核准"、"期货经纪合同文本核准"及"期货投资咨询人员从业资格核准"。上述7项行政审批项目分别移交给中国证券业协会、中国期货业协会行使自律管理。与此相关的移交及后续管理工作，中国证监会将专门发布通知。

六、第二批行政审批项目取消及部分行政审批项目改变管理方式后，中国证监会将根据审慎监管的原则，通过制定管理规范和标准，完善监管手段，加大事中检查、事后稽查处罚力度等措施，进一步加强对投资者的保护和有关业务活动的监督和管理。

附件：

中国证监会第二批取消
行政审批项目目录(27项)

序号　　项目名称　　设定依据

1　A股结算银行资格核准　《客户交易结算资金管理办法》(中国证券监督管理委员会令2001年第3号)

2　证券公司与存管银行、主办存管银行签订的合同备案　《客户交易结算资金管理办法》(中国证券监督管理委员会令2001年第3号)

3　结算公司与结算银行签订的合同备案　《客户交易结算资金管理办法》(中国证券监督管理委员会令2001年第3号)

4　证券交易所会员大会文件备案　《证券交易所管理办法》(中国证券监督管理委员会令2001年第4号)

5　证券登记结算机构与证券交易所业务协议备案　《证券交易所管理办法》(中国证券监督管理委员会令2001年第4号)

6　证券交易所暂停或恢复上市证券的交易备案　《证券交易所管理办法》(中国证券监督管理委员会令2001年第4号)

7　证券交易所暂停或恢复上市证券的交易批准　《证券交易所管理办法》(中国证券监督管理委员会令2001年第4号)

8　上市协议备案　《证券交易所管理办法》(中国证券监督管理委员会令2001年第4号)

9　证券登记结算机构业务、财务、安全防范等内部管理制度和工作程序备案　《证券交易所管理办法》(中国证券监督管理委员会令2001年第4号)

10　证券登记结算机构制定的原始业务凭证保存期批准　《证券交易所管理办法》(中国证券监督管理委员会令 2001 年第 4 号)

11　证券交易所为非本所上市的交易品种提供服务审批　《证券交易所管理办法》(中国证券监督管理委员会令 2001 年第 4 号)

12　证券公司筹建验收　《中国证券监督管理委员会关于印发＜关于进一步加强证券公司监管的若干意见＞的通知》(证监机构字(1999)14 号)

13　境内非证券类机构在境外设立证券类机构审批　《国务院办公厅关于印发中国证券监督管理委员会职能配置、内设机构和人员编制规定的通知》(国办发(1998)131 号);《境外金融机构管理办法》(中国人民银行令 1990 年第 1 号)14　外国证券类机构驻华代表处更换或增减代表、副代表、外籍和港澳台工作人员核准　《中国证券监督管理委员会关于发布＜外国证券类机构驻华代表机构管理办法＞的通知》(证监机构字(1999)26 号)

15　外国证券类机构驻华代表处雇用中国公民担任一般工作人员备案　《中国证券监督管理委员会关于发布＜外国证券类机构驻华代表机构管理办法＞的通知》(证监机构字(1999)26 号)

16　外国证券类机构驻华代表处代表、副代表核准　《中国证券监督管理委员会关于发布＜外国证券类机构驻华代表机构管理办法＞的通知》(证监机构字(1999)26 号)

17　境内非证券类机构在境外设立的证券类机构撤销审批　《国务院办公厅关于印发中国证券监督管理委员会职能配置、内设机构和人员编制规定的通知》(国办发(1998)131 号);《境外金融机构管理办法》(中国人民银行令 1990 年第 1 号);《中国人民银行、中国证券监督管理委员会关于印发＜证券类机构监管职责交接方案＞的通知》(银传(1998)30 号)

18　进入银行间同业拆借市场的证券公司推荐　《中国人民银行关于印发＜基金管理公司进入银行间同业市场管理规定＞和＜证券公司进入银行间同业市场管理规定＞的通知》(银发(1999)288 号)

19　证券从业人员培训机构指定　《国务院证券委员会关于下发＜证券业从业人员资格管理暂行规定＞的通知》(证委发(1995)6 号)

20　证券中介机构聘任人员备案　《国务院证券委员会关于下发＜证券业从业人员资格管理暂行规定＞的通知》(证委发(1995)6 号)

21　证券从业人员改变受聘机构备案　《国务院证券委员会关于下发＜证券业从业人员资格管理暂行规定＞的通知》(证委发(1995)6 号)

22　基金管理公司高级管理人员、基金经理在非经营性机构兼职备案　《中国证券监督管理委员会关于发布＜证券投资基金管理暂行办法＞实施准则第六号＜基金从业人员资格管理暂行规定＞的通知》(证监发(1999)53 号)

23　基金管理公司和基金托管部总经理助理、部门经理任免备案　《中国证券监督管理委员会关于发布＜证券投资基金管理暂行办法＞实施准则第六号＜基金从业人员资格管理暂行规定＞的通知》(证监发(1999)53 号)

24　基金管理公司在境内设立办事处有关材料备案　《中国证券监督管理委员会关于基金管理公司在境内设立分支机构有关问题的通知》(证监基金字(2000)66 号)

25　期货投资咨询机构设立审批　《国务院证券委员会关于发布＜证券、期货投资咨询管理暂行办法＞的通知》(证委发(1997)96 号)

26　中国律师出具的关于涉及境内权益的境外公司在境外发行股票和上市的法律意见书审阅　《中国证券监督管理委员会关于涉及境内权益的境外公司在境外发行股票和上市有关问题的通知》(证监发行字(2000)72 号)

27　可转换公司债券上市协议备案　《国务院证券委员会关于发布＜可转换公司债券管理暂行办法＞的通知》

中国证券监督管理委员会
二〇〇三年四月一日

中国证券登记结算有限责任公司证券账户管理规则

第一章　总　则

1.1 为加强对证券账户的管理,保护证券投资者合法权益,根据《中华人民共和国证券法》等有关法律法规的规定,制定本规则。

1.2 中国证券登记结算有限责任公司(以下简称本公司)对证券账户实施统一管理,本公司上海、深圳分公司(以下统称本公司)及本公司委托的开户代理机构为投资者开立证券账户。

1.3 本规则所称开户代理机构,是指本公司委托代理证券账户开户业务的证券公司、商业银行及本公司境外 B 股结算会员。

1.4 本规则所称证券账户,是指由本公司为申请人开出的记载其证券持有及变更的权利凭证。

1.5 本规则所称境内投资者,是指居住在境内或虽居住在境外但未获得境外所在国家或者地区永久居留签证的中国公民、注册在境内的法人。

1.6 本规则所称境外投资者,是指外国的法人、自然人以及中国香港、澳门特别行政区和台湾地区的法人、自然人。

持有中国护照并获得境外国家或者地区永久居留签证的中国公民,视同境外投资者管理。

1.7 投资者开立证券账户必须提交有效身份证明文件及复印件,申请开户时注册的证券账户持有人名称必须与身份证明文件中记载的名称一致。境内投资者为自然人的,有效身份证明文件为中华人民共和国居民身份证;境内投资者为法人的,有效身份证明文件为工商营业执照、社团法人注册登记证书、机关事业法人成立批文等。

境外投资者有效身份证明文件,是指境外所在国家或者地区护照或者身份证明,有效商业登记证明文件,有境外其他国家、地区永久居留签证的中国护照,香港、澳门特区居民身份证,台湾同胞台胞证等。

1.8 本规则适用于本公司管理的所有证券账户的开立、注册资料的查询与变更、挂失与补办、注销与合并等相关业务。

1.9 与第 1.8 条所述相关业务有关的各方当事人均应遵守本规则。

第二章　开户代理机构

2.1 取得开户代理机构资格应当具备下列条件:

(一)取得中国证券监督管理委员会(以下简称中国证监会)颁发《经营证券业务许可证》的证券公司、中国人民银行颁发《金融机构营业许可证》的商业银行,或本公司境外 B 股结算会员;代理开设 B 股账户的境内证券公司还须取得中国证监会颁发的《经营外资股业务资格证书》;

(二)有开展业务所具备的人员、场地、设备;

(三)管理规范、制度健全。

2.2 有以下情形之一的,不得成为本公司的开户代理机构:

(一)不具备第 2.1 条规定的开户代理机构资格;

(二)机构被依法撤销、解散或宣告破产;

(三)持续不能履行正常义务;

(四)与本公司有重大经济纠纷;

(五)中国证监会、证券交易所或本公司认定有不良经营记录;

(六)其他本公司认定的情况。

2.3 已经取得开户代理业务资格的证券公司、商业银行或本公司境外 B 股结算会员,如出现第 2.2 条所列情形之一的,本公司可暂停或终止其开户代理业务资格。

2.4 申请开户代理业务的机构应当向本公司提交下列材料:

(一)开户代理申请书;

(二)法人有效身份证明文件及复印件或加盖发证机关确认章的复印件;

(三)人员、设备配置、营业场地、库房情况、财务状况的说明及相关内部管理制度文件;

(四)本公司要求提供的其他资料。

证券公司申请开户代理业务的,还需提供中国证监会颁发的《经营证券业务许可证》及复印件,申请代理 B 股开户的还需提供中国证监会颁发的《经营外资股业务资格证书》及复印件;商业银行申请开户代理业务的,还需提供中国人民银行颁发的《金融机构营业许可证》及复印件。

2.5 申请开户代理业务的机构经本公司审核同意,并以法人名义与本公司签订开户代理协议后,方可开展证券账户的开户代理业务。

2.6 取得开户代理业务资格的证券公司和商业银行的分支机构经申请可以成为开户代办点。

2.7 开户代理机构应当履行以下义务:

(一)申请设立开户代办点时,需要向本公司报送其名称、地址、负责人姓名、联系电话等资料，经本公司审核批准后方可代理开户业务。开户代理机构不得通过互联网或远程联网终端方式，直接为投资者办理开户业务。

（二）开户代理机构及其开户代办点的名称、地址、负责人姓名、联系电话等发生变化时，应及时书面通知本公司。

（三）根据本规则及本公司其他规定，制订相应的开户操作流程，并报本公司备案。

（四）严格按本公司要求审核申请人身份证明的有效性及开户申请文件的准确性和完整性。严禁为申请文件不全或用无效身份证明文件的申请人开立证券账户。

（五）业务人员应全面掌握国家有关法律、法规，以及本规则和本公司其他规定，并有义务向申请人提供业务咨询。

（六）严格内部管理，加强对开户代办点业务的检查和监督。

（七）按规定刻制证券账户开户业务专用章，并在启用前将印模送本公司备案。

（八）按本公司规定的标准向申请人收取费用，并按本公司规定的期限与本公司结清费用，不得额外收取其他费用。

（九）将开户注册资料通过电子介质保存，并定期报送本公司；同时对书面开户注册资料定期按开户日期顺序装订，并按业务类别妥善保管，保存期不少于20年。开户代理机构应对开户注册资料的完整性负责，建立完善的开户注册资料保管制度并报本公司备案。

（十）按本公司规定的数据格式建立开户资料数据库，并保证数据准确、完整。

（十一）空白证券账户卡应有专人保管，并做表外科目帐，作废的证券账户卡应及时销毁。

（十二）本公司规定的其他义务。

2.8 本公司对开户代理机构及其开户代办点开户代理业务进行检查。对不再具备开户代理业务资格或在开户代理业务中严重违规的开户代理机构，本公司除有权按照本规则进行处罚外，还可以追究其法律责任。

2.9 开户代理机构及其开户代办点因违规或操作失误而产生的一切经济损失和法律责任，均由该开户代理机构承担。

2.10 开户代理机构重组合并后，应按照谁承继、谁负责的原则，妥善做好开户注册资料的移交工作。其他因故失去开户代理资格的，应及时、妥善地向本公司移交原开户注册资料。

第三章 证券账户开立

3.1 证券账户按类别分为上海证券账户和深圳证券账户。上海证券账户用于记载在上海证券交易所上市交易的证券，以及本公司认可的其他证券；深圳证券账户用于记载在深圳证券交易所上市交易的证券，以及本公司认可的其他证券。

3.2 上海证券账户和深圳证券账户按证券账户的用途分为人民币普通股票账户（简称A股账户）、人民币特种股票账户（简称B股账户）、证券投资基金账户（简称基金账户）、其他账户等。

3.3 A股账户仅限于国家法律法规和行政规章允许买卖A股的境内投资者开立。

A股账户按持有人分为：自然人证券账户、一般机构证券账户、证券公司和基金管理公司等机构证券账户。

3.4 B股账户按持有人分为：境内投资者证券账户、境外投资者证券账户。

3.5 自然人及一般机构开立证券账户，由开户代理机构受理；证券公司和基金管理公司等机构开立证券账户，由本公司受理。

3.6 一个自然人、法人可以开立不同类别和用途的证券账户。但是，对于同一类别和用途的证券账户，一个自然人、法人只能开立一个。

国家法律、法规和行政规章等另有规定的除外。

3.7 自然人申请开立证券账户时，必须由本人前往开户代办点填写《自然人证券账户注册申请表》，并提交本人有效身份证明文件及复印件。

委托他人代办的，还需提供经公证的委托代办书、代办人的有效身份证明文件及复印件。

3.8 法人申请开立证券账户时，必须填写《机构证券账户注册申请表》，并提交有效身份证明文件及复印件或加盖发证机关确认章的复印件、经办人有效身份证明文件及复印件。

境内法人还需提供法定代表人证明书、法定代表人授权委托书和法定代表人的有效身份证明文件复印件。证券公司和基金管理公司等，还需提供中国证监会颁发的经营证券业务许可证、证券账户自律管理承诺书；境外法人还需提供董事会或董事、主要股东授权委托书，以及授权人的有效身份证明文件复印件。

3.9 开户代理机构应认真审核申请人所提供的开户注册资料，审核申请人身份证明文件是否有效、注册申请表所填写内容与身份证明文件相关内容是否一致。

开户代理机构审核确认合格后，在注册申请表上注明"已审核"并签名，同时加盖开户业务专用章，留存除有效身份证明文件原件以外的所有开户注册资料。

开户代理机构审核确认不合格的，在注册申请表上注明不合格原因，并将有关开户注册资料退还申请人。

3.10 开户代理机构应在规定时间内将审核合格的开户注册资料，按规定数据格式实时向本公司传送。内容包括自然人姓名及有效身份证明文件号码或法人名称及有效身份证明文件号码、通讯地址、联系电话、开户机构、申请日期等。

3.11 本公司实行实时配号开户方式。在收到开户注册资料后，本公司实时对姓名或名称、有效身份证明文件号码、通讯地址、开户机构等内容是否合规，以及申请人是否已开户等，进行审核。审核合格的，予以配号；审核不合格的，不予配号，并说明原因。同时，将审核结果返回开户代理机构。

3.12 开户代理机构应当实时接收本公司返回的审核结果。对已配号的，按规定格式打印证券账户卡或B股账户确认书（以下统称证券账户卡）交申请人；对未配号的，如属于数据录入错误，修改后再向本公司传送，如属于开户注册资料不合格的，退还申请人。

3.13 开户代理机构应当使用本公司统一制作的证券账户纸卡或磁卡。纸卡应按照以下要求发放：

（一）以四号仿宋字体打印。内容包括证券账户号、证券账户持有人姓名或法人全称、开户机构代码及名称、开户日期。有更改的，应在更改处加盖开户业务专用章。

（二）加盖开户代理机构证券账户开户业务专用章。

磁卡发放办法由本公司另行规定。

3.14 证券账户注册资料中注册的持有人为证券账户持有人。证券账户持有人依法对其账户中登记的证券享有权利。

第四章 证券账户注册资料的查询与变更

4.1 证券账户持有人可以到开户代理机构查询该账户的注册资料。

4.2 自然人申请查询证券账户注册资料时，必须由本人前往开户代办点填写《证券账户注册资料查询申请表》，并提交本人有效身份证明文件及复印件，或本人户口本、户口所在地公安机关出具的贴有本人照片并压盖公安机关印章的身份证遗失证明及复印件。

委托他人代办的，还需提供经公证的委托代办书、代办人的有效身份证明文件及复印件。

4.3 法人申请查询证券账户注册资料时，必须填写《证券账户注册资料查询申请表》，并提交有效身份证明文件及复印件或加盖发证机关确认章的复印件，或发证机关出具的注明注册号的遗失证明及复印件，以及经办人有效身份证明文件及复印件。

境内法人还需提供法定代表人证明书、法定代表人授权委托书和法定代表人的有效身份证明文件复印件；境外法人还需提供董事会或董事、主要股东授权委托书，以及授权人的有效身份证明文件复印件。

4.4 开户代理机构审核上述材料无误后，向本公司实时办理查询。

4.5 证券账户注册资料发生下列情形之一变化时，账户持有人应及时到开户代理机构办理注册资料变更手续：

（一）自然人姓名或机构名称；

（二）有效身份证明文件号码；

（三）本公司要求的其他情形。

4.6 自然人申请证券账户注册资料变更时，必须由本人前往开户代办点填写《证券账户注册资料变更申请表》，并提交下列材料：

（一）本人证券账户卡及复印件；

（二）本人有效身份证明文件及复印件；

（三）发证机关出具的有关变更证明及复印件；

（四）本公司要求提供的其他资料。

委托他人代办的，还需提供经公证的委托代办书、代办人的有效身份证明文件及复印件。

4.7 法人申请证券账户注册资料变更时，必须填写《证券账户注册资料变更申请表》，并提交下列材料：

（一）证券账户卡及复印件；

（二）法人有效身份证明文件及复印件或加盖发证机关确认章的

复印件；

（三）发证机关出具的有关变更证明及复印件；

（四）经办人有效身份证明文件及复印件；

（五）本公司要求提供的其他资料。

境内法人还需提供法定代表人证明书、法定代表人授权委托书和法定代表人的有效身份证明文件复印件；境外法人还需提供董事会或董事、主要股东授权委托书，以及授权人的有效身份证明文件复印件。

4.8 开户代理机构受理证券账户注册资料变更申请后，必须将证券账户卡、授权委托书、发证机关出具的变更证明等原件，以及有效身份证明文件复印件寄给本公司审核。对审核合格的，由本公司于五个工作日内更改相应注册资料，开户代理机构根据变更后的注册资料打印新的证券账户卡。

获得本公司授权的开户代理机构可直接办理证券账户注册资料变更手续。

4.9 本公司及开户代理机构对变更前后的原始注册资料妥善保存，以备查验。

第五章　证券账户卡挂失与补办

5.1 证券账户卡毁坏或遗失的，证券账户持有人应向开户代理机构或本公司申请补办证券账户卡。补办的证券账户卡可以是原有的证券账户号，也可以是新的证券账户号。

5.2 补办原号码的上海证券账户卡，由原开户代理机构或该证券账户托管的证券公司（或B股托管机构）受理；补办新号码的上海证券账户卡或补办深圳证券账户卡，各开户代理机构均可受理。

5.3 证券账户持有人在挂失补办新号码上海证券账户卡前，应到托管证券公司（或B股托管机构）办理证券账户冻结手续，并领取该托管证券公司（或B股托管机构）出具的证券账户冻结证明。

5.4 自然人申请挂失补办证券账户卡，必须由本人前往开户代办点填写《挂失补办证券账户卡申请表》，并提交下列材料：

（一）本人有效身份证明文件及复印件；

（二）或者本人户口本、户口所在地公安机关出具的贴有本人照片并压盖公安机关印章的身份证遗失证明及复印件；

（三）补办新号码上海证券账户卡时，还应当提供托管证券公司（或B股托管机构）出具的原证券账户冻结证明。

委托他人代办的，还需提供经公证的委托代办书、代办人的有效身份证明文件及复印件。

5.5 法人申请挂失补办证券账户卡时，必须填写《挂失补办证券账户卡申请表》，并提交下列材料：

（一）法人有效身份证明文件及复印件或加盖发证机关确认章的复印件；

（二）经办人有效身份证明文件及复印件；

（三）补办新号码上海证券账户卡时，还应当提供托管证券公司（或B股托管机构）出具的原证券账户冻结证明。

境内法人还需提供法定代表人证明书、法定代表人授权委托书和法定代表人的有效身份证明文件复印件；境外法人还需提供董事会或董事、主要股东授权委托书，以及授权人的有效身份证明文件复印件。

5.6 补办原号码证券账户卡的，开户代理机构审核合格后直接打印证券账户卡交申请人。

补办新号码证券账户卡的，开户代理机构按规定数据格式将有关资料传送本公司，本公司审核合格后即时予以配号，自动将新证券账户托管到原证券账户托管的证券公司（或B股托管机构），并将相关证券由原证券账户转到新的证券账户。

5.7 对于未办理指定交易的上海证券账户持有人，申请补办证券账户卡之前，应先办理指定交易手续。

第六章　证券账户注销与合并

6.1 对于证券余额为零的证券账户，持有人可以申请注销。

6.2 自然人申请注销证券账户时，必须由本人前往开户代办点填写《注销证券账户申请表》，并提交下列材料：

（一）本人证券账户卡；

（二）本人有效身份证明文件及复印件。

委托他人代办的，还需提供经公证的委托代办书、代办人的有效身份证明文件及复印件。

6.3 法人申请注销证券账户时，必须填写《注销证券账户申请表》，并提交下列材料：

（一）证券账户卡；

（二）法人有效身份证明文件及复印件或加盖发证机关确认章的复印件；

（三）经办人有效身份证明文件及复印件。

境内法人还需提供法定代表人证明书、法定代表人授权委托书和法定代表人的有效身份证明文件复印件；境外法人还需提供董事会或董事、主要股东授权委托书，以及授权人的有效身份证明文件复印件。

6.4 开户代理机构对注销证券账户的申请审核合格后，应将拟注销的证券账户卡收缴存档，并按规定的数据格式报送本公司，本公司审核合格后实时办理注销手续。

6.5 本公司对证券账户实行检查、确认制度。经本公司确认属以下情形之一的，本公司有权对该证券账户予以注销或限制使用：

（一）自然人账户没有姓名或机构账户没有全称；

（二）没有有效身份证明文件号码；

（三）开户资料不真实；

（四）违规使用他人身份资料开户；

（五）违规使用他人的证券账户；

（六）其他经中国证监会或本公司认定的违规证券账户。

6.6 证券账户持有人持有多个证券账户时，可以办理合并证券账户手续。

合并证券账户的手续，由合并后留存的证券账户所托管的证券公司（或B股托管机构）受理。对于被合并的上海证券账户，证券账户持有人还应先到该证券账户所托管的证券公司（或B股托管机构）办理撤消托管手续。

6.7 自然人申请办理合并证券账户时，必须由本人前往开户代办点填写《合并证券账户申请表》，并提交下列材料：

（一）拟合并的证券账户卡及复印件；

（二）本人有效身份证明文件及复印件。

委托他人代办的，还需提供经公证的委托代办书、代办人的有效身份证明文件及复印件。

6.8 法人申请办理合并证券账户时，必须填写《合并证券账户申请表》，并提交下列材料：

（一）拟合并的证券账户卡及复印件；

（二）法人有效身份证明文件及复印件或加盖发证机关确认章的复印件；

（三）经办人有效身份证明文件及复印件。

境内法人还需提供法定代表人证明书、法定代表人授权委托书和法定代表人的有效身份证明文件复印件；境外法人还需提供董事会或董事、主要股东授权委托书，以及授权人的有效身份证明文件复印件。

6.9 证券公司（或B股托管机构）受理账户合并申请后，应将被合并的证券账户卡收缴存档，并按规定的数据格式报送本公司，本公司审核合格后实时办理合并手续，并将被合并的账户予以注销。

6.10 证券账户注销后不得再恢复使用。

第七章　罚　则

7.1 开户代理机构违反本规则第2.7条（一）、（二）项，本公司将暂停其相关开户代办点的开户代理业务资格。

7.2 开户代理机构违反本规则第2.7条（八）项，擅自提高或降低收费标准的，或者不按时与本公司结清费用的，本公司将予公开谴责。情节严重的，暂停其开户代理业务资格。

7.3 开户代理机构违反本规则第2.7条（九）、（十）、（十一）项，本公司将暂停其开户代理业务资格，直至其按规定完成所有开户注册资料及空白账户卡的整理和保管工作。

7.4 开户代理机构违反本规则第2.7条（四）项、第3.9条，多次出现开户资料不准确或不完整的，本公司将予书面通报。故意使用虚假资料开户的，本公司将予公开谴责。情节严重的，暂停或终止其开户代理业务资格。

7.5 开户代理机构被暂停开户代理业务资格两次以上，或者经本公司认定违规情况特别严重的，本公司有权终止其开户代理业务资格。

第八章　附　则

8.1 证券账户编码规则由本公司会同证券交易所另行规定。

8.2 本规则自二〇〇二年五月一日起执行。

8.3 原由上海证券交易所、上海证券中央登记结算公司和深圳证券交易所、深圳证券登记结算公司颁布的涉及证券账户管理的业务规则、规定、指引及通知等，内容与本规则相抵触的，以本规则为准。

证券账户注册说明书

一、中国证券登记结算有限责任公司(以下简称登记公司)及其委托的开户代理机构,负责为证券账户申请人(以下简称申请人)开立证券账户,用于记载证券账户持有人的证券持有及其变更情况,并提供证券账户注册资料的查询与变更、挂失与补办、注销与合并等服务。

二、申请人在申请开立证券账户前,应当仔细阅读本说明书、《自然人证券账户注册申请表》或《机构证券账户注册申请表》(以下简称《申请表》)。申请人在《申请表》上签名后,表示已经认真阅读本说明书及《申请表》,并同意接受本说明书条款。

三、对于拒绝在《申请表》上签名的申请人,登记公司或其委托的开户代理机构拒绝为其开立证券账户。

四、申请人应当遵守国家有关法律法规及《中国证券登记结算有限责任公司证券账户管理规则》的规定。

五、申请人应当提供真实、准确、完整的有效身份证明文件等开户注册资料,并对开户注册资料的真实性、准确性与完整性负全部责任。

六、申请人应当对登记公司或开户代理机构录入的开户注册资料予以确认并对确认结果负责。

七、证券账户持有人有效身份证明文件有重大变化时,应当及时向登记公司或其委托的开户代理机构申请变更。否则,因此导致的经济损失和法律责任由证券账户持有人自负。

八、证券账户持有人保证证券账户的合法合规使用,对因违规使用导致的经济损失和法律责任由证券账户持有人自负。

九、登记公司及其委托的开户代理机构应当对证券账户持有人注册的开户资料保密,不得转借第三人使用,但法律法规规定的除外。否则,因此导致的经济损失和法律责任由登记公司及其委托的开户代理机构承担。

十、登记公司及其委托的开户代理机构仅对申请人所提供的开户注册资料进行审核,核查申请人身份证明文件是否有效、注册申请表所填写内容与身份证明文件相关内容是否一致。但是,这并不表明对申请人所提供的开户资料作出真实性判断或者保证。对下列情况之一所引起的法律纠纷,登记公司及其委托的开户代理机构不承担责任:

1.申请人使用虚假资料开户;

2.违规使用他人合法证件开户;

3.法律法规规定不能买卖股票的自然人和法人开户;

4.其他违规开户的情况。

十一、因不可抗力而引起的注册错误,登记公司及其委托的开户代理机构不承担任何责任。

十二、登记公司修订业务规则及本说明书时,应当公告提示,不须知会每个申请人和证券账户持有人。申请人和证券账户持有人应当按照修订后的业务规则及《证券账户注册说明书》执行。

中国证监会股票发行审核委员会重大重组审核工作委员会工作程序

为提高上市公司重大购买、出售、置换资产审核工作的透明度,保证审核工作按照公开、公平、公正的原则进行,根据《关于上市公司重大购买、出售、置换资产若干问题的通知》(证监公司字(2001)105号,以下简称《通知》)的规定,经中国证监会股票发行审核委员会重大重组审核工作委员会(以下简称"重组审核委员会")全体会议审议通过,制定本工作程序。

一、重组审核委员会根据《公司法》、《证券法》、《通知》及证监会有关规定,对上市公司重大购买、出售、置换资产活动进行审核。

二、重组审核委员会根据专业分为三组,每组设组长两人,由各组委员选举产生。每次审核工作会议采取随机抽取方式,分别确定出席会议的组长和委员,参会委员总数不少于九人。

三、中国证监会相关部门在审核工作会议召开的3个工作日前,将会议通知、初审意见和公司报送材料送达参会委员。

四、重组审核委员会工作会议以无记名投票方式对上市公司重组方案进行表决,与会委员可以对重组方案投同意票或者反对票。

经审核,上市公司重组方案符合有关法律、法规规定的,可以对其申请投同意票;附加条件同意的,应当说明附加条件的内容;上市公司重组方案不符合有关法律、法规规定的,可以对其申请投反对票,并说明反对理由。

同意票数达到参会委员人数的三分之二,即为通过;同意票数未能达到参会委员人数的三分之二,即为不通过。

五、上市公司重组方案经重组审核委员会审核未予通过的,上市公司应当予以公告。公司复牌后,对原方案进行修改或提出新方案的,可以依照《通知》的规定重新报送审核材料,符合《通知》规定条件的,可以再次提交重组审核委员会审议。

六、重组审核委员会根据工作需要,可以邀请委员以外的专家到会提供专业咨询意见。所邀请的专家不参加表决。

七、重组审核委员会工作会议根据具体情况不定期召开。

八、重组审核委员会每年应当至少召开一次全体会议,对审核工作进行总结,并将形成的原则性指导意见以规范的形式适时向社会公布。

关于开展上市公司建立现代企业制度检查的通知

各证券监管办公室、办事处、特派员办事处,上海、深圳证券交易所,各省、自治区、直辖市、计划单列市经贸委(经委),各上市公司及控股股东:

为贯彻落实江泽民总书记在去年中央经济工作会议上提出"上市公司要在现代企业制度建设上先行一步"和朱容基总理在九届人大五次会议上所作政府工作报告中关于"今年要重点检查上市公司建立现代企业制度的情况,找出存在问题,认真加以解决"的要求,中国证监会和国家经贸委决定共同开展以公司治理为重点的上市公司建立现代企业制度检查。现将有关事项通知如下:

一、检查的目的

通过检查了解上市公司现代企业制度建设的现状,查找存在的问题,对突出的问题,如控股股东挪用上市公司资金等问题要立即着手解决;对进一步完善制度建设、积极稳妥地解决证券市场深层次结构性矛盾和历史遗留问题提出并制定有效措施,深入贯彻实施《上市公司治理准则》,推进上市公司全面建立现代企业制度,保护投资者权益,促进证券市场的健康发展。

二、检查的重点

检查对象包括上市公司及其控股股东。以《公司法》、《证券法》、《上市公司治理准则》等法律法规及中国证监会颁布的相关规范性文件为依据,重点检查上市公司的独立性、"三会"建设和规范运作以及控股股东的行为规范等内容,具体包括:

1、上市公司与控股股东在人员、财务、资产分开,机构、业务独立情况;

2、控股股东挪用上市公司资金问题,以及还款情况;

3、控股股东是否干预上市公司董事、监事、经理及其他高管人员聘任和上市公司经营决策;

4、上市公司与控股股东等关联企业的关联交易问题;

5、企业改制以及存续企业定位问题;

6、国有控股上市公司的政企分开及劳动人事分配制度改革情况;

7、股东大会、董事会、监事会规范运作情况;

8、募集资金使用规范化情况;

9、定期报告、临时报告等信息披露规范性情况;

10、委托理财、对外担保等问题。

三、检查工作步骤

1、检查动员阶段

2002年5月,中国证监会和国家经贸委共同召开检查动员电视电话会议,会议由中国证监会、国家经贸委领导同志分别作动员讲话,各证券监管机构、各地经贸委应积极组织辖区内上市公司及其控股股东的负责人和董事会秘书在各地方分会场参会。会后由各证券监管机构和各地经贸委安排本辖区的动员和自查。

2、自查阶段

2002年5月至6月，由上市公司及其控股股东按照中国证监会和国家经贸委的统一要求进行自查自纠，形成自查报告，董事会应对报告真实性负责，在表决通过后，分别报送本辖区证券监管机构和经贸委(经委)，同时报中国证监会和国家经贸委备案。各证券监管机构和经贸委共同配合对辖区内上市公司及其控股股东自查情况进行督促和汇总，上报中国证监会和国家经贸委。

3、重点检查阶段

2002年7月至9月，各证券监管机构和经贸委对辖区内部分上市公司及其控股股东进行重点检查。中国证监会和国家经贸委将派员指导并选择部分上市公司及其控股股东进行抽查。

重点检查中，要对规范运作方面存在的问题督促其立即加以纠正；对制度性、结构性和历史遗留问题，选择专题召集部分上市公司及控股股东进行座谈；对现代企业制度建设取得显著成效的上市公司，总结、宣传其典型经验。

4、汇总总结与公司整改阶段

2002年10月至11月，各证券监管机构和各地经贸委将重点检查情况和专题报告上报，中国证监会和国家经贸委对各地的检查情况进行汇总总结。

与此同时，针对检查中发现存在较大问题的公司，各证券监管机构和各地经贸委继续跟踪监管，分别督促上市公司和控股股东进行整改。

本次检查是上市公司现代企业制度建设的一项重要工作，各证券监管机构和各地经贸委要高度重视，密切配合，合理分工，认真完成检查工作和各项总结报告。在检查中，证券监管机构和各地经贸委共同组成检查组，其中，证券监管机构牵头对上市公司的检查，各地经贸委牵头对控股股东的检查。

各上市公司及其控股股东要认真配合检查，如实填写问卷，按时完成自查报告。对不能如实完成自查、不配合检查工作以及整改不力的公司将依照相关法规进行处理，并予以通报。

中国证监会、国家经贸委

二零零二年四月二十六日

关于取消律师及律师事务所从事证券法律业务资格审批的通告

根据《国务院关于取消第一批行政审批项目的决定》(国发(2002)24号)的要求，现就取消律师及律师事务所从事证券法律业务资格审批的有关事宜通告如下：

一、自2002年11月1日国务院决定发布之日起，下列行政审批项目予以取消：律师事务所从事证券法律业务资格审批、律师从事证券法律业务资格审批、外国律师事务所协助中国企业到境外发行股票和股票上市交易备案。律师及律师事务所从事证券法律业务不再受资格的限制。1993年1月12日发布的《中华人民共和国司法部、中国证券监督管理委员会关于印发＜司法部、中国证券监督管理委员会关于从事证券法律业务律师及律师事务所资格确认的暂行规定＞的通知》(司发通(1993)008号)同时废止。

二、司法部及各省、自治区、直辖市司法厅(局)与中国证监会不再受理律师及律师事务所递交的从事证券法律业务资格申请以及外国律师事务所协助中国企业到境外发行股票和股票上市交易备案申报；已经受理的申请和申报，司法部、中国证监会不再审批。

三、有关行政审批项目取消后，中国证监会与司法部将通过制定管理规范和标准，完善监管手段，加大事中检查、事后稽查处罚力度等措施，进一步加强对律师及律师事务所从事证券法律业务活动的监督和管理。

中国证券监督管理委员会

中华人民共和国司法部

二〇〇二年十二月二十三日

关于向外商转让上市公司国有股和法人股有关问题的通知

为引进国外先进管理经验、技术和资金，加快经济结构调整步伐，改善上市公司法人治理结构，提高国际竞争力，保护投资者的合法权益，促进证券市场健康发展，经国务院同意，现就向外商转让上市公司国有股和法人股问题通知如下：

一、向外商转让上市公司国有股和法人股，应当遵循以下原则：

(一)遵守国家法律法规，维护国家经济安全和社会公共利益，防止国有资产流失，保持社会稳定；

(二)符合国有经济布局战略性调整和国家产业政策的要求，促进国有资本优化配置和公平竞争；

(三)坚持公开、公正、公平的原则，维护股东特别是中小股东的合法权益；

(四)吸引中长期投资，防止短期炒作，维护证券市场秩序。

二、向外商转让上市公司国有股和法人股，应当符合《外商投资产业指导目录》的要求。凡禁止外商投资的，其国有股和法人股不得向外商转让；必须由中方控股或相对控股的，转让后应保持中方控股或相对控股地位。

三、受让上市公司国有股和法人股的外商，应当具有较强的经营管理能力和资金实力、较好的财务状况和信誉，具有改善上市公司治理结构和促进上市公司持续发展的能力。向外商转让上市公司国有股和法人股原则上采取公开竞价方式。

四、向外商转让上市公司国有股和法人股，涉及产业政策和企业改组的，由国家经贸委负责审核；涉及国有股权管理的，由财政部负责审核；重大事项报国务院批准。向外商转让国有股和法人股必须符合中国证监会关于上市公司收购、信息披露等规定。任何地方、部门不得擅自批准向外商转让上市公司国有股和法人股。

五、转让当事人应当凭国家经贸委、财政部的转让核准文件、外商付款凭证等，依法向证券登记结算机构办理股权过户登记手续，向工商行政管理部门办理股东变更登记手续。转让价款支付完毕之前，证券登记结算机构和工商行政管理部门不得办理过户和变更登记手续。

六、向外商转让上市公司国有股和法人股，转让当事人应当在股权过户前到外汇管理部门进行外资外汇登记；涉及外商股权再转让的，应当在股权过户前到外汇管理部门变更外资外汇登记。

七、外商应当以自由兑换货币支付转让价款。已在中国境内投资的外商，经外汇管理部门审核后，也可用投资所得人民币利润支付。外商在付清全部转让价款十二个月后，可再转让其所购股份。

八、转让国有股和法人股的外汇收入，转让方应当在规定期限内，凭转让核准文件报外汇管理部门批准后结汇。外商受让上市公司国有股和法人股后，从上市公司分得的净利润、股权再转让获得的收入、上市公司终止清算后分得的资金，经外汇管理部门审核后，可以依法购汇汇往境外。

九、上市公司国有股和法人股向外商转让后，上市公司仍然执行原有关政策，不享受外商投资企业待遇。转让国有股的收入应当按照国家有关规定处置和使用。

十、向香港特别行政区、澳门特别行政区、台湾地区的投资者转让上市公司国有股和法人股，适用本通知规定。

中国证监会发言人就合格境外机构投资者境内证券投资管理有关问题的谈话

《合格境外机构投资者境内证券投资管理暂行办法》(以下简称《暂行办法》)颁布以来，中国证券监督管理委员会(以下简称"中国证监会")收到许多境内外机构的来电、来函,询问有关事宜。为积极、稳妥地落实《暂行办法》,中国证监会已会同有关部门以配套措施或规定的形式对部分问题作出了明确规定,现就其他问题回答如下:

关于《暂行办法》的配套措施或规定

一、《暂行办法》的配套措施或规定有哪些?

答:有关的配套措施或规定主要包括:中国证监会11月30日公布的《合格境外机构投资者托管人申请表》和《合格境外机构投资者境内证券投资申请表》,中国人民银行(以下简称"人民银行")12月11日发布的《关于商业银行申请从事合格境外机构投资者境内证券投资托管业务有关问题的通知》,国家外汇管理局(以下简称"国家外汇局")11月28日发布的《合格境外机构投资者境内证券投资外汇管理暂行规定》,以及12月1日,上海和深圳证券交易所各自发布的《合格境外机构投资者证券交易实施细则》,中国证券登记结算有限责任公司发布的《合格境外机构投资者境内证券投资登记结算业务实施细则》。对于《暂行办法》在施行中的有关问题,中国证监会将以适当形式予以解释。

二、从哪里可获得合格投资者和托管人的申请表?

答:有关表格可以从中国证监会国际互联网网站(www.csrc.gov.cn)基金监管部栏目下载。申请人可视具体情况对申请表作适当调整后填报。

三、合格投资者、托管人的申请材料应采用哪种语言?

答:中文是唯一有效的语言。

关于合格投资者的申请、审批和退出

四、申请合格投资者资格,须委托境内托管人向中国证监会报送哪些文件?

答:申请人应向中国证监会报送下列文件(一式三份):

1、合格投资者申请书(经法定代表人或其授权代表签字);

2、合格投资者境内证券投资申请表(经法定代表人或其授权代表签字);

3、申请人授权托管人办理申请事宜的授权委托书(经法定代表人或其授权代表签字);

4、托管人对申请人是否符合《暂行办法》规定的资格条件的说明(加盖公章);

5、申请人与托管人签订的托管协议草案;

申请人是境内托管人的直接客户的,应报送其与境内托管人的托管协议草案;申请人是境内托管人的间接客户的(通过全球托管人),应报送其与全球托管人签定的托管协议草案以及其全球托管人与境内托管人签定的托管协议草案。在申请人取得国家外汇局投资额度批准后,托管人至少应在申请人首次汇入本金的七个工作日前报送托管协议正式文件。

6、申请人所在国家或者地区相关主管部门核发的营业执照(复印件)和金融业务许可证(复印件);

7、申请人的公司章程和内部控制制度;

8、申请人主要从业人员的从业资格及其最近3年是否受到执业所在国家或者地区监管机构处罚的情况说明;

9、申请人最近3年是否受到所在国家或者地区监管机构处罚的情况说明;

10、资金来源说明书及批准时间内不撤资承诺函;

11、申请人最近3年经审计的财务报表和其他证明申请人符合《暂行办法》第七条规定的文件;

12、申请人或其关联方如在申请前已在中国境内设有分支机构、独资或者合资企业,直接或者间接开展银行、证券及保险业务活动的,应当说明有关情况;

13、中国证监会和国家外汇局要求的其他文件。

前款规定的文件中,由申请人法定代表人的授权代表签署的,应当出具该法定代表人对其授权代表的授权委托书;该授权委托书以及前款规定的第3、6、7、9项文件须经申请人所在国或地区认可的机构公证,或律师出具法律意见书,或经中华人民共和国驻该国的使、领馆认证;前款规定的第8项文件须经从业人员执业所在国家或地区认可的机构公证,或律师出具法律意见书,或经中华人民共和国驻该国的使、领馆认证。

五、《暂行办法》及前文提到的"法定代表人"如何界定?

答:法定代表人是指经申请人董事会授权或按申请人公司章程规定或者符合申请人所在国或者地区法律规定,可以代表申请人办理合格境外机构投资者境内证券投资管理有关事宜的自然人,如董事会主席或者首席执行官等。

六、《暂行办法》第八条有关"批准时间内不撤资承诺函"的"批准时间内"指什么期限?

答:"批准时间内"是指经中国证监会批准的申请人计划在中国境内进行证券投资的期限。

七、除《暂行办法》明确提出的四类机构外,哪些机构还可以申请合格投资者资格?

答:属于《暂行办法》第二条规定的其他资产管理机构,如信托机构或政府投资机构等,都可以申请成为合格投资者。

八、请介绍中国证监会对合格投资者证券投资业务许可证(以下简称"许可证")的年检情况。

答:合格投资者应当在托管人代为报送其经中国会计师审计的上一年度境内证券投资财务报告后一个月内,委托托管人将许可证(副本)报送到中国证监会接受年检。

九、在什么情况下合格投资者的许可证年检将不获通过?

答:合格投资者未按规定接受年检的,或者不符合《暂行办法》有关规定的,或者对中国证监会作出的有关处罚拒不执行,或者在限期内不改正有关违法行为的,其许可证将不能通过年检。

十、在哪些情况下,合格投资者必须退出我国证券市场?

答:合格投资者的许可证未能通过年检的,或者原任托管人托管的资产无新任托管人承接的,或者符合中国证监会、人民银行、国家外汇局根据审慎监管原则认定的其他情形的,合格投资者必须退出。

关于合格投资者境内证券投资、信息披露和审计等有关问题

十一、合格投资者可选择哪些境内证券公司办理在境内的证券交易活动?

答:合格投资者应选择具备中国证监会批准的受托投资管理资格的境内证券公司办理有关事宜。

十二、根据《暂行办法》第18条,经中国证监会批准,合格投资者可以投资的其他人民币金融工具还有哪些?

答:合格投资者可以投资于经中国证监会批准设立的封闭式基金和开放式基金,中国证监会对此不设投资比例限制。此外,还可以参与股票增发、配股、新股发行和可转换债券发行四者的申购。

十三、合格投资者信息披露应注意哪些问题?

答:合格投资者应当遵循我国证券市场法律法规中有关信息披露的规定,切实履行有关的信息披露义务。

合格投资者应当按照《上市公司股东信息披露管理办法》及交易所的有关业务规则的规定披露其持股变动信息,在计算其持股变动时,应当合并计算其持有、控制的同一家公司发行的A股、B股、H股、可转换公司债券及存托凭证。

十四、合格投资者应选择哪些境内会计师事务所为其境内证券投资管理提供审计服务?

答:只有具备中国证监会批准的从事证券、期货相关业务资格的中国注册会计师才能为合格投资者提供审计服务,具体名单见中国证监会国际互联网网站会计部栏目。

十五、在重新申领证券投资业务许可证期间,合格投资者是否可以进行证券交易?

答:根据《暂行办法》第三十五条的规定,合格投资者因变更机构名称重新申领证券投资业务许可证的,可继续进行证券交易;但被其他机构吸收合并或者发生中国证监会和国家外汇局根据审慎监管原则认定的其他情形的,应暂停证券交易。

关于托管人的申请、审批和退出

十六、境内商业银行申请托管人资格,须向中国证监会报送哪些文件?

答:申请人应向中国证监会报送下列文件(一式三份):

1、托管人资格申请书(加盖公章或法定代表人签字);

2、托管人申请表;

3、中国人民银行同意申请人开办合格投资者境内证券投资托管业务的批复(复印件);

4、金融业务许可证副本(复印件)及营业执照副本(复印件);

5、实收资本证明文件;

6、境内托管部门基本情况(包括人员配备、安全保障措施等);

7、有关托管业务的管理制度(主要包括托管业务管理办法、内部风险控制制度、岗位职责与操作规程、员工行为规范、会计核算办法以及信息系统管理制度等);

8、拥有高效、快速、安全、可靠的技术系统的说明及有关证明;

9、中国证监会根据审慎监管原则要求的其他文件。

十七、托管人资格的审批程序是什么?由谁监管?

答:境内商业银行申请托管人资格,应当由人民银行首先批准其托管业务许可,再由中国证监会会商国家外汇局同意后,批准其托管人资格。

中国证监会、人民银行、国家外汇局依法分别对托管人的相关业务行为进行日常监管。

十八、托管人的退任程序是什么？

答：有下列情形之一的，托管人必须退任：

1、合格投资者解散、依法被撤销、破产或未能通过年检的；

2、合格投资者有充分理由认为更换托管人更符合其利益的；

3、中国证监会、人民银行、国家外汇局根据审慎监管原则，认定托管人不能继续履行托管人职责的。

新任托管人应当取得合格投资者托管人资格。新任托管人接任后，原任托管人方可退任。新任托管人、原任托管人应当在原任托管人退任后三个工作日内将有关情况报中国证监会、人民银行、国家外汇局备案。原任托管人托管的资产无新任托管人承接的或者符合中国证监会、人民银行、国家外汇局根据审慎监管原则认定的其他情形的，该合格投资者应当终止其境内证券投资管理活动。

其他

十九、哪些国家或地区已与中国证监会签署了监管合作备忘录？

答：有关信息见中国证监会国际互联网网站国际合作部栏目。

二十、从哪里可了解我国证券市场的有关法律法规？

答：可从中国证监会及相关网站上查寻。

二十一、申请人如何向中国证监会提出有关咨询？

答：申请人可发电子邮件给 fundsup@csrc. gov. cn，请注明标题为 QFII 或者 CUSTODIAN，中国证监会将就有关问题继续作统一回答。

中国证监会就停止通过国内证券市场减持国有股有关问题答新华社记者问

问：能否说明一下此决定出台的背景？

答：从证监会的角度来看，国有股减持是一项重要的改革举措，方向是正确的，有利于进一步完善现代企业制度，促进社会保障体系的建立。但国有股减持是一项探索性工作，是一个复杂的系统工程，涉及到很多方面，触及到很多改革深层次的问题，会对市场产生重大的影响。

这些问题需要创造较好条件，用较长时间方能解决，相关政策的把握需要很高的艺术，减持工作的实际操作难度超过了原来的预想。在相当长的时间内，难以制订出系统性的、市场广泛接受的国有股减持的实施方案。同时，国家设立的全国社会保障基金通过国家财政拨款和海外上市时的上缴等形式目前已达到相当规模，近期社会保障资金基本平衡，每年需要补充的现金量不大，没有必要通过国内证券市场减持套现来筹集现金。所以，国务院决定，除企业海外发行上市外，对国内上市公司停止执行《减持国有股筹集社会保障资金管理暂行办法》中关于利用证券市场减持国有股的规定，并不再出台具体实施办法。

问：为什么企业海外发行上市仍然要按原《减持国有股筹集社会保障资金管理暂行办法》第五条的规定，按融资额的10%出售国有股？

答：在海外成熟市场上，没有法人股不可流通的认知惯性。法人股流通是其持有者天经地义的权利，公司股票价格的形成已经考虑了法人股可随时进入市场流通的预期，因此减持不存在重大障碍，不需要停止。

问：划拨给社保基金的股份不能在证券市场上套现，社保基金如何满足其支出需要呢？

答：可将部分国有股划拨给社保基金，但社保基金持有的这些股份与其他国有股一样，不通过证券市场进行减持套现。据我们的了解，近期社保基金每年只需要相对小额的现金，可以通过分红、国家财政拨款和海外上市时的上缴等形式满足日常支出需要。从国内外养老金的特性来看，它需要的是可产生收益的资产而不是大量现金。从其自身的利益出发，社保基金也需要将其手中的各类证券资产长期持有，而不是抛售变现。因此与国外的退休基金一样，社保基金一定会成为证券市场上最重要的长期投资者之一。社保基金的参与有利于改善上市公司治理，有利于证券市场规范发展。同时，通过"划拨"可以用较优良的资产充实社保基金，让现在和未来的退休人员和养老金领取者放心，为社会稳定及经济改革的大局奠定基础。总之，通过划拨可以充实社保基金，不会对证券市场带来冲击，长远来讲还会对证券市场的规范发展带来有利的影响。

问：在法人股不能流通的情况下，国有股是否还可以转让？

答：在法人股仍不能流通的情况下，国有股的转让可以通过协议转让渠道进行。上市公司资产重组是改进上市公司质量，给证券市场引入新鲜血液的重要渠道，因此保留正常的协议转让渠道是必要的。根据我们了解的情况，为配合国有股减持工作，自 2000 年 8 月以来暂停了国有股向非国有股单位协议转让的审核工作。现在，经联席会议讨论，继续正常进行法人股协议转让工作。

中国证监会有关负责人就变更会计师事务所答记者问

近来，一些上市公司以前任会计师事务所工作繁忙为由更换会计师事务所。在年报披露时间已过半的情况下，后任会计师事务所能否保证审计质量？中国证监会对此如何监管？日前，本报记者就上述问题采访了中国证监会有关负责人。

问：近期一些舆论质疑上市公司更换会计师事务所，您如何看待此事？

答：证监会已经关注到这些报道，并有专人追踪这些事情，防止上市公司、会计师事务所发生违规行为。

问：在年报披露时间已过半的情况下，后任会计师事务所能否保证审计质量？

答：我们希望后任会计师事务所能够衡量自身资源、时间和风险承受能力，在时间非常紧张的情况下，提供足够的专业力量，确保审计质量；否则，出现问题，其将承担相应的责任。我们同时也希望上市公司不要轻易更换会计师事务所。

问：公司在更换会计师事务所时有哪些行为属违规行为？

答：公司不按照规定的程序更换会计师事务所，公司要求会计师事务所出具指定意见的审计报告、而会计师事务所坚持正确意见被更换，公司以莫须有的理由更换会计师事务所等均属违规之列。

问：会计师事务所在变更过程中可能存在哪些违规行为？

答：会计师事务所以迎合公司不合理的要求来承揽业务，以违反职业道德准则的规定，侵害前任会计师的合法权益等不正当手段承揽业务等是违规行为。

问：在更换会计师事务所的过程中，上市公司和会计师事务所有哪些权利和义务？

答：公司聘用、解聘会计师事务所以及会计师事务所辞聘，公司与会计师事务所均应当履行必要的程序，报告证监会和交易所并披露其原因，且要对所披露信息的真实性负责。

公司不得干涉会计师事务所合法、正常的执业行为，不得要求会计师事务所出具指定意见的审计报告。

被解聘的会计师事务所如对被解聘的理由有异议，有权向股东大会申诉，同时可要求公司披露，公司也有义务对此进行披露。

问：证监会如何对更换会计师事务所过程中可能的违规行为加以监管？

答：变更会计师事务所一直受到证监会重点监控。过去几年，曾有一些公司和会计师事务所因此被列入稽查对象，并最终因被查实造假而受到严厉的处罚。今年我们将继续高度重视公司更换会计师事务所的情况，逐个追踪，对违规者将严惩不怠。

资信评级机构出具证券公司债券信用评级报告准则

第一章　基本要求

第一条　为了规范资信评级机构出具证券公司债券信用评级报告的行为，根据《证券法》和中国证券监督管理委员会（以下简称“中国证监会”）的有关规定，制定本准则。

第二条　资信评级机构出具证券公司债券信用评级报告（以下简称“评级报告”），应当遵循信用评级的行业标准和自律规范。

第三条　资信评级机构出具评级报告应当采用浅显、简练、平实的语言，对评级结论的标识做出明确释义。

第四条　资信评级机构在出具评级报告前必须履行尽职调查义务。必要时应予以回避或做出相应的人员回避安排，保证有充分的理由确认出具评级报告的数据、资料和结果客观、准确、公正和及时。

第五条　资信评级机构应建立健全统一的内部信用评级标准和程序，并在出具评级报告时保持所依据的标准和程序的一致性。

第六条　资信评级机构出具信用评级报告应建立有效的内部控制机制，实行有效的内部审核和质量控制。

第七条　资信评级机构应当为每一受评债券指定专门的评级项目组，建立和保存完备的档案资料，并接受监管部门的检查。档案资料至少应当包括下列内容：

（一）委托协议；

（二）发行债券的证券公司（以下简称“发行人”）提供的原始资料；

（三）历次尽职调查记录；

（四）信用评级报告；

（五）信用评级委员会的表决情况；

（六）跟踪评级资料；

（七）其他相关资料。

第二章　评级报告的内容与格式

第八条　评级报告应当包括概述、声明、评级报告正文、跟踪评级安排和附录等五部分。

第九条　概述部分应概要说明评级报告的情况，包括发行人和受评债券的名称、信用级别及释义、资信评级机构及人员的联系方式和出具报告的时间等内容。

第十条　声明部分全面登载资信评级机构关于评级情况的声明事项，应当包括下列内容：

（一）除因本次评级事项资信评级机构与发行人构成委托关系外，资信评级机构、评级人员与发行人不存在任何影响评级行为独立、客观、公正的关联关系。存在其他关联关系的，应当予以说明。

（二）资信评级机构与评级人员已履行尽职调查和诚信义务，有充分理由保证所出具评级报告的数据、资料及结论的客观、准确、公正、及时。

（三）评级结论是资信评级机构依据内部信用评级标准和程序做出的独立判断，未因发行人和其他任何组织或者个人的任何影响改变评级意见。

（四）已对发行人及受评债券的跟踪评级做出明确安排。

（五）资信评级机构自愿接受中国证监会对评级工作的监管。

第十一条　正文部分是完整的信用评级报告，应当包括评级结论及评级结论分析两个部分。

第十二条　评级结论应包括发行人名称、受评债券名称、信用级别及释义、评级结论的主要依据等，并简要说明本次评级的过程和发行人、受评债券的风险程度。

发行人为受评债券提供担保的，应对比说明有无担保情况下评级结论的差异。

第十三条　评级结论分析部分至少应包括下列内容：

（一）对发行人的简要分析。重点分析发行人股权结构、业务及其特点。

（二）对受评债券的简要分析。重点分析受评债券的主要条款及有关偿债保障措施。

（三）对证券行业的简要分析。重点分析行业状况、发展趋势、行业风险及其对发行人的影响。

（四）分析发行人风险因素。应当针对实际情况，充分、准确、具体地揭示风险因素，按照重要性原则排列分析顺序。对风险应当尽可能做定量分析，无法进行定量分析的，应当有针对性地做出定性描述。

（五）描述和分析发行人及其董事、监事、经理及其他高级管理人员过去三年内发生的违法违规及违约事实。

（六）分析发行人财务状况。重点分析发行人的债务结构、资产质量、盈利状况、现金流状况、关联交易及其对发行人财务状况的影响，判断其财务风险。

（七）分析发行人募集资金投入项目。分析募集资金投向对发行人未来的财务状况、债务风险等方面的影响，以及项目实施可能出现的风险。

（八）分析有关偿债保障措施对受评债券风险程度的影响。有担保安排的，应当特别说明担保安排对评级结论的影响，说明无担保情况下发行人的实际信用状况或评级结论，此外还应对担保人或担保物的信用、风险进行评估。发行人建立专项偿债账户等其他保障措施的，应当分析说明有关保障措施的情况及其可靠性、局限性。

（九）分析发行人履行债券义务的能力、可信程度和抗风险能力。

第十四条　评级报告分析应当针对证券行业和发行人的特点，重点揭示风险，反映发行人及受评债券的信用水平及信用风险。

第十五条　评级报告分析可在显要位置作“特别风险提示”，必要时应详细分析该风险及其形成的原因，说明过去特别是最近一个会计年度曾经因该风险因素遭受的损失，判断将来遭受损失的可能程度。

第十六条　跟踪评级安排部分应明确说明对受评债券存续期内的跟踪评级时间、评级范围、出具评级报告的方式等内容，持续揭示受评债券的信用变化情况。

第十七条　附录部分应当收录其他相关的重要事项，主要包括资信评级机构简要介绍、尽职调查报告等。

第三章　跟踪评级报告

第十八条　资信评级机构应当在首次评级报告中明确有关跟踪评级的事项。跟踪评级应当包括定期跟踪评级和不定期跟踪评级。

第十九条　资信评级机构应当密切关注与发行人、受评债券有关的信息。如果发生影响前次评级报告结论的重大事项，资信评级机构应当在10个工作日内出具不定期跟踪评级报告，并报送中国证监会。

第二十条　资信评级机构应当在受评债券存续期内发行人发布年度报告后一个月内出具一次定期跟踪评级报告。定期跟踪评级报告应当与前次评级报告保持连贯。

第二十一条　定期跟踪评级报告与前次评级报告在评级结论或者其他重大事项方面出现差异的，应当分析原因，并做特别说明。

第二十二条　定期跟踪评级报告应对受评债券发行后发行人出现的违约状况进行描述和分析。

第二十三条　跟踪评级报告应当针对发行人外部经营环境、内部运营及财务状况的变化，以及前次评级报告提及的风险因素进行分析，说明其变化对受评债券的影响，并对原有信用级别是否进行调整作出明确说明。

第四章　附　则

第二十四条　本准则自2003年10月8日起施行。

关于报告期内存在"未分配利润"为负数问题的拟发行公司是否符合发行条件的审核指引

根据《公司法》第137条第（二）款的规定，公司发行新股必须符合"在最近三年内连续盈利，并可向股东支付股利"的条件。部分拟公开发行股票的公司最近三年连续盈利，但资产负债表中存在"未分配利润"为负数的情况，即报告期内出现了连续三年盈利但不能连续三年向股东分配股利的情况。对于此类公司，在满足以下条件时，可以认定发行人不违反《公司法》第137条第（二）款的规定。

一、发行人利润表中"净利润"连续三年为正数，即发行人最近三年连续盈利。

二、发行人最近一期经审计的资产负债表中"未分配利润"为正数。

关于规范基金管理公司股东出资转让有关事项的通知

各基金管理公司股东单位、各基金管理公司：

近一段时间，基金管理公司股东拟转让出资的现象引起了市场的广泛关注。股东依法转让出资是一种正常的民事行为，受法律保护。但是在这个过程中也出现了一些问题，影响了基金市场的正常秩序。基金业是一个需要高度规范和自律的行业，出资转让必须以保护基金持有人利益，促进基金管理公司的长远发展为目标。为维护基金业的健康稳定发展，保护基金持有人的合法权益，根据《中华人民共和国公司法》（以下简称《公司法》）、《证券投资基金管理暂行办法》及《关于基金管理公司重大变更事项有关问题的通知》（证监基金字[2002]10 号）（以下简称《重大变更通知》）等法律、法规的规定，就现阶段对基金管理公司的出资进行转让的有关事项通知如下：

一、当事人出让或者受让对基金管理公司的出资，应当遵守《公司法》和相关法律法规的规定并符合公司章程的要求。基金管理公司及相关当事人应当严格按照《重大变更通知》及本通知的要求履行法律程序。

二、基金管理公司董事对公司及全体基金投资人负有诚信义务。在股东对基金管理公司出资进行转让期间，董事应当依法履行职责，恪尽职守，保证公司正常经营。

三、基金管理公司股东出资转让的受让方应当符合以下条件：

（一）实收资本不少于三亿元；

（二）经营状况良好；

（三）无不良记录；

（四）中国证监会根据审慎监管原则规定的其它条件。

受让方拟成为第一大股东的，还应当符合以下条件：

（一）属于依法设立的证券公司、信托投资公司；

（二）最近三年连续盈利；

（三）中国证监会根据审慎监管原则规定的其它条件。

四、受让基金管理公司出资成为基金管理公司股东，受让方必须是实际出资人，不得通过股权托管、秘密协议等形式受让对基金管理公司的出资。

五、股东转让出资，应当遵守《公司法》第三十五条关于其他股东享有优先购买权的规定。禁止采用虚报转让价格等欺诈手段侵犯其他股东的优先购买权。

六、股东与股东以外的机构签订出资转让协议后，转让双方应当将转让情况书面通知基金管理公司董事会，并保证转让文件的内容真实、准确、完整。该转让文件应当包括：

（一）出资转让协议；

（二）受让方的基本情况，包括但不限于公司名称、法定代表人、注册资本、住所、成立时间、批准机关、组织形式、经营范围；

（三）受让方的最终权益持有人、实际控制人及受让方的关联方关系的详细情况，包括但不限于受让方与其主要股东、主要股东的重要关联方、主要投资关联方的关联关系说明；（四）受让方投资于基金管理公司的目的；

（五）受让方是对基金管理公司出资的实际出资人且不受制于其他任何未予披露的第三方的承诺书；

（六）受让方律师就受让方资格的合法性及转让文件的真实、准确、完整性出具的法律意见；

（七）其它与转让出资密切相关的资料，商业秘密除外。

七、股东向股东以外的机构转让出资，基金管理公司董事会应当召集股东会对出资转让事项进行表决。转让双方应当向股东会提交转让文件。股东会有权要求进一步提供其它相关说明。

八、股东转让出资，基金管理公司应当按照《重大变更通知》向中国证监会报送申请文件。股东向股东以外的机构转让出资的，除前述通知要求的有关材料外，基金管理公司还应当报送以下材料：

（一）转让文件；

（二）拟成为第一大股东的受让方就基金管理公司的经营方针、治理结构等方面情况提出的计划书；

（三）股东会决议文件、股权转让过程中其它法律文件及律师意见；

（四）中国证监会根据审慎性原则要求提供的其它材料。

九、中国证监会可以根据具体情况，要求受让方提供其受让出资的资金来源以及受让方在证券市场的投资情况，包括股票帐户及股票清单等。必要时，中国证监会可以自行或委托相关单位进行核查。

十、受让方在取得中国证监会批准文件后方可办理相关变更手续并行使股东权利。

十一、基金管理公司应当根据《重大变更通知》的要求公告出资转让情况。

十二、基金管理公司的发起人自公司成立一年内不得转让出资，公司原有股东的新增出资、新增股东的出资一年内不得转让。中国证监会批准的特殊情形除外。

十三、中国证监会依法对基金管理公司出资转让进行监管。对于违反法律、法规或者本通知的出资转让行为，中国证监会将根据情节采取拒绝受理当事人从事证券或者基金业务的申请、取消相关业务资格、禁止参与证券市场活动等措施，并依据相关法律、法规追究当事人的法律责任。

十四、受让方是境外机构的，按照《外资参股基金管理公司设立规则》的有关规定执行。

十五、本通知自发布之日起实施。

中国证券监督管理委员会

二00二年十二月二十六日

关于基金管理公司设立审核程序有关问题的通知

各证券监管办公室、办事处、特派员办事处，各有关机构：

为完善基金管理公司设立审核制度，规范基金管理公司的设立行为，根据《证券投资基金管理暂行办法》（以下简称《暂行办法》）、《关于申请设立基金管理公司若干问题的通知》（证监基金字（2001）10 号文，以下简称《设立通知》）及其他有关规定，现就基金管理公司设立审核程序有关事项通知如下：

一、设立基金管理公司应当经过筹建和开业两个阶段，基金管理公司的筹建和开业须经中国证监会批准。

二、符合《暂行办法》和《设立通知》规定条件、拟申请设立基金管理公司的机构（以下"申请人"），应组建基金管理公司筹备组（以下简称"公司筹备组"）。公司筹备组根据发起人协议的授权，具体办理基金管理公司设立申请事宜。

申请人和公司筹备组应当保证所报送的基金管理公司设立申请材料真实、准确、完整、合规。

三、基金管理公司筹建申请与审核程序如下：

（一）申请人向中国证监会报送基金管理公司筹建申请材料（见附件一）。经审查，申请材料齐备的，中国证监会正式受理其申请；申请材料不齐备的，书面通知申请人，说明理由。

（二）中国证监会对正式受理的筹建申请材料进行初审，并参照基金从业人员资格管理的有关规定对筹备组成员进行适当形式的考核。

（三）中国证监会对筹建审核实行专家评议会制度（见附件三），专家评议会在初审工作结束后召开。

（四）中国证监会自正式受理筹建申请之日起 60 个工作日内（不包括有关当事人修改、补充申报材料的时间）作出批准筹建、暂停审核或者不予批准的决定。批准筹建的，出具批复文件；暂停审核或不予批准的，书面通知申请人，并说明理由。对暂停审核后，申请人具备恢复审核条件的，另行书面通知申请人。

四、获准筹建的基金管理公司，在筹建期间如发起人的基本情况发生重大变化，或出现可能影响公司开业的情形，公司筹备组应及时书面报告中国证监会，说明有关情况；如有关发起人不再符合资格条件，或发起人变更的，发起人应召开发起人会议形成决议后，由公司筹备组报中国证监会审批，并办理相关事宜。

五、基金管理公司开业申请与审核程序如下：

（一）申请人在基金管理公司筹建工作完成后，向中国证监会报送基金管理公司开业申请材料（见附件二）。

（二）中国证监会自受理开业申请之日起 30 个工作日内（不包括有关当事人修改、补充申报材料的时间）作出批准、延迟批准或不批准开业的决定。批准开业的，出具批准文件；拟延迟批准或不批准开业的，书面通知申请人，并说明理由。

六、经批准开业的基金管理公司，向工商行政管理机关办理注册登记手续后，持工商行政管理机关核发的企业法人营业执照，向中国证监会领取《基金管理公司法人许可证》。七、履行完上述程序后，基金管理公司方可设立，并应予以公告。

八、本通知自印发之日起施行，《关于申请设立基金管理公司有关问题的通知》(证监基字(1997)1号)同时废止。

附件：1、基金管理公司筹建申请材料的内容与格式(试行)

2、基金管理公司开业申请材料的内容与格式(试行)

3、基金管理公司筹建审核专家评议会制度(试行)

二○○二年一月七日

附件一：

基金管理公司筹建申请材料的内容与格式(试行)

一、申请材料的纸张、封面及份数

(一)纸张

应采用幅面为209×295毫米规格的纸张(相当于A4纸张规格)。

(二)封面

1、封面应标有"设立基金管理公司——筹建申请材料"字样；

2、申请设立的基金管理公司名称、申请人名称；

3、正式报送申请材料的日期；

4、基金管理公司筹备组主要承办人姓名、联系方式。

(三)页码：应当置于每页下端居中，字符大小为五号，按内容分章节安排页码顺序，例如：1—4、2—26、3—58或者1—4—1、3—1—2、3—4—21 ······章节之间应当有分隔页。

(四)份数：申请材料一式8份，其中至少1份为原件。审核期间内容有修改的，除最初正式申请材料的原件留存中国证监会外，审核通过后，申请人应当另行提交1份申请材料最终稿原件。

二、筹建申请材料目录与内容

(一)申请报告

主要内容包括拟设立基金管理公司的名称、目的、设立方案、发起人资格条件等，应由各发起人签字、盖章。

(二)可行性报告

主要内容包括：设立基金管理公司的可行性，业务发展规划、基金管理计划及其可行性。

(三)发起人情况

1、基本情况

主要内容包括公司名称、法定代表人、注册资本、住所、成立时间、批准机关、组织形式、经营范围及主要股东等；

2、法人资格及业务资格证明文件

包括工商行政管理部门颁发的《企业法人营业执照(副本)》(复印件)、中国证监会颁发的《经营证券业务许可证(副本)》(复印件)或中国人民银行颁发的《金融机构法人许可证(副本)》(复印件)。

3、实收资本及财务状况

(1)主要发起人经具有从事证券相关业务资格的会计师事务所审计的最近三年财务情况的审计报告；

(2)其他发起人由具有从业资格的会计师事务所出具的实收资本验资证明。

4、自律情况说明

主要说明：各发起人自律备案时间、自律承诺内容、备案期间遵守自律承诺情况等。

5、发起人行使股东权利、履行股东义务的情况说明

发起人是已设立的基金管理公司股东的，应就以下情况作出说明：已参股的基金管理公司名称、出资金额与比例、投资历年回收情况、向基金管理公司委派人员情况、行使股东权利与履行股东义务的情况等。

6、发起人与关联方关系说明

各发起人及其出资人与关联企业的产权关系说明与示意图，重点说明与证券公司等金融类企业或境内上市公司的关联关系。

(四)发起人协议

主要内容包括各发起人对拟设立基金管理公司的出资金额与比例、发起人的权利与义务、发起人对基金管理公司筹备组的授权等。

(五)筹备组成员情况

主要内容包括：筹备组成员名单、简历、身份证复印件、学历与学位证明复印件、最近3年遵规守法情况、以及2名以上金融、证券类机构高级管理人员或社会知名人士对筹备组成员的推荐信，还应提交至少2名筹备组成员过去3年内所从事证券投资管理的相关材料。

(六)基金管理公司设立先期准备工作情况说明

主要内容包括：相关法律法规的学习，对外交流与合作活动及效果，引进海外人才与人员培训等。

(七)公司章程(草案)。

(八)内部机构设置及职能。

(九)内部管理制度

主要包括内部合规控制、纪律程序、基金投资与风险管理的制度以及员工行为规范等。(十)具有从事证券法律业务资格的律师事务所及其律师对发起人协议、公司章程(草案)等出具的法律意见。

(十一)中国证监会依照有关法规或比照先例要求提交的其他补充材料。

附件二：

基金管理公司开业申请材料的内容与格式(试行)

一、申请材料的纸张、封面及份数

(一)纸张

应采用幅面为209×295毫米规格的纸张(相当于A4纸张规格)。

(二)封面

1、封面应标有"设立基金管理公司——开业申请材料"字样；

2、申请设立的基金管理公司名称；

3、正式报送申请材料的日期；

4、基金管理公司筹备组主要承办人姓名、联系方式。

(三)页码：应当置于每页下端居中，字符大小为五号，按内容分章节安排页码顺序，例如：1—4、2—26、3—58或者1—4—1、3—1—2、3—4—21 ······章节之间应当有分隔页。

(四)份数：申请材料一式3份，其中至少1份为原件。

二、开业申请材料目录与内容

(一)筹建情况说明

主要说明从业人员、注册资本、名称预核、办公场所及信息系统等有关筹建工作的完成情况。

(二)现场检查意见

主要包括：住所地中国证监会派出机构出具的有关拟设立基金管理公司注册资本、名称预核、办公场所及技术设施等的现场检查意见。

(三)拟任从业人员资格申请材料

主要包括：1、拟任独立董事、董事长、高级管理人员、督察员、基金经理的从业资格申请表、身份证复印件、学历与学位证明复印件、以及2名以上金融、证券类机构高级管理人员或社会知名人士对上述人员的推荐信。2、拟任公司高级管理人员、督察员、基金经理人员从事基金业务、证券业务及其他相关业务的证明。3、有限责任公司发起人关于选举董事、董事长、监事、高级管理人员、督察员的决议，或股份有限公司创立大会关于选举董事、监事的决议及董事会关于聘任董事长、高级管理人员、督察员的决议。

(四)拟任独立董事或基金经理的承诺书

拟任独立董事按照《关于完善基金管理公司董事人选制度的通知》的规定，对其资格、独立履行职责等作出承诺。

拟任基金经理比照《关于规范证券投资基金运作中证券交易行为的通知》的规定，对其履行职责、规范投资交易行为等作出承诺。

(五)筹建与开业申请材料的电子文档(存放于磁盘上，2份)。

(六)中国证监会依据有关法规或比照先例要求提交的其他材料。

附件三：

基金管理公司筹建审核专家评议会制度(试行)

第一章 总 则

第一条 为保证基金管理公司(以下简称"公司")设立审核工作的公开、公平、公正，推进公司设立审核制度的市场化改革，制定本制度。

第二条 公司筹建审核实行专家评议会制度。专家评议会委员由中国证监会根据候选人的专业素质、品行操守和社会声誉选定中国证监会会内的专业人士和会外的有关专家担任。

专家评议会对公司筹建申请以书面方式提出评议意见。中国证监会参照专家评议会的评议意见，依照法律、法规及有关规定作出是否批准公司筹建的决定。

第三条 中国证监会基金监管部门负责召集专家评议会议、送达有关申请材料、起草会议纪要、保管档案等具体工作。

第二章 专家评议会委员的职责、权利与义务

第四条 专家评议会委员的职责是，根据有关法律法规并参照国际资本市场基金运作实践，对公司筹建申请进行评议，就公司的发起人资格、可行性报告、发起人协议、筹备组成员的业务能力与职业操守、治理结构与内控机制等提出评议意见。

第五条 专家评议会委员依法履行职责时，享有下列权利：

(一)以个人身份参加评议会，独立发表意见，不受任何单位和个人的干涉。(二)通过中国证监会及其授权机构调阅履行职责所必需的公司筹建申请有关材料。

第六条 专家评议会委员在履行职责时，应当遵守下列规定：

(一)认真审阅公司筹建申请材料，按时参加评议会，客观、公正地发表专业性意见；

(二)不得利用所得到的非公开信息为本人或者他人直接或间接谋取利益；

(三)不得以评议会委员身份从事商业活动；

(四)保守申请人的商业秘密；

(五)不得对外透露专家评评议会议程、出席会议人员、讨论内容、审核意见及其他有关情况。

第七条 专家评议会委员在下列情况下，应当回避：

(一)委员或其亲属担任申请人或相关中介机构的董事、监事、高级管理人员的；

(二)有其他利害关系，可能影响其公正履行职责的。

前款第(一)项所称亲属，是指配偶、直系血亲、三代以内旁系血亲以及近姻亲。

第八条 专家评议会委员应当接受中国证监会的监督。

第三章 工作程序

第九条 每次参加专家评议会的委员的法定人数应当不少于7人，由中国证监会基金监管部门按照专业结构适当的原则选定。

申请人对委员的公正性有异议的，可提出要求相关委员回避的申请。中国证监会基金监管部门依据申请人提供的书面证据作出是否批准申请、更换委员的决定。

第十条 专家评议会采用"分别审阅、集中讨论"和"集中审阅、集中讨论"两种方式。

采用"分别审阅、集中讨论"方式时，中国证监会基金监管部门应当在会议召开的5个工作日前，将会议通知及有关材料送达与会委员。

采用"集中审阅、集中讨论"方式时，与会委员到指定地点集中审阅材料。

集中讨论由中国证监会基金监管部门的负责人召集，但其不参与投票表决事宜。

第十一条 专家评议会对筹建申请进行集中讨论时，拟任基金管理公司董事长、总经理等应当到会作现场陈述和答辩，有关的境外合作方代表和律师等也可随同到会，答辩方出席总人数不得多于7人。

第十二条 专家评议会应当在集中讨论结束后，向中国证监会提交书面评议意见。对有争议的重大事项，由出席会议的委员以投票方式进行表决，以三分之二以上委员的共同意见确定争议结果。有争议的重大事项的内容，由召集人确定。

第十三条 按照专家评议会的评议意见，属中国证监会依法不应当继续进行筹建审核工作情形的，申请人可以根据评议意见补充、修改申请材料或者作出书面解释，向中国证监会申请再次评议。中国证监会将另行选定7名以上专家召开评议会。

第十四条 按照再次进行的专家评议会的评议意见，仍属中国证监会依法不应当继续进行筹建审核工作情形的，中国证监会出具暂停审核或不予批准的书面文件。

关于基金管理公司重大变更事项有关问题的通知

各基金管理公司：

为加强对基金管理公司的监管，规范基金管理公司的重大变更行为，根据《中华人民共和国公司法》(以下简称《公司法》)和《证券投资基金管理暂行办法》(以下简称《暂行办法》)等法律、法规的规定，现就基金管理公司(以下简称公司)重大变更事项的有关问题通知如下：

一、公司办理重大变更事项，应当符合《公司法》等法律、法规的规定，并根据本通知的规定报中国证券监督管理委员会(以下简称中国证监会)批准或备案。

二、公司办理重大变更事项，有下列情形之一的，须报中国证监会批准：

(一)公司新增股东；

(二)公司变更注册资本、变更股东出资比例、变更股东人数；

(三)变更公司名称；

(四)变更公司住所；

(五)更换董事长、总经理和副总经理等主要负责人；

(六)设立、变更、撤销分公司。

三、公司办理重大变更事项，有以下情形之一的，须报中国证监会备案：

(一)未涉及第二条所列情形的公司章程修改的；

(二)设立、变更、撤销办事处。

四、公司办理须经中国证监会批准的重大变更事项，按以下程序进行：

(一)公司向中国证监会报送申请材料(见附件一、二)；

(二)获中国证监会批准后，依法向公司登记机关办理变更登记。

五、对报中国证监会批准的重大变更申请，中国证监会自正式受理申请之日起60个工作日内(不包括有关当事人修改、补充申报材料的时间)作出批准、暂停审核或者不予批准的决定。批准申请的，出具批复文件；暂停审核或不予批准的，书面通知申请人，并说明理由。

对涉及新增股东和出资比例最高、提名董事人数最多的股东变更申请的审核，中国证监会参照公司筹建审核的有关规定执行。

六、公司办理须向中国证监会备案的重大变更事项，按以下程序进行：

(一)向中国证监会报送备案材料(见附件三)；

(二)中国证监会收到备案材料满10个工作日未提出异议的，备案生效。

七、公司增加或减少注册资本、变更股东出资比例、更换股东和变更股东人数的，应遵守以下规定：

(一)公司的发起人，自公司成立起一年内不得转让出资；新增股东的，新增股东的出资一年内不得转让。执行法院判决或法律、法规另有规定及证监会批准的情况除外；

(二)涉及新增股东的，新增股东应当符合《暂行办法》规定的条件；出资比例最高、提名董事人数最多的股东应当是证券公司或信托投资公司；

(三)公司增加注册资本时，股东须以货币方式缴付出资，出资须经法定验资机构验资并出具证明。

八、公司变更董事长、总经理和副总经理等主要负责人的，按照基金从业人员资格管理的有关规定执行。

九、中国证监会可根据情况授权中国证监会有关派出机构、证券交易所对重大变更事项涉及的事项进行调查。

十、重大变更事项涉及基金管理公司法人许可证变更的，按有关规定向中国证监会申请办理公司法人许可证变更事宜。

十一、公司应当在重大变更事项办理完成后30日内公告。

十二、本通知适用于有限责任公司形式的基金管理公司。

十三、本通知自发布之日起实施。

附件：

一、基金管理公司重大变更事项申请材料的内容与格式(一)

二、基金管理公司重大变更事项申请材料的内容与格式(二)

三、基金管理公司重大变更事项备案材料的内容与格式

二○○二年三月二十一日

附件一：

基金管理公司重大变更事项申请材料的内容与格式(一)

一、申请材料的纸张、封面及份数

(一)纸张

应采用幅面为209×295毫米规格的纸张(相当于A4纸张规格)。

(二)封面

封面应标有"基金管理公司重大变更申请材"字样、具体变更事项和申请人名称。

(三)份数

申报材料一式3份，其中1份为原件。

二、申请材料目录

(一)申请报告

主要内容包括重大变更事项的内容、目的、必要性，对基金管理公司、基金资产的管理以及基金持有人等利益相关人的合法权益的影响。申请报告应当由有关当事人签字、盖章。

（二）股东会或董事会的决议，及对基金管理公司办理有关具体事项的授权书。

（三）有关当事人的情况

1、基本情况

主要内容包括公司名称、法定代表人、注册资本、住所、成立时间、批准机关、组织形式、经营范围及主要股东等；

2、法人资格及业务资格证明文件

主要包括企业法人营业执照（副本）（复印件）、经营证券业务许可证（副本）（复印件）或经营金融业务许可证（副本）（复印件）等；

3、实收资本及财务状况

（1）出资比例最高、提名董事人数最多的股东经审计的最近三年财务情况的审计报告；

（2）其他股东由具有证券从业资格的会计师事务所出具的实收资本验资证明。

4、基金管理公司股东与关联方关系说明

主要包括基金管理公司的各个股东及其出资人与关联企业的产权关系说明与示意图，重点说明与证券公司等金融类企业或上市公司的关联关系。

5、出资比例最高、提名董事人数最多的股东和新增股东的自律备案情况说明

主要说明：自律备案时间、自律承诺内容、备案期间遵守自律承诺情况等。申请前未办理自律备案事项的，应当说明其理由和相关法律依据，以及申请后的自律备案事项的安排。

6、如有关当事人是现有基金管理公司股东的，须对以下情况作出说明：已参股的基金管理公司名称、出资金额与比例、历年的投资回收情况、向基金管理公司委派人员情况、行使股东权利与履行股东义务的其他情况等。

（四）有关当事人的协议

各股东就重大变更事项签署的协议，包括出资金额与比例、权利与义务等。涉及基金管理公司股东的出资不足一年内转让的，还须附有关当事人就相关法律依据提交的书面说明。

（五）发生有关重大变更后公司全体股东对改善公司治理结构、加强内部合规控制、执行纪律程序、完善员工行为规范所提出的书面意见，以及董事会根据相关股东会决议所拟定的相关实施方案。

（六）公司章程修正案。

（七）具有从事证券法律业务资格的律师事务所及其律师对有关当事人协议、公司章程等出具的法律意见。

（八）中国证监会依照有关法规或比照先例要求提交的其他补充材料。

附件二：

基金管理公司重大变更事项
申请材料的内容与格式（二）

一、申请材料的纸张、封面及份数

（一）纸张

应采用幅面为209×295毫米规格的纸张（相当于A4纸张规格）。

（二）封面

封面应标有"基金管理公司重大变更申请材料"字样、具体变更事项和申请人名称。

（三）份数

申报材料一式2份，其中1份为原件。

二、申请材料目录

（一）申请报告

主要内容包括重大变更事项的内容、目的，对公司的合法权益和基金持有人等利益相关人的合法权益构成的影响等。申请报告应当由有关当事人签字、盖章。

（二）股东会或董事会的决议，及对基金管理公司办理有关具体事项的授权书。

（三）公司章程修正案。

（四）公司聘请的有证券从业资格的律师出具的法律意见书。

（五）中国证监会依照有关法规或比照先例要求提交的其他补充材料。

适用于本通知第二条第（三）、（四）、（六）项重大变更

附件三：

基金管理公司重大变更事项
备案材料的内容与格式

一、备案材料的纸张、封面及份数

（一）纸张

应采用幅面为209×295毫米规格的纸张（相当于A4纸张规格）。

（二）封面

封面应标有"基金管理公司重大变更事项备案材料"字样、具体变更事项和备案人名称。

（三）份数

备案材料一式2份，其中至少1份为原件。

二、备案材料目录

（一）备案说明

主要说明：办理备案的重大变更事项的内容，变更原因，对于修改公司章程的，还应说明修改后的公司章程是否对公司的合法权益、基金持有人等利益相关人的合法权益构成实质性影响。

（二）股东会或董事会决议。

（三）涉及修改公司章程的，须报送修改前和修改后的公司章程副本。

（四）公司聘请的有证券从业资格的律师出具的法律意见书。

（五）公司及有关当事人认为有必要提交中国证监会的其他文件。

关于证券公司办理开放式基金代销业务有关问题的通知

各证券公司：

为推动开放式基金的进一步发展，规范证券公司办理开放式基金代销业务，现就有关问题通知如下：

一、符合《开放式证券投资基金试点办法》（证监基金字〔2000〕73号，以下简称《试点办法》）和本通知要求的证券公司可以接受基金管理人的委托，办理开放式基金代销业务。

二、证券公司办理开放式基金代销业务，除符合《试点办法》规定的资格条件外，还应当具备如下条件：

（一）财务状况良好，经营行为规范，最近一年内无重大违法违规行为。

（二）基金持有人的认购、申购、赎回资金以基金名义单独立户管理，并全额存入托管银行。

（三）建立完善的基金持有人帐户和资金帐户管理制度，妥善保管基金持有人的开户资料，持有人资金的存取程序和授权审批制度完备。

（四）具备足够的营业网点和技术设备，技术系统管理规范、严格，有较强的系统开发、项目管理能力，最近一年内证券业务系统未发生过重大技术故障，并且具有代销开放式基金业务所必需的基金销售在线联网统计分析系统。

（五）已就开放式基金代销业务制定了完善的业务管理制度、内部合规控制制度、业务人员执业操守与行为规范、风险防范制度和应急处理措施。

三、符合《试点办法》和本通知要求的证券公司申请办理开放式基金代销业务，应当向中国证监会提出申请，并提交以下文件（一式三份，其中一份原件，二份复印件）：

（一）申请报告

1、简要介绍公司情况。

2、陈述是否符合《试点办法》和本通知规定的条件要求以及办理开放式基金代销业务准备情况。

3、公司办理开放式基金代销业务的可行性分析。

4、简要介绍公司办理开放式基金代销业务对公司的影响、存在的风险和所采取的对策。

（二）业务文件

1、公司专门管理开放式基金代销业务的部门情况以及负责开放

式基金代销业务的公司高级管理人员与业务人员的配备情况的说明。

2、公司营业网点总体情况的说明。

3、公司开办开放式基金代销业务的有关管理办法，主要包括：代销业务基本流程；代销业务资金清算流程与资金清算风险控制制度；代销业务帐户管理制度；代销业务人员守则；代销业务客户服务标准；代销业务合规控制制度及风险监控与防范制度；代销业务应急措施；代销业务会计核算办法等。

4、公司代销业务人员培训情况的说明。

5、公司电脑软硬件系统及其他技术设施情况的说明，包括对开放式基金销售在线联网统计分析系统的说明。

6、公司执行《客户交易结算资金管理办法》(中国证监会3号令)情况的说明。

7、公司最近一年内证券业务系统有无发生过重大技术故障情况的说明。

8、公司最近一年内有无重大违法违规行为、是否受过重大处罚情况的说明。

(三)其他文件

1、营业执照(复印件)。

2、经营许可证(复印件)。

3、中国证监会要求提交的其他材料。

四、中国证监会对上述申请材料进行审查，必要时可进行现场检查；对符合条件的，由中国证监会出具批复意见。

五、公司应当加强对开放式基金代销业务的管理，严格按照法律、法规的要求，从事基金销售活动。

(一)除基金契约或销售代理协议规定外，销售人员不得拒绝投资者的认购、申购或赎回申请。

(二)严禁向投资人进行有关基金投资风险和投资者收益的虚假陈述、欺骗性宣传，误导投资人买卖基金。宣传基金产品必须依据基金管理公司提供的产品介绍资料和基金的实际情况向投资人推介。

(三)销售人员必须严守基金持有人秘密，对投资人买卖基金的任何信息，必须严格保密，非经司法程序不得泄露。

(四)严禁在销售过程中从事损害基金投资人利益的活动。

六、公司在开展基金销售业务时，应将开放式基金代销协议、基金管理公司对公司从事该项业务活动的评价意见及相关业务情况报中国证监会备案。

七、在公司内部合规控制制度和员工行为规范方面，应当比照《证券投资基金规范运作指导意见第二号——关于代理证券投资基金销售业务的商业银行完善内部合规控制制度和员工行为规范的指导意见》(证监发(2001)150号)的有关规定执行。

八、本通知自下发之日起执行。

二〇〇二年七月一日

关于外商投资股份有限公司
非上市外资股转B股流通有关问题的补充通知

各省、自治区、直辖市及计划单列市外经贸委(厅、局)：

为推动境内证券市场的健康发展，进一步规范含有B股的外商投资股份有限公司非上市外资股转B股流通的行为，现就有关问题通知如下：

一、允许含有B股的外商投资股份有限公司非上市外资股转在B股市场上流通(以下简称非上市外资股转B股流通)。非上市外资股转B股流通必须严格按照外经贸部和中国证监会2001年10月8日发布的《关于上市公司涉及外商投资有关问题的若干意见》(外经贸资发(2001)538号)执行，不得越权审批。

二、前款所述外商投资股份有限公司是指根据《关于设立外商投资股份有限公司若干问题的暂行规定》(外经贸部1995年1号令)由外经贸部批准设立的外商投资股份有限公司及该暂行规定颁布前由外经贸部以《关于举办中外股份有限公司有关问题的通知》((1992)外经贸资综函字第374号)授权的部门批准设立的外商投资股份有限公司。未按规定设立的外商投资股份有限公司的非上市外资股不得转在B股市场上流通。

三、非上市外资股转B股流通除满足国家关于上市发行股票的要求外还应符合下列条件：

(一)申请人应为按规定和程序设立的外商投资股份有限公司；

(二)申请人应符合外商投资产业政策；

(三)拟转B股流通的非上市外资股股东如依照申请人章程、股东协议及其它法律文件和法律法规要求承担特殊义务和责任的(包括但不限于提供股东贷款、提供贷款担保、技术转让、商标许可等等)，应在履行完上述义务和责任后方可申请非上市外资股转B股流通；

(四)申请前两年内均已通过外商投资企业联合年检并连续赢利；

(五)拟转B股流通的非上市外资股股东持有该非上市外资股的期限超过一年；

(六)非上市外资股转为流通股后，其原股东继续持有的期限须超过一年。

四、非上市外资股转B股流通按以下程序办理：

(一)申请人向所在地省级外经贸主管部门提出申请；

(二)申请人所在地省级外经贸主管部门应在接到申请之日起15日内完成初审。审核同意的，转报外经贸部审查批准；不同意的，书面说明理由；

(三)外经贸部应在接到申请材料之日起30日内完成审批。对符合条件的，予以批准；不符合条件的，不予以批准并书面说明理由；

(四)申请人应在中国证监会批准非上市外资股转B股流通之日起30日内凭外经贸部批准文件和中国证监会批准文件到外经贸部变更《外商投资企业批准证书》。申请人如在外经贸部批准之日起1年内仍未获得中国证监会批准，原外经贸部批准文件自行失效；

(五)申请人应在《外商投资企业批准证书》变更之日起30日内向工商行政管理部门申请办理变更登记手续。

五、本通知第四条第(三)款所述的申请材料是指：

(一)申请人所在地省级外经贸主管部门的申报文件(含初审意见)；

(二)申请人关于非上市外资股转B股流通的申请书；

(三)申请人股东大会关于非上市外资股转B股流通的决议和关于章程修改的决议；

(四)申请人董事会决议；

(五)申请人章程修改草案(正本)及原章程(复印件)；

(六)拟转B股流通的非上市外资股股东关于是否承担特殊义务和责任的书面声明。承担特殊义务和责任的，应书面说明履行情况或书面承诺继续履行相关义务和责任；

(七)申请人申请前两年内联合年检证明；

(八)申请人申请前两年赢利证明(审计报告及纳税证明)；

(九)申请人出具的拟转B股流通的非上市外资股股东持有该非上市外资股的期限超过一年的书面证明；

(十)拟转B股流通的非上市外资股股东出具的关于非上市外资股转为流通股后继续持有一年以上的书面承诺；

(十一)申请人的《外商投资企业批准证书》和《营业执照》复印件。其中，暂行规定颁布前由外经贸部以《关于举办中外股份有限公司有关问题的通知》((1992)外经贸资综函字第374号)授权的部门批准设立的外商投资股份有限公司还应提供原审批部门的批准文件。

外经贸部

二OO二年八月十六日

关于向二级市场投资者配售新股有关问题的补充通知

上海、深圳证券交易所，中国证券登记结算有限责任公司，各具有主承销商资格的证券公司、资产管理公司：

为完善股票发行方式，促进证券市场稳定发展，我会于2000年发布了《关于向二级市场投资者配售新股有关问题的通知》(证监发行字[2000]5号)。以后，由于技术原因，此发行方式一度暂停。经过证券交易所及登记结算机构的努力，按市值配售新股的技术条件已经具备，现就恢复向二级市场投资者配售新股补充通知如下：

一、沪深两市投资者均可根据其持有的上市流通股票的市值自愿申购新股。

二、发行公司及其主承销商采用向二级市场投资者配售方式发行新股的，其基本原则是优先满足市值申购部分，在此前提下，配售比例应在50%至100%之间确定。

三、发行公司及其主承销商在招股意向书刊登后，根据市场情况或累计投标结果确定股票发行价格，并以此价格向二级市场投资者配售。

四、证券投资基金（包括开放式基金）可以参与申购和配售。投资者持有的基金暂不计入市值参与配售。

五、投资者以其持有的股票市值申购新股应当按照上海、深圳证券交易所和中国证券登记结算公司发布的相关规则和程序进行。

六、本通知自发布之日起实施。

二〇〇二年五月二十日

关于进一步完善境外上市外汇管理有关问题的通知

国家外汇管理局各省、自治区、直辖市分局、外汇管理部，深圳、大连、青岛、厦门、宁波市分局；中国证监会各证券监管办公室、办事处、特派员办事处；各境外上市分司：

为规范境外上市有关的外汇收支行为，加强对上市所筹资金的调回及结售汇的外汇管理，现将有关事宜通知如下：

一、本通知所称的境外上市外资股公司是指在境内注册、境外上市的公司，境外中资控股上市公司是指在境外注册、中资控股的境外上市公司。

二、境外上市外资股公司、境外中资控股上市公司的境内股权持有单位应在获得中国证监会关于境外发行股票及上市的批准后30天内，到外汇局办理境外上市股票外汇登记手续（登记表见附件）。办理上述手续时应提供下列文件：

（一）书面申请；

（二）营业执照和组织机构代码证（复印件）；

（三）中国证监会的批准文件（复印件）；

（四）初步招股说明书；

（五）第三条或者第四条规定的有关资金调回境内的计划；

（六）视情况需补充的其他材料。

三、境外上市外资股公司应在募集资金到位后30天内，将扣除相关费用后所余的资金调回境内，未经外汇局批准不得滞留境外。所调回的资金视同外商直接投资资金进行管理，经外汇局批准可以开立专户保留，也可以结汇。办理开户或结汇手续时应向外汇局提供下列文件：

（一）书面申请；

（二）正式招股说明书；

（三）境外上市股票外汇登记文件。

四、境外上市外资股公司和境外中资控股上市公司的境内股权持有单位通过减持上市公司股票、或者通过上市公司出售其资产（或权益）所得的外汇资金，应在资金到位后30天内，将扣除相关费用后的所余资金调回境内，未经外汇局批准不得滞留境外。该项资金调回后，应经外汇局批准结汇。办理结汇手续时应向外汇局提供下列文件：

（一）书面申请；

（二）正式招股说明书；

（三）有关的外汇登记文件；

（四）股票减持应得资金的测算说明；

（五）资产（或权益）的转让合同。

五、本通知第三条和第四条所述的外汇资金，在尚未调回境内之前，如需开立境外账户暂时存放募集资金的，可向外汇局申请开立境外专用外汇账户，期限最长为开立之日起3个月。

六、境外中资控股上市公司将所筹资金作为投资或者外债投入境内的，均应按现行的投资、外债外汇管理有关规定办理相应手续。

七、境外中资控股上市公司的境内股权持有单位向境外注入资产或权益的境外投资行为，应按规定办理境外投资外汇登记手续。拟注入的资产或权益应进行评估，境外投资的金额不得低于评估值，涉及国有资产的，需按国有资产管理部门的规定履行资产评估及确认程序。

八、境外上市外资股公司如需回购本公司境外上市流通的股份，应在获得中国证监会批准后，到外汇局办理境外上市股票外汇登记变更及相关的境外开户和资金汇出核准手续。

九、本规定颁布之前已上市的境外上市外资股公司、境外中资控股上市公司的境内股权持有单位可于本通知发布之日起3个月内到外汇局补办境外上市股票外汇登记手续。

十、境内机构以境内注册、境外私募，或者境外注册、境外私募的方式进行境外股权融资的，以及以其他类似方式进行境外股权融资的，参照上述原则办理外汇管理有关手续，办理时应提供私募方案等相关材料。

十一、本通知由国家外汇管理局和中国证监会负责解释。

十二、本通知自2002年9月1日起施行，原国家外汇管理局发布的《关于境外上市企业外汇账户开立与使用有关问题的通知》（(97)汇资函字第139号）同时废止。

关于对存在股票终止上市风险的公司加强风险警示等有关问题的通知

各上市公司：

为保护投资者合法权益，降低市场风险，根据《公司法》、《证券法》、《亏损上市公司暂停上市和终止上市实施办法（修订）》、《关于执行＜亏损上市公司暂停上市和终止上市实施办法（修订）＞的补充规定》、《上海证券交易所股票上市规则》（以下简称"《上市规则》"）等的有关规定，现就股票存在终止上市风险的公司有关风险警示等问题通知如下：

一、存在股票终止上市风险的公司，本所对其股票交易实行"警示存在终止上市风险的特别处理"（以下简称"退市风险警示"），以充分揭示其股票可能被终止上市的风险。公司在特别处理期间的权利和义务不变。

二、有下列情形之一的，为存在股票终止上市风险的公司：

（一）最近两年连续亏损的（以最近两年年度报告披露的当年经审计净利润为依据）；

（二）财务会计报告因存在重大会计差错或虚假记载，公司主动改正或被中国证监会责令改正，对以前年度财务会计报告进行追溯调整，导致最近两年连续亏损的；

（三）财务会计报告因存在重大会计差错或虚假记载，中国证监会责令其改正，在规定期限内未对虚假财务会计报告进行改正的；

（四）在法定期限内未依法披露年度报告或者半年度报告（以下简称"定期报告"）的；

（五）处于股票恢复上市交易日至其恢复上市后第一个年度报告披露日期间的公司；

（六）本所认定的其他情形。

三、本通知所称"退市风险警示"是在《上市规则》第九章"特别处理"中增加的一类特别处理，具体措施是在公司股票简称前冠以"*ST"标记，以区别于其它公司股票。在退市风险警示期间，股票报价的日涨跌幅限制为5%。在股票交易被实施退市风险警示的情形消除之后，上市公司应当向本所申请撤销该特别处理，并应按照本所要求在撤销退市风险警示的前一交易日做出公告，公告日其股票及衍生品种停牌一天，自复牌之日起本所撤销其股票简称中的"*ST"。公司股票交易其他特别处理措施的实行和撤销依据《上市规则》第九章的规定。

四、出现本通知第二条第（一）、（二）款情形的，上市公司应当在收到审计报告之日起两个工作日内向本所报告。本所在公司披露该年度报告当日对其股票及其衍生品种停牌一天；披露日为非交易日的，则于披露后的第一个交易日停牌一天。自复牌之日起，对其股票交易实行退市风险警示。

上市公司股票被实行退市风险警示后第一个年度报告经审计的净利润为正值，且未出现《公开发行证券的公司信息披露编报规则第14号—非标准无保留审计意见及其涉及事项的处理》第七条规定情形和《上市规则》第十章规定的暂停上市情形的，公司应当自收到该年度审计报告之日起两个工作日内向本所报告，本所自公司披露该年度报告后两个工作日内做出撤销退市风险警示的决定。

上市公司实行退市风险警示后第一个年度报告经审计的净利润为正值，但出现《公开发行证券的公司信息披露编报规则第14号—非标准无保留审计意见及其涉及事项的处理》第七条规定情形的，自公司披露该年度报告之日起，本所对其股票及其衍生品种停牌，上市公司应当在本所规定的期限内予以改正。公司改正后的净利润仍然为正值，且不存在《上市规则》第十章规定的暂停上市情形的，本所于公司披露改正的财务会计报告后两个工作日内做出撤销退市风险警示的决定。上市公司在其股票交易被实行退市风险警示后的第一个年度出现《上市规则》第十章规定的暂停上市情形之一的，本所按照《上市规则》第十章的规定做出暂停上市决定。

五、上市公司出现本通知第二条第(三)款情形的，应当在收到有关责令改正决定的次日做出公告，本所自公告日起对其股票及其衍生品种停牌。在规定的改正期限内，公司应当至少发布三次风险提示公告。自公司收到责令改正决定之日起两个月内，公司未能披露经改正的有关财务会计报告的，本所自期满次日起对其股票复牌并实行退市风险警示。

股票被实行退市风险警示的上市公司，如在两个月内披露经过改正的财务会计报告，且不存在本通知第二条所述情形的，本所自公司披露相关报告后两个工作日内做出撤销退市风险警示的决定。

股票被实行退市风险警示的上市公司，如在两个月内仍未能披露经改正的财务会计报告的，本所自期满次日起对公司股票停牌，并在停牌后十个工作日内做出公司股票暂停上市的决定；暂停上市两个月内公司仍未能披露经改正的有关财务会计报告的，本所在期满后十个工作日内做出终止上市决定。在暂停上市后两个月内披露经改正的有关财务会计报告的，且不存在《上市规则》第十章规定的股票应予暂停上市和终止上市情形的，本所自公司披露相关报告后十个工作日内做出恢复上市的决定。

六、上市公司出现本通知第二条第(四)款情形的，自法定披露期限结束之日起，本所对其股票及其衍生品种停牌两个月。在停牌期间上市公司应当至少发布三次风险提示公告。自法定披露期限结束之日起两个月内，公司仍未能披露定期报告的，本所自到期次日起对其股票复牌并实行退市风险警示。

自实行退市风险警示后两个月内公司披露了定期报告，且不存在本通知第二条所述其他情形的，本所自公司披露定期报告两个工作日内做出撤销退市风险警示的决定。

自实行退市风险警示后两个月内公司仍未披露定期报告的，本所自期满后的次一交易日起对公司股票及其衍生品种停牌，并在停牌后十个工作日内做出暂停上市的决定。

在暂停上市后两个月内公司披露定期报告的，且不存在《上市规则》第十章规定的股票应予暂停上市和终止上市情形的，本所自公司披露定期报告后十个工作日内做出股票恢复上市的决定。

在暂停上市后两个月内公司未披露定期报告的，在期满后十个工作日内本所对其股票作出终止上市的决定。

七、上市公司存在本通知第二条第(五)款情形的，自公司股票恢复上市之日起，对其股票交易实行退市风险警示。

恢复上市后的第一个年度报告披露后，公司不存在《上市规则》第十章规定的终止上市情形的，自公司披露该年度报告后两个工作日内本所做出撤销退市风险警示的决定。

八、本《通知》自二OO三年五月八日起执行。

上海证券交易所

二〇〇三年四月二日

上海证券交易所合格境外机构投资者证券交易实施细则

第一章 总 则

第一条 为了规范合格境外机构投资者在上海证券交易所(以下简称本所)从事的证券交易活动，维护证券市场秩序，根据《合格境外机构投资者境内证券投资管理暂行办法》(以下简称《暂行办法》)的相关规定，制定本实施细则。

第二条 合格境外机构投资者(以下简称合格投资者)在本所的证券交易活动适用本实施细则。本实施细则未作规定的，适用本所《交易规则》及其他相关业务规则的规定。

第三条 本所依法对合格投资者的证券交易活动实行实时监控。

第二章 合格投资者投资运作管理

第四条 合格投资者应当委托一家具有本所会员资格的境内证券公司办理相关证券交易业务。

第五条 当合格投资者出现下列情形之一时，作为其资产托管人的境内商业银行(以下简称托管人)应当在该事实发生之日起五个工作日内将有关情况报本所备案：(一)取得证券投资业务许可证；(二)投资额度获批准并取得外汇登记证；(三)指定或变更托管人；(四)指定或变更代理进行境内证券交易活动的证券公司；(五)变更机构名称或法定代表人；(六)增加或减少注册资本；(七)涉及诉讼或在境外受到重大处罚；(八)证券投资业务许可证或外汇登记证未通过年检；(九)因违反《暂行办法》受到中国证监会、中国人民银行或国家外汇局处罚；(十)本所认定的其他情形。

第六条 合格投资者从事境内证券交易的持股比例，每一合格投资者持有单个上市公司挂牌交易A股数额不得高于该公司总股本的10%，所有合格投资者持有同一上市公司挂牌交易A股数额合计不得高于该公司总股本的20%。

第七条 所有合格投资者持有同一上市公司挂牌交易A股数额合计达到该公司总股本的16%及其后每增加2%时，本所于该交易日结束后通过本所网站公布合格投资者已持有该公司挂牌交易A股的总数及其占公司总股本的比例。

第八条 当日交易结束后，如遇单个合格投资者持有单个上市公司挂牌交易A股数额超过限定比例的，本所将向其委托的证券公司及托管人发出通知，合格投资者自接到减持通知之日起的五个交易日内予以平仓，以满足持股限定比例要求。

第九条 当日交易结束后，如遇所有合格投资者持有同一上市公司挂牌交易A股数额合计超过限定比例的，本所将按照后买先卖的原则确定平仓顺序，并向其委托的证券公司及托管人发出通知，合格投资者自接到通知之日起的五个交易日内作出相应处理，以满足持股限定比例要求。若五个交易日内遇其他合格投资者自行减持导致上述持股总数降至限定比例以下的，被通知减持的合格投资者可向本所申请继续持有原股份。

第十条 受托证券公司应当勤勉尽责。如发现合格投资者的证券交易活动存在违规行为，应当及时向本所报告。

第三章 违反本实施细则的处理

第十一条 合格投资者违反本实施细则，对超过持股限定比例的股份未按规定进行处理的，本所及登记结算公司有权通知受托的证券公司及托管人实施平仓，并可对该合格投资者予以警告、公开谴责等处分，情节严重的，报中国证监会查处。

第十二条 合格投资者违反本实施细则第五条规定，不及时向本所备案的，本所可对该合格投资者予以警告、公开谴责等处分，情节严重的，报中国证监会查处。

第十三条 受托的证券公司违反本实施细则，未尽勤勉尽责义务的，本所有权依据有关业务规则的规定予以相应处分。

第四章 附 则

第十四条 因技术原因，合格投资者暂不能参与国债回购和企业债券的交易。

第十五条 本实施细则报中国证监会批准后生效，修改时亦同。本实施细则自公布之日起实施。

第十六条 本实施细则由本所负责解释。

上海证券交易所

二零零二年十二月一日

上海证券交易所会员业务规范指引

第一章　总　则

第一条　为强化上海证券交易所(以下简称"本所")会员自律意识,明确会员与证券密切相关的行为规范,维护投资者利益,促进证券市场发展,依据《上海证券交易所会员自律准则》及本所有关业务规则,制定本指引。

第二条　本指引由本所会员、特别会员自觉遵守。

第二章　交易业务指引

第三条　在中国证券监督管理委员会(以下简称"证监会")许可的业务范围内,经营证券业务。

第四条　在证券交易活动中,会员与客户签订证券委托买卖协议。协议内容包含本所规定的必备条款。提供自助委托的,应与客户明确双方的权利和义务。委托系统应详细记录自助委托过程和内容。

第五条　向客户揭示证券买卖风险,包括但不限于委托方式风险、交易市场发生不可抗力风险、偶发事故风险。

第六条　严格执行本所全面指定交易制度,与客户明确在指定交易中双方的权利和义务。除客户有未履行交易交收义务等情况,不以任何理由拖延或拒绝办理投资者撤销指定交易申请。

第七条　按照接受客户委托的先后顺序,向交易主机申报。

第八条　接受客户限价委托的,按限价或低于限价买入证券,按限价或高于限价卖出证券;接受客户市价委托的,按市场价格买卖证券。

第九条　允许客户撤销委托中未成交部分,在确认撤销后,及时向客户返还相应资金或证券。

第十条　在营业场所及时、完整地公布证券交易即时行情、股价指数、市场公告等信息。未经本所许可,不将上述信息提供给机构和个人从事经营活动。

第十一条　采取开设电话查询、网络查询和张贴公告等形式,向客户及时公布新股配号结果、中签结果和缴款时限。为客户代理新股缴款,应与客户明确双方的权利和义务。变更新股缴款时限,应履行通知义务。在新股业务中,不进行虚假配号或其他欺诈行为。

第十二条　遵守国债买卖的有关规定,不为客户开立证券二级账户。

第十三条　建立交易数据库,并向客户提供证券、资金对帐服务。在营业时间应受理客户查询。

第十四条　在营业场所,安排人员接受客户咨询。

第十五条　采取有效措施,妥善保存证券交易委托资料、证券帐户数据、交易记录等文件,保存期限不少于15年。

第十六条　建立客户投诉制度,妥善处理交易纠纷。接受客户投诉和处理交易纠纷,应制作书面记录。如交易纠纷影响正常交易的,应及时向本所报告。

第十七条　对客户的收费项目、收费标准应符合有关规定。

第十八条　在依法设立的营业场所接受客户证券买卖委托,未经允许不为非本所会员从事经纪业务提供便利。

第十九条　遵守法律、法规,不在证券经营中进行不正当竞争。

第二十条　在证券交易活动中,不采取内幕交易、操纵市场或其他违法手段获取利益或者转嫁风险。

第二十一条　不私自或者假借客户名义买卖客户帐户上的证券,不为牟取佣金收入诱使客户进行不必要的证券买卖。

第二十二条　遵守与本所业务相应的证券登记结算机构的业务规则,履行登记、结算等义务。

第三章　交易系统和通信系统技术指引

第二十三条　严格遵守证监会和本所的技术规范和要求,建立交易系统和通信系统。

第二十四条　交易系统、通讯系统的硬件配置、软件安装和数据接口应符合本所技术规范。

第二十五条　按照本所要求,及时对交易系统、通讯系统相关软件和硬件进行升级、测试。

第二十六条　交易系统、通讯系统关键设备应具有容错性,制定故障、病毒定期检测的操作制度。交易系统、通讯系统关键设备有备品备件。

第二十七条　交易系统和通信系统的机房环境及供电系统符合相关要求。

第二十八条　遵守本所要求,安装、使用交易系统、通讯系统专用设备,不擅自接入其他网络和设备。

第二十九条　柜面系统应达到下列要求:(一)进行证券帐户的指定及撤销;(二)区别指定交易与一般买卖委托指令;(三)对每一笔委托申报,实施证券和资金的前端明细核查;(四)准确、及时反映所有出错信息,并立即作出相应处理;(五)本所规定的其他要求。

第三十条　每个席位至少具备一种通信备份手段,并定期进行测试和演练,实现通信系统的天、地备份。

第三十一条　遵守双向卫星小站安装和使用要求,按规定及时办理无线电台执照。

第三十二条　建立交易数据、系统数据备份制度,重要数据应当异地备份。

第三十三条　参加本所组织的交易系统和通讯系统测试,并及时反馈测试结果。测试前做好系统备份,测试后做好系统恢复,确保交易正常进行。

第三十四条　定期检查交易系统、通信系统,建立处理系统故障和异常情况的应急制度。

第四章　与证券交易相关的内部控制指引

第三十五条　加强内部管理,建立严格的内部控制制度,设立专门机构,负责内部稽核、营业部管理、资金清算及信息系统管理等工作。

第三十六条　建立交易监测、交易预警和交易反馈机制,完善相关的安全设施。

第三十七条　建立规范的自营业务、经纪业务和受托投资管理业务的分类管理体系和制度。

第三十八条　自营业务应符合下列要求:(一)对自营业务进行集中管理,建立严格的授权管理制度;(二)设置专门管理人员和专用交易终端从事自营业务;(三)制定具体的风险控制措施,审核自营指令,并建立自营交易记录;(四)本所规定的其他要求。

第三十九条　交易系统、通信系统的运行和维护应达到以下要求:(一)制定严格的安全管理制度;(二)明确业务操作、技术维护等方面的职责;(三)技术与业务分离、前台与后台分离、网络与数据分离;(四)及时进行业务技术检查;(五)本所规定的其他要求。

第四十条　严格管理与证券交易相关的数据,保证数据的安全、真实和完整,严格执行计算机交易数据的授权修改程序,并坚持数据的定期查验制度。

第四十一条　加强单向卫星数据接收的加密和席位操作员密码管理,由不同人员保管数据库和操作系统的密码口令,并定期更新。

第四十二条　设立专人负责接收本所以报刊、网站、卫星、书面函件等形式发布的各类技术和业务通知,对于新的交易品种和业务变化,应及时作好技术和业务准备。

第五章　会员会籍业务和报告指引

第四十三条　遵守本所的席位管理规定,转让、出租席位必须按照有关管理规定报本所审批。未经本所许可,不将席位以出租或承包等形式交由他人使用。

第四十四条　会员交易席位的任何变更,涉及指定交易的,应按下列规定之一处理:(一)及时通知有关投资者办理撤销指定交易的手续;(二)向本所申请将被变更席位的指定交易证券帐户的指定交易予以全部撤销,但必须及时通知投资者;(三)向本所申请将被变更席位指定交易证券帐户全部转移于另一席位予以指定。

第四十五条　及时向本所报送席位共用情况,在日常交易中按《共用席位情况登记表》中约定进行交易申报。

第四十六条　加强对交易员行为的规范与管理,努力提高交易员的业务素质和职业道德。

第四十七条　指派高级管理人员担任会员代表,负责会员与本所的联络。

第四十八条　指定专门部门归口管理会籍业务、履行报告义务。会员信息资料报送应及时、准确、完整。

第四十九条　按有关要求履行下列定期报告义务:(一)每月前10个工作日内向本所报送上月统计报表数据;(二)每年1月15日前报送上年未经审计年报;(三)每年4月30日前报送上年经审计年报和本所要求的年度检查材料;(四)本所规定的其他定期报告义务。

第五十条　有下列情况之一的,在5个工作日内向本所报告:(一)修改章程;(二)合并或分立;(三)改制、增资扩股;(四)变更业务范围;(五)法定代表人或高级管理人员发生变更;(六)公司前十名或持股5%以上股东变动;(七)收购或转让营业网点;(八)资金、财务、人事等管理制度及各类业务风险控制制度发生重大变化;(九)发生重大担保事项;(十)发生重大亏损、重大债权债务发生收回或支付困难;

（十一）发生证券资金交收透支；（十二）财务指标已达证监会规定的风险预警线；（十三）发生重大诉讼、仲裁事项；（十四）发生重大违法、违规事件；（十五）变更名称、住所、办公场所、营业地址、联系电话及传真；（十六）证监会和本所规定的其他事项。

第五十一条 特别会员依据本所相关业务规则履行报告义务。

第五十二条 按规定向本所交纳席位费、交易手续费及其他费用。

第六章 附 则

第五十三条 依据本指引内容开展业务自查，并配合本所检查。

第五十四条 本指引未尽事宜，由本所修订补充。

第五十五条 本指引经本所理事会通过后生效。修改时亦同。

第五十六条 本指引由本所负责解释。

上海证券交易所会员自律准则

第一条 为强化上海证券交易所（以下简称"本所"）会员自律意识，规范证券市场秩序，促进证券市场发展，维护投资者利益，依据《上海证券交易所章程》及本所其他业务规则，制定本准则。

第二条 本准则由本所会员、特别会员自觉遵守。

第三条 依法合规经营，遵守本所业务规则。

第四条 诚实信用，自觉遵守职业道德，维护证券市场秩序。不开展不正当竞争，不以违法手段获取利益或者转嫁风险。

第五条 在经纪业务和其他受托业务中，勤勉尽责，切实保障客户的合法权益。

第六条 严格执行全面指定交易制度，与客户明确在指定交易中双方的权利和义务，不故意拖延或拒绝办理客户撤销指定交易的申请。

第七条 在营业场所提供多种方式的信息查询和咨询服务。

第八条 建立客户投诉和交易纠纷的处理机制，并制作书面记录。

第九条 采取有效措施，妥善保存证券交易委托资料、证券帐户数据、交易记录等文件。

第十条 对客户的收费应符合相关规定。

第十一条 遵守本所技术规范要求，制定和完善安全管理制度，保证交易系统和通信系统安全运行。

第十二条 加强技术风险防范，并对交易系统和通信系统建立必要的备份机制。

第十三条 定期检查交易系统和通信系统，建立系统故障和异常情况处理的应急制度。

第十四条 加强内部管理，建立严格的内部控制制度和信息系统管理制度，切实执行自营业务、经纪业务和受托投资管理业务的分类管理要求，防范风险。

第十五条 加强对从业人员的培训、管理和监督，提高从业人员的业务素质和职业道德。

第十六条 遵守本所会籍和席位管理等制度，保障正常的交易秩序。

第十七条 自觉接受和配合本所的日常监管，严格执行报告制度，及时、准确、完整地向本所履行报告义务。

第十八条 按规定向本所交纳席位费、交易手续费及其他费用。

第十九条 对本准则的执行情况进行自我检查、相互监督，并配合本所检查。

第二十条 本准则经本所理事会通过后生效。修改时亦同。

第二十一条 本准则由本所负责解释。

上海证券交易所关于实施"试行国债净价交易"有关事宜的通知

各会员单位：

根据财政部、中国人民银行和中国证券监督管理委员会《关于试行国债净价交易有关事宜的通知》（财库[2001]12 号）精神，现将有关事宜通知如下：

一、实施"试行国债净价交易"时间从 2002 年 3 月 25 日（星期一）起实施。

二、净价交易概念净价交易是指在现券买卖时，以不含有自然增长应计利息的价格报价并成交的交易方式。在净价交易条件下，由于国债交易价格不含有应计利息，其价格形成及变动能够更加准确地体现国债的内在价值、供求关系及市场利率的变动趋势。

三、实行国债净价交易后，应计利息额的计算方法

应计利息额＝票面利率÷365（天）×已计息天数

上述公式各要素具有以下含义：

1、应计利息额：零息国债是指发行"起息日"至"成交日"所含利息金额；附息国债是指本付息期"起息日"至"成交日"所含利息金额。

2、票面利率：固定利率国债是指发行票面利率；浮动利率国债是指本付息期计息利率。

3、年度天数及已计息天数：1 年按 365 天计算，闰年 2 月 29 日不计算利息；已计息天数是指"起息日"至"成交日"实际日历天数。

4、当票面利率不能被 365 天整除时，计算机系统按每百元利息额的精度（小数点后保留 8 位即数据类型位为 N15.8）计算；交割单所列"应计利息额"按"4 舍 5 入"原则，以元为单位保留 2 位小数列示。

5、国债交易计息原则是"算头不算尾"，即"起息日"当天计算利息，"到期日"当天不计算利息；交易日挂牌显示的"每百元应计利息额"是包括"交易日"当日在内的应计利息额；若国债持有到期，则应计利息额是自"起息日"至"到期日"（不包括到期日当日）的应计利息额。

四、国债净价交易遵循的原则

实行国债净价交易仍将遵守本所现行的交易规则，其次：

1、实行净价申报和净价撮合成交，以成交价格和应计利息额之和作为结算价格。

2、国债净价交易以每百元国债价格进行报价，应计利息额按每百元国债所含利息额列示。

3、报价系统和行情发布系统同时显示净价价格和应计利息额。

4、在场内申报终端和各证券营业部的行情系统显示的"应计利息额"均为参考值，各会员单位应以中国证券登记结算有限责任公司上海分公司公布的"当日国债品种应计利息额"数据文件的数据为准进行资金清算。

5、交易清算及交割单打印系统，应自动计算应计利息额并在交割单上分别列明"结算价"、"净价"及"应计利息额"。

国债净价交易是新的交易方式，对证券市场和相关领域会产生较大影响，因此，各有关单位应遵循积极稳妥的原则，按要求做好各项准备工作，确保试行国债净价交易的顺利实施。

附件：

上海证券交易所国债净价交易技术方案

根据中国证监会和国家财政部的要求，本所将试行国债的净价交易制度。为了配合该制度的平稳实施，本所研究制定了相关的技术方案。

一、本所试行国债净价交易遵循的原则

1、实行净价申报和净价撮合成交，以成交价格和应计利息额之和作为结算价格。

2、报价系统和行情发布系统应同时显示净价价格和应计利息额，本所的国债交易以每百元国债价格进行报价，应计利息额也按每百元国债所含利息额列示。

二、技术准备

1、券商参与国债交易以净价申报，即场内交易大厅和场外报盘中国债的申报价应输入净价。本所同样以净价撮合成交，成交价亦为净价。在场内交易大厅的申报终端和大屏上增加显示每百元国债所含利息额。交易所发布的国债即时成交回报中的价格和金额为净价价格和以净价价格计算的成交金额。

2、为方便参与国债交易的市场各方揭示国债利息信息和计算国债结算价，中国证券登记结算有限责任公司上海分公司将通过 PROP2000 平台把当日每百元国债应计利息额文件发送给券商（具体参照中国证券登记结算有限责任公司上海分公司另行发布的通知）。同时，本所也将通过卫星广播系统和本所网站及时将当日每百元国债应计利息额文件发送给券商，该文件的格式附后说明。

3、收市后本所发给券商的成交库中的国债成交价为国债净价，国

债成交金额为以国债净价计算的成交金额。清算库中国债的成交金额亦为以净价计算的成交金额。成交库和清算库的格式保持不变。

4、券商可以根据中国证券登记结算有限责任公司上海分公司发送的清算文件进行清算(具体参照中国证券登记结算有限责任公司上海分公司另行发布的通知),也可根据本所的成交文件、清算文件和当日国债应计利息额文件,计算出结算价(结算价＝净价＋应计利息额)。

上海证券交易所

二○○二年三月十八日

上海证券交易所境外特别会员管理暂行规定

第一章 总 则

第一条 为规范境外证券经营机构驻华代表处申请成为上海证券交易所(以下简称"本所")境外特别会员的行为,加强对境外特别会员(以下简称"特别会员")的管理,根据《证券交易所管理办法》第四十一条之规定,制定本暂行规定。

第二条 符合条件的境外证券经营机构驻华代表处(以下简称"代表处"),经向本所申请,并获批准,可以成为本所的特别会员。

第三条 本所依据国家有关法律、法规、规章和本所章程、规则对特别会员进行监督管理。

第四条 在华设有多家代表处的境外证券经营机构,应选择其中一家代表处申请成为本所的特别会员。

在华设有总代表处的,应当由总代表处申请成为本所特别会员。

第二章 特别会员的申请

第五条 代表处申请成为特别会员的,须具备以下条件:

(一)依法设立且满一年;

(二)承认本所章程和业务规则,接受本所监管;

(三)其所属境外证券经营机构具有从事国际证券业务经验,且具有良好的信誉和业绩;

(四)代表处及其所属境外证券经营机构最近一年无因重大违法违规行为而受主管机关处罚的情形。

第六条 申请成为特别会员,须向本所提供以下文件:

(一)其所属境外证券经营机构出具的同意由该代表处作为申请主体的授权书;

(二)代表处首席代表或总代表签署的申请书;

(三)中国证监会颁发的批准设立证书;

(四)其所属境外证券经营机构所在国或地区有关主管当局核发的营业执照(复印件)或合法开业证明;

(五)其所属境外证券经营机构的公司章程;

(六)其所属境外证券经营机构出具的对代表处以特别会员身份从事的有关活动承担法律责任的承诺函;

(七)本所要求提交的其他文件。以上文件,凡用外文书写的,应附相应中文译本,如两文本有歧义,以中文文本为准。

第七条 本所受理上述申请文件后,发给申请者正式申请表、代表处所属境外证券经营机构基本情况表。申请者应自接到以上表格之日起 1 个月内填好并将其交送本所。

第八条 本所收到以上表格材料后,在 3 个月内做出是否接纳其申请的决定。

同意接纳的,本所发给批复;不同意接纳的,应说明理由并退回申请文件。

第九条 特别会员应指定其首席代表或其他代表为联络人,专司与本所的联络工作,负责处理特别会员、其所属境外证券经营机构与本所的相关业务。

第三章 特别会员的权利、义务

第十条 特别会员享有以下权利:

(一)列席本所会员大会;

(二)向本所提出相关建议;

(三)接受本所提供的相关服务;特别会员除享有以上权利外,不享受本所会员的其他权利。

第十一条 特别会员承担以下义务:(一)遵守国家相关法律法规、规章和本所章程、规则及其他相关规定,执行本所决议;

(二)接受本所年度检查和临时检查,提交年度工作报告和其他重大事项变更报告;

(三)及时协调、联络所属境外证券经营机构与本所有关的业务与事务;

(四)按本所规定交纳会员费及相关费用;

(五)其他相关的义务。会员费及相关费用的收取标准、数额和范围等由本所理事会规定和调整。

第十二条 特别会员所属境外证券经营机构发生下列重大事项,特别会员应当在境外证券经营机构公告后或做出相关决定后的二个工作日内向本所书面报告:

(一)章程、注册资本或注册地址变更;

(二)发生破产清算、撤销或合并,或主要负责人变动;

(三)发生严重经营损失;

(四)因违法、违规行为受到其主管机构或行业协会处罚;

(五)做出撤销其在华代表处或退出本所的决定。

第十三条 特别会员发生下列重大事项,应在该事项发生后五个工作日内向本所书面报告,同时应附该事项变更的有关文书复印件。

(一)登记地址发生变更;

(二)首席代表、副代表及联络人发生变更;

(三)代表处变更为总代表处;

(四)因违法、违规行为受到主管机构处罚。

第四章 特别会员管理与处分

第十四条 特别会员可以申请终止会籍,申请时应向本所提交以下文件:

(一)境外证券经营机构出具的决定终止代表处特别会员会籍的文件;

(二)首席代表或总代表签署的终止代表处特别会员会籍的申请书;以上文件,凡用外文书写的,应附相应中文译本。

第十五条 上条所述申请,经本所审查同意后,特别会员的会籍立即终止。

第十六条 特别会员违反有关法律、法规、本所章程、规则和本规定的,本所可以责令其改正,并视情节轻重单处或并处以下处分:

(一)警告;

(二)会员范围内通报批评;

(三)在中国证监会指定报刊公开批评;

(四)取消会籍。

第十七条 特别会员有以下情形之一的,本所可以取消其会籍:

(一)因重大违法、违规行为受到主管机构处罚的;

(二)拖欠本所规定应交费用达半年以上的;

(三)连续两年定期检查被列为不合格的;

(四)不执行本所相关决议,或不履行有关事项的报告义务,并经本所督促,仍拒不执行或履行的;

(五)特别会员所属境外证券经营机构发生破产、清算或者合并。

第十八条 特别会员对第十七条的处分决定有异议的,可自接到处分决定通知之日起 15 日内向本所理事会申请复议,复议期间处分决定不停止执行。

第五章 附 则

第十九条 代表处申请成为特别会员的有关事项,在本所章程作出相关修订之前,按本暂行规定执行;在章程作出相关修订之后,按章程执行。

第二十条 本规定经本所理事会通过并报中国证监会批准后生效。

第二十一条 本规定由本所负责解释。

第二十二条 本规定自发布之日起施行。

上海证券交易所境外证券经营机构申请B股席位暂行办法

第一条 为适应境外证券经营机构参与上海证券交易所(以下简称"本所")市场业务的需求,规范其直接参与本所B股交易活动,依据《证券交易所管理办法》及本所章程等相关规定,制定本办法。

第二条 境外证券经营机构直接从事本所B股交易,须向本所申请B股席位,并提交下列材料:

(一)境外证券经营机构董事会授权代表签署的B股席位申请书;

(二)中国证券监督管理委员会(以下简称"中国证监会")颁发的《经营外资股业务资格证书》(副本);

(三)境外证券经营机构所在国或地区有关主管当局核发的营业执照(复印件)或合法开业证明;

(四)境外证券经营机构所在国或地区有关主管当局颁发的经营证券业务许可证(副本);

(五)境外证券经营机构公司章程;

(六)境外证券经营机构高级管理人员及业务人员简历;

(七)境外证券经营机构经当地会计师事务所审计的最近一年的财务报告,

(八)境外证券经营机构同意交易所对其交易行为进行监管的承诺函。

以上文件,凡用外文书写的,应附相应中文译本,两文本存在歧义的,以中文译本为准。

第三条 境外证券经营机构的交易代表,须配备至少2名熟悉B股交易业务的负责人员为联络人专司与本所进行联络、处理相关业务。

第四条 本所受理上述申请材料后,在1个月内向境外证券经营机构发出同意或不同意的批复通知。

如为不同意批复通知,本所说明理由并退回申请材料。

第五条 申请人在收到本所的同意批复后,即可向本所交纳B股席位费和席位相关费用,办理B股席位进场手续。

第六条 境外证券经营机构经批准取得本所B股席位从事B股交易,应当遵守本所的业务规则,维护市场正常的交易秩序。

境外证券经营机构的交易代表,应当遵守本所的业务规则,维护市场正常的交易秩序。

第七条 持有B股席位的境外证券经营机构发生以下重大事件,境外证券经营机构或其交易代表应当在事件公告后或做出相关决定后的二个工作日内向本所书面报告:

(一)章程、注册资本或注册地址变更;

(二)主要负责人变动;

(三)发生重大财务危机、破产清算、撤销或合并等事项;

(四)发生严重经营损失;

(五)因违法、违规行为受到其主管机构或行业协会处罚;

(六)变更交易代表、交易代表负责人或联络人的决定。

第八条 B股席位可以转让,不可退回。

第九条 境外证券经营机构应按规定交纳席位费75000美元,席位年费2415美元(根据汇率变化而定)。

第十条 境外证券经营机构或其交易代表违反本办法或本所相关管理规则的,本所可责令其改正,并视情节轻重单处或并处:

(一)警告;

(二)会员范围内通报批评;

(三)在中国证监会指定报刊上公开批评;

(四)限制交易;

(五)取消交易资格。

对以上第(四)、(五)项处分决定有异议的,可自接到处分决定通知之日起15天内向本所理事会申请复议;复议期间该处分决定不停止执行。

第十一条 持有B股席位的境外证券经营机构须于每一会计年度结束后3个月内向本所提交以下年度业务检查材料:

(一)年度工作报告,包括国家有关法律、法规、规章、政策的执行情况,业务总结,内部管理,风险控制以及机构变更等情况;

(二)经具有从事证券业务资格的注册会计师签字的境外证券经营机构上一年度审计报告;

(三)境外证券经营机构财务情况说明,包括其债权债务情况、对外投资参股情况、对外提供借款担保情况等;

(四)境外证券经营机构当地主管机构年检或换发的金融业务许可证及其他资格证书;

(五)中国证监会年检或换发的证券业务资格证书及其他资格证书。

(六)本所要求提交的其他材料。

以上文件,凡用外文书写的,应附相应中文译本,两文本存在歧义的,以中文译本为准。

第十二条 通过与境内证券机构签订B股席位代理协议方式已取得B股席位的境外证券经营机构,可凭更名申请书和终止以上代理协议的书面文件到本所办理B股席位的更名手续。

第十三条 本办法未予规定的相关事宜,参照本所对会员管理的有关规定执行。

第十四条 本办法由本所负责解释。

第十五条 本办法自发布之日起施行。

上海证券交易所可转换公司债券上市规则

第一章 总 则

1.1 为规范可转换公司债券上市行为、可转换公司债券发行人(以下简称发行人)及相关义务人的信息披露行为,维护证券市场秩序,保护投资者和可转换公司债券发行人的合法权益,根据《中华人民共和国公司法》(以下简称《公司法》)、《中华人民共和国证券法》(以下简称《证券法》)、《可转换公司债券管理暂行办法》、《上市公司发行可转换公司债券实施办法》等有关法律、法规、规章,制定本规则。

1.2 本规则所称可转换公司债券,是指发行人依据法定程序发行、在一定期间内依据约定的条件可以转换成股份的公司债券。

1.3 本规则所称可转换公司债券上市,是指可转换公司债券获准在上海证券交易所(以下简称本所)市场挂牌交易。

1.4 本规则所涉专用术语,适用《可转换公司债券管理暂行办法》、《上市公司发行可转换公司债券实施办法》和《上海证券交易所股票上市规则》中的相关规定。

1.5 可转换公司债券在本所上市,适用本规则的规定。

1.6 本所依据国家法律、法规、规章和本规则对可转换公司债券发行人及其董事、监事、高级管理人员、有信息披露义务的投资人及上市推荐人进行监管。

第二章 可转换公司债券的上市申请

2.1 经中国证监会核准并在可转换公司债券公开发行结束后,发行人可以向本所申请上市。发行人申请可转换公司债券上市,必须符合下列条件:(一)可转换公司债券的实际发行额(以面值计算)在1亿元以上;(二)可转换公司债券的期限最短为3年;(三)法律、法规及本所业务规则规定的其他要求。

2.2 发行人申请可转换公司债券上市,应当向本所提交以下文件:

(一)上市申请书及董事会关于申请可转换公司债券上市的决议;

(二)中国证监会核准其发行可转换公司债券的文件;

(三)经中国证监会核准的全套发行、上市申报材料;

(四)上市推荐人出具的上市推荐书;

(五)上市推荐协议;

(六)上市公告书;

(七)可转换公司债券发行结束报告;

(八)发行人拟聘任或已聘任的信息披露负责人的资料;

(九)发行人的董事、监事、高级管理人员和信息披露负责人的身份证复印件、股东帐户卡号码、身份证号码及其持有任职公司股份的申报材料、对其所持任职公司股份锁定的申请、在任职期间和任期结束后六个月内不转让所持任职公司股份的承诺等;

(十)具有从事证券业务资格的会计师事务所出具的发行资金到位的验资报告;

(十一)具有从事证券业务资格的律师事务所出具的关于可转换公司债券符合上市条件的法律意见书;

（十二）可转换公司债券发行后按规定新增的财务资料；

（十三）确定可转换公司债券挂牌简称的函；

（十四）证券登记结算机构出具的可转换公司债券托管情况证明；

（十五）法律、法规及本所业务规则要求的其他文件。

2.3 在发行人提交 2.2 条所列申请文件后及可转换公司债券上市交易期间，发行人的董事、监事、高级管理人员和信息披露负责人发生变化的，新当选的董事、监事、高级管理人员和信息披露负责人应当在其当选后的两个交易日内将 2.2 条第（九）项规定的材料通过发行人的信息披露负责人报送本所。

2.4 发行人及董事会成员应当保证发行人所提交的上市申请文件内容真实、准确、完整，不存在虚假记载、误导性陈述或者重大遗漏。

2.5 发行人在提出申请至可转换公司债券获准上市前，未经本所同意不得擅自披露有关信息。

2.6 可转换公司债券上市前，发行人应当及时与本所签定证券上市协议。

2.7 发行人应当于可转换公司债券上市交易的五日前，在至少一家中国证监会指定的报纸和指定网站（以下简称指定报纸和指定网站）上公布上市公告书。上市公告书的内容和格式遵照中国证监会的有关规定。

2.8 申请可转换公司债券在本所上市，必须由一至二个符合本所规定的上市推荐人条件的机构推荐并出具上市推荐书。上市推荐书的内容应当比照《上海证券交易所股票上市规则》（以下简称《股票上市规则》）及本所其他相关规定。本所对上市推荐书内容有其他要求的，上市推荐人应当按要求增加相应内容。

2.9 发行人应当与上市推荐人签订可转换公司债券上市推荐协议，规定双方在申请上市期间及上市后的权利和义务，可转换公司债券上市推荐协议应当符合本规则和证券上市协议的有关规定。

2.10 上市推荐人应当比照本所《股票上市规则》及其他有关规定履行上市推荐人的有关义务。

2.11 上市推荐人不得泄漏内幕信息，不得利用其在上市推荐过程中获得的内幕信息进行内幕交易，为自己或他人牟取利益。

2.12 上市推荐人应当保证发行人的上市申请材料、上市公告书没有虚假记载、误导性陈述或者重大遗漏，并保证对其承担连带责任。

第三章　信息披露

3.1 可转换公司债券发行人及其董事会全体成员应当及时、公平地披露可能对投资可转换公司债券产生重大影响的任何信息，并保证信息披露内容真实、准确、完整，没有虚假记载、误导性陈述或重大遗漏，其中董事会全体成员应就其保证承担连带责任。

3.2 发行人在信息公开披露前，应当按照法律、法规、规章及本所要求，将有关公告文稿和相关备查文件报送本所。

3.3 在信息公开披露之前，发行人、董事会全体成员及其他知情人，有责任确保将该信息的知悉者控制在最小范围内，并保证在公告前不泄露其内容。

3.4 发行人公开披露的信息至少应当在一家指定报纸和指定网站上公告，在其他公共传媒披露的信息不得先于指定报纸和指定网站。

3.5 发行人不能以新闻发布会或答记者问等形式代替信息披露义务。

3.6 在指定网站披露信息时，发行人应当按照本所的要求提供相应的电子文件和相关书面材料。

3.7 发行人有其他证券品种上市的，如果其他证券品种的信息披露要求与本规则不一致的，其信息披露应当遵循披露从严不从宽的原则。

3.8 发行人应当参照本所《股票上市规则》关于董事会秘书与证券事务代表的规定指定其信息披露负责人及证券事务代表。信息披露负责人及证券事务代表的任职资格、职责、培训、考核、管理与备案适用本所《股票上市规则》关于董事会秘书与证券事务代表的规定。3.9 本所根据法律、法规、规章和本所业务规则，督促发行人依法及时、准确完整地披露信息，对发行人公开披露的信息进行形式审核，对其内容不承担责任。3.10 发行人出现下列情形之一，认为无法按照本规则规定披露信息的，可以向本所申请豁免信息披露：（一）发行人有充分理由认为披露某一信息会损害发行人的利益，且该信息对可转换公司债券价格不会产生重大影响；（二）发行人认为拟披露的信息可能导致其违反国家有关法律法规的；（三）本所认可的其他情况。

3.11 发行人应当披露的信息包括定期报告和临时报告。定期报告包括年度报告、中期报告。其他报告为临时报告。发行人不得以定期报告代替临时报告的披露。

3.12 定期报告除应当符合《证券法》、中国证监会有关年度报告、中期报告内容与格式的一般规定外，还应当包括以下内容：（一）转股价格历次调整的情况，经调整后的最新转股价格；（二）可转换公司债券发行后累计转股的情况；（三）前十名可转换公司债券持有人的名单和持有量；（四）担保人盈利能力、资产状况和信用状况发生重大变化的情况；（五）发行人的负债情况、资信变化情况以及在未来年度还债的现金安排；（六）中国证监会和本所规定的其他内容。

3.13 临时报告除应当参照中国证监会和本所《股票上市规则》有关上市公司临时报告披露的一般规定外，发行人出现以下情况之一时，应当在两个交易日内向本所报告并公告，但本规则对披露时间另有规定的除外：（一）因发行新股、送股、分立及其他原因引起股份变动，需要调整转股价格，或者依据募集说明书约定的转股价格向下修正条款修正转股价格的；（二）可转换公司债券转换为股票的数额累计达到可转换公司债券开始转股前发行人已发行股份总额的 10%的；（三）发行人信用状况发生重大变化，可能影响如期偿还债券本息的；（四）可转换公司债券担保人发生重大资产变动、重大诉讼、或者涉及合并、分立等情况的；（五）尚未转换的可转换公司债券数量少于 3000 万元（按面值计算）的；（六）有资格的信用评级机构对可转换公司债券的信用或发行人的信用进行评级，并已出具信用评级结果的；（七）在可转换公司债券上市期间，每年首次满足募集说明书约定的赎回条件时，以及发行人为此作出行使或者不行使赎回权决定的；（八）在可转换公司债券上市期间，每年首次满足募集说明书约定的回售条件时；（九）在按募集说明书约定的条件实施转股前；（十）按约定条件完成赎回、回售、转股后；（十一）可能对可转换公司债券交易价格产生较大影响的其他重大事件；（十二）中国证监会及本所规定的其他情形。

3.14 发行人应当在约定的可转换公司债券付息日前三至五个交易日刊登付息公告。在可转换公司债券期满前三至五个交易日内刊登本息兑付公告。

3.15 发行人应当在可转换公司债券开始转股前三个交易日刊登实施转股的公告。

3.16 发行人只能按照募集说明书的约定在每年赎回条件首次满足时行使一次赎回权。发行人行使赎回权时，应当在赎回条件满足后的五个交易日内至少发布三次赎回公告。赎回公告应当载明赎回的程序、价格、付款方法、时间等内容。赎回期结束，发行人应当公告赎回结果及对发行人的影响。

3.17 在可以行使回售权的年份内，可转换公司债券持有人只能在每年回售条件首次满足时行使回售权。发行人应当在每年首次满足约定的回售条件后的五个交易日内至少发布三次回售公告。回售公告应当载明回售的程序、价格、付款方法、时间等内容。回售期结束，发行人应当公告回售结果及对发行人的影响。

3.18 经股东大会批准变更募集资金投资项目的，发行人必须在股东大会通过后二十个交易日内赋予可转换公司债券持有人一次回售的权利，有关回售公告至少发布三次，其中在回售实施前、股东大会决议公告后五个交易日内至少发布一次，在回售实施期间至少发布一次，余下一次回售公告发布的时间视需要而定。可转换公司债券持有人可以在确定的回售申报期间内将其所持有的可转换公司债券全部或部分予以回售，也可以不行使回售权。

3.19 发行人在可转换公司债券转换期结束前的二十个交易日前至少发布三次提示公告，提醒投资者有关在可转换公司债券转换期结束前的十个交易日停止交易的事项。发行人出现可转换公司债券按规定须停止交易的其他情形时，应当在获悉有关情形后的两个交易日内披露其可转换公司债券将停止交易的公告。

3.20 通过本所的证券交易，投资者持有发行人发行的可转换公司债券数量达到其发行总量的 20%时，应当在该事实发生之日起三日内，向中国证监会和本所书面报告，通知发行人并予以公告；在报告期限内及作出报告和公告后两个交易日内，不得再行买卖该发行人的可转换公司债券，也不得买卖该发行人的股票。

3.21 投资者持有发行人发行的可转换公司债券数量达到其发行总量的 20%后，其所持该发行人已发行的可转换公司债券比例每增加或者减少 10%时，应当依照前条规定进行书面报告和公告。在报告期限内及作出报告、公告后两个交易日内，不得再行买卖该发行人的可转换公司债券，也不得买卖该发行人的股票。

3.22 依照第 3.20 条、3.21 条规定所作书面报告和公告至少应当包括下列内容：（一）持有人的名称、住所、主营业务、经营状况；（二）所持有的可转换公司债券的名称、数量；（三）持有的可转换公司债券达到规定比例或者持有的可转换公司债券增减变化达到规定比例的日期；（四）关联人共同持有该债券以及持有数量、持有的起始日期；（五）中国证监会及本所认为需要披露的其他事项。自然人或者法人在提交书面报告和公告时还应当向本所提交持有人的身份证复印件或经法人盖章的法人营业执照复印件，出示自然人身份证原件或法人营业执照副本原件。

3.23 发行人应当在每一季度结束后的两个交易日内在中国证监会指定报纸披露因可转换公司债券转换为股份所引起的股份变动情况。

3.24 在满足募集说明书约定的强制性转股条件时，发行人实施强制性转股的，应当于强制性转股条件满足后的十个交易日内至少发布三次公告。

3.25 持有可转换公司债券的投资者，若在将其持有的可转换公司债券全部转为发行人股份后，其持有的发行人股份数量合计达到或超过该发行人已发行股份与可转换公司债券全部转股的股本总和的5%时，以及其后每增加或减少1%，或上述比例达到30%以上时，应当按中国证监会的有关规定履行信息披露义务。上述比例达到或超过30%的，应当按照关于上市公司收购的有关规定，履行收购要约的相关义务。

3.26 在公共传播媒介中出现的发行人尚未披露的消息，可能对其可转换公司债券的市场价格产生较大影响时，发行人应当在两个交易日内对该消息作出公开澄清或说明。

3.27 发行人应当如实答复本所就其可转换公司债券成交量和交易价格的异常波动或其他问题的询问，向本所提供书面报告和相关资料，并按本所要求履行信息披露义务。

3.28 发行人的定期报告、临时报告存在披露不清楚、不完整、不准确的事项，应当按中国证监会或本所的要求，在两个交易日内作出补充公告和解释。

3.29 发行人出现法律、法规或本所业务规则没有规定应予披露、但确实可能对其可转换公司债券交易产生较大影响的事件，应当于第一时间报告本所并公告。

3.30 发行人向其他市场公开的信息，应当同时向本所市场公开。若发行人向其他证券市场公开的信息与其向本所市场公开的信息有差异，应当向本所作书面说明并公告。

3.31 发行人及其董事、监事、高级管理人员不得进行内幕交易或为他人提供内幕信息进行内幕交易，也不得利用内幕信息操纵或配合他人操纵证券交易价格。

第四章 停牌、复牌

4.1 可转换公司债券发行人可以以本所认为合理的理由向本所申请停牌与复牌、转股的暂停与恢复。

4.2 本所可根据实际情况或中国证监会的要求，决定可转换公司债券的停牌与复牌、转股的暂停与恢复。

4.3 发行人应当比照本所《股票上市规则》关于股票停牌与复牌的规定，向本所申请对其可转换公司债券停牌与复牌。

4.4 本所参照有关股票停牌与复牌的规定，对发行人的可转换公司债券予以停牌与复牌。

4.5 发行人于交易日公布涉及调整或修正转股价格信息的公告，其可转换公司债券的停牌与复牌比照其他重大事件公告的停牌与复牌办理。发行人因发行新股、配股、分立及其他原因需要调整转股价格的，发行人应当事先向本所申请于转股价格调整日暂停转股一天。

4.6 当可转换公司债券赎回条件满足、发行人刊登公告行使赎回权时，应当向本所申请于赎回日暂停该可转换公司债券的交易。

4.7 可转换公司债券上市交易期间出现下列情况之一时，本所将停止其交易：(一)可转换公司债券流通面值少于3000万元时，在发行人发布公告三个交易日后停止其可转换公司债券的交易；(二)在可转换公司债券转换期结束前的10个交易日停止其交易；(三)中国证监会和本所认为必须停止交易的情况。

第五章 暂停上市、终止上市

5.1 可转换公司债券上市后，发行人出现法律、法规及中国证监会认为须暂停上市的情形的，本所依据中国证监会有关暂停上市的决定暂停其可转换公司债券上市。在暂停上市的有关情形消除后，发行人可向中国证监会提出恢复上市的申请，经中国证监会核准后，本所依据中国证监会的有关决定恢复其可转换公司债券上市。

5.2 发行人出现法律、法规及中国证监会认为须终止上市的情形的，本所根据中国证监会的有关决定终止其可转换公司债券上市。

第六章 违反本规则的处理

6.1 发行人及其董事、监事、高级管理人员、信息披露负责人违反本规则及证券上市协议的有关规定的，本所将视情节轻重，给予以下处分：(一)责令改正；(二)内部通报批评；(三)在指定报纸和指定网站上公开谴责。以上处分可以单处或并处。情节严重的，本所同时报中国证监会查处。

6.2 上市推荐人违反本规则有关规定的，比照本所《股票上市规则》的有关规定处理。

第七章 附 则

7.1 本规则经本所理事会通过并报经中国证监会批准后生效，修改时亦同。

7.2 本规则解释权属于本所。

7.3 本规则自发布之日起实施。原《上海证券交易所可转换公司债券上市交易规则》同时废止。

上海证券交易所业务规则制定办法

第一章 总 则

第一条 为规范上海证券交易所(以下简称"本所")业务规则的制定，建立和完善本所业务规则体系及其制定程序，根据《中国人民共和国证券法》、《证券交易所管理办法》和本所章程的规定，制定本办法。

第二条 本所业务规则的起草、审核、审批、公布、修改、废止和解释，适用本办法。

第三条 制定业务规则，应当符合国家有关法律、法规、规章和本所章程的规定。

第四条 本所法律部负责业务规则制定的总体规划、组织协调以及业务规则草案的审核等工作。

本所业务部门负责其主管业务范围内的业务规则起草工作。

办公室负责业务规则的发布、业务规则文档管理等工作。

第五条 本所业务规则体系包括：

(一)基本业务规则，包括上市规则、交易规则、会员管理规则以及涉及本所基本业务的其他规则。

(二)业务实施细则，系对基本业务规则的细化，包括上市业务、交易业务、会员管理业务等方面的业务实施细则。

(三)涉及证券业务的其他一般规范性文件(以下简称"一般规范性文件")，包括涉及上市业务、交易业务、会员管理业务等方面的具有普遍约束力和持续性效力的公告或通知类文件。

第六条 基本业务规则由本所总经理办公会(以下简称"总办会")审定后，报本所理事会讨论通过。

业务实施细则由总办会审定通过，本所章程或基本业务规则规定须报经理事会通过的，或总办会认为必要时，报理事会讨论通过。

一般规范性文件由总经理或其授权的副总经理审定通过。总经理或其授权的副总经理认为必要时，可报经总办会审定通过。

第七条 属于下列业务规则之一的，除按第六条规定程序通过外，还应报请中国证券监督管理委员会(以下简称"证监会")批准，经批准后生效。

(一)基本业务规则；

(二)法律、法规、规章以及本所业务规则规定应当报经证监会批准的业务实施细则和一般规范性文件。

其他业务规则按第六条规定程序通过后生效。法律、法规、规章以及本所业务规则规定需要报经证监会备案的，应报证监会备案。

第八条 业务规则的制定不得与现行国家法律、法规、规章和本所章程相冲突；

业务实施细则不得与基本业务规则相冲突，一般规范性文件不得与基本业务规则和业务实施细则相冲突。

第九条 基本业务规则的名称一般为"规则"。"规则"是对某一方面的业务关系作比较全面、系统的基础性规范。

业务实施细则名称一般为"细则"、"实施细则"、"规定"、"办法"等。"细则"、"实施细则"是对法律、法规、规章以及基本业务规则的具体实施予以规范和细化明确；"规定"、"办法"是对某一项业务作比较具体的规范。

一般规范性文件是对具体业务实施中某个方面或某个具体事项作出的操作性规定，名称一般为"通知"、"实施意见"等。

第二章　起　草

第十条　业务规则起草前应立项。

本所业务部门认为需要制定或修改基本业务规则或业务实施细则的，应提出制定或修改的立项申请。立项申请经法律部会签后，报请总经理或分管副总经理批准。立项申请获得批准后，起草部门开始规则起草。

一般规范性文件的制定或修改的立项，业务部门可以参照前款执行。

立项申请应当就制定或修改规则的必要性、拟制定的规则与相关业务规则的关系、所要解决的主要问题、拟确定的主要制度等作出说明。

证监会或者本所总办会要求制定或修改有关业务规定的，有关业务部门根据所领导安排，开始有关业务规则的起草。

第十一条　业务规则起草由提出立项的业务部门负责。规则内容涉及两个以上业务部门的，应组成起草小组，由主要业务部门牵头，相关业务部门配合。

重要的或者综合性的业务规则，可以由法律部牵头成立起草小组负责起草。

第十二条　业务规则起草包括草拟业务规则草案和起草说明等工作。业务规则草案的内容一般应包括制定的宗旨、制定依据、适用范围、具体规范、纪律处分、生效方式和施行日期等。

起草说明的内容一般应包括业务规则制定的必要性、指导思想、起草过程、主要内容、是否需要提请理事会讨论通过、是否需要报经证监会批准或备案以及其他需要说明的问题。

第十三条　业务规则草案内容应当备而不繁，意思明确，逻辑严密，语言规范、文字简炼。

规则内容应符合实际、具有可操作性。

第十四条　起草部门在规则起草过程中，可以采取各种形式征询有关机构和人士的意见。经本所总经理批准，可以将业务规则草案向社会公布，公开征询意见。

第十五条　起草业务规则应当注意与现有业务规则的衔结和协调。对同一事项，如果作出与现有业务规则不一致规定的，应当在起草说明中陈述理由。

第十六条　起草业务规则时，应当就与之内容相关的现行业务规则进行清理，起草的业务规则若将取代现行业务规则的，应当在草案中写明拟将废止的业务规则的名称、文号。若起草的业务规则仅对现行业务规则的部分内容作了修改，则应当在起草说明中写明修改的现行业务规则的名称、文号、条目或者内容。

第十七条　对起草的业务规则，起草部门应当征求所内相关业务部门的意见。对于涉及其他部门业务或者与其他部门关系密切的业务规则，起草时应当与相关部门协商一致。对争议的问题应当在起草说明中提出倾向性意见，并陈述理由。

第三章　审　核

第十八条　基本业务规则、业务实施细则草案在提交总办会审议前，由起草部门负责人签署送审报告，将规则草案、起草说明一并送法律部审核。法律部审核完毕后，出具审核意见。

一般规范性文件在报总经理或其授权的副总经理审定前，一般应由法律部会签。

第十九条　法律部审核业务规则草案时，应重点关注以下事项：

(一) 是否符合现行法律、法规和规章的规定；

(二) 是否与有关业务规则衔结和协调；

(三) 体例、结构是否合理，法律用语是否准确、规范；

(四) 内容是否明确、完整，是否具有可操作性；

(五) 其他需要审核的内容。

第二十条　业务规则草案有下列情形之一的，法律部可建议缓办或提请起草部门再行修改：

(一) 内容严重违背现行法律、法规和规章，且尚不具备突破现有法律、法规和规章条件的；

(二) 体例和内容结构不合理的；

(三) 业务部门意见分歧较大、需要作出调整的；

(四) 主要内容不明确、缺乏可操作性的；

(五) 简单重复现行法律、法规、规章和其他业务规则内容的。

(六) 证监会或本所认为宜缓办或需作修改的。

第四章　审批或通过

第二十一条　经法律部审核后的业务规则草案(报总经理审定的一般规范性文件除外)，应提交总办会审议。基本业务规则由法律部负责提交总办会审议，其他业务规则由起草部门提交审议。

总办会审议时，由起草部门作起草说明，法律部作审核说明。

总办会对提交审议的规则提出了重大修改意见和要求再次审议的，起草部门应予以修改，修改稿经法律部审核后，提请总办会再次审议。

第二十二条　业务规则提交理事会审议时，参照前条规定办理。

第二十三条　对需报经证监会批准的业务规则，本所通过后，由办公室上报证监会。证监会对报批规则提出修改意见的，其修改和再次报批参照前述规定办理。

第五章　公　布

第二十四条　业务规则审批通过后，起草部门会同法律部报请总经理或其授权的副总经理签发公布。

第二十五条　业务规则由本所办公室发布。发布通知应当包括发布机关、文号、业务规则名称、通过形式、通过日期、施行日期等项内容。

第二十六条　办公室在发布业务规则时，应将书面文件和电子文件抄送法律部和相关业务部门备案。

第二十七条　业务规则可以在中国证监会指定的证券报刊和网站上公布。

第二十八条　业务规则的外文正式译本，由业务部门、国际业务部门会同法律部审定。外文正式译本与中文本不一致的，以中文文本为准。

第六章　修改、废止、解释及其它

第二十九条　现行业务规则有下列情形之一的，应当予以修改：

(一) 所依据的国家法律、法规和部门规章已作修改的；

(二) 因证券市场实际情况发生变化，已不能适应现实需要的；

(三) 两个以上业务规则中对同一事项作出规定，内容相互抵触的；

(四) 证监会要求或本所认为需修改的。

第三十条　业务规则存在下列情形之一的，应当予以废止：

(一) 因有关法律、法规和规章的废止或者修改而失去制定依据的；

(二) 所规范的事项由新的业务规则进行规范的；

(三) 所规范的事项已不存在或者执行完毕，业务规则无继续施行必要的。

第三十一条　法律部负责对本所业务规则的清理协调工作，不定期编辑本所拟废止的业务规则目录，报总办会或理事会通过后，对外公布。

第三十二条　对本所业务规则的解释，由业务规则起草部门提出意见，经法律部审核后，报总办会讨论通过，并以本所名义对外公布。

第三十三条　办公室是业务规则的档案管理部门。所有业务规则的书面文档、电子文档由办公室集中分类管理，办公室应确保业务规则文档的完整。

第三十四条　业务部门应在每年一月份将上一年度本部门起草并已发布的业务规则进行清理，并将清理结果送法律部。

业务部门在清理业务规则时，应对相关规则是否需要修改或者废止提出意见，并对本年度的业务规则制定提出计划或建议。

第三十五条　法律部在汇总各业务部门业务规则清理结果的基础上，对本所业务规则进行清理，定期或不定期地将业务规则汇编成册，内部出版或公开发行。

法律部根据各业务部门提出的业务规则制定计划和建议，制定本所本年度业务规则制定计划。

第七章　附　则

第三十六条　本所章程、理事会议事规则、理事会专门委员会工作细则以及本所内部行政管理制度的制定，参照本办法执行。

本所与其他市场监管机构之间联合制定具有普遍约束力和持续性效力的备忘录、通知或协议等，参照本办法执行。

不具有普遍约束力和持续性效力的临时性业务通知，其制定可以不适用本办法。

第三十七条 证监会委托本所代拟规章的起草工作，参照本办法的有关程序进行。

代拟的规章草案经总办会审议或所领导传阅审批后，由法律部或办公室上报证监会。

第三十八条 本办法由法律部负责解释。

本办法由本所理事会通过后生效，自发布之日起施行。

关于修订股票上市规则第十章及实施中有关问题的通知

各上市公司：

根据中国证券监督管理委员会(以下简称"中国证监会")《公开发行证券的公司信息披露编报规则第14号——非标准无保留审计意见及其涉及事项的处理》、《亏损上市公司暂停上市与终止上市实施办法(修订)》(以下简称《实施办法》)及其发布通知的有关规定，本所对《上海证券交易所股票上市规则》原第十章进行了修订。修订后的《上海证券交易所股票上市规则》第十章"暂停上市、恢复上市与终止上市"(以下简称《规则第十章》)，已经中国证监会批准同意实施，现予以发布。《规则第十章》自发布之日起施行，原第十章同时废止。请各上市公司认真阅读并遵照执行。

同时，根据中国证监会的《实施办法》及其发布通知的有关精神，就有关暂停上市公司的股票特别转让服务问题和《实施办法》发布前(即2001年12月5日前)已被暂停上市公司的股票恢复上市与终止上市问题，现具体通知如下：

一、对于根据中国证监会的《实施办法》及其发布通知和《规则第十章》的规定被暂停上市的公司，在其股票暂停上市期间，本所不再为其股票提供特别转让服务。

二、对于《实施办法》发布前已被暂停上市的公司，其股票恢复上市与终止上市的有关问题特别通知如下：

1、公司董事会预计2001年度亏损的，应当在年度报告披露前至少发布三次风险提示公告。

2、公司出现下列情形之一时，本所停止为其股票提供特别转让服务：

(1)宽限期结束；

(2)披露2001年年度报告；

(3)未能在法定期限内披露2001年年度报告；

(4)中国证监会和本所认定的其它情形。

3、2001年度财务报告被注册会计师出具非标准无保留审计意见的，公司应当在披露年度报告的同时刊登风险提示公告，并按照《规则第十章》第10.1.6条、10.1.7条的有关规定提交文件、进行披露、纠正和调整。公司未在本所规定期限内披露经纠正和调整的年度财务报告和有关审计报告的，本所将报中国证监会调查处理。

本所可以聘请有证券从业资格的会计师事务所对公司财务报告盈利的真实性进行调查核实。

上述纠正、调整和调查期间不计入《规则第十章》所述的本所作出有关决定的期限内。

4、公司在法定期限内未披露2001年度报告的，本所在法定期限结束后十个交易日内作出终止其股票上市的决定。

宽限期结束日早于年度报告法定披露期限的公司，未在宽限期结束日之前披露2001年度报告的，或者在宽限期内披露了2001年度报告，但未在宽限期结束日后五个交易日内提出恢复上市申请的公司，本所在其宽限期结束日后十个交易日内作出终止其股票上市的决定。

5、公司在法定披露期限内、宽限期结束前披露了2001年度报告，且2001年度财务报告盈利的，可以在中国证监会的《实施办法》及其发布通知规定的期限内提出恢复上市申请，并按照《规则第十章》的有关规定聘请恢复上市推荐人、提交申请材料。

本所将按照《规则第十章》规定的有关程序受理、审核股票恢复上市申请并作出有关决定。

6、股票被核准恢复上市的公司，除出现《上海证券交易所股票上市规则》第9.2.1、9.3.1条规定的异常情形之一需特别处理的外，其股票恢复正常交易。

上海证券交易所

二〇〇二年二月二十五日

深圳证券交易所境外机构B股席位管理规则

第一章 总 则

第一条 为规范境外机构B股席位的申请、使用和管理，根据《证券交易所管理办法》等有关法律、法规和规章的规定，制定本规则。

第二条 本规则所称"境外机构B股席位"是指由境外机构申请，经本所批准使用的B股交易席位。

境外机构指在中国境外注册的经其所在国或地区有关主管当局批准可以从事证券业务的机构。

第三条 本规则所称"境外机构B股席位使用者"是指经本所批准获得B股席位的境外机构。

第四条 本规则所称"席位费"指本所境外机构B股席位的使用费。

第二章 境外机构B股席位的申请

第五条 境外机构申请B股席位应当向本所递交以下文件：

1.境外机构董事会授权代表签署的B股席位申请书；

2.中国证券监督管理委员会(以下简称"中国证监会")颁发的《经营外资股业务资格证书》(副本)；

3.境外机构所在国或地区有关主管当局核发的营业执照或合法开业证明(复印件)；

4.境外机构所在国或地区有关主管当局颁发的经营证券业务许可证(副本)；

5.境外机构公司章程；6.境外机构经会计师事务所审计的最近一年的财务报告；

7.境外机构主要董事、高级管理人员及B股业务人员(包括B股席位出市代表)的简历；

8.境外机构公司简介(包括公司名称、注册地、通讯地址、公司内部组织结构、公司简史、公司股权结构及其控股参股情况、公司在各国(地区)证券交易所的交易量及市场占有率、公司在中国B股市场中的承销、经纪业务开展情况)；

以上文件，凡是用外文书写的，应当附上相应中文译本，两种文本存在歧义的，以中文译本为准。

第六条 本所接到申请材料后，在15个工作日内决定是否批准该申请。决定批准的，将批准文件报中国证监会备案，并通知申请机构。决定不批准的，向申请机构说明理由。

第三章 境外机构B股席位的管理

第七条 境外机构B股席位只限于进行B股交易业务，未经本所许可不得进行其他业务。

第八条 境外机构B股席位不得撤回。经本所同意，可以转让给其他境外机构。

第九条 境外机构B股席位使用者必须指定两名B股业务联络人，负责与本所联系有关事宜。境外机构B股席位出市代表的行为视为该B股席位使用者的行为。

第十条 本所有权依据《深圳、上海证券交易所交易规则》及本规则对境外机构B股席位使用者的交易实施监管。境外机构B股席位使用者必须保存其全部的B股交易记录不少于二十年，本所有权要求其提供报表、帐簿、交易记录及其他有关文件。

第十一条 持有B股席位的境外机构发生以下重大事件，境外机构或其业务联络人应当在事件发生后或做出相关决定后的五个工作日内向本所作书面报告：

1.公司章程、注册资本或注册地址变更；

2.公司主要负责人变动；

3.经当地主管当局换发新的经营证券业务许可证或其他资格证书；

4.经中国证监会换发新的《经营外资股业务资格证书》或其他资格证书；

5. 发生重大财务危机、破产清算、撤销或合并等事项；
6. 发生严重经营损失；
7. 因违法、违规行为受到主管当局或行业协会处罚；
8. 变更B股业务联络人或B股席位出市代表；
9. 其他重大事项。

第十二条 持有B股席位的境外机构必须于每一会计年度结束后4个月内向本所提交上一年度审计报告。

以上文件，凡是用外文书写的，应当附上相应中文译本，两种文本存在歧义的，以中文译本为准。

第十三条 通过与境内证券经营机构签订B股交易代理协议方式已取得B股特许经纪编号的境外机构，可凭席位申请书和终止以上代理协议的书面文件到本所办理B股席位的申请手续。

第四章 境外机构B股席位的费用

第十四条 境外机构B股席位的席位费为港元60万元，席位管理年费为每年3万港元。申请当年的席位管理年费与席位费一并缴纳。如果在下半年申请B股特别席位的，当年管理年费减半。其后的管理年费丁每年1月30日之前缴纳。

第十五条 本所交易大厅内B股席位的电话、电传等通讯费用由本所垫付、按季度向该席位使用者收取。

第十六条 境外机构B股席位使用者必须按照规定向本所交纳B股交易经手费和监管规费。

第五章 争议的解决与仲裁

第十七条 本所与境外机构B股席位使用者之间的争议适用中国法律。

第十八条 本所与境外机构B股席位使用者之间的争议双方应当协商解决；协商不成的，应当提交中国国际经济贸易仲裁委员会仲裁。

第六章 罚 则

第十九条 境外机构B股席位使用者违反本规则的，本所责令其改正，并视其情节轻重，单处或并处以下处罚：

1. 罚款；
2. 公开批评；
3. 警告；
4. 限制交易；
5. 暂停使用B股席位，暂停使用席位期间，该席位不得转让；
6. 终止席位。

对以上处罚有异议的，可自接到处罚决定通知之日起15天内向本所理事会申请复议，复议期间该处罚不停止执行。

第七章 附 则

第二十条 本规则由本所负责解释。

第二十一条 本规则自发布之日起施行，本所1993年8月12日发布的《深圳证券交易所B股特别席位管理规则》同时废止。

深圳证券交易所境外特别会员管理规定

第一章 总 则

第一条 为规范深圳证券交易所(以下简称"本所")境外特别会员的行为，加强对境外特别会员的管理，根据《证券交易所管理办法》第四十一条规定，制定本规定。

第二条 本规定适用于境外机构驻华代表处(以下简称"代表处")申请成为本所境外特别会员的情况。

境外机构指在中国境外注册的经其所在国或地区有关主管当局批准可以从事证券业务的机构。

第三条 本所依据中国有关法律、法规、规章和本所章程、规则对境外特别会员进行监督管理。

第四条 在中国设有多家代表处的境外机构，只能选择其中一家代表处申请成为本所的境外特别会员。

在中国设有总代表处的，如果申请成为本所境外特别会员，应当以总代表处名义申请。

第二章 特别会员会籍的申请

第五条 代表处申请成为境外特别会员，应当具备以下条件：

(一)依法设立已满一年；

(二)承诺遵守本所章程和业务规则，接受本所监管；

(三)其所属境外机构具有从事国际证券业务经验，且具有良好的信誉和业绩；

(四)代表处及其所属境外机构最近一年无因重大违法违规行为而受主管当局处罚的情形。

第六条 代表处申请成为境外特别会员，应当向本所提交以下文件：

(一)其所属境外机构出具的同意该代表处申请本所境外特别会员会籍的授权书；

(二)代表处首席代表或总代表签署的申请书；

(三)中国证监会颁发的批准设立证书；

(四)其所属境外机构所在国或地区有关主管当局核发的营业执照(复印件)或合法开业证明；

(五)其所属境外机构的公司章程；

(六)其所属境外机构出具的在华代表处成为境外特别会员后，对代表处以境外特别会员身份从事的有关活动承担法律责任的承诺函；

以上文件，凡是用外文书写的，应当附上相应中文译本；如果两种文本有歧义，以中文文本为准。

第七条 本所审查第六条所述申请文件，文件齐备并符合本所要求的，向申请者发出正式申请表和代表处所属境外机构基本情况表。代表处应当自接到以上表格之日起1个月内填写完毕并报送本所。

第八条 本所收到代表处填写完备的正式申请表和代表处所属境外机构基本情况表后，在1个月内做出是否接收代表处为本所境外特别会员的决定。

同意接收代表处为本所境外特别会员的，本所予以批复；不同意接收的，本所将说明理由并退回申请文件。

第九条 境外特别会员应当指定其首席代表或其他代表为本所联络人，负责与本所的联络工作，处理境外特别会员、其所属境外机构与本所的相关业务。

第三章 特别会员的权利、义务

第十条 境外特别会员享有以下权利：

(一)列席本所会员大会；

(二)向本所提出相关建议；

(三)接受本所提供的业务培训、技术咨询等相关服务；

境外特别会员除享受以上权利外，不享受本所会员的其他权利。

第十一条 境外特别会员应当承担以下义务：

(一)遵守中国相关法律法规、规章和本所章程、业务规则及其他相关规定，执行本所决议；

(二)接受本所年度定期检查和临时检查，提交年度报告和其他重大事项变更报告；

(三)及时协调、联络所属境外机构与本所有关的业务与事务；

(四)按本所规定交纳境外特别会员费及相关费用；

第十二条 境外特别会员费及相关费用的收取标准、数额和范围等由本所理事会规定和调整。

第十三条 境外特别会员所属境外机构发生下列重大事项，境外特别会员应当在境外机构公告后或做出相关决定后的二个工作日内向本所书面报告：

(一)章程、注册资本或注册地址变更；

(二)发生破产清算、撤销或者合并；

(三)主要负责人变动；

(四)发生严重经营损失；

(五)因违法、违规行为受到主管当局或行业协会处罚；

(六)做出撤销其在华代表处或终止本所特别会员会籍的决定。

第十四条 境外特别会员发生下列重大事项，应当在该事项发生后五个工作日内向本所书面报告，同时应当附上该事项变更的有关文书复印件。

(一)登记地址发生变更;

(二)首席代表、副代表或联络人发生变动;

(三)代表处变更为总代表处;

(四)因违法、违规行为受到主管当局处罚。

第四章　境外特别会员会籍管理与处分

第十五条　境外特别会员可以申请终止会籍。申请终止会籍应当向本所提交以下文件:

(一)其所属境外机构出具的决定终止代表处境外特别会员会籍的文件;

(二)首席代表或总代表签署的终止代表处境外特别会员会籍的申请书;

以上文件,凡是用外文书写的,应当附上相应中文译本。

第十六条　本所对境外特别会员终止会籍的申请文件进行审查,审查同意后,境外特别会员的会籍立即终止。

第十七条　境外特别会员有以下情形之一的,本所可以撤销其会籍:

(一)因重大违法、违规行为受到主管当局处罚的;

(二)拖欠本所规定应交费用达半年以上的;

(三)连续两年定期检查被列为不合格的;

(四)不执行本所相关决议或不履行有关事项的报告义务,经本所督促后,仍拒不执行或履行的;

(五)境外特别会员所属境外机构发生破产、清算或者合并。

第十八条　境外特别会员违反本所章程、业务规则和本规定的,本所可以责令其改正,并视情节轻重单处或者并处以下处罚:

(一)会员范围内通报批评;

(二)公开批评;

(三)警告;

(四)限制其在本所或通过本所进行相关业务;

(五)撤销会籍。

第十九条　境外特别会员对第十八条第(四)、(五)项的处罚有异议的,可自接到处罚通知之日起15日内向本所理事会申请复议,复议期间不停止处罚决定的执行。

第五章　附　则

第二十条　代表处申请成为境外特别会员的有关事项,在本所章程做出相关修订之前,按本规定执行。

第二十一条　在香港特别行政区、澳门特别行政区和台湾地区注册的经当地有关主管当局批准可以从事证券业务的机构,其驻华代表处申请成为本所境外特别会员比照本规定执行。

第二十二条　本规定经本所理事会通过并报中国证监会批准后生效。

第二十三条　本规定由本所负责解释。

第二十四条　本规定自发布之日起施行。

深圳证券交易所上市公司投资者关系管理指引

第一章　总　则

第一条　为推动上市公司完善治理结构,规范上市公司投资者关系管理工作,促进证券市场健康发展,制定本指引。

第二条　投资者关系管理是指上市公司通过各种方式的投资者关系活动,加强与投资者和潜在投资者之间的沟通,增进投资者对上市公司了解的管理行为。

第三条　上市公司投资者关系管理工作应严格遵守《公司法》、《证券法》等有关法律、法规、规章及深圳证券交易所(以下简称本所)有关业务规则的规定。

第四条　上市公司投资者关系管理工作应体现公平、公正、公开原则,平等对待全体投资者,保障所有投资者享有知情权及其他合法权益。

第五条　上市公司的投资者关系管理工作应客观、真实、准确、完整地介绍和反映公司的实际状况,避免过度宣传可能给投资者造成的误导。

第六条　上市公司开展投资者关系活动时应注意尚未公布信息及内部信息的保密,避免和防止由此引发泄密及导致相关的内幕交易。

第七条　除非得到明确授权并经过培训,公司董事、监事、高级管理人员和员工应避免在投资者关系活动中代表公司发言。

第二章　投资者关系管理负责人

第八条　上市公司可指定一名高级管理人员担任投资者关系管理负责人,并设具体部门承办投资者关系的日常管理工作。

第九条　投资者关系管理负责人全面负责公司投资者关系管理工作。投资者关系管理负责人在全面深入地了解公司运作和管理、经营状况、发展战略等情况下,负责策划、安排和组织各类投资者关系管理活动 。

第十条　投资者关系管理负责人负责制定公司投资者关系管理的工作管理办法和实施细则,并负责具体落实和实施。

第十一条　投资者关系管理负责人负责对公司高级管理人员及相关人员就投资者关系管理进行全面和系统的培训。

第十二条　在进行投资者关系活动之前,投资者关系管理负责人应对公司高级管理人员及相关人员进行有针对性的培训和指导。

第十三条　投资者关系负责人应持续关注新闻媒体及互联网上有关公司的各类信息并及时反馈给公司董事会及管理层。

第三章　自愿性信息披露

第十四条　上市公司可以通过投资者关系管理的各种活动和方式,自愿地披露现行法律法规和规则规定应披露信息以外的信息。

上市公司对自愿性披露信息有任何疑问,可向本所咨询。

第十五条　上市公司进行自愿性信息披露应遵循公平原则,面向公司的所有股东及潜在投资者,使机构、专业和个人投资者能在同等条件下进行投资活动,避免进行选择性信息披露。

第十六条　上市公司应遵循诚实信用原则,在投资者关系活动中就公司经营状况、经营计划、经营环境、战略规划及发展前景等持续进行自愿性信息披露,帮助投资者作出理性的投资判断和决策。

第十七条　上市公司在自愿披露具有一定预测性质的信息时,应以明确的警示性文字,具体列明相关的风险因素,提示投资者可能出现的不确定性和风险。

第十八条　在自愿性信息披露过程中,当情况发生重大变化导致已披露信息不真实、不准确或不完整,或者已披露的预测难以实现的,上市公司应对已披露的信息及时进行更新。对于已披露的尚未完结的事项,上市公司有持续和完整披露义务,直至该事项最后结束。

第十九条　上市公司在投资者关系活动中一旦以任何方式发布了法规和规则规定应披露的重大信息,应及时向交易所报告,并在下一交易日开市前进行正式披露。

第四章　投资者关系活动

第一节　股东大会

第二十条　上市公司应根据法律法规的要求,认真做好股东大会的安排组织工作。

第二十一条　上市公司应努力为中小股东参加股东大会创造条件,在召开时间和地点等方面充分考虑便于股东参加。在条件许可的情况下,可利用互联网络对股东大会进行直播。

第二十二条　为了提高股东大会的透明性,上市公司可广泛邀请新闻媒体参加并对会议情况进行详细报道。

第二十三条　股东大会过程中如对到会的股东进行自愿性信息披露,公司应尽快在公司网站或以及其他可行的方式公布。

第二节　网　站

第二十四条　上市公司可以通过建立公司网站并开设投资者关系专栏的方式开展投资者关系活动。

第二十五条　上市公司应根据规定在定期报告中公布网站地址。当网址发生变更后,上市公司应及时公告变更后的网址。

第二十六条　上市公司应避免在公司网站上刊登传媒对公司的有关报告以及分析师对公司的分析报告。公司刊登有关报告和分析报告,有可能被视为赞同有关观点而对投资者的投资决策产生影响,并有可能承担或被追究相关责任。

第二十七条　上市公司应对公司网站进行及时更新,并将历史信息与当前信息以显著标识加以区分，对错误信息应及时更正，避免对投资者产生误导。

第二十八条 上市公司可在网站上开设论坛，投资者可以通过论坛向公司提出问题和建议，公司也可通过论坛直接回答有关问题。

第二十九条 上市公司可设立公开电子信箱与投资者进行交流。投资者可以通过信箱向公司提出问题和了解情况，公司也可通过信箱回复或解答有关问题。

第三十条 对于论坛及电子信箱中涉及的比较重要的或带普遍性的问题及答复，公司应加以整理后在网站的投资者专栏中以显著方式刊载。

第三节 分析师会议、业绩说明会和路演

第三十一条 上市公司可在定期报告结束后、实施融资计划或其他公司认为必要的时候举行分析师会议、业绩说明会或路演活动。

第三十二条 分析师会议、业绩说明会和路演活动应采取尽量公开的方式进行，在有条件的情况下，可采取网上直播的方式。

第三十三条 分析师会议、业绩说明会或路演活动如采取网上直播方式，可事先以公开方式就会议举办时间，登陆网址以及登陆方式等向投资者发出通知。

第三十四条 上市公司可事先通过电子信箱、网上论坛、电话和信函等方式收集中小投资者的有关问题，并在分析师会议、业绩说明会及路演活动上通过网络予以答复。

第三十五条 分析师会议或业绩说明会可采取网上互动方式，投资者可以通过网络直接提问，上市公司也可在网上直接回答有关问题。

第三十六条 分析师会议、业绩说明会或路演活动如不能采取网上公开直播方式，公司可以邀请新闻媒体的记者参加，并作出客观报道。

第三十七条 上市公司可将分析师会议、业绩说明会和路演活动的影象资料放置于公司网站上，供投资者随时点播。在条件尚不具备的情况下，上市公司可将有关分析师会议或业绩说明会的文字资料放置于公司网站供投资者查看。

第四节 一对一沟通

第三十八条 上市公司可在认为必要的时候，就公司的经营情况、财务状况及其他事项与投资者、基金经理、分析师等进行一对一的沟通，介绍公司情况、回答有关问题并听取相关建议。

第三十九条 上市公司一对一沟通中，应平等对待投资者，为中小投资者参与一对一沟通活动创造机会。

第四十条 为避免一对一沟通中可能出现选择性信息披露，上市公司可将一对一沟通的相关音像和文字记录资料在公司网站上公布，还可邀请新闻机构参加一对一沟通活动并作出报道。

第五节 现场参观

第四十一条 上市公司可尽量安排投资者、分析师及基金经理等到公司或募集资金项目所在地进行现场参观。

第四十二条 上市公司应合理、妥善地安排参观过程，使参观人员了解公司业务和经营情况，同时应注意避免在参观过程中使参观者有机会得到未公开的重要信息。

第四十三条 上市公司有必要在事前对相关的接待人员给予有关投资者关系及信息披露方面必要的培训和指导。

第六节 电话咨询

第四十四条 上市公司应设立专门的投资者咨询电话，投资者可利用咨询电话向公司询问、了解其关心的问题。

第四十五条 咨询电话应有专人负责，并保证在工作时间电话有专人接听和线路畅通。如遇重大事件或其他必要时候，公司应开通多部电话回答投资者咨询。

第四十六条 上市公司应在定期报告中对外公布咨询电话号码。如有变更要尽快在公司网站公布，并及时在正式公告中进行披露。

第五章 相关机构与个人

第一节 投资者关系顾问

第四十七条 上市公司在认为必要和有条件的情况下，可以聘请专业的投资者关系顾问咨询、策划和处理投资者关系，包括媒体关系、发展战略、投资者关系管理培训、危机处理、分析师会议和业绩说明会安排等事务。

第四十八条 上市公司在聘用投资者关系顾问应注意其是否同时为对同行业存在竞争关系的其他服务。如公司聘用的投资者关系顾问同时为存在竞争关系的其他公司提供服务，公司应避免因投资者关系顾问利用一家公司的内幕信息为另一家公司服务而损害其中一家公司的利益。

第四十九条 上市公司应避免由投资者关系顾问代表公司就公司经营及未来发展等事项作出发言。

第五十条 上市公司应尽量以现金方式支付投资者关系顾问的报酬，避免以公司股票及相关证券、期权或认股权等方式进行支付和补偿。

第二节 证券分析师和基金经理

第五十一条 上市公司不得向分析师或基金经理提供尚未正式披露的公司重大信息。

第五十二条 对于上市公司向分析师或投资经理所提供的相关资料和信息，如其他投资者也提出相同的要求时，上市公司应平等予以提供。

第五十三条 上市公司应避免出资委托证券分析师发表表面上独立的分析报告。如果由上市公司出资委托分析师或其他独立机构发表投资价值分析报告，应在刊登时在显著位置注明"本报告受公司委托完成"的字样。

第五十四条 上市公司应避免向投资者引用或分发分析师的分析报告。

第五十五条 上市公司可以为分析师和基金经理的考察和调研提供接待等便利，但要避免为其工作提供资助。分析人员和基金经理考察上市公司原则上应自理有关费用，上市公司不应向分析师赠送高额礼品。

第三节 新闻媒体

第五十六条 上市公司可根据需要，在适当的时候选择适当的新闻媒体发布信息。

第五十七条 对于重大的尚未公开信息，上市公司应避免以媒体采访及其它新闻报道的形式披露相关信息。在未进行正式披露之前，应避免向某家新闻媒体提供相关信息或细节。

第五十八条 上市公司应把对上市公司宣传或广告性质的资料与媒体对上市公司正式和客观独立的报道进行明确区分。如属于上市公司本身提供的(包括公司本身或委托他人完成)并付出费用的宣传资料和文字，应在刊登时予以明确说明和标识。

深圳证券交易所可转换公司债券上市规则

第一章 总 则

1.1 为规范可转换公司债券上市行为、发行人及相关义务人的信息披露行为，维护证券市场秩序，保护投资者和可转换公司债券发行人的合法权益，根据《中华人民共和国公司法》(以下简称《公司法》)、《中华人民共和国证券法》(以下简称《证券法》)、《可转换公司债券管理暂行办法》、《上市公司发行可转换公司债券实施办法》和《关于做好上市公司可转换公司债券发行工作的通知》等有关法律、法规、规章，制定本规则。

1.2 本规则所称可转换公司债券，是指发行人依据法定程序发行、在一定期间内依据约定的条件可以转换成股份的公司债券。

1.3 本规则所称可转换公司债券上市，是指可转换公司债券获准在深圳证券交易所(以下简称本所)交易市场挂牌买卖。

1.4 本规则所涉专门用语，适用《可转换公司债券管理暂行办法》、《上市公司发行可转换公司债券实施办法》和《深圳证券交易所股票上市规则》中的相关规定。

1.5 可转换公司债券在本所上市，应当遵守本规则。本所依据法律、法规和本规则对可转换公司债券发行人及其董事、监事、高级管理人员、有信息披露义务的投资人及上市推荐人进行监管。

第二章 可转换公司债券的上市申请

2.1 发行人在可转换公司债券发行结束后，可以向本所申请上市。

2.2 发行人申请可转换公司债券上市，应当向本所提交以下文件：(一)上市申请书及董事会关于申请可转换公司债券上市的决议；(二)中国证监会核准其发行可转换公司债券的文件；(三)上报中国证

监会的全套发行申报材料；(四)上市推荐人出具的上市推荐书；(五)上市推荐协议；(六)上市公告书；(七)发行人拟聘任或已聘任的信息披露负责人的资料；(八)具有从事证券业务资格的会计师事务所出具的发行资金到位的验资报告；(九)具有从事证券业务资格的律师事务所出具的关于可转换公司债券本次上市的法律意见书；(十)可转换公司债券发行后按规定新增的财务资料；(十一)登记公司出具的可转换公司债券托管情况证明；(十二)法律、法规及本所业务规则要求的其他文件。

2.3 发行人向本所申请可转换公司债券上市，应当保证其提交的文件内容真实、准确、完整，不存在虚假记载、误导性陈述或者重大遗漏。

2.4 发行人在提出上市申请至获准上市前，未经本所同意，不得擅自披露有关信息。

2.5 发行人的上市申请获本所批准后，发行人应当及时与本所签定上市协议。

2.6 发行人应当在可转换公司债券上市交易前五个工作日内，在至少一家中国证监会指定的报刊上公布上市公告书。上市公告书的内容和格式遵照中国证监会规定的披露要求。

2.7 申请可转换公司债券在本所上市，应当由一至二个具有证券从业资格的机构推荐并出具上市推荐书。

上市推荐书应当包括以下内容：(一)发行人概况；(二)申请上市债券的发行情况；(三)发行人与上市推荐人是否存在关联关系及存在何种关联关系；(四)公司章程符合《公司法》等法律、法规和中国证监会的规定以及发行人符合上市条件的说明；(五)上市推荐人认为发行人需要说明的重要事项和存在的问题；(六)上市推荐人需要说明的其他内容。

2.8 上市推荐人应当符合下列条件：(一)具有本所会员资格；(二)从事证券承销工作或具有本所认可的其他资格一年以上，且信誉良好；(三)最近一年内无重大违法违规行为；(四)负责推荐工作的主要业务人员熟悉本所有关可转换公司债券上市的业务规则。(五)本所认为应当具备的其他条件。

2.9 发行人应当与上市推荐人签订可转换公司债券上市推荐协议，规定双方在申请上市期间及上市后的权利和义务。可转换公司债券上市推荐协议应当符合本规则和可转换公司债券上市协议的有关规定。

2.10 上市推荐人应当履行下列义务：(一)确认可转换公司债券符合上市条件；(二)确保发行人的董事了解法律、法规、本规则及可转换公司债券上市协议规定的义务与责任；(三)协助可转换公司债券发行人申请可转换公司债券上市，并办理与可转换公司债券上市相关的事宜；(四)提交可转换公司债券上市推荐书；(五)对可转换公司债券上市文件所载的资料进行核实，确保可转换公司债券上市文件真实、准确、完整，符合规定要求；(六)协助发行人制定严格的信息披露制度与保密制度；(七)本所规定的上市推荐人的其他义务。

2.11 上市推荐人不得泄漏发行人内幕信息，不得利用其在上市推荐过程中获得的内幕信息进行内幕交易，为自己或他人牟取利益。

2.12 上市推荐人应当保证发行人的上市申请材料、上市公告书没有虚假记载、误导性陈述或者重大遗漏，并保证对其承担连带责任。

第三章　信息披露

3.1 可转换公司债券发行人应当遵守以下信息披露的基本原则：

(一)及时披露可能对可转换公司债券价格产生重大影响的信息，并保证信息披露内容真实、准确、完整，没有虚假记载、误导性陈述或重大遗漏。

(二)发行人董事会全体成员必须保证信息披露内容真实、准确、完整，没有虚假记载、误导性陈述或重大遗漏，并就其保证承担连带责任。

3.2 发行人进行信息公开披露之前，应当按照法律、法规、规章及本所的要求将有关公告文稿和相关备查文件报送本所。

3.3 在信息公开披露之前，发行人、董事会全体成员及其他知情人，有责任确保将该信息的知悉者控制在最小范围内，并保证在公告前不泄露其内容。

3.4 发行人公开披露的信息至少应当在一家中国证监会指定的报纸和指定网站上公告，在其他公共传媒披露的信息不得先于指定报纸和指定网站。发行人不能以新闻发布或答记者问等形式代替信息披露义务。

3.5 在指定网站披露信息时，发行人应当按照本所的要求提供相应的电子文件和相关材料。

3.6 发行人有其他证券品种上市的，如果其他证券品种的信息披露要求与本规则不一致的，其信息披露应遵循披露内容从多不从少，披露时限从短不从长，披露要求从严不从宽的原则。

3.7 发行人应当指定一名专职人员为信息披露负责人，同时指定一名授权代表，并向本所备案。发行人未向本所备案的联系人，本所不予认可。

信息披露负责人专门负责发行人的信息披露及其他相关事务。在信息披露负责人不能履行职责时，授权代表负责与本所联系。信息披露负责人应当及时接受本所的培训、考核和管理。

发行人应当将其信息披露负责人的办公电话、住宅电话、移动电话、传真、通讯地址及其他联系方式报告本所。

3.8 本所根据法律、法规、规章和本所业务规则对发行人公开披露的信息进行形式审核，对其内容的真实性不承担责任。

3.9 发行人出现下列情形，认为无法按照本规则规定披露信息的，可以向本所提出申请，经本所同意，可以免予按照本规则规定披露：

(一)发行人有充分理由认为披露某一信息会损害发行人的利益，且该信息对可转换公司债券价格不会产生重大影响；

(二)发行人认为拟披露的信息可能导致其违反国家有关法律法规的；

(三)本所认可的其他情况。

3.10 发行人应当公开披露的信息包括定期报告和临时报告。定期报告包括年度报告、中期报告，中期报告包括半年度报告和季度报告。其他报告为临时报告。

3.11 发行人应当在每一会计年度的第一和第三季度结束后的三十日内向本所提交公司季度报告并公布。发行人应当在每一会计年度上半年结束之日起二个月内，向本所提交公司半年度报告并公布。发行人应当在每一会计年度结束之日起四个月内，向本所提交公司年度报告并公布。

3.12 发行人定期报告经董事会审议通过后，发行人应当按法定程序和本所要求于第一时间将定期报告正本、摘要及正本磁盘、上网电子文件、审计报告或财务报表、董事会决议等相关资料报送本所。

3.13 定期报告除应当遵守中国证监会有关年度报告、半年度报告和季度报告内容与格式的一般规定外，还应当包括以下内容：(一)转股价格历次调整的情况，经调整后的最新转股价格；(二)可转换公司债券发行后累计转股的情况；(三)前十名可转换公司债券持有人的名单和持有量；(四)担保人盈利能力、资产状况和信用状况发生重大变化的情况；(五)发行人的负债情况、资信变化情况以及在未来年度还债的现金安排；(六)中国证监会和本所规定的其他内容。

3.14 临时报告除应当遵守中国证监会和《深圳证券交易所股票上市规则》有关上市公司临时报告的一般规定外，出现以下情况时，发行人应当及时向本所报告并公告：

(一)因发行新股、送股及其他原因引起股份变动，要调整转股价格或依据募集说明书的转股价格向下修正条款修正转股价格的；

(二)可转换公司债券转换为股票的数额累计达到发行人已发行股份的10%的；

(三)发行人信用状况发生重大变化，可能影响如期偿还债券本息的；

(四)可转换公司债券担保人发生重大资产变动、重大诉讼、或者涉及合并、分立等情况的；

(五)未转换的可转换公司债券数量少于3000万元的；

(六)有资格的信用评级机构对可转换公司债券的信用或发行人的信用进行评级，并已出具信用评级结果的；

(七)可能对可转换公司债券交易价格产生较大影响的其他重大事件；

(八)中国证监会及本所规定的其他情形。

3.15 发行人应当在可转换公司债券约定的付息日前五个工作日内刊登付息公告，在可转换公司债券期满前十个工作内刊登本息兑付公告。

3.16 发行人应当在可转换公司债券开始转股前三个工作日内刊登实施转股的公告。

3.17 发行人行使赎回权时，应当在每年首次满足赎回条件后的五个工作日内至少发布三次赎回公告，赎回公告应当载明赎回的程序、价格、付款方法、时间等内容。赎回期结束，发行人应当公告赎回结果以及对发行人的影响。

3.18 在可以行使回售权的年份内，发行人应当在每年首次满足回售条件后的五个工作日内至少发布三次回售公告。回售公告应当载明回售的程序、价格、付款方法、时间等内容。回售期结束，发行人应当公告回售结果及对发行人的影响。

3.19 经股东大会批准改变募集资金用途的，发行人必须在股东大会召开后二十个工作日内赋予可转换公司债券持有人一次回售的权利，有关提示公告至少发布三次。可转换公司债券持有人可以在确定的回售申报期间内全部或部分回售未转换为股份的可转换公司债券，也可以不行使回售权。

3.20 通过本所的证券交易，投资者持有发行人已发行的可转换公司债券达到20%时，应当在该事实发生之日起三个工作日内，向中国证监会和本所书面报告，通知发行人并予以公告。在报告期限内及作出报告、公告后二个工作日内，该投资者不得再行买卖该发行人的可转换公司债券，也不得买卖该发行人的股票。

3.21 投资者持有发行人已发行可转换公司债券达到20%后，其所持该发行人已发行的可转换公司债券比例每增加或者减少10%时，应当依照前条规定进行书面报告和公告。在报告期限内及作出报告、公告后二个工作日内，不得再行买卖该发行人的可转换公司债券，也不得买卖该发行人的股票。

3.22 依照前两条规定所作书面报告和公告至少应当包括下列内容：

(一)持有人的名称、住所、主营业务、经营状况；

(二)所持有的可转换公司债券的名称、数量；

(三)持有的可转换公司债券达到规定比例或者持有的可转换公司债券增减变化达到规定比例的日期；

(四)关联企业共同持有该等债券的情况以及持有数量、持有的起始日期；

(五)中国证监会及本所认为需要披露的其他事项。自然人或者法人在提交书面报告和公告时还应当向本所提交持有人的身份证复印件或经法人盖章的法人营业执照复印件。

3.23 发行人应当在每一季度结束后的二个工作日内披露因可转换公司债券转换为股份所引起的股份变动情况。

3.24 发行人实施强制性转股的，发行人应当于强制性转股条件满足后的十个工作日内在中国证监会指定报刊上刊登公告至少三次，本所依据发行人公告和委托将持有人可转换公司债券自动转换成发行人股票。

3.25 持有可转换公司债券的投资者，若其持有的可转换公司债券全部转为股份与其已持有的该发行人股份的合计数，占公司已发行的股份与全部可转换公司债券转为股本的合计数达5%以上，以后每增加或减少1%，或上述比例达到30%以上，该投资者应当按中国证监会的有关规定履行信息披露义务。

3.26 在新闻媒介中出现发行人尚未披露的信息，可能对可转换公司债券的交易价格产生较大影响时，发行人应当及时对该消息作出公开澄清或说明。

3.27 发行人应当如实答复本所就其可转换公司债券成交量和交易价格的异常波动或其他问题的询问，向本所提供书面报告和相关资料，并按本所的要求履行信息披露义务。

3.28 发行人的定期报告、临时报告存在披露不充分、不完整、不准确事项的，应当按中国证监会或本所的要求，及时作出补充公告和解释。

3.29 发行人出现法律、法规或本所业务规则没有规定应予披露、但确实可能对其可转换公司债券交易价格产生较大影响的事件，发行人应当于第一时间报告本所。

3.30 发行人向其他市场公开的信息，应当同时向本所市场公开。若发行人向其他证券市场公开的信息与其向本所市场公开的信息有差异，应当向本所说明并公告。

第四章　停牌、复牌、停止交易

4.1 发行人可以以本所认为合理的理由向本所申请停牌与复牌。

4.2 本所可以根据实际情况或中国证监会的要求，决定可转换公司债券的停牌与复牌。

4.3 出现以下情况之一的，发行人应当向本所申请对其可转换公司债券停牌与复牌：

(一)发行人于交易日公布定期报告的，自当日上午开市时起停牌一个交易小时，上午十点三十分复牌；

(二)发行人召开股东大会，会议期间为本所开市时间，自股东大会召开当日起实施停牌，直至股东大会决议公告的当日上午开市时复牌；如果股东大会决议公告的内容涉及增加、变更或否决议案的，直至公告股东大会决议当日上午十点三十分复牌；公告日为非交易日，则公告后第一个交易日复牌；

(三)发行人于交易日公布董事会关于权益分派、新股发行、公积金转增股本等决议，自当日上午开市时起停牌一个交易小时，上午十点三十分复牌；

(四)发行人于交易日刊登获得中国证监会核准新股发行的提示公告，自当日上午开市时起停牌一个交易小时，上午十点三十分复牌。

4.4 发行人出现下列情况之一，本所对其可转换公司债券予以停牌与复牌：

(一)在公共传播媒介中出现发行人尚未披露的消息，可能对发行人可转换公司债券的交易价格产生较大影响，本所对该可转换公司债券实施临时停牌，直至发行人对该消息作出公告的当日下午开市时复牌；

(二)临时报告披露不够充分、完整或可能误导公众，发行人拒不按本所要求作出修改的，本所可以对发行人的可转换公司债券进行临时停牌，直至发行人作出补充或更正公告的当日上午十点三十分复牌；

(三)本所审查发行人定期报告时，要求发行人就有关内容进行解释说明或补充公告，发行人不按本所要求办理的，本所可以视具体情况对其可转换公司债券实施临时停牌，直至发行人作出解释说明或补充公告后复牌；

(四)发行人未能在法定期限内公布定期报告的，本所对其可转换公司债券停牌，直至其定期报告披露的当日上午十点三十分复牌；公告日为非交易日，则公告后第一个交易日上午复牌；

(五)发行人在规范运作和信息披露方面涉嫌违反法律、法规、规章及本所业务规则，情节严重，在被有关部门调查期间，经中国证监会批准，本所对其可转换公司债券停牌，待有关处理决定公告后另行决定复牌时间。

(六)发行人因某种原因使本所失去有效信息来源时，本所可以对其可转换公司债券停牌，直至本所恢复有效信息来源后复牌。

(七)本所认为必要的其他情况。

4.5 发行人公布涉及调整转股价格信息的股份变动公告时，本所对其可转换公司债券停牌一天。

4.6 发行人因发行新股、配股、分红派息、分立及其他原因需要调整转股价格的，发行人可以向本所申请暂停转股并公告。

4.7 可转换公司债券上市交易期间出现下列情况之一时，本所停止可转换公司债券的交易：(一)未转换的可转换公司债券数量少于3000万元时，本所通知发行人立即公告并在三个交易日后停止其交易；(二)可转换公司债券转换期结束前的十个工作日停止其交易；(三)中国证监会和本所认为必须停止交易的情况。

第五章　暂停上市、终止上市

5.1 可转换公司债券上市后，发行人有下列情形之一的，本所依据中国证监会有关暂停上市的决定暂停其可转换公司债券上市交易。(一)发行人有重大违法行为；(二)中国证监会及本所认为须暂停其上市的其他原因。

5.2 上述情形消除后，发行人可向中国证监会提出恢复上市的申请，经中国证监会核准后，本所恢复该可转换公司债券上市。

5.3 发行人出现下列情况之一时，其可转换公司债券终止上市：(一)发行人有5.1条第(一)项的情形经查实后果严重的，由中国证监会决定终止该可转换公司债券上市。(二)发行人解散、依法被责令关闭或者被宣告破产的，由中国证监会决定终止该可转换公司债券上市。

第六章　罚　则

6.1 发行人及其董事、监事、高级管理人员、信息披露负责人违反本规则及上市协议的有关规定的，本所将视情节轻重，给予以下处分：

(一)责令改正；

(二)内部批评；

(三)在指定报纸和网站上公开谴责。

以上处分可以单处或并处。情节严重的，本所报中国证监会查处。

6.2 上市推荐人违反本规则有关规定的，本所将视情节轻重，给予以下处分：

(一)责令改正；

(二)内部批评；

(三)在指定报纸和网站上公开谴责；

(四)取消上市推荐人资格。

以上处分可以单处或并处。情节严重的，本所报中国证监会查处。

第七章　附　则

7.1 本规则经本所理事会通过并报经中国证监会批准后生效，修改时亦同。

7.2本规则解释权属于本所。

7.3本规则自发布之日起执行,《深圳证券交易所可转换公司债券上市、交易、清算、转股和兑付实施规则》第三章与本规则不一致的,以本规则为准。

深圳证券交易所

二〇〇二年十一月一日

深圳证券交易所关于实施国债净价交易有关事宜的通知

各会员单位:

根据财政部、中国人民银行、中国证券监督管理委员会财库(2001)12号文通知的精神,现将国债净价交易有关事宜通知如下:

一、实施国债净价交易时间从2002年3月25日(星期一)起实施

二、净价交易概念

净价交易是指在现券买卖时,以不含有自然增长应计利息的价格报价并成交的交易方式。在净价交易条件下,由于国债交易价格不含有应计利息,其价格形成及变动能够更加准确地体现国债的内在价值、供求关系及市场利率的变动趋势。

三、实行国债净价交易遵循的原则

实行国债净价交易仍遵循本所现行交易规则,以每百元国债价格(净价)进行申报并撮合成交,以成交价格和应计利息额之和作为结算价格;报价系统同时显示净价价格和每百元应计利息额;交易清算及交割单打印系统自动计算应计利息额并在交割单上分别列明结算价、净价及应计利息额。

四、应计利息额的计算方法

应计利息额=票面利率÷365天×已计息天数

上述公式各要素具有以下含义:

1、应计利息额。零息国债是指发行起息日至成交日所含利息金额;附息国债是指本付息期起息日至成交日所含利息金额。

2、票面利率。固定利率国债是指发行票面利率;浮动利率国债是指本付息期计息利率。

3、年度天数及已计息天数。1年按365天计算,闰年2月29日不计算利息(下同);已计息天数是指起息日至成交当日实际日历天数。

4、当票面利率不能被365天整除时,计算机系统按每百元利息额的精度(小数点后保留8位)计算,交割单应计利息总额按"4舍5入"原则,以元为单位保留2位小数列示。

5、国债交易的计息原则是"算头不算尾",即起息日当天计算利息,到期日当天不计算利息;交易日挂牌显示的每百元应计利息额是包括交易当日在内的应计利息额。

国债净价交易与现行的国债交易模式有较大差别,请各会员单位务必按要求做好有关准备工作,确保国债净价交易的顺利实施。

附件:《深圳证券交易所国债净价交易技术方案》

深圳证券交易所

二〇〇二年三月十五日

深圳证券交易所国债净价交易技术方案

根据中国证监会和国家财政部的要求,本所将试行国债的净价交易制度。为了国债净价交易的平稳实施,本所制定了相应的技术方案。

一、国债净价交易的实施原则

1、实行净价申报和净价撮合成交。以成交价格和每百元国债应计利息额之和作为结算价格,以结算金额(结算价格　成交量)为基数计算交易经手费等费用。

2、报价系统和行情发布系统应同时显示净价价格和每百元应计利息额。

二、数据接口相关字段定义

国债净价交易在新版数据接口规范(《深圳证券交易所数据接口规范》TS－0401－001)的基础上实现,相关字段定义如下:

1、证券信息库(SJSXX.DBF)1)XXSNLR(字段10:上年每股利润):对附息和零息国债,存放票面年利率;对贴现国债,存放贴现发行价。

2)XXSSRQ(字段15:上市日期):对附息国债,存放本次付息起息日;对零息和贴现国债,存放发行起息日。

3)XXDJRQ(字段16:到期/交割日):存放国债的到期日。

2、行情库(SJSHQ.DBF)

1)国债的昨日收盘价、今日开盘价、最近成交价、最高成交价、最低成交价、买卖盘信息中的四个买价位和四个卖价位等字段为净价,成交金额以净价价格计算。

2)HQSYL1(字段11:市盈率1):每百元国债应计利息额。该值按"4舍5入"原则精确到0.01元,只可作为行情揭示用。

3)HQSYL2(字段12:市盈率2):存放到期收益率,供市场参考用。

到期收益率采取单利计算。

3、委托库(SJSWT.DBF)和回报库(SJSHB.DBF)对于国债,委托价格(WTWTJG)和成交价格(HBCJJG)均为净价。

4、股份结算信息库(SJSGF.DBF)每日收市后通过股份结算信息库(SJSGF.dbf)向证券营业部发送下一交易日的国债每百元应计利息额数据。GFYWLB(字段4:业务类别)为'X1'的记录,为国债每百元应计利息额的数据。各字段说明如下:

1)GFXWDM(字段1:席位代码):证券营业部的席位代码;

2)GFZQDM(字段2:证券代码):国债代码;

3)GFYWLB(字段4:业务类别):为'X1';

4)GFWTXH(字段6:委托序号):表示计息日期(CCYYMMDD);

5)GFWTGS(字段7:委托股数):表示应计利息天数;

6)GFQRGS(字段8:确认股数):表示国债每百元应计利息额分母;

7)GFZJJE(字段9:资金金额):表示国债每百元应计利息额分子;

8)GFZJJE/GFQRGS表示下一交易日(T+1日)的国债每百元应计利息额,单位为元,保留8位小数;

9)GFFSRQ(字段11:发送日期):表示数据发送当日日期(T日);

10)其他未涉及的字段为空格。

5、证券交易统计库(SJSTJ.DBF)对于国债,证券交易统计库SJSTJ.dbf中的TJMRZJ(字段4:买入资金)和TJMCZJ(字段6:卖出资金)均为结算金额。所有与金额相关的字段按"四舍五入"原则精确到0.01元。

中国证券业协会会员诚信信息管理暂行办法

第一条　为加快推进证券行业诚信体系建设,增强会员单位诚信观念,倡导守法经营、诚信服务的行业文化,促进证券市场健康发展,规范诚信信息管理,根据中国证券业协会(以下简称协会)第三届常务理事会第二次会议通过的《关于加快推进证券业诚信建设的决议》,制定本办法。

第二条　协会收集、记录和使用会员单位的诚信信息,适用本办法。

第三条　本办法所称诚信信息,是指会员单位及其分支机构在经营活动中的守法、守信、自律情况记录和对判断其诚信状况有影响的其他信息。

第四条　本办法所称会员单位,包括以下从事证券业务并已加入协会的机构:(一)证券公司;(二)基金管理公司;(三)证券投资咨询机构;(四)金融资产管理公司;(五)基金托管机构。

第五条　协会建立会员诚信信息管理系统,对会员单位诚信信息进行日常管理。

第六条　诚信信息的收集、记录和使用,应当遵循公正、客观、规范的原则。

第七条　会员单位及其分支机构的诚信信息包括:基本信息、经营信息、奖惩信息和投诉信息。

第八条 基本信息包括:注册信息、资格信息和其他信息。注册信息包括机构编号、名称、办公地址、法定代表人、总经理、联系电话、传真、电子邮箱、网址等。资格信息包括资格编号、资格类别、资格证书号、批准部门、批准时间、有效期等。其他信息包括会员单位的资信等级评定信息、商业信誉记录等。

第九条 经营信息包括:业务信息、财务信息和组织结构信息。业务信息包括证券经纪、证券承销、证券自营、受托投资管理、证券投资基金管理、证券投资咨询等业务数据。财务信息包括资产负债表、损益表和现金流量表上的财务数据,历年财务指标等。组织结构信息包括单位内部组织结构、人力资源状况等。

第十条 奖惩信息包括:奖励信息和处罚信息。(一)奖励信息包括受奖励单位、表彰内容、荣誉称号、表彰单位、表彰时间和文号等。其中表彰单位包括:1.中国证监会及其派出机构;2.国家各级主管机关;3.中国证券业协会;4.上海、深圳证券交易所;5.各地方证券业协会;6.协会认为有必要记录其奖励信息的其他单位。(二)处罚信息包括受罚机构名称、责任人、处罚时间、有效期、处罚原因、处罚单位、处罚类别、文号等。其中处罚类别包括:1.受到中国证监会及派出机构处罚的,包括警告、责令改进、没收非法所得、罚款、暂停或撤销业务资格、移交司法部门处理以及对其诚信状况有直接影响的其它处理行为;2.受到协会处分的,包括书面批评、会员内通报批评、公开谴责、暂停部分会员权利、暂停会员资格、取消会员资格以及对其诚信状况有直接影响的其它处理行为;3.受到上海、深圳证券交易所处分、处罚的,包括下发监管关注函、警告、会员内通报批评、公开批评、限制交易、暂停自营业务或经纪业务、取消会籍以及对其诚信状况有直接影响的其它处理行为;4.受到地方证券业协会处分的;5.受到国家有关主管机关处罚的;6.协会认为有必要记录的其他情况。

第十一条 投诉信息包括:投诉者和被投诉者的基本情况、投诉事实和理由、相关证据、调查情况、处理结果、被投诉者申诉说明等。

第十二条 协会与中国证监会及派出机构,上海、深圳证券交易所,地方证券业协会,本办法第四条所列会员单位建立信息交换渠道,以约定方式收集会员单位诚信信息;或从政府公报、有关组织发布的奖惩公告、媒体报道收集会员单位诚信信息。从媒体报道收集的诚信信息,应与当事会员单位进行核实。

第十三条 协会按下列途径收集到诚信信息后,在20个工作日内予以记录或更新。(一)基本信息、经营信息中的组织结构信息由会员单位通过专用网络系统自行录入,协会进行核对,如有疑义,可请会员单位作出书面说明;当其中相关内容发生变更时,会员单位应在变更之日起1个月内采用本项前述办法进行更新;(二)经营信息中的业务信息和财务信息由会员单位通过专用数据报送系统定期报送协会,协会按规定标准进行收集并记录;(三)奖惩信息根据本办法第十二条规定或从协会日常自律管理中收集,协会依据记载诚信信息的正式书面文件或经核实的媒体报道进行记录;(四)投诉信息从协会日常自律管理工作中收集,或从证券监管机构等国家机关,上海、深圳证券交易所,地方证券业协会转来的对会员单位投诉信件中收集,协会如实记录全部投诉信息。

第十四条 协会公正、客观地记录提供信息机构提供的诚信信息,保持诚信信息的原始完整性,不得有选择地记录诚信信息。

第十五条 诚信信息的使用范围限于:(一)作为协会进行日常自律管理、行业评比、吸纳会员参加协会相关组织、对会员进行诚信评估的依据;(二)作为证券监管机构进行日常监管、行政审批、资质审查的参考;(三)作为国家有关主管机关依法履行职责的参考;(四)协会理事会规定的其他使用范围。

第十六条 协会对诚信信息实行分类管理,并提供诚信信息查询服务。对于不属于国家机密、商业秘密,不涉及个人隐私的公开诚信信息,协会按统一的标准进行确定并予以公布,任何机构或个人可以通过协会网站查询。下列机构还可查询除本条前款规定以外的其他诚信信息:(一)证券监管机构可以查询被调查对象的各类诚信信息;(二)法律、法规规定的国家有关主管机关依照职权进行调查时,可以在调查范围内查询相关诚信信息;(三)上海、深圳证券交易所,地方证券业协会,根据需要可以查询其所属会员的基本信息和奖惩信息;(四)除按规定应保密的投诉人基本信息外,会员单位可以查询本单位的各类诚信信息。

第十七条 除下列情形外,协会对诚信信息的查询情况进行记录:(一)查询已公开的诚信信息的;(二)会员单位按规定权限查询本单位诚信信息的。查询记录应当包括诚信信息的查询者、查询原因、查询时间、查询对象、查询内容等情况。查询记录自该记录生成之日起保存5年。

第十八条 会员单位认为本单位诚信信息有错误的或对本单位诚信信息持有异议的,可按下列规定申请更正或提起申诉:(一)认为基本信息或经营信息中的组织结构信息有错误的,会员单位通过专用网络系统自行更正,协会进行核对;(二)认为经营信息中的业务信息或财务信息有错误的,会员单位向协会提出书面更正申请,并提供相关证明材料,协会经核对确认后,予以更正;(三)认为奖惩信息有错误的,可以向协会提出书面更正申请,并提供相关证明材料,协会经核对,属于记录错误的,予以更正;属于对提供信息机构提供的原始信息有异议的,会员单位可向提供信息机构申请更正;(四)对投诉信息有异议的,可以向协会提交书面申诉报告。申诉报告内容列入投诉信息记录。会员单位按照本条第(三)款规定向提供信息机构申请更正,提供信息机构书面答复同意更正的,协会按书面答复意见进行更正;提供信息机构不同意更正或没有书面答复意见,会员单位仍认为奖惩信息有错误的,会员单位可向协会提交书面异议报告。异议报告内容列入奖惩信息记录。

第十九条 诚信信息的保存分为当前保存与历史记录两类,超过当前保存期限的诚信信息转入历史记录库后,一般不再提供查询服务。诚信信息的当前保存期限为:(一)基本信息长期当前保留;(二)经营信息设定5年当前保存期;(三)奖惩信息设定5年当前保存期;(四)投诉信息设定3年的当前保存期,超过当前保存期,已经核查有结果的或确认无法核查的,载明情况后转入历史记录库;正在核查的,载明情况后在当前库中继续保存1年。

第二十条 协会对记载诚信信息的书面材料予以立卷保存,对诚信信息数据库的数据予以备份。

第二十一条 任何单位和个人不得违反本办法的规定查询或使用会员诚信信息。

第二十二条 对不按规定报送诚信信息的会员单位,协会应予以提示、警示;仍不改进的,协会按有关自律规则给予纪律处分。

第二十三条 协会工作人员有下列行为之一的,应追究其责任:(一)违反保密职责,泄露会员诚信信息或超范围使用会员诚信信息;(二)擅自对提供信息机构提供的会员诚信信息进行修改。

第二十四条 诚信评估办法另行制定。

第二十五条 本办法由中国证券业协会实施并负责解释。

第二十六条 本办法自2004年1月1日起施行。

关于成立上市公司会计审计问题专家技术援助小组的决定

为了在上市公司年报和中报审计期间给注册会计师提供会计、审计等方面的技术支持,及时解决在实务中遇到的专业问题,降低可能存在的审计风险,兹决定聘请注册会计师行业、政府有关部门和科研院校等方面的专家,组成“上市公司会计审计问题专家技术援助小组”(以下简称“专家小组”)。现将有关事项明确如下:

一、专家小组的主要职责

1.参加我会召集的咨询会议,针对注册会计师在上市公司审计过程中遇到的会计、审计等问题提供建议;

2.接受我会的个别咨询,对会计、审计等专业问题提供建议。

二、专家小组的工作方式

专家小组采取集中讨论和个别咨询相结合的方式,对有关专业问题提供的建议,由我会统一对外公布。对于涉及审计方面的个案问题,由我会咨询专家小组成员后,以我会名义予以答复。对于重大审计问题,由我会召集专家小组定期开会讨论,形成一致意见,由我会统一对外公布。对于重大会计问题,由我会汇总后书面请示财政部的意见,待得到正式答复后,由我会发文转发。

三、专家小组的任职资格

专家小组由符合以下条件的人士组成,并将根据情况变化适时进行调整:

1.政府部门的会计、审计和法律专家;

2.在大型会计师事务所担任高级合伙人,具有丰富的上市公司审计经验;

3.在大型律师事务所担任高级合伙人,具有丰富的上市公司法律经验;

4.在高等科研院校担任会计学教授或研究员;

5.其他相关领域的知名专家。

审计技术提示第1号——财务欺诈风险

财务欺诈作为舞弊的主要形式，导致会计报表不实反映，对会计报表使用者产生巨大的危害。注册会计师有责任制定审计计划并实施适当的审计程序，以合理确定会计报表是否存在由财务欺诈导致的重大错报。以下因素可能导致公司进行财务欺诈，或表明公司存在财务欺诈风险，注册会计师在执行公司会计报表审计业务时，应当对此予以充分关注，保持应有的职业谨慎。

一、财务稳定性或盈利能力受到威胁

1. 因竞争激烈或市场饱和，主营业务毛利率持续下降；
2. 主营业务不突出，或非经常性收益所占比重较大；
3. 会计报表项目或财务指标异常或发生重大波动；
4. 难以适应技术变革、产品更新或利率调整等市场环境的剧烈变动；
5. 市场需求急剧下降，所处行业的经营失败日益增多；
6. 持续的或严重的经营性亏损可能导致破产、资产重组或被恶意收购；
7. 经营活动产生的现金流量净额连年为负值，或虽然账面盈利且利润不断增长，但经营活动没有带来正的现金流量净额；
8. 与同行业的其他公司相比，获利能力过高或增长速度过快；
9. 新颁布的法规对财务状况或经营成果可能产生严重的负面影响；
10. 已经被证券监管机构特别处理(ST)。

二、管理当局承受异常压力

1. 政府部门、大股东、机构投资者、主要债权人、投资分析人士等对公司获利能力或增长速度的不合理期望；
2. 管理当局对外提供的信息过于乐观而导致外界对其产生不合理的期望；
3. 为了满足增发、配股、发行可转换债券等对外筹资的条件；
4. 可能被证券监管机构特别处理(ST)或退市；
5. 急于摆脱特别处理(ST)或恢复上市；
6. 为了清偿债务或满足债务约束条款的要求；
7. 不良经营业绩对未来重大交易事项可能产生负面影响；
8. 为了实现设定的盈利预测目标、销售目标、财务目标或其他经营目标。

三、管理当局受到个人经济利益驱使

1. 管理当局的薪酬与公司的经营成果挂钩；
2. 管理当局持有的公司股票即将解冻；
3. 管理当局可能利用本公司股票价格的异常波动谋取额外利益。

四、特殊的行业或经营性质

1. 科技含量高，产品价值主要来源于研发而非生产过程；
2. 市场风险很大，很可能在投入了巨额研发支出后却不被市场接受；
3. 产品寿命周期短；
4. 大量利用分销渠道、销售折扣及退货等协议条款。

五、特殊的交易或事项

1. 不符合正常商业运作程序的重大交易；
2. 重大的关联交易，特别是与未经审计或由其他注册会计师审计的关联方发生的重大交易；
3. 资产、负债、收入、费用的计量涉及难以证实的主观判断或不确定事项，如八项减值准备的计提；
4. 尚未办理或完成法律手续的交易；
5. 发生于境外或跨境的重大经营活动；
6. 母公司或重要子公司、分支机构设在税收优惠区，但不开展实质性的经营活动。

六、公司治理缺陷

1. 董事会被大股东操纵；
2. 独立董事无法发挥应有的作用；
3. 难以识别对公司拥有实质控制权的单位或个人；
4. 过于复杂的组织结构，或涉及特殊的法人身份或管理权限；
5. 董事、经理或其他关键管理人员频繁变更。

七、内部控制缺陷

1. 管理当局凌驾于内部控制之上；
2. 有关人员相互勾结，致使内部控制失效；
3. 内部控制的设计不合理或执行无效；
4. 会计人员、内部审计人员或信息技术人员变动频繁，或不具备胜任能力；
5. 会计信息系统失效。

八、管理当局态度不端或缺乏诚信

1. 管理当局对公司的价值观或道德标准倡导不力，或灌输了不恰当的价值观或道德标准；
2. 非财务管理人员过度参与会计政策的选择或重大会计估计的确定；
3. 公司、董事、经理或其他关键管理人员曾存在违反证券法规或其他法规的不良记录，或因涉嫌舞弊或违反法规而被起诉；
4. 管理当局过分强调保持或提高公司股票价格或盈利水平；
5. 管理当局向政府部门、大股东、机构投资者、主要债权人、投资分析人士等就实现不切实际的目标作出承诺；
6. 管理当局没有及时纠正已发现的内部控制重大缺陷；
7. 管理当局出于逃税目的而采用不恰当的方法减少账面利润；
8. 对于重要事项，管理当局采用不恰当的会计处理方法，并试图将其合理化。

九、管理当局与注册会计师的关系异常或紧张

1. 频繁变更会计师事务所；
2. 在重大的会计、审计或信息披露问题上经常与注册会计师发生意见分歧；
3. 对注册会计师提出不合理的要求，如对出具审计报告的时间作出不合理的限制；
4. 对注册会计师施加限制，使其难以向有关人士进行询证、获取有关信息、与董事会进行有效沟通等；
5. 干涉注册会计师的审计工作，如试图对注册会计师的审计范围或审计项目小组的人员安排施加影响。

关于境外再保险分出业务售付汇管理有关问题的通知

国家外汇管理局各省、自治区、直辖市分局、外汇管理部，深圳、大连、青岛、厦门、宁波市分局；各外汇指定银行；各保险公司：

为了贯彻实施《保险业务外汇管理暂行规定》，规范外汇再保险活动，有效分散保险风险，现就境外再保险分出业务售付汇管理的有关事宜通知如下：

一、经国家外汇管理局核准从事外汇再保险业务的境内中资保险公司、中外合资保险公司、外国保险公司国内分公司(以下简称境内保险公司)，可以按照中国保险监督管理委员会的有关规定办理境内保险的境外再保险分出业务，并按照本通知规定办理境外再保险分出业务项下购付汇手续。境内保险公司的分支机构不得办理境外再保险分出业务项下购汇手续。

二、境内保险公司将境内外汇保险进行境外再保险分出的，应当持分保账单或分保支付清单等有效凭证，到境内商业银行办理从其外汇经营账户中对外支付分保款项，不得购汇支付。

三、境内保险公司将境内人民币保险进行境外再保险分出的，可以持分保账单或分保支付清单等有效凭证，到境内商业银行办理从其外汇经营账户中对外支付分保款项；也可以按照本通知第四条至第七条规定，向国家外汇管理局申请，凭国家外汇管理局的核准文件到外汇指定银行办理购汇支付分保款项。

四、境内保险公司将境内人民币保险进行境外超赔再保险分出的，可以根据实际经营需要申请购汇支付分保款项。

五、境内保险公司将境内人民币企业财产险、货运险、船舶险、航空险、航天险、石油险、能源险、建安工程险、责任险、核电站险或中国保险监督管理委员会核准的其他险种项下的保险，向境外进行合同或临时再保险分出，符合下列条件之一的，可以向国家外汇管理局申请购汇支付分保款项：

(一)单笔保险合同的最大保险责任超过人民币5000万元；

(二)单一险种累计的人民币保费收入超过该公司资本金加公积

金的总和。

六、境内保险公司办理符合第四条、第五条规定的境外再保险项下购汇的，应当持购汇申请、相关保险合同或保险业务数据统计、经审计的上年度公司资产负债表和利润表、《经营外汇业务许可证》复印件等相关文件，按季度向国家外汇管理局申请。分期付款的分保合同应一次性向国家外汇管理局提出申请。购汇申请中，保险公司应当将超赔再保险、合同及临时再保险的购汇金额分别列明。

七、境外再保险项下购汇申请经国家外汇管理局核准后，境内保险公司需向境外支付境外再保险项下款项时，应当凭国家外汇管理局的核准文件、分保帐单或分保支付清单等有效凭证到外汇指定银行购汇支付。

八、境内保险公司应当准确、及时填写"保险公司外汇业务季报表"(见汇发[2003]27号文件)，并在"备注"栏说明上一季度的境外再保险业务情况；购汇支付的，应当列明有关购汇金额、购汇时间、购汇银行等。

九、本通知从2003年7月1日起开始施行。

收到本文后，各分局应尽快转发至辖内保险公司、外汇指定银行；各中资外汇指定银行应尽快转发至所属分支行。执行中如遇问题，请及时向国家外汇管理局和中国保险监督管理委员会反馈。

关于调整国际承包工程等项下经常项目外汇账户管理政策有关问题的通知

国家外汇管理局各省、自治区、直辖市分局、外汇管理部，大连、青岛、宁波、厦门、深圳市分局；各外汇指定银行：

2002年10月15日，国家外汇管理局发布施行了《国家外汇管理局关于进一步调整经常项目外汇账户管理政策有关问题的通知》(汇发(2002)87号)，决定取消中资企业开立经常项目外汇账户的条件限制，将外汇结算账户和专用账户合并为经常项目外汇账户，并对经常项目外汇账户统一实行限额管理，统一中外资企业经常项目外汇账户的管理政策。从上述政策施行以来的情况看，新的政策有利于企业在市场经济条件下的经营活动，降低了企业的经营成本，推进了结售汇体制的改革，取得了较好的效果。为了继续推进经常项目外汇账户管理政策的改革，适应企业在市场经济活动中提高国际竞争力的需要，国家外汇管理局决定对国际承包工程等项下的经常项目外汇管理政策进行适当调整，现将有关问题通知如下：

一、将下列项目的经常项目外汇账户纳入有特殊来源和指定用途的经常项目外汇账户进行管理，其限额按照其外汇收入的100%核定。

(一)国际承包工程、国际劳务项下的经常项目外汇账户；

(二)国际海运及船务运输代理、货物运输代理项下的经常项目外汇账户；

(三)国际招标项下的经常项目外汇账户；

(四)从境外收入外汇后需向其他境内机构或个人划转的暂收暂付项下的经常项目外汇账户。

二、凡符合本通知第一条规定并已开立经常项目外汇账户的境内机构，可以在本通知施行后向所在地国家外汇管理局分支局(以下简称外汇局)申请调整其限额，外汇局应当按照本通知规定办理经常项目外汇账户的变更核准手续。

三、凡符合本通知第一条规定但尚未开立经常项目外汇账户的境内机构，可根据实际需要向外汇局申请开立账户，外汇局应当依照本通知规定核准其开户，并核定其账户限额。

四、各分局按照本通知第一条规定核准境内机构开立经常项目外汇账户或调整其账户限额时，其所辖地区的经常项目外汇账户总限额可以超过总局原核定的本地区总限额；总局将根据这次对经常项目外汇账户管理政策调整的情况，重新调整并下达各分局地区总限额。

五、关于本通知未涉及的其他经常项目外汇账户管理政策，仍按《国家外汇管理局关于进一步调整经常项目外汇账户管理政策有关问题的通知》和《境内机构经常项目外汇账户管理实施细则》执行。

六、本通知自2003年9月1日起开始施行，以前规定与本通知规定相抵触的，按本通知规定执行。

各分局在收到本通知后，应尽快转发所辖支局、外汇指定银行及相关单位，并于2003年9月底以前将所辖地区的经常项目外汇账户限额调整情况上报总局经常项目管理司；各中资外汇指定银行收到本通知后应尽快转发所属分支行。执行中如遇问题请及时向总局经常项目管理司反馈。

关于进一步调整经常项目外汇账户管理政策有关问题的通知

国家外汇管理局各省、自治区、直辖市分局、外汇管理部，深圳、大连、青岛、厦门、宁波市分局，各中资外汇指定银行总行：

为适应我国加入世界贸易组织的新形势，进一步完善经常项目外汇管理，降低企业经营成本，促进我国对外经济贸易的发展，国家外汇管理局决定对经常项目外汇账户管理有关政策进行调整。现就有关问题通知如下：

一、进一步放宽中资企业的开户标准，统一中外资企业经常项目外汇账户开户条件。凡经有权管理部门核准或备案具有涉外经营权或有经常项目外汇收入的境内机构(含外商投资企业)，均可以向所在地国家外汇管理局及其分支局(以下简称外汇局)申请开立经常项目外汇账户。

二、将现行的经常项目外汇结算账户和外汇专用账户合并为经常项目外汇账户。经常项目外汇账户的收入范围为经常项目外汇收入，支出范围为经常项目外汇支出和经外汇局核准的资本项目外汇支出。

三、对经常项目外汇账户统一实行限额管理。境内机构经常项目外汇账户限额原则上为该境内机构上年度经常项目外汇收入的20%。上年度没有经常项目外汇收入的境内机构新开立经常项目外汇账户时，初始限额原则上不超过等值10万美元。

各地外汇局可以根据境内机构经营特点和实际需要，以及国家外汇管理局核定的地区总限额，对本辖区境内机构经常项目外汇账户的限额进行适当调整，但本辖区境内机构经常项目外汇账户限额总和不得超过地区总限额。

四、本通知实施前已开立的经常项目外汇结算账户和外汇专用账户，可以按照原有收支范围和限额继续使用，但境内机构应当在2003年12月31日前到所在地外汇局办理合并外汇账户和重新核定限额的手续。

各地外汇局可以根据自身监管能力以及本地区实际情况，在2003年12月31日前选择适当时间，为境内机构办理合并外汇账户和重新核定限额的手续。

五、积极推广使用外汇账户管理信息系统。在已经使用外汇账户管理信息系统，并能通过该系统对经常项目外汇账户进行监管的地区，外汇局可以在经常项目外汇账户监管上采取灵活的措施，如可以进一步放宽经常项目外汇账户开户个数限制，不再对经常项目外汇账户进行年检，不再要求银行报送有关经常项目外汇账户纸质报表等。

六、本通知自2002年10月15日起开始实施。本通知有明确规定的，按照本通知规定执行；本通知没有涉及的，按照现行有关外汇账户管理规定执行。

各分局接文后应尽快转发所辖分支局、外资银行，各中资外汇指定银行总行接文后应尽快转发所辖机构。执行中如遇到问题，请及时向国家外汇管理局经常项目管理司反馈。

二〇〇二年九月九日

境内机构经常项目外汇账户管理实施细则

第一章　总　则

第一条　为适应我国加入世界贸易组织的新形势，降低企业经营成本，完善经常项目外汇管理，根据《中华人民共和国外汇管理条例》、《境内外汇账户管理规定》和《关于进一步调整经常项目外汇账户管理政策有关问题的通知》，特制定本细则。

第二条　本细则所称境内机构是指中华人民共和国境内的国家机关、企事业单位、社会团体、部队等，包括外商投资企业，但不包括金融机构。

第二章　经常项目外汇账户的开立与使用

第三条　符合下列条件之一的境内机构可以向所在地国家外汇管理局及其分支局（以下简称外汇局）申请开立经常项目外汇账户：

（一）经有权管理部门核准或备案具有涉外经营权或有经常项目外汇收入；

（二）具有捐赠、援助、国际邮政汇兑等特殊来源和指定用途的外汇收入。

第四条　境内机构经常项目外汇账户的收入范围为经常项目外汇收入，支出范围为经常项目外汇支出及经外汇局核准的资本项目外汇支出。

捐赠、援助、国际邮政汇兑等有特殊来源和指定用途的经常项目外汇账户，其账户收支范围按照有关合同或协议进行核定。

第五条　境内机构应当持下列材料向所在地外汇局申请开立经常项目外汇账户：

（一）开立经常项目外汇账户申请书；

（二）营业执照或社团登记证等有效证明的原件和复印件；

（三）有权管理部门颁发的涉外业务经营许可证明原件和复印件，或者《外商投资企业外汇登记证》（以下简称《登记证》）（见附件一），或者有关经常项目外汇收入的证明材料（如结汇水单等）；

（四）组织机构代码证的原件和复印件；

（五）外汇局要求的其它材料。

第六条　外汇局审核境内机构申请开立经常项目外汇账户的材料，对于符合规定条件的，核发"经常项目外汇账户开立核准件"（以下简称"账户开立核准件"）（见附件二）。

第七条　外汇局核准境内机构的开户申请时，应当为其开立的经常项目外汇账户核定限额，并在"账户开立核准件"中注明。

第八条　境内机构经常项目外汇账户的限额，按照其上年度经常项目外汇收入的20%核定。

境内机构开立的捐赠、援助、国际邮政汇兑等有特殊来源和指定用途的经常项目外汇账户，其限额按照上述特殊来源外汇收入的100%核定。

符合规定条件，但上年度无经常项目外汇收入的境内机构开立的经常项目外汇账户，外汇局可以为其核定初始限额，原则上不超过等值10万美元。

国家外汇管理局可以对境内机构经常项目外汇账户的限额核定标准进行调整。

第九条　境内机构经常项目外汇账户限额统一采用美元核定，境内机构开立其他币种经常项目外汇账户的，其限额由外汇局按开户当期适用的内部统一折算率折算。

第十条　国家外汇管理局在每年的1月份，根据各地区国际收支申报中统计的上年度经常项目外汇收入情况，为各分局核定地区经常项目外汇账户总限额。各地区经常项目外汇账户总限额为本地区上年度经常项目外汇收入的25%。

国家外汇管理局可以根据国家国际收支状况，对各地区经常项目外汇账户总限额的核定标准进行调整。

第十一条　境内机构经常项目外汇收入发生较大变化时，外汇局可以根据国家外汇管理局核定的地区总限额、本地区的实际情况以及境内机构的实际需要，对其经常项目外汇账户限额进行调整，既可以调高，也可以调低，原则上每年调整一次。但外汇局所辖境内机构经常项目外汇账户的限额总和不得超过国家外汇管理局核定的该地区总限额。

第十二条　境内机构应当凭外汇局核发的"账户开立核准件"到经营外汇业务的银行或其他金融机构（以下简称开户金融机构）开立经常项目外汇账户。

开户金融机构为中资境内机构开立经常项目外汇账户后，应当将账号、币种、开户日期、限额等开户信息如实填写在"账户开立核准件"相应栏目中，并将"账户开立核准件"第四联交开户的中资境内机构。中资境内机构应当在开户之日起10个工作日内，将"账户开立核准件"第四联送开户所在地外汇局，并申领《外汇账户使用证》（见附件三）。

开户金融机构为外商投资企业开立经常项目外汇账户后，应当将账号、币种、开户日期、限额等开户信息如实填写在《登记证》和"账户开立核准件"相应栏目内。开户金融机构应当在每月初起5个工作日内，将"账户开立核准件"第四联报开户所在地外汇局。

在已使用外汇账户管理信息系统（以下简称账户系统），并能通过账户系统对经常项目外汇账户进行监管的地区（以下简称已使用账户系统的地区），开户金融机构为境内机构开立经常项目外汇账户后，须于开户后次日通过账户系统，按《外汇账户管理信息系统与外汇指定银行数据接口规范》等规定将开户信息传送到外汇局。开户金融机构不必将"账户开立核准件"第四联交开户的中资境内机构，开户的中资境内机构不必申领《外汇账户使用证》。

第十三条　境内机构原则上只能开立一个经常项目外汇账户。在同一银行开立相同性质、不同币种的经常项目外汇账户无需另行由外汇局核准。

在已使用账户系统的地区，符合开户条件的境内机构可根据其实际经营需要，向外汇局申请开立多个经常项目外汇账户，在开户个数、开户金融机构方面不受限制，开户金融机构必须按规定为境内机构办理开户手续，并通过账户系统向外汇局传送开户信息。

境内机构开立多币种、两个或两个以上经常项目外汇账户的，外汇局必须为每一个币种经常项目外汇账户核定限额，具体限额分解可以由境内机构自行确定，但境内机构所有经常项目外汇账户限额总和不得超过规定的限额。

第十四条　境内机构经常项目外汇收入，在外汇局核定的经常项目外汇账户限额以内的，可以结汇，也可以存入其经常项目外汇账户；超出外汇局核定的经常项目外汇账户限额的外汇收入必须结汇。

第十五条　境内机构经常项目外汇账户余额超出经常项目外汇账户限额后，开户金融机构应当及时通知境内机构办理结汇手续。境内机构未及时办理结汇手续的，开户金融机构有权在境内机构经常项目外汇账户余额超出经常项目外汇账户限额之日起10个工作日内强制为其办理超限额部分外汇结汇手续，并在结汇后5个工作日内告知该境内机构。

第十六条　境内机构原则上不得将经常项目外汇账户中的外汇资金转作定期存款，确需转作定期存款的境内机构须凭申请书、《外汇账户使用证》或《登记证》、原账户开立核准件、对帐单向开户所在地外汇局申请。境内机构经常项目外汇账户的外汇资金转作定期存款，应当纳入其经常项目外汇账户限额的管理。

在已使用账户系统的地区，境内机构可以将经常项目外汇账户中的外汇资金在开户金融机构中转作定期存款，但应当纳入其经常项目外汇账户限额的管理。开户金融机构应当按原转出户的账户开立核准件编号，填写定期存款账户开户信息后，报送开户所在地外汇局。

第十七条　同一境内机构在不同开户金融机构开立的相同性质经常项目外汇账户之间可以相互划转外汇资金。

第三章　经常项目外汇账户的变更

第十八条　境内机构开立经常项目外汇账户后，如因经营需要调整开户单位名称、最高限额等账户信息的，应当持申请书、《外汇账户使用证》或《登记证》、原账户开立核准件、对帐单向开户所在地外汇局申请，并持开户所在地外汇局的"账户变更核准件"（见附件四）到开户金融机构办理变更手续。开户金融机构办理完毕业务后，应当在每月初起5个工作日内将"账户变更核准件"第四联报开户所在地外汇局。

第十九条　境内机构因经营需要在注册地以外开立经常项目外汇账户的，应当向注册地外汇局备案，持注册地外汇局的"异地开户备案件"（见附件五）及第五条规定的材料向开户所在地外汇局申请，凭开户所在地外汇局核发的"账户开立核准件"，到开户金融机构办理开户手续。开户所在地外汇局必须及时将有关开户信息书面告知注册地外汇局。

境内机构异地经常项目外汇账户，由开户所在地外汇局进行监管。异地经常项目外汇账户的限额，由开户所在地外汇局根据该境内机构在当地上年度国际收支申报中统计的经常项目外汇收入核定，并纳入开户所在地的地区经常项目外汇账户总限额。

四、经常项目外汇账户的关闭和撤销

第二十条　境内机构关闭经常项目外汇账户，应当向外汇局申请，凭外汇局的"关户核准件"（见附件六）办理关闭账户手续。开户金融机构办理完毕业务后，应当在每月初起5个工作日内将"关户核准件"第四联报开户所在地外汇局。

境内机构异地账户关闭后，开户所在地外汇局必须及时将有关账户关闭信息书面告知注册地外汇局。

境内机构关闭经常项目外汇账户后，还开有其他相同性质经常项目外汇账户的，账户内资金可以转入其他相同性质经常项目外汇账户；如没有其他相同性质经常项目外汇账户的，账户内资金必须结汇。

第二十一条 境内机构开立经常项目外汇账户后，该账户一年内没有任何外汇收支的，开户金融机构应当在每年的1月份将有关情况报所在地外汇局，由外汇局下达"撤户通知书"（见附件七），通知境内机构关闭该账户，同时通知开户金融机构。

境内机构应当在接到"撤户通知书"后5个工作日内，到开户金融机构办理关闭账户手续。如境内机构逾期不办理，开户金融机构可以在接到"撤户通知书"5个工作日后强行关闭该账户，账户内资金结汇，人民币资金按照人民银行有关规定处理。开户金融机构办理完毕业务后，应当在每月初起5个工作日内将"撤户通知书"第四联报开户所在地外汇局。

第二十二条 境内机构开立捐赠、援助、国际邮政汇兑等有特殊来源和指定用途的经常项目外汇账户，应当在账户内资金使用完毕后按照第二十条规定办理关闭账户手续。

五、经常项目外汇账户的监管

第二十三条 开户金融机构应当在每月初起5个工作日内向外汇局报送上月"境内机构经常项目外汇账户情况月报表"（见附件八）。各分局应于每月初起10个工作日内，将所辖地区"境内机构经常项目外汇账户情况月报表"汇总后报国家外汇管理局。

在已使用账户系统的地区，开户金融机构应当每日通过账户系统向外汇局报送经常项目外汇账户信息。开户金融机构和外汇局可以不再报送前款规定的报表。

第二十四条 外汇局应当对所辖境内机构经常项目外汇账户进行年检。

已使用账户系统的地区不再对所辖境内机构经常项目外汇账户进行年检。

第二十五条 本细则施行前未开立经常项目外汇结算账户或外汇专用账户、本细则施行后申请开立经常项目外汇账户的，外汇局应当按照本细则规定核准其开户申请，并为其核定账户限额。

本细则施行前已开立经常项目外汇结算账户或外汇专用账户、本细则施行后申请开立经常项目外汇账户的，外汇局应当按本细则规定合并其外汇结算账户和外汇专用账户，核准其开户申请，并按本细则规定为其核定账户限额。

本细则施行前已开立经常项目外汇结算账户或外汇专用账户、本细则施行后未申请开立经常项目外汇账户的，其外汇结算账户和外汇专用账户在2003年12月31日前可以按照原有收支范围和限额继续使用。

外汇局可以根据自身监管能力、实际工作需要以及本地区实际情况，选择适当时间合并原经常项目外汇结算账户和外汇专用账户，并按本细则规定为境内机构调整账户限额，但最迟不得超过2003年12月31日。

第二十六条 经国务院批准由海关实行封闭管理的特殊经济区域（包括保税区、出口加工区和钻石交易所等）的境内机构仍按相关管理办法开立和使用经常项目外汇账户。但已使用账户系统的地区，应当将有关上述境内机构外汇账户纳入账户系统管理。

第二十七条 对违反本实施细则规定的境内机构和开户金融机构，由外汇局按照《中华人民共和国外汇管理条例》和《境内外汇账户管理规定》及其他有关规定进行处罚。

第六章　附　则

第二十八条 《外汇账户使用证》及《登记证》由国家外汇管理局统一印制。"账户开立核准件"，"账户变更核准件"，"异地开户备案件"，"关户核准件"，"撤户通知书"，由国家外汇管理局设计，各分局自行印制，有效期为一个月。

第二十九条 本细则由国家外汇管理局负责解释。

第三十条 本细则自2002年10月15日起施行。

关于跨国公司非贸易售付汇管理的通知（试行）

国家外汇管理局各省、自治区、直辖市分局、外汇管理部，深圳、大连、青岛、厦门、宁波市分局；各外汇指定银行：

为了完善非贸易售付汇管理，改善企业经营环境，促进涉外经济的发展，国家外汇管理局在广泛调查、深入研究的基础上，拟定了跨国公司及其境内关联公司向境外支付由境外总公司或境外关联公司代垫的或本公司分摊的各类非贸易费用的售付汇管理政策，并决定在北京市、上海市、深圳市先予试行。国家外汇管理局将及时总结经验，尽快在全国范围内明确相关政策。现就有关问题通知如下：

一、本通知所称跨国公司包括：经外经贸管理部门批准，已在中国境内设立了投资性外商投资企业的外资跨国公司；经有关管理部门批准，具有涉外经营权的中资集团公司。

二、本通知所称跨国公司境内关联公司包括：由外资跨国公司设立的分公司、参股、控股的外商投资企业；由其境外总公司或境外关联公司在境内设立委托其管理的分公司、参股、控股的外商投资企业；中资集团公司在境内设立的经有关管理部门批准具有涉外经营权的分公司、参股、控股的公司等。

三、本通知所称跨国公司境外关联公司包括：由外资跨国公司的境外总公司在中国以外的国家和地区（含香港、澳门、台湾地区，下同）设立的分公司、直接或间接参股、控股的公司等；由中资集团公司在中国以外的国家和地区设立的分公司、参股、控股的公司等。

四、跨国公司及其境内关联公司向境外支付由境外总公司或境外关联公司代垫的外籍、港澳台员工或具有中国国籍且拥有境外永久居留权的员工（以下统称外籍员工）工资及福利津贴，或者将外籍员工的工资及福利津贴直接汇出境外的，可以持境外支付通知、外籍员工的护照等身份证明和劳务合同等雇佣证明、税务证明等证明材料，直接到外汇指定银行从其外汇账户中支付或用人民币购汇支付。

五、跨国公司及其境内关联公司向境外支付由境外总公司或境外关联公司代垫的外籍员工在境外社会、医疗、养老等保险费用，或者将外籍员工的上述费用直接汇出境外的，可以持境外支付通知、外籍员工的护照等身份证明和劳务合同等雇佣证明、税务证明、境外保险单等证明材料，直接到外汇指定银行从其外汇账户中支付或用人民币购汇支付。

六、跨国公司及其境内关联公司向境外支付由境外总公司或境外关联公司代垫的员工海外差旅费、境外培训费等，可以持境外支付通知、员工护照等身份证明、劳务合同等雇佣证明、本公司员工赴境外从事经营活动或参加培训的证明材料等，直接到外汇指定银行从其外汇账户中支付或用人民币购汇支付。

七、跨国公司及其境内关联公司向境外支付本公司分摊的专利使用费、特许权使用费、技术引进费等，可以持分摊协议、境外支付通知，以及知识产权管理部门或外经贸管理部门核发的有效注册登记证明、税务证明等材料，直接到外汇指定银行从其外汇账户中支付或用人民币购汇支付。

八、跨国公司及其境内关联公司向境外支付本公司分摊的管理费等费用，可以持分摊协议、境外支付通知、税务证明等材料，直接到外汇指定银行从其外汇账户中支付或用人民币购汇支付。

九、跨国公司及其境内关联公司向境外支付由境外总公司或境外关联公司代垫或分摊的其它费用，可以持境外支付通知、相关费用正本单据等证明材料，如需纳税的还应当提供税务证明，直接到外汇指定银行从其外汇账户中支付或用人民币购汇支付。

十、跨国公司及其关联公司可以从因特网（internet）下载相关合同、协议、支付通知等，加盖本公司印章后，凭以办理非贸易购付汇手续。

十一、最近三年遵守外汇管理规定，无重大违反外汇管理行为发生，财务状况良好，经常项目外汇收支规模较大，在当地具有重要影响的单一外商投资企业或中资企业，经所在地外汇管理局核准，也可以按本通知规定办理有关非贸易项下售付汇。

十二、北京外汇管理部、上海市、深圳市分局应当将本辖区内符合规定条件的跨国公司及其当地境内关联公司，和经核准的单一外商投资企业或中资企业名单下发辖区内外汇指定银行。

十三、本通知自发布之日起施行。

请北京市外汇管理部、上海市、深圳市分局收到本通知后，尽快转发至所辖外汇指定银行和相关单位；各外汇指定银行收到本通知后，尽快转发所属北京、上海、深圳的分支机构。执行中如遇问题，请及时向国家外汇管理局经常项目管理司反馈。

联系人：马 超　　传 真：010－68402272
电 话：010－68402114

关于银行外币卡管理有关问题的通知

国家外汇管理局各省、自治区、直辖市分局、外汇管理部，深圳、大连、青岛、厦门、宁波市分局；各中资外汇指定银行：

为规范境内金融机构发行的外币卡(以下简称境内卡)的各项业务，以及境外金融机构发行的银行卡(以下简称境外卡)的收单业务，严格外币卡项下交易管理，明确外币卡在境内外消费、提现等环节所涉外汇管理政策，现就有关问题通知如下：

一、境外卡收单业务

境内金融机构办理境外卡收单业务时，应遵守如下规定：

(一)收单金融机构可以办理境外卡持卡人在本机构营业柜台或自动柜员机提取人民币现金业务，不得允许其在本机构营业柜台或自动柜员机提取外币现金。

(二)持卡人使用境外卡在境内提取人民币现金或者消费后，收单金融机构应及时将从境外发卡机构收取的外汇款项结汇。

(三)持卡人使用境外卡在境内消费后，收单金融机构与特约商户(指与金融机构签订接受银行卡支付协议的商店、饭店、宾馆等商户)之间应以人民币进行清算，不得以外币清算。

二、境内卡的使用

按照发行对象的不同，境内卡可以分为个人卡(指由金融机构向自然人发行的外币卡)和单位卡(指由金融机构向法人或其他组织等单位发行的，由该单位指定的人员使用的外币卡)。按照是否给予持卡人授信额度，境内卡可以分为信用卡(指由金融机构发行的给予持卡人一定信用额度，持卡人可以在信用额度内先使用、后还款的银行卡)和借记卡(指由金融机构发行的没有信用额度，持卡人先存款、后使用的银行卡)。

境内金融机构在发行境内卡时，应遵守如下规定：

(一)持卡人使用个人外币卡的，可以在发卡金融机构的营业柜台提取人民币现金、外币现金；可以在自动柜员机上提取人民币现金，但是不得提取外币现金。持卡人使用单位外币卡的，在境内不得提取外币现金或人民币现金。持卡人不得在单位外币信用卡帐户中存放外币资金。

(二)持卡人使用外币卡在境内提取人民币现金或者消费后，发卡金融机构应及时将扣收持卡人的外汇款项结汇，并将结汇所得人民币资金划入特约商户帐户或支付有关收单金融机构。

(三)持卡人在境外使用外币卡，发卡金融机构所提供的服务应限于服务贸易项下支付，不得用于资本项下投资及贸易支付，也不得用于国家法律所禁止的非法交易和行为。

(四)持卡人在境外使用外币卡，当日内累计提现金额不得超过1000美元或等值外币，当月内累计提现金额不得超过5000美元或等值外币。

三、境内卡的还款

对于因境内卡项下透支而形成的外汇垫款，如持卡人能够出具由发卡金融机构提供的外币卡项下交易帐单，按照经常项目下可兑换的要求，允许持卡人用外币现钞和外汇存款偿还或用人民币资金购汇偿还。但如持卡人使用外币卡所发生的交易为国家法律所禁止，则境内发卡金融机构不得为持卡人办理购汇手续。

对于未能收回的外币卡项下外汇呆帐，发卡金融机构应当按照有关规定用贷款损失准备金、外汇资本金或者营运资金进行冲抵，不得用人民币资金自行购汇或以客户结汇资金冲抵。在发卡金融机构外汇资本金或营运资金不足时，可按照有关规定由其总行(部)申请购汇补充外汇资本金。

四、境内卡外汇收支大额报备制度

对于持卡人持境内卡在境内外所发生的大额存款、提现或消费交易，发卡金融机构应按照《金融机构大额和可疑外汇资金交易报告管理办法》(中国人民银行令〔2003〕第3号)等规定，向所在地国家外汇管理局分支局(以下简称外汇局)报告大额和可疑外汇交易情况。同时，对于境内卡项下所发生的交易符合以下情形的，发卡金融机构应同时报所在地外汇局备案。具体包括：

(一)持卡人在境内外使用个人外币卡或个人外币卡帐户有下列情形之一的，发卡金融机构应向所在地外汇局备案：

1、一个月内提取外币现金和消费金额累计超过等值20000美元的；

2、一年内提取外币现金累计超过等值20000美元的；

3、一年内提取外币现金和消费金额累计超过等值40000美元的。

(二)持卡人在境内外使用单位外币卡有下列情形之一的，发卡金融机构应当向所在地外汇局备案：

1、一个月内在境外提取外币现金和在境内外消费金额累计超过等值20000美元的；

2、一年内在境外提取外币现金累计超过等值20000美元的；

3、一年内在境外提取外币现金和在境内外消费金额超过等值60000美元的。

五、关于外币卡交易统计

(一)结汇、售汇统计

因持卡人使用境外卡在境内提取人民币现金或者消费而发生的结汇业务，由收单金融机构纳入非贸易项下结售汇统计。

因持卡人使用境内卡在境内提取人民币现金或者消费而发生的结汇业务，由发卡金融机构纳入非贸易项下结售汇统计。

(二)国际收支统计申报

有关外币卡的国际收支统计申报，外汇局将另行制定相关的操作规程。在新规定出台之前，按照《汇兑业务统计申报操作规程》和《国家外汇管理局国际收支司对深圳市分局关于国际收支统计间接申报有关问题的批复》(汇国复[2002]12号)的规定进行申报。

请各分局接到本通知后，尽快向辖内支局、金融机构转发。

境内各发卡金融机构因上述规定而需修改银行卡章程的，应于本《通知》执行之日起60日内将修改后的章程向银行业监督管理机构和国家外汇管理局报备。

本通知自2003年6月1日起执行，执行中如遇问题请与我局国际收支司联系。

特此通知。

二OO三年五月十二日

关于重新核定证券市场监管费收费标准及有关问题的通知

中国证券监督管理委员会：

你会《关于申请调整证券、期货市场监管费收费标准的函》(证监函(2002)268号)收悉。经研究，按照补偿合理费用的原则，现就重新核定的证券市场监管收费标准及有关事宜通知如下：

一、证券交易监管费。对股票由按年交易额的0.045‰收取降低为按年交易额的0.04‰收取；对证券投资基金按年交易额的0.04‰收取；对债券(不包括国债回购交易)按年交易额的0.01‰收取。证券交易监管费向上海、深圳证券交易收取。

二、发行审核费。对申请公开发行股票(含可转债)的企业，收取的发行审核费标准由每个企业3万元调整为20万元；考虑到基金发行程序与股票有所不同，审核费用也略低于股票发行的审核费用，收费标准为每个企业16万元。

三、机构监管费。由只对证券公司收取，调整为对在中国境内登记注册的证券公司、基金管理公司、期货经纪公司均收取机构监管费。对证券公司由每年按注册本金的1‰收取，最低收费额1万元，最高收费额10万元；调整为每年按注册资本金的0.5‰收取，最高收费额30万元。对基金管理公司每年按注册资本金的0.5‰收取，最高收费额为30万元。对期货经纪公司每年按注册资本金的0.5‰收取，最高收费额为5万元。

四、期货市场监管费。收费标准仍按年交易额的0.002‰，向上海、郑州、大连期货交易所收取。

五、你会应按规定到国家计委办理收费许可证变更手续，使用财政部统一印制的票据。

六、你会应按规定的收费项目、收费范围和收费标准执行，自觉接受价格、财政部门的监督检查。

七、本通知自2003年1月1日起执行。有效期为3年,期满后,由你会向国家计委、财政部重新申报。你会2002年的收费,仍按《国家计委、财政部关于调整证券交易监管费收费标准的通知》(计价格(2000)1059号)规定执行。自本通知执行之日起,过去国家计委、财政部有关证券、期货市场监管费收费标准的规定同时废止。

二〇〇三年一月八日

国有和国有控股企业外债风险管理及结构调整指导意见的通知

国务院有关部委、计划单列企业集团、各省、自治区、直辖市、计划单列市计委、人民银行各分行、外汇管理局各分局、有关金融机构:

为推动国有和国有控股企业外债风险管理及结构调整工作,国家计委会同中国人民银行和国家外汇管理局提出《国有和国有控股企业外债风险管理及结构调整指导意见》,现印发给你们,请参照执行。

附件:国有和国有控股企业外债风险管理及结构调整指导意见

1980年以来,我国累计借用国外中长期债务资金约1700亿美元(不含外商投资企业),通过利用这些资金引进国外先进技术、设备和管理经验,在推动基础设施建设、环境保护和提高国内技术水平等方面发挥了重要作用,促进了国家经济发展。

多年来,我国对外债一直实行全口径管理,严格控制外债规模,保持合理债务结构,国家外债总体上是安全的。但一些借用外债的企业,特别是国有和国有控股大中型企业(以下简称国有大中型企业)对防范外债风险还缺乏足够认识,措施不够得力,给今后企业经营和国家外债安全带来隐患。亚洲金融危机和阿根廷金融危机的教训均表明,外债安全关系到国家经济安全和社会稳定,而企业,特别是国有企业外债安全对国家外债安全将产生重要影响。为指导国有大中型企业进行外债风险管理,优化外债结构,提出如下意见:

一、企业外债安全是国家整体外债安全的基础

为确保对外偿还,我国对外筹借中长期外债一直实行窗口制,主要由财政部和金融机构对外筹措,然后转贷给企业。尽管对外债务人是财政部或金融机构,但事实上,真正的承贷和还贷主体是企业。到2001年年底,我国外债余额为1701亿美元,其中长期外债1195亿美元,短期外债505亿美元。在1195亿美元的长期外债中,政府部门、中资金融机构、中资企业承担了900亿美元,接近中长期债务的80%。而政府部门、中资金融机构承担的债务中,除财政部对外发债和银行调整债务结构的少量外债以外,绝大部分转贷给了国有大中型企业,用于基本建设和技术改造。一旦企业出现偿债困难,将不可避免地转嫁给银行和财政,影响国家总体外债安全,因此,国有大中型企业外债风险管理应是当前我国外债风险管理的重点。

二、国有企业外债风险管理方面存在的主要问题

国有企业在外债风险管理方面还存在着一些问题,主要表现在:(一)企业主要负责人对风险管理的必要性认识不足、重视不够,没有把外债风险管理作为企业管理的重要内容,对外债进行主动管理的意识不强,对国际资本市场变化不够敏感。

(二)外债风险管理的措施单一,缺乏统筹规划和系统、全面的管理。有的企业对外债结构做过一些调整,但未能就汇率、利率、币种及外债与企业的外汇收益是否匹配等多个方面统筹考虑,进行系统管理,尚不能达到优化外债结构的目的。

(三)国家鼓励企业进行外债风险管理的政策力度不够,企业自身进行外债结构调整一定程度上受到国外商业贷款指标、购汇等限制,存在一定困难。

(四)多数企业缺乏熟悉国际金融及国际资本市场运作的人才,企业财务人员相关专业知识不足。

(五)财务、审计制度方面还不能很好地适应外债结构调整的需要。对规避外债风险操作的效果缺少公正、客观的评价体系。

三、国有企业外债风险管理的目的、内容

(一)企业外债风险管理的主要对象是本企业向国际金融组织、外国政府、境外金融机构、企业、其它机构、个人,以及中国境内的非居民筹借的具有契约性偿还义务、以外币承担还款责任的债务。

(二)企业外债风险管理的主要目的是根据本企业的债务构成、企业经营情况及对未来现金流的预测,对外债的结构进行优化,防范因国内外经济环境及汇率、利率变化带来的偿债风险,合理控制外债资金成本,避免加重企业的债务负担。

(三)企业外债风险管理评价的标准是将外债风险控制在企业自身可承受的范围内,而不应以帐面盈亏为标准,其重要的参考依据是经批准的项目可行性研究报告确定的外债筹资成本。

(四)企业外债风险管理的主要内容是通过借低还高、运用远期外汇买卖、债务掉期等金融衍生工具对债务币种、利率、期限结构进行调整,使本企业的内外债比例及币种、利率、期限等结构保持合理。

四、国有企业外债风险管理的有关要求

(一)企业领导人必须将外债风险管理列为企业经营管理的重要内容,指定专人和部门负责,明确责任和具体工作任务。

(二)企业领导人应责成负责外债风险管理的部门在深入研究并充分听取有关金融机构意见的基础上,制定外债风险管理和结构调整的工作方案,确定具体的工作目标。

(三)企业外债风险管理部门应密切跟踪国际、国内资本市场的变化情况,关注国家金融、外债、外汇政策的调整,抓住有利时机,及时调整本企业的外债结构。

(四)鉴于国内外资本市场情况瞬息万变,企业应根据外债风险管理方案和已确定的工作目标,建立授权机制,允许风险管理部门在工作目标内调整外债结构。

(五)企业外债结构调整的目的是防范风险,禁止任何形式,以追逐经济利益为目的投机交易,企业领导人应指定专人进行监督。

(六)承担外债转贷的金融机构要将帮助企业防范外债风险纳入自身的工作范畴,金融机构有责任为企业提供国内外资本市场的有关信息和调整外债结构的建议。

五、鼓励国有大中型企业外债风险管理的政策措施

2000年下半年以来,美联储十一次降息,美国联邦基金利率已降至1.75%,处于40年来的最低点。国内银行外汇存款上升,存贷差加大,外汇资金充裕。对外贸易稳定发展,国家外汇储备大量增加。人民币储蓄继续增长,金融机构人民币贷款利率已下调至二十年来最低水平。国内外资本市场的变化,为我国企业外债结构调整带来机遇。根据上述情况,国家外汇管理局已取消企业购汇提前偿还国内外汇贷款、外债转贷款和外债的限制,为企业外债结构调整创造了条件。为进一步鼓励国有大中型企业优化外债结构,对外债余额1亿美元以上或外债占全部债务40%以上的国有大中型企业,采取如下鼓励措施:

(一)支持国有大中型企业通过"借低还高"调整外债结构。在企业不增加原有债务规模、外债成本,对用于外债结构调整的对外借款(不含对外发债)指标实行核准制,由企业按隶属关系向国家计委申请,国家计委在二十个工作日内核准。企业持国家计委核准文件、新签约债务合同或原债务合同条款更改协议,到所在地外汇局办理外债登记变更手续。

(二)在对现有外债成本和目前国内银行外汇贷款成本进行充分比较后,鼓励国有大中型企业利用国内银行低成本的现汇贷款置换高成本的外债,国内金融机构应给予积极支持。

(三)资信较好,且具备一定条件的国有大中型企业,经国家计委、人民银行报国务院批准后可在境内向商业银行等金融机构发行外币债券,用于外债结构调整(该外汇债券只限于金融机构之间进行交易,禁止居民个人和工商企业进入)。

(四)允许符合条件的国有大中型企业发行人民币债券,用于调整外债结构,对外债比例较高的国家重点工程项目给予优先安排。

(五)在还债规模和期限内,经所在地外汇局批准,国有大中型企业可向经批准的中资外汇指定银行办理以还债为目的的远期购汇,防范汇率风险。

(六)有经常性外汇收入的国有大中型企业,经所在地外汇局批准,可开立外债还本付息专用帐户。

利用外资改组国有企业暂行规定

第一条 为引导和规范利用外资改组国有企业的行为,促进国有经济的战略性改组,加快国有企业建立现代企业制度的步伐,维护社会稳定，根据《中华人民共和国公司法》、《中华人民共和国合同法》和国家有关外商投资及国有资产管理的法律法规规定，制定本规定。

第二条 本规定适用于利用外资将国有企业、含国有股权的公司制企业(金融企业和上市公司除外)改制或设立为公司制外商投资企业的行为(以下简称利用外资改组国有企业)。

第三条 本规定所称利用外资改组国有企业包括下列情形：(一)国有企业的国有产权持有人将全部或部分产权转让给外国公司、企业和其他经济组织或个人(以下简称外国投资者)，企业改组为外商投资企业；(二)公司制企业的国有股权持有人将全部或部分国有股权转让给外国投资者，企业改组为外商投资企业；(三)国有企业的境内债权人将持有的债权转给外国投资者，企业改组为外商投资企业；(四)国有企业或含有国有股权的公司制企业将企业的全部或主要资产出售给外国投资者，外国投资者以所购买的资产独自或与出售资产的企业等共同设立外商投资企业；(五)国有企业或含有国有股权的公司制企业通过增资扩股吸收外国投资者投资，将该企业改组为外商投资企业。

第四条 本规定第三条所述(一)、(二)、(三)、(五)项情形的国有企业和公司制企业称为被改组企业。

国有企业的国有产权、公司制企业的国有股权统称为国有产权。国有产权持有人、国有股权持有人统称为国有产权持有人。

国有产权持有人是指国家授权的部门或国家授权投资的机构、持有国有资本的企业及其他经济组织。国有产权持有人、转让债权的国有企业债权人、出售资产的企业统称为改组方。

第五条 改组方应当选择具备下列条件的外国投资者：(一)具有被改组企业所需的经营资质和技术水平；(二)具有良好的商业信誉和管理能力；(三)具有良好的财务状况和经济实力。

改组方应当要求外国投资者提出改善企业治理结构和促进企业持续发展的重整方案，重整方案内容应当包括新产品开发、技术改造及相关投资计划、加强企业管理的措施等。

第六条 利用外资改组国有企业应当遵循下列原则：(一)遵守国家法律法规，保证国家经济安全；(二)符合国家产业政策要求。企业(包括其直接或间接持股的企业)经营范围属于《外商投资产业指导目录》禁止外商投资产业的，外国投资者不得参与改组；须由中方控股或相对控股的企业，改组后应当保持中方控股或相对控股地位；(三)有利于经济结构调整，促进国有资本优化配置；(四)注重引进先进技术和管理经验，建立规范的公司治理结构，推动企业技术进步和产业升级；(五)坚持公开、公平、公正、诚实信用的原则，防止国有资产流失，不得逃废、悬空银行及其他债权人的债权，不得损害职工的合法权益，保护外国投资者的合法权益；

(六)促进公平竞争，不得导致市场垄断。

第七条 转让国有企业产权或国有独资公司和两个以上的国有企业或其他两个以上的国有投资主体投资设立的有限责任公司的国有股权的，改组方应当事先征求被改组企业职工代表大会的意见。转让公司制企业国有股权，应当经过被改组企业股东会同意。转让国有企业债权的，应当经过被改组企业国有产权持有人同意。企业出售全部或主要资产的，应当事先征得企业国有产权持有人或股东会的同意，并通知债权人。

第八条 利用外资改组国有企业应当符合下列要求：(一)企业改组前，国有产权持有人应当组织被改组企业进行资产清查、产权界定、债权债务清理，聘请具备资格的中介机构进行财务审计，按照《国有资产评估管理办法》(国务院令第91号)、《国有资产评估管理若干问题的规定》(财政部令第14号)等有关规定进行资产评估。评估结果按照规定核准或备案后，作为确定国有产权、资产价格的依据。

(二)改组后企业控制权转移或企业的全部或主要经营资产出售给外国投资者的，改组方和被改组企业应当制定妥善安置职工的方案，并应当经职工代表大会审议通过。被改组企业应当以现有资产清偿拖欠职工的工资、未退还的集资款、欠缴的社会保险费等各项费用。被改组企业与职工实行双向选择。对留用职工要依法重新签订或变更劳动合同。对解除劳动合同的职工要依法支付经济补偿金，对移交社会保险机构的职工要依法一次性缴足社会保险费，所需资金从改组前被改组企业净资产抵扣，或从国有产权持有人转让国有产权收益中优先支付。

(三)以出售资产方式进行改组的，企业债权债务仍由原企业承继；以其他方式改组的，企业债权债务由改组后的企业承继。转让已抵押或质押的国有产权、资产的，应当符合《中华人民共和国担保法》的有关规定。债务承继人应当与债权人签订相关的债权债务处置协议。

(四)改组方应当公开发布改组信息，广泛地征集外国投资者，对外国投资者的资质、信誉、财务状况、管理能力、付款保障、经营者素质等进行调查。优先选择能带来先进技术和管理经验、产业关联度高的中长期投资者。

改组方和外国投资者应当应对方的合理要求，如实、详尽地提供有关信息资料，不得有误导和欺诈行为，并承担相应保密义务。

(五)企业改组以转让国有产权或出售资产方式进行的，改组方应当优先采用公开竞价方式确定外国投资者及转让价格。采用公开竞价方式转让，应当依法履行有关手续，并将拟转让国有产权或拟出售资产的相关情况予以公告。采取协议转让的，也应当公开运作。不论采取何种转让方式，改组方与外国投资者均应当按照国家有关规定和本规定签订转让协议。转让协议内容应当主要包括转让国有产权的基本情况、职工安置、债权债务处置、转让比例、转让价格、付款方式及付款条件、产权交割事项以及企业重整等条款。

第九条 利用外资改组国有企业应当按下列程序办理：(一)改组方(两个以上的改组方应当确定一个改组方)应当向同级经济贸易主管部门提出改组申请。改组申请材料应当附可行性研究报告、改组方和被改组企业的情况、外国投资者的情况(包括经注册会计师审计的最近三年的财务报告和在中国境内拥有实际控制权的同行业企业产品或服务的市场占有率)、改组方案(包括职工安置、债权债务处置和企业重整方案)、改组后的企业(包括其直接或间接持股的企业)的经营范围和股权结构等文件。

接受申请的经济贸易主管部门应当依照《指导外商投资方向规定》的权限和有关法律法规进行审核。中央企业及其全资或具有控制权的企业进行改组的、被改组企业直接或间接持有上市公司股权的、改组后的企业资产总额不低于3000万美元的，由国务院经济贸易主管部门审核；对可能导致市场垄断、妨碍公平竞争的，在审核前组织听证。经济贸易主管部门在收到改组申请材料后45天内应当做出是否同意的批复；需要听证的，在3个月内做出是否同意的批复。

国家对被改组企业及其直接或间接持股的企业所属行业利用外资以及上市公司国有股权持有人因产权变动引起所持国有股性质发生变化另有规定的，依照其规定。

(二)改组方和外国投资者签订的转让协议应当按照财政部《关于印发〈企业国有资本与财务管理暂行办法〉的通知》(财企[2001]325号)的有关规定报批。转让协议经批准后生效。

转让协议应当附国有产权登记证、被改组企业的审计及资产评估报告核准或备案情况、职工安置方案、债权债务协议、企业重整方案、改组方及被改组企业的有关决议、被改组企业职工代表大会的意见或决议等文件。

(三)改组方或被改组企业应当凭改组申请和转让协议的批准文件依法办理外商投资企业的审批手续；改组后的企业为股份有限公司的，依照《中华人民共和国公司法》的有关规定办理。

(四)改组后的企业或投资者应当持本条(一)、(三)项的批准文件按照登记管理法规规定向具有外商投资企业登记权的原登记机关或住所地具有外商投资企业登记权的登记机关办理登记手续；改组后的企业为股份有限公司的，依照《中华人民共和国公司法》的有关规定办理。

(五)改组方应当凭改组申请和转让协议的批准文件、外资外汇登记证明及有关文件，按照有关规定办理国有产权交割手续和权属变更登记手续，并委托注册会计师依法出具验资报告。改组后的企业用地原为国有划拨土地的，应当依法办理土地使用权审批和出让手续。

(六)改组方转让国有产权、债权或出售资产的外汇资金收入，应当凭改组申请和转让协议的批准文件及有关文件报外汇管理部门批准后结汇。

被改组企业通过增资扩股方式吸收外国投资者投资进行改组的，经外汇管理部门批准，可以开立外汇资本金帐户保留外国投资者投入的外汇资金。

(七)限额以下由地方经济贸易主管部门和财政主管部门审批的涉及国家重点企业、国家批准的债转股企业和属于《外商投资产业指导目录》限制类产业的企业的改组申请、转让协议及其批准文件，应当分别报国务院经济贸易主管部门、国务院财政主管部门备案。

第十条 外国投资者应当以境外汇入的可自由兑换货币或其他合法财产权益支付转让价款或出资。经外汇管理部门批准，也可以用在中国境内投资获得的人民币净利润或其他合法财产权益支付转让价款或出资。上述其他合法财产权益包括：(一)外国投资者来源于中国境内举办的其他外商投资企业因清算、股权转让、先行回收投资、减资等所得的财产；(二)外国投资者收购国有企业或含有国有股权的公司制企业的国有产权或资产；(三)外国投资者收购国有企业的债权人的债权；(四)法律法规规定的其他出资方式。

注册会计师在为外国投资者办理验资时，应当按照财政部、国家外汇管理局《关于进一步加强外商投资企业验资工作和健全外资外汇登记制度的通知》(财会[2002]1017 号)的规定履行验资程序、出具验资报告。

第十一条 以转让方式进行改组的,外国投资者一般应当在外商投资企业营业执照颁发之日起 3 个月内支付全部价款。确有困难的,应当在营业执照颁发之日起 6 个月内支付价款总额的 60%以上,其余款项应当依法提供担保,在一年内付清。

第十二条 国有产权转让后企业控制权转移或企业的全部或主要经营资产出售给外国投资者的,在外国投资者付清全部价款前,改组方有权了解、监督改组后的企业的生产经营及财务状况,外国投资者和改组后的企业应当给予相应的便利。

外国投资者在以收购的资产投资设立外商投资企业之前,不得以上述资产开展经营活动。

第十三条 国有产权、资产转让收益由改组方收取,按照国务院财政主管部门有关规定管理和使用。

第十四条 外国投资者从改组后的企业分得的净利润、股权转让所得收入、企业经营期满或终止时分得的资金以及其他合法收入,可以依法汇出境外。经外汇管理部门批准,也可以用于境内再投资。

第十五条 在利用外资改组国有企业过程中,税收政策按照国家有关税收的法律、行政法规的规定执行,收费政策按照国家计委、国家经贸委、监察部、财政部、审计署、国务院纠风办《关于对企业实施改革改组改造过程中的有关收费实行减免的通知》(计价费[1998]1077 号)的规定执行。

第十六条 改组方和被改组企业人员超越权限、玩忽职守或与外国投资者私下串通、贪污受贿,损害国家、债权人和职工合法权益的,由有关部门依法给予行政处罚和处分;构成犯罪的,依法追究刑事责任。

第十七条 负责审批的政府机关工作人员违反本规定,擅自批准或在审批中以权谋私,损害国家、债权人和职工合法权益的,由有关部门按干部管理权限,追究直接责任者和主管人员的行政责任;构成犯罪的,依法追究刑事责任。

第十八条 香港特别行政区、澳门特别行政区、台湾地区的投资者和已设立的外商投资企业参与国有企业改组的,参照本规定执行。

第十九条 本规定由国家经济贸易委员会、财政部、国家工商行政管理总局、国家外汇管理局负责解释。

第二十条 本规定自 2003 年 1 月 1 日起施行。

中华人民共和国外资金融机构管理条例实施细则

第一章　总　则

第一条 根据《中华人民共和国商业银行法》和《中华人民共和国外资金融机构管理条例》(以下简称《条例》),制定本细则。

第二条 《条例》第二条第(一)项和第(四)项所称"外国资本"是指在中华人民共和国境外注册机构缴付的资本。

第(二)项所称"外国银行"是指在中华人民共和国境外注册并经所在国家或地区金融监管当局批准或认可的银行。

第(三)项和第(五)项所称"外国的金融机构"是指在中华人民共和国境外注册并经所在国家或地区金融监管当局批准或认可的金融机构。

第三条 本细则所称"外资法人机构"是指《条例》所称独资银行、合资银行、独资财务公司和合资财务公司。

第二章　设立与登记

第四条 根据《条例》第六条设立的独资银行,其唯一股东或最大股东必须是商业银行。

根据《条例》第六条设立的独资财务公司,其唯一股东或最大股东必须是商业银行或财务公司。

本条所称商业银行的资本充足率不得低于 8%。

《条例》第六条第(二)项和第(三)项适用于唯一股东或最大股东。

第五条 根据《条例》第八条设立的合资银行,其外方唯一股东或外方最大股东必须是商业银行。

根据《条例》第八条设立的合资财务公司,其外方唯一股东或外方最大股东必须是商业银行或财务公司。

本条所称商业银行的资本充足率不得低于 8%。

《条例》第八条第(二)项和第(三)项适用于外方唯一股东或外方最大股东。

第六条 《条例》第六条、第七条、第八条所称申请人或外国合资者在中国境内已经设立的代表机构是指经中国人民银行批准设立和监管的代表机构;所称设立申请前一年年末是指截至申请日的上一会计年度末。

第七条 《条例》及本细则所称审慎性条件至少包括下列条件:

(一)具有合理的法人治理结构;

(二)具有稳健的风险管理体系;

(三)具有健全的内部控制制度;

(四)具有有效的管理信息系统;

(五)申请人经营状况良好,无重大违法违规记录;

(六)具有有效的反洗钱措施。

第八条 《条例》第九条、第十条、第十一条和本细则第十六条所称可行性研究报告至少应包括:申请人的基本情况、对拟设机构市场前景的分析、拟设机构未来业务发展规划、拟设机构的组织管理架构、对拟设机构开业后三年的资产负债规模和盈利预测等内容。

第九条 《条例》和本细则所称营业执照(副本)是指营业执照或其他经营金融业务许可文件复印件。

《条例》和本细则所称营业执照(副本)、授权书、外国银行总行对其中国境内分支机构承担税务、债务的责任担保书等应经所在国家或地区认可的机构公证或经中华人民共和国驻该国使、领馆认证。但中国工商行政管理机关出具的营业执照(副本)除外。

第十条 《条例》第十一条第(六)项所称中国合资者的有关资料是指中国合资者营业执照(副本)和最近三年的年报。

第十一条 《条例》和本细则所称年报应经审计,并附申请人所在国家或地区认可的会计师事务所出具的审计意见书。以中文或英文以外的文字印制的年报应附中文或英文译本。

第十二条 《条例》第九条、第十条、第十一条所称中国人民银行要求提供的其他资料至少应包括下列资料:

(一)初次设立外资金融机构的申请人应提供所在国家或地区金融体系情况和有关金融监管法律法规规定;

(二)申请人章程;

(三)申请人及所在集团的组织结构图、主要股东名单、海外分支机构与联营公司名单。

第十三条 本细则要求提交的申请资料,除年报外,凡用外文书写的,应当附有中文译本。

第十四条 外国银行在中国境内增设分行,除应具备《条例》第七条规定的条件外,其在中国境内已设分行应经营状况良好,无重大违法违规记录。

外国银行增设分行的申请,应于中国人民银行前次批准设立分行之日起一年后方可提出。

第十五条 独资银行、合资银行申请设立分行,应具备下列条件:

(一)在中国境内开业三年以上,提出申请前两个会计年度连续盈利,无重大违法违规记录;

(二)资本充足率不低于 8%,资产质量良好;

(三)如系增设分行,其申请应于中国人民银行前次批准设立分行之日起一年后,方可提出;

(四)每增设一个分行,申请人应拨付不少于一亿元人民币的等值自由兑换货币作为拟设分行的营运资金;包括拟设分行在内,申请人对其所有境内分行累计拨付营运资金总额不得超过其注册资本的百分之六十;

(五)中国人民银行规定的其他审慎性条件。

第十六条 独资银行、合资银行申请设立分行,应当向拟设机构所在地中国人民银行分支机构提交下列资料,经所在地中国人民银行分支机构审查同意后,逐级报至中国人民银行总行审批:

(一)由申请人的董事长或行长(首席执行官、总经理)签署的申请书,其内容包括:拟设分行的名称、拟拨付的营运资金数额、申请经营的业务品种等;

(二)董事会同意申请设立分行的决议;

(三)可行性研究报告;

(四)营业执照(副本);

(五)最近三年的年报;

(六)申请人章程;

(七)中国人民银行要求提供的其他资料。

第十七条 设立外资法人机构的申请书应由出资各方的董事长或行长(首席执行官、总经理)联名签署,致中国人民银行行长;设立外国银行分行的申请书应由申请人的董事长或行长(首席执行官、总经理)签署,致中国人民银行行长。

第十八条 设立外资金融机构的申请人应向拟设机构所在地中国人民银行分支机构提交《条例》第九条、第十条、第十一条规定的申请资料(一式三份),经拟设机构所在地中国人民银行分支机构审查同意后,逐级报至中国人民银行总行审批。

申请人未达到《条例》第六条、第七条、第八条和本细则第十四条、第十五条要求的资格条件(审慎性条件除外),所在地中国人民银行分支机构应当作出不受理的决定,并书面通知申请人不受理的理由,同时将不受理的通知逐级上报至中国人民银行总行。

第十九条 自收到设立外资金融机构完整的申请资料之日起六个月内,中国人民银行总行应当作出受理或者不受理的决定,并书面通知申请人。接到受理申请通知的申请人应自接到通知之日起十五日内到拟设机构所在地中国人民银行分支机构领取正式申请表,开始筹建工作。筹建期为六个月。

逾期未领取正式申请表的,申请人自接到通知之日起一年内不得再次提出在同一城市设立营业性机构的申请。

第二十条 申请人在接到中国人民银行总行不予受理的通知书之日起一年内不得再次提出在同一城市设立营业性机构的申请。

第二十一条 《条例》第十四条所称主要负责人是指外资法人机构的董事长或行长(首席执行官、总经理),外国银行分行的行长(总经理)。

第二十二条 筹建期内申请人应当完成下列工作,并将有关资料报至所在地中国人民银行分支机构:

(一)建立内部控制制度,包括内部组织结构、授权授信、信贷资金管理、资金交易、会计核算、计算机系统的控制政策和操作规程;

(二)配备符合业务发展需要的、适当数量的业务人员,以满足对主要业务风险有效监控、业务分级审批和复查、关键岗位分工和相互牵制等要求;

(三)印制拟对外使用的重要业务凭证和单据;

(四)配备经有关部门认可的安全防范设施;

(五)由中国人民银行认可的会计师事务所对其内部控制系统、会计系统、计算机系统等进行开业前审计。

第二十三条 申请人申请延长筹建期的,应在筹建期限届满一个月前向所在地中国人民银行分支机构提出申请。申请书由拟设外资法人机构的董事长或行长(首席执行官、总经理)或外国银行分行的行长或总经理签署。

申请人未在规定时限内提出筹建延期申请的,中国人民银行不受理其延期申请。

所在地中国人民银行分支机构在接到筹建延期申请资料之日起十五日内作出是否批准延期的决定。作出不批准决定的,应书面通知申请人不批准的理由,并逐级上报中国人民银行总行。

第二十四条 筹建工作完成后,申请人应当将填写好的申请表连同《条例》第十四条规定的文件报拟设机构所在地中国人民银行分支机构。经拟设机构所在地中国人民银行分支机构审查同意后,逐级报至中国人民银行总行审批。

第二十五条 中国人民银行总行应当自收到设立外资金融机构完整的正式申请表及相关资料之日起二个月内,作出批准或者不批准的决定。申请人应在接到中国人民银行总行通知之日起十五日内,到中国人民银行总行领取设立外资金融机构的批复文件。作出不批准决定的,申请人在接到中国人民银行总行不予批准的通知之日起一年内不得再次提出在同一城市设立营业性机构的申请。

第二十六条 获准设立外资金融机构的申请人,应在领取中国人民银行总行批准设立外资金融机构文件后,向所在地中国人民银行分支机构提交开业验收申请。申请书由拟设外资法人机构的董事长或行长(首席执行官、总经理)或外国银行分行的行长或总经理签署。经所在地中国人民银行分支机构验收合格后,申请人持验收合格意见书到中国人民银行总行领取经营金融业务许可证。验收不合格的,外资金融机构可以在接到验收通知十日后向验收机构申请复验。

第二十七条 外资金融机构在开业前应在中国人民银行总行指定的全国性报纸和所在地中国人民银行分支机构指定的地方性报纸上予以公告。外资金融机构在开业前应将开业日期书面报至所在地中国人民银行分支机构。

第二十八条 自中国人民银行总行批准设立机构之日起九十日内,外资金融机构应当开业,但遇特殊情况,经所在地中国人民银行分支机构同意延期开业的除外。外资金融机构申请延期开业的,应在批准设立后六十日内向所在地中国人民银行分支机构提出延期开业申请。申请书由外资法人机构的董事长或行长(首席执行官、总经理)或外国银行分行的行长或总经理签署。

所在地中国人民银行分支机构在接到申请资料之日起十五日内作出是否批准延期的决定。作出不批准决定的,应书面通知外资金融机构不批准的理由,并逐级上报中国人民银行总行。外资金融机构未在规定时限内提出延期开业申请的,中国人民银行不受理其延期申请。

开业延期的最长期限为九十日。外资金融机构开业期限届满而未能开业的,原设立批准自动失效。外资金融机构应向中国人民银行总行缴回经营金融业务许可证正、副本。申请人在原设立批准失效之日起一年内不得再次提出在同一城市设立营业性机构的申请。

第三章 业务范围

第二十九条 《条例》第十七条第(四)项、第十八条第(四)项所称买卖政府债券、金融债券,买卖股票以外的其他外币有价证券包括但不限于下列外汇投资业务:在中国境外发行的中国和外国政府债券、中国金融机构债券和中国非金融机构债券。

第三十条 《条例》第十七条第(十二)项和第十八条第(八)项所称资信调查和咨询服务是指与银行业务有关的资信调查和咨询服务。

第三十一条 外资金融机构经营《条例》第十七条或者第十八条规定业务范围内的,对境外机构、外商投资企业、外国驻华机构、香港、澳门、台湾在内地代表机构、外国人及香港、澳门、台湾同胞的外汇业务和非外商投资企业的部分外汇业务,应分别符合下列条件:

(一)外国银行分行营运资金应不少于一亿元人民币的等值自由兑换货币;

(二)独资银行、合资银行注册资本应不少于三亿元人民币的等值自由兑换货币;

(三)独资财务公司、合资财务公司注册资本应不少于二亿元人民币的等值自由兑换货币。

第三十二条 外资金融机构经营《条例》第十七条或者第十八条规定业务范围内的对各类客户的全面外汇业务,应分别符合下列条件:

(一)外国银行分行营运资金应不少于二亿元人民币的等值自由兑换货币;

(二)独资银行、合资银行注册资本应不少于四亿元人民币的等值自由兑换货币;

(三)独资财务公司、合资财务公司注册资本应不少于三亿元人民币的等值自由兑换货币。

第三十三条 符合《条例》第二十条规定获准经营《条例》第十七条或者第十八条规定业务范围内的,对境外机构的外汇业务,对外商投资企业、外国驻华机构、香港、澳门、台湾在内地代表机构、外国人及香港、澳门、台湾同胞的外汇业务和人民币业务,对非外商投资企业的部分外汇业务和部分人民币业务的外资金融机构,应分别符合下列条件:

(一)外国银行分行营运资金应不少于二亿元人民币,其中人民币营运资金应不少于一亿元人民币,外汇营运资金应不少于一亿元人民币的等值自由兑换货币;

(二)独资银行、合资银行注册资本应不少于四亿元人民币,其中人民币资本应不少于一亿元人民币,外汇资本应不少于三亿元人民币的等值自由兑换货币;

(三)独资财务公司、合资财务公司注册资本应不少于三亿元人民币,其中人民币资本应不少于一亿元人民币,外汇资本应不少于二亿元人民币的等值自由兑换货币。

第三十四条 符合《条例》第二十条规定获准经营《条例》第十七条或者第十八条规定业务范围内的对各类客户的全面外汇业务,对外商投资企业、外国驻华机构、香港、澳门、台湾在内地代表机构、外国人及香港、澳门、台湾同胞的人民币业务和非外商投资企业部分人民币业务的外资金融机构,应分别符合下列条件:

(一)外国银行分行营运资金应不少于三亿元人民币,其中人民币营运资金应不少于一亿元人民币,外汇营运资金应不少于二亿元人民币的等值自由兑换货币;

(二)独资银行、合资银行注册资本应不少于五亿元人民币,其中人民币资本应不少于一亿元人民币,外汇资本应不少于四亿元人民币的等值自由兑换货币;

(三)独资财务公司、合资财务公司注册资本应不少于四亿元人民币,其中人民币资本应不少于一亿元人民币,外汇资本应不少于三亿元人民币的等值自由兑换货币。

第三十五条 符合《条例》第二十条规定，获准经营《条例》第十七条或第十八条规定业务范围内的，对各类客户的全面外汇业务，对外商投资企业、外国驻华机构、香港、澳门、台湾在内地代表机构、外国人及香港、澳门、台湾同胞和非外商投资企业全部人民币业务的外资金融机构，应分别符合下列条件：

（一）外国银行分行营运资金应不少于四亿元人民币，其中人民币营运资金应不少于二亿元人民币，外汇营运资金应不少于二亿元人民币的等值自由兑换货币；

（二）独资银行、合资银行注册资本应不少于六亿元人民币，其中人民币资本应不少于二亿元人民币，外汇资本应不少于四亿元人民币的等值自由兑换货币；

（三）独资财务公司、合资财务公司注册资本应不少于五亿元人民币，其中人民币资本应不少于二亿元人民币，外汇资本应不少于三亿元人民币的等值自由兑换货币。

第三十六条 符合《条例》第二十条规定，获准经营《条例》第十七条或第十八条规定业务范围内的，对各类客户全面外汇业务和全面人民币业务的外资金融机构，应分别符合下列条件：

（一）外国银行分行营运资金应不少于六亿元人民币，其中人民币营运资金不少于四亿元人民币，外汇营运资金应不少于二亿元人民币的等值自由兑换货币；

（二）独资银行、合资银行注册资本应不少于十亿元人民币，其中人民币资本应不少于六亿元人民币，外汇资本应不少于四亿元人民币的等值自由兑换货币；

（三）独资财务公司、合资财务公司注册资本应不少于七亿元人民币，其中人民币资本应不少于四亿元人民币，外汇资本应不少于三亿元人民币的等值自由兑换货币。

第三十七条 本细则第三十一条、第三十三条所称非外商投资企业的部分外汇业务是指对非外商投资企业开办的外汇贷款项下转存款，出口结算，贷款项下的进口结算及汇入汇款。

本细则第三十三条、第三十四条所称非外商投资企业的部分人民币业务是指对获得该外资金融机构外汇贷款的非外商投资企业的配套人民币贷款及其转存款、对获得该外资金融机构外汇贷款的非外商投资企业的担保。

第三十八条 《条例》第二十条第（一）项、第（二）项是指申请人在拟开办或扩大人民币业务的城市所设机构开业三年以上，申请前二年连续盈利。

第三十九条 外资金融机构经营人民币业务或扩大服务对象范围应向所在地中国人民银行分支机构提交下列资料（一式三份），经所在地中国人民银行分支机构审查同意后，逐级报至中国人民银行总行审批：

（一）申请人董事长或行长（首席执行官、总经理）签署的、致中国人民银行行长的申请书，其内容包括：经营人民币业务或扩大服务对象范围的具体内容，拟增加的资本或总行拨付的营运资金等；

（二）可行性研究报告；

（三）拟修改的章程（只限外资法人机构）；

（四）拟开办业务的操作规程及内部控制制度；

（五）外资金融机构的金融业务许可证复印件；

（六）中国人民银行要求提交的其他资料。

第四十条 外资金融机构应当在中国人民银行批准其经营人民币业务或扩大服务对象范围之日起四个月内完成下列筹备工作，并将有关资料报至所在地中国人民银行分支机构：

（一）将增加的资本金或营运资金调入境内，经中国人民银行认可的会计师事务所验资，并出具验资证明；

（二）配备符合业务发展需要的、适当数量的业务人员；

（三）印制拟对外使用的重要业务凭证和单据；

（四）配备经有关部门认可的安全防范设施。

外资金融机构未能在四个月内完成筹备工作的，中国人民银行总行原批准自动失效。

第四十一条 外资金融机构在筹备工作完成后应向所在地中国人民银行分支机构提交验收申请，申请书由外资法人机构的董事长或行长（首席执行官、总经理）或外国银行分行的行长或总经理签署。经验收合格后，外资金融机构持验收合格意见书和验资证明到中国人民银行总行申请换发经营金融业务许可证。验收不合格的，外资金融机构可以在接到验收通知十日后向验收机构申请复验。

第四十二条 外资金融机构在开展批准文件所列业务前应在中国人民银行总行指定的全国性报纸和所在地中国人民银行分支机构指定的地方性报纸上予以公告。

第四十三条 外资金融机构经营人民币业务的地域范围为已允许外资金融机构经营人民币业务的城市。

第四十四条 《条例》第二十一条所称新的业务品种是指中国境内银行或财务公司没有提供，或者中国境内银行或财务公司已经提供、但经营风险较大的金融品种。

外资金融机构申请经营新业务品种，应向所在地中国人民银行分支机构提交下列资料（一式三份），经所在地中国人民银行分支机构审查同意后，逐级报至中国人民银行总行审批：

（一）由外资金融机构总部授权签字人签署的申请书；

（二）拟开办业务的详细介绍，从事该业务所做的必要准备，包括操作规程、风险—收益分析、控制措施、专业人员及计算机系统的配置等内容；

（三）中国人民银行要求提供的其他资料。

中国人民银行总行在收到外资金融机构完整申请资料之日起六十日内作出是否批准的决定。

第四十五条 外资金融机构拟申请在中国境内两家以上分行开办新业务品种的，可由外资法人机构总部或外国银行主报告行统一向所在地中国人民银行分支机构提交申请资料，经所在地中国人民银行分支机构审查同意后，逐级报至中国人民银行总行审批。

第四十六条 外资金融机构申请经营《条例》第十七条第十三项和第十八条第十项规定的"经中国人民银行批准的其他业务"，按照本细则第四十四条规定办理申请手续。

第四十七条 外资金融机构开办经批准的业务范围及品种内的产品或服务，应向所在地中国人民银行分支机构报告。

第四十八条 外资金融机构可以按照有关规定从事结售汇业务。

第四十九条 获准经营人民币业务的独资银行、合资银行和外国银行分行可以按照中国人民银行的有关规定从事人民币同业借款业务。

第四章　任职资格管理

第五十条 担任外资金融机构高级管理人员应具备下列基本条件：

（一）熟悉并遵守中国金融监管法律法规；

（二）具有与担任职务相适应的专业知识、工作经验和组织管理能力；

（三）无不良记录。

第五十一条 有下列情形之一的，不得担任外资金融机构高级管理人员：

（一）有犯罪记录的；

（二）因违法而受到重大处罚的；

（三）对所任职的金融机构、企业、公司的破产、重大违规、被吊销经营金融业务许可证或营业执照，负有主要责任或直接领导责任，且未满五年的；

（四）过去五年内因重大工作失误给所任职金融机构或其他企业、公司造成重大损失的。

第五十二条 中国人民银行对外资金融机构高级管理人员的审核采用核准制和备案制两种形式。

第五十三条 担任下列职务的外资金融机构高级管理人员适用核准制，并应具备下列条件：

（一）担任外资法人机构的董事长、行长（总经理），应具有十年以上从事金融工作或十五年以上相关经济工作经历（其中从事金融工作五年以上），并有三年以上担任业务部门经理或相当于业务部门经理以上职位的经验；

（二）担任外资法人机构的副董事长、副行长（副总经理），外国银行分行行长（总经理），应具有五年以上从事金融工作或十年以上相关经济工作经历（其中从事金融工作三年以上），并有二年以上担任业务部门经理或相当于业务部门经理以上职位的经验；

（三）担任外国银行分行的副行长（副总经理）、支行行长，应具有四年以上从事金融工作或六年以上相关经济工作经历（其中从事金融工作二年以上）；

（四）具有大学本科以上（包括本科）学历；若不具有大学本科及以上学历，应相应增加六年以上从事金融或八年以上相关经济工作经历（其中从事金融工作四年以上）。

第五十四条 中国人民银行总行负责核准或取消下列人员的任职资格：

（一）外资法人机构的董事长、行长（总经理）；

（二）外国银行分行的行长（总经理）。

中国人民银行分行（营业管理部）负责核准或取消下列人员的任职资格：

（一）外资法人机构的副董事长、副行长（副总经理）；

（二）外国银行分行的副行长（副总经理）、支行行长。

第五十五条 高级管理人员任职资格适用于核准制的，应由申请人向所在地中国人民银行分支机构提交下列资料（一式三份）：

（一）由申请人授权签字人签署的致中国人民银行的申请书。其中，由中国人民银行总行核准的，致中国人民银行行长；由中国人民银行分行或营业管理部核准的，致有关中国人民银行分行行长或营业管理部主任；

（二）申请人授权签字人签署的授权书；

（三）拟任人的简历；

（四）拟任人身份证明、学历证明的复印件；

（五）外资法人机构章程规定应召开股东大会会议的，还应提交股东大会会议决议；

（六）由拟任人签字的无不良记录的声明；

（七）中国人民银行要求的其他资料。

第五十六条 适用核准制的外资金融机构高级管理人员的任职期限应在二年以上，任职期内不得兼任其他营业性机构的管理职务。但经中国人民银行批准的除外。外资金融机构高级管理人员不得兼任中国境内代表机构的职务。

第五十七条 《条例》第三十三条第（七）项所称"高级管理人员"是指适用核准制的高级管理人员。

第五十八条 担任下列职务的外资金融机构高级管理人员，适用备案制：

（一）外资法人机构的董事、行长（总经理）助理、财务总监、总稽核、高级合规经理、营运总监；

（二）外国银行分行总会计师、合规经理、营运总监；

（三）外国银行分行所设支行的副行长；

（四）中国人民银行认为需要备案的其他高级管理人员。

第五十九条 高级管理人员任职资格适用备案制的，外资金融机构应向所在地中国人民银行分支机构提交下列资料：

（一）外资金融机构授权签字人签署的授权书；

（二）拟任人简历；

（三）拟任人身份证明、学历证明的复印件；

（四）由拟任人签字的有无不良纪录的陈述书；

（五）中国人民银行要求的其他资料。

第六十条 拟任人的简历、身份证明和学历证明的复印件应经申请人授权人签字。

第六十一条 外资金融机构的行长（总经理）及其支行行长离岗连续一个月以上的，应向所在地中国人民银行分支机构报告；离岗连续三个月以上的，应更换人选。

第六十二条 对下列情形之一负有责任的高级管理人员，中国人民银行可以视情节轻重及后果，取消其一定时期直至终身的任职资格：

（一）被依法追究刑事责任；

（二）拒绝、干扰、阻挠或严重影响中国人民银行依法监管；

（三）内部管理与控制制度不健全或执行监督不力，造成重大财产损失，或导致重大金融犯罪案件发生；

（四）因严重违法违规经营、内部制度不健全或长期经营管理不善，造成所任职机构被接管、兼并或被宣告破产；

（五）因长期经营管理不善，造成所任职机构严重亏损；

（六）对已任职的外资金融机构高级管理人员，中国人民银行如发现其任职前有违法、违规或其他不宜担任高级管理人员的情形；

（七）中国人民银行认定的其他情形。

第六十三条 高级管理人员任职资格需报中国人民银行总行核准的，中国人民银行将在收到完整申请资料之日起九十日内作出是否同意的批复。高级管理人员任职资格需报中国人民银行分行或营业管理部核准的，中国人民银行将在收到完整申请资料之日起四十五日内作出是否同意的批复。作出不同意决定的，书面通知申请人不同意的理由。高级管理人员任职应报所在地中国人民银行分支机构备案的，中国人民银行自收到完整资料之日起三十日内未提出书面异议的，视为认可。

第五章 监督管理

第六十四条 在中国境内设立两家及两家以上分行的外国银行，应指定主报告行，负责其在中国境内各分行的并表工作。

第六十五条 《条例》第二十四条所称生息资产包括外汇生息资产和人民币生息资产。

外国银行分行外汇业务营运资金的百分之三十应以六个月以上（含六个月）的外币定期存款作为外汇生息资产；人民币业务营运资金的百分之三十应以人民币国债或六个月以上（含六个月）的人民币定期存款作为人民币生息资产。

六个月以上（含六个月）的本、外币定期存款应存放中国境内经营稳健、具有一定实力的三家或三家以下中资商业银行。生息资产中定期存款的利率由双方依据有关规定确定。外国银行分行应将生息资产的存放银行和利率报至所在地中国人民银行分支机构。未经所在地中国人民银行分支机构批准，外国银行分行不得动用以定期存款形式持有的生息资产。生息资产的存放银行应依据中国人民银行的批准文件办理生息资产的变动事宜。

第六十六条 《条例》第二十六条、第二十八条所称资本是指注册资本、资本公积、盈余公积、未分配利润、一般贷款损失准备金、重估储备、五年期以上（包括五年期）长期次级债券之和扣除对不并表机构投资后的余额。

《条例》第二十八条所称营运资金加准备金等之和是指营运资金、未分配利润和一般贷款损失准备金之和。

《条例》第二十八条所称风险资产是指按照中国人民银行有关加权风险资产的规定计算的表内、表外加权风险资产。

《条例》第二十五条所称资本充足率的计算方法和考核办法按照中国人民银行颁布的资本充足率的有关规定执行。

《条例》第二十八条所规定的比例，按照外资金融机构在中国境内的分支机构单个计算，每季按月末平均余额考核。

中国人民银行根据外资法人机构的风险状况，可以对其资本充足率提出特别要求。

第六十七条 《条例》第二十六条所称关联企业是指一方企业有能力直接或间接控制、共同控制另一方企业或对另一方企业施加重大影响，以及两方或多方企业同受一方控制。

《条例》第二十六条所称的授信余额包括表内及表外的项目。

第六十八条 《条例》第二十九条所称流动性资产是指现金、黄金、在中国人民银行存款、存放同业、一个月内到期的拆放同业、境外联行往来及附属机构往来的资产方净额、一个月内到期的贴现及其他买入票据、一个月内到期的其他应收款、一个月内到期的贷款、一个月内到期的债券以及其他一个月内可变现的资产。上述各项资产中应扣除预计不可收回的部分。

《条例》第二十九条所称流动性负债是指一个月内到期的存款、一个月内到期的同业拆入款、一个月内到期的应付款、境外联行往来及附属机构往来的负债方净额、其他一个月内到期的负债。

外资金融机构应每日按人民币、外币分别计算并保持《条例》第二十九条规定的流动性比例。中国人民银行对外资法人机构的流动性比例实施并表考核，对外国银行分行按单个机构考核。

第六十九条 《条例》第三十条所称从中国境内吸收的外汇存款包括外汇同业和非同业存款，"境内外汇总资产"的计算方法如下：

境内外汇总资产＝外汇总资产－外汇境外联行往来（资产）－外汇境外附属机构往来（资产）－外汇境外贷款－外汇存放境外同业－外汇拆放境外同业－外汇境外投资。

下列外汇投资不列入外汇境外投资：在中国境外发行的中国政府债券、中国金融机构的债券和中国非金融机构债券。

《条例》第三十条规定的比例按单个机构月末余额考核。

第七十条 外资金融机构由总行或联行转入信贷资产应经所在地中国人民银行分支机构批准。

第七十一条 外资金融机构应执行中国人民银行有关资产分类的规定。

第七十二条 外资金融机构采用审慎会计制度。

第七十三条 外资金融机构向关系人的授信条件不得优于其他借款人同类授信的条件。

本条所称关系人是指（一）外资金融机构的董事、监事、经理人员、信贷业务人员及其近亲属；（二）前项所列人员投资或者担任高级管理职务的公司、企业和其他经济组织；（三）外资法人机构的股东及其关联企业。

第七十四条 《条例》第二十六条、第二十七条所规定的比例，按季末余额考核。

第七十五条 《条例》第三十二条所称"中国注册会计师"是指经中国人民银行和财政部审查、获准从事金融相关审计业务会计师事务所的中国注册会计师。

第七十六条 外资法人机构调整、转让注册资本，变更持有资本总额或者股份总额百分之十以上的股东，外国银行申请变更在中国境内分行营运资金，应向所在地中国人民银行分支机构提交下列资料，经所在地中国人民银行分支机构审查同意后，逐级报至中国人民银行总行审批：

（一）申请人董事长或行长（首席执行官、总经理）签署的申请书；

（二）外资法人机构关于调整、转让注册资本、变更股东的董事会决议；

（三）外资法人机构外国投资方变动投资额或股权比例，应提供外国投资方董事会决议和所在国家或地区金融监管当局的意见函；

（四）中国人民银行要求提供的其他资料。

第七十七条 外国银行因合并、分立等拟变更其在中国境内分支机构名称的，可以分两步或直接办理正式更名手续：

外国银行总行可向中国人民银行总行提出初步申请，并提交下列资料：

（一）由外国银行的董事长或行长（首席执行官、总经理）签署的致中国人民银行行长的申请书；

（二）外国银行所在国家或地区金融监管当局对其合并、分立等的认可函或批准书。

中国人民银行总行收到完整的申请资料后，以签署信函的形式确认其更名申请。外国银行正式更名后，应在六十日内向中国人民银行总行提交下列资料，办理其在中国境内分支机构的正式更名手续：

（一）由新机构的董事长或行长（首席执行官、总经理）签署的申请书；

（二）按规定填写的 中国人民银行印发的申请表；

（三）新机构所在国家或地区金融监管当局的正式批准书；

（四）新机构的营业执照（副本）；

（五）新机构的董事长或行长（首席执行官、总经理）签署的新机构对中国境内分支机构的税务、债务的责任担保书；

（六）新机构合并财务报表；

（七）新机构的章程；

（八）新机构董事会名单；

（九）新机构组织结构图；

（十）新机构在中国境内分支机构行长或总经理简历、身份证明和学历证明；

（十一）新机构的董事长或行长（首席执行官、总经理）签署的对中国境内分支机构行长或总经理的授权书。

外国银行应将初步申请和正式申请资料复印件提交外国银行在中国境内分支机构所在地中国人民银行分支机构。

第七十八条 外资金融机构合并、分立后的注册资本或营运资金和业务范围由中国人民银行总行重新核准。

第七十九条 外资金融机构因其他原因申请更换名称的，应向中国人民银行总行提交由其董事长或行长（首席执行官、总经理）签署的申请书，并将申请书复印件提交外资金融机构所在地中国人民银行分支机构。

第八十条 外资金融机构于同一城市内变更营业场所应向所在地中国人民银行分支机构递交下列资料，经所在地中国人民银行分支机构审批后，逐级报至中国人民银行总行：

（一）由外资法人机构的董事长或行长（首席执行官、总经理）或外国银行分行的行长或总经理签署的、致所在地中国人民银行分支机构的申请信；

（二）中国人民银行要求提供的其他资料。

所在地中国人民银行分支机构按照有关规定完成验收工作。验收合格的，所在地中国人民银行分支机构下发同意外资金融机构变更同城营业场所的批准文件。验收不合格的，所在地中国人民银行分支机构下发验收不合格意见书。验收不合格的，外资金融机构可以在接到验收通知十日后向验收机构申请复验。

第八十一条 外资金融机构获准变更注册资本或营运资金、变更持有资本总额或者股份总额百分之十以上的股东，应在接到中国人民银行总行批准文件之日起三十日内，聘请中国人民银行认可的注册会计师事务所进行验资，并将验资证明提交所在地中国人民银行分支机构。

第八十二条 外资法人机构申请变更章程，应向所在地中国人民银行分支机构提交下列资料，经所在地中国人民银行分支机构审查同意后，逐级报至中国人民银行总行审批：

（一）申请人董事长或行长（首席执行官、总经理）签署的申请书；

（二）股东会或董事会决议。

第八十三条 发生《条例》第三十三条所列事项或情况，需变更经营金融业务许可证的，外资金融机构应在正式批准文件之日起六十日内，向中国人民银行总行办理变更事宜。需要验资的，外资金融机构持验资证明向中国人民银行总行更换金融业务许可证。需要验收的，外资金融机构持所在地中国人民银行分支机构出具的验收合格意见书向中国人民银行总行更换金融业务许可证。外资金融机构持经营金融业务许可证向工商行政管理机关办理变更登记，换发营业执照。

外资金融机构出现《条例》第三十三条所列事项或情况，需变更经营金融业务许可证的，外资金融机构应在中国人民银行总行指定的全国性报纸和所在地中国人民银行分支机构指定的地方性报纸上予以公告。公告应在新的营业执照生效之日起三十日内完成。外资金融机构应将公告内容在公告日期三日前书面报至所在地中国人民银行分支机构。

第八十四条 外资金融机构应向所在地中国人民银行分支机构及时报告下列事项：

（一）外资金融机构财务状况和经营活动出现重大问题；

（二）外资金融机构经营策略的重大调整；

（三）外资法人机构的重要董事会决议；

（四）外资法人机构变更持有资本总额或股份总额百分之十以下的股东；

（五）外国银行分行的总行和外资法人机构投资方的章程、注册资本和注册地址的变更；

（六）外国银行分行的总行和外资法人机构投资方的合并、分立等重组以及董事长或行长（首席执行官、总经理）的变更；

（七）外国银行分行的总行和外资法人机构投资方的财务状况和经营活动出现重大问题；

（八）外国银行分行的总行和外资法人机构外方投资方注册地监管法规的重大变化；

（九）除不可抗力原因外，外资金融机构在法定假日以外的日期暂停营业，应提前七个工作日报至所在地中国人民银行分支机构；

（十） 中国人民银行要求的其他事项。

第八十五条 外资金融机构在每个会计年度终了后应聘请中国人民银行认可的会计师事务所进行年度审计，并将审计报告和管理建议书报送所在地中国人民银行分支机构。对外资法人机构和设立两家及两家以上分行的外国银行，还应聘请中国人民银行认可的会计师事务所对该机构在中国境内所有营业性机构进行并表审计，并将审计报告和管理建议书报至外资法人机构总部或外国银行主报告行所在地中国人民银行分支机构。

第八十六条 中国人民银行及其分支机构在必要时可以委托会计师事务所对外资金融机构的经营及财务状况进行审计。

第八十七条 外资金融机构经营所在地以外客户的人民币业务，应在每季初五个工作日内将异地人民币业务有关情况报至该外资金融机构所在地中国人民银行分支机构。

第八十八条 外资金融机构资本金进行本外币币种转换和将人民币利润兑换成外汇汇出境外等结售汇以及其他与外汇审批有关事宜，应经国家外汇管理局及其分局核准。

第八十九条 外资金融机构所有涉及外汇管理的有关事宜，按照国家外汇管理的有关规定办理。

第六章 解散与清算

第九十条 《条例》所称解散与清算包括下列情形：

（一）外资法人机构有下列情形之一的，经中国人民银行批准后自行解散：

1、章程规定的营业期限届满或章程规定的其他解散事由出现时；

2、股东会或董事会决议解散；

3、因合并或者分立需要解散。

（二）中国人民银行批准外国银行、独资银行、合资银行关闭在中国境内分行或者责令上述银行关闭其在中国境内分行；

（三）中国人民银行撤销外资法人机构；

（四）外资法人机构被依法宣告破产。

第九十一条 外资法人机构申请自行解散的，应向所在地中国人民银行分支机构提交下列资料，经所在地中国人民银行分支机构审查同意后，逐级报至中国人民银行总行审批：

（一）董事长或行长（首席执行官、总经理）签署的申请书；

（二）股东会或董事会决议；

（三）出资各方董事长或行长（首席执行官、总经理）签署的同意该机构自行解散的确认函；

（四）中国人民银行要求提供的其他资料。

中国人民银行总行应当在收到完整的申请资料六十日内作出是否批准其申请的决定。

第九十二条 外国银行、独资银行或合资银行申请关闭中国境内分行应向所在地中国人民银行分支机构提交下列资料，经所在地中国人民银行分支机构审查同意后，逐级报至中国人民银行总行审批：

（一）申请人董事长或行长（首席执行官、总经理）签署的申请书；

（二）独资银行、合资银行应提交董事会决议；

（三）外国银行应提交注册地金融监管当局对其申请的意见书；

（四）中国人民银行要求提供的其他资料。

中国人民银行总行应当在收到完整的申请资料六十日内作出是否批准其申请的决定。

第九十三条 自中国人民银行批准外资法人机构自行解散、外国银行、独资银行、合资银行关闭在中国境内分行或者责令其关闭在中国境内分行的决定生效之日起，被批准自行解散、关闭或责令关闭的外资金融机构应当立即停止经营活动，交回经营金融业务许可证，其高级管理人员、外资法人机构的董事会和股东大会必须立即停止行使职权，并在十五日内成立清算组。

第九十四条 清算组成员包括行长（总经理）、会计主管、中国注册会计师以及中国人民银行指定的其他人员。外资法人机构清算组还应包括股东代表和董事长。清算组成员应报所在地中国人民银行分支机构同意。

第九十五条 清算组应书面通知工商行政管理机关、税务机关、劳动与社会保障部门等有关部门。

第九十六条 外资法人机构自行解散或独资银行、合资银行和外国银行关闭其在中国境内分行涉及的其他清算事宜按照《中华人民共和国公司法》的有关规定执行。

第九十七条 被解散或关闭的外资金融机构所在地的中国人民银行分支机构负责监督解散与清算过程，并就重大事项和清算结果逐级报至中国人民银行总行。

第九十八条 清算组应自成立之日起三十日内聘请中国人民银行认可的会计师事务所进行审计，自聘请之日起六十日内向所在地中国人民银行分支机构提交审计报告。

第九十九条 外资金融机构自递交解散或关闭申请资料之日起，未经所在地中国人民银行分支机构批准，不得转移或出售资产。

第一百条 解散或关闭清算过程中涉及外汇审批或核准事项的，应经国家外汇管理局及其分局批准。

第一百零一条 清算组应在每月十日前向所在地中国人民银行分支机构报送有关债务清偿、资产处置、贷款清收、销户等情况的报告。

第一百零二条 被清算机构全部债务清偿完毕后，清算组申请提取以定期存款形式持有的生息资产，应向所在地中国人民银行分支机构提交下列资料，由所在地中国人民银行分支机构进行审批：

（一）由清算组组长签署的申请书；

（二）关于清算情况的报告；

（三）中国人民银行要求的其他资料。

第一百零三条 清算工作结束后，清算组应当制作清算报告，报所在地中国人民银行分支机构确认，并报送工商行政管理机关申请注销工商登记，在中国人民银行总行指定的全国性报纸和所在地中国人民银行分支机构指定的地方性报纸上公告。清算组应将公告内容在公告日三日前书面报至所在地中国人民银行分支机构。

第一百零四条 清算后的会计档案及业务资料依照有关规定处理。

第一百零五条 自外国银行分行清算结束之日起二年内，该外国银行不得申请在中国境内同一城市设立营业性机构。

第一百零六条 外国银行申请关闭中国境内分行并提出在同一城市设立代表处的，应向所在地中国人民银行分支机构提交下列资料，经所在地中国人民银行分支机构审查同意后，逐级报至中国人民银行总行审批：

（一）由申请人的董事长或行长（首席执行官、总经理）签署的申请书；

（二）外国银行授权签字人签署的对首席代表的授权书；

（三）拟任首席代表简历；

（四）拟任首席代表身份证明、学历证明的复印件；

（五）由拟任首席代表签字的有无不良纪录的声明；

（六）中国人民银行要求的其他资料。

第一百零七条 外资法人机构有违法违规经营、经营管理不善等情形，不予撤销将严重危害金融秩序、损害社会公众利益的，由中国人民银行按照《金融机构撤销条例》的规定撤销。

中国人民银行责令关闭外国银行分行的，按照《中华人民共和国公司法》的有关规定执行。

第一百零八条 外资法人机构因解散而清算，清算组在清理财产、编制资产负债表和财产清单后，发现外资法人机构财产不足清偿债务的，经中国人民银行同意，应当立即向人民法院申请宣告破产。外资法人机构经人民法院裁定宣告破产后，清算组应当将清算事务移交给人民法院。

第一百零九条 外资金融机构根据《条例》第三十九条的规定申请复业的，应向所在地中国人民银行分支机构提交下列资料，经所在地中国人民银行分支机构审查同意后，逐级报至中国人民银行总行审批：

（一）由申请人的董事长或行长（首席执行官、总经理）签署的申请书；

（二）董事会决议；

（三）中国人民银行要求提供的其他资料。

第七章　附　则

第一百一十条 中国人民银行对独资银行、合资银行在中国境内分行的有关管理办法参照外国银行分行的有关规定执行。

第一百一十一条 外资金融机构同城网点管理办法由中国人民银行另行制定。

第一百一十二条 外资金融机构违反本细则的，中国人民银行按照《条例》和其他有关规定对其进行处罚。

第一百一十三条 本细则自2002年2月1日起施行。自本细则施行之日起，中国人民银行1996年4月30日发布的《中华人民共和国外资金融机构管理条例实施细则》、1996年1月4日发布的《在华外资银行设立分支机构暂行办法》、1996年12月2日发布的《上海浦东外资金融机构经营人民币业务试点暂行管理办法》、1997年5月15日发布的《外资金融机构中、高级管理人员任职资格管理暂行规定》和1999年4月21日发布的《外国银行撤销在华营业性分支机构操作指引》同时废止。

金融许可证管理办法

第一条 为了加强金融机构的准入管理，促进金融机构依法经营，根据《中华人民共和国商业银行法》、《中华人民共和国外资金融机构管理条例》等有关法律、行政法规，制定本办法。

第二条 本办法所称金融许可证是指中国银行业监督管理委员会（以下简称银监会）依法颁发的特许金融机构经营金融业务的法律文件。

金融许可证的颁发、更换、扣押、吊销等由银监会依法行使，其他任何单位和个人不得行使上述职权。

第三条 金融许可证适用于银监会监管的、经批准经营金融业务的金融机构。

金融机构包括政策性银行、商业银行、金融资产管理公司、信用合作社、邮政储蓄机构、信托投资公司、企业集团财务公司、金融租赁公司和外资金融机构等。

第四条 银监会对金融许可证实行分级授权、机构审批权与许可证发放权适当分离的管理原则。

（一）银监会负责其直接监管的金融法人机构（政策性银行、国有独资商业银行、股份制商业银行、金融资产管理公司、信托投资公司、企业集团财务公司、金融租赁公司等）金融许可证的颁发与管理；负责外国独资银行及其分行、中外合资银行及其分行、外国银行分行、外国独资财务公司和中外合资财务公司等外资金融机构金融许可证的颁发与管理。

（二）银监会省（自治区、直辖市）局、直属分局负责下列机构金融许可证的颁发与管理：1本辖区内政策性银行、国有独资商业银行、股份制商业银行分行（含异地支行）；2金融资产管理公司分支机构（办事处）；3城市商业银行法人机构及其分支机构；4外资银行分行以下（不含分行）机构；5除银监会直接监管外的信托投资公司、企业集团财务公司、金融租赁公司等非银行金融机构及其分支机构；6城市信用联社、农村信用联社（省级、地市级）、农村商业银行法人机构；7所在地金融机构同城营业网点。

（三）银监会地区（市、州）分局负责上述机构以外的其他金融机构及其分支机构金融许可证的颁发与管理。

第五条 金融机构应当在收到银监会或其派出机构批准文件60

日内,持下列材料到银监会或其派出机构领取或换领金融许可证:

(一)银监会或其派出机构的批准文件;

(二)金融机构介绍信;

(三)领取许可证人员的合法有效身份证明;

(四)银监会或其派出机构要求的其他资料。

第六条 银监会或其派出机构颁发许可证时间期限为收到上述有效文件之日起五个工作日内。

第七条 金融许可证载明下列内容:

(一)机构编码(金融机构实行全国统一编码,见附件);

(二)机构名称(农村信用合作机构以括号注明法人机构或分支机构);

(三)依据的法律法规;

(三)机构批准成立日期;

(四)营业地址;

(五)颁发许可证日期;

(六)银监会或其派出机构的公章。

第八条 发生下列情形,金融机构应当向银监会或其派出机构申请换发金融许可证:

(一)机构更名;

(二)营业地址(仅限于清算代码)变更;

(三)许可证破损;

(四)许可证遗失;

(五)银监会或其派出机构认为其他需要更换许可证的情形。

机构更名和营业地址变更应当将旧证缴回银监会或其派出机构,并持本办法第五条 规定的材料换领金融许可证。

许可证破损应在重新申领许可证时缴回原证。

许可证遗失,金融机构应当在银监会或其派出机构指定的报纸上声明原许可证作废,重新申领许可证。

第九条 金融许可证实行机构编码终身制原则。金融机构除发生更名、营业地址(仅限于清算代码)变更、被撤销等原因外,机构编码一旦确定不再改变。

金融许可证如遗失或破损,再申请换领许可证时,原机构编码继续沿用。

金融许可证如被吊销,该机构编码自动作废,不再使用。

第十条 金融许可证颁发或更换时,应在银监会或其派出机构指定的全国公开发行的报纸上进行公告。

金融许可证被吊销或注销时,也应在银监会或其派出机构指定的报纸上进行公告。

第十一条 公告的具体内容应当包括:机构名称、营业地址、金融机构编码、邮政编码、联系电话。

第十二条 金融许可证应当在机构营业场所的显著位置公示。

金融机构应当在营业场所的显著位置以适当方式公示其业务范围、主要负责人。

银监会及其派出机构将依法对公示情况进行监督与检查。

第十三条 任何单位和个人不得伪造、变造金融许可证。金融机构不得出租、出借、转让金融许可证。

第十四条 银监会及其派出机构应当加强金融许可证的信息管理,建立完善的机构管理档案系统,依法披露金融许可证的有关信息。

第十五条 金融机构领取和更换金融许可证,应当向银监会或其派出机构缴纳审查费、注册费等相关费用。

第十六条 金融机构违反本办法,有下列行为之一的,由中国银行业监督管理委员会责令限期改正,给予警告;逾期不改正的,可以处以3万元以下罚款;情节严重的,可以取消其直接负责的高级管理人员的任职资格:

(一)不按规定换领金融许可证;

(二)损坏金融许可证;

(三)遗失金融许可证且不向银监会报告;

(四)未在营业场所公示金融许可证;

(五)伪造、变造、出租、出借、转让金融许可证。

第十七条 商业银行出租、出借、转让金融许可证的,依照《中华人民共和国商业银行法》的有关规定进行处罚。

第十八条 伪造、变造商业银行金融许可证的,依照《中华人民共和国商业银行法》等有关法规进行处罚。

第十九条 金融许可证由中国银行业监督管理委员会统一印制和管理。银监会按照金融许可证编码方法打印金融许可证,颁发时加盖中国银行业监督管理委员会或其派出机构的单位印章方具有效。

金融许可证的保管应作为重要凭证专门管理。许可证保管、打印、颁发等职能应相互分离、相互制约,同时建立金融许可证颁发、收缴、销毁登记制度。

对于金融许可证颁发管理过程中产生的废证、收回的旧证、依法缴回和吊销的许可证,应加盖"作废"章,作为重要空白凭证专门收档,定期销毁。

第二十条 本办法自2003年7月1日起施行。其他有关规定与本《办法》有冲突的,以本《办法》为准。

附件

金融机构许可证编码方案

金融许可证上的金融机构编码,参照《居民身份证》和国家标准《全国清算中心代码》(GB13497—92)中号码的编制原则和方法,本着统一、规范、便于识别、便于管理的原则进行编制。在制发和打印金融许可证时,金融机构编码可由计算机系统自动生成,个别部分由人工修订。全套编码由2位英文字母和12位数字组成,共14位,按从左至右的顺序排列。图示如下:

(一)(二)(三)(四)(五)(六)(七)(八)(九)(十)(十一)(十二)(十三)(十四)

(一)是金融机构类别代码,用大写英文字母表示。A—政策性银行、B—商业银行、C—住房储蓄银行、D—城市商业银行、F—城市信用合作社(含联社)、G—农村商业银行(包括农村合作银行)及农村信用合作社(含联社)、H—信用卡公司、I—邮政储蓄机构、K—信托投资公司、L—企业集团财务公司、M—金融租赁公司、W—外资银行、Y—外资非银行金融机构、Z—其他类金融机构。

(二)是法人或非法人分支机构代码。"1"为法人金融机构,"2"为非法人分支机构。

(三)—(四)是被批准机构代码(适用于中资机构),新成立机构按顺序排列。

A类:01—国家开发银行、02—中国进出口银行、03—中国农业发展银行

B类:01—中国工商银行、02—中国农业银行、03—中国银行、04—中国建设银行、05—交通银行、06—中信实业银行、07—中国光大银行、08—华夏银行、09—中国民生银行、11—招商银行、12—广东发展银行、13—兴业银行、14—深圳发展银行、15—上海浦东发展银行、16—恒丰银行、

C类:01—

D类:城市商业银行

F类:城市信用合作社(含联社)01—联社、02—信用社

G类:农村信用合作社(含联社)01—联社、02—信用社、03—农村商业银行(农村合作银行)

I类:邮政储蓄机构

K类:01—银监会直接监管的信托投资公司、02—除银监会直接监管外的信托投资公司

L类:财务公司01—银监会直接监管的财务公司、02—除银监会直接监管外的财务公司

M类:金融租赁公司01—银监会直接监管的金融租赁公司、02—除银监会直接监管外的金融租赁公司

Z类:01—金融资产管理公司

(五)是审批机构代码(适用于中资机构)。中资金融机构审批机构代码,如审批机构为银监会,标注"1";审批机构为银监局、直属分局,标注"2";审批机构为银监分局,标注"3"。

(三)—(五)被批准外资机构代码(适用于外资机构),新成立机构按顺序排列。

W类:在中国注册的外资银行法人机构、中外合资银行法人机构及外国银行分行

Y类:外资财务公司、外资企业集团财务公司、外资租赁公司、外资信托公司

(六)—(九)是金融机构地址代码,采用《全国清算中心代码》(GB13497—92)中的地址代码的编码方法。

(十)是金融机构组织类别代码,用大写英文字母表示。H(Headquarter)—总行(或总部)、B(branch)—分行(或分部)、S(sub—branch)—支行、O(others)—其他分支机构。

(十一)—(十四)是金融机构办理许可证的顺序号。每一个金融机构一个序号,同一地区(城乡信用合作社以(地)市为单位,其他金融机构以省为单位)、同一类别的金融机构应连续编号,不能重号或空号。

新设机构按照同类机构代码编制方法顺序编制代码。金融机构除发生更名等变更外,仍使用原代码。被撤销的金融机构原代码应予注销,不得再使用。若干金融机构合并,只保留负责组建的金融机构的代码。如金融机构的许可证丢失,补发的许可证机构代码不变,其流水号不同。

该编码方式将与计算机系统开发一并使用，在新的系统未使用前，银监会审批机构应按照上述方法编制辖内金融机构代码。

金融统计管理规定

第一章　总　则

第一条　为适应金融管理体制改革和金融业务的发展，依法强化金融统计管理，规范金融统计行为，提高金融统计质量，根据《中华人民共和国统计法》、《中华人民共和国统计法实施细则》、《中华人民共和国中国人民银行法》、《中华人民共和国商业银行法》、《金融违法行为处罚办法》等法律、法规，制定本规定。

第二条　本规定适用于中国人民银行，以及经中国人民银行批准从事金融业务的中、外资金融机构，包括政策性银行、商业银行、城市信用合作社、农村信用合作社、信托投资公司、企业集团财务公司、金融租赁公司、金融资产管理公司、邮政储汇局等。

第三条　本规定所称金融统计，系指中国人民银行和各金融机构统计部门对各项金融业务活动的情况和资料进行调查收集、整理和分析，提供统计信息和统计咨询意见，实行信息交流与共享，进行金融统计管理和监督等活动的总称。它包括货币统计、本外币信贷收支统计、现金收支统计、贷款累放累收统计、金融监管统计、资金流量统计、金融市场统计、银行中间业务及各种专项统计等金融业务统计。

本规定所称统计部门，系指中国人民银行和各金融机构内部从事金融统计业务的工作部门。

第四条　金融统计工作的基本任务是：及时、准确、全面地完成各项金融业务统计；收集、整理、积累金融和有关国民经济的统计资料；开展统计调查、统计分析和统计预测，依法进行统计管理和统计检查，为国家和金融部门进行宏观经济决策、监测经济与金融运行情况、金融监管和经营管理提供统计信息和统计咨询意见；为社会公众提供统计信息；进行国际交流和为有关国际金融组织提供信息资料。

第五条　金融统计工作遵循客观性、科学性、统一性、及时性的原则。

第六条　金融统计实行统一领导、分级负责的管理体制。中国人民银行是组织、领导、监督、管理和协调全国金融统计工作的主管机关。

第七条　金融统计要以计算机网络为依托逐步实现自动化、规范化、标准化管理。

第八条　加快金融统计与国际接轨的进程，逐步实现按国际准则加工和披露金融统计数据。

第九条　金融统计是以会计科目和各类账户信息为基础的全面统计，在此基础上形成各类统计报表。

第二章　金融统计资料的管理与统计调查

第十条　中国人民银行总行统一管理金融系统全国性统计报表，并负责金融系统全国性统计报表的制定、颁发与撤销。中国人民银行各分支行负责监督、检查辖区内金融机构执行统计报表、统计数据管理制度的情况。

第十一条　金融机构总行（总公司、总局）管理本系统金融统计报表，并负责系统内全国性定期统计报表的制定、撤销，但须报中国人民银行总行备案。

第十二条　中国人民银行各分行、营业管理部、省会（首府）城市中心支行可以制定地区性统计报表，但须报中国人民银行总行备案；金融机构省分行（分公司、分局）可以制定本系统地区性统计报表，但须报中国人民银行分行、省会（首府）城市中心支行备案。中国人民银行省会（首府）城市中心支行以下分支机构和金融机构省分行（分公司、分局）以下分支机构不得制定地区固定性统计报表。但在征得上级部门同意后，可根据实际需要制定地区临时性统计报表。临时性报表的期限一般不超过一年。

第十三条　中国人民银行分行、营业管理部、省会（首府）城市中心支行，金融机构总行（总公司、总局）、省分行（分公司、分局），在遵循中国人民银行总行统一规定的统计项目、统计指标下，可增设必要的统计项目、统计指标。中国人民银行各分行、营业管理部、省会（首府）城市中心支行根据金融管理的需要，可要求辖区内金融机构增设必要的统计项目、统计指标和附表、统计台账和原始统计记录。

第十四条　中国人民银行和各金融机构及其分支机构应严格控制临时性统计报表的制定和印发，减少临时性统计报表的数量。

第十五条　中国人民银行制定统一的金融统计标准，以保障统计调查中采用的指标含义、计算方法、分类目录、调查表式和统计编码等方面的标准化。

第十六条　中国人民银行向各金融机构收集统计数据由中国人民银行统计部门归口管理，各金融机构内设部门向中国人民银行报送的与中国人民银行统一金融统计指标（全科目统计指标）相关的统计数据由各金融机构统计部门归口管理，以保证统计数据的准确和一致。

第十七条　中国人民银行和各金融机构统计部门要加强对金融统计资料和统计电子化资料的管理，建立健全金融统计资料的审核、整理、交接和存档等管理制度。

第十八条　对违反国家统计法律、法规和本规定制定印发的统计报表和统计调查表，中国人民银行和各金融机构统计部门有权拒绝填报。

第十九条　全国范围或地区性统计调查，由中国人民银行组织各金融机构共同进行；各金融机构本系统的统计调查，由各金融机构负责组织。

第三章　金融统计资料的公布

第二十条　金融统计资料公布的主要内容要逐步实现与国际接轨，加快透明度进程。

第二十一条　中国人民银行总行定期公布全国性金融统计资料（月后 20 日内通过新闻媒体和中国人民银行网站向全社会公布月度金融机构货币供应量、信贷收支及资产负债主要指标等金融统计资料）；中国人民银行分行、营业管理部、省会（首府）城市中心支行根据中国人民银行总行规定，定期公布辖区内金融统计资料，并报总行备案，对外公布个别项目的统计数字，须报经行长批准。

金融机构总行（总公司、总局）对外公布金融统计资料，须经本行（公司、局）行长（总经理、局长）批准。金融机构分支机构公布金融统计资料，按照其上级主管部门的规定执行。

第二十二条　对外公布有密级的金融统计资料的审批，实行分级负责制度。

绝密、机密、秘密级的金融统计资料，未经批准，任何单位或个人不得擅自对外公布。

绝密、机密、秘密级金融统计资料的划分，按《金融工作中国家秘密及密级具体范围的规定》执行。

对外公布绝密级金融统计资料，必须报经国务院审批后，由中国人民银行总行公布；对外公布机密级金融统计资料，须经中国人民银行总行批准；对外公布秘密级金融统计资料，全国性数字由中国人民银行总行批准，金融机构本系统的数字由其总行（总公司、总局）批准。

第四章　金融统计部门的职责

第二十三条　中国人民银行总行设立专职统计部门，负责组织、领导和协调全国金融统计工作；中国人民银行各分行、营业管理部、省会（首府）城市中心支行、地（市）级中心支行设专职统计部门，负责领导、协调辖区内金融机构的统计工作；中国人民银行县级支行设置统计岗位。

第二十四条　各金融机构总行（总公司、总局）设立专职统计部门，管理本系统的统计工作；各金融机构分支机构的统计部门设置，由其总行（总公司、总局）自行决定。

第二十五条　中国人民银行统计部门履行下列职责：

（一）中国人民银行总行统计部门起草金融统计制度和有关管理规定；各分行、营业管理部、省会（首府）城市中心支行统计部门可根据总行下发的制度和有关规定，结合当地情况起草本行制度和实施细则，并报中国人民银行总行备案。

（二）组织、领导、管理、监督、检查金融机构的统计工作。

（三）收集、审核、汇总、编制金融统计数据和统计报表。

（四）收集、整理、积累金融统计资料和有关国民经济统计资料。

（五）按规定向有关部门提供金融统计资料，对外公布综合性金融统计资料。

（六）组织金融机构开展统计调查、统计分析和统计预测。

（七）组织和促进金融统计标准化、现代化建设，建立统一的金融统计管理信息系统和有效安全的网络传输设施，在金融系统内实行信息共享。

(八)组织开展统计执法和统计质量检查，培训统计人员。

(九)经授权代表金融系统参加国内、国际金融统计活动。

第二十六条 金融机构统计部门履行下列职责：

(一)贯彻执行中国人民银行制定的金融统计制度及有关管理办法，并接受中国人民银行的监督、检查。

(二)制定本系统金融统计制度、办法，领导和管理本系统金融统计工作。

(三)收集、汇总、编制、管理本系统金融统计数据和报表。

(四)收集、整理、积累本系统金融统计资料和有关国民经济统计资料。

(五)依法向中国人民银行报送统计数据、报表、统计制度和统计资料，向有关部门提供统计数据，对外公布本系统金融统计信息。

(六)完成中国人民银行布置的各项统计调查工作，在本系统组织开展统计调查、统计分析和统计预测。

(七)执行中国人民银行规定的统一的统计指标编码和电子文件接口规则。

(八)领导、组织本系统开展统计法规和统计质量检查，培训统计人员。

第五章 统计人员的配备与职责

第二十七条 统计人员的配备应符合以下要求：

(一)统计人员要具备良好的职业道德，具有必要的统计专业基础知识和一定的计算机操作技能。

(二)统计人员必须实行岗位培训，未经岗前培训或培训不合格者不得上岗。经考核不适宜担任统计工作的人员，应及时进行调整。

第二十八条 中国人民银行分支行统计部门主要负责人的调动，要征得上一级中国人民银行主管部门的同意；各金融机构分支行(公司、局)统计负责人的调动，应当征得其上级主管部门同意并向中国人民银行当地统计部门备案；统计人员调动工作或者离职，应当有符合规定条件的人接管，并须办理交接手续。

第二十九条 中国人民银行分支行、各金融机构及其分支机构，应当根据国家有关规定和工作需要，设置和聘任统计专业技术职务。

第三十条 凡设置统计部门的机构，其统计部门主要负责人为统计责任人；不设统计部门的，其法定代表人或主要负责人为统计责任人。统计责任人要对本机构统计数据的真实性负责。

第三十一条 统计人员履行以下职责：

(一)执行统计法律、规定、制度，按规定及时、准确、完整地填报统计数字，编制统计报表，不得虚报、瞒报、伪造、篡改统计数据；

(二)严格遵守保密制度；

(三)收集、整理、提供统计资料；

(四)进行统计调查、统计分析和统计预测；

(五)规范使用统计计算机程序系统，保证统计资料和统计数据安全；

(六)依照规定的审批程序，有权要求有关部门和人员提供金融业务资料，询问情况和查阅原始资料；

(七)检查统计资料的准确性，有权要求改正不确实的统计资料；

(八)拒报不符合规定的统计报表，检举和揭发违反统计法律、规定、制度的行为。

中国人民银行和各金融机构的统计部门及统计人员依照国家颁布的统计法律、法规和本规定行使上述职权，任何单位和个人不得非法干预。

第六章 统计监督和统计检查

第三十二条 中国人民银行统计部门依法对各金融机构的统计工作以及统计法律、规定、制度的执行情况，统计质量、统计真实性情况和统计工作情况，定期或不定期进行监督检查。检查的内容和重点应根据统计法律、规定和统计制度实施的情况具体确定。

金融机构统计部门在中国人民银行同级统计部门的组织指导下，监督检查本系统统计工作，以及统计法律、规定、制度的执行情况。

任何人不得干扰和妨碍统计人员执法检查和做出检查结论。

第三十三条 中国人民银行统计部门应配备熟悉相关法律、规定、制度和统计业务的专职或兼职统计检查员。

第三十四条 统计检查员在规定的职责范围内行使统计检查权。

第三十五条 统计检查部门和统计检查员有权对被检查机构使用的统计资料及其数据来源进行检查和监督。统计检查员按规定有权向被检查金融机构发出《统计检查查询书》。被检查金融机构在接到《统计检查查询书》15 日内应据实答复。

第三十六条 统计检查可以对会计报表、与统计有关的其他业务报表及有关台账和原始凭证等进行核对。

第七章 奖励与惩罚

第三十七条 中国人民银行和各金融机构定期分别对本系统金融统计工作进行评比，中国人民银行定期对金融系统统计工作进行评比。中国人民银行和各金融机构根据有关规定对有下列表现之一的金融统计人员或者集体，分别给予嘉奖、记功、记大功、晋级、升职，授予荣誉称号，并可给予一定的奖励，奖励费用按照有关规定在有关经费中开支。

(一)在改革和完善金融统计制度、统计方法等方面，有突出贡献的；

(二)在完成金融统计调查任务，保障统计资料的及时性、准确性方面，做出显著成绩的；

(三)在进行金融统计分析、统计监督方面有创新，取得重要成果的；

(四)在运用和推广现代化统计信息技术方面，有显著成绩的；

(五)在强化统计教育和统计专业培训、进行统计科学研究，提高统计科学水平方面，做出重要贡献的；

(六)坚持实事求是，依法办事，同违反统计法律、规定、制度的行为作斗争，表现突出的；

(七)揭发、检举统计违法行为有功的。

第三十八条 金融机构统计及相关部门和人员，有下列行为之一者，由中国人民银行地(市)级(含地、市)以上机构和有关部门对该金融机构给予警告并处以 3 万元以下罚款；对金融机构直接负责的高级管理人员、其他直接负责的主管人员和直接责任人员，由所在金融机构或者上级金融机构给予警告、严重警告、记过、记大过、降级的纪律处分。中国人民银行统计及相关部门的工作人员有下列行为之一者，由所在单位或上级单位给予警告、严重警告、记过、记大过、降级的纪律处分。

(一)虚报、瞒报金融统计资料的；

(二)伪造、篡改金融统计资料的；

(三)拒报或者屡次迟报金融统计资料的；

(四)违反本规定，未经批准，自行编制发布金融统计调查表，造成恶劣影响的；

(五)违反本规定有关保密条款和《金融工作中国家秘密及其密级具体范围规定》，超越权限，自行公布金融统计资料造成严重后果的；

(六)强迫和授意统计部门和统计人员在统计数据上弄虚作假的；

(七)对坚持原则实报统计数据或检举揭发统计违法、违规行为人员进行刁难、打击报复的；

(八)在接受统计检查时，拒绝提供情况、提供虚假情况或者转移、隐匿、毁弃原始统计记录、统计台账、统计报表以及与统计有关的其他资料造成重大损害的；

(九)使用暴力或者威胁的手段阻挠、抗拒统计检查的；

(十)中国人民银行总行、分行、营业管理部、省会(首府)城市中心支行依法认定的其他行为。

第三十九条 严重违反本规定的各金融机构统计及相关部门和人员，有下列行为之一者，由中国人民银行地(市)级(不含地、市)以上机构依据《金融违法行为处罚办法》第十二条对该金融机构给予警告，并处以 10 万元以上 50 万元以下罚款，情节严重的，责令该金融机构停业整顿或者吊销经营金融业务许可证；对金融机构直接负责的高级管理人员、其他直接负责的主管人员和直接责任人员，由所在金融机构或者上级金融机构给予记大过直至开除的纪律处分。中国人民银行统计及相关部门人员有下列行为之一者，由所在单位或上级单位给予记大过直至开除的纪律处分。

(一)虚报、瞒报、伪造、篡改金融统计资料数额较大或者占应报数额的份额较多的；

(二)虚报、瞒报、伪造、篡改金融统计资料，一年内再次发生的；

(三)虚报、瞒报、伪造、篡改金融统计资料，被责令改正而拒不改正的；

(四)虚报、瞒报、伪造、篡改金融统计资料，造成严重后果的；

(五)中国人民银行总行、分行、营业管理部、省会(首府)城市中心支行依法认定的其他行为。

第四十条 对于违反本规定，篡改金融统计资料、编造虚假数字骗取荣誉称号、物质奖励或晋升职务的，由作出有关决定的机关或其上级机关、监察机关取消其荣誉称号，追缴物质奖励和撤销晋升的职务。

第四十一条 当事人对本规定第三十八条、三十九所受处罚不服的，可依据有关法律、法规申请行政复议。当事人对行政复议决定不服的，可在接到行政复议决定书之日起15日之内向当地人民法院起诉。

第四十二条 对违反本规定构成犯罪的，提交司法机关依法追究刑事责任。

第八章 附 则

第四十三条 中国人民银行分行、营业管理部、省会(首府)城市中心支行和各金融机构，可根据本规定制定本辖区、本系统的实施细则，并报中国人民银行总行备案。

第四十四条 本规定由中国人民银行总行负责解释。

第四十五条 本规定自2002年12月15日起施行。1995年12月3日发布的《金融统计管理规定》同时废止。

金融机构反洗钱规定

第一条 为防止违法犯罪分子利用金融机构从事洗钱活动，维护金融安全，根据《中华人民共和国中国人民银行法》和其他法律、行政法规的规定，制定本规定。

第二条 金融机构开展反洗钱工作，适用本规定。

本规定所称金融机构，是指在中华人民共和国境内依法设立和经营金融业务的机构，包括政策性银行、商业银行、信用合作社、邮政储汇机构、财务公司、信托投资公司、金融租赁公司和外资金融机构等。

第三条 本规定所称洗钱，是指将毒品犯罪、黑社会性质的组织犯罪、恐怖活动犯罪、走私犯罪或者其他犯罪的违法所得及其产生的收益，通过各种手段掩饰、隐瞒其来源和性质，使其在形式上合法化的行为。

第四条 金融机构及其工作人员应当依照本规定认真履行反洗钱义务，审慎地识别可疑交易，不得从事不正当竞争妨碍反洗钱义务的履行。

第五条 金融机构及其工作人员应当保守反洗钱工作秘密，不得违反规定将有关反洗钱工作信息泄露给客户和其他人员。

第六条 金融机构应当依法协助、配合司法机关和行政执法机关打击洗钱活动，依照法律、行政法规等有关规定协助司法机关、海关、税务等部门查询、冻结、扣划客户存款。

中资金融机构的境外分支机构应当遵循驻在国家或地区反洗钱方面的法律规定，依法协助配合驻在国家或地区反洗钱部门的工作。

第七条 中国人民银行是金融机构反洗钱工作的监督管理机关。

中国人民银行设立金融机构反洗钱工作领导小组，履行下列职责：

(一)统一监管、协调金融机构反洗钱工作；(二)研究和制定金融机构的反洗钱战略、规划和政策，制定反洗钱工作制度，制定大额和可疑人民币资金交易报告制度；(三)建立支付交易监测系统，对支付交易进行监测；(四)研究金融机构反洗钱工作的重大疑难问题，提出解决方案与对策；(五)参与反洗钱国际合作，指导金融机构反洗钱工作的对外合作交流；(六)其他应由中国人民银行履行的反洗钱监管职责。

国家外汇管理局负责对大额、可疑外汇资金交易报告工作进行监督管理。国家外汇管理局制定大额、可疑外汇资金交易报告制度。

第八条 金融机构应当按照中国人民银行的规定，建立健全反洗钱内控制度，并报送中国人民银行备案。

第九条 金融机构应当设立专门的反洗钱工作机构或者指定其内设机构负责反洗钱工作，并配备必要的管理人员和技术人员。

金融机构应当根据实际需要，在其分支机构设立专门机构或者指定专人负责反洗钱工作，并按照分级管理的原则，对下属分支机构执行本规定和反洗钱内控制度的情况进行监督、检查。

新设金融机构或者金融机构增设分支机构应当制定有效的反洗钱措施。

第十条 金融机构应建立客户身份登记制度，审查在本机构办理存款、结算等业务的客户的身份。

金融机构不得为客户开立匿名账户或假名账户，不得为身份不明确的客户提供存款、结算等服务。

第十一条 金融机构为个人客户开立存款账户、办理结算的，应当要求其出示本人身份证件，进行核对，并登记其身份证件上的姓名和号码。代理他人在金融机构开立个人存款账户的，金融机构应当要求其出示被代理人和代理人的身份证件，进行核对，并登记被代理人和代理人的身份证件上的姓名和号码。

对不出示本人身份证件或者不使用本人身份证件上的姓名的，金融机构不得为其开立存款账户。

第十二条 金融机构为单位客户办理开户、存款、结算等业务的，应当按照中国人民银行有关规定要求其提供有效证明文件和资料，进行核对并登记。

对未按照规定提供本单位有效证明文件和资料的，金融机构不得为其办理存款、结算等业务。

第十三条 金融机构为客户提供金融服务时，发现大额交易的，应当按照有关规定向中国人民银行或者国家外汇管理局报告。

大额资金的额度标准，按照中国人民银行和国家外汇管理局有关资金交易报告的规定执行。

第十四条 金融机构为客户提供金融服务时，发现可疑交易的，应当向中国人民银行或者国家外汇管理局报告。

可疑交易的报告标准，按照中国人民银行和国家外汇管理局有关资金交易报告的规定执行。

第十五条 金融机构的分支机构应将大额、可疑资金交易情况，按照中国人民银行和国家外汇管理局有关资金交易报告程序的规定，报送中国人民银行或者国家外汇管理局当地分支机构，同时上报其上级单位。

第十六条 金融机构应对大额、可疑资金交易进行审查、分析，发现涉嫌犯罪的应当及时向当地公安部门报告。

第十七条 金融机构应当按照下列规定期限保存客户的账户资料和交易记录：

(一)账户资料，自销户之日起至少5年；(二)交易记录，自交易记账之日起至少5年。

前款所称交易记录包括账户持有人、通过该账户存入或提取的金额、交易时间、资金的来源和去向、提取资金的方式等。

账户资料和交易记录的保存按照国家有关会计档案管理的规定执行。

第十八条 中国人民银行或者国家外汇管理局经分析研究金融机构的大额和可疑交易报告，对认为涉嫌犯罪的，应当按照《行政执法机关移送涉嫌犯罪案件的规定》规定的程序将报告等资料移送司法机关，并不得对金融机构客户和其他人员泄漏报告的内容。

第十九条 中国人民银行负责指导和组织金融机构反洗钱培训工作。

金融机构应当开展对其客户的反洗钱宣传工作，并对其工作人员进行反洗钱培训，使其掌握有关反洗钱的法律、行政法规和规章的规定，增强反洗钱工作能力。

第二十条 金融机构违反本规定，有下列行为之一的，由中国人民银行责令限期改正，给予警告；逾期不改正的，可以处以3万元以下罚款；情节严重的，可以取消其直接负责的高级管理人员的任职资格：

(一)未按照规定建立反洗钱内控制度的；(二)未按照规定设立专门机构或者指定专门机构负责反洗钱工作的；(三)未按照规定要求单位客户提供有效证明文件和资料，进行核对并登记的；(四)未按照规定保存客户的账户资料和交易记录的；(五)违反规定将反洗钱工作信息泄露给客户和其他人员的；(六)未按照规定报告大额交易或者可疑交易的。

第二十一条 经营外汇业务的金融机构，对大额购汇、频繁购汇、存取大额外币现钞等异常情况不及时报告的，依照《金融违法行为处罚办法》第二十五条的规定处罚。

第二十二条 金融机构在开展业务过程中，违反有关法律、行政法规，从事不正当竞争，损害反洗钱义务的履行的，依照《金融违法行为处罚办法》的有关规定处罚，对该金融机构直接责任人员给予纪律处分，情节严重的，取消其直接负责的高级管理人员的任职资格。

第二十三条 金融机构为不出示本人身份证件或者不使用本人身份证件上姓名的个人客户开立账户的，由中国人民银行给予该金融机构警告，可以处1000元以上5000元以下罚款。情节严重的，取消该金融机构直接负责的高级管理人员的任职资格。

第二十四条 中国银行业协会、中国财务公司协会以及其他金融业行业自律组织可以根据本规定制定行业反洗钱工作指引。

第二十五条 本规定自2003年3月1日起施行。

金融机构大额和可疑外汇资金交易报告管理办法

第一条 为监测大额和可疑外汇资金交易，规范外汇资金交易报告行为，根据《中华人民共和国外汇管理条例》等有关规定，制定本办法。

第二条 境内经营外汇业务的金融机构（以下简称金融机构）应当按照本办法规定，向国家外汇管理部门报告大额和可疑外汇交易情况。

大额外汇资金交易，系指交易主体通过金融机构以各种结算方式发生的规定金额以上的外汇交易行为。

可疑外汇资金交易，系指外汇交易的金额、频率、来源、流向和用途等有异常特征的交易行为。

第三条 国家外汇管理局及其分支局（以下简称外汇局）负责大额和可疑外汇资金交易报告工作的监督和管理。

第四条 金融机构为客户开立外汇账户，应当遵守《个人存款账户实名制规定》和《境内外汇账户管理规定》，不得为客户设立匿名外汇账户或明显以假名开立外汇账户。

金融机构为客户办理外汇业务应当核对其真实身份信息，主要包括单位名称、法定代表人或负责人姓名、身份证件及其号码、开户的证明文件、组织机构代码、住所、注册资本、经营范围、经营规模、账户的日平均收付发生额等信息和个人银行账户存款人的姓名、身份证件及其号码、住所、职业、经济收入、家庭状况等信息。

第五条 金融机构应当将所有大额和可疑外汇资金交易记录，自交易日起至少保存5年。

第六条 金融机构应当建立和完善内部反洗钱工作岗位责任制，制定内部反洗钱工作操作程序，明确专人负责对大额和可疑外汇资金交易进行记录、分析和报告。

第七条 金融机构不得向任何单位或个人泄露大额和可疑外汇资金交易信息，但法律另有规定的除外。

第八条 下列外汇交易属于大额外汇资金交易：

（一）当日存、取、结售汇外币现金单笔或累计等值1万美元以上。

（二）以转账、票据或银行卡、电话银行、网上银行等电子交易以及其他新型金融工具等进行外汇非现金资金收付交易，其中，个人当天单笔或累计等值外汇10万美元以上，企业当天单笔或累计等值外汇50万美元以上。

第九条 下列外汇交易属于可疑外汇现金交易：

（一）居民个人银行卡、储蓄账户频繁存、取大量外币现金，与持卡人（储户）身份或资金用途明显不符的；（二）居民个人在境内将大量外币现金存入银行卡，在境外进行大量资金划转或提取现金的；（三）居民个人通过现汇账户在国家外汇管理局审核标准以下频繁入账、提现或结汇的；（四）非居民个人频繁携带大量外币现金入境存入银行后，要求银行开旅行支票或汇票带出的；（五）非居民个人银行卡频繁存入大量外币现金的；（六）企业外汇账户中频繁有大量外币现金收付，与其经营活动不相符的；（七）企业外汇账户没有提取大量外币现金，却有规律地存入大量外币现金的；（八）企业频繁发生以现金方式收取出口货款，与其经营范围、规模明显不符的；（九）企业用于境外投资的购汇人民币资金大部分为现金或从非本单位银行账户转入的；（十）外商投资企业利润汇出的购汇人民币资金大部分为现金或从其他单位银行账户转入的；（十一）外商投资企业以外币现金方式进行投资的。

第十条 下列外汇交易属于可疑外汇非现金交易：（一）居民个人外汇账户频繁收到境内非同名账户划转款项的；（二）居民个人频繁收到从境外汇入的大量外汇再集中原币种汇出，或集中从境外汇入大量外汇再频繁多笔原币种汇出的；（三）非居民个人外汇账户频繁收到境外大量汇款，特别是从生产、贩卖毒品问题严重的国家（地区）汇入款项的；（四）居民、非居民个人外汇账户有规律出现大额资金进账，第二日分笔取出，然后又有大额资金补充，次日又分笔取出的；（五）企业通过其外汇账户频繁大量发生在外汇局审核标准以下的对外支付进口预付货款、贸易项下佣金等；（六）企业通过其外汇账户频繁大量发生以票汇（支票、汇票、本票等）方式结算的出口收汇的；（七）企业一些休眠外汇账户或平常资金流量小的外汇账户突然有异常外汇资金流入，并且外汇资金流量短期内逐渐放大的；（八）企业通过其外汇账户频繁发生大量资金往来，与其经营性质、规模不相符的；（九）企业外汇账户频繁发生大量资金收付，持续一段时间后，账户突然停止收付；（十）企业外汇账户资金流动以千位或万位为单位的整数资金往来频繁；（十一）企业外汇账户资金快进快出，当天发生额很大，但账户余额很小或不保留余额；（十二）企业外汇账户在短时间内收到多笔小额电汇或使用支票、汇票存款后，将大部分存款汇出境外；（十三）境内企业以境外法人或自然人名义开立离岸账户，且资金呈有规律流动；（十四）企业从一个离岸账户汇款给多个境内居民，并以捐赠等名义结汇，其资金的划转和结汇均由一人或少数人操作的；（十五）外商投资企业年利润汇出大幅超出原投入股本或明显与其经营状况不符；（十六）外商投资企业在收到投资款后，在短期内将资金迅速转到境外，与其生产经营支付需求不符；（十七）与走私、贩毒、恐怖活动等犯罪严重地区的金融机构附属公司或关联公司进行对销存款或贷款交易；（十八）证券经营机构指令银行划出与交易、清算无关外汇资金的；（十九）经营B股业务的证券经营机构通过银行频繁大量拆借外汇资金的；（二十）保险机构通过银行频繁大量对同一家境外投保人发生赔付或退保行为。

第十一条 金融机构对本办法第八条、第九条和第十条所规定情形的大额或可疑外汇资金交易行为须按月以纸质文件、电子文件形式同时上报。

第十二条 金融机构应当对符合下列情形的外汇现金交易进行核查，发现涉嫌洗钱的，应及时以纸质文件上报并附相关附件。

（一）外汇账户的支出金额与当日或前一日的现金存款额基本吻合；（二）将多笔外汇或人民币现金分别存入他人外币储蓄账户，同一账户所有人同时收取相应数额的人民币或外汇；（三）企业频繁使用大量人民币现钞购汇。

第十三条 金融机构应当对符合下列情形的外汇非现金交易进行核查，发现涉嫌洗钱的，应及时以纸质文件上报并附相关附件。

（一）居民个人办理个人实盘买卖业务时，频繁转换币种，明显不谋求盈利的；（二）居民个人外汇账户频繁收到境外汇入的外汇后，要求银行开旅行支票或汇票的；（三）非居民个人外汇账户频繁作出订购或兑现大量旅行支票或汇票的；（四）企业在开立外汇账户时多次拒绝向银行提供有关开户所需的证明文件或不愿提供一般信息的；（五）企业集团内部外汇资金往来划转超出实际业务交易金额的；（六）企业结、售汇单证不全，结、售汇金额突然增大，结、售汇频率加快或者结、售汇金额明显超过其正常经营水平的；（七）企业在银行办理出口入账手续时，无有效商业单据却频繁领取结汇水单（核销专用联），或拒绝提供有效商业单据而频繁领取结汇水单（核销专用联）的；（八）企业频繁、大量发生捐赠、广告、会展等收汇、结汇及付汇，与其业务范围明显不符的；（九）企业频繁、大量发生买卖专有技术、商标权等无形资产项下的收汇、结汇及付汇，与其业务经营明显不符的；（十）企业支付的运保费及佣金明显与其进出口贸易不符的；（十一）企业经常存入旅行支票及外币汇票存款，特别是此类支票及汇票是境外开具，与其经营状况不符的；（十二）企业突然还清逾期外汇贷款，而款项来源不明或与客户背景不相符的；（十三）企业申请以其机构或第三者拥有的资产或信用作为贷款的担保，而这些资产来源不明或与客户背景不相符的；（十四）利用无贸易背景信用证或其他方式在境外融资的；（十五）企业在办理外汇买卖业务时，在明知有损失的情况下，仍坚持办理的；（十六）企业要求进行本外币间的掉期业务，而其资金的来源和用途不明的；（十七）外商投资企业外方投入资本金数额超过批准金额或借入的直接外债，从无关联企业的第三国汇入；（十八）外商投资企业外方投入资本金或借入外债结汇的人民币转入证券等投资领域的银行账户，与其经营状况不符；（十九）金融机构外汇现金账户收、付金额与外汇存款规模明显不符，或波动明显超过外汇存款的变化幅度；（二十）金融机构系统内外汇资金往来账户收支与日常业务经营状况明显不符；（二十一）金融机构同业往来账户，在岸与离岸业务往来账户，与境外分支机构的往来账户收付情况与日常业务经营状况明显不符；（二十二）金融机构与其关联企业的外汇信贷、结算业务在短期内急剧增加或减少的；（二十三）金融机构以大额外币现金投保的；（二十四）银行等金融机构职员以合理理由怀疑的任何外汇资金交易。

第十四条 金融机构设在省会、自治区首府、直辖市的一级分支机构为主报告机构，省会、自治区首府、直辖市没有一级分支机构的，由金融机构总部指定主报告机构。

金融机构各分支机构应于每月初5个工作日内汇总上月大额和可疑外汇资金交易情况，逐级上报至主报告机构。同时报送外汇局当地分支局。

各主报告机构应于每月15日前汇总各省、自治区、直辖市内上月大额和可疑外汇资金交易情况，报所在地的国家外汇管理局省、自治区、直辖市分局。

各金融机构总部应于每月5日前将自身发生的上月大额和可疑外汇资金交易情况报外汇局当地分支局。

第十五条 金融机构对大额和可疑外汇资金交易进行审核、分析，发现涉嫌犯罪的，应于发现之日起3个工作日内报当地公安部门并报送外汇局分支局。

第十六条 国家外汇管理局省、自治区、直辖市分局将金融机构上报的大额和可疑外汇资金交易汇总情况于每月20日前报告国家外汇管理局总局；对涉嫌犯罪的外汇资金交易应当及时移送当地公安部门，并上报总局。

第十七条 金融机构有下列情形之一的，由外汇局责令改正，给予警告，可以处以1万元以上3万元以下罚款：

（一）未按规定报告大额或可疑外汇资金交易的；（二）未按规定保存大额或可疑外汇资金交易记录的；（三）违反规定泄露大额或可疑外汇资金交易信息的；（四）未按规定审查开户资料为单位开立外汇账户的。

第十八条 金融机构未按规定审查开户资料为个人开立外汇账户的，由外汇局责令改正，给予警告，可以处以1000元以上5000元以下罚款。

第十九条 金融机构违反本办法，情节严重造成重大损失的，外汇局可以暂停或停止其部分或全部结售汇业务。

第二十条 金融机构工作人员违反有关规定，协助进行洗钱的，应当给予纪律处分；构成犯罪的，移交司法机关依法追究刑事责任。

第二十一条 本办法下列用语的含义如下：

"频繁"系指外汇资金交易行为每天发生3次以上或每天发生持续5天以上。

"大量"系指接近上述规定的大额外汇资金的报告标准限额的金额。

"短期"系指10个营业日以内。

"以上"、"以下"，均包括本数。

第二十二条 本办法自2003年3月1日起施行。

商业银行内部控制指引

第一章 总 则

第一条 为促进商业银行建立和健全内部控制，防范金融风险，保障银行体系安全稳健运行，依据《中华人民共和国中国人民银行法》、《中华人民共和国商业银行法》等法律规定和银行审慎监管要求，制定本指引。

第二条 内部控制是商业银行为实现经营目标，通过制定和实施一系列制度、程序和方法，对风险进行事前防范、事中控制、事后监督和纠正的动态过程和机制。

第三条 商业银行内部控制的目标：

（一）确保国家法律规定和商业银行内部规章制度的贯彻执行；

（二）确保商业银行发展战略和经营目标的全面实施和充分实现；

（三）确保风险管理体系的有效性；

（四）确保业务记录、财务信息和其他管理信息的及时、真实和完整。

第四条 商业银行内部控制应当贯彻全面、审慎、有效、独立的原则，包括：

（一）内部控制应当渗透到商业银行的各项业务过程和各个操作环节，覆盖所有的部门和岗位，并由全体人员参与，任何决策或操作均应当有案可查。

（二）内部控制应当以防范风险、审慎经营为出发点，商业银行的经营管理，尤其是设立新的机构或开办新的业务，均应当体现"内控优先"的要求。

（三）内部控制应当具有高度的权威性，任何人不得拥有不受内部控制约束的权力，内部控制存在的问题应当能够得到及时反馈和纠正。

（四）内部控制的监督、评价部门应当独立于内部控制的建设、执行部门，并有直接向董事会、监事会和高级管理层报告的渠道。

第五条 内部控制应当与商业银行的经营规模、业务范围和风险特点相适应，以合理的成本实现内部控制的目标。

第二章 内部控制的基本要求

第六条 内部控制应当包括以下要素：

（一）内部控制环境；

（二）风险识别与评估；

（三）内部控制措施；

（四）信息交流与反馈；

（五）监督评价与纠正。

第七条 商业银行应当建立良好的公司治理以及分工合理、职责明确、报告关系清晰的组织结构，为内部控制的有效性提供必要的前提条件。

第八条 商业银行董事会、监事会和高级管理层应当充分认识自身对内部控制所承担的责任。

董事会负责审批商业银行的总体经营战略和重大政策，确定商业银行可以接受的风险水平，批准各项业务的政策、制度和程序，任命高级管理层，对内部控制的有效性进行监督；董事会应当就内部控制的有效性定期与管理层进行讨论，及时审查管理层、审计机构和监管部门提供的内部控制评估报告，督促管理层落实整改措施。

高级管理层负责执行董事会批准的各项战略、政策、制度和程序，负责建立授权和责任明确、报告关系清晰的组织结构，建立识别、计量和管理风险的程序，并建立和实施健全、有效的内部控制，采取措施纠正内部控制存在的问题。

监事会在实施财务监督的同时，负责对商业银行遵守法律规定的情况以及董事会、管理层履行职责的情况进行监督，要求董事会、管理层纠正损害银行利益的行为。

第九条 商业银行应当建立科学、有效的激励约束机制，培育良好的企业精神和内部控制文化，从而创造全体员工均充分了解且能履行职责的环境。

第十条 商业银行应当设立履行风险管理职能的专门部门，制定并实施识别、计量、监测和管理风险的制度、程序和方法，以确保风险管理和经营目标的实现。

第十一条 商业银行应当建立涵盖各项业务、全行范围的风险管理系统，开发和运用风险量化评估的方法和模型，对信用风险、市场风险、流动性风险、操作风险等各类风险进行持续的监控。

第十二条 商业银行应当对各项业务制定全面、系统、成文的政策、制度和程序，并在全行范围内保持统一的业务标准和操作要求，避免因管理层的变更而影响其连续性和稳定性。

第十三条 商业银行设立新的机构或开办新的业务，应当事先制定有关的政策、制度和程序，对潜在的风险进行计量和评估，并提出风险防范措施。

第十四条 商业银行应当建立内部控制的评价制度，对内部控制的制度建设、执行情况定期进行回顾和检讨，并根据国家法律规定、银行组织结构、经营状况、市场环境的变化进行修订和完善。

第十五条 商业银行应当明确划分相关部门之间、岗位之间、上下级机构之间的职责，建立职责分离、横向与纵向相互监督制约的机制。

涉及资产、负债、财务和人员等重要事项变动均不得由一个人独自决定。

第十六条 商业银行应当根据不同的工作岗位及其性质，赋予其相应的职责和权限，各个岗位应当有正式、成文的岗位职责说明和清晰的报告关系。

关键岗位应当实行定期或不定期的人员轮换和强制休假制度。

第十七条 商业银行应当根据各分支机构和业务部门的经营管理水平、风险管理能力、地区经济环境和业务发展需要，建立相应的授权体系，实行统一法人管理和法人授权。

授权应适当、明确，并采取书面形式。

第十八条 商业银行应当利用计算机程序监控等现代化手段，锁定分支机构的业务权限，对分支机构实施有效的管理和控制。

下级机构应当严格执行上级机构的决策，在自身职责和权限范围内开展工作。

第十九条 商业银行应当建立有效的核对、监控制度，对各种账证、报表定期进行核对，对现金、有价证券等有形资产及时进行盘点，对柜台办理的业务实行复核或事后监督把关，对重要业务实行双签有效的制度，对授权、授信的执行情况进行监控。

第二十条 商业银行应当按照规定进行会计核算和业务记录，建立完整的会计、统计和业务档案，妥善保管，确保原始记录、合同契约和各种报表资料的真实、完整。

第二十一条 商业银行应当建立有效的应急制度，在各个重要部位、营业网点等发生供电中断、火灾、抢劫等紧急情况时，应急措施应当及时、有效，确保各类数据信息的安全和完整。

第二十二条 商业银行应当设立独立的法律事务部门或岗位，统一管理各类授权、授信的法律事务，制定和审查法律文本，对新业务的推出进行法律论证，确保每笔业务的合法和有效，维护银行的合法权益。

第二十三条 商业银行应当实现业务操作和管理的电子化，促进各项业务的电子数据处理系统的整合，做到业务数据的集中处理。

第二十四条 商业银行应当实现经营管理的信息化，建立贯穿各级机构、覆盖各个业务领域的数据库和管理信息系统，做到及时、准确提供经营管理所需要的各种数据，并及时、真实、准确地向中国人民银行报送监管报表资料和对外披露信息。

第二十五条 商业银行应当建立有效的信息交流和反馈机制，确保董事会、监事会、高级管理层及时了解本行的经营和风险状况，确保每一项信息均能够传递给相关的员工，各个部门和员工的有关信息均能够顺畅反馈。

第二十六条 商业银行的业务部门应当对各项业务的经营状况和例外情况进行经常性检查，及时发现内部控制存在的问题，并迅速予以纠正。

第二十七条 商业银行的内部审计部门应当有权获得商业银行的所有经营信息和管理信息，并对各个部门、岗位和各项业务实施全面的监控和评价。

第二十八条 商业银行的内部审计应当具有充分的独立性，实行全行系统的垂直管理。

下级机构内部审计负责人的聘任和解聘应当经上级机构内部审计部门同意，总行内部审计负责人的聘任和解聘应当经董事会或监事会同意。

第二十九条 商业银行应当配备充足的、业务素质高、工作能力强的内部审计人员，并建立专业培训制度，每人每年确保一定的离岗或脱产培训时间。

内部审计力量不足的，应当将审计任务委托社会中介机构进行。

第三十条 商业银行应当建立有效的内部控制报告和纠正机制，业务部门、内部审计部门和其他人员发现的内部控制的问题，均应当有畅通的报告渠道和有效的纠正措施。

第三章 授信的内部控制

第三十一条 商业银行授信内部控制的重点是：实行统一授信管理，健全客户信用风险识别与监测体系，完善授信决策与审批机制，防止对单一客户、关联企业客户和集团客户风险的高度集中，防止违反信贷原则发放关系人贷款和人情贷款，防止信贷资金违规投向高风险领域和用于违法活动。

第三十二条 商业银行应当设立独立的授信风险管理部门，对不同币种、不同客户对象、不同种类的授信进行统一管理，避免信用失控。

第三十三条 商业银行授信岗位设置应当做到分工合理、职责明确，岗位之间应当相互配合、相互制约，做到审贷分离、业务经办与会计账务处理分离。

第三十四条 商业银行应当建立有效的授信决策机制，包括设立审贷委员会，负责审批权限内的授信。

行长不得担任审贷委员会的成员。

审贷委员会审议表决应当遵循集体审议、明确发表意见、多数同意通过的原则，全部意见应当记录存档。

被审贷委员会两次否决的贷款申请半年内不得提交审贷委员会审议。

第三十五条 商业银行应当建立严格的授信风险垂直管理体制，下级机构应当服从上级机构风险管理部门的管理，严格执行各项授信风险管理政策和制度。

第三十六条 商业银行应当对授信实行统一的法人授权制度，上级机构应当根据下级机构的风险管理水平、资产质量、所处地区经济环境等因素，合理确定授信审批权限。

第三十七条 商业银行应当根据风险大小，对不同种类、期限、担保条件的授信确定不同的审批权限，审批权限应当逐步采用量化风险指标。

第三十八条 商业银行各级机构应当明确规定授信审查人、审批人之间的权限和工作程序，严格按照权限和程序审查、审批业务，不得故意绕开审查、审批人。

第三十九条 商业银行应当防止授信风险的过度集中，通过实行授信组合管理，制定在不同期限、不同行业、不同地区的授信分散化目标，及时监测和控制授信组合风险，确保总体授信风险控制在合理的范围内。

第四十条 商业银行应当对同一客户的贷款、贸易融资、票据承兑和贴现、透支、保理、担保、贷款承诺、开立信用证等各类表内外授信实行一揽子管理，确定总体授信额度。

第四十一条 商业银行应当以风险量化评估的方法和模型为基础，开发和运用统一的客户信用评级体系，作为授信客户选择和项目审批的依据，并为客户信用风险识别、监测以及制定差别化的授信政策提供基础。

第四十二条 商业银行应当对集团客户实行统一授信管理，将同一集团内各个企业的授信纳入统一的授信额度内，核定集团总的授信额度，防止借款人通过多头开户、多头贷款、多头互保套取银行资金，防止对关联企业授信的失控。

第四十三条 商业银行应当建立统一的授信操作规范，规定贷前调查、贷时审查、贷后检查各个环节的工作标准和操作要求：

（一）贷前调查应当做到实地查看，如实报告授信调查掌握的情况，不回避风险点，不因任何人的主观意志而改变调查结论；

（二）贷时审查应当做到独立审贷，客观公正，充分、准确地揭示业务风险，提出降低风险的对策；

（三）贷后检查应当做到实地查看，如实记录，及时将检查中发现的问题报告有关人员，不得隐瞒或掩饰问题。

第四十四条 商业银行应当制定统一的各类授信品种的管理办法，明确规定各项业务的办理条件，包括选项标准、期限、利率、收费、担保、审批权限、申报资料、贷后管理、内部处理程序等具体内容。

第四十五条 商业银行在批准各类授信时，应当逐笔载明办理业务的各项条件，经办部门只能在符合条件的前提下办理业务。

第四十六条 商业银行应当对借款人实施独立的尽职调查，严格执行授信审批程序，防止逆程序操作和放宽授信标准，防止发放任何形式的外部行政干预贷款和人情贷款。

第四十七条 商业银行应当严格按照信贷原则审查对关系人的授信，确保对关系人的授信条件不得优于其他借款人同类授信的条件。

在对关系人的授信调查和审批过程中，商业银行内部相关人员应当回避。

第四十八条 商业银行应当严格审查和监控借款用途，防止借款人通过贷款、贴现、办理银行承兑汇票等方式套取信贷资金，改变借款用途。

第四十九条 商业银行应当严格审查借款人资格合法性、融资背景以及申请材料的真实性和借款合同的完备性，防止借款人通过编造虚假理由、使用虚假经济合同或虚假证明文件等方式，从事金融诈骗活动。

第五十条 商业银行应当建立资产质量监测报告体系，严密监测资产质量的变化，分析不良资产形成的原因，及时制定防范和化解风险的对策。

第五十一条 商业银行应当建立贷款风险分类制度，规范贷款质量的认定标准和程序，严禁掩盖不良贷款的真实状况，确保贷款质量的真实性。

第五十二条 商业银行应当建立授信风险责任制，明确规定各个部门、岗位的风险责任：

（一）调查人员应当承担调查失误和评估失准的责任；

（二）审查和审批人员应当承担审查、审批失误的责任，并对本人签署的意见负责；

（三）贷后管理人员应当承担检查失误、清收不力的责任；

（四）放款操作人员应当对操作性风险负责；

（五）高级管理层应当对重大贷款损失承担相应的责任。

第五十三条 商业银行应当对违法、违规造成的授信风险和损失逐笔进行责任认定，并按规定对有关责任人进行处理。

第五十四条 商业银行应当建立完善的授信管理信息系统，对授信全过程进行持续监控，并确保提供真实的授信经营状况和资产质量状况信息，对授信风险与收益情况进行综合评价。

第五十五条 商业银行应当建立完善的客户管理信息系统，全面和集中掌握客户的资信水平、经营财务状况、偿债能力等信息，对客户进行分类管理，对已列入"黑名单"、有逃废债等行为的资信不良的借款人实施授信禁入。

第四章 资金业务的内部控制

第五十六条 商业银行资金业务内部控制的重点是：对资金业务对象和产品实行统一授信，实行严格的前后台职责分离，建立中台风险监控和管理制度，防止资金交易员从事越权交易，防止欺诈行为，防止因违规操作和风险识别不足导致的重大损失。

第五十七条 商业银行资金业务的组织结构应当体现权限等级和职责分离的原则，做到前台交易与后台结算分离、自营业务与代客业务分离、业务操作与风险监控分离，建立岗位之间的监督制约机制。

第五十八条 商业银行应当根据分支机构的经营管理水平，核定各个分支机构的资金业务经营权限。

对分支机构的资金业务应当定期进行检查，对异常资金交易和资金变动应当建立有效的预警和处理机制。

未经上级机构批准，下级机构不得开展任何未设权限的资金交易。

第五十九条 商业银行应当完善资金营运的内部控制，资金的调出、调入应当有真实的业务背景，严格按照授权进行操作，并及时划拨资金，登记台账。

第六十条 商业银行应当根据授信原则和资金交易对手的财务状况，确定交易对手、投资对象的授信额度和期限，并根据交易产品的特点对授信额度进行动态监控，确保所有交易控制在授信额度范围之内。

第六十一条 商业银行应当充分了解所从事资金业务的性质、风险、相关的法规和惯例，明确规定允许交易的业务品种，确定资金业务单笔、累计最大交易限额以及相应承担的单笔、累计最大交易损失限额和交易止损点。

高级管理层应当充分认识金融衍生产品的性质和风险，根据本行的风险承受水平，合理确定金融衍生产品的风险限额和相关交易参数。

第六十二条 商业银行应当建立完备的资金交易风险评估和控制系统，制定符合本行特点的风险控制政策、措施和定量指标，开发和运用量化的风险管理模型，对资金交易的收益与风险进行适时、审慎评价，确保资金业务各项风险指标控制在规定的范围内。

第六十三条 商业银行应当根据资金交易的风险程度和管理能力，就交易品种、交易金额和止损点等对资金交易员进行授权。

资金交易员上岗前应当取得相应资格。

第六十四条 商业银行应当按照市场价格计算交易头寸的市值和浮动盈亏情况，对资金交易产品的市场风险、头寸市值变动进行实时监控。

第六十五条 商业银行应当建立资金交易风险和市值的内部报告制度。

资金交易员应当向高级管理层如实汇报金融衍生产品中的或有资产、隐含风险和对冲策略等交易细节。

第六十六条 商业银行应当充分考虑到极端的市场价格变动、市场流动性降低以及主要交易对手倒闭等问题，确定市场出现大幅异常波动和可能出现最坏情况时的应对措施。

第六十七条 商业银行应当建立对资金交易员的适当的约束机制，对资金交易员实施有效管理。

资金交易员应当严格遵守交易员行为准则，在职责权限、授信额度、各项交易限额和止损点内以真实的市场价格进行交易，并严守交易信息秘密。

第六十八条 商业银行应当建立资金交易中台和后台部门对前台交易的反映和监督机制。

中台监控部门应当核对前台交易的授权交易限额、交易对手的授信额度和交易价格等，对超出授权范围内的交易应当及时向有关部门报告。

后台结算部门应当独立地进行交易结算和付款，并根据资金交易员的交易记录，在规定的时间内向交易对手逐笔确认交易事实。

第六十九条 商业银行在办理代客资金业务时，应当了解客户从事资金交易的权限和能力，向客户充分揭示有关风险，获取必要的履约保证，明确在市场变化情况下客户违约的处理办法和措施。

第七十条 商业银行资金业务新产品的开发和经营应当经过高级管理层授权批准，在风险控制制度和操作规程完备、人员合格和设备齐全的情况下，交易部门才能全面开展新产品的交易。

第七十一条 商业银行应当建立资金业务的风险责任制，明确规定各个部门、岗位的风险责任：

（一）前台资金交易员应当承担越权交易和虚假交易的责任，并对未执行止损规定形成的损失负责；

（二）中台监控人员应当承担对资金交易员越权交易报告的责任，并对风险报告失准和监控不力负责；

（三）后台结算人员应当对结算的操作性风险负责；

（四）高级管理层应当对资金交易出现的重大损失承担相应的责任。

第五章　存款及柜台业务的内部控制

第七十二条 商业银行存款及柜台业务内部控制的重点是：对基层营业网点、要害部位和重点岗位实施有效监控，严格执行账户管理、会计核算制度和各项操作规程，防止内部操作风险和违规经营行为，防止内部挪用、贪污以及洗钱、金融诈骗、逃汇、骗汇等非法活动，确保商业银行和客户资金的安全。

第七十三条 商业银行应当严格执行账户管理的有关规定，认真审核存款人身份和账户资料的真实性、完整性和合法性，对账户开立、变更和撤销的情况定期进行检查，防止存款人出租、出借账户或利用其存款账户从事违法活动。

第七十四条 商业银行应当严格管理预留签章和存款支付凭据，提高对签章、票据真伪的甄别能力，并利用计算机技术，加大预留签章管理的科技含量，防止诈骗活动。

第七十五条 商业银行应当对存款账户实施有效管理，与除储蓄存款以外的其他存款的所有人定期进行对账，并确保对账的适时有效。

第七十六条 商业银行应当对内部特种转账业务、账户异常变动等进行持续监控，发现异常情况应当进行跟踪和分析。

对异常现金存取和异常转账情况，应当采取设置标识等监控措施，必要时向有关部门报告。

第七十七条 商业银行应当对大额存单签发、大额存款支取实行分级授权和双签制度，按规定对大额款项收付进行登记和报备，确保存款等交易信息的真实、完整。

第七十八条 商业银行应当对每日营业终了的账务实施有效管理，当天的票据当天入账，对发现的错账和未提出的票据或退票，应当履行内部审批、登记手续。

第七十九条 商业银行应当严格执行"印、押、证"三分管制度，使用和保管重要业务印章的人员不得同时保管相关的业务单证，使用和管理密押、压数机的人员不得同时使用或保管相关的印章和单证。

使用和保管密押的人员应当保持相对稳定，人员变动应当经主管领导批准，并办好交接和登记手续。

人员离岗，"印、押、证"应当落锁入柜，妥善保管。

第八十条 商业银行应当对现金收付、资金划转、账户资料变更、密码更改、挂失、解挂等柜台业务，建立复核制度，确保交易的记录完整和可追溯。

柜台人员的名章、操作密码、身份识别卡等应当实行个人负责制，妥善保管，按章使用。

第八十一条 商业银行应当对现金、贵金属、重要空白凭证和有价单证实行严格的核算和管理，严格执行入库、登记、领用的手续，定期盘点查库，正确、及时处理损益。

第八十二条 商业银行应当建立会计、储蓄事后监督制度，配置专人负责事后监督，实现业务与监督在空间与人员上的分离。

第八十三条 商业银行应当认真遵循"了解你的客户"的原则，注意审查客户资金来源的真实性和合法性，提高对可疑交易的鉴别能力，如发现可疑交易，应当逐级上报，防止犯罪分子进行洗钱活动。

第八十四条 商业银行应当严格执行营业机构重要岗位的请假、轮岗制度，逐步推行离岗审计制度。

对要害部门和重点岗位应当实施有效管理，对非营业时间进入营业场所、电脑延长开机时间等应当办理审批、登记手续。

第六章　中间业务的内部控制

第八十五条 商业银行中间业务内部控制的重点是：开展中间业务应当取得有关主管部门核准的机构资质、人员从业资格和内部的业务授权，建立并落实相关的规章制度和操作规程，按委托人指令办理业务，防范或有负债风险。

第八十六条 商业银行办理支付结算业务，应当根据有关法律规定的要求，对持票人提交的票据或结算凭证进行审查，并确认委托人收、付款指令的正确性和有效性，按指定的方式、时间和账户办理资金划转手续。

第八十七条 商业银行办理结汇、售汇和付汇业务，应当对业务的审批、操作和会计记录实行恰当的职责分离，并严格执行内部管理和检查制度，确保结汇、售汇和收付汇业务的合规性。

第八十八条 商业银行办理代理业务，应当设立专户核算代理资金，完善代理资金的拨付、回收、核对等手续，防止代理资金被挤占挪用，确保专款专用。

第八十九条 商业银行应当对代理资金支付进行审查和管理，按照代理协议的约定办理资金划转手续，遵循银行不垫款的原则，不介入委托人与其他人的交易纠纷。

第九十条 商业银行应当严格按照会计制度正确核算和确认各项代理业务收入，坚持收支两条线，防止代理收入被截留或挪用。

第九十一条 商业银行发行借记卡，应当按照实名制规定开立账户。对借记卡的取款、转账、消费等支付业务，应当制定并严格执行相关的管理制度和操作规程。

第九十二条 商业银行发行贷记卡，应当在全行统一的授信管理原则下，建立客户信用评价标准和方法，对申请人相关资料的合法性、真实性和有效性进行严格审查，确定客户的信用额度，并严格按照授权进行审批。

第九十三条 商业银行应当对贷记卡持卡人的透支行为建立有效的监控机制，业务处理系统应当具有实时监督、超额控制和异常交易止付等功能。

商业银行应当定期与贷记卡持卡人对账，严格管理透支款项，切实防范恶意透支等风险。

第九十四条 商业银行受理银行卡存取款或转账业务，应当对银行卡资金交易设置必要的监控措施，防止持卡人利用银行卡进行违法活动。

第九十五条 商业银行发卡机构应当建立和健全内部管理机制，完善重要凭证、银行卡卡片、客户密码、止付名单、技术档案等重要资料的传递与存放管理，确保交接手续的严密。

第九十六条 商业银行应当对银行卡特约商户实施有效管理，规范相关的操作规程和处理手续，对特约商户的经营风险或操作过失应当制定相应的应急和防范措施。

第九十七条 商业银行从事基金托管业务，应当在人事、行政和财务上独立于基金管理人，双方的管理人员不得相互兼职。

第九十八条 商业银行应当以诚实信用、勤勉尽责的原则保管基金资产，严格履行基金托管人的职责，确保基金资产的安全，并承担为客户保密的责任。

第九十九条 商业银行应当确保基金托管业务与基金代销业务相分离，基金托管的系统、业务资料应当与基金代销的系统、业务资料有效分离。

第一百条 商业银行应当确保托管基金资产与自营资产相分离，对不同基金独立设账，分户管理，独立核算，确保不同基金资产的相互独立。

第一百零一条 商业银行应当严格按照会计制度办理基金账务核算，正确反映资金往来活动，并定期与基金管理人等有关当事人就基金投资证券的种类、数量等进行核对。

第一百零二条 商业银行开展咨询顾问业务，应当坚持诚实信用原则，确保客户对象、业务内容的合法性和合规性，对提供给客户的信息的真实性、准确性负责，并承担为客户保密的责任。

第一百零三条 商业银行开办保管箱业务，应当在场地、设备和处理软件等方面符合国家安全标准，对用户身份进行核验确认。

对进入保管场地和开启保管箱，应当制定相应的操作规范，明确要求租用人不得在保管箱内存放违禁或危险物品，防止利用商业银行场地保管非法物品。

第七章 会计的内部控制

第一百零四条 商业银行会计内部控制的重点是：实行会计工作的统一管理，严格执行会计制度和会计操作规程，运用计算机技术实施会计内部控制，确保会计信息的真实、完整和合法，严禁设置账外账，严禁乱用会计科目，严禁编制和报送虚假会计信息。

第一百零五条 商业银行应当依据企业会计准则和国家统一的会计制度，制订并实施本行的会计规范和管理制度。

下级机构应当严格执行上级机构制定的会计规范和管理制度，确保统一的会计规范和管理制度在本行得到实施。

第一百零六条 商业银行应当确保会计工作的独立性，确保会计部门、会计人员能够依据国家统一的会计制度和本行的会计规范独立地办理会计业务，任何人不得授意、暗示、指示、强令会计部门、会计人员违法或违规办理会计业务。

对违法或违规的会计业务，会计部门、会计人员有权拒绝办理，并向上级机构报告，或者按照职权予以纠正。

第一百零七条 商业银行会计岗位设置应当实行责任分离、相互制约的原则，严禁一人兼任非相容的岗位或独自完成会计全过程的业务操作。

第一百零八条 商业银行应当明确会计部门、会计人员的权限，各级会计部门、会计人员应当在各自的权限内行事，凡超越权限的，须经授权后，方可办理。

第一百零九条 商业银行应当对会计账务处理的全过程实行监督，会计账务应当做到账账、账据、账款、账实、账表和内外账的六相符。

凡账务核对不一致的，应当按照权限进行纠正或报上级机构处理。

第一百一十条 商业银行应当对会计主管、会计负责人实行从业资格管理，建立会计人员档案。

会计主管、会计负责人和会计人员应当具有与其岗位、职位相适应的专业资格或技能。

第一百一十一条 商业银行下级机构会计主管的变动应当经上级机构会计部门同意。

会计人员调动工作或离职，应当与接管人员办清交接手续，严格执行交接程序。

第一百一十二条 商业银行应当对会计人员实行强制休假制度，联行、同城票据交换、出纳等重要会计岗位人员和会计主管还应当定期轮换，逐步推行离岗(任)审计制度。

第一百一十三条 商业银行应当实行会计差错责任人追究制度，发生重大会计差错、舞弊或案件，除对直接责任人员追究责任外，机构负责人和分管会计的负责人也应当承担相应的责任。

第一百一十四条 商业银行应当做到会计记录、账务处理的合法、真实、完整和准确，严禁伪造、变造会计凭证、会计账簿和其他会计资料，严禁提供虚假财务会计报告。

第一百一十五条 商业银行应当建立规范的信息披露制度，按照规定及时、真实、完整地披露会计、财务信息，满足股东、监管当局和社会公众对其信息的需求。

第一百一十六条 商业银行应当完善会计档案管理，严格执行会计档案查阅手续，防止会计档案被替换、更改、毁损、散失和泄密。

第八章 计算机信息系统的内部控制

第一百一十七条 商业银行计算机信息系统内部控制的重点是：严格划分计算机信息系统开发部门、管理部门与应用部门的职责，建立和健全计算机信息系统风险防范的制度，确保计算机信息系统设备、数据、系统运行和系统环境的安全。

第一百一十八条 商业银行应当明确计算机信息系统开发人员、管理人员与操作人员的岗位职责，做到岗位之间的相互制约，各岗位之间不得相互兼任。

各级机构应当配备计算机安全管理人员，明确计算机安全管理人员的职责。

第一百一十九条 商业银行应当对计算机信息系统的项目立项、开发、验收、运行和维护整个过程实施有效管理，开发环境应当与生产环境严格分离。

技术部门与业务部门之间应当进行沟通协调，确保系统的整体安全。

第一百二十条 商业银行购买计算机软、硬件设备，应当对供应商的资格条件进行严格审查，在使用前进行试用性安全测试，明确产品供应商对产品在使用期间应当承担的责任，确保产品的正常使用和有效维护。

第一百二十一条 商业银行计算机机房建设应当符合国家的有关标准，出入计算机机房应当有严格的审批程序和出入记录，确保计算机硬件、各种存储介质的物理安全。

计算机机房和营业网点应当有完备的计算机监控系统，确保计算机终端的正常使用。

第一百二十二条 商业银行应当建立和健全网络管理系统，有效地管理网络的安全、故障、性能、配置等，并对接入国际互联网实施有效的安全管理。

第一百二十三条 商业银行应当对计算机信息系统实施有效的用户管理和密码（口令）管理，对用户的创建、变更、删除、用户口令的长度、时效等均应当有严格的控制。

员工之间严禁转让计算机信息系统的用户名或权限卡，员工离岗后应当及时更换密码和密码信息。

第一百二十四条 商业银行应当对计算机信息系统的接入建立适当的授权程序，并对接入后的操作进行安全控制。

输入计算机信息系统的数据应当核对无误，数据的修改应当经过批准并建立日志。

第一百二十五条 商业银行应当及时更新系统安全设置、病毒代码库、攻击特征码、软件补丁程序等，通过认证、加密、内容过滤、入侵监测等技术手段，不断完善安全控制措施，确保计算机信息系统的安全。

第一百二十六条　商业银行的网络设备、操作系统、数据库系统、应用程序等均应当设置必要的日志。

日志应当能够满足各类内部和外部审计的需要。

第一百二十七条　商业银行应当严格管理各类数据信息，数据的操作、数据备份介质的存放、转移和销毁等均应当有严格的管理制度。

第一百二十八条　商业银行运用计算机处理业务，应当具有可复核性和可追溯性，并为有关的审计或检查留有接口。

第一百二十九条　商业银行的电子银行服务应当具备客户身份识别、安全认证等功能，防止发生泄密事件，确保交易安全。

第一百三十条　商业银行应当尽可能利用计算机信息系统的系统设定，防范各种操作风险和违法犯罪行为。

第一百三十一条　商业银行应当建立计算机安全应急系统，制定详细的应急方案，并定期进行修订和演练。

数据备份应当做到异地存放，条件允许时，应当建立异地计算机灾难备份中心。

第九章　内部控制的监督与纠正

第一百三十二条　商业银行应当指定不同的机构或部门分别负责内部控制的建设、执行和内部控制的监督、评价。

内部控制的建设、执行部门负责设计内部控制体系，组织、督促各业务部门、分支机构建立和健全内部控制。

内部控制的监督、评价部门负责组织检查、评价内部控制的健全性和有效性，督促管理层纠正内部控制存在的问题。

第一百三十三条　商业银行应当建立内部控制的报告和信息反馈制度，业务部门、内部审计部门和其他控制人员发现内部控制的隐患和缺陷，应当及时向管理层或相关部门报告。

第一百三十四条　商业银行内部控制的监督、评价部门应当对内部控制的制度建设和执行情况定期进行检查评价，提出改进建议，对违反规定的机构和人员提出处理意见。

第一百三十五条　商业银行上级机构应当根据自身掌握的内部控制信息，对下级机构的内部控制状况定期作出评价，并将评价结果作为经营绩效考核的重要依据。

第一百三十六条　商业银行应当建立内部控制问题和缺陷的处理纠正机制，管理层应当根据内部控制的检查情况和评价结果，提出整改意见和纠正措施，并督促业务部门和分支机构落实。

第一百三十七条　商业银行应当建立内部控制的风险责任制：

（一）董事会、高级管理层应当对内部控制的有效性负责，并对内部控制失效造成的重大损失承担责任；

（二）内部审计部门应当对检查发现问题隐瞒不报、上报虚假情况或检查监督不力，承担相应的责任；

（三）业务部门和分支机构应当及时纠正内部控制存在的问题，并对出现的风险和损失承担相应的责任；

（四）高级管理层应当对违反内部控制的人员，依据法律规定、内部管理制度追究责任和予以处分，并承担处理不力的责任。

第十章　附　则

第一百三十八条　本指引适用于在中华人民共和国境内依法设立的中资、外资商业银行。

政策性银行、金融资产管理公司、邮政储蓄机构、城乡信用社、信托投资公司、企业集团财务公司、金融租赁公司等其他金融机构参照执行。

第一百三十九条　中国人民银行依据本指引对商业银行作出的内部控制评价结果是商业银行风险评估的重要内容，也是中国人民银行进行市场准入管理的重要依据。

第一百四十条　本指引由中国人民银行负责解释。

第一百四十一条　本指引自公布之日起施行。中国人民银行发布的《加强金融机构内部控制的指导原则》同时废止。

商业银行信息披露暂行办法

第一章　总　则

第一条　为加强商业银行的市场约束，规范商业银行的信息披露行为，有效维护存款人和相关利益人的合法权益，促进商业银行安全、稳健、高效运行，依据《中华人民共和国中国人民银行法》、《中华人民共和国商业银行法》等法律法规，制定本办法。

第二条　本办法适用于在中华人民共和国境内依法设立的商业银行，包括中资商业银行、外资独资银行、中外合资银行、外国银行分行。

第三条　商业银行应按照本办法规定披露信息。本办法规定为商业银行信息披露的最低要求。商业银行可在遵守本办法规定基础上自行决定披露更多信息。

上市商业银行除应遵守本办法规定披露信息外，还应遵守证券监督管理机关有关信息披露的规定。

第四条　商业银行披露信息应当遵守法律法规、国家统一的会计制度和中国人民银行的有关规定。

第五条　商业银行应遵循真实性、准确性、完整性和可比性的原则，规范地披露信息。

第六条　商业银行披露的年度财务会计报告须经获准从事金融相关审计业务的会计师事务所审计。

第七条　中国人民银行根据有关法律法规对商业银行的信息披露进行监督。

第二章　信息披露的内容

第八条　商业银行应按照本办法规定披露财务会计报告、各类风险管理状况、公司治理、年度重大事项等信息。

第九条　商业银行财务会计报告由会计报表、会计报表附注和财务情况说明书组成。

第十条　商业银行披露的会计报表应包括资产负债表、利润表（损益表）、所有者权益变动表及其他有关附表。

第十一条　商业银行应在会计报表附注中说明会计报表编制基础不符合会计核算基本前提的情况。

第十二条　商业银行应在会计报表附注中说明本行的重要会计政策和会计估计，包括：会计报表编制所依据的会计准则、会计年度、记账本位币、记账基础和计价原则；贷款的种类和范围；投资核算方法；计提各项资产减值准备的范围和方法；收入确认原则和方法；衍生金融工具的计价方法；外币业务和报表折算方法；合并会计报表的编制方法；固定资产计价和折旧方法；无形资产计价及摊销政策；长期待摊费用的摊销政策；所得税的会计处理方法等。

第十三条　商业银行应在会计报表附注中说明重要会计政策和会计估计的变更；或有事项和资产负债表日后事项；重要资产转让及其出售。

第十四条　商业银行应在会计报表附注中披露关联方交易的总量及重大关联方交易的情况。

重大关联方交易是指交易金额在3000万元以上或占商业银行净资产总额1%以上的关联方交易。

第十五条　商业银行应在会计报表附注中说明会计报表中重要项目的明细资料，包括：

（一）按存放境内、境外同业披露存放同业款项；

（二）按拆放境内、境外同业披露拆放同业款项；

（三）按信用贷款、保证贷款、抵押贷款、质押贷款分别披露贷款的期初数、期末数；

（四）按贷款风险分类的结果披露不良贷款的期初数、期末数；

（五）贷款损失准备的期初数、本期计提数、本期转回数、本期核销数、期末数；一般准备、专项准备和特种准备应分别披露；

（六）应收利息余额及变动情况；

（七）按种类披露投资的期初数、期末数；

（八）按境内、境外同业披露同业拆入款项；

（九）应付利息计提方法、余额及变动情况；

（十）银行承兑汇票、对外担保、融资保函、非融资保函、贷款承诺、开出即期信用证、开出远期信用证、金融期货、金融期权等表外项目，包括上述项目的年末余额及其他具体情况；

（十一）其他重要项目。

第十六条　商业银行应在会计报表附注中披露资本充足状况，包括风险资产总额、资本净额的数量和结构、核心资本充足率、资本充足率。

第十七条　商业银行应披露会计师事务所出具的审计报告。

第十八条　财务情况说明书应当对本行经营的基本情况、利润实现和分配情况以及对本行财务状况、经营成果有重大影响的其他事项进行说明。

第十九条 商业银行应披露下列各类风险和风险管理情况：

（一）信用风险状况。商业银行应披露信用风险管理、信用风险暴露、信贷质量和收益的情况，包括产生信用风险的业务活动、信用风险管理和控制政策、信用风险管理的组织结构和职责划分、资产风险分类的程序和方法、信用风险分布情况、信用风险集中程度、逾期贷款的账龄分析、贷款重组、资产收益率等情况。

（二）流动性风险状况。商业银行应披露能反映其流动性状况的有关指标，分析影响流动性的因素，说明本行流动性管理策略。

（三）市场风险状况。商业银行应披露因市场汇率、利率变动而产生的风险，分析汇率、利率的变化对银行盈利能力和财务状况的影响，说明本行的市场风险管理策略。

（四）操作风险状况。商业银行应披露由于内部程序、人员、系统的不完善或失误，或外部事件造成的风险，并对本行内部控制制度的完整性、合理性和有效性作出说明。

（五）其他风险状况。其他可能对本行造成严重不利影响的风险因素。

第二十条 商业银行应披露下列公司治理信息：

（一）年度内召开股东大会情况；

（二）董事会的构成及其工作情况；

（三）监事会的构成及其工作情况；

（四）高级管理层成员构成及其基本情况；

（五）银行部门与分支机构设置情况。

第二十一条 商业银行披露的本行年度重要事项，至少应包括下列内容：

（一）最大十名股东名称及报告期内变动情况；

（二）增加或减少注册资本、分立合并事项；

（三）其他有必要让公众了解的重要信息。

第二十二条 外国银行分行的信息由主报告行汇总后披露。

外国银行分行无须披露本办法规定的仅适用于法人机构的信息。

外国银行分行应将其总行所披露信息摘要译成中文后披露。

第二十三条 商业银行无须披露非关键性项目。但若遗漏或误报某个项目或信息会改变或影响信息使用者的评估或判断时，商业银行应将该项目视为关键性项目予以披露。

第三章 信息披露的管理

第二十四条 商业银行应将信息披露的内容以中文编制成年度报告，于每个会计年度终了后的四个月内披露。因特殊原因不能按时披露的，应至少提前十五日向中国人民银行申请延迟。

第二十五条 商业银行应将年度报告在公布前报送中国人民银行。

第二十六条 商业银行应确保股东及相关利益人能及时获取年度报告。

商业银行应将年度报告置放在商业银行的主要营业场所，确保公众能方便、及时地查阅。中国人民银行鼓励商业银行通过媒体向公众披露年度报告的主要信息。

第二十七条 商业银行董事会负责本行的信息披露。未设立董事会的，由行长（单位主要负责人）负责。

商业银行的董事会、行长（单位主要负责人）应当保证所披露的信息真实、准确、完整，并就其保证承担相应的法律责任。

第二十八条 对在信息披露中提供虚假的或者隐瞒重要事实的财务会计报告的商业银行及有关责任人员，按照《金融违法行为处罚办法》予以处理。

对出具虚假审计报告的会计师事务所及有关责任人员，按照《会计师事务所从事金融相关审计业务暂行办法》予以处理。

第四章 附 则

第二十九条 资产总额低于10亿元人民币或存款余额低于5亿元人民币的商业银行，可免于披露信息。中国人民银行鼓励此类商业银行按照本办法规定披露信息。

第三十条 本办法由中国人民银行负责解释。

第三十一条 本办法自公布之日起在除城市商业银行以外的商业银行范围内施行。

城市商业银行自2003年1月1日起到2006年1月1日分步施行本办法。

商业银行柜台记账式国债交易管理办法

第一章 总 则

第一条 为规范商业银行柜台记账式国债交易行为，方便投资人买卖记账式国债，维护投资人的合法权益，促进债券市场的健康发展，根据国家有关法律法规，制定本办法。

第二条 本办法所称记账式国债（以下简称债券）是指由财政部指定、经中国人民银行批准可在商业银行柜台进行交易的记账式国债。

第三条 本办法所指商业银行柜台债券交易（以下称柜台交易）是指商业银行通过其营业网点与投资人进行债券买卖，并办理托管与结算的行为。

第四条 中国人民银行商财政部后，可批准具备条件的商业银行成为柜台交易承办银行（以下简称承办银行），办理柜台交易业务。

第五条 本办法所称投资人是指通过商业银行营业网点与商业银行买卖债券的个人和单位。金融机构不得通过商业银行营业网点买卖债券。

第六条 柜台交易应遵循公平、诚信的原则。投资人自担投资风险。

第七条 柜台交易债券实行两级托管体制。中央国债登记结算有限责任公司（以下简称中央结算公司）为中国人民银行指定的债券一级托管人。承办银行为债券二级托管人。

债券托管账户采用实名制。

第八条 中央结算公司应依据本办法制定债券柜台交易业务规则并规范相关数据交换。

第九条 中国人民银行是柜台交易的主管部门。中国人民银行分支机构对辖内承办银行的柜台交易进行日常监督。

第二章 承办银行

第十条 申请成为承办银行的商业银行应具备以下条件：

（一）具备统一、安全、稳定的计算机业务处理系统；

（二）有健全的内部管理制度和风险防范机制；

（三）有专门负责柜台交易的业务部门和合格的专职人员；

（四）在全国银行间债券市场交易活跃，申请前二年债券业务量排名靠前；

（五）申请前连续三年为国债承销团成员；

（六）申请前二年在全国银行间债券市场无重大违规记录；

（七）中国人民银行要求的其他条件。

第十一条 申请成为承办银行的商业银行应向中国人民银行提交下列材料：

（一）申请书；

（二）柜台交易的业务方案；

（三）负责柜台交易的机构设置和人员配备计划；

（四）根据本办法拟定的柜台交易内部管理制度和实施细则；

（五）计算机业务处理系统现状和债券柜台交易业务处理系统开发计划；

（六）中国人民银行要求报送的其他有关材料。

第十二条 承办银行省级分行开办柜台交易应经中国人民银行商财政部后核准。

承办银行确定开办柜台交易的营业网点后，应将营业网点名单报中国人民银行当地分支机构、当地财政部门备案，并通过中国债券信息网和有关媒体向社会公布。

第十三条 承办银行应将柜台业务与在全国银行间债券市场进行的债券业务分开办理，其经办部门、业务人员、账户管理均应分开，不得混合管理与操作。

第十四条 承办银行可办理以下业务：

（一）以买卖双边报价、自营方式与投资人进行债券买卖；

（二）为投资人开立债券托管账户，办理债券的托管、结算及相关业务；

（三）通过营业网点发售债券和代理兑付债券本息；

(四)为投资人办理债券质押登记。

第十五条 承办银行的权利:

(一)要求投资人提交真实有效的身份证明文件;

(二)在规定的债券买卖价差幅度内,自主确定柜台交易的买价和卖价。

第十六条 承办银行的义务:

(一)为投资人开立与维护账户、提供账户查询及有关信息和咨询服务;

(二)按本办法规定公布柜台交易报价;

(三)为投资人准确、连续地记载其债券买卖情况及余额,并按规定的数据种类和格式逐日向中央结算公司传送柜台交易数据;

(四)为投资人保守账户秘密;

(五)向中国人民银行报告柜台交易情况,重大事项同时报告中国人民银行和财政部。

第三章　交易和结算

第十七条 柜台交易应通过承办银行柜台交易业务处理系统(简称交易系统)进行。

第十八条 柜台交易营业日为每周一至周五,法定节假日除外。承办银行未经中国人民银行核准,不得停止柜台交易。

第十九条 投资人应以真实身份开立债券托管账户,按照承办银行的要求开立或指定与之对应的资金账户。

第二十条 投资人在买卖债券时,应向承办银行提交书面的指令。承办银行应在其交易系统中保留完整的指令记录,并按投资人的要求提供书面的交割记录。

第二十一条 承办银行买入、卖出的双边报价价差幅度不得超过规定的价差幅度。买卖价差幅度由中国人民银行和财政部根据市场情况商承办银行后确定和调整。

第二十二条 柜台交易营业时间内,承办银行应在其开办柜台交易的营业网点挂出全行统一的债券买卖价格及供投资人参考的到期收益率,并同时向社会公布;承办银行不得擅自不挂牌价。承办银行可根据市场情况自行调整债券买卖价格。

第二十三条 承办银行应在所有办理柜台交易的营业网点的明显位置标有以下声明:"本行根据市场变化制定债券买卖价格,投资人自担风险"。

第二十四条 投资人卖出债券,承办银行应按所公布的价格买入。投资人买入债券,承办银行应按所公布价格卖出;如果出现某种债券临时不足,承办银行可暂停该债券的卖出交易,但应在中国人民银行备案,并于两个工作日内补充债券,恢复卖出交易。

第二十五条 柜台交易债券报价单位为百元,交易单位为百元。资金清算单位为元,保留两位小数。

第二十六条 柜台交易实行债券和资金的实时交割结算。承办银行应及时为投资人办理资金清算和债券结算,并于交易结束后,按照规定向中央结算公司发送有关数据及结算指令。

中央结算公司应依据承办银行发送的有关数据及结算指令,在次日柜台交易业务发生前完成承办银行自营账户与代理总账户间的债券结算。

第四章　债券托管与兑付

第二十七条 中央结算公司应为承办银行开立债券自营账户和代理总账户,分账记载承办银行自有债券和其托管客户拥有的债券。中央结算公司对一级托管账务的真实性、准确性、完整性和安全性负责。

第二十八条 承办银行应为投资人开立债券托管账户,用于记载投资人拥有的债券。经过中央结算公司核查后,承办银行所记载的二级托管账户余额为投资人拥有的债券数额。承办银行应对二级托管账户的真实性、准确性、完整性和安全性负责。

第二十九条 承办银行和中央结算公司可收取与债券托管业务相关的服务费用。

第三十条 承办银行应严格区分自有债券和投资人托管的债券,不得挪用投资人的债券。

第三十一条 投资人可在承办银行之间办理债券转托管。

第三十二条 发行人应于债券付息日或到期日前不少于一个工作日将债券兑付利息或本金划至中央结算公司指定的资金账户;中央结算公司收到上述款项后应提前一个工作日向承办银行划付;承办银行应于付息日或兑付日一次足额将该资金划入投资人的资金账户。

第五章　查询与监督

第三十三条 承办银行应建立柜台交易账务查询系统;中央结算公司应建立账务复核查询系统。

投资人可向承办银行查询其债券买卖发生额及托管余额情况,也可通过中央结算公司的账务复核查询系统核对债券托管余额;有疑问的,可先向承办银行提出质询,未能得到解决的,可向中国人民银行当地分支机构反映。

第三十四条 承办银行应按规定将柜台交易数据传送至中央结算公司,中央结算公司应根据承办银行提供的柜台交易数据,对其有关账务进行复核。发现数据有误,应及时与承办银行核对;如在次日柜台业务发生前无法核对完毕的,可在报经中国人民银行同意后,暂停该承办银行部分或全部交易。

第三十五条 中央结算公司应将承办银行提供的柜台交易报价行情等信息,及时通过中国债券信息网和中国人民银行指定的其他媒体向社会公布。

第三十六条 经中国人民银行授权,中央结算公司可对承办银行的二级托管账务进行核查。

第三十七条 承办银行和中央结算公司应定期向中国人民银行报告柜台交易有关情况,并接受中国人民银行的检查与监督。

第六章　罚　则

第三十八条 商业银行有下列行为之一的,由中国人民银行视情节轻重给予通报、警告,暂停或取消其柜台交易资格的处理,并可处三万元人民币以下的罚款;对直接负责的主管人员和直接责任人员由其主管部门给予纪律处分;违反中国人民银行有关金融机构高级管理人员任职资格管理办法的,按其规定处理:

(一)未经批准从事柜台交易业务;

(二)不按规定公布买卖双边价格;

(三)卖空债券;

(四)未通过交易系统办理柜台交易业务;

(五)不按所报价格满足投资人的买卖要求;

(六)无正当理由暂停交易;

(七)挪用投资人债券;

(八)伪造债券账务记录;

(九)不按规定为投资人办理转托管;

(十)出具虚假债券托管证明;

(十一)泄露投资人账户秘密;

(十二)其他违反本办法的行为。

第三十九条 中央结算公司有下列行为之一的,由中国人民银行给予通报、警告,并可处三万元人民币以下的罚款;对直接负责的主管人员和直接责任人员由其主管部门给予纪律处分:

(一)工作失职,给承办银行和投资人造成严重损失;

(二)发布虚假信息或泄露非公开信息;

(三)误导投资人并造成损失;

(四)为承办银行恶意操纵市场和各种违规行为提供便利;

(五)泄露承办银行和投资人秘密;

(六)其他违反本办法的行为。

第七章　附　则

第四十条 本办法由中国人民银行负责解释。

第四十一条 本办法自颁布之日起施行。

商业银行设立同城营业网点管理办法

第一条 为规范商业银行设立同城营业网点的管理,根据《中华人民共和国商业银行法》、《中华人民共和国外资金融机构管理条例》等法律、法规,制定本办法。

第二条 本办法所称"商业银行"是指国有独资商业银行、股份制商业银行、城市商业银行、外国银行分行、外资独资银行、中外合资银行。

第三条 本办法所称"同城营业网点"是指商业银行在中国境内同一城市行政区划内设立的分行以下(不含分行)提供金融服务的营业性支行(以下简称同城支行)、自助银行设施(以下简称自助银行)。

自助银行是指商业银行在营业场所以外设立的自动取款机(ATM)、自动存款机(CDM)等通过计算机、通信等科技手段提供存款、贷款、取款、转账、货币兑换和查询等金融服务的自助设施。自助银行包括具有独立营业场所、提供上述金融业务的自助银行和不具有独立营业场所、仅提供取款、转账、查询服务的自动取款机(ATM)两类。

第四条 中国人民银行按下列原则审批同城营业网点:

(一)合理布局、适度竞争。

(二)与当地银行业发展水平和经营状况相适应。

(三)满足当地社区对银行服务的需求。

第五条 商业银行设立同城支行应当具备下列条件:

(一)在当地设有分行(或视同分行管理的机构)以上的机构且正式营业一年以上,资产质量良好。

(二)当地已设立的分支行具有较强的内部控制能力,最近一年无重大违法、违规行为,或因内部管理混乱导致的重大案件。

(三)具有合格的高级管理人员和从业人员。

商业银行聘任的高级管理人员应符合中国人民银行规定的任职资格要求,每家同城支行应至少配备二名高级管理人员。

(四)具有合格的营业场所、安全防范措施和与业务有关的其他设施。

(五)中国人民银行规定的其他条件。

第六条 设立同城支行的营运资金不得低于人民币一千万元或等值的自由兑换货币。

设立同城支行的营运资金由商业银行总行或分行拨付。由总行拨付营运资金的,拨付金额应在总行可拨付资本金之内,即总行资本金总额的百分之六十之内;由分行拨付营运资金的,拨付给同城支行的营运资金累计不得超过分行营运资金的百分之六十。

外国银行分行拨付给同城支行的营运资金累计不得超过分行可运用营运资金的百分之六十。可运用营运资金是指扣除百分之三十的生息资产之后剩余的资金。

第七条 设立同城支行的申请人可以是商业银行总行或经总行授权的分行(以下简称申请人)。

第八条 同城营业网点由中国人民银行分行(营业管理部)或中国人民银行分行(营业管理部)授权的中国人民银行中心支行审批(以下简称中国人民银行审批行)。

第九条 设立同城营业支行应当经过筹建和开业两个阶段。

第十条 申请筹建同城支行时,申请人应当向中国人民银行审批行提交下列资料:

(一)商业银行总行的批准文件。

(二)筹建申请报告。申请报告应当载明拟设立的商业银行同城支行的名称、所在地、营运资金金额、业务范围等。

(三)可行性研究报告。可行性研究报告应包括申请人的基本情况、对拟设机构市场前景的分析、拟设机构未来业务的发展规划、拟设机构的组织管理架构等内容。

(四)申请人最近一年的财务报告。

(五)筹建人员名单及主要负责人简历。

(六)最近一年新设机构的经营管理情况。

(七)中国人民银行要求提交的其他文件、资料。

第十一条 中国人民银行审批行应当自收到完整的筹建申请资料之日起三个月内以书面形式答复申请人。申请未获批准的,申请人自接到中国人民银行审批行答复之日起六个月内不得再次提出同样的申请。

第十二条 商业银行在一个城市一次只能申请设立一个同城支行。在该申请获得不同意筹建的批复或获得开业批准后,申请人方可申请设立另外的同城支行。

第十三条 同城支行的筹建申请经批准后,申请人方可进行筹建,筹建期限为六个月。筹建期满未完成筹建者,原筹建批准自动失效。特殊情况经中国人民银行审批行批准,可适当延长筹建期限,但筹建期最长不得超过九个月。

同城支行在筹建期内不得从事金融业务活动。在筹建期内,申请人变更同城支行筹建负责人,应及时报告中国人民银行审批行。

第十四条 申请人在完成筹建后,应当向中国人民银行审批行提出开业申请,并提交下列文件、资料:

(一)开业申请。

(二)法定验资机构出具的验资证明。

(三)拟任高级管理人员的相关背景资料及从业人员情况一览表。

(四)营业场所的所有权证或使用权证,安全、消防设施的合格证明及相关证明的复印件。

(五)中国人民银行要求提交的其他资料。

第十五条 中国人民银行审批行应当在收到完整的同城支行开业申请资料并对筹建事项审查验收后,于三十日内书面通知申请人是否批准其开业。

第十六条 同城支行经批准开业的,申请人应当自批准之日起六十日内持批准文件到中国人民银行审批行领取《金融机构营业许可证》,并凭该许可证向工商行政管理部门办理登记,领取营业执照。

逾期不领取《金融机构营业许可证》的,原开业批准自动失效。

第十七条 同城支行应当自领取《金融机构营业许可证》之日起九十天内开业。

逾期未开业者,原开业批准自动失效,由中国人民银行审批行收回《金融机构营业许可证》。特殊情况经中国人民银行审批行批准,可适当延期开业,但延期最长不得超过四十五天。

第十八条 经批准开业的同城支行,应在中国人民银行指定的报纸上予以公告。

第十九条 同城支行的业务范围由商业银行在中国人民银行批准该银行经营的业务范围内授权决定,但不得超出其上一级行的业务范围。

第二十条 商业银行设立具有独立营业场所的自助银行,应当向中国人民银行审批行提出申请。

商业银行在一个城市一次只能申请设立三个自助银行。在该申请获得不同意筹建的批复或获得开业批准后,申请人方可申请设立另外的自助银行。

第二十一条 商业银行申请设立自助银行,应向中国人民银行审批行提交下列文件或资料:

(一) 商业银行总行的批准文件;

(二) 拟设置的机型、数量及提供的服务种类;

(三) 拟设地点的市场分析,包括目标市场、服务需求、竞争状况等;

(四) 拟负责自助银行日常管理的机构或人员;

(五) 安全监控方案及维护措施;

(六) 其他资料。

第二十二条 中国人民银行审批行按照本办法关于同城支行的审批条件和程序审批自助银行,但下列事项除外。

(一)营运资金。

(二)金融机构高级管理人员和从业人员。

(三)公告。

第二十三条 商业银行设置只提供取款、转账和查询服务的自动取款机(ATM),应当向中国人民银行审批行备案,并提交第二十一条规定的有关文件或资料。

中国人民银行审批行在收到上述资料之日起十五个工作日内无异议,申请人可以设置自动取款机。

第二十四条 商业银行同城支行的名称统一冠以"银行名称"+"城市名称"+"支行名称"+"支行";商业银行自助银行的名称统一冠以"银行名称"+"24小时自助银行服务"。

第二十五条 本办法未尽事宜,按照国家有关法律、法规和中国人民银行的有关规定执行。

第二十六条 本办法由中国人民银行负责解释。

商业银行服务价格管理暂行办法

第一条 为规范商业银行服务价格行为,维护消费者合法权益,促进商业银行健康发展,根据《中华人民共和国商业银行法》、《中华人民共和国价格法》,制定本办法。

第二条 在中华人民共和国境内发生的商业银行服务价格行为,适用本办法。

第三条 本办法所称商业银行,是指依据《中华人民共和国商业银行法》和《中华人民共和国外资金融机构管理条例》设立的银行机构。

第四条 本办法所称的商业银行服务,是指商业银行通过收费方式向其客户提供的各类本外币银行服务。

第五条 商业银行制定服务价格、提供银行服务应当遵守国家有关价格法律、法规及规章的规定，应当遵循合理、公开、诚信和质价相符的原则，应以银行客户为中心，增加服务品种，改善服务质量，提升服务水平，禁止利用服务价格进行不正当竞争。

第六条 根据服务的性质、特点和市场竞争状况，商业银行服务价格分别实行政府指导价和市场调节价。

第七条 实行政府指导价的商业银行服务范围为：

（一）人民币基本结算类业务，包括：银行汇票、银行承兑汇票、本票、支票、汇兑、委托收款、托收承付；

（二）中国银行业监督管理委员会、国家发展和改革委员会根据对个人、企事业的影响程度以及市场竞争状况确定的商业银行服务项目。

除前款规定外，商业银行提供的其他服务，实行市场调节价。

第八条 实行政府指导价的服务价格按照保本微利的原则制定，具体服务项目及其基准价格和浮动幅度，由国家发展和改革委员会会同中国银行业监督管理委员会制定、调整。

第九条 实行市场调节价的服务价格，由商业银行总行、外国银行分行（有主报告行的，由其主报告行）自行制定和调整，其他商业银行分支机构不得自行制定和调整价格。商业银行制定和调整价格时应充分考虑个人和企事业的承受能力。

第十条 商业银行办理收付类业务实行"谁委托、谁付费"的收费原则，不得向委托方以外的其他单位或个人收费。

第十一条 商业银行不得对人民币储蓄开户、销户、同城的同一银行内发生的人民币储蓄存款及大额以下取款业务收费，大额取款业务、零钞清点整理储蓄业务除外。

以上"零钞"、"大额"的界定以及相关服务价格的制定和调整由中国银行业监督管理委员会负责。

第十二条 商业银行应就实行市场调节价的服务项目制定本系统内统一的定价管理制度，明确定价范围、定价原则、定价方法以及总行和分行的管理职责。

第十三条 商业银行应按照商品和服务实行明码标价的有关规定，在其营业网点公告有关服务项目、服务内容和服务价格标准。

第十四条 商业银行依据本办法制定服务价格，应至少于执行前15个工作日向中国银行业监督管理委员会报告，并应至少于执行前10个工作日在相关营业场所公告。

商业银行就前款事项报告中国银行业监督管理委员会的同时，应抄送中国银行业协会。

第十五条 商业银行实行市场调节价的服务项目及服务价格，由中国银行业协会通过适当方式公布，接受社会监督。

第十六条 商业银行有下列行为的，由政府价格主管部门依据《中华人民共和国价格法》、《价格违法行为行政处罚规定》予以处罚：

（一）擅自制定属于政府指导价范围内的服务价格的；

（二）超出政府指导价浮动幅度的；

（三）不按照规定明码标价的；

（四）违反本办法规定的其他价格违法、违规行为。

第十七条 商业银行违反本办法第九条、第十二条、第十四条规定的，由中国银行业监督管理委员会依据有关法律、行政法规和规章规定处理。

第十八条 政策性银行、城市信用社、农村信用社、邮政储蓄机构、合资财务公司和独资财务公司提供本办法第四条规定的服务，其服务价格应按照本办法规定执行。

第十九条 本办法自2003年10月1日起施行。

第二十条 此前有关商业银行服务价格或收费的规定，与本办法规定有冲突的，一律废止。

股份制商业银行公司治理指引

第一章 总 则

第一条 为进一步完善股份制商业银行（以下简称商业银行）公司治理，促进商业银行稳健经营和健康发展，保护存款人和股东的合法权益，根据《中华人民共和国公司法》、《中华人民共和国中国人民银行法》、《中华人民共和国商业银行法》和其他相关法律、法规的规定，制定本指引。

第二条 本指引所称商业银行公司治理是指建立以股东大会、董事会、监事会、高级管理层等机构为主体的组织架构和保证各机构独立运作、有效制衡的制度安排，以及建立科学、高效的决策、激励和约束机制。

第三条 商业银行公司治理应当遵循以下基本准则：

（一）完善股东大会、董事会、监事会、高级管理层的议事制度和决策程序；

（二）明确股东、董事、监事和高级管理人员的权利、义务；

（三）建立、健全以监事会为核心的监督机制；

（四）建立完善的信息报告和信息披露制度；

（五）建立合理的薪酬制度，强化激励约束机制。

第二章 股东和股东大会

第四条 商业银行的股东应当符合中国人民银行规定的向金融机构投资入股的条件。

第五条 商业银行应当保护股东合法权益，公平对待所有股东。

股东在合法权益受到侵害时，有权依照法律、法规和商业银行章程的规定要求停止侵害，赔偿损失。

第六条 商业银行应当在其章程中规定，商业银行资本充足率低于法定标准时，股东应支持董事会提出的提高资本充足率的措施。

第七条 商业银行应当在章程中规定，商业银行可能出现流动性困难时，在商业银行有借款的股东要立即归还到期借款，未到期的借款应提前偿还。商业银行应当根据中国人民银行《防范和处置金融机构支付风险暂行办法》，在章程中规定"流动性困难"的具体标准。

第八条 商业银行对股东贷款的条件不得优于其他借款人同类贷款的条件。同一股东在商业银行的借款余额不得超过商业银行资本净额的百分之十。股东的关联企业的借款在计算比率时应与该股东在银行的借款合并计算。商业银行应当在章程中规定，股东在商业银行的借款逾期未还期间内，其表决权应当受到限制。

第九条 商业银行不得接受本行股票为质押权标的。股东需以本行股票为自己或他人担保的，应当事前告知董事会。股东在本商业银行的借款余额超过其持有的经审计的上一年度的股权净值，且未提供银行存单或国债质押担保的，不得将本行股票再行质押。

第十条 商业银行不得为股东及其关联单位的债务提供融资性担保，但股东以银行存单或国债提供反担保的除外。上款所称融资性担保是指商业银行为股东及其关联单位的融资行为提供的担保。

第十一条 同一股东不得向股东大会同时提名董事和监事的人选；同一股东提名的董事（监事）人选已担任董事（监事）职务，在其任职期届满前，该股东不得再提名监事（董事）候选人。

第十二条 商业银行的董事会应当向股东大会及中国人民银行及时报告持有商业银行股份前十名的股东名单，以及一致行动时可以实际上控制商业银行的关联股东名单。

第十三条 股东应当严格按照法律、法规、规章及商业银行章程规定的程序提名董事、监事候选人。

第十四条 控股股东对商业银行和其他股东负有诚信义务。控股股东应当严格按照法律、法规、规章及商业银行章程行使出资人的权利，不得利用其控股地位谋取不当利益，或损害商业银行和其他股东的利益。

第十五条 商业银行股东大会包括年会和临时会议。商业银行的董事会应当在每一会计年度结束后六个月内召开股东大会年会。因特殊情况需延期召开的，应当及时向中国人民银行报告，并说明延期召开的事由。商业银行的董事会应当依照法律、法规和商业银行章程的规定召开股东大会临时会议。董事会不履行职责，致使出现商业银行重大决策无法做出或者股东大会无法召集等情形时，单独或者合并持有商业银行有表决权股份总数百分之十以上的股东或商业银行监事会，可以决定自行组织召开临时股东大会，但应将召开会议的决定书面通知董事会并报中国人民银行备案。商业银行的股东大会会议应当实行律师见证制度，并由律师出具法律意见书。法律意见书应当对股东大会召开程序、出席股东大会的股东资格、股东大会的决议内容等事项的合法性发表意见。商业银行可以自行确定召开股东大会的方式，但应确保股东有效行使其合法权利。商业银行的董事会应当将股东大会会议记录、股东大会决议等文件报送中国人民银行备案。

第十六条 商业银行章程应当规定，单独或者合并持有商业银行有表决权股份总数百分之五以上的股东，有权向股东大会提出审议事项，董事会应当将股东提出的审议事项提交股东大会审议。商业银行章程应当规定，单独或者合并持有商业银行有表决权股份总数百分之五以上的股东，有权向股东大会提出质询案，董事会、监事会应当按照股东的要求指派董事会、监事会或者高级管理层相关成员出席股东大会接受质询。

第十七条 商业银行董事会应当制定内容完备的股东大会议事规则，由股东大会审议通过后执行。股东大会议事规则包括通知、文件准备、召开方式、表决形式、会议记录及其签署、关联股东的回避制度等.

第十八条 股东大会年会除审议相关法律规定的事项外，还应当将下列事项列入股东大会审议范围：

(一)通报中国人民银行对商业银行的监管意见及商业银行执行整改情况；

(二)报告董事会对董事的评价及独立董事的相互评价结果；

(三)报告监事会对监事的评价及外部监事的相互评价结果。

第十九条 董事会应当公正、合理地安排会议议程和议题，确保股东大会能够对每个议题进行充分的讨论。

第二十条 股东大会决议内容违反法律、法规和中国人民银行及其他监管机关规定的，应当主动及时纠正或依照中国人民银行的意见改正。

第三章 董事和董事会

第二十一条 董事会对股东大会负责，并依据《中华人民共和国公司法》和商业银行章程行使职权。

第二十二条 董事应当具备履行职责所必需的专业知识和工作经验，并符合中国人民银行规定的条件。董事的任职资格须经中国人民银行审核。除《中华人民共和国商业银行法》以及《中华人民共和国公司法》规定的不得担任董事的人员外，下列人员也不得担任董事：

(一)因未履行诚信义务被其他商业银行或组织罢免职务的人员；

(二)在本商业银行的借款(不含以银行存单或国债质押担保的借款)超过其持有的经审计的上一年度股权净值的股东或股东单位任职的人员；

(三)在商业银行借款逾期未还的个人或企业任职的人员。

第二十三条 董事会应当制定规范、公开的董事选举程序，经股东大会批准后实施。

第二十四条 董事会应当在股东大会召开前一个月向股东披露董事候选人的详细资料，保证股东在投票时对候选人有足够的了解。

第二十五条 董事应当接受中国人民银行的任职资格培训。

第二十六条 董事依法有权了解商业银行的各项业务经营情况和财务状况，有权对其他董事和高级管理层成员履行职责情况实施监督。商业银行内部稽核部门对内设职能部门及分支机构稽核的结果应当及时、全面报送董事会。

第二十七条 董事对商业银行及全体股东负有诚信与勤勉义务。董事应当按照相关法律、法规、规章及商业银行章程的要求，认真履行职责，维护商业银行和全体股东的利益。

第二十八条 董事个人直接或者间接与商业银行已有的或者计划中的合同、交易、安排有关联关系时，不论有关事项在一般情况下是否需要董事会批准同意，董事均应当及时告知董事会、监事会其关联关系的性质和程度。

第二十九条 董事会中由高级管理层成员担任董事的人数应不少于董事会成员总数的四分之一，但不应超过董事会成员总数的三分之一。

第三十条 商业银行应当建立独立董事制度。独立董事与商业银行及其主要股东之间不应存在可能影响其独立判断的关系。独立董事履行职责时尤其要关注存款人和中小股东的利益。独立董事应当获得适当报酬。独立董事的任职资格、产生程序、权利义务以及工作条件应当符合中国人民银行的规定。

第三十一条 独立董事在履行职责过程中，发现董事会、董事、高级管理层成员及商业银行机构和人员有违反法律、法规、规章及商业银行章程规定情形的，应及时要求予以纠正并向中国人民银行报告。

第三十二条 商业银行董事长和行长应当分设。商业银行董事长不得由控股股东的法定代表人或主要负责人兼任。

第三十三条 董事、董事长应当在法律、法规、规章及商业银行章程规定的范围内行使职权，不得违反商业银行的议事制度和决策程序越权干预高级管理层的经营管理活动。

第三十四条 董事会例会每年至少应当召开四次。董事会临时会议的召开程序由商业银行章程规定。董事会应当通知监事列席董事会会议。董事会的决定、决议及会议记录等应当在会议结束后10日内报中国人民银行备案。

第三十五条 董事会应当制定内容完备的董事会议事规则，包括通知、文件准备、召开方式、表决形式、会议记录及其签署、董事会的授权规则等。

第三十六条 董事应当以董事会会议的形式行使职权，董事会会议表决实行一人一票。商业银行章程应当规定，利润分配方案、重大投资、重大资产处置方案、聘任或解聘高级管理层成员等重大事项不应采取通讯表决方式，且应当由董事会三分之二以上董事通过。

第三十七条 董事会在聘任期限内解除行长职务，应当及时告知监事会并向监事会做出书面说明。

第三十八条 董事会根据行长提名聘任或解聘副行长、财务负责人及其他高级管理层成员，未经行长提名不得直接聘任或解聘副行长、财务负责人及其他高级管理层成员。

第三十九条 董事会应当接受监事会的监督，不得阻挠、妨碍监事会依职权进行的检查、审计等活动。

第四十条 董事会应当设立关联交易控制委员会、风险管理委员会、薪酬委员会和提名委员会，也可根据需要设立其他专门委员会。各专门委员会的负责人应当由董事担任，且委员会成员不得少于三人。关联交易控制委员会、提名委员会应当由独立董事担任负责人。关联交易控制委员会和提名委员会的成员不应包括控股股东提名的董事。

第四十一条 关联交易控制委员会负责商业银行重大关联交易的审批，其中特别重大的关联交易还需经董事会批准后方可实施。特别重大的关联交易应同时报告监事会。董事对董事会拟决议事项有重大利害关系的，不得对该项决议行使表决权。该董事会会议应当由二分之一以上无重大利害关系的董事出席方可举行。董事会会议做出的批准关联交易的决议应当由无重大利害关系的董事过半数通过。商业银行章程应当对重大关联交易和特别重大关联交易的标准做出规定。董事会应当制定商业银行关联交易的具体审批制度。

第四十二条 风险管理委员会负责对高级管理层在信贷、市场、操作等方面的风险控制情况进行监督，对商业银行风险状况进行定期评估，对内部稽核部门的工作程序和工作效果进行评价，提出完善银行风险管理和内部控制的意见。

第四十三条 薪酬委员会负责拟定董事、监事和高级管理层成员的薪酬方案，向董事会提出薪酬方案的建议，并监督方案的实施。

第四十四条 提名委员会负责拟定董事和高级管理层成员的选任程序和标准，对董事和高级管理层成员的任职资格和条件进行初步审核，并向董事会提出建议。

第四十五条 各委员会的议事规则和工作职责应当由董事会制定。各委员会应当制定年度工作计划，并定期召开会议。

第四十六条 商业银行董事会应当按照人民银行的有关规定制定信息披露的最低标准、方式、途径等，逐步建立、健全商业银行信息披露制度。

第四十七条 董事会下设专门办公室，负责股东大会、董事会、董事会各专门委员会会议的筹备、信息披露，以及董事会、董事会各专门委员会的其他日常事务。商业银行董事会秘书兼任董事会办公室主任。董事会秘书由董事会提名委员会提名，董事会聘任。董事会秘书须经中国人民银行任职资格审核。

第四章 高级管理层

第四十八条 高级管理层由行长、副行长、财务负责人等组成。高级管理层成员的任职资格应当符合中国人民银行的规定。

第四十九条 高级管理层成员应当遵循诚信原则，谨慎、勤勉地在其职权范围内行使职权，不得为自己或他人谋取属于本商业银行的商业机会，不得接受与本商业银行交易有关的利益，不得在其他经济组织兼职。

第五十条 行长有权依照法律、法规、规章、商业银行章程及董事会授权，组织开展银行的经营管理活动。

行长应当行使下列职权：

(一)提请董事会聘任或者解聘副行长、财务负责人等高级管理层成员；

(二)聘任或者解聘除应由董事会聘任或者解聘以外的商业银行内部各职能部门及分支机构负责人；

(三)代表高级管理层向董事会提交经营计划和投资方案，经董事会批准后组织实施；

(四)授权高级管理层成员、内部各职能部门及分支机构负责人从事经营活动；

(五)在商业银行发生挤兑等重大突发事件时，采取紧急措施，并立即向中国人民银行和董事会、监事会报告；

(六)其他依据法律、法规、规章及商业银行章程规定应由行长行使的职权。

第五十一条 高级管理层应当根据商业银行经营活动需要，建立健全以内部规章制度、经营风险控制系统、信贷审批系统等为主要内容的内部控制机制。商业银行的内部稽核部门应当实行垂直管理并由行长直接领导。商业银行行长不得担任审贷委员会成员，但对审贷委员会通过的授信决定拥有否决权。

第五十二条 高级管理层应当建立向董事会定期报告的制度，及时、准确、完整地报告有关银行经营业绩、重要合同、财务状况、风险状况和经营前景等情况。

第五十三条 高级管理层应当接受监事会的监督，定期向监事会提供有关商业银行经营业绩、重要合同、财务状况、风险状况和经营前景等情况的信息，不得阻挠、妨碍监事会依职权进行的检查、审计等活动。

第五十四条 高级管理层应当建立和完善各项会议制度，并制订相应议事规则。高级管理层召开会议应当制作会议记录，会议记录应当报送监事会。

第五十五条 高级管理层依法在职权范围内的经营管理活动不受干预。高级管理层对董事、董事长越权干预其经营管理的，有权请求监事会予以制止，并向中国人民银行报告。

第五十六条 高级管理层成员应当保持相对稳定，在任期内不应随意调整。确需调整的，商业银行应报中国人民银行备案，并按有关规定报请中国人民银行对新任高级管理层成员的任职资格进行审查。高级管理层成员对董事会违反任免规定的行为，有权请求监事会提出异议，并向中国人民银行报告。

第五十七条 高级管理层提交的需由董事会批准的事项，董事会应当及时讨论并做出决定。

第五章 监事和监事会

第五十八条 监事会是商业银行的监督机构，对股东大会负责，行使下列职权：

（一）监督董事会、高级管理层履行职责的情况；

（二）监督董事、董事长及高级管理层成员的尽职情况；

（三）要求董事、董事长及高级管理层成员纠正其损害银行利益的行为；

（四）对董事和高级管理层成员进行离任审计；

（五）检查、监督商业银行的财务活动；

（六）对商业银行的经营决策、风险管理和内部控制等进行审计并指导商业银行内部稽核部门的工作；

（七）对董事、董事长及高级管理层成员进行质询；

（八）其他法律、法规、规章及商业银行章程规定应当由监事会行使的职权。

第五十九条 监事会应当由职工代表出任的监事、股东大会选举的外部监事和其他监事组成，其中外部监事的人数不得少于两名。

第六十条 商业银行应当建立外部监事制度。外部监事与商业银行及其主要股东之间不应存在影响其独立判断的关系。外部监事在履行职责时尤其要关注存款人和商业银行整体利益。外部监事报酬应当比照独立董事执行。外部监事的任职资格、产生程序、权利义务以及工作条件应当符合中国人民银行的规定。

第六十一条 监事应当依照法律、法规、规章及商业银行章程的规定，忠实履行监督职责。监事的任职资格、产生程序、权利义务适用本指引第二十二条至第二十八条有关董事的规定。

第六十二条 监事长应当由专职人员担任。监事长至少应当具有财务、审计、金融、法律等某一方面的专业知识和工作经验。

第六十三条 监事会应当设立提名委员会，负责拟定监事的选任程序和标准，对监事的任职资格和条件进行初步审核，并向监事会提出建议。提名委员会应当由外部监事担任负责人。

第六十四条 监事会应当设立审计委员会，负责拟定对本指引第五十七条第（一）、（二）、（四）、（五）、（六）项所列事项进行审计的方案。审计委员会应当由外部监事担任负责人。

第六十五条 监事会应当委托经中国人民银行认可的会计师事务所对商业银行上一年度的经营结果进行审计。审计报告应于股东大会年会召开前，且不得迟于当年4月30日完成。审计报告完成后应当经监事会通过，由监事长签名，报股东大会年会审议。在报送股东大会审议前，应当抄送董事会。会计师事务所对商业银行审计结果有失公允，监事会应当发现而没有发现的，应当追究监事会有关人员的责任。监事会履行职责所需的费用由商业银行承担。

第六十六条 监事会下设办公室，作为监事会的办事机构。监事会办公室聘用的工作人员应当具备相关专业知识，以充分保证监事会监督职责的履行。

第六十七条 商业银行应当保障监事会工作的正常开展，为监事会提供必要的工作条件和专门的办公场所。监事会的年度财务预算由股东大会审议通过。

第六十八条 监事会例会应当每年至少召开四次，监事会临时会议的召开程序由商业银行章程规定。监事会的决定、决议及会议记录应当报中国人民银行备案。

第六十九条 监事会应当制定内容完备的议事规则，包括通知、文件准备、召开方式、表决形式、会议记录及其签署等。

第七十条 监事会发现董事会和高级管理层未执行审慎会计原则，存在未严格核算应收利息、未提足呆账准备金等情形的，应当责令予以纠正。监事会发现商业银行业务出现异常波动的，应当向董事会或高级管理层提出质疑。

第七十一条 商业银行内部稽核部门对内设职能部门及分支机构稽核的结果应当及时、全面报送监事会。监事会对银行稽核部门报送的稽核结果有疑问时，有权要求行长或稽核部门做出解释。

第七十二条 监事会在履行职责时，有权向商业银行相关人员和机构了解情况，相关人员和机构应给予配合。

第七十三条 商业银行按规定定期向中国人民银行报送的报告应当附有监事会的意见。监事会应当就报告中有关信贷资产质量、资产负债比例、风险控制等事项逐项发表意见。监事会应当在收到高级管理层递交的报告之日起5个工作日内发表意见，逾期未发表意见的，视为同意。

第七十四条 董事会拟订的分红方案应当事先报送监事会，监事会应当对此发表意见。监事会应当在5个工作日内发表意见，逾期未发表意见的，视为同意。

第七十五条 监事应当列席董事会会议，列席会议的监事有权发表意见，但不享有表决权。列席董事会会议的监事应当将会议情况报告监事会。监事会认为必要时，可以指派监事列席高级管理层会议。

第七十六条 监事会发现董事会、高级管理层及其成员有违反法律、法规、规章及商业银行章程规定等情形时，应当建议对有关责任人员进行处分，并及时发出限期整改通知；董事会或者高级管理层应当及时进行处分或整改并将结果书面报告监事会。董事会和高级管理层拒绝或者拖延采取处分、整改措施的，监事会应当向中国人民银行报告，并报告股东大会。

第六章 激励约束机制

第七十七条 商业银行应当建立薪酬与商业银行效益和个人业绩相联系的激励机制。

第七十八条 商业银行应当建立公正、公开的董事、监事、高级管理层成员绩效评价的标准和程序。

第七十九条 独立董事的评价应当采取相互评价的方式进行，其他董事的评价由董事会做出，并向股东大会报告。外部监事和其他监事的评价比照独立董事和其他董事执行。高级管理层成员的评价、薪酬与激励方式由董事会下设的薪酬委员会确定，董事会应当将对高级管理层成员的绩效评价作为对高级管理层成员的薪酬和其他激励安排的依据。绩效评价的标准和结果应当向股东大会说明。任何董事、监事和高级管理层成员都不应参与本人薪酬及绩效评价的决定过程。

第八十条 董事、监事及高级管理层成员违反法律、法规、规章及商业银行章程，给商业银行和股东造成损失的，应当承担赔偿责任。

第八十一条 商业银行在条件具备时，经股东大会批准，可以建立董事、监事和高级管理层成员的职业责任保险制度。

第七章 附 则

第八十二条 本指引适用于中国境内设立的股份制商业银行。各商业银行应当按照本指引和中国人民银行有关规定的要求，结合本行的特点，完善商业银行的治理结构。

第八十三条 本指引由中国人民银行负责解释。

第八十四条 本指引自公告之日起施行。

股份制商业银行独立董事和外部监事制度指引

为进一步完善股份制商业银行(以下简称商业银行)公司治理,建立、健全股份制商业银行独立董事、外部监事制度,根据《中华人民共和国中国人民银行法》、《中华人民共和国商业银行法》、《中华人民共和国公司法》,制定本指引。

第一章　独立董事、外部监事的任职资格

第一条　商业银行的独立董事、外部监事应当具备较高的专业素质和良好信誉,且同时应当满足以下条件:

(一)具有本科(含本科)以上学历或相关专业中级以上职称;

(二)具有5年以上的法律、经济、金融、财务或其他有利于履行独立董事、外部监事职责的工作经历;

(三)熟悉商业银行经营管理相关的法律法规;

(四)能够阅读、理解和分析商业银行的信贷统计报表和财务报表。

第二条　下列人员不得担任商业银行的独立董事、外部监事:

(一)持有该商业银行1%以上股份的股东或在股东单位任职的人员;

(二)在该商业银行或其控股或者实际控制的企业任职的人员;

(三)就任前3年内曾经在该商业银行或其控股或者实际控制的企业任职的人员;

(四)在该商业银行借款逾期未归还的企业的任职人员;

(五)在与该商业银行存在法律、会计、审计、管理咨询等业务联系或利益关系的机构任职的人员;

(六)该商业银行可控制或通过各种方式可施加重大影响的其他任何人员;

(七)上述人员的近亲属。本指引所称近亲属是指夫妻、父母、子女、祖父母、外祖父母、兄弟姐妹。

第三条　有下列情形之一的,不得担任商业银行的独立董事、外部监事:

(一)因犯有贪污、贿赂、侵占财产、挪用财产罪或者破坏市场经济秩序罪,被判处刑罚,或者因犯罪被剥夺政治权利的;

(二)担任因经营不善破产清算的公司、企业的董事或者厂长、经理,并对该公司、企业的破产负有个人责任的;

(三)担任因违法被吊销营业执照的公司、企业的法定代表人,并负有个人责任的;

(四)个人所负数额较大的债务到期未清偿的;

(五)因未能勤勉尽职被原任职单位罢免职务的;

(六)曾经担任高风险金融机构主要负责人且不能证明其对金融机构撤销或资产损失不负有责任的。

第四条　国家机关工作人员不得兼任商业银行独立董事、外部监事。

第五条　独立董事、外部监事不得在其他商业银行兼职。

第六条　商业银行应当将独立董事、外部监事的数额、任职资格、权利和义务在章程中列明,并报中国人民银行审批。

第二章　独立董事、外部监事的产生、任职和免职

第七条　商业银行董事会中至少应当有2名独立董事。商业银行监事会中至少应当有2名外部监事。

第八条　商业银行独立董事、外部监事由股东提名,经股东大会选举产生。

同一股东只能提出1名独立董事或外部监事候选人,不得既提名独立董事又提名外部监事。

第九条　独立董事在同一家商业银行任职不得超过3年。3年期满,可以继续担任该商业银行董事,但不得再担任独立董事。

第十条　独立董事、外部监事在就职前应当向董事会或监事会发表申明,保证其具有足够的时间和精力履行职责,并承诺勤勉尽职。

第十一条　独立董事、外部监事的任职,应当报中国人民银行进行任职资格审核。中国人民银行应当自收到申请之日起30日内提出审核意见。中国人民银行对独立董事、外部监事实行任前辅导制。

第十二条　独立董事、外部监事每年为商业银行工作的时间不得少于15个工作日。独立董事可以委托其他独立董事出席董事会会议,但每年至少应当亲自出席董事会会议总数的三分之二。外部监事可以委托其他外部监事出席监事会会议,但每年至少应当亲自出席监事会会议总数的三分之二。

第十三条　股东大会审议的独立董事评价报告应当至少包括该独立董事参加董事会会议次数、历次参加董事会会议的主要情况,独立董事提出的反对意见以及董事会所做的处理情况等内容。股东大会审议的外部监事评价报告应当至少包括参加监事会会议次数、组织或参与监事会审计工作情况、履行监事监督职责情况等内容。

第十四条　独立董事、外部监事有下列情形之一的,由监事会提请股东大会予以罢免:

(一)因职务变动不符合独立董事、外部监事任职资格条件且本人未提出辞职的;

(二)一年内亲自出席董事会、监事会会议的次数少于董事会、监事会会议总数的三分之二的;

(三)法律、法规规定不适合继续担任独立董事、外部监事的其他情形。

第十五条　监事会提请罢免独立董事、外部监事的提案应当由全体监事的三分之二以上表决通过方可提请股东大会审议。独立董事、外部监事在监事会提出罢免提案前可以向监事会解释有关情况,进行陈述和辩解。监事会提请股东大会罢免的独立董事或外部监事应当在股东大会会议召开前1个月内向中国人民银行报告并向独立董事、外部监事本人发出书面通知,独立董事、外部监事有权在表决前以口头或书面形式陈述意见,并有权将该意见在股东大会会议召开5日前报送中国人民银行。股东大会应当依法审议独立董事、外部监事陈述的意见后进行表决。

第十六条　独立董事在任期届满前可以提出辞职。股东大会可以授权董事会做出是否批准独立董事辞职的决定。在股东大会或董事会批准独立董事辞职前,独立董事应当继续履行职责。独立董事辞职应当向董事会递交书面辞职报告,并应当向最近一次召开的股东大会提交书面声明,说明任何与其辞职有关或其认为有必要引起股东和债权人注意的情况。独立董事辞职后,董事会中独立董事人数少于2名的,独立董事的辞职报告应在下任独立董事填补其缺额后方可生效。外部监事辞职应当比照独立董事执行。

第十七条　中国人民银行对独立董事、外部监事履行职责情况进行监督,对独立董事、外部监事履行职责严重失职的,中国人民银行有权取消其任职资格,被取消任职资格的独立董事、外部监事,终身不得担任商业银行独立董事、外部监事。独立董事、外部监事的任职资格被中国人民银行取消的,其职务自任职资格取消之日起当然解除。商业银行股东大会应当及时补选新的独立董事、外部监事。

第十八条　独立董事有下列情形之一为严重失职:

(一)泄露银行商业秘密,损害商业银行合法利益;

(二)在履行职责过程中接受不正当利益,或者利用独立董事地位谋取私利;

(三)明知董事会决议违反法律、法规或商业银行章程,而未提出反对意见;

(四)关联交易导致商业银行重大损失,独立董事未行使否决权的。

(五)中国人民银行认定的其他严重失职行为。

第十九条　外部监事有以下情形之一的应当认定为严重失职:

(一)泄露银行商业秘密,损害银行合法利益;

(二)在履行职责过程中接受不正当利益;

(三)利用外部监事地位谋取私利;

(四)在监督检查中应当发现问题而未能发现或发现问题隐瞒不报,导致银行重大损失的;

(五)中国人民银行认定的其他严重失职行为。

第三章　独立董事、外部监事的权利、义务和责任

第二十条　独立董事、外部监事负有诚信义务,应当勤勉尽责。

第二十一条　独立董事对董事会讨论事项发表客观、公正的独立意见,独立董事在发表意见时,应当尤其关注以下事项:

(一)重大关联交易;

(二)利润分配方案;

(三)高级管理层成员的聘任和解聘;

（四）可能造成商业银行重大损失的事项；

（五）可能损害存款人或中小股东利益的事项。

第二十二条 二分之一以上独立董事可以向董事会提请召开临时股东大会。商业银行只有2名独立董事的，提请召开临时股东大会应经其一致同意。

第二十三条 独立董事对商业银行决策发表的意见，应当在董事会会议记录中载明。

第二十四条 商业银行董事会设立关联交易控制委员会和提名委员会，主要由独立董事组成，并由独立董事担任负责人。

第二十五条 董事会决议违反法律、行政法规或者商业银行章程，致使商业银行遭受严重损失，独立董事未发表反对意见的，依法承担赔偿责任。

第二十六条 外部监事享有监事的权利，对商业银行董事会、高级管理层及其成员进行监督，根据监事会决议组织开展监事会职权范围内的审计工作。

第二十七条 监事会内设的审计委员会，由外部监事担任负责人。

第二十八条 二分之一以上外部监事可以向董事会提请召开临时股东大会。商业银行只有2名外部监事的，提请召开临时股东大会应经其一致同意。

第二十九条 独立董事、外部监事除依法律规定外，不得泄露与任职商业银行有关的商业秘密。

第四章 独立董事、外部监事的报酬和费用

第三十条 股份制商业银行应当对独立董事、外部监事支付报酬和津贴。报酬和津贴的标准由董事会制订，股东大会审议通过。

第三十一条 独立董事、外部监事履行职责时所需的费用由商业银行承担。

第五章 附 则

第三十二条 本指引适用于中华人民共和国境内设立的股份制商业银行。

第三十三条 本指引由中国人民银行负责解释。

第三十四条 本指引自公告之日起实施。

关于落实《网上银行业务管理暂行办法》有关规定的通知

中国人民银行各分行、营业管理部，各政策性银行、国有独资商业银行、股份制商业银行：

现就实施《网上银行业务管理暂行办法》（中国人民银行令〔2001〕第6号，以下简称《办法》）有关问题通知如下：

一、关于网上银行业务的准入

（一）网上银行业务的准入程序

根据《办法》第七条和第九条的规定，人民银行对银行机构开办网上银行业务的市场准入，实行"一级监管"的原则，即：各类银行机构首次开办网上银行业务，应由其总行向人民银行总行、分行或营业管理部申请。银行在获准开办网上银行业务后，如需要增加网上银行业务品种，应由其总行或主报告行向人民银行总行、分行或营业管理部申请。

银行通过互联网增开无需人民银行审批或备案的业务品种，由其总行或主报告行事前向人民银行总行、分行或营业管理部书面报告即可开办，无需人民银行回复。

中外合资银行、外商独资银行、外国银行分行的总行或主报告行、以及总部在北京以外地区的股份制商业银行在向人民银行总行提交申请或报告的同时，应抄送人民银行相应分行或营业管理部、以及当地管辖行。在审查期间，人民银行相应分行、营业管理部或当地管辖行如有不同意见，可及时向人民银行总行反馈。

银行分支机构或主报告行以外的其他外国银行分行在其总行或主报告行已获批准的网上银行业务范围内增开网上银行业务，在取得其内部授权后，于事前向人民银行当地管辖行提交书面报告后即可开办，无需人民银行回复。

人民银行当地管辖行收到银行分支机构或主报告行以外的其他外国银行分行的报告后，应及时对该机构开展网上银行业务的情况进行监督检查，及时向人民银行上级行报告发现的问题。

对事前未向人民银行报告即新开网上银行业务的商业银行，人民银行有权依据《办法》第二十六条给予相应处罚。

（二）网上银行业务的准入形式

对适用备案制的网上银行业务申请，统一用"备案通知书"回复商业银行，由人民银行监管部门加盖本部门公章后直接发出。

对适用审批制的网上银行业务申请，人民银行行文批复商业银行。

（三）应补充报送的资料

银行机构首次申请开办网上银行业务，除按《办法》第八条报送有关资料外，还应按照《办法》第八条第（八）项的要求提供以下资料和信息：

（一）注册的网站名；

（二）演示光盘，显示用户界面并介绍申请机构业务运作系统的基本结构；

（三）外国银行分行还应报告其母行网上银行业务的开展情况，具体内容包括业务品种、业务规模、风险管理措施等。

二、开办网上银行业务申请的审查要点

审查银行机构开办网上银行业务的申请，人民银行监管部门应掌握以下要点：

（一）风险管理能力

网上银行业务申请机构应配备合格的管理人员和专业人员，应建立识别、监测、控制和管理网上银行业务风险的方法与管理制度。

（二）安全性评估

银行开办网上银行业务，应对其业务运作的安全性进行评估。人民银行监管部门在对银行该项工作的审查过程中，应把握以下方面：

1、安全性评估应由合格的机构或组织实施。

银行选择的评估机构可以是银行的内部审计部门、或主管部门认可的外部评估机构、或由银行自行组织的专家委员会。衡量评估机构或组织是否合格，要考虑评估机构或组织是否独立于网上银行业务系统的开发部门和运行部门，是否拥有专业评估人员。专业评估人员应掌握国际和国内相关行业的行业标准和专业技能，应能胜任对网上银行业务安全性的评估。

2、应向人民银行提交安全评估报告。安全评估报告应至少满足以下要求：

（1）评估报告应列明评估的范围。评估应突出对信息系统安全的评估，包括安全策略、物理安全、数据通讯安全、应用系统安全等方面的内容。

（2）评估报告应列明评估所依据的国内和国际标准，判断网上银行业务运行系统是否符合标准。

（3）评估报告应指出安全隐患和提出整改的建议，并对网上银行业务的安全性做出明确的结论。

（4）评估报告应由相关责任人签字。一是要由评估机构或组织的负责人签字。如果是由银行自行组织的专家委员会评估，则报告应明确提示每位专家负责评估的部分，并由每一位专家签字；如果是由银行的内部审计部门或外部评估机构评估，则评估报告要由内部审计部门或外部评估机构的第一负责人签字。二是评估报告要经银行的主管部门负责人、主管行长或行长签字，确认评估结论。

《办法》颁布前，经人民银行批准已开办网上银行业务的银行机构，应根据《办法》及本通知的要求，对网上银行业务运行的安全性进行重新评估，提交补充评估报告。

（三）网上银行业务运行应急和业务连续性计划

银行业务运行应急和连续性计划至少应包括以下四个方面的内容：

1、系统的备份情况，包括软硬件的备份和数据的备份。重点审核备份系统核心系统（例如计算机主机）的安放位置、备份系统的安全水平。备份系统核心系统的安放位置应足以保证在当前系统无法运作时不会受到影响，备份系统的安全水平应不低于当前系统的安全水平。

2、对意外事故的处理。主要指在自然灾害或突发性事件（例如地震、电击、非正常断电、外力带来的物理性损毁等）导致系统突然停顿、业务中断情况下的应对措施和实施程序，包括启用备用设备、恢复系统和数据的措施等。

3、对非法侵入或攻击的处理。主要指在遭到内外部的非法侵入和攻击而导致数据被窃、资金损失、程序混乱、系统瘫痪等情况下的应对措施和实施程序。

4、对业务运行应急计划和连续性计划的科学性和有效性进行定

期测试的制度安排，包括：(1)具有定期测试的时间安排；(2)测试应在高级管理层的直接监督之下；(3)对测试中发现的问题应及时解决，等。

(四)内部监控能力

网上银行业务申请机构应建立网上银行业务审计制度，应配备相应的网上银行业务审计人员。

三、对网上银行业务的监管和报告要求

人民银行现有对传统银行业务的风险监管要求对网上银行业务仍然适用，但应充分认识网上银行业务监管工作的复杂性和艰巨性，突出对技术性风险的监管，督促银行机构加强对网上银行业务运行安全的检查，并加强对网上银行业务监管人员的培训，建立网上银行业务专业监管力量。

同时，人民银行应督促商业银行建立网上银行业务信息管理系统，按以下要求向人民银行报告网上银行业务经营情况和存在的问题：

一是定期向人民银行及分支机构的监管部门和统计部门报送《网上银行业务基本情况统计表》，于每年4月10日、7月10日、10月10日之前报送上一季度的网上银行业务开展情况，于每年1月10日之前报送上一年度第四季度的网上银行业务开展情况，于每年1月20日之前报送上一年度全年的网上银行业务开展情况；

二是每年初应就上一年度网上银行业务的基本情况、存在问题和下一年度的发展计划向人民银行监管部门报送总结报告；

三是根据《办法》二十四条建立网上银行业务运作重大事项报告制度，及时向监管当局报告网上银行业务经营过程中发生的重大泄密、黑客侵入、网址更名等重大事项。

各银行机构应按规定的报告格式，自2002年第1季度始向人民银行报告网上银行业务开展情况。对未按要求报告网上银行业务基本情况及风险状况的银行机构，人民银行监管部门有权按有关规定进行处罚。

四、其他事项

根据《中华人民共和国商业银行法》的规定，城市信用合作社、农村信用合作社和邮政储蓄机构开办网上银行业务，可参照《办法》执行。

请人民银行各分行、营业管理部接此文后，及时转发至辖区内的外资银行等相关金融机构。

关于落实《商业银行中间业务暂行规定》有关问题的通知

中国人民银行各分行、营业管理部，各政策性银行、国有独资商业银行、股份制商业银行：

现就实施《商业银行中间业务暂行规定》(中国人民银行令〔2001〕第5号，以下简称《规定》)有关问题通知如下：

一、关于商业银行中间业务的准入

(一)关于中间业务的准入

对中国人民银行规定无需审批或备案的中间业务，商业银行在事前向人民银行提交书面报告即可开办，无需人民银行回复。

人民银行收到商业银行分支机构的报告后，应对报告作必要的审查。对事前未向人民银行报告即办理新增中间业务的商业银行分支机构，人民银行有权依据《规定》第二十六条给予相应处罚。

(二)申报方法

各商业银行申请开办新的中间业务品种，可参照《商业银行中间业务参考分类及定义》(见附件1)，按第二个分类层次申报，也可按具体的业务品种申报。例如，商业银行要开办"外汇期权业务"，可按"外汇期权业务"所属的"期权业务"申报，也可单独申报"外汇期权业务"，但不能按第一个分类层次"交易类中间业务"申报。各商业银行若按第二个分类层次申报，应就开办这一层次的业务制定综合性的规章制度，详细列出所包括的具体业务品种，并针对不同业务品种制定相应的业务操作流程。

对商业银行按第二个分类层次申报的中间业务申请，人民银行监管部门应在准入文件中列明所批准的此类别下的具体业务品种，视业务复杂程度，可相对延长审查时间，但最长不应超过45个工作日。

商业银行按第二个分类层次申报的中间业务经人民银行审查同意后，若要在此类别内增加新的中间业务品种，经事前向人民银行报告即可开办，无需人民银行回复。

(三)准入形式

对适用备案制的中间业务申请，统一改用"备案通知书"回复商业银行，由人民银行监管部门加盖本部门公章后发出。

对适用审批制的中间业务申请，人民银行仍行文批复商业银行。

二、各商业银行应对已开办的中间业务进行清理和分类

为加强对中间业务的管理，人民银行监管部门应督促各商业银行按照《规定》中有关中间业务的定义，对已开办的中间业务进行全面清理和明确分类。

根据《规定》第三条，中间业务是指不构成商业银行表内资产、表内负债，形成银行非利息收入的业务。根据该属性，中间业务可分为九大类：(一)支付结算类中间业务，包括国内外结算业务；(二)银行卡业务，包括信用卡和借记卡业务；(三)代理类中间业务，包括代理证券业务、代理保险业务、代理金融机构委托、代收代付等；(四)担保类中间业务，包括银行承兑汇票、备用信用证、各类银行保函等；(五)承诺类中间业务，主要包括贷款承诺业务；(六)交易类中间业务，例如远期外汇合约、金融期货、互换和期权等；(七)基金托管业务，例如封闭式或开放式投资基金托管业务；(八)咨询顾问类业务，例如信息咨询、财务顾问等；(九)其他类中间业务，例如保管箱业务等(详细的分类及定义请见附件1)。

各商业银行应参照以上分类对现有中间业务进行清理和分类，在完成清理和归类后，将现有中间业务品种及业务基本情况及时报告人民银行。各商业银行也可以制定各自的中间业务分类和归并方法，并在上报人民银行的报告中作出说明。

在清理现有中间业务过程中，对未获得人民银行同意而开办的中间业务，各商业银行应适当归类，并根据《规定》一次性汇总报人民银行总行、分行或营业管理部补办准入手续。对已经过人民银行批准开办的中间业务，不需要再次申报。

三、严格控制商业银行开办代理证券业务

代理证券业务是指银行接受委托办理的代理发行、兑付、买卖各类有价证券的业务，还包括接受委托代办债券还本付息、代发股票红利、代理证券资金清算等业务。本文所指有价证券主要包括国债、公司债券、金融债券、股票等。

商业银行开办代理证券业务，属受托代理性质，应与委托方签订业务协议，明确义务与责任：商业银行既不是发行人，也不是有价证券的买卖人，只负责经办代理发行、收款、付息、资金转账等事务，从中收取手续费，不承担资金交易损失、还本付息等责任。

根据《规定》第七条和第八条，代理证券业务中，除代理发行、代理兑付和承销政府债券业务外，其他代理证券业务适用审批制。为防止银行资金违规流入股市，目前商业银行不能开办代理股票买卖业务。

四、商业银行要加强风险管理，建立中间业务定期报告制度。

人民银行各级监管部门应充分认识中间业务中存在的风险，督促商业银行建立识别、监测、控制中间业务风险的机制，明确管理责任，促进中间业务的稳健发展。

同时，建立商业银行中间业务定期报告制度：一是商业银行应按照《中间业务基本情况统计表》的格式，于每年4月10日、7月10日、10月10日之前向人民银行监管部门和统计部门报送上一季度的中间业务开展情况，于每年1月10日之前报送上年第四季度的中间业务开展情况，每年1月20日之前报送上一年度全年的中间业务开展情况；二是商业银行每年初应就上一年度中间业务的基本情况、存在问题和下一年度的发展计划向人民银行监管部门报送总结报告。

各商业银行应自2002年第一季度开始，向人民银行报告中间业务开展情况。

五、农村信用合作社、城市信用合作社可以开办中间业务，并参照《规定》执行。

(一)农村信用合作社申请开办中间业务的程序。

1. 农村信用合作社开办银行卡业务、担保类中间业务、交易类中间业务和基金托管业务，应由其联社统一向人民银行总行申请，经审查同意后，由其联社统一授权农村信用合作社开展业务。

2. 农村信用合作社开办其他中间业务品种，应由其联社统一向人民银行分行、营业管理部申请，经人民银行分行、营业管理部审查同意后，由其联社统一授权农村信用合作社开展业务。

3. 经授权开展中间业务的农村信用合作社，在正式开办中间业务之前，应由其联社就开办业务的品种及其属性向人民银行当地管辖行报告。

4. 农村信用合作社联社应制定农村信用合作社中间业务授权办法，并报人民银行备案。

(二)城市信用合作社申请开办中间业务,应向人民银行分行、营业管理部申请,经人民银行分行、营业管理部审查同意后方可开办。人民银行分行、营业管理部可根据需要,授权所辖中心支行负责对城市信用合作社部分或全部中间业务的市场准入监管。

六、政策性银行开办中间业务的准入制度和程序,参照《规定》对国有独资商业银行的要求执行。开办中间业务的业务范围另行规定。

请人民银行各分行、营业管理部接此文后,及时转发至辖区内农村信用合作社、城市信用合作社。

商业银行中间业务参考分类及定义

商业银行中间业务可分为以下九大类:

一、支付结算类中间业务

支付结算类业务是指由商业银行为客户办理因债权债务关系引起的与货币支付、资金划拨有关的收费业务。

(一)结算工具。结算业务借助的主要结算工具包括银行汇票、商业汇票、银行本票和支票。

1.银行汇票是出票银行签发的、由其在见票时按照实际结算金额无条件支付给收款人或者持票人的票据。

2.商业汇票是出票人签发的、委托付款人在指定日期无条件支付确定的金额给收款人或持票人的票据。商业汇票分银行承兑汇票和商业承兑汇票。

3.银行本票是银行签发的、承诺自己在见票时无条件支付确定的金额给收款人或者持票人的票据。

4.支票是出票人签发的、委托办理支票存款业务的银行在见票时无条件支付确定的金额给收款人或持票人的票据。

(二)结算方式,主要包括同城结算方式和异地结算方式。

1.汇款业务,是由付款人委托银行将款项汇给外地某收款人的一种结算业务。汇款结算分为电汇、信汇和票汇三种形式。

2.托收业务,是指债权人或售货人为向外地债务人或购货人收取款项而向其开出汇票,并委托银行代为收取的一种结算方式。

3.信用证业务,是由银行根据申请人的要求和指示,向收益人开立的载有一定金额,在一定期限内凭规定的单据在指定地点付款的书面保证文件。

(三)其他支付结算业务,包括利用现代支付系统实现的资金划拨、清算,利用银行内外部网络实现的转账等业务。

二、银行卡业务

银行卡是由经授权的金融机构(主要指商业银行)向社会发行的具有消费信用、转账结算、存取现金等全部或部分功能的信用支付工具。银行卡业务的分类方式一般包括以下几类:

(一)依据清偿方式,银行卡业务可分为贷记卡业务、准贷记卡业务和借记卡业务。借记卡可进一步分为转账卡、专用卡和储值卡。

(二)依据结算的币种不同,银行卡可分为人民币卡业务和外币卡业务。

(三)按使用对象不同,银行卡可以分为单位卡和个人卡。

(四)按载体材料的不同,银行卡可以分为磁性卡和智能卡(IC卡)。

(五)按使用对象的信誉等级不同,银行卡可分为金卡和普通卡。

(六)按流通范围,银行卡还可分为国际卡和地区卡。

(七)其他分类方式,包括商业银行与盈利性机构/非盈利性机构合作发行联名卡/认同卡。

三、代理类中间业务

代理类中间业务指商业银行接受客户委托、代为办理客户指定的经济事务、提供金融服务并收取一定费用的业务,包括代理政策性银行业务、代理中国人民银行业务、代理商业银行业务、代收代付业务、代理证券业务、代理保险业务、代理其他银行银行卡收单业务等。

(一)代理政策性银行业务,指商业银行接受政策性银行委托,代为办理政策性银行因服务功能和网点设置等方面的限制而无法办理的业务,包括代理贷款项目管理等。

(二)代理中国人民银行业务,指根据政策、法规应由中央银行承担,但由于机构设置、专业优势等方面的原因,由中央银行指定或委托商业银行承担的业务,主要包括财政性存款代理业务、国库代理业务、发行库代理业务、金银代理业务。

(三)代理商业银行业务,指商业银行之间相互代理的业务,例如为委托行办理支票托收等业务。

(四)代收代付业务,是商业银行利用自身的结算便利,接受客户的委托代为办理指定款项的收付事宜的业务,例如代理各项公用事业收费、代理行政事业性收费和财政性收费、代发工资、代扣住房按揭消费贷款还款等。

(五)代理证券业务是指银行接受委托办理的代理发行、兑付、买卖各类有价证券的业务,还包括接受委托代办债券还本付息、代发股票红利、代理证券资金清算等业务。此处有价证券主要包括国债、公司债券、金融债券、股票等。

(六)代理保险业务是指商业银行接受保险公司委托代其办理保险业务的业务。商业银行代理保险业务,可以受托代个人或法人投保各险种的保险事宜,也可以作为保险公司的代表,与保险公司签订代理协议,代保险公司承接有关的保险业务。代理保险业务一般包括代售保单业务和代付保险金业务。

(七)其他代理业务,包括代理财政委托业务、代理其他银行银行卡收单业务等。

四、担保类中间业务

担保类中间业务指商业银行为客户债务清偿能力提供担保,承担客户违约风险的业务。主要包括银行承兑汇票、备用信用证、各类保函等。

(一)银行承兑汇票,是由收款人或付款人(或承兑申请人)签发,并由承兑申请人向开户银行申请,经银行审查同意承兑的商业汇票。

(二)备用信用证,是开证行应借款人要求,以放款人作为信用证的收益人而开具的一种特殊信用证,以保证在借款人破产或不能及时履行义务的情况下,由开证行向收益人及时支付本利。

(三)各类保函业务,包括投标保函、承包保函、还款担保履、借款保函等。

(四)其他担保业务。

五、承诺类中间业务

承诺类中间业务是指商业银行在未来某一日期按照事前约定的条件向客户提供约定信用的业务,主要指贷款承诺,包括可撤销承诺和不可撤销承诺两种。

(一)可撤销承诺附有客户在取得贷款前必须履行的特定条款,在银行承诺期内,客户如没有履行条款,则银行可撤销该项承诺。可撤销承诺包括透支额度等。

(二)不可撤销承诺是银行不经客户允许不得随意取消的贷款承诺,具有法律约束力,包括备用信用额度、回购协议、票据发行便利等。

六、交易类中间业务

交易类中间业务指商业银行为满足客户保值或自身风险管理等方面的需要,利用各种金融工具进行的资金交易活动,主要包括金融衍生业务。

(一)远期合约,是指交易双方约定在未来某个特定时间以约定价格买卖约定数量的资产,包括利率远期合约和远期外汇合约。

(二)金融期货,是指以金融工具或金融指标为标的的期货合约。

(三)互换,是指交易双方基于自己的比较利益,对各自的现金流量进行交换,一般分为利率互换和货币互换。

(四)期权,是指期权的买方支付给卖方一笔权利金,获得一种权利,可于期权的存续期内或到期日当天,以执行价格与期权卖方进行约定数量的特定标的的交易。按交易标的分,期权可分为股票指数期权、外汇期权、利率期权、期货期权、债券期权等。

七、基金托管业务

基金托管业务是指有托管资格的商业银行接受基金管理公司委托,安全保管所托管的基金的全部资产,为所托管的基金办理基金资金清算款项划拨、会计核算、基金估值、监督管理人投资运作。包括封闭式证券投资基金托管业务、开放式证券投资基金托管业务和其他基金的托管业务。

八、咨询顾问类业务

咨询顾问类业务指商业银行依靠自身在信息、人才、信誉等方面的优势,收集和整理有关信息,并通过对这些信息以及银行和客户资金运动的记录和分析,并形成系统的资料和方案,提供给客户,以满足其业务经营管理或发展的需要的服务活动。

(一)企业信息咨询业务,包括项目评估、企业信用等级评估、验证企业注册资金、资信证明、企业管理咨询等。

(二)资产管理顾问业务,指为机构投资者或个人投资者提供全面的资产管理服务,包括投资组合建议、投资分析、税务服务、信息提供、风险控制等。

(三)财务顾问业务,包括大型建设项目财务顾问业务和企业并购顾问业务。大型建设项目财务顾问业务指商业银行为大型建设项目的融资结构、融资安排提出专业性方案。企业并购顾问业务指商业银行为企业的兼并和收购双方提供的财务顾问业务，银行不仅参与企业兼并与收购的过程，而且作为企业的持续发展顾问，参与公司结构调整、资本充实和重新核定、破产和困境公司的重组等策划和操作过程。

（四）现金管理业务，指商业银行协助企业，科学合理地管理现金账户头寸及活期存款余额，以达到提高资金流动性和使用效益的目的。

九、其他类中间业务

包括保管箱业务以及其他不能归入以上八类的业务。

关于中资商业银行购汇补充外汇资本金的通知

人民银行各分行、营业管理部，各国有独资商业银行、股份制商业银行：

为促进中资商业银行外汇业务稳健发展，有效防范金融风险，现就中资商业银行使用人民币资本金购汇充实外汇资本金的有关问题通知如下：

一、凡具有外汇业务经营资格的商业银行，在具备健全的内控机制和完善的操作规程的条件下，可根据自身外汇总资产规模向人民银行申请购汇补充外汇资本金。

二、各商业银行需凭人民银行的批复文件，在批准的购汇规模内，向国家外汇管理局申请购汇，其中城市商业银行和农村商业银行向国家外汇管理局所在地分局申请购汇。人民银行会同国家外汇管理局根据外汇市场供求状况逐步安排银行购汇。

三、各商业银行向人民银行提交的购汇规模申请材料应包括如下内容：

（一）申请报告；

（二）所申请购汇规模的测算依据；

（三）最近一年的资产负债表、损益表以及外汇业务经营情况和风险管理情况的分析报告；

（四）最近一年内人民银行或外汇局对其外汇业务的检查或考评报告，或者各行的外汇业务自查报告；

（五）中国人民银行颁发的金融机构法人许可证正、副本复印件；

（六）人民银行要求提供的其他文件和资料。

请人民银行各分行、营业管理部将本通知转发至辖区内各城市商业银行和农村商业银行。

关于中资商业银行市场准入管理有关问题的通知

人民银行各分行、营业管理部，各国有独资商业银行、股份制商业银行：

为适应加入世界贸易组织后我国商业银行发展和监管的需要，逐步统一和规范中外资商业银行市场准入管理，现就国有独资商业银行、股份制商业银行市场准入管理的有关问题通知如下：

一、各国有独资商业银行和股份制商业银行（下称商业银行）应逐步减少分支机构层次，提升分支机构功能。各商业银行要以"总行一分行一支行"的机构层级模式为目标，加大分支机构精简力度，并根据经济发展和市场需要，结合自身管理控制能力设置和调整分支机构。各国有独资商业银行总行要按季向人民银行总行报送各级分支机构增减变动情况，并于每年第一季度上报年度分支机构精简和调整方案。

二、人民银行原则上不再受理各商业银行支行（不含支行）以下分支机构的增设申请。

对于商业银行分支机构总量过多、人均资产较少、地域分布不合理的，允许其对同城或在同一省（自治区）范围内跨城的同一层次分支机构进行结构调整。

对于各商业银行因同城范围结构调整而申请设立支行或分理处的，可按照机构迁址进行审批；对于因跨城范围结构调整而设立支行的，人民银行分支机构除应按照《商业银行设立同城营业网点管理办法》（第六条、第十四条（二）款除外）规定的原则、条件和程序进行审核外，还应要求申请银行提供被调整机构所在地人民银行关于撤销有关机构的批准文件。对于现有股份制商业银行异地支行要求增设分支机构的，可按上述办法规定的条件批准其设立城区内支行。中国人民银行、中共中央组织部、人事部、劳动部《关于当前加强银行（保险）人事、工资管理工作若干问题的紧急通知》（银发〔1998〕110号）第一条关于停止增设机构、提高机构规格的有关内容不再适用。

三、取消对商业银行各级分支机构升格的规划审批。人民银行将主要按照审慎监管要求，根据各商业银行上级行的批准文件，按金融监管责任制规定的权限，对商业银行分支机构升格申请进行审批；其人民币业务范围的变更，可在不超过其上级行业务范围的前提下，依据其上级行的授权文件一并核准。对支行升格为分行的，除满足审慎监管要求外，还应要求其总行按设立分行的条件增拨营运资金。《中国人民银行关于进一步规范股份制商业银行分支机构准入管理的通知》（银发〔2001〕173号）第一条关于分支机构规划管理、第三条（一）关于设立分支机构符合人民银行批复的机构发展规划、第三条（二）关于资产余额的要求等内容不再适用。

四、人民银行不再对商业银行分支机构营业部单独颁发《金融机构营业许可证》，现有已发放许可证的分支机构营业部，要由独立经营业务逐步过渡到作为内设部门，以其所属分支机构名义经营业务。

五、商业银行总行及其分支机构新开办外汇业务，可在机构开业或升格时与人民币业务同时申请，由人民银行根据有关标准，对其人民币与外币业务一并核准。对已设立但尚无外汇业务经营资格的商业银行分支机构，可持人民银行对其上级行的相应批准文件或其上级行金融许可证副本复印件、其上级行有效授权文件向人民银行分支机构申请核准。结售汇业务的准入管理仍按现行规定执行。

六、商业银行申请增开人民币或外汇业务，由其总行向中国人民银行总行提出申请，人民银行按照一级法人管理的原则予以核准或备案。其分支机构增开其上级行已办理的上述业务，只需持人民银行的有关批准文件或其上级行金融机构许可证副本复印件、其上级行有效授权文件和该项业务风险管理及内部控制的相关资料，向人民银行当地分支机构报告。对有违规行为的国有独资商业银行分支机构新开或增开外汇业务，在按照人民银行要求整改和纠正后，可不受最近三年内未受处罚的规定限制。

国家外汇管理局1997年颁布的《银行外汇业务管理规定》第六条、第十七条、第十八条、第十九条不再适用。中国人民银行《关于恢复国有独资商业银行分支机构外汇业务审批工作的通知》（银发〔2000〕227号）第二条第（一）项不再适用。

七、适当调整人民银行对商业银行各级高级管理人员任职资格的审核权限。原由人民银行分行、营业管理部负责审核，但根据《金融机构高级管理人员任职资格管理办法》适用个案上报总行审批的，总行授权各分行、营业管理部个案审批，抄报总行即可。各分行、营业管理部在审查商业银行高级管理人员任职资格时，应当严格标准、规范程序，特别是对拟任高级管理人员的历史问题或离任稽核报告中反映的问题，应在调查核实的基础上，就相关问题是否影响其任职资格提出明确的审查意见。

本通知自下发之日起执行。人民银行对城市商业银行的市场准入管理将另文通知。

关于商业银行申请从事合格境外机构投资者境内证券投资托管业务有关问题的通知

中国人民银行各分行、营业管理部，各国有独资商业银行、股份制商业银行：

为配合《合格境外机构投资者境内证券投资管理暂行办法》（中国证券监督管理委员会和中国人民银行令〔2002〕第12号，以下简称《办法》）的实施，现就商业银行申请开办合格境外机构投资者境内证券投资托管业务有关问题通知如下：

一、中资商业银行应根据《商业银行中间业务暂行规定》（中国人民银行令〔2001〕第5号）第十六条的有关规定提交申请资料。

二、外资独资银行、合资银行和外国银行分行应根据《中华人民共和国外资金融机构管理条例实施细则》（中国人民银行令〔2002〕第1号）第四十四条规定提交下列申请资料：

（一）由申请人总部授权签字人签署的从事合格境外机构投资者境内证券投资托管业务申请书。申请书由董事长或行长（首席执行官、总经理）签署的，不需出具授权书；由其他人员签署的，需出具授权书。授权书应经所在国家或地区认可的机构公证或经中华人民共和国驻该国使、领馆认证。"所在国家或地区"是指授权人任职所在国家或地区。授权人在中国境内的，由授权人任职所在城市公证部门进行公证。授权签字人目前在中国境内任职，其现职经中国人民银行核准，且被授权范围与中国人民银行核准时相同的，可以只提供其任现职时向中国人民银行提交的授权书复印件，该复印件需经其本人签字。

（二）拟开办业务的详细介绍，从事该业务所做的必要准备，包括操作规程、风险—收益分析、控制措施、专业人员及计算机系统的配置等内容。

（三）中国人民银行要求提供的其他资料。

三、外国银行在华境内的分行只能由一个分行、外资独资银行、合资银行只能由其总部开办合格境外机构投资者境内证券投资托管业务。

四、国有独资商业银行、股份制商业银行应由其总行统一向中国人民银行总行申请；城市商业银行应由其总行统一向中国人民银行分行、营业管理部申请。

外资独资银行、合资银行和外国银行分行应向所在地中国人民银行分支机构提交申请资料（一式三份），由所在地中国人民银行分支机构审查同意后，逐级报至中国人民银行总行审批。

五、获准从事合格境外机构投资者境内证券投资托管业务的商业银行不须变更金融业务许可证和对外公告。

六、商业银行的申请经我行批准后，持我行批文按照《办法》有关规定到中国证券监督管理委员会申请合格境外机构投资者境内证券投资托管人资格。

七、香港特别行政区、澳门特别行政区和台湾地区的银行在祖国大陆的分行，以及香港特别行政区、澳门特别行政区和台湾地区的金融机构在祖国大陆设立的独资银行、合资银行比照外资独资银行、合资银行和外国银行分行适用本通知。

请各人民银行分行、营业管理部将本通知转发辖区内有关分支机构、城市商业银行和外资银行。

关于进一步加强房地产信贷业务管理的通知

中国人民银行各分行、营业管理部，各国有独资商业银行、股份制商业银行：

为进一步落实房地产信贷政策，防范金融风险，促进房地产金融健康发展，现就加强房地产信贷业务管理的要求通知如下：

一、加强房地产开发贷款管理、引导规范贷款投向

房地产开发贷款对象应为具备房地产开发资质、信用等级较高、没有拖欠工程款的房地产开发企业。贷款应重点支持符合中低收入家庭购买能力的住宅项目，对大户型、大面积、高档商品房、别墅等项目应适当限制。对商品房空置量大、负债率高的房地产开发企业，要严格审批新增房地产开发贷款并重点监控。

各商业银行应严格执行《建设部、国家计委、财政部、国土资源部、中国人民银行、国家税务总局关于加强房地产市场宏观调控促进房地产市场健康发展的若干意见》（建住房（2002）217号），对未取得土地使用权证书、建设用地规划许可证、建设工程规划许可证和施工许可证的项目，不得发放任何形式的贷款。

商业银行对房地产开发企业申请的贷款，只能通过房地产开发贷款科目发放，严禁以房地产开发流动资金贷款及其他形式贷款科目发放。对房地产开发企业已发放的非房地产开发贷款，各商业银行按照只收不放的原则执行。房地产开发企业申请银行贷款，其自有资金（指所有者权益）应不低于开发项目总投资的30%。

商业银行发放的房地产贷款，只能用于本地区的房地产项目，严禁跨地区使用。

二、严格控制土地储备贷款的发放

各商业银行应规范对政府土地储备机构贷款的管理，在《土地储备机构贷款管理办法》颁布前，审慎发放此类贷款。对土地储备机构发放的贷款为抵押贷款，贷款额度不得超过所收购土地评估价值的70%，贷款期限最长不得超过2年。

商业银行不得向房地产开发企业发放用于缴交土地出让金的贷款。

三、规范建筑施工企业流动资金贷款用途

商业银行要严格防止建筑施工企业使用银行贷款垫资房地产开发项目。承建房地产建设项目的建筑施工企业只能将获得的流动资金贷款用于购买施工所必需的设备（如塔吊、挖土机、推土机等）。企业将贷款挪作他用的，经办银行应限期追回挪用资金，并向当地其他的商业银行通报该企业违规行为，各商业银行不应再对该企业提供相应的信贷支持。对自有资金低、应收账款多的承建房地产建设项目的建筑施工企业，商业银行应限制对其发放贷款。

四、加强个人住房贷款管理，重点支持中低收入家庭购买住房的需要

商业银行应进一步扩大个人住房贷款的覆盖面，扩大住房贷款的受益群体。为减轻借款人不必要的利息负担，商业银行只能对购买主体结构已封顶住房的个人发放个人住房贷款。对借款人申请个人住房贷款购买第一套自住住房的，首付款比例仍执行20%的规定；对购买第二套以上（含第二套）住房的，应适当提高首付款比例。

商业银行应将发放的个人住房贷款情况登记在当地人民银行的信贷登记咨询系统，详细记载借款人的借款金额、贷款期限、借款人及其配偶的身份证号码。商业银行在发放个人住房贷款前，应到信贷登记咨询系统进行查询。

五、强化个人商业用房贷款管理

借款人申请个人商业用房贷款的抵借比不得超过60%，贷款期限最长不得超过10年，所购商业用房为竣工验收的房屋。对借款人以"商住两用房"名义申请银行贷款的，商业银行一律按照个人商业用房贷款管理规定执行。

六、充分发挥利率杠杆对个人住房贷款需求的调节作用

对借款人申请个人住房贷款购买房改房或第一套自住住房的（高档商品房、别墅除外），商业银行按照中国人民银行公布的个人住房贷款利率（不得浮动）执行；购买高档商品房、别墅、商业用房或第二套以上（含第二套）住房的，商业银行按照中国人民银行公布的同期同档次贷款利率执行。

七、加强个人住房公积金委托贷款业务的管理

各商业银行应严格执行《中国人民银行关于加强住房公积金信贷业务管理的通知》（银发（2002）247号）的有关规定，切实加强账户管理，理顺委托关系，对违反规定的有关行为应即刻纠正。住房委托贷款业务仅限于个人住房公积金委托贷款，对使用其他房改资金（包括单位售房款、购房补贴资金、住房维修基金等）委托办理贷款业务的，商业银行一律不得承办。

八、切实加强房地产信贷业务的管理

中国人民银行各分支行应建立房地产信贷业务分析制度，跟踪、调查、分析商业银行房地产信贷执行情况，对违法违规行为要责令商业银行限期改正，并依法给予行政处罚。

请中国人民银行各分行、营业管理部将本通知转发至辖区内各城市商业银行、城乡信用社。

二〇〇三年六月五日

中国人民银行有关负责人就实施《人民币银行结算账户管理办法》答问

《人民币银行结算账户管理办法》即将于9月1号实施，就社会公众关心的有关问题人民银行有关负责人回答了记者的提问。

问：中国人民银行为什么要制定《人民币银行结算账户管理办法》（以下简称《办法》）？

答：1994年，中国人民银行颁布了《银行账户管理办法》，对规范企事业单位银行账户的开立和使用、促进经济金融秩序的好转起到了重要作用。但随着我国市场经济的发展和经济金融改革的深化，《银行账户管理办法》已不能适应需要，为此，中国人民银行对其进行了全面的修订和完善，制定了《办法》。其必要性在于：一是市场经济发展的客观需要。随着我国社会主义市场经济的不断发展，经济格局和市场环境发生了很大的变化，对单位银行结算账户的开立、使用和管理以及资金的使用提出了新的要求；电子商务、网上支付、信用卡等新兴业务的发展，需要对银行结算账户的开立、使用等行为作进一步规范；个人经济活动日趋活跃，产生了在银行开立结算账户办理转账支付的内在需求。《银行账户管理办法》已明显滞后于经济金融发展的需要，需要制定新的银行账户管理制度。二是规范市场经济秩序的需要。当前，违规开立、使用银行结算账户问题仍然比较严重，一些单位利用多头开户逃税、逃债、逃贷和套取现金；不少行政事业单位利用多头开户转移资金，甚至私设"小金库"；有的商业银行随意开户，放松监督，为不法分子利用银行结算账户进行诈骗、洗钱等违法犯罪活动提供了便利。为有效遏制逃债、腐败、洗钱等违规违法行为，维护市场经济秩序，迫切需要制定新的银行结算账户管理制度。三是促进我国银行业健康发展的需要。银行结算账户的开立是银行开展竞争的一种重要手段，也是我国支付体系的一个重要组成部分，是中国现代化支付系统的基础。通过制度规范，有利于营造公平竞争的市场环境，保障中小金融机构的生存发展，有利于促进商业银行业务创新，以优质高效的服务吸引客户，提高中国银行业的整体竞争实力。

问：什么是人民币银行结算账户？《办法》的适用范围是什么？

答：人民币银行结算账户是指银行为存款人开立的办理资金收付结算的人民币活期存款账户，按存款人分为单位银行结算账户和个人银行结算账户，单位银行结算账户按用途分为基本存款账户、一般存款账户、专用存款账户、临时存款账户。个体工商户凭营业执照以字号或经营者姓名开立的银行结算账户，纳入单位银行结算账户管理。个人因投资、消费使用各种支付工具，包括借记卡、信用卡在银行开立的银行结算账户，纳入个人银行结算账户管理。

《办法》规定，存款人在中国境内的银行开立的人民币银行结算账户适用本办法。存款人是指在中国境内开立银行结算账户的机关、团体、部队、企业、事业单位、其他组织、个体工商户和自然人。银行是指在中国境内经中国人民银行批准经营支付结算业务的政策性银行、商业银行（含外资独资银行、中外合资银行、外国银行分行）、城市信用合作社、农村信用合作社。

外币存款账户、个人储蓄账户、单位定期存款账户、非银行金融机构为投资者或委托人开立的内部账户不纳入《办法》管理。外币存款账户的开立和使用应遵守国家外汇管理局的有关规定。储蓄的基本功能是存取存款本金和支取利息，储蓄账户不具有办理资金收付结算的功能，《办法》第四十三条相应规定了"储蓄账户仅限于办理现金存取业务，不得办理转账结算"，因此，储蓄账户的开立和使用应遵守《储蓄管理条例》的规定。单位定期存款账户不具有结算功能，与办理支付结算的单位活期存款账户存在本质区别，因此，该类账户的开立和使用应遵守《人民币单位存款管理办法》的规定。

问：为适应市场经济的发展，满足经济活动各方当事人的结算需要，《办法》主要作了哪些改进？

答：为提高银行服务水平，便利多种所有制的组织机构、个体工商户和个人办理转账结算，《办法》主要作了以下改进：

一、遵循自愿原则，保护存款人合法权益。考虑到存款人对其资金具有自主支配权，需要根据地理位置、结算需要、与其他经济组织的合作关系、银行的服务质量等选择银行开立银行结算账户；同时，多种组织形式、不同规模的商业银行同时并存，其服务手段、风险管理等方面的差异，客观上也为有不同结算需求的存款人自主选择开户银行创造了条件。并且，通过存款人选择开户银行，可以促使银行根据自身特点，针对不同的客户群体，提供个性化的服务，提高服务质量和经营管理水平。因此《办法》规定"存款人可以自主选择银行开立银行结算账户"。

根据《中国人民共和国商业银行法》的规定，商业银行开展业务，应当遵守公平竞争的原则，不得从事不正当竞争。据此，《办法》规定，任何单位和个人不得强令存款人到指定银行开立银行结算账户。此条款一方面保护了存款人作为经济主体应有的自主选择权，也有效防范了银行间的不正当竞争和行业腐败行为。需要明确的是，一方面，存款人可以根据需要自主选择银行开立银行结算账户，并与开户银行依据相关法律法规的规定，通过协议的形式明确双方的权利和义务，严格按照协议约定履行相应的责任和义务；另一方面，存款人也不应以开户银行严格执行规章、制度为由随意转移银行结算账户。

二、明确了开立各类银行结算账户的存款人资格，使具有结算需要的各类组织及个体工商户，均可以开立有关银行结算账户，办理转账结算。一是凡具有民事权利能力和民事行为能力、并依法独立享有民事权利和承担民事义务的法人和其它组织，均可以开立基本存款账户。同时，考虑到有些单位虽然不是法人组织，但具有独立核算资格，有自主办理资金结算的需要，《办法》也允许其开立基本存款账户，主要包括非法人企业（如具有营业执照的企业集团下属的分公司）、外国驻华机构、个体工商户、单位设立的独立核算的附属机构（如单位附属独立核算的食堂、招待所、幼儿园）等。二是取消了开立一般存款账户的限制条件，只要存款人具有借款或其他结算需要，都可以申请开立一般存款账户，且没有数量限制。三是缩小了纳入专用存款账户管理的资金范围。只有法律、行政法规和规章规定要专户存储和使用的资金，才纳入专用存款账户管理，并按有关规定进行监督。四是扩大了临时存款账户的使用对象。针对不同社会主体的不同经营活动需求，《办法》对工程指挥部、筹备领导小组、摄制组等临时机构，建筑施工及安装单位等在异地的临时经营活动，公司的注册验资等因临时活动需要银行结算服务的存款人，允许其开立临时存款账户。

三、设立个人银行结算账户，方便个人使用各类支付工具办理转账结算。个人银行结算账户办理汇兑、定期借记（代付水、电费等）、定期贷记（代发工资等）、借记卡等转账结算，是其基本功能，而通过个人银行结算账户使用信用支付工具则是它的一项重要功能。随着个人消费水平的提高，投资意识的普及，信用观念的建立，个人因买房、购车等投资、消费需要使用支票、信用卡等信用支付工具的，均可以申请开立个人银行结算账户。由于利用个人银行结算账户使用支票、信用卡等信用支付工具是丰富个人资金结算手段，促进银行结算服务功能全面提升的必然趋势，也是社会发展进步的重要体现，因此，银行在防范支付风险的前提下，应大力予以组织推广。

四、突破了账户只能属地开立、属地管理的限制。市场经济的发展已经打破了原有的地域限制，越来越多的经济组织跨地区开展生产经营活动，长期或频繁的异地经营活动需要在经营地银行开立银行结算账户，以方便办理支付结算。为顺应市场经济发展需要，《办法》突破了账户只能属地开立、属地管理的原则，规定单位或个人只要符合相关条件，均可根据需要在异地开立相应的银行结算账户。存款人在营业执照注册地未开立基本存款账户的，可在经营地开立基本存款账户；存款人在异地取得借款和有其他结算需要的，可在异地开立一般存款账户；存款人有回笼异地货款、支付异地营销开支需要的，如企业驻外的非独立核算单位，可在异地开立收入汇缴和业务支出专用存款账户；在异地有短期的临时经营活动的，如文艺团体在异地的演出活动、生产厂家在异地的展销活动等，可在异地开立临时存款账户。

问：为什么要单设个人银行结算账户，如何通过该账户推广信用支付工具？

答：单设个人银行结算账户的原因和目的为：一是为适应个人因投资、消费等产生的各种转账结算需要，进一步扩大转账结算范围。随着我国经济的发展、人们生活水平的提高和消费方式的多样化，个人金融业务迅速发展，个人转账支付需求不断增长，越来越多的个人需要通过银行办理结算，如支付水、电、话、气等费用，归还住房信贷款项、证券投资、购物消费等，单纯的个人储蓄账户的功能显然不能满足上述需求。二是有利于对个人银行结算账户的管理。单设个人银行结算账户，并将个体工商户的银行结算账户纳入单位银行结算账户管理，可以将个体工商户的生产经营性资金和消费资金分别核算，有利于其规范资金管理，促进个体经济发展。并且，通过划分单位银行结算账户和个人银行结算账户，对从单位银行结算账户向个人银行结算账户支付款项进行监督管理，可以在一定程度上防止公款私存、套取现金和洗钱犯罪等行为。三是有利于银行提高服务水平。单设个人银行结算账户后，可以促使商业银行更加重视个人零售业务的发展，大力推广个人支票、网上支付等便捷的支付手段和支付工具，改善服务水平，并能够激发商业银行开展业务创新的积极性，根据不同客户群体的投资、理财需要提供个性化服务，提高赢利能力。四是有利于加强银行对个人银行结算账户的管理。个人银行结算账户与个人储蓄账户在功能与服务方式方面存在较大差异，《办法》单设个人银行结算账户，将其同储蓄账户相分离，区别管理，打破了传统的"对公"、"对私"界线，可促进商业银行改变经营理念和经营方式，同时降低银行的管理成本。

个人银行结算账户有三个功能：一是活期储蓄功能，可以通过个人结算账户存取存款本金和支取利息。二是普通转账结算功能，通过开立个人银行结算账户，办理汇款、支付水、电、话、气等基本日常费用、代发工资等转账结算服务，使用汇兑、委托收款、借记卡、定期借记、定期贷记、电子钱包(IC卡)等转账支付工具。三是通过个人银行结算账户使用支票、信用卡等信用支付工具。

随着个人消费水平的提高，投资意识的普及，信用观念的建立，高收入者如社会名流、专家学者、文艺体育明星、外企白领等，希望利用个人银行结算账户使用支票、信用卡等信用支付工具，满足其投资和消费需要，体现其社会地位和自身价值。因此，利用个人银行结算账户推广和使用个人信用支付工具可以满足不同层次客户的需求。另一方面，由于个人使用支票、信用卡等信用支付工具办理资金结算，也体现了银行针对个人用户的差别化、高附加值服务，它对存款人的经济、信用条件要求较高，通过个人银行账户推广应用支付工具可促进个人信用制度的建立，并且通过个人银行结算账户使用支票、信用卡等支付工具，还可以为银行提供的个人投资理财业务创造便利的转账条件。

个人开立个人银行结算账户可以根据个人的需要自主决定，存款人申请开立个人银行结算账户的手续较为简便。存款人可以单独申请开立个人银行结算账户，也可在已开立的储蓄账户中，自主选择确认为个人银行结算账户，对于个人银行卡账户和存款人在《办法》实施前开立并已在银行办理委托收付款业务的储蓄账户(含借记卡)，2003年9月1日起，银行将其自动纳入个人银行结算账户管理，俟存款人到银行柜台办理第一笔业务时，再办理确认手续。对单位因代发工资为个人统一开立的储蓄账户，可由委托单位一次性统一办理手续。

个人银行结算账户按活期储蓄利率计息。

个人银行结算账户使用支票、信用卡等信用支付工具是丰富个人资金结算手段，促进银行结算服务功能全面提升的必然趋势，也是社会发展进步的重要体现，因此，银行在防范支付风险的前提下，应大力予以推广和扶持。为此，商业银行应做到：首先，要大力宣传、推广个人信用支付工具。银行要积极创造条件，充分发挥自身独具特色的支付结算服务优势，提供面向个人客户的信用服务体系和资金结算功能，力求做到既要方便客户使用，保障各方当事人的合法权益，也要充分体现信用支付工具的独具特色，促进个人信用支付工具全面发展。其次，在开立个人银行结算账户的环节上，银行也要严格区分普通转账结算类个人银行结算账户和申请使用信用支付工具的个人银行结算账户。对以申请使用信用支付工具为目的开立的个人银行结算账户，银行应严格审查其信用状况，可通过对其职业、收入状况等方面的情况进行深入了解，掌握、分析其信用水平，必要时可要求存款人通过提供担保等方式强化其信用基础。同时，银行应积极参与全社会的信用体系的建设。社会信用体系的建立，可以为个人信用支付工具的使用创造良好的社会环境。

个人开立银行结算账户及通过该账户办理转账结算，在手续和费用上都不会增加存款人的负担，甚至还会减少费用支出。存款人新开立或将活期储蓄账户转换确认为个人银行结算账户，银行不收取任何费用；存款人通过个人银行结算账户办理支付结算，只需按规定支付少量的支付结算业务手续费。仅从支付结算业务手续费来看，按现行规定，未在银行开立结算账户的个人在办理汇款和使用银行汇票，5000元以下的汇款需按每笔汇款金额的1%交纳手续费，5000元(含)以上的每笔需支付50元手续费；而存款人开立个人银行结算账户后通过其办理转账结算，只是与单位一样支付手续费，如一笔汇款只需支付0.50元的手续费，另外再按规定支付电子汇划费，对于广大人民群众来说一般也不会超过10元。同时，单位委托银行向个人办理代扣水、电、话、气等基本日常费用和代发工资等转账结算业务的，由于发起委托收付款业务的是收费单位或付酬方，根据"谁委托，谁付费"的原则，个人不需支付任何费用。

问：《办法》为什么将个体工商户开立的银行结算账户纳入单位银行结算账户管理？

答：当前，大多数个体工商户多以自然人身份开立储蓄账户并用于办理经营性资金的支付结算或大量使用现金，既导致其经营性资金和消费性资金无法区分，也不方便其办理结算。为此，《办法》将个体工商户凭营业执照以字号或者经营者姓名开立的银行结算账户纳入单位银行结算账户管理。

此规定具有积极的现实意义：一是有利于提高个体工商户的经济地位，促进个体经济健康发展。根据党的十六大精神，个体工商户作为非公有制经济的重要组成部分，应同其他经济组织享有平等的生产经营权利，其身份应受到重视，贡献应得到认可，权利应得到保障。《办法》将其纳入单位银行结算账户管理，表明个体工商户开立的银行结算账户将享有同单位银行结算账户相同的银行结算服务，方便了其生产经营活动。二是有利于满足个体工商户的支付结算需要，便利其经营活动，规范其财务管理，维护其合法权益。个体工商户从事经营活动存在各种结算需要，具有把生产经营性资金和个人消费资金分开的内在要求。如果将其纳入个人银行结算账户管理，单位支付的生产营经营资金不能转入其个人银行结算账户，将影响其正常的生产经营活动。

问：取消对开立一般存款户的限制条件，对存款人和银行有什么好处？

答：按照1994年的《银行结算账户管理办法》规定，存款人只有在基本存款账户以外的银行取得借款，或与基本存款账户的存款人不在同一地点的附属非独立核算单位，方可申请开立一般存款账户。随着市场经济体制改革的深化和竞争的加剧，一方面，存款人为规避集中存放资金于一家银行可能带来的风险，希望根据自身经营特点，自主选择方便银企合作的开户银行，以接受更好的支付结算服务，需要开立多个银行结算账户。另一方面，银行的生存和发展，需要稳定的客户群作为保障，通过改进服务和业务创新，以优质、高效的服务吸引客户。因此《办法》规定，只要存款人具有借款或其他结算需要，都可以申请开立一般存款账户。存款人开立一般存款账户没有数量限制，存款人可自主选择不同经营理念的银行，既能充分享受多家银行的特色服务，又能适应不同的经济往来对象，更为方便地使用不同银行提供的支付结算工具和手段。同时，通过现代化管理手段和实施有效的管理，既可满足存款人办理支付结算、管理资金的多种需要，又能做到放而不乱，为银行公平竞争创造条件，促进商业银行开展业务创新，改进服务水平，提高中国银行业的整体竞争实力。

问：《办法》的实施对证券交易结算资金账户的管理有哪些影响？

答：鉴于我国金融管理体制和证券市场发展的实际情况，《办法》在制定时充分考虑了相关政策和行业状况，没有改变券商的现行做法，不会对其经纪业务产生不利影响。对于社会普遍关心的两个问题，一是息差收入问题，二是证券交易结算资金账户取现问题，《办法》在制定时主要是基于以下考虑：

第一，《办法》在制定时，依据《客户交易结算资金管理办法》(证监会令(2002)第3号)的管理要求，并根据专用存款账户的功能和性质，将证券公司在存管银行开立的证券交易结算资金账户纳入《办法》规定的专用存款账户管理。同时，《办法》规范的对象是社会公众在银行开立的用于办理资金收付的人民币活期存款账户，股民在证券公司开立的保证金账户(客户交易结算资金)，不属于银行结算账户范畴，故不纳入《办法》的调整范围。除此之外，证券交易结算资金专用存款账户的资金性质以及适用何种利率也不是《办法》规范的范围。在现有的证券交易资金结算方式下，只要股民不退出股市，就不存在客户交易结算资金从证券公司在存管银行开立的证券交易结算资金专用存款账户转移进入股民在银行开立的个人结算账户，也不会影响股民在证券公司开立的保证金账户的资金存量。所以，《办法》的规定对券商主要的利差收入没有任何影响。

第二，证券交易结算资金专用存款账户不能支取现金的规定，主要是考虑《办法》已允许并鼓励自然人开立个人结算账户，个人结算账户可以使用银行提供的所有支付结算工具(支付结算工具的使用对象不再区分个人和单位)，从而减少股民进出股市时大量提现的风险，同时，也是为了防止洗钱、套现等违法违规行为。

针对目前投资者普遍存在通过证券公司分支机构取现的习惯做法以及证券行业的特性，中国人民银行在下发的《关于实施<人民币银行结算账户管理办法>有关事项的通知》(银发(2003)163号)中规定，在《办法》实施时，对证券交易结算资金专用存款账户支取现金采取逐步过渡的方式。证券公司分支机构为投资者办理现金支取业务时，必须遵守国家现金管理的规定，并建立大额提取现金提前预约制度，严格按照《中国人民银行关于进一步加强大额现金支付管理的通知》(银发(2001)第2号)、《金融机构反洗钱规定》(中国人民银行令(2003)第1号)、《人民币大额和可疑支付交易报告管理办法》(中国人民银行令(2003)第2号)的规定，向中国人民银行当地分支行报告。

问：为什么《办法》强调银行要加强对存款人开户资料真实性、完整性、合规性的审查？

答：当前，不法分子利用伪造、变造或过期的营业执照、身份证等证明文件骗取银行开立银行结算账户，并利用银行结算账户进行诈骗、敲诈勒索、洗钱等违法犯罪活动时有发生。为了从源头上防范和打击利用银行结算账户进行违法犯罪活动，保护存款人、银行的合法权益和资金安全，《办法》在规定存款人申请开立银行结算账户有义务提供真实、完整、合规的开户证明文件的同时，也要求银行应对存款人提交的开户申请资料及开户申请书填写的事项的真实性、完整性、合规性进行认真审查，确保存款人以实名开立各类银行结算账户，这正是"了解你的客户"原则的具体体现。

所谓"了解你的客户"，是指银行在与客户建立业务关系或与其进行交易时，应当根据有效的证明文件或其他可靠的身份识别资料，确定客户的真实身份，完整地记录存款人的开户和交易资料信息。"了解你的客户"原则特别强调金融机构第一次与客户进行交易时，了解客户真实身份的重要性。我国已在《关于制止向恐怖主义提供资助的国际公约》(简称《公约》)上签字，表明我国将严格遵守《公约》中关于银行结算账户开立必须遵循的"了解你的客户"原则。必须认识到"了解你的客户"是金融机构打击洗钱活动的基础。

问：《办法》采取哪些措施，防范逃债、洗钱等违规违法活动？

存款人进行各项经济活动所产生的支付结算，主要都是通过银行账户之间的资金划转完成的。银行账户集中反映整个社会经济活动资金支付结算的起点与终点，是办理支付结算业务的门户，是我国支付结算体系的基础，也是一切经济活动资金往来的前提。有效的银行账户管理，可为中央银行实施货币政策、维护金融稳定提供有力的支持。通过规范银行账户制度，加强账户管理，有利于防止利用银行账户逃债、逃贷、逃税和套取现金，有利于打击洗钱行为和防止腐败。同时，中央银行可以对银行结算账户使用中反映出的各种信息进行综合分析，并籍此通过建立支付信用信息系统以及对可疑资金运动的预警机制，准确反映存款人的支付信用状况，及时发现大额可疑资金或异常资金的流出流入，促进社会信用程度的提高，维护经济金融秩序稳定。

为防止存款人利用开立银行结算账户逃债或从事洗钱、诈骗等违法犯罪活动，《办法》从八个方面强化了银行结算账户管理：一是开立基本存款账户、临时存款账户和财政预算外资金专用存款账户须报经中国人民银行核准，防止违规开户。二是开立一般存款账户、专用存款账户、临时存款账户要在其基本存款账户开户登记证上登记存款人账户信息，以利于债权银行和司法机关掌握其开户情况。三是对不同的存款人开立各类银行结算账户需要提供的证明文件作了明确规定，并要求银行审查核实，确保存款人以实名开立银行结算账户。四是加强对单位银行结算账户向个人银行结算账户划转资金的管理，规定只有其合法收入才能转入个人银行结算账户，单位转账支付给个人的款项必须向银行提供合法的付款依据，款项达到应纳税的，税收代扣单位付款时应向其开户银行提供完税证明。五是严格对支取现金的管理，分别规定了哪些账户不能支取现金，哪些账户支取现金必须经中国人民银行批准，哪些账户支取现金必须按照现金管理规定办理。六是实行生效日制度，规定单位存款人开立的银行结算账户必须自正式开立起三日后方能对外办理支付。七是规定存款人尚未清偿开户银行债务的，不得申请撤销和变更银行结算账户。八是建立异常支付申报制度，要求银行对单位异常支付进行分析和监控，并及时报告中国人民银行。

问：中国人民银行采取哪些措施贯彻实施《办法》？

答：《办法》对1994年的《银行结算账户管理办法》作了重大变革，且政策性、操作性强，为贯彻实施好《办法》，中国人民银行做了大量实施前的准备工作。

(一)广泛宣传，提高认识。《办法》按照经济、金融改革的变化和市场经济的发展作了较大的调整，正确开立和使用银行结算账户，并提供相适应的支付工具和提高服务水平，有利于促进市场经济的发展；《办法》进一步规范了银行结算账户的开立和使用，并采取了不少有效的管理措施，防止违规开立和使用账户，有利于维护经济、金融秩序的稳定。为做好《办法》的宣传工作，人民银行总行在全国性经济、金融报刊杂志上刊登《办法》，并配发相关评论。中国人民银行新闻发言人就《办法》实施的有关问题接受记者的专访。同时，人民银行各分支行以及政策性银行、商业银行也按照人民银行总行的要求，通过电视、广播、报刊杂志等新闻媒体向社会广泛宣传《办法》的意义、作用及各项规定等，有效提高了大家的思想认识以及自觉遵守《办法》各项规定的意识。

(二)加强培训，熟悉《办法》。由于办法影响面大，政策性强，操作性强，为使人民银行分支行和商业银行认真学习和领会《办法》的实质精神，理解、掌握其中的各项规定，熟悉各类银行结算账户的开立条件、使用范围和开、销户程序，做到职责明确，正确办理和使用，人民银行总行在7月底8月初分别对商业银行和人民银行分支行进行了培训。随后，人民银行分支行组织了辖内培训，商业银行总行组织了对其分支机构的培训。

(三)确定实施步骤，保证《办法》执行。《办法》的实施工作量大，涉及面广，操作性强，为便于各银行具体实施《办法》，中国人民银行下发了《关于实施〈人民币银行结算账户管理办法〉有关事项的通知》，对分步实施的步骤、新旧账户的过渡、各类申请书的格式和使用、各类银行结算账户的核准与备案、个人银行账户的确认等进行具体的部署。

(四)要求各银行改进服务，办好结算。各银行在开户和结算上为客户进一步改进服务的同时，着重做好个人和个体工商户账户开立和其支付工具的推广工作。在防范支付风险的前提下，银行应积极创造条件，提供便捷、安全和自身独具特色的支付工具，努力提高支付结算服务水平，为我国市场经济的发展做出贡献。

债券柜台交易结算业务规则

第一章　总　则

第一条　根据中国人民银行《商业银行柜台记账式国债交易管理办法》制定本规则。

第二条　柜台交易的债券实行两级托管体制。中央国债登记结算有限责任公司(简称中央结算公司)是债券的一级托管人，经批准可办理记账式债券柜台交易的商业银行(以下称承办银行)为二级托管人。经中国人民银行授权，中央结算公司可对承办银行的二级托管账务进行核查。

第三条　中央结算公司对承办银行在其开立的一级托管自营账户和代理总账户记录的真实性、准确性、完整性和安全性负责；承办银行对账户持有人(以下称投资人)在其办理柜台交易的营业网点开立的二级托管账户记录的真实性、准确性、完整性和安全性负责。

第四条　托管人应依法为投资人保密，维护其持有债券的自主支配权，不得代第三人查询、冻结、扣划投资人账户内的债券，法律另有规定的除外。

第五条　债券柜台交易业务通过承办银行柜台交易业务处理系统(简称交易系统)和中央结算公司的债券柜台交易业务中心系统(简称中心系统)、债券柜台交易业务语音复核查询系统(简称复核查询系统)、债券柜台交易业务报价系统(简称报价系统)及中央债券簿记系统(简称簿记系统)共同进行处理。承办银行和中央结算公司对各自所操作的系统进行运作、管理、维护，共同保证系统接驳的安全、顺畅。

第六条　中央结算公司制定的《债券柜台交易数据要素和内容》(以下称《数据要素和内容》)、《债券柜台交易数据交换格式》、《债券柜台交易报价系统数据发送内容与格式规范》(以下称《报价规范》)、《债券柜台交易业务数据处理操作规程》(以下称《操作规程》)为债券柜台交易业务数据交换和操作的规范性文件，承办银行应按上述文件的要求进行相应系统开发和业务处理。

第七条　债券柜台交易的业务处理时间周期由中央结算公司与承办银行协商后制定和调整，报中国人民银行核准后统一执行。

第八条　承办银行和中央结算公司定期向中国人民银行报告柜台交易有关情况，并接受中国人民银行的检查和监督。

第二章　业务处理

第一节　托管账户

第九条　承办银行在中央结算公司的簿记系统开立债券自营账户和代理总账户，由中央结算公司负责管理，并分别记载其自有债券数额和其全部二级托管客户所拥有的债券总额。

第十条　承办银行办理柜台交易的营业网点为投资人在交易系统中开立债券二级托管账户，由承办银行负责管理，在办理债券发售、交易、质押、冻结、非交易过户、转托管、兑付等业务或进行账务更正时，承办银行应即时在投资人二级托管账户中进行相应记载。

第十一条　通过中央结算公司按照本规则第六十五条所列原则进行帐务复核后的交易系统中二级托管账户所载余额为投资人拥有的债券数额，但投资人有确凿证据证明承办银行账务记载有误的除外。

第十二条　托管人对债券托管账户中所载债券数额应按面值、分券种反映。

第十三条　投资人开立债券托管账户采用实名制。承办银行为投资人开立二级托管账户时应比照存款实名制或《银行账户管理办法》的要求审查其有效身份证件：

(一)投资人为自然人的，向承办银行出示居民身份证等有效个人身份证件。开户注册时，承办银行应优先选用居民身份证，个人投资人的身份识别码由两位类别码加身份证件号码组成。

（二）投资人为机构的，应按照机构在银行开立存款帐户的要求向承办银行提交有关资料，并出示组织机构代码证。开户注册时，承办银行应使用组织机构代码，机构投资人的身份识别码由两位类别码加组织机构代码组成。

类别码由承办银行按照《数据要素和内容》的有关要求编制。

第十四条 投资人在承办银行开立债券托管账户时，应与承办银行签订债券托管协议书。

托管协议书应包括以下内容：投资人自愿委托承办银行进行债券托管的意思表示；托管服务的内容；对投资人的风险提示；服务费用；违约责任；投资人指定的用于债券买卖价款结算的资金账户等。

第十五条 承办银行为投资人开立债券二级托管账户后，应向投资人发放债券账户凭据，并提供复核查询系统的初始查询密码，提示投资人于查询时间内进入复核查询系统及时修改初始查询密码，告知投资人遗忘查询密码时应及时向承办银行办理柜台交易的营业网点提出恢复申请。

初始查询密码为投资人身份识别码（不含类别码）的后六位有效阿拉伯数字，如果有效数字不足6位，在该数码前补0，补齐至6位即为初始查询密码。

投资人查询密码遗忘的，由中央结算公司根据承办银行传送的有关数据，按投资人最新身份识别码恢复为初始查询密码。

第十六条 承办银行为投资人开立债券二级托管账户的同时，应要求投资人开立或指定同一户名的对应资金账户。

第二节 债权管理

第十七条 债券在柜台正式发售前，中央结算公司依据发行人确认的有效发行证明文件，进行债券券种注册并在承办银行的自营账户中登记其承销的债券数额。

第十八条 债券柜台发售期间，承办银行应在其承销债券数额之内销售，并即时在投资人二级托管账户中记载；中央结算公司按照本规则第三十四条规定的方式，逐日对发售债券数额在承办银行的自营账户和代理总账户之间办理过户。

第十九条 债券付息或债券到期兑付前，应在规定的时间内进行债权确认，债权确认之日称为债权登记日。附息债券每次付息的债权登记日一般为付息日之前的第二个营业日。债券兑付时，债券到期日之前的第10个自然日为债权登记日，从即日日终起对该券种停止过户。

债权登记日日终持有该债券的，享有该债券本金及本期利息。法律另有规定或当事人另有约定的除外。

第二十条 附息债券每次付息或债券到期还本付息时，中央结算公司按该债券债权登记日当日一级结算过户完成后各承办银行代理总账户托管余额分别计算应付利息或应付本息金额；承办银行按该债券的债权登记日日终各投资人账户中托管余额计算其应得的利息或本息金额。

第二十一条 中央结算公司在收到发行人支付的债券利息或兑付本息款后不迟于次一营业日向各承办银行总行划付，对到期兑付的债券注销托管余额；承办银行应于付息日或兑付日一次足额将资金划入投资人的资金账户，对到期兑付的债券注销投资人账户中该券种托管余额。

造成债券利息支付或本息兑付延误的，责任由延误一方承担。

第二十二条 债权登记日日终仍处于司法冻结和质押冻结状态的债券，属于附息债券付息或属于到期兑付的，利息或本息款项的处置均按照司法文书的规定或质押合同的约定执行。

第三节 柜台交易及二级结算

第二十三条 承办银行确定开办柜台交易的营业网点名单应通过中央国债公司的中国债券信息网（www.chinabond.com.cn）和有关媒体向社会公布。

第二十四条 承办银行应于每个营业日开始交易前和营业日中更改报价时，向其办理柜台交易的营业网点发送当日各券种柜台交易的双边报价，同时按照《报价规范》的要求将该报价信息传至中国债券信息网。中央结算公司通过该网和中国人民银行指定的其他媒体向社会公布上述报价信息。承办银行应保证其所有办理柜台交易的营业网点的挂牌报价与传给中国债券信息网的报价一致。

第二十五条 承办银行应在办理柜台交易各营业网点的明显位置公开挂牌报价，报价内容应完整、清晰、规范；并标有以下声明："本行根据市场变化制定债券买卖价格，投资人自担风险。"

第二十六条 债券柜台交易采用净价交易方式。承办银行应在规定的价差幅度内对交易券种报出买卖净价，并同时列明应计利息和买卖全价（净价＋应计利息）及供投资人参考的到期收益率。

第二十七条 债券交易单位为百元面值，债券交易面额为百元的整数倍。柜台交易债券净价报价和应计利息的单位为元/百元面值，保留两位小数。结算价款以元为单位，保留两位小数。

第二十八条 柜台交易债券的买卖价款为买卖全价×债券成交数量，即净价价格×债券成交数量＋应计利息×债券成交数量。价款计算应按照财政部、中国人民银行、中国证券监督管理委员会《关于试行国债净价交易有关事宜的通知》（财库〔2001〕12号）的规定执行。

第二十九条 承办银行应按照报价以自营方式与投资人进行债券买卖，并办理二级结算。

第三十条 通过交易系统办理的债券柜台交易二级结算采用实时逐笔结算方式。投资人买入债券时，承办银行在向投资人收取足额价款的同时，在投资人托管账户中增加其新买入的债券数额；投资人卖出债券时，承办银行在投资人托管账户中减少其卖出债券数额的同时，用转账方式向投资人支付足额价款。

第三十一条 投资人进行债券交易时，应提交有效的书面指令；交易完成后，承办银行应为投资人出具有效的书面交割记录。

第四节 一级结算过户处理

第三十二条 中央结算公司根据承办银行每日发售或交易总净额数据及其相关结算指令为承办银行办理自营账户和代理总账户之间的一级结算过户。对跨承办银行的转托管和一、二级托管账户之间的转托管，应逐笔办理一级结算过户。

第三十三条 营业日交易结束后，承办银行应将汇总的全辖柜台交易有关数据于规定的截止时间前传至中心系统；如遇异常情况，应通过应急方式处理，并确保将涉及一级结算过户的数据传至中央结算公司。

第三十四条 债券柜台发售期间，中心系统根据承办银行传送的当日发售总额数据自动生成"柜台分销认购一览表"，承办银行自营部门应于次一营业日上午9时30分之前向中央结算公司发送分销过户指令，中央结算公司对上述一览表和指令核对无误后办理一级结算过户。

第三十五条 债券交易期间，中心系统根据承办银行传送的分券种的当日交易总净额数据及其更正数据，分别生成用于一级结算过户的待确认柜台交易专项结算指令，并发至簿记系统。

第三十六条 债券交易期间，承办银行自营部门应于次一营业日上午9时30分之前，通过簿记系统客户端对柜台交易专项结算指令按照《操作规程》要求的顺序进行确认。如遇异常情况而无法确认指令时，可以向中央结算公司申请办理应急确认。因承办银行不确认指令从而不能办理一级结算过户及其引发的法律责任，由承办银行承担。

第三十七条 对于涉及一级结算过户的转托管，由中心系统根据经审核的转出方承办银行的转托管申请，生成转托管单向指令送至簿记系统，中央结算公司在簿记系统确认后办理一级结算过户。确认转托管指令的时间是次一营业日上午10时至10时30分。

第三十八条 一级结算过户完成后，簿记系统和中心系统分别生成结算结果向承办银行反馈。如遇异常情况，中央结算公司应通过应急方式进行处理。

第三十九条 承办银行可于次一营业日上午10时前通过簿记系统客户端核对一级托管账户余额。

第四十条 承办银行自营账户中出现债券超量卖出时，中央结算公司在向中国人民银行报告的同时对其实有债券进行一级结算过户，并按超卖部分债券面值的两倍冻结承办银行自营账户中的其他品种债券。冻结其他品种债券时，簿记系统按债券信用等级由高到低、待偿期由短到长的顺序执行。承办银行应在指定结算日的营业时间结束前及时补仓。补仓全部完成后，簿记系统办理一级结算过户，并一次性解冻被冻结的其他债券。

如指定结算日营业时间结束，承办银行自营账户债券余额仍不足交割，则柜台交易结算失败，中央结算公司经请示中国人民银行后将对被冻结债券依法进行相应处理。

第四十一条 承办银行出现代理总账户余额不足交割时，柜台交易结算当即失败。中央结算公司将上报中国人民银行后进行相应处理。

第五节 转托管

第四十二条 转托管是指同一投资人开立的两个托管账户之间的托管债券的转移，即将其持有的债券从一个托管账户转移到另一个托管账户中进行托管。

第四十三条 转托管分内部转托管和外部转托管两种类型。内部转托管是指在同一承办银行的两个二级托管账户之间的转托管；外部转托管是指在两个不同承办银行开立的二级托管账户之间的转托管及一、二级托管账户之间的转托管。

第四十四条　在债券付息日或债券兑付日前的一段时间内将停止办理转托管业务，这一期间称为转托管停办期。每一券种停办转托管的具体日期由中央结算公司根据《数据要素和内容》的要求统一设定，并通知承办银行及时调整交易系统的转托管停办期参数；承办银行应在其开办柜台交易的营业网点向社会公告。

第四十五条　投资人申请转托管应符合以下三个条件：

（一）转托管所涉及的两个托管账户持有人必须为同一个投资人，即两个托管账户的身份识别码应一致；

（二）申请转出的债券面额不超过投资人转出帐户中该债券的可用余额；

（三）申请当日，申请转托管的债券不在转托管停办期，不处于质押或司法冻结状态。

第四十六条　转托管业务流程如下：

（一）投资人应事先在转入方承办银行办理柜台交易的营业网点开立符合本规则第四十五条第（一）项要求的新托管账户。

（二）投资人向其原开户的转出方承办银行营业网点提出书面形式的转托管申请，并出示有效身份证明文件。

（三）转出方承办银行受理后，应确认投资人身份，并按本规则第四十五条的规定审核该项申请是否符合转托管条件。如不符，应不予受理；对符合条件的，按投资人申请转出的债券和面额予以冻结，并向中心系统传送转出申请数据。

（四）中心系统收到转出申请数据后，按本规则第四十五条规定的条件进行有效性检查。对不符合转托管条件的，生成转托管失败通知，反馈给转出方承办银行。对符合条件的，待簿记系统完成一级结算过户后，生成"转托管记账通知单"分别反馈给转出方和转入方承办银行，转出方和转入方承办银行均应在各自系统终端输出"转托管记账通知单"。转入方记帐完毕后，应向中心系统反馈转入记帐数据。

对于外部转托管，中心系统生成转托管指令送至簿记系统办理一级结算过户：减少转出方代理总账户债券余额，增加转入方代理总账户债券余额。

（五）转出方承办银行收到"转托管记账通知单"后，先解冻转托管申请人托管账户上该笔债券，然后予以核减；收到转托管失败通知后，解冻原冻结的债券，并通知投资人。转入方承办银行收到"转托管记账通知单"后，据此为投资人记账。

（六）承办银行对内部转托管的转出申请数据与转入记帐数据可不通过中心系统处理。

第四十七条　机构投资人如在簿记系统开立了一级托管账户，需将其在承办银行开立的二级托管账户上的债券转至该一级托管账户上时，则按外部转托管业务方式办理，投资人应到原承办银行办理柜台交易的营业网点提出转出申请；将一级托管账户上的债券转至二级托管账户托管时，一级托管账户属于丙类账户的，通过结算代理人提出转出申请；属于乙类账户的，直接向中央结算公司提出转出申请。

投资人申请办理这种转托管业务时，应事先在中央结算公司申请用于该类转托管业务的专用账号。

第四十八条　正常情况下，转托管手续在提出申请后的次一营业日日终前办理完毕。

第六节　司法冻结、质押和非交易过户

第四十九条　投资人所持债券被司法部门进行司法冻结或出质给第三方时，承办银行应依法对其持有的债券进行冻结操作和向司法机关出具执行回执、向质押人出具质押冻结确认书。

第五十条　非交易过户是指非交易引起的债券所有权转移，包括法院扣划、抵债、赠予、遗产继承等。非交易过户的收券方应在付券方开户的承办银行的办理柜台交易的营业网点开立债券托管账户。承办银行应根据法律规定的依据办理非交易过户。

第五十一条　当所冻结债券不能正常解冻而需要办理清偿时，经当事人同意，承办银行也可直接按当日的报价买入投资人的冻结债券，价款按司法文书的规定或质押合同的约定处理。或按非交易过户方式处理。

第三章　数据的技术处理

第五十二条　根据本规则第六条所列规范性文件的要求，承办银行应按时将有关数据信息分别传至中央结算公司的相关系统中；中央结算公司收到承办银行的数据信息后，应及时进行处理和必要的反馈。

第五十三条　承办银行向中心系统传送数据和中央结算公司向承办银行反馈数据时，如遇异常情况，双方应按本规则第六条所列文件要求采取相应的应急方式进行处理。

第五十四条　各承办银行应对通过交易系统传输的关键数据进行加密，密钥由中央结算公司以软盘形式提供，各承办银行应有专人管理密钥软盘。

第五十五条　承办银行用于柜台交易业务的通讯线路应使用专用网络及 ISDN 应急备份线路，网络通讯参数不得随意更改。

第五十六条　数据传输出现故障时，承办银行应积极查找原因，尽快恢复通讯。

第五十七条　因承办银行延迟传送或传输数据信息有误，对业务办理或中心系统账务复核造成影响的，中央结算公司报经中国人民银行同意后进行相应处理。

第五十八条　承办银行应比照储蓄业务（银行业务处理）的有关规定，在规定的期限内妥善保存投资人交易的各项数据。

第五十九条　中央结算公司和承办银行应有专人负责数据传输工作和对专用通讯设备和软件的维护工作。

第六十条　如因操作不当或管理不善，使柜台交易各类数据在保存、传输等过程中造成损失的，由责任一方承担法律责任，但因不可抗力及电信部门通信线路意外中断造成传输失败的除外。

第四章　查询与账务复核

第六十一条　承办银行应向投资人提供便捷的账务查询服务。

第六十二条　中央结算公司通过复核查询系统向投资人提供其账户内各券种余额的复核查询。查询时间为营业日的 0 时至 17 时，查询内容为过去 12 个月内中央结算公司已收到并核查的任何一日（不含本营业日）承办银行为投资人记载的托管余额数据，查询电话为（010）66005000。

第六十三条　承办银行为投资人所记载的二级托管账户债券托管余额与中央结算公司复核查询系统反映的该投资人托管余额应一致。如果投资人从承办银行得到的查询结果与投资人自己掌握的情况不一致，或投资人分别通过中央结算公司和承办银行查询所得结果不一致时，可携带相关证件和资料到承办银行作进一步核查，承办银行应给予恰当说明和处理。

第六十四条　本规则所指账务复核是中央结算公司通过中心系统对承办银行提供的柜台交易数据的有关账务进行的勾稽核对。

第六十五条　中央结算公司按如下原则进行账务复核：

（一）投资人二级托管账户分券种明细余额之和与代理总户相应券种总余额相符；

（二）承办银行当日分券种卖出净额应小于或等于其自营账户相应券种可用余额，承办银行当日分券种买入净额应小于或等于其代理总账户相应券种可用余额；

（三）所有一级托管账户分券种托管余额之和与相应券种已发行待偿总额相等。

第六十六条　账务复核中，如发现数据有误，中央结算公司将与承办银行进行核对。如果对次日交易造成影响的，将按照《商业银行柜台记账式国债交易管理办法》的有关规定执行。

第五章　附　则

第六十七条　承办银行应向中央结算公司交纳二级托管账户开户费，标准为每户两元，按全年新开户总数于次年 1 月 15 日前一次交清。

第六十八条　中央结算公司根据承办银行每日债券柜台买入面额与卖出面额的合计额的 0.002%，向承办银行收取一级结算过户费。费额按月计算，按季收取。

第六十九条　本规则由中央结算公司解释。

银行间债券市场债券发行现场管理规则

第一条　为保证银行间债券市场债券发行现场工作公平、公正、有序进行，特制定本规则。

第二条　国家开发银行、中国进出口银行和中国人民银行许可的其他机构（以下称发行人）在银行间债券市场的债券发行现场活动受

本规则约束。

第三条 中国人民银行债券发行系统(以下称发行系统)由中国人民银行管理。发行人可使用发行系统进行债券发行。

第四条 中国人民银行授权中央国债登记结算有限责任公司(以下称中央结算公司)为债券发行工作的技术支持部门,负责发行系统的日常技术维护。

第五条 债券发行时,中国人民银行将派出观察员进行现场监督。中国人民银行观察员的职责是:监督现场人员执行本规则,保证债券发行的有序、公正、公平。

第六条 债券发行现场只允许发行人的工作人员、中国人民银行观察员和中央结算公司的系统操作人员进入。其他人员在规定的发行时间内,未经人民银行允许,不得入内。

第七条 如需记者进入发行现场采访债券发行情况,发行人应事先告知中国人民银行。

第八条 发行时间内,债券发行现场的任何人员均不得擅自出入,不得对外泄露债券投标信息,必须关闭对外联系的一切通讯工具。

第九条 在下列两种情况下,投标人可通过应急方式进行投标:

(一)正在与中央结算公司办理系统联网过程中而尚未入网;

(二)已与发行系统联网的结算成员出现系统通讯中断或设备故障。

第十条 应急投标的有关注意事项:

(一)应急投标书应按发行人在发行招标规则通知中规定的格式填写,并由已在中央结算公司备案的经办人和复核人签字并盖章;

(二)投标人须在发行人公告的投标时间内将应急投标书发送至招标现场,经审核无误并由发行人的工作人员和中国人民银行观察员签字认可后,由中央结算公司的系统操作人员将投标数据输入发行系统;

(三)应急投标书应字迹清晰,意思表达明确。

第十一条 债券发行结果须经发行人授权代表和中国人民银行观察员签字确认后方能生效。

第十二条 财政部在银行间债券市场的国债发行现场管理比照本规则执行。

第十三条 本规则由中国人民银行负责解释、修订。

第十四条 本规则自印发之日起实行。

人民币同业借款管理办法

第一条 为规范人民币同业借款业务,维护同业借款双方的合法权益,根据《中华人民共和国商业银行法》、《中华人民共和国外资金融机构管理条例》等法律法规,制定本办法。

第二条 本办法所称人民币同业借款(以下简称同业借款),是指设立在中华人民共和国境内的商业银行之间开展的人民币资金借出入业务。

第三条 本办法所称商业银行,系指中资商业银行及其授权分行、经中国人民银行批准经营人民币业务的外国独资银行、外国银行分行、中外合资银行。商业银行授权其分行开办同业借款业务必须报中国人民银行当地分支机构备案。同一商业银行不同分支机构之间的人民币资金往来不在本《办法》规定之列。

城乡信用社开办此项业务比照本办法执行。

第四条 同业借款的期限为4个月至3年(含3年)。同业借款可展期一次,展期期限最长不得超过原同业借款期限的一半。

第五条 同业借款的利率水平与计结息办法由借出入双方自行协商确定。除利息之外,借出方有权向借入方收取一定比例的承诺费,承诺费的收取方法由借出入双方约定。

第六条 同业借款双方借入与借出资金规模按照商业银行资产负债比例管理要求进行考核。借入方同业借款月末余额与其人民币总负债月末余额之比不得超过40%。本《办法》颁布当日,借入方该比例未超过40%的,以40%为最高限;借入方该比例已超过40%的,以现有比例为最高限逐年均匀调低,至2006年12月31日之前调整为不超过40%。

在考核存贷比时,以同业借款资金所发放贷款的余额计入存贷比中的贷款余额考核;同时,借入同业借款余额计入存贷比中的存款余额考核。

第七条 同业借款资金用途必须符合国家产业政策和中国人民银行的有关规定,并由借出入双方在同业借款合同中予以明确。

第八条 各商业银行应比照对工商业企业的授信管理办法,加强人民币同业借款的风险管理。

第九条 借出入双方在同业借款合同签订后和每一笔提款(还款)发生后的3个工作日内,须将同业借款的合同金额、提款(还款)金额、期限、利率等信息输入全国银行间同业拆借中心电子系统。

第十条 开办同业借款业务的中资商业银行应设置"同业借入"和"同业借出"会计科目,分别用于核算本办法规定的同业借入和同业借出资金。外国独资银行、外国银行分行、中外合资银行应将其会计科目设置情况报中国人民银行当地分支机构备案。

第十一条 借入方未按期归还借款,自借款逾期之日起,借出方可参照中国人民银行有关规定收取罚息,并在合同中约定。

第十二条 借出入双方应对同业借款业务往来中双方所提供的财务和经营信息保密。未经一方同意,另一方不得向第三方披露,但法律法规另有规定的除外。

第十三条 同业借款一方或双方有下列情形之一的,中国人民银行将根据情节轻重,对一方或双方给予警告、3万元以下罚款的处罚:

(一)借款期限违反本办法规定的;

(二)借款比例超过本办法规定的;

(三)未设立"同业借入"和"同业借出"会计科目,将同业借款资金列入其他账户的;

(四)未按规定将有关信息输入全国银行间同业拆借中心电子系统的,或输入信息与事实不符的;

(五)中国人民银行认定的其他违规行为。

第十四条 中国人民银行各分支机构应对人民币同业借款业务实施日常监管。

第十五条 本办法由中国人民银行负责解释。

人民币银行结算账户管理办法

第一章 总 则

第一条 为规范人民币银行结算账户(以下简称银行结算账户)的开立和使用,加强银行结算账户管理,维护经济金融秩序稳定,根据《中华人民共和国中国人民银行法》和《中华人民共和国商业银行法》等法律法规,制定本办法。

第二条 存款人在中国境内的银行开立的银行结算账户适用本办法。

本办法所称存款人,是指在中国境内开立银行结算账户的机关、团体、部队、企业、事业单位、其他组织(以下统称单位)、个体工商户和自然人。

本办法所称银行,是指在中国境内经中国人民银行批准经营支付结算业务的政策性银行、商业银行(含外资独资银行、中外合资银行、外国银行分行)、城市信用合作社、农村信用合作社。

本办法所称银行结算账户,是指银行为存款人开立的办理资金收付结算的人民币活期存款账户。

第三条 银行结算账户按存款人分为单位银行结算账户和个人银行结算账户。

(一)存款人以单位名称开立的银行结算账户为单位银行结算账户。单位银行结算账户按用途分为基本存款账户、一般存款账户、专用存款账户、临时存款账户。个体工商户凭营业执照以字号或经营者姓名开立的银行结算账户纳入单位银行结算账户管理。

(二)存款人凭个人身份证件以自然人名称开立的银行结算账户为个人银行结算账户。邮政储蓄机构办理银行卡业务开立的账户纳入个人银行结算账户管理。

第四条 单位银行结算账户的存款人只能在银行开立一个基本存款账户。

第五条 存款人应在注册地或住所地开立银行结算账户。符合本办法规定可以在异地(跨省、市、县)开立银行结算账户的除外。

第六条 存款人开立基本存款账户、临时存款账户和预算单位开立专用存款账户实行核准制度，经中国人民银行核准后由开户银行核发开户登记证。但存款人因注册验资需要开立的临时存款账户除外。

第七条 存款人可以自主选择银行开立银行结算账户。除国家法律、行政法规和国务院规定外，任何单位和个人不得强令存款人到指定银行开立银行结算账户。

第八条 银行结算账户的开立和使用应当遵守法律、行政法规，不得利用银行结算账户进行偷逃税款、逃废债务、套取现金及其他违法犯罪活动。

第九条 银行应依法为存款人的银行结算账户信息保密。对单位银行结算账户的存款和有关资料，除国家法律、行政法规另有规定外，银行有权拒绝任何单位或个人查询。对个人银行结算账户的存款和有关资料，除国家法律另有规定外，银行有权拒绝任何单位或个人查询。

第十条 中国人民银行是银行结算账户的监督管理部门。

第二章 银行结算账户的开立

第十一条 基本存款账户是存款人因办理日常转账结算和现金收付需要开立的银行结算账户。下列存款人，可以申请开立基本存款账户：

（一）企业法人。

（二）非法人企业。

（三）机关、事业单位。

（四）团级（含）以上军队、武警部队及分散执勤的支（分）队。

（五）社会团体。

（六）民办非企业组织。

（七）异地常设机构。

（八）外国驻华机构。

（九）个体工商户。

（十）居民委员会、村民委员会、社区委员会。

（十一）单位设立的独立核算的附属机构。

（十二）其他组织。

第十二条 一般存款账户是存款人因借款或其他结算需要，在基本存款账户开户银行以外的银行营业机构开立的银行结算账户。

第十三条 专用存款账户是存款人按照法律、行政法规和规章，对其特定用途资金进行专项管理和使用而开立的银行结算账户。对下列资金的管理与使用，存款人可以申请开立专用存款账户：

（一）基本建设资金。

（二）更新改造资金。

（三）财政预算外资金。

（四）粮、棉、油收购资金。

（五）证券交易结算资金。

（六）期货交易保证金。

（七）信托基金。

（八）金融机构存放同业资金。

（九）政策性房地产开发资金。

（十）单位银行卡备用金。

（十一）住房基金。

（十二）社会保障基金。

（十三）收入汇缴资金和业务支出资金。

（十四）党、团、工会设在单位的组织机构经费。

（十五）其他需要专项管理和使用的资金。

收入汇缴资金和业务支出资金，是指基本存款账户存款人附属的非独立核算单位或派出机构发生的收入和支出的资金。

因收入汇缴资金和业务支出资金开立的专用存款账户，应使用隶属单位的名称。

第十四条 临时存款账户是存款人因临时需要并在规定期限内使用而开立的银行结算账户。有下列情况的，存款人可以申请开立临时存款账户：

（一）设立临时机构。

（二）异地临时经营活动。

（三）注册验资。

第十五条 个人银行结算账户是自然人因投资、消费、结算等而开立的可办理支付结算业务的存款账户。有下列情况的，可以申请开立个人银行结算账户：

（一）使用支票、信用卡等信用支付工具的。

（二）办理汇兑、定期借记、定期贷记、借记卡等结算业务的。

自然人可根据需要申请开立个人银行结算账户，也可以在已开立的储蓄账户中选择并向开户银行申请确认为个人银行结算账户。

第十六条 存款人有下列情形之一的，可以在异地开立有关银行结算账户：

（一）营业执照注册地与经营地不在同一行政区域（跨省、市、县）需要开立基本存款账户的。

（二）办理异地借款和其他结算需要开立一般存款账户的。

（三）存款人因附属的非独立核算单位或派出机构发生的收入汇缴或业务支出需要开立专用存款账户的。

（四）异地临时经营活动需要开立临时存款账户的。

（五）自然人根据需要在异地开立个人银行结算账户的。

第十七条 存款人申请开立基本存款账户，应向银行出具下列证明文件：

（一）企业法人，应出具企业法人营业执照正本。

（二）非法人企业，应出具企业营业执照正本。

（三）机关和实行预算管理的事业单位，应出具政府人事部门或编制委员会的批文或登记证书和财政部门同意其开户的证明；非预算管理的事业单位，应出具政府人事部门或编制委员会的批文或登记证书。

（四）军队、武警团级（含）以上单位以及分散执勤的支（分）队，应出具军队军级以上单位财务部门、武警总队财务部门的开户证明。

（五）社会团体，应出具社会团体登记证书，宗教组织还应出具宗教事务管理部门的批文或证明。

（六）民办非企业组织，应出具民办非企业登记证书。

（七）外地常设机构，应出具其驻在地政府主管部门的批文。

（八）外国驻华机构，应出具国家有关主管部门的批文或证明；外资企业驻华代表处、办事处应出具国家登记机关颁发的登记证。

（九）个体工商户，应出具个体工商户营业执照正本。

（十）居民委员会、村民委员会、社区委员会，应出具其主管部门的批文或证明。

（十一）独立核算的附属机构，应出具其主管部门的基本存款账户开户登记证和批文。

（十二）其他组织，应出具政府主管部门的批文或证明。

本条中的存款人为从事生产、经营活动纳税人的，还应出具税务部门颁发的税务登记证。

第十八条 存款人申请开立一般存款账户，应向银行出具其开立基本存款账户规定的证明文件、基本存款账户开户登记证和下列证明文件：

（一）存款人因向银行借款需要，应出具借款合同。

（二）存款人因其他结算需要，应出具有关证明。

第十九条 存款人申请开立专用存款账户，应向银行出具其开立基本存款账户规定的证明文件、基本存款账户开户登记证和下列证明文件：

（一）基本建设资金、更新改造资金、政策性房地产开发资金、住房基金、社会保障基金，应出具主管部门批文。

（二）财政预算外资金，应出具财政部门的证明。

（三）粮、棉、油收购资金，应出具主管部门批文。

（四）单位银行卡备用金，应按照中国人民银行批准的银行卡章程的规定出具有关证明和资料。

（五）证券交易结算资金，应出具证券公司或证券管理部门的证明。

（六）期货交易保证金，应出具期货公司或期货管理部门的证明。

（七）金融机构存放同业资金，应出具其证明。

（八）收入汇缴资金和业务支出资金，应出具基本存款账户存款人有关的证明。

（九）党、团、工会设在单位的组织机构经费，应出具该单位或有关部门的批文或证明。

（十）其他按规定需要专项管理和使用的资金，应出具有关法规、规章或政府部门的有关文件。

第二十条 合格境外机构投资者在境内从事证券投资开立的人民币特殊账户和人民币结算资金账户纳入专用存款账户管理。其开立人民币特殊账户时应出具国家外汇管理部门的批复文件，开立人民币结算资金账户时应出具证券管理部门的证券投资业务许可证。

第二十一条 存款人申请开立临时存款账户，应向银行出具下列证明文件：

（一）临时机构，应出具其驻在地主管部门同意设立临时机构的批文。

（二）异地建筑施工及安装单位，应出具其营业执照正本或其隶属单位的营业执照正本，以及施工及安装地建设主管部门核发的许可证或建筑施工及安装合同。

（三）异地从事临时经营活动的单位，应出具其营业执照正本以及临时经营地工商行政管理部门的批文。

(四)注册验资资金,应出具工商行政管理部门核发的企业名称预先核准通知书或有关部门的批文。

本条第二、三项还应出具其基本存款账户开户登记证。

第二十二条 存款人申请开立个人银行结算账户,应向银行出具下列证明文件:

(一)中国居民,应出具居民身份证或临时身份证。

(二)中国人民解放军军人,应出具军人身份证件。

(三)中国人民武装警察,应出具武警身份证件。

(四)香港、澳门居民,应出具港澳居民往来内地通行证;台湾居民,应出具台湾居民来往大陆通行证或者其他有效旅行证件。

(五)外国公民,应出具护照。

(六)法律、法规和国家有关文件规定的其他有效证件。

银行为个人开立银行结算账户时,根据需要还可要求申请人出具户口簿、驾驶执照、护照等有效证件。

第二十三条 存款人需要在异地开立单位银行结算账户,除出具本办法第十七条、十八条、十九条、二十一条规定的有关证明文件外,应出具下列相应的证明文件:

(一)经营地与注册地不在同一行政区域的存款人,在异地开立基本存款账户的,应出具注册地中国人民银行分支行的未开立基本存款账户的证明。

(二)异地借款的存款人,在异地开立一般存款账户的,应出具在异地取得贷款的借款合同。

(三)因经营需要在异地办理收入汇缴和业务支出的存款人,在异地开立专用存款账户的,应出具隶属单位的证明。

属本条第二、三项情况的,还应出具其基本存款账户开户登记证。

存款人需要在异地开立个人银行结算账户,应出具本办法第二十二条规定的证明文件。

第二十四条 单位开立银行结算账户的名称应与其提供的申请开户的证明文件的名称全称相一致。有字号的个体工商户开立银行结算账户的名称应与其营业执照的字号相一致;无字号的个体工商户开立银行结算账户的名称,由"个体户"字样和营业执照记载的经营者姓名组成。自然人开立银行结算账户的名称应与其提供的有效身份证件中的名称全称相一致。

第二十五条 银行为存款人开立一般存款账户、专用存款账户和临时存款账户的,应自开户之日起 3 个工作日内书面通知基本存款账户开户银行。

第二十六条 存款人申请开立单位银行结算账户时,可由法定代表人或单位负责人直接办理,也可授权他人办理。

由法定代表人或单位负责人直接办理的,除出具相应的证明文件外,还应出具法定代表人或单位负责人的身份证件;授权他人办理的,除出具相应的证明文件外,还应出具其法定代表人或单位负责人的授权书及其身份证件,以及被授权人的身份证件。

第二十七条 存款人申请开立银行结算账户时,应填制开户申请书。开户申请书按照中国人民银行的规定记载有关事项。

第二十八条 银行应对存款人的开户申请书填写的事项和证明文件的真实性、完整性、合规性进行认真审查。

开户申请书填写的事项齐全,符合开立基本存款账户、临时存款账户和预算单位专用存款账户条件的,银行应将存款人的开户申请书、相关的证明文件和银行审核意见等开户资料报送中国人民银行当地分支行,经其核准后办理开户手续;符合开立一般存款账户、其他专用存款账户和个人银行结算账户条件的,银行应办理开户手续,并于开户之日起 5 个工作日内向中国人民银行当地分支行备案。

第二十九条 中国人民银行应于 2 个工作日内对银行报送的基本存款账户、临时存款账户和预算单位专用存款账户的开户资料的合规性予以审核,符合开户条件的,予以核准;不符合开户条件的,应在开户申请书上签署意见,连同有关证明文件一并退回报送银行。

第三十条 银行为存款人开立银行结算账户,应与存款人签订银行结算账户管理协议,明确双方的权利与义务。除中国人民银行另有规定的以外,应建立存款人预留签章卡片,并将签章式样和有关证明文件的原件或复印件留存归档。

第三十一条 开户登记证是记载单位银行结算账户信息的有效证明,存款人应按本办法的规定使用,并妥善保管。

第三十二条 银行在为存款人开立一般存款账户、专用存款账户和临时存款账户时,应在其基本存款账户开户登记证上登记账户名称、账号、账户性质、开户银行、开户日期,并签章。但临时机构和注册验资需要开立的临时存款账户除外。

第三章 银行结算账户的使用

第三十三条 基本存款账户是存款人的主办账户。存款人日常经营活动的资金收付及其工资、奖金和现金的支取,应通过该账户办理。

第三十四条 一般存款账户用于办理存款人借款转存、借款归还和其他结算的资金收付。该账户可以办理现金缴存,但不得办理现金支取。

第三十五条 专用存款账户用于办理各项专用资金的收付。

单位银行卡账户的资金必须由其基本存款账户转账存入。该账户不得办理现金收付业务。财政预算外资金、证券交易结算资金、期货交易保证金和信托基金专用存款账户不得支取现金。

基本建设资金、更新改造资金、政策性房地产开发资金、金融机构存放同业资金账户需要支取现金的,应在开户时报中国人民银行当地分支行批准。中国人民银行当地分支行应根据国家现金管理的规定审查批准。

粮、棉、油收购资金、社会保障基金、住房基金和党、团、工会经费等专用存款账户支取现金应按照国家现金管理的规定办理。

收入汇缴账户除向其基本存款账户或预算外资金财政专用存款户划缴款项外,只收不付,不得支取现金。业务支出账户除从其基本存款账户拨入款项外,只付不收,其现金支取必须按照国家现金管理的规定办理。

银行应按照本条的各项规定和国家对粮、棉、油收购资金使用管理规定加强监督,对不符合规定的资金收付和现金支取,不得办理。但对其他专用资金的使用不负监督责任。

第三十六条 临时存款账户用于办理临时机构以及存款人临时经营活动发生的资金收付。

临时存款账户应根据有关开户证明文件确定的期限或存款人的需要确定其有效期限。存款人在账户的使用中需要延长期限的,应在有效期限内向开户银行提出申请,并由开户银行报中国人民银行当地分支行核准后办理展期。临时存款账户的有效期最长不得超过 2 年。临时存款账户支取现金,应按照国家现金管理的规定办理。

第三十七条 注册验资的临时存款账户在验资期间只收不付,注册验资资金的汇缴人应与出资人的名称一致。

第三十八条 存款人开立单位银行结算账户,自正式开立之日起 3 个工作日后,方可办理付款业务。但注册验资的临时存款账户转为基本存款账户和因借款转存开立的一般存款账户除外。

第三十九条 个人银行结算账户用于办理个人转账收付和现金存取。下列款项可以转入个人银行结算账户:

(一)工资、奖金收入。

(二)稿费、演出费等劳务收入。

(三)债券、期货、信托等投资的本金和收益。

(四)个人债权或产权转让收益。

(五)个人贷款转存。

(六)证券交易结算资金和期货交易保证金。

(七)继承、赠与款项。

(八)保险理赔、保费退还等款项。

(九)纳税退还。

(十)农、副、矿产品销售收入。

(十一)其他合法款项。

第四十条 单位从其银行结算账户支付给个人银行结算账户的款项,每笔超过 5 万元的,应向其开户银行提供下列付款依据:

(一)代发工资协议和收款人清单。

(二)奖励证明。

(三)新闻出版、演出主办等单位与收款人签订的劳务合同或支付给个人款项的证明。

(四)证券公司、期货公司、信托投资公司、奖券发行或承销部门支付或退还给自然人款项的证明。

(五)债权或产权转让协议。

(六)借款合同。

(七)保险公司的证明。

(八)税收征管部门的证明。

(九)农、副、矿产品购销合同。

(十)其他合法款项的证明。

从单位银行结算账户支付给个人银行结算账户的款项应纳税的,税收代扣单位付款时应向其开户银行提供完税证明。

第四十一条 有下列情形之一的,个人应出具本办法第四十条规定的有关收款依据。

(一)个人持出票人为单位的支票向开户银行委托收款,将款项转入其个人银行结算账户的。

（二）个人持申请人为单位的银行汇票和银行本票向开户银行提示付款，将款项转入其个人银行结算账户的。

第四十二条 单位银行结算账户支付给个人银行结算账户款项的，银行应按第四十条、第四十一条规定认真审查付款依据或收款依据的原件，并留存复印件，按会计档案保管。未提供相关依据或相关依据不符合规定的，银行应拒绝办理。

第四十三条 储蓄账户仅限于办理现金存取业务，不得办理转账结算。

第四十四条 银行应按规定与存款人核对账务。银行结算账户的存款人收到对账单或对账信息后，应及时核对账务并在规定期限内向银行发出对账回单或确认信息。

第四十五条 存款人应按照本办法的规定使用银行结算账户办理结算业务。

存款人不得出租、出借银行结算账户，不得利用银行结算账户套取银行信用。

第四章　银行结算账户的变更与撤销

第四十六条 存款人更改名称，但不改变开户银行及账号的，应于5个工作日内向开户银行提出银行结算账户的变更申请，并出具有关部门的证明文件。

第四十七条 单位的法定代表人或主要负责人、住址以及其他开户资料发生变更时，应于5个工作日内书面通知开户银行并提供有关证明。

第四十八条 银行接到存款人的变更通知后，应及时办理变更手续，并于2个工作日内向中国人民银行报告。

第四十九条 有下列情形之一的，存款人应向开户银行提出撤销银行结算账户的申请：

（一）被撤并、解散、宣告破产或关闭的。

（二）注销、被吊销营业执照的。

（三）因迁址需要变更开户银行的。

（四）其他原因需要撤销银行结算账户的。

存款人有本条第一、二项情形的，应于5个工作日内向开户银行提出撤销银行结算账户的申请。

本条所称撤销是指存款人因开户资格或其他原因终止银行结算账户使用的行为。

第五十条 存款人因本办法第四十九条第一、二项原因撤销基本存款账户的，存款人基本存款账户的开户银行应自撤销银行结算账户之日起2个工作日内将撤销该基本存款账户的情况书面通知该存款人其他银行结算账户的开户银行；存款人其他银行结算账户的开户银行，应自收到通知之日起2个工作日内通知存款人撤销有关银行结算账户；存款人应自收到通知之日起3个工作日内办理其他银行结算账户的撤销。

第五十一条 银行得知存款人有本办法第四十九条第一、二项情况，存款人超过规定期限未主动办理撤销银行结算账户手续的，银行有权停止其银行结算账户的对外支付。

第五十二条 未获得工商行政管理部门核准登记的单位，在验资期满后，应向银行申请撤销注册验资临时存款账户，其账户资金应退还给原汇款人账户。注册验资资金以现金方式存入，出资人需提取现金的，应出具缴存现金时的现金缴款单原件及其有效身份证件。

第五十三条 存款人尚未清偿其开户银行债务的，不得申请撤销该账户。

第五十四条 存款人撤销银行结算账户，必须与开户银行核对银行结算账户存款余额，交回各种重要空白票据及结算凭证和开户登记证，银行核对无误后方可办理销户手续。存款人未按规定交回各种重要空白票据及结算凭证的，应出具有关证明，造成损失的，由其自行承担。

第五十五条 银行撤销单位银行结算账户时应在其基本存款账户开户登记证上注明销户日期并签章，同时于撤销银行结算账户之日起2个工作日内，向中国人民银行报告。

第五十六条 银行对一年未发生收付活动且未欠开户银行债务的单位银行结算账户，应通知单位自发出通知之日起30日内办理销户手续，逾期视同自愿销户，未划转款项列入久悬未取专户管理。

第五章　银行结算账户的管理

第五十七条 中国人民银行负责监督、检查银行结算账户的开立和使用，对存款人、银行违反银行结算账户管理规定的行为予以处罚。

第五十八条 中国人民银行对银行结算账户的开立和使用实施监控和管理。

第五十九条 中国人民银行负责基本存款账户、临时存款账户和预算单位专用存款账户开户登记证的管理。

任何单位及个人不得伪造、变造及私自印制开户登记证。

第六十条 银行负责所属营业机构银行结算账户开立和使用的管理，监督和检查其执行本办法的情况，纠正违规开立和使用银行结算账户的行为。

第六十一条 银行应明确专人负责银行结算账户的开立、使用和撤销的审查和管理，负责对存款人开户申请资料的审查，并按照本办法的规定及时报送存款人开销户信息资料，建立健全开销户登记制度，建立银行结算账户管理档案，按会计档案进行管理。

银行结算账户管理档案的保管期限为银行结算账户撤销后10年。

第六十二条 银行应对已开立的单位银行结算账户实行年检制度，检查开立的银行结算账户的合规性，核实开户资料的真实性；对不符合本办法规定开立的单位银行结算账户，应予以撤销。对经核实的各类银行结算账户的资料变动情况，应及时报告中国人民银行当地分支行。

银行应对存款人使用银行结算账户的情况进行监督，对存款人的可疑支付应按照中国人民银行规定的程序及时报告。

第六十三条 存款人应加强对预留银行签章的管理。单位遗失预留公章或财务专用章的，应向开户银行出具书面申请、开户登记证、营业执照等相关证明文件；更换预留公章或财务专用章时，应向开户银行出具书面申请、原预留签章的式样等相关证明文件。个人遗失或更换预留个人印章或更换签字人时，应向开户银行出具经签名确认的书面申请，以及原预留印章或签字人的个人身份证件。银行应留存相应的复印件，并凭以办理预留银行签章的变更。

第六章　罚　则

第六十四条 存款人开立、撤销银行结算账户，不得有下列行为：

（一）违反本办法规定开立银行结算账户。

（二）伪造、变造证明文件欺骗银行开立银行结算账户。

（三）违反本办法规定不及时撤销银行结算账户。

非经营性的存款人，有上述所列行为之一的，给予警告并处以1000元的罚款；经营性的存款人有上述所列行为之一的，给予警告并处以1万元以上3万元以下的罚款；构成犯罪的，移交司法机关依法追究刑事责任。

第六十五条 存款人使用银行结算账户，不得有下列行为：

（一）违反本办法规定将单位款项转入个人银行结算账户。

（二）违反本办法规定支取现金。

（三）利用开立银行结算账户逃废银行债务。

（四）出租、出借银行结算账户。

（五）从基本存款账户之外的银行结算账户转账存入、将销货收入存入或现金存入单位信用卡账户。

（六）法定代表人或主要负责人、存款人地址以及其他开户资料的变更事项未在规定期限内通知银行。

非经营性的存款人有上述所列一至五项行为的，给予警告并处以1000元罚款；经营性的存款人有上述所列一至五项行为的，给予警告并处以5000元以上3万元以下的罚款；存款人有上述所列第六项行为的，给予警告并处以1000元的罚款。

第六十六条 银行在银行结算账户的开立中，不得有下列行为：

（一）违反本办法规定为存款人多头开立银行结算账户。

（二）明知或应知是单位资金，而允许以自然人名称开立账户存储。

银行有上述所列行为之一的，给予警告，并处以5万元以上30万元以下的罚款；对该银行直接负责的高级管理人员、其他直接负责的主管人员、直接责任人员按规定给予纪律处分；情节严重的，中国人民银行有权停止对其开立基本存款账户的核准，责令该银行停业整顿或者吊销经营金融业务许可证；构成犯罪的，移交司法机关依法追究刑事责任。

第六十七条 银行在银行结算账户的使用中，不得有下列行为：

（一）提供虚假开户申请资料欺骗中国人民银行许可开立基本存款账户、临时存款账户、预算单位专用存款账户。

（二）开立或撤销单位银行结算账户，未按本办法规定在其基本存款账户开户登记证上予以登记、签章或通知相关开户银行。

（三）违反本办法第四十二条规定办理个人银行结算账户转账结算。

（四）为储蓄账户办理转账结算。

（五）违反规定为存款人支付现金或办理现金存入。

（六）超过期限或未向中国人民银行报送账户开立、变更、撤销等资料。

银行有上述所列行为之一的，给予警告，并处以5000元以上3万元以下的罚款；对该银行直接负责的高级管理人员、其他直接负责的主管人员、直接责任人员按规定给予纪律处分；情节严重的，中国人民银行有权停止对其开立基本存款账户的核准，构成犯罪的，移交司法机关依法追究刑事责任。

第六十八条 违反本办法规定，伪造、变造、私自印制开户登记证的存款人，属非经营性的处以1000元罚款；属经营性的处以1万元以上3万元以下的罚款；构成犯罪的，移交司法机关依法追究刑事责任。

第七章 附 则

第六十九条 开户登记证由中国人民银行总行统一式样，中国人民银行各分行、营业管理部、省会（首府）城市中心支行负责监制。

第七十条 本办法由中国人民银行负责解释、修改。

第七十一条 本办法自2003年9月1日起施行。1994年10月9日中国人民银行发布的《银行账户管理办法》同时废止。

汽车金融公司管理办法

第一章 总 则

第一条 为适应汽车金融服务业发展的需要，规范经营汽车金融业务的非银行金融机构的行为，依据有关法律、行政法规，制定本办法。

第二条 本办法所称汽车金融公司，是指经中国银行业监督管理委员会依据有关法律、行政法规和本办法规定批准设立的，为中国境内的汽车购买者及销售者提供贷款的非银行金融企业法人。

第三条 中国银行业监督管理委员会负责对汽车金融公司的监督管理。

第二章 机构的设立、变更与终止

第四条 设立汽车金融公司应当经中国银行业监督管理委员会批准。未经中国银行业监督管理委员会批准，任何单位和个人不得擅自设立汽车金融公司或者变相从事汽车金融业务，不得在机构名称中擅自使用“汽车金融”、“汽车信贷”等表明从事汽车金融业务的字样。

第五条 出资设立汽车金融公司，出资人应具备下列条件：

（一）中国境内外依法设立的企业法人。

非金融机构，其最近一年的总资产不低于40亿元人民币或等值的自由兑换货币，年营业收入不低于20亿元人民币或等值的自由兑换货币；

非银行金融机构，其注册资本不低于3亿元人民币或等值的自由兑换货币。

（二）经营业绩良好，最近3年连续盈利。

（三）遵守注册所在地法律，无违法、犯罪行为。

（四）主要出资人须为汽车企业、非银行金融机构。

汽车企业是指生产或销售汽车整车的企业。

主要出资人是指出资数额最多且出资额不得低于拟设汽车金融公司全部股本30%的出资人。

（五）同一企业法人不得投资一个以上的汽车金融公司。

（六）中国银行业监督管理委员会规定的其他审慎性条件。

第六条 设立的汽车金融公司，应当具备下列条件：

（一）具有符合本办法要求的最低注册资本。

（二）具有符合《中华人民共和国公司法》等相关法律和本办法要求的章程。

（三）具有熟悉汽车融资及相关业务的高级管理人员。

（四）具有健全的组织机构、管理制度和风险控制制度。

（五）具有与业务经营相适应的营业场所、安全防范措施和其他设施。

（六）中国银行业监督管理委员会规定的其他条件。

第七条 汽车金融公司注册资本的最低限额为5亿元人民币或等值的自由兑换货币。注册资本为实缴货币资本。

中国银行业监督管理委员会根据汽车金融业务发展情况及审慎监管的需要，可以调整注册资本的最低限额，但不得少于前款规定的限额。

第八条 汽车金融公司的设立须经过筹建和开业两个阶段。申请人提交的申请筹建、申请开业的资料，应以中文书写为准。

第九条 申请筹建汽车金融公司，应由主要出资人作为申请人向中国银行业监督管理委员会提交下列资料：

（一）筹建申请书。其内容应包括拟设汽车金融公司名称、公司注册所在地、注册资本金，出资人及各自的出资额、业务范围等。

（二）设立汽车金融公司的可行性研究报告。其内容包括对拟设公司的市场前景分析、未来业务发展规划、组织管理架构和风险控制能力分析、公司开业后3年的资产负债规模和盈利预测等内容。

（三）拟设立汽车金融公司的章程（草案）。

（四）出资人基本情况，包括出资人名称、法定代表人、注册地址、营业执照复印件、经营情况等。

（五）出资人最近3年经法定机构审计的资产负债表、损益表和现金流量表。

（六）筹建负责人名单及简历。

（七）中国银行业监督管理委员会要求提交的其他文件。

申请人为外国非银行金融机构的，申请筹建时应提供其注册地金融监管当局出具的书面意见。申请人为非金融机构的，申请筹建时应提供评级机构对申请人最近1年的信用评级报告。

第十条 中国银行业监督管理委员会自收到完整的筹建申请资料之日起6个月内作出是否批准筹建的书面答复。

第十一条 申请人应当自接到中国银行业监督管理委员会批准筹建文件之日起6个月内完成筹建工作。有正当理由需要延长筹建期限的，应当在筹建期限届满前书面向中国银行业监督管理委员会提出申请，经批准可以延长3个月。

筹建期限届满或延长期限届满，申请人未提出开业申请的，原筹建批准决定自动失效。

筹建期内不得以汽车金融公司名义从事经营活动。

第十二条 申请人应当在筹建期限届满前或延长期限届满前，向中国银行业监督管理委员会提出开业申请，并提交下列文件、资料：

（一）筹建工作完成情况报告和申请开业报告。

（二）中国法定验资机构出具的验资证明、工商行政管理机关出具的对拟设机构名称的预核准登记书。

（三）汽车金融公司章程。

（四）拟任高级管理人员的名单、详细履历。

（五）股东名称及其出资额。

（六）拟办业务的规章制度及内部风险控制制度。

（七）有权部门出具的营业场所及其他与业务有关设施安全验收合格文件。

（八）中国银行业监督管理委员会要求的其他文件。

第十三条 中国银行业监督管理委员会自收到完整的开业申请文件、资料之日起3个月内作出核准开业或不核准开业的决定。决定核准开业的，书面通知申请人，颁发经营金融业务许可证，核准其业务范围。不予核准开业的，应书面通知申请人并说明理由。

申请人凭该许可证到工商行政管理部门办理注册登记，领取《企业法人营业执照》后方可营业。

汽车金融公司自领取营业执照之日起，无正当理由3个月不开业或开业后自行停业连续6个月的，由中国银行业监督管理委员会收回其许可证，并予以公告。

第十四条 汽车金融公司不得设立分支机构。

第十五条 中国银行业监督管理委员会对汽车金融公司高级管理人员实行任职资格核准或备案制度。

汽车金融公司董事长、总经理及副总经理、董事和财务总监等的任职资格应当报经中国银行业监督管理委员会审查核准。有关高级管理人员的任职资格及其核准或备案程序另行规定。

第十六条 汽车金融公司有下列变更事项之一的，应报经中国银行业监督管理委员会批准：

（一）变更公司名称。

（二）变更注册资本。

（三）变更营业场所。

（四）调整业务范围。

（五）改变组织形式。

（六）调整股权结构。

（七）修改章程。

（八）更换高级管理人员。

（九）合并或分立。

（十）中国银行业监督管理委员会规定的其他变更事项。

第十七条 汽车金融公司因解散、依法被撤销或被宣告破产而终止的，其清算事宜，按照有关法律法规的规定办理。

第三章 业务范围和监督管理

第十八条 经批准，汽车金融公司可从事下列部分或全部人民币业务：

(一)接受境内股东单位3个月以上期限的存款。

(二)提供购车贷款业务。

(三)办理汽车经销商采购车辆贷款和营运设备贷款(包括展示厅建设贷款和零配件贷款以及维修设备贷款等)。

(四)转让和出售汽车贷款应收款业务。

(五)向金融机构借款。

(六)为贷款购车提供担保。

(七)与购车融资活动相关的代理业务。

(八)经中国银行业监督管理委员会批准的其他信贷业务。

第十九条 汽车金融公司向自然人发放购车贷款应符合有关监管部门关于个人汽车贷款管理的规定；向法人或其他组织发放汽车贷款应遵守《贷款通则》等有关规定的要求。

第二十条 未经有关监管部门批准，汽车金融公司不得擅自发行债券、向境外借款。

汽车金融公司设立和开展业务中涉及汇兑管理、利润汇出、向非居民发放汽车消费贷款、资本金管理等外汇管理事项的，由有关监管部门会同国家外汇管理部门作出相关规定。

第二十一条 汽车金融公司应实行资本总额与风险资产比例控制管理。汽车金融公司资本充足率不得低于10％，中国银行业监督管理委员会视汽车金融公司风险状况和风险管理能力，可提高单个公司资本充足率的最低标准。有关其他各类资产风险控制与管理的具体要求，由中国银行业监督管理委员会另行规定。

第二十二条 汽车金融公司应当执行相关的金融企业财务会计制度。

第二十三条 汽车金融公司应按规定编制并向中国银行业监督管理委员会报送资产负债表、损益表、现金流量表及中国银行业监督管理委员会要求的其他报表，并于每年会计年度终了后的3个月内报送上一年度的财务会计报告。

汽车金融公司不得提供虚假或隐瞒重要事实的财务会计报告。

第二十四条 汽车金融公司应参照中国人民银行制定的《商业银行内部控制指引》的要求，建立、健全各项业务管理制度与内部控制制度，并在该制度施行前报告中国银行业监督管理委员会。

第二十五条 汽车金融公司应自觉接受中国银行业监督管理委员会对其实施的现场检查及非现场检查。

第二十六条 中国银行业监督管理委员会根据日常监管中发现的问题，可以向汽车金融公司的法定代表人和其他高级管理人员提出质询，并责令该公司限期改正。

第二十七条 汽车金融公司应建立定期外部审计制度。应在每个会计年度结束后的6个月内，将经法定代表人签名确认的年度审计报告报送中国银行业监督管理委员会。

第二十八条 汽车金融公司出现支付困难等紧急情况时，应采取紧急自救措施，并立即向中国银行业监督管理委员会报告。

第二十九条 汽车金融公司出现下列情况之一的，中国银行业监督管理委员会可视情况责令其进行整顿：

（一）当年亏损超过注册资本的50％或连续3年累计亏损超过注册资本的30％。

（二）出现支付困难。

（三）有其他重大经营风险，中国银行业监督管理委员会认为应当整顿的情况。

第三十条 中国银行业监督管理委员会责令汽车金融公司整顿后，可对汽车金融公司采取下列措施：

（一）要求更换或禁止更换汽车金融公司高级管理人员。

（二）暂停其部分业务或禁止其开办新业务。

（三）要求在规定期限内增加资本金。

（四）责令汽车金融公司进行改变股权结构等形式的重组。

（五）禁止分红。

（六）中国银行业监督管理委员会认为必要的其他措施。

第三十一条 汽车金融公司经过整顿，符合下列条件的，报经中国银行业监督管理委员会批准后方可结束整顿：

（一）支付能力得到恢复。

（二）亏损得到弥补。

（三）重大经营风险得到化解。

第三十二条 汽车金融公司整顿时间最长不超过1年，逾期未实现整顿目标的，依法予以市场退出。

第三十三条 汽车金融公司可成立行业性自律组织，实行自律管理。自律组织开展活动，应当接受中国银行业监督管理委员会的指导和监督。

第四章 法律责任

第三十四条 未经中国银行业监督管理委员会批准，擅自设立汽车金融公司或者非法从事汽车金融业务的，由中国银行业监督管理委员会依法予以取缔；构成犯罪的，依法追究刑事责任；尚不构成犯罪的，由中国银行业监督管理委员会没收非法所得，并处非法所得1倍以上5倍以下的罚款；没有非法所得的，由中国银行业监督管理委员会责令改正，并处10万元以上50万元以下的罚款。

第三十五条 未经中国银行业监督管理委员会批准，擅自在机构名称中使用“汽车金融”、“汽车信贷”等表明从事汽车金融业务字样的，由中国银行业监督管理委员会责令其改正，并处1000元罚款。

第三十六条 汽车金融公司超出中国银行业监督管理委员会批准的业务范围从事金融业务活动的，给予警告，没收违法所得，并处违法所得1倍以上5倍以下的罚款；没有违法所得的，处10万元以上50万元以下的罚款；构成非法经营罪或者其他罪的，依法追究刑事责任。

第三十七条 汽车金融公司违反本办法有关规定，提供虚假或者隐瞒重要事实的财务会计报告的，由中国银行业监督管理委员会予以警告，并处10万元以上50万元以下的罚款；构成提供虚假财会报告罪或者其他罪的，依法追究刑事责任。

第三十八条 汽车金融公司违反本办法有关规定，拒绝、阻碍依法监督检查的，由中国银行业监督管理委员会给予警告，并处1万元以上3万元以下的罚款。

第三十九条 汽车金融公司违反本办法规定，除依据本章第三十四条至第三十八条的有关规定给予处罚外，情节严重的，中国银行业监督管理委员会可以取消该公司高级管理人员1至10年直至终身的金融机构高级管理人员任职资格。

第四十条 汽车金融公司违反我国其他法律、法规的，由有关主管机关依法处理。

第五章 附 则

第四十一条 香港特别行政区、澳门特别行政区和台湾地区投资者在内地设立汽车金融公司，适用本办法。

第四十二条 本办法自2003年10月3日起施行，并由中国银行业监督管理委员会负责解释。

主席：刘明康

二OO三年十月三日

汽车金融公司管理办法实施细则

第一章 总 则

第一条 根据《汽车金融公司管理办法》(以下简称《办法》)及有关行政法规制定本细则。

第二条 中国银行业监督管理委员会(以下简称银监会)及其分支机构，按照《办法》和本细则规定对汽车金融公司进行监督管理。

第二章 机构设立

第三条 设立汽车金融公司的申请包括筹建申请和开业申请。

公司拟设地银监局(银监会省级派出机构)是公司设立申请的审

核机关，银监会是公司设立申请的审批机关。

第四条 银监局对汽车金融公司筹建和开业申请资料实行签收制度。

第五条 符合《办法》第五条的申请人应向银监局提交汽车金融公司筹建申请表及《办法》第九条要求的资料。

第六条 银监局在签收到筹建申请资料后的5个工作日内完成资料的完整性审查。

如申请资料不齐全或不符合《办法》规定的形式，银监局将一次书面告知申请人需要补充的全部内容，并由申请人补充申请资料；对申请资料齐全并符合规定形式的，银监局应当受理并书面通知申请人。

银监局在5个工作日内未提出异议的，视为自动受理。

第七条 银监局负责对筹建申请资料进行审核，提出同意或不同意的审核意见，并上报银监会。

银监局应在受理申请资料后20个工作日内完成审核工作。

银监会负责对筹建申请进行审批，应在银监局受理筹建申请后6个月内对已受理的筹建申请作出是否批准的书面决定。

第八条 银监会作出不批准筹建决定的，应书面通知申请人并说明不同意的理由。自不批准筹建批复下达之日起6个月内，申请人不得再次提出同样的申请。

第九条 获得筹建许可的申请人申请延长筹建期限的，应向银监局提交延期申请表和延期申请报告，说明延期原因。延期申请经银监局审核同意后报银监会核准。

延期只限一次，延长期限不得超过3个月。

第十条 拟设公司筹建工作结束后，申请人应向银监局提交开业申请表及《办法》第十二条要求的资料。

第十一条 银监局负责受理和审核开业申请资料。有关受理和审核程序与本细则第六条、第七条相同。

银监会应在银监局受理开业申请后3个月内对已受理的开业申请作出是否核准的书面决定。

第十二条 银监会负责核准汽车金融公司的开业申请及业务范围。对外国独资汽车金融公司和中外合资汽车金融公司，由银监会负责颁发《金融许可证》；对中资汽车金融公司，由银监局负责颁发《金融许可证》。

汽车金融公司金融许可证管理应执行《金融许可证管理办法》等有关规定。

第十三条 根据中华人民共和国商务部的委托，由银监会向被批准开业的外国独资、中外合资汽车金融公司代为颁发《中华人民共和国外商投资企业批准证书》。被批准设立的外国独资、中外合资汽车金融公司收到批准开业文件后，到银监会办理相关手续，并凭银监会批准文件、金融许可证和上述批准证书办理企业注册登记。银监会在代发当日将批准证书存根送商务部。

第十四条 汽车金融公司章程至少包括以下内容：机构名称、营业地址、机构性质、注册资本金、业务范围、组织形式、经营管理和中止、清算等事项。

第十五条 汽车金融公司从业人员中应有60%以上从事过金融业务工作或属于大中专院校金融专业毕业生。拟设公司开业申请资料应包括从事过金融业务工作及大中专院校金融专业毕业生占从业人员的比例。

第十六条 申请人提交的筹建申请、开业申请等资料，均需一式三份，以中文书写为准。

第三章 高级管理人员任职资格管理

第十七条 汽车金融公司高级管理人员是指公司的法定代表人和对经营管理具有决策权或对风险控制起重要作用的人员，包括董事、监事、总经理、副总经理、财务总监、内审或稽核部门经理，以及与上述职位名称不同但所承担职责相同的管理人员。

第十八条 汽车金融公司高级管理人员应具备下列基本条件：

(一)熟悉并遵守国家有关经济、金融法律法规。

(二)具有与担任职务相适应的专业知识、工作经验和组织管理能力。

第十九条 有下列情形之一的，不得担任汽车金融公司高级管理人员：

(一)有犯罪记录或因违法而受到重大处罚的。

(二)过去五年内因重大工作失误给所任职金融机构或其他企业、公司造成重大损失的。

(三)对所任职的金融机构、其他企业、公司的重大违规、被吊销金融许可证或营业执照甚至破产，负有主要责任或直接领导责任，且未满五年的。

(四)其他法律、法规规定不能担任金融机构高级管理人员的。

第二十条 银监会及其分支机构对汽车金融公司的董事长、副董事长、执行董事、董事、总经理、副总经理、财务总监实行任职资格核准管理，对其他高级管理人员实行备案管理。

第二十一条 适用核准制的汽车金融公司高级管理人员应具备下列条件：

(一) 担任董事长、执行董事、总经理，应具备大学本科以上(含本科)学历，金融从业5年以上，或从事汽车生产销售管理工作10年以上。若不具备大学本科及以上学历，应从事金融工作8年以上或从事汽车生产销售管理工作15年以上。

(二) 担任副董事长、副总经理，应具备大学本科以上(含本科)学历，金融从业3年以上，或从事汽车生产销售管理工作6年以上。若不具备大学本科及以上学历，应从事金融工作6年以上或从事汽车生产销售管理工作11年以上。

(三) 担任财务总监，应具备大学本科以上(含本科)学历，从事财务、会计或审计工作6年以上。若不具备大学本科及以上学历，应从事财务、会计或审计工作14年以上。

(四) 担任董事，应具备大学专科以上(含专科)学历，从事企业管理、经营工作6年以上。若不具备大学专科及以上学历，应从事企业管理、经营工作10年以上。

第二十二条 适用核准制的高级管理人员任职，应由汽车金融公司向所在地银监会分支机构提交下列申请资料(一式三份)：

(一)任职资格核准表；

(二)对拟任人进行任职资格审核的申请书；

(三)拟任职公司董事会、监事会决议及拟任人现任职单位对拟任人品行、业务能力、管理能力和工作业绩等方面的综合鉴定；

(四)拟任人身份证明复印件；

(五)拟任人国家认可的学历证书、专业技术证书复印件；

(六)银监会及其分支机构要求的其他资料。

第二十三条 对汽车金融公司高级管理人员任职资格需报银监会及其分支机构核准的，银监会及其分支机构自收到完整申请资料之日起90日内作出是否同意的批复。作出不同意决定的，书面通知申请人不同意的理由。

第二十四条 银监会及其分支机构可以对需核准任职资格的高级管理人员进行考试、考察或谈话。

第二十五条 适用备案制的高级管理人员任职，应由汽车金融公司向所在地银监会分支机构提交下列资料(一式三份)：

(一)任职资格备案表；

(二)拟任人身份证明复印件；

(三)拟任人国家认可的学历证书、专业技术证书复印件；

(四)银监会及其分支机构要求的其他资料。

第二十六条 对适用备案制的汽车金融公司高级管理人员，公司所在地银监会分支机构自收到完整报备材料之日起30日内未提出书面异议的，视为认可。

第二十七条 未经银监会及其分支机构批准，汽车金融公司董事长、副董事长、执行董事、总经理、副总经理、财务总监、内审或稽核部门经理等高级管理人员在任职期内不得兼任党政机关职务或其他营业性机构的高级管理人员。

第二十八条 汽车金融公司董事长不得兼任本公司总经理。董事不得兼任与本公司有利益冲突的其他营业性机构的高级管理人员。

第二十九条 汽车金融公司的董事长、总经理因故连续一个月以上不能履行岗位职责的，应授权其他高级管理人员暂代其履行职责并向所在地银监会分支机构事前备案；连续3个月以上不能履行岗位职责的，应更换人选。

第三十条 汽车金融公司高级管理人员离任，公司应聘请银监会及其分支机构认可的外部审计师对该高级管理人员进行离任审计。

第三十一条 离任审计报告应至少包括以下内容：

(一) 分管业务经营情况；

(二) 分管业务合法合规情况；

(三) 分管业务内控建设和风险管理情况；

(四) 职责范围内发生的重大经济或刑事案件以及本人所应承担的责任；

(五) 审计结论。

第三十二条 银监会及其分支机构应建立汽车金融公司高级管理人员任职资格档案。任职资格档案至少包括以下内容：

(一)任职资格申请资料；

(二)银监会及其分支机构审核的有关文件、资料；

(三)银监会及其分支机构核准任职资格的文件；

（四）银监会及其分支机构对高级管理人员作出的处分决定或取消任职资格的文件；

（五）汽车金融公司对高级管理人员作出的处分决定；

（六）离任审计报告；

（七）其他重要资料。

第三十三条 对出现下列情形之一负有个人责任或直接领导责任的高级管理人员，银监会及其分支机构可以视情节轻重及后果，取消其一定时期直至终身的任职资格：

（一）被依法追究刑事责任；

（二）拒绝、干扰、阻挠或严重影响银监会及其分支机构依法监管；

（三）所任职公司内部控制制度不健全或执行监督不力，造成重大资产损失，或导致发生重大金融犯罪案件；

（四）所任职公司严重违规经营、长期经营管理不善，造成公司严重亏损，或被接管、撤销、被迫合并或宣告破产等；

（五）发生重大金融犯罪案件后，不及时报案，不采取相应措施，不积极配合有关部门查案、办案，干扰或妨碍案件查处；

（六）对已任职的高级管理人员，如发现其任职前有违法、违规或其他不宜担任高级管理人员的情形；

（七）银监会及其分支机构认定的其他情形。

第三十四条 银监会及其分支机构对取消任职资格的汽车金融公司高级管理人员，可以进行通报。

第四章 风险控制和监督管理

第三十五条 汽车金融公司应以控制风险为核心，建立全面的风险管理体系。内容包括：

（一）建立良好的公司治理与分工合理、职责明确、报告关系清晰的组织结构，以及科学、高效的决策、激励和约束机制。

（二）参照《商业银行内部控制指引》，按照全面、审慎、有效、独立的原则，建立和健全内部控制制度，并报所在地银监会分支机构备案。

第三十六条 除单家股东的外国独资汽车金融公司外，汽车金融公司应设立董事会。单家股东的外国独资汽车金融公司应聘请外部独立董事。

第三十七条 汽车金融公司应实行资产五级分类制度。参照《贷款风险分类指导原则》，制定资产风险分类操作细则，报其所在地银监会分支机构事前备案后执行；依照《银行贷款损失准备计提指引》，建立审慎的贷款损失准备制度，及时足额计提资产损失准备。

第三十八条 汽车金融公司的资本充足率计算公式为：资本/风险加权资产。

第三十九条 汽车金融公司的资本包括核心资本与附属资本。核心资本包括实收资本、资本公积、盈余公积、未分配利润。附属资本包括重估储备、一般准备。

汽车金融公司核心资本不得低于资本的50%。

第四十条 汽车金融公司风险加权资产的计算及各类资产风险权重如下：

风险加权资产＝对商业银行的债权×20%＋有商业银行提供保证的债权×20%＋其他担保形式担保的债权×50%＋其他形式资产×100%＋担保业务余额×100%。

其他担保形式是指商业银行提供保证以外的担保；其他形式资产不包括现金。

计算各项贷款的风险资产时，应当首先从贷款账面价值中扣除专项准备，其他各类资产的减值准备，也应当从相应的资产项目账面价值中扣除。

第四十一条 汽车金融公司对单一借款人的授信余额与注册资本的比例不得超过15%。

授信余额包括表内和表外的项目。

第四十二条 汽车金融公司对最大10家客户的授信余额不得超过注册资本的50%。

第四十三条 汽车金融公司对关联人不得发放信用贷款，对关联人的授信条件不得优于其他借款人同类授信的条件。

第四十四条 汽车金融公司对单一股东及其关联人授信余额不得超过该股东在汽车金融公司出资额的100%。

第四十五条 本细则第四十一条、第四十二条和第四十四条中授信余额的计算口径为扣除借款人以现金和现金等价物作抵押后的余额。

第四十六条 汽车金融公司的担保余额不得超过注册资本的200%。

第四十七条 汽车金融公司自用固定资产与注册资本的比例不得超过40%。

第四十八条 汽车金融公司流动性资产与流动性负债的比例不得低于100%。

流动性资产是指现金、一个月内到期的贷款、一个月内到期的应收款和其他一个月内可变现的资产。上述各项资产中应扣除预计不可收回的部分。流动性负债是指一个月内到期的存款、一个月内到期的向金融机构借款和其他一个月内到期的负债。

第四十九条 汽车展示厅贷款应专门用于汽车整车展示所必需的场所建设。

第五十条 汽车金融公司向金融机构借款的利率，比照同业往来利率执行；发放汽车贷款的利率，可在人民银行公布的法定利率基础上，上下浮动－10－30%。

第五十一条 汽车金融公司应按银监会及其分支机构有关监管规定定期向所在地银监会分支机构报送由法定代表人签字的财务会计报告、各项监管指标执行情况报告和银监会及其分支机构要求的其他资料。

汽车金融公司法定代表人对公司提供上述资料的真实性负有最终责任。

第五十二条 银监会及其分支机构通过现场检查和非现场监管，对汽车金融公司以法人治理结构和内部控制制度为核心的风险管理体系、资本充足率等各项风险控制指标以及资产风险分类和相应资产损失准备制度等执行情况进行全面考核，对未达到监管要求的汽车金融公司，银监会及其分支机构有权要求其整改、暂停其部分或全部业务、对其整顿。

银监会及其分支机构可以指定具有相应资格的中介机构对汽车金融公司进行现场检查。

第五章 附 则

第五十三条 汽车金融业务是指《办法》第十八条所规定的业务。

第五十四条 《办法》第二条所称销售者是指专门从事汽车销售的经销商，不包括汽车制造商及其他形式的汽车销售者。

第五十五条 《办法》第五条第（一）款所称企业法人不包括中国境内外的银行机构。

第五十六条 《办法》第二条所称中国境内的汽车购买者及销售者是指中国大陆地区的汽车购买者及销售者，不包括港、澳、台地区。

第五十七条 本细则所称关联人，包括关联法人和关联自然人。

企业的关联法人是指：（一）直接或间接控制该企业，以及与该企业同受第三方企业控制的法人；（二）关联自然人直接或间接控制的企业。

企业的关联自然人是指企业的高级管理人员及其近亲属。汽车金融公司的关联自然人还包括信贷业务人员及其近亲属。

第五十八条 本细则自公布之日起施行，由银监会负责解释。

外资参股基金管理公司设立规则

第一条 为了适应证券市场对外开放的需要，加强对外资参股基金管理公司的监督管理，明确外资参股基金管理公司的设立条件和程序，根据《公司法》和《证券投资基金管理暂行办法》（以下简称《暂行办法》）的有关规定，制定本规则。

第二条 本规则所称外资参股基金管理公司包括境外股东受让、认购境内基金管理公司股权而变更的基金管理公司，或者境外股东与境内股东共同出资设立的基金管理公司。

第三条 中国证券监督管理委员会（以下简称"中国证监会"）负责对外资参股基金管理公司的审批和监督管理。

第四条 外资参股基金管理公司的组织形式为有限责任公司。

外资参股基金管理公司的名称、注册资本、组织机构的设立及职责，应当符合《公司法》、《暂行办法》和中国证监会的有关规定。

第五条 外资参股基金管理公司应当符合《暂行办法》和中国证监会规定的条件。

第六条 外资参股基金管理公司的境外股东，应当具备下列条件：

(一)为依其所在国家法律设立,并合法存续的金融机构,近三年未受到证券监管机构和司法机关的重大处罚;

(二)所在国家具有完善的证券法律和监管制度,其证券监管机构已与中国证监会签定证券监管合作谅解备忘录,并保持着有效的监管合作关系;

(三)实收资本不少于三亿元人民币的等值自由兑换货币;

(四)中国证监会规定的其他审慎性条件。

第七条 外资参股基金管理公司的境内股东,应当具备中国证监会规定的基金管理公司股东资格条件。

第八条 外资持股比例或者在外资参股的基金管理公司中拥有的权益比例,累计(包括直接持有和间接持有)不超过33%,在我国加入WTO后三年内,该比例不超过49%。

境外股东应当以自由兑换货币出资。

第九条 外资参股基金管理公司的董事长、总经理、副总经理应当具备中国证监会规定的基金管理公司高级管理人员任职资格条件。

第十条 外资参股基金管理公司的境内外申请人应当按照中国证监会规定的内容与格式,向中国证监会报送申请材料。

境内外申请人向中国证监会报送的申请材料,必须使用中文。境外股东及其所在国家证券监管机构出具的文件、资料使用外文的,应当附有与原文内容一致的中文译本。

第十一条 境外股东与境内股东共同出资设立基金管理公司,应当经过筹建和开业两个阶段。

第十二条 中国证监会自正式受理境内外申请人的筹建申请之日起60个工作日内作出批准或者不予批准筹建的决定。批准筹建的,出具批复文件;不予批准的,书面通知申请人,并说明理由。

第十三条 已取得中国证监会筹建批文但未正式开业的基金管理公司,如境外股东的基本情况发生重大变化,或因违规受到有关国家、地区的监管机构处罚或重点监控的,该境外股东应及时提请召开基金管理公司发起人会议,说明有关情况。如境外股东不再符合本规则的条件,发起人会议应提出处理意见,由公司筹备组及时报告中国证监会,办理相关事宜。

第十四条 境内外申请人在基金管理公司筹建完成后,向中国证监会报送基金管理公司开业申请材料。

中国证监会自受理开业申请之日起30个工作日内作出批准、延迟批准或不批准开业的决定。批准开业的,出具批准文件;拟延迟批准或不批准开业的,书面通知申请人,并说明理由。

第十五条 境外股东受让、认购境内基金管理公司的股权,由基金管理公司向中国证监会报送申请材料。

中国证监会自正式受理申请之日起60个工作日内,作出批准或者不予批准的决定。批准申请的,出具批复文件;不予批准的,书面通知申请人,并说明理由。

对涉及新增股东和出资比例最高、提名董事人数最多的股东变更申请的审核,中国证监会参照基金管理公司筹建审核程序执行。

第十六条 参股基金管理公司的境外股东,其注册地或主要经营活动所在地的主管当局对境外投资有备案要求的,该境外股东在依法取得中国证监会的批准文件后,如向其注册地或主要经营活动所在地的主管当局提交有关备案材料,应当同时将副本报送中国证监会。

第十七条 外资参股基金管理公司的股东应在取得中国证监会的批准文件后30个工作日内,向工商行政管理机关办理公司变更或者设立登记。

第十八条 香港特别行政区、澳门特别行政区和台湾地区的投资者参股内资基金管理公司的,比照适用本规则。

第十九条 外资参股基金管理公司的设立、变更、终止、业务活动及监督管理事项,本规则未作规定的,适用中国证监会的其他有关规定。

第二十条 本规则自2002年7月1日起施行。

外资参股证券公司设立规则

第一条 为了适应证券市场对外开放的需要,加强和完善对外资参股证券公司的监督管理,明确外资参股证券公司的设立条件和程序,根据《公司法》和《证券法》的有关规定,制定本规则。

第二条 本规则所称外资参股证券公司包括境外股东受让、认购境内证券公司股权而变更的证券公司或者境外股东与境内股东共同出资设立的证券公司。

第三条 中国证券监督管理委员会(以下简称"中国证监会")负责对外资参股证券公司的审批和监督管理。

第四条 外资参股证券公司的组织形式为有限责任公司。

外资参股证券公司的名称、注册资本、组织机构的设立及职责,应当符合《公司法》、《证券法》和中国证监会的有关规定。

第五条 外资参股证券公司可以经营下列业务:

(一)股票(包括人民币普通股、外资股)和债券(包括政府债券、公司债券)的承销;

(二)外资股的经纪;

(三)债券(包括政府债券、公司债券)的经纪和自营;

(四)中国证监会批准的其他业务。

前款所称外资股,包括境内上市外资股(B股)和在境外上市的外资股。

证券公司应当按照本条第一款的规定向中国证监会提出业务范围的申请。从事股票主承销业务的,应当按照中国证监会关于证券公司股票主承销资格管理的规定,取得股票主承销业务资格。

第六条 外资参股证券公司应当符合下列条件:

(一)注册资本符合《证券法》关于综合类证券公司注册资本的规定;

(二)股东具备本规则规定的资格条件,其出资比例、出资方式符合本规则的规定;

(三)按照中国证监会的规定取得证券从业资格的人员不少于五十人,并有必要的会计、法律和计算机专业人员;

(四)有健全的内部管理、风险控制和对承销、经纪、自营等业务在机构、人员、信息、业务执行等方面分开管理的制度,有适当的内部控制技术系统;

(五)有符合要求的营业场所和合格的交易设施;

(六)中国证监会规定的其他审慎性条件。

第七条 外资参股证券公司的境外股东,应当具备下列条件:

(一)所在国家具有完善的证券法律和监管制度,其证券监管机构已与中国证监会签定证券监管合作谅解备忘录,并保持着有效的监管合作关系;

(二)在所在国家具有合法的证券经营资格,经营金融业务十年以上,近三年未受到过证券监管机构和司法机关的重大处罚;

(三)近三年各项风险监控指标符合所在国家法律的规定和证券监管机构的要求;

(四)具有完善的内部控制制度;

(五)在国际证券市场上有良好的声誉和经营业绩;

(六)中国证监会规定的其他审慎性条件。

第八条 外资参股证券公司的境内股东,应当具备中国证监会规定的证券公司股东资格条件。

外资参股证券公司的境内股东,应当至少有一名是内资证券公司。但内资证券公司变更为外资参股证券公司的,不在此限。

第九条 境内股东可以用现金、经营中必需的实物出资;境外股东应当以自由兑换货币出资。

第十条 境外股东持股比例或者在外资参股证券公司中拥有的权益比例,累计(包括直接持有和间接持有)不得超过三分之一。

境内股东中的内资证券公司,应当至少有一名的持股比例或在外资参股证券公司中拥有的权益比例不低于三分之一。

内资证券公司变更为外资参股证券公司后,应当至少有一名内资股东的持股比例不低于三分之一。

第十一条 外资参股证券公司的董事长、总经理、副总经理应当具备中国证监会规定的证券公司高级管理人员任职资格条件。

第十二条 申请设立外资参股证券公司,应当由全体股东共同指定的代表或委托的代理人,向中国证监会提交下列文件:

(一)境内外股东的法定代表人或授权代表共同签署的申请表;

(二)关于设立外资参股证券公司的合同及章程草案;

(三)外资参股证券公司董事长、总经理、副总经理人选的任职资格申请表;

(四)股东的营业执照或注册证书和证券业务资格证书复印件;

(五)申请前一年境内外股东经审计的财务报表;

(六)境外股东所在国家证券监管机构出具的关于该境外股东是否具备本规则第七条第(二)、(三)项规定的条件的说明函;

(七)由中国境内具有证券相关业务资格的律师事务所出具的法律意见书。

第十三条 中国证监会依照有关法律、行政法规和本规则对前条规定的申请文件进行审查，自接到符合要求的申请文件之日起45个工作日内作出是否批准的决定，并书面通知申请人。不予批准的，书面说明理由。

第十四条 股东应自中国证监会的批准文件签发之日起六个月内足额缴付出资或提供约定的合作条件，选举董事会、聘任高级管理人员，并向工商行政管理机关申请设立登记，领取营业执照。

第十五条 外资参股证券公司的董事长或授权代表应自营业执照签发之日起15个工作日内，向中国证监会提交下列文件，申请《经营证券业务许可证》：

（一）营业执照副本复印件；

（二）公司章程；

（三）由中国境内具有证券相关业务资格的会计师事务所出具的验资报告；

（四）董事、监事、高级管理人员的名单、简历，主要业务人员的名单、证券从业资格证书复印件；

（五）内部控制制度文本；

（六）营业场所和交易设施情况说明书。

第十六条 中国证监会依照有关法律、行政法规和本规则对前条规定的申请文件进行审查，并自接到符合要求的申请文件之日起15个工作日内作出决定。对符合规定条件的，颁发《经营证券业务许可证》；对不符合规定条件的，不予颁发，并书面说明理由。

第十七条 未取得中国证监会颁发的《经营证券业务许可证》，外资参股证券公司不得开业，不得经营证券业务。

第十八条 内资证券公司申请变更为外资参股证券公司的，应当具备本规则第六条规定的条件。

收购或参股内资证券公司的境外股东应当具备本规则第七条规定的条件，其收购的股权比例或出资比例应当符合本规则第十条的规定。

第十九条 内资证券公司申请变更为外资参股证券公司，应当向中国证监会提交下列文件：

（一）法定代表人签署的申请表；

（二）股东会关于变更为外资参股证券公司的决议；

（三）公司章程修改草案；

（四）股权转让协议或出资协议（股份认购协议）；

（五）拟在该证券公司任职的外国投资者委派人员的名单、简历；

（六）境外股东的营业执照或注册证书和证券业务资格证书复印件；

（七）申请前一年境外股东经审计的财务报表；

（八）境外股东所在国家证券监管机构出具的关于该境外股东是否具备本规则第七条第（二）、（三）项规定条件的说明函；

（九）依法不能由外资参股证券公司经营的业务的清理方案；

（十）由中国境内具有证券相关业务资格的律师事务所出具的法律意见书。

第二十条 中国证监会依照有关法律、行政法规和本规则对前条规定的申请文件进行审查，并自接到符合要求的申请文件之日起30个工作日内作出是否批准的决定，书面通知申请的证券公司。不予批准的，书面说明理由。

第二十一条 获准变更的证券公司，应自中国证监会的批准文件签发之日起六个月内，办理股权转让或增资事宜，清理依法不能由外资参股证券公司经营的业务，并向工商行政管理机关申请变更登记，换领营业执照。

第二十二条 获准变更的证券公司应自变更登记之日起15个工作日内，向中国证监会提交下列文件，申请换发《经营证券业务许可证》：

（一）营业执照副本复印件；

（二）外资参股证券公司章程；

（三）公司原有经营证券业务许可证及其副本；

（四）由中国境内具有证券相关业务资格的会计师事务所出具的验资报告；

（五）依法不能由外资参股证券公司经营的业务的清理工作报告；

（六）具有证券相关业务资格的律师事务所和会计师事务所对前项清理工作出具的法律意见书和验证报告。

第二十三条 中国证监会依照有关法律、行政法规和本规则对前条规定的申请文件进行审查，并自接到符合要求的申请文件之日起15个工作日内作出决定。对符合规定条件的，换发《经营证券业务许可证》；对不符合规定条件的，不予换发，并书面说明理由。

第二十四条 外资参股证券公司合并或外资参股证券公司与内资证券公司合并后新设或存续的证券公司，应当具备本规则规定的外资参股证券公司的设立条件；其业务范围、境外股东所占的股权或权益比例应当符合本规则的规定。

外资参股证券公司分立后设立的证券公司，股东中有境外股东的，其业务范围、境外股东所占的股权或权益比例应当符合本规则的规定。

第二十五条 按照本规则规定提交中国证监会的申请文件及报送中国证监会的资料，必须使用中文。境外股东及其所在国家证券监管机构出具的文件、资料使用外文的，应当附有与原文内容一致的中文译本。

申请人提交的文件及报送的材料，不能充分说明申请人的状况的，中国证监会可以要求申请人作出补充说明。

第二十六条 香港特别行政区、澳门特别行政区和台湾地区的投资者参股证券公司的，比照适用本规则。

第二十七条 外资参股证券公司的设立、变更、终止、业务活动及监督管理事项，本规则未作规定的，适用中国证监会的其他有关规定。

第二十八条 本规则自2002年7月1日起实施。

外资金融机构驻华代表机构管理办法

第一章 总 则

第一条 为适应对外开放和经济发展的需要，加强对外资金融机构驻华代表机构的管理，根据《中华人民共和国外资金融机构管理条例》的有关规定，制定本办法。

第二条 本办法所称外资金融机构，包括外国金融机构和在中国境内注册设立的外资金融机构。

外国金融机构是指在中华人民共和国境外注册并经所在国家或地区金融监管当局或行业协会认可的金融机构。

在中国境内注册设立的外资金融机构包括：总行在中国境内的外国资本的银行，外国的金融机构同中国的公司、企业在中国境内合资经营的银行，总公司在中国境内的外国资本的财务公司、货币经纪公司、信用卡公司，外国的金融机构同中国的公司、企业在中国境内合资经营的财务公司、货币经纪公司、信用卡公司以及其他经中国人民银行批准成立的外资金融机构。

本办法所称外资金融机构代表机构（以下简称"代表机构"），包括外资金融机构在中国境内设立并从事咨询、联络和市场调查等非经营性活动的代表处、总代表处。代表处的主要负责人称首席代表，总代表处的主要负责人称总代表。

第三条 代表机构必须遵守中华人民共和国法律、法规，其合法权益受中华人民共和国法律保护。

第二章 申请与设立

第四条 外国金融机构设立代表处，申请人应当具备下列条件：

（一）申请人所在国家或地区有完善的金融监督管理制度；

（二）申请人是由其所在国家或地区金融监管当局批准设立的金融机构，或者是金融性行业协会会员；

（三）申请人经营状况良好，无重大违法违规记录；

（四）中国人民银行规定的其他审慎性条件。

在中国境内注册的外资金融机构设立代表处，申请人应具备上述（三）、（四）项条件。

第五条 申请设立代表处，申请人应向拟设机构所在地中国人民银行分支机构领取申请表，并将填写好的申请表附下列资料提交拟设机构所在地中国人民银行分支机构：

（一）由董事长或行长（首席执行官、总经理）签署的致中国人民银行行长的申请书；

（二）所在国家或地区有关主管当局核发的营业执照（复印件）或合法开业证明（复印件）；

（三）公司章程、董事会成员及最大十家股东名单或主要合伙人名单；

（四）申请前3年的年报；

（五）由所在国家或地区金融监管当局出具的对其在中国境内设

立代表处的意见书，或者由所在行业协会出具的推荐信；

（六）拟任首席代表的身份证明、学历证明、简历及由拟任人签字的有无不良记录的陈述书；

（七）由董事长或行长（首席执行官、总经理）或其授权签字人签署的委任首席代表的授权书；

（八）中国人民银行要求提交的其他资料。

在中国境内注册的外资金融机构提交的资料中不包括本条第（五）项规定的资料。

第六条 本办法要求提交的资料，除年报外，凡用外文书写的，应当附有中文译本。其中"授权书"、"营业执照（复印件）"或"开业证明（复印件）"须经所在国家或地区认可的公证机构公证，或经中国驻该国大使馆或领事馆认证。

第七条 中国人民银行分支机构对外资金融机构提交的申请资料初审后，报中国人民银行总行审查批准。

第八条 代表处的名称由下列部分组成，依次为：外资金融机构名称、所在城市名称和"代表处"字样。

第九条 在中国境内已设立5个或5个以上分支机构的外国金融机构，可申请设立总代表处。总代表处的申请设立程序及管理与代表处相同。总代表处的名称由下列部分组成，依次为：外国金融机构名称、"驻中国总代表处"字样。

第十条 总代表处总代表以及代表处首席代表的任职资格适用核准制。

中国人民银行总行负责核准或取消总代表处总代表、代表处首席代表的任职资格。

第十一条 担任总代表处总代表、代表处首席代表应具备下列条件：

（一）担任总代表处总代表，一般应具有5年以上从事金融或相关经济工作经历，并有3年以上担任业务部门经理或相当于业务部门经理以上职位的经验；

（二）担任代表处首席代表，一般应具有3年以上的金融或相关经济工作经历；

（三）具备大学本科以上（包括本科）学历。若不具备大学本科及以上学历，担任总代表处总代表须相应增加6年从事金融或相关经济工作经历的年限；担任代表处首席代表须相应增加3年从事金融或相关经济工作经历的年限。

第十二条 申请更换代表机构总代表、首席代表的，应由外资金融机构向代表机构所在地中国人民银行分支机构提交以下资料：

（一）外资金融机构授权签字人签署的致中国人民银行行长的申请书；

（二）外资金融机构授权签字人签署的授权书；

（三）拟任人的简历；

（四）拟任人身份证明、学历证明的复印件；

（五）由拟任人签字的有无不良记录的陈述书；

（六）中国人民银行要求的其他资料。

第十三条 中国人民银行分支机构对外资金融机构提交的申请更换代表机构总代表、首席代表的资料初审后，报中国人民银行总行核准。

第十四条 经批准设立的代表机构，由中国人民银行总行颁发批准证书，有效驻在期限为6年。代表机构应当在获得批准证书后按有关规定到工商行政管理部门办理登记注册。代表机构未在规定期限内办理的，须向中国人民银行提交由其代表的外资金融机构董事长或行长（首席执行官、总经理）签署的重新办理申请书，重新办理批准证书。代表机构必须在得到中国人民银行批准之日起6个月内迁入固定的办公场所，超出6个月后原设立批准自动失效。

第三章 监督管理

第十五条 代表机构及其工作人员，不得与任何单位或自然人签订可能给代表机构或其代表的外资金融机构带来收入的协议或契约，不得从事任何形式的经营性活动。

第十六条 代表机构设立、终止、变更和展期应于办理工商登记后15日内在中国人民银行总行指定的报纸上公告，并向所在地中国人民银行分支机构报告。

第十七条 代表机构须有独立的办公场所、办公设施和专职工作人员。

第十八条 代表机构总代表、首席代表的任职期限一般应在2年以上，任职期内不得兼任其他经营性组织的管理职务。总代表、首席代表应当常驻代表机构主持日常工作，离职连续1个月以上，应当指定专人代行其职，并报告所在地中国人民银行分支机构。离职连续3个月以上的，如无特殊理由，其所任职务须更换人选，并报中国人民银行总行核准。

第十九条 代表机构应于每年2月底前向所在地中国人民银行分支机构提交上年度工作报告，由中国人民银行分支机构转报中国人民银行总行。代表机构工作报告应当按照中国人民银行规定的格式用中文填写。

第二十条 代表机构应在其代表的外资金融机构会计年度结束后6个月内向所在地中国人民银行分支机构提供该外资金融机构年报。

第二十一条 设立代表机构的外国金融机构发生下列重大事项，代表机构应及时向其所在地中国人民银行分支机构报告，由所在地中国人民银行分支机构转报中国人民银行总行：

（一）章程、注册资本或注册地址变更；

（二）机构重组、股权变更或主要负责人变更；

（三）经营发生严重损失；

（四）发生重大案件；

（五）外国金融机构所在国家或地区监管当局对其实施的重大监管措施；

（六）其他对外国金融机构经营产生重大影响的事项。

第二十二条 外资金融机构因合并、分立等重组原因成立新机构而变更其在中国境内代表机构名称的，应事先向中国人民银行总行提出申请，并提交以下资料：

（一）由新机构董事长或行长（首席执行官、总经理）签署的申请书；

（二）新机构所在国家或地区金融监管当局同意其机构重组的批准书；

（三）新机构合并财务报表；

（四）新机构的章程、董事会成员及最大十家股东或主要合伙人名单；

（五）新机构所在国家或地区有关主管当局核发的营业执照（复印件）或合法开业证明（复印件）；

（六）新机构在中国境内代表机构的首席代表或总代表的简历、学历、身份证明以及有无不良记录的陈述书；

（七）新机构董事长或行长（首席执行官、总经理）或其授权签字人签署的对中国境内代表机构首席代表或总代表的授权书；

（八）中国人民银行要求提交的其他资料。

外资金融机构应同时将上述资料（复印件）报代表机构所在地中国人民银行分支机构。

第二十三条 外资金融机构因其他原因变更其在中国境内代表机构名称的，须向中国人民银行总行提交由外资金融机构董事长或行长（首席执行官、总经理）签署的申请书，同时将申请书复印件提交代表机构所在地中国人民银行分支机构。

第二十四条 外资金融机构获得中国人民银行同意其变更中国境内代表机构名称的批准书后，应按有关规定到工商行政管理部门办理变更登记手续。

第二十五条 代表机构有下列情况之一的，应当报所在地中国人民银行分行批准：

（一）代表机构展期。应当在该代表机构有效驻在期满前2个月提交由该外资金融机构授权签字人签署的申请书和由代表机构首席代表或总代表签署的该代表机构最近3年的工作报告，报所在地中国人民银行分行、营业管理部审批。代表处每次展期时限为6年。

（二）变更地址。应提交由代表机构首席代表或总代表签署的地址迁移申请书，由所在地中国人民银行分行、营业管理部审批，并报告中国人民银行总行。代表机构须在获得批准后3个月内迁入新址。

第四章 代表机构终止

第二十六条 申请关闭代表机构，应将由外资金融机构董事长或行长（首席执行官、总经理）签署的致中国人民银行行长的申请书提交其所在地中国人民银行分支机构，所在地中国人民银行分支机构初审后，转报中国人民银行总行审查批准。经批准后，向工商行政管理部门申请注销登记，并到有关部门办理相关手续。

第二十七条 代表处经中国人民银行批准升格为营业性分支机构或总代表处后，原代表处自行关闭，并向工商行政管理部门申请注销登记。

第二十八条 代表处关闭或被中国人民银行依法撤销后，凡设有总代表处的，由其总代表处负责未了事宜；总代表处以及没有设立总代表处的代表处关闭或被中国人民银行依法撤销后，其未了事宜由其代表的外资金融机构负责处理。

第五章　罚　则

第二十九条　单位或自然人违反本办法规定，未经中国人民银行批准擅自设立外资金融机构驻华代表机构的，包括在固定办公场所悬挂本办法第九条规定的名称匾牌的，由中国人民银行依法予以取缔；构成犯罪的，依法追究其刑事责任。

第三十条　外资金融机构未经中国人民银行批准擅自设立代表机构的，中国人民银行自该代表机构被取缔之日起5年内不受理其提出在中国境内设立代表机构或其他营业性机构的申请。

第三十一条　代表机构未按规定期限向所在地中国人民银行分支机构提交本办法第十九条、第二十条、第二十一条规定的报告或材料的，由所在地中国人民银行分支机构给予警告；连续2年内不提供报告或材料的，由所在地中国人民银行分支机构报请中国人民银行总行予以撤销。

第三十二条　代表机构及其工作人员违反本办法第十五条规定从事金融业务活动的，由中国人民银行按《金融违法行为处罚办法》的有关规定给予处罚；从事金融业务以外的经营性活动，由中国人民银行给予警告，情节严重的，撤销该代表机构。

第三十三条　代表机构未在有效驻在期满2个月前提交展期申请的，应向所在地中国人民银行分支机构提交其代表的外资金融机构出具的道歉函，解释未在规定期限内提出展期申请的原因。代表机构所在地中国人民银行分行（营业管理部）根据具体情况作出是否批准展期的决定。

第三十四条　有下列情形之一的，中国人民银行可视情节轻重及后果，取消代表机构首席代表或总代表一定期限直至终身的任职资格：

（一）代表机构或其工作人员从事金融业务活动或其他经营性活动；

（二）代表机构提供虚假信息或隐瞒重要事实的资料，情节严重的；

（三）代表机构违反本办法第二十条、第二十一条规定，不按时向中国人民银行报送年度报告及代表的外资金融机构发生的重大事项；

（四）首席代表或总代表被依法追究刑事责任；

（五）代表机构拒绝、干扰、阻挠或严重影响中国人民银行依法监管；

（六）对已任职的总代表、首席代表，中国人民银行如发现其任职前有违法、违规或其他不宜担任高级管理人员的情形。

第三十五条　代表机构提供虚假信息或隐瞒重要事实的资料，由中国人民银行予以警告。

第三十六条　违反本办法其他规定的，由中国人民银行予以警告或建议其代表的外资金融机构更换首席代表或总代表。

第六章　附　则

第三十七条　香港特别行政区、澳门特别行政区和台湾地区的金融机构及其在内地设立的独资银行、合资银行、独资财务公司、合资财务公司设立代表机构，比照适用本办法。

第三十八条　本办法自2002年7月18日起施行。中国人民银行1996年4月29日发布的《外国金融机构驻华代表机构管理办法》同时废止。

第三十九条　本办法由中国人民银行负责解释。

外债管理暂行办法

第一章　总　则

第一条　为加强外债管理，规范举借外债行为，提高外债资金使用效益，防范外债风险，制定本办法。

第二条　本办法所称"外债"，是指境内机构对非居民承担的以外币表示的债务。

第三条　本办法所称"境内机构"，是指在中国境内依法设立的常设机构，包括但不限于政府机关、金融境内机构、企业、事业单位和社会团体。

第四条　本办法所称"非居民"，是指中国境外的机构、自然人及其在中国境内依法设立的非常设机构。

第五条　按照债务类型划分，外债分为外国政府贷款、国际金融组织贷款和国际商业贷款。

（一）外国政府贷款，是指中国政府向外国政府举借的官方信贷；

（二）国际金融组织贷款，是指中国政府向世界银行、亚洲开发银行、联合国农业发展基金会和其他国际性、地区性金融机构举借的非商业性信贷；

（三）国际商业贷款，是指境内机构向非居民举借的商业性信贷。包括：

1、向境外银行和其他金融机构借款；

2、向境外企业、其他机构和自然人借款；

3、境外发行中长期债券（含可转换债券）和短期债券（含商业票据、大额可转让存单等）；

4、买方信贷、延期付款和其它形式的贸易融资；

5、国际融资租赁；

6、非居民外币存款；

7、补偿贸易中用现汇偿还的债务；

8、其它种类国际商业贷款。

第六条　按照偿还责任划分，外债分为主权外债和非主权外债。

（一）主权外债，是指由国务院授权机构代表国家举借的、以国家信用保证对外偿还的外债。

（二）非主权外债，是指除主权外债以外的其它外债。

第七条　本办法所称"对外担保"，是指境内机构依据《中华人民共和国担保法》，以保证、抵押或质押方式向非居民提供的担保。

对外担保形成的潜在对外偿还义务为或有外债。

第八条　国家对各类外债和或有外债实行全口径管理。举借外债、对外担保、外债资金的使用和偿还须符合国家有关法律、法规和本办法的规定。

第九条　国家发展计划委员会、财政部和国家外汇管理局是外债管理部门。

第二章　举借外债和对外担保

第十条　国家发展计划委员会会同有关部门根据国民经济和社会发展需要，以及国际收支状况和外债承受能力，制定国家借用外债计划，合理确定全口径外债的总量和结构调控目标。

第十一条　国家根据外债类型、偿还责任和债务人性质，对举借外债实行分类管理。

第十二条　国际金融组织贷款和外国政府贷款由国家统一对外举借。

国家发展计划委员会会同财政部等有关部门制定世界银行、亚洲开发银行、联合国农业发展基金会和外国政府贷款备选项目规划，财政部根据规划组织对外谈判、磋商、签订借款协议和对国内债务人直接或通过有关金融机构转贷。其中，世界银行、亚洲开发银行、联合国农业发展基金会和重点国别外国政府贷款备选项目规划须经国务院批准。

第十三条　财政部代表国家在境外发行债券由财政部报国务院审批，并纳入国家借用外债计划。其他任何境内机构在境外发行中长期债券均由国家发展计划委员会会同国家外汇管理局审核后报国务院审批；在境外发行短期债券由国家外汇管理局审批，其中设定滚动发行的，由国家外汇管理局会同国家发展计划委员会审批。

第十四条　国家对国有商业银行举借中长期国际商业贷款实行余额管理，余额由国家发展计划委员会会同有关部门审核后报国务院审批。

第十五条　境内中资企业等机构举借中长期国际商业贷款，须经国家发展计划委员会批准。

第十六条　国家对境内中资机构举借短期国际商业贷款实行余额管理，余额由国家外汇管理局核定。

第十七条　国家对境内外资金融机构举借外债实行总量控制，具体办法另行制定。

第十八条　外商投资企业举借的中长期外债累计发生额和短期外债余额之和应当控制在审批部门批准的项目总投资和注册资本之间的差额以内。

在差额范围内，外商投资企业可自行举借外债。超出差额的，须经原审批部门重新核定项目总投资。

第十九条　境内机构对外担保应当遵守国家法律、法规和外汇管理部门的有关规定。

第二十条　境内机构不得为非经营性质的境外机构提供担保。

第二十一条　未经国务院批准，任何政府机关、社会团体、事业单位不得举借外债或对外担保。

第二十二条　境内机构对外签订借款合同或担保合同后，应当依据有关规定到外汇管理部门办理登记手续。国际商业贷款借款合同或担保合同须经登记后方能生效。

第三章　外债资金使用

第二十三条　外债资金应当主要用于经济发展和存量外债的结构调整。

第二十四条　国际金融组织贷款和外国政府贷款等中长期国外优惠贷款重点用于基础性和公益性建设项目，并向中西部地区倾斜。

第二十五条　中长期国际商业贷款重点用于引进先进技术和设备，以及产业结构和外债结构调整。

第二十六条　境内企业所借中长期外债资金，应当严格按照批准的用途合理使用，不得挪作他用。确需变更用途的，应当按照原程序报批。

第二十七条　境内企业所借短期外债资金主要用作流动资金，不得用于固定资产投资等中长期用途。

第二十八条　使用外债资金的固定资产投资项目应当实行项目法人责任制，由项目法人对外债资金的使用效益负责。

依据《中华人民共和国招标投标法》和国外贷款机构有关规定需要进行招标采购的，应当严格按照规定执行。

第二十九条　外债管理部门负责对外债资金使用进行管理和监督。

第三十条　国家发展计划委员会依据《国家重大建设项目稽察办法》的规定，向使用外债资金的国家重大建设项目派出稽察特派员，对项目的实施和资金使用情况进行稽察。

第四章　外债偿还和风险管理

第三十一条　主权外债由国家统一对外偿还。主权外债资金由财政部直接或通过金融机构转贷给国内债务人的，国内债务人应当对财政部或转贷金融机构承担偿还责任。

第三十二条　非主权外债由债务人自担风险、自行偿还。

第三十三条　债务人可以用自有外汇资金偿还外债，也可经外汇管理部门核准用人民币购汇偿还外债。

第三十四条　债务人无法偿还的外债，有担保人的，应当由担保人负责偿还。

第三十五条　担保人按照担保合同规定需要履行对外代偿义务时，应当到外汇管理部门办理对外担保履约核准手续。

第三十六条　债务人应当加强外债风险管理，适时调整和优化债务结构。

在不扩大原有外债规模的前提下，经国家发展计划委员会核准，债务人可以通过借入低成本外债、偿还高成本外债等方式，降低外债成本，优化债务结构，其中，涉及主权外债的，需经财政部核准。

第三十七条　债务人可以保值避险为目的，委托具有相关资格的金融机构运用金融工具规避外债的汇率和利率风险。

第五章　外债监管

第三十八条　外债管理部门根据国家法律、法规和本办法有关规定，对外债和对外担保实施监管。

第三十九条　外债管理部门履行监管职责时，有权要求债务人和相关单位提供有关资料，检查有关帐目和资产。

第四十条　境内机构举借外债或对外担保时，未履行规定的审批手续或未按规定进行登记的，其对外签订的借款合同或担保合同不具有法律约束力。

第四十一条　不以借款合同或担保合同等形式体现，但在实质上构成对外偿还义务或潜在对外偿还义务的对外借款或担保，须按照本办法纳入外债监管。

第四十二条　禁止违反利益共享、风险共担原则，以保证外商直接投资固定回报等方式变相举借外债。

第四十三条　未经外债管理部门批准，境外中资企业不得将其自身承担的债务风险和偿债责任转移到境内。

第四十四条　经营外汇业务的金融机构在为境内机构开立外汇、外债帐户和处理外汇资金往来业务时，发现违反本办法规定的行为，应当及时向有关外债管理部门报告，并协助外债管理部门进行调查。

第四十五条　外债管理部门应当掌握外债动态，建立和完善全口径外债监测预警机制。

第四十六条　国家外汇管理局负责外债的统计监测，定期公布外债统计数据。

第四十七条　境内机构违反本办法规定举借外债或对外担保的，由其主管部门对直接负责的主管人员和其他直接责任人员依法给予相应的行政处分。构成犯罪的，依法追究刑事责任。

第四十八条　外债管理部门的工作人员徇私舞弊、滥用职权或玩忽职守，由其所在部门依法给予行政处分。构成犯罪的，依法追究刑事责任。

第六章　附　则

第四十九条　境内机构向香港、澳门特别行政区和台湾地区的机构举借债务或提供担保，比照本办法进行管理。

第五十条　外债管理部门应当依据本办法，制定和完善有关实施细则。

第五十一条　本办法由国家发展计划委员会、财政部和国家外汇管理局负责解释。

第五十二条　本办法自 2003 年 3 月 1 日起施行。

外国投资者并购境内企业暂行规定

第一条　为了促进和规范外国投资者来华投资，引进国外的先进技术和管理经验，提高利用外资的水平，实现资源的合理配置，保证就业、维护公平竞争和国家经济安全，依据外商投资企业的法律、行政法规和其他相关法律、行政法规，制定本规定。

第二条　本规定所称外国投资者并购境内企业，系指外国投资者协议购买境内非外商投资企业（以下称"境内公司"）的股东的股权或认购境内公司增资，使该境内公司变更设立为外商投资企业（以下称"股权并购"）；或者，外国投资者设立外商投资企业，并通过该企业协议购买境内企业资产且运营该资产，或，外国投资者协议购买境内企业资产，并以该资产投资设立外商投资企业运营该资产（以下称"资产并购"）。

第三条　外国投资者并购境内企业应遵守中国的法律、行政法规和部门规章，遵循公平合理、等价有偿、诚实信用的原则，不得造成过度集中、排除或限制竞争，不得扰乱社会经济秩序和损害社会公共利益。

第四条　外国投资者并购境内企业，应符合中国法律、行政法规和部门规章对投资者资格和产业政策的要求。

依照《外商投资产业指导目录》不允许外国投资者独资经营的产业，并购不得导致外国投资者持有企业的全部股权；需由中方控股或相对控股的产业，该产业的企业被并购后，仍应由中方在企业中占控股或相对控股地位；禁止外国投资者经营的产业，外国投资者不得并购从事该产业的企业。

第五条　外国投资者并购境内企业设立外商投资企业，应依照本规定经审批机关批准，并向登记管理机关办理变更登记或设立登记。外国投资者在并购后所设外商投资企业注册资本中的出资比例一般不低于 25%。外国投资者的出资比例低于 25%的，除法律、行政法规另有规定外，应依照现行设立外商投资企业的审批、登记程序进行审批、登记。审批机关在颁发外商投资企业批准证书时加注"外资比例低于 25%"的字样。登记管理机关在颁发外商投资企业营业执照时加注"外资比例低于 25%"的字样。

第六条　本规定中的审批机关为中华人民共和国对外贸易经济合作部（以下简称"外经贸部"）或省级对外贸易经济主管部门（以下简称"省级审批机关"），登记管理机关为中华人民共和国国家工商行政管理总局或其授权的地方工商行政管理局。

并购后所设外商投资企业，根据法律、行政法规和部门规章的规定，属于应由外经贸部审批的特定类型或行业的外商投资企业的，省级审批机关应将申请文件转报外经贸部审批，外经贸部依法决定批准或不批准。

第七条　外国投资者股权并购的，并购后所设外商投资企业继承被并购境内公司的债权和债务。

外国投资者资产并购的，出售资产的境内企业承担其原有的债权和债务。

外国投资者、被并购境内企业、债权人及其他当事人可以对被并购境内企业的债权债务的处置另行达成协议，但是该协议不得损害第三人利益和社会公共利益。债权债务的处置协议应报送审批机关。

出售资产的境内企业应自作出出售资产决议之日起10日内，向债权人发出通知书，并在全国发行的省级以上报纸上发布公告。债权人自接到该通知书或自公告发布之日起10日内，有权要求出售资产的境内企业提供相应的担保。

第八条 并购当事人应以资产评估机构对拟转让的股权价值或拟出售资产的评估结果作为确定交易价格的依据。并购当事人可以约定在中国境内依法设立的资产评估机构。资产评估应采用国际通行的评估方法。

外国投资者并购境内企业，导致以国有资产投资形成的股权变更或国有资产产权转移时，应根据国有资产管理的有关规定进行评估，确定交易价格。

禁止以明显低于评估结果的价格转让股权或出售资产，变相向境外转移资本。

第九条 外国投资者并购境内企业设立外商投资企业，外国投资者应自外商投资企业营业执照颁发之日起3个月内向转让股权的股东，或出售资产的境内企业支付全部对价。对特殊情况需要延长者，经审批机关批准后，应自外商投资企业营业执照颁发之日起6个月内支付全部对价的60%以上，1年内付清全部对价，并按实际缴付的出资比例分配收益。

外国投资者股权并购，并购后所设外商投资企业增资的，投资者应在拟变更设立的外商投资企业合同、章程中规定出资期限。规定一次缴清出资的，投资者应自外商投资企业营业执照颁发之日起6个月内缴清；规定分期缴付出资的，投资者第一期出资不得低于各自认缴出资额的15%，并应自外商投资企业营业执照颁发之日起3个月内缴清。

外国投资者资产并购的，投资者应在拟设立的外商投资企业合同、章程中规定出资期限。设立外商投资企业，并通过该企业协议购买境内企业资产且运营该资产的，对与资产对价等额部分的出资，投资者应在本条第一款规定的对价支付期限内缴付；其余部分的出资应依照本条第二款规定的方式约定缴付期限。

外国投资者并购境内企业设立外商投资企业，外国投资者出资比例低于25%的，投资者以现金出资的，应自外商投资企业营业执照颁发之日起3个月内缴清；投资者以实物、工业产权等出资的，应自外商投资企业营业执照颁发之日起6个月内缴清。

作为对价的支付手段，应符合国家有关法律、行政法规的规定。外国投资者以其拥有处置权的股票或其合法拥有的人民币资产作为支付手段的，须经外汇管理部门核准。

第十条 外国投资者协议购买境内公司股东的股权，境内公司变更设立为外商投资企业后，该外商投资企业的注册资本为原境内公司注册资本，外国投资者的出资比例为其所购买股权在原注册资本中所占比例。被股权并购境内公司同时增资的，并购后所设外商投资企业的注册资本为原境内公司注册资本与增资额之和；外国投资者与被并购境内公司原其他投资者，在对境内公司资产评估的基础上，确定各自在外商投资企业注册资本中的出资比例。

外国投资者认购境内公司的增资、境内公司变更设立为外商投资企业后，该外商投资企业的注册资本为原境内公司注册资本与增资额之和。外国投资者与被并购境内公司原其他股东，在境内公司资产评估的基础上，确定各自在外商投资企业注册资本中的出资比例。

被股权并购境内公司中国自然人股东在原公司享有股东地位 · 年以上的，经批准，可继续作为变更后所设外商投资企业的中方投资者。

第十一条 外国投资者股权并购的，对并购后所设外商投资企业应按照以下比例确定投资总额的上限：

(1)注册资本在二百一十万美元以下的，投资总额不得超过注册资本的七分之十；

(2)注册资本在二百一十万美元以上至五百万美元的，投资总额不得超过注册资本的2倍；

(3)注册资本在五百万美元以上至一千二百万美元的，投资总额不得超过注册资本的2.5倍；

(4)注册资本在一千二百万美元以上的，投资总额不得超过注册资本的3倍。

第十二条 外国投资者股权并购的，投资者应根据并购后所设外商投资企业的投资总额向具有相应审批权限的审批机关报送下列文件：

(1)被并购境内有限责任公司股东一致同意外国投资者股权并购的决议，或被并购境内股份有限公司同意外国投资者股权并购的股东大会决议；

(2)被并购境内公司依法变更设立为外商投资企业的申请书；

(3)并购后所设外商投资企业的合同、章程；

(4)外国投资者购买境内公司股东股权或认购境内公司增资的协议；

(5)被并购境内公司最近财务年度的财务审计报告；

(6)投资者的身份证明文件或开业证明、资信证明文件；

(7)被并购境内公司所投资企业的情况说明；

(8)被并购境内公司及其所投资企业的营业执照(副本)；

(9)被并购境内公司职工安置计划；

(10)本规定第7条、第19条要求报送的文件。

并购后所设外商投资企业的经营范围、规模、土地使用权的取得，涉及其他相关政府部门许可的，有关的许可文件应一并报送。

被并购境内公司原有被投资公司的经营范围应符合有关外商投资产业政策的要求；不符合的，应进行调整。

第十三条 本规定第12条规定的股权购买协议、境内公司增资协议应适用中国法律，并应包括以下主要内容：

(1)协议各方的状况，包括名称(姓名)，住所，法定代表人姓名、职务、国籍等；

(2)购买股权或认购增资的份额和价款；

(3)协议的履行期限、履行方式；

(4)协议各方的权利、义务；

(5)违约责任、争议解决；

(6)协议签署的时间、地点。

第十四条 外国投资者资产并购的，应根据购买资产的交易价格和实际生产经营规模确定拟设立的外商投资企业的投资总额。拟设立的外商投资企业的注册资本与投资总额的比例应符合有关规定。

第十五条 外国投资者资产并购的，投资者应根据拟设立的外商投资企业的投资总额，企业类型及所从事的行业，依照设立外商投资企业的法律、行政法规和部门规章的规定，向具有相应审批权限的审批机关报送下列文件：

(1)境内企业产权持有人或权力机构同意出售资产的决议；

(2)外商投资企业设立申请书；

(3)拟设立的外商投资企业的合同、章程；

(4)拟设立的外商投资企业与境内企业签署的资产购买协议，或者，外国投资者与境内企业签署的资产购买协议；

(5)被并购境内企业的章程、营业执照(副本)；

(6)被并购境内企业通知、公告债权人的证明；

(7)投资者的身份证明文件或开业证明、有关资信证明文件；

(8)被并购境内企业职工安置计划；

(9)本规定第7条、第19条要求报送的文件。

依照前款的规定购买并运营境内企业的资产，涉及其他相关政府部门许可的，有关的许可文件应一并报送。

外国投资者协议购买境内企业资产并以该资产投资设立外商投资企业的，在外商投资企业成立之前，不得以该资产开展经营活动。

第十六条 本规定第15条规定的资产购买协议应适用中国法律，并应包括以下主要内容：

(1)协议各方的自然状况，包括名称(姓名)，住所，法定代表人姓名、职务、国籍等；

(2)拟购买资产的清单、价格；

(3)协议的履行期限、履行方式；

(4)协议各方的权利、义务；

(5)违约责任、争议解决；

(6)协议签署的时间、地点。

第十七条 外国投资者并购境内企业设立外商投资企业，除本规定第20条另有规定外，审批机关应自收到规定报送的全部文件之日起30日内，依法决定批准或不批准。决定批准的，由审批机关颁发外商投资企业证书。

外国投资者协议购买境内公司股东股权，审批机关决定批准的，应同时将有关批准文件分别抄送股权转让方、境内公司所在地外汇管理部门。股权转让方所在地外汇管理部门为其办理收汇的外资外汇登记手续，并出具外国投资者股权并购对价支付到位的外资外汇登记证明。

第十八条 外国投资者资产并购的，投资者应自收到外商投资企业批准证书之日起30日内，向登记管理机关申请办理设立登记，领取外商投资企业营业执照。

外国投资者股权并购的，被并购境内公司应依照本规定向原登记管理机关申请变更登记，领取外商投资企业营业执照。原登记管理机关没有登记管辖权的，应自收到申请文件之日起 10 日内转送有管辖权的登记管理机关办理，同时附送该境内公司的登记档案。被并购境内公司在申请变更登记时，应提交以下文件，并对其真实性、有效性负责：

(1)变更登记申请书；

(2)被并购境内公司根据《中华人民共和国公司法》及公司章程做出的关于股权转让或增资的股东会(大会)决议；

(3)外国投资者购买境内公司股东股权或认购境内公司增资的协议；

(4)修改后的公司章程或原章程的修正案和依法需要提交的外商投资企业合同；

(5)外商投资企业批准证书；

(6)外国投资者的身份证明文件或开业证明、资信证明文件；

(7)修改后的董事会名单，记载新增董事姓名、住所的文件和新增董事的任职文件；

(8)国家工商行政管理总局规定的其他有关文件和证件。转让国有股权和外国投资者认购含国有股权公司的增资额的，还应提交经济贸易主管部门的批准文件。投资者自收到外商投资企业营业执照之日起 30 日内，到税务、海关、土地管理和外汇管理等有关部门办理登记手续。

第十九条 外国投资者并购境内企业有下列情形之一的，投资者应就所涉情形向外经贸部和国家工商行政管理总局报告：

(1)并购一方当事人当年在中国市场营业额超过 15 亿元人民币；

(2)一年内并购国内关联行业的企业累计超过 10 个；

(3)并购一方当事人在中国的市场占有率已经达到百分之二十；

(4)并购导致并购一方当事人在中国的市场占有率达到百分之二十五。

虽未达到前款所述条件，但是应有竞争关系的境内企业、有关职能部门或者行业协会的请求，外经贸部或国家工商行政管理总局认为外国投资者并购涉及市场份额巨大，或者存在其他严惩影响市场竞争或国计民生和国家经济安全等重要因素的，也可以要求外国投资者作出报告。

上述并购一方当事人包括外国投资者的关联企业。

第二十条 外国投资者并购境内企业涉及本规定第 19 条所述情形之一，外经贸部和国家工商行政管理总局认为可能造成过度集中，妨害正当竞争、损害消费者利益的，应自收到规定报送的全部文件之日起 90 日内，共同或经协商单独召集有关部门、机构、企业以及其他利害关系方举行听证会，并依法决定批准或不批准。

第二十一条 境外并购有下列情形之一的，并购方应在对外公布并购方案之前或者报所在国主管机构的同时，向外经贸部和国家工商行政管理总局报送并购方案。外经贸部和国家工商行政管理总局应审查是否存在造成境内市场过度集中，妨害境内正当竞争、损害境内消费者利益的情形，并做出是否同意的决定：

(1)境外并购一方当事人在我国境内拥有资产 30 亿元人民币以上；

(2)境外并购一方当事人当年在中国市场上的营业额 15 亿元人民币以上；

(3)境外并购一方当事人及其关联企业在中国市场占有率已经达到百分之二十；

(4)由于境外并购，境外并购一方当事人及其关联企业在中国的市场占有率达到百分之二十五；

(5)由于境外并购，境外并购一方当事人直接或间接参股境内相关行业的外商投资企业将超过 15 家。

第二十二条 有下列情况之一的并购，并购一方当事人可以向外经贸部和国家工商行政管理总局申请审查豁免：

(1)可以改善市场公平竞争条件的；

(2)重组亏损企业并保障就业的；

(3)引进先进技术和管理人才并能提高企业国际竞争力的；

(4)可以改善环境的。

第二十三条 投资者报送文件，应对文件依照规定进行分类，并附文件目录。规定报送的全部文件应用中文表述。

第二十四条 外国投资者在中国境内依法设立的投资性公司并购境内企业，适用本规定。外国投资者股权并购境内外商投资企业，适用现行外商投资企业法律、行政法规以及《外商投资企业股东股权变更的若干规定》，其中没有规定的，参照本规定办理。

第二十五条 香港特别行政区、澳门特别行政区和台湾地区的投资者并购境内其他地区的企业，参照本规定办理。

第二十六条 本规定自 2003 年 4 月 12 日起施行。

外商投资创业投资企业管理规定

第一章 总 则

第一条 为鼓励外国公司、企业和其他经济组织或个人(以下简称外国投资者)来华从事创业投资，建立和完善中国的创业投资机制，根据《中华人民共和国中外合作经营企业法》、《中华人民共和国中外合资经营企业法》、《中华人民共和国外资企业法》、《公司法》及其他相关的法律法规，制定本规定。

第二条 本规定所称外商投资创业投资企业(以下简称创投企业)是指外国投资者或外国投资者与根据中国法律注册成立的公司、企业或其他经济组织(以下简称中国投资者)，根据本规定在中国境内设立的以创业投资为经营活动的外商投资企业。

第三条 本规定所称创业投资是指主要向未上市高新技术企业(以下简称所投资企业)进行股权投资，并为之提供创业管理服务，以期获取资本增值收益的投资方式。

第四条 创投企业可以采取非法人制组织形式，也可以采取公司制组织形式。

采取非法人制组织形式的创投企业(以下简称非法人制创投企业)的投资者对创投企业的债务承担连带责任。非法人制创投企业的投资者也可以在创投企业合同中约定在非法人制创投企业资产不足以清偿该债务时由第七条所述的必备投资者承担连带责任，其他投资者以其认缴的出资额为限承担责任。

采用公司制组织形式的创投企业(以下简称公司制创投企业)的投资者以其各自认缴的出资额为限对创投企业承担责任。

第五条 创投企业应遵守中国有关法律法规，符合外商投资产业政策，不得损害中国的社会公共利益。创投企业在中国境内的正当经营活动及合法权益受中国法律的保护。

第二章 设立与登记

第六条 设立创投企业应具备下列条件：

(一)投资者人数在 2 人以上 50 以下；且应至少拥有一个第七条所述的必备投资者；

(二)非法人制创投企业投资者认缴出资总额的最低限额为 1000 万美元；公司制创投企业投资者认缴资本总额的最低限额为 500 万美元。除第七条所述必备投资者外，其他每个投资者的最低认缴出资额不得低于 100 万美元。外国投资者以可自由兑换的货币出资，中国投资者以人民币出资；

(三)有明确的组织形式；

(四)有明确合法的投资方向；

(五)除了将本企业经营活动授予一家创业投资管理公司进行管理的情形外，创业企业应有三名以上具备创业投资从业经验的专业人员；

(六)法律、行政法规规定的其他条件。

第七条 必备投资者应当具备下列条件：

(一)以创业投资为主营业务；

(二)在申请前三年其管理的资本累计不低于 1 亿美元，且其中至少 5000 万美元已经用于进行创业投资。在必备投资者为中国投资者的情形下，本款业绩要求为：在申请前三年其管理的资本累计不低于 1 亿元人民币，且其中至少 5000 万元人民币已经用于进行创业投资)；

(三)拥有 3 名以上具有 3 年以上创业投资从业经验的专业管理人员；

(四)如果某一投资者的关联实体满足上述条件，则该投资者可以申请成为必备投资者。本款所称关联实体是指该投资者控制的某一实体、或控制该投资者的某一实体、或与该投资者共同受控于某一实体的另一实体。本款所称控制是指控制方拥有被控制方超过50%的表决权；

（五）必备投资者及其上述关联实体均应未被所在国司法机关和其他相关监管机构禁止从事创业投资或投资咨询业务或以欺诈等原因进行处罚；

（六）非法人制创投企业的必备投资者，对创投企业的认缴出资及实际出资分别不低于投资者认缴出资总额及实际出资总额的1%，且应对创投企业的债务承担连带责任；公司制创投企业的必备投资者，对创投企业的认缴出资及实际出资分别不低于投资者认缴出资总额及实际出资总额的30%。

第八条 设立创投企业按以下程序办理：

（一）投资者须向拟设立创投企业所在地省级外经贸主管部门报送设立申请书及有关文件。

（二）省级外经贸主管部门应在收到全部上报材料后15天内完成初审并上报对外贸易经济合作部（以下简称审批机构）。

（三）审批机构在收到全部上报材料之日起45天内，经商科学技术部同意后，做出批准或不批准的书面决定。予以批准的，发给《外商投资企业批准证书》。

（四）获得批准设立的创投企业应自收到审批机构颁发的《外商投资企业批准证书》之日起一个月内，持此证书向国家工商行政管理部门或所在地具有外商投资企业登记管理权的省级工商行政管理部门（以下简称登记机关）申请办理注册登记手续。

第九条 申请设立创投企业应当向审批机构报送以下文件：

（一）必备投资者签署的设立申请书；

（二）投资各方签署的创投企业合同及章程；

（三）必备投资者书面声明（声明内容包括：投资者符合第七条规定的资格条件；所有提供的材料真实性；投资者将严格遵循本规定及中国其他有关法律法规的要求）；

（四）律师事务所出具的对必备投资者合法存在及其上述声明已获得有效授权和签署的法律意见书；

（五）必备投资者的创业投资业务说明、申请前三年其管理资本的说明、其已投资资本的说明，及其拥有的创业投资专业管理人员简历；

（六）投资者的注册登记证明（复印件）、法定代表人证明（复印件）；

（七）名称登记机关出具的创投企业名称预先核准通知书；

（八）如果必备投资者的资格条件是依据第七条第（四）款的规定，则还应报送其符合条件的关联实体的相关材料；

（九）审批机构要求的其他与申请设立有关的文件。

第十条 创投企业应当在名称中加注创业投资字样。除创投企业外，其他外商投资企业不得在名称中使用创业投资字样。

第十一条 申请设立创投企业应当向登记机关报送下列文件，并对其真实性、有效性负责：

（一）创投企业董事长或联合管理委员会负责人签署的设立登记申请书；

（二）合同、章程以及审批机构的批准文件和批准证书；

（三）投资者的合法开业证明或身份证明；

（四）投资者的资信证明；

（五）法定代表人的任职文件、身份证明和企业董事、经理等人员的备案文件；

（六）企业名称预先核准通知书；

（七）企业住所或营业场所证明。

申请设立非法人制创投企业，还应当提交境外必备投资者的章程或合伙协议。企业投资者中含本规定第七条第四款规定的投资者的，还应当提交关联实体为其出具的承担出资连带责任的担保函。

以上文件应使用中文。使用外文的，应提供规范的中文译本。

创投企业登记事项变更应依法向原登记机关申请办理变更登记。

第十二条 经登记机关核准的公司制创投企业，领取《企业法人营业执照》；经登记机关核准的非法人制创投企业，领取《营业执照》。

《营业执照》应载明非法人制创投企业投资者认缴的出资总额和必备投资者名称。

第三章 出资及相关变更

第十三条 非法人制创投企业的投资者的出资及相关变更应符合如下规定：

（一）投资者可以根据创业投资进度分期向创投企业注入认缴出资，最长不得超过5年。各期投入资本额由创投企业根据创投企业合同及其与所投资企业签定的协议自主制定。投资者应在创投企业合同中约定投资者不如期出资的责任和相关措施；

（二）投资者在创投企业存续期内一般不得减少其认缴出资额。如果占出资额超过50%的投资者和必备投资者同意且创投企业不违反最低1000万美元认缴出资额的要求，经审批机构批准，投资者可以减少其认缴资本额（但投资者根据本条第（五）款规定减少其已投资的资本额或在创投企业投资期限届满后减少未使用的认缴出资额不在此限）。在此情况下，投资者应当在创投企业合同中规定减少认缴出资额的条件、程序和办法；

（三）必备投资者在创投企业存续期内不得从创投企业撤出。特殊情况下确需撤出的，应获得占总出资额超过50%的其他投资者同意，并应将其权益转让给符合第七条要求的新投资者，且应当相应修改创投企业的合同和章程，并报审批机构批准。

其他投资者如转让其认缴资本额或已投入资本额，须按创投企业合同的约定进行，且受让人应符合本规定第六条的有关要求。投资各方应相应修改创投企业合同和章程，并报审批机构备案。

（四）创投企业设立后，如果有新的投资者申请加入，须符合本规定和创投企业合同的约定，经必备投资者同意，相应修改创投企业合同和章程，并报审批机构备案。

（五）创投企业出售或以其他方式处置其在所投资企业的利益而获得的收入中相当于其原出资额的部分，可以直接分配给投资各方。此类分配构成投资者减少其已投资的资本额。创投企业应当在创投企业合同中约定此类分配的具体办法，并在向其投资者作出该等分配之前至少30天内向审批机构和所在地外汇局提交一份要求相应减少投资者已投入资本额的备案说明，同时证明创投企业投资者未到位的认缴出资额及创投企业当时拥有的其他资金至少相当于创投企业当时承担的投资义务的要求。但该分配不应成为创投企业对因其违反任何投资义务所产生的诉讼请求的抗辩理由。

第十四条 非法人制创投企业向登记机关申请变更登记时，上述规定中审批机关出具的相关备案证明可替代相应的审批文件。

第十五条 非法人制创投企业投资者根据创业投资进度缴付出资后，应持相关验资报告向原登记机关申请办理出资备案手续。登记机关根据其实际出资状况在其《营业执照》出资额栏目后加注实缴出资额数目。

非法人制创投企业超过最长投资期限仍未缴付或缴清出资的，登记机关根据现行规定予以处罚。

第十六条 公司制创投企业投资者的出资及相关变更按现行规定办理。

第四章 组织机构

第十七条 非法人制创投企业设联合管理委员会。公司制创投企业设董事会。联合管理委员会或董事会的组成由投资者在创投企业合同及章程中予以约定。联合管理委员会或董事会代表投资者管理创投企业。

第十八条 联合管理委员会或董事会下设经营管理机构，根据创投企业的合同及章程中规定的权限，负责日常经营管理工作，执行联合管理委员会或董事会的投资决策。

第十九条 经营管理机构的负责人应当符合下列条件：

（一）具有完全的民事行为能力；

（二）无犯罪记录；

（三）无不良经营记录；

（四）应具有创业投资业的从业经验，且无违规操作记录；

（五）审批机构要求的与经营管理资格有关的其他条件。

第二十条 经营管理机构应定期向联合管理委员会或董事会报告以下事项：

（一）经授权的重大投资活动；

（二）中期、年度业绩报告和财务报告；

（三）法律、法规规定的其他事项；

（四）创投企业合同及章程中规定的有关事项。

第二十一条 联合管理委员会或董事会可以不设立经营管理机构，而将该创投企业的日常经营权授予一家创业投资管理企业或另一家创投企业进行管理。该创业投资管理企业可以是内资创业投资管理企业，也可以是外商投资创业投资管理企业，或境外创业投资管理企业。在此情形下，该创投企业与该创业投资管理企业应签订管理合同，约定创投企业和创业投资管理企业的权利义务。该管理合同应经全体投资者同意并报审批机构批准后方可生效。

第二十二条 创投企业的投资者可以在创业投资合同中依据国际惯例约定内部收益分配机制和奖励机制。

第五章 创业投资管理企业

第二十三条 受托管理创投企业的创业投资管理企业应具备下

列条件：

(一)以受托管理创投企业的投资业务为主营业务；

(二)拥有三名以上具有三年以上创业投资从业经验的专业管理人员；

(三)注册资本或出资总额不低于100万元人民币或等值外汇；

(四)有完善的内部控制制度。

第二十四条 创业投资管理企业可以采取公司制组织形式，也可以采取合伙制组织形式。

第二十五条 同一创业投资管理企业可以受托管理不同的创投企业。

第二十六条 创业投资管理企业应定期向委托方的联合管理委员会或董事会报告第二十条所列事项。

第二十七条 设立外商投资创业投资管理企业应符合本规定第二十三条的条件，经拟设立外商投资创业投资管理公司所在地省级外经贸主管部门报审批机构批准。审批机构在收到全部上报材料之日起45天内，做出批准或不批准的书面决定。予以批准的，发给《外商投资企业批准证书》。获得批准设立的外商投资创业投资管理企业应自收到审批机构颁发的《外商投资企业批准证书》之日起一个月内，持此证书向登记机关申请办理注册登记手续。

第二十八条 申请设立外商投资创业投资管理公司应当向审批机构报送以下文件：

(一)设立申请书；

(二)外商投资创业投资管理公司合同及章程；

(三)投资者的注册登记证明(复印件)、法定代表人证明(复印件)；

(四)审批机构要求的其他与申请设立有关的文件。

第二十九条 外商投资创业投资管理企业名称应当加注创业投资管理字样。除外商投资创业投资管理企业外，其他外商投资企业不得在名称中使用创业投资管理字样。

第三十条 获得批准接受创投企业委托在华从事创业投资管理业务的境外创业投资管理企业，应当自管理合同获得批准之日起30日内，向登记机关申请办理营业登记手续。

申请营业登记应报送下列文件，并对其真实性、有效性负责：

(一)境外创业投资管理企业董事长或有权签字人签署的登记申请书；

(二)经营管理合同及审批机构的批准文件；

(三)境外创业投资管理企业的章程或合伙协议；

(四)境外创业投资管理企业的合法开业证明；

(五)境外创业投资管理企业的资信证明；

(六)境外创业投资管理企业委派的中国项目负责人的授权书、简历及身份证明；

(七)境外创业投资管理企业在华营业场所证明。

以上文件应使用中文。使用外文的，应提供规范的中文译本。

第六章 经营管理

第三十一条 创投企业可以经营以下业务：

(一)以全部自有资金进行股权投资，具体投资方式包括新设企业、向已设立企业投资、接受已设立企业投资者股权转让以及国家法律法规允许的其他方式；

(二)提供创业投资咨询；

(三)为所投资企业提供管理咨询；

(四)审批机构批准的其他业务。

创投企业资金应主要用于向所投资企业进行股权投资。

第三十二条 创投企业不得从事下列活动：

(一)在国家禁止外商投资的领域投资；

(二)直接或间接投资于上市交易的股票和企业债券，但所投资企业上市后，创投企业所持股份不在此列；

(三)直接或间接投资于非自用不动产；

(四)贷款进行投资；

(五)挪用非自有资金进行投资；

(六)向他人提供贷款或担保，但创投企业对所投资企业1年以上的企业债券和可以转换为所投资企业股权的债券性质的投资不在此列(本款规定并不涉及所投资企业能否发行该等债券)；

(七)法律、法规以及创投企业合同禁止从事的其他事项。

第三十三条 投资者应在创投企业合同中约定对外投资期限。

第三十四条 创投企业主要从出售或以其他方式处置其在所投资企业的股权获得收益。创投企业出售或以其他方式处置其在所投资企业的股权时，可以依法选择适用的退出机制，包括：

(一)将其持有的所投资企业的部分股权或全部股权转让给其他投资者；

(二)与所投资企业签订股权回购协议，由所投资企业在一定条件下依法回购其所持有的股权；

(三)所投资企业在符合法律、行政法规规定的上市条件时可以申请到境内外证券市场上市。创投企业可以依法通过证券市场转让其拥有的所投资企业的股份；

(四)中国法律、行政法规允许的其他方式。

所投资企业向创投企业回购该创投企业所持股权的具体办法由审批机构会同登记机关另行制订。

第三十五条 创投企业应当依照国家税法的规定依法申报纳税。对非法人制创投企业，可以由投资各方依照国家税法的有关规定，分别申报缴纳企业所得税；也可以由非法人制创投企业提出申请，经批准后，依照税法规定统一计算缴纳企业所得税。

非法人制创投企业企业所得税的具体征收管理办法由国家税务总局另行颁布。

第三十六条 创投企业中属于外国投资者的利润等收益汇出境外的，应当凭管理委员会或董事会的分配决议，由会计师事务所出具的审计报告、外方投资者投资资金流入证明和验资报告、完税证明和税务申报单(享受减免税优惠的，应提供税务部门出具的减免税证明文件)，从其外汇帐户中支付或者到外汇指定银行购汇汇出。

外国投资者回收的对创投企业的出资可依法申购外汇汇出。公司制创投企业开立和使用外汇帐户、资本变动及其他外汇收支事项，按照现行外汇管理规定办理。非法人制创投企业外汇管理规定由国家外汇管理局另行制定。

第三十七条 投资者应在合同、章程中约定创投企业的经营期限，一般不得超过12年。经营期满，经审批机构批准，可以延期。

经审批机构批准，创投企业可以提前解散，终止合同和章程。但是，如果非法人制创投企业的所有投资均已被出售或通过其他方式变卖，其债务亦已全部清偿，且其剩余财产均已被分配给投资者，则毋需上述批准即可进入解散和终止程序，但该非法人制创业投资企业应在该等解散生效前至少30天内向审批机构提交一份书面备案说明。

创投企业解散，应按有关规定进行清算。

第三十八条 创投企业应当自清算结束之日起30日内向原登记机关申请注销登记。

申请注销登记，应当提交下列文件，并对其真实性、有效性负责：

(一)董事长或联合管理委员会负责人或清算组织负责人签署的注销登记申请书；

(二)董事会或联合管理委员会的决议；

(三)清算报告；

(四)税务机关、海关出具的注销登记证明；

(五)审批机构的批准文件或备案文件；

(六)法律、行政法规规定应当提交的其他文件。

经登记机关核准注销登记，创投企业终止。

非法人制创投企业必备投资者承担的连带责任不因非法人制创投企业的终止而豁免。

第七章 审核与监管

第三十九条 创投企业境内投资比照执行《指导外商投资方向规定》和《外商投资产业指导目录》的规定。

第四十条 创投企业投资于任何鼓励类和允许类的所投资企业，应向所投资企业当地授权的外经贸部门备案。当地授权的外经贸部门应在收到备案材料后15天内完成备案审核手续并向所投资企业颁发外商投资企业批准证书。所投资企业持外商投资企业批准证书向登记机关申请办理注册登记手续。登记机关依照有关法律和行政法规规定决定准予登记或不予登记。准予登记的，颁发外商投资企业法人营业执照。

第四十一条 创投企业投资于限制类的所投资企业，应向所投资企业所在地省级外经贸主管部门提出申请，并提供下列材料：

(一)创投企业关于投资资金充足的声明；

(二)创投企业的批准证书和营业执照(复印件)；

(三)创投企业(与所投资企业其他投资者)签定的所投资企业合同与章程。

省级外经贸主管部门接到上述申请之日起45日内作出同意或不同意的书面批复。作出同意批复的，颁发外商投资企业批准证书。所投资企业持该批复文件和外商投资企业批准证书向登记机关申请登记。登记机关依照有关法律和行政法规规定决定准予登记或不予登记。准予登记的，颁发外商投资企业法人营业执照。

第四十二条 创投企业投资属于服务贸易领域逐步开放的外商投资项目，按国家有关规定审批。

第四十三条 创投企业增加或转让其在所投资企业投资等行为，按照第四十条、第四十一条和第四十二条规定的程序办理。

第四十四条 创投企业应在履行完第四十条、第四十一条、第四十二条和第四十三条规定的程序之日起一个月内向审批机构备案。

第四十五条 创投企业还应在每年3月份将上一年度的资金筹集和使用情况报审批机构备案。

审批机构在接到该备案材料起5个工作日内应出具备案登记证明。该备案登记证明将作为创投企业参加联合年检的必备材料之一。凡未按上述规定备案的，审批机构将商国务院有关部门后予以相应处罚。

第四十六条 创投企业的所投资企业注册资本中，如果创投企业投资的比例中外国投资者的实际出资比例或与其他外国投资者联合投资的比例总和不低于25%，则该所投资企业将享受外商投资企业有关优惠待遇；如果创投企业投资的比例中外国投资者的实际出资比例或与其他外国投资者联合投资的比例总和低于该所投资企业注册资本的25%，则该所投资企业将不享受外商投资企业有关优惠待遇。

第四十七条 已成立的含有境内自然人投资者的内资企业在接受创业投资企业投资变更为外商投资企业后，可以继续保留其原有境内自然人投资者的股东地位。

第四十八条 创投企业经营管理机构的负责人和创业投资管理企业的负责人如有违法操作行为，除依法追究责任外，情节严重的，不得继续从事创业投资及相关的投资管理活动。

第八章 附 则

第四十九条 香港特别行政区、澳门特别行政区、台湾地区的投资者在大陆投资设立创投企业，参照本规定执行。

第五十条 本规定由对外贸易经济合作部、科学技术部、国家工商行政管理总局、国家税务总局和国家外汇管理局负责解释。

第五十一条 本规定自二OO三年三月一日起施行。对外贸易经济合作部、科学技术部和国家工商行政管理总局于二OO一年八月二十八日发布的《关于设立外商投资创业投资企业的暂行规定》同日废止。

外商投资企业执行《企业会计制度》有关问题解答

2001年11月29日，财政部发布了《外商投资企业执行〈企业会计制度〉有关问题的规定》(财会(2001)62号)，要求外商投资企业自2002年1月1日起执行《企业会计制度》。近日，我部收到一些来信来函，就外商投资企业执行《企业会计制度》中提出了一些问题，现就有关问题答复如下：

一、问：外商投资企业在执行《企业会计制度》时，对长期股权投资原制度采用成本法核算，按《企业会计制度》规定应采用权益法核算的，在从成本法改为权益法核算时，是否要追溯调整？

答：对于原《外商投资企业会计制度》规定按成本法核算的长期股权投资，如满足《企业会计制度》关于应用权益法的条件，应改按权益法核算，并作为会计政策变更进行追溯调整。按追溯调整后的账面价值作为执行权益法时的初始投资成本，并在此基础上计算股权投资差额。

二、对于外商投资企业在执行《企业会计制度》前，按原制度规定尚未完全摊销的"递延投资损失"科目余额，在按财政部财会(2001)62号文件的规定，转入"长期待摊费用"或"递延收益"科目后，是否仍继续摊销？如继续摊销，应如何确定摊销期限？"递延收益"科目期末余额在资产负债表上应如何列示？

答：对于外商投资企业在执行《企业会计制度》前按原制度规定尚未摊完的"递延投资损失"科目余额，在按财政部财会(2001)62号文件的规定转入"长期待摊费用"或"递延收益"后，可继续按原确定的摊销年限进行摊销。执行《企业会计制度》后，新产生的以非现金资产对外投资，按《企业会计制度》规定进行处理。

"递延收益"科目的期末余额在资产负债表"预计负债"项目下单列项目反映。

三、外商投资企业的会计年度与境外母公司的会计年度不一致的，外商投资企业能否采用母公司的会计年度？

答：根据《中华人民共和国会计法》第十一条规定"会计年度自公历1月1日起至12月31日止"，因此，外商投资企业应当执行《会计法》中规定的会计年度，不能采用母公司会计年度。所有外商投资企业均应自2002年1月1日起开始执行《企业会计制度》。

如果外商投资企业的会计年度与境外母公司不一致的，在向境外母公司提供会计报表时，可在原报表基础上进行调整后提供。

四、问：外商投资企业执行《企业会计制度》后，"待转销汇兑损益"科目余额应如何处理？

答：1994年汇率并轨时产生的"待转销汇兑损益"科目的借方发生额按规定在5年期限内摊销完毕，因此，一般情况下，2002年1月1日的"待转销汇兑损益"科目不存在借方余额。如果"待转销汇兑损益"借方发生额较大，经批准在超过5年的期限内摊销的，可继续按经批准的摊销年限摊销。

对于可继续摊销的"待转销汇兑损益"科目的借方余额，以及"待转销汇兑损益"科目的贷方余额，可继续通过"1951待转销汇兑损益"科目进行核算。

对于留待弥补以后年度亏损的汇兑净收益，在以后年度弥补亏损时，应借记"待转销汇兑损益"科目，贷记"利润分配－未分配利润"科目；留待清算处理的，应当保留在"待转销汇兑损益"科目，待清算时并入清算损益；如为按不短于5年的期限摊销，则应按原定期限继续摊销。

在资产负债表中，"待转销汇兑损益"科目期末借方余额应当列入"其他长期资产"项目中反映，并单列其中项目反映；贷方余额应当列入"其他长期负债"项目中反映，并单列其中项目反映。

五、问：外商投资金融企业应执行何种制度？

答：外商投资金融企业应自2002年1月1日起执行《金融企业会计制度》。

六、问：外商投资企业执行《企业会计制度》，应付福利费是否按14%计提？

答：按财政部财会(2001)62号文件规定，外商投资企业应设置"应付福利费"科目，核算从"应付工资"科目转入的属于应付中方职工的退休养老等项基金、保险福利费和国家的各项补贴、原职工奖励及福利基金余额以及外商投资企业按规定从税后利润中提取的职工奖励及福利基金及其使用。根据《国家税务总局关于外商投资企业和外国企业为其雇员提存医疗保险等三项基金以外的职工集体福利类费用税务处理问题的通知》(国税函(1999)709号)的规定，外商投资企业除为雇员提存医疗保险等三项基金和按照现行财务会计制度规定计提职工教育经费和工会经费外，不得在税前预提其他职工福利类费用。因此，外商投资企业执行《企业会计制度》，也不再按14%计提福利费，除医疗保险等三项基金外，企业当期发生的福利费，先冲减"应付福利费"科目余额，"应付福利费"不足冲减的，直接计入当期管理费用。

七、问：以某种外币作为记账本位币的外商投资企业，期末对外币报表应以何种汇率折算？对于由会计报表折算产生的差额应如何反映？

答：以某种外币作为记账本位币的外商投资企业，期末对外币报表进行折算时，应按以下规定进行折算。

1.资产负债表

(1)所有资产、负债类项目均按照期末汇率折合为人民币。

(2)所有者权益类项目除"未分配利润"项目外，均按业务发生时的汇率折合为人民币。

(3)"未分配利润"项目以折算后的利润分配表中该项目的数额作为其数额列示。

(4)折算后资产类项目和负债类项目和所有者权益类项目合计数的差额，作为报表折算差额在"未分配利润"项下单列项目反映。

(5)年初数按照上年折算后的资产负债表的数额列示。

2.利润表和利润分配表

(1)利润表所有项目和利润分配表中有关反映发生额的项目应当按照会计报表列报期间的平均汇率折算为人民币。也可以采用期末汇率折算为人民币。在采用期末汇率折算时，应在会计报表附注中说明。

(2)利润分配表中"净利润"项目，按折算后利润表该项目的数额列示。

(3)利润分配表中"年初未分配利润"项目，按上一年折算后的期末"未分配利润"项目的数额列示。

(4)利润分配表中"未分配利润"项目，按折算后的利润分配表中的其他各项目的数额计算列示。

(5)上年实际数按照上期折算后的利润表和利润分配表的数额列示。

3.现金流量表

现金流量表所有项目均按期末汇率折算为人民币。

以某种外币作为记账本位币的外商投资企业,对由于会计报表折算而产生的差额,应当在资产负债表"未分配利润"项下设置"外币会计报表折算差额"项目单独反映。

八、问:外商投资企业执行《企业会计制度》后,中外合作经营企业应如何核算?

答:合作各方分别纳税的中外合作经营企业,对于合作各方共有的财产和债务以及共同的收入和费用,应当比照《企业会计制度》设置联合账簿,合作各方还应相应设置各自的有关账簿进行核算。

企业国有资产监督管理暂行条例

第一章 总 则

第一条 为建立适应社会主义市场经济需要的国有资产监督管理体制,进一步搞好国有企业,推动国有经济布局和结构的战略性调整,发展和壮大国有经济,实现国有资产保值增值,制定本条例。

第二条 国有及国有控股企业、国有参股企业中的国有资产的监督管理,适用本条例。

金融机构中的国有资产的监督管理,不适用本条例。

第三条 本条例所称企业国有资产,是指国家对企业各种形式的投资和投资所形成的权益,以及依法认定为国家所有的其他权益。

第四条 企业国有资产属于国家所有。国家实行由国务院和地方人民政府分别代表国家履行出资人职责,享有所有者权益,权利、义务和责任相统一,管资产和管人、管事相结合的国有资产管理体制。

第五条 国务院代表国家对关系国民经济命脉和国家安全的大型国有及国有控股、国有参股企业,重要基础设施和重要自然资源等领域的国有及国有控股、国有参股企业,履行出资人职责。国务院履行出资人职责的企业,由国务院确定、公布。

省、自治区、直辖市人民政府和设区的市、自治州级人民政府分别代表国家对由国务院履行出资人职责以外的国有及国有控股、国有参股企业,履行出资人职责。其中,省、自治区、直辖市人民政府履行出资人职责的国有及国有控股、国有参股企业,由省、自治区、直辖市人民政府确定、公布,并报国务院国有资产监督管理机构备案;其他由设区的市、自治州级人民政府履行出资人职责的国有及国有控股、国有参股企业,由设区的市、自治州级人民政府确定、公布,并报省、自治区、直辖市人民政府国有资产监督管理机构备案。

国务院,省、自治区、直辖市人民政府,设区的市、自治州级人民政府履行出资人职责的企业,以下统称所出资企业。

第六条 国务院,省、自治区、直辖市人民政府,设区的市、自治州级人民政府,分别设立国有资产监督管理机构。国有资产监督管理机构根据授权,依法履行出资人职责,依法对企业国有资产进行监督管理。

企业国有资产较少的设区的市、自治州,经省、自治区、直辖市人民政府批准,可以不单独设立国有资产监督管理机构。

第七条 各级人民政府应当严格执行国有资产管理法律、法规,坚持政府的社会公共管理职能与国有资产出资人职能分开,坚持政企分开,实行所有权与经营权分离。

国有资产监督管理机构不行使政府的社会公共管理职能,政府其他机构、部门不履行企业国有资产出资人职责。

第八条 国有资产监督管理机构应当依照本条例和其他有关法律、行政法规的规定,建立健全内部监督制度,严格执行法律、行政法规。

第九条 发生战争、严重自然灾害或者其他重大、紧急情况时,国家可以依法统一调用、处置企业国有资产。

第十条 所出资企业及其投资设立的企业,享有有关法律、行政法规规定的企业经营自主权。

国有资产监督管理机构应当支持企业依法自主经营,除履行出资人职责以外,不得干预企业的生产经营活动。

第十一条 所出资企业应当努力提高经济效益,对其经营管理的企业国有资产承担保值增值责任。

所出资企业应当接受国有资产监督管理机构依法实施的监督管理,不得损害企业国有资产所有者和其他出资人的合法权益。

第二章 国有资产监督管理机构

第十二条 国务院国有资产监督管理机构是代表国务院履行出资人职责、负责监督管理企业国有资产的直属特设机构。

省、自治区、直辖市人民政府国有资产监督管理机构,设区的市、自治州级人民政府国有资产监督管理机构是代表本级政府履行出资人职责、负责监督管理企业国有资产的直属特设机构。

上级政府国有资产监督管理机构依法对下级政府的国有资产监督管理工作进行指导和监督。

第十三条 国有资产监督管理机构的主要职责是:

(一)依照《中华人民共和国公司法》等法律、法规,对所出资企业履行出资人职责,维护所有者权益;

(二)指导推进国有及国有控股企业的改革和重组;

(三)依照规定向所出资企业派出监事会;

(四)依照法定程序对所出资企业的企业负责人进行任免、考核,并根据考核结果对其进行奖惩;

(五)通过统计、稽核等方式对企业国有资产的保值增值情况进行监管;

(六)履行出资人的其他职责和承办本级政府交办的其他事项。

国务院国有资产监督管理机构除前款规定职责外,可以制定企业国有资产监督管理的规章、制度。

第十四条 国有资产监督管理机构的主要义务是:

(一)推进国有资产合理流动和优化配置,推动国有经济布局和结构的调整;

(二)保持和提高关系国民经济命脉和国家安全领域国有经济的控制力和竞争力,提高国有经济的整体素质;

(三)探索有效的企业国有资产经营体制和方式,加强企业国有资产监督管理工作,促进企业国有资产保值增值,防止企业国有资产流失;

(四)指导和促进国有及国有控股企业建立现代企业制度,完善法人治理结构,推进管理现代化;

(五)尊重、维护国有及国有控股企业经营自主权,依法维护企业合法权益,促进企业依法经营管理,增强企业竞争力;

(六)指导和协调解决国有及国有控股企业改革与发展中的困难和问题。

第十五条 国有资产监督管理机构应当向本级政府报告企业国有资产监督管理工作、国有资产保值增值状况和其他重大事项。

第三章 企业负责人管理

第十六条 国有资产监督管理机构应当建立健全适应现代企业制度要求的企业负责人的选用机制和激励约束机制。

第十七条 国有资产监督管理机构依照有关规定,任免或者建议任免所出资企业的企业负责人:

(一)任免国有独资企业的总经理、副总经理、总会计师及其他企业负责人;

(二)任免国有独资公司的董事长、副董事长、董事,并向其提出总经理、副总经理、总会计师等的任免建议;

(三)依照公司章程,提出向国有控股的公司派出的董事、监事人选,推荐国有控股的公司的董事长、副董事长和监事会主席人选,并向其提出总经理、副总经理、总会计师人选的建议;

(四)依照公司章程,提出向国有参股的公司派出的董事、监事人选。

国务院,省、自治区、直辖市人民政府,设区的市、自治州级人民政府,对所出资企业的企业负责人的任免另有规定的,按照有关规定执行。

第十八条 国有资产监督管理机构应当建立企业负责人经营业绩考核制度,与其任命的企业负责人签订业绩合同,根据业绩合同对企业负责人进行年度考核和任期考核。

第十九条 国有资产监督管理机构应当依照有关规定,确定所出资企业中的国有独资企业、国有独资公司的企业负责人的薪酬;依据考核结果,决定其向所出资企业派出的企业负责人的奖惩。

第四章 企业重大事项管理

第二十条 国有资产监督管理机构负责指导国有及国有控股企业建立现代企业制度，审核批准其所出资企业中的国有独资企业、国有独资公司的重组、股份制改造方案和所出资企业中的国有独资公司的章程。

第二十一条 国有资产监督管理机构依照法定程序决定其所出资企业中的国有独资企业、国有独资公司的分立、合并、破产、解散、增减资本、发行公司债券等重大事项。其中，重要的国有独资企业、国有独资公司分立、合并、破产、解散的，应当由国有资产监督管理机构审核后，报本级人民政府批准。

国有资产监督管理机构依照法定程序审核、决定国防科技工业领域其所出资企业中的国有独资企业、国有独资公司的有关重大事项时，按照国家有关法律、规定执行。

第二十二条 国有资产监督管理机构依照公司法的规定，派出股东代表、董事，参加国有控股的公司、国有参股的公司的股东会、董事会。

国有控股的公司、国有参股的公司的股东会、董事会决定公司的分立、合并、破产、解散、增减资本、发行公司债券、任免企业负责人等重大事项时，国有资产监督管理机构派出的股东代表、董事，应当按照国有资产监督管理机构的指示发表意见、行使表决权。

国有资产监督管理机构派出的股东代表、董事，应当将其履行职责的有关情况及时向国有资产监督管理机构报告。

第二十三条 国有资产监督管理机构决定其所出资企业的国有股权转让。其中，转让全部国有股权或者转让部分国有股权致使国家不再拥有控股地位的，报本级人民政府批准。

第二十四条 所出资企业投资设立的重要子企业的重大事项，需由所出资企业报国有资产监督管理机构批准的，管理办法由国务院国有资产监督管理机构另行制定，报国务院批准。

第二十五条 国有资产监督管理机构依照国家有关规定组织协调所出资企业中的国有独资企业、国有独资公司的兼并破产工作，并配合有关部门做好企业下岗职工安置等工作。

第二十六条 国有资产监督管理机构依照国家有关规定拟订所出资企业收入分配制度改革的指导意见，调控所出资企业工资分配的总体水平。

第二十七条 所出资企业中的国有独资企业、国有独资公司经国务院批准，可以作为国务院规定的投资公司、控股公司，享有公司法第十二条规定的权利；可以作为国家授权投资的机构，享有公司法第二十条规定的权利。

第二十八条 国有资产监督管理机构可以对所出资企业中具备条件的国有独资企业、国有独资公司进行国有资产授权经营。

被授权的国有独资企业、国有独资公司对其全资、控股、参股企业中国家投资形成的国有资产依法进行经营、管理和监督。

第二十九条 被授权的国有独资企业、国有独资公司应当建立和完善规范的现代企业制度，并承担企业国有资产的保值增值责任。

第五章 企业国有资产管理

第三十条 国有资产监督管理机构依照国家有关规定，负责企业国有资产的产权界定、产权登记、资产评估监管、清产核资、资产统计、综合评价等基础管理工作。

国有资产监督管理机构协调其所出资企业之间的企业国有资产产权纠纷。

第三十一条 国有资产监督管理机构应当建立企业国有资产产权交易监督管理制度，加强企业国有资产产权交易的监督管理，促进企业国有资产的合理流动，防止企业国有资产流失。

第三十二条 国有资产监督管理机构对其所出资企业的企业国有资产收益依法履行出资人职责；对其所出资企业的重大投融资规划、发展战略和规划，依照国家发展规划和产业政策履行出资人职责。

第三十三条 所出资企业中的国有独资企业、国有独资公司的重大资产处置，需由国有资产监督管理机构批准的，依照有关规定执行。

第六章 企业国有资产监督

第三十四条 国务院国有资产监督管理机构代表国务院向其所出资企业中的国有独资企业、国有独资公司派出监事会。监事会的组成、职权、行为规范等，依照《国有企业监事会暂行条例》的规定执行。

地方人民政府国有资产监督管理机构代表本级人民政府向其所出资企业中的国有独资企业、国有独资公司派出监事会，参照《国有企业监事会暂行条例》的规定执行。

第三十五条 国有资产监督管理机构依法对所出资企业财务进行监督，建立和完善国有资产保值增值指标体系，维护国有资产出资人的权益。

第三十六条 国有及国有控股企业应当加强内部监督和风险控制，依照国家有关规定建立健全财务、审计、企业法律顾问和职工民主监督等制度。

第三十七条 所出资企业中的国有独资企业、国有独资公司应当按照规定定期向国有资产监督管理机构报告财务状况、生产经营状况和国有资产保值增值状况。

第七章 法律责任

第三十八条 国有资产监督管理机构不按规定任免或者建议任免所出资企业的企业负责人，或者违法干预所出资企业的生产经营活动，侵犯其合法权益，造成企业国有资产损失或者其他严重后果的，对直接负责的主管人员和其他直接责任人员依法给予行政处分；构成犯罪的，依法追究刑事责任。

第三十九条 所出资企业中的国有独资企业、国有独资公司未按照规定向国有资产监督管理机构报告财务状况、生产经营状况和国有资产保值增值状况的，予以警告；情节严重的，对直接负责的主管人员和其他直接责任人员依法给予纪律处分。

第四十条 国有及国有控股企业的企业负责人滥用职权、玩忽职守，造成企业国有资产损失的，应负赔偿责任，并对其依法给予纪律处分；构成犯罪的，依法追究刑事责任。

第四十一条 对企业国有资产损失负有责任受到撤职以上纪律处分的国有及国有控股企业的企业负责人，5年内不得担任任何国有及国有控股企业的企业负责人；造成企业国有资产重大损失或者被判处刑罚的，终身不得担任任何国有及国有控股企业的企业负责人。

第八章 附 则

第四十二条 国有及国有控股企业、国有参股企业的组织形式、组织机构、权利和义务等，依照《中华人民共和国公司法》等法律、行政法规和本条例的规定执行。

第四十三条 国有及国有控股企业、国有参股企业中中国共产党基层组织建设、社会主义精神文明建设和党风廉政建设，依照《中国共产党章程》和有关规定执行。

国有及国有控股企业、国有参股企业中工会组织依照《中华人民共和国工会法》和《中国工会章程》的有关规定执行。

第四十四条 国务院国有资产监督管理机构，省、自治区、直辖市人民政府可以依据本条例制定实施办法。

第四十五条 本条例施行前制定的有关企业国有资产监督管理的行政法规与本条例不一致的，依照本条例的规定执行。

第四十六条 政企尚未分开的单位，应当按照国务院的规定，加快改革，实现政企分开。政企分开后的企业，由国有资产监督管理机构依法履行出资人职责，依法对企业国有资产进行监督管理。

第四十七条 本条例自公布之日起施行。

企业国有产权转让管理暂行办法

第一章 总 则

第一条 为规范企业国有产权转让行为，加强企业国有产权交易的监督管理，促进企业国有资产的合理流动、国有经济布局和结构的战略性调整，防止企业国有资产流失，根据《企业国有资产监督管理暂行条例》和国家有关法律、行政法规的规定，制定本办法。

第二条 国有资产监督管理机构、持有国有资本的企业（以下统称转让方）将所持有的企业国有产权有偿转让给境内外法人、自然人或者其他组织（以下统称受让方）的活动适用本办法。

金融类企业国有产权转让和上市公司的国有股权转让，按照国家有关规定执行。

本办法所称企业国有产权，是指国家对企业以各种形式投入形成的权益、国有及国有控股企业各种投资所形成的应享有的权益，以及依法认定为国家所有的其他权益。

第三条 企业国有产权转让应当遵守国家法律、行政法规和政策规定，有利于国有经济布局和结构的战略性调整，促进国有资本优化配置，坚持公开、公平、公正的原则，保护国家和其他各方合法权益。

第四条 企业国有产权转让应当在依法设立的产权交易机构中公开进行，不受地区、行业、出资或者隶属关系的限制。国家法律、行政法规另有规定的，从其规定。

第五条 企业国有产权转让可以采取拍卖、招投标、协议转让以及国家法律、行政法规规定的其他方式进行。

第六条 转让的企业国有产权权属应当清晰。权属关系不明确或者存在权属纠纷的企业国有产权不得转让。被设置为担保物权的企业国有产权转让，应当符合《中华人民共和国担保法》的有关规定。

第七条 国有资产监督管理机构负责企业国有产权转让的监督管理工作。

第二章 企业国有产权转让的监督管理

第八条 国有资产监督管理机构对企业国有产权转让履行下列监管职责：

（一）按照国家有关法律、行政法规的规定，制定企业国有产权交易监管制度和办法；

（二）决定或者批准所出资企业国有产权转让事项，研究、审议重大产权转让事项并报本级人民政府批准；

（三）选择确定从事企业国有产权交易活动的产权交易机构；

（四）负责企业国有产权交易情况的监督检查工作；

（五）负责企业国有产权转让信息的收集、汇总、分析和上报工作；

（六）履行本级政府赋予的其他监管职责。

本办法所称所出资企业是指国务院，省、自治区、直辖市人民政府，设区的市、自治州级人民政府授权国有资产监督管理机构履行出资人职责的企业。

第九条 所出资企业对企业国有产权转让履行下列职责：

（一）按照国家有关规定，制定所属企业的国有产权转让管理办法，并报国有资产监督管理机构备案；

（二）研究企业国有产权转让行为是否有利于提高企业的核心竞争力，促进企业的持续发展，维护社会的稳定；

（三）研究、审议重要子企业的重大国有产权转让事项，决定其他子企业的国有产权转让事项；

（四）向国有资产监督管理机构报告有关国有产权转让情况。

第十条 企业国有产权转让可按下列基本条件选择产权交易机构：

（一）遵守国家有关法律、行政法规、规章以及企业国有产权交易的政策规定；

（二）履行产权交易机构的职责，严格审查企业国有产权交易主体的资格和条件；

（三）按照国家有关规定公开披露产权交易信息，并能够定期向国有资产监督管理机构报告企业国有产权交易情况；

（四）具备相应的交易场所、信息发布渠道和专业人员，能够满足企业国有产权交易活动的需要；

（五）产权交易操作规范，连续 3 年没有将企业国有产权拆细后连续交易行为以及其他违法、违规记录。

第三章 企业国有产权转让的程序

第十一条 企业国有产权转让应当做好可行性研究，按照内部决策程序进行审议，并形成书面决议。

国有独资企业的产权转让，应当由总经理办公会议审议。国有独资公司的产权转让，应当由董事会审议；没有设立董事会的，由总经理办公会议审议。涉及职工合法权益的，应当听取转让标的企业职工代表大会的意见，对职工安置等事项应当经职工代表大会讨论通过。

第十二条 按照本办法规定的批准程序，企业国有产权转让事项经批准或者决定后，转让方应当组织转让标的企业按照有关规定开展清产核资，根据清产核资结果编制资产负债表和资产移交清册，并委托会计师事务所实施全面审计（包括按照国家有关规定对转让标的企业法定代表人的离任审计）。资产损失的认定与核销，应当按照国家有关规定办理。

转让所出资企业国有产权导致转让方不再拥有控股地位的，由同级国有资产监督管理机构组织进行清产核资，并委托社会中介机构开展相关业务。

社会中介机构应当依法独立、公正地执行业务。企业和个人不得干预社会中介机构的正常执业行为。

第十三条 在清产核资和审计的基础上，转让方应当委托具有相关资质的资产评估机构依照国家有关规定进行资产评估。评估报告经核准或者备案后，作为确定企业国有产权转让价格的参考依据。

在产权交易过程中，当交易价格低于评估结果的 90%时，应当暂停交易，在获得相关产权转让批准机构同意后方可继续进行。

第十四条 转让方应当将产权转让公告委托产权交易机构刊登在省级以上公开发行的经济或者金融类报刊和产权交易机构的网站上，公开披露有关企业国有产权转让信息，广泛征集受让方。产权转让公告期为 20 个工作日。

转让方披露的企业国有产权转让信息应当包括下列内容：

（一）转让标的的基本情况；

（二）转让标的企业的产权构成情况；

（三）产权转让行为的内部决策及批准情况；

（四）转让标的企业近期经审计的主要财务指标数据；

（五）转让标的企业资产评估核准或者备案情况；

（六）受让方应当具备的基本条件；

（七）其他需披露的事项。

第十五条 在征集受让方时，转让方可以对受让方的资质、商业信誉、经营情况、财务状况、管理能力、资产规模等提出必要的受让条件。

受让方一般应当具备下列条件：

（一）具有良好的财务状况和支付能力；

（二）具有良好的商业信用；

（三）受让方为自然人的，应当具有完全民事行为能力；

（四）国家法律、行政法规规定的其他条件。

第十六条 受让方为外国及中国香港特别行政区、澳门特别行政区、台湾地区的法人、自然人或者其他组织的，受让企业国有产权应当符合国务院公布的《指导外商投资方向规定》及其他有关规定。

第十七条 经公开征集产生两个以上受让方时，转让方应当与产权交易机构协商，根据转让标的的具体情况采取拍卖或者招投标方式组织实施产权交易。

采取拍卖方式转让企业国有产权的，应当按照《中华人民共和国拍卖法》及有关规定组织实施。

采取招投标方式转让企业国有产权的，应当按照国家有关规定组织实施。

企业国有产权转让成交后，转让方与受让方应当签订产权转让合同，并应当取得产权交易机构出具的产权交易凭证。

第十八条 经公开征集只产生一个受让方或者按照有关规定经国有资产监督管理机构批准的，可以采取协议转让的方式。

采取协议转让方式的，转让方应当与受让方进行充分协商，依法妥善处理转让中所涉及的相关事项后，草签产权转让合同，并按照本办法第十一条规定的程序进行审议。

第十九条 企业国有产权转让合同应当包括下列主要内容：

（一）转让与受让双方的名称与住所；

（二）转让标的企业国有产权的基本情况；

（三）转让标的企业涉及的职工安置方案；

（四）转让标的企业涉及的债权、债务处理方案；

（五）转让方式、转让价格、价款支付时间和方式及付款条件；

（六）产权交割事项；

（七）转让涉及的有关税费负担；

（八）合同争议的解决方式；

（九）合同各方的违约责任；

（十）合同变更和解除的条件；

（十一）转让和受让双方认为必要的其他条款。

转让企业国有产权导致转让方不再拥有控股地位的，在签订产权转让合同时，转让方应当与受让方协商提出企业重组方案，包括在同等条件下对转让标的企业职工的优先安置方案。

第二十条 企业国有产权转让的全部价款，受让方应当按照产权转让合同的约定支付。

转让价款原则上应当一次付清。如金额较大、一次付清确有困难的，可以采取分期付款的方式。采取分期付款方式的，受让方首期付款不得低于总价款的 30%，并在合同生效之日起 5 个工作日内支付；其余款项应当提供合法的担保，并应当按同期银行贷款利率向转让方支付延期付款期间利息，付款期限不得超过 1 年。

第二十一条 转让企业国有产权涉及国有划拨土地使用权转让和由国家出资形成的探矿权、采矿权转让的，应当按照国家有关规定另行办理相关手续。

第二十二条 转让企业国有产权导致转让方不再拥有控股地位的，应当按照有关政策规定处理好与职工的劳动关系，解决转让标的企业拖欠职工的工资、欠缴的各项社会保险费以及其他有关费用，并做好企业职工各项社会保险关系的接续工作。

第二十三条 转让企业国有产权取得的净收益，按照国家有关规定处理。

第二十四条 企业国有产权转让成交后，转让和受让双方应当凭产权交易机构出具的产权交易凭证，按照国家有关规定及时办理相关产权登记手续。

第四章 企业国有产权转让的批准程序

第二十五条 国有资产监督管理机构决定所出资企业的国有产权转让。其中，转让企业国有产权致使国家不再拥有控股地位的，应当报本级人民政府批准。

第二十六条 所出资企业决定其子企业的国有产权转让。其中，重要子企业的重大国有产权转让事项，应当报同级国有资产监督管理机构会签财政部门后批准。其中，涉及政府社会公共管理审批事项的，需预先报经政府有关部门审批。

第二十七条 转让企业国有产权涉及上市公司国有股性质变化或者实际控制权转移的，应当同时遵守国家法律、行政法规和相关监管部门的规定。

对非上市股份有限公司国有股权转让管理，国家另有规定的，从其规定。

第二十八条 决定或者批准企业国有产权转让行为，应当审查下列书面文件：

(一)转让企业国有产权的有关决议文件；

(二)企业国有产权转让方案；

(三)转让方和转让标的企业国有资产产权登记证；

(四)律师事务所出具的法律意见书；

(五)受让方应当具备的基本条件；

(六)批准机构要求的其他文件。

第二十九条 企业国有产权转让方案一般应当载明下列内容：

(一)转让标的企业国有产权的基本情况；

(二)企业国有产权转让行为的有关论证情况；

(三)转让标的企业涉及的、经企业所在地劳动保障行政部门审核的职工安置方案；

(四)转让标的企业涉及的债权、债务包括拖欠职工债务的处理方案；

(五)企业国有产权转让收益处置方案；

(六)企业国有产权转让公告的主要内容。

转让企业国有产权导致转让方不再拥有控股地位的，应当附送经债权金融机构书面同意的相关债权债务协议、职工代表大会审议职工安置方案的决议等。

第三十条 对于国民经济关键行业、领域中对受让方有特殊要求的，企业实施资产重组中将企业国有产权转让给所属控股企业的国有产权转让，经省级以上国有资产监督管理机构批准后，可以采取协议转让方式转让国有产权。

第三十一条 企业国有产权转让事项经批准或者决定后，如转让和受让双方调整产权转让比例或者企业国有产权转让方案有重大变化的，应当按照规定程序重新报批。

第五章 法律责任

第三十二条 在企业国有产权转让过程中，转让方、转让标的企业和受让方有下列行为之一的，国有资产监督管理机构或者企业国有产权转让相关批准机构应当要求转让方终止产权转让活动，必要时应当依法向人民法院提起诉讼，确认转让行为无效。

(一)未按本办法有关规定在产权交易机构中进行交易的；

(二)转让方、转让标的企业不履行相应的内部决策程序、批准程序或者超越权限、擅自转让企业国有产权的；

(三)转让方、转让标的企业故意隐匿应当纳入评估范围的资产，或者向中介机构提供虚假会计资料，导致审计、评估结果失真，以及未经审计、评估，造成国有资产流失的；

(四)转让方与受让方串通，低价转让国有产权，造成国有资产流失的；

(五)转让方、转让标的企业未按规定妥善安置职工、接续社会保险关系、处理拖欠职工各项债务以及未补缴欠缴的各项社会保险费，侵害职工合法权益的；

(六)转让方未按规定落实转让标的企业的债权债务，非法转移债权或者逃避债务清偿责任的；以企业国有产权作为担保的，转让该国有产权时，未经担保权人同意的。

(七)受让方采取欺诈、隐瞒等手段影响转让方的选择以及产权转让合同签订的；

(八)受让方在产权转让竞价、拍卖中，恶意串通压低价格，造成国有资产流失的。

对以上行为中转让方、转让标的企业负有直接责任的主管人员和其他直接责任人员，由国有资产监督管理机构或者相关企业按照人事管理权限给予警告，情节严重的，给予纪律处分，造成国有资产损失的，应当负赔偿责任；由于受让方的责任造成国有资产流失的，受让方应当依法赔偿转让方的经济损失；构成犯罪的，依法移送司法机关追究刑事责任。

第三十三条 社会中介机构在企业国有产权转让的审计、评估和法律服务中违规执业的，由国有资产监督管理机构将有关情况通报其行业主管机关，建议给予相应处罚；情节严重的，可要求企业不得再委托其进行企业国有产权转让的相关业务。

第三十四条 产权交易机构在企业国有产权交易中弄虚作假或者玩忽职守，损害国家利益或者交易双方合法权益的，依法追究直接责任人员的责任，国有资产监督管理机构将不再选择其从事企业国有产权交易的相关业务。

第三十五条 企业国有产权转让批准机构及其有关人员违反本办法，擅自批准或者在批准中以权谋私，造成国有资产流失的，由有关部门按照干部管理权限，给予纪律处分；构成犯罪的，依法移送司法机关追究刑事责任。

第六章 附 则

第三十六条 境外企业国有产权转让管理办法另行制定。

第三十七条 政企尚未分开的单位以及其他单位所持有的企业国有产权转让，由主管财政部门批准，具体比照本办法执行。

第三十八条 本办法由国务院国有资产监督管理委员会负责解释；涉及有关部门的，由国资委商有关部门解释。

第三十九条 本办法自二○○四年二月一日起施行。

国资委关于规范国有企业改制工作的意见

经国务院同意，国务院办公厅近日转发国务院国有资产监督管理委员会《关于规范国有企业改制工作的意见》，并要求各省、自治区、直辖市人民政府，国务院各部委、各直属机构认真贯彻执行。

《关于规范国有企业改制工作的意见》全文如下：

党的十五大以来，各地认真贯彻国有经济有进有退、有所为有所不为的方针，积极推进国有经济布局和结构调整，探索公有制的多种有效实现形式和国有企业改制的多种途径，取得了显著成效，积累了宝贵经验。但前一阶段国有企业改制工作中出现了一些不够规范的现象，造成国有资产的流失。国有企业改制是一项政策性很强的工作，涉及出资人、债权人、企业和职工等多方面的利益，既要积极探索，又要规范有序。为全面贯彻落实党中央关于国有经济布局结构调整和国有企业改革的精神，保证国有企业改制工作健康、有序、规范地进行，现提出以下意见：

一、健全制度，规范运作

(一)批准制度。国有企业改制应采取重组、联合、兼并、租赁、承包经营、合资、转让国有产权和股份制、股份合作制等多种形式进行。国有企业改制，包括转让国有控股、参股企业国有股权或者通过增资扩股来提高非国有股的比例等，必须制订改制方案。方案可由改制企业国有产权持有单位制订，也可由其委托中介机构或者改制企业(向本企业经营管理者转让国有产权的企业和国有参股企业除外)制订。国有企业改制方案需按照《企业国有资产监督管理暂行条例》(国务院令第378号，以下简称《条例》)和国务院国有资产监督管理委员会(以下简称国资委)的有关规定履行决定或批准程序，未经决定或批准不得实施。国有企业改制涉及财政、劳动保障等事项的，需预先报经同级人民政府有关部门审核，批准后报国有资产监督管理机构协调审批；涉及政府社会公共管理审批事项的，依照国家有关法律法规，报经政府有关部门审批；国有资产监督管理机构所出资企业改制为国有股不控股或不参股的企业（以下简称非国有的企业），改制方案需报同级人民政府批准；转让上市公司国有股权审批暂按现行规定办理，并由国资委会同证监会抓紧研究提出完善意见。

（二）清产核资。国有企业改制，必须对企业各类资产、负债进行全面认真的清查，做到账、卡、物、现金等齐全、准确、一致。要按照"谁投资、谁所有、谁受益"的原则，核实和界定国有资本金及其权益，其中国有企业借贷资金形成的净资产必须界定为国有产权。企业改制中涉及资产损失认定与处理的，必须按有关规定履行批准程序。改制企业法定代表人和财务负责人对清产核资结果的真实性、准确性负责。

（三）财务审计。国有企业改制，必须由直接持有该国有产权的单位决定聘请具备资格的会计师事务所进行财务审计。凡改制为非国有的企业，必须按照国家有关规定对企业法定代表人进行离任审计。改制企业必须按照有关规定向会计师事务所或政府审计部门提供有关财务会计资料和文件，不得妨碍其办理业务。任何人不得授意、指使、强令改制企业会计机构、会计人员提供虚假资料文件或违法办理会计事项。

（四）资产评估。国有企业改制，必须依照《国有资产评估管理办法》（国务院令第91号）聘请具备资格的资产评估事务所进行资产和土地使用权评估。国有控股企业进行资产评估，要严格履行有关法律法规规定的程序。向非国有投资者转让国有产权的，由直接持有该国有产权的单位决定聘请资产评估事务所。企业的专利权、非专利技术、商标权、商誉等无形资产必须纳入评估范围。评估结果由依照有关规定批准国有企业改制和转让国有产权的单位核准。

（五）交易管理。非上市企业国有产权转让要进入产权交易市场，不受地区、行业、出资和隶属关系的限制，并按照《企业国有产权转让管理暂行办法》的规定，公开信息，竞价转让。具体转让方式可以采取拍卖、招投标、协议转让以及国家法律法规规定的其他方式。

（六）定价管理。向非国有投资者转让国有产权的底价，或者以存量国有资产吸收非国有投资者投资时国有产权的折股价格，由依照有关规定批准国有企业改制和转让国有产权的单位决定。底价的确定主要依据资产评估的结果，同时要考虑产权交易市场的供求状况、同类资产的市场价格、职工安置、引进先进技术等因素。上市公司国有股转让价格在不低于每股净资产的基础上，参考上市公司盈利能力和市场表现合理定价。

（七）转让价款管理。转让国有产权的价款原则上应当一次结清。一次结清确有困难的，经转让和受让双方协商，并经依照有关规定批准国有企业改制和转让国有产权的单位批准，可采取分期付款的方式。分期付款时，首期付款不得低于总价款的30%，其余价款应当由受让方提供合法担保，并在首期付款之日起一年内支付完毕。转让国有产权的价款优先用于支付解除劳动合同职工的经济补偿金和移交社会保障机构管理职工的社会保险费，以及偿还拖欠职工的债务和企业欠缴的社会保险费，剩余价款按照有关规定处理。

（八）依法保护债权人利益。国有企业改制要征得债权金融机构同意，保全金融债权，依法落实金融债务，维护其他债权人的利益。要严格防止利用改制逃废金融债务，金融债务未落实的企业不得进行改制。

（九）维护职工合法权益。国有企业改制方案和国有控股企业改制为非国有的企业的方案，必须提交企业职工代表大会或职工大会审议，充分听取职工意见。其中，职工安置方案需经企业职工代表大会或职工大会审议通过后方可实施改制。改制为非国有的企业，要按照有关政策处理好改制企业与职工的劳动关系。改制企业拖欠职工的工资、医疗费和挪用的职工住房公积金以及企业欠缴的社会保险费等要按有关规定予以解决。改制后的企业要按照有关规定按时足额交纳社会保险费，及时为职工接续养老、失业、医疗、工伤、生育等各项社会保险关系。

（十）管理层收购。向本企业经营管理者转让国有产权必须严格执行国家的有关规定，以及本指导意见的各项要求，并需按照有关规定履行审批程序。向本企业经营管理者转让国有产权方案的制订，由直接持有该企业国有产权的单位负责或其委托中介机构进行，经营管理者不得参与转让国有产权的决策、财务审计、离任审计、清产核资、资产评估、底价确定等重大事项，严禁自卖自买国有产权。经营管理者筹集收购国有产权的资金，要执行《贷款通则》的有关规定，不得向包括本企业在内的国有及国有控股企业借款，不得以这些企业的国有产权或实物资产作标的物为融资提供保证、抵押、质押、贴现等。经营管理者对企业经营业绩下降负有责任的，不得参与收购本企业国有产权。

二、严格监督，追究责任

各级监察机关、国有资产监督管理机构和其他有关部门，要加强联系、密切配合，加大对国有企业改制工作的监督检查力度。通过建立重要事项通报制度和重大案件报告制度，以及设立并公布举报电话和信箱等办法，及时发现和严肃查处国有企业改制中的违纪违法案件。对国有资产监督管理机构工作人员、企业领导人员利用改制之机转移、侵占、侵吞国有资产的，隐匿资产、提供虚假会计资料造成国有资产流失的，营私舞弊、与买方串通低价转让国有产权的，严重失职、违规操作、损害国家和群众利益的，要进行认真调查处理。其中涉嫌犯罪的，依法移交司法机关处理；造成国有资产损失的，按照《条例》的规定，追究有关责任人的赔偿责任。对中介机构弄虚作假、提供虚假审计报告、故意压低评估价格等违规违法行为，要加大惩处力度；国有资产监督管理机构和国有及国有控股企业不得再聘请该中介机构及其责任人从事涉及国有及国有控股企业的中介活动。

为加快建设和完善产权交易市场体系，确保产权交易公开、公平、公正，由法制办会同国资委、财政部等有关部门研究有关产权交易市场的法规和监管制度，各地依照法律法规及有关规定，根据实际情况制订具体实施细则。

三、精心组织，加强领导

（一）全面准确理解国有经济布局和结构调整战略方针，坚持党的十六大提出的必须毫不动摇地巩固和发展公有制经济，必须毫不动摇地鼓励、支持和引导非公有制经济发展的方针。国有企业改制要坚持国有经济控制重要行业和关键领域，提高国有经济的控制力、影响力和带动力。在其他行业和领域，国有企业通过重组改制、结构调整、深化改革、转换机制，在市场竞争中实现优胜劣汰。

（二）在国有企业改制工作中，各地区要防止和纠正不顾产权市场供求状况及其对价格形成的影响作用、不计转让价格和收益，下指标、限时间、赶进度，集中成批向非国有投资者转让国有产权的做法。防止和避免人为造成买方市场、低价处置和贱卖国有资产的现象。

（三）国有企业改制要从企业实际出发，着眼于企业的发展。要建立竞争机制，充分考虑投资者搞好企业的能力，选择合格的投资者参与国有企业改制，引入资金、技术、管理、市场、人才等资源增量，推动企业制度创新、机制转换、盘活资产、扭亏脱困和增加就业，促进企业加快发展。

（四）地方各级人民政府及其国有资产监督管理机构、国有及国有控股企业，要高度重视国有企业改制工作，全面理解和正确贯彻党中央、国务院有关精神，切实负起责任，加强组织领导。要从实际出发，把握好改制工作的力度和节奏。在国有企业改制的每一个环节都要做到依法运作，规范透明，落实责任。上级国有资产监督管理机构要加强对下级国有资产监督管理机构的指导和监督，及时总结经验，发现和纠正国有企业改制工作中存在的问题，促进国有资产合理流动和重组，实现国有资产保值增值，更好地发挥国有经济的主导作用。

民间非营利组织会计制度（征求意见稿）

第一章　总　则

第一条　为了规范民间非营利组织的会计核算，提高会计信息质量，根据《中华人民共和国会计法》及其他有关法律、法规，制定本制度。

第二条　本制度适用于在中华人民共和国境内依法成立的各类民间非营利组织（简称非营利组织，下同），包括社会团体、基金会和民办非企业单位。这些非营利组织应符合以下三个条件：

（一）不以营利为目的；

（二）任何单位或个人不因为出资而拥有非营利组织的所有权；收支结余不得向出资者分配；

（三）非营利组织一旦进行清算，清算后的剩余财产应按规定继续用于社会公益事业。

第三条　非营利组织的会计核算应当以持续、正常的业务活动为前提。

第四条 非营利组织的会计核算应当划分会计期间，分期结算账目和编制财务会计报告。会计期间分为年度、季度和月度。年度、季度和月度均按公历起讫日期确定。季度和月度均称为会计中期。

本制度所称期末，是指月末、季末和年末。

第五条 非营利组织的会计核算以人民币为记账本位币，发生的外币业务应当折算为人民币。

第六条 非营利组织的会计记账采用借贷记账法。

第七条 非营利组织的会计核算，应当遵循以下基本原则：

（一）非营利组织的会计核算应当以实际发生的经济业务为依据，如实反映其财务状况收支结余和现金流量。

（二）非营利组织应当按照经济业务的经济实质进行会计核算，而不应当仅仅按照它们的法律形式作为会计核算的依据。

（三）非营利组织提供的会计信息应当能够真实、完整地反映其财务状况、收支结余和现金流量，以满足会计信息使用者的需要。

（四）非营利组织的会计核算方法前后各期应当保持一致，不得随意变更。如有必要变更，应当将变更的情况、原因和对单位财务收支情况及结果的影响在会计报表附注中予以说明。

（五）非营利组织应当按照规定的会计处理方法进行会计核算，会计指标应当口径一致、相互可比。

（六）非营利组织的会计核算应当及时进行，不得提前或延后。

（七）非营利组织的会计核算应当清晰明了，便于理解和利用。

（八）非营利组织的会计核算一般以权责发生制为基础。凡是当期已经实现的收入和已经发生或应当负担的费用，不论款项是否收付，都应当作为当期的收入和费用；凡是不属于当期的收入和费用，即使款项已在当期收付，也不应当作为当期的收入和费用。

（九）非营利组织在进行会计核算时，收入与其成本、费用应当相互配比，同一会计期间内的各项收入和与其相关的成本、费用，应当在该会计期间内确认。

（十）非营利组织的各项财产在取得时应当按照实际成本计量。其后，各项财产发生减值，应当按照本制度规定计提相应的减值准备。除法律、行政法规和国家统一的会计制度另有规定者外，非营利组织一律不得自行调整其账面价值。

（十一）非营利组织的会计核算应当遵循谨慎性原则，不得多计资产或收益，也不得少计负债或费用。

（十二）非营利组织的会计核算应当合理划分收益性支出与资本性支出。凡支出的效益仅与本年度相关的，应当作为收益性支出；凡支出的效益与几个会计年度相关的，应当作为资本性支出。

（十三）非营利组织的会计核算应当遵循重要性原则，对资产、负债、结余等有较大影响，进而影响财务会计报告使用者据以作出合理判断的重要会计事项，必须按照规定的会计方法和程序进行处理，并在财务会计报告中予以充分的披露；对于次要的会计事项，在不影响会计信息真实性和不致于误导会计信息使用者作出正确判断的前提下，可适当简化处理。

第八条 非营利组织应当根据有关会计法律、行政法规和本制度的规定，在不违反本制度的前提下，结合本单位的具体情况，制定适合本单位的会计核算办法。

第二章 资 产

第九条 资产，是指过去的经济业务形成并由非营利组织拥有或者控制的资源，该资源预期会给非营利组织带来经济利益。包括流动资产、受赠资产、长期投资、固定资产、无形资产和其他资产。

第一节 流动资产

第十条 流动资产，是指可以在1年内（含1年）变现或耗用的资产。

第十一条 非营利组织的流动资产主要包括现金、银行存款、短期投资、应收及预付款项、存货、待摊费用等。

本制度所称的投资，是指非营利组织为通过分配来增加财富，或为谋求其他利益，而将资产让渡给其他单位所获得的另一项资产。

第十二条 非营利组织应当设置现金和银行存款日记账。按照业务发生顺序逐日逐笔登记。银行存款应按银行和其他金融机构的名称和存款种类进行明细核算。

有外币现金和存款的非营利组织，还应当分别按人民币和外币进行明细核算。

现金的账面余额必须与库存数相符；银行存款的账面余额应当与银行对账单定期核对，并按月编制银行存款余额调节表调节相符。

本制度所称的账面余额，是指某科目的账面实际余额，不扣除作为该科目备抵的项目（如累计折旧）。

第十三条 短期投资，是指能够随时变现并且持有时间不准备超过1年（含1年）的投资，包括股票、债券、基金等。短期投资应当按照以下原则核算：

（一）短期投资在取得时应当按照初始投资成本计量。以现金购入的短期投资，按实际支付的全部价款，包括税金、手续费等相关费用作为短期投资初始投资成本。实际支付的价款中包含的已到付息期但尚未领取的债券利息和已宣告发放但尚未领取的现金股利，应当作为应收款项单独核算，不构成短期投资初始投资成本。

（二）短期投资的利息和现金股利应当于实际收到时，冲减投资的账面价值，但已记入应收款项的除外。

（三）非营利组织应当在期末对短期投资按成本与市价孰低计量，对于市价低于成本的差额，应当计提短期投资跌价准备，并单独核算，在资产负债表中作为短期投资的备抵项目单独反映。

（四）处置短期投资时，应当将短期投资的账面价值与实际取得价款等的差额，确认为当期投资损益。

短期委托贷款应视同短期投资进行核算。但是，委托贷款（包括短期和长期）应按期计息，计入当期投资收益；非营利组织按期计提的利息到期不能收回的，应当停止计提利息，并冲回原已计提的利息。期末时，非营利组织的委托贷款应按资产减值的要求，计提相应的减值准备。委托贷款，是指非营利组织（委托人）提供资金，由金融企业（受托人）根据委托人确定的贷款对象、用途、金额、期限、利率等而代理发放、监督使用并协助收回的贷款，其风险由委托人承担。

第十四条 应收及预付款项，是指非营利组织在日常业务活动过程中发生的各项债权，包括：应收款项（包括应收账款和其他应收款）和预付账款等。

第十五条 应收及预付账款应当按照以下原则进行核算：

（一）应收及预付款项应当按照实际发生额记账，并按照往来户名等设置明细账，进行明细核算。

（二）非营利组织应当在期末对应收款项计提坏账准备，并单独核算，在资产负债表中作为应收款项的备抵项目单独反映。

第十六条 存货，是指非营利组织在日常业务活动中持有以备出售，或者仍然处在业务活动过程，或者在业务活动过程中将消耗的材料或物料等。包括各类材料、物料，尚未完工的资助项目成本等。

（一）各种存货应当按照取得时的实际成本入账。实际成本按以下方法确定：1. 购入的存货，按买价加运输费、装卸费、保险费、包装费等费用、运输途中的合理损耗和按规定应计入成本的税金以及其他费用，作为实际成本。

2. 从受赠资产转入的存货，应按受赠资产的账面价值作为实际成本。

（二）各种存货发出时，可以根据实际情况选择先进先出法、加权平均法等方法，确定其实际成本。

（三）各种存货应当定期进行清查盘点。对于发生的盘盈、盘亏以及过时、变质、毁损等报废的，应于期末前查明原因，并根据非营利组织的管理权限，经理事会、董事会或类似机构批准后，在期末结账前处理完毕。盘盈的存货，应当冲减当期管理费用，；盘亏以及过时、变质、毁损等报废的存货，在减去过失人或者保险公司等赔款和残料价值之后，应当计入当期管理费用。

先按上述规定进行处理，并在会计报表附注中作出说明；如果其后批准处理的金额与已处理的金额不一致，应按其差额调整会计报表相关项目的年初数。

第十七条 待摊费用，是指非营利组织已经支出，但应当由本期和以后各期分别负担的、分摊期在1年以内（含1年）的各项费用，如预付保险费、预付租金等。

待摊费用应按其受益期限在1年内分期平均摊销，计入有关费用。如果某项待摊费用已经不能使非营利组织受益，应当将其摊余价值一次全部转入当期有关费用，不得再留待以后期间摊销。

第二节 受赠资产

第十八条 捐赠，是指一个实体自愿无偿向另一实体转交现金或其他资产，或撤销其债务的行为。

第十九条 非营利组织应当划清捐赠和捐赠以外的其他业务活动的界限，并区别以下情况进行会计处理：

（一）如果非营利组织接受资产提供者的资产的条件是为其提供一项服务，尽管这项服务的结果可能是无形的、不确定的或难以计量的，该项接受的资产也不能作为捐赠处理。例如，某资产提供者向某非营利组织提供一笔资产用于某项研究开发活动，并保留研究开发结果的所有权或优先权；或规定实验的具体规则，使得研究结果的公共效益从属于资产提供者的个人利益。这类业务不属于捐赠，应作为一项交换交易，确认相关收入和费用。

（二）如果非营利组织接受资产提供者的资产的条件是必须将该

资产转交给其指定的地方、单位或个人，这类业务也不属于捐赠，应作为一项代收代付业务，将该项接受的资产确认为负债。

（三）如果资产提供者允许非营利组织在章程规定范围内自主确定所接受资产的受益项目，这类业务属于捐赠，该项接受的资产应作为捐赠收入处理，并分别不受限制捐赠、暂时受限制捐赠和永久受限制捐赠进行明细核算。

第二十条 非营利组织的受赠资产应当区分资产形态确定入账价值：

（一）受赠资产如为现金，应按实际金额入账。

（二）受赠资产如为现金以外的其他资产，应按以下规定确定其入账价值：

1.捐赠方提供了有关凭据（如发票、报关单、有关协议）的，应按凭据上标明的金额加上应支付的相关税费，作为入账价值。

2.捐赠方没有提供有关凭据的，按如下顺序确定其入账价值：

（1）同类或类似资产存在活跃市场的，按同类或类似资产的市场价格估计的金额，加上应支付的相关税费，作为入账价值；

（2）同类或类似资产不存在活跃市场的，如该受赠资产的价值可以合理确定的，按确定的价值作为入账价值；如该受赠资产的价值不能合理确定的，可以暂不入账，但应设置辅助账，登记该受赠资产的数量等情况。

3.如接受捐赠的系旧的固定资产，按照上述方法确认的价值，减去按该项资产的新旧程度估计的价值损耗后的余额，作为入账价值。

第二十一条 非营利组织处置现金以外的其他受赠资产应当按照以下规定进行会计核算：

（一）将现金以外的其他受赠资产转为自用的，应分别以下情况处理：

1.对于不符合固定资产确认条件的实物资产，应转入存货，并按该受赠资产的账面价值作为存货的实际成本；

2.对于符合固定资产确认条件的实物资产，应转入固定资产，并按该受赠资产的账面价值作为固定资产的入账价值；

3.对于受赠的无形资产，应转入无形资产，并按该受赠资产的账面价值作为无形资产的入账价值。

（二）将现金以外的其他受赠资产直接用于对外捐赠的，应将该受赠资产的账面价值转入资助项目成本。

（三）将现金以外的其他受赠资产对外出售的，出售收入应作为其他收入处理；同时将所售受赠资产的账面价值转入其他支出。

第二十二条 以接受捐赠为主的非营利组织，对于接受捐赠的现金以外的其他资产，应在期末时按可变现净值与成本孰低计量，对于可变现净值低于成本的差额，应当计提受赠资产减值准备，并单独核算，在资产负债表中作为受赠资产的备抵项目单独反映。可变现净值，是指非营利组织在正常业务活动过程中，以估计售价减去销售所必须的估计费用后的价值。

第三节 长期投资

第二十三条 长期投资，是指除短期投资以外的投资，包括持有时间准备超过1年（不含1年）的各种股权性质的投资、不能变现或不准备随时变现的债券投资、其他债权投资和其他长期投资。

第二十四条 非营利组织的长期股权投资应当按照以下规定核算：

（一）长期股权投资在取得时按照初始投资成本入账。以现金购入的长期股权投资，按实际支付的全部价款（包括支付的税金、手续费等相关费用）作为初始投资成本；实际支付的价款中如包含已宣告但尚未领取的现金股利，按实际支付的价款减去已宣告但尚未领取的现金股利后的差额，作为初始投资成本。

（二）被投资单位宣告分派的利润或现金股利，作为当期投资收益。被投资单位宣告分派的股票股利，不作账务处理，但应设置备查账，进行数量登记。

第二十五条 非营利组织的长期债权投资应当按照以下规定核算：

（一）长期债权投资在取得时按照初始投资成本入账。以现金购入的长期债权投资，按实际支付的全部价款（包括支付的税金、手续费等相关费用）减去已到期但尚未领取的债券利息，作为初始投资成本。如果所支付的税金、手续费等相关费用金额较小，可以直接计入当期投资收益，不计入初始投资成本。

（二）长期债权投资应当按照票面价值与票面利率按期计算确认利息收入。长期债券投资的初始投资成本减去已到付息期但尚未领取的债券利息、未到期债券利息和计入初始投资成本的相关税费，与债券面值之间的差额，作为债券溢价或折价；债券的溢价或折价在债券存续期间内于确认相关债券利息收入时摊销。摊销方法采用直线法。

（三）持有可转换公司债券的非营利组织，可转换公司债券在购买以及转换为股份之前，应按一般债券投资进行处理。当非营利组织行使转换权利，将其持有的债券投资转换为股份时，应按其账面价值减去收到的现金后的余额，作为股权投资的初始投资成本。本制度所称的账面价值，是指某项目的账面余额减去相关的备抵项目后的净额。

（四）长期委托贷款应视同长期债权投资进行核算。但是，委托贷款应按期计息，计入当期投资收益；非营利组织按期计提的利息到期不能收回的，应当停止计提利息，并冲回原已计提的利息。期末时，非营利组织的委托贷款应按资产减值的要求，计提相应的减值准备。

第二十六条 非营利组织改变投资目的，将短期投资划转为长期投资，应按短期投资的账面价值结转。

第二十七条 处置长期投资时，按实际取得的价款与长期投资账面价值的差额，作为当期投资收益。

第二十八条 投资比重较大的非营利组织应当在期末时对长期投资按照其账面价值与可收回金额孰低计量，对可收回金额低于账面价值的差额，应当计提长期投资减值准备，并单独核算，在资产负债表中作为长期投资的备抵项目单独反映。

本制度所称的可收回金额，是指资产的销售净价与预期从该资产的持续使用和使用寿命结束时的处置中形成的预计未来现金流量的现值两者之中的较高者。其中，销售净价是指资产的销售价格减去所发生的资产处置费用后的余额。对于长期投资而言，可收回金额是指投资的出售净价与预期从该资产的持有和投资到期处置中形成的预计未来现金流量的现值两者之中较高者。其中，出售净价是指出售投资所得价款减去所发生的相关税费后的余额。

第四节 固定资产

第二十九条 固定资产，是指非营利组织为开展业务活动或出租而持有的，一般设备单位价值在500元以上、专用设备单位价值在800元以上，使用期限超过1年的有形资产。单位价值虽未达到规定标准，但使用期限超过1年的大批同类物资，如馆藏图书、也可作为固定资产核算。

第三十条 非营利组织的固定资产一般分为七类：房屋和建筑物、一般设备、专用设备、交通工具、陈列品、图书、其他固定资产。非营利组织应当根据固定资产定义，结合本单位的具体情况，制定各类固定资产的明细目录。

第三十一条 非营利组织取得固定资产时，应按取得时的成本入账。固定资产取得时的成本应当根据具体情况分别确定：

（一）购置的不需要经过安装过程即可使用的固定资产，按实际支付的买价、包装费、运输费、交纳的有关税金等作为入账价值。

（二）自行建造的固定资产，按建造该项资产达到预定可使用状态前所发生的全部支出，作为入账价值。

（三）融资租入的固定资产，按租赁开始日租赁协议确定的价值，作为固定资产的入账价值。租入固定资产时发生的相关费用，应当计入固定资产价值。

（四）在原有固定资产的基础上进行改建、扩建的，按原固定资产的账面价值，加上由于改建、扩建而使该项资产达到预定可使用状况前发生的支出，减去改建、扩建过程中发生的变价收入，作为入账价值。

（五）从受赠资产转入的固定资产，应按受赠资产的账面价值作为入账价值。

（六）盘盈的固定资产，按以下规定确定其入账价值：

1.同类或类似固定资产存在活跃市场的，按同类或类似固定资产的市场价格，减去按该项资产的新旧程度估计的价值损耗后的余额作为入账价值。

2.同类或类似固定资产不存在活跃市场的，按该项固定资产的预计未来现金流量现值作为入账价值。

第三十二条 非营利组织的在建工程，包括施工前期准备、正在施工中的建筑工程、安装工程、技术改造工程、大修理工程等。工程项目较多且工程支出较大的非营利组织，应当按照工程项目的性质分项核算。

在建工程应当按照实际发生的支出确定其工程成本，并单独核算。

第三十三条 非营利组织所建造的固定资产已达到预定可使用状态，但尚未办理竣工决算的，应当自达到预定可使用状态之日起，按照工程预算、造价或者工程实际成本等，按估计的价值转入固定资产，并按本制度关于计提固定资产折旧的规定，计提固定资产的折旧。待办理了竣工决算手续后再作调整。

第三十四条 非营利组织的下列固定资产不计提折旧：

（一）已提足折旧继续使用的固定资产。所谓提足折旧，是指已经提足该项固定资产应提的折旧总额。应提的折旧总额为固定资产原价减去预计净残值。

（二）按规定单独估价作为固定资产入账的土地。

除上述不计提折旧的固定资产外，其他固定资产一律按规定计提折旧。

第三十五条 非营利组织固定资产最短折旧年限为：

（一）房屋、建筑物为20年；

（二）专用设备、交通工具和陈列品为10年；

（三）一般设备、图书和其他固定资产为5年。

非营利组织应当按照上述规定，并结合固定资产的性质和消耗方式，合理地确定固定资产的预计使用年限和预计净残值。

第三十六条 非营利组织固定资产折旧方法可以采用年限平均法、工作量法、年数总和法、双倍余额递减法等。非营利组织应当根据科技发展、环境及其他因素，选择合理的固定资产折旧方法。折旧方法一经确定，不得随意变更。如需变更，应当在会计报表附注中予以说明。

第三十七条 非营利组织因改建、扩建等原因而调整固定资产价值的，应当根据调整后价值，预计尚可使用年限和净残值，按选定的折旧方法计提折旧。

对于接受捐赠旧的固定资产，应当按照规定的固定资产入账价值、预计尚可使用年限、预计净残值，以及所选用的折旧方法，计提折旧。

第三十八条 非营利组织一般应按月提取折旧，当月增加的固定资产，当月不提折旧，从下月起计提折旧；当月减少的固定资产，当月照提折旧，从下月起不提折旧。

第三十九条 非营利组织由于出售、报废或者毁损等原因而发生的固定资产清理净损益，计入当期其他收入或支出。

第四十条 非营利组织对固定资产应当定期或者至少每年实地盘点一次。对盘盈、盘亏的固定资产，应当查明原因，写出书面报告，并根据管理权限，经董事会、理事会或类似权力机构批准后，在期末结账前处理完毕。盘盈的固定资产，冲减当期管理费用；盘亏的固定资产，在减去过失人或者保险公司等赔款和残料价值之后，计入当期管理费用。

盘盈或盘亏的固定资产，如在期末结账前尚未经批准的，应在对外提供财务会计报告时先按上述规定进行处理，并在会计报表附注中作出说明；如果其后批准处理的金额与已处理的金额不一致，应按其差额调整会计报表相关项目的年初数。

第四十一条 非营利组织对固定资产的购建、出售、清理、报废和内部转移等，都应当办理会计手续，并应当设置固定资产明细账（或者固定资产卡片）进行明细核算。

第五节 无形资产和其他资产

第四十二条 无形资产，是指为提供劳务、出租给他人、或为管理目的而持有的、没有实物形态的非货币性长期资产。包括专利权、非专利技术、著作权、土地使用权等。

第四十三条 非营利组织的无形资产在取得时，应按实际成本入账。取得时的实际成本应按以下方法确定：

（一）购入的无形资产，按实际支付的价款作为实际成本。

（二）从受赠资产转入的无形资产，应按受赠资产的账面价值作为实际成本。

（三）自行开发并按法律程序申请取得的无形资产，按依法取得时发生的注册费、聘请律师费等费用，作为无形资产的实际成本。在研究与开发过程中发生的材料费用、直接参与开发人员的工资及福利费、开发过程中发生的租金、借款费用等，直接计入当期费用。

已经计入各期费用的研究与开发费用，在该项无形资产获得成功并依法申请取得权利时，不得再将原已计入费用的研究与开发费用资本化。

第四十四条 非营利组织的无形资产应当自取得当月起在预计使用年限内分期平均摊销，计入当期费用。如预计使用年限超过了相关合同规定的受益年限或法律规定的有效年限，该无形资产的摊销年限按如下原则确定：

（一）合同规定了受益年限但法律没有规定有效年限的，摊销期不应超过合同规定的受益年限；

（二）合同没有规定受益年限但法律规定了有效年限的，摊销期不应超过法律规定的有效年限；

（三）合同规定了受益年限，法律也规定了有效年限的，摊销期不应超过受益年限和有效年限两者之中较短者。

如果合同没有规定受益年限，法律也没有规定有效年限的，摊销期不应超过10年。

第四十五条 非营利组织出售无形资产，应将所得价款与该项无形资产的账面价值之间的差额，计入当期其他收入或支出。

第四十六条 非营利组织的其他资产，是指除上述资产以外的其他资产，如长期待摊费用。

长期待摊费用，是指非营利组织已经支出，但摊销期限在1年以上（不含1年）的各项费用，包括固定资产大修理支出、租入固定资产的改良支出等。应当由本期负担的借款利息、租金等，不得作为长期待摊费用处理。

长期待摊费用应当单独核算，在费用项目的受益期限内分期平均摊销。大修理费用采用待摊方式的，应当将发生的大修理费用在下一次大修理前平均摊销；租入固定资产改良支出应当在租赁期限与租赁资产尚可使用年限两者孰短的期限内平均摊销；其他长期待摊费用应当在受益期内平均摊销。

除购建固定资产以外，所有筹建期间所发生的费用，先在长期待摊费用中归集，待非营利组织开始开展业务活动当月起一次计入当期费用。

如果长期待摊的费用项目不能使以后会计期间受益的，应当将尚未摊销的该项目的摊余价值全部转入当期费用。

第六节 资产减值

第四十七条 非营利组织应当定期或者至少于每年年度终了，对各项资产进行全面检查，并根据谨慎性原则的要求，合理地预计各项资产可能发生的损失，对可能发生的各项资产损失计提资产减值准备。

非营利组织应当合理地计提各项资产减值准备，但不得计提秘密准备。如有确凿证据表明非营利组织不恰当地运用了谨慎性原则计提秘密准备的，应当作为重大会计差错予以更正，并在会计报表附注中说明事项的性质、调整金额，以及对非营利组织财务状况、收支结余的影响。

第四十八条 投资比重较大的非营利组织应当在期末时对各项短期投资进行全面检查。短期投资应按成本与市价孰低计量，市价低于成本的部分，应当计提短期投资跌价准备，并计入当期投资收益。

非营利组织在运用短期投资成本与市价孰低时，可以根据具体情况分别采用按投资总体、投资类别或单项投资计提跌价准备，如果某项短期投资比较重大（如占整个短期投资10%及以上），应按单项投资为基础计算并确定计提的跌价准备。

非营利组织应当对委托贷款本金进行定期检查，并按委托贷款本金与可收回金额孰低计量，可收回金额低于委托贷款本金的差额，应当计提减值准备。在资产负债表上，委托贷款的本金和应收利息减去计提的减值准备后的净额，并入短期投资或长期债权投资项目。

第四十九条 非营利组织应当在期末时分析分析各项应收款项的可收回性，并预计可能产生的坏账损失。对预计可能发生的坏账损失，计提坏账准备，并计入当期管理费用。计提坏账准备的方法由非营利组织自行确定。非营利组织应当制定计提坏账准备的政策，明确计提坏账准备的范围、提取方法、账龄的划分和提取比例，按照法律、行政法规的规定报有关各方备案，并备置于非营利组织所在地。坏账准备计提方法一经确定，不得随意变更。如需变更，应当在会计报表附注中予以说明。

在确定坏账准备的计提比例时，非营利组织应当根据以往的经验、债务单位的实际财务状况和现金流量等相关信息予以合理估计。除有确凿证据表明该项应收款项不能够收回或收回的可能性不大（如债务单位已撤销、破产、资不抵债、现金流量严重不足、发生严重的自然灾害等导致停产而在短时间内无法偿还债务等，债务人死亡、失去偿付能力等，以及3年以上的应收款项），对于当年发生的应收款项以及其他已逾期、但无确凿证据表明不能收回的应收款项，不能全额计提坏账准备。

非营利组织的预付账款，如有确凿证据表明其不符合预付账款性质，或者因供货单位破产、撤销等原因已无望再收到所购货物的，应当将原计入预付账款的金额转入其他应收款，并按规定计提坏账准备。

第五十条 非营利组织应当在期末对受赠资产进行全面检查，如由于受赠资产毁损、全部或部分陈旧过时或销售价格低于成本等原因，使受赠资产成本高于可变现净值的，应按可变现净值低于受赠资产成本的部分，计提受赠资产减值准备，并计入当期管理费用。受赠资产减值准备应按单个受赠资产项目的成本与可变现净值计量，如果某些受赠资产具有类似用途，可以合并计量成本与可变现净值；对于数量繁多、单价较低的受赠资产，可以按受赠资产类别计量成本与可变现净值。

（一）当存在下列情况之一时，应当计提受赠资产减值准备：

1.受赠资产陈旧过时导致市场价格下跌的；

2.受赠资产临近过期导致市场价格下跌的；

3.其他足以证明受赠资产实质上发生减值的情形。

（二）当存在下列情况之下时，应当将受赠资产账面价值全额转入当期费用：

1.已霉烂变质、毁损的受赠资产；

2.已过期且无使用价值和转让价值的受赠资产；

3.业务活动中不再需要，且无使用价值和转让价值的受赠资产；

4.其他足以证明已无使用价值和转让价值的受赠资产。

第五十一条 非营利组织应当在期末对长期投资进行检查，如果由于市价持续下跌、被投资单位经营状况恶化等原因，导致其可收回金额低于其账面价值的，应当计提长期投资减值准备，并计入当期投资收益。

长期投资减值准备应按单项项目计提。

（一）对有市价的长期投资可以根据下列迹象判断是否应当计提减值准备：

1.市价持续2年低于账面价值；

2.该项投资暂停交易1年或1年以上；

3.被投资单位当年发生严重亏损；

4.被投资单位持续2年发生亏损；

5.被投资单位进行清理整顿、清算或出现其他不能持续经营的迹象。

（二）对无市价的长期投资可以根据下列迹象判断是否应当计提减值准备：

1.影响被投资单位经营的政治或法律环境的变化，如税收、贸易等法规的颁布或修订，可能导致被投资单位出现巨额亏损；

2.被投资单位所供应的商品或提供的劳务因产品过时或消费者偏好改变而使市场的需求发生变化，从而导致被投资单位财务状况发生严重恶化；

3.被投资单位所在行业的生产技术发生重大变化，被投资单位已失去竞争能力，从而导致财务状况发生严重恶化，如进行清理整顿、清算等；

4.有证据表明该项投资实质上已经不能再给非营利组织带来经济利益的其他情形。

第五十二条 非营利组织计算的当期应计提的资产减值准备金额如果高于已提资产减值准备的账面余额，应按其差额补提减值准备；如果低于已提资产减值准备的账面余额，应按其差额冲回多提的资产减值准备，但冲减的资产减值准备，仅限于已计提的资产减值准备的账面余额。实际发生的资产损失，冲减已提的减值准备。

已确认并转销的资产损失，如果以后又收回，应当相应调整已计提的资产减值准备。

如果非营利组织滥用会计估计，应当作为重大会计差错处理。因滥用会计估计而多提的资产减值准备，在转回的当期，应当冲回上期末限定用途净资产，不得作为增加当期结余处理。

第五十三条 处置已经计提减值准备的各项资产，应当同时结转已计提的减值准备。

第五十四条 对于不能收回的应收款项、长期投资等应当查明原因，追究责任。对有确凿证据表明确实无法收回的应收款项、长期投资等，如债务单位或被投资单位已撤销、破产、资不抵债、现金流量严重不足等，应当根据非营利组织的管理权限，经董事会，或理事会或类似机构批准作为资产损失，冲销已计提的相关资产减值准备。

第三章 负 债

第五十五条 负债，是指过去的业务活动形成的现时义务，履行该义务预期会导致经济利益流出非营利组织，包括流动负债和长期负债。

第五十六条 流动负债，是指将在1年内（含1年）偿还的债务。包括短期借款、应付及预收款项、预提费用等。

（一）短期借款，是指非营利组织向银行或其他金融机构借入的期限在1年以下（含1年）的各种借款。短期借款应按实际借入金额入账，并应按借款本金和确定的利率按期计提利息，计入当期其他支出。

（二）应付及预收款项，是指非营利组织在日常业务活动过程中发生的各项债务，包括：应付款项（包括应付账款、应付工资、应付福利费、应交税金、其他应付款）和预收款项。应付及预收款项应当按照实际发生额入账，并按往来户名设置明细账，进行明细核算。

非营利组织接受的指定受益人的捐赠，应作为应付款项，单独核算。

（三）预提费用，是指非营利组织按照规定从成本费用中预先提取但尚未支付的费用，如预提的租金、保险费、借款利息等。预提费用应按实际发生额入账。

第五十七条 长期负债，是指偿还期限在1年以上（不含1年）的债务，包括长期借款、长期应付款、专项应付款和其他长期负债。

（一）长期借款，是指非营利组织向银行或其他金融机构借入的期限在1年以上（不含1年）的各种借款。长期借款应按实际借入金额入账，并按借款本金和确定的利率按期计提利息，计入当期其他支出。

（二）长期应付款，主要是指非营利组织融资租入固定资产发生的应付租赁款。长期应付款应按实际发生额入账。

（三）专项应付款，是指非营利组织接受政府或其他单位拨入的专项设施建设拨款而形成的负债。专项应付款应按实际发生额入账，并于专项设施完工后予以转销。

（四）其他长期负债应当按实际发生额入账。

第四章 净资产

第五十八条 非营利组织的净资产，是指资产减去负债后的余额。

第五十九条 以捐赠业务为主的非营利组织的净资产，应按捐赠人限制存在与否分为不受限制净资产、暂时受限制净资产和永久受限制净资产。

（一）不受限制净资产，是指暂时受限制净资产和永久受限制净资产以外的其他净资产。包括出资人投入的资金和历年未受限制收入扣除相关费用后的未受限制结余转入的金额。未受限制收入，是指除受限制捐赠收入以外的各项收入。

（二）暂受限制净资产，是指资金使用受到捐出方暂时限制的净资产。捐赠人的暂时性限制包括：

1.时间限制。即要求在以后的某一时期或某一特定日期之后才能使用捐赠资产。

2.目的限制。即要求将捐赠资产用于某一特定的用途。比如接受捐赠的赈灾物资，在灾害尚未发生之前，就形成一项暂时受限制净资产。

3.时间限制和目的限制两者兼具。例如，捐出方要求将捐赠资产进行投资以便在某一特定的期间提供收入，并且这些收入要用于某一特定的目的。

（三）永久受限制净资产，是指资金使用受到捐出方永久限制的净资产。包括：

1.受永久限制而持有的资产，例如土地和艺术作品，接受捐赠时以专门用途、保存和不得出售为条件；

2.受永久限制而持有的资产，捐赠的条件是将它们进行投资以提供永久的收入。后者来源于产生永久性捐赠基金的赠与。

第六十条 非营利组织应在限制失效期间，确认捐赠上所附的捐赠人限制的失效，将受限制净资产转为不受限制净资产。当存在下列情况之一时，可以认为限制失效了：

1.当规定的限制时间消逝时；

2.当捐赠资产特定目的实现时；

3.以上二者兼具时。

第六十一条 其他非营利组织的净资产包括业务发展基金和留本基金。

（一）业务发展基金，是指非营利组织摇拥有的用于开展章程规定的业务活动的基金。包括出资人投入的资金和历年结余扣除永久受限制捐赠收入后转入的资金。其中，从暂时受限制捐赠收入转入的金额，应在本项目下单独反映。

（二）留本基金，是指捐赠出方捐入的基金，该基金的本金不能动用，只能动用本金产生的收益。留本基金以外的其他永久受限制捐赠收入视作留本基金核算。

第五章 收 入

第六十二条 收入，是指非营利组织为开展业务活动，依法取得的非偿还性资金。包括基本业务收入、其他业务收入、政府资助收入、投资收益和其他收入。

（一）基本业务收入，是指非营利组织开展章程规定范围内的主要业务活动取得的收入。例如，社会团体的会费收入，基金会的捐赠收入，民办学校的学费等。

社会团体的会费收入、基金会的捐赠收入可以在收到款项时确认，也可以在实际发生时确认。捐赠收入应分别不受限制捐赠、暂时受限制捐赠和永久受限制捐赠设置明细账，进行明细核算。

民办非企业单位的基本业务收入应在实际发生时确认。

（二）其他业务收入，是指非营利组织开展章程范围内的其他业务活动取得的收入。包括咨询费收入、培训费收入、出版物收入、展览收入、专项收入等。

其他业务收入应于实际发生时确认。在同一年度内开始并完成的劳务，应当在完成劳务时确认收入。如果劳务的开始和完成分属不同的会计年度，应当在资产负债表日按完工百分比法确认收入。完工百分比法，是指按照劳务的完成程度确认收入和费用的方法。

（三）政府资助收入，是指非营利组织取得的政府无偿给予的各类补助，如人员经费、办公经费。政府资助应于实际收到款项时确认，并按实际收到的金额入账。政府拨入的专项拨款，作为负债核算，不作为收入处理。

（四）投资收益，是指非营利组织因对外投资取得的收益，包括委托贷款收益和委托投资收益。投资收益应于实际发生时入账。

（五）其他收入，是指非营利组织因处置财产物资取得的净收益和银行存款取得的利息收入。其他收入应于实际发生时，按实际发生额入账。

第六章　成本和费用

第六丨三条　费用，是指非营利组织为开展章程范围内的业务活动所发生的经济利益的流出；成本，是指非营利组织为提供劳务和产品而发生的各种耗费。不包括为第三方或客户垫付的款项。

非营利组织发生的应由当期承担的费用包括基本业务支出、其他业务支出、其他支出和管理费用。

第六十四条　非营利组织的基本业务支出，是指非营利组织开展章程范围内的主要业务活动发生的可直接归属于基本业务的有关支出。例如，社会团体利用会费开展活动发生的支出，基金会发生的资助项目支出，民办学校发生的教学支出（如支付教职工工资、福利费等）。

非营利组织对外资助项目发生的支出先在成本中归集，待资助项目完工后按实际发生的成本费用转入当期资助项目支出。

第六十五条　非营利组织的其他业务成本，是指非营利组织开展章程范围内的其他业务活动发生的可直接归属于其他业务的有关支出。例如，举办培训活动发生的诸如租用教学设施、支付劳务费等培训费支出，出版物发生的印刷费、稿费、审稿费、编辑费等出版费支出，等等。

第六十六条　其他支出，是指非营利因处置财产物资发生的净损失和银行借款发生的利息支出。其他支出应于实际发生时，按实际发生额入账。

第六十七条　管理费用，是指非营利组织管理部门发生的各项费用。包括：人员支出、日常公用支出、对个人和家庭的补助支出、固定资产折旧和大修理费支出等。

（一）人员支出，是指非营利组织支付给在职职工和临时聘用人员的各类劳动报酬（包括基本工资、各项津贴、奖金等），为上述人员缴纳的各项社会保障费，按工资的一定比例提取的职工福利费、职工教育经费、职工工会经费等。

非营利组织的工资应比照事业单位的工资标准执行。

非营利组织缴纳的社会保障费应按国家和省级人民政府规定的标准执行。

非营利组织应分别按工资总额的14％、1.5％、2％提取职工福利费、职工教育经费和职工工会经费。

（二）日常公用支出，是指非营利组织管理部门耗用办公用品、专用材料和劳务的支出。包括办公费、专用材料支出、印刷费、劳务费、水电费、邮寄费、电话通讯费、取暖费、物业管理费、交通费、差旅费、维修费、租赁费、会议费、招待费等。办公费，是指非营利组织订阅书报杂志、购置或领用一般性办公用品（如钢笔、铅笔、公文夹、订书器、电话机、档案袋、信封、账表、纸张、计算器、计算机软盘、硒鼓等办公用品）支出。

专用材料支出，是指非营利组织购置或领用不纳入固定资产范围的专用材料支出，如胶片、录音和录像带、专用工具和仪器等。

印刷费，是指非营利组织印刷资料发生的费用。

劳务费，是指非营利组织支付给其他单位和个人的劳务支出。

物业管理费，是指非营利组织开支的办公用房、高层设备（如高层电梯等）的物业管理费。

交通费，是指非营利组织开支的国内外交通费，包括租车费、车辆用燃料费、过路过桥费、车辆保险费、行车安全奖励费等。

差旅费，是指非营利组织工作人员出差、出国的交通费、住宿费、伙食补助费，因工作需要开支的杂费等。

维修费，是指非营利组织为保持固定资产的正常工作效能而开支的日常修理和维护费用。

租赁费，是指租赁办公用房、宿舍、场地、车船等的费用。

会议费，是指会议中按规定开支的房租费、伙食补助费以及文件资料的印刷费、会议场地租赁费等。

招待费，是指非营利组织开支的各类接待费用，包括用餐费、住宿费、交通费等。招待费应按有关税法规定的标准开支。

（三）对个人和家庭的补助支出，是指非营利组织对个人和家庭的无偿性补助支出。包括医疗费、提租补贴、住房公积金、购房补贴、助学金等。

医疗费，是指未参加职工基本医疗保险的非营利组织人员的医疗费支出，以及参保人员在医疗保险基金开支范围之外，按规定应由单位负担的医疗补助支出。

住房公积金，是指按职工工资总额一定比例缴纳的住房公积金。具体比例比照事业单位的标准执行。

住房补贴，是指非营利组织按规定给予职工的住房补贴支出。补贴标准比照事业单位的标准执行。

助学金，是指给予学校学生的助学金、奖学金、学生贷款贴息等。

（四）固定资产折旧和大修理支出，是指非营利组织管理部门使用的固定资产发生的折旧和大修理支出。

（五）其他，包括应收款项和受赠资产减值准备、发生的财产损失等。

第六十八条　非营利组织应从严掌握费用开支，并按本制度和有关税法的规定，结合本单位的具体情况制定适用于本单位的费用开支标准，报经董事会，或理事会或类似机构批准，并报税务机关备案。

第六十九条　非营利组织必须分清本期成本、费用和下期成本、费用的界限，不得任意预提和摊销费用。

第七章　结余及结余分配

第七十条　结余，是指非营利组织在一定期间各项收入与支出相抵后的余额。

第七十一条　以接受捐赠业务为主非营利组织的结余应按捐出人限制存在与否分为不受限制收支结余、暂时受限制收支结余和永久受限制收支结余。

（一）不受限制收支结余，是指除暂时受限制和永久受限制收支结余以外的其他收支结余，根据不受限制收入减去有关成本费用计算。

不受限制收支结余应于期末转入不受限制净资产。

（二）暂时受限制收支结余，是指暂时受到捐出人限制的收入形成的结余。

暂时受限制收支结余应于期末转入暂时受限制净资产。

（三）永久受限制收支结余，是指永久受到捐出人限制的收入形成的结余。

永久受限制收支结余应于期末转入永久受限制净资产。

第七十二条　其他非营利组织的收支结余可以不划分为不受限制收支结余、暂时受限制收支结余和永久受限制收支结余。收支结余应于期末，按扣除永久受限制捐赠收入后的金额转入业务发展基金，按永久受限制捐赠收入金额转入留本基金。

第八章　财务会计报告

第七十三条　财务会计报告是反映非营利组织财务状况和收支情况的书面文件。

第七十四条　非营利组织的财务会计报告分为年度、季度和月度财务会计报告。月度、季度财务会计报告是指月度和季度终了提供的财务会计报告；年度财务会计报告是指年度终了对外提供的财务会计报告。

本制度将季度和月度财务会计报告统称为中期财务会计报告。

第七十五条　非营利组织的财务会计报告由会计报表、会计报表附注和收支情况说明书组成（不要求编制和提供收支情况说明书的非营利组织除外）。非营利组织对外提供的财务会计报告的内容、会计报表的种类和格式、会计报表附注的主要内容等，由本制度规定；非营利组织内部管理需要的会计报表由非营利组织自行规定。

季度、月度中期财务会计报告通常仅指会计报表，国家统一的会计制度另有规定的除外 。

第七十六条　非营利组织向外提供的会计报表包括：

（一）资产负债表；

（二）收入支出表；

（三）现金流量表；

（四）支出明细表；

（五）其他有关附表。

第七十七条　会计报表附注至少应当包括下列内容：

(一)会计报表编制基准不符合会计核算基本前提的说明；
(二)重要会计政策和会计估计的说明；
(三)重要会计政策和会计估计变更的说明；
(四)或有事项的说明；
(五)接受、使用捐赠、资助的有关情况；
(六)重要资产转让及其出售的说明；
(七)非营利组织合并、分立的说明；
(八)会计报表中重要项目的明细资料；
(九)有助于理解和分析会计报表需要说明的其他事项。

第七十八条 收支情况说明书至少应当对下列情况作出说明：
(一)非营利组织业务活动基本情况；
(二)结余和分配情况；
(三)对非营利组织财务状况、收支情况有重大影响的其他事项。

第七十九条 月度财务会计报告应当于月度终了后10天内(节假日顺延,下同)对 外提供;季度财务会计报告应当于季度终了后15天内对外提供;年度财务会计报告应当于年度终了后4个月内对外提供。

会计报表的填列,以人民币"元"为金额单位,"元"以下填至"分"。

第八十条 非营利组织对外提供的会计报表应当依次编定页数,加具封面,装订成册,加盖公章。封面上应当注明:非营利组织名称、非营利组织统一代码、组织形式、地址、报表所 属年度或者月份、报出日期,并由非营利组织负责人和主管会计工作的负责人、会计机构负责人(会计主管人员)签名并盖章;设置总会计师的非营利组织,还应当由总会计师签名并盖章 。

第九章 附 则

第八十一条 本制度自200一年一月一日起施行。

贷款损失准备计提指引

第一条 为了提高银行抵御风险的能力,真实核算经营损益,保持银行稳健经营和持续发展,制定本指引。

第二条 银行应当按照谨慎会计原则,合理估计贷款可能发生的损失,及时计提贷款损失准备。贷款损失准备包括一般准备、专项准备和特种准备。

一般准备是根据全部贷款余额的一定比例计提的、用于弥补尚未识别的可能性损失的准备;专项准备是指根据《贷款风险分类指导原则》,对贷款进行风险分类后,按每笔贷款损失的程度计提的用于弥补专项损失的准备。特种准备指针对某一国家、地区、行业或某一类贷款风险计提的准备。

第三条 贷款损失准备的计提范围为承担风险和损失的资产,具体包括:贷款(含抵押、质押、保证等贷款)、银行卡透支、贴现、银行承兑汇票垫款、信用证垫款、担保垫款、进出口押汇、拆出资金等。

第四条 银行应按季计提一般准备,一般准备年末余额应不低于年末贷款余额的1%。

银行提取的一般准备,在计算银行的资本充足率时,按《巴塞尔协议》的有关原则,纳入银行附属资本。

第五条 银行可参照以下比例按季计提专项准备:

对于关注类贷款,计提比例为2%;对于次级类贷款,计提比例为25%;对于可疑类贷款,计提比例为50%;对于损失类贷款,计提比例为100%。其中,次级和可疑类贷款的损失准备,计提比例可以上下浮动20%。

第六条 特种准备由银行根据不同类别(如国别、行业)贷款的特殊风险情况、风险损失概率及历史经验,自行确定按季计提比例。

第七条 贷款损失准备由银行总行统一计提。

外国银行在中华人民共和国境内设立的分行可由其总行统一计提一般准备,专项准备由分行分别计提。

第八条 银行应以贷款风险分类为基础,建立审慎的贷款损失准备制度。

(一)银行应建立贷款风险识别制度,按贷款风险分类的要求,定期对贷款进行分类,及时识别贷款风险,评估贷款的内在损失。

(二)银行应建立贷款损失准备的评估制度,在贷款分类的基础上,定期对贷款损失准备的充足性进行评估,及时计提贷款损失准备,使之与贷款的内在损失评估结果相适应,准确核算经营成果,增强抵御风险的能力。

(三)银行应建立贷款损失核销制度,及时对损失类贷款或贷款的损失部分进行核销。贷款损失的核销要建立严格的审核、审批制度,对于已核销损失类贷款,银行应继续保留对贷款的追索权。

第九条 贷款损失准备必须根据贷款的风险程度足额提取。损失准备提取不足的,不得进行税后利润分配。

第十条 贷款损失准备的财务会计和税收处理,应按国家有关规定执行。

第十一条 银行应根据中国人民银行的要求,定期报送贷款质量五级分类、贷款损失准备计提及损失贷款核销的情况。

第十二条 银行的损失准备计提及核销数据应根据有关规定对外披露。

第十三条 中国人民银行通过现场检查和非现场检查对银行贷款风险分类及相应的损失准备提取情况进行监督,对贷款损失准备的充分性进行评估。

第十四条 本指引适用于经中国人民银行批准,在中华人民共和国境内设立的各类银行机构,包括中资商业银行以及中外合资银行、外资独资银行和外国银行分行。

政策性银行可参照本指引执行,具体办法报财政部批准后实施。

第十五条 本指引自2002年1月1日起施行。

关于事业单位作为发起人及其盈利业绩连续计算问题的处理标准

《公司法》第152条规定,"原国有企业依法改建而设立的股份有限公司,或者公司法实施后新组建成立,其主要发起人为国有大中型企业的,可连续计算三年盈利业绩"。《公司登记管理若干问题的规定》(1998年1月7日国家工商行政管理局令第83号公布)第17条规定:"机关法人、社会团体法人、事业单位法人作为公司的股东或者发起人时,应当按照国家的有关规定执行。企业化经营的事业单位,应当先办理企业法人登记,再以企业法人名义投资入股"。依据上述规定,在审核事业单位作为主发起人的股份公司公开发行股票申报材料时,对其经营业绩连续计算问题,原则上应按照以下标准执行:

第一、在国家对事业单位作为发起人没有特殊限制的前提下,企业化经营的事业单位只要依法办理企业法人登记,取得企业法人登记证明,并且该事业单位具有国有性质,应当按国有企业对待,适用《公司法》第152条的规定。

第二、事业单位作为发起人出资设立股份有限公司时,应提供有权处理相关资产的有效证明;若事业单位作为发起人出资设立股份公司时,未依法办理企业法人登记并取得企业法人登记证明的,应要求发行人提供事业单位发起人投入股份公司的资产实行企业化经营的依据。事业单位企业化经营的含义按国家工商行政管理局的规定,主要是指"国家不核拨经费,实行自收自支、自主经营、独立核算、自负盈亏",同时"执行企业的财务制度和税收制度"。主承销商、发行人律师、会计师应结合事业单位经营及会计核算的特点,对发行人企业化经营的真实性及其业绩的连续性分别进行专项尽职调查并发表明确意见。

国际收支统计申报办法实施细则

第一条 根据《国际收支统计申报办法》,制定本细则。

第二条 国家外汇管理局及其分支局(以下简称外汇局)是负责国际收支统计的管理部门。交易主体应当按照规定向外汇局申报其以各种支付方式(包括本外币电子支付手段和现钞等)进行的对外交易和相应的收支情况。

第三条 中国居民通过境内金融机构从境外收入款项的，应当按照有关操作规程进行国际收支统计申报。解付行应当按照规定，通过计算机系统向外汇局传送有关国际收支统计申报信息。

中国居民未在申报期内按操作规程进行申报的，之后其在外汇局规定的一段时间内从境外收入的款项，应当在完成国际收支统计申报之后，解付行方可为其办理解付手续。

非中国居民通过境内金融机构从境外收入款项的，由境内金融机构按照有关操作规程进行国际收支统计申报并通过计算机系统向外汇局传送有关国际收支统计申报信息。

第四条 中国居民通过境内金融机构向境外支付款项的，应当按照有关操作规程进行国际收支统计申报。付款行在受理其申报后，方可为其办理对外付款手续，并按照规定，通过计算机系统向外汇局传送有关国际收支统计申报信息。

非中国居民通过境内金融机构向境外支付款项的，由境内金融机构按照有关操作规程进行国际收支统计申报并通过计算机系统向外汇局传送有关国际收支统计申报信息。

第五条 收款人通过境内邮政机构等从境外收入款项的和付款人通过境内邮政机构等向境外支付款项的，由邮政机构等按照有关规定进行国际收支统计申报。

第六条 中国境内办理外币兑换人民币以及人民币兑换外币业务的兑换机构应当填写汇兑业务统计申报表，并按照规定向外汇局申报其办理的汇兑业务情况。

第七条 中国境内外商投资企业以及对境外直接投资的企业，应当填写直接投资统计申报表，并按照规定直接向外汇局申报其直接投资者与直接投资企业间的所有者权益、债权债务状况以及分红派息等情况。

各有关管理部门应向外汇局提供企业涉外资产划拨、收购、兼并、重组、处置的相关信息。

第八条 涉外证券投资，应当按照以下规定进行申报：

（一）通过中国境内证券交易所进行涉外证券交易，由境内证券登记机构或证券交易所填写证券投资统计申报表，并按照规定向外汇局申报该交易以及相应的收支和分红派息情况。

（二）中国境内不通过境内证券交易所进行涉外证券交易的（包括自营和代理），由境内证券交易商或境内投资者填写证券投资统计申报表，并按照规定直接向外汇局申报其交易以及相应的收支和分红派息情况。

（三）中国境内机构在境外发行证券的，应当填写证券投资统计申报表，并按照规定直接向外汇局申报其境外证券发行以及相应的收支和分红派息等情况。

第九条 涉外期货、期权等交易，应当按照以下规定进行申报：

（一）通过中国境内期货、期权等交易所（交易中心）进行的涉外期货、期权等交易，由境内期货、期权等交易所（交易中心）填写期货、期权交易申报表，并按照规定向外汇局申报该交易以及相应的收支情况。

（二）中国境内不通过境内交易所（交易中心）进行涉外期货、期权等交易的，由境内交易商或境内投资者填写期货、期权交易申报表，并按照规定直接向外汇局申报其交易以及相应的收支情况。

第十条 中国境内的金融机构应当填写金融机构对境外资产负债及损益申报表，按照规定直接向外汇局申报其对外资产负债状况及损益情况。

第十一条 在境外开立账户的中国非金融机构应当填写境外账户收支申报表，按照规定向外汇局申报其境外账户的余额及其变动情况，并向外汇局提供相应的银行对账单。

第十二条 从事国际收支统计申报业务的人员，应当经过国际收支统计申报业务培训并达到相应的要求。

第十三条 外汇分支局应当按照要求通过计算机系统逐级向上一级外汇局传送国际收支统计申报信息。

第十四条 经营外汇业务的金融机构未按照规定办理国际收支申报的，按照《金融违法行为处罚办法》第二十五条的规定给予警告，并处5万元以上30万元以下的罚款；对该金融机构直接负责的高级管理人员、其他直接负责的主管人员和直接负责人员，给予记过直至开除的纪律处分；情节严重的，对该金融机构直接负责的高级管理人员，给予撤职直至开除的纪律处分。

第十五条 其他违反《国际收支统计申报办法》及本细则的，由外汇局视情节轻重对其单处或并处以警告、罚款处罚：

（一）逾期未履行申报或申报信息传送义务的；

（二）造成国际收支统计申报信息遗失的；

（三）误报、谎报、瞒报国际收支交易的；

（四）阻挠、妨碍或破坏外汇局对国际收支申报信息进行检查、审核的。

本条上款(一)(二)(三)中的罚款金额为所涉及的单笔国际收支交易金额的1－5%，但最高不超过3万元人民币。本条上款(四)中的罚款金额由外汇局根据违法情节轻重确定，但最高不超过3万元人民币。

第十六条 外汇局对国际收支统计申报行为进行调查、检查和审核时，应当按照《国家外汇管理局国际收支统计申报核查处罚规程》的规定办理，有关机构和人员应当为之提供便利。

第十七条 对外汇局违反保密规定，泄漏国际收支统计具体申报信息的，有关单位和个人可提请责任者所在外汇局或者上一级外汇局进行处理。

第十八条 本细则由国家外汇管理局负责解释。

第十九条 本细则自2003年3月1日起施行。1995年11月23日国家外汇管理局发布的《国际收支统计申报办法实施细则》废止。

国家外汇管理局 2003年2月21日 颁布

下岗失业人员小额担保贷款管理办法

第一条 贷款的对象和条件。凡年龄在60岁以内、身体健康、诚实信用、具备一定劳动技能的下岗失业人员，自谋职业、自主创业或合伙经营与组织起来就业的，其自筹资金不足部分，在贷款担保机构承诺担保的前提下，可以持劳动保障部门核发的《再就业优惠证》向商业银行或其分支机构申请小额担保贷款。

第二条 贷款程序和用途。小额担保贷款按照自愿申请、社区推荐、劳动保障部门审查、贷款担保机构审核并承诺担保、商业银行核贷的程序，办理贷款手续。商业银行自收到贷款申请及符合条件的资料之日起，应在三周内给予贷款申请人正式答复。借款人应将贷款用作自谋职业、自主创业或合伙经营和组织起来就业的开办经费和流动资金。

第三条 贷款额度与期限。小额担保贷款金额一般掌握在两万元左右，还款方式和计结息方式由借贷双方商定，对下岗失业人员合伙经营和组织起来就业，可根据人数，适当扩大贷款规模。贷款期限一般不超过两年，借款人提出展期且担保人同意继续提供担保的，商业银行可以按规定展期一次，展期期限不得超过一年。

第四条 贷款利率与贴息。小额担保贷款利率按照中国人民银行公布的贷款利率水平确定，不得向上浮动。从事微利项目的小额担保贷款由中央财政据实全额贴息，展期不贴息。

微利项目是指由下岗失业人员在社区、街道、工矿区等从事的商业、餐饮和修理等个体经营项目，具体包括：家庭手工业、修理修配、图书借阅、旅店服务、餐饮服务、洗染缝补、复印打字、理发、小饭桌、小卖部、搬家、钟点服务、家庭清洁卫生服务、初级卫生保健服务、婴幼儿看护和教育服务、残疾儿童教育训练和寄托服务、养老服务、病人看护、幼儿和学生接送服务。

每年年底，国有独资商业银行各地市经办银行的贴息发生额度经当地财政部门审核同意后，经财政部专员办核准后，由经办银行上报其总行汇总，总行汇总后报财政部审核后拨付；股份制商业银行的各地市经办银行向当地财政部门据实报告贴息发生额度，经当地财政部门审核，并报财政部专员办核准后，由省级财政部门报财政部审核后拨付。

第五条 贷款担保基金。各省、自治区、直辖市以及地级以上市都要建立下岗失业人员小额贷款担保基金，所需资金主要由同级财政筹集，专户储存于同级财政部门指定的商业银行，封闭运行，专项用于下岗失业人员小额担保贷款。小额担保贷款责任余额不得超过贷款担保基金银行存款余额的五倍。贷款担保基金收取的担保费不超过贷款本金的1%，由地方政府全额向担保机构支付。

第六条 贷款担保机构。下岗失业人员小额贷款担保基金委托各省（自治区、直辖市）、市政府出资的中小企业信用担保机构或其他信用担保机构运作，尚未建立中小企业信用担保机构的地区，由同级财政部门会同经贸部门、劳动保障部门报经当地政府批准后可成立新的担保机构。受托运作的信用担保机构应建立贷款担保基金专门账户，贷款担保基金的运作与信用担保机构的其他业务必须分开，单独核算。

第七条 贷款管理与考核。商业银行地级以上城市分支行小额担保贷款不良率达到20%时，应停止发放新的贷款，担保基金代位清偿降低贷款不良率后，可恢复受理贷款申请。贷款到期不能归还至担保机构履行代位清偿责任之间的期限，最长不得超过三个月，这期间，小额担保贷款质量考评情况不纳入商业银行不良贷款考核体系。

第八条 贷款担保基金的风险管理。省级政府设立的下岗失业人员小额贷款担保基金应适当分担地市贷款担保基金的损失，具体分担比例和运作方式由省级财政部门会同经贸部门、劳动保障部门确定。贷款担保基金对单个经办银行小额贷款担保代偿率达到20%时，应暂停对该行的担保业务，经与该行协商采取进一步的风险控制措施并报经同级财政部门商经贸部门、劳动保障部门批准后，再恢复担保业务。同级财政部门应会同经贸部门、劳动保障部门确定贷款担保基金的年度代偿率的最高限额，对限额以内、贷款担保基金自身无法承担的代偿损失，由同级财政部门审核后予以弥补。

第九条 贷款服务。商业银行要简化手续，为申请贷款的下岗失业人员提供开户和结算便利。因申请人不符合贷款条件而不能提供贷款的，应向申请人说明理由，提出改进建议，并将有关情况定期向上级行报告。贷款期间，贷款银行要定期与借款人联系，了解其资金使用和经营情况，提供必要的财务指导。

第十条 监督与审计。各商业银行要根据本办法的要求，结合本行和当地的实际情况，制定切实可行的具体措施；要确保分支机构发放小额担保贷款所需的资金和额度；随时掌握本行开展小额担保贷款业务的情况和存在的问题，主动与就业工作主管部门沟通信息、协调工作。

中国人民银行及各分支机构，要对当地商业银行贯彻落实情况加强督促检查。各省级财政部门应结合本地的实际情况，会同经贸部门、劳动保障部门制定和完善本地区的贷款担保基金管理措施，积极支持商业银行开展小额担保贷款业务，防范和控制风险，加强对贷款担保基金和财政贴息监督检查，确保政策落到实处。

各地要将小额担保贷款运行中的经验及发现的问题，及时报送中国人民银行、财政部、国家经贸委及劳动和社会保障部。

指导外商投资方向规定

第一条 为了指导外商投资方向，使外商投资方向与我国国民经济和社会发展规划相适应，并有利于保护投资者的合法权益，根据国家有关外商投资的法律规定和产业政策要求，制定本规定。

第二条 本规定适用于在我国境内投资举办中外合资经营企业、中外合作经营企业和外资企业(以下简称外商投资企业)的项目以及其他形式的外商投资项目(以下简称外商投资项目)。

第三条 《外商投资产业指导目录》和《中西部地区外商投资优势产业目录》由国家发展计划委员会、国家经济贸易委员会、对外贸易经济合作部会同国务院有关部门制订，经国务院批准后公布；根据实际情况，需要对《外商投资产业指导目录》和《中西部地区外商投资优势产业目录》进行部分调整时，由国家经济贸易委员会、国家发展计划委员会、对外贸易经济合作部会同国务院有关部门适时修订并公布。

《外商投资产业指导目录》和《中西部地区外商投资优势产业目录》是指导审批外商投资项目和外商投资企业适用有关政策的依据。

第四条 外商投资项目分为鼓励、允许、限制和禁止四类。

鼓励类、限制类和禁止类的外商投资项目，列入《外商投资产业指导目录》。不属于鼓励类、限制类和禁止类的外商投资项目，为允许类外商投资项目。允许类外商投资项目不列入《外商投资产业指导目录》。

第五条 属于下列情形之一的，列为鼓励类外商投资项目：

(一)属于农业新技术、农业综合开发和能源、交通、重要原材料工业的；

(二)属于高新技术、先进适用技术，能够改进产品性能、提高企业技术经济效益或者生产国内生产能力不足的新设备、新材料的；

(三)适应市场需求，能够提高产品档次、开拓新兴市场或者增加产品国际竞争能力的；

(四)属于新技术、新设备，能够节约能源和原材料、综合利用资源和再生资源以及防治环境污染的；

(五)能够发挥中西部地区的人力和资源优势，并符合国家产业政策的；

(六)法律、行政法规规定的其他情形。

第六条 属于下列情形之一的，列为限制类外商投资项目：

(一)技术水平落后的；

(二)不利于节约资源和改善生态环境的；

(三)从事国家规定实行保护性开采的特定矿种勘探、开采的；

(四)属于国家逐步开放的产业的；

(五)法律、行政法规规定的其他情形。

第七条 属于下列情形之一的，列为禁止类外商投资项目：

(一)危害国家安全或者损害社会公共利益的；

(二)对环境造成污染损害，破坏自然资源或者损害人体健康的；

(三)占用大量耕地，不利于保护、开发土地资源的；

(四)危害军事设施安全和使用效能的；

(五)运用我国特有工艺或者技术生产产品的；

(六)法律、行政法规规定的其他情形。

第八条 《外商投资产业指导目录》可以对外商投资项目规定"限于合资、合作"、"中方控股"或者"中方相对控股"。

限于合资、合作，是指仅允许中外合资经营、中外合作经营；中方控股，是指中方投资者在外商投资项目中的投资比例之和为51%及以上；中方相对控股，是指中方投资者在外商投资项目中的投资比例之和大于任何一方外国投资者的投资比例。

第九条 鼓励类外商投资项目，除依照有关法律、行政法规的规定享受优惠待遇外，从事投资额大、回收期长的能源、交通、城市基础设施(煤炭、石油、天然气、电力、铁路、公路、港口、机场、城市道路、污水处理、垃圾处理等)建设、经营的，经批准，可以扩大与其相关的经营范围。

第十条 产品全部直接出口的允许类外商投资项目，视为鼓励类外商投资项目；产品出口销售额占其产品销售总额70%以上的限制类外商投资项目，经省、自治区、直辖市及计划单列市人民政府或者国务院主管部门批准，可以视为允许类外商投资项目。

第十一条 对于确能发挥中西部地区优势的允许类和限制类外商投资项目，可以适当放宽条件；其中，列入《中西部地区外商投资优势产业目录》的，可以享受鼓励类外商投资项目优惠政策。

第十二条 根据现行审批权限，外商投资项目按照项目性质分别由发展计划部门和经贸部门审批、备案；外商投资企业的合同、章程由外经贸部门审批、备案。其中，限制类限额以下的外商投资项目由省、自治区、直辖市及计划单列市人民政府的相应主管部门审批，同时报上级主管部门和行业主管部门备案，此类项目的审批权不得下放。属于服务贸易领域逐步开放的外商投资项目，按照国家有关规定审批。

涉及配额、许可证的外商投资项目，须先向外经贸部门申请配额、许可证。

法律、行政法规对外商投资项目的审批程序和办法另有规定的，依照其规定。

第十三条 对违反本规定审批的外商投资项目，上级审批机关应当自收到该项目的备案文件之日起30个工作日内予以撤销，其合同、章程无效，企业登记机关不予注册登记，海关不予办理进出口手续。

第十四条 外商投资项目申请人以欺骗等不正当手段，骗取项目批准的，根据情节轻重，依法追究法律责任；审批机关应当撤销对该项目的批准，并由有关主管机关依法作出相应的处理。

第十五条 审批机关工作人员滥用职权、玩忽职守的，依照刑法关于滥用职权罪、玩忽职守罪的规定，依法追究刑事责任；尚不够刑事处罚的，依法给予记大过以上的行政处分。

第十六条 华侨和香港特别行政区、澳门特别行政区、台湾地区的投资者举办的投资项目，比照本规定执行。

第十七条 本规定自2002年4月1日起施行。1995年6月7日国务院批准，1995年6月20日国家计划委员会、国家经济贸易委员会、对外贸易经济合作部发布的《指导外商投资方向暂行规定》同时废止。

携带外币现钞出入境管理暂行办法

国家外汇管理局各省、自治区、直辖市分局、外汇管理部,深圳、大连、青岛、厦门、宁波市分局;海关总署广东分署、驻天津、上海特派办,各直属海关、院校;各外汇指定银行:

为了方便出入境人员的对外交往,规范携带外币现钞出入境行为,打击洗钱、货币走私和逃汇等违法犯罪行为,国家外汇管理局、海关总署联合制定了《携带外币现钞出入境管理暂行办法》,现印发给你们,请遵照执行,并就有关问题通知如下:

一、《携带外汇出境许可证》(以下简称《携带证》)仍沿用1999年8月1日开始使用的《携带证》,由国家外汇管理局统一印制,各外汇指定银行应到所在地国家外汇管理局各分支局(以下简称外汇局)领取。

二、出境人员可以携带外币现钞出境,也可以按国家金融管理规定通过从银行汇出或携带汇票、旅行支票、国际信用卡等方式将外币携出境外。

出境人员携带不超过等值5000美元(含5000美元)的外币现钞出境的,无须申领《携带证》,海关予以放行;出境人员携带外币现钞金额在等值5000美元以上至10000美元(含10000美元)的,应向外汇指定银行申领《携带证》,海关凭加盖外汇指定银行印章的《携带证》验放;出境人员原则上不得携带超过等值10000美元的外币现钞出境,对属于下列特殊情况之一的,出境人员可以向外汇局申领《携带证》:

1、人数较多的出境团组;

2、出境时间较长或旅途较长的科学考察团组;

3、政府领导人出访;

4、出境人员赴战乱、外汇管制严格、金融条件差或金融动乱的国家;

5、其他特殊情况。

三、考虑到外币支付凭证和外币有价证券将纳入银行管理系统,具体管理办法另行制定,对出入境人员携带上述凭证和证券出入境,海关不再予以管理。

四、国家外汇管理局和海关的各级机构应当组织对《携带外币现钞出入境管理暂行办法》进行学习和培训,并利用各种新闻媒介广泛进行宣传,以便贯彻执行。收到本通知后,国家外汇管理局各分局尽快转发所辖支局、外汇指定银行和相关单位;外汇指定银行应尽快转发所辖分支行;各直属海关应尽快转发所辖海关。执行中如遇问题,请及时向国家外汇管理局经常项目管理司或海关总署监管司反馈。

海关总署、国家外汇管理局公告(2003年第49号)

为实现银行、外汇管理局和海关之间的计算机联网,加强对进口货物报关单和贸易进口付汇核销工作的管理,从源头上防止走私、逃套汇违法犯罪活动,海关总署和国家外汇管理局联合开发了"进口报关单联网核查系统",并于1999年1月1日正式在全国推广使用。由于该系统推广时,中国电子口岸安全保密子系统和17999专网尚未完善,银行和企业均通过169网和专用的安全认证设备进入"进口报关单联网核查系统"办理进口付汇手续。鉴于原专用设备现已难以维护更新,同时,改进完善后的中国电子口岸安全保密子系统和17999专网已正式运行,企业、银行、外汇部门正常办理进口付汇及核销手续,经海关总署和国家外汇管理局研究,决定自2003年10月8日起将"进口付汇报关单联网核查"项目由169网迁移到中国电子口岸17999专网运行。届时,必须登陆中国电子口岸才能办理相关业务。现就企业办理中国电子口岸入网手续公告如下:

一、中国电子口岸入网IC卡申领。凡开展进口付汇及核销业务、且尚未办理中国电子口岸入网手续的企业须在9月30日前携带下列证明材料到当地直属海关数据分中心(制卡分中心)办理中国电子口岸用户入网资格审查手续,凡已取得中国电子口岸入网IC卡的企业,可凭已申领的中国电子口岸入网IC卡开展进口报关单核查业务。

1.《企业法人营业执照(副本)》或《企业营业执照(副本)》

2.《中华人民共和国组织机构代码证》

3.《税务登记证明(副本)》

4.《中华人民共和国进出口企业资格证书》或《中华人民共和国外商投资企业批准证书》

5.《报关单位登记注册证明》和《报关员证》

二、迁移时间安排及有关业务操作。为保证迁移工作不影响企业开展正常的进口业务,迁移工作拟分步实施。

(一)9月1日至10月4日,实行新旧系统并行。即"进口报关单联网核查系统"分别在169网(简称"旧系统")和中国电子口岸网(简称"新系统")同时运行,企业可根据需要自行选择使用新系统或旧系统办理进口报关单电子底帐核查业务。

(二)10月5日至7日旧系统数据切换。在此期间,新旧系统均不能办理进口报关单电子底帐核查业务操作,请企业提前做好相关准备。

(三)10月8日起,旧系统正式迁移到新系统运行。即从10月8日起,旧系统不再受理新的进口报关单核查业务,除尚未结案进口付汇报关数据仍在旧系统内处理外,新开展业务必须在新系统中办理。

三、进口企业办理中国电子口岸入网手续有何问题,请与中国电子口岸数据中心设在当地的分中心联系。

境外投资联合年检暂行办法

第一章 总 则

第一条 为加强境外投资的宏观监管,掌握境外投资变动情况,促进境外投资的健康发展,特制定本办法。

第二条 国家对境外投资实行联合年检制度。对外贸易经济合作部(以下简称"外经贸部")和国家外汇管理局(以下简称"外汇局")负责制定年检办法并对年检工作进行组织、协调和监督检查。

第三条 境外企业通过其投资主体按本办法参加年检。

第四条 本办法所称的境外企业是指我国企业法人(以下简称"投资主体")在境外投资设立的企业(金融类除外)。

第二章 年检的时间、内容和程序

第五条 各省、自治区、直辖市及计划单列市外经贸厅(委、局)和外汇分局负责地方企业境外投资的年检工作;中央企业负责本企业境外投资的年检工作,其中有关外汇内容,由其所在地外汇局(外汇管理部)负责。(以下简称"年检部门")

第六条 每年的4月1日至6月15日为年检的工作时间。

第七条 年检内容主要包括以下方面:

(一)境外投资状况。

(二)我驻外经商机构对境外企业的评价。

(三)投资主体及其所办境外企业遵守我国有关境外投资规定的情况。

第八条 年检程序

(一)外经贸部和外汇局负责编制年检报告书并在外经贸部和外汇局网页上发放(年检报告书样本见附件一),供境内投资主体下载。

(二)投资主体须在规定的时间内下载年检报告书,按要求认真填写境外企业的有关内容,填写的内容必须真实、有效。

(三)投资主体须在5月15日以前将填写完毕的年检报告书各一份,送达外经贸厅(委、局)和外汇局(外汇管理部)。

第三章 年检的审核

第九条 年检部门依据本办法确定的评分标准进行年检,对年检结果按壹、贰、叁等次进行分级。(有关评分标准见附件二)

第十条 确定等级后,年检部门在国家统一印制的年检证书上加盖年检专用章,并交由投资主体持有。(年检证书样本见附件三)

第十一条 年检部门须于6月15日前将年检报告书(复印件)、年检结果报外经贸部。年检工作报告须于6月30日前报外经贸部和外汇局。

第十二条 外经贸部负责向财政、外汇、海关、税收、外事、银行和保险等部门(以下简称"有关部门")通报年检结果。

第十三条 年检每年定期进行,除此不得再对境外投资进行其他形式的集中检查活动。

第十四条 任何部门不得借年检名义向投资主体收取费用。

第四章 年检结果

第十五条 年检结果自加盖年检专用章之日起1年内有效。

第十六条 境外企业参加年检并获得年检证书后,投资主体在办理其境外投资有关手续时,应向外经贸部及有关部门出具年检证书。

第十七条 年检结果为壹级的,可优先享受国家关于境外投资有关优惠扶持政策,有关部门在其外汇、海关、税收、人员出入境等方面优先办理手续。

第十八条 年检结果为贰级的,不享受有关优惠扶持政策。

第十九条 年检结果为叁级的,不享受有关优惠扶持政策,并给予投资主体1年的整改期,如下一年的年检结果仍为叁级的,则投资主体1年内不得从事新的境外投资活动。

第五章 罚 则

第二十条 对不申报年检的,外经贸部和有关部门采取以下措施:

(一)暂不受理该投资主体境外投资购、付汇及对外担保等申请。

(二)不受理投资主体新设境外企业的申请。

(三)不受理驻外人员派出的申请。

第二十一条 每年年检结束后,外经贸部将联合有关部门对年检结果进行抽样复核。如发现年检结果与事实不符,外经贸部将责令有关单位限期整改;对造成严重后果的,将依照本办法第二十条规定处理。

第六章 附 则

第二十二条 在香港、澳门、台湾设立的内地投资企业年检比照本办法执行。

第二十三条 境外带料加工装配企业凭年检证书办理《境外带料加工装配企业批准证书》的年审手续。

第二十四条 本办法由外经贸部负责解释。

第二十五条 本办法自2003年1月1日起施行。

关于加强外商投资企业审批、登记、外汇及税收管理有关问题的通知

各省、自治区、直辖市及计划单列市外经贸委(厅、局);各省、自治区、直辖市工商行政管理局和其他被授权局;国家外汇局,各省、自治区、直辖市分局、外汇管理部,深圳、大连、青岛、厦门、宁波市分局;各省、自治区、直辖市及计划单列市国家税务局及地方税务局:

为了适应吸收外资的新形势,规范对外商投资企业的管理,针对近期吸收外商投资工作中出观的新情况、新问题,对外贸易经济合作部、国家税务总局、国家工商行政管理总局、国家外汇管理局联合制定了《关于加强外商投资企业审批、登记、外汇及税收管理有关问题的通知》(见附件),现印发给你们,请遵照执行。

附件:

关于加强外商投资企业审批、登记、外汇及税收管理有关问题的通知

为了适应吸收外商投资工作面临的新形势,规范对外商投资企业的管理,保证外商投资企业的健康发展,维护中外投资者的合法权益,根据中外合资经营企业法、中外合作经营企业法、外资企业法、公司法、合同法、外汇管理条例及其他有关法律、法规的规定,现就加强外商投资企业审批、登记、外汇及税收管理有关问题通知如下:

一、设立外商投资企业及其合同、章程(包括合同、章程的修改)应按照国家有关法律、法规的规定,依照现行的外商投资企业审批程序进行审批。

二、根据现行外商投资有关法律、法规的规定,中外合资、中外合作外商投资企业的注册资本中外国投资者的出资比例一般不低于25%。外国投资者的出资比例低于25%的,除法律、行政法规另有规定外,均应按照现行设立外商投资企业的审批登记程序进行审批和登记。通过审批的,颁发加注"外资比例低于25%"字样的外商投资企业批准证书;取得登记的,颁发在"企业类型"后加注"外资比例低于25%"字样的外商投资企业营业执照。

三、外国投资者出资比例低于25%的外商投资企业,除法律、行政法规另有规定外,其投资总额项下进口自用设备、物品不享受税收减免待遇,其它税收不享受外商投资企业待遇。

已享受外商投资企业待遇的外商投资股份有限公司,增资扩股或向外国投资者转让股权后,仍可按有关规定享受外商投资企业待遇。

四、外国投资者出资比例低于25%的外商投资企业,投资者以现金出资的,应自企业领取营业执照之日起三个月内缴清全部出资;投资者以实物、工业产权等出资的,应自企业领取营业执照之日起六个月内缴清出资。

五、外国投资者收购境内各种性质、类型企业的股权,该境内企业应当按照国家有关法律、法规的规定,依现行的外商投资企业审批程序,经审批机关批准后变更设立为外商投资企业,并应符合外商投资产业政策。批准后,由审批机关颁发外商投资企业批准证书,工商行政管理机关颁发外商投资企业营业执照。

原境内公司中国自然人股东在原公司享有股东地位一年以上的,经批准,可继续作为变更后所设外商投资企业的中方投资者。

暂不允许境内中国自然人以新设或收购方式与外国的公司、企业、其他经济组织或个人成立外商投资企业。

六、外国投资者收购境内企业股权应自外商投资企业营业执照颁发之日起3个月内支付全部购买金。对特殊情况需延长支付者,经审批机关批准后,应自营业执照颁发之日起6个月内支付购买总金额的60%以上,在1年内付清全部购买金,并按实际已缴付出资额所占比例分配收益。控股投资者在付清全部购买金之前,不得取得企业决策权,不得将其在企业中的权益、资产以合并报表的方式纳入该投资者的财务报表。股权出让方所在地的外汇管理部门出具外资外汇登记证明是证明外国投资者购买金到位的有效文件。

外国投资者收购境内企业股权,股权转让双方应在签定的股权转让协议中规定外国投资者支付股权购买金的期限。协议中未规定有关期限的,审批机关不予批准。

七、外商投资企业凭外商投资企业批准证书和外商投资企业营业执照向注册地外汇管理部门申请办理外汇登记手续。

审批机关在批准外国投资者收购境内企业股权时,应将有关股权转让的批复同时抄送境内企业所在地及股权出让方所在地外汇管理部门,由股权出让方所在地外汇管理部门监督收汇。

八、各地审批机关、工商登记机关及外汇管理部门应严格执行本通知的规定。自本通知施行之日起,凡未按照本通知规定履行审批手续的,不予审批、不予办理工商登记和外汇登记。

本通知施行前已设立的外资比例低于25%的企业,应当在本通知施行之日起半年内补办审批登记手续。未按规定补办的,工商登记机关责令其限期办理。逾期仍不办理的,由工商登记机关依照《公司登记管理条例》第六十三条规定予以处罚。对处罚后仍不办理相关手续的企业,不予通过本年度年检。

各地工商登记管理部门应根据本通知规定,做好相关企业的统计、登记管辖调整及企业档案移交工作。补办审批后的企业变更登记,一律由企业所在地具有外商投资企业登记权的登记机关管辖。

九、此前发布的规定与本通知规定不一致的,以本通知规定为准。

十、台湾、香港和澳门地区的投资者在大陆投资举办外商投资企业的,准用本通知。

十一、本通知自2003年1月1日起施行。

对外贸易经济合作部、国家税务总局、国家工商行政管理总局、国家外汇管理局

二零零二年十二月三十日

中外合资对外贸易公司暂行办法

第一条 为了进一步扩大对外开放，促进我国对外贸易的发展，根据《中华人民共和国对外贸易法》和《中华人民共和国中外合资经营企业法》及其它有关法律、法规，制定本办法。

第二条 本办法适用于外国的公司、企业（以下简称外方投资者）同中国的公司、企业（以下简称中方投资者）在中国境内设立专门从事对外贸易经营活动的中外合资对外贸易公司（以下简称：合资外贸公司）。

第三条 合资外贸公司为有限责任公司。在合资外贸公司的注册资本中，外方投资者所占比例应在25%以上。

第四条 设立合资外贸公司应符合下列条件：

（一）外方投资者申请前三年年平均对华贸易额在3000万美元以上；合资外贸公司注册地在中西部地区的，外方投资者申请前三年年平均对华贸易额在2000万美元以上。

（二）中方投资者应具有外贸经营权；申请前三年年平均进出口额在3000万美元以上；合资外贸公司注册地在中西部地区的，中方投资者申请前三年年平均进出口额在2000万美元以上。

（三）合资外贸公司应具备下列条件：

1、注册资本不得低于5000万元人民币；注册地在中西部地区的，注册资本不得低于3000万元人民币；

2、有自己的名称和组织机构；

3、有与其对外贸易经营活动相适应的营业场所、专业人员以及其它必备的物质条件。

第五条 申请设立合资外贸公司，中方投资者须将下列文件通过当地外经贸主管部门报对外贸易经济合作部（以下简称：外经贸部）：

（一）项目建议书、中外各方签署的可行性研究报告、合同、章程；

（二）中外各方的注册登记证明文件（复印件），资信证明文件和法定代表人证明文件；

（三）拟设立合资外贸公司的进出口商品目录；

（四）经会计师事务所审计的中外各方近三年的年度会计报表；

（五）外经贸部要求提交的其他文件。

外经贸部对各地上报材料进行审查，对符合条件的企业，自收到全部文件之日起90天内进行批复并颁发外商投资企业批准证书。

第六条 设立合资外贸公司的申请获得批准后，申请人应自批准之日起一个月内，依法向国家工商行政管理总局或其授权的地方工商行政管理局申请办理注册登记手续，并依法向税务机关申报办理税务登记。

第七条 外方投资者及中方投资者可用货币资金、实物以及无形资产（包括工业产权、专有技术、场地使用权）等出资。合资外贸公司的合资各方应按国家有关规定按期缴清其认缴的出资额。

第八条 合资外贸公司应按照国家有关规定，在经批准的经营商品范围内自营或代理货物、技术进出口及相关服务，经营本公司进口商品的国内批发业务。

第九条 国家实行配额、许可证管理的进出口商品，合资外贸公司须按照国家有关规定，向国务院有关主管部门申请并获得配额、许可证后，方可进口或出口。合资外贸公司进口或出口国家实行配额招标的进出口商品，须按照国务院有关主管部门关于进出口商品招标、投标的规定执行。

第十条 合资外贸公司的外汇收支，应按照国家外汇管理的有关规定执行。

第十一条 合资外贸公司应依照国家有关税收法律、法规和规章的规定纳税，对其出口货物可依照国家有关法律、法规和规章的规定享受出口退（免）税待遇。

第十二条 合资外贸公司应执行国家有关财务、会计、统计方面的法律、法规的规定，并按期向当地有关主管部门上报财务、会计、统计等报表。

第十三条 合资外贸公司可以加入进出口商会或外商投资企业协会，如加入须服从商会或协会的协调。

第十四条 合资外贸公司须遵守中国的法律、法规，受中国法律、法规的管辖，其合法权益受中国法律、法规的保护。合资外贸公司违反中国法律、法规的，按有关法律、法规处理。

第十五条 香港特别行政区、澳门特别行政区、台湾地区的公司、企业与内地公司、企业举办合资外贸公司，参照本办法办理。

第十六条 2003年12月11日前，对中方在合资外贸公司注册资本中所占比例低于51%的申请暂不受理。

第十七条 本办法由外经贸部负责解释。

关于外汇指定银行办理中国电子口岸顶级部门IC卡有关问题的通知

国家外汇管理局各省、自治区、直辖市分局、外汇管理部，深圳、大连、青岛、厦门、宁波市分局；各外汇指定银行总行：

海关总署和国家外汇管理局最近决定，“进口报关单联网核查系统”将于2003年10月8日正式迁移至中国电子口岸平台运行。届时，各外汇指定银行须使用中国电子口岸IC卡进行进口报关单联网核查业务操作[详见《海关总署 国家外汇管理局关于将“进口报关单联网核查系统”迁移到中国电子口岸运行有关问题的通知》（署电发〔2003〕249号）]。

根据电子口岸IC卡的制发管理规定，各使用部门必须首先制发该部门的顶级部门IC卡，然后凭顶级部门IC卡生成顶级部门操作员卡、下级部门管理员卡和下级部门操作员卡。因此，各银行均需办理中国电子口岸顶级部门IC卡。为保证此项工作的顺利进行，现就有关问题通知如下：

一、凡尚未办理部门顶级IC卡的外汇指定银行总行须于8月28日前到中国电子口岸RA制卡中心制作顶级部门IC卡。目前尚未办理顶级部门IC卡银行的名单详见附件1。

二、银行申请办理顶级部门IC卡时，需向中国电子口岸RA制卡中心提交填制完整并加盖其总行印章的《中国电子口岸顶级部门注册信息表》、《中国电子口岸顶级部门管理员卡登记表》和《中国电子口岸顶级部门操作员卡登记表》（详见附件2、3、4）。

三、各分局收到本通知后，应尽快转发至辖内外资银行。

中国电子口岸RA制卡中心地址：北京市东长安街1号东方广场W1座3层。

联系电话：010－65195500－6633　**联系人：**汪琴

关于审理证券市场因虚假陈述引发的民事赔偿案件的若干规定

为正确审理证券市场因虚假陈述引发的民事赔偿案件，规范证券市场民事行为，保护投资人合法权益，根据《中华人民共和国民法通则》、《中华人民共和国证券法》、《中华人民共和国公司法》以及《中华人民共和国民事诉讼法》等法律、法规的规定，结合证券市场实际情况和审判实践，制定本规定。

一般规定

第一条 本规定所称证券市场因虚假陈述引发的民事赔偿案件（以下简称虚假陈述证券民事赔偿案件），是指证券市场投资人以信息披露义务人违反法律规定，进行虚假陈述并致使其遭受损失为由，而向人民法院提起诉讼的民事赔偿案件。

第二条 本规定所称投资人，是指在证券市场上从事证券认购和交易的自然人、法人或者其他组织。本规定所称证券市场，是指发行人向社会公开募集股份的发行市场，通过证券交易所报价系统进行证券交易的市场，证券公司代办股份转让市场以及国家批准设立的其他证券市场。

第三条 因下列交易发生的民事诉讼，不适用本规定：

（一）在国家批准设立的证券市场以外进行的交易；

（二）在国家批准设立的证券市场上通过协议转让方式进行的交易。

第四条 人民法院审理虚假陈述证券民事赔偿案件，应当着重调解，鼓励当事人和解。

第五条 投资人对虚假陈述行为人提起民事赔偿的诉讼时效期间，适用民法通则第一百三十五条的规定，根据下列不同情况分别起算：

（一）中国证券监督管理委员会或其派出机构公布对虚假陈述行为人作出处罚决定之日；

（二）中华人民共和国财政部、其他行政机关以及有权作出行政处罚的机构公布对虚假陈述行为人作出处罚决定之日；

（三）虚假陈述行为人未受行政处罚，但已被人民法院认定有罪的，作出刑事判决生效之日。

因同一虚假陈述行为，对不同虚假陈述行为人作出两个以上行政处罚；或者既有行政处罚，又有刑事处罚的，以最先作出的行政处罚决定公告之日或者作出的刑事判决生效之日，为诉讼时效起算之日。

受理与管辖

第六条 投资人以自己受到虚假陈述侵害为由，依据有关机关的行政处罚决定或者人民法院的刑事裁判文书，对虚假陈述行为人提起的民事赔偿诉讼，符合民事诉讼法第一百零八条规定的，人民法院应当受理。投资人提起虚假陈述证券民事赔偿诉讼，除提交行政处罚决定或者公告，或者人民法院的刑事裁判文书以外，还须提交以下证据：

（一）自然人、法人或者其他组织的身份证明文件，不能提供原件的，应当提交经公证证明的复印件；

（二）进行交易的凭证等投资损失证据材料。

第七条 虚假陈述证券民事赔偿案件的被告，应当是虚假陈述行为人，包括：

（一）发起人、控股股东等实际控制人；

（二）发行人或者上市公司；

（三）证券承销商；

（四）证券上市推荐人；

（五）会计师事务所、律师事务所、资产评估机构等专业中介服务机构；

（六）上述（二）、（三）、（四）项所涉单位中负有责任的董事、监事和经理等高级管理人员以及（五）项中直接责任人；

（七）其他作出虚假陈述的机构或者自然人。

第八条 虚假陈述证券民事赔偿案件，由省、直辖市、自治区人民政府所在的市、计划单列市和经济特区中级人民法院管辖。

第九条 投资人对多个被告提起证券民事赔偿诉讼的，按下列原则确定管辖：

（一）由发行人或者上市公司所在地有管辖权的中级人民法院管辖。但有本规定第十条第二款规定的情形除外。

（二）对发行人或者上市公司以外的虚假陈述行为人提起的诉讼，由被告所在地有管辖权的中级人民法院管辖。

（三）仅以自然人为被告提起的诉讼，由被告所在地有管辖权的中级人民法院管辖。

第十条 人民法院受理以发行人或者上市公司以外的虚假陈述行为人为被告提起的诉讼后，经当事人申请或者征得所有原告同意后，可以追加发行人或者上市公司为共同被告。人民法院追加后，应当将案件移送发行人或者上市公司所在地有管辖权的中级人民法院管辖。

当事人不申请或者原告不同意追加，人民法院认为确有必要追加的，应当通知发行人或者上市公司作为共同被告参加诉讼，但不得移送案件。

第十一条 人民法院受理虚假陈述证券民事赔偿案件后，受行政处罚当事人对行政处罚不服申请行政复议或者提起行政诉讼的，可以裁定中止审理。人民法院受理虚假陈述证券民事赔偿案件后，有关行政处罚被撤销的，应当裁定终结诉讼。

诉讼方式

第十二条 本规定所涉证券民事赔偿案件的原告可以选择单独诉讼或者共同诉讼方式提起诉讼。

第十三条 多个原告因同一虚假陈述事实对相同被告提起的诉讼，既有单独诉讼也有共同诉讼的，人民法院可以通知提起单独诉讼的原告参加共同诉讼。

多个原告因同一虚假陈述事实对相同被告同时提起两个以上共同诉讼的，人民法院可以将其合并为一个共同诉讼。

第十四条 共同诉讼的原告人数应当在开庭审理前确定。原告人数众多的可以推选二至五名诉讼代表人，每名诉讼代表人可以委托一至二名诉讼代理人。

第十五条 诉讼代表人应当经过其所代表的原告特别授权，代表原告参加开庭审理，变更或者放弃诉讼请求、与被告进行和解或者达成调解协议。

第十六条 人民法院判决被告对人数众多的原告承担民事赔偿责任时，可以在判决主文中对赔偿总额作出判决，并将每个原告的姓名、应获得赔偿金额等列表附于民事判决书后。

虚假陈述的认定

第十七条 证券市场虚假陈述，是指信息披露义务人违反证券法律规定，在证券发行或者交易过程中，对重大事件作出违背事实真相的虚假记载、误导性陈述，或者在披露信息时发生重大遗漏、不正当披露信息的行为。

对于重大事件，应当结合证券法第五十九条、第六十条、第六十一条、第六十二条、第七十二条及相关规定的内容认定。

虚假记载，是指信息披露义务人在披露信息时，将不存在的事实在信息披露文件中予以记载的行为。

误导性陈述，是指虚假陈述行为人在信息披露文件中或者通过媒体，作出使投资人对其投资行为发生错误判断并产生重大影响的陈述。

重大遗漏，是指信息披露义务人在信息披露文件中，未将应当记载的事项完全或者部分予以记载。

不正当披露，是指信息披露义务人未在适当期限内或者未以法定方式公开披露应当披露的信息。

第十八条 投资人具有以下情形的，人民法院应当认定虚假陈述与损害结果之间存在因果关系：

（一）投资人所投资的是与虚假陈述直接关联的证券；

（二）投资人在虚假陈述实施日及以后，至揭露日或者更正日之前买入该证券；

（三）投资人在虚假陈述揭露日或者更正日及以后，因卖出该证券发生亏损，或者因持续持有该证券而产生亏损。

第十九条 被告举证证明原告具有以下情形的，人民法院应当认定虚假陈述与损害结果之间不存在因果关系：

（一）在虚假陈述揭露日或者更正日之前已经卖出证券；

（二）在虚假陈述揭露日或者更正日及以后进行的投资；

（三）明知虚假陈述存在而进行的投资；

（四）损失或者部分损失是由证券市场系统风险等其他因素所导致；

（五）属于恶意投资、操纵证券价格的。

第二十条 本规定所指的虚假陈述实施日，是指作出虚假陈述或者发生虚假陈述之日。

虚假陈述揭露日，是指虚假陈述在全国范围发行或者播放的报刊、电台、电视台等媒体上，首次被公开揭露之日。

虚假陈述更正日，是指虚假陈述行为人在中国证券监督管理委员会指定披露证券市场信息的媒体上，自行公告更正虚假陈述并按规定履行停牌手续之日。

归责与免责事由

第二十一条 发起人、发行人或者上市公司对其虚假陈述给投资人造成的损失承担民事赔偿责任。

发行人、上市公司负有责任的董事、监事和经理等高级管理人员对前款的损失承担连带赔偿责任。但有证据证明无过错的，应予免责。

第二十二条 实际控制人操纵发行人或者上市公司违反证券法律规定，以发行人或者上市公司名义虚假陈述并给投资人造成损失的，可以由发行人或者上市公司承担赔偿责任。发行人或者上市公司承担赔偿责任后，可以向实际控制人追偿。

实际控制人违反证券法第四条、第五条以及第一百八十八条规定虚假陈述，给投资人造成损失的，由实际控制人承担赔偿责任。

第二十三条 证券承销商、证券上市推荐人对虚假陈述给投资人造成的损失承担赔偿责任。但有证据证明无过错的，应予免责。

负有责任的董事、监事和经理等高级管理人员对证券承销商、证券上市推荐人承担的赔偿责任负连带责任。其免责事由同前款规定。

第二十四条 专业中介服务机构及其直接责任人违反证券法第一百六十一条和第二百零二条的规定虚假陈述，给投资人造成损失的，就其负有责任的部分承担赔偿责任。但有证据证明无过错的，应予免责。

第二十五条 本规定第七条第（七）项规定的其他作出虚假陈述行为的机构或者自然人，违反证券法第五条、第七十二条、第一百八十八条和第一百八十九条规定，给投资人造成损失的，应当承担赔偿责任。

共同侵权责任

第二十六条 发起人对发行人信息披露提供担保的，发起人与发行人对投资人的损失承担连带责任。

第二十七条 证券承销商、证券上市推荐人或者专业中介服务机构，知道或者应当知道发行人或者上市公司虚假陈述，而不予纠正或者不出具保留意见的，构成共同侵权，对投资人的损失承担连带责任。

第二十八条 发行人、上市公司、证券承销商、证券上市推荐人负有责任的董事、监事和经理等高级管理人员有下列情形之一的，应当认定为共同虚假陈述，分别与发行人、上市公司、证券承销商、证券上市推荐人对投资人的损失承担连带责任：

(一)参与虚假陈述的；

(二)知道或者应当知道虚假陈述而未明确表示反对的；

(三)其他应当负有责任的情形。

损失认定

第二十九条 虚假陈述行为人在证券发行市场虚假陈述，导致投资人损失的，投资人有权要求虚假陈述行为人按本规定第三十条赔偿损失；导致证券被停止发行的，投资人有权要求返还和赔偿所缴股款及银行同期活期存款利率的利息。

第三十条 虚假陈述行为人在证券交易市场承担民事赔偿责任的范围，以投资人因虚假陈述而实际发生的损失为限。投资人实际损失包括：

(一)投资差额损失；

(二)投资差额损失部分的佣金和印花税。

前款所涉资金利息，自买入至卖出证券日或者基准日，按银行同期活期存款利率计算。

第三十一条 投资人在基准日及以前卖出证券的，其投资差额损失，以买入证券平均价格与实际卖出证券平均价格之差，乘以投资人所持证券数量计算。

第三十二条 投资人在基准日之后卖出或者仍持有证券的，其投资差额损失，以买入证券平均价格与虚假陈述揭露日或者更正日起至基准日期间，每个交易日收盘价的平均价格之差，乘以投资人所持证券数量计算。

第三十三条 投资差额损失计算的基准日，是指虚假陈述揭露或者更正后，为将投资人应获赔偿限定在虚假陈述所造成的损失范围内，确定损失计算的合理期间而规定的截止日期。基准日分别按下列情况确定：

(一)揭露日或者更正日起，至被虚假陈述影响的证券累计成交量达到其可流通部分100%之日。但通过大宗交易协议转让的证券成交量不予计算。

(二)按前项规定在开庭审理前尚不能确定的，则以揭露日或者更正日后第30个交易日为基准日。

(三)已经退出证券交易市场的，以摘牌日前一交易日为基准日。

(四)已经停止证券交易的，可以停牌日前一交易日为基准日；恢复交易的，可以本条第(一)项规定确定基准日。

第三十四条 投资人持股期间基于股东身份取得的收益，包括红利、红股、公积金转增所得的股份以及投资人持股期间出资购买的配股、增发股和转配股，不得冲抵虚假陈述行为人的赔偿金额。

第三十五条 已经除权的证券，计算投资差额损失时，证券价格和证券数量应当复权计算。

附　则

第三十六条 本规定自2003年2月1日起施行。

第三十七条 本院2002年1月15日发布的《关于受理证券市场因虚假陈述引发的民事侵权纠纷案件有关问题的通知》中与本规定不一致的，以本规定为准。

关于审理期货纠纷案件若干问题的规定

为了正确审理期货纠纷案件，根据《中华人民共和国民法通则》、《中华人民共和国合同法》、《中华人民共和国民事诉讼法》等有关法律、行政法规的规定，结合审判实践经验，对审理期货纠纷案件的若干问题制定本规定。

一般规定

第一条 人民法院审理期货纠纷案件，应当依法保护当事人的合法权益，正确确定其应承担的风险责任，并维护期货市场秩序。

第二条 人民法院审理期货合同纠纷案件，应当严格按照当事人在合同中的约定确定违约方承担的责任，当事人的约定违反法律、行政法规强制性规定的除外。

第三条 人民法院审理期货侵权纠纷和无效的期货交易合同纠纷案件，应当根据各方当事人是否有过错，以及过错的性质、大小，过错和损失之间的因果关系，确定过错方承担的民事责任。

管　辖

第四条 人民法院应当依据民事诉讼法第二十四条、第二十五条和第二十九条的规定确定期货纠纷案件的管辖。

第五条 在期货公司的分公司、营业部等分支机构进行期货交易的，该分支机构住所地为合同履行地。

因实物交割发生纠纷的，期货交易所住所地为合同履行地。

第六条 侵权与违约竞合的期货纠纷案件，依当事人选择的诉由确定管辖。当事人既以违约又以侵权起诉的，以当事人起诉状中在先的诉讼请求确定管辖。

第七条 期货纠纷案件由中级人民法院管辖。

高级人民法院根据需要可以确定部分基层人民法院受理期货纠纷案件。

承担责任的主体

第八条 期货公司的从业人员在本公司经营范围内从事期货交易行为产生的民事责任，由其所在的期货公司承担。

第九条 期货公司授权非本公司人员以本公司的名义从事期货交易行为的，期货公司应当承担由此产生的民事责任；非期货公司人员以期货公司名义从事期货交易行为，具备合同法第四十九条所规定的表见代理条件的，期货公司应当承担由此产生的民事责任。

第十条 公民、法人受期货公司或者客户的委托，作为居间人为其提供订约的机会或者订立期货经纪合同的中介服务的，期货公司或者客户应当按照约定向居间人支付报酬。居间人应当独立承担基于居间经纪关系所产生的民事责任。

第十一条 不以真实身份从事期货交易的单位或者个人，交易行为符合期货交易所交易规则的，交易结果由其自行承担。

第十二条 期货公司设立的取得营业执照和经营许可证的分公司、营业部等分支机构超出经营范围开展经营活动所产生的民事责任，该分支机构不能承担的，由期货公司承担。

客户有过错的，应当承担相应的民事责任。

无效合同责任

第十三条 有下列情形之一的，应当认定期货经纪合同无效：

(一)没有从事期货经纪业务的主体资格而从事期货经纪业务的；

(二)不具备从事期货交易主体资格的客户从事期货交易的；

(三)违反法律、法规禁止性规定的。

第十四条 因期货经纪合同无效给客户造成经济损失的，应当根据无效行为与损失之间的因果关系确定责任的承担。一方的损失系对方行为所致，应当由对方赔偿损失；双方有过错的，根据过错大小各自承担相应的民事责任。

第十五条 不具有主体资格的经营机构因从事期货经纪业务而导致期货经纪合同无效，该机构按客户的交易指令入市交易的，收取的佣金应当返还给客户，交易结果由客户承担。

该机构未按客户的交易指令入市交易，客户没有过错的，该机构应当返还客户的保证金并赔偿客户的损失。赔偿损失的范围包括交易手续费、税金及利息。

交易行为责任

第十六条 期货公司在与客户订立期货经纪合同时，未提示客户注意《期货交易风险说明书》内容，并由客户签字或者盖章，对于客户在交易中的损失，应当依据合同法第四十二条第(三)项的规定承担相应的赔偿责任。但是，根据以往交易结果记载，证明客户已有交易经历的，应当免除期货公司的责任。

第十七条 期货公司接受客户全权委托进行期货交易的，对交易产生的损失，承担主要赔偿责任，赔偿额不超过损失的百分之八十，法律、行政法规另有规定的除外。

第十八条 期货公司与客户签订的期货经纪合同对下达交易指令的方式未作约定或者约定不明确的，期货公司不能证明其所进行的交易是依据客户交易指令进行的，对该交易造成客户的损失，期货公司应当承担赔偿责任，客户予以追认的除外。

第十九条 期货公司执行非受托人的交易指令造成客户损失，应当由期货公司承担赔偿责任，非受托人承担连带责任，客户予以追认的除外。

第二十条 客户下达的交易指令没有品种、数量、买卖方向的，期货公司未予拒绝而进行交易造成客户的损失，由期货公司承担赔偿责任，客户予以追认的除外。

第二十一条 客户下达的交易指令数量和买卖方向明确，没有有效期限的，应当视为当日有效；没有成交价格的，应当视为按市价交易；没有开平仓方向的，应当视为开仓交易。

第二十二条 期货公司错误执行客户交易指令，除客户认可的以外，交易的后果由期货公司承担，并按下列方式分别处理：

（一）交易数量发生错误的，多于指令数量的部分由期货公司承担，少于指令数量的部分，由期货公司补足或者赔偿直接损失；

（二）交易价格超出客户指令价位范围的，交易差价损失或者交易结果由期货公司承担。

第二十三条 期货公司不当延误执行客户交易指令给客户造成损失的，应当承担赔偿责任，但由于市场原因致客户交易指令未能全部或者部分成交的，期货公司不承担责任。

第二十四条 期货公司超出客户指令价位的范围，将高于客户指令价格卖出或者低于客户指令价格买入后的差价利益占为己有的，客户要求期货公司返还的，人民法院应予支持，期货公司与客户另有约定的除外。

第二十五条 期货交易所未按交易规则规定的期限、方式，将交易或者持仓头寸的结算结果通知期货公司，造成期货公司损失的，由期货交易所承担赔偿责任。

期货公司未按期货经纪合同约定的期限、方式，将交易或者持仓头寸的结算结果通知客户，造成客户损失的，由期货公司承担赔偿责任。

第二十六条 期货公司与客户对交易结算结果的通知方式未作约定或者约定不明确，期货公司未能提供证据证明已经发出上述通知的，对客户因继续持仓而造成扩大的损失，应当承担主要赔偿责任，赔偿额不超过损失的百分之八十。

第二十七条 客户对当日交易结算结果的确认，应当视为对该日之前所有持仓和交易结算结果的确认，所产生的交易后果由客户自行承担。

第二十八条 期货公司对交易结算结果提出异议，期货交易所未及时采取措施导致损失扩大的，对造成期货公司扩大的损失应当承担赔偿责任。

客户对交易结算结果提出异议，期货公司未及时采取措施导致损失扩大的，期货公司对造成客户扩大的损失应当承担赔偿责任。

第二十九条 期货公司对期货交易所或者客户对期货公司的交易结算结果有异议，而未在期货交易所交易规则规定或者期货经纪合同约定的时间内提出的，视为期货公司或者客户对交易结算结果已予以确认。

第三十条 期货公司进行混码交易的，客户不承担责任，但期货公司能够举证证明其已按照客户交易指令入市交易的，客户应当承担相应的交易结果。

透支交易责任

第三十一条 期货交易所在期货公司没有保证金或者保证金不足的情况下，允许期货公司开仓交易或者继续持仓，应当认定为透支交易。

期货公司在客户没有保证金或者保证金不足的情况下，允许客户开仓交易或者继续持仓，应当认定为透支交易。

审查期货公司或者客户是否透支交易，应当以期货交易所规定的保证金比例为标准。

第三十二条 期货公司的交易保证金不足，期货交易所未按规定通知期货公司追加保证金的，由于行情向持仓不利的方向变化导致期货公司透支发生的扩大损失，期货交易所应当承担主要赔偿责任，赔偿额不超过损失的百分之六十。

客户的交易保证金不足，期货公司未按约定通知客户追加保证金的，由于行情向持仓不利的方向变化导致客户透支发生的扩大损失，期货公司应当承担主要赔偿责任，赔偿额不超过损失的百分之八十。

第三十三条 期货公司的交易保证金不足，期货交易所履行了通知义务，而期货公司未及时追加保证金，期货公司要求保留持仓并经书面协商一致的，对保留持仓期间造成的损失，由期货公司承担；穿仓造成的损失，由期货交易所承担。

客户的交易保证金不足，期货公司履行了通知义务而客户未及时追加保证金，客户要求保留持仓并经书面协商一致的，对保留持仓期间造成的损失，由客户承担；穿仓造成的损失，由期货公司承担。

第三十四条 期货交易所允许期货公司开仓透支交易的，对透支交易造成的损失，由期货交易所承担主要赔偿责任，赔偿额不超过损失的百分之六十。

期货公司允许客户开仓透支交易的，对透支交易造成的损失，由期货公司承担主要赔偿责任，赔偿额不超过损失的百分之八十。

第三十五条 期货交易所允许期货公司透支交易，并与其约定分享利益，共担风险的，对透支交易造成的损失，期货交易所承担相应的赔偿责任。

期货公司允许客户透支交易，并与其约定分享利益，共担风险的，对透支交易造成的损失，期货公司承担相应的赔偿责任。

强行平仓责任

第三十六条 期货公司的交易保证金不足，又未能按期货交易所规定的时间追加保证金的，按交易规则的规定处理；规定不明确的，期货交易所有权就其未平仓的期货合约强行平仓，强行平仓所造成的损失，由期货公司承担。

客户的交易保证金不足，又未能按期货经纪合同约定的时间追加保证金的，按期货经纪合同的约定处理；约定不明确的，期货公司有权就其未平仓的期货合约强行平仓，强行平仓造成的损失，由客户承担。

第三十七条 期货交易所因期货公司违规超仓或者其他违规行为而必须强行平仓的，强行平仓所造成的损失，由期货公司承担。

期货公司因客户违规超仓或者其他违规行为而必须强行平仓的，强行平仓所造成的损失，由客户承担。

第三十八条 期货公司或者客户交易保证金不足，符合强行平仓条件后，应当自行平仓而未平仓造成的扩大损失，由期货公司或者客户自行承担。法律、行政法规另有规定或者当事人另有约定的除外。

第三十九条 期货交易所或者期货公司强行平仓数额应当与期货公司或者客户需追加的保证金数额基本相当。因超量平仓引起的损失，由强行平仓者承担。

第四十条 期货交易所对期货公司、期货公司对客户未按期货交易所交易规则规定或者期货经纪合同约定的强行平仓条件、时间、方式进行强行平仓，造成期货公司或者客户损失的，期货交易所或者期货公司应当承担赔偿责任。

第四十一条 期货交易所依法或依交易规则强行平仓发生的费用，由被平仓的期货公司承担；期货公司承担责任后有权向有过错的客户追偿。

期货公司依法或依约定强行平仓所发生的费用，由客户承担。

实物交割责任

第四十二条 交割仓库未履行货物验收职责或者因保管不善给仓单持有人造成损失的，应当承担赔偿责任。

第四十三条 期货公司没有代客户履行申请交割义务的，应当承担违约责任；造成客户损失的，应当承担赔偿责任。

第四十四条 在交割日，卖方期货公司未向期货交易所交付标准仓单，或者买方期货公司未向期货交易所账户交付足额货款，构成交割违约。

构成交割违约的，违约方应当承担违约责任；具有合同法第九十四条第（四）项规定情形的，对方有权要求终止交割或者要求违约方继续交割。

征购或者竞卖失败的，应当由违约方按照交易所有关赔偿办法的规定承担赔偿责任。

第四十五条 在期货合约交割期内，买方或者卖方客户违约的，期货交易所应当代期货公司、期货公司应当代客户向对方承担违约责任。

第四十六条 买方客户未在期货交易所交易规则规定的期限内对货物的质量、数量提出异议的，应视为其对货物的数量、质量无异议。

第四十七条 交割仓库不能在期货交易所交易规则规定的期限内，向标准仓单持有人交付符合期货合约要求的货物，造成标准仓单持有人损失的，交割仓库应当承担责任，期货交易所承担连带责任。

期货交易所承担责任后，有权向交割仓库追偿。

保证合约履行责任

第四十八条 期货公司未按照每日无负债结算制度的要求，履行相应的金钱给付义务，期货交易所亦未代期货公司履行，造成交易对方损失的，期货交易所应当承担赔偿责任。

期货交易所代期货公司履行义务或者承担赔偿责任后，有权向不履行义务的一方追偿。

第四十九条 期货交易所未代期货公司履行期货合约，期货公司应当根据客户请求向期货交易所主张权利。

期货公司拒绝代客户向期货交易所主张权利的，客户可直接起诉期货交易所，期货公司可作为第三人参加诉讼。

第五十条 因期货交易所的过错导致信息发布、交易指令处理错误，造成期货公司或者客户直接经济损失的，期货交易所应当承担赔偿责任，但其能够证明系不可抗力的除外。

第五十一条 期货交易所依据有关规定对期货市场出现的异常情况采取合理的紧急措施造成客户损失的，期货交易所不承担赔偿责任。

期货公司执行期货交易所的合理的紧急措施造成客户损失的，期货公司不承担赔偿责任。

侵权行为责任

第五十二条 期货交易所、期货公司故意提供虚假信息误导客户下单的，由此造成客户的经济损失由期货交易所、期货公司承担。

第五十三条 期货公司私下对冲、与客户对赌等不将客户指令入市交易的行为，应当认定为无效，期货公司应当赔偿由此给客户造成的经济损失；期货公司与客户均有过错的，应当根据过错大小，分别承担相应的赔偿责任。

第五十四条 期货公司擅自以客户的名义进行交易，客户对交易结果不予追认的，所造成的损失由期货公司承担。

第五十五条 期货公司挪用客户保证金，或者违反有关规定划转客户保证金造成客户损失的，应当承担赔偿责任。

举证责任

第五十六条 期货公司应当对客户的交易指令是否入市交易承担举证责任。

确认期货公司是否将客户下达的交易指令入市交易，应当以期货交易所的交易记录、期货公司通知的交易结算结果与客户交易指令记录中的品种、买卖方向是否一致，价格、交易时间是否相符为标准，指令交易数量可以作为参考。但客户有相反证据证明其交易指令未入市交易的除外。

第五十七条 期货交易所通知期货公司追加保证金，期货公司否认收到上述通知的，由期货交易所承担举证责任。

期货公司向客户发出追加保证金的通知，客户否认收到上述通知的，由期货公司承担举证责任。

保全和执行

第五十八条 人民法院保全与会员资格相应的会员资格费或者交易席位，应当依法裁定不得转让该会员资格，但不得停止该会员交易席位的使用。人民法院在执行过程中，有权依法采取强制措施转让该交易席位。

第五十九条 期货交易所、期货公司为债务人的，人民法院不得冻结、划拨期货公司在期货交易所或者客户在期货公司保证金账户中的资金。

有证据证明该保证金账户中有超出期货公司、客户权益资金的部分，期货交易所、期货公司在人民法院指定的合理期限内不能提出相反证据的，人民法院可以依法冻结、划拨该账户中属于期货交易所、期货公司的自有资金。

第六十条 期货公司为债务人的，人民法院不得冻结、划拨专用结算账户中未被期货合约占用的用于担保期货合约履行的最低限额的结算准备金；期货公司已经结清所有持仓并清偿客户资金的，人民法院可以对结算准备金依法予以冻结、划拨。

期货公司有其他财产的，人民法院应当依法先行冻结、查封、执行期货公司的其他财产。

第六十一条 客户、自营会员为债务人的，人民法院可以对其保证金、持仓依法采取保全和执行措施。

其　它

第六十二条 本规定所称期货公司是指经依法批准代理投资者从事期货交易业务的经营机构及其分公司、营业部等分支机构。客户是指委托期货公司从事期货交易的投资者。

第六十三条 本规定自2003年7月1日起施行。

2003年7月1日前发生的期货交易行为或者侵权行为，适用当时的有关规定；当时规定不明确的，参照本规定处理。

外国律师事务所驻华代表机构管理条例

第一章　总　则

第一条 为执行《外国律师事务所驻华代表机构管理条例》（简称《条例》），履行司法行政部门对中国境内的外国法律服务活动的管理职责，制定本规定。

第二条 本规定所称外国律师事务所，是指在我国境外合法设立、由外国执业律师组成、从事中国法律事务以外的法律服务活动，并对外独立由其全部成员或部分成员承担民事责任的律师执业机构。但下列情形除外：

（一）外国政府、商业组织和其他机构中的法律服务部门；

（二）不共享利润、不共担风险的二个或二个以上外国执业律师或律师事务所的执业联合体。

第三条 本规定所称外国执业律师，是指合法取得外国律师执业资格、在执业资格取得国获得该国法定执业许可的人员。

第二章　代表处的设立和注册

第四条 《条例》第七条第三项规定的"有在华设立代表机构开展法律服务业务的实际需要"，应当根据下列因素认定：

（一）拟设代表处住所地的社会经济发展状况；

（二）拟设代表处住所地法律服务的发展需要；

（三）申请人的规模、成立时间、主要业务领域和专业特长、对拟设代表处业务前景的分析、未来业务发展规划；

（四）中国法律、法规对从事特定法律服务活动或事务的限制性规定。

第五条 《条例》第八条第一款第一项规定的"该外国律师事务所主要负责人签署的设立代表机构、派驻代表的申请书"，应当包括以下内容：

（一）拟设代表处的中文名称和外文名称，拟驻在城市名称；

（二）申请人的基本情况：包括开业时间、律师人数、合伙人人数、业务领域、主要业绩、在其他国家或地区设立分支机构或代表处情况、与中国有关的业务活动、总部地址和通讯方法等；

（三）申请人的组织形式和承担法律责任的形式；

（四）申请人购买执业风险保险的金额和范围；

（五）对拟设代表处业务前景的可行性分析和发展计划，拟设代表处的主要业务范围；

（六）对拟设代表处及其拟派驻代表在中国境内从事法律服务活动承担全部民事责任的承诺；

（七）对所提供的信息、材料的真实性、完整性和准确性及中文译文与原文一致的承诺；

（八）对申请获得批准后遵守中国法律、法规、规章的承诺；

（九）对申请获得批准后将为代表处及其派驻代表持续购买符合要求的执业风险保险的承诺。

第六条 提交《条例》第八条第一款第三项规定的"该外国律师事务所的合伙协议或者成立章程"确有困难的，可以提供由主要负责人签署的介绍合伙协议、股东协议或者章程中涉及签订时间、发起人、组织形式、法律责任形式等内容的文件材料。

第七条 按照《条例》第八条第三款规定提交的文件材料，应当附中文译文，按正、副本形式分别装帧成三份。

第八条 拟设代表处的外国律师事务所的中文译名不得使用中

国法律、法规、规章禁止或限制的名称，不得使用可能使公众产生误解的文字。

第九条 申请设立代表处，应当有拟派驻的一名首席代表和拟派驻的若干代表。

第十条 申请增设代表处，应当符合下列条件：

（一）在华最近设立的代表处连续执业满三年；

（二）已经设立的各代表处及其代表遵守中国法律、法规、规章，遵守律师职业道德和执业纪律，没有被追究《条例》规定的各项法律责任。

前款第一项规定的连续执业时间，自代表处住所地的省、自治区、直辖市司法厅（局）首次办理开业注册之日起计算。

第十一条 申请增设代表处，除应当提交《条例》第八条规定的材料外，还应当提交下列材料：

（一）已设立的各代表处的基本情况；

（二）已设立的各代表处的《外国律师事务所驻华代表处执业许可证》（副本）复印件；

（三）已设立的各代表处住所地的省、自治区、直辖市司法厅（局）出具的符合本规定第十条第一款第一、二项规定的证明文件。

以上材料应当附中文译文，按正、副本形式分别装帧成三份。

第十二条 省、自治区、直辖市司法厅（局）收到申请人提交的申请设立代表处的材料后，应当根据下列情形予以处理：

（一）申请材料齐全的，按照《条例》第九条的规定办理；

（二）申请材料不齐全的，自收到申请材料之日起15日内通知申请人补充材料。申请人在首次提交申请材料之日起3个月内补齐材料的，按照前项规定办理；申请人在首次提交申请材料之日起满3个月未能补齐材料的，应当作出不予受理的决定，并于15日内书面通知申请人。

第十三条 司法部收到省、自治区、直辖市司法厅（局）报送的申请人申请材料和审查意见后，应当在6个月内作出决定，对许可设立的代表处发给执业许可证及副本，并通知省、自治区、直辖市司法厅（局）对其代表发给执业证书；对不予许可的，应当书面告知理由。

第十四条 申请人应当自执业许可证书签发之日起30日内，持副本到代表处住所地技术监督、公安、劳动、银行、税务和中国驻外使领馆等部门办理登记和代表工作签证等手续。

第十五条 申请人应当在办结本规定第十四条规定的手续后30日内，到住所地的省、自治区、直辖市司法厅（局）办理开业注册，并交纳注册费。

办理开业注册手续，应当提交下列材料的复印件：

（一）外国律师事务所驻华代表处执业许可证（副本）；

（二）外国律师事务所代表处代表执业证；

（三）经过公证的办公场所证明，包括产权证明、房屋租赁协议（期限应当在1年以上）。

超过本条第一款规定的时间未办理开业注册的，外国律师事务所驻华代表处执业许可证和外国律师事务所代表处代表执业证自行失效。

第十六条 未办理开业注册手续，代表处不得开展法律服务。

第十七条 代表处办理年检注册，除提交《条例》第二十二条规定的各项材料外，还应当提供经公证、认证的派驻代表执业资格取得国的律师管理机构出具的下列文件材料：

（一）代表处代表上一年度没有受过刑事处罚和没有因违反律师职业道德、执业纪律受过处罚的证明材料；

（二）代表处及其代表有效的本年度执业责任风险保险文件复印件。

第十八条 代表处及其代表通过年度检验的，省、自治区、直辖市司法厅（局）应当办理代表处和派驻代表的年度注册，并收取注册费。

第三章　代表处的变更和注销

第十九条 设立代表处的外国律师事务所具有下列情形之一的，代表处应当向住所地的省、自治区、直辖市司法厅（局）备案：

（一）律师事务所名称、总部住所、主要负责人变更的；

（二）律师事务所合并、分立的。

第二十条 代表处变更中、英文名称的，外国律师事务所应当向代表处住所地的省、自治区、直辖市司法厅（局）提交其主要负责人签署的申请书和有关的文件材料。司法厅（局）应当在收到申请材料之日起15日内提出审查意见报司法部。司法部应当自收到审查意见之日起15日内办理核准手续。

代表处持司法部核准通知，到住所地的省、自治区、直辖市司法厅（局）和有关部门办理相关变更手续。

第二十一条 外国律师事务所申请注销代表处的，应当向代表处住所地的省、自治区、直辖市司法厅（局）提交其主要负责人签署的申请书。

省、自治区、直辖市司法厅（局）自收到申请之日起30日内将审查意见报司法部，司法部应当自收到审查意见之日起30日内办理核准手续。

第二十二条 代表处自收到司法部核准注销通知之日起，应当依法进行清算。债务清偿完毕前财产不得转移。

对被注销的代表处，应当收回其执业许可证及其副本和代表执业证，并由住所地的省、自治区、直辖市司法厅（局）予以公告。

第二十三条 代表处被注销后，债权人有权就尚未清偿的债权向外国律师事务所追偿。

第二十四条 具有《条例》第十四条第一款第一、三项情形之一的，代表处应当自所属的律师事务所解散或注销之日起三个月内报告住所地的省、自治区、直辖市司法厅（局），由司法厅（局）报司法部撤消其执业许可证，并根据本规定办理注销手续。

第二十五条 代表处因特殊情况需要休业的，所属的外国律师事务所应当向住所地的省、自治区、直辖市司法厅（局）提交其主要负责人签署的申请书，经核准后，公告休业。

代表处休业期限不超过1年。超过1年的，视为自行注销。

第二十六条 申请将代表处迁往其他城市的，由该外国律师事务所向拟迁往地的省、自治区、直辖市司法厅（局）提出申请，经审查后，报司法部核准。

代表处持核准通知，按规定办理相关注销和注册手续。

第四章　代表的派驻和变更

第二十七条 代表处派驻或变更首席代表、派驻代表，应当符合《条例》第七条第二项的规定。

执业资格取得国律师协会会员，是指执业资格取得国法定的全国性或地区性律师行业组织成员。未设立律师行业组织的，可以是在执业资格取得国律师管理机构登记注册的人员。

境外执业时间，是指在执业资格取得国获得律师执业许可后，在该国法定律师注册登记机构进行律师执业注册登记的时间，包括在中国单独关税区的执业时间。境外执业时间可以累计计算。

相同职位的人员，是指在事务所经营管理、利润分享和风险分担方面与合伙人具有相同权利义务的执业律师。

第二十八条 外国律师事务所派驻或变更首席代表、派驻代表，应当提交下列材料：

（一）该外国律师事务所主要负责人签署的申请书。申请书应当包括下列内容：

1.拟派驻或变更首席代表、派驻代表的基本情况；

2.拟任职务、期限；

3.符合《条例》第七条第二项规定的承诺；

4.对所提供的信息、材料的真实性、完整性、准确性及中文译文与原文的一致性的承诺；

5.申请获得批准后遵守中国法律、法规、规章的承诺；

6.申请获得批准后将为其持续购买符合要求的执业风险保险的承诺。

（二）《条例》第八条第四至七项规定的各项材料；

（三）拟任代表的执业风险保险文件复印件；

（四）拟任代表的身份证明。

前款第二、三项规定的材料，应当经公证、认证。

上述申请材料应当附中文译文，按正、副本形式分别装帧成三份。

第二十九条 省、自治区、直辖市司法厅（局）对外国律师事务所提交的拟任代表的申请材料，应当根据下列情形予以处理：

（一）申请材料齐全的，按照《条例》第九条的规定办理；

（二）申请材料不齐全的，自收到申请材料之日起15日内通知申请人补充材料。申请人在首次提交申请材料之日起3个月内补齐材料的，按照前项规定办理；申请人在首次提交申请材料之日起满3个月未能补齐材料的，应当作出不予受理的决定，并于15日内书面通知申请人。

第三十条 司法部收到省、自治区、直辖市司法厅（局）报送的外国律师事务所申请材料和审查意见后，应当在6个月内予以核准，不予核准的，书面告知理由。

代表处持核准通知，到住所地的省、自治区、直辖市司法厅（局）领取外国律师事务所代表处代表执业证，并到有关部门办理相关手续。

第三十一条 具有《条例》第十三条规定情形之一，司法部撤消代表执业证的，代表处住所地的省、自治区、直辖市司法厅（局）应当收回其执业证书，注销其执业注册，并予公告。

第五章　执业规则

第三十二条　下列行为，应当认定为《条例》第十五条规定的"中国法律事务"：

(一)以律师身份在中国境内参与诉讼活动；

(二)就合同、协议、章程或其他书面文件中适用中国法律的具体问题提供意见或证明；

(三)就适用中国法律的行为或事件提供意见和证明；

(四)在仲裁活动中，以代理人身份对中国法律的适用以及涉及到中国法律的事实发表代理意见或评论；

(五)代表委托人向中国政府 机关或其他法律法规授权的具有行政管理职能的组织办理登记、变更、申请、备案手续以及其他手续。

第三十三条　代表处及其代表根据《条例》第十五条第一款第五项的规定，提供有关中国法律环境影响的信息时，不得就中国法律的适用提供具体意见或判断。

第三十四条　根据《条例》第十一条的规定，代表处应当设立银行人民币账户和外汇账户，接受境内客户的汇入款项。

代表处应当按照中国税收法律法规的规定，依法办理税务登记，履行纳税义务，可以向当地主管税务机关申请领购发票。

第三十五条　代表处聘用中国籍辅助人员的，应当与住所地外国企业服务部门办理聘用关系，并到住所地的省、自治区、直辖市司法厅(局)领取雇员证。

第三十六条　代表处聘用外籍辅助人员的，应当按照外国人在华就业的有关规定，向住所地的省、自治区、直辖市司法厅(局)提出申请，经许可后，到有关部门办理就业和居留手续。

第三十七条　代表处进行宣传，应当遵守下列规则：

(一)向客户表明可以在中国境内从事业务的，应当同时表明其不具有从事中国法律服务的资格、执照或能力；

(二)向客户声明具有中国律师资格或曾经担任中国执业律师的，应当同时声明其现在不能作为中国律师执业；

(三)在信笺、名片上进行上述宣传的，应当有本条第一、二项规定的声明。

第三十八条　代表处代表及其辅助人员不得以"中国法律顾问"名义为客户提供中国法律服务。

第三十九条　代表处及其所属的律师事务所不得实施下列行为：

(一)直接或间接地向中国律师事务所投资；

(二)与中国律师事务所或中国律师组成共享利润或共担风险的执业联合体；

(三)建立联合办公室或派员入驻中国律师事务所从事法律服务活动；

(四)管理、经营、控制或享有中国律师事务所的股权性权益。

第四十条　有下列情形之一的，应当认定为聘用中国执业律师：

(一)与中国执业律师达成雇佣或劳务协议；

(二)与中国执业律师形成事实上的雇佣或劳务关系；

(三)与中国执业律师达成共享利润、共担风险或参与管理的协议；

(四)向中国执业律师个人支付报酬、费用或业务分成；

(五)聘请中国执业律师以代表处所属的律师事务所或代表处的名义对外从事业务活动。

第四十一条　代表处应当就被投诉的行为进行澄清和说明。

第六章　附　则

第四十二条　代表处应当在办公场所显著位置悬挂《外国律师事务所驻华代表处执业许可证》。

代表处应当在办公场所设置标牌，标牌上书写完整的中英文名称。

第四十三条　《外国律师事务所代表处执业许可证》由司法部印制、颁发。

《外国律师事务所代表处代表执业证》和《外国律师事务所代表处雇员证》由司法部印制，省、自治区、直辖市司法厅(局)发放。

第四十四条　《外国律师事务所代表处执业许可证》、《外国律师事务所代表处代表执业证》、《外国律师事务所代表处雇员证》，除发证机关依照法定程序可以扣留或吊销外，其他任何单位和个人不得收缴、扣押和损坏。

第四十五条　代表处执业许可证及其副本、代表执业证和雇员证不得伪造、涂改、出租、出借、转让、出卖。

违反前款规定的，依法追究相应的法律责任。

第四十六条　代表处执业许可证和代表执业证遗失的，经公告声明后，方可申请补领。

第四十七条　本规定自二〇〇二年九月一日起施行。

保险公司投资企业债券管理暂行办法

第一条　根据《中华人民共和国保险法》第一百零五条的有关规定，经国务院批准，保险公司可以投资企业债券。为保证保险公司资金运用的流动性、安全性、盈利性，特制定本办法。

第二条　本办法所称企业债券是指经国家主管部门批准发行，且经监管部门认可的信用评级机构评级在AA级以上的企业债券。

目前中国保监会认可的信用评级机构为中诚信国际信用评级有限公司、大公国际资信评估有限公司。其他评级公司须另行认可。

第三条　保险公司依本办法买卖企业债券，自主经营、自担风险、自负盈亏。

第四条　企业债券应由各保险公司总公司或保险资产管理公司统一买卖，保险公司分支机构不得买卖企业债券。

第五条　保险公司投资企业债券实行比例控制的办法。保险公司购买的各种企业债券余额按成本价格计算不得超过本公司上月末总资产的20%。

保险公司同一期单品种企业债券持有量不得超过该期单品种企业债券发行额的15%或保险公司上月末总资产的2%，两者以低者为准。

第六条　保险公司在沪、深证券交易所、全国银行间债券市场买卖债券，应当遵守相关法律、法规及业务规则。

第七条　保险公司经批准开办的投资连结保险可以设立投资企业债券比例最高为该账户总资产100%的投资账户，万能寿险可以设立投资企业债券比例最高为该账户总资产80%的投资账户。投资账户的设立、合并、撤消、变更应符合我会的有关规定。

分红保险或其他独立核算的保险产品，投资企业债券的比例不得超过本产品上月末资产的20%。

第八条　保险公司未按本办法规定买卖企业债券的，中国保监会可依据《中华人民共和国保险法》及有关法律、法规予以行政处罚。

第九条　外国保险公司分公司适用本办法。

第十条　本办法由中国保监会负责解释，修订亦同。

第十一条　本办法自发布之日起施行。《保险公司购买中央企业债券管理办法》(保监发(2003)9号)同时废止。

保险公司偿付能力额度及监管指标管理规定

第一章　总　则

第一条　为加强对保险公司的监督管理，维护被保险人利益，促进保险事业健康、稳定、持续发展，根据《中华人民共和国保险法》，制定本规定。

第二条　本规定所称保险公司，是指依照中国法律在中国境内设立的中资保险公司、外资独资保险公司、中外合资保险公司和外国保险公司分公司。

第三条　保险公司应当根据保障被保险人利益、保证偿付能力的原则，稳健经营，确保实际偿付能力额度随时不低于应具备的最低偿付能力额度。

第二章　偿付能力额度

第四条　财产保险公司应具备的最低偿付能力额度为下述两项中数额较大的一项：(一)最近会计年度公司自留保费减营业税及附加后1亿元人民币以下部分的18%和1亿元人民币以上部分的16%；(二)公司最近3年平均综合赔款金额7000万元以下部分的26%和7000万元以上部分的23%。

综合赔款金额为赔款支出、未决赔款准备金提转差、分保赔款支出之和减去摊回分保赔款和追偿款收入。

经营不满三个完整会计年度的保险公司，采用本条第(一)项规定的标准。

第五条　人寿保险公司最低偿付能力额度为长期人身险业务最低偿付能力额度和短期人身险业务最低偿付能力额度之和。

长期人身险业务是指保险期间超过1年的人身保险业务；短期人身险业务是指保险期间为1年或1年以内的人身保险业务。

(一)长期人身险业务最低偿付能力额度为下述两项之和：1.投资连结类产品期末寿险责任准备金的1%和其他寿险产品期末寿险责任准备金的4%；上款所指的寿险责任准备金，是指中国保监会规定的法定最低责任准备金。2.保险期间小于3年的定期死亡保险风险保额的0.1%，保险期间为3年到5年的定期死亡保险风险保额的0.15%，保险期间超过5年的定期死亡保险和其他险种风险保额的0.3%。

在统计中未对定期死亡保险区分保险期间的，统一按风险保额的0.3%计算。

风险保额为有效保额减去期末责任准备金，其中有效保额是指若发生了保险合同中最大给付额的保险事故，保险公司需支付的最高金额；期末责任准备金为中国保监会规定的法定最低责任准备金。

(二)短期人身险业务最低偿付能力额度的计算适用第四条的规定。

第六条　再保险公司最低偿付能力额度等于其财产保险业务和人身保险业务分别按照本规定第四、五条规定计算的最低偿付能力额度之和。

第七条　保险公司实际偿付能力额度等于认可资产减去认可负债的差额。

第八条　保险公司的认可资产是指保险监管机构对保险公司进行偿付能力考核时，按照一定的标准予以认可，纳入偿付能力额度计算的资产。保险公司应按照中国保监会制定的编报规则填报认可资产表。

第九条　保险公司的认可负债是指保险监管机构对保险公司进行偿付能力考核时，按照一定的标准予以认可，纳入偿付能力额度计算的负债。保险公司应按照中国保监会制定的编报规则填报认可负债表。

第十条　中国保监会为评估偿付能力制定的编报规则，是保险公司编报认可资产表、认可负债表和计算偿付能力额度的唯一标准，不受会计制度、财务制度等其他部门规定的影响。

第三章　财产保险公司监管指标

第十一条　财产保险公司的偿付能力监管指标有：(一)保费增长率=(本年保费收入-上年保费收入)÷上年保费收入×100%本指标值的正常范围为-10%～60%。若经营期不满一个完整会计年度，则指标值为999%。

(二)自留保费增长率=(本年自留保费-上年自留保费)÷上年自留保费×100% 其中，自留保费=保费收入+分保费收入-分出保费，各项目的口径与会计报表中对应项目的口径相同。

本指标值的正常范围为-10%～60%。若本年为开业年度，或上年自留保费为零、负数或者上年经营期不满一个完整会计年度的，则指标值为999%。

(三)毛保费规模率=(保费收入+分保费收入)÷(认可资产-认可负债)×100% 本指标值的正常范围为不大于900%。若认可资产与认可负债之差为零或负数，则指标值为999%。

(四)实际偿付能力额度变化率=(本年实际偿付能力额度-上年实际偿付能力额度)÷上年实际偿付能力额度×100%其中实际偿付能力额度=认可资产-认可负债，公式中的认可资产应扣除年度内增资、接受捐赠等非经营性因素的影响金额。

本指标值的正常范围为-10%～30%。若本年或上年的实际偿付能力额度为零或负数，则指标值为999%。

(五)两年综合成本率=两年费用率+两年赔付率其中，两年费用率=(本年和上年的营业费用(减摊回分保费用)之和+本年和上年的手续费(含佣金)支出之和+本年和上年的分保费用支出之和+本年和上年的营业税金及附加之和+本年和上年的提取保险保障基金之和)÷本年和上年的自留保费之和×100%两年赔付率=(本年和上年的赔款支出(减摊回赔款支出)之和+本年和上年的分保赔款支出之和+本年和上年的未决赔款准备金提转差之和-本年和上年的追偿款收入之和)÷(本年和上年的自留保费之和-本年和上年的未到期责任准备金提转差之和-本年和上年的长期财产险责任准备金提转差之和)×100%经营期不足两年的新公司，以已有的经营期为限计算本指标。以上公式中，未决赔款准备金提转差、未到期责任准备金提转差、长期财产险责任准备金提转差按照认可负债表中对相应准备金提取规定的口径计算，其他项目的口径与会计报表中对应项目的口径相同。

本指标值的正常范围为小于103%。

(六)资金运用收益率=资金运用净收益÷本年现金和投资资产平均余额×100% 资金运用净收益=投资收益+利息收入+买入返售证券收入+冲减短期投资成本的分红收入-利息支出-卖出回购证券支出-投资减值准备。其中，投资收益、利息收入取自利润表；买入返售证券收入是指公司从事买入返售证券业务，融出资金而得到的利息收入；卖出回购证券支出是指公司从事卖出回购证券业务，融入资金而发生的利息支出；投资减值准备是根据《认可资产表编报说明》的要求提取，同时未在利润表的"投资收益"项目中反映的那部分投资减值准备。

本年现金和投资资产平均余额=(上年末现金和投资资产+本年末现金和投资资产)÷2，相应数据取自认可资产表中的"现金和投资资产小计"项目的"账面价值"。

本指标值的正常范围为不小于3%。(七)速动比率=速动资产÷认可负债×100%其中速动资产指认可资产表中的"现金和投资资产小计"项的净认可价值，认可负债指认可负债表中的"认可负债合计"的金额。

本指标值的正常范围为大于95%。若速动资产为零或负数，则指标值为999%。

(八)融资风险率=卖出回购证券÷(实收资本+公积金)×100%其中卖出回购证券为认可负债表中的"卖出回购证券"，实收资本为公司资产负债表中的"实收资本(营运资金)"，公积金等于资产负债表中的"资本公积"和"盈余公积"两项之和。

本指标值的正常范围为不大于50%。(九)应收保费率=应收保费÷保费收入×100%本指标的应收保费指认可资产表中"应收保费"的账面价值中账龄不长于1年的那部分应收保费价值。

本指标值的正常范围为不大于8%。(十)认可资产负债率=认可负债÷认可资产×100%本指标值的正常范围为小于90%。(十一)资产认可率=资产净认可价值÷资产账面价值×100%其中资产净认可价值和资产账面价值分别等于认可资产表中"资产合计"项的"本年净认可价值"和"本年账面价值"。

本指标值的正常范围为不小于85%。

第四章　人寿保险公司监管指标

第十二条　人寿保险公司的偿付能力监管指标有：(一)长期险保费收入增长率=(本年长期险保费收入-上年长期险保费收入)÷上年长期险保费收入×100%

长期险保费收入是指1年期以上的人寿保险、健康险、年金等人身保险业务的保费收入，其中包括进入投资连结产品投资账户的那部分保费收入。

本指标值的正常范围为0%～80%。若本年为开业年度或者上年的经营期不满一个完整会计年度，则指标值取999%。

(二)短期险自留保费增长率=(本年短期险自留保费-上年短期险自留保费)÷上年短期险自留保费×100%短期险是指1年期以内(含1年)的寿险、健康险和意外险。本指标值的正常范围为-10%～60%。若本年为开业年度，或上年自留保费为零、负数或者上年经营期不满一个完整会计年度的，则指标值为999%。

(三)实际偿付能力额度变化率=(本年实际偿付能力额度-上年实际偿付能力额度)÷上年实际偿付能力额度×100%其中实际偿付能力额度=认可资产-认可负债，公式中的认可资产应扣除年度内增资、接受捐赠等非经营性因素的影响金额。

本指标值的正常范围为-10%～30%。若本年或上年的实际偿付能力额度为零或负数，则指标值为999%。

(四)险种组合变化率=各类险种保费收入的占比变动的绝对值之和÷险种类别数×100%其中，各类险种保费收入的占比变动的绝对值之和=$\sum$(|某类险种的本年保费收入÷所有险种的本年保费收入之和-某类险种的上年保费收入÷所有险种的上年保费收入之和

|)。

目前的险种类别数为8：定期寿险、终身寿险、两全保险、个人年金、团体年金、长期健康险、个人短期意外和健康险、团体短期意外和健康险。若公司实际经营的险种类别数小于8，则以实际数计算。

在本指标中，投资连结保险的保费收入不包括进入投资账户中的那部分保费。

本指标值的正常范围为不大于8%。（五）认可资产负债率＝认可负债÷认可资产×100%本指标值的正常范围为小于90%。（六）资产认可率＝资产净认可价值÷资产账面价值×100%其中，资产净认可价值和资产账面价值分别等于认可资产表中的"资产合计"项的"本年净认可价值"和"本年账面价值"。

本指标值的正常范围为不小于85%。（七）短期险两年赔付率＝（本年和上年的赔款支出（减摊回赔款支出）之和＋本年和上年的分保赔款支出之和＋本年和上年的未决赔款准备金提转差之和－本年和上年的追偿款收入之和）÷（本年和上年的短期险自留保费之和－本年和上年的短期险未到期责任准备金提转差之和）×100%

本指标值的正常范围为小于65%。（八）投资收益充足率＝资金运用净收益÷有效寿险和长期健康险业务准备金要求的投资收益×100%

其中，资金运用净收益与财产保险公司的同名监管指标的计算项目相同，但不包括独立账户中各项投资资产所产生的资金运用净收益。

有效寿险和长期健康险业务准备金要求的投资收益＝$\sum$（不同评估利率的有效寿险和长期健康险的期末责任准备金×相应的评估利率）。

上述有效寿险和长期健康险的责任准备金按照认可负债表中寿险责任准备金和长期健康险责任准备金的相同口径计算，不包括计为独立账户负债的那部分准备金。

本指标值的正常范围为125%～900%。（九）盈余缓解率＝（摊回分保费用－分保费用支出）÷（认可资产－认可负债）×100%

摊回分保费用和分保费用支出来自公司利润表对应项目，认可资产和认可负债分别来自认可资产表和认可负债表。

本指标值的正常范围为－25%～25%。若认可资产与认可负债之差为零或负数，则指标值取999%。

（十）资产组合变化率＝现金和投资资产中各项目净认可价值的占比变动的绝对值之和÷现金和投资资产的项目种类数×100%其中，现金和投资资产中各项目净认可价值的占比变动的绝对值之和＝$\sum$（|某资产项目的本年净认可价值÷现金和投资资产本年价值－某资产项目的上年净认可价值÷现金和投资资产上年价值|）。

按照现行认可资产表，纳入本指标计算的资产项目种类数为10：银行存款、政府债券、金融债券、企业债券、股权投资、证券投资基金、保单质押贷款、买入返售证券、现金、其他投资资产。没有股权投资的保险公司，以9作为指标计算的分母。

独立账户中的资产不参与本指标计算。

计算公式中的现金和投资资产本年（上年）价值等于认可资产表中现金和投资资产小计项中的本年（上年）"净认可价值"金额加上非认可的融资资产风险扣减额。

本指标值的正常范围为小于5%。（十一）融资风险率＝卖出回购证券÷（实收资本＋公积金）×100%其中卖出回购证券为认可负债表中的"卖出回购证券"，实收资本为公司资产负债表中的"实收资本（营运资金）"，公积金等于资产负债表中的"资本公积"和"盈余公积"两项之和。

本指标值的正常范围为不大于50%。（十二）退保率＝退保金÷（上年末长期险责任准备金＋本年长期险保费收入）×100%

其中，退保金的数据取自利润表的对应项目，长期险责任准备金是资产负债表中寿险责任准备金和长期健康险责任准备金之和，长期险保费收入按保费收入的明细项目分析计算。

本指标值的正常范围为小于5%。

第五章　偿付能力额度和监管指标的管理

第十三条　保险公司应于每年4月30日前将注册会计师审计后的上一会计年度的偿付能力和监管指标报告一式两份送达中国保监会。公司对报告内容的真实性、完整性负责，由法定代表人、精算责任人和财务负责人签字并加盖公章。

中国保监会可根据需要，调整各公司或单个公司的报告报送频率。

第十四条　保险公司应当根据中国保监会的有关规定，对偿付能力额度和监管指标信息进行披露。

保险公司在产品介绍和商业性广告中不得使用本公司或其他公司的偿付能力额度和监管指标信息。

第十五条　保险公司在任何时点实际偿付能力额度低于最低偿付能力额度，公司法定代表人、精算责任人、财务负责人及其他高级管理人员应及时向中国保监会报告，并采取有效措施，使其实际偿付能力额度达到最低偿付能力额度。

第十六条　偿付能力充足率等于实际偿付能力额度除以最低偿付能力额度。对偿付能力充足率小于100%的保险公司，中国保监会可将该公司列为重点监管对象，根据具体情况采取以下监管措施：（一）对偿付能力充足率在70%以上的公司，中国保监会可要求该公司提出整改方案并限期达到最低偿付能力额度要求，逾期未达到的，可对该公司采取要求增加资本金、责令办理再保险、限制业务范围、限制向股东分红、限制固定资产购置、限制经营费用规模、限制增设分支机构等必要的监管措施，直至其达到最低偿付能力额度要求。

（二）对偿付能力充足率在30%到70%之间的公司，中国保监会除采取前款所列措施外，还可责令该公司拍卖不良资产、责令转让保险业务、限制高级管理人员的薪酬水平和在职消费水平、限制公司的商业性广告、责令停止开展新业务以及采取中国保监会认为必要的其他措施。

（三）对偿付能力充足率小于30%的公司，中国保监会除采取前两款所列措施外，还可根据《保险法》的规定对保险公司进行接管。

第十七条　在本规定施行前按本规定计算的偿付能力充足率已经小于100%的保险公司，应积极采取有效措施改善自身的偿付能力状况。除适用第十六条的规定外，中国保监会还可根据各公司的特殊情况，采取必要的监管措施，促使公司提高偿付能力。

第十八条　本规定的监管指标旨在对可能出现偿付危机的保险公司做出预警。若保险公司有4个或4个以上监管指标值超过正常范围（若指标值为999%，中国保监会将根据具体原因决定是否确认为超过正常范围），中国保监会可根据具体情况决定是否采取以下措施：（一）要求保险公司提交报告说明指标超正常范围的原因、对偿付能力的影响和改进方案；（二）对保险公司进行全面检查以评估其实际偿付能力的状况和趋势；（三）根据评估结果，按照本规定的相关条款采取必要的监管措施。

第六章　附　则

第十九条　再保险公司的监管指标暂时参照财产保险公司监管指标执行。在具体执行过程中，应对部分指标所使用的报表项目和科目做相应调整。

第二十条　对不直接经营保险业务的保险控股公司，其偿付能力额度和监管指标的管理另做规定。

第二十一条　本规定由中国保监会负责解释和修订。

第二十二条　本规定自公布之日起施行。《保险公司最低偿付能力及监管指标管理规定》（保监发〔2001〕53号）同时废止。

附件五认可资产表编报说明一、报表结构本表的主词栏为各资产项目，分为现金和投资资产、非投资资产、独立账户资产三大类；宾词栏描述各资产项目的本年账面价值、非认可价值、净认可价值以及上年净认可价值。其中，账面价值是指报表项目在会计账簿上的记录价值（对需要计提坏账、跌价等减值准备的资产，账面价值为计提准备前的记录价值），非认可价值是指报表项目的账面价值中不被认可的价值，净认可价值是指报表项目的账面价值扣除非认可价值后的净值。

二、资产的认可标准保险公司的资产是指过去的交易或事项形成并由公司控制或拥有的未来经济利益。在所有的资产中，只有那些可以被保险公司任意处置的可用于履行对保单持有人义务的资产，才能被确认为认可资产。保险公司的资产认可，应符合以下三个原则：

（一）确认原则在保险公司的资产中，那些虽然具有经济价值但不能被用来履行对保单持有人的责任，或者由于抵押权限制或其他第三方权益的缘故而不能任意处置的资产，均不能被确认为认可资产。保险监管机构对保险公司的资产采取列举法进行认可。一项资产，如果被保险监管机构明确指明为非认可资产，或者没有被明确指明为认可资产，均应确认为非认可资产。

（二）谨慎原则资产认可应遵循谨慎原则。对一项资产，如没有充分的证据表明其符合认可资产的定义，则应确认为非认可资产；保险公司在面临不确定因素的情况下对资产的估价进行判断时，应当保持应有的谨慎，充分估计到各种可能的风险和损失，避免高估资产。

保险公司应严格按照本编报说明计提各项减值准备，计提金额在认可资产表的"非认可价值"一栏中反映。

（三）合法原则所有违反法律、行政法规和保监会规定而拥有或控制的投资资产及非投资资产，均为非认可资产。

三、报表项目说明序号1，银行存款：指保险公司在银行的各种存款。银行存款为认可资产。其中，有迹象表明以及公司预计到期不能支取的银行存款，确认为非认可资产。公司在非银行金融机构的存款，不在此项反映。

序号1.1，存出资本保证金：是保险公司按照《保险法》规定，将注册资本金或营运资金的20%，通过与商业银行签订专门的资本保证金存款协议的方式缴存的保证金。

序号2，政府债券：指保险公司持有的、不带有返售协议的国债。短期国债投资按成本与市价孰低法计价；长期国债投资按摊余价值（面值加未摊销溢价之和或面值减未摊销折价之差）计价并计提长期投资减值准备。政府债券为认可资产。

序号3，金融债券：指保险公司持有的由金融机构发行的债券。短期金融债券投资按成本与市价孰低法计价并计提短期投资跌价准备；长期金融债券投资按摊余价值（面值加未摊销溢价之和或面值减未摊销折价之差）计价并计提长期投资减值准备。金融债券为认可资产，但违反保监会比例限制持有的部分为非认可资产。

序号4，企业债券：指保险公司持有的由非金融机构企业发行的债券。短期企业债券投资按成本与市价孰低法计价并计提短期投资跌价准备；长期企业债券投资按摊余价值（面值加未摊销溢价之和或面值减未摊销折价之差）计价并计提长期投资减值准备。目前保监会批准保险公司可购买的电力、铁路、三峡、电信通讯类企业债券为认可资产，但违反保监会比例限制持有的部分以及保险公司在《保险法》实施前已经持有或者在《保险法》实施后违规持有的其他企业债券均为非认可资产。

序号5，股权投资：指保险公司作为被投资单位的股东，以获取股利收入或资本利得为目的所进行的权益资本投资。短期股权投资按成本与市价孰低法计价并计提短期投资跌价准备；长期股权投资按历史成本计价并计提长期投资减值准备。股权投资为认可资产，但《保险法》或《外资保险公司管理条例》实施后违规持有的股权投资为非认可资产。

序号6，证券投资基金：指保险公司在证券交易所市场购买的各类证券投资基金。无论公司管理层是否有意长期持有，在认可资产表中，证券投资基金均作为短期投资核算，按照成本与市价孰低法计价并计提跌价准备。证券投资基金为认可资产，但违反保监会比例限制持有的部分为非认可资产。

序号7，保单质押贷款：指保险公司按照保险合同向保单持有人提供的质押贷款余额。保单质押贷款为认可资产。

序号8，买入返售证券：指保险公司在银行间拆借市场或交易所市场以合同或协议的方式，按一定的价格买入证券，到期日再按合同或协议的价格卖出该批证券，以获取买入价和卖出价的差价收入。买入返售证券为认可资产。

序号9，拆出资金：指保险公司在《保险法》实施前对外拆出或《保险法》实施后违规拆出的资金。拆出资金为非认可资产。

序号10，现金。现金为认可资产。

序号11，其他投资资产：包括不动产投资、在证券营业部等非银行金融机构的各类存款以及其他无法归入本表独立项目的投资资产。对《保险法》实施前持有的不动产投资，以计提减值准备后的账面净额作为认可资产价值，减值准备列示于"非认可价值"栏内；在证券营业部的保证金存款为认可资产。

序号12，融资资产风险扣减：是保险公司因为从事证券回购交易而被用于质押的证券的价值，以及公司通过证券回购等方式融入资金购买的投资资产的风险扣减额。其"账面价值"计为零，"非认可价值"等于认可负债表中"卖出回购证券"余额的50%，"净认可价值"等于"账面价值"减去"非认可价值"。

序号13，现金和投资资产小计：等于第1项至第12项的加总数。

序号14，应收保费：指长期人身险业务以外的保险业务，按保险合同规定应向投保人收取而暂时未收取的保费。账龄小于1年的应收保费为认可资产，账龄等于或大于1年的应收保费为非认可资产。对账龄小于1年的应收保费，保险公司应合理预期其可收回程度，计提坏账准备并反映在"非认可价值"一栏内。

序号15，应收分保账款：指保险公司开展分保业务而发生的各种应收未收款项。分保应收账款以扣除合理预期的坏账准备后的金额确认为认可资产，但不得超过最高认可比例：账龄不长于3个月的，最高按账面价值的100%确认为认可资产；账龄不长于6个月的，最高按账面价值的70%确认为认可资产；账龄超过6个月但小于1年的，最高按账面价值的30%确认为认可资产；账龄等于或大于1年的，全额确认为非认可资产。

序号16，应收利息：指保险公司的各类存款、债券、保单质押贷款等资产产生的应收或应计利息。如果生息的基础资产是认可资产，则相对应的应收利息也是认可资产；反之则为非认可资产。

序号17，预付赔款：指保险公司在处理各种赔案过程中按照合同约定预先支付的赔款。账龄不超过1年的预付赔款为认可资产，其余为非认可资产。

序号18，存出分保准备金：指分保业务中分入公司按照合同约定存出的准备金。存出分保准备金最高按账面价值的80%确认为认可资产。

序号19，其他应收款：指保险公司除应收保费、应收分保账款、应收利息以外的各种应收、暂付款项以及存出保证金。保险公司根据这些应收款项的可收回程度谨慎地计提坏账准备。外国保险公司分公司对总公司的应收款项为非认可资产。

序号20，应收及预付款项小计：等于第14项到第19项的加总数。

序号21，固定资产：包括固定资产净值、在建工程和固定资产清理科目的余额。保险公司按计提固定资产减值准备后的金额确认认可资产。固定资产确认为认可资产的最高金额为资产负债表中实收资本、资本公积、盈余公积三项之和的50%。

序号22，无形资产：指保险公司以提供保险服务、对外出租或管理需要为目的而持有的没有实物形态的非货币性长期资产。在无形资产中，除土地使用权为认可资产外，其余均为非认可资产。如果有证据表明，土地使用权的预计可回收金额低于账面价值，则应对其计提减值准备。

序号23，其他资产：指保险公司的材料物品、低值易耗品、待摊费用、递延资产、抵债物资、待处理固定资产净损失以及其他无法归入本报表独立项目的各类资产。其他资产为非认可资产。

序号24，非独立账户资产小计：等于第13、20、21、22、23等五项加总数。

序号25，独立账户资产：指保险公司根据投资连结保险合同的约定而设立单独进行资金运用和核算的投资账户中的资产。投资连结保险投资账户内的投资资产，有市场价格的，应以市价计价。独立账户资产为认可资产。

序号26，资产合计：等于第24项和第25项的加总。

四、其他事项若保险公司的资金由集团控股公司集中投资，则控股公司和子公司均应建立良好的内控和核算制度，确保有关记录真实、完整和及时。控股公司集中持有的投资资产，应按照系统、合理的方法分配到子公司的认可资产表中。

附件六认可负债表编报说明

一、报表结构本表的主词栏为各负债项目，分为准备金负债、非准备金负债、独立账户负债和或有负债四大部分；宾词栏为各负债项目的本年余额和上年余额。

二、报表项目说明序号1，未到期责任准备金：指保险公司对保险期不超过1年的非寿险保单，为承担报表日后的保单责任而提取的赔款准备。未到期责任准备金由两部分组成，一是未赚保费准备金，二是保费不足准备金。未赚保费准备金是从未到期保单的自留保费中计提的尚未实现的保费收入。未赚保费准备金可以年（1/2法）、季（1/8法）、月（1/24法）和日（1/365法）为基础计提，但方法一经确定，不得随意变更。如发生变更，应说明原因，并披露方法变更对未赚保费准备金的影响金额。如果提取的未赚保费准备金小于预期的未来赔付（含理赔费用），则应按其差额提取保费不足准备金。

序号2，未决赔款准备金：指保险公司对在保单有效期内发生的未决赔款提取的赔款准备。未决赔款准备金包括已发生已报告赔款准备金和已发生未报告赔款准备金。保险公司可按照《保险公司财务制度》的有关规定提取未决赔款准备金，但如果按照精算方法计算的准备金大于按照《保险公司财务制度》提取的准备金，则可取大者为报表数。

序号3，长期财产险责任准备金：指保险期在1年以上的财产保险业务的责任准备金，包括（1）对长期工程险、再保险等按业务年度结算损益的保险业务提取的责任准备金，以及（2）对长期工程险等以外的，不需要按照业务年度结算损益的长期财产险业务提取的责任准备金。对其中第（1）项责任准备金，在未到结算损益年度之前，按业务年度营业收支差额提存；对第（2）项责任准备金，按精算结果提取。

序号4，寿险责任准备金：指保险公司对寿险保单为承担未来保险责任而按规定提取的准备金。寿险责任准备金按照保监会的有关精算规定计提，其中独立账户的对应负债在本表的"独立账户负债"中反映。

序号5，长期健康险责任准备金：指保险公司对1年期以上的健康险业务为承担未来保险责任而按规定提取的准备金。长期健康险责任准备金按照保监会的有关精算规定计提。

序号6，准备金负债小计：等于第1项至第5项的加总数。

序号7,预收保费:指保险公司在保单责任生效前向投保人预收的保险费。

序号8,保户储金:指保险公司开办以储金利息作为保费收入的保险业务而收到保户缴存的储金。

序号9,应付保户红利:指保险公司已宣告但尚未支付给保单持有人的红利。

序号10,累计生息保单红利:指保险公司已派发的保单红利中,因为保单持有人选择保单红利留存保险公司生息而产生的本利之和。

序号11,应付佣金:指保险公司应向个人代理人和保险经纪公司支付的报酬。应付佣金按期末余额列报。

序号12,应付手续费:指保险公司应向保险代理机构支付的报酬。应付手续费按期末余额列报。

序号13,应付分保账款:指保险公司之间发生分保业务而产生的应付款项。

序号14,预收分保赔款:指分保业务中分出公司按照分保合同预收的分保赔款。

序号15,存入分保准备金:指分保业务中分出公司按照合同约定接受分入公司缴存的准备金。

序号16,应付工资和福利费:指保险公司应付未付的职工工资和按规定提取的福利费。

序号17,应交税金:指保险公司应交未交的各种税金。

序号18,保险保障基金:指保险公司按规定提取的保险保障基金。

序号19,应付利润:指保险公司应付未付给投资者的利润。

序号20,卖出回购证券:指保险公司在银行间拆借市场或交易所市场以合同或协议的方式,按一定的价格卖出证券,到期日再按合同或协议的价格买回该批证券,以获得卖出该批证券后所得资金的使用权。

序号21,其他负债:指保险公司的短期借款、长期借款、拆入资金、存入保证金、预提费用、长期应付款、货币兑换以及其他无法归入本报表独立项目的各类负债。

序号22,非准备金负债小计:等于第7项至第21项的加总数。

序号23,独立账户负债:指保险公司根据投资连结保险合同的约定而设立单独进行资金运用和核算的投资账户,保险公司应按合同的约定将与该投资账户相关的责任确认为独立账户负债。

序号24,或有负债:指保险公司过去的交易或事项形成的潜在义务,其存在须通过未来不确定事项的发生或不发生予以证实。如未决诉讼、未决仲裁、债务担保、可能补交的税款等。如果预期该义务最终发生的可能性大于50%,则应确认为认可负债。

序号25,认可负债合计:等于第6项、第22项、第23项和第24项的加总数。

保险业务外汇管理暂行规定

第一章　总　则

第一条　为了规范中华人民共和国境内外汇保险活动,完善保险业务外汇管理,根据《中华人民共和国保险法》、《中华人民共和国外汇管理条例》和《中华人民共和国外资保险公司管理条例》,制定本暂行规定。

第二条　本暂行规定所称外汇保险,是指根据保险合同约定,支付保险费、赔偿或给付保险金均以外币计价结算的商业保险。外汇保险包括外汇财产保险、外汇人身保险和外汇再保险。

第三条　在中华人民共和国境内经营外汇保险,保险项下外汇收支、结汇、售汇、外汇账户的开立和使用等,适用本暂行规定。

第四条　保险公司及其分支机构(以下简称保险经营机构)经营外汇保险业务,应当使用外汇向投保人收取保险费、向被保险人(受益人)赔偿或给付保险金,以及进行保险合同结算。

第五条　国家外汇管理局及其分支局(以下简称外汇局)依照本暂行规定,负责核准保险经营机构外汇业务资格,对保险业务项下的外汇收支、结汇、售汇和外汇账户实施监督管理。

中国保险监督管理委员会及其派出机构(以下简称保监会)按照《保险法》等有关规定对保险经营机构外汇保险的经营活动实施监督管理。

第六条　在中华人民共和国境内从事外汇保险活动,应当遵守中国有关法律、法规以及保监会和外汇局的有关规定。

第二章　保险经营机构外汇业务的市场准入和退出管理

第七条　保险经营机构从事外汇保险等外汇业务,应当向外汇局提出申请,经外汇局核准业务资格并取得《经营外汇业务许可证》。

保险经营机构应当在核准的业务范围内经营,不得擅自经营或者超范围经营外汇业务。

《经营外汇业务许可证》是保险经营机构依法经营外汇业务的法定证明文件,由国家外汇管理局统一印制,有效期为三年。

第八条　经外汇局核准,保险经营机构可以经营下列部分或者全部外汇业务:

(一)外汇财产保险;

(二)外汇人身保险;

(三)外汇再保险;

(四)外汇海事担保;

(五)外汇投资;

(六)资信调查、咨询业务;

(七)国家外汇管理局核准的其他外汇业务。

保险经营机构从事外汇财产保险、外汇人身保险和外汇再保险,应限于保监会核准的险种;保险经营机构从事外汇投资,应限于国务院金融监督管理部门批准的投资渠道。

第九条　符合下列条件的保险公司可以申请开办外汇业务:

(一)经保监会批准从事保险业务;

(二)具有规定数额的实收外汇资本金或者实收外汇营运资金;

具有法人资格的保险公司,资本金在人民币5亿元以上(含5亿元)的,应当包括不少于500万美元或者其他等值外汇的实收外汇资本金;资本金在人民币5亿元以下的,应当具有不少于200万美元或者其他等值外汇的实收外汇资本金。

营运资金在人民币5亿元以上(含5亿元)的外资保险分公司应当具有不少于500万美元或者其他等值外汇的实收外汇营运资金;营运资金在人民币5亿元以下的,应当具有不少于200万美元或者其他等值外汇的实收外汇营运资金。

(三)具有完善的内部控制制度和资金管理制度;

(四)具有外汇局确认资格的外汇业务主管人员;

(五)遵守国家法律、法规和有关外汇管理规定,无重大违规、违纪行为发生。

(六)国家外汇管理局要求的其他条件。

第十条　保险公司应当持下列文件和资料,向所在地外汇局提出开办外汇业务申请;所在地外汇局初审合格的,逐级上报国家外汇管理局核准,并由国家外汇管理局向合格的保险公司发放《经营外汇业务许可证》:

(一)经营外汇业务的申请书及可行性报告;

(二)保监会颁发的《经营保险业务许可证》正、副本复印件;

(三)保监会批准的公司章程(外资保险分公司提供其总公司的公司章程);

(四)会计师事务所对其外汇资本金或者外汇营运资金的验资报告(正本);

(五)保险公司外汇业务主管人员的名单、履历及外汇局核发的从业资格证明文件;

(六)与申请外汇业务相应的内部控制制度和外汇资金管理制度;

(七)国家外汇管理局要求的其他文件和资料。

保险公司获得国家外汇管理局颁发的《经营外汇业务许可证》后,可以授权其分支机构向所在地外汇局申请开办外汇业务。

第十一条　保险公司分支机构应当持下列文件和资料,向所在地外汇局提出开办外汇业务申请;所在地外汇局初审合格后报上级外汇分局核准,由其发放《经营外汇业务许可证》。各分局应在核准保险公司分支机构经营外汇业务后一个月内向国家外汇管理局备案:

(一)所属保险公司对其经营外汇业务的授权书;

(二)开办外汇业务申请书(包括业务需求、人员配置、营业场所和设施等情况);

(三)所属保险公司《经营保险业务许可证》和《经营外汇业务许可证》正、副本复印件;

(四)外汇业务主管人员的名单、履历及外汇局核发的从业资格证明文件;

（五）与申请外汇业务相应的内部控制制度和外汇资金管理制度；

（六）外汇局要求的其他文件和资料。

第十二条 保险经营机构可以根据业务发展的需要，持下列文件和资料，根据本暂行规定第十条或第十一条规定的程序，向外汇局申请扩大外汇业务：

（一）扩大外汇业务范围的申请书和可行性报告；

（二）《经营外汇业务许可证》有效期内的外汇业务经营和财务情况报告；

（三）《经营外汇业务许可证》正、副本复印件；

（四）新增外汇业务主管人员的名单、履历及外汇局核发的从业资格证明文件；

（五）与申请外汇业务相应的内部控制制度和外汇资金管理制度；

（六）外汇局要求的其他文件和资料。

第十三条 《经营外汇业务许可证》到期后继续经营外汇业务的保险经营机构，应当在《经营外汇业务许可证》到期三个月前持下列文件和资料，根据本暂行规定第十条或第十一条规定的程序，向外汇局申请重新核准经营外汇业务资格：

（一）继续经营外汇业务的申请书；

（二）近3年外汇业务经营和财务情况报告；

（三）会计师事务所出具的外汇资本金或者外汇营运资金的审计报告；

（四）原《经营外汇业务许可证》正、副本复印件；

（五）外汇局要求提供的其他文件和资料。

保险公司分支机构可以提供上级公司同意其继续经营外汇业务的授权书代替第（三）项要求的审计报告。

第十四条 保险经营机构终止外汇业务，应持下列文件和资料，根据本暂行规定第十条或第十一条规定的程序，向外汇局提出申请：

（一）终止外汇业务的申请书；

（二）终止外汇业务的详细说明（包括申请终止外汇业务的原因和终止外汇业务后债权债务处理措施、步骤等）；

（三）《经营外汇业务许可证》正、副本复印件；

（四）经会计师事务所审计的近3年本外币资产负债表等财务报表；

（五）董事会或者上级公司签署的同意其终止外汇业务的文件；

（六）外汇局要求的其他文件和资料。

第十五条 保险经营机构有下列情形之一的，外汇局应当终止其外汇业务，并注销或吊销其《经营外汇业务许可证》：

（一）因分立、合并或公司章程规定的解散事由出现而解散的；

（二）被保监会吊销其《经营保险业务许可证》的；

（三）被人民法院依法宣告破产的；

（四）国家法律、法规规定的其他情形。

第十六条 外汇局应当在收到保险经营机构申请开办、扩大、重新核准经营外汇业务资格的完整文件后三个月内，做出核准或者不核准的决定，并书面通知申请的保险经营机构。

经外汇局核准经营外汇业务的保险经营机构，应当自收到核准文件后一个月内到国家外汇管理局或其分局申领《经营外汇业务许可证》。过期没有申领的，外汇局的核准文件自动失效。

未经外汇局核准经营外汇业务的保险经营机构，在外汇局做出不核准决定后一年内不得申请经营外汇业务。

经外汇局核准终止外汇业务的保险经营机构，应当自收到核准文件后一个月内向原发证机关缴销其《经营外汇业务许可证》。

第三章　保险经营机构外汇业务管理

第十七条 保险公司应当按照《中华人民共和国保险法》和保监会有关规定，足额、及时提取外汇保险各项准备金，并遵守保监会制定的偿付能力监管指标和资金运用指标。

第十八条 保险公司外汇资金运用，应限于国务院规定的资金运用形式，并按规定向国家外汇管理局申请开立专门的外汇资金运用账户进行管理。

第十九条 保险公司从事外汇海事担保应遵守国家有关对外担保管理规定。

第二十条 经批准经营外汇业务的保险经营机构，可以在境内银行开立外汇经营账户，并于开户后10个工作日内到所在地外汇局备案。

保险公司因业务需要在境外开立外汇账户，应当经原发放《经营外汇业务许可证》的外汇局批准。保险公司的分支机构不得在境外开立外汇账户。

第二十一条 保险经营机构外汇经营账户使用范围如下：

（一）外汇保险费的收入和支出；

（二）外汇保险赔偿或给付保险金的收入和支出；

（三）外汇再保险分保费及相关手续费的收入和支出；

（四）外汇再保险项下的赔偿或给付保险金的收入和支出；

（五）其他经常项目和经批准的资本项目外汇收入和支出。

第二十二条 保险公司与其分支机构之间，以及同一保险经营机构外汇账户之间的外汇资金往来，可以直接在开户银行办理境内划转手续，但应符合相应外汇账户收支范围。

第二十三条 保险公司将外汇资本金或者营运资金转换成人民币资本金或者营运资金，以及人民币资本金或者营运资金转换成外汇资本金或者营运资金，应当经国家外汇管理局批准。

保险公司因经营亏损造成外汇资本金不足的，经国家外汇管理局批准后可以按会计年度购汇补足外汇资本金；保险公司分支机构因经营亏损造成外汇营运资金不足的，经国家外汇管理局批准后由其总公司按会计年度补足外汇营运资金。

保险经营机构在终止外汇业务并依法清理其外汇债权债务后，剩余外汇应当结汇。

第二十四条 保险公司外汇净收益在扣除弥补经营亏损和提取外汇公积金后的剩余部分，应当在会计年度终了后四个月内，或者在董事会批准当年分配方案后10个工作日内结汇，并在结汇后5个工作日内报国家外汇管理局备案。

外资保险公司外方股东根据董事会决议和保监会批准文件分配所得年度经营收益，经所在地外汇局核准后可以汇出。其中，分配所得人民币收益经所在地外汇局核准后可以购汇汇出。

第二十五条 保险经营机构外汇业务项下的财务管理，应当遵守国家有关财务管理制度，建立健全外汇业务内部控制制度、外汇资金管理制度和外汇财务制度，实行外币分账制。

保险公司应当在每个会计年度终了后四个月内向国家外汇管理局和中国保险监督管理委员会上报合并的外币资产负债表等各项财务报表。

第二十六条 保险经营机构应当按照国家有关国际收支统计申报规定，办理国际收支统计申报手续。

第二十七条 外汇局可以通过自行或者以指定会计师事务所、审计师事务所进行审计的方式，对保险经营机构、保险代理机构或者保险经纪公司的外汇保险业务进行现场检查和非现场检查。被检查的保险经营机构、保险代理机构或者保险经纪公司应当接受并配合检查。

第二十八条 保险经营机构应当按照保监会和外汇局的要求，真实、完整、及时地提供有关信息和资料。

第四章　保险代理机构、经纪公司外汇收支管理

第二十九条 经保监会核准具有保险中介业务经营资格的保险代理机构、保险经纪公司，可以从事外汇保险中介业务。

第三十条 保险代理机构在中华人民共和国境内从事外汇保险代理活动的佣金等收入必须以人民币计价结算，未经外汇局批准，不得代收外汇保险费。

第三十一条 保险经纪公司可以代客户支付外汇保险项下保险费、赔偿或给付保险金，但不得代客户购汇支付上述款项。

保险经纪公司从事外汇保险经纪活动取得的外汇收益应当在会计年度终了后3个月内，或者在董事会批准当年分配方案后10个工作日内结汇，并在结汇后5个工作日内报所在地外汇局备案。

第三十二条 保险经纪公司经所在地外汇局批准可以开立一个外汇专用账户，该账户的收支范围限定为：

（一）从投保人、保险经营机构或者境外保险公司收取的暂收待付保险费；

（二）从保险经营机构或者境外保险公司收取的暂收待付赔偿；

（三）向保险经营机构或者境外保险公司支付的暂收待付保险费；

（四）向投保人、保险经营机构或者境外保险公司支付的暂收待付赔偿；

（五）将经纪佣金结汇。

第五章　保险业务项下结汇、售汇及付汇管理

第三十三条 符合下列条件之一的财产保险，可以外汇收取保险费，支付赔偿或给付保险金，或进行保险合同结算：

（一）保险标的在中华人民共和国境内与境外之间移动的；

（二）保险标的在中华人民共和国境外存在或者实现的；

（三）保险标的在中华人民共和国境内，通过国际租赁、国际银团

贷款或者其他国际融资形式存在或者实现的；

（四）投保人和受益人均为境外法人或自然人的。

第三十四条 符合下列条件之一的人身保险，可以外汇收取保险费，支付赔偿或给付保险金，或进行保险合同结算：

（一）投保人为境外法人或驻华机构，且受益人为境外自然人的；

（二）境内居民个人在境外人身意外及医疗的保险。

第三十五条 符合第三十三、三十四条规定的外汇财产保险和外汇人身保险，可在中华人民共和国境内进行外汇再保险。

不符合第三十三、三十四和本条第一款规定的其他保险，在中华人民共和国境内必须以人民币收取保险费、支付赔偿或给付保险金，以及进行保险合同结算。

第三十六条 投保人向保险经营机构支付外汇保险项下外汇保险费，应当持相关保险合同、保险经营机构的付款通知书从其外汇账户中支付或者到外汇指定银行购汇支付；投保人为境外法人、自然人或驻华机构的，不得购汇支付外汇保险费。

保险经营机构向被保险人（或者受益人）赔偿或给付外汇保险项下的保险金，应当凭有关保险合同、赔款计算书，从其外汇账户中支付。

第三十七条 保险受益人为法人或者其他经济组织的，外汇保险项下赔偿或给付的保险金可以存入其经常项目外汇账户，也可以结汇，没有经常项目外汇账户或者超过其经常项目外汇账户最高限额的，必须结汇。

保险受益人为自然人的，外汇保险项下赔偿或给付的保险金可以持有，可以存入经营外汇存款业务的金融机构，也可以结汇。

第三十八条 保险经营机构将外汇保险进行外汇再保险分出，应当持相关再保险项下分出合同、支付清单从其外汇账户中支付分保费。

保险经营机构将境内以人民币结算的保险合同按规定进行外汇再保险分出，可以向国家外汇管理局申请购汇支付分保费。

保险经营机构应当将外汇再保险有关摊回赔偿或给付的保险金及相关费用等及时调回其在境内的外汇账户。

第三十九条 保险经营机构接受外汇再保险分入业务，应当将分保费收入等及时调回其在境内的外汇账户。

保险经营机构支付外汇再保险分入业务赔偿及相关费用等，应当持有关再保险项下分入合同、支付清单，从其外汇账户中支付。

第四十条 保险经营机构在支付涉及保险联合体和共保项目的外汇保险费、赔偿或给付的保险金及相关费用时，应当持保险联合体章程、共保协议、付款通知书等凭证从其外汇账户中支付。

第四十一条 保险经营机构在办理外汇保险退保时，应当持保险合同、退保协议等凭证从其外汇账户中支付。

第四十二条 通过境内保险经纪公司办理外汇保险活动的，按照以下规定办理售汇和付汇：

（一）投保人向保险经纪公司支付保险费，应当持有关保险合同、保险经纪委托书及付款通知书从其外汇账户中支付或者到外汇指定银行购汇支付；保险经纪公司向保险经营机构支付保险费，应当持有关保险合同、保险经纪委托书及付款通知书从其外汇账户中支付。

保险经营机构经保险经纪公司向被保险人或者受益人赔偿或给付保险金，应当持有关保险合同、赔款计算书和保险经纪委托书从其外汇账户中支付。

（二）办理外汇再保险分出的保险经营机构向保险经纪公司，以及保险经纪公司向接受外汇再保险分入的保险经营机构支付分保费，应当持有关分保合同、保险经纪委托书和支付清单从其外汇账户中支付。

接受外汇再保险分入的保险经营机构经保险经纪公司向办理外汇再保险分出的保险经营机构支付摊回的赔偿或给付保险金及有关费用，应当持有关分保合同、支付清单和保险经纪委托书从其外汇账户中支付。

（三）保险经营机构经保险经纪公司向投保人支付外汇保险退保的有关款项，应当持有关保险合同、退保协议和保险经纪委托书等从其外汇账户中支付。

第四十三条 外汇指定银行在办理外汇保险的保险费、赔偿或给付的保险金的收入、支出或者兑付手续时，应当严格审核相应有效凭证和商业单据，并留存五年备查。

第六章 法律责任

第四十四条 保险经营机构未经核准擅自经营外汇业务，由外汇局责令其终止经营外汇业务，退还收取的保险费，有违法所得的，没收违法所得，并处10万元以上50万元以下人民币罚款；构成犯罪的，依法追究刑事责任。

保险经营机构擅自超出核准的范围经营外汇业务的，或者外汇局已经取消或暂停其部分外汇业务后仍继续经营相应业务的，由外汇局责令改正，退还收取的保险费，有违法所得的，没收违法所得，并处10万元以上50万元以下的人民币罚款；情节严重或者逾期不改正的，由外汇局暂停或者取消其外汇业务经营资格；构成犯罪的，依法追究刑事责任。

第四十五条 保险经营机构违反本暂行规定，擅自对不符合条件的保险合同，以外币收取保险费、赔偿或给付保险金、进行保险合同结算，由外汇局责令改正，没收违法所得，单处或者并处警告、通报批评、非法使用外汇金额等值以下人民币罚款的处罚。

第四十六条 保险经营机构违反规定，擅自将外汇再保险项下有关收入截留境外，或者伪造、变造或者使用伪造、变造以及冒用、重复使用保险合同、支付清单等有效凭证和商业单据，进行逃汇、非法套汇或者骗购外汇的，由外汇局根据《中华人民共和国外汇管理条例》第三十九条、第四十条的规定予以处罚；构成犯罪的，依法追究刑事责任。

第四十七条 未经外汇局批准，擅自用人民币购买外汇资本金或者营运资金，或者将外汇资本金或者营运资金转换成人民币的，或未按规定将外汇净收益结汇的，由外汇局责令改正，单处或者并处警告、通报批评、1万元以上3万元以下人民币罚款。

第四十八条 对未按本暂行规定提取外汇保险各项准备金、或者其他违反保险公司偿付能力监管规定的，由保监会根据有关规定进行处罚。情节严重的，可由外汇局限制其外汇业务范围、暂停或者取消其经营外汇业务资格。

第四十九条 保险经营机构、保险经纪公司或保险代理机构违反本暂行规定未经外汇局批准开立外汇账户的，或者出借、转让外汇账户的，或者擅自改变外汇账户收支范围使用外汇账户的，以及未按规定办理外汇账户备案手续的，由外汇局责令改正，单处或者并处警告、通报批评、5万元以上30万元以下的人民币罚款；情节严重或者逾期不改正的，撤销其外汇账户。

第五十条 保险代理机构、保险经纪公司未经保监会批准取得保险中介业务经营资格擅自或者超出范围经营外汇保险中介业务，由外汇局没收非法所得，并处以非法所得1倍以上5倍以下的人民币罚款，保监会予以业务限制或者取缔；构成犯罪的，依法追究刑事责任。

第五十一条 拒不接受或者以其他方式妨碍外汇局检查监督的，由外汇局责令改正，给予警告、通报批评，并处1万元以上3万元以下的人民币罚款。

第五十二条 保险经营机构不按本暂行规定，报送报表和相关信息资料的，由外汇局责令改正，单处或者并处警告、通报批评、5万元以上30万元以下人民币罚款的处罚。

第七章 附 则

第五十三条 本暂行规定中有关概念含义如下：

（一）"保险公司"是指经保监会批准在中国境内经营商业保险业务并依法登记注册具有法人资格的企业、以及外国保险公司经保监会批准在中国境内依法设立的分公司。

（二）"保险合同"是指以保险单、保险凭证、暂保单以及批单等符合《中华人民共和国合同法》和《中华人民共和国保险法》要求的方式所形成的书面保险合同或者协议。

第五十四条 出口信用保险等政策性保险业务涉及的保险公司外汇业务市场准入、退出，和保险项下外汇收支、结汇、售汇及外汇账户等外汇管理，比照本暂行规定有关条款执行。

第五十五条 本暂行规定由国家外汇管理局负责解释。

第五十六条 本暂行规定自2002年11月1日起实施。1993年1月1日公布的《非银行金融机构外汇业务管理规定》及其他外汇管理规章中相关规定与本暂行规定相抵触的，以本暂行规定为准。

再保险公司设立规定

第一条 为促进再保险市场的发展，规范再保险公司的设立，根据《中华人民共和国保险法》和《中华人民共和国外资保险公司管理条例》,制定本规定。

第二条 本规定所称的再保险公司是指经中国保险监督管理委员会(以下简称中国保监会)批准设立,依法登记注册专门经营再保险业务的公司。

第三条 设立再保险公司应经中国保监会批准。依据业务经营范围,再保险公司可以分为人寿再保险公司、非人寿再保险公司和综合再保险公司。

第四条 经中国保监会批准,再保险公司可以经营以下全部或部分业务:

(一)人寿再保险业务

1、中国境内的再保险业务;

2、中国境内的转分保业务;

3、国际再保险业务。

(二)非人寿再保险业务

1、中国境内的再保险业务;

2、中国境内的转分保业务;

3、国际再保险业务。

(三)同时经营上述(一)、(二)两项的全部或部分业务。

第五条 人寿再保险公司和非人寿再保险公司的实收货币资本金应不低于2亿元人民币或等值的可自由兑换货币;综合再保险公司的实收货币资本金应不低于3亿元人民币或等值的可自由兑换货币。外国保险公司的出资应当为可自由兑换货币。

第六条 再保险公司应当聘用经中国保监会认可的精算专业人员。

第七条 投资再保险公司的中资股东应符合中国保监会《向保险公司投资入股暂行规定》,其持股比例和股权变更,应遵守中国保监会的有关规定。

投资中外合资、外资独资再保险公司的外国保险公司,应符合中国加入世界贸易组织的有关承诺。

第八条 外国再保险公司在中国境内设立的分公司,其营运资金标准和设立要求,适用本规定。

第九条 香港特别行政区、澳门特别行政区和台湾地区的再保险公司在内地设立的分公司,比照本规定。

第十条 本规定自发布之日起实施。

关于加强航空意外保险规范管理有关问题的通知

各保险公司:

为规范航空旅客人身意外伤害保险(以下简称航空意外保险)业务的发展,根据2002年10月修订后的《中华人民共和国保险法》,现印发《关于加强航空意外保险规范管理有关问题的通知》,请各公司遵照执行。

一、经营财产保险业务的保险公司,须经中国保险监督管理委员会(以下简称中国保监会)核准经营人身意外伤害保险后,方可经营航空意外保险。

二、保险公司必须按照《人身保险产品备案管理暂行办法》(保监发(2000)20号)向中国保监会办理航空意外保险条款、费率的备案手续后方可经营航空意外保险。

除本条第三款列明的情形外,保险公司报备航空意外保险产品及其替代产品时应当出具精算声明书和法律声明书,分别由中国保监会认可的精算责任人和法律责任人签字。

中国保险行业协会可以制定航空意外保险条款、费率,各保险公司也可以联合制定航空意外保险的条款、费率,经中国保监会认可后作为行业指导性条款、费率,共同使用。保险公司可以直接采用经中国保监会认可的行业指导性航空意外保险产品条款和费率。保险公司应当在保单中注明系采用哪个机构制定的条款、费率。

三、中国保监会暂不接受航空意外保险团体险种的报备。保险公司不得将航空意外保险随同机身责任险进行搭售,也不得通过航空公司将航空意外保险保费含入机票价格之中或者随同机票强行搭售。

四、中国保监会鼓励保险公司开发一年期等定期乘坐飞机意外险种或者定期乘坐交通工具意外险种,以替代目前的极短期航空意外保险。

五、保险公司必须对航空意外保险业务做好再保险安排,并在每年向中国保监会上报的再保计划中单独列明航空意外保险的再保计划。

六、保险公司必须按照充足、谨慎的原则对航空意外保险业务提取准备金。极短期航空意外保险的责任准备金不得低于按如下方法计算所得数值:保单责任准备金=上一会计年度航意险自留毛保费×2/365。保险公司还应当根据再保险安排提取相应的特别准备金。七、保险公司应当对航空意外保险单独核算,并将核算的原则和管理办法报中国保监会备案。保险公司必须在每年3月15日和9月15日向中国保监会上报航空意外保险半年经营情况和损益报表。

八、保险公司销售航空意外保险必须实现公司内部电脑联网、电脑出单和实时管理。保险公司应当根据自身情况建立电脑网络或者购买网络服务,实现航空意外保险业务的电脑联网、实时出单。

九、保险单上应该印刷航空意外保险的条款摘要。保险公司应当在出单处提供航空意外保险条款全文供投保人查询。

十、保险公司应当在保单印制时采取必要的防伪措施。

十一、保险公司在航空意外保险的保险单上必须详细列明航班号码、被保险人姓名、被保险人身份证件号码。保险公司应当根据投保人的要求在保单上列明受益人姓名、地址等相关信息。

十二、保险公司应当提供航空意外保险保单的退保和改签服务。

十三、保险公司在投保人需要时,应当在出单点向投保人提供邮寄航空意外保险保单的服务。

十四、保险公司在销售航空意外保险时必须根据《中华人民共和国保险法》第56条要求被保险人在保单上签字或者书面同意。若由于各种原因被保险人未签字,保险公司并不得以此为由主张合同无效或拒绝赔偿。

十五、中国保监会鼓励保险公司在机场设置自动售单机出售航空意外保险保单。

十六、本通知自2003年1月1日起施行。2003年3月1日前允许保险公司使用手工出单方式或者电脑出单方式销售航空意外保险保单,自2003年3月1日起严禁保险公司继续使用手工出单方式销售航空意外保险保单。

二OO二年十二月二十七日

关于消费者购买航空旅客人身意外保险注意事项的公告

中国保险监督管理委员会(以下简称中国保监会)在2002年启动了航空旅客人身意外保险(以下简称航意险)的改革。这次改革将保障投保人利益和提高客户服务水平作为主要目的。中国保监会要求保险公司必须实现航意险保单的电脑出单,向投保人提供退保和改签服务,并注意保单的防伪印制。从2003年3月1日开始,停止使用以前的航意险统颁条款,而使用由各家公司设计的条款或者行业指导性条款。同时,保险公司也将利用电脑出单方式销售新保单。广大旅客很快就能在各大机场和绝大部分地区具有保险兼业代理资格的航意险代理点购买到电脑打印的航意险保单。在此,中国保监会请广大航空旅客在购买航意险时注意适用条款和出单方式的变化。部分地区可能由于电脑网络等客观原因无法在3月1日即刻实现电脑出单,保险公司经当地保监办同意后可以暂时采用手工出单向航空旅客提供航意险服务,航空旅客可以留意当地保监办的公告。

另外,中国保监会近期发现部分地区出现了假冒的航意险保单。这些假冒的航意险保单骗取了消费者的保费,却不能给消费者提供任何的保险保障,严重损害了消费者的利益。中国保监会在此提请消费者应到机场或者具有保险兼业代理资格的航意险代理点或者保险公司销售点购买航意险保单,购买时请注意认清航意险保单的真伪,并请注意购买的是哪家保险公司的保单或者哪几家保险公司共同承保的保单,必要时可以向相关保险公司联系核实保单的真伪。

中华人民共和国加入世界贸易组织议定书

序言

世界贸易组织("WTO"),按照WTO部长级会议根据《马拉喀什建立世界贸易组织协定》("《WTO协定》")第12条所作出的批准,与中华人民共和国("中国"),忆及中国是《1947年关税与贸易总协定》的创始缔约方,注意到中国是《乌拉圭回合多边贸易谈判结果最后文件》的签署方,注意到载于WT/ACC/CHN/49号文件的《中国加入工作组报告书》("工作组报告书"),考虑到关于中国WTO成员资格的谈判结果,协议如下:

第一部分 总 则

第1条 总体情况

1.自加入时起,中国根据《WTO协定》第12条加入该协定,并由此成为WTO成员。

2.中国所加入的《WTO协定》应为经在加入之日前已生效的法律文件所更正、修正或修改的《WTO协定》。本议定书,包括工作组报告书第342段所指的承诺,应成为《WTO协定》的组成部分。

3.除本议定书另有规定外,中国应履行《WTO协定》所附各多边贸易协定中的、应在自该协定生效之日起开始的一段时间内履行的义务,如同中国在该协定生效之日已接受该协定。

4.中国可维持与《服务贸易总协定》("GATS")第2条第1款规定不一致的措施,只要此措施已记录在本议定书所附《第2条豁免清单》中,并符合GATS《关于第2条豁免的附件》中的条件。

第2条 贸易制度的实施

(A)统一实施

1.《WTO协定》和本议定书的规定应适用于中国的全部关税领土,包括边境贸易地区、民族自治地方、经济特区、沿海开放城市、经济技术开发区以及其他在关税、国内税和法规方面已建立特殊制度的地区(统称为"特殊经济区")。

2.中国应以统一、公正和合理的方式适用和实施中央政府有关或影响货物贸易、服务贸易、与贸易有关的知识产权("TRIPS")或外汇管制的所有法律、法规及其他措施以及地方各级政府发布或适用的地方性法规、规章及其他措施(统称为"法律、法规及其他措施")。

3.中国地方各级政府的地方性法规、规章及其他措施应符合在《WTO协定》和本议定书中所承担的义务。

4.中国应建立一种机制,使个人和企业可据以提请国家主管机关注意贸易制度未统一适用的情况。

(B)特殊经济区

1.中国应将所有与其特殊经济区有关的法律、法规及其他措施通知WTO,列明这些地区的名称,并指明界定这些地区的地理界线。中国应迅速,且无论如何应在60天内,将特殊经济区的任何增加或改变通知WTO,包括与此有关的法律、法规及其他措施。

2.对于自特殊经济区输入中国关税领土其他部分的产品,包括物理结合的部件,中国应适用通常适用于输入中国关税领土其他部分的进口产品的所有影响进口产品的税费和措施,包括进口限制及海关税费。

3.除本议定书另有规定外,在对此类特殊经济区内的企业提供优惠安排时,WTO关于非歧视和国民待遇的规定应得到全面遵守。

(C)透明度

1.中国承诺只执行已公布的、且其他WTO成员、个人和企业可容易获得的有关或影响货物贸易、服务贸易、TRIPS或外汇管制的法律、法规及其他措施。此外,在所有有关或影响货物贸易、服务贸易、TRIPS或外汇管制的法律、法规及其他措施实施或执行前,应请求,中国应使WTO成员可获得此类措施。在紧急情况下,应使法律、法规及其他措施最迟在实施或执行之时可获得。

2.中国应设立或指定一官方刊物,用于公布所有有关或影响货物贸易、服务贸易、TRIPS或外汇管制的法律、法规及其他措施,并且在其法律、法规或其他措施在该刊物上公布之后,应在此类措施实施之前提供一段可向有关主管机关提出意见的合理时间,但涉及国家安全的法律、法规及其他措施、确定外汇汇率或货币政策的特定措施以及一旦公布则会妨碍法律实施的其他措施除外。中国应定期出版该刊物,并使个人和企业可容易获得该刊物各期。

3.中国应设立或指定一咨询点,应任何个人、企业或WTO成员的请求,在咨询点可获得根据本议定书第2条(C)节第1款要求予以公布的措施有关的所有信息。对此类提供信息请求的答复一般应在收到请求后30天内作出。在例外情况下,可在收到请求后45天内作出答复。延迟的通知及其原因应以书面形式向有关当事人提供。向WTO成员作出的答复应全面,并应代表中国政府的权威观点。应向个人和企业提供准确和可靠的信息。

(D)司法审查

1.中国应设立或指定并维持审查庭、联络点和程序,以便迅速审查所有与《1994年关税与贸易总协定》("GATT1994")第10条第1款、GATS第6条和《TRIPS协定》相关规定所指的法律、法规、普遍适用的司法决定和行政决定的实施有关的所有行政行为。此类审查庭应是公正的,并独立于被授权进行行政执行的机关,且不应对审查事项的结果有任何实质利害关系。

2.审查程序应包括给予受须经审查的任何行政行为影响的个人或企业进行上诉的机会,且不因上诉而受到处罚。如初始上诉权需向行政机关提出,则在所有情况下应有选择向司法机关对决定提出上诉的机会。关于上诉的决定应通知上诉人,作出该决定的理由应以书面形式提供。上诉人还应被告知可进一步上诉的任何权利。

第3条 非歧视

除本议定书另有规定外,在下列方面给予外国个人、企业和外商投资企业的待遇不得低于给予其他个人和企业的待遇:

(a)生产所需投入物、货物和服务的采购,及其货物据以在国内市场或供出口而生产、营销或销售的条件;

(b)国家和地方各级主管机关以及公有或国有企业在包括运输、能源、基础电信、其他生产设施和要素等领域所供应的货物和服务的价格和可用性。

第4条 特殊贸易安排

自加入时起,中国应取消与第三国和单独关税区之间的、与《WTO协定》不符的所有特殊贸易安排,包括易货贸易安排,或使其符合《WTO协定》。

第5条 贸易权

1.在不损害中国以与符合《WTO协定》的方式管理贸易的权利的情况下,中国应逐步放宽贸易权的获得及其范围,以便在加入后3年内,使所有在中国的企业均有权在中国的全部关税领土内从事所有货物的贸易,但附件2A所列依照本议定书继续实行国营贸易的货物除外。此种贸易权应为进口或出口货物的权利。对于所有此类货物,均应根据GATT1994第3条,特别是其中第4款的规定,在国内销售、许诺销售、购买、运输、分销或使用方面,包括直接接触最终用户方面,给予国民待遇。对于附件2B所列货物,中国应根据该附件中所列时间表逐步取消在给予贸易权方面的限制。中国应在过渡期内完成执行这些规定所必需的立法程序。

2.除本议定书另有规定外,对于所有外国个人和企业,包括未在中国投资或注册的外国个人和企业,在贸易权方面应给予其不低于给予在中国的企业的待遇。

第6条 国营贸易

1.中国应保证国营贸易企业的进口购买程序完全透明,并符合《WTO协定》,且应避免采取任何措施对国营贸易企业购买或销售货物的数量、价值或原产国施加影响或指导,但依照《WTO协定》进行的除外。

2.作为根据GATT1994和《关于解释1994年关税与贸易总协定第17条的谅解》所作通知的一部分,中国还应提供有关其国营贸易企业出口货物定价机制的全部信息。

第7条 非关税措施

1.中国应执行附件3包含的非关税措施取消时间表。在附件3中所列期限内,对该附件中所列措施所提供的保护在规模、范围或期限方面不得增加或扩大,且不得实施任何新的措施,除非符合《WTO协定》的规定。

2.在实施GATT1994第3条、第11条和《农业协定》的规定时,中国应取消且不得采取、重新采取或实施不能根据《WTO协定》的规定证明为合理的非关税措施。对于在加入之日以后实施的、与本议定书或《WTO协定》相一致的非关税措施,无论附件3是否提及,中国均应严格遵守《WTO协定》的规定,包括GATT1994及其第13条以及《进口许可程序协定》的规定,包括通知要求,对此类措施进行分配或管理。

3.自加入时起,中国应遵守《TRIMs协定》,但不援用《TRIMs协定》第5条的规定。中国应取消并停止执行通过法律、法规或其他措施实施的贸易平衡要求和外汇平衡要求、当地含量要求和出口实绩要求。此外，中国将不执行设置此类要求的合同条款。在不损害本议定书有关规定的情况下，中国应保证国家和地方各级主管机关对进口许可证、配额、关税配额的分配或对进口、进口权或投资权的任何其他批准方式，不以下列内容为条件：此类产品是否存在与之竞争的国内供应者；任何类型的实绩要求，例如当地含量、补偿、技术转让、出口实绩或在中国进行研究与开发等。

4. 进出口禁止和限制以及影响进出口的许可程序要求只能由国家主管机关或由国家主管机关授权的地方各级主管机关实行和执行。不得实施或执行不属国家主管机关或由国家主管机关授权的地方各级主管机关实行的措施。

第 8 条　进出口许可程序

1. 在实施《WTO 协定》和《进口许可程序协定》的规定时，中国应采取以下措施，以便遵守这些协定：

(a)中国应定期在本议定书第 2 条(C)节第 2 款所指的官方刊物中公布下列内容：

按产品排列的所有负责授权或批准进出口的组织的清单，包括由国家主管机关授权的组织，无论是通过发放许可证还是其他批准；

获得此类进出口许可证或其他批准的程序和标准，以及决定是否发放进出口许可证或其他批准的条件；

按照《进口许可程序协定》，按税号排列的实行招标要求管理的全部产品清单；包括关于实行此类招标要求管理产品的信息及任何变更；

限制或禁止进出口的所有货物和技术的清单；这些货物也应通知进口许可程序委员会；

限制或禁止进出口的货物和技术清单的任何变更；用一种或多种 WTO 正式语文提交的这些文件的副本应在每次公布后 75 天内送交 WTO，供散发 WTO 成员并提交进口许可程序委员会。

(b)中国应将加入后仍然有效的所有许可程序和配额要求通知 WTO，这些要求应按协调制度税号分别排列，并附与此种限制有关的数量(如有数量)，以及保留此种限制的理由或预定的终止日期。

(c)中国应向进口许可程序委员会提交其关于进口许可程序的通知。中国应每年向进口许可程序委员会报告其自动进口许可程序的情况，说明产生这些要求的情况，并证明继续实行的需要。该报告还应提供《进口许可程序协定》第 3 条中所列信息。

(d)中国发放的进口许可证的有效期至少应为 6 个月，除非例外情况使此点无法做到。在此类情况下，中国应将要求缩短许可证有效期的例外情况迅速通知进口许可程序委员会。

2. 除本议定书另有规定外，对于外国个人、企业和外商投资企业在进出口许可证和配额分配方面，应给予不低于给予其他个人和企业的待遇。

第 9 条　价格控制

1. 在遵守以下第 2 款的前提下，中国应允许每一部门交易的货物和服务的价格由市场力量决定，且应取消对此类货物和服务的多重定价做法。

2. 在符合《WTO 协定》，特别是 GATT1994 第 3 条和《农业协定》附件 2 第 3、4 款的情况下，可对附件 4 所列货物和服务实行价格控制。除非在特殊情况下，并须通知 WTO，否则不得对附件 4 所列货物或服务以外的货物或服务实行价格控制，且中国应尽最大努力减少和取消这些控制。

3. 中国应在官方刊物上公布实行国家定价的货物和服务的清单及其变更情况。

第 10 条　补贴

1. 中国应通知 WTO 在其领土内给予或维持的、属《补贴与反补贴措施协定》("《SCM 协定》")第 1 条含义内的、按具体产品划分的任何补贴，包括《SCM 协定》第 3 条界定的补贴。所提供的信息应尽可能具体，并遵循《SCM 协定》第 25 条所提及的关于补贴问卷的要求。

2. 就实施《SCM 协定》第 1 条第 2 款和第 2 条而言，对国有企业提供的补贴将被视为专向性补贴，特别是在国有企业是此类补贴的主要接受者或国有企业接受此类补贴的数量异常之大的情况下。

3. 中国应自加入时起取消属《SCM 协定》第 3 条范围内的所有补贴。

第 11 条　对进出口产品征收的税费

1. 中国应保证国家主管机关或地方各级主管机关实施或管理的海关规费或费用符合 GATT1994。

2. 中国应保证国家主管机关或地方各级主管机关实施或管理的国内税费，包括增值税，符合 GATT1994。

3. 中国应取消适用于出口产品的全部税费，除非本议定书附件 6 中有明确规定或按照 GATT1994 第 8 条的规定适用。

4. 在进行边境税的调整方面，对于外国个人、企业和外商投资企业，自加入时起应被给予不低于给予其他个人和企业的待遇。

第 12 条　农业

1. 中国应实施中国货物贸易承诺和减让表中包含的规定，以及本议定书具体规定的《农业协定》的条款。在这方面，中国不得对农产品维持或采取任何出口补贴。

2. 中国应在过渡性审议机制中，就农业领域的国营贸易企业(无论是国家还是地方)与在农业领域按国营贸易企业经营的其他企业之间或在上述任何企业之间进行的财政和其他转移作出通知。

第 13 条　技术性贸易壁垒

1. 中国应在官方刊物上公布作为技术法规、标准或合格评定程序依据的所有正式的或非正式的标准。

2. 中国应自加入时起，使所有技术法规、标准和合格评定程序符合《TBT 协定》。

3. 中国对进口产品实施合格评定程序的目的应仅为确定其是否符合与本议定书和《WTO 协定》规定相一致的技术法规和标准。只有在合同各方授权的情况下，合格评定机构方可对进口产品是否符合该合同的商业条款进行合格评定。中国应保证此种针对产品是否符合合同商业条款的检验不影响此类产品通关或进口许可证的发放。

4. (a)自加入时起，中国应保证对进口产品和国产品适用相同的技术法规、标准和合格评定程序。为保证从现行体制的顺利过渡，中国应保证自加入时起，所有认证、安全许可和质量许可机构和部门获得既对进口产品又对国产品进行此类活动的授权；加入 1 年后，所有合格评定机构和部门获得既对进口产品又对国产品进行合格评定的授权。对机构或部门的选择应由申请人决定。对于进口产品和国产品，所有机构和部门应颁发相同的标志，收取相同的费用。它们还应提供相同的处理时间和申诉程序。进口产品不得实行一种以上的合格评定程序。中国应公布并使其他 WTO 成员、个人和企业可获得有关其各合格评定机构和部门相应职责的全部信息。

(b)不迟于加入后 18 个月，中国应仅依据工作范围和产品种类，指定其各合格评定机构的相应职责，而不考虑产品的原产地。指定给中国各合格评定机构的相应职责将在加入后 12 个月通知 TBT 委员会。

第 14 条　卫生与植物卫生措施

中国应在加入后 30 天内，向 WTO 通知其所有有关卫生与植物卫生措施的法律、法规及其他措施，包括产品范围及相关国际标准、指南和建议。

第 15 条　确定补贴和倾销时的价格可比性

GATT1994 第 6 条、《关于实施 1994 年关税与贸易总协定第 6 条的协定》("《反倾销协定》")以及《SCM 协定》应适用于涉及原产于中国的进口产品进入一 WTO 成员的程序，并应符合下列规定：

(a)在根据 GATT1994 第 6 条和《反倾销协定》确定价格可比性时，该 WTO 进口成员应依据下列规则，使用接受调查产业的中国价格或成本，或者使用不依据与中国国内价格或成本进行严格比较的方法：

(i)如受调查的生产者能够明确证明，生产该同类产品的产业在制造、生产和销售该产品方面具备市场经济条件，则该 WTO 进口成员在确定价格可比性时，应使用受调查产业的中国价格或成本；

(ii)如受调查的生产者不能明确证明生产该同类产品的产业在制造、生产和销售该产品方面具备市场经济条件，则该 WTO 进口成员可使用不依据与中国国内价格或成本进行严格比较的方法。

(b)在根据《SCM 协定》第二、三及五部分规定进行的程序中，在处理第 14 条(a)项、(b)项、(c)项和(d)项所述补贴时，应适用《SCM 协定》的有关规定；但是，如此种适用遇有特殊困难，则该 WTO 进口成员可使用考虑到中国国内现有情况和条件并非总能用作适当基准这一可能性的确定和衡量补贴利益的方法。在适用此类方法时，只要可行，该 WTO 进口成员在考虑使用中国以外的情况和条件之前，应对此类现有情况和条件进行调整。

(c)该 WTO 进口成员应向反倾销措施委员会通知依照(a)项使用的方法，并应向补贴与反补贴措施委员会通知依照(b)项使用的方法。

(d)一旦中国根据该 WTO 进口成员的国内法证实其是一个市场经济体，则(a)项的规定即应终止，但截至加入之日，该 WTO 进口成员的国内法中须包含有关市场经济的标准。无论如何，(a)项(ii)目的规定应在加入之日后 15 年终止。此外，如中国根据该 WTO 进口成员的国内法证实一特定产业或部门具备市场经济条件，则(a)项中的非市场经济条款不得再对该产业或部门适用。

第 16 条　特定产品过渡性保障机制

1. 如原产于中国的产品在进口至任何 WTO 成员领土时，其增长的数量或所依据的条件对生产同类产品或直接竞争产品的国内生产者造成或威胁造成市场扰乱，则受此影响的WTO成员可请求与中国进行磋商，以期寻求双方满意的解决办法，包括受影响的成员是否应根据《保障措施协定》采取措施。任何此种请求应立即通知保障措施委员会。

2. 如在这些双边磋商过程中，双方同意原产于中国的进口产品是造成此种情况的原因并有必要采取行动，则中国应采取行动以防止或补救此种市场扰乱。任何此类行动应立即通知保障措施委员会。

3. 如磋商未能使中国与有关WTO成员在收到磋商请求后60天内达成协议，则受影响的WTO成员有权在防止或补救此种市场扰乱所必需的限度内，对此类产品撤销减让或限制进口。任何此类行动应立即通知保障措施委员会。

4. 市场扰乱应在下列情况下存在：一项产品的进口快速增长，无论是绝对增长还是相对增长，从而构成对生产同类产品或直接竞争产品的国内产业造成实质损害或实质损害威胁的一个重要原因。在认定是否存在市场扰乱时，受影响的WTO成员应考虑客观因素，包括进口量、进口产品对同类产品或直接竞争产品价格的影响以及此类进口产品对生产同类产品或直接竞争产品的国内产业的影响。

5. 在根据第3款采取措施之前，采取此项行动的WTO成员应向所有利害关系方提供合理的公告，并应向进口商、出口商及其他利害关系方提供充分机会，供其就拟议措施的适当性及是否符合公众利益提出意见和证据。该WTO成员应提供关于采取措施的决定的书面通知，包括采取该措施的理由及其范围和期限。

6. 一WTO成员只能在防止和补救市场扰乱所必需的时限内根据本条采取措施。如一措施是由于进口水平的相对增长而采取的，而且如该项措施持续有效的期限超过2年，则中国有权针对实施该措施的WTO成员的贸易暂停实施GATT1994项下实质相当的减让或义务。但是，如一措施是由于进口的绝对增长而采取的，而且如该措施持续有效的期限超过3年，则中国有权针对实施该措施的WTO成员的贸易暂停实施GATT1994项下实质相当的减让或义务。中国采取的任何此种行动应立即通知保障措施委员会。

7. 在迟延会造成难以补救的损害的紧急情况下，受影响的WTO成员可根据一项有关进口产品已经造成或威胁造成市场扰乱的初步认定，采取临时保障措施。在此种情况下，应在采取措施后立即向保障措施委员会作出有关所采取措施的通知，并提出进行双边磋商的请求。临时措施的期限不得超过200天，在此期间，应符合第1款、第2款和第5款的有关要求。任何临时措施的期限均应计入第6款下规定的期限。

8. 如一WTO成员认为根据第2款、第3款或第7款采取的行动造成或威胁造成进入其市场的重大贸易转移，则该成员可请求与中国和/或有关WTO成员进行磋商。此类磋商应在向保障措施委员会作出通知后30天内举行。如此类磋商未能在作出通知后60天内使中国与一个或多个有关WTO成员达成协议，则请求进行磋商的WTO成员在防止或补救此类贸易转移所必需的限度内，有权针对该产品撤销减让或限制自中国的进口。此种行动应立即通知保障措施委员会。

9. 本条的适用应在加入之日后12年终止。

第17条　WTO成员的保留

WTO成员以与《WTO协定》不一致的方式针对自中国进口的产品维持的所有禁止、数量限制和其他措施列在附件7中。所有此类禁止、数量限制和其他措施应依照该附件所列共同议定的条件和时间表逐步取消或加以处理。

第18条　过渡性审议机制

1. 所获授权涵盖中国在《WTO协定》或本议定书项下承诺的WTO下属机构1，应在加入后1年内，并依照以下第4款，在符合其授权的情况下，审议中国实施《WTO协定》和本议定书相关规定的情况。中国应在审议前向每一下属机构提供相关信息，包括附件1A所列信息。中国也可在具有相关授权的下属机构中提出与第17条下任何保留或其他WTO成员在本议定书中所作任何其他具体承诺有关的问题。每一下属机构应迅速向根据《WTO协定》第4条第5款设立的有关理事会报告审议结果（如适用），有关理事会应随后迅速向总理事会报告。

2. 总理事会应在加入后1年内，依照以下第4款，审议中国实施《WTO协定》和本议定书条款的情况。总理事会应依照附件1B所列框架，并按照根据第1款进行的任何审议的结果，进行此项审议。中国也可提出与第17条下任何保留或其他WTO成员在本议定书中所作任何其他具体承诺有关的问题。总理事会可在这些方面向中国或其他成员提出建议。

3. 根据本条审议问题不得损害包括中国在内的任何WTO成员在《WTO协定》或任何诸边贸易协定项下的权利和义务，并不得排除或构成要求磋商或援用《WTO协定》或本议定书中其他规定的先决条件。

4. 第1款和第2款规定的审议将在加入后8年内每年进行。此后，将在第10年或总理事会决定的较早日期进行最终审议。

第二部分　减让表

1. 本议定书所附减让表应成为与中国有关的、GATT1994所附减让和承诺表及GATS所附具体承诺表。减让表中所列减让和承诺的实施期应按有关减让表相关部分列明的时间执行。

2. 就GATT1994第2条第6款(a)项所指的该协定日期而言，本议定书所附减让和承诺表的适用日期应为加入之日。

第三部分　最后条款

1. 本议定书应开放供中国在2002年1月1日前以签字或其他方式接受。

2. 本议定书应在接受之日后第30天生效。

3. 本议定书应交存WTO总干事。总干事应根据本议定书第三部分第1款的规定，迅速向每一WTO成员和中国提供一份本议定书经核证无误的副本和中国接受本议定书通知的副本。

4. 本议定书应依照《联合国宪章》第102条的规定予以登记。

2001年11月10日订于多哈，正本一份用英文、法文和西班牙文写成，三种文本具有同等效力，除非所附减让表中规定该减让表只以以上文字中的一种或多种为准。

1 货物贸易理事会、与贸易有关的知识产权理事会、服务贸易理事会、国际收支限制委员会、市场准入委员会（包括《信息技术协定》）、农业委员会、卫生与植物卫生措施委员会、技术性贸易壁垒委员会、补贴与反补贴措施委员会、反倾销措施委员会、海关估价委员会、原产地规则委员会、进口许可程序委员会、与贸易有关的投资措施委员会、保障措施委员会和金融服务委员会。

关于完善社会主义市场经济体制若干问题的决定

为贯彻落实党的十六大提出的建成完善的社会主义市场经济体制和更具活力、更加开放的经济体系的战略部署，深化经济体制改革，促进经济社会全面发展，十六届中央委员会第三次全体会议讨论了关于完善社会主义市场经济体制的若干重大问题，并作出如下决定。

一、我国经济体制改革面临的形势和任务

（1）深化经济体制改革的重要性和紧迫性。十一届三中全会开始改革开放、十四大确定社会主义市场经济体制改革目标以及十四届三中全会作出相关决定以来，我国经济体制改革在理论和实践上取得重大进展。社会主义市场经济体制初步建立，公有制为主体、多种所有制经济共同发展的基本经济制度已经确立，全方位、宽领域、多层次的对外开放格局基本形成。改革的不断深化，极大地促进了社会生产力、综合国力和人民生活水平的提高，使我国经受住了国际经济金融动荡和国内严重自然灾害、重大疫情等严峻考验。同时也存在经济结构不合理、分配关系尚未理顺、农民收入增长缓慢、就业矛盾突出、资源环境压力加大、经济整体竞争力不强等问题，其重要原因是我国处于社会主义初级阶段，经济体制还不完善，生产力发展仍面临诸多体制性障碍。为适应经济全球化和科技进步加快的国际环境，适应全面建设小康社会的新形势，必须加快推进改革，进一步解放和发展生产力，为经济发展和社会全面进步注入强大动力。

（2）完善社会主义市场经济体制的目标和任务。按照统筹城乡发展、统筹区域发展、统筹经济社会发展、统筹人与自然和谐发展、统筹国内发展和对外开放的要求，更大程度地发挥市场在资源配置中的基础性作用，增强企业活力和竞争力，健全国家宏观调控，完善政府社会管理和公共服务职能，为全面建设小康社会提供强有力的体制保障。主要任务是：完善公有制为主体、多种所有制经济共同发展的基本经济制度；建立有利于逐步改变城乡二元经济结构的体制；形成促进区域经济协调发展的机制；建设统一开放竞争有序的现代市场体系；完善宏观调控体系、行政管理体制和经济法律制度；健全就业、收入分配和社会保障制度;建立促进经济社会可持续发展的机制。

(3)深化经济体制改革的指导思想和原则。以邓小平理论和"三个代表"重要思想为指导,贯彻党的基本路线、基本纲领、基本经验,全面落实十六大精神,解放思想、实事求是、与时俱进。坚持社会主义市场经济的改革方向,注重制度建设和体制创新。坚持尊重群众的首创精神,充分发挥中央和地方两个积极性。坚持正确处理改革发展稳定的关系,有重点、有步骤地推进改革。坚持统筹兼顾,协调好改革进程中的各种利益关系。坚持以人为本,树立全面、协调、可持续的发展观,促进经济社会和人的全面发展。

二、进一步巩固和发展公有制经济,鼓励、支持和引导非公有制经济发展

(4)推行公有制的多种有效实现形式。坚持公有制的主体地位,发挥国有经济的主导作用。积极推行公有制的多种有效实现形式,加快调整国有经济布局和结构。要适应经济市场化不断发展的趋势,进一步增强公有制经济的活力,大力发展国有资本、集体资本和非公有资本等参股的混合所有制经济,实现投资主体多元化,使股份制成为公有制的主要实现形式。需要由国有资本控股的企业,应区别不同情况实行绝对控股或相对控股。完善国有资本有进有退、合理流动的机制,进一步推动国有资本更多地投向关系国家安全和国民经济命脉的重要行业和关键领域,增强国有经济的控制力。其他行业和领域的国有企业,通过资产重组和结构调整,在市场公平竞争中优胜劣汰。发展具有国际竞争力的大公司大企业集团。继续放开搞活国有中小企业。以明晰产权为重点深化集体企业改革,发展多种形式的集体经济。

(5)大力发展和积极引导非公有制经济。个体、私营等非公有制经济是促进我国社会生产力发展的重要力量。清理和修订限制非公有制经济发展的法律法规和政策,消除体制性障碍。放宽市场准入,允许非公有资本进入法律法规未禁入的基础设施、公用事业及其他行业和领域。非公有制企业在投融资、税收、土地使用和对外贸易等方面,与其他企业享受同等待遇。支持非公有制中小企业的发展,鼓励有条件的企业做强做大。非公有制企业要依法经营,照章纳税,保障职工合法权益。改进对非公有制企业的服务和监管。

(6)建立健全现代产权制度。产权是所有制的核心和主要内容,包括物权、债权、股权和知识产权等各类财产权。建立归属清晰、权责明确、保护严格、流转顺畅的现代产权制度,有利于维护公有财产权,巩固公有制经济的主体地位;有利于保护私有财产权,促进非公有制经济发展;有利于各类资本的流动和重组,推动混合所有制经济发展;有利于增强企业和公众创业创新的动力,形成良好的信用基础和市场秩序。这是完善基本经济制度的内在要求,是构建现代企业制度的重要基础。要依法保护各类产权,健全产权交易规则和监管制度,推动产权有序流转,保障所有市场主体的平等法律地位和发展权利。

三、完善国有资产管理体制,深化国有企业改革

(7)建立健全国有资产管理和监督体制。坚持政府公共管理职能和国有资产出资人职能分开。国有资产管理机构对授权监管的国有资本依法履行出资人职责,维护所有者权益,维护企业作为市场主体依法享有的各项权利,督促企业实现国有资本保值增值,防止国有资产流失。建立国有资本经营预算制度和企业经营业绩考核体系。积极探索国有资产监管和经营的有效形式,完善授权经营制度。建立健全国有金融资产、非经营性资产和自然资源资产等的监管制度。

(8)完善公司法人治理结构。按照现代企业制度要求,规范公司股东会、董事会、监事会和经营管理者的权责,完善企业领导人员的聘任制度。股东会决定董事会和监事会成员,董事会选择经营管理者,经营管理者行使用人权,并形成权力机构、决策机构、监督机构和经营管理者之间的制衡机制。企业党组织要发挥政治核心作用,并适应公司法人治理结构的要求,改进发挥作用的方式,支持股东会、董事会、监事会和经营管理者依法行使职权,参与企业重大问题的决策。要坚持党管干部原则,并同市场化选聘企业经营管理者的机制相结合。中央和地方党委要加强和改进对国有重要骨干企业领导班子的管理。要全心全意依靠职工群众,探索现代企业制度下职工民主管理的有效途径,维护职工合法权益。继续推进企业转换经营机制,深化劳动用工、人事和收入分配制度改革,分流安置富余人员,分离企业办社会职能,创造企业改革发展的良好环境。

(9)加快推进和完善垄断行业改革。对垄断行业要放宽市场准入,引入竞争机制。有条件的企业要积极推行投资主体多元化。继续推进和完善电信、电力、民航等行业的改革重组。加快推进铁道、邮政和城市公用事业等改革,实行政企分开、政资分开、政事分开。对自然垄断业务要进行有效监管。

四、深化农村改革,完善农村经济体制

(10)完善农村土地制度。土地家庭承包经营是农村基本经营制度的核心,要长期稳定并不断完善以家庭承包经营为基础、统分结合的双层经营体制,依法保障农民对土地承包经营的各项权利。农户在承包期内可依法、自愿、有偿流转土地承包经营权,完善流转办法,逐步发展适度规模经营。实行最严格的耕地保护制度,保证国家粮食安全。按照保障农民权益、控制征地规模的原则,改革征地制度,完善征地程序。严格界定公益性和经营性建设用地,征地时必须符合土地利用总体规划和用途管制,及时给予农民合理补偿。

(11)健全农业社会化服务、农产品市场和对农业的支持保护体系。农村集体经济组织要推进制度创新,增强服务功能。支持农民按照自愿、民主的原则,发展多种形式的农村专业合作组织。鼓励工商企业投资发展农产品加工和营销,积极推进农业产业化经营,形成科研、生产、加工、销售一体化的产业链。深化农业科技推广体制和供销社改革,形成社会力量广泛参与的农业社会化服务体系。完善农产品市场体系,放开粮食收购市场,把通过流通环节的间接补贴改为对农民的直接补贴,切实保护种粮农民的利益。加大国家对农业的支持保护,增加各级财政对农业和农村的投入。加强粮食综合生产能力建设。完善扶贫开发机制。国家新增教育、卫生、文化等公共事业支出主要用于农村。探索建立政策性农业保险制度。

(12)深化农村税费改革。农村税费改革是减轻农民负担和深化农村改革的重大举措。完善农村税费改革试点的各项政策,取消农业特产税,加快推进县乡机构和农村义务教育体制等综合配套改革。在完成试点工作的基础上,逐步降低农业税率,切实减轻农民负担。

(13)改善农村富余劳动力转移就业的环境。农村富余劳动力在城乡之间双向流动就业,是增加农民收入和推进城镇化的重要途径。建立健全农村劳动力的培训机制,推进乡镇企业改革和调整,大力发展县域经济,积极拓展农村就业空间,取消对农民进城就业的限制性规定,为农民创造更多就业机会。逐步统一城乡劳动力市场,加强引导和管理,形成城乡劳动者平等就业的制度。深化户籍制度改革,完善流动人口管理,引导农村富余劳动力平稳有序转移。加快城镇化进程,在城市有稳定职业和住所的农业人口,可按当地规定在就业地或居住地登记户籍,并依法享有当地居民应有的权利,承担应尽的义务。

五、完善市场体系,规范市场秩序

(14)加快建设全国统一市场。强化市场的统一性,是建设现代市场体系的重要任务。大力推进市场对内对外开放,加快要素价格市场化,发展电子商务、连锁经营、物流配送等现代流通方式,促进商品和各种要素在全国范围自由流动和充分竞争。废止妨碍公平竞争、设置行政壁垒、排斥外地产品和服务的各种分割市场的规定,打破行业垄断和地区封锁。积极发展独立公正、规范运作的专业化市场中介服务机构,按市场化原则规范和发展各类行业协会、商会等自律性组织。完善行政执法、行业自律、舆论监督、群众参与相结合的市场监管体系,健全产品质量监管机制,严厉打击制假售假、商业欺诈等违法行为,维护和健全市场秩序。

(15)大力发展资本和其他要素市场。积极推进资本市场的改革开放和稳定发展,扩大直接融资。建立多层次资本市场体系,完善资本市场结构,丰富资本市场产品。规范和发展主板市场,推进风险投资和创业板市场建设。积极拓展债券市场,完善和规范发行程序,扩大公司债券发行规模。大力发展机构投资者,拓宽合规资金入市渠道。建立统一互联的证券市场,完善交易、登记和结算体系。加快发展土地、技术、劳动力等要素市场。规范发展产权交易。积极发展财产、人身保险和再保险市场。稳步发展期货市场。

(16)建立健全社会信用体系。形成以道德为支撑、产权为基础、法律为保障的社会信用制度,是建设现代市场体系的必要条件,也是规范市场经济秩序的治本之策。增强全社会的信用意识,政府、企事业单位和个人都要把诚实守信作为基本行为准则。按照完善法规、特许经营、商业运作、专业服务的方向,加快建设企业和个人信用服务体系。建立信用监督和失信惩戒制度。逐步开放信用服务市场。

六、继续改善宏观调控,加快转变政府职能

(17)完善国家宏观调控体系。进一步健全国家计划和财政政策、货币政策等相互配合的宏观调控体系。国家计划明确的宏观调控目标和总体要求,是制定财政政策和货币政策的主要依据。财政政策要在促进经济增长、优化结构和调节收入方面发挥重要功能,完善财政政策的有效实施方式。货币政策要在保持币值稳定和总量平衡方面发挥重要作用,健全货币政策的传导机制。重视人口老龄化趋势等因素对社会供求的影响。完善统计体制,健全经济运行监测体系,加强各宏观经济调控部门的功能互补和信息共享,提高宏观调控水平。

(18)转变政府经济管理职能。深化行政审批制度改革,切实把政府经济管理职能转到主要为市场主体服务和创造良好发展环境上来。加强国民经济和社会发展中长期规划的研究和制定,提出发展的重大战略、基本任务和产业政策，促进国民经济和社会全面发展，实现经济增长与人口资源环境相协调。加强对区域发展的协调和指导，积极推进西部大开发，有效发挥中部地区综合优势，支持中西部地区加快改革发展，振兴东北地区等老工业基地，鼓励东部有条件地区率先基本实现现代化。完善政府重大经济社会问题的科学化、民主化、规范化决策程序，充分利用社会智力资源和现代信息技术，增强透明度和公众参与度。

(19)深化投资体制改革。进一步确立企业的投资主体地位，实行谁投资、谁决策、谁收益、谁承担风险。国家只审批关系经济安全、影响环境资源、涉及整体布局的重大项目和政府投资项目及限制类项目，其他项目由审批制改为备案制，由投资主体自行决策，依法办理用地、资源、环保、安全等许可手续。对必须审批的项目，要合理划分中央和地方权限，扩大大型企业集团投资决策权，完善咨询论证制度，减少环节，提高效率。健全政府投资决策和项目法人约束机制。国家主要通过规划和政策指导、信息发布以及规范市场准入，引导社会投资方向，抑制无序竞争和盲目重复建设。

七、完善财税体制，深化金融改革

(20)分步实施税收制度改革。按照简税制、宽税基、低税率、严征管的原则，稳步推进税收改革。改革出口退税制度。统一各类企业税收制度。增值税由生产型改为消费型，将设备投资纳入增值税抵扣范围。完善消费税，适当扩大税基。改进个人所得税，实行综合和分类相结合的个人所得税制。实施城镇建设税费改革，条件具备时对不动产开征统一规范的物业税，相应取消有关收费。在统一税政前提下，赋予地方适当的税政管理权。创造条件逐步实现城乡税制统一。

(21)推进财政管理体制改革。健全公共财政体制，明确各级政府的财政支出责任。进一步完善转移支付制度，加大对中西部地区和民族地区的财政支持。深化部门预算、国库集中收付、政府采购和收支两条线管理改革。清理和规范行政事业性收费，凡能纳入预算的都要纳入预算管理。改革预算编制制度，完善预算编制、执行的制衡机制，加强审计监督。建立预算绩效评价体系。实行全口径预算管理和对或有负债的有效监控。加强各级人民代表大会对本级政府预算的审查和监督。

(22)深化金融企业改革。商业银行和证券公司、保险公司、信托投资公司等要成为资本充足、内控严密、运营安全、服务和效益良好的现代金融企业。选择有条件的国有商业银行实行股份制改造，加快处置不良资产，充实资本金，创造条件上市。深化政策性银行改革。完善金融资产管理公司运行机制。鼓励社会资金参与中小金融机构的重组改造。在加强监管和保持资本金充足的前提下，稳步发展各种所有制金融企业。完善农村金融服务体系，国家给予适当政策支持。通过试点取得经验，逐步把农村信用社改造成为农村社区服务的地方性金融企业。

(23)健全金融调控机制。稳步推进利率市场化，建立健全由市场供求决定的利率形成机制，中央银行通过运用货币政策工具引导市场利率。完善人民币汇率形成机制，保持人民币汇率在合理、均衡水平上的基本稳定。在有效防范风险前提下，有选择、分步骤放宽对跨境资本交易活动的限制，逐步实现资本项目可兑换。建立和完善统一、高效、安全的支付清算系统。改进中央银行的金融调控，建立健全货币市场、资本市场、保险市场有机结合、协调发展的机制，维护金融运行和金融市场的整体稳定，防范系统性风险。(24)完善金融监管体制。依法维护金融市场公开、公平、有序竞争，有效防范和化解金融风险，保护存款人、投资者和被保险人的合法权益。健全金融风险监控、预警和处置机制，依法严格实行市场退出制度。强化金融监管手段，防范和打击金融犯罪。增强监管信息透明度并接受社会监督。处理好监管和支持金融创新的关系，鼓励金融企业探索金融经营的有效方式。建立健全银行、证券、保险监管机构之间以及同中央银行、财政部门的协调机制，提高金融监管水平。

八、深化涉外经济体制改革，全面提高对外开放水平

(25)完善对外开放的制度保障。按照市场经济和世贸组织规则的要求，加快内外贸一体化进程。形成稳定、透明的涉外经济管理体制，创造公平和可预见的法制环境，确保各类企业在对外经济贸易活动中的自主权和平等地位。依法管理涉外经济活动，强化服务和监管职能，进一步提高贸易和投资的自由、便利程度。建立健全外贸运行监控体系和国际收支预警机制，维护国家经济安全。

(26)更好地发挥外资的作用。抓住新一轮全球生产要素优化重组和产业转移的重大机遇，扩大利用外资规模，提高利用外资水平。结合国内产业结构调整升级，更多地引进先进技术、管理经验和高素质人才，注重引进技术的消化吸收和创新提高。继续发展加工贸易，着力吸引跨国公司把更高技术水平、更大增值含量的加工制造环节和研发机构转移到我国，引导加工贸易转型升级。进一步改善投资环境，拓宽投资领域，吸引外资加快向有条件的地区和符合国家产业政策的领域扩展，力争再形成若干外资密集、内外结合、带动力强的经济增长带。

(27)增强参与国际合作和竞争的能力。鼓励国内企业充分利用扩大开放的有利时机，增强开拓市场、技术创新和培育自主品牌的能力。提高出口商品质量、档次和附加值，扩大高新技术产品出口，发展服务贸易，全面提高出口竞争力。继续实施"走出去"战略，完善对外投资服务体系，赋予企业更大的境外经营管理自主权，健全对境外投资企业的监管机制，促进我国跨国公司的发展。积极参与和推动区域经济合作。

九、推进就业和分配体制改革，完善社会保障体系

(28)深化劳动就业体制改革。把扩大就业放在经济社会发展更加突出的位置，实施积极的就业政策，努力改善创业和就业环境。坚持劳动者自主择业、市场调节就业和政府促进就业的方针。鼓励企业创造更多的就业岗位。改革发展和结构调整都要与扩大就业紧密结合。从扩大就业再就业的要求出发，在产业类型上，注重发展劳动密集型产业；在企业规模上，注重扶持中小企业；在经济类型上，注重发展非公有制经济；在就业方式上，注重采用灵活多样的形式。完善就业服务体系，加强职业教育和技能培训，帮助特殊困难群体就业。规范企业用工行为，保障劳动者合法权益。

(29)推进收入分配制度改革。完善按劳分配为主体、多种分配方式并存的分配制度，坚持效率优先、兼顾公平，各种生产要素按贡献参与分配。整顿和规范分配秩序，加大收入分配调节力度，重视解决部分社会成员收入差距过分扩大问题。以共同富裕为目标，扩大中等收入者比重，提高低收入者收入水平，调节过高收入，取缔非法收入。加强对垄断行业收入分配的监管。健全个人收入监测办法，强化个人所得税征管。完善和规范国家公务员工资制度，推进事业单位分配制度改革。规范职务消费，加快福利待遇货币化。

(30)加快建设与经济发展水平相适应的社会保障体系。完善企业职工基本养老保险制度，坚持社会统筹与个人帐户相结合，逐步做实个人帐户。将城镇从业人员纳入基本养老保险。建立健全省级养老保险调剂基金，在完善市级统筹基础上，逐步实行省级统筹，条件具备时实行基本养老金的基础部分全国统筹。健全失业保险制度，实现国有企业下岗职工基本生活保障向失业保险并轨。继续完善城镇职工基本医疗保险制度、医疗卫生和药品生产流通体制的同步改革，扩大基本医疗保险覆盖面，健全社会医疗救助和多层次的医疗保障体系。继续推行职工工伤和生育保险。积极探索机关和事业单位社会保障制度改革。完善城市居民最低生活保障制度，合理确定保障标准和方式。采取多种方式包括依法划转部分国有资产充实社会保障基金。强化社会保险基金征缴，扩大征缴覆盖面，规范基金监管，确保基金安全。鼓励有条件的企业建立补充保险，积极发展商业养老、医疗保险。农村养老保障以家庭为主，同社区保障、国家救济相结合。有条件的地方探索建立农村最低生活保障制度。

十、深化科技教育文化卫生体制改革，提高国家创新能力和国民整体素质

(31)营造实施人才强国战略的体制环境。创新人才工作机制，培养、吸引和用好各类人才。以党政人才、企业经营管理人才和专业技术人才为主体，建设规模宏大、结构合理、素质较高的人才队伍。多层次、多渠道、大规模地开展人才培训，重点培养一批高层次和高技能人才。加强西部和民族地区人才开发，建立促进优秀人才到西部、基层和艰苦地方工作的机制。尊重知识，鼓励创新，实行公平竞争，完善激励制度，形成优秀人才脱颖而出和人尽其才的良好环境。建立和完善人才市场体系，进一步促进人才流动。积极引进现代化建设急需的各类人才。

(32)深化科技体制改革。改革科技管理体制，加快国家创新体系建设，促进全社会科技资源高效配置和综合集成，提高科技创新能力，实现科技和经济社会发展紧密结合。确立企业技术创新和科技投入的主体地位，为各类企业创新活动提供平等竞争条件。必须由国家支持的从事基础研究、战略高技术、重要公益研究领域创新活动的研究机构，要按照职责明确、评价科学、开放有序、管理规范的原则建立现代科研院所制度。面向市场的应用技术研究开发机构，要坚持向企业化转制，加快建立现代企业制度。积极推动高等教育和科技创新紧密结合。建立军民结合、寓军于民的创新机制，实现国防科技和民用科技相互促进和协调发展。建设哲学社会科学理论创新体系，促进社会科学和自然科学协调发展。

(33)深化教育体制改革。构建现代国民教育体系和终身教育体系，建设学习型社会，全面推进素质教育，增强国民的就业能力、创新能力、创业能力，努力把人口压力转变为人力资源优势。推进教育创新,优化教育结构,改革培养模式,提高教育质量,形成同经济社会发展要求相适应的教育体制。巩固和完善以县级政府管理为主的农村义务教育管理体制。实施全员聘用和教师资格准入制度。完善和规范以政府投入为主、多渠道筹措经费的教育投入体制,形成公办学校和民办学校共同发展的格局。完善国家和社会资助家庭经济困难学生的制度。

(34)深化文化体制改革。按照社会主义精神文明建设的特点和规律,适应社会主义市场经济发展的要求,逐步建立党委领导、政府管理、行业自律、企事业单位依法运营的文化管理体制。转变文化行政管理部门的职能,促进文化事业和文化产业协调发展。坚持把社会效益放在首位,努力实现社会效益和经济效益的统一。公益性文化事业单位要深化劳动人事、收入分配和社会保障制度改革,加大国家投入,增强活力,改善服务。经营性文化产业单位要创新体制,转换机制,面向市场,壮大实力。健全文化市场体系,建立富有活力的文化产品生产经营体制。完善文化产业政策,鼓励多渠道资金投入,促进各类文化产业共同发展,形成一批大型文化企业集团,增强文化产业的整体实力和国际竞争力。依法规范文化市场秩序。深化体育改革,构建群众体育服务体系,健全竞技体育体制,促进体育产业健康发展,增强全民体质。

(35)深化公共卫生体制改革。强化政府公共卫生管理职能,建立与社会主义市场经济体制相适应的卫生医疗体系。加强公共卫生设施建设,充分利用、整合现有资源,建立健全疾病信息网络体系、疾病预防控制体系和医疗救治体系,提高公共卫生服务水平和突发性公共卫生事件应急能力。加快城镇医疗卫生体制改革。改善乡村卫生医疗条件,积极建立新型农村合作医疗制度,实行对贫困农民的医疗救助。发挥中西医结合的优势。搞好环境卫生建设,树立全民卫生意识。健全卫生监管体系,保证群众的食品、药品和医疗安全。

十一、深化行政管理体制改革,完善经济法律制度

(36)继续改革行政管理体制。加快形成行为规范、运转协调、公正透明、廉洁高效的行政管理体制。进一步调整各级政府机构设置,理顺职能分工,实现政府职责、机构和编制的法定化。完善国家公务员制度。推进依法行政,严格按照法定权限和程序行使权力、履行职责。发展电子政务,提高服务和管理水平。建立健全各种预警和应急机制,提高政府应对突发事件和风险的能力。完善安全生产监管体系。深化地方行政管理体制改革,大力精简机构和人员。继续推进事业单位改革。完善基层群众性自治组织,发挥城乡社区自我管理、自我服务的功能。

(37)合理划分中央和地方经济社会事务的管理责权。按照中央统一领导、充分发挥地方主动性积极性的原则,明确中央和地方对经济调节、市场监管、社会管理、公共服务方面的管理责权。属于全国性和跨省(自治区、直辖市)的事务,由中央管理,以保证国家法制统一、政令统一和市场统一。属于面向本行政区域的地方性事务,由地方管理,以提高工作效率、降低管理成本、增强行政活力。属于中央和地方共同管理的事务,要区别不同情况,明确各自的管理范围,分清主次责任。根据经济社会事务管理责权的划分,逐步理顺中央和地方在财税、金融、投资和社会保障等领域的分工和职责。

(38)全面推进经济法制建设。按照依法治国的基本方略,着眼于确立制度、规范权责、保障权益,加强经济立法。完善市场主体和中介组织法律制度,使各类市场主体真正具有完全的行为能力和责任能力。完善产权法律制度,规范和理顺产权关系,保护各类产权权益。完善市场交易法律制度,保障合同自由和交易安全,维护公平竞争。完善预算、税收、金融和投资等法律法规,规范经济调节和市场监管。完善劳动、就业和社会保障等方面的法律法规,切实保护劳动者和公民的合法权益。完善社会领域和可持续发展等方面的法律法规,促进经济发展和社会全面进步。

(39)加强执法和监督。加强对法律法规的解释工作,加大执法力度,提高行政执法、司法审判和检察的能力和水平,确保法律法规的有效实施,维护法制的统一和尊严。按照权力与责任挂钩、权力与利益脱钩的要求,建立权责明确、行为规范、监督有效、保障有力的执法体制,防止和纠正地方保护主义和部门本位主义。改革行政执法体制,相对集中行政处罚权,推进综合执法试点。推进司法体制改革,维护司法公正。实行执法责任制和执法过错追究制,做到严格执法、公正执法、文明执法。

十二、加强和改善党的领导,为完善社会主义市场经济体制而奋斗

(40)党的领导是顺利推进改革的根本保证。建成完善的社会主义市场经济体制,是我们党在新世纪新阶段作出的具有重大现实意义和深远历史意义的决策,是对全党新的重大考验。全党同志要充分认识肩负的历史责任,不断学习新知识、研究新情况、解决新问题,继续探索社会主义制度和市场经济有机结合的途径和方式。要自觉适应社会主义市场经济发展的新形势,改革和完善党的领导方式和执政方式,坚持谋全局、把方向、管大事,进一步提高科学判断形势的能力、驾驭市场经济的能力、应对复杂局面的能力、依法执政的能力和总揽全局的能力。要坚持党管人才原则,培养和造就大批适应现代化建设需要的各类人才,加强各级领导班子和基层党组织建设,为改革和发展提供强有力的组织保证。要着眼于我国基本国情,坚持一切从实际出发,因地制宜,把改革的力度、发展的速度和社会可承受的程度统一起来,及时化解各种矛盾,确保社会稳定和工作有序进行。要统筹推进各项改革,努力实现宏观经济改革和微观经济改革相协调,经济领域改革和社会领域改革相协调,城市改革和农村改革相协调,经济体制改革和政治体制改革相协调。

(41)加强和改进党风廉政建设。加强党风廉政建设、反对和防止腐败,是建立和完善社会主义市场经济体制的重要保证,必须贯穿于改革开放和现代化建设的全过程。要进一步抓好党和国家机关工作人员特别是领导干部的廉洁自律,坚决查处各种违纪违法案件,切实纠正损害群众利益的不正之风。要坚持标本兼治、综合治理,注重思想道德教育,加强廉政法制建设,完善监督制约机制,建立健全与社会主义市场经济体制相适应的教育、制度、监督并重的惩治和预防腐败体系。坚持立党为公、执政为民,务必继续保持谦虚谨慎、不骄不躁的作风,务必继续保持艰苦奋斗的作风,坚决抵制各种不良风气的侵蚀,为完善社会主义市场经济体制营造良好的社会氛围。

(42)坚持社会主义物质文明、政治文明和精神文明协调发展。中国特色社会主义是社会主义市场经济、社会主义民主政治和社会主义先进文化协调发展的伟大事业。要积极稳妥地推进政治体制改革,扩大社会主义民主,健全社会主义法制,巩固和壮大爱国统一战线,加强思想政治工作,为发展社会主义市场经济提供强有力的政治保证。要大力加强社会主义文化建设,着力建立与社会主义市场经济相适应、与社会主义法律规范相协调、与中华民族传统美德相承接的社会主义思想道德体系,弘扬和培育民族精神,不断提高全民族的思想道德素质和科学文化素质,为改革和发展提供强大的精神动力和智力支持。

2003年经济运行工作指导意见

2003年是深入贯彻党的十六大精神,全面建设小康社会的开局之年,也是大力推进新型工业化建设的起步之年。根据新形势、新要求,与时俱进地做好经济运行工作,对于实现经贸工作的新目标、新任务,促进国民经济持续快速健康发展,具有重要意义。

一、主要目标和基本思路

走新型工业化道路,是十六大确定的我国新时期经济建设和经济体制改革的首要任务。坚持以信息化带动工业化,以工业化促进信息化,走出一条科技含量高、经济效益好、资源消耗低、环境污染少、人力资源优势得到充分发挥的新型工业化路子。这为做好新时期经济运行工作指明了方向。

按照中央经济工作会议总体要求和全国经贸工作会议具体部署,2003年工业经济运行的主要预期目标是:全国规模以上工业企业增加值增长10%左右;工业出口交货值增长8%以上;工业企业实现利润增长5%左右,其中国有及国有控股企业实现利润不低于上年水平;工业结构继续优化,工业经济运行质量与效益继续提高。

2003年经济运行工作的基本思路是:以邓小平理论和"三个代表"重要思想为指导,深入贯彻党的十六大精神,认真落实中央经济工作会议要求和全国经贸工作会议部署,坚持以发展为主题,以结构调整为主线,紧紧围绕新型工业化建设,加快职能转变,加强运行分析,推进行业调整,搞好综合协调,进一步提高工业经济运行的质量与效益,促进国民经济持续快速健康发展。

二、基本工作要求

做好2003年经济运行工作,必须遵循"发展要有新思路,改革要有新突破,开放要有新局面,各项工作要有新举措"的要求,转变思想观念,转变工作职能,转变工作方式。

(一)加快转变思想观念,突出发展与创新。加快思想观念的转变,关键要牢固树立发展观和创新观。发展是硬道理,是执政兴国的第一要务。经济运行工作必须把发展和调整有机结合起来,在发展中调整,在调整中发展,努力实现有质量、有效益、可持续的发展。要始终保持开拓创新、与时俱进的精神状态,在实践中不断研究新思路、探索新方法、扩展新视野、开拓新局面。通过创新,使经济运行工作能够体现时代性、把握规律性、提高预见性、富于创造性。

(二)加快转变工作职能,突出服务与引导。经济运行工作职能的转变,主要是由对于企业的直接调控转变为面向市场的间接调控,由主要面向国有企业转变为面向各种所有制企业,由对重点工业品生产总量的直接控制转变为积极推进供需总量的基本平衡。要把加强服务与引导作为工作职能转变的重点内容,创新服务手段,拓展服务层面,不断提高宏观调控经济运行的能力和水平。

(三)加快转变工作方式,突出依法行政与重点协调。实践证明,经济运行工作必须尽快由主要依靠行政手段,转向注重运用经济和法律手段,严格依法行政,充分发挥市场配置资源的基础性作用。随着政府职能转变,经济运行工作的综合性更强,协调的工作难度更大,工作方式也必须由过去的以日常生产调度为主,转向对主要生产要素、关键环节和重点问题的综合协调,进一步增强协调工作的针对性和时效性,为国民经济稳健运行创造条件。

在实现上述"三个转变"的同时,还要着重把握好以下"四个方面":

(一)加强运行分析,搞好信息导向。工交行业运行分析是经济运行工作的基础。要重视统计数据采集工作,把综合统计数据、行业统计数据、重点企业和区域信息等有机结合起来,确保采集渠道畅通,数据及时准确。要坚持监测分析和预测预警并重,加强对相关市场形势和变化趋势的研究,逐步由事后分析转向超前预测,准确把握工交行业运行走势,增强工作的主动性和前瞻性。要深入实际调查研究,及时发现经济运行中的活情况和新问题,提高分析判断问题的能力,提出切实可行的政策建议。在加强运行分析的基础上,搞好信息导向工作,及时发布运行动态和政策信息,为社会和企业提供服务。

(二)推进行业调整,继续淘汰落后。近年来,存量结构调整成为经济运行工作的重点之一,对优化资源配置、加快工业化进程起到了积极作用。推进行业调整、继续淘汰落后,要依据现行法律法规和国家产业政策,积极主动地开展工作。要结合行业现状和各地实际,正确处理好改革、发展与稳定的关系,抓住调整重点,注意工作方法,扎实稳步推进。在继续淘汰落后生产能力的同时,要注意防止出现新的低水平不合理重复建设。要以调整促发展,支持鼓励通过疏堵结合、压改结合、优化重组等方式,进一步优化行业和企业结构,提高国际竞争力。

(三)强化依法监管,提高行政水平。按照市场经济规则实施调控和监管,要坚持依法行政,并充分发挥行业协会的桥梁纽带作用。对于经过清理继续保留的行政审批(核)事项,要规范审批程序,强化责任意识,扭转"重审批、轻监管"的状况,不仅要把好审批关,更要把好监管关。进一步加强学习培训,提高干部的综合素质和依法行政水平。

(四)搞好综合协调,确保运行平稳。综合协调是经济运行工作的重要内容,对于确保工交行业平稳运行和国民经济持续快速健康发展具有重要作用。在机构调整和深化改革过程中,更要加强综合协调工作。认真关注并及时协调解决重点行业、重点地区在经济运行中出现的有关重大问题,确保经济发展平稳有序。

三、8 项重点工作

(一)信息导向。坚持以新闻发布会形式,及时发布工交行业运行动态信息。定期编制《工交行业运行动态》、《工交行业经济运行监测月报》和《产业研究报告》等,逐步提高信息发布的权威性和有效性。开办互联网专栏,面向广大企业和社会公众,加强经济运行信息导向服务。

(二)行业调整。在前几年取得初步成效的基础上,坚持依据现行法律法规和国家产业政策,并结合推动新出台的《安全生产法》、《清洁生产促进法》的贯彻实施,协调有关部门,加大工作力度,进一步巩固淘汰落后成果,促进行业结构调整。注意改进工作方式,突出调整重点,深入研究提出推进重点行业调整的配套政策建议。

(三)现代物流。大力推进现代物流业发展,引导工商企业改造与重组现有物流资源,为建立社会化、专业化现代物流服务体系和促进第三方物流发展创造条件。将发展现代物流作为走新型工业化道路,采用高新技术和先进适用技术改造传统产业,以信息化带动工业化,以工业化促进信息化的重要切入点。在适当时机联合有关部委召开全国现代物流工作会议,全面推动现代物流业的快速发展。

(四)总量调控。继续按照市场需求,加强石油、煤炭、钢铁等重要能源、原材料产品的总量平衡工作,充分发挥政府对战略性物资的宏观调控作用。关注国内外市场变化,适时提出调控措施或建议,保证重要物资供需总量的基本平衡。

(五)盐业体制改革。盐业行政管理职能划入经贸委两年多来,已进行了大量调查研究和前期准备工作。在此基础上,尽快启动盐业体制改革,坚决实行政企分开,废除不适宜的现行管理规章,打破行业垄断经营,逐步引入市场竞争机制。

(六)地方石油企业重组。继续巩固石化行业清理整顿工作成果,加快地方小炼油企业重组步伐。按照国务院的部署和要求,把握方向,坚持原则,稳步推进,切实做好地方石油企业重组和整顿工作。

(七)行政审批监管。对于继续保留的行政审批项目,如煤炭生产许可证、经营许可证,农药生产批准证书,食盐"三证",棉纺细纱机准购证和甘草、麻黄草收购许可证等,一定要建章立制,规范审批程序,明确责任,公开透明,依法把好审批关和监管关。

(八)重点问题研究。按照市场经济发展要求,注重一些宏观性、前瞻性、战略性问题的调查研究。从国家经济安全的角度,加强石油、煤炭等重要能源资源的战略性研究。对于市场化程度较高的轻工、纺织、机械、电子等行业,要探索新的管理模式,进一步提高竞争能力。

四、10 个行业预期目标和工作要点

石化行业

预期目标:工业总产值(不变价)比上年增长 13%;原油产量 1.69 亿吨,增加 200 万吨;天然气产量 340 亿立方米,增加 20 亿立方米。成品油消费量 1.24 亿吨,增加 500 万吨;原油加工量 2.1 亿吨,增加 600～900 万吨;化肥产量 3600 万吨,增加 140 万吨;实现利润增长 2%。

工作要点:1. 继续按照市场需求抓好总量平衡工作。要在已有基础上,探索建立符合市场经济行为的原油、成品油总量调控办法。建立监测预警机制,密切关注国际市场油价变化,在确保国内市场供需平稳的情况下,引导企业合理安排原油加工总量,将原油、成品油库存控制在合理水平。2. 做好地方石油企业重组工作。切实解决非法小油井无序开采、破坏生态环境等问题,为实现石油资源的合理开发和可持续发展创造条件。2002 年西部及海洋原油增幅较大,受价格及油质等因素影响,这部分原油在销售配置上的管理有待进一步加强,特别要防止其流入小炼油企业,扰乱市场供需秩序。3. 推进地方炼油企业重组,进一步优化产业布局。继续贯彻落实国务院关于关闭整顿小炼油厂的要求,督促地方政府采取有效措施,防止已关闭小炼油厂"死灰复燃"。继续严厉打击偷盗原油、成品油的非法行为,坚决取缔土炼油场点。4. 维护行业公平竞争秩序。重点做好专业工程质量监督管理,《农药管理条例》的实施,以及对化肥生产供应和进出口总量协调平衡工作。

煤炭行业

预期目标:工业总产值(不变价)增长 5%;煤炭产量增长 2%;煤炭出口 9000 万吨,增长 5%;实现利润与上年持平。

工作要点:1. 严格煤炭生产许可证监管,依法维护煤炭生产秩序。通过加强煤炭生产许可证监管,将规范煤炭生产秩序特别是整顿小煤矿工作纳入依法管理轨道。认真开展年检,对不具备颁证条件的煤矿提出限期整改,到期仍不合格的,依法予以关闭。会同煤炭有关部门对小煤矿关闭整顿不彻底、验收标准低、管理滑坡现象严重以及事故多发的地区进行重点督促检查。2. 适时发布供求信息,促进总量基本平衡。在掌握煤炭生产、消费情况,加强分析的基础上,及时发布煤炭产量、运量、消费量、价格、库存等信息,引导供需双方合理组织生产和采购,防止少数省区和企业产量增长过猛及超能力生产。3. 继续扩大煤炭出口,巩固国际市场份额。会同有关部门,在年度平衡时对出口资源和运力予以重点安排。加强日常执行情况协调,为扩大出口创造良好的外部条件。督促出口公司根据国际市场需求变化,进一步做好巩固老用户、开拓新市场工作,同时引导大同、兖州、平朔等煤矿顾全大局,积极提供出口资源。4. 规范国内煤炭经营秩序,搞好供需衔接。严格煤炭经营许可证的监管,依法规范煤炭经营秩序。会同有关部门做好煤炭产运需的年度安排,对日常执行中有可能出现的供需失衡、告急及运输问题,进行及时协调,确保国民经济发展对煤炭的需求。

冶金行业

预期目标:工业总产值(不变价)增长 10%,销售收入增长 8%;钢产量 1.90 亿吨,增长 5%,钢材产量 1.84 亿吨(不含复合材),增长 9%;实现利润与上年持平。

工作要点:1. 坚持以市场为导向,做好总量供需平衡。按季度发布钢材供需信息,加强建筑和加工用钢材品种的产需衔接分析,引导企业按市场需求组织生产。积极推进钢铁工业结构调整和淘汰落后工作,坚决打击假冒伪劣的"地条钢",依法关闭污染严重、质量低劣的小钢厂。2. 坚持以提高竞争力为目标,积极扩大市场份额。引导企业推进技术进步,适应市场变化,积极开发新品种,降低产品成本,提高质量和效益。以实物产销率 100%、货款回笼率 100%为目标,确保企业物流和资金流畅通。积极运用世贸组织规则,适时扩大优势品种出口。3. 加强对重点问题的调查研究。研究当前钢材消费需求规律,引导钢铁工业发展重心由规模扩张向质量品种转移;研究实施保障措施后国内钢材供需格局变化趋势,及时提出对策建议;研究引发低水平重复建设并屡禁不止的深层次原因,提出相应的措施建议;研究近期钢铁生产外部条件情况，促进钢铁工业可持续发展。

有色行业

预期目标：工业总产值（不变价）增长16%；销售收入增长15%；10种有色金属产量1080万吨以上，增长10—13%，其中铝450万吨、铜180万吨，分别增长10%以上；出口增长16%；实现利润增长8%。

工作要点：1.积极引导有色金属工业调整结构。加强有色金属矿产的地质勘探及生产探矿工作，提高有色金属矿产资源保证程度。引导企业做好矿产、冶炼和加工的平衡，减少重复建设。以军工配套为契机，利用高科技手段做好有色金属工业的产业升级。以锑为突破口，加大对国家实行保护性开采特定矿种的采、选、冶和进出口秩序的调控工作力度。2.继续关注有色产品过量、低价进口的冲击，防止国外低价倾销对国内产业发展造成损害。3.加强稀有金属资源的合理利用及供需衔接。统筹考虑钽、铌、钨、钼、锡、锑等战略性资源上下游企业的发展，鼓励战略性资源向深加工产品延伸。合理控制矿产品开采及冶炼产品的规模，依法开展治理整顿工作，引导企业调整产品结构，提高经济效益。4.及时协调解决有色金属工业经济运行中出现的问题。继续研究支持优势企业加快发展的政策措施。

建材行业

预期目标：工业总产值（不变价）增长10%；销售收入增长9%；水泥产量7亿吨，其中新型干法窑外分解水泥1亿吨；平板玻璃产量2.2亿重箱；全行业实现利润增长10%以上。

工作要点：1.按照市场需求做好总量平衡工作。以水泥、玻璃为重点，适时发布供求信息，引导企业按照市场需求组织生产，由数量的增长转向注重结构调整，优化品种和质量。2.继续推动水泥工业结构调整和淘汰落后工作。充分发挥行业协会和重点企业的作用，鼓励大型水泥企业发展新型干法工艺，运用市场机制，通过兼并、重组、联合等方式，整合市场资源，发展先进生产力，促进水泥工业结构调整。进一步从质量、环保、节能、资源综合利用和建筑应用等方面入手，规范市场秩序，淘汰落后能力。3.坚决制止低水平重复建设。重点防止普通浮法玻璃的低水平重复建设，以及以技改名义扩径改造机立窑，严禁向西部地区转移落后设备。4.大力培育新的增长点。支持有关企业做好建材物流配送试点项目，加快建立与现代企业制度相适应的建材流通体系。

纺织行业。

预期目标：工业总产值（不变价）增长10%；化学纤维产量1050万吨以上，增长9%；纱900万吨以上，增长7%；纺织品服装出口620亿美元以上，增长3%以上；全行业实现利润增长3%。

工作要点：1.完善棉纺总量调控制政策，推进纺织行业调整与发展。在淘汰落后、优化重组的基础上，支持企业引进先进装备，加快改造，促进发展。严格控制纺机源头，提高技术门槛，防止低水平重复建设。2.加强行业运行动态分析和信息导向。巩固完善纺织全行业、各省市、2000户信息直达企业及重点跟踪企业的月度信息报送渠道。与行业协会联合定期召开纺织行业运行分析会，把握纺织经济运行特点、问题及走势。利用中纺网络及新闻发布会等形式发布行业信息，引导行业健康发展。3.密切关注加入世贸组织对我国纺织工业运行与发展的影响。及时掌握国际市场动态，努力扩大纺织品服装出口，保持纺织经济平稳运行。密切跟踪棉花供求形势变化，关注棉花流通体制改革进程，促进形成公平竞争的市场环境。继续抓好棉纺行业结构调整，以化纤、印染和纺机为重点开展调研，针对存在的问题提出相应政策建议。

轻工行业。

预期目标：工业总产值（不变价）增长12%；实现利润增长11%；出口950亿美元，增长5%。

工作要点：1.继续抓好结构调整工作。继续推动规模制糖和造纸行业的结构调整，进一步优化产业布局。会同有关部门研究支持食品工业发展的政策、措施，引导食品行业调整产品结构。2.加快推进盐业体制改革。按照政企分开的原则，整顿规范市场秩序，加强食盐市场监管，做好食盐"三证"发放工作。3.大力拓展轻工行业新的经济增长点。扶持发展较快的行业和产品，如休闲用品、健身用品、小家电、方便食品、农村用品、造纸产品、家具产品、不锈钢制品、轻工机械、室内装饰用品等。4.加强轻工行业出口的战略性研究。对轻工行业的出口拳头产品，如皮革、文体用品、家电、金属制品、塑料、工美、手表、自行车、缝纫机、家具等，着重研究提高行业竞争力，提高产品技术含量，促进我国由轻工出口大国发展成为出口强国，由产品出口创汇转变为资本及品牌输出，实现境外生产和营销，形成轻工出口全方位多层次格局。

机械行业。

预期目标：工业总产值（不变价）增长13.5%；实现利润增长4%。

工作要点：1.大力振兴装备制造业。围绕新型工业化建设，努力提高重大技术装备的开发创新能力和设计制造水平，积极推进机电一体化，加快建立现代化制造业基地，为各行业提供先进装备。2.按照产业政策推动结构调整。坚持发展和淘汰并重，重点推进"以冷代热"工作。3.抓好重大装备生产与配套协调工作。对于国家重点工程、重大技术装备、基础设施建设特别是西部大开发项目（西电东送、西气东输、青藏铁路、南水北调、三峡工程），跟踪承担这些项目设备制造企业的生产运行情况，帮助协调解决有关问题。3.以"三农"为重点发展农业机械和农副产品深加工装备。会同中国农业机械协会对农机产品的产销状况进行调研，支持引导农副产品深加工装备的开发试制，研究提出相应的政策建议。4.努力开拓国际市场。积极配合有关部门研究大型成套设备出口的扶持政策，给予出口企业必要的支持。支持鼓励企业有序地向国外转移加工能力，拓展新的发展空间。在巩固传统出口市场的同时，大力开拓东欧、拉美等新市场。

医药行业。

预期目标：工业总产值（不变价）增长18%；工业增加值增长15%；医药产品出口增长10%；商业销售额增长10%；工业利润增长20%，商业利润与上年持平。工作要点：1.加强行政审批监管。做好甘草、麻黄草专营和计划落实工作，加强对专营企业和收购企业的行政监管。做好医药储备管理和突发情况的救灾防疫药品紧急调运。组织起草《国家药品储备管理条例》，落实全国医药储备联网的前期准备工作。按照公共财政的要求，安排好中药材生产扶持资金项目。2.推动企业改革与发展。培育一批具有国际竞争力的大公司和企业集团。推动强强联合，力争"十五"期间培育10个销售额在50亿元以上的大型医药企业。深化医药流通体制改革。推进医药商业企业与工业企业的沟通与合作，以中国医药集团、上海医药、广药集团、哈药集团、太极集团等10个企业为重点，建立药品物流配送体系和扩大连锁经营规模。3.积极推进中药现代化，加快发展非专利药。

交通运输与现代物流业。

工作要点：认真做好运输协调工作。加强2003年春运工作和"黄金周"运输协调工作，保证重点地区、重点行业客货运输需求。积极探索运输协调新机制，充分发挥各级经贸委的作用，共同做好运输协调工作。2003年4月至6月，三峡工程实施蓄水断航，为保证断航期间的货物运输分流有序进行，要加强分流协调领导小组工作，提前作好前期准备事项，及时协调解决相关问题。继续推进集装箱多式联运，进一步贯彻《关于加快我国集装箱运输发展的若干意见》精神，规范集装箱运输市场秩序，把我国的集装箱运输推向新的发展阶段。加快推动现代物流业发展。近年来，现代物流业呈蓬勃发展之势。这是实现信息化带动工业化，工业化促进信息化，走新型工业化道路的切入点和重要保障。要加快启动工商领域的物流需求，引导工商企业改造与提升企业物流。会同有关部门研究提出促进现代物流发展的政策措施，在市场准入、税收、投融资等方面为物流企业的经营与发展创造一个宽松和公平的宏观环境。继续做好利用外资合作开展的"中加内陆地区多式联运项目"、"中美现代物流与多式联运培训项目"等，提高我国综合运输管理和现代物流发展水平。

第十九编

中国企事业单位选介

2496/2500

企事业单位选介

罗顿发展股份有限公司

【公司概况】 罗顿发展股份有限公司(以下简称"本公司")成立于1993年5月,1999年3月在上海证券交易所上市的公众公司,股票简称:罗顿发展,股票代码:600209,法定代表人:李维。

本公司总部下设5个职能部门,即综合部、财务部、企管部、证券部和通信事业部,拥有9家下属及控股企业,员工总数逾千人。

截止2001年12月31日,本公司资产总额为1,008,064,084.79万元,注册资本235,741,864万元。主要业务包括:网络及通信产品开发与经营、酒店经营、装饰工程和油品经营。

【经营业绩】 上市以来,本公司各个方面均发生了比较大的变化。首先,完成了经营机制的转换,建立起现代企业制度,为本公司业务的发展提供了有效的组织制度保障;其次,本公司的实力迅速增强,经营业绩获得了长足发展,与此同时,本公司开始着手进行产业结构和区域布局的调整,在保持酒店经营、装饰工程等传统业务稳定发展的前提下,进入以网络及通信产品为代表的高科技产业,为本公司今后的发展寻求新的利润增长点,并将业务重点向上海转移。

随着产业结构和区域布局的完成,本公司将发展成为酒店经营、装饰工程、油品经营等传统行业与网络及通信产品及高科技产业并举的综合性企业集团。

杨凌秦丰农业科技股份有限公司

【公司概况】 公司设立于1998年11月30日,注册资本12882万元,主发起人陕西省种业集团有限责任公司,股东单位 杨凌现代农业开发有限公司、陕西嘉业科工贸有限公司、陕西省投资公司、西北农林科技大学农业科技发展公司、西北植物研究所科飞农业科技开发中心、社会流通股股东。注册地址 中国杨凌农业高新技术产业示范区。

农作物种子生产经营;农业型技术及野生资源的研究开发;农产品及中药材的生产、加工、销售;新型肥料、农机、农药、农膜的研制、开发、生产、销售;土地综合开发、化工、机电百货的销售及进出口业务。本公司一向注重产品经营与销售,主导产品"秦丰"牌农作物种子在省内外市场享有盛誉。公司主导产品中,以"秦油二号"为代表的杂交油菜种子主要销往我国黄淮流域和长江流域的15个油菜生产省区,占有国内市场份额的80%,年推广面积达2000多万亩,累计推广面积达1.8亿亩;以户单4号、陕单902、陕单911等为代表的杂交玉米种子主要销往全国10多个玉米生产省区,占有陕西省内市场份额的37%;杂交油葵种子主要销往我国西北地区,占有国内市场份额的80%;小麦种子主要销往黄淮流域的8个省区,占有陕西省内市场份额的50%;瓜菜种子宁夏等地,占有陕西省市场份额的80%。公司已与国内及欧美、日本、港、澳等国家和地区的数百家企业建立了广泛的技术交流和业务关系。

【经营业绩、方针】 公司2000、2001、2002三年经营业绩的主要财务表汇总如下:

财务指标	2002年度	2001年度	2000年度
主营业务收入	342976424.42	339538025.71	164196755.12
利润总额	23703371.54	31716041.72	31448738.10
净利润	19375231.47	27221968.88	31150246.13
扣除非经营性损益后的利润	19554938.25	31634259.97	28447669.83
主营业务利润	90331741.78	80066112.93	53077282.06
其他业务利润	1087175.75	3746900.06	1995546.12
营业利润	22976791.58	36190731.44	28708578.37
投资收益	1182255.34	1615717.24	37583.43
经常活动产生的现金流量净额	26837239.10	9855743.78	31480.93
总资产	950627940.32	703370692.84	591274506.40
股东权益(不含少数股东权益)	522161088.22	509226865.40	496553565.07
每股净资产	4.05	3.95	3.85
调整后的每股净资产	4.055	3.95	3.85
净资产收益率(%)	摊薄3.66/加权3.74	摊薄5.21/加权5.34	摊薄6.27/加权8.90
每股收益	摊薄0.1505/加权0.1505	摊薄0.2113/加权0.2113	摊薄0.24/加权0.29

公司本着培育、生产和销售各类农作物新品种和苗木新品种,实现种子产业化经营方针;遵照市场规律,按企业行为建立"秦丰"农业社会化服务体系,实现农资和农产品生产、加工、销售一体化经营;实行法人治理结构和现代资本运营,实现现代企业的规范化管理和多元化经营。

【经营宗旨】 守法经营、用户至上,以质量信誉求生存,以科技进步求发展,实行综合配套服务,塑造"秦丰"品牌形象,竭诚为广大用户服务。

地址:西安经济技术开发区凤城2路6号
邮编:710016
传真:+86 29 6522811 **电话**:+86 29 6522223
E—mail:securitiesJ@qfny.com

上工股份有限公司

【公司概况】 上工股份有限公司(以下简称"上工")是国内最早专业生产缝制设备的大型骨干企业,也是我国缝制设备的重要出口生产基地。1994年上工实行股份制改造,上市发行A、B股,成为中国缝制设备行业最早、也是目前唯一一家上市A、B股公司。到2003年末累计产销各类工业缝纫机已达600多万架、家用缝纫机近亿架,分别占国内总量的近三分之一和十分之七左右，社会保有量居全国前茅。"上工牌"和"蝴蝶牌"先后被认定为"中国驰名商标"，是国内同行中唯一同时拥有两个驰名商标企业，"上工牌"还进入了"中国名牌"产品的行列。公司已形成了包括平缝机、包缝机、特种机、家用机、绣花机等多系列的产品。最新开发成功的GC9000系列高速无油润滑平缝机代表了当今缝制设备制造业的最新成果。出口创汇保持稳步增长，是国内同行业中出口额最大的企业之一。产品远销亚洲、非洲、美洲和欧洲等五十多个国家和地区。

【经营业绩】 八十年代中期以来，上工曾先后从日本等国引进先进技术和设备，特别是高速平缝机系列和高速包缝机系列国际合作的成功，使上工产品档次迅速提高，已达到同行先进水平。上工还十分注重产品质量和科学管理。1993年就在同行业中率先推行ISO9001质量管理和质量保证体系的认证，并取得了国际认证机构(DNV)和中国国家商检认证中心颁发的证书。

上工是上海市高新技术企业，建有上海市级技术中心，并正积极创建国家级技术中心。近年来上工集聚了一批海内外优秀人才，进一步增强了上工的研发能力，已构成同行业领先的人才新高地，显现了人才的集聚效应。

根据国际缝制设备制造业逐步向发展中国家转移的新格局，上工正通过不断改革和调整，依靠机制创新、产品创新、人才创新和技术创新，进一步发挥多品种、高品位和配套成线的优势，千方百计地满足国内外用户日益增长的需求。与此同时，中国入世和服装业的蓬勃发展为上工的进一步发展带来了机遇，正在规划中的上工机电一体化产业园区，必将加快把上工建成具有国际一流水平，集信息、研发、生产、销售和培训为一体的机电一体化缝制设备基地。

为了加快实现从"国内领先"向"国际一流"的跨越，上工正积极实施资本运作与产业升级相结合的发展战略，全面引入先进技术、管理和人才，以早日跨入世界缝制设备业的先进行列，成为真正具有国际竞争力的强势企业。

安徽鑫龙电器股份有限公司

【公司概况】 安徽鑫龙电器股份有限公司系经安徽省人民政府批准，由始创于1988年的芜湖市电器设备厂、芜湖市电缆桥架厂等共同发起设立的高新技术企业，公司位于芜湖市经济技术开发区九华北路118号，公司占地面积512亩，建筑面积42000平方米。现有正式员工786人，其中中高级职称以上65人，本科以上学历82人，享受国务院津贴的专家3人，中专以上学历占员工总数85%，员工平均年龄为27岁。公司具有年产约50000台(套)新型电控及输配电设备和工业自动化系统装置能力，连续两年进入国家经贸委全国城乡电网建设改造推荐目录。

【经营业绩】 公司产品已通过"3C"认证和ISO9001质量认证，拥有自营进出口权。并连续五年获中国农业银行"AAA"级资信，先后多次获得芜湖市"纳税大户"、安徽省"明星企业"、省市"诚信纳税企业"、芜湖市"优秀企业"等称号。企业自行研制开发的JGN－40.5，GZS1高压开关柜，连续三年"鑫龙牌"高你压开柜获安徽省名牌产品称号；绝缘母线槽产品、"垃圾处理计算机系统控制装置"、"消失模自动控制系统"、"智能化永磁式真空断路器"等产品荣获国家级新产品称号。目前公司又有九个新产品通过省级专家鉴定。

企业始终坚持"以质量求生存，以效益求发展；信誉至上，服务一流"经营宗旨，建立了规范的"三会一层"治理结构和现代化管理模式，从企业管理、产品研制开发、产品设计、生产工序、质量控制和产品出厂检验，售后服务等全过程实行了先进的计算机网络管理，并实施了企业资源计划系统(ERP)。同时公司拥有较强的技术力量和硬件基础，其中拥有较高水平的省级"企业技术中心"和两个研究所等研发机构，以及从日本、芬兰进口的具有世界先进水平的智能型自动化柔性生产线等先进的生产设备和一流的检测设备，确保了公司产品在国内具有领先水平。公司为在竞争中取得主动，在结构调整上狠下功夫。一方面，继续强化内部质量管理和成本管理，完善市场销售网络，加速产品技术升级和产品结构调整的步伐，用高新技术改造主业产品，确保近年来开发的多种高新技术产品迅速产业化，满足国内外市场需求；另一方面，按照"主业做精、多品种开发"的思路，向高科技领域发展，进行产业结构的调整，投资市场前景看好的高科技行业，于2002年、2003年分别投资设立了安徽森源电器有限公司、安徽鑫龙低压电器有限公司、安徽鑫龙自动化有限公司、安徽鑫龙变压器有限公司、安徽鑫龙电器元件销售有限公司、北京杰欣鑫龙科技有限公司、芜湖市钢构机柜厂等子(分)公司。

公司始终坚持以人才为中心，注重人才的引进和培养以及在宽松环境中加之利用，并与清华大学、中国科技大学、西安电气研究所、天津电气传动设计研究所等国内知名大学和院所建立了长期合作关系。多次荣获芜湖市"科教兴企"典范企业等称号。随着公司规模和业务的不断扩大，企业还将引进大批具有高学历、高水平、高素质的人才，为企业的进一步发展打下坚实的基础。

公司为了更进一步地加大科技投入，开发新品种，提高实力、扩大知名度、拓展市场，于2001年初开始筹划资本运作，计划在国内上市，并于2003年8月份顺利通过了中国证监会全肥特派办上市辅导调查评估工作，公司将以上市为契机，夯实基础，把握机遇，与时俱进，把鑫龙电器推向更加辉煌的二十一世纪工业电气时代。

地址：芜湖市九华北路118号
邮编：241008
电话：(86－553)5312688　5312668
传真：(86－553)5312688

兴业证券股份有限公司

【公司简介】 兴业证券股份有限公司是一家全国性综合类证券公司，是《证券法》颁布后全国首批获准增资扩股的10家证券公司之一，也是首批第九家被中国证券监督委员会核准为综合类的证券公司。公司经营范围涵盖证券自营和代理买卖、证券承销和上市推荐、证券投资咨询、委托资产管理、网上证券委托业务、发起设立证券投资基金等。兴业证券注册资本金9.08亿元，公司总部在福建省福州市。

【经营业绩】 自1990年创业以来，兴业证券严格遵照"法制、监管、自律、规范"监管方针，孜孜不倦致力于建设专业化的服务体系、营销体系和管理体系，证券承销和交易业务稳步增长，市场份额不断上升，各项主营业务指标进入行业20强，从地方性券商迅速成长为在业界具有相当影响力的全国性证券公司。成立以来，公司在一级、二级市场上的份额不断增长，共主承销股票发行39家，累计筹资113亿元，为40多家地方政府机构和企事业单位提供财务顾问服务，2002年股票主承销金额业内排名第七，是唯一一家IPO、增发、配股和可转债主承销金额均进入10强的公司，同时是国内少数具备特大型发行项目承销能力的公司之一。兴业证券在全国24个城市设立营业部网点，截至2002年底累计办理各类证券交易额达14264亿元，证券交易量曾连续四年进入上海证券交易所排行榜前10名，2002年营业部平均股票基金交易量位居全国第四。同时，公司积极拓展证券研究、证券投资基金、资产管理、国际业务、企业顾问等服务。

在长期的证券市场运作中，兴业证券始终如一坚持“市场化、规范化、专业化”的经营方针，逐步形成特色鲜明的稳健的经营管理风格。公司把合规经营、加强自律、防范风险放在十分突出地位置上，自觉遵守各项法律、法规和行业公约。

兴业证券倡导“提升员工价值，创造客户价值”和“以人为本、专业立司”的经营管理核心理念，致力于建设一支稳健、理性、团结、敬业、拚搏的高素质专业化队伍，全司现有职员723人，平均年龄30岁，其中博士15人，硕士109人，硕士以上职员占17％。目前公司91%的职员通过证券从业资格考试并获得证券从业资格。面对入世带来机遇和挑战并存的新形势，兴业证券与全球著名的人力资源咨询机构华信惠悦(Watson Wyatt)合作，全面建设一整套科学的、与国际接轨的专业化人力资源管理体系，提高团队的专业化能力和综合素质。

在中国证券市场新的发展时期，公司提出“适应变化要求，推动公司转型，致力于将兴业证券打造成优质的金融服务公司”的发展目标，在未来的发展中，兴业证券将继续为投资者提供更多更好的专业服务，与广大客户相互依托，携手共进，继续为促进我国证券市场的发展做出应有的贡献。

恒泰证券有限责任公司

【公司概况】 恒泰证券有限责任公司的前身是内蒙古证券有限责任公司。2002年经中国证监会批准，内蒙古证券有限责任公司增资扩股，注册资本0=94亿元增至6=6亿元，注册地为呼和浩特市，并更名为恒泰证券有限责任公司，跨入全国综合类券商行列。截止2002年底公司资产总额达17=4亿元，净资产总额7=4亿元。公司在内蒙古及北京、上海、深圳、广州等大中城市设有33家证券营业网点，现有员工400余人，98%以上获得证券从业资格。公司内设资银行部、经纪业务管理部、证券投资部、资产管理部、研究发展中心、信息技术中心等13个部门，在北京设立业务管理总部并筹组基金管理公司和网上证券经纪公司。

公司依法可经营如下业务：证券的承销和上市推荐；证券的自营买卖；代理证券买卖(含外资股、大宗交易)；网上证券委托；代理证券还本付息和红利的支付；证券投资咨询和财务顾问；资产管理；发起设立证券投资基金和基金管理公司；代理登记开户；经中国证监会批准的其他业务。

经中国人民银行批准的进入全国银行间同行拆借市场及全国银行间债券交易市场等业务。

【经营业绩】公司成立以来，秉承“稳健、诚信、务实、创新”的经营理念和“全心全意为客户服务”的经营宗旨，以繁荣和服务证券市场、促进地方经济发展为已任，依法经营、规范运作、科学管理、锐意进取，各项事业都取得了长足发展，成为在内蒙古实力最强、影响力最大，在国内具有一定业务规模和竞争优势的专业证券公司。

多年来，公司代理证券交易量占内蒙古地区的市场份额始终保持在60%以上，并先后承担了内蒙华电、伊利股份等区内外40多家公司股票的发行、上市、配股的承销，上市推荐和财务顾问工作，还先后代理内蒙古电力总公司、包头钢铁集团等近20家大中型企业发行企业债券10=6亿元，为培育和发展内蒙古资本市场，拓宽企业融资渠道，壮大企业实力，促进地方经济发展做出了突出贡献。

面对快速发展、日益开放且充满机遇与挑战的中国证券市场，恒泰证券将满怀与时俱进、追求卓越、创造辉煌的信念和勇气，抓住机遇，迎接挑战，采取人才为本、研发立足、全面拓展、他步实施、重点突破、科学管理、创新创优的发展战略，形成经纪、自营、承销、资产管理、基金管理、研发与咨询等各项业务及其他创新业务全面、持续、健康发展的局面，在全国证券行业具有较强竞争优势和品牌优势，力争跨入中国一流的集团化、股份化、国际化综合类券商行列，实现与中国证券市场同步发展、共繁荣的奋斗目标，以优良的业绩和丰厚的收益回报社会、回报股东。

地址：内蒙古呼和浩特市新城区东风路111号
邮编：010010
电话：0471－4918355　　**联系人**：包赛英
电子邮箱：baosy2008@sina.com

华泰财产保险股份有限公司

【公司概况】 华泰财产保险股份有限公司是中国第一家全国性股份制财产保险公司。由中国人民银行批准筹建，1996年8月29日在北京开业，公司注册资本金13.33亿元人民币。公司坚持效益为先的经营指导方针，明确专业化经营、质量效益型发展的市场战略定位，保险和投资业务保持健康和稳定的发展，取得了良好的经营业绩。公司在北京、上海、天津、重庆、南京、广州、西安、成都、沈阳、杭州、昆明、石家庄、深圳、青岛、大连、及佛山、绍兴、烟台等25个城市设有分公司和中心支公司，通过严格运营管理制度对分支机构业务实行垂直化管理，形成了面向全国的经营布局。2002年5月，华泰保险公司完成了外资参股工作，世界著名的金融保险企业——ACE保险集团参股华泰，并与华泰建立了战略合作伙伴关系。作为ACE集团的战略合作伙伴，华泰保险公司为ACE集团的跨国公司客户在华业务，提供符合国际惯例的风险保障服务。

【经营业绩】 华泰保险公司成立六年来，累计实现保险业务收入29亿元人民币，平均年增长率为33.7%，实现投资项下收益11.31亿元，平均年投资收益率为11.8%，公司保持稳定的盈利和分红水平，净利润累计达到6.76亿元。2002年是华泰保险公司成立以来总体经济效益最好的一年，全年实现保险业务收入7.9亿元，比2001年增长19%，超过全国财产险平均增长水平；实现投资项下收益1.82亿元，投资收益率8.78%，明显高于市场平均水平。公司净资产收益率8.87%，税后资本回报率10.7%，均创历史新高。截止到2002年12月底，公司总资产为55.37亿元。

保险业务　华泰保险公司重视保险业务的风险管控和基础建设工作，树立核保的核心作用，提升理赔的效率和服务水平。为适应现阶段的保险市场状况，便于专业化服务，公司对经营险种，按个人保险和商业保险进行划分。个人保险产品包括汽车保险、意外伤害保险、家庭财产保险和房屋保险等；商业保险产品包括各类责任保险、财产保险、工程保险、机器损坏保险、石油钻井设备保险、现金保险、货物运输保险、船舶保险和飞机保险等。2003年1月1日新的保险法公布后，公司积极开发并推出个人短期意外伤害保险(PA)等新产品。华泰保险公司是中国航天保险联合体、核保险联合体发起成员。成立六年来，先后承保了多次卫星发送项目与核电项目，显示了公司的实力，提高了华泰的声誉。华泰保险公司承保了一批有影响的重大工程与财产险项目，包括：北京轻轨、北京CBD财富中心、中国人民银行大厦、国家外汇管理局大厦、国家烟草局大厦、上海金茂大厦、国华电力、中国海洋石油总公司渤海六号油田、上海浦东钢铁集团、中央电视台直播项目（建国五十周年大庆、澳门回归、悉尼奥运会等）、'99上海《财富》论坛国际会议中心、上海通用汽车公司、南京化工集团30万吨合成氨项目、陕京天然气管道工程等。为了有效规避与分散风险，公司注重与国内保险业同行保持密切联系，逐步建立起大项目、高风险业务的共保合作机制。公司还与国内和国际间实力强、信誉好的再保险公司进行持续稳定的、多层次、全方位的再保险业务合作。

投资业务　华泰保险公司将投资业务与保险业务并重，不断加强投资业务的专业化管理，资金运用取得了突出的业绩。华泰的债券经营水平，不仅在保险业内，而且在全国金融市场上，连续处于领先地位，树立了华泰的品牌。2002年是华泰保险公司投资业务实施战略调整的一年。新建的投资管理中心南迁上海浦东，顺利实现平稳过渡。在2002年投资市场普遍低迷、风险增加的弱市环境中取得了出色的投资业绩。债券净值增长率达10%，高于市场基准水平5.60个百分点；基金净值增长教市场基准水平高7.74个百分点。投资收益为华泰去年整体赢利达到历史最高水平做出了突出贡献。

2002年华泰保险公司提出"制度立司"的管理理念，通过全面的制度建设，提高公司管理水平，实现整体经营目标。用制度来培养人、选择人和激励人，发挥员工的积极性和创造性，真正做到"以人为本"。通过引入外资，公司进一步优化了股权结构，引进了先进的管理理念和技术、资金、人才等战略资源，在承保选择、风险管控、量化管理以及快速实施等方面，开始形成新的竞争优势。华泰积极推进公司治理结构的调整。根据新的公司章程，董事会设立了预算审核、薪酬、审计三个专门委员会和执行委员会。公司建立了CEO体制，并将保险业务和投资业务作为两个独立的利润中心，由保险和投资两名首席运营官对经营结果负责。公司按照专业化分工、个人负责制和扁平化管理的原则，建立了新的保险业务管理架构，设立了运营管理部、承保中心和理赔中心。加强对分支机构的管控力度，要核保、财务、人事、信息技术等方面实行垂直管理，努力提高公司的专业化水平。

华泰公司重视企业文化建设工作，提出了"培养职业化员工，提供专业化服务"的目标价值观，以此达到华泰质量效益型发展的战略目标。公司崇尚制度权威，用制度培养人、检验人。公司提倡"合作与和谐，规范与创新，信任与交流，开放与包容"的企业氛围。公司建立以客户为导向的企业服务链，通过境内外培训、专业考核和岗位轮换等多种方式，提高员工素质，培养专业化服务能力，构建起新时期的华泰企业文化。

中国加入WTO以后，华泰保险公司重新进行保险业务的战略目标定位，坚定了走集约化发展道路的决心，努力把华泰建设成一家专业化经营的、质量效益型保险企业。在业务发展的同时，公司努力向建立综合性金融服务集团的目标迈进。目前公司正积极推进筹建合资寿险公司的工作；A股上市辅导工作即将完成，公司将在条件成熟的情况下择机上市。

天安保险股份有限公司

【公司概况】　2002年，是公司实现全国化战略部署、跨越式发展的重要之年。一年来，公司坚持"抓管理、促发展、建品牌"的经营方针和"以更及时、更全面、更专业、更道德的服务，创建中国财产保险第一品牌"的经营理念，求真务实，开拓进取，各项经营业绩大幅提升，实现保费收入7.16亿元，比上年净增3.39亿元，增长89.9%；经济效益稳步提高，全年实现利润总额3234万元，比上年增加27%；机构建设获得突破，大连、青岛、济南、广州、重庆、深圳、厦门、郑州、天津、武汉、沈阳、长沙等12家分公司、35家中心支公司先后开业。在保险业务大幅提升的同时，公司进一步健全和完善了现代企业制度，不断优化经营机制，创新经营手段，提升发展水平，注重文化建设，开创了公司建设的新局面。

【经营业绩】　质量环境双双认证，管理水平不断提升　在2000年通过ISO9002质量管理体系认证的基础上，不断优化基础管理，提升集约化经营水平。7月12日，公司又顺利通过了由瑞士SGS公司主持的ISO9001:2000质量管理体系标准和ISO14001环境管理体系标准的认证，成为国内首家同时通过这两项认证的财产保险公司。

营销模式推出"样板"，市场推进效果明显　针对保险市场不断变化的竞争格局和日趋激烈的竞争态势，公司各级机构加强展业策划，创新销售方式，不断推出各具特色的营销模式，加之潜心研究市场动态，积极引导市场消费，市场占有率有了明显的提升。

特色险种不断推出，市场普遍反应热烈　针对市场变化和消费者需求，公司先后研制开发了机动车辆保险、幸福家庭财产险系列产品、责任保险和健康保险等数十个新产品。投放市场后，引起市场热烈反应，市场需求旺盛。团队竞赛高潮迭起，员工干劲不断激发根据各地阶段性市场发展要求，公司不断组织以市场开发为内容的劳动竞赛活动，把员工建功立业、开拓进取的政治热情转化为市场竞争的动力。通过不断掀起的竞赛高潮，进一步激发了团队和个人的责任感和荣誉感，加快了市场发展的步伐。

率先成立网络学院，学习气氛日趋浓厚　4月16日，我国保险业首家网络教育学院在天安成立，这是公司适应市场发展需求，探索如何充分利用社会资源和信息化技术，建立适合企业自身发展要求的人才培训体系的大胆尝试。天安保险网络教育学院成立后，天安员工学习知识、钻研技术的氛围日趋浓厚，一个学习型的组织已经形成。

首席承保应运而生，体制改革不断创新　作为国内率先实行与国际接轨的以"承保人制度"为载体的专业化产险公司，成立8年来，根据国内市场变化，不断加以完善和创新。在此基础上，又创立了专职、专责、专项的与业务岗位相称的首席承保人制度，公司专业化管理的水平迈上了新台阶。

服务手段不断创新，服务优势得以打造　创新保险服务，是公司品牌建设的重点。公司在所有中心城市的机构中设立了客户服务中心，将理赔服务、承保服务、投诉处理、保险咨询、客户呼叫等服务项目融为一体，实行专业化管理。为方便客户索赔，建立了绿色通道，加上各种客户定期回访、送赔款上门、帮助客户防灾防损等服务手段，公司客户服务优势得以打造。

视频会议系统开通，信息技术上新台阶　建设计算机信息网络系统，提高信息技术是公司技术创新的一个重要举措。年内公司完成了核心业务系统的优化和升级，进行了公司网站和TA178电力商务平台的改造，开发了视频会议系统、开发了车险零配件报价系统、VISDA信息发布系统等，公司信息技术管理水平跃上新台阶。

配合公司全国化大发展过程中的管理转型和职能强化的需要，公司加大人力资源建设力度。通过组织各层次的专业技能培训，逐步建立起一支德才兼备的管理队伍和专业技术队伍。同时，公司不断加大优秀人才的引进、培养力度，首次走出国门，在美国、加拿大和我国香港地区举办人才考聘会，引起轰动效应。

企业文化推导有方，“天安之道”深入人心　建设具有天安特色的企业文化，是公司长期发展战略之一。2002年，以“天安之道”价值核心理念体系为准则的企业文化不断向深度和广度发展。通过培训班、晨会诵读、广泛讨论以及各种形式的演讲会、知识竞赛等，使“天安之道”的文化理念深入人心。

融通基金管理公司

【公司概况】 融通基金管理有限公司是经中国证监会批准，由河北证券有限责任公司、陕西省国际信托投资股份有限公司、联合证券责任有限公司和爱建证券有限责任公司共同发起设立。公司于2001年5月在深圳注册成立，注册资本12500万元人民币，经营范围是发起设立基金、基金管理和中国证监会批准的其他业务。

公司实行董事会领导下的总经理负责制，并引入独立董事制度。董事会设立了合规审核及审计委员会、提名及资格审查委员会及薪酬与考核委员会。公司下设基金管理部、机构理财部、研究策划部、基金交易部、市场拓展部、登记清算部、信息技术部、综合管理部、监察稽核部等九个职能部门，以及北京投资理财中心、上海投资理财中心。同时，公司还设有投资决策委员会和风险控制委员会，负责指导基金资产的运作和风险控制。

【经营业绩】 公司自成立以来，始终坚持“以人为本、诚实信誉、规范自律、卓越服务”的经营理念，稳健发展，为广大投资者提供长期稳定的回报。截止20003年10月底，公司共管理基金通宝、基金通乾两只封闭式基金，及融通新蓝筹、融通债券基金、融通深证100指数基金和融通蓝筹成长基金等四只开放式基金，总体管理规模达到了60亿份基金单位。在精心管理、努力创造收益的基础上，融通旗下的基金坚持持续分红，为持有人提供现实的回报。目前已累计为持有人分红1.55亿元。

伴随着资本市场的的不断壮大和证券投资基金业的蓬勃发展，融通基金管理公司正以全新的面貌，迎接历史赋予的挑战和机遇。

北京国友大正资产评估有限公司

【公司概况】 北京国友大正资产评估有限公司是具有独立法人资格的专业资产评估机构，具有中国证券监督管理委员会、财政部授予的证券业务资产评估资格。公司注册资本100万元人民币。经过多年磨合，资产评估人员已经形成了一个以注册评估师、高级会计师、高级经济师、高级工程师（包括机械设备、建筑工程、电子化工行业）为主的最佳人才组合。公司拥有近三十名注册资产评估师和十余名房地产估价师和注册会计师。公司董事长王永禄先生系北京注协常务理事和《中国证券业年鉴》编委。公司与各大会计师事务所、律师事务所、证券公司保持着经常性的业务联系，与证监会、财政部等国家政府部门保持着密切的关系，能为客户提供全方位和多层次的服务。

公司已经完成企业上市、股份制改造、中外合资合作和无形资产评估等各种类型的评估项目100余个，其中经原国家国有资产管理局和财政部以及各省市国有资产管理局或财政部门确认的项目，确认率达百分之百，投诉率为零。

法定代表人：王永禄

地址：北京西城区金融街27号投资广场B座1503、1505

邮编：100032

电话：(010)66211635/36

传真：(010)66211634

周月秋

中国工商银行资产托管部总经理

周月秋，男，汉族，1963年生于湖南省，中共党员，经济学博士，副研究员，从事金融工作20年。1983年至1990年，在河南省金融干部管理学院工作，任教研室副主任。1990年至1993年，在陕西财经学院攻读博士学位。1993年至1997年，在中国工商银行资金计划部任副处长，1997年至1998年在中国工商银行安徽省分行合肥市分行任副行长，1998年至2000年任中国工商银行资金营运部处长，2001年任中国工商银行资金营运部副总经理，2002年任中国工商银行基金托管部副总经理（主持工作），2003年至今任中国工商银行资产托管部总经理。

庄东辰

上海申银万国证券研究所有限公司董事长

庄东辰，1955年出生，华东师范大学统计学博士，高级经济师。进入申银万国至今，历任申银万国证券公司研发中心主任、研究所所长、研究所有限公司董事长。现为上海申银万国证券研究所有限公司董事长，中国证券业协会副会长，中国证券业协会证券分析师专业委员会副主任，中国现场统计学会会员，上海市金融工程研究会副理事长，上海市互联网信息服务业协会副理事长，美国《Mathematic Review》杂志特邀评论员。先后荣获上海市劳动模范、上海市优秀共产党员、上海市金融系统优秀共产党员、上海市职工职业道德“十佳标兵”、全国五一劳动奖章等荣誉称号。

陈莉茜

武汉三镇实业控股股份有限公司董事长

陈莉茜，中共党员，大学学历，高级工程师，武汉市优秀专家，中共武汉市委第七届党代会代表，中共湖北省委第七届党代会代表，武汉市监理协会常务理事。陈莉茜女士历任武汉市自来水公司设计院土建室副主任、主任、武汉扬子江工程监理有限责任公司副经理、武汉市给排水工程规划设计院副院长、院长，同时兼任武汉扬子江工程监理有限责任公司经理。2003年1月任武汉三镇实业房地产开发有限责任公司董事长，2003年3月就任武汉三镇实业控股股份有限公司董事长。

丁中智

上海电力股份有限公司董事长

丁中智，男，53岁，硕士研究生学历，毕业于中南工业大学，高级经济师。曾任湖南省电力工业局副局长、党组成员，中国华中电力集团公司副总经理、党组成员，中国西北电力集团公司总经理、党组书记，中国电力国际有限公司执行副董事长、总经理、党组书记等职。现任中国电力投资集团公司副总经理，党组成员，上海电力股份有限公司董事长。

邓传明

海口农工贸（罗牛山）股份有限公司董事长

邓传明，男，中共党员，博士，高级经济师。海口市罗牛山农业综合开发区管委会主任、海口农工贸（罗牛山）股份有限公司董事长、海口市委候补委员。邓传明先生曾为企业化解债务14多亿元；实行经营目标管理，为企业减亏8000余万元；处理法律诉讼50多宗，消除企业退市危机；规范企业管理，为企业发展奠定坚定基础。

邓中华

湖南郴电国际发展股份有限公司董事长

邓中华，男，汉族，1958年9月出生，中共党员，大学文化，高级政工师，特一级摄影师，"全国五一劳动奖章"获得者。现任湖南郴电国际发展股份有限公司董事长、联合国国际小水电郴州基地主任，郴州市电力有限责任公司董事长。

刘龙华

北京城建投资发展股份有限公司董事长

刘龙华，大学学历。1968年11月至1969年4月在北京顺义县张喜庄公社插队；1972年4月至1975年12月在清华大学建工系供热与通风专业学习；1975年12月至1999年8月任北京建工集团设备安装公司工长、副经理、经理；1999年8月至2002年4月任北京建工集团党委副书记、董事长、总经理；2002年4月至今任北京城建集团党委书记、董事长；2002年6月至今兼任北京城建投资发展股份有限公司董事长。

关国亮

新华人寿保险股份有限公司董事长

关国亮，博士。1983年7月至1987年11月在黑龙江省财政厅任职；1987年11月至1992年1月在黑龙江省会计师事务所任主任会计师；1992年1月至1998年11月任东方集团副总裁及财务公司总经理；1996年1月至1998年11月任新华人寿保险公司常务董事；1998年11月至今任新华人寿保险股份有限公司董事长。

龙江

云南白药集团股份有限公司董事长

龙江，1982年毕业于西安理工大学。毕业后在云南省经贸委工作，历任副处长、处长、主任助理兼处长、副主任。1998年10月调云南医药集团有限公司工作任总经理。1999年5月至今担任云南医药集团有限公司总经理、云南白药集团股份有限公司董事长。2002年9月至今，兼任云南医药集团有限公司党委书记。

邬昆华
中国石化武汉凤凰股份有限公司董事长兼总经理

邬昆华，中共党员，1968年毕业于清华大学，教授级高级工程师，1995年10月任中国石化集团武汉石油化工厂厂长，武汉凤凰股份有限公司董事长兼总经理至今。他任正职以来，工厂先后获“湖北省优秀企业”“武汉市经济效益优胜单位”“中国石化集团安全文明生产先进单位”“湖北省最佳文明单位”等荣誉称号；武汉凤凰股份有限公司获深圳证券交易所“十佳上市公司”第三名，获“武汉市优秀企业”等称号。

闫希军
天士力制药股份有限公司董事长

闫希军，主任药师，博士研究生，天士力集团创始人，现任天士力制药股份有限公司董事长。曾荣获联合国“和平使者”、全国医药系统劳动模范、全国优秀科技工作者、全国卫生产业先进个人、全军优秀企业家、全军药材工作先进个人、天津市“科技兴工”带头人、天津市特等劳动模范、天津市“科技兴市”突出贡献奖、天津市“技术创新”带头人多项荣誉称号，并荣立军队二等功。

朱崇仁
云南驰宏锌锗股份有限公司董事长

朱崇仁，男，1968年毕业于西安交通大学。1983年至2000年，曾任云南红河州人民政府劳动人事局副局长、局长，红河州人民政府经贸委副主任（主持工作），云南个旧市委副书记、个旧市市长，曲靖行署副专员、曲靖市副市长。2000年4月至今，任云南冶金集团总公司副总经理，兼任云南驰宏锌锗股份有限公司董事长。

何国杰
广东省风险投资集团董事长

何国杰先生现任广东省风险投资集团董事长、广东省风险投资促进会理事长、广东省科技风险投资有限公司董事长、广东省科技创业投资公司总经理、广东清华科技创业中心理事长、华南理工大学商学院兼职教授、中国科技金融促进会风险投资专业委员会副主任、中国风险投资杂志编委、2002年中国证券业年鉴顾问。何国杰先生曾被“2002年大中华区创业投融资高峰会暨中国创业投资年度论坛”评选为“2002年中国创业投资10佳基金投资人”；被“2001年中国创业投资年度论坛”评选为“2001年中国最活跃的10位风险投资人。

李兵
众成证券经纪有限公司董事长

李兵，男，1953年9月出生，山东省济南人，中共党员，高级经济师，高级政工师，现任众成证券经纪有限公司董事长。李兵先生长期致力于政治、经济和金融管理工作，熟悉国内外金融工作的方针、政策，对国内外政治、经济形势有敏锐的洞察力，对宏观经济管理理论有较深入的研究，在金融市场的理论和实践方面具有较高的造诣。

李南高
昆明制药集团股份有限公司董事长、党委书记

李南高，男，汉族，1949年2月1日，江苏省南京市人，制药高级工程师。现任昆明制药集团股份有限公司董事长、党委书记，曾当过知青。1975年8月毕业于上海华东化工学院抗生素制药专业，1983年起任省经委轻工处副处长，1988年6月起任昆明制药厂厂长。1995年12月起，昆明制药厂改制为昆明制药股份有限公司后，任公司董事长、总裁。1998年6月11日起，任公司党委书记。1992年至1998年，先后引进外资创办了中美合资昆明贝克诺顿制药有限公司、中瑞合资昆明康普莱特制药有限公司、云港合资昆明雅阁臣药业有限公司。2000年3月起，并任云南医药集团有限公司副总经理。2003年获得中国企业联合会、中国企业家协会第二届“中国企业家创业事迹奖”。

孙东兴
安徽方兴科技股份公司董事长

孙东兴，男，1951年6月生，汉族，安徽滁州人，中国社科院研究生企业管理专业毕业，研究生学历，高级政工师，高级经济师，享受省政府特殊津贴待遇，1968年10月参加工作，1974年9月加入中国共产党。1987年8月任蚌埠市委办公室副主任，1991年3月任蚌埠市经济体制改革领导小组办公室副主任，1993年6月任蚌埠市建材工业公司经理、党委副书记，1996年7月任蚌埠市建材工业管理局局长、党委副书记、党委书记、蚌埠浮法玻璃总公司党委书记、总经理。1997年12月，经改制成立华光集团，历任华光集团董事长、党委书记、总经理，2000年9月至今任安徽方兴科技股份公司董事长。2003年荣获“安徽省十大经济人物”、“全国建材行业优秀企业家”称号。

孙光
黑龙江电力股份有限公司总经理

孙光，男，汉族，高级经济师，中共党员。自1996年起至今任黑龙江电力股份有限公司总经理，黑龙江省第六届“十大杰出青年企业家”，自1996年至2001年连续六年荣获“哈尔滨市开发区优秀企业管理者标兵”，哈尔滨市人大代表，黑龙江省生产力学会副会长。

孙新华
芜湖港储运股份有限公司董事长

孙新华，1972年4月参加工作，于芜湖江东船厂船用泵分厂任团支部书记；1975年至1979年服役于解放军54801部队政治部；1980年至1992年就职于长航公安局政治处，先后任组织干事、党委秘书、副主任、主任兼副书记；1992年至1993年供职于交通部公安局四处，为副处级干部；1993年至1994年就职于芜湖长航公安局，时任党委副书记，主持该局工作；1994年起供职于港务局、芜湖港储运股份有限公司，历任党委书记兼副局长、党委书记和局长、董事长。2002年被安徽省质量协会授予“安徽省质量管理先进工作者”称号，同年被中国质检总局授予“全国质量管理先进工作者”称号。

骆家刚
浙江金迪期货经纪有限公司董事长

骆家刚同志自60年代起从事财务工作，先后担任金华市二轻局及金华市信托财务科长、总会计师等职务，1997年进入浙江金迪期货经纪有限公司，担任董事长兼总经理。主要荣誉有：1997年由中国财会研究交流中心和中国国际交流出版社颁发“中国优秀财务专家会计师”荣誉证书，1998年被中国财会研究交流中心和香港中国国际交流出版社聘为“中国财会研究交流中心研究员暨国际交流系列书刊特约顾问编委”；1998年担任《改革开放二十年的中国》一书的编委会委员。

钟伟华
广东证券股份有限公司董事长

钟伟华，男，1957年8月出生，中共党员，高级经济师。现为广东省金融研究中心干事，深圳证券交易所理事，广东股份研究会副会长。1978年3月至1982年3月，在广州中山大学经济学系读本科。1982年4月至1992年10月，在中国人民银行广东省分行工作，历任副科长、科长、副处长；1992年11月至1993年12月，在广东省南方金融服务总公司工作，任总经理助理兼公司发展部和证券部经理；1994年1月至1997年8月，在广东证券公司工作，任公司董事兼总经理；1997年9月至今，任广东证券股份有限公司董事长、总裁。

祝世寅
上海国有资产经营有限公司总裁、党委书记

祝世寅，男，中共党员，复旦大学毕业，1995至1996年作为访问学者在美国佐治亚理工大学管理学院学习，先后在美国可口可乐公司总部和摩根史丹利添惠总部实习。曾担任上海市静安区人民政府副区长，中共上海市闸北区委常委和上海市闸北区人民政府常务副区长。现任上海国有资产经营有限公司总裁，党委书记，上海市申江两岸开发建设投资（集团）有限公司董事长，上海国际集团有限公司副董事长，浦东发展银行副董事长，上海社会科学院信息研究所客座研究员，复旦大学管理学院兼职教授，上海交通大学资产管理创新研究中心特约研究员，上海技术产权交易所首席代表，《中国证券业年鉴》顾问委员会特邀顾问。

王新敏

陕西航天动力高科技股份有限公司董事长

王新敏先生，1956年出生，1982年毕业于哈尔滨工业大学，研究员。曾任西安航天发动机厂副总工艺师兼技术处副处长、处长，副总工程师兼总工艺师，1994年起任该厂副厂长、厂长兼总工程师、厂长兼科技委主任；1999年3月至今任西安航天科技工业公司副总经理。其中1999年12月至2002年1月为陕西航天动力高科技股份有限公司董事、总经理，2002年1月至今为公司董事长。1993年起享受国务院政府特殊津贴，1995年获得中国航天基金奖，1998年被批准为中国航天工业总公司有突出贡献专家。

江先周

中国建设银行基金托管部副总经理

江先周，中国建设银行机构业务部、基金托管部副总经理（主持工作），负责全行政府类客户、银行同业以及证券公司、信托公司、期货公司、财务公司等金融机构客户金融业务的经营管理，负责全行证券投资基金、产业投资基金以及委托资产托管业务的经营管理。1986年加入建设银行，先后在行长办公室、国际业务部、基金托管部、机构业务部工作。1995年5月至1997年5月，任办公室副主任，主要负责全行法规与法律事务管理、信息交流、对外宣传、档案管理等。1997年5月至2000年8月任国际业务部副总经理，负责全球代理行关系管理、全行贸易融资、外汇清算、商人银行等业务管理。

在十余年银行工作实践中，对中国金融理论与实务问题做了深入研究，在中央级刊物发表专业论文数十篇、20余万字。合作编著、翻译业务专著近十部。

陆景熞

万联证券有限责任公司董事长

陆景熞同志1984年开始从事金融改革工作，先后任广州市体改办副主任、广州市体改委主任，自1992年起兼任广州市证券委常务副主任，负责企业上市、上市公司监管等工作，2003年2月14日经中国证监会证监机字[2003]50号“关于万联证券有限责任公司陆景熞同志任职资格的批复”核准，担任万联证券有限责任公司董事长、法定代表人。陆景熞同志具有较高的政治素质、丰富的工作经验和较强的组织领导管理能力。2003年，在其带领下，万联证券有限责任公司取得了长足的进步和发展，深沪市的股票交易量排在同等规模券商中名列前茅，公司成功由经纪类证券公司转型为准综合类证券公司，经营范围涵盖证券的承销和上市推荐、证券自营、证券经纪、证券投资咨询；资产管理、发起设立证券投资基金和基金管理公司等，并于2003年11月取得股票（转债）的主承销商资格。

陈济民
北京北方天鸟智能科技股份有限公司董事长

陈济民，男，中共党员，大学毕业，高级经济师、高级工程师。1970年8月毕业于华东工学院，先后在国营华北光学仪器厂任党支部副书记、党委办公室副主任；1980年9月至1982年1月在长春光机学院管理工程系专业学习；1982年1月在国营华北光仪器厂，先后任管理科科长、经营副厂长、党委书记、党委书记兼厂长、厂长；2001年8月至今任北京华北光学仪器有限公司总经理；2002年5月至今任北京华北光学仪器有限公司副董事长；2000年9月至今任北京北方天鸟智能科技股份有限公司董事长。陈济民先生曾获"全国劳动模范"、"首都楷模"等荣誉称号，并享受国务院颁发的政府特殊津贴。

林金腾
金鹰基金管理有限公司董事

林金腾，硕士研究生，金鹰基金管理有限公司董事、总经理。毕业于中南财经大学金融系，金融学硕士，高级会计师，曾任安永会计师事务所（香港）审计师、广东国际信托投资公司副总会计师、广信基金部总经理、中华商业基金管理公司董事、金鹰基金管理公司筹备组负责人。

郑明坦
江西洪城水业股份有限公司董事长

郑明坦，高级工程师。1967年至1976年在江西进贤机械厂工作；1976年至1984年在南昌市政工程管理处任副处长；1984年至1987年任南昌煤气公司经理；1987年至1995年任南昌市自来水公司副经理、高级工程师；1995年至2001年任南昌水业集团党委书记、副董事长；2001年11月至今任江西洪城水业股份有限公司董事长。

唐棣华
中国银行基金托管部总经理

唐棣华，中国银行基金托管部总经理。从事金融工作27年，曾在中国银行江西省分行、中国银行信托咨询公司任职。1997年被派往巴西圣保罗市筹建中国银行圣保罗代表处，并就任代表处首席代表。2001年6月就任中国银行基金托管部总经理至今。唐棣华在中国银行先后从事过本外币信贷、国际结算、信托、证券业务，具有较丰富的银行从业经验，对银行业务尤其是国际贸易结算及信贷业务较为熟悉。

李晓安
华龙证券有限责任公司总裁

李晓安，男，1959年1月出生，汉族，甘肃天水人。中共党员，经济师，研究生学历。1975年5月至1977年12在甘谷乡插队锻炼；1977年12月至1989年8月在天水拖拉机厂先后当工人、担任工段长、车间主任、团委副书记、党委委员；1989年8月至1990年12月任天水市信托投资公司办公室副主任；同年12月任天水市信托投资公司办公室主任；1991年5月至1993年3月任天水市信托投资公司副总经理；1993年3月至1999年6月任天水市信托投资公司总经理，法人代表。1999年3月至1999年6月任天水市财政局副局长；1999年6月至2002年10月任天水市财政局局长；1999年9月至2002年10月任天水市财政局党组书记；2002年10月任华龙证券有限责任公司董事、副董事长；2003年5月任华龙证券有限责任公司总裁。

李其祥
江西长力汽车弹簧股份有限公司董事长

李其祥，男，1949年9月出生，高级政工师，1981年至1994年历任南昌钢铁厂宣传干事、副部长、部长、副厂长，1994年至1997年任南昌钢铁有限责任公司副总经理。现任江西长力汽车弹簧股份有限公司董事长，目前还担任南昌钢铁有限责任公司党委书记、副董事长、江西汽车板簧有限公司副董事长。

陈龙海
浙江海通食品集团股份有限公司董事长

陈龙海，男，出生于1952年4月，高级经济师，中国共产党党员。现任浙江海通食品集团股份有限公司董事长、中共浙江海通食品集团股份有限公司党委书记、中国商贸专家委员会委员、浙江省蔬菜协会会长、浙江省罐头行业协会副理事长、浙江省制冷协会副理事长、浙江省食品工业协会理事。陈海龙先后被评为"浙江省优秀企业家"、"全国食品行业质量管理优秀领导者"、"全国内贸系统劳动模范"、"宁波市优秀农业科技工作者"、"2001年果菜产业十大杰出人物"、"浙江省第六届经营管理大师"、"2003年首届中国经济百名杰出人物"多次被评为宁波市、慈溪市先进工作者、劳模。

陈智
云南铝业股份有限公司董事长

陈智，男，1982年毕业于四川大学经济学系。1982年至1985年在云南省政府工作，曾任正处级秘书、处长。1985年至1998年，陈智先生先后担任云南省工商行政管理局副局长、党组成员，云南省红河州人民政府副州长，云南省地方税务局副局长、党组成员。1998年至今，在云南冶金集团总公司任党委书记、董事长、总经理，并兼任云南兰坪有色金属有限责任公司董事长、云南铝业股份有限公司董事长。

杜文广
太原理工天成科技股份有限公司董事长兼总经理

杜文广，1963年生，1987年毕业于哈尔滨工业大学。党员，工学硕士，高级工程师。1998年7月创建山西太工天成科技实业有限公司任总经理，2000年7月任太原理工天成科技股份有限公司副董事长兼总经理，2003年8月当选为太原理工天成科技股份有限公司董事长并被董事会聘任为总经理。2000年被共青团山西省委授予"五四青年奖章"；被共青团中央授予"中国青年科技创新奖章"；2002年获山西省"五一劳动奖章"；同年7月荣获第三届"山西省青年科学家奖"，同时获"青年管理学家"称号；并当选为太原市人大代表。1999年至2001年连续三年被太原高新技术开发区（国家级）授予优秀企业家的称号，2002年被授予杰出企业家的称号。

刘丹军
武汉三特索道集团股份有限公司总裁

刘丹军，男，1955年2月16日出生，武汉市人，中共党员，硕士研究生，高级经济师，现任职务：武汉三特索道集团股份有限公司总裁。1972年至1976年，国营96262厂工人；1976年至1977年，武汉大学理论班学员；1977年至1981年，武汉大学经济系教师；1981年至1984年武汉大学社科系教师；1984年至1987年，中南财经政法大学财经系研究生；1987年至1994年，武汉信托投资公司副总经理；1994年至今，武汉三特索道集团股份有限公司副总经理、总经理、总裁。

李泽民
大同煤业股份有限公司副董事长兼总经理

李泽民，男，50岁，中共党员，大学文化，籍贯河北省。中央党校函授党政专业毕业，高级工程师。曾任大同矿务局大斗沟矿技术员、副区长、区长、副矿长，煤峪口矿、四台矿矿长，大同矿务局劳动服务总公司经理、书记，大同煤矿集团公司总经理助理。现任大同煤业股份有限公司副董事长、总经理。

刘强
中石化武汉石油（集团）股份有限公司副董事长兼总经理

刘强，湖北省丹江口人，1963年生，经济师，企业管理学硕士，EMBA。现任中国石化武汉石油（集团）股份有限公司副董事长、总经理。

刘平

南方建材股份有限公司董事长

刘平，男，汉族，湖南大学MBA毕业，目前在湖南大学EMBA在读，高级经济师。1972年3月参加工作，1983年1月加入中国共产党。历任邵阳水轮发电机厂副厂长、常务副厂长，邵阳食品厂厂长、党委书记，湖南第二人民机器厂厂长、党组书记，湖南省机械工业局副局长、党组成员、湖南省机械工业局纪检组长，现任湖南物资产业集团有限公司总经理、党组书记，南方建材股份有限公司董事长，兼任湖南省汽车工业协会理事长、中国物流协会常务理事，湖南省董事协会副会长，中国企业联合会理事。刘平先生具有丰富的企业管理经验和资本运作的实践知识，对于企业如何开拓市场、如何提升核心竞争力、尽快做大做强有独到的见解。

齐民

武汉三特索道集团股份有限公司董事长、党委书记

齐民，男，武汉三特索道集团股份有限公司董事长。武汉大学经济系毕业，经济学博士；高级经济师；1950年出生于湖北省武汉市，1968年参加工作，曾在农村、企业基层和党政机关工作。曾任湖北省政府办公厅科长、处长、研究室副主任；中共湖北省委财经办公室主任；湖北清江水电开发公司副总经理；华中科技大学、武汉大学兼职教授；湖北经济学院客座教授；现任武汉三特索道集团股份有限公司董事长、党委书记。

阮水龙

浙江龙盛集团股份有限公司董事长、党委书记

阮水龙，浙江上虞人，中共党员，高级经济师。现任浙江龙盛集团股份有限公司董事长、党委书记；兼任中国染料工业协会常务理事、浙江省染料工业协会理事长、绍兴市染料协会理事长、绍兴市人大代表、上虞市政协常委等职。历年来先后被评为"浙江省优秀企业家"、"浙江省创业功臣"、"绍兴市优秀企业家"、"上虞市明星企业家"等多项荣誉称号。

杨运成

北京城建投资发展股份有限公司董事会秘书兼副总经理

杨运成，在职研究生。1974年12月至1983年7月铁道兵56团、基建兵51大队战士、给养员、定额员；1983年7月至1992年8月北京城建四公司科员、副主任、科长；1992年8月至1998年12月北京城建总公司商贸部总经济师、研发部副部长；1998年12月至今任北京城建股份公司董事会秘书兼副总经理。

张连选

天津市房地产发展（集团）股份有限公司董事长

张连选，男，1994年至2001年，任天津市建工集团党委副书记、副总经理；2001年至2002年任天津市房地产开发经营集团有限公司副总经理；天津市房地产发展（集团）股份有限公司总经理；2002至今任天津市房地产发展（集团）股份有限公司董事长。张连选同志于2001年担任天房发展总经理，2002年任董事长。在此期间，张连选同志勇于开拓创新，全面推进企业改革，扎实开展现代企业制度建设，逐步完善法人治理结构，建立健全了企业的规范管理制度，使企业文化建设和生产经营工作匀呈现崭新的局面。

陈海晓

财通证券经纪有限责任公司董事长

陈海晓同志，男，1958年4月生，大学本科学历，高级经济师。现任财通证券经纪有限责任公司董事长，兼任浙江证券期货业协会副会长及其教育培训委员会主任、中国国债协会常务理事和浙江省财政学会副秘书长等职务。

梅敬民
江汉石油钻头股份有限公司董事、总经理

梅敬民，湖北黄梅人，1957年生，高级工程师，工业工程硕士。曾任江汉石油管理局钻头厂车间主任、计划科长、生产科长、副总工程师、副厂长、厂长。现任江汉石油钻头股份有限公司董事、总经理，北京特奥生物信息技术有限公司董事长、上海科特高分子材料有限责任公司董事长、武汉江钻声屏障有限责任公司董事长、北京中视都市传媒投资管理公司董事、华中科技产业股份有限公司董事，受聘为中国管理科学院学术委员会终身研究员、华中科技大学人力资源管理研究所“人力资源管理专家”、武汉市制造业信息化专家组专家，兼任中国青年企业家协会常务理事、《管理科学文摘》杂志首席常务理事、《科技创业月刊》首席常务理事、人民日报社《中国经济快讯》周刊专家顾问、中国工程机械学会、中国化学工程学会和湖北省石油学会常务理事，湖北省企业家协会、企业管理协会和机械工程学会理事。

廖礼村
江西江中药业股份有限公司董事长

廖礼村，男，1976年毕业于江西中医学院中医专业并留校任教。1984年至1996年任江西中医学院中医系党委总支副书记、书记。1996年任江西江中制药厂党委副书记，2000年1月任江西江中制药厂党委书记。2001年至今，任江西江中药业股份有限公司董事长。

黄忠渠
贵州钢绳股份有限公司董事长

黄忠渠先生1982年至1985年，任贵州钢绳厂技术员；1985年至1990年任贵州钢绳厂普绳车间主任；1990年至1991年贵州钢绳厂航绳车间主任；1991年至1998年任贵州钢绳厂一分厂厂长；1998年至2001年，贵州钢绳（集团）有限责任公司副总经理、总经理；2001年至今任贵州钢绳股份有限公司董事长。

宋建生
汉唐证券有限责任公司总裁

宋建生先生，历任中国人民银行贵州省分行办公室副主任，贵阳汇通城市信用社经理，交通银行海南分行人事教育处副处长、信托业务部副经理，海南银通国际租赁公司常务副总经理，贵阳市城市信用社联社主任，贵州证券公司副董事长、总经理，2001年9月汉唐证券有限责任公司成立，担任常务副总裁、总裁职务。

宋建生先生多年来从事银行证券工作，专注于金融证券领域的研究，有着丰富的管理经验和敏锐的分析能力，致力于推动汉唐证券稳健、快速地发展。

严宏
安徽长江农业装备股份有限公司董事长

严宏，男，1957年8月出生，汉族，安徽省六安市人，中共党员，大学本科学历，高级工程师，安徽省机械系统优秀企业家，安徽省劳动模范。历任六安行署轻工业局和六安市轻工总会科员、副科长、科长、副局长、局长、总会会长等职。现任安徽长江农业装备股份有限公司董事长、总经理。

杨胜利
贵州久联民爆器材发展股份有限公司董事长

杨胜利，男，大学文化，贵州久联民爆器材发展股份有限公司董事长；贵州省优秀企业家，贵州省劳动模范。

王春鸣

四川国栋建设股份有限公司董事长兼国栋集团党委书记

王春鸣，男，四川盐亭县人，1949年2月24日出生。1990年1月至1993年1月任成都蜀都建筑公司总经理兼党委书记；1993年2月至今任四川国栋建设股份有限公司董事长兼国栋集团党委书记。王春鸣同志1992年7月加入中国共产党，现任双流县第十五届人大代表、人大常委委员和成都市第十三届人大代表，高级工程师、工程项目一级经理，兼任中国建材工业协会镀膜玻璃专业委员会常委、中空玻璃专业委员会理事；四川省玻陶协会副理事长，成都市建筑协会副理事长，成都市有突出贡献中青年拔尖人才，四川省、成都市优秀企业家，科技先进工作者，科技拔尖人才等称号。

王德贤

安徽山鹰纸业股份有限公司董事长

王德贤，男，汉族，1947年3月出生，大学文化，高级经济师。1966年参加工作，在马鞍山市造纸厂先后担任劳资员、车间主任、生产股长，1981年调至马鞍山市轻工业局工作，1982年任马鞍山市造纸厂副厂长，1984年任厂长，1994年企业改制后任马鞍山山鹰造纸有限责任公司董事长、总经理，1999年变更成立安徽山鹰纸业股份有限公司后任董事长至今。

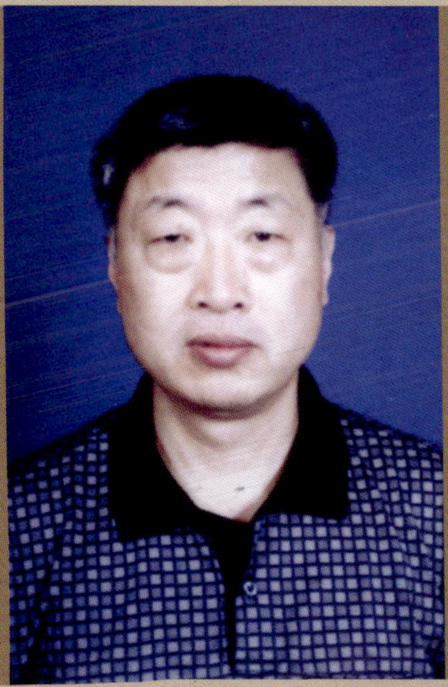

王里顺

河北太行水泥股份有限公司董事长

王里顺，男，汉族，1968年6月毕业于北京水泥学校；1968年8月进入河北省邯郸水泥厂任烧成车间工艺技术员；1983年6月至1984年8月任烧成车间主任；1984年8月至1993年2月任生产副厂长；1987年9月至1990年6月进入河北经济管理干部学院学习；1993年3月至2000年5月任河北太行水泥股份有限公司副总经理；2000年5月至2003年3月任河北太行水泥股份有限公司总经理；2003年3月任河北太行水泥股份有限公司董事长。

王一军
招商证券股份有限公司副总裁

王一军，南京大学硕士。1982年南京邮电学院毕业，在江苏省邮电学校任教，后在南京大学取得硕士学位。1989年1月至1993年8月先后任中国人民银行江苏省分行科员、副科长、经济师。1993年8月至1997年5月在江苏省证券公司任客户服务部、投资部副总经理，资产管理部总经理兼研发中心主任，总裁助理。1997年6月至2001年10月任华泰证券公司副总裁。2001年10月至今任招商证券公司副总裁。

陈芸榕
福建新意科技有限公司总经理

陈芸榕，工商管理硕士（MBA）。1980年9月至1984年7月就读于厦门大学，获经济学学士学位；1984年7月至1998年8月任职于中国人民银行福建分行，在福建闽发证券有限公司先后任发行部经理，营业部经理，总经理助理。1998年8月至2002年2月福建闽发证券有限公司副总裁，在职期间在亚洲（澳门）国际公开大学取得工商管理硕士学位。2002年2月至今任福建新意科技有限公司总经理。陈芸榕先生具有14年证券行业从业经历，对中国市场业务具有深刻的理解和把握。

程德保
江西联创光电科技股份有限公司董事长

程德保，男，江西乐平人，1947年9月出生，汉族，中共党员，1969年7月毕业于上海交通大学，高级经济师。历任江西景华电子有限责任公司（999厂）副厂长、厂长、江西省电子工业局副局长、江西省电子集团公司副总经理、党委书记、董事长兼总经理。现任江西省电子集团公司党委书记、总经理、江西联创光电科技股份有限公司董事长，中国电子学会高级会员。

郑文捷
云晨期货经纪有限公司董事、总经理

郑文捷，男，1969年4月出生，布衣族，中共党员，高级经济师。1991年7月毕业于中南理工大学管理系调度管理专业，同年分配到云南冶炼厂电炉工段工作，1994年6月调到云南冶炼厂办公室任秘书工作，1996年8月任云南冶炼厂生产处副处长；1997年至1998年参与云南冶炼厂改制上市工作；1998年起任云南铜业股份有限公司证券部副主任，同年考入中南大学工商管理学院，攻读证券与期货专业硕士研究生；2001年获得原中国有色总公司高级经济师任职资格证书；2001年7月4日任云晨期货经纪有限公司董事、总经理职务。

郑有全
河南瑞贝卡发制品股份有限公司董事长

郑有全，大学文化，高级经济师，十届全国人大代表，河南省劳模，许昌县人大常委会副主任，许昌市发制品协会会长。1990年任许昌县发制品总厂厂长，1993年任中美合资河南瑞贝卡发制品有限公司董事长兼总经理，1999年任河南瑞贝卡发制品股份有限公司董事长。他先后荣获"河南省轻工业优秀企业家"、"河南省十佳民营企业家"、"河南省劳动模范"、"河南省十大财富人物"、"河南省十大财经人物"等称号。

段虎
天同证券有限责任公司董事长

段虎，1950年出生，硕士研究生，中共党员，天同证券有限责任公司董事长。从1987至1996年，段虎先生历任山东省经济体制改革委员会生产处处长、委员、党组成员、副主任和省证管办负责人，负责山东省的股份制经济和证券市场建设工作。在1999年4月27日上海证券交易所第六次会员大会上，段虎先生当选为上交所第三届理事会理事。1999年12月，当选为中国证券业协会理事会理事。2003年，当选为中国企业家协会理事。2003年2月，在上海证券交易所第三届理事会第十五次会议上，当选为上证所理事会监督委员会主任。

夏朝嘉

四川禾嘉实业集团有限公司董事长、总裁

夏朝嘉，1949年生，大学文化，研究员，高级经济师，中共党员。现任四川禾嘉实业集团有限公司董事长、总裁，四川禾嘉股份有限公司董事长。夏朝嘉先生现任第十届全国人大代表、全国工商联执委、四川省商会特邀顾问、中国光彩事业推动委员会常务理事、四川省光彩事业推动委员会执行主任。1985年被评为全国十大青年企业家、2001年5月荣获国家经贸委"中国百名优秀企业家"称号、2001年11月获中国光彩事业促进会颁发的"光彩事业突出贡献奖"、2000年5月获四川省人民政府颁发的"500家大中型工业企业任内卓越经营业绩"荣誉证书。

符念平

华意压缩机股份有限公司董事长

符念平，1956年7月出生于江西浮梁，中共党员，高级工程师。1982年毕业于江西工学院电机系，2003年南澳大学MPA（公共管理硕士）毕业。曾任华意压缩机厂副总工程师、副厂长、厂长，华意电器总公司副总经理，华意压缩机股份有限公司总经理。现任华意压缩机股份有限公司董事长，浙江加西贝拉压缩机有限公司董事长，华意电器总公司党委书记、总经理。

在工作期间，曾荣获"机械部中青年科技专家"、"首届中国机械工业优秀企业家"、"全国优秀环保实业家"、"国家科技进步三等奖"、"江西省'五一'劳动奖章"、"江西省科技进步二等奖"、"江西省劳动模范"及"江西省优秀厂长（经理）"等荣誉称号，并享受政府特殊津贴。

梁棠

易方达基金管理有限公司董事长

梁棠，1958年2月出生，广东省茂名市人，武汉大学经济学学士，中共党员。现任广东粤财信托投资公司董事、总经理，广东粤财投资控股有限公司董事、总经理，易方达基金管理有限公司董事长。梁棠同志1982年至1993年，任广东省财政学校党委副书记、副校长；1993年1月至9月，任广东南方证券有限公司证券部经理；1993年9月至今，一直从事金融、证券、投资领域的管理工作；自2001年易方达基金管理公司成立以来，梁棠同志一直担任该公司董事长。目前，该公司管理的资产规模90多亿元人民币，跻身国内最大的基金管理公司之列。